DER NEUE GEORGES

AUSFÜHRLICHES

LATEINISCH-DEUTSCHES

HANDWÖRTERBUCH

AUS DEN

QUELLEN ZUSAMMENGETRAGEN

UND MIT

BESONDERER BEZUGNAHME AUF SYNONYMIK UND ANTIQUITÄTEN
UNTER BERÜCKSICHTIGUNG DER BESTEN HILFSMITTEL

AUSGEARBEITET

VON

KARL ERNST GEORGES.

ACHTE VERBESSERTE UND VERMEHRTE AUFLAGE

VON

HEINRICH GEORGES.

ERSTER BAND.

A – H.

HANNOVER UND LEIPZIG
HAHNSCHE BUCHHANDLUNG
1913

DER NEUE GEORGES

AUSFÜHRLICHES LATEINISCH-DEUTSCHES HANDWÖRTERBUCH

AUS DEN QUELLEN ZUSAMMENGETRAGEN
UND MIT BESONDERER BEZUGNAHME
AUF SYNONYMIK UND ANTIQUITÄTEN
UNTER BERÜCKSICHTIGUNG DER BESTEN HILFSMITTEL
AUSGEARBEITET VON

KARL-ERNST GEORGES

ERSTER BAND
A – H

HERAUSGEGEBEN VON
THOMAS BAIER

BEARBEITET VON
TOBIAS DÄNZER

Auf der Grundlage der
8., verbesserten und vermehrten Auflage
von Heinrich Georges,
Hannover und Leipzig 1913,
neu bearbeitet 2013.

Die Neuausgabe wurde gefördert durch den
Wilhelm-Weischedel-Fonds der WBG.

Die Deutsche Nationalbibliothek verzeichnet diese Publikation
in der Deutschen Nationalbibliografie;
detaillierte bibliografische Daten sind im Internet über
http://dnb.d-nb.de abrufbar.

Die Herausgabe des Werkes wurde durch
die Vereinsmitglieder der WBG ermöglicht.
Redaktionelle Mitarbeit: Katharina Zinner
Typographie und Satz: SatzWeise, Föhren

Besuchen Sie uns im Internet: www.wbg-wissenverbindet.de

Leinenausgabe: ISBN 978-3-534-25214-5
Lederausgabe: ISBN 978-3-534-25757-7

Elektronisch sind folgende Ausgaben erhältlich:
eBook (PDF): 978-3-534-73531-0
eBook (epub): 978-3-534-73532-7

Vorwort zur Neuausgabe

Seit 1913 ist die achte Auflage des „Georges“ das maßgebliche lateinische Handlexikon im deutschen Sprachraum. Pünktlich zum 100-jährigen Jubiläum legt die Wissenschaftliche Buchgesellschaft, welche durch den kontinuierlichen Nachdruck die Verfügbarkeit dieses Standardwerks über Epochen hinweg sichergestellt hatte, den „Georges“ in einem neuen Format vor. Die zeitgemäße Aufmachung wird die Benutzbarkeit erleichtern und eine heutigen Ansprüchen genügende digitale Aufbereitung ermöglichen. So liegt der Fortschritt vor allem in der Präsentation der einzelnen Artikel. Die alte Fraktur-Schrift wurde durch eine neue leicht leserliche Antiqua-Schrift abgelöst, die Rechtschreibung heutigen Gepflogenheiten angepasst, Stellenangaben wurden, wo nötig, korrigiert, veraltete Literaturangaben getilgt. Die Übersichtlichkeit innerhalb der längeren Artikel konnte durch sparsame Verwendung von Fettdruck und Hervorhebungen erhöht werden. Unterpunkte der längeren Artikel sind nunmehr grau hinterlegt und lenken das Auge schneller an die gesuchte Stelle, machen die Gliederung mithin transparent.

Der alte „Georges“ wurde geschätzt, weil er zu jedem Lemma eine Fülle treffender Übersetzungen bereithielt. Dieser vielgerühmte Vorzug wurde beibehalten; nur in wenigen Fällen musste modernisierend eingegriffen werden. So wird der Leser hie und da eine deutsche Bezeichnung finden, die mittlerweile etwas „Patina angesetzt“ hat, in ihrer Treff- und Stilsicherheit aber immer noch Bewunderung abverlangt. (Man vergleiche beispielshalber die Wiedergabe von *ficta rerum* in Hor. sat. 2, 8, 83, s.v. *fingo.*) Der „Georges“ bleibt damit nicht zuletzt ein Dokument der Zeit, in der er entstand. Karl Ernst Georges (1806–1895) hat die Entwicklung des Wörterbuchs zu seiner Lebensaufgabe gemacht. Als Leipziger Student arbeitete er am lateinisch-deutschen Handwörterbuch von Scheller-Lunemann mit, das er in mehreren Auflagen verbesserte, erweiterte und allmählich zu dem seinen machte. Die 13. Auflage war zugleich die sechste von ihm selbstständig herausgegebene (Leipzig 1869). Sie führte erstmals den Titel „Ausführliches lateinisch-deutsches Handwörterbuch“. Ein Jahrzehnt später erfolgte, wie der am Ende seines Lebens fast erblindete Autor im Nachwort bekennt, „oft unter schweren körperlichen Leiden“ die zweibändige siebente Auflage (Leipzig 1879/1880). Sie sollte rund ein Vierteljahrhundert Gültigkeit behalten. Die eindrucksvolle Reihe der im Vorwort genannten Fachkollegen, die mit ihren Notizen und Stellensammlungen zum Entstehen beigetragen haben, zeugt von dem regen Interesse und nachdrücklichen Bedürfnis an einem umfassenden Handwörterbuch, und zwar gleichermaßen an Schule und Universität, in Lehre und Forschung. Die umfassende Berücksichtigung der einschlägigen Fachliteratur war zwar angestrebt, aber schon damals nicht mehr möglich, es gebrach dem Verfasser an Zeit (Vorrede zur siebenten Auflage). Gleichwohl ist der „Georges“ ein beeindruckendes Zeugnis der historisch-positivistischen Altertumswissenschaft und berechtigt, seinen Autor in einem Atemzug mit den Hauptrepräsentanten dieser Epoche wie Theodor Mommsen und Ulrich von Wilamowitz-Moellendorff zu nennen. Schließlich gehört der „Georges“ in das Umfeld der wissenschaftlichen Großprojekte, die in der zweiten Hälfte des 19. Jahrhunderts in Angriff genommen wurden, wie den Fragment- und Inschriftensammlungen, der *Realencyclopädie der classischen Alterthumswissenschaft*, dem *Handbuch der Altertumswissenschaft*, den bedeutenden Editionsreihen. Im Jahr 1913 setzte Heinrich Georges die Arbeit seines Vaters fort, indem er das Handwörterbuch behutsam modernisierte. Er ergänzte bisher fehlende lateinische Lemmata, erweiterte die deutschen Wortbedeutungen, vermehrte die Angaben zur Etymologie.

Für die Neuauflage des Jahres 2013 war es erforderlich, die Frakturschrift der deutschen Texte in eine moderne, leicht lesbare Schrift umzusetzen. Trotz fortschrittlichster Technik musste das Ergebnis Spalte für Spalte, Wort für Wort kollationiert und korrigiert werden. Dies war die Voraussetzung dafür, dass der „Georges“ neben der gedruckten Ausgabe nunmehr auch als E-Book in der gewohnten Zuverlässigkeit zur Verfügung steht. Dieser mühevollen Arbeit hat sich Tobias Dänzer mit bewundernswerter Gründlichkeit unterzogen. Katharina Zinner oblag die Zweitkorrektur. Beiden schuldet der Herausgeber großen Dank. Sie haben dazu beigetragen, dass der im „Georges“ gehütete Reichtum der lateinischen Sprache Studenten, Schülern, Lehrern und interessierten Laien ab sofort in einer gediegenen Ausgabe mit mehr als 54 800 Hauptstichwörtern, 200 000 Bedeutungsvarianten und rund 300 000 Belegstellen in neuer Frische zugänglich ist.

Würzburg, Weihnachten 2012 Thomas Baier

Vorrede zur achten Auflage.

Seit dem Erscheinen der 7. Auflage des Ausführlichen Lateinisch-Deutschen Handwörterbuches, die mein Vater gerade nach fünfzigjähriger lexikographischer Tätigkeit besorgen konnte, hat die lateinische Lexikographie unter der Ägide von Wölfflin gewaltige Fortschritte gemacht. Nicht ohne Bedenken bin ich daher dem Wunsche der Verlagshandlung nachgekommen, die für einen einzelnen schwer zu bewältigende Aufgabe einer zeitgemäßen Neubearbeitung zu übernehmen. Die epochemachendste Erscheinung auf dem Gebiete der lateinischen Lexikographie, der neue Thesaurus linguae Latinae, konnte leider nicht so, wie ich es gewünscht hätte, ausgenutzt werden, da erst die Buchstaben A—D erschienen sind und eine Ungleichmäßigkeit in der Bearbeitung des Wörterbuches vermieden werden mußte. Erst, wenn der Thesaurus fertig vorliegt, wird es einer künftigen Auflage obliegen, bis auf den Grund gehende Änderungen vorzunehmen. Bei dieser 8. Auflage des Ausführlichen Lateinisch-Deutschen Handwörterbuches mußte es daher meine hauptsächliche Aufgabe sein, das Archiv für latein. Lexikographie und Grammatik von Wölfflin, worin die neuesten Ergebnisse der lexikographischen Forschungen niedergelegt sind, zu benutzen und das dort Dargebotene zu verwerten. Außerdem ist das Wörterbuch auf das sorgfältigste durchgesehen und unter Benutzung der Sammlungen meines Vaters und der meinigen fast jeder Artikel mit Zusätzen und Verbesserungen versehen worden.

Unterstützt wurde ich bei meiner Arbeit durch schriftliche Mitteilungen der Herren Prof. Dr. Hauler in Wien, Prof. Dr. Landgraf in Bayreuth und Prof. Dr. Hosius in Greifswald. Außerdem haben mir meine Kollegen Herr Geh. Hofrat Prof. Dr. Ehwald und Herr Prof. Dr. Pick und die mir befreundeten Herren Prof. Dr. Ludwig und Prof. Dr. Liebenam in Gotha wertvolle Beiträge geliefert und in Zweifelsfällen stets gern Auskunft erteilt. Allen diesen Herren fühle ich mich zu herzlichem Danke verpflichtet.

Meinen ganz besonderen Dank aber spreche ich Herrn Prof. Dr. Bonnet in Montpellier aus, der mir sämtliche in sein Handexemplar der 7. Auflage eingetragenen Notizen zur Verfügung stellte, die ich zu wesentlicher Verbesserung und Vermehrung vieler Artikel benutzen konnte.

Durch die Freundlichkeit des Herrn Dr. Schwering in München, eines der Mitarbeiter am Thesaurus, ist mir ermöglicht worden, die sämtlichen Inschriftenstellen nach dem Corpus inscriptionum Latinarum zu zitieren. Auch diesem Herrn danke ich für seine mühevolle Arbeit.

Das in dieser achten Auflage Geleistete besteht im wesentlichen aus folgendem:

1. Eine große Zahl Artikel ist neu aufgenommen worden und zwar a) Wörter, die schon in größeren Wörterbüchern stehen, aber in den früheren Auflagen übergegangen waren — b) Wörter, die als neuere und bessere Lesarten jetzt in den neuesten Ausgaben der lateinischen Schriftsteller stehen — c) Wörter aus den Glossen, die ich natürlich schon des beschränkten Raumes wegen nicht alle heranziehen konnte.

2. Eine Anzahl Artikel, die die neueste Textkritik als entschieden unrichtig verworfen hat, ist entfernt worden.

3. Mehrere Wörter und Wortbedeutungen, die bisher als in der lateinischen Sprache nicht vorkommend verworfen wurden, sind aufgeführt und sogar teilweise mit zahlreichen Stellen belegt.

4. Verschiedene Artikel sind entweder teilweise oder ganz umgearbeitet worden.

5. Viele der in den einzelnen Artikeln vorkommenden Beispiele sind nach den besten Textrezensionen berichtigt, auch sind oft passendere an die Stelle von weniger passenden gesetzt worden.

6. Eine große Anzahl von Zitaten — so sämtliche Stellen aus Plautus, den Inschriften und den Glossen — habe ich auf ihre Richtigkeit geprüft, wo nötig, berichtigt und durch Einsetzung veränderter Lesarten der neuesten Ausgaben verbessert.

7. Was die Quantität betrifft, so sind nur die von Natur langen Vokale bezeichnet, unbezeichnet sind kurze und ihrer Quantität nach zweifelhafte Vokale; nur in seltenen Fällen ist des Unterschiedes wegen eine besondere Hervorhebung eines kurzen Vokales eingetreten.

8. Die Etymologie ist, soweit sie überhaupt feststeht, überall unter Zugrundelegung des epochemachenden latein. etymol. Wörterbuches von Walde (2. Aufl. 1910) angegeben.

9. Auf das Vorkommen gewisser Wortformen, namentlich auch der Komparative und Superlative, ist immer bei den einzelnen Wörtern hingewiesen. Dabei haben mir die Formenlehre von Neue-Wagener in ihrer 3. Aufl. und das Lexikon der lat. Wortformen meines Vaters gute Dienste geleistet.

10. Auf die Bedeutung der Wörter und ihren Wandel ist durchweg Rücksicht genommen. Auch habe ich mich bemüht, die Bedeutungen im einzelnen in passenderem Deutsch als bisher wiederzugeben.

11. Die Phraseologie sowie die Angabe der Gegensätze ist bedeutend vervollständigt worden.

12. Die Verweisungen auf gelehrte Kommentare und andere Werke zur weiteren Belehrung sind unter möglichster Benutzung der neuesten Literatur sehr vermehrt worden.

Die Erwägung aller dieser Punkte sowie die schon jetzt erschienene wohlwollende Besprechung des ersten Halbbandes in der Zeitschrift Sokrates (1913. S. 50f.) durch Herrn Professor Dr. O. Wackermann in Hanau, der hierfür meinen herzlichen Dank entgegennehmen möge, läßt mich hoffen, daß man auch dieser 8. Auflage das Recht zugestehen werde, sich als eine verbesserte und vermehrte zu bezeichnen.

Satz und Druck hat die Buchdruckerei von Bär & Hermann in Leipzig auch diesmal in so ausgezeichneter Weise geliefert, daß das Buch in typographischer Hinsicht den gesteigerten Ansprüchen der Jetztzeit vollkommen entspricht.

Möge auch diese neue Auflage nicht bloß den Schülern höherer Gymnasialklassen, sondern auch den Studierenden und selbst den Gelehrten vom Fache als brauchbares Handbuch gute Dienste leisten.

Gotha, im Oktober 1913.

Prof. Dr. **H. Georges.**

Abkürzungen

A.	Anfang
a.	andere
a. a. O.	am angegebenen Ort
abgek.	abgekürzt
absol.	absolute, -us
abs. od. absol.	absolut
abstr.	abstrakt
Acc.	Accusativus
act.	activum od. active
adi.	adiectivum
adj. od. adjekt.	adjektivisch
Adverb.	Adverbium
a. E.	am Ende
ahd.	althochdeutsch
Akk.	Akkusativ
al.	alii codices od. aliae editiones
alci	alicui
alcis	alicuius
allg.	allgemein
alqd	aliquid
alqm, alqam, alqos, alqas	aliquem etc.
alqo, alqa	aliquo, aliqua
altd.	altdeutsch
altert.	altertümlich
Ang.	Angabe
angef.	angeführt
arch. od. archaist.	archaistisch
Archit.	Architektur
Ausg.	Ausgabe
b.	bei
Bauk.	Baukunst
Bed.	Bedeutung
Beiw.	Beiwort
bes.	besonders
best.	bestimmt
Best.	Bestimmung
bl.	bloß
c.	generis communis od. cum.
cf.	confer
cod.	codex
Comic.	Comicus poëta
Compar.	Comparativus
Coni.	Coniunction
dah.	daher
d. h.	das heißt
d. i.	das ist
dass.	dasselbe
dav.	davon
Dat. od. Dat.	Dativus od. Dativ
Decl. od. Decl.	Deklination
Def. od. Def.	Defectivum
Demin.	Deminutivum
Desider.	Desiderativum
determ.	determinationis (accusativus)
dig.	digamma
dgl. od. dergl.	dergleichen
eig.	eigentlich

entst.	entstanden
etymol.	etymologisch
Ew. od. Einw.	Einwohner
f.	generis feminini
fr. od. frgm.	fragmentum od. fragmenta
gebr.	gebräuchlich
gen.	genannt
geschr.	geschrieben
gew.	gewöhnlich
Ggst.	Gegenstand
Ggstz.	Gegensatz
gl. N.	gleichen Namens
got.	gotisch
Hdschr.	Handschrift
Histor.	Historiker
ibid.	ibidem
id.	idem
Inch.	Inchoativum
in ders. Bed.	in derselben Bedeutung
i. J.	im Jahr
insbes.	insbesondere
Intens.	Intensivum
Interj.	Interjektion
intr.	intransitivum od. intransitive
irg.	irgend
j.	jetzt
ICt.	iurisconsulti (die römischen Rechtsgelehrten)
jmd.	jemand
jmdm.	jemandem
jmds.	jemandes
jur. od. jurist.	juristisch
Kaiszt.	Kaiserzeit
Konj.	Konjunktiv
konkr.	konkret
L.	Lesart
latin.	latinisiert
leb.	lebender, -e, -es
lebl.	lebloser, -e, -es
Lebl.	Lebloses
locat.	casus locativus
m.	generis masculini
m.	mit
mhd.	mittelhochdeutsch
meton.	metonymisch
n.	generis neutrius
n.	nach
nachaug.	nachaugusteisch
nachkl.	nachklassisch
Nbbgr.	Nebenbegriff
Nbf.	Nebenform
nhd.	neuhochdeutsch
neutr.	neutrum
obj., Obj.	objektiv, Objekt
onomatop.	onomatopöisch (nach dem Klang gebildet)
Örtl.	Örtlichkeit

parenth.	parenthetisch (= als Parenthese)	urspr.	ursprünglich
PAdi.	Partizipialadjektivum (d. i. zum Adjektivum gewordenes Partizipium)	v.	von od. vom
		v. h.	vox hibrida
pers.	persönlich	*v. pr.*	verbum proprium
Plur. od. Plur.	Pluralis	Verb.	Verbum od. Verbindung
poet.	poetisch	Verbb.	Verba od. Verbindungen
prädik.	prädikativ	vollst.	vollständig
prägn.	prägnant	voraug.	voraugusteisch
Praep.	Praeposition	vorh.	vorhanden
refl.	reflexive	vorherg.	vorhergehender, -e, -es
rhet.	rhetorisch	vorkl.	vorklassisch
sc.	scilicet	vorz.	vorzüglich
s. d.	siehe dort	W.	Wort
Sing. od. Sing.	Singular	WW.	Wörter
spez.	speziell	wov.	wovon
St., Stt.	Stelle, Stellen	z. B.	zum Beispiel
st.	statt	Zeitbest.	Zeitbestimmung
subj., Subj.	subjektiv, Subjekt	Zielp.	Zielpunkt
subst.	substantivisch	Zshg.	Zusammenhang
Subst., Substst.	Substantivum, Substantiva	Zustz.	Zusatz
Superl.	Superlativus	zsgz. od. zsgzg.	zusammengezogen
s. v. a.	so viel als	Zsstz. od. Zusstzg.	Zusammensetzung
synk.	synkopiert	zugl.	zugleich
tr.	transitivum od. transitive	zuw.	zuweilen
t. t.	terminus technicus (Kunstausdruck)	zw.	zweifelhaft
u. a.	und andere, unter anderen	*	bezeichnet a) bei lateinischen Verben solche, die entweder überhaupt nicht, oder solche, die im Präsens nicht gebräuchlich sind, bei griechischen Wörtern solche, die bei den Griechen nicht nachgewiesen werden können. – b) bei Zitaten, dass das Wort an dieser Stelle durch Konjektur steht.
übertr. od. übtr.	übertragen		
u. f.	und folgende		
umschr., Umschr.	umschrieben, Umschreibung		
ungebr.	ungebräuchlich		
ungew.	ungewöhnlich		
unkl.	unklassisch		
unpers.	unpersönlich		
u. ö.	und öfter		

A.

1. A, a, der erste Buchstabe des lateinischen Alphabets. – Als Abkürzung: **1** = der Vorname Aulus. – **2** = Antiquo (ich verwerfe den neuen Vorschlag), auf den Stimmtafeln in röm. Volksversammlungen. – **3** = Absolvo (ich spreche frei), auf den Stimmtafeln der Richter; dah. A gen. littera salutaris bei Cic. Mil. 15. – **4** vor Zahlen, Jahresbezeichnung (= Annus) auf Grabschriften usw.: u. so **A. U. C.** = anno urbis conditae – aber **a. u. c.** = ab urbe condita. – u. **a. d.** = ante diem als Datum. – **5** = Augustus, häufig in Inschriften; **A. A.** = Augusti duo; **A. A. A.** = Augusti tres. – aber **A. A. A. F. F.** nach III viri = auro, argento, aeri flando, feriundo. – **6** = Auditor, im Gegensatz zu M(agister) in Cic. Tusc. disp.

2. ā (āh), *Interj.* unser **ah! ach!** od. **ha! hm!** zum Ausdruck der Wehmut, Überraschung, Verwunderung, auch der Zurückweisung (dah. auch der Begütigung, s. Spengel zu Ter. Andr. 868), aber auch der Verwünschung, Komik., Verg., Poët. eleg., Ov. u. a. Dichter.

3. ā, ab, abs, *Praep.* m. *Abl.* (ἀπό), sanskr. apa, – ► a steht bloß vor Konsonanten (u. zwar gew. vor b, f, p, v) außer dem Spiranten *h,* ab vor Vokalen, *h* u. Konsonanten, bes. vor l, n, r, s, sc, sp, st u. vor j, abs nur vor c, q, t, und antik vor dem Namen des Zahlers, z. B. bei Cic. ab te und in der ersten Periode abs te, abs Attico; vgl. Zumpt Cic. Verr. 3, 138. Osann Cic. de rep. 1, 35. Madvig Cic. de fin. 5, 75. Vor Vokalen steht abs erst bei Späteren, wie abs ovibus, Ps. Tert. carm. adv. Marc. 403: abs alio, *ibid.* 5, 121, mit dem Grundbegriff des Ausgehens von irgendeinem Punkt (im Ggstz. zu ad u. in) = **von, von ... her, von ... weg, von ... aus, von ... herab** u. dgl., **I** im Raum, **A** zur Angabe der Bewegung: **1 von ... weg,** fuga ab urbe, Cic.: ab solo patrio in hostium urbem agere, Liv.: proficisci a domo, ab Athenis, Cic., ab Orico, Caes.: a Gergovia (aus der Umgegend von G.) discedere (vgl. Kraner Caes. b. G. 7, 43, 5). – So bei den Begriffen »des Entfernens, Trennens, Abhaltens (sich Enthaltens, Abstehens), Abschreckens, Entfremdens u. dgl.«: dah. a se (voneinander) discedentes, Macr.: u. elliptisch, paululum a sole (verst. recede), (geh) nur ein wenig aus der Sonne, Cic.: dictator ab aratro (verst. arcessitus), Flor. – **2 von ... her** od. **aus,** venio a matre, Plaut.: dona tibi adsunt a Phaedria, Ter.: ad carceres a calce revocari, Cic.: ab alta radice, aus der Tiefe der W., Verg.; aber ab radice, samt der W., Verg.: litterae a M. Favonio (vgl. Kraner Caes. b. c. 3, 33, 1): unda ab alto, vom hohen Meere her, Verg.: a pectore, tief aus der Br., Verg. – bei Städtenamen, zur Ang. **woher?** (s. Müller Liv. 1, 27, 4), ab Alba accitus, Liv. – Dah. ab alqo (bes. a me, a te, a se, a nobis, a vobis), von jmd. = von od. aus jmds. Haus, v. jmds. Landgut (s. Brix Plaut. mil. 154. Spengel Ter. Andr. 226 u. 461), foris concrepuit hinc a vicino sene, Plaut.: qui amant a lenone, Plaut.: venit (Pompeius) etiam ad me in Cumanum a se, Cic.: verb. domo abs te afferto, Plaut. – bei Städtenamen, legati ab Ardea Romam venerunt, Liv. (vgl. unten *no.* II, B, 2). – Ebenso bei den Begriffen »des Nehmens, Empfangens, Gebens«, u. des »Hörens, Erfahrens usw.«, s. accipio, emo, audio, cognosco, comperio u. dgl.: dah. ab alqo, von jmd. (gegeben, entlehnt, ausgegangen usw.), Cic. u. a. (s. Ellendt Cic. de or. 1, 55. Kühner Cic. Tusc. 1, 74): u. bes. a me, abs te, a se, aus meinem, deinem, seinem Beutel, dare, Plaut. u. Cic., solvere, Cic. – Endlich zur Bezeichnung der »Anhänger und Schüler« (s. Kühner Cic. Tusc. 2, 7. Ellendt Cic. de or. 1, 55 u. 2, 27. Sorof Cic. de or. 2, 58. Spalding Quint. 4, 2, 31). Zeno et qui ab eo sunt, seine Schüler, Cic.: qui sunt ab ea disciplina, Cic.: nostri illi a Platone, οἱ ἀπὸ Πλάτωνος, Jünger Platos, Cic., vollst. profecti a Platone, Cic.: homo de schola et a magistro (= ὁ διδαχθείς), Cic. – **b von ... herab,** suspendere columbam a mālo, Verg.: mālo pendēre ab alto, Verg.: dependēre a cervicibus, Suet.: pugna ab alta puppe, Lucan.: ab orno pendulus, Hor. – **c** usque ab = **in einem fort-, stets-, durch und durch von ... an oder aus** usw., plausus usque a Capitolio excitatus, Cic.: enumerasti usque a Thale Milesio philosophorum sententias, von Th. an der Reihe nach, Cic.: u. mit Angabe des Endpunktes der Bewegung, usque ab ... ad = **von an ... bis zu,** usque ab unguiculo ad capillum, Plaut.: ab imis unguibus usque ad verticem summum, Cic.

B zur Angabe der bloßen Richtung: **1 von ... aus, von ... her,** a supero mari Flaminia (via), ab infero Aurelia, media Cassia, Cic. – und so in vielen Beziehungen, wo der Lateiner die Richtung **woher?,** der Deutsche den Punkt **wo?** berücksichtigt, deutsch **an** od. **in,** leviter a summo inflexum, Cic.: a contraria aure (instillavit), Plin.: so auch funiculus a puppi religatus, Cic.: ab labris argento circumcludunt (cornua), Caes. – **b von ... herab,** a summo iugo, Caes.: ab alto caelo, Verg.: securus ab alto spectator, Lucan.: residens flevit ab arce, Prop.

2 zur Angabe der Seite, von wo aus etwas räumlich betrachtet wird = **von der Seite, auf der Seite, von ... aus (her), an, auf, bei** (s. Fabri Liv. 21, 21, 10), a Delta transire, auf der Seite, wo das Delta liegt, beim Delta, Auct. b. Al.: exercitus hostium duo, unus ab urbe, alter a Gallia obstant, Sall.: haud parvum munimentum a planioribus aditu locis, Liv.: ab utroque viae latere, Sen.: a theatro, Caes.: a septentrionibus, auf der Nordseite, Caes.: u. so die (bes. milit.) *t. t.* a fronte, a tergo, a latere, a dextro cornu, Cic., Caes. u. a.: ab novissimis, im Hintertreffen, Caes. – ebenso bei den geograph. Ausdrücken ab occasu et ortu solis, Liv.: Cappadocia, quae patet a Syria, Cic. – Dah. auch bei Tätigkeiten, die von einer Seite od. von einer Person auf derselben herkommen = **von** od. **auf Seiten** (s. Fabri Liv. 21, 5, 9. Deder. Dict. 2, 38), tubae cornuaque ab Romanis cecinerant, Liv.: si quid ipsi a Caesare opus esset, Caes.: u. so timere ab alqo, Cic.: timor ab alqo, Liv.: periculum ab alqo, Cic. – übtr., ab alqo = **auf** jmds. **Seite** od. **Partei, zu** jmds. **Vorteil** od. **Bestem (Gunsten), für** jmd. (Ggstz. contra od. adversus alqm, z. B. ut ea deditā operā a nobis contra vosmet ipsos facere videamini, Cic.: u. so ab innocentia clementissimus, Cic.: dah. bei esse, stare, facere (*intr.*), sentire, s. d.

C zur Angabe des Entfernungspunktes in der Ruhe, des Abstandes, **1** von einem Punkt usw., bei den Verben abesse, distare u. a. (s. d.), u. bei procul, longe, prope u. a. (s. d.): u. so omnia auscultavi ab ostio, an der Tür, Plaut. – mit einem Zahlwort verbunden = **in einer Entfernung von** usw., ab milibus passuum minus duobus castra posuerunt, Caes. – übtr., nach den Begriffen »der Verschiedenheit, Änderung usw.«, wie differre, discrepare, diversum esse, alienum od. alieno animo esse ab alqo (s. d.): dah. quantum mutatus ab illo Hectore, gegen jenen H., Verg.: multo aliter a ceteris agunt, als die ü., Mela. – Hierher gehört auch ab re = der Sache fern, d. i. zum Nachteil, consulere (raten), Plaut. trin. 238: öfter non od. haud ab re = der Sache nicht fern, d. i. nicht unzweckmäßig, nicht unnütz, vorteilhaft, mit esse, ducere u. dgl., Plaut., Liv. u. a.

2 der Zahl, dem Rang, der Macht nach = **nach, hinter,** quartus ab Arcesila, Cic.: alter ab illo, Verg.: a magnis hunc colit ille deis, Ov.: potentiā secundus a rege, Auct. b. Alex.

II übtr.: **A** in der Zeit, ganz entsprechend den räumlichen Beziehungen: **1** zur Angabe des Ausgangs von einem Zeitpunkt, ohne Rücksicht auf die Dauer dessen, was unmittelbar auf ihn folgt = **sogleich nach, unmittelbar nach** (s. Fabri Liv. 22, 40, 9), ab re divina mulieres apparebunt, Plaut.: ab hac contione legati missi sunt, Liv.: pulli a matre, gleich von der M. weg, Col.: namentl. nach statim, confestim, protenus, nuper, recens etc., s. d.

2 zur Angabe des Ausgangs von einem Zeitpunkt mit Rücksicht auf die Dauer der Handlung = **von ... an, seit,** rem omnem a principio audies, Ter.: ab hora tertia bibebatur, Cic.: a condiscipulatu, Nep.: a parvulo, Ter., od. a pueris, Ter. u. Cic. (s. Ruhnk. Ter. Andr. 1, 1, 8. Wagner Ter. heaut. 214), u. so bes. mit initium, principium, pueritia, adulescentia, puer, parvus, primus u. ähnl. (s. d.). – u. mit *usque ad,* **von ... an bis zu,** a mane ad noctem usque, Plaut.: a consulatu eius usque ad extremum tempus, Nep.: ab ovo usque ad mala, Hor. – ebenso bl. mit *ad,* z.B. regnatum est ab condita urbe ad liberatam annos CCXLIV, Liv.: u. mit *in,* z. B. Romani ab sole orto in multum diei stetere in acie, Liv.

3 zur Bezeichnung des Abstands von einem Zeitpunkt (wo meist der Ort od. die Person, wo eine Tätigkeit begann, für die Zeit steht) = **von, nach, seit,** cuius a morte hic tertius et tricesimus est annus, Cic.: ab incenso Capitolio illum esse vigesimum annum, Sall.: so ab urbe condita, seit Erbauung der Stadt, Cic. u. a.: in Italiam pervenit quinto mense a Carthagine nova, fünf Monate nach dem Abzug von N., Liv.: u. so tuae litterae binae redditae sunt tertio abs te die, nachdem du sie abgeschickt hattest, Cic.

B in anderen mit Raum und Zeit verwandten Verhältnissen, in denen ein Ausgehen von einem Punkt denkbar ist: **1** zur Angabe des Urhebers od. der Ursache einer Wirkung, wenn die Wirkung von lebenden od. lebendig gedachten Wesen ausgeht = **von, durch, nach, infolge, wegen** (s. Fabri Liv. 21, 36, 7 u. 22, 34, 2. Weißenb. Liv. 37, 32, 12), **α** (selten) nach *verbis activis:* a se instituere, selbst unterrichten, Col. 11, 1, 5: amittere alqm ab alqo, Dict. 6, 5. Heges. 5, 2, 39. – **β** (am gewöhnlichsten) nach *verbis pass.* (s. Benecke Iustin. 38, 1, 10) u. nach *verbis intrans.* (*act.* od. *depon.*) mit passiver Bedeutung: reprehendi ab alqo, Cic.: honor ei habitus est a Graecia, Cic.: credas non de puero scriptum, sed a puero, Plin. ep. – salvere ab alqo, Cic.: ab alqo interire, Cic., od. cadere, Tac., od. occidere, Ov.: nasci od. oriri ab alqo, Cic.: oriri a se (durch sich, durch eigene Kraft), Cic., u. verb. a se oriri et suā sponte nasci, Cic. (s. Kühner Cic. Tusc. 3, 27): natum od. ortum (oriundum) esse ab alqo, Cic.: calescit ab ipso spiritu, Cic.: traiectus ab ense, Ov.: res effectae ab efficientibus causis, Cic.: animus ab ignavia corruptus, durch, infolge, Sall. – zuw. bei Gerundiven statt des Dativs, bes. wenn schon ein Dativ vorhergeht, fortis et a vobis conservandus vir, Cic.: quibus (viris) est a vobis consulendum, Cic. – **γ** nach *subst.:* levior est plaga ab amico, quam a debitore, der Verlust, der herrührt von usw., Cic.: maius (praeceptum), quam ut ab homine videretur, Cic.: a bestiis ictus, Cic.: ab illo iniuria, die von ihm angetane, Ter.: fulgor ab auro, der vom Gold ausgehende Glanz (während fulgor auri = der am Gold haftende Glanz), Lucr. – **δ** nach *adjj.:* ab simili clade profugus, Liv.: murus ab ingenio notior ille tuo, Prop. (vgl. Lachmann Prop. 4, 1, 9 über notus ab etc.): a radiis sideris esse niger, Ov.: tempus a nostris triste malis, die von unserem Unglück getrübte Zeit, Ov.: gemina et mammosa Ceres est ipsa ab Iaccho, vom Säugen des Bacchus, Lucr. – ► Hierher gehört auch die poet. Verbindung ab arte = »durch die Kunst, mit Hilfe der Kunst, künstlich« (indem die Dichter die ars als selbsttätig darstellen), falcatus ab arte ensis, Sil.: turben, quem celer assueta versat ab arte puer, Tibull. (s. Dissen Tibull. 1, 5, 3).

2 zur Bezeichnung des Ursprungs und der Herkunft = **von, aus, a** übh.: **α** nach *verbis:* ut sol a liquida saepe refulget aqua, Ov.: a docto fama refulget avo, Prop.: ab ipso Rheno iactabat genus, Prop.: bes. bei *orior* u. *nascor,* z. B. id facinus natum a cupiditate, Cic.: u. bei *esse* (abstammen), z. B. a Tullio, Cic. – **β** bei *subst.:* amicitiae ortus a natura quam ab imbecillitate gravior (erit), Cic.: dulces a fontibus undae, aus den Quellen geschöpft (während fontium undae = das Wasser in den Quellen), Verg. (wie im Griech. οἶνος ἀπ' ἀμπέλου). – So bes. bei Städtenamen usw. zur Umschreibung der *Adjj.* (s. Müller Liv. 1, 50, 3), coloni a Velitris, Liv.: Turnus Herdonius ab Aricia, Liv.: pastor ab Amphryso, Verg.: legati ab Ardea, Liv. – a Pyrrho perfuga, Cic.: legati ab Alexandro, Cic.: ab Attalo Cretenses sagittarii, Liv. – **b** zur Angabe dessen, nach dem etw. benannt od. von dem etw. etymologisch abgeleitet ist, **nach, von** (s. Benecke Iustin. 44, 1, 2), appellatum esse od. nomen invenisse ab etc., Cic.: puero ab inopia Egerio inditum nomen, Liv.: ab Hispano Hispaniam cognominaverunt, Iustin.: Chaoniamque omnem Troiano a Chaone dixit, Verg.: cucumeres dicuntur a curvore, Varr. LL.: caelum a cavatione, vallum a volatu, Varr. LL.: sirpiculae vocatae ab sirpando, Varr. LL.: acquirere est ab *ad* et *quaerere,* Varr. LL. – u. **c** des Beweggrundes = **wegen, aus,** ab odio, ab ira, a spe, aus usw., Liv. (s. Drak. u. Fabri Liv. 24, 30, 1; 26, 1, 3): ab obsidione, wegen usw., Liv. (s. Drak. Liv. 2, 14, 3): ab singulari amore, Balb. bei Cic.: neglegentius a re gesta ire, Liv.

3 nach den Begriffen des Anfangens u. ähnl. = **von ... an, von, bei, mit,** nach ordiri, incipere, auspicari, s. d. – da ab Delphio cantharum circum, Plaut.: u. so a summo = vom Ersten od. ab infimo = vom Letzten (auf dem Triklinium) an in der Runde (z. B. da, puer, ab summo, Plaut.: age, tu interibi ab infimo da savium, Plaut.): cornicem a cauda de ovo exire, mit dem Schw. voran, Plin.: a capite repetis, quod quaerimus, Cic.

4 bei den Begriffen »des Frei- od. Losmachens **von** usw.«; dah. auch »des Verteidigens oder Schützens **vor** od. **gegen** etwas« u. »des Leer- u. Verlassenseins **von** etwas«.

5 bei Begriffen aller Art, die von einer Seite aus näher bestimmt od. beschränkt werden = **von Seiten, in Bezug auf, in Betreff, gemäß, wegen, an** (s. Wagner Plaut. aul. 184. Brix Plaut. mil. 631. Ruhnk. Ter. heaut. prol. 13. Korte Sall. Jug. 48, 3), a me pudica est, Plaut.: a vi praestare nihil possum, Cic.: nihil adulescenti neque a natura neque a doctrina deesse sentio, Cic.: mediocriter a doctrina instructus, Cic.: imparati cum a militibus tum a pecunia, Cic.: firmus ab equitatu, stark an R., Planc. b. Cic. – Nicht anders ist ab zu nehmen in Verbindungen wie: dolere ab oculis, ab animo, Plaut.: a morbo valere, ab animo aegrum esse, Plaut.: laborare ab alqa re, Caes.

6 bei Angabe des Ganzen neben dem Teil = **von, aus,** unus u. nonnulli ab novissimis, Caes.: in id consilium deligerentur ab universo populo, Cic.

7 zur Bezeichnung der Seite, von der aus uns jmd. Dienste leistet, servus a pedibus, Lakai, Läufer, Cic.: a manu servus od. bloß a manu, Schreiber, Suet.; – od. der Gegenstände, die einer leistet, besorgt, treibt, ab epistulis, Sekretär, Suet. u. Lampr.: a rationibus, Rechnungsführer, Suet.: a libellis, Bittschriftenannehmer, Suet. u. Lampr.: a memoria, Lampr.

8 (spätlat.) beim Komparat. st. quam, **als,** und beim Positiv, **mehr als,** s. Rönsch Itala p. 452 sq.

► *a, ab* steht (namentlich bei Spätern) auch vor (substantivisch gebrauchten) Adverbien, z. B. a peregre (vgl. unser »von über Land«), Vitr.: ab invicem, Apul. a longe, von weitem, Spät. (s. Muncker Hyg. fab. 257. Rönsch Itala p. 231): ab intus, von innen, a foris, von außen, Spät.: a pridie, Pelag. vet. 28. – wird seinem regierten Wort nachgesetzt, quo ab, Plaut. asin. 119. – öfter (bes. bei Dichtern) von demselben getrennt, damnis dives ab ipsa suis, Ov. her. 9, 96: u. so Cic. Arch. 12. Ov. her. 12, 18. – In der Zusammensetzung bezeichnet ab unser **ab** od. **weg,** z. B. abire, **abgehen, weggehen,** abdere, **wegtun;** und im Sinne des Abweichens, absonus, **abtönend;** u. selbst in abuti, **abnutzen.**

► Arch. Nbf. *af* (s. Prisc. 1, 46) von alters her vor dem Namen des Zahlers in den Einnahme- u. Ausgabebüchern (z. B. af Longo) nach Cic. orat. 158 u. Vel. Long. (VII) 60, 13; jetzt nur noch nachweisbar in Inschriften, z. B. af vobis, CIL 1, 201, 11: af Capua, CIL 1, 551: af muro, CIL 1, 1161: af speculu, CIL 14, 2772. u. in der arch. Form afvolant statt avolant, Paul. ex Fest. 26, 2.

abacinus, a, um (abacus), **der Prunktisch,** spatia, Plin. 35, 3 *ed. Detl.*

abăctio, ōnis, *f.* (abigo) = ἐξέλασις, das **Wegtreiben,** Hier. in Ierem. 1, 5, 15. Gloss. II, 302, 50.

abăctor, ōris, *m.* (abigo), der **Wegtreiber** des Viehes, **Viehdieb,** boum, Firm. de err. 5, 2: pecorum, Firm. math. 6, 31: animalium, Cassiod. var. 4, 49: absol., Apul., Sulp. Sev. u. a. Spät.

1. abăctus, a, um, s. ab-igo.

2. abăctus, ūs, *m.* (abigo), das (gewaltsame) **Wegtreiben,** Plur., cum abactus hospitum exerceret, da er den Gastfreunden ihr Vieh wegtrieb, Plin. pan. 20, 4.

abaculus, ī, *m.* (*Demin.* v. abacus), ein **kleiner Würfel** von gefärbtem Glas zu Mosaikarbeiten, Plin. 36, 199.

abacus, ī, *m.* (ἄβαξ; dah. latein. abax, bacis, *m.*, Prisc. 7, 42), die **Tafel** od. **Tischplatte, I** der **Abecetisch,** d. h. das nach dem dekadischen Ziffersystem in viereckige Felder abgeteilte **Rechenbrett,** Pers. 1, 132. – übh. der **Rechentisch,** abaco et pulvisculo se dedere, sich mit Geometrie beschäftigen, Apul. apol. 16. p. 24, 7 Kr. – **II** jedes in Felder abgeteilte **Spielbrett,** eburneis quadrigis cotidie in abaco ludere, Suet. Ner. 22, 1: diem abaco et latrunculis conterere, Macr. sat. 1, 5, 11. – **III** ein in durchlöcherte Felder abgeteilter **Schenk-** od. **Kredenztisch,** der zur Aufnahme der mit einem spitzen Fuß versehenen Weinkrüge diente, Cato r. r. 10, 4. – später ein musivisch verzierter **Prunktisch** in den Zimmern, zur Aufstellung kostbarer Gefäße (Vasen usw.), Varr. LL., Cic. u. a. – **IV** architekt. *t. t.*: **a** die obere **Platte** auf dem Kapitell der Säulen, Vitr. 3, 5, 5. – **b** ein aus Stuck od. musivischer Arbeit (von Marmor od. Glas) bestehendes viereckiges **Feld,** wie sie zur Verzierung in die Zimmerwände eingelegt wurden, das **Getäfel,** Vitr.: bases abacorum, Friese, Sockel der Zimmerwände, Plin.

abaddir, *n. indecl.* od. Genet. iris, *m.* = βαίτυλος, ein **Meteorstein,** bes. aber der Stein, den Rhea dem Saturnus zu verschlingen gab, Prisc. 2, 6 (wo auch Nbf. abaddier) u. 5, 18 a.: Plur. abaddires, Augustin. ep. 17, 2. – Nbf. abidir, Mythogr. Lat. 1, 104.

ābaeto, ere, (a u. baeto), **weggehen,** Plaut. truc. 96. Vgl. abito.

abagio, *f.*, Erklärung von adagio bei Varr. LL. 7, 31.

abago, s. ab-igo.

abalēno, s. abalieno ►.

abaliēnātio, ōnis, *f.* (abalieno), die **Ent-, Veräußerung** (gerichtl. *t. t.*), Cic. top. 28. Iul. Victor. art. rhet. 3, 3. Gromat. p. 45, 13 u. 76, 5.

ab-aliēno, āvī, ātum, āre, durch Weggeben an einen anderen entfremden, **I** eig.: **a** übh. **entfremden = entfernen, trennen,** istuc crucior, a viro me tali abalienarier, Plaut.: nisi mors meum animum abs te abalienaverit, Plaut.: nato mox et abalienato Iove, Tert. ad nat. 2, 12. – **b** in Bezug auf den Besitz einer Sache **sich entäußern,** eine Sache **abtreten, veräußern** (Ggstz. conservare), agrum, Sen.: agros populi, Cic.: vectigalia (die Staatsgefälle), Cic.: quatriduo picturam, Plaut.: ea vendidisse atque abalienasse, Cic.: nutricem (die Ernährerin = den Acker) ab alqo, Plaut.: alqd ab se, Inscr. – **c** Körperteile dem Körper entfremden, **absterben machen;** dah. abalienatus, **abgestorben,** abalienata morbis membra, Quint.: abalienata pars, Scrib. – **c** die Sinne entfremden = **betäuben,** sensus, mentem, Scrib. 192 (aber ab mente abalienari, Scrib. 181). – **II** übtr.: **1** übh. **entfernen,** abalienati iure civium, des Bürgerrechtes beraubt, Liv. 22, 60, 15. – **2** Neigung u. Gemüt **entfremden, abwendig-, abspenstig machen** von usw., **gleichgültig machen** gegen usw. (Ggstz. alqm amicum facere), alqm, Cic.: animum, Cic.: m. *ab* u. Abl., alqm ab alqo, Cic.: voluntatem alcis ab alqo, Cic.: ab sensu rerum suarum animos, Liv.: m. bl. *Abl.*, homines suis rebus, Nep.: m. *Dat. pers.*, Gentium alci, Liv.: colonos Romanis, Liv. – ► Paragog. Infinitiv Präs. Pass. abalienarier, Plaut. merc. 457; mil. 1321; trin. 557. – Nbf. abaleno, CIL 6, 14930.

ab-aliud, *Adv.*, **von der anderen Seite,** Tert. ad nat. 1, 9.

ab-alterutrum, *Adv.*, **voneinander,** Hyg. de munit. castr. § 43.

ab-ambulo, āre, **wegwandeln,** Paul. ex Fest. p. 26, 10. Vgl. Gloss. ›abambulo, κατ' ἰδίαν περιπατῶ. διακινῶ‹.

abamita, ae, *f.* = avi amita, **des Ahnesahns** (abavi) **Schwester,** ICt. (das. auch amita maxima genannt).

ab-ante (ital. avanti, franzōs. avant), als Praep. m. *Acc.*, **vor** etw. **weg,** ab. faciem, Itala levit. 19, 32: ab. eum, Itala Nahum 1, 5 oder als *Adv.*, **vorweg,** Firm. math. 2, 22.

Abantēus, -tiadēs, -tias, -tius, s. Abās.

ab-arceo (aberceo), **getrennt halten, absondern,** Paul. ex Fest. p. 15, 13 u. (abercet) 25, 16. CIL 13, 485. Vgl. Gloss. V, 435, 6: ›abarcet, prohibet, vitat‹.

abarguo = ἀπελέγχω, **überführen,** Gloss. II, 234, 22.

Abaris, Akk. im u. in, *m.*, ein Rutuler im Heer des Turnus, Verg. Aen. 9, 344. Val. Flacc. 3, 152.

Abaritānus, a, um (Abaris), **abaritanisch,** arundo, eine Schilfart in der Nähe von Abaris in Afrika, Plin. 16, 172. CIL 8, 17202.

ab-articulāmentum, ī, *n.*, das **Übergelenk,** ab-articulamenta aquilae, Placit. de medic. 23, 2.

Abās (Nbf. Abans, Serv. Verg. Aen. 3, 286), antis, *m.* (Ἄβας), König in Argos, Vater des Akrisius, Großvater der Danaë und Atalante, u. Urgroßvater des Perseus (Sohnes der Danaë), von dem nach einer nach Euböa unternommenen Wanderung die Euböer »Abanten« heißen, Hyg. fab. 170. – Dav. **a Abantēus,** a, um (Ἀβάντειος), zu Abas gehörig, **abantéisch,** Ov. met. 15, 164. – **b Abantiadēs,** ae, *m.* (Ἀβαντιάδης), ein **Abantiade** (= männl. Nachkomme des Abas) = dessen Sohn Akrisius, Ov. met. 4, 607; u. = dessen Urenkel Perseus, Ov. met. 4, 673 u. ö. – **c Abantias,** adis, *f.* (Ἀβαντιάς), eine **Abantiade** = ein weibl. Nachkomme des Abas (= Danaë od. Atalante); dah. auch alter Name der Insel Euböa, Plin. 4, 64; vgl. Prisc. perieg. 544. – **d Abantius** a, um, **abantisch** = euböisch, aequora, Stat. silv. 4, 8, 46.

Abatos, ī, *f.* (ἄβατος), eine Felseninsel im Nil, in der Nähe von Philä, die nur von den Priestern betreten werden durfte, Lucan. 10, 323 (griech. b. Sen. nat. qu. 4, 2, 7).

ab-avia ae, *f.* = avi avia, die **Ururgroßmutter,** ICt.

ab-avunculus, ī, *m.* = avi avunculus, der **Bruder der Ururgroßmutter** (abavia), ICt.

ab-avus (abavos, CIL 1, 1198), ī, *m.* = avi avus, der **Ururgroßvater,** Plaut., Cic. u. a. – Zuw. in allgem. Bed. **Ahne, Ahnherr,** Cic. u. a.

abax, s. abacus.

abba, s. abbās.

abbās, ātis, *m.* (chald. אבא Vater), der **Abt,** Eccl. – Nbf. abba, Ven. Fort. carm. 4, 4, 16.

abbatia, ae, *f.* (abbas), die **Abtei,** u. **abbatissa,** ae, *f.*, die **Äbtissin,** Eccl.

ab-bīto, ere, s. ābīto.

abbo, Gloss. II, 472, 8 φιλῶ στόματι ὃ λέγεται ἐπὶ βρέφους: ›abbo, basio‹.

abbreviātio, ōnis, *f.* (abbrevio), die **Abkürzung, Umrechnung,** Eccl.

abbreviātor, ōris, *m.* (abbrevio), **einer der abkürzt** = der aus einem Schriftsteller einen Auszug macht, alcis, Spät.

ab-brevio, āre, **I abkürzen, reduzieren,** Spät. – **II** übtr., reduzieren = **schwächen,** Eccl.

Abdalōnymus, ī, *m.* (Ἀβδαλώνυμος), von Alexander d. Gr. in Sidon eingesetzter König, Curt. 4, 1 (3), 19. Iustin. 11, 10, 8.

Abdēra, ōrum, *n.* (Ἄβδηρα, τὰ), **I** Stadt in Thracien, Geburtsort des Protagoras u. Demokrit, j. *Polystilo* oder *Asperosa*, Liv. 45, 29, 6. Plin. 4, 42, berüchtigt durch den Stumpfsinn u. die Kleinstädterei ihrer Einwohner; dah. hic Abdera, Cic. ad Att. 4, 16, 6: u. o Abdera, Abdera, dares quantas vias mortalibus irridendi, Arnob. 5, 12. – Nbf. Abdēra, ae, *f.*, Ov. Ib. 465. Plin. 25, 94. Solin. 10, 10. – **II** Stadt in Spanien, j. *Adra,* Mela 2, 6, 7 (2. § 94). – Dav. **a Abdērītēs,** ae, *Abl.* a, *m.* (Ἀβδηρίτης), einer aus Abdera, ein **Abderit,** Laber., Cic. u. a. – **b Abdērītānus,** a, um, **abderitisch** = stumpfsinnig, Mart. 10, 25.

abdicātio, ōnis, *f.* (abdico), das **Sich-Lossagen** von jmd. od. etwas; dah. (als gerichtl. u. publiz. *t. t.*) **I** das **Verstoßen** u. **Enterben** des Sohnes, alcis, Plin. u. Solin.: mea, Sen. rhet.: absol., Sen. rhet. u. a. – **II** das **Entsagen,** dictaturae, die Niederlegung, Liv.: hereditatis, spät. ICt.

abdicātīvē, *Adv.* (abdicativus), **negativ** (Ggstz. dedicative), Mart. Cap. 4. §. 409.

abdicātīvus, a, um (abdico), **verneinend, negativ** (Ggstz. dedicativus), Spät.

abdicātrīx, īcis, *f.* (abdico), die **Verleugnerin,** Salv. eccl. 2, 52.

1. ab-dico, āvī, ātum, āre, etwas od. jmd. von sich od. **sich** von etwas **lossagen: I** übh.: **a** eine Sache, **von sich weisen, verwerfen, abschaffen, ablegen,** legem agrariam, Plin.: occulta dedecoris, Vulg.: aurum e vita, abschaffen, Plin.: antra abdicata soli, entzogen, Prud.

– **b** eine Pers.: alqm a penatibus, von Haus u. Hof jagen, Dict. 3, 26: hos homines ab amicitia sua penitus, Leo M. serm. 16, 5: a generatione Christi abdicari, *ibid.* 26, 4: abd. se ab isto nomine, Augustin. in psalm. 75, 1: se humanitate, Lact. 3, 10, 14: se ratione, Lact. 5, 19, 3. – **II** insbes.: **a** jmd. von sich lossagen, **α** jmd. **nicht** (als den Seinigen) **anerkennen,** jmd. **verleugnen,** consanguineam esse abdicant, erklären förmlich, dass sie keine B. sei, Pacuv.: alqm patrem, Liv. u. Curt. – dah. ein Kind, bes. einen Sohn, **verstoßen und enterben,** natum, Pacuv.: filium, Sen. rhet.: liberos, Plin.: u. so abdicatus, der Verstoßene, Quint. – **β** einen als Verwandten **zurückweisen,** generum, Spät. – **b** (publiz. *t. t.*) **sich** von einem Amt vor der gesetzlichen Zeit, von einem Verhältnis (durch eine förmliche Erklärung) **lossagen,** ihm **entsagen,** se scriptu, Calp. Pis. fr.: se dictaturā, Caes. u. Liv.: se non modo consulatu, sed etiam libertate, Cic.: se tutelā, Cic. – bei den Histor. seit Sallust auch mit bl. *Acc.* der Sache = ein Amt von sich lossagen, es **aufgeben,** ihm **entsagen,** magistratum, Sall. (aber se magistratu, Liv.): dictaturam, Liv. – im Zshg. absol., ut abdicarent consules, abdicaverunt, Cic. de nat. deor. 2, 11. – u. nachaug. auch abd. alqm, jmd. **abdanken,** regem, Plin. 6, 89: abdicari regno ob alqd, Heges. 1, 43, 7. – **c absprechen, verneinen, in Abrede stellen** (Ggstz. dedicare), aliquid de quopiam, Apul.: mit folg. Akk. u. Infinit., Apul.

2. ab-dīco, dīxī, dictum, ere, **absprechen, I** (als *t. t.* der Augurspr.) **nicht zusagen, verwerfen** (Ggstz. addico), cum tres partes (vineae) aves abdixissent, Cic. de div. 1, 31. – **II** (als gerichtl. *t. t.*) durch eine Verordnung **absprechen, aberkennen,** vindicias ab alqo (Ggstz. vindicias dicere secundum alqm), ICt.

abditē, *Adv.* (abditus), **versteckt, tief,** quae abdite occulta penetravit, Ambros. Iob et David 1, 9, 29.

abditīvus, a, um (abditus), **a entfernt,** a patre, Plaut. Poen. prol. 65. – **b** = abortivus, Paul. ex Fest. 21, 16.

abditūdo, dinis, *f.* (abdo), die Verborgenheit, Virg. gramm. 83, 4 H.

abditus, a, um, *PAdj.* (von abdo), **dem Blick entzogen, -entrückt, entlegen, abgelegen, unzugänglich, versteckt, verborgen, I** eig., dem phys. Blick: vis abdita quaedam, Lucr.: bes. v. Örtl., pars aedium, regiones, Sall: loca, Winkel, Sall.: von Pers., abstrusus atque abditus, in Einsamkeit vergraben und dem Anblick der Welt entrückt, Plin. pan.: *neutr. sing.* m. Präpos. subst., die **Tiefe,** torrentium in abdito (vis) vastior, Sen.: subita ex abdito vasti amnis eruptio, Sen.: Ggstz. ex aperto (der Oberfläche) et abdito, Sen.: *neutr. plur.* subst., terrai penitus abdita, Lucr. 6, 809. – **II** übtr., dem geistigen Blick: res abditae et obscurae, Cic.: res occultae et penitus abditae, Cic.: voluntas abdita et retrusa, Cic.: sunt enim innumerabiles de his rebus libri neque abditi neque obscuri, Cic.: abditi alcis sensus, Liv. u. Tac.: severitatem abditam, at clementiam in procinctu habere, Sen.: *neutr. sing.* m. Präpos. subst., sententiae nescio unde ex abdito erutae, Cic. or. 79: *neutr. plur.* subst., abdita rerum, entlegene Begriffe, tiefe Gedanken, Hor. de art. poët. 49. – ► *Compar.* abditior, Augustin. conf. 5, 5, 8: *Superl.* abditissimus, Augustin. Enchir. 16.

ab-do, didī, ditum, ere, **weggeben, -tun;** dah. **auf die Seite-, aus den Augen schaffen, entfernen, dem Auge-, den Blicken-, dem Anblick entziehen, zurückziehen, entrücken, I** im Allg.: hinc procul abde faces, Tibull.: pedestres copias ab eo loco abditas, Caes.: se ex conspectu eri, Plaut.: formosas tristibus agris, Tibull.: corneā corpus domo, Phaedr.: (equum) domo, im Haus behalten (verwenden), Verg.: copiae paululum ab eo loco abditae, Caes.: virgo abdita (sc. turri), eingeschlossen, Hor. – antequam se sol abderet, Cic.: argentum abditum terris, solange es noch in der E. verborgen liegt (unentdeckt ist), Hor.: partes corporis contexit atque abdidit (natura), Cic. – poet., vultus et caput undis, Ov.: caput cristatā casside, bedecken, Ov. – acetum vesicā abditum, in eine Bl. eingeschlossen, Scrib.: abd. corpus humi, beerdigen, Flor. – dah. **a** eine Waffe **versenken, hineinstoßen,** totos sub unguine dentes, Ov.: ferrum in armo ferae, Ov.: mit *Dat.*, lateri capulo tenus ensem, Verg. Aen. 2, 553: alto vulneri ferrum, Sen. Troad. 48. – **b** abdere se in alqm locum, **sich** wohin **zurückziehen, sich bergen, vergraben,** se in montes, Verg.: bes. aus der menschl. Gesellschaft, se in intimam Macedoniam, Cic.: se rus, Ter.: se Arpinum, Cic.: u. se in bibliothecam od. in litteras, Cic.: u. se litteris, Cic.: im *Part. Perf. Pass.* (medial) abditus, von der menschlichen Gesellschaft entfernt, zurückgezogen lebend, in tectis silvestribus, Cic.: agro, Hor. – **c** wohin **entfernen, verweisen** = verbannen, ea in insulam Seriphon abdita est, Tac. ann. 2, 85. – **II** mit dem Nbbgr. des Verbergens = **verbergen, verstecken,** filium, Tac.: se post maceriam, Liv.: se in scalarum tenebras, Cic.: se in proximas silvas, Caes.: se in suis tectis, Liv.: abditi in tabernaculis, Caes.: in silvis abditos latere, Caes.: in silvam Arduennam abditi, Caes.: inter sarcinas abditi, Tac.: ferrum intra vestem, Liv.: intra muros abditi, Liv.: inter cameram et tectum cubiculi abditus, Val. Max.: abditi per tentoria, Tac.: cultrum sub veste abditum habere, Liv.: Amphiaraë sub terram abdite! Cic.: ascensus abditus a conspectu, Liv.: m. bl. *Abl.*, alqm domo, Verg.: ferrum veste, Liv.: gladium sinu, Tac.: se tugurio, Aur. Vict.: meritorio cenaculo abditi, Suet.: m. *Dat.*, abditus carceri, Vell. 2, 91, 4 (vgl. oben *no.* I, a): Partiz. subst., abditi, die Verborgenen, Auct. b. Afr. 50, 4 *ed. Nipp.* (*codd.* abusi). – übtr., etwas gleichs. dem geistigen Blick entziehen = **geheim halten, verbergen,** mit etwas **geheim tun,** illum, quem abdis, Cic.: abdenda cupiditas erat, Liv.

abdōmen, minis, *n.* (vielleicht zu ahd. intuoma, ›exta‹) der (fette) **Unterleib** in der Gegend des Nabels, der **Schmerbauch, Wanst** der Tiere, abdomina thunni, Lucil.: bes. des Schweines (bei den Alten ein leckeres Gericht), Plaut. u. Plin.: abdomen avide devorare, Val. Max. – u. der Menschen, Pompon. com. fr. u. Cels. – bes. als Sitz der niederen Sinnenlust, der Sinnlichkeit, manebat insaturabile abdomen, Cic.: natus abdomini suo, der nur seinen Bauch pflegt, Cic.: abdominis voluptates, niedere Sinnenlust, Cic.: abdomini servire, Sen. de ben. 7, 26, 4: moecho hoc abdomen adimere, den wüsten Wanst (= die Hoden), Plaut. – ► abdumen geschr. bei Charis. 38, 9; vgl. Gloss. ›abdomen, abdumen, λαπάρα‹.

ab-dūco, dūxī, ductum, ere (gotisch af-tiuhan), jmd. von irgendwo wohin **wegführen, wegschaffen, mit sich nehmen, -bringen, I** im engeren Sinne, **1** eig.: obsides, Inscr.: capellas, Ov.: somnos (personif.), Ov.: alqm ab amica, Naev. com. fr.: alqm a grammaticis (Ggstz. tradere rhetori), Quint.: alqm ab aratro, Cic.: alqm e conspectu, Plaut.: alqm e foro, ex acie, Cic.: alqm de foro, Liv.: virginem de convivio, Varr. fr.: alqos de piratis, Cic.: alqm intro, Acc. fr. u. Plaut.: intro in aedes, Plaut.: alqm inde ad regem, Nep.: in curiam, Liv.: in secretum, beiseite führen, Liv. (s. Fabri Liv. 22, 22, 10): exercitum Romam, Liv.: poet., alqm quascumque terras (st. in terras), Verg. Aen. 3, 601. – alqm convivam od. ad cenam, als Gast od. zum Essen mitnehmen, Ter. – v. »Wegnehmen« zu anderer Verwendung, D. Laelium ab Asiatica classe, Caes. – v. »Nachsichziehen« ins Grab, uxorem, CIL 10, 2183. – v. »Abführen« zur Strafe, collegam vi de foro, Liv.: in lautumias, Cic., in servitutem, Liv.: hunc abduce, vinci, Ter.: abduce istum in malam crucem, führe den zum Henker, Plaut. – vom »Entführen« der Frauen, filiam mimi Isidori ab Rhodio tibicine, Cic.: gremiis pactas, Verg.: alqam matrimonio alcis, Suet.: alqam marito, Suet.: so auch von der Mutter od. v. Vater, filiam, vom Mann, mit sich-, wieder zu sich nehmen, Ter.: gnatam ab illo, Afran. fr. – v. »Entführen, Rauben« der Sklaven usw., mancipia, Cic.: abd. familiam, pecus abigere, Cic.: abd. ab alqo symphoniacos servos per iniuriam, Cic.: alqam certissimae morti, Petr. 114. – vom »gewaltsamen Wegtreiben« des Viehes, armenta, Ov. u. Plin.: equos duos, Curt. – **2** übtr., jmd. ableiten = **zum Abfall verleiten, abwendig-, abspenstig machen,** alqm a fide, Cic. – ab alqo discipulos, Cic.: servum ab avo, Cic.: ab alqo legiones, Caes.: equitatum Dolabellae ad se, auf seine Seite bringen, Cic. – m. *Dat.* non mihi abduces eos, Sen.: queri Capitolinum Iovem cultores sibi abduci, Suet. – **II** im weiteren Sinne, übh. **wegnehmen, weg-, abziehen, trennen, fortschaffen, entfernen, 1** eig.: eum aquaeductum, Inscr.: alci aquam, wegleiten, ICt.: potionem, wegtrinken, Scrib.: clavem, abziehen,

Plaut.: togam a faucibus ac summo pectore, Quint.: capita retro longe ab ictu, den Kopf vor dem Hieb zurückziehen, Verg.: omnes hos fertiles campos in subitam cavernam considentis soli lapsus abducet, wird begraben, Sen.: abducti montes, die zurückgetretenen, Val. Flacc. – **2** übtr.: **a** übh.: ab illis hominibus, qui tum versati sunt in re publica … ad hanc hominum libidinem ac licentiam me abducis? willst hinwegführen, ableiten? Cic. Verr. 3, 210: quae (incorrupta suavitas) illos quoque, quos transit, abducit, reißt hin, Sen. n. qu. 4. pr. § 11. – **b** (philos. *t. t.*) **trennen, absondern,** a coniecturis divinationem, Cic. de div. 2, 13. – **c** von irgendeiner Tätigkeit, irgendeinem Vorhaben od. Verhältnis **abführen, abziehen, abbringen,** alqm a negotiis, Plaut.: alqm a meretricio quaestu, Cic.: alqm ab institutis suis, von seinen Grundsätzen abbringen, Cic.: adulescentem a vitiis aetatis, Sen. rhet.: alqm a viro, Cic.: alqm de consiliis, Cic.: a consuetudine oculorum aciem mentis, Cic.: animum a sollicitudine, animum ab molestiis, animum a cogitationibus, Cic.: animum a corpore, Cic.: se ab omni rei publicae cura, se ab angoribus, sich aus dem Sinn schlagen, Cic. – **d** von einem höheren Rang zu einem niedrigeren herabziehen, **erniedrigen,** artem ad mercedem atque quaestum, Cic. de div. 1, 92. – ► Archaist. abdouco, CIL 1, 30: Imperat. abduce, Plaut. Curc. 693 u. a. Ter. adelph. 482 u. a.: synkop. Perf. abduxti, Plaut. Curc. 614. – parag. Infin. Präs. Pass. abducier, CIL 1, 198, 71.

abductio, ōnis, *f.* (abduco), **I** das **Abführen,** u. zwar das gewaltsame, **a** in die Gefangenschaft, rusticorum, Cod. Theod. 11, 10, 1: decem tribuum, Sulp. Sev. chronic. 1, 50, 3: absol., Vulg. 3. Esdr. 8, 27: in abductione (Gefangenschaft) esse, Ambros. in psalm. 98; serm. 16. § 15. – **b** das **Entführen,** der **Raub,** Hesionae, Dar. Phryg. 4: servi, Cod. Theod. 4, 8, 5. § 5. – **II** das Abziehen, übtr., die **Zurückgezogenheit, Einsamkeit,** Vulg. Sirach 38, 20.

abdūmen, s. abdōmen ►.

abecedārius, a, um, **zum Abece gehörig,** psalmus, ein alphabetischer Psalm, dessen Verse nach dem Abece geordnet sind, Eccl. – *subst.:* **a** abecedariī, ōrum, *m.,* die **Abeceschützen,** Eccl. – **b** abecedaria, ae, *f.* (*sc.* ars), die **Lautlehre,** Spät. – **c** abecedarium, ī, *n.,* das **Abece,** Eccl.

Abel, elis, *m.* (auch *indecl.*) u. **Abelus,** ī, *m.,* **Abel,** ein Sohn Adams, Mythogr. Lat. 3, 6, 15. – Dav. **Abelicus,** a, um, **des Abel,** virtus. Mythogr. Lat. 3, 6, 15.

Abella, ae, *f.,* Stadt in Kampanien, j. *Avella vecchia,* Verg. Aen. 7, 740. Sil. 8, 543. CIL 10, 136 u. 1208: Plur.-Form Abellae, Charis. 35, 8. – Dav. **Abellānus,** (in Hdschr. auch Avellanus), **abellanisch,** oppidum, Serv. u. Isid.: bes. Abellana nux u. subst. bl. Abellana, ae, *f.,* die **Haselnuss** als Frucht, u. die **Haselnuss** = der **Haselnussstrauch,** der **Haselnussbaum,** Scriptt. r. r., Plin. u. a.: nucleus, Plin. u. Isid. – Plur. subst., Abellanī, ōrum, *m.,* die Einw. von Abella, die **Abellaner,** Iustin. u. a.

Abellīnum, ī, *n.* **I** Stadt der Hirpiner in Samnium und römische Kolonie, j. *Avellino;* deren Einw. Abellinates Protropi, Plin. 3, 105. – **II** Ab. Marsicum, Stadt in Lukanien, j. *Marsico vecchio;* deren Einw. Abellinates Marsi, Plin. 3, 105. – **III** Stadt in Kampanien, Plin. 3, 63; wov. viell. Abellina nux = Abellana (s. Abella), Plin. 15, 88.

ab-emo, ere, **wegnehmen,** Paul. ex Fest. 4, 18. Gloss. II, 3, 29 ›abemit: ab eam accepit ἔλαβεν‹.

abēna = habena, s. d.

Abentīnus, s. 1. Aventīnus.

ab-eo, iī, itum, īre (griech. ἄπειμι), **I** von irgendwo, von irgend etwas **ab-, weggehen** od. bl. **gehen, abreisen** (Ggstz. manere, redire, adire, accedere, venire, advenire), **A** eig.: **1** im Allg.: abeam an maneam, Plaut.: abi prae strenue, sequar, Plaut.: abiturum eum non esse, si accessisset, werde nicht (wieder lebendig) weggehen, Cic.: abi, nuntia, geh und melde, Curt.: abiit, excessit, evasit, erupit, Cic.: fugā, Verg.: cum alqo equis (zu Pf.), Liv.: hinc, Liv. u. (Ggstz. huc adire) Plaut.: illinc, inde, Cic.: unde abii? Verg.: ut, unde abissent, eodem statim redirent, Cic.: ab his locis, ab illo, Plaut.: ab urbe, Liv.: ab oculis, Plaut. u. Sen.: ex consilio, ex regno, Liv.: ex agris atque urbibus, Cic.: qui profugus ex Africa abierat, Sall.: repente ex oculis, v. Schlangen, Liv.: e od. ex conspectu, aus dem Gesicht gehen, Plaut. u. Sall., aus dem G. entschwinden, Caes.: de Sicilia, de provincia, Cic.: m. bl. *Abl.* (s. Nipp. Tac. ann. 2, 69), hac urbe, domo, Plaut.: comitio, Liv.: Siciliā, Iustin.: montibus, Verg.: huc, Ter.: quorsum tu abis? Val. Max.: abi quo lubet, Plaut.: hinc in Ephesum, Plaut.: hinc ad legionem domo, Plaut.: foras, hinausgehen, Ter.: procul, Liv.: peregre, Plin.: hinc peregre, Titin.: domum, Ter.: hinc domum, Liv.: suas domos (v. zwei Heeren), Liv.: ab Epidauro Romam, Augustin.: in Angulum aliquo, Ter.: rus aliquo, Plaut.: cum patre Tarentum ad mercatum, Plaut.: illā per angiportum ad erum nostrum clanculum, Plaut.: ad Pompeium, Vell: in aliquas terras, Cic.: in Tuscos in exsilium, Liv.: trans Apenninum, Liv.: trans mare, Amm.: sub iugum, Liv.: sublimis abiit, Liv.: abiit iratus, Cic.: at ego abeo omissa, gehe meiner Wege, Plaut.: abi tacitus tuam viam, Plaut.: ambulatum, Plaut., deambulatum, Ter.: in Volscos exsulatum, in die Verbannung, Liv.: salutatum dominum, Fronto: quietum abeunt, Dict. 4, 16: si abis periturus, in den Tod gehst, Verg.: pars in Hernicos, pars in Latinos praedatura abiit, Liv.: m. *Infinit.,* abi quaerere, geh suchen, geh u. suche, Plaut.: illa in arcem hinc abiit aedem visere, Plaut. – Dah. abi (wie das franz. *va*), **geh** (s. Brix Plaut. trin. 830. Lorenz Plaut. most. 1065 sq.), teils lobend = gut, nun wohl, schon recht, abi, laudo, Plaut.: abi, virum te iudico, Ter.: non es avarus, abi, Hor. – teils scheltend, »geh = fort, pack dich«, Plaut. u. Ter.: u. so abin? willst du gehen? gehst du? = fort, pack dich, Plaut.: abin an non? Plaut.: etiam tu hinc abis? willst du gleich fort? Ter.: abin istinc? Plaut.: abin hinc ab oculis? Plaut.: abi in malam rem od. abin in malam crucem, scher dich zum Henker, Plaut.; vgl. quin tu abis in malam pestem malumque cruciatum, Cic.: abi hinc cum tribunatibus ac rogationibus tuis, Liv. – v. Lebl., **α** im Allg.: abeuntia vela, Ov.: derepente celox abiit, Com. inc. fr.: cum somno et flammam abisse, Liv.: spiritus abiit in auras, Ov.: in aëra sucus omnis abit, verfliegt, Ov.: in vanum abibunt verba monentium, werden in den Wind gesprochen sein, Sen.: vis illa mali Herculeos abiit late diffusa per artus, Ov.: speca prosita, quo aqua de via abiret, Cato fr. – **β** v. der Sonne usw., **scheiden,** sol abit, Plaut.; vgl. abeunte curru (Sonnenwagen), Hor.: hic ubi nox et dies modice redit et abit, Varr. – **γ** von Felsen, Bergen, in die Höhe **steigen, ragen,** scopulus, qui montibus altis summus abiit, Val. Flacc.: abeunt in nubila montes, Sil. – **δ** in die Tiefe **dringen,** cornus sub altum pectus abit, Verg. Aen. 9, 700. – **2** insbes.: **a** irgendwie **abziehen, davonkommen, wegkommen, ausgehen,** zuw. auch im Allg **bleiben, sein, werden,** ita certe inde abiere Romani ut victores, Etrusci pro victis (so gut wie besiegt), Liv.: Romani semper victores ex quamvis temere coepto certamine abire, Liv.: bellis hoc victor abibat omnibus, Verg.: alcis acies victrix abit, Val. Max.: nocte pro victis Antium abierunt, Liv.: omnia malle quam victi abire, Sall.: pauci integri, magna pars vulneribus confecti abeunt, Sall.: semper incolumis abiit, Cato fr.: neutra acies laeta ex eo certamine abiit, Liv.: ne hostes inultos abire sinat, Sall.: tu missus (vom Richter entlassen, freigesprochen) abibis, Hor.: nemo non donatus (unbeschenkt) abibit, Verg.: u. so nullus ab his unquam immunis abit, Arnob.: haud repulsus abibis, Sall.: alio pacto honeste (mit Ehren) quovis modo abeam nescio, Ter.: ne impune abeat, Varr.: impune abeuntem hostem permitteret sequi, Curt.: absol., abiturum eum non esse (unbestraft davonkommen), si accessisset, Cic. Caesin. 20; u. so *ibid.* 45 u. 46. – **b** als publiz. *t. t.* = von einem Amt **abgehen, abtreten,** consulatu, Cic.: magistratu, Cic.: flaminio, Liv.: sacerdotio, Gell.: honore, Liv. u. Suet.: tutelā, ICt. – **c** v. der Frau, abire ab alqo, **vom** Mann **gehen, sich trennen, scheiden,** Plaut.: a te ut abeat per gratiam (in Güte), Plaut. – **d** v. Sterbenden, **hingehen, hinübergehen, verscheiden,** hinc in communem locum, Plaut. Cas. prol. 59: abiturus illuc, quo priores abiere, Phaedr. 4, 20, 16: ad deos, Cic. Tusc. 1, 32. Lact. 1, 11, 47: ad plures, wie scherzh. »zur großen Armee abgehen«, Petr. 42: e medio, Ter.

Phorm. 1019: e vita, Cic. Tusc. 1, 74. Amm. 25, 3, 15: vitā, Vell. 2, 35, 5: u. so absol., insperato abiit, Lucil. sat. 30, 38. – **e** als *t. t.* bei Versteigerungen = jmdm. **entgehen,** ihm **nicht** (zuteil) **werden,** si res abiret a mancipe, Cic.: ne res ab Apronio abiret, Cic.

B übtr.: **1** im Allg.: non longe abieris, du brauchst nicht weit (nach Beispielen) zu suchen, Cic.: quid ad istas ineptias abis? Cic.: longius inde nefas abiit, griff weiter um sich, Ov.: vide, quo iudicium meum abeat, wohin zielt, Sen.: ne nunc incepto longius abierim, Tac.: quorsum abeant? auf welche Seite sollen sie sich stellen? Hor. – **2** insbes., von einem Thema, einem Beginnen, einem Verhältnis **abgehen, abschweifen, abweichen,** es **aufgeben, verlassen,** illuc, unde abii, redeo, Hor.: nec nunc incepto longius abierim, Tac.: abeo a sensibus, Cic.: quid ad istas ineptias abis? wozu solch ungehörige Dinge? Cic. – ab ignavia, Naev. com. fr.: ab emptione, zurücktreten, ICt.: a iure, vom R. abgehen, es verletzen, Cic.: etiam tu hinc abis? auch du verlässt meine Sache? Cic.

II mit dem Nbbegr. des Vergehens, Verschwindens u. dgl., nur übtr., **1** vom Vergehen der Zeit u. der Zustände mit der Zeit: **a** von der Zeit = **verfließen, vergehen, verstreichen,** im Perf. = **vorbeisein,** dum haec dicit, abiit hora, Ter.: abiit illud tempus, Cic.: abiit ille annus, Cic.: annus abit, dum (bis) etc., Ov.: hic dies hoc modo abiit, Cic. – **b** von Krankheiten = **verschwinden, aufhören** (Ggstz. remanere), nunc quidem iam abiit pestilentia, Cic.: nausea abiit, Cic. – **c** von anderen Zuständen usw. = **sich verlieren, sich heben, verschwinden, schwinden,** sensus abit, Cic.: voluptas cito abibit, Cato fr.: malum in diem abiit, Ter.: timor, fides abiit, Liv.: ubi vanus terror abiit, Liv.: e medio abiit scrupulus, Ter. – dah. illa mea, quae solebas ante laudare: *o hominem facilem! o hospitem non gravem!* abierunt, damit ist es aus, Cic. – **2** vom Erfolg einer Handlung (= ohne Folgen) **abgehen, ablaufen, hingehen,** mirabar hoc si sic abiret, Ter.: non posse istaec sic abire, ohne Folgen bleiben, Cic.: non sic abibunt odia, Sen. poët.: sic abierit, das mag so abgehen, Sen. – **3** als *t. t.* der Geschäftsspr. = der Menge, dem Wert nach **zurückgehen, fallen,** ut reditus agrorum, sic etiam pretium retro abiit, Plin. ep. 3, 19, 7.

III mit dem Nbbegr. des Übergehens von einem zum anderen, **übergehen** auf jmd. od. in etw., **a** auf jmd.: ad sanos abeat tutela propinquos, Hor. – **b** in etw.: in radices vires oleae abibunt, Cato: ab. in semen, Plin.: ne in ora hominum pro ludibrio abiret, in aller Munde zum Gespött werde, Liv.: vigor ingenii velocis in alas et pedes abiit, Ov.: in avi mores atque instituta, sich nach und nach bequemen, Liv.: in proelii concursu abit res a consilio ad vires vimque pugnantium, Nep.: adeo ad omnem patientiam saeculi mos abiit, ut etc., Sen. rhet. u. res in iocos abiit, Sen. rhet. – **2** insbes.: **a ganz aufgehen, daraufgehen** für usw., in quos sumptus abeunt fructus praediorum? Cic. ad Att. 11, 2, 2. – **b** in etwas **übergehen, aufgehen,** = **sich verwandeln, verwandelt werden,** zu etwas **werden,** sic deus in flammas abiit, Ov.: terra abit in nimbos imbremque, Lucil.: oppidum in villam, stagnum in salem abiit, Plin.: in villos abeunt vestes, Ov.: u. als gramm. *t. t.* E in U abiit, Varr. LL. 5, 91. – ► Auch *impers.*: abire me vis; abibitur, man wird (st. ich werde) gehen, Plaut.: abitum, quam aditum malis, man möchte lieber weg-, als hingegangen sein, Plaut.: tenuit, ne irrito incepto abiretur, Liv. – ► Imperat. abei, CIL 1, 1007 v. 8 (= Anthol. Lat. 1276, 8 *ed. Meyer*): bei den Komik. oft abin (= abisne), s. Holtze Synt. 2, 266: Genet. Gerund. abiendi, Plaut. fr. bei Prisc. 11, 24 *extr.*: Perf. abi, Stat. Ach. 2, 437: abit, Plaut. mil. 1331; rud. 325. Ter. adelph. 782 u. oft bei nachaug. Dichtern. – Infinit. Perf. abisse fast regelm. für abiisse (bei Dichtern des Metrums wegen abiisse, s. Serv. Verg. Aen. 2, 25).

Abeōna, ae, *f.* (abeo) u. **Adeōna,** ae, *f.* (adeo, īre), die Beschützerinnen der ersten Laufversuche der Kinder aus den Armen des einen in die Arme des anderen (sodass Abeona = Beschützerin des Ablaufs aus den Armen, Adeona die Besch. des Zulaufs in die Arme), Augustin. de civ. dei 4, 21.

ab-equito, āvī, āre, **weg-, fortreiten,** Syracusas, Liv. 24, 31, 10.

ab-erceo, s. ab-arceo.

aberrātio, ōnis, *f.* (aberro), das momentane Abkommen von etwas Beschwerlichem, das **Sich-Entschlagen,** die **Zerstreuung,** a dolore, a molestiis, Cic. ad Att. 12, 38, 3; ep. 15, 18, 1.

ab-erro, āvī, ātum, āre, **abirren, sich verirren, I** eig.: a patre, Plaut.: pecore (v. einem Stier), Liv.: aberrantes ex agmine naves, Liv. – **II** übtr.: **1** von etwas **sich verirren,** unwillkürlich **abkommen, abschweifen,** a regula, a proposito, Cic. – mit Ang. **wohin?** ad alia, Cic.: in melius, verschönernd vom Original sich entfernen, Plin. ep. – mit Ang. **wodurch** aberrare coniecturā (in seiner Vermutung), Cic. (s. Schömann Cic. de nat. deor. 1, 100). – **2** insbes., mit den Gedanken abkommen, **a** übh. **zerstreut sein,** Aug. bei Suet. Claud. 4, 5. – **b** von etw. Lästigem **sich zerstreuen, sich** einer Sache **entschlagen,** a miseria quasi aberrare, Cic. ad Att. 12, 45, 1: u. absol., sed tamen aberro, Cic. ad Att. 12, 38, 1.

Abessalom, *m.*, s. Absalom.

abfore, abforem, abfuat, s. ab-sum a. E.

ab-grego, āre (ab u. grex), **(von der Herde) absondern,** Paul. ex Fest. 23, 7. Vgl. Gloss. ›abgrego, ἀπαγελάζω, διαχωρίζω‹.

ab-hibeo, ēre (ab u. habeo), **vom Leib halten,** Plaut. trin. 264 *ed. Brix.*

ab-hinc, *Adv.* **I** räumlich = **von hier,** aufer abhinc lacrimas, Lucr. 3, 953 (954): toto abhinc orbe, Apul. flor. 16. – **II** in der Zeit: **1** von der gegenwärtigen Zeit rückwärts gerechnet, **a** absol. = **von jetzt an,** dies abhinc quintus an sextus est, cum etc., Apul.: centesimo usque abhinc saeculo, Fronto: anno abhinc tertio, Gell. – **b** mit Acc. = **seit nun, vor,** abhinc annos sedecim, Caes.: abhinc annos prope viginti, Cic.: abhinc triennium, Cic., Komik. u. Apul. – **c** mit *Abl.* = **vor, vor ungefähr,** qui abhinc sexaginta annis occisus foret, Plaut.: comitiis iam abhinc diebus triginta factis, Cic. – **2** selten von der gegenwärtigen Zeit vorwärts gerechnet, absol. = **von jetzt an, von hier** od. **da ab,** Pallad. 4, 13, 9. Symm. ep. 4, 59: verb. inde abhinc, Pacuv. 21.

ab-horreo, uī, ēre, **I** vor etwas **zurückschaudern,** etwas **verabscheuen,** gegen etwas **eine starke Abneigung haben,** von etwas **aus Abscheu oder Abneigung fernbleiben, -nichts wissen wollen,** jmdm. od. einer Sache **abhold sein,** gegen jmd. od. etwas **eingenommen sein,** m. *ab* u. Abl., ab hac domo, Titin.: a pace, Caes.: ab re uxoria, Ter.: a ducenda uxore, Cic.: a Berenice, Tac.: mit bl. *Abl.* (s. Nipperd. Tac. ann. 14, 21), tanto facinore procul animo, Curt.: non abh. spectaculorum oblectamentis, Tac. – nachaug. m. *Acc.*, cadaverum tabem, Suet.: pumilos, Suet.: exemplum huius modi, Dict.: m. *Infinit.*, Augustin. serm. 184, 3. Porphyr. Hor. carm. 1, 1, 16. – absol., sin plane abhorrebit et absurdus erit, sollte er aber dazu gar keine Neigung u. Fähigkeit haben, Cic. de or. 2, 85: omnes aspernabantur, omnes abhorrebant, Cic. Clu. 41: ut aut cupiant (*sc.* reo) aut abhorreant, Cic. de or. 2, 185: postquam abhorrere eos videt, Auct. b. Afr. 73, 5. – **II** übtr., gleichs. von Natur mit etwas **nicht im Einklang-, im Widerspruch stehen, unverträglich-,** ihm **zuwider sein, nicht zusagen, zuwiderlaufen,** zu etwas **nicht passen,** von etw. **abweichen,** von etw. **verschieden-, fern-,** ihm **fremd sein,** ab oculorum auriumque approbatione, den Augen und Ohren anstößig sein, Cic.: oratio abhorret a persona hominis gravissimi, Cic.: abh. a fide, unglaublich sein, Liv.: consilium abhorret a tuo scelere, Cic.: spes ab effectu haud abhorrens, Hoffnung der Ausführbarkeit, Liv.: temeritas tanta, ut non procul abhorreat ab insania, Cic.: longe ab ista suspicione abhorrere debet, Cic.: a quo (vitae statu) mea longissime ratio voluntasque abhorret, Cic.: orationes abhorrent inter se, widersprechen einander, Liv.: m. bl. *Abl.* (s. Nipperd. Tac. ann. 14, 21), abhorrens peregrinis auribus carmen, Curt.: neque abhorret vero, Tac.: nec abhorrebat moribus uxor, Flor.: u.m. bl. *Dat.*, huic tam pacatae profectioni abhorrens mos, Liv.: nec abhorret a veritate m. folg. *Acc.* u. *Infin.*, Suet. Cal. 12, 3. – Dah. abhorrens, **unpassend, unstatthaft,** carmen nunc abhorrens, Liv.: vestrae istae absurdae atque abhorrentes lacrimae, Liv. – ► *Abl.* abhorrenti, Gell. 10, 12, 10.

ab-horrēsco, ere, **einen Abscheu bekommen,** Eccl. u. Gloss.

abhorridē, *Adv.* (abhorreo), **auf harte, ungeeignete Weise,** Charis. 57, 5.

abhortor, ārī = ἀποτρέπομαι, Gloss. II, 242, 2.

ab-icio, iēcī, iectum, ere (ab u. iacio, griech. ἀφίημι), **von sich hinweg-, in die Weite hinaus-** od. **von der Höhe herab werfen, weg-, ab-, hinwerfen, I** eig.: **a** übh.: scutum, arma, Cic.: togam, Cic.: amiculum, Curt.: infantes, aussetzen, Arnob.: statuas aeneas in propatulo domi, Nep.: anulum in mare od. in profundum, Cic.: u. Val. Max.: glebam in sepulcrum, Varr. LL.: insigne regium de suo capite, Cic.: frumentum ex equo, Liv.: tela ex vallo, Caes.: caput centurionis ante pedes eius, Liv.: se ad pedes alcis, se alci ad pedes u. se ad alcis pedes, Cic.: se alci supplicem pro alqo, Cic.: se e muro in mare, stürzen, Cic.: se in herba, Cic.: se od. corpus humi, Curt. u. Plin.: ubi se abiceret, Tac.: u. bl. se abiecit (warf sich nieder, stürzte zu Boden) exanimatus, Cic.: de industria se abiecit, Val. Max. – Sprichw., abicere hastam (hastas), scutum, die Flinte ins Korn werfen, Cic. Mur. 55; de or. 2, 294. – **b** gewaltsam **niederwerfen, zu Boden schlagen,** alqm ad tribunal, ante pedes tuos, ad terram virgis et verberibus, Cic. Verr. 5, 140: dah. im Kampf zu **Boden strecken, niederstrecken,** alqm, Verg. Aen. 10, 736. Val. Flacc. 4, 654: dah. prägn., ein Tier **erlegen,** Erymanthiam beluam, Cic. poët. Tusc. 2, 22. – **c** Lebl. **entfernen,** tenebris abiectis, nachdem sich die D. verzogen, Enn. ann. 219. Apul. met. 7, 1. – **II** übtr.: **1** hinwerfen, **a** in der Rede nachlässig **hinwerfen,** versum, Cic.: ponendus est enim ille ambitus, non abiciendus, man muss die Periode allmählich (sanft) zu Ende bringen, nicht plötzlich fallen lassen, Cic. – **b** durch od. beim Verkauf **losschlagen, verschleudern, sich vom Hals schaffen,** aedes, Plaut.: agros, Phaedr.: psaltriam aliquo, Ter.: pecuniam, Cic. – **c** ein Gut od. Übel **aufgeben, fahren-, fallen-, schwinden lassen, verloren geben, auf** etw. **gänzlich verzichten** od. **Verzicht leisten, α** eine Sache: vitam, Cic.: salutem pro alqo, Cic.: rem tantam, Cic.: famam ingenii, Cic.: memoriam beneficiorum, Cic.: curam, Cic.: spem, Brut. in Cic. ep.: aedificationem, consilium aedificandi, Cic.: timorem, Cic.: memoriam alcis rei, Cic.: legem, Liv.: vitia, Cic.: superbiam, Plaut.: omnem auctoritatem Clodianis armis, Cic.: abiciamus ista, lassen wir das, Cic. – **β** eine Pers., **aufgeben, fallen lassen,** Scaurum, Cic. ad Q. fr. 3, 8, 3: u. insbes., eine Gattin **verstoßen,** uxorem, Auct. Vict. epit. 1, 23; 39, 2. – **2** zu Boden werfen od. drücken, **a niederschmettern, jedes Haltes, aller Kraft berauben, wehrlos machen,** intercessorem, Cic.: hostem, inimicum, Val. Max.: senatus auctoritatem, Cic.: ut nimiis adversarii viribus abiectus videretur, Cic.: civitas Spartana iacet armis nostris abiecta, Val. Max. – bes. in moralischer Hinsicht, **gänzlich niederbeugen, entmutigen,** animum, Quint.: abiecta metu filia, verzweifelnd, Cic.: se perculsum atque abiectum esse sentit, Cic.: dah. se abicere, allen moral. Halt, das moralische Gleichgewicht verlieren, Cic. Tusc. 2, 54. – **b niederwärts richten,** suas omnes cogitationes in rem tam humilem tamque contemptam, Cic. – dah. auf eine niedrigere Stufe verweisen, **herabdrücken, erniedrigen,** ceteras animantes ad pastum, Cic. – u. durch Worte **herabdrücken** = geringer erscheinen lassen (Ggstz. augere, tollere), res, Cic.: aliquid dicendo extenuare atque abicere, schmälern u. abschwächen, Cic. – u. der Gesinnung nach **sich wegwerfen,** se abicere et prosternere (erniedrigen), Cic. parad. 1, 14.

abiectē, *Adv.* m. *Compar.* (abiectus), **I nachlässig,** Gell. 2, 6, 1. – **II** zu Boden gedrückt, **a** dem Stand nach, **niedrig, gemein,** Tac. dial. 8, 3. – **b** dem moral. Halt nach, **kleinmütig, entmutigt, mutlos,** Cic. Tusc. 2, 55; Phil. 3, 28. – **c** der Gesinnung nach, **verächtlich,** abiectius se proicere, Amm. 15, 2, 3.

abiectio, ōnis, *f.* (abicio), **I** das **Wegwerfen, Abwerfen,** manuum neglecta atque distensa abiectio, Sinkenlassen, Cael. Aur. acut. 2, 10, 59: abiectiones S litterae, die Abstoßung, Prisc. de metr. Ter. 8. – **II** übtr.: die **Entmutigung,** debilitatio atque abiectio animi tui, Cic. Pis. 88. – **b** die **Demütigung, Verachtung,** auch im Plur. (Ggstz. honores), Eccl.

abiectus, a, um, *PAdj.* m. *Compar.* u. *Superl.* (abicio), nur übtr.: **I nachlässig hingeworfen, wenig schwungvoll, prosaisch,** senarii, Cic.: versus, Cic.: oratio humilis et abiecta (Ggstz. oratio nimis alta et exaggerata), Cic. – **II** zu Boden gedrückt, **a** der Stufe, dem Stand, Rang nach, **niedrig, gemein** (Ggstz. amplus), verba, Cic.: actor, Cic.: familia abiecta atque obscura, Cic.: abiectissimum negotium, Val. Max. – **b** dem moral. Halt nach, **niedergebeugt, gedrückt, kleinmütig, verzagt, entmutigt, hoffnungslos,** von Pers., Cic.: animus, Cic.: animus abiectior, Cic.: m. *Genet. loc.*, multos sibi maestiores et abiectiores animi (im G.) visos, Liv. 9, 6, 11. – **c** in moral. Beziehung, **verächtlich, verworfen,** contemptus, abiectus, Cic.: animus abiectissimus, Quint.: abiectior vita (scortorum), Aur. Vict.

abiēgineus, a, um (abies), **aus Tannenholz, tannen,** CIL 1, 577. col. 1. lin. 19.

abiēgneus, a, um (abies), **aus Tannenholz, tannen,** Vitr. 7, 3, 1. CIL 1, 577. col. 2. lin. 3 u. 4.

abiēgnius, a, um (abies), **aus Tannenholz, tannen,** Edict. Diocl. 12, 1: dav. alter Abl. Plur. abiegnieis (= abiegniis), CIL 1, 577. col. 2. lin. 1.

abiēgnus, a, um (abies), **aus Tannenholz, tannen,** trabes (Schiff), Enn.: equus, trojan. Pferd, Prop.: hastile, Liv.: ligna, tabulae, Vulg. – ► Bei Dichtern dreisilbig, abjegnus, z. B. Prop. 3, 19, 12.

abiēs, etis, *f.* **I** die **Tanne,** teils **Rottanne** (*Pinus abies,* L.), teils **Weißtanne, Silbertanne, Edeltanne** (*Pinus picea,* L.), alta, Enn.: tenera, Varr. fr.: arbores abietis, Tannenstämme, Liv.: secta abies, tannene Balken, Bretter usw., Verg.: Plur., Liv.: Sing. kollekt., Liv. (s. Weißenb. Liv. 24, 3, 4). – **II** meton., v. dem aus Tannenholz Gefertigten, **a** ein Schiff, Verg. georg. 2, 68 u. a. – **b** ein Speer, Verg. Aen. 11, 667. – **c** ein Brief, Billett (nach alter Weise auf einem Holzblatt), Plaut. Pers. 248. – **d** die Decken einer Schreibtafel, Mart. 14, 84. – ► Ablat. Sing. bei Dichtern zuw. dreisilbig, abjete, Enn. trag. 117. Verg. Aen. 2, 16 u. a., u. Abl. Plur. viersilbig, abjetibus, Verg. Aen. 9, 674.

abietālis, e, = abiegnus, hasta, Serv. Verg. Aen. 11, 667.

abietārius, a, um (abies), **zum Tannenholz-,** übh. **zum Werkholz gehörig,** negotia, Holzhandel, Paul. ex Fest. 27, 11. – subst., abietarius, ī, *m.*, der **Tischler,** Vulg. exod. 35, 35.

abiga, ae, *f.* = chamaepitys, Plin. 24, 29. Ps. Apul. herb. 27.

abigeātor, ōris, *m.* (abigeo), der **Viehdieb,** Paul. sent. 5, 18. §1 u. Gloss. V, 321, 37.

abigeātus, ūs, *m.* (abigeo), der **Viehdiebstahl, Viehraub,** ICt.

abigeo, ātum, āre (ab u. ago), **wegtreiben,** Cypr. ep. 71, 2.

abigeus, ī, *m.* (abigo), der **Viehdieb,** Ulp. dig. 47, 14, 1. ICt. Vgl. Gloss.: ›abigeus, ἀπελάτης‹.

ab-igo, ēgi, āctum, ere (ab u. ago), **wegtreiben, -jagen, vertreiben, a** leb. Wesen: **α** übh.: greges ovium ex Apulia in Samnium aestivatum, Varr. r. r. 2, 1, 16: in stabula solent equas abigere, Varr. r. r. 2, 10, 1. – **β** gewaltsam **vertreiben, forttreiben, verjagen, fortjagen,** volucres et feras, Cic.: muscas, Cic.: uxorem, verstoßen, Suet.: alqm rus, Ter.: anseres de frumento, Plaut.: alqm ab ianua, Plaut.: abigi ab ludis, ab sede piorum, Liv. – **γ** diebischerweise, raubend **wegtreiben,** pecus, Cic.: praedas hominum pecorumque, Liv.: eorum pecora in suos fines, Hyg. – **δ abtreiben,** partum, Tac.: partum sibi medicamentis, Cic.: fetum, Col. u. Suet. – **b** Lebl., **vertreiben, verscheuchen, verbannen,** nubes, Plin.: fastidium, Plin.: pestem ab alqo, Enn.: curas, pauperiem epulis regum, Hor.: quaedam abigo menti, Sil.: conscientiā abigi, abgeschreckt werden, Hor. – abacti oculi, tiefliegende Augen, Stat.: nox abacta, vertriebene, Verg.

Abila, ae, *f.*, s. Abyla.

ab-inde, *Adv.*, **a** im Raum, **von da, von dort,** quasi sumat abinde (*de cruce*), Comm. apol. 330. – **b** in der Zeit, **von da an, von der Zeit an,** iam abinde … ex quo te cognovimus, Paul. Nol. ep. 6, 2.

ab-intus, *Adv.*, s. 3. ā(ab) a. E.

ab-invicem, *Adv.*, s. invicem.

abitio, ōnis, *f.* (abeo), das **Weggehen, Fortgehen,** hinc abitio, Plaut. rud. 503: haec abitio evenit, Ter. heaut. 190. – v. Lebl., solis occasus et abitio, Iul. Val. 3, 26 (17).

ābīto, ere (a u. bīto), **weggehen,** Plaut. rud. 777; Epid. 304. Lucil. sat. 9, 27 (abbitere): abiteres, Placid. Gloss. V, 43, 12. Vgl. abaeto.

abitus, ūs, *m.* (abeo), **I** der **Fort-, Weggang,** der **Abzug,** die **Abreise** (Ggstz. adventus), eius, Ter.: post abitum huius, Cic.: abitus hirundinum, Plin.: abitus retro, Rückzug, Sil. – insbes., der **Rückzug,** abitus (Genet.) causae, Sil.: abitus optatus, Sil. – **II** meton., der **Ausgang** (als Ort), Verg.: Plur., Tac.

ab-iūdico, āvī, ātum, āre, als Richter u. übh. jmdm. etwas **aberkennen, absprechen,** alqd od. alqm ab alqo, Plaut., Cic. u. a.: scherzh., me a vita abiudicabo, will mir selbst das Leben aberkennen, d. i. nehmen, Plaut. – bl. alqd, Cic.: sibi libertatem, Cic.

ab-iugo, āre, (eig. vom Joch-, dah. übh.) **entfernen,** quae res te ab stabulis abiugat? Pacuv. 222. – ► Archaist. Infin. Fut. ex. abiugassere (= ἀποζεῦξαι), Gloss. II, 3, 41.

abiūnctum, ī, *n.* (abiungo) = διαλελυμένον, die **kurze (konzise) Ausdrucksweise,** Carm. de fig. 55. p. 65 *ed. Halm.*

ab-iungo, iūnxī, iūnctum, ere, **I abspannen,** iuvencum, Verg.: equos, Prop. – **II** übtr., **trennen, entfernen,** timebat abiuncto Labieno, Caes. – se ab hoc dicendi genere, sich entfernt halten, Cic.

abiūrātio, ōnis, *f.* (abiuro), das **Abschwören,** Isid. orig. 5, 26, 24.

abiūrātor, ōris, *m.* (abiuro), der **Abschwörer,** Cassiod. var. 3, 23, 3.

ab-iūrgo, ātum, āre, **scheltend absprechen, verweigern,** arma alci, Hyg. fab. 107.

ab-iūro, āvī, ātum, āre, **eidlich ableugnen, abschwören,** pecuniam, Plaut.: munusculum, Cic.: abiuratae rapinae, Verg.: abi. creditum, Sall. – ► Archaist. abiurassit = abiuraverit, Plaut. Pers. 478.

ablactātio, ōnis, *f.* (ablacto), die **Entwöhnung,** Vulg. gen. 21, 8.

ab-lacto, āvī, ātum, āre, **den Säugling entwöhnen, absetzen,** Cassiod. expos. in psalm. 40, 4 u. a. Eccl.

ablacuo, s. ablaqueo ►.

ablaqueātio, ōnis, *f.* (ablaqueo), **I** das **Räumen,** Col. u. Plin. – **II** meton., die durch Räumen gemachte Grube, der **Räumungsgraben,** Col. de arb. 24.

ablaqueo, āvī, ātum, āre (ab u. lacus), **räumen,** d. i. die Erde um die Weinstöcke herum auflockern, um das Unkraut zu vertilgen und die Fruchtbarkeit zu befördern, oder um die Tauwurzeln abzuschneiden (auch oblaqueare), circum oleas, Cato: radices, Col. u. Plin. – ► arch. Nbf. ablacuo, Varr. r. r. 1, 29, 1.

ablātio, ōnis, *f.* (aufero), die **Wegnahme,** alcis rei od. absol., Spät., bes. Eccl.: Plur., Itala Ezech. 44, 30.

ablātīvus, ī, *m.* (mit u. ohne casus) [ablatus v. aufero], der **Ablativ** (der sechste Kasus der lat. Deklination), Gramm.

ablātor, ōris, *m.* (aufero), **der** etwas **wegnimmt** od. **bekommt,** Augustin. de civ. dei 19, 13 u. a. Eccl.

ablātus, a, um, s. au-fero.

ablēgātio, ōnis, *f.* (ablēgo), das **Wegsenden, Entfernen** einer Person, um sie los zu werden, iuventutis ad Veliternum bellum, Liv. 6, 39, 7: dah. euphem. = die **Verbannung,** Agrippae, Plin. 7, 149: absol., Cassian. de inc. Chr. 4, 11 u. a. Eccl.

ablegmina, um, *n. pl.* (ab-legere, ἀπολέγειν, als vorzüglich auswählen), die besten, zum Opfer ausgewählten Stücke des Opfertieres, Paul. ex Fest. p. 21, 7.

ab-lēgo, āvī, ātum, āre, jmd. **wegsenden, entfernen, beiseite treten lassen** od. **schaffen, a** übh.: boves, Col.: equum, Flor.: Arionem, Gell.: honestos homines, Cic.: alqm foras, hinc aliquo, hinc peregre, Komik.: eo pecus a prato, Varr.: alqm a penatibus suis, Liv.: partus suos a sese, Gell.: alqm in exsilium ad Britannos, Amm.: m. 1. *Sup.,* pueros venatum, Liv. – übtr., haec (legatio) a fratris adventu me ablegat, hindert mich, bei der Ankunft meines Bruders gegenwärtig zu sein, Cic. – **b** als milit. *t. t.,* **abkommandieren,** auch von seinem Posten **verdrängen** (s. Wölffl. Liv. 21, 10, 2), alqm, Liv.: alqm eo, unde etc., Liv.: alqm procul ab Italia, Liv.: alqm extra Italiam, Liv.

ablepsia, ae, *f.* (ἀβλεψία), die **Verblendung,** Serv. Verg. Aen. 7, 647.

ab-levo, āre, **abnehmen, erleichtern,** alienis dispendiis famen suam, Ambros. ep. 68, 3 *extr.:* quae (misericordia) sola solet ablevare miserias, Heges. 5, 2, 80.

ab-ligurrio (abligurio), īvī u. iī, ītum, īre, **I weglecken,** ab canibus abligurritur sanguis, Arnob. 7, 3. – Insbes., **a genießend** lecken, **naschen,** dulcia, Apul. met. 10, 14. – **b verleckern, verprassen, verfressen,** bona, Enn.: patria bona, Ter.: patrimonium, Apul. – **II ab-, belecken,** Auctor inc. bei Suet. gr. 23 *extr.* – ► Synk. Imperf. abligurribam, Apul. met. 10, 14. – parag. Infin. Präs. Pass. abligurrier, Non. 134, 22.

abligurrītio, ōnis, *f.* (abligurrio), das **Verprassen,** Capitol. Macr. 15, 2.

abligurrītor, ōris, m., der **Verprasser,** Ambros. ep. 45, 10. Cassiod. in psalm. 9, 36.

ab-lingo, ere, **ablecken,** Marc. Emp. 8, 137.

ab-loco, ātum, āre, **verpachten, vermieten,** domum in reliquam partem anni, Suet. Vit. 7, 2: ea quae ad epulum pertinerent macellaris, Suet. Caes. 26, 2.

ab-lūdo, ere = ἀπᾴδειν, **im Ton abweichen,** poet. übtr., haec a te non multum abludit imago, passt so ziemlich auf dich, Hor. sat. 2, 3, 320.

ab-luo, luī, lūtum, ere (griech. ἀπολούω), **abspülen, abwaschen, I** reinigend: ova, Varr.: pedes alcis, Cic.: manus, Sen. rhet.: vulnera, Verg.: alcis corpus accuratissime, Apul.: equum in fluminis gurgite, Augustin.: se flumine vivo, Verg.: se a sanguine, Lact.: Passiv. ablui, rein gewaschen werden, Cic. – insbes. = **taufen,** Eccl. – **II** entfernend: **A weg-, ab-, auswaschen, 1** eig.: pulverem manibus, Pacuv.: vivo flumine manus, Aur. Vict.: maculas e veste, Plin.: squalorem sibi, Curt.: sudorem, abtrocknen, Val. Max.: so lacrimas, Tac.: poet., sitis de corpore abluitur, wird weggespült, d. i. gelöscht, Lucr.: sibi (terra) abluit umbras, spült (durch Lichtwellen) die Sch. von sich ab, Lucr. – **2** übtr., **wegnehmen, tilgen,** maculam (moral. Flecken), Plin. ep.: periuria, sich vom M. zu reinigen suchen, Ov.: omnis perturbatio animi placatione abluatur, mag hinweggespült (= oberflächlich beseitigt) werden, Cic. – **B** v. Wassermassen, etw. **fortspülen,** abspülend **mit sich fortführen,** pulvinos, auswaschen u. fortspülen, v. Regen, Varr.: terras, v. Flüssen, Sen.: u. so torrens abluens villas, Sen. – ► Partiz. Fut. akt., ablūtūrus, Augustin. conf. 6, 16, od. abluitūrus, Prud. apoth. 684.

ablūtio, ōnis, *f.* (abluo), das **Abspülen, Abwaschen,** Plin. 13, 74 u. Spät. – insbes. = die **Taufe,** Eccl.

ablūtor, ōris, *m.* (abluo), der **Abspüler, Abwascher,** Tert. poët. adv. Marc. 3, 221.

abluvio, ōnis, *f.* (abluo), die **Abspülung,** der **Abtrieb** (Ggstz. alluvio, w. vgl.), Gromat. vet. p. 124, 1 u. 150, 27.

abluvium, ī, *n.* (abluo), **I** die **Abspülung,** Gromat. p. 82, 19. – **II** die **Wasserflut,** Laber. b. Gell. 16, 7, 2.

abmātertera, ae, *f.* = avi matertera, die **Schwester der Ururgroßmutter** (soror abaviae), Isid. orig. 9, 6, 27 u. ICt.

ab-nato, āre, **davonschwimmen,** Stat. Ach. 1, 383. Vgl. Gloss. ›abnatare, ἐκκολυμβῆσαι‹.

abnegātio, ōnis, *f.* (abnego), das **Ableugnen,** die **Verneinung** (Ggstz. confessio, assertio), Spät.

abnegātīvus, a, um (abnego), **verneinend,** Prisc. 15, 32 u. ö.

abnegātor, ōris, *m.* (abnego), der **Ableugner,** Tertull. de fug. 12.

ab-nego, āvī, ātum, āre, **I abschlagen, verweigern, versagen,** u. so **entziehen, vorenthalten,** alci coniugium et dotes, Verg.: lucem animis, Lact.: alci pecuniae partem, Quint.: depositum, Plin. ep. – nec comitem abnegat (*sc.* se), versagt sich dir nicht als Begleiterin, Hor. carm. 1, 35, 22: m. folg. *Infinit.,* Verg. georg. 3, 456; Aen. 2, 637: absol., abnegat, sie weigert sich, Verg. Aen. 2, 654. – **II verleugnen, ableugnen,** einer Sache **absagen,** semet ipsum, Eccl.: impietatem, Eccl.: m. *Acc.* u. *Infinit.,* Macr. u. Eccl.: m. folg. Relativsatz, quidquid cum diis pepigisset, Lact.

abnepōs, ōtis, *m.* = avi nepos, der **Ururenkel,** Sen. u. a. – Nbf. abnepus, Gloss.

abneptis, is, *f.* = avi neptis, die **Ururenkelin,** Suet. Nero 35, 1.

abnepus, s. abnepōs.

Abnoba, ae, *m.* (*sc.* mons), der Teil des Schwarzwaldes, in dem die Donau entspringt, Plin. 4, 79. Tac. Germ. 1. – **Abnoba Diana,** die Gottheit dieses Gebirges, Inscr. Rhen. 1654: u. bl. **Abnoba,** *ibid.* 1626.

ab-nocto, āre (ab u. nox), **auswärts übernachten,** Sen. de vit. beat. 26, 6 u. Spät.

ab-nōdo, āvī, ātum, āre (ab u. nodus), *t. t.* der Gärtnerspr., **abknoten,** d. i. dicht am Stamm abschneiden u. den sitzenbleibenden Knoten ebenen, pampinus non abnodatus, Col. 4, 22, 4; u. so *ib.* 4, 24, 10 u. 18.

ab-normis, e (ab u. norma), **von der Regel abgehend,** sapiens, ein nicht schulgerechter, einer, der nicht studiert hat, Hor. sat. 2, 2, 3 (vgl. Cic. de amic. 18).

abnormitās, ātis, *f.* (abnormis), die **Abweichung von der Regel, das Ungewöhnliche,** Gloss. ›abnormitas, ἀῤῥυθμία‹.

abnuentia, ae, *f.* (abnuo) = ἀπόφασις, die **Verneinung, Abweisung,** criminis, als rhet. Fig., Aur. Augustin. de rhet. p. 144, 2 *ed. Halm.*

ab-nueo, ēre, altlat. = abnuo (s. Diom. 382, 11), m. *Infinit.*, certare, Enn. ann. 283: ex eo futurum abnuebunt, Enn. tr. 371 (284).

abnuitio, ōnis, *f.* (abnuo), die **Verneinung,** Paul. ex Fest. p. 108, 7.

ab-numero, āre, **abzählen = ganz zählen,** Nigid. b. Gell. 15, 3, 4. Vgl. Gloss. ›abnumero, ἀπαριθμῶ‹.

ab-nuo, nuī, nuitūrus, ere (ab u. *nuo), **abwinken,** durch Winke od. Gebärden, bes. mit Kopf od. Augen, **ein Zeichen geben, dass man** etwas **nicht** tun könne od. wolle (griech. ἀπονεύω, Ggstz. annuo, s. Nigid. b. Gell. 10, 4. § 4), manu abnuit quicquam opis in se esse, gab mit der Hand ein Zeichen, dass er nicht retten könne, Liv. 36, 34, 6. – Dah. **a** übh. etwas **von sich weisen, zurückweisen, von** etw. **nichts hören wollen,** etw. **ablehnen, nicht gutheißen, verweigern, (sich weigern), versagen, verschmähen, verneinen, verleugnen, ableugnen** (Ggstz. annuo, concedo, probo, accipio, affirmo, fateor, polliceor), absol., non recuso, non abnuo, Cic.: abnuente Tigrane, gegen den Willen des T., Sall.: m. *de* u. Abl., neque illi senatus de ullo negotio abnuere, Sall.: m. *Acc.*, intellegas, quid quisque concedat, quid abnuat, Cic.: pacem (Ggstz. accipere pacem), Liv.: regi pacem (Ggstz. polliceri), Sall.: imperium auspiciumque, den Gehorsam verweigern, Liv.: omen, Verg.: linguam Romanam, Tac.: saevitiam caeli, nicht ertragen wollen, Tac.: m. *Infinit.* od. *Acc.* u. *Infinit.* (gew. non od. haud abnuo u. dgl.), nec abnuebant melioribus parēre, Liv.: nemo tam audax unquam fuit, quin abnueret a se commissum esse facinus, Cic. de legg. 1, 40: Scipione abnuente privatim sibi ullum cum Poeno odium, Liv.: nec abnuitur ita fuisse, Liv.: non abn. m. folg. quin u. Konjunktiv, Tac. ann. 13, 14. – von Lebl., **nicht zusagen, hinderlich sein, ungünstig sein,** spes abnuit, Tibull.: nihil abnueret duritia, Plin.: quando locus abnueret, Tac. – **b** v. Soldaten, **sich weigern weiter zu kämpfen, den Gehorsam verweigern** (s. Deder. Dict. 3, 13), Sall., Liv. u. a. – **c** m. *Dat.* = einer Sache **entsagen, abhold sein** (s. Hildebr. Apul. met. 6, 8. p. 411), Thebanis conatibus, Apul.: terrenis remediis, Apul. – ► arch. abnuont = abnuunt, Plaut. capt. 481 u. truc. prol. 6. – Part. Fut. Akt. abnuitūrus bei Sall. hist. fr. 1, 32 (37).

abnūtīvus, a, um (abnuo), **ablehnend, verneinend,** Spät.

ab-nūto, āre (*Intens.* v. abnuo, s. Paul. ex Fest. 27, 18), **wiederholt abwinken,** durch ein Zeichen **ablehnen,** quid mi abnutas? was winkst du mir zu schweigen? Plaut. capt. 611: quid te adirier abnutas? Enn. tr. 407 (306): abnutemus verum, Arnob. 2, 78.

ab-olēfacio, fēcī, factum, ere (aboleo u. facio), **vergehen machen, vernichten, aufheben,** Tert. apol. 35 Mar. Victorin. ad Iustin. Manich. 6 (Migne 8, 1003[a]).

ab-oleo, ēvī, itum (nach Prisc. 9, 54 ēvi, ētum), ēre (ἀπόλλυμι), »etwas **vergehen machen«, vernichten, vertilgen, a** physisch: monumenta, Verg.: opus, Ov.: viscera undis, reinigen, Verg.: Poppaeae corpus non igni abolitum, Tac.: aboleri flammis, Cod. Theod. – Dah. aboleri, aus der Welt geschafft werden = sterben (Ggstz. nasci), Plin. 7. pr. § 4: abolitus, gestorben, Commod. apol. 697. – **b** übtr., **α** politisch, moralisch usw. **tilgen** = auf immer od. gänzlich abnehmen, -entziehen, -beseitigen, -in Vergessenheit bringen, alci magistratum, Liv.: vires, Tac.: certamina communi utilitate, Tac.: memoriam, Tac.: infamiam Tac.: Sychaeum, Verg.: dedecus armis, Verg.: pudor flagitii prioris abolitus est, ist erloschen, Liv. epit. – **β** etw. **ganz außer Gebrauch-, in Abgang bringen, gänzlich abschaffen, -aufheben, für ungültig erklären, unterdrücken, niederschlagen,** ritus, sacrificandi disciplinam, Liv.: testamentum, Vell.: divitias, Sen.: libros, Lact.: accusationem, Plin. ep.: religionem, Suet.: abolitos paulatim patrios mores (allmählich in Abgang gekommene) funditus everti per etc., Tac. – *Partic. Perf.* im Plur. subst., abolita atque abrogata retinere, Quint. 1, 6, 20.

ab-olēsco, lēvī, ere, **nach und nach vergehen,** vitis siccitatibus abolescit, geht aus, Col. 3, 2, 4. – übtr., **abkommen, erlöschen,** cuius rei prope iam memoria aboleverat, Liv.: non abolescet gratia facti, Verg.: cum re nomen quoque vetustate abolevit, Liv.: m. *Dat.* **(wem?),** aliis omnibus cladis Caudinae nondum memoria aboleverat, Liv.

abolitio, ōnis, *f.* (aboleo), **I** das **Vergehenmachen,** cui (nebulae) serenitas abolitionem infert, vergehen macht, Apul. de mund. 8. – **II** übtr., das **Abschaffen, Aufheben,** legis, Suet.: tributorum, Tac.: facti, Amnestie, Suet.; u. so praeteritorum, Capit.; u. absol., sub spe abolitionis, Quint.: sententiae, Unterdrückung des Antrags, Tac.; u. so absol. = die Unterdrückung, Niederschlagung der Klage usw., ICt.

abolitor, ōris, *m.* (aboleo), **der** etw. **wegnimmt,** etw. **vergessen macht,** Tertull. de cult. fem. 1, 3. Auson. grat. act. (VIII) 1, 4. p. 20 Schenkl.

abolitus, ūs, *m.* (aboleo) = abolitio, Cassiod. var. 4, 41.

abolla, ae, *f.* (wohl griech. Ursprungs), ein **zweifacher Umwurf, dichter Mantel** zum Schutz gegen raue Witterung, ein **Reisemantel,** Varr. fr., Suet. u. a.

abōminābilis, e (abominor), **verabscheuenswert, abscheulich,** Spät.

abōminămentum, ī, *n.* (abominor), ein **Greuel, Scheusal** (von Götzenbildern), Spät.

abōminanter, *Adv.* (abominor), **auf abscheuliche Weise,** Spät.

abōminātio, ōnis, *f.* (abominor), die **Verabscheuung,** der **Abscheu,** Eccl. – meton., ein **Greuel, Scheusal,** Eccl.

ab-ōmino, āvī, āre, alte Form st. abominor, CIL 9, 2229. Itala Iudith 9, 2: *Pass.*, Verr. fr. bei Prisc. 8, 16: Partiz. Perf., Liv. 31, 12, 8. Hor. epod. 16, 8. Plin. 10, 34; 18, 5.

ab-ōminor, ātus sum, ārī, **I** etwas Ungünstiges, ein unheildrohendes Wahrzeichen u. dgl. von sich **hinwegwünschen, von sich abgewendet wünschen,** dah. auch **verabscheuen** (Ggstz. optare), alqd, Liv.: quod abominor, was Gott verhüten wolle! Ov. u. Curt.: m. folg. *Infinit.*, haec universa habere, Sen. de ben. 7, 8, 1: absol., abominamur manibus, Quint.: bene facitis, quod (dass) abominamini, Liv. – dah. abominandus, **verabscheuenswert,** nomen, Liv.: infelicitas, Quint.: procul abominanda negotiatio, Quint. – **II** etw. Böses **anwünschen,** crurum eius fragium, Apul. met. 9, 23.

abōminōsus, a, um, voll böser Vorbedeutungen, **verhängnisvoll,** Gramm.

Aborīginēs, um, *m.*, die **Aboriginer,** das Stammvolk der Latiner, urspr. im Gebirge um Reate sesshaft, Cato orig. 1, 5. Cic. de rep. 2, 5. Sall. Cat. 6, 1. Liv. 1, 1 *sq.* – Appellat. = αὐτόχθονες, **Stammvolk, Urvolk, Ureinwohner,** Plin. 4, 120. Serv. Verg. Aen. 1, 6 u. 8, 328. – Dav. **Aborīgineus,** a, um, **aboriginisch,** sacellum, Septim. Seren. bei Ter. Maur. 1906.

ab-orior, ortus sum, īrī, **I vergehen, untergehen** (Ggstz. oriri), von Himmelskörpern, Varr. LL. 5, 66: v. der Stimme, Lucr. 3, 155. – **II** insbes., v. der Leibesfrucht, **abgehen,** Varr. bei Non. 71, 26. Plin. 8, 205. Gell. 12, 1, 8. Arnob. 3, 10: so auch **aborsus** venter (Leibesfrucht), Paul. sent. 4, 9, 6.

ab-orīscor, scī (Nbf. v. aborior, wie experiscor v. experior), **vergehen,** Lucr. 5, 731 (733).

1. aborsus, a, um, s. ab-orior.

2. aborsus, ūs, *m.* (aborior) = abortus, Tert. de fug. 9 *extr.* Apul. de med. 113, 2 *lemm.*; vgl. Non. 448, 3.

1. abortio, īvī, īre, (aborior) **zu früh gebären, abortieren,** Eccl.

2. abortio, ōnis, *f.* (aborior), das **zu frühe Gebären, Abortieren,** abortioni operam dare, Plaut.: merces abortionis, Cic.: Plur., Lact. de opif. dei 12, 6.

abortium, ī, *n.* (aborior) = 2. abortio, Hieron. ep. 22, 13.

abortīvus, a, um (abortus) zur zu frühen Geburt gehörig, also: a **zu früh geboren,** Hor. u. Iuven.: übtr., prophetae ab., falsche, Hieron. ep. 120, 9. – dah. subst., abortivum, ī, *n.*, die **Frühgeburt, Fehlgeburt,** Plin. u. Spät. – b **eine zu frühe Geburt bewirkend, (Frucht) abtreibend,** Plin.: dah. subst. abortivum, ī, *n.* (*sc.* medicamentum), ein **Abtreibungsmittel,** Iuven. 6, 368. – c ovum abortivum, mit vor der Zeit gebildetem, dah. missratenem Küchlein, Mart. 6, 93, 5.

aborto, āre (aborior), **zu früh gebären,** Varr. r. r. 2, 4, 14. Firm. math. 3, 7, 6: m. *Acc.*, filios, Firm. math. 6, 31 *extr.*

abortum, ī, *n.* (aborior), die **Fehlgeburt,** Ulp. dig. 29, 2, 30. § 4; vgl. Paul. ex Fest. 29, 15.

abortus, ūs, *m.* (aborior), die **Frühgeburt, Fehlgeburt,** I das zu frühe Gebären, **Abortieren,** Ter., Cels. u. a.: abortu perire, Plin. ep. – abortum facere, d. i. a eine Fehlgeburt, Frühgeburt tun, zu früh gebären, abortieren, Plin. ep.: dass. abortum pati, Plin. – so ellipt., Tertullae nollem abortum (*sc.* factum esse), Cic. ad Att. 14, 20, 2. – u. übtr. v. geistiger Fehlgeburt, Plin. pr. § 28. – b eine Fehlgeburt verursachen, die Frucht abtreiben (v. Früchten usw.), Plin.: dass. abortum creare (v. Hitze u. Kälte), Col. – II meton., die **Frühgeburt** = das **zu früh Geborene,** abortus non exeuntes, Plin. 24, 22. – übtr. v. Bäumen, gleichs. Missgeburten, **Zwergbäume,** Plin. 12, 13.

ab-ōsus, a, um (ab u. odi) **verhasst,** Commod. instr. 2, 30, 7 (*codd.* abusum).

ab-patruus, ī, *m.* (= avi patruus), der **Bruder des Urgroßvaters** (abavi), ICt.

abra, ae, *f.* (ἄβρα), die **Lieblingszofe,** Vulg. Iudith 8, 32 u. ö.

ab-rādo, rāsī, rāsum, ere, I **wegkratzen, abkratzen, abschaben,** arida et vetera, Col.: nomen, Capitol. – mit dem Schermesser = **abscheren,** supercilia, Cic.: barbam, Plin.: labra pressius tondere et abradere, Sen. – mit der Hacke = **weg-** od. **aushacken,** radices, Plin. – mit dem Pflug **abzwacken** = abackern, aliquid ex meo, Sen.: u. übh. vom Boden **abzwacken** = wegnehmen, Nilus nihil exedit nec abradit, Sen. – poet., abrasae fauces, rauer, rau gemachter Hals, Lucan. – II übtr., jmdm. von seinem Vermögen etw. **abzwacken,** unde aliquid abradi potest, Ter.: nihil se ab A. Caecina posse litium terrore abradere, Cic.: destringi aliquid et abradi bonis, Plin. pan.

Abraham, ae, *m.* u. **Abraham** *indecl.* u. **Abrahamus,** ī, *m.* u. **Abram,** ae, *m.* u. **Abram** *indecl.* (hebr. אברהם), **Abraham,** Eccl. u. Spät. übh. (über die indekl. Form Abraham s. Charis. 94, 14 u. über die Form Abrahamus s. Prisc. 3, 11). – Dav. **Abrahamidēs,** ae, *m.*, ein Nachkomme des Abraham, ein **Abrahamide,** Eccl. – u. **Abrameus,** a, um, **abrahamisch, des Abraham,** Eccl.

abrāsio, ōnis, *f.* (abrado), das **Abscheren,** capillorum, Ps. Augustin. de cont. mundi 3.

ab-relēgo, āvī, āre, **fort** in die Verbannung **weisen,** alqm, Iul. Val. 2, 17 (2, 5).

abrelictus, a, um (relinquo), **verlassen,** Tert. adv. Iud. 1.

abrenūntiātio, ōnis, *f.* (abrenuntio), die **Entsagung** (v. Tod), Eccl.

ab-renūntio, āre, **entsagen, absagen,** m. *Dat.* u. absol., Eccl.

abreptus, ūs, *m.* (abripio), die **Entführung** eines Mädchens, Schol. in Caes. Germ. Arat. p. 396, 4 *ed. Eyss.*

ab-ripio, ripuī, reptum, ere (ab u. rapio), **fortraffen,** I **fortraffen, fortreißen** = **von hinnen führen, fortführen,** a eig.: tres naves (v. Sturm), Verg.: beluam, verschlingen (v. Meer), Curt.: coniugem, in weite Ferne führen, Ov.: alqm procul a terra (im Bild), Cic.: tempestate abripi, Quint. u. (im Bild) Cic.: abripi vi fluminis, Caes.: abripi vi tempestatis ex Indicis aequoribus, Mela: abripi tempestatibus in Germaniam, Plin.: abripi tempestate ab Africa ad insulam Aegimurum, verschlagen werden, Liv.: abreptus pulchro caedum amore, Sil.: m. *Dat.*, pecora litori abrepta, Plin. ep. 8, 20, 8: v. abstr. Subjj., cum dispersos pavor fugientium abriperet (mit sich fortriss), Tac. – dah. se abr., **sich aus dem Staub machen, das Weite suchen,** repente sese subito, Plaut.: se foras, Plaut.: sublatis signis se abr., Liv.: domum se abr., Suet. – b übtr.: alqm a similitudine patris, von der Ä. mit dem V. weit entfernen, Cic. Verr. 5, 30: Romulum si natura ad humanum exitum abripuit, zu einem m. Ende hinausführte, ein m. Ende finden ließ, Cic. de rep. 1, 25: quos leves ob causas damnationis incursus abripuit, die V. rasch ereilte, Val. Max. 8, 1. damn. 5. – II gewaltsam **fortraffen,** A abbeißend usw. = **abreißen,** nasum mordicus, abbeißen, Plaut. Men. 195: articulos morsu, Phaedr. 6, 28, 5: nodum (v. einem Hund), Pers. 5, 159. – B wegnehmend od. wegführend **fortreißen,** 1 wegnehmend = **wegreißen, entreißen, wegnehmen, abnehmen, rauben,** corpus, Verg.: quaedam signa (Feldzeichen), Tac.: equos armaquae, Tac.: non dona (Weihgeschenke) tantum, sed simulacra numinum, Tac.: quae regi portarentur, abripiebat, Nep.: quod ille unciatim vix de demenso suo compersit miser, id illa universum abripiet, Ter.: übtr., quā sacer abripitur caeco descensus hiatu, unterbrochen wird, Prop. 4, 8, 5: abrepto amore, der L. beraubt, *Prop.* 1, 13, 2. – 2 wegführend = **fortreißen, fortschleppen,** a übh.: alqm intro, Ter.: alqm intro inter manus, Plaut.: alqm inde, Cic.: Cappadocem de grege venalium, Cic.: m. *Dat.*, Antonium simulacro Divi Iuli, Suet. Aug. 17, 5. – b zur Haft, zur Strafe usw. **fortschleppen,** alqm, Cic. u. a.: alqm a tribunali, Cic.: alqm de convivio in vincula, Cic: alqm hinc in cruciatum, Ter.: alqm ad quaestionem, Cic.: indemnatum et intestatum abripi, Plaut. – c entführend, raubend **fortschleppen, wegführen, entführen, rauben,** eam (novam nuptam), Plaut.: familias, Cic.: omnes eius gentis cives, Nep.: coniugem (die Geliebte), Prop.: coniuges ad libita Caesarum, Tac.: Cererem, Cic.: parvolam hinc, Ter.: ex eo loco virginem, Cic.: parvolam (puellam) e Sunio, ex Attica hinc, Ter.: filios e complexu parentum, Cic.: virginem a complexu patris, Liv.: liberos eorum obsidum nomine in servitutem, Auct. b. Afr.

ab-rōdo, rōsī, rōsum, ere, **abnagen, abbeißen,** vincula (v. Hund), Varr.: caput (v. d. Schlange), Plin.: unguem (v. Menschen), Pers. 5, 163 zw. (*al.* arrodens).

abrogātio, ōnis, *f.* (abrogo), die **Abschaffung,** legis, Cic. ad Att. 3, 23, 2: legis Oppiae, Val. Max. 9, 1, 3.

abrogātor, ōris, *m.* (abrogo), der **Entzieher,** Arnob. 1, 50.

ab-rogo, āvī, ātum, āre, publiz. *t. t.*, nach vorhergegangener Anfrage beim Volk, also durch förmlichen Beschluss I ein schon bestehendes Gesetz **ganz abschaffen, -aufheben** (vgl. derogo), legem, Cic.: plebei scitum antiquo abrogoque, Liv. – übtr., übh. **zunichte machen, aufheben,** cum ea (lege) pudorem sanctitatemque feminarum, Liv.: Lycurgi leges moresque, Liv.: poenas sibi, sich für straflos halten, Sen. poët. – Partiz. Perf. im Plur. subst., abolita atque abrogata retinere, Quint. 1, 6, 20. – II jmdm. ein Staatsamt **abfordern, abnehmen,** alci magistratum, imperium, Cic. – übtr., übh. **entziehen,** alci fidem, den Kredit, Cic.: nimium scriptis meis, Ov.

abrotonītēs, ae, *m.* (ἀβροτονίτης), **Wein mit Stabwurz gewürzt, Stabwurzwein,** Col. 12, 35.

abrotonum (habrotonum), ī, *n.* (ἀβρότονον), Stabwurz (*Artemisia Abrotonum,* L.), Hor., Cels. u. a. – Nbf. **abrotonus** (habrotonus), ī, *f.* (ἀβρότονος), Lucan. 9, 921: Plur., abrotoni graves, Lucr. 4, 123.

ab-rumpo, rūpī, ruptum, ere, I **abreißen** = **losreißen,** ramos, Ov.: caudam equi, Frontin.: sibi partem viscerum, Curt.: vincla, Enn., od. vincula, Liv.: frenos, Sen.: laqueos, Ggstz. solvere laqueos (im Bild), Plin. ep.: stamen, Iuven.: collum (verst. sibi), v. Gänsen, Varr.: atrox tempestas fastigia aliquot templorum a culminibus abrupta foede dissipavit, Liv. – übtr., Hellespontus Asiam abrumpit Europae, Plin. – equites ab exercitu, Curt.: se latrocinio Antoni (von der Räuberbande des A.), Cic. Phil. 14, 31: plebs velut abrupta a populo, Liv.: divelli ab alqo et abrumpi (durch den Tod), Curt.: Graeci abrupti a ceteris, abgeschnitten, Curt.: abrumperet vitam ab ea civitate, cuius etc., möge seinen Lebensfaden losreißen usw., Tac.: lucrum ex re patroni abruptum, gezogenen, ICt.: omnibus inter victoriam mortemve certā desperatione abruptis (abgeschnitten), Liv.: abr. suspiciones palam, vom Zaun brechen, Apul. apol. 98. – II **abreißen** = **zerreißen, zersprengen, mit Gewalt trennen,** 1 eig.: nubes,

Verg.: pontem, Tac.: pontem post tergum alcis, Val. Max.: laxati ordines abrumpuntur (werden durchbrochen), nec possunt restitui, Tac.: abr. venas, aufreißen (um zu sterben), Tac.: verberibus corpus abrumpitur, wird zerfleischt, Sen. rhet.: imbres abrupti, Wolkenbruch, Apul. – v. lebl. Subjj., praealtae praecipitesque fossae pluribus locis obiectae abruperant iter, hatten versperrt, Curt. – **2** übtr., **a** **verletzen,** fas, Verg.: fidem, Tac.: od. **abstumpfen, zerstreuen,** aciem intentionis, Flor. 1. pr. § 3. – **b** vor der Zeit od. schnell, unvermutet **abbrechen = aufgeben, abschneiden, unterbrechen, stören, verscheuchen** (s. Ladew. Verg. georg. 3, 530), vitam, Verg.: vitam ab ea civitate, Tac.: lucem, Verg.: somnos, Verg.: somnum, Sil.: medium sermonem, Verg.: inceptum sermonem, Quint.: abrupto, quem inchoaverat, sermone, Quint.: nonnumquam hilariores sermones, Suet.: repetiit quod abruperat, Plin. ep.: non abrupta esse studia (Ggstz. dilata), Quint.: otium (Ggstz. intermittere), Plin. ep.: spem undique, Tac.: alci spem gratiae cito, Curt.: dissimulationem, die Maske auf einmal abwerfen, Tac.: abruptis voluptatibus, nachdem ihr den Lüsten für immer entsagt habt, Tac.

abruptē, *Adv.* m. *Compar.* (abruptus), eig. »abgerissen«, dah. übtr., **a** **an einzelnen Punkten,** palantes abrupte flammarum ardores, Amm. 17, 7, 8. – **b** **jäh, jählings,** **α** **geradezu, ohne Eingang,** incipere, Quint.: abr. cadere in orationem, mit der Tür ins Haus fallen, Quint.: oder **geradezu, schlechthin,** non abrupte *medium solem,* sed *fere medium* dicere, Macr. – **β** **jäh = übereilt, ohne Umstände, rücksichtslos, unaufhaltsam,** agere, Iustin.: alqm damnare, Amm.: foedera frangere, Amm.: hostes abruptius inundantes, Amm. 20, 5, 5: abruptius in deum blasphemare, Cypr. ep. 74, 2.

abruptio, ōnis, *f.* (abrumpo), **I** das **Abreißen,** corrigiae, Cic. de div. 2, 84: corporum (= ἀνατομή), das Zergliedern, Theod. Prisc. 4. fol. 315 B. – **II** übtr., **a** das **Abbrechen** einer Handlung, augurii, Fest. 270 (a), 31; vgl. Paul. ex Fest. 271, 7. – **b** der **Bruch** der Ehe, Cic. ad Att. 11, 3, 1.

abruptus, a, um, *PAdj.* m. *Compar.* u. *Superl.* (v. abrumpo), **I** eig., **abgerissen = jäh, steil, abschüssig,** Curt.: nihil abruptius, Plin.: ripa abruptissima, Plin. ep. – *neutr.* subst., abruptum, ī, *n.*, die **steile Richtung** nach oben od. unten, die **steile Höhe** od. **Tiefe,** der **Abgrund,** in abruptum, Verg.: abrupta montium, Plin. ep.: per scopulosa et abrupta, Plin. – **II** übtr.: **a** im Allg., nur subst., abruptum, ī, *n.*, der **Abgrund,** bes. der **Abgrund der Gefahr,** der **Weg des Verderbens,** in abruptum tractus, Tac. – **b** von der Rede, **abgerissen, schroff,** Quint.: sermonis genus, Quint. – **c** v. Charakter, **schroff,** ingenium, Sil.: contumacia, Tac.: homo, Tert.

abs, s. 3. ā (ab, abs).

Absalom, (Absalon) u. **Abessalon,** *m. indecl.*, Sohn Davids, Eccl.

abs-cēdo, cessī, cessum, ere, **weg-, fortgehen, sich entfernen, sich fortmachen, sich zurückziehen** (Ggstz. accedere), **I** eig.: **a** v. Pers.: abscede etiamnunc, Plaut.: procul, Ov.: retro, Sil.: hinc intro, Plaut.: paululum istuc, Plaut.: e conspectu, Plaut.: a curia, e foro, Liv.: paulum ab illis, Plaut.: triclinio, Suet.: Rhodum, Tac. – als milit. *t. t.*, **abziehen, sich zurückziehen,** inde, Liv.: a Capua, Liv.: ab Hannibale, non vestigium ab Hannibale, Liv.: nec ab armis aut loco suo, Liv.: a moenibus, Liv.: moenibus, Liv.: Spartā, Nep.: Thyrio, Liv.: Armeniā, Tac.: obsidione, Liv.: inde irrito incepto, Liv.: proelio victus abscesserat, Capit. – *impers.*, non ante abscessum est, quam etc., Liv.: Regio abscessum est, Liv.: d. h. (wohl sprichw.) tecto latere abscedere, mit heiler Haut davonkommen, Ter. heaut. 672. – **b** v. Lebl.: **α** im Allg.: illorum navis longe in altum abscesserat, Plaut. rud. prol. 66. – verschwindend sich fortmachen, **verschwinden,** cor abscedet, Cic.: quamquam abscesserat imago (das Traumbild, Gespenst), Plin. ep. – **β** vom Mond = **abnehmen,** luna accedens ... abscedens, Plin. 2, 221. – **γ** v. Örtlichk. = sich aus dem Gesichtskreis entfernen, quantum mare abscedebat, Liv. 27, 47, 11. – **δ** (*t. t.* der Malerei) in der Perspektive **zurücktreten** (Ggstz. prominere), Vitr. 1, 2, 2 u. 7. pr. § 11. – **ε** (mediz. *t. t.*) von zurückgetretenen od. stockenden Säften, die in Eiter übergehen u. Geschwüre bilden, **sich ablagern,** aliquid sub lingua abscedit, es bildet sich ein Eitergeschwür, Abszess, Cels.: u. so omnia abscedentia, alle Abszesse, Cels. – **II** übtr.: **a** v. Pers.: **α** der Zeit nach **sich entfernen,** neque admodum a pueris abscessit (ist entfernt) neque admodum adolescentulust, Naev. com. 26. – **β** vom Beruf usw. **abgehen, sich zurückziehen,** non militaribus modo sed civilibus quoque muneribus, Liv. 9, 3, 5. – **γ** von einer Forderung (Klage) **zurücktreten, abgehen, nachgeben,** nec ille abscessit, Tac. ann. 2, 34. – **δ** **sich** jmds. Macht **entziehen,** Pallada abscessisse mihi, Ov. met. 5, 376. – **ε** **aus der Welt gehen, hinscheiden** = sterben, cogitet, quam purus abscedat, Lact. 7, 27, 8: u. so Cypr. ep. 55, 11 u. 17. CIL 6, 1884. – **b** v. Lebl.: **α** v. Zuständen, **weichen, vergehen,** somnus ut abscessit, Ov.: labor a vobis recedet, benefactum a vobis, dum vivitis, non abscedet, Cato. – bes. v. Gemütszuständen, cito ab eo haec ira abscedet, Ter. – **β** vermindernd **abgehen, wegfallen** (Ggstz. accedere), cives earum urbium, quae regno (Antiochi) abscedunt, Liv.: cui aliquid accedere potest, id imperfectum est; cui aliquid abscedere potest, id imperpetuum, Sen. – bes. von einer Geldsumme **abgehen,** abscedent enim minae, non accedent (im Wortspiel), Plaut.: ne quid abscederet, Suet. – ► Archaist. abscessem = *abscessissem,* Sil. 8, 109.

abscessio, ōnis, *f.* (abscedo), das **Abgehen, Zurückweichen** (Ggstz. accessio), Cic. Tim. 44. Tert. de res. carn. 24 u. a. Eccl.

abscessus, ūs, *m.* (abscedo), der **Weggang, Fortgang,** **a** v. Pers.: Ulixi, viri, Dict.: bes. im Kampf, der **Abzug,** Rutulûm, Verg.: u. absol. (Ggstz. aditus, das Anrücken), Tac. – u. die **Entfernung** nach einem anderen Aufenthalt, causa abscessus, Tac.: continuus abscessus, Zurückgezogenheit, Tac. – **b** v. Lebl.: solis, Cic.: inter abscessum noctis, Suet. fr.: abscessu longius ad meridiem (Ggstz. accessu propius ad septentrionem), v. d. Sonne, Lact. – meton., als mediz. *t. t.*, ein **Abszess, Eitergeschwulst, Eitergeschwür,** Cels.

abs-cīdo, cīdī, cīsum, ere (abs u. caedo), **abhauen, abschneiden,** **I** eig.: **a** übh.: funes, Caes.: crines, Tac.: ramos, Caes.: lignum sagittae, Curt.: caput, Cic.: brachium, Liv.: alci aures nasumque, Sen.: alci cervices, Auct. b. Hisp.: rebus caput (im Bild), Sil.: dentibus linguam, abbeißen, Val. Max. – latera montium, schroff abgraben, Sen. de clem. 1, 19, 7: aquam, abschneiden, abgraben, Liv. 41, 11, 4. – **b** **beschneiden = entmannen, kastrieren,** Attis abscisus, Arnob. 1, 41: homo abscisus, Kastrat, Arnob. 5, 42: Partiz. subst., **α** abscisī, ōrum, *m.*, **Entmannte, Kastraten,** Arnob. 5, 31. – **β** abscisa, ōrum, *n.*, die **abgeschnittenen Zeugungsteile,** Arnob. 5, 13. – **II** übtr.: **a** übh.: intersaeptis munimentis hostis pars parti abscisa erat, abgeschnitten, Liv.: abscisus in duas partes exercitus, getrenntes, Caes. – **b** die Stimme usw. **abschneiden** = verstummen machen od. lassen, vox absciditur per ἀποσιώπησιν, Quint.: abscisa scelere Antonii vox publica est, Vell. – **c** **abschneiden** = gänzlich benehmen, entziehen, omnium rerum respectum praeterquam victoriae sibi absc., die Aussicht auf usw., Liv.: regibus spem auxilii sui, Liv.: spe undique abscisā, Liv.: illa tibi tota oratio abscisa esset, Liv.: abscisis omnibus praesidiis (Unterstützung), Tac.

ab-scindo, scidī, scissum, ere (griech. ἀποσχίζω), **ab-, losreißen,** **I** eig.: plantas tenero de corpore, Verg.: tunicam eius a pectore, Cic. Verr. 5, 3: umeris vestem, Verg. (u. so abscissā veste, Curt.): rupem vertice montis, Lucan.: venas, aufreißen, Tac.: poet., abscissa comas, mit zerrauftem Haar, Verg. – **II** übtr.: **a** ein Land vom anderen **losreißen, gänzlich trennen,** zwei Länder **auseinander reißen,** Euboeam Euripus abscindit, Flor.: Hesperium Siculo latus, Verg.: terras Oceano dissociabili, Hor.: caelo terras et terris undas, Ov. – **b** **abtrennen, sondern,** inane soldo, Hor. sat. 1, 2, 113. – **c** **abschneiden** = gänzlich entziehen, benehmen, aufhören machen, reditus dulces, Hor.: sic fata querelas abscidit, Val. Flacc.: fluxum menstruorum, Scrib.: neque ullis remediis audacia potest abscindi, Arnob.: Hortensianae eloquentiae tanta hereditas unā feminae actione abscissa non esset, würde nicht völlig sein Ende erreicht haben, Val. Max.

abscīsē, *Adv.* (abscisus), **abgeschnitten;** übtr. = **kurzab, bündig,** si verba numeres, breviter et abscise; si sensum aestimes, copiose et valenter, Val. Max. 3, 7. ext. 6. – od. **bestimmt,** Callistr. dig. 50, 6, 5. § 2.

abscīsio, ōnis, *f.* (abscido), **I** das **Abschneiden,** genitalium, Augustin. de civ. dei 7, 27, 2 (vgl. zu abscido = entmannen). – **II** die **Unterbrechung,** vocis, das Versagen, Scrib. 72 *lemm.* u. 100. – **III** als rhet. Figur (sonst praecisio u. aposiopesis gen.), das **Abbrechen** mitten in der Rede, Rhet. Her. 4, 67.

abscissē, falsche Lesart st. abscise, s. d.

abscissio, ōnis, *f.* (abscindo), das **Abreißen,** manicarum, Cassian. coen. inst. 1, 5. – ► Sonst falsche Lesart st. abscisio, s. d.

abscissus, a, um, *Partic.* v. abscindo. – An vielen Stellen falsche Lesart st. abscisus, s. d.

abscīsus, a, um, *PAdj.* m. *Compar.* (abscido), **abgeschnitten, a** v. Örtl., **schroff, jäh,** rupes, Liv.: saxum undique absc., Liv.: petra undique absc., Curt.: Haemi montis abscisi scopuli, Amm. – **b** übtr., v. Ton der Rede u. dgl., **abgebrochen** (Ggstz. plenus, latus), Quint. u. Plin. ep.: sonus vocis, Scrib. – v. Charakter der Rede u. pers. Zustände, **barsch, schroff, kurz angebunden,** sententia, responsum, Val. Max.: praefractior et abscisior iustitia, Val. Max.

absconditē, *Adv.* (absconditus), **versteckt, I** eig., Vulg. iudic. 4, 21 u. a. – **II** übtr., von der Rede, **a** der Form der Darstellung nach **dunkel, verhüllt,** implicite et absc. (Ggstz. patentius et expeditius), Cic. de inv. 2, 69. – **b** dem Inhalt nach **tief, mit tiefem Sinn,** disseri, Cic. de fin. 3, 2.

absconditio, ōnis, m. (abscondo), das **Sich-Verbergen, Sich-Verstecken,** Adae a (vor) facie domini, Augustin. in Iob 7 *in.*

absconditor, ōris, *m.* (abscondo), der **Verhehler, Verberger,** Tert. adv. Marc. 4, 25. Firm. math. 5, 15.

absconditus, a, um, *PAdj.* (v. abscondo), **verborgen, geheim, unbekannt,** Cic. u. a.

abs-condo, condidī u. condī, conditum od. cōnsum, ere, **verschwinden lassen, I verbergen, verstecken,** epistulam, Gell.: alqm in armamentario, Curt.: aurum secundum aram, Plaut.: alqd inter nates, Pompon. Com.: sese intus in tenebris, Caecil. com.: se ab illa procerissima platano latenter, Apul.: se a facie dei, Lact.: alqm alvo, Ov.: cadavera foveis, Verg.: matrimonii celebritatem remoti angulo ruris, Sen. rhet.: in terram abscondi, eingegraben werden (v. den Augen am Weinsenker), Col.: im Bild, stultitiam in latebras pectoris, Plaut.: refl., latenter abscondimus, haben uns verborgen, Apul. met. 8, 5: poet., ensem in vulnere, versenken, Sil.: in aëre telum, hoch in der L. verschwinden lassen Sil. – v. lebl. Subjj., Sextum fortuna in Celtiberia abscondit, Flor. 4, 2, 86. – **II** übtr.: **verschwinden lassen, unsichtbar werden lassen, a bedeckend verbergen, unsichtbar machen, bedecken,** v. Pers., siros ita sollerter, ut etc., Curt. – v. bedeckenden Gegenständen, cum luna illum (solem) abscondit, Sen.: fumus abscondit caelum, Curt.: nec galea frontem abscondit, Iuven.: omnes hos fertiles campos repentina maris inundatio abscondet, Sen.: amnis demersus absconditur, Mela: dah. abscondi, **sich unsichtbar machen** = untergehen, v. Gestirnen, Verg. georg. 1, 221. – **b** (wie ἀποκρύπτειν) v. Ab- od. Vorbeireisenden od. -schiffenden = einen Ort **aus dem Blick verlieren,** Phaeacum arces (Ggstz. aperitur Apollo [Apollotempel]), Verg.: Iden, Claud.: bildl., pueritiam, zurücklegen, Sen. – **2 verbergen = verheimlichen,** paucitatem militum, Curt.: fugam furto, Verg.: quod quo studiosius ab istis opprimitur et absconditur, eo magis eminet et apparet, Cic. – ► Nbf. abscondor, wov. Imperativ abscondere, Itala (Tolet.) Iesai. 16, 3.

abscōnsē, *Adv.* (abscōnsus v. abscondo), **heimlich,** Hyg. fab. 184. Firm. math. 2, 2. Vulg. sapient. 18, 9. Augustin. de civ. dei 18, 32. Vgl. Gloss. II, 5, 7 ›absconse, λάθρα‹.

abscōnsio, ōnis, *f.* (abscondo), das **Verbergen,** Chalcid. in Plat. Tim. 123: a turbine et a pluvia, Vulg. Iesai. 4, 6.

abscōnsor, ōris, *m.* (abscondo), der **Verberger,** pecuniarum absconsores, Firm. math. 3, 11 *in.*: auri, *ibid.* 3, 8.

abscōnsus, a, um, *Partic.* v. abscondo, s. d. – subst. absconsi, **Versteckte** v. Charakter (neben subdoli), Firm. math. 3, 8, 12. – *neutr.* subst., in absconso, im Verborgenen, Augustin. de civ. dei 18, 32.

abs-do, didī, dare, **weggeben,** Nov. com. 34.

absectus, a, um (*abseco), **abgeschnitten, einzeln** (Ggstz. coniunctus), Cod. Iust. 12, 34, 5; vgl. Prisc. 1, 43 (wo abssectus ohne Beleg).

absegmen, minis, *n.* (ab u. seco), ein **abgeschnittenes Stück,** carnis, Fest. p. 242 (b), 25.

absēns, entis, *Partic.* v. absum, s. d.

absentātum, s. absinthiātus.

absentia, ae, *f.* (absens), die **Abwesenheit,** discessus meus et absentia (Ggstz. reditus), Cic.: Ggstz. assiduitas, Suet.: in absentia (= eo absente, absens), Curt.: per absentiam, Iustin.: Plur., siderum absentiae, Tert. de res. carn. 12. – übtr., testimoniorum, der Mangel an usw., Quint. 5, 7, 1.

absentium, s. absinthium.

absentīvus, a, um (absens), **länger abwesend,** ein **Spätling,** Petr. 33, 1.

absento, āre (absens), **I** *v. tr.* **abwesend machen,** d. i. **fortsenden, entfernen,** Spät. – **II** *v. intr.* **abwesend sein,** Spät.: absentans, abwesend, Spät.

absīda, ae, *f.*, s. apsis ►.

absīdātus, a, um (absis), **gewölbt,** Cassiod. var. 4, 51. P. Victor. de reg. urb. Rom. reg. 4.

absīgno = ἀποσφαγίζω, Gloss.

ab-silio, īre (ab u. salio), **weg-, davonspringen,** procul, Lucr. 6, 1215 (1217): nidos, aus den Nestern fortspringen, Stat. Theb. 6, 98.

ab-similis, e, **unähnlich** (Ggstz. similis), non absimili formā, Caes. b. G. 3, 14, 5: gew. non abs. m. *Dat.*, M. Antonio non abs., Eutr. 10, 16: non abs. pecori genus, Plin. 8, 199.

absinthātum, s. absinthiātus.

absinthiacus, a, um (absinthium), **aus Wermut,** oleum, Theod. Prisc. 2, 2, 16.

absinthiātus, a, um (absinthium), **mit Wermut angemacht, -versetzt, -abgezogen** (bes. vom Wein), poculum, Sen. suas. 6, 16 zw. – *neutr.* subst., absinthiatum, ī, *n.*, **Wermutwein,** Pallad. 3, 32 *in.*: Nbf. absentatum, Lampr. Heliog. 21, 6.

absinthītēs, ae, *m.* (ἀψινθίτης, ὁ), **Wermutwein,** Col. u. Plin.

absinthium, ī, *n.* (ἀψίνθιον), **Wermut** (*Artemisia absinthium,* L.), Scriptt. r. r. u. a. – meton. **Wermutwein,** Edict. Diocl. 2, 18. – übtr., **etwas Bitteres, aber Heilsames** (Ggstz. mel), Quint. 3, 1, 5. – ► Nbf. absinthius, ī, *m.*, Varr. sat. Men. 440 (p. 204, 4 R.).: u. absentium, Capit. Gord. tr. 19, 1.

absis, s. apsis.

ab-sisto, stitī, stitum, ere (ἀφίστημι), **I** von einem Orte **wegtreten, weggehen, sich entfernen,** quae me reliquit atque abstitit, Plaut.: limine, luco, Verg. – als milit. *t. t.*, ab signis, Caes.: u. so absol., nec absistens nec congrediens, Liv.: tandem abstiterunt, Liv.: miles abstitit, trat ab, Tac. – v. Lebl., ab sole numquam absistens partibus sex atque quadraginta longius (von einem Planeten), Plin.: scintillae ab ore absistunt, sprühen aus den Augen, Verg.: absistit imago, tritt zurück, verschwindet, Sil. – **II** übtr., von etw. **abstehen, ablassen, aufgeben, aufhören,** mit *Abl.*, pugnā, obsidione, Liv.: armis, Liv.: ferro (vom Krieg), Verg.: spe, Liv.: urbis amplius temptandae in praesentia conatu abstitit, Liv.: *impers.*, absisteretur bello, Liv. – m. *Abl. Gerund.*, precando, Verg.: sequendo, Liv.: continuando magistratu, Liv. – m. *Infinit.*, ingratis benefacere, Liv.: moveri, Verg.: haud absisto petere, Liv.: absiste (lass ab) istud od. ista quaerere, Val. Max. u. Sulp. Sev. – absol., ne absiste, lass nicht ab, Verg.

ab-situs, a, um, **abgelegen, entfernt** von usw., Paul. Nol. carm. 21, 405.

absocer, erī, *m.* (= avi socer), **des Ehemanns** od. **der Ehefrau Ururgroßvater,** Capitol. Gord. 2. § 2.

absoleo, vulg. für obsoleo, Gloss. V, 548, 2.

absolūbilis, e (absolvo) = absolvendus, Ambros. in psalm. 118. serm. 12. § 7.

absolūtē, *Adv.* m. *Compar.* (Plin. ep. 4, 27, 2) u. *Superl.* (Rhet. Her. 2, 28) (absolutus), **I in sich abgeschlossen, vollständig, vollkommen,**

Cic. u. a.: vivere, vollk. (= sittlich rein), Cic.: abs. doctus (Ggstz. mediocriter doctus), Suet. – **II** **ohne Zusatz, geradezu, schlechthin,** inscriptum esse, Plin.: respondere, unbedingt, absolut, kategorisch, ICt.: dicere, ohne Umschweife, unumwunden, Amm. u. Auson. – als gramm. *t. t.*, **ohne Kasus, absolut,** proferre verba transitiva, Prisc.: multa verba absolute sine coniunctione casus alicuius solent proferri, Prisc.

absolūtio, ōnis, *f.* (absolvo), **I** das **Loslösen** = die **Trennung, Scheidung,** animae et corporis, Ambros. de bono mort. 8, 33. – **II** übtr.: **1** die **Befreiung,** **a** übh., anxietatis (von der Ä.), Ambros. in Luc. 7, 133. – **b** das gerichtl. **Los-, Freisprechen** (Ggstz. damnatio, condemnatio), virginum, Cic.: maiestatis, vom M., Cic.: absolutionem dare, Iustin.: Plur., absolutiones venditare, Suet. – **c** das **Losgeben,** die **Auslieferung,** cadaveris, Dict. 3, 24. – **d** das **Freiwerden** von einer Verbindlichkeit od. Schuld, a nexu, Modestin. dig. 46, 4, 1: absol., Pallad. 1, 6, 8: dah. die kirchl. **Absolution,** Ambros. ep. 37, 45. – **2** die **Abmachung, Abfertigung,** **a** die **Auseinandersetzung, Darlegung,** Serv. Verg. Aen. 1, 6: Plur., Hilar. in psalm. 53, 14. – **b** die **Erledigung, Entscheidung** eines richterlichen Urteils, iudicii, Sulp. Sev. chron. 1, 39, 3: absol., Gromat. 37, 2; 63, 30. – u. die **Lösung** einer Frage, Macr. de diff. 18, 3. – **3** prägn., die **Vollendung,** rationis, Cic. de fin. 5, 38: corporis aut animi, vollendete Ausbildung, Cic. de inv. 2, 30: u. so optimi perfectio atque absolutio, die höchste Vollkommenheit, Cic. Brut. 137: u. so absol., absolutionem perfectionemque in oratore desiderare, die höchste Vollkommenheit, Cic. de or. 1, 130: dah. die **Vollständigkeit** in der Darstellung, Cic. de inv. 1, 32: u. so abs. verborum, Deutlichkeit, Hilar. trin. 7, 22.

absolūtīvē, *Adv.* (absolutivus), **absolut** = bestimmt, sermonem efferri, Charis. 263, 8. Diom. 388, 20. – od. = **im Positiv** (Ggstz. comparative, superlative), has partiones declinare, Charis. 114, 33.

absolūtīvus, a, um (absolutus), **absolut, bestimmt,** Diom. 337, 13; Ggstz. relativus, Serv. Verg. Aen. 10, 18.

absolūtor, ōris, *m.* (absolvo), der **Freisprecher,** alieni, Cassiod. var. 11. praef. 3.

absolūtōrius, a, um (absolvo), **zur Lossprechung, Befreiung gehörig** (Ggstz. damnatorius), sententiae, Sen. rhet. u. Ascon.: iudicia, ICt.: tabella, Suet. – *neutr.* subst., absolutorium, ī, *n.*, **Befreiungsmittel,** eius mali, Plin. 28, 63.

absolūtus, a, um, *PAdj.* m. *Comp.* u. *Superl.* (v. absolvo), **I** in sich **abgeschlossen, vollständig, vollkommen** (gew. verb. absolutus et perfectus, perfectus atque absolutus = höchst vollkommen), vita, Cic.: philosophus, Cic.: conversiones (Perioden), Cic.: absolutius os, Quint.: argumentatio absolutissima et perfectissima, Rhet. Her. 2, 28. – **II** **von nichts anderem abhängig, für sich bestehend, keiner nähern Bestimmung bedürfend, unbedingt, ohne Einschränkung, absolut,** causa, Cic.: necessitudo, Cic.: donatio, ICt. – dah. als gramm. *t. t.*, nomen abs., das ohne Beisatz einen vollständigen Sinn gibt (z. B. deus), Prisc. – verbum abs., bei Prisc. das keinen Kasus bei sich hat, bei Diomed. dem *inchoativum* entgegengesetzt, das eine vollkommene Handlung u. nicht wie dieses das Werden der Handlung bezeichnet. – adiectivum abs., das im Positiv steht (Ggstz. comparativum, das im Komparativ steht), Quint.: u. gradus abs., Positiv (Ggstz. gr. comparativus, superlativus), Diom.: u. absoluta species = Perfektum, Mart. Cap. 3, 314.

ab-solvo, solvī, solūtum, ere, **ablösen, loslösen, losmachen,** **I** eig.: asinum, Apul.: canem ante tempus, Amm.: valvas, los- od. aufmachen, Apul.: ranis prima (lingua) cohaeret, intima absoluta a gutture, Plin.: absolutus (lapis) segmenti modo, Plin. – **II** übtr., **losmachen,** **1** **befreien,** **a** übh.: se a Fannio iudicio (durch einen Urteilsspruch), Ggstz. alligare stipulatione Roscium, Cic.; vgl. iudicio absolvi a Fannio, Cic.: alqm regni suspicione, Liv.: v. Lebl., is demum annus populum Romanum longo adversum Numidam Tacfarinatem bello absolvit, Tac. – m. *Genet.*, timoris, Sen.: tutelae absolvi, der V. enthoben werden, ICt. – anulum velut vinculum gestat, donec se caede hostis absolvat, bis er sich durch Erlegung eines Feindes davon befreit, Tac. Germ. 31. – **b** vor Gericht usw., **lossprechen, freisprechen** (Ggstz. damnare, condemnare, punire), absol., m. *Genet.*, *Abl.* u.m. *de* u. Abl., bis Catilina absolutus, Cic.: servus omnibus sententiis (einstimmig) absolvitur, Cic.: eādem formulā et damnari et absolvi, Val. Max.: rei facti egregie absolvuntur, Liv.: improbitatis, Cic.: capitis, Nep.: iniuriarum, Rhet. Her.: adulterii, Tac.: alqm commotae crimine mentis, Hor.: alqm crimine stupratae matris familiae, Liv.: reos culpā, Ov.: se peccato, Liv.: de praevaricatione, Cic. – absolvit Veneri, spricht ihn davon los, dass er der Venus und ihrem Tempel noch etwas schuldig sei, Cic. Verr. 2, 22: fidem absolvit, verzieh ihnen ihre Treue, Tac. hist. 2, 60. – **2** jmd. **loslassen, entlassen, abfertigen, expedieren** (s. Brix Plaut. capt. 727. Lorenz Plaut. most. 637), hoc primum te absolvo, das sage ich dir gleich vorweg, Plaut.: te absolvam brevi, Plaut. – insbes.: **α** einen Gläubiger **abfertigen, befriedigen, bezahlen** (s. Lorenz Plaut. most. 637), alqm, Plaut. u. Ter.: creditorem, ICt. – **β** erzählend **abmachen, abfertigen,** paucis absolvit, ne moraret diutius, Pacuv. fr.: de Catilinae coniuratione paucis absolvam, Sall.: cetera quam paucissimis absolvam, Sall.: uno verbo absolvam, Plaut.: locorum situm carptim breviterque absolvam, Amm. – dah. m. folg. *Acc.* u. *Infinit.* = die kurze Notiz geben, **damit abfertigen,** Solin. 2, 11. – **γ** eine Frage **lösen,** scripturarum quaestiones, Sulp. Sev. vit. S. Mart. 25, 6: m. folg. Relativsatz, quod quaerendum mihi occurrit, Macr. sat. 7, 6, 12. – dah. auch einen Traum **auslegen, deuten,** somnium, Sulp. Sev. chron. 1, 11, 6: visa regis, *ibid.* 2, 2, 4. – **3** prägn., gleichs. **abfertigen = fertig machen, vollenden, zu hoher Vollendung bringen** (Ggstz. inchoare), tectum, Cic.: opera, Caes.: tecta urbis, Curt.: pensum suum (v. Schriftstellern), Varr.: unum quidque transigere (abtun), expedire (erledigen), absolvere (abfertigen), Cic.: eos (dialogos) confeci et absolvi nescio quam bene, sed ita accurate, ut nihil posset supra, Cic.: quid est quod ab eo absolvi et perfici debeat? Cic.: absolve beneficium tuum, vollende, kröne dein Verdienst, Liv.: promissa, erfüllen, Varr.

absonāns, antis (absono), von etw. **abtönend,** d. i. einer Sache **zuwider,** nec abs. a iuris ratione, Instit. 2, 25.

absonē, *Adv.* (absonus), **mit falschem Ton, misstönend,** pronuntiare, Apul. apol. 5 *extr.* – übtr., non abs., **nicht ungereimt,** Gell. 15, 25, 1. Arnob. 2, 14 u. 53.

ab-sono, uī, āre, **misstönen, einen falschen Ton haben,** Ter. Maur. 2024. – Partiz. absonans, s. bes.

ab-sonus, a, um, **abtönend,** **I** eig., **misstönend,** vox, clamores, ululatus, latratus, Apul.: vox extra modum absona atque absurda, Cic.: sunt quidam ita voce absoni, ut etc., haben eine so schlecht klingende Stimme, Cic.: m. 2. *Sup.*, vereor ne quando absonum quid modulatu et cantu cecinerim, Fronto princ. hist. p. 202, 16 N. – **II** übtr., **nicht in Einklang stehend, unverträglich** mit usw., tecta, Lucr.: absoni *a* voce motus, Liv.: m. *Dat.*, nihil absonum fidei divinae originis fuit, Liv.: si dicentis erunt fortunis absona dicta, Hor.: est enim absonum et insipiens m. folg. *Infin.*, Amm. 17, 5, 13; *neutr.* subst., absona inauditaque dicere, Gell. 7, 15, 5.

ab-sorbeo, buī, ēre, **hinunterschlürfen,** schlürfend **hinunterschlucken, verschlucken, verschlingen,** v. leb. Wesen, omnem umorem, Plin.: placentas, Hor.: grana frugum, Mela: supervolantes aves (v. der Schlange), Mela: unionem, Macr. – v. Gewässern, oceanus vix videtur tot res absorbere potuisse, Cic.: quidquid ingerebatur, praealtum absorbebat mare, Curt.: imperitiā nandi gurgite fluminis absorbebantur, Amm.: absorberi terras et maria siccari, Sen. – v. trocknen Ggstdn., eine Feuchtigkeit **einschlürfen, aufsaugen,** omnem naturalem absorbet umorem siccitas, Curt.: lens optima, quae omnem aquam absorbet, Plin. – übtr., hunc absorbuit aestus gloriae, verschlang gleichs. = riss mit sich fort, Cic.: tribunatus absorbet meam orationem, verschlingt gleichs. (= nimmt für sich allein in Anspruch), Cic. – ► Perf. absorbsi, Lucan. 4, 100. Macr. sat. 5, 1, 8. Ven. Fort. carm. 3, 9, 83; vgl. Vel. Long. (VII) 73, 15. – Partiz. absorptus, Cypr. ep. 3, 1: absortus, Oros. apol. 32, 9. – Infin. Präs. Pass. ungew. absorbi, Iren. 4, 38, 4.

absorbitio, ōnis, *f.* (absorbeo), das **Verschlingen,** libidinis, Augustin. serm. 162, 2.
absorptio = absorbitio, Hieron. brev. in psalm. 140.
absp... s. asp...
1. **absque** = et abs, Carm. vet. bei Macr. sat. 3, 9, 8.
2. **abs-que,** *Praep.* m. Abl. u. *Adv.*, **fern von, I** eig.: absque omnibus profanis, Apul. apol. 55. – **II** übtr., **weggenommen, 1 weggedacht,** immer nur in Konditionalsätzen, wie: absque te esset, wärest du nicht, ständest du mir nicht bei, Plaut.: absque me foret et meo praesidio, stand ich und meine Hilfe dir nicht zur Seite, Plaut.: absque hoc esset, täte er es nicht, wenn er nicht wäre, Ter.: quam fortunatus sum ceteris rebus, absque unā hāc foret, wäre dieses einzige nicht, Ter.: u. so bl. absque te uno, Gell. Vgl. Brix zu Plaut. trin. 832. Holtze Synt. 1, 344. – **2 wirklich weggenommen, a** = **ausgenommen, abgerechnet, außer,** absque paucis syllabis, Gell.: absque cauda, Solin.: absque Augusto, Aur. Vict.: absque quod, außer dass er usw., Aur. Vict.: absque me, te, illo, Eccl. (vgl. Bünem. zu Lact. 3, 13, 8): absque his, qui od. quae etc., oft bei Amm. – adverb., absque illud numen, Iul. Val.: m. folg. cum (wenn), absque cum *e* terminatur, Mart. Cap. 3. § 280. – **b sonder, ohne,** absque sententia, ohne es zu wollen, Quint.: absque ulla fraude, Cod. Theod.: absque instrumento, Amm.: nonnulla absque feminis sacra sunt, Min. Fel.
abssectus, s. absectus.
abstantia, ae, *f.* (absto), die **Entfernung,** der **Abstand,** Vitr. 9, 1, 11.
abs-tēmius, a, um (nach Gell. 10, 23, 1 u. Quint. 1, 7, 9 v. abs u. *temum = temetum [= sich berauschender Getränke enthaltend], nach dem späteren Gebrauch v. abstinere), **enthaltsam, nüchtern, mäßig, I** eig.: **a** als Eigenschaft, Varr. bei Non. 68, 32 (vgl. Gell. 10, 23, 1). Capit. Macrin. 13, 5. Hor. ep. 1, 12, 7. Ov. met. 15, 323: Ggstz. esculentus, Sidon. ep. 6, 1: Ggstz. esuriens, Fronto de fer. Als. 3. p. 226, 20 N.: verb. siccus atque abstemius, Lucil. sat. 6, 21: sobrius atque abstemius, Arnob. 2, 67: lector abstemius (Ggstz. poëta male sobrius), Auson. Griphus (XXVI) 1. p. 128, 11 Schenkl. – m. *Genet.*, positorum, Hor. ep. 1, 12, 7: vini, Plin. 22, 115: vini cibique, Auson. prof. (XVI) 5, 20. p. 58 Schenkl. – meton., prandium, ein einfaches (ohne Genuss von Wein), Gell. 13, 30, 16. – **b** momentan, **noch nüchtern,** in Bezug auf Getränke, ieiunus adhuc et abstemius, noch ohne Speise u. Trank, Apul. apol. 58: in Bezug auf Speisen, Ggstz. pransus, Auson. Griphus (XXVI) 1. p. 128, 22 Schenkl. – **II** übtr., mit dem Seinigen zurückhaltend, **geizig,** Apul. dogm. Plat. 2, 15. p. 234 H.
abstentio, ōnis, *f.* (abstineo), die **Zurückhaltung,** das **Verhalten,** officii ventris, Cael. Aur. acut. 3, 11, 103: stercorum, *ibid.* 3, 18, 176: illa perfecta passionis abst., Cael. Aur. chron. 4, 3, 63. – übtr., die **Enthaltung,** a quibusdam escis, Augustin. ep. 81 (?).
abs-tergeo, tersī, tersum, ēre, **abwischen, abtrocknen, I** = abwischend entfernen: **a** eig.: araneas, Titin. com.: sudorem sibi, Plaut.: cruorem, Liv.: lacrimas, Curt., od. fletum, Cic.: peniculo seriem litterarum, Amm. – als *t. t.* der Schifferspr., remos, die R. abstreifen u. so zerschellen, Curt. 9, 9 (35), 16. – **b** übtr., etw. (Unangenehmes) **benehmen, vertreiben** (Korte Cic. ep. 9, 16 *extr.*), omnes senectutis molestias, Cic.: omnem dolorem, Cic.: luctum omnem, Cic.: istā epistulā alci omnem metum, Cic.: fastidium, Plin.: suspicionem, Amm. – **II** prägn. = abwischend reinigen od. trocken machen, labellum, Plaut.: vulnera, Ter.: gladium, Val. Max.: labella omnibus articulis, Catull.: oculos amiculo, Curt. – ▸ nach der 3. Konjug., Imperat. abstergite, Orest. trag. 537: Infinit. abstergĕre, Lucil. sat. 8, 8. – Perf. synkop. abstersti, Catull. 99, 8.
abs-terreo, terruī, territum, ēre, **abschrecken, fortscheuchen, I** eig.: hostes saxis, sudibus, pilis, Liv.: mulierem accurrentem vulnere, Tac.: ignes ictu fustium aliisque verberibus ut feras, Tac.: m. Ang. **wovon?** anseres *de* frumento, Plaut.: neminem *a* congressu meo, Cic.: canem *a* corio uncto, Hor.: alqm aedibus, Titin. com. – **II** übtr., **abschrecken** = durch Einschüchterung abhalten, alqm, Komik., Suet. u. a.: ipsā solitudine absterriti, Liv.: m. *ab* u. Abl., homines a pecuniis accipiendis, Cic.: ab urbe oppugnanda Poenum absterruēre conspecta moenia, Liv.: abst. eos a tam detestabili consilio, Liv. – m. bl. *Abl.*, animos vitiis, Hor.: alqm incepto, Suet.: u. alqm bello, Tac. – ne tribus quidem et viginti vulneribus absterreri posse mit folg. *quin* u. Konjunktiv, Val. Max. 4, 5, 6. – poet., alci satum genitalem, entziehen, versagen, Lucr.: u. so sibi pabula amoris, Lucr.
abstinā̆x, ācis (abstineo), **enthaltsam,** quid, si non abstinax fuisset! quinque dies aquam in os suum non coniecit, non micam panis, Petr. 42.
abstinēns, entis, *PAdj.* m. *Compar.* u. *Superl.*, (v. abstineo), sich (von Unerlaubtem) entfernt haltend, **enthaltsam, uneigennützig,** esse abstinentem, Cic.: Mummius abstinentissimum virum egit, Liv. epit.: abstinentior caerimonia, Auson. – m. *Abl.*, abstinentissimus rebus venereis, Col.: m. *in* u. *Abl.*, Iuppiter *in* una Thetide abstinentior fuit, Lact. – m. *Genet.*, pecuniae, Hor.: neque alieni matrimonii abstinens neque sui custos, Lact.: abstinentissimus alieni, Plin. ep.
abstinenter, *Adv.* (abstinens), **enthaltsam, uneigennützig,** Cic. Sest. 37. Sen. de brev. vit. 18, 3. – *Compar.* abstinentius bei Augustin. de mor. Manich. 2, 13.
abstinentia, ae, *f.* (abstinens), **I** das **Sich-Enthalten** von einer Sache, **A** als Akt, m. *Genet.*, conviciorum, Sen.: alieni, Iustin. – insbes., das **Sich-Enthalten** (= der beschränkte, gemäßigte Genuss) von Speise u. Trank, m. *ab* u. Abl., a vino, Cels.: a vino et carnibus, Augustin.: ab aqua, Scrib. – m. *Genet.*, vini, cenae, Plin. – absol., prägn. = das **Fasten, Hungern,** Cels. u. a.: abstinentiā vitam finire, Tac. – **B** als Eigenschaft, die **Enthaltsamkeit** von etw. Unerlaubtem usw., **a** von unerlaubten Begierden, **Unsträflichkeit,** Quint. 2, 2, 4. – **b** von anderer Eigentum, **Uneigennützigkeit** (Ggstz. avaritia, cupiditas), Cic. u. a. – **c** von unnötigem Aufwand, Einschränkung (Ggstz. luxuria), Nep. Ages. 7, 4. – **II** (als spät. mediz. *t. t.*) das **Sich-Verhalten, Ausbleiben,** sudoris, Cael. Aur. acut. 2, 37, 214: stercorum vel urinae, Cael. Aur. chron. 3, 8, 108.
abs-tineo, tinuī, tentum, ēre (abs u. teneo), **fernhalten, abhalten, zurückhalten, I** *tr.*: manum, Ter.: manus, Liv.: vix manus, Liv.: u. (vorklass.) m. *Acc.* eines Zustandes, gemitus, risus, zurückdrängen, Ter.: culpam, Plaut.: amorem, Plaut. – gew. m. *ab* u. Abl. od. m. bl. *Abl.*, ignem ab aede, Liv.: manus a muliere, Lucil., a se, Cic.: mentes, oculos, manus ab alienis, Cic.: militem a praeda u. bloß praedā, Liv.: bellum ab innoxio populo, Liv.: manum me, manum alieno, Plaut.: ferrum quercu, Ov.: vim finibus, Liv.: milites vino, Liv.: alqm bello, Liv. – Insbes. **a** alqm **α** jmd. **auf Diät setzen, fasten lassen,** abstinendus a cibo est aeger, Cels.: u. so absol., abstinendus sum, man muß mich auf Diät setzen, Sen. ep. 75, 7. – **β** jmd. **von der Erbschaft zurückhalten,** ihn **verhindern die Erbschaft anzutreten,** ICt. – **γ** vom Gottesdienst zurückhalten, **exkommunizieren,** Eccl. – **b** (als spät. mediz. *t. t.*) alqd, etw. **zurückhalten, verhalten,** sudorem, Cael. Aur. acut. 1, 15, 151 u. a.: ventrem *ibid.* 3, 21, 217. – **II** *refl.* abstinere se od. bl. abstinere, **sich** von etw. **zurückhalten, sich enthalten,** konstr. **α** ab alqa re od. bl. alqā re, z. B. se scelere, Cic.: se cibo, Hirt. b. G.: se ostreis, Cic.: se dedecore, Cic.: a quibus te abstinebis, Cic. – abstinere a cibo, a potione, a somno, Cels.: a legatis violandis, Liv. – abstinere cibo, Cels.: fabā, Cic.: oleribus, Capit.: vino et venere, Hor.: vix lacrimis, Curt.: vocis usurpatione, Liv.: nominibus, die N. verschweigen, Curt.: maledicto, Cic.: iniuriā, Cic.: publico, nicht ausgehen, Tac.: inventis, das Erworbene nicht genießen, Hor.: proelio, Caes.: armis, die W. ruhen lassen, Curt. – bes. **unangetastet-, unangefochten lassen, schonen, verschonen,** ne a me quidem, Cic.: ne a mulieribus quidem, Caes.: ne ab obsidibus quidem, Liv.: non temere ullā illustriore feminā, Suet.: pecuniis locupletium non abst., Cic.: abst. praedā, Liv.: Tarento, Liv.: *Pass. impers.*, ut ab inermi abstineretur, Liv.: tergis abstinetur, Sall. fr. – **β** m. *Genet.*, irarum, Hor. carm. 3, 27, 69. – **γ** m. *Acc.*, inversa verba, Ter.: liberas urbes, Liv. – zugl. m. *Dat. pers.*, Aeneae Antenorique omne ius belli, Liv. 1, 1. § 1. – **δ** m. *Infinit.*, dum mi abstineant invidere, Plaut. Curc. 180: praefari, Suet. Tib. 23. – **ε** m. folg. *ne* u. Konj., multum se abst., ne

etc., Liv. 3, 11, 5. – ζ abst. bei vorhergeh. Negation mit folg. *quin* u. Konj., Plaut. Bacch. 915. Liv. 2, 45, 10: u. nec abstinuit consuetudine, quin etc., Suet. Tib. 72, 3. – od. m. folg. *quominus* u. Konj., Suet. gr. 3. – η absol., te scio facile abstinere posse, si nihil obviam est, Plaut.: non tamen abstinuit nec voci iraeque pepercit, Verg. – *Impers.*, aestate in totum, si fieri potest, abstinendum est (*sc.* venere), Cels. – prägn. = **sich des Essens enthalten, hungern, fasten,** biduo se abstinere, Cels.: pridie abstinere, Cels.: diu abstinuisse, Cels.

ab-sto, āre, **abstehen = entfernt stehen,** longius (Ggstz. propius stare), Hor. de art. poët. 362: abstandus est, er muß fern stehen, Plaut. trin. 264.

abs-tollo, ere = tollo, Ps. Ambr. serm. 18, 3.

abstrāctio, ōnis, *f.* (abstraho), **I** das **Fortschleppen, Entführen,** coniugis, Dict. Cret. 1, 4. – **II** übtr., als philos. *t. t.*, die **Abstraktion,** Boëth. Arist. anal. post. 1, 14: Plur., Boëth. in Porphyr. 1. p. 54.

abs-traho, trāxī, trāctum, ere, **wegziehen, weg-, fortschleppen, -reißen,** dah. auch **gewaltsam trennen, wegrauben, entführen, I** eig.: alqm, Curt.: boves, Verg.: iumenta, Liv.: navem remulco, ins Schlepptau nehmen, Caes. – istum ocius, Acc. tr.: illum inde, Ov.: alqm unā hinc secum, Ter.: naves e portu, Liv.: iumentum ex agmine, Liv.: alqm e sinu, alqm de matris complexu, Cic.: alqm de thalamis, Ov.: alqm ex oculis hominum, Liv.: alqm a penetralibus, Liv.: alqm a Decii latere, Liv.: ab alqo liberos, Caes. – invitas gremio genitoris, Ov.: diversa in pascua natam (die Io), Ov.: liberos in servitutem, Caes.: abstrahi ad capitale supplicium, Curt. – v. lebl. Subjj., Britannia obliqua retro abstrahit latera, lässt zurücktreten, Mel. 3. § 50. – **II** übtr.: **1** im Allg.: alqm ex tanto comitatu clarissimorum virorum, ausschließen, Cic.: animus a corpore se abstrahit, macht sich los, Cic.: u. so animus a corpore abstractus, Cic.: frumento ac commeatu abstractus, abgeschnitten, Caes. – mit Ang. **wohin? = fort-, hinreißen,** a bono in pravum, Sall.: ad bellicas laudes, Cic.: abstrahi in partes (zur Parteinahme), Ov.: omnia in duas partes abstracta sunt, ist in zwei P. gespalten, Sall. – **2** insbes.: **a abziehen** = abwendig machen, me a Glycerio, Ter.: copias a Lepido, Cic.: Germanicum suetis legionibus, Tac. – **b** von einem Vorhaben, von einer Beschäftigung **abziehen,** von etw. **abhalten,** ab obsidenda od. oppugnanda Capua, Liv.: ingressos in castra ab direptione abstrahere non poterat, Liv. – v. lebl. Subjj., ut a nullius umquam me commodo otium meum abstraxerit, Cic.: a rebus gerendis senectus abstrahit, läßt es nicht mehr kommen zur usw., Cic.: u. ohne Ang. **wovon?** rationem reddere aventem abstrahit invitum patrii sermonis egestas, Lucr. – im Passiv, a maiore re (Unternehmen) abstrahi, Nep.: abstrahi ab exercitatione et consuetudine dicendi populari et forensi, Cic.: mit Ang. **wodurch?** is ab hoc impetu abstractus consilio et copiis Caesaris, Cic. – **c** etwas Gutem od. Üblem **entrücken, entziehen,** a bonis, a malis, Cic.: u. se a sollicitudine, Cic.: a consuetudine, Cic. – ► Synk. Infin. Perf. abstraxe = *abstraxisse,* Lucr. 3, 648.

abs-trūdo, trūsī, trūsum, ere, eig. **wegstoßen,** dah. **wohl verstecken, weit weg-, tief verbergen, verscharren,** claves, Titin. com.: nummum, Cic.: se in silvam densam, Cic.: sese tectum inter et laquearia, sich verkriechen, Tac.: se latebrā, Tac.: colaphos in cerebro, mit den Fäusten das G. einschlagen, Plaut.: serpens abstrusus terrae, Vell.: abstrusus gestatoriā sellā, Suet.: silicis venis abstrusus ignis, Verg.: semina flammae abstrusa in venis silicis, Verg. – übtr., in profundo veritatem penitus, Cic.: tristitiam, abstreifen, Tac.: metum, Tac.: nimium diu reconditus et penitus abstrusus animi dolor, Cic.: penitus abstrusae insidiae, Cic.: otio ac situ abstrusi et quasi sepulti, Plin. pan.

***abstrūsē,** *Adv.*, s. abstrūsius.

abstrūsio, ōnis, *f.* (abstrudo), das **Verbergen, Bergen,** seminis (der Saat), Arnob. 5, 37.

abstrūsius, *Adv. Compar.* (abstrusus), **besser verborgen,** se amandare, Amm. 28, 1, 49. – *Superl.*, quae subtilissime et abstrusissime disseruntur, höchst tiefsinnig, Augustin. de quant. anim. 63.

abstrūsus, a, um, *PAdj.* m. *Compar.* (v. abstrudo), **wohl verborgen, versteckt, a** v. Lebl.: flumen, Acc. fr.: quaedam pars oppidi, ein ganz entlegenener, Amm.: incendium (bildl.), Vell.: abstineas comitiis abstrusus atque abditus, dem Anblick u. Zugang der Welt entrückt, Plin. pan.: übtr.: disputatio abstrusior, etwas tieferer Forschung bedürfend, Cic.: dah. *neutr.* subst., in abstruso situm esse, im Verborgenen liegen (v. einer Ware), Plaut. Poen. 342: übtr., in abstruso est, qui etc., es ist unbekannt (ungewiss), welcher (Gott) usw., Amm. 17, 7, 10. – **b** v. Pers., **verschlossen** von Charakter, Tac. ann. 1, 24.

abstulo, ere (abs u. tulo), **fortnehmen,** aulas abstulas, Plaut. rud. fr. bei Diom. 380, 19. Vgl. Gloss. ›abstulo, ἀφαιρῶ‹.

ab-sum, āfuī, āfutūrus, abesse (ἄπειμι), **weg-, fortsein** (Ggstz. adesse), **I** infolge einer **Bewegung** (Abwesenheit); dah. **1** im Allg., **weg-, nicht dasein, entfernt-, abwesend sein,** ab domo, Plaut. u. Liv.: ab domo, ab re familiari paulo diutius, Liv.: ab urbe u. ex urbe, Cic.: ab alqo, Cic. – domo et foro, Cic.: nuptā lentus abesse tuā, Ov. – abesse longe, Cic.: longe gentium, Cic.: non longe hinc, Plaut.: propius, Cic.: procul, Cic.: tres menses, Ter. – dah. quare me, qui nullā lege abessem (abwesend [= in der Verbannung] sei), non restitui lege, sed revocari senatus auctoritate oportere, Cic. Sest. 73. – **2** insbes.: **a** von der Teilnahme an etw. **entfernt sein** od. **bleiben, wegbleiben, nicht teilnehmen,** einer Sache **nicht beiwohnen,** einer Sache **fern stehen,** mit etw. **nichts zu schaffen haben** (Ggstz. adesse), ab hoc concilio, Caes.: a periculis, sich fern halten, Sall.: ab his studiis, Cic. – m. *Abl.*, toto bello, Caes.: publicis consiliis, Liv. – afuisse in altercationibus, Cic. – **b** alci od. ab alqo, mit seinem Beistand **nicht dasein, fehlen,** jmdm. **nicht beistehen** (versch. von deesse, jmd. im Stich lassen), bes. als Verteidiger vor Gericht (Ggstz. alci adesse, alqm defendere, s. Halm Cic. Sull. 7 *ed. mai.*), qui Autronio non afuerim, Cic.: ne longe tibi Iuppiter absit, Ov.: nec dextrae erranti deus afuit, Verg.: et quo plus intererat, eo plus aberas a me, je mehr ich deines Beistandes bedurfte, desto mehr verließest du mich, Cic.: longe iis fraternum nomen P. R. afuturum, werde ihnen nirgends etwas helfen, Caes. – absol., nusquam abero, Verg.: nobis absentibus, ohne unser Dazutun, Cic. – **c** geistig **abwesend sein,** cum milite isto praesens absens ut sies, Ter. Eun. 192. – **d nicht dasein, fern sein, verbannt** sein, dah. auch **abgehen,** u. in diesem Sinne = **fehlen** (versch. von deesse, mangeln, vermisst werden; vgl. Sorof Cic. de or. 1, 48), hoc unum illi, si nihil utilitatis habebat, *afuit* (war nicht da), si opus erat, *defuit* (fehlte, wurde vermisst), Cic.: studium semper adsit, cunctatio absit, Cic.: denique isto bono utare dum adsit; cum absit, ne requiras, Cic.: semper aves quod abest, Lucr.: praeter idoneum ducem nihil abest ad subvortendum imperium, Sall. fr. – m. *ab* u. Abl., unum a praetura tua abest, Plaut.: neque corpus neque animus a vobis aberit, Sall. – m. *Dat.*, quid enim abest huic homini, quod si adesset, iure haec ei tribui et concedi putaremus, Cic.: si cui dentes vetustate absunt, Varr.: abest luctamen remo, man rudert ohne Anstrengung, Verg.: abest enim historia litteris nostris, Cic.: fraudem et sermoni et rei abesse, Liv.: cum partem abesse numero sensisset, Liv.: ratus pluribus curam, omnibus afuisse fortunam, Curt.

II infolge der **Lage** (Abstand); dah. **1** eig., von einem Punkte (räumlich od. zeitlich) **weg-, entfernt-, getrennt sein, abstehen,** m. *ab* od. m. bl. *Abl.* u. absol., sowie mit u. ohne Bezeichnung des (räumlichen od. zeitlichen) Abstandes, paulum ab eius villa, Cic.: ab urbe milia passuum ducenta, Cic.: plus mille passibus a mari (v. einer Villa), Liv. fr.: quinque dierum iter ab Carthagine (v. einer Stadt), Liv.: bidui (v. Lager), Cic.: quatridui iter Laodiceā, Cic.: quatridui ab Autronio, Cic.: aequo spatio, Caes.: bidui spatio ab eo, Cic.: septem milium intervallo, Caes.: milibus passuum quattuor, Caes.: haud longe abesse potest, es muß nicht weit von hier sein, Plaut.: quoniam propius abes, weil du dort näher bist, Cic. – **2** übtr.: **a** übh., von etw. **entfernt sein, fern stehen,** id enim vero hinc nunc abest, das liegt jetzt im weiten Felde, daran ist gegenwärtig nicht zu denken, Ter.: quod abest longissime, Cic.: u. so ab. longissime a vero, Cic.: longe a spe, Cic.: procul seditione, Liv.: paulum a capienda urbe, die Stadt beinahe einnehmen, Iustin.: cum ego ab ista laude non absim, mir dieser Ruhm nicht abgesprochen werden kann, Cic. – ille longe aberit, ut credat, wird weit entfernt sein zu glauben, Cic.: tantum aberat a bello, ut etc., Cic.: tantum afuit ab insolentia gloriae, ut etc., Nep.: tantum a paenitentia afuit, ut etc., Val. Max.: a quibus longe absunt, ut perseverent, Augustin. de civ. dei 9, 16, 1: sperare videor tantum afuturam esse orationem meam a minima suspicione offensionis tuae, te ut potius obiurgem, quam ut ego etc., Cic.; u. so die unpers. haud multum od. haud (non, nec) procul abest od. non longe abest od. paulum (paululum) abest, quin etc., **es ist nicht weit entfernt** od. **nahe dabei, es fehlt nicht viel, dass** usw., **beinahe möchte** usw., Cic., Caes. u. a.; so auch non multum abest ab eo, quin etc., Caes. b. G. 5, 2, 2: neque longius abesse, quin etc., es fehle gar nicht viel, dass er usw., er sei darauf u. daran, zu usw., Caes. b. G. 3, 18, 4: minimum abest, quin etc., Suet. Aug. 14: paulo afuit, quin, Ammian.: nihil afore credunt, quin etc., es könne nicht fehlen, Verg. Aen. 8, 147: quid abest, quin etc., Liv. 8, 4, 2. Val. Max. 5, 3. ext. 3: abesse non potest, quin etc., Gracch. b. Cic. or. 233 u. Gell. 11, 13, 3: spätlat., parum abest, quin etc., Donat. vit. Verg. c. 8: u. persönl., haud multum afuere, quin opera perrumperent, Liv. fr. 36 (bei Prisc. 6, 22): nec ita multum omnes afuisse, quin accusatorem potius dementiae accusarent, Apul. apol. 37: adeo vehementer talum inverti, ut minimum afuerim, quin articulum etiam a crure defregerim, Apul. flor. 16. – Dah. die Redensart tantum abest, ut ... ut, **weit entfernt, dass ...** ist usw., deren Entstehung durch folgende drei Stellen deutlich wird: id tantum abest officio, ut nihil magis officio possit esse contrarium, Cic. de off. 1, 43: tantum abest ab eo, ut malum mors sit, ut verear, ne etc., Cic. Tusc. 1, 76 (vgl. Liv. 25, 6, 11): u. so zuletzt: ego vero istos tantum abest ut ornem, ut effici non possit, quin eos oderim, d. i. weit entfernt, dass ... vielmehr usw., Cic. Phil. 11, 36. – persönl. gebr., hoc detrimento milites nostri tantum afuerunt ut perturbarentur, ut incensi atque incitati magnas accessiones fecerint in operibus hostium expugnandis, Auct. b. Alex. 22, 1. – Spätlat., tantum aberat *quominus* aliquid nuntiaretur, *ut* etiam quae gesta non fuerant adicerentur, Heges. 3, 21, 1. – Zuw. tritt der zweite Satz, wie im Deutschen, auch selbständig auf, tantum afuit, ut inflammares nostros animos; somnum isto loco vix tenebamus, Cic. Brut. 278 (u. so Cic. de fin. 5, 57; ad Att. 13, 21, 5); od. es bildet das einfache tantum abest ut einen bloßen Nachsatz, wie Cic. ad Att. 6, 2, 1. – auch steht im zweiten Satz ut etiam, ut quoque, wie Cic. ep. 12, 15, 4. Suet. Tib. 50, 1; seltener ut contra, wie Liv. 6, 31, 4. – Spätlat. statt des ersten *ut* der *Infinit.*, tantum abfuit laudare industrie gesta, ut etiam quaedam scriberet de etc., Amm. 15, 5, 36. – **b** von etw. Unangenehmem **entfernt-**, also davon **befreit-, frei sein,** a culpa, Cic.: nihil a me abesse longius crudelitate, Caes. in Cic. ep.: a cupiditate pecuniae, Nep.: a reprehensione temeritatis absum, der Vorwurf der Unbesonnenheit trifft mich nicht, Planc. in Cic. ep.: afuimus dolori, vergaßen den Schmerz, Ov. – **c** v. ungehörigen, unangenehmen, lästigen Personen od. Dingen selbst, **fern sein** od. **bleiben,** si vis afuisset, Liv. fr. 49 (50) bei Sen. suas. 6, 22. – bes. in der Wunschformel absit = **fern** sei od. **bleibe,** m. *ab* u. Abl., carnifex vero et obductio capitis et nomen ipsum crucis absit non modo a corpore civium Romanorum, sed etiam a cogitatione, oculis, auribus, Cic.: absint et picti squalentia terga lacerti pinguibus a stabulis, Verg.: u. absol., vos quoque abesse iubeo, Tibull.: procul absit gloria vulgi, Tibull.: absit periculum, Sall. fr.: dolus malus abesto! Not. Tir.: u. bes. absit invidia verbo od. absit verbo invidia, fern sei Vermessenheit der Rede, Liv.: u. so bl. absit invidia, Curt. – Dah. im Spätlat. die Formel absit m. folg. *ut* od. *Infinit.* = **es sei fern, Gott wolle verhüten, dass usw.,** Apul. u. Sulpic. Sev.: u. procul absit, Stat., od. quod absit, Apul., das sei ferne, das wolle Gott verhüten! – **d** mit Willen, aus innerem Trieb u. dgl. von etw. entfernt, also ihm **abgeneigt sein,** a consilio fugiendi, Cic.: a periculis, sich von den Gefahren entfernt halten, Cic. – **e** mit Rücksicht auf die Beschaffenheit od. Eigenschaft einer Sache od. Pers. **fern sein, fern stehen,** von etw. **abweichen,** quod certe abest a tua virtute et fide, Brut. in Cic. ep.: istae κολακεῖαι non longe absunt a scelere, Cic. – bei Vergleichen **höher stehen,** im **Vorteil sein,** nullā re magis absumus a natura ferarum, Cic.: qui longissime a te afuit, Cic. – u. **tiefer stehen, weit nachstehen,** multum ab iis, Cic.; u. so Hor. de art. poët. 370. – **f** von etw. **noch fern sein,** etw. **nicht erreichen,** a nitore Ciceronis, Quint.: a virtute alcis, Hor. – **g sich für** etw. **nicht eignen, sich nicht schicken,** zu etw. **nicht passen,** ab forensi condicione, Cic.: a principis persona, Nep. – ► statt abfui, abforem, abfore u. abfuturus haben die besten Handschriften u. auch die Ausgaben afui, aforem, afore, afuturus. – arch. Konj. Präs. **absiet, Cato r. r. 19, 1.** – Form **abfuat** = **absit,** zweifelh. bei **Fronto ep. ad am. 1, 14. p. 184 N.**

► *Partic.*, **absēns,** tis, **abwesend, a** v. **Menschen** (Ggstz. praesens, coram), **α** räumlich: me absente, in meiner Abwesenheit, Cic.: te praesente absente, du magst da sein od. nicht, Ter.: absente *nobis*, Ter. eun. 649. – Dah. v. Verbannten, absens mecum in gratiam rediit, Cic. – v. Verstorbenen, absentes (poëtae) sunt pro praesentibus, Plaut. Cas. prol. 20; u. so Vitr. 7. pr. § 8. – u. von solchen, die, obgleich in Rom, bei öffentlichen Bewerbungen nicht als Mitbewerber erscheinen, Cic. de rep. 6, 11. Liv. 4, 42, 1. – u. von solchen, die sich nicht vor Gericht stellen, de absente iudicare, Cic.; vgl. Halm zu Cic. Verr. 4, 40. – **b** von Orten u. Dingen, **entfernt,** Rhodos, urbs, Hor.: rogus, Mart.: comae, nicht wirklich vorhandene, falsche, Mart. – versus absentes dicere, auswendig hersagen, Gell. 20, 10, 4. – **c** geistig **nicht bei der Sache, abwesend,** mente ac sensu absentissimus, Augustin. confess. 4, 4.

absūmēdo, inis, *f.* (absumo), das **Auszehren,** im Wortspiel b. Plaut. capt. 904.

ab-sūmo, sūmpsī, (sūmsī), sūmptum, ere, **ganz hinwegnehmen,** wie ἀναλίσκειν, **I** auf dem Weg des Verbrauches, **aufbrauchen, verbrauchen, aufgehen lassen, aufzehren, verzehren, vertun** (Ggstz. parĕre), **a** übh.: (rem) quam habui, absumpsi, Plaut.: mālis (mit den Kinnbacken = mit den Zähnen) ambesas mensas, Verg.: pytissando quid vini absumpsit? Ter.: absumptis frugum alimentis, Liv.: res maternas atque paternas, vergeuden, verprassen, Hor.: purpura, quae teritur (sich abträgt), quae absumitur (sich abnutzt), Liv. – pecuniam libidine aut aleā, Sen.: pecuniam in scortis, P. Afr. b. Gell., od. in emptionem mercium, Suet: hoc paene omne in rem publicam, Suet.: multam frustra orationem, Auct. b. Al.: satietatem amoris, die Liebe bis zum Überdruss genießen, Ter. – **b** insbes.: **α** eine Zeit (bes. die eig. noch zu etwas anderem bestimmt ist) **verbrauchen, verbringen** (vgl. Korte Sall. Iug. 62, 9. Heins. Ov. fast. 3, 166), dies aliquot ibi frustra, Liv.: tempus dicendo, Cic. Quinct. 34.: quattuor horas dicendo, Liv.: certamine consulum biduum absumptum est, Liv.: biduum naturā montis explorandā, Liv.: diem segni navigatione, Liv.: biduum absumitur, Curt.: triduum per altercationes, Suet.: a quibus magna pars aetatis in hoc absumitur, Quint. – **β** eine Tätigkeit **erschöpfen,** omni impetu cogitationis (Gedankenschwung) in superiore opere absumpto, Val. Max. 8, 11. ext. 5. – **II** auf dem Wege der Vernichtung, **verzehren, vernichten,** im Passiv auch **vergehen, a** m. lebl. Objj.: incendium domos absumpsit, Liv.: cum penates ignis absumpsit, Sen.: Carthaginem flammis absumi, Liv.: classe vi tempestatis paene absumptā, Suet.: ungula absumitur, verzehrt sich, vergeht, Ov.: sin absumpta salus, Verg.: umbra absumitur, verschwindet, Plin. – **b** leb. Wesen usw. **hinraffen, aufreiben, vernichten,** im Passiv auch **vergehen, umkommen,** membra malis, zerreißen (v. Rossen), Verg.: animam absumite leto, Verg.: multos pestilentia absumpsit, Liv.: nisi mors eum absumpsisset, Liv.: plus hostium fuga quam proelium absumpsit, Liv.: plures fames quam ferrum absumpsit, Liv. – absumi gurgitibus, verschlungen werden von usw., Liv.: absumi veneno, Liv.: morbo, Sall.: febrium vi repentinā, Amm.: fulmine, vom Bl. erschlagen werden, Capitol.: absumitur lacrimis, Ov., curā, Ter., weint, härmt sich zu Tode: corpus clade horribili absumptum, Cic. poet.: alii alio leto absumpti, Liv.: u. absol., iamiam absumor, Acc. fr.: ubi avunculus eius nuper absumptus erat, umgekommen war, Liv. – dah. absumpti sumus, wir sind verloren, Plaut.: so auch absumptus est, Plaut. – ► arch. Form apsumo, Plaut. Poen. 715.

absūmptio, ōnis, *f.* (absumo), **I** das **Verbrauchen,** in absumptione esse, verbrauchbar sein, Ulp. dig. 7, 5, 5. § 1. – **II** die **Vernichtung, Zerstörung,** corporis, Macr. somn. Scip. 2, 2, 14: carnis, Ambros. de paenit. 1, 17, 94.

absurdē, *Adv.* (absurdus), **I** eig., **das Ohr zerreißend, grell, unrein,** canere, einen grellen (unreinen) Ton anschlagen (v. Musiker), Cic. Tusc. 2, 12. Amm. 21, 1, 13. – **II** übtr., **unpassend, ungereimt, abgeschmackt, ohne Sinn** u. **Verstand,** agere, Plaut.: alqd absurde dicere, Plaut. u. Cic.: absurde et aspere respondere verbis vultuque, Cic.: imperite absurdeque fictus, Cic.: haud od. non absurde (nicht unwitzig) dixit m. folg. Akk. u. Infinit., Vell. u. Tac.: m. inquit u. direkt. Rede, Vell. 2, 83. – *Compar.* absurdius, ICt.: *Superl.* absurdissime, Eccl.

absurditās, ātis, *f.* (absurdus), **I der widrige Klang, Missklang,** soni, Prisc. part. XII. vers. Aen. 7, 152. – **II** übtr., die **Ungereimtheit,** Augustin. ep. 89, 5; 137, 6 u. a. Eccl.

ab-surdus, a, um, (vgl. susurrus, surdus) *Adj.* m. *Compar.* u. *Superl.*, **gegen das Gefühl verstoßend, I** eig., gegen das Gehör, **die Ohren beleidigend, widrig klingend, grell, unrein,** sonus (der Frösche), Cic. poët.: vox quasi extra modum absona atque absurda, Cic. de or. 3, 41. – **II** übtr., gegen das innere Gefühl, gegen Sinn und Verstand verstoßend, **a** v. Lebl., **unpassend, ungereimt, abgeschmackt, ohne Sinn und Verstand, sinnlos, unvernünftig,** verbum non absurdum neque asperum, Gell.: ratio inepta atque absurda, Ter.: illud ineruditum absurdumque, Cic.: consilium non absurdum, Amm.: Iudaeorum mos absurdus sordidusque, Tac.: ministrorum absurdi mores, Aur. Vict.: vestrae istae absurdae atque abhorrentes lacrimae, Liv.: est hoc auribus animisque omnium absurdum, Cic.: aetati utriusque non absurdum, Tac. – multo absurdiora sunt ea, quae etc., Cic.: quo nihil mihi videtur absurdius, Cic.: absurdissima mandata, Cic. – absurda res est caveri foedere, ut etc., Cic.: quid enim tam absurdum quam delectari inanibus rebus? Cic.: u. so absurdum est m. folg. *Infinit.*, Cic.: u. haud absurdum est m. *Infinit.*, bene dicere, Sall.: u. m. *Dat.*, haud absurdum videtur propositi operis regulae paucis percurrere, quae etc., Vell. – m. *ut* u. Konj., Cassiod. u. Ambros. – m. 2. *Supin.*, cognitu non absurda, Tac. ann. 6, 28. – m. *ab* u. Abl., pauca ab initio causisque talium facinorum non absurda, nicht zuwiderlaufend, Tac. hist. 4, 48. – **b** v. Pers. u. deren Geist, **unbegabt, unfähig,** dah. non od. haud absurdus, nicht **unbegabt, gescheit, aufgeweckt,** sin plane abhorrebit et erit absurdus, Cic.: ingenium eius haud absurdum, Sall.: u. so nec absurdus ingenio, s. Nipperd. Tac. ann. 13, 45.

absynthium, ī, *n.*, s. absinthium.

Absyrtis, idis, Akk. idem, *f.* (Ἀψυρτίς) u. **Absyrtium,** ī, *n.* (Mel. 2, 7, 13 [2. § 114]. Plin. 3, 140), richtiger **Absyrtides** (Ἀψυρτίδες), zwei dicht nebeneinander liegende (jetzt durch eine Brücke verbundene) Inseln an der illyrischen Küste, das heutige *Cherso* u. *Ozora* (od. *Osero*), Plin. 3, 151; benannt nach

Absyrtos, ī, *m.* (Ἄψυρτος), ein Fluss in Illyrien, Lucan. 3, 190.

Absyrtus, ī, *m.* (Ἄψυρτος), Bruder der Medea, den sie auf der Flucht vor Äetes tötete u. stückweise ins Meer warf, um die Verfolger aufzuhalten, Ov. trist. 3, 9, 6. Hyg. fab. 13 u. 23. Val. Flacc. 8, 369. Mythogr. Lat. 1, 204.

ab-ultrā = ultra, CIL 6, 9493.

abundābilis, e (abundo), **vollsäftig, vollblütig,** plethoricum corpus, quod nos latino sermone abundabile dicimus, Cass. Fel. 38 p. 84, 17.

abundāns, tis, Abl. auch abundanti, *PAdj.* m. *Compar.* u. *Superl.* (v. abundo), **überflutend, übervoll, I** eig., **überflutend, wasserreich,** v. Flüssen, fluvius abundantior aestate, Plin.: fluvius ceteris abundantior, Amm.: amnis abundantissimus, Cic.: u. v. Gegenden, loca, Vitr. 5, 9, 6. – **II** übtr., **1** an etw. **vollauf habend,** an etw. **reich,** m. *Genet.*, lactis, Verg.: via omnium rerum abundans, Nep.: homo egens virtutis, abundans felicitatis, Rhet. Her.: uberrimi luminis abundantissima claritas, Cassiod.: m. *Abl.*, locus fontibus abundans, Cic.: ager abundans omni copia rerum, Liv.: terra abundans frumento et pecoribus, Curt.: absol., abundantissima cena, Suet.: u. prägn. v. Pers., **vollauf habend, im Überfluss lebend** (Ggstz. egens), Cic. parad. 6, 43. – **2 reich** an Gedanken, Geist, Redefülle usw., m. *Abl.*, abundans ingenio, Cic.: abundantior consilio, Cic.: rerum copiā abundantissimus, Cic.: absol., abundantes litterae, Suet.: abundantior materia (Geistesanlage), Quint. – im üblen Sinne, von der Rede u. v. Redner = **überladen,** non erat abundans, non inops tamen oratio, Cic.: neque Attice pressi neque Asiane sunt abundantes, Quint. – **3 im Überfluss vorhanden, übermäßig, überflüssig, überzählig, überreichlich** (im guten Sinne, stärker als copiosus), multitudo, Überzahl u. übergroße Volksmenge, Liv.: abundante multitudine freti, im Vertrauen auf die Übermacht, Liv.: longus atque abundans error, Gell.: abundantes voluptates, Liv.: abundantissimae opes, Boëth.: subst., velut ex pleno et abundanti perditis (tempus), ihr geht damit um, als ob ihr die Hülle u. Fülle hättet, Sen. de brev. vit. 3, 4: dah. ex abundanti, zum Überfluss, noch obendrein, Quint. 4, 5, 15 u. a.

abundanter, *Adv.* m. *Compar.* u. *Superl.* (abundans), **im Überfluss, vollauf, a** übh. (Ggstz. anguste): fructum ferre, Plin.: abundantius occurrere, in reichlichem Maße (Ggstz. angustius), Cic. top. 41: abundantissime cenam praebere, Suet. – **b** in der Rede, **mit Fülle, wortreich** (Ggstz. presse), dicere, Cic.: verb. copiose et abundanter loqui, Cic.

abundantia, ae, *f.* (abundo), das **Ab-** u. **Überfluten,** das **Überströmen, I** eig.: Nili, Plin. pan.: sanguinis abundantia ex vulneribus, zu starker Erguss, Plin.: u. so mensium od. mulierum od. feminarum, der zu starke Erguss der Reinigung, die zu starke Reinigung, Plin. – **II** übtr., der **Überfluss, die reiche Fülle, Reichlichkeit,** im üblen Sinne = **das Übermaß,** palustris, große sumpfartige Strecken, Vitr.: lactis, Plin.: pecuniae, Plin.: vini ceterarumque copiarum, Iustin.: virium, Vell.: commeatuum, Tac.: earum rerum, quae etc., Sall.: omnium rerum, quas natura desiderat, abundantia et copia, Cic. – m. Abstrakten, voluptatum, Cic.: non otii abundantia (Überschwänglichkeit), sed amoris erga te, Cic.: loquendi, Wortschwall, Macr. – prägn. (absol.), je nach dem Zusammenhang, **a** an Speisen, **Überfüllung, Überladung** des Magens (πλησμονή), Suet. Claud. 44, 3. – **b** an Geld u. Gut, **der Überfluss, der Reichtum,** Tac. hist. 2, 94; Agr. 6: Ggstz. inopia, Apul. dogm. Plat. 2, 4 *in.* – **c** an Früchten, **reicher Ertrag** einer Gegend, Plin. ep. 4, 6, 1; 6, 4, 2: Plur., reichliche Ernten, Arnob. 1, 15. – **reichliche Nahrungsmittel,** CIL 10, 1492. u. die **reiche Ausstattung** an Wein usw., veterum tabernarum, Suet. Claud. 40, 1. – **d** die **Überladung** der Rede, Quint. 12, 1, 20.

abundātio, ōnis, *f.* (abundo), das **Überströmen, Austreten,** Philistinae fossae, Plin. 3, 121: verni fluminis, Flor. 4, 2, 27.

abunde, *Adv.* (vgl. abundo), **reichlich, im Überfluss, mehr als hinreichend** od. **genug, übergenug, überschwenglich, gar sehr,** promittere, Lucr.: satisfacere, Cic.: vituperare, mirari, Vell.: ab. cavere, Ov.: parentes ab. habemus, Sall. – bei *Adjj.*, ab. magnus, Sall.: ab. Samnitibus par, Liv.: ab. disertus, Quint.: ab. felix, Val. Max.: ab. misera res, Plin. ep. – m. *esse,* z. B. mihi ab. est, si etc., ich bin gar sehr zufrieden, Plin. ep.: an tibi ab. personam satis est evitare? Hor.: huic ab. est demittere se in aquam calidam, Cels.: ut ab. sit alterum efficere, Plin. ep.: ab. (*sc.* esse) libertatem ratus (im Glauben mehr als hinlänglich frei zu sein), quia etc., Sall. fr.: so ab. ratus (vollkommen zufrieden), si etc., Tac. – subst. m. *Genet.*, ab. salis, Quint.: terrorum ac fraudis ab. est, Verg.: se potentiae gloriaeque ab. adeptum, Suet: quibus ab. ingenii est, Gell.

ab-undo, āvī, ātum, āre, **ab- u. überfluten, überströmen, überfließen, überlaufen, austreten, I** eig., v. Gewässern, abundat aqua, Liv.: Nilus, Tibull.: flumina, Lucr.: fons, Plin.: im Bild, ripis superat mi atque abundat pectus laetitiā meum, das Herz geht mir vor Freude über (vgl. unser: »wes das Herz voll ist, des geht der Mund über«). Plaut. Stich. 279. – v. Stoffen, veste in sinus flaccidos abundante, sich aufbauschend, Apul. met. 7, 8. – **II** übtr.: **A** *v. intr.*: **1** **in großer Fülle hervorwachsen,** de terris abundant herbarum genera, entsprießen in Menge dem Boden, Lucr. 5, 917. – u. übh. **im Überfluss-, in Fülle-, vollauf da od. vorhanden sein,** quod ex eius populis abundabat, überzählig war, Liv.: velut abundarent omnia, als wäre an allem Überfluss, Liv.: non adesā iam, sed abundanti etiam pecuniā, Cic. – u. (spätlat.) **überflüssig-, zu viel sein,** v. Worten in einem Aufsatz, ICt.: v. Silben u. einzelnen Wörtern, quibus abundat una vel duae syllabae, hyperkatalektisch ist, Prisc.: abundare videtur *non*, Ps. Ascon. – **2** etw. in **Überfluss-, in Fülle-, in mehr als gewöhnlichem Maße haben, vollauf** mit etw. **versehen sein,** etw. **vollauf od. im Übermaß zu genießen haben** (Ggstz. egere u. indigere alqā re, defici alqā re), m. *Abl.*, porco, haedo, agno, gallinā, caseo, melle, Cic.: fontibus (v. einer Örtlichk.), Cic.: equitatu, Caes.: copiā frumenti, omnium rerum, Caes.: multitudine, an Mehrzahl überwiegen, Curt.: copiā orationis, Cic.: ingenio et doctrinā, Cic.: mirā lenitudine ac suavitate, Turpil. fr.: amore, nur zu glücklich in der Liebe sein, Ter.: honoribus, Cic.: consilio (Ggstz. consilio egere), Cic.: pluribus virtutibus, Plin. ep. – m. *Genet.*, quarum abundemus rerum et quarum indigeamus, Lucil. sat. 8, 17: abundant cuncta furoris, Manil. 2, 600. – absol., sive deest naturae quidpiam sive abundat atque affluit, wenn die Natur an etwas Mangel leidet oder Überfluss hat, Cic. de div. 1, 61: ne desis operae, neve immoderatus abundes (*sc.* operā), im Übermaß zu weit gehst, Hor. sat. 2, 5, 89. – prägn., v. Menschen = **vollauf haben,** circumfluere atque abundare, Cic.: egentes abundant, Cic. – bes. = bei voller Kasse sein, si quando abundare coepero, Cic.: cum ex reliquis … vel abundare debeam, cogor mutuari, Cic. – **B** *v. tr.*, **übersteigen,** mandati quantitatem, Nerat. dig. 17, 1, 35.

abundus, a, um = abundans, **übervoll,** lavacra, Gell. 1, 2. § 2. – u. **überreichlich,** aqua, Paul. Nol. in Natal. 13, 734.

abūsio, ōnis, *f.* (abutor), **I** = κατάχρησις (s. Cic. or. 94), **der Gebrauch** eines Wortes **in uneigentlicher Bedeutung,** die **Katachrese,** vocabuli, Augustin. de dial. 6: gew. absol., Rhet. Her., Cic. u. a.: per abusionem = *abusive* (*no.* I), Quint. u. ICt. – **II** **der Missbrauch,** Eccl. – u. übtr., **die Herabsetzung, Verachtung, Verhöhnung,** Spät.

abūsīvē, *Adv.* (abusivus), **I** durch uneigentlichen Gebrauch, **uneigentlich, katachrestisch** (Ggstz. proprie), Quint. u. a. – **II** **nicht recht im Ernst, nur so leichthin,** Amm. 24, 4, 19.

abūsīvus, a, um (abutor), **uneigentlich** (Ggstz. proprius), appellatio, Auct. pan. Const. Aug. 4, 3: sermones, Cael. Aur. acut. 1. praef. § 14: nomina, Consent. 341, 2.

abūsor, ōris, *m.* (abutor), **der** etw. **missbraucht,** ut (adulescentes) abusores rerum suarum esse dicantur, Salv. de gub. dei 8, 4.

ab-ūsque, *Praep.* m. *Abl.* = usque ab, **von … her, von … an,** **a** im Raum: ab. Pachyno, Verg.: Oceano ab., Tac.: ab. Pontico mari, Aur. Vict.: ab. Oeensium finibus, Apul.: ab. ferventi Aethiopiae plaga, Amm. – **b** in der Zeit: Tiberio abusque, Tac. ann. 13, 47: fundamentis urbis abusque in haec tempora, Sen. contr. 2, 1 (9), 17 *ed. Burs.*

abūsus, ūs, *m.* (abutor), das **Verbrauchen,** der **Verbrauch** (Ggstz. usus, der Gebrauch), Cic. top. 17: res, quae in abusu sunt od. consistunt od. continentur, verbraucht werden, ICt.

ab-ūtor, ūsus sum, ūtī, wegbrauchen, d. i. **aufbrauchen,** gew. mit *Abl.*, archaist. mit *Acc.* dah. **I** **ganz verbrauchen, vertun, verschwenden,** aurum, Plaut.: tantam rem patriam, Plaut.: nisi omni tempore, quod mihi lege concessum est, abusus ero, Cic. – **II** bis ans Ende-, d. i. **recht-, vollständig-, sorgfältig-, gehörig-, in vollem Maße benutzen, -gebrauchen, -anwenden, von** etwas **vollen Gebrauch machen,** **a** in gutem Sinne: in prologis scribundis operam abutitur (*sc.* poēta), wendet alle Mühe auf, Ter.: tecum hoc otio, diese Muße uns in deiner Gesellschaft recht zunutze machen, Cic.: otio liberaliter lauteque, genießen, Vell.: otio ad laborem, Fronto: hac libertate in acerbissimo supplicio miserrimae servitutis, Cic. Verr. 5, 114: prorsus vestro consessu et hoc conventu pro summa solitudine, so ansehen, als wäre er ganz allein am Platz, Cic.: sagacitate canum ad utilitatem nostram, Cic.: me abusum hoc prooemio, schon einmal ganz so benutzt, Cic.: libero mendacio, frischweg lügen, Liv. – **b** im üblen Sinne, **im Übermaß gebrauchen, missbrauchen, übel anwenden,** militum sanguine, unnütz vergießen, Caes.: patientiā nostrā, Cic.: iudicio ac legibus ad quaestum, Cic.: insolenter et immodice indulgentiā populi Romani, Liv.: eloquentiā perverse, Cic.: m. dopp. *Abl.* scorto (als usw.) sorore nostrā, Vulg. gen. 34, 11. – **c** ein Wort **im uneigentlichen Sinne, uneigentlich gebrauchen,** verbo, Cic.: nomine, Quint.: nomine insulae, in einem anderen Sinne nehmen, Suet. – ► *Passive:* ab rege abutamur, Varr. bei Prisc. 8, 16: abuti, Val. Max. 8, 1. abs. 3. Ven. Fort. carm. 5, 6, 1: abusa (sunt), Plaut. asin. 196: abusis iam omnibus locis, Hortens. bei Prisc. 8, 16: abutendus, Suet. Galb. 14, 2.

Abȳdēnus, a, um, s. Abȳdus.

Abȳdus (Abȳdos), ī, *f.* (Ἄβυδος), **I** Stadt in Kleinasien am Hellespont, Sestus gegenüber, unweit der Mündung des Simois, j. Trümmer beim Dorf *Aïdos* od. *Avido*, Enn. hed. 2 (bei Apul. apol. 39). Rhet. Her. 4, 68: berühmt durch Austernbänke, Verg. georg. 1, 207, u. durch die Sage von Hero u. Leander, Mel. 1, 19, 1 (1. § 97), Ov. her. 18, 127; 19, 29 *sq.*, sowie durch ihre heldenmütige Verteidigung gegen Philipp II. von Mazedonien, Liv. 31, 14 *sqq.* – Nbf. **Abȳdum,** ī, *n.*, Plin. 5, 141 (Abydum oppidum). – **II** Stadt des Nomos Thinites in Ägypten, j. Ruinen beim Dorf *el Birbe* (od. *Berby*), Plin. 5, 60. Amm. 19, 12, 3. – Dav. **Abȳdēnus,** a, um, (Ἀβυδηνός), **von Abydos, abydenisch,** aqua, Ov.: urbs, Abydos, Ov.: subst., Abydenus, ī, *m.*, **der Abydener** = Leander, Ov.: Plur. Abydenī, ōrum, *m.*, die Einw. von Abydos, die **Abydener,** Liv. – ► Abȳdus gemessen bei Avien. perieg. 693.

Abyla, ae, *f.* (Ἀβύλη), die nordwestl. Spitze des kleinen Atlas, am östl. Ende des fretum Herculeum (Straße von Gibraltar), ein hoher, steiler Berg, dem Berge Calpe in Spanien gegenüber, mit dem er die sogenannten Säulen des Herkules bildete, j. *Sierra Ximiera* bei Ceuta, Mel. 1, 5, 3; 2, 6, 8 (1. § 27 u. 2. § 95, wo Frick Abila schreibt), Plin. 3, 4: Maura Abyla, Avien. perieg. 111.

abyssus, ī, *f.* (ἄβυσσος), **I** **ein Abgrund,** Eccl.; vgl. Isid. 13, 20, 1. – **II** insbes.: **1** die **Hölle,** Eccl. – **2** die **Unermesslichkeit,** der **unermessliche Weltraum,** als Aufenthalt der Seelen, Eccl. – u. **unermessliche Tiefe** übh., Eccl.

ac, *Conjunct.*, s. at-que.

acacia, ae, *f.* (ἀκακία), **I** die **Akazie, der ägyptische Schotendorn** (vgl. acanthus *no.* II), Plin.: acacia rufa, Cass. Fel. 29: acaciae suci od. gummi, Cels. – **II** meton., der **Akaziensaft** u. der **Akaziengummi,** Cels. u.A.

Academīa, ae, *f.* (Ἀκαδήμεια), **I** die **Akademie,** ein Lusthain etwa 1 km von Athen, urspr. dem Heros Akademos od. Echedemos geweiht, der bekannte Lehrort des Plato, Cic. de or. 1, 98: Academiae gymnasium, Liv. 31, 24, 9. – dah. meton., die **akademische Philosophie** u. **Sekte,** die manche Änderung erlitt, Cic. de or. 1, 43 u. 45. Augustin. de civ. dei 8, 12: A. vetus u. nova, Cic. Ac. 1, 43 u. 45: u. adulescentior A., die neuere A., Cic. de or. 3, 67; ep. 9, 8 *in.*: aliquis Academiae veteris recentiorisque cultor, Arnob. 2, 9 *extr.*: Arcesilas Academiae (der mittleren A.) clarissimus antistes, Mel. 1, 18, 1 (1. § 90). – **II** übtr.: **a** das nach der athen. Akademie von Cicero als Anhänger der akadem. Philosophie benannte Gymnasium auf seinem tuskulanischen Landgut, Cic. ad Att. 1, 4; 1, 9; 1, 11. Cic. Tusc. 2, 9. – **b** das nach der athen. Akademie von Cicero benannte Landgut in Kampanien, zwischen Puteoli u. dem avernischen See, wo er seine Academica schrieb, Plin. 31, 6. – ► i lang bei Cic. poët. de div. 1, 22 u. Laur. Tull. bei Plin. 31, 8 (Poët. Lat. minor. tom. 5, 3. p. 1372), kurz erst bei Claud. cons. Mall. Theod. 94. Sidon. carm. 15, 120. – Dav.

Acadēmicus, a, um (Ἀκαδημικός), **I** **zur Akademie** bei Athen **gehörig, akademisch,** Academicae sectae philosophus, Lact.: philosophi Academici, Cic. – Plur. subst., Academicī, ōrum, *m.*, die Anhänger der akadem. (platon.) Philosophie, die **Akademiker,** Cic. u. a.: A. veteres, Cic.: A. novi, Varr. fr.: A. et veteres et minores (neueren), Sen. –

II zur Akademie des Cicero gehörig, **akademisch,** quaestio, Cic.: quattuor libri (= Academica, s. im Folg.), Cic. – Plur. subst., Academica, ōrum, *n.*, die **Academica,** ein bekanntes u. teilweise noch vorhandenes Werk des Cicero, in dem er die Lehren der alten u. neuen Akademie darlegte, Cic.

Acadēmus, ī, *m.* (Ἀκάδημος), ein griechischer Heros, nach dem die Academia bei Athen benannt sein soll, inter silvas Academi, in der Akademie, Hor. ep. 2, 2, 45.

Acadira, ōrum, *n.*, Stadt in Indien, diesseit des Ganges, Curt. 8, 10 (37), 19.

acalanthis, idis, *f.* (ἀκαλανθίς), s. acanthis *no.* I.

Acamās, antis, Akk. anta, *m.* (Ἀκάμας), **I** Sohn des Theseus u. der Phädra, Verg. Aen. 2, 262. – **II** ein Vorgebirge auf Cypern, die Nordwestspitze der Insel, j. *Hagios Epiphanios* od. *S. Pitano,* Plin. 5, 129 (wo griech. Akk. -anta).

acantha, s. 1. acanthus.

acanthicē mastichē, ēs, *f.* (ἀκανθικὴ μαστίχη), der Saft der Pflanze *helxine,* Plin. 21, 96.

acanthillis, idis, *f.*, **wilder Spargel,** Ps. Apul. herb. 84.

acanthinus, a, um (ἀκάνθινος), **dem Akanthus ähnlich, akanthus-** od. **bärenklauartig,** caules, Col. 9, 4, 4: folia, Plin. 25, 78: u. **mit eingestickten Akanthuszweigen,** vestimenta, Serv. Verg. Aen. 1, 649: vestis, Isid. 17, 9, 21.

acanthion, ī, *n.* (ἀκάνθιον), eine der *spina alba* ähnliche Distelart, Plin. 24, 108. Ps. Apul. herb. 68.

acanthis, idis, Akk. ida, *f.* (ἀκανθίς), **I** ein Vogel, der sich im Dorngesträuch aufhält, der **Distelfink, Stieglitz, Goldfink** (*Fringilla Carduelis,* L.), Plin. 10, 175 u. 205. Calp. 6, 7: auch acalanthis gen., Verg. georg. 3, 338. – **II** (= senecio) die Pflanze **Kreuzwurz,** Plin. 25, 168 (wo griech. Akk. -ida).

1. acanthus, ī (ἄκανθος), **I** *m.* eine Pflanze, **Bärenklau** (*Acanthus mollis,* L.), als Bienenkraut bekannt, auch ihrer schön gewundenen Stiele wegen zur Einfassung der Gartenbeete häufig gepflanzt und auf Kunstwerken, Säulen und Gewändern nachgeahmt (vgl. Voß Verg. georg. 4, 123 u. ecl. 3, 45), Verg., Plin. u. a. – **II** *f.* ein stachliger Baum in Ägypten, sonst auch acacia gen., von den Neueren für **den ägyptischen Schotendorn** (*Mimosa nilotica,* L., *Acacia vera,* Willd.) gehalten (vgl. Voß Verg. georg. 2, 119), Verg., Plin. u. a. – ► Nbf. acanthos Serv. Verg. georg. 2, 119 (wo Form acanthos dicta): Nbf. acantha (ἄκανθα), Cass. Fel. 32. p. 66, 4 u. 87. p. 194, 5.

2. Acanthus, ī, *f.* (Ἄκανθος), eine Seestadt auf der östlichen Spitze der mazedonischen Halbinsel Chalcidice, j. *Herisso* mit Ruinen, Liv. 31, 45, 15. Mel. 2, 2, 9 (2. § 30). Plin. 4, 38.

acanthyllis, idis, *f.* (ἀκανθυλλίς), wahrsch. Nbf. von acanthis, s. d., Plin. 10, 96.

acanus, ī, *m.* (ἄκανος), die **Krebsdistel** (*Onopordum acanthium,* L.), Plin. 22, 23.

acapnos, on (ἄκαπνος), **rauchlos,** ligna (rein lat. coctilia od. ligna cocta), Mart. 13, 15 *lemm.* – mel, Honig, der ausgenommen wird, ohne die Bienen durch Rauch zu vertreiben, Col. u. a.

acarna od. **-nē,** s. acharnē.

Acarnān, ānis, s. Acarnānes.

Acarnānes, um, Akk. as, *m.* (Ἀκαρνᾶνες), die Einw. von Akarnanien, die **Akarnanier,** Liv. 26, 24 *sq.* Liv. epit. 33 (wo griech. Akk. -ānas): amnis Acarnanum, Achelous, Ov. met. 8, 570. – Sing. **Acarnān,** ānis, *m.* (Ἀκαρνάν), der **Akarnanier,** Verg. Aen. 5, 298. Liv. 37, 45, 17 (wo griech. Akk. -āna): Philippus, natione Acarnan, Curt. 3, 6 (14), 1. – *Adj.* **akarnanisch, in** od. **aus Akarnanien,** amnis A., der Achelous (s. oben), Sil. 3, 42: Alexander Acarnan, Liv. 35, 18, 1: Acarnanes duo iuvenes, Liv. 31, 14, 7; vgl. Liv. epit. 31 *in.* – Dav. **Acarnānia,** ae, *f.* (Ἀκαρνανία), **Akarnanien,** eine griechische Landschaft zwischen Ätolien u. Epirus, j. *Akarnania,* Liv. – Dav. **A Acarnānicus,** a, um (Ἀκαρνανικός), **akarnanisch,** coniuratio, Liv. 26, 25, 16. – **B Acarnānus,** a, um, **akarnanisch,** civis, Bürgerin, Nep. Them. 1, 2.

Acastus, ī, *m.* (Ἄκαστος), **I** Sohn des thessalischen Königs Pelias, Vater der Laodamia, Bruder der Alkestis, Ov. met. 8, 306. – **II** ein Sklave des Cicero, Cic. ep. 14, 5, 1.

acatalēcticus, a, um, falsche Lesart st. acatalectus, s. d.

acatalēctus, a, um (ἀκατάληκτος) **akatalektisch,** d. i. am Ausgang vollständig, versus, species carminum, Gramm.

acatalēxis = ἀκαταληξία, Aud. gramm. (VII) 333, 20 ›acatalexis est, cum versus legitimo fine, id est pleno temporum numero, terminatur‹.

acatium, ī, *n.* (ἀκάτιον), **I** ein kleines schnellsegelndes **Schiff,** bes. der Seeräuber, eine **Brigg,** Plin. 9, 94. – **II** ein Segel zum Schnellsegeln, Isid. 19, 3, 2.

acatus, ī, *f.* (ἄκατος) = acatium *no.* I (s. d.), Auson. ep. 22, 31. Tert. adv. Marc. 5, 1.

acaunumarga, ae, *f.* (ein keltisches Wort, v. agaunum = Stein), eine gall. Mergelart, **Steinmark, Steinmergel,** Plin. 17, 44.

acaustos, on (ἄκαυστος), **unverbrennlich;** dah. acaustoe (griech. Nomin. Plur.) v. den Karbunkeln, Plin. 37, 92.

Acbarus (Abgarus od. Agbarus), ī, *m.*, **Abgar,** Name der Beherrscher des osrhoenischen Reichs in Mesopotamien, dessen Hauptstadt Edessa war, Tac. ann. 12, 12.

Acca Lārentia (Larenmutter), die röm. Flurgöttin (Personifikation der Stadtflur u. ihres tellurischen Segens), nach der Sage Gattin des Hirten Faustulus, die den Romulus u. Remus genährt und erzogen haben soll, Mutter der zwölf Arvalbrüder, Varr. LL. 6, 3. § 23. Gell. 6, 7. § 1 *sqq.* Macr. sat. 1, 10. § 13 *sqq.* Min. Fel. 25, 8: bl. Acca, Stat. silv. 2, 1, 100: bl. Larentia, Liv. 1, 4, 7. Ihr zu Ehren wurde von den Römern im Dezember ein Fest gefeiert, Larentalia od. Accalia genannt. Wahrsch. ist die Acca Larentia aus der tuskischen Religion in die römische Mythologie gekommen.

accado, s. 1. ac-cido ►.

ac-cano, ere, **dazu singen, -tönen,** Varr. LL. 6, 75.

accantito (ad-cantito), āre, **dazu singen,** laudem (*sc.* sacris), Liv. Andr. tr. 9 (vgl. Ribbeck Coroll. p. IX).

accanto (ad-canto), āre, **bei** od. **neben** etwas **singen,** tumulis, Stat. silv. 4, 4, 55.

ac-cēdo, cessī, cessum, ere (ad u. cedo), **herzu-, herantreten, -kommen,** einem Ziel **nahen, sich nähern,** wo **erscheinen** (Ggstz. abscedere, decedere, recedere), **I** eig.: **A** im Allg.: **a** v. Pers., m. Ang. **wohin?** durch *ad* m. Akk., ad aedes, Plaut.: ad fores, Ter.: ad eandem mensam cum servo, sich setzen, Sen.: ex inferiore loco ad tribunal, Liv.: ad urbem noctu, Cic.: ad Aquinum, ad Syracusas, Cic.: ad ludos, Cic.: ad eam confabulatum, Ter.: ad hominem, Plaut.: intro ad eram, Ter.: alci ad aurem et dicere, sich nähern, um ihm ins Ohr zu sagen, Cic.: ad manum, s. 1. manus. – durch *in* mit Akk. (bes. wenn die Annäherung ein »Eintreten« zur Folge hat), in aedes, Cic.: in Macedoniam, Cic.: in funus, dem Leichenzug sich anschließen, mit zum Begräbnis gehen, Cic. – durch bl. *Acc.* (vgl. Drak. Liv. 9, 40, 19. Burm. Phaedr. 1, 25, 6. Nipperd. Tac. ann. 2, 45 u. 12, 31), terram cum classi, Cael. Ant. fr.: Africam, Varr.: Ariminum, Cic.: scopulos, Verg. u. Ps. Quint. decl.: Iugurtham, Sall. – absol. = **nahen, kommen, gehen,** Komik., Cic. u. a.: obviam, Plaut. – **b** v. Lebl.: febris accedit, stellt sich ein (Ggstz. decedit), Cic.: luna accedens, der zunehmende (Ggstz. abscedens), Plin.: accedit ad aures sermo, Ter.: nomen famaque ad nos accedit, gelangt zu uns, Liv.

B insbes.: **1** als Bittender od. Hilfe Suchender jmdm. **nahen,** bei jmd. **erscheinen, sich** an jmd. **wenden,** senatus supplex accedit ad Caesarem, Cic.: acc. ad eos, Cic.: ad ephoros, Nep.: quo accedam aut quos appellem? Sall. – **2** feindlich **herannahen, anrücken, angreifen,** absol. (Ggstz. se recipere), Cic.: quocumque accederent equitatus hostium, Sall.: propius, Caes.: propius Ambiorigem, propius Romanos, Caes.: propius muros, Nep.: ad oppidum, ad Britanniam, Caes.: usque ad castra, Caes.: ad moenia, Liv.: muris, Liv.: (ad) has XIV cohortes, Pomp. in Cic. ep.: ad manum, handgemein werden, Nep.: ad corpus eius, ihm auf den Leib rücken, Cic.: ad te comminus accessit, ist dir auf den Leib gerückt, scherzh. = hat dich mit seinem

Besuch behelligt, Cic. – m. bl. *Acc.* (s. Nipperd. Tac. ann. 12, 31), astu, Nep.: Lemnum, Nep.: cum V navibus Africam in finibus Cyrenaeorum, Nep.: loca hostiliter, Sall. – **3** als Bieter oder Steigerer bei Auktionen **erscheinen,** ad hastam, Nep. u. Liv.: u. so ad illud scelus sectionis, Cic. – **4** als Bewerber um den Triumph (v. aus dem Krieg zurückkehrenden Feldherrn), ad urbem, Cic.: uno tempore ad urbem (v. beiden Konsuln), Liv.

II übtr.: **A** im Allg.: **a** v. Pers.: has naturae partes, ihnen zu nahen = sie zu erforschen, Verg.: ad amicitiam Philippi, zur Fr. des Ph. gelangen, die Fr. des Ph. gewinnen, Nep.: ad praeceps, am Abgrund wandeln, ans Kühne streifen (v. Redner), Plin. ep.: sed propius accedam (ich will der Sache näher treten), de his nostris testibus dicam, Cic.: ut quisque proxime accederet, je näher uns jemand angeht, Cic. – **b** v. Lebl.: voluntas vostra accedit ad poëtam, wendet sich dem D. zu, Ter.: accedit manus extrema operibus, wird gelegt an usw., Cic.: fervor accedit capiti, die Weinglut steigt zu Kopfe, Hor.

B insbes.: **1** der Zeit nach **herantreten, -kommen, sich nähern,** accedunt anni (die Jahre = das Alter), Hor.: quo propius ad mortem accedam, Cic.: stat super caput fatum et pereuntes dies imputat propiusque ac propius accedit, kommt immer näher u. näher, Sen. – **2** zu einer Tätigkeit od. Teilnahme an derselben **schreiten,** sie **übernehmen,** mit ihr **sich befassen,** ad rem publicam, durch Bewerbung um öffentl. Ämter (zunächst um die Quästur) mit den Staatsangelegenheiten sich befassen, dem Staatsdienst sich zu widmen beginnen, Cic.: ad causam, eine Sache (vor Gericht), eine (gerichtliche) Verhandlung übernehmen (v. Verteidiger), Cic.: u. so huic causae, Cic.: ad causam publicam, sich der Sache des Staates annehmen, Cic.: ad vectigalia, sich mit dem Zollpacht befassen, Cic.: ebenso ad publica, Sen.: ad haec bona, sich an diese G. machen (um sie in Besitz zu nehmen), Cic.: ad periculum, an der Gefahr teilnehmen, Cic.: ad poenam, zur Strafe schreiten, Cic.: si quis expers veri et ignarus ad legendum accesserit, Lact. – **3** mit seiner Beistimmung, seinem Willen **beitreten, beipflichten** (Ggstz. abhorrere ab alqa re), ad sententiam alcis, Plaut.: ad condiciones, Cic.: ad hoc consilium, Nep.: Ciceroni in plerisque, Quint.: libenter his, qui haec prodiderunt, Vell.: alcis sententiae, Quint.: huic opinioni (Ggstz. dissentire), Quint. – societatem nostram, Tac. ann. 12, 31. – **4** als Zuwachs **hinzukommen, zunehmen, wachsen** (Ggstz. decedere, recedere, deminui, auferri), accessit ager, quem etc., Cato fr.: huc accedebat munificentia, Sall.: accedit eodem facies, Ov.: ad eas (naves) captivae Massiliensium accesserant VI, Caes.: nihil ad dignitatem accedit, Cic.: accedit ad causam novum crimen, Cic.: cum ad has suspiciones certissimae res accederent, Caes.: numerum accessit ad harum, gesellte sich ihnen zu, Ov.: quo plus aetatis ei accederet, je älter er würde, Cic.: accedit annus tertius desiderio nostro et labori tuo, Cic.: Remis studium accessit, Caes.: iis tantum fiduciae accessit, ut etc., ihre Z. stieg so sehr, Caes.: magis accessurum utrumque, werde noch mehr zunehmen, Liv.: volucres accedere silvis, als V. ein Zuwachs für den W. werden, Ov.: pretium accedit agris, der Preis der Ä. steigt, Plin. ep.: u. so plurimum pretio accedit, der Preis steigt sehr, Col. – accedet eo mons Gaurus, Cic.: huc accessit manus Ventidii, dazu kommt noch usw., Cic. – dah. die Verbdg. huc accedit od. eo accedit od. eodem accedit, z. B. huc accedit summus timor, Cic.: eo accedebat hortator assiduus Sallustius, Cic.: accedit eodem vulgi voluntas, Cic.: u. so oft accedit huc (od. huc accedit), accedit eo (od. eo accedit), accedit etiam od. illud etiam, od. bl. accedit, quod m. Indikativ od. ut m. Konjunktiv, **hierzu kommt noch, dass** usw., Cic. u. a. (u. zwar ist accedit, quod = hierzu kommt noch der (faktische) Umstand, dass usw.; dagegen accedit, ut = dazu tritt noch der Fall ein, überdies geschieht es, dass usw.; vgl. Kühner Cic. Tusc. 1, 43 u. 5, 62. Sorof Cic. de or. 2, 198: nachaug. auch ad illa hoc quoque accessit, quod etc., Curt: his etiam illud accessit, quod etc., Lact: accedit his, quod etc., Plin. ep. – m. folg. *ne* u. Konjunktiv, cum accessit id quoque, *ne* nisi rectā cervice spiritus trahatur, ὀρθόπνοια (appellatur), Cels. 4, 8 *in.* p. 130, 34 D. – **5** als Ereignis, das durch sein Eintreten äußerlich od. innerlich unsere Verhältnisse ändert, **zuteil werden, zufallen,** voluntas vostra si ad poëtam accesserit, Ter.: paululum vobis accessit pecuniae, Ter.: num tibi stultitia accessit aut superat superbia? bist du ein Narr geworden od. hast einen Sporn zu viel? Plaut.: alci animus accedit, es bekommt jmd. Mut, Cic.: plurimum consilii, animi, praesidii denique mihi accesserit, Cic. – Ggstz. discedo, z. B. quorum adventu et Remis cum spe defensionis studium propugnandi accessit et hostibus eadem de causa spes potiundi oppidi discessit, Caes. – **6** bei Vergleichungen = **nahe kommen, sich nähern,** d. i. **ähnlich sein,** propius ad deos, Cic.: proxime deos, v. einer Pers., Cic.: prope ad similitudinem alcis rei, Cic.: sermone magis oratorio generi (v. Euripides), Quint.: Homero maxime (von einem Dichter), Quint. – ▶ synk. Perf. accestis, Verg. Aen. 1, 201: synk. Plusquamperf. accesset, Turp. com. 59. – vulg. Perf. accedi, wovon accedisset, Itala (Rehd.) Marc. 6, 21.

acceia, ae, *f.*, die **Schnepfe,** Itala levit. 11, 17. Vgl. Gloss. ›accia, acceia, ἀσκαλάφη‹.

accelerātio, ōnis, *f.* (accelero), die **Beschleunigung,** continuatio est orationis enuntiandae acceleratio clamosa, Rhet. Her. 3, 23: acceleratio regni caelestis, Hilar. in psalm. 119, 18.

ac-celero, āvī, ātum, āre, **I** *tr.* **beschleunigen,** iter, Caes.: gradum, Liv.: mortem, Lucr.: consulatum alci, Tac. – **II** *intr.* **sich sputen = eilen,** accelera, signifer! Liv.: si accelerare volent, Cic.: quantum accelerare posset, Liv.: consulem accelerasse, Liv.: accelerare legiones Cremonam iussae, Tac.: a Perside Constantinopolim accelerans, Aur. Vict. epit.

accendium, ī, *n.* (accendo), das **Anzünden,** Solin. 5, 23.

1. ac-cendo, cendī, cēnsum, ere (ad u. candeo), **von außen in Brand setzen, anzünden, anstecken** (Ggstz. exstinguere), **I** eig. u. meton.: **1** eig.: Pergama, Liv. Andr. fr.: lumina, Auct. b. Afr.: lumen de lumine (am Licht), Enn. fr.: lucernam, Phaedr. u. Sen.: rogum, ignem, Verg.: faces, Cic.: taedas, Ov.: tus, Liv.: cornua, die Hörner der Stiere (= die Reisigbündel an den Hörnern), Liv.: ignem flatu, Curt.: scintillam levem ignis inditam plumae folle fabrili ad caput fistulae imposito flando, Liv.: Partiz. m. *Acc. resp.*, accensa comas, Verg. Aen. 7, 75. – **2** meton.: **a** etwas **anzünden** = auf etwas **Feuer anmachen,** foculum ad sacrificium, Liv.: focum, Ov.: aras, Ov. – **b** an etwas Feuer bringen u. so **α glühend machen, erhitzen, kochend machen,** ahenum, Sen. poët.: aurum, Plin.: vapor solis accendit arenas, Curt.: calor aestatis accendit oram, Curt. – **β** (bes. v. Feuer selbst) **leuchtend-, hell-, glänzend machen, erhellen,** luna radiis solis accensa, Cic.: sol accendit Olympum, Sil.: clipeum auro, Sil. – **II** übtr.: **1** im Allg., **anzünden,** wie ein Licht usw., virtutum quasi scintillulae, e quibus accendi philosophi ratio debet, woran sich entzünden muss, Cic.: si haec accendi aut commoveri arte possint, durch die Kunst geweckt und entwickelt werden, Cic. – **2** insbes.: **a** jmd. od. jmds. Gemüt usw. **entzünden, anfeuern, entflammen, aufregen** (vgl. Fabri Sall. Cat. 25, 3. Mützell Curt. p. 586 *sq.*), plebis animum, Sall.: Bocchi animum oratione, Sall.: clamore invicem suos, Curt.: animum ad virtutem, Sall., ad libidinem, Liv.: animos bello (zum Kr.), Verg.: nationes in arma, Vell.: oculos invidiā, mit Neid erfüllen, Sen.: in rabiem accendi, Liv.: libidine sic accensa (Sempronia), ut etc., Sall.: furiis accensae pectore (im H.) matres, Verg.: accendis (me), quare cupiam, Hor.: amore accensus, irā accensus, Liv.: u. so alqm contra alqm od. in alqm, aufbringen, aufreizen, Sall. u. Tac. – im Ggstz., qui nunc (eos) quasi stimularent et accenderent, nunc quasi reconciliarent ac componerent, Plin. ep.: ducibus plebis accendit magis certamine animos quam minuit, Liv. – bes. zur Liebe **entflammen,** dumque petit, petitur, pariterque accendit et ardet, Ov. met. 3, 426. – **b** einen Zustand **entzünden, anfachen, erregen** (vgl. Fabri Sall. Cat. 25, 3), febrem, Cels.: sitim, Curt.: seditionem, proelium, Liv.: bes. Leidenschaften usw., spem, invidiam, Liv.: iram, Curt.: virtutem, Verg.: curam alci, Liv.: ex qua (tribunicia potestate) omnes discordiae accensae, Sall. fr.: studia Numidarum in Iugurtham accensa, die Begeisterung der N. für J., Sall. – **c** **vermehren, steigern, noch mehr nähren, vergrößern, verstärken, erhöhen,** im Passiv auch = **steigen,**

wachsen, sitim, Cels.: pretium, Sen.: cum eo magis vis venti accensa esset, Liv.: acetum accenditur pipere, wird brennender, d. i. stärker, Plin. – bes. Leidenschaften usw. (Ggstz. sedare, s. Drak. Liv. 2, 29, 8), discordiam, schüren, Liv.: fiduciam Tyriorum, die T. in ihrer Z. bestärken, Curt.: alacritatem militum, erhöhen, Curt.: dolorem, pertinaciam, Tac.: vitia, Ov.: intempestis remediis delicta, Tac. – ► Paragog. *Infinit. Praes. Pass.* accendier, Lucr. 6, 901.

2\. **accendo,** ōnis, *m.* (1. accendo), **einer der** (zum Kampf) **anfeuert,** Tert. de pall. 6.

ac-cēnseo (ad-cēnseo), cēnsum, ēre, **zurechnen, zugesellen,** accenseor illi, bin ihr (als deus πάρεδρος) zugesellt, Ov. met. 15, 546: qui his accensebantur, id est attribuebantur, Non. 520, 7: ex quibus oriens deo accensetur, Lact. 2, 9, 5: religio, cui fuerat accensus, Lact. 5, 2, 15.

accēnsibilis, e (accendo) = καύσιμος, **entflammend, lodernd,** ignis, Vulg. Hebr. 12, 18.

accēnsio, ōnis, *f.* (accendo), das **Anbrennen, Anzünden** (Ggstz. exstinctio, auch im Plur.), u. meton. = der **Brand,** das **Feuer,** Spät.

accēnsor, ōris, *m.* (accendo), der **Anzünder,** lucernae, Augustin. in euang. Ioann. tract. 23, 3.

1\. **accēnsus,** ī, *m.* (accenseo), **I** u. zwar gew. Plur. accēnsi, ōrum, *m.*, urspr. die der fünften Bürgerklasse **Beigezählten** (aber durch einen höheren Zensus von den proletarii geschieden), die in fünfzehn Vexillen als ein Reservebataillon der Legion folgten und im Kampf in den hintersten Reihen der dritten Schlachtlinie (der Triarier) standen, bestimmt, die gelichteten Reihen der Legion zu ergänzen, die **Überzähligen,** Liv. 1, 43, 7: weil nur gekleidet, aber nicht bewaffnet (die Waffen entnahmen sie erst im Kampf den Gefallenen), gewöhnlich accensi velati genannt, **Ersatzleute, Reservemannschaft,** Cic. de rep. 2, 40. – Aus ihnen wurden den Militärbehörden, wenigstens später, **Ordonnanzen** beigegeben (weil der eigentliche Soldat Nebendienste nicht annehmen durfte), s. Non. 520, 6. Veget. mil. 2, 19. – **II** der **Unterbeamte, Gerichtsbote, Amtsdiener** einer öffentlichen Behörde (der Dezemvirn, des Konsuls, Prätors usw.) in Rom und in den Provinzen, Cic. u. a.

2\. **accēnsus,** a, um, *Partic.* v. accendo, s. d.

3\. **accēnsus,** Abl. ū, *m.* (accendo), das **Anzünden,** accensu lucernarum, Plin. 37, 103, od. lampadum, Plin. 34, 88, od. luminum, Symm. ep. 3, 48 zw. (*al.* accessu).

accentio, ōnis, *f.* (accino), **der starke Klang,** die **Betonung,** Eulog. in Cic. somn. Scip. p. 15, 15 Hold. ›acuti soni vehementius et citius percusso aëre pulsantur, et ubi nimius incitatiorque pulsus est, *accentio* vocitatur, *succentio* vero, cum lenior tardiorque pulsatio est‹.

accentiuncula, ae, *f.* (*Demin.* v. accentus), die **Betonung, Akzentuation** (griech. προσῳδία), Plur. bei Gell. 13, 6, 1.

accentor, ōris, *m.* (cantor), **der mit anderen die gleiche Stimme singt,** Isid. 6, 19, 13 (neben succentor u. incentor).

accentus, ūs, *m.* (accino), **I** das **Antönen, Blasen** jmds., aëneatorum, Amm. 16, 12, 36; 24, 4, 22. – meton., der **Klang, Ton,** accentus (tibiarum) acutissimi, Solin. 5, 19: accentus multi et varii, Fronto de orat. p. 158 N. – **II** (gramm. *t. t.*) das **Beitönen,** als Überstzg. v. προσῳδία = die **Akzentuation,** der **Akzent,** die **Betonung** eines Wortes, **Schärfung** einer Silbe (bei Cicero sonus od. vox), Quint. 1, 5, 22. Gell. 13, 26, 3. Mart. Cap. 3. § 268 *sqq.* Serv. Verg. Aen. 1, 32; 2, 476. Terent. Maur. 1433. – **II** das Hinzutönen, übtr. = die **Zunahme,** das **Wachstum,** die **Heftigkeit,** hiemis, Sidon. ep. 4, 6: doloris, Marc. Emp. 36.

accepta, ae, *f.* (*sc.* pars, v. acceptus, a, um), der **Ackeranteil,** der jedem bei Austeilung der Äcker zufällt, Gromat. vet. p. 14, 17 u. ö.

acceptābilis, e (accepto), **annehmbar, wohlgefällig,** Eccl. u. spät. ICt. – *Adv.* **acceptābiliter,** Eccl.

acceptātio, ōnis, *f.* (accepto), die **Annahme,** Tert. adv. Marc. 5, 9: personae, Ansehung, Tert. de pudic. 5; adv. Marc. 4, 35.

acceptātor, ōris, *m.* (accepto), **I einer der annimmt, genehmigt, würdigt,** Tert. de pat. 4; de paenit. 2. – **II** übtr., der **Einlasser** des Volks = der **Eingang,** CIL 14, 16, 6.

acceptātus, a, um, *Partic.* v. accepto. – *Compar.* adjektiv., omni genere quod des, quo sit acceptatius (annehmbarer), adornandum est, Sen. de ben. 2, 7, 3.

acceptīlātio od. **acceptī lātio,** ōnis, *f.* als jurist. *t. t.* = eine in bestimmte Wortform gekleidete **mündliche Quittung** über eine durch Stipulation entstandene Schuld, indem der Schuldner den Gläubiger fragt: quod ego tibi promisi habesne acceptum? u. dieser antwortet: habeo, s. Gaius inst. 3. § 169. dig. 46, 4 (de acceptilatione).

acceptio, ōnis, *f.* (accipio), **die Annahme, I** eig., die **In-Empfang-Nahme,** der **Empfang,** Ggstz. deditio, donatio, Cic. top. 37: acc. frumenti, das Fassen von G., Sall. Iug. 29, 4. – als mediz. *t. t.*, das **Einbekommen, Einnehmen,** lactis, Th. Prisc. 2, 5. – **II** übtr.: **a** das Empfangen, die **Annahme,** acceptiones sacrorum, empfangene Opfer, Arnob. 7, 12; insbes., acceptiones sacrorum, die Einweihungen in die Mysterien, Arnob. 5, 26 *extr.* – **b** die Art, wie ein Ackeranteil (accepta, w. vgl.) verliehen wird, die **Empfangsart,** Plur. bei Sicul. Flacc. p. 156, 18 (p. 18, 4). – **c** als philos. *t. t.* = ὑπόληψις, die **Annahme** eines Satzes, immediatae propositionis et non necessariae, Boëth. Aristot. anal. post. 1, 26. – u. = λῆμμα, ein **Annahmesatz,** der auch vom Gegner zugegeben worden ist, Sing. u. Plur. bei Apul. doctr. Plat. 3. p. 34 Oud. p. 269 H. (bei Mart. Cap. 4. § 404 *sq.* sumptum gen.). – **d** die **Anerkennung, Würdigung,** Eccl. u. spät. ICt.: personarum od. personae, die Ansehung der P., Augustin. c. Pelag. 2, 6, 11 u. a. Eccl.

acceptito, āvī, āre (*Frequ.* v. accepto), **aber-** u. **abermals empfangen,** Plaut. fr. b. Non. 134, 29.

accepto, āvī, ātum, āre (Frequent. v. accipio), **empfangen, annehmen, in Empfang nehmen, empfangen, bekommen, I** eig.: argentum, Plaut.: Lunae bigas, Varr. fr.: mercedes a discipulis, Quint.: annuos aureos, usuras, ICt.: cibaria, Col. – **II** übtr.: **a** im Allg.: alia aliis locis cognomina, Mel. 1, 1, 5 (1. § 7). – **b** prägn., **annehmen = sich gefallen lassen, zulassen,** iugum, Sil.: votum, Tert.: sacrificium iustitiae, Vulg.: facili ac levi humo acceptante occultum opus, Curt. Vgl. acceptatus.

acceptor, ōris, *m.* (accipio), **I** der **Empfänger,** (Ggstz. donator), Cod. Iust. 8, 56, 10. – insbes., der **Einnehmer, Zolleinnehmer,** CIL 14, 2 u. 150. – Übtr.: **a** im Allg., acc. iniuriae (Ggstz. illator), Boëth. cons. in phil. 4, 4. – **b** der **Billiger,** Plaut. trin. 204. – **c** acceptor personae, der die Person ansieht, **parteiisch,** Eccl. – **II** = *accipiter,* Lucil. sat. fr. 123. (bei Charis. 98, 11). Cypr. ep. 60, 2. – **III** der **Vogelsteller,** Gloss.

acceptōrārius, ī, *m.* (acceptor = accipiter), der **Falkenjäger,** Anthol. Lat. 300 R (311 M).

acceptōrius, a, um, (acceptor) **zum Empfang bestimmt,** modulus (Ggstz. modulus erogatorius), Frontin. aqu. 34.

acceptrīx, īcis, *f.* (acceptor), die **Empfängerin** (Ggstz. dator), Plaut. truc. 571. CIL 6, 32323.

acceptus, a, um, *PAdj.* m. *Compar.* u. *Superl.* (v. accipio), »freundlich aufgenommen«; dah. **willkommen, gern gesehen, beliebt, erwünscht, angenehm** (oft m. carus u. gratus verb., s. Deder. Dict. 1, 20. p. 264), **a** v. Pers., cara est uxor, dulces liberi, iucundi amici, accepti affines, Val. Max.: vir optimus acceptusque in exercitu, Dict. – m. Ang. **wem?** od. **bei wem?** durch *Dat.,* qui maxime plebi acceptus erat, Caes.: qui carus acceptusque ei semper fuerat, Sall.: omnibus carus, acceptus senatui, Treb. Poll.: quo carior acceptiorque omnibus erat, Sall.: longe acceptissimus Parmenioni, Curt. – durch *apud* od. *ad* m. Akk., essetne servus apud te acceptissimus, Plaut.: pacis artibus vix quisquam Traiano ad populum acceptior exstitit, Fronto. – zugl. m. Ang. **weshalb?** Valenti ob similitudinem morum acceptus, Amm. 26, 10, 12. – **b** v. Lebl.: munus gratum acceptumque, Nep.: quod vero approbaris, id gratum acceptumque habendum, Cic.: acceptius genus gratiarum, Plin. pan. – m. Ang. **wem?** durch *Dat.,* diis et hominibus est acceptum, quod etc., Varr.: vina dis et mensis accepta secundis, Verg.: nihil est deo acceptius, quam etc., Cic.: raro alias tribuni popularis oratio plebi acceptior quam tunc severissimi consulis fuit, Liv.: quae acceptissima diis essent, sacra instituere, Liv. – durch *in* m. Akk., milies HS eā munificentiā collocatum, tanto acceptius in vulgum, quanto etc., Tac. ann. 6, 45.

accersio, s. arcessio.

accersītor, s. arcessītor.

accerso, ere, s. arcesso ►

accessa, ae, *f.* (accedo), die **Flut** des Meeres, Serv. Verg. Aen. 1, 246.

accessibilis, e (accedo), **zugänglich,** Eccl.

accessibilitās, ātis, *f.* (accessibilis), die **Zugänglichkeit,** Tert. adv. Prax. 15.

accessibiliter, *Adv.* (accessibilis), **hinzukommend,** Claudian. Mam. de stat. anim. 1, 3, 1.

accessio, ōnis, *f.* (accedo), **I** das **Hinzu-, Herantreten, -gehen, -kommen,** die **Annäherung,** quid tibi ad hasce accessio est aedes? was hast du dich diesem Haus zu nähern? Plaut.: suis accessionibus, durch sein Sich-Überlaufenlassen von den Leuten = durch die Audienzen, die er erteilte, Cic. – als mediz. *t. t.* der **Eintritt, Anfall,** die **Anwandlung,** prima morbi, Suet. Vesp. 23, 4. – bes. der **Eintritt des Fiebers,** der **Fieberanfall, Paroxysmus** (Ggstz. decessio, remissio) Cels.: dierum imparium accessiones (Anfälle) exspectare, Cels. – **II** übtr., das vermehrende **Hinzukommen,** die **Vermehrung,** das **Wachstum,** der **Zuwachs, A** als Akt: pecuniae, Nep.: singulorum versuum, Quint.: paucorum annorum, Cic.: dignitatis, Cic.: virium, Liv.: cum ad corpora cum accessio fieret tum abscessio (Abnahme), Cic.: magnas accessiones (Fortschritte) fecisse in operibus hostium expugnandis, Auct. b. Alex.: in omnibus epistulis, quas ad Caesarem aut ad Balbum mitto, legitima quaedam est accessio commendationis tuae, macht die Empfehlung deiner Person sozusagen einen stehenden Artikel aus, Cic. – **B** meton.: **a** der hinzukommende Gegenstand, der **Zuwachs, Anhang,** die **Zulage,** accessionem (Anbau) adiunxit aedibus, Cic.: accessio Punici belli, ein Anhang zum p. Kr. (vom König Syphax, da er nicht der Hauptfeind war, mit dem jener Krieg geführt wurde), Liv.: minima accessio semper Epirus regno Macedoniae fuit, Liv. – **b** als philos. *t. t.*, ein **bestimmender Zusatz,** Cic. Acad. 2, 112. – **c** im Finanzwesen, was über die schuldige Abgabe weiter bezahlt od. erpresst wird, die **Beigabe,** der **Zuschuss** (Ggstz. decessio, der Abzug, Ausfall), Scriptt. r. r. u. Cic.: u. decumae, Cic.

accessito, āvī, āre (*Frequent.* v. accedo), fort u. fort **herzukommen,** Cato orig. 1. fr. 20 *ed. Iord.*

accessus, ūs, *m.* (accedo), das **Herzu-, Herangehen,** die **Annäherung** (Ggstz. abscessus, decessus, discessus, recessus), **I** eig. u. meton.: **1** eig.: **a** übh.: acc. tuus, Cic.: acc. ad urbem nocturnus, Cic. – v. Lebl., accessus stellarum et recessus, Cic.: solis accessus discessusque, Cic.: eiusdem cum accessus modici tum regressus, Cic.: lunae tenuissimum lumen facit proximus accessus ad solem, digressus autem longissimus quisque plenissimum, Cic. – accessus et recessus aestuum, Flut u. Ebbe, Cic.: Plur., accessus fretorum atque aestuum, Apul. de mund. 19. – **b** insbes.: **α** als mediz. *t. t.*, der **Eintritt, Anfall,** die **Anwandlung** einer Krankheit, des Fiebers, accessus decessusque morbi, Gell.: in tertianis accessu febrium (beim Fieberanfall, Paroxysmus) bibendum dare, Plin. – **β** der **Zutritt** zu jmd., ille popularis accessus ac tribunalis, öffentliche Audienz u. Gerichtstage, Cic. ad Q. fr. 1, 1, 8. § 25: sermone affabilis accessuque facilis, Sen.: dare alci accessum, Phaedr., u. Plur. accessus, Ov.: accessum negare, Ov. – **2** meton., der **Zugang,** als Ort, bes. von der See aus, die **Anfurt** für Schiffe, acc. maritimus, pedester, Auct. b. Alex.: acc. commodior, Liv.: omnem accessum lustrare, Verg.: alium infra navibus accessum petere, Liv.: accessum ad insulam explorare, Suet. – **II** übtr.: **a** übh.: acc. ad res salutares, instinktartige Neigung zu usw. (Ggstz. recessus a rebus pestiferis), Cic. de nat. deor. 2, 34: accessus ad causam, Anläufe (Ggstz. recessus Rückzüge), Cic. ep. 9, 14, 7 u. (ders. Brief) ad Att. 14, 17. lit. A. § 7: ut animus lectoris ad enodatioris intellegentiae accessum quasi quibusdam gradibus perducatur, Boëth. de art. geom. p. 398, 8 *sqq.* (*ed. Fr.*). – **b** das **Hinzukommen,** die **Vermehrung,** der **Zuwachs,** splendoris, Cod. Theod. 6, 35, 7: alia accessus lenes habent et incrementa fallentia, Sen. de ira 3, 1, 5. ► Dat. Sing. accessu, Apul. de mund. 34. Amm. 29, 1, 20.

Accherūns etc., s. Acherūns etc.

Acchulla, s. Acilla.

Accī, ōrum, *m.*, röm. Kolonie im tarrakon. Hispanien, j. *Guadix el viejo*, Itiner. Anton. p. 402. *no.* 1. u. 404. *no.* 6. CIL 2, 3391. – Dav. **Accītānus**, a, um, **accitanisch, von Acci,** colonia, Plin., vollst. colonia Iulia Gemella Accitana, Inscr.: ager, Inscr. – Plur. subst., Accītānī, ōrum, *m.*, die Einw. von **Acci,** die **Accitaner,** Macr. sat. 1, 19, 5.

accia, s. acceia.

Acciānus, s. Attiānus unter Attius.

accidēns, dentis, *n.* (eig. *Partic.* v. accido), **I** das **Zufällige, Unwesentliche, Äußere** an irgendeiner Sache, ein **zufälliger, unwesentlicher Umstand,** τὸ συμβεβηκός, im Plur. Sen. de const. sap. 9, 1. Quint. 3, 6, 36. Prisc. 3, 2, im Singul. erst bei Spät. – **II** der **Zufall,** per accidens, zufälligerweise, Iul. Firm. u. Plin. Val.: ex accidenti, Aquil. Rom. 16. Serv. Verg. Aen. 1, 40. Iulian. dig. 35, 2, 51. – Insbes.: a) = σύμπτωμα, ein Krankheitszufall, -umstand, ein **Symptom,** Cael. Aur. acut. 1, 10, 71 u. a.: Plur., *ibid.* 2, 35, 184. – **b** emphat. = **unglücklicher Zufall, unglückliches Ereignis, Unfall,** accidentia (Ggstz. prospera), Ps. Quint. decl. u. Amm. – *Adv.* **accidenter**, Spät.

accidentia, ae, *f.* (accido), ein **Zufall, zufälliges Begebnis** od. **Erlebnis,** auch ein **Unfall,** Plin. 32, 19. Tertull. de anim. 11 u. a. Eccl. Vgl. Gloss. ›accidentia, προσκύρωσις‹.

1. **ac-cido**, cidī, ere (ad u. cado), an etwas **hinfallen, -anfallen,** auf etwas **auffallen,** bei etwas **niederfallen, I** eig.: **A** im Allg.: ad terram, Enn. u. Plaut.: in humum, Varr.: m. *Dat.*, terrae, Sen. poët.: m. bl. *Acc.*, terram segetemque accidere incendia, Lucr. – **B** insbes.: **1** von Geschossen = nach einem Ort **hinfallen,** wo **niederfallen, auffallen,** tela ab omni parte accidebant, Liv.: missa (tela) gravius accidere, Caes.: cum tela ex superiore loco missa non frustra acciderent, Liv. – **2** von Pers.: **a** von Hilfe od. Gnade Flehenden = vor jmds. Knien od. Füßen bittend (supplex, ἱκέτης) **niederfallen, niedersinken, sich niederwerfen,** jmd. **fußfällig bitten** od. **anflehen** (wie προσπίπτειν), ad pedes omnium, Cic.: ad alcis genua, Ter., u. alci ad genua, Suet.: u. genibus alcis, Liv.: u. so quo accidam? vor wem soll ich mich niederwerfen? Enn. fr. 114 V. – mit *supplex,* wie ad genua accido supplex, Sen. Troad. 700: u. pro libertate vestra supplicem vobis accidere (wie ἱκέτην προσπίπτειν), Rut. Lup. 2, 6. – **b** plötzlich jmdm. **über den Hals kommen,** de improviso, Sall.: quo improvisus gravior accideret, um unerwartet einen desto empfindlicheren Streich zu führen, Sall. – **3** (von sinnlichen Wahrnehmungen) = die Sinne **treffen** = bis zu ihnen **dringen, -kommen, α** mit Angabe des Sinnes, ad aures, Cic. Sest. 107: u. bl. Dat. auribus (von Tönen, Worten, Geschrei usw., auch Regen), Cic. u. a.: u. bl. aures, Plaut. Stich. 88 u. Val. Flacc. 2, 452. (Vgl. Lachm. Lucr. 5, 608. Sorof Cic. de or. 2, 29. Ruhnk. Rut. Lup. 1, 17. Heins. Val. Flacc. 2, 452.) – vox accidit ad hostes, Liv.: ut notae litterarum totae ad oculos legentium acciderent, Petr. 105: acc. ad oculos animumque, vor Augen u. in den Sinn kommen, Cic.: quam res nova miraque menti accidat, wie seltsam dieser Gedanke scheinen mag, Lucr. – u. so mit *Infin.*, quidque homini lubere accidit posse retur, Plaut. Amph. 171 G. – **β** mit Angabe der Person, zu der etwas dringt: nilne ad te de iudicio armûm accidit? Pacuv. fr.: ut vox etiam ad hostes accideret, zu den F. drang, Liv.: ne maioris multitudinis species accidere hostibus posset, damit dem Feinde die Anzahl der Truppen nicht größer erscheinen möchte, Hirt. b. G. – **γ** absol. = zu Ohren dringen, zu Ohren kommen od. gebracht werden, hinterbracht werden (wie προσπίπτειν), concitatior clamor accidens ab increscente pugna, Liv.: unde (clamor) accidisset, woher es (das Geschrei) komme, Liv.: clamor deinde accidit novus, Liv.: fama accidit, classem Punicam adventare, es kam das Gerücht od. die Nachricht (zu Ohren) von der Annäherung der p. Fl., Liv.; vgl. Fabri Liv. 21, 10, 12. Drak. Liv. 40, 32, 2.

II übtr.: **1** im Allg.: quantis opibus, quibus de rebus lapsa fortuna accidat (zu Boden sinkt), Enn. tr. 371 (396): eodem die istuc verbum vere in te accidit, ist mit Recht in Bezug auf dich gesprochen worden, Ter. Andr. 885. – **2** (von Ereignissen usw.) **vorfallen, vorkommen, eintreten, sich ereignen, sich zutragen, geschehen** (u. zwar zufällig, unerwartet od. unvorhergesehen, wie προςπίπτειν, συμβαίνειν); mit *Dat.* = jmdm. od. einer Sache **widerfahren, begegnen, zustoßen** (συμβαίνειν τινί), raro acc., Ggstz. crebriores esse, Rhet. Her.: supra omnia quae accidunt continguntque eminens, Sen.: timeo, ne illi me accusante aliquid accidat, es könnte ihm etwas geschehen, Cic.: si quid secundi evenisset ..., si quid adversi accidisset, Nep.: quicquid acciderit, jedes Begebnis, Cic.: si aliter acciderit, Cic.: negotia, si qua acciderent, etwa vorkommende Geschäfte, Cic.: esset vitium, si non peteretur, sed accideret, wenn es nicht absichtlich, sondern zufällig wäre, Quint.: potest accidere promissum aliquod et conventum, ut etc., Cic.: illud etiam accidit praeter optatum meum, sed valde ex voluntate, Cic.: nollem accidisset tempus, in quo etc., Cic.: si quod tempus accidisset, quo tempore etc., Cic.: si qua calamitas accidisset, Cic.: si quid acciderit, Cic.: si quid adversi accidisset, Caes., Ggstz. si quid secundi evenisset, Nep.: si quid gravius od. si gravius quid acciderit od. accidisset, im Fall einer Niederlage, Caes.: m. *Dat.*, qualis si qui (dux) nunc esset, tibi idem, quod illis accidit, contigisset, Cic.: haec et omnia, quae homini accidere possunt, ita fero, ut etc., Cic.: horum mihi nihil accidisset, si aut Agrippa aut Maecenas vixisset, Sen.: nihil accidet ei separatim a reliquis civibus, es wird ihm nicht anders ergehen wie den übr. B., Cic.: nescio an tibi gratius opportuniusque acciderit, Cic.: cum hoc illi improvisum atque inopinatum accidisset, Cic.: si quid gravius ei a Caesare accidisset, wenn C. strenger gegen ihn verführe, Caes.: tantum flagitium civitati accidere, Claud. Quadrig. fr.: accidit fortunis omnium pernicies, Cic. – Dah. insbes.: **a** accidit = **es ereignet sich, trifft sich, tritt der Fall ein, kommt vor, trägt sich zu, geschieht,** si ita (forte) accidisset, Cic.: mit folg. *ut* u. Konjunktiv (wenn der Fall als ein noch nicht gekannter, sich erst gestaltender dargestellt wird), wie casu accidit, ut id primus nuntiaret, Cic.: non potuisset accidere, ut unum genus esset omnium, nisi etc., Cic.: od. m. folg. *quod* (wenn der Fall als schon vorhanden vorausgesetzt wird), wie accidit perincommode, quod eum nusquam vidisti, dass du ihn nirgends gesehen hast, ist ein unseliger Zufall, Cic.: od. m. folg. *Infinit.* od. *Acc.* u. *Infinit.* (wenn der Fall als Vorstellung, abstrakter Begriff dargestellt wird), nec acciderat mihi opus esse, Cic.: cum inique accidat turpem aestimationem sequi, Cic.: illud vero mihi permirum accidit, tantam temeritatem fuisse in illo adulescente, Cic.; vgl. Jordan Cic. Caecin. 8. p. 155; od. m. folg. *ne* u. Konjunktiv, nihil autem est pro certo futurum, quod potest aliquā procuratione accidere, ne fiat, Cic. – **b** si quid alci accidat (od. accideret od. acciderit od. accidisset), d. i. **α** mit u. ohne *humanitus* = **wenn** jmdm. **etwas** (Menschliches) zustoßen od. **begegnen sollte,** euphemist. = **wenn er sterben sollte** (wie εἴ τι πάθοι od. ἤν τι πάθῃ od. εἴ τι γένοιτο περὶ αὐτόν), Cic., Vell. u. a. Vgl. Muncker Hyg. fab. 109. – **β** = **wenn ihm etwas (ein Unfall) zustoßen** od. **begegnen sollte,** euphemist. = **wenn es unglücklich** (im Kampf usw.) **gehen sollte** u. dgl., Cic. u. a. – **3 ausfallen, ablaufen,** bene, Plaut.: alci opportune, Caes.: incommode, Caes.: peius victoribus Sequanis quam Aeduis victis accidisse, es ist schlimmer für die Sequaner ausgefallen, Caes.: hoc quorsum accidat, Ter.: si secus oder aliter acciderit, wenn es anders, d. i. nicht nach Wunsch ausfallen sollte, Cic.: ut (gesetzt dass) omnia contra opinionem acciderent, Caes. – **4** als gramm. u. rhet. *t. t.*, einer Sache gleichs. noch **anfällig werden,** zu etw. als etw. Besonderes **noch hinzukommen,** plurima huic verbo accidunt (wie genus, tempora etc.), Quint.: cetera, quae ei generi accidunt, ihm als Arten untergeordnet werden, Quint. – ► Partiz. accidēns subst., Abl. Sing. ab accidenti, Plin. Val. 3, 12 *in.*: ex accidenti, Aquil. Rom. 16. Iulian. dig. 35, 2, 51. Serv. Verg. Aen. 1, 640. – Nbf. accado (hinfallen), wov. accadens, Sen. suas. 6, 3.

2. ac-cīdo, cīdī, cīsum, ere (ad u. caedo), **anhauen, anschneiden,** prägn., anhauend **abhauen, umhauen, I** eig.: aut ab radicibus subruere aut accidere arbores, anschneiden, Caes. b. G. 6, 27, 4. – Gew. prägn., antiquam in montibus ornum ferro, Verg.: suboles velut accisis recrescens stirpibus (im Bild), Liv.: omne genus frugum, befressen u. benagen = abnagen (v. Heuschrecken u. Mäusen), Arnob.: dapes, aufessen, Verg. – **II** übtr., **schmälern, schwächen, entkräften, herunterbringen, hart mitnehmen, schwere Verluste beibringen,** im Passiv auch = **herunterkommen, schwere Verluste erleiden,** ita proelio uno Vestinorum res, ut etc., Liv.: Latinorum etsi pariter accisae copiae sint, Liv.: robore iuventutis suae acciso, Liv.: civitatum copias eo proelio esse accisas sciebat, Hirt. b. G.: res, quamquam sunt accisae, tamen efferent se aliquando et ad renovandum bellum revirescent, Cic.: accidere autem oportet singula; sic universa franguntur, Cic.: post accisas a Camillo Volscorum res, Liv.: opes accisae (Ggstz. opes integrae), Hor.

acciduus, a, um (1. accido) **zustoßend,** Paul. Nol. ep. 7, 2.

ac-cieo, īvī, ēre (ad u. cieo), **herbeirufen, herbeiholen,** ohne Beleg angef. bei Diom. 366, 33.

accīnctio, ōnis, *f.* (accingo), das **Angürten, Umgürten,** Eccl. – übtr., das **Sich-Wappnen** mit usw., Eccl.

1. accīnctus, ūs, *m.* (accingo), das **Sich-Wappnen** mit usw., Eccl.

2. accīnctus, a, um, *PAdj.* m. *Compar.* (v. accingo), **wohlgegürtet, straff,** habitus militaris accinctior, Auson. grat. act. (VIII) 14, 64. p. 27, 19 Schenkl.

ac-cingo (ad-cingo), cinxī, cīnctum, ere, **angürten, umgürten, I** eig.: **a** mit dem Schwert, lateri ensem, Verg.: accingi ense, Verg.: gladiis accincti, Liv.: ferro accinctus, Tac.: (miles) non accinctus, unbewaffnet, Tac.: ne glorietur *accinctus* aeque ut *discinctus,* Vulg. – **b** mit einem Gewand, feminae pellibus accinctae, Tac. ann. 11, 31. – **c** übh. mit etw. **ausrüsten, ausstatten,** accingi armis, facibus, Verg.: turmas ad munia peditum accingere, sich zum Fußdienst fertig machen lassen, Tac.: accinctus gemmis fulgentibus ensis, Val. Flacc.: Britannia tot accincta portubus, Eum. pan. – **II** übtr., mit einem Hilfsmittel usw. gleichs. **wappnen, ausstatten,** Phraaten paternum ad fastigium, Tac.: animos accinge futuris, Val. Flacc. – *refl.* acc. se u. medial accingi, **sich waffnen, sich rüsten, α** mit etw., acc. se iuvene, sich einen Jüngling zugesellen (durch Adoption als Stütze des Alters), Tac.: studio popularium accinctus, Tac.: magicis accincti artibus, Cod. Theod.: poet., magicas accingier artes, in Bezug auf m.K., d. i. mit m.K., Verg. – **β** zu etwas **sich gehörig rüsten, sich anschicken, sich bereit machen,** auf etwas **sich gefasst machen, rüstig** an etwas **gehen,** zu etwas **schreiten,** accingar, ich mache mich ans Werk, Ter.: accingere, mache dich darauf gefasst, Ter.: quin accingeris? nein, raffe dich vielmehr auf! Liv.: accingi ad consulatum, sich ans K. machen (= danach streben), Liv.: ad spem vel ad ultionem, sich erheben, Tac.: accingendum ad eam cogitationem esse, diesen Gedanken müsse man verfolgen, Liv.: in hoc discrimen accingere, Liv.: accingi in proelium, sich schlagfertig machen, Tac.: in omnia intenta bonitas et accincta, bereit, Plin. pan.: acc. se praedae, Verg.: accingunt (*sc.* se) omnes operi, Verg.: comitatus accinctus et parens, immer zur Hand, immer schnell reisefertig, Plin. pan. – accingor m. folg. *Infin.*, Verg. georg. 3, 46. Tac. ann. 15, 51. Claud. rapt. Pros. 3, 316. – ► Paragog. Infin. Präs. Pass. accingier, Verg. Aen. 4, 493.

accino, uī, ere (ad u. cano), **dazu singen, dazu tönen,** accentus (= προσῳδία) est dictus ab accinendo, Diom. 431, 1: ›accinor accentus‹, quamvis ›accinui‹ faciat praeteritum, Prisc. 11, 35: proodicis versibus ἐπᾴδονται, id est accinuntur, Mar. Victorin. 58, 3.

ac-cio, (ad-cio), īvī (iī), ītum, īre, **herbeiziehen = herbei-** od. **herkommen lassen, herbescheiden, einladen, berufen, I** eig.: tu *invita* mulieres, ego *accivero* pueros, Cic. – m. Ang. **von wo?** haruspices ex Etruria, Cic.: fabros undique ex Etruria, Liv.: classem ex Graecia, Curt.: alqm a Benevento, Liv.: parentes sponsumque ab domo, Liv.: novos milites ab domo, Liv.: dictatorem ab exercitu, Liv.: Aesculapium Epidauro, Lact. – mit Ang. **wohin?** alqm domum, in curiam, Suet.: alqm in Hirpinos, Liv. – m. Ang. des Zweckes, alqm ad regnandum Romam Curibus, Cic.: alqm ad eam rem consultandam ex

Etruria, Liv.: alqm ad consultandum ex Athamania, Liv.: alqm in regnum ultro od. Romam, Liv.: alqm in consilium, Liv.: alqm in adoptionem, Tac.: alqm auxilio, Tac.: alqm *super* ea re, Liv. 8, 3, 10: m. dopp. *Acc.*, alqm doctorem (als L.) filio, Cic. de or. 3, 141. – accita scientia arsque haruspicum, von außen eingeführte, Tac.: accita lascivia, ausländisches Treiben, Tac. – **II** übtr.: mortem laetus accivit, rief den Tod freudig herbei, Flor.: quam (mortem) ille conscientiā acciverat, der eine Folge seines bösen Gewissens war, Vell. ► synk. Imperf. accibant, Lucr. 5, 994.

ac-cipio, cēpī, ceptum, ere (ad u. capio), **hinnehmen, empfangen** (Ggstz. dare, tradere), **I** = δέχομαι, zur Annahme Dargebotenes **hinnehmen, entgegennehmen, abnehmen,** in **Empfang nehmen, sich geben-, sich reichen lassen, A** im Allg.: **a** in die Hand: **α** lebl. Objj.: accipin argentum? accipesis (= accipe si vis) argentum impudens; tenesis argentum; etiam tu argentum tenes? Plaut.: accipe, si vis, accipiam (verst. et ego) tabulam, Hor.: ex tua manu accepi pateram, Plaut.: acc. pecuniam, Geld nehmen, sich geben lassen, Cic., im üblen Sinne = sich bestechen lassen, ab alqo, Cic., ab alqo per alqm, Cic.: et dans et accipiens, der Geber u. Empfänger (Nehmer), Liv. – m. dopp. *Acc.*, ut id ab se donum (als G.) acciperet, Liv. 20, 50, 11. – als *t. t.* der Geschäftsspr., rationes accipere, sich R. ablegen (stellen) lassen, Sen.: u. so rationes accipere ab alqo, Cic. – alqd (alci) acceptum referre (ferre) od. facere, jmdm. eine Summe als an uns eingezahlt ins Rechnungsbuch über Ausgabe u. Einnahme eintragen, etw. **in Einnahme stellen,** jmdm. etw. **gutschreiben** (Ggstz. expensum ferre, jmdm. als von uns an ihn ausgezahlt zur Last schreiben), acc. ref. bei Cic., acc. fac. bei Gaius u. Plin. ep., u. bildl. = etw. (Gutes od. Böses) **auf** jmds. **Rechnung schreiben,** jmdm. etw. **zurechnen,** jmdm. etwas **verdanken, zu verdanken haben** (mit u. ohne alci od. alci rei), acc. ref., Cic., acc. ferre, Val. Max. (auch accepto ferre, Eccl.), acc. fac., Sen.: sibi alqd acc. ref., sich zueignen, Auct. b. Afr. – ähnlich sponsionem acceptam facere, über die Sp. quittieren, Cic. – u. *Partic.* subst., acceptum, ī, *n.*, das **Empfangene,** die **Einnahme** (Ggstz. expensum, expensa, data), codex accepti et expensi, die Einnahme- und Ausgabeseite, das Soll u. Haben (im Buch), Cic.: dass. accepti tabulae, Cic.: ratio acceptorum et datorum, Cic.: accepta et expensa conferre (vergleichen), Sen.: in acceptum referre, etw. in Einnahme bringen, über etw. (im Buch) quittieren, Cic. – **β** leb. Objj.: hanc puellam mi (= mihi) in manum dat; accepi (ich nahm sie), acceptam servabo, Ter.: acc. puerum in manum, Iustin.: accipe hanc, nimm sie hin, Plaut.: cuius abavi manibus esset accepta (Mater Idaea), in Empfang genommen, Cic.: u. so armis obsidibusque acceptis, Caes. – **b** an od. auf od. in einen Körper od. Ort **nehmen, aufnehmen,** wohin **legen lassen, eindringen lassen, zulassen, α** lebl. Objj.: onus in collum, Cato fr.: alqd in cervices (bildl.), Liv.: alqm in equum suum, Liv.: onera umeris, capitibus, auf die Sch., auf den K. nehmen = auf od. mit der Sch., auf od. mit dem K. tragen, Mela: aquam ore, Plin.: sucos ore aut vulnere, Ov.: auras follibus, auffangen, Verg. – v. lebl. Subjj.: acc. onus (v. Rücken), Cic.: alvus omne, quod accepit, cogit atque confundit, Cic.: navis aliquantum aquae accipit, lässt ein, Liv.: u. so navis omnibus compagibus accipit aquam, Liv.: acc. fumum (v. einem Raum), Col.: *accipit* (Peneus) amnem Orcon nec *recipit,* lässt ihn zu, nimmt ihn aber nicht in sich auf, Plin.: campi accipiunt fluvium, fluvius accipitur mari, Curt.: acc. opus, v. Meer, Curt., opera vix, v. Örtl., Liv., rudus, v. Sümpfen, Tac. (vgl. Mützell Curt. 4, 2 [8], 8): acc. austrum, nach Süden gerichtet, gelegen sein, Curt.: favonios, Plin. ep.: ab Apennino auras, Plin. ep. – übtr., etw. wie eine **Last auf sich nehmen,** eine Sache zur Ausführung, ad se litem, Plaut.: alcis causam, Ter.: decumas, Cic.: ein Ungemach auf sich nehmen u. ertragen, contumeliam in se, Ter.: hunc metum, Ter. – Insbes., **αα** eine Speise, ein Getränk **zu sich nehmen, genießen,** cibum militarem, Lampr.: epulas, Dict.: sistendi ventris gratiā poculum, Capit.: antidotum, Spart.: herbam in potu, Iustin.: Partiz. subst., accepta, ōrum, *n.*, das zu sich Genommene, Cael. Aur. acut. 2, 40, 234. – **ββ** ein Gewand usw. **anziehen, anlegen,** vestem humillimam, Spart.: praetextam togam, Lampr.: purpuram, Eutr.: endromidem, Iuven.: loricas minores, Veget. mil. – **γγ zur Hand nehmen,** stilum, Plin. ep.: libros Graecos, Vopisc. – **δδ** in eine Schrift **aufnehmen,** modica ex his accepi, Gell. praef. § 12. – **εε nehmen, mitnehmen, wegnehmen,** duas uxores, Itala bei Augustin.: panes, Vulg.: spolia eorum, Vulg. – **ζζ** einen Gottesdienst **annehmen,** in einen Gottesdienst **sich einweihen lassen,** acc. sacra, gr. παραλαμβάνειν τὰ μυστήρια, Apul. met. 11, 21. – **β** leb. Objj.: alqm gremio, alveo, lacu, Verg.: milites urbe tectisve, Liv.: milites ab arce, von der B. aus einlassen, Liv.: alqm in sinus suos, Ov.: armatos in arcem, Romanos in urbem, Liv. (s. Drak. Liv. 9, 16, 2): hostem in Italiam, Liv. – übtr., in ein Verhältnis **aufnehmen,** alqm in civitatem, in amicitiam, Cic., in deditionem, Caes.: alqm in matrimonium, Suet.: alqm in matrimonium regnumque (zum Gemahl u. Mitherrscher), Tac.: u. so bl. acc. alqam coniugem (als G.), Sen. Octav. 721: u. bl. acc. alqam, Capit. Ver. 2, 3. Eutr. 9, 22. – v. Örtl., die jmd., der in sie eintritt, gleichs. **aufnehmen,** tellus fessos portu accipiet, Verg.: pavidos Samnites castra sua accepēre, Liv.: amnis ingens fugientes accepit, Liv.: acceperunt tumuli Romanos victores, Liv. – Insbes.: **αα** jmd. als Gast **empfangen, aufnehmen, bewirten** (s. Fritzsche Hor. sat. 1, 5, 1), alqm apud se, Plaut.: alqm hospitio, Liv., hospitio agresti, Cic.: alqm cenā, Gell.: alqm regio apparatu, Cic.: alqm laute, Hor.: alqm bene, eleganter, Cic.: alqm per triduum hospitaliter, Curt.: accepit homo nemo melius prorsus neque prolixius, Ter. – **ββ** jmd. so u. so **empfangen** = behandeln, freundlich, alqm leniter clementerque, Cic. – übel **empfangen = anlaufen lassen, anlassen, schlecht behandeln, zurichten** (s. Brix Plaut. Men. 704), ut sum acceptus (angelaufen), Plaut.: alqm vehementer, Cic.: alqm male verbis, Cic.: alqm verberibus sic, ut etc., Cic.: alqm verberibus ad necem, Cic.: u. als milit. *t. t.*, alqm male acc., jmdm. eine Schlappe beibringen, Lentul. in Cic. ep. u. Nep. – **γγ** in einer gewissen Reihenfolge jmd. **aufnehmen,** alter ab undecimo tum me iam acceperat annus, ich war damals eben aus dem elften ins nächste (zwölfte) Jahr getreten, Verg. ecl. 8, 39. – **c** sinnlich, durch die Sinne aufnehmen, **α** mit den äußeren od. inneren Sinnen **hinnehmen, in sich aufnehmen, auffassen, wahrnehmen, vernehmen,** eae res, quae sensu accipiuntur, Cic.: acc. oculis animove sensum, Cic.: acc. alqd animo magis quam vultu, Liv.: accipite animis, Verg. – bes. vernehmen = **hören, anhören, sich vortragen lassen,** vocem, Curt.: sonitum, gemitum, Verg.: clamorem, Sall.: orationem, Cic.: imperium, Curt.: rationem consilii, Caes.: accipite nunc quid imperarit, Cic.: accipe, quā ratione queas ditescere, Hor.: accipe m. folg. direkter Rede, Hor. sat. 2, 3, 307. – u. mit Angabe der Empfindung, der Gemütsstimmung, mit der man Gehörtes aufnimmt, acc. alqd benignis auribus, Plaut., secundis, adversis auribus, Liv.: pronis auribus accipi, williges Gehör finden, Tac.: acc. alqd aequo animo, durius, severe, Cic.: absol., acc. volenti animo de ambobus, Sall. – m. Ang. **wie?** durch quo modo, quem ad modum, quam in partem, Cic.: moleste et acerbe, Auct. b. Hisp. – **β** mit dem Verstand, Erkenntnisvermögen **auffassen, fassen, begreifen, verstehen,** quae (pars) quo facilius accipi possit, Cels.: quae parum accepi, Cic.: dah. **sich über** etw. **belehren lassen,** acc. causam, Cic. – u. etwas **erlernen, lernen,** haec arte accipi posse, Cic.: eas (artes) non tum primum, Cic.: acc. celeriter od. non difficulter quae traduntur, Nep. u. Quint. (vgl. *no.* II, c, γ). – **γ** mit dem Urteil etw. so u. so **aufnehmen, auffassen, ansehen, nehmen, sich auslegen, erklären,** alqd aliter atque est, Ter.: alqd ad od. in contumeliam, Ter. u. Curt.: alqd in bonam partem, Cic., bonas in partes, Phaedr.: verbum in duas pluresve sententias, Rhet. Her.: alqd in omen, Liv., in prodigium, Tac.: alqd omen (als usw.), Curt.: alqd in maius, Liv.: alqd prodigii loco, Tac.: alqd oraculi vice (wie ein O.), Tac.: ultra mortale gaudium, Tac. – m. dopp. *Acc.*, beneficium contumeliam, Cic.: alqd tamquam suum crimen, Tac.: alqd velut omen belli, Liv.: id omen auguriumque ita acceptum est m. folg. Akk. u. Infin., Liv.: quid accipere debeamus figuram, was wir unter F. verstehen müssen, Quint.: u. so Urbis appellatio, etiam si nomen proprium non adicitur, Roma tamen accipitur, unter der Benennung »Stadt« ist Rom zu verstehen, Rom gemeint, Quint. – m. *pro* u. Abl., omen pro tristi, Curt.: verisimilia pro veris, Liv.: gurdos, quos pro stolidis accipit vulgus, Quint. – m. *quasi*, wie fabulas quasi Plautinas, Gell. 3, 3, 10: Mortam quasi nomen, Gell. 3, 16, 11.

B prägn., **annehmen = nicht zurückweisen** (Ggstz. reicere, repudiare), **a** eig.: munera, Nep.: usuram iniquam ab alqo, Nep.: est in non accipiendo nonnulla gloria, Cic. – **b** übtr., **annehmen, nicht von sich weisen = sich gefallen lassen, mit** etw. **sich zufrieden erklären,** etw. **gelten lassen, zulassen** (Ggstz. abnuere, repudiare, vgl. Seyff. Cic. Lael. 40. p. 284 *sq.*), frenum (bildl.), Verg.: u. non solum frenos sed etiam iugum (bildl.), Liv.: id libenter, Nep.: satisfactionem, Cic. u. Caes.: vitam, Vell.: condicionem (Ggstz. ferre, stellen, u. repudiare, verschmähend zurückweisen), Cic.: pacem (Ggstz. abnuere), Liv.: orationem, Caes.: omen, Cic., od. id augurium, Liv. (vgl. Müller Liv. 1, 7, 11): nomen, in die Wahlliste eintragen lassen, Liv.: iudicium, sich in ein gerichtliches Verfahren einlassen, Cic.: de plebe consulem non acc., Cic.: acc. rogationem, legem, Cic. (dah. lex accipitur, geht durch, Vell.): u. oft im Dialog, accipio, ich lasse es gelten, ich bins zufrieden, gut, Ter., Hor. u. a.

II in weiterer Bedeutung = übh. von anderen Gegebenes, Mitgeteiltes, Überliefertes usw. ohne unser Zutun **empfangen, bekommen, überkommen, erhalten** (Ggstz. dare, tradere, reddere), **a** überreicht, übergeben, überliefert usw. bekommen: acc. adulterinos nummos pro bonis, Cic.: pecuniam numeratam ab alqo, Nep.: lucrum, Cic.: librum, litteras ab alqo, Cic.: exercitum ab alqo, Caes.: hoc cultu nitentes vos accepi, Curt.: acc. stipendium de publico, Liv.: hereditatem a patre, Nep.: u. so sestertium vicies a patre, Nep.: solis lumen (v. Mond), Cic. – munitionem, angewiesen bekommen, Sall. – venenum, potionem, (einzunehmen) bekommen, Suet. u. Quint. – nomen, cognomentum, s. d. – morem a maioribus, Cic.: salutem ab alqo, Cic.: originem ab alqa re, Frontin. aqu.: plausum, palmam, Cic.: veniam, pacem, Iustin.: beneficiis ultro datis acceptisque, Cic.: id accipere ab alio vicissimque reddere, Cic. – **b** zu verwalten-, zur Verwaltung übertragen bekommen, honorem ab alqo, Cic.: consulatum, Eutr.: provinciam, Cic.: muneris partem, Liv.: imperii Romani administrationem, Eutr.: mare placandum, den Auftrag erhalten, die Ruhe zur See herzustellen, Eutr. – c) sinnlich wahrzunehmen bekommen, **α empfinden, fühlen, erleiden,** voluptatem ex alqa re, Cic.; vgl. quam (voluptatem) sensus accipiens, Cic.: acc. vulnus, Cic.: plagam, Varr.: dolorem, Cic.: iniuriam, leiden (Ggstz. facere), Cic.: detrimentum, Caes.: damnum, Hor.: cladem, Liv., cladem apud Chaeroneam, Quint. – **β vernehmen, hören, erfahren,** tertium signum tubā, Curt.: acceptā clade partium, Flor.: multa auribus accepisse, multa vidisse, Cic.: partim quae perspexi his oculis, partim quae accepi auribus, Ter.: cum optatissimum nuntium accepissem m. folg. *Acc.* u. *Infinit.*, Cic.: postquam acceperunt m. folg. *Acc.* u. *Infinit.*, Liv.: si te aequo animo ferre accipiet, Ter.: quae gerantur, accipies ex Pollione, Cic. – bes. **überkommen** durch Hörensagen, durch histor. Überlieferung, m. allg. *Acc. neutr.*, quae neque fieri possunt neque fando umquam accepit quisquam, Plaut.: haec audivimus de clarissimorum virorum consiliis et factis, haec accepimus, haec legimus, Cic. Sest. 139: mit best. *Acc.*, nullum ipsos mare ne famā quidem accepisse, Curt. 9, 9 (34), 6: famā atque auditione accepisse m. folg. *Acc.* u. *Infinit.*, Cic.: a maioribus memoriā sic accepisse, Cato fr.: accepisse u. a patribus accepisse, u. a maioribus sic accepisse m. folg. *Acc.* u. *Infinit.*, Cic.: sic a patribus accepimus, Cic.: ut accepi a senibus, Cic.: ut de Hercule accepimus, Cic. – **γ** durch Unterricht **überkommen, lernen, erlernen,** elementa prima litterarum, Eutr.: usum ac disciplinam (Kriegsübung u. Kriegszucht) ab alqo, Caes.: primas artes ab iisdem magistris, Ov. – ► accipin = *accipisne*, accepistin = accepistine, Komik. – Archaist. *Fut. exact.* accepso, Pacuv. tr. 325. – arch. Infin. accipei = accipi, CIL 1, 202. col. 2, 29: u. parag. Infin. accipier, Nov. com. 97 R. – arch. Partiz. accipiundus Cato r. r. 2, 5.

accipiter, tris, *m.* (wohl aus *acupeter = ὠκυπέτης, der Schnellflieger, mit volksetymol. Anlehnung an accipere), ein **Habicht, Falke, Stoßvogel,** bald der **gemeine Habicht, Taubenstößer** (*Falco palumbarius,* L.), bald der **Edelfalke, Sperber,** Ter., Varr. fr., Cic. u. a. – piscis acc., viell. = acupenser, Apol. apol. 34. – **II** übtr., v. Habsüchtigen, pecuniae, Geldhabicht, Plaut. Pers. 409. – ► Als *femin.* Lucr. 4, 1002 (1009).

accipitrīna, ae, *f.* (accipiter), **I** ein **Habichtsfraß,** accipitrina haec nunc erit, wird nun zum Geier sein, Plaut. Bacch. 274. – **II** das **Habichtskraut** (*hieracium,* L.), Ps. Apul. herb. 30.

accipitro, āre (accipiter), **nach Habichtsart zerfleischen,** Laev. b. Gell. 19, 7, 11.

accīsio, ōnis, *f.* (accīdo), das **Abschneiden,** Paul. Nol. ep. 23, 10 *med.*

Accītānus, -ānī, s. Accī.

accītio, ōnis, *f.* (accio), die **Berufung,** Plur. bei Arnob. 4, 12.

ac-cīto, āre, hervorrufen = **aussprechen,** vota, Macr. de diff. Gr. et Lat. verbi 18, 1.

accītus (adcītus), Abl. ū, *m.* (accio), das **Herbeirufen,** der **Ruf,** die **Vorladung,** m. subj. Genet., accitu istius, Cic. Verr. 3, 68: cari genitoris, Verg. Aen. 1, 677: earum (legionum), Tac. ann. 2, 80: Aureliani, Vopisc. Tac. 13, 3: Idumenaei, Dict. 6, 4.

Accius, a, um, Name eines röm. Geschlechts, aus dem am bekanntesten: ein berühmter Dichter der vorklass. Periode (geb. um 170 v. Chr., gest. wahrsch. 94 v. Chr.), Sohn eines Freigelassenen, der jüngere Nebenbuhler des Pakuvius, der gleich diesem die Meisterwerke der griech. Tragödie für die röm. Bühne frei bearbeitete, Cic. Brut. 229; Acad. 1, 10. Vell. 2, 9, 3. Quint. 10, 1, 97; vgl. Schmid zu Hor. ep. 2, 1, 56. – Dav. **Acciānus,** a, um, **accianisch,** des **Accius,** versus, Cic.: Accianum illud, Gell.

acclāmātio, ōnis, *f.* (acclamo), **I** das **Zurufen, Zuschreien,** Rhet. Her. u. a. – **II** insbes.: **der Zuruf,** als laute Äußerung des Missfallens, mit u. ohne adversa, Cic. ep. u. a. – od. des Beifalls, das **Zujauchzen** (Ggstz. plausus, das Beifallklatschen), Cic. de inv. 1, 25. Liv. 31, 15, 2 (Plur.). Plin. ep. 1, 8, 17 (wo assentatio vulgi acclamatioque) u. a. – est enim *epiphonema* rei narratae vel probatae summa accl., Ausruf über usw., Quint. 8, 5, 11.

ac-clāmo (ad-clāmo), āvī, ātum, āre, **zurufen, zuschreien, zujauchzen,** **a** mit u. ohne *Dat. pers.*, **α** mit Missfallen, spöttisch, höhnisch, absol., Cic. u. Vell.: alci, Cic.: m. folg. *Acc.* u. *Infinit.*, populus cum risu acclamavit *ipsa esse,* Cic. – **β** beifällig, ei acclamatum est, Plin. ep.: m. folg. *Acc.* u. *Infinit.*, omnes acclamarunt gratias se inter cetera etiam ob hoc agere, quod etc., Liv.: m. folg. *ut* u. Konjunktiv (zum Ausdruck des Wunsches), acclamavēre, ut filius Blaesi legatione eā perfungeretur, Tac.: m. Zuruf in direkter Rede, acclamari etiam in amphitheatro epuli die libenter audiit: *Domino et Dominae feliciter!* Suet. – **b** m. *Acc. pers.*, jmd. **laut bezeichnen, -nennen,** alqm servatorem liberatoremque, mit lautem Zuruf als E.u.B. preisen, Liv.: si nocentem acclamaverant (wenn sie »Schuldig« schrien), praeceps datus (reus) trucidabatur, Tac.

acclāro, āvī, āre (ad u. clarus), **klar machen = klar erkennen lassen, offenbaren,** uti tu signa nobis certa acclarassis (st. acclaraveris), Liv. 1, 18, 9.

acclīnātio, ōnis, *f.* (acclino), das **Lager,** Ambros. in psalm. 118. serm. 4, 18 u. 19 u. a. Eccl.

acclīnātōrium, ī, *n.* (acclino), die **Lehne** am lectus, Ambros. de virg. 3, 5, 21.

acclīnis, e (acclino), **sich hin-** od. **anlehnend, angelehnt,** dah. auch **sich neigend,** parieti, Iustin.: trunco arboris, Verg.: colla acclinia malo, Ov.: absol., salutet acclinis, sich verneigend, Arnob. 7, 13. – v. Lebl., crates inter se acclines, Col.: municipium monti accl., liegend am usw., Amm.: leniter acclini iugo, Ov. – übtr., acclinis falsis animus, zum Trug geneigt, Hor. sat. 2, 2, 6.

ac-clīno (*clino, griech. κλίνω, got. hlains, Hügel, ahd. hleinen, lehnen), āvi, ātum, āre, **anlehnen, hinneigen** zu etwas, se in illum, Ov.: acclinatus lateri navis, Petr.: acclinata colla mollibus in plumis, Ov.

– v. Örtl., castra tumulo sunt acclinata, Liv. – übtr., haud gravate acclinaturos se ad causam senatus, Liv. 4, 48, 9.

acclīvis, e (ad clivum), **bergan sich erhebend, sanft ansteigend** (Ggstz. declivis), stadium, Lucil. fr.: pars viae, Cic.: aditus leniter accl., Caes.: collis leniter ab infimo accl., Caes.: terreni et placide acclives ad quendam finem colles (Ggstz. ardua [steile Höhen] et rectae prope rupes), Liv.: per acclive iugum (Ggstz. in aequo), Tac. – ► Nbf. acclivus, a, um, wie acclivus limes, Ov. met. 2, 19: loca accliva, Paul. ex Fest. 59, 16. – *neutr. pl.* subst., utrimque acclivis pariter declivia iungit, Manil. 2, 230 (233).

acclīvitās, ātis, *f.* (acclivis), die **Ansteigung,** a) = die ansteigende Richtung, die Erhebung, collis, Caes. b. G. 2, 18, 2: absol., Col. 2, 4, 10. – **b** die sanft ansteigende Anhöhe, Amm. 14, 2, 13: Plur., Amm. 16, 10, 14.

acclīvus, a, um, s. acclīvis ►.

ac-cognōsco (ad-cognōsco), nōvi, nitum, ere, **anerkennen,** alqm, Petron. 69. Ps. Quint. decl. 399.

accola, ae, *m.* (accolo), der **Anwohner, Nachbar,** incolae, accolae, advenae, Plaut.: acc. Oceani, Liv.: accolae maris rubri, Curt.: accolae Cereris, des Ceres-Tempels, Cic. Verr. 4, 111: accola in terra aliena, Vulg. act. apost. 7, 6: habere accolas (zu N.) Gallos, Liv. – attrib., pastor accola eius loci, ein dort in der Nähe wohnender, Liv. 1, 7, 5: accolae fluvii, Nachbar-, Nebenflüsse, Tac. ann. 1, 79.

accolātus, ūs, *m.* (accolo), das **Wohnen** an einem Ort, Augustin. in psalm. 104, 15.

ac-colo (ad-colo), coluī, ere, **an** od. **bei etwas wohnen, in der Nähe wohnen,** Histrum fluvium, Naev. fr.: mare, Tiberim, Liv.: viam, Liv.: locum, Cic. de rep. 6, 19: gentes, quae Macedoniam accolunt, Liv.: fluvius accolitur oppidis, an dem Fluss liegen Städte, Plin. – absol., qui aedibus propinquos nostris accolis, Plaut. Bacch. 173: u. Partiz. subst., accolentes, die **Anwohner,** Mel. 3, 1, 9 (3. § 13). Plin. 36, 77.

accommodātē, *Adv.* m. *Compar.* u. *Superl.* (accommodatus), **angemessen, passend, entsprechend, gemäß,** acc. dicere ad persuadendum, Cic.: dicere quam maxime ad veritatem acc., Cic.: definire ad commune iudicium accommodatius, Cic.: ad naturam accommodatissime vivere, Cic.

accommodātio, ōnis, *f.* (accommodo), das **Anpassen, I** die **passende Einrichtung** nach etwas, alcis rei ad alqd, Rhet. Her. 1, 3. Cic. de inv. 1, 9. – **II** übtr., das Sich-Anpassen, Sich-Anbequemen = die **Rücksichtnahme,** Cic. Verr. 3, 189.

accommodātīvus, a, um (accommodo), **dem Sinn angepaßt;** Prisc. 14, 25.

accommodātor, ōris, *m.*, ein **Handwerker,** dessen Geschäft unbekannt ist, CIL 6, 9105.

accommodātus, a, um, *PAdj.* m. *Compar.* u. *Superl.* (v. accommodo), **gehörig eingerichtet, angepasst, angemessen, passend, geeignet, entsprechend, a** v. Lebl., m. *ad* u. Akk., puppes ad magnitudinem fluctuum tempestatumque accommodatae, Caes.: responsum ad suam rem accommodatum, Cic.: oratio perpetua ad persuadendum accommodata, Cic.: locus est ipse non tam ad inflammandos calamitosorum animos quam ad consolandos accommodatus, Cic. – m. *adversus* u. Akk. emplastra adversus morsus accommodata, Cels. – m. bl. *Dat.*, aquae potui accommodatae, trinkbare, Solin.: oratio hominum sensibus ac mentibus accommodata, Cic.: tempora demetendis frugibus aut percipiendis accommodata, Cic.: lex alci accommodata atque utilis, Cic.: si id ... accommodatum naturae sit an alienum, Cic.: ut reliqua pro loci natura, pro vi tempestatum illis (navibus) essent aptiora et accommodatiora, besser eingerichtet, Caes.: exemplum temporibus suis accommodatissimum, Cic. – **b** v. leb. Wesen, **geeignet, gewachsen,** m. *ad* u. *Akk.*, homo ad Verris flagitia libidinesque accommodatus, Cic.: minime sum ad te consolandum accommodatus, gestimmt, Cic. – m. bl. *Dat.*, servus vilissimus nec cuiquam serio ministerio accommodatus, Tac.: Pollio Asinius seriis iocisque pariter accommodatus, Quint.: sunt alii (cameli) oneri ferundo accommodati, Solin. 49, 9.

accommodē, *Adv.*, **passend, entsprechend,** *Superl.* accommodissime, Quint. 9, 3, 82.

ac-commodo (ad-commodo), āvī, ātum, āre, etwas **an** etwas **anpassen, anlegen, anfügen, aufsetzen, auflegen** u. dgl., **I** eig., insignia, Caes.: mit *ad* u. Akk. od. m. bl. *Dat.*, dextrae gladium, Lucil. fr.: coronam sibi ad caput, Cic.: clipeum ad dorsum, Plaut.: calauticam capiti, Cic.: lateri ensem, Verg.: emplastra fracto capiti, Cels. – **II** übtr.: **A** etw. einer Sache **anpassen** = etw. nach etw. od. ihm gemäß **einrichten, abmessen,** einer Sache **anbequemen,** u. se acc. od. Pass. accommodari, **sich** zu od. nach etw. **bequemen,** sumptus ad mercedes, Cic.: testes ad crimen, angemessen od. beliebig beiziehen (heranziehen), Cic.: iusiurandum suum ad alcis testimonium, als Geschworener nach jmds. Zeugnis sein Urteil abgeben, Cic.: ad hanc praesensionem nihil video quod accommodem, was ich ihm entsprechend finden, was ich damit vereinigen könnte, Cic.: u. so acc. eum (Demosthenem) unum ad eam, quam sentiam, eloquentiam, Cic.: orationem auribus auditorum, Cic.: orandae litis tempus, günstig legen, Cic.: exordium in plures causas, auf mehrere Fälle anwenden, Rhet. Her. u. Cic.: ut iidem versus alias in aliam rem posse accomodari viderentur, Cic.: acc. in omnem eventum consilia, Liv.: rationem secundum condicionem, Quint.: morem accommodari prout conducat, die Sitte bequeme sich nach dem jeweiligen Bedürfnis, Tac. – ad voluntatem alcis et arbitrium et nutum totum se fingere et accommodare, Cic.: se ad rem publicam et ad magnas res gerendas, Cic. – alci acc. de habitatione, sich gefällig erweisen, Cic. ep. 13, 2 M. – **B** übh. an etwas heranbringen; dah. **a beilegen,** diis effigiem, Curt.: alci verba, in den Mund legen, Quint. – **b zukommen lassen, α** übh., **verwenden, anwenden, geben, hergeben, widmen,** opem, consilium, ICt.: alci manum tantisper, behilflich sein, Apul.: curam pratis, Quint.: nonnullam operam his studiis, Quint.: lapis dentifriciis accommodatur, wird zu Zahnpulver verwendet, benutzt, Plin. – se od. animum alci rei, sich mit etwas befassen, in etwas einlassen (im guten u. üblen Sinne), Suet. Aug. 98, 5 u. Dom. 8, 1. – u. so se alci, sich mit jmd. einlassen, Suet. Tib. 48, 2. – se ducem alci, sich hergeben zum usw., Suet. Galb. 9. – **β** leihweise **zukommen lassen, leihen,** tres panes, Augustin. quaest. euang. 2, 21: vel tunicam mihi accommoda vel etiam paenulam, Prisc. 16, 8.

accommodus (ad-commodus), a, um, **schicklich, passend** zu etwas, m. *Dat.*, valles od. nox accommoda fraudi, Verg. u. Stat.: accommodum labori animal bos, Veget.: quod multi ominosum putarunt et morti accommodum, auf den Tod hindeutend, Lampr.: m. *ad* u. Akk., non omne vivum reptile accommodum ad usum vivendi, Ambros. in psalm. 36. *no.* 15. – *neutr. pl.* subst., peregrinationi accommoda parat, Auson. perioch. Odyss. 2.

ac-corporo, āre (ad u. corpus), mit einem Ganzen **vereinigen,** accorporari carinis, sich anhängen an usw. (v. einem Stein), Solin. 37, 8: quā (fide) accorporamur in Christo Iesu, Paulin. in Augustin. ep. 25, 1. – übtr., ein Grundstück usw. **einverleiben,** damnatorum bona suis, Amm. 16, 8, 11: domos fisco, Cod. Theod. 16, 5, 30.

ac-crēdo (ad-crēdo), didī, ditum, ere, **zu glauben geneigt sein,** alqd, Lucr. u. Col.: alci alqd, Plaut: alci, Hor.: absol., vix accr., Cic. ep.: non accr., Nep. – ► Archaist. Konj. Präs. adcreduas, Plaut. asin. 854.

accrēmentum, ī, *n.*, der **Zuwachs,** Boeth. 2. elench. soph. 9.

ac-crēsco (ad-crēsco), crēvī, crētum, ere, **I hinzuwachsen, zuwachsen = vermehrend hinzukommen, a** einer Sache: quantum demas, tantum accrescit, Cato fr. – m. *Dat.*, veteribus negotiis nova accrescunt, Plin. ep.: trimetris accrescere iussit nomen iambëis, ließ gewinnen, Hor. – **b** einer Pers., jmdm. **zuwachsen,** als Zuwachs des Vermögens **zufallen,** sibi accrescere putat, quod cuique astruatur, Plin. ep.: alci litibus, Ps. Sall. decl. in Cic. 2, 9: u. so von Erbanteilen und Vermächtnissen, ICt.: dah. ius accrescendi, das Zuwachsrecht, ICt. – **II** in sich **heranwachsen, a** eig., v. leb. Wesen, **heranwachsen, fort und fort wachsen, an Wachstum immer mehr zunehmen,** filius accrescens, Vulg.: sed nobis iam paulatim accrescere puer et exire de gremio incipiat, Quint.: ut uruca, quae adiectis diebus accrescit,

Plin. – insbes., Partiz. subst., accrescentēs, ium, *m.*, die zum Kriegsdienst heranwachsenden Veteranen- und Soldatenkinder als stets bereite **Ersatzmannschaften** für die ausscheidenden Legionssoldaten, Cod. Theod. 6, 35, 3. § 1; 7, 1, 11 u. a. – **b** übtr., an Umfang, Stärke, Zahl **anwachsen, fort und fort steigen, zunehmen, sich vermehren** (Ggstz. decrescere), flumen subito accrevit, Cic.: Nilus solstitio accrescit, Mela: accrescit caespes (aggestus) pectori usque, Tac. – valetudo decrescit, accrescit labor, Plaut.: accrescit dolor, Nep.: invidia accrevit, Hor.: accrescit alcis gloria, Treb. Poll.: amicitia cum aetate, Ter. – cum dictis factisque omnibus ad fallendum instructis vana accresceret fides, Liv.: et gremio miseros accrescere natos, Stat. ► *Partic.* accretus, a, um, **a angewachsen** an etwas, uruca araneo accreta, Plin. 11, 112. – **b dicht,** Lucil. Iun. Aetna 433.

accrētio, ōnis, *f.* (accresco), die **Zunahme,** accretio et deminutio luminis (des Mondlichts), Cic. Tusc. 1, 68.

accubātio, falsche Lesart für accubitio, s. d.

accubitālia, ium, *n.* (*sc.* stragula), die über das *accubitum* (s. d.) gelegten Decken und Polster, Treb. Poll. Claud. 14, 10.

accubitāris, e (accubitum), **zum Speisesofa gehörig,** tapes, Edict. Diocl. 16, 6. p. 83, 1 *ed. Mommsen.*

accubitātio, ōnis, *f.* (accubito) = accubitum (s. d.), Plur. bei Spart. Ael. 5, 8.

accubitio, ōnis, *f.* (accumbo), **I** das **Sich-Niederlegen, Platznehmen,** bes. bei Tisch (nach röm. Sitte auf dem triclinium), ingressus, cursus, accubitio, inclinatio, sessio, Cic. de nat. deor. 1, 94: status, incessus, sessio, accubitio, Cic. de off. 1, 128: acc. epularis amicorum, Cic. de sen. 45. – **II** meton. = accubitum (s. d.), Plur. bei Lampr. Alex. Sev. 34, 8.

accubito, āre = *accubo* (s. d.), Sedul. in carm. pasch. praef. 2.

accubitor, ōris, *m.* (accumbo), der **Tischnachbar,** Porphyr. Hor. ep. 1, 18, 10. Aldh. de laud. virg. 452.

accubitōrium, ī, *n.* (accumbo), ein für Begräbnisse bestimmtes Gebäude, dann übh. ein **Grabmal,** CIL 4, 1473 u. 8, 9586. Vgl. Gloss. II, 564, 9 accubitorium, ›lectus regalis‹.

accubitum, ī, *n.* (accumbo), **I** das **Speisesofa,** von dem alten lectulus nur verschieden durch die halbmondförmige Gestalt, während der lectulus gerade war, gew. Plur., Lampr. Heliog. 19, 9. u. 25, 2. Schol. Iuven. 5, 17. – **II** die **Ruhebank,** der **Lehnsessel,** porticus cum accubito, CIL 3, 4441.

accubitus, ūs, *m.* **I** = accubitio (s. d.), Varr. de vit. P. R. 1, 28 (bei Isid. 20, 11, 16). Stat. Ach. 1, 109. – **II** meton., der **Platz** bei Tische, Vulg. Tob. 2, 3; cant. 1, 11: Plur., primi accubitus, Vulg. Luc. 14, 7.

ac-cubo (ad-cubo), āre, **hingelagert sein, lagern,** hingestreckt **liegen, I** im Allg., m. *Dat.*, quoi bini custodes semper accubant, Plaut.: u. absol., humi, Liv.: iuxta, Verg. – v. Weingefäßen, Sulpiciis horreis, Hor. – v. Örtl., theatrum Tarpeio monti accubans, Suet. – poet., nemus accubat umbrā, vom Gehölz senkt sich der Schatten nieder, Verg. – **II** insbes.: **1 bei Tisch** auf dem lectulus **liegen** (s. ac-cumbo), in convivio, Cic.: epulo, Auct. itin. Alex.: cum alqo, cum alqa, jmd. zum Tischnachbar-, zur Tischnachbarin haben, Plaut: apud alqm, bei jmd. als Gast, Cic.: infra alqm, Liv.: contra, Suet.: regie, Plaut.: accuba, nimm Platz, Plaut.: u. so lotus accubat, Plin. ep. – m. *Acc.*, lectum, Platz nehmen auf usw., Apul. met. 5, 6. – **2 schlafend** neben einer Person **liegen,** ihr **beiwohnen,** sie **beschlafen,** absol., in lupanari, Plaut.: accubante aliquā pallacarum, Suet. – ► Perf. accubuit (lag da), Prop. 1, 3, 3. – synk. Genet. Plur. accubantum, Prud. cath. 9, 59.

accubuō (adcubuō), *Adv.* (accubo), **anliegend, beiliegend,** zum Scherz nach *assiduo* gebildetes Wort, Plaut, truc. 422.

ac-cūdo (ad-cūdo), cūdī, cūsum, ere, **hinzuschlagen, -prägen;** dah. scherzh. übtr., tres minas accudere etiam possum, ut triginta sient, dazuschlagen (= herausbringen beim Verkauf), Plaut. merc. 432.

accumbitōrium, ī, *n.*, s. accubitōrium.

ac-cumbo, cubuī, cubitum, ere (ad u. *cumbo), **sich hinlagern,** lagernd **sich hinlegen, I** im Allg. (Ggstz. ambulare, sedere): cum alqo, Plaut.: in via, Plaut.: in acta cum suis, Nep.: v. Schwimmenden, summis accumbet in undis, Manil. – **II** insbes.: **a** bei Tische auf dem Speisesofa **sich hinlagern, sich zu Tisch niederlassen, Platz nehmen,** Perf. accubuisse = **Platz genommen haben, lagern,** ire accubitum, zu Tisch gehen, Plaut. u. Varr. fr.: epulandi gratiā accumbere mensam, Acc. tr. fr.: exstructam ampliter mensam, Lucil. fr.: in epulo, in convivio alcis, Cic.: epulis, Verg.: cum alqo, mit, neben jmd. (als Mitgast). Ter. u. Mart.: apud alqm, bei jmd. (als Gast), Cic.: supra od. infra alqm, Cic.: eodem lecto, Liv.: instrato pellibus lectulo, Capit.: in summo lecto, auf dem obersten Platz des Speisesofas, Plaut.: uxoris loco, immo praetoris, Sen. rhet.: m. *Acc. pers.*, scortum, zur Tischnachbarin nehmen, Plaut. (s. Brix Plaut. Men. 473): accumbens, der bei Tisch liegende, Sall. fr. u. Suet. – **b** sich zum Beischlaf zu einer Person **legen,** ihr **beiwohnen,** sie **beschlafen,** alci, Tibull. u. Prop. – **c sich** zu Bett legen (krankheitshalber), Vulg. 2. reg. 13, 6.

accumulātē, *Adv.* m. *Superl.* (accumulo), gehäuft = **überreichlich,** omnia prolixe accumulateque polliceri, Apul. met. 10, 27: munus hoc accumulatissime tuae largiamur voluntati, Rhet. Her. 1, 27.

accumulātio, ōnis, *f.* (accumulo), **I** die **Aufhäufung,** divitiarum, Ambros. conflict. vit. et virt. 16. – **II** als *t. t.* der Gartenkunst, das **Häufeln, Behäufeln,** arborum, Plin. 17, 246.

accumulātor, ōris, *m.* (accumulo), der **Anhäufer,** opum, Tac. ann. 3, 30.

ac-cumulo (ad-cumulo), āvī, ātum, āre, **I** immer hinzufügend etw. zu einem hohen Haufen (cumulus) bilden, **hoch aufhäufen, A** eig.: arenae congeriem, Plin.: auget, addit, accumulat, bildet Haufen auf Haufen (von Geld), Cic. – **B** übtr.: **1 hoch aufhäufen, a** in gehäuftem Maß d. i. **überreichlich zukommen lassen, -erweisen, -verleihen,** alienas res, Liv.: alcis summum honorem, Ov. – **b** prägn., **überreichlich** mit etwas **versehen, überhäufen,** caput crinibus, Prud.: animam nepotis his donis, Verg.: eos laudibus humanis, Arnob. – **2** steigernd **häufen, erhöhen, steigern,** caedem caede, Mord auf Mord häufen, Lucr.: curas, Ov.: acc. inaniter (den Ausdruck), Gell. – **II** *t. t.* der Gartenkunst, die Erde um die Wurzeln der Bäume od. Weinstöcke herum erhöhen, **häufeln, behäufeln,** arbores, vineas, radices, Plin.

accūrātē, *Adv.* m. *Compar.* u. *Superl.* (accuratus), **mit Sorgfalt, sorgfältig, genau, speziell** u. **tiefer eingehend,** alqd studiose accurateque facere, Cic.: acc. agere multis verbis, Cic.: acc. et diligenter, acc. et exquisite disputare, Cic.: acc. perscribere, Cic.: acc. de alqo scribere, Cic.: acc. alqm fallere, behutsam, vorsichtig, Ter.: libri minus accurate scripti, weniger gute Handschriften, Macr. – accuratius aedificare, Caes.: de alqo accuratius loqui cum alqo, Cic.: accuratius agere cum alqo, Nep. – alcis corpus accuratissime abluere, Apul.: accuratissime tutari causam, Cic.

accūrātim, *Adv.* = accurate, Gloss. IV, 303, 4.

accūrātio, ōnis, *f.* (accuro), die **sorgfältige Behandlung,** die **Sorgfalt,** in inveniendis componendisque rebus mira acc., Cic. Brut. 238: ad omnem accurationem tondere, Veget. mul. 1, 56, 35: Plur., studiosis accurationibus aliena, Cassian. de coenob. instit. 1, 3.

accūrātus, a, um, *PAdj.* m. *Compar.* u. *Superl.* (v. accuro), **mit Sorgfalt gemacht, -bearbeitet, sorgfältig, genau, ausführlich, speziell** u. **tiefer eingehend,** nur v. Lebl. (während diligens v. Pers.), sermo, Cic.: oratio, Cic.: cultus corporis, Gell.: malitia, ausstudierte List, Plaut. – accuratiorem delectum habere, Liv. – accuratissima diligentia (*sc.* litterarum), Cic.: accuratissimae litterae, Cic.

ac-cūro (ad-cūro), āvi, ātum, āre, **Sorgfalt** od. **Sorge** auf etwas **verwenden,** etwas **pünktlich besorgen, mit Sorgfalt betreiben, bereiten, pflegen, a** lebl. Objj.: rem sobrie et frugaliter, Plaut.: pensum suum, Plaut.: victum et cultum domi sub tecto, Cic. fr. bei Col. 12. pr. § 2: prandium alci, Plaut.: barbam psilothro, pflegen, Lampr.: melius accurantur, quae etc., Cic. de inv. 1, 58: omnes accurare addecet, ut etc., Plaut. – **b** Pers., (jmdm. als Gast) **aufwarten,** ihn **bewirten,** advenientes hospites, Plaut. Epid. 662. – ► Archaist. accurassis = *accuraveris,* Plaut. Pers. 393 u. Pseud. 939[b]. – Paragog. *Infinit. Praes. Pass.* accurarier, Plaut. Men. 208; most. 399.

ac-curro (ad-curro), gew. cucurrī, seltener currī, cursum, ere, **heran-, hinzulaufen, eilig herzukommen, hergerannt kommen, herbeieilen, herbeisprengen,** Lepta me rogat, ut, si quid opus sit, accurram, Cic.: acc. ocius, Plaut.: raptim, Liv. epit.: propere, Tac.: cum clamore alacri, Val. Max.: Romam, Cic.: in Tusculanum, Cic.: in castra, Auct. b. Alex.: in sinistrum cornu, Liv.: ad oppidum, Auct. b. Afr.: ad alqm, Cic.: equo admisso ad alqm, Caes.: cum classe, Auct. b. Hisp.: propter praedes suos, Cic.: in auxilium, Suet.: ad omnes meos honores ex secessibus, Plin. ep.: ad praetorem, quasi ad laudem atque ad praemium, Cic.: ad visendum, Suet.: ad spoliandum corpus, Curt.: m. bl. *Acc.*, alqm, Tac. ann. 15, 53. Apul. met. 3, 21: passim iacentes epulas, Apul. met. 4, 14: aulam, Paul. Nol. natal. S. Fel. 50, 112: m. dopp. *Dat.*, auxilio suis, den S. zu H., Sall. Iug. 101, 10: unpers., accurritur ab universis, Tac. ann. 1, 21. – v. Lebl., istae imagines ita nobis dicto audientes sunt, ut, simul atque velimus, accurrant, dass sie nach unserem Willen augenblicklich herbeieilen, Cic. de div. 2, 138.

accursus, ūs, *m.* (accurro), das **Herzulaufen,** der **Anlauf,** das **schnelle Anrücken,** Tac., Val. Max. u. a.

accūsābilis, e (accuso), **a** wer od. was den Gegenstand einer gerichtlichen Anklage bilden kann, **anklagbar,** turpitudo, Cic. Tusc. 4, 75: v. Pers., Liberat. brev. 24. – **b anklagens-, tadelnswert** = verwerflich, Cael. Aur. acut. 3, 4, 40 u. a. Spät.

accūsātio, ōnis, *f.* (accuso), **I** jede **Anschuldigung, Anklage, Beschwerde, a** die **Anklage** wegen eines Verbrechens, vor dem Richter usw., **α** die offene (Ggstz. defensio): mea vera accusatio (Ggstz. illa falsa defensio), Cic.: acc. mutua, gegenseitige Kl., Klage u. Gegenklage, Tac.; aber auch = ἀντικατηγορία, Gegenklage, Quint.: ut repentina et minime praeparata accusatio videretur, Liv.: accusationem factitare, Cic.: accusationem conflare, adornare, Tac.: mutuam accusationem intendere, gegenseitig Klage wider einander erheben, Tac.: accusationem comparare atque constituere od. instruere atque comparare, die Kl. gehörig einleiten, mit nötigen Beweisen unterstützen, Cic.: accusationem peragere, Plin. ep.: accusatione desistere, Cic. fr., od. accusationem dimittere, Aur. Vict., omittere, Plin. ep., die Kl. aufgeben, accusationem exarmare, Plin. ep. – Plur., acres accusationes, Cic.: reorum accusationes defensionesque meditari, Suet. – **β** die heimliche, die **Angeberei,** ipsum Crispum easdem accusationes cum praemio exercuisse meminerant, Tac. hist. 3, 10. – **b** übh.: Hannibalis, gegen H., Liv.: rhetorices, Quint. – **II** meton., die **Anklageschrift, Klage** (Ggstz. defensio), accusationem legere, Plin.: accusationis quinque libri (von den verrinischen Reden), Cic.

accūsātīvus, a, um (accuso), die Anklage betreffend; dah. als gramm. *t. t.*, casus accus., der **Akkusativ** od. vierte Fall, Quint. 7, 9, 10 u. spät. Gramm. (bei Varr. LL. 8, 66 *casus accusandi*).

accūsātor, ōris, *m.* (accuso), der **Anschuldiger, Beschuldiger, I** im Allg., Nep. Lys. 4, 3. – **II** insbes. **a** der öffentliche **Kläger, Ankläger,** selten in Zivilsachen, wie Cic. part. or. 110; gew. in Kriminalsachen (Ggstz. reus od. defensor od. patronus od. petitor [der Kläger in Zivilsachen]), acc. sat bonus, Cic.: alqm accusatorem apponere, Cic.: accusatorem parare, alci od. in alqm comparare, Cic.: accusatorem constituere (aufstellen), Cic.: accusatorem instituere, Cic.: accusatores instruere et subornare, Cic.: crimina et accusatorem moliri, Tac.: accusatorem subdere, Tac.: eundem accusatorem capitis sui ac iudicem esse, Liv. – **b** der heimliche Ankläger, der **Angeber, Denunziant** (*delator*), Iuven. 1, 161. Suet. Aug. 66, 2. – **III** übh., der **Ankläger = Tadler,** Socrates morum vitiorumque publicorum accusator acerrimus fuit, Lact. 5, 9, 19.

accūsātōriē (accusatorius), *Adv.*, nach der Art eines Anklägers, **anklägerisch,** loqui, mit der dem Ankläger eigentümlichen Übertreibung, Cic.: hoc magis acc. quam libere dicere, Cic.: acc. agere cum alqo, Cic.: iam illud quam acc., Liv.

accūsātōrius, a, um (accusator), **zum Ankläger gehörig, anklägerisch, eines Anklägers, Ankläger-,** animus, artificium, mos et ius, Cic.: lex, Cic.: vox, Liv.: vita, Quint.: pugnacitas, Sen. rhet.

accūsātrīx, īcis, *f.* (accusator, s. Charis. 44, 6), die **Anklägerin, I = die Angeberin,** Plin. ep. 10, 59 (67) u. 60 (68). – **II** = die **Beschwerdeführerin,** Plaut, asin. 511 G.: übtr. v. Abstr., acc. facti conscientia, Augustin. serm. 170, 3: acc. cogitatio, *ibid.* 351, 7.

accūsito, āre (*Freq.* v. accuso), **anschuldigen,** nihil erit quod deorum ullum accusites, Plaut. most. 712.

ac-cūso (accusso), āvī, ātum, āre (ad u. causa), gegen jmd. **eine Klage** oder **Beschwerde** wegen etwas **anbringen,** jmd. **anschuldigen, anklagen,** – **I** im Allg., über jmd. od. etwas **sich beschweren, sich beklagen, sich aufhalten,** jmdm. wegen etwas **Vorwürfe machen,** ihn **ausschelten, tadeln** (Ggstz. excusare, expurgare, laudare), alqm liberius, Cic.: alqm aspere et acerbe in senatu, Cic.: alqm graviter, gravissime, Cic.: deos hominesque, Liv.: regem temeritatis, consulem segnitiae, Liv. 31, 38, 1: alqm de epistularum neglegentia, Cic.: in quo te accuso, Cic.: alcis avaritiam perfidiamque, Nep.: inertiam adulescentium, Cic.: superbiam alcis, Cic. – m. folg. *quod* (weil, dass), z. B. alqm in epistula quadam, quod m. Konjunktiv, Cic. – m. folg. *cur,* z. B. quod me saepe accusas, cur hunc meum casum tam graviter feram, debes ignoscere etc., Cic.: qua in re primum illud reprehendo et accuso, cur in re tam vetere quicquam novi feceris, Cic. – **II** als gerichtl. *t. t.*, jmd. vor dem Richter peinlich (in Kriminalsachen) **anklagen** (Ggstz. alqm defendere, jmd. verteidigen, u. causam dicere, sich verteidigen, u. alqm damnare, jmd. verurteilen), absol., sed aliud est maledicere, aliud accusare, Cic.: acc. diligentissime laboriosissimeque, Cic.: acc. falso, Ps. Quint. decl. – m. *Acc. pers.*, alqm, Cic.: alqm violenter, Liv.: alqm ad populum (v. den Tribunen), Liv.: alqm suis certis propriisque criminibus, Cic.: alqm crimine invidiae, durch eine aus Hass hervorgegangene Beschuldigung = durch eine gehässige B., Nep.: aber alqm crimine incesti, durch die B. der usw., Val. Max.: alqm falso crimine, Ov.: accusati sunt uno nomine consulares, unter einem u. demselben Vorwand (um einer u. derselben Sache willen), Cic. – m. dopp. *Acc.*, quae (weshalb) hi accusant me, Vulg. act. apost. 25, 11. – m. *Genet.* des Verbrechens, alqm ambitus, Cic.: alqm proditionis, ante actarum rerum, Nep.: alqm apud C. Sacerdotem praetorem rei capitalis, Cic.: alqm dementiae *quasi* iam per aetatem desipiat, Apul. apol. 37. – od. m. *de* u. Abl. des Verbrechens, alqm de veneficiis, Cic.: accusat *de* crimine Orestem, Orest. tr. 886: m. *propter* u. Akk. des Verbrechens, alqm propter iniurias, Cic. – od. m. *inter* u. Akk. der Verbrecher, alqm inter sicarios, als Meuchelmörder, Cic. – auch m. *Genet.* der Strafe, auf die der Kläger anträgt, alqm capitis, auf Leib u. Leben, Cic. – acc. alqm mit folg. *quod* (weil, dass), Nep. u. a. – m. folg. *Acc.* u. *Infinit.*, gegen jmd. die Anklage erheben, dass usw., Tac. ann. 14, 18: u. accusatus m. *Nom.* u. *Infinit.*, Tac. ann. 4, 22 *extr.* – ► casus accusandi, der vierte Fall, Akkusativ, Varr. LL. 8, 66. – Über die Schreibung accusso s. Cassiod. gramm. (VII) 149, 13. Osann Cic. de rep. 1, 6.

Acē, ēs, *f.* (Ἄκη), Stadt in Galiläa, j. *St. Jean* d'Acre, Nep. Dat. 5, 1. Plin. 5, 75.

acēdia, (acīdia), ae, *f.* (ἀκηδία), das **mürrische Wesen,** die **üble Laune,** Eccl.

acēdior, ārī (acedia), **mürrisch** über etw. **sein,** Vulg. Sirach 6, 26; 22, 16. Vgl. Gloss. ›aegret, acediatur‹.

acentētus, a, um (ἀκέντητος), **ohne Punkte** od. **Flecken,** Plin. 37, 28. Fronto de fer. Als. 3. p. 224, 25 N.

aceo, acuī, ēre (vgl. ăcer, acerbus), **sauer sein** (v. Wein), Cato r. r. 148, 1. – übtr., **unangenehm sein,** mentio pectori acet, Sidon. ep. 7, 6.

Acephalī, ōrum, *m.* (Ἀκέφαλοι), die Häretiker, die das Oberhaupt der Kirche nicht anerkennen, Isid. 5, 39. § 39 *sq.*; 8, 5. § 66.

acephalus, um (ἀκέφαλος), **ohne Kopf,** versus, Mar. Victor. 67, 17; 135, 32; 137, 33 K. Mar. Plot. 452, 20 K. Terent. Maur. 2349; 2427 u. 2459. Vgl. Gloss. V, 342, 50 ›acefalon sine capite‹.

1. acer, eris, *n.*, der **Ahornbaum,** der **Ahorn** (als Baum u. als Holz), Ov., Plin. u. a. – ► acer als *fem.* bei Serv. Verg. Aen. 2, 16 (wo Akk. acerem); vgl. Prisc. 5, 15 u. 6, 44.

2. ăcer, cris, cre (verwandt mit aceo, acies, griech. ἄκρος, spitz u. ἀκίς, Spitze, deutsch Achel), *Adj.* m. *Compar.* u. *Superl.*, **scharf, schnei-**

dend, **I** eig., von empfindlich treffenden Werkzeugen, wie Waffen usw., ferramentum, Isid.: acria arma, Lucil. sat. 13, 1: hastas gerunt, angusto et brevi ferro, sed ita acri etc., Tac.: acres arcus, zum scharfen Schuss gespannte, straffe, Verg.: u. im Bild, acres subiectat lasso stimulos, Hor.: secundae res acrioribus stimulis animos explorant, Tac. **II** übtr.: **A** von den äußeren Sinnen, ihren Wahrnehmungen u. den dieselben erregenden Gegenständen: **1** **scharf, pikant, beißend** für den Geschmack (Ggstz. mollis, lenis, dulcis), sapor, Plin: cibus interdum *mollis,* interdum *acer,* Cels.: rapula, Hor.: acetum, Varr. fr. u. Cels.: manducare quae sunt acerrima, id est sinapi, allium, cepam, Cels.: umores, scharfe Säfte im Magen, Cic.: stomachus post vinum, der durch den Wein zu viel Schärfe bekommt, Hor. – dah. subst., acria, ium, *n. pl.,* **α** Scharfes = scharfe Speisen, ut vitet acria, ut est sinapi, cepa, allium, Varr. fr. – **β** das Scharfe, die Schärfe, viscerum, Plin.: in cibis, Plin. – **2** **empfindlich** für das Gefühl, **schneidend, stechend, beißend,** übh. **schmerzhaft,** frigus, Lucr.: hiems, Hor.: acrior hiems, Plaut.: acrior ventus, heftigerer, Curt.: tempestates, raue Witterung, Caes.: sol (ὀξὺς ἠέλιος, Odyss.), die stechende, scharfbrennende S., Hor.: so auch solis potentia, Verg. – sitis, Tibull.: egestas, peinlich bittere Not, Lucr.: morbus, Plaut.: dolor corporis, cuius morsus est acerrimus, Cic.: febris acerrima, Aur. Vict. epit. – **3** **durchdringend** fürs Gehör, **scharf, helltönend, gellend, grell, kreischend,** v. Tönen usw., flammae sonitus das Knistern, Verg.: vox, Lucr.: vox acrior (Ggstz. iucundior), Quint.: syllabae acres (Ggstz. leniores), Quint. – übtr., acris tibia, Hor. carm. 1, 12, 1 *sq.* – **4** **scharf, durchdringend, penetrant** für den Geruch, odor, Lucr. u. Plin.: unguenta summā et acerrimā suavitate condita, Salben vom stärksten und durchdringendsten Geruch (Ggstz. ung. moderata, mäßig duftende), Cic. – übtr., naribus acres canes, von großer Spürkraft, Ov. met. 7, 806 *sq.* – **5** vom Gesicht, **durchdringend, scharf,** acerrimus sensus videndi, Cic.: acri adspectu uti, Rhet. Her.: acri et defixo aspectu uti, den Blick scharf auf einen Punkt richten, Rhet. Her. – u. (wie ὀξύς) **blendend** fürs Gesicht, **blendend hell, lebhaft** (von Farbe), bes. **hell-** oder **hochpurpurfarbig, hochrot,** splendor, Lucr.: rubor, Sen.
B von den die inneren Sinne erregenden Gegenständen u. von den inneren Sinnen selbst, **1** v. den Empfindungen des inneren Gefühls = **stechend, nagend, empfindlich, schmerzlich, peinigend, peinlich,** cura, Lucr.: dolor, Verg.: memoria, schmerzliches Andenken, Tac.: paenitentia, peinlich bittere, Tac. – **2** v. den Verstandeskräften u. ihren Äußerungen, **durchdringend, scharf, scharfsinnig, fein, treffend,** acies (ingenii), Cic.: vir acri od. acerrimo ingenio, Cic. – investigator, Cic.: iudicium acrius et certius, Cic.: memoria (Gedächtnis), Cic. – **3** als moralische Eigenschaft: **a** von Seiten des Willens, **feurig, hitzig, eifrig, energisch, tatkräftig,** Ggstz. quietus (s. Benecke Cic. Cat. 3, 17. Fritzsche Hor. sat. 1, 3, 53. Dietsch Sall. Iug. 7, 4. Kritz Sall. Iug. 20, 2), impigrum atque acre ingenium, Sall.: animus, Cic. – vir, Sall.: testis, Cic.: civis acerrimus, Cic.: acrior in rebus gerendis, Cic.: homo ad perdiscendum acerrimus, von Lerneifer beseelt, Cic.: duces partium accendendo bello civili acres, Tac.: bes. von Kriegern, milites, Cic.: hostis Cic.: equus (Streitross), Verg.: stetit acer in armis, Verg. – acer in ferro (im Kampf), Cic. ad Att. 2, 21, 4. – m. *Genet.* (= in), acer belli, Vell. 1, 3, 1: acer militiae, Tac. hist. 2, 5, 1. – m. *Abl.* (= in), bellis acer Halesus, Verg. Aen. 10, 411: Mithridates bello acerrimus, Vell. 2, 18, 1: acer equis, der reisige Held, Verg. georg. 3, 8: m. *Infinit.,* iuga Pyrenes venatibus acer metiri, Sil. 3, 338: quis tendere contum acrior? Claud. IV. cons. Hon. 540. – subst., acria illa et erecta, feurige u. erhabene Stellen (Passagen), Plin. ep. 6, 33, 9. – **b** von Seiten der Affekte, **hitzig, heftig, leidenschaftlich, streng, wild, grimmig** (Ggstz. modestus, quietus, lenis, mitis, mollis), qui cum ita *vehemens acerque* venisset, ut etc.; ita eum *placidum mollemque* reddidi, ut etc., Cic.: acerrima uxor, Plaut.: pater, Ter.: aestimator, Cic.: potor, ein starker Zecher, Hor. – m. *Genet.,* sermonis acer, Aur. Vict. epit. 42, 7. – so von Tieren, aper, Hor.: leo acerrimus, Rhet. Her. u. Nep.: bes. von hitzigen u. bissigen Jagd- od. Haushunden, Cic., Hor. u. a.; vgl. Schwabe Phaedr. 3, 7, 18. – v. der Miene, vultus eorum indignitate rerum acrior, Liv. 9, 6, 2: vultus acer in hostem, Hor. carm. 1, 2, 39. – u. von den Affekten selbst, **heftig, stark, leidenschaftlich,** ira, Lucr.: amor gloriae, cupiditas, luctus, Cic.: acrior ad venerem feminae cupido quam regis, Curt. – dah. **c** übh. v. abstrakten, poet. auch von konkreten Dingen, bei denen mit Eifer, Feuer, Heftigkeit, Strenge usw. zu Werke gegangen wird, **hitzig, heftig, scharf, streng, gewaltig, eifrig, empfindlich, kränkend, hart,** acriora consilia (Ggstz. cauta), Tac.: acerrima consilia (Ggstz. inertissima), Hirt. in Cic. ep.: militia, Hor.: bellum, Cic.: supplicium, Cic.: nox, wo es hart hergeht, Cic. – u. so wohl auch pocula, aus denen scharf gezecht wird = große, Hor. – subst., acre, is, *n.,* die **bittere Schärfe** (Ggstz. ridiculum, Scherz), Hor. sat. 1, 10, 14. – longe maiora et acriora repetens, indem sein Streben weiter ging u. er dasselbe mit Heftigkeit verfolgte, Vell. 2, 6, 2. – ► **a** acer als *fem.* bei Enn. ann. 406; u. acris als *masc.* bei Enn. ann. 369. Cels. 8, 4. p. 337, 21 (D.). Col. 12, 17, 2. – **b** Nbf. acrus, a, um, bei Spät.: caenum acrissimum, Pelag. vet. 16. Cod. Iust. 5, 5, 4. – **c** *Acc. neutr.* acre, *adv.* = acriter, Sall. fr. u. a.

aceratos, on (ἀκέρατος), **ungehörnt,** praeterea sunt (cochleae), quae aceratoe vocantur, Plin. 30, 46.

acerātus, a, um (v. acus, eris), **mit Spreu vermischt,** caenum, Lucil. sat. 9, 47: lutum, Paul. ex Fest. p. 20, 10. u. p. 187, 7. Non. 445, 21.

acerbātio, ōnis, *f.* (acerbo), die **Verschlimmerung,** Plur. bei Cypr. ep. 45, 2.

acerbē, *Adv.* m. *Compar.* u. *Superl.* (acerbus), **herb,** nur übtr., **I** aktiv = **streng, mit Strenge** od. **Härte, unfreundlich, grausam** (Ggstz. comiter, leniter), ac. severus, Cic.: ac. accusare, Cic.: necare, Cic.: acerbius invehi in alqm, Cic.: acerbissime dicere, Caes.: acerbissime exigere pecunias, Caes. – **II** passiv = **schmerzlich, mit Schmerzen, mit Unwillen,** alqd ferre, Cic.: acerbius inopiam ferre, Caes.

acerbitās, ātis, *f.* (acerbus), die **Herbheit,** **I** eig.: **1** der **herbe Geschmack** unreifer Früchte, Cic. u. Plin. – meton., die **unreifen, noch herben Früchte** selbst, Pallad. 3, 9, 12. – **2** der **herbe, scharfe Geruch,** Amm. 23, 6, 17. – **II** übtr.: **1** die **Bitterkeit, Härte,** (gehässige) **Strenge, Pedanterie** (Ggstz. comitas, lenitas), im Charakter und Verfahren, iudicum, Cic.: inimicorum, Cic.: morum, naturae, Cic.: censoria, Liv.: delectus u. in delectu, Liv.: poenarum, Liv. – u. der Rede, sententiarum, Cic.: orationis, Liv.: salis, das Beißende des Witzes, Quint.: nullam prorsus acerbitatem (Schneide) ad revincendum habere, Lact.: acerbitates suppliciorum et verborum, Cic. – **2** das **Herbe,** die **Bitterkeit** eines Gefühls, eines Erlebnisses, die **Drangsal,** das **herbe Ungemach, bittere Missgeschick,** summi luctus mei, Cic.: temporis Sullani, Cic.: nec ullam acerbitatem recuso, ich bin bereit, selbst das Herbste, was es auch sein mag, über mich ergehen zu lassen, Cic. – im Plur., **herbe, schmerzliche Gefühle, Besorgnisse, Erlebnisse, Drangsale, Kränkungen,** omnes perferre acerbitates, Cic.: acerbitatibus dilaceratus, Tac.

acerbiter = acerbe, Ps. Augustin. cogn. verae vitae 1.

acerbitūdo, inis, *f.* (acerbus) = acerbitas (s. d.), nach Gell. 13, 3, 2.

acerbo, āre (acerbus), **I** **verbittern, verleiden,** gaudia, Stat: mortem, Val. Flacc. – **II** **verschlimmern,** crimen, Verg.: nefas, Stat.: interrogando aliquid, Mart. Cap.: ne Fortuna acerbetur, Tert.: flagella acerbata, Tert.

acerbus, a, um, *Adj.* m. *Compar.* u. *Superl.* (v. 2. acer), **scharf, schneidend** für die Sinne, **I** eig.: **1** **den Mund zusammenziehend, herb** von Geschmack (Ggstz. dulcis, mitis, suavis), Neptuni corpus (Meerwasser), Lucr.: sapor, Plin.: bes. von unreifem Obst, **scharf, herb,** u. dah. **unreif, unzeitig, roh** übh., pirum, Varr.: oliva, Plin.: uva, Phaedr.: u. übtr., **unreif, unzeitig, frühzeitig,** virgo, Varr. fr. u. Ov.: res, Cic.: funus, Verg. u. Tac.: partus, Ov. – **2** für das Gehör, **schneidend, grell,** serrae stridentis horror, Lucr.: stridor, Plin.: acerba auditu vox propter nimiam exilitatem, Val. Max.: vox acerbissima, Rhet. Her. u. Sen. – *Acc. Plur. neutr.* poet. für das *Adv.,* acerba sonans, rau tönend, Verg. georg. 3, 149. – **3** **empfindlich** für das Gefühl, **schneidend, rau,** frigus, Hor.: ictus phalangii, Plin. – **4** für das Gesicht, vultus acerbi, sauere, finstere, Ov. – *Acc. Plur. neutr.* poet. für das *Adv.*, acerba tuens, mit giftigem Blick, Verg. Aen. 9, 794. – **II** übtr. auf das innere Gefühl, **a** v. Pers., **rau, streng, abstoßend, grämlich, kleinlich** (Ggstz. moderatus, remissus), inimicus, hostis, Cic.: creditor, Sen.: recitator, grausamer, Hor.: Libitina, grimmige, Hor.: alci acerbus, Cic.: acerbus in alqm, Ov.: acerbus in exigendo, Cic.: modo acerbior parciorque, modo remissior ac neglegentior, Suet.: subst., acerbus, bitterer Tadler, Bekrittler, Hor.: acerbos e Zenonis schola exire, Sauertöpfe, Cic. – **b** v. Lebl., u. zwar: **α** von dem, was mit Strenge geübt, eingefordert usw. wird, **bitter, empfindlich, streng, peinlich, kleinlich,** delectus, Liv.: inquisitio, Liv.: illius severitas, Cic.: imperium acerbius, Nep.: acerbissima diligentia, Cic.: illa acerbissima exactio, Cic.: acerbissima tributa, Cic.: acerbissimae impiorum poenae, Cic. – **β** v.d. Rede, **bitter, hart, kränkend, gehässig,** linguae acerbae et immodice liberae fuit, Liv.: minaces et acerbae litterae, Cic.: litterae acerbissimae, bitterböser Br., Cic.: acerbum et breve scriptum, Suet.: ac. rumor, Tibull.: facetiae, Tac.: acerbissimum acclamationum genus, Suet. – **γ** v. Zuständen, **herb, bitter, empfindlich, kränkend, schmerzlich, peinlich, betrübend,** incendium, Cic.: recordatio, Cic.: funus, Plaut. u. Cic.: funera, Tac.: scelus, Cic.: mors, Cic.: alcis interitus, Cic.: exitus tam tristis atque acerbus, Liv. fr.: odium acerbum, acerbissimum, Cic.: consilium neutri parti acerbum, Liv.: quam triste hoc ipsi, quam acerbum mihi, Plin. ep.: etsi erit acerbum auditu, Cic.: acerbum est ab aliquo circumveniri, acerbius a propinquo, Plaut. – acerbum est, acerbius est m. folg. *Infin.*, Cic.: non est acerbum m. folg. *Infin.*, Sen. – *neutr.* subst., aliquid cotidie acerbi atque incommodi nuntiatur, Rhet. Her.: acerba ex amore homini oblata, Ter.: multa acerba, multa turpia habuit ille annus, Cic.: Ggstz., hoc bonum inter meras voluptates, hoc est inter tristia et acerba, Sen. – *Acc. Plur. neutr.* poet. für das *Adv.*, acerba fremens, knirschend vor Schmerz, Verg. Aen. 12, 398.

acerneus, a, um (acer, eris), **ahornen, aus Ahornholz,** pocula, Ven. Fort. carm. praef. 5: cancelli, CIL 14, 2794.

acernus, a, um (acer, eris), **ahornen, aus Ahornholz,** rami, Ov.: trabes, Verg.: mensa, Hor.: fores, Ov.

acerōsus, a, um (acus, eris), **voll Spreu,** far, Lucil. sat. 15, 29: panis, Paul. ex Fest. 187, 7.

acerra, ae, *f.* das **Weihrauchkästchen** für den bei Opfern, Verbrennung der Toten usw. gebrauchten Weihrauch, Cic., Verg. u. a.

Acerrae, ārum, *f.*, Stadt in Kampanien, nahe bei Neapel, am Fluss Klanius (u. dessen Überschwemmung oft ausgesetzt, s. Verg. georg. 2, 225. Sil. 8, 537), von Hannibal im zweiten pun. Kriege zerstört, später wieder aufgebaut, j. *Acerra,* Liv. 23, 17, 1 *sqq.;* 27, 3, 6. – Dav. **Acerrānī,** ōrum, *m.*, die Einw. von Acerra, die **Acerraner,** Liv.

acersecomēs, ae, *m.* (ἀκερσεκόμης), **mit ungeschorenem Haupthaar,** lat. intonsus, bei den Griechen Beiname des Apollo und Bacchus; übtr., von einem schönlockigen Lieblingssklaven, Iuven. 8, 128.

acervālis, e (acervus), **aufgehäuft,** für das griech. σωρείτης, ein **Trugschluss durch Anhäufung,** Cic. de div. 2, 11.

acervātim, *Adv.*, (acervo), **haufenweise, in Haufen, in Massen** (Ggstz. singuli), Lucr., Varr. u. Auct. b. Alex. – übtr., multa ac. frequentans, eine Masse von Gedanken aufhäufend, Cic.: ac. reliqua dicere, summarisch, Cic.

acervātio, ōnis, *f.* (acervo), das **Anhäufen,** saporum (Ggstz. cibus simplex), Plin. 11, 282: illa (corpora) constant aut nexu aut acervatione, ut puta funis, frumentum, Sen. nat. qu. 2, 2, 3.

acervo, āvī, ātum, āre (acervus), in **Haufen bringen, häufen, aufhäufen, I** eig.: promiscue acervati cumuli hominum, Liv.: u. (im Bild) immensus aliarum super alias acervatarum legum cumulus, Liv.: u. (im Bild) ne frustra neve temere verborum strues acerventur, Fronto de eloqu. 1. p. 139 N. – **II** übtr. **a** in der Rede = in Masse zusammenstellen, zusammenhäufen, plura remedia, Plin.: nec verba modo, sed sensus quoque idem facientes acervantur, Quint. – **b** häufen = vermehren, steigern, periculum capitis, Ambros. de off. 3, 6, 41: molem belli diversis consiliorum fraudibus, *ibid.* 3, 1, 5.

acervus, ī, *m.* (viell. von acus, ceris), eine zusammengetragene, eine aufgeschüttete Masse, der **Haufen** (sowohl als Körper wie als große Menge), **I** eig.: frumenti, Plaut., Hor. u. Curt.: tritici, Cic.: farris, Verg.: aeris et auri, Hor.: acervi auri argentique, Sen.: tanti acervi pecuniae, Cic.: ac. caecus, v. Chaos, Ov.: ac. feralis, vom Scheiterhaufen, Val. Flacc.: sarcinas in acervum conicere Liv., od. comportare, Auct. b. Afr.: tantos acervos nummorum construere, ut etc., Cic. – bes. v. Holzhaufen, acervos accendere, Sil. 5, 177: acervos struesque accendere, Curt. 8, 4 (15), 11. – u. v. Leichenhaufen, insepulti acervi civium, Cic.: acervos immanes facere, Varr. fr.: tantos acervos corporum exstruere, Cic.: Cannenses campos acervi Romanorum corporum tegunt, Liv. – **II** übtr.: **1** die **Masse, Menge,** acervi scelerum, Cic.: magni officiorum negotiorumque acervi, Plin. ep.: in mediis acervis occupationum mearum, Augustin. ep. – **2** der **durch Anhäufung der Gründe gebildete Trugschluß,** griech. σωρείτης, Cic. u. a. – ► Arch. Nomin, acervos, Varr. r. r. 1, 55, 5: Akk. acervom, Plaut. Cas. 126. Verg. georg. 1, 158 u. 185; Aen. 6, 504.

acēsco, acuī, ere (aceo), **sauer werden,** Hor., Plin. u. a.: vinum acescere solet, Col. 12, 26, 1. – ► acisco geschr., Gargil. de pom. 5. Virg. gramm. p. 139, 9 H.

Acesīnēs, is, *m.* (Ἀκεσίνης), ein Fluss in Indien, der auf seinem rechten Ufer den Hydaspes, auf seinem linken aber den Hydraotes in sich aufnimmt und dann als bedeutender Strom in den Indus mündet, j. *Dschenab* od. *Tschenaub,* Curt. 8, 9 (30), 8 u. a. Iustin. 12, 9, 1. – Nbf. **Acesīnus,** ī, *m.*, Plin. 6, 71 u. 37, 200. Mela 3. §69. – Nbf. **Agēsīnes,** is, *m.*, Oros. 3, 19, 6.

Acesīnus, ī, *m.* **I** Nbf. v. Acesines, s. d. – **II** ein Fluss auf der taurischen Halbinsel, Plin. 4, 83. – Dav. **Acesīnus,** a, um, **acesinisch,** agmina, Val. Flacc. 6, 69.

acesis, Akk. im, *f.* (ἄκεσις), eine Art **Berggrün,** zur Heilung dienlich, Plin. 33, 92.

Acesta, ae, *f.* (Ἀκέστη), alte Stadt an der Nordküste Siziliens, in der Nähe des Berges Eryx, nach dem König Acestes benannt, früher Egesta, von den Römern Segesta (w. vgl.) gen., j. *Castel a Mare di Golfo,* Verg. Aen. 5, 718: Troiana A., Sil. 14, 220. – Dav. **a Acestaeī,** ōrum, *m.*, die Einw. von Acesta, die **Acestäer,** Plin. – **b Acestēnsēs,** ium, *m.*, die Einw. von Acesta, die **Acestenser,** Cic.

Acestēs, ae, Akk. ēn, *m.*, König auf Sizilien, trojanischer Abkunft, Lact. 1, 22, 25 *sq.* Verg. Aen. 1, 550. Ov. met. 14, 83. Sil. 14, 45.

acētābulum (in Hdschrn. auch acītābulum), ī, *n.* (acetum), **I** = ὀξύβαφον, ein Essiggefäß zum Eintauchen, Isid. 20, 4, 12; dah. im weiteren Sinne, **a** eine **Schale, Schüssel,** in die man die Speisen tauchte, Quint. 8, 6, 35. Ulp. dig. 34, 2, 19. §9. Apic. 8, 382: als Stürze über ein Gericht, Petron. 56, 8. – **b** der **Becher** des Taschenspielers, praestigiatorum acetabula et calculi, Sen. ep. 45, 8. – **c** (wie ὀξύβαφον), ein musikal. Instrument, Cassiod. de music. p. 556, 6 (*ed. Garet*). – **d** als Maß für feuchte u. trockene Dinge, der vierte Teil einer hemina und von Gewicht vier attische Drachmen, Cato, Cels. u. a. – **II** übtr. (wegen der Ähnlichkeit), *t. t.* **1** der Anatomie, die **Pfanne, Hüftpfanne,** Plin. 28, 179. – **2** der Zoologie, die Saughöhle an jedem Arm der Polypen, das **Saugnäpfchen,** Treb. bei Plin. 9, 85 *sqq.* – **3** der Botanik: **a** die **Saugwarze** an der Pflanzenwurzel, Plin. 26, 58. – **b** der **Knospensitz** der Feige, Plin. 18, 245; 21, 92. – ► Nb. acetabulus, Apic. 9, 241 (acetabulum minorem).

acētāria, ōrum, *n.* (acetum), mit Essig u. Öl Angemachtes, **Salat,** Plin. 19, 58 u. ö.

acētāsco, āvī, ere (acetum), **sauer-,** zu **Essig werden,** Ps. Apul. herb. 3. Anthim. 78.

1. aceto, āre, altlat. für agito, Paul. ex Fest. 23, 10.

2. acēto, āvī, āre (acetum), **Essiggeschmack bekommen, sauer werden,** Spät.; vgl. Gloss. ›acetat, ὀξίζει‹.

acētōsus, a, um, (acetum) **essigsauer, sauer,** Apic. 1, 2.

1. acētum, ī, *n.* (aceo), **saurer Wein, Weinessig,** u. dann **Essig** übh.,

I eig.: acetum acre, Varr. fr.: Aegyptium, Cic. fr.: mulsum acetum, Honigmet, Plin.: prandere cum aceto et sale, Plaut.: saxa ardentia infuso aceto putrefacere, Liv. – **II** übtr.: **a** übh.: nunc experiar, sitne aceto tibi cor acre in pectore, ein Herz von bitterem Groll erregt, Plaut. Bacch. 405. – **b** **beißender Witz, scharfer Spott,** acerbum acetum (Ggstz. mel), Plaut. truc. 179: PS. Ecquid is homo habet aceti in pectore? CH. Atque acidissimum, Plaut. Pseud. 738: Italo perfusus aceto, Hor. sat. 1, 7, 32.

2. **acētum,** ī, *n.* (ἄκοιτον), **Jungfernhonig,** Plin. 11, 38. Apic. 3, 69; 6, 257 (wo mel acoetum).

Achaeī, ōrum, *m.* (Ἀχαιοί), **I** die **Achäer,** die nach ihrem Stammvater Achäus benannte griech. Völkerschaft, urspr. in Thessalien ansässig, später in das nördl. Küstenland des Peloponnes gedrängt (nach ihnen Achaia benannt, s. unten *no.* II, 2). Liv. 27, 29 *sqq.* – Appellat. für **Griechen** übh., **a** nach homer. Sprachgebr., Plin. 4, 28. Iuven. 3, 61. – **b** nach röm. Sprachgebr., die Einw. der röm. Provinz Achaja = ganz Griechenland (Thessalien ausgenommen), Cic. div. in Caecil. 20, 64 u. s. – **c** die Einw. einer griech. Kolonie am Pontus Euxinus, Ov. ex Pont. 4, 10, 27. Plin. 6, 16. – **II** Davon abgeleitet: **1** **Achaeus,** a, um (Ἀχαιός), **a** **zu Achaja gehörig, achäisch,** fines, Lucr. – **b** übh. **griechisch,** Stat. – **2** **Achāia,** ae, *f.* (Ἀχαΐα), **a** das Land der Achäer, die Landschaft **Achaja,** das nördl. Küstenland des Peloponnes, Plin. u. Ov. – **b** nach der Eroberung Korinths 146 v. Chr. Name für ganz **Griechenland** (Thessalien ausgenommen) als römische Provinz, Cic. u. Plin. – **3** **Achāias,** adis, *f.* (Ἀχαϊάς), die **Achäerin,** eine **achäische** od. **griechische Frau,** Ov. – **4** **Achāicus,** a, um, (Ἀχαϊκός) **achäisch, griechisch,** Cic.: homines, Leute, die nach Griechenland reisen, Cic. – **5** **Achāis,** idis u. idos, Akk. Plur. idas, *f.* (Ἀχαΐς), die **Achäerin,** Ov.: auch poet. das Achäerland = Griechenland, Ov. – **6** **Achāius,** a, um, poet. für *Achaicus,* **achäisch** od. **griechisch,** Verg. u. a. Vgl. die Auslgg. zu Verg. Aen. 2, 462. Drak. zu Sil. 14, 5 u. 15, 306. – **7** **Achīvī,** ōrum, *m.,* die **Achiver (Achäer)** od. **homerischen Griechen,** Cic. u. a.: Genet. Plur. bei Dichtern Achivom, z. B. Poët. bei Cic. de or. 3, 166. Verg. Aen. 2, 318, u. Achivum, z. B. Val. Flacc. 3, 86. Stat. Theb. 1, 448. – Sprichw., quidquid delirant reges plectuntur Achivi (das Volk), Hor. ep. 1, 2, 14. – *Adj.* Achīvus, a, um, **achivisch, griechisch,** Ov.

Achaemenēs, is, *m.* (Ἀχαιμένης), Ahnherr der altpersischen Könige, Großvater des Cyrus u. Begründer des Geschlechtes der Achämeniden, dives Ach., poet. für großen asiatischen Reichtum übh., Hor. carm. 2, 12, 21. – Dav. **1** **Achaemenidae,** ārum, *m.* (Ἀχαιμενίδαι), die **Achämeniden** (s. vorher), Plin. 6, 98. – **2** **Achaemenius,** a, um, **persisch** od. **parthisch,** Hor. u. Ov. – poet. = **östlich,** lux, Avien. descr. orb. 474: ortus, Avien. or. mar. 655. – **3** **Achaemenis,** idis, Akk. ida, *f.,* ein bernsteinfarbiges Zauberkraut, Plin. 24, 161, das. auch hippophobas gen., weil vorzügl. die Stuten es scheuen, nach Ps. Apul. herb. 58 = polion (s. d.).

Achaeus, s. Achaeī *no.* II, 1.

Achāia, -ias, -icus, -is, -ius, s. Achaeī.

acharis, itis (ἄχαρις), **undankbar,** homo, Vulg. Sirach 20, 21. – *Adv.* **achariter,** Vulg. Sir. 18, 18. Augustin. spec. p. 133 W.

acharna, s. acharnē.

Acharnae, ārum, *f.* (Ἀχαρναί), ein Demos in Attika, Stat. Theb. 12, 623. – Dav. **a** **Acharnānus,** a, um, aus Acharnä gebürtig, **acharnanisch,** civis (Bürgerin), Nep. Them. 1, 2. – **b** **Acharneus** (dreisilb.), eī, *m.* (Ἀχαρνεύς), der **Acharner,** Sen. Phaedr. (Hippol.) 23.

acharnē (acarnē), ēs od. ae, *f.* (ἀχάρνας), ein Seefisch, der **Meerwolf** (*Perco labrax,* L.), Lucil. sat. 1, 35. Plin. 32, 145. – Nbf. acharna od. acarna, wovon Genet. acharnae od. acarnae, Enn. hed. 10. Lucil. sat. 1, 35.

Acharneus, s. Acharnae.

1. **Achātēs,** ae, *m.* (Ἀχάτης), **I** ein Fluss in Sizilien, j. *Dirillo* (im *Val di Noto*), Plin. 3, 90. Sil. 14, 228, an dessen Ufern zuerst der Achatstein gefunden wurde, Plin. 37, 139. – **II** des Äneas treuester Gefährte, Verg. Aen. 1, 174. Ov. fast. 3, 603: Genet. Achati, Verg. Aen. 1, 120 nach Charis. (I) 132, 22 (die Ausgg. Achatae): Akk. Achaten, Verg. Aen. 1, 644 u. 10, 332: Vok. Achate, Verg. Aen. 1, 450; Achata, Serv. Verg. Aen. 10, 332: Abl. Achate, Ov. fast. 3, 603.

2. **achātēs,** ae, *m.* (ἀχάτης, ὁ), der **Achat,** achates lapis, Isid. 14, 6, 37. Solin. 5, 25: bl. achates, näml. gemma, dah. *fem.,* Plin. 37, 5 u. 37, 139. Isid. 16, 11, 1. Vulg. exod. 28, 19 u. 39, 12. Lucan. 10, 115; vgl. Placid. gloss. (V) 43, 19 *sq.*

Achelōus, ī, *m.* (Ἀχελῷος), größter Fluss Griechenlands, der auf dem Pindus entspringt und an der Grenze von Ätolien und Akarnanien entlang ins Ionische Meer fließt, j. *Aspro Potamo,* Mel. 2, § 53. Prop. 2, 34, 33. Stat. Theb. 7, 416 (wo Akk. -oon): hochverehrt als Flussgott, Ov. met. 9, 1 *sqq.*: dah. sein Name für **Wasser** übh., Macr. sat. 5, 18, 9. – Dav. **A** **Achelōias,** adis, *f.,* die Tochter des Achelous, die **Acheloiade,** Parthenope, Sil. 12, 34: Sirenes, Ov. met. 14, 87. – **B** **Achelōis,** idis, *f.* (Ἀχελωΐς), die Tochter des Achelous, meton. = eine Najade (Quell- u. Flussnymphe), Ps. Verg. cop. 15. – Plur. Acheloides, Akk. as, meton. **α** die »Najaden« (s. vorher), Col. poët. 10, 263. – **β** die »Sirenen«, Ov. met. 5, 552. – **C** **Achelōius,** a, um (Ἀχελώϊος), **a** zum Flussgott-, zum Fluss Achelous gehörig, **acheloisch,** cornua Acheloia, des Achelous, Ov.: Calirrhoe Acheloia, Tochter des Achelous, Ov.: pocula Acheloia, voll Wasser, Verg. – **b** **ätolisch,** heros, v. Tydeus, Stat.

Acherōn, ontis, Akk. ontem u. onta, *m.* (Ἀχέρων), **I** ein Fluss in Thesprotia, der durch den Sumpf Acherusia fließt u. in das Ionische Meer mündet, j. *Gurla* od. Fluss von *Suli,* Liv. 8, 24, 3. – **II** ein Fluss in Bruttien, j. *Mucone,* nach a. *Lese,* Plin. 3, 73. Iustin. 12, 2, 14. Liv. 8, 24, 11 (die Nbf. Acheros). – **III** mythol. Fluss in der Unterwelt, über den die Schatten wandern mussten, Cic. de nat. deor. 3, 43 u. s.: dah. für die Unterwelt selbst (in Prosa Acheruns, s. d.), Hor. carm. 1, 3, 36: Acheronta movebo, die Hölle (wir sagen: Himmel u. Erde) in Bewegung setzen, Verg. Aen. 7, 312: fugere Acheronta, zur Unsterblichkeit gelangen, Hor. carm. 3, 3, 16. – Dav. abgeleitet: **1** **Acherontēus,** a, um (Ἀχερόντειος), zum Acheron gehörig, **acherontisch,** Claud. rapt. Pros. 2, 350: Acherontei tortores, Orest. tr. 495. – **2** **Acherontius,** a, um, **acherontisch,** sacra, Serv. Verg. Aen. 8, 398. – subst., **Acherontia,** ae, *f.,* kleine Stadt in Apulien, an der Grenze Kalabriens, j. *Acerenza,* Hor. carm. 3, 4, 14. – **3** **Acheronticus,** a, um, **acherontisch,** stagna, Prud. cath. 5, 128: libri, heilige Bücher, der Sage nach vom Etrusker Tages geschrieben, wahrsch. auf acherontische Totengebräuche sich beziehend, Arnob. 2, 62. – **4** **Acherontīni,** s. Acherūns a. E.

Acheros, s. Acherōn *no.* II.

Acherūns, untis, Akk. untem u. (bei Lukr.) unta, *m.* u. (als Unterwelt) *f.,* latein. Form für **Acheron,** bes. = die Unterwelt (konstr. m. ad, ex, ab, od. wie die Städten. auf die Frage **wohin?** im bl. *Acc.,* auf die Frage **woher?** im bl. *Abl.,* auf die Frage **wo?** im bl. *Abl.* od. im *loc.* Acherunti = in der Unterwelt), Enn. tr. 278. Lucr. 4, 171. Nep. Dion. 10, 2: *loc.* Acherunti bei Plaut. capt. 689 u. 998. – dah. Acheruntis pabulum (v. einem verderbten, verworfenen Menschen), Plaut. Cas. 158: Acheruntis ostium (v. einem übelriechenden Ort), Plaut. trin. 525: praemittere alqm Acheruntem prius, Plaut. Cas. 448: abire ad Acheruntem sine viatico, Plaut. Poen. prol. 71: Acheruns ulmorum, scherzh. von einem Sklaven, auf dessen Rücken oft Ruten zerschlagen werden, Plaut. Amph. 1029. – Dav. **1** **Acheruntīcus,** a, um, **acheruntisch,** Plaut.: senex, dem Tod nahe, Plaut. (Nbf. Acheruntius, Serv. Verg. Aen. 8, 398). – **2** **Acherūsius (Acherūnsius)** a, um, (Ἀχερούσιος), **a** adj., acherusisch = acherontisch, **α** zum Fluss Acheron gehörig, aqua, Liv.: specus, Amm. – **β** zur Unterwelt gehörig, **unterirdisch,** templa, die Unterwelt, Enn.: vita, trauriges, angstvolles Leben, Lucr. – **b** subst., **Acherūsia,** ae, *f.* (Ἀχερουσία), **α** ein Sumpf in Thesprotia, durch den der Acheron fließt, Plin. 4, 4. – **β** ein See in Kampanien zwischen Misenum u. Kumä, j. *Lago della Collucia,* Plin. 3, 61. – **γ** eine mephitische Höhle in Bithynien, durch die Herkules den Cerberus holte, Mel. 1. § 103 u. 2. § 51 *Frick.* Plin. 6, 4; auch **Acherūsis,** idos, *f.* (Ἀχερουσίς) gen., Val. Flacc. 5, 73. –

3 Acheruntīnī, ōrum, *m.*, eine Stadtgemeinde in Bruttium, in der Nähe des Flusses Acheron, Plin 3, 73.

ācheta, ae, *m.* (ἀχέτης dorisch st. ἠχέτης), die **männliche singende Zikade,** Plin. 11, 92.

Achilla, s. Acilla.

Achillās, ae, Akk. an, *m.* Befehlshaber des Königs Ptolemäus, einer der Mörder des Cn. Pompejus, Caes. b.c. 3, 104, 2. Auct. b. Alex. 4, 1. Vell. 2, 53, 3 u. 54, 1. Liv. epit. 112. Lucan. 5, 538.

Achillēa, -ēis etc., s. Achillēs.

Achillēs, is, *m.* (Ἀχιλλεύς, dah. auch Achillēus, CIL 6, 11554, u. bei Dicht. auch Genet. Achillei od. Achilli : Akk. Achillea : Vok. Achille : Abl. Achilli), **Achilles,** der durch Kraft und Schönheit ausgezeichnete griech. Held vor Troja, Sohn des Peleus, Königs von Thessalien, u. der Nereïde Thetis, Vater des Pyrrhus od. Neoptolemus, Verg. Aen. 1, 468 *sqq.* Ov. met. 12 *extr.* u. 13 *in.* Hyg. fab. 107. Cic. Tusc. 1, 105. Sall. hist. fr. 3, 40 (32). – dah. appellat., ein **Achilles** = ein schöner u. kräftiger Held od. Jüngling übh., Plaut. mil. 1054. Verg. Aen. 6, 89. Gell. 2, 11, 1. Val. Max. 3, 2, 21. – Dav. abgeleitet: **1 Achillēis**, idos, *f.* die **Achillëide,** ein unvollendetes Heldengedicht des Statius. – **2 Achillēus**, a, um (Ἀχίλλειος), zu Achilles gehörig, **achillëisch, des Achilles,** stirps, Verg.: statuae, Statuen, die eine Lanze hielten, Plin.: cothurnus, der hohe tragische Stil des Epos, dessen Gegenstand häufig Achilles war, Prop. – Subst., **a** in der Geogr.: **α** Achillēa (insula) od. Achillis insula, ae, *f.* (auch Leuce, Λευκή gen.), an der Mündung des Borysthenes gelegene Insel, mit einem fabelhaften Heiligtum des Achilles, Mela u. Plin. – **β** Achillēa, ae, *f.*, eine Insel bei Samos im Ägäischen Meere, Plin. – **γ** Achilleus cursus (Ἀχίλλειος δρόμος), **Achilles-Rennbahn,** eine jetzt durch Anschwemmung sehr veränderte Halbinsel an der Mündung des Borysthenes, wo Achilles ein Wettrennen gehalten haben soll, Plin. u. Mela (griech.). – **δ** Achillēum, ī, *n.* (Ἀχίλλειον), fester Ort beim Vorgebirge Sigeum in Troas, von den Mytilenäern erbaut, mit dem Grabhügel des Achilles, Plin. – **b** in der Botanik: **α** Achillēa, ae, *f.* (*sc.* herba) u. Achillēos, ī, *f.* (ἡ Ἀχίλλειος *sc.* βοτάνη), eine nach der Sage von Achilles zur Heilung des Telephus aufgefundene Pflanze, die **Schafgarbe,** Plin. – **β** Achillēum, ī, *n.*, eine Gattung zarten **Schwammes,** Plin. – **3 Achilliacus**, a, um = *Achilleus,* Ven. Fort. carm. 7, 8, 63. – **4 Achillīdēs**, ae, *m.* (Ἀχιλλείδης), ein Nachkomme des Achilles, ein **Achillide,** Ov. epist. 8, 3; Ibis 301.

Achīvi u. **Achīvus**, s. Achaeī *no.* II, 7.

achlis, Akk. in, *f.*, nach Plin. 8, 39 ein wildes Tier im Norden, nach neueren identisch mit alces.

Acholla, s. Acilla.

achōr, ōris, *m.* u. **achōra**, ae, *f.* (ἀχώρ), der **Schorf, Grind** am Kopf der Kinder, Spät.

Achradina, ae, *f.* (Ἀχραδινή), der durch Größe u. Bevölkerung wichtigste Stadtteil von Syrakus, mit den schönsten öffentl. Plätzen und Gebäuden (Basilika, Prytaneion usw.), Cic. Verr. 4, 119. Liv. 25, 24, 10.

achras, adis, *f.* (ἀχράς), der **wilde Birnbaum,** die **wilde Birne,** Col. 7, 9, 6 u. a.

achrōmos, on (ἄχρωμος), **ohne Beschönigung, ohne milden Anstrich,** Fortunat. art. rhet. 1, 3. Excerpt. art. rhet. p. 586, 22 *ed. Halm.*

Achulla, s. Acilla.

acia, ae, *f.* (acus), der **Einfädelfaden,** der **Faden** zum Nähen u. Heften, Titin. fr., Cels. u. a. – Sprichw., ab acia et acu mi (mihi) omnia exposuit, bis ins kleinste Detail, haarklein, Petr. 76, 11. Vgl. Gloss. ›acia, ῥάμμα‹.

acicula, ae, *f.*, s. acucula.

Acīdalia, ae, *f.* (Ἀκιδαλία), ein Beiname der Venus, von der Quelle Acidalia in Böotien, wo die Grazien, Töchter der Venus, sich badeten, Verg. Aen. 1, 720 (u. dazu Serv.). – Dah. **Acīdalius**, a, um, zur Acidalia (Venus) gehörig, **acidalisch,** nodus, Venusgürtel, Mart.: arundo, Rohr von Knidus, Mart.

acidē, *Adv.* m. *Comp.* (acidus), **sauer,** übtr., non acide feras in animo tuo, mit Verdruss, Vulg. Sirach 4, 9: negat sibi umquam acidius fuisse, jämmerlicher, Petr. 92, 5.

acīdia, ae, *f.*, s. acēdia.

Acidīnus, ī, *m.*, röm. Beiname in der gens Manlia, Cic. de or. 2, 260. CIL 14, 4269: Plur. bei Cic. ad Att. 4, 3, 3 (vgl. Catilina).

aciditās, ātis, *f.* (acidus), die **Säure,** Marc. Emp. 20, 88.

acidulus, a, um (*Demin.* v. acidus), **säuerlich,** sapor, Plin.: aqua, fons, Sauerbrunnen, Plin.: pira acidula suci, (hießen) Sauerbirnen von ihrem Saft, Plin. 15, 56.

acidus, a, um, *Adj.* m. *Compar.* u. *Superl.* (aceo), **scharf, I** eig.: **a sauer** im Geschmack u. Geruch (Ggstz. dulcis), sapor, lac, Plin.: inula, Hor.: venae fontium, Sauerbrunnen, Vitr.: creta, in Essig eingeweichte, Mart.: acetum acidissimum, Plaut. – Subst., acida, ōrum, *n.*, **Saueres = sauere Speisen** (Ggstz. dulcia), Plin. – **b gellend, widerlich** fürs Gehör, canticum, Petr.: sonus acidior, Petr. – **II** übtr.: **a widerlich, lästig, unangenehm** für das innere Gefühl (Ggstz. dulcis), v. Lebl., alci invisus acidusque, Hor.: v. Pers., alci acidus ac molestus, Sen. – **b scharf, beißend, giftig,** homo acidae linguae, Sen. rhet.: als Beiname, Quint.

acieris, is, *f.*, ein **ehernes Beil,** das man beim Opferdienst gebrauchte, Paul. ex Festo 10, 1. Vgl. Gloss. Labb. ›acceres (so!), ἀξίνη ἱεροφάντου, ὡς Πλαῦτος‹.

aciēs, ēi, *f.* (vgl. ācer u. das griech. ἀκίς, Spitze; Genet. archaist. auch acii, Mat. bei Gell. 9, 14, 14, u. acie, Caes. b. G. 2, 23, 1. Auct. b. Afr. 51, 7. Sall. hist. fr. 1, 103 [107]; vgl. Prisc. 7, 93), die **Schärfe, Schneide, I** eig. = der **scharfe Rand,** die **scharfe Spitze,** securis, Cic.: falcis, Verg.: hastae, Ov.: rostri, Plin.: gladius, cui ad secandum subtilis acies est, Sen.: dah. mera acies (ferri), das scharfe Korn des Eisens, der Stahl, Plin. – aciem hebetare, praestringere, Plin.: aciem excitare od. trahere (v. Wetzstein), Plin.: im Bild, patimur hebescere aciem horum auctoritatis, Cic.: mortem in acie (Spitze) linguae portans, Amm. – **II** übtr.: **A** v. Auge: **a** das **Scharfe, Stechende des** äußeren Blickes, oculorum, Caes. b. G. 1, 39, 1. – **b** die **Schärfe** des Auges, **α** die **Sehkraft,** das **Gesicht,** mit u. ohne oculorum, Cic. u. a. (s. Bünem. Lact. 2, 3, 9): hebes acies oculorum, Cic.: oculorum longinqua acies, Weitsichtigkeit, Gell.: bonum incolumis acies, malum caecitas, Cic.: tam certā acie luminum uti, ut etc., Val. Max. – u. die Sehkraft in der Bewegung u. Tätigkeit, das **Augenmerk,** der **Blick,** ad alqm sibi dirigit aciem, Catull.: aciem in omnes partes dimittere, Ov. – poet., v. Blick = Blinken der Sterne, stellis acies obtusa videtur, Verg. – **β** die **Pupille,** Cic. de nat. deor. 2, 142. Firm. math. 8, 22. p. 228, 36. – meton. (poet.), das **Auge,** Verg. u. a. – **c** die **Schärfe, Sehkraft** des Geistes, animi, ingenii, mentis, heller Geist, heller Verstand, helle Einsicht usw., Cic.: ad eam rem habe omnem aciem, Verstandesschärfe, Plaut. – u. die Sehkraft des Geistes in Tätigkeit, das geistige **Augenmerk,** der **Blick,** aciem in omnes partes intendere, Cic. – **B** als milit. *t. t.*, die gleichs. die Schneide eines Instrumentes vorstellende Front eines zur Schlacht aufgestellten Heeres, die **Schlachtlinie,** die **Schlachtreihe,** sowohl **a** das einzelne Treffen, prima acies, das Vordertreffen, Caes.: novissima od. extrema, das Hintertreffen, Liv.: dass. postrema, Sall. u. Liv.: media, das Mitteltreffen, Zentrum, Caes.: dextra, der rechte Flügel, Liv.: tertia acies, quarta acies, Caes.: duae acies, Caes.: simplex, Auct. b. Alex., duplex, Caes.: triplicem aciem instruere, Caes. – als **b** die ganze durch die einzelnen Linien gebildete **Schlachtreihe, Schlachtordnung,** ac. exercitus nostri, Cic.: aciem instituere od. constituere, Caes., instruere, Cic.: legiones in acie constituere, collocare, Caes.: in acie consistere, Auct. b. Afr.: agmina potius, quam acies pugnabant, mehr in Marschkolonnen als in Schlachtlinien, Liv.: totā acie dimicare, Liv.: cum in acie stare (standhalten) ac pugnare decuerat, tum in castra refugerunt, Liv. – von Reiterei, acies equitum, Liv., equestris, Vell. – von Schiffen, quarum (navium) acie constitutā, Nep. – als **c** das in geordneter Schlachtreihe gegen den Feind tätige Heer, die **förmliche Schlacht,** die **Feldschlacht** (Ggstz. expeditio, ein Streifzug), una hostica acies, Varr. fr.: ac. Pharsalica, Cic. : Plur., Italicae et Pharsalicae acies, Sen. rhet.: equestris, Curt.: navalis, Mela: copias in aciem educere, Liv.: exercitum od. copias in aciem producere,

Caes. u. Nep.: equites in aciem mittere, Hirt. b. G.: in aciem ire, Curt.: in aciem prodire, Cic.: in aciem egredi, Liv., descendere, Liv.: acie confligere, pugnare, Liv.: decernere acie, Nep., navali acie, Mela: in acie dimicare, Caes.: acie dimicare, Liv.: in acie vincere (siegen), Caes.: alqm acie vincere (besiegen), Curt.: cadere in acie, Liv.: ex ipsa acie a fratre missus, vom Schlachtfeld weg, Liv.: acies magnam partem militum absumpsit od. abstulit, Liv. – poet., Vulcania acies, Feuermassen, großes Feuermeer, Verg. – Wieder übtr., v. Wortkampf, orationis aciem contra conferam, ich will ihn anreden, Plaut.: nos autem iam in aciem dimicationemque veniamus, Cic.

Acīliānus, a, um (Acilius), von einem Acilius herrührend, **acilianisch,** annales, die Geschichtswerke des C. Acilius Glabrio, Liv. 25, 39, 12.

Acīlius, a, um, Name einer röm. *gens,* mit den Familien der Aviolae, Balbi, Glabriones, unter denen bes. bekannt, Man. Acil. Glabrio, Prätor 198 v. Chr., Konsul 192, Besieger des Antiochus u. der Ätolier, Liv. lib. 36 *sq.* – C. Acil. Glabrio, Verf. einer römischen Geschichte in griech. Sprache, die Klaudius Quadrigarius ins Lateinische übersetzte, Cic. de off. 3, 115; vgl. Liv. 25, 39, 12: Dolmetscher der als Gesandte im Senate auftretenden griech. Philosophen Karneades, Diogenes u. Kritolaus, Gell. 7, 14, 9. – Acil. Glabrio, Konsul mit Trajan, auf Befehl des Kaisers Domitian 95 n. Chr. hingerichtet, weil er ihm als Neuerer verdächtig war, Suet. Dom. 10, 2. Iuven. 4, 94. – *Adj.* **acilisch,** lex Acilia, des Man. Acilius Glabrio de repetundis, wonach der Richter sofort auf die Anklage u. Verteidigung erkennen od. auch eine weitere Instruktion (*ampliatio*) verlangen konnte, Cic. Verr. 1, 26.

Acilla u. **Acylla** u. **Acholla** (in Hdschrn. u. früheren Ausgg. auch Achilla), ae, *f.* (bei Strabo Ἀχόλλα, bei Ptol. Ἄχυλα), Stadt der Karthager in Byzazium, j. Trümmer bei *Elalia;* Form -illa, Auct. b. Afr. 33, 3 u. 4: Form -ylla, Liv. 33, 48, 1. – Dav. **Acillitānus** u. **Achollitānus,** a, um, **acillitanisch, achollitanisch,** oppidum Achollitanum, Plin. 5, 30. – Plur. Acillitānī (Aquillītanī), ōrum, *m.,* die Einw. von Acilla, die **Acillitaner,** Ac. bei Auct. b. Afr. 33, 5: Aqu. im CIL 1, 200.

Acimincum, ī, *n.,* Stadt in Niederpannonien, wahrsch. beim j. **Slankamen** in Slavonien, Amm. 19, 11, 8.

acina, s. acinus.

acīnacēs, is, Akk. em u. ēn, *m.* (ἀκινάκης), der **kurze, krumme Säbel** der Perser, Meder u. Szythen, Hor., Curt. u. a.

acinārius, a, um (acinus), **zu den Weinbeeren gehörig,** dolia, Traubenkufen, Varr. r. r. 1, 22, 4.

acināticius u. **-nāticus,** acināticus a, um (acinus), **aus** (getrockneten) **Weinbeeren bereitet,** acinaticium vinum, Pallad. 1, 6. Cassiod. var. 12, 4: acinaticum vinum, Plin. Val. 3, 14.

Acincum, ī, *n.,* befestigte Stadt in Niederpannonien, wahrsch. j. **Alt-Ofen,** Amm. 30, 5, 13.

Acīnētos, ī, *m.* (ἀκίνητος, unbeweglich), einer von den Äonen der Valentinianer, Tert. adv. Val. 8.

Acinippo, Stadt in Hispania Baetica, j. Ruinen auf einem Berge bei *Ronda la Vieja,* Plin. 3, 14.

acinos, ī, Akk. on, *f.* (ἄκινος) ein wohlriechendes Kraut, viell. **wilde Basilie,** Plin. 21, 174.

acinōsus, a, um (acinus), **weinbeerartig,** semen asari, Plin. 12, 47: caulis, Plin. 21, 109.

acinus, ī, *m.* u. **acinum,** ī, *n.,* die kleinere **Beere,** bes. die **Traubenbeere** (hingegen baca = die einzeln stehende Beere), **a** übh., die Beere des Holunders, Efeus, Plin.: der Mispel, des Granatapfels, Plin. – **b** insbes., die **Weinbeere,** acinus uvae duracinae od. passae, Aug. bei Suet. u. Plin.: u. acini vinaceus, Cic.: nuclei acinorum, Plin.: acinis (uvarum) electis et comestis, Varr. fr. – ► Nbf. acina, ae, *f.,* Catull. 27, 4 bei Gell. 6, 20, 6 (die Catull. -codd. ›acino‹). Cass. Fel. 35. p. 75, 9.

acipēnser, s. acupēnser.

acipes, s. agipēs.

Ācis, idis, Akk. in, Vok. i, *m.* (Ἆκις), ein kleiner, vom Ätna kommender Küstenfluss auf Sizilien, mit klarem, gesundem, seiner Kälte wegen gerühmtem Wasser, j. *Fiume di Iaci,* Ov. fast. 4, 468 (wo Vok. Aci), Claud. rapt. Pros. 3, 332 (wo A kurz ist). – der Mythe nach ein schöner Hirte u. Liebhaber der Galatea, Ov. met. 13, 750 *sq.*

acīsco, s. acēsco.

acisculum, ī, *n.,* der **kleine, spitze Hammer** der Steinmetzen, Boëth. inst. mus. 5, 2. p. 354, 14 Fr.; vgl. Gloss. ›acisculum‹ ὄρυξ. – Dav. **acisculārius,** ī, *m.,* der **Steinmetz** (λατόμος), Gloss. II, 13, 47.

acītābulum, s. acētābulum.

aclys, ydis, *f.* (viell. verkürzt aus ἀγκυλίς), ein **kurzer Wurfspieß** mit einem Riemen (flagellum), mittelst dessen er geschleudert u. wieder zurückgezogen wurde, Verg. Aen. 7, 730. Val. Flacc. 6, 99. Sil. 3, 363 u. 8, 550. Sidon. carm. 5, 519. Treb. Poll. Claud. 14, 6. Vgl. Non. 554, 3. – ► Die Schreibung aclys (nicht aclis) ist überall die der besten Hdschrn.

Acmonia, ae, *f.* (Ἀκμονία), Stadt Großphrygiens, an der Straße von Doryläum nach Philadelphia, j. *Ahatkoi,* wovon **Acmonēnsis,** e, **akmonensisch,** A. civitas, A. legati, Cic. Flacc. 34: Plur. subst., Acmonēnsēs, ium, *m.,* die Einw. von Akmonia, die **Akmonenser,** Cic. Flacc. 34 u. 36. u. 38.

Acmonidēs, is, *m.* (Ἀκμονίδης), einer von Vulkans Schmiedegesellen, Ov. fast. 4, 288.

acnafus, a, um (ἄκναφος), **ungewalkt** = neu, vestimentum, Greg. Tur. glor. conf. 34.

acnua u. **agnua,** ae, *f.,* ein Feldmaß von 120 Fuß im Quadrat, Varr. r. r. 1, 10, 2. Col. 5, 1, 5 cod. Sang. CIL 2, 3361. Metrol. scriptt. p. 125, 9 u. 130, 4 H.

acoenonoētus, ī, *m.* (ἀκοινονόητος), **einer der nicht gern teilt,** als Beiname eines nur auf seinen Vorteil bedachten Pädagogen, Iuven. 7, 218.

acoetum, s. 2. acētum.

acolūthos u. **-us,** acolūthus on u. um (ἀκόλουθος), **I nachfolgend;** subst., acoluthus (acolythus, acolitus, acoletus), ī, *m.,* ein Unterdiener od. Gehilfe des Priesters bei gewissen Feiergebräuchen der röm. Kirche, bes. am Altar, der **Messgehilfe, Mesner** (nach Isid. 7, 12, 29 rein lat. ceroferarius), Augustin. ep. 191, 1. CIL 9, 1394 (Genet. acoliti) u. 9, 1385 (acoletus). – **II** aus etwas folgend, dah. **übereinstimmend,** metaphorae quaedam sunt communes, quae a Graecis acoluthoe appellantur, Diom. 457, 27.

aconē, od. **-a,** acona *f.* (ἀκόνη), der **Wetzstein,** Plin. 27, 10. Serv. Verg. georg. 2, 152.

aconīti, *Adv.* (ἀκονιτί), ohne Staub (der Kampfplätze), d. h. **ohne Mühe,** Plin. 35, 139.

aconītum, ī (griech. Akk. aconiton, Ov. met. 7, 407), *n.* (ἀκόνιτον), ein giftiges Kraut, **Sturmhut, Wolfswurz,** begriff mehrere Arten der Gattung *Aconitum* u. vorzüglich *A. Napellus,* Plin.: poet. für schnellwirkendes Gift übh., Verg. u. a.: Plur., **Gifttränke,** Ov.

acontiās, ae, *m.* (ἀκοντίας), **I** ein Meteor mit pfeilartigem Schweif, nach Plin. 2, 89. – **II** eine schnell zufahrende Schlangenart, Amm. 22, 15, 27.

acontizo, āre (ἀκοντίζω), wie der Wurfspieß **fortschießen, schießen,** v. Blut, Veget. mul. 1, 26, 4 u. a.

acopos, on od. um (ἄκοπος), Müdigkeit u. Schmerz vertreibend, nur subst.: I) acopos, ī, *f.,* **a** (*sc.* gemma) eine Steinart, viell. ein mit goldfarbigem Kies durchsetzter **Quarzkristall** oder **Spat,** Plin. 37, 143. – **b** (*sc.* herba) eine Arzneipflanze, sonst anagyros gen., Plin. 27, 30. – **II** acopum, ī, *n.* (*sc.* unguentum), eine **Linderungssalbe,** Cels. u. Plin.

acor, ōris, *m.* (v. aceo), die **Säure, I** die **Säure** für den Geschmack, der **saure Geschmack,** des Weins, der Milch, Col., des Sauerteigs, Plin.: der Speisen, Quint.: in acorem corrumpi (v. Wein), Macr.: in acorem transire (v. der Speise), Cael. Aur. – Plur. im Bild, iucundissimum genus vitae nonnullis interdum quasi acoribus condire, Plin. ep. 7, 3, 5. – **II** die **Säure** für den Geruch, der **saure Geruch,** ne quem redoleat (cella) foetorem acoremve, Col. 12, 18, 3.

acōra, s. achōra unter achor.

acorna, ae, *f.* (ἄκορνα), eine Art gelber **Distel,** Plin. 21, 95.

acoron od. **-um,** ī, *n.* (ἄκορον) u. **acoros,** ī, *f.* (ἄκορος), eine perennierende Wasserpflanze mit würziger, genießbarer Wurzel, unser **Kalmus** (*Acorus Calamus*, L.), Cels. u. a.

acosmos (ἄκοσμος), **ohne Ordnung, verwirrt,** Lucr. 4, 1152 (1160).

ac-quiēsco (ad-quiēsco), quiēvī, quiētum, ere, bei od. nach etw. **zur Ruhe kommen, Ruhe finden, I** körperl. **ausruhen, a** v. leb. Wesen, Cic. u. a.: tres horas, Cic.: in lecto, Curt.: in manipulo feni, Sen.: lassitudine (vor M.), Nep. – dah. **α** mit u. ohne somno = **schlafen,** Curt. u. a. – **β** euphemist., wie unser **Ruhe finden, zur Ruhe kommen, -eingehen** = **sterben,** morte, Tac. ann. 14, 64: absol., anno acquievit sexagesimo, Nep. Hann. 13, 1: innixus genibus acquievit, Val. Max. 9, 12. ext. 1: u. auf Grabsteinen = **ruhen,** hic acquiescit N. N., CIL 11, 1436 u. 13, 5384: bene acquiescas, frater Aucte Tulli, Borm. Uned. Inschr. *no.* 17, 1. – **b** v. Lebl., **zur Ruhe kommen, Ruhe finden** od. **haben, ruhen,** aliquid laxamenti, quo hominum oculi ab humano cruore acquiescant, Sen.: aures in eo (extremo) acquiescant, Cic.: civitas acquiescens, Cic.: rem familiarem saltem acquiescere, nicht angegriffen werde, Liv.: dolor admotis consolationibus acquiescit, Plin. ep. – **II** geistig, **a** übh.: mentis agitatio, quae numquam acquiescit, Cic. de off. 1, 19. – **b** im Gemüt **Ruhe gewinnen, sich beruhigen, sich beruhigt fühlen, Trost** u. **Ruhe finden,** numquam sinit (improbitas) eum respirare, numquam acquiescere, Cic.: in his (litteris tuis) acquiesco, Cic.: litteris lectis aliquantum acquievi, Cic. ep.: in quo uno (*sc.* in te) acquiesco, Cic.: parvā spe cum acquievisset, Liv. – **c** mit seinen Wünschen usw. zur Ruhe kommen = **mit Befriedigung, mit Wohlbehagen bei** etw. **verweilen,** sich durch etwas **befriedigt** od. **erfreut fühlen,** in adulescentium caritate, Cic.: m. bl. *Abl.*, Clodii morte, Cic.: m. *Dat.*, Sen. u. a. – **d** mit jmd. **einverstanden sein,** jmdm. **beipflichten, Glauben beimessen, recht geben,** m. *Dat.*, Suet. u. ICt. – non acqu. m. *Infinit.* od. m. *Acc.* u. *Infinit.* = **nicht damit einverstanden sein, sich nicht dazu verstehen,** Eccl. – ► Synk. Perf.-Form adquierunt, Cic. Mil. 102.

ac-quīro (ad-quīro), sīvī, sītum, ere (ad u. quaero), **I** (als Zuwachs zum Vorhandenen) **dazu erwerben, -gewinnen,** de possessione detrahere, acquirere ad fidem, **den Kredit** vermehren, Cic.: gratias non modo retinendas, sed acquirendas, Cic.: sibi nihil neque ad honorem neque ad gloriam acquirendum putare, Cic.: omnem sibi reliquae vitae dignitatem ex etc., Cic.: acqu. vires eundo, Verg.: praedā partā frui velle quam acquirendā fatigari, als durch weiteren Erwerb sich abmühen, Curt. – absol., prägn., quod (dass ich) patrimonium servavi, quod (dass ich) acquisivi, noch etwas dazu erworben habe, Sen. rhet. – **II** übh. (durch Anstrengung u. Mühe) **erwerben, gewinnen, verschaffen,** pauca, Hor.: opes, Ov.: pecuniam, Tac.: Macedoniae regnum, Iustin.: vires bello, Ov.: triumphos de populis, Tac.: sibi famam, Phaedr.: hostes inimicis suis, Iustin. – prägn., **etwas erwerben** = **Geld** od. **Reichtum erwerben,** acquirendi facultas, Quint. 12, 7, 10: acquirendi votum, Iuven. 14, 125: acquirendi cupido, Apul. apol. 20. ► Synk. Perf.-Formen, acquisisti, Cic. ep. 6, 11, 2: adquisierat, Iustin. 16, 2, 2; 39, 2, 2; adquisierant, Auct. b. Afr. 47, 4. Oros. 3, 23, 26: adquisisse, Flor. 3, 12, 4.

acquīsītio, ōnis, *f.* (acquiro), **I** (nach acquiro *no.* **I** der **Zuwachs** an Wasser = der **Zufluss,** Frontin. aqu. 10 u. ö. – **II** (nach acquiro *no.* II) die **Erwerbung, 1** eig., Tert. de exh. cast. 12. – bes. die **Eigentumserwerbung** als **Erwerbungsart,** oft b. ICt. (auch im Plur.). – **2** meton., der **Erwerb, Gewinn,** Iulian. epit. nov. *c.* 22. § 82.

acquīsītīvus, a, um (acquiro) = περιποιητικός, **zum Verschaffen dienlich, verschaffend,** Boëth. Arist. top. 5, 1. p. 680. Prisc. 18, 24 u. 38.

acquīsītor, ōris, *m.*, der **Erwerber,** Augustin. serm. 302, 7 *extr.*

Acra, ae, Akk. an, *f.* (ἄκρα), die **Spitze,** das **Vorgebirge,** Acra Iapygia, sonst promontorium Salentinum, j. *Capo di St. Maria di Leuca,* Plin. 3, 100.

Acradina, s. Achradina.

Acraeus, a, um, (ἀκραῖος), **auf Höhen verehrt,** Beiname Jupiters u. der Juno, die auf Höhen (Bergen, Burgen) ihre Verehrungsstätten hatten (s. Vitr. 1, 7, 1), Liv. 32, 33, 10 u. 38, 2, 5.

Acragās, Acragantīnus, s. Agrigentum.

acratophoros, ī, *m.* u. **-on,** acratophoron ī, *n.* (ἀκρατοφόρος), ein Gefäß für unvermischten Wein, Varr. r. r. 1, 8, 5. Cic. de fin. 3, 15. Serv. Verg. ecl. 7, 33 (wo Nomin. acratoforon).

ācrēdo, dinis, *f.* (acer), **die Schärfe, der scharfe Geschmack,** Pallad. 2, 15, 19. Th. Prisc. 1, 16. Plin. Val. 1, 25. Cass. Fel. 48. p. 124, 6 u. ö.

acrēdula, ae, *f.* (gebildet wie ficedula von ficus, querquedula von quercus), Name eines unbestimmbaren Tieres, als Übersetzung von des Aratus ὀλολυγών, nach einig. **das Käuzchen,** nach a. **die Grille,** Cic. poët. de div. 1, 14 (wo die erste Silbe lang) u.b. Auct. carm. de Philom. 15 = Suet. fr. p. 309, 2 Reiff. (wo diese Silbe kurz ist). Vgl. Isidor. 12, 6, 59 u. 7, 37.

ācriculus, a, um (*Demin.* v. acer), **etwas scharf, -reizbar,** ille acriculus, jenes etwas reizbare Männchen, jener kleine Hitzkopf, Cic. Tusc. 3, 38.

acridium, ī, *n.* = diagrydion (s. d.), Isid. 17, 9, 64 (wo viell. diacridium zu lesen).

acrifolius (acrufolius, agrifolius), a, um (acus, eris, u. folium) u. **aquifolius,** a, um (acus, ūs, u. folium), **nadelblätterig,** d. h. Blätter mit verschiedenen nadelartigen Ausläufen habend, **a** Form acrif. (acrufol., agrif.): **α** *subst.*, acrifolium od. agrifolium, ī, *n.* die **Stechpalme, Stecheiche,** Form acrif., Tarquit. Prisc. bei Macr. sat. 2, 16 (20), 3 u. Not. Tir. 105, 18: Form agrif., Plin. Val. 2, 25; 3, 15; 3, 49. – u. dav. wieder **β** *adj.*, acrifolius (acrufolius), a, um, **von Stechpalmenholz,** vectes, Cato r. r. 31, 1. – **b** Form aquif.: **α** *adj.*, aquifolia ilex, aquifolia arbor, **der Stechbaum, die Stecheiche, Stechpalme,** Plin. 16, 32; 24, 116. – **β** *subst.*, aquifolia, ae, *f.* u. aquifolium, ī, *n.*, die **Stecheiche, Stechpalme,** Plin. 16, 73; 16, 98; 16, 231. – Dav. wieder *adj.*, aquifolius, a, um, **von Stechbaumholz,** vectes, Plin. 16, 230 (aus Cato r. r. 31, 1).

ācrimōnia, ae, *f.* (acer), **I die Schärfe, a** im Geschmack, **der scharfe Geschmack,** das **Pikante** (nicht gerade unangenehm, wie in acerbitas), von Senf, Zwiebeln, Salpeter usw., Col. u. Plin.: brassicae, Cato : Plur., acrimoniae ceparum, Min. Fel. 28, 9. Arnob. 7, 16 *extr.* – **b** die **Schärfe,** das **Pikante** des Geruchs, Plin. 27, 133: Plur., foetentes acrimoniae allii, Col. 9, 14, 3. – **c** die **Säure** im Magen, Plin. 23, 142. – **d** die **scharfe, beißende Ausdünstung,** Cael. Aur. acut. 1, 10, 74. – **II** übtr.: **a** die **Schärfe** der Sinne, cernendi, Augustin. de gen. ad litt. 12, 17. – **b** die **Schärfe, Bitterkeit, Strenge, Rauheit** des Charakters, mei animi acris acr., Naev. com. 38 (vgl. Acc. tr. 468): acr. morum, Capit. Alb. 11, 5. – v. Abstr., nimium acrimoniae habere, Rhet. Her. 4, 49. – **c** die **Energie, Tatkraft,** in der Miene, convenit in vultu pudorem et acrimoniam esse, Rhet. Her. 3, 26: im Handeln, patris vis et acr., Cic. I. Verr. 52. – v. Abstr., vis et acr. causae, Kraft u. Wirksamkeit, Cic. de inv. 2, 143: gravitatis et acrimoniae plurimum habere, Rhet. Her. 4, 19. – **d** die Schärfe der Diskussion, die **bewegtere Rede** (Ggstz. sermo, ruhigere Darstellung), Rhet. Her. 4, 52.

Acrisius, ī, *m.* (Ἀκρίσιος), König von Argos, Sohn des Abas, Vater der Danaë, Hor. carm. 3, 16, 1 *sqq.* Ov. met. 4, 608 *sqq.* Hyg. fab. 63. – Dav. **1 Acrisiōnē,** ēs, *f.* (Ἀκρισιώνη), **Tochter des Akrisius** = Danaë, Verg. catal. 11, 33. – **2 Acrisiōnēus,** a, um (Ἀκρισιώνειος), **akrisionëisch, der Akrisionen,** arces, Argos, Ov.: amores, der Danaë, Col.: muri, Ardea, von Danaë erbaut, Sil.: so auch Acrisioneis Danaë colonis fundasse urbem dicitur, Verg. – **3 Acrisiōniadēs,** ae, *m.* (Ἀκρισιωνιάδης), der **Akrisioniade** = Perseus, Ov. met. 5, 69.

1. Acritās, ae, *m.* (Ἀκρίτας), ein Vorgebirge Messeniens, j. *Capo di Gallo,* Mel. 2, 3, 8 u. 2, 7, 10 (2. § 49 u. 50 u. 110). Plin. 4, 15.

2. ācritās, ātis, *f.* (acer), **die Schärfe,** übtr. = **das Eindringliche,** veritatis, Acc. tr. 467; vgl. Gell. 13, 3, 2.

ācriter, *Adv.* m. *Compar.* u. *Superl.* (acer), **scharf, I** von der tätigen Einwirkung auf die äußeren Sinne u. von der Tätigkeit der äußeren Sinne selbst: **a** von der Tät. des Gesichtssinnes, acr. intueri solem, scharf, mit unverwandtem Blick in die S. sehen, Cic. – u. v. der Einw. auf den Gesichtssinn, acr. viridis, stechend, lebhaft grün, Plin. – **b** v. der Einw. auf das Gefühl, **heftig, schmerzhaft,** caedunt acerrime virgis, Cic. – **c** v. der Einw. auf das Gehör, **durchdringend, laut,** pronuntiare, Plin. ep. – **II** v. der Tätigkeit der inneren Sinne, v. Affekten usw.: **a** v. der geistigen Sehkraft u. Verstandestätigkeit, **scharf, scharfsinnig, mit Umsicht, genau,** videre vitia, Cic.: intellegere, contemplari, Cic.: alqd excogitare, Quint.: acrius cavere, Hor.: acerrime asservare alqm, jmd. aufs schärfste beobachten, Cic. – **b** v. der Tätigkeit des Willens u. Handelns, **feurig, energisch, durchgreifend, hitzig, hartnäckig, eifrig, mutig,** pugnam inire, Liv.: acriter et diu repugnare, Cic.: acrius invadere dextrum cornu, Liv.: acerrime agere, Cic., se morti offerre, Cic.: monere, Cic.: acerrume anginā mori, reißend dahinsterben, Plaut.: acerrime suasit, ut etc., Liv. epit. – **c** v. der Tätigkeit der Gemütsbewegungen, **scharf, stark, heftig, leidenschaftlich, streng, hart, empfindlich** (Ggstz. clementer), amatur atque egetur acriter, Plaut.: alqm acrius amare, Ov.: acrius cupere, Curt.: acerrime exspectare, sehnsüchtig, mit Schmerzen, Cic.: alqm acerrime metuere, Lact.: iniurias acr. ulcisci, Tac.: alqm acr. virgis caedere, Cic.: victoriam acerrime in alqm exercere, Sall. – v. Affekt der Rede, **heftig, hart, hitzig,** alqm inclamare, Plaut.: increpare, Curt.: alqd vituperare, Cic.: elatrare, nachdrücklich, Hor.: acerrime advorsus alqm dicere, Cato fr. – **d** übh. **scharf = stark, sehr,** acerrime occupatus, Nep.

ācritūdo, dinis, *f.* (acer), die **Schärfe, I** eines Saftes usw., Vitr. 2, 9, 12 u. a. – **II** des Willens, des Handelns, die **Energie,** Acc. tr. 466: populi Rom., Gell. 10, 27, 1. – im üblen Sinne, morum, Rauheit, Apul. met. 9, 17.

ācrivōx, vōcis (acer u. vox), **von scharfer Stimme, kreischend,** *Arnob. 3, 14.

acro (acrōn), ōnis, *m.* (ἄκρων), die **äußersten Gliedmaßen,** namentlich der Rüssel, die Ohren u. Füße des Schweines, als wohlschmeckendes Gericht, **Schweinsknöchel** (rein lat. crura porcina, trunculi suis), Veget. mul. 2, 28, 17 u. a. – Dass. acrocōlia, *n. pl.* (ἀκροκώλια), Veget. mul. 3, 47, 1. Cael. Aur. acut. 1, 11, 94. – ► acro colefius, nach Dierbach **junger Blattrieb,** nach Schuch viell. **Schwarte, Speckschicht** vom Schwein, Apic. 4, 179; 5, 208.

acroāma, atis, *n.* (ἀκρόαμα; bei Spät. acrōma, Not. Bern. p. 4, a *ed. Schm.*), das **Gehörte,** der **Ohrenschmaus,** der **Vortrag** zur Unterhaltung, z. B. musikalischer (bei den Griechen), Cic. Arch. 20. – bei den Römern nur meton. = die (bes. bei Tische) unterhaltende Person, ein **Tonkünstler** od. **-meister (Virtuos), Vorleser, launiger Erzähler, Possenreißer,** Cic. Verr. 4, 49 u. a. Nep. Att. 14, 1: Plur., Suet. Aug. 74; Vesp. 19, 1. Plin. ep. 6, 31, 13. Macr. sat. 2, 4, 28. Lampr. Alex. Sev. 34, 2. – ► Abl. Plur. acroamatis, CIL 6, 1064: acruamatis, CIL 10, 1074.

acroāsis, is, Akk. in, Abl. i, *f.* (ἀκρόασις, eig. das Anhören, dah. meton.) das Angehörte, die **Vorlesung,** der **Vortrag,** Varr. sat. Men. 517. Cic. ad Att. 15, 17, 2: acroasin facere, Vitr. 10, 16 (22), 3: Plur., plurimas acroasis fecit, Suet. gr. 2.

acroāticus, a, um (ἀκροατικός), **für den Zuhörer bestimmt, esoterisch,** libri Aristotelis (Ggstz. libri exoterici, ἐξωτερικοί), Gell. 20, 5, 6 *sq.*

acrobustia, ae, *f.* (ἀκροβυστία), die **Vorhaut,** Mosis assumpt. 8 *ed. Hilgenfeld.*

Acroceraunia, ōrum, *n.* (Ἀκροκεραύνια, τά), **I** als Teil der Ceraunii montes od. Ceraunia, s. ceraunius. – **II** appellat. für jeden »gefährlichen Ort«, haec Acroceraunia vita, Ov. rem. 739.

acrocōlēfium, ī, *n.* (*ἀκροκωλήφιον), der oberste Teil eines Schweinefußes, Veget. mul. 6, 1, 2 *ed. Schneid.*

acrocōlia, s. acro.

Acrocorinthus, ī, *f.* (Ἀκροκόρινθος), die **Burg-, Hochstadt von Korinth,** Liv. 33, 31, 11 u. a. Mel. 2, 3, 7. (2. § 48). Plin. 4, 11.

acrolithus, a, um (ἀκρόλιθος), am äußersten Ende von Stein, statua, Statue, deren bekleidetem od. vergoldetem Körper von Holz Teile (Kopf, Hände u. Füße) von Marmor angesetzt waren, Treb. Poll. trig. tyr. 32, 5; vgl. Vitr. 2, 8, 11.

acrōma, s. acroāma,.

1. **acrōn,** s. acro.

2. **Acrōn,** ontis u. ōnis *m.* (Ἄκρων, ωνος), **I** König der Cāninenser, Prop. 4, 10, 7 (wo Akk. Acronta). – **II** ein Grieche, den Mezentius erschlug, Verg. Aen. 10, 719 (wo Nom. Acron). – III) Helenius Acron, ein Grammatiker (um die Mitte des 4. Jahrh. n. Chr.), Erklärer des Terenz u. Horaz, Charis. 119, 12 (wo Nom. Acron) u. 210, 11 u. 15 (wo Nom. Acron u. Akk. Acronem).

Acronoma (Acrunoma) **saxa,** *n.*, eine unbekannte Gegend in Unteritalien, Cic. ad Att. 13, 40, 2 zw.

Acronus (Acronius) **lacus,** *m.*, ein Teil des Bodensees (lacus Brigantinus), nach Forbiger wahrsch. der **Untersee** (dagegen lacus Venetus der **Obersee** von Bregenz bis Konstanz), Mel. 3, 2, 8. (3. § 24).

acronychos (us), um (ἀκρόνυχος), **zu Anfang der Nacht,** Ps. Cens. 3, 7. Chalc. Tim. 71.

acronyctae stellae (ἀκρονύκτιος), Sterne, die bei Sonnenuntergang aufgehen, Firm. math. 2, 8, 1.

acropodium, ī, *n.* (ἀκροπόδιον), die **Fußspitze,** Minervae (einer Statue der M.), Hyg. fab. 88.

ācror, ōris, *m.* = *acritudo,* Fulg. contin. Virg. p. 85, 3 Helm. Isid. quaest. in exod. 17, 3.

acrostichis, idis, *f.* (ἀκροστιχίς), das **Akrostichon,** d. i. ein Gedicht, in dem die Anfangsbuchstaben jedes Verses ein Wort bilden, Honor. cosmogr. 1. p. 24, 2 R. (Cic. de div. 2, 111 griech.).

acrōtērium, ī, *n.* (ἀκρωτήριον), **I** die **hervorlaufende Landspitze** eines Hafens usw. (rein lat. promunturium procurrens), Vitr. 5, 12, 1. – **II** *Plur.* acroteria, oben an den Ecken (dah. angularia) und in der Mitte (auf der Spitze) eines Giebels (dah. mediana) hervorragende Postamente, um Statuen, Vasen usw. daraufzusetzen, die **Giebel-Bilderstühle,** Vitr. 3, 5, 12.

acruama, s. acroāma.

acrufolius, s. acrifolius.

Acrunoma, s. Acronoma.

ac sī, s. at-que.

acsula, s. axula.

1. **acta,** ae, *f.* (ἀκτή), das steil emporragende **Gestade** am Meere, die **Meeresküste,** die wegen ihrer romantischen Lage und weiten Aussicht einen reizenden Aufenthalt gewährt, in sola acta, Verg.: in acta cum mulierculis iacēre, Cic.: in acta cum suis accubuisse, Nep. – dah. actae meton. oft = heiterer Aufenthalt u. Leben fröhlicher Erholung, nicht selten auch = ausschweifende Lebensweise am Meeresstrand, in actis esse nostris, Cic.: istorum et actae et voluptates, Cic.: tum istius actae commemorabantur, tum flagitiosa illa convivia, Cic.

2. **ācta,** ōrum, *n.*, s. ago.

actaea, ae, *f.* ein starkriechendes Kraut, **Christophskraut** (*Actaea spicata,* L.), Plin. 27, 43.

Actaeōn, onis, griech. Akk. ona, *m.* (Ἀκταίων), Sohn des Aristäus von der Autonoë, Enkel des Kadmus; von Diana, die er im Bad erblickte, in einen Hirsch verwandelt und von seinen eigenen Hunden zerrissen, Varr. sat. Men. 513. Ov. met. 3, 138 *sqq.* Hyg. fab. 180. Serv. Verg. georg. 1, 14.

1. **actaeus,** a, um (ἀκταῖος), **an der Meeresküste-,** am **Meeresstrand gelegen,** statio, Avien. Arat. 1394 *ed. Breysig.*

2. **Actaeus,** a, um, s. 1. Actē.

1. **Actē,** ēs, *f.* (Ἀκτή), **I** eig. »Küstenland«, alter Name von **Attika,** Plin. 4, 23; vgl. Gell. 14, 6, 4. Mythogr. Lat. 3, 4, 5. – Dav. **a Actaeus,** a, um (Ἀκταῖος), **aktäisch = attisch, athenisch,** Aracynthus, Verg.: arx, arces, Ov.: imbres, Honigregen, Stat. – Subst., Actaeī, ōrum, *m.*, die **Aktäer** = Attiker, Nep. Thras. 2, 1. – **b Actias,** adis, *f.* (Ἀκτιάς), **aktisch = attisch,** Verg. georg. 4, 463. – **II** eine Freigelassene Neros, Suet. Ner. 28, 1 u. 50. Tac. ann. 13, 12. CIL 6, 8693 u. 15366.

2. **actē,** ēs, *f.* (ἀκτῆ) = *ebulus,* **Attich, Niederholunder** (*Sambucus ebulus,* L.), Plin. 26, 120. Ps. Apul. herb. 91.

Actiacus, a, um, s. Actium.

Actias, adis, *f.*, s. 1. Actē u. Actium.

actinophoros, on, *Nom. Plur.* oe (ἀκτινοφόρος), **strahlentragend,** cochloe, Plin. 32, 147.

actinōsus, a, um = ἀκτινοειδής, **strahlenartig, strahlend,** Ambros. de Iob et Dav. 2, 4, 16.

āctio, ōnis, *f.* (ago), eig. das **In-Bewegung-Setzen;** dah. **I** die **Bewegung,** in singulis tetrantum actionibus, jedesmal bei der Ziehung eines Kreisviertels, Vitr. 3, 5, 6. – **II** die mit dem mündlichen Vortrag verknüpfte Haltung u. Bewegung des Körpers u. seiner Teile, verbunden mit gehöriger Modulation der Stimme: **a** des Redners, der **äußere** (rednerische) **Vortrag,** die **Geste** (vgl. Cic. or. 65), Cic. u. Quint. – **b** des Schauspielers usw., der **theatralische Vortrag,** die Aktion (vgl. Cic. or. 86), Cic. – dah. (wie *actus,* s. d.) meton. = die theatralische **Vorstellung, Darstellung,** reliqui autem artifices suas per orchestram praestant actiones, Vitr. 5, 8 (7), 2. – **III** jede Äußerung einer körperlichen od. geistigen Tätigkeit: **A** im Allg., das **Tun, Verrichten, Handeln,** die **Handlung, Tätigkeit,** aperta rerum illarum, Cic.: gratiarum, Abstattung des Dankes, Danksagung, Cic.: honesta, Cic.: ad quod est adhibenda actio (äußere Tätigkeit) quaedam, non solum mentis agitatio (Geistestätigkeit), Cic.: primas eius actiones horreo, es graut mir vor den ersten Schritten, die er tun wird, Cic. – m. subj. *Genet.,* corporis, Cic.: vitae, tätiges, praktisches Leben, Cic. – **b** insbes., das öffentliche Handeln, **1** übh. jede staatsbürgerliche **Handlung, Amtshandlung** = **Verhandlung, Antrag,** od. **Vorschlag** (an das Volk, an den Senat), **öffentliche Rede,** consularis, Cic.: actio de pace sublata est, Cic.: seditiosae actiones (*tribunorum*), Liv.: dah. actiones Ciceronis, Gracchorum, die ganze Amtstätigkeit (die meist in Anträgen u. Reden bestand), Sall.: actiones publicae, meine Wirksamkeit als Staatsmann, Cic. – **2** eine Handlung vor Gericht: **a** das **Verhandeln, Führen** eines Prozesses, die **Gerichtsverhandlung,** inquieta urbs actionibus, Tac. hist. 1, 20: dah. die **Verteidigung** vor Gericht, causae, Cic. Deiot. 7. – **b** das **Verfolgen** des Rechts vor Gericht, die **Zivilklage,** der **Prozess,** civilis, Cic.: actionem instituere od. constituere od. intendere, eine Klage einleiten, anstellen gegen jmd., jmd. gerichtlich belangen, Cic.: actionem constituere adversus alqm, Val. Max. – dah. **α** die **Klage** = **Klagformel** (da jede anzubringende Klage, um Unklarheit zu vermeiden, in eine bestimmte Formel gekleidet sein musste), Cic. de nat. deor. 3, 74: actiones componere, Cic. ad Att. 6, 1, 8: alci actionem dictare, Suet. rhet. 2. – u. übh. eine **gerichtliche Formel** (Anweisung über das, was bei Rechtshandlungen gesetzlich zu beobachten ist), actiones Hostilianae, über Erbschaften, Cic. de or. 1, 245 (vgl. *ibid.* 1, 246 Manilianas venalium vendendorum *leges* ediscere). – **β** die **Klagrede, Klagschrift,** actiones Verrinae, Cic.: in prima parte actionis, Quint. – **γ** die **Erlaubnis zur Klage,** das **Klagrecht,** actionem habere, postulare, dare, accipere, restituere, Cic., Quint., Suet. u. a.: exceptā Macedonum gente non est in ulla data adversus ingratum actio, Sen.: multis actiones et res peribant, vielen ging Klagrecht u. Anspruch (Sache, auf die man Anspruch hat) verloren, Liv. – **δ** die gerichtliche Vernehmung der Klagsache, der **Termin,** altera, Cic.: tertia, Cic.

āctiōnārius, ī, *m.* (actio), **Agent, Intendant,** Eccl.

āctiōsus, a, um (actio), **vielbewegt, tätig,** Cassiod. var. 11. praef. p. 160, a (*ed. Garet*).

Actionīcēs, ae, *m.,* s. Actium.

āctito, āvī, ātum, āre (*Frequ.* v. ago), **gewöhnlich betreiben,** causas multas, viele Prozesse führen, Cic.: tragoedias, oft in Tr. als Schauspieler auftreten, Cic.: so auch mimos, Tac.: quae ubique singulis triumphis digna sunt actitata, Capitol.

Actium, ī, *n.* (Ἄκτιον), **I** Vorgebirge in Akarnanien, früher bloß mit einem dem Apollo von den Argonauten errichteten Tempel, bei dem jährlich zu Ehren dieses Gottes ein Fest mit Spielen gefeiert wurde, später mit einer von Augustus zur Erinnerung seines Seesieges über Antonius u. Kleopatra (31 v. Chr.) erbauten Stadt gleichen Namens, aus gleicher Veranlassung erneutem Tempel u. erneuten Spielen (vgl. Plin. 4, 5 u. Heyne zu Verg. Aen. 3, 280). Cic. ep. 16, 6; ad Att. 5, 9, 1. Mel. 2. § 54. – **II** Hafen u. Reede bei Korzyra, Cic. ad Att. 7, 2, 3. – Dav. abgeleitet: **1** **Actiacus,** a, um (Ἀκτιακός), **aktisch,** Apollo, Ov.: frondes, dem Apollo heilige Lorbeerzweige, Ov.: bellum, Vell.: legiones, die bei Aktium fochten, Tac.: triumphus, nach dem Seesieg bei A., Suet.: victoria, Liv. epit.: ludi, Suet. – **2** **Actias,** adis, *f.* (Ἀκτιάς), **aktisch,** Cleopatra, Stat. silv. 3, 2, 120. – **3** **Actius,** a, um (Ἄκτιος), **aktisch,** Apollo od. Phoebus, Verg. u. Prop.: litora, Verg.: bella, Schlacht bei Aktium, Verg.: agon, Suet. fr. – **4** **Actionīcēs,** ae, *m.* (Ἀκτιονίκης), der **Sieger in den aktischen Spielen,** CIL 6, 10120.

āctiuncula, ae, *f.* (*Demin.* v. actio), **kurze Rede vor Gericht,** Plin. ep. 9, 15, 2.

Actius, a, um, s. Actium.

āctīvē, *Adv.* (activus), **als ein Aktivum, aktiv** (Ggstz. passive), verbum act. dicere, ponere, spät. Gramm.

āctīvitās, ātis, *f.* (activus), die **aktive Bedeutung** (Ggstz. passivitas), Prob. 36, 25 u. 40, 1 u. a. spät. Gramm.

āctīvus, a, um (ago), **I** im Handeln od. im Tun bestehend, **tätig,** philosophia, d. i. die praktische (Ggstz. contemplativa), Sen.: pars (Ggstz. spectativa), Quint.: elementum (Ggstz. patibile), Lact. – **II** **eine Tätigkeit bezeichnend, aktiv** (Ggstz. passivus), verbum, coniunctio, significatio od. vis, spät. Gramm.

1. **āctor,** ōris, *m.* (ago), **I** der **In-Bewegung-Setzer, Treiber,** pecoris, der Hirte, Ov. her. 1, 95: habenae, Schleuderer, Stat. Ach. 1, 419. – **II** der theatralisch Darstellende, der **Darsteller, Spieler, Vertreter** einer Rolle, suorum carminum, Liv.: secundarum et tertiarum partium, Cic.: alienae personae, Cic. – dah. absol., der **Schauspieler, Akteur** übh., Cic. – **III** der eine Verrichtung übernimmt: **1** im Allg., der **Verrichter, Vollzieher, Besorger, Vermittler** u. dgl., rerum, Cic.: actor auctorque, Besorger u. Berater, Nep.: dux, auctor, actor illarum rerum, Cic. – **2** insbes., **a** der etw. öffentl. verhandelt, -beantragt usw., der **öffentliche Redner,** Cic. de legg. 3, 40 u. ö. – **b** als gerichtl. *t. t.,* der einen Prozess betreibt, jmd. vor Gericht belangt, der **Kläger,** Cic. partit. or. 110: und da gew. die Prozesse von Rechtsgelehrten geleitet wurden, der **Sachwalter** vor Gericht, Ter. heaut. prol. 12 u. 13. Cic. div. in Caecil. 1: causarum, Cic. Brut. 307. – **c** in spät. Zeit jeder **Verwalter** des Vermögens, der Güter eines Privatmannes, einer Gemeinde, der **Geschäftsführer, Rechnungsführer, Hausverwalter, Schatzmeister,** Plin. ep., ICt. u. a.: actor summarum, Kassenrendant, Suet.: actor publicus, der die Staatsgüter verwaltete, die Einkünfte berechnete usw., Staatsbeamter, Plin. ep. u. Tac.: actor praedii, Cod. Iust. u. Inscr.: actor equitii, Gestütsverwalter, Col.

2. **Actōr,** oris, *m.* (Ἄκτωρ), **I** Vater des Menötius, Großvater des Patroklus. – Dav. **Actoridēs,** ae, Akk. ēn, *m.* (Ἀκτορίδης), der **Aktoride** (= Nachkomme Aktors), wie Menötius, Aktors Sohn, Ov. fast. 2, 39 u. (als Argonaute) Val. Flacc. 1, 407: Patroklus, Aktors Enkel, Ov. trist. 1, 9, 29. – **II** König von Elis. – Dav. **Actoridae,** ārum, *m.,* die **Aktoriden** = Aktors Zwillingssöhne Eurytis u. Kleatus, Ov. met. 8, 308.

āctōrius, a, um, (ago) **zur Tätigkeit bestimmt,** Tert. de anim. 14.

āctrīx, īcis, *f.* (Femin. zu actor, s. Charis. 44, 6), **I** die **Darstellerin** auf der Bühne, tragoediae et comoediae scelerum et libidinum actrices, Tert. de spect. 17 (*al.* auctrices). – **II** die **Klägerin,** Cod. Iust. 7, 16, 41. – **III** die **Wirtschaftsverwalterin,** CIL 11, 1730.

āctuālis, e (actus), **tätig, wirksam, praktisch,** virtus, Macr.: philosophia, Isid.: nomen, ein Tätigkeit ausdrückendes, Isid.

āctuāliter, *Adv.* (actualis), **der Tätigkeit nach** (Ggstz. naturaliter), Mythogr. Lat. 3, 6, 13.

āctuāria, s. 1. āctuārius .

āctuāriola, ae, *f.* (*Demin.* v. actuaria, s. 1. āctuārius), ein **kleines Ruderschiff,** eine **Barke,** Cic. ad Att. 10, 11, 4: tribus actuariolis decemscalmis, Cic. ad Att. 16, 3, 6.

1. **āctuārius,** a, um (ago), **I** **leicht in Bewegung zu setzen, schnell,** canes, Vel. Long. de orthogr. (VII) 74, 11. – gew. actuaria navis, eine Art leichter, mit Segel- u. Ruderwerk versehener Schiffe, ein Schnellsegler, eine Brigantine, Sisenn. fr., Caes. u. a. (so auch subst., actuaria, ae, *f.,* Cic. ad Att. 5, 9, 1): dass. navigium actuarium, Caes. u. Sall. fr. – **II** **zum Treiben** eines Viehgespannes **eingerichtet,** limes, ein Weg zwischen zwei Äckern, zwölf Fuß breit, Gromat. vet.: dah. palus, Wegpfahl, Wegstange, *ibid.*

2. āctuārius, ī, *m.* (ago), I der **Geschwindschreiber,** Sen. u. Suet.; vgl. Lipsius Tac. ann. 5, 4. – II der **Rechnungsführer, Buchhalter,** Petr. 53, 1. – Insbes.: a beim Heer = eine Art **Proviantmeister,** der den von den Magazinvorstehern gegen Quittung erhobenen Proviant an die einzelnen Heeresabteilungen zu verteilen hatte, Treb. Poll., Eutr. u. a.; vgl. Stewechius Veget. mil. 2, 19. Tzschucke Eutr. 9, 9. – b actuarius sarcinalium principis iumentorum, ein kaiserl. Beamter, der das Herbeiholen der Pferde zum Fortschaffen des kaiserl. Gepäcks zu besorgen hatte, Amm. 15, 5, 3.

āctuōsē, *Adv.* (actuosus), **mit vollster,** d. i. **mit leidenschaftlicher Aktion, effektvoll,** non act., Cic. de or. 3, 102.

āctuōsus, a, um, *Adj.* m. *Compar.* (actus), I **voll Bewegung und Leben,** a übh.: est enim actuosus et pertinax ignis, Sen. de ira 2, 19, 2: ita noster animus in motu est, eo mobilior et actuosior, quo vehementior fuerit, Sen. ep. 39, 3. – b v. der Rede, **wirkungsvoll,** tum sunt maxime luminosae et quasi actuosae partes duae (*orationis*), Cic. or. 125. – c v. Schauspieler, **lebhaft darstellend,** Paul. ex Fest. 17, 14. – II voll tätiger Bewegung, **vielbewegt, tätig,** virtus, Cic.: vita (eines Staatsmannes), Sen.

āctus, ūs, *m.* (ago), I das Getriebenwerden, Sich-Bewegen; dah. die verursachte **Bewegung,** (mellis) cunctantior actus, langsamer ist die Bewegung, Lucr.: fertur magno mons improbus actu, mit gewaltigem Sturz, Verg.: pilaque contorsit violento spiritus actu, unter heftigem Schnaufen, Lucan.: vox, ut spiritus fluens, aëris est actu sensibilis auditu (dem Gehör vernehmlich), Vitr.: übtr., qui in dies quanto potentior, eodem actu invisior erat, mit dem nämlichen Schub, in demselben Zug, Tac. hist. 1, 12. – II das In-Bewegung-Setzen, A das **Treiben** des Viehs, quia non veniant pecudes, sed agantur, ab actu nomen Agonalem habere diem, Ov.: quocumque vult levi admonitu (durch leichten Zuruf), non actu (durch irgendeinen körperlichen Zwang [den Treibstachel]) inflectit illam feram (den Elefanten), Cic. – Meton.: a (jurist. *t. t.*) das Recht, irgendwo Zugvieh od. Wagen durchzuführen, u. der Ort od. Weg, wo man überführt, selbst, die **Übertrift,** Cic. Caecin. 74 u. ICt. – b ein **Feldmaß** als Ackermaß (weil, wie Plin. 18, 9 sagt, in eo boves aguntur cum aratro uno impetu iusto), der **Morgen,** actus minimus, 120 Fuß lang u. 4 F. breit, Col.: actus quadratus, 120 Quadratf., Varr.: actus duplicatus, 240 F. lang u. 120 F. breit, Isid. – B das Bewegen des Körpers od. seiner Teile, quanto venit spectabilis actu, Schritt, Ov. hal. 72. – Insbes., die Bewegung des Darstellenden, a des Redners, der **äußere Vortrag** (s. āctio *no.* II, a), Quint. 6, 2, 30 u. s. – b des Schauspielers, das **Gebärdenspiel,** sine carminum imitandorum actu, ohne Darstellung der Stücke durch G., Liv.: actus histrionum veris affectibus (minor), die Gebärden, Quint. – dah. meton., α die **Darstellung, Vorstellung** eines Stückes od. einer Rolle, fabellarum, Liv. 7, 2, 11: scaenarum, Quint. 5, 10, 9: tragicus, Suet. Ner. 24, 1. – β der Hauptteil der Handlung eines Stücks, der **Akt, Aufzug,** primo actu placeo, Ter.: extremum actum neglegere (v. Dichter), *Cic.:* in extremo actu corruere (v. Schauspieler), Cic.: neque enim histrioni ut placeat peragenda est fabula, modo in quocumque fuerit actu probetur, Cic. – übtr., der **Akt, Abschnitt,** villaticarum pastionum primus actus, Varr.: extremus actus aetatis, Cic. – C die Bewegung des Handelnden, die **Tätigkeit,** das **Betreiben,** die **Verrichtung** einer Sache, usque ad extremae vitae finem in actu esse, Sen.: in actu mori, Sen.: in ceteris actibus vitae, Quint.: actus Annibalis speculari, Hannibals Tun u. Treiben im Auge behalten, Iustin. – Insbes.: a die öffentliche Verrichtung als **Amt,** der **Posten,** Trai. in Plin. ep. 10, 28 (37). – u. bes. actus rerum od. forensis od. bl. actus, die **gerichtlichen Geschäfte,** der **Geschäftsgang** (Halten öffentl. Reden, Führen von Prozessen, Handhabung der Gerichtsbarkeit, Abhalten von Gerichtstagen), Quint. u. a. – dah. b) = die **Verwaltung der Güter und Rechnungen** eines Privatmannes oder des Staates, ICt. – c meton., die verrichtete **Handlung, Tat,** das **Werk,** tui actus, Plin. pan.: Herculei actus, Claud.: boni actus, Lact. – u. die **Tat = Wirklichkeit,** haec ipso cognoscere in actu, Ov. ex Pont. 3, 5, 15: u. actu, Ggstz. cogitatu, Augustin. conf. 9, 4. – d jmds. **Richtschnur bei seinem Tun,** Traian. in Plin. ep. 10, 97 (98), 1. – ► Dat. actui, Aur. Vict. epit. 16, 5: Abl. Plur. actibus, Quint. 11, 1, 47. – vulg. Abl. Sing. acto, Commod. instr. 2, 39, 20.: Akk. Plur. actos, CIL 5, 5737, 11.

āctūtum, *Adv.* (*actūtus, gebildet v. actus, nach Art von astūtus, statūtus), **alsbald = sogleich,** Komik., Liv. 29, 14, 5. Verg., Ov., Quint. u. Spät.

acua, Nbf. von aqua (s. d.), Lucr. 6, 552.

acuālis, e (acus), **mit dem Akut versehen,** Auct. inc. bei Macr. de diff. p. 266 *ed. Ian.*

acuārius, ī, *m.* = aquarius *no.* II, A, 2, s. d.

acucula (acicula), ae, *f.* (*Demin.* v. acus), eine **kleine Nadel** zum Kopfputz, Cod. Theod. 3, 16, 1: u. an der Fichte, pinus viridis aciculae, Marc. Emp. 21; vgl. Plin. Val. 2, 13.

1. acula, ae, *f.* (*Demin.* v. acus), eine **kleine Nadel,** Cledon. Gramm. (V) 41, 13.

2. acula (aquola), ae, *f.* (*Demin.* v. aqua), a ein **wenig Wasser,** ein **Wässerchen,** Cic. de or. 1, 28: im Bild, *ibid.* 2, 162. – Form aquola, Plaut. cist. 2, 3, 38 W.; Curc. 160 Fl.

aculeātus, a, um (aculeus), I **stachelig, mit Stacheln versehen,** von Tieren und Pflanzen, Plin.: dah. ac. ictus, Stich vom Stachel eines Tieres, Plin. – II übtr.: 1 **spitz, stechend, beißend,** Plaut. Bacch. 63: litterae, Cic. ad Att. 14, 8, 1. – 2 **spitzfindig,** sophisma, Cic. Acad. 2, 75.

aculeus, ī, *m.* (*Demin.* v. acus), der **Stachel,** I eig.: a von Metall, der **Stift,** tabulam aculeis configere, Col. – od. die **Spitze** eines Wurfgeschosses, sagittae aut glandis, Liv. – b der Tiere, apis, Cic.: hystricis, Plin.: aculei calcis, Sporen der Hühner, Col. – c der Pflanzen, spinarum, carduorum, Plin. – II übtr., bes. im Plur.: 1 das **Stechende, Verletzende, Herzverwundende,** bes. a von scharfem Verfahren und beißender, verletzender Rede, aculeos severitatis emittere (gleichs. herausstrecken), Cic. – aculei orationis, contumeliarum, Cic.: fuerunt nonnulli aculei in C. Caesarem, Sticheleien gegen usw., Cic. ep. – b v. Kummer u. Sorge, sollicitudinum aculei, Cic. – 2 das Aufregende, Antreibende (wie *stimulus*), der **Sporn, Stachel,** haec ad militum animos stimulandos aliquem aculeum habent, Liv.: auditorum intentio nullis extrinsecus aut blandimentis capta aut aculeis excitata, Plin. ep. – 3 der **tiefe Eindruck,** den der Redner od. die Rede beim Zuhörer zurückläßt, relinquere vero aculeum in audientium animis is demum potest, qui non pungit, sed infigit, Plin. ep.: orator cum delectatione aculeos relinquit in animis eorum, a quibus est auditus, Cic.: tamen horum (philosophorum) oratio neque nervos neque aculeos oratorios aut forenses habet, Cic.

aculos, s. acylos.

acūmen, minis, *n.* (acuo), die **Spitze,** I eig., nasi (Sterbender), Lucr.: rostri, Plin.: scorpii, der Stachel, Cic. poët.: obscurum coni, Lucr.: verba sub acumen stili veniant, vor die Spitze des Griffels (wir: »vor die Feder«) kommen, Cic.: lignum (Schaft der Lanze) sine acumine venit, Ov.: acumina (gladiorum) densis ictibus hebescebant, Amm.: auspicium ex acuminibus, Vorbedeutung (für den Sieg) aus leuchtenden Spitzen (der Speere, wenn an ihnen elektrische Flämmchen sich zeigten), Cic. (vgl. acumina auspicata, Arnob.). – II übtr.: A übh. die **Spitze,** der **Stachel,** acuminibus dolorum tortari, Arnob. 3, 10. – B insbes.: a das **Pikante** des Geschmackes, acumina saporis, Plin. 14, 124. – b die **Schärfung** des Tones (Ggstz. gravitas), Boëth. inst. mus. 4, 5. – c die **Pointe,** die **Spitze** des Witzes, verbi aut sententiae quoddam acumen, Cic. de or. 2, 244: etiam interpretatio nominis habet acumen, *ibid.* 2, 257. – d der **Scharfsinn, scharfe Verstand,** ingenii, Cic.: absol., ubi est acumen tuum? Cic.: ac. dialecticorum, Cic.: acumen eius et sollertia ad aedificia paranda, Vitr.: poet. im Plur., Hor. ep. 2, 1, 161: dah. auch **verständiger Sinn,** acuminis strenui magister, Col. 1, 9, 3. – e die **Spitzfindigkeit, scharfe spitzfindige Rede, Pfiffe** u. **Kniffe,** argutiae et acumen eius, Cic. or. 110: acumina meretricis, Hor. ep. 1, 17, 55: argutiae sunt, ut apparet, atque acumina haec omnia, Arnob. 5, 33: se compungere suis acuminibus, Cic. de or. 2, 158.

acūmino, āvī, ātum, āre (acumen), **zuspitzen,** Lact. de opif. dei 7, 7: öfter *Partic.* acuminatus, z. B. cornu lunae, telum, Plin.: lingua, Lact.: im Bild, ac. lingua cote livoris, Sidon.

acuo, acuī, acūtum, ere (v. Stamm Ac, wie acus, ūs, acies), **schärfen, wetzen, zuspitzen, spitzen** (Ggstz. obtundere, retundere), **I** eig.: serram, Cic.: dentes, Hor.: dentes in proelia, Tibull.: gladios, Liv.: enses, Ov.: ferrum, Verg.: tela (Hauer) sua attritu (v. Eber), Sen.: sagittas cote, Hor.: palos, Col. – **II** übtr., **a** (gramm. *t. t.*) **schärfen,** syllabam, schärfer od. heller aussprechen, **betonen, durch Betonung hervorheben** (Ggstz. gravem ponere), Quint. 1, 5, 22 u. 30. – **b** gleichs. **wetzen, schärfen, üben,** linguam exercitatione dicendi, geläufiger machen, Cic.: u. so bl. linguam, Hor.: ingenia adulescentium (Ggstz. obtundere), Cic.: mentem, prudentiam intellegendi, Cic.: illos aetas acuet, witzigen, Ter.: se ad exagitandam hanc eius legationem, sich darauf spitzen, Cic. – **c** gleichs. **zuschleifen** = vervollkommnen, neque enim ignoro et quae bona sint fieri meliora posse doctrinā et quae optima non aliquo modo acui tamen et corrigi posse, Cic. de or. 1, 115. – **d** einen Zustand usw. gleichs. **schärfen, noch mehr anfachen, entflammen, steigern, erhöhen,** **α** v. leb. Subjj.: industriam, Rhet. Her.: studia (Rednerstudien) M. Ciceronis, Val. Max.: hac moderatione tam iusta studia (Sympathien), Liv.: alci metum, Verg.: u. iras in haec, Verg.: iram hosti ad vindicandas sociorum iniurias, Liv.: quibuscumque irritamentis poterat iras militum, Liv. – **β** v. lebl. Subjj.: auctoritas maiorum erigit omnium cupiditates et acuit industriam, Rhet. Her.: curam acuebat, quod adversus Latinos bellandum erat, es schärfte (der Umstand) die Vorsorge, dass usw., Liv.: huius propinquitas populi acuit curam (Vorsorge) patribus, Liv. – **e** leb. Wesen usw. gemütlich, leidenschaftlich **anspornen, anregen, aufregen, aufmuntern, anfeuern, antreiben, anreizen,** **α** v. leb. Subjj.: Martem (= Tapferkeit), Verg.: lupos auditis balatibus, Verg.: illum, Cic., alqm his verbis, Verg.: simul ceteros ad aemulandas virtutes, Liv.: ad tutandos semet ipsos et rem publicam secum animos, Liv.: iuventutem ad dicendum, Cic. – **β** von lebl. Subjj.: illos aemulatio inter se et omnes causae acuunt, Liv.: non praecipue acuit ad cupiditatem litterarum amor laudis? Cic.: nec alia provincia militem magis ad virtutem acuebat, Liv.: nec ira magis publica quam privatum compendium in hostem acuebat, Liv.

acupedium, ī, *n.*, die **Schnellfüßigkeit** = ὀξυποδία, Gloss. II, 384, 56.

acupedius, a, um (acu- »schnell«, vgl. griech. ὠκύς u. ōcior und -pedius, vgl. griech. πεζός), **schnellfüßig,** Paul. ex Fest. 9, 13.

acupēnser, eris, *m.*, ein bei den Alten hochgeschätzter Fisch, wahrsch. der **Stör** od. **Sterlet** (*Acipenser Rathenus,* L.), Cic. u. a. – ▶ Nbf. acipenser, Hor. sat. 2, 2, 47. Ov. hal. 42. Plin. 32, 145 D.: acipensis, Mart. 13, 91, 1: aquipenser, Paul. ex Fest. 22, 13 (17, 3 Th.).

acūpictus, a, um (acus u. pingo), **gestickt,** vestis, Isid. 19, 22, 22.

acūpictūra, ae, *f.* (acus u. pictura), die **Stickerei,** Caes. Arelat. reg. ad virg. 42 (Migne 67, 1116).

1. acus, eris, *n.* (v. Stamm AC, s. 3. acus), die Hülsen des Getreides u. der Hülsenfrüchte, die **Spreu,** Cato r. r. 54, 2. Varr. r. r. 1, 52, 2. – Nbf. acus, ūs, *f.*, Col. 2, 10, 14.

2. acus, ī, *m.* (v. Stamm AC, s. 3. acus) = βελόνη, ein Seefisch, der **Hornhecht, Pfeilfisch** (*Esox Belone,* L.), Plin. 9, 166 (vgl. 32, 145). Mart. 10, 37, 6. Suet. fr. p. 259, 40 Reiff.

3. acus, ūs, *f.* (v. Stamm AC, wovon auch 1. u. 2. acus, sowie acuo, acies u. a.), die **Spitze,** der **Stift, I** als **Nadel** (vgl. Paul. ex Fest. 9, 6), **a** übh.: pars acuum, quae acuta est, Cels.: grana ciceris spatio distanti missa in acum continuo et sine frustratione inserere, Quint.: filum conicere in acum, einfädeln, Cels.: acu duo lina traicere, Cels.: vulnus, quod acu punctum videtur, Cic.: acu pingere, sticken, Verg.: dasselbe acu facere, Plin. – Sprichw., tetigisti acu, du hast den rechten Fleck, den Nagel auf den Kopf getroffen, Plaut. rud. 1306: si acum quaereres, acum invenisses, vom sorgfältigen Suchen, Plaut. Men. 238 *sq.* – **b** zum Zusammenhalten der Haarfrisur (Haarwulst), die **Haarnadel, Nestnadel,** comatoria, Petr.: crinalis, Apul.: discriminalis, Hieron.: crinibus distinguendis, Tert.: inustas comas acu comere, Quint.: capillus etsi non cotidie acu ornandus, tamen cotidie pectine expediendus, Fronto. – **II** als **Stift** od. **Dorn** einer Schnalle, Treb. Poll. Claud. 14, 5. – **III** als **Stecker** des Pflanzers, Pallad. 1, 43, 2. – ▶ acus als *masc.* bei Plin. 26, 5 (doch cod. Paris. 6705 evulsa acu); vgl. Prisc. 5, 33 u. 6, 75. Prob. 20, 27. – Dat. Sing. acu, Plin. 28, 179: Genet. Plur. acuum, Cels. 7, 16. p. 293, 37 D.: Abl. Plur. acubus, Cels. 7, 16. p. 294, 5 u. 8 D.

acūtālis, e (acutus), **spitz zulaufend,** Gromat. vet. p. 132 *ed. Goes.* (aber s. *ed. Lachm.* p. 214, 7).

acūtātus, a, um (acūto, Gloss., v. acuo), **geschärft,** sagitta, Veget. mul. 1, 22, 4.

acūtē, *Adv.* m. *Compar.* u. *Superl.* (acutus), **scharf, I** mit den Sinnen (Ggstz. obtuse), cernere, Lucr. 4, 807: dexteris oculis acutius cernere quam sinistris, Solin. 12, 13 M.: acutissime videre, Solin. 32, 28: acutissime audire, Solin. 19, 11. – vom Ton usw., **hoch** (Ggstz. graviter, tief), sonare, Cic. de rep. 6, 18. – **II** mit dem Verstand, **scharfsinnig, sinnreich, geistreich, treffend,** dicere aut scribere, Suet.: acute arguteque ad haec respondere, Cic.: acutius tractare alqd, Cic.: acutius od. acutissime cogitare, Cic.: cum alii hoc faciant obtuse, alii acute, Augustin. doctr. Chr. 4, 5. § 7.

acūtēla, ae, *f.* (acutus), die **Schärfung,** Prisc. 4, 4.

acūtiangulum, ī, *n.* (acutus u. angulus), der **spitze Winkel** (als Übersetzung von ὀξυγώνιον), Gromat. vet. p. 378, 18 u. p. 390, 10.

acūtulē, *Adv.* (acutulus), **ziemlich scharfsinnig,** quasi ac. moveri (denken), Augustin. conf. 3, 7, 12.

acūtulus, a, um (*Demin.* v. acutus), **ziemlich scharfsinnig, spitzfindig,** conclusiones, Cic. de nat. deor. 3, 18: doctores, Gell. 17, 5, 3: anus, Apul. met. 6, 27.

1. acūtus, a, um, *PAdj.* m. *Compar.* u. *Superl.* (acuo), **geschärft, gespitzt,** dah. **scharf** und **schneidend** (Ggstz. hebes, retusus, obtusus u. dgl.), **I** eig., culter, Plaut.: sudes, Caes.: cuspis, Verg.: acutior sagitta, Ov.: acutissima falx, Col.: dah. **spitz zulaufend, spitz, gezackt, eckig,** nasus, oculi, Plaut.: aures, Hor.: cornua lunae, Cic. fr.: folium, Plin.: cacumen (collis), Liv.: elementa (Atome), Lucr.: figura, Plin.: anguli, Plin. – cypressus, pinus, mit spitzen Blättern, Ov. – *neutr.* subst., hirsuta barba in acutum desinens, Spitzbart, Amm. 25, 4, 22. – **II** übtr.: **A scharf** auf die äußeren Sinne u. den ganzen Körper wirkend, **1** auf die einzelnen Sinne: **a** auf den Geruch, odor, unguentum, Plin. – **b** auf den Geschmack, sapor, cibus, Plin. – **c** auf das Gesicht, **hell, blendend,** viridi colore est non ita acuto, sed nubilo magis et presso, Solin. 27, 36: acutior claritas, Arnob. 2, 58 *extr.* – *Acc. neutr.* adv., cernens acutum, Amm. 21, 16, 19 (vgl. *no.* 2 aus Hor. sat. 1, 3, 26). – **d** auf das Gehör, **scharf, durchdringend, hell,** dah. (bes. als musik. u. rhet. *t. t.*) **hoch, Diskant-** (Ggstz. gravis, tief, Bass-), sonus, vox, Cic.: hinnitus, Verg. – *Acc. neutr.* adv., resonare triste et acutum, schrill, piepig, Hor. sat. 1, 8, 41. – als gramm. *t. t.*, **geschärft, scharfbetont** (Ggstz. gravis), syllaba, Quint.: accentus, die scharfe Betonung, der Akut, Gramm. – **e** auf das Gefühl, **scharf, schneidend, stechend** (wie ὀξύς), gelu, sol, Hor. – **2** auf den ganzen Körper wirkend, als mediz. *t. t.* = **akut** (Ggstz. longus, vetustus, chronisch), morbus, Cels. u. Hor.: febris, Cels. – poet., acuta belli, die misslichen Zufälle, Hor. carm. 4, 4, 76. – **B** v. geistiger **Schärfe, a** von den inneren Sinnen, nares, scharfe (feine) Nase = scharfe Beobachtungsgabe, Hor.: aures, scharfes (feines) Gehör, feine Beurteilungskraft, Calp.: sensi populi Romani oculos esse acres atque acutos, Cic. – *Acc. neutr.* adv., cernis acutum, du siehst scharf (bei den Fehlern anderer), Hor. sat. 1, 3, 26. – **b** v. Pers. u. persönl. Zuständen, **scharfsinnig, gescheit, einsichtsvoll, geistreich, treffend, tief** u. **durchdringend, scharf bestimmt** (Ggstz. retusus, hebes, insipiens), **α** übh.: ingenia, Cic.: homo acutus magis quam eruditus, Cic.: acutus rebus, scharf in Gedanken, ein scharfer Denker, Quint.: acutus ad fraudem, pfiffig, Nep. – animus acutus atque versutus, Scharfblick u. Gewandtheit des Geistes, Cic. – motus animorum ad excogitandum acuti, Cic.: interrogatio, Quint.: studia, Scharfsinn erfordernde, Cic. – m. *Genet.*, sapiendi dicendique acutissimi, Tert. de anim. 20. – **β** als rhet. *t. t.*, **scharf bestimmt, schlicht und treffend,** orator, Cic.: Hyperides, Quint.: sententiae, Cic.

2. acūtus, Abl. ū, *m.* (acuo), das **Schärfen,** acus ab acutu, Prisc. 6, 78.

Acylla, s. Acilla.

acylos, ī, *f.* (ἄκυλος), die **essbare Eichel,** Frucht der πρῖνος (ilex), ilicis glans, *quam Homerus acylon appellat,* Plin. 16, 19 *ed. Sill.*

acyrologia, ae, *f.* (ἀκυρολογία), das **uneigentliche Reden,** der **uneigentliche Ausdruck** (rein lat. improprium od. impropria dictio), Gramm.

Ācys, s. Ācis.

1. ad = at, s. d.

2. ad (altlat. ar, s. d., urspr. wohl at [vgl. at-avus], gotisch *at*), *Praep.* m. *Acc.*, bezeichnet zunächst die im Werden begriffene Annäherung, d. h. Richtung in der Bewegung u. Ausdehnung zu oder nach einem Ziel, dann aber auch die vollendete Annäherung, d. h. Richtung in der Ruhe = Nähe bei einem Punkt, deutsch **zu, nach, an** (Ggstz. in m. Akk.; vgl. Sen. ep. 73, 16: deus *ad* homines venit: immo, quod est propius, *in* homines), **I** im Raum: **A** eig.: **1** zur Bezeichnung der Richtung in der Bewegung und Ausdehnung: **a** in der Bewegung, **zu, nach, an, nach** od. **an … hin, nach** od. **auf … zu, auf … los,** accedere ad aedes has, Plaut., ad flammam, Ter., ad Aquinum, Cic.: proficisci ad eum fundum, ad Capuam, Cic.: proficisci ad Syphacem, auf den S. losmarschieren, Liv.: venire ad Cn. Pompei castra, Cic.: venire ad alqm, zu jmd., Cic., auf jmd. los, Caes.: concurrere ad curiam, Cic.: reverti ad alqm, Caes.: transcurrere ad forum, Ter. – ire visere ad alqm, zu jmd., Ter.: ire ad hostem, auf den F. los, Liv. – spectare, despicere ad alqm, Plaut.: u. spectare ad orientem solem, liegen nach usw. (v. Örtl.), Caes.: u. ebenso vergere ad septentriones, Caes., ad Atticam, Plin. – ducere cohortem ad eam partem munitionis, quae etc., Caes.: ducere legiones ad hostem, auf den F. los, gegen den F., Liv. – mittere legatos ad alqm, Caes.: mittere librum ad alqm, an jmd. schicken, ihm widmen, Cic.: dah. ellipt. libri ad Rhodios (*sc.* missi), an die Rh., Nep., und auf Büchertiteln, M. Tulli Ciceronis ad M. Brutum orator u. dgl. – tendere manus ad caelum, Caes.: convertere simulacrum Iovis ad orientem, Cic.: vertier (verti) ad lapidem, Lucr. – beim Genet. v. Götternamen mit Auslassung von *aedem,* z. B. ad Dianae (*sc.* aedem) venire, Ter. – in der Umgangsspr., bei Pers., bes. beim *pron. pers.*, zur Bezeichnung der Wohnung, ad me, ad te, ad se, ad vos, **zu mir usw.** = in mein Haus (*chez moi*), Komik., Cic. u. a. – **b** in der Ausdehnung, **bis zu, bis nach, bis an, bis auf,** ab angulo castrorum ad flumen, Caes. – a Salonis ad Oricum, Caes. – m. *usque,* dona usque ad Numantiam misit ex Asia, Cic.: ab imis unguibus usque ad verticem summum, Cic.

2 zur Bezeichnung der Annäherung, Richtung in der Ruhe = **a bei, an, vor,** sedere ad latus eius, Cic.: iacēre ad pedes alcis, Cic.: u. iacēre od. esse ad meridiem, gegen M. (v. Örtl.), Varr. LL. u. Liv.: habere hortos ad Tiberim, Cic.: villa, quae est ad Baulos, Cic. : u. istos libros legit ad Misenum, bei M. = auf dem Landgut bei M., Cic.: pugna ad Trebiam, Liv.: ad Nolam proelium, Cic.: victoria ad Cannas, Liv. – adesse ad portam, Cic.: esse ad dextram, Cic., ad laevam, Plaut.: esse ad manum (s. 1. manus), Cic.: manere ad regem, Liv., ad exercitum, Caes.: segnius bellum ad hostes apparatur, Liv.: tantum esse nomen eius exercitus etiam ad ultimas Germanorum nationes, Caes.: ut esset ad posteros miraculi eius monumentum, Liv.: iactantia gloriaque ad posteros, Tac. – bes., esse ad urbem, v. röm. Magistratspers., die mit Gefolge u. Militärbefehl reisen u. an einem Ort ihr Standquartier aufschlagen, Cic.: u. esse od. remanere ad urbem, esse ad portas, v. Feldherrn, der mit dem Oberbefehl vor Rom weilt, aber als solcher in die Stadt zu kommen nicht berechtigt ist, Cic. – esse ad alqm, bei jmd. (im Haus als Besuchender) sein, Cic.: ebenso cenare ad alqm, Gell. – u. oft ad alqm = **bei, vor** jmd., zur Bezeichnung der Pers., unter deren Leitung, Teilnahme usw. etwas vorgeht (s. Brix Plaut. capt. prol. 49), excusationem quaerere ad Brutum, Cic.: ad iudicem agere, Cic.: ad tibicinem hostias immolare, unter Begleitung eines Flötenspielers, Cic. – ebenso ad alqd, **bei, zu** etw., zur Bezeichnung des Ggstnds., unter dessen Einfluss etwas vorgeht (s. Fritzsche Hor. sat. 2, 8, 32), ad vinum, beim W., ad lumina, beim L., Cic.: ad tibiam, zur Flöte, unter Flötenbegleitung, Cic.: ad lychnuchum ligneolum, Cic.: ad lunam, Verg. u. Hor.: ad lunae lumina, Ov. – **b an = auf, in** (s. Brix Plaut. mil. 930. Halm Cic. Rosc. Am. 44), ad forum, Ter.: ad villam, Cic.: ad portum, Plaut.: ad aedem Felicitatis, Cic.: ad orientem, im O., Liv. epit.: ad omnia deorum templa, Cic.: u. so ellipt., ad Castoris (*sc.* aedem), Cic. – u. zur Bezeichnung v. Örtl., ad capita bubula, zu den O., Suet.: ad gallinas, Plin.

B übtr.: **1** von der Richtung in der Bewegung, Ausdehnung: **a** von der Richtung in der Bewegung: **α** übh., nach den Verben, die ein Bewegen, Antreiben usw. zu etw. anzeigen, wie movere, commovere, mutare, ducere, inducere, impellere, hortari, adhortari, admonere, invitare u. a. (s. d.). – **β** zur Angabe des Strebens und der Neigung, bei den Substst. cupiditas, aviditas, alacritas u. a. (s. d.). – bei den Adjj. avidus, propensus, intentus, acer u. a. (s. d.). – bei Verben, wie provincia summā contentione ad officia certans, Planc. bei Cic. – **γ** zur Angabe der Bestimmung, des Endzwecks, der Absicht, **zu, für,** bei Substst. (bes. ad mit folg. *Gerund.* od. *Gerundiv.*), jedoch fast immer durch ein Verbum gestützt (s. Spengel Ter. Andr. 138), mentis ad omnia caecitas, Cic.: ad auxilium copia, Ter.: ad narrandum benignitas, Plaut.: adiutorem esse ad iniuriam, Cic.: ne irato facultas ad dicendum data esse videatur, Cic.: occasionem ad rem gerendam fore, Cic.: argumentum ad scribendum alci deest, Cic. – bei Adjj., wie natus, factus, doctus, aptus, idoneus, utilis u. a. (s. d.). – nach Verben, wie adiuvare, conferre, facere, conficere, esse (dienen), pertinere u. a. (s. d.). – ebenso nach den Verben deposcere, decernere, deligere u. a. (s. d.). – oft ad id, dazu, deshalb, zu dem Zweck, ad id fabrefacta navigia, Liv.: duae cohortes ad id ipsum (eigens dazu) instructae intus, Liv.: qui ad id missi erant, Liv. (vgl. Fabri zu Liv. 24, 48, 7). – u. quid ad rem? was macht das? Cic.: quid ad me? was geht mich das an? Cic. – dah. **αα** bei Mitteln, bes. Heilmitteln, **zu, für, gegen,** quae sint animadversa a medicis … radicum genera ad morsus bestiarum, ad oculorum morbos etc., Cic.: remedium ad tertianam, Petr. – u. auch hier nach Verben, wie esse (sein = dienen), valere, posse, proficere u. a. (s. d.). – **ββ** zur Angabe des Geschäfts, zu dem jmd. od. etw. bestimmt od. verwendet wird, **zu,** alere canes ad venandum, Jagdhunde, Ter.: servos ad remum dare, Liv.: argentum ad vescendum factum, silbernes Tafelgeschirr, Liv. – **δ** zur Angabe der Beziehung einer Sache auf eine andere, **αα in Bezug, in Hinsicht (im Hinblick)** od. **Rücksicht auf** etw., **hinsichtlich, in Betreff** einer Sache, **gegen** etw. (s. Schömann Cic. de nat. deor. 2, 155. Schneider Caes. b. G. 5, 1. § 2 u. 3. Fabri Liv. 21, 57, 6. Fritzsche Hor. sat. 2, 2, 108. Heraus Tac. hist. 2, 97, 7), bei Substst., maxima praemia vel ad gratiam vel ad opes vel ad dignitatem, Cic. – nomina ad aliquid (ὀνόματα πρός τι), relative, Quint. – bei Adjj. (s. Wagner Ter. heaut. 370. Meißner Cic. Tusc. 2, 15. Holstein Cic. de fin. 2, 63. Müller Liv. 1, 4, 8. Fabri Liv. 21, 25, 6. Benecke Iustin. 25, 4, 3), insignes ad laudem viri, Cic.: impiger ad labores belli, Cic.: tutus ad ictus, Liv.: modestus ad omnia alia, Ter.: vir ad cetera egregius, Liv.: ad verborum linguaeque certamina rudes, Liv. – bei Verben, non comparandus hic ad illum est, Ter. – elliptisch, non ad Q. Maximi sapientiam, neque ad illius superioris Africani in re gerunda celeritatem, Cic. – **ββ im Verhältnis zu, im Vergleich mit** od. **zu, gegen, entsprechend** (s. Brix Plaut. trin. 873. Halm u. Richter Cic. Verr. 5, 25. Madvig Cic. de fin. 3, 52. Meißner Cic. Tusc. 1, 40. Benecke Cic. Cat. 1, 12. Müller Liv. 1, 8, 4. Fabri Liv. 22, 22, 15), terram ad universi caeli complexum quasi puncti instar obtinere, Cic.: scuta ad amplitudinem corporum parum lata, Liv.: quid ad primum consulatum secundus? Liv.: ellipt. (s. Sorof Cic. de or. 2, 25), at nihil ad nostram hanc, Ter.: quem cognovimus virum bonum et non illitteratum, sed nihil ad Persium, Cic. – u. bei Gegenüberstellung zweier Verhältnisse, quomodo od. sicut od. ut … sic od. ita ad, **wie … so zu,** quomodo est filius ad patrem, sic est filia ad matrem, Varr. LL. 10. § 41: est ad unum victoriatum denarius, sicut ad alterum victoriatum alter denarius, *ibid.*: ut unum ad duo, sic decem ad viginti, *ibid.* § 45: ut unum ad decem, ita decem ad centum, Quint. 5, 11, 34. – **b** von der Ausdehnung und Steigerung, **bis zu, bis auf,** **α** übh.: pulli usque ad cinerem ambusti, Plin.: usque ad mortem multare alqm, Ter.: virgis ad necem caedi, Cic. – ad extremum, ad ultimum, »bis aufs äußerste, äußerst = im höchsten Grade«, homo non ad extremum perditus, Liv.: consilium non ad ultimum demens, Liv. – u. ad ultimum, »aufs äußerste = wenn es zum Äußersten kommt«, Curt. – ad summam, »aufs ganze = im ganzen, überhaupt«, Cic. u. a. – **β** bei Maßbestimmungen: decoquere ad tertiam partem, Varr.: scrobem ad medium complere, Liv.: ad plenum, Hor. – **γ** bei Zahl- u. Geldbestimmungen: **αα** zur Angabe des Eintreffens auf eine gewisse Zahl usw., **bis zu, bis auf,** eadem ad decem homines servabitur portio, Curt.: ad assem perdere, Hor.: ad nummum convenit, Cic.: ad unum (unam) omnes, alle bis auf einen, d. i. bis auf den letzten, Cic.: u. so bl. ad unum, Cic.: ad impuberes, bis auf die Nichtmannbaren, mit Einschluß der N., Caes. – **ββ** zur Angabe der Annäherung an eine bestimmte Zahl **bis zu, an die, nahe an,** nummum Philippeum ad tria milia, Plaut.: quasi talenta ad quindecim, Ter.: (fuimus) omnino ad ducentos, Cic.: cum annos ad L natus esset, Cic. – dah. auch *adv.* (s. Fabri zu Liv. 22, 41, 2), occisis ad hominum milibus quattuor, Caes.: ad mille ducenti eo proelio ceciderunt, Liv.

2 vom Nebeneinanderstellen u. Nahekommen von Ggstndn.: **a** zur Angabe der annähernden Ähnlichkeit (s. Brix Plaut. trin. 873), **nach,** ut emerem ancillam ad istam faciem, Plaut.: et idem alterum (quaero) ad istanc capitis albitudinem, einen Graukopf etwa wie du, Plaut. – **b** zur Angabe dessen, was zu od. bei etw. noch hinzutritt, **zu, bei, neben, außer,** ad cetera hanc quoque plagam infligere, Cic.: quod ad ius civile pontificium appetatis, Cic.: hoc unum ad pristinam fortunam defuit, Caes. – nisi quid vis od. vultis ad haec, Cic. – dah. ad hoc, ad haec, »zudem, überdies«, Sall. u. Liv.: ad id quod, »außerdem, dass«, usw., Liv.: ad omnia, ad cetera, Liv. – **c** zur Angabe der äußeren Veranlassung, **auf, bei, auf ... hin, infolge, auf Veranlassung, aus, vor** (s. Müller Liv. 1, 39, 2. Fabri Liv. 21, 41, 3), respondere, breviter disserere ad alqd, Cic.: ad famam belli novas legiones scribere, Liv.: ad ducis casum perculsa magis, quam irritata est multitudo, Liv. – oder zur Angabe des inneren Beweggrundes, **auf ... hin, aus, vor** (s. Müller Liv. 1, 7, 7. Weißenb. Liv. 42, 20, 1), quae (urbes) ad spem diuturnitatis conderentur, Cic.: seu ad metum virium seu ad spem veniae cum dedissent sese, Liv.: in suspensa civitate ad exspectationem novi belli, Liv. – **d** zur Angabe der Richtschnur, nach der etw. geschieht, **gemäß, nach** (Ggstz. contra; s. Drak. Liv. 7, 2, 10. Schuch Apic. 5. § 186), ad perpendiculum, ad lineam, Cic.: ad istorum normam, Cic.: ad voluntatem loqui omnia, Cic.: agere ad praescriptum, Caes.: ad edictum convenire, Liv.: ad manum cantare, ad hunc modum, auf diese W., Cic.: ad tempus, der Zeit gemäß, nach Umständen, Cic. (vgl. unten *no.* II, 1, b u. *no.* II, 1, a): ad verbum, wörtlich (z. B. ediscere), Cic. (vgl. verbum *no.* I, b, γ): ad litteras, buchstäblich, Quint. 9, 1, 25.

II in der Zeit: **1** zur Angabe der Ausdehnung bis zu einem Zeitpunkt: **a** mit Rücksicht auf die dazwischen verfließende Zeit, **bis zu, bis an, bis auf, bis gegen,** ab consulatu eius usque ad extremum tempus, Nep.: ab initio rerum Rom. usque ad P. Mucium pont. max., Cic.: ab hora octava ad vesperum, Cic.: ab condita urbe ad liberatam, Cic. – usque ad hanc aetatem, Cic.: ad summam senectutem, Cic.: ad vesperum, ad multam noctem, Cic.: ad id tempus, ad hoc tempus, bis jetzt, bisher, Caes. u. a.: so auch ad id locorum, Sall. u. Liv.: u. so bl. ad id, ad hoc, Liv. (s. Fabri Liv. 21, 52, 6): ad eum finem, dum etc., Cic.: quem ad finem? wie lange? Cic. – **b** mit Rücksicht auf die Währung der Zeit, **auf, für,** ad exiguum tempus, Cic.: ad breve tempus, Plin.: ad paucos dies, Cic.: ad quoddam tempus, auf einige Zeit, Cic.: ad annos DC, Cic.: ad tempus, auf Zeit (nicht auf die Dauer), Cic.: ad praesens, Cic. 2) zur Angabe des Eintretens auf od. nach einem Zeitpunkt: **a** **zu, auf, an,** nos hic te ad mensem Ianuarium exspectamus, Cic.: te Laodiceae fore ad meum adventum, bei m.A., Cic.: ad aestatem, Liv.: ad lucem, zum Morgen, am Morgen, Cic.: ad meridiem, Plaut.: ad vesperum, Cic.: ad diem dictam, Cic.: ad diem, Cic.: ad (an) eum diem, Tac.: ad praedictum tempus, Liv.: ad tempus, zur gehörigen Zeit, Cic. – ad extremum, Cic. u. Liv., ad ultimum, Liv., ad postremum, Liv., zuletzt (s. Müller Liv. 1, 33, 5). – **b** **nach, über, binnen** (s. Lachm. Lucr. 2, 44. p. 79), ad annum tribunum pl. fore, Cic.: utrum illuc nunc veniam, an ad annos decem, Cic.: ad punctum temporis, binnen od. in einem Augenblick, Cic.: ad Kalendas Graecas, s. Calendae. – ► ad seinem Pronom. od. Subst. nachgesetzt, quem ad, Plaut. Bacch. 176: quam ad, Ter. Phorm. 524: quos ad, Cic. de nat. deor. 2, 10: ripam ad Araxis, Tac. ann. 12, 51. – od. zwischen Adjekt. u. Subst., augendam ad invidiam, Tac. ann. 12, 8.

In der Zusammensetzung bezeichnet ad ebenfalls eine Annäherung, **heran, herzu, herbei, dabei,** z. B. accedere, adstare (astare). – dah. auch ein Streben, eine Neigung, s. ad-amo, ac-crēdo u. a. – eine Vermehrung, **hinzu,** z. B. adicere, assumere.

► Die Schreibung at (gegen Quint. 1, 7, 5. Prob. inst. (IV) 145, 8 *sq.* Caper (VII) 95, 14. Vel. Long. (VII) 69, 23. Scaur. de orth. (VII) 154, 15), z. B. CIL 1, 1252; 2, 4514; 3, 536 u. 3.

adāctio, ōnis, *f.* (adigo), das **Hinbringen** zu etw., iuris iurandi, die Vereidigung, Verpflichtung, Liv. 22, 38, 5.

adāctus, ūs, *m.* (adigo), **I** das **Heranbringen,** feri dentis adactus, Bisse, Lucr. 5, 1328. – **II** übtr., das **Drängen,** der **Antrieb** zu etw., sine adactu nostro, Augustin. op. imperf. c. Iul. 2, 126 (Migne 45, 1194).

Adad (syrisch Hadad), **Adad,** der bei den Syrern als höchste männliche Potenz verehrte Sonnengott, Macr. sat. 1, 23. § 17 *sqq.* – Dav.

Adadūnephros, ī, *m.* (Ἀδάδου νεφρός), **Adads-Niere,** ein unbekannter Edelstein, Plin. 37, 186.

adaequātio, ōnis, *f.* (adaequo), das **Gleichmachen,** Tert. ad nat. 1, 1 u. 15.

ad-aequē, *Adv.* **auf gleiche Weise, ebenso,** auch mit folg. atque **(als)** od. ut **(wie),** öfter bei Plaut. u. Spät. (vgl. Lorenz Plaut. most. 30. p. 73, b). – quem ad modum ... adaeque, Liv. 4, 43, 5 zw. – m. *Abl. compar.*, Plaut. Cas. 684.

ad-aequo, āvī, ātum, āre, **gleichmachen,** **I** eig.: moles moenibus, Caes. – verwüstend, tecta solo, Liv.: Alesiam (verst. solo) flammis, einäschern, Flor. – **II** übtr.: **1** **gleichmachen, gleichstellen,** **a** m. *cum* u. Abl.: cum virtute fortunam, Cic.: adaequatus cum alqo, ihm gleichgeachtet, Cic. – **b** m. *Dat.*: colonias iure ac dignitate urbi, Suet.: alqm sibi, Tac.: se virtute nostris, Caes.: se opibus et dignatione fratri, Suet.: quibus (senibus) nunc honore adaequatus est, Plin. ep. – Insbes.: **α** vergleichend **gleichstellen,** formam, aetatem, genus mortis magni Alexandri fatis, Tac. ann. 2, 73 *in.* – **β** hervorbringend **gleichmachen,** quibus duobus operibus vix nova haec magnificentia quicquam adaequare potuit, konnte irgendetwas gleich Großes hervorbringen, Liv. 1, 56, 2. – **2** **gleichkommen,** gleichkommend **erreichen,** **a** m. *Acc.* (s. Kraner Caes. b. c. 2, 16, 3): altitudinem muri, Caes.: navium cursum, Caes.: deorum vitam, Cic.: alqm gratiā apud Caesarem, Caes.: precationes alcis laudibus, jmds. Gebet mit entsprechendem Lob preisen, Plin. pan. – **b** absol.: senatorum urna copiose absolvit, equitum adaequavit, ergab Stimmengleichheit, Cic. ad Q. fr. 2, 6, 6.

adaerātio, ōnis, *f.* (adaero), das **Abschätzen nach-, Anschlagen in Geld** (auch im Plur.), spät. ICt.

adaero, āvī, ātum, āre (ad u. aes), **nach Geld abschätzen, in Geld anschlagen,** Valer. bei Treb. Poll. Claud. 14. § 14 u. a. Spät. – u. übh. = **berechnen,** alqd alqā re (nach etw.), Gromat. vet. p. 32, 5.

ad-aestuo, āre, **daherbrausen,** squamisque incisus adaestuat amnis, Stat. Theb. 5, 517.

ad-aggero, āvī, ātum, āre, **anhäufen,** terram bene, Cato r. r. 94: terram circa arborem, Col. 5, 11, 8: circa positas (ulnos) pedes ternos undique e solido, Plin. 17, 77: terra adaggerata Nilo, durch den Nil angeschlämmt, Plin. 13, 69.

adagio, ōnis, *f.* (ad u. aio) das **Sprichwort,** Val. Soran. b. Varr. LL. 7, 31: neben proverbium, Auson. Technop. (XXVII) 4, 7. p. 133, 4

Schenkl. Donat. Ter. eun. 3, 1. – Nbf. **adagium,** ī, *n.*, Gell. 1. praef. § 19. Paul. ex Fest. 12, 12.

adagnitio, ōnis, *f.* (adagnosco), die **Anerkenntnis,** Tert. adv. Marc. 4, 28.

ad-agnōsco, ere = ἀναγιγνώσκω, **anerkennen,** Tertull. de anim. 6. Vgl. Gloss. II, 8, 23.

ad-alligo, āvī, ātum, āre, **anbinden** an etw., ad alqd u. alci rei u. alci (z. B. aegro), Plin.: alqd in lana nigra, Plin.

Adam, *indecl.* od. **Adam,** ae, *m.* u. **Adamus,** ī, *m.* (אדם), **Adam,** Auson. ephem. (IV) 3, 34. p. 5 Schenkl (Akk. Adam). Prud. apoth. 759 (Dat. Adae). Auct. carm. de genes. 2 (Adamus), u. sonst oft bei den Eccl. Vgl. Charis. 118, 13. – Appell., Eva nova, sed ille (Iob) non vetus Adam (ein schwacher, der Verführung zugänglicher Mensch), Augustin. de excid. urb. 3.

adamāns, s. adamās.

adamantēus, a, um (adamas) **stahlhart, eisenfest,** dah. **unzerbrechlich,** catenae, Manil. 1, 923: nares, Ov. met. 7, 104.

adamantinus, a, um (ἀδαμάντινος), **stählern, stahlhart, eisenfest, unzerbrechlich,** **a** v. Konkr., saxa, Lucr.: Mars tunicā tectus adamantinā, Hor.: clavi, Hor.: iuga, Prop.: catenae, Augustin.: unguis, Vulg. – **b** v. Abstr., duritia, Plin. 37, 189.

adamantis, tidis, Akk. tida, *f.* (v. ἀδάμας, unbezwinglich), ein Zauberkraut von unwiderstehlicher Kraft, Plin. 24, 162. Ps. Apul. herb. 4.

adamās (auch adamāns, Solin. 52, 57), antis, Akk. antem od. anta, *m.* (ἀδάμας), eig. der Unbezwingbare; dah. **I** das **härteste Eisen,** der **Stahl,** bei Dichtern für **hartes Metall, festes Erz** übh., solido adamante columnae, Verg.: nexae adamante catenae, Ov.: adamante texto vincire, Sen. poët.: adamas licet alliget illud, eherne Bande, Ov. – Dah. bei Dichtern als Sinnbild »eines harten, unempfindlichen, unbeugsamen Sinnes«, duritiā ferrum ut superes aut adamanta, Ov.: in pectore ferrum aut adamanta gerit, Ov.: lacrimis, voce suā adamanta movere, Kieselsteine od. ein Herz von Stein bewegen (rühren), Ov. u. Mart. – **II** der **Diamant,** Plin. u. a.

adamātor, ōris, *m.* (adamo), der **Liebende,** Tert. de cult. fem. 2.

ad-ambulo, āre, **I bei** od. **neben** etw. **auf-** u. **abgehen,** ad ostium, Plaut. Bacch. 768. – **II neben** jmd. od etw. **hergehen,** alci, Apul. met. 8, 26; 11, 8: lateri alcis, Apul. met. 3, 12.

adamita, ae, *f.*, die **Tochter der Schwester des Urgroßvaters,** Isid. 9, 6, 28.

ad-amo, āvī, ātum, āre, **lieb gewinnen,** **I** = einer Pers. od. Sache seine Zuneigung (Liebe) schenken, zu jmd. od. etw. **Neigung bekommen,** an etw. **Freude bekommen,** alqm, Nep.: equos, Cic.: gloriam, Cic. – si virtutem adamaveris; amare enim parum est, wenn du innige, begeisterte Liebe zur T. gewonnen hast; denn bloße instinktmäßige Liebe wäre zu wenig, Sen. ep. 71, 5. – m. dopp. *Acc.* (etw. als), virtutem unicum bonum hominis, Sen. ep. 94, 8. – **II** = **sinnliche Liebe fassen** zu jmd., alqm, Ov., Liv. epit., Plin. u. a.: mulier adamata, Ps. Quint. decl. – ► Die Behauptung, bei Cicero u. seinen Zeitgenossen kämen nur die Perfektformen vor, wird widerlegt durch Cic. de fin. 1, 69: etenim si loca, si fana … adamare solemus.

ad-amplio, āvī, ātum, āre, **erweitern,** aediculam, CIL 7, 222: podismum, *ibid.* 6, 24487: übtr., doctrinam, Iren. 1, 27, 2.

Adamus, s. Adam.

ad-aperio, peruī, pertum, īre, **eröffnen, I** Bedecktes **aufdecken, entblößen** (Ggstz. operire, adoperire, velare), **a** eig.: caput adaperiam, Sen.: *nudasse se* dicitur et, quo quaeque bello volnera accepta essent, rettulisse; quae tum ostentat, *adapertis* forte, quae *velanda* erant, tumor inguinum proximis risum movit, Liv.: si sunt *operculati* favi … sin autem *sine operculis adaperti sint,* Col.: latentem frugem ruptis velamentis suis adaperire, Sen.: adapertae vites, Col. – u. **sichtbar machen,** caelum, Plin.: adaperta simulacra rerum, Lucr. – **b** übtr., **enthüllen** = offenbaren, mox adaperta fides (Wahrheit), Stat. Theb. 1, 396. – **II** Verschlossenes **erschließen, aufmachen, öffnen** (Ggstz. adoperire, claudere) cuniculum, Liv.: fores, Plin.: os, Plin. u. Ov. – adapertae fores portae, Liv.: pars *adaperta* fuit, pars altera *clausa* fenestrae, Ov.: librum tamquam lecturus ex commodo aperui, Sen. – übtr., hinc *ad* criminationem invidorum adapertae sunt aures regis, Curt. 9, 7 (29), 24.

adapertilis, e (adaperio), **aufzumachend, mit einer Öffnungsversehen,** latus tauri, Ov. trist. 3, 11, 45.

adapertio, ōnis, *f.* (adaperio), das **Öffnen,** portae, Vulg. Nahum 3, 13. – übtr., die **Eröffnung, Darlegung, Erklärung,** Eccl.

ad-apto, āvī, ātum, āre, **gehörig anpassen,** galericulum capiti, Suet. Oth. 12, 1: essedum alveumque, passend herrichten, Suet. Claud. 33, 2: ut (ansa) altera alteri possit adaptari, Vulg. exod. 26, 5 (*cod. Amiat.* ›aptari‹): non adaptabitur alterius terminus ad alterum … oportet enim in omne univocum adaptari, Boëth. top. Arist. 6, 5.

adaquo, āvī, āre (ad u. aqua), **bewässern, a** Pflanzen usw. = **benetzen, anfeuchten,** amygdalas, Plin. 17, 64: sarmenta utriusque vitis, Pallad. 3, 33. – **b** Vieh = **tränken,** bovem suum, camelos, gregem, greges, Eccl.: ex illo (puteo) adaquantur pecora, Vulg.: dah. adaquari (v. Vieh), zur Tränke gehen, Suet. Galb. 7, 2.

adaquor, ārī, **Wasser holen.** – Variante von aquor, ārī, s. d.

adarca, ae, *f.* u. **adarcē,** ēs, *f.* (ἀδάρκη), **Schilfschaum,** ein am Schilf u. ähnlichen Pflanzen sich bildendes Schwammgewächs, adarca, Plin. 32, 140: adarce, Veget. mul. 5, 47, 2. Cael. Aur. chr. 1, 1, 39. Cass. Fel. 1. p. 8, 17 u. 53. p. 139, 13.

ad-ārēsco, āruī, ere, **gehörig eintrocknen,** ubi amurca adaruerit, Cato r. r. 98.

Adargatis, s. Atargatis.

adaucto, āvī, āre (*Intens.* v. adaugeo), **mehr** u. **mehr vergrößern,** rem patriam, Acc. Aen. 15.

adauctor, ōris, *m.* (adaugeo), der **Erhöher,** Tert. de test. anim. 2.

1. adauctus, a, um, s. ad-augeo.

2. adauctus, Abl. ū, *m.* (adaugeo), das **Wachstum,** die **Zunahme,** Lucr. 2, 1122.

ad-audio, īre, **dabei verstehen,** in Gedanken **ergänzen,** Schol. Pers. 4, 17.

ad-augeo, auxī, auctum, ēre, **I noch dazu vermehren, vergrößern,** bonum, Cic.: febrim (Ggstz. levare), Cels.: maleficia aliis nefariis, Cic.: laetitia tamen ipsa cum ingressu tuo crevit (stieg) ac prope in singulos gradus adaucta est, nahm beinahe mit jedem Schritt noch zu, Plin. pan. – mit Worten, crimen, Cic.: causam (Ggstz. deprimere), Rhet. Her. – **II** als *t. t.* der Opfersprache, **zur Verherrlichung darbringen,** decumam alci, Plaut. Stich. 386.

ad-augēsco, ere, **zunehmen, wachsen, sich vermehren,** Lucr. 2, 296. Cic. poët. de div. 1, 13.

adaugmen, minis, *n.* (adaugeo), das **Wachstum,** die **Zunahme,** Lucr. 6, 614.

adavunculus, ī, *m.*, der **Sohn des Urgroßoheims,** Isid. 9, 6, 28.

adaxint = adegerint, s. ad-igo.

ad-bibo, bibī, ere, **sich antrinken, trinkend zu sich nehmen, I** eig.: ubi adbibit plus paulo, Ter. heaut. 220: quoniam plus paulo adbibi, Gell. 2, 22, 25. – absol., quando adbibero, etwas zu mir genommen, mich angetrunken habe, Plaut. Stich. 382. – **II** übtr., v. den Ohren, postquam adbibere aures meae tuae oram orationis, Plaut. mil. 883. u. v. Pers., **sich einprägen, sich zu Herzen nehmen,** verba puro pectore, Hor. ep. 1, 2, 67.

ad-bīto, ere, **herzugehen, herangehen,** si adbites propius, Plaut. capt. 604. Vgl. Gloss. V, 45, 6 ›adbiteret, adveniret‹.

ad-blandior, īrī, **sich anschmeicheln,** Spät.

ad-blatero, āre, **noch herplappern,** alqd, Apul. met. 9, 10.

adc… s. acc…

addāx, ācis, *m.*, ein wildes Tier in Afrika, mit krummen Hörnern, sonst strepsiceros gen., viell. Antilope Cervicapra (*Capra cervicapra,* L.), Plin. 11, 124.

ad-decet, es ziemt-, es schickt-, es gebührt sich, ut matrem addecet familias, Plaut. merc. 415: u. add. alqm m. folg. *Infin.*, Enn. tr. 338 (257). Plaut. Amph. 1004; trin. 78. P. Syr. 434. Sen. Oedip. 298.

addecimo, āre (ad u. decima), **mit dem Zehnten belegen,** Vulg. 1. reg. 8, 15 u. 17.

addēnsātor, ōris, *m.* (addenso), Gloss. II, 564, 34 ›acutus in ambulando‹.

addēnsātio, ōnis, *f.* (addenso), Gloss. II, 384, 56 ›ὀξυποδία, acupedium, addensatio‹.

ad-dēnseo, ēre, u. **ad-dēnso**, āre, **noch dichter machen,** extremi addensent acies, Verg. Aen. 10, 432. – *Pass.*, **sich verdicken,** aquam radice eā additā addensari, Plin. 20, 230. – Dep.-Form addensari, Plin. 20, 230.

ad-dīco, dīxī, dictum, ere, **zusagen, zusprechen, zuerkennen, I** (als *t. t.* der Auguralspr.) etw. **zusagen** = etw. **als günstig bezeichnen** (Ggstz. abdicere), von den Weissagevögeln, ut Attio Navio auguria miraculum cotis addicant, Apul. de deo Socr. 7: illum, quem aves addixerant, Cinc. fr. bei Fest. 241 (a), 19: gew. m. *Dat.* (wem?) od. absol., **sich günstig zeigen,** add. alci, Liv. 22, 42, 8; 27, 16, 15: absol., Cic. fr. bei Fest. 241 (a), 17. Liv. 1, 36, 3; 1, 55, 3. Sen. de brev. vit. 13, 8. Tac. ann. 2, 14. – **II zusprechen, zuerkennen, a** als Richter, jmdm. als eigen **zusprechen, zuerkennen** (bes. v. Prätor, dessen drei Handlungen sind do, dico, addico), alci familiam totam, Plaut.: alci bona, Cic.: liberum corpus in servitutem, Liv.: alqd in diem, vorläufig zuerkennen (sodass *restitutio in integrum* bei veränderten Umständen vorbehalten wird), ICt. – add. alci iudicium, jmdm. das Recht zur Klage zuerkennen, verstatten, Varr. LL. u. Macr.: u. so alqm iudicem, jmd. als R. gestatten, de alqa re, Val. Max., u. ebenso alqm arbitrum, Sen. – litem (alci), einem Richter zuweisen, XII tabb. bei Gell. – insbes., einen Zahlungsunfähigen jmdm. als eigen **zuerkennen, zusprechen,** alqm alci, Plaut. u. Cic.: ob creditam pecuniam addici, Liv. (dah. bildl., qui certis quibusdam destinatisque sententiis quasi addicti et consecrati sunt, an gewisse Ansichten wie durch einen Richterspruch od. eine religiöse Verpflichtung gebunden sind, Cic. Tusc. 2, 5): addictus, ein dem Gläubiger in die Dienstbarkeit zugesprochener Schuldner, ein Schuldknecht, Liv. u. a. – u. übh. jmd. als einem **zahlungspflichtig erklären, verurteilen,** addictus erat tibi? Cic.: an nuda (parsimonia) cupiditati petulantiaeque addicatur, zum Vorteil der Üppigkeit u. Frechheit verdammt werden solle, Cic. Quinct. 92. – **b** als Versteigerer (bes. der Güter von Schuldnern) od. Verpachter dem Meistbietenden od. als Verdinger von Bauten dem Mindestfordernden **zuschlagen, lassen,** fundum alci, Cic.: opus HS IↃLX milibus, Cic.: dah. add. alci alqd nummo sestertio oder bl. nummo, um den geringsten Kaufschilling, der nur angenommen wurde, um die Zusprechung vorgeben zu können, **hingeben, schenken,** Cic., Hor. u. Suet. (vgl. Heindorf u. Fritzsche Hor. sat. 2, 5, 109). – u. als Verkäufer übh. **zuschlagen, käuflich überlassen, verkaufen,** alci suam mulierem, Plaut.: aedes, Cic. – übtr. = für Geld überlassen, was eig. nicht verkauft werden sollte, regna pecuniā, Cic.: consulatum alci, Cic.: ossa alci pretio cenae unius, Ps. Quint. decl. – **c** übh. als eigen **zusprechen, zu eigen geben, weihen, überlassen, hingeben, preisgeben,** alcis bona in publicum, konfiszieren, Caes. b. c. 2, 18, 5: agros deae, Vell.: alci civitates sociorum titulo pacis, Iustin.: alci totum patrimonium, Val. Max.: pueritiam suam intemperantiae, Rhet. Her.: alci animum, sein ganzes Herz schenken, Sen. rhet.: alci credulitatem suam, Curt.: pretio habere addictam fidem et religionem, Cic.: alqm tribuno plebis constrictum, Cic.: alqm libidini alcis, Cic.: alqm perpetuae servituti, Caes.: alqm morti, Cic.: dah. addictus (gebunden, verpflichtet) m. folg. Infinit., nullius addictus iurare in verba magistri, Hor. ep. 1, 1, 14. – bes. se alci, **sich** jmdm. **ganz und gar ergeben, sich** ihm **weihen,** ihm **ganz** (im üblen Sinne: **sklavisch) zugetan werden,** se senatui, Cic.: se sectae, Quint. : u. so domino corpora animasque religiosissime, sich dem Herrn mit Leib u. Seele ergeben, Petr. – dah. addictus = **verpflichtet, ganz** (od. **sklavisch) zugetan,** vobis, Cic.: libertis uxoribusque, ein Sklave der usw., Suet. – **d** jmdm. eine Schrift (als Verfasser) **zuschreiben, beilegen,** orationes, quae Charisii nomini addicuntur, Quint. 10, 1, 70: quae (fabulae) nomini eius addicuntur, Gell. 3, 3, 13. – ► Archaist. *Imperat.* addice, Plaut. Poen. 498. – Synk. *Perf.* addixti, Mart. 10, 31, 1 u. 12, 16, 1.

addictio, ōnis, *f.* (addico), das **Zusprechen, Zuerkennen** als Eigentum (von Seiten des Prätors, s. ad-dīco *no.* II, a), bonorum possessionumque, Cic. I. Verr. 12: übtr., omnis pudicitiae (Ggstz. interdictio omnis impudicitiae), Tert. de pudic. 18. – addictio in diem, das vorläufige Überlassen (einer Sache), beim Verkauf = der Vorbehalt eines besseren Gebotes, Paul. dig. 18, 2, 1 u. 49, 14, 50. – reciperatorum od. iudicis datio addictio esto, das Gestatten, Lex Mamil. in Gromat. vet. p. 265, 4 u. 8.

addictor, ōris, *m.* (addico), der **Verurteiler,** innocentium, Augustin. op. imperf. c. Iul. 1, 48.

ad-dīsco, didicī, ere, **I dazulernen, nebenbei lernen,** aliquid, Cic.: cotidie aliquid, Plin. ep.: ea quae Socrates repudiabat, Cic.: artem, Cic.: sermonem Germanicum, Suet.: m. folg. *Infin.*, Ov. met. 3, 593: m. folg. Relativsatz, quaerat semper addiscere, quod ignorat, Col. 1, 8, 13. – **II** durch Lernen **sich aneignen,** Lampr. Alex. Sev. 3, 5. Capit. Ver. 5, 8. Apul. de dogm. Plat. 1, 3. p. 178. u. 1, 4. p. 181 H. – ► Iustin. 2, 3, 13 didicisset.

additāmentum, ī, *n.* (addo), die **Zugabe,** der **Zusatz,** der **Anhang,** das **Anhängsel** (der **Appendix)** unciae, Vopisc. Aurel. 47, 2: pretii, Apul. met. 9, 6: aedium (hortus), Papin. dig. 34, 91. § 5: sine additamento huiuscemodi dierum, Cod. Iust. 3, 12, 1: v. Zusatz eines Wortes, Apul. de deo Socr. 20: u. einer Wortendung, Macr. de diff. 16, 13. – übtr., vitae, Sen. ep. 17, 8: v. Pers., Ligus, additamentum inimicorum meorum, Cic. Sest. 68: pauci senatorii (homines), additamenta factionis, Ps. Sall. de rep. 2, 11, 6 (vgl. 2, 9, 4).

additīcius, a, um (addo), **beigefügt, zugesetzt,** Tert. u. ICt.

additio, ōnis, *f.* (addo), das **Hinzufügen, Beisetzen, I** abstr. (Ggstz. demptio, abiectio): litterarum demptio aut additio, Varr. LL. 5, 6: figurarum additio et abiectio, Quint. 9, 3, 18 zw.: syllabae, Prisc. 14, 3: sic corpori fit additio, so nimmt der Körper zu, Cael. Aur. acut. 2, 37, 206. – **II** konkr., der **Zusatz,** Prisc. 14, 8.

additīvus, a, um (addo) = ἐπιταγματικός, **hinzufügbar,** v. einem Pronomen, Prisc. 17, 144.

ad-do, didī, ditum, ere, **I beitun, beigeben** = jmd. od. etw. wohin **geben, bringen, setzen, legen** (Ggstz. demere, adimere), **1** eig.: epistulas in fasciculum, Cic.: manus alcis in vincla, Ov.: album in vestimentum, auftragen auf usw., Liv.: venenum in plagam, gießen, Suet.: iugis arcem, Verg.: soleam pedi, Ov.: alci calcar od. calcaria, anspornen (bildl.), Hor. u. Plin. ep.: addidi stimulos nec lente ire passus sum, Sen. ep. – einer Pers. **beigeben,** Argum Iovi custodem, Plaut.: alci comitem, Verg.: additis auxilio (zur Unterstützung) perfugis, Sall.: dah. alci additus, jmdm. als lästig, zum Unheil beigegeben, lästig, verfolgend, aufsätzig, Verg. u. a.; s. Wagner Verg. Aen. 6, 90. Drak. Sil. 2, 565. – **2** übtr.: **a beibringen, bei-, auflegen, einflößen,** pudicitiae vitium, Plaut.: fidem contioni, Liv.: alimenta rumoribus, N. geben, Liv.: dignitatem, Sall.: honorem, Liv.: alci animum od. animos, Cic.: strenuis vel ignavis spem metumve, Tac.: alci alacritatem scribendi, Cic.: virtutem, Sall.: metum, Tac. – **b** belehrend **beibringen,** alci m. folg. *Infin.*, Sil. 8, 547 *sq.* – **II** vermehrend **hinzutun, hinzufügen, beifügen, zulegen, vermehren** (Ggstz. demere, adimere, detrahere), **1** eig.: **a** übh.: auget, addit, accumulat, Cic.: add. unum granum, Cic.: viro forti virgas, Hiebe zulegen, einige H. mehr geben, Liv.: numerum colonorum, Liv.: gradum (*sc. gradui*), Schritt zum Schritt häufen, die Schritte verdoppeln, -beschleunigen, Plaut., Liv. u. a.: nummum addere nummo, Geld auf G. häufen, Hieron.: addere in spatia (= *spatia in spatia*), Umlauf auf Umlauf vollenden, Verg.: ad quattuor priores quintam decuriam, Suet.: m. dopp. *Acc.*, alci alqm adiumentum deprecandi, Dict. 3, 20. – **b** schriftlich, verordnend **hinzufügen,** als **Zusatz beifügen,** in orationem quaedam, einige Zusätze machen, Cic.: ad epistulas alqd, Suet.: multas res novas in edictum, Nep.: annos duos ad duo lustra, Ov.: m. folg. *ut* u. Konj., ad caput legis, ut etc., Suet. Cal. 40: quam ob rem in tuam sententiam non addidisti, uti etc.? warum hast du zu deinem Antrag nicht den Zusatz gemacht, dass usw.? Sall. Cat. 51, 21. – **c** als Gebot **zulegen, mehr geben,** Nov. com. bei Cic. de or. 2, 255.

– **d** als *t. t.* der Rechenkunst = **addieren** (Ggstz. deducere, subtrahieren), addendo deducendoque videre, quae reliqui summa fiat, Cic. de off. 1, 59. – **2** übtr.: **a** übh.: aliquid, Cic.: plus, aliquantum ad alqd, Cic.: hunc laborem ad cotidiana opera, Caes.: ad iter circuitum, Caes. – paulum alci aliquid, überbieten, übertreffen, Cic. (vgl. cui nihil addi potest, unübertrefflich, Cic.): historiae maiorem sonum, Cic.: vim victis, Verg.: operi noctem, auch die Nacht zum Werk benutzen, Verg.: sceleri scelus, V. auf V. häufen, Liv.: alqm Troiae perituræ, mit in Trojas Verderben hineinziehen, Verg. – **b** eine Zeit als Frist **hinzufügen, noch gewähren,** alci dieculam, Tac.: paucos dies ad remp. gerendam, Cic.: addito tempore, mit der Z., Tac.: additā aetate, mit den Jahren, Plin. – **c** zu etwas Gesagtem **hinzu-, beisetzen,** od. **-fügen,** mit etw. **fortfahren,** verbum adde unum (drohend), sprich nur noch ein Wort! Plaut.: verbum non amplius addam, Hor.: ad hoc maledicta alia, Sall.: addito metu mortis, ihn sogar mit dem Tode bedrohend, Curt.: addunt etiam *de* Sabini morte, Caes.: neque tamen quicquam tam anguste scriptum est, quo ego non possim qua de re agitur addere, Cic. – m. folg. *Acc.* u. *Infinit.*, addebat se audisse, Ter.: addit etiam illud, equos non optimos fuisse, Cic.: addunt ipsi et affingunt rumoribus, retineri urbano motu Caesarem, Caes.: m. folg. *ut* u. Konj., at etiam, ut media nocte proficiscamur, addunt, Caes. b. c. 2, 31, 7: additur m. folg. *Acc.* u. *Infin.*, Tac. ann. 16, 17: additur, ut etc., Plin. ep. 8, 6, 6: additum est, ut etc., Plin. ep. 3, 9, 17; pan. 40, 3: m. folg. *quod*, z. B. addam, quod etc., Plin. ep. 3, 14, 6: addiderunt, quod etc., Plin. ep. 3, 9, 6. – dah. nachaug. der Ablat. absol. addito, **mit dem Zusatz, hinzufügend,** mit folg. *Acc.* u. *Infinit.*, Tac. ann. 1, 35; 2, 28: m. folg. *ut* u. Konj., Tac. ann. 3, 2. Plin. 15, 62. Apul. met. 10, 24: m. folg. *ne* u. Konj., Tac. ann. 5, 2: so auch addito eo, ut etc., Spart. Pesc. 10, 1. Lampr. Alex. Sev. 1, 2. – amplitudo, addo etiam utilitatem, und, füge ich hinzu, auch der Nutzen, Cic.: so bes. (bei Erweiterung u. näherer Begründung des Gesagten durch einen neuen Gedanken od. Umstand) adde od. adde huc od. adde eo (eodem) m. *Acc. subst.* od. m. *quod*, **füge bei, nimm dazu, dazu noch, denke dir noch** u. dgl. (selbst in der Anrede an mehrere, wie Liv. 26, 41, 12), adde ductus aquarum, Cic.: adde huc fontium perennitates, Cic.: adde eodem exsilia, luctus, Cic.: adde huc, quod, As. Poll. in Cic. ep. u. a.: adde quod, Liv. u. a. – ► Arch. adduit = addit, Plebisc. vet. bei Fest. 246 (b), 11: addues = addideris, Paul. ex Fest. 27, 14: adduitor = additur, XII tabb. X, 7 Schoell (aus Plin. 21, 7). – parag. Inf. Präs. Pass. addier, Arn. 7, 14.

ad-doceo, ēre, **noch dazu-, noch weiter lehren,** (ebrietas) addocet artes, lehrt noch mehr Künste, macht uns erfindsam, Hor. ep. 1, 5, 18.

ad-dormio, īre, **zu schlafen anfangen, einschlafen,** Cael. Aur. acut. 1, 11, 83: übtr., in peccatis suis, Eccl.

addormīsco, ere (*Inch.* v. addormio), **ein wenig einschlafen, ein Schläfchen machen,** Suet. Claud. 8.

Addua, ae, *m.*, ein Fluss im cisalpin. Gallien, der oberhalb Cremona in den Po (Padus) mündet, j. *Adda*, confluentes Padi et Adduae fluminum, Tac. hist. 2, 40. Claud. VI. cons. Hon. 195.

addubitātio, ōnis, *f.* (addubito), als Übersetzung v. διαπόρησις, die **Verlegenheit,** das **Verlegentun,** eine rhet. Figur, Iul. Rufinian. de fig. sent. 9. Auct. schem. dian. 32 (p. 75, 3 *ed. Halm*). Macr. sat. 4, 6, 11. Mart. Cap. 5. § 523.

ad-dubito, āvī, ātum, āre, **sich zum Zweifel hinneigen, etwas (einigermaßen) in Zweifel ziehen, einigen Zweifel hegen, einiges Bedenken tragen, etwas schwanken, Anstand nehmen, beanstanden,** de od. in alqa re, od. m. folg. num, an, utrum, utrum ... an, Cic. u. a. – m. *Dat.*, dicto meo, Macr. sat. 7, 12, 10. – m. folg. *Infin.*, aptare lacertos addubitat, Sil. 14, 358 *sq.* – m. allg. *Acc.*, illud addubito, utrum ... an etc., Nep.: quod ego addubito, Ascon.: aber res addubitata, angezweifelte, beanstandete, Cic. – m. indir. Fragesatz, ut addubitet, quid potius aut quo modo dicat, Cic. – absol., Cic. de nat. deor. 1, 14. Liv. 10, 19, 13.

ad-dūco, dūxī, ductum, ere, **I** etw. **heran-, an sich-, nach sich hin ziehen, 1** im Allg.: ramulum (Ggstz. remittere, loslassen), Ov.: parvis colla lacertis, mit den Ärmchen den Hals (der Mutter) zur Umarmung nach sich hin ziehen, Ov.: lacertum (lacertos) od. palmas, zum Ausholen an sich ziehen, ausholen mit usw., Verg. u. Ov.: pedem, an sich ziehen, aufheben, um zu treten, Ov.: ostium cellae, zuziehen, Petr. – **2** insbes.: **a straff-, scharf anziehen, spannen,** togam, Sen.: lorum, Liv.: funes, Caes.: balistae et reliqua tormenta contenta atque adducta vehementius, schärfer angezogen, Cic.: habenas (die Zügel), Ggstz. remittere, Cic. (im Bild): habenam (den Schwungriemen), Verg.: arcum, Verg.: sagittam, Verg. – **b zusammenziehen, runzeln,** adducit cutem macies, Ov., sitis miseros artus, Verg. – bes. add. frontem, die Stirn in (düstere) Falten ziehen (vor Kummer, Betrübnis usw., Ggstz. remittere fr.), Sen. u. Quint.: u. so vultum ad tristitiam, Sen. – **II** jmd. **mit sich** (als *dux*) an einen Ort od. zu jmd. **herbei-, hinführen, -bringen, -schaffen, -holen, mitnehmen, mitbringen, begleiten, A** eig.: **a** leb. Wesen: alqm intro, Plaut.: alqm eo (dahin) in conspectum populi, Liv.: alqm ad se domum, Plaut.: turbam domum, Ter.: alqm ad cenam, Plaut.: alqm secum, Ter. u. Cic.: exercitum, Cic.: copias navibus (auf Sch.), Liv.: ad aegros medicum, Cic.: gentes in Italiam, Cic.: alqm in ius od. in iudicium od. bl. alqm, vor Gericht ziehen, Cic. – insbes., **zuführen,** alci pueros venales ex Gallia, Cic.: alci scortum, Ter. u. Nep.: alci exercitum subsidio (zur Hilfe), Nep. – **b** lebl. Objj., etw. **herbei-, mitführen, -bringen,** aurum secum, Liv.: tantas moles, Curt. – insbes., ein Gewässer, eine Wasserleitung **herbeileiten, hinleiten,** lacum fossā ad flumen, Plin. ep.: aquam, Cic.: aquam, quae vocatur Tepula, ex agro Lucullano Romam et in Capitolium, Frontin. aqu.: Virginem ab octavi lapidis diverticulo duobus milibus passuum, Plin. – **B** übtr.: **1** im Allg.: errat, qui ea (*animalia*) in exemplum hominis adducit, als Beisp. aufstellt, Sen.: quibus promulgationibus potest quis illam rationem adducere, quoniam etc., den Grund anführen, ICt. – **2** insbes.: **a** in eine gewisse Lage **bringen,** in einen Zustand **versetzen,** alqm in sermonem, invidiam, vituperationem, zum Gegenstand des usw. ... machen, Cic.: alqm in suspicionem alci, jmd. bei einem in V. bringen, verdächtigen, Nep.: res in extremum discrimen, Cic.: in angustias summas, Cic.: alqm in eam necessitatem, ut etc., Liv.: tuli graviter et acerbe in eum me locum adduci, ut etc., in die Lage, Alternative versetzt werde, Cic.: u. so eo adduxit eos, ut etc., Cic.: est res iam in eum locum adducta, ut etc., dahin gekommen usw., Cic. – se suumque regnum ad ultimum discrimen, sich u. sein Reich aufs Spiel setzen, Liv.: alqd ad effectum, zustande bringen, Liv.: nondum Myronis (*signa*) satis ad veritatem adducta, erreichen die Wahrheit noch nicht ganz, Cic. – **b** jmd. zu einer bestimmten Tätigkeit, Gemütsstimmung, Gesinnung **hinführen, bringen, bewegen, antreiben, veranlassen, bestimmen,** his rebus adductus, Caes.: alqm ad misericordiam, Ter.: ad iracundiam, Cic.: ad nequitiam, verleiten, Plaut. u. Ter.: in fletum, in metum, Cic.: in consuetudinem, Caes., od. ad consuetudinem, Cic.: adduci ad suspicandum, Cic.: non facile ad credendum, sich überzeugen lassen, glauben können, Nep. – adduci in eam od. maximam spem m. folg. *ut* u. Konj., od. m. folg. Akk. u. Infinit. Fut., od. m. folg. Genet. Subst. u. Gerundivi, z. B. in eam spem adducimur, ut nobis ea contentio ... interdum non fugienda videatur, Cic.: in spem maximam et verissimam sumus adducti, hunc ipsum annum salutarem civitati fore, Cic.: eā morā in spem adductus Aulus conficiendi belli, Sall. – m. folg. *ut* u. Konj., adducis me, ut tibi assentiar, Cic.: u. adductus sum officio, fide, misericordiā, ut etc., Cic. – bei vorhergeh. Negat. m. folg. *quin.* u. Konj., nullā calamitate victus ... potuit adduci, quin etc., Hirt. b. G. 8, 19, 8. – dah. adductus alqā re, durch etwas **bewogen,** Bruti precibus, auf Bitten des B., Cic.: mercedulā, um ärmlichen Lohn, Cic.: pudore, aus Scham, Caes. – bes. jmd. zu dem Glauben **bestimmen,** vollst. alqm adducere, ut existimet m. folg. *Acc.* u. *Infinit.*, Cic.: u. non possum adduci, ut putem, od. non adducor, ut putem, Cic., non adducor, ut credam, Liv., adduci nequeo, quin existimem, Suet., eo magis adducor, ut credam, Liv., alle m. folg. *Acc.* u. *Infinit.*: u. dah. bl. adducor m. folg. *Acc.* u. *Infinit.*, Cic. (s. *Wopkens* Lectt. Tull. 3, 2. p. 330 *ed.*

Hand): u. non od. vix posse adduci, ut etc., Cic. : u. ganz absol., adducor igitur et propemodum assentior, Cic. – **c** einen Zustand **herbeiführen,** febres, sitim, Hor.: taedium vini, Plin. – ► Archaist. *Imperat.* adduce, Plaut. asin. 355; Stich. 151. Ter. Phorm. 309 Fl.: synk. *Perf.* adduxti, Ter. heaut. 819. – synk. *Infin.* adduxe, Plaut. rud. 1047. – paragog. *Infin. Praes. Pass.* adducier, Plaut. Bacch. 112.

*adductē, s. adductius.

adductio, ōnis, *f.* (adduco), **I** das **Herbeiziehen,** Cael. Aur. acut. 2, 1, 32. – **II** das **Anziehen,** die **Zusammenziehung** (Ggstz. extensio), partium, Cael. Aur. chron. 2, 1, 3: vultus, Cael. Aur. acut. 3, 5, 50. – dah. = der **Krampf,** Plur. bei Th. Prisc. 4, 9. p. 316.

adductius, *Adv. Compar.* (adductus), **I angezogener, schwungvoller, kraftvoller,** Auson. grat. act. (VIII) 63. p. 27, 13 Schenkl. – **II strenger,** Tac. hist. 3, 7; Germ. 44.

adductor, ōris, *m.* (adduco) = προσαγωγεύς, der **Zuführer,** Iren. 1, 13, 6: dah. der **Verkuppler,** coniugis tuae, Anthol. Lat. 127, 2 R.

adductus, a, um, *PAdj.* m. *Compar.* (v. adduco), **I zusammengezogen, schmal, eng** (Africa) ex spatio paulatim adductior, Mela: latus (equi), schmal, schlank, Calp. – übtr., v. Redner, pressior et circumscriptior et adductior, gezügelter (im Ausdruck), Plin. ep. 1, 16, 4. – **II in Falten zusammengezogen, -gelegt, gefaltet** (von der Stirn usw., als Zeichen des Ernstes usw.), frons in supercilia adductior, Capit.: adducto fere vultu, Suet. – übtr., v. Pers., **ernsthaft, gemessen, streng,** Nero, Tac.: servitium, Tac.

ad-dulco, ātum, āre (ad u. dulcis), **versüßen,** Cass. Fel. 13, 18 u. 119, 18.

ad-edo, ēdī, ēsum, ere, **anessen, anfressen, anbeißen, annagen, I** im Allg., v. leb. Wesen: iecur, Cic. poët. u. Liv.: adesi favi, Liv. – übtr., v. Lebl., cum me supremus adederit ignis, ansengen wird, Ov.: adesi postes, Verg.: cum (mare) latus alti montis adest, auswäscht, Lucan.: u. so scopulus adesus aquis, Ov.: adesi lapides, vom Wasser abgeriebene, glatte, Hor. – **II** prägn., **teilweise-, ziemlich aufzehren, a** übh.: frumento adeso, Sisenn. fr.: extis adesis, Liv. – übtr., v. Lebl.: adesus cladibus Hasdrubal, geschwächt, Sil. 13, 679. – **b** verbrauchend **ziemlich aufzehren, fast aufbrauchen,** non adesā iam, sed abundanti etiam pecuniā, Cic.: adesis bonis, nach zerrütteten Vermögensverhältnissen, Tac.: adesis omnibus fortunis, Tac.: adedere possessiones suas, Schol. Iuv. 1, 95. – ► adest = *adedit,* Lucan. 6, 267.

adēlos, on (ἄδηλος), **ungewiß, unsicher,** tempus, quod propter ignorantiam vocatur adelon, Censor. 21, 1.

Adelphī od. griech. **Adelphoe,** ōrum, *m.* (ἀδελφοί), die **Brüder,** eine Komödie des Terenz.

adelphides, um, *f.* (ἀδελφίδες), die **Schwestern,** als Name einer Art **Datteln,** Plin. 13, 45.

ademptio, ōnis, *f.* (adimo), das **Wegnehmen,** die **Entziehung,** civitatis, Cic.: provinciae, Abnahme, Tac.: hereditatis, ICt.: legati (Ggstz. datio legati), ICt.: Plur., ademptiones bonorum, Einziehungen, Tac.

ademptor, ōris, *m.* (adimo), der **(Weg-) Nehmer,** vitae (Ggstz. dator), Augustin. tract. in euang. Ioann. 116, 1.

1. **adeō,** *Adv.* (ad u. eo), **bis zu dem Punkt, bis dahin, bis so weit, I** eig.: **A** im Raum: surculum artito usque adeo, quo praeacueris, füge das Reis so weit hinein, als du es zugespitzt hast, Cato r. r. 40, 3. – dah. in der bildl. Wendung, adeo res rediit, die Sache ist so weit gekommen (in der Verschlimmerung), Ter.: adeon rem redisse, ut etc., Ter. – **B** in der Zeit, **so lange** (durch usque verstärkt u.m. folg. *dum, donec, quoad*), Plaut., Ter. u. Cic. – **II** übtr., dem Grade nach: **a** zur Gleichstellung zweier Dinge in der Vergleichung, mit folg. *ut* od. *quasi* = **in eben dem Grad (Maße) ... in dem** oder als, nur bei Plaut. u. Ter. – **b** zur Steigerung des Begriffs in der Vergleichung = (stark betontes) **so, so sehr, so ganz, so gar,** bei Verbb., Adjj., Subststs. u. Advv., m. folg. *ut,* Cic. u. a.: numquam adeo astutus fui, quin etc., Ter. – dah. adeo non ut etc., adeo nihil ut etc., **so gar nicht** od. **so wenig, dass** usw., Sall. fr. u. Liv.: m. *contra etiam* im Folgesatz, Liv. 30, 34, 5. – u. den Begr. verstärkend (aus der Umgangssprache) = *admodum,* **gar, so gar, gar sehr,** Ter., Verg. u. a. Dichter. – **c** übh. zur Steigerung des Gesagten durch etwas Größeres, Unerwartetes, wie unser **sogar, ja sogar, selbst, ja was noch mehr ist,** ducem hostium intra moenia atque adeo in senatu videmus, Cic. – **d** enklitisch dem Wort nachgesetzt, um eine Sache od. deren Eigenschaft als die bedeutsamste hervorzuheben = **eben, gerade, gar, zumal, allzumal, eigentlich, im Grunde,** bei Verbb., Subststs. u. Adjj., Komik., Verg. u. a.: bei Advv., Cic. u. a.: bei Pronom., Komik. u. a.: bes. oft id adeo, z. B. id adeo, si placet, considerate, Cic. – nach den bedingenden *Conjj. si, nisi* u. dgl., **wenn ja, wenn gar,** Plaut. u. Ter. – mit den *Conjj. sive, aut, vel,* **oder gar, oder vielmehr, oder auch nur,** Komik. u. Cic. – bes. m. *atque,* **und vielmehr, und richtiger, und besser,** Cic. u. a. – **e** zur Begründung des Gesagten (u. zwar immer am Anfang des Satzes), **bis zu dem Grad, so sehr, so** (betont), adeo prope omnis senatus Hannibalis fuit, Liv.: adeo excellentibus ingeniis citius defuerit ars etc., Liv. – **f** adeo non (wie *nedum*) steigernd nach einer Negation, **um so weniger, geschweige,** Tac. – bes. nach *ne ... quidem,* Vell. u. a. – sogar adeo (ohne non) nach *ne ... quidem* u. *quoque,* **um so mehr,** Tac.: u. so etiamsi omnino ... adeo si, Plin.

2. **ad-eo,** iī, itum, īre, **an** od. **zu** etw. od. jmd. **heran-, hinzu-, hingehen, -kommen, sich** jmdm. **nahen, nähern** (Ggstz. abire, fugere), **I** eig.: **1** im Allg.: abeam an maneam, adeam an fugiam, Plaut.: huc, Plaut.: illo (dahin), Caes.: quid te adirier abnutas? Enn.: adeon ad eum? rede ich ihn an? Ter.: ad. ad me, Cic.: pati alqm adire ad se, Zutritt zu sich gestatten, Caes.: ad istum fundum, Cic.: Romam atque in conventum, Cic.: curiam, betreten (Ggstz. inde egredi), Liv.: Stygios manes, hinabsteigen zu usw., Ov.: epulas, sacrum, beiwohnen, Ov.: alci manum, sprichw. = jmd. zum besten haben, hintergehen, Plaut. aul. 378: u. so quo modo de Persa manus mi aditast? Plaut. Pers. 796: Partiz. Präs. subst., quasi temere adeuntibus (*sc.* locum) horror quidam et metus obiciatur, Suet. Aug. 6. – dah. adiri, v. Örtl. = **betreten werden,** v. Höhen = **bestiegen werden, zugänglich sein,** castellum, quod angustā semitā adibatur, Frontin.: quā Tarpeia rupes centum gradibus aditur, Tac.: interiora regionis eius haud adiri poterant, Curt. – **2** insbes.: **a** als gerichtl. *t. t.,* adire ad praetorem in ius od. bl. in ius, vor den Richter od. vor Gericht gehen, beim Richter od. vor Gericht klagbar werden, Cic.: u. so (milites) suā sponte ad Caesarem in ius adierunt, brachten vor Cäsars Richterstuhl, Caes. – b) einen Ort usw. **aufsuchen, besuchen, bereisen,** casas aratorum, Cic.: inde Lacedaemonem, Liv. : Lycias urbes, Ov.: Magnetas, wandern zu usw., Ov.: hiberna, Tac.: maria navibus, befahren, Mela: u. so bl. mare, Curt. – **c** um Rat, Recht od. Hilfe jmd. **angehen, an** jmd od. etw. **sich wenden,** adii te heri de filia, Ter.: Verrem, Cic.: praetorem, Cic.: alqm per epistulam, Plaut., od. scripto, Tac.: m. 1. *Sup.,* quom patrem adeas postulatum, Plaut. Bacch. 442. – Insbes.: **α** wegen der Zukunft befragend an jmd. od. ein Orakel **gehen, sich wenden,** magos, Cic.: libros Sibyllinos, Liv.: legati protinus Delphos cum escendissent, oraculum adierunt consulentes, ad quod negotium domo missi essent, Liv. – **β** bittend **nahen, sich nähern, vorsprechen** bei od. an usw., mille domos, Ov. – bes. einem Gott, Tempel betend **nahen,** venerantem deos, Cic.: aras, Cic.: sedes deorum, Tib. – **d** in feindl. Absicht **heran-, vorgehen,** auf jmd. od. einen Ort **losgehen, sich** an jmd. **machen,** mit jmd. **anbinden** (s. Korte Sall. Iug. 89, 1. Deder. Dict. 2, 13), nunc prior adito tu; ego in insidiis hic ero, Ter.: virum, Verg.: oppida castellaque munita, Sall.: u. ad quemvis numerum ephippiatorum equitum adire audere, Caes. – **II** übtr.: **a an** ein Geschäft **gehen,** etwas **übernehmen,** ad pactionem, Plaut.: ad causas et privatas et publicas, Cic.: ad rem publicam (Staatsgeschäfte), Cic.: honores, Plin. pan. – **b** einer Lage, einem Zustand **sich nicht entziehen, sich unterziehen,** ad periculum, Caes., od. bl. periculum, Cic.: periculum capitis, Cic. u. Nep.: periculum vitae, in L. kommen, Scrib.: maximos labores summaque pericula, Nep.: inimicitias, Cic. – iam cum gaudia adirem, genießen wollte, Tibull. – **c** als gerichtl. *t. t.,* adire hereditatem, eine Erbschaft antreten, Cic.: dah. non placebat adiri nomen, Cäsars Namen als Erbe

anzunehmen, Vell. – ▶ Imperf. adeibam, Prisc. 11, 15. – Perf. adivi, Flor. 3, 1, 11. Auson. ep. 9, 48. Apul. met. 8, 1: Perf. adi, Val. Flacc. 5, 502, adit, Monum. Ancyr. tab. 5. lin. 16. Tac. ann. 15, 5. Spart. Car. 5, 8. Sen. Herc. Oet. 1066 u. a. nachaug. Dichter. – Infin. Perf. adiese = adisse u. Plusqu. = Perf. Konj. adiesent = adissent, SC. de Bacch. im CIL 1, 196: Pass. arch. adeitur, CIL 1, 1215 = 10, 4480. – Paragog. *Infin.* adirier, Enn. trag. 306 R.

Adeōna, ae, *f.* s. Abeōna.

adeō tenus, *Adv.*, **insoweit,** Claud. Mamert. 2, 10. p. 141, 9.

adeps (adips), dipis, *c.* (v. griech. ἄλειφα), das weichere **Fett** zwischen den Pergamenthäutchen bei Menschen u. nicht wiederkäuenden Tieren, das **Schmalz** (hingegen sevum das härtere Fett bei wiederkäuenden T., der Talg, pingue, das ölige Fett zwischen dem Fleische; vgl. Plin. 11, 212 u. 213), **I** eig. u. bildl.: adeps vetusta, Marsus fr.: adeps suilla, Varr., od. suillus, Plin.: anserinus, ursinus, Plin.: Tityi pulmones atque adeps, Lucil. fr.: L. Apronii filio detractos adipes, Plin.: nimio adipe perire, an der Fettsucht, Plin. – meton., Plur., Cassii adipes, des K. Fettbauch, der feiste K., Cic. Cat. 3, 16. – bildl., das **Schwülstige** in der Rede, Plur., tenuare adipes, Quint. 2, 10, 6. – **II** übtr.: **1** v. fetter Erde, **Mergel,** quidam terrae adipes, Plin. 17, 42. – **2** an Bäumen, der **Splint** (= *alburnum*), Plin. 16, 182. – ▶ Die Schreibung adips bei Plin., z. B. 28, 219 u. 235. – adipes geschr. bei Prob. app. (IV) 199, 3. Prisc. 5, 42. Auct. de idiom. gen. (IV) 578, 24.

adeptio, ōnis, *f.* (adipiscor), die **Erlangung,** filii, Cic.: boni (Ggstz. depulsio mali), Cic. u. Boëth.: bonorum (Ggstz. evitatio malorum), Quint.: commodi (Ggstz. vitatio incommodi), Cic.: virtutis, Boëth.: absol., Augustin. serm. 21, 1.

adeptus, ūs, *m.* (adipiscor), das **Erlangen,** Paul. Nol. ep. 32, 18. Not. Tir. 32, 84.

ad-equito, āvī, ātum, āre, **I heran-** od. **herzureiten, ansprengen** an usw., m. *Dat.* od. m. *ad* od. *in* u. Akk., ipsis portis, Liv.: portae Collinae, Plin.: vallo, Liv. u. Frontin.: castris, Flor. u. Tac.: eo (quo, wohin), Liv.: ad nostros, Caes.: in dextrum cornu ad suos, Liv.: in primos ordines, Curt.: ab suis, Liv. 22, 48, 2: *per* armatos, Curt. 4, 9 (38), 23. – absol., Numidae *adequitare,* deinde *refugere,* Liv. Vgl. Drak. u. Müller Liv. 1, 14, 7. Mützell Curt. 4, 9 (38), 23. – **II nebenherreiten,** circa (Ggstz. vehiculo anteire), Suet. Aug. 64: iuxta, Suet. Cal. 25, 3.

ad-erro, āre, an etw. **heranirren, irrend gelangen** zu usw., m. *Dat.*, scopulis, Stat. silv. 2, 2, 120. – übtr. (v. Tönen), victor ululatus aderrat auribus, Stat. Theb. 9, 178 (Kohlm. ›oberrat‹).

adēscātio, ōnis, *f.* (adesco), das **Heranfüttern,** Ps. Soran. quaest. medic. 31.

ad-ēsco, ātum, āre, **heranfüttern,** volantia non cibis nutribilibus adescata, Cael. Aur. acut. 1, 11, 95.

ad-ēsurio (-essurio), īvī, īre, **anfangen hungrig zu werden, Appetit bekommen,** Plaut. Stich. 180; trin. 169.

adēsus, a, um, s. ad-edo.

adf... s. aff...

adg... s. agg..., nur adgnosco s. agnōsco.

ad-haereo, haesī, haesum, ēre, an etw. **hängen, festhängen, ankleben, I** eig.: m. *Dat.*, saxis, Liv.: iumento, Gell.: ancoris (v. Schiff), Tac.: manus oneri adhaerentes (durch Frost = angefrorene), Tac.: m. *in* u. Abl., vincto in corpore, Ov.: absol., qui adhaerent pediculi, leguntur, Col.: adhaerens lingua, angewachsene, Plin. – **II** übtr.: **a** dem Ort od. der Zeit nach an etwas **sich anschließen, anstoßen, angrenzen,** modica silva adhaerebat, Tac.: lateri quā pectus adhaeret, Ov.: quae (terra) quia continenti adhaeret, Curt.: paeninsula est Peloponnesus, angustis Isthmi faucibus continenti adhaerens, Liv. – poet. m. *Acc.*, Cratera et Corvus adhaeret, Cic. Arat. 538. – absol., tempus adhaerens, die sich unmittelbar anschließende Zeit, die nächste Folgezeit (ein Teil der gegenwärtigen), Quint. – **b** an jmd. od. etw. gleichs. **festhängen, wie eine Klette hängen,** von jmd. od. etw. **nie weichen, α** v. Pers., an einer Pers. (als beständiger Begleiter usw., s. Ruhnken Vell. 1, 9, 6), usque, Plaut.: alci perpetuo comitem, Plin.: uxori semper tuae, Mart.: lateri adhaerere gravem dominum, auf dem Nacken sitze, Liv. – an einem Ort, stativis castris (Dat.), Tac. – an einer Handlung, od. an einem Zustand, fortiter obsidioni, scharf betreiben, Amm.: nulli fortunae adhaerebat animus, sein Sinn hing an keiner Lebensstellung, Liv. – bei Spät. = als Verehrer usw. **anhängen,** deo, Eccl.: cultui Christiano, Amm. – **β** v. Lebl.: pestis adhaerens lateri suo, beständig an ihren Fersen hängende, Liv.: cui Canis cognomen adhaeret, für immer anhaftet, Hor.: invidia altissimis adhaeret, hängt sich an, Vell.: quae (sententia) facilius memoriae tuae adhaerere potuit, Gell. – **c an** etw. als Anhängsel **angehängt sein,** summusque in margine versus adhaesit, war (aus Mangel an Raum) auf dem Rand angehängt (beigeschrieben), Ov. – dah. v. Pers. **ein Anhängsel bilden, als Anhängsel teilhaben an** etw., te vix ... extremum adhaesisse, Cic.: qui etiam minimae parti tantae fortunae adhaeserunt, Curt.

ad-haerēsco, haesī, ere, **hängen-, kleben-, stecken bleiben, sich anhängen, haften, I** eig.: gravis lateri craterae limus adhaesit, Hor.: ne faex in lateribus (doliorum) adhaerescat, Cato: saepe minores (insulae) maioribus velut cumbulae onerariis adhaerescunt, Plin. ep.: u. im Bild, tamquam in quodam incili iam omnia adhaeserunt, stecken geblieben, ins Stocken geraten, Cael. in Cic. ep.: nonne providendum senatui fuit, ne in hanc tantam seditionis materiam ista funesta fax adhaeresceret, Cic. – v. geschleuderten Geschossen, Bränden, Caes. u. a.: ad turrim, Caes.; vgl. im Bild, in me uno consulares faces ..., in me omnia coniurationis tela adhaeserunt, Cic.; u. ratio, simul atque emissa est, adhaerescit, haftet (im Gemüt), Cic. – v. Schiffen, Schiffbrüchigen, ad moles Caesaris, Caes.: ad saxa Sirenum, Cic.; vgl. im Bild, ad quamcumque sunt disciplinam quasi tempestate delati, ad eam tamquam ad saxum adhaerescunt, Cic.: in Scyllaeo illo aeris alieni tamquam in freto ad columnam (bei der Schuldsäule), Cic. – v. Pfropfreisern, **sich ansetzen, anwachsen,** amygdalis (*Dat.*), Pallad. – **II** übtr.: **a** irgendwo **sich anhängen, hängen bleiben, sich festsetzen, nicht weichen, α** v. Pers. u. personif. Ggstndn., an einer Pers. (als beständiger Begleiter usw.), adhaesit homini ad infumum ventrem fames, Plaut.: u. so adh. egressibus, auf Schritt u. Tritt den Ausgehenden begleiten, Tac. – an einem Ort, nactus hoc litus adhaesi, Ov.: si potes in his locis adhaerescere, auf längere Zeit deines Bleibens sein kann, Cic. – an einem Zustand, iustitiae honestatique, nicht weichen von usw. (Ggstz. iustitiam etc. deserere), Cic. – **β** v. Lebl.: ad omnium vestrum studium, Anklang finden, Cic. de or. 3, 37: quae prava sunt, fastidiis adhaerescere, hafte am üblen Eindruck = dem hafte ein übler Eindruck an, habe einen üblen Eindruck zur Folge (Ggstz. quae recta sunt, probari), Cic. de or. 1, 258. – **b stecken bleiben, stocken,** v. Redner u. v. der Rede, Hortensius in celeritate et continuatione verborum adhaerescens, Cic. Brut. 320: oratio ita libere fluebat, ut nusquam adhaeresceret, Cic. Brut. 274.

adhaesē, *Adv.* (adhaereo), **stockend, stotternd,** neque turbide neque adhaese loqui, Gell. 5, 9, 6.

adhaesibilis, e (adhaereo), **anhänglich,** Schol. Hor. carm. 3, 19, 28 (lentus amor: adhaesibilis).

adhaesio, ōnis, *f.* (adhaereo), **I** das **Anhängen,** die **Anschließung,** adhaesiones atomorum inter se, Cic. de fin. 1, 19: stellae vicissim mutuis adhaesionibus nexae, Apul. de mund. 2. – **II** übtr., das **Anhängen** aus Verehrung, Augustin. serm. 216, 5.

adhaesus, ūs, *m.* (adhaereo), das **Anhangen, Angewachsensein,** pulveris, umoris, Lucr. 3, 381; 6, 471: membrorum, Lucr. 5, 839: tenue locis quia non potis est adfigere adhaesum, Lucr. 4, 1243. Vgl. Non. 73, 6.

ad-hālo, āvī, āre, **anhauchen,** alqd, Plin. 22, 95.

Adherbal, balis, *m.*, Sohn des Königs Mizipsa, von Jugurtha der Regierung beraubt u. getötet, Sall. Iug. 5, 7; 9, 4 u. ö. Flor. 3, 1, 4 u. 6. Eutr. 4, 26. Oros. 5, 13, 3.

ad-hibeo, buī, bitum, ēre (ad u. habeo), **hinhalten, I** im Allg., **hinhalten, hinwenden, hinrichten,** huc adhibete aures, Plaut.: vultum ad alqm, Ov.: tibias ad os, Gell.: medicas manus ad vulnera, auflegen auf usw., Ov.: manus genibus, mit den Händen umschlingen, Ov.: u. im Bild, manus vectigalibus, Hand legen an usw. = sich vergreifen an usw., Cic.: alteri calcaria, alteri frenos, den Sp. einlegen, den Z. ansetzen (bildl.), Cic. – vincula captis, anlegen, Ov. – m. abstr. Objj. amorem procul, fernhalten, Plaut.: vostrum animum adhiberi volo, Plaut.: animos adhibete (als Parenthese), merket auf, Verg. u. Ov.: adhibete animos (merket auf) et mentes vestras, non solum aures, ad haruspicum vocem admovete, Cic.: vacuas aures mihi et te (= *animum tuum*) adhibe veram ad rationem, leih mir ein müßiges Ohr u. merket auf die Lehre der Wahrheit, Lucr.: adh. vocem precesque, laute Bitten anbringen, Tac.

II insbes.: **A** zu etw. als Beigabe, als Beihilfe usw. **dazunehmen:** **a** eine Sache: ad panem nihil praeter nasturtium, Cic.: tympanum, Plaut. – m. abstr. Objj., etw. zu etw. **hinzuziehen,** mit etw. **verbinden, vereinigen,** ad domesticum morem hanc a Socrate adventiciam doctrinam, Cic.: quattuor initiis quintam naturam, Cic.: studio adhibito atque usu, Cic. – **b** eine Pers. einem **beigeben,** quemquam heredem fratri, ICt.

B zu einem bestimmten Zweck **hinhalten,** d. i. **a** einen Ggstd. (Sache od. lebendes Wesen) als Mittel an jmd. od. etw. **hinrichten,** ihm **entgegenbringen,** jmdm. od. einer Sache **beibringen, bei** jmd. od. etw. **in Anwendung bringen, anwenden, verwenden, nehmen,** u. eine Denk- u. Handlungsweise gegen jmd. od. bei etw. **üben, beweisen, zeigen,** odores ad deos, ut etc., Cic.: orationem ad vulgus, richten, Cic.: u. so alci sermonem, Cic.: dis cultus, honores, preces, Cic.: alci fictum ad eius voluntatem sermonem, jmdm. entgegenbringen (auftischen, damit aufwarten), Cic.: aegro medicinam, Cic.: alci consolationem litteris, Cic.: alci vim, antun, Cic.: nutrices puero, Gell.: omnes illi motus, quos orator adhibere volet iudici, Cic. – officium erga alqm, reverentiam adversus deos, Cic.: saevitiam in famulos, Cic. – nutrices ad praebendum lactem, Gell.: omnes machinas ad tenendum adulescentem, Cic.: plus studii, quam ille, ad dicendum, Cic.: et tempus et diligentiam ad considerandas res, Cic. – equum admissurae, nehmen zur usw., Col.: morbis remedia od. curationes, Cic.: modum vitio, sumptibus, ein Maß setzen, Cic. u. Suet.: memoriam contumeliae, ein G. haben für usw., Nep.: belli necessitatibus patientiam, Ausdauer zeigen für usw., Liv. – u. mit *in* u. Abl. = **in** od. **bei** etw., iambum in fabulis, Cic.: sermonem in poculis, führen, Cic.: in amicorum periculis fidem et diligentiam, Cic.: in me consolando non mediocrem ipse animi dolorem adhibuisti, Cic.: u. m. bl. *Acc.*, tantum cibi et potionis, ut etc., Cic.: studium atque aures (= *aurium iudicium*), Cic.: modum quendam, Cic.: fidem, Redlichkeit zeigen, üben, Plaut. u. Cic. – **b** eine Pers. zu etwas (als Helfer, Beistand, Berater, Teilnehmer) **heranziehen, zuziehen, zulassen,** Dianam ad partus, Cic.: alqm ad ministerium dapemque, Liv.: alqm in partem periculi, Ov.: alqm in auxilium, Iustin. – so bes. alqm in od. ad consilium, ad deliberationem, zur Beratung ziehen (zuziehen), zulassen, zu Rate ziehen, Cic. u. Caes.: u. so alqm consilio, Caes. – alqm in convivium, zur Tafel ziehen, Cic.: u. so alqm convivio, Liv., cenae, Suet.: servum honoris causā mensae suae die festo, Col.: penates epulis, Verg.: u. alteris te mensis deum, von der Libation beim Nachtisch, Hor. – dah. oft bl. adhibere alqm, jmd. als Helfer, Berater, Verteidiger, Teilnehmer, Augen- u. Ohrenzeugen, Begleiter, Zuhörer **zuziehen, zur Mitwirkung heranziehen, zu Hilfe nehmen,** zur Hilfe **brauchen, vorführen, mitnehmen,** od. **-bringen, einladen** (Ggstz. removere), adhibito consilio (Ggstz. remoto consilio), Cic.: collegium praetorum, Cic.: Demosthenem, Cic.: medicum, Cic.: interpretes (Dolmetscher), Sall.: fratrem, Caes. – m. dopp. *Acc.*, alqm patronum, arbitrum, Cic.: Siciliam testem, Cic. – bes. auch als Zuhörer zu einer Vorlesung **zuziehen, einladen,** Plin. ep. (s. Gierig Plin. ep. 1, 5, 4). – u. mit *Advv.* = jmd. irgendwie **aufnehmen, behandeln,** alqm liberaliter, Cic.: alqm severius, es strenger mit jmd. nehmen, Cic.: alqm victu ceterisque rebus quam liberalissime commodissimeque, Cic. – u. sic se adhibere in potestate, ut etc., sich benehmen, Cic.

adhibitio, ōnis, *f.* (adhibeo), **I** die **Anwendung** eines Mittels usw., medicaminis, Mart. Cap.: aceti, Th. Prisc.: cucurbitarum, Marc. Emp. – **II** die **Zuziehung,** convivii (zum G.), Gaius inst. epit. 1, 1. § 2.

ad-hinnio, īvī, ītum, īre, **zuwiehern, anwiehern** (bes. aus Geilheit), v. Pferden, equo, Ov. u. Plin.: visae equae, Ov.: equulam, Plaut. – übtr., v. geilen Menschen, alci, Plaut. fr. u. Spät.: alqm u. ad od. in alqm, Spät.: sic ad illius hanc orationem adhinnivit, ut non magistrum virtutis, sed auctorem libidinis a se illum inventum arbitraretur, Cic. Pis. 69.

adhōc, s. ad-hūc.

adhortāmen, minis, *n.* (adhortor), ein **Aufmunterungsgrund,** Apul. flor. 18.

adhortātio, ōnis, *f.* (adhortor), die **Aufmunterung, Mahnung** (Ggstz. dehortatio, Diom. 464, 19), adh. capessendi belli, Liv.: litterae erant adhortatione plenae, Liv.: omissā nostrā adhortatione ad eorum, quos proposuimus, sermonem disputationemque veniamus, Cic.: prae clamore poscentium pugnam nulla adhortatio imperatoris audita est, Liv.: mutuā adhortatione firmati, Curt.: adhortatio invicem (gegenseitige) totam alacri clamore pervasit aciem, Liv.: προτροπὴ adhortatio ad aliquam rem est, Iul. Rufinian. de fig. sent. § 35. – Plur., Liv. 3, 27, 6. Plin. ep. 1, 8, 11: Ggstz. dissuasiones, Sen. ep. 94, 39.

adhortātīvus, a, um (adhortor), **zur Mahnung geeignet, mahnend,** modus, Diom. 338, 11.

adhortātor, ōris, *m.* (adhortor), **der Aufmunterer, Mahner,** Liv.: operis (zur Arbeit), Liv.: suus cuique animus adhortator aderat, Liv.

adhortātōriē, *Adv.* (adhortor), **mahnend,** Alcim. ep. 16.

adhortātus, Abl. ū, *m.* (adhortor), die **Mahnung, Aufforderung,** Vell. 2, 89, 4. Apul. apol. 102.

ad-hortor, ātus sum, āri, **aufmuntern, mahnen, anfeuern, antreiben, durch Worte ermutigen** (v. Pers. u. personif. Ggstdn., Ggstz. dehortor), omnes cohortes ordinesque, Caes.: praeterquam res te adhortatur tua, Ter.: milites, Liv.: alqm ad laudem, Cic.: in bellum, Tac.: in officium (v. Lehren, Ggstz. a scelere deterrere), Sen. ep. 94, 37: alqm *ad* defendendam rem publicam, Cic. Phil. 2, 89: *adversus* haec ... adhortare te (ermanne dich) et indura, Sen. ep. 4, 6: *de* re frumentaria, Caes.: m. *ut* u. Konj., Cic. Phil. 1, 22 u. 2, 51: m. *ne* u. Konj., Suet. Caes. 81, 4: m. quo enixius u. Konj., Suet. Tib. 50, 3: m. bl. Konj., Ter. eun. 583. Caes. b. c. 1, 21, 4. Sall. Iug. 56, 2. Liv. 6, 15, 5: m. *Infin.*, Sen. de ira 3, 15, 3. Plin. pan. 66: absol., Liv. 1, 25, 1; 4, 41, 4; 22, 5, 1. – ► *Partic.* adhortatus passiv, Cass. Hemin. bei Prisc. 8, 15. Cael. Aur. acut. 2, 3, 17.

ad-hospito, āvī, āre (ad u. hospes), **zu gastlicher Einkehr einladen,** Martem atque Concordiam multis immolationibus, zur Unterstützung des Vorhabens herbeirufen, Dict. 1, 15.

ad-hūc, *Adv.* (ad u. huc), **bis hierher, bis daher,** vom Ausgangspunkt bis zu einem bestimmten Ziel (dah. m. usque), eig. im Raum (vgl. unten die Stelle aus Plaut. capt. 385), im Sprachgebrauch aber nur noch in der Zeit, **I** die Gegenwart als abgeschlossen betrachtet = **bis hierher, bis daher, bisher, bis jetzt, bis zu der Stunde,** **a** die wirkliche Gegenwart, Cic.: dah. usque adhuc u. adhuc semper, bisher stets, Komik. u. Cic.: adhuc, dum etc., während der ganzen Zeit bis jetzt u. dgl., Cic. – adhuc locorum, bis jetzt, bisher, Plaut. capt. 385. Fronto ep. ad amic. 2, 7. p. 198, 8 N. – unus adhuc, bis jetzt nur einer, Cic. – mit Negat., adhuc non od. neque adhuc, Cic.: nihil adhuc, Cic.: numquam adhuc, Plaut.: adhuc nullus u. nullus adhuc, Cic. – **b** die relative Gegenwart, **bis jetzt, bisher, bis dahin,** fluctuans adhuc animo, Liv.: scripsi illud quodam in libello, disertos me cognosse nonnullos, eloquentem adhuc neminem, Cic.: obseratis adhuc foribus, deinde apertis, Suet. – **II** die Gegenwart als noch nicht abgeschlossen betrachtet, **noch, noch immer,** **a** v. dem, was gegen Erwarten od. Hoffen noch fortdauert, sed adhuc de consuetudine exercitationis loquor; nondum de ratione et sapientia, Cic.: erat adhuc impudens, qui etc., Cic.: si (gangraena) nondum plane tenet, sed adhuc incipit, Cels.: at in veterum comicorum adhuc libris invenio, Quint.: tres adhuc legiones erant, Tac.: si quis adhuc precibus locus, Verg.: Ephesi regem est consecutus fluctuantem adhuc animo, Liv. – **b** von dem, was **noch immer, noch weiter, noch ferner** fortdauert, stertis adhuc? Pers.: insatiabilis autem avaritiae est adhuc implere velle, quod iam circumfluit, Curt.: quid adhuc ludere, Musa, iuvat? Mart. – **c** von dem, was noch außer od. neben einem anderen ist od. geschieht, **noch = außerdem,** unam rem adhuc adiciam, Sen.: atque adhuc alibi, Quint.: an adhuc aliqui conscii essent, Iustin.: sunt adhuc aliquae non omittendae in auro differentiae, Plin. – **d** steigernd beim Komparativ, **immer noch** (s. Heß Tac. Germ. 19, 7), si adhuc viliorem materiam obtulisses, Sen.: adhuc difficilior observatio est per tenores, Quint.

adhūcine = adhucne, **bis jetzt?** Apul. met. 9, 3.

Adiabēna, ae, *f.* u. **Adiabēnē,** ēs, *f.* (Ἀδιαβηνή), wichtigste Provinz des eigentl. Assyrien (jetzt »Kurdistan«), später übtr. = das ganze eigentl. Assyrien, Form - *bena,* Amm. 23, 6, 20: Form - *bene,* Plin. 5, 66. – Dav.: **a Adiabēnus,** a, um, (Ἀδιαβηνός), **adiabenisch,** Tac.: subst., Adiabēnī, ōrum, *m.,* die Einw. v. A., die **Adiabener,** Plin., Tac. u. Oros. – **b Adiabēnicus,** Beiname des Kaisers Severus, als Eroberer v. A., Spart. u. a.

adiacentia, ae, *f.* (adiaceo), das **Naheliegen, die Bereitschaft des guten Willens,** Augustin. de nat. et grat. 51 (Migne 44, 275).

ad-iaceo, uī, ēre, **bei** od. **neben** etwas **liegen, a** v. der geogr. Lage einer Gegend, einer Stadt od. eines Volkes, ad ostium Rhodani (v. Meere), Caes.: ad Aduatucos (v. einer Gegend), Caes.: ad Syrtim (v. einer Stadt), Mela. – m. bl. *Acc.,* Etruriam, Liv.: mare, Nep. – m. *Dat.,* agro Romano, Liv.: mari, Liv.: pelago, Mela: ripis Sthoeni, Mela: undis, Ov.: domui, ICt. – absol., adiacente Tibri, Tac.: adiacentes populi, die benachbarten V., Tac. – *Partic.* subst., adiacentia, ium, *n. pl.,* die Umgebung, Umgegend, Plin. u. Tac. – **b** v. Pers., m. *Dat.,* vallo, Tac.: feminae, Col.

adiaculātus, a, um (*adiaculo), **hingeschleudert,** Mart. Cap. 2. § 169.

adiantum, ī, *n.* (ἀδίαντον), eine Pflanze, **Frauenhaar, Venushaar** (*Adiantum capillus Veneris,* L.), Plin. 22, 62 (nach Ps. Apul. herb. 47 rein lat. capillus Veneris).

adiaphoros, on (ἀδιάφορος), **gleichgültig** (Cic. de fin. 3, 53: quod Stoici ἀδιάφορον dicunt, id mihi ita occurrit, ut indifferens dicerem), Beda (VII) 233, 21 u. a. Gramm.

Adiatorīx, īgis, *m.* Fürst der Komaner, von Oktavian bei Aktium gefangen genommen, zu Rom im Triumph aufgeführt, dann mit seinem Sohn getötet, Cic. ep. 2, 12, 2.

adībilis, e (2. adeo), **zugänglich** (Ggstz. inadibilis), terra, Cassiod. hist. eccl. 11, 18.

ad-icio, iēcī, iectum, ere (ad u. iacio), **hinan-, heran-, hinzuwerfen,** bis an od. auf etw. **hinwerfen, I** im engeren Sinne: **1** eig.: telum, Caes.: adiectae (auribus) voces, die ans Ohr schlagenden, das Ohr treffenden Töne, Cic. – **2** übtr.: **a** den (verlangenden usw.) Blick auf etw. **hinwerfen, hinrichten,** alqo imprudentiam oculorum, unvorsichtig einen Blick wohin werfen, Cic.: oculos ad alqm, Plaut.: oculos cupiditatis ad alqd, Cic.: oculum hereditati, auf die E. ein Auge werfen, Cic. – **b** den Geist, die Gedanken = die Neigung, Aufmerksamkeit **auf** jmd. od. etw. **richten,** animum ad alqm, Ter., ad alqd, Liv.: animum alci, Plaut., alci rei, Liv.: dictis mentem, Ov. – **II** im weiteren Sinne, **an, neben, auf** od. **in** etw. **hinzutun, -legen, -stellen, -setzen, A** im Allg.: **1** eig.: rogum bustumve novum (ad) aedes alienas, hinsetzen, XII tabb. bei Cic.: capiti insignia, Curt. – u. im Bild, stimulos frementi, Ov.: u. Armeniae manum, anfallen, Vell. – bes. etw. in ein Gefäß u. dgl. **tun, schütten, gießen, spritzen,** olivas in vas, Col.: virus in anguem, Ov. – **2** übtr.: animos iuveni, einflößen, Ov.: constantiam dictis, mit den Worten verbinden, Tac. – **B** insbes., als Zusatz, Zugabe, Vermehrung zu etw. **hinzutun, hinzugeben, hinzufügen, hinzu-, zusetzen** (Synon. addere), **1** eig.: **a** übh.: denas vestes, Curt.: mille talenta ex praeda, Curt.: maiorem munitionem, Caes.: aggerem ad munitiones, Caes.: mediis campis Syrien insulam, Plin. – **b** insbes., zu einem anderen Stoff **hinzutun, zusetzen,** in singulos modios olivae salis ternas heminas, Col.: sulphur aquae, Cels. – **2** übtr.: **a** übh. (Ggstz. demere, detrahere): ad belli laudem doctrinae et ingenii gloriam, Cic.: hordei numerum ad summam tritici, Cic.: alqm ad numerum sodalium, Suet.: ira adicitur ad violentiam, gesellt sich zur usw., Curt.: muneri agri aliquantum, Liv.: supplementum coloniae, Vell.: Democrito perpauca, den D. etwas erweitern, Cic.: captivos remiges classi, Curt.: auctoritatem praerogativae equitum, Liv.: aggeri latitudinem, größere Br. geben, Curt.: patrem stragi filiorum, Curt.: aliquid novi ex etc., Cic.: centuriones, Liv.: u. später (ohne *Acc.* des Obj.) mit *Dat.,* einer Sache **etwas hinzusetzen,** sie **vermehren, vergrößern,** beneficio adicit, iniuriae demit, Sen.: prioribus, Quint.: celeritati, Cels.: periculo, Cels.: magnitudini Pori, noch mehr hervorheben, Curt. – **b** dem Gesagten **hinzu-, beifügen, hinzusetzen,** nam quid ego adiciam, Prop.: de altera figura pluribus, Quint.: adiecit, adiciunt u. adiciens m. folg. *Acc.* u. *Infin.,* Liv. 6, 6, 16. Quint. 4, 2, 3. Vell. 2, 27, 1: his adicio m. folg. *Acc.* u. *Infin.,* Quint. 1, 2, 29: illud adhuc adicio m. folg. *Acc.* u. *Infin.,* Quint. 6, 2, 12: illud de iis, quae vera sunt, adiciam breviter m. folg. *Acc.* u. *Infin.,* Quint. 9, 3, 100: adiecto (Abl. absol.) m. folg. *Acc.* u. *Infin.,* Tac. ann. 4, 70: adiciunt his, quod (dass), Quint. 2, 17, 40 (vgl. 11, 1, 92; 12, 2, 25). – dah. adice (wie *adde*), **füge bei, nimm** (im Gedanken) **dazu, denke dir noch,** huc natas adice septem, Ov. met. 6, 182: adice, si vis, et illud m. folg. direkter Rede, Sen. ep. 81, 3: adice, quod (dass), Sen. de ira 3, 5, 7. Tac. dial. 9 *extr.* Plin. pan. 53, 3: adice, ut m. Konj., Sen. de ben. 3, 33, 2 *sq.* – **c** *t. t.* bei Käufen u. Versteigerungen, **(zum Gebot) zulegen,** pretium (bei Plin. pretium augere), ICt.: plus, ICt.: u. so supra adiecit Aeschrio, Cic. Verr. 3,77.

adiectāmentum, ī, *n.* (adiecto), ein **Zusatz,** Charis. 160, 22.

adiectīcius, a, um (adicio), **noch hinzugefügt,** Cassiod. var. 11, 8, 4. Charis. 533, 29.

adiectio, ōnis, *f.* (adicio), **I** das **Hinzutun, -fügen, Zusetzen,** dah. auch passiv = das **Steigen,** die **Steigerung, a** eig.: assidua deminutio atque adiectio, Sen.: caloris, Sen.: adiectiones cuneorum, das Einstecken, -setzen (Ggstz. detractiones), Vitr.: litterarum (Ggstz. detractio), Quint.: syllabarum, Quint.: detractu aut adiectione syllabae, Sen. rhet.: ebenso adiectione aut detractione (*sc.* syllabae), Gramm. – einer Pers., populi Albani, Liv.: Hispaniensibus familiarum adiectiones dedit, Einverleibung neuer Familien (in den Kolonieverband), Tac. hist. 1, 78. – **b** meton., der schriftliche **Zusatz,** si fateamini (testamentum vetus) incongruis esse adiectionibus vitiatum, Faust. bei Augustin. c. Faust. 32, 5. – **II** als *t. t.* **1** der Baukunst: **a** die **Bauchung** in der Mitte des Säulenschaftes, die **Schwellung,** griech. ἔντασις, Vitr. 3, 3, 13 u. a. – **b** die **Erhöhung** vermittelst ungleicher Bänkchen (*per scamillos impares*) am Fußgesimse der Säulen, Vitr. 3, 4 (3), 5 u. s. – **c** der **Anbau,** Symm. ep. 6, 9. – **2** der Medizin, **ansetzendes-, stärkendes Mittel,** Plur. adiectiones (Ggstz. deiectiones), Vitr. 1, 6, 3. – **3** der Rhetorik, die **Verdoppelung eines Wortes** im Satz, ἐπίζευξις, Quint. 9, 3, 27 *sqq.* – **4** der Geschäftsspr., das **Zulegen, Mehrbieten,** illiberali adiectione, Liv. 38, 14, 14: dah. bei Käufen u. Versteigerungen das **Mehrgebot,** der **Aufschlag,** ICt.

adiectīvus, a, um (adicio), zum Beifügen dienlich; als gramm. *t. t.,* adiectīvum, ī, *n.* (*sc.* nomen) = ἐπίθετον, das **Beiwort, Adjektiv** (Ggstz. positivum, das Substantiv), Gramm.

adiectus, ūs, *m.* (adicio), **a** das **Heran-, Nahebringen,** quo pacto naris adiectus odoris tangat, agam, Lucr. 4, 673: abs., Lucr. 1, 689. – **b** das **Einstecken, Einsetzen,** cuneorum (Ggstz. exemptus), Vitr. 9, 8, 6. – **c** die **Beifügung,** Macr. de differ. 6. § 10.

ad-igo, ēgī, āctum, ere (ad u. ago), **heran-, hin-, hineintreiben, I** eig.: **a** Vieh (Ggstz. abigere), oves huc, Plaut.: eādem duo greges inde ulmorum (scherzh.), Plaut.: lactentes ad matres, Varr.: pecus e vicis longinquioribus, Caes.: equos per publicum, Suet. – **b** Menschen (bes. wider Willen, mit Gewalt), cum eā homines huc (ad me) adigit lucrifugas, Plaut.: te adigent horsum insomnia, Ter.: vos Italiam, Verg.: alqm fulmine ad umbras, hinabschleudern, Verg.: alqm praecipitem immani turbine, niederschmettern, Verg. – als gerichtl. *t. t.,* arbitrum (altlat. st. ad arb.) adigere alqm, vor dem Schiedsrichter sich zu stellen nötigen, vor den Sch. laden, Cic. de off. 3, 66; pro Rosc. com. 25; top. 43. – c Dinge, triremes per aestuaria, heranziehen, Tac.: quodam loco turri adactā, an einer Stelle ein Turm (der Feinde) vorgeschoben war, Caes. – bes. ein Werkzeug usw. durch einen Schlegel u. dgl. wo **hineintreiben,** cuneum, Sen.: cuneum in fissuram, Col.: clavum in arborem, cuneum arbori, Plin.: tigna fistucis, B. einrammen, Caes. – Geschosse **heran-, hintreiben, -schleudern,** telum tormentumve (in alqd), Caes.: ex locis superioribus telum in litus, Caes.: sagittā turbine adactā, Verg. – u. Stoßwaffen usw. **hineintreiben, -stoßen,** alci ensem, Verg.: sibi gladium, Liv. epit.: fabrile scalprum in articulo, Liv.: ferrum per pectus, Ov.: per medium hominem qui per os emergat stipitem, Sen.: gladium in os, Flor.: pilum sub oculo, Plin.: ferrum iugulo, Suet.: dah. meton., vulnus, eine Wunde schlagen, alte, Verg., alci, Tac. – **II** übtr.: a übh. **heran-, hintreiben,** poenarum grave sit solvendi tempus adactum, es sei (herangetrieben =) herbeigeführt die rächende Stunde der Schuld, Lucr. 5, 1223 zw.: bis adactum iugo Rhenum, bis adactum legibus Istrum, dem Joch, den Bedingungen (des Siegers) unterworfen, Stat. Theb. 1, 19. – **b** jmd. od. etw. zu etwas **treiben, drängen, bringen, bestimmen, zwingen,** α Pers.: alqm ad suspendium, Plaut., ad insaniam, Ter., ad mortem, Tac.: in furorem, Lact.: m. *ut* u. Konj., *Plaut. mil. 1006 Fl. u. Lor. Pacat. pan. Theod. 2. § 2: m. bl. Konj., Plaut. rud. 681: m. *Infin.*, Verg. Aen. 6, 696; 7, 113. Ov. am. 3, 6, 30. Sen. de ira 2, 36, 6. Tac. ann. 4, 45; 11, 10. – absol., adigit ita (dazu treibt) Postumia et Servius filius, Cic. ad Att. 10, 9, 3: acriore in dies adigi cupidine promiscuas scaenas frequentandi, Tac. ann. 15, 33. – als publiz. u. milit. *t. t.*, adigere alqm ad iusiurandum, Sall. u. Caes., od. bl. iusiurandum, Cic., Caes. u. a., od. iureiurando, Liv.: u. sacramento, Liv. u. Tac., jmd. **in Eid** od. **in Pflicht nehmen, vereidigen, den Eid der Treue leisten (schwören) lassen;** vgl. adiurat, in quae adactus est verba, schwört den ihm vorgelegten Eid, Liv.: so auch adigere alqm in alcis verba iusiurandum u. bl. adigere alqm in verba alcis, jmd. **für** einen **vereidigen,** jmdm. **den Eid der Treue gegen** jmd. **abnehmen,** Caes. u. Liv.: u. im *Pass.*, adigi sacramento alcis od. pro alqo u. in verba alcis, jmdm. **den Eid der Tr. leisten,** ihm **huldigen,** Tac., Suet. u. a.: endlich bl. adigere alqm, Tac.; vgl. adigente Hordeonio Flacco dixit sacramentum, Tac. – **β** Lebl.: in faciem prorae pinus adacta novae, in die Gestalt gebracht, gestaltet wie, Prop.: u. so arborum truncis in cuneum adactis, gestaltet zu usw., Hyg. ► adaxint = *adegerint,* Plaut. aul. 50.

adimitio, ōnis, *f.*, Gloss. V, 344, 19 u. ö. = ademptio.

ad-imo, ēmī, emptum, ere (ad u. emo), **ab-, wegnehmen:** a übh.: si qui adhaeserant pediculi, adimuntur, Col. 12, 51, 1. – **b** etwas Lästiges jmdm. **abnehmen,** alci compedes (Ggstz. dare), Plaut.: vincula canibus, Ov. – u. jmdm. ein Übel **benehmen,** ihn davon **befreien,** curas, metum, Ter.: dolores, Hor. – **c** ein Besitztum, Gut usw. jmdm. **(ab)nehmen,** es ihm **entziehen, rauben** (Ggstz. dare, donare, addere, reddere, tribuere), alci regnum, vitam, pecuniam, Cic.: alci ordinem (Kompanie), regna, Cic.: munus, Liv.: alci civitatem (Bürgerrecht), Sall. fr.: alci sensus, absprechen (Ggstz. reddere [einräumen] assensionem), Cic.: alci somnum, Cic.: undique fugam, Dict.: spem, Ter.: alci spem deditionis, Cic.: perpetuā virginitate alci spem partus, Liv.: m. *ab* u. Abl., cum iste a Syracusanis, quae ille calamitosus dies reliquerat, ademisset, Cic. Verr. 4, 151. – poet. m. folg. *Infin.*, **benehmen** = wehren, verbieten, Hor. ep. 1, 19, 9. Ov. ex Pont. 1, 7, 47. – absol., Ter. Phorm. 276. – **d** eine Pers. jmdm. **entreißen,** alqm (alci), Cic.: puellam leto, Hor. – bes. v. Tod, **entreißen, hinraffen,** alqm alci, Plaut. u. Ter., dah. poet., ademptus, **hingerafft, gestorben,** Hor. u. Ov. – ► adempsit = *ademerit,* Plaut. Epid. 363.

ad-impleo, ēvī, ētum, ēre, **noch dazu anfüllen, vollfüllen, I** eig.: optimi generis musto adimpleto, Colum. 12, 43: Gangem decem fluminibus adimpleri, Auct. Cosmogr. p. 706 *ed. Gron.*: de absconditis tuis adimpletus est venter eorom, Vulg. psalm. 16, 14. – **II** übtr.: **a** im Allg., **ganz erfüllen,** alqm laetitiā, Vulg.: adimpletus divino spiritu, Lact.: adimpleti tibiarum cantu, begeistert, Iul. Firm. – **b erfüllen = vollenden,** u. = **vollziehen, halten,** ICt. u. Eccl. – ► Synk. Infin. Perf. adimplesse, Marcell. dig. 39, 5, 20.

adimplētio, ōnis, *f.* (adimpleo), die **Vollendung,** die **Erfüllung,** carnis, Hieron. ep. 121, 10: legis, Tert. adv. Marc. 4, 33.

adimplētor, ōris, *m.* (adimpleo), der **Erfüller** (durch Inspiration), der **Begeisterer,** prophetarum, Augustin. serm. 232, 3.

ad-incrēsco, ere, **mehr und mehr wachsen, -zunehmen,** Vulg. Sirach 23, 3.

ad-indo, ere, **noch hineintun,** Cato r. r. 18, 1 K.

ad-īnflo, āre, **aufblasen,** Augustin. de civ. dei 19, 23, 1.

ad-ingero, ere, **losschleudern** (bildl.), in alqm saturam calente vi, Septim. Seren. in Schol. Iuven. 4, 2.

ad-ingredior, gredī, **betreten,** paternum gradum, Novell. Iust. 121 praef.

ad-inquīro, ere, **dazu erforschen,** ultra alqd, Iul. Val. 1, 41.

ad-īnstar, richtiger ad instar, s. īnstar.

ad-īnsurgo, ere, **sich hinerheben,** inde colles adinsurgunt, Liv. 22, 4, 2 *ed. Hertz.*

ad-invenio, vēnī, ventum, īre, **hinzufinden, erfinden,** Spät.: Partiz. Perf. pass. subst., adinventa haereticorum, die Erfindungen, Ausflüchte, Tert. adv. gnost. 1.

adinventio, ōnis, *f.* (adinvenio), die **Erfindung,** im üblen Sinne = die **Ausflucht, Finte** (für παρεύρεσις), ICt. u. Eccl.

adinventor, ōris, *f.* (adinvenio), der **Erfinder** (für ἐφευρετής), Plur., adinventores sententiae, Iren. 1, 28, 1.

ad-invēstīgo, āvī, āre, **aufspüren,** Ps. Boëth. de art. geom. p. 400, 1 u. 406, 10 Fr.

ad-invicem, wechselsweise, gegenseitig, Eccl.

adipālis, e (adeps), **fettig,** Ambros. Iob 3, 4, 11. Arnob. adv. nat. 3, 25.

adipātus, a, um (adeps), **mit Schmalz** od. **Fett versehen, bereitet, geschmalzt, fettig,** a eig.: puls, Lucil. sat. 5. fr. X (bei Charis. 94, 19): hic adipatus (panis), Charis. 94, 17. – Subst., adipata, ōrum, *n. pl.*, Schmalzgebackenes, Iuven. 6, 630. Vespae iudic. coci et pist. 48 (Riese Anthol. Lat. 1, 1. p. 141). – **b** übtr.: opimum quoddam et tamquam adipatae dictionis genus, eine überladene u. schwülstige, Cic. or. 25. adipata crassitudo ingenii, Fulg. Virg. contin. p. 86, 14 *Helm.*

adipes, s. adeps.

adipeus, a, um (adeps), **aus Fett bestehend,** Hier. ep. 147, 8; in Iesai. 15, 55, 1 *extr.*

ad-ipiscor, adeptus sum, adipiscī (ad u. apiscor), **habhaft werden, I** räumlich **erreichen, einholen,** vix adipiscendi (te) potestas modo fuit, Plaut.: fessos, fugientem, Liv.: quos sequebantur non sunt adepti, Liv.: signa (*i.e.* sidera) adipiscuntur lunam, Lucr. – **II** übtr., **a** etw., wonach man gestrebt hat, **erreichen,** α geistig **erreichen, erfassen,** quod vis divina *assequi* non possit, si id mens humana *adepta* non *sit,* Cic. Rosc. Am. 131. – **β** etw. als erstrebtes Besitztum **erreichen, erringen, erlangen,** zu etw. **gelangen** (Ggstz. amittere), dictis (durch Witze) menstruales epulas, Plaut.: par conubium maturo tempore (v. einer virgo), Catull.: senectutem, Cic.: victoriam, Caes.: gloriam, Nep.: laudem, Cic.: gloriam, laudem, decus, Plaut.: famam latiorem, weit u. breit berühmt werden, Solin.: paternos honores, Brut. bei Cic.: ius suum, Liv.: in adipiscenda morte manu eius adiutus, bei seiner Selbstentleibung, Suet.: singula mediocriter, sich zu eigen machen (aneignen), Cic.: maximam ab omnibus (bei allen) laudem, Cic.: potentiam apud unum, odium apud omnes, Tac.: gloriam ex alqa re, Nep.: finis bonorum est adeptum esse omnia e natura et animo et corpore et vita, Cic.: quod adeptus est per scelus, Cic.: immortalitatem quandam per vos, Cic.: adeptos aliquantum se ad dicendum et ad iudicandum, Cic.: *Partic.* im Vok., omnium triumphorum lauream adepte maiorem, Plin. 7, 117: m. *Genet.*, rerum adeptus est, Tac. ann. 3, 55. – m. folg. *ut* od. *ne* u. Konj., Cic. Verr. 2, 51; Mil. 34. – *Pass.*, non aetate, verum ingenio adipiscitur sapientia, Plaut. trin. 367: haec adipiscuntur, C. Fann. bei Prisc. 8, 15. – öfter

Partic. adeptus, Sall. u. a. (s. Kritz u. Fabri zu Sall. Cat. 7, 3). – **b** übh. etw. **erlangen,** bes. Unangenehmes, **nomen a tonso capillo, Ov.: nullum crimen, Ov.: malis consiliis pares eventus, Liv. 6, 8. § 8.** – ► Parag. Infin. Präs. **adipiscier, Plaut. capt. 483. Ter. Andr. 332.**

adips, s. adeps.

adipsos, ī, *f.* (ἄδιψος), **durststillend,** Beiname **a** des Süßholzes, Plin. 22, 26. Prisc. perieg. 248. – **b** einer Art **Datteln,** Plin. 12, 103.

aditiālis, e (aditus), **zum (Amts-) Antritt gehörig, Antritts-,** cena, der Antrittsschmaus (der Behörden u. Priester), Varr. r. r. 3, 6, 6. Sen. ep. 95, 41; 123, 4: ad. cena sacerdotii, Plin. 10, 46: ad. epulae, Plin. 29, 58.

aditicula, ae, *f.* (*Demin.* v. aditus), ein **kleiner Zugang,** Iul. Val. 3, 45 (3, 25). – Dass. **aditiculus,** ī, *m.,* Paul. ex Fest. 29, 6.

aditio, ōnis, *f.* (2. adeo), **I** das **Hinzugehen, Hingehen** zu etw., m. *Acc.,* quid tibi hanc aditiost? Plaut. truc. 622. – **II** das **Antreten** der Erbschaft, mit u. ohne hereditatis, ICt.

adito, āvī, āre, (*Intens.* v. 2. adeo) **wiederholt herangehen,** ad eum, Enn. tr. 433 (394): quo commodius aditet aviarius, qui etc., Col. 8, 3, 4 (wo jetzt sinnlos habitent aviariusque).

1. **aditus,** a, um, s. 2. ad-eo.

2. **aditus,** ūs, *m.* (2. adeo), das **Heran-, Hinzugehen,** der **Hingang** (Ggstz. abitus), **I** eig. u. meton.: **1** eig.: **a** übh.: quorum aditu aut abitu, Lucr.: uno aditu atque adventu, Cic.: litoris, Cic.: finium, Liv.: difficiles aditus habere ad pastum, Cic.: huc aditum ferre, seine Schritte lenken, Catull. u. Apul. – **b** insbes.: **α** die Möglichkeit-, die Erlaubnis-, das Recht des Hinzugehens, der **Zutritt,** der **Zugang,** in forum, in curiam, Cic.: aditus in id sacrarium non est viris, Cic.: quibus solis aditus in domum familiarior erat, freierer Zutritt, Liv.: ventis est aditus, W. dringen hin, Verg. – zu einer Pers., um sie zu sprechen, der **Zutritt,** die **Audienz** (die jmd. erlangt, dagegen admissio = der Zutritt, die Audienz, die jmd. gibt), aditus commendationis, Z. durch E., Caes.: homo rari aditus, ein schwer zugänglicher Mensch, Liv.: faciles aditus ad eum privatorum, Cic.: aditus ad eum difficilior esse dicitur, Cic.: difficiles aditus primos habet, Hor.: aditus ad alqm intercludere, Cic.: aditum petentibus conveniendi non dare, Zutritt zur Audienz, Nep.: nullum aditum in scaenam mimis dare, Val. Max.: aditum ad alqm postulare, Tac.: per Parmenionem aditum regis (zum K.) obtinere, Iustin. – **β** das Recht, durch das Feld eines anderen nach dem seinigen zu gehen, praestare alci aditum, aditum redimere etc. ICt. – **2** meton., der **Eingang, Zugang** als Ort (Ggstz. exitus), aditus insulae muniti, Cic.: in primo aditu vestibuloque templi, Cic.: aditus ad castra difficilis et angustus, Caes.: duo sunt aditus in Ciliciam ex Syria, Cic.: omnes aditus claudere u. aditum utrumque intercludere, Cic.: aditum occupare, Verg., obsidēre, Ov.: aditus firmare, Tac.: aditus obserare, Amm. – **II** übtr.: **a** der **Schritt, Eintritt** in etw., primus aditus et postulatio Tuberonis haec fuit, ut etc., Cic.: qui aditus ad causam Hortensio patuerit, Cic.: vestibula honesta aditusque ad causam illustres facere, Cic.: aditus tantum mortis durior longiorque erat, der Übergang zum Tode, das Hinscheiden, Plin. ep. – **b** die Gelegenheit, zu etwas zu gelangen od. etwas zu erlangen, der **Zutritt, Zugang,** ad alcis aures, Cic.: ad honorem, Cic.: patefacere aditum rerum, Cic.: aditus laudis, qui semper optimo cuique patuit, Cic.: aditum sibi facere ad amicitiam tyranni, Sen. rhet.: c) die **Möglichkeit, Veranlassung, Berechtigung,** aditum oppugnationis alci dare, Auct. b. Alex.: ad ea conanda, Caes.: aditum conveniendi alci dare, Nep.: postulandi, Caes.: sermonis, Caes.

ad-iūbilo, āre, **zujubeln,** Inscr. in Nov. Collect. tom. 5. p. 144 *ed. Mai* (wo falsch adiūbilat gemessen ist).

adiūdicātio, ōnis, *f.* (adiudico), die (richterliche) **Zuerkennung,** ICt. (auch im Plur.).

ad-iūdico, āvī, ātum, āre, **I** jmdm. (richterlich od. schiedsrichterl.) etw. **zuerkennen, zusprechen,** regnum Ptolemaeo, Cic.: agrum sibi, Liv. epit.: mulierem Veneri in servitutem, Cic.: causam alci, zugunsten jmds. entscheiden, Cic.: alqd Italis armis, den Italerwaffen zusprechen = durch ein bloßes Machtgebot der röm. Herrschaft unterwerfen, Hor.: alqm morti, Ambros.: u. scherzh., adiudicato (entscheide), cum utro hanc noctem sies, Plaut. – **II** übtr., übh. jmdm. etw. (als Verdienst, Eigenschaft) **zusprechen, zuschreiben,** alci salutem imperii huius atque orbis terrarum, Cic.: optimum saporem ostreis, Plin. – ► Parag. *Infin.* adiudicarier, Trag. fr. inc. 53 (bei Rhet. Her. 3, 42). – Nbf. adioudico, CIL 1, 200, 62.

adiuero, altl. = adiuvero, s. ad-iuvo ►.

ad-iugo, āvī, ātum, āre, eig. **anjochen;** dah. **1** als *t. t.* des Landb., die Reben (an das *jugum,* d. i. die Querlatten, den Holm) **anbinden,** palmites, Col.: vitem, Plin. – **II** übtr. = **eng vermählen,** Pacuv. tr. 93 u. 195. Lact. de opif. dei 6, 4.

adiūmentum, ī, *n.* (adiuvo), das **Unterstützungs-, Beförderungsmittel,** die **Unterstützung, a** übh. (Ggstz. detrimentum, incommodum), alcis rei, ad alqd, Cic.: alci rei (für etw.), Cic.: alci esse adiumento ad alqd od. in alqa re, Cic.: alci adiumentum afferre ad alqd, Cic. – v. Pers., Rhet. Her. u. Ov.: addere alci alqm adiumentum deprecandi, Dict. – **b** der **Beleg,** non male uti hoc adiumento, Rhet. Her. 4, 8.

adiūnctio, ōnis, *f.* (adiungo), das **Anknüpfen,** übtr.: **I** das **Sich-Anschließen,** der **Anschluss, a** übh.: naturae ad hominem, Cic.: animi vel voluntatis, die Hinneigung, Q. Cic. – **b** als rhet. Figur = συνεζευγμένον, die Beziehung eines Prädikats auf mehrere Gedanken, sodass das Prädikat (Verbum) entweder am Anfang oder am Ende des Satzes angefügt wird, Cic. de or. 206. Rhet. Her. 4, 38. – **II** insbes., das vermehrende **Hinzufügen, Anschließen, Anreihen, a** übh.: virtutis, kräftige Mitwirkung, Cic.: verborum, Cic. – **b** als rhet. *t. t.,* der das Absolute des Satzes aufhebende, der beschränkende **Zusatz,** die **Beschränkung,** Cic. de inv. 2, 171 *sq.*: quaedam cum adiunctione necessitudines, hypothetische Notwendigkeiten (Ggstz. simplices et absolutae), Cic. *ibid.*

adiūnctīvus, a, um (adiungo), **zur Anknüpfung dienlich,** modus, der Konjunktiv, u. coniunctio, die den Konjunktiv regiert, spät. Gramm.

adiūnctor, ōris, *m.* (adiungo), der etwas **hinzufügt,** ille ulterioris Galliae, der das j.G. zu Cäsars Provinz schlug, Cic. ad Att. 8, 3, 3.

adiūnctus, a, um, *PAdj.* m. *Compar.* u. *Superl.* (v. adiungo), **eng verbunden, in naher Beziehung-, in nahem** od. **notwendigem Zusammenhang stehend, wesentlich,** adiunctissima quaestio, Arnob. 7, 39 zw. – Öfter subst., **a** adiunctum, ī, *n.,* das jedem Menschen oder jeder Sache Eigene u. Natürliche, der **Charakter,** das **Charakteristische, Eigentümliche, Wesentliche,** in adiunctis morari, Hor.: pietatis adiunctum esse, Cic.: propiora huius causae et adiunctiora, Cic. – **b** als rhet. u. dial. *t. t.,* adiunctum negotio, das einer Sache Verwandte u. Ähnliche nebst den sie begleitenden Nebenumständen, woraus man Schlüsse für die Sache selbst ziehen kann, Cic. – u. so adiūncta, ōrum, *n. pl.,* **Nebenumstände** der Zeit, des Orts usw., Cic.: argumenta ex adiunctis, Cic.

ad-iungo, iūnxi, iūnctum, ere, **anknüpfen, anbinden, I** eig.: **a** das Vieh = **anspannen** an usw., plostello mures, Hor.: equos, Ov. – **b** Reben **anbinden** an usw. (Synon. alligare), ulmis vites, Verg. **II** übtr., übh. **anfügen, anreihen, anschließen, A** räumlich u. zeitlich: **a** räuml.: **α** lebl. Objj.: parietem ad parietem communem, Cic.: accessionem aedibus, Cic.: litteras, Cic. – bes. im Passiv, adiunctum esse, an einen Ort **sich anschließen, angrenzen,** linguae radicibus, Cic.: fundo uxoris, Cic.: lateri castrorum, Verg.: adiunctus fundus, Cic. – **β** leb. Wesen: Triton natantibus invehens beluis adiunctis humano corpori, die seinem menschl. Körper angefügt sind (weil Triton mit zwei Fischleibern statt der Füße dargestellt wird), Cic.: leo hominis se adiungit corpori, schmiegt sich an usw., Gell. – besond. als Begleiter usw. **beigeben, beigesellen, vereinigen,** fidelem libertum lateri filii sui, Quint.: Samnitium exercitum, Liv.: u. im Gleichnis, iuris scientiam eloquentiae tamquam ancillulam pedisequamque, Cic. – **b** zeitlich: alterum (anni tempus) hiemi senescenti adiunctum est, Cic.: horum aetatibus adiuncti duo C. Fannii, C. et M. filii, fuerunt, deren Zeitgenossen waren usw., Cic.: ei (M. Druso) proxime adiunctus C. Drusus frater fuit, Cic.: hoc factis adiunge prioribus unum, Ov.: proximam necem Laterani, Tac.

B übh. äußerlich oder innerlich in eine Verbindung, einen Zusammenhang, in ein Verhältnis bringen, **a** lebl. Objj.: **α** in der Rede an etw. **anknüpfen, anfügen,** verba ad nomen adiuncta, Epitheta, Cic. – u. an das Gesagte **anknüpfen,** zu etw. **hinzufügen** (Synon. annectere, adicere, addere), postea ad id, quod definieris, factum eius, qui accusabitur, adiungere oportebit, Cic.: similitudines (Beispiele) adiungens, Cic. – u. in der Erzählung **hinzufügen, noch erzählen,** quod cum dicerem, illud adiunxi m. folg. Akk. u. Infin., Cic.: si hoc unum adiunxero m. folg. Akk. u. Infin., Nep. – **β** in der Deduktion an etw. **anknüpfen, anreihen,** von etw. **abhängig machen** (Synon. annectere), rebus praesentibus adiungere atque annectere futuras, Cic.: sequentia (die Folgesätze), Cic. – **γ** politisch zu etw. **hinzufügen, schlagen,** Ciliciam ad imperium populi Rom., Cic.: societati Achaeorum Lacedaemonios, Liv.: agros populo Rom., Cic.: vectigalia (*sc.* ad imp. populi Rom.), Cic. – **δ** irgendein Verhältnis an etw. od. jmd. knüpfen = **beilegen, zulegen, beimessen, verleihen, verschaffen,** fidem visis, Cic.: honorem populi Rom. rebus, Cic.: alci tantum decoris, tantum dignitatis, ut etc., Cic.: imperium, quod amicitiā adiungitur (*sc.* nobis), die mit Fr. gegen uns geübt wird, Ter. – u. sibi alqd, **sich** etw. **zulegen, erwerben, gewinnen, verschaffen,** sibi auxilium, Cic.: sibi alcis diligentiam (sorgfältige Aufmerksamkeit), Cic.: u. so benevolentiam (*sc.* sibi) lenitate audiendi, Cic. – **ε** irgendein Verhältnis als Folge, Begleitung, Zugabe an ein anderes anknüpfen = ihm **folgen lassen, beifügen, beigesellen,** mit etw. **vereinigen, verbinden, paaren** u. dgl., ad honestatem voluptatem, Cic.: ad illam vim (mit jener G.) dominationis adiuncta est auctoritas, Cic.: gravem poenam municipiis, außerdem auferlegen, Cic.: insolentiam honestati, Cic.: verbis solutis numeros, Cic.: summae gravitati tantum comitatis, Plin. ep.: u. im *Abl. absol.,* adiuncto vero, ut iidem etiam prudentes haberentur, vereinigte sich aber damit, dass usw., Cic. de off. 2, 42. – **ζ** die geistige Tätigkeit gleichs. an etw. anknüpfen, fesseln = ausschließlich od. ernstlich nach ihm **hinrichten,** ihm **zuwenden** (Synon. applicare), huc animum adiungas tuum, Ter.: animum ad aliquod studium, Ter.: crimen et suspicionem potius ad praedam, quam ad egestatem, Cic. – **b** Pers.: **α** jmd. in einer Schrift als Teilnehmer eines Gesprächs **anbringen,** jmdm. **eine Rolle zuteilen,** alqm ad suos sermones (polit. Gespräche = polit. Schriften im Gesprächston), Cic.: ei dialogo adiunctum esse tertium, die dritte Rolle haben, Cic. – **β** jmd. (sich) in politischer, moral. od. geselliger Hinsicht an jmd. (sich) od. etw. knüpfen, **fesseln, sich anschließen lassen,** mit jmd. **verbinden, vereinigen,** urbem ad amicitiam, Liv., in societatem, Nep.: bellicosas nationes (alci), Nep.: alqm sibi socium, u. bl. alqm socium, Cic.: exercitum (*sc.* sibi), sich zulegen, Cic. – u. se ad alqm od. ad alqd, **sich anschließen** an usw., se ad probos, Plaut.: se ad causam alcis, Cic.: sese ad alterutram partem, Gell.: sese alterutrā parte, Gell. 2, 12, 1. – m. dopp. *Acc.,* se comitem (als B.) fugae alcis, Cic. ad Att. 9, 10, 2: eum amicum (als Fr.) sibi cupiebat adiungi, Nep. Alc. 9, 2. – ► Parag. *Infin.* adiungier, Val. Flacc. 2, 421.

adiūrāmentum, ī, *n.* (adiuro), das **Beschwören, inständige Bitten,** Vulg. Tob. 9, 5.

adiūrātio, ōnis, *f.* (adiuro), das **Beschwören** bei etw., m. *Genet.* **wobei?** divini nominis, Lact. 2, 17, 11: salutis, Apul. met. 2, 20.

adiūrātor, ōris, *m.* (adiuro), der **Beschwörer,** der Schlangen, Alcim. Avit. 2, 312.

adiūrātōrius, a, um (adiuro), **eidlich,** cautio, Cod. Iust. 12, 25 (26) 4, 4.

1. adiūro = adiuvero, von adiuvo, s. d.

2. ad-iūro, āvī, ātum, āre, **I** zu einem Schwur **noch schwörend hinzufügen,** ut praeter commune omnium iusiurandum haec adiurarent, Liv. 43, 14, 5. – **II** etw. **zuschwören, beschwören = eidlich versichern** od. **versprechen,** qui omnia adiurant, Cic.: adiurat in quae adactus est verba, Liv.: m. folg. *Acc.* u. *Infin;* se adiurat anus eam mihi monstrare, Plaut.: eam suam filiam esse adiurabat mihi, Ter.: adiuras id te invito me non esse facturum, Cic.: m. folg. *ne* u. Konj., de quibus adiurare etiam debetis, ne quis etc., Capit. Gord. tr. 12, 2: m. Ang. **bei wem?** durch *per* m. *Acc.,* per Iovem deosque omnes adiuro m. folg. *Acc.* u. *Infin.,* Plaut.: per omnes tibi adiuro deos m. folg. *Acc.* u. *Infin.,* Ter.: od. durch bl. *Acc.,* adiuro Stygii caput implacabile fontis, Verg. – **III** jmd. **beschwören, a** unter Anrufung einer teuren Person zu bewegen suchen, inständigst bitten, alqm, Vulg.: alqm per patrem, Lact.: u. alqm, *ut* m. Konj., Vopisc. Tac. 14, 1 (Florian. 1, 1). Vulg. 2. Esdr. 5, 12. – **b** Geister **beschwören,** per deum daemones, Lact. 2, 15, 3. Min. Fel. 27, 7: dei nomine daemones, Lact. 2, 15, 3. ► Depon. Nbf. adiuror, wovon Perf. adiuratus sum, Vopisc. Tacit. 14, 1 (= Florian. 1, 1). Vulg. gen. 50, 5.

adiūtābilis, e (adiuto), **fördersam,** opera, Plaut. mil. 1144.

adiūto, āvī, ātum, āre (*Frequ.* v. adiuvo), jmd. od. etw. mit allem Eifer **unterstützen, zu fördern suchen,** mit allem Eifer jmdm. od. bei etw. **beistehen,** alqm, Acc. tr. u. Komik.: regem adversus populum, Gell. 6, 3, 3: rem publicam, Ps. Sall. ad Caes. 2, 12, 4: funus, alci onus, Ter.: voluntatem alcis, Gell.: m. *Acc. pers.* u. allg. *Acc. rei,* id, amabo, adiuta me, Ter. eun. 150: si tu nos aliquid adiutare potes, Cic. fr. E. XI, 3 M.: u. bl. adi. alci, Petr. 62: absol., Pacuv. fr., Komik, u. Varr. – ► Arch. Nbf. adiouto, CIL 1, 1290.

1. adiūtor, ārī, (adiuvo) **sich behilflich zeigen, behilflich sein,** absol., Pacuv. tr. 98 u. 157: alqm, Afran. com. 207.

2. adiūtor, ōris, *m.* (adiuvo), der **Unterstützer, a** übh. = der unterstützende, fördernde **Gehilfe, Beistand,** der **Förderer, Beförderer,** im üblen Sinne = der **Helfershelfer** (Synon. minister, administer), duc adiutores tecum ad navim qui ferant, Plaut.: non mihi, sed tibi hic venit adiutor, Cic.: quibus adiutoribus regem aggressus, unter deren Beistand, Sall.: u. so paucos homines hoc adiutore Q. Opimium omnibus bonis evertisse, Cic. – hic adiutor meus et monitor, Ter.: Plancus nunc adiutor Bruti, nunc proditor, Vell. – adiutor iracundiae, Ter.: victoriae populi Romani, Cic.: sententiae, Cic.: consiliorum periculorumque, Cic.: harum omnium rerum L. ille Torquatus auctor, adiutor, particeps exstitit, Cic. – m. *Dat.,* deos adiutores incepto invocantes, Dict. 2, 10: cuius ipse honori et dignitati semper faverit atque adiutor fuerit, Caes. b. c. 1, 7, 1: m. *in* u. Abl., ille absentis in omnibus adiutor, Cic.: in psaltria hac emunda hic adiutor fui, Ter.: his se tribus adiutoribus in re gerenda esse usurum dicebat, Cic.: in quo adiutores Stoicos optimos habemus, Cic.: m. *ad* od. *contra* u. Akk. (s. Seyff. zu Cic. Lael. 10, 35. p. 252), ut aut libidinis ministri aut adiutores essent ad iniuriam, Cic.: his adiutor contra patriam inventus est nemo, Cic. – **b** der regelmäßige **Gehilfe, Beistand, Handlanger,** als Tagelöhner, Cato r. r. – als Gehilfe des Hauptschauspielers auf der Bühne (Spieler einer Nebenrolle, mit der Flöte od. mit Gesang Begleitender usw.), Phaedr. 5, 5, 14; übtr., Hor. sat. 1, 9, 46. – als Gehilfe eines Rhetors, **Hilfslehrer, Unterlehrer** (ὑποδιδάσκαλος), Quint. u. Suet. – als Gehilfe bei literar. Arbeiten, in litteris studiorum alcis, Gell. – bes. der öffentl. bestellte **Gehilfe** eines Staatsbeamten, wie unser **Adjunkt, Adjutant,** adiutores triumviris quinqueviri, Liv.: quos tibi comites et adiutores negotiorum publicorum dedit ipsa natura, Cic.: P. Manlius in Hispaniam citeriorem adiutor consuli datus, Liv.: M. Iunius Silanus propraetor adiutor ad res gerendas datus est, Liv.: publice ab Atheniensibus Evagorae adiutor datus, Nep.: huic (quaestori) Fulvium Postumium adiutorem submiserat, Caes.: in qua regione adiutore legatoque fratre meo usus est, Vell.: impetratis a senatu decem adiutoribus, Suet.: die Freunde u. Minister des Kaisers, Vell. u. Suet.: u. a. Hofstellen mit *ab,* wie adi. ab epistulis, ab actis u. dgl., Inscr.

adiūtōrium, ī, *n.* (adiuvo), **I** die **Unterstützung,** der **Beistand,** die **Hilfe, Stütze,** absol. od. m. *Genet. subi.* u. *obi.,* Asin. Poll. fr. bei Suet. gr. 10. Vell. 2, 112, 4. Sen. ep. 88, 25. – **II** das **Heilmittel,** Cass. Fel. 1. Plin Val. 5, 7. Vgl. Gloss. ›adiutoria, fomenta‹.

adiūtrīx, īcis, *f.* (adiutor), die **Unterstützerin, a** übh., die **Unterstützerin, Förderin,** die **Begünstigerin,** im üblen Sinne = die **Helfershelferin, α** v. Pers.: reginā adiutrice regem dominum interemit, von der K. unterstützt, Cic.: Minerva adiutrix consiliorum meorum, Cic.: qua in re adiutricem coniugem cepit sibi, Acc. fr.: matres omnes filiis in peccato adiutrices, auxilio in paterna iniuria solent esse,

Ter. – **β** v. Lebl.: aliqua fortuna fuerit adiutrix tibi, Plaut.: legem adiutricem adhibere, Cic.: Messana tuorum adiutrix scelerum, Cic.: felicitas est fortuna adiutrix consiliorum bonorum, Cic. fr.: quae res Plancio in petitione fuisset adiutrix, Cic. – **b** insbes., Benennung zweier aus Seeleuten (classiarii od. classici) zur Kaiserzeit errichteten Reserve-Legionen, legio prima Adiutrix u. legio secunda Adiutrix, Tac., Scriptt. hist. Aug. u. Inscr. – ► Genet. Plur. adiutricum, Tert. Scorp. 14: adiutricium, CIL 3, 2524.

adiūtus, Abl. ū, *m.* (adiuvo), die **Unterstützung, Hilfe,** unius adiutu, Macr. sat. 7, 7, 5: adiutu noctis uti, Auct. itin. Alex. 23 (58): pubertatis adiutu, Iul. bei Augustin. op. imperf. c. Iul. 5, 11: spontaneae in nobis iniquitatis adiutu, Iul. bei Augustin. op. imperf. c. Iul. 6, 40.

adiuvāmen, minis, *n.* (adiuvo), die **Unterstützung,** Ps. Cypr. de sing. cler. 19 (Plur.).

adiuvāmentum, ī, *n.* (adiuvo), die **Unterstützung,** der **Beistand,** die **Hilfe,** Cass. Fel. 32. p. 65, 4. Greg. Tur. Mart. 3, 21. Isid. de eccl. off. 1, 18, 3 (Plur.); vgl. Gloss. ›adiuvamentum, βοήθημα‹.

adiuvātio, ōnis, *f.* (adiuvo), die **Unterstützung,** Diom. 391, 24.

ad-iuvo, iūvī, iūtum, iuvāre, **unterstützen, fördern, I** im engeren Sinne: **a** übh.: **α** m. pers. Objj.: alqm, Cic. u. a. (Synon. opitulari alci, jmdm. helfen): seu manibus in assurgendo seu genu se adiuvissent, Liv.: adi. alqm auxilio, operā, Plaut. u. Ter.: alqm adiutum proficisci, Nep.: alqm in alqa re, Ter. u. Cic.: alqm ad bellum, Liv.: ad verum probandum, Liv.: consulem ad traiciendas in Asiam legiones, Liv.: ab alqo adiuvari de (in Betreff) alqa re, Cic. – m. *Acc. pers.* u. *Acc. pron. neutr;* neque me quicquam consilio adiuvas? Ter. heaut. 982: m. *ut* u. Konj., Cic. ep. 5, 2, 9; ad Q. fr. 1, 1, 15. § 43: m. *ne* u. Konj., Catull. 32, 4: m. *Infin.*, adiuvat enim (pater phalangiae) incubare, Plin. 11, 85: m. *Acc. rei* u. *Dat. comm.*, messim hanc nobis adiuvent, Gell. 2, 29, 7: m. bl. allg. *Acc.*, si quid ego adiuero, Enn. fr.: si quid tu adiuvas, Plaut.: quorum alteri, quod nullo studio agebant, non multum adiuvabant, keine besonderen Dienste leisteten, Caes.: absol., et adiuvēre captivi, halfen mit, Liv. 24, 16, 3. – Sprichw., fortis (= fortes) fortuna adiuvat, wer wagt, gewinnt, Ter. Phorm. 203 u. daraus Cic. Tusc. 2, 11 u. Liv. 34, 37, 4; vgl. fortes adiuvat ipsa Venus, Tibull. 1, 2, 16. – **β** mit sächl. (materiellen od. abstr.) Objj. = etw. **unterstützen, fördern, befördern,** ihm **nachhelfen,** etw. **nähren, erhalten,** salices aquationibus, Pallad.: ignem (Ggstz. exstinguere), Liv.; u. ignes (übtr. = Liebesflamme), begünstigen, Ov.: ictum hostis, Curt.: nec arte nec viribus ictum, Liv.: staturam mendacio, Sen.: formam curā, heben, Ov.: preces alcis, Suet.: facultates Pallantis publicarum opum egestione, Plin. ep.: Capuam venire et adiuvare delectum, Cic.: maerorem orationis lacrimis suis, Cic. – als mediz. *t. t.*, alqm temerariā etiam ratione, Cels.: adiuvari debent ex vino mero atque plurimo, Scrib.: adi. concoctionem, Plin. – **γ** absol. (wobei das Objekt aus dem Zusammenhang zu ergänzen): se adiuvante, Nep.: si di adiuvabunt, Cic.: quibus rebus indiguerunt, adiuvit, er half bei ihren Bedürfnissen aus, Nep.: remis adiuva, hilf mit den R. nach, Ps. Quint. decl. – **b** für einen Mimen **einen Gehilfen** auf der Bühne **abgeben,** mimographos, Suet. gr. 18. – **c** moralisch **aufrichten, erbauen, ermutigen,** alqm, Cic. or. 12; Tusc. 2, 10: clamore militem suum, Liv. 1, 25, 9. – **II** im weiteren Sinne: **förderlich-, nützlich-, zuträglich sein, helfen, gute Dienste leisten, frommen, beitragen, mitwirken, α** persönl., m. *Acc.*, iam nihil te Neronis iudicium adiuvat, Cic.: multum eorum opinionem adiuvabat, quod (der Umstand, dass usw.), Caes. – m. *ad* u. Akk., quam ad rem multum humilitas navium adiuvat, Caes.: non ad obtinendum mendacium, sed ad verum probandum auctoritas adiuvat, Cic. – absol., adiuvat hoc quoque, Hor.: solitudo aliquid adiuvat, Cic.: ante omnia adiuvit memoria damnationis Sergii ac Verginii, Liv. – v. Heilmitteln, adiuvat et nitrum aceto dilutum et datum, Scrib. 198: adiuvat bene et ius pingue agninum, Scrib. 189: u. v. Nahrungsmitteln, vinum pemma lucuns nihil adiuvat, Varr. sat. Men. 508. – u. als philos. *t. t.*, causae adiuvantes, mittelbare (Ggstz. proximae, unmittelbare), Cic.: non haec esse adiuvantia, causarum, sed etc., mitwirkende Ursachen, Mitursachen, Cic. – **β** unpers., m. folg. *Infin.*, nihil igitur adiuvat procedere et progredi in virtute, Cic. de fin. 4, 64. – m. folg. si u. Konj., in re mala animo si bono utare, adiuvat, Plaut. capt. 202. – m. folg. quod (daß), adiuvat etiam, quod (der Umstand, dass) auditor gaudet intellegere, Quint. 9, 2, 78. – ► a) adiuero = *adiuvero,* Enn. ann. 339 (bei Cic. de sen. 1 M.); u. so adiuerit, Ter. Phorm. 537. – **b** Das Perf. adiuvavi erst Paul. dig. 34, 9, 5. § 10 u. 40, 2, 15. § 1. Itala Luc. 1, 54; 2; Cor. 6, 12. Cassiod. compl. 9. in 2. Corinth. (auch Val. Max. 8, 2, 3 *cod. Bern. pr. m.*). – das Partiz. Fut. Akt. adiuvaturus bei Petr. 18, 3. Dar. Phryg. 16 (dagegen adiuturus bei Ter. Andr. 522. Liv. 34, 37, 5). – vulg. nach der 3. Konj. adiuvis = adiuvas, Itala 2 paral. 19, 2 (bei Lucifer Calat. de non conv. 4. p. 9, 27).

adl... s. all...

Admagetobriga, ae, *f.*, Stadt im keltischen Gallien, in deren Nähe Ariovist die Gallier schlug, Caes. b. G. 1, 31, 12 (*al.* Magetobriga).

ad-manet, mānsit, **er bleibt dabei,** Not.Tir. 30, 40 u. 46.

ad-martyrizo, āre (ad u. martyr), den **Märtyrern beistehen,** Commod. instr. 2, 16, 19.

admātertera, ae, *f.* **die Tochter der Urgroßtante,** Isid. 9, 6, 28.

ad-mātūro, āre, **mit zur Reife bringen, beschleunigen helfen,** horum discessu admaturari defectionem, Caes. b. G. 7, 54, 2.

admemorātio, ōnis, *f.* (ad u. memoro), die **Erwähnung,** Augustin. ep. 59, 1.

admentātio etc., s. āmentātio etc.

ad-mentior, īrī, **erlügen,** mater, quam illi admentiuntur, Iren. 2, 30, 9.

ad-meo, āre, **herangehen,** procul, Paul. Nol. carm. 17, 119.

ad-mētior, mēnsus sum, īrī, **zumessen,** vinum, Cato: vinum emptoribus, Cato: frumentum militi, Liv.: frumentum alci ex area, Cic.: frumentum levissimo pretio viritim, Suet. – ► *Pass.*, admetiuntur, Non. 464, 1: admetiatur, Gaius dig. 18, 1, 35. § 7. Paul. dig. 18, 6, 5: admensum sit, Florent. dig. 19, 2, 36: admensum erit, Paul. dig. 18, 1, 40. § 2: admensa sint, Gaius dig. 18, 1, 35. § 5: admetiri, Ps. Aethic. cosmogr. praef. p. 26 (am Pompon. Mela ed. Gronov., Lugd. Bat. 1696): admensus, Mart. Cap. 6, 588 u. 614 (vgl. Keil Cato r. r. 148, 2).

Admētus, ī, *m.* (Ἄδμητος), **I** Herrscher von Pherä in Thessalien, Gemahl der Alkestis (der Tochter des Pelias), die sich für ihn dem Tode hingab, Hyg. fab. 173; vgl. Val. Max. 4, 6, 1: Admeti coniunx, Ov. ex Pont. 3, 1, 106: socer Admeti, Ov. Ib. 444. – **II** König der Molosser, Gastfreund des Themistokles, Nep. Them. 8, 3.

ad-migro, āre, **hinzuziehen,** übtr., **hinzutreten,** si ad paupertatem admigrant infamiae, Plaut. Pers. 347.

adminicula, ae, *f.* = adminiculum, Ven. Fort. vit. S. Radeg. 19, 44.

adminiculābundus, a, um (adminiculo), **sich zu stützen strebend,** Auct. itin. Alex. 9.

adminiculātio, ōnis, *f.* (adminiculo), die **Unterstützung,** Boëth. in Cic. top. 5. p. 368, 2 Or.

adminiculātor, ōris, *m.* (adminiculo), der **Unterstützer,** eo *adminiculatore et quasi administro* in studiis litterarum Cicero usus est, Gell. 6, 3, 8.

adminiculātus, a, um, *PAdj.* im *Compar.* (adminiculo), **wohl versehen, wohl ausgerüstet,** memoria adminiculatior, Gell. 1. pr. § 16. Macr. sat. pr. § 11.

adminiculo, āvī, ātum, āre (adminiculum), **I** *t. t.* des Landbaues (durch Pfähle usw.) **stützen,** vitem, Cic. de fin. 5, 39. Col. de arb. 16, 4: vineam, Col. 2, 26, 1: vites adminiculatae sudibus, Plin. 14, 13. – **II** übtr., **unterstützen, beistehen,** voluntatem tuam scribendo, Varr. fr.: vitam, Censorin.: omnibus necessariis iter alcis, Augustin.: tribunicio auxilio adminiculati, Varr. fr.: id ex illis Homericis versibus adminiculari potest, Gell.: ad beatitudinem adiuvari et adminiculari, Augustin.: partes adminiculandi, Partikeln, Varr. LL.

adminiculor, ārī (adminiculum), **unterstützen, helfen,** his disciplinis instruere atque adminiculari suam mentem, Augustin. c. Acad. 1. *no.* 21 *extr.:* calor materni corporis formandis pullis adminiculatur, Augustin. de genes. ad litt. 1, 18, 36 (aber Augustin. de civ. dei 10, 1, 1 Dombart adminiculare).

adminiculum, ī, *n.* (ad u. *mineo, wov. immineo u. promineo), eine nach obenhin geführte **Stütze,** **I** eig.: **a** als *t. t.* des Landbaues, die **Stütze** für die rankenden Reben, der **Pfahl,** Cic., Plin. u. a. – **b** jede Art von **Stütze, Handhabe, Hilfsmittel** (zum Fortbewegen usw.), **Werkzeug,** corporis, Curt.: gubernandi, Plin.: parvi molimenti adminicula, Liv.: ipsis adminiculis prolapsis, Liv.: u. im Bild, suis viribus sine adminiculo progredi, Quint.: ad aliquod tamquam adminiculum anniti, Cic.: eodem adminiculo inniti, Liv.: unus ex tribus liberis superest domumque pluribus adminiculis paulo ante fundatam fulcit ac sustinet, Plin. ep. – **II** übtr., die **Stütze, Beihilfe,** der **Beistand,** adminiculum iis dare aliquem cognatum, Plaut.: hanc igitur partem relictam explebimus, nullis adminiculis, sed ut dicitur, Marte nostro, Liv.: id senectuti suae adminiculum fore, Liv.: orare adminiculum, Tac.: egere adminiculis, Tac.

ad-minister, strī, *m.*, der zur Hand geht, Handreichung tut, **I** im engeren Sinne, der **Diensttuende, Diener,** hinc *Casmilus* nominatur Samothreces mysteris dius quidam administer diis magnis, Varr. LL. 7, 34: opus et administros (Arbeit u. Arbeiter) tutari, Sall. Iug. 76, 3. – **II** im weiteren Sinne, der **Leiter, Mitleiter, Mitarbeiter, Gehilfe, Beistand,** im üblen Sinne das **Werkzeug,** der **Helfershelfer** (vgl. Kritz Sall. Iug. 29, 2), Iovi se consiliarium atque administrum datum, Cic.: administris ad ea sacra druidibus utuntur, wobei die Dr. die gottesdienstlichen Handlungen leiten, Caes.: bellum sine administris geri, Sall.: alqo adminiculatore et quasi administro in studiis litterarum uti, Gell. – im üblen Sinne, administri et satellites Naevii, Cic.: C. Manlius, audaciae satelles atque administer tuae, Cic.: socius et administer omnium consiliorum assumitur Scaurus, Sall.: rerum huiusmodi omnium transactor et administer, Cic. – ► Cic. Rosc. Am. 77 jetzt victus cotidiani minister.

administra, ae, *f.* (Femin. zu administer), die **Dienerin, Gehilfin,** Varr. LL. 7, 34. – übtr., artes ... huius administrae comitesque virtutis, Cic. de imp. Pomp. 36.

administrātio, ōnis, *f.* (administro), **I** die **Handreichung,** die **Dienst-, Hilfeleistung,** sine hominum administratione, Cic. de off. 2, 12. – **II** die **Leitung, Handhabung,** **a** im engeren Sinne: navis, Caes.: exitus administrationesque Brundisini portus, freie, ungehinderte Benutzung, Caes.: aquae, die zweckmäßige Verteilung des Wassers, Vitr.: artis, Ausübung, Sen. – absol., adm. nostra, Ausführung, Quint.: magnitudo operum omnem administrationem (das ganze Belagerungsgeschäft) tardabat, Caes. – **b** im weiteren Sinne, die **Leitung, Führung, Besorgung, Verwaltung, Regierung,** belli, Cic.: mundi, rerum, rei publicae, Cic.: privatarum publicarumque rerum, Quint.: regni, Iustin.: gentis, Iustin.: absol., administratio mea, Frontin. aqu.: regia, Monarchie, Gell.: officia et administrationes, Staatsdienste u. amtliche Verrichtungen, Tac.: vendidit etiam provincias et administrationes, Lampr. Comm. 14, 6.

administrātiuncula, ae, *f.* (*Demin.* v. administratio), ein **kleiner Dienst,** Cod. Theod. 8, 4, 10.

administrātīvus, a, um (administro), zum Ausführen geeignet, **praktisch** (griech. πρακτικός; Ggstz. intellectu contentus, griech. θεωρητικός), ars, Quint. 2, 18, 5.

administrātor, ōris, *m.* (administro), der **Verwalter, Leiter,** adm. quidam belli gerendi, Cic. de or. 1, 210: rerum civitatis, Paul. dig. 3, 4, 10: insbes., der **Statthalter,** administratores Maximini, Capit. Maximin. 15, 4.

administrātōrius, a, um (administro), **dienstbar,** Vulg. Hebr. 1, 14 u. a.

ad-ministro, āvī, ātum, āre, **I** *intr.* **Handreichung tun,** bei etwas **hilfreich an die Hand gehen, -beistehen,** alci ad rem divinam, Plaut. Epid. 418. – **II** *tr.*: **A** etwas **an die Hand geben,** mel in secundam mensam administratur, wird aufgetragen, Varr. r. r. 3, 16, 5. – **B** etwas **handhaben, leiten, besorgen, verwalten, verrichten, vornehmen,** **1** im engeren Sinne: navem, lenken, regieren, Caes.: negotium, Cic.: rem familiarem, Cic.: domum, Cic. – beim Landbau, faenisicium, Varr.: sementem, vindemiam, Col. – u. übh. v. jeder Verrichtung, dextram partem operis, die rechte Seite des Werks besorgen = von der rechten Seite angreifen, Caes.: caedem, Auct. b. Hisp. – u. absol. = **hantieren, Hand anlegen, seinen Dienst tun, arbeiten** u. dgl., neque inter vineas sine periculo administrare poterant (milites), Sall.: et si celeriter administraverint, Vitr. – **2** im weiteren Sinne: **a** Von der Leitung des Krieges: **α** von der Leitung des Ganzen, bellum, leiten, führen (als Oberbefehlshaber), Cic., Caes. u. a.: bellum cum Cimbris, summam rerum, den Oberbefehl haben, Cic.: exercitum, Cic.: u. so rem publicam, den Staat militärisch Verwalten, mit u. ohne exercitu u. dgl., Caes. u. Liv. (s. Drak. zu Liv. 6, 6, 11 die Beisp.): atque haec ita Caesar administrabat, ut etc., traf solche Vorkehrungen, Caes. – **β** von der Leitung u. Besorgung einzelner Teile od. Kommandos (als Untergebener des Oberbefehlsh.), nihil iam Caesaris imperia spectabant, sed per se quae videbantur administrabant, trafen solche Anstalten, wie sie ihnen zweckmäßig schienen, Caes.: ea quae amissa sunt administrare et reficere, unter seiner Leitung den Verlust wieder gutmachen, Caes.: absol., administrantibus M. Antonio et Fufio Caleno, Caes. – **b** von der Leitung, Verwaltung u. Besorgung des Staates, seiner Ämter u. dgl., rem publicam, civitatem, Cic.: provinciam, Cic.: leges et iudicia, Cic.: legationem, Nep.: magistratus ac reges iive, per quos publica administrantur, od. die Staatsdiener, Sen. – dah. auch omnem mundum, Cic.

admīrābilis, e, *Adj.* m. *Compar.* (admiror), **bewundernswürdig, staunenswert, wunderbar, auffallend** (im guten u. üblen Sinne), res nova et adm., Cic.: adm. caeli celeritas, Cic.: huius opus adm., Ov.: illa adm. eloquentia, Tac.: adm. et singularis sapientia, Cic.: nunc forsitan minus admirabilis videri haec ars possit, Curt.: tractatio rerum ipsa efficit admirabilem (*al.* admirabiliorem) orationem, Cic.: propria verba et sanctiorem et magis admirabilem faciunt orationem, Quint.: magnitudo populi Rom. admirabilior adversis rebus quam secundis, Liv.: nec minus admirabilior illius exitus belli, Flor.: nihil hoc admirabilius, Val. Max.: non esse admirabilius (auffallender) m. folg. *Acc.* u. *Infin.*, Liv. 42, 50, 10: quo quidem admirabilius existimandum est, *quod* (dass usw.), Plin. pan. 84, 3. – v. leb. Wesen, cur plures in omnibus rebus quam in dicendo admirabiles exstitissent, Cic.: illum (luscinium) esse cunctis avibus admirabilem, Phaedr.: tu cotidie admirabilior et melior, Plin. pan. – dah. = παράδοξος, **befremdend, seltsam, paradox,** haec παράδοξα illi, nos admirabilia dicamus, Cic.: u. so adm. genus (causae), Cic.

admīrābilitās, ātis, *f.* (admirabilis), die **Bewundernswürdigkeit,** Cic.: haec animi despicientia admirabilitatem magnam facit, macht zum Gegenstand hoher Bewunderung, Cic.

admīrābiliter, *Adv.* (admirabilis), **bewundernswürdig, wunderbar** (im guten u. üblen Sinne), laudari, Cic.: nos Asia accepit, Cic. – dah. = παραδόξως, **befremdend, seltsam, paradox,** dicere, Cic. Tusc. 4, 36.

admīrandus, a, um (admiror) = *admirabilis,* **bewundernswürdig, wunderbar,** homo, Cic.: spectacula, Verg.: admirandum in modum, Nep.: vir in plurimis admirandus, Quint.: *Superl.*, Salvian. ep. 8.

admīranter, *Adv.* (admiror), **wunderbar,** Greg. M. Expos. in 1. reg. 3, 2, 5.

admīrātio, ōnis, *f.* (admiror), das Anwundern, **a** = die **Bewunderung,** das **Anstaunen,** das **hohe Interesse** an etw., dicentis, Cic.: divitiarum, Cic.: homo admiratione dignissimus, Plin. ep.: imbutus uterque admiratione alterius, Liv.: in admirationem versus (hingerissen), Liv.: summam hominum admirationem excitare, Cic.: admirationem habere (erregen), Cic.: inicere cuivis admirationem sui, Nep.: ingenti Romanorum admiratione teneri (erfüllt sein), Eutr.: admiratione afficiuntur ii, qui etc., es wird denen B. gezollt, die usw., Cic.: admirationis humanae in eo iuvene excedere modum, über das Maß, wie man sonst menschliche Dinge bewundert, hinausgehen, Liv.: in magna (maxima) admiratione esse, Gegenstand hoher B. sein, Cic. u. Plin.: admiratione auferri (hingerissen werden), Quint.: multos admirationis *de* te suae paenitet, Sen. ad Polyb. 6, 3: est etiam admiratio nonnulla in bestiis aquatilibus iis, quae etc., etwas Interessantes (Merkwürdiges), Cic.: alterius tabulae admiratio est (das Bewundernswerte an dem zw. G. ist) m. folg. Akk. u. Infin., Plin. – Plur. admirationes, Ausbrüche der Bew., Cic. u. a.: clamores et admirationes efficere, laute B., Cic. – **b** = die **Verwunderung,** das **Staunen,** omnium nostrorum, Cic.: tam atrocis rei, über usw., Cic.: u. so ancipitis sententiae, Liv.: homines obstupefacti admiratione, Cic.: admirationem habere (erregen), Cic.: alci maximam admirationem movere, Cic.: alqm in admirationem convertere, Liv.: admiratio consulem incessit, quod etc., Liv.: admiratio orta est m. folg. Akk. u. Infin., Liv.: fit clamor et admiratio populi m. folg. Akk. u. Infin. (darüber, dass usw.), Cic.: tanta admiratio singularum universarumque rerum incussa, ut etc., Liv.: hunc tantā admiratione perculit, ut etc., machte er vor Staunen so betreten, Flor.: *in* quo haec admiratio fiebat (bei dem folgender Ausdruck der V. laut wurde) m. folg. dir. Rede, Cic. Tusc. 3, 39.

admīrātīvē, *Adv.* (admirativus), **wunderbarerweise,** Schol. Lucan. 2, 273. p. 138 W.

admīrātīvus, a, um (admiror), **zum Verwundern geeignet, verwundernd,** sententiae, Isid. 2, 21, 15.

admīrātor, ōris, *m.* (admiror), der **Bewunderer, Anstauner,** omnis doctrinae et auctor et admirator fuit, Vell. 1, 13, 3: Simonidis, Phaedr.: auri, Sen.; nimius antiquitatis, Quint.: antiquorum admiratores, Tac.

ad-mīror, ātus sum, ārī, gleichs. anwundern, **a** = etwas (als herrlich, groß in seiner Art) mit **Bewunderung betrachten, bewundern, anstaunen,** res gestas alcis, Cic.: ingenium, magnitudinem animi alcis, Cic.: alqm, Cic.: alqm in alqa re, Cic.: alqm sic, ut etc., Eutr.: vehementer admirans, noch voll von Bewunderung, Cic.: admiror, stupeo; nihil est perfectius illis (libellis), Mart. – **b** = sich über etw. **verwundern,** über etw. **staunen,** es **auffallend finden, mit Befremden wahrnehmen, mit Verwunderung fragen** (s. *Wopkens* Lectt. Tull. 2, 1 *in.* Burmann Phaedr. 1, 12, 5. Garatoni u. Halm Cic. Sull. 9 *ed. mai.*), auch m. *Advv.,* wie leviter, vehementer (vehementissime), magnopere u. dgl., alqd, Cic.: nihil od. nil, sich durch nichts aus der Fassung bringen lassen, Cic. u. Hor.: in alqa re, Cic.: bl. de alqa re, de alqo, Cic.: m. folg. *Acc.* u. *Infinit.,* Cic. u. a.: m. folg. quod, cur, quo pacto, unde u. dgl., Cic. u. a.: in quo (wobei) admiror, cur etc., Cic.: in quo (hierbei) admirandum est, ne (enklit.) … an etc., Cic. – ► Akt. Nbf. admirabant, Itala (Rehd.) Marc. 7, 37. – Prisc. 8, 16 wird admirari irrtümlich für *Infin. Pass.* genommen. – *admirandissimus,* Salvian. ep. 8, 2.

ad-mīsceo, mīscuī, mīxtum (mīstum), ēre, **I** etw. **hinzu-, beimischen, 1** eig.: aquae admixtus calor, Cic., mortiferum vitali, Liv.: nitrum aceto et oleo, Cels.: admixtis in heminam seminis resinae cochlearibus duobus, Plin.: ohne Angabe **wem?** od. **wohin?** admixto calore, Cic. – **2** übtr.: **a** übh.: **beimischen = beifügen, beigeben, beigesellen,** his (legionibus) Antonianos milites, Caes.: sagittariis admixtis (*sc.* funditoribus), Curt.: admiscerenturne plebeii, Liv. – caput cremato iam corpori, Tac.: versus orationi, einflechten, Cic.: in illis veteribus nostris multa admixta ex intima philosophia, Cic.: nulla admiscetur opinio officiosi doloris, Cic. – **b** eine Pers. in etw. (als Teilnehmer) **verwickeln, hineinmischen,** ad id consilium admiscear, Cic.: ne me admisceas u. ne te admisce, Ter.: Trebatium nostrum quod isto (*adv.*) admisceas, nihil est, Cic. – **II** mit etw. **vermischen, vermengen, 1** eig.: aër multo calore admixtus, Cic.: quod (genus radicis) admixtum lacte, Caes. – sesama cum aniso, Col. – **2** übtr.: urbes maritimae admiscentur novis sermonibus ac disciplinis, werden vertraut mit usw., Cic. – hoc cum iis rationibus admisceri nolo, Cic. – ► nach der 3. Konj. admiscis, Pallad. 8, 7.

admissārius, ī, *m.* (admitto), mit u. ohne equus od. asinus, der **Hengst** zur Zucht, der **Beschäler,** Script. r. r. – übtr., von lüsternen Menschen, Cic. u. a.

admissio, ōnis, *f.* (admitto), das **Hinzulassen, Zulassen, I** eig.: **a** die Zulassung, der **Zutritt,** die **Audienz** (vgl. aditus), servuli familiaris, Sen. ep. 49, 1: bes. beim Fürsten, admissionum tuarum facilitas, Plin. pan. 47, 3: alci admissionis liberae ius dare, freien Z. gestatten, Plin. 33, 41: magister admissionum, der Chef der *admissionales* (s. d.), etwa Oberhofmarschall, Vopisc. Aurel. 12, 4. Amm. 15, 5, 18. Cod. Theod. 11, 18, 1: u. nach diesem der proximus admissionum, etwa Vizeoberhofmarschall, Amm. 22, 7, 2: officium admissionis, das Amt, zur Audienz zu führen, das Einführen beim Fürsten, Suet. Vesp. 14. – Die Vertrauten des Kaisers waren, je nachdem sie der Kaiser schätzte, in verschiedene Audienzklassen geteilt; dah. cohors prima admissionis, die Vertrauten ersten Ranges, Sen. de clem. 1, 10, 1: non sunt isti amici, qui in primas et secundas admissiones digeruntur, Sen. de ben. 6, 33, 4. – **b** das **Zulassen** des Hengstes zur Stute, das Beschälen, Varr. r. r. 2, 1, 18. – **II** übtr., das **Zulassen** = Gestatten, cucurbitarum, Scrib. 67: bonorum possessionis, die Annahme, der Antritt, Cod. Iust. 6, 15, 5.

admissiōnālis, is, *m.* (admissio), der zur Audienz einführende **Zeremonienmeister,** Lampr. Alex. Sev. 4, 3. Cod. Theod. 6, 35, 7. Cod. Iust. 12, 59, 10, 5.

admissīvus, a, um (admitto), **zulassend,** aves, die unserem Vorhaben günstigen Erfolg versprechen, Paul. ex Fest. 21, 12.

admissor, ōris, *m.* (admitto), **I der eintreten läßt,** seminis, Augustin. de civ. dei 7, 3. – **II** der **Verschulder** eines Vergehens, der **Täter,** Lact. epit. 58, 4.

admissum, ī, *n.* (admitto), das **Vergehen,** die **Schuld,** der **Frevel,** nullo admisso, Cic. part. or. 120: tale adm., Liv. 25, 23, 5: gentis admissa dolosae, Ov. met. 14, 92: admissa Poppaeae, Tac. ann. 11, 4: militum delicta sive admissa, Arr. Men. dig. 49, 16, 2 pr.: u. (noch mit Partizipialkraft) male admissa (zus. = Missetaten) defendere, Tac. dial. 12.

admissūra, ae, *f.* (admitto), **I** die **Zulassung** des männlichen Tieres zur Begattung, das **Bespringen,** die **Belegung,** Varr. u. Plin.: serotina, Vulg.: admissuras facere, Varr. – **II** meton. (poet.) die **Stuterei,** emeritos habet admissura parentes, Stat. silv. 5, 2, 24.

admissus, ūs, *m.* (admitto), das **Zu-, Hereinlassen,** admissu solis, Pallad. 4, 19, 4; 6, 2, 2. – eo anno, quo (admissarii) admissum faciunt, bespringen, belegen, Veget. mul. 6, 7, 3.

admīstio, ōnis, *f.*, s. admīxtio.

admīstus, Abl. ū, *m.*, s. admīxtus.

ad-mitto, mīsī, missum, ere, **hinzulassen, I hingehen-, hinlaufen machen** (*faire aller*), **hinschießen lassen, los (gehen) lassen, A** eig.: **a** ein Pferd **loslassen, dahinsprengen lassen,** equum in alqm, auf jmd. lossprengen, Liv.: u. so admissi equi, die dahinsprengenden, rasch dahineilenden, Ov.: u. bes. equo admisso od. equis admissis, im gestreckten Lauf, Cic., Caes. u. a. – **b** etw. herzugehen machen, **hinsenden, loslassen, hinschießen lassen, die Bewegung** od. **den Lauf** von etwas **beschleunigen,** suos in verba novissima fluctus, Ov.: oculos caelo, Sever.: venturam aquam, Tibull.: se (von der Welle), Ov. – u. so admissae iubae, frei herabwallende, Ov.: admisso passu, in beschleunigtem, raschem Schr., Ov.: admissae aquae, reißender Strom, Ov. – **B** übtr., etw. **in Gang setzen, loslassen,** difficilem temperantiam postulant in eo, quod semel admissum coerceri reprimique non potest, Cic. de fin. 1, 2. – **II** = **zulassen,** wohin **gehen** od. **kommen lassen,** wozu (wohin) **lassen, einlassen, den Zutritt gestatten** (*laisser aller),* **A** eig.: **a** übh. (Ggstz. arcere): alqm ad capsas, in cubiculum, Cic.: alqm ad alqm, Nep.: alqm ad genua, Suet.: alqm in od. ad conspectum suum, vor sich lassen, Suet. u. Iustin.: admissi spectatum. Hor.: alqm per fenestram, Petr.: lucem in thalamos, Ov.: solem, Plin. – **b** jmd. zur Audienz **zu-** od. **vorlassen, vor sich lassen, den Zutritt gestatten** (Ggstz. arcere, excludere), alqm, Cic. u. a. – **c** zur Teilnahme an etw. **zulassen, α** zu einer Beratung, einem Geschäft usw. **zulassen, hinzuziehen, nehmen,** alqm ad consilium, Cic., od. ad colloquium, Caes.: horum in numerum, Nep. – dah. apium ad cibos, nehmen, gebrauchen, Plin. – **β** als Zuhörer **zulassen, Zutritt gestatten,** alqm, Suet. – **d** (v. der Buhle) einen Mann **zu sich einlassen,** zur Umarmung **zulassen,** ad se virum, Plaut.: alqm, Prop. – **e** Tiere (Männchen od. Weibchen) zur Begattung **zulassen,** alqm alci od. bl. alqm, Scriptt. r. r. u. a. – auch Bäume **pfropfen,** Plin.

17, 135. – **B** übtr. **1** **zulassen = gelangen lassen zu usw.,** **a** jmd. zu etw., wie: alqm ad od. in possessionem, ad hereditatem, ad legatum u. dgl., ICt. – **b** etw. (wie Worte, Bitten, eine Klage usw.) wohin **gelangen-,** wo **Eingang finden lassen,** ihm **Raum geben,** ad animum, ne ad aures quidem, Liv.: eas condiciones vix auribus, Liv.: precationem, Liv.: solacium, Plin. ep. – **2** etw. (eine Tat usw.) **zulassen, zugeben, gestatten, geschehen lassen,** **a** übh.: litem (v. Richter), Cic.: religiones, Cic.: non admittit hoc idem veritas, Quint. – als *t. t.* der Augurspr., admittunt aves, die Vögel erlauben es, versprechen einen günstigen Erfolg, Liv. 1, 55, 3 (Ggstz. non addicere): aves rite admittunt, Liv. 4, 18, 6: quovis admittunt aves, Plaut. asin. 259. – **b** etw. moralisch Straffälliges zulassen, d. i. **auf sich laden, sich zuschulden kommen lassen, verschulden, begehen** (mit u. ohne in se), in te tantum facinus, Cic.: hoc delictum in me, Ter.: caedem in regulum, Liv. epit.: culpam in se, Ter. – haec indigna genere nostro, Ter.: facinus, Cic. u. Caes.: dedecus, maleficium, Cic.: tetrum flagitium, Cic.: scelus, Nep.: insignia scelera, Tac.: incestum cum alqa, Suet.: stuprum cum alqo, Tac.: m. dopp. *Acc.,* non adm. veneficium impunitum, Gell. 12, 7, 4. – m. *Adv.,* aliquid foede admissum, Lucr. 5, 1222. – ▶ Synkop. *Infinit. Perf.* admisse, Plaut. mil. 1287 (1282). – Paragog. *Infinit. Praes. Pass.* admittier, Verg. Aen. 9, 231.

admīxtio, ōnis, *f.* (admisceo), die **Beimischung,** corporis, Cic.: olei, Vulg.: terreni, Pallad.: Plur., propter admixtiones, Varr. r. r. 1, 9, 2. – ▶ Nbf. admistio, Vulg. lev. 7, 12.

admīxtus, Abl. ū, *m.* (admisceo), die **Beimischung,** luteo admixtu, Iul. bei Augustin. op. imperf. c. Iul. 6, 14: nullo admixtu voluptatis, Macr. sat. 2, 1, 6: sine aliquo propriae voluntatis admixtu, Iul. bei Augustin. op. imperf. c. Iul. 3, 197.

admoderātē, *Adv.* (*admoderatus), **angemessen, entsprechend,** alci rei, Lucr. 2, 169.

ad-moderor, ārī, **nach dem rechten Maß einrichten, im rechten Maß halten,** nequeo risu (*Dat.*) admoderarier, das L. an sich halten, Plaut. mil. 1073.

admodulanter, *Adv.* (admodulor), **harmonisch,** Ven. Fort. carm. 5, 1, 1.

ad-modulor, ārī, **mit einstimmen,** Padus electriferis admoduletur alnis, Claud. in nupt. Hon. et Mar. fesc. 2, 14 *sq.* – Akt. Nbf. **admodulo,** āre, cum videam dulcibus et chordis (Abl.) admodulare lyram, Ven. Fort. carm. 10,11, 2.

admodum, *Adv.* (ad u. modus), bis zu dem gehörigen Maß od. Grad, um zu bezeichnen, dass das angegebene Maß od. der angegebene Grad hinlänglich erreicht sei, **I** bei Maßbestimmungen, **genau, gerade, nachgerade,** paulipser demittito usque admodum dum quinquies quinque numeres, Cato. – so bes. bei Zahlenbestimmungen, **mindestens wohl an die, im ganzen** (s. Fabri Liv. 21, 36, 2), turres admodum CXX, Caes.: mille adm. hostium, Liv.: equites mille adm., Curt. – Alexandri filius decem annos adm. habens, Liv. epit.: post menses adm. septem, Iustin. – **II** bei Gradangaben, **in vollem Maß, in hohem Grad, im vollen (vollsten) Sinne des Wortes, völlig, ganz,** **A** im Allg.: **a** m. Adjj. (Partizz.) u. Advv., utrique nostrum gratum adm. feceris, Cic.: forma adm. impolita et plane rudis, Cic.: neque adm. sunt multi, Nep.: quidam et ii non adm. (nicht eben) indocti, Cic.: adm. excors, Cic.: adm. magnus, Caes.: adm. munitus, Tac. – m. Advv., nuper adm., Ter.: adm. raro, Cic. fr., u. raro adm., Curt.: satis adm., Liv. – m. *quam,* ex amore hic adm. quam saevus est? wie gar sehr, Plaut.: voce adm. quam suavi cecinit, Gell. – mit dem Superlativ, adm. paucissimi, Amm. u. Augustin.: quae maxime adm. oratori accommodata est, Rhet. Her. – ebenso adm. nihil, nihil adm. u. nullus adm., **so gut (so viel) wie nichts, -wie keiner** (s. Piderit Cic. Brut. 210. Fabri Liv. 21, 36, 2), litterarum adm. nihil sciebat, Cic.: equestris pugna nulla adm. fuit, Liv.: armorum hostilium magnam vim transtulit, nullam pecuniam adm., Liv. – u. bei den den Grad des Alters bestimmenden Wörtern *infans, puer, adulescens, iuvenis* u. dgl., wie adm. infans, Tac.: puer adm., Liv.: adm. adulescens, adm. adulescentulus, Cic.: adm. iuvenis u. iuvenis adm., Tac.: adm. senex, Eutr.: ebenso parvulus adm., Iustin.: praetextatus (= *puer*) adm. filius, Flor.: non adm. grandis natu, Cic. – **b** bei Verbb., exacto adm. mense Februario, Liv.: me adm. diligunt, Cic. – **B** insbes.: bei bejahenden u. bestätigenden Antworten, **ganz recht, vollkommen, ja eben, ja wohl** (vgl. Cic. de legg. 3, 26. Donat. ad Ter. Phorm. 2, 2, 1), *C.* Bellan videtur specie mulier? *N.* Admodum, Plaut.: *LA.* Advenis modo? *PA.* Admodum, Ter.

ad-moenio, īre (ad u. moenio = munio), gegen einen Ort Schanzen aufführen, einen Ort **blockieren,** hoc oppidum, Plaut. Pseud. 384: übtr., fabricas, Plaut. cist. 540.

ad-mōlior, ītus sum, īrī, an etw. **hinbewegen, -bringen, -setzen, -legen,** **I** akt.: ad occidentem et a meridie velut de industria rupes praealtas admolita natura est, Curt. 8, 10 (37), 24 zw. (*al.* obm.): manus alci rei, Hand an etw. legen, Plaut. u. Apul. – **II** depon., **sich in Bewegung setzen,** ad hirundininum nidum visa est simia ... admolirier, Plaut. rud. 599.

ad-moneo, uī, itum, ēre, jmd. aus Veranlassung an etw. **denken machen, mahnen,** **a** durch Ansprache an das Gedächtnis = jmd. **an** etw. **denken lassen, mahnen, erinnern,** **α** übh.: alqm de alqa re, selten alcis rei, Cic. u. a. – m. allg. *Acc. rei,* alqm haec, eam rem, multa u. dgl., Ter., Cic. u. a.: selten m. bestimmtem *Acc. rei,* wie ante actos annos, Tibull. – m. folg. *Acc.* u. *Infin.,* Cic., Liv. u. a. – m. folg. indir. Fragesatz durch *quantus, qui* u. dgl., Cic. u. a. – Passiv. absol., et admoneri (sich einblasen, soufflieren lassen) et ad libellum respicere vitiosum, Quint. – **β** als *t. t.* der Geschäftsspr., jmd. (an eine Schuld) **mahnen,** alqm, Cic.: alqm aeris alieni, Cic. – **b** durch Ansprache an die Einsicht, jmd. **erinnern** = **α** jmdm. etw. **zu bedenken geben,** jmd. **bedeuten,** jmd. auf etw. **aufmerksam machen,** jmdm. wegen etw. **einen Wink geben, Vorstellungen machen,** jmdm. etw. **einschärfen,** jmd. freundlich **warnen, belehren, zurechtweisen, vermahnen** (mit ders. Konstrukt. wie *no.* a), Cic., Liv. u. a. – im Passiv, multa extis admonemur, Cic.: admonitus ab aliis, Sall. – u. **β** mit Hinweisung auf die dadurch bezweckte Entschließung od. Handlung = jmd. zu etw. **ermahnen, zureden, auffordern, veranlassen** (Ggstz. deterrere), absol., Plaut.: si sitis admoneret, trieb, mahnte, Tac.: m. folg. *ut* od. *ne* u. Konj., Cic., Sen. u. a.: m. bl. Konj., Cic., Nep. u. a.: m. *ad* od. *in* u. Akk., in consilium, ad aleae lusum, Suet.: ad thesaurum reperiendum admoneri, Cic.: m. *Infin.,* Cic. u. a. – Dah. **γ** jmdm. gleichs. **ein Denkzeichen machen,** d. i. empfindlich u. tätlich an **seine Schuldigkeit mahnen, zurechtweisen, züchtigen,** u. somit (zur Tätigkeit) **antreiben,** telo biiugos, anspornen, Verg.: liberos verberibus, Sen.: a servo eius manu leviter admonitus, Plin. ep.

admonitio, ōnis, *f.* (admoneo), das An- etwas- denken- Machen, **a** durch Ansprache an das Gedächtnis = das **Mahnen,** an etw., die **Erinnerung,** **α** übh., Cic. u. a.: minutae istae admonitiones, Bemerkungen, Notizen, Gell. pr. § 16. – **β** das **Mahnen** an eine Schuld, ICt. – **γ** übtr., das **Erinnertwerden** an eine überstandene Krankheit durch die zuzeiten wiederkehrenden Schmerzen an irgendeinem Teil des Körpers, doloris, morbi, Plin. – **b** durch Ansprache an die Einsicht = die **Ermahnung** zu etw., die jmdm. gemachte **Vorstellung,** die **Belehrung,** freundliche **Zurechtweisung, Vermahnung, Warnung,** Cic.: verb. adm. et praecepta, Cic.: adm. et castigatio, Vell.: admonitio in consilio dando familiaris, Cic.: im Plur., salutares admonitiones, Sen.: sed plane nec precibus nec admonitionibus nostris reliquit locum, Cic. – dah. die ernstliche u. tätliche **Zurechtweisung,** die **Züchtigung,** Suet. u. ICt.

admonitiuncula, ae, *f.* (*Demin.* v. admonitio), eine **kleine Erinnerung,** Cassian. collat. 18, 11, 4.

admonitor, ōris, *m.* (admoneo), der **Erinnerer, Mahner** an od. zu etw., quattuor admonitores non nimis verecundi, Cic. ep. 9, 8, 1: admonitor operum, Ov. met. 4, 664: admonitore non egere, Cic. top. 5.

admonitōrium, ī, *n.* (admonitor), das **Erinnerungszeichen, Merkmal,** Cod. Iust. 1, 17, 1, 12.

admonitrīx, īcis, *f.* (admonitor), die **Mahnerin,** Plaut. truc. 501 zw.

admonitum, ī, *n.* (admoneo), die **Warnung,** nur in der Verbindung: cohortationes, consolationes, precepta, admonita, Cic. de or, 2, 64.

admonitus, Abl. ū, *m.* (admoneo), die **Mahnung, Erinnerung, a** durch Ansprache an das Gedächtnis, locorum admonitu, Cic.: peior ab admonitu fit status iste boni, Ov. – **b** durch Ansprache an die Erkenntnis, Einsicht, **α** die **Erinnerung, Vorstellung, Zurechtweisung, Warnung,** alcis admonitu, Cic.: admonitu tuo, Cic.: amici tali admonitu, Cic.: admonitu mortis, Ov. – **β** die **Ermahnung** zu etw., der **Zuspruch,** die **Aufforderung,** Cic.: levi admonitu, Cic.

ad-mordeo, (momordī), morsum, ēre, **anbeißen, annagen,** admorsa stirps, Verg. georg. 2, 379 (*al.* ad morsum): brachia sacris admorsa colubris, Prop. 3, 11, 53: übtr., adm. alqm, jmdm. Geld abzuzwacken suchen, jmd. **anzapfen,** alqm, Plaut. Pseud. 1124: alqm bene, Plaut. Pers. 267. – ► Archaist. Perf. admemordit, Plaut. fr. 2 Götz (bei Gell. 6 [7], 9, 6).

admorsus, Abl. ū, *m.* (admordeo), das **Anbeißen,** Sil. 16, 358. Symm. ep. 1, 31.

admōtio, ōnis, *f.* (admoveo), das **Anlegen,** digitorum, die Fingersetzung (beim Saitenspiel), Cic. de nat. deor. 2, 150: spongiarum ... admotio gutturi, Cael. Aur. chron. 2, 6, 91.

ad-moveo, mōvī, mōtum, ēre, **heranbewegen, heranbringen, I** im Allg., lebl. Objj. u. leb. Wesen an, auf usw. etw. **bringen, richten, legen, setzen, halten** u. dgl. (Ggstz. amovere ab etc.), leb. Wesen **an** od. **vor,** zu etw. od. jmd. **führen,** mit u. ohne Ang. **wohin?** durch *ad, in, sub* u. dgl. od. durch bl. *Dat.,* **a** übh.: **α** körperl. Objj.: fasciculum ad nares, Cic.: linum ad lumina, Lucr.: manum ad ora, Prop.: manum ad alterius unionem auris, mit der Hand greifen nach usw., Macr.: quam proxime vultum ad auditores, Rhet. Her. – alci stimulos, calcar (im Bild), Cic.: alci (sibi) catenas, Sen. rhet.: labra poculis, Verg., poculum labris, Plin. ep.: mucronem gladii mamillae, Vell.: pluribus locis (Stellen) aurem, Liv.: ardenti lucernae digitum, Val. Max.: compressam manum pectori, Quint.: adorandi gratiā manum labris, Apul.: u. so manum ori, Min. Fel.: oribus suis dexteram, Apul.: saepe manus tentantes operi, Ov.: u. manum operi, Hand legen an usw. (als Bearbeiter), Ov. u. Plin.; u. feindl. = sich vergreifen an usw., manus nocentibus, Liv., vectigalibus, Cic. – u. leb. Wesen, agnum ad matris mammam, Varr.: aspidem ad corpus, Cic.: infantes papillae, Suet.: alci equum, vorführen, Liv.: angues curribus, spannen an usw., Ov.: alqm orae, an die K. führen (v. Wind), Verg. – m. bl. *Acc.,* duas quadrigas, Liv.: ignem, Cic.: aurem, Cic.: laevam, die linke Hand dazunehmen, Cic.: manus religiose, Liv.: u. leb. Wesen, medicos, zuziehen, Suet.: Partiz. subst., nisi prope admota non cernere, kurzsichtig sein (Ggstz. longinqua contueri), Plin. 11, 142. – **β** abstr. Objj.: **αα** ein zeitliches Verhältnis nahe bringen, **näher (heran) rücken,** diem leti, Curt.: occasionem exsequendi sceleris admotam, Curt. – **ββ** einen Seelenzustand **über** jmd. **kommen lassen, -bringen, einflößen,** terrorem alci, Liv.: omnes luctus illi (animo) suos, omnia lugubria, Sen.: alci subitum desiderium patriae, Curt. – **γγ** den Geist **auf** etw. **richten,** mentes suas, non solum aures, ad haruspicum vocem, Cic.: acumina Graecis chartis, Hor. – **b** als mediz. *t. t.:* cucurbitulam occipitio, sub mento, circa fauces, Cels.: venis candens ferrum, Cels.: fomenta corpori, Curt. – **c** als milit. *t. t.,* sowohl Kriegsmaschinen **heranbringen, -schieben, anlegen** usw., opus ad turrim hostium, Caes., adversus alqm locum, Liv.: scalas moenibus, Tac.: im Zshg. gew. bl. opera, Liv.: scalas, Caes.: machinam, Cic. – als Soldaten usw. **anrücken lassen,** mit denselben **heran-, anrücken,** exercitum Ariminum, ad (in die Nähe von) Oricum, Liv.: armatos muris, Liv.: copias propius, Liv. – u. absol., iam admovebat rex, rückte heran, Curt. – **d** als *t. t.* der Opfersprache: Hannibalem novem fere annorum altaribus, Liv.: filiam victimam aris, Liv.: pecus aris, Verg.: tauros templis, Ov., aris, Amm.: admotae hostiae, Tac. – **e** einem Ort usw. **nahe bringen, nahe-, näher rücken, α** durch eine Bewegung: Pharos continenti admota est (durch ein Erdbeben), Sen.: adm. murum solo, fast dem E. gleichmachen, Lucan. – durch Annäherung, Auffinden, Einschlagen eines näheren Weges, häufigeren Verkehrs u. dgl., admoveri lineas, Sen.: septem montibus Baias, Stat.: propius pomo Carthaginem (*sc.* Romae), Plin.: terras, Plin. ep. – **β** bei der Anlage, **nahe bringen, -rücken, nahe anlegen,** urbem ad mare, Cic.: Africa Nilo admota, Iuven.: culina ut sit admota, in der Nähe befindlich, Varr.

II insbes.: **a** einen Ggst. als Mittel an etw. od. jmd. heranbringen, **anwenden, in Anwendung bringen, zu Hilfe nehmen, an** od. **gegen** jmd. **richten, α** ein phys. Mittel, bes. als mediz. *t. t.:* herbas, Ov.: remedia, Sen.: vim, Cels.: curationem ad alqm, Cic. – **β** geistige: orationem ad sensus animorum atque motus inflammandos, Cic.: populationibus agri terror est oppidanis admotus, Liv.: parvo metu admoto, Liv.: alci preces, Phaedr., u. alci preces mortis, richten an usw., Plin.; u. bl. preces suppliciter admotae, demütige B., Curt. (vgl. Burm. Phaedr. 1, 19, 6): blanditias, Ov. – **b** eine Pers. als Teilnehmer, Beihilfe, Freund, Herrscher usw. zu etw. **heranziehen, beiziehen, zuziehen, befördern, gelangen lassen,** multos in convivium, Suet.: alqm in propiorem amicitiae locum, Curt.: alqm contubernio, Suet. – alqm ad curam reip., Suet. (Ggstz. demovere curā rerum, Tac.): alqm in idem fastigium (*sc.* dignitatis), Curt. – **c** jmd. zeitlich einem Ziel **nahe bringen, zu** etw. **gelangen lassen,** im Passiv = einem Ziel **sich nähern,** zu etw. **gelangen,** oppresso Seiano ad spem successionis paulatim admoveri, Suet.: admotus supremis, seinem Ende sich nähernd, Tac. – **d** jmd. zu einem innigeren Verhältnis **annähern,** mors Agrippae admovit propius Neronem Caesari, brachte ihn in nähere Beziehung zu C., Vell. – genus admotum superis, verwandt, Sil. – bes. se admovere ad etc., **sich annähern, sich nähern,** se applicare et propius adm., Cic.: se ad id (lumen), Cic. – ► Synkop. Perfektformen: admosti, Anthol. Lat. 893, 28 R.: admorunt, Verg. Aen. 4, 367: Ov. Ib. 236: admorint, Ov. ex Pont. 3, 7, 36: admoram, Prop. 3, 2, 5: admorat, Ov. am. 3, 8, 38: admossent, CIL 8, 4635, 4: admosse, Liv. 38, 45, 3.

ad-mūgio, īvī, īre, **zu-, anbrüllen,** m. *Dat.,* tauro (v. der Kuh), Ov. art. am. 1, 279: transeuntibus (bubus, v. Kühen), Aur. Vict. de or. gent. 7, 3: omnibus (v. der Ceres), Claud. rapt. Pros. 3, 443: absol., admugit Apis, Claud. IV. cons. Hon. 576.

ad-mulceo, ēre, **streicheln,** nares, Pallad. 4, 12, 2.

ad-mūnio = προςτειχίζω, **mit in die Stadtmauer aufnehmen,** Dosith. 63, 4 K.

admurmurātio, ōnis, *f.* (admurmuro), das **Zumurmeln,** das (beifällige od. missbilligende) **Gemurmel** bei etw., facta est in eo strepitus et grata contionis admurmuratio, Cic.: qui non *admurmuratione,* sed *voce* et *clamore* abiecti hominis furorem fregistis, Cic. – Plur., Clodium accusavi multis et secundis admurmurationibus cuncti senatus, Cic. ad Q. fr. 2, 1, 3.

ad-murmuro, āvī, ātum, āre, **murmeln, ein** (beifälliges od. missbilligendes) **Gemurmel hören lassen** bei etw., Cic. ad Att. 1, 13, 2; Verr. 5, 41. – *impers.,* cum esset admurmuratum, Cic. de or. 2, 285. – u. von der depon. Nbf. **admurmuror** das Perf.: ad hoc pauculi admurmurati sunt, Fronto ep. ad M. Caes. 1, 8. p. 21, 6 N.

ad-mutilo, āvī, āre, **zustutzen,** scherzh. wie unser **barbieren = prellen,** alqm, Plaut. mil. 588 R. u. 768: alqm probe od. usque ad cutem, Plaut. capt. 269 u. Plaut. Pers. 829.

ad-nārro, āre, **dabei erzählen,** Stat. Theb. 819 8, 819.

ad-nāscor, s. agnāscor.

ad-nato, s. an-nato.

adnātus, a, um, s. agnātus.

ad-nāvigo, s. an-nāvigo.

ad-necessārius, a, um, **gar notwendig,** accentus voci nostrae adnecessarii, Cassiod. de art. disc. lib. 5. (Migne 70, 1212 c.)

ad-necto, s. an-necto.

ad-nepōs, richtiger atnepōs (im Ggstz. zu atavus), ōtis, *m.,* der **Ururgroßenkel,** ICt u. Inscr.

ad-neptis, richtiger atneptis, is, *f.,* die **Ururgroßenkelin,** ICt.

adnexio, adnexus, s. annexio, annexus.

adni... u. **adno...** s. anni... u. anno..., nur adnomen, adnominatio, adnosco, s. agno...

adnu... s. annu...

ad-obruo, (uī), utum, ere, **mit Erde** (leicht od. locker) **überschütten, -bedecken,** arbores, Col.: scrobem, Col. u. Gargil.

adobrutio, ōnis, *f.* (adobruo), das **Überschütten mit Erde,** arenae ferventis, Cass. Fel. 187, 5.

adolēfactus, a, um (adoleo u. facio), **in Brand gesetzt,** arbores, Act. fratr. Arv. a. 224 (CIL 6, 2107) 16.

Adolenda, ae, *f.* u. **Commolenda** od. **Coinquenda,** ae, *f.* u. **Dēferenda** (Dēferunda), ae, *f.*, röm. Göttinnen, Personifikationen des beobachteten Verfahrens bei dem Hinwegräumen eines Baumes, den man erst von seinem Platz herunternahm (deferre), dann zerhackte (commolere) od. bloß der Äste beraubte (coinquere) und endlich verbrannte (adolere), Acta fratr. Arv. a. 183 (CIL 6, 2099) II, 5; a. 224 (CIL 6, 2107) 12.

ad-oleo, uī, ēre, **I** *intr.* **duften, riechen,** unde hic unguenta adolent? Plaut. Cas. 236. – **II** *tr.* **duften machen, 1** als *t. t.* der Opferspr. (s. Heräus Tac. hist. 2, 3, 10), **a** (mit und ohne flammis) in Duft-, in Dampf aufgehen lassen = ein Opfer **aufdampfen-, auflodern lassen,** verbenas, Verg.: viscera tauri flammis, Ov. – honores alci, jmdm. Ehren in Opferdampf darbringen, jmd. durch Opferdampf verherrlichen, Iunoni, Verg.: aris, Ov. – **b** den Altar **aufdampfen lassen,** d. i. durch Opferfeuer, durch Opfer **ehren, -verherrlichen,** altaria flammis, Lucr., taedis, Verg., precibus et igne puro, Tac.: flammis Penates (= focos), Verg.: cruore captivo aras, Tac. – **2** in **Rauch aufgehen lassen, verbrennen** übh., alqd, Ov. met. 1, 492: alqd igne, Col. 12, 31. – ► Perf. adolevit, Enn. b. Lact. 1, 11, 63; vgl. Prisc. 9, 53. – Partiz. Perf. adultus, Val. Antias bei Prisc. 9, 53. Apul. met. 11, 24.

adolēscēns, -**centia,** -**centior,** -**centulus,** -**centurio,** s. adulesc…

1. **ad-olēsco,** olēvī, ultum, ere (ad u. alesco), **I heranwachsen, erstarken, A** eig.: von Menschen, ad eam aetatem, Plaut.: in tria cubita, Plin.: is qui adoleverit, Cic. – v. Tieren, beluae ad immobilem magnitudinem adolescunt, Plin. – v. Gewächsen usw., adolescere ramos, Ov.: adolesse segetes, Ov.: viriditas herbescens, quae sensim adolescit, Cic.: non aeque adolescunt in pomariis hortulisque arbusculae manu cultae rigataeque, Fronto ep. ad M. Caes. 1, 3. p. 7, 16 N. – **B** übtr., **wachsen, zunehmen, steigen, a** der Zahl od. Größe nach, numerus in tantum adolevit, Vell.: luna adolescens (Ggstz. decedens), Gell.: adolescens in maius, v. Nil, Plin.: adolescens Oceanus (Ggstz. senescens), Amm. – **b** der Zeit nach **heranreifen, vorrücken** (s. Fritzsche Hor. sat. 1, 9, 34. Müller Liv. 1, 4, 8), ne quid ob admissum foede dictumve superbe poenarum grave sit solvendi tempus adultum? Lucr.: ubi robustis adolevit viribus aetas, Lucr.: mox cum matura adoleverit aetas, Verg.: cum primum adolevit aetas, Liv.: ver donec adolesceret, Tac. – **c** der inneren Stärke nach **heranreifen, erstarken, sich kräftig entwickeln,** ratio cum adolevit atque perfecta est, nominatur rite sapientia, Cic. – adolescit res publica, res Persarum, ingenium, Sall.: auctu imperii adolevisse etiam privatas opes, Tac. – ea cupiditas adolescit una cum aetatibus, Cic.: coepta adultaque et revicta coniuratio, Tac. – **II** (an etw.) **anwachsen,** coria recens detracta quasi glutino adolescebant, Sall. hist. fr. 4, 2 (23). – ► Perf. adolui, Varr. b. Prisc. 9, 53. – Infin. Perf. adolesse, Ov. her. 6, 11.

2. **adolēsco,** ere (*Inchoat.* zu adoleo), **aufdampfen, auflodern,** adolescunt ignibus arae, Verg. georg. 4, 379.

Adōn, s. Adōnis.

1. **Adōnēus,** eī, *m.* (Ἀδωνεύς), **I** = Adonis (s. d.), Plaut. Men. 143. Catull. 29, 8. – **II** Beiname bes Bacchus, Auson. epigr. 30, 6. p. 204 Schenkl.

2. **Adōnēus,** a, um, **adonēisch, des Adonis,** caedes, Auson. Technop. (XXVII) 9, 3. p. 136, 12 Schenkl. – subst. Adōnēa, ōrum, *n.*, das **Adonisfest,** im Juni um die Zeit des Sommersolstitiums mit abwechselndem Wehklagen u. Freudenjubel wegen des Todes des Adonis gefeiert, Amm. 22, 9, 15. – Nbf. **Adōnīus,** a, um, **adonisch,** versus, ein Vers, der aus einem *dimet. dactyl. catalect.* besteht –◡◡–⏓, Serv. de metr. Hor. 468, 23: u. so metrum, Serv. 460, 14. Plot. 516, 22.

Adōnidius, a, um (Adonis), **adonisch,** metrum (s. Adōnius unter 2. Adoneus), Mar. Victorin. 73, 8.

Adōnis, nidis, Dat. nidi, Akk. nidem u. nin, Vok. Adoni, *m.* (Ἄδωνις) u. **Adōn,** ōnis, *m.* (Ἄδων), **I** Sohn des Cinyras, Königs von Cypern, und der Metharme, wegen seiner außerordentlichen Schönheit von Venus geliebt, wurde von einem wilden Eber, den Mars (nach anderen Diana) aus Eifersucht gegen ihn schickte, auf der Jagd zerrissen, aber von Venus in eine Blume verwandelt, die den Namen Adonium führte, und jährlich an seinem Sterbetag von ihr beklagt; Sinnbild der sterbenden u. wiederauflebenden Natur, Ov. met. 10, 503 *sqq.* Cic. de nat. deor. 3, 59. Amm. 22, 9, 15, bes. Macr. sat. 1, 21 (nach dem Adon bei den Phöniziern u. Assyriern Sonnengott war). – Adonis horti, κῆποι Ἀδώνιδος, eine Anlage von Pflanzungen, die schnell aufblühen, aber ebensoschnell auch wieder eingehen, Plin. 19, 49. – **II** ein Fisch = exocoetus, Plin. 9, 70. – ► Nom. **Adōnis,** Verg. ecl. 10, 18. Ov. met. 10, 532. Hygin. fab. 58. Myth. Lat. 2, 128: Genet. Adonidis, Prisc. 6, 67: Dat. Adonidi, Cic. de nat. deor. 3, 59: Akk. Adonidem, Claud. nupt. Hon. et. Mar. fesc. 1, 16. Vulg. Ezech. 8, 14: Akk. Adonin, Auson. edyll. 6, 58. Macr. sat. 1, 21, 1 *sqq.* Grat. cyn. 66: Vok. Adoni, Ov. met. 10, 543 u. a.: Nom. **Adōn,** Varr. sat. Men. 540. Mythogr. Lat. 1, 200 u. a.: Genet. Adonis, Plin. 19, 49. Macr. sat. 1, 21, 1. Apul. met. 2, 26. Arnob. 7, 33: Dat. Adoni, Serv. Verg. ecl. 8, 37: Akk. Adonem, Prop. 2, 13, 53. Arnob. 4, 27. Mythogr. Lat. 1, 200. Anthol. Lat. 220, 6 (706, 6): Abl. Adone, Lact. 1, 17, 9. Apul. met. 8, 25. Mythogr. Lat. 3, 11, 17.

adōnium, ī, *n.* (ἀδώνιον), eine Pflanze, Art der **Erdzypresse** (*Santolina chamaecyparissus,* L.), Plin. 21, 60. Vgl. Adonis *no.* I.

Adōnīus, s. 2. Adōnēus.

ad-operio, peruī, pertum, īre, **bedecken,** (Ggstz. adaperire), **I** verhüllend **bedecken, zudecken, verhüllen,** quiddam (ova) trito sale sex horis, Col.: pellem setis, Lact.: capite adoperto, Liv.: tellus marmore adoperta, Ov.: hiems adoperta gelu, Ov.: humus floribus adoperta, Ov.: poet. m. *Acc.* resp., adoperta vultum, Ov.: purpureo comas adopertus amictu, Verg. – **II** Offenes verschließend bedecken, **zumachen, schließen,** foribus adopertis, Suet.: adopertis inferioribus fenestris, Plin. ep.: adoperta lumina somno, Ov.

ad-operor, ārī, **ein Opfer verrichten, opfern,** Solin. 2, 26 zw. (Die besseren codd. haben operantes.)

adopertē, *Adv.* (adopertus v. adoperio), **versteckt, dunkel,** Mart. Cap. 9. § 894.

adopertio, ōnis, *f.* (adoperio), die **Verhüllung,** Eccl.

ad-opīnor, ārī, **dazu vermuten,** Lucr. 4, 813.

ad-opperior, īrī, **dazu erwarten,** alieni nutus sortem, Heges. 3, 18, 3.

adoptābilis, e (adopto), **wünschenswert,** Cod. Iust. 11, 11, 1 zw.

adoptātīcius, ī, *m.* (adopto), der **an Kindesstatt Angenommene, Adoptierte,** Plaut. Poen. 1045.

adoptātio, ōnis, *f.* (adopto) = adoptio (s. d.), die **Annahme an Kindesstatt,** Gell. 5, 19, 2: Theophani, Cic.: adoptatione in regnum pervenisse, Sall.: in adoptationem venire, Spart.: per adoptationem in alterius familiam transire, Boëth.: Plur., adoptationes filiorum, Cic. Tusc. 1, 31 (*al.* adoptiones).

adoptātor, ōris, *m.* (adopto), der an Kindes Statt annimmt, der **Adoptivvater,** Gell. u. ICt.

adoptio, ōnis, *f.* (adopto), **I** die **Annahme an Kindesstatt,** die **Adoption** gew. eines, der noch in väterlicher Gewalt stand (vgl. arrogatio), ius adoptionis, Cic.: nego istam adoptionem pontificio iure esse factam, Cic.: dare alqm od. se alci in adoptionem, Vell. u. Quint.: ascire alqm in od. per adoptionem, Tac.: emancipare filium alci in adoptionem, Cic.: pro rostris adoptionem nuncupare, Tac.: adoptio *in* (für) Domitium auctoritate Pallantis festinatur, Tac. ann. 12, 25: Plur., Cic. de dom. 35; Tusc. 1, 31 (*al.* adoptationes). – **II** übtr.: **a** das **Einpfropfen,** Plin. 16, 1. – **b** bei den Bienen, das **Einsetzen, Einstiften** neuer Brut, Col. 9, 13, 9.

adoptīvē, *Adv.* (adoptivus), **adoptiv,** per filium, Iren. 4, 20, 5.

adoptīvus, a, um (adopto), **a zur Adoption gehörig, wobei Adoption stattgefunden, Adoptiv-,** filius, Scipio Aemil. bei Gell. 5, 19, 16 u. Suet.: pater, frater, soror (Ggstz. naturalis, rechte, leibliche), ICt.:

familia, die Familie, in die jmd. durch Adoption aufgenommen worden ist, ICt.: sacra, derjenigen Familie, in die jmd. adoptiert worden ist, Cic.: nomen, durch Adoption angenommen (Ggstz. gentile), Suet. – subst., adoptīvus, ī, *m.* (*sc.* filius), der **Adoptivsohn,** Oros. 5, 15. § 3 Z. – **b** übtr., v. Früchten, **eingepfropft,** Ov. u. Pallad.

ad-opto, āvī, ātum, āre, **ausersehen, annehmen zu** etw., **I** im Allg.: **a** leb. Objj.: sociam te mihi adopto, Plaut.: sibi alqm patronum od. defensorem, Cic.: se alci, sich jmdm. zu eigen geben, anschließen, Plin. – **b** lebl. Objj.: amnes, in sich aufnehmen (v. Rhein), Amm. 15, 4, 2: Etruscas opes, zu Hilfe nehmen, Ov. fast. 4, 880: virtutes veterum, sich) aneignen, Lampr. Heliog. 2, 4: u. so virtutes (Ggstz. abdicare vitia), Pacat. pan. 15, 1. – **II** insbes.: **1** eig., von der Annahme zum Vater od. als Kind (Ggstz. abdicare), jmd. zum Vater **annehmen,** alqm sibi patrem, Plin. – gew. jmd. **an Kindes-** od. **Enkelsstatt annehmen, adoptieren** (bes. jmd., der noch unter väterlicher Gewalt steht [vgl. arrogo], durch eine Art Scheinkauf, per as od. aes et libram emptum; od. testamento (Nep. Att. 5, 2), wobei man jmd. zum Erben und Namensträger macht), alqm sibi pro filio, Plaut., od. sibi filium, Cic. u. a.: alqm in filium (zum S.), Eccl.: alqm ab alqo (nämlich vom rechten Vater), Cic. u. Nep.: bl. alqm, Tac. u. Suet. u. alqm in familiam, Suet., in regnum, Sall.: orbus virili sexu adoptavit sibi, Afran. fr. – **2** übtr.: **a** vom Erbenlassen = Teilhaftigmachen eines Gutes, adoptari in bona libertatis nostrae, Flor. – u. von der Verleihung des Namens des Adoptierenden, C. Stalenus, qui ipse se adoptaverat et de Staleno Aelium fecerat, der sich durch Selbstadoption den Namen Älius beigelegt hatte, Cic.: frater, pater adde: ut cuique aetas, ita quemque facetus adopta, adoptiere ihn (nimm ihn durch die schmeichelnde Anrede »lieber Bruder! lieber Vater!« gleichs. in deine Verwandtschaft auf), Hor.: dah. adoptare (sibi) cognomen, nomen, sich einen Namen aneignen, geben, Vitr. u. Mart.: u. so nomen monti, dem B. den N. geben, Solin.: u. adoptare alqd (mit u. ohne nomini suo), einer Provinz usw. von sich den Namen geben, Plin.: u. ad. alqd in nomen alcis rei od. alcis, von etw. od. jmd. den N. geben, Plin. u. Stat. – **b** vom Einpfropfen der Bäume, fac ramus ramum adoptet, Ov.: fruges adoptatae, Col. poët.

adoptulus, ī, *m.* (adopto), viell. das **Adoptivsöhnchen,** Eutych. art. 1, 6. p. 453, 33 K.

ador, ōris, *n.* (v. griech. ἀθήρ, Hachel an der Ähre, überh. Spitze), eine Art Getreide, **Dinkel, Spelt** (*Triticum Spelta,* L.), Plin., Hor. u. a. – ► Genet. adŏris, Auson. Technop. (XXVII) 8, 5. p. 136, 1 Schenkl.

adōrābilis, e (adoro), **anbetungswert,** Apul. met. 11, 18.

adōrātio, ōnis, *f.* (adoro *no.* II, 2), die **Anbetung,** der Gottheit, Plin. 28, 22 u. 29, 67: Plur., Apul. met. 4, 28.

adoratīvus, a, um (adoro), **zum Anbeten dienlich, anbetend,** Prisc. 18, 147.

adōrātor, ōris, *m.* (adoro), der **Anbeter,** Eccl.

adōrātus, Abl. ū, *m.* (adoro), die **Anbetung,** Eccl.

adōrdinātio, ōnis, *f.* (adordino), die **Anordnung,** Iren. 5, 36, 2.

ad-ōrdino, āvī, ātum, āre, **anordnen, einsetzen,** magistros, Tert. Scorp. 12.

adōrea u. **adōria,** ae, *f.* (v. adoro, wie memoria v. memoro; vgl. Serv. Verg. Aen. 10, 677), die **Belobigung,** der **Kampf- und Siegespreis,** der **Siegesruhm, Preis** u. **Ruhm** (s. Placid. gloss. (V) 6, 9), Plaut. Amph. 193. Hor. carm. 4, 4, 41: bellica laus et adoria, Fronto ad Ver. 2, 1. p. 120, 18 N.: adoreae triumphabiles, Heges. 3, 24. p. 215, 68: adoreis militaribus gloriosus collega, Claud. Mam. grat. act. 15, 2 (u. so oft in spät. Prosa u. Poesie). – ► Die Alten brachten das Wort mit ador (Spelt) zusammen = **Ehrengeschenk an Spelt** (s. Plin. 18, 14 u. 83. Paul. ex Fest. 3, 12). – Vgl. übh. Hildebr. Apul. met. 7, 16 *in.* Müller Paul. ex Fest. 3, 12.

adōreus, a, um (ador), **zum Dinkel** od. **Spelt gehörig, Dinkel-, Spelt-,** far (= *ador*), semen, Scriptt. r. r.: liba, aus Dinkelmehl, Verg.: bellaria, Stat.: subst., adōreum, ī, *n.* (*sc.* far) = *ador* (s. d.), Col. 2, 8, 5. Plin. 18, 191.

adōria, s. adōrea.

ad-orio, īre, aktive Nbf. v. adorior, **angreifen,** Naev. tr. 16. – *pass.,* ab his Gallos adortos, Aurel. b. Prisc. 8, 16.

ad-orior, ortus sum, īrī, sich erhebend **losgehen** auf usw., **sich aufmachen, I** wie aus einem Hinterhalt, hinterlistig, feindlich **sich an** jmd. od. etw. **machen,** auf jmd. od. etw. **losgehen,** jmd. od. etw. **angreifen, anfallen, a** tätlich, bes. als milit. *t. t.,* alqm fustibus, gladiis, Cic.: alqm a tergo advenientem, vom Hund, Col. – alqm a tergo, Cic.: imprudentes, Nep.: navem, Cic.: pagum, Caes.: urbem vi, Liv. – v. abstr. Subjj., oppugnatio eos aliquanto atrocior quam antea adorta est, es kam über sie, Liv. – **b** mit Bitten, Absichten, Schelten usw., alqm, Ter.: alqm iurgio, Ter.: alqm minis, Tac.: alqm tumultuosissime, Cic. – **II** zu einer (bes. gefahr- od. doch mühevollen) Tätigkeit **sich aufmachen, an** etw. **sich machen,** etw. **unternehmen, sich unterfangen,** hoc ipsum, Cic.: maius nefas, Verg. – bes. m. folg. *Infin.,* convellere ea, quae etc., Cic.: urbem oppugnare, Nep. – ► Konj. Imperf. nach der 3. Konj., adoreretur, Suet. Claud. 13 *Roth.* Apul. de deo Socr. 19 *codd. PF.* Heges. 5, 44, 1: adorerentur, Heges. 5, 20, 1. Die bei Gell. 9, 2, 10 beanstandete Perf.-Form adorsi erant wird geschützt durch Ambr. de off. 1, 35, 117 (adorsus est) u. 1, 41, 200 (bellum adorsus). Heges. 1, 12, 4 (eum adorsi) u. 1, 20 (adorsi castellum) u. 1, 29, 4 (adorsus est).

adornātē, *Adv.* (adornatus v. adorno), **zierlich,** splendide atque adornate declamare (Ggstz. circumcise ac sordide), Suet. rhet. 6.

ad-ōrno, āvī, ātum, āre, zu irgendeinem Zweck **herrichten, a** zum Nutzen, Gebrauch = **mit dem Nötigen versehen, ausstatten, ausrüsten,** zu etw. **Anstalt machen, -treffen,** ad fugam viaticum, Plaut.: nuptias, Plaut.: naves onerarias, Caes.: patinam, anrichten, Apic.: Italiae duo maria maximis classibus firmissimisque praesidiis, Cic.: fugam, Ter.: accusationem, Cic.: tu interibi adorna ceterum, quod opus est, Plaut.: m. *ut* u. Konj., adorna, ut rem divinam faciam, Plaut. rud. 1206: continuo haec adornant, ut lavet, Ter. eun. 582: m. *Infin.,* tragulam in te inicere, Plaut. Epid. 690. – **b** zum Schmuck = **schmücken, zieren, zum Schmuck mit** etw. **versehen, α** materiell, forum magno ornatu, Cic.: alqm insigni veste et curuli regiā sellā, Liv.: urbem monumentis, Suet. – **β** ideell, iusti honores alqm adornant, Liv.: tantis adornatus virtutibus, Vell.: benefacta verbis, verschönernd herausstreichen, Plin. ep.

ad-ōro, āvī, ātum, āre, **seine Rede an** jmd. **richten,** jmd. **anreden, I** im Allg. (vgl. Serv. Verg. Aen. 10, 677), si adorat furto, auf einen Diebstahl anredet, wegen Diebstahl klagt, XII tabb. bei Fest. p. 162 (b), 19: populum sic adorat, Apul. met. 2, 29; 3, 3: ad istum modum seniore adorante, *ibid.* 10, 12. – **II** insbes.: **1** feierlich mit Worten anreden, d. i. **a** jmd., bes. eine Gottheit, flehend **anrufen, anflehen,** u. m. *Acc. rei* = **um** etw. **flehen,** alqm, Liv.: pacem deum, Liv. – m. *Dat. pers.,* domino deo, deo alieno, sculptilibus, Eccl. – m. *ut* u. Konj., deos immortales ita adoravi, ut etc., Liv. 7, 40, 4: u. so Liv. 21, 17, 4. Ov. ex Pont. 2, 2, 55. – m. bl. *Conj.,* maneat sic semper, adoro, Prop. 1, 4, 27. – absol. = **seine Andacht verrichten,** ad sepulchrum Cypriani martyris, Sulp. Sev. dial. 1, 3, 2. – **b** mit Worten **feiern,** alqm versibus, Stat. silv. 3. praef.: septimum decimum alcis consulatum, *ibid.* 4. praef.: Sarmaticas expeditiones, Incert. pan. Const. Caes. 5, 1 zw. – **2** ohne Worte jmd. **anbeten, verehren, a** übh.: Phoebum, Ov.: large deos (ture), Plin. – dah. eine Person od. Sache (deren höheren Wert man anerkannt hat) bei sich **verehren, bewundern,** Ennium sicut sacros vetustate lucos, Quint.: curam priscorum, Plin. – **b** = προσκυνεῖν, nach oriental. Sitte, jmd. (bes. den Herrscher) mit zum Mund geführter Rechten u. Verbeugung des ganzen Körpers **begrüßen und verehren, seine Verehrung bezeigen,** C. Caesarem ut deum, Suet.: alqm Persarum more, Iustin.: vulgus, Tac.: coronam, Suet.: pronis (summissis) ad od. in terram cervicibus alqm adorare, sich vor jmd. verneigen, Greg. in Iob 6, 29 u. homol. in Ezech. 2, 9, 19.

ad-ōsculor, ārī, **küssen,** manus, Dict. 2, 51.

adoxus, a, um (ἄδοξος), **unberühmt, niedrig,** Aur. Augustin. de rhet. 21 *ed. Halm.*

adp... s. app...

adpatruus, ī, *m.*, der **Vater des Urgroßoheims,** Isid. 9, 6, 24.

adpr…, s. appr…

adque, s. at-que.

adquī, s. at-quī.

ad-quiēsco, ad-quīro, adquīsītio etc., s. acqu.

adquō, *Adv.* (ad u. quoi, alter *Dat.* v. qui) = quoad, **bis wie weit, bis wohin,** Afran. com. 249 u. 278.

ad-rādo, rāsī, rāsum, ere, **an-, beschaben, an-, bekratzen,** scobinā ego illum actutum adraserim, wahrsch. = prellen, Plaut. fr. bei Varr. LL. 7, 68. – u. Bart- u. Haupthaar, Bäume **stutzen** (Ggstz. abradere), adrasus quidam, Hor.: adrasum caput, Col.: adrasi surculi, Col. – Übtr., λειτούργιον illud … nescio an satis, circumcisum tamen et adrasum est, beschnitten u. gestutzt (obschon nicht ganz unschädlich gemacht), Plin. ep. 2, 12, 1.

Adramyttēum, ī, *n.* (Ἀδραμύττειον) u. **Adramyttion,** ī, *n.* (Ἀδραμύττιον) u. **Adramyttēos,** ī, *f.*, Küstenstadt in Mysien, nicht weit vom Fuß des Ida, j. *Adramiti* od. *Edremit,* Form -eum, Liv. 37, 19, 7: Form -ion, Mel. 1, 18, 2. Cic. Flacc. 68: Form -eos, Plin. 5, 122. – Dav. **Adramyttēnus,** ī, *m.* (Ἀδραμυττηνός), **aus Adramytteum,** der **Adramyttener,** Cic. Flacc. 31: A. Xenocles, Cic. Brut. 316.

Adrana, ae, *m.*, Fluss im Land der Katten, die heutige **Eder** in Hessen, Tac. ann. 1, 56.

Adrastēa (od. -**īa**), ae, *f.* (Ἀδράστεια), die **Unentfliehbare, Unentrinnbare,** Beiname der Nemesis (s. Nemesis), Amm. 14, 11, 25; 22, 3, 12. Apul. de mundo 38. Ps. Verg. Cir. 239.

Adrastus, ī, *m.* (Ἄδραστος), **I** König von Argos, Vater der Argeia u. Deïpyle und durch diese Schwiegervater des Polyneikes u. Tydeus, einer von den Sieben gegen Theben, der allein durch die Schnelligkeit seines Pferdes Arion mit dem Leben davonkam, dann zehn Jahre später den Krieg der Epigonen erregte u. zwar Theben zerstörte, aber auch seinen Sohn Ägialeus verlor, worüber er sich zu Tode härmte (dah. wahrsch. Adrasti pallentis imago b. Verg. Aen. 6, 480 u. Adrasteus pallor b. Amm. 14, 11, 22 für Totenblässe), Hyg. fab. 69 *sq.* Ov. fast. 6, 433. Stat. Theb. 2, 178. – Dav. **a Adrastēus,** a, um (Ἀδράστειος), dem Adrastus gehörig, **adrastēisch,** Arion, Stat. silv. 1, 1, 52: pallor (s. vorher), Amm. 14, 11, 22. – **b Adrastis,** idis, Akk. ida, *f.* (Ἀδραστίς), die **Adrastide** (weibl. Nachkomme des Adrastus), vidua Adr., Argeia (s. oben), Stat. Theb. 12, 678. – **II** ein berühmter Mathematiker aus Kyzikum, Varr. fr. b. Augustin. de civ. dei 21, 8, 2.

adrēctārius, a, um, s. arrēctārius.

adrēctus (arrectus), a, um, s. ar-rigo.

ad-rēmigo, āvī, āre, an etw. **heran-, hinrudern,** litori, Flor. 1, 18, 4: portibus suis, Flor. 3, 7, 3: absol., Flor. 2, 8, 12: übtr., lenique (dea) astris adremigat aurā, Anthol. Lat. 941, 30 (283, 30).

ad-rēpo, s. ar-rēpo.

adreptus (arr.), a, um, s. ar-ripio.

Adria, Adriacus, s. Hadr…

Adriān…, s. Hadrian…

ad-rīdeo, ad-rigo, ad-ripio, adrīsio, adrīsor, ad-rōdo, s. arr…

ad-rog…, s. arrog…

ad-rōro, s. ar-rōro.

adrōsor, s. arrōsor.

Adrūmētum (Hadrūmētum), ī, *n.* (Ἀδρούμητος, dah. Nbf. Adrumētus, ī, *f.*, Mart. Cap. 6. § 670: Hadrumetus, Oros. 1, 2, 92), Hauptstadt in *Byzacium* (dem Süden von *Africa propria*), Stapelort an der Küste, j. *Hercla* od. *Herclia,* nach anderen j. *Susa,* Plin. 5, 25. Mel. 1, 7, 2 (1. § 34). Caes. b. c. 2, 23. § 4. Sall. Iug. 19, 1. Nep. Hann. 6, 3. – Dav. **Adrūmētīnus** (Hadrūmētīnus), a, um, **adrumetinisch, aus Adrumetum,** navis, Vulg. act. apost. 27, 2: colonia, CIL 6, 1687: Clodius Albinus Hadrumetinus, Capit. Albin. 1, 3: Plur. subst., Adrūmētīnī, ōrum, *m.*, die Einw. von A., die **Adrumetiner,** Auct. b. Afr. 97, 2.

ad-ruo, ere, **aufschütten,** terram, Varr. r. r. 1, 35, 1.

Adryas, adis, *f.* (Ἀδρυάς), poet. = Hamadryas (s. d.), Prop. 1, 20, 12 (wo griech. Dat. Plur. Adryasin).

Adrymētion, s. Adramyttēum.

ads… s. ass…

adsc…, adsp…, adst… s. asc…, asp…, ast…

ad-subrigo, s. as-surgo.

ad-suēfacio, ad-suēsco, s. as-suēfacio, assuesco.

adsuētūdo, adsuētus, s. assuētūdo, assuetus.

ad-sum, s. 2. assum.

adt… s. att…

Aduatuca, ae, *f.*, ein Kastell mitten im Gebiet der Eburonen, j. *Tongern,* Caes. b. G. 6, 32, 3.

Aduatucī, ōrum, *m.*, ein kimbrisches Volk in Gallia Belgica, im heutigen Südbrabant, Caes. b. G. 2, 4, 9.

adūlābilis, e (adulor), **I leicht durch Schmeicheln zu gewinnen,** animus, Enn. b. Non. 155, 30. – **II einschmeichelnd, schmeichlerisch,** sermo, Amm. 14, 11, 11: sententia, Amm. 31, 12, 7.

adūlāns, antis, *PAdj.* (v. adulor), **höfisch schmeichelnd,** verba, **höfische Schmeichelworte,** Plin. pan. 26, 1. – *Compar.*, Tert. adv. Marc. 1, 27. – Dav.

adūlanter, *Adv.* **auf schmeichlerische Weise,** Augustin. enarr. in psalm. 78, 13 *extr.* Fulgent. contin. Virgil. p. 96, 7 H.

adūlātio, ōnis, *f.* (adulor), **I** das **liebkosende Anschmiegen,** von Hunden, u. ihre durch Gebärden u. Laute ausgedrückte **Schmeichelei** (vgl. Non. 17, 3), Cic. de nat. deor. 2, 158: anderer Tiere, Quint. 11, 3, 66: der Tauben bei der Begattung, Plin. 10, 104. – u. das **Liebkosen** der Menschen gegen Tiere, Col. 6, 2, 5. – **II** übtr., das **kriechende Benehmen, a** gegen Höhergestellte, humilis, Liv. 30, 16, 5: pars altera regiae adulationis erat, waren Hofschranzen, Liv. 42, 30, 4: Plur., adulationibus non claudere ostium, Sen. nat. qu. 4. pr. § 6. – dah. = προσκύνησις, die **knechtische Verehrung** asiatischer Fürsten, Curt. 8, 5 (17), 6: Plur., humi iacentium adulationes, Liv. 9, 18, 4. – **b** übh. gegen Menschen, die **Speichelleckerei, Augendienerei, Kriecherei,** im Sing. u. Plur., Cic., Vell. u. a.: m. *adversus* od. *in* u. Akk., adversus superiores, Tac. ann. 11, 21 (vgl. 15, 59): patrum in Augustum, Tac. ann. 1, 13. – **c** die **Quacksalberei,** medicinae, Quint. 2, 15, 25: absol., Amm. 30, 4, 3.

adūlātor, ōris, *m.* (adulor), der **Kriecher, kriechende Schmeichler, Speichellecker,** nolo esse laudator, ne videar adulator, Rhet. Her.: potentiae, Quint.: imperatoris, Suet.: attrib., adulator populus, adulator senatus, Treb. Poll.

adūlātōriē, *Adv.* (adulatorius), **kriechend schmeichlerisch,** Non. 42, 26. Augustin. ep. 21, 1. Greg. Tur. hist. Franc. 4, 36.

adūlātōrius, a, um (adulator), den **kriechenden Schmeichler betreffend,** exemplar adulatorii dedecoris, ein Muster erbärmlicher Schmeichelei, Tac. ann. 6, 32 *extr.*: sermones, Rufin. Orig. in ep. ad Rom. comm. 10, 35.

adūlātrīx, īcis, *f.* (adulator), die **kriechende Schmeichlerin,** gew. attrib., Treb. Poll. Claud. 3, 7. Tert. de anima 51.

adulēscēns, entis (eig. *Partic.* v. adolesco), **I** *Adj.* (m. *Compar.*), **heranwachsend = jung,** admodum adulescens (v. Pers.), Cic.: oppido adulescens (v. Pers.), Liv.: adul. aetas (Ggstz. iuniores, Apul.): eodem ut iure uti senem liceat, quo iure sum usus adulescentior, Ter.: adulescentior Academia, Cic. – **II** *Subst.*, adulescens, **a** *masc.* der bereits zum Mann heranwachsende **junge Mensch** ohne Rücksicht auf ein bestimmtes Alter, puer sive iam adulescens, Cic.: *adulescens* vel *puer* potius, Cic.: bella gerebat ut *adulescens,* cum plane *grandis* esset, Cic.: alter adulescens decessit, alter senex, Sen.: attrib. = **jung,** homo ad. (Ggstz. homo senex), Komik.: u. im Ggstz. zum gleichnamigen älteren, der **junge,** der **jüngere,** Brutus adul., Caes.: P. Crassus adul., Caes. – **b** *fem.*, das **Mädchen,** die **Jungfrau,** optuma, Ter. Andr. 488: gew. attrib. = **jung,** ad. mulier, Ter. Hec. 661: filia ad., Cic. de div. 1, 36. – ► Abl. Sing. auch adulescenti, CIL 8, 828: Genet. Plur. gew. adulescentium, doch auch adulescentum (Plaut. asin. 133; Pseud. 364). – Über die Schreibung adulescens, -centia s. Ellendt Cic. de orat. 1, 5 not. crit. u. Osann Cic. de rep. 1, 23. – vulg. adulīscēns, Commod. instr. 1, 7, 8.

adulēscentia, ae, *f.* (adulescens), **I** das **Alter des jungen Mannes,** die **Jugend,** das **Jünglingsalter,** ineuntis adulescentiae vitia, Nep.: citius *adulescentiae* senectus quam *pueritiae* obrepit, Cic.: *infantiam* amisimus, deinde *pueritiam,* deinde *adulescentiam,* Sen.: ineunte adulescentiā, Cic.: ab adulescentia, a prima adulescentia, ab ineunte adulescentia, Cic.: in adulescentia, Suet.: usque ad adulescentiam meam, Cic. – übtr., hoc fuit tempus viris armisque incitatissimum, ideoque quis adulescentiam dixerit, Flor. praef. § 6. – **II** meton., die **Jugend** = die jungen Leute (Ggstz. senectus), Cic. Arch. 16; de sen. 25 u. 48. Ambros. de off. 1, 44, 218.

adulēscentior, ārī, (adulescens), wie ein Jüngling **sich läppisch-, mutwillig betragen,** Varr. sat. Men. 550.

adulēscentulus, a, um (*Demin*, v. adulescens), **I** *Adj.* **ganz jung,** aetas, Ambros. in psalm. 118. serm. 16. § 6. Heges. 1, 36, 2. – **II** *Subst.:* **a** adulescentulus, ī, *m.*, ein **ganz junger Mensch, -Mann,** Komik, Lucil. fr., Cic. u. a.: stulti adulescentuli, Naev. tr. fr.: adulescentuli decori, Modeherrchen, Tac.: ab adulescentulo von Jugend an, Cic. – von einem Rekruten, Cic. u. Nep. – **b** adulescentula, ae, *f.*, ein **ganz junges Mädchen** (Ggstz. vetula), Komik. u. a.: attrib. = **hübsch jung,** meretrix ad., Plaut. mil. 789: filia ad., Ter. heaut. 602: als Liebkosungswort = **mein Kind,** Plaut. rud. 416. – ► Arch. Nomin. auch adulescentulos, Plaut. Poen. prol. 115.

adulēscenturio, īre, **sich mutwillig** wie ein junger Mann **gebärden,** Laber. com. 137.

adulēsco, s. 2. adolēsco.

adulīscēns, s. adulēscēns ►

adūlo, āvī, ātum, āre, an etw. **anstreicheln, I** eig., v. Adler, der des Prometheus Leber fraß, pinnatā caudā nostrum adulat sanguinem, streichelnd wischt er mein Blut mit dem Federschweif ab, Acc. tr. 390[1]. – v. liebkosenden Anschmiegen, Schmeicheln der Hunde, Lucr. 5, 1068. – u. vom Wasser, gleichs. die Ufer sanft wogend streicheln = sanft bespülen, Stat. Theb. 9, 324. Avien. descr. orb. 338 u. 571. – **II** übtr.: **a** jmdm. **kriechend** od. **höfisch schmeicheln,** jmdm. **den Hof machen,** bei jmd. **den Speichellecker machen,** alqm, Auson. grat. act. (VIII) 3, 13. p. 21, 19 Schenkl. Cl. Mam. pan. Iulian. 19, 4. Anthol. Lat. 1367 M.: im Passiv, adulati erant ab amicis et adhortati, Cass. Hemin. b. Prisc. 8, 15 (b. Cic. de off. 1, 91 ist nos Objekt). – **b** prägn., **schmeichelnd anreden,** sic adulant mit folg. dir. Rede, Apul. met. 5, 14.

adūlor, ātus sum, ārī (ad u. *ulor, letzteres viell. zu altindisch *vālas*, Schweifhaar, Schweif), **anwedeln, I** eig. v. Hunden, **sich anstreicheln, schmeichelnd sich anschmiegen,** furem quoque, Col. 7, 12, 5; v. wilden Tieren, dominum, Sen. de ira 2, 31, 6: absol., canes adulantes, Gell. 5, 14, 12: ferae adulantes, Ov. met. 14, 46 u. 259. – **II** übtr.: a) = προςκυνῶ, einen Großen der Erde **kriechend-, knechtisch verehren,** Darium, alqm more Persarum, Val. Max.: more adulantium procumbere, Liv. – **b** vor jmd. **kriechen,** ihm den **Hof machen,** jmdm. **kriechend** od. **höfisch schmeicheln,** bei jmd. **den Speichellecker machen,** m. *Acc.*, omnes, Cic.: plebem, Liv.: fortunam alterius, Cic.: m. *Dat.*, potenti Antonio, Nep.: plebi, Liv.: alci velut destinato sibi regi, Iustin.: absol., aperte adulans, Cic.: adulandi libido, Tac.: adulantia verba, höfische Schmeichelworte, Plin. pan.

adulter, erī, *m.*, **adultera**, ae, *f.* (bei august. Dichtern u. in nachaug. Prosa auch *adj.* **adulter**, Rückbildung aus adultero), era, erum, **I** *Subst.:* **1** der **Ehebrecher,** die **Ehebrecherin,** *masc.*, sororis adulter, Cic.: filiae et neptis, Tac.: *in* nepti Augusti, Tac. ann. 3, 24: Dardanius adulter, v. Paris, Verg.: *fem.*, Lacaena adultera, v. der Helena, Hor.: arte adulterae, Tac.: adulterum cum adultera deprehendere, Sen. rhet. – v. Tieren, *m.* b. Stat. silv. 4, 5, 18. Claud. cons. Mall. Theod. 302. Grat. cyn. 164: *f.* b. Plin. 8, 43. – bei Dichtern = der **Buhle, Liebhaber,** übh., Hor. u. Ov.: nominis adulter, der mit dem Namen buhlt, d. h. sich fälschlich genossener Gunst rühmt, Ov. – **2** = *adulterator,* der **Verfälscher,** monetae, solidorum, Falschmünzer, Cod. Iust. – **II** *Adj.:* **1** **ehebrecherisch,** od. übh. **buhlerisch, verbuhlt,** coniunx, virgo, Ov.: coitus (Plur.), Solin.: nox, Tert.: crines, nach Buhler Art geschmückt, Hor.: adultera mens est, sinnt nur auf Buhlerei, Ov. – **2** **verfälscht, nachgemacht, falsch, unecht,** clavis, Nachschlüssel (mit dem Nbbgr.: der zur Buhle führt), Ov.: minium, Plin.: nummus nequam vel adulter, Apul.

adulterātio, ōnis, *f.* (adultero), die **Verfälschung,** Plin. 21, 32 u. Eccl.: Plur., Plin. nat. hist. lib. 1. *lemm.* ad lib. 12. § 19.

adulterātor, ōris, *m.* (adultero), **I** der **Ehebrecher, Buhle,** attrib., ille adulterator (buhlerische, unzüchtige) habitus nuptialis, (Augustin.) serm. app. 79, 3. – **II** der **Verfälscher,** monetae, Falschmünzer, Gaius dig. 48, 19, 16. § 9: adulteratores dei, Tert. de carn. Christ. 19.

adulterātrix, īcis (adulterator), die **Ehebrecherin,** die **Buhle,** Eccl. u. Gloss.

adulterīnus, a, um (adulter), **I** **ehebrecherisch,** sanguis, Plin.: Venus, Apul.: v. Tieren, pullus, Plin.: übh. **unkeusch, unzüchtig,** habitus, cor, (Augustin.) serm. app. 79, 3. – **II** **verfälscht, nachgemacht, falsch, unecht,** symbolus (Marke, Ggstz. symb. verus), Plaut.: nummus (Ggstz. numm. bonus), Cic.: denarius (Ggstz. den. verus), Plin.: signum (Siegel), Cic. u. Liv.: clavis, Nachschlüssel (Ggstz. cl. vera), Sall.: litterae, untergeschobener B., Apul. – ► auctor ad., der wahre, wirkliche Urheber (wahrsch. deshalb, weil sich Psyche seiner wie eines Nachschlüssels bediente), Apul. met. 6, 13.

adulterio, ōnis, *m.* (adulter), der **Ehebrecher,** Laber. com. inc. fab. 17 bei Non. 70, 3.

adulteritās, ātis, *f.* (adulter), der **Ehebruch,** Laber. com. inc. fab. 150.

adulterium, ī, *n.* (adulter), **I** der **Ehebruch,** die **Buhlschaft,** adulterium facere, Catull., inire, Vell., committere, Sen. rhet.: adulteria exercere, Suet.: suspicionem adulterii habere, in Verdacht des E. stehen, Nep.: in adulterio uxorem suam prehendere, Cato fr.: in adulterio deprehendi, Cic.: lenociniis adulteriisque confectus, Cic.: quae vasa adulteriis caelata, was für unsittliche Szenen sieht man in getriebener Arbeit dargestellt, Plin. 14, 140: ad. Mutiliae, ehebrecherisches Verhältnis mit der M., Tac. ann. 4, 12: v. Tieren, nec adulteria novēre, Plin. 8, 13. – übtr., v. Einpropfen, Kopulieren der Bäume, Plin. 17, 8. – **II** die **Verfälschung,** mercis adulteria, Plin.: colorum adulteria, Cypr.: adulteria naturae adulterare, die schon verfälschte Natur noch einmal verfälschen, Plin.

ad-ultero, āvī, ātum, āre (ad u. alter), **I** *intr.*, **ehebrechen, Ehebruch treiben (begehen),** Cato fr. b. Gell. 10, 23, 5. Cic. de off. 1, 128; de legg. 1, 43: cum Graeco adulescente, Iustin. 43, 4, 8. – **II** *tr.:* **1** **zum Ehebruch verführen, schänden,** durch Unzucht **entehren,** matronas, Suet.: adulterata equitis uxor, Suet.: sive adulterares sive tu adulterarere, Cato fr. b. Gell. 10, 23, 5. – von Tieren, adulteretur et columba miluo, der Geier buhle mit der Taube, Hor. epod. 16, 32. – adulteratus nidus, ein (durch Kuckuckseier) beflecktes Nest, Plin. 10, 27. – **2** übtr., mit fremden (bes. schlechten) Bestandteilen **versetzen, verfälschen,** fälschend **nachmachen,** ius, Cic.: gemmas, Plin.: fallacissime adulteratur Indica murra, Plin.: et vitro adulterantur (gemmae), werden in Glas nachgemacht, Plin.: poet., faciem arte, seine Gestalt verwandeln, Ov. fast. 1, 373. – absol., adulterare ceteris rebus, sich in anderen Sachen betrügerisch zeigen, Plaut. Bacch. 267. – ► Depon. Nbf. **adulteror**, quia adulteratae sunt, Vulg. Ezech. 23, 37: absol., occīdere, adulterari, iurare, Vulg. Ierem. 7, 9.

adultus, a, um, *PAdj.* m. *Compar.* (v. adolesco), **herangewachsen, erwachsen, erstarkt, groß geworden, I** eig., von Menschen, Tieren, Pflanzen usw., virgo, Cic.: crinis, Catull.: fetus, Verg.: pulli adultiores, Plin. 10, 92. – Plur. subst., adulti, Erwachsene (Ggstz. pueri u. senes), Cic. fr. u. Plin. – **II** übtr.: **a** der Zeit nach **vorgerückt,** puer aetate adultā, im vorgerückten Knabenalter, ziemlich erwachsen, Cic.: nox, Tac. u. Amm.: aestas, Hochsommer (Ggstz. nova u. praeceps), Sall. fr.: aestate iam adultā, schon weit in den Sommer hinein, Tac.: ad. sol, Sen. Herc. Oet. 1293. Petr. poët. 119. *v.* 148. – **b** der inneren Stärke nach, **α** politisch an Macht **erstarkt,** Athenae, Cic.: pestis, v. Katilina, Cic.: Parthi nondum adulti, Tac. – **β** geistig **erstarkt, entwickelt,** populus, Cic. de rep. 2, 21: eloquentia, Tac. dial 23.

adumbrātim, *Adv.* (adumbratus), **nur im Umriss, nur dunkel,** quasi ad. paulum simulata videntur, Lucr. 4, 361.

adumbrātio, ōnis, *f.* (adumbro), der **Umriss,** die **Skizze, I** eig.: frontis et laterum abscedentium, Vitr. 1, 2, 3. – **II** übtr.: **a** der **bloße Umriss,** die **bloße Andeutung** von etw., si non perfectio, at conatus tamen atque adumbratio, Cic. or. 103. – **b** ein **Scheinbild,** beneficii, Val. Max. 7, 3. ext. 8.

adumbrātus, a, um, *PAdj.* (v. adumbro), übtr.: **a nur im Entwurf gegeben, nur angedeutet, skizziert,** di, Cic.: imago gloriae (Ggstz. eminens effigies virtutis), Cic.: dah. quasi adumbratae intellegentiae (rerum omnium), nur noch unvollkommene, dunkle, im Menschen schlummernde Begriffe, Cic.: fallaciae, im Dunkeln gehaltene, versteckte, Amm. – **b wesenlos, erdichtet, nur in der Phantasie vorhanden,** u. übh. **vorgeblich, Schein-** (Ggstz. verus), res, Cic.: opinio, Cic. – comitia, Cic.: vir, Cic.: laetitia, Tac.

ad-umbro, āvī, ātum, āre, **I beschatten,** vineas palmeis tegetibus, Col.: alvearia frondibus, Col. – übtr., notae litterarum non adumbratae comarum praesidio, nicht verdeckt, Petr. 105. – **II** als *t. t.* der Malerei, von etw. **einen Schattenriss machen, eine Skizze entwerfen,** etw. **skizzieren, nur in den Hauptzügen entwerfen, andeuten, a** eig.: alqd, Val. Max. 8, 11 ext. 7. Quint. 7, 10, 9. – **b** übtr.: **α** mit den Worten **im allgemeinen schildern, skizzieren, andeuten,** fictos luctus dicendo, Cic.: ne ementiendo quidem posse auctorem adumbrare meliorem, Cic.: litteras inanes vanā spe libertatis adumbratas esse, es seien leere Buchstaben, in denen nur im Umriss das trügerische Bild der Fr. angedeutet sei, Liv. – **β** eine Sitte **nachahmen,** Macedonum morem, Curt. 10, 3 (12), 14.

adūnātio, ōnis, *f.* (aduno) = ἕνωσις, die **Vereinigung, Verbindung,** Spät.

adūnātrix, īcis, *f.* (aduno), die **Vereinigerin,** Chalc. comm. 17.

aduncitās, ātis, *f.* (aduncus), die eingebogene **Krümme,** rostrorum, Cic. de nat. deor. 2, 122: rostri, Plin. 8, 97.

adunco, āre (aduncus), **hakenförmig einwärts krümmen** (s. Paul. ex Fest. 11, 8), aquilae pars rostri superior supra inferiorem aduncatur, Augustin. enarr. in psalm. 102, 9.

ad-uncus, a, um, **hackenförmig einwärts gekrümmt, eingebogen** (Ggstz. reduncus), dentes (draconis), Rhet. Her.: nasus, Habichtsnase, Ter. u. Suet.: unguis, Cic.: rostra, Col.: serrula, Cic.: baculum, Liv.: aratrum, Ov.: ferrum, Veget. – praepes Iovis adunca heißt der Adler wegen seines einwärts gebogenen Schnabels, Ov.

adūnītus, a, um (ad u. unio), **vereinigt,** Eccl.

ad-ūno, āvī, ātum, āre, **vereinigen, verbinden,** Iustin. u. a. (bes. im *Partic. Perf. Pass.*).

ad-urgeo (ad-urgueo), ēre, **I andrängen, -drücken,** dentem digito, Cels. 7, 21. *no.* 1 *extr.* – **II** übtr., **eifrig verfolgen, vor sich her jagen,** alqm remis, Hor. carm. 1, 37, 17.

ad-ūro, ussī, ustum, ere, **anbrennen, sengen, versengen,** hoc adustumst (v. einer Speise), Ter.: panem, Hor.: mustum, Col.: complurium levi afflatu vestimenta (v. Blitz), Liv.: laurus adusta focis, Ov.: candente carbone sibi capillum, absengen, Cic.: sine gemitu aduruntur, lassen sich vom Feuer ergreifen, brennen (von den indischen Weisen), Cic.: ceram ad sudorem usque, erhitzen, Plin.: adustum robur, im Feuer gehärtet, Lucan.: loca adusta, auch subst. bl. adusta, ōrum, *n. pl.,* Brandschäden, Cels. – v. der Sonne, Hor. u. Plin. (vgl. adustus): subst., Aethiopiae adusta, die heißen Gegenden, Solin. 56, 9. – v. Arzt, **brennen,** os ferramento, Cels. – v. Glanz, v. der Reibung, einen Körperteil **entzünden,** splendor acer adurit oculos, Lucr.: femora atteri adurique equitatu notum est, Plin. – v. Heilmitteln, **ätzen,** medicamenta adurentia, Cels.: od. im Mund, auf der Zunge **brennen,** ephemerum potum adurit quasi pipere manducato, Scrib. – v. Frost u. Wind, **verletzen, beschädigen** (wie ἀποκαίω), Verg., Ov. u. Plin.: adusta nivibus, erfrorene Glieder, Plin. – v. den Heuschrecken, die wie ein Brand die Ernte verzehren, Plin. – im Bild, von der Liebesflamme, Hor. carm. 1, 27,15. Ov. her. 4, 13. Apul. met. 8, 2 *extr.*

ad-ūsque = usque ad, **I** *Praep.* m. *Acc.* **in einem fort bis, stets bis, bis zu** (räumlich, zeitlich u. zur Angabe des Grades), Catull. 4, 23, Verg., Tac. u. a. – adusque nachgesetzt, supremum tempus vitae adusque, Ov. ex Pont. 2, 3, 4. – **II** *Adv.* = *usque,* **durch und durch, überall,** Ov. u. Apul.

adustio, ōnis, *f.* (aduro), das **Anbrennen, Versengen, Verbrennen,** picis (beim Sieden), Plin.: odoriferi pigmenti, Cassiod.: magna, Lact.: iugis, Erhitzung, Cael. Aur. – das **Verbrennen** = der **Brandschaden,** die **Brandwunde,** Plin.: sanat (lactuca) adustiones omnes, Plin.: – der durch Reibung (des Bohrers) entstandene **Brand** an Bäumen, Plin. 17, 116. – der **Sonnenstich,** σειρίασις, Plin. 30, 135.

adustus, a, um, *PAdj.* m. *Compar.* (v. aduro), **sonnenverbrannt, gebräunt,** hominum color, Liv.: adustioris coloris ex via esse (v. Pers.), Liv.: adustus corpore maurus, Sil.: lapis adusto colore, Plin.

advectīcius, a, um (adveho), **a** anderswoher **zugetragen,** cibus, alimonia, Ambros. in Luc. 2. § 72. – **b** insbes., aus dem Ausland **eingeführt,** vinum (Ggstz. vernaculum), Sall. Iug. 44, 5: copiae (Ggstz. internae), Amm. 14, 8, 8.

advectio, ōnis, *f.* (adveho), das **Herzuführen,** der **Transport,** longa advectio a Brundisio, Plin. 9, 169.

advecto, āvī, ātum āre (*Intens.* v. adveho), zu Wagen, zu Schiff od. sonst **immer und immer zuführen,** v. Pers., rei frumentariae copiam, Tac. ann. 6, 13: omnia quae redimendum filium advectaverat, Dict. 3, 27: v. Schiff, alci pabula dira et miseras dapes, Val. Flacc. 4, 106. – stercus umeris suis advectans, Cassian. inst. 4, 30.

advector, ōris, *m.* (adveho), der **Herbeibringer, -träger,** equus, das Reitpferd, Apul. flor. 21.

advectus, Abl. ū, *m.* (adveho), das **Herbeiführen, Herbeiholen,** Varr. LL. 5, 43. Tac. hist. 4, 84.

ad-veho, vēxī, vectum, ere, **herbei-, herführen, -holen, -bringen, -tragen, -schaffen, fahren, a** *act.:* frumentum, Cic.: frumentum ex agris Romam, Cic.: Corcyram peditum mille secum, Liv.: suae matri ancillam Rhodo, Plaut.: pulverem luctatoribus (v. Schiff), Suet.: Africanas in Italiam, Plin. – primus coacta advehit agmina (Reiterscharen), Val. Flacc. 3, 497: umero Learchum advehit, Val. Flacc. 3, 69: ultrices unda advehit rates, Ov. her. 5, 90. – **b** *pass.,* advehi, herzu-, hergeführt werden = **herzugefahren kommen, herzu-, her-, hinfahren, -gelangen, -kommen,** zu Schiff (mit u. ohne navi), zu Wagen (mit u. ohne curru, cisio, plaustro), zu Pferd (mit u. ohne equo), **herzugeritten kommen, herzu-, her-, hinreiten,** absol., Ter., Liv. u. Tac.: advecta classis, Verg. – m. Ang. **woher** od. **wohin?** eo (dahin) ex urbe ratibus, Varr. LL.: classi ab domo, Liv.: ab Epidauro Piraeum, Serv. in Cic. ep.: Uticam, Sall.: e Pompeiano navi in Luculli hospitium, Cic.: ex castris citato equo herbeisprengen, Liv.: citato equo in eam partem, Liv.: cisio ad urbem, Cic.: advectus equo ad quandam magni fluminis ripam, Cic.: ad prima signa equo advectus, Liv.: Locros hexere advectus, Liv.: Corcyram insulam advehitur, gelangt, Tac. – m. *Dat. loci,* urbi nostrae, Val. Max. 1, 8, 2. – m. *Dat. pers.* = **zu wem?** cum tibi tota cognatio serraco advehatur, Cic. fr.: u.m. *Acc. pers.,* Dardanos, Verg.: ut quosque advectus erat, Tac. – Part. subst. indigenae an advecti, Einwanderer zur See, Tac. Agr. 11. – ► Synkop. Perf.-Formen, advexti, Plaut. merc. 390: Infin. advexe, *ibid.* 333: arch. Infin. Präs. Pass. advehei, CIL 1, 206, 58. – Arch. Nbf. arveho, Cato r. r. 135, 7 u. 138.

advēlitātio, ōnis, *f.* (ad u. velitor), das **Plänkeln** mit Worten, Paul. ex Fest. 28, 20 zw.

ad-vēlo, āre, **umhüllen, bekränzen,** panno purpureo nudos umeros, Lampr. Comm. 15, 3: viridi tempora lauro, Verg. Aen. 5, 246.

advena, ae, *c.* (advenio), der **Ankömmling, Fremdling, Reisende, fremd, ausländisch,** gew. attrib., **I** eig.: **a** von Menschen (Ggstz. indigena), advena quidam, Cic.: indigenae advenaeque, Einheimische u. Fremde, Tac.: exsul adv., Liv.: adv. cultor, Liv. u. Plin.: mercator adv., ein reisender K., ICt.: maritus adv., Apul.: adv. asinus, Apul.: di advenae, Cic. – est e Corintho hic advena anus, kam von K. hierher, Ter. – **b** v. Vögeln = der **Zugvogel,** volucres advenae (Ggstz.

vernaculae), Varr.: adv. grus, Hor. u. Plin. – **c** v. Lebl., Thybris, Ov.: Tiberis, Prop.: amor, die Liebe zu einem fremden Mädchen, Ov. – **II** übtr., der **Fremdling, Neuling,** der **Laie** (= unwissend, unerfahren, unbekannt) in etwas, ne in nostra patria peregrini atque advenae esse videamur, Cic. de or. 1, 250: m. *Genet.*, non adv. belli, Stat. Theb. 8, 556: adv. studiorum, Apul. met. 1, 1. – ► arch. Nbf. arvena, Prisc, 1, 45.

ad-veneror, ātus sum, ārī, jmdm. seine Verehrung kundgeben, jmd. (bes. eine Gottheit) **verehren,** alqm, Varr. r. r. 1, 1, 6. Sil. 13, 704. Auson. parent. 20, 6. p. 50 Schenkl. – ► Aktive Nbf. advenerat, Apul. de deo Socr. 5.

advenientia, ae, *f.* (advenio), die **Ankunft,** cohortium, *Sisenn. fr. p. 281, 15 P.

ad-venio, vēnī, ventum, īre, **herzu-, hinkommen, ankommen** (Ggstz. abire, exire, proficisci), **I** eig.: **a** von Menschen, absol., advenis modo? Cic.: in tempore advenis, Plaut.: in tempore ipso mi advenis, Ter.: si solus advenisset, Nep. – m. Ang. **woher** od. **wohin?** unde haec advenit? Ter.: unde (locustarum ingens vis) advenisset, Liv.: cum intro advenero, Plaut.: si forte huc advenerit, Ter.: quocumque adveneris, Ter.: quoties aliquo adveniret, Suet. – a portu, Plaut.: ab urbe, Mart.: procul a patria domoque, Lucr.: ex proelio, Curt., ex Carysto huc, Plaut.: ex Hyperboreis Delphos, Cic.: Athenis, Plaut.: Cypro, Curt.: Lemno Athenas, Plaut.: Athenis Megaram, Rhet. Her.: ad forum, Plaut.: in provinciam belli gerendi causā, Cic. – m. bl. *Acc.*, domum noctu, Plaut.: Chalcidem, Liv.: Tyriam urbem, Verg. – m. *Dat. pers.*, Komik. u. Tac., selten *loci,* wie tectis meis, Val. Flacc. 5, 535. – m. 1. *Sup.*, me ultro accusatum advenit, Ter. Phorm. 360 (vgl. 388). – **b** v. Lebl., bes. v. Schiffen, eodem, Auct. b. Afr.: in portum, Plaut.: in portum ex Epheso, Plaut.: si quae peregrina navis in portum advenit, Plaut.: a quibus adveniat navis Miletida sospes ad urbem, Ov.: litterae advenēre, Suet.: mare adveniens, die Flut, Plin. – **II** übtr.: **a** v. der Zeit, **herankommen,** interea dies advenit, Cic.: ubi dies advenit, Sall. – **b** von Zuständen u. Ereignissen u. dgl., **herankommen, sich annähern, herein-, ausbrechen,** morbi advenientes et crescentes, Cic.: ubi periculum advenit, Sall. – **c** von Erwerbungen, jmdm. **zufallen,** amicitiam, foedus, Numidiae partem mox adventuram, Sall.: res suā sponte mox ad eum advenit, Liv. – **d** von Zusätzen, advenit id quod etc. (in klass. Prosa accedit quod), dazu kommt noch, dass usw., Lucr. 3, 823. – ► Archaist. Konj. Präs. advenat, Plaut. Pseud. 1030. – Arch. Nbf. arvenio, Diom. 452, 29. Plac. gloss. (V) 7, 34 (arveniet).

adventīcius, a, um (advenio), **I** von außen kommend, **a** im Allg., **äußere** (Ggstz. innatus, insitus), externus et adv. tepor, Cic.: externa atque adv. visio, äußerer Sinneneindruck, Cic.: adv. causa, Macr.: adventiciae res, Sen. – *neutr. Plur.* subst., assumpta et adventicia (Ggstz. innata atque insita), Cic. top. 69. – **b** insbes.: **α** vom Ausland kommend, **ausländisch, fremd** (Ggstz. vernaculus), genus (avium), Zugvögel, Varr.: merces, eingeführte, Amm.: auxilia, Zuzüge, Cic.: doctrina transmarina atque adv., Cic. – **β** auf außerordentlichem Wege, durch außer der Berechnung liegende Zufälle erlangt, **außerordentlich, außergewöhnlich, zufällig, fremd,** in re adventicia atque hereditaria tam diligens, Cic.: pecunia, Cic.: fructus, zufällige Nutzung, Nebengewinn, Liv.: ex adventicio, als zufälliges Glück, Sen. ad Helv. 5, 1; od. als außerordentlicher Gewinn, Iavolen. dig. 42, 5, 28 (vgl. ex adventicio lucro, Ulp. dig. 40, 1, 4. § 1); od. aus außerordentlichem Erwerb (Ggstz. de meo), Plin. ep. 5, 7, 3. – **II zur Ankunft** (adventus) **gehörig,** cena, Ankunftsschmaus, Suet. Vit. 13, 2. Caper de verb. dub. V II. p. 107, 10 K. – subst., adventicia, ae, *f.*, der **Ankunftsschmaus,** Petr. 90, 5.

advento, āvī, āre (*Intens.* v. advenio), **nahe herzu-, herbeikommen, im Anzug sein,** bes. mit dem Nbbegr. der Eile = **mit starken Schritten-, mit Macht-, rasch heranrücken,-herannahen, heranziehen, herbeieilen, a** von Pers., absol., Enn. tr., Varr. LL., Cic. u. a. – m. Ang. **woher?** od. **wohin?** quo (wohin) cum adventaret, Hirt. b. G.: ex Macedonia, Curt.: ab urna, Stat.: ad Italiam, Cic.: ad Nicopolim, Auct. b. Alex.: sub ipsum finem, Verg.: Romam, Sall.: propinqua Seleuciae, Tac.: barbaricos pagos, Amm. – m. *Dat. loci*, portis, Stat. Theb. 11, 202. – m. *Dat. pers.*, Parthis, Tac. ann. 6, 33. – m. Ang. des Zweckes **wozu?** in subsidium, Tac. ann. 14, 32: accipiendo Armeniae regno, Tac. ann. 16, 23: te id monitum, Plaut. aul. 145: eo (dahin) quaesitum servom, Plaut. Poen. 561. – **b** v. Lebl.: classia regia adventat, Nep.: adventantes euri, Verg.: übtr., v. Abstr., iam decimus mensis adventat prope, Plaut.: postquam comitiorum dies adventabat, Sall.: quod fere iam tempus adventat, Cic.: cum ultimi discriminis tempus adventat, Curt.: mors (alci) adventat, Cic.: aut iam urgens aut certe adventans senectus, Cic.: adventante urbi clade, Liv.

adventor, ōris, *m.* (advenio), der **Ankömmling, Fremde,** Prisc. 1, 45. CIL 14, 2979 u. ö. – bes. der **Gast,** der **Besucher** einer Garküche, einer Buhle, Plaut. asin. 359 u. a. Apul. met. 1, 9; 10, 21. – ► arch. arventores, Prisc. 1, 45.

adventōrius, a, um (adventor), **zur Ankunft gehörig,** subst., adventoria, ae, *f.* (*sc.* cena), der **Ankunftsschmaus,** aures excipere adventoriā, mit einem Gedicht zur Begrüßung, Mart. 12. praef. (der Ausdr. adventoria cena st. adventicia getadelt v. Caper de verb. dub. VII p. 107,10 K.).

adventus, ūs, *m.* (advenio), **I** die **Ankunft,** das **Eintreffen, Auftreten,** die **Anwesenheit,** der **Besuch,** von Soldaten = der **Anmarsch,** das **Anrücken** (Ggstz. discessus, decessio, abitus, profectio, reditus), adv. tuus, Cic.: adv. meus reditusque, Cic.: adv. hospitum, Cic.: alienarum gentium, Einwanderung, Tac.: viri, Heimkehr, Hor.: adv. repens, (Ggstz. adv. exspectatus) Cic.: adv. necopinatus, Liv.: m. Ang. **wohin?** nocturnus ad urbem adv., Cic.: ad Italiam Hannibalis adv., Eutr.: ad Pompeium noster adv., Cic.: ipsorum adv. in urbes sociorum, Cic.: Pyrrhi in Italiam adv., Liv.: C. Laelii classisque adv. in Africam, Liv.: consulis Romam adv., Liv. – m. Ang. **mit wem?** Deiotari adv. cum suis omnibus copiis, Cic. – im Plur., adventus mei, Cic. u. (Ggstz. profectiones meae), Plin. ep.: invitationes adventusque nostrorum hominum, Cic.: adv. hostium non modo exspectati, sed etiam repentini, Cic.: meton. adventibus se offerre, sich diesen Leuten schon auf dem Wege in die Arme werfen, Cic. ep. 6, 20, 1. – adventus alcis appropinquat, Cic.: adventum alcis exspecto, Cic.: cetera multitudo e muris adventum imperatoris Romani regisque prospeculabatur, Liv.: praedonum adventum significabat ignis e specula sublatus, Cic. - v. Lebl., secuturae classis adv., Sen.: classis adv. Oreum (nach O.), Liv.: pedum, das Nahen der Füße, die Fußtritte, Verg.: adv. lucis, Sall.: solis, Plin.: veris, Hor.: adv. in animos et introitus imaginum, Cic. – **II** übtr.: adv. nuptiarum, ICt.: adv. malorum, Ausbruch, Cic. – ► Genet. adventi, Ter. Phorm. 154.

ad-verbero, āre, **an** etw. **anschlagen,** armos, Stat. Theb. 9, 686.

adverbiālis, e (adverbium), **adverbialisch, a** = als Adverbium gebraucht, Charis. 203, 14. – **b** = von Adverbien abgeleitet, adiectivum, Prisc. 2, 27: nomina, Prisc. 4, 1.

adverbiāliter, *Adv.* (adverbialis), **nach Art eines Adverbiums, adverbial,** adv. ire (v. Präpositionen), Diom.: in *r* adv. flecti (v. Adjektiv), Charis.: adv. proferri (v. Adjektiven), Prisc.

adverbium, ī, *n.* (ad u. verbum), das **Nebenwort, Adverbium,** adv. locale, temporale, Gramm.: loci adverbia, Quint.: in adverbia transire, Quint.: adverbium (als A.) accipi, Prisc.: loco adverbiorum od. pro adverbiis accipi, Prisc.: pro adverbio dicere, Macr.: omnia nomina, quae in *a* exeunt casu ablativo et sunt feminina, adverbia in *tim* mittunt, ut *regula regulatim,* Diom.

ad-vergo, ere, nach einer Gegend **sich hinkehren, hinliegen,** Persis advergens Austros, Prisc. perieg. 963.

ad-verro, ere, **herbeifegen,** Stat. Theb. 4, 203.

adversābilis (advorsābilis), e (adversor), **widerspenstig,** *Acc. tr. 158.

adversārius, a, um (adversus), **entgegengekehrt, mit dem Gesicht** oder **der Vorderseite zugekehrt,** dah. **I** im Allg., nur subst.: adversaria, ōrum, *n. pl.* das (immer offen und vor Augen liegende) **Konzeptbuch,** die **Kladde** u. dgl. (Ggstz. tabulae od. codex accepti et expensi, Hauptbuch mit Soll u. Haben, s. Cic. Rosc. com. 5 *sqq.*), in adversaria referre, Cic.: in adversariis relinquere, Cic.: adversaria neglegenter scribere (führen), Ggstz. tabulas (Hauptbuch) diligentissime conficere, Cic. – **II** prägn., jmdm. **als Gegner gegenüberstehend** (aber ohne Nbbegr. des Feindlichen), im Wortstreit, bei Versteigerungen, Prozessen, im Krieg usw., **a** *adj.*, **entgegen, zuwider, widerstrebend** (mehr v. Personen, wie contrarius von Sachen), absol. od. mit *Dat.*, Cic. u. a.: factio, Gegenpartei, Nep. – **b** *subst.*: **α** adversarius, ī, *m.*, der **Gegner, Widersacher,** die **Widerpart,** der **Kläger,** der **Mitbewerber, Nebenbuhler,** Komik., Cic., Hor. u. a.: adversarii, die Gegenpartei im Krieg, Cic., Nep. u. a. – u. adversaria, ae, *f.* die **Gegnerin** u. dgl., Cic. ep. 2, 4, 2. – **β** adversaria, ōrum, *n.*, die **Behauptungen des Gegners,** die **Gegengründe** der anderen Partei, adversaria evertere, Cic. or. 122. – ► Arch. advorsarius; auch arvorsarius, CIL 1, 198, 16: synk. Genet. Plur. advorsariûm, Ter. Hec. prol. 22.

adversātio, ōnis, *f.* (adversor), **I** die zankende **Gegenrede,** Plur., Sen. de ira 1, 4, 3 H. Hilar. trinit. 4, 41. – **II** der **Gegensatz,** Tert. adv. gnost. 5 u. a.

adversātīvus, a, um (adversor), **zum Gegensatz gehörig,** coniunctiones, den Gegensatz einführend, Prisc. 16, 1.

adversātor, ōris, *m.* (adversor), der **Gegner, Widersacher,** Apul. de deo Socr. 5.

adversātrīx (advorsātrīx), īcis, *f.* (adversator), die **Gegnerin, Widersacherin** (Ggstz. assentatrix), Plaut. most. 257. Ter. heaut. 1007.

adversē, *Adv.* (1. adversus), sich widersprechend, Gell. 3, 16, 8.

adversim, *Adv.* = adversum, Claudian Mam. de stat. animae 1, 25.

adversio, ōnis, *f.* (adverto), das **Hinrichten,** animi, **Richtung der geistigen Tätigkeit auf** etw., Tert. adv. Marc. 2, 13.

adversitās, ātis, *f.* (adversus), **I** die **Widerwärtigkeit, Schädlichkeit,** Plin. 11, 90. – **II** die **Widerwärtigkeit** = das **Missgeschick** (Ggstz. prosperitas), Cassiod. var. 4, 47. Vulg. gen. 42, 38, zw. (*al.* si quid ei adversi acciderit od. contigerit): Plur., Augustin. conf. 10, 28 *extr.;* serm. 350, 3.

adversitor, (advorsitor), ōris, *m.* (adversum itor), der Sklave, der seinem Herrn entgegengeht, um ihn nach Hause zu holen (wie advorsitor Phaniscus im Personenverzeichnis von Plaut. Most.), Donat. Ter. adelph. 1, 1, 1.

adverso (advorso), āvī, āre (*Intens.* v. adverto), **ohne Unterlass hinrichten,** animum sedulo, ne etc., genau u. eifrig achthaben, Plaut. rud. 306.

adversor (arch. advorsor), ātus sum, ārī (adversus), **I** *v. intr.* **sich** mit Tat u. Wort **gegenüberstellen, sich widersetzen, Widerstand leisten, entgegentreten, entgegenwirken, widerstehen, widerstreben, widerstreiten, beeinträchtigen, a** absol., **α** v. Pers., coepi advorsari primo, Ter.: adv. sedulo, Ter.: adv. palam, Cic. u. Plin. ep.: propalam, Apul.: non adversante collega, Cic.: adversante nobilitate, Vell., adversante filio, Quint.: adversantibus diis, Curt.: par in adversandum, dem Widerstand gewachsen, Liv.: exorando aut adversando sumendam operam censeo, Plaut. – **β** v. Lebl.: adversante fortunā (Ggstz. suffragante fortunā), Cic.: adversante et repugnante naturā, Cic.: adversante vento od. adversantibus ventis, bei widrigem W., Tac. u. Plin. ep.: adversante undā, im Gegendrang der Woge, Tac. – **b** m. Ang. **wem?** durch *Dat.:* **α** v. Pers. (Ggstz. assentari, suffragari, favēre), alci, Komik., Cic. u. a.: alci infestius, Cic.: alci nullā re, Apul.: alcis praeceptis, Plaut.: legi, Cic. u. Liv. ornamentis alcis, Cic.: dignitati alcis, Vell.: nuptiis Poppaeae, Tac. – **β** v. Lebl.: adversantia et contraria naturae dignitatique eius, Apul.: cum duae causae perspicuis et evidentibus rebus adversentur, Cic.: aliquid quod scripto adversetur, Quint.: brassicam (putant) vino adversari, vertrage sich nicht mit W., Plin.: adversantur altera alteri, es wirkt eine gegen die andere, Plin.: quoniam adversetur id omnium spei, alle H. vereitelt, Plin. – **c** m. Ang. **wogegen?** durch *contra* od. *adversum:* potius ut id facias quam advorsere contra? Plaut. Cas. 253: nolo advorsari tuam advorsum sententiam, Plaut. merc. 380. – **d** m. Ang. **worin?** od. **in Betreff wessen?** durch *in* od. *de* m. Abl.: ne in parvis quoque rebus incommode adversarentur, Liv. 4, 8, 6: idem ego arbitror, nec tibi advorsari certumst de re istac umquam, Plaut. aul. 142. – **e** m. Ang. des Grundes durch *quo minus* m. Konj.: sic in urbe mundove communi non adversatur ius, quo minus suum quidque cuiusque sit, Cic. de fin. 3, 67. – **II** *v. tr.* **feindlich behandeln, bedrängen,** numero inepti pertimuistis cassam terriculam adversari, Afran. com. 270: illos advorsari et affligere, Apul. de deo Socr. 12 *in.* – *Partic. praes. subst.*, adversantibus asper, Liv. 36, 32, 5: necem repraesentantes adversantibus, Suet. Vit. 10, 2: adversantis altercatio, Augustin. de civ. 10, 11. ► An allen anderen Stellen wird jetzt st. adversari m. Akk. gelesen aversari, s. Drak. Liv. 8, 7, 14. Ernesti Tac. hist. 1, 1. Zumpt Curt. 5, 8 (25), 15. Schwarz Plin. pan. 46, 4. – Parag. Infin. adversarier, Plaut. Amph. 703 u. Stich. 513.

1. adversus (advorsus), a, um, *PAdj.* m. *Compar.* u. *Superl.* (v. adverto), **zugekehrt, I** eig., **mit dem Gesicht** od. **mit der Vorderseite zugewandt, auf der Vorderseite** od. **gegenüber befindlich, vorliegend, vorstehend, vorn, vorder** u. dgl. (Ggstz. aversus, supinus, resupinus, a posteriore parte, a latere), *adversus* in sedili *contra* medicum is homo collocandus est, vel sic *aversus,* ut in gremium eius caput *resupinus* effundat, Cels.: et adversus et aversus impudicus est, von vorn u. von hinten, Cic.: adversi raedarium occīdunt, von vorn, Cic.: adversos nobis (vobis) stare od. adversis vestigiis contra nostra vestigia stare, adversa nobis (vobis) urgere vestigia, Gegenfüßler, Antipoden sein, Cic.: collis adversus huic (flumini) et contrarius, Caes.: dentes adversi, die Vorderzähne, Cic.: adversa manus, die nach uns zugekehrte = innere Hand, Cic.: u. so adversae palmae, Quint.: facies, Quint.: dah. auch ut aedificii frons *aversa* sit ab infestis eius regionis ventis et amicissimis *adversa,* Col.: adverso corpore, vorn aus der Brust, Cic.: adversa vulnera, adversae cicatrices, vorn auf der Brust, Sall., Cic. u. a.: adversi telis figebantur, vorn auf der Brust, Auct. b. Alex.: in adversum os vulneratur, gerade ins Gesicht, Caes. – adversis hostibus occurrere, die Front machenden, in der Front, vorn, Caes.: adversos concitare equos, gegeneinander, Liv.: impetus hostium adversi, Frontangriffe, Auct. b. Alex.: itinera adversa, Frontmärsche, Tac. – hastae adversae cadentes, nach vorn gesenkt, Liv.: hastis adversis, mit eingelegten, Verg. – solem adversum intueri, gerade gegen die S. sehen, Cic.: adv. fulgur, der uns entgegenstrahlende, Suet.: lectus adv., das (der Tür gegenüberstehende) Brautbett, Laber. u. Prop. – adversā viā, geradeaus, Plaut. – in montes adversos, per adversos montes, die B. hinan, Liv. u. Ov.: adverso colle, über die Vorderseite des H., den H. hinan, Caes. u. Sall.: adverso fune subire, das Seil hinaufklettern, Plin.: adverso flumine (amne, Tiberi u. dgl.), den Fluss hinauf, stromaufwärts (Ggstz. secundo flumine), Caes. u. a.: u. so adversā ripā, stromaufwärts, Liv.: u. adversum amnem subvectus, Verg. – venti adversi, konträre, Liv.: u. so adversissimi navigantibus venti, Caes.: adversis flatibus, bei ungünstigem Wind (Ggstz. secundis fl.), Quint. – *neutr. Sing.* u. *Plur.* subst., hic ventus adversum tenet Athenis proficiscentibus, weht entgegen, Nep.: adversa Bastarnae tenent, die gegenüberliegenden Gegenden, Plin. – bes. m. *Praep.*, in adversum, entgegen, Verg. u. Liv., od. gegeneinander, Prop.: ex adverso, gegenüber, Liv. u. a., od. von vorn, Curt. u. Suet.: urbs ex adverso Carthaginis sita, K. gegenüber, Plin.: u. so portus ex adverso urbi ipsi positus, Liv.

II übtr.: **1** gleichs. als Gegenpart gegenüberstehend, d. i. **a** v. Pers., **entgegen, gegenüber, Gegner, Gegenpart** (doch mehr in Hinsicht des Strebens u. der Tat, als der Gesinnung, dah. oft verb. adversus infestusque, infensus et adversus), adversus alci, Cic. u. a.: u.m. *Genet.*, adversus populi partium, Sall. – adverso Marte, Verg.: adverso senatu, adversā patrum voluntate, gegen den Willen des S., Liv. – *Compar.*, neque (est) testudine aliud salamandrae adversius, Plin. 32, 35. – **b** v. Lebl., **zuwider,** d. i. **α ungünstig, widrig, unglücklich** (Ggstz. secundus, prosper), adversis auribus, Liv.: valetudo adv., Übelbefinden, Unpässlichkeit, Liv.: adv. tempus navigandi, Hirt. b. G.: adv. bellum = δήϊος πόλεμος (Hom.), ein verheerender, mörderischer, Hor.: auspicia adversissima, Suet.: adversā avi, trotz der Warnung der Vögel, Pacuv. fr.: omnia *secundissima* nobis, *adversis*-

sima illis accidisse videntur, Caes. b. Cic.: res adversae, Cic., od. casus adversi, Nep., od. fortuna adversa, Verg. u. Nep., widrige Schicksale, Unfälle, Missgeschick, Unglück. – m. *Dat.*, res plebi adversa, Liv.: annus frugibus adv., Liv.: locus opportunus consiliis an adversus, Quint. – *neutr.* subst., adversum, ī, *n.* od. gew. Plur. adversa, ōrum, *n.*, **Missgeschick, Unglück** (Ggstz. secunda, prospera), si quid adversi acciderit od. accidisset, Ter., Cic. u. Nep.: precari alci aliquid adversi, Sen.: advorsa eius, Ter. Hec. 388: res humanae semper in adversa mutantur, schlagen ins schlimmere Gegenteil um, Sall.: quis in adversis beneficiorum servat memoriam, Vell. – **β (im Herzen) zuwider = verhasst,** quîs omnia regna advorsa sunt, Sall. Iug. 81, 1. – **2** als dialekt. *t. t.*, dem Begriff nach **entgegengesetzt, das Gegenteil (den Gegensatz) bildend** od. **bezeichnend** (Synon. contrarius; Ggstz. par), Cic. u. a.: opinio, Plin.: adversa virtuti malitia, Quint.: ipsa inter se adversa sunt, Gell. – *neutr.* subst., aptum, cui ex adverso est ineptum, Augustin. ep. 138, 5: paria paribus referunt, adversa contrariis, gleiche Sätze und Gegensätze einander entsprechen lassen, Cic. or. 65. – ► Kompar. adversior, Quint. 7, 1, 11: adversius, Plin. 32, 35: Superl. adversissimus, Caes. b. c. 3, 107, 1. Caes. bei Cic. ad Att. 10, 8. litt. B. § 1. Suet. Oth. 8, 3. Augustin. ep. 93, 2.

2. adversus (advors.) u. **adversum** (advors.), eig. *Partic.* v. adverto, in **entgegengesetzter Richtung, I** als *Adv.*, **entgegen, auf etw. hin, -zu, -los,** alci adversum ire, venire, jmdm. entgegenkommen, teils = jmdm. (zufällig) begegnen, Plaut., teils jmdm. (absichtlich) entgegengehen, jmd. abholen (bes. v. den Herrn abholenden Sklaven), Lucr. u. Komik. (s. Brix Plaut. Men. 434. Lorenz Plaut. most. 301): u. als Feind, adversus arma ferre, Nep.: adv. resistere, Nep.: postquam nemo adv. ibat, Liv.

II *Praep.* m. *Acc.* (auch dem *Acc. Pronom.* nachgesetzt b. Plaut., Sall. u. Nep., s. Wagner Plaut. aul. 682. Deder. Dict. 2, 3), **A** die Richtung angebend: **1** im Raum, **gegen, nach** od. **auf ... hin,** advorsum od. adversus clivum, Plaut. u. Caes.: adv. montem, Hirt. b. G.: adv. colles, Caes.: adv. multa oculos attollere (bildl.), Sen.: sed quis est, quae haec me advorsum incedit? auf mich zu, Plaut. – **2** bei der Tätigkeit od. Gesinnung, **gegen, wider** jmd. od. etw. (jedoch ohne den Nbbegr. des Feindseligen, nur das Entgegentreten zu Angriff u. Verteidigung bezeichnend, Ggstz. pro, s. Liv. 7, 40, 3: Quinctius, quem armorum etiam *pro* patria satietas teneret, nedum *adversus* patriam; vgl. Liv. 44, 38, 4; 45, 10, 14), adversus eum venit, trat ihm entgegen, Nep.: ubi nemo hostium adv. prodiit, entgegenrückte, Liv.: adv. quem ibatur, gegen den ausgezogen wurde, Liv.: adv. Romanos fuisse, Nep.: adv. alqm dimicare, Nep.: adversus rem publicam facere, Caes.: adv. alqm stare, Nep. – respondere adv. ea, Liv.: adv. haec Tempani oratio incompta fuisse dicitur, Liv. – so vom Widersprechen, Zuwiderhandeln, **gegen, im Widerspruch mit,** adversus edictum facere, Ter.: adversus legem, adversus rem publicam, Cic.: adv. senatus consultum, Liv.: advorsum animi tui lubidinem, Ter.: adv. modestiam disciplinae, Tac. – adversus quod, »dem entgegen od. im Widerspruch mit dem, was« usw., Liv. 32, 2, 5: u. ähnl., advorsum quam, Plaut. trin. 176. – u. bei Schutz- u. Heilmitteln u. dgl., quaedam remedia propria adversus quaedam venena, Cels.: haec adv. omnes ictus utilia sunt, Cels.: egregium adv. tempestates receptaculum, Plin. ep.: huiusmodi exercitationes adversum propulsandam vini violentiam, Gell. 15, 2, 6. – dah. invictus, munitus adversum alqd od. alqm, Sall.: fortis adversus alqm, Phaedr.: adversus blanditias incorruptus, Tac.

B die Lage, den Stand bezeichnend = **gegenüber, 1** im Raum, **gegenüber,** *vis à vis,* advorsum speculum, vor dem Spiegel, Scip. Afr. fr.: adversus aedes publicas, Liv.: adversus montes, Liv. – **2 gegen** jmd. od. etw., **a** jmdm. **gegenüber** = jmdm. **ins Gesicht, vor,** egone ut te advorsum mentiar? Plaut.: id gratum fuisse advorsum te habeo gratiam, vor dir, vor deinen Augen, Ter.: dixit me advorsum tibi, in meiner Gegenwart, Plaut.: utendum est excusatione adversus eos, Cic. – **b** bei der Vergleichung, **gegen = in Vergleich mit, neben,** adversus veterem ac perpetuum imperatorem comparabitur, Liv.: quid autem esse duo prospera in tot saeculis bella Samnitium adversus tot decora populi Rom., Liv. – **c** vom Benehmen, Verhalten, jmdm. od. einer Sache **gegenüber, gegen** jmd. od. etw., auch **in Hinsicht auf** jmd., brevior est haec epistula et, ut adversus magistrum morum, modestior, Cic.: quonam modo me gererem adversus Caesarem, usus tuo consilio sum, Cic.: te adversus me omnia audere gratum est, meinetwegen, Cic. – Bes. häufig nach Ausdrücken der pflichtmäßigen Gesinnung, Liebe, Achtung, Verehrung **gegen** jmd. od. etw., est pietas iustitia adversus deos, Cic.: adhibenda est quaedam reverentia adversus homines, Cic.: adversus deos impii, Cic.: gratus adv. alqm, Sen.: ingratus adv. beneficium, Sen.: vir adversus merita Caesaris ingratissimus, Vell. – ► Arch. Nbf. arvorsum, CIL 1, 196, 25.

ad-verto (ad-vorto), vertī, (vortī) versum (vorsum), ere, **hinkehren, hinrichten, hinwenden, hindrehen** (Ggstz. avertere), **I** körperl. Objj.: **a** übh.: se in plateam, Ter.: agmen urbi, Verg., ei parti, Curt. – **b** als naut. *t. t.*, ein Schiff usw. wohin richten, mit dem Schiff usw. **hinsteuern,** classem in portum, Liv.: proras terrae, Verg.: navem Brundisium, Gell.: dah. Passiv, notae advertuntur arenae, man steuert los auf usw., landet an usw., Verg.: u. Passiv medial, m. *Acc.* des Ziels, Scythicas advertitur oras, Ov.: u. *refl.* advertere, anlegen, landen, v. Schiffenden, absol., Sil. 1, 288; v. Schiff, m. *Dat.*, Mariandynis arenis, Val. Flacc. 4, 733. – **c** einer Örtl. **nach** einem Himmelsstrich **hin die Lage geben, anlegen,** balnearia occidenti aestivo, Col.: vineta orienti, Col.

II die Sinneswerkzeuge, den Geist, jmd. nach einem Punkt, auf einen Ggstd. **hinrichten, A** nach einem anderen Punkt, auf einen anderen Ggstd.: **a** die Sinneswerkzeuge **auf** etw. **richten,** bes. die Augen = auf od. nach etw. **hinsehen,** u. die Ohren = auf etw. **hinhören,** mit Angabe des Punktes **wohin?** durch *Praepp.* od. durch den *Dat.*, lumina in quamcumque aedis partem, Ov.: vultus sacris, Ov. – aures ad vocem, Ov.: aurem monitis, Prop. – u. von der Gottheit, numen malis, Verg. – u. ohne Ang. **wohin?** adv. oculos, Curt., aures, Sil. – **b** den Geist, (**α** animum (animos) u. (selten) mentem advertere (zsgzg. animadvertere, w. vgl.) = **den Sinn-, die Gedanken-, die Aufmerksamkeit richten, achten, achthaben, aufmerken** auf etwas, animum huc, Plaut., mentem huc, Verg.: animos ad religionem, Lucr.: mit *Dat.*, animos monitis, Ov.: mit *Acc. Pron. neutr.*, id animum advorte, Plaut. – m. folg. *ne* u. Konj. = »darauf achten, dass nicht« usw., animum advertant, ne quos offendant, Cic.: adverterent animos, ne quid novi tumultus oreretur, Liv. – bl. *adv.* m. folg. *si,* vos modo advertite, si modo quid denuo dicetur, Gell. 2, 29, 13. – absol., animum adv., Cic.: u. bl. advertere, wie paucis, adverte, docebo, Verg. – **β** animum advertere (zsgzg. animadvertere, w. vgl.) – (infolge des Aufmerkens) etw. **bemerken, gewahr werden, wahrnehmen, erkennen,** alqm in contione stantem, Cic.: id, Caes.: vitium, Caes.: inter saxa repentes cocleas, Sall. – m. folg. *Acc.* u. *Infin.*, Cic., Caes. u. a. – m. folg. indir. Fragesatz, Cic. u. a. – u. bl. advertere (ohne *animum),* mit folg. *Acc.* u. dgl., b. Plin., Tac. u. Spät.: m. dopp. *Acc.*, id in complurium veterum libris scriptum adv., Gell. 2, 13, 2. – u. mit *animo* od. *animis,* wie: ad nos pervenisse animo adverto, Plin.: quae dicam, animis advertite vestris, beherzigt, Verg.: u. ohne animo, multos adverto credidisse, Plin. – dah. **αα wahrnehmen** = empfinden, animum advortunt graviter quae non censeas, Ter. heaut. 570. – **ββ** ahndend wahrnehmen, **übel vermerken, ahnden, rügen, strafen,** durius, Tac. ann. 3, 52: in alqm, Tac. ann. 2, 32 *extr.* u. 5, 9 *in.* – **γ** animum alcis od. alqm advertere, jmd. **aufmerksam machen,** dass er etw. tue, advertit ea res Vespasiani animum, ut etc., Tac. ann. 3, 48: non docet admonitio, sed advertit, Sen. ep. 94, 25. – **B** auf sich hinrichten, **auf sich ziehen, a** die Sinneswerkzeuge jmds., gemitus ac planctus etiam militum aures oraque advertere, Tac. ann. 1, 41. – **b** den Geist od. jmd. (mit seinem Geist) = jmds. **Aufmerksamkeit auf sich hinlenken, auf sich ziehen,** vollst., omnium animos in se, Sen. ep. 120, 13: illos in se, *ibid.* 114, 21: alqm, Plin. ep. 1, 10, 5 u. a. Tac. ann. 2, 17 u. a. Lucan. 8, 857. – **c** ein geistiges Übel **auf sich laden,** illic eadem actitando recentia veteraque odia, Tac. ann. 4, 21.

ad-vesperāscit, āvit, ere, **es beginnt Abend zu werden, es dämmert,** iam advesperascit, Ter.: cum (iam) advesperasceret, Cic.: sub noctem, cum advesperasceret, Gell.: quoniam advesperascit, Vulg.: ubi coepit advesperascere, Plin. ep. – advesperascente die, Vulg. prov. 7, 9. ► Synk. Perf.-Form advesperasset, Auct. b. Hisp. 24, 5.

adviābilis, e (ad u. vio), **zugänglich,** petra uno adviabilis calli, Itin. Alex. 45.

ad-vigilo, āvī, ātum, āre, **bei etwas wachen, wachsam sein,** **a** physisch, ad custodiam ignis, Cic. de legg. 2, 29: m. *Dat.*, parvo nepoti, Tibull. 2, 5, 93: vallo, Claud. in Eutr. 2, 419: regum somnis, Stat. Theb. 1, 147. – **b** geistig, einer Sache **seine Wachsamkeit widmen, wachen, aufpassen, auf der Hut sein,** absol., Plaut. Pers. 614. Ter. Andr. 673; Phorm. 203: pro rei dignitate, Q. Cic. de pet. cons. 57: m. *Dat.*, stupris, Claud. de cons. Stil. 2, 140: sibi, Manil. 1, 81.

ad-vīvo, vīxī, ere, das Leben fortsetzen, **fortleben, am Leben bleiben,** CIL 6, 17297 u. 6, 28005. Scaev. dig. 34, 3, 28. § 5. u. 34, 4, 3. § 30. Stat. Theb. 12, 424. Capit. Anton. Pius 5, 1. Tert. de anim. 57. Vulg. Ios. 4, 14: m. *Dat.*, dic mihi, omnibus natis mater advivit? Tert. adv. Marc. 4, 19: cuius imperii annis vix potest advivi, Vopisc. Prob. 22, 4.

advocātio, ōnis, *f.* (advoco), das **Herbeirufen, Berufen;** dah. prägn., als *t. t.* = die **Berufung** von Sachverständigen **zu gemeinsamer Beratung** über schwierige Angelegenheiten, **I** im Allg., Cic. II. Verr. 1, 129. – **II** insbes.: **a** *in abstr.*, die **Berufung von sachverständigen Rechtsgelehrten zur Beratung,** die **juristische Beratung,** in advocationibus, als Rechtsanwalt, Cic. ep. 7, 10, 2. – u. seitdem die *advocati* zur Kaiserzeit als wirkliche Prozessführer auftraten = die **Prozessführung,** der **Beistand vor Gericht,** die **Anwaltschaft,** Quint. u. a. – in der Verbindung advocationem postulare, petere, dare, consequi = die **Gelegenheit, Erlaubnis, Frist, eine juristische Beratung** mit Sachverständigen **zu halten** oder (zur Kaiserzeit) **sich juristischen Beistand zu verschaffen,** Cic. u. Sen. – u. übtr., übh. **Überlegungszeit, Aufschub, Frist,** Sen. u. a. – **b** *in concr.*, meton. = die zur Beratung berufenen Sachverständigen, sowohl die zur Beratung gezogenen und vor Gericht mit anwesenden Rechtsgelehrten, als auch die beratenden Freunde, Beistände, übh., der **Beistand,** die **Hilfe,** Cic. u. a. – zur Kaiserzeit, der **Sachwalterstand,** die **Anwaltschaft,** spät. ICt.

advocātor, ōris, *m.* (advoco), der **Herbeirufer** = der **Helfer, Unterstützer,** mendicorum, Tert. adv. Marc. 4, 15.

advocātus, ī, *m.* (eig. *Partic.* v. advoco), der **Herbeigerufene,** prägn. = **a** zur Zeit der Republik, der **Freund, Sachverständige** und namentl. **Rechtsverständige, den man bei einem Rechtsstreit zur Beratung zog,** der sich persönlich für eine Meinung vor Gericht anführen ließ und dieselbe durch seine Gegenwart unterstützte, Cic. u. a. – **b** zur Kaiserzeit = *patronus causae,* der für jmd. den Prozess führt, der **Rechtsbeistand, Sachwalter, Anwalt, Advokat,** Quint. u. a.

advocito, s. arvocito.

ad-voco, āvī, ātum, āre, **herzu-, herbeirufen,** prägn. = zu irgendeiner Tätigkeit, zur Beratung, als Ratgeber, Beistand, Helfer, Zeuge **berufen, beiziehen, zuziehen,** **I** im Allg.: **a** Pers.: **α** m. bl. *Acc.*: alqm, Plaut.: contionem, contionem populi, Cic. u. Sall.: concilium, Cic. – **β** m. *Acc.* und mit Ang. **wohin?** od. **wozu?** durch *in* m. Akk.: alqm in consilium, Cic.: populum in contionem, Liv.: alqm in auxilium, Tac. – durch *ad* u. Akk., populum ad contionem, Liv. – u. ohne *Acc.*, advocare ad obsignandum, Cic.: ad contionem, Liv. – durch Ortsadvv., eo senatum, Sall. – durch *Dat.*, advocari aegro, Ov.: gaudiis, Hor.: falsis tabulis (Testamenten) advocari, Plin. pan. – **b** lebl. Objj.: omnia arma, alles als W. gebrauchen, Verg.: licet omnes in hoc vires suas natura advocet, u. wenn die N. alle ihre Macht aufbietet, Sen.: adv. alqd in tutelam securitatis suae, Vell.: senatus populique R. oblitterata iam nomina sacramento, bei der Eidesleistung d. S. u. Volkes schon verschollene Namen ausrufen, Tac. – desiderare iracundiam advocatam, zum Beistand verlangen, Cic.: u. so adhibere ocu-los advocatos, artem advocatam sensibus, zum Beistand nehmen, -aufbieten, Cic. – **II** insbes.: **a** als gerichtl. *t. t.*: **α** zur Zeit der Republik: **αα** v. Richter, adv. in consilium u. adv. alqos sibi, **sich** Sachverständige **zu einer Beratung** über eine Rechtssache **berufen,** Cic. Verr. 3, 18. Cic. Quinct. 5. – **ββ** v. den Parteien, einen Freund, Sachverständigen, bes. einen Rechtsgelehrten zum Rat in einer Rechtssache und zur persönlichen Gegenwart vor Gericht (um seine Meinung durch diese Gegenwart zu unterstützen) **berufen, beiziehen,** alqm, Cic.: alqm contra alqm, Cic.: m. *Dat. pers.*, alqm sibi, Plaut. Cas. 569: absol., aderat frequens, advocabat, Cic. – **β** zur Kaiserzeit, **einen Rechtsbeistand (Anwalt) suchen, -annehmen,** absol., hic advocat, hic adest, Sen.: contra Caesarem adv., Sen.: m. *Dat. rei* (zu), causae, quibus advocamur, Quint. 11, 1, 39. – dah. scherzh., veniam advocandi peto, bitte um Frist (für die verlangte Arbeit), um mir Rats zu erholen, Plin. ep. 5, 8, 11. – **b** adv. deum, eine Gottheit zur Hilfe **herbeirufen,** deum sibi, Catull.: deos, Liv.: hos deos ad venerationem, Varr.: so auch nomina deorum (precibus), Lact. (s. Bünem. Lact. 2, 2. § 2). – **c** **helfen, unterstützen, trösten,** languentes, Tert. adv. Marc. 4, 14 *sq.; cf.* de pudic. 13. – ► Arch. Nbf. arvoco, Prisc. 1, 45.

advolātus, Abl. ū, *m.* (advolo), das **Herbeifliegen,** Cic. poët. Tusc. 2, 24.

advolito, āre (*Frequent.* v. advolo), **wiederholt heranfliegen** an usw., papilio luminibus accensis (*Dat.*) advolitans, Plin. 11, 65: noctua Carris advolitans, Prud. adv. Symm. 2, 574 *sq.*

ad-volo, āvī, ātum, āre, **herbei-, heran-, herfliegen,** **I** eig., von Vögeln u. Insekten, ad eas aves, quae etc., Cic.: in Italiam trans mare (Ggstz. eodem revolare), Varr.: in civitatem, Tac.: in forum, Liv.: in scaenam, Plin.: e mari in agrum Volaterranum, Plin.: ad dulcia, Plin.: m. *Dat. loci,* caprarum uberibus, Plin.: lucernarum luminibus, Plin. – **II** übtr., **herbeifliegen** = **herbeieilen, eilig herbeikommen,** v. Reiter = **herbei-, hinsprengen** (mehr als accurrere), **a** v. Pers., absol., advolone an maneo? Cic. u. a.: m. Ang. **woher?** u. **wohin?** ex imo, Plin.: ad alqm, ad urbem, Cic.: ad equites (v. Feldherrn), Liv.: ad alqm Tarento, Cic.: Larino Romam, Cic.: Romam e Lucania, Eutr.: ad Messanam navibus, Caes.: in Formianum, Cic.: rostra, Cic.: trucis viri ora, Val. Flacc. – m. Ang. **auf welchem Wege?** terrā (zu Lande), Cic. de rep. 2, 6. – m. Ang. **wozu?** in auxilium, Plin. 9, 30. Suet. Galb. 20, 1. – **b** v. Lebl.: eius εἴδωλον mihi advolabit ad pectus, Cic.: fama mali tanti advolat Aeneae, Verg. – ► Arch. Nbf. arvolo, Prisc. 1, 45.

ad-volvo, volvī, volūtum, ere, **herbei-, heranwälzen,** **I** eig.: advolvi ad ignem, Plin.: congesta robora focis (Dat.), Verg.: ornos montibus (Abl.), Verg.: v. Fluss, advolvens ingentia saxa Charadrus, Stat. Theb. 4, 712. – Dah. advolvi u. se advolvere, von Bittenden, **niederfallen,** advolvi aris alcis, Prop., genibus alcis, Liv. u. Vell.: pedibus alcis, Tac., genua alcis, Sall. fr. u. Tac.: se adv. genibus alcis, Liv.: Psyche pedes eius advoluta, Apul. – **II** übtr.: magnusque advolvitur astris clamor, wälzt sich empor, Stat. Theb. 5, 143. – carmen in unum tantarum cumulos advolvere (einverleiben) rerum, Claud. de cons. Stil. 1, 11. – ► arch. advolvont = advolvunt, Verg. Aen. 6, 182 R.

advorsum, advorsus, advorto, s. adversum, adversus, ad-verto.

adyticulum, ī, *n.* (*Demin.* von adytum), ein **kleines Allerheiligstes,** Apul. de orthogr. § 36 (ohne Beleg).

adytum, ī, *n.* (ἄδυτον), gew. Plur. adyta, ōrum, *n.* (ἄδυτα), das **Unbetretbare** = der **innerste, den Laien unzugängliche Raum eines Heiligtums,** besond. der, aus dem die Priester die Göttersprüche holten, das **Allerheiligste,** Verg., Hor. u. a.: ima adyta, eines Grabes, Verg. u. Lucan.: alqm adytis suis accipere (v. den Musen), Col. – übtr., ex adyto tamquam cordis, aus dem Innersten des Herzens, Lucr. 1, 737. – ► Nbf. **adytus,** ūs, *m.*, Acc. tr. 624.

adzēlor, ārī (ad u. ζηλόω), **gegen** jmd. **eifern,** Vulg. 4. Esdr. 16, 49.

Aea, ae, Akk. an, *f.* (αἶα = γαῖα), eine vom Phasis umflossene Halbinsel in Kolchis, Sitz des Königs Äetes, der Mythenzeit angehörig, Plin. 6, 13. Val. Flacc. 1, 742 u. (Akk. -an) 5, 425. – Dav. **Aeaeus,** a um, ääisch, pulvis, orae, Val. Flacc. 1, 451 u. 5, 278: Ae. tyrannus, d. i. Aeetes, Val. Flacc. 5, 548.

Aeacidēius, **-cidēs**, **-cidīnus**, **-cius**, s. Aeacus.

Aeacus, ī, *m.* (Αἰακός), myth. König von Ägina, Sohn des Jupiter u. der Ägina od. Europa, Vater des Peleus u. Telamon und somit Stammvater der Äaciden (s. unten Aeacides), wegen seiner Frömmigkeit (dah. templorum fabricator, s. Arnob. 6, 3) und Gerechtigkeit nach seinem Tod mit Minos und Rhadamanthus Richter der Schatten in der Unterwelt, Hyg. fab. 52. Ov. met. 13, 25. Cic. Tusc. 1, 98: griech. Akk. Aeacon, Ov. met. 9, 435. – Dav. abgeleitet: **A** **Aeacidēs**, ae, *m.* (Αἰακίδης), ein männl. Abkömmling des Äakus, ein **Äacide,** Enn., Cic. u. a. – Insbes., **a** einer seiner Söhne, wie Peleus, Ov. met. 12, 365; Phokus, *ibid.* 7, 668. – **b** sein Enkel Achilles, Verg. u. Ov. – **c** sein Urenkel Pyrrhus, des Achilles Sohn, Verg. Aen. 3, 296. Ov. her. 8, 7 u. 55. – **d** einer seiner Nachkommen, wie Pyrrhus, König in Epirus, Enn. ann. 186; u. der König Perseus, Verg. Aen. 6, 839 u. Sil. 1, 627. – ► Genet. auch Aeacidis, Sen. Troad. 46. Dracont. carm. 5, 155: Akk. Aeacidem, Dracont. carm. min. 8, 192, Aeaciden, Verg. Aen. 6, 839. Stat. Silv. 5, 3, 194 u. ö.: *Voc.* Aeacide, Ov. her. 3, 87 u. 8, 7, od. Aeacida, Enn. ann. 186: *Gen. Plur.* Aeacidarum, Enn. ann. 187, u. Aeacidum, Sil. 15, 292. Val. Flacc. 5, 573. – Dav. wieder: **1** **Aeacidēius**, a, um, **zu den Äaciden gehörig, äacidēisch,** regna, die Insel Ägina, Ov. met. 7, 472. – **2** **Aeacidīnus**, a, um, **eines Äaciden** (Achilles) **würdig,** minae, Plaut. asin. 405. – **B** **Aeacius**, a, um, **äacisch,** flos, die Hyazinthe (nach der Sage aus dem Blut des telamonischen Ajax entsprossen), Col. poët. 10, 175.

Aeaeē, ēs, *f.* (Αἰαίη νῆσος), ein aus der Dichtung der Argonautenfahrt hervorgegangener Name einer Insel, die urspr. wohl mit der Insel Aea gleichbedeutend war, Wohnsitz der Zauberin Circe (vgl. Verg. Aen. 3, 386), u. nach Späteren der Kalypso, Mel. 2, 7, 18. – Dav. **Aeaeus**, a, um (Αἰαῖος), **ääisch, a** Beiname der Circe, Verg.: dah. Aeaeae artes, Aeaea carmina, Zauberkünste, -sprüche, Ov.: Aeaeus Telegonus, Sohn der Circe, Prop. – **b** Beiname der Kalypso, puella, Prop. 3, 12, 31.

Aeās, antis, *m.* (Αἴας, **I** ein Fluss in Griechenland, der auf dem Pindus entspringt u. bei Apollonia vorbeifließt, Mel. 2, 3, 13 (2. § 57). Plin. 3, 145. Ov. met. 1, 580. Lucan. 6, 361. – **II** = Aiax, Auson. elog. 2. Cupid. cruciat. 12. p. 122, 5 Schenkl.

Aebura, ae, *f.*, Stadt im tarrakon. Hispanien, j. *Cuerva*, Liv. 40, 30, 3.

Aebūtius, ī, *m.*, ein röm. Familienname; dah. **Aebūtius**, a, um, **äbutisch, eines Äbutius,** lex, Cic. u. a.

Aecetia, ae, *f.*, altlat. für aequitas, als Gottheit, CIL 1, 43 (wo Genet. Aecetiai).

aecor, s. aequor.

Aeculānum, ī, *n.*, Stadt der Hirpiner in Samnium, im Mittelalter *Eclano* (bei der *Grotta di Mirabella*), jetzt verödet, Cic. ad Att. 7, 3, 1; 16, 2, 4. – Nbf. **Aeclānum**, CIL 9, 1111. – Dav.: **a** **Aeclanenses**, ium, *m.*, die Einw. von Äk., die **Äkulanenser,** CIL 9, 1151 u. ö. – **b** **Aeculānī**, ōrum, *m.*, die Einw. von Äk., die **Äkulaner,** Plin. 3, 105. – Nbf. **Aeclānii**, CIL 9, 1208.

aecus, a, um, s. aequus.

aedepol, s. edepol.

aedēs u. **aedis**, is, *f.* (wohl urspr. ›der häusliche Herd‹, indogerm. *aidh* ›brennen‹, griech. αἴθω, ahd. *eit*, Glut, nhd. Esse), **I** *Sing.*: **A** eine aus nur einem Raum bestehende **Wohnung,** sowohl **a** **Gemach, Zimmer,** Plaut. asin. 220. Curt. 8, 6 (21), 3 u. 13. – u. im Plur. = die Gemächer, Räumlichkeiten, domi, Plaut. Cas. 662. – als **b** **Haus,** Imper. Antonin. im Cod. Iust. 4, 65, 3. – **B** das Haus, der Sitz einer Gottheit, das **Gotteshaus,** der **Tempel,** jedesmal, wo nicht der Zshg. die Bedeutg. ergibt, mit dem Zusatz sacra od. mit Genet. des Namens einer Gottheit, aedes sacra, Cic.: aedes Minervae, Cic. – Plur., complures aedes sacrae, Cic.: Capitolii fastigium et ceterarum aedium, Cic.: duae aedes, Fortunae et Martis, Liv.: aedes eo anno aliquot dedicatae sunt, Liv.: aedes deorum, Hor., Suet. u. a. – im Zshg. bl. aedes, z. B. v. Tempel des palat. Apollo (wo Gedichte öffentlich vorgelesen wurden), Hor. sat. 1, 10, 38. – übtr., aedes aurata, ein in Tempelform aufgerichteter Überbau, unter dem die Leiche Cäsars ausgestellt war, Trauergerüst, Katafalk, Suet. Caes. 84. – **II** *Plur. tantum*, aedēs, ium, *f.* das **Wohnhaus, Haus,** als Komplex von Gemächern (Ggstz. pergula, die ärmliche Hütte), limina aedium, Curt.: unae aedes, Ter.: binae aedes, ICt.: aedes male materiatae, ruinosae, Cic.: aedes salubres, pestilentes, Cic.: aedes regiae, Cic.: aedes imperatoriae, Kaiserpalast, Capit.: aedes marmoreae, Amm.: aedes liberae, leerstehendes, Liv. – dah. **a** meton. (= *domus*), wie unser **Haus** (d. i. die Bewohner des Hauses, die Familie), Plaut. mil. 310 u. truc. 638. – **b** übtr.: **α** die **Zellen** der Bienen, Verg. georg. 4, 258. – **β** aedes aurium, die Zimmer der Ohren = **Ohren,** Plaut. Pseud. 469. – ► arch. Nbf. aïdis, wovon Akk. aïde, CIL 1, 32: Abl. Plur. aedebus, CIL 6, 1793, 20. – Plur. aedes von mehreren Tempeln, z. B. Tac. ann. 2, 49 u. 13, 24.

aedicula, ae, *f.* *(Demin.* v. aedes), ein **kleiner Bau, I** *Sing.*: **A** ein **kleines Gemach, Zimmerchen,** Plaut. Epid. 402: insulae (Miethauses) aediculae, Räumlichkeiten, Cic. Cael. 17. – **B** ein **kleines Gotteshaus,** ein **kleiner Tempel,** eine **kleine Kapelle,** aed. Victoriae, Liv.: una aed., Min. Fel.: aed. aerea, Plin.: in ea (insula) esse aediculam etc., Plin. – Plur., XL aediculae, Plin.: aediculae incustoditae, Paul. dig. – meist nur als **Nische** od. **Blende** in den Wänden der Tempel u. Häuser od. an den vorspringenden Ecken von Eckgebäuden angebracht, Cic., Liv. u. a. – **II** *Plur. tantum*, aediculae, ārum, *f.* eine **kleine (ärmliche) Wohnung,** ein **Häuschen,** Ter. Phorm. 663. Cic. parad. 6, 50: aedicularum custos, Petr. 90 *extr.*: aediculae plebeiorum parvae, Isid. 15, 2, 43: aediculae luto factae, Lact. 1, 20, 18. – ► Synk. Form aedicla, CIL 14, 2042 u. 4184.

aedifex, ficis, *m.* (aedes u. facere), der **Erbauer eines Hauses,** Tert. de idol. 12.

aedificanter, *Adv.* (aedificans v. aedifico), **auf baulichem Wege,** Charis. 186, 11 (ohne Beleg).

aedificātio, ōnis, *f.* (aedifico), der **Bau, I** *in abstr.* = das **Bauen,** consilium aedificationis, Cic.: aedificationem deponere oder abicere, den Bau (Bauplan) aufgeben, Cic.: non placet profecto mihi illaec aedificatio (scherzh.), Plaut. mil. 210. – **II** *in concr.*, meton. = der **Bau** in seiner Entstehung u. Vollendung, **a** übh., die **Bauanlage, Baueinrichtung,** domus tua et aedificatio omnis, Cic.: aedificatio aspectusque urbis, Cic.: Plur. = Bauten, privatae, Tac.: diem aedificationibus, noctem conviviis trahere, Tac. – **b** das einzelne **Gebäude,** Cato or. inc. fr. 10: e ligno, Gell. 15, 1, 4: non potest impositae aedificationis onera sustinere, Ambros. de off. 2, 2, 7.

aedificātiuncula, ae, *f.* (*Demin.* v. aedificatio), ein **kleiner Bau,** Cic. ad Q. fr. 3, 1, 2. § 5.

aedificātor, ōris, *m.* (aedifico), der **Bauende, I** im Allg = der **Erbauer, Baumeister,** diligens, ICt.: saepium, Vulg.: bildl., mundi, Cic.: ecclesiae, Eccl. – **II** prägn., der gern Bauende, der **Baulustige,** Nep. Att. 13, 1. Col. 1, 4, 8. Flor. 1, 8, 4. Iuven. 14, 86.

aedificātōrius, a, um (aedifico), **aufbauend,** Tert. de anima 47: übtr., verbum aedif. mortis, den Tod bringendes, Tert. de carn. Christ. 17: aedif. iurgium, Hieron. in ep. ad Philem. 1, 1. – subst., aedificātōria, ae, *f.* (*sc.* ars), die **Baukunst,** Boëth. Arist. top. 3, 1. p. 680.

aedificiālis, e (aedificium), **zu den Gebäuden gehörig, Haus-,** Not. Tir. 81, 63ª. – ► Dict. 5, 12 jetzt anteaedificialis, s. d.

aedificiolum, ī, *n.* (*Demin.* v. aedificium), ein **kleines Gebäude,** Not. Tir. 81, 63. CIL 6, 10693, 6 u. 22518, 5.

aedificium, ī, *n.* (aedifico), jedes **Gebäude,** aedificia publica privata, sacra profana, Cic.: exstruere aedificium in alieno, Cic. – im Ggstz. zum bewohnbaren Haus, aedes aedificiaque, Liv. – im Ggstz. zu einem Komplex von Wohnungen, vicis aedificiisque incensis, Caes. – im Ggstz. zum übrigen Grundstück, cuius (domus) amoenitas non aedificio, sed silvā constabat, Nep.: im Ggstz. zum Palast, plebis aedificiis obseratis, patentibus atriis principum, Liv.

aedifico, āvī, ātum, āre (aedes u. facio), **bauen, a** absol. = **ein Gebäude** od. (mehrere) **Gebäude aufführen, -errichten** (Ggstz. diruere, einreißen), emam, aedificabo, credam, exigam, Sen.: aed. semper, Mart.: latericio, caementicio saxo quadrato, Vitr.: aed. tribus locis, Cic.: aed. cupide, Cato fr.: aed. eleganter, Col.: in alieno, Sen.: in alieno solo suā materiā, ICt.: in suo solo ex aliena materia, ICt.:

aedificandi descriptio, Cic.: aedificandi consilium abicere, Cic.: civitas aedificando occupata, Liv. – Partiz. subst., aedificantēs, ium, *m.*, die **Bauer, Erbauer,** Eccl. – **b** m. *Acc.:* **α** = etw. **bauen, erbauen, aufbauen, errichten, anlegen** (Ggstz. destruere, diruere), villas atque aedes, Cato fr.: domum, villam, urbem, porticum, hortos, Cic.: casas, Hor.: novum oppidum, Liv.: nova horrea, Liv.: regiam cedro (aus Z.), Curt.: oppidum in agro alieno, Liv.: in insula Lesbo oppidum magnificenter et eleganter, Vitr.: in portis murisque sibimet ipsos tecta militariter, Liv.: insulam in mari, ICt.: piscinas magnā pecuniā, Varr.: navem de sua pecunia, Cic.: diffusiora consaepta *pluris* (teuerer), Col.: patrem familiae villam rusticam bene aedificatam habere expedit, Cato. – bildl., mundum, Cic.: rem publicam (ut architectus, ut faber), Cic. – allg., quae homines arant, navigant, aedificant, virtuti omnia parent, alles Pflügen, Schiffen, Bauen der Menschen hängt von ihrer Tüchtigkeit ab, Sall. Cat. 2, 7. – **β** (= coaedificare) einen Ort **bebauen** = **an** einem Ort **Gebäude errichten,** vacuas areas occupare et aedificare, Suet. Vesp. 8, 5 (wenn nicht hier aedif. absol. steht): ut (ager) bene aedificatus et cultus (sit), dass Baulichkeiten und Einrichtungen in gutem Zustand sind, Plin. 18, 28: tot adhuc compagibus altum aedificat caput, türmt ein Haargebäude auf, Iuven. 6, 502 *sq.* ► arch. Abl. Plur. aedificieis, CIL 1, 200, 72; 1, 204. col. 1, 20 u. 24. col. 23 u. 28.

aedīlātus, ūs, *m.* (aedilis) = aedilitas, Paul. ex Fest. 13, 9.

aedīlēs, is, *m.*, s. aedīlis ►.

aedīlicius (nicht aetilitius), a, um (aedilis), den Ädilis betreffend, zum Ädilen gehörig, von ihm herrührend, **ädilizisch, des (der) Ädilen, Ädilen-, a** *adj.:* modus (Maß), Varr. fr.: munus, Cic.: scriba, Cic.: viator, Liv.: repulsa, Cic.: largitio, Liv.: vectigal, Ädilensteuer (Beisteuer, die die Ädilen zu ihrem Aufwand für die Festspiele u. Spenden ans Volk von den Provinzen einverlangten), Cic.: ornamenta, honores, Inscr.: viri, gewesene Ädilen, Eutr. – **b** *subst.*, aedīlicius, ī, *m.*, ein **gewesener Ädil,** ein **Mann von ädilizischem Rang,** Varr., Cic. u. a. – ► ēdīlicius geschr. CIL 3, 4864 u. 5527 u. ö.

aedīlis, is, *m.* (aedes), der **Ädil,** ein obrigkeitliches Amt, zu dem gesetzmäßig das 37. Lebensjahr nötig war, **I** in Rom, bestehend aus anfangs zwei aediles plebei od. plebis od. plebeii, **Ädilen der Gemeinde,** nach dem Frieden vom heiligen Berg (494 v. Chr.) mit den Tribunen eingesetzt, zu denen im Jahre 366 v. Chr. noch zwei aediles curules, **kurulische Ädilen,** kamen, nach Livius anfangs rein patrizisch, aber schon im folg. Jahre zwischen Patriziern u. Plebejern wechselnd, von den aediles plebis wahrsch. nur darin unterschieden, dass sie in höheren Ehren standen (sie hatten die sella curulis, das ius imaginum u. die praetexta, aber, da sie nicht zu den höheren Magistraten gehörten, keine Liktoren) u. dass beide Teile die Leitung verschiedener Spiele hatten. Die aediles plebis besorgten allein die plebejischen Spiele, die aediles curules allein die römischen od. großen, u. erkauften dazu namentlich Theaterstücke von den Dichtern u. belohnten u. bestraften die Schauspieler nach ihren Leistungen. – Gemeinschaftlich oblag allen Ädilen die ganze Sicherheits- und Wohlfahrtspolizei, bes. die cura annonae, d. i. die Überwachung des Getreidemarktes (dah. Iustin. 21, 5, 7 aediles als Übersetzung von ἀγορανόμοι, Marktmeister). – Im Jahre 44 v. Chr. ernannte Cäsar noch weitere zwei Ädilen aus dem plebejischen Stand, die aediles cereales, denen nun ausschließlich die Aufsicht über den Getreidemarkt u. die Versorgung der Stadt mit Lebensmitteln anvertraut wurde, Suet. Caes. 41, 1. – **II** in den Munizipalstädten u. Kolonien, wo es aediles duumviri, triumviri usw. gab, die in einigen Städten die einzige Obrigkeit bildeten (s. Cic. ep. 13, 11 *extr.*), meist aber eine Art geringer Magistrate, denen, wie in Rom, meist die Sorge für die Bau- und Marktpolizei u. die Veranstaltung der Spiele oblag u. die auch eine sich hierauf beziehende Gerichtsbarkeit (Iuven. 10, 102) hatten. – ►Nom. Sing. auch aediles, CIL 1, 31; u. aïdilis, CIL 1, 30, 32 u. 61: Abl. Sing. gew. aedile (s. Charis. 120, 17), z. B. Varr. r. r. 1, 2, 2. Cic. Sest. 95. Liv. 3, 31, 5; doch auch aedili, Tac. ann. 12, 64. Serv. Verg. Aen. 5, 4. Iulian. dig. 18, 6, 14 (13).

aedīlitās, ātis, *f.* (aedilis), die **Ädilität,** die **Würde-,** auch die **Amtsführung des Ädilis,** curulis aed., Cic.: munus aedilitatis, Cic.: aedilitatem petere, Cic. u. Aur. Vict., inire, Suet.: aedilitate fungi, Cic.: sine suffragio populi aedilitatem gerere (scherzh.), Plaut.: alqm aedilitate deicere, Cic.: Plur., quorum aedilitates ornatissimas vidimus, Cic. Verr. 4, 133.

aedīlitius, s. aedīlicius.

aedīna, s. haedīna unter haedinus.

aedis, is, *f.*, s. aedēs.

aeditimor, s. aeditumor.

aeditimus, ī, *m.*, s. aeditumus.

aeditua, ae, *f.* (aedituus), die **Tempelaufseherin,** Tert. de cult. fem. 2, 1. CIL 6, 2209. – übtr., die **Dienerin** = Verehrerin, magnae Dianae, Itala act. apost. 19, 35.

aedituālis, e (aedituus, a), **zum Tempelhüter** od. **zur Tempelhüterin gehörig,** Tert. de pudic. 16.

aedituēns, tis, *m.* (aedes u. tueor), der **Tempelhüter,** Lucr. 6, 1273.

aeditumor, āri (aeditumus), **Tempelhüter sein,** Pompon. com. 2 (bei Gell. 12, 10, 7); vgl. aedituo.

aeditumus (aeditimus), ī, *m.* (v. aedes, wie finitumus, finitimus v. finis; vgl. aedituus), der **Tempelhüter,** Sacr. Arg. bei Varr. LL. 5, 50 u. 52. Varr. LL. 7, 12; 8, 61; r. r. 1, 69, 2. Cic. Verr. 4, 96. Serv. ap. Cic. top. 36. CIL 6, 4337 (aeditumus) u. 14, 256, 179 (aeditimus). – in weit. Bed., comprehendi ab aeditumis fori tamquam fures, Augustin. conf. 6, 9.

aedituo, āvī, āre (aedituus), **Tempelhüter sein,** CIL 6, 8007. – Dep. **aedituor,** ārī, Pompon. com. 2 bei Non. 75, 16 (doch s. aeditumor).

aedituus, ī, *m.* (Nbf. v. aeditumus, durch Schwund des m entstanden), der **Tempelhüter,** eine der Volkssprache geläufigere (obgleich von Varr. LL. r. r. 1, 2, 1 verworfene) Form als aeditumus, schon bei Plaut. (Curc. 204), in der Schriftspr. allg. seit Liv. (vgl. Gell. 12, 10): aedituorum cellulae, Min. Fel. – übtr., aeditui, gleichs. Tempelhüter im Tempel des Verdienstes (v. den Dichtern), Hor. ep. 2, 1, 230. ► Akk. aedituon, Act. fratr. Arv. a. 91. II, 27: Genet. Plur. aedituom, CIL 14, 2629.

aēdōn, onis, Akk. ona, *f.* (ἀηδών, die Sängerin =) die **Nachtigall** (als *nom. pr.* Aēdōn, die in eine Nachtigall verwandelte Tochter des Pandareus), Petr. poët. 131. Sen. Agam. 671 *Leo* u. Octav. 916 *Leo.* Calp. ecl. 6, 8 u. 9, 61. Anthol. Lat. 199, 54 *R.* – Dav. **aēdonius,** a, um (ἀηδόνιος), **der Nachtigall eigen, Nachtigallen-,** vox, Auct. pan. in Pis. 257. Lact. Phoen. 47.

Aeduī (Haeduī), ōrum, *m.*, die **Äduer,** eine gallische Völkerschaft zwischen dem Arar (j. Saône) u. Liger (j. Loire), deren vornehmste Stadt Bibracte hieß, Caes. b. G. 1, 10 *sq.* Cic. ep. 7, 10, 4. Liv. 5, 34, 5. – Sing. Aeduus, ī, *m.*, ein **Äduer,** Divitiacus Aeduus, Caes. b. G. 1, 32, 3: Catapanus Aeduus, CIL 13, 5353.

aedūlium, s. edūlium.

aedus, s. haedus.

Aeēta, ae, *m.* u. **Aeētēs,** ae, *m.* (Αἰήτης), König von Äa in Kolchis, Sohn des Helios (Sonnengottes), Vater der Medea, durch deren Hilfe ihm die Argonauten das goldne Vlies entführten: *Nom.* -a, Varr. r. r. 2, 1, 6. Cic. de nat. deor. 3, 48. Ov. her. 12, 29. Hyg. fab. 3 u. 22 u. 188. – *Nom.* -es, Ov. her. 12, 51. Serv. Verg. georg. 2, 140. Philarg. Verg. georg. 2, 142. – *Genet.* -ae, Sall. hist. fr. 3, 50 (4, 21). Ov. her. 6, 50. Hyg. fab. 22. – *Acc.* -am, Cic. Tusc. 3, 39. Hyg. fab. 3. – *Acc.* -ēn, Val. Flacc. 5, 317. – *Voc.* -a, Cic. Tusc. 3, 12, 26. – *Abl.* -a, Cic. de nat. deor. 3, 48. Hyg. fab. 14. Iustin. 32, 3, 13. Vgl. übh. Neue-Wagener Formenl.[3] 1, 58. – Dav. **a Aeētēus,** a, um (Αἰήτειος), zu Äetes gehörig, **äetisch,** fines, d. i. Kolchis, Catull. 64, 3. – **b Aeētias,** adis, *f.* (Αἰητιάς), Tochter des Äetes, d. i. Medea, Ov. met. 7, 9 u. 7, 326. – **c Aeētīnē,** ēs, *f.* (Αἰητίνη) = Aeetias, Ov. her. 6, 103. – **d Aeētis,** idis, Akk. ida, *f.* (Αἰητίς) = Aeetias, Val. Flacc. 6, 481; 8, 233. – **e Aeētius,** a, um (Αἰήτιος), **äetisch,** Val. Flacc. 6, 267 u. ö.

Aefula, ae, *f.* u. **Aefulum,** ī, *n.*, ein hochliegendes Städtchen in dem Äquer-Gebirge (in Latium), nördl. von Präneste, Form -a, Hor. carm. 3, 29, 6. Liv. 32, 29, 2: Form -um, Vell. 1, 14, 8. – Dav. **Aefulānus**

(Aefolānus), a, um, **äfulanisch,** arx, Liv. 26, 9. § 9. – Plur. subst., Aefulānī, ōrum, *m.*, die Einw. von Äfula, die **Äfulaner,** Plin. 3, 69.

aega, s. aix.

Aegae (Αἰγαί) u. **Aegaeae** od. **Aegēae** od. **Aegīae** (Αἰγίαι u. Αἰγειαί), ārum, *f.* **I** Stadt in der mazedon. Landschaft Emathia, Form Aegeae, Iustin. 7, 1, 10 (der es mit Edessa identifiziert): Form Aegiae, Nep. reg. 2, 1. Plin. 4, 33. – **II** Stadt in Äolis, in der Nähe von Kyme, Form Aegaeae, Plin. 5, 121. – **III** Stadt in Cilicien, j. Schloss *Ajas Kala,* Form Aegae, Lucan. 3, 227: Form Aegaeae, Plin. 5, 91: Form Aegeae, Tac. ann. 13, 8. – Dav. **Aegēātēs,** ae, *m.* (Αἰγειάτης), **aus Ägä,** der **Ägeate,** vom mazedon. Ägä, Vell. 2, 70, 4: vom äolischen, Plur. bei Tac. ann. 2, 47 (wo Akk. Aegeatas). – u. **Aegēādēs,** ae, *m.* (Αἰγειάδης), der **Ägeade,** vom mazedon. Ägä, Iustin. 7, 1, 10. – u. **Aegēnsis,** e, **zu Ägä** (in Mazedonien), theatrum, Auct. itin. Alex. 5.

Aegaeōn, ōnis, Akk. ōna, *m.* (Αἰγαίων), anderer Name des Briareus (s. d.), Verg. Aen. 10, 565 (dazu Serv. u. Schol. Veron.). Stat. Ach. 1, 209 (wo Aegaeŏnis gemessen ist). Claud. rapt. Pros. 3, 345 (wo Aegaeŏni). – als Schwiegersohn Neptuns Meergott, Ov. met. 2, 10 (wo Aegaeōna); dah. meton. = das **Ägäische Meer,** Stat. Theb. 5, 288 (wo Aegaeōni).

Aegaeus, a, um (Αἰγαῖος), **ägäisch, a** Name des Inselmeeres zwischen der Ostküste Griechenlands u. Kleinasien (Αἰγαῖον πέλαγος, Αἰγαῖος πόντος), das **Ägäische Meer,** der **Archipelagus,** türkisch *Ak-Denghiz,* Aeg. fretum, Pacuv. b. Varr. LL. 7, 2. § 22: Aeg. mare, Cic. de imp. Pomp. 55. Liv. 44, 29, 6. Plin. 4, 51. Solin. 7, 15: Aeg. pelagus, Mel. 2, 2, 8 (2. § 27). Aeg. aequor, Ov. met. 11, 663. – auch bl. Aegaeum, ī, *n.* (wie im griech. Αἰγαῖον), Hor. carm. 2, 16, 2: in Aegaeo, Plin. 9, 52. – nach falscher Ableitung von αἴξ (Ziege, s. Solin. 11, 2), od. von Aegeus od. von Aege (s. Paul. ex Fest. p. 24, 10 *sq.*) auch Aegeum pelagus, Varr. r. r. 2, 1, 8. Plin. 2, 244. Hyg. fab. 242: Aegeum fretum, Pacuv. 420 (s. oben): Aegeum mare, Paul. ex Fest. p. 24, 10. – dah. b) = zum Ägäischen Meer gehörig, fluctus, Mel.: tumultus, Hor.

Aegaleōs, *m.* (Αἰγάλεως), Berg in Attika, Stat. Theb. 12, 620.

Aegātēs, ium, *f.* u. **Aegātae,** ārum, *f.* mit u. ohne insulae, eine Gruppe von drei Inseln an der Westküste von Sizilien zwischen dem Vorgebirge Lilybäum u. Drepanum (nämlich die Inseln Aegusa, Hiera u. Phorbantia, j. die ägatischen Inseln *Favignana, Maritimo* u. *Levanzo*), in deren Nähe die den ersten pun. Krieg entscheidende Seeschlacht geliefert wurde (241 v. Chr.), insulae Aegates, Nep. Ham. 1, 3. Liv. 21, 10, 7: bl. Aegates, Sil. 1, 61 u. 6, 684: insulae, quibus nomen Aegatae, Flor. 2, 2, 30 *ed. Halm:* u. bl. Aegatae, Mela 2, 7, 7 (2. § 105).

Aegē, ēs, *f.* (Αἰγή), **Äge,** eine Amazonenkönigin, Paul. ex Fest. p. 24, 11.

Aegēādēs, s. Aegae.

Aegēae, s. Aegae *no.* I. u. III.

Aegeātēs, s. Aegae.

Aegēnsis, s. Aegae.

aeger, gra, grum (viell. verwandt mit dem lettischen *īgt,* verdrießlich, mürrisch sein), **unwohl, I** physisch **unwohl, unpässlich, krank, leidend, angegriffen, erschöpft** (Ggstz. sanus), **a** v. leb. Wesen, deren Körper usw.: **α** v. den Pers. selbst: Tiro, Cic.: mulier, Ter.: sus, Verg. u. Col.: aegrum simulare, sich krank stellen, Liv. u. (alqm) aegrum simulare, vorgeben, jmd. sei krank, Aur. Vict. – graviter aeger, Cic., nimis aeger, Gell.: homines aegri gravi morbo, Cic.: gravi et periculoso morbo aeger, Liv.: gravi corporis morbo aeger, Tac.: diutinis morbis aegra corpora, Liv.: aeger pulmonibus, Lucil. fr.: aeger vulneribus, Nep., ex vulnere, Cic. – aeger corpore, Curt. (vgl. unten *no.* II): aeger pedibus, Sall. u. Gell.: aeger oculis ex verna intemperie, Liv.: longā navigatione aeger, Tac. – später m. *Genet.* od. *Acc.*, aegra corporis, saucia animi, Apul. met. 4, 33: cuius morbi aeger esset, Val. Max. 5, 7. ext. 1: manum aeger, Tac. hist. 4, 81: pedes graviter aeger, Gell. 19, 10, 1. – subst., aeger, grī, *m.*, der **Kranke,** Cic. (verb. aegri ac debiles, Lact.): u. aegra, ae, *f.*, die **Kranke,** Ter. – **β** v. Körper u. seinen Teilen: corpus, Cic.: corpora, Verg. u. Liv.: sinisterius brachium, Suet.: genua, Verg.: oculi, Gell.: lumina, Sen.: pars, partes, Cels.: stomachus, Hor.: dens, Mart.: quibus aeger est pulmo, Lungenkranke, Macr. – u. so vom als Körper gedachten Staat, pars rei publicae, krank = zerrüttet, Cic.: civitas, Liv.: res, Liv.: aegra vulnere Ausonia, Sil. – **γ** v. körperl. Zuständen od. Tätigkeiten, **leidend,** valetudo, Cic. u. Gell. – u. **beschwerlich, lästig,** anhelitus, Verg.: balatus, Ov.: victoria, Aur. Vict.: cataplasmatum usus aeger atque difficilis aegrotanti videtur, Cael. Aur. acut. 3, 4, 38. – **b** v. Gewächsen, seges, Verg.: arbor, vites, Pallad. – **c** v. a. Ggstdn.: res (Ggstz. sana), Sen. de ira 1, 17, 2: moles aegra, zerrüttet, verfallen, Stat. Theb. 10, 868: quid in toto terrarum orbe validum, quid aegrum (faul, zerrüttet) fuerit, Tac. hist. 1, 4: movere et quatere quicquid usquam aegrum (Schadhaftes) foret, Tac. hist. 2, 86. – **II** geistig **unwohl,** u. zwar von jeder Art leidenschaftlicher Aufregung, v. Liebe, Hoffnung, Furcht, Sorge, Trauer, **krank, krankhaft, leidend, angegriffen, eingenommen, beklommen, verstimmt, tief gebeugt, kummerbeladen, verdrießlich, unzufrieden, missvergnügt, bekümmert, geängstigt, a** v. Pers. u. deren Geist, Gemüt, mortalibus aegris, Lucr. 6, 1: aegra amans, Verg.: capellas protenus aeger ago, Verg.: Psyche aegerrima, Apul. met. 6, 13: aegra municipia, schwierige (den Gehorsam versagende), Tac. Agr. 32. – animus, Enn. fr. u. Sall.: animi, Liv.: cor, Enn. fr. u. Ov.: anima, mens, Ov.: pectora, Val. Flacc. – m. *ab* u. Abl., ab animo aeger fui, Plaut. Epid. 129. – m. bl. *Abl.*, aegra animo, Enn. tr. 288 (213): animo magis quam corpore aeger, Liv. 21, 52, 3: minus aeger animo quam corpore, Plin. ep. 9, 22, 3: bes. m. *Abl. causae,* aeger ingentibus curis, Verg. Aen. 1, 208: amore, Liv. 30, 11, 3: morā, Tac. hist. 1, 31: visis, Sil. 170: animus aeger avaritiā, Sall. Iug. 29, 1: anima aegra cruciatibus, Ov. met. 9, 179: subitis bonis aegra, Sil. 7, 726: aegra periclis pectora, Sil. 15, 135: aegra laetis invidia, Stat. Theb. 1, 126. – m. *Genet.*, aeger animi, Liv. 1, 58, 9; 2, 36, 4; 30, 15, 9. Curt. 4, 3 (13), 11. Tac. hist. 3, 58. Sil. 8, 108: m. *Genet. causae,* aeger consilii, Sall. hist. fr. 4, 73 (76). Stat. Theb. 11, 141: aegra sanitatis, Laev. bei Prisc. 6, 95: timoris aeger, Sil. 3, 72: delicti, Sil. 13, 52: morae, Lucan. 7, 240: rerum temere motarum, Flor. 3, 17, 9: foedi in se commissi, Augustin. de civ. dei 1, 19. – **b** v. geistigen, gemütlichen od. den Geist, das Gemüt erregenden Zuständen, teils = **peinlich, schmerzlich, schmerzvoll, kummervoll, verdrießlich,** luctus, Lucr. u. Ov.: amor, mors, Verg.: senectus, Ov.: aegris oculis introspicere alqd, mit neidischen Augen, Tac.: numquam quicquam meo animo fuit aegrius, quam etc., Plaut. Amph. 910: u. *neutr. Sing.* subst., plus aegri ex hoc abitu viri quam ex adventu voluptatis cepi, Plaut. Amph. 641: sed cui nihil accidit aegri, Lucr. 5, 173. – teils = **schwach,** dah. auch **wankend, schwankend,** fides, Sil. 2, 392: spes, Sil. 9, 543. Claud. nupt. Hon. et Mar. 14. – ► Komp. Neutr. aegrius, Plaut. Amph. 910. Lucr. 4, 465: Superl. aegerrimus, Sil. 8, 166. Gell. 16, 16, 1. Apul. met. 6, 13. Not. Tir. 82, 58.

Aegēum mare, pelagus, s. Aegaeus.

Aegeus, eī, Akk. eum u. ea, *m.* (Αἰγεύς), Sohn des Pandion, König in Athen, Vater des Theseus, Catull. 64, 213. Ov. her. 10, 131 u. a. Hyg. fab. 37 u. 41. Iustin. 2, 6, 14. Paul. ex Fest. 24, 10: Akk. -eum, Hyg. fab. 26: Akk. -ea, Ov. met. 15, 856. Stat. Silv. 3, 3, 180. – Dav. **Aegīdēs,** ae, *m.* (Αἰγείδης), ein männl. Nachkomme des Ägeus, ein **Ägide,** Ov.: bes. sein Sohn Theseus, Ov.

Aegīae, s. Aegae *no.* I.

Aegialē, ēs, *f.* (Αἰγιάλη), Tochter od. Enkelin des Adrastus, die ungetreue Gemahlin des Tydiden Diomedes, Stat. silv. 3, 5, 48. Dict. 6, 2.

Aegialeus, eī, *m.* (Αἰγιαλεύς), **I** Sohn des Äetes, Bruder der Medea, sonst **Absyrtus** gen., Pacuv. bei Cic. de nat. deor. 3, 48. Iustin. 42, 3, 1. – **II** Sohn des Adrastus, einer der Epigonen vor Theben, Hyg. fab. 71.

aegida, s. aegis.

Aegīdēs, s. Aegeus.

Aegiēnsis, s. Aegion.

aegilips, ipis, *f.* (αἰγίλιψ), ein Knollengewächs, Plin. 19, 95 *ed. Jan.*

aegilōpium, ī, *n.* (αἰγιλώπιον, *Demin.* v. αἰγίλωψ), die **Tränenfistel,** Plin. 21, 132; 22, 54; 35, 34.

aegilōps, ōpis, Akk. Sing. ōpa, Plur. ōpas, *m.* (αἰγίλωψ), **I** als Gewächs: **a** eine **Eichenart,** mit essbaren Früchten, wahrsch. die **Knopper-Eiche** (*Quercus Aegilops,* L.), Plin. 16, 22. – **b** ein Unkraut der Gerste, **eirunder Walch** (*Aegilops ovata,* L.), Plin. 18, 155; 25, 146. – **c** ein Knollengewächs, Plin. 19, 95 *ed. Detl.* (vgl. aigilips). – **II** als Augenübel = aegilopium, die **Tränenfistel,** Macer de Malva.

Aegimūrus, ī, *f.* u. **Aegimoros,** ī, *f.* (Αἰγίμουρος u. Αἰγίμορος), eine von gefährlichen Felsbänken u. Klippen umgebene Insel im Golf von Karthago, j. *Al Djamur* oder *Zimbra,* Auct. b. Afr. 44, 2. Liv. 30, 24, 9. Plin. 5, 42 (wo Plur. duae Agimoroe); die Felsbänke u. Klippen von Verg. Aen. 1, 109 u. a. arae gen. (s. 1. āra).

Aegīna, ae, (griech. Akk. an, Stat. Theb. 7, 319), *f.* (Αἴγινα), Insel im saron. Meerbusen, zwischen Attika u. Argolis, noch j. *Aegina,* Cic. de off. 3, 46. Ov. met. 7, 474. – Dav. **a Aegīnēnsis,** e, **von Ägina,** sum Aeginensis, Apul. met. 1, 5. – bes. Plur. **Aegīnēnsēs,** ium, *m.* u. die griech. Form **Aegīnētae,** ārum, *m.* (Αἰγινῆται), die Einw. von Ägina, die **Äginenser, Ägineten,** ersteres bei Val. Max. 9, 2. ext. 8., letzteres bei Cic. de off. 3, 46. – **b Aegīnēticus,** a, um (Αἰγινητικός), **äginetisch,** aes, Plin. 34, 8.

Aeginium, ī, *n.* (Αἰγίνιον), Stadt der Tymphäer in Mazedonien, an der Grenze von Epirus, j. *Erkinia,* Caes. b. c. 3, 79, 7. Liv. 32, 15, 4. – Dav. **Aeginiēnsēs,** ium, *m.*, die Einw. von Äginium, die **Äginienser,** Liv. 44, 46, 3.

Aegion (Aegium), ī, *n.* (Αἴγιον), eine von den zwölf achäischen Städten am korinth. Meerbusen, j. *Vostitsa,* Liv. 38, 29, 3. Lucr. 6, 585 (wo Genet. Aegi). – Dav. **a Aegius,** a, um, **ägisch,** vitis, Plin. 14, 42. – **b Aegiēnsis,** e, **ägiensisch,** civitas, Tac. ann. 4, 13.

Aegipān, ānos, *m.* (Αἰγίπαν), der **Ziegenpan, I** ein Waldgott mit Bocksfüßen u. behaartem Körper, Hyg. astr. 2, 28. Mart. Cap. 6. § 667 (wo heteroklit. Dat. Plur. Aegipanis). – **II** eine bocksgestaltige Menschengattung in Afrika (wahrsch. **Paviane),** Mel. 1, 4, 4 (1. § 23). Plin. 6, 7. Mart. Cap. 6. § 674.

aegis, idis, Akk. gew. ida, *f.* (αἰγίς), **I** die **Ägis** od. **Ägide, a** nach der homer. Sage (v. ἄϊξ, stürmische Bewegung) der **Schild** Jupiters, den er in der Linken schwingt, um, mit der Rechten Blitze schleudernd, Ungewitter u. Schrecken zu erregen (also das dunkle, leuchtende Sturmgewölk), Verg. Aen. 8, 354. Sil. 12, 720. – **b** nach der späteren Sage (v. αἴξ, die **Ziege): α** das mit dem Haupt der Gorgo versehene Fell der Ziege, die den Jupiter genährt hatte, Hyg. astr. 2, 13: bald als Schild, bald als Panzer Jupiters, s. Lact. 1, 21, 39. Serv. Verg. Aen. 8, 435. – u. **β** als eigentüml. Waffe der Minerva, zuw. als Schild an ihrem linken Arm, gew. als schuppiger Panzer, mit dem Medusenhaupt in der Mitte u. mit Schlangen am Rande, s. Hor. carm. 3, 4, 57. Ov. met. 2, 754 *sq.* u. 6, 79. Verg. Aen. 8, 435 *sqq.*: zur Abwehr wie zum Schutz anderer, Ov. met. 5, 46. – dah. übtr. = **Schild, Schirm, Schutzwehr,** Ov. rem. 346. – **II** der **gelbe Kern,** das **Kernholz** des Lärchenbaums, Plin. 16, 187. – ► Spät. lat. Nbf. **aegida,** ae, *f.*, Gloss.

aegisonus, a, um (aegis u. sono), **von der Ägide tönend,** Val. Flacc. 3, 88.

Aegīsos, ī, *f.* (Αἴγισσός), eine alte mächtige Stadt Niedermösiens, an den Ufern der Donau, j. *Isaktschi,* Ov. ex Pont. 1, 8, 13; 4, 7, 21.

Aegisthus, ī, *m.* (Αἴγισθος), Sohn des Thyestes, Verführer der Klytämnestra u. mit deren Beihilfe Mörder ihres Gatten Agamemnon, von Orestes erschlagen, Cic. de nat. deor. 3, 91. Ov. rem. 161. – appellat., ein **Ägisthus** = ein Ehebrecher, Suet. Caes. 50, 1.

aegithus, ī, *m.* (αἴγιθος), **I** ein kleiner Vogel, nach Billerbeck die **Blaumeise** (*Parus caeruleus,* L.), Plin. 10, 204. – **II** eine Habichtsart, Plin. 10, 21.

Aegium, s. Aegion.

Aeglē, ēs, *f.* (Αἴγλη), weibl. Eigenname, bes. der schönsten der Najaden, Verg. ecl. 6, 21, von Helios Mutter der Chariten (Grazien), von Seneka mit der ältesten Tochter Aglaia verwechselt, Sen. de ben. 1, 3, 6.

aegocephalos, ī, *m.* (αἰγοκέφαλος), **Ziegenkopf,** ein uns unbekannter Vogel, Plin. 11, 204.

aegoceras, atis, *n.* (αἰγόκερας), **Bockshornkraut** (*Trigonella foenum graecum,* L.), Plin. 24, 184.

aegocerōs, ōtis, *m.* (αἰγοκέρως), der **Steinbock,** nur bei Dichtern als Zeichen des Tierkreises, rein lat. capricornus, Lucr. u. Lucan. – Heteroklit. aegoceros, ī, *m.*, b. Caes. Germ. u. Lucan.

aegolethron, ī, *n.* (αἰγόλεθρον, Ziegentod), eine dem Hornvieh schädliche Pflanze, die in Pontus vorkam (wahrsch. *Azalea pontica,* L.), Plin. 21, 74.

aegōlios, ī, *m.* (αἰγωλιός), eine Art Nachteule, Plin. 10, 165.

Aegōn, ōnis, *m.* (Αἴγων), **I** das **Ägäische Meer,** Val. Flacc. 1, 629. Stat. Theb. 5, 56. – **II** Name eines Ziegenhirten, Verg. ecl. 3, 2.

aegophthalmos, ī, *f.* (αἰγόφθαλμος), **Ziegenauge,** ein uns unbekannter Edelstein, Plin. 37, 187. Isid. 16, 15, 19.

Aegos flumen, *n.* (griech. Αἰγὸς ποταμοί, zuweilen auch Αἰγὸς ποταμός, Ziegenfluss), Fluss und Stadt auf der thrazischen Halbinsel, j. *Galata,* bekannt durch die schwere Niederlage, die Lysander hier (405 v. Chr.) den Athenern beibrachte, Nep. Lys. 1, 4. Mel. 2, 2, 7 (2. § 26), (wo flumen Aegos). – auch lat. Aegos potamoi, Ampel. 14, 8 (wo apud Aegos potamos).

aegrē, *Adv.* m. *Compar.* u. *Superl.* (aeger), **I verdrießlich, unlustig, schmerzlich, empfindlich** (Ggstz. volup), aegre est mihi od. meo animo, es ist mir verdrießlich, tut mir leid, -weh, es kränkt-, schmerzt-, verdrießt mich, macht mir Kummer, Plaut. u. Ter. (vgl. Ussing Plaut. Amph. 903 u. Lorenz Plaut. mil. 740): u. so numquam quicquam meo animo fuit aegrius, niemals hat mich etwas mehr gekränkt, Plaut. – aliquid aegre facere alci, jmd. kränken, jmdm. wehtun, Plaut. u. Ter. – aegre alqd ex alqo audire, Ter. – aegre ferre, Kummer empfinden, Cic. Tusc. 3, 21 u. 62. – **II nur mit Mühe, schwer, mit genauer Not** (Ggstz. facile), **a** übh.: aegre divelli, aegrius depelli, Cic.: diebus XX aegerrime conficere alqd, Caes.: omne bellum sumi *facile,* ceterum *aegerrime* desinere, Sall. – **b mit Mühe = kaum, beinahe nicht** (Synon. vix, dah. verb. vix et aegre, vix aegreque; auch vix et aegerrime, Apul. met. 1, 14 *extr.*, aegre atque aegerrime, Arnob. 3, 11), aegre risum continere, Plaut.: se tenere, Cic.: hoc aegre (nicht leicht) clarior domi seu militiae reperietur, Aur. Vict. – **c** mit Mühe = **mit innerer Überwindung, ungern,** alqd pati, Komik. u. Liv.: alqd aegrius pati, Liv.: alqd aegerrime pati, Enn. fr.: aegre pati m. folg. Akk. u. Infin., Liv.: ferre alqd, Cic.: quam rem aegerrime ferre, Sall.: aegerrime id ferre, Liv.: u. aegre ferre mit folg. Akk. u. Infin., Cic., od. mit folg. quod (dass), Curt.: aegre habere alqd od. mit folg. Akk. u. Infin., Plaut. u. Liv.: aegre careo, Cic.

aegreo, ēre (aeger), **krank sein,** Lucr. 3, 106 u. 822; vgl. Prisc. 8, 75.

aegrēsco, ere (*Inchoat.* zu aegreo, s. Prisc. 8, 75), **krank werden, erkranken, I** physisch, v. leb. Wesen usw. (Ggstz. sanari), Lact. 7, 12, 17: aegrescit animus, Lucr. 3, 519: m. *Abl. causae,* morbis, Lucr. 5, 349: siti (v. Raben), Plin. 10, 32. – Partiz. subst., curae (Heilungen) aegrescentium, Macr. sat. 7, 4, 6. – **II** geistig: **a** v. Pers., **ergriffen werden, sich betrüben, sich ärgern,** longiore sollicitudine, Tac. ann. 15, 25: rebus laetis, Stat. Theb. 2, 18: poet., mentem (im G.) furiis, *ibid.* 12, 193: absol., Ambros. de off. 2, 5, 19. – **b** v. **Affekten, ärger-, heftiger werden, sich verschlimmern,** violentia Turni aegrescit medendo, Verg. Aen. 12, 45: cura aegrescens, Sil. 8, 213: tantum aegrescit cura parentis, Stat. Theb. 1, 400.

aegrimōnia, ae, *f.* (aeger), das Gefühl der Missstimmung, die **Verstimmtheit** des Gemüts, als **Ärger** (vgl. aegritudo *no.* II.), Plaut., Cic. u. a.

aegrimōnium, ī, *n.* (aeger), **Kränklichkeit,** Iren. 2, 18, 2: Plur., Itala Matth. 8, 17. Vgl. Gloss. ›aegrimonium, ἀσθένεια‹; u. Auct. de idiot. gen. 582, 37 K. ›aegrimonium, νόσος‹.

aegris, e, Nbf. v. aeger (s. d.), Apic. 1. § 17 Sch. (wo Dat. aegri).

aegritās, ātis, *f.* (aeger), **Krankheit,** Ps. Cypr. adv. Iud. 5 (p. 137, 19 H.).

aegritūdo, inis, *f.* (aeger), der leidende Zustand, das **Unwohlsein, I** (nachaug.) des Körpers, das **Übelbefinden,** die **Krankheit, Unpässlichkeit,** aegr. corporis, Flor.: corporalis, Augustin.: agni vel febricitantes vel aegritudine aliā affecti, Col.: fessi aegritudine, Plin.: longā aegritudine laborare, Capit.: aegritudo alci rursus accidit, Tac.:

Plur., Solin. 7, 10. Spart. Sev. 16, 1. Apul. apol. 49. Eutr. 9, 5: aegritudines corporum, Arnob. 2, 8. – **II** des Gemüts, das **Seelenleiden,** die **Missstimmung,** der **Missmut,** die **Betrübnis,** der **Kummer, Gram,** die **Besorgnis** (Ggstz. voluptas, gaudium, s. Spengel Ter. Andr. 961), aegr. animi, Liv. u. a.: aegr. patris, Iustin.: levatio aegritudinis, Cic.: aegritudinem abstergere, Cic.: abicere, Cic.: adimere alci aegritudinem, Cic.: afferre alci aegritudinem, Cic.: afficere alqm aegritudine, Cic.: aegritudinem acriorem facere, augere, Cic.: se totum aegritudini dedere, Cic.: aegritudinem depellere, Cic.: aegritudinem animi dissimulare, Liv.: aegritudinem efficere, Cic.: aegritudine emori, Cic.: aegritudinem alci eripere, Cic.: tum aegritudo exsistit, si od. cum etc., Cic.: istam aegritudinem exturbare ex animo, Plaut.: in aegritudinem incidere, Cic.: aegritudinem levare, lenire, Cic.: nimis molliter aegritudinem pati, Sall.: aegritudinem obtundere elevareque, Cic.: aegritudine alqm privare, Cic.: aegritudinem repellere, Cic.: repellere ab alqo, Cic.: aegritudinem sedare, Cic.: gaudium atque aegritudinem alternatim sequi, Claud. Quadr. fr.: aegritudinem suscipere, Cic.: esse in aegritudine, Cic.: aegritudinem tollere, funditus tollere, Cic.: aegritudine semper vacare, Cic.: ubi voluptatem aegritudo vincat, Plaut. – Plur., remedium aegritudinum, Ter. heaut. 539: aegritudines leniores facere, Cic. Tusc. 3, 67: importare aegritudines anxias atque acerbas, Cic. Tusc. 4, 34.

aegror, ōris, *m.* (aeger), die **Krankheit,** *Acc. fr. 349. *Lucr. 6, 1130 (doch s. Ribbeck Coroll. Trag. Rom. fr. p. XLIV *sq.*).

aegrōtāticius, a, um (aegroto), **kränkelnd,** Gloss. IV, 60, 50 u. ö.

aegrōtātio, ōnis, *f.* (aegroto), das **Kranksein, Übelbefinden,** die **Unpässlichkeit, Krankheit, I** des Körpers, Sing., Cic. Tusc. 3, 23; 4, 24: Plur., Sen. de tranqu. an. 8, 1. Vulg. Matth. 8, 17; Ierem. 16, 4. – der Bäume, Plin. 17, 231. – **II** der Seele, aber nur insofern ihr krankhafter Zustand analog dem des Körpers ist, die **Seelenkrankheit, -störung, -schwäche,** mentis aegr. et morbus, Cic. Tusc. 3, 8: aegrotationes animi, *ibid.* 4, 79.

aegrōticius u. **aegrōticus,** a, um (aegroto), **kränkelnd,** Not. Tir. 82, 57. Vgl. Gloss. ›aegroticius, ἀσθενάριος‹.

aegrōto, āre (aegrotus), **krank sein** (Ggstz. sanum od. saniorem esse, valere), **I** eig.: **A** physisch **krank sein,** aegrotare timens, Hor.: pueri aegrotantes, Quint.: mater cum novissime aegrotasset, Val. Antias fr.: graviter (gravius, gravissime), vehementer diuque, Cic.: leviter, Cic.: periculose, Cic.: mortifere, Plin. ep.: graviter aegrotare coepisse, schwer krank werden, schwer erkranken, Cic.: aegr. apud alqm, in alcis domo, Cic.: graviter aegr. Neapoli, Cic.: Partiz. subst., aegrotantes reficere, Aur. Vict. epit. 10, 14. – v. Vieh, Cato r. r. 71. Hor. sat. 1, 8, 6. Col. 7, 5, 2. Gargil. de cur. boum § 3 *ed. Schuch.* – v. Pflanzen, Plin. 17, 226 u. 228. – **B** geistig **krank sein, leiden,** ea res, ex qua animus aegrotat, Cic. Tusc. 4, 79: quo me aegrotare putes animi vitio? Hor. sat. 2, 3, 307: aegr. animo, Lucil. sat. 26, 26. Augustin. conf. 8, 3. – **II** übtr., v. Abstr., die nicht mehr sind, wie sie sein sollten, **kränkeln, daniederliegen,** dum illi (boni mores) aegrotant, Plaut. trin. 30: in te aegrotant artes antiquae tuae, Plaut. trin. 72: aegrotat fama vacillans, Lucr. 4, 1116. – ► Wegen Cic. div. in Caec. 70 s. aegrōtus.

aegrōtus, a, um (aeger), **unwohl** (Ggstz. sanus), **I** physisch **unwohl, unpässlich, leidend, krank, siech,** puerpera, Ter.: collegam aegrotum visere, Calp. Pis. fr.: aegrotum ad alqm venire, Cic.: v. Staatskörper, res publica, siech (zerrüttet), Cic. div. in Caec. 70 *ed. Halm* u. *ed. Mueller*: v. Tieren, pisces, Varr. r. r. 3, 17, 8: leo, Lucil. sat. 30, 81. Hor. ep. 1, 1, 73. – subst., aegrotus, ī, *m.*, der **Kranke,** Cic. u. a.: aegrotum curare, Lucil. sat. 26, 75. – **II** geistig **krank, siech, a** im leidenschaftlich aufgeregten Zustand, animus, Att. tr. 71: bes. liebeskrank, Ter. Andr. 193 u. 559; heaut. 100. – **b** geistig eingenommen, m. folg. *Infin.*, ut te videre audireque aegroti sient, sodass sie krank werden, wenn sie dich sehen oder hören, Plaut. trin. 76.

Aegyptiacē, Aegyptiacus, s. Aegyptus.

aegyptilla, ae, *f.* (Aegyptus), ein einst in Ägypten häufig gefundener Edelstein, wahrsch. eine Art **Onyx,** Plin. 37, 148.

Aegyptius, a, um, s. Aegyptus.

Aegyptus, ī (Αἴγυπτος, dah. Auct. b. Alex. 26, 2, Ov. art. am. 1, 647 u. Plin. ep. 8, 20, 2 Aegyptos), **I** (mythol.) *m.*, **Ägyptus,** Sohn des Belus u. der Anchinoë, Enkel Neptuns, Zwillingsbruder des Danaus (vgl. Danaus u. das. Danaides), Hyg. fab. 168. – **II** (geogr.) **A** *m.* = der **Nil,** Nilus, in totum Homero Aegyptus (nominatus), Plin. 5, 54; vgl. Amm. 22, 15, 3. – **B** *f.* = das Land **Ägypten,** Cic. de nat. deor. 2, 130: Aegyptus superior, Vulg. Tob. 8, 3: in Aegyptum proficisci, Rhet. Her. 3, 2: in Aegyptum ire, Nep. Ages. 8, 2: in Aegyptum venire, praemitti, Tac.: oft im bl. Ziel-*Acc.*, profugere Aegyptum, Cic. de nat. deor. 3, 56: Aegyptum iter habere, Caes. b. c. 3, 106, 1: Aegyptum proficisci, Nep. Dat. 4, 1. Iustin. 28, 4, 10: Aegyptum regredi, Iustin. 5, 5, 3: Aegyptum navigare, Liv. 45, 10, 2: Aegyptum advehi, Apul. flor. 15. p. 18, 7 Kr.: in Aegypto, Varr. r. r. 1, 17, 3: selten Aegypti (in Äg.), wie Plin. 31, 111. Val. Max. 4, 1, 15: u. Aegypto = in Äg., Tac. ann. 2, 69; aber Aegypto = von Äg., Plaut. most. 440 (von Quint. 1, 5, 38 als Solözismus angeführt). – Meton. = **ägyptische Mannschaft,** Verg. Aen. 8, 687 u. 705. – Vom Land Aeg. abgeleitet: **1 Aegyptius,** a, um (Αἰγύπτιος), **ägyptisch,** rex, Cic.: haruspices, Cic.: bellum, Nep.: litterae, Hieroglyphen, Plin. u. Tac.: litus, Plin.: classes, Suet: tellus, Lucan. – Subst., **a** Aegyptius, ī, *m.*, der **Ägypter,** Sing. u. Plur. b. Cic. u. a.: atrior multo ut siet, quam Aegyptii, Plaut. Poen. 1291. – **b** Aegyptia, ae, *f.* (*sc.* terra), das Land **Ägypten,** Not. Tir. 86, 56. – **c** Aegyptium, ī, *n.* (*sc.* vestimentum), ein **schmutzigbraunes-, dunkelbraunes Gewand,** Gloss. (wo: ›φαιόν, Aeguptium‹). – **2 Aegyptiacus,** a, um (Αἰγυπτιακός), **ägyptisch,** litterae, Capit.: exercitus, Treb. Poll.: res (Plur.), Amm.: libri (griech. τὰ Αἰγυπτιακά), Schrift über ägyptische Einrichtungen u. Gebräuche, Gell. – *Adv.* **Aegyptiacē, ägyptisch,** loqui ad perfectum modum, Treb. Poll. trig. tyr. 30, 21.

Aeliānus, a, um, s. Aelius.

aelinos, ī, Akk. on, *m.* (αἴλινος), ein **Klagegesang,** Ov. am. 3, 9, 23; vgl. Linus a. E.

Aelius, a, um, Name eines plebejischen röm. Geschlechts (besonders der Familien Paeti u. Tuberones), als *Adj.* = **älisch,** lex Aelia (et Fufia) de comitiis, Cic. – Dav. **Aeliānus,** a, um, **älianisch, des Älius,** oratiunculae, des L. Älius Tubero, Cic. – ius, die von Sex. Älius zusammengestellten legis actiones, Cic.

Aëllō, ūs, *f.* (Ἀελλώ, die Sturmschnelle, v. ἄελλα), **I** eine der Harpyien, Ov. met. 13, 710. – **II** ein Hund des Aktäon, Ov. met. 3, 219.

aelūrus, ī, *m.* (αἴλουρος), der **Kater,** die **Katze,** Hyg. astr. 2, 28. Gell. 20, 8, 6. Pelag. vet. 19. p. 74.

aemorroicus, s. haemorrhoicus.

Aemathia etc., s. Ēmathia etc.

aemidus, a, um (nach Bugge v. Wz. *aid* = οἰδ, wov. οἰδάω, schwellen; eig. aedmidus), **geschwollen,** Paul. ex Fest. 24, 4; vgl. Gloss. ›aemidus, πεφυσημένος‹; u. ›*aemidus,* tumidus, inflatus.‹

Aemiliānus, a, um, s. Aemilius.

Aemilius, a, um, Name eines der ältesten patrizischen Geschlechter Roms, aus dessen sieben bedeutendsten Familien (Barbulae, Lepidi, Mamercini, Papi, Pauli, Regilli, Scauri) die ausgezeichnetsten Männer hervorgingen. – als *Adj.* = **ämilisch,** Aem. tribus, eine ländliche Tribus, Cic.: Aem. via (auch bl. Aemilia), die (187 v. Chr.) vom Konsul M. Ämilius Lepidus angelegte Landstraße, die, an die *via Flaminia* sich anschließend, von Ariminum über Bononia nach Placentia führte, Liv. u. a. – Aem. pons, in der Nähe des pons sublicius, wahrsch. j. *Ponte Rotto,* Iuven. 6, 32. – Aem. ludus, eine von P. Ämilius Lepidus angelegte Fechterschule, Hor. de art. poët. 32. – Aem. ratis, das Schiff, das die von Äm. Paulus im Kriege mit Perseus gemachte Beute nach Rom führte, Prop. 3, 3, 8. – Dav. abgel. **Aemiliānus,** a, um, zum ämilischen Stamm gehörig, **ämilianisch,** P. Scipio Aemilianus, der jüngere Scipio Afrikanus, eig. Sohn des L. Ämilius Paulus, dann Adoptivsohn des ältern Scipio Afrikanus, Liv. u. a. – subst.: Aemiliana, ōrum, *n.* eine Vorstadt Roms, u. zwar wahrsch. die der Porta Fontinalis, wo später Trajan ein Forum anlegte, Varr. r. r. 3, 2, 6.

Suet. Claud. 18, 1: dah. praedia Tigellini Aemiliana, Grundstücke in dieser Vorstadt, Tac. ann. 15, 40.

Aemimontus, -montānus, s. Haemimontus.

Aemonia, -nidēs, -nis, -nius, s. Haemonia.

aemula, s. aemulus.

aemulāmentum, ī, *n.* (aemulor), der **Gegenstand der Nacheiferung,** Plur. bei Ps. Tert. poët. adv. Marc. 4, 10.

aemulanter (aemulans v. aemulor), **nacheifernd,** Tert. praescr. haer. 40.

aemulātio, ōnis, *f.* (aemulor), das **Bestreben,** es einem anderen **gleich zu tun,** sowohl im guten als im üblen Sinne (s. Cic. Tusc. 4, 17), **I** im guten Sinne, die **Nacheiferung,** der **Wetteifer,** laudis, Nep.: gloriae, Liv.: alit aemulatio ingenia, Vell. – **II** im üblen Sinne, die **Scheelsucht, Eifersucht, Missgunst, Nebenbuhlerschaft** (vgl. Cic. Tusc. 4, 56), Nep., Tac. (Lieblingswort) u. a.: auch cum (gegen) alqo, Suet. Tib. 11, 5: Plur. aemulationes, Eifersüchteleien, Cic. – von der Eifersucht in der Liebe (Synon. rivalitas), Plin. pan. 84. Petr. 89, 2.

aemulātor, ōris, *m.* (aemulor), der **Nacheiferer,** absol., Eccl.: virtutum, Iustin.: canendi, Apul.: v. Abstr., animus aem. dei, Sen.: ironisch, Catonis aem., der Nachtreter, Cic. ad Att. 2, 1, 10. – m. *Acc.*, facta consultaque eius quidem aemulator erat, Sall. hist. fr. 3, 7 D.

aemulātrix, īcis, *f.* (Femin. zu aemulator), die **Nacheiferin,** Cassiod. var. 7, 5, 2.

aemulātus, ūs, *m.* (aemulor) = aemulatio *no.* II (w. vgl.), die **Scheelsucht, Eifersucht,** Tac. hist. 3, 66: Plur., Tac. ann. 13, 46.

aemulo, āvī, āre, Nbf. v. aemulor (s. d.), Apul. met. 1, 23.

aemulor, ātus sum, ārī (aemulus), **sich bestreben,** es jmdm. od. einer Sache **ganz gleich zu tun** (stärker als Synon. imitari, sich bestreben, es jmdm. nachzutun, jmd. nachahmen), **I** im guten Sinne, jmd. od. eine Sache **zu erreichen streben,** jmdm. od. einer Sache **nacheifern, eifrig nachhängen** od. **anhängen,** mit jmd. od. in etw. **wetteifern, a** v. Pers., **α** m. *Acc.*, alqm, Nep. u. a.: eius instituta, Cic.: virtutes maiorum, Tac.: studia, Liv.: studium philosophiae et placita philosophorum, sectam eorum, Tac. – **β** m. *Dat.*, Coel. Antip. fr. bei Fest. p. 352 (6), 12. Quint. 10, 1, 122. – **γ** absol., Plaut. u. Tac. – **b** übtr., v. lebl. Subjj., mit etw. in seinen Vorzügen gleichs. **wetteifern,** ihm **gleichkommen, α** m. *Acc.*: Albanum vinum, Plin.: illas acclamationes, Plin. pan.: eum versum, Gell. – **β** m. *Dat.*: feruntur haec (siccata mala) pomis recentibus aemulari, Pallad. 4, 10, 8. – **II** im üblen Sinne, einer Pers. od. Sache **neidisch nacheifern,** auf jmd. od. etw. **scheelsüchtig-, neidisch-, eifersüchtig sein,** jmd. od. etw. **mit neidischem Auge betrachten,** m. *Acc.*, umbras suas, Prop. 2. 34, 19. – gew. m. *Dat.*, alci, Cic. u. a. (s. Sorof Cic. Tusc. 1, 44): vitiis, Tac. – m. *Praep.*, cum alqo, Liv.: inter se, Tac.: in alqo, sich ereifern, Vulg. – m. *Infin.*, Tac. hist. 2, 62. – absol., Cic. u. Quint.

aemulus, a, um, es jmdm. od. (in) einer Sache **gleich zu tun strebend, I** im guten Sinne, **in seinem Streben es gleichtuend, nachstrebend, nacheifernd, wetteifernd, Nacheiferer, -erin, Wetteiferer, -erin, Nebenbuhler, -erin, a** eig., m. *Dat.*, mihi es aemula, dein Streben kommt dem meinigen gleich, Plaut.: quae (patria) nunc subit aemula laudi, Verg.: dictator Caesar summis oratoribus aemulus, Tac. – gew. m. *Genet.*, mearum laudium, Cic.: domesticae laudis, Cic.: Hannibal aemulus itinerum Herculis, Liv.: Timagenis aemula lingua, Hor. – mit *in* u. Akk., in convivas aemulus, Apul. met. 1, 4: in nuptias aemula, *ibid.* 5, 27. – subst., aemulus, ī, *m.*, alcis, Cic. u. a.: citra aemulum, ohnegleichen, Quint.: insbes., der **eifrige Anhänger** eines philos. Systems, eiusdem rationis (Lehre), Cic. Tusc. 4, 6: cuius (Zenonis) inventorum aemuli Stoici nominantur, Cic. Mur. 61. – **b** übtr., v. dem, was seinen Leistungen, seiner Beschaffenheit nach gleichs. mit etw. wetteifert, einem Gegenstand **gleichkommend, gleichzustellend,** tibia tubae aemula, Hor.: mustelae marinis aemulae, Plin.: ficus piris magnitudine aemula, Plin. – **II** im üblen Sinne, **scheelsüchtig, neidisch, eifersüchtig, nebenbuhlerisch, Nebenbuhler, -erin, a** übh.: Carthago aemula imperii Romani, Sall.: remoto aemulo, Tac.: v. Lebl., aemula senectus, neidische (auf die Vorzüge der Jugend), Verg. – dah. **feindlich, gegnerisch,** Eccl. (s. Rönsch Itala p. 338). – **b** insbes., aemulus, ī, *m.* u. aemula, ae, *f.*, der **Nebenbuhler,** die **Nebenbuhlerin** in Liebesangelegenheiten, *m.* b. Cic. u. a., *f.* b. Ov.

Aemus, s. Haemus.

aēna, ae, *f.*, s. aēnus.

Aenāria, ae, *f.*, eine vulkanische, mit warmen Quellen versehene Insel an der Westküste Italiens, Kampanien gegenüber, bei den Griechen Pithecusa (s. d.), bei den Römern in älterer Zeit u. dah. noch bei röm. Dichtern auch Inarime (s. d.) gen., j. *Ischia*, Attic. b. Cic. ad Att. 10, 13, 1. Suet. Aug. 92, 2. Stat. silv. 3, 5, 104. Mel. 2. § 121 Fr. (der zwei Inseln, Aenaria u. Pithecusa, unterscheidet, wie es auch Liv. 8, 22, 6 tut): später auf eine Landung des Äneas gedeutet, Plin. 3, 82. Paul. ex Fest. 20, 8.

aēnātōrēs, um, *m.* (aēnus, ahēnus) = aēneatores (s. aēneātōr), Amm. 16, 12, 36.

1. Aenēa u. **īa,** ae, *f.* (Αἴνεια), Stadt auf Chalcidice am thermäischen Meerbusen, nach der Ortssage von Äneas gegründet, Liv. 40, 4, 9. – Dav. **Aeneātēs** (Aeniātēs) um, *m.* (Αἰνεᾶται), die Einw. von Än., die **Äneaten,** Liv. 40, 4, 4.

2. Aenēa, s. Aenēas.

Aeneadēs, s. Aenēas.

Aeneanicus, a, um, s. Aenēas.

Aenēas (Nbf. Aenēa), ae, *m.* (Αἰνείας; griech. Akk. Aenean, Αἰνείαν, oft bei Dicht., z. B. Verg. Aen. 1, 260. Ov. her. 7, 26: Vok. Aenea, Poët. b. Varr. LL. 6, 60. Ov. her. 7, 9), **Äneas,** Sohn des Anchises und der Venus, Held des vergilischen Epos, Ahnherr der Römer, nach seinem Tode als *Iuppiter Indiges* verehrt, Verg. Aen. lib. 1–12. Liv. 1, 1 *sq.* – Aeneae mater, Venus, Ov. art. am. 1, 60: Aeneae urbs, v. Rom, Ov. am. 1, 8, 42. – Dav. abgel.: **A Aeneadēs,** ae, *m.* (Αἰνεάδης), ein männl. Nachkomme des Äneas, der **Äneade, a** Sing.: **α** des Äneas Sohn Askanius, Verg. – **β** der durch erfundene Genealogien als Äneas Nachkomme bezeichnete Augustus, Ov. – **γ** ein Römer, z. B. Scipio, Sil. – **b** Plur. Aeneadae, ārum (u. ûm), *m.*, **α** = die Gefährten des Äneas, Verg.; od. Trojaner übh., Verg. – **β** = die Römer, Verg. u. Ov. (Genet. ûm, z. B. Lucr. 1, 1. Verg. Aen. 1, 565. Arnob. 4, 27). – **B Aenēis** (aber Ov. ex Pont. 3, 4, 84 mit kurzem e), idos, Akk. ida, *f.*, die **Änëide,** Vergils ausgezeichnetes Epos, dessen Held Äneas ist, Ov. u. a.: in octavo Aeneidos, Prisc. – **C Aenēius,** a, um, zu Äneas gehörig, **änëisch, des Äneas,** Verg. u. Ov.: regna, d. i. der römische Staat, Sil. 10, 644. – **D Aeneanicus,** a, um, **von Äneas abstammend,** gens, Apul. bei Prisc. part. XII vers. Aen. 5, 99. – **E Aenesī** (Aenesiī), ōrum, *m.*, die **Begleiter des Äneas,** Paul. ex Fest. 20, 6. – **F Aenīdēs,** Vok. Aenide, *m.* (wie Pelides v. Peleus) = Aeneades (s. d.), Verg. Aen. 9, 653 (vgl. Prisc. 2, 36).

Aeneātēs, s. 1. Aenēa.

aēneātōr, ōris, *m.* (aēneus), der **Tuba-** od. **Bucinabläser** (Gloss. ›aeneator, σαλπικτής‹), gew. Plur., die **Blechmusik,** Sen. ep. 84, 10; apoc. 12, 1. Suet. Caes. 32. Tert. de cor. 11. Amm. 24, 4, 22. CIL 10, 5173 (collegium aeneatorum) u. 13, 6503. Vgl. Paul. ex. Fest. 20, 7 u. Gloss. (›aeneatores, κυμβαλοκροῦσται [Zimbelschläger]‹).

Aenēis, -ēius, s. Aenēas.

aēneolus, a, um (*Demin.* v. aēneus; vgl. Paul. ex Fest. p. 28, 3), **nett aus Erz gefertigt,** piscatores, Petr. 73, 5.

Aenesī (Aenesiī), ōrum, *m.*, s. Aenēas.

aēnëus u. älter **ahēnëus,** a, um (aes), **ehern, bronzen, aus Erz, aus Bronze, I** eig.: **a** dem Stoff nach: vasa, Plaut. u. a.: statua, Cic.: signa, Hor.: simulacra, Gell.: columna, Liv.: candelabrum, Cic.: clipeus, Curt.: lorica, Nep.: equus, Cic.: libra, Varr. LL. – subst., aēneum, ī, *n.*, ein **ehernes Gefäß,** Cato u. Plin. – **b** der Farbe nach, **bronzefarben, rotgelb,** barba, Suet. Ner. 2, 2. – **II** poet. übtr.: **a** wie unser **ehern, eisern** = erzhart, felsenfest, unbezwingbar, murus, Hor.: turris, Hor. u. Ov. – **b** aēnea proles, das **eherne (eiserne) Geschlecht (Zeitalter),** Ov. met. 1, 125. – **c in Geld verwandelt,** frumentum, Cod. Theod. 14, 25, 1. – ► a͡eneus, dreisilbig, Ov. met. 7, 247. – Nbf. aēnius, CIL 4, 64.

Aeniānes, um, *m.* (Αἰνιᾶνες), alter griech. Volksstamm in Ötäa (d. i. dem vom Sperchēus durchflossenen Bezirk am Öta), im südl. Thessalien, Cic. de rep. 2, 8. Liv. 28, 5, 15.

1. **Aenīdēs**, ae, *m.* (Αἰνίδης), der Änide (Nachkomme des Äneus, Αἰνεύς, Vaters des Kyzikos); dah. Plur. Aenidae, v. den Einwohnern von Kyzikum, Val. Flacc. 3, 4.

2. **Aenīdēs**, s. Aenēas.

aenigma, atis, *n.* (αἴνιγμα), **I** das **Rätsel,** Quint. 6, 3, 51 u. 98. Gell. 12, 6, 1. Charis. 276, 8: aenigma Thebanum, die Sphinx, Mart. 1, 90, 9: aenigmata et figurae, Vulg. num. 12, 8: propone aenigma et narra parabolam, Vulg. Ezech. 17, 2. – **II** übtr.: **a** das **Rätselhafte** (= Dunkle, Unerklärliche), die **dunkle Andeutung, -Anspielung,** somniorum, Cic.: aenigma Oppiorum (auf die O.), Cic.: pervenit res usque ad aenigma, Anspielung, Stichelei, Quint. – **b** die **allzudunkle,** dah. fehler- u. rätselhafte, **allegorische Darstellung,** das **Rätsel,** s. Cic. de or. 3, 167. Quint. 8, 6, 52. – **c** die **Geheimlehre,** das **Mysterium,** Aegyptiorum aenigmata, Arnob. 3, 15. – ► Dat. u. Abl. Plur. aenigmatibus, aber auch aenigmatis, nach Varro bei Charis. 123, 3.

aenigmaticē, *Adv.* (*aenigmaticus v. aenigma), in **Rätseln,** Ps. Sen. ep. ad Paul. apost. 13 *in.* p. 486 H.

aenigmatista, ae, *m.* (aenigma), der **Volksliederdichter** u. **-sänger,** Sidon. ep. 8, 16. Augustin. quaest. 4. in num. 45.

Aeniī, ōrum, s. Aenus.

aēnipēs, (ahēnipēs), pedis (aēneus u. pes), **erzfüßig,** boves, Ov. her. 6, 32.

aēnius, s. aēnēus ►.

Aēnobarbus (Ahēnobarbus), ī, *m.*, **Rotbart,** Beiname in der gens Domitia, Domitius A., Suet. Ner. 1, 1.

Aenos, s. Aenus *no.* I.

aēnulum, ī, *n.* (*Demin.* v. aēnum), ein **kleiner eherner Kessel,** Paul. ex Fest. 28, 4 u. Gloss.

aēnus u. **ahēnus**, a, um (aus *ajesnus, v. *ajes der Grundform zu aes, s. d.), ältere, später mehr poet. Nbf. v. aēneus, **ehern, bronzen,** aus **Erz,** aus **Bronze, I** eig.: **a** *adj.*: coculum, Cato: signa, Lucr.: crater, Verg.: falx, Ov.: poet., lux, vom Erz herkommender Glanz, Glanz des Erzes, Verg. Aen. 2, 470. – **b** *subst.*, **α** aēnum od. ahēnum, ī, *n.* (*sc.* vas), der **eherne Kessel,** das **eherne Gefäß,** Cato, Verg. u. a.: ah. Dodonae (neben cortina Pythica), Val. Max. – bes. zum Kochen der Farbe, namentlich des Purpurs, der **Farbkessel,** Ov. u. a. – **β** aēna, ae, *f.*, der **eherne Kessel,** bes. der **Farbkessel,** aēnae polientium, Plin. 8, 192: aēnae fulloniae, Plin. 24, 111 u. 27, 92. – **II** poet. übtr.: **a ehern, erzhart = felsenhart, felsenfest, unbezwingbar,** manus, Hor. carm. 1, 35, 19: iuga, Val. Flacc. 7, 596. – **b steinhart** = unerbittlich, corda, Stat. Theb. 3, 280.

Aenus, ī, **I** Aenus (Aenos), ī, *f.* (Αἶνος), Stadt in Thrazien, an der Mündung des Hebrus, Samothrake gegenüber, j. *Enos,* Cic. Flacc. 32. Liv. 31, 16, 4. – Dav. **Aeniī**, ōrum, *m.* (Αἴνιοι), die Einw. von Ä., die **Änier,** Liv. – **II** Aenus, ī, *m.*, j. *Inn,* Tac. hist. 3, 5.

Aeolēnsis, s. Aeolēs.

Aeolēs, um, *m.* gew. die gr. Form Aeoleis u. Aeolīs, Akk. is, *m.* (Αἰολεῖς), die **Äolier,** einer der Hauptzweige des griechischen Volksstammes (benannt nach Äolus, dem Sohn des Hellen, s. Aeolus *no.* I), der sich von seinem Stammsitz in Thessalien über den Peloponnes u. zuletzt bis nach Kleinasien und die nahe Insel Lesbos (den Geburtsort der Sappho) verbreitete, Cic. Flacc. 64 K. Varr. r. r. 3, 1, 6 (-eis) u. 3, 12, 6 (-is). Varr. LL. 5, 25 u. 102 (-is). Cic. Flacc. 61. Quint. 1, 4, 16 H. (-is). Prisc. 1, 20 *sqq.* u. ö. (-is). Vgl. Lachm. Lucr. 5, 85. p. 280. – bei den Lateinern auch **Aeoliī**, ōrum, *m.*, die kleinasiat. Äolier, Vell. 1, 4, 4. Serv. Verg. Aen. 3, 445: u. **Aeolī**, ōrum, *m.*, Mel. 1, § 90 u. 93 Fr. (Cornut. bei Keil Cassiod. 146, 9 Aeoles). – Dav. **a Aeolicus**, a, um (Αἰολικός), **äolisch,** gens, Plin.: littera, Quint.: digammon, Quint., od. digamma, Prisc. – **b Aeolius**, a, um (Αἰόλιος), **äolisch,** bes. in Bezug auf die Lesbierin Sappho, carmen, Hor. – **c Aeolēnsis**, e, **zu den Äoliern gehörig, äolensisch,** Graeci, Serg. gramm. (IV) 476, 16.

Aeolī, s. Aeolēs.

Aeolia, ae, *f.* **I** eine Landschaft Kleinasiens (= 1. Aeolis, s. d.), Cic. de div. 1, 3. Nep. Con. 5, 2. Plin. 5, 120. – **II Aeolia** (Αἰολία), eine **äolische Insel,** Plur. Aeoliae insulae, die vulkanische Inselgruppe an der Nordküste von Sizilien (deren größte Lipara, bei Verg. Aen. 8, 416 *sq.* Aeolia Lipare, noch j. *Lipari*), nach der Mythe Sitz des Beherrschers der Winde Äolus u. des Vulkan, j. die **liparischen Inseln,** Sing. b. Verg. Aen. 1, 52: Plur. b. Plin. 3, 92: auch Aeolides insulae gen., Iustin. 4, 1, 11.

Aeolicus, a, um, s. Aeolēs.

Aeolidēs, s. Aeolus.

Aeoliī, s. Aeolēs.

aeolipilae, ārum, *f.* (Aeolus u. pila, Ball), **Windkugeln,** zur Bestimmung der Windrichtung, Vitr. 1, 6, 2.

1. **Aeolis**, idis u. dicht. idos, Akk. ida, *f.* (Αἰολίς), **I** *adj.* zu Äolien gehörig, **äolisch,** Sappho, Ter. Maur. 659: lingua, Diom. 440, 23. – **II** *subst.*, **Äolien, die äolische Landschaft, a** eine Landschaft Mysiens in Kleinasien, nördlich vom Hermusfluss, Sitz der zwölf zu dem bekannten äolischen Bund vereinigten Freistaaten, Nep. Milt. 3, 1. Liv. 33, 38, 3; 35, 16, 5. Mel. 1, 2, 6 (1. § 14). Plin. 5, 103. – **b** im weiteren Sinne, Troas mit umfassend, Mel. 1, 18, 1 (1. § 90). Plin. 5, 121.

2. **Aeolis**, s. Aeolēs.

3. **Aeolis**, s. Aeolus.

Aeolius, s. Aeolēs u. Aeolus.

Aeolus u. (bei Dicht.) **Aeolos**, ī, *m.* (Αἴολος), **I** Sohn des Hellen u. Enkel des Deukalion, Herrscher im thessal. Magnesia, Stammvater des äolischen Stammes, nach Hyg. fab. 238 u. 242 *sq.* Serv. Verg. Aen. 6, 585. – **II** Sohn od. Enkel des Hippotes (dah. Hippotades gen. bei Ov. met. 14, 223 u. 224 [wo griech. Akk. Aeolon]), Beherrscher der nach ihm benannten äolischen (liparischen) Inseln (s. Aeolia *no.* II), nach der späteren Sage Beherrscher der Winde, s. Verg. Aen. 1, 52 *sqq.* u. dazu Serv. (nach Varro) – des Äolus Sitz nach Thrazien verlegt, Claud. rapt. Pros. 1, 70 *sqq.* – **III** ein Trojaner, Verg. Aen. 12, 542. – **IV** ein Böotier aus Thisbe, Stat. Theb. 9, 765 (wo griech. Akk. -on) u. 767 (wo Vok. Aeole). – Dav.: **A Aeolidēs**, ae, *m.* (Αἰολίδης), der **Äolide, a** (Nachkomme des Äolus *no.* I): **α** Söhne = Sisyphus, Ov. met. 13, 26. Hor. carm. 2, 14, 20. – Athamas, Ov. met. 4, 541. – Salmoneus, Ov. Ib. 473. – **β** Enkel = Cephalus (Sohn des Dēïon), Ov. met. 7, 672. – Phrixus (Sohn des Athamas), Val. Flacc. 1, 286. – Ulixes (dessen Mutter Antiklea vor der Verheiratung mit Laertes mit Sisyphus Umgang gehabt haben soll), Verg. Aen. 6, 529. – **b** Nachkomme des Trojaners Äolus, Misenus Aeolides, Verg. Aen. 7, 164: Clytius Aeolides, Verg. Aen. 9, 774. – **B Aeolidae**, ārum, eine Völkerschaft in Thessalien, Lucan. 6, 384. – **C Aeolis**, idos, *f.* (Αἰολίς), **a** die **Äolide** = weibl. Nachkomme des Äolus *no.* I, d. i. seine Tochter »Kanake«, Ov. her. 11, 5 u. 34, »Alkyone«, Ov. met. 11, 573. – **b** (von Aeolus *no.* II) Aeolides insulae, s. Aeolia *no.* II. – **D Aeolius**, a, um (Αἰόλιος), **zu Äolus gehörig, des Äolus, a** zu Äolus *no.* I: postes, des Athamas, Ov.: senex, Sisyphus, Sen. poët.: vellus od. aurum, Val. Flacc., pecus, das goldene Vlies, Mart. – **b** zu Äolus *no.* II: virgo, Arne, dessen Tochter, Ov.: tyrannus, v. Äolus, Ov.: antra, die Felsenhöhlen, in denen Äolus die Winde verschlossen hält, Ov.: pontus, das tyrrhenische Meer, Sil. (s. Aeolia *no.* II): insulae (s. Aeolia *no.* II), Plin.: procellae, Verg.

aeōn, ōnis, Akk. Plur. ōnas, *m.* (αἰών, Ewigkeit), ein **Äon,** eine Art von Weltgeistern des Ketzers Valentinus, Tert. adv. haer. 33 u. ö.

aepulae, s. epulae.

aepulum, s. epulum.

Aepy, *n.* (Αἰπύ, τό), Stadt in Elis, Stat. Theb. 4, 180.

aequābilis, e, *Adj.* m. *Compar.* (aequo), **I** einem anderen **gleichzustellen,** vis hostilis cum istoc fecit meas opes aequabiles, Plaut. capt. 302. – **II sich gleichbleibend, gleichmäßig, gleichförmig, a** v. Lebl.: partes undique aequ., Cic.: aequ., tributio (ἰσονομία), Cic. – motus certus et aequ. Cic. – perennis amnis et aequ., Cic.: perpetua atque aequ. satio, Cic.: virium illius maior est et aequabilior firmitas, Sen.

– v. Gang der Rede, aequ. et temperatum genus orationis, Cic. – v. Recht u. Rechtspflege, **sich gleichbleibend, alle gleich berücksichtigend, unparteiisch,** ius aequ., ius in omnes aequ., Cic.: nihil eā iurisdictione aequabilius, Cic. – **b** v. Pers.: cunctis vitae officiis aequabilis, Tac. hist. 4, 5. – u. (wie κοινός) gegen andere im Benehmen **gleich sanft, leutselig,** in suos, Tac. ann. 6, 31.

aequābilitās, ātis, *f.* (aequabilis), die **Gleichmäßigkeit, Gleichförmigkeit,** motus, Cic. – elaborant alii in lenitate et aequabilitate (im gleichmäßigen Gang der Rede), Cic. – dah. **a** aequ. iuris u. bl. aequ., die Gleichmäßigkeit in Anwendung des Gesetzes bei der Rechtspflege, die **gleiche Berücksichtigung vor dem Gesetz, Unparteilichkeit,** Cic.: aequ. decernendi (im Entscheiden), des Prätors in Rom, Cic. – u. im Freistaat, übh. die **Gewährung gleicher bürgerlicher Rechte** u. **Freiheiten,** Cic.: u. das daraus entspringende **lebendige** (politische) **Rechtsgefühl,** Cic. – **b** das **sich gleichbleibende Betragen** im Benehmen gegen andere, der **Gleichmut,** Cic.

aequābiliter, *Adv.* m. *Compar.* (aequabilis), **gleichmäßig, gleichförmig,** amurca commixta cum aqua aequ., Cato: arbores aequ. ex omnibus partibus sol ac luna coquunt, Varro: praedam aequ. dispertire, Cic.: alqd in duodecim partes aequ. dividere, Censor.: aequabilius et constantius se habere, Sall. Cat. 2, 3: aequabilius atque constantius provinciae regentur, Tac. ann. 15, 21.

aequaevus, a, um (aequus u. aevum), **gleichaltrig,** rex, amicus, Verg.: auditor, Suet.: m. *Dat.*, lotos aequaeva urbi, Plin.: urbs aequaeva polo, Claud. – subst., der **Alters-, Jugendgenosse,** priscus amicus et aequaevus meus, Ambros. ep. 86 *in.* – ► Arch. Akk. Sing. Mask. aequaevom, Verg. Aen. 2, 561 u. 5, 452 R.

aequālis, e, *Adj.* m. *Compar.* u. (b. Spät.) m. *Superl.* (aequo), **gleich beschaffen, gleich** nach äußerer u. innerer Beschaffenheit, **I** von gleicher Oberfläche, **gleich, eben,** loca, Sall.: terra ab omni parte aequ., Ov.: totius oris planities, Plin. – **II** übh. von gleicher Gestalt, Größe, Höhe, von gleichem Umfang u. Gehalt, **1** einem anderen **gleich, entsprechend, konform, a** übh. (Ggstz. impar), tumuli, Liv.: sententiae membris aequalibus, Quint.: quibusne partibus, pluribusne an singulis, imparibus an aequalibus, Cic.: linguā et moribus aequales, Liv. – m. *Dat.*, pars pedis aequalis alteri parti, Cic.: paupertas aequ. divitiis, Cic.: nervositas filo aequalior quam araneis, Plin. – m. *inter* u. Akk., virtutes sunt inter se aequales et pares, Cic. – m. *cum* u. Abl., gloria cum multis viris fortibus aequalis est, Ps. Sall. fr.: filius cum patre aequalis est maiestate, Augustin. – subst. m. *Genet.*, creticus et eius aequalis paean, Cic. or. 215. – **b** dem Alter, der Zeit nach gleich, **α** dem Alter nach, **gleich alt, gleichen Alters, gleichaltrig, αα** v. Pers. (Ggstz. natu maior, natu minor), soror, Nep. – m. *Dat.*, Attalus aequalis sibi, Curt.: fuit huic aequalis animis et annis, Ov.: exercitus aequalis stipendiis suis, so viel Dienstjahre zählend wie er selbst, Liv. – m. *Genet.*, calo quidam aequ. Hieronymi, Liv. – u. subst., aequalis, is, Abl. i, *c.*, **Alters-** od. **Jugendgenosse, Alters-** od. **Jugendgenossin, Kamerad, Gespiele, Gespielin,** amicus atque aequalis noster, Ter.: P. Orbius meus fere aequalis, Cic.: vestitus nihil inter aequales excellens, Liv.: ex aequalibus una, Verg. – m. *Genet.*, aequales aevi, Sil. 3, 404. – **ββ** v. Lebl.: florentes aequali corpore nymphae, von gleichem Alter u. Wuchs, Verg. – m. *Dat.*, Deiotari benevolentiā est ipsius aequalis aetati, ist mit ihm aufgewachsen, Cic. – m. *cum* u. Abl., aequali tecum aevo, Verg.: fuit cum ea cypressus aequalis, Plin. – m. *Genet.*, sacrificium aequale huius urbis, Cic. – **β** der Zeit nach, **gleichzeitig** (Ggstz. senior, iunior), **αα** v. Pers., m. *Dat.*, cui (Ennio) si aequalis fuerit Livius, Liv.: nec quisquam aequalis illis temporibus scriptor exstat, Liv. – m. *Genet.*, Menandrus aequalesque eius aetatis non magis quam operis Philemo et Diphilus, Vell.: Philistus aequalis temporum illorum, Cic. – subst., aequalis, is, *m.*, der **Zeitgenosse,** Cic.: eminere inter aequales, Cic. – **ββ** v. Lebl.: memoria aequ., Cic.: memoria aequ. illius aetatis (Ggstz. memoria senior), Cic.: an in omnibus his studiorum agitatio vitae aequalis fuit? war nicht … von gleicher Dauer mit dem L.? Cic. – **c nur eine gleiche Stelle im Staat einnehmend,** aequ. civis (Ggstz. eminens princeps), Vell. 2, 124, 2. – **2 sich selbst gleich, gleichförmig, gleichmäßig, a** übh.: ceteris quoque membris usque ad imos pedes aequalis et congruens, gleichförmig gebaut, proportioniert, Suet. Tib. 68, 1. – v. Lebl., ictus, Ov.: margo, Mela: litorum tractus, Mela: usus libertatis, Curt.: imber lentior aequaliorque accidens auribus, Liv. 24, 46, 5. – **b gleichmäßig** im Verhalten, **sich gleichbleibend,** nihil aequale homini fuit illi, Hor.: in quocumque genere excellens et sibi aequalis, Plin.: aequalem se omnibus exhibens, immer leutselig gegen alle, Eutr. – ► *Superl.* bei Tert. de anim. 17.

aequālitās, ātis, *f.* (aequalis), die **Gleichheit, I** die äußere gleiche Beschaffenheit der Oberfläche, die **Gleichheit, Ebenheit,** aequ. illa (maris), Sen. ep. 53, 2: carnes excrescentes ad aequalitatem redigere, Plin. 30, 113. – **II** die innere **gleiche Beschaffenheit** (Ggstz. inaequalitas), **1** sonst verschiedener Dinge und Begriffe: **a** übh.: similitudo aequalitasque verborum, v. der Paronomasie, Cic.: aequ. fraterna, Gleichheit der Denk- u. Handlungsweise, Cic.: cetera in summa aequalitate ponere, als ganz gleich beschaffen achten, Cic.: Plur., diversae mensurarum aequalitates, Apul. de mund. 29. – **b** die **Altersgleichheit,** aequ. vestra, Cic. Brut. 156. – **c** die **Gleichheit** an polit. Rechten u. Freiheiten im Freistaat, die **gleiche Stellung** der Staatsbürger (ἰσονομία, ἰσοτιμία), Tac.: nec super aequalitatem, der Gl. aller unbeschadet, Tac. – **d** (als gramm. *t. t.*) die **Analogie,** Varr. LL.9, 1. – **2** einer Sache in sich, die **Gleichförmigkeit, Gleichmäßigkeit,** congruentia aequalitasque, Symmetrie, Proportion, Plin. ep.: im Verhalten, quantum eminentibus vincimur, fortasse aequalitate pensamus, Quint.

aequāliter, *Adv.* m. *Compar.* (aequalis), **auf gleiche Weise, I** der Oberfläche nach, **gleich, eben,** collis ab summo aequ. declivis, Caes. b. G. 2, 18, 2: sternere aequ. undam, Ov. her. 7, 49. – **II** der Größe, dem Umfang, dem Gehalt nach, **1** im Verhältnis zu einem anderen, **gleichmäßig = entsprechend,** distribuere, Cic.: tributum ex censu conferre, Liv.: praefecerunt aequ. imperio Remum et Romulum, Cass. Hemin. fr. – **2** im Verhältnis zu sich selbst, **gleichmäßig = gleichförmig,** oratio aequ. constanterque ingrediens, symmetrisch (im Ebenmaß) u. in festem Takt, Cic.: fructum aequ. percoquere, aequalius concoquere, Col. – im Verhalten, aequalius duci parēre, Tac. hist. 2, 27.

aequāmen, minis, *n.* (aequo), ein **Werkzeug zum Ausgleichen** (als Erklärung von amussis), Varr. b. Non. 9, 18.

aequāmentum, ī, *n,* (aequo), die **Gleichmachung, Vergeltung,** Paul. ex Fest. 80, 14. Non. 3, 26; vgl. 69, 22.

aequanimis, e (aequus u. animus), **nachsichtig,** Hermae Past. 2, 12, 1.

aequanimitās, ātis, *f.* (aequanimus), **I** die **billige Denkungsart** gegen jmd., die **Nachsicht,** das **geneigte Gehör,** Ter. adelph. prol. 24 u. ö. – **II** der **Gleichmut,** die **Geduld,** P. Syr. sent. 342. Sen. ep. 66, 13 u. 91, 18. Plin. 18, 123. Tert. de pat. 8, 2. Lact. 5, 22, 3.

aequanimiter, *Adv.* (aequanimus), **gleichmütig, geduldig,** Tert. de pat. 8 *sq.* u. a. Spät. (s. Rönsch Itala p. 230): *Compar.* aequanimius, Cassian. coen. inst. 3, 10.

aequanimus, a, um (aequus u. animus), **gleichmütig, geduldig,** Auson. grat. act. (VIII) 6, 25. p. 23, 10 Schenkl; de hered. (XII) 2, 10. p. 35, 10 Schenkl. – Plur. subst. (Ggstz. anxii), Boëth. cons. phil. 2, 4. p. 34, 66.

aequātio, ōnis, *f.* (aequo), das **Gleichmachen,** die **Ausgleichung, Gleichstellung,** bonorum, Kommunismus, Cic.: iuris, Liv.: muneris et partium, Dict.

aequātor, ōris, *m.* (aequo), der **Gleichmacher, Eicher,** monetae, Münzwardein, CIL 13, 1820.

aequē, *Adv.* (aequus), **I gleich = gleichmäßig, geradeso, ebenso,** duae trabes aeque longae, Caes.: so m. *Adjj.*, aeque latus, Varr.: aeque notus, Cic. – benevolentiā civium non aeque omnes egent, Cic.: aeque istuc facio, es gilt mir gleich viel, Plaut.: aeque eadem modestia, Varr.: so m. Verben, aeque dolere, Cic.: aeque terrere alqm, Liv. – m. *Advv.*, aeque libenter, Cic.: aeque bene, Plaut., Nep. u. Quint. – Dah. in vergleichenden Sätzen, **gleich, ebenso, nicht anders, a** mit den Vergleichungswörtern et, atque (ac), ac si, quam, quam ut u.

dgl., eosdem labores non esse aeque graves imperatori et militi, Cic.: tibi sunt aeque noti ac mihi, Cic.: hi coluntur aeque atque illi, Cic.: Egnatii absentis rem ut tueare, aeque a te peto, ac si mea negotia essent, Cic.: nihil aeque eos terruit, quam praeter spem robur et color imperatoris, Liv.: an est quicquam, quod Veientibus optatum aeque contingere possit, quam ut etc., Liv. – m. *cum* u. Abl., animum advorte, ut aeque mecum haec scias, Plaut.: novi aeque omnia tecum, so gut wie du, Ter. – m. bl. *Abl.*, nullus est hoc meticulosus aeque, so furchtsam wie der, Plaut. – u. zur Verstärkung des *Compar.*, homo me miserior nullus est aeque, Plaut. – aeque ut, Plaut. asin. 838. Hor. carm. 1, 16, 7. Plin. ep. 1, 20, 1. Lact. 7, 10, 6. Apul. de deo Socr. 22 u. 24; de mag. 14 u. 99: aeque quasi, Ulp. dig. 49, 1, 3. § 1: aeque ... tamquam, Petr. 78, 3. – poet. auch aeque ... aeque zu gegenseitiger Vergleichung, aeque pauperibus prodest, locupletibus aeque, Hor. ep. 1, 1, 25: aeque discordiam praepositorum, aeque concordiam subiectis exitiosam, Tac. Agr. 15. – **b** ohne Vergleichungswörter, wenn der verglichene Gegenstand sich deutlich aus dem Zusammenhang ergibt, pauci quibuscum essem aeque libenter (*sc.* ac tecum), Cic.: ut postea numquam dextro (oculo) aeque bene usus sit (*sc.* ac sinistro), Nep.: quid Davus narrat? *D.* aeque quicquam nunc quidem (*sc.* atque antea), es war so gut wie nichts, Ter. – **II** (m. *Compar.* u. *Superl.*) **billiger-, gerechterweise, mit Billigkeit,** societatem condicionis humanae munifice et aeque (mit Billigkeit) tuens, Cic. de fin. 5, 65: sin vis obsistat, ferro quam fame aequius (besser) perituros, Sall. hist. fr. inc. 21 D. (fr. 3, 67 Kr.): iudicas, ut qui aequissime, Sidon. ep. 15, 11.

Aequī (auch **Aequīculī, Aequīcolī** u. **Aequīculānī**), ōrum, *m.* ein altitalisches ackerbauendes, dabei raub- u. kriegslustiges Volk im lateinischen Bergland, zwischen den Sabinern u. den Marsern, Hernikern, Volskern u. Latinern, Aequi, Cic. de rep. 2, 36. Liv. 2, 30 *sqq.*: transire ex Volscis in Aequos, ins Äquerland, Liv. 6, 2, 14. – Aequiculi, Liv. 1, 32, 5. Suet. Vit. 1, 3: Aequicoli, Plin. 3, 108 u. 25, 86: Sing. Aequiculus kollektiv, Verg. Aen. 9, 684. Ov. fast. 3, 93. – Aequiculani, Plin. 3, 106. – Dav.: **a** **Aequicus**, a, um, **äquisch,** bellum, Liv. 5, 4, 3; 10, 1, 7. – **b** **Aequīculus**, a, um, **äquikulisch** = **äquisch,** gens, Verg. Aen. 7, 747: rura, Sil. 8, 369 (371): archaist., rex Aequeicolus, CIL 1. p. 564 (elog. XXXV).

aequiangulus, a, um (aequus u. angulus), **gleichwinkelig,** Ps. Boëth. de art. geom. p. 389, 9 u. 11 Fr. (= 392, 10 u. 12 L.).

aequibilis, e (aequus), **in einen leidlichen Zustand gebracht, sich leidlich befindend,** si aequibilis aeger fiat, Cael. Aur. chron. 3, 8, 140.

aequiclīnātum, ī, *n.* (aequus u. clino) = ὁμοιόπτωτον, der **gleiche Kasus,** als Redefig., Auct. carm. de fig. 103. p. 67 H.

Aequīcolī, s. Aequī.

aequicrūrius, a, um (aequus u. crus), **gleichschenkelig,** angulus, Mart. Cap. 6. § 712.

Aequīculānī, -culī, -culus, -cus, s. Aequī.

aequidiālis, e (aequus u. dies) = *aequinoctialis* (s. d.); dah. subst., aequidiale, is, *n.* = *aequinoctium* (s. d.), Paul ex Fest. p. 24, 5. Vgl. Gloss. ›aequidialis, ἰσήμερος, ἰσημερινός‹.

aequidiānus, a, um (aequus u. dies), **zur Zeit der Tag- u. Nachtgleiche, Äquinoktial-,** exortus, Apul. de mundo 11.

aequidicus, a, um (aequus u. dico), **I gleichförmig** im Ausdruck, versus aequidici = ἰσόλεκτοι, in denen ein Satz dem anderen Wort für Wort entspricht (wie Verg. ecl. 2, 18), Diom. 498, 25 u. 499, 21. – **II** **Gleiches** od. **Billiges sprechend, Recht sprechend,** CIL 6, 3440*.

aequidistāns, antis (aeque distans), **gleich weit entfernt voneinander, parallel,** circuli, Mart. Cap. 8. § 817: ordines, Gromat. vet. p. 13, 14 u. 129, 20.

aequiformis, e (aequus u. forma), **gleichförmig,** m. *Dat.*, Itala Philipp. 3, 21. – bes. **gleichförmig** im Ausdruck, versus aequiformes = ἀπρόσχημοι, mit lauter einfachen Redeteilen (wie Verg. Aen. 7, 171), Diom. 498, 25 u. 499, 6.

aequilātātio, ōnis, *f.* (aequus u. latus), **gleichmäßige Entfernung zweier Parallellinien voneinander,** Vitr. 9, 7 (8), 3.

aequilaterālis, e, u. **aequilaterus,** a, um u. **aequilatus,** eris (aequus u. latus), **gleichseitig,** das erste bei Censor. de die nat. 8. § 6: das zweite bei Mart. Cap. 6. § 712. u. Firm. math. 2, 11. Gromat. vet. p. 378, 11 u. a.: das letzte bei Auson. Griphus (XXVI) 2, 51. p. 130, 28 Schenkl.; cento nupt. 1, 27. p. 140, 27 Schenkl.

aequilavium, ī, *n.* (aequus u. lavo), die **halbe Wäsche** der Wolle, Paul. ex Fest. 24, 8.

aequilībrātio, ōnis, *f.* (aequus u. libro), die **gleiche Abwägung, -Wage,** Cassian. inst. 8, 4, 4; coll. 1, 21, 2.

aequilībrātus, a, um (aequus u. libro), **in gleichem Schwunge,** aequilabrato impetu ferebatur, Tert. adv. Hermog. 41.

aequilībris, e (aequus u. libra), **im Gleichgewicht, waagerecht, horizontal,** margines, Vitr. 5, 12, 4.

aequilībritās, ātis, *f.* (aequilibris), das **Gleichgewicht,** als Übersetzung der epikurëischen ἰσονομία = das **Gesetz des Gleichgewichts,** Cic. de nat. deor. 1, 109.

aequilībrium, ī, *n.* (aequilibris), das **Gleichgewicht,** der **waagerechte Stand,** Sen. u. a. – übtr., die **völlige Gleichheit,** Gell. 20, 1. § 15 u. 33.

Aequimaelium, -mēlium, ī, *n.*, leere Stätte in Rom unter der westl. Seite des Kapitols, unweit vom Karzer (jetzt vergraben unter dem Schutt, über den die *via di Marforio* sich hinzieht), Varr. LL. 5, 157. Liv. 4, 16, 1; 24, 47, 15; 38, 28, 3. Val. Max. 6, 3, 1. Aur. Vict. vir. ill. 17, 5: benutzt, um die auf dem Kapitol zu opfernden Tiere dort einstweilen unterzubringen, Cic. de div. 2, 39. – ► Die Schreibung Aequimelium ist die der meisten Hdschrn.

aequimanus, a, um (aequus u. manus), **gleichhändig** = **mit beiden Händen gleich gewandt** (gr. ἀμφιδέξιος), Isid. 10, 21. – übtr., **gleich geschickt,** περιδέξιος, Symm. ep. 9, 105 (110): quis mirmilloni contenditur? aequimanus, ein im Kampf Ebenbürtiger, Auson. Technop. (XXVII), 11, 3. p. 137, 18 Schenkl.

Aequimēlium, s. Aequimaelium.

aequinoctiālis, e (aequinoctium), **zur Tag- u. Nachtgleiche gehörig, zur Zeit der Tag- u. Nachtgleiche, Äquinoktial-,** circulus, der Äquator, Varr. LL. u. a.: caeli furor, Catull.: tempus, horae, Plin.: aestus (Flut), Sen. – oriens aeq., der Osten, wo die Sonne im Äquator aufgeht (Ggstz. occasus aeq., der Westen), Vitr. 1, 6, 4. Plin. 2, 70.

aequinoctium, ī, *n.* (aequus u. nox, s. Varr. LL. 6, 8), die **Tag- u. Nachtgleiche** (griech. ἰσημερία), dies aequinoctii, Caes.: aequ. vernum, Liv. u. Mela: autumnale, Liv. u. Mela: autumni, Plin.: aequinoctium exspectare, Cic.

aequipār, aris (aeque u. par), **völlig gleich,** Auson. Griphus (XXVI) 2, 58. p. 131, 5 Schenkl; Technop. (XXVII) 11, 14. p. 138, 6 Schenkl. Apul. flor. 3. p. 4, 12 Kr. (Abl. aequipari). Sidon. ep. 8, 6.

aequipar... s. aequiper...

aequipedus, a, um (aequus u. pes), **gleichfüßig,** trigon, gleichschenkliges (ἰσοσκελής), Apul. dogm. Plat. 1, 7.

aequiperābilis, e (aequipero), **vergleichbar,** alci, Plaut. Curc. 168. Apul. de deo Socr. 3. Prud. ham. 79: cum alqa re, Plaut. trin. 466.

aequiperantia, ae, *f.* (aequipero), die **Gleichstellung,** Plur. bei Tert. adv. Valent. 16.

aequiperātio (aequiparātio), ōnis, *f.* (aequipero), die **Gleichstellung, Vergleichung,** u. meton. = die **gleiche Kraft,** Gell. 5, 5, 7; 14, 3, 8.

aequiperātīvus, a, um (aequipero), **gleichstellend,** verba, Prisc. 18, 142.

aequiperātor, ōris, *m.* (aequipero), der **Gleichsteller,** ut non solum aequ., sed etiam praecessor exstiteris, Virg. gramm. p. 106, 19 H.

aequi-pero (aequiparo), āvī, ātum, āre (aequus u. paro), **I gleich beschaffen-, gleich machen,** talionem ad amussim, Gell. 20, 1, 34: alimentum ceteris, Pallad. 3, 25, 16. – **II** übtr.: **1** in der Beurteilung etw. dem anderen **gleichstellen, gleichsetzen, vergleichen,** **α** m. *ad* u. Akk.: suas virtutes ad tuas, Plaut. mil. 12. – **β** gew. m. *Dat.* (wem?): Iovis Solisque equis dictatorem, Liv. 5, 23, 6: mari tranquillo, quod ventis concitatur, multitudinem Aetolorum, Liv. 38, 10, 5: Hadrianus Numae regi aequiperandus, Fronto de princ. p. 206, 10 N. – **γ** m. *cum* u. Abl., quibus (verbis) Caedici virtutem cum Spartano Leonida aequiperat, Gell. 3, 7 *lemm.* – **2** es jmdm. **gleichtun,** jmdm. **gleichkommen,** ihn **erreichen,** **α** m. *Dat.*: mis concordibus, Enn. ann. 131: Iovi, Pacuv. tr. 401: divum potestatibus, Apul. dogm. Plat. 1, 2. p. 175 H. – **β** gew. m. *Acc.*: stadia decem altitudo fastigii non aequiperat, Apul. de deo Socr. 8: quoius fides fidelitasque amicum erga aequiperet tuam, Plaut. trin. 1126: successus eius et *aequiperavit* ut meritus et *superavit* ut melior, Apul. flor. 7. p. 7, 11 Kr.: u. so alqm, Liv. 37, 53, 15: alqm in hac parte, Amm. 25, 4, 17: matricem, Suet. Aug. 94, 11: discrimina potiorum, Amm. 31, 15, 13: ingenio mores aequiperante places, Ov. ex Pont. 2, 5, 44: ducis ore deos aequiperante frui, *ibid.* 2, 2, 94. – zugl. m. *Abl.* (durch, an), ipsam urbem dignitate (von einem Hafen), Nep. Them. 6, 1: alqm labore corporisque viribus, Nep. Alc. 11, 2: nec calamis solum, sed voce magistrum, Verg. ecl. 5, 48: Apollinem cantu, Solem aurigando, Suet. Ner. 53: alqd laudibus, Prud. cath. 3, 85. – **γ** absol.: ubi aequiperent, gleich entehrend sind, Ulp. dig. 50, 17, 104 zw.: ista si ita sunt promerita vestra, aequiperare (*sc.* ea od. vos) ut queam vereor, Pacuv. tr. 153: m. *Abl.* (durch, an) nemo est qui factis aequiperare (*sc.* mihi od. me) queat, Enn. epigr. 8.

aequipēs, pedis (aequus u. pes), **gleichfüßig,** Abl. aequipede od. aequipedi sono, Diom. 476, 12.

aequipollēns, entis (aeque u. polleo) = ἰσοδύναμος, **gleichviel geltend,** Apul. dogm. Plat. 3. p. 272, 15 H. u. ö. – *Adv.* **aequipollenter,** Schol. Lucan. 1, 645 u. 650.

aequipondium, ī, *n.* (aequus u. pondus), das **Gegengewicht** an der Waage (ἥκωμα), Vitr. 10, 3 (8), 4. – übtr., die **Sonnenwende,** Augustin. serm. 49, 2 *ed. Mai.*

aequisonantia, ae, *f.* (aequus u. sono), der **Gleichklang,** Boëth. de music. 5, 11 u. 14.

aequisonātio, ōnis, *f.* (aequus u. sono), der **Gleichklang,** Boëth. de music. 5, 12.

aequisonus, a, um (aequus u. sono), **gleich klingend,** voces, Boëth. de music. 5, 6 u. 11.

aequitās, ātis, *f.* (aequus), die **Gleichheit,** **I** in sich selbst: **a** die **ebene Beschaffenheit,** loci, Auct. b. Hisp. 29, 4. – **b** das **Gleichmaß, Ebenmaß,** commoditas et aequitas membrorum, Symmetrie, Suet.: portionum aequitatem turbare, das Gleichgewicht stören, Sen. – **c** mit u. ohne *animi* = die Gleichheit des Gemütszustandes, der **Gleichmut,** die **Gelassenheit, Geduld, Genügsamkeit,** zuw. auch die **Gleichgültigkeit,** Cic. u. a.: aequitas deûm *erga* bona malaque documenta, Tac. ann. 16, 33. – **II** in Bezug auf ein anderes: **a** die **Gleichheit** vor dem Gesetz, die **Gleichheit des Rechts** (τὸ ἴσον, ἡ ἰσότης), die **gleiche Stellung** in Bezug auf Rechte u. Freiheiten (ἰσονομία), Cic. de off. 2, 41. Cic. de rep. 1, 53. – **b** das aus Anerkennung dieser Rechtsgleichheit hervorgegangene **Billigkeitsprinzip,** **α** übh., das **gleichmäßige** u. **gerechte, billige Verfahren,** die **Gerechtigkeit** u. **Billigkeit,** einer Pers., Cic.: aequ. Caesariana (Ggstz. violentia Sullana), Val. Max.: causae, Cic.: belli, Cic.: condicionum, Caes. – personif. als Göttin, Arnob. 4, 1. CIL 14, 2860. – **β** insbes., im Ggstz. zum streng positiven Recht (zum ius), das **billige Verfahren** nach der wahren Sachlage, abgesehen von äußeren Satzungen u. vom Buchstaben des Gesetzes, die **Billigkeit,** servare aequitatem, Cic.: explicare aequitatem, was recht u. billig ist, Cic.: Plur. aequitates, alles, was billig ist, Vulg. psalm. 16, 2.

aequiter, *Adv.* archaist. = *aeque,* Liv. Andr. (u. a.) b. Non. 512, 27 *sqq.* Plaut. b. Prisc. 15, 13.

aequiternus, a, um (von aeque u. aeternus), **gleich ewig, gleich lange dauernd,** Cl. Mam. de stat. anim. 2, 4, 1; 2, 7, 3. Sidon. ep. 8, 13.

aequivocātio, ōnis, *f.* (aequivocus), der **Doppelsinn,** Boëth. herm. prim. 1, 7. p. 94, 15 u. ö.

aequivocē, *Adv.* (aequivocus), **doppelsinnig, mehrdeutig,** Spät.

aequivocus, a, um (aequus u. voco), **doppelsinnig, mehrdeutig,** verba, spät. Gramm.

aequo, āvī, ātum, āre (aequus), **gleichmachen,** **I** in Beziehung auf sich selbst **gleich-, eben machen, ebenen, abplatten,** locum, Caes.: aream cylindro, Verg.: pumice omnia aequata, abgeglättet, Catull.: aequata agri planities, Cic.: mensa aequata, gerade od. wagerecht gestellt, Ov.: aequare frontem (frontes) od. aciem (milit. *t. t.*), eine gerade Linie od. Front bilden, in gleiche Linie kommen (Ggstz. sinum in medio dare, prominere), Liv. u. a.

II in Beziehung auf ein anderes **gleichmachen,** **A** etw. mit etw., u. zwar: **1** Gleichartiges unter sich **gleichmachen, ausgleichen, gleichmäßig einteilen** od. **verteilen,** **a** dem Stoff, der Zahl usw. nach: sortes (*t. t.* beim Losen), die Lose gleichmachen (sodass kein Los vor dem anderen, der die Lose zieht, in die Hände kommt), Cic. u. a.: pecunias, Vermögensgleichheit einführen, Cic.: stercora, gleichmäßig auf die Äcker verteilen, Col.: pedites, gleich viel, ebensoviel (wie die anderen) F. stellen, Liv. – **b** der Beschaffenheit, dem Grad usw. nach: ira aequavit vires, Liv.: aequ. certamen, den Kampf, d. i. die Streitkräfte auf beiden Seiten gleichmachen, Liv.; vgl. aequato omnium periculo, bei einer für alle gleichen Gefahr, Caes.: aliquando aequatus inter omnes terror fuit, war gleich verteilt, Liv. – v. Ausgleichungen durch die Bundesbeschlüsse usw., leges, Liv.: foedera, ausgleichend zustande bringen, unter gleichen Bedingungen zustande bringen, Hor.: aequato iure omnium, mit Gleichstellung der Rechte aller, Liv. – **2** Ungleichartiges mit einem anderen **gleichmachen,** **a** der Höhe usw. nach: solo (Dat.) aequare omnia, Liv.; vgl. omnia flammis aequata (verst. solo), Liv.: ebenso solo aequ. domum, Suet., Numantiam, Vell.: u. im Bild, solo aequandae sunt dictaturae consulatusque, man muss in Bezug auf D. u. K. gänzlich aufräumen (Tabula rasa machen), Liv. – campi montibus aggere aequati, Suet.: alqd caelo, himmelhoch auftürmen, Verg.: machina aequata caelo, himmelhohes Gerüst, Verg.: u. bildl., alqm caelo laudibus, bis in den H. erheben, Verg.: u. so bl. alqm caelo, Tac. – **b** der Zahl, Menge nach **gleichmachen, gleichstellen,** m. *cum* u. Abl. od. m. *Dat.*, numerum cum navibus, Verg.: cum suas quisque opes cum potentissimis aequari videat, Caes.: qui (libri) se iam illis fere aequarunt, an Zahl gleichstehen, Cic. de off. 1, 3. – u. der Zeit u. Dauer nach, bis aequatā nocte diei, Plin.: per somnum vinumque dies noctibus, Tag wie Nacht mit Schlafen u. Zechen zubringen, Liv.: nocti ludum, die ganze Nacht hindurch spielen, Verg. – **c** den Rechten, dem Rang nach **gleichstellen, auf gleiche Stufe stellen,** inventum est temperamentum, quo tenuiores cum principibus aequari se putarent, Cic.: Laelios sibi per omnia, auf gleich hohe Stufe mit sich, Vell.: omnes aequat cinis, der Tod macht alle gleich, Sen. – **d** in der Beurteilung **gleichstellen, -setzen, vergleichen,** omnium scelera vix cum huius parva parte *aequari conferrique* posse, Cic.: Hannibali Philippum, Liv. **B** etw. mit sich = etw. **erreichen,** ihm **gleichkommen,** **a** der Höhe nach: cuius (fluminis) altitudo summa equorum pectora aequabat, Curt.: aggere moenium altitudinem aequ., Curt.: aequantes moenia turres, Lucan. – **b** der Schnelligkeit nach, cursum alcis, Curt.: alqm cursu, im Lauf mit jmd. gleichen Schritt halten, Liv.: so auch alqm passibus, Verg.: sagitta aequans ventos, der windschnelle, Verg. – **c** dem Wert, dem Grad, der Beschaffenheit nach: argenti facti pondus L milia talentorum aequabat, Curt.: munia comparis aequ., Hor.: Appii odium, verhasst sein wie A., Liv.: avitos honores, Liv.: opes regum animis (Abl.), sich reich dünken wie K., Verg.: eā arte superiores reges, Liv.: alqm equestri gloriā, Liv.: eloquentiā alcis gloriam (Ggstz. excedere alcis gloriam), Suet.: facta dictis, Liv.; vgl. haec dicendo, Plin. ep.: labores lacrimis, Verg.: absol., m. Ang. **woran?** im *Abl.*, is triumphus ... signis et spoliis ferme aequabat (*sc.* Cornelii triumphum), Liv. 33, 23, 8: u. ganz absol., nam qui agit, ut prior sit, forsitan, etiam si non transierit, aequabit, Quint. 10, 2, 10. – **d** der Zeit nach: aequavit eius vitae spatium od. spatia Metellus (pontifex), sein Alter erreichte M., Val. Max. 8, 13, 2. Plin. 7, 157.

aequor (arch. Nbf. aecor, Varr. sat. Men. 288), oris, *n.* (aequus), die **Ebene** = waagerechte **Fläche,** **I** im Allg.: aequ. speculorum, Lucr.: summo gelidi cubat aequore saxi, auf des gefrornen Gesteins geglätteter Fläche, Lucr.: aequ. ventris, Gell.: u. im Plur., patuli aequora mundi, Lucr. – **II** insbes., **1** die **Fläche** des Gefildes, die **Ebene,** mit *campi,* aequore campi, Verg.: u. im Plur., plani aequora campi, Lucr.: camporum patentium aequora, Cic. – poet. ohne *campi,* immensum aequor, von der Wüste, Verg.: agit aequore toto, Verg. – dah. für *solum,* der **Erdboden, Boden,** das **Feld,** proscissum aequor, Brachfeld, Verg.: ferro scindere aequor, Verg. – **2** die waagerechte Fläche des Wassers, gew. **a** des Meeres, der **Meeresspiegel** (s. Col. 8, 17, 3 u. 4), u. übh. die **Meeresfläche,** u. so (im Sing. u. Plur.) das **Meer** (zunächst im ruhigen, ebenen Zustand, dann auch das aufgeregte, sturmbewegte), mit *ponti* od. *maris,* vastum maris aequ., Verg.: Oceani aequ., Verg.: Libycum aequor, Verg. – gew. Plur., aequora ponti od. maris, Lucr., Hor. u. a. – öfter ohne *maris etc.,* aequ. Ionium, Lucr.: vastum, Verg.: placidum, Tac.: profundum, Curt.: fervidum, Hor.: rapidum, Ov.: et quoniam magno feror aequore, auf weiter See fahre (im Bild = einen reichen Stoff zu behandeln angefangen habe), Ov. met. 15, 176. – im Plur., saeva aequora, Verg.: penetrare aequora, Val. Max. – meton., das ins Schiff eingedrungene **Seewasser,** aequor refundere in aequor, Ov.: u. Plur., aequora egere fundo, Stat. – selten **b** eines Flusses, wie des Tiber, Verg. Aen. 8, 89 u. 96. Hor. carm. 3, 29, 34 (wo aequor = glattes Flussbett).

aequorĕus, a, um (aequor), **I** **zur Ebene gehörig,** petra superne aequorea, ganz eben, Auct. itin. Alex. 45 *in.* – **II** **zum Meer gehörig, Meer-, See-,** genus, v. Fischen, Verg.: rex, v. Neptun, Ov.: monstrum, Ov.: aquae, Mart.: Britanni, die meerumflossenen, Ov.: Achilles, als Sohn der Thetis, Lucan.: bustum, am Meer, Val. Flacc.

Aequorna, ae, *f.* (nach Mommsen v. aequor), die **Göttin der Meeresoberfläche,** CIL 3, 3776 u. 3832.

aequus (aecus), a, um, *Adj.* m. *Compar.* u. *Superl.,* **gleich, I** in sich selbst **gleich, 1** eig.: **a** von der Oberfläche des Bodens, **eben, gerade = waagerecht, horizontal** (Ggstz. superior od. inferior, acclivis od. declivis, pronus), locus, qui est ad libellam aequus, Varr.: aequus et planus locus, Cic.: in aequum locum se demittere, in die Ebene, Caes.: paulo aequiore loco consistere, Caes.: ex aequo loco loqui, im Senat (Ggstz. ex inferiore loco, zu den Richtern, die höher saßen, u. ex superiore loco, von der Tribüne zum Volk), Cic.; vgl. ex superiore et ex aequo loco sermones habitos, in öffentl. u. Privat-Angelegenheiten, Cic. – *neutr.* subst., aequum, ī, *n.,* das **ebene Terrain,** die **ebene Fläche** (das **Niveau),** das **flache, freie Feld,** facile in aequo campi victoriam fore, Liv.: in aequum descendere, degredi, Liv. a.u.: u. in aequum descendere bildl. = sich zu jmd. ganz herablassen, Sen.: ut primum agmen *aequo,* ceteri per *acclive iugum* insurgerent, Tac. – auch vom **Plateau** einer Anhöhe, in aequum eniti, Tac. ann. 2, 80 *extr.* – **b** von anderen Gegenständen, **gleich, gerade, waagerecht,** aequa frons (milit. *t. t.),* eine gleiche, gerade Linie od. Front, Liv.: statera posita examine aequo (mit gerade stehendem Zünglein = im Gleichgewicht), Suet.

2 übtr.: **a** wie unser **nicht uneben = günstig, gelegen** (Ggstz. iniquus), vom Ort, locum se aequum ad dimicandum dedisse, Caes.: etsi non aequum locum videbat suis, Nep.: ut locus procul muro satis aequus agendis vineis fuit, Liv.: ut quibus locus aequior esset, durch ihre Stellung mehr begünstigt, Liv. – von der Zeit = **günstig gelegen,** et tempore et loco aequo instructos, Liv.: neque tempore neque loco aequo, Suet.: iudicium aequiore tempore fieri oportere, Cic. fr. – **b** vom Gemüt = **sich gleichbleibend, gleichmütig, ruhig, gelassen, gleichgültig, zufrieden, geduldig,** concedo, et quod animus aequus est et quia necesse est, Cic.: quidquid tribunus plebis loquitur, assuestis aequi (mit Gleichgültigkeit) audire, Liv.: u. so laudationem mortui aequis auribus audivit, Liv.: quod adest memento componere aequus, Hor.: aequam memento rebus in arduis servare mentem, Hor.: praesentibus aequus, zufrieden mit, Hor. – Bes. häufig im adverbial. *Abl.,* aequo (aequiore, aequissimo) animo, **mit Gleichmut, mit Gelassenheit, mit Befriedigung, mit Ruhe, getrosten Mutes, ruhig u. getrost, unbesorgt wegen des Ausgangs** (Ggstz. animo iniquo), pati (absol.), Plaut.: pati od. ferre m. Akk. od. m. Akk. u. Infin., Cic.: aequiore quidam animo ferunt praecīdi spem suam quam trahi, Sen.: aequissimo animo ferre m. Akk. u. Infin., Suet.: aequo animo servitutem tolerare, Sall.: alqd accipere (aufnehmen), Sall.: animo aequo alqm spectare (zusehen), Cic.: utrum aequo an iniquo animo mortem subieris, iam nihil refert, Lact. 3, 27, 8: animo aequissimo mori (Ggstz. animo iniquissimo), Cic. de sen. 83: im Plur., animis libentibus aut aequis alqd remittere, Cic.: eam sententiam haud aequioribus animis quam ipsorum quondam postulatum audire, Liv.

II der Beschaffenheit, Eigenschaft nach einem anderen **gleich, 1** eig.: **a** **gleich = gleich breit, gleich lang, gleich hoch, gleich weit, gleich schwer, α** von Gleichartigem: aequā latitudine, atque ille congesticius agger fuerat, Caes.: aequo fere spatio abesse, Caes.: aequo discrimine, Verg.: sequitur patrem non passibus aequis, begleitet den Vater mit kürzeren Schritten, Verg.: aequis pedibus procedere (vom Distichon), wie aequis numeris (vom Hexameter), Ov.: aequā lance, Cod. Theod.: aequā utrimque librā (im Gleichgewicht) alqd deportare alio, Plin. – **β** von Ungleichartigem: urbs erat in summo nubibus aequa iugo, Ov.: aequum arcibus aggerem attollunt, Ov. – **b** **gleich = gleich verteilt, gleich zugewogen, gleich groß** (wie ἴσος), non tertia portio, verum aequa, Plin.: u. so oft aequis portionibus od. pensionibus (dare, solvere u. dgl.), in gleichen Raten, Liv.: m. Ang. des Vergleichungspunktes durch *atque* (ac), *quam, cum* m. Abl., aequo mendicus atque ille opulentissimus censetur censu ad Acheruntem mortuus, Plaut.: cum aequam partem tibi sumpseris, atque populo Romano miseris, Cic.: postulante patre eius, ut aequum ei ius in omnibus provinciis exercitibusque esset, quam erat ipsi, Vell.: utinam esset mihi pars aequa amoris tecum, Ter.: aequo et pari cum civibus iure vivere, Cic.: ut ita sortem aequam sibi cum collega dent, Liv. (u. so m. folg. *cum* u. Abl. oft bei Liv., s. Fabri Liv. 21, 3, 6).

2 übtr.: **a** der inneren Beschaffenheit nach **gleich, α** übh., **gleich = gleichgestellt,** leges, Lucr.: in aequa laude ponere, für gleich lobenswert halten, Cic.: aequa condicio, aequum certamen proponitur, Liv.: aequi istuc faciam, das wird mir gleich gelten od. sein (gleichgültig sein), Plaut. mil. 784. – u. so die milit. *t. t.:* aequa pugna, gleicher, unentschiedener, schwankender, Liv.: aequo proelio od. aequo Marte (ἐξ ἴσου) discedere, das Gleichgewicht behaupten (Ggstz. superiorem esse od. discedere), Caes. u. Iustin.: so auch aequā manu discedere (Ggstz. superiorem esse), Sall.: u. aequā manu abscessum est, Tac.: aequis manibus dirimere pugnam, Liv.: aequo Marte (mit gleicher Aussicht auf den Sieg) pugnare, Liv., contendere, Flor. u. Curt. – **β** der Zahl, den Kräften, dem Rang nach **gleich, gleichstehend** (Ggstz. superior od. inferior), numerone an viribus aequi non sumus? Verg. – in *superiores* contumax, in *aequos* (gegen seinesgleichen) et *pares* fastidiosus, in *inferiores* crudelis, Rhet. Her.: quia regibus aequa, nedum infima insolita sunt, weil Königen schon Gleichsetzung, geschweige denn die tiefste Erniedrigung etwas Ungewohntes ist, Tac. – dah. **γ** die adverb. Ausdrücke: ex aequo, von gleicher Stufe aus, **gleichmäßig, in gleichem Maße, auf gleiche Weise,** sol ex aequo metā distabat utrāque, Ov.: ex aequo convenit, Tibull.: mundum ex aequo temperantia, was die Welt im Gleichgewicht erhält, Sen. – u. = ἐξ ἴσου, **unter gleichen** (politischen) **Verhältnissen** od. **Bedingungen, mit gleichen Rechten** (s. Weißenb. Liv. 37, 36, 5), ex aequo venire in amicitiam, Liv.: quae disceptatio ex aequo relicta est? Liv.: pax ex aequo utilis, Tac. – in aequo, **auf gleicher Stufe, in gleicher Geltung, -Lage, in gleichen Verhältnissen, -Rechten,** gew. mit *esse, stare,* z. B. ne *in aequo* hostes vestri nostrique apud vos sint (gleiche Rechte bei euch haben) ac nos socii; immo ne *meliore iure* sint, Liv.: quod *in aequo* est, gleichviel gilt, Sen.: *infra* deos sumus, non *in aequo* illis stetimus, stehen nicht mit ihnen auf gleicher Stufe, Sen.: so auch industriosque aut ignavos pax in aequo tenet, auf gleicher Stufe, in gleichen Verhältnissen, Tac.: u. in aequo eum duarum potentissimarum gentium summis imperatoribus posuerunt, sie stellten ihn auf gleiche Stufe mit usw., Liv. – in aequo positum est mit folg. Infin., Val. Max. 6, 9 ext. 9.

b gleich gegen den einen wie gegen den anderen verfahrend, bes. in Rechtssachen, **billig** (Ggstz. iniquus, iniustus), **α** v. Pers., **gerecht**

und **billig, unparteiisch,** arbiter, Plaut.: praetor, iudex, testis, Cic.: se alci aequum praebere, Cic.: ne plus iniquum possit quam aequum oratio, facite aequi sitis, Ter.: ab aequis atque etiam a propensis in hanc partem colamur, Cic. – **β** v. Lebl., **billig, recht und billig,** iudicia, Cic.: condicio (Ggstz. iniqua versura), Nep.: aequa et honesta postulatio, Cic.: aequa lex et omnibus utilis, Cic.: quam orationem ... aequam arbitror videri posse, Liv.: quod aequum sit in Quintium, id iniquum esse in Naevium, Cic. – bes. oft aequum est = **es ist billig, recht und billig** (s. Wagner Plaut. aul. 122 u. Ter. heaut. 949), ut est aequum, Plaut.: deinde postulo, sive aequum est, te oro, Ter.: ut aequum censeo, Plaut.: at quibus verbis? modo »aequum sibi videri«, modo »non iniquum«, Cic.: m. *Dat.*, sicut aequum est homini, Cic.: m. *Abl. pers.* (wie dignus), plus vidissem, quam me atque illo aequum foret, für mich u. ihn sich ziemen würde, Plaut.: oft m. *Infin. Pass.*, nunc non aequum est abduci, Plaut.: auch m. *Infin. Act.*, ut facere aequum, Plaut.: meist m. *Acc. c. Infin.*, aequum est vos ignoscere, Ter.: tibi me est aequum parēre, Verg.: aequum esse eum et officio meo consulere et tempori, Cic.: aequius vos erat candidatas venire, es war besser, Plaut.: seltener m. *ut* u. Konj., aequum tibi videatur, ut ego, alienum quod est, meum esse dicam, Plaut. – *neutr.* subst., aequum, ī, *n.*, **das Billige,** die **Billigkeit,** quid in iure aut in aequo verum aut esset aut non esset, Cic.: utilitas iusti mater et aequi, Hor.: aequa postulare, Liv.: per aequa per iniqua, durch jedes billige oder unbillige Mittel, auf geradem oder ungeradem Wege, um jeden Preis, es koste, was es wolle, Liv. 2, 32, 7. – Abl. aequo bei Komparativen (= *quam aequum est*), **als recht** od. **billig ist, allzu, nur zu sehr,** miser amplius aequo, Plaut.: gravius aequo, Sall.: largius aequo Hor.: flagrantior aequo, Iuven. – oft verb. aequum et bonum u. aequum bonumque od. bl. aequum bonum, **was recht und gut, recht und billig** ist, das **Rechte** und **Billige, Recht und Billigkeit,** aequum bonum colere, Plaut.: fit reus magis *ex aequo bonoque,* quam *ex iure* gentium Bomilcar, Sall.: contra scriptum de aequo et bono dixit, Cic.: neque quicquam queo aequi bonique ab eo impetrare, auf dem Wege der Billigkeit, -der Güte, Plaut.: si tu aliquam partem aequi bonique dixeris, wenn du nur ein halbwegs billiges Wort sprichst, Ter.: *Superl.*, hoc optumum atque aequissumum est, Plaut. – dah. als *t. t.* die Rechtsformel: quod od. quantum aequius melius od. melius aequius, **wie es billiger und besser ist,** Cic.: u. so utrumque fieri sit melius atque aequius, Quint. – u. endlich die Redensart aequi bonique od. bl. aequi boni facere alqd, etw. nach Rücksichten der Billigkeit beurteilen = etw. **gut aufnehmen, sich gern gefallen lassen, sich in** etw. **fügen,** mit etw. **fürliebnehmen,** an etw. **nicht mäkeln** (s. Wagner Ter. heaut. 787), Ter., Liv. u. Cic.

c gegen andere **gelassen, nachsichtig,** ihnen **gewogen, geneigt, wohlwollend, günstig** (Ggstz. iniquus, inimicus), non aequa Pallas, ungünstige, grollende, Verg.: nobilitate inimicā, non aequo senatu, Cic.: aequo Iove, mit Jupiters Wohlwollen od. Beifall, Hor.: adeste aequo animo, schenkt ein geneigtes Gehör, Ter. (s. Spengel Ter. Andr. prol. 24): minus aequis animis auditus est Scipio, fand weniger geneigtes Gehör, Liv.: aequos adhiberent animos ad pacem accipiendam, möchten sich zur A. des Fr. geneigt zeigen, Liv.: meis aequissimis utuntur auribus, ich höre ihnen mit dem größten Vergnügen zu, Cic.: ne in senatu quidem satis aequis auribus audiebatur, fand er ein recht geneigtes Gehör, Liv.: oculis aequis aspicere, Verg., videre, Curt. – m. *Dat.*, alumnis, Hor.: aequa Venus Teucris, Pallas iniqua fuit, Ov.: pater est aequus sorti utrique, meinem V. ist beides genehm, Verg.: ipsis est aër avibus non aequus, nicht heilsam, Verg. – m. *in* u. Abl. (der näheren Bestimmung), aequus in hoste fuit, Prop. 3, 19, 28. – Plur. subst., aequi, die **Freunde** (Ggstz. iniqui), gew. verb. aequi et iniqui, od. aequi iniquique, **Freund und Feind,** Ter., Cic. u. Liv. (s. Wagner Ter. heaut. prol. 27. Fabri Liv. 22, 26, 5): auch m. *Genet.*, absentium aequi, Tac. ann. 6, 36. – ▸ Arch. Nom. Sing. Mask. aequos, Plaut. aul. 187. Ter. adelph. 837. Verg. georg. 2, 225: Akk. Sing. Mask. aequom, Enn. tr. 138 (228). Plaut. capt. 995 u. ö. Ter. eun. 478 u. 870; heaut. 91 u. ö. Cato r. r. 146, 3. – arch. Form aiquos, Akk. aiquon, CIL 1, 196, 27. – arch. Form aecus Enn. tr. 135 (226) u. 161 (147). Pacuv. tr. 32. Verg. Aen. 6, 129; 10, 450; 12, 20 R.; Liv. 42, 47, 3 W. Sen. contr. 9, 3 (26), 1. M. Caes. in Fronto ep. ad M. Caes. 4, 12. p. 61, 10 N. Gell. 4, 9, 12: aiquom = *aequum,* CIL 1, 196, 11.

āēr, āeris, Akk. āerem u. āera, *m.* (ἀήρ), die **untere Luftschicht,** die **Atmosphäre,** der **Dunstkreis,** die uns umgebende **Luft** (Ggstz. aether, der Äther, aqua, das Wasser), Cic. u. a.: Region der Meteore u. Witterung (Synon. aura u. ventus, s. Plin. ep. 5, 6, 5: aestatis mira clementia: semper *aër spiritu aliquo* movetur; frequentius tamen [ora Tuscorum] *auras* quam *ventos* habet), aëris impetus (Andrang), Vitr.: aëris hiberni vis, Vitr.: aër matutinus, Sen.: maritimus, Cael. Aur.: tranquillus et clemens, Amm.: crassus, Cic.: purus et tenuis, Cic.: sincerus, Sen.: temperatus, Cic.: salubris, Plin. ep.: u. im Plur., aëres locorum salubres aut pestilentes, Vitr. – vas aëri minus pervium, Macr.: alqd aëri exponere, Col.: aërem immittere, Vitr.: aëra findere (v. Vögeln), Plin.: ipse vero aër, qui natura est maxime frigidus, minime est expers caloris, Cic. – Poet. übtr., **a** übh.: summus aër arboris, luftige Höhe, luftige Wipfel, Verg.: alqm obscuro aëre saepire, mit einer verhüllenden Nebelwolke, Verg. – **b** der **Duft, Geruch,** den die Luft zuführt, die **Witterung,** aër pennae odoratae, Lucan.: externa nec perdidit aëra terra, Lucan. – ▸ aër auch *fem.* (wie altgriech. ἀήρ), Enn. nach Gell. 13, 20, 14. – griech. Genet. aëros, Stat. Theb. 2, 693. – griech. Akk. Sing. aëra, b. Cic., Sen. u. a., lat. Akk. aërem, bei Cato fr., Cels. u. a. Vgl. Charis. 85, 12 u. 121, 12. – Abl. Plur. aëribus, Lucr. 4, 289; 5, 643: spätlat. Nom. u. Akk. Plur. aëra, Ven. Fort. carm. 9, 1, 141; vita S. Mart. 3, 85. Cassiod. var. 1, 31 u. a. Spät.: Genet. Plur. aërum, Cassian. coen. inst. praef. p. 60 M. u. 4, 11. Cael. Aur. chron. 3, 7, 93. Isid. 5, 35, 8. Ps. Soran. de quaest. medic. 107.

1. **aera,** ae, *f.* (αἶρα), ein Unkraut im Getreide, **Lolch, Trespe** (*Lolium temulentum,* L.), Plin. 18, 155 *sq.*

2. **aera,** ae, *f.* (aes), spätlat., **I** als mathem. *t. t.:* **a** die einzelne gegebene **Zahl,** der **Posten** einer Rechnung (klass. der Plur. aera, s. aes *no.* II, B, 3), Sext. Ruf. brev. 1, 1. – **b die gegebene Zahl,** von der eine Rechnung ausgeht, Agrimens. bei Salmas. Exerc. Plin. T. 1. p. 483 (Trai. ad Rhen. 1698). – **II** als chronol. *t. t.,* die **Ära,** der **Zeitabschnitt,** die **Epoche,** von der man in der Zeitrechnung ausgeht (griech. ἐποχή), Isid. 5, 36, 4.

aëra, ae, *f.* = āēr, Anecd. Helv. 114, 7 K.

aerācius, a, um (aes), **ehern,** denarius, Vitr. 3, 1, 8 (aeratius). Not. Tir. 101, 39 (aeraceum).

aerāmen (ērāmen), inis, *n.* (aero), **I** das **Erz,** Commodian. instr. 1, 20, 6 (eramen). – **II** meton.: **a** ehernes **Becken, Zimbel,** aer. sonans, Commodian. instr. 2, 8, 19. – **b ehernes Geschirr,** Anthim. 75.

aerāmentum, ī, *n.* (aero), **I** das **Erzwerk, Erz,** als Rohstoff, aer. et ferrum, Vulg. apoc. 18, 12: aurum et argentum et aer., Augustin. de agon. Chr. 16: aer. Tyrinum (= χαλκολίβανον), Itala apoc. 2, 18: aer. inductile, Erz zum Beschlag, Erzbeschlag, Edict. Diocl. 7, 28: Plur. aeramenta, Erz- od. Messingspäne zum Löten, Plin. 33, 94. – **II** meton. **a** ein **ehernes Geschirr,** Paul. sent. 3, 6, 11: gew. im Plur., Col. 12, 3, 9. Plin. 15, 34. Vulg. Marc. 7, 4. – **b** ein **musikalisches Instrument,** aer. sonans, Augustin, serm. 37, 28.

aerāneus, a, um (aes), **kupferfarbig,** equus, *Isid. 12, 1, 53 (wo noch jetzt aeranem).

aerāria, ae, *f.*, s. aerārius *no.* I, B, 2.

aerārium, ī, *n.*, s. aerārius *no.* II, B, 2.

aerārius, a, um (aes), **I zum Erz (Kupfer, Bronze** usw.) **gehörig, damit sich beschäftigend, Erz-, Kupfer-, A** *adj.:* lapis, erzhaltiges Gestein, Erz (λίθος χαλκῖτις), Plin.: metallum, Erzgrube, -bergwerk, Vitr.: as, Kupferas, Petr. 57, 5: structurae, bergmännische Baue, Grubenbaue, Caes. b. G. 3, 21, 3 zw.: officina, Schmelzhütte, Seigerhütte, Plin.: fornax, Schmelzofen, Plin.: faber, Metallarbeiter (Erz-, Kupfer-, Bronzearbeiter, Kupferschmied, Bildgießer usw.), Plin. u. Vulg.: u. so artifex, Vulg.: ars, Iustin.: folliculus aerariae artis u. folliculus aerarius, Blasebalg der Metallarbeiter, Cael. Aur. – **B** *subst.:*

1 aerārius, ī, *m.* = aerarius faber, Plin. u. a. – **2 aerāria,** ae, *f.* (*sc.* officina), **Schmelzhütte,** Varr. LL. 8, 62. Plin. 34, 128. – **II zum Geld gehörig-, Geld-, Münz-, A** *adj.*: ratio, die Berechnung auf Kupfermünze, Cic. Quinct. 17: milites, Soldtruppen, Varr. LL. 5, 181: missus, der letzte, urspr. aus Sammelgeld (aes) bestrittene Gang in den Spielen, Varr. fr. b. Serv. Verg. georg. 3, 18: illa vetus aeraria fabula, jenes alte Märchen von den Kupfermünzen (die Vettius statt des Silbergeldes der Klodia wie einer gemeinen Buhldirne gegeben haben sollte), Cic. Cael. 71. – praetores, quaestores, tribuni, salinatores, s. praetor, quaestor, tribunus, salinator. – **B** *subst.*: **1 aerārius,** ī, *m.*, der **Ärarier,** gew. im Plur. aerāriī, ōrum, *m.*, die **Ärarier,** d. i. die Bürger der untersten Klasse zu Rom, die, von allen sonstigen Kriegs- u. Ehrenlasten befreit, nur einen bestimmten Geldbeitrag (aera) zu den Kriegs- u. Staatslasten zu zahlen hatten; zugl. die Klasse, in die Bürger höherer Klassen vom Zensor zur Strafe versetzt werden konnten, dah. aerarium alqm facere, Varr. sat. Men. 196. u. Liv.; u. aerarios fieri, Liv.: alqm in aerarios referri (durch die Schreiber) iubere, Cic.: u. alqm referre in od. inter aerarios, Gell. u. Val. Max.: ex aerariis eximere alqm, Afran. fr.: aerarium relinquere alqm, Cic.: u. *adj.*, omnes tribus praeter unam aerarias reliquit, Liv. epit. 29 *extr.* – **2 aerārium,** iī u. ī, *n.*, die **Schatzkammer,** eig. die ›Kupferkammer‹, weil das älteste Geld aus aes (Kupfer) bestand; **a** die **Schatzkammer** des röm. Staates, die **Staatskasse** (Ggstz. fiscus, später auch aerarium publicum, Ggstz. fiscus privatus, Spart. Hadr. 7. § 7), d. h. ein kellerartiges Gewölbe (s. Lucan. 3, 153 *sqq.*) unter od. hinter dem Saturnustempel, wo der Staatsschatz u. außer diesem das Staatsarchiv (in dem die öffentlichen Rechnungen, selbst der Provinzialbehörden, die Gerichtsakten, Senatsbeschlüsse in Abschrift [die Urschrift im Cerestempel] od. später in der Urschrift niedergelegt wurden) sowie die Feldzeichen der Legionen aufbewahrt wurden; dah. pecuniam in aerarium referre, inferre, deferre, redigere (vgl. diese Verba), Cic., Liv. u. a.: duplum eius quanti emisset in aerarium inferre, S.C. de aedif. (CIL 10, 1401) 28: decreta Patrum ad aerarium deferre, Tac.: alqm in beneficiis ad aerarium deferre (s. dēfero *no.* II, A, 2, b, β), Cic. Arch. 11: apud aerarium pendēre, von Angeklagten, in deren Sache die Akten noch nicht geschlossen waren, Suet. Dom. 9, 2. – Die Aufsicht u. Verwaltung des Ärars hatten zur Zeit der Republik die Quästoren u. ihre Gehilfen, die tribuni aerarii (s. tribūnus), unter Augustus anfangs Prätoren u. später gewesene Prätoren, die praefecti aerarii (vor denen zunächst die Prozesse des Ärars gegen dessen Schuldner usw. geführt wurden, s. Bremi Suet. Ner. 17). – Das Ärarium war übrigens geteilt in das gew. aerarium (den gemeinen Schatz), in das die regelmäßigen Abgaben flossen und aus dem die ordentlichen Ausgaben bestritten wurden, und in das aerarium sanctius (od. sanctum, den geheimen Schatz), das, aus der vicesima manumissionum gebildet (s. Liv. 7, 16, 7; dah. aurum vicesimarium, Liv. 27, 10, 11) u. nach u. nach durch ungeheure Kriegsbeute vermehrt (s. Lucan. 3, 155 *sqq.*), für die höchsten Notfälle bestimmt war, also eine Art »Notschatz« (s. Liv. 27, 10, 11); dah. bildl., illic opes (*sc.* dicendi) velut sanctiore quodam aerario (in einem geheimen od. Not-Schatz) reconditae, unde ad subitos quoque casus, cum res exiget, proferantur, Quint. 10, 3, 3. – Neben dem alten aerarium (Saturni) schuf Augustus (im Jahre 6 n. Chr.) ein neues, das aerarium militare (»eine Veteranenversorgungskasse«), s. Suet. Aug. 49, 2. Tac. ann. 1, 78. Monum. Ancyr. 3, 35. – Meton., das Geld in der Schatzkammer, der **öffentliche Schatz,** das **Staatsvermögen,** die **Staatskasse,** Cic. Tusc. 3, 48; har. resp. 16. – **b** die **Schatzkammer, der Schatz** eines Königs, Cic. ad Att. 6, 1, 3: durch Beiträge der einzelnen zusammengebrachte »Kriegskasse« der verbündeten Staaten Griechenlands, commune aerarium, Nep. Arist. 3, 1 u. 3: durch Beiträge von Privatleuten zu bildender »Privatschatz (aerarium privatum)« für Cäsars Mörder, Nep. Att. 8, 3. – ein aerarium sanctius in Syrakus als Archiv, Cic. Verr. 4, 140. – u. aer. privatum, des Kaisers, Valer. imp. b. Treb. Poll. Claud. 14, 3.

aerātius, a, um, s. aerācius.

aerātor, ōris, *m.* (aero), der **Schuldner,** Gloss. in Class. auct. *ed. Mai* 7, 577, b (wo: ›reus, aerator‹).

aerātus, a, um (aes), **I mit Metall versehen, 1 mit Metall (Erz, Kupfer, Bronze) beschlagen, -ausgelegt,** navis, Caes.: classis, mit ehernen Schnäbeln, Verg.: vehicula, Vopisc.: arca, Schol. Iuven.: lecti, mit bronzenen Füßen, Cic. u. Liv.: ebenso triclinia, Plin.: acies, erzgepanzerte, Verg. – subst., aeratae, ārum, *f.* (verst. naves), mit Erz beschlagene **Kriegsschiffe,** Sen. de ben. 7, 20, 3. – **2** mit Geld versehen, **gut bei Kasse,** tribuni non tam aerati, quam, ut appellantur, aerarii, nicht sowohl Leute bei Kasse, als vielmehr Kassierer dem Titel nach, die aber eigentlich selbst kassiert sind (mit Anspielung auf aerarius *no.* II, B, 1,) Cic. ad Att. 1, 16, 3. – **II ganz aus Erz, ehern,** manuis compedes, Varr. fr.: pila, catenae, Prop.: fores, Tibull.: securis, Verg.: bildl., **ehern = erzfest,** nodi, murus, Prop. 2, 20, 9 u. 2, 32, 59.

aerelavīna, ae, *f.* (aes u. lavo), die **Erzwäsche,** ungebr. nach Varr. LL. 8, 62.

1. aereus, a, um (aes), **I** aus Erz, Kupfer oder Bronze, **ehern, kupfern, bronzen** (bei Cic. aëneus), **1** *adj.*: **a** eig.: galea, Varr. sat. Men. 169: signa aerea et marmorea, Liv.: statuae, Plin. pan.: templum, Liv.: tabula, Suet.: lamellae, Vitr.: cornua, ensis, Verg.: clipeus, Verg. u. Curt.: clavus, mortarium, vas, Plin.: olla, Ampel.: nummus, Gaius u. Treb. Poll.: pecunia, Augustin. – **b** (wie χάλκεος) meton.: **α stark tönend,** vox, Lucr. od. Lucil. b. Serv. Verg. Aen. 6, 625 (vgl. Lachm. Lucr. p. 399. Müller Lucil. p. 287). – **β** saeculum aer., das eherne, Serv. Verg. Aen. 1, 452. – **2** *subst.*: **a** aereus, ī, *m.* (*sc.* nummus), die **Kupfermünze,** aereos signatos uti asses constituere, Vitr. 3, 1, 7. – **b** aereum, ī, *n.*, die **Kupferfarbe,** pilus aereo similis, Plin. 8, 212. – **II mit Erz** od. **Kupfer beschlagen,** puppis, rota, temo, Verg.

2. āereus, s. āerius.

aerifer, fera, ferum (aes u. fero), **Erz-** d. i. **eherne Zimbeln tragend,** aeriferae manus, Ov. fast. 3, 740.

aerificē, *Adv.* (aes u. facio), **künstlich aus Erz,** Varr. sat. Men. 301.

aerima, s. aeruma.

1. aerinus, a, um (αἴρινος), **aus Lolch-, aus Trespe bereitet,** farina, Plin. 22, 125 u. a.

2. āerinus, a, um (ἀέρινος), **a luftig, der Luft, des Luftdruckes,** compedes, Varr. sat. Men. 437. – **b luftfarbig, himmelblau,** oves, Tert. de cult. fem. 1, 8.

aeripēs, pedis (aes u. pes), **erzfüßig** (χαλκόπους, Beiwort der Stiere u. Hirsche, als Bild ihrer Ausdauer u. Schnelligkeit im Laufen), tauri (des Äetes), Ov. her. 12, 93. Val. Flacc. 7, 545: cerva, von der cerynthischen Hirschkuh, Verg. Aen. 6, 802: ebenso cervus, Sil. 3, 39. – Dah. übh. für **starkfüßig** od. **schnellfüßig,** cervi, Auson. monost. de aerumn. Hercul. (XXX) 4. p. 153, 10 Schenkl.

aerisonus, a, um (aes u. sono), **erztönend, von Erz ertönend,** ora, antra, von den idäischen Daktylen oder Kureten, als ersten Metallarbeitern, und ihrem Waffentanz zu Ehren der Cybele, Val. Flacc. u. Sil.: Stymphalus, von den stymphalischen Vögeln mit ehernen Flügeln u. Federn, Stat.: flumina Nili, von den ehernen *sistris* beim Dienst der Isis, Stat.: urbes, vom Getöse der Zimbeln bei einer Mondfinsternis, Claud. 26, 234.

āerius (āereus), a, um (aër, ἀέριος), **zur Luft gehörig, I** eig.: **a in der Luft befindlich, -vorgehend,** alterum (animantium genus) pennigerum et aërium, Cic. Tim. 35: domus, die Himmelsräume, Hor.: aurae, Lüfte des Himmels, Verg.: nubes, Verg.: u. dies. sedes, Verg.: aërias vias carpere, durch die Lüfte fliegen, Ov.: mel, Honigsüße der Luft = Honig (nach dem Glauben der Alten, dass der Honig im Tau vom Himmel falle und nur von den Bienen eingesammelt werde), Verg. georg. 4, 1. – **b hoch in die Luft ragend, luftig, hoch,** mons, Verg.: Alpes, Verg.: cupressus, Catull.: quercus, Verg.: clamor, Stat. – **II** übtr.: **a luftfarbig, himmelblau,** color, Tert. de anim. 9: vestes, Vulg. Esther 8, 15. – **b luftig** = windig, eitel, spes, Arnob. 2, 62. – ▶ Die Form āereus oft in den Hdschrn., dah. auch noch z. B. Stat. Theb. 8, 263 *ed. Queck.* Vgl. aetherius a. E.

āerivagus, a, um (aër u. vagus), **in der Luft umherschweifend,** praepes, Chalcid. Tim. 39 E. *extr.* p. 40, 3 Wr.

āerizūsa, ae, *f.* *(Partic.* v. ἀερίζω, rein wie die Luft sein), ein blauer Edelstein, nach einigen der **Türkis,** Plin. 37, 115. – Dazu Neutr. **āerizon** (ἀερίζον, **luftblau**), Schol. Bern. Lucan. 10, 122.

1. aero, āre (aes), **mit Kupfer beschlagen,** Prisc. 8, 79; vgl. Gloss. ›aero, χαλκῶ‹.

2. aero, ōnis, *m.*, s. 1. ēro.

āeroīdēs, is (ἀεροειδής), **luftähnlich, luftfarbig,** beryllus aër. (βήρυλλος ἀεροειδής), der Saphir, Plin. 37, 77.

āeromantīa, ae, *f.* (*ἀερομαντεία), das **Wahrsagen aus der Luft,** Isid. 8, 9, 13. Mythogr. Lat. 3, 12.

āeromantis, *m.* (*ἀερόμαντις), der **Wahrsager aus der Luft,** Serv. Verg. Aen. 3, 359.

aerōnālis, s. ērōnālis.

Aëropa, ae, *f.* u. **Aëropē,** ēs, *f.* (Ἀερόπη), Tochter des Katreus (Königs von Kreta), Enkelin des Minos II., Gemahlin des Plisthenes od. (nach der späteren Sage) seines Vaters Atreus, Mutter des Agamemnon und Menelaus, Buhle des Thyestes, Ov. trist. 2, 391. Hyg. fab. 86. Dict. 1, 1.

āerophobus (ἀεροφόβος), **luftscheu,** Cael. Aur. acut. 3, 12, 108.

aerōsus, a, um (aes), **erzreich, erzhaltig,** lapis, Plin.: aurum, mit Erz (Kupfer) legiertes, Plin.: pecunia, ICt.

aerūca, ae, *f.* (aes), künstlicher **Grünspan** (aerugo), Vitr. 7, 12, 1.

aerūgino, āvī, āre (aerugo), **mit Kupferrost überzogen werden, rosten** (eig. u. übtr.), Eccl. (s. Rönsch Itala p. 154).

aerūginōsus, a, um (aerugo), **voller Kupferrost, mit Grünspan überzogen,** lamellae, Sen. de brev. vit. 12, 2: manus, vom Grünspan des Bettelgeldes schmutzig, bettelhaft, Sen. contr. 1, 2, 21. – u. **wie mit Grünspan überzogen, grünspanfarbig,** sputa, Cael. Aur. acut. 2, 14, 93.

aerūgo, ginis, *f.* (aes), **I Kupferrost, Grünspan,** sowohl natürlicher als künstlicher, Cato, Cic. u. Plin. – Meton., **Grünspan** = grünrostiges altes Geld, Iuven. 13, 61. – **II** übtr.: **1 Missgunst, Scheelsucht,** die, wie der Rost das Metall, fremdes Gut anzunagen suchen, Hor. sat. 1, 4, 101. Mart. 2, 61, 5. – **2 Habsucht, Gewinnsucht, Eigennutz,** die sich wie Rost ins Herz des Menschen einfressen, Hor. de art. poët. 330. Apul. met. 1, 21.

aeruma (aerima), *n. pl.* (aes), **ehernes Gefäß, Kessel,** Paul. ex Fest. 26, 1.

aerumna, ae, *f.*, die **Plackerei, Mühseligkeit,** aus Arbeitslast u. dem Übermaß von Beschwerden hervorgegangene **Trübsal, Drangsal** (aerumna aegritudo laboriosa, Cic. Tusc. 4, 18), aerumna sexta Herculis, Plaut.: aerumnarum requies, Sall.: deformatus aerumnis (widrige Schicksale, Leiden), Sall.: aerumnae cor ipsum exedentes, Sen.: affici aerumnā, Cic.: Herculis perpeti aerumnas, Cic.: te miseriae, te aerumnae premunt, Cic.: incidere in aerumnam, Cic. – spätlat., die **Drangsal, Not** = Unglück, Niederlage im Krieg (calamitas), Amm. 15, 4, 10 u. s.

aerumnābilis, e (aerumna), fähig, Drangsal, Jammer und Not zu bereiten, **mühselig, trübselig,** Lucr. 6, 1228. Apul. met. 1, 1 u. 8, 9. Ps. Augustin. serm. 120, 1.

aerumnōsus, a, um, *Adj.* m. *Compar.* u. *Superl.* (aerumna), **voll Plackerei** od. **Mühseligkeit = von Trübsal** od. **von Drangsal heimgesucht, mühselig,** hospes, Att. tr.: Regulus, Cic.: Ulixes, Auson.: aerumnose libelle! Auson.: iacturae, Amm.: vita aerumnosa, Jammertal, Augustin. in euang. Ioann. tract. 124, 5: nihil est aerumnosius sapiente, Sen.: aerumnosissima mulier Terentia, Cic.: poet., aerumnoso navigare salo, auf sturmbewegtem (unruhevollem) Meer, Cic. poët.

aerumnula, ae, *f.* *(Demin.* v. aerumna), ein **Traggestell,** Plaut. nach Paul. ex Fest. p. 24, 1.

aeruscātor, ōris, *m.* (aerusco), der **Landbettler,** der (wie der ἀγύρτης) durch Bettelkünste seinen Unterhalt sucht, Gell. 14, 1, 2.

aerusco, āre (aes) = ἀγείρειν, **betteln gehen,** u. zwar bes. **durch Bettelkünste seinen Unterhalt suchen** (s. Paul. ex Fest. p. 24, 7), aeruscans quispiam, Gell. 9, 2, 8.

aes, aeris, *n.* (got. *aiz* [Genet. *aizis],* indogerm. *aýah,* ahd. *er,* Grundform * ajes, vgl. aēnus aus *ajes-nus), das **Erz, I** eig., sowohl einfaches **Erz,** bes. **Kupfererz, Kupfer,** als jedes zu einer Einheit verbundene »Mischmetall«, **Bronze, a** übh.: aes minutum, kleine Erzstückchen (von Kindern beim Spiel als Geld gebraucht), Sen.: regio aeris ac plumbi uberrima, Iustin.: aes conflare et temperare, Plin.: aes fundere, Plin.: aes fundere procudereque, Iustin. 36, 4, 4.: alqm ex aere fundere od. ducere od. facere, Plin.: u. so ducere aera alci, Hor.: simulacrum ex aere facere alci, Plin.: pedestris ex aere statua, Cic.: multa ex aere fabre facta, Liv. – poet. (v. ehernen Zeitalter), ut inquinavit aere tempus aureum; aere, dehinc ferro duravit saecula, Hor. epod. 16, 64 *sq.* – **b** bes. **Kupfererz, Kupfer,** vollst. aes Cyprium gen., Plin.: dah. scoria aeris, Plin.: flos aeris, Plin.: squama aeris, Cels.

II meton., das aus Erz Bereitete: **A** im Allg. (bes. b. Dichtern), **Erz, Bronze, Kupfer** = eherne, bronzene, kupferne Gefäße, Waffen, Statuen, Gesetztafeln u. dgl. (Plur. gew. nur im Nomin. u. Akk. aera), aes cavum, Kessel, Ov.: aes concavum, eherne Himmelskugel, Lact.: aera aere repulsa, eherne Becken, Zimbeln, Ov.: so nocturno aeris sono, Vell.: u. aeris crepitus, Liv.: u. aera Temesea, eherne Becken in Temesa (bei Zaubereien), Ov.: u. Corybantia, beim Kybeledienst, Verg.: eius aera refigere, eherne Gesetztafeln, Cic.: so aera legum figere, Tac., aes figere, Plin. ep. u. Ov.: u. legum aera liquefacta sunt, Cic.: u. aes publicum per fora ac templa fixum, metallene Maueranschläge, Staatsinschriften, Tac. ann. 11, 14 *extr.* u. so fixum est aere publico senatusconsultum, Tac. ann. 12, 53: aere ciēre viros, mit der Tuba, Verg.: so aes rectum, Iuven.: aera unca, die Angel, Ov.: dempto aere, Helm, Ov.: geminant aera, Waffen, Hor.: marmor aeraque, Statuen aus Marmor u. Erz, Hor.: illi robur et aes triplex circa pectus erat, Eichenholz panzerte seine Brust u. dreifaltiges Erz (poet. = war sehr abgehärtet), Hor.

B insbes., das **Geld, 1 Bronze-** od. **Kupfergeld,** urspr. ungemünztes (aes rude), aus Stücken Kupfer bestehendes u. nach dem Gewicht berechnetes, s. Plin. 33, 42; – dann gemünztes u. nun zählbares gegossenes, in urspr. pfündigen Assen (librales asses); dah. aere et librā u. dgl., s. lībra. – aes grave, **altes Geld,** die spätere Bezeichnung des alten, pfündigen Asses, als ein neues, leichteres As eingeführt war (s. Plin. 33, 42: *Librales asses* appendebantur, quare *aeris gravis* poena dicta est), aes grave plaustris in aerarium convehentes, Liv.: dena milia gravis aeris, Liv.: u. bes. bei Strafansätzen, denis milibus aeris gravis reos condemnavit, Liv.: häufig der Genet. aeris ellipt. für *aeris librae* od. *asses,* z. B. tressis, ex tribus aeris quod sit, Varr.: viginti aeris poena sunto, Gell.: gew. bei *milia,* wie terna od. quinquaginta milia aeris (*i.e. assium*), Nep. u. Liv.: sowie mit den Zahladverbien bei runden Summen von einer Million an (mit Auslassung von *centena milia*), habere aeris milies (100 Millionen) od. tricies (3 Millionen), Cic.: usque ad decies aeris (10 Millionen Asse), Liv. – argentum aere solutum est, statt des (silbernen) Sesterz das (kupferne) As, od. statt des Ganzen ein Viertel (weil damals 4 As auf einen Sesterz gingen), Sall. Cat. 33, 3 (vgl. Vell. 2, 23, 2). – Dah. aes bes. nach der letzten Reduktion des As (s. as) als geringe (Scheide-)Münze, curque iuvent nostras aera vetusta manus. Aera dabant olim, Ov.: centum aureolos sic velut aera roget, Mart.: modius datur aere quaterno, Mart.: non duo aera, non assem, non denarium, sed quadrantem posuit hoc loco, Ambros. – **2** übh. **Geld** von jeder Art (wie *pecunia, nummus*), si aes habent, dant mercem, Plaut.: ancilla aere suo empta, Ter.: gravis aere dextra, Verg.: meo sum pauper in aere, bin arm, doch schuldenfrei, Hor.: cum pretiosum aere parvo fundum abstulisset, um ein Spottgeld, Macr.: pueri qui nondum aere lavantur, die noch nicht für Geld baden (= Kinder unter 4 Jahren, die die öffentlichen Bäder umsonst hatten, während ältere Kinder u. erwachsene Personen einen Quadrans [$^1/_3$ As] zahlten), Iuven. – übtr., der **Wert,** si praelectorem habuisset alicuius aeris, von einigem Wert, Gell.: suo aere censeri, nach eigenem Wert (nicht nach Außendingen) geschätzt werden, Sen. – Insbes.: **a** aes meum, tuum, suum, mir usw. eigenes Geld, **Aktivvermögen,** ICt., dah. übtr., est alqs in meo aere, es gehört jmd. gleichs. zu meinen Aktiven, gehört mir an, ist mir verpflichtet, Cic. – dagegen aes alienum (selten alienum aes), fremdes, entlehntes (aes mutuum bei Sall. Iug. 96, 2) Geld, **Passivvermögen, Schulden,** aes meum alienum, Cic.: leve aes alienum debitorem facit, grave inimicum, Sen.: alienum aes cogere, Plaut.: aes alienum facere od. contrahere, Cic.: aes. al. grande conflare, Sall.: in aes al. incĭdere, Cic.: aes al. habere, Cic. u. Sen. rhet.: non modo in aere alieno nullo, sed in suis nummis multis esse, Cic.: aere alieno demersum esse, tief in Schulden stecken, Liv.: aere al. oppressum esse, Cic.: alqm aere al. levare, Cic.: alqm omni aere alieno liberare, Cic.: multas civitates falso aere al. liberare, von mit Unrecht aufgebürdeten Sch., Cic.: aere al. exire od. expediri, Cic., od. exsolvi, Liv., schuldenfrei werden: aes al. minuere, Plin. ep., solvere od. dissolvere, Cic., persolvere, Sall., exsolvere, Plin. ep.: aeris alieni od. alieni aeris solutio, Liv. – auch aes allein = »Schulden«, pro aere Tusculanum proscripsisse audio, Cic.: aes confessum, XII tabb. b. Gell. – admonitus huius aeris alieni, an diese Schuld (des unerfüllten Versprechens), Schuldigkeit, Cic. – **b** der **Lohn, Sold,** die **Zahlung** für geleistete Arbeit oder Dienste, **α** übh.: aes datur, der Lohn der Handwerker, Plaut.: aera poposcit, heischte die Zahlung (den Hurenlohn), Iuven.: quod ad aes exit, auf Lohn (Geld) ausgeht = Gewinn beabsichtigt, Sen. – **β** der **Sold** der Soldaten, die **Löhnung,** aes militare, Cato fr. u. a.: aera militum, Plin.: aera equestria, Cato fr.: aera militibus constituere, dare, Liv.: aera omnibus procedunt, Liv.: annua aera habes, annuam operam ede, Liv. – aere dirutus, s. dī-ruo. – dah. sarkastisch, omnia istius aera illa vetera, alle seine alten Kampagnen (im Sold der Liebe u. des Spieles), Cic. Verr. 5, 33. – **c** aes equestre, das **Ausrüstungsgeld** für das Reitpferd eines röm. Ritters (nach Liv. 1, 43, 9 im Betrag von 10000 As), Gaius instit. 4, 27. – **d** aes hordearium, das jährliche **Ritterpferdsgeld** (= Jahrgeld zur Unterhaltung der Ritterpferde), Gaius instit. 4, 27, das begüterte Erbinnen (Waisen od. Witwen) jede für einen Ritter tragen mussten (s. Liv. 1, 43, 9; vgl. Cic. de rep. 2, 36), Gaius instit. 4, 27: hierher gehört wohl cedit miles, aes petit, Plaut. aul. 526; vgl. *ibid.* 528. – **e** aes manuarium, das im Würfelspiel gewonnene Geld, Gell. 18, 13, 4 (da manus = der Wurf im Spiel, Suet. Aug. 71, 3). – **f** aes circumforaneum, das von den Geldwechslern (die ihre Buden in den um das Forum herumgehenden Portikus hatten) entlehnte Geld, Cic. ad Att. 2, 1, 9. – **g** aes Martium, die Kriegsbeute (weil gewisse Stücke der Beute immer dem Mars dargebracht wurden), Inscr. – **3** Plur. aera, die **einzelnen Posten** einer berechneten Summe, Lucil. sat. 29, 8. Cic. Hortens. fr. 50. p. 61 K. (fr. 59. p. 319 M.): conficienda sunt aera, Sen. ep. 26, 8. – ►Nach Diom. 328, 14 war im Plur. nur Nomin. u. Akk. aera üblich; doch kommt noch vor Genet. aerum, Cato or. fr. 64, 1. CIL 13, 8736, heteroklit. aerorum, CIL 13, 6959: Dat. od. Abl. aeribus, Cato or. fr. 64, 2. Lucr. 2, 636. Arnob. 3, 41. – Archaist. Genet. Sing. aerus, CIL 4, 2440: Dat. aere, CIL 3, 6076. Cic. ep. 7, 13, 2. Liv. 31, 13, 5.

Aesacos u. **Aesacus,** ī, *m.* (Αἴσακος), Sohn des Priamus, Gemahl der Asterope od. Hesperia, Form *-os,* Ov. met. 11, 762 *sqq.*: Form *-us,* Mythogr. Lat. 2, 176.

aesalōn, ōnis, *m.* (αἰσάλων), eine Falkenart, nach Billerbeck die **Rostweihe** (*Falco aeruginosus,* L.), Plin. 10, 205.

1. aesar, aris, *m.,* bei den Etruskern = deus, **Gott,** Suet. Aug. 97, 2.

2. Aesar, aris, *m.,* ein Fluss bei Kroton in Bruttien, j. *Esaro,* Ov. met. 15, 23 (vgl. Gronov Liv. 24, 3, 2, wo der Fluss, nicht der Name, erwähnt wird): Nbf. **Aesarus,** ī, *m.,* Avien. descr. orb. 518. Prisc. perieg. 363. – Dav. **Aesareus,** a, um, zum Fluss Äsar gehörig, **äsarēisch, des Äsar,** flumen, Ov. met. 15, 54.

Aeschinēs, is u. ī, Akk. em u. ēn, *m.* (Αἰσχίνης), **Äschines, I** aus Athen, Philosoph, Schüler des Sokrates, dah. gew. der Sokratiker gen., Cic. de inv. 1, 51. Quint. 5, 11, 27. – **II** aus Neapel, Schüler des Karneades u. ein Lehrer der neuen Akademie zu Athen, Cic. de or. 1, 45. – **III** der berühmte Redner zu Athen (geb. 389 v. Ch.), Gegner des Demosthenes, Cic. Tusc. 3, 63; de opt. gen. 14 (wo Genet. -ini). Quint. 10, 1, 77. Iul. Val. 2, 18, 5 (wo Genet. -ini). – IV.) aus Milet, ein asiatischer Redner, Zeitgenosse Ciceros, Cic. Brut. 325. – **V** ein Arzt in Athen. Plin. 28, 44.

Aeschriōn (-io), ōnis, *m.* (Αἰσχρίων), ein griech. Schriftsteller, Varr. r. r. 1, 1, 9. – Dav. **Aeschriōnios,** on, **äschrionisch, des Äschrio,** metrum, Mar. Victorin. de metr. 105, 12.

aeschrologia, ae, *f.* (αἰσχρολογία), in der Rhetor., ein durch Zweideutigkeit unanständiger Ausdruck, Diom. 450, 32.

Aeschylus, ī, (griech. Akk. on, Sidon. carm. 9, 235) *m.* (Αἰσχύλος), **I** der bekannte griech. Tragödiendichter zu Athen (geb. 525 v. Ch. zu Eleusis), der eigentl. Begründer der attischen Tragödie, Cic. de or. 3, 27. Hor. de art. poët. 278. Quint. 10, 1, 6. – Dav. **Aeschylēus,** a, um (Αἰσχύλειος), **äschylēisch,** cothurnus, Prop. 2, 34, 41 (wo die vorletzte Silbe kurz steht). – **II** ein Rhetor aus Knidos, Zeitgenosse Ciceros, Cic. Brut. 325.

aeschȳnomenē, ēs, *f.* (αἰσχυνομένη, die Verschämte), eine Pflanze, welche die Blätter bei der Berührung zusammenzieht, viell. eine Art *Mimosa* (L.), Plin. 24, 167.

Aescolānus, ī, *m.* (aes), der Gott der röm. Bronze- od. Kupfermünze, wie dessen Sohn Argentinus des (auf das Kupfer folgenden) Silbergeldes, Augustin. de civ. dei 4, 21 u. 28.

Aesculāpīum, ī, *n.* (Ἀσκληπεῖον), ein **Tempel des Äskulap** (rein lat. Aesculapii aedes oder templum od. fanum od. sacellum), Liv. 38, 5, 2. Vitr. 7. praef. 12.

Aesculāpius, ī, *m.* (Ἀσκληπιός), Sohn Apollos u. der Nymphe Koronis, Chirons Schüler in der Heilkunde u. Jagd, von der Epione Vater des Podalirius u. Machaon (s. Cels. 1. praef. § 5. Dict. 1, 4), nach seinem Tode als Schlangenträger (Ὀφιοῦχος, Ophiuchus, lat. Anguitenens, Hyg. astr. 2, 14 p. 380 *[sqq.] ed. Muncker*) unter die Gestirne versetzt u. wegen seiner großen medizin. Kenntnisse als **Gott der Heilkunde** verehrt, vornehmlich zu Epidaurus (Solin. 7, 10), von wo er während der Pest um 293 v. Ch. auf den Ausspruch der sibyllinischen Bücher hin nach Rom geholt wurde, in der **Äskulap-** od. **Heilschlange** (anguis Aesculapius, Plin. 29, 72), die bei der Landung an dem Tiber aus dem Schiff auf die Tiberinsel sprang, wo man dann auch sogleich einen Äskulap-Tempel erbaute, in dem der Äskulapdienst und seine Heilungen ausgeübt wurden, Liv. 10, 47, 7. Val. Max. 1, 8, 2. Lact. 2, 7, 13. Ov. met. 15, 622 *sqq.*: Aesculapii aedes vetus, Varr. LL. 7, 57: Aesculapii fanum, Cic. Verr. 4, 93. Aur. Vict. vir. ill. 22, 3: Aesculapii templum, Tac. ann. 4, 14: Aesculapii sacellum, Solin. 7, 10. – Bes. heilig war ihm die Schlange, teils als Bild der sich verjüngenden Lebenskraft, teils als Symbol des ärztlichen Scharfblicks (Epidaurius anguis b. Hor. sat. 1, 3, 27): sein gewöhnliches Attribut ist der knotige Stab mit der Schlange und die Schale. – ► Plur. tres od. plures Aesculapii, Cic. de nat. deor. 3, 57. Arnob. 4, 15. Tert. apol. 14.

aesculētum, ī, *n.* (aesculus, s. Prisc. 4, 12), der **Wintereichenhain,** als Örtlichkeit Roms, Varr. LL. 5, 152. Plin. 16, 37. – poet. übh. = **Eichenwald,** Hor. carm. 1, 22, 14.

aesculeus u. **aesculīnus** u. **aesculnius,** a, um (aesculus), **I** (aesculeus) **zu der Wintereiche gehörend, Wintereichen-,** arbor, Ov. met. 8, 410. – **II aus der Wintereiche verfertigt,** aesculea frons, Kranz von ihren Zweigen, Ov. met. 1, 449: aesculeae axes, Pallad. 1, 9, 2. – aesculini axes, Vitr. 7, 1, 2. – aesculnii postes, CIL 10, 1781 (wo archaist. Abl. aesculnieis).

aesculātor, ōris, *m.* (aesculor) = χαλκολόγος, der Einsammler (Eintreiber) von Kupfergeld, der **Geldeinnehmer,** Gloss. II, 12, 36.

aesculīnus, aesculnius, s. aesculeus.

aesculor, āri (v. aes) = χαλκολογῶ, ich **sammle Kupfergeld,** Dosith. 59, 1.

aesculus (nicht esculus), ī, *f.,* eine dem Jupiter heilige, auf Bergen wachsende Eichenart, von hohem Wuchs, wegen ihres festen (dah. rigida, Hor. carm. 3, 10, 17) über der Erde dauernden Holzes gern als Bauholz benutzt, nach einigen die **Wintereiche** (*Quercus Robur,* Willd.), nach anderen die **Speiseeiche** (*Quercus esculus,* L.), Varr. LL. 5, 153. Vitr. 7, 1, 2. Plin. 12, 3. Hor. carm. 3, 10, 17. Verg. georg. 2, 16 u. 291 (dazu Voß). Fronto ep. ad M. Caes. 1, 3. p. 7, 17 N.

Aesēpus, ī, *m.* (Αἴσηπος), ein Fluss in Mysien, der die Ostgrenze von Troas bildet u. in die Propontis mündet, wahrscheinlich j. *Satal* od. *Satal Dere,* Plin. 5, 141. Flor. 3, 5, 17 *ed. Halm.* – Dav. **Aesēpius,** a, um, **äsepisch,** flumina, Val. Flacc. 3, 420.

Aesernia, ae, *f.*, Stadt in Samnium, am Fluss Vulturnus, j. *Isernia,* CIL 1, 20. Cic. ad Att. 8, 11. litt. D. § 2. Vell. 1, 14, 8. Liv. epit. 73. Flor. 3, 18, 11. – Dav. **Aesernīnus,** a, um, **äserninisch, der Äserniner,** Liv. u. a.: ager, turma, Liv. – Plur. subst., Aesernini, die Einw. von Äsernia, die **Äserniner,** Liv. u. a. – u. Aeserninus als Beiname des M. Marcellus, der zu Äsernia (90 v. Chr.) gefangen genommen wurde, Cic. Brut. 136 (vgl. Liv. epit. 73, wo die Begebenheit): Plur. Aesernini, Leute aus der Familie des Äserninus, Tac. ann. 11, 7: u. Name eines berühmten Gladiators; dah. das Sprichwort (wenn ein Geringerer mit einem Mächtigeren sich messen will), cum Aesernino Samnite Pacideianus comparatus viderer (es wäre gewesen, als wenn Pac. mit dem Samniter Äs. sich messen sollte), auriculam certe abstulisset, cum etc., Cic. ad Q. fr. 3, 4, 2; vgl. Lucil. sat. 4, 15 (dessen Verse Cic. de opt. gen. 17 so verändert, dass sie auf Äschines [dort der Aes.] u. Demosthenes [dort der Pac.] passen).

Aesīnās, ātis, *m.*, s. Aesis.

Aesis, is, Akk. im, *m.*, Fluss in Umbrien, an der Grenze von Picenum, j. *Esino* od. *Fiumesino,* Liv. 5, 35, 3. Sil. 8, 444 u. 448, mit einer Stadt gleichen Namens (Colonia Aesis, CIL 9, 5831), j. *Iesi,* berühmt durch Käsebereitung. – Dav. **Aesīnās,** ātis, **äsinatisch,** caseus, Plin. 11, 241. – Plur. subst., Aesinātēs, ium, *m.*, die Einw. von Äsis, die **Äsinaten,** Plin. 3, 113.

Aeso, ōnis, *f.*, Stadt im diesseitigen Spanien, zwischen den Flüssen Sikoris u. Numaria, s. *Hübner,* CIL II. p. 594 u. 981. – Dav. **Aesōnēnsēs,** ium, *m.*, die Einw. von Äso, die **Äsonenser,** Plin. 3, 23.

Aesōn, onis, Akk. ona, *m.* (Αἴσων), Sohn des Kretheus u. der Tyra, Enkel des Äolus I., Halbbruder des Pelias, Vater des Jason, Ov. met. 7, 162 *sqq.* Val. Flacc. 1, 149 u. ö. – Dav. abgeleitet: **a** **Aesonidēs,** ae, Akk. ēn, Vok. ē, *m.* (Αἰσονίδης), der **Äsonide** (Sohn des Äson), v. Jason, Prop. u. a. – **b** **Aesonius,** a, um, **äsonisch, des Äson,** heros, iuvenis, dux, v. Jason, Ov.: domus, Ov.

Aesōpēus, -icus, -īus (-ius), s. Aesōpus.

Aesōpus, ī, *m.* (Αἴσωπος), **I** der bekannte griechische Fabeldichter aus Phrygien, zur Zeit des Krösus, (um die Mitte des 6. Jahrh. v. Chr.), nach dem später alle Fabeln äsopische genannt wurden, s. Quint. 5, 11, 19. Gell. 2, 29. – Dav. **a** **Aesōpicus,** a, um (Αἰσωπικός), **in äsopischer Art gedichtet,** Aesopicae fabulae, Fabeln, in denen Tiere u. leblose Gegenstände, hingegen Libysticae (nach Art einer gewissen Libys gedichtet), in denen Menschen u. Tiere handelnd eingeführt sind, Isid. 1, 39, 2. – **b** **Aesōpīus** od. **Aesōpēus,** a, um (Αἰσώπειος), **äsopisch,** Aesopei logi, Sen. ad Polyb. 8, 3 (= 27, 1). – Form Aesōpius (mit kurzem i, Αἰσώπιος), Auson. ep. (XVI) 2, 78. p. 176 Schenkl. – **II** Claudius od. Clodius Aesopus, ein tragischer Schauspieler in Rom, Zeitgenosse und Freund Ciceros, in seinem Fach ebenso ausgezeichnet wie Roscius als Komiker, s. Hor. ep. 2, 1, 82. Cic. de div. 1, 80. Quint. 11, 3, 111. Trotzdem er vielen Aufwand machte (Plin. 10, 141), hinterließ er doch seinem Sohn (Cic. ad Att. 11, 15, 3) ein sehr großes Vermögen, das dieser, wie wenn es eine Last wäre (Val. Max. 9, 1, 2), durch tolle Verschwendung so schnell als möglich los zu werden suchte, s. Plin. 9, 122. Hor. sat. 2, 3, 239.

Aesquiliae etc., s. Ēsquiliae etc.

aestās, ātis, *f.* (verwandt mit αἴθω [brennen] u. aestus), die **warme und heitere Jahreszeit,** der **Sommer,** **I** eig.: **1** im weiteren Sinne = die den Frühling u. eig. Sommer in sich begreifende Jahreshälfte (Ggstz. hiems; vgl. Ulp. dig. 43, 20, 1. § 31 u. 32), Arabes campos hieme et aestate peragrantes, Cic.: hiemem et aestatem iuxta pati, Sall.: aestas abiit, sed alter illam annus reducet, Sen.: media aestas iam forte erat, Liv.: aestas in exitu erat, Liv.: exitu aestatis, Liv. – bes. als die zu Feldzügen geeignete Zeit (da Winterfeldzüge bei den Alten ungewöhnlich waren), primā aestate belli, Vell.: initā aestate, Caes.: mediā iam aestate, Tac.: prope exacta iam aestas erat, Caes.: nam aestatis extremum erat, Sall.: extremo aestatis eius, quā etc., Liv.: unis litteris totius aestatis (Sommer-Feldzugs) res gestas ad senatum perscribere, Cic.: u. so novem aestatibus vix ullā acie non iustissimus triumphus emeritus, Vell.: u. quae duabus aestatibus gesta, Tac. – u. zum Aufenthalt in Bädern, ille Puteolanus sermo aestatem unam (einen S., eine Badesaison), non plures, aures refersit istis sermonibus, Cic. – auch wie unser **Sommer,** zu Jahresbestimmungen, secunda, Solin. 2, 14: tertia, Verg. Aen. 1, 265: quarta, Verg. georg. 3, 190: septima, Verg. Aen. 1, 755; 5, 626. – **2** im engeren Sinne = der eig. **Sommer** (= die drei Monate vom Sommersolstitium bis zum Herbstäquinoktium, d. i. vom 22. Juni bis 23. Sept.; nach dem landwirtschaftl. Kalender der Römer aber vom 9. od. 14. Mai bis 7. od. 12. August), aestas nova (Frühsommer, Vorsommer), adulta (Hochsommer), praeceps (Spätsommer), Sall. fr.: fervida, Tac.: ineunte aestate, Cic.: aestate novā, Verg.: mediā aestate, Cic.: adultā aestate, Tac. u. Aur. Vict.: aestate summā od. cum aestas summa iam esse coeperat, im Hochsommer, Cic.: affectā iam prope aestate, im Spätsommer, Cic. fr. – mit dem Zusatz anni, Gell. 2, 21, 2 u. 19, 5, 1. – **II** meton. = **Sommerlust,** heiteres **Sommerwetter,** Verg. georg. 4, 59; Aen. 6, 707. – u. **Sommerhitze,** Hor. carm. 1, 17, 3. Verg. ecl. 7, 47; georg. 1, 66.

aestifer, fera, ferum (aestus u. fero; vgl. Charis. 120, 4), **I** **Hitze erregend, -bringend, heiß,** Lucr., Verg. u. a.: canis (das Sternbild des Hundes), Rutil. Numat. 1, 638. – **II** Hitze leidend, heiß, Lucan. u. a. – ▶ Nbf. **aestiferus,** nach Charis. 120, 4, wo: aestifer an aestiferus?

aestifluus, a, um (aestus u. fluo), **von Meeresbrandungen strömend,** antra, Anthol. Lat. 720, 3 (234, 3).

Aestiī, ōrum, *m.*, die Küstenvölker im fernsten germanischen Osten, die **Ostländer,** wahrsch. die heutigen *Esthen,* Tac. Germ. 45.

aestimābilis, e (aestimo) = ἀξίαν ἔχων, **schätzbar** = eine (relative) Schätzung zulassend (Ggstz. inaestimabilis), Cic. de fin. 3, 20.

aestimātio (aestumātio), ōnis, *f.* (aestimo), die **Schätzung,** **I** eig., die **Abschätzung** einer Sache nach ihrem äußeren (Geld-)Wert, die **Taxe,** der **Anschlag, Ansatz** des Wertes od. der Kosten u. dgl., Cic. u. a.: aequam aestimationem facere, Caes.: in aestimationem venire, abgeschätzt werden, Liv.: aestimationem habere, die Schätzung, den Anschlag machen, Cic. – insbes., aest. census, die Abschätzung des Vermögens (beim Zensus), die Schätzungstaxe, Cic. – aest. frumenti, die Schätzung, der Preisanschlag des Getreides, u. zwar von Seiten des Senates, um danach die Summe zu bestimmen, die dem Prätor (Legaten od. Quästor) aus der Staatskasse zum Ankauf seines Getreidebedarfs in der Provinz ausgezahlt wurde, senatus aest., Cic. Verr. 3, 195; od. von Seiten des Prätors, der Ansatz des Preises, den die Aratores der Provinz statt des zu liefernden Getreides zahlen konnten od. (oft) mussten, Cic. Verr. 3, 194. Liv. 43, 2, 12. – aestimatio litis, im Zshg. auch bl. aestimatio, die Schätzung des Streitobjekts, der Strafansatz, die Geldbuße, Cic. u. a. (vgl. aestimo *no.* I); u. aest. multae, Ansetzung der Strafe in Geld, Liv. – aest. possessionis, die Schätzung eines Besitztums in Schuldsachen, wo der Gläubiger ein schiedsrichterlich so abgeschätztes Gut an Zahlungsstatt annahm; daher meton. = »die Bezahlung durch abgeschätzte Grundstücke«, u. »das abgeschätzte Grundstück«, nolles a me hoc tempore aestimationem accipere, Cic. ep. 5, 20, 9: mihi et res et condicio placet, sed ita, ut numerato malim quam aestimatione, lieber mit barem Geld bezahlen, als gegen ein abgeschätztes Grundstück vertauschen möchte, Cic. ad Att. 12, 25, 1. – Da nun Cäsar nach dem Bürgerkrieg (i. J. 48 v. Chr.) die inzwischen im Preis tief gesunkenen Grundstücke zugunsten seiner sehr verschuldeten Anhänger zu dem Wert, in dem sie vor dem Bürgerkrieg gestanden hatten, anschlagen u. an Zahlungsstatt an die Gläubiger abgeben ließ (s. Caes. b. c. 3, 1. § 2. Suet. Caes. 42, 2), so war in Bezug auf diese Art Schuldentilgung aestimatio = »Zahlung durch hoch abgeschätzte Grundstücke« u. »das hoch abgeschätzte Grundstück«, praedia in aestimationem ab alqo accipere, Grundstücke nach der hohen Schätzung an Zahlungsstatt annehmen müssen, Cic. ep. 13, 8, 2: dah. (scherzh.) ut, cum me hospitio recipias, aestimationem te aliquam putes accipere, dass du zu

Schaden kommest (wie ein Gläubiger der Cäsarianer), Cic. ep. 9, 16, 7: u. aestimationes tuas vendere non potes, die an Zahlungsstatt angenommenen Güter, Cic. ep. 9, 18, 4. – dah. quod (linteum) me non movet aestimatione, verum est mnemosynum mei sodalis, das mir nicht am Herzen liegt wegen des Geldwerts, sondern als Andenken, Catull. 12, 12. – **II** übtr.: **1** die **Abschätzung,** d. i. **Würdigung,** das **Ermessen** u. die **Anerkennung, Schätzung** einer Sache od. Pers. nach ihrem wahren inneren Wert, sui, Vell.: nimia sui, Sen.: honoris, Liv.: virtutum, Vell.: verae magnitudinis eius, Liv.: bonorum (der Guten), Plin.: aestimatione rectā severus, deterius interpretantibus tristior habebatur, galt nach richtiger Würdigung für ernst, ungünstig Deutenden für finster, Tac. – Plur., infra aliorum aestimationes se metiens, Vell. 2, 127, 4. – **2** als philos. *t. t.* = ἀξία der Stoiker, die **Beilegung eines Wertes,** die **Wertschätzung,** Cic. de fin. 3, 34: **aestimatione dignus,** Cic. de fin. 3, 20 u. 44: quādam aestimatione dignandus, Cic. Acad. 1, 36. – hingegen propria aestim. virtutis, die eigenste Wertschätzung = der absolute Wert der T., Cic. de fin. 3, 34.

aestimātor, ōris, *m.* (aestimo), der **Schätzer, Abschätzer, I** einer Sache nach ihrem äußeren Wert, der **Taxierer,** rerum, Cic. parad. 6, 51: frumenti, Cic. Pis. 86. – **II** der **Würdiger, Ermesser** u. **Anerkenner** einer Sache nach ihrem wahren inneren Wert, incautior fidei, Liv.: immodicus sui, Curt.: beneficiorum tuorum parcissimus, Plin. pan. 21.

aestimātōrius, a, um (aestimator), **zum Schätzer** od. **Taxierer gehörig,** iudicium, actio, ICt.

aestimātus, Abl. ū, *m.* (aestimo), die **Erwägung,** temporis, Macr. sat. 1, 16, 31.

aestimiae = *aestimationes,* Paul. ex Fest. 26, 8.

aestimium, ī, *n.* = *aestimatio,* Spät.

aestimo (aestumo), āvi, ātum, āre (aes), den Wert (das Maß) einer Sache beurteilen, etw. **abschätzen, anschlagen, einen Anschlag (eine Taxe) machen, taxieren** (während taxare = den Wert einer Sache ermitteln u. bestimmen), **I** im engeren Sinne, nach Geldwert, -betrag: petiverunt ab eo civitates, ut aestimaret, Cic. – aest. frumentum (s. aestimātio frumenti), Cic.: domum, Cic.: argentum, Cic.: signa, Cic.: depositarum rerum pretia oculis aestimantibus, Solin. 50, 4. – m. *Abl.* od. *Genet.* des Wertes, alqd ternis denariis, Cic.: alqd denis assibus, Tac.: alqd quinis modiis, Sall. fr.: prata et areas quasdam magno, Cic.: ista permagno, Cic.: permittite, ut liceat, quanti quisque velit, tanti aestimet, Cic.: uti ea (mancipia) quoque deciens tanto pluris, quam quanti essent, aestimarentur, Liv. – m. *Adv.,* tenuissime, Cic. Verr. 4, 35. – m. *ex* u. *Abl.* od. m. bl. *Abl.* des Maßstabes, nach dem abgeschätzt wird, alqd ex artificio, Cic.: alqd pecuniā, nach Geldeswert, Cic.: illud nullis posse taxationibus aestimari, Solin. 1, 85. – m. *adversus* u. *Acc.,* fac adversus patinam, je nach der Größe der Sch. nehmen, Apic. 7, 306. – m. folg. indir. Fragesatz, aest. secum (in Gedanken), quid in fronte paterent (lapides) singuli, Liv. 25, 23, 11. – u. bes. als gerichtl. *t. t.,* litem alci od. alcis, das Streitobjekt (den angerichteten Schaden od. das widerrechtlich erworbene Gut) nebst den Prozesskosten abschätzen, jmdm. die Strafsumme ansetzen, jmd. zur Geldbuße verurteilen, Cic. u. a.: litem alcis quattuor milibus HS, Vell.: pugnatum est, ut lis haec capitis aestimaretur, als Kapitalsache schätzen, zu einer Kapitalsache machen, Cic.: dah. voluntatis nostrae tacitae velut litem aestimari vestris inter vos sermonibus audio, gleichs. die Strafsumme ansetzen, zu Strafe verurteilen, -ziehen, Liv. 45, 24, 2. – **II** im weiteren Sinne: **1** etw. nach irgendeinem Verhältniss, nach seinem inneren Wert **abschätzen, anschlagen, in Anschlag bringen, abwägen, würdigen, ansehen, achten,** um danach sein Urteil zu bestimmen (vgl. Nipperd. Tac. ann. 15, 2. Heräus Tac. hist. 2, 23, 16), Cic. u. a. – m. *Abl.* od. *Genet.* des Wertes, veris pretiis, Tac.: praedae loco, Sall. fr.: magno, nonnihilo, Cic.: se magno, Liv.: se parvo, Sen.: levi momento, sehr gering, Caes.: magni, Cic.: minoris, Nep.: unius assis, Catull.: nulli (für nichts), Apul. flor. 9. p. 11, 18 Kr. – m. *Advv.,* carius, Cic.: illa multo gravius aest., Caes.: levius tempestatis quam classis periculum, Caes.: vitam mortemque iuxta, Sall.: u. iusiurandum perinde, Tac.: rem vere, Liv. (s. Weißenb. Liv. 3, 19, 6): optime fides aestimatur, Plin. ep.: simplicius famam in hoste quam in cive, Curt.: nec ultra aestimatur, darüber hinaus geht die Würdigung nicht, Tac.: ultra quam aestimari potest (über allen Begriff) laudis avidus, Aur. Vict. epit. – me esse mortuum *nihil* aestumo, Cic. poët. – m. *ex* u. *Abl.* od. bl. *Abl.* des Maßstabes, nach dem abgeschätzt wird, vulgus ex veritate pauca, ex opinione multa aestimat, Cic.: optime ex accusatione ipsa accusatoris fides aestimatur, Plin. ep.: quae pars ex tertia parte Galliae est aestimanda, etwa den dritten Teil ausmachen dürfte (nach einem Maßstab, der Gallien in drei Teile teilt), Caes.: ex te ceteros aestimant, Sen. rhet.: non ex re, sed ex commodo, Sall.: ex aequo, Liv.: Campanorum cladibus Samnitium virtutem, Liv.: virtutem annis, Hor.: civitatem viribus, Liv.: alqd vitā, nach dem Leben abschätzen, für so teuer wie das Leben halten, Curt. – m. dopp. *Acc.,* quod carum aestimant, wert schätzen, Sall. Iug. 85, 41: se satis beatum, gl. schätzen, Mart. 11, 1, 7: im Passiv m. dopp. *Nom.,* ideoque (tempus) res vilissima aestimatur, Sen. de brev. vit. 8, 2. – dah. oft aest. alqm, alqd, jmd. od. etw. nach seinem wahren Wert-, **gehörig schätzen** od. **würdigen, gehörig schätzen** od. **würdigen lernen, ermessen u. anerkennen** (s. Nipp. Tac. ann. 4, 39), nemo aestimat tempus, Sen.: est aliquis, qui se inspici, aestimari fastidiat, Liv.: electus, quem contubernio (Abl.) aestimaret, Tac.: modestiae fama quae … a dis aestimatur, gehörig in Anschlag gebracht wird, Tac.: satis aestimare (er wisse es hinlänglich zu schätzen), m. folg. *Acc.* u. *Infin.,* Tac. ann. 4, 39. – **2 anschlagen, erwägen, ermessen, erkennen, erachten, ansehen, halten** für usw., sicuti ego aestumo, Sall.: ut aestimabat, Amm. – mit folg. indir. Fragesatz, ut aestimare possitis, in quantum cotidie ingenia decrescant, Sen. rhet.: aestimant, quod breve illud spatium habeat, Quint.: aestimantibus, quanta etc., Tac.: aestimari a medicis iubet (ein Gutachten abgeben), *an* etc., Tac. – m. *pro* u. *Abl.,* Aegyptios pro sociis, non pro hostibus, Curt. 4, 1 (5), 28. – m. folg. *Acc.* u. *Infin.,* ridicule magis hoc dictum (esse) quam vere aestimo, Phaedr.: turpe aestimantes aliquid commissum a suis, Phaedr.: ut aestimaretur, si revertisset de Parthis, boves iam defuturos, Amm.

aestīvālis, e (aestivus), **sommerlich, Sommer-,** circulus (cancri), Hygin. astr. 3, 24: castra, Hyg. de munit. castr. § 45 u. 48: thermae, CIL 10, 5348: potio, Pelagon. veterin. 28. – subst., aestīvālia, ium, *n.,* die **Sommerkleidung,** übtr. = die **Feierkleider** (Ggstz. vestis viduitatis), Zeno 2. tract. 14, 1 u. 4.

aestīvē, *Adv.* (aestivus), **sommerlich,** viaticati hercle admodum aestive sumus, wir sind gar zu sommerlich mit Reisegeld ausgestattet, d. h. wir haben nicht gar viel R., Plaut. Men. 255.

aestīvitās, ātis, *f.* (aestivus), die **Sommerzeit,** Ven. Fort. carm. 3, 12, 30.

1. aestīvo, āvī, ātum, āre (aestivus), **den Sommer wo zubringen** (Ggstz. hibernare), **a** v. Tieren, in Reatinis montibus, Varr.: intra saepem, Plin.: abigere greges in Samnium aestivatum, Varr. – **b** v. Menschen, Reatina rura, ubi aestivare consueverat, Suet.: Latiis aestivat in oris? Stat.

2. aestīvō, *Adv.* (aestivus), **zur Sommerzeit,** Apul. de mund. 11.

aestīvōsus, a, um (aestivus), **sommerwarm,** loca, Col. 5, 8, 5 G.: loci, Plin. 18, 83 D.; 20, 22 D.: subst., in aestivoso (in sehr warmem Boden), Plin. 17, 139 D. – Superl. aestivosissimus, Plin. 34, 116 D. (aestivosissimi dies).

aestīvus, a, um (aestas), was im Sommer stattfindet, -geschieht, -wächst, -fortdauert, **sommerlich, Sommer-** (Ggstz. hibernus), dies, menses, tempora, Cic.: nox, Hor. u. Liv.: feriae, Gell.: sol, Verg.: aestivus solis occasus (Ggstz. hibernus solis ortus), Liv.: avis, Zugvogel, Liv.: animalia, Flöhe, Wanzen u. das übrige Ungeziefer, Plin.: aura, Hor.: saltus, Sommer-(Wald-)triften, Liv.: aurum, der vom halbjährigen Militärtribun getragene Goldring (auch aurum semestre gen.), Iuven.: pabulum, Sen.: nives, Macr.: specus, Sen.: vestimenta, Sen.: cubiculum, Plin. ep.: expeditio, Vell.: castra, Tac. u. (Ggstz. hiemalia) Vopisc. – *Acc. neutr.* adv., aestivum tonat, sommerlich donnert's, Iuven. 14, 295. – Plur. subst., aestīva, ōrum, *n.,* **a** (*sc.*

castra) das **Sommerlager** des Heeres, das **Standlager** (Ggstz. hiberna), Cic. u. a.: iron., praetoris, Lustlager, Cic.: meton., **Feldzug** (weil die Alten gewöhnlich nur im Sommer Krieg führten), Cic. u. a. – **β** (*sc.* stabula) der **Sommeraufenthalt** der Herden, das **Sommergehege** (Ggstz. hiberna), Varr. u. a.: u. meton. – die Herde im Sommergehege, auf der Sommerweide, Verg. georg. 3, 472. – ► Nom. Sing. aestivos, CIL 2, 2963; 5, 2421.

aestuābundus, a, um (aestuo), **aufbrausend,** Pallad. 11, 17, 2.

aestuārium, ī, *n.* (aestus), **ein Aufnahmeort wallender-, flutender Massen, I** flutender Wassermassen, **a** die **Niederung,** die vom einflutenden Meer unter Wasser gesetzt wird, die **Seelache,** aestuaria ac paludes, Caes. b. G. 2, 28, 1: aestuaria Oceani affatim piscosi, Iustin. 44, 1, 7: itinera aestuariis concisa, Caes. b. G. 3, 9, 4. – od. die natürliche od. künstliche **Bucht, Bai,** Tac. Agr. 22. – od. **niedere,** dem Eindringen der Flut ausgesetzte **Flussmündung,** in aestuario Tamesae, Tac. ann. 14, 32. – u. künstlich gebildete **Niederung,** künstlicher **Erdeinschnitt,** um bei der Flut Seewasser in die Fischteiche zu bekommen, Varr. r. r. 3, 17, 8. – **b** meton. die **Strömung** des Meeres in einem Fluss od. See, die auch Flut u. Ebbe beibehält, Plin. ep. 9, 33, 2. – **II** (*t. t.* der Baukunst) das **Luftloch, Zugloch,** der **Wetterschacht,** beim Graben von Brunnen, Vitr. u. a.

aestuātio, ōnis, *f.* (aestuo), die »wogende Bewegung«; dah. übtr. = die **Unruhe** des Gemütes, Plur. = **beunruhigende, sorgliche Gedanken,** Cassiod. hist. eccl. 6, 1.

aestuo, āvī, ātum, āre (aestus), infolge heftiger innerer Hitze **wallen, brausen, I** v. Feuer u. seiner Wirkung: **a** v. Feuer, **auflodern, aufbrausen,** aestuat ignis, Verg. u. Ov. – **b** v. der Wirkung des Feuers, von Sachen = vor Hitze **wallen, strudeln, kochen, heiß-, schwül sein,** dum scribilitae aestuant, Plaut.: ventis pulsa aestuat arbor, erhitzt sich, Lucr.: exustus ager morientibus aestuat herbis, Verg.: nebulā ingens specus aestuat atrā, Verg.: tempus, quo torridus aestuat aër, Prop.: sole aestuante, Col. – v. leb. Wesen = Hitze empfinden, Hitze haben, erhitzt-, heiß sein, vor Hitze **glühen** (Ggstz. algere), algendo, aestuando, Cic.: sub pondere aestuat arboreo, Ov.: si dixeris »aestuo«, sudat, Iuven.: boves si aestuaverint, Col. – **II** v. Flüssigkeiten u. dgl., **1** eig.: **a** v. der Wasserflut, **wallen** u. **branden, schäumend wogen,** gurges aestuat, Verg.: Maura semper aestuat unda, Hor. – im Bild, quasi aestuantis (wie Ebbe u. Flut auf- u. niedersteigenden) animae iter, Gell.: confertis aestuat in foribus, von einer wogenden Menschenmenge, Prud. – **b** v. gärenden Flüssigkeiten, **gären,** interea teneris tepefactis in ossibus umor aestuat, Verg.: vina aestuantia, Pallad.: stomachus frequenter aestuans erat, stieß auf, Plin. ep. 6, 16, 19 *ed. Keil* (*vulg.* interaestuans). – **2** übtr., vom Gemüt: **a** leidenschaftlich aufgeregt **wogen, in leidenschaftlicher-, heftiger Bewegung sein, weder ein noch aus wissen, nicht zur Ruhe kommen können,** (s. Oud. Schol. in Cic. ep. p. 169), ut desiderio te nostri aestuare putarem, Cic.: nobilitas invidiā aestuabat, Sall.: Domitianus aestuabat ingenti invidiā, kochte furchtbar vor Grimm, Plin. ep.: aestuat ingens uno in corde pudor mixtoque insania luctu, Verg. – bes. vor Liebe, rex in illa aestuat, glüht von Liebe zu ihr, Ov. met. 6, 490: aestuet ut nostro madidus conviva ministro, Mart. 9, 22, 11. – u. vor Begierde, aestuat in aurum, brennt vor Gier nach G., Claud. Eutr. 1, 191: m. folg. *Infin.*, stabulis minari aestuat, Claud. III. cons. Hon. 82. – **b** in sorglicher Unruhe **auf- u. niederwogen, verlegen hin- u. herschwanken, in ängstlicher Besorgnis-, sorglicher Unruhe sein** (s. Benecke Iustin, 1, 10, 15), magnis aerumnarum procellis aestuat, Apul.: aestuabat dubitatione, Cic.: in eo aestuavi diu, dabei habe ich mir lange den Kopf zerbrochen, Cic. ad Att. 7, 13a, 1 (5) M.: sic anceps inter utrumque animus aestuat, Quint.: unpers. m. folg. indir. Fragesatz, aestuatum est in conciliis deorum, quisnam modis etc., Arnob. 5, 11 *in.*

aestuor, ātus sum, ārī (spät. Nbf. v. aestuo), **Hitze empfinden,** v. Pers., Vulg. Sirach 51, 6. – übtr., **in sorglicher Unruhe sein,** inter has sollicitudines graviter aestuatus, Cassiod. div. litt. 8, 3.

aestuōsē, *Adv.* m. *Compar.* (aestuosus), **glühend,** umeris inarsit aestuosius, Hor. epod. 3, 17. – ► Wegen Plaut. Bacch. 471 s. aestuōsus *no.* II.

aestuōsus, a, um, *Adj.* m. *Superl.* (aestus), **I brennend heiß, glühend, schwül,** auster, Plin.: Syrtes, Calabria, Hor.: via, Cic.: solum, Plin.: aestuosissimi dies, Plin. 34, 116. – dah. **hitzig** von Natur, melimela (mala) aestuosa, Plin.: suillum animal aestuosissimum, Col. – **II wogend, brandend,** freta, Hor. carm. 2, 7, 16: im Bild, atque ea (meretrix) acerrume aestuosa absorbet, ubi quemque attigit, wie eine reißende Wasserflut, Plaut. Bacch. 471 R. (vgl. Gloss. V, 7, 44: *anus estuosa,* quod in modum estuarei maris hauserit, id est biberit), wo die Vulgata hat quae acerrume atque aestuose absorbet.

aestus, ūs, *m.* (vgl. αἴθω), die infolge innerer Hitze verursachte **Wallung, I** das **Wallen** vor Hitze, exultant aestu latices, Verg. Aen. 7, 464. – dah. **a** die **wallende Hitze, Glut** des Feuers, propiusque aestus incendia volvunt, Verg.: fervore atque aestu anima interclusa, Gluthitze, Liv. – **b** der Sonne, der Tages- u. Jahreszeit, des Länderstrichs, **Hitze, Glut, Schwüle, große Wärme** (Ggstz. algor, frigus), meridiei aestus, Liv.: meridiani aestus fervor (Ggstz. matutinus hiemis rigor), Cassian.: aestus a meridiano sole, Liv.: fervidus aestus, Hor.: labore et aestu languidus, Sall.: aestu laborare, Sen. – Plur. (bes. = heiße Witterung, heiße Tage), aestus nimii, Lact.: calidi, Lucr.: medii, Verg.: frigora atque aestus tolerare, Caes.: non aestus, non frigora pati posse, Liv.: neque frigora neque aestus facile tolerare, Suet.: celeriter aestibus exarescere (v. Quellen), Caes. – poet., die **Sommerhitze, -schwüle** = **Sommer,** vere prius flores, aestu numerabis aristas, Ov. trist. 4, 1, 57. – **c die Hitze der Wunden** in Krankheiten, ulceris aestus, Att. fr.: aestu febrique iactari, Cic. – **II** das **Wallen** der Flüssigkeiten, die gleichs. wie siedendes Wasser aufkochen, **1** eig.: **a** die **Brandung,** das **Fluten, Wogen** von Gewässern, u. die **brandenden, wogenden Fluten, Wogen, die Strömung,** fervit aestu pelagus, Pacuv. fr.: in fretum saepe concurrit aestus atque effervescit, Varr. LL.: ferventes aestibus undae, Ov.: delphines aestum secabant, Verg.: quam (carinam) ventus ventoque rapit contrarius aestus, Ov. – Insbes., die nach dem Ufer zu u. wieder zurückwogende **Strömung, die Flut** (s. Fabri Liv. 21, 49, 2), aestus maritimi od. marini, Cic.: decessus aestus, Ebbe, Caes.: aestuum accessus et recessus, Flut u. Ebbe, Cic.: aestus maxime tumentes, Springfluten, Plin.: dass. maritimi aestus maximi, Caes.: inanes aestus, tote Flut, Plin.: minuente aestu, Caes.: aestu suo (bei der ihm günstigen), Liv.: aestu secundo, Sall. fr. u. a. (s. Benecke Iustin. 12, 10, 5), Ggstz. adverso aestu maris, Sall. fr.: in adversum aestum, Liv.: cum primum aestu fretum inclinatum est, Liv.: cedente in mare aestu, Liv.: aestus decedit, Liv.: u. im Bild, si campus atque illae undae comitiorum, ut mare profundum et immensum, sic effervescunt quodam quasi aestu, ut ad alios accedant, ab aliis autem recedant, Cic. Planc. 15: quod enim fretum, quem Euripum tot motus, tantas, tam varias habere putatis agitationes fluctuum, quantas perturbationes et quantos aestus habet ratio comitiorum? Cic. Mur. 35. – **b** das **Wallen** u. **Gären** einer Flüssigkeit; dah. bei Lucr. = die **Ausströmung,** der Ausfluss der Erde, des magnetischen Fluidums, durch das Medium der Luftwellen, s. Lucr. 6, 824. 925. 1001. – **2** übtr.: **a** die leidenschaftl. **Wallung, Aufgeregtheit, Hitze, wilde Heftigkeit,** civilis belli aestus, Hor.: aestus regum et populorum, Hor.: u. von der Liebe, ut pelagi, sic pectoris adiuvet aestum, Ov. – **b** der innere **Drang,** die innere **Gewalt,** die uns unwiderstehlich fortreißt, bes. der **Tatendrang,** die **Tatenlust,** ne aestus nos consuetudinis absorbeat, Cic. de legg. 2, 9 (vgl. Cic. Brut. 282): te quasi quidam aestus ingenii tui procul a terra abripuit, Cic. de or. 3, 145. – **c** die **sorgliche Unruhe, ängstliche Besorgnis, -Verlegenheit,** qui tibi aestus, qui error, quae tenebrae erunt, Cic.: explica aestum meum, Plin. ep.: magno curarum fluctuat aestu, Verg.; vgl. Benecke Iustin. 11, 13, 3. – ►Archaist. *Genet.* aesti, Pacuv. tr. 97. – vulg. Nbf. aestum, ī, *n.*, Itala (Rehd.) Luc. 12, 55.

Aesula, Aesulānus u. **Aesulum,** s. Aefula.

aetās, ātis, *f.* (zsgz. aus dem alten aevitas, v. aevum), die **Zeitlichkeit, I** der einer Person od. Sache ihrer inneren Natur nach zufallende

Zeitteil, **I** die **Lebenszeit,** das **Dasein,** das **Leben** in seiner Zeitdauer betrachtet (während vita = das Leben nach seiner Lebenskraft), **a** übh.: omnis aetas, das ganze Leben, Plaut. (s. Spengel Plaut. truc. 1, 1, 1): breve tempus aetatis, Cic.: cum in aetate grandiuscula esse coepisset, Augustin.: in aetate hominum, Plaut.: aetatis spatio probati, durch eine lange Lebensdauer, Cic.: volat aetas, Cic.: aetatem agere nudam, Cic., od. regio cultu, Sall., od. desidiose, Lucr., od. in litteris, Cic., od. domi, Enn. fr., od. sub ipsis septentrionibus, Gell., od. procul a republica, Sall.: aetas pure et eleganter et quiete acta, Cic.: aetatem degere cum alqo, Komik., od. inter feras, Cic.: omnem aetatem degere in tranquillitate sine dolore, Cic.: degere omne tempus aetatis sine molestia, Cic.: gerere aetatem cum alqo, Sulpic. in Cic. ep.: aetatem conterere in alqa re, Cic.: aetatem consumere in alqa re, Cic.: se suamque aetatem curant, Plaut. – aetatem, das liebe lange Leben hindurch, zeitlebens, für immer, Komik. u. Lucil. fr. (vgl. Brix Plaut. Men. 717. Lorenz Plaut. Pseud. 493. Wagner Ter. heaut. 716). – in aetate (hominum), im (menschlichen) Leben, je zuweilen (s. Brix Plaut. trin. 24), Plaut.: verb. in vita atque in aetate, Plaut.: u. in aetate sua, Plaut. – dah. aetas mea, tua = **ich, du** (s. Brix Plaut. Men. 675. Lorenz Plaut. Pseud. 110), in te nunc omnes spes sunt aetati meae, Plaut.: vae aetati tuae, vae capiti atque aetati tuae, Plaut.: aliquid tulisse mali capiti atque aetati illorum, Ter. – **b** ein **Menschenalter** (von 30, selten u. nur bei Dichtern von 100 Jahren), eine **Generation,** tertiam iam aetatem hominum vivebat (Nestor), Cic.: hominis aetatem durare, Liv.: vixi annos bis centum; nunc tertia vivitur aetas, Ov. – **2** die Lebenszeit, in der jmd. gerade steht, das **Lebensalter,** die **Jahre,** das **Alter,** u. die einzelne **Altersstufe, a** eig.: **α** ohne nähere Bestimmung: aetas succedit aetati, Cic.: amicitia incepta a parvis cum aetate (mit den Jahren) accrevit, Ter.: filius id aetatis, Cic.: sumus id aetatis, Cic.: u. so hoc, illuc, istuc aetatis, Komik. (s. Brix Plaut. trin. 787): aetate superiores (Ggstz. pueri), Varr. – auch (v. mehreren) im Plur., vincunt numero, vincunt aetatibus, Cic.: ambo florentes aetatibus, Verg.: homines omnium aetatium, Gell. – aetas (wie tempus) est mit Infin., Verg.: aetas desinit, incipit mit final. Infin., Verg. – u. insbes. bald = **Jugend,** forma (Schönheit) atque aetas, Ter.: neque sciebat neque per aetatem (wegen der J.) potis erat, Ter.: u. so amici regis, qui propter aetatem eius in curatione erant regni, Caes.: dedecora, quae aetas ipsius (seine Jugend = er in seiner J.) pertulit, Cic.: aetatis maxime paenitebat, an seine J. stieß man sich am meisten, Liv.: qui aliquid formae, aetatis artificiique habebant (Ggstz. qui senes ac deformes erant), Cic.: carus eris Romae, donec te deseret aetas, Hor. – bald = **höheres od. hohes Alter,** aetatis vacatio, Nep.: aetatis excusatio, Curt.: morbo atque aetate confectus, Sall.: aetate gravis, Liv.: nusquam tantum tribuitur aetati, nusquam senectus est honoratior, Cic.: aetate (vor A.) non quis obtuerier, Plaut. – bald = das **gereiftere, mannbare (heiratsfähige) Alter,** in aetatem venire, Liv. 42, 34, 3, pervenire, CIL 10, 5056. – v. Lebl., aetas populorum et civitatum, Cic. de legg. 2, 9: aetates aedificiorum, Papin. dig. 30, 58: aetates tabularum, Petr. 88, 1: aetatem ferre (v. Wein), das hohe Alter vertragen, alt werden können (und doch nicht verderben), Cic. fr. bei Macr. sat. 2, 3, 2 (= Cic. fr. G. b 10 p. 344, 22 M.): so auch aetatem pati, Sen. ep. 36, 3. – **β** mit näherer Bestimmung: iniens aetas, der Eintritt ins Leben (der Beginn der praktischen Wirksamkeit), Cic.: ab initio aetatis oder ab ineunte aetate, Cic.: a primo tempore oder a primis temporibus aetatis, Cic.: a prima aetate, Cic.: flos aetatis od. florens aetas, die Jugend, Cic.: bona aetas, die guten Jahre, Cic.: mala aetas, die bösen Jahre, Plaut. – ad petendum (magistratum) legitima aetas, Liv.: aetas militaris, das gesetzliche Jahr für den Kriegsdienst (das 17te), Sall.: quaestoria (das 31ste, unter Augustus das 25ste), Quint.: senatoria (das 25ste), Tac.: consularis (das 43ste), Cic. – aetas nova, die frische Jugend (Ggstz. aetas serior (das reifere Alter), Ov.: aetas integra, Afran. fr. u. Tac. (bes. aetate integrā, in der Blüte der Jugend, Pacuv. fr., Komik, u. a., s. Spengel Ter. Andr. 72): aetas iam constans, Cic., nondum constans, Suet.: media, Plaut. u. Cic. (s. Wagner Plaut. aul. 157): u. media aetas Falerni, Plin. 23, 34: firmata, Cic.: imbecilla, Sall., infirma, Cic.: pubes, Liv.: aetas iuvenilis, Augustin. ep. 36, 1: aetas virilis, s. virīlis: tenera, Liv.: adulta, Cic.: grandior, Cic.: ingravescens, Cic.: extrema, Cic.: fessa aetas, Altersschwäche, Tac.: aetate iam affectā, schon in die Jahre, Cic.: aetate exactā, im hohen Alter, Pacuv. fr., Cic. u. a.: ebenso actā aetate, Cic.: aetas decrepita, Cic.: aetas senecta, Plaut., Sall. fr. u. a.: aetas grandaeva, Aur. Vict. epit. 41, 25: longissima, Cic.: inferior, superior aetas, Cic.: aetas maior, Gell.: si iam satis aetatis ac roboris esset, Cic.: quid aetatis tibi videor? Plaut.: quibus aetas ad militandum gravior esset, schon zu alt zum Kriegsdienst, Liv.: aetatem habes opportunissimam, du stehst im besten Alter, Cic. – **b** meton. = die Menschen einer Altersstufe, die **Altersklasse** (s. Ticher Cic. de sen. 46): vestra, Leute eueres Alters, Cic.: puerilis aetas, das Knabenalter = die Knaben, Cic.: senilis aetas, das Greisenalter = die Greise, Cael. Aur. acut. 2, 13, 90: aetas robustior, Liv.: haec aetas nostra iuris ignara est, Cic.: omnes aetates, ordines, die Leute jedes Alters, jung u. alt, Cic.: u. so omnis aetas, Liv.: puellis ut saltem parcerent, a qua aetate etiam hostes abstinerent, Liv. – **II** der einer Person od. Sache nur äußerlich zufallende Anteil an der Zeit, **a** im engeren Sinne, das **Zeitalter,** die **Zeit,** Romuli aetas, Cic.: ab aetatis huius memoria, Cic.: clarissimus imperator suae aetatis, Liv.: nostrā aetate, Quint.: heroicis aetatibus, Cic.: illustrium hominum aetates et tempora, Cic. – meton., das **Zeitalter,** die **Zeit** = die Menschen eines Zeitalters, das **Geschlecht,** nostra aetas, Liv.: secuta aetas, Plin.: incuriosa suorum aetas, Tac.: quid nos dura refugimus aetas? Hor.: impia perdemus devoti sanguinis aetas, Hor.: disce tamen, veniens aetas, Ov. – poet. übtr., verborum vetus aetas, die alten Geschlechter der Wörter, die altgewordenen Wörter, Hor. de art. poët. 61. – **b** im weiteren Sinne, der **Zeitabschnitt,** die **Zeit** übh., aurea aetas, das goldene Zeitalter, Ov.: sempiternae saeculorum aetates, Cic. – omnia fert aetas, Verg.: quidquid sub terra est, in apricum proferet aetas, Hor.: longa aetas, die Länge der Zeit, Hor.: aetate tam longā, Flor.: aetate, durch die Länge der Zeit, infolge der Verjährung, Flor. 3, 13, 7. – ▶ Genet. Plur. gew. aetatum; doch auch nicht selten aetatium, Liv. u. a.

aetātula, ae, *f.* (*Demin.* v. aetas), das **Kindesalter,** in primis puerorum aetatulis, Cic. de fin. 5, 55. – bes. das **weichliche-,** od. das **frische Jugendalter** (s. Lorenz Plaut. most. 208 u. Pseud. 168. Halm Cic. Sest. 18. Hildebr. Apul. apol. 2), vexatores aetatulae suae, Cic.: parva aetatula, Anthol. Lat.: prima illa aet. sua, Cic.: dum tibi nunc haec aetatula est, in senecta male querere, Plaut.: quis vostrarum fuit integrā aetatulā? Caecil. fr.: ut parcius aetatulae indulgeret, sich den jugendlichen Ausschweifungen seltener hingab, Suet.: talis aetatula, solche Jugend – ein so junges, frisches Mädchen, Apul.: aetatulam meam illusit, Apul.

aeternābilis, e (aeterno), **ewiger Dauer fähig, unvergänglich, ewig,** Cod. Theod. 5, 14, 8 u. a.: urbs, v. Rom, *ibid.* 11, 20, 3. – ▶ Att. tr. 264 die Hdschrn. aeternabilem.

aeternālis, e (aeternus), **für ewige Dauer eingerichtet, ewig,** CIL 6, 9280 u. ö. Tert. adv. Iud. 6 u. a. Eccl.

aeternāliter, *Adv.* (aeternalis), **ewig** (Ggstz. temporaliter), Augustin. de civ. dei 10, 15 u. a. Eccl.

aeternitās, ātis, *f.* (aeternus), die **ewige Dauer, I** die **Ewigkeit,** aet. immutabilis, Cic.: ex aeternitate od. ex omni aeternitate verum esse, Cic.: est enim (divinatio) ab omni aeternitate repetita, Cic.: Plur., in perpetuas aeternitates, auf immer und ewig, Vulg. Dan. 12, 3. – **II** die **ewige, unvergängliche Dauer, die Unvergänglichkeit,** aeternitas animorum, im Zsh. auch bl. aeternitas, ewige Fortdauer der S., Unsterblichkeit, Cic.: u. so aet. animarum, Sen. ep. 102, 2: cedri materiae, Plin.: imperii, Suet. – dah. **a** ewige Fortdauer im Gedächtnis, **ewiges Gedächtnis, Verewigung,** alci aeternitatem immortalitatemque donare, Cic.: mortales aeternitate donare, Plin.: alqm aeternitati mandare, verewigen, Plin. pan.: opus aeternitate tuā dignum, deines unsterblichen Namens, Plin. ep. – **b ewige Wohlfahrt,** rogatus per aeternitatem tuam salutemque, Plin. ep. – **c Ewigkeit,** als

Titel der Kaiser, aeternitas vestra decernat, Symm.: adoratus aeternitatem nostram, spät. ICt.

1. aeternō, *Adv.*, s. aeternus.

2. aeterno, āre (aeternus), **ewig machen, verewigen,** Varr. b. Non. 75, 20. Hor. carm. 4, 14, 5.

aeternus, a, um, *Adj.* m. *Compar.* (zsgz. aus aeviternus v. aevum, s. Varr. LL. 6, 11. Prisc. 2, 62), **ewig, I** im engeren Sinne: deus, Cic.: causae, Cic.: tempus, Cic.: u. so res ab aeterno tempore fluentes in aeternum, von Ewigkeit zu Ewigkeit, Cic. – **II** im weiteren Sinne, **a ewig** = **ewig dauernd, von Ewigkeit her, unsterblich, unvergänglich, nie erlöschend, unzerstörbar, unvertilgbar, unverwelklich,** auch = **beständig, fortwährend,** nix, Sen. nat. qu. 4, 11, 5: tenebrae vinculaque, Cic.: bellum, Cic.: hostes, Liv.: servitus, Tac.: imperium, Curt.: silentium, Cic.: gloria, Cic.: aerumna, Cic.: sollicitudo, Sall.: consilia, ins Unendliche gehend, Hor.: sordes, von Ewigkeit her, Curt. 4, 1 (4), 22 H.: constitutio, Curt.: pro mortalibus gloriā aeterni, Unsterbliche geworden, Sall.: urbs (= *Roma*), Tibull. 2, 5, 23 u. Spät.: domus, Grabmal, CIL 1, 1008: aeterno devinctos amoris vulnere, Lucr., od. amore, Verg.: aeternior natura (ligni), Plin.: aeterniora mala, Lact.: *neutr. plur.* subst., aeterna moliri, unsterbliche Taten, Cic. – Dah. die adverb. Ausdrr.: **α** in aeternum, **auf ewig, auf immer,** Liv. u. a. – **β** aeternum, **auf ewig, auf immer,** Lucr., Verg., Hor., Hyg. fr. u. Tac. – od. **immer und ewig, immer wieder, ohne Aufhören,** Verg. u. Tac. – **γ** aeterno, **ewig, unaufhörlich,** Ov. u. Plin. – **b ewig** = ewig im Gedächtnis fortdauernd, **unsterblichen Namens,** Pergama, Verg.: virtus clara aeternaque habetur, Sall. – ► Genet. Plur. synk., aeternûm humanûm (= *deorum hominumque*) sator, Pacuv. tr. 295. – arch. urspr. Form aeviternus, s. bes.

aethachātēs, ae, *m.*, ein Achat, der angebrannt einen myrrhenartigen Geruch von sich gab, viell. **blutfarbiger Bernstein,** Plin. 37, 139 *Detl.*

Aethalia, ae, *f.* (Αἰθαλία), **I** = Ilva, s. d. – **II** der alte Name der Insel Chios, Plin. 5, 136.

aethalus, ī, *m.* (αἴθαλος), die **Rußtraube,** eine Art edler Weintrauben in Ägypten, Plin. 14, 74.

aethēr, eris, Akk. era, *m.* (αἰθήρ), **I** appell.: **A** die **feurige Luftregion,** die **obere, feinere Luft,** der **Äther** (Ggstz. aër), oft bei Lucr. u. a.: ab *aethere* lucidissimo *aër* in terram usque diffusus est, Sen. nat. qu. 2, 10, 1. – dah. bei den alten Philosophen (Stoikern) als Sitz u. Prinzip der alles befruchtenden Lebenswärme, des **Elementarfeuers,** Lucr. u. Cic.; vgl. Voß Verg. georg. 4, 221. p. 805. – bei den Dichtern als der alles umschließende **Himmelsraum,** aus u. in dem die Gestirne entstehen, der **Himmel, Äther,** bes. als Wohnsitz der Götter, dessen Herr Zeus ist (Verg. Aen. 12, 140), der sogar mit ihm als höchstes, göttliches Wesen identifiziert wird (s. unten *no.* II), famā super aethera notus, Verg.: Iuppiter aethere summo despiciens, Verg.: ne forte sacer (heilige, als Göttersitz) tot ab ignibus aether conciperet flammas, Ov.: stellae sub aethere fixae, Ov. – dah. meton.: **a** (wie caelum) der **Himmel** = die **Himmelsbewohner, Götter,** oneravit aethera votis, Verg.: alqm in aethere ponere, in den Himmel (unter die Götter) versetzen, Ov. – **b** der **Himmel** = die **himmlischen Dinge,** Delphosque meos ipsumque recludam aethera, Ov. met. 15, 144 *sq.* – **c** der eine Gottheit umstrahlende **Lichtglanz,** aethere plena corusco Pallas, Val. Flacc. 5, 182. – **B** poet. übtr.: **1** (= *aër*) die **Luft** übh., clamor ad caelum volvendus per aethera vagit, Enn.: verberare aethera pennis, Verg.: ferar per liquidum aethera, Hor.: patuit mihi pervius aether, Ov. – **2** die **heitere Höhe** = die **Oberwelt** (im Ggstz. zur Unterwelt), aethere in alto, Verg.: tanges aethera, Ov. – **II** *nom. pr.*, Aether, **Äther,** Sohn des Erebus und der Nacht, Vater des Cälus, mit Jupiter identifiziert als befruchtender Gott, Gatte der Mutter Erde, Lucr. 1, 250. Cic. Acad. 2, 126; de nat. deor. 1, 40; 3, 44. Verg. georg. 2, 325. Ov. Ib. 72: nach anderen Vater des Jupiter, Großvater des Sol, Arnob. 4, 14. – ► Genet. aetheros, Stat. silv. 4, 2, 25; Theb. 3, 525: Akk. aetherem (neben aërem) erst Tert. adv. Marc. 1, 13. Serv. Verg. Aen. 1, 47 u. 58; 2, 296. Mam. Claud. de statu anim. 2, 12, 7. – Plur. aethera bei Spät.

aethera, ae, *f.*, spät. Nbf. v. aether (s. d.), Apul. de mund. 1, p. 107, 23 *codd.*: Abl. aethera, Gromat. vet. 350, 18.

aetherius (falsch aethereus), a, um (αἰθέριος), **I zum Äther gehörig, ätherisch,** natura, Cic.: haustus, Verg. – dah. **zum Äther** als Sitz der Götter, d. i. **zum Himmel gehörig, himmlisch,** domus, Hor.: arces, Ov.: umbrae, durch den Himmel verbreitete, Catull.: equi, Sonnenpferde, Ov.: mons aetherio vertice, hoch, bis zum Himmel sich erhebend, Tibull.: ignes, himmlische, heilige Begeisterung, Ov. – **II** poet. übtr.: **1 zur Luft** übh. **gehörig, luftig,** nubes, Lucr.: aurae, Verg.: nimbi, Verg.: aqua, Regen, Ov. – **2 zur Oberwelt gehörig** (im Ggstz. zur Unterwelt), **der Oberwelt,** aurae, die Oberwelt, Verg.: vesci aurā aetheriā, atmen, leben, Verg.: aethereā frui luce, Sil.: ire aetheriam in lucem, Sil.

Aethiopes, um, Akk. as, *m.* (Αἰθίοπες), die Bewohner des Landes Äthiopien (im engeren und weiteren Sinne, s. unten), schwarz von Hautfarbe, die **Äthiopier,** Plin. 2, 189. Cic. de div. 2, 96. Sen. nat. qu. 1. pr. § 9. – im Sing. **Aethiops,** opis, *m.* (Αἰθίοψ), **Mohr, Schwarzer** übh. (Ggstz. albus), Iuven. 2, 23. Plin. 32, 141: atrae gentes et quasi Aethiopes, Mel. 3. § 67: dem Begegnenden ominös, s. Iuven. 6, 600 *sq.* Flor. 4, 7, 7: berüchtigt als dämische Menschen, cum stipite Aethiope, mit einem stockdummen Mohren, Cic. post red. in sen. 14. – Attrib., Aethiopes aniculae, Lampr. Heliog. 32, 5: Aethiopes lacus, äthiopische Seen, Ov. met. 15, 320 (vgl. wegen der Sache Isidor. 13, 13, 4). – ► Aethīops mit langem i sprachwidrig b. Sidon. carm. 11, 18. – Dav.: **1 Aethiopia,** ae, *f.* (Αἰθιοπία), im weiteren Sinne alles Land am Südrand der Erde, im engeren Sinne (Aethiopia supra Aegyptum) das südlich von Philä am Nil aufwärts gelegene, vom Arabischen Meerbusen begrenzte und bis an die Küste des indischen Meeres reichende Land, j. »Habesch, Abessinien, Ajan usw.« bis ungefähr 10° s.B., bei den Alten in ein östliches und westliches geteilt (dah. auch zuw. Plur. s. Plin. 5, 43 u. Sen. nat. qu. 1. praef. 7), Plin. 6, 187 *sqq.* Mel. 1, 9, 1 (1. § 49) Sen. nat. qu. 4, 2, 17. – für **Mohrenland** übh., ex Aethiopia ancillula = eine Mohrin, Schwarze, Ter. eun. 165. – **2 Aethiopicus,** a, um (Αἰθιοπικός), **äthiopisch,** bellum, Plin.: mare, Mela: oceanus, ein Teil des Atlant. Ozeans zunächst dem westl. Afrika unter dem Äquator, Plin. – **3 Aethiopis,** idis, Akk. ida, *f.* (Αἰθιοπίς), eine Art Salbei, wahrsch. *Salvia Aethiopis* (L.), **Mohrensalbei,** Plin. 24, 163 u. ö. – **4 Aethiopissa,** ae, *f.* (Αἰθιόπισσα, schlechte Form st. Αἰθιοπίς), die **Äthiopierin,** Vulg. numer. 12, 1. Ambros. apol. David. 4, 18 u. ep. 63, 57. Hieron. ep. 22. ad Eustoch. c. 1. – **5 Aethiopus,** ī, *m.* = Aethiops, der **Äthiopier,** attrib. = **äthiopisch,** rhinoceros, Lucil. sat. 3, 9.

Aethna, s. Aetna.

1. Aethra, ae, *f.* (Αἴθρα), **I** Tochter des Königs Pittheus in Trözene, von Ägeus Mutter des Theseus, Hyg. fab. 14. Dict. 1, 3. Ov. her. 10, 131. – **II** Tochter des Oceanus, mit der Atlas 12 Töchter, die Hyaden, u. den Hyas zeugte, Ov. fast. 5, 171.

2. aethra, ae, *f.* (αἴθρα), die **Ätherregion** der Gestirne, die **heitere Bläue des Äthers,** die **helle, reine Luft** (vgl. Serv. Verg. Aen. 3, 585). Iul. Strab. tr. 3 (p. 228 R²). Enn. ann. 418. Lucr. 6, 467. Verg. Aen. 3, 585; 12, 247. Stat. silv. 1, 2, 135. – u. **der freie Himmel,** sub aethra, Ps. Cypr. Sodom. 121.

Aethūsa, ae, *f.* (Αἴθουσα), Tochter des Neptun und der Alkyone, Apollos Geliebte, Arnob. 4, 26 (wo Plur. = Frauen wie Äth.).

Aetīna, s. Aetna ►.

aetiologia, ae, *f.* (αἰτιολογία), das **Aufsuchen und Nachweisen der Gründe, die Beweisführung,** rein lat. causarum inquisitio, Gramm.

Aëtiōn, ōnis, *m.* (Ἀετίων), ein berühmter griechischer Maler, wahrscheinlich Zeitgenosse Alexanders des Großen, Cic. Brut. 70. Plin. 35, 50.

aetitē, Akk. ēn, *f.*, eine uns unbekannte Schlingpflanze, Plin. 24, 139.

aëtītēs, ae, *m.* (ἀετίτης), der **Adlerstein,** ein uns unbekannter Stein, der sich im Nest des Adlers finden soll, Plin. 10, 12 u. ö. Solin. 37, 15.

aëtītis, idis, *f.* (ἀετιτις), ein Edelstein, der eine Ähnlichkeit mit der Farbe des Adlers hat, Plin. 37, 187.

Aetna, ae, *f.* (Αἴτνη; dah. auch die griech. Form **Aetnē,** ēs, *f.,* z. B. Ov. met. 13, 877, M^2, s. Burm. Ov. met. 2, 220. Weber Lucan. 5, 99), I der feuerspeiende Berg **Ätna** auf Sizilien, noch j. *Etna,* Lucr. 6, 639. Sen. ep. 79, 4. Plin. 2, 236. – nach dem Mythos die Bergmasse, die Jupiter auf den Giganten Typhóeus (od. Typhon) od. Enceladus (s. Ov. met. 3, 303. Verg. Aen. 3, 578) warf; dah. sprichw., onus Aetnā gravius, von einer schweren Last, Cic. de sen. 4. – oder nach anderen im Innern die Werkstätte Vulkans u. seiner Zyklopen, die hier Jupiters Blitze schmieden, s. Cic. de div. 2, 43. Verg. georg. 1, 472, dazu Voß p. 191 *sqq.* – In seinen Krater stürzte sich der Philosoph Empedokles, Hor. de art. poët. 465. – Plur. appell. = feuerspeiende Berge, Aetnae omnes, Lucil. sat. 3, 14. – Dav. **Aetnaeus,** a, um (Αἰτναῖος), zum Ätna gehörig, **ätnäisch, des Ätna,** ignes, Cic.: favillae, Amm.: als Beiname Vulkans, deus, Val. Flacc.: u. der Zyklopen, fratres, Verg.: pastor, der Zyklop Polyphem, Ov.: flumen, Ov. – Plur. subst., Aetnaeī, ōrum, *m.,* die **Anwohner des Ätna,** Iustin. 22, 1, 11. – dah. meton. (*pars pro toto*) = **sizilisch,** tellus, Sizilien, Ov.: triumphi, Sil. – II Stadt am Fuße des Berges Ätna, früher *Innesa,* j. *Nicolosi,* Cic. Verr. 3, 105. – Dav. **Aetnēnsis,** e, zur Stadt Ätna gehörig, **ätnensisch,** ager, Cic.: Plur. subst., Aetnēnsēs, ium, *m.,* die Einwohner der Stadt Ätna, die **Ätnenser,** Cic. u. Plin. – ► Die gedehnte Form Aetina bei Plaut. mil. 1060 (1065) R.

Aetōlī, ōrum, *m.* (Αἰτωλοί), die **Ätolier,** die nach Ätolus (Sohn des Endymion), der mit einer Schar Epeer (äolischen u. pelasgischen Stammes) aus Elis flüchtete, benannten Bewohner der Landschaft Ätolia, die sich später zum ätolischen Bund vereinigten, Liv. 31, 28 *sqq.* Plaut. capt. prol. 24 u. 59: Genet. Aetolûm, Verg. Aen. 11, 308. Stat. Theb. 2, 372. – *Adj.* **Aetōlus,** a, um (Αἰτωλός), **ätolisch,** cives, Plaut.: legati, Liv.: plagae, mit Anspielung auf Meleager u. die kalydonische Jagd, Hor.: u. so arma, cuspis, des Ätoliers Diomedes, Verg.: urbs od. Arpi, die von Diomedes gegründete Stadt Arpi in Apulien (s. Diomēdēs), Verg.: dah. campi, die ätolischen = apulischen Ebenen (von Kannä), Sil. – Dav. abgeleitet: 1 **Aetōlia,** ae, *f.* (Αἰτωλία), die im westl. Griechenland zwischen dem ozolischen Lokris u. Akarnanien gelegene Landschaft **Ätolien,** südlich von Thessalien u. Epirus, j. etwa *Artinia* u. *Lepanto,* Cic. u. a.: Abl. Aetoliā, aus Ät., CIL 1, 534. – 2 **Aetōlicus,** a, um (Αἰτωλικός), **ätolisch,** aper, der erymanthische Eber, Plaut.: bellum, Liv. – 3 **Aetōlis,** idis, Abl. ide, *f.* (Αἰτωλίς), die **Ätolierin,** Deïanira (Tochter des Öneus, Königs von Ätolien), Ov. her. 9, 131. – 4 **Aetōlius,** a, um (Αἰτώλιος), **ätolisch,** heros, der Ätolier Diomedes, Ov. met. 14, 461.

aëtōma, ae, *f.* (ἀέτωμα), das **dreieckige Giebelfeld** eines Tempels usw.; Abl. aëtomate, CIL 3, 6671. – Heteroklit. Genet. aëtomae, CIL 3, 1212.

Aetrūria, s. Etrūria.

aevifico, āre (aevum u. facio), **verewigen,** nomen, *Enn. ann. 404.

aevitās, ātis, *f.* (alte Form für aetas, v. aevum, s. Prisc. 2, 62), I die **Zeitlichkeit** = der einer Person zufallende Zeitteil, aevitatis extima meta, Varr. fr.: die **Lebenszeit,** das **Lebensalter** des Menschen, aevitates censento, XII tabb. b. Cic. de legg. 3, 7: si morbus aevitasve vitium escit, hohes Alter, XII tabb. b. Gell.: aevitatem annali lege servanto, das Amtsalter, XII tabb. b. Cic. – II die **ewige Dauer, Ewigkeit,** ad aevitatem temporis, Apul. dogm. Plat. 1, 12. Vgl. Placid. gloss. (V) 5, 12.

aeviternus, a, um (aevum), alte Form für *aeternus* (s. Varr. LL. 6, 11. Prisc. 2, 62), hominum domus, Varr. sat. Men. 437: naturae prorsus ac retro aeviternae, vor- u. rückwärts ewig, ohne Anfang u. Ende, Apul. de deo Socr. 3. p. 7, 15 H. u. öft. in Inschriften.

aevos, ī, *m.,* s. aevum ►.

aevum, ī, *n.,* altl. aevom, griech. αἰών, altind. *ắyuḥ,* Leben, gotisch *aiws,* Zeit, ahd. *ēwa,* I die **schrankenlose, ewige Zeit, die Ewigkeit,** Lucr. u. a. Dicht.: in aevum, für alle Zeit, Hor. u. Plin.: ex aevo, von Ewigkeit her, von jeher, Vitr.: ab aevo condito, seit Anbeginn der Welt, Plin. – dah. **die ewige Dauer, Unvergänglichkeit, Unsterblichkeit,** populis donare mortalibus aevum, Lucan. 9, 981. – II die **Zeitlichkeit,** A der einer Pers. od. Sache ihrer inneren Natur nach zufallende Zeitteil, 1 die **Lebenszeit,** die natürliche **Lebensdauer,** das **Leben,** a im Allg.: longissimi humani aevi (Menschenalters) termini, Sen.: imbecilla (natura hominum) atque aevi brevis, Sall.: agitare aevum, Enn. fr.: aevum agitare sub legibus, Verg.: aevum agere in armis, Pacuv. fr.: in beatorum insulis immortale aevum degere, Cic. fr.: aevum exigere studiis, Ov.: aevum traducere leniter, Hor.: impendere omne aevi sui spatium in id solum opus, Vell.: si tanta cupiditas longioris aevi te tenet, Sen.: interiit anno aevi quarto et quadragesimo, Aur. Vict. epit.: toto aevo suo alqd accipere, Vopisc. – v. Lebl., perbrevis aevi Carthaginem esse, Liv. 28, 35, 11. – b insbes. ein **Menschenalter** (von 30 Jahren), eine **Generation,** ter aevo functus, Hor. carm. 2, 9, 13. – 2 die Lebenszeit, in der jmd. gerade steht, das **Lebensalter,** die **Jahre,** das **Alter,** die **Altersstufe,** a übh.: meum, Hor.: iuvenile, Sen.: omnis aevi homines, Menschen jedes Alters, jung und alt, Suet.: aevo florente puella, Lucr.: flos aevi, die Jugend, Lucr. u. Ov.: integer aevi, in der Blüte der Jahre, Verg.: dass. aevi integri, Enn. tr. fr.: primo exstinguor in aevo, Ov.: u. übtr.: das **Alter,** die **Dauer** der Tiere u. Pflanzen, piscium, arborum, Plin.: crescit, occulto velut arbor aevo, fama Marcelli, unvermerkt, Hor. – b insbes., das **hohe Alter,** aevo macieque senescunt, Lucr.: aevo confectus, Verg.: aevo iam graves, Lampr.: annis aevoque soluti, Ov.: aevi maturus, hochbejahrt, Verg.: grandis aevo, Tac. – B der einer Pers. od. Sache nur äußerlich zufallende Anteil an der ewigen Zeit, 1 die **Zeit** = das **Zeitalter,** omnis aevi clari viri, Liv.: intra tam brevis aevi memoriam, Liv.: ingenia nostri aevi, die in unserer Zeit leben, Vell.: nostro aevo, Vell.: eius aevi rex, Plin.: Plur. omnibus aevis, Ov.: omnibus ex eo aevis, Plin.: tot aevis, Plin. – 2 die **Zeit** übh., veteris non inscius aevi, Ov.: aevum (die Jahrhunderte) animo percurrere, Sen.: qui praesenti potentiā credunt exstingui posse etiam sequentis aevi memoriam, Tac.: corpus aevo (durch die Länge der Zeit) terrāque putrefactum, Plin. ep.: rursus aevo durat, hält wieder lange Zeit, Plin. – ► Nbf. **aevos,** ī, *m.,* Akk. om, *m.,* Plaut. Poen. 1187. Lucr. 2, 561; 3, 603. Verg. georg. 3, 100 u. 4, 154; Aen. 9, 609.

af, s.3. ā (ab, abs) a. E. ►.

afannae, ārum, *f.,* **leere Ausflüchte, Ausreden, Winkelzüge,** Apul. met. 9, 10 u. 10, 10.

Āfer, s. Āfrī.

affaber, bra, brum (ad u. faber) = ἔντεχνος, a aktiv, **kunstfertig, kunstreich,** Symm. ep. 3, 17. – b passiv, **kunstgemäß,** Paul. ex Fest. 28, 1.

affābilis, e, *Adj.* m. *Compar.* (affor), **ansprechbar,** d. i. **leutselig, zutulich,** affabilis, blandus, Nep.: meditor esse affabilis, Ter.: in omni sermone omnibus affabilem et iucundum esse velle, Cic.: sermone affabilis accessuque facilis, Sen.: nec visu facilis nec dictu affabilis ulli, Verg.: odium blandum et affabile, Sen.: huius pueritia affabilis parentibus, Spart.: alius erit affabilior, alius expeditior, alius promptior in eloquendo, Sen. ep. 79, 9. – v. Tieren, affabiles colubrae, Arnob. 4, 26.

affābilitās, ātis, *f.* (affabilis), die **Ansprechbarkeit,** die **Leutseligkeit, Zutulichkeit,** comitas affabilitasque sermonis, Cic. de off. 2, 48 (u. aff. sermonis, Ambros. de off. 2, 7, 29): aff. amici, Petr. 61, 3: aff. (eis) solita, Cassian. coen. inst. 8, 10 u. 11; 9, 4: aff. seria, Arnob. 5, 27: facilitas blandae affabilitatis, Ambros. de off. 2, 7, 30.

affābiliter, *Adv.* m. *Superl.* (affabilis), **leutselig,** alloqui, Spart. Car. 3, 2: affabilissime dicere, Gell. 16, 3, 5.

affabrē, *Adv.* (affaber) = ἐντέχνως, **kunstgemäß, kunstgerecht** (Ggstz. infabre), factus, Cic. I. Verr. 14; vgl. Gell. 7, 7, 5. Prisc. 15, 11.

af-fabricor (ad-fabricor), ātus sum, ārī, **anbauen,** caverent ne quis villae adfabricaretur sepulcrum, Capitol. Aur. 13, 14: non enim frustra consuetudo quasi secunda et quasi affabricata natura dicitur, Augustin. de music. 6, 7.

affābulātio, ōnis, *f.* (ad u. fabula), die **Nutzanwendung einer Erzählung,** als Übersetzung von ἐπιμύθιον, Prisc. praeexerc. rhet. 1, 4 (III, p. 431, 1 K.).

affāmen (adf.), minis, *n.* (affor), die **Ansprache, Anrede,** Apul. met. 11, 7 u. 30. Iuvenc. 1, 91. Ven. Fort. carm. 5, 1, 3.

af-fatim (ad-fatim), *Adv.* (von ad u. fatim, v. *fatis, vgl. fatigo), **zur Genüge, hinlänglich, mehr als genug,** miseria una uni quidem homini est aff., Plaut.: aff. edi, bibi, lusi, Liv. Andr. fr.: aff. vesci seminibus, Cic.: aff. frumentum praebere, Sall.: aff. armare alqm alqā re, Liv.: aff. dicere de alqa re, Plin.: aff. dites, Mela: frumento coëmpto aff. onustus, Apul.: Oceanus aff. piscosus, Iustin. – subst. m. *Genet.*, aff. est hominum, Plaut.: pecuniae aff. est, Liv.: sibi copiarum aff. esse, Liv.: habetis aff. lignorum, Liv.: vini aff. reliquit, Iustin.

affātio, ōnis, *f.* (affor) = πρόσφασις, die **Anrede,** Iren. 2. praef. 1. Gloss. II, 7, 9.

affātīvus (adfātīvus), a, um (affor), ›mi‹ aliquando ponitur pro adverbio adfativo, ut ›vale mi frater carissime mihi‹, Suet. verb. diff. p. 278, 14 Reiff.

1. affātus, a, um, s. af-for.

2. affātus, ūs, *m.* (affor), das **Anreden,** die **Anrede, Ansprache** (poet.), Verg. u. a. – Abl. Plur. affatibus, Augustin. ep. 259, 5. Greg. Tur. hist. Franc, 1, 43. Gloss. V, 490, 33 u. ö.

af-faveo (ad-faveo), ēre, **begünstigen,** malis suis, Augustin. serm. 312, 2 *extr.*

affectātē (affecto), **manieriert,** Mart. Cap. 5. § 551. Serv. Verg. georg. 1, 8.

affectātīcius, a, um (affecto), **gesucht, geziert,** virtus, Cassian. inst. 4, 24, 1: simulatio, Cassian. coll. 17, 17, 6.

affectātio, ōnis, *f.* (affecto), **I** das **eifrige Streben,** das **Trachten,** die **Sucht, Begier** nach etw., sapientiae, Sen.: decoris, Plin.: alienae fortunae, Sen.: imperii, Suet.: quietis, Absichtlichkeit in der Wahl der Schlafenszeit, Tac.: Germanicae originis, Anspruch auf g. Ursprung, Tac.: mire circa id (verst. aes Corinthium) multorum aff. furit, viele streben mit wahnsinniger Begier danach, Plin.: caeli, die Erforschung, Plin. – **II** (rhet. *t. t.*) die **Ziererei,** die **Sucht originell zu sein,** das **Erkünstelte, Gesuchte,** nimia, Suet.: nimia verborum, priscorum, Suet.: nimia subtilitatis, Quint.: unius verbi, Quint.: aff. mala = κακόζηλον, die verkehrte Nachahmung, Affektation, Iul. Vict. art. rhet. 22 (p. 436, 5 *ed. Halm*).

affectātō, *Adv.* (affectatus v. affecto), mit **aller Absicht,** Lampr. Heliog. 17, 4.

affectātor, ōris, *m.* (affecto), der **von dem Streben-, von der Sucht** nach etw. **Beseelte,** iusti amoris, Eutr.: bes. tadelnd, regni, Quint.: tyrannidis, Vulc. Cass.: imperii, Spart.: pulchritudinis, Apul.: Cicero nimius risus aff., ein allzu großer Freund des Lächerlichen, Quint.

affectātrīx, īcis, *f.* (affectator), die **Nachäfferin,** veritatis, Tert. praescr. haeret. 7.

affectātus, a, um, s. af-fecto.

affectē, *Adv.* (affectus), **ergriffen,** mit **Empfindung,** Tert. de anim. 45.

affectio, ōnis, *f.* (afficio), **I** aktiv, die **Einwirkung,** der **Eindruck** auf usw., praesentis mali sapientis (auf den W.) affectio nulla est, Cic. Tusc. 4, 6, 14. – **II** passiv, das durch gewisse äußere Einwirkungen bewirkte Verhältnis, der **Zustand, 1** das durch äußere Umstände bewirkte Verhältnis einer Sache zur anderen, die **Beziehung,** quaedam ad res aliquas aff., Cic. top. 68 u. 70. – **2** der **Zustand,** die **Beschaffenheit,** caeli, astrorum, die Konstellation, Cic. – **3** die **Stimmung** des Körpers od. Geistes (s. Cic. de inv. 1, 36), **a** des Körpers, die **Verfassung, Veranlagung,** firma corporis aff., feste Gesundheit des Körpers, Cic. Tusc. 5, 27. – **b** des Geistes, Gemütes, die **Verfassung, Stimmung, Aufgelegtheit,** auch **Gesinnung,** mit u. ohne *animi,* oft b. Cic. – dah. prägn., **α** als Übersetzung von πάθος = das aufgeregte, lebhafte Gefühl, die **Gemütsbewegung,** der **Affekt,** Gell. 1, 26, 10 u. ö. Augustin. c. Iulian. 6, 18 (wo Plur.). – **β** die »wohlwollende, zärtliche Stimmung« = die **Neigung, Liebe, Zärtlichkeit,** nullā affectione animi, ohne Vorliebe, Tac.: u. so aff. vera, Iustin.: simiarum generi praecipua erga fetum aff., Plin.: laetas inter audientium affectiones, unter freudiger Bewegung, Bezeugungen der Anhänglichkeit, Tac. – u. meton., affectiones, die Gegenstände der Liebe, die **Lieben** = die Kinder, Cod. Theod. 13, 9, 3. Auct. itin. Alex. 16 (39). – **γ** die **Willenskraft,** der **Wille,** tenendi, ICt.: absol., nostra aff., ICt. – **δ** das **Streben** nach etw., tyrannidis, Vulc. Gall. Avid. Cass. 1, 5.

affectiōnālis, e (affectio), **das Gemüt (die Empfindung) betreffend,** qualitas, Augustin. c. Iulian. 6, 18, 54.

affectiōsus, a, um (affectio), **voll Neigung,** Tert. de anim. 19. – *Adv.* **affectiōsē,** Cassiod. var. 8, 11, 12. Vgl. affectuosus, -ose.

affectīvus, a, um (affectus), **I ergreifend, rührend,** Boëth. Aristot. top. 1, 13. p. 670. – **II einen Affekt (Willen) bezeichnend,** Prisc. 17, 36.

af-fecto (ad-fecto), āvī, ātum, āre (afficio), **sich an etw. machen, I erfassen, ergreifen, 1** eig. (u. bildl.): **a** im Allg.: ubi nulla datur dextrā affectare (*sc.* navem) potestas, es zu ergreifen, zu erhaschen, Verg. Aen. 3, 670: u. (bildl.) affectare viam (iter), einen Weg einschlagen, sich einen Weg bahnen, sich Bahn brechen, um zu einem Ziel zu gelangen od. wohin zu gelangen, ad eam rem adfectas viam (du gehst darauf aus), ut etc., Plaut. Men. 686: eam adfectat viam, ut etc., Plaut. aulul. 575: quae dominatio quam viam munitet et quod iter adfectet, videtis, Cic. Rosc. Am. 140.: viam affectat Olympo (zum O. = zur Unsterblichkeit), Verg. georg. 4, 562: ad alqm aff. viam, sich Bahn brechen, Eingang suchen, Ter. heaut. 301; Phorm. 964 (kühn auf jmd. losgehen). – **b** eine Frauensperson **beschlafen,** ancillam hospitis, Capit. Maximin. 12, 4: mulierem, Ps. Apul. de herb. 16, 3 *lemm.* – **2** übtr.: **a auf** etw. **sich einlassen, mit** etw. **sich befassen,** eam rem, Liv. 29, 6, 2: m. *ad* u. Akk., ad quod (opus) Romanum non affectasset ingenium, Firm. math. 5. praef. p. 115 *ed. Basil.* – **b** etw. **erringen, sich aneignen** od. **verschaffen,** regnum, Liv. 1, 46, 2: opes (Macht), Liv. 24, 22, 11. – **c** jmd. **heimsuchen,** gravi morbo affectari, Liv. 29, 10, 1. – **II** etw. **anstreben, erstreben, 1** nach etw. **trachten, streben,** etw. **sich anzueignen suchen, auf** etw. **bedacht sein, es auf** etw. **absehen** (im guten u. üblen Sinne), **a** im Allg.: omni diligentiā munditiam, non affluentiam, Nep.: artem, Val. Max.: elegantiam Graecae orationis Latinis verbis, Gell.: spem potiundae Africae, zu verwirklichen suchen, hegen u. pflegen, Liv.: u. so easdem spes, Ov. – im üblen Sinne, caelum, Ov.: immortalitatem, Curt.: famam eruditionis, clementiae, Quint. u. Tac.: plausum, Quint.: non admodum commoda fisci, Eutr.: diligentiam in supervacuis, sorgfältig zu erscheinen suchen, Plin.: studium carminum, den Dichter zu machen suchen, Tac.: dicacitatem in deformibus lucris, gern Witze machen bei usw., Suet. – m. *ad* u. Akk., ad gloriam, Tert. apol. 39: ad omnem malitiae suae scaenam (Trugwerk), Tert. de anim. 46. – m. *Infin.* = darauf ausgehen, es darauf absehen, sich unterfangen, Plaut. Bacch. 377. Ov. am. 2, 39. Sil. 4, 138. Stat. Theb. 1, 132. Auson. parent. 26, 12. Amm. 25, 4, 18. Porphyr. Hor. sat. 2, 3, 275: u. so m. *Nom.* u. *Infin.*, qui docti esse affectant, gelehrt erscheinen wollen, Quint. 10, 1, 97 (vgl. 5, 10, 28): tu tamen affectas, Nestor, dici atque videri pauper, Mart. 11, 32, 5: u.m. *ut* u. Konj., Eutr. 5, 4. Ambros. de off. 3, 16, 97. – **b** in polit. Beziehung, **α** übh. etw. **erstreben,** nach etw. **streben, Gelüste tragen, es auf** etw. **absehen, sich um** etw. **bewerben,** bellum Hernicum (nach der Führung des Kr.), Liv.: Galliarum societatem arte donisque, Tac.: studia militum spe successionis, Tac.: honorem, Sall.: dominationes, Sall. fr.: regnum, Curt.: imperium (Herrschaft, Thron), Liv.: tyrannidem, Quint.: regium nomen, Suet. – **β** nach einem Land usw. **Gelüste tragen, es auf seine Seite zu bringen, es zu gewinnen suchen, sich zu unterwerfen suchen,** Gallias, Vell.: proximas civitates, Tac.: Siciliam, Flor.: civitates formidine aut pollicitando praemia, Suet. – **2** etw. **erkünsteln, erheucheln,** decus in dicendo, Quint.: in verbis effusiorem cultum, Quint.: daher Partiz. affectatus, a, um, v. der Rede usw., **gekünstelt, gesucht, erheuchelt,** subtilitas affectata, Quint.: affectata aliis castitas, tibi ingenita atque innata, Plin. pan. – m. dopp. *Acc.*, sunt qui se divites affectant, sich für reich ausgeben, Augustin. serm. 36, 1 u. 7. – m. *Acc.* u. *Infin.*, homo, qui se divitem videri affectat, sich so stellt, dass er reich erscheint, Augustin. ep. 36, 1.

affector, ātus sum, ārī (Nbf. v. affecto), nach etw. **eifrig streben, -trachten,** etw. **zu gewinnen suchen,** regnum, Varr. b. Diom. 382,

4: amorem cunctorum, Cassiod. var. 8, 20: agriculturam, sich mit A. befassen, Fulg. Myth. 3, 2.

affectōrius, a, um (affectus), **einwirkend,** vis quaedam, Augustin. de gen. ad litt. 16 (wenn nicht viell. effectoria zu lesen ist).

affectuōsē, *Adv.* (affectuosus), **voll Neigung,** Serv. Verg. ecl. 9, 27: *Compar.,* Cassiod. var. 3, 4: *Superl.* b. Sidon. ep. 4, 11. § 5. Vgl. affectiose (affectiosus).

affectuōsus (adf.), a, um (2. affectus), **neigungsvoll, liebevoll, zärtlich,** Macr. sat. 2, 11, 5 u. a. Spät. Vgl. affectiosus.

1. **affectus,** a, um, *PAdj.* m. *Superl.* (v. afficio), **angetan, I** m. *Abl.* = mit etw. **begabt, versehen, ausgerüstet, ausgestattet,** virgis, spoliis, Plaut.: audaciā, Ter.: virtutibus, vitiis, Cic. – **II** absol., irgendwie körperlich oder geistig »behaftet«: **1** körperlich, in einer gewissen Verfassung, einem gewissen Zustand befindlich, **aufgelegt, beschaffen, eingerichtet, a** übh.: quomodo te offendo affectum, Ter.: num manus recte affecta (in einem fehlerfreien Zustand) est, cum in tumore est, Cic.: quemadmodum oculus conturbatus non est probe affectus (nicht gehörig im Stande) ad suum munus fungendum, Cic.: sic ad somnum proficisci corporibus affectis, ut etc., sich dem Schlaf in einer solchen Verfassung überlassen, Cic. – übtr., vom Himmel, quomodo affecto caelo compositisque sideribus (bei welchem Zustand des Himmels, bei welcher Stellung der Sterne, d. i. unter welcher Konstellation) quodque animal oriatur, Cic. – **b** von nachteiliger Einwirkung, **angegriffen, mitgenommen, leidend, geschwächt, erschöpft, zerrüttet,** mulier, Plaut.: Caesarem graviter affectum iam videram, Cic.: iam quidem affectum (schwach) sed tamen spirantem adhuc Augustum reperit, Suet.: valetudine affectus, an der Gesundheit angegriffen, krank, Caes.: ultime affectus, Apul.: aetate od. senectute iam affectus, Cic.: affectā iam aetate, Cic.: corpore aegro affectoque, Gell.: affecto eo, erkrankt, Liv. epit.: in corpore affecto vigebat vis animi, Liv.: *Superl.,* hinc remiges *firmissimi,* illinc inopiā *affectissimi,* Vell. 2, 84, 1. – übtr., pars rei publicae male affecta, Cic.: civitas aegra et affecta, Cic.: affecta res familiaris, affectae res, zerrüttet, Liv.: affectae civitates, hart mitgenommene, Dict.: affecta alcis fides, der wankende Kredit, Tac.: affecti animi, der gesunkene Mut, Liv. – **c der Vollendung nahe** (vgl. Gell. 3, 16, 17), aedificia et templa et alia fere multa, quae prope absoluta affectaque sunt, Gell. 15, 5, 2: bes. der Zeit nach, **dem Ende nahe, zur Neige gehend,** bellum *affectum* videmus, et, ut vere dicam, *paene confectum,* Cic.: bes. von den Jahreszeiten, aestate iam prope affectā, im Spätsommer, Cic. fr.: hieme affectā, Sil. – **2** geistig, in irgendeiner Verfassung od. Stimmung befindlich, **angegriffen, ergriffen, gestimmt, gesinnt,** ita magis affectis animis iudicum quam doctis tua est a nobis tum accusatio victa, mehr durch Rührung der R., als durch Überzeugung, Cic.: quo modo sim affectus, Cic.: eodem modo erit sapiens affectus erga amicum, quo in se ipsum, Cic.: est miro quodam modo affectus, verstimmt, Cic.: affectos (die bekümmerten) animos recreavit, Cic. – ► *Compar.* affectior, Quint. 12, 10, 45.

2. **affectus,** ūs, *m.* (afficio), der durch äußere Eindrücke bewirkte körperliche od. geistige **Zustand, I** der körperliche **Zustand,** die **Verfassung,** corporis affectus (Plur.), Cels. 3, 18 *in.* u. (ohne *corporis*) 2, 15 *extr.* – **II** der geistige **Zustand,** die **Verfassung, Stimmung** des Gemüts, **1** im Allg.: animi, Cic.: mentis, Ov. – absol. = der **Gemütszustand,** die **Gemütsstimmung,** die **Regung des Herzens,** die **Empfindung,** das **Gefühl,** tacitus, Ov.: publicus, öff. Stimmung, Sen.: intimi affectus mei, Sen.: matrum affectus, Tac.: veri affectus (Ggstz. affectus ficti et imitati), Quint. u. Tac.: hunc affectum adversus omnes habere, Sen.: dubiis affectibus errat, Ov. – **2** das erregte lebhafte Gefühl = die **Aufwallung,** die **Gemütsbewegung, Leidenschaft** (klass. animi motus od. commotio), griech. πάθος (vgl. Quint. 6, 2, 8. Gell. 1, 26, 10), amoris, avaritiae, metus affectus, Quint.: diversos affectus exprimere, flentis et gaudentis, Plin.: affectus erumpunt, frigescunt, languescunt, tepent u. dgl., Quint. – Insbes.: **a** von heftigen Regungen (vgl. Sen. ep. 75, 10), die **Leidenschaft** = die **Gier,** das **Verlangen,** Plin. pan., Tac. u. Iuven. – **b** von zärtlichen Regungen, die **Leidenschaft** = die **zärtliche Neigung,** das **Wohlwollen,** die **Zärtlichkeit, Liebe,** erga fratris filiam, Plin. ep.: affectum parentis exhibere, Plin. ep., od. praestare, Suet.: affectu omni diligi, Dict.: dah. meton., Plur. affectus, die geliebten Gegenstände, die **Lieben** (Weiber u. Kinder), Lucan., Capit. u. a. – **c** die **Willenskraft,** der **Wille,** aff. furandi, ICt.: absol., quia affectu carent, ICt.

Afferenda, ae, *f.* (affero, *sc.* dotes), die Göttin, die dem Akt der Darbringung der Mitgift und anderer Hochzeitsgaben vorstand, die **Darbringerin,** Tert. ad nat. 3, 2, 11.

af-fero (ad-fero), attulī (adtulī), allātum (adlātum), afferre (adferre), **her-, herbei-, hinbringen, -tragen, -schaffen, -liefern,** m. bl. *Acc.,* od. zugl. m. folg. *ad* od. m. bl. *Dat.* des Orts od. der Person, **I** eig.: **1** v. leb. Wesen: C. Attuli hunc (habe hergebracht). Ps. Quid attulisti? C. Adduxi volui dicere, Plaut.: lumen, Enn. fr.: dona, panem, Curt.: argentum secum, Plaut.: coronam auream donum (als G.), Curt. 4, 2 (7), 2: huc afferam meum corium et flagrum, Varr. fr.: affer huc scyphos, Hor.: inde mortuus Romam allatus, Liv.: aff. eo (dahin) munera cuiusque generis, Nep.: scrinium cum litteris ... eodem (ebendahin) Sall.: viginti minas ad alqm, Plaut.: HS sexagies ad alqm, Caes.: argentum alci, Ter.: camelis (auf K.) cocta cibaria, Curt.: lecticā (in einer S.) alqm in forum, Liv.: ex propinquis urbibus cocta cibaria in castra, Liv.: a Graecia leges, Flor.: tabulas Romam, Caes.: alqd domo, Cic.: omnem cibum pede ad rostrum, veluti manu, Plin.: lapidem ad filium claudendum ad introitum aedis, Nep.: scribam sibi pugionem a Bibulo attulisse, Cic.: peditem alvo (im Bauch), Verg.: alimenta nubibus (Dat.), zuführen, Ov. – insbes., afferre epistulam od. litteras, überbringen, Cic. u. a. (dah. is qui litteras attulit, der Überbringer dieses Br., Cic.): aff. litteras od. epistulam ad alqm, Cic.: u. im Passiv, affertur epistula, afferuntur litterae peregre, ab urbe, ab alqo (von jmd. als Absender), ex Asia, Romam, ein Br. (eine Depesche) geht od. läuft ein, Plaut., Cic. u. a. – abite illuc, unde malum pedem attulistis, hierher gesetzt, Catull.: te qui vivum casus ... attulerint, hergebracht, -geführt, Verg.: dah. se afferre huc, sich hierher begeben, hier erscheinen, Komik. u. Verg.: u. so sese a moenibus, Verg.: u. ebenso im Pass., afferri hanc urbem, nahen dieser St., Verg. Aen. 7, 216.

2 v. Lebl.: **a** übh.: si tantum notas odor attulit auras, herbeigeführt hat, Verg. georg. 3, 251: tunc modulatae multitudinis conferta vox aures eius affertur, dringt zu seinen O., Apul. met. 5, 3. – **b** insbes., v. Boden, v. Bäumen = **als Ertrag bringen, tragen, hervorbringen,** talis ager post longam desidiam laetas segetes affert, Col.: vitis afferre se uvam ostendit, Varr.: vitis intra annum ingentes uvas purpureas attulit, Capit.: surculi, qui primum florem afferunt, Col.: plantae sinapis plus vere afferunt, Col.: u. so afferre fructum oft bei den Eccl. (s. Rönsch Itala p. 348 f.). – u. v. Jahr, magnum proventum poëtarum annus hic attulit, brachte eine gr. Ausbeute, war sehr ergiebig an D., Plin. ep. 1, 13 *in.* – v. Handlungen, pecuniam, Geld einbringen, Gewinn bringen, Sen. ep. 76, 18.

II übtr.: **A** im Allg., **herbei-, bei-, mitbringen,** bei etw. **zeigen, aufzuweisen haben, an sich haben** (s. Sorof Cic. de or. 3, 45), plenas aures adfero, Titin. fr.: pacem ad vos adfero, Plaut.: alqd ad amicitiam populi Romani, Caes.: aliquantulum (*sc.* dotis) quae adferret, Ter.: consulatum in familiam, Cic.: animum vacuum ad res difficiles scribendas, Cic.: unum hoc vitium senectus affert hominibus, Ter.: si unum aliquid (einen einzigen Vorzug) affert, Cic.: aliquid oratori (für den R.), Cic.: nihil ostentationis aut imitationis, Cic.: matri salutem, Ov.: alci auxilium, Ter., opem, Ter. u. Ov.: opem in eam rem, Liv.: consilium, einen R. erteilen, Liv. u. Curt. – insbes., dentes in dominum (von den Hunden des Aktäon), gegen ihren Herrn richten, Varr. r. r. 2, 9, 9. – manus afferre alci od. alci rei (z. B. bonis alienis), an jmd. od. etw. Hand legen, sich vergreifen, Cic.: manus sibi, Hand an sich selbst legen = sich töten, Planc. in Cic. ep. 10, 23, 4. Auct. b. Afr. 93, 3; od. = sich einen Stich beibringen, sich Blut abzapfen, Sen. nat. qu. 4, 6, 3: manus suis vulneribus, sie wieder aufreißen, Cic.: beneficio suo manus, die W. wertlos machen, Sen.: ohne Dativ, pro se quisque manus affert, legt Hand mit an, wird handgreiflich, Cic. II. Verr. 1, 67. – alci (virgini, corpori, pudicitiae u. dgl.) vim, jmdm. »Gewalt antun«, an jmd. »gewalttätig sich vergreifen«, jmd. »mit Gewalt nötigen«, Cic. u. a. (vgl. Drak. Liv. 42, 29, 9 u. Ov. her.17, 21): vim aff. religioni, Iustin.: vim et manus afferre, zu Gewalt u. Gewalttätigkeiten schreiten, Cic.

B insbes.: **1** eine Nachricht, ein Gerücht usw. **bringen, hinterbringen,** im Passiv = **eingehen, einlaufen,** alci non iucundissimum nuntium, Cic.: falsum nuntium mortis eius, Curt.: alci laetus nuntius affertur m. folg. *Acc.* u. *Infin.*, Curt.: qui de me rumores afferuntur, Cic. fil.: priusquam fama ac nuntius afferretur, Caes.: affertur fama m. folg. *Acc.* u. *Infin.*, Liv. – öfter afferre alqd od. de alqa re (wie φέρειν), etw. als Nachricht, Kunde, Botschaft, Gerücht usw. **über-** od. **hinterbringen, melden, an-** od. **verkündigen, zutragen,** novum, aliquid novi, Komik. u. Curt.: pacis condicionem od. condiciones, Caes. u. Curt.: miros terrores (Schreckensnachrichten) ad alqm, Cic.: eo de Hortensii morte mihi est allatum, es ist mir die Nachricht zugekommen, Cic.: iam diu nihil novi ad nos afferebatur, haben nichts Neues gehört, Cic.: exspecto, quid illim (von dort) afferatur, Cic. – bes. m. folg. *Acc.* u. *Infin.*, Caelium ad illum attulisse se quaerere etc., Cic.: cum crebri nuntii afferrent male rem gerere Darium, Nep.: cum alii atque alii nuntii bellum instare afferrent, da eine Nachricht über die andere den nahen Ausbruch des Kriegs ankündigte, Liv.: alius praesens terror (Schreckensnachricht) affertur Scythas adventare, Curt.: u. im Passiv, crebri rumores afferuntur (es verbreitet sich ein Gerücht über das andere) Belgas contra populum Rom. coniurare, Caes.: u. unpers., paucis ei diebus affertur (läuft die Nachricht ein) conventum Cordubensem ab eo defecisse, Auct. b. Alex.: dictatorem eum dictum … Veios allatum est, ist die Nachricht gelangt od. eingelaufen, Liv. (vgl. Drak. Liv. 8, 17, 7. Drak. u. Fabri 22, 14, 11).

2 einen Beweis, Grund usw. od. etw. als Beweis, Grund, Behauptung, Widerlegung, Entschuldigung **bei-** od. **vorbringen, vorschlagen, anführen, angeben** (s. Müller Liv. 1, 23, 6), indicium conscientiae, Curt.: causam, Cic.: vana, haud vana, Liv.: argumentum (als Beweis) mit folg. *Acc.* u. *Infin.*, aquam … mitescere, Curt. 6, 4 (12), 18: rationes, cur hoc ita sit, Cic.: affers haec omnia argumenta, cur di sint, Cic.: u. mit indir. Fragesatz (s. Cic. Tusc. 1, 70. Sorof Cic. de or. 3, 78), cur credam, afferre possum, kann ich (den Grund) angeben, Cic. – nihil afferunt, qui negant, man bringt etwas Nichtssagendes vor, wenn man behauptet, nicht usw., Cic.: hic mihi afferunt mediocritates, da kommen sie mit ihren M., Cic.: aetatem, zur Entschuldigung anführen, Cic.

3 jmdm. etw. **beibringen, herbeiführen** = **hervorbringen, hervorrufen, eintragen, veranlassen, bewirken, verursachen, machen, geben,** für jmd. **mit sich führen** od. **bringen, nach sich ziehen** (bes. v. Umständen, Ereignissen usw., s. Heräus Tac. hist. 1, 7, 12 u. 1, 39, 10), insaniam, Caecil. com.: alci mortem, Plaut. u. Cic.: alci causam mortis voluntariae, Cic.: alci perniciem, interitum, Cic.: detrimentum, incommodum, Caes.: alci laetitiam, delectationem, dolorem, Cic.: alci parem invidiam, Tac.: alci odium, contemptum, Curt.: alci curam maiorem, Cic.: multas alci lacrimas, magnam populo Romano cladem, Cic.: festinationes (Eile über Eile), Cic.: salutem alci, Cic.: alci rei, Caes.: alci crimen, zum Vorwurf gereichen, Cic.: in re militari nova, neue Einrichtungen herbeiführen, Nep.: non (illa praesidia) afferunt oratori aliquid, haben für den Redner etwas an sich (üben einige Gewalt auf den R. aus), Cic. – v.d. Zeit, nunc hic dies aliam vitam affert, Ter. Andr. 189: multa diem tempusque afferre posse, Liv. 42, 50, 3: quod optanti divom promittere nemo auderet, volvenda dies en attulit ultro, Verg. Aen. 9, 6 *sq.*

4 zu irgendeinem Zweck od. Erfolg **beitragen,** communes utilitates in medium (Gemeinnützliches, zum Gebrauch aller), Cic.: multam utilitatem rei publicae atque societati, Cic. – dah. afferre aliquid, **zu etwas beitragen, bei etwas nützen, helfen,** mit folg. *ad* u. Akk. od. bl. *Dat.*, aliquid ad communem utilitatem, Cic.: ad bene vivendum aliquid, Cic.: u. das Gegenteil, nihil afferre, **nichts beitragen, -nützen,** ad communem fructum, Cic.: u. in der Frage, quid oves aliud afferunt (nützen), nisi ut homines vestiantur, Cic.

5 etwas als Zutat, Zuwachs **hinzubringen, hinzufügen,** multa addunt atque afferunt de suo, Cic.: ad paternas magnas necessitudines magnam attulit accessionem tua voluntas erga me, Cic.: quis attulerit, wer die Klausel (der Rogation) angefügt habe, ihr Urheber sei, Cic. – ► Parag. Infin. Präs. Pass. adferrier, Plaut. aul. 571. – spätlat. afferet (= affert), Itala (Fuld.) Matth. 13, 23: Imperat. affers (= *affer*), Poët. b. Fulg. myth. 3, 8. Itala Luc. 13, 7 u. a. (s. Rönsch Itala p. 294): afferitis (= afferte), Itala (Verc.). Ioann. 21, 10.

af-fēstīno (ad-fēstīno), āre, **beschleunigen,** Ps. Soran. de puls. p. 278 R.

af-ficio (ad-ficio), fēcī, fectum, ere (ad u. facio), **I** zu etw. **hinzutun;** dah. (als rhetor.-dial. *t. t.*) = mit etw. **in Verbindung, Zusammenhang, in ein Verhältnis bringen,** eae res, quae quodammodo affectae sunt ad id (mit dem in einem gewissen Verhältnis stehen), de quo quaeritur, Cic. top. 8 u. 11.

II auf jmd. od. etw. **einwirken, Eindruck machen,** u. zwar: **A** alqm alqā re, durch etw. auf jmd. irgendwie einwirken, -ihn in eine Lage, in eine Stimmung u. dgl. versetzen = jmdm. etw. **antun, verschaffen, erweisen, geben, verleihen, zukommen** od. **zufließen** od. **angedeihen lassen, widerfahren lassen, verursachen, bereiten, machen,** mit etw. **heimsuchen, befallen, erfüllen,** alqm uno vulnere in mortem, mit einem Stoß zu Tode verwunden, Tac.: alqm lucris, Gewinn bereiten, Plaut.: nuntiis bonis, mit guten Nachrichten erfreuen, Plaut.: praedā atque agro adoreāque, mit Leuten u. Land u. Ruhm bereichern, Plaut.: meritos donis aut suppliciis, Dict.: alqm maximā laetitiā, mit großer Fr. erfüllen, Caes. u. Cic.: ignominiā mortuum, egestate vivum, Cic.: alqm amplissimo regis honore et nomine, Cic.: res sordidas deorum honore, göttliche Ehre erweisen, Cic.: alqm iniuriā, ihm Unrecht tun, Enn. fr.: vgl. iniuriā afficior, man tut mir Unrecht, Enn. fr.: u. iniuriā afficior, ab alqo, jmd. tut mir Unrecht, Enn. fr.: quantā me molestiā affecerit, welchen Kummer es mir verursacht od. gemacht hat, Cic.: aber ut aliquid audiremus potius ex te, quam te afficeremus ullā molestiā, dich mit unangenehmen Dingen unterhalten, Cic. – alqm praemiis, maximis praemiis, Cic.: alqm alio pretio pro talibus ausis, Verg.: alqm magnis, plurimis maximisque muneribus, zufließen lassen, Nep. u. Cic.: victorem exercitum stipendio, beschenken, Cic.: sic hunc liberum populum libertas ipsa servitute afficit, stürzt in Knechtschaft, Cic.: cives Rom. morte, cruciatu, cruce, Cic.: alqm capitali poenā, belegen, Liv.: alqm sepulturā, zur Erde bestatten, Cic.: alqd maculā, einen Schandfleck anhängen, Cic.: non eo nomine afficiendum, quo laudator affecerit, belegen, Cic.: non postulo, ut dolorem iisdem verbis afficias (bezeichnest), quibus etc., Cic.: tali medicamine vultum, bestreichen, Ov. – u. so im Passiv, eius iussu verberibus affici, Curt.: tantis pedum doloribus affici, ut etc., geplagt werden, Cic.: morbo affectus, Ter. u. Curt.: morbo gravi et mortifero affectum esse, Cic.: gravi morbo oculorum affici, Nep.: gravi vulnere affici, schwer verwundet werden, Caes.: mortifero vulnere affici, Lucil. fr.: magnā difficultate affici, in große Verlegenheit versetzt werden od. geraten, Caes.: summā difficultate rei frumentariae affici, in die größte Not wegen der Beschaffung von Lebensmitteln geraten, Caes.: negotiis belli affectum (verwickelt) exercitumque esse, Gell.: beneficio affici, teilhaftig werden, Cic.: si pio dolore me esse affectum (ergriffen) viderint, Cic.: magno dolore affici, sehr missvergnügt werden, Caes.: affirmo neminem umquam tantā calamitate affectum esse, von solchen Leiden betroffen worden sei, Cic.: magnā affectus sollicitudine hoc nuntio, durch diese Nachricht sehr unangenehm überrascht, Caes.: admiratione afficiuntur ii, qui etc., es wird denen Bewunderung gezollt, die usw., Cic.: piratae non metu aliquo affecti, sed satietate, von F. befallen, ergriffen = aus F., Cic.

B alqm, auf jmds. Körper, äußere Lage od. auf seinen Geist einwirken, **1** (seltener) körperlich **einwirken, in irgendeine Verfassung setzen, behandeln, a** übh.: exercendum corpus et ita afficiendum est, ut etc., in eine solche Verfassung zu setzen, so zu gewöhnen, Cic. de off. 1, 79: Syracusanam civitatem, ut abs te affecta est, ita in te esse animatam videmus (im Doppelsinn = behandelt u. = gestimmt), Cic. Verr. 4, 151: filius, quem pater contra pietatem male afficiebat, schlecht behandelte, Papin. dig. 37, 12, 5. – **b** insbes., **nachteilig einwirken, eingreifen, schwächen,** aestus, labor, fames, sitis afficiunt corpora, Liv.: quae (oppugnatio) et ipsos affecerat, Liv.: fames affecit exercitus, Liv.: pulmo totus afficitur, Cels. **2** geistig den u. den (angenehmen od. unangenehmen) **Eindruck machen, in** die u. die (angenehme od. unangenehme) **Stimmung versetzen, stimmen, anregen, ergreifen,** nec iam de ollis nos afficit angor, so wenig der Kummer um das Künftige uns jetzt trifft, Lucr.: ut ei, qui audirent, sic afficerentur animis, ut etc., Cic.: litterae tuae sic me affecerunt, ut etc., Cic.: varie sum affectus tuis litteris, Cic.: ipsa mea legens sic afficior (überkommt mich ein solches Gefühl), ut Catonem, non me loqui existimem, Cic.: consules oportere sic affici, ut etc., so gestimmt sein, gesinnt sein, Plin. pan.: neque asinum talibus cibis affici posse, noch können solche Speisen auf einen E. einen besondern Eindruck machen, Apul. met. 10, 15: Corinthia, quibus delectatur nec afficitur, an denen er seine Freude hatte, für die er sich aber nicht begeisterte, Plin. ep. 3, 1, 9. – ▶ Parag. Inf. Präs. Pass. afficier, Arnob. 2, 77.

affictīcius (nicht -ītius), a, um (affictus), **hinzugefügt,** Varr. r. r. 3, 12, 1 K.

affictio, ōnis, *f.* (affingo), **I** = σχέσις, die **Andichtung,** rhet. Fig., indem man dem Gegner eine Behauptung usw. andichtet, um sie dann durch einen Einwand zu entkräften, Iul. Rufinian. de schem. dian. § 5. – **II** = agnominatio (s. d.), Iul. Rufinian. de schem. lex. 15.

af-fīgo (ad-fīgo), fīxī, fīxum, ere, **anheften, annageln, anspießen,** irgendwo **befestigen,** m. *ad* u. Akk. od. m. bl. *Dat.* zur Ang. **woran?,** m. *in* u. Abl. zur Ang. **wo?, I** eig.: **a** übh.: falces longuriis, Caes.: alci pinnarum talaria, Cic.: litteram illam (K) ita vehementer ad caput, ut etc., Cic.: clavum parieti, in die Wand schlagen, Amm.: pilum equi graviter adverso pectori, den Sp. mit aller Gewalt dem Pf. vorn in die B. schleudern, Auct. b. Afr.: alqm terrae, u. alqm cuspide ad terram, anspießen an usw., Liv.: Prometheum Caucaso, Cic., ad Caucasum, Cic. – alqm patibulo, Sall. fr., cruci, Liv. u. Eccl.: manum laevo lateri, Verg.: manus amputatas mensae, Suet.: affixae caelo stellae (die Fixsterne), Plin.: haeret verticulis adfixum in posteriore parte atque articulis, Lucil. sat. 4, 30. – im Bild, metus ille vos habet, ne velut trabalibus clavis affixi corporibus haereatis, Arnob. 2, 13. – **b** als Weihgeschenk od. Trophäe **aufhängen,** signa affixa delubris, Hor. carm. 3, 5, 19: arma templo affixa, Quint. 5, 10, 36: quorum domus spoliis hostium affixis insignes, Liv. 10, 7, 9 (vgl. Plin. 35, 7). – **II** übtr.: **a** gleichs. **anheften, anketten, anschmieden, fest bannen, fesseln** an etw. od. jmd., **α** Lebl.: Ithaca illa in asperrimis saxis tamquam nidulus affixa, Cic. – mentum pectori, wie angeschmiedet an die Brust halten, Quint.: flammam lateri, poet. = in Brand stecken, Verg.: humo divinae particulam aurae, Hor.: Hispania Tarraconensis affixa Pyrenaeo, sich dicht anschließend an usw., Plin. – u. Abstr., continentia cum ipso negotio sunt ea, quae semper affixa esse videntur ad rem neque ab ea separari possunt, Cic. – **β** leb. Wesen: homines in exigua terrae parte affixi, Cic.: alqm lecto od. lectulo (v. Unfällen, v. Alter), Hor. u. Sen.: fastigio tuo (an deine hohe Stellung) affixus es, Sen.: pensis affixa puella, Tibull. – anus (harrende Alte) affixa foribus, Tibull.: u. so iuvenes affixi valvis (curiae), Val. Max.: affigi venis (v. Bienen), haften an usw. (mit den (Stacheln), Verg. – alci affixum esse tamquam magistro, nicht von der Seite gehen, Cic.: u. so quibus in rebus me sibi ille affixum habebit, immer auf dem Hals haben wird (v. drängenden Bittsteller), Cic.: Pallas affixus lateri sinistro, sich eng anschmiegend an usw., Verg. – **b** in der Seele, im Gedächtnis **festhaften machen** od. **lassen, einprägen,** im Passiv = **festhaften,** vidit Simonides ea maxime affigi animis nostris, quae essent a sensu tradita atque impressa, Cic.: altius in animo sedent, quae pronuntiatio, vultus, habitus, gestus etiam dicentis affigit, Plin. ep.: sine molestia, quae ipsi composuerint, iam familiarius animo suo affigent, Quint.: sive dubites sive memoriae affigere velis, Quint. ▶ Synk. Konj. Plusquamperf. adfixet, Sil. 14, 536.

af-figūro (ad-figūro), āvī, āre, **danach** (als Muster) **bilden,** Gell. 4, 9, 12.

affiliātio, ōnis, *f.* = *adoptio,* Gloss. IV, 303, 56.

af-fingo (ad-fingo), finxī, fictum, ere, **hinzubilden, anbilden,** bildend **anfügen, I** eig., von Künstlern: alci manus, Cic.: partem corporis, Cic. – multa natura aut affingit (bildet an) aut mutat, Cic.: gallinarum cubilia aut exsculpta aut affícta (angefügt), Varr.: bildl., ut non tamquam citharoedi prooemium affictum aliquod (nur äußerlich angefügtes), non cohaerens cum omni corpore membrum esse videatur, Cic. de or. 3, 325. – **II** übtr.: **1 in der** Vorstellung **hinzu-, andichten,** (fälschlich) **hinzudenken,** aliquid, Cic.: qui nihil opinione affingat assumatque ad aegritudinem, Cic.: quia huic generi malorum non affingitur illa opinio, jener Wahn nicht anhaftet, Cic. – **2** in der Darstellung fälschlich hinzufügen = **hinzudichten,** jmdm. **andichten,** quid error affinxerit, Cic.: multa rumore affingebantur, Caes.: u. so addunt et affingunt rumoribus (durch G.) m. folg. *Acc.* u. *Infin.,* Caes. b. G. 7, 1, 2: neque vera laus ei detracta neque falsa afficta, Cic.: homines affingentes vana auditis, Liv.: alci rerum novarum crimen affingere, Tac. – **3** spätlat. = übh. **erdichten,** ex tempore absurdum iocum, Apul. met. 1, 17: litteras, Apul. met. 4, 16: quae fabella istum numerum affinxit? Treb. Poll. Claud. 6, 5: dah. **sich einbilden, in der Phantasie sich vormalen,** dum sibi ad haec singula intuentium animus affingit aut Aegyptum furore posito quiescentem aut etc., Eumen. pro inst. schol. 21, 2.

affīnis (adfīnis), e, **angrenzend, I** eig.: gens affinis Mauris, Grenznachbarn der Mauren, Liv. 28, 17, 5: dah. subst., affīnēs, ium, *m. pl.,* die Grenznachbarn (der Feldmark nach), s. Paul. ex Fest. 11, 9), Paul. dig. 10, 1, 12. CIL 6, 10234 u. 10247. – **II** übtr.: **1 durch Heirat anverwandt, verschwägert,** ut essem adfinis tibi, Acc. tr. 502: alter mihi affinis erat, Cic. post redit. ad Quir. 5, 11: u. poet., vincula affinia, die verwandschaftlichen Bande, Ov. ex Pont. 4, 8, 9. – Öfter subst., affinis, is, Abl. e u. i, *m.* u. *f.,* jeder od. jede **Verschwägerte** = Schwager, Schwägerin (im engeren u. weiteren Sinne), Schwiegervater, Schwiegersohn, Plaut., Cic. u. a.: et gener et affines placent, der Eidam u. dessen Familie (die Schwiegereltern mit Familie), Ter.: cognati et affines, Verwandte (überh.) u. Verschwägerte (insbes.), Cic. u. a.: *fem.* b. Cic. post red. in sen. 17 u. Auson. parent. 17 *lemm.* – Scherzh., vom Gatten der Buhle, Cic. Verr. 2, 36. – **2** gleichs. mit etw. **verwandt,** d. i. **vertraut,** in etw. **verwickelt,** bei etw. **beteiligt,** bei etw. **mitschuldig** (s. Wagner Ter. heaut. 215), m. *Genet.,* illarum rerum, Ter.: rei capitalis, Cic.: huius suspicionis, Cic.: qui eius rei auctores adfinesque essent, Liv.: ne quis eorum ad hastam accederet sociusve aut affinis eius conductionis esset, Liv. – m. *Dat.,* publicis an maritimis rebus, Plaut.: huic sceleri, huic facinori, Cic.: ei noxae, Liv.: corpus his vitiis affine, Lucr. – m. *ad* u. Akk., affines ad causandum, Pacuv. tr. 23. – ▶ Archaist. Form arfinis nach Prisc. 1, 45.

affīnitās, ātis, *f.* (affinis), **I** die **Nachbarschaft,** Varr. r. r. 1, 16, 1. – **II** übtr.: **A** die **Verwandtschaft** durch Heirat, die **Verschwägerung, Schwägerschaft,** gentum (= *gentium*) aut generum affinitas, Acc. fr.: aff. materni generis, Dict.: aff. inter vos (gegenseitige), Liv.: affinitatis coniunctio, Cic.: affinitas inter Caesarem Pompeiumque contracta nuptiis, Vell.: et amicitiā et affinitate iuncti, Val. Max.: cum alqo maximis vinculis et propinquitatis et affinitatis coniunctus, Cic.: affinitatem iungere cum alqo, Liv. u. Iustin.: affinitate coniungi cum alqo, Nep.: affinitate sese devincire cum alqo, Cic.: affinitate alqm attingere, Cic.: contingere propinquitate aut affinitate aut ministeriis regiam, Liv.: is, quicum tibi affinitas intercedit, Cic.: in affinitatem alcis pervenire, Cic.: alqm in artissimam affinitatem recipere, Vell.: perpetuam hanc velle esse affinitatem, Ter.: manere affinitatem hanc inter nos volo, Ter. – Plur., affinitates conubiorum, Iustin.: divortia atque affinitatum discidia (Auflösungen), Cic.: propinquitatibus affinitatibusque coniuncti, Caes.: coniunctio hominum inter homines serpit sensim foras, cognationibus primum, deinde affinitatibus, deinde amicitiis etc., Cic.: neque hospitia modo cum primoribus eorum, sed affinitates quoque iungebat, Liv.: haec iungebant affinitates, Val. Max. – meton., die **Schwägerschaft = Schwäger** selbst, Sing., Plaut. trin. 702; Plur., affinitatium auxilio, Iustin. 17, 3, 5. – **B** die **Verwandtschaft = die enge Verbindung** od. **Beziehung, der enge Zusammenhang,** Gell. 4, 13, 4: litterarum, Quint. 1, 6, 24. Gell. 1, 18, 5. – ▶ Genet. Plur. gew. affinitatum, aber auch affinitatium, Iust. 17, 3, 5.

affirmātē, *Adv.* m. *Superl.* (affirmatus v. affirmo), **unter Beteuerung der Wahrheit, heilig und teuer,** aff. quasi deo teste promittere alqd, Cic. de off. 3, 104. – *Superl.*, affirmatissime contendere, Gell. 1, 21 *lemm.*, scribere, Gell. 10, 12, 9.

affirmātio, ōnis, *f.* (affirmo), die **Versicherung, Beteuerung, Bejahung,** religiosa, Cic.: constantissima annalium, Plin.: credere affirmationi alcis, Planc. in Cic. ep.: multa affirmatione abnuere, Curt.: affirmationi suae fidem facere, Iustin.: m. folg. *Acc.* u. *Infin.*, Quint. 4, 2, 79. Plin. 28, 15.

affirmātīvē, *Adv.* (affirmativus), **versichernd, bejahend** (Ggstz. negative, dubitative), Prisc. 18, 92 u. a. spät. Gramm.

affirmātīvus, a, um (affirmo), **versichernd, bejahend,** Diom. 396, 15. Isid. 2, 21, 21.

affirmātor, ōris, *m.* (affirmo), der **Versicherer, Beteuerer,** Ulp. dig. 4, 4, 13 u. Spät.

af-firmo (ad-firmo), āvī, ātum, āre, **I** eig. = **noch fester-, dauerhafter machen,** corium affirmatum cineris inspersu, Apul. met. 7, 22. – **II** übtr.: **1 befestigen, bekräftigen, bestätigen,** ea res Troianis spem affirmat, bestärkt die Tr. in der Hoffnung, Liv.: societas iureiurando affirmatur, Liv.: tu animo affirmas (te), Catull. 76 (86), 11. – **2** etw. (eine Ansicht, Behauptung od. Tatsache) durch Wort od. Tat als feststehend, richtig, wahr **bekräftigen, bestätigen, bestärken, bewahrheiten, a** übh. (Ggstz. refellere; vgl. Müller Liv. 1, 9, 10): quod breviter dictum est rationibus affirmatum etc., Cic.: transfugarum dicta, Liv.: crimen, wahrscheinlich machen, Liv.: promissa rebus, Liv.: populi Rom. virtutem armis, von der Kraft des röm. Volks mit den W. Beweise geben, Tac. – **b** etw. als zuverlässig u. wahr **versichern, beteuern, behaupten, bestätigen, bejahen** (Ggstz. dubitare, negare, abnuere), nihil, Cic.: nihil aliud nisi etc., Cic.: quis rem tam veterem pro certo affirmet? Liv.: certum affirmare non ausim, Liv.: omni asseveratione tibi affirmo m. folg. Akk. u. Infin., Cic.: affirmo tibi m. folg. Akk. u. Infin., Cic. u. a.: quis pro certo affirmet m. folg. indir. Fragesatz (m. quot), Liv.: certum aff. m. folg. Akk. u. Infin., Liv.: iureiurando affirmatur m. folg. Akk. u. Infin., Liv.: contra priores auctores Asclepiades affirmavit m. folg. Akk. u. Infin., Cels.: m. *de* u. Abl., quid opus est de Dionysio tam valde affirmare? Cic.: si ulla alia de re obscura affirmare possem, eine Behauptung zuverlässig aussprechen, Cic.: absol., nemo scire et omnes affirmare, Tac.: ut affirmatur, Tac.

affixio (adfixio), ōnis, *f.* (affigo), das **Anheften, -fügen,** Hieron. Iob 16. Hieron. hom. Orig. in 1. reg. 1, 9. Greg. Tur. de glor. mart. 3. Non. 64, 27. – ▶ Mart. Cap. 1. § 37 jetzt affectione.

affixus (adfixus), a, um, *PAdj.* (v. affigo), **I** *adj.* **fest angeheftet,** nihil persaepe illo affixius ad colenda bonorum consortia, Porc. Latro declam. in Cat. 33. – **II** *subst.*, affixa, ōrum, *n.*, die **niet- u. nagelfesten Sachen** eines Besitztums, domum instructam legavit cum omnibus affixis, Paul. dig. 33, 7, 18. § 14.

afflagrāns (adflagrāns), antis (ad u. flagro), **aufflammend, auflodernd,** übtr., tempus, unruhige, stürmische Zeit, Amm. 21, 12, 23.

afflāmen (adflāmen), minis, *n.* (afflo), das **Anhauchen = die Begeisterung,** Iuvenc. 1, 85.

afflātor (adflātor), ōris, *m.* (afflo), der **An-** od. **Einhaucher,** vom Heil. Geist, Tert. adv. Hermog. 32.

afflātōrius, a, um (afflatus), **sengend,** genus fulminum, Schol. Bern. in Lucan. 1, 151 (vgl. Sen. nat. qu. 2, 40, 4 unter afflo *no.* II, A).

afflātus (adflātus), ūs, *m.* (afflo), **I** das **Anblasen, Anhauchen, Anwehen,** die **Luft, Zugluft,** der **Luftzug,** die od. der an etw. geht, affl. favonii, Plin.: montium, von den Bergen kommende Luft, Plin.: maris od. maritimus, Seeluft, Seewind, Plin.: afflatum et vim frigoris in os occurrentes evita, Sen.: a balneo cavere, ne quo frigore afflatuque laedatur (aeger), Cels.: Plur., deneget afflatus ventus et aura suos, Ov. Ib. 108. – v. **Anhauchen, Anatmen** eines Tieres, Ov. u. Plin. – v. **Anhauch, Ausströmen** der Dünste, ex terra, Cic.: des Feuers, ignes caelestes adussisse levi afflatu vestimenta, Liv.: vaporis, Gluthauch, Liv.: Plur., frondes afflatibus ardent, Ov. met. 8, 289: der Sonne, solis afflatu peraruit, Col.: des Lichtschimmers, leni afflatu simulacra refovente, Plin.: eines Aases, corporis iacentis pestifero afflatu (Pesthauch) vicinā regione pollutā, Val. Max. – von der **Aspiration** im Sprechen, sine afflatu, d. i. ohne *h,* Varr. r. r. 3, 1, 6. – **II** übtr., das Anwehen des göttlichen Geistes, der **Anhauch** (der Begeisterung), sine aliquo afflatu divino, Cic.: instinctu divino afflatuque fundi, Cic.: sine quodam afflatu quasi furoris (der Begeisterung), Cic.

af-flecto (ad-flecto), xī, xum, ere, **hinbeugen, hinlenken,** Mel. 3, 2, 1 (3, 16) *ed. Parthey.* Avien. Arat. 734. Caes. Germanic. Arat. 191. – Übtr., durch Bitten **dazu bewegen,** Apul. met. 6, 18 *in.*

af-fleo (ad-fleo), ēre, **dazu-, dabei weinen,** Plaut. Pers. 152; Poen. 1109: ita flentibus afflent, Hor. de art. poët. 101 *ed. Haupt.*

afflexus (adflexus), ūs, *m.* (afflecto), die **Hinlenkung,** duorum fluminum benignus adflexus, Symm. orat. 2, 20.

afflīctātio (adflīctātio), ōnis, *f.* (afflicto), die **peinigende Beunruhigung,** die **Pein, Qual,** Cic. Tusc. 3, 27; 4, 16 u. 18. Sen. ad Helv. 17, 5 *Koch:* iniuriarum, Cod. Theod. 12, 30, 22. – Plur., Tert. de pat. 5.

afflīctātor (adflīctātor), ōris, *m.* (afflicto), der **Peiniger,** Tert. adv. Marc. 5, 16.

afflīctim (adflīctim), *Adv.* (afflictus), **niedergeschlagen,** Diom. 407, 4. Mart. Cap. poët. 4. § 327.

afflīctio (adflīctio), ōnis, *f.* (affligo), **I** der **Stoß, Schlag** gegen etw., afflictiones corporis, Augustin. de genes. ad litt. 7, 19, 15. – **II** übtr.: **a** die **Bedrängung, Demütigung,** ecclesiae, Greg. in Iob 16, 67: Plur., Cassiod. in psalt. 16. – **b** die **Niedergeschlagenheit, Betrübnis,** Sen. ad Helv. 17, 5. Vulg. gen. 16, 11 u. a.

af-flīcto (ad-flīcto), āvī, ātum, āre (*Intens.* v. affligo), **I** an jmd. od. etw. heftig **hin-** od. **anschlagen, 1** eig.: afflictare se, **sich an die Brust Schlagen** (als Zeichen des Schmerzes usw.), Sall. Cat. 31, 3. Tac. ann. 2, 81. – **2** übtr., afflictare se od. medial afflictari, **sich sehr ängstigen, sich abhärmen, sich Not und Sorge machen,** ne te afflictes, Ter.: cum Alcibiades se afflictaret, Cic.: afflicter miser, Plaut.: afflictari lamentarique coepisse, Cic.: de quibus (rebus domesticis) vehementissime afflictor, Cic. – **II** prägn., durch Anschlagen **beschädigen, übel zurichten, 1** eig.: onerarias (naves) tempestas afflictabat, Caes.: u. im Passiv, quod rursus minuente aestu naves in vadis afflictarentur, Caes.: ut tempestate adversā vehementique vento ita afflictaretur, heimgesucht wurde, Auct. b. Hisp. – **2** übtr., **übel zurichten, heimsuchen, betreffen, mitnehmen, mitspielen, bedrängen, plagen, peinigen,** non tu scis quamde (wie sehr) afflictentur homines noctu hic in via? Plaut.: foedo afflictari amore, Lucr.: afflictari gravi morbo, Liv., comitiali morbo, Tac.: dolore vulneris afflictari od. immodice afflictari, Dict.: gravius vehementiusque afflictari (*sc.* morbo), Cic.: gravius atque atrocius quam bello afflictari, Tac.: afflictare Batavos, bedrängen, Tac.: Italiam luxuriā saevitiāque, hart bedrücken, Tac.

afflictor (adflīctor), ōris, *m.* (affligo), der **Herabwürdiger,** senatus odit te afflictorem ac perditorem non modo dignitatis et auctoritatis, sed omnino ordinis ac nominis sui, Cic. Pis. 64.

afflīctrīx (adflīctrīx), īcis, *f.* (Fem. zu afflictor), **anschlagend,** nubes, Apul. de mund. 15.

1. **afflīctus** (adflīctus, arch. affleictus, CIL 1, 1175), a, um, *PAdj.* m. *Compar.* (v. affligo), **1 übel zugerichtet, zerrüttet, misslich, elend, unglücklich** (Ggstz. integer, florens), fortuna, amicitia, Cic.: res (Ggstz. prosperae), Liv. u. Oros.: res Romana, Liv.: fides, der gesun-

kene Kredit, Tac.: afflictior condicio, Cic. ep. 6, 1, 6. – **2 niedergeschlagen, bestürzt, mutlos,** aegritudine afflictus, debilitatus, iacens, Cic.: afflictus vitam in tenebris luctuque trahebam, Verg.: excitare afflictos, Cic.: recreare afflictos animos bonorum, Cic.: afflicti et fracti animi fuit, Cic. – **3 herabgewürdigt, verachtet, verworfen,** homo afflictus et perditus, Cic.: afflicti mores, Macr.

2. afflīctus (adflīctus), ūs, *m.* (afflīgo), das **Anschlagen,** nubium, Apul. de mundo 15.

af-flīgo (ad-flīgo), flīxī, flīctum, ere, **I** jmd. od. etw. an etw. **hinschlagen, anschlagen,** gewaltsam **werfen, schmettern, A** im Allg., m. *ad* u. Akk. od. m. bl. *Dat.*, alqm ad terram, Plaut., od. terrae, Ov.: alcis imaginem solo, Tac.: vasa parietibus, Liv.: caput saxo, Tac.: navem undae, aufprallen lassen, Liv.: im Passiv m. *locat.*, infantes suos afflictos humi in ora militum adversa miserunt, Flor. 4, 12, 5. – poet., oscula (labellis), daraufheften, Lucr. 4, 1073 (1081). – im Bild, neque tuas rationes ad eos scopulos appulisses, ad quos Titii afflictam navem ... videres, angeschleudert, Cic. Rab. perd. 25. – übtr., se affligere, **sich abgrämen, abhärmen,** Cic. de div. 2, 6. – **B** prägn., **zu Boden schlagen, -werfen, um-** od. **niederwerfen, -stürzen, niederreißen,** im Passiv = zu **Boden stürzen, niederstürzen, hinabstürzen, 1** eig.: arborem, Caes.: statuam, monumentum, Cic.: infestantes afflixit et ad terram dedit, Suet.: equi virique afflicti (in der Schlacht), Sall.: cedo manum; nolo equidem te affligi, Plaut.: vertice intorti affligebantur, Liv.: qui supersteterant (*scalis*), afflicti sunt, Sall.: nec, qui paulum titubassent, haerere afflicti vestigio suo, Liv.: neque si (alces) quo afflictae casu ceciderint, erigere sese possunt, Caes. – **2** übtr.: ubi Mars communis et victum saepe *erigeret* (aufrichte) et *affligeret* (niederwerfe) victorem, Liv. 28, 19, 11. – **II anschlagen** = **beschädigen, verletzen, übel zurichten, 1** eig.: fusti caput alcis, Tac.: ferro saxo aliis telis affligebantur capita, Sall. fr.: lapsu equi afflictus, Tac.: afflicti *alvos* (am B.) undarum vi, Sall. hist. fr. 3, 24 (25): naves, quae gravissime afflictae erant, beschädigt, leck geworden, Caes. – im Bild, cum prospero flatu eius (*fortunae*) utimur, ad exitus pervehimur optatos, et, cum reflavit, affligimur, so erhalten wir ein Leck, scheitern wir, Cic. de off. 2, 19. – **2** übtr.: **a beschädigen** = **übel zurichten, hart mitnehmen** od. **heimsuchen, niederdrücken, -beugen, demütigen, schwächen, stürzen,** barbaria, quam afflixerat, Cic.: vastatione, dein proelio afflixit opes hostium, Liv.: non vitium nostrum, sed virtus nostra nos afflixit, hat mich ins Elend gebracht, Cic.: fames affligebat hostes, suchte heim, Tac.: equestrem ordinem, ihm großen Eintrag tun, Cic.: vastatione opes hostium, Liv.: mors, quae tantum potuit, ut omnes cives suos perdiderit et afflixerit, ein verderblicher Schlag war für alle usw., Cic.: Corsicam prope afflixit Decumi Pacarii temeritas, wäre für R. fast verderblich geworden, Tac.: non plane me enervavit nec afflixit senectus, hat mich zu Boden gedrückt, Cic.: rem augere (heben) laudando, vituperando rursus affligere (wieder sinken machen), Cic.: causam susceptam (absichtlich fallen lassen, preisgeben [= *praevaricari]*, Cic.: tum me di omnes male afflixint, Fronto ad M. Caes. 3, 3. p. 42, 7 N. – u. im Passiv, vectigalia bellis affliguntur, leiden durch die Kr., Cic.: uno genere morbi affligi, Cic.: afflictam civitatem pestilentiā esse, Liv.: quo vulnere afflictus, Curt.: quorum scelere religiones tum prostratae afflictaeque sunt, die R. mit Füßen getreten u. misshandelt worden ist, Cic.: mutatione bonorum affligi, vom Verlust seiner G. betroffen worden, Amm.: Partiz. subst., Romani victis afflictisque universis ipsi exarmati quam integri universis civitatem dare maluerunt, Vell. – **b** das Gemüt od. jmd. in **Bestürzung-, in Betrübnis setzen, niederbeugen, niederschlagen,** jmdm. **das Herz schwer machen** (Ggstz. levare), alqm, Cic.: animos affligere et debilitare metu, Cic.: amissi eius desiderio vehementer afflictus est, Curt. – **c** den Sitten **wehtun,** sie **verschlimmern, verschlechtern,** Asia donata multo gravius afflixit mores, Plin.: illae opes atque divitiae afflixere saeculi mores, Flor. – ► Archaist. afflixint = *afflixerint,* Fronto ad M. Caes. 3, 3. p. 42, 7 N. – parag. Infin. Präs. Pass. affligier, Ser. Samm. 832 (826).

af-flo (ad-flo), āvī, ātum, āre, **I zu-, entgegen-, anwehen, A** eig.: **a** *intr.* v. Wind, ne in eas partes spectet villa, ex quibus ventus afflare soleat, Varr.: v. der Kälte, afflabat acrior frigoris vis, Liv.: v. Duft, **entgegenduften,** afflabunt tibi non Arabum de gramine odores, Prop.: u. medial, odores, qui afflarentur e floribus, Cic. – **b** *tr.* v. Feuer, calidum membris afflare vaporem, Gluthitze anhauchen, Lucr. – **B** übtr.: **a** *intr.* entgegenwehen (wie der Wind, der die Segel schwellt) = **günstig sein,** felix, cui placidus leniter afflat amor, Tibull.: afflante fortunā, Quint. – **b** *tr.*: **α** zuwehen = **zubringen, zutragen,** sperat sibi auram posse aliquam afflari voluntatis dissensionisque eorum, qui etc., Cic.: rumoris nescio quid afflaverat commissione Graecorum frequentiam non fuisse, Cic. – **β anhauchen, eingeben,** (unvermerkt) **mitteilen,** ubi indomitis gregibus Venus afflat amores, Tibull.: (genetrix) laetos oculis afflarat honores, hatte heitere Würde den Augen angehaucht, Verg.: u. vom Gifthauch des Neides, si quem reperiat, cui aliquid mali faucibus afflare possit, Rhet. Her. – **II anwehen, anblasen, anhauchen** (= wehend-, hauchend berühren), *tr.* u. *intr.*, **A** eig., v. Wind, v. der Luft, terga tantum afflante vento, Liv.: afflatus aurā (Zugluft), Suet.: v. Atem, Hauch, taurorum afflari ore, Ov.: a serpentibus afflari, Col.: si serpens afflavit, Sen.: velut illis (Dat.) Canidia afflasset, jene (die Speisen) durch ihren Hauch vergiftet hätte, Hor.: v. Atem der Sonnenrosse (= Morgenluft), nosque ubi primus equis Oriens afflavit anhelis, Verg.: v. Blitz (s. Barth Stat. Theb. 2, 85), tribus modis urit (fulmen), aut afflat (versengt) et levi iniuriā laedit aut comburit (verbrennt) aut accendit (setzt in Flammen), Sen. nat. qu. 2, 40, 4: imbre orto fulmen decidens hostiam et victimarium sacrificanti afflavit, traf, Spart. Hadr. 14, 3: me divum pater fulminis afflavit ventis, mit anwehendem Strahl gerührt, Verg.: u. so fulminis telis od. fulminum ignibus afflari, vom Blitzstrahl berührt (versengt) werden, Ov.: v. Feuer u. v. der Hitze übh., saucii afflatique incendio, von der Glut versengt, Liv.: afflari sidere = *siderari* (s. d.), Plin.; vgl. loquacitas animos iuvenum ... pestilenti quodam sidere afflavit, Petr. – **B** übtr., jmd. **anhauchen** = jmd. (mit Begeisterung, Jugend usw.) erfüllen, afflata est numine quando iam propiore dei, da vom mächtigen Hauch des nahenden Gottes jetzt mit Begeisterung sie erfüllt ward, Verg. – te ... Gratia afflavit, Claud.: Romam meliore iuventā, ihr Jugend verleihen, Claud. – Romam regius terror afflabat, befiel Furcht vor dem König, Flor.

affluēns (adfluēns), tis, *PAdj.* m. *Compar.* u. *Superl.* (v. affluo), **I reichlich zuströmend, im Überfluss vorhanden,** zunächst von Flüssigkeiten, uberiores et affluentiores aquae, Vitr. 8, 1, 2: übtr., omnium rerum copiae, Cic.: copia voluptatium, Liv.: senatorum numerus, Suet.: subst., ex affluenti, in Hülle u. Fülle, Tac. hist. 1, 57. – **II** von etw. überfließend = mit etw. **im Überfluss-, reichlich versehen, begabt, gesegnet,** an etw. **ergiebig, reich,** m. *Genet.*, loci facies ... fontis affluens, Auct. itin. Alex. 21: m. *Abl.*, affluens illo Asiatico ornatu, Liv. Andr. fr.: vestitu, Phaedr.: opibus et copiis, Cic.: bonitate, Cic.: multis corporis animique deliciis, Gell.: omni scelere, Cic.: absol., ornatum illud suave et affluens, Cic. or. 79 *Fr.:* amicitia divitior et affluentior (die mehr gibt als empfängt), Cic. de amic. 58: affluentissima affluitas largitasque divinae gratiae, Hier. in Iob 38: bonorum omnium affluentissimus largitor, Augustin. conf. 2, 6.

affluenter (adfluenter), *Adv.* m. *Compar.* (affluens), **reichlich, mit Überfluss, verschwenderisch,** Solin., Apul. u. a. Spät. – Früher nur im *Compar.*, voluptates affluentius haurire, Cic.: affluentius vivere, Nep.: affluentius solito convivium inire, Tac.

affluentia (adfluentia), ae, *f.* (affluens), **I** der **Zufluss, Andrang,** geniturae, Plin. 26, 94. – **II** übtr., der reichliche Zufluss = die **Fülle,** der **Überfluss,** omnium rerum, Cic.: rerum (Ggstz. angustia), Augustin.: annonae, Plin.: deliciarum, Schol. Iuven.: munditiam, non affluentiam affectabat, Nettigkeit, nicht Überladung, Nep.: nimii flores et ingenii affluentia, übersprudelnder Witz, Quint.

affluitās, ātis, *f.* (affluo), die **Fülle,** der **Überfluss,** affluentissima affluitas largitasque divinae gratiae, Hier. in Iob 38.

af-fluo (ad-fluo), flūxī, ere, an etw. **herzu-, heranfließen, -strömen, I** eig.: **1** im engeren Sinne, v. Flüssen usw.: Aufidus amnis utrisque castris affluens, Liv.: Eurotas prope affluit moenibus, Liv.: Rhenus ad Gallicam ripam latior et placidior affluens, Tac.: v. Ebbe u. Flut, aestus maris bis inter duos exortus lunae adfluunt bisque remeant vicenis quaternisque semper horis, Plin. 2, 212. – **2** im weiteren Sinne, v. anderen Gegenständen: **a** als *t. t.* der epikur. Philos., von dem zu einer Wahrnehmung erforderlichen »Zuströmen« der Atome u. Bilder, ad deos affluere, überströmen auf die G., Cic. de nat. deor. 1, 49: u. von der belebten Kraft der Seele, poet. m. bl. *Acc.*, convenit, ut sensu corpus affluat omne, mit Gefühl den ganzen Körper behauche, Lucr. 3, 685. – **b** von Speisen, **dazufließen, -strömen** (in den Magen), cibo affluente, Suet. Claud. 44, 3. – **c** v. einer Menschenmenge, **herbei-, herzuströmen, -eilen,** ingentem comitum affluxisse numerum, Verg.: affluente cotidie multitudine ad famam belli spemque praedae, Liv.: affluentium undique auxilium, Sall. fr.: affluentibus in diem copiis, Flor. – **II** übtr.: **1** unvermerkt **zufließen, -zukommen,** si ea sola voluptas esset, quae quasi titillaret sensus et ad eos cum suavitate afflueret et illaberetur (auf sie mit süßem Reiz einströmt u. eindringt), Cic.: nihil ex istis locis non modo litterarum, sed ne rumoris quidem affluxit, Cic. – **2** in reichem Maße **zuströmen,** pro cerebri ubertate vel affluit (wächst mehr u. mehr) capillago (Haarwuchs) vel deserit (fällt aus), Tert. de anim. 51: affluunt subito, repente dilabuntur (vires atque opes humanae), Val. Max.: cum domi otium et divitiae affluerent, Sall.: ubi effuse affluunt opes, Liv.: ex eo, quod affluit opibus vestris, sustinendo necessitates aliorum, dadurch, dass ihr von euerem Überfluss fremde Not erleichtert, Liv. – dah. alqā re, reichlichen Zufluss an etw. haben = etw. **in Überfluss-, in Fülle haben,** mit etw. **in Fülle-, reichlich versehen sein,** unguentis affluens, gleichs. triefend von Salben, Cic.: ut affluam frumento, Plaut.: u. so divitiis, honore, laude, Lucr.: voluptatibus, Cic. – u. absol. prägn. = **Überfluss haben, im Überfluss leben** (Ggstz. carere), *carere* iustos vident et *affluere* iniustos, Lact. 5, 21, 8.

affluus (adfluus), a, um (affluo), **reichlich fließend,** flumen, Iul. Val. 3, 29 (3, 18).

afflūxio, ōnis, *f.* (affluo), der **Zufluss,** Gloss. V, 4, 19.

af-fodio (ad-fodio), ere, **hinzugraben,** furto vicino caespitem nostro solo affodimus, Plin. 2, 175.

af-for (ad-for), arch. arfor (Prisc. 35, 4), fātus sum, fārī, **I** *v. act.*, jmd. **anreden, ansprechen, a** im Allg.: alqm, Acc. fr. u. Curt.: versibus iisdem alqm, quibus etc., Cic.: nomine alqm, Verg.: alqm blande od. blandis verbis, Stat. – insbes. beim Abschied = »zu jmd. Worte des Abschieds reden, -sprechen«, affari extremum, Verg.: hos ego digrediens affabar, Verg.: u. nach Bestattung eines Verstorbenen, sic positum affati discedite corpus, so leget den Leib und »Friede dir!« saget zum Abschied, Verg. – **b** insbes., bittend **ansprechen = anflehen,** deum, Acc. fr.: deos, Verg.: precando Vestam, Ov.: hostem supplex affare superbum, Verg. – **II** *v. pass.:* **a angeredet, angesprochen werden,** affatis itaque ex officio singulis, Apul. met. 11, 19: prae cunctis igitur affata sacra Monas esto, Mart. Cap. 7. § 731. – **b zugesprochen werden,** als *t. t.* der Augurspr., Varr. LL. 6, 53. – **c** Pers. affatum esse = **zugleich** vom Schicksal **ausgesprochen, verhängt sein** (als Übersetzung von συνείμαρμαι), in illo fati ordine … hoc quoque protinus affatum est, ut et naviget, Sen. nat. qu. 2, 38, 1. – ► Dieses Verbum kommt nur vor in der 3. *pers. sing.* u. in der 2. *pers. plur. Indic. Praes.*, in der 1. *pers. Imperf. Indicat.*, in der 2. *pers. Imperat.*, im *Infin.* u. *Partic.* – parag. Infin. Präs. affarier, Sil. 8, 199.

affore u. **afforem,** s. 2. assum.

af-formīdo (ad-formīdo), āre, **zur Furcht geneigt sein, bange werden,** magis adformido, ne etc., Plaut. Bacch. 1078.

af-frango (ad-frango) u. **af-fringo** (ad-fringo), frāctum, ere, an etw. **brechen, zerbrechen, zerschmettern,** m. *Dat. loci,* Stat. silv. 5, 1, 36; Theb. 10, 47. Sidon. ep. 2, 2. § 17: dah. poet. = **mit aller Gewalt andrücken,** plenis parvos uberibus, Stat. Theb. 5, 150.

af-fremo (ad-fremo), ere, **bei** od. **zu** etw. **rauschen, murmeln,** m. *Dat.*, Val. Flacc. 1, 528. Sil. 14, 124.

affricātio (adfricātio), ōnis, *f.* (affrico), die **Anreibung,** Cael. Aur. acut. 1, 14, 106. – Plur., Cael. Aur. acut. praef. § 20.

af-frico (ad-frico), fricuī, fricātum, āre, **anreiben** m. *Dat. loci,* vitiosum locum arbori, Col. 7, 5, 6: se marathro herbae, Plin. 8, 99: unguedine palmulis suis diu affricata, Apul. met. 3, 21: si (anguium membrana) affricetur, claritatem facit, Plin. 29, 122. – im Bild = ansteckend mitteilen, alci rubiginem suam, Sen. ep. 7, 7.

affrictus (adfrictus), Abl. ū, *m.* (affrico), das **Anreiben,** Sen. nat. qu. 5, 14, 4. Plin. 31, 72.

af-fringo, s. af-frango.

af-frio (ad-frio), āre, **daranbröckeln,** cretam, Varr. r. r. 1, 57, 1.

af-fulgeo (ad-fulgeo), fulsī, ēre, **entgegenstrahlen, -leuchten, strahlend erscheinen, I** eig.: Venus (als Planet) affulsit, Ov. Ib. 209: per eos dies caeli ardentis species affulserat, der Himmel hatte wie ein Feuermeer geleuchtet, Liv. 43, 13, 3: navium speciem *de* caelo (am H. hin) affulsisse, Liv. 21, 62, 4. – **II** übtr.: **a** vom freundlichen Blick einer erscheinenden Gottheit usw., **entgegenstrahlen,** nitenti affulsit vultu ridens Venus, Sil. 7, 467: vultus ubi tuus affulsit, Hor. carm. 4, 5, 6. – **b** vom Stern od. Strahl des Glücks, der Hoffnung u. ähnl. = **entgegenleuchten, leuchten, emporleuchten, heraufdämmern, aufgehen, erscheinen,** consuli rei maioris spes affulsit, Liv.: cum libertas affulsisset, Liv.: lux quaedam (Tag des Heils) civitati affulsisse visa, Liv.: et mihi talis fortuna (Glücksstern) affulsit, Liv.: in rebus scaevis affulsit fortunae nutus hilarior, Apul.: ex insperato gaudium affulsit, Liv.: Cretensibus nihil tale praesidii affulsit, Val. Max.: ut prima occasio affulsit, Flor.: sed opportune Demosthenes ei patronus affulsit, da führte ihr Glücksstern ihr zu rechter Zeit den D. als Rechtsbeistand zu, Val. Max. – ► Spätlat. Partiz. Perf. Pass., per eos dies caeli ardentis species affulsae, Iul. Obs. 29 *in.*

af-fundo (ad-fundo), fūdī, fūsum, ere, **hinzugießen, -schütten, I** eig.: aquam alci rei, Plin.: venenum vulneri, Tac.: alci venenum in aqua frigida, Tac.: vinum arbori, als Trankopfer, Plin. – colonia amne affusa, vom Fluss bespült, Plin.: amnis Maeander plurimis affusus oppidis, an sehr vielen Städten vorbeifließend, Plin. – poet., vom Staub, affuso squalent a pulvere crines, Sil.: vom Wind, affusis puppes procedere ventis, Sil.: u. von der Befruchtung, ei (nido) vim genitalem affundere, es (das Nest) mit seinem Samen befruchten, Tac. – **II** übtr.: **1** affundi, **a** von der Schamröte: rubor, qui gravissimis quoque viris subitus affunditur, auch unversehens überläuft, Sen. ep. 11, 3. – **b** von Menschenmassen = **herbeiströmen, sich ergießen, sich** auf etw. **werfen** usw., undique affusa ducum plebisque turba, Sen. Troad. 1086: ut … equitum tria milia cornibus affunderentur, Tac. Agr. 35. – **2** affusum esse, **hingegossen sein = hingelagert sein, sich niedergeworfen haben** (bes. v. Flehenden), m. *Dat. loci* u. absol., affusae iacent tumulo, Ov.: amplecti pedes affusaque (u. hingegossen) poscere vitam, Ov.: regesque tui cum supplice mundo adfusi, vinci socerum patiare rogamus, Lucan.: Cleopatra affusa Caesaris genibus, Flor.

af-furcillo (ad-furcillo), āvī, āre (ad u. furcilla), **der Stütze berauben, wankend machen, erschüttern,** Placid. gloss. (V) 6, 25 (adfurcillavi).

affūsio (adfūsio), ōnis, *f.* (affundo), das **Dazugießen,** antidoti, Pallad. 3, 28, 2.

afluēns, s. affluēns.

afluentia, s. affluentia.

afluo, ere (a u. fluo), **wegfließen,** m. *ex* u. Abl., Gell. 5, 16, 3: m. *de* u. Abl., Ps. Cypr. de mont. Sina et Sion 9 (p. 115, 12 H.): übtr., perniciosis opibus, gleichs. überfließen, Cypr. de habit. virg. 13 *in.:* u. so copiosis opibus, Cypr. de op. et el. 22.

ā-forās, *Adv.* **von außen,** Spät.

āfore, āforem, s. ab-sum.

ā-forīs, *Adv.*, **von außen,** Spät.

Afrāniānus, a, um, s. Afrānius *no.* II.

Afrānius, a, um, Name eines röm. plebej. Geschlechts, aus dem am bekanntesten sind: **I** L. Afranius, ein komischer Dichter Roms, wahrsch. um 130 v. Chr. geb., Zeitgenosse des Terenz, so geschickter Darsteller römischer Sitten u. Charaktere, dass er mit Menander (den er sich im einzelnen zum Vorbild genommen haben mag), verglichen und seine Stücke noch unter den Kaisern gelesen und aufgeführt wurden, s. Hor. ep. 2, 1, 57. Cic. de fin. 1, 7. Suet. Ner. 11, 2: getadelt wegen der unsittlichen Tendenz seiner Stücke bei Quint. 10, 1, 10. – **II** L. Afranius, treuer Anhänger und tüchtiger Legat des Cn. Pompejus M., der ihm das Konsulat i. J. 60 v. Chr. durch Bestechung der Gegner zu verschaffen wusste, floh nach dem Unglück bei Pharsalus nach Afrika, wollte dann nach der Schlacht bei Thapsus mit 1500 Reitern sich über Utika nach Mauritanien u. Spanien retten, wurde aber gefangen genommen, an Cäsar ausgeliefert u. von den Soldaten Cäsars bei einem Auflauf getötet, nach anderen auf Cäsars Befehl ohne Verhör als Kriegsgefangener hingerichtet, s. Caes. b. c. 1, 57 *sqq.* Cic. ad Att. 1, 18 *sqq.* Vell. 2, 48, 1 u. 50, 4. – Dav. **Afrāniānus**, a, um, **afranianisch, des Afranius,** milites, Caes. b. c. 1, 54, 1: legio, Auct. b. Hisp. 7, 4. – **III** Caia (Gaia) Afrania, Frau des Licinius Buccio, eines röm. Senators, prozesssüchtig u. frech genug, ihre Angelegenheiten immer selbst vor dem Prätor zu führen; daher ihr Name sprichwörtl. zur Bezeichnung eines frechen, ränkevollen Weibes wurde, Val. Max. 8, 3, 2. Ulp. dig. 3, 1, 1. § 5.

Āfrī, ōrum, *m.*, die Bewohner von Afrika, bes. im engeren Sinne als Bewohner des Gebietes von Karthago (s. unten Africa *no.* 2), **die Afrikaner,** Cic. ad Q. fr. 1, 1, 9. § 27. Sall. Iug. 18, 3. Liv. 29, 3, 13. Eutr. 2, 19 *sqq.*: A. discincti (als weichlich u. untätig), Verg. Aen. 8, 724: insbes., die Priester des Jupiter Ammon in der Wüste Libyens, Nep. Lys. 3, 2. – Sing. dirus Afer, v. Hannibal, Hor. carm. 4, 4, 42: homo Afer, Augustin. ep. 17, 2: civis noster in quantum Afer, Augustin. conf. 8, 6: Sing. kollekt., Ven. Fort. vit. S. Mart. 2, 74. – *Adi.* **Āfer**, fra, frum, **afrisch, afrikanisch,** pedites, Liv.: campi, Vitr.: aequora, zwischen Afrika u. Sizilien, Ov.: avis (= *Africana gallina,* s. unten Africanus), Hor.: murex, die gätulische, Hor.: sorores, die Hesperiden, Iuven.: pisa, Pallad.: bitumen, vinum, Pelag.: tapetia, Valer. b. Vopisc. – Davon abgeleitet:

A **Āfrica**, ae, *f.*, auch terra Africa (wie terra Italia u. ähnl., s. Drak. Liv. 25, 7, 4), das Land **Afrika,** **1** im weiteren Sinne, der Erdteil, von den Griechen Λιβύη gen., in frühester Zeit bald zu Asien, bald zu Europa gerechnet, nach der später allgemeinen Annahme durch die Landenge von Suez von Asien geschieden, s. Sall. Iug. 17 *sqq.* Mel. 1. c. 4 *sqq.* Apul. de mundo *c.* 7 *extr.*: meton. = die Afrikaner, Africa terribilis, Varr. sat. Men. 225: in omni Africa (vom Land redend u. an die Bewohner denkend), Sall. Iug. 89, 7. – **2** im engeren Sinne, Africa propria od. Africa provincia gen., das ganze ehemalige Gebiet von Karthago, sowie das Land zwischen den beiden Syrten umfassend, Mel. 1. c. 7. – obwohl auch im allerengsten Sinne bloß die Landschaft Zeugis od. Zeugitania (regio) mit der Hauptstadt Karthago Africa genannt wurde, Plin. 5, 23; *cf.* Isid. 14, 5, 8. – ▶ Vulg. Genet. Africaes, CIL 5, 1039.

B **Āfricānus**, a, um, zu Afrika (im engeren u. weiteren Sinne) gehörig, **afrikanisch, in Afrika, aus Afrika,** bellum, Cäsars Kr. gegen die Pompejaner unter Kato, Scipio u. Juba (König von Numidien), Cic. u. a.; u. von diesem Krieg causae (Händel), Cic., u. rumores, Cic. – possessiones, Nep.: gallinae, Perlhühner (ihrer Seltenheit wegen als Leckerbissen auf den Tafeln der Römer, griech. μελεαγρίδες, auch lat. meleagrides; vgl. Col. 8, 2, 2 u. Plin. 10, 74), Varr. u. Col.: mures, afrikanische Mäuse, Plin., scherzhaft für »Panther, Tiger u. Löwen«, Plaut.: fici od. ficus, afrik. Feigen, früher ihrer Seltenheit wegen gesucht, Scriptt. r. r. u. Plin., später gewöhnlicher u. dah. unter die Geschenke von weniger Bedeutung gerechnet b. Mart. – subst., Africanae, ārum, *f.* (*sc.* bestiae), afrikanische wilde Tiere = Panther, Löwen, Leoparden u. Tiger (vgl. Varr. LL. 7, 40), bes. gebraucht in den öffentl. Tierhetzen der *ludi circenses,* Cic., Liv. u. a. – als Beiname, Africanus, der Beiname der zwei berühmtesten Scipionen, s. Cornelius: Africana, Beiname der Ceres in Afrika, wo sie Witwen, die nicht wieder heiraten wollten, als Priesterinnen hatte, Tert. ad uxor. 2.

C **Āfricus**, a, um, **afrikanisch,** bellum, Hannibals gegen die Römer, Liv. 21, 1, 4 u. 21, 2, 1; Cäsars gegen die Pompejaner in Afrika (s. oben Africanus), Caes. b. c. 2, 32, 13. Vell. 2, 129, 4: u. von diesem Kr., triumphus, Vell. 2, 56, 2: bella, des Syphax gegen die Punier, Sil. 17, 11: praesidia, Liv.: ora, Liv.: mare, der südwestl. Teil des Mittelmeers, Sall. u. Tac.: ebenso pelagus, Mel. – insbes., ventus Africus (Cic.) od. Africus ventus (Liv.), u. gew. absol. Africus, ī, *m.*, der (Wind) Afrikus = Südwest od. genauer Westsüdwest, griech. λίψ, bei den Italienern noch j. *Affrico* od. *ghiberno* gen., für alle, die diesseit des Mittelländischen Meers wohnen, ein von der Winterabendseite über das Meer kommender stürmischer Regenwind (s. Vell. 2, 79, 3. Sen. nat. qu. 5, 16, 6. Plin. 2, 119: lips sive Africus, Veget. mil. 4, 38); dah. die Epitheta: furibundus et ruens, Sen.: creber procellis, Verg.: praeceps, protervus, Hor.: auster, qui per biduum flaverat, in Africum se vertit, Caes.: qui portus ab Africo tegebatur, ab austro non erat tutus, Caes. – auch adjekt., Africae procellae, Hor. carm. 3, 29, 57.

africia, ae, *f.*, eine Art Backwerk, Arnob. 7, 24.

Āfricus, a, um, s. Āfrī *no.* C.

afro..., s. aphro...

agaga, ae, *m.* (*ἀγαγᾶς), der **Zuführer, Kuppler,** Petron. 69, 1.

agagula (agagola), ae, *c.* (*Demin.* v. agaga), der **Kuppler,** die **Kupplerin,** Gloss. V, 589, 19. Edict. Theodoric. reg. 54.

agalma, matos, *n.* (ἄγαλμα), die **Bildsäule,** Mart. Cap. poët. 6, 567.

Agamēdēs, is, *m.* (Ἀγαμήδης), Sohn des Erginos (Königs von Orchomenos), mit seinem Bruder Trophonius Baumeister des Apollotempels zu Delphi, Cic. Tusc. 1, 114.

Agamemnōn (od. lat. **Agamemno**), onis, Akk. onem, bei Dichtern ona, *m.* (Ἀγαμέμνων), Sohn (od. Enkel) u. Nachfolger des Atreus, Königs von Mykenä, Bruder des Menelaus, Gemahl der Klytämnestra, Vater des Orestes, der Elektra und Iphigenia, Oberanführer der Griechen vor Troja, nach der Rückkehr durch seine Gemahlin mit Hilfe ihres Buhlen Ägisthus ermordet, Att. tr. 161. Plaut. Bacch. 946. Varr. sat. Men. 570. Cic. de off. 3, 95. Hor. carm. 4, 9, 25. Petr. 59, 4: Akk. -onem, Rhet. Her. 1, 10, 17. Cic. Tusc. 1, 37, 90 u. a. Prosaiker: griech. Akk. -ona, Hor. carm. 4, 9, 25 u. a. Dichter: als Sohn des Atreus, Enkel des Pelops u. Urenkel des Tantalus heißt er Atrides (Ἀτρείδης), Prop. 2, 14, 1, Pelopēus (Πελόπειος), Prop. 4, 6, 33, Tantalides (Ταντᾰλίδης), Ov. fast. 5, 305. – Dav. **1** **Agamemnonidēs**, ae, *m.* (Ἀγαμεμνονίδης), der (männl.) Nachkomme des Agamemnon, der **Agamemnonide** = Orestes, Iuven. 8, 215. – **2** **Agamemnonius**, a, um (Ἀγαμεμνόνιος), **agamemnonisch, des Agamemnon,** classis, Liv. u. Mela: phalanges, Verg.: puella, Iphigenia, Prop.: tres Agamemnoniae (puellae), Töchter des Agamemnon, Ov.

agamus, ī, *m.* (ἄγαμος), **unverheiratet,** Hieron. adv. Iovin. 1, 15.

Aganippē, ēs, *f.* (Ἀγανίππη), **I** Quelle (u. Nymphe dieser Quelle, Tochter des Flussgottes Permessus) am Helikon in Böotien, den Musen heilig u. zur Dichtkunst begeisternd, Plin. 4, 25. Solin. 7. § 23: Aonie (Ἀονίη) A., Verg. ecl. 10, 12: Hyantea A., Ov. met. 5, 312: doctum fluens A., Claud. ep. ad Seren. 61. – Dav.: **a** **Aganippēus**, a, um, **aganippēisch,** unda, Claud.: lyra, den Musen geweiht, Prop. – **b** **Aganippicus**, a, um, **aganippisch,** Hippocrenen Aganippicosque fontes abigamus et Minervam = jede ernste Beschäftigung mit den Musen, Sidon. ep. 9, 13. – **c** **Aganippis**, idos, *f.*, **von der Aganippe stammend,** als Beiw., fontes Aganippidos Hippocrenes, der den Musen heiligen u. begeisternden, Ov. fast. 5, 7. – **II** Gemahlin des Akrisius, Mutter der Danaë, Hyg. fab. 63.

agapē, ēs, *f.* (ἀγάπη), **I** die christl. **Nächstenliebe,** Tert. adv. Marc. 2. – **II** das christl. **Liebesmahl,** Eccl.

agapētae, ārum, *f.* (ἀγαπηταί), Freundinnen u. Hausgenossinnen eheloser Geistlicher in der alten christl. Kirche, Hieron. ad Eust. ep. 22, 5.

agapētus, a, um (ἀγαπητός), **beliebt, gebräuchlich,** agapeta adverbia, Virg. gramm. p. 70, 13 H. (Ggstz. discessiva).

agaricon (-um), ī, *n.* (ἀγαρικόν), der **Lärchenschwamm** (*Boletus laricis,* Iacq.), Plin. 25, 103.

Agasīnēs u. **Agasīnus,** s. Acesīnēs.

agāso, ōnis, *m.* (ago; vgl. Paul. ex Fest. 25, 5), einer der Lasttiere, bes. Pferde, besorgt u. führt, **Reit-, Pferde-, Stallknecht,** Plaut. merc. 852. Liv. 43, 5, 8. Curt. 8, 6 (21), 4: **Eseltreiber,** Liv. 7, 14, 7. Apul. met. 6, 18 u. a. – verächtl., von einem tölpischen Burschen oder Diener übh., **Hanstapps,** Hor. sat. 2, 8, 72. Pers. 5, 76.

Agatha, ae, *f.* (Ἀγαθή), Stadt im narbon. Gallien, am Arauris, Kolonie der Massilier, j. *Agde,* Plin. 3, 33. Mel. 2, 5, 6 (2. § 80).

Agathoclēs, is u. ī, Akk. em u. ēn, *m.* (Ἀγαθοκλῆς), **I** Tyrann von Syrakus, geb. 361, gest. 289 v. Chr. zu Thermä, von Eltern niederen Standes, Iustin. 22, 1 *sqq.* Cic. Verr. 4, 122 (wo Genet. i). Liv. 28, 43, 21. Val. Max. 7, 4. ext. 1. Lact. 1, 21, 13. Plaut. Pseud. 532: griech. Akk. Agathoclea, Auson epigr. 8, 1. p. 197 Schenkl. – Dav. **Agathoclēus,** a, um (Ἀγαθόκλειος), **agathoklëisch, des Agathokles,** tropaea, Sil. 14, 652. – **II** griech. (aus Chios) Philosoph u. Schriftsteller üb. Landwirtschaft, Varr. r. r. 1, 1, 8 (A. Chius). Plin. 22, 90. – **III** griech. Historiker aus Kyzikus, Cic. de div. 1, 50.

agathodaemōn, onis, Akk. Plur. onas, *m.* (ἀγαθοδαίμων), der **wohltätige Genius,** griech. Benennung der ägyptischen Heilschlange, der »Kneph- od. Knuphschlange«, Symbols der wohltätig wirkenden Götterkraft in der ägyptischen Mythologie, Lampr. Heliogr. 28, 3.

Agathyrna, ae, *f.* (Ἀγάθυρνα), od. **Agathyrnum,** ī, *n.* (Ἀγάθυρνον), Stadt an der Nordküste Siziliens, j. *S. Agata,* Liv. 26, 40, 17. Sil. 14, 259: Form -um, Plin. 3, 90.

Agathyrsī, ōrum, *m.* (Ἀγάθυρσοι), ein Grenzvolk der Szythen am Maris (j. »Marosch«), also in einem Teil von Siebenbürgen und dem temesvarer Banat, Mel. 2, 1, 2 (2. § 7), das sich hellblau bemalte od. tätowierte, Mel. 2, 1, 10 (2. § 10): picti, Verg. Aen. 4, 146: u. (das »bemalt« auf die Kleider bezogen) praecincti sagis semper pictis, Avien. perieg. 447: u. (das »bemalt« auf die Haare bezogen) caeruleo capillo, Plin. 4, 88.

Agāvē, ēs, Akk. ēn u. em, *f.* (Ἀγαυή), Tochter des Kadmus, Gemahlin des Echion, Mutter des dem Großvater auf dem Thron folgenden Pentheus, den sie zerriss, da sie ihn in bacchantischer Wut für ein wildes Tier ansah, Ov. met. 3, 700 *sqq.* Hyg. fab. 179. Hor. sat. 2, 3, 303. Lucan. 1, 569: Sujet einer Tragödie des Statius, Iuven. 7, 87.

agceps, agcora, s. an-ceps, ancora.

Agdestis (Ἀγδίστις), ein Zwitterwesen einer phrygischen Nationalsage, von Zeus mit dem Felsen Agdus in Phrygien gezeugt, von Dionysus entmannt, Arnob. 5, 7 (wo Akk. im). – Dav. **Agdestius,** a, um, **des Agdestis,** ferocitas, furor, Arnob. 5, 11 u. 14.

age, s. ago a. E. ►.

agēa, ae, *f.* (wahrsch. v. griech. ἀγυιά), der **Schiffsgang,** der zu den Ruderern führt, Enn. ann. 484. Vgl. Paul. ex Fest. 10, 10. Isid. 19, 2, 4. Gloss. ›agea, πάροδος πλοίου‹.

Agedincum, ī, *n.,* Hauptstadt der Senonen im lugdun. Gallien, j. *Sens* in Champagne, Caes. b. G. 6, 44, 3 u. a.

agedum, s. ago a. E. ►.

Agelastus, ī, *m.* (ἀγέλαστος, der Nielachende, Mürrische, Finstere), Beiname des M. Krassus, Großvaters des Triumvirs, der nur einmal od. nie in seinem Leben gelacht haben soll Plin. 7, 79; vgl. Cic. Tusc. 3, 31.

agellulus, ī, *m.* (*Demin.* v. agellus), ein **sehr kleiner Acker,** ein **ganz kleines Gütchen,** Priap. 84, 3 M. Arnob. 1, 21. Symm. ep. 2, 30. CIL 10, 6720.

agellus, ī, *m.* (*Demin.* v. ager), ein **kleiner Acker, kleines Stück Land** od. **Grundstück,** ein **kleiner Landsitz,** agelli reditus, Val. Max.: agellus non maior iugero uno, Varr.: parvus admodum agellus, Plin.: est mihi agellus paternus, Ps. Quint. decl.: cum agellus eum non satis aleret, ludi magister fuit, Cic.: hic agellus illos alet, Nep.: Tranquillus vult emere agellum, quem venditare amicus tuus dicitur, Plin. ep. – Plur., condicio agellorum, Plin. ep.: di neque agellos singulorum nec viticulas persequuntur, Cic.

agēma, atis, *n.* (ἄγημα = *agmen*), auszeichnender Name der von Philipp u. Alexander im mazedonischen Heer gebildeten Abteilungen der Edelscharen (amici, ἑταῖροι) zu Pferd u. (cetrati, ὑπασπισταί) zu Fuß, die **Leibschar, Gardetruppe,** Liv. 37, 40, 5; 42, 51, 4. Curt. 4, 13 (50), 26.

Agendicum, s. Agedincum.

Agēnōr, oris, *m.* (Ἀγήνωρ), König von Phönizien, Sohn Neptuns u. der Libya, Bruder des Belus (des Vaters des Ägyptus u. Danaus), Vater des Kadmus, der Europa u. a., Vater od. Großvater des Phineus (Königs in Thrazien), Ahnherr der Dido u. dah. auch der Phönizier (Karthager); dah. Agenoris urbs = Karthago, Verg. Aen. 1, 338: Agenore natus = Kadmus, Ov. met. 3, 51: magno cretus Agenore Phineus, Val. Flacc. 4, 444. – stat gloria gentis Agenor, von einer Statue des A., Sil. 1, 88. – Dav.: **1 Agēnoreus,** a, um, zu Agenor gehörig, **agenorëisch, a** eig.: domus, des Kadmus Haus, Ov.: aber tecta, vom Haus des Phineus (s. oben), Val. Flacc.: bos, der unter die Sterne versetzte Stier, in dessen Gestalt Jupiter die Europa entführte, Ov. – **b** übtr.: **α** für **phönizisch,** aënum u. Plur. aëna, agen. Kessel = Purpurkessel (s. aēnus), Mart. u. Sil. – **β** für **karthagisch,** arces, Karthago, Sil.: Agenorei nepotes, u. subst. bl. Agenoreī, ōrum, *m.* = die Karthager, Sil.: ductor, Hasdrubal u. Hannibal, Sil. – **2 Agēnoridēs,** ae, *m.* (Ἀγηνορίδης), der männl. Nachkomme Agenors, der **Agenoride,** von Kadmus, Ov. met. 3, 8 u. ö.: von Phineus, Val. Flacc. 4, 582: von Perseus (Abkömmling des Danaus), als argivischem Heros, Ov. met. 4, 771: u. für »Karthager (Phönizier)«, Sil. 8, 1 (wo Genet. Plur. Agenoridûm).

Agenoria (Agerōna), ae, *f.* (ago), röm. Göttin der Tätigkeit, die zu Unternehmungen treibt, Augustin. de civ. dei 4, 11 u. 16.

agēns, s. ago ►.

1. ager, agrī, *m.* (griech. ἀγρός, gotisch *akrs,* indogerm. *ájraḥ,* ahd. *ackar, achar*), **I** in eng. Bedeut., jedes **Stück Feld,** das zum Landbau benutzt wird od. benutzt werden kann, es sei Ackerland, Weideplatz, Baumschule usw., das **Feldgut, Grundstück,** der **Grundbesitz,** agri ac pecoris magis quam belli cultor, Sall.: agri cultio, Cic.: cultura agrorum, Cic.: ager publicus (Ggstz. ager privatus), Liv. u. bl. ager, Liv. epit. 6: ager paternus et avitus, Sen.: ager fertilis, Cic., fertilissimus, Liv.: uber, Liv.: agri lati atque uberes, Cic.: ager fructuosus, Cic.: agri frugiferi, Cic.: homo ab agro remotissimus, der mit dem Land in gar keine Berührung kam (= vom Ackerbau gar nichts verstand), Cic.: agrum colere, Cic., bene colere, Cato u. Cic.: agrum bene arare, Cato: immunes liberosque agros arare, Cic.: agrum conserere, Cato: agros continuare, Liv., prolatare, Tac.: agro pelli, Cic.: agro paterno et avito expelli, Sen. – als **Baumschule,** Gell. 19, 12, 8. – Dah. im Ggstz. zu Plätzen, die von Häusern od. mit Wald schon bedeckt sind, das **Feld, a** im Ggstz. zur Stadt, das **(flache) Land,** in Prosa gew. im Plur., neque agri neque urbis odium me umquam percipit, Ter.: vastati agri sunt, urbs assiduis exhausta funeribus, Liv.: non solum ex urbe, verum etiam ex agris ingentem numerum perditorum hominum collegerat, Cic. – **b** im Ggstz. zum Dorf, das **freie Feld,** sanum oportet … modo ruri esse, modo in urbe, saepius in agro, teils auf dem Land, teils in der Stadt, öfter noch im freien Feld, Cels. 1, 1. § 2. – **c** im Ggstz. zu den Bergen, das **Tal,** ignotos montes agrosque salutat, Ov. met. 3, 25. – **d** im Ggstz. zum Meer, in agrum, **feldwärts = nach der Landseite,** arx Crotonis unā parte imminens mari, alterā parte vergente in agrum, Liv.: pars muri versa in agros, Liv. – **e** als Längenmaß, in agrum, **in die Tiefe, feldwärts** (Ggstz. in fronte, in der Breite), Hor. sat. 1, 8, 12: in fronte … in agrum, Petr. 71. § 6. p. 48, 5 B[3]; vgl. frons a. E. – **II** in weit. Bed., die Gesamtheit des Grund und Bodens einer Staatsgemeinde, die **Mark,** das **Gebiet,** Setinus, Titin. fr. u. Cic.: Tusculanus, Veiens, Cic.: Helvetius, Caes.: agrum nostrum invadere, Liv. – ► Arch. Genet. Sing. agrei, CIL 9, 200, 24: arch. Nomin. Plur. agrei, CIL 1, 200, 93: arch. Abl. Plur. agreis, CIL 1, 200, 20 *sqq.* – vulg. Abl.-Nbff. aggro, CIL 3, 2448: acro, CIL 6, 35797: acru, CIL 11, 5559.

2. ager, s. agger ►.

agēratos, on (ἀγήρατος), **nie alternd,** aeon, Tert. adv. Val. 8. – subst., **agēraton,** ī, *n.* (ἀγήρατον), ein würziges Kraut, viell. **Leberbalsam, gewürzhafte Schafgarbe** (*Achillea Ageraton,* L.), Plin. 27, 13.

Agerōna, s. Agenoria.

Agēsilāus, ī, *m.* (Ἀγησίλαος), **I** Beiname des Pluto, **Lenker** od. **Fürst der Völker,** weil alle in sein Reich wandern u. unter seine Herrschaft kommen, Lact. 1, 11, 31 – **II** König von Sparta, Sohn des spart. Königs Archidamus (aus der Familie der Prokliden), Überwinder des persischen Satrapen Tissaphernes am Paktolus in Asien (395 v. Chr.) u. später der Böotier, Athener u. a. Griechen bei Koronea in Böotien (394 v. Chr.), Nep. Ages. 1 *sqq.* Iustin. 6, 2, 4 *sqq.*

Agēsimbrotus, ī, *m.* (Ἀγησίμβροτος), Anführer der rhodischen Flotte gegen Philipp von Mazedonien, Liv. 31, 46, 6 u. a.

Agēsipolis, polidos, Akk. polin, *m.* (Ἀγησίπολις) Sohn des Kleombrotos, aus dem Geschlecht der Herakliden, König von Sparta um 195 v. Chr., Liv. 34, 26, 14.

agesis, s. age unter ago ►.

Aggar, *n. indecl.,* Stadt auf der nördl. Küste von Afrika, Auct. b. Afr. 67, 1 u. a.

ag-garrio (ad-garrio), īre, **hinschwatzen,** nugulas ineptas, Mart. Cap. 1. § 2.

ag-gaudeo (ad-gaudeo), ēre, **sich freuen mit** jmd., alci, Itala prov. 8, 30. Paul. Nol. 14. Cassian. coll. 4, 1, 1.

ag-gemo (ad-gemo), ere, **dazu (mit ihm) seufzen, klagen,** Ov. fast. 5, 400: m. *Dat.,* Ov. trist. 1, 4, 10. Stat. Theb. 11, 247.

ag-genero (ad-genero), āre, **hinzuerzeugen,** m. *Dat.,* Tert. adv. Marc. 4, 19: übtr., Iren. 2, 10, 1.

ageniculātio (adgeniculātio), ōnis, *f.* (aggeniculor), die **Kniebeugung** (vor jmd.), Aquila bei Hier. quaest. hebr. in genes. 41, 43.

ag-geniculor (ad-geniculor), ārī (ad u. geniculo), vor jmd. **die Knie beugen,** alci, Tert. de paen. 9 u. a. Eccl.

agger, eris, *m.* (2. aggero), **I** alles (wie Erde, Sand, Steine, Rasen, Reisholz), was zur Bildung einer Aufschüttung, einer Erhöhung od. zum Ausfüllen einer Vertiefung (eines Grabens, Sumpfes usw.) herbeigetragen wird, das **Material-,** das **Nötige zum Ausschutt** od. **zum Damm (zum Wall), die Dammerde, Schanzerde, die Erde zur Beschüttung, zur Ausfüllung,** der **Erdschutt,** der **Schutt,** zunächst als milit. *t. t.* bei der Befestigung des Lagers (vgl. unten *no.* II), aggerem petere, comportare, Caes.: cratibus atque aggere paludem od. aggere et cratibus fossas explere, Caes.: u. so fossas aggere complere, Verg.: cavernas aggere implere, Curt.: trabes aggere vestire, Caes.: rates (iunctas) terrā et aggere integere, mit Erde u. Steinen beschütten, Caes.: collo tenus aggeribus obrutus, Amm. – poet., moliri aggere tecta, bauen u. mit Erdschutt befestigen, Verg.: tepidoque onerabant aggere terrae, mit der Erde, die noch von dem kaum abgebrannten Scheiterhaufen warm war, Verg.

II übtr., jeder aus zusammengetragener Erde usw. errichtete **Damm, Erdwall, Erhöhung, 1** zunächst u. gew. als milit. *t. t.,* **a** der zur Befestigung des Lagers durch die aufgeworfene Erde des Grabens gebildete **Damm,** auf dem das *vallum* (der durch Palisaden, Pfähle, Flechtwerke verbundene eig. Wall) errichtet wurde, der **Schanzaufwurf,** die **Schanze,** der **Erdwall,** beim Lager für nur eine Nacht gew. 3 Fuß hoch, bei stehenden Lagern, namentl. eines Belagerungsheeres, viel höher u. breiter (die Erde war gegen das Herabrollen mit Faschinen, Palisaden od. Baumstämmen befestigt, dah. auch der agger dem Feuer ausgesetzt), worauf man, wie auf einer Mauer, Bollwerke u. Türme errichtete, sowie das Sturmzeug (die Mauerbrecher) aufpflanzte, die mit dem Fortschreiten der Schanzarbeit der Mauer nicht nur immer näher, sondern oft auch mit ihr auf gleiche Höhe gebracht wurden, aggere, vineis, turribus oppidum oppugnare, Cic.: urbem cingere vallo et fossā, aggere maximo, vineis, turre altissimā, Cic.: aggerem apparare, instruere, exstruere, facere, iacĕre, Caes.: aggeres constituere, Plin. – aggerem ad urbem promovere, Cic.: vineas et aggerem muro iniungere, Liv. – aggeri ignem inferre, Caes.: aggeribus ignes inicere, Liv.: aggerem ac vineas incendium hausit, Liv. – im Bild, esset vel receptaculum pulso Antonio vel agger oppugnandae Italiae Graecia, Cic. Phil. 10, 9. – **b** zum Schutz gegen feindliche Anfälle vor einem Ort aufgeführter **Damm, Wall, Hochwall,** agger Tarquinii, gew. bl. agger, der zur Sicherung der Stadt Rom nach ihrer sich in die Ebene verlaufenden Ostseite hin vom kollinischen bis zum esquilinischen Tor von Servius Tullius aufgeführte, von Tarquinius Superbus noch erhöhte »Hochwall«, von Cicero (de rep. 2, 11) maximus gen., weil er 7 Stadien (beinahe eine röm. od. 1/5 deutsche Meile) lang, 50 Fuß breit u. über 60 Fuß hoch war, mit einem über 100 Fuß breiten u. 60 Fuß tiefen Graben, gegen diesen mit einer Futtermauer von Werksteinen versehen, oben durch Türme geschützt (Plin. 3, 67; 36, 104). In dieser Gegend (der Umgebung der jetzigen *Porta San Lorenzo),* von Mäcenas wahrsch. zu einem sonnigen Spaziergang umgeschaffen (s. Hor. sat. 1, 8, 15), versammelte sich viel Volk, weshalb dort auch Gaukler, Wahrsager (Iuven. 6, 588; vgl. Quint. 12, 10, 74), Affenführer (Iuven. 5, 153 *sqq.*) u. dgl. ihr Wesen trieben; unterhalb, nach der Stadt zu, wohnten viele arme Leute (Iuven. 8, 43), und von diesem Damm stürzte sich wohl auch der (bei Sueton erwähnte) dem öffentlichen Spott preisgegebene Römer herab, Suet. Cal. 27, 2. – dah. poet. für **Wall,** zum Schutz einer Stadt, **Stadtwall, Stadtmauer** übh., primas in litore sedes castrorum in morem pinnis et aggere cingit, Verg.: proelia miscent aggeribus murorum, Verg.; vgl. cocto aggere opus, Mauer von Brandziegelsteinen, Prop. – **c** zum Schutz gegen die Einfälle der Nachbarn, die errichtete **Grenzbefestigung,** Tac. ann. 2, 19 *extr.*

2 übh. ein zum Schutz angelegter **Erdwall, Damm,** wie **a** als Einfriedigung der Äcker, **Erdwall** (vgl. Varr. r. r. 1, 14, 2 *sqq.*), terreus, Varr.: agrestis, Tac. – **b** zur Sicherung eines Ufers, Hafens, **Ufer-, Fluss-, Hafendamm** (sonst moles, ital. *molo*), Verg. u. Tac., Vitr. u. Ov. – dah. (bei Dichtern) die **Böschung des Ufers** u. das **Ufer** (als natürl. Flussdamm), gramineus ripae agger, Verg.: herbosus agger, Ov.: flumineus agger, Sil. – **c** zur Sicherung des Weges durch sumpfige Gegenden, der **Dammweg,** pontes et aggeres umido paludum imponere, Tac. ann. 1, 61. – **d** das **Aufschütten** einer Straße (auch Brückenstraße), der **Damm, Erdwall,** agger viae, Verg. Aen. 5, 273 (u. dazu Serv.). Tac. hist. 2, 24 u. 42. – bei Spät. der **Dammweg** = die **Straße, Landstraße** selbst, sofern sie durch Aufschütten erhöht und befestigt war, agger publicus = *via publica* (Heerstraße), Sidon. u. a.: solidus agger, von der appischen Straße, Stat.: Aurelius agger, Rutil. Nam. u. Mulvius agger (Brückendamm, Brücke), Stat. Vgl. über agger publicus Savaro Sidon. ep. 4, 24. p. 292.

3 (poet.) von jeder Art von künstlicher od. natürlicher Erhöhung auf dem Boden, wie **a** die, bes. in Lagern, aus Erde u. Rasen gebildete **Erhöhung** als Rednerbühne (*suggestus*) u. dgl., der **Aufwurf** (vgl. Ruperti Tac. ann. 1, 18, 3), tumulique ex aggere (von der aufgetürmten Erhöhung) fatur, Verg.: stetit aggere fultus cespitis, Lucan. – **b** ein aus Rasen erbauter **Altar,** Val. Flacc. 5, 641 (vgl. *ibid.* 61). – **c** der **Grabhügel,** agger tumuli, Verg.: busti, Lucan. u. Val. Flacc.: prodire ab aggeribus (Gräbern) conditos, Arnob. 1, 46. – **d** der **Holzstoß** = Scheiterhaufen, Ov. u. a. – **e** v. Bergen u. Hügeln als natürlichen Schutzwehren, die **Höhe,** aggeres Alpini, Verg.: aërii agger montis, die luftige Höhe des Berges, Sil. – **f** von aufgetürmten Wasserwogen, ab alto aggere pelagi, Lucan.: consurgens agger aquarum, Sil. – u. endl. **g** von jedem aufgetürmten »Haufen«, auch wir ein **Wall,** arenae, Haufen von Sand, Verg.: aggeres nivei, Verg.: medio ex aggere, Holzhaufen, Ov.: altus agger favillae, Lucan.: agger armorum, strues corporum, Tac.: cadaverum aggeres, Amm.: u. so in mediis aggeribus (Leichenhaufen), Val. Flacc.: aggeres epularum, Augustin. serm. 16, 4: aggeres calamitatum, *ibid.* 38, 10: agger testimoniorum, Augustin. de pecc. merit. et. remiss. 1, 53. – ► Archaist. Nom. arger nach Prisc. 1, 45.

aggerātim, *Adv.* (agger), **haufen-, stoßweise,** Apul. met. 4, 8.

aggerātio, ōnis, *f.* (aggerare), die **Aufschüttung,** der **Damm,** Vitr. 10, 16 (22), 9: Plur., Iustin. 2, 1, 20.

aggereus, a, um (agger), **damm-** od. **wallartig,** tumulus, Anthol. Lat. 483, 28 (388, 28).

1. ag-gero (ad-gero), āvī, ātum, āre (agger), **I** eig., als Damm **aufschütten, aufwerfen,** **a** übh.: angustus is trames vastas inter paludes (ein Moordamm) et quondam a L. Domitio aggeratus, Tac. ann. 1, 63. – u. so haec genera (laterum) faciliter aggerantur, lassen sich leichter aufmauern, aufeinanderlegen, Vitr. 2, 3, 1. – **b** als *t. t.* des Landbaues, stercoratam terram circa, die Erde um Bäume u. Pflanzen aufhäufeln (zum Schutz gegen die Hitze), Col. arb. 28, 3: in area detrita frumenta sic sunt aggeranda, ut omni flatu possint excerni, Col. 2, 20 (21), 5. – **II** übtr.: **1** einem Damm gleich **auf-, emporhäufen** od. **-türmen,** **a** eig.: cadavera, Verg.: ossa, Tac. – **b** bildl., gleichsam häufend **vermehren, vergrößern,** dictis iras, Verg.: dictis promissum, Stat.: dah. in Worten vergrößernd darstellen, **übertreiben,** clades et incendia belli, Sil. – **2** gleichs. mit einem Damm **beschütten,** **a** als *t. t.* des Landbaues, die Erde um Bäume usw. aufhäufen, die Bäume **häufeln, behäufeln,** arbores, Col. 11, 2, 46. – **b** übh., convalles lacunosae cavaeque spinetis aggeratae (= *obsitae*), übersät, überschüttet, Apul. met. 4, 6. – ► Curt. 4, 2 (10), 16 jetzt exaggeraretur.

2. ag-gero (ad-gero), gessī, gestum, gerere, **herbeitragen, -bringen,** bes. in Masse u. dah. mühsam, **herbeischleppen, auf den Platz schaffen, herschaffen,** **I** eig.: aquam, Plaut.: pisciculos minutos frequenter, Varr.: luta et limum, Cic. fr.: terram, Sen.: m. *ad* u. Akk., ultro ipsi (bona) aggerunt ad nos, Plaut.: m. *Dat.*, aggeritur tumulo tellus, Verg.: aggesta fluminibus terra, angeschwemmter od. angeschlämmter Boden, Plin. – *Partic.* subst., aggestum, ī, *n.*, eine dammartige Aufschüttung, ein Erdwall, unum, Amm. 20, 11, 23: Plur., aggesta erecta, Amm. 19, 8, 1. – **II** übtr.: **1** vermehrend hinzutragen = (mühsam) zu etw. **häufen,** m. *Dat.*, quadrantes patrimonio, Phaedr.: opes opibus, Schätze auf Schätze häufen, Sen. – **2** in Masse hinzutragen = (auf jmd.) etw. **häufen,** (jmd.) mit etw. **überhäufen,** falsa, Tac.: probra, Tac.: im Passiv, multa aggeruntur (es häufte sich noch vieles) etiam insontibus periculosa, Tac.

aggestio (adgestio), ōnis, *f.* (aggerere), das **Anhäufen,** dah. konkret = der angehäufte Schlamm, Sand usw., die **Anschlämmung,** der **Ansatz,** Pallad. 2, 13, 3 u. 12, 15, 3. Mart. Cap. 8. § 810: Plur., Mart. Cap. 2. § 170.

aggestus (adgestus), ūs, *m.* (aggerere), **I** das **Herbeitragen, -schaffen, -schleppen,** montium supra montes aggestu et congerie, Mythogr. Lat.: pabuli, materiae, lignorum aggestus (Plur.), Tac.: copiarum, Zufuhr der Lebensmittel, Tac.: via solidata aggestu arenae, Auftragen, Aufschütten, Aur. Vict. – **II** meton., der **Aufwurf, Damm,** agg. petrarum, Gromat. vet. 258, 1: aggestum undique habens cineris, Vulg. 2. Mach. 13, 5: magno aggestu suspensa vestibula, Sen. ep. 84, 16: aggestu iacto, Auct. itin. Alex. 17: accessus aggestu solidatur, *ibid.* 18: id primum explet caesu frondium et aggestu humi, *ibid.* 45: insbes. = der Grabhügel, quantuluscumque, Ps. Quint. decl. 5, 6.

ag-glomero (ad-glomero), āvī, ātum, āre, eig. »zu einem Knäuel winden«; dah. poet. übtr., **fest aneinanderschließen, aneinanderdrängen, -scharen,** agglomerant se, Verg., od. latera, Val. Flacc., od. arma, Sil.: addunt se socios … et lateri agglomerant nostro, scharen dicht sich uns zur Seite, Verg. – agglomerat tenebras, häuft Finsternis, Val. Flacc.: Sigeaque pestis agglomerare fretum, wie ein Knäuel auftreiben, Val. Flacc.: si quadraplus sese ac sesquiquartus agglomerent, Boëth. inst. arithm. 2, 3. p. 85, 13 Fr.

agglūtinātio (adglūtinātio), ōnis, *f.* (agglutino) = προσκόλλησις (das Ankleben; übtr. = die Anhänglichkeit, Ergebenheit), Gloss. II, 421, 56.

ag-glūtino (ad-glūtino), āvī, ātum, āre, »durch Kleister, Leim (glutinum), Kitt, Lötmasse (ferrumen) u. dgl. an etw. anfügen, befestigen«, **anleimen, ankitten, ankleben, anheften** u. dgl., **I** eig.: novum prooemium, Cic.: m. *Dat.*, regulis anulos, Vitr.: alqd fronti, Cels.: m. *in* u. Abl., alqd in genibus et coxis, Cels. – dah. aurum, löten (mit Borax), Plin. – **II** übtr.: meretrices extemplo se applicant, agglutinant, hängen sich an (wie die Kletten), Plaut.: mihi ad malum malae res plurimae se agglutinant, es ketten sich an an das usw., Plaut.: fortunae vicissitudo, quae plerumque prosperis rebus triste aliquid agglutinat, anklebt, anhängt, Nazar.

aggravātio, ōnis, *f.* (aggravo), die **Beschwerung, Belästigung,** der **Druck,** ventris, Arnob. in psalm. 44. – übtr., manus tuae, Augustin. enarr. in psalm. 31 serm. 2. § 15: animae, Augustin. de music. 6, 14, 43: Ggstz. relevatio, Salv. de gub. dei 5, 8. § 34. p. 176 *ed. Rittersh.*

ag-gravēsco (ad-gravēsco), ere, **schwerer-, beschwerter werden,** **I** eig., von einer Schwangeren, Pacuv. tr. 69. – **II** übtr., **sich verschlimmern,** v. einer Krankheit, Ter. Hec. 337.

ag-gravo (ad-gravo), āvī, ātum, āre, **I** eig., ein Gewicht **schwerer machen,** es **vermehren,** ag-gravatur pondus illā, Plin. 18, 117. – **II** übtr.: **1** »schwerer-, drückender machen«, d. i. **a** der Kraft u. Wirkung nach = **gewichtiger machen, verstärken,** ruinam suam illo pondere (vom Wind *typhon*), Plin.: ictus, Plin. – **b** der Heftigkeit nach = **verstärken, gefährlicher machen, verschlimmern,** vulnus, Plin.: valetudinem, Suet.: dolorem, Curt. – **c** der Beschaffenheit nach = **noch drückender machen, erschweren, steigern, verschlimmern,** inopiam sociorum, Liv.: quo (bello) si aggravatae res essent, Liv.: rationes, Sen.: sortem alcis, Curt. – mit Worten **steigern** (Ggstz. elevare), summam invidiae eius (aeris alieni), Liv. 6, 27, 3: amaritudo verborum quasi aggravatura res, Sen. contr. 9 (4), 25. § 28. – **2** übh. **beschweren, belästigen, einnehmen,** **a** körperlich: morbo quartanae aggravante (*sc.* eum), Suet.: odor aggravans capita, citra dolorem tamen, Plin. – **b** moralisch = jmdm. **zur Last fallen,** jmd. **belasten,** quae (argumenta) per se nihil reum aggravare videntur, Quint. 5, 7, 18.

ag-gredio, ere, aktive Nbf. von aggredior, **herangehen, sich nähern,** **a** jmd. **angehen,** für seine Absichten **zu gewinnen suchen,** im Passiv, hoc restiterat, ut a te fictis aggrederer donis, Cic. fr. b. Prisc. 8, 17 (Cic. fr. E, II, 2. p. 292, 11 M.). – **b** **an** etw. **gehen,** etw. **unternehmen,** im Passiv, facillimis quibusque (*sc.* bellis) aggressis, Iustin. 7, 6, 5.

ag-gredior (ad-gredior), gressus sum, gredī (ad u. gradior), **an** od. **zu** jmd. (od. etw.) **heranschreiten, auf** jmd. od. etw. **zugehen, zukommen, sich** ihm **nähern,** mit bl. *Acc.* u.m. *ad* u. Akk., **I** eig.: **1** im Allg., **a** an jmd., ad alqm u. bl. alqm, Plaut.: absol., *T.* congrediar. *S.* contra adgredibor, Plaut. Pers. 15. – **b** zu einem Ort **hinwandeln, -sich begeben,** ihn **betreten,** scrupea saxa, Bacchi templa, Pacuv. fr.: non repelletur, quo aggredi cupiet, Cic.: übtr., oras omnes, quā mare adgreditur, Plaut. – **2** insbes., **sich** jmdm. od. einer Sache in bestimmter Absicht **nähern,** **a** in friedl. Absicht jmdm. **sich nähern,** jmd. **angehen, sich an** jmd. **machen** od. **wenden,** jmd. **zu gewinnen-** od. **für sich zu stimmen suchen,** hunc de illa, Plaut.: quem ego Romae aggrediar, atque, ut arbitror, commovebo, Cic.: reliquos legatos eādem viā, Sall.: alqm arte (List), Liv.: alqm pecuniā, Sall.: u. provinciarum animos largitione, Tac.: alqm suis artibus, Flor.: Venerem his dictis, Verg.: übtr., crudelitatem principis, Tac.: alcis modestiam acrius, auf eine härtere Probe setzen, Tac. – **b** in feindl. Absicht = **auf** jmd. od. etw. **losgehen,** ihn od. es (offen) **angreifen, überfallen, über** ihn od. es **herfallen** u. dgl., alqm, Cic. u. a.: probe virum, Plaut.: alqm ferro, Ov.: eos impeditos et inopinantes, Caes.: virum et regionem, Vell.: eorum bona, Plaut.: murum, Sall.: simul a mari simul a terra aggredi (einen Angriff machen), Liv. – gerichtl. **angreifen, verfolgen,** alqm legibus (Ggstz. vi), Suet.: u. so absentem, Nep. – **II** übtr., **zu** etw. (als dem Ziel der Tätigkeit) **schreiten, an** etw. **gehen, sich machen,** es **angreifen, beginnen, unternehmen,** m. bl. *Acc.*, dolum, Plaut.: ancipitem causam, Cic.: facinus, beginnen, Liv.: maiora et aspera, Sall.: maiora viribus, Verg. u. Dict.: poet., magnos honores, hinnehmen, Verg. – m. *ad* u. Akk., ad causam, ad crimen, ad disputationem, ad historiam, Cic.: ad cetera, weitergehen (in der Rede), Apul.: ad rem publicam, teilnehmen an usw., Vell.: ad spem oratoris, der Hoffnung Raum geben können, dass er ein Redner werde, Quint. – m. *ad* u. Gerund., ad iniuriam faciendam (zum Unrechttun), Cic.: ad dicendum, als Redner auftreten, Cic. – m. folg. *Infin.*, **beginnen, den Versuch machen, versuchen (suchen)** zu usw., dicere de etc., Cic.: oppidum altissimis moenibus oppugnare, Caes.: Iugurtham beneficiis vincere, Sall.: aggretus (s. unten) fari, Enn. fr.

– ► Archaist. nach der 4. Konj. Präs. adgredīmur, Plaut. asin. 680; rud. 299: Fut. adgredibor, Plaut. Pers. 15: Infin. adgrediri, Plaut. truc. 461, u. (paragog.) adgredirier, Plaut. merc. 248 u. rud. 601. Vgl. aggredio a. E. – Archaist. Partiz. aggretus, Enn. ann. 574. – passiv, aggrederer, Cic. fr. bei Prisc. 8, 17 (vgl. aggredio): Partiz. aggressus, Iustin. 7, 6, 5.

aggregātim, *Adv.* (aggrego), **herdenweise, scharenweise,** Spät.

aggregātio (adgregātio), ōnis, *f.* (aggrego), I das **Beigesellen, Zuzählen,** Boëth. inst. arithm. 1, 20 u. ö. – II das **Zusammenhäufen, Aufhäufen,** lactis, Th. Prisc. gyn. 3, 1.

ag-grego (ad-grego), āvī, ātum, āre, eig. »zur Herde scharen«; dah. übtr., I **beigesellen, zugesellen,** refl. se aggregare u. Passivum aggregari medial = **sich beigesellen, sich anschließen,** a leb. Wesen, mit Orts-*Adv.*, eodem ceteros undique collectos naufragos, Cic. – m. *in* u. Akk., ego te in nostrum numerum aggregare soleo, Cic. – m. *ad* u. Akk., filium ad patris interitum, Cic.: suam voluntatem ad summi viri dignitatem, sich mit seiner Neigung anschließen an usw., sich hinneigen zu usw., Cic.: se ad eorum amicitiam, Caes. – m. *Dat.*, cum aut vincentibus spes aut pulsis ira aggregat suos, Liv.: simillimos sibi, Vell.: ambiguos militum animos partibus, Tac.: aggr. se Romanis, Liv.: aggregari (medial) Vespasiani partibus, Tac., desciscentibus, Suet. – m. dopp. *Acc.*, quos comites (als B.) ei fortuna aggregaverat, Vell. 2, 53, 1. – absol., alius alia ex navi, quibuscumque signis occurrerat, se aggregabat, Caes. b. G. 4, 26, 1. – b lebl. Objj., **beigesellen, zuzählen, hinzunehmen,** m. *Dat.*, his διασκευάς, Quint. 9, 2, 107: primo secundum, Boëth. inst. arithm. 1, 20; vgl. Eulog. in somn. Scip. p. 405, 34 Or. – II **zusammenhäufen, aufhäufen,** pecunias, Ambros. de off. 1, 28, 187: thesauri acervos, *ibid.* 1, 49, 243.

aggressio (adgressio), ōnis, *f.* (aggredior), I der **Anfall, Angriff,** aggr. proelii, Heges. 3, 24: Plur., aggressiones ferinae, Apul. met. 8, 16: violentissimae, Augustin. ep. 108, 18: diurnae atque nocturnae, Possid. vit. Augustin. 10. – II übtr.: 1 in der Rhetor., der **Angriff** = der erste **Anlauf,** den der gerichtl. Redner nimmt, primā aggressione animos occupare, Cic. or. 50. – 2 in der Dialekt., als Übersetzung von ἐπιχείρημα = die Schlussfolge, der **Syllogismus,** Quint. 5, 10, 4 *sqq.*

aggressor (adgressor), ōris, *m.* (aggredior), der **Angreifer,** bes. als »Räuber«, Paul. sent. 5, 3, 4 u. a. ICt.: nullus fur, nullus aggressor, Augustin. gen. ad litt. 8, 10, 19. Iuvenc. in Matth. 12, 29.

aggressūra (adgressūra), ae, *f.* (aggredior), der **Angriff, Anfall,** bes. der **Raubanfall,** Ulp. dig. 10, 2, 4. § 2: latronum, Cod. Iust. 4, 65, 12: aggressurae plena vindicta, Rache, die einen entscheidenden Angriff (auf die Räuberbande) herbeiführte, Apul. met. 7, 7.

aggressus (adgressus), ūs, *m.* (aggredior), der **Angriff,** si naufragio vel ruinā vel adgressu vel quo alio modo perierit, Ulp. dig. 36, 1, 17. § 7.

aggrētus, s. ag-gredior a. E.

ag-guberno (ad-guberno), āre, **zu lenken suchen,** übtr., sic aggubernante fortunā, ut etc., Flor. 2, 8, 1.

agidum, s. ago a. E. ►.

agilis, e, *Adj.* m. *Compar.* (ago), **bewegsam;** dah. I v. Lebl., **leicht beweglich, lenksam,** 1 eig., pollex, Ov.: classis, Liv.: remus, Ov.: essedum agili rotā, Ov.: sinistrā manu agiliore et validiore, Suet.: aër agilior tenuiorque, Sen. – 2 übtr., a v. Konkr., **hurtig, rasch, flüchtig** im Lauf usw., pes, gressus, Sen. poët.: gradus, Amm.: cursus, agile studium, gleichs. ein flüchtiges Handwerk, Stat.: flamma, Sen. poët.: rivus agilior (Ggstz. pigrior), Plin. ep. – b v. Abstr., argumentatio agilior et acrior, Quint. 11, 6, 164. – II v. leb. Wesen, deren Körper u. Sinnen usw., 1 eig., **beweglich, behend, gelenk, flüchtig** im Lauf usw., sonipes, Trag. inc. fr. 237: dea, v. der Diana, Ov.: Cyllenius, v. Merkur, Ov.: ag. et vividum corpus, Plin. ep.: corpus equi ab aspectu agile, schon dem Anschein nach leicht u. flüchtig in seinen Bewegungen, Col. – 2 übtr., **beweglich** im Handeln = **behend, rührig, regsam, hurtig, lebendig, geschäftig** (Ggstz. tardus, remissus, desidiosus), vir navus, agilis, Vell.: agiles viri, Ov.: oderunt agilem gnavumque (den Rühriggeschäftigen) remissi, Hor.: nunc agilis fio, geschäftig, Geschäftsmann (Staatsmann), Hor.: oves agiles (Ggstz. tardiores), Col.: apes sarciendo damna fiunt agiliores, Col. – naturā humanus animus agilis est et pronus ad motus, Sen.: quae (natura ingenii humani) ita est agilis ac velox, ut etc., Quint.: sensus, qui agiliores sunt animalibus mutis, die lebendiger sind bei usw., Sen.: agilis industria (Ggstz. neglegens et tarda opera), Col.: studium, Amm.: agilis facilisque victoria, rasch u. leicht durchzuführen, Sisenn. fr. 14 (b. Non. 58, 1). – ► *Superl.* agillimus, nach Charis. 114, 11 u. Prisc. 3, 20, od. agilissimus, nach Charis. 182, 18 (überall ohne Beleg): agillimus, non agilissimus, Beda de orthogr. (VII) 262, 13: Adv. Superl. agilissime, *ibid.* 262, 14.

agilitās, ātis, *f.* (agilis), die **Beweglichkeit,** die **Raschheit, Schnelligkeit** der Bewegung, navium, Liv.: rotarum, Curt.: currentis aquae, Pallad.: mentis agilitas et corporum, Amm.: übtr., agilitas (Beweglichkeit), ut ita dicam, mollitiaque naturae (des Charakters), Cic. ad Att. 1, 17, 4.

agiliter, *Adv.* (agilis), **hurtig, rasch,** Frontin. u. Amm.: *Compar.* agilius, Col.: *Superl.* agilissime, (Charis. 182, 18 ohne Beleg) bei Beda de orthogr. (VII) 262, 14.

agina, ae, *f.* (ago), eig. das »Loch, in dem der Stift des Waagebalkens liegt und die Schnellwaage sich bewegt« nach Paul. ex Fest. 10, 3, od. der »Waagebalken (scapus) der Schnellwaage«, nach Placid. gloss. (V) 7, 1. – dah. meton., die ganze **Schnellwaage** (*trutina*), Tert. de pudic. 41 u. s.

aginātor, ōris, *m.* (agina) = *qui parvo lucro movetur* (wahrsch. »Kleinhändler, Krämer«), Paul. ex Fest. 10, 3 (*in v.* Agina). Placid. gloss. (V) 7, 4.

Aginnum, ī, *n.*, Stadt im aquitanischen Gallien, j. *Agen,* CIL 5, 7615. Auson. ep. 24, 79. p. 279 *v.* 79 Peiper. Itin. Anton. 461, 7; 462, 4.

agino, āvī, āre (agina), viell. = **sich drehen und wenden,** itaque per scutum, per ocream ego aginavi, quemadmodum ad illam pervenirem, ich suchte, es mochte biegen od. brechen, zu ihr hinauszukommen, Petr. 61, 9 B³. – Vgl. Gloss. ›aginat, διαπράσσεται, στρέφει, μηχανᾶται‹.

agipēs, pedis (ago u. pes), **schnellfüßig,** Lucil. fr. inc. 102 zw.

Āgis, gidis, Akk. gin od. gim, *m.* (Ἆγις), Name spart. Könige, von denen am bekanntesten die Prokliden: I Agis I., Sohn des Königs Archidamus II., Bruder des Agesilaus, regierte während des größten Teils des peloponn. Kriegs (426–397 v. Chr.), Nep. Ages. 1, 4. – II Agis II., Sohn des Archidamus III., reg. 338–330 v. Chr., begann aus Hass gegen die mazedon. Könige, während Alexanders Abwesenheit, einen Krieg gegen Mazedonien, kam aber in einer blutigen Schlacht gegen Antipater mit einem großen Teil seines Heeres um, s. Curt. 4, 1 (6), 39; 6, 1 (2), 12 (wo Akk. Agin). Iustin. 12, 1, 8 *sqq.* – III Agis III., Sohn des Eudamidas II., (244–240 v. Chr.), suchte die alte spartan. Verfassung, die verfallen war, bes. aber die Gütergleichheit wieder einzuführen, wurde aber durch die Ränke seines Mitkönigs Leonidas u. dessen Partei gestürzt u. nach der Ephoren Spruch erdrosselt, Cic. de off. 2, 80 (wo Akk. Agim).

agitābilis, e (agito), **leicht beweglich,** aër, Ov. met. 1, 75: lapis sensu agitabilis nullo, Arnob. 7, 50.

agitātio, ōnis, *f.* (agito), I aktiv: a eig., das **Inbewegungsetzen,** die **Bewegung,** anceps telorum armorumque, Schwingen, Liv. 1, 25, 5: u. so armorum vana, Liv. 7, 10, 8: spiritus, die Lufterzeugung, Plin. 20, 43: terrae, die Bestellung, Col. 2, 2, 6: Plur., crebrae agitationes maximeque sinistrā (u. besonders mit der linken Hand), Amm. 14, 6, 9: cultus et agitationes agrorum, Col. 2, 1, 4. – b übtr., das **Betreiben** von usw., die **unablässige Beschäftigung** mit usw., die **Ausübung** von usw., rerum, Cic.: rerum magnarum ag. atque administratio, Cic.: studiorum, Cic.: virtutum, Sen. – II passiv, a eig., die **Bewegung** = das **Bewegtwerden, Sich- Hin- u. Herbewegen, Schwanken,** ag. (Regsamkeit) et motus linguae, Cic.: ag. motusque corporis, Plin. ep.: dentium agitatio, das Wackeln, Cass. Fel. 32. p. 66, 20: siderum irrequieta semper ag., Sen.: vix agitationem lecticae prae gravitate vulnerum patiens, Liv.: fretum tot motus, tantas habere agitationes (Schwankungen) fluctuum, Cic. Mur. 35: fluctus est maris in unam partem agitatio, Sen.: nives spumas agitationibus suis faciunt, Apul.: dah. agitatio militaris, militärische Übungen, Val. Max. 3, 6, 1. – **b** übtr., die geistige **Tätigkeit, Regsamkeit,** numquam animus agitatione et motu esse vacuus potest, Cic.: ad quod adhibenda est actio quaedam, non solum mentis ag., eine gewisse äußere Tätigkeit, nicht bloß geistige Regsamkeit, Cic.

agitātor, ōris, *m.* (agito), der **Treiber** eines Tieres aselli, Verg. georg. 1, 273. Col. 7, 1, 3: equorum, Pferde-, Wagenlenker, Verg. Aen. 2, 476 (u. so absol., Vulg. Nah. 2, 3). – bes. (absol.) = der **Wagenlenker** (*auriga*) beim Wettrennen in den zirzensischen Spielen, Plaut. Men. 160. Lucil. sat. fr. inc. 155. Cic. Acad. 2, 94. Sen. ep. 30, 13. CIL 6, 10048, 1 u. 6, 10057, 3.

agitātōrius, a, um (agitator), **den Wagenlenker betreffend,** subst., Agitatoria, ae, *f.* (*sc.* fabula), Titel einer Komödie des Nävius, zitiert bei Charis. 197, 10 u. ö. (deren Bruchstücke s. Comic. Lat. Rel. *ed. O. Ribbeck.* p. 6 *sq.).*

agitātrīx, īcis (*fem.* zu agitator, s. Charis. 44, 16), **die in Bewegung setzt, a** eig.: silvarum ag. Diana, Arnob. 4, 22. – **b** übtr.: anima ag. aliorum, Antreiberin, Apul. dogm. Plat. 1, 9.

1. agitātus, a, um, *PAdj.* m. *Compar.* (agito), **erregt, geweckt, lebhaft,** actio paulo agitatior, Quint. 11, 3, 184: omnia agitatiora, alle die lebhafteren Rollen, Quint. *ibid.* § 178: agitatiorem mihi animum esse credebam, Sen. ep. 108, 22: novum testamentum omni doctrinā agitatius, Tert. de test. anim. 1.

2. agitātus, ūs, *m.* (agito), das »In-Bewegung-Sein«, die **Bewegung,** Varr. LL. 5, 11; 6, 41. Macr. sat. 7, 8, 15; somn. Scip. 2, 12, 16; 2, 14, 13. – übtr., ag. mentis, Regung, Varr. LL. 6, 42: furiatae mentis, Hier. ep. 36, 2.

agite, agitedum, s. ago a. E. ►.

agito, āvī, ātum, āre (*Intens.* v. *ago*), mit Hast, Eifer **in Bewegung setzen, hastig-, eifrig treiben, I** eig.: **1** vom Treiben der Tiere = **antreiben, in Lauf setzen, hin- u. her-, herumtreiben,** u. (bes. bei Dichtern) übh. **treiben, lenken, a** übh.: iumentorum gregem ibi, Varr.: per ampla spatia urbis equos velut publicos signatis, quod dicitur, calceis, wie mit Extrapost jagen, Amm.: calcari quadrupedem advorsum clivum, Plaut.: currus ad flumina, Verg.: spumantem equum, Verg.: quadrigas, Varr. LL. u. Suet.: u. spatium agitandi (verst. equos), zu tummeln, Nep.: lanigeros greges hirtasque capellas, poet. für »halten«, Verg. – **b** vom Jagen des Wildes usw. = **vor sich her-, umhertreiben, jagen, hetzen** (s. Drak. Liv. 41, 9, 6. Heinsius u. Burm. Ov. met. 5, 605. Burm. Prop. 1, 1, 12), feras, Cic. u. Liv.: lupus etiam Romae interdiu agitatus, Liv.: asini feri venatibus agitantur, Amm.: aquila insectans alias aves et agitans, Cic. – totā urbe (die Feinde), Verg.: chelydros, verscheuchen, verjagen, Verg. – prägn. = eine Örtl. **durchjagen,** saltus venatu, Ps. Quint. decl. 3, 4: u. bl. Dictaeos saltus, Sil. 2, 94. – **c** raubend **forttreiben,** hominum praedas et pecorum, Amm. 16, 9, 1.

2 v. Treiben, Schütteln des Windes usw. = **auftreiben, hin- u. hertreiben, schütteln, peitschen,** mare ventorum vi agitari atque turbari, Cic.: arena magnā vi agitata, Sall.: humus arida vento agitatur, wird umhergewirbelt, Sall.: ventis agitatur pinus, Hor.: austro agitata Charybdis, Ov.: agitati ignes (amoris) fortius arserunt, durch die Bewegung im Flug entbrennen (dem wirklichen Feuer gleich) um so stärker die Flammen der Liebe, Ov.

3 v. Treiben des Wassers = **treiben, umhertreiben,** agitata fluctibus Helle, Prop.: defluit saxis agitatus umor, Hor.: (Peneus) deiectu gravi tenues agitantia fumos nubila conducit, einen zarten Rauch auftreibende Wasserwolken, Ov.

4 v. der raschen u. unsteten Bewegung der Dinge übh. = **in rasche Bewegung setzen, umhertreiben,** agitari inter se concursu, von den Atomen, Cic.: respuit ab se atque per aes agitat, vom Magnet, Lucr.

5 v. jeder Art von Bewegung im Ggstz. zur Ruhe, **a** übh. **in Bewegung setzen, bewegen, anregen, rege machen,** ligna, Varr. fr.: bilem atram, Varr. fr.: quod ipsum agitatur aliunde, Cic.: quod pulsu agitatur externo, Cic.: mens agitat molem, regt, bewegt das All, Verg. – insbes. **b** von schneller u. häufiger Bewegung = **hin- u. herbewegen, treiben, schütteln,** corpora huc illuc, Sall.: digitos (beim Rechnen), an den Fingern zählen, Plin. ep.: caput agitasse cacumen, hin- u. herneigen, Ov.: alas, Ov.: eam (navem triremem) in portu agitari iubet, einige Bewegungen machen, Nep. – hastam (= *thyrsum),* schütteln, Ov.: manu hunc pessulum, rütteln an usw., Lucil. fr.: habenas manibus, poet. für »lenken«, Ov. – iubebis rutabulo ligneo agitari quod decoxeris, wirst umrühren lassen, Col.: cum refrigeraverit, agitabis, umrühren, Apic. – u. **c** von der körperl. Bewegung (durch Fahren, Laufen usw.), **Bewegung machen, Bewegung verschaffen,** corpus levi gestatione agitandum, man muss dem Körper od. sich Bewegung machen, Cels.: u. so nunc mari nunc terrā agitare corpus, Plin. ep.

II übtr.: **1** wie ein Tier, dem man die Sporen gegeben, **antreiben, aufregen, anspornen, reizen** zu etw., absol., quem gloria Turni obliquā invidiā stimulisque agitabat amaris, den des Turnus Ehre mit scheelem Neid aufregt u. stachelndem Ingrimm, Verg.: est deus in nobis, agitante calescimus illo, Ov.: agitatus cupidine regni, Flor. – m. *in* u. Akk., in furias agitantur equae, Ov.: in exitium urbis agitata gens, Flor.

2 wie ein Wild **auf-** od. **umhertreiben, -jagen, zusetzen, hetzen, verfolgen, beunruhigen, plagen, quälen** (s. Nep. Them. 9, 4. Duker Flor. 1, 8, 7. Drak. Sil. 16, 683), **a** übh.: dii deaeque te agitant irati, Plaut.: qui utrosque error vos agitat, Pompon. com. fr.: atra bilis agitat hominem, Plaut.: quae res te agitat? welcher Alp drückt dich? Plaut.: ut eos agitent insectenturque furiae, Cic. (vgl. multis iniuriis iactata atque agitata aequitas, Cic.): amens, agitantibus furiis sororis ac viri, Liv. (vgl. Müller Liv. 1, 48, 7): sceleris poenis agitatur, Cic.: scelerum furiis agitatus, Verg.: Agamemnonius scaenis (auf der Bühne) agitatus Orestes, Verg.: Tyrrhenam fidem aut gentes agitare quietas, bestürmen (um zu einem Bündnis zu bewegen), Verg. – dah. **b** jmdm. od. einer Sache mit Worten **zusetzen,** ihn **geißeln, verspotten** (s. Sorof Cic. de or. 2, 229. Matthiä Cic. Mur. 21), vesanum poëtam agitant pueri, Hor.: facete agitavit in tribunatu Gracchum, Cic.: quas personas agitare solemus, non sustinere, Cic.: alcis saevis fastidia verbis, Hor.

3 wie ein Meer **aufregen, in Unruhe-, in Verwirrung bringen** (von politischen Stürmen usw.; vgl. Beier Cic. de off. 1, 82), seditionibus tribuniciis atrociter res publica agitabatur, Sall.: plebs agitari coepta tribuniciis procellis, Liv.: his rebus agitatis, Cic.

4 etw. in Reden gleichs. hin- u. hertreiben = etw. (bes. stark, eifrig) **besprechen, verhandeln, betreiben, verfechten, behaupten,** has res, Caes.: rem ultro citroque, Liv.: versare in animo secum unam quamque rem, agitare deinde sermonibus, Liv.: omnibus conciliis eam rem agitari, Liv.: res *agitata* in contionibus, *iactata* in iudiciis, Cic.: agraria lex vehementer agitabatur, Cic.: quaestiunculae apud Taurum philosophum in convivio agitatae, Gell.: commentationes, in quibus philosophia remotior subtiliorque agitabatur, Gell.: cum de foedere victor agitaret, Liv.: Romae per omnes locos et conventus *de* facto consulis agitari, Sall.: agitatum in urbe ab tribunis plebis, *ut* tribuni militum crearentur, Liv. 4, 30, 1: omnium ore agitabatur m. folg. Akk. u. Infin., Dict. 5, 11: u. agitare coepit m. folg. Akk. u. Infin., Auct. b. Hisp. 25, 3.

5 etw. im Geiste u. in Gedanken hin- u. herbewegen = **sich** mit etw. **beschäftigen,** es **überdenken, überlegen, erwägen, zu Rate gehen, Rat pflegen,** u. in Bezug auf etw. Beabsichtigtes = etw. **im Sinne haben, auf** etw. **sinnen, denken, ausgehen, Absichten haben, mit** etw. od. **mit dem Gedanken umgehen,** m. folg. *Acc.* des Obj. (mit u. ohne *in corde, in animo, in mente,* od. bl. *animo, mente,* s. Weißenb. Liv. 21, 2, 2. Drak. Liv. 41, 18, 1. Heräus Tac. hist. 1, 12, 6), rem in corde, Plaut.: in animo bellum, Liv.: rem in mente, Varr. LL. u. Cic.: rem cum animo, Sall. fr.: rem animo (animis), Cic., Sall. u. a.: rem mente, Cic., Liv. u. a.: rem cum corde suo, Fronto: rem secum, Ter.,

Sall. u. a.: tuum est sic agitare animo, ut etc., dich in eine solche Stimmung zu versetzen, dass usw., Cic.: u. ohne den Zstz. *in animo* u. dgl., res multum agitata, Cic.: fugam, Sall. fr., Verg. u. Liv.: defectionem, Liv. epit.: moenia novae urbis, damit (mit dem Gedanken) umgehen, eine neue Stadt zu gründen, Flor.: quae cum multos dies noctesque aestuans agitaret, Sall. (vgl. Drak. Liv. 25, 36, 5). – m. folg. *Infin.*, ut *mente* agitaret bellum renovare, Nep.: aliquid invadere magnum mens agitat mihi, Verg. – m. folg. *de* u. Abl. (s. Fabri Liv. 24, 18, 3. Weißenb. Liv. 31, 46, 6), de adoptione secum et cum proxumis, Tac.: de extremis secum, Flor., u. bl. de supremis, Tac., auf den Tod denken: de Rhodani transitu, Liv.: de regno, Liv.: de bello, Tac.: de inferendo bello, Liv.: de petenda civitate, Suet. – m. *Acc.-Pron.* u. folg. indir. Fragesatz, id ego semper mecum sic agito, quo pacto etc., Att. fr.: id plebes agitabat, quonam modo etc., Liv.: cum quidnam esset animo agitaret, Liv.: consules novi cum inter se agitarent, *uti* (dass) alter Samnites hostes alter Etruscos deligeret, *quantaque* in hanc aut in illam provinciam copiae satis esset, Liv.: agitavere, *num* Messalinam secretis minis depellerent amore Silii, Tac.: hoc agitabam, an cotem illam secare novaculā possem, Flor. – griech. mit *Partic.* (st. *ut*), Alexandrum ... interempturi seditionibus agitastis (st. *ut interimeretis)*, Iustin. 14, 4, 12. – absol., ipse longe aliter animo agitabat, er selbst hatte ganz andere Pläne in seinem Innern, Sall. Iug. 11, 1.

6 den Geist **in Bewegung, in Tätigkeit setzen, anregen, üben, beschäftigen,** haud ferme armis atque equis corpus exercui, sed animum in litteris agitavi, Ps. Sall. de rep. 2, 10, 2: quibus (curis de salute rei publicae) agitatus et exercitatus animus, Cic.: geometriā agitari animos et acui ingenia, Quint.: tempus idoneum agitandis per studium ingeniis et exercendis per opera corporibus, Sen.

7 übh. (wie *ago* u. ἄγω), etwas in Bewegung setzen = **a** Feste u. festliche Veranstaltungen **feiern, begehen, halten,** Dionysia, Ter.: dies festos, Cic.: diem meum natalem, Plaut.: festa gaudia, Sil. – convivium, Plaut., Ter. u. Suet.: convivium regium, Fronto: choros, Verg. – **b** Handlungen u. Zustände aller Art eifrig **treiben, betreiben, verrichten, tun, ausüben, vornehmen, ins Werk setzen,** ihnen **nachzukommen suchen,** sie **halten, beobachten** u. dgl., custodiam, Plaut.: imperium, die Herrschaft handhaben, Sall.: iustitiam, Plin. ep.: gaudium atque laetitiam, laut seine Freude u. Lust äußern, Sall.: odium adversus alqm, auslassen, Tac.: pacem, den Fr. pflegen, Sall. u. a. (s. Deder. Dict. 5, 11): praesidia, bilden, Sall.: moras, Sall.: mutas artes, betreiben, Verg.: imaginem belli navalis, ein Seemanöver abhalten (v. der Flotte), Flor.: praecepta parentis mei, ihnen nachzukommen-, sie zu erfüllen suchen, Sall.: honorem per quinquennium, fünf Jahre lang den Beamten spielen, Tac.: inter pastores regnum, den König spielen, Iustin. – u. so im Pass. agitari, **betrieben werden, walten, herrschen, im Schwange sein,** pax agitatur, Sall.: indutiae agitabantur, Sall.: laetitiae, maeror, luctus atque gaudia agitabantur, Sall.: agitabantur pro ingenio ducis calidiora consilia, Liv.: crimen vetus agitatum iam et te praetore iactatum, Cic.: omnis Pompeianorum colonorumque dissensio cum iam inveterasset ac multos annos esset agitata, Cic. – u. im Pass. unpers., paucorum arbitrio belli domique agitabatur, man handelte, verfuhr, Sall.: u. so aequo iure et modesto agitatum, Sall. fr. – **c** eine Zeit **zubringen, verleben,** tunc aevum, Enn. fr.: magnis sub legibus aevum, Verg.: vita hominum sine cupiditate agitabatur, Sall. – dah. absol. = **leben, bestehen,** agitandi inops (ohne Mittel), Sall. hist. fr. 1, 41 (45), 11: u. so (Gallia) nunc malis fructibus ipsa vix agitat, Sall. hist. fr. 2, 96 (3, 1), 9: Arionem bene agitare (εὖ πράττειν), befinde sich wohl, Gell. 16, 19, 20: tres per id tempus qui agitabant nobiles facillime, Porc. in Suet. vit. Ter. 1. p. 28, 5 R. – **d** (*sc.* se) irgendwo **sich umhertreiben, sein Wesen treiben, sich aufhalten, weilen, verweilen,** vacuis porticibus secretus agitat, Tac.: laeti, neque procul, Germani agitabant, Tac. – bes. von Reiterei, equitatum omnem ... pro castris agitare iubet, Sall.: Numidae pro muro dies noctesque agitare, Liv.: consul dum inter primores agitat, Liv. – dah. irgendwo **leben, wohnen, hausen,** bes. von Nomadenvölkern, Libyes propius mare agitabant, Sall: qui montium editis inculti atque eo ferocius agitabant, Tac. ann. 4, 46. – **e** wie unser **es treiben** = **sich benehmen,** postremo ferocius agitare, quam solitus erat, trieb es frecher, als er es sonst getan hatte, Sall. Cat. 23, 3; u. so Sall. Iug. 63, 5. – u. **f** als jmd. auf der Bühne **auftreten,** m. dopp. *Nom.*, modo hic agitat leno (als K.), modo adulescens, modo senex, Plaut. Men. prol. 75.

Aglaïē, ēs, *f.* (Ἀγλαΐα u. Ἀγλαΐη, festlicher Glanz), Name der ältesten der drei Grazien, Verg. cat. 9, 60. Sen. de ben. 1, 3, 6.

Aglaophōn, ontis, *m.* (Ἀγλαοφῶν), berühmter Maler aus Thasos (um 420 v. Chr.), Vater u. Lehrer des Polygnotus u. Aristophon, Plin. 35, 60. Cic. de or. 3, 26. Quint. 12, 10, 3.

aglaophōtis, tidis, Akk. tim, *f.* (ἀγλαοφῶτις, die Glanzschimmernde), **I** ein Zauberkraut von schimmernder Farbe, Plin. 24, 160. – **II** die **Gichtrose** (*Paeonia officinalis*, L.), Ps. Apul. herb. 65.

Aglauros, ī, *f.* (Ἄγλαυρος, gew. Ἄγλαυλος), Tochter des Kekrops, Ov. met. 2, 252 *sqq.*; 2, 710 *sqq.* Vgl. Hyg. fab. 166. – ► Als Männername unsicher b. Hyg. fab. 253.

Aglāus, ī, *m.* (Ἄγλαος), ein armer Bürger aus Psophis in Arkadien, der dem lydischen König Gyges auf die Frage: »wer glücklicher sei als der König?« von dem delphischen Orakel wegen seiner Genügsamkeit als glücklicher gepriesen wurde, Plin. 7, 151. Val. Max. 7, 1, 2.

agmen, minis, *n.* (v. ago; vgl. altind. *ájman*, ›Bahn, Zug‹), der **Zug,** sowohl die Bewegung, als die sich bewegende Menge od. Masse, **I** im Allg.: **1** lebender Wesen: **a** von Menschen, der Zug, **Trupp,** die **Schar,** agmen perpetuum totius Italiae, Cic.: stipatus agmine patriciorum, Liv.: hominum turba mulierum puerorumque agminibus immixta, Liv.: magnus comitatus fuit regius cum amicorum tum satellitum turbā stipante; non minore agmine legati venerunt, Liv. – Eumenidum agmina, Verg.: agminibus comitum qui modo cinctus erat, Ov. – **b** v. Tieren = der **Zug, Schwarm,** die **Koppel** (Hunde), **Kette** (Rebhühner), das **Rudel** (Hirsche), rapidum agmen, v. Jagdhunden, Ov.: agmen ferarum, Ov.: aligerum agmen, v. Schwänen, Verg.: frugilegas aspeximus agmine longo formicas, Ov.: graniferum agmen, v. Ameisen, Ov.; vgl. unten *no.* II, 2, d.

2 v. Lebl.: **a** vom **Zug, Strom** des Wassers, leni od. dulci fluit agmine flumen (Thybris u. dgl.), sanftwallenden Zuges, Enn., Lucr. u. Verg.: u. vom Regenstrom, immensum caelo venit agmen aquarum, ein endloses Heer von Gewässern, Verg. – **b** von den Atomen, agmine condenso naturam corporis explent, in einen dichten Haufen gedrängt, Lucr. 1, 606. – **c** von den Wolken, ubicumque magis denso sunt agmine nubes, wo die Wolken dichter sich häufen, Lucr. 6, 100. – **d** vom »Zug« der Ruder, agmine remorum celeri, mit raschem Ruderschlag, Verg. Aen. 5, 211. – **e** vom »Zug«, von der »Menge Gänge« der Speisen, coli tanto agmine mensas, Sil. 11, 284. – **f** von der »Reihe« der Zähne, terna agmina adunci dentis, Stat. Theb. 5, 509. – **g** von den »Windungen« der Schlange, extremae agmina caudae, Verg.: illi agmine certo (sicheren Zuges) Laocoonta petunt, Verg. – **h** von den »Schwingungen« der Lanze, tremulo venit agmine cornus, Sil. 14, 442. – **i** von einer in sich zusammenhängenden Menge, agmen vitis, ein Reisigbündelchen von Rebenholz, Cael. Aur. chron. 2, 13, 167. – **k** übtr.: **α** vom »Zug« der Rede, crispum agmen orationis, Gell. 1, 4, 4. – **β** des Schicksals, agmina fati et volumina, die unerforschlichen Wege des Sch., Gell. 6, 2, 5. – **γ** v. der Menge der Geschäfte, tot nexibus, tot quasi catenis maius in dies occupationum agmen extenditur, dehnt sich der Zug (die Reihe) der G. aus, Plin. ep. 2, 8. § 3.

II als milit. *t. t.*, der **Heereszug,** d. i. **1** abstr., der **Zug, Marsch** eines Heeres, der **Heereszug, Marschzug,** die **Marschkolonne,** ne miles gregarius in castris neve in agmine servum aut iumentum haberet, Sall.: citato agmine iter, Liv.: effuso agmine abire, Liv.: de exercitu, de castris, de agminibus dicere, Cic.: rudis agminum, der Märsche (poet. = des Kriegsdienstes), Hor. carm. 3, 2, 9.

2 konkr.: **a** der **Heereszug,** die **Marschkolonne,** der auf dem Marsch befindliche **Heerhaufen, α** des Fußvolks, phalanx, agmen magis, quam acies, Liv.: magis agmina, quam acies in via concurrerunt,

Liv. (s. Fabri Liv. 21, 57, 12 viele Beisp.): intentus miles, ut ordo agminis in aciem assisteret, sowie der Zug geordnet war, zur Schlacht auch anzutreten, Tac.: retro in agmen suorum infenso cessit hosti, Liv. – agmine, im Zuge, zugweise, agmine ingredi, agmine ire ad Urbem, Liv. – uno agmine abire, irrumpere in Urbem, Liv. – agmine instructo, in gerüstetem Zuge, marschfertig, Liv.; ähnlich agmine facto, in geschlossenem Zuge, Verg.: tripertito agmine, in drei Heerhaufen (Marschkolonnen) geteilt, Tac. – agm. pilatum, Verg., od. iustum, Tac., ein in geschlossenen Reihen marschierendes Kriegsheer. – agmen confertum, ein dicht gedrängter, dicht geschlossener Heerhaufen, Sen. ad Marc. 16, 4 (vgl. unten *no.* d aus Verg. georg. 3, 369 *sq.).* – agm. quadratum, das in geordnetem Zuge (der nach allen vier Seiten hin sofort Front machen u. in Schlachtordnung treten konnte, mit dem Gepäck in der Mitte) marschierende Kriegsheer (sodass das ganze Heer gleichsam ein Parallelogramm bildete, also nie = bataillon carré); dah. oft agmine quadrato, »in geordnetem Zuge, in geschlossenen Gliedern, in Schlachtordnung, *en ligne«*, z. B. incedere, ire, ingredi, Sall., Curt. u. a.: u. dav. munito agmine, in gedecktem Zuge, Sall.: u. im Ggstz. agmine incauto, ut inter pacatos, Liv. – agm. obliquum, in schiefer Schlachtordnung aus der Flanke marschierend, Curt.: agm. primum, der Vortrab, die Vorhut, Spitze (des Heeres auf dem Marsch), Caes.: agm. medium, die Mitte (das Zentrum), Caes.: agm. extremum od. novissimum, der Nachtrab, die Nachhut, Caes. u. a. – agmen ducere, den Zug, das Heer anführen, Cic. Tusc. 2, 35 (v. Marius): ducit Amazonidum agmina Penthesilea, Verg. Aen. 1, 490. – agmen claudere, den Zug schließen u. decken, Curt.: agmen claudere et novissimis praesidio esse, den Zug schließen und die Nachhut bilden, Caes. – agmen cogere, den Zug hinten zusammenhalten (sodass die einzelnen hübsch beim Zuge bleiben) und decken, primae legionariae cohortes ibant, levis armatura et equites agmen cogebant, Liv. (vgl. unten *no.* d aus Solin. 25, 4). – agmen constituere, mit dem Zuge Halt machen, Sall. u. a. (s. Drak. Liv. 27, 16, 11 Beisp. aus Liv.). – agmen carpere, s. carpo. – im Bild, educenda deinde dictio est ex hac domestica exercitatione et umbratili medium in agmen (mitten in den Heereszug), in pulverem, in clamorem, in castra atque in aciem forensem, Cic.: ut nec duces simus nec agmen cogamus, weder die Ersten noch die Letzten seien, Cic.: velut in agmen et numerum, gleichs. den Zug zu schließen u. die Zahl voll zu machen, Tac. – **β** der Reiter, agm. equitum, Liv.: agm. equestre, Ov. – **b** vom **Zug** der Flotte (weil dem Zug des Landesheeres ähnlich), das **Geschwader,** Liv. 21, 27, 8 (wo navium agmen); 31, 13, 1; 33, 41, 9; 37, 29, 7 u. 8. – **c** vom **Zuge** des Gepäckes impedimentorum, Tac. ann. 2, 5: omnium impedimentorum agmen cogere (vgl. vorher *no.* a, α), Hirt. b. G. 8, 8, 3: non minore agmine rerum captarum quam suo prae se acto, Liv. 34, 52, 2. – **d** übtr., v. **Zuge** gleichs. ein Heer bildender Tiere, natu maximus (elephantus) ducit agmen, aetate proximus cogit sequentes (vgl. vorher *no.* a), Solin. 25, 4: conferto agmine cervi torpent mole novā, Verg. georg. 8, 369 *sq.* (vgl. vorher *no.* a aus Sen. ad Marc. 16, 4): e pastu decedens agmine magno corvorum exercitus, Verg.: v. Ameisen, it nigrum campis agmen; u. pars agmina cogunt (s. oben *no.* a), Verg.: apes agmine facto (in geschlossenem Zuge, s. oben *no.* a) ignavum fucos pecus a praesepibus arcent, Verg. – u. v. personif. lebl. Ggstdn., venti velut agmine facto, quā data porta, ruunt, Verg.: diffugiunt stellae, quarum agmina cogit Lucifer, Ov. – v. der Zeit, sic ordinandus est dies omnis, tamquam cogat agmen, der letzte sei (s. *no.* a), Sen. ep. 12, 7. – ► agmen, *f.*, Iord. Get. 7, 50.

agmentum, s. āmentum.

agminālis, e (agmen), **zum Zuge gehörig,** equi, Packpferde, Trainpferde, Arcad. Charis. dig. 50, 4, 18. § 21: dass. subst. bl. agminālēs, ium, *m.*, Cod. Theod. 8, 5, 3 u. 6.

agminātim, *Adv.* (agmen), **trupp-, haufen-, scharenweise,** v. leb. Wesen, oberrare, Solin. 25, 4: se ingerere, Apul. met. 4, 20: ad hunc secessum petere, Amm. 22, 8, 47: navibus agm. impositi, Amm. 31, 4, 5. – v. Lebl., pocula ingerere, Apul. met. 4, 8.

1. **agna**, ae, *f.* (agnus), das **weibliche Lamm, Schaflamm,** vetula, Varr.: pulla, Hor.: nivea, Sen. – ► Abl. Plur. agnabus, Itala genes. 31, 41 (bei Augustin. retr. 2, 55, 1).

2. **agna**, ae, *f.*, der **Halm** der Ähre, im Carm. Saliare nach Paul. ex Fest. 211, 1.

Agnālia, ium, *n. pl.* = Agonalia (s. d.), nach Ov. fast. 1, 325.

agnaphus, s. acnafus.

agnāscor (ad-gnāscor), nātus sum, nāscī (ad u. nascor), **I hinzugeboren werden, nachwachsen** (ἐπιγίγνομαι), **a** als gerichtl. *t. t.* von Söhnen, die **nachgeboren werden,** d. h. zur Welt kommen, sei es zu Lebzeiten des Vaters od. nach dessen Tode, nachdem der Vater schon ein Testament gemacht od. einen als Sohn angenommen hat, Cic. de or. 1, 241; Caecin. 72. – dah. übtr. b. Adoptivsöhnen, die **in eine Familie kommen,** Paul. dig. 1, 7, 10 u. 23. – **b** v. Tieren, die zu anderen **hinzugeboren werden,** Varr. r. r. 3, 16, 29. Ulp. dig. 23, 10, 3. § 3. – **c** von Teilen des tierischen Körpers, die **hinzu-, nachwachsen,** von Gliedern, Plin.: von den Haaren, pili congeniti …, agnati, Plin.: von den Backenzähnen, Gell. 3, 10, 12: v. An- u. Auswüchsen, Scribon. 82. – **d** übtr., v. Abstr., alia simul adgnata sunt incommoda, Gell. 7 (6), 1, 9: his singulis orationis virtutibus vitia adgnata sunt pari numero, Gell. 6 (7), 14, 4. – **II** (b. Plin.) = **an** od. **auf** etw. **wachsen,** m. *Dat.*, nec (viscum) aliis arboribus agnasci, Plin.: nec (gemma) ut agnata petris, sed ut apposita, Plin.

agnātīcius, a, um (agnatus), die Agnaten betreffend, **Agnaten-,** ius, Cod. Iust. 6, 58, 15. § 3.

agnātio (adgnātio), ōnis, *f.* (agnascor), **I** das **Nachgeborenwerden, 1** eig., **a** v. Sklaven, der **Zuwachs,** spät. ICt. – **b** v. Menschen, nach dem Tod od. Testament des Vaters, oft b. ICt. – **2** meton., **a** der **Stand des Agnaten,** die **Blutsverwandtschaft von Vaters Seite,** die auf Adoption od. Erzeugung von Mannspersonen, die zur Familie gehören, gegründet ist, Acc. tr. 579. Cic. de or. 1, 24. Gaius inst. 1, 156 u. a. ICt.: Plur., Varr. LL. 8, 4. Cic. de or. 1, 173; de legg. 1, 23. – **b** die Blutsverwandtschaft von Vaters Seite = die **Agnaten,** Cod. Theod. – **II** der **Anwuchs, Auswuchs** an Pflanzen, Plur. bei Ps. Apul. herb. 59 u. 62.

agnātus (adgnātus), a, um, **I** *Partic.* v. agnascor, s. d. – **II** *Subst.*, agnātus, ī, *m.* **A** = ἐπίγονος, ein **nachgeborener Sohn,** d. h. der zur Welt kommt, wenn bereits (durch Verwandtschaft, Adoption od. Testament) ein rechtmäßiger Erbe in der Familie vorhanden ist, im Plur. b. Tac. Germ. 19; hist. 5, 5. – **B** der **Zu-** od. **Angeborene,** der durch Geburt od. Adoption **Anverwandte von väterlicher Seite,** der **Agnat** (vgl. Gaius inst. 1, 156; 3, 10. Isid. 9, 6, 1), oft (bes. im Plur.) b. Cic. u. a. – Die nächsten Agnaten (od. in Ermangelung von solchen die Gentilen) waren, wenn ein Familienvater ohne Testament starb od. ein Familienglied wahnsinnig wurde, die gesetzlich nächsten Vormünder (s. XII tabb. b. Cic. de inv. 2, 148 [wo Genet. Plur. agnatûm]); dah. mente est captus atque ad agnatos et gentiles deducendus (d. h. unter Vormundschaft der A. u. G. zu stellen), Varr. r. r. 1, 2, 8.

agnella, ae, *f.* (Femin. zu agnellus), das **Lämmchen,** Ennod. carm. 2, 100, 6.

agnellīnus, a, um (agnellus), **vom Lamm, Lamm-,** carnes, Anthim. 5.

agnellus, ī, *m.* (*Demin.* v. agnulus od. agnus), **Lämmchen,** Prisc. 3, 35. Pomp. gramm. (V) 143, 28 K. Cassiod. de orat. p. 562 (b) *ed. Garet:* als Schmeichelwort, agnellum, haedillum me tuom dic esse vel vitellum, Plaut. asin. 667.

agneus, a, um = *agninus*, Gregor. Turon. vit. patr. 8. prol. col. 690.

agnicellus u. (dav.) **agnicellulus**, ī, *m.* (agniculus), ein **niedliches Lämmchen,** Pomp. gramm. (V) 143, 29 K. Cassiod. de orat. p. 562 (b) *ed. Garet.*

agnicula, ae, *f.* (*Demin.* v. agna), das **weibl. Lämmchen,** Ambros. inst. virg. 17.

agniculus, ī, *m.* (*Demin.* v. agnus), das **Lämmchen,** Itala Ioann. 21, 15. Augustin. serm. 181, 6. Ambros. hexaëm. 6, 4, 25; in psalm. 118. serm. 2. § 15. Arnob. 7, 12. Cassiod. de orat. p. 562 (b) *ed. Garet.*

agnīle, is, *n.* (v. agnus, wie ovile v. ovis), der **Lämmerstall,** Gloss. ›agnile, ἀρνῶν ὁ τόπος‹.

agnīna, ae, *f.*, s. agnīnus.

agnīnus, a, um (agnus), **zum Lamm gehörig, Lamm-,** exta, lactes, Titin. fr. u. Plaut.: coagulum, Varr.: pellis, ICt.: pes, Plin.: capitulum, Pelag. veterin. 6. – Subst., agnīna, ae, *f. (sc.* caro), **Lammfleisch,** Plaut. capt. 819 u. a. Hor. ep. 1, 15, 35. Apic. 8, 360. Vespae iudic. coc. et pist. 89 (Riese Anthol. Lat. 199, 89).

agnitio, ōnis, *f.* (agnosco), das **Anerkennen,** die **Anerkennung,** **a** übh.: veluti sui cadaveris agnitionem fugientes, Plin. 10, 194. – als jurist. *t. t.*, qualicumque agnitione (contractus) adhibitā, Cod. Iust. 8, 40, 5: agn. bonorum possessionis, die **Annahme,** Marcell. dig. 38, 15, 5 *in.*: legis, Ambros. apol. David 4, 18. – **b** das geistige Anerkennen, die **Anerkenntnis,** die **Erkenntnis,** animi, Cic. de nat. deor. 1, 1: sui, Macr.: rerum divinarum, Macr.: dei, Lact.: Christi, Cypr. – litterarum, das genaue Kennenlernen der B., Quint. 1, 1, 25.

agnitiōnālis, e (agnitio), **erkennbar, erkenntlich,** Tert. adv. Valent. 27.

agnitor, ōris, *m.* (agnosco), der **Anerkenner,** absol., Quint. 12, 8, 13: mediocritatis, Auct. itin. Alex. 49: cordis, Vulg. eccl. 7, 5.

agnōmen, minis, *n.* (ad u. nomen), der **Beiname,** den man wegen persönl. Eigenschaften (z. B. Pius, Frugi) od. Verdienste (wie Africanus, Asiaticus) erlangte u. der auch gewöhnlich auf die Nachkommen sich vererbte (z. B. P. Cornelius Scipio Africanus, wo Publius das *praenomen,* Cornelius das *nomen,* Scipio das *cognomen,* Africanus das ihm wegen seiner Taten in Afrika beigelegte *agnomen* ist; vgl. Diom. 321, 3 *sqq.* Prisc. 2, 22 *sq.* Cod. Iust. 6, 23, 4), bellica agnomina, Flor. 3, 8, 1: nec aliud ei honorificentiae adnomen adiunctum est, Capit. Ver. 3, 5.

agnōmentum, ī, *n.* = agnomen, der **Bei-** od. **Spitzname,** Apul. apol. 56.

agnōminātio, ōnis, *f.* (ad u. nomino), als rhetor. Figur = παρονομασία, das Zusammenstellen zweier dem Klang nach ähnlicher, der Bedeutung nach ganz verschiedener Wörter, die **Paronomasie** (wie *lenones* u. *leones* u. dgl.), s. Rhet. Her. 4, 29 u. (Plur.) 32. Quint. 6, 3, 66. Iul. Rufin. de schem. lex. 15.

agnōminātīvus, a, um (*agnomino), **das** *agnomen* **bezeichnend,** Serv. gramm. 536, 5. Consent. gramm. 339, 15.

agnos, ī, *m.* u. *f.* (ὁ u. ἡ ἄγνος) = *vitex* (s. d.), Plin. 24, 59.

agnōscentia, ae, *f.* (agnosco), die **Erkenntnis,** Priscill. tract. 11, 142.

agnōscibilis, e (agnosco), **erkennbar, erkenntlich,** Tert. adv. Val. 27. Augustin. serm. 341, 1.

agnōsco (ad-gnōsco), nōvī, nitum, ere (ad u. nosco), **anerkennen,** **I** etw. nach seinem wahren Wesen oder nach seinen Merkmalen als das, was es ist, **erkennen, wahrnehmen,** **a** übh.: non potuit haec animus in corpore inclusus agnoscere, Cic.: tum agnoscit animus illa reminiscendo, Cic.: id facillime accipiunt animi, quod agnoscunt, Quint.: nam sunt et in animo praecipua quaedam et in corpore, quae cum leviter agnovit, tum discernere incipit, Cic.: quod mihi gratularis de filia, agnosco humanitatem tuam, Cic.: moriar, si praeter te quemquam reliquum habeo, in quo possim imaginem antiquae et vernaculae festivitatis agnoscere, Cic.: accipio agnoscoque deos (die G. = die Hand der G.), Verg.: agnovit longe gemitum praesaga mali mens, Verg.: durch das Medium der Sinne, auribus notos ut possis agnoscere cantus, Cic. poët.: alienis oculis agnoscimus, alienā memoriā salutamus, Plin.: laetā gaudia mente agnoscere, sich innerlich der Freude bewusst werden, Catull. 64, 237. – m. Ang. **woran?** durch *Advv.* od. durch *ex* m. Abl., inde agnosci potest vis fortunae, Vell.: deum ex operibus eius, Cic.: quo mores dicentis ex oratione perluceant et quodammodo agnoscantur, Quint.: u. absol., agnosco ex me, ich mache die Erfahrung an mir selbst, Cic. – mit Ang. **an wem?** durch *in* m. Abl., cum idem aspexit agnovitque in alio, Cic. – **b** einen Gegenstand, den man schon er- od. gekannt hat, **erkennen, wiedererkennen,** dah. auch **sich wieder** auf etw. **besinnen, sich** einer Sache **entsinnen** (vgl. Ochsner Cic. Ecl. p. 57 *sq.* Sorof u. Meißner Cic. Tusc. 1, 15), **α** eine Pers.: Africanus se ostendit eā formā, quae mihi ex imagine eius quam ex ipso notior erat; quem ut agnovi etc., Cic.: nomine audito agnovēre virum, Liv.: veterem Anchisen agnoscit amicum, Verg.: ille ubi matrem agnovit, Verg. – m. Ang. **wodurch** (= woran)? durch *Abl.*, cultu regio agnosci, Curt. 5, 12 (34), 20. – **β** lebl. Objj.: rem (v. Richter), Cic.: parvam Troiam, Verg.: loca, Quint.: Graecum (sich des Griechischen entsinnen), Cic.: in manibus eius, qui repertum ferebat, agnovit (amiculum), Curt. – m. Ang. **woran?** durch *ex* m. Abl., navis D. Bruti, quae ex insigni facile agnosci poterat, Caes. b. 2, 6, 4. – **II** als wirklich, als wahr, als vorhanden, als geltend **anerkennen, gelten lassen,** **α** eine Pers.: sortilegos, Cic.: u. filium, quem ille natum non agnorat, eundem moriens suum dixerat, Nep.: ex nepte Iulia editum infantem, Suet.: necdum agnoverat eum, qui postea regnavit, Liv.: cuius oraculo agnoscor, Curt. – zugl. m. Ang. **als wen?** durch Prädik.-*Acc.*, alqm non ducem (als F.), Liv.: alqm regem, Curt.: Alexandrum filium, Curt.: im Passiv mit Ang. **als wer?** durch Prädik.-*Nom.*, at nunc si quis tanti habitet, vix ut senator agnoscitur, Vell. – **β** lebl. Objj. = eine Sache **anerkennen, bestätigen, feststellen, einräumen, gelten lassen, zugeben, sich zu etw. bekennen** (Ggstz. abnuere), quod mihi tantum tribui dicis, quantum ego nec agnosco nec postulo, facis amice, Cic.: u. so agn. crimen, Cic.: facti illius gloriam, Cic.: deorum cognationem, Cic.: iudicium alcis, ICt.: aes alienum, ICt.: bonorum possessionem, ICt. – mit Ang. **als was?** mit Prädik.-*Acc.*, quod meum quodammodo agnosco, Cic.: dextros agnovit in alite divos, Phaedr. – m. folg. *Acc.* m. *Infin.*, et ego ipse me non esse verborum admodum inopem agnosco, Cic.: e numero duos et XXX interiisse agnoscunt, Curt. – ► agnosse zsgz. = *agnovisse,* Ov. met. 4, 613: agnōtus est = *agnitus est,* Pacuv. 484: agnōturus = *agniturus,* Sall. hist. 2, 73 (64); vgl. Diom. 388, 7. Prisc. 10, 19. Serv. Verg. Aen. 4, 23.

agnōtinus, a, um (agnosco), **anerkannt,** Diom. 388, 7.

agnua, s. acnua.

agnulus, ī, *m. (Demin.* v. agnus), das **Lämmchen,** Diom. 325, 32. Cassiod. de or. p. 562 (b) *ed. Garet.*

agnus, ī, *m.* (urspr. wie ἀμνός, *masc.* u. *fem.*, dah. in der alten Opferspr. haec agnus b. Fest. p. 286 *in v.* Recto fronte), das (männl.) **Lamm, Bocklamm,** agnus mas, Vet. lex Numae: agnus mas idemque femina, ein Zwitter, Liv.: agnus candidus, Lact.: kollekt., abundare agno, Cic. de sen. 56. – Sprichw., lupo agnum eripere postulant (für: »verlangen etwas Unmögliches«), Plaut. Poen. 776.

ago, ēgī, āctum, ere (griech. ἄγω, altind. *ájati,* ›geht, treibt‹), **in Bewegung setzen,** d. i. machen, dass etw. vorwärts geht, **I** eig., im Raum = führend, leitend **in Bewegung setzen, treiben,** **1** im Allg = **treiben, führen, leiten,** **α** Tiere als Treiber, Hirt usw., tauros, Verg.: nobile armentum, Aur. Vict.: mercede caballum, Hor.: capellas protenus, hinwegtreiben, Verg.: ex loco infesto porro armentum, Liv.: ex agris in urbem pecora armentaque, Iul. Obs.: bovem Romam, Liv.: boves ad flumina, Verg.: pecora per calles, Curt.: greges ante se, Sen.: elephantos ante agmen, Curt.: belua in hostes imperio, in suos metu agitur, Curt.: celso Nysae de vertice agere tigres, Verg.: m. 1. *Sup.*, pecus venum, Pacuv. tr. 121: pecus pastum, Varr. LL. 6, 41: capellas pastas potum, Verg. ecl. 9, 24: poet. m. *Infin.*, omne cum Proteus pecus egit altos visere montes, Hor. carm. 1, 2, 8. – **β** Menschen als Führer, Treiber usw., reliquum agmen pecudum more, vor sich her treiben, Curt.: copulā vinctum ante se Thyum, Nep.: in via cursores et Numidas et multum ante se pulveris, Sen.: captivos prae se, Curt.: virgis proditorem in urbem, Liv.: per omnem vicum alqm verbere, Tac.: alqm ad mortem, zum Tode führen, Tac.: servum suum sub furca ad supplicium, Val. Max.: captivos sub curribus Indos, im Triumph aufführen, Mart.: u. animos per orbem agi, von der Seelenwanderung, Sen. – dah. auch (wie ἄγειν) = »mitbringen, mitnehmen«, multis milibus actis armatorum ex ea regione, Liv. – u. der milit. *t. t.* agmen agere, den Zug in Bewegung setzen = mit ihm aufbrechen, ihn marschieren lassen, nunc *agendo,* nunc *sustinendo* agmen, Liv.: agmen agens equitum, führend, Verg.: u. vom Zug der Schiffe, agmen agens, Verg.: gew. im Passiv, agmen agitur, der Zug (das Heer) bewegt sich, bricht auf, marschiert, m. *Advv.*, wie citius, raptim u. dgl., Liv. (s. die Belege bei Fabri Liv. 21, 61, 4). – u. in der Umgangsspr., agere se, »sich treiben« = »gehen, kommen« (s. Spengel Ter. Andr. 708. Hildebr. Apul. met. 5, 2. p. 310), quo agis te? wohin gehst du? Plaut.: quo hinc te agis? Ter.: unde agis te? od. bl. unde agis? woher kommst du? Plaut.: ebenso ecce gubernator sese Palinurus agebat, kam daher, Verg. – **γ** ein Pferd (als Reiter od. Fuhrmann), ein Fahrzeug (Wagen, Schiff) **treiben = führen, leiten, lenken, steuern,** iumenta od. currum, die Tiere od. den Wagen lenken, den Wagenlenker machen, Wagenlenker sein, Liv., Curt. u. a.: equum ad vallum, an den W. heranreiten, Tac.: equum in hostem, auf den F. lossprengen, Curt.: per patris corpus carpentum, den Wagen über des V. Leichnam lenken, Liv.: u. so super ipsum corpus carpentum, Aur. Vict.: currus in diversum, Sen.: adductos intus agere equos, sprichw. (s. intus), Ov. fast. 6, 586. – colles, quos agimus praeter navem, Lucr.: navim agere ignarus navis timet, Hor.: dic, unde onustam celocem agere praedicem, sag, von wo du deinen Kutter geladen hierher treibst (scherzh. = von wo du angetrunken herkommst), Plaut.: instructas quadriremes ad urbem, Curt.: in litus naves, auf den Strand treiben, -laufen lassen, Liv.: ratem in amnem, Ov.: rex classem in diversam partem agi iusserat, Curt.: simul naves in adversum amnem agebantur, wurden stromaufwärts geführt, Tac.: quibus (Austris) feliciter acti, Ov. – **δ** übh. etw. Lebl. **in Bewegung setzen, treiben,** es **sich bewegen-,** es **gehen machen, in Gang bringen,** von Menschen usw., agens carmine quercus (von Orpheus), Verg.: vocem cubantes excitant (bringen in Gang), et cum egerunt (u. wenn sie sie in Bewegung gesetzt haben), Cic.: tantas moles nullā ope, quae cerneretur, admotas deorum numine agi credebant, Curt. – v. Lebl., nubes ventus agens, Lucr.: Pactolus aureas undas agens, Varr. fr.: maiore vi ac mole undas (v. einem Fluss), Curt.: longeque fluctus (v. Meer), Curt.: flumen maiore impetu adversum agitur, strömt mit desto größerer Gewalt nach der entgegengesetzten Richtung, Curt.: duplex agitur per lumbos spira, doppelt läuft durch die Lenden das Rückgrat hin, Verg.: agentes frigora venti, mitbringend, Verg.: trisulcum fulmen igni fervido actum, Varr. fr.: corpora agunt contagia late, verbreiten weit, Ov.: intus agere lacrimas, verschlucken, Albinov. eleg. 114. – **ε** als milit. *t. t.* die Belagerungsmaschinen gegen einen Ort hin **in Bewegung setzen, vorschieben, näher rücken,** vineas turresque ad oppidum, Caes.: testudinem, Sall.

2 insbes.: **a** zu rascherer Bewegung **antreiben,** zu einem Ziel (bes. wider Willen, gewaltsam) **forttreiben, fortführen, fortreißen,** **α** Tiere u. Menschen, equo temere acto, sein Pf. aufs Geratewohl angetrieben, Liv.: u. sprichw., agas asellum, du magst den Esel antreiben (er wird doch nicht schnell laufen lernen; vgl. Hor. sat. 1, 1, 90) = du bist und bleibst der alte, Cic. de or. 2, 258. – ne se avium modo, quas naturalis levitas ageret ad sidera (aufschwinge zu den Sternen), inani ac puerili mentis affectu efferret, Curt.: quā impetus egit equos, wohin wildes Gelüst trieb die Pf., Ov.: quā quemque metus agebat, diffugerunt, Curt.: diffugiunt, quo quemque agit error, Ov. – dah. im Passiv, agi = **fortgetrieben-, fortgerissen-, fortgeführt** od. **umhergeführt werden, rennen, stürmen, fliegen** usw., turbā fugientium actus, mit fortgerissen, Liv.: quo multitudo omnis agebatur, rannte, stürmte, Liv.: agi per auras, durch die Lüfte geführt werden, Verg.: agi longis erroribus (auf. l. Irrfahrten), Vell. u. Verg. – **β** Dinge, membris agit atra venena, treibt heraus aus den Gl., Verg.: u. (nach der Lehre Epikurs, dass alles Sein u. Geschehen aus zufälligen Bewegungen von Atomen herrühre) quibus forte temere humana negotia volvi agique persuasum est, sich im bunten Wirbel drehe, Curt. 5, 11 (31), 10. – u. bes. animam agere, »den Lebenshauch austreiben« = »in den letzten Zügen liegen, den Geist aufgeben« (vgl. Cic. Tusc. 1, 19), Cael. (b. Cic.), Liv. u. a.: im Wortspiel, eodem tempore et gestum et animam agere, gleichs. die Seele aus dem Leib heraustreiben, Cic.: est tanti, habere animam, ut agam, leben, um zu sterben, Sen.: ne quod agas desit, agas animam, damit du etwas zu treiben habest, treib dir die Seele aus, Mart.: u. scherzh. res (mein Vermögen) quom animam agebat, Plaut. – **b** beunruhigend, jagend, verfolgend **forttreiben** od. **in Bewegung setzen,** **α** Tiere u. Menschen = **umhertreiben, jagen, hetzen, verfolgen,** cervos (v. Hunden), Verg.: apros latratu turbabis agens, scheuchst du mit bellender Meute in die Flucht, Verg.: egi per iuga longa canes, Ov. – ceteros ruerem, agerem etc., Ter.: amantes aestuantes (v. Amor), Varr. fr.: obvios, fortstoßen, Suet.: glebis aut saxis aut fustibus alqm de fundo praecipitem, Cic.: u. bes. vom Verfolgen der Feinde (vgl. Fabri Liv. 24, 42, 3), praecipites Pompeianos, Caes.: cursu palantes Troas, Verg. – u.m. Angabe **wohin?** fugientes hostes ad naves, Iustin.: exsulem populum Rom. in hostium urbem, Liv.: alqm in exsilium, Liv.: hostem penitus in intimas solitudines, Suet.: Narseum in ultimas regni solitudines, Eutr.: poet. m. *Dat. loc.*, puerum Orco (in den O.), Hor. sat. 2, 5, 49. – **β** Dinge, certatim remis mare, aufregen, Val. Flacc.: acta boreā pinus, hin- u. hergetrieben, gejagt, Ov. – **c** (wie ἄγειν) von irgendwo **weg-, forttreiben,** bes. gefangen od. als Beute, inde actae boves, Liv.: reliquum agmen (hostium) more pecudum intactum agebatur, iubente rege, ut caedibus abstineretur, Curt.: dah. raubend **weg-, forttreiben, rauben,** redigunt actas in sua rura boves, Ov. – u. so praedam od. praedas (pecoris et mancipiorum) agere, »Vieh (u. Sklaven) als Beute mit fortnehmen« u. übh. »Beute machen, plündern« (griech. λεηλατεῖν), Sall., Liv. u. a.; vgl. pulchram praedam agat, eine schöne Beute machte (= einen schönen Fund täte), si quis illam invenerit aulam onustam auri, Plaut. aulul. 610 *sq.* – dah. insbes., ferre od. (selten) portare et agere (wie φέρειν καὶ ἄγειν) = totes u. lebendes Eigentum »fortschaffen (ferre) u. fortführen (agere)«, teils von den Eigentümern (also im nichtfeindlichen Sinne), res, quae ferri agique possunt, bewegliche Habe, Liv.: simul animadvertit multa undique portari agique, Caes. b. 2, 25, 2: teils von Feinden »ausplündern u. wegschleppen«, cum ferret cuncta atque ageret, Liv.: postquam res sociorum ante oculos prope suos ferri agique vidit, Liv.: hi ferre agere plebem plebisque res, Liv. (vgl. Fabri Liv. 22, 3, 7. Drak. Liv. 33, 13, 10. Ruperti Tac. hist. 1, 2, 11): u. bildl. (wie im Griech.), principes fori agunt feruntque cuncta, reißen alles mit sich fort, schalten und walten nach Willkür, Tac. dial. 8, 2. – **d** mit einer gewissen körperlichen Anstrengung (schlagend, stoßend, werfend, biegend usw.) wohin **treiben,** bes. so, dass es festsitzt, eindringt usw., sublicae oblique agebantur, wurden eingerammt, Caes.: pinus ab alto ad terram, von oben bis auf den Boden biegen, Ov.: fundam circum caput, schwingen, Verg.: per costas pugionem, stoßen, Aur. Vict.: per utrumque gladium Val. Max.: hasta alci per armos acta, Verg.: dah. in crucem agere, ans Kreuz schlagen, heften, Cic. u. a. – **e** »in fortlaufender Richtung gestalten«, **α** in räumlicher Ausdehnung **anlegen,** unser **ziehen, führen,** fundamenta, Cic.: parietem, Cic.: aggerem, Caes.: cuniculos, Caes.: cuniculos ad aerarium, Cic., od. per magna spatia, Plin.: cloacam maximam sub terram, Liv.: molem mari, ins Meer hineinbauen, Curt.: amnem occultas egisse vias subter mare, sich einen Weg gebahnt, Verg. – so bes. als *t. t.* der Feldmetzkunst, limitem agere, »die Grenzmark ziehen«, Tac.: u. poet., latum per agmen limitem agit ferro, haut sich Bahn querdurch, Verg.: u. im Bild, idem limes agendus erit, d. i. das gleiche Mittel anzuwenden, Ov. – **β** von Gewächsen = nach innen od. außen **treiben, hervortreiben, ansetzen,** radices, Varr.: radices in profundum, Plin.: u. im Bild, vera gloria radices agit atque propagatur, Cic. – u. so gemmas, coliculum, folia, florem, frondem, Varr., Col. u. Plin.: poet., ossa robur agunt, die Gebeine werden zu hartem Holz, Ov.: u. se laetus ad auras palmes agit, sich fröhlich zur Luft aufschwinget das Reis, Verg.: actae ad sidera pinus, emporgewachsen, reichend, Verg. – **γ** übh. **aus sich heraustreiben, zum Vorschein bringen,** scintillas, Funken sprühen, Lucr.: spumas, Sch. treiben, schäumen, Lucr.: cum spumas ageret in ore, sein Maul schäumte, Cic.: rimas, Risse, Sprünge bekommen, sich spalten (vom Holz, von Bäumen, vom Erdboden usw.), Cic. u. a.

II übtr.: **A** im Allg.: **a** übh. **in tätige Bewegung setzen, treiben, führen, leiten, bringen,** animus cuncta agit atque habet, Sall.: u. so alqm transversum agere, jmd. auf Abwege treiben, -führen (von glücklichen Umständen usw.), Sall., Sen. u. a. (vgl. Kritz Sall. Iug. 6, 3): per reges actum genus omne Latinos, das durch alle lat. Könige durchging, Verg. Aen. 12, 530. – u. Tros Tyriusque mihi nullo discrimine agetur, behandelt werden, Verg. Aen. 1, 574. – mit Ang. **wohin?** od. **wozu?** durch ein *Adv.* od. durch *in* od. *ad* m. Akk., **α** = in einen Zustand **treiben, versetzen, bringen,** animum in admirationem curae priscorum, Plin.: alqm in furorem, in insaniam, Quint.: in desperationem agi, Liv. epit.: si quis ad illa te agat, versetzte dich ein Gott hin, Hor. – **β** zu einem Entschluss, zu einer Vornahme **treiben, führen, bestimmen, bringen,** matre agente, auf Antrieb der M., Capit.: poëmata dulcia sunto et quocumque volent animum auditoris agunto, Hor.: alqm confestim od. praecipitem ad certamen, Liv.: pravis et externis religionibus captas mentes velut furialibus stimulis ad omne scelus et ad omnem libidinem agere, Liv.: irā deorum ad tantum nefas agi, Curt.: ag. Latinos falsis criminibus in arma, Liv.: in favorem aut odium contactu valentiorum agi, sich bestimmen lassen, Tac.: alqm in fraudem, zum Verrat treiben, Verg.: poet. m. folg. *Infin.*, desertas quaerere terras auguriis agimur divum, Verg. Aen. 3, 4 *sq.* – **b** in unruhige Bewegung setzen, **umhertreiben, jagen, verfolgen, beunruhigen, plagen, quälen** u. dgl., amor me ludificat, fugat, agit, Plaut.: agunt eum praecipitem poenae civium Romanorum, Cic.: acerba fata Romanos agunt, Hor.: diris agam vos, Hor.: agentia verba, Worte, die zur Verzweiflung treiben, Hor. – **c** in stürmische **Bewegung setzen,** ubi (multitudo) aut studio agitur aut irā, in Bewegung gesetzt, aufgeregt wird, Curt. 6, 9 (33), 6: dah. **aus dem Gleichgewicht heben, -bringen, erschüttern,** perpetua naturalis bonitas, quae nullis casibus neque agitur neque minuitur, weder aus dem Gleichgewicht gebracht, erschüttert wird, Nep. Att. 9, 1. – **d** in tätige Bewegung setzen, **treiben, anregen, anfeuern, in Tätigkeit-, in Übung erhalten,** seu te discus agit, Hor. sat. 2, 2, 13: non anxia mentem agit spes, Claud. cons. Prob. et Ol. 65 *sq.* – **e** *refl.* agere (absol.) od. agere se, **α** agere (absol.) = irgendwo **sich umhertreiben, sein Wesen treiben, sich aufhalten, sich befinden, weilen,** edoctus, ubi ageret, Dict.: in partibus orientis, Lact.: clerus Romae agens, Cypr.: sub Alpibus, Flor.: sub extremis Alpium radicibus inter Arsiam Titiumque flumen, Flor.: multum et familiariter cum alqo, viel u. vertraut mit jmd. umgehen, Sall.: inter Vinios … variā et pudendā sorte, mit Leuten wie Vinius … umgehen, Tac.: inter homines (v. Christus), weilen, Lact.: agere inter homines desinere, aufhören unter den Menschen zu weilen = sterben, Tac.: in carne mortali, Lact. – v. Völkern, irgendwo **wohnen, hausen,** Batavi donec trans Rhenum agebant, Tac.: Africa, quae procul a mari incultius agebat, Sall.: Gaetulos partim in tuguriis, alios incultius vagos agere, Sall.: plerumque sub silvis, Flor. – v. Staaten, unter dem u. dem **stehen,** octo civitates quae sub ipsis agebant, Eutr. 2, 2: Thracia, Cilicia, Commagene, quae sub regibus amicis egerant, Eutr. 7, 19. – von Soldaten = **stehen,** in der Schlacht, auf Posten, im Winterquartier usw., apud primos, Sall.: totum diem in armis, Dict.: circa muros et in stationibus solute ac neglegenter, Liv.: haud longe, Tac.: trans Padum, Tac.: Lugduni, Tac.: in vico Marcoduro incuriosius, Tac.: ala in finibus suis agens, Tac.: Chauci inter auxilia Romana agentes, Tac.; vgl. Kritz Tac. Agr. 18, 2. Heräus Tac. hist. 2, 39, 11. – v. Beamten (Statthaltern), **im Amt sein, dienstlich tätig sein,** haud procul inde, Tac.: Minturnis, Tac.: Antiochiae et circa Armeniam, Eutr.: in Raetia et Norico, Eutr. – **β** m. *se* u. absol., auf eine gewisse Weise **sein Wesen treiben, es** so u. so **treiben,** irgendwie **sich benehmen, sich zeigen, sich verhalten,** tantā mobilitate Numidae sese agunt, Sall.: quanto ferocius ante se egerint, Tac.: sic se agere, Rutil. Lup.: non ex institutione Stoica se agere, Sen.: se ingenti modestiā agere, Eutr.: contra Gordianos superbissime, Capit. Gord. 30 *in.*: ut nummularii probe se agant circa omne negotium suum, ICt.: neglegenter se et avare agentes, Eutr.: sed agant se, ut volunt, Sulpic. Sev. Vgl. Ruhnken Rutil. Lup. 2, 4 *extr.* – u. (ohne *se)* quemadmodum sanis hominibus agendum est od. quemadmodum sanos agere conveniat, Cels.: agere insolentius, Eutr.: feroces pro victoribus agere, sich wie S. benehmen (ohne es zu sein), Sall.: agere pro dei sacerdote, Cypr.: libertinos, qui pro equitibus Romanis agerent, Suet.: tota civitas laeta agere, Sall.: quieti ac sine terrore egēre, Dict.: sermone, cultu etc. ut Germani agunt, Tac.

B eine Zeit, eine Tätigkeit od. einen Zustand vor sich gehen machen: **1** eine Zeit gleichs. »heraufführen u. ablaufen lassen«, sie den **Kreislauf vollenden lassen,** cum Tithonia coniunx quintae tempora lucis aget, Ov.: ver illud erat, ver magnus agebat orbis, Frühling hatte der große Weltumfang, Verg. – dah. **α** mit *annus* u. einer Ordinalzahl = **im …ten Jahre stehen** (= es erreicht, aber noch nicht überschritten haben), so u. so **alt sein** (s. Ruhnken Suet. Caes. 1), quartum annum agere incipientes, Varr.: quartum annum ago et octogesimum, Cic.: qui sextum et octogesimum annum agens causam dixerit, Liv.: annum plenum nonum decimum agens, ICt.: annum agens vicesimum aetatis, Eutr.: quinquagesimum et quartum agens aetatis annum, Suet.: erst spätlat. mit Plur. von annus und einer Kardinalzahl, decem et octo annos agens, Capit. Anton. phil. 5, 1; vgl. Capit. Gord. 15, 2 u. 22, 2: decem et novem agebat annos, Augustin. de civ. dei 15, 12, 1. – u. (von einem Zeitabschnitt) im Passiv, agi, **im Ablauf begriffen sein, ablaufen,** u. im *Perfect.* = **abgelaufen-, verflossen-, am Ende sein,** postquam ad te venit, mensis agitur hic iam septimus, Ter.: ut tunc principium anni agebatur, man am Anfang des Jahres stand, Liv.: Vergilii aetate incognita, a cuius obitu XC aguntur anni, der nunmehr 90 Jahre tot ist, Plin.: bis tricenis annis actis, Laber. fr.: actis in regno XV annis, Iustin.: menses iam tibi esse actos vides, Plaut.: mensibus actis, Varr. LL. – **β** eine Zeit (die Lebenszeit, die Jahre, einen Zeitabschnitt) **zubringen, hinbringen, verleben,** aevum agere consuetis in armis, Pacuv. fr.: aetatem domi, Enn. fr.: aetatem cum uno viro, mit einem M. leben, Ter.: aetatem procul a re publica, Sall.: aetatem in litteris, Cic.: vitam pudice, Ter.: vitam sanctissime honestissimeque, Cic.: vitam ruri, Ter. u. Liv.: silvestrem vitam, im Wald leben, Solin.: tolerabilem senectutem, Cic.: pleraque tempora in venando, Sall.: medium tempus ad proconsulatum usque in otio secessuque, Suet.: dies in terra, noctes in aqua (vom Krokodil), Plin.: noctem inter gaudia, Verg.: noctem quietam, non insomnem, Tac.: totam eam noctem cum magno animi metu perpetuis vigiliis, Liv.: nec tranquillior nox diem tam foede actum excepit, Liv.: hiemem sub tectis suis, Liv., od. in castris, Sall.: ibi hiberna, Liv.: ad Tarentum aestiva, Liv. – dah. absol. = **leben, existieren,** homines, qui tum agebant, Tac.: ne sine solacio ageret (lebe, bleibe), Tac.: agere procul, fern stehen, Tac.: per mollitiem, in W. dahinleben, Sall.: sine legibus certis, sine magistratibus, Liv.: arbitrio alieno, Dict.: incertā pace, Liv.: in otio, Flor.: adhuc usque id est per longam temporum seriem agentes, Cypr.

2 eine Tätigkeit od. einen Zustand vor sich gehen lassen, in Bezug auf etw. **tätig sein, handeln,** etw. **treiben, betreiben, tun, beginnen, besorgen, verrichten, ausführen, vollführen,** haec agens, während er damit beschäftigt war, Liv. u. Curt.: omnia quae *fiunt* (entsteht, in der Natur), quaeque *aguntur* (getan wird, von Menschen), Cic.: ibi quid agat secum cogitat, Enn. fr.: sed eos (deos) non curare opinor, quid agat humanum genus, Enn. fr.: quaeso, ne temere hanc rem agas, ne iracunditer, Caecil. fr.: o, quid agis? ach, was beginnst du? Hor.: quid vos agitis? was treibt ihr (was beschäftigt euch)? Cic.: nihil agis, quin ego audiam, Cic.: cum scribas et aliquid agas eorum, quorum consuesti, Luccei. bei Cic.: nec quicquam raptim aut forte temere egeritis, Liv.: quod agendum aut faciendum sit, id non recusem, Cic.: agerent facerentque, ut e re publica ducerent, Liv.: agerent (sie sollten nur zumachen) ac ferirent, Tac.: omnes fere res asperas per Iugurtham agere, Sall.: quae cuncta etsi consilio ductuque alterius agebantur, Tac.: castrensis iurisdictio … plura manu agens, vieles tätlich bewirkend, Tac.: multa agendo nihil agere, Phaedr.: operose nihil agere, Sen.: dum aliud agitur (nebenbei), ediscere alqd, Quint.: cuncta impetu militum acta, ging vor sich, Tac.: iucundi acti labores, Cic. – agere res egregias, Eutr.: multa in Hispania bene, Eutr.: multa strenue, Eutr.: nihil non tranquillum et placidum, Eutr.: nihil iniustum ad augendum fiscum, Eutr.: nihil quasi Romanus egit, er benahm sich in keinem Stück wie ein Römer, Eutr. – in der Umgangsspr., quid agis? **was treibst du? was machst du? wie geht's?** Plaut., Cic. u. a.: quid agit? was macht sie? wie geht es ihr? Ter.: quid agitur? **was macht man? wie geht's? was gibt's? wie stehen die Sachen?** Komik. – ebenso bei Fragen der Verlegenheit, des Zweifels, der Furcht, quid faciam? quid agam? **was soll ich tun? was soll ich anfangen?** Komik.: quid ages? Ter.: ebenso quid ago? quid agimus? Komik. u. a. (s. Brix Plaut. mil. 250 u. trin. 1062): u. in der indir. Frage, neque satis centurionibus constabat, quid agerent, Caes. – u. die Formeln, age, si quid agis, als drängende Aufforderung, »mach! mach!«, »mach Ernst mit deinem Vorsatz!« Plaut. (s. Lorenz Plaut. mil. 214. Brix Plaut. trin. 981). – age, ut vis, mach's, wie du willst, Plaut.: u. so age, age, ut lubet, Ter. – quod agis, id agas, bleib bei deinem Vorsatz, Plaut.: u. so age porro, tamen istuc ago, ich bleibe doch dabei (bei dem von dir empfohlenen Verfahren), Ter. – absol., se non interfuisse, sed egisse (dabei [als Zeuge] tätig gewesen sei, zu tun gehabt habe) dicit, Cic.: industria in agendo, celeritas in conficiendo, Cic.: defessa *iubendo* est saeva Iovis coniunx; ego sum indefessus *agendo,* Ov.: vigilando, agendo, bene consulendo prospere omnia cedunt, Sall. – bes. m. *Advv.,* auf irgendeine Weise **handeln, verfahren, zu Werke gehen,** lenius, Sall.: pariter, Sall.: facile iusteque, Tac.: cum (consules) primo anno bene egissent, ihre Verwaltung gut war, Eutr.: u. so cum humane nobiscum hiems egerit, Sen. – dah. male, bene, praeclare agere cum alqo, **übel-, gut-** (glimpflich), **sehr gut** mit jmd. **verfahren,** -ihn **behandeln,** Plaut. u. Cic.: ebenso cum omnibus Romae aequo iure, Eutr.: u. im Passiv, male, bene agitur cum alqo, »es steht mit jmd.-, geht jmdm. übel, gut, vortrefflich«, Cic.: u. so egregie actum nobis (= *nobiscum*) est, siquidem etc., Dict.: u. bl. praeclare agitur, si etc., Cic.

Dah. **a** aliquid agere, **handeln, tätig sein,** im Ggstz. zum Müßiggang, zur Ruhe, zur Überlegung, qui talibus diebus imprudens aliquid egisset, Macr.: virtus agit aliquid, Sen. – u. ohne aliquid, z. B. surgamus, eamus, agamus, Lucil. fr.: quod (dass sie) egerunt, ... quod reliquerunt, Cic.: bes. im *Partic. Praes.,* im *Gerundio* u. *Gerundivo,* agentes audentesque, Liv.: aliud agendi tempus, aliud quiescendi, Cic.: agendum atque obviam eundum est, Sall. fr.: Maecenas ... vir providens atque agendi sciens, gewandter Geschäftsmann, Vell.: audendum atque agendum, non consultandum in tanto malo esse, Liv.; vgl. Fabri Sall. Cat. 21, 3. Korte Sall. Cat. 52, 59. Kritz Sall. hist. fr. 1, 45, 7. Benecke Cic. de imp. Cn. Pomp. 3, 8. p. 90; u. (über die Verbindung aud. et ag.) Fabri Liv. 21, 40, 6. – u. der Ggstz. nihil agere, **nichts tun, untätig sein, müßig gehen,** numquam se plus agere, quam cum nihil ageret, Cic.: nihil agendo homines male agere discunt, Cato. fr.: iam dies hic sextus est, cum nihil egi, Pompon. fr. – **b** = so u. so viel **ausrichten, bewirken,** etiam quicquam egisti? Afran. fr.: non nihil egisti hoc loco, Cic.: nihilo plus agas, quam si des operam etc., du dürftest nicht mehr ausrichten = das wäre ebensoviel, als wenn du usw., Ter.: nihil agit in amore inermus, Caecil. fr.: nihil agis, das hilft dir nichts, Ter.: nihil agis, dolor, du richtest nichts aus, vermagst nichts über mich, Cic.: u. so ars nihil sane egisse videatur, nisi etc., Cic.: non multum egerit, dürfte nicht viel ausrichten, Cur. b. Cic.; vgl. Ruhnken Rutil. Lup. 2, 11 *extr.* – dah. so u. soviel **vermögen, ausmachen, von** dem u. dem **Einfluß sein,** multum agit sexus, aetas, condicio, Quint.: argumenta ac testes quid egerint, Quint. – **c** etwas ernstlich betreiben, **α** auf etw. **achten, aufpassen, achtgeben** (s. Ruhnk. Ter. Andr. 1, 2, 15. Arntzen Plin. pan. 5, 3. p. 28), hoc agam, ich werde aufpassen, lauern, Ter.: hoc (istuc) od. hanc rem age, hoc od. hanc rem agite, aufgepasst, achtgegeben, Komik. u. a. (s. Lorenz Plaut. Pseud. 149): hocine agis an non? hörst du denn darauf? Ter.: at iam hoc non agis, du passt nicht auf, Ter.: id ago sedulo, ich denke ernstlich daran, Ter.: u. so nisi id agat et adsit, darauf achtet u. bei der Hand ist, Cic.: quae suā sponte, etiam si id non agas, cadunt, Cic.: cras agamus haec, wollen wir auf dieses Thema weiter Bedacht nehmen, es weiter verfolgen, Cic. – u. der Ggstz., alias res agere, Komik u. Cic., od. aliud agere, Cic., »andere Dinge (Allotria, Nebendinge) treiben, sich mit anderen Dingen befassen«, d. h. »nicht aufmerken, unaufmerksam-, unachtsam-, zerstreut sein«. – **β** etw. **im Werk** od. **im Sinn haben, auf** etw. **sinnen, denken, ausgehen, mit** etw. **umgehen,** etw. **beabsichtigen, im Schilde führen, mit** etw. **vorzüglich sich abgeben,** etw. **sich besonders angelegen sein lassen** (vgl. Ochsner Cic. Ecl. p. 285), aliud agentes (vorhabend), aliud simulantes (vorgebend), Cic.: nescio quid mens mea maius agat, Ov.: observabo, quam rem agat, Plaut.: quid agat, quid consilii captet, Ter.: quid cogitent, Cic.: id egissent, Cic.: in omni vita nihil aliud egi, habe es mir zur Aufgabe meines Lebens gemacht, Cic.: fratri proditionem, Tac.: de intranda Britannia, Tac. – u. bes. id agere (selten hoc agere od. bl. agere), ut od. ne etc., das im Werk od. Sinn haben, das sich zum Hauptgeschäft machen, dass od. dass nicht usw., damit umgehen, darauf ausgehen, -denken, sich ein besonderes Geschäft daraus machen, es darauf absehen, beabsichtigen, zu usw., qui tum, cum maxime fallunt, id agunt, ut viri boni esse videantur, Cic.: non enim id agit, ut insidietur et observet, sed iam favet, Cic.: id agere ac moliri coepit, ut desciscerent ab Insubribus Cenomani, Liv.: id agendum, ut ea facere videamur irati, Cic.: non ergo id agitur, ut aliquid assensu meo comprobem, darauf kommt es mir nicht an, dass ich usw., Cic.: certiorem eum fecit, id agi, ut pons dissolveretur, Nep.: id ab isto actum esse, ut ille suppositus facile et libenter se illum, qui non erat, esse simularet, Cic. – ego id agam, quī mihi ne detur, Ter.: itaque neque tu multum interfuisti rebus gerendis, et ego id semper egi, ne interessem, Cic. – tu, dum tua navis in alto est, hoc age (sieh zu), ut mutata retrorsum te ferat aura, Hor. ep. 1, 18, 87 *sq.* – qui hoc agit, ut prior sit, Quint. 10, 2, 10.

3 etwas mit dem gehörigen äußeren Vortrag (s. āctio *no.* II) in Handlung setzen, **darstellen, a** v. Redner, **darstellen, vortragen, deklamieren** (vgl. Gernhard Cic. de sen. 16), id cum pronuntiamus, agimus, Varr. LL.: haec ille egit, Cic.: quae sic ab illo acta esse constabat, oculis, voce, gestu, ut etc., Cic.: absol., agere cum dignitate ac venustate, Cic. – **b** vom Rhapsoden usw., **vortragen, hersagen, rezitieren,** carmen, Val. Flacc. 1, 783; 4, 87. – **c** vom Schauspieler, **α** durch bloßes Gebärdenspiel od. durch die Rede mit dem nötigen Gebärdenspiel **darstellen, vortragen, spielen,** in scaena gestum, als Schauspieler auftreten, Cic.: mimum, Suet. u. Macr. (vgl. ag. choros, Prop.): canticum aliquanto magis vigente motu, die Handlung der Monodie (*canticum*) mit weit lebendigerem Gebärdenspiel darstellen, Liv.: numquam agit hunc versum Roscius eo gestu, quo potest etc., mit solchem Feuer spielen, Cic.: haec (diese Septenare) quantis ab illo (Aesopo) clamoribus agebantur! Cic. – u. so fabulam (comoediam, tragoediam), ein Stück darstellen, spielen, Komik. u. Cic., u. aufführen (spielen) lassen, zur Aufführung bringen, Komik. (s. Wagner Ter. heaut. p. 27): novam fabulam, Varr. LL.: statariam, Ter.: u. so Menandri Eunuchum, das Stück des M. »der Eunuch«, Ter. – primas partes (die erste Rolle, die Hauptrolle), Ter.: u. so (im Bild) priores partes, Cic.: Amphionis partes (Rolle), Varr. fr. – so auch eandem personam in triclinio agere (v. einem Mimen), Macr. sat. 2, 7, 17: u. bildl., hanc personam induisti; agenda est, Sen. de ben. 2, 17, 2: agenda est persona, quam mihi miles imposuit, Vopisc. Prob. 10, 7. – **β** agere alqm (servum, lenonem, Ballionem u. dgl.), die Person (eines Stückes auf der Bühne) **darstellen,** Ter. u. Cic.: u. bes. übtr., im gewöhnl. Leben jmds. **Rolle,** jmd. **spielen, abgeben, machen = sich** (im Ernst od. aus Heuchelei) **benehmen** wie usw., senatorem, den Senator spielen, Tac.: nobilem, den Vornehmen spielen, Cael. in Cic. ep.: amicum, convivam, patrem familias, Sen.: filium, Sen, rhet.: ministrum imperatoris, Tac.: Rhodi specei secessus exsulem, als Verbannter leben, Tac.: bonum consulem, Plin. pan.: abstinentissimum virum, Liv. epit.: propugnatores sceleris, als Verfechter des V. auftreten, Iustin. Vgl. Bremi Suet. Tib. 12. – dah. **d** Dank u. Lob mündlich od. schriftlich **an den Tag legen, ausdrücken, aussprechen, bezeigen, sagen,** alci gratias od. (im feierlichen Ton, Gebet usw.) grates, Cic.: alci gratias pro alqa re, Plaut.: dis laudes gratesque, Liv.; vgl. gratia.

4 machen, dass eine Veranstaltung, ein Zustand vor sich geht: **a** ein Fest od. eine festliche Veranstaltung übh. **begehen, feiern, halten,** festos dies anniversarios, Cic.: festum diem, Iustin.: diem natalem u. bl. natalem, Tibull.: Idus, Hor.: quinquatrus iucunde, Suet.: diem festum Dianae per triduum, Liv.: festum genialiter, Ov.: choros, aufführen, Prop. u. Cypr.: triumphum de alqo, Cic.: acto cum gloria triumpho, Vell. – **b** Zustände aller Art, **α** der Ruhe = etw. **halten, beobachten,** (längere Zeit) in etw. **verharren,** pacem, Sall. fr.: otia, Ov.: alta silentia, Ov.: medium, die M. halten, Vell.: morem, einer S. nachleben, Sall. fr. – **β** der Tätigkeit = **halten, versehen, vornehmen, treiben, vollziehen,** vigilias ad aedes sacras, Cic., od. in portu, Liv.: excubias alci, Tac., od. circa cubiculum alcis, Suet.: stationem, Posten stehen (v. Soldaten), Liv., u. stationem in castris, die Wache haben (v. Befehlshaber), Tac. – popularia per ludum, Laber. fr.: nugas, Plaut.: ioca atque seria cum humillimis, Sall.: arbitria, s. arbitrium: curam alcis od. alcis rei od. m. *pro* od. *de* u. Abl., s. cūra (*no.* I, 1 u. *no.* II): delectum, s. dēlēctus (*no.* I): paenitentiam, s. paenitentia: mensuram agere alcis rei, s. mēnsūra: sua vota, seine Wünsche betreiben, vortragen, Ov. – u. bes. **γ** der leitenden Tätigkeit im öffentl. Dienst, etw. **halten = anstellen, vornehmen, veranstalten, verwalten, leiten, vollziehen,** senatum, S. halten, XII tabb. (b. Cic.) u. Suet.: censum, recensum, Liv.: delectum, Quint.: delectum acerbe, Liv. epit.: forum od. conventum, einen Gerichts- od. Kreistag halten, Cic., Caes. u. a.: censuram, das Zensoramt verwalten, Ov. u. Vell.: regnum, Liv.: honorem, bekleiden, Liv.: u. so proconsulatum, Capitol. (s. *Gronov.* observv. 4, 14. p. 452 *sq.* Oudend. Caes. b. G. 2, 28, 2). – u. von Einkünften, sie **verwalten, eintreiben, beitreiben,** Iudaicum fiscum acerbissime, Suet.: publicum quadragesimae in Asia, Suet. – bes. agere bellum, einen Krieg »planmäßig betreiben, planmäßig (durch zweckmäßig getroffene Anstalten) führen«, Sall. u. a. (vgl. Kritz Sall. hist. fr. 2, 50, 11. Drak. Liv. epit. 49): aber Samnitium bella, quae continua per quartum iam volumen ... agimus, mit denen wir es (als Schriftsteller) zu tun haben, Liv. 10, 31, 10. – auch levibus proeliis cum Gallis actis, geliefert, Liv. 22, 9, 6 H. (andere factis). – **c** in der Opferspr. = **machen,** d. i. »das Opfertier mit dem Hammer niederschlagen u. dann schlachten«, indem der Opferschlächter (*popa*) fragte: agone? **mach** od. **tu ich's?** s. Varr. LL. 6, 12. Ov. fast. 1, 321 *sq.* Sen. contr. 2, 11. § 19; worauf der Priester antwortete: age od. hoc age, **so mach** od. **tu es,** s. Suet. Cal. 58, 2; Galb. 20, 1. Sen. de clem. 1, 12, 2.

5 machen, dass eine Verhandlung über etw. vor sich geht, **a** übh. etw. **betreiben,** mit jmd. wegen etw. **verhandeln, reden, sich unterreden, sich besprechen, unterhandeln,** etw. **besprechen, ab-** od. **ausmachen,** in jmd. mit Bitten, Zureden usw. **dringen,** jmd. **bitten, ermahnen,** jmdm. **zusprechen, den Vorschlag, Antrag, das Ansinnen machen,** cum alqo alqd od. de alqa re od. m. folg. *ut* od. *ne* mit Konj., auch oft m. *Abl.* eines Substantivums od. Gerundiums der Art, wie etwas verhandelt usw. wird (s. Fabri Liv. 24, 32, 5), non ago hoc per sagam pretio conductam, Turpil. fr.: ut agerem cum Lucceio de vestra vetere gratia reconcilianda, Cic.: quod mecum *per litteras agis* (schriftlich verhandelst), mallem *coram egisses* (mündlich besprochen, abgemacht hättest), Cic.: utrum per procuratorem ageres, an per te ipsum, Cic.: estne hic ipsus, de quo agebam, von dem ich sprach, Ter.: de quibus in foro atque in negotiis agendi non est otium, Varr. fr.: ne agendi cum eo Dioni esset potestas, sich mit ihm zu besprechen, Nep.: hactenus vobiscum verbis actum, Dict. – egit cum Cimone, ut etc., machte dem C. den Antrag usw., Nep.: egit mecum accurate multis verbis, ut etc., Cic.: non imperio modo, sed consilio etiam ac prope precibus agens cum magistro equitum, ut etc., befahl er nicht bloß, sondern riet auch seinem Reiterobersten, ja er bat ihn beinahe usw., Liv.: agere varie rogando alternis suadendoque coepit, ut etc., drang auf alle Weise, bald mit Bitten, bald mit Zureden in ihn, dass usw., Liv. – is ita cum Caesare egit (dieser äußerte gegen Cäsar): si pacem faceret etc., Caes.: quae (patria) sic agit (sich so vernehmen lässt) et quodammodo tacita tecum loquitur, Cic. – absol. = **den Unterhändler machen, unterhandeln,** agente Serviliā, Cic.: illo auctore atque agente, Caes.: agendi viam non video, Cic.

b als publiz. *t. t.*: **α** im Senat od. vor dem Volk etw. **betreiben, verhandeln, zur Entscheidung bringen, einen entscheidenden Antrag stellen** od. **Beschluss fassen,** in senatu de alqo od. de re, Cic.: agitur in curia de alqa re, Suet. – cum populo, Cic.: cum populo de alqo, vor dem Volk in einem förmlichen Antrag, Cic.: u. so verb. cum populo patribusque od. cum populo, cum plebe agendi ius, XII tabb. (b. Cic.) u. Cic. – oft absol., ut ante, quam rogatio lata esset, nulla res ageretur, Cic.: omnia potius actum iri, quam de provinciis, Cic.: u. so de pace, de condicionibus u. dgl., Cic.: de pace cum Sylla, Eutr.: nihil omnino actum esse de nobis, die Verhandlung über mich sei so gut als gar keine, Cic. – u. agi per senatum, per populum, durch den S., durch das V. entschieden werden, -geschehen, Cic.: u. so multitudinis arbitrio res maximas agi, Cic. – numquam Curio sustinuisset, si cum eo agi coeptum esset, wenn man entscheidende Beschlüsse gegen ihn gefasst hätte, ernstlich gegen ihn aufgetreten wäre, Cic. – **β** agere causam alcis, jmds. polit. Sache betreiben, jmds. Sache führen, sich jmds. annehmen, für jmd. Partei nehmen, Cic.: agere causam populi, Nep.: utrum militantium *adversarii estis* an *causam agitis*? Liv.

c als gerichtl. *t. t.*, etw. vor Gericht **betreiben,** sowohl in fremdem als in eigenem Namen, als Verteidiger od. Kläger: **α** v. Vert., agere causam od. rem, **eine Sache, einen Prozess führen, eine Sache verteidigen,** causam, Varr. LL.: causas agere et componere, Lucr.: causas amicorum tractare atque agere, Cic.: causas Latine, Eutr.: rem de scripto, Cic.: causam contra alqm apud consulem, Cic.: bonam causam apud aequos iudices, Liv.: apud quos iudices causa agebatur, vor denen der Pr. geführt wurde, Cic.: cum proxime res agentur, wenn der nächste Gerichtstag ist, Plin. ep. – absol., agere = **ein Rechtsgeschäft betreiben,** bes. **als Redner u. Sachwalter-, als Verteidiger auftreten,** hospes in agendo, Fremdling in (Rechts-)Geschäften, Cic.: princeps in agendo, Wortführer in der Verhandlung, Cic.: ad od. apud alqm (*iudicem*), Cic.: egit ipse pro se (verteidigte sich selbst), nullo accusante, Plin. ep.: si agendi necessitas instat, Plin. ep.: nihil cum Verre de cotidianis criminibus acturus sum, mit V. rechten, Cic. – **β** vom Kläger od. der Partei, die ihr Recht verfolgt u. dgl., **eine Klage anstellen, einen Prozess anhängig machen,** mit u. ohne (*ex*) *iure, lege* (auf Grund des Rechtes, eines Gesetzes) u. dgl., **sein Recht geltend machen, den Weg Rechtens** od. **des Gesetzes einschlagen, klagbar werden, klagen, prozessieren, rechten,** quid agas mecum ex iure civili et praetorio, non habes, Cic.: u. so ag. ex syngrapha, Cic.: tamquam ex syngrapha (als hätte man einen schriftlichen Vertrag) cum populo, Cic.: comminus (persönlich), Apul. – tabellis obsignatis ag. cum alqo, jmdm. das vollzogene Protokoll vorhalten, Cic. – ag. summo iure, das strengste Recht geltend machen, Cic.: ut iure non rescriptis (principum) ageretur, Capit. – lege agito ergo, nimm das Recht in Anspruch, Ter.: agere lege in hereditatem, Cic.: lege agendo, in der Gerichtsverhandlung, Cic.: vetuit de iisdem rebus pluribus legibus agere, wiederholt zu klagen, Suet. – non enim gladiis tecum, sed litibus agetur, man wird nicht mit der Gewalt der Waffen, sondern auf dem Wege der Klage gegen dich vorgehen, Cic.: causā quam vi agere malle, Tac. – u. ohne *lege* u. dgl., grave (*crimen est*), me agente, te accusante, nullum, Cic.: cum alqo agere de alqa re, Cic.: agere ab alqo (von od. auf seiten jmds.), z. B. a petitore (Kläger), a possessore (Beklagten), Plin. ep. 6, 2, 2: alter iniquum putabat plus secum agi, quam quod erat in actione, daß von ihm mehr gefordert werde, als es die Klage gestattete, Cic. – übtr., omnia pro suo iure agere, alles ganz seinem Recht gemäß verhandeln, Ter.: agerent tecum lege Pythagorei, es würden gegen dich klagbar werden die P., Cic.: nihil, tamquam accusator, criminose nec dubia argumentis colligendo ago, ich deute nicht wie ein Ankläger alles schlimm u. suche nicht das Zweifelhafte durch Schlüsse zu erweisen, Liv. – bes. **αα** agere m. *Genet.* des Verbrechens = **klagbar werden, klagen** wegen usw., mit u. ohne cum alqo (gegen jmd.), furti, Cic.: iniuriarum, Cic. u. a.: iniuriarum cum alqo, adulterii cum alqo, Quint. – **ββ** alqm reum agere, s. reus. – **γ** agitur de re od. (gew.) res, v. Gegenstand der Klage = **es handelt sich um** etw., **die Frage dreht sich um** etw., **es wird debattiert über** usw., **es ist** etw. **Gegenstand der Debatte, es ist die Rede von** etw. (s. Korte Sall. Cat. 52, 10), qua de re agitur od. quae res agitur, der Streitpunkt, Cic. (s. Manuzzi Cic. Mur. 13): praesertim cum de maximis vestris vectigalibus agatur, Cic.: non agitur, inquis, de hoc, an amicitia propter se ipsam expetenda sit, Sen.: non capitis ei res agitur, sed pecuniae, Ter.: aguntur iniuriae sociorum, Cic.: agitur, liberine vivamus an mortem obeamus, Cic. – übtr. u. prägn., **es handelt sich** um etw., **es gilt** etw., **es ist** etw. **in Frage** = **es steht auf dem Spiel, ist in Gefahr** (s. Nep. Att. 15, 2; Fabri Liv. 23, 49, 8; Hor. ep. 1, 18, 84; Ruhnken Ter. heaut. 2, 3, 113), non agitur de vectigalibus, neque de sociorum iniuriis; libertas et anima nostra in dubio est, Sall.: id quod agitur, Plaut.: quasi istic mea res minor agatur quam tua, als ob in deiner Angelegenheit (istic) auf meiner Seite weniger auf dem Spiel stände, als auf deiner, Ter.: tua res agitur, paries cum proximus ardet, Hor.: in quo (bello) *agitur* populi Romani gloria: *agitur* salus sociorum atque amicorum, *aguntur* certissima populi Romani vectigalia, Cic.: cum fama eius ageretur, Liv.: agitur pars tertia mundi, Ov. – im *Perf.*, acta res est od. gew. actum est, eig. die Verhandlung ist-, die Akten sind geschlossen = **es ist aus, -vorbei damit,** acta haec res est, perii, Ter.: actumst, ilicet, peristi, Ter.: si prorogatur, actum est, Cic.: actum est (ich bin zugrunde gerichtet), si etc., Ter.: actum erat, nisi etc., es wäre aus gewesen, wenn nicht usw., Flor. – u. so actum est de etc., **es ist mit** jmd. od. etw. **aus** od. **vorbei, es ist um** jmd. od. etw. **geschehen, es ist** jmd. od. etw. **verloren,** de collo meo, Plaut. trin. 595: de Servio, de imperio, Liv.: quod scribis ἐγγήραμα, actum de isto est, damit ist's schon vorbei, darauf habe ich schon verzichtet, Cic. – dah. ego sum is, qui dicam me non laborare; actum habiturum, quod egerint, ich dagegen bin bereit zu erklären, dass ich keineswegs gesonnen bin, mich abzumühen, indem ich gern das als abgemacht betrachten will, was sie abgemacht wissen wollen, Cic. Tusc. 3, 50. – u. so sprichw., rem actam od. bl. actum (acta) agere, eine abgemachte Sache noch einmal vornehmen = **sich vergebliche Mühe geben, tun** od. **besprechen, was sich nicht mehr ändern lässt,** etwa unser **leeres Stroh dreschen,** stultus es, rem actam agis, es hilft dir nichts, Plaut.: rem actam hodierno die agi (eine schon abgemachte Sache werde verhandelt werden), et frustra habiturum orationem, qui etc., Liv.: *Ph.* actum, aiunt, ne agas (lass, was du nicht mehr ändern kannst). *D.* non agam? (ich lassen?) Ter.: u. so tu, malum! inquies, actum ne agas, zum Henker! wirst du sagen, gib acht, es ist zu spät, Cic.: sed acta ne agamus, aber reden wir nicht von dem, was nicht zu ändern ist, Cic.: praeposteris utimur consiliis et acta agimus (und haben vorgetan und nachgedacht) quod vetamur vetere proverbio, Cic. – ► Archaist. axim = *egerim,* Pacuv. tr. 297: axit = *egerit,* Paul. ex Fest. 3, 3. – Futur. Akt. agebo, Virgil. gramm. epit. 10 (Class. auct. *ed. Mai* 5, 141). – parag. Infin. Präs. agier, gerichtliche Formel bei Cic. top. 66; ep. 7, 12, 2; de off. 3, 61 u. 70.

► *Imperat.* **age, agite,** fast wie eine Partikel des Aufrufs, der Ermunterung (dah. auch age in der Anrede an mehrere), wie unser **wohlan! auf!** (oft verstärkt durch andere Partikeln, bes. durch dum u. sis, dah. verb. agedum, agidum (Plaut. trin. 369), agitedum, agesis), **I** bei dringender Aufforderung u. Ermahnung, **wohlan! auf! auf denn! hurtig! a** übh.: age face, Plaut.: age fiat, Ter.: agedum ergo, accede huc modo, Plaut.: agitedum ite mecum, Liv. (u. so oft agedum u. agitedum b. Liv., s. Drak. Liv. 3, 62, 4): agesis tu sine pennis vola, Plaut.: age nunc refer animum, sis, ad veritatem, Cic.: en od. eia age rumpe moras, Verg.: nunc age, Verg.: quin age, auf denn! Verg.: age, quaeso, Hor.: age age, egredere, Turpil. fr.: age age, usque exsecra, Plaut. – age m. 1. *pers. plur. verbi,* age age nunc iam experiamur, Ter.: age agitemus convivium etc., Plaut. – u.m. 2. *pers. plur.* (seit der august. Zeit, bes. bei Dichtern, s. Prop. 1, 1, 21. Burm. Val. Flacc. 3, 311), mittite agedum legatos, Liv. – **b** bei Übergängen in der Rede, um auf das Folgende bes. aufmerksam zu machen (oft mit *nunc, vero, porro),* age nunc iter ... comparate, Cic.: age vero ... considerate, Cic.: age porro tu cur ... imperasti? und nun ferner, Cic. – **c** bei lebhafter Anrede in Fragen, fast wie dic, **sag an! sprich! wohlan!** age ecquid fit? Plaut.: age scis quid loquar? Ter.: age, numquid etc., Petron. – **II** beim Wunsch, in der Unterhaltung abzubrechen u. zu anderem überzugehen: **a** als Zeichen der Missbilligung von Gesagtem, wie unser: **geh! lass das! ach!** age novi tuum animum, geh, ich kenne dich; ach, ich kenne dich besser, Ter.: sicine agis, Parmeno? age, wie kannst du so sprechen? lass das! Ter.: age, inepte! ach, Possen! Ter.: age, hoc malum mihi commune est cum omnibus, ach leider usw., Cic. – **b** als Zeichen der Zustimmung, bes. aber zugleich mit dem Wunsch, auf etwas anderes zu kommen, age u. age age, **wohlan, es sei! gut! meinetwegen, ich bin's zufrieden!** (s. Brix Plaut. mil. 1024. Meißner Ter. Andr. 310), age sit ita factum, quae causa cur Romam properaret? Cic.: age age, ut tibi maxime concinnum est, Plaut.: age age iam ducat, gut, gut, er mag sie heiraten, Ter. – dah. age sane, age ergo, age igitur, age sane igitur, **recht wohl, wohl denn, sehr wohl, ich bin's** od. **wir sind's zufrieden!** (s. Brix Plaut. mil. 1024. Gronov Liv. 1, 57, 8), age sane, inquam, Cic.: age sane, omnes, Liv.: age ergo recipe hoc actutum, Plaut.: age igitur, Plaut. u. Ter.: age sane igitur, Plaut. – **c** als Zeichen scheinbarer od. erzwungener Zustimmung, wo man nicht ja od. nein sagen u. lieber weitergehen will, wie unser: **nun gut! schon gut! nur zu!** age, veniam, Ter.: age, age, exponamus adulescenti, Cic. – dah. **d** fast wie *fac,* bei einem angegebenen Fall, **gesetzt,** age vero laudo aliquem; num offendo? Caecin. b. Cic.: bes. mit *si,* age si paruerit etc., Cic.: u. so Hor. sat. 2, 3, 117 u. a.

► *Part. praes.* **agēns,** entis, **I** *Adj.:* **1** = δραστικός, **sprechend, ausdrucksvoll, lebhaft,** (doch nur im Zshg., wie) imagines agentes acres, insignitae, Cic. de or. 2, 358: aliquid agentes imagines (Ggstz. mutae et vagae), Rhet. Her. 3, 37: acer orator, incensus et agens, Cic. Brut. 317. – **2** als gramm. *t. t.,* verba agentia, *i.e. activa,* Gell. 18, 12. § 1 u. 10. – **II** *Subst.:* **1** = *actor,* der **Sachwalter, Anwalt, Kläger,** Quint. u. a. – **2** = *agrimensor,* der **Feldmesser,** Gromat. vet. – **3** agens in rebus od. agens rerum od. bl. agens (gew. im Plur.), ein kaiserl. **Beauftragter** od. **Kommissar** zu Revisionen in Militär- u. Zivilangelegenheiten, ag. in reb., Amm. 14, 11, 19 u. oft in *Dig.* u. bei a. Spät., ag. rer. b. Aur. Vict. Caes. 39, 44.

► *Partic. Perf. Pass.* subst. **ācta,** ōrum, *n.,* **I** die **Handlungen,** das **Vollbrachte,** die **Taten, Werke** als sprechende Zeugen der Tätigkeit jmds. (dagegen facta, das durch jmd. Geschehene übh.; res od. res gestae, ausgeführte Taten, bes. Kriegstaten, vgl. Cic. de or. 2, 63), belli domique acta, Ov.: acta belli, Suet.: Herculis, Quint.: pueritiae acta recordari, Quint.: ordinem actorum suorum commemorare, Vell.: nunc quăcunque nos commovimus, ad Caesaris non modo acta, verum etiam cogitata revocamur, Cic. – **II** öffentliche **Verhandlungen,** im Senat, in den Komitien usw., also namentl. Gesetze, Anordnungen u. Verfügungen der Magistrate u. später der Kaiser (dah. von Cic. Phil. 1, 18 mit leges zusammengestellt). Diese acta wurden dem Senat zur Prüfung u. Genehmigung od. Verwerfung vorgelegt; dah. acta alcis servare, Cic., confirmare, Vell. u. Suet., rata habere, Liv., tueri, Suet.; u. das Gegenteil, acta alcis dissolvere, rescindere, Cic. u. Liv. – in acta principum iurare, schwören, dass man die Verfügungen des Kaisers aufrecht erhalten wolle, s. Tac. ann. 1, 72; 4, 42; vgl. Ruperti Tac. ann. 1, 7, 3; 16, 22. – bes. die aufgezeichneten Verhandlungen, das **Verzeichnis, Register** dieser acta, die **Urkunden, a** des Senats u. Volks: **α** des Senats, die **amtlichen Tagebücher** od. **Protokolle,** in denen sowohl der Gegenstand der Diskussion mit Anträgen u. Beschlüssen, als die Meinungen der Hauptsprecher und bei wichtigen Verhören die Aussagen der Zeugen niedergelegt wurden, acta senatus, Suet.: acta patrum, Tac. – **β** des Volks, acta diurna od. bl. diurna populi Rom. od. bl. diurna, die Staatszeitung, der Staatsanzeiger (Tac. u. Suet.), acta publica (Tac. u. a.), diurna Urbis acta (Tac.), acta urbana (Cic. u. Plin. ep.), rerum urbanarum acta (Cic.), acta populi (Vopisc.) u. bl. acta (Cic., Sen. u. a.) gen., die röm. **Tagesberichte, Tageschronik,** eine Art **Zeitung,** Vorfälle im Staats- u. Privatleben (z. B. Geburten), die täglich von Staats wegen verzeichnet u. zur Kenntnis des Volks durch Aufstellung an öffentlichen Orten gebracht, dann von Schreibern in Abschriften bis in die entferntesten Gegenden des röm. Reichs verschickt wurden, acta facere, eine Urkunde (über die Geburt eines Kindes usw.) aufsetzen od. aufsetzen lassen, Serv. Verg. Aen. 2, 502: talia diurnis Urbis actis mandare, in die Zeitung setzen, Tac.: u. so beneficia in acta non mitto, lasse ich nicht in die Zeitung setzen, Sen. de ben. 2, 10, 4: sic in fastos actaque publica relatum est, Suet.: habebam acta urbana usque ad Nonas Martias (als er in Cilicien war), Cic. ad Att. 6, 2, 6. – **b** die **Protokolle, Gerichtsakten** = Verhandlungen vor Gericht, d. h. Reden u. Handlungen der Parteien, Zwischenreden des Richters usw., oft bei Ascon. u. in Dig. (z. B. ut ex actis apparet, Ascon.): mit dem zu Protokoll gegebenen Urteil des Magistrats, das aus diesen Akten dann vom Ausrufer vorgelesen wurde, Amm. 22, 3, 4: apud acta promittere, zu Protokoll versprechen, Paul. dig. 2, 4, 17: profiteri apud acta (zu Protokoll geben) se esse ancillam, Cod. Iust. 7, 16, 26: professio donationis apud acta facta, zu Pr. gegebene Schenkung, Fr. Vat. § 266[a]: alius scribit, alius subscribit, alius obsignat, alius actis refert, Tert. adv. Marc. 5, 1: das dabei tätige Kanzleipersonal hieß ab actis (mit den ihnen untergeordneten exceptores u. chartularii), Cod. Theod. u. Inscr. – **c** als milit. *t. t.*, obsequiorum, militarium numerorum, pecuniae acta, **Listen über Kommandos, Stand** u. **Zahlungen,** in die zugleich jedes noch so kleine Ereignis der Legion eingetragen wurde, Veget. mil. 2, 19.

agoea, s. agēa.

agōgae, ārum, *f.* (ἀγωγαί, *sc.* ὕδατος, Wasserleiter), als *t. t.* bei der Goldwäsche, **Gräben,** in denen der aus den Goldwerken kommende Bergstrom (torrens) das mitgeführte Gold absetzen sollte, Plin. 33, 76 *sqq.*

agōgē, ēs, *f.* (ἀγωγή), die **Tonleiter,** Mart. Cap. 9, 958: rhythmica, der Tonfall, Mart. Cap. 9, 970.

agolum, ī, *n.* (ago), der **Hirtenstab,** Paul. ex Fest. 29, 15.

agōn, ōnis, Akk. Sing. ōnem u. ōna, Akk. Plur. ōnas, *m.* (ἀγών), der **Wettkampf** bei den feierlichen Spielen, das **Kampfspiel,** aus Griechenland bes. seit Nero auch nach Rom verpflanzt, rein lat. *certamen,* gew. als gymnicus (γυμνικός), in Leibesübungen und körperlicher Geschicklichkeit, equester (ἱππικός), im Rennen mit Pferden usw., musicus (μουσικός), in Musenkünsten (d. i. in Flöten-, auch Zitherspiel, Gesang u. Dichtkunst), ag. gymnicus, Plin. ep. 4, 22, 1: musicus, Suet. Ner. 22, 3: iselasticus, Plin. ep. 10, 118 (119), 2: agones quinquennales, Plin. ep. 10, 75 (79), 2: agones sacri vel funebres, Suet. fr. p. 171, 3 R.: agon Aetius, Suet. fr. p. 360, 10 R.: Olympius, Suet. fr. p. 171, 3 R. – übtr., nunc demum agon est (νῦν γάρ ἐστιν ἀγών) = jetzt erst gilt es, Suet. Ner. 45, 2.

Agōnālia, ium u. iōrum, *n.*, die **Agonalien,** ein röm. Fest, das nach der Anordnung des Numa Pompilius (s. Val. Antias bei Macr. sat. 1, 4, 7) am 9. Januar, 20. Mai u. 10. Dezember zu Ehren des Janus (Vorsteher der Arbeiten und Geschäfte der Menschen, Agonius) gefeiert wurde, Ov. fast. 1, 319 *sqq.*, Paul. ex Fest. p. 10, 6. – Dav. **Agōnālis,** e, **I zu den Agonalien gehörig,** dies (Plur.) = *Agonalia,* Varr. LL. 6, 12: u. dass. A. lux, Ov. fast. 1, 318: Circus, von Cäsar Alexander an der Stelle erbaut, wo die Opfer an den Agonalien gebracht wurden, s. Donat. de Urbe Roma 3, 14. – **II** übtr., **zum Wettkampf gehörig,** certamen, Mythogr. Lat. 2, 197: stadium, Serv. Verg. Aen. 5, 296: coronae, Serv. Verg. Aen. 6, 772.

Agōnēnsis, e, **I** Ag. porta, das sonst *Collina* od. *Quirinalis* genannte Tor in Rom, s. Paul. ex Fest. 10, 7. – **II** Salii Agonenses, Priester, die auf dem *mons Agonus (i.e. Quirinalis,* nach Paul. ex Fest. 10, 7 u. Fest. 254, 9) ihren Dienst hatten, Varr. LL. 6, 14.

1. Agōnia, s. Agōnius.

2. agōnia, ae, *f.* (ἀγωνία), **äußerste Angst, Todeskampf,** Eccl. Vgl. Rönsch Itala p. 238 u. Collect. phil. p. 119.

3. agōnia, Nbf. von agon, s. d.

agōnicus, a, um (ἀγωνικός), **zum Wettkampf gehörig,** certamen, Acro ad Hor. carm. 3, 12, 8: circenses, Acro ad Hor. sat. 1, 1, 3.

agōnista, ae, *m.* (ἀγωνιστής), der **Wettkämpfer** in den Kampfspielen, Augustin. serm. 343, 10.

agōnisticus, a, um (ἀγωνιστικός), **zum Wettkampf gehörig,** corona, Cypr. ad Fort. praef. § 2. Augustin. conf. 4, 3. § 5: ludi, Augustin. de vera rel. 22, 43 *extr.:* causae, Tert. de cor. mil. 13. – *neutr. plur.* subst., agonistica illa vana et ludicra, Augustin. in psalm. 57, 7.

agōnitheta, s. agōnotheta.

agōnium, ī, *n.*, s. Agōnius.

Agōnius, a, um, doch nur subst., I) **Agōnius,** ī, *m.*, s. Agōnālia – **II agōnia,** ae, *f.*, das **Opfertier,** Paul. ex Fest. 10, 5. Gloss. IV, 13, 40. – u. **agōnia,** ōrum, *n.*, die **Opfertiere,** Ov. fast. 1, 331. – **III agōnium,** ī, *n.*, Paul. ex Fest. 10, 5 u. 8, u. **Agōnia,** ōrum, *n.*, Ov. fast. 5, 721. Varr. LL. 6, 14. Commod. apol. 208; instr. 2, 11, 10 = *Agonalia,* s. d.

agōnizor, ārī, (ἀγωνίζεσθαι) u. **agonizo,** āre, **kämpfen,** Eccl. (s. Rönsch Itala p. 247).

agōnothesia, ae, *f.* (ἀγωνοθεσία), die **Anordnung des Kampfspiels** (bei den Griechen), das **Amt des** *agonothetes,* Cod. Theod. 12, 1, 109 (Ulp. dig. 10, 2, 20, 7 griech.).

agōnotheta, ae, *m.* u. **agōnothetēs,** ae, *m.* (ἀγωνοθέτης), der Anordner des Wettkampfs, der Aufseher, Richter u. Preisverteiler beim Wettkampf der Griechen, der **Kampfvorsteher, Kampfrichter,** Spart. Hadr. 13. § 1. CIL 2, 4136. Arcad. Charis. dig. 50, 4, 18. § 17. Aldh. de laud. virg. 1. u. a. Spät.: bildl., Tert. ad mart. 3. – ► Auch agonitheta geschr. in *cod. Bern. A.* 91.

agōnotheticus, a, um (ἀγωνοθετικός), **zur Anordnung von Kampfspielen bestimmt,** spät. ICt.

Agōnus mons, s. Agōnēnsis.

agorānomus, ī, *m.* (ἀγορανόμος), der **Marktmeister, Marktvorsteher** u. **-richter,** eine polizeiliche Behörde Griechenlands, die die Aufsicht über den Markt, über Kauf u. Verkauf hatte u. dabei entstehende Streitigkeiten schlichtete, der auch die polizeiliche Sittenaufsicht über Wirtshäuser, öffentliche Dirnen usw. oblag, wie den aediles in Rom (dah. auch Iustin. 21, 5, 7 aediles Übersetzung von agoranomi), Plaut. capt. 824; Curc. 285; mil. 727.

Agragantīnus, a, um, s. Agrigentum.

Agragās od. **-āns,** s. Agrigentum.

Agragiānus, s. Agrigentum.

agrālis, e (ager) = *agrarius* (s. d.), Grom. vet. p. 240, 18 u. 400, 23.

agrammatos, on (ἀγράμματος), **ohne jede grammatische (gelehrte) Bildung,** non debet nec potest esse architectus uti fuit Aristarchus, sed non agrammatos, Vitr. 1, 1, 13.

agrāria, ae, *f.*, s. agrārius, a, um.

agrāriēnsēs, ium, *f. (sc.* naves), eine Art leichter Wachtschiffe auf der Donau, Cod. Theod. 7, 17, 1.

agrāriēnsis, e (agrariae, s. agrārius *no.* II, b), **zum Wachtdienst gehörig,** naves, Cod. Theod. 7, 12, 1.

agrāris, e (ager), **zum Acker gehörig,** Plur. subst. = die **Ackerbau Treibenden,** die **Ackerbau treibende Klasse** der Bevölkerung, Ps. Aur. Vict. epit. 41, 9.

agrārius, a, um (ager), **zu den Äckern-, Feldern gehörig, Acker-, Feld-, I** im Allg.: via, Feldweg (als Privatweg, Ggstz. via publica), ICt.: mensor, Feldmesser, Gromat. vet.: operarius, Vulg.: parentes, die auf dem Lande lebenden, Aur. Vict. – **II** insbes.: **a** als publiz. *t. t.*, die Äcker des Staats-, **die Staatsländereien betreffend,** bes. die Besitznahme u. -Verteilung der Staatsländereien betreffend, lex, ein Gesetzvorschlag, der eine Verteilung von Ackerland beabsichtigt, Cic. u. a.: largitio, reiche Ackerverteilung, Cic.: facultas, die Möglichkeit, eine Ackerverteilung durchzusetzen, Cic.: triumvir, der Ackerverteilung vorstehender, Liv.: mergus, ein Güterjäger, Lucil. sat. fr. inc.: seditiones, eine Ackerverteilung bezweckende, Liv.: huic toti agrariae rationi (diesem ganzen Vorhaben wegen der Ackerverteillung) adversari, Cic.: agrariam rem tentare, eine Ackerverteilung durchzusetzen suchen, Cic. – subst., **α** agrāria, ae, *f.* = lex agraria (s. oben), Cic. ad Att. 1, 18, 6. – **β** agrārii, ōrum, *m.* = die Partei, die durch die Ackergesetze den Besitz von Ländereien wünschte u. betrieb, Freunde der Ackergesetze u. Ackerverteilung, Agrarier, Cic. u. Liv. – **b** als milit. *t. t.*, agrariae stationes, od. subst. bl. agrariae, ārum, *f.*, »Feldposten«, Amm. 14, 3, 2 u. Veget. mil. 1, 3 u. a. – ► Synk. Genet. Plur. agrariûm, Liv. 27, 21, 10.

agrāticum, ī, *n.* (ager), eine für einen verliehenen Acker bezogene Abgabe, das **Ackergeld,** Cod. Theod. 7, 20, 11.

agrēdula, ae, *f.*, viell. der **Laubfrosch,** Isid. 12, 6, 59. Placid. gloss. (V) 46, 1. Vgl. acredula.

agrestīnus, a, um (agrestis), **wildwachsend,** lilia, Commod. instr. 2, 5, 7 = 2, 26, 7 *Ludw.*

agrestis, e, *Adi.* m. *Compar.* u. (bei Spät.) m. *Superl.* (ager), auf dem Acker, Feld, Land befindlich, **I** auf dem Acker od. Feld = **wild, wildwachsend,** unser **Acker-, Feld-, 1** eig.: quadrupes (v. der Schildkröte), Pacuv. fr.: mures, Pallad. (vgl. *no.* II, 1): animales (Tiere), Ggstz. cicures, Apul.: palmae, Cic.: hedera, Col.: poma, Verg.: columbae, Feldtauben (Ggstz. col. domesticae, Haustauben), Varr.: taurus, Liv.: cibus, rohe (Ggstz. mitiora, mildere Speisen), Iustin.: loca, Pacuv. fr. – subst., agrestia, ium, *n.*, **Wildbret,** Vopisc. Tac. 11, 5. – **2** poet. übtr. = *ferinus,* **tierisch, wild** dem Äußern nach, vultus, Ov.: figura, Prop. – **II** auf dem Lande = **auf dem Lande lebend, zum Landleben** od. **Landbau gehörig, ländlich, bäurisch, der Bauern** (Ggstz. urbanus), **1** eig.: Musa, Lucr.: mus, Feldmaus (Ggstz. urbanus), Hor.: hospitium, Cic.: amiculum, Nep.: vestitus, Nep.: vasa, Sall. fr.: ferramentum, Liv.: scamnum, Val. Max.: sermo, Liv.: vita agrestis, das bäurische Leben (im Ggstz. zu vita rustica, das Landleben), Cic.: vita agrestis et rusticus cultus, Liv.: agresti loco natus, Vell.: Numidae agrestes, Ackerbau treibende, Sall.: dah. homo agrestis od. subst. bl. agrestis, is, *m.*, der »Landmann, Landwirt, Mann (Gast) vom Lande« usw., Cic., Hor. u. a.: a quodam agresti nationis Termestinae, Tac.: Singular auch kollektiv, urbanos et agrestem confertum in arta tecta aestu ac vigiliis angebat, Liv. 3, 6, 3. Vgl. übh. Drak. Liv. 3, 6, 3. – **2** übtr., wie unser **bäurisch,** im Ggstz. zum Gebildeten, Feinen, von intellektueller u. moralischer Roheit = **ungebildet, ungesittet, unmanierlich, ungeschliffen, ungeschlacht, roh,** im mildern Sinne **derb,** senex durus ac paene agrestis, Cic.: servi agrestes et barbari, Cic.: dominus agr. ac furiosus, barsch u. hitzig, Cic.: genus hominum, Sall.: agreste Latium, Hor.: rustica vox et agrestis, Cic.: sonus vocis agrestis, Cic.: animus agrestis ac durus, Cic.: vita haec rustica, quam tu agrestem vocas, Cic.: fera agrestisque vita (Ggstz. vita mansueta), Vitr.: dah. agrestiores Musae, die mehr bäurischen, gröbern Musen (= die praktischen Beschäftigungen [die Beredsamkeit usw.], im Ggstz. zu den mansuetiores Musae, d. i. der Philosophie), Cic. or. 12. – subst., agrestis, is, *m.*, **der Ungebildete** usw., aliquis agr. (Ggstz. doctissimus homo), Cic.: non modo docti, sed etiam agrestes, Cic. – ► Abl. Sing. auch agreste, Sall. hist. fr. 1, 116 (119); vgl. Charis. 120, 30: Genet. Plur. agrestum, Verg. georg. 1, 10. Ov. met. 14, 635. – *Superl.* ferae et agrestissimae gentes, Cassiod. var. 7, 4.

agrestius, *Adv. Compar.* (agrestis), **etwas bäurisch, plump,** Spart. Hadr. 3, 1.

agrestīvus, a, um (agrestis), **wild wachsend,** lilia, Commod. instr. 2, 26, 7 *Dombart.*

agrīcior, ōris, *Adi. comp.* (ἄγροικος), **bäurischer,** Auct. itin. Alex. 26 zw.

1. **agricola,** ae, *m.* (ager u. colo), der das Feld baut (selbst od. durch Sklaven), der **Landwirt, Landmann, Ackermann,** agricola et pecuarius (Viehzüchter), Cic.: agr. assiduus, diligens, Cic.: agricolam annonae caritas erigit, Sen. – deus agricola, der Schutzgott des Landbaus (v. Silvan), Tibull. 1, 1, 14 u. 1, 5, 27: so caelites agricolae, die Schutzgötter des Landbaus, Tibull. 2, 1, 36. – ► Synk. Genet. Plur. agricolûm, Lucr. 4, 584.

2. **Agricola,** ae, *m.*, Gnaeus Iulius, geb. 40 n. Chr. zu Forum Julii (j. Fréjus in der Provence), Sohn des Julius Gräcinus, Schwiegervater des Geschichtschreibers Tacitus, gest. 93 n. Chr., s. Tac. Agr. 1 *sqq.*

agricolāris, e, **landwirtschaftlich,** opus, Pallad. 14, 3.

agricolātio, ōnis, *f.* (agricolor), der **Ackerbau,** die **Landwirtschaft,** Col. 1. praef. 6 u. ö.

agricolor, ārī (agricola), **Landwirtschaft treiben,** Augustin. de gen. ad litt. 8, 4, 8. u. a. Eccl. ► Capitol. Albin. 11, 7 zw.

agricula = *agricola* (s. d.), Not. Tir. 37, 24.

agrīcultio, -cultor, -cultūra, s. cultio, cultor, cultura.

agrifolius, a, um, s. acrifolius.

Agrigentum, ī, *n.* (bei den Griechen Ἀκράγας, dah. auch lat. **Acragās,** antis, Akk. anta, *m.*, s. Mela 2, 7, 16 (2. § 118). Plin. 3, 89. Verg. Aen. 3, 703. Ov. fast. 4, 475), eine griech. Pflanzstadt an der Südküste von Sizilien, auf einer hohen u. breiten Terasse (dah. arduus Acragas) zwischen den Flüssen Hypsas (j. *Fiume Drajo)* u. Acragas (j. *Fiume di S. Biago),* reich durch Handel u. Getreide, Öl u. Wein usw., berühmt durch Pferdezucht (s. Verg. Aen. 3, 704), 405 v. Chr. durch die Karthager zerstört, seit 210 im bleibenden Besitz der Römer, Cic. Verr. 2, 63. Liv. 24, 35, 6 u. ö. – Dav. **Agrigentīnus,** a, um, **agrigentinisch,** sal, Plin.: taurus (s. Perillus), Amm.: Plur. subst., Agrigentīnī, ōrum, *m.*, die Einw. von A., die »Agrigentiner«, Cic. – u. (v. Acragas) **Acragantīnus** (Agragantīnus), a, um (Ἀκραγαντῖνος; vgl. Lachm. Lucr. 1, 718), **akragantinisch, aus Akragas,** fons, Plin.: Empedocles, Lucr.: portae Agragantinae (*al.* Acragianae), nach Agrigentum führende, Cic. Tusc. 5, 65: subst., Acragantīnī, ōrum, *m.*, die »Agragantiner«, Plin.

agrimēnsor, ōris, *m.*, der **Feldmesser,** Amm. 19, 11, 8. Veget. mil. 3, 8. Boëth. de art. geom. p. 401, 8 Fr. Vgl. Gloss. ›agrimensor, γεωμέτρης‹.

agrimēnsōrius, a, um (agrimensor), **zum Feldmesser gehörig, des Feldmessers,** funiculus, Itala Ezech. 40, 3 (bei Ambros. de fide 5, 19, 229).

agrimōnia, ae, *f.*, **Odermennig,** eine Pflanze (*Agrimonia Eupatoria,* L.), Cels. 5, 27, 10.

agriophyllon, ī, *n.* (ἀγριόφυλλον), eine Pflanze, sonst *peucedanum* gen., der **Saufenchel,** Ps. Apul. herb. 95.

agrios od. **agrius,** a, on od. um (ἄγριος) = *agrestis,* **wildwachsend, wild, Feld-,** rhaphanos, Meerrettich, Plin.: nitrum, Plin. – ► Akk. agrion, Plin. 26, 94, Feminin. agrian, Plin. 25, 162.

agripeta, ae, *m.* (ager u. peto), **a** der **Ackerschleicher, Güterjäger** = ein Ansiedler (Kolonist), der infolge eines Ackergesetzes ein Stück Land zu bekommen sucht, Cic. ad Att. 15, 29, 3 u. 16, 1, 2. – **b** (für das griech. κληροῦχος) der **einwandernde Kolonist,** Plur., Cic. de nat. deor. 1, 72.

Agrippa, ae, *m.* (nach Plin. 6, 45 u. Gell. 16, 6, 1 von aegre u. pes = der statt mit dem Kopf zuerst mit den Füßen, also durch schwere Geburt zur Welt Gekommene; nach anderen von ἄγρα u. ἵππος), **I** ein röm. Name, unter dem am bekanntesten sind: **A** Agrippa Menenius, berühmt durch seine Fabel vom Magen u. den Gliedern, Liv. 2, 32. Quint. 5, 11, 19. – **B** M. Vipsanius Agrippa, geb. 63 v. Chr., gest. 12 v. Chr., Vertrauter des Augustus von Jugend auf (Nep. Att. 12, 1), Gemahl der Tochter des Attikus, der Pomponia, dann der Schwestertochter des Augustus, der Marcella, dann der Tochter des Augustus, der Julia (Suet. Aug. 63), großer Feldherr u. Staatsmann, die Seele aller Unternehmungen des Augustus, der aus seinem großen Vermögen Rom durch großartige u. kunstvolle Bauten (Wasserbauten, *Saepta Iulia, Porticus Neptuni, Thermae, Pantheon*) verschönerte, an den Horaz die bekannte Ode (1, 6) richtete, s. Vell. 2, 79 *sqq.* Plin. 36, 15 (24), 121. Vgl. Thiel Verg. Aen. 8, 682. – Nach ihm sind benannt die Agrippiana saepta, in der neunten Region Roms, Lampr. Alex. Sev. 26, 7. – **C** Agrippa Postumus, ein nachgeborener Sohn des vorigen, durch Livias Ränke von seinem Großvater Augustus (i. J. 7 n. Chr.), der ihn früher adoptiert hatte, auf die Insel Planasia verbannt, Vell. 2, 104, 1 u. 112, 7. Suet. Aug. 64 *sqq.* Tac. ann. 1, 3, 6; sogleich nach dem Regierungsantritt des Tiberius ermordet, Tac. ann.

1, 6, 1. Suet. Tib. 22. – **II** Name zweier Könige von Judäa, Herodes Agrippa I., Sohn Herodes des Gr., noch jung von Tiberius als Gefangener nach Rom gebracht, von Kaligula freigelassen u. zum Fürsten von Lysania, Judäa u. Samaria eingesetzt, oft bei Tac. (s. Ruperti Tac. ann. 12, 23, 2); Vater des Herodes Agrippa II., Bruder der schönen Berenice (Tac. hist. 2, 2).

Agrippiāna saepta, s. Agrippa *no.* I, B.

Agrippīna, ae, *f.*, weiblicher Name in der Familie *Agrippa,* unter dem bekannt sind: **I** Tochter des M. Vipsanius Agrippa: **a** von der Pomponia (s. Agrippa *no.* I, B), Gemahlin des Tiberius, Suet. Tib. 7, 2. – **b** von der Julia, die sittsame u. treue Gemahlin des Germanikus, Mutter des Kaligula, nach ihres Gatten Tode auf die Insel Pantadaria verbannt (30 n. Chr.), wo sie den Hungertod starb (33 n. Chr.), Tac. ann. 1, 33. Suet. Cal. 7. – **II** Enkelin des M. Vips. Agrippa, Tochter des Germanikus u. der Agrippina (*no.* I, b), Gemahlin des Cn. Domitius Ahenobarbus, dann des Krispus Passienus, zuletzt ihres Oheims, des Kaisers Klaudius, aus der ersten Ehe Mutter des L. Domitius, des nachmaligen Kaisers Nero, von ihrer edlen Mutter gew. als »jüngere« Agrippina unterschieden, eine der schrecklichsten Frauengestalten der Geschichte, auf Geheiß des eigenen Sohnes, der ihre Rachepläne fürchtete, ermordet (60 n. Chr.), Suet. Claud. 26 *sqq.;* Ner. 6 *sqq.* Tac. ann. 4, 75; 12, 64 *sqq.;* 13, 1 *sqq.;* 14, 1 *sqq.* – Auf ihre Anregung wurde die Hauptstadt der Ubier (oppidum Ubiorum), ihr Geburtsort, im J. 50 n. Chr. kolonisiert (s. Tac. ann. 13, 27), u. dah. **Colōnia Agrippīnēnsis** (Tac. hist. 1, 57; 4, 56 u. 63. Suet. Vit. 10, 3) od. **Colōnia Claudia Augusta Agrippīnēnsium** (Inscr.) od. geradezu bl. **Agrippīna** (Aur. Vict. Caes. 33, 12. Amm. 15, 8, 19) gen., Hauptstadt Niedergermaniens, j. »Köln« am Rhein; deren Einw. **Agrippīnēnsēs,** ium, *m.*, die **Agrippinenser,** Tac. hist. 1, 57 u. ö.

agrius, a, um, s. agrios.

agrosius, a, um (ager), **reich an Äckern,** homo, Varr. LL. 5, 13.

agrōstis, Akk. tin, *f.* (ἄγρωστις), **Feldgras,** Gras, das als Unkraut auf den Feldern wächst, **Quecken,** Ps. Apul. herb. 77.

Agrypnia, ae, *f.* (ἀγρυπνία), die **Schlaflosigkeit,** personif. als Dienerin der Philologia, Mart. Cap. 2. § 112 u. 145.

Agustus, vulg. für Augustus, s. d.

Agyiēus, eī od. eōs, *m.* (Ἀγυιεύς), Beiwort des Apollo, als Schirmherrn der Straßen (ἀγυιαί) und öffentlichen Plätze, und als Beschützer der Menschen beim Ausgang aus dem Haus u. beim Eintritt in dasselbe, dem zu Ehren vor den Haustüren der Griechen Spitzsäulen errichtet waren, an denen man Rauchopfer darbrachte, Hor. carm. 4, 6, 28 (wo Vok. Agyieu [*codd. Cruq.* u. *ed. Stallb.* Agylleu]); vgl. Macr. sat. 1, 9. § 6.

Agylla, ae, *f.* (Ἄγυλλα), der alte od. griech. Name der etrurischen Stadt »Cäre«, j. *Cervetro,* Plin. 3, 51. – Dav.: **a** **Agyllīnus,** a, um, **agyllinisch,** Agyllina urbs, poet. = *Agylla,* Verg. Aen. 7, 652; 8, 479: u. subst., Agyllīnī, ōrum, *m.*, die Einw. von A., die **Agylliner,** Verg. Aen. 12, 281. – **b** **Agyllēus,** eos, Akk. ea, *m.* (Ἀγυλλεύς), der **Agylleer,** Beiname des Apollo, der zu Agylla einen Tempel hatte, Hor. carm. 4, 6, 28 *codd. Cruq.* u. *ed. Stallb.* (vgl. Agyieus a. E.). – u. Name eines Ringers, Stat. Theb. 6, 837 u. 910 (wo Akk. -ea); 10, 249 (wo Akk. -ea) u. 259.

Agyllē, ēs, *f.*, die Nymphe des trasimenischen Sees, Sil. 5, 17.

Agyllēus, s. Agylla.

Agyrium, ī, *n.* (Ἀγύριον), Stadt in Sizilien am Cyamosurus- (j. Trachino-) Fluss, noch zu Ciceros Zeit nicht unbedeutend, Geburtsort des Geschichtschreibers Diodorus, j. *S. Filippo d'Argiro,* Cic. Verr. 3, 67 *sq.* – Dav.: **1** **Agyrinēnsis,** e, **agyrinensisch,** ager, populus, civitas, Cic.: Plur. subst., Agyrinēnsēs, ium, *m.*, die Einw. von A., die **Agyrinenser,** Cic. Verr. 3, 68 *sqq.* – **2** **Agyrīnus,** a, um, **aus Agyrium, agyrinisch,** manus, Sil. 14, 207; u. subst., Agyrīnī, ōrum, *m.*, die **Agyriner,** Plin. 3, 91.

āh, *Interj.*, s.2. ā .

Ahala, ae, *m.*, ein Beiname der Servilier. Bes. bekannt ist C. Servilius Ahala, der als *magister equitum* den Volksfreund Mälius i. J. 439 v. Chr. tötete, Liv. 4, 13 *sqq.* Cic. de sen. 56; Cat. 1, 3: Plur., Cic. Sest. 143.

Aharna, ae, *f.*, Stadt in Etrurien, j. *Bargiano,* Liv. 10, 25, 4.

ahēn..., s. aēn...

ai (αἴ), ein Klaglaut, **wehe,** ai! ai! wehe! wehe! Ov. met. 10, 215.

Āiāx, ācis, Akk. em u. ēn, *m.* (so viel als Αἴας, aber aus Αἴακος gebildet), Name zweier berühmter griech. Helden vor Troja, **I** Sohn des Oïleus, Königs in Lokris (dah. Oïleus, od. Oïleï u. Oïleos (*sc.* filius) od. Locrus, od. Narycius [nach seiner Vaterstadt *Naryx* in Lokris] gen.), Cic. de or. 2, 265 (Plur.): acerrimus Aiax, Verg. Aen. 2, 414. Hyg. fab. 116. Vgl. Oileus. – **II** Sohn des Telamon, Königs von Salamis (dah. Telamonius gen.), nach Achilles der erste u. gewaltigste Held im Griecherheer, Cic. Tusc. 1, 71. Ov. met. 13, 1 *sqq.* – Sein Schicksal oft Gegenstand der Tragödie, dah. Aiax Titel einer Tragödie des Ennius, Cic. de off. 1, 113. – u. einer unvollendet gebliebenen Tragödie des Kaisers Augustus, Suet. Aug. 85, 2. – auch Gegenstand der Malerei, dah. Aiax ein Gemälde des Timomachus bei den Kyzicenern, Cic. Verr. 4, 135.

aïdilis, s. aedīlis.

āiēns, entis, *PAdi.* (von aio) = *affirmativus,* **bejahend** (Ggstz. negans), negantia contraria aientibus, Cic. top. 49: quae sint aientia, quae negantia, Mart. Cap. 4. § 342.

āientia, ae, *f.* (aio), die **Bejahung** (Ggstz. negatio), Mart Cap. 4. § 384. Augustin. rhet. 11.

aīgleucos, *n.* (ἀεὶ γλεῦκος), **ewiger Most,** eine Art Champagnerwein der Alten, Plin. 14, 83.

ain, st. aisne, s. āio.

āio, *Verb. defect.* (vgl. griech. ἦ, er sprach, ἠμί, ich spreche, altind. *āha,* er sprach), **I ja sagen, bejahen, behaupten** (Ggstz. negare), vel ai vel nega, Naev. com. fr.: vel tu mihi aias vel neges, Plaut.: negat quis, nego: ait, aio, Ter. – **II** ja sagend, behauptend **sprechen, sagen, versichern, behaupten,** bes. als Anführungsformel der Behauptung eines anderen in indirekter (wie inquit in direkter) Rede, doch auch in direkter Rede (namentl. in der Formel ut [wie] ait od. aiunt), gew. der Rede eingeflochten, doch auch (bes. mit einer Partikel wie sic) vorangestellt, Komik., Cic. u. a.: sunt, qui aiant mit folg. *Acc.* u. *Infin.*, Apul. flor. 15. p. 18, 6 Kr.: m. *Dat. pers.* (zu), hic erit locus, Magoni fratri ait, quem teneas, Liv. 21, 54, 2: bei Anführung einer sprichw. Redensart (ut aiunt, wie das Sprichwort sagt; aiunt, sagt das Sprichwort, s. Spengel Ter. Andr. 805), docebo sus, ut aiunt, oratorem, Cic.: iste claudus, aiunt, pilam, Cic.: einer Stelle aus einem Schriftsteller, ut ait poëta, Col.: ut ait orator, Lact. (s. Bünem. Lact. 1, 9, 3): eines Gesetzes, (ut) ait lex, (wie) das Gesetz sagt, will, Ulp. dig. – u. in den Redensarten der Umgangsspr.: **a** quid ais! **α** verwundert, **was sagst du? ist's möglich? so? das wäre!** Komik. – **β** um einen zum Reden zu bringen, **was sagst du?** od. **was meinst du?** od. **hör einmal!** Komik. Vgl. Brix Plaut. trin. 193. Ussing Plaut. Amph. 414. – **b** ain st. aisne, **meinst du? ist's dein Ernst? behauptest du das wirklich? ist's möglich?** Plaut.: dafür auch ain tu? Komik. u. Cic. (s. Sorof Cic. de or. 1, 165); u. bei einer stärkeren Verwunderung, ain vero? Komik., od. ain tandem? Komik., Cic. u. a. (s. Spengel Ter. Andr. 875). – ► In formeller Hinsicht ist zu bemerken, dass das Wort aio in der älteren Latinität nur im Präsens, u. zwar nur in den Indikativformen aio, ais, mit ne in ain verkürzt, ait, aiunt, in den Konjunktivformen aias, aiat, aiant, selten im Imperat. ai, wie Naev. com. 125 (nicht mehr Plaut. truc. 941), und Partiz. aiens, wie Apul. met. 6, 13 *extr.* (u. als Adj., s. oben aiens bes.), vorkommt, dagegen das Imperf. aiebam etc. vollständig hat. Die ursprüngliche Länge der ersten Silbe beweist Ciceros alte Schreibweise aiio, s. Quint. 1, 4, 11, u. die Doppelkraft des i übh., wie in aio u. in aiunt etc., z. B. bei Enn. ann. 186, jedoch trat in ais, ait die Kürzung der ersten Silbe ein. Das Imperf. aiebam etc. wird bei den älteren Dichtern oft in aībam etc. zusammengez., wie bei Acc. tr. 389. Plaut. trin. 428. Ter. Andr. 534 u. Phorm. 480 (vgl. Brix Plaut. trin. 944). Den Infin. aiere hat Augustin. trinit. 9, 10. Die Form aitis führt Alcuin. 2118 P., die Perfektform ai, aisti, ait führt Prob.

cath. 35, 31 ohne Belege an, jedoch findet sich aisti b. Augustin, ep. 73, 9; 153, 22 u. 238, 6: aierunt bei Tert. de fuga in persecut. 6. Der Konj. Imperf. aieret steht Greg. Tur. de mirac. S. Martini 3, 32.

aiquus, a, um, archaist. = aequus, s. d.

aīthales, is, *n.* (ἀειθαλές, immer grün) = **Hauswurz,** rein lat. herba semperviva, Ps. Apul. herb. 123.

aiuga, ae, *f.*, in der Vulgärspr. = *chamaepitys,* Scrib. 167.

Āius Loquēns od. **Āius Locūtius**, *m.* (aio u. loquor), der **ansagende Sprecher,** d. h. die Stimme, die die Römer vor der Ankunft der Gallier warnte; anfangs nicht beachtet, dann aber, da die Warnung sich bewährt hatte, als Gottheit in einem ihr errichteten Tempel verehrt, Cic. de div. 1, 101; 2, 69. Liv. 5, 50, 5. Varr. b. Gell. 16, 17, 2, vgl. Hildebr. Arnob. 1, 28.

aix (αἴξ), Akk. aega (αἶγα), *f.*, die **Ziege,** Solin. 11, 2.

aīzōon, ī, *n.* (ἀείζωον, immer lebend, grünend), eine immer grünende Pflanze (rein lat. *sempervivum*), maius, **Hauswurz, Hauslauch** (*Sempervivum tectorum,* L.), u. minusculum od. minus, **Tripmadam** (*Sedum album,* L.), Plin. 25, 160 *sq.* Ps. Apul. herb. 123.

āla, ae, *f.* (v. ago, also = agla, u. davon *Demin.* axilla, deutsch ›Achsel‹, wie mala v. mando u. davon *Demin.* maxilla, palus v. pango, also = paglus u. dav. *Demin.* paxillus), der **Flügel** des Vogels usw. als das In-Bewegung-Setzende (während pennae = der Flügel des Vogels als Gefieder), **I** eig.: alae pennae, Plaut.: galli plausu premunt alas, Cic.: levare se alis, v. Raben, Liv.: alis plaudens columba, Verg.: movere alas, Ov.: alas explicare, Mart., expandere, Plin.: alas quatere, Verg.: alis everberabat os oculosque Galli corvus, Quint.: alam frangere, Plin.: alarum articulos insecare, Plin. – der Bienen, pandere alas ad solem aestivum, Verg.: alas eripere regibus apum, Verg. – des Ikarus, alas accommodare od. assumere umeris, Ov. – an Göttern, hic paribus nitens Cyllenius alis constitit, Verg.: alius illi (Iovi) alas imposuit, alius cornua, Sen.: der Harpyien, der Fama, des Amor, der Iris, Verg. – poet. des (als Vogel gedachten) Schiffes, das Ruder, classis centenis remiget alis, Prop. (vgl. alarum remi od. remigium, v. den Flügeln, Verg. u. a.); od. das Segel, velorum pandimus alas, Verg. – u. poet. als Bild der raschen od. der sanften, unmerklichen Bewegung, v. Winden, madidis notus evolat alis, Ov.: u. v. Blitz, emicat et ventis et fulminis ocior alis, Verg. – v. der Zeit, Sen.: des Todes, Hor.: des Schlafes, Tibull. – u. als Bild der Schnelligkeit übh., sibi fecerat alas concitus equus, Sil. – vgl. das Wortspiel: *Me.* Vox mihi ad aures advolavit. *So.* Ne ego homo infelix fui, qui non alas intervelli, Plaut. Amph. 325 *sq.*

II übtr.: **A** der dem Flügel entsprechende Teil am tierischen Körper u. am Baum: **1** beim Menschen, die **Achsel,** der obere u. untere Teil des Arms, wo er an die Schultern grenzt, alae grandes, Iuven.: umbonibus incussāque alā sternere hostes, Liv.: sub ala fasciculum portare librorum, Hor.: tu viperam sub ala nutricas, Petron. 77, 1 (sprichw., s. vīpera). – bes. die mit Haaren bewachsene, einen unangenehmen, schweißigen Bocksgeruch ausströmende **Achselgrube, -höhle,** graveolentia alarum, Plin.: alarum neglegens sudor, Petr.: gravis hirsutis cubet hircus in alis, Hor. – Die Achselhaare pflegten die Alten sich auszureißen, alas vellere, Sen. u. Iuven.: dah. das Wortspiel: *Sy.* Sine pinnis volare hau facilest; meae alae pinnas non habent. *Mi.* Nolito edepol devellisse; iam his duobus mensibus volucres alae tibi erunt hirquinae, Plaut. Poen. 872 *sqq.* – meton., alae, die **Arme,** Itala Luc. 2, 28 u. Esth. 4, 11. – **2** bei den Tieren, die »Höhlung«, wo die vorderen Schenkel an den Bug anschließen, die **Achsel,** Plin. 9, 159 u. s. – **3** der durch Anfügung eines Astes, Zweiges od. Blattes gebildete Winkel, auch wir (als botan. *t. t.*) die **Achsel,** Plin. 16, 29 u. ö.

B als *t. t.* der Baukunst, Plur. alae = die rechts u. links im Atrium u. im einzelligen Tempel hinlaufenden Seitenräume, die die Tiefe der Zimmer haben, aber nach dem Atrium zu offen sind, **Seitenhallen, Säulengänge,** Vitr. 6, 3, 4; 4, 7, 2.

C als milit. *t. t.* der **Flügel** des Heeres, die **Flügeltruppen,** zunächst die Scharen der röm. Reiterei, die, regelmäßig 300 Mann bei einer Legion, die Linie des Fußvolks auf beiden Seiten deckten, s. Cinc. b. Gell. 16, 4, 6. Serv. Verg. Aen. 4, 121. – später eine Abteilung der Bundesgenossen, bes. ihre Reiterei, die eig. die Flanken der röm. Legionen decken sollten, aber auch oft in die erste Linie gestellt wurden, die **Schwadron, Schar, Abteilung,** gew. 500 Mann; als die Bundesgenossen das röm. Bürgerrecht erhalten hatten, die im röm. Heere dienenden »Hilfstruppen (Reiterei u. Fußvolk)« übh. (gew. alarii equites, alariae cohortes od. bl. alarii gen., s. ālārius), cum te Pompeius alae alteri praefecisset, Cic.: Campanorum alam, quingentos ferme equites, excedere acie iubet, Liv.: peditatu, equitibus atque alis cum hostium legionibus pugnavit, Liv. Vgl. Ruhnk. Suet. Aug. 38. Heine Cic. de off. 2, 45. – endlich zur Kaiserzeit diejenigen Reiterabteilungen des röm. Heeres, die nicht ausdrücklich zu einer Legion gehörten, gew. Fremde, 500, auch 1000 Mann (dah. ala miliaria) stark, Inscr. – zuw. auch für eine »Schar« Reiterei von 500 od. 1000 Mann bei anderen Völkern, z. B. der »Leibschar« der mazed. Könige b. Nep. Eum. 1, 7. Liv. 37, 40, 5: u. bei Dichtern für »Reiterschar« übh., wie Verg. Aen. 11, 730, u. für »berittene Jäger« insbes., Verg. Aen. 4, 121 (Vgl. Sil. 2, 419).

Alabanda, ae, *f.*, u. ōrum, *n.* (ἡ u. τὰ Ἀλάβανδα), Stadt in Karien unweit des Mäander, durch Handel u. Kunstfleiß blühend, aber wegen schlechter Sitten verrufen, erbaut von **Alabandus**, einem dort göttlich verehrten Heros, Sohn des Euippus und der Kallirhoë, Cic. de nat. deor. 3, 39 u. 50 (der Heros). Liv. 33, 18, 7 u. 38, 13, 2. Iuven. 3, 70 (die Stadt): in der Römerzeit Gerichtsstadt, Plin. 5, 109. – Dav.: **1 Alabandēnsis**, e, **aus Alabanda,** Philocles Alab., Cic. – Plur. subst., Alabandēnsēs, ium, *m.*, die Einw. von Alabanda, die **Alabandenser,** Cic. u. Liv. (s. auch Liv. 45, 25, 13). – **2 Alabandicus**, a, um, **aus Alabanda,** cannabis, rosa, marmor, Plin. – **3 Alabandēus**, a, um (Ἀλαβάνδειος), **aus Alabanba** gebürtig, Cic. u. Vitr.: plur. griech. Nomin. **Alabandīs** (Alabandeis, Ἀλαβανδεῖς), die Einw. von Al., die **Alabander,** Cic. de nat. deor. 3, 39 (Cic. ep. 13, 56, 1 griech.): Akk. Alabandeas, Vitr. 7, 5, 6 R. Vgl. Lachm. Lucr. p. 281.

Alabarchēs, s. Arabarchēs.

Alabarchia, s. Arabarchia unter Arabarchēs.

alabaster, strī, *m.*, u. **alabastrum**, strī, *n.* (ἀλάβαστρος u. -ον), **I** ein birnenförmiges, glattes **Salbenfläschchen** aus Alabaster oder wirklichem orientalischem Onyx-Edelstein, Cic. fr., Plin. u. a. – übtr., von der Gestalt, die »noch geschlossene Rosenknospe«, Plin. 21, 14. – **II** alabastrum = *stibi* (s. d.), Plin. 33, 101. – ► Über die Form alabastrus, s. Denk in Wölfflins Archiv. 14, 279.

alabastrītēs, ae, Akk ēn, *m.* (ἀλαβαστρίτης), der **Alabasterstein,** eine Marmorart, woraus Salbenfläschchen u. Trinkgefäße, später auch Amphoren, Säulen u. andere Ornamente verfertigt wurden (also ein Kalk-, nicht, wie unser Alabaster, Gipsstein), Plin. 36, 60 u. ö. – Nbf. **alabastrītis**, Plin. 37, 143.

alabastrum, ī, *n.*, s. alabaster.

alabastrus, ī, *m.*, s. alabaster ►.

alabētēs, ae, *m.* (ἀλάβης), ein Fisch im Nil, der **Aalwels** (*Silurus anguillaris,* L.), Plin. 5, 51.

alabrum, ī, *n.*, die **Haspel, Garnwinde,** Isid. 19, 29, 2 (wo alibrum).

alacer, cris, cre, u. (selten) **alacris**, e (verw. m. dem got. *aljan,* ›Eifer‹ u. dem griech. ἐλαύνω), *Adi.* m. *Compar.*, **aufgeregt, I** im Allg., durch irgendeine Leidenschaft **aufgeregt, erregt,** quid tu es tristis? quidne es alacris? Ter. Eun. 304: multos alacres exspectare (in lebhafter, gespannter Erwartung sein), quid statuatur, Cic. – **II** freudig **erregt, lustig, munter,** dah. auch **aufgelegt, in gehobener Stimmung, mit freudigem Eifer, voll Lust** zum Handeln (Ggstz. tristis, maestus, humilis, perterritus; u. oft verb. alacer et promptus), **a** v. Menschen u. dessen Gemüt, Catilina alacer atque laetus, Cic.: alacris (Chrysis) mihi obviam veniet, Trabea com. fr.: alacres laetosque (lustig u. guter Dinge) volitare, Cic.: alacres perterritum superare, Cic.: postquam omnium animos alacres videt, Sall.: alacri et prompto ore ac vultu huc atque illuc intueri, mit Selbstgefälligkeit und Unbefangenheit in Blick u. Mienen, Cic. – m. Ang. **wo?** durch *Abl.* (in), quod alacres animo sumus, Cic. ep. 5, 12, 9. – m. Ang. **wodurch?** durch *Abl.*, laetus et alacer velut optimis rebus, lustig u. guter Dinge, Sen.: alacer gaudio, Curt.: donationis alacer certo gaudio, Phaedr. – m. Ang. **wozu?** durch *ad* m. Akk., alacriores ad maleficia, Rhet. Her.: ad bella suscipienda Gallorum alacer et promptus est animus, Caes.: durch 2. *Supin.*, alacres saltu, Sall. hist. fr. 2, 11 (17). – v. personif. Lebl., voluptas, lebhaft sich äußernde Freude, muntere Lust, Verg.: enses alacres, munter zum Einhauen, Claud. – **b** v. Tieren, **munter,** equus, Cic.: ferae bestiae, Rhet. Her.: m. Ang. **woran?** durch *Abl.*, equus alacris pedibus, Pallad. 4, 14, 3. – **c** v. menschl. Vorhaben, impetu alacri, mit hitzigem Angriff, hitzig, Plaut.: al. clamor, Liv.: alacrior clamor, Tac.: ad alacriores clysteres confugere, Cael. Aur. – ► alacris als *masc.*, Enn. tr. 152 (334). Ter. eun. 304. Verg. Aen. 5, 380; 6, 685. *Tac. hist. 5, 16 N. Pallad. 4, 14, 3 (vgl. Charis. 82. 31. Ps. Ascon. Cic. II. Verr.. 1. § 17. p. 132, 20 Or.): alacer als *fem.*, Apul. met. 10, 31 (vgl. Serv. Verg. Aen. 6, 685): ohne Superl., nach Plin. bei Charis. 114, 3.

alacrimōnia, ae, *f.* = *laetitia,* Gloss. V, 264, 14.

alacritās, ātis, *f.* (alacer), die freudige **Aufgeregtheit,** die **Munterkeit, Lustigkeit,** die **Lust,** bes. die zum Handeln, die **Aufgelegtheit, gehobene** od. **mutige Stimmung,** der **freudige Eifer,** im üblen Sinne = **ausgelassene Fröhlichkeit, Ausgelassenheit** (Ggstz. tristitia), **a** v. Menschen, inanis, Cic.: egregia animi, Cic.: animae suae, Vulg.: alacritate efferri, Cic.: illam animorum alacritatem continere, Curt.: ingens assensus alacritasque cuncta approbantium fuit, Liv.: quae alacritas civitatis (bei der B.) fuit! Cic. – m. Ang. **wozu?** durch *Genet. Gerund.* od. durch *ad* m. Akk., rei publicae defendendae, Cic.: alacritas studiumque pugnandi, eifrige Kampflust, Caes.: mirā sum alacritate ad litigandum, Streitlust, Cic. – m. Ang. **worüber?** durch *Genet. obiect.*, al. perfecti operis, Jubel über usw., Liv. 2, 10. § 10. – im Plur., vigores quidam mentium et alacritates, Gell. 19, 12, 4. – **b** v. Tieren, canum tanta alacritas in venando, Cic.: alacritate et quasi laetitiā ad canendum excitari (v. Hahn), Cic.

alacriter, *Adv.* (alacer), **munter, mit Lust,** *Comic. pall. fr. inc. 33. p. 117 R. Amm. 14, 2, 17: *Compar.* alacrius, Iustin. 1, 6, 10.

Alamannī (Alamānī, Alemannī, griech. Ἀλαμαννοί), ōrum, *m.*, die **Alamannen,** Gesamtname eines von den Sueben ausgegangenen germanischen Völkervereins zwischen Donau, Oberrhein u. Main, Aur. Vict. Caes. 21, 2; 33, 3 u. epit. 47, 2. Claud. II. cons. Stil. 17. Arnob. 1, 16. Vopisc. Flor. 15, 2 u. Prob. 12, 3. Eutr. 9, 23. Amm. 15, 4, 9 u. a. – Sing. Alamannus kollekt., Sidon. carm. 5, 376 u. 7, 374. – Dav.: **a Alamannia** (Alamānia), ae, *f.*, das Land der Alamannen, **Alamannien,** Amm. 20, 4, 1; 30, 3, 1: meton. = die Alamannen, Treb. Poll. XXX tyr. 8, 11. Claud. I. cons. Stil. 234 u. IV. cons. Hon. 449. – **b Alamannicus,** a, um, **alamannisch,** pagi, Amm. 15, 4, 1: tentoria, Amm. 27, 2, 9: gens, Amm. 29, 4, 7: excursus, Amm. 30, 7, 5: u. Beiname des Karakalla als Besieger der Alam., Spart. Carac. 10, 6. – *fem.* Alemannica angef. bei Prisc. de acc. § 17. – **c Alamannus,** a, um, **alamannisch,** multitudo, Amm. 14, 10, 6: adulescens, Amm. 17, 10, 5. – ► Die Schreibung Alamanni usw. ist die der besten Handschrn. u. Inschr. (z. B. CIL 11, 1731).

Alānī, ōrum, *m.* (Ἀλανοί), ein urspr. kaukasisches, bei Griechen u. Römern Szythen genanntes, nomadisierendes Bergvolk (von *Ala* sarmat. der »Berg«, die »Alb«, s. Amm. 31, 2, 13), den Römern als geschickte, ihren Feinden furchtbare Reiter bekannt, Suet. Dom. 2, 2. Lucan. 8, 223: der Sing. Alanus kollektiv. Mart. 7, 30, 6. Lucan. 10, 454. Val. Flacc. 6, 42. Claud. in Rufin. 1, 312. Sidon. carm. 5, 481. – Dav. **Alānus,** a, um, **alanisch,** gens, Claud. b. Get. 581.

alapa, ae, *f.*, der **Backenstreich,** die **Ohrfeige,** Iuven. u. Mart.: alapam alci ducere (ziehen) gravem, Phaedr.: alci alapam dare, Vulg.: alapas accipere, Augustin.: alqm alapis caedere, Vulg. – beim Freilassen einem Sklaven vom Herrn gegeben, dah. est sub alapa, man merkt ihm den Freigelassenen noch an, Petr. 38, 9: multo maioris alapae mecum veneunt, bei mir wird die Freiheit viel teurer verkauft, Phaedr. 2, 5, 25. vgl. Gloss. ›alapa, ῥάπισμα, colaphus‹.

alapātor, ōris, *m.* (alapo) = καυχητής, der **Prahler,** Gloss. III, 372, 56; III, 439, 12 u. III, 475, 10.

alapo, āre (alapa), **ohrfeigen** = ῥαπίζω, Gloss. II, 427, 31.

alapor, ārī (alapa), **Ohrfeigen anbieten, ohrfeigen,** Plaut. truc. 928 *Schoell.* Commod. apol. 453; vgl. Gloss. II, 14, 23 ›alapatur, ἀλαπάζει‹.

alārēs, ium, *m.*, s. ālārius.

ālārius, a, um, u. **ālāris,** e (ala), **zu den Flügeltruppen** (des röm. Heeres) **gehörig, Flügel-,** alariae cohortes, Caes.: alarii equites, Liv. u. Tac.: alares cohortes, Liv. u. Capit. – Plur. subst., **ālāriī,** ōrum, *m.*, **Flügelsoldaten, Flügeltruppen,** Caes. u. Cic. – dass. ālārēs, ium, *m.*, Tac. u. (Ggstz. cohortales) Cod. Theod. (vgl. ala *no.* II, C).

alaternus (alternus), ī, *f.*, eine Pflanze, **immergrüner Wegdorn** (*Rhamnus Alaternus,* L.), weil der männl. Baum keine Samenfrucht trägt, unter die arbores infelices gerechnet, Tarquit. Prisc. b. Macr. sat. 2, 16 (3, 20), 3 (wo alternus). Col. 7, 6, 1 (wo Variante alternus). Plin. 16, 108.

ālātor, ōris, *m.* (ala), im Plur. alatores, in der Jägerspr. = die **Treiber,** die rechts u. links hinter dem Garn stehen u. durch Geschrei das Ausbrechen des Wildes hindern (dagegen pressores, die Treiber, die das Wild in das Garn treiben), Serv. Verg. Aen. 4, 121. Isid. 10, 282.

Alatrium, ī, *n.*, s. Aletrium.

ālātus, a, um (ala), mit Flügeln versehen, **geflügelt,** plantae od. pes od. pedes, Merkurs, Verg., Ov. u. Min. Fel.: equi, v. den Sonnenrossen, Ov.

alauda, ae, *f.* (ein keltisches Wort, alau-da, die Beschopfte, **I** die **Haubenlerche** (rein lat. galerita u. cassita), Plin. 11, 121: avis galerita, quae Gallice alauda dicitur, Marc. Emp. 29 *in.* – **II** übtr., Name einer von Cäsar auf eigene Kosten errichteten später mit dem röm. Bürgerrecht beschenkten gallischen Legion (so benannt von den Federbüschen, die sie auf den Helmen als Schmuck trugen), Suet. Caes. 24, 2; vgl. Plin. 11, 121: dah. die Soldaten derselben Alaudae, Cic. Phil. 13, 3, u. legio Alaudarum, Cic. Phil. 1, 20 u. a.

alausa, ae, *f.*, ein kleiner Fisch in der Mosel, die **Alse,** franz. *alose (Clupea alosa,* L.), Auson. Mos. 127. Ps. Gargil. de medic. 62 *in.*

Alazōn, onis, Akk. ona, *m.* (ἀλαζών), **I** der **Aufschneider, Prahler,** Titel der griech. Komödie, die Plautus in seinem Miles gloriosus nachahmte, Plaut. mil. 86. – **II** (vgl. Ἀλαζόνιος ποταμός, ein wildtuender Fluss, Strabo) ein Fluss in Albanien, j. *Alasan,* Plin. 6, 29. Val. Flacc. 6, 101 (wo Akk. -ona).

1. alba, ae, *f.*, s. albus *no.* II, A.

2. Alba, ae, *f.* (verwandt mit albus, ἀλφός, sabin. alpus, mhd. »die Albe«, d. i. schneeiges Hochgebirge), **I** Name mehrerer hochgelegener Städte, von denen bes. merkwürdig: **A** mit dem Beinamen Longa, die älteste latinische Stadt, nach der Sage von Askanius erbaut, Mutterstadt der Römer, auf einem schmalen, langgedehnten Hügelrücken (dah. Longa) an der Südostseite des Randes, der den Albanersee einschließt, den höchsten Gipfel des *mons Albanus* im Rücken, bei dem jetzigen Kloster *Palazzuola,* die zur Zeit ihrer Blüte viele Kolonien in die umliegende reich gesegnete Gegend sandte, aber schon unter Tullus Hostilius von den Römern aus immer zerstört wurde, s. Enn. ann. 34 (66), wo arch. Genet. Albai Longai. Varr. LL. 5, 144. Liv. 1, 3 u. 23 u. 33. Verg. Aen. 1, 271; 6, 766. Longa Alba, Cic. de re publ. 2, 4. – Dav.: **a Albānus,** a, um, **albanisch, aus** od. **von Alba,** tumuli atque luci, Cic.: exercitus, pubes, pax, Liv.: nux, Plin.: secures, poet. = römische, Hor.: exactor, Lucil. sat. 26, 74: virgines, albanische Vestalinnen, Ascon. Cic. Mil. p. 35, 18 K. CIL 6, 2172. – Plur. subst., Albānī, ōrum, *m.*, die Einw. von Alba, die **Albaner,** Varr. LL. u. a. – bes. mons A., der westl. Gipfel des jetzigen Albanergebirges, j. *Monte Cavo,* der heilige Berg der Latiner, mit einem Tempel des *Juppiter Latiaris* auf dem höchsten Gipfel, zu dem ein gepflasterter Weg die Festzüge an den feriae Latinae (Bundesfeste der Latiner), Plin. 3, 69, sowie die röm. Feldherren bei einer Ovation hinaufführte, Liv. 26, 21, 6: dort befanden sich die Albani tumuli atque luci, Cic. Mil. 85, u. das nemus Albanum, Liv. 5, 15, 2: dort wuchs vinum Albanum, Hor.

sat. 2, 8, 16; vgl. Plin. 14, 64: dahin gehört auch die comissatio Albana, von Domitian gehalten, Mart. 12, 48, 11. – lacus A., der am westl. Fuße des *mons Alb.* gelegene höchst malerische tiefe See, j. *Lago di Albano* od. *di Castello,* bei der Belagerung von Veji durch einen angelegten Stollen abgeleitet, Cic. de div. 1, 100 (wo auch Albana aqua, das Wasser des Sees von Albano), Liv. 5, 15 *sqq.* – Albānum, ī, *n.* (*sc.* praedium), das **Albanum,** Name der großen Villen des Pompejus (Cic. ad Att. 4, 11, 1) u. anderer reicher Römer, namentl. des Kaisers Nero (Suet. Ner. 25, 1) u. Domitian (Suet. Dom. 4, 4; dessen Alb. auch Albana arx, Tac. Agr. 45, 2. Iuven. 4, 145, u. Albanus secessus, Suet. Dom. 19), aus denen später eine Munizipalstadt (Municipium Albanum) entstand, tiefer am Berg als das alte Alba Longa, von der noch jetzt interessante Überreste beim heutigen *Albano* an der appischen Straße vorhanden sind. – A. lapidicinae, Brüche des lapis Albanus (Plin. 36, 166; jetzt in Rom *peperino,* in Neapel *piperno* od. *pipierno* gen.), in der Nähe des alten Alba Longa gebrochen, häufig zu Bauten usw. gebraucht, Vitr. 2, 7, 1; dah. A. columnae, Säulen aus Peperin, Cic. b. Quint. 5, 13, 40. Suet. Aug. 72, 1. – **b** **Albēnsēs** populi, die **albensischen Gemeinden,** Gesamtname der einzelnen Gemeinden von Alba Longa u. a. Ortschaften, die auf dem *mons Albanus* die feriae Latinae feierten, Plin. 3, 69. – **B** Alba Fucentis od. Albensium Alba od. gew. bl. Alba, urspr. Stadt der Marser, dann röm. Kolonie in Samnium am Fucinus-See (j. *Celano),* auf einem hohen Felsen gelegen, gew. bl. Alba, wie noch jetzt *Alba* od. *Albi,* bedeutende Festung u. Staatsgefängnis der Römer, Alb. Fuc., Charis. 106, 1 u. 5 (Abl. Albā Fucente): Albensium Alba, Plin. 3, 106: bl. Alba, Cic. ad Att. 9, 6, 1; Phil. 3, 6. Caes. b. 1, 15, 7. Liv. 10, 1, 1. Vell. 1, 14, 5: als Staatsgef., Liv. 30, 17, 2; 45, 42, 4. Liv. epit. 61. – Dav. **Albēnsis,** e, zu Alba Fuc. gehörig, **albensisch,** ager, Liv.: rus, nuces, Plin. – Plur. subst., Albēnsēs, ium, *m.,* die Einw. von Alba Fuc., die **Albenser,** Rhet. Her. u. Plin. (versch. von Albenses populi u. von Albani, s. ob. *no.* I, A u. Varr. LL. 8, 35. Charis. 106, 1). – **II** Alba (mons), das **Gebirge der schwäbischen Alb** mit ihrer Fortsetzung, dem **Albuch,** Vopisc. Prob. 13, 7.

albāmen, inis, *n.* (albo), das **Weiße,** porri, Apic. 2, 59 u. 4, 172.

albāmentum, ī, *n.* (albo), das **Weiße,** ovi, Apic. 5, 196: Plur., albamenta ovorum, Apic. 6, 249. Pelagon. veterin. 30.

1. Albānī, ōrum, *m.,* s. 2. Alba, *no.* I, A.

2. Albānī, ōrum, *m.,* die **Albaner,** die Bewohner der Landschaft Albania (s. unten), vielleicht identisch mit den *Alani* (s. d.), Plin. 6, 38. Tac. ann. 2, 68. Iustin. 42, 3, 4. – Dav. **a** **Albānia,** ae, *f.,* **Albania,** eine im Osten vom Kaspischen Meer, im Norden von dem keraunischen Gebirge, im Westen von Iberia, im Süden vom Fluss Cyrus u. Araxes eingeschlossene Landschaft Asiens, j. *Lesghestan, Daghestan* u. *Schirwan,* Plin. 6, 36 u. 38. Gell. 9, 4, 6. – **b** **Albānus,** a, um, zur Landschaft Albania gehörig, **albanisch,** mare A., Teil des Kaspischen Meeres an der Küste Albaniens, Plin.: dah. orae A., Val. Flacc. – porta A., die sonst *pylae Caspiae* genannten »albanischen Pässe« in der Gegend von Derbend, Val. Flacc.

1. Albānus, s. 2. Alba *no.* I, *A.*

2. Albānus, s. 2. Albāni no. b.

albārius, a, um (albo), **zum Übertünchen der Wände gehörig, damit sich beschäftigend,** albarius tector, der Stuckarbeiter, Stukkateur, od. der Zementierer der Wände, Tert.: dass. subst. albārius, ī, *m.,* Cod. Theod. 13, 4, 2 u. CIL 6, 9139. – albarium opus, Weißstuck, Stukkatur, Vitr.: dass. subst. albarium, ī, *n.,* Vitr. u. Plin.

albātus, a, um (v. albus), **weiß gekleidet,** im **heiteren Gewand** (Ggstz. atratus, pullatus, im Trauergewand), Cic. u. a. – Plur. subst. = **Weißgekleidete,** multitudo albatorum, Paulin. vit. S. Ambros. 52: bes. die weißgekleidete Partei der Wettfahrer, CIL 6, 10048, 11.

albēdo, dinis, *f.* (albus), die **weiße Farbe,** Cassiod. var. 12, 4. Cael. Aur. chron. 5, 10, 96 u. 113: Schol. Iuven. 9, 30. Vgl. albitudo.

albegmina, s. ablegmina.

albēns, s. albeo.

Albēnsis u. **-ēs,** s. 2. Alba *no.* I, A u. B.

albeo, ēre (albus), **weiß sein,** Verg. u. Ov.: dah. albēns, entis (Abl. auch enti, z. B. Ov. met. 5, 110), **weiß,** Ov., Tac. u. a.: equi, Plin. pan. u. Curt.: membra in eum pallorem albentia (von so bleichem Ansehen), ut etc., Tac. ann. 15, 64. – poet. = **hell, glänzend,** Sil.: u. = **schmucklos,** Val. Flacc. – albente caelo, als der Morgen graute, Sisenn. fr. u. Caes.

albēsco, ere (*Inchoat.* v. albeo; vgl. Prisc. 8, 30), **weiß werden,** auch vom Haar, Lucr., Hor. u. a.: in plumam oloris, Cypr. ad Donat. 8: quae (oleum et aqua) miscenda manu sunt, donec albescant, Cels. 3, 7. – bes. **hell werden,** durch Feuer od. Licht, albescit mare, Cic.: albescunt flammarum longi tractus, Verg. – dah. auch vom Erscheinen des Tageslichts, lux albescit, der Tag graut, Verg.: albescente iam die, als schon der Tag graute, Amm.: albescente caelo, wenn der Morgen graut, ICt.

Albiānus, a, um, s. Albius.

albicantius, *Adv. Compar.* (albico), **etwas weiß, weißlich,** Solin. 30. § 32.

albicapillus, ī, *m.* (albus u. capillus), **weißhaarig,** ein **Graukopf,** Plaut. mil. 631.

albicāsco, ere (albico), **hell werden, grauen,** vom Tageslicht, iamiam albicascit Phoebus, Matius b. Gell. 15, 25, 1.

albicērātus, a, um, od. **albicēris,** e, od. **albicērus,** a, um (albus u. cera), **weißgelblich,** ficus albicerata, Plin. 15, 70: oliva albiceris, Cato r. r. 1, 24, 1: oliva albicera, Plin. 15, 20.

Albicī, ōrum, *m.,* ein rohes gallisches Hirtenvolk im Gebirge nördl. von Massilia, Caes. b. 1, 34, 4 u. a.

albico, āvī, āre (albus; vgl. Prisc. 8, 30), **I** *tr.* **weißmachen,** rivus a scopulo lapidoso albicatur, schäumt (weißlich), Varr. sat. Men. 75. – **II** *intr.* **ins Weiße spielen, weißlich sein,** albicat lumen, *Enn. tr. 336 R.: nec prata canis albicant pruinis, Hor. carm. 1, 4, 4: crista ex nigro albicare incipit, Plin. 27, 40: oft Partiz. albicāns, **ins Weiße spielend, weißlich,** litus, Catull.: colos, Plin.: dente aper albicanti, Carm. epigr. 1522, 8: paleae ex rutilo albicantes, Col.

albicolor, ōris (albus u. color), **weißfarbig,** Coripp. Iustin. 1, 328.

albicomus, a, um (albus u. coma), **weißhaarig,** poet. v. Blumen, **weißblätterig,** Venant. Fort. vit. S. Mart. 4, 2.

albidulus, a, um (*Demin.* v. albidus), **weißlich,** Pallad. 3, 25, 12.

albidus, a, um, *Adi.* m. *Compar.* u. *Superl.* (albus), **weiß, weißlich,** spuma, Ov.: terra, Vitr.: granum, Col.: ulcus, Cels.: color caerulo albidior, Plin. ep.: quo crassius et albidius (pus) est, Cels.: pus est albidissimum, Cels.

Albigaunum, s. Ingaunī.

albigērus, s. albicērātus.

albineus, a, um (albus), **weiß, weißlich,** Pallad. 4, 13, 3.

Albingaunī, -**num,** s. Ingaunī.

Albinovānus, ī, *m.,* **I** Celsus Albinovanus, ein eitler junger Mann, Geheimschreiber im Gefolge des Tiberius, an den Horaz epist. 8. lib. 1. gerichtet hat und den er ep. 1, 3, 15 *sq.* als Kompilator durchhechelt. – **II** C. Pedo Albinovanus, ein epischer Dichter, Zeitgenosse u. Freund Ovids, s. Quint. 10, 1, 90. Sen. ep. 122, 15. Ov. ex Pont. 4, 10, 4.

Albintemelium (Albintimilium), s. Intemeliī.

1. albīnus, ī, *m.* (albus) = *albarius,* der **Stuckarbeiter,** Cod. Iust. 10, 64, 1.

2. Albīnus, ī, *m.,* ein röm. Familienname, bes. der gens Postumia, unter dem bes. bekannt Aulus Postumius Albinus, Konsul i. J. 151 v. Chr. u. berühmt als Verfasser einer röm. Geschichte in griech. Sprache, Cic. Brut. 81. Gell. 11, 8.

Albiōn, ōnis, *f.* (vgl. »alb«, d. i. hoch), eig. »Hochland«, alter Name von Britannien, wegen seiner hohen Felsenufer, Plin. 4, 102. – Dass. insula Albiŏnum, Avien. or. mar. 112.

albiplūmis, e (albus u. pluma), **weiß gefiedert,** Anthol. Latin. 729, 3 (1010, 3), wo falsch albiplŭmis gemessen ist.

Albis, is, Akk. im, Abl. i, *m.* (*Alf, Elf, Elve,* altgerm. = »Fluss«), die **Elbe,** Fluss in Germanien, Vell. 2, 106. § 2 u. 3 (wo Akk. Albim u. Abl. Albi). Tac. Germ. 41. Suet. Aug. 21, 1. Claud. IV. cons. Hon. 452 (Akk. -im).

albīsco, ere, s. albēsco.

albitūdo, inis, *f.* (albus), die **Weiße,** capitis, graues Haar, Plaut. trin. 873: glacialis, Sulp. Sev. chr. 1, 16, 5 H.

Albium Ingaunium u. **Intemelium,** s. Ingaunī, Intemelii.

Albius, iī, synk. ī, *m.*, Name eines röm. Geschlechts. Bekannt sind bes.: der Dichter Albius Tibullus (s. *Tibullus*), Hor. ep. 1, 4, 1 (verschieden v. dem sonst unbekannten Albius b. Hor. sat. 1, 4, 28 u. 109). – Statius Albius Oppianicus, aus Lavinium (seine Verurteilung wurde durch Bestechung erreicht, u. Kluentius wurde später angeklagt, ihn ermordet zu haben), Cic. Clu. 10 u. ö. – Sabinus Albius, ein Miterbe Ciceros, Cic. ad Att. 13, 11 *in.* – Dav. **Albiānus,** a, um, zu Albius gehörig, **albianisch, des Albius,** pecunia, Cic. Clu. 82, u. iudicium, Cic. Caecin. 28, des Stat. Albius Oppian.: negotium, das Geschäft mit Sab. Albius (wegen Versteigerung der Erbschaft), Cic. ad Att. 14, 18, 2 u. 20, 2.

albo, ātum, āre (albus), **weiß machen, weiß färben,** Prisc. perieg. 431; vgl. Prisc. 8, 30.

albogalērus, ī, *m.* (albus u. galerus), die **weiße Mütze des** *flamen Dialis* (genommen von einer hostia alba Iovi caesa), Paul. ex Fest. 10, 12.

albogilvus, a, um (albus u. gilvus), **weißgelblich,** Serv. Verg. georg. 3, 82.

albor, ōris, *m.* (albus), **a** das **Weiß** = die weiße Farbe, Vulg. levit. 13, 16 u. a. Non. 73, 2. – **b** das **Weiße** als Stoff, **α** das **Weiße** im Ei, ovi, Scrib. 24. Plin. Val. 1, 16 u. a. a): trium ovorum, Pallad. 11, 14, 9. Apic. 1, 6: Plur., ovi albores, Cael. Aur. acut. 2, 37, 199. – **β** = albugo, der **weiße Fleck** im Auge (als Krankheit), Pelagon. veterin. 30.

Albruna, ae, *f.*, germanisch *Alf-run* (die mit der Runenschrift der Elfen Begabte), Beiname der Seherinnen, von Tacitus als Person aufgefasst, Tac. Germ. 8.

albūcus, ī, *m.*, **I** der **Stengel der Asphodillpflanze,** Plin. 21, 109 *sq.* – **II** die **Asphodillpflanze** selbst, Ps. Apul. herb. 32.

albuēlis, is, *f.*, eine jetzt unbekannte »Rebengattung«, Cels. b. Col. 3, 2, 24. Plin. 14, 31.

albūgo, inis, *f.* (albus), das **Weiße,** der **weiße Fleck,** oculi, im Auge, Plin. u. Vulg.: albugines ovorum, Cass. Fel.: albugines capitis, Schuppen auf dem Kopf, Plin.

Albula, s. albulus.

albulus, a, um (*Demin.* v. albus), **weißlich,** columbus, Catull. 29, 8: cochleae, Varr. r. r. 3, 14, 4. – v. Wasser, **weißlich schäumend,** freta, Mart. 12, 99, 4. – Dah. als *nom. propr.:* **I** Albula, ae, *f.* (*sc.* aqua), alter Name des »Tiber«, fluvius Albula, quem nunc Tiberim vocant, Liv. 1, 3, 5; vgl. Plin. 3, 53: u. so Verg. Aen. 8, 331. Ov. met. 14, 328 u. s. – **II** Albula, ae, *m.* u. *f.*, od. Albulae aquae od. bl. Albulae, ārum, *f.*, ein aus mehreren schwefelhaltigen Quellen gebildeter Bach bei Tibur (Tivoli) in der Nähe von Rom, in den Anio mündend, schon im hohen Altertum von Kranken zum Baden u. Trinken benutzt, noch jetzt *Solfatara di Tivoli* od. *acqua zolfa* gen., Vitr. 8, 3, 2. Sen. nat. qu. 3, 20, 4. Ov. fast. 2, 389 (*masc.*) u. 4, 68 (*fem.*). Mart. 1, 12, 2 (*fem.*) u. 12, 99, 4 (*masc.*). Plin. 31, 10. Suet. Ner. 31, 2; Aug. 82, 2. Symm. ep. 4, 33 (*masc.*). – u. von der Quell- od. Bachnymphe (Albula) b. Stat. silv. 1, 3, 75.

album, ī, *n.*, s. albus *no.* II, B.

albūmen, inis, *n.* (albus), das **Weiße,** ovi, Anthim. 35 u. 36. – ► Plin. 28, 66 jetzt cum ovi albo.

albūmentum, ī, *n.* (albus), das **Weiße,** ovi, Veget. mul. 3, 57, 1.

Albunea, ae, *f.*, eine weissagende Nymphe (später zur Sibylle gemacht), der eine der schwefelhaltigen Quellen (Albunea; vgl. Albula *no.* II. unter albulus) auf der Höhe von Tibur (wahrsch. j. *acqua solforata d'Altieri*) geweiht war, sowie eine »Grotte« (Albuneae domus, wahrsch. j. *Grotta di Nettuno*), ein »Hain« des Faunus an einem Abhang von Tibur u. ein (noch jetzt stehender) »Tempel« über dem Abgrund, in den der Anio stürzt, Verg. Aen. 7, 82–84. Hor. carm. 1, 7, 12. Lact. 1, 6, 12; vgl. Dissen Tibull. 2, 5, 69.

alburnum, ī, *n.* (albus), das unbrauchbare weiche weiße Holz zwischen der Rinde u. dem Kern der Bäume, der **Splint,** Plin. 16, 182 (dort auch adeps gen.).

1. alburnus, ī, *m.* (albus), der **Weißfisch,** Auson. Mos. 126.

2. Alburnus, ī, *m.*, ein hohes Waldgebirge Lukaniens, hinter Pästum, j. *Monte di Postiglione,* Verg. georg. 3, 146. – u. der daselbst verehrte »Berggott«, Tert. adv. Marc. 1, 18; ad nat. 1, 10; apol. 5.

albus, a, um (Stamm ALB, verwandt mit ἀλφός), glanzlos **weiß** (Ggstz. ater, glanzlos schwarz; hingegen candidus, glänzend weiß, Ggstz. niger, glänzend schwarz), **I** *adi.:* **a** übh.: color, Cic.: vinum (Ggstz. atrum, dunkelroter), Plaut.: corpus (Hautfarbe), Plaut.: pampinus, Lucil. fr.: opus (Weißstuck), Vitr.: tectorium, Gipsanguss, Zement, Col.: dentes, Verg.: equi, Schimmel, Liv. u. Hor.: bos, capra, Liv.: canis, Sen.: parma, der noch weiße (noch ohne Zälatur u. Bildnerei), Verg. – sulphureā Nar albus aquā, weiß schäumend, Verg. – v. Stoffen, lana, Varr.: v. Kleidern (bes. der Gottheiten), vestis, Ov. u. Curt.: tunica, Fest.: paludamentum (Ggstz. pal. pullum), Val. Max. – dah. poet. übtr. für »weiß gekleidet«, Hor. sat. 1, 2, 36: u. für »(mit Kreide) weiß bestrichen, beweißt«, nuper in hanc urbem pedibus qui venerat albis, wie neuangekommene Sklaven, die nackt mit weiß angestrichenen Füßen zum Verkauf ausgestellt wurden (also = als Sklave), Iuven. 1, 111. – Sprichw. Redensarten: albis dentibus deridere, so laut auflachend jmd. verspotten, dass die Zähne sichtbar werden = »gewaltig verspotten«, Plaut. Epid. 429. – utrum albus an ater sit nescio u. utrum albus aterne od. an ater sit ignoro, ob er schwarz od. weiß ist, kümmert mich nicht, d. i. ich kenne ihn von Person weiter nicht, Catull. 93, 2. Cic. Phil. 2, 4. Quint. 11, 1, 38. Apul. apol. 16: u. so unde illa scivit, niger an albus nascerer? woher kannte sie mich so genau? Phaedr. 3, 15, 10. – albā lineā signare, s. līnea II, A, a. – equis praecurrere albis, auf weißen Rossen (wie beim Triumph) voranrennen = bei weitem übertreffen, Hor. sat. 1, 7, 8; vgl. Plaut. asin. 279. – alba avis, ein weißer, d. i. ein seltener Vogel, ein »Wundertier« (für etw. Seltenes), Cic. ep. 7, 28, 2. – albae gallinae filius, der Sohn einer weißen Henne = ein »Glückskind«, Iuven. 13, 141. – album calculum adicere alci rei = einer Sache seinen Beifall geben, Plin. ep. 1, 2, 5. – **b** **weiß** = **grauweiß, grau,** barba, Plaut.: capilli, Tibull.: coma, Ov.: asinus, Quint.: plumbum, Zinn, Caes. – **c** **blass, bleich, fahl** von Krankheit, Schreck, Sorge usw., aquosus albo colore languor, von der Wassersucht, Hor.: albus ora pallor inficit, Hor.: urbanis albus in officiis (von Amtssorgen), Mart. – **d** **hell, licht,** v. Gestirnen, sol, iubar, Enn. fr.: admisso Lucifer albus equo, Ov. – **hell, rein** = wolkenlos, luces, Mart. – übtr. sententiae quas optime Pollio Asinius albas vocabat, simplices apertae, Sen. rhet. – dah. meton. = **hell-, heiter machend,** notus (λευκόνοτος), Hor.: Iapetus, Hor. – u. bildl. **heiter** = günstig, stella, Hor.: genius albus et ater, Hor.: per me sint omnia protinus alba, Pers. – ► Arch. Genet. Sing. albei, CIL 14, 3902, 4. – *Compar.* u. *Superl.* (vgl. Varr. LL. 8, 52 u. 75), albius est nive, Bed. mund. constit. tom. 1. p. 394: albissima lux, Cassiod. var. 9, 3. – vulg. Nbf. alvus, Grom. vet. 306, 22 (lapis alva).

II *subst.*, **A** **alba,** ae, *f.*, **a** (*sc.* vestis) ein **weißes Gewand,** subserica, Valer. b. Treb. Poll. Claud. 14, 8: in albis (in Feierkleidern, Ggstz. in nigris), Vulg. Ioann. 20, 12; apoc. 3, 4. – **b** (*sc.* gemma) eine weiße **Perle,** Lampr. Heliog. 21. § 3 u. 4. Capit. Maximin. iun. 1, 8. – **B** **album,** ī, *n.*, **1** das **Weiße, a** die **weiße Farbe,** das **Weiß, α** übh.: a nigro album etiam nullo monente distinguet, Sen. ep. 94, 19: alba discernere et atra non posse, Cic. Tusc. 5, 114: num nescio qui ille divinus, si oculis captus sit, possit quae alba sint, quae nigra dicere? Cic. de div. 2, 9. – **β** als Färbestoff, columnas albo polire, mit Weiß (weißem Gips, Zement) abputzen, weißen, Liv.: album in vestimentum addere, Weiß auftragen, weiß (mit Kreide) anstreichen, Liv. Vgl. Drak. Liv. 4, 25, 13. – **γ** von weißen Flecken auf dem Fell der Tiere, (bos) maculis insignis et albo, Weißschecke, Verg.: sparsis pellibus albo, mit weißgesprenkelten Fellen, Verg. – **b** = *albugo,* der **weiße Fleck** im Auge (als Krankheit), album in oculo est, Col. 6, 17, 7. Pelagon. veterin. 30. – **c** album oculi, das **Weiße im Auge,** Cels. 7, 7. *no.* 6: gew. album oculorum, Cels. 2, 6. § 8 u. a. – **d** album ovi, das **Weiße im Ei,** Cels. u. a. – **2** eine gew. mit Gips übertünchte **weiße Tafel** (λεύκωμα), zur Aufzeichnung, bes. der öffentlichen Bekanntmachungen, multitudinem suorum in album indere, Lucil. sat. 26, 85: fastos circa forum in albo proposuit, Liv. 9, 46, 5. – Insbes.: **a** die im Haus des Pontifex Maximus aufgestellte Tafel, auf der er die Ereignisse des Jahres aufzeichnete, die *annales maximi,* s. Cic. de or. 2, 52 u. s.: referre in album, Liv. 1, 32, 2. – **b** album (praetoris), die Tafel für das vom Prätor bei seinem Amtsantritt verfasste jährl. Edikt (mit den Aktions- u. Exzeptions-Formeln), Gaius inst. 4, 46. Ulp. dig. 2, 13, 1. § 1, u. für vorübergehende Verordnungen des Prätors, Paul. dig. 2, 1, 7 u. 9. – dah. ad album sedentes, die sich mit dem prätor. Edikt bekannt machen, d. i. die der Rechtsformeln Kundigen, die Rechtsgelehrten, Sen. ep. 48, 9: se ad album ac rubricas transferre, die buchstäbl. Kenntnis der Formeln der prätor. Edikte u. der Gesetze des bürgerl. Rechts als einzige Aufgabe des Rechtsgelehrten betrachten, Quint. 12, 3, 11. – alci ex albo iudicium reddere, nach dem prätor. Edikt Recht sprechen, Vell. 2, 28, 3. – **c** mancherlei öffentliche »Listen od. Verzeichnisse«: **α** album senatorium, das »Senatorenverzeichnis«, das seit Augustus öffentl. aufgestellt wurde u. aus dem die Ausgestoßenen od. Ausgetretenen sogleich gestrichen wurden, Tac. ann. 4, 42. – **β** album (iudicum), die Liste der von den Quästoren gewählten Richter-Dekurien, Suet. Claud. 16, 2. Sen. de ben. 3, 7, 6: ex albo iudex, CIL 4, 1943: u. scherzh., non eras in albo, du standest nicht auf der Liste (der Richter), Plin. nat. hist. praef. § 6. – **γ** album decurionum, Liste der Dekurionen in den Munizipien, Ulp. dig. 50, 3, 1 u. 2. Modest. dig. 50, 3, 10. – **δ** album profitentium citharoedorum, das Verzeichnis der Citharöden, die öffentlich auftreten wollten, Suet. Ner. 21, 1.

Alcaeus, ī, *m.* (Ἀλκαῖος), ein griechischer Lyriker aus Mytilene auf Lesbos (um 610–602 v. Chr.), in der metrischen Behandlung seiner Gedichte so ausgezeichnet, dass nach ihm eine Art des Strophenbaues den Namen »alcäische Strophe« führt, Cic. Tusc. 4, 71. Hor. ep. 1, 19, 29 u. 2, 2, 99. Quint. 10, 1, 63. – Dav. **Alcaïcus,** a, um (Ἀλκαϊκός), **alcäisch,** metrum, Sidon. ep. 9, 13. *v.* 10. Diom. 510, 1 u. 5. Serv. de cent. metr. 458, 14 u. 463, 24. Acro Hor. carm. 2, 13, 26: subst., Alcaico (*sc.* metro) personare, Isid. 6, 2, 17.

Alcamenēs, is, *m.* (Ἀλκαμένης), der berühmteste Schüler des Phidias, aus dem Stadtgebiet Limnä in Athen (nach anderen aus Lemnos) gebürtig, Cic. de nat. deor. 1, 83. Plin. 34, 72; 36, 16 (wo Akk. Alcamenen). Val. Max. 8, 11. ext. 3 (wo Genet. Alcamenis).

Alcathoē, ēs, *f.* (Ἀλκαθόη), die nach Alkathous benannte Burg von Megara, poet. für die ganze Landschaft »Megaris« am korinth. Meerbusen, Ov. met. 7, 443.

Alcathous, ī, *m.* (Ἀλκάθοος), Sohn des Pelops, baute die von den Kretern niedergerissenen Mauern Megaras wieder auf, dah. urbs Alcathoi = Megara, Ov. met. 8, 8 u. art. am. 2, 421: ebenso Alcathoi moenia, Ov. trist, 1, 10, 39.

1. **Alcē,** ēs, *f.* (Ἄλκη), Stadt der Karpetaner im tarrakon. Hispanien, wahrsch. j. *Alcazar,* Liv. 40, 48 *sq.*

2. **alce,** s. alcēs ►.

alcea, ae, *f.* (ἀλκέα), eine Art Malven, **Augenpappel** (*Malva Alcea,* L.), Plin. 27, 21.

alcēdo (halcēdo), inis, *f.* (älterer lat. Name für das griech. ἀλκυών, s. Varr. LL. 5, 79 u. 7, 88. Paul. ex Fest. 7, 16), der **Eisvogel** (*Alcedo ispida,* L.), Plaut. Poen. 356. Fronto de fer. Als. 3. p. 225,14 N.; vgl. Voß Verg. georg. 1, 399. p. 174 *sqq.* – Dav. **alcēdōnia,** ōrum, *n.* (*sc.* tempora), die **stille, sturmfreie Zeit** im Winter, sieben Tage vor u. sieben Tage nach dem kürzesten Tage, in der der Eisvogel brütet (auch dies alcyonei od. alcyonii od. alcyonides u. bl. alcyonia [s. Alcyonē] gen.); dah. übtr., **Windstille = Ruhe, tiefe Stille,** Plaut. Cas. prol. 26. Fronto de fer. Als. 3. p. 225, 15 N.

alcēs, is, Akk. ēn, Plur. alcēs, *f.* (griech. ἄλκη, ahd. *ëlho, elaho,* nhd. Elch), das im Norden lebende **Elentier,** Caes. b. G. 6, 27. Plin. 8, 39. Calp. ecl. 7, 59. Capit. Gord. III. c. 33, 1. Vopisc. Aurel. 33, 4. – ► Nbf. alcē, ēs, Solin. 20. § 6. u. 7 *Mommsen.*

Alcēstis, tidis, Akk. tim u. tin, *f.,* u. **Alcēstē,** ēs, *f.* (Ἄλκηστις od. Ἀλκήστη), die Tochter des Pelias, Gemahlin des Admetus, Herrschers von Pherä, die das Leben ihres Gatten durch freiwilligen Tod von den Parzen erkaufte, ihm aber von der Proserpina zurückgesandt oder, nach einer anderen Sage, von Herkules dem Hades wieder abgekämpft wurde, Hyg. fab. 50 u. 51 (Akk. tim). Mart. 4, 75, 6 (Akk. -tin). Iuven. 6, 653 (Akk. -tim). Macr. sat. 5, 19, 4 (Genet. -tidis). Vgl. Admetus *no.* I. – Ihre Schicksale als Gegenstand der Darstellung in der griech. u. röm. Tragödie, ignoravit Euripidis nobilissimam fabulam Alcestim, Macr. sat. 5, 19, 3: legi Laevii Alcestin, Gell. 19, 7, 2.

Alcēūs, eī, *m.* (Ἀλκεύς), des Perseus Sohn, Vater des Amphitryon, Großvater des Herkules, Serv. Verg. Aen. 6, 392. – Dav. **Alcīdēs,** ae, Akk. ēn, *m.,* der **Alcide** (männl. Nachkomme des Alceus) = Herkules, Verg. Aen. 6, 123. Hor. carm. 1, 12, 25. Vok. Alcidē, Ov. her. 9, 75. Sen. Herc. fur. 1343 *Leo:* Abl. Alcīdā, Auson. epigr. 28, 3. p. 203 Schenkl.

Alcibiadēs, is, Akk. em u. ēn, Vok. ē, *m.* (Ἀλκιβιάδης), **I** der Athener, Sohn des Kleinias u. der Dinomache (einer Tochter des Alkmäoniden Megakles), Neffe des Perikles, Schüler u. Liebling des Sokrates, geb. 450, gest. 404 v. Chr., Nep. Alc. 1 *sqq.* Iustin. 4, 4 *sq.;* 5, 1 *sqq.* Plin. 34, 88 (wo Akk. -en). Gell. 1, 9, 9 (wo Genet. -ae). – Dav. **Alcibiadīus,** a, um, **des Alcibiades,** corpus, Arnob. 6, 13. – **II** ein Lazedämonier zur Zeit des Kriegs der Römer mit den Achäern, Liv. 39, 35 *sqq.* (*ibid.* c. 36, 14 der griech. Vok. Alcibiadē).

Alcidamās, antis, Vok. a, *m.* (Ἀλκιδάμας), ein griech. Rhetor, aus Eläa in Äolis, ein Schüler des Gorgias, Cic. Tusc. 1, 116: Alc. Elaïtes, Quint. 3, 1, 10.

Alcidēmos, ī, *f.* (Ἀλκίδημος), Beiname der Minerva in Mazedonien, Liv. 42, 51, 2.

Alcīdēs, ae, *m.,* s. Alceus.

Alcimedē, es, *f.* (Ἀλκιμέδη), Tochter des Autolykus, Gemahlin des Äson u. Mutter des Iason, Hyg. fab. 13. Ov. her. 6, 105.

Alcimedōn, dontis, *m.* (Ἀλκιμέδων), Name eines sonst unbekannten Toreuten, Verg. ecl. 3, 37 (Nomin.) u. 44 (Genet.).

Alcimus, ī, *m.* (Ἄλκιμος), latein. Eigenname, **a** Latinus Alcimus Avitus Alethius, ein lat. Rhetor u. Epigrammatist ums Jahr 360 n. Chr., Auson. prof. 2. Sidon. ep. 5, 10 u. 8, 11. – **b** Alcimus Ecditius Avitus, Bischof von Vienna, als christlicher Schriftsteller u. Dichter bekannt, gest. 523 n. Chr., Isid. vir. ill. 23.

Alcinous, ī, *m.* (Ἀλκίνοος), Sohn des Nausithous, Enkel Neptuns, der aus der (homer.) Sage bekannte oberste Fürst der Phäaken auf Scheria (Corcyra, j. *Corfu*), Vater der Nausikaa, s. Hyg. fab. 23 u. 125 *sqq.,* berühmt durch die gastliche Aufnahme des an die Küste von Korkyra (cautibus Alcinoi, Ov. met. 14, 465) verschlagenen Ulixes, Ov. ex Pont. 2, 9, 42. – Seine herrlichen Gärten voll saftigen Obstes (Plin. 19, 49; vgl. Corcyraei pomaria regis, Mart. 8, 68, 1) wurden sprichw.; dah. Alcinoi silvae, fruchtbare Obstbäume, Verg. georg. 2, 87 (vgl. Corcyraei frondes horti, Mart. 13, 37). – u. poma dare Alcinoo, von einer überflüssigen Sache, Ov. ex Pont. 4, 2, 10. Mart. 7, 42, 6. – u. Alcinoi iuventus, Phäaken (= weibische Wollüstlinge), Hor. ep. 1, 2, 28 *sq.*

alcīnus, a, um (alces), **vom Elentier,** cornua, CIL 13, 5708.

alciōsus, s. algiōsus.

1. **Alcis,** *m.* (nach einigen das griech. Ἄλκος, nach anderen das altdeutsche **Elk, Ellen,** d. i. Kraft), eine Gottheit der Naharvaler, Tac. Germ. 43.

2. **Alcis,** idis, *f.* (Ἀλκίς, v. ἀλκή), Mut, Herzhaftigkeit), Beiname der Athene bei den Mazedoniern, Liv. 42, 51, 2.

Alcmaeo u. Alcmaeōn, gedehnt **Alcumaeo** (Alcumēo, Alcimēo), onis, *m.* u. **Alcumēus,** ī, *m.* (Ἀλκμαίων), **I** des Amphiaraus u. der Eriphyle Sohn, tötete seine Mutter auf Verlangen des Vaters u. mit Genehmigung des Orakels u. verfiel deswegen in Wahnsinn, Acc. tr. 78. Plaut. capt. 562; vgl. Alcumaeon b. Prisc, 1, 37, Alcumeo, Mar. Victor. 8, 8). Cic. Acad. 2, 89 (Alcmaeo). Hyg. fab. 71 u. 73 215 (Alcmaeon): Gegenstand einer Tragödie des Ennius, Cic. Acad. 2, 52; de fin. 4, 62.

– Dav. **Alcmaeonius**, a, um, **alkmäonisch,** furiae, die den Alkmäon verfolgenden Furien, Prop. 3, 3, 63. – **II** ein griech. Philosoph u. Arzt aus Kroton, Schüler des Pythagoras, Cic. de nat. deor. 1, 27. – **III** ein Archont zu Athen, Vell. 1, 8, 3.

Alcmān, ānis, Akk. āna, *m.* (Ἀλκμάν), ein alter griechischer Odendichter, wahrsch. aus Sardes in Lydien (670–640 v. Chr.), Vell. 1, 18, 3 (Akk. Alcmana). Plin. 11, 114. – Von ihm heißt eine bei ben Lyrikern übliche Versart **Alcmānium metrum**, Serv. de cent. metr. 458, 16 u. 460, 30. u. **Alcmānicon schēma**, Interpr. Vergil. Aen. 6. p. 50 *ed. Mai.*

Alcmēna, ae, *f.*, u. **Alcmēnē**, ēs, *f.*, gedehnt **Alcumēna**, ae, *f.* (Ἀλκμήνη), Tochter des Elektryon, Gemahlin des Amphitryo in Theben, Mutter des von Jupiter erzeugten Herkules u. seines von Amphitryo erzeugten Zwillingsbruders Iphikles, Plaut. Amph. prol. 99 u. 103 u. a. Lucil. sat. 17, 6. Hyg. fab. 29. Cic. de nat. deor. 3, 42. Ov. met. 9, 275 u. 281 *sqq.*

Alco u. gew. **Alcōn**, ōnis, *m.* (Ἄλκων), **I** ein Sohn des Atreus Cic. de nat. deor. 3, 53 (Nom. Alco). – **II** ein Bildner aus Sizilien, Ov. met. 13, 683. – **III** ein Erzgießer aus Theben, Plin. 34, 141 (Nom. Alcon). – **IV** ein erdichteter Hirtenname, Verg. ecl. 5, 11. – **V** ein Sklavenname, Hor. sat. 2, 8, 15. – **VI** ein Saguntiner, Liv. 21, 12, 4 u. 13, 1 (Nom. Alco).

Alcumaeo, **-aeus (-ēus)**, s. Alcmaeo.

alcyōn (halc.), onis, Akk. Plur. onas, *f.* (ἀλκυών), der **Eisvogel** (rein. lat. *alcedo* s. d.), Pacuv. tr. 393. Plin. 10, 89 *sqq.* Prop. 1, 17, 2: mit Anspielung auf Alcyone u. Cēyx (s. Alcyonē), alcyones solae, memores Ceycis amati, Ov. her. 17, 81: dilectae Thetidi alcyones, Verg. georg. 1, 398. – Dav. **alcyonēus** (ἀλκυόνειος) od. **alcyonius** (ἀλκυόνιος), zum **Eisvogel gehörig,** dah. alcyoneum (halc.) medicamen, auch subst. bl. alcyoneum, ī, *n.*, od. alcyonium, ī, *n.* = *halosachne* od. *spuma maris,* »Meerschaum«, der gew. auf dem Meeresspiegel schwimmend gefunden wird u. verschiedene Arten des »Seekorks« begreift, ein gutes Mittel gegen Flecken im Gesicht, Ov., Cels, u. Plin.: dies alcyonei, Col., od. alcyonii, Varr. LL., u. bl. alcyonia (*n. pl.*), Hyg. fab. 65. Mythogr. Vatic. 1, 9, u. **dies alcyonides** (ἀλκυονίδες ἡμέραι), Plin., s. alcēdo.

Alcyonē (Halc.), es, *f.* (Ἀλκυόνη), **I** Tochter des Äolus, stürzte sich, als sie ihren beim Schiffbruch ertrunkenen Gemahl Cēyx ans Land treiben sah, ins Meer, u. beide wurden wegen ihrer Zärtlichkeit von der Thetis in *alcyones* verwandelt, Ov. met. 11, 410 *sq.*: Plur., Arnob. 4, 26: dah. st. **Eisvogel,** Stat. Theb. 9, 361. Sil. 14, 275. Val. Flacc. 4, 45. Sen. Octav. 7. – **II** eine der Plejaden, Tochter des Atlas, Ov. her. 19, 133.

1. Alea, ae. *f.* (Ἀλέα), Beiname der Minerva, unter dem sie in Arkadien, bes. zu Alea, Mantinea u. Tegea, verehrt wurde (nach einigen von *Aleus,* König von Tegea, der ihr einen Tempel erbaut haben soll, nach Hermann opusc. 7. p. 270 von ἀλέη, *effugium*), templumque Aleae nemorale Minervae, Stat. Theb. 4, 288.

2. ālea, ae, *f.* (aus *acslea, vgl. altind. *akšá-h*), das **Würfelspiel** u. dann überh. **Glücksspiel, Hasard,** in Rom durch die *Lex Titia et Publicia et Cornelia* verboten, außer im Dezember während der Saturnalien (s. Hor. carm. 3, 24, 58. Mart. 4, 14, 7. Suet. Aug. 71, 1), **I** eig.: leges aleae, Ambros. de Tob. 11, 39: lusus aleae, Suet. Cal. 41, 2 u. Claud. 39, 1: studiosissimus aleae lusor, Aur. Vict. epit. 1, 21: provocare alqm in aleam, ut ludat, Plaut.: ludere aleā, Cic. u. a. (erst nachaug. aleam ludere, Suet. u. a.: u. im Passiv, sunt aliis scriptae, quibus alea luditur, artes, Ov.: si luditur alea pernox, Iuven.: aleae ludendae causā, ICt.): id quod in alea lusum est, was im H. verloren worden, der Spielverlust, ICt.: exercere aleam, Tac.: aleae indulgere, Suet.: aleā se oblectare, Suet.: alqd in alea perdere, Cic.: prosperiore aleā uti, Suet.: eludere militem in alea, Plaut.: de alea condemnatus u. lege, quae de alea est, condemnatus, Cic.: qui pecuniam, quam a creditore acceperat, libidine et aleā absumpsit, Sen. de ben. 7, 16, 3: alius quantum aleā quaesierit (gewonnen hat), tantum bibit, Plin. 14, 140: cur tandem non de *alea* quoque ac de *calculis* et *alveolo* audent dicere, quisnam ibi ludentium vincat? Gell. 14, 1, 24. – iacta alea est, der Würfel ist geworfen! der Wurf ist gewagt! (der denkwürdige Ausspruch, den Cäsar tat, als er nach langem Zaudern über den Rubikon zu gehen sich entschloss), Suet. Caes. 32; vgl. iudice fortunā cadat alea, Petron. poēt. 122. v. 174. – **II** übtr., übh. das **Geratewohl,** das **Risiko,** die **Gefahr, Ungewissheit** des Ausgangs, der **blinde Zufall,** das **blinde Glück,** das **Wagnis,** vitae ac rei familiaris, Varr.: belli, Liv.: incerti eventus quaedam, ut dicitur, alea, Ambros. ep. 82, 3: periculosae plenum opus aleae, Hor.: aleam periculorum omnium iacĕre abrupte, Amm.: dare in aleam tanti casus se regnumque, Liv.: ne elatus felicitate summam rerum temere in non necessariam aleam daret, Liv.: duos filios in aleam eius qui proponitur casus non committere, Liv.: alea est in alqa re, Cic., inest alci rei, Ov.: in dubiam imperii servitiique aleam ire, das ungewisse Spiel um H. od. Skl. wagen, Liv.: aleam subire, Col., adire, Sen.: ancipitis machinae subire aleam, Apul.: M. Tullius extra omnem ingenii aleam positus, über allen Zweifel seines Vorzugs erhaben, Plin.: dah. (quasi) aleam emere, etwas Ungewisses, eine Sache auf gut Glück hin kaufen (wie einen Fischzug, eine Jagdbeute u. dgl.), ICt. – ► vulg. Nbf. ālia, CIL 4, 2119.

āleāris, e (alea), **zum Würfelspiel gehörig, Würfel-,** tabella, Cael. Aur. chron. 2, 1, 25.

āleārius, a, um (alea), **zum (Würfel- od. Glücks-) Spiel gehörig, Spiel-,** lex, Plaut. mil. 164: amicitiae, Amm. 28, 4, 21.

āleātor, ōris, *m.* (alea), der **Würfel-** od. **Glücksspieler, Spieler** von Beruf, durch Schlauheit berüchtigt u. zu Ciceros Zeit für anrüchig gehalten, Plaut. rud. 359. Cic. Cat. 2, 23; Phil. 2, 67. Syri sent. 33 R. Spart. Iul. 9, 1. Tryphon. dig. 50, 16, 225; al. pauper, Quint. 2, 4, 22: aleatorum conventicula, Ambros. de Tob. 11, 38.

āleātōrius, a, um (aleator), **zum Würfel-** od. **Glücksspieler gehörig, Spiel-,** damna, Cic. Phil. 2, 67: forus, August. 6. Suet. Aug. 71, 3 (Ihm liest aleatorum): tabula, Paul. ex Fest. 8, 1: voces, Sidon. ep. 2, 9: ritu aleatorio. Gell. 18, 13, 6. – dah. subst., āleātōrium, ī, *n.*, der Ort, wo Hasard gespielt wird, das **Spielhaus,** die **Spielbank,** Sidon. ep. 2, 2. § 15.

alebria, *n. pl,* (alo) = *bene alentia,* Paul. ex Fest. 25, 5.

alec, s. allēc.

Alēcto, s. 1. Allēctō.

alectoria, ae, *f.* (*sc.* gemma), ein Edelstein, der im Magen des Hahns (ἀλέκτωρ) gefunden werden soll, Solin. 1, 77; Plur., Plin. 37, 144.

alectoros lophos, ī, *f.* (ἀλέκτορος λόφος), **Hahnenkamm,** eine Pflanze, reinlat. crista (galli), Plin. 27, 40.

alecula (hal.), s. allēcula.

Alēiī campi (griech. Sing. Ἀλήιον πεδιον, το, von ἄλη, das Umherirren), die **Irr-, Streifgefilde,** das **Irrfeld,** ein getreidereiches Flachland in Cilicien, an der Küste von Mallus zwischen dem Fluss Pyramus u. der Stadt Samos, Plin. 5, 91, wo nach dem Mythos Bellerophon vom Pegasus herabstürzte u. von Jupiters Blitz geblendet lange umherirrte, Cic. poēt. Tusc. 3, 63 (wo Alēis *per synaeres.* für Aleïis). Ov. Ib. 257 (wo poet. Aleïa arva); vgl. Hyg. fab. 57.

Alemannī, **-mannia**, **-mannicus**, s. Alamannī.

Alēmōn, onis, *m.* (Ἀλήμων), Vater des Myscelus, Erbauers von Kroton, Ov. met. 15, 19. – Dav. **Alēmonidēs**, ae, *m.* (Ἀλημονίδης), der **Alemonide** (Sohn des Alemon), v. Myscelus, Ov. met. 15, 26.

Alemōna (Alim.), ae, *f.*, röm. Schutzgöttin u. Näherin der zarten Leibesfrucht, Tert. de anim. 37.

āleo, ōnis, *m.* (alea), der sein ganzes Dichten u. Trachten auf das Würfelspiel Richtende, der **Spielsüchtige,** der **Spieler,** Naev. com. 118. Catull. 29, 2. Tert. fug. in persec. 13.

āles, itis (ala), »was Flügel hat u. sie braucht« (während alatus nur = »mit Flügeln versehen«), **I** *adi.* **geflügelt, beflügelt** (b. Dichtern), **1** eig.: alites angues, Pacuv. fr.: al. avis (αἰόλος ὄρνις), Cic. Arat.: alite curru vehi, Sen. poēt. – bes. v. myth. Wesen, Pegasus, Ov.: Deus, v. Merkur, Ov.: puer, v. Amor, Hor.: Fama, Claud. – **2** poet. übtr., wie **beflügelt = flüchtig, schnell, rasch,** Auster, Verg.: passu alite,

Ov.: alite plantā, Sil.: imago, flüchtiges Traumbild), Sil. – **II** *subst.*: **1** *f.* (nur bei Dichtern auch *m.*), der **Vogel** (u. zwar von größeren Vögeln, während avis der Vogel übh. = alles was Flügel u. Federn hat u. Eier legt, volucris jedes zum Fliegen fähige Geschöpf, dah. auch ein geflügeltes Insekt), **a** im Allg., Lucr., Varr. u. a.: alites matutinae, Prop.: alites villaticae, Hofgeflügel, Plin.: cuculus ales temporaria, ein Strichvogel, Plin. – **b** insbes.: **α** von bestimmten Vögeln, Iovis al., Verg. u. Ov., regia al., Ov., al. minister fulminis, Hor., flammiger al., Stat., al. digna Iove, Manil., alle v. Adler: ebenso (als Gestirn) bl. ales, Cic. Arat. 46*sq.* – Phoebeïus od. Phoebea al., v. Raben, Ov. u. Sil. – avida al., v. Geier, Sil.: u. so bl. al., Hor. carm. 3, 4, 78. – al. longaeva od. Titanius, Claud., al. Gangeticus, Auson., v. Phönix. – Chaonis al., Ov., od. al. exterrita, Verg., od. al. Cythereïa, Sil., v. der Taube. – Daulias al., v. der Prokne als Nachtigall, Ov. – Iunonia al., v. Pfau, Ov.: u. so alitis eximiae cauda, Pfauenschwanz, Mart. – imitatrix u. rara al., v. Papagei, Ov. – sacer, Habicht (weil zu den Weissagevögeln gehörig), Verg.: rapacissima et famelica al., v. Taubenstößer, Plin. – Phasidis al., v. Fasan, Stat. – cristatus al., v. Hahn, Ov. – Palladis al., v. der Nachteule, Ov. – vasta al., v. Strauß, Claud. – Caystrius al., v. Schwan, Ov.: u. so albus od. canorus al., vom sangreichen Schwan (in den der Dichter sich verwandelt denkt), Hor.: dah. geradezu ales für »Sänger«, Maeonii carminis al., Sänger des mäonischen (d. i. homerischen Helden-) Gedichts, Hor. – **β** in der Augurspr., alites = Vögel, die durch den »Flug«, dagegen oscines = Vögel, die durch die »Stimme« bedeutsam dem Augurium dienten (vgl. Fest. 197, 11. Plin. 10, 43), Cic. u. a. – dah. ales (wie *avis*) poet. = **Wahrzeichen, Vorbedeutung,** bonā od. secundā alite, Catull. u. Hor.: potiore alite, Hor.: malā od. lugubri alite, Hor. – **2** der **Geflügelte,** v. Göttern od. Heroen, Tegeaticus al. u. impiger al., v. Merkur, Stat.: Cyllenius al., v. Merkur, Val. Flacc. – aureus al., v. Perseus, Stat. – ► Episch gedehnter *Genet. Plur.* alituum, Lucr. 2, 928 u. a. Verg. Aen. 8, 27. Manil. 5, 370. Stat. silv. 1, 2, 184 (aber Amm. 19, 2, 12 jetzt alitum).

Alēsa, s. Halēsa.

alēsco, ere (*aleo v. alo, wie pendeo v. pendo), **heranwachsen, gedeihen** (vgl. Non. 248, 1), Lucr. 2, 1130. Laber. com. 85. Varr. r. r. 1, 2, 5; 2, 14, 9; 2, 44, 4. – ► Nbf. alīsco, Ven. Fort. carm. 6, 1, 139 *codd. optt.*

Alesia, ae, *f.* (Ἀλεσία), Stadt der Mandubier im lugdun. Gallien, in sehr fester Lage auf einem Berg, von Cäsar niedergebrannt, später wieder aufgebaut, im Mittelalter *St. Reine d'Alise,* aber schon seit dem 9. Jahrh. wieder Ruinen, jetzt Dörfchen in der Nähe von *Autun,* Caes. b. G. 7, 68. Vell. 2, 47, 1. Flor. 3, 10, 23. Plin. 34, 162.

Alēsus, s. Halēsus.

Alētēs, ae, *m.*, ein Gefährte des Äneas, Verg. Aen. 1, 121 u. ö.

Aletrium (Alatrium), ī, *n.*, uralte hochgelegene Stadt der Herniker in Latium, später röm. Kolonie u. Munizipium (municipium Aletrinas), j. *Alatri,* CIL 10, 5832 (Aletr.). Gromat. vet. 230, 7 (Alatr.); griech. (Ἀλάτριον) b. Plaut. capt. 883. – Dav. **Aletrīnās,** ātis, Abl. āti, **aletrinatisch,** municipium (s. vorher), Cic. – Plur. subst., Aletrīnātēs, ium, *m.*, die Einw. von Al., die **Aletrinaten,** Cic. u. Plin.

aletūdo, inis, *f.* (*aleo v. alo), die **Feistigkeit,** Cato b. Paul. ex Fest. 27, 12. Vgl. Gloss. II, 460, 15 ›τροφή, aletudo‹.

āleum, s. ālium.

1. Āleus, a, um, s. Ēlēus unter Elis.

2. Aleus, s. 1. Alea (Minerva).

Alēvās, ae, *m.* (Ἀλεύας), ein Nachkomme des Herkules, der sich Larissas bemächtigte, dort grausam regierte u. endlich von seinen eigenen Trabanten ermordet wurde, Larissaeus A., Ov. Ib. 323: sanguis Alevae, der Thessalier Skopas, Ov. Ib. 511.

alex, s. allēc.

Alexander, drī, *m.* (Ἀλέξανδρος), im Altertum häufig vorkommender Männername, unter dem am bekanntesten sind: **I** Paris, Sohn des Priamus, der den Namen *Alexander* (Ἀλέξανδρος = Männer beschützend, v. ἀνήρ u. ἀλέξομαι) später erhielt, weil er die Räuber vertrieb u. die Hirten beschützte (vgl. Varr. LL. 7, 82), Enn. tr. 74. Rhet. Her. 4, 41. Cic. fat. 34: dah. A. Paris, Plin. 34, 77. – **II Alexander von Pherä** (dah. Pheraeus), durch seine Grausamkeit berüchtigter Tyrann in Thessalien (reg. v. 370–357 v. Chr.), der durch seine Gemahlin Thebe u. deren Brüder ermordet wurde, Cic. de off. 2, 25. Nep. Pelop. 5, 1*sqq.* – **III Alexander I.,** Sohn des Molosserfürsten Neoptolemus, Bruder der Olympias u. so Oheim Alex. des Gr., gelangte durch Hilfe Philipps, an dessen Hofe er erzogen worden war, zur Herrschaft über die Molosser in Epirus (332 v. Chr.; dah. Molossus gen.), kam durch Verrat um (326 v. Chr.), Iustin. 8, 6; 9, 6*sq.*; 12, 2. Liv. 8, 3 u. 17 u. 24. – **IV Alexander der Große,** Sohn Philipps von der Olympias, geb. 356, gest. 323 v. Chr., reg. seit 336 v. Chr., führte, nachdem er seine abtrünnigen Nachbarn gezüchtigt hatte, den schon von seinem Vater vorbereiteten Heereszug gegen das schon verfallene Perserreich aus u. dehnte als glücklicher Eroberer das mazedonische Reich bis zum Indus aus; sein Leben von Curtius beschr.; vgl. Iustin. lib. 11 u. 12. Liv. 6, 16*sqq.* – **V** Cornelius Alexander, s. polyhistōr. – ► Form Alexandrus, Privil. vet. im CIL 3. p. 848. col. 5. lin. 25: Schreibung Alexanter auf älteren Monumenten zu Rom nach Quint. 1, 4, 16; ebenso Alixenter, CIL 1, 1501 u. Akk. Alixentrom, CIL 14, 4099.

Davon abgeleitet: **A Alexandrīa** od. **-ēa,** ae, *f.* (Ἀλεξάνδρεια; über die im klass. Latein wahrsch. gew. Form -ea s. Madvig Cic. de fin. 5, 54. Drak. Liv. 31, 43, 5; vgl. Prisc. 2, 47), Name vieler von Alexander dem Gr. auf seinen Zügen gegründeter Städte (dah. Plur. cognominibus Alexandriis, Auct. itin. Alex. 36), von denen die bekanntesten sind: **1** Alexandria in Ägypten, auch mit dem Bein. Magna, im Westen der kanopischen Nilmündung (332 v. Chr.) erbaut, unter den Ptolemäern Hauptstadt des Reichs u. Residenz prachtliebender u. kunstsinniger Könige, Hauptsitz der von diesen Fürsten ungemein begünstigten Wissenschaften, unter den Römern Mittelpunkt des Welthandels, wegen des dort herrschenden Luxus u. des damit verbundenen ausschweifenden Lebens der Bewohner berüchtigt, noch j. **Alexandria** u. türk. *Skanderia,* Plin. 5, 62. Curt. 4, 8 (33), 1*sqq.* Amm. 22, 16, 7*sqq.* Cic. de fin. 5, 54. Hor. carm. 4, 14, 35. – **2** Alexandria Troas, auch bl. Troas gen., Stadt südl. von Troja an der Küste, zur Zeit der Römer von diesen wegen ihrer Anhänglichkeit sehr begünstigt u. gehoben, Liv. 35, 42; 37, 35. Cic. Acad. 2, 11, aber später bl. Kolonie, Plin. 5, 124. – **3** Alexandria in Syrien, u. zwar in Pieria zwischen Issus u. Antiochien, j. *Alexandrette* od. *Scanderone,* Plin. 5, 91. – **4** Alexandria Ariôn, d. h. im Land der Arier, am Fluss Arius (Ferah) u. an der großen Karawanenstraße nach Indien, j. *Herat,* Plin. 6, 61 u. 6, 93. Amm. 23, 6, 69. – **5** Alexandria in Arachosia, auch *Alexandropolis* gen., j. *Kandahar,* Amm. 23, 6, 72. – **6** Alexandria ad Caucasum, am Kreuzweg zwischen Ariana, Indien u. Baktrien, am Westabhang des Schneegebirges, das gegen NW. die indischen Länder begrenzt, in der Nähe des heutigen »Kabul«, Plin., 46. Curt. 7, 3 (14), 23. – **7** Stadt an der Vereinigung des Acesines und Indus, an der Stelle des heutigen *Mittun Kot,* Curt. 9, 8 (31), 8. – **8** Alexandria ultima (Ἀλ. ἐσχάτη), Alexanders des Großen äußerste Gründung am Jaxartes in Sogdiana, wahrsch. das jetzige *Khodjend,* Plin. 6, 49. Curt. 7, 6 (28), 25. Amm. 23, 6, 59.

B Alexandrēus, a, um (Ἀλεξάνδρειος), **alexandrinisch, von Alexandrien,** qui istas Alexandreas litteras attulit, Cic. ad Att. 11, 6, 7 *ed. Hofm.* (mit cod. M.).

C Alexandriānus, a, um, **alexandrinisch, Alexanders,** purpura, Lampr. Alex. Sev. 40, 6: ficus, *ibid.* 60, 5: sodales, *ibid.* 63, 4.

D Alexandrīnus, a, um, **1 alexandrinisch = Alexanders, a** Alexanders d. Gr., historia, Treb. Poll. XXX tyr. 30, 22. – **b** des Alexander Severus, opus, Lampr. Alex. Sev. 25, 7: basilica, *ibid.* 26, 7: sagittarii, dem Alexander ergeben, *ibid.* 32, 3. – **2 alexandrinisch = von Alexandrien, a** in Ägypten, rex, König von Ägypten (Ptolemäus Auletes), Cic.: vita et licentia, ausschweifendes Leben, wie es in Alexandrien herrschte, Caes.: panis, Plin.: pueri, Petr., od. deliciae, Quint., alex. (od. ägypt., also Mohren-) Sklaven, ein Luxusartikel der Römer: navis, ein Schiff der von Augustus errichteten ägypt. Handelsflotte, Suet. u. Sen.: bellum, Cäsars Kr. in Ägypten nach der pharsal. Schlacht, Cic.: marmora, Sen. – subst., der **Alexandriner,** Alexandrinus quidam u. idem Alexandrinus, Augustin. de civ. dei 22, 8, 3: gew. Plur., Alexandrīnī, ōrum, *m.*, die Einw. von Alexandria, die **Alexandriner,** Cic. u. a. – **b** von Alex. Troas (oben *no.* A, 2), laurus, Plin.

E Alexandrus, a, um, **alexandrisch,** Ven. Fort. app. 1, 98.

Alexanter, s. Alexander ►.

Alexicacus, ī, *m.* (ἀλεξίκακος), **Abwehrer des Bösen,** ein Beiname des Herkules, Lact. 5, 3, 14.

alexipharmacon, ī, *n.* (ἀλεξιφάρμακον), das **Gegengift** als Schutzmittel gegen Vergiftung, Plin. 21, 146.

Alexis, idis u. is, Akk. in u. im, Vok. i, *m.* (Ἄλεξις), **I** ein Freigelassener des Attikus, Cic. ad Att. 5, 20, 9; 7, 7, 7. – **II** ein Sklave des Asinius Pollio, Verg. ecl. 2, 1 u. 2, 6 19. Prop. 3 (2), 34, 73. – **III** aus Thurium in Großgriechenland, ein Verwandter des Komödiendichters Menander, Zeitgenosse Alexanders des Gr., einer der fruchtbarsten Dichter der mittleren attischen Komödie, Gell. 2, 23, 1; 4, 11, 8.

alfa, s. alpha.

alfabētum, s. alphabētum.

Alfēnus, ī, *m.*, vollst. P. Alfenus Varus, aus Kremona, erst Schuster, dann angesehener Jurist, Schüler des Servius Sulpicius Rufus, unter Augustus im Jahre 2 nach Chr. Konsul, wegen seiner klass. Latinität gerühmt, Gell. 6, 5, 1. Paul. dig. 1, 2, 2. § 44. Hor. sat. 1, 3, 130. – ► Nbf. Alfenos, CIL 1, 831.

Alfius, ī, *m.*, röm. Familienname, unter dem bekannt sind: **I** C. Alfius Flavus, Freund Ciceros, Cic. Planc. 104. – **II** ein berüchtigter Wucherer zu Rom, Hor. epod. 2, 67, dessen Sprichwort war: vel optima nomina non appellando fiunt mala, Col. 1, 7, 2. – **III** Alfius Avītus, ein Epigrammdichter aus der august. Zeit, Anthol. Lat. 2, 267 (*no.* 125). Vgl. Wernsd. Poët. Lat. min. T. 2. p. 28. – ► Arch. Nom. Plur. Alfieis, CIL 1, 1024.

alga, ae, *f.* (vgl. das nordnorweg. *ulka, ölke,* ›anhaftender Schleim‹), **I Seegras, Seetang,** bei den Griechen φῦκος, Verg. Aen. 7, 590. Col. 8, 17, 6: alga maris, Plin. 32, 66: alga marina, Pallad. 4, 10. § 13 u. 30: muscus et alga, Apul. apol. 35: Plur. algae, Ov. met. 14, 38. Auson. Mos. 69; epist. 9, 5 u. 33: umfasst mehrere Arten, wovon eine (*Fucus vesiculosus.* L.) auf Kreta zum Rotfärben diente, Plin. 32, 66. Vgl. fucus. Das vom stürmischen Meer ausgeworfene bedeckt das Ufer, Turpil. com. 23. Val. Flacc. 1, 252, u. wurde zum Bedecken der Baumwurzeln gebraucht. Pallad. 4, 10, 2, nur in höchster Not als Viehfutter, Auct. b. Afr. 24, 4; dah. als sonst unbrauchbar u. wertlos, alga inutilis, Hor. carm. 3, 17, 9; u. sprichw. von etwas Wertlosem, vilior algā, Verg. ecl. 7, 42. Hor. sat. 2, 5, 8. – **II** meton. die **Seeküste,** Catull. 64, 60 u. 168: algae inquisitores, Iuven. 4, 48 *sq.*

algēnsis, e (alga), **sich vom Seegras nährend,** genus purpurarum, Plin. 9, 131.

algeo, alsī, ēre (algor), **Kälte empfinden, von der Kälte (vom Frost) leiden, frieren** (Ggstz. aestuare, sudare), horret et alget, Lucil. fr.: puer sudavit et alsit, Hor.: sapiens si algebis, tremes, Cic.: torus alget (durch den Tod der Gattin), Auson.: algentis manus est calfacienda sinu, Ov.: vites aegrotant et cum alsere, Plin.: folia (sunt) magis algentia, leiden auch leichter vom Frost, Plin. 16, 46: poet., algentes togae, so abgetragen, dass die, die sie tragen, frieren müssen, Mart. 12, 36: übtr., probitas laudatur et alget, u. friert, stirbt vor Kälte, d. i. wird nicht gepflegt, Iuven. 1, 74. – Partiz. subst., vestis algentibus deest, Cypr. ep. 76, 2. – dah. *Partic,* algēns = *algidus,* von kalter Natur, **kalt** (Ggstz. calidus), loca, Plin.: potus, Plin.: pruinae, Stat.: sol, die winterliche, Iuven.

algēsco, alsī, ere (algeo), das Gefühl der Kälte bekommen, **sich erkälten,** ne ille alserit, Ter. adelph. 36. – u. im Bild, rabiem flammarum algescere cogit, sich abkühlen, Prud. apoth. 142: omne enim caloratae iuventutis igniculum torpidae veternositatis algescit in senio, kühlt sich ab, Fulgent. mitol. 3, 4 *Helm.*

Algidēnsis, e, s. 2. Algidus.

1. algidus, a, um (algeo), von kalter Natur, **kalt,** nix, Catull. 63, 70: algida (Scythia od. Thracia), Naev. tr. 69: saxa, Prud. cath. 11, 35: annositas, Augustin. ep. 269. – subst., algidum, ī, *n.*, die **Kälte** od. **Kühle,** Praenestinum, Symm. ep. 3, 50. – Dav.

2. Algidus, ī, *m.* (*sc.* mons), eine Bergkette in Latium, von Tuskulum u. Velitrā gegen Präneste hin, ein rauer (Hor. carm. 1, 21, 6. Fronto ad M. Caes. 2, 6. p. 31, 18 N.), aber trefflich bewaldeter u. weidereicher Strich (Hor. carm. 3, 23, 9; 4, 4, 58), uralter Sitz des Dianendienstes (Hor. carm. 1, 21. Hor. carm. saecul. 69), j. *Monte Compatri;* bes. bekannt als Schauplatz der Kriege mit den Äquern, die von hier aus gew. ihre Einfälle ins röm. Gebiet machten, Liv. 3, 2 *sqq.* – Dav.: **a Algidum,** ī, *n.*, kleine feste Stadt der Äquer auf einem der Berge genannter Kette, wahrsch. beim jetzigen *Cava,* Liv. 26, 9, 11. Flor. 1, 11, 6. – **b Algidus,** a, um, **algidisch,** terra, der oben genannte Strich, Ov. fast. 6, 721: secessus, von Landhäusern auf dem Algidus, *Mart.* 10, 30, 6. – **c Algidēnsis,** e, **vom Algidus, auf dem Algidus wachsend,** genus raphani, Plin. 19, 81.

algificus, a, um (algeo u. facio), **frieren machend** (als Übersetzung des aristotel. ψυχροποιός), terror, Gell. 19, 4, 4.

algiōsus, a, um (algeo), **sehr frostig, gegen Frost sehr empfindlich,** alg. fuit Horatius, Schol. Acron. Hor. serm. 2, 3, 5. Vgl. Gloss. ›δύσριγος, algiosus, alciosus‹. Vgl. alsiosus.

algor, ōris, *m.* (algeo), die **Kälte, I** *subi.* = das Gefühl der Kälte, das **Frieren,** der **Frost,** Plaut., Sall. u. a. – **II** *obj.* = der **Frost,** der frieren macht (= frigus), in igni gignier algor, Lucr. 3, 623: ut vis algoris plerosque exstingueret, Sulp. Sev. vit. S. Mart. 8, 1: u. Plur., hibernis algoribus, bei Winterkälte, -frost, Plin. 29, 10: corpus contra algores munire, Plin. 15, 19.

algōsus, a, um (alga), **voll Meergras,** mit **Meergras (Seetang) bedeckt, -bewachsen,** litus, Auson. epist. 7, 43. p. 165 Schenkl. – Plur. subst., algōsa, ōrum, *n.*, mit Seegras bewachsene Gegenden, Plin. 32, 95.

algus, ūs, *m.*, vorklass. = *algor* (s. d.), Akk. algum, Plaut. Vidul. fr. 15 (b. Prisc. 6, 46): gew. Abl. algu, Acc. tr. 111. Lucil. sat. fr. inc. 81. Plaut. rud. 582. Lucr. 3, 730. Varr. sat. Men. 171.

1. aliā, *Adv.* (alius), *sc.* viā, **auf anderem Wege,** Plaut. mil. 327. Liv. 38, 40, 8. Pompon. dig. 1, 8, 11: alius aliā, der eine auf diesem, der andere auf jenem Wege, Plaut. rud. prol. 10. Liv. 30, 4, 2. Plin. ep. 2, 17, 20: u. so alii aliā, Liv. 2, 53, 1; 44, 43, 3: u. aliā ... aliā, auf dem einen Wege ... auf dem anderen, Flor. 2, 12, 7.

2. ālia, ae, *f.*, s. 2. ālea ►.

3. Ālia, ae, *f.*, s. Allia.

Aliacmōn, s. Haliacmōn.

āliāmentum, ī, *n.* (alium), ein **Knoblauchgericht,** Hieron. ep. 121. praef. p. 851 *ed. Vall.*

aliās (*sc.* vices), *Adv.*, **I zu einer anderen Zeit** (als der jetzigen), **ein anderes Mal, sonst,** sowohl von der Zukunft als von der Vergangenheit, sed alias iocabimur, Cic.: si non quaeret, nullus dixeris, alias ut uti possim causā hāc integrā, Ter. – im Ggstz. zu nunc u. dgl., sed de hoc *alias; nunc* redeo ad augurem, Cic.: sed *alias* pluribus: *nunc* etc., Cic.: quare placeat *alias* ostendemus; *in praesentia* etc., Rhet. Her.: *alias* imperare soliti, *tum* etc., Curt.: si impetro, quid *alias* malim quam *hodie* has fieri nuptias? Ter. – verb. si quando alias, Suet.: si umquam alias ante, Liv.: si quando umquam alias ante, Liv.: non umquam alias ante, Liv.: numquam ante alias, Liv.: numquam alias, Hor.: si umquam alias tum profecto, Cic. – u. saepe alias, tum etc., Cic.: et saepe alias et maxime, Cic.: cum saepe alias, tum nuper, Cic.: et saepe alias et nuper, Cic.: neque tum solum, sed saepe alias, Nep. – semper alias, sonst immer, Suet.: raro alias, Liv.: non alias, sonst nicht, zu keiner anderen Zeit, Liv. – alias ... alias, **das eine Mal ... das andere Mal, bald ... bald,** non potest quisquam alias beatus esse, alias miser, Cic.: alias ... alias ... alias, Plin. 7, 188: u. so dreimal Varr. r. r. 2, 1, 15: viermal Cic. de inv. 1, 99: alias ... plerumque, Cic.: interdum ... alias, Cic.: alias ... alias ... saepius od. aliquando, Plin. – das zweitemal ausgelassen, s. Plin. 26, 13. – alias aliter, **bald so,**

bald anders, Cic. – alii sunt alias, bald so, bald anders gesinnt, Cic. ad Att. 16, 11, 7. – alias aliud, **bald dies, bald jenes,** Cic.: u. so alias in aliam rem, Cic. – **II** übtr.: **1** **nach einer anderen Seite** od. **Richtung, anderswohin, anderswo,** alias fluere coepisse, Gaius dig. 41, 1, 7. § 5: si alias aditum non habeat, Paul. dig. 10, 3, 19. § 1: fures ab eo non inducti, sed alias ingressi, Ulp. dig. 47, 2, 40: bildl., alias accipere alqd (anders auffassen), Ulp. dig. 33, 8, 8. § 8. – **2** **bei anderen Gelegenheiten, sonst,** sermone Graeco, quamquam alias promptus et facilis, non tamen usque quaque usus est, Suet. Tib. 71, 1: sicut vir alias doctissimus Cornutus existimat, Macr. sat. 5, 19, 2. – **3** **sonst, übrigens,** pomum ipsum alias non manditur, Plin.: Homerus multus alias in admiratione Circes, Plin. – **4** non alias quam, **aus keiner anderen Ursache, unter keiner anderen Bedingung, in keinem anderen Falle, als; nicht anders, als;** u. non alias nisi, **nicht anders, als wenn nicht,** non alias magis suā contumeliā indoluisse Caesarem ferunt, quam quod etc., Tac.: debilitatum vulnere … iacuisse non alias quam simulatione mortis tutiorem, durch nichts so sicher, als durch den Schein des Todes, Curt.: non alias (unter keiner anderen Bedingung) exsistet heres ex substitutione, nisi etc., ICt. – **5** im Juristenlatein, **auf andere Weise** (aliter), Ulp. dig. 33, 8, 8. § 8.

āliātus (alliātus), a, um (alium, allium), **mit Knoblauch versetzt,** Donat. Ter. Phorm. 2, 2, 4. – v. Pers., **mit Knoblauch gefüttert,** ein **Knoblauchesser** = armer Schlucker, Plaut. most. 48. – ► Über die Schreibung vgl. alium ►.

alibī, *Adv.* (alius u. ibi), **I** **anderswo = an einem anderen Ort, anderwärts, sonst noch,** **a** übh.: *St.* Hicine nos habitare censes? *Ch.* Ubinam ego alibi censeam? Plaut. (u. so al. habitare, Liv.): rarum alibi animal, Curt.: Romae … al., al. … Romae, Liv.: al. quam in Capitolio, Liv.: al. quam Romae, al. quam in theatro, Tac. – alibi … alibi (auch noch mehrmals), **an dem einen Ort … an dem anderen, hier … dort** = *hic … illic,* alibi preces, alibi minae audiebantur, Liv.; dah. auch zuw. hic od. illic … alibi, z. B. alibi pavorem, alibi gaudium ingens facit, Liv.: alibi primum, alibi postremum agmen, alibi etc., an einem Ort der Vortrab, am anderen … am dritten usw., Liv.: *hic* segetes, *illic* veniunt felicius uvae, arborei foetus *alibi,* Verg. georg. 1, 54: sogar alibi … deinde, Curt. 7, 4 (18), 26 *sq.*: alibi gentium, Apul. flor. 18, p. 29, 20 Kr.: alibi gentium et civitatium, *ibid.* 16. p. 24, 13 Kr.: alius alibi, der eine hier, der andere dort; der eine auf diese, der andere auf jene Weise, Lucr., Sall. u. a.: alius alibi gentium, Apul. de deo Socr. 15 *extr.*: u. so aliter al. od. al. aliter, Cic. u. Liv. – alibi atque alibi, das eine Mal hier, das andere Mal dort, Plin. 34, 144. – mit Negationen, nec alibi, Verg.: nusquam alibi, Cic.: nec usquam alibi, Cic. – alibi quam (vergleichend), anderswo als, gew. mit der Negat. non, nusquam etc., nirgend anderswo als, Liv., Plin. u. a. – **b** **anderswo** = an einer anderen Stelle einer Schrift, Quint. 2, 21, 6 u. a. Cels. 7, 16: im Ggstz. zum prooemium, Quint. 4, 1, 53; 6, 4, 4: u. in einem anderen Teil des Satzes, Quint. 9, 4, 106. – **II** übtr., **1** **in anderen Dingen, in etwas anderem,** Komik., Liv. u. a. (s. Weißenb. Liv. 10, 20, 16). – **2** v. Personen, **bei jemand anderem,** Ter. u. Liv. – **3** für *alioqui,* **sonst,** Plin. u. Curt.

alibilis, e, *Adi.* m. *Compar.* (alo), **nahrhaft,** lac, casei, Varr. r. r. 2, 11, 2 u. 3: quod ita fiunt (pulli) alibiliores, Varr. r. r. 3, 9, 14.

alibrum, s. alabrum.

alica (halica), ae, *f.* (ἄλιξ), **Speltgraupen** (wie ptisana = Gerstengraupen), Cato, Cels. u. Plin. – u. der daraus bereitete Trank, **Spelttrank, Speltmus** (vgl. sorbitio alicae, Cels.), Sen. u. a.: alica vel sucus tisanae, Apic. 5, 208: dah. im Wortspiel, mittebat Umber aliculam mihi pauper; nunc misit alicam, factus est enim dives, etwa (mit einem anderen Wortspiel) »arm schickt er einen Mantel, jetzt, weil er reich ist, Mandeln«, Mart. 12, 81. – Nbf. **alicum,** ī, *n.*, u. **alice,** is, *n.* (ἄλιξ), Charis. 32, 8.

alicacabum, ī, *n.* (ἀλικάκαβον), eine Pflanze mit betäubender Kraft; wie das Opium, Th. Prisc. 4, 1.

alicārius (halicārius), a, um (alica), **zu den Speltgraupen gehörend, Speltgraupen-,** reliquiae (Abfälle), Plaut. Poen. 266 (im Wortspiel hier übertragen auf die **gemeinen Dirnen,** die vor den Graupenmühlen saßen, Paul. ex Fest. 7, 18). – subst., alicārius, ī, *m.*, der **Speltgraupenmüller,** Lucil. sat. 15, 38.

Alicarnāssos, usw., s. Halicarnassus.

alicastrum, ī, *n.* (alica), eine Art Dinkel, **Sommerdinkel,** ital. *marzolo* (weil er im März gesät wird), Col. 2, 6, 3; 2, 9, 3. Isid. 17, 3, 9.

alice, s. alica.

alicubī, *Adv.* (aliquis u. ubi), **irgendwo,** si salvus sit Pompeius et constiterit al., Cic. – hic al. parare, Cic.: hic prope adesse al., Ter. – wiederholt, ut al. obstes tibi, al. irascaris, al. instes gravius, bald … bald … bald, Sen. – ► vulg. aliquobi, Caesell. bei Cassiod. de orthogr. (VII) 202, 28.

alicula, ae, *f.* (*Demin.* v. ἄλλιξ), ein kurzer leichter Überwurf, der mit einer Schnalle od. Spange über der rechten Schulter befestigt wurde und mit zwei verlängerten Zipfeln längs der Schenkel herabfiel, der **Zipfelmantel,** Mart. 12, 81, 2 (vgl. alica): polymita, Petron. 40, 5: als Kindertracht, Ulp. dig. 34, 2, 23. § 2.

alicum, s. alica.

alicunde, *Adv.* (aliquis u. unde), **irgendwoher** (s. Osann Cic. de rep. 6, 27. p. 410), **I** eig.: venit meditatus al. ex solo loco, Ter.: aut decedere nos al. cogit aut prohibet accedere, Cic. – **II** übtr., **irgendwoher,** **a** = **von irgendjemand,** al. sumere, al. exorare mutuum, Komik.: al. quaerere, audire, Cic. – **b** = **von** od. **in irgendetwas,** Ter. Hec. 286. Cic. Tusc. 3, 82 (dagegen 1, 23, 53 jetzt aliunde). – ► vulg. aliquonde, Cassiod. de orthogr. 10= (VII) 202, 28 K.

alid = *aliud,* s. 1. alis.

Ālidēnsis, s. Elis a. E.

aliēnātio, ōnis, *f.* (alieno), **I** die **Entfremdung,** **A** aktiv, als gerichtl. *t. t.*, das Weggeben einer Sache als Eigentum an einen anderen, die **Ent-** od. **Veräußerung,** Sen. de ben. 5, 10, 1. Pomp. dig. 18, 1, 67 u. a. ICt.: Plur., Ulp. dig. 27, 9, 3. § 1. – dah. al. sacrorum, die durch einen Scheinverkauf bewirkte Entäußerung u. Übertragung der *sacra gentilicia* an eine andere *gens,* Cic. or. 144; de legg. 3, 48. – auch das **Recht der Veräußerung,** alienationem nummorum od. peculii non habere, Ulp. dig. 14, 6, 9. § 1 u. 24, 1, 3. § 8. – **B** medial, **a** als mediz. *t. t.*, **α** das **Absterben** der Glieder, Plur., alienationes, Cael. Aur. chron. 2. 1, 23. – **β** al. mentis, die **Geistesabwesenheit, Besinnungs-, Bewusstlosigkeit,** Cels. 4, 2, 1. Scrib. 179. Plin. 21, 155: continua, Macer dig. 1, 18, 14 (Tac. ann. 6, 24 = Wahnsinn, aber dort zw.): u. ohne *mentis,* Sen. ep. 78, 9. Firm. math. 4, 1: u. m. *Genet. caus.*, effrenati pectoris al., Arnob. 1, 17: ebrietatis, Arnob. 5, 2. – **b** das **Sich-Entfremden** des Gemüts von jmd., die **Entfremdung,** der **Abfall** von jmd., der **Bruch** mit jmd., die **Abneigung** gegen jmd. (verb. alienatio disiunctioque, Cic. de amic. 76), repentina, Liv. 35, 19, 2: consulum, Cic. ad Q. fr. 1, 4, 4: exercitus, Caes. b. 2, 31, 4: patrui, Tac. ann. 2, 43: tua *a* me alienatio, Cic. Phil. 2, 1: praecipua *in* Vitellum alienatio per Illyricos exercitus, Tac. hist. 2, 60. – **II** (spätlat.) die **Änderung,** frequens al. capitis, häufige Änd. der Lage des Kopfes, Cael. Aur. acut 1, 3, 37.

aliēnātor, ōris, *m.* (alieno), der **Veräußerer,** Cod. Iust. 1, 5, 10; 4, 54, 9.

aliēnigena, ae, *m.* (alienus u. geno = gigno), **anderwärts geboren, ausländisch, fremd,** subst. **der Ausländer. Fremde** (d. h. im Ausland Geborene, im Ggstz. zu indigena), homo longinquus et alienigena, fern lebend u. fremdgeboren, Cic.: testes (Ggstz. domestici), Cic.: hostis, Cic. u. Liv.; suos deos aut novos aut alienigenas coli, Cic. – neque vino alienigenā, sed patriae usurus, Gell. 2, 24, 2 (vgl. Plin. 14, 72: vinum indigena). – subst., quid alienigenae de vobis loqui soleant, Cic.: ipse alienigena, Nep.: nos alienigenae et externi (Ggstz. illi eiusdem nationis), Curt.

aliēnigenus, a, um (alienus u. geno = gigno), **fremden Ursprungs,** dah. **I** aus einander fremden Bestandteilen zusammengesetzt, **fremd-** od. **verschiedenartig,** alienigenis ex partibus esse, Lucr.: alienigenis rebus constare, Lucr. – **II** **ausländisch, fremd,** alienigeni pisces, Col.: alienigena semina, Col.: alienigena sacra, Sen.: mulieres alienigeni sanguinis, Val. Max.: alienigena exempla, Val. Max.

aliēnigero, āre (alienus u. gero), **veräußern,** hoc monumentum vendere aut alienigerare, CIL 6, 18385, 1.

aliēniloquium, ī, *n.* (alienus u. loquor), **I** (als wörtl. Übersetzung von ἀλληγορία), das anders Reden, als es verstanden werden soll, die **allegorische Darstellung,** Isid. 1, 36, 22. – **II** das **Irrereden,** Ps. Varr. sent. 51.

aliēnitās, ātis, *f.* (alienus), mediz. *t. t.:* **I** der in dem menschlichen Körper befindliche fremdartige Stoff, als Ursache der Krankheit, der **fremde Körper,** Cael. Aur. chron. 5, 4, 64 u. ö. – **II** = alienatio mentis (s. d.), Cael. Aur. acut. 2, 39, 227.

aliēno, āvī, ātum, āre (alienus), gegen sich od. andere **fremd machen, entfremden, I** eig.: **1** im Allg., **weggeben, wegschaffen, entfernen, verstoßen, verdrängen, in fremde Hände** od. **Gewalt geben** od. **bringen** (im Passiv = **in fremde Hände** od. **Gewalt geraten**), mulier alienata est abs te, ist dir genommen, für dich verloren, Plaut.: usus fructus … iam mihi harum aedium … alienatus est, ist mir entrissen, Plaut.: reiculae sunt alienandae, Varr.: me falsā suspicione alienatum, verstoßen, zurückgesetzt, Sall.: urbs alienata, Sall.: u. so pars insulae prodita atque alienata, Liv.: sacopenium, quod apud nos gignitur, in totum transmarino alienatur, wird verfälscht, Plin. – dah. cum velut occisos alienasset, entfernt (verborgen) hatte, Iustin. 18, 3, 9.

2 insbes.: **a** als gerichtl. *t. t.*, eine Sache (durch iuris cessio) einem anderen **abtreten, veräußern** (u. zwar im streng. jurist. Sinne [nach Paul. dig. 50, 16, 67] so, dass wirkliche Übergabe der Sache in fremden Besitz stattfindet, was bei vendo nicht notwendig der Fall ist dah. verb. vendere atque alienare, nicht umgekehrt), vectigalia, Varr. u. Cic.: si res fuerint usucaptae ab eo, cui alienatae sint, ICt. – **b** ein Kind, einen Sklaven gleichs. sich u. seiner Familie fremd machen, aus der Familie **verstoßen, in fremde Gewalt geben** (Ggstz. alqm suum facere, als Sohn annehmen; vgl. Ruhnken Ter. heaut. 5, 2, 26 u. Liv. 41, 8, 12), ita nos alienavit, Ter.: ne quis quem civitatis mutandae causā suum faceret neve alienaret, Liv.: an pro non natis sint habendi, qui a familia sunt alienati? Quint.: dah. scherzh., tu me alienabis numquam quin noster siem (sagt Sofia zu Merkur, der sich für Sofia ausgibt), d. i. du sollst mich gewiss nie zum Fremden machen in unserem Haus, Plaut. Amph. 399. – **c** (als mediz. t. t.) alienari, v. Körper u. dessen Teilen = **absterben,** intestina, Cels.: corpus, Sen.: u. *Partic.* subst., alienata, ōrum, *n. pl.*, abgestorbene Glieder, Plin. – **d** alcis mentem, jmds. Verstand od. Sinne betäuben = jmd. **um seinen Verstand** od. **von Sinnen bringen, wahnsinnig** od. **verrückt machen,** erat opinio, post censuram *minus compotem fuisse sui* (nicht völlig bei Verstand gewesen sei); vulgo Iunonis iram ob spoliatum templum *alienasse mentem* (ihn verrückt gemacht habe) ferebant, Liv. 42, 28, 12: u. so absol., odor sulphuris saepius haustus alienat, bringt von Sinnen, macht verrückt, Sen. nat. qu. 2, 53, 2 (vgl. § 1 dementes facit). – Öfter im Passiv, quorum alienatur mens, die von Sinnen kommen, verrückt werden, Plin.: *alienatas* discordiā *mentes* hominum (ganz verblendeten G.) eo piaculo *compotes sui* fecisse, Liv.: signum alienatae mentis, von Geistesabwesenheit, Suet. – dah. vom Menschen selbst: alienari mente, von Sinnen kommen, verrückt werden, Plin. u. Cael. Aur. – u. bes. alienatā mente, von Sinnen, vom Verstand gekommen, verrückt, wahnsinnig, Caes. u. a.: u. dafür auch alienatus mente, Plin.: u. velut alienatus sensibus, wie besinnungslos, wie von Sinnen, Liv.: alienatus in febri, phantasierend, Capitol.: alienatus ad libidinem animo, außer sich vor wilder Begier, Liv.; s. viele Belege bei Drak. Liv. 3, 48, 1.

II übtr.: **1** im Allg., den Geist, Sinn von etw. **entfernen, abziehen,** gegen etw. **fremd** od. **gleichgültig machen,** alienatis a memoria periculi animis, indem sie alle Gefahr vergaßen, Liv.: velut alienato ab sensu animo, jedem Schmerzgefühl fremd, gegen jedes Sch. gleichgültig, Liv.

2 insbes.: **a** jmd. der Gesinnung nach sich od. einem anderen **entfremden** = **abstoßen,** mit jmd. od. sich **veruneinigen,** jmd. **abgeneigt-, abspenstig-, abtrünnig machen, gegen sich aufbringen** u. dgl., im Passiv (bes. im *Partic. Perf.*) **sich lossagen, aufhören Freund zu sein, feind od. abtrünnig werden, abfallen** (Ggstz. conciliare, reconciliare, allicere), omnes a se bonos, Cic.: alcis voluntatem ab alqo, Cic.: omnium suorum voluntates (*sc.* a se), Caes.: regem socium alci, Liv. 30, 14, 10: sibi alqm, Liv. 44, 27, 8, od. sibi alcis animum, Vell. 2, 112, 7: plane alienari a senatu, Cic.: voluntate alienati, Sall.: alienatus ab senatu Aemilius, Liv.: alienati Romanis (Dat.), Liv. 35, 31, 4: alienatae discordiā (durch Zw.) mentes hominum, Liv.: insulas alienatas (abtrünnigen) ad officium redire coëgit, Nep.: alienato erga Vespasianum animo, Tac.: non vultu alienatus, keine Spur von Entfremdung (Ungnade) im Gesicht, Tac. – **b** alienari ab alqa re, sich von etwas entfernt halten, d. i. **einen natürlichen Widerwillen gegen** etw. **haben, es vermeiden,** a falsa assensione u. ab interitu, Cic. de fin. 3, 16 u. 18.

1. aliēnus, a, um (alius), *Adi.* m. *Compar.* u. *Superl.*, in vielen Bedeutungen dem gr. ἀλλότριος entsprechend, einem anderen gehörig, -eigen, **fremd** (Ggstz. meus, tuus, suus, proprius), **I** eig.: **1** im Allg.: puer, Ter.: servus, Quint.: coniunx, Hor.: aedes (Plur.), Ter.: domus, Cic.: pecuniae, Cic.: aes alienum, fremdes, entlehntes Geld, Schulden (s. aes *no.* II, B, 2, a), Cic.: nomina, fremde, von anderen gemachte Schulden, Sall.: mos, Ter.: opes, Cic.: pavor, fremde, d. i. der anderen Furcht, Liv.: aber metu alieno, aus Furcht vor anderen, Ter.: alienis pedibus ambulare, Plin.: edicta alieno formare ingenio, Suet.: cum aliena est oratio, wenn ein anderer das Wort hat, Plaut.: alienis mensibus aestas, in fremden Monaten (d. i. in den Wintermonaten), Verg. – sternitur infelix alieno vulnere, durch die einem anderen zugedachte Wunde, Verg. – m. Dat., sacerdotium genti conditoris haud alienum, Liv. 1, 20, 3. – subst., aliēnum, ī, *n.*, **a fremdes Gut** od. **Eigentum** (Ggstz. suum), alieni appetens, sui profusus, Sall.: largiri ex alieno, auf anderer Kosten Freigebigkeit üben, Cic., de alieno, Liv. u. Iustin.: ex alieno praedari, Liv. – **b fremder Grund u. Boden,** in alieno aedificium exstruere, Cic.: furor aliena vastandi, Sen.: aliena pervadere molienti, fremdes Gebiet (im Ggstz. zum römischen), Amm. – **c fremde Angelegenheit,** qui negat quicquam deos nec alieni curare nec sui? Cic. de div. 2, 104: u. so Plur. = **fremde Angelegenheiten, fremde Interessen,** aliena curare, Ter. heaut. 76: aliena diiudicare, *ibid.* 504. – **2** insbes.: **a** jmdm. seiner Familie od. seiner Person od. seiner Heimat nach **fremd, α** der Familie, Verwandtschaft od. Person nach **fremd, fernstehend,** jmd. **nichts angehend,** ihm **nicht verwandt, nicht angehörig** (Ggstz. meus, tuus, suus u. propinquus, affinis, sanguine coniunctus, amicus, familiaris, familiaris et necessarius), absol., ille si me alienus affinem volet, Ter.: heres alienior, Cic.: homines alienissimi, wildfremde, Cic. Phil. 10, 10. – m. *Dat.*, non alienus sanguine regibus, Liv.: mihi non alienus, Fronto. – m. *ab* u. Abl., humani nihil a me alienum puto, Ter. heaut. 77: alienissimus a Clodio, Cic. – u. (wie ἀλλότριος) m. *Genet.* (s. Deder. Dict. 2, 5), non alieni generis sui, Dict.: non alienus Pelei, Dict. – subst., aliēnus, ī, *m.*, der **Fremde,** cives potiores quam peregrini, propinqui quam alieni, Cic.: in longinquos in propinquos, in alienos in suos irruebat, Cic.: neu malis alienos adiungere, quam sanguine coniunctos retinere, Sall.: etiam alienissimis in capitis periculis amicissimorum officia et studia praestamus, Cic.: se suaque omnia alienissimis crediderunt, wildfremden Leuten, Caes. b. G. 6, 31, 4. – **β** der Heimat nach jmdm. **fremd, ausländisch,** Graeca nomina aut aliena, Plin.: arbor ex alieno petita orbe, Plin.: domi atque in patria mallem, quam in externis atque alienis locis, Cic. – v. Pers. subst., aliēnus, ī, *m.*, der **Fremde,** der **Ausländer,** tot linguae, tanta loquendi varietas, ut externus alieno paene non sit hominis vice, Plin.: hic apud me cenant alieni novem, Plaut. – **b** dem Körper od. dem Geiste **fremd, entfremdet, α** dem Körper, **abgestorben** quantum eius (ossis) alienum est, Scrib. 201. – **β** dem Geiste, **verwirrt, verrückt,** facient alienos, deliros, Firm. math. 3, 6. – **c** der physischen Beschaffenheit nach **fremdartig, widrig,** fit quoque, ut (nebula) in nostrum cum venit denique caelum, corrumpat reddatque sui simile atque alienum (uns widrig), Lucr.: alienus odor opplet nares, Varr.

– *neutr. plur.* aliena subst., das **Fremdartige,** der **fremdartige Stoff** (= das aus der Mischung fremdartiger Bestandteile entstandene Trübe des Weines), Hor. sat. 2, 4, 57. – **II** übtr.: **a** v. Pers.: **α** der Meinung, Ansicht nach einem anderen gleichs. angehörig, von einem anderen **abhängig, nicht selbständig, nicht auf eigenen Füßen stehend** (Ggstz. suus), in physicis totus alienus est, Cic. de fin. 1, 17. – **β** der Gesinnung, Denkart, Neigung u. Lebensart nach einer Person od. Sache **fremd, entfremdet, abgeneigt, nicht befreundet, feindselig, verfeindet,** gegen sie **ungünstig gestimmt, gleichgültig** (Ggstz. amicus, familiaris, coniunctus), voluntates populi, Cic.: homo, Cic.: ex alienissimis sociis amicissimos reddere, Cic.: neque solum illis aliena mens erat, nicht bloß bei jenen herrschte eine feindselige Gesinnung, Sall. – m. *ab* u. Abl., alienus ab alqo od. ab alqa re animus, Cic.: si est a me alienior, Cic.: homo non alienus a litteris, ein des Schriftwesens nicht unkundiger (im Schriftwesen nicht unbewanderter) Mann (zugleich mit dem Doppelsinn: ein dem Brieftragen nicht fremder M.), Cic.: numquam a poëtice alienus fui, Plin. ep. – m. *Dat.*, alienus alci animus (Ggstz. animus in alqm pronior), Tac.: ambitioni alienus Ggstz. familiaris otio et litteris), Sen.: domus his aliena malis, solcherlei Ränken (Getreibe) abgeneigt, Hor. – m. *Genet.* (s. Ov. fast. 1, 196), domus non aliena consilii, dem Pl. nicht fremd, dem Pl. befreundet, Sall.: ioci non alienus, kein Feind vom Scherz, Ov. – subst., vel alienissimus rusticae vitae, auch der abgesagteste Feind des Landlebens, Col. 3, 21, 3. – **b** v. Lebl. (konkr. u. abstr. Ggstdn.), **fremd, fremdartig,** dem eigenen Wesen od. der Beschaffenheit, dem Zustand, dem Zweck, den Verhältnissen **nicht entsprechend, widerstrebend, ungewohnt, ungeeignet, ungehörig, unpassend, unangemessen, unzuträglich, nachteilig,** mit etw. **unvereinbar, α** *absol.:* malis ridere alienis, mit verstellten Mienen, mephistophelesartig, höhnisch lachen, Hor. sat. 2, 3, 72: alieno gaudia vultu semper erant, das Weinen war dir näher als das Lachen, Val. Flacc. 8, 164. – hanc rem tractare non alieno loco videor, Quint. – alieno loco (Gelände) proelium committere, Caes. – alienā, alieniore aetate, Plaut. u. Ter.: alieno tempore, zur Unzeit, Cic. u. Liv. (Ggstz. suo tempore, Varr.). – suo alienoque Marte pugnare, nach gewohnter u. ungewohnter Art, Liv. – aliena verba, uneigentliche (Ggstz. propria). Cic.; u. verb. translata et aliena verba, Cic. (vgl. Cic. de or. 3, 157 u. or. 80): cetera ex prosae orationis usu alieniora praetermisimus, Gell. – u. non alienum est m. folg. Infinit., es ist nicht unzweckmäßig, unzuträglich (s. Heusinger Cic. off. 1, 8), sponte vomere non alienum est, Cels.: u. so sed non alienum est (es ist nicht ungehörig, ungeeignet) rationem huius verbi faciendi Zenonis exponere, Cic.: non alienum esse videtur proponere de etc., Caes.: cuius victoriae non alienum videtur quale praemium sit tributum docere, Nep.: non alienum esse arbitror breviter explicare, quae mihi sit ratio etc., Cic. – *neutr. plur.* subst. = **nicht zur Sache Gehöriges, Fremdartiges, Ungehöriges,** aliena ac nihil profutura petere, Sall.: aliena dicere (Ggstz. dicere quod causae prosit), Cic.: aliena loqui, Ungehöriges schwatzen, Unsinn reden (v. Wahnsinnigen). Cels. u. Ov. – **β** m. *ab* u. Abl.: navigationis labor alienus non ab aetate solum nostra, verum etiam a dignitate, Cic.: dolor (est) motus asper in corpore alienus a sensibus, dem Gefühl widerstrebend, Cic.: sententia non crudelis, sed aliena a re publica nostra, Sall. – **γ** m. bl. *Abl.:* aut suā personā aut tempore alienum, Cic.: alienum sibi videri dignitate imperii, Cic.: illud autem alterum alienum esse existimatione meā Cibyratas imperio meo publice venari, Cic.: indignum et alienum maiestate populi Romani videtur m. folg. Akk. u. Infin., Val. Max. – **δ** m. *Dat.:* cibi stomacho non alieni (nicht unzuträgliche), Cels.: alienissimo sibi loco, contra opportunissimo hostibus conflixit, Nep.: exemplum temporibus suis accommodatissimum, meis alienissimum rationibus, Cic.: quod maxime huic causae est alienum, Cic. – u. zugl. m. folg. *Infin.*, moveri et ambulare nisi sanis alienum est, Cels.: non putavi alienum esse meis institutis haec ad te scribere, Cic. – **ε** m. *Genet.* (s. Ov. fast. 1, 196), aliarum rerum aliena, unvereinbar mit anderen Erscheinungen, beispiellos, Lucr.: omnia quae essent aliena firmae et constantis assensionis a virtute sapientiaque removit, Cic. – u. zugl. m. folg. *Infin.*, quis alienum putet eius esse dignitatis, quam mihi quisque tribuit, quid in omni munere vitae optimum et verissimum sit exquirere, Cic. – **ζ** m. *ad* u. Akk.: nihil mihi turpius apud homines fuisset, neque vero ad istam ipsam ἀσφάλειαν quicquam alienius (zweckwidriger), Cic. ad Att. 2, 19, 4: ad committendum proelium alienum esse tempus arbitratus, Caes. b. G. 4, 34, 2: omnium autem rerum nec *aptius* est quicquam ad opes tuendas quam diligi, nec *alienius* quam timeri, Cic. de off. 2, 23.

2. Aliēnus, ī, *m.*, s. Alliēnus.

aliēus, s. halieus.

alieuticus, a, um, s. halieuticus.

Alīfae, Alīfānus, s. Allīfae.

āli-fer, fera, ferum (ala u. fero), **Flügel tragend, beflügelt,** axis, Ov. fast. 4, 562 *Merkel.*

āli-ger, gera, gerum (ala u. gero), **Flügel führend, beflügelt, I** eig.: agmen, Zug der Vögel, Verg.: Iovis nuntius, Merkur, Stat.: Amor, Verg.: aligeri Cupidines, Plin., u. bl. aligeri, Sil., die geflügelten Liebesgötter: al. axis, der Drachenwagen, Ov.: ferrum, der befiederte Pfeil, Sil. – **II** poet. übtr., **beflügelt** = flüchtig, schnell, plantae, Sil. 14, 507. – ► Synk. Genet. Plur. aligerûm, Val. Flacc. 7, 171.

Āliī, ōrum, *m.*, s. Elīus unter Elis.

alimentārius, a, um (alimentum), **zur Nahrung-, zum Unterhalt** gehörig, lex, Alimentationsbill (wahrsch. betr. die Verteilung von Lebensmitteln an arme Bürger), Cael. in Cic. ep. 8, 6, 5. – sonst bei Spät., res, Getreidewesen, Amm.: invectio, Zufuhr von Proviant, Symm.: pecunia, ICt. – subst., alimentārius, ī, *m.*, ein (testamentarisch) zur Unterstützung Berechtigter, ein Erbpflegling, Ulp. dig. 2, 15, 8. § 6 u. a. – dah. bes. pueri et puellae alimentarii, Kinder armer Eltern, die aus Stiftungen der röm. Kaiser monatl. Spenden erhielten, CIL 9, 5000 u. 14. 4003. Capit. Anton. Pius 8, 1.

alimentum, ī, *n.* (alo), gew. im Plur., die **Nahrungsmittel, Nahrung, I** im Allg., der Menschen, alimenta corporis, Cic.: alimenta incolarum (für die B.), Liv.: alimentorum egestas, Sen., penuria, Tac.: alimenta lactis puero dare, Ov.: captivis egentibus alimenta clam suppeditare, Liv.: tridui alimenta portare (v. Soldaten), Curt.: alimenta arcu expedire (sich mit dem B. verschaffen), Tac.: der Tiere, alimenta leonum et vulturum, Sen.: reponere in hiemem alimenta, Quint.: der Pflanzen, unam in stipem redigere alimenta, Plin.: des Feuers usw., ignis, ignium, Liv. u. Sen.: flammae, Ov.: concipit Iris aquas, alimenta nubibus affert, Ov. – übtr., famae, Tac.: seditionis, Tac.: temeritatis, Tac.: addidit alimenta rumoribus adventus Attali, Liv. – **II** insbes. (als jurist. *t. t.*), alimenta, die **Alimente,** d. h. alles, was zum Unterhalt gehört u. jemand einem anderen verabreicht, wie Eltern den Kindern u. umgekehrt, Dig. 34, 1 »de alimentis«. Plin. pan. 26 *sq.* – dah. meton. = »die auf den Unterhalt u. die Erziehung eines Kindes verwandten Kosten«, Quint. 7, 1, 4; 9, 2, 89: u., wie τροφεῖα u. θρεπτήρια, der »Ammen- u. Erzieherlohn«, Cic. de rep. 1, 8 (alimentorum merces gen. bei Iustin. 12, 6, 11): u. so auch minas decem pro alimentis (Kostgeld) dare, Ter. heaut. 836.

Alimentus, ī, *m.*, römischer Beiname, wie L. Cincius Alimentus bei Liv. 26, 23, 2 u. ö.

alīmma, atis, *n.* (ἄλειμμα), die **Salbe,** Cass. Fel. 61. p. 150, 16. Mart. Cap. 2. § 110.

alimo, ōnis, *m.* (alo), der **Pflegling,** Placid. gloss. V, 6, 17. Anthol. Lat. 19, 9.

alimodī, s. alīusmodī.

alimon, ī, *n.*, s. halimon.

alimōnia, ae, *f.* (alo), die **Ernährung,** der **Unterhalt,** Varr. sat. Men. 260. Gell. 17, 15, 5. Prud. cathem. 5, 19 u. a. Spät. (s. Bünem. Lact. 7, 4, 7. Hildebr. Apul. met. 5, 18. Rönsch Itala p. 28): Plur., Apul. met. 2, 3; apol. 85. Cod. Theod. 12, 12, 2. – ► Nicht mehr Plaut. Pers. 53.

alimōnium, ī, *n.* (alo), die **Ernährung,** der **Unterhalt,** Varr. r. r. 1, 8, 7; 3, 16, 15. Suet. Cal. 42. Tac. ann. 11, 16: Plur., Varr. r. r. 1, 44, 3 u. a. Paul. dig. 23, 3, 73. § 1.

aliō, *Adv.* (alius), **anderswohin, I** eig.: si offendet me loci celebritas, alio me conferam, Cic.: profectus alio fueras, Ter.: Romam aliove quo mitterent legatos, Liv. – alius alio, der eine dahin ... der andere dorthin, Cic. u. Liv. – aliunde alio, von diesem Ort nach jenem hin, Sen. nat. qu. 3, 11, 1. – nihil *alio atque alio* spargitur, dahin u. dorthin, Sen. de brev. vit. 11, 2. – nam penetrare *alio* sonitus *alioque* saporem cernimus e sucis, *alio* nidoris odores, Lucr. 6, 986 *sq.* – **II** übtr.: **1 anderswohin** = zu einer anderen Person, **zu anderen,** suum animum alio conferunt, Ter.: a te causam regiam alio transferebant, Cic.: quo alio nisi ad nos socios confugerent? Liv.: si alii alio trahant res, Liv. – alio (= in aliam domum) nubere, Plaut. Stich. 80. – **2 anderswohin, zu etwas anderem hin** = zu einem anderen Gegenstand, si placet sermonem alio transferemus, Cic.: alio properare, Sall. – hic *alio* res (familiaris), *alio* ducit humanitas, dahin ... dorthin, Cic. de off. 3, 89. – **3 zu etwas anderem** = zu einem anderen Zweck, cupiditatis nomen servet alio, Cic.: hoc longe alio spectabat, Nep. – m. der Negat., nusquam alio natus, quam ad serviendum, Liv.: non alio data summa, quam in emptionem etc., Suet.

aliō-quī od. **aliō-quīn** (beide Formen finden sich in den besten Handschriften, *Adv.* (alius u. quoi od. quī, u. alius u. quoine od. quīne), **in anderer Hinsicht, im Übrigen, übrigens, sonst, I** exzeptional u. konzessiv, **1** im engeren Sinne: **a** exzeptional: nunc pudore a fuga contineri, alioquin pro victis haberi, Liv.: vitiis mediocribus ac mea paucis mendosa est natura, al. recta, Hor. – **b** konzessiv: triumphatum de Tiburtibus, al. mitis victoria fuit, Liv.: dah. verb. quamvis al., Lucr.: quamquam al., Suet.: cum al., Plin. u. Plin. ep. 2, 19, 6. – **2** der Begriff verallgemeinert: **a** = **sonst auch, sonst noch, außerdem noch,** tot al. negotiis districtus, Quint.: ordo al. sceleris patefactus, Tac.: et alioqui, und überdies, Plin. u. Plin. ep. (s. Döring Plin. ep. 2, 9, 1). – **b sonst, überhaupt, im Allgemeinen,** Asiana gens, tumidior al. atque iactantior, Quint.: Caesar validus al. spernendis honoribus, Tac. – et alioqui ... et, **sowohl überhaupt ... als auch,** et al. opportune situm, et transitus eā est in Labeates, Liv. – u. so cum alioqui ... tum, wie überh. ... so usw., mors Marcelli cum al. miserabilis fuit, tum quod etc., Liv. – **c ohnehin, ohnedies, an sich schon,** corpus, quod illa (Phryne) speciosissima al. diductā nudaverat tunicā, Quint.: non tenuit iram, cuius al. potens non erat, Curt.: gravis al. seditio exarserat, Tac. – **II** konditional, **andernfalls, im entgegengesetzten Falle, sonst,** ut illorum officium est docere, alioquin abibunt in vanum monentium verba, Sen. ep. 94, 17: sic horum praebere se dociles; alioqui neutrum sine altero sufficiet, Quint. 2, 9, 3: u. so Quint. 2, 10, 7 u. ö. Plin. ep. 8, 8, 1 (Cic. or. 49 u. de legg. 2, 62 wahrsch. unechtes Einschiebsel).

aliōrsum, zsgz. aus *aliovorsum* (alioversum), *Adv.*, **anderswohin, I** eig.: al. grassantes, Apul.: impetus al. tendentes, Amm.: speculum al. transferre, Gell.: a fundo al. servum transferre, ICt.: mater ancillas iubet aliam aliorsum ire, die eine hierhin, die andere dorthin, Plaut.: m. folg. *quam,* iumentum aliorsum duxerat, quam quo utendum acceperat, Gell. 6 (7), 15, 1. – **II** übtr.: **1** in Bezug auf eine Sache od. Person: sed id al. pertinet, atque alio in loco dicetur, Gell.: al. oratio properans, zu anderen Dingen, Amm. – infantis al. dati facta ex oculis amolitio est, zu anderen Leuten, Gell. 12, 1, 22. – **2** zur Angabe der Richtung, **in anderer Absicht, in einem anderen Sinne, anders, auf andere Weise,** atqui ego istuc *aliovorsum* dixeram, Plaut. aul. 287: al. vota ceciderunt, Flor.: summa coepti prudentis aliorsum vertit, Amm.: *alioversus* deos interpretantur, Lact. 1, 17, 1: m. folg. *atque,* vereor, ne illud aliorsum atque ego feci, acceperit (aufgefasst hat), Ter. eun. 82: si quid aliquis aliorsum atque sese habet existimet, Boëth. cons. phil. 5, pr. 3. p. 102, 24 *Obb.* – Nbf. **aliorsus**, nur Liv. 30, 38, 3 *cod. Bamb.*

aliō-versum (-vorsum) u. **aliō-versus** (-vorsus), s. aliōrsum *no.* I u. *no.* II, 2.

āli-pēs, pedis (ala u. pes), **I Flügel an den Füßen habend,** deus alipes u. bl. alipes, v. Merkur, Ov.: equi, von den R. des Phöbus, Ov. – **II** poet. übtr., **schnellfüßig, schnellaufend,** cervi, Lucr., equi, Verg.: auch subst. bl. alipedes, um, v. Rossen, Verg. 7, 277.

Alīphae, Alīphānus, s. Allīfae.

Aliphēra, ae, *f.* (Ἀλιφήρα od. Ἀλίφειρα), feste Stadt Arkadiens auf einem steilen Berg, unweit der Grenze von Elis, südl. vom Alpheus, Cic. ad Att. 6, 2, 3. Liv. 28, 8, 6: deren Einw. **Aliphīraeī**, ōrum, *m.* (Ἀλιφειραῖοι), die **Aliphiräer,** Plin. 4, 22.

ālipilārius, ī, *m.* (ala u. pilus) = alipilus, Gloss. ›alipilarius, δρωπακιστής‹).

ālipilus, ī, *m.* (ala u. pilus), der Sklave, der in den röm. Bädern ursprüngl. nur die Haare unter der Achsel (ala, axilla), später am ganzen Körper, anfangs mit einer Zange, später mit harzigen Stoffen und besonderen Ätzmitteln entfernte, Sen. ep. 56, 2. CIL 6, 9141; vgl. die Auslgg. zu Iuven. 11, 157.

alīpta, ae, *m.*, u. **alīptēs**, ae, *m.* (ἀλείπτης, bei den Griechen »der Einsalber der Athleten usw.«; bei den Römern) der Sklave, der den Herrn im Bade abrieb u. salbte, dabei aber auch zugleich auf seine Leibesbeschaffenheit u. sein Aussehen achtete u. danach Diät u. Leibesübungen anordnete, Nom. alipta, Fronto ad M. Caes. 2, 12. p. 35, 9 N., Nom. aliptes, Hadrian. b. Vopisc. Sat. 8, 3. Iuven. 3, 76; 6, 422: Abl. aliptā, Cels. 1, 1. § 1: Plur. aliptae, Cic. ep. 1, 9, 15.

aliquā, *Adv.* (aliquis), **I auf irgendeinem Wege, irgendwo,** al. evolare, Cic.: al. evadere, Liv. – **II** übtr., **auf irgendeine Art, irgendwie,** al. resciscere alqd, Ter.: al. nocere, Verg.

aliquāliter, *Adv.* (aliquis), **einigermaßen,** Eccl.

aliquamdiū, *Adv.* (aliqui u. diu), **I** zeitlich = **eine Weile lang,** auch prägn. = **eine ziemliche Weile,** Aristum Athenis audivit al., Cic.: ubi al. certatum, Sall. – aliqu. ... deinde, Caes. u. a.: aliqu. ... postea, Caes.: aliqu. ... postremo od. tandem, Liv.: aliqu. ... donec, Suet. – **II** übtr., örtlich = **eine Strecke weit, -lang,** Rhodanus al. Gallias dirimit, Mela: specus al. perspicuus, mox ... obscurior, Mela.

aliquammultus od. **aliquam** (*sc.* partem) **multus**, a, um (aliqui u. multus), **ziemlich viel,** vestrum aliquam multi, Cic. Verr. 4, 56: aliquam multi, Gell. 3, 10, 17: aliquam multi dies, Apul. flor. 16 u. apol. 72: aliquam multum temporis, Apul. met. 1, 24. – aliquam multum, *Adv.*, **ziemlich weit,** Apul. apol. 4. – aliquam multo, *Adv.*, **ziemlich viel,** natu maior, *Apul. apol. 97 *Oud.* u. *Hildebr.* – u. *Compar.* **aliquam-plūres, um ein ziemliches mehr,** Tert. apol. 12.

aliquandiū, s. aliquamdiū.

aliquando, *Adv.* (aliquis), **I** im Ggstz. zu einer bestimmten Zeit, **a irgendjemals, irgendeinmal,** von Vergangenheit, Gegenwart u. Zukunft: von der Vergangenheit: quis civis meliorum partium al.? Cic.: von der Zukunft, illucescet al. ille dies, Cic.: von der Gegenwart, sero, verum al. tamen, aber doch einmal (im Ggstz. zu »gar nicht«), Cic. – si forte al., Ter., od. si al., Cic., **wenn irgendjemals,** od. von einem entfernten, aber unbestimmten Zeitpunkt = **wenn einstmals, wenn einst.** – Auch bezeichnet aliquando zuw., im wirklich gesetzten od. bl. gedachten Gegensatz zu *in praesentia, adhuc, nunc,* den wirklichen Fall in einer unbestimmten vergangenen od. zukünftigen Zeit, **sonst, einst, einmal,** Cic. u. a.: Zacynthus al. appellata Hyrie, Plin. – **b** in der Umgangsspr., um anzuzeigen, dass zu etwas einmal Gelegenheit da sei, **einmal,** al. osculando melius est pausam fieri, Plaut.: dicendum al. est, Cic. – **c** in Ermahnungen, Wünschen u. dgl., **irgendwann,** scribe al. ad nos, quid agas, Cic.: et al. aut apud vos aut apud deos immortales rerum humanarum cura oriatur, Sall. – dah. **d** von dem, was nach langem Säumen od. Erwarten geschieht, zuw. verb. mit tandem u. iam, **endlich, endlich einmal,** Cic. u. a. (s. Kühner Cic. Tusc. 1, 1. Kritz Sall. Iug. 62, 1). – **II** im Ggstz. zu dem, was niemals, selten, oft od. immer geschieht, **manchmal, bisweilen** (Ggstz. numquam, raro, semper, saepe, saepius), Cic. u. a. – dah. in Partitivsätzen: aliquando ... aliquando, od. aliquando ... nonnumquam, **bisweilen ... bisweilen, bald ... bald,** Sen., Quint. u. a. – ► Im Vulgärlat. für aliquamdiu, wie Tert. apol. 7.

aliquantillum, ī, *n.* (*Demin.* v. aliquantus), **ein klein wenig, ein biss-**

chen, foris aliquantillum etiam quod gusto id beat, nur ein bißchen, was ich noch außer dem Hause esse, Plaut. capt. 137.

aliquantisper, *Adv.* (aliquantus u. per), **eine (ziemliche) Zeitlang, eine Weile,** Caecil. com. 45. Plaut. Pseud. 571. Claud. Quadr. fr. 6, 60 P. Ter. heaut. 572; adelph. 639. Flor. 2, 18, 14. Iustin. 1, 8, 3; 4, 2, 7; 42, 4, 8. Firm. math. 8, 31. p. 243, 48.

aliquantō, s. ali-quantus.

aliquantōrsum, *Adv.* (aliquantus u. vorsus), **nach mancher Seite hin,** Amm. 22, 8, 48.

aliquantulum, s. aliquantulus.

aliquantulus, a, um (*Demin.* v. aliquantus), **ziemlich klein** od. **gering,** numerus, Auct. b. Afr. 21. § 1 zw. – dah. **a** subst. aliquantulum, ī, *n.*, **ein klein wenig, ein bißchen,** modicum aliqu., Vulg. Hebr. 10, 37: al. afferre, Ter. Phorm. 655: m. *Genet.*, panis al., Aur. Vict. epit. 15, 5: frugis al. nostrae, Auson. ep. 22 praef.: al. temporis, Vulg. gen. 40, 4 u. a. – **b** adv.: **α** aliquantulum, **ein klein wenig, ein bisschen,** pansa al., Plaut. merc. 640: al. tibi parce, Ter. heaut. 163: beim *Compar.*, stadia esse al. breviora, Gell. 1, 1, 2. – **β** aliquantulo, **um ein klein wenig,** beim *Compar.*, aliquantulo tristior, Vopisc. Aurel. 34, 4.

ali-quantus, a, um (alius u. quantus), bezeichnet die Mitte zwischen dem Zuviel u. Zuwenig, **ziemlich, ziemlich viel** od. **groß, erheblich, erklecklich,** numerus, Sall.: pecunia, Apul.: iter, Liv.: maris spatium, Liv.: timor aliquantus, spes amplior, Sall. – spätlat. Plur. = *aliquot,* **ziemlich viele,** aliquanta oppida, Eutr. 4, 27: al. dies, Pallad. 1, 19, 2: aliquanti militares, Aur. Vict. epit. 41, 22: aliquanti indigni, Tert. adv. Marc. 3, 10: u. aliquanti (ziemlich viele) subst., Spart. Hadr. 7, 10. Aur. Vict. Caes. 33, 25. Veget. mil. 2, 3. Veget. mul. 4, 8, 2: aliquanti de his, Schol. Iuven. 4, 115: aliquanti ... alii ... plures, Veget. mil. 4, 23. – bes. oft aliquantum, ī, *n.*, ein **ziemlicher, guter Teil,** eine **ziemliche Menge (Summe),** ein **ziemliches Stück,** eine **ziemliche Strecke,** ein **ziemlicher Grad** (Ggstz. aliquid, nihil), in re *aliquantum,* in gubernatoris inscitia *nihil* est, Cic.: cum reputarem quosdam ex debito *aliquantum,* quosdam *aliquid,* quosdam *nihil* reposuisse, Plin. ep.: eminet in aliquantum lingua, Liv. – bes. m. *Genet. partit.*, al. lineae vestis, Curt.: al. nummorum, Cic.: al. aquae, Liv.: al. aeris alieni, Cic.: al. spatii, Liv.: al. intervalli, Curt.: al. itineris, Caes.: al. noctis, Cic.: al. temporis, Planc. (in Cic. ep.) u. Liv.: al. trepidationis, Liv.: al. laudis, Cic. – dextra pars labe terrae in al. altitudinis diruta est, Liv. 42, 15, 5 (dagegen aliquantum iam altitudinis excitata erant moenia, Liv. 29, 18, 17: iam al. altitudinis opus creverat, Curt. 6, 5 [17], 21. – Plur. **aliquanta, subst., scripsit prosā** (in Prosa) **aliquanta, Schol. Acron. Hor.** – u. *Acc.* **aliquantum** u. *Abl.* **aliquanto = ein Ziemliches, ein nicht Unbedeutendes, ein Erhebliches** od. **Erkleckliches, bedeutend, merklich, ziemlich, einigermaßen** (s. Brix **Plaut. trin. 517.** Kühner **Cic. Tusc. 2, 66.** Kritz **Sall. Cat. 8, 2), α** bei Verbb.: **huc concede aliquantum, Plaut.: quod opus aliquantum opinione eius celerius creverat, Liv.: etenim numero aliquantum praestabant, Liv.: qui processit aliquantum ad virtutis aditum,** der T. bedeutend nahe gekommen ist, **Cic.: non tam definitione intellegi potest (quamquam aliquantum potest,** einigermaßen), **quam etc., Cic.: litteris lectis aliquantum acquievi,** ich fühlte mich merklich beruhigt, **Cic. ep.: epulamur ... intra legem et quidem aliquanto,** nicht wenig, **Cic. – β** bei Adjektt.: **credo timida es.** *Ba.* **aliquantum, soror,** ziemlich stark, **Plaut.** – bei Komparativen zur Steigerung od. Minderung des Grades, je nach dem Zusammenhang, **bedeutend, um ein Bedeutendes, beträchtlich, nicht unbedeutend, ziemlich, um ein Ziemliches** (letzteres auch zuw. für ersteres in der bescheidenen od. ironischen Sprache, s. Spalding **Quint. 1, 12, 4), aliquantum ad rem est avidior, Ter.: forma aliquantum amplior, Liv.: praeda aliquantum maior, Liv.: aliquantum maior exercitus, Frontin.: melius aliquanto, Cic.: carinae aliquanto planiores, Caes.: aliquanto maiorem locum occuparis, Cic.: Atheniensium res gestae satis amplae magnificaeque fuere, verum aliquanto minores quam famā feruntur, Sall.: omnia breviora aliquanto fuere, Liv.** Vgl. **Kühner Cic. Tusc. 2, 66** u. **Wölfflin Liv. 21, 15, 5.** Müller **Liv. 1, 7, 9.** Weißenb. **Liv. 40, 40, 1.** – **γ** bei Zeitbegr.: **aliquanto post** od. **post aliquanto,** einige Zeit darauf, **Cic.: aliquanto ante,** einige Zeit vorher, kurz vorher, **Cic.**

aliquātenus, *Adv.* (*sc.* parte, v. aliquis u. tenus), **bis zu einem gewissen Punkte hin, I** eig., im Raum, **eine ziemliche Strecke weit, ziemlich weit,** Mela u. a. – **II** übtr., **bis zu einem gewissen Grad, einigermaßen,** Col., Sen. u. Quint.

1. ali-quī, aliquae, aliquod (alius u. qui), *Pron. indef. adi.* **irgendein, -eine, -ein, a** *masc.*: aliqui morbus, Cato r. r. 157, 7: dolor aliqui, Cic. ep. 7, 1, 1: casus aliqui u. aliqui casus, Cic. off. 1, 115; 3, 33: repentinus aliqui casus, Gell. 1, 13, 3: consensus aliqui patrum, Liv. 7, 13, 8: aliqui paries, Vitr. 7, 4, 1: aliqui locus, Vitr. 8, 6 (7), 6: aliqui vultus hominis, Apul. met. 6, 29: cibus aliqui, Sulp. Sev. dial. 1, 11, 1: von Pers., deus aliqui, Cic. Ac. 2, 19: magistratus aliqui, Cic. Verr. 4, 146; facinorosus aliqui, Fronto de nep. am. 2. p. 233, 2 N.: quasi novus aliqui, Min. Fel. 5, 2: anachoreta aliqui, Sulp. Sev. dial. 1, 17, 3: aliqui palatii decurio, Amm. Sen. 20, 4, 20: subst., Plaut. Stich. 67. Cic. Clu. 113; ep. 109, 1 u. 5. Vopisc. Prob. 8, 4. Firm. Mat. 12, 5 u. 28, 4: m. *ex* u. Abl., aliqui ex nostris, Caes. b. G. 5, 26, 4: aliqui ex vobis, Cic. Cael. 7: m. *Genet.*, aliqui vestrum, Gell. 11, 13, 5. – **b** *fem.*: aliquae res, Lucr. 4, 261: quaepiam aliquae, Fest. 254 (b), 29. – **c** *neutr.*: nomen aliquod beluae, Enn. tr. 276 (200): aliquod magnum malum, Ter. adelph. 509: simulacrum aliquod, Cic. legg. 1, 59: aliquod bellum, Caes. b. G. 6, 15, 1: aliquod bellum inexpiabile, Cic. Phil. 13, 2: detrimentum aliquod, Nep. Att. 2, 3: delictum aliquod, Val. Max. 2, 6, 3: verbum aliquod, Quint. 9, 3, 58: sive plura sunt (argumenta) sive aliquod unum, Cic. de or. 2, 292: aliquod satureiae semen, Col. 11, 3, 57: ex quibus si unum aliquod (irgendeine einzige Eigenschaft) in te cognoveris, Cic. div. in Caec. 27: unum aliquod de nefariis istius factis eligam, Cic. II. Verr.. 1, 62. – ► Für die übrigen Kasus s. ali-quis.

2. aliquī, *Adv.* (zsgz. aus Abl. aliquoi von aliquis), **auf irgendeine Art, irgendwie, so gut wie es geht** (s. Brix Plaut. mil. 1182. Lorenz Plaut. most. 174), Plaut. aul. prol. 24 u. a. Varr. r. r. 1, 17, 6.

aliquīcumque, quaecumque, quodcumque (alius u. quicumque), **irgendein beliebiger anderer,** aliquocumque motu, Aquil. Rom. 42.

aliquīd, *Adv.*, **einigermaßen,** Cic. u. a.

aliquīlibet, quaelibet, quodlibet (alius u. quilibet), **irgendein beliebiger anderer,** vel aetatis aut aliquālibet causā, Cael. Aur. chron. 1, 4, 70: seu conchylioleguli seu ex aliquolibet corpore mercatores, Cod. Theod. 13, 1, 9.

ali-quis, aliqua, aliquid, Plur. aliqui, *Pron. indef. subst.* u. *adi.* (alius-quis), eig. = *alius nescio quis,* d. h. dieser od. ein anderer aus der Mehrzahl, **irgendjemand (einer), irgendein** od. **etwas, dieser u. jener,** im Plur. auch **irgendwelche, einige, manche, I** im Allg.: **a** allein: **α** *subst.*: is aliquis, dieser Jemand, Cic.: quisquis est ille, si modo est aliquis, Cic.: declamabam saepe cum M. Pisone et cum Q. Pompeio aut cum aliquo cotidie, Cic.: aut ipse occurrebat aut aliquos mittebat, Liv.: quem igitur cum omnium gratia voluit, hunc voluit cum aliquorum querela, Cic.: nihilne tibi videor an aliquid dicere? Cic.: vellem aliquid Antonio praeter illum libellum libuisset scribere, Cic.: aliquid facerem, ut hoc ne facerem, ich würde, ich weiß nicht was, tun, Ter.: aliquid fiet, interea fiet aliquid, es wird irgend etwas geschehen, Komik.: u. so erit hic aliquid aliquando, Cic. ep. (vgl. Klotz u. Spengel Ter. Andr. 314). – *fem.* aliqua (Akk. aliquam), Ov. met. 10, 560 (Varr. LL. 6, 56 zw.). – **β** *adi.* (vgl. Osann Cic. de rep. 1, 68. p. 140), aliquis deus, irgendein G., Cic.: aliquis error, Verg.: aliquo tempore anni, einmal im Jahr, Liv.: sine aliquo quaestu atque praeda, Cic.: sine aliquo timore, ohne Anwandlung von Furcht, Cic.: non sine aliqua spe et cogitatione, Cic.: qui alicui rei est, der zu etwas taugt, Cic.: aliquo modo, Plaut.: aliquo pacto, Ter.: aliqua ex parte, einigermaßen, Cic.: aliquā re publica, wenn der St. einigermaßen bestehen kann, bei leidlichen Verhältnissen im St., Cic. – aliqui ... alii, quidam ... aliqui, quidam ... alii ... aliqui, Plin. (s. Sillig Plin 33, 101 u. zu 34, 106). – aliquantum ... aliquid ... nihil, Plin. ep. (s. ali-quantus). –

b verstärkt durch alius, **irgendein anderer, irgendetwas anderes** (vgl. Stürenb. Cic. Arch. 11. p. 92), quae non habent caput aut aliquam aliam partem, Varr. LL.: dum aliud aliquid flagitii conficiat, Ter.: sin, ut tu scribis, ista evanuerint, aliquid aliud videbimus, Cic. – **c** verstärkt durch unus (s. Moser u. Osann Cic. de rep. 1, 48. p. 99), ein einziger, unbestimmt u. gleichgültig, welcher? **irgendeiner,** aliquis unus pluresve divitiores, Cic.: unum aliquem diem, irgendeinen beliebigen Tag, Cic. – **d** partitiv mit *ex, de* od. mit dem *Genet.*, aliquis ex vobis, Cic.: aliquis ex iis, Petron.: aliquis de tuis, Cic.: exspectabam aliquem meorum, Cic. – **e** wie im Griech. τίς, um eine Zahl ungefähr anzugeben (s. Holstein Cic. de fin. 2, 62), **einige, etwa,** hos aliquos dies, einige T., Plaut.: aliquos viginti dies, Plaut.: aliqua folia quinque, Cato: tres aliqui aut quattuor, Cic. – **f** aliquid mit dem *Genet.* eines *Subst.* od. eines *Adi. neutr.* der 2. *Declin.*, aliquid monstri, Ter.: agri aliquid, Liv.: aliquid virium, Cic.: falsi aliquid, Cic.: laxare aliquid laboris, Liv.: sehr selten in einem *casu obl.*, aliquo loci morari, Ulp. dig. – **g** auch mit *Adii. qualit.*, aliquis imbecillior, einer, der schwächer ist, Cic.: aliquid divinum, etwas, was göttlich ist, Cic.: in quo est aliquid extremum, worin es etwas Äußerstes gibt, Cic. – auch für was gew. *tale quid* mit mehr Bestimmtheit, aliquid in somno tale, quale etc., Cic.; vgl. aliquid huiusmodi, Cic. – **h** in Konditionalsätzen mit si, nisi etc., Cic. u. a. – **i** mit der 2. *pers. sing.*, exoriare aliquis, Verg. Aen. 4, 525. – u. kollektiv mit der 2. *pers. plur.* (vgl. *Passows Handw. in v.* τίς *no.* B, II, 1, c), aperite atque Erotium aliquis evocate ante ostium, Plaut. Men. 674: aperite aliquis actutum ostium, Ter. adelph. 634. – **k** Akk. aliquid = **in irgendetwas, in irgendeiner Beziehung, einigermaßen,** si in me al. offendistis, Cic.: ne additus nomini honos aliquid libertati officeret, Liv.: sublevare alqm al., Caes.: perlucens iam al. lux, Liv. – **l** *neutr. pl.* subst., aliqua, **einiges, etwas,** in narratione aliqua eicienda, Quint.: u.m. *Genet.*, trium rerum aliqua consequemur, Cic. – **II** insbes.: **A** ein unbestimmtes Einzelnes aus einer größeren Mehrheit hervorhebend, **mancher, manch einer, dieser und jener,** wie τίς, dicet aliquis forte, Vitr.: dixerit hic aliquis, Catull.: est aliquis, qui se inspici, aestimari fastidiat, Liv. – **B** prägnant wie im Griech. τίς, τί, **etwas der Rede Wertes, etwas Bedeutendes, Großes** (s. Kühner u. Meißner Cic. Tusc. 1, 45), si nunc aliquid assequi se putant, Cic. – dah. **a** esse aliquem od. aliquid, wie im Griech. τινά, od. τὶ εἶναι (vgl. *Passows Handw. in v.* τίς *no.* B, II, 2, d.p. 1912, b), **etwas sein, d. i. von Wert-, etwas Rechtes sein, etwas gelten, etwas zu sagen** od. **zu bedeuten haben, etwas heißen** od. **sagen wollen,** Cic.: est aliquid nupsisse Iovi, es ist etwas, es ist keine Kleinigkeit, Ov. – **b** dicere aliquid, wie λέγειν τι, **etwas Gewichtiges, nicht ganz Grundloses behaupten,** Cic. – **c** in der Umgangsspr., aliquid, **etwas** = etwas Bedeutendes, zumal Erwünschtes, Angenehmes, fiet aliquid, es kann etwas geschehen, -eintreten, -sich ereignen, Plaut. u. Ter.: u. so Vestorio aliquid significes, sage etwas Schönes, Angenehmes, eine Schmeichelei, Cic. – u. aliquid in verblümter Sprache für den sinnlichen Liebesgenuss, sin de Aurelia aliquid aut Lollia, Cic. ep. 9, 22. § 4 (vgl. Tusc. 3, 43). Prop. 2, 18, 11. – ► Nomin. Sing. Femin. aliqua, adj., Pompon. com. 114 (aliqua strena, nach Ribbecks Vermutung). Cic. ep. 6, 20, 2 (aliqua res); subst., Sen. contr. 10, 3 (32), 2 u. 10, 4 (33), 20; Plur. Femin, aliquae, adj. Lucr. 4, 261 (aliquae res). – Archaist., Dat. Sing. aliquoi, Sen. contr. 9, 5 (28), 11. – arch. Nom. Plur. aliques, nach Charis. 159, 7. – Dat. u. Abl. Plur. auch aliquis, CIL 8, 2728, 82. Liv. 24, 22, 14; 26, 15, 3; 26, 49, 6; 45, 32, 6. Plin. 2, 55 u. a. (s. Sillig Plin. 33, 48). – Dat. Plur. Femin. aliquabus, Soran. Lat. p. 10, 22. – alicui dreisilbig, Tibull. 4, 7, 1. Ov. trist. 4, 7, 7.

aliquis-piam (aliquis u. quispiam), **irgendein beliebiger,** Claudian. Mamert. de anim. 3, 12.

aliquis-vīs, aliqua-vīs, aliquid-vīs (aliquis u. volo), **irgendein beliebiger,** Cassiod. var. 1, 4.

ali-quō, *Adv.* (aliquis), **I irgendwohin,** alqm al. ex urbe amovere, Plaut.: alqm secum rus aliquo educere, Cic.: se al. ad ludos locare, Plaut.: in angulum al. abire, Ter.: migrandum Rhodum aut *aliquo terrarum* arbitror, Brut. in Cic. ep. – **II** emphat. = **irgend (anders) wohin,** proficisci al., Ter.: concedere al. ab ore eorum, Ter., od. ab eorum oculis, Cic.

aliquobī, s. alicubī.

aliquoi, Nbf. v. aliquo (*Adv.*), Sen. de ira 3, 19, 1 *Gertz.*

aliquonde, s. alicunde ►.

aliquot, *Numer. indef. indecl.*, **irgendeinige** (also das Unbestimmte in der Zahl, dagegen non nulli, der eine u. der andere, der u. jener, das Unbestimmte in der Auswahl aus mehreren), al. amici, Ter.: al. epistulae, Cic.: al. aristae, einige wenige, spärliche, Verg.: al. annis, seit einigen J., seit einer ziemlichen Reihe von J., Cic.: al. diebus ante, Cic.: per al. horarum spatia, ein paar Stunden, Plin. ep.

aliquotfāriam, *Adv.*, **an einigen Orten,** Cato bei Varr. r. r. 1, 2, 7.

aliquotiēs (in den besten Hdschrn. aliquotiēns), *Adv.* (aliquot), **einige Male, mehr als einmal,** gleichgültig, wie vielmal? id al. in die facito, Cato: al. ex alqo audisse, Cic.: al. iam a te iste locus tactus est, Cic.: neque detrusus al. terretur, Sall. fr.

aliquō-vorsum, *Adv.*, **irgendwohin, zu irgendeinem Ort hin,** Plaut. Cas. 297.

1\. **alis,** alid, Genet. alis, Dat. ali od. alei (ältere Form von alius, wov. aliter, aliquis usw.), **ein anderer, eine andere, ein anderes,** **α** Nomin. alis, Catull. 66, 28. Sall. b. Charis. 159, 31. CIL 3, 2970. – **β** Nomin. u. Akk. alid, Lucr. 1, 263, 1107 (1115) u. a. Catull. 29, 15. – **γ** Dat. ali od. alei, Lucr. 4, 635 u. a. Tabul. Heracl. 98. Vgl. übh. Prisc. 13, 12 u. 15, 22 Lachm. Lucr. 4, 637. – Dazu das vulg. alis alium = invicem (προς ἀλλήλους), Itala (Verc.) Ioann. 13, 22 u. 35; 14, 19. Itala (Verc.) Luc. 8, 25. Itala (Ottob.) exod. 26, 3.

2\. **Ālis,** idis, *f.*, s. Elis.

alīsco, s. alēsco.

alīsma, atis, *n.* (ἄλισμα), eine Wasserpflanze, **Froschkraut, Wasserwegerich** (*Alisma Plantago,* L.), Plin. 25, 124.

Aliso, ōnis, *m.*, ein Kastell am Zusammenfluss der Lippe u. Lise (Lupia et Aliso), von Drusus angelegt, nach einigen in der Gegend des heutigen *Elsen,* nach neueren Forschungen ist es ziemlich sicher das heutige *Haltern,* Vell. 2, 120, 2. Tac. ann. 2, 7.

Alisontia, ae, *f.*, ein Nebenfluss der Mosel, **die Elz,** Auson. Mos. 371.

aliter, *Adv.* (vom alten alis), **anders, auf andere Weise, I** eig.: **A** im Allg.: **a** übh.: tu si al. existimes, nihil errabis, Cic.: non fuit faciendum aliter, Cic. – non aliter, haud aliter, ganz so, Hor. u. Verg. – fieri aliter non potest, Ter., od. fieri non potest aliter, Cic. – aliter ... aliter, distrib., sed al. leges, al. philosophi tollunt astutias, Cic.: u. so drei-, vier-, ja fünfmal b. Cic., Quint. u. a. – aliter atque aliter, bald auf die eine, bald auf die andere Weise, auf verschiedene Weise, Sen. u. Plin.: so auch aliter aliterque, Cels. – aliter alius, der eine auf diese, der andere auf jene Weise, der eine so, der andere so, quoniam al. ab aliis digerantur, Cic.: u. aliter alibi, an dem einen Ort so, am anderen anders, hoc ex locorum occasione al. alibi decernitur, Plin. – non aliter beim Komparat., non al. clarius intellegi potest, Plin. – **b** in Vergleichungssätzen, affirmativ u. negativ: aliter ... atque (ac), anders ... als, al. rem cecidisse atque opinatus sis, Cic.: ne sim salvus, si al. scribo ac sentio, Cic.: u. so aliter ... quam, Cic. u. a.: aliter ... atque ut (wie), Cic. (s. Kühner Cic. Tusc. 3, 73): aliter atque si, Dig. – non (haud) aliter, nicht anders, d. i. gleich, mit folg. quam si, quam cum, ac si, **ganz wie wenn,** mit quam si u. quam cum b. Ov., Liv. u. a., mit ac si, Suet. u. a. (b. Cic. nur ad Att. 13, 51, 1). – non aliter, nisi, durch kein anderes Mittel, unter keiner anderen Bedingung, nicht anders, als wenn nicht, Cic. u. a. (s. Weißenb. Liv. 35, 39, 4). – non aliter ... quam ut, unter keiner anderen Bedingung, als dass, Col. u. a. – multo aliter m. *ab* u. Abl., multo aliter a ceteris agunt, ganz anders als die übrigen, Mel. 1, 9, 6 (1. § 57). – **B** prägn.: **1 anders** der Beschaffenheit (Eigenschaft) nach, in der Verbindung aliter esse, v. Pers., ego isti nihilo sum al. ac fui, Ter.: aliter animus vester est, Ter.: v. Lebl., quod certe scio longe al. esse, Cic.: quod est longe aliter, Cic. – **2 anders = auf die entgegengesetzte Weise** (Ggstz. eodem modo), al. evenire, Ter. u. Sall.: quidsi servo al. visum est? d. i. wenn er falsch berichtet, Plaut.: qui al. fecerit, wer dagegen handeln sollte, Sall.: cum videres al. fieri, Cic.; vgl. Halm Cic. Sull. 44. p. 103 *ed. mai.* – **II** übtr., **unter anderen Umständen od. Verhältnissen, anderenfalls, widrigenfalls, sonst** (wie ἄλλως, s. Heusinger Cic. de off. 1, 39, 6. Sall. Cat. 29, 3. Weißenb. Liv. 4, 10, 3; 29, 27, 6), ius semper est quaesitum aequabile neque enim al. ius esset, Cic.: neque aliter Carnutes interficiendi Tasgetii consilium fuisse capturos, neque Eburones etc., Caes.: ea potestas per senatum more Romano magistratui maxuma permittitur, aliter sine populi iussu nullius earum rerum consuli ius est, Sall.

alito, āre (*Intens.* v. alo), **tüchtig nähren,** Plin. 17, 178 *ed. Ian* (Detl. salventur).

alitūdo, inis, *f.* (alo), **die Nährung,** Ps. Fronto de diff. 2098 P. (= p. 358 *ed. Mai* 1823); vgl. Gloss. ›alitudo, τροφή‹.

alitūra, ae, *f.* (alo), die **Ernährung,** Gell. 12, 1, 20.

1. **alĭtus**, a, um, s. alo.

2. **alitus**, ūs, *m.* (alo), die **Ernährung,** Suet. vit. Vergil. p. 57 *Reiff.*

3. **ālitus**, ūs, *m.*, s. hālitus.

aliubī (arch. aliubei, CIL 1, 200, 86), *Adv.* (alius u. ubi), **anderswo,** Sen. ep. 32, 31; de ben. 6, 33, 3 u. a. Plin. 12, 58 u. a. Ter. Clem. dig. 35, 1, 64. § 1. Marcian. dig. 48, 24, 2: non al., Plin. 13, 129: nec usquam al., Plin. 36, 59 u. a. – aliubi ... aliubi, **hier ... dort,** Varr. r. r. 1, 44, 1. Sen. contr. 2, 5 (13), 8. Sen. de ben. 1, 5, 5 u. Plin. 12, 6, 5: aliubi ... aliubi ... aliubi, Plin. 11, 33: aliubi atque aliubi, **hier und dort, bald hier, bald dort, an verschiedenen Orten,** Sen. ep. 35, 4 u. a. Plin. 9, 168.

ālium (āleum, allium), ī, *n.* (griech. ἀλλᾶς), **Knoblauch** (*Allium sativum,* L.), oft als Speise der Landleute und ärmeren Volksklasse (Schiffsruderer u. dgl.) erwähnt, Komik., Lucil., Scriptt. r. r. u. a.: all. Punicum = ἀφροσκόροδον, Lauch, Col.

ali-unde, *Adv.* (alius u. unde), **anderswoher,** sowohl vom Ort als von Personen u. Sachen, Lucr., Cic. u. a.: aut sumptum (verbum) *aliunde* ut mutuo, aut factum *ab ipso,* Cic. – aliunde ... aliunde, Liv.: alii aliunde coibant, einer von daher, der andere von dorther, Liv.: aliis aliunde est periculum, Ter.: perpetua aliunde alio commigratio est, Sen. – aliunde ... quam, anderswoher ... als, Cic. u. Plin.

1. **alius**, a, ud, Genet. alīus, gew. alterīus, Dat. aliī, Akk. alium, am, ud etc. (s. 1. alis; griech. ἄλλος, gotisch *aljis*), **ein anderer, eine andere, ein anderes** (u. zwar nur in Bezug auf mehr als zwei, alter dagegen in Bezug auf zwei; Ausnahmen s. unten *no.* II, 2), **I** eig.: **A** im Allg.: Labeonem seu quem alium arbitrum, Cic.: alius vir erat, Liv.: omnes alii u. alii omnes, alia omnia, Cic.: et alia multa u. et multa alia, et alia plura u. plurima, Cic. – Hier bemerke man noch folgendes: **a** alius in Distributivsätzen mehrmals wiederholt, zuw. auch mit *non nulli, quidam, ceteri, partim* u. dgl., **der eine ... der andere** (übrige), alii ... alii, Cic. u. a.: alii ... reliqui, Cic.: alii ... alii ... non nulli, Cic.: alii ... alii ... aliqui, Plin. (s. Sillig Plin. 33, 10): alias ... alias ... quasdam, Cic.: alii ... quidam, Liv.: quidam ... alii, Plin. (s. Sillig Plin. 34, 106): quidam ... alii ... aliqui, Plin.: pars ... alii, Sall.: alii ... pars, Sall.: zuw. fehlt das erste *alii,* z. B. virgis caedi (alii), alii securi subici, Liv. (u. so öfter bei Plin., s. Sillig Plin. 37, 121). – aliud ... aliud, teils ... teils, aliud tuā gratiā, aliud nostrā, Cic. ad Att. 12, 40, 4: dagegen aliud est male dicere, aliud accusare, etwas anderes ist ... etwas anderes, Cic. Cael. 6. – **b** in einem anderen Kasus wiederholt u. neben seinen Ableitungen *alio, aliorsum, alibi, aliunde, aliter, alias* eine wie bei den Griechen gebildete kontrah. Redeweise, alius alium, der eine den, der andere jenen, Plaut. u. Cic.: alium ab alio serito, Cato: alium alio pacto, Plaut.: alii alio in loco, die einen an dem, die anderen an jenem Ort, Cic.: alius alii subsidium ferrent, einer dem anderen, Cic.: aliud alio melius, eins besser als das andere, Cic.: aliud alii muneratur, schenkt dem einen dies, dem anderen jenes, Cic.: aliud alio dissipavit, streute eins hierhin, das andere dorthin, Cic.: alius aliorsum it, Plaut.: iussit alios alibi fodere, Liv.: alii aliunde coibant, einige von daher, andere von dorther, Liv.: aliis aliundest periculum, Ter.: aliter cum aliis loqui, mit einigen so, mit anderen anders, Cic.: illi alias aliud sentiunt, bald das, bald jenes, Cic. – dah. alius (aliud etc.) ex alio, Cic., alius super alium, Liv. (super alios alii, Liv., alii super alios, Sen.), alius post alium, Sall., **einer (eins) hinter, über, nach dem anderen:** alius atque alius, Cic., alius aliusque, Cels. u. Quint., alius, deinde alius, od. alius, post alius, Sall., **der eine und der andere; bald dieser, bald jener; verschiedene.** – **c** es folgen die Partikeln *ac, atque, et,* seltener *nisi* od. *quam* (u. zwar bei Cic. usw. nur bei vorhergehender Negation od. eine solche voraussetzender Frage, weil durch beides ein komparatives Verhältnis eintritt, s. Ruhnken Ter. Andr. 3, 3, 13), longe alia ac tu scribis, Cic.: alius essem, atque nunc sum, Cic.: lux longe alia est solis et lychnorum, Cic.: quicumque aliarum atque senatus partium erant, Sall.: si adempta provincia alii quam Mario traderetur, Sall.: iuvenis longe alius ingenio, quam cuius simulationem induerat, Liv. (vgl. Weißenb. Liv. 39, 28, 1): nihil aliud nisi, Cic.: nihil aliud quam, Nep.: non alius quam, Vell.: quid aliud quam, Vell.: auch folgt zuw. der *Abl.* od. *praeter* st. *quam,* nec quicquam aliud libertate quaesisse, Cass. in Cic. ep.: ne alius Lysippo duceret aera, Hor.: nec quicquam aliud philosophia est praeter studium sapientiae, Cic. (alius quam in affirmativen Sätzen bei Sall. Iug. 82, 3. Liv. 21, 32, 11 u. a. Plin. ep. 2, 4, 1; 7, 15, 2; pan. 58). – verstärkend nihil aliud nisi od. seit Liv. quam, οὐδὲν ἄλλο ἤ, mit folg. *verb. finit.,* **nichts weiter als nur** (wobei das dem Zshg. entsprechende Tempus von ago od. facio zu supplieren ist), tribunatus Sestii nihil aliud nisi meum nomen causamque sustinuit, Cic.: et hostes quidem nihil aliud quam perfusis vano timore Romanis citato agmine abeunt, Liv.: ähnl. quid aliud quam? was anders als? was sonst als? quibus quid aliud quam admonemus, cives nos eorum esse, Liv.: u. ellipt., quid est aliud (*sc.* nisi hoc, quod tu facis) m. folg. *Infin.,* unser **heißt das nicht** (s. Halm Cic. Phil. 1, 22), quid est aliud librarium Bruti laudare, non Brutum? Cic. – valde alius m. *ab* u. Abl., Augustin. conf. 7, 10. – **d** Plur. alia subst., alia omnia militum praedam esse, Sall. Iug. 54, 6: et alia amplius, und noch weiteres dazu, Sall. Iug. 44, 5: si alia desint, wenn es ihm sonst an Stoff fehle, Liv. 1, 53, 11: in aliis gloriari licet, in anderen Stücken, Liv. 1, 28, 11. – dah. *Acc. plur.* alia, **in anderer Beziehung, sonst,** sanctus alia, Sall. hist. fr. inc. 113 (8): et alia clarus, auch sonst schon b., Tac. ann. 13, 3. – **e** aliud subst., Cic. de rep. 1, 69; Phil. 6, 15: m. Genet., aliud commodi, Cic. de inv. 2, 3: aliud praecipui, Cic. Tusc. 5, 38.

B insbes.: **1** als *t. t.* der Augurspr.: alio die, »an einem anderen Tag, heute nicht«, um anzudeuten, dass die Komitien (wegen ungünstiger Anzeichen) auf einen anderen Tag verschoben werden müssen, s. Cic. de legg. 2, 31; Phil. 2, 83. – **2** prägn. = **von anderer, d. i. von verschiedener Beschaffenheit (Eigenschaft), verschieden,** alium domi esse caeli haustum, alium lucis aspectum, Curt. 5, 5 (19), 19. – dah. alium facere alqm, zu einem ganz anderen machen, umwandeln, Plaut.: u. alium fieri, ein ganz anderer-, ganz umgewandelt werden, Cic.: u. so alium esse censes nunc me atque olim quom dabam, Ter. – u. im publiz. *t. t.,* in alia omnia ire od. discedere, Cic., od. transire, Hirt. b. G., für das Gegenteil stimmen, der Gegenmeinung sein (im röm. Senat). – aliud od. alias res agere, nicht aufmerken, Nebendinge treiben, Cic.: facis ut alias res soles, das sieht dir ähnlich, Plaut. Stich. 530: u. so pariter hoc atque alias res (*sc.* facere) soles, Plaut. Men. 752.

II übtr.: **1** **der andere = der übrige,** captivi alii mei, Plaut. capt. 458 u. 509: Divitiaco ex aliis (Gallis) maximam fidem habebat, Caes. b. G. 1, 41, 4: Iuppiter ... alii di, Plaut. trin. 944: diis aliis ... Graeco Herculi, Liv. 1, 7, 3: equites qui etc. ... Alius equitatus, Auct. b. Afr. 31, 2 u. 3: trecenti octo quinquaginta ... vulgus aliud, Liv. 7, 19, 2 (u. so Tac. ann. 3, 42). – u., wie ἄλλος, unser **sonstig, sonst, außerdem, überdies,** eine andere Gattung anknüpfend, pecudes aliae, Lucr. 1, 116: aliae animae, Verg. Aen. 6, 411: plaustra iumentaque alia, Liv. 4, 41, 8: uxor materque regis et alius feminarum grex, Curt. 3, 9 (23), 6. – **2** (wie alter) = der **andere** von zweien, alius filius, Argum. Plaut. capt. 2 u. 9: aliud quinqueremis latus, Curt. 4,

8 (18), 8: aliud os amnis, Curt. 6, 4 (10), 7: parte aliā, Iuven. 7, 114: aliā die, Plin. Val. 1, 2: u. (wie oben *no.* I, b) mit wiederholtem alius in einem anderen Kasus (s. Kritz Sall. Cat. 52, 1), alius alii, Sall.: alius aliā viā, Liv.: duo Romani super alium alius corruerunt, Liv. – u. bei teilweisen Aufzählungen, duo, unum ... aliud, Cic. Brut. 325: duae, una ... alia, Caes. b. 3, 21, 1 u. 2: duo genera (apum), aliarum ... aliarum, Plin. 11, 59: duo, unus ... alius, Sulp. Sev. chron. 1, 11, 5: unam ... aliam ... tertiam, Caes. b. G. 1, 1. § 1. – dah. **ein anderer = ein zweiter,** pater alius, Plin. ep. 2, 13, 4: bes. bei einem als Appellativ gesetzten *nom. propr.*, al. Ariovistus, Tac.: al. Nero, Suet.: alius Cicero, Val. Max. – **3** der andere = der **Mitmensch, Nebenmensch** (Ggstz. ipse), Cic. de or. 2, 211.

► *Genet.* auch alii, Varr. r. r. 1, 2, 19. Cato u. G. Licinius b. Prisc. 6, 36: u. *fem.* aliae, Lucr. 3, 916. Cic. de div. 2, 30. Liv. 24, 27, 8 zw.: *Dat. masc.* alio, Sen. de ben. 4, 32, 3 zw.: *Dat. fem.* aliae, Plaut. mil. 802: *Abl. plur.* alieis, CIL 1, 542. – *neutr.* vulg. alium, CIL 3, 2098 u. 5, 121 (alium corpus). Vulg. (Amiat.) eccl. 6, 1. (alium malum). Itala (Fuld.) Ioann. 11, 55 (in alium castellum). Itala (Fuld.) 2. Corinth. 11, 4. Commod. instr. 2, 10, 10 (bellum alium). – Arch. Nbf. alis, aliut.

2. Ālius, s. Elīus unter Elis.

alīusmodī (v. alius u. modus), **von anderer Art,** mit folg. atque, Caes. b. Prisc. 6, 36 (dafür alii modi od. viell. alimodi, Cato u. G. Licinius bei Prisc. 6, 36; vgl. Paul. ex Fest. 28, 2 ›alimodi pro alius modi‹). ► Cic. de inv. 2, 21 nach den besten Handschrn. alio modo.

aliuta, *Adv.*, archaist. = aliter, altes Gesetz des Numa b. Paul. ex Fest. 6, 1.

Alixanter, s. Alexander.

al-labo (ad-labo = ad-lavo), āre, **anspülen,** Gromat. vet. p. 52, 12.

al-lābor (ad-lābor), lāpsus sum, lābī, unbemerkt od. in sanfter Bewegung **wohin gelangen, -fliegen, -fließen, -schlüpfen,** angues duo ex occulto allapsi, Liv.: umor allapsus extrinsecus, Cic. de div. 2, 58: mare crescenti allabitur aestu, tobt herbei mit wachsendem Andrang, Verg. – m. *Dat.* u. *Acc.* des Zieles, antiquis allabimur oris, landen an, Verg.: allapsus genibus, zu den Knien hingesunken, Sen. poët.: viro allapsa sagitta est, Verg.: fama allabitur aures, Verg.

al-labōro (ad-labōro), āre, **I sich mühend anstreben,** mit folg. *ut* u. Konj., Hor. epod. 8, 20. – **II sich mühend hinzufügen,** simplici myrto nihil allabores, hinzukünstelst, Hor. carm. 1, 38, 5.

allacrimāns (ad-lacrimāns), tis, **dabei weinend,** Iuno, Verg. Aen. 10, 628: ubertim all., Apul. met. 10, 3.

al-lacto (ad-lacto), āre, **nebenbei stillen,** puerum, Marc. Emp. c. 8.

al-laevo, s. 2. allēvo.

al-lambo (ad-lambo), ere, **belecken,** ora, Prud. ham. 135: feminam crebris linguarum micatibus, Mart. Cap. 4, 331: übtr., v. einem Fluss, alqm famulis lymphis, Auson. Mos. 360: contiguis saxa fluentis, Paul. Petricord. vit. S. Martin. 6, 73: v. der Flamme, allambentes flammae, Ps. Quint. decl. 10, 4.

allāpsus (ad-lāpsus), ūs, *m.* (allabor), das unbemerkte Herzukommen, **Herzuschlüpfen, -fließen,** serpentium, Hor. epod. 1, 19. Val. Max. 1, 6, 8 (Plur.): fontis, Apul. met. 5, 1: fluminis, Paul. Petricord. vit. S. Martin. 2, 99: tacitus, Paul. Nol. 25, 157: multimodo allapsu blandiri alci (v. Tageslicht), Augustin. conf. 10, 34.

allassōn, ontis (ἀλλάσσων), **von schillernder Farbe,** calices, Hadrian. b. Vopisc. Saturn. 8, 10.

al-lātro (ad-lātro), āvī, ātum, āre, **anbellen,** übtr., **a** v. Pers., **ankläffen,** scheltend **anfahren,** verkleinernd **anfallen** (vgl. Bentley Hor. sat. 2, 1, 85), alqm, Col. 1. pr. § 9. Quint. 8, 6, 9: alqm usque et usque, Mart. 5, 60, 1: magnitudinem Africani, den großen Scipio (Afrikanus) angeifern, Liv. 38, 54, 1: nomen quod tibi cunque datur, Mart. 2, 61, 6. – **b** v. Meer, **anbrausen, antosen,** Oceanus interna maria allatrat, Plin. 2, 173; vgl. 4, 19. – **c** v. Neid, **begeifern,** alqm nigro ore, Sil. 8, 290.

allātus, allātūrus, s. af-fero.

allaudābilis (ad-laudābilis), e, **sehr lobenswert,** opera, Plaut. Pers. 673: opus, Lucr. 5, 158.

al-laudo (ad-laudo), āre, etw. **loben** = über etw. **sein Lob aussprechen,** ingenium adlaudat meum, Plaut. merc. 65.

allēc (halēc, hallēc), ēcis, *n.*, u. **allex** (hallex), ēcis, *m.* u. *f.* (s. Prisc. 6, 20 u. 21), **Fischsuppe** (nicht »Fischlake« od. »Kaviar«), der nicht durchgeseihte Bodensatz des garum (s. d.), eine Art Kraftbrühe, die man auch aus Austern und anderen Schaltieren u. Seefischen, bes. aus der Seebarbe (mullus) bereitete, Form allec, Hor. sat. 2, 4, 73; 2, 8, 9: Form allex, Cato r. r. 58. Plin. 31, 95 u. 32, 128. Mart. 3, 77, 5; 11, 27, 6. Apic. 7, 262 u. 288; 9, 431. – ► Die Schreibung der besten Handschrn. ist allec od. hallec, allex od. hallex (Variante alec, halec, alex, halex).

allēcātus, a, um, **mit** *allec* (s. d.) **angemacht,** Apic. 7, 288.

allectātio (adlectatio), ōnis, *f.* (allecto), das **Anlocken,** Quint. 1, 10, 32.

allēctio (adlēctio), ōnis, *f.* (2. allego), die **Wahl, Aufnahme** in eine Genossenschaft, **I** im Allg.: in clerum, Tert.: connubialis, Mart. Cap.: amici, das Gewinnen eines Fr. (Ggstz. detractio), Sen. ep. 74, 25. – **II** insbes.: **1** die **Aushebung der Truppen,** Italica, Capit. Anton. phil. 11, 7. – **2** die **Wahl, Aufnahme unter die** *allecti* der spät. Kaiserzt. (s. allēctus *no.* b), Capit. Pert. 6, 10 (wo Plur.). Symm. ep. 7, 96. Cod. Theod. 6, 4, 10.

1. Allēctō (Alecto), Akk. ō, *f.* (Ἀλληκτώ, οῦς), eine der drei Furien, Verg. Aen. 7, 324 u. 341 (nur im *Nom.* od. *Acc.*). – ► Abl. Allecto, Serv. Verg. georg. 2, 98.

2. al-lecto (ad-lecto), āre (*Intens.* v. allicio), auf **alle mögliche Weise anlocken,** verb. all. et invitare, Cic. de amic. 99, invitare atque all., Cic. de sen. 57: sibilo allectari (v. Tieren), Col. 2, 3, 2.

1. allector (adlector), ōris, *m.* (allicio), der **Anlocker,** der **Lockvogel,** Col. 8, 10, 1.

2. allēctor (adlēctor), ōris, *m.* (2. allego), **I** der **Dazuwähler** (in einem Kollegium), CIL 6, 355. – **II** in der spät. Kaiserzt. der **Obereinnehmer** in den Provinzen, CIL 13, 1688 u. 1709 u. 5072.

allectōrius, a, um (allicio), **anziehend,** catapotia, Plin. Val. 4, 29.

allēctūra, ae, *f.* (2. allector), das **Obereinnehmeramt** in den Provinzen, CIL 13, 1688.

allēctus (adlēctus), ī, *m.* (*Partic.* v. 2. allego), der zu einem Kollegium **Hinzu-** od. **Neugewählte,** Varr. LL. 6, 66. – Insbes. zur Kaiserzt.: **a** im Plur., die urspr. als Ergänzung unter den Kaisern durch Begünstigung in den Senat aufgenommenen Ritter, nach Paul. ex Fest. 6, 5; vgl. Suet. Caes. 80, 2. – **b** der durch kaiserl. Gnade unter Überspringen der gesetzl. Stufenfolge zu einem höheren Rang (z. B. zum prätorischen ohne Verwaltung der Prätur) Erhobene, allecti inter praetorios, Plin. ep. 1, 14, 5: allectus inter tribunicios, CIL 2, 4126 u. ö. – **c** ein kaiserl. **Obereinnehmer** in den Provinzen, Cod. Theod. 11, 6, 12. Sidon. ep. 5, 7. – allectus annonae, der Proviantеinnehmer in den Provinzen, CIL 5, 5036, 7. – **d** der **Beisitzer, Beistand,** allectus inter Cviros (= centumviros), CIL 11, 3801 u. 3809: allecti scaenicorum, CIL 14, 2408, 3, 4.

allēcula (hallēcula), ae, *f.*, *Demin.* v. allec, s. d., Col. 6, 8, 2: Plur., Col. 8, 17, 12.

allēgātio (adlēgātio), ōnis, *f.* (allegare), **I** die **Absendung** einer Person (als Unterhändler u. dgl.) an jmd., cum sibi omnes ad istum allegationes difficiles viderent, Cic. II. Verr.. 1, 136. – u. im Wortspiel: quibus allegationibus illam sibi legationem expugnavit, Cic. II. Verr.. 1, 44. – **II** übtr.: **1** die **Geltendmachung** einer Ursache zur Entschuldigung od. zum Beweis, conventionis, Hermog. dig. 4, 4, 17: lenocinii, Ulp. dig. 48, 5, 2. § 5: Plur., all. falsae, Paul. dig. 23, 2, 60 pr.: illae allegationes iuris, Mar. Victorin. art. rhet. 14: allegationes examinare, Apul. met. 10, 6. – **2** meton., die **Zufertigung** = ein kaiserliches Reskript, Cod. Theod. 16, 5, 7.

allēgātus (adlēgātus), Abl. ū, *m.* (1. allego), das **Anstellen** in böser Absicht, das **Anstiften,** meo allegatu venit, Plaut. trin. 1142. Vgl. Gell. 13, 21 (20), 19.

1. al-lēgo (ad-lēgo), āvi, ātum, āre, **I** in irgendeinem Auftrag als Abgeordneten, Unterhändler jmd. **absenden, abordnen** (u. zwar in Privatverhältnissen, während legare in öffentlichen; vgl. Cic. Rosc. Am. 25.

Gronov Liv. 36, 11, 1), **I** im Allg.: amicos, Cic.: alqm ad alqm od. alci, Cic.: patrem allegando (dadurch, dass er Abgesandte an ihn schickte) fatigare, Liv.: u. bildl. philosophiam ad alqm, als Fürsprecherin abschicken an jmd., durch die Ph. Fürsprache einlegen bei jmd., Cic. ep. 15, 4, 16. – **2** insbes., jmd. zu einer Betrügerei **verleiten, anstiften,** Komik.; vgl. Ruhnken u. Spengel Ter. Andr. 5, 3, 28 (899). – **II** übtr., gleichs. etw. **für sich sprechen lassen** als Rechtfertigung, u. dann als Grund überh., **sich** auf etw. **berufen,** es **anführen, vor-** od. **anbringen, geltend machen,** tum dignitas eius allegatur, tum commendatur infirmitas, Quint.: patrocinii ius, Plin. ep.: excusationes (Entschuldigungsgründe), ICt.: hoc senatui (beim S.), Plin. pan.: tacitas preces in templo deis, Apul.: munera, preces, mandata regis sui Scydrothemidi allegant, bringen ihres Königs Gaben, Bitten, Gebote vor Sk., Tac. hist. 4, 84; vgl. Schwarz Plin. pan. 70, 2. – dah. allegare se ex servitute in ingenuitatem, durch Anführen von Gründen od. Beweisen für seine freie Geburt sich vom Sklavenstand losmachen, Ulp. dig. 40, 12, 27. –► Arch. Form adlegatei, CIL 5, 2.

2. al-lego (ad-lego), lēgī, lēctum, ere, **dazuwählen,** in eine Genossenschaft **durch Wahl aufnehmen, wählen,** griech. ἐγκαταλέγειν, patricios, Suet.: de plebe omnes, Liv. – m. *Dat.*, octo praetoribus duos, Vell.: alqm ordini suo, Inscr. (bildl., caelo allegi, Sen. poët.). – m. *in* u. Akk., centum in patres, Liv. epit.: alqm in decurias, in senatum, Suet.: im Passiv m. *in* u. Abl., allegi in corporibus, ICt.: m. *inter* u. Akk., gens inter Romanas gentes allecta, Suet. (vgl. allectus *no.* b). – u.m. *in* od. *ad* zur Ang. **wozu?** milites in sui custodiam, Suet.: u. adlectus ad munera praef. leg. VII, CIL 11, 5215.

allēgoria, ae, *f.* (ἀλληγορία), eine rhet. Figur, die **Allegorie,** d.i. eine anschauliche Darstellung einer allgemeinen Wahrheit unter einem sinnlichen Bild, wo eine Metapher durch mehrere Vorstellungen durchgeführt wird (noch griech. bei Cic. or. 94 u. s.), rein lat. inversio (s. bes. Quint. 8, 6, 44; vgl. Charis. 276, 4. Diom. 461, 31), continuus (translationis usus) in allegorias et aenigmata exit, Quint.: per allegoriam accipi, Quint.

allēgoricē, *Adv.* (allegoricus), **allegorisch,** Spät. – ► Dafür in den Scholien **allegoricōs,** z.B. Porph. Hor. sat. 2, 3, 284 u. Serv. Verg. ecl. 1, 29.

allēgoricus, a, um (ἀλληγορικός), **allegorisch,** Eccl.

allēgorista, ae, *m.*, **Erklärer der Allegorien,** Eccl.

allēgorizo, āre = ἀλληγορεῖν, **in Allegorien-, allegorisch reden,** Eccl.

allelūia, -iāticus, s. hallelūiā.

allēnīmentum (ad-lēnīmentum), ī, *n.*, das **Linderungsmittel,** allenimenta tumultus, Amm. 27, 3, 9.

alleum, s. allium.

allevāmentum (adlevāmentum), ī, *n.* (1. allevo), die **Erleichterung,** in adversis sine ullo remedio atque allevamento permanere, Cic. Sull. 66: u. wieder bei Spät., all. tributorum, Heges. 2, 1, 2: allevamento esse, Ambros. de bono mort. 1, 5 *in.*

allevātīcius, a, um (allevo), **aufgehoben,** in superiora (in den Himmel), Iren. 1, 30, 2.

allevātio (adlevātio), ōnis, *f.* (1. allevo), **I** das **Aufheben, Aufrichten,** umerorum *allevatio* et *contractio,* Quint. 11, 3, 83: all. manuum, Hilar. in psalm. 140, 3. – **II** übtr., die **Erleichterung,** tot tantisque rebus urgemur, ut nullam adlevationem quisquam non stultissimus sperare debeat, Cic. ep. 9, 1, 1: (doloris) diuturnitatem allevatio consoletur, Cic. de fin. 1, 40.

allevātor (adlevātor), ōris, *m.* (1. allevo), der **Aufrichter, Erhöher,** humilium, Tert. adv. Marc. 4, 36.

al-levio (ad-levio), āvī, ātum, āre (ad u. levis), **leichter machen, erleichtern** (eig. u. übtr.), Eccl.

1. al-levo (ad-levo), āvī, ātum, āre, **empor-, in die Höhe heben, lüpfen, aufheben, aufrichten, unterstützen, aufrecht erhalten** u. dgl., **I** eig.: non allevabatur velum, der Türvorhang wurde nicht gelüpft, -aufgehoben, Sen.: quibus (laqueis) allevati milites facilius ascenderent, Sall.: allevatis scutis, mit emporgehobenen Schilden, Auct. b. Alex.: allevatus circumstantium umeris, Tac.: clipeo se allevare conatus est, Curt.: allevare supercilia, Quint.: u. so oculos, Curt.: faciem alcis manu, Suet.: cubito artus, Ov. – **II** übtr.: **1** im Allg.: hic deprimitur alternis et extollitur, ac modo *in caelum allevatur,* modo *defertur in terram,* bald schwingt er sich zum Himmel, bald wird er zur Erde niedergedrückt, Sen. ep. 72, 9. – **2** insbes.: **a** die körperlichen od. geistigen Beschwerden **erleichtern,** aliorum aerumnas dictis, Enn. fr.: sollicitudines meas, Cic. – u. auf den leidenden Teil od. die leidende Person übtr., den Körper od. Geist **erleichtern,** ihm **Erleichterung verschaffen,** ihn **aufrichten, erheitern, trösten,** **α** körperlich, im Passiv = **sich erholen,** de allevato tuo corpore, Cic.: nec viribus allevor ullis, Ov. – **β** geistig, iubeto habere bonum animum; ubi se allevat, ibi me allevat, Plaut.: animum a maerore, Curt.: abiectos aut submittentes se, Quint. – Passiv allevari, **sich erheitern, sich aufrichten, sich erholen,** allevor, cum loquor tecum absens, Cic.: m. respekt. Akk., allevatur animum, fasst Mut, Tac. ann. 6, 43. – **b** das Gewichtige einer Sache, die drückende Sache selbst **mildern,** remissa ignominia, allevatae notae, Ehrenstrafen gemildert, Tac. hist. 1, 52. – **c** unterstützend **durchhelfen,** ne allevasse videretur, inpulit ruentem, Tac. hist. 2, 63. – **d** unterstützend **heben, unterstützen,** alqd summis eloquentiae viribus, Quint. 5, 1, 2. – u. im Passiv, Caesar eloquentiā et spiritu, ecce iam et consulatu adlevabatur, wurde gehoben, Flor. 4, 2, 10.

2. allēvo (allaevo) od. **ad-lēvo** (adlaevo), āre, **glatt machen, glätten,** nodos, Col. 3, 15, 3: sobolem ferro, Col. 4, 24, 4.

1. allex, s. allēc.

2. allex (hallex), icis, *m.* = *pellex in pede,* die **große Fußzehe,** s. Gloss. V, 591, 10. – dah. scherzh., hallex viri, Däumling, Fingerling, Plaut. Poen. 1310.

Allia (**Ālia**), *f.*, ein Flüsschen in Latium, das im Gebirge nördlich von Krustumerium im Sabinerland entspringt und oberhalb Roms in den Tiber fällt j. *Aja,* berühmt durch die unglückliche Schlacht (Alliensis pugna od. clades) der Römer gegen die Gallier im Jahre 390 v.Chr., am 18. Juli, welcher Tag (dies Alliensis) für alle Folgezeit als Unglückstag (nefastus) im röm. Kalender aufgezeichnet wurde, s. Varr. LL. 6, 32. Liv. 5, 37 *sqq.;* vgl. infaustum A. nomen, Verg. Aen. 7, 717. Min. Fel. 7, 4: A. flebilis, Ov. art. am. 1, 413: A. horrifica, Sil. 8, 649: damnata diu Romanis A. fastis, Lucan. 7, 409. – Dav. **Alliēnsis,** e, zur Allia gehörig, **bei der Allia, alliensisch,** pugna, Cic. ad Att. 9, 5, 2 (s. oben): clades, Liv. 22, 50, 1. Tac. hist. 2, 91: dies, Varr. LL. 6, 32. Liv. 6, 1, 11. Suet. Vit. 11, 2 (s. oben). – Die Schreibung Ālia u. Āliensis jetzt im Vergil, Cicero u. Livius nach den besten Handschrn. aufgenommen; doch für Allia s. CIL 1. p. 328. col. 1. *no.* 18; vgl. Serv. Verg. Aen. 7, 717. – Das A in den Dichterstellen überall lang (denn Lucan. 7, 633 wird mit Recht aliae clades gelesen).

alliātus, a, um, s. āliātus.

al-libēsco, s. al-lubēsco.

al-licefacio (ad-lic.), ere (alliceo u. facio), **anlocken,** Sen. ep. 118, 6. Suet. Vit. 14, 1.

al-liceo, s. al-licio.

al-licio (ad-licio), lexī, lectum, ere (ad u. *lacio; nach den Gramm. auch alliceo, dah. Perf. allicuī, s.a.E.), **anlocken, ködern, anziehen, an sich ziehen, gewinnen,** **a** physisch: calido vapore gelidas nocturno frigore pestes (Ungeziefer = Schlangen) Lucan. 9, 844: v. lebl. Subjj., all. somnos, Ov. fast. 6, 681. Plin. 9, 42: qui (lapis) ferrum ad se adliciat et attrahat (v. Magnet), Cic. de div. 1, 86. – **b** gemütlich (Ggstz. alienare), nobilem adulescentem, Cic.: Hortensium et eius modi viros, Cic.: Gallias, Tac.: reges atque provincias, Suet.: feminarum animos, Tac.: alienas populi voluntates, Cic.: delectatione aliquā lectorem, Cic.: cuius unius praemio multorum animos, Calp. Piso fr.: benevolentiam cibo, Cic.: dicendo mentes, Cic.: hominem ad se, Plaut.: oratione benignā multitudinis animos ad benevolentiam, Cic.: quonam modo hominum studia ad nostras utilitates all. atque excitare possimus, Cic.: v. lebl. Subjj., nihil esse quod ad se rem ullam *tam alliciat et tam attrahat,* quam ad amicitiam similitudo, Cic.: nihil (est), quod magis alliciat ad diligendum (*sc.* quam virtus),

Cic.: cum in hunc sensum et *alliciar* beneficiis et *compellar* iniuriis, Cic. – ▶ Perf. allicui, wov. allicuit, Piso Frugi 1. fr. 17 (bei Prisc. 10, 3): Infin. Perf. allicuisse, Hygin. astr. 2, 7. p. 371 M.

al-līdo (ad-līdo), līsī, līsum, ere (ad u. laedo), etwas mit Gewalt an etwas **anstoßen, anwerfen, anschleudern, anschlagen,** **I** eig.: alqm ad saxa, Att. fr.: clipeos in latus, Claud.: alqd pilae, am Pfeiler, Lucr.: allidi ad scopulos, Caes. – absol., allidi, zu Boden geschlagen od. geschleudert werden, v. Gewächsen, Col. 4, 20, 2: v. kleinen Kindern, Lact. 4, 21, 4. – **II** übtr., mit etw. **zu Schaden kommen,** virtutem, Sen. de tranq. 3, 15. – dah. allidi = **eine Schlappe bekommen,** d. i. nicht ohne Schaden wegkommen, in quibus (damnationibus) me perlubente Servius *allisus* est, ceteri *conciduntur,* Cic. ad Q. fr. 2, 6, 6: cum sit *colluctandum* cum eo (*sc.* agro), *allidi* dominum, Col. 1, 3, 9.

Alliēnsis, e, s. Allia.

Alliēnus (Āliēnus), ī, *m.*, röm. Eigenname, unter dem am bekanntesten ist: Q. Allienus, Prätor im J. 49 v. Chr., Cic. ad Q. fr. 1, 1, 3. § 10; ad Att. 10, 15, 3 u. a. Auct. b. Afr. 2. § 3 u. 34. § 4 u. a.

Allīfae, ārum, *f.*, in alten Zeiten schon bedeutende Stadt der Samniter am linken Ufer des Vulturnus unweit seines Einflusses in den Sabatus, j. *Alife* in der *Terra di Lavoro,* Liv. 8, 25. Sil. 8, 535. – Dav. **Allīfānus,** a, um, **aus Allifā, allifanisch,** ager, Cic.: tractus, Cic. – Subst., **a** Allīfāni, ōrum, *m.*, die Einw. von Allifā, die **Allifaner,** Plin. 3, 63. – **b** Allīfāna, ōrum, *n.* (*sc.* pocula), zu Allifā gefertigte irdene Trinkgeschirre von ziemlicher Größe, **allifanische Becher** = Maßkrüge, Humpen, Hor. sat. 2, 8, 39.

alligāmen, inis, *n.* (alligo) = ἀπόδεσμος, das **Bindemittel, Band,** Gloss. II, 236, 24.

alligāmentum (adligāmentum), ī, *n.* (alligo), das **Bindemittel, Band,** Schol. ad Caes. Germanic. 243. p. 402, 8 E.: übtr., all. consolationis, Augustin. serm. 46, 12: diaboli, Augustin. quaest. in Iud. qu. 37. Vgl. Excerpt. ex Charis. art. gramm. 553, 32 ›alligamentum, δεσμός‹; u. Gloss. ›alligamentum, δεσμός, ἔνδεμα‹.

alligātio (adligatio), ōnis, *f.* (alligo), **I** das **Anbinden** (Ggstz. solutio), Promethei, Hyg. astr. 2, 15. p. 385 M. – als *t. t.* des Landbaues, arbustorum, Col. 11, 2, 16. – u. Plur. konkr., alligationes, **Bindemittel, Bänder,** Vitr. 7, 3, 2; 8, 6 (7), 9. – **II** übtr., all. diaboli, Augustin. de civ. dei 22, 8, 1. – bes. das eheliche **Band** (Ggstz. solutio), Ambros. ep. 145, 1. Augustin. de coni. adult. 2, 13.

alligātor (adligātor), ōris, *m.* (alligo), der **Anbinder,** Augustin. de civ. dei 12, 26; de catech. rud. 7. – als *t. t.* des Landbaues, der **Anbinder** des Weines, Col. 4, 13, 1 u. ö.

alligātūra (adligātūra), ae, *f.* (alligo), **I** das **Anbinden** des Weines, Col. de arb. 8, 3: das **Verbinden** der Wunden, Scrib. 209. Hier. ep. 146, 7 u. 8. Ambros. ep. 2, 1: Plur., Hieron. homil. in Ierem. 13. vol. 5. p. 717 M. – **II** konkr.: **a** das **Amulett,** Vulg. Sirach 6, 31. – **b** das **Bündel,** centum alligaturae uvae passae, Vulg. 2. regg. 16, 1.

al-ligo (ad-ligo), āvī, ātum, āre, **anbinden, festbinden,** **I** eig.: **1** im Allg.: **a** übh.: alqm ad statuam od. ad palum, jmd. (als Verbrecher) vor der Hinrichtung, Cic.: canem ad ostium, Sen. rhet.: quis generum meum ad gladium alligavit? wer hat meinen Schwiegersohn an das Schwert gebunden? (ein Scherz über das lange Schwert des kleinen Lentulus), Cic.: all. canem (Ggstz. solvere), Phaedr., catulos (junge Hunde), Varr.: sarmenta ad cornua boum, Liv. epit.: pueris in geniculis serperastra, Varr. LL.: medicamentum in pannulo illitum fasciā quam longissimā, Scrib.: alligatus anulus, Quint. – **b** als. *t. t.* des Landbaues, die Weinstöcke an die Pfähle u. Bäume (*arbusta*) **anbinden,** vineas, Col.: palmare, id est materias alligare, Col.

2 mit dem Nebenbegr. der gehemmten Bewegung, **a** **festmachen, festhalten, hemmen,** ancora (Rhodiae navis) unco dente velut manu ferreā iniectā alligavit alterius proram, Liv.: unco non alligat (naves) ancora morsu, Verg.: u. poet., undā alqm, bannen, fesseln, v. Styx, Verg. georg. 4, 480; Aen. 6, 439: von der in eine Insel verwandelten Äa, Val. Flacc. 5, 429. – **b** fest **binden, schnüren,** manipulos, Col. 11, 2, 40: sarcinulas, Plin. ep. 4, 1, 2.

3 durch ein Band od. einen Verband verwahren (als Synon. von *vincire*), **a** mit etwas **umbinden, einbinden,** texta fasciola, quā capillum in capite alligarent, dictum capital, Varr. LL.: dolia plumbo *vincito* vel materiā querneā, viti siccā *alligato,* Cato: sic sirpata dolia quassa, cum alligata, dicta, Varr. LL.: poet.: moenia spissa vallatā coronā alligat, umgibt, Sil. – **b** einen leidenden Körperteil od. eine Wunde mit einem Verband **umbinden, umwickeln,** etw. **verbinden, auf** etwas **einen Verband auflegen,** caput lanā, Mart.: u. gew. ohne *Abl.*, vulnus, Cic. u. Liv.: alcis oculum, Cic.: brachium, crus, Sen.: fracturas, Hier. – **c** mit Fesseln **binden, fesseln,** alliga, inquam, colliga, Plaut.: servum (Ggstz. revincire), Col.: non enim alligabitur infans, Quint.: alligari se ac venire patitur, Tac.: leones alligati (Ggstz. soluti), Sen. – *Partic.* subst., alligāti, ōrum, *m.*, gefesselte Sklaven, Col. 1, 9, 4.

II übtr.: **1** im Allg., etwas binden, **fesseln, festhalten, hemmen,** sodass es unbeweglich ist, sich nicht von der Stelle rührt, vultum alligat quae tristitas? hält starr den Blick fest, Pacuv. fr.: videas civitatis voluntatem *solutam,* virtutem (die Tatkraft) *alligatam,* Cic.: cedendum est celeriter, ne forte quā re impediar atque alliger, damit nicht irgendein Zufall mich hindert und mir die Hände bindet, Cic.: tristi palus inamabilis undā alligat, Verg.: torpor gravis alligat artus, Ov. – dah. **a** als *t. t.* im Brettspiel, ut sciat quomodo alligatus exeat calculus, festgezogene, Sen. ep. 117, 30. – **b** v. Binden auf chemischem Wege, arenae, quae umore alligantur, Sen. ep. 55, 2: qui (fons) putria terrae alligat, Lucan. 9, 526: massa modo lactis alligati, geronnene Milch, Mart. 8, 64, 9. – u. vom Binden der Farben, ita colorem alligat, bindet (= macht haltbar), ut elui postea non possit, Plin. 32, 66; u. so 9, 134.

2 insbes.: **a** jmd. durch Freundschaft, Wohltaten usw. (an jmd.) **binden, fesseln, ketten,** sodass er unzertrennlich ist, eo pacto alci filium, Ter.: bes. im Passiv, ne existiment ita se alligatos, ut ab amicis non discedant, Cic.: nuptiis alligatus, Cic.: non modo beneficio, sed etiam benevolentiae significatione alligari, Cic. – **b** als rhetor. *t. t.*, durch od. an gewisse Gesetze des Numerus, Rhythmus **binden** u. so durch od. auf etw. **beschränken,** ut verba neque *alligata* sint quasi certā lege versus, neque ita *soluta,* ut vagentur, Cic.: hoc aut alio numero, velut lege, non est alliganda (partitio), Quint. – m. *ad* u. Akk., tamquam orationem ad rhythmos alliget, Quint.: quasi ad certas quasdam dicendi leges alligati, Quint.: (poësis) alligata ad certam pedum necessitatem, an einen gewissen Zwang des Metrums gebunden, Quint. – **c** moralisch den Willen durch Eidschwur, Vertrag, Versprechen, Pflicht u. dgl. fesseln u. beschränken, **binden, verbindlich machen, verpflichten,** dat arrhabonem et iureiurando alligat (lenonem), Plaut.: caput suum alligabit, wird seinen Kopf zum Pfand setzen, Plaut.: ut nec Roscium stipulatione alliget neque a Fannio iudicio se absolvat, Cic.: ne falsa religione populum alligarent, Gell.: lex omnes mortales alligat, Cic.: foedere alligari, Liv.: sacris alligari, sich zu den *sacra gentilicia* verpflichten, Cic.: alligati adulatione, verdammt zur Schm., Tac. dial.: uno illo negotio sese all., Gell.: quam minime se alligare ad praecepta, Quint.: ad omnia verba se alligare, sich wörtlich an Memoriertes binden, Quint. – **d** alligare se, an ein Vergehen **sich binden,** d. i. **sich** dessen **schuldig machen,** mit *Abl.*, se scelere, Cic. Flacc. 41: mit *Genet.*, se furti, Ter. eun. 809. – dah. alligatus = in ein Vergehen verwickelt, mitbeschuldigt, Cic. Clu. 39; ad Q. fr. 2, 3, 5.

al-linio (ad-linio), īre = allino, **anschmieren,** Pallad. 3, 33; 6, 8, 1.

al-lino (ad-lino), lēvī, litum, ere, **anschmieren,** **I** eig.: **a** eine Schmiere usw. **aufstreichen,** sevum liquefactum, Pallad. 1, 41, 3 (vgl. allinio). – mit der Feder, incomptis (versibus) atrum transverso calamo signum, mit einem schwarzen Querstrich anstreichen (als Zeichen des Fehlers), Hor. de art. poët. 446. – **b** mit einer Schmiere anfügen, **ankleben,** supinam tabulae schedam (schidam), Plin. 13, 77. – **II** übtr., **mit** etw. **beflecken,** sordes sententiis, Cic. I. Verr.. 17: vitia sua alci, Sen. ep. 7, 1: Cain morte fratris allitus, Prud. ham. praef. 63.

Allīphae, s. Allīfae.

allīsio (adlīsio), ōnis, *f.* (allido), das **Anstoßen, Anschlagen,** duorum digitorum, Treb. Poll. trig. tyr. 8. § 5: manuum, Vulg. Iesai. 25, 11.

allium, s. ālium.

allīvēscit = allibescit (s. al-lubēsco), Paul. ex Fest. 28, 16 (allibescit, libere incipit, hoc est libitum fieri).

Allobrogēs, um, Akk. as, *m.*, die **Allobroger,** ein höchst kriegerisches u. mächtiges Gebirgsvolk im narbon. Gallien, dessen Hauptsitz zwischen Isara (j. Isère) u. Rhodanus (j. Rhone), dem Lacus Lemanus (j. Genfer See) u. den grajischen Alpen, im jetzigen *Dauphiné* u. *Savoyen,* mit der Hauptstadt Vienna (j. *Vienne* an der Rhone), u. gegen die Helvetier hin mit der Grenzstadt Genava (j. Genf): Verfechter der gallischen Freiheit gegen die Römer, und obgleich von Q. Fabius Maximus Allobrogikus u. Cn. Domitius Ahenobarbus im J. 123 v. Chr. unterjocht, immer zum Aufruhr geneigt, Caes. b. G. 1, 6. Cic. Cat. 3, 5. Sall. Cat. 40*sqq.* Vell. 2, 10, 2: Akk. Plur. Allobrogas b. Caes. b. G. 1, 14, 3 u. a. Quint. 11, 1, 89. Ven. Fort. carm. 3, 7, 18. – der Nom. Sing. **Allobrox** b. Hor. epod. 16, 6: u. griech. Akk. Sing., Ciceronem Allobroga (*i.e. barbare loquentem*) dixit, Iuven. 7, 214: Nbf. Sing. **Allobrogus** u. **Allobrogēs**, Prob. 124, 9 u. 14: Plur. **Allobrogae**, Schol. Iuven. 8, 234. – Dav. **A** **Allobrogicus**, a, um, **allobrogisch,** vinum, Cels.: vitis, Plin.: u. als Beiname des Q. Fabius Maximus (s. oben), Vell. u. Val. Max.; vgl. Iuven. 8, 13 (wo Allobrogici, die Allobrogiker = die Fabier, u. insbes. der genannte Q. Fabius Max.). – **B** **Allobrogicīnus**, als Beiname, CIL 1. p. 178*sq.*

allocūtio (adlocūtio), ōnis, *f.* (alloquor), das **Anreden,** die **Anrede,** Plin. ep. 2, 20, 7. Suet. Tib. 23. – Insbes.: a) = ἠθοποιΐα, die **Charakterschilderung,** s. Prisc. praeëx. 9, 27: Plur., Suet. gr. 4. Prisc. praeëx. 9, 27. Fortunat. art. rhet. 3, 8: obliquae (indirekte), Quint. 9, 2, 37. – **b** wie das griech. παραμυθία, das besänftigende, tröstende **Anreden, Zureden,** der tröstende **Zuspruch,** Catull. 38, 5. Sen. ad Helv. 1, 3. Liv. epit. 104. Vulg. sap. 3, 18: Plur., Sen. ad Marc. 1, 6. – u. übh. die **Beschwichtigung,** desiderii, Vulg. sap. 19, 12. – **c** das **Anfeuern zum Kampf,** auf Münzen.

allocūtīvus (adlocūtīvus), a, um, **zur Ansprache dienend,** oratio, Anecd. Helv. 161, 13.

allocūtor (adlocūtor), ōris, *m.* (alloqui), der **Anredende,** bes. der tröstende **Zusprecher,** Gloss. V, 185, 10.

allophȳlus, a, um (ἀλλόφυλος), **anderen Stammes, ausländisch, fremd,** Eccl.

alloquium (adloquium), ī, *n.* (alloquor), die **Ansprache,** wenn gegenseitig = das **Gespräch,** der **Umgang** mit jmd., Iustin. 19, 3, 11; 22, 7, 5. Plin. 6, 84: Plur., Tac. hist. 5, 1. Lucan. 10, 174. – Insbes.: **a** das besänftigende **Zureden,** der **Zuspruch,** die **Tröstung,** benignum, lene, Liv.: benigni vultus et alloquia, Liv.: subrefectus conspectu alloquioque alcis, Vell.: alloquio sustinere alqm, Ov.: blando solari alqm alloquio, Apul.: alloquio litterarum consolari alqm, Ambros.: vix propinquorum alloquia tolerare, Tac.: Plur. auch konkr. = **Trostmittel,** blanda alloquia, Hor. epod. 13, 18. – **b** die anfeuernde **Anrede** an die Soldaten, alloquio firmare militem, Tac. hist. 3, 36.

al-loquor (ad-loquor), adlocūtus sum, alloquī, **ansprechen, anreden,** an jmd. od. an eine Menge eine **Ansprache** od. **Anrede halten,** jmd. od. eine Menge **begrüßen,** zuw. auch = jmdm. **zureden Vorstellungen machen,** **I** im Allg.: alqm, Komik., Rhet. Her., Cic. u. a.: quem alloquar? Acc. fr.: te alloquor, ich meine dich, Plaut.: populum, plebis homines, Liv.: si quando nosmet ipsos alloquemur cohortantes, obiurgantes, miserantes, Quint.: all. alqm facunde, Liv.: alqm benigne (Ggstz. graviter increpare), Liv.: alqm leniter, Liv.: alqm comiter, Curt.: affabiliter, Spart., mollius, Amm.: manipulatim (milites) mitius aut horridius, Tac.: alqm per pacem, Plaut.: Romanos miti sermone, Liv.: accuratiore alqm sermone quam parentes, Liv.: milites variā oratione, Curt.: senatum compositā in magnificentiam oratione, Tac.: senatus quam poterat honoratissimo decreto allocutus eos, Liv.: all. paucis milites od. populum, Liv.: alqm per interpretem, Liv.: eos ut necessarios hospitesque, Liv.: alqm sic od. ita m. folg. direkter Rede, Liv.: u. so alqm placido ore talibus, Ov. – **II** insbes.: **a** dankend od. flehend **anreden, anflehen,** Neptunum, Naev. fr. bell. Pun. 1, 8 V. (b. Prisc. 7, 75): deos, Plaut. Amph. 181: patriam maestā ita voce miseriter, Catull. 63, 49. – **b** ermunternd, tröstend jmdm. **zusprechen, zureden,** jmd. **trösten,** (Ggstz. gratulari), alloquendi officium, Val. Max. 2, 7, 6: allocutum ire, Varr. LL. 6, 57: all. afflictum, Sen. Oed. 1029: parentes in luctu, Sen. Troad. 628: omnem Israel, Vulg. Iudith 4, 11.

allubentia (adlubentia), ae, *f.* (ad u. lubet), das **Belieben,** Apul. met. 1, 7.

al-lubēsco (ad-lubēsco), ere (ad u. lubet), *v. inchoat;* **I** gleiche Lust mit einem anderen bekommen, jmds. **Lust entgegenkommen,** ihm **zu Willen sein,** m. *Dat.*, Apul. met. 7, 11: absol., Plaut. mil. 1004; vgl. Paul. ex Fest. 28, 16 unter allivescit, Apul. met. 2, 10. – **II** **anfangen** an etw. **Wohlgefallen zu finden,** m. *Dat.*, aquis, Apul. met. 9, 3: conubiorum copulis, Mart. Cap. 1. § 25; u. so 1. § 31 u. ö.

al-lūceo (ad-lūceo), lūxī, ēre, **anleuchten, dazu-, daneben leuchten,** m. *Dat.*, Suet. Vit. 8, 2. Vulg. psalm. 97, 4: absol., Sen. ep. 92, 5. – im Bild, nequiquam tibi Fortuna faculam lucrifica adlucere vult, vergebens lässt die gewinnbringende Glücksgöttin dir eine Fackel leuchten = zeigt das Glück dir den Weg (die günstige Gelegenheit) zum Gewinn, Plaut. Pers. 515: ista dilucescant allucente misericordiā tuā, Augustin. conf. 11, 22.

allūcinātio, allūcinor, s. aluc…

alluctāmentum (adluctāmentum), ī, *n.* (alluctor), **Mittel zum Ankämpfen,** alluctamenta verborum, Arnob. iun. confl. de deo trino et uno 1, 7.

al-luctor (ad-luctor), ārī, **anringen, ankämpfen,** Apul. met. 10, 17. – übtr., m. *Dat.* = gegen jmd., Apul. met. 11, 12.

al-lūdio (ad-lūdio), āre (ad u. ludo), jmd. **streicheln,** mit jmd. **kosen,** absol., mit einer Frau, Plaut. Stich. 382: mit einem Hund, Plaut. Poen. 1234.

al-lūdo (ad-lūdo), lūsī, ere, **bei, zu, mit** jmd. od. etw. **spielen, scherzen, kosen, schäkern, tändeln,** **I** eig.: **a** v. Pers., m. *ad* u. Akk. u. m. bl. *Dat.*, ad id (scortum), Ter.: veluti ad notam (mulierem), liebkosen (v. einem Kind), Iustin.: Cicero Trebatio alludens, Quint.: et nunc alludit (*sc.* tauro), Ov.: quasi alludens, gleichs. im Scherz, Suet.: Galba alludens varie et copiose, seinen Witz spielen lassend in aller Mannigfaltigkeit u. Fülle, Cic.: nec plura alludens, nicht weiter scherzend, Verg. – bes. in der Rede **anspielen** auf etw., alludit ad nomen, quod hirundo, Ps. Ascon. Cic. Verr. 2, 24: Phidias Homeri versibus egregio dicto allusit, Val. Max. 3, 7. ext. 4: bene allusit de consiliaribus, Schol. Iuven. 3, 46: alludens tali cavillo, Aur. Vict. epit. 9, 14. – **b** v. personif. Lebl.: **α** v. der Wasserflut = an etw. **schlagen, plätschern,** mare litoribus alludit, Cic. de nat. deor. 2, 100 M.: alludentibus undis, Ov.: ubi alludit unda, Plin. – m. *Acc.*, quae fluctus salis alludebant, Catull. 64, 67: quod (aequor) vicissim nunc appulsum nostris pedibus alluderet fluctus, Min. Fel. 3, 3. – m. *Dat.*, extremis alludunt aequora plantis, Stat. Theb. 9, 336. – **β** vom Wind, **ansäuseln,** comas ac summa cacumina silvae lenibus adludit flabris levis auster, Val. Flacc. 6, 665. – u. von dem vom Wind bewegten Baum, et curvata suis fetibus ac tremens alludit patulis arbor hiatibus, Sen. Thyest. 157. – **γ** von der Flamme, **hinschlagen, hinlecken** zu usw., ibi epulantes alludit flamma, Solin. 5, 24. – **δ** v. Glück, mit jmd. **sein Spiel treiben,** cum (fortuna) tibi falsae illecebris felicitatis alluderet, Boëth. de cons. phil. 2. pros. 1. – **II** übtr.: genus eorum, qui sapientiae alludunt (die nahe an die Weisheit hinreichen), quam non quidem contigerunt, in conspectu tamen et, ut ita dicam, sub ictu habent, Sen. ep. 72, 12: u. prope posita speique nostrae alludentia sequamur, halten uns an das Nahegelegene u. unserer Hoffnung sich Darbietende, Sen. de tranqu. anim. 10, 5.

al-luo (ad-luo), uī, ere, an etw. **anspülen,** etw. **bespülen,** vom Meer, Fluss usw., fluvius latera haec alluit, Cic.: montes, quorum alluant radices lacus ac fluvii, Varr.: moenia alluuntur a mari, Cic.: urbs mari alluitur, Liv.: urbis murus fluctu alluitur, Liv. – eorum ossa ita iactantur fluctibus, ut numquam alluantur, (von ihnen) bespült, d. i. berührt werden, Cic. Rosc. Am. 72; or. 107. – doppelsinnig, Massilia cum … barbariae fluctibus alluatur, vom afrikan. Meer u. von den Fluten der Barbarei u. Roheit, Cic. Flacc. 63.

allus (hallus), ī, *m.*, der **Daumen** od. die **große Fußzehe,** Paul. ex Fest. 7, 21 u. 102, 3 (*in v.* Hallus); vgl. 2. allex u. Gloss. V, 299, 63: ›hallus, ποδὸς μέγας δάκτυλος‹.

allūsio (adlūsio), ōnis, *f.* (alludo), das **Spielen, Scherzen** mit jmd., Arnob. 7, 23. Cassiod. in psalt. 107, 22. – übtr., die **Anspielung,** parabolae et tropicae allusiones, Cassiod. expos. in psalt. *extr.* (tom. 2. p. 8, b. *ed. Garet*).

allūtio (adlūtio), ōnis, *f.* (alluo) = ablutio, Cael. Aur. acut. 2, 9, 51 (wo viell. ablutionem zu lesen ist).

alluviēs (adluviēs), ēi, *f.* (alluo), die **Anspülung,** das bei einer Überschwemmung bis zu einem Ort hin »anspülende od. ausgetretene Wasser«, die **Anschwemmung, angeschwemmte Lache,** fluminum, Col. 3, 11, 8: Plur., quietae, Apul. met. 11, 7. – ► Cic. ad Q. fr. 3, 7, 1 *cod. M.* fluvies; Liv. 1, 4, 5.

alluvio (adluvio), ōnis, *f.* (alluo), **I** das **Anspülen,** anspülende **Herandringen,** Vulg. Iob 14, 19: m. subj. *Genet.*, umentis imbris, Ambros. in Luc. 7, 20: salis, Avien. phaen. 1249: aquarum alluviones, Apul. de mundo c. 23. – **II** insbes., als *t. t.* der Juristen u. Agrimensoren, die durch einen Fluss od. durch Regengüsse unmerklich bewirkte Vergrößerung eines Stückes Feld vermittelst allmählichen Anspülens von Boden, die **Alluvion, Anschwemmung,** der **Anschutt** (Ggstz. abluvio, der **Abtrieb**), ICt. u. Gromat. vet.: dah. alluvionum et circumluvionum iura, der Landanspülungen u. Inselbildungen, Cic. de or. 1, 173; vgl. Callistr. dig. 41, 1, 12.

alluvius (adluvius), a, um (alluo), **angespült,** ager (= alluvio *no.* II), Gromat. vet. p. 369, 14 *ed. Lachm.* (p. 293 *ed. Goes.*). subst., **alluvium,** ī, *n.* = *alluvio,* Sidon. ep. 2, 2; vgl. Isid. de diff. 1, 40 Gloss. vet. in Class. auct. *ed. Mai* vol. 6. p. 503.

Alma, ae, *f.*, ein Berg bei Sirmium in Illyrikum, Vopisc. Prob. 18, 8.

Almana, ae, *f.*, Stadt in Mazedonien am Fluss Axius, Liv. 44, 26, 7.

almen, inis, *n.* (alere) = alimentum, Anthol. Lat. 303, 4.

almificus, a, um (almus u. facio), **segenspendend, beseligend,** nomen Christi, Ps. Ven. Fort. carm. spur. 3, 2.

almifluus, a, um (almus u. fluo), **Segen strömend, -ergießend,** Eccl.

almitās, ātis, *f.* (almus) = almities, Anecd. Helv. 164, 19.

almitiēs, ēi, *f.* (almus) = εὐπρέπεια, das **holde Ansehen** einer Sache, die **Holdseligkeit,** Charis. 39, 24. Paul. ex Fest 7, 20.

Almo, ōnis, Akk. ōna, *m.*, ein kleiner Bach auf der Südseite von Rom, der die *Via Appia* u. *Ostiensis* durchschneidet und in den Tiber fließt, j. *Aquataccio.* In ihm wuschen alljährlich die Priester der Cybele das Bildnis der Göttin u. ihre Tempelgeräte, s. Ov. fast. 4, 337; 6, 340. Lucan. 1, 600. – Als Flussgott Vater der Nymphe *Lara,* Ov. fast 2, 601; vgl. Cic. de nat. deor. 3, 52.

almus, a, um (v. alo), **nährend, fruchtbar, wohltätig, segenspendend, hold, lieb, gütig, labend, erquickend,** Fides alma, Enn. fr.: alma Ceres, Lucil. fr.: alma Venus, Hor.: u. (v. ders.) alma parens, Verg.: alma Tellus, Col.: sol almus, Hor.: ager almus, Verg.: vites almae, Verg. – mit *Genet.*, en orbis totius alma Venus, Apul. met. 4, 30.

alneus, a, um (amus), **aus Erlenholz, erlen, ellern,** stipes, Acc. tr. 261 (aus Fest. 314, 19): pali, Vitr. 3, 3 (4), 2; 5, 12, 6.

alnus, ī, *f.* (aus ›alsnos‹, litauisch *elksnis,* ahd. *elira,* holländ. *els,* nhd. Eller, Erle), **I** die **Erle, Eller** (*Betula alnus,* L.), Vitr., Plin. u. a. – alnus nigra, die »schwarze Erle, der Faulbaum (*Rhamnus frangula,* L.)«, Plin. – **II** meton. (poet.): **a** der **erlene Balken** einer Schiffsbrücke, Lucan. 2, 486; 4, 422. – **b** das **Fahrzeug, Schiff,** der **Kahn** aus Erlenholz, Verg. u. a. – ► Als *masc.*, Comp. Vitruv. de div. fabr. archit. 297, 20 R.

alo, aluī, altum od. alitum, ere (got. *alan,* aufwachsen, altisländ. *ala,* nähren, hervorbringen; vgl. noch ahd. *alt,* alt, eigentl. großgewachsen u. griech. ἄνολτος, unersättlich), **großnähren, aufnähren,** im weiteren Sinne übh. **nähren, ernähren, I** eig.: **1** v. leb. Subjj.: **a großnähren, aufnähren** (oft verb. mit educare, großziehen, erziehen), alui, educavi, Acc. fr.: alqm nefrendem, Liv. Andr. fr.: illam parvulam (v. der Amme), Ter.: puerum, Ter.: genitos liberos tollere alereque, Curt.: Athenis natus altusque educatusque Atticis, Plaut.: is natus et omnem pueritiam Arpini altus, Sall.: altus educatusque inter arma, Liv.: altus alieno sumptu, Varr. fr.: alqm alci furtim alendum mandare, Curt.: alqm alci committere alendum clam, Ov.: u. (poet.) virgo regia, quam lectulus in molli complexu matris alebat, Catull. 64, 88: u. (bildl.) intra parietes aluit eam gloriam, quam etc., Cic. Brut. 32: urbs, in qua et nata et alta sit eloquentia, Cic. Brut. 39. – m. Ang. **wem?** durch *Dat.*, si cui praeterea validus male filius in re praeclara sublatus aletur, Hor. sat. 2, 5, 45 *sq.* – m. Ang. **wozu?** durch *in* od. *ad* m. Akk., fortunae, in quam alebatur, capax, Vell. 2, 93, 1: orientis enim illud iuventae decus deorum atque hominum indulgentiā ad excidium eius (Carthaginis) alebatur, Val. Max. 2, 10, 4.

b ernähren, nähren, füttern (säugen), speisen u. übh. **halten,** illam mulierem cum familia, Ter.: viginti domi cibicidas, Lucil. fr.: ducentos servos, Hor.: aliquid monstri, Ter.: parentes, Mela u. Quint.: se et suos, Caes.: elephantos, Cic.: pavonum greges pascere atque alere, Varr. fr.: al. equos aut canes ad venandum, Ter.: anseres in Capitolio, Cic.: exercitum, maiores copias, Cic.: exercitus *contra* alqm iam multos annos, Caes.: exercitus in Asia Ciliciaque *ob* nimias opes Mithridatis, Sall. – m. Ang. **wie?** durch *Advv.*, alqm publice, Nep.: dapsiliter amicos, Naev. com. fr.: indecorabiliter alienos, Att. fr. – m. Angabe **wo?** ali ad villam, Cic. Rosc. Am. § 44. – m. Ang. **wodurch?** od. **womit?** durch *Abl.*, magnum numerum equitatus suo sumptu, Caes.: agri reditu suos, Plin. ep.: puerum tepidi ope lactis, Ov.: infantem suo lacte (v.d. Mutter), Gell. 12, 1, 6: alterā papillā muliebris sexus liberos, Curt.: binos ubere fetus, Verg.: ali humanis manibus (v. wilden Tieren), Liv.: al. Metelli exercitum stipendio frumentoque, Sall.: equos foliis ex arboribus strictis, Caes.: agrestes peregrino frumento, Liv.: u. (bildl.) oratorem quodam uberi iucundoque suco, Quint.: u. so se alere alqā re od. ex alqā re u. ali alqā re od. (selten) per alqd, sich durch od. von etw. nähren, se suosque latrociniis, Caes.: se ex usura eius (legatae rei), ICt.: ali turbā atque seditionibus sine cura, Sall.: ali venando, Mela: ali lacte, Cic.: ali panico corrupto, Caes.: ali pecore, serpentibus, Mela: ali viperinis carnibus, Plin.: ali nectareis aquis, Ov.: ali per dedecus Neronis, Tac. hist. 1, 4.

2 v. lebl. Subjj.: **a** v. Grundstücken, v. Zufuhr, v. der Jagd od. v.a. Geschäften, jmd. **nähren,** jmdm. **Unterhalt gewähren, Lebensmittel zuführen,** cum agellus eum non satis aleret, Cic. de nat. deor. 1, 72: idem hic agellus illos alet, Nep. Phoc. 1, 4: ne deserto agro non esset, *unde* uxor ac liberi sui alerentur, Val. Max. 4, 4, 6: sterilis diu palus aptaque remis vicinas urbes alit, Hor. de art. poët. 65 *sq.*: quam (plebis turbam) nec capere tam exiguus collis nec alere in tanta inopia frumenti poterat, Liv. 5, 40, 5: nec vi capi videbat posse urbem, ut quam prope liberi ab Carthagine commeatus alerent, Liv. 25, 23, 3: quod et in Italia et in Africa duos diversos exercitus alere aerarium non potest, Liv. 28, 41, 11: venatus viros pariter ac feminas alit, Tac. Germ. 46: quos manus atque lingua periurio aut sanguine civili alebat, Sall. Cat. 14, 3.

b v. der Luft, v. Himmelskörpern usw., lebende Wesen u. Lebl. **nähren,** ihnen **Nahrung zuführen,** sie **beleben,** Lucr. 1, 191 u. 804-816. Cic. de nat. deor. 2, 50 u. 101 u. 118. Cic. Tusc. 1, 43: luna alit ostrea et implet echinos, Lucil.: sat. fr. inc. 46: lucentem globum lunae Titaniaque astra spiritus intus alit, Verg. Aen. 6, 725 *sq.* itaque se ipse (mundus) consumptione et senio alebat sui, Cic. Tim. 18. **c** v. der Erde, v. Ländern u. Gewässern, in denen leb. Wesen u. Pflanzen vorkommen u. fortkommen, **nähren, ernähren,** tellus umida maiores herbas alit, Verg.: quicquid ex satis frigoris impatiens est, aegre alit terra, Mela: terra altius fossa generandis alendisque seminibus fecundior fit, Quint.: interiora alendis frugibus mitia, Curt.: eadem terra rhinocerotas alit, non generat, Curt.: India alit formicas, Mela: mare Caspium ingentis magnitudinis serpentes alit, Curt.: squalida siccitate regio non hominem, non frugem alit, Curt.: Borysthenes alit laetissima pabula magnosque pisces, Mela: ductoresque alii, quos Africa terra triumphis dives alit, Verg.: tunc rhombos minus aequora alebant? Hor.

d v.a. lebl. Subjj., die Pflanzen, Gewässer, Feuer **nähren, speisen,** **α** Pflanzen: gramen erat circa, quod proximus umor alebat, Ov.: pax aluit vites et sucos condidit uvae, Tibull.: multi fontes dulcibus aquis passim manantibus alunt silvas, Curt.: alibi multa arbor et vitis largos mitesque fructus alit, Curt.: quin etiam nebulā alitur (spionia), Plin.: u. im Bild, pleramque eorum partem vitiorum omnium seminarium effusius aluisse, Amm. 22, 4, 2. – **β** Gewässer **nähren, speisen, anwachsen lassen,** monte decurrens velut amnis, imbres quem super notas aluere ripas, Hor. carm. 4, 2, 5: idem (Libanus mons) amnem Iordanen alit funditque, Tac. hist. 5, 6: Padus aliis amnibus adeo augescit atque alitur, ut etc., Mel. 2, 4, 4 (2. § 62). – **γ** Feuer **nähren,** ihm **Nahrung geben,** ignem, Curt.: flammas, Ov.: al. flammam pinguem atque olentem (v. Bernstein), Tac.: ossibus ignes, Mela: ipsis in undis alitur incendium, Iustin.: id mercimonium, quo flamma alitur, Tac.: diductis, quibus flamma alebatur, Quint.

e v. Mitteln u. v. Pers., die den Körper und seine Teile u. ihm anhaftende Übel **nähren** usw., **α** im guten Sinne, **nähren u. kräftigen, gedeihen lassen** (Ggstz. minuere), cibi qui alunt, nährende Sp., Cels.: omnes corporis extremas quoque partes, Lucr.: corpus, Cels. u. Plin. (vgl. otia corpus alunt, Ov. ex Pont. 1, 4, 21: minuendo corpus alebat, Ov. met. 8, 878): vires, Caes.: staturam, Caes.: quorum ciborum diversitate reficitur stomachus et pluribus minore fastidio alitur, Quint.: al. capillum od. pilos, den Haarwuchs befördern, Plin.: alitur ulcus od. vulnus, wird geheilt, Cels. – **β** im üblen Sinne, **nähren** = vergrößern, verschlimmern, morbum, Nep. Att. 21, 6: bildl., vulnus venis (v. Liebenden), Verg. Aen. 4, 2: haec vulnera vitae non minimam partem mortis formidine aluntur, Lucr. 3, 63 *sq.*

II übtr., **nähren, lebendig erhalten, beleben, hegen, (weiter) fördern, immer mehr und mehr entwickeln, weiter ausbilden, weiter verbreiten,** honos alit artes, Cic.: laus alit artes, Poët. vet. fr.: opes tempus aluit, Mela: alit aemulatio ingenia, Vell.: quid alat formetque poëtam, Hor.: hos successus alit, Verg.: consuetudo ius est, quod leviter a natura tractum aluit et maius fecit usus, Cic.: nolo meis impensis illorum ali luxuriam, Nep.: u. so al. amorem, Ov.: audaciam, Cic.: audaciam in peius, Amm.: bellum, Cic. (vgl. bellum se ipsum alit, Liv.): dubitatione bellum, Tac.: belli materiam, Curt.: civitatem, die Wohlfahrt des St. fördern, Caes.: consuetudinem perditarum contionum, Cic.: contentiones civitatium, Iustin.: diutius controversiam, Caes.: ingenium, Cic.: serendis rumoribus aptum otium, Curt.: rumores credulitate suā, Liv.: seditiones civitatium, Tac.: malignis sermonibus non ali, sich nicht weiden an usw., Plin. ep.: al. spem alcis mollibus sententiis, Cic.: alitur vitium vivitque tegendo, Verg.: vitia, quae semper facultatibus licentiāque et assentationibus aluntur, Vell. – ► Partiz. Perf. altus od. alitus gleich üblich.

aloē, ēs, *f.* (ἀλόη), die **Aloe,** Cels. u. Plin.: Indica, Scribon.: Gallica, Ps. Apul. herb. – im Bild, wegen ihrer Bitterkeit, plus aloes quam mellis habet, Iuven. 6, 181. – ► Spät. Nbf. **aloa,** ae, *f.,* Isid. 17, 8, 9.

Alōeus, eī, *m.* (Ἀλωεύς), ein Gigant, Sohn des Neptun u. der Kanake, Gemahl der Iphimedia, der Mutter der Aloiden, Lucan. 6, 410; Claud. b. Get. 68; vgl. Hyg. fab. 28. – Dav. **Alōīdae,** ārum, *m.* (Ἀλωεῖδαι), die **Aloiden,** die nach Aloeus benannten, aber von Neptun mit Aloeus Gattin Iphimedia gezeugten Riesensöhne »Otus u. Ephialtes«, die gleich den Giganten den Himmel stürmen wollten (s. Hyg. fab. 28), Ov. met. 6, 117: zur Strafe in der Unterwelt Rücken gegen Rücken an eine Säule gefesselt u. durch das beständige Geschrei einer Eule gequält, Verg. Aen. 6, 582 (vgl. Hom. Od. 11, 305 *sqq.*).

alogia, ae, f. (ἀλογία), **I** die **Unvernunft,** der **Unverstand,** Augustin. ep. 36, 11: im Plur. = **alberne, tolle Gedanken,** Sen. apoc. 7, 1. Petr. 58, 7. – **II** das **Nichtreden, Schweigen** = ein **Mahl,** bei dem nicht geredet wurde, dominicā alogiā refecti, Abendmahl des Herrn, Auct. inc. b. Augustin. ep. 36, 9: salvi huc ad alogiam veniatis hilares cum omnibus, zum Leichenmahl, CIL 6, 26554; dageg. parodierend = ein unmäßiges **Mahl** (immoderatum convivium) b. Augustin. 26, 11 u. (Ggstz. eulogia, ein nüchternes christl. Mahl) 36, 19.

alogior, āri = ἀλογοῦμαι, **unvernünftig sein,** Dosith. (VII) 430, 4. Augustin. in euang. Ioann. 5, 17.

alogus, a, um (ἄλογος), **I unvernünftig,** Augustin. ep. 36, 11: meton., ein gramm. Zeichen zu einer verderbten (sinnlosen) Stelle (s. Isid. 1, 20, 27), Suet. fr. p. 138, 4 R. Serv. Verg. Aen. 10, 444. – **II** insbes., **irrational** als. *t. t.:* **a** der Mathem., aloga linea, die der anderen nicht entspricht, Mart. Cap. 6. § 717. – **b** der Metrik, keinem Metrum entsprechend, al. pes, Mart. Cap.: al. numeri, Mart. Cap.

Alōīdae, ārum, *m.,* s. Alōeus.

Alopē, ēs, *f.* (Ἀλόπη), **I** Tochter des Kerkyon, Mutter des Hippothous vom Gotte Neptun, der die vom Vater Getötete in eine gleichnamige Quelle verwandelte, Hyg. fab. 187. – **II** eine Stadt im opuntischen Lokris, Liv. 42, 56, 7. Plin. 4, 27.

alōpecia, ae, *f.* (ἀλωπεκία), die **Alopekie, Fuchsräude,** der **Fuchsgrind,** und das damit verbundene **Ausfallen** der (Kopf-, Bart- u. Augenbrauen-) **Haare,** Th. Prisc. 1, 6. – Plur. alopeciae = **Stellen, wo die Haare ausgefallen sind,** ein Glatzmal, Plin. 20, 41 u. ö.

alōpeciōsus, a, um (alopecia), **mit der Fuchsräude behaftet,** Th. Prisc. 1, 6 *lemm.*

alōpecis, idis, *f.* (ἀλωπεκίς), die **Fuchsrebe,** ein Weinstock, dessen Traube einem Fuchsschwanz ähnelt, Plin. 14, 42.

alōpecūros, ī, *f.* (ἀλωπέκουρος), **Fuchsschwanz,** eine Grasart, nach Sprengel zu Theophrast das **zylindrische Zuckerrohr** (*Saccharum cylindricum,* L.), Plin. 21, 101.

alōpēx, *f.* (ἀλώπηξ, πεκος), **1** der **Fuchs,** Akk. eca, Cass. Fel. 5. p. 12, 16. – **2** ein Seefisch, Plin. 32, 145; rein lat. vulpes marina, Plin. 9, 145.

Alpēs, ium, Akk. ēs u. īs, *f.* (keltisch *alb, alp,* die »Alp« = »Höhe, hoher Berg«; bei Dichtern auch im *Genet. Sing.* Alpis, im *Acc.* Alpem u. *Abl.* Alpe [auch Flor. 5, 6, 50]. **I** eig., die **Alpen,** jener mächtige Gebirgszug, der Oberitalien einschließt (Alpium murus, Cic. Phil. 5, 37) u. nach Norden u. Osten sich vielfach verzweigt, Caes. b. G. 1, 10 u. ö. Liv. 1, 1 u. a. – bei den Alten wegen der rauen Luft, der Stürme, der Schneemassen u. der Unwirtlichkeit auf den Höhen berüchtigt, dah. infames frigoribus Alpes, Liv. 21, 31, 8: A. hibernae, Hor. sat. 2, 5, 41: A. ventosae, Ov. am. 2, 16, 19: A. saevae, Iuven. 10, 166; vgl. die Schilderungen b. Sil. It. 3, 476 *sqq.* Claud. de bell. Get. 340 *sqq.* – schon im Altertum als die Heimat des Kropfes, wie noch jetzt, bekannt, Iuven. 13, 162. Vitr. 8, 3, 20.

Die Alpen wurden den Römern in ihrer ganzen Ausdehnung erst unter Augustus u. dessen Nachfolgern bekannt und man unterschied, von Südwesten ausgehend: **1** A. maritimae, die **See-** od. **ligurischen Alpen,** von Genua, wo der Apennin beginnt, bis zum Varus, von da nordwärts bis zu den Quellen des Padus, od. zum Berg Vesulus (j. *Monte Viso*), Tac. ann. 15, 32. Plin. 8, 140. – auch Ligurinae Alpes gen., Grat. cyn. 510.

An diese stießen nördl. **2** A. Cottianae od. Cottiae, die **kottischen Alpen,** von Eborodunum (j. *Embrun*) bis Segusio, vom Berg Varus bis zum Berg Cinisius (j. *Mont Cenis*); sie bilden die Grenze zwischen Gallien u. Italien, sind schwer zu passieren u. wurden so benannt nach »Kottius«, der unter Cäsar u. Augustus diesen Teil der Alpen beherrschte, auch den Römern eine Straße über den höchsten Punkt seines Gebiets (den *Mont Genèvre*) anlegte, Tac. hist. 1, 61. Aur. Vict. Caes. 5, 2; epit. 5, 4. Amm. 15, 10, 2 *sqq.*

Weiter nördl. **3** A. Graiae, die **grajischen** oder **grauen Alpen,** von den *Centrones* (dah. auch A. Centronicae, Plin. 11, 240) bis zu den *Salassi* am südl. Abhang des *Mons Poeninus* (j. großer St. Bernhard), Tac. hist. 2, 66. Nep. Hann. 3, 4 (auch saltus Graius, Nep. Hann. 3, 4, u. mons Graius, Tac. hist. 4, 68); vgl. Plin. 3, 134 u. (über den dortigen ewigen Winter) Petron. 122. v. 144 *sqq.* – Alpes Graeciae gen., Varr. b. Serv. Verg. Aen. 10, 13.

Von da nordöstl. **4** A. Poeninae, die **penninischen** (savoyischen u. piemontesischen) **Alpen,** von den *Salassi* bis zu den *Lepontii,* d. h. der große St. Bernhard u. das Gebirge bis zum St. Gotthard, Tac. hist. 1, 87; vgl. Poeninus.

Weiter nordöstl. **5** A. Lepontiorum (bei Neueren Lepontiae od. Lepontinae), die von den Lepontiern bewohnten, die **lepontischen** (Graubündner) **Alpen,** vom Simplon über den Albrun, Griés bis zum Adula, Caes. b. G. 4, 10. Plin. 3, 135.

Daneben östl. **6** A. Rhaetae (Raetae) od. Rhaeticae, die **rhätischen Alpen,** vom St. Gotthard bis zur Ortlesspitze, Hor. carm. 4, 4, 17, wo Tacitus den Rhein auf einem steilen, unzugänglichen Berg entspringen lässt, Tac. Germ. 1, 4. Weiterhin **7** A. Tridentinae, die **Gebirge Südtirols,** wo die Athesis entspringt, Plin. 3, 121: auch Tridentina (Alpium) iuga gen., Flor. 3, 3, 11.

An diese stoßen östl. **8** A. Noricae (als Name des Mittelalters), die **norischen** (Salzburger) **Alpen,** die das Drautal (Dravus) vom Salzburgischen trennten, Norici Alpium tumuli gen. b. Flor. 3, 3, 18; vgl. Verg. georg. 3, 474.

Dann südl. **9** A. Carnicae, die **karnischen** (kärntischen) **Alpen** (mit den Quellen des Savus), das Drautal von Italien trennend bis zum Berg Terglu, Plin. 3, 147; Alpes übh., b. Liv. 39, 54, 5 *sqq.*

Endlich die südl. Schlusskette **10** A. Iuliae, die **julischen** (Krainer) **Alpen,** vom Berge Terglu bis zur Bucht von Fiume, die Krain von Italien scheiden, Tac. hist. 3, 8, 4. Hieron. ep. 60, 16; benannt nach Iulius Cäsar u. Augustus, die sie durch Straßen gangbar machten, Ruf. brev. 10, 1: auch A. Venetae gen., Amm. 31, 16, 7. – saltus Iuliae Alpis ist falsche Lesart bei Liv. 5, 34, 8.

Von da senkt sich das Gebirge, u. es beginnen **11** die A. Dalmaticae, die **dalmatischen Höhenzüge,** Plin. 11, 240: deren nördliche, nach Pannonien sich erstreckende Zweige Pannonicae od. Pannoniae Alpes heißen b. Tac. hist. 2, 98 u. 3, 1.

II poet. übtr. = **Hochgebirge** übh., für die Pyrenäen, Iul. Obsequ. 103 (so Alpemque Pyrenem, Ven. Fort. miscell. 6, 2, 88): für den Apennin, Lucan. 1, 219: vom Bergrücken des Athos, Sidon. carm. 2, 510 u. 9, 44: geminae od. binae Alpes, die Alpen u. Pyrenäen, Sil. 2, 333. Prud. perist. 3, 538.

Dav. abgel.: **a** **Alpicus**, a, um, zu den Alpen gehörig, **Alpen-,** montes, Carm. epigr. 19, 4. – subst., Alpicī, ōrum, *m.*, die **Alpenbewohner,** Nep. Hann. 3, 4. – **b** **Alpīnus** (arch. Alpeinus), a, um, zu den Alpen gehörig, **alpisch, Alpen-,** amnis, Liv.: nives, gaesa, Verg.: boreas, von den Alpen her wehend, Verg.: hostes, die Gallier, Ov.: caseus, Capit. Anton. Pius 14, 4: mures, Murmeltiere, Plin.: Alpinae gentes, Liv. u. Plin., u. subst., Alpīnī, ōrum, *m.*, Ruf. brev. 10, 1, die Alpenvölker, -bewohner. – dah. Alpīnus, der »Alpensänger«, ein von Horaz dem schwülstigen Dichter M. Furius Bibaculus wegen eines schlechten Verses über die Alpen (s. Hor. sat. 2, 5, 41) beigelegter Spottname, Hor. sat. 1, 10, 36.

alpha, *n. indecl.* (ἄλφα), das **Alpha,** Name des ersten Buchstaben des griechischen Alphabets, Tert. praescr. adv. haeret. c. 50. Boëth. inst. music. 4, 3. p. 310 Fr.: dah. hoc discunt ante alpha et beta, noch vor dem Abece, noch ehe sie lesen lernen, Iuven. 14, 209. – Sprichw. = der (die, das) Erste u. Vollkommenste in seiner Art, alpha paenulatorum, Mart. 2, 57, 4; 5, 26, 1: alpha et Ω cognominatus (Christus), alles in allem, Prud. cath. 9, 11.

alphabētum, ī, *n.* (ὁ u. ἡ ἀλφάβητος), das **Alphabet,** Hieron. ep. 30, 3 u. a. Eccl.

Alphēias, adis, *f.*, s. Alphēus.

Alphesiboea, ae, *f.* (Ἀλφεσίβοια), Tochter des Phegeus, Königs von Psophis in Arkadien, erste Gattin des Alkmäon, um der Kalirrhoë willen von ihm verlassen, rächte den von ihren Brüdern an Alkmäon (als er das Halsband u. den Peplos der Harmonia seiner zweiten Gattin bringen wollte) verübten Mord durch beider Tod, Prop. 1, 15, 15; die Sage anders b. Hyg. fab. 244.

Alphēus u. poet. **Alphēos**, ī, *m.* (Ἀλφειός), der Hauptstrom des Peloponnes, der nach den Alten als Bach bei Phylake entsprang, im Gebiet von Tegea verschwand, bei Äsäa wieder zum Vorschein kam, hier mit dem Eurotas sich vereinigte, nach einstündigem Lauf sich mit diesem in einer Erdkluft verlor und bei Pejä in Arkadien wieder herauskam. Durch viele kleine Flüsse u. Bäche verstärkt u. für Boote schiffbar, trat er oberhalb Olympias in Elis ein, durchfloss den Hain der Diana Alphionia und ergoss sich ins Ionische Meer. Sein öfteres Erscheinen u. Verschwinden gab wohl zu dem Mythos Veranlassung, er habe sich als Flussgott (Sohn des Oceanus u. der Thetis) aus Liebe zur *Arethusa* (s. d.) unter dem Meeresgrund bis zur Quelle Arethusa auf Ortygia im Hafen von Syrakus fortgewühlt u. dort mit dieser sich vereinigen lassen, Plin. 2, 225; 31, 55. Ov. met. 5, 494 *sqq.* Verg. Aen. 3, 694: Form Alphēos, Ov. met. 2, 250 M.: Akk. Alphēon, Ov. am. 3, 6, 29. Sil. 14, 54: Vok. Alphēe, Stat. Theb. 4, 239. – Dav. abgel.: **a** **Alphēias**, adis, *f.* (*Ἀλφειϊάς od. *Ἀλφηϊάς), die **Alphēiade,** Beiname der Nymphe und Quelle Arethusa (s. vorher), Ov. met. 5, 487. – **b** **Alphēus**, a, um, zum Alpheus gehörig, **alphēisch,** Pisae (in Italien), von Pisaten aus Elis (wo der Alpheus strömt) gegründet, Verg. Aen. 10, 178: flumina, Verg. georg. 3, 180: ripae, Claud. de bell. Get. 575.

alphita, ōrum, *n.* (ἄλφιτα), **geschrotenes Mehl,** Auct. itin. Alex. 19 (49). Th. Prisc. 1, 30.

alphus, ī, *m.* (ἀλφός), ein **weißer Hautflecken** od. **Flechten** im Gesicht, Cels. 5, 28 *no.* 19. Th. Prisc. de diaeta 15.

Alpicus u. **Alpīnus**, a, um, s. Alpēs.

Alsiēnsis, e, s. Alsium.

alsinē, ēs, *f.* (ἀλσίνη), eine Waldpflanze, die **Wald-Sternmiere** (*Stellaria nemorum*, L.), Plin. 27, 23.

alsiōsus, a, um (alsius), **leicht frierend, gegen Frost sehr empfindlich, frostig** (Ggstz. aestuosus), pecus, Varr. r. r. 2, 3, 6: v. Pflanzen, Plin. 21, 60. – subst., alsiōsī, ōrum, *m.*, **Frostige,** Plin. 20, 138; 22, 110. Vgl. Gloss. V, 264, 36.

alsito, āre (*Frequ.* v. algeo), **immer u. immer frieren,** Max. Victorin. art. gr. (VI) 200, 3.

Alsium, ī, *n.*, eine der ältesten Städte Etruriens, zwischen dem sabatischen See u. dem tyrrhen. Meere, nordwestl. von Rom, j. Dorf *Palo,* in deren Gebiet Pompejus u. andere vornehme Römer Landgüter hatten, Cic. ad Att. 13, 50, 4. Vell. 1, 14, 8. Fronto de fer. Als. 1. p. 223, 2 N. – Dav.: **a** **Alsiēnsis**, e, **alsiensisch,** villa, des Pompejus, Cic., der Schwiegermutter des Plinius, Plin. ep.: populus, Liv. – subst., Alsiēnse, is, *n.* (*sc.* praedium), das »alsiensische Landgut« des Pompejus, Cic. – **b** **Alsius**, a, um, **alsisch,** litus, Sil. 8, 475.

1. alsius, a, um (algeo), **frostig,** alsia corpora, Lucr. 5. 1013 (1015).

2. Alsius, a, um, s. Alsium.

3. alsius, s. alsus.

alsus, a, um (algeo), **kühlend, kühl, erfrischend, labend,** nur im *neutr. compar.*, nihil alsius, Cic. ad Q. fr. 3, 1, 5; ad Att. 4, 8, 1.

altānus, ī, *m.*, nach Vitr. 1, 6, 10 ein **Südwestwind,** nach Suet. fr. p. 233, 3 R. Isid. 13, 11, 18 u. Serv. Verg. Aen. 7, 27 jeder **Seewind,** weil er vom Meer her (ab alto) weht.

altar u. **altāre**. s. altāria.

altāria, ium, *n.* (altus), vorklass. u. klass. nur im Plur. (dah. auch nur mit Distributivzahlen verb.), später im Singular in drei Formen: **α** altāre, is, *n.*, Paul. ex Fest. 5, 6. Apul. de Plat. 1, 1 u. a. Gramm. u. Eccl., **β** altar, āris, *n.*, Prud. perist. 3, 212 u. a. Eccl., Abl. altari, Petron. 135, 3, **γ** altārium, ī, *n.*, CIL 6, 414[b]. Hier. ep. 69, 9 u. a. Eccl., **I** der **Aufsatz auf dem Opfertisch** (ara) zum Verbrennen der Opfertiere, der **Opferherd,** structae diris altaribus arae, Lucan. 3, 404: aris altaria imponere, Ps. Quint. decl. 12, 26. – **II** der ganze mit einem solchen Aufsatz versehene, zu Brandopfern bestimmte Altar, **Hochaltar, Brandaltar,** accendi ex his altaria araeve debeant, Plin.: inter aras et altaria, Plin. pan. – auch von einem einz. Altar, ab altaribus fugatus, Cic.: altaribus admotum iureiurando adegit, Liv.: sumptis in manus altaribus, Iustin.

altārium, ī, *n.*, s. altāria.

altē, *Adv.* m. *Compar.* u. *Superl.* (altus), **I** **hoch,** **a** eig.: escendere in malum (Mast) alte, Varr. fr.: alte in terram cadere, Varr. fr.: extollere pugionem, Cic.: cadere, hoch herab, Cic.: se tollere a terra altius, Cic.: altissime evolare, v. Adler, Suet.: alte cinctus, Hor. – **b** übtr.: alte ascendere, Cic.: spectare, die Blicke hochheben = nach Hohem (nach einem hohen Ziele) streben, Cic.: ingenium altissime assurgit,

Plin. ep.: ille dies virtutem Catonis altissime illuminavit, Vell.: eadem facta claritate vel obscuritate facientium aut *tolluntur* altissime aut *humillime deprimuntur,* Plin. ep.: alte natus, Albinov. – **II tief, a** eig.: alte obruere celocem, Varr. fr.: ferrum haud alte in corpus descendisse, Liv.: sulcus altius impressus, Cic.: repetiti od. tracti altius gemitus, Sen. rhet. u. Sen. phil. – **b** übtr.: quod verbum in Iugurthae pectus altius quam quisquam ratus erat descendit, Sall.: quod dictum altius in pectus Bassiani descendit, Spart.: alte conquiesse, Afran. com.: penitus atque alte usum ac sententiam legis introspicere, Gell.: verbum transferre altius, zu kühn, hart usw., Cic.: alte petere, weit herholen, Cic.: altius repetens, Verg.: altius perspicere, weiter sehen, tiefer nachdenken, Cic.: altius expedire, von Anfang an erzählen, Tac.: altius animis maerere, Tac.: ea offensio altius penetrabat, quia etc., Tac.: haec odia altissime sedent, Ps. Quint. decl. – altius (eingehender) disserere m. folg. indir. Fragesatz, Tac. ann. 3, 25 *extr.*

altēcinctus, s. alticinctus.

altēgradius, a, um = *alte gradiens,* **aufrecht gehend,** Tert. de virg. vel. 17.

altellus, ī, *m.* = *altus* (aufgezogen) *in tellure,* Romulus, Paul. ex Fest. 7, 10.

alter, tera, terum, Genet. alterīus (im Vers auch alterĭus), Dat. alteri (v. alis), **der eine** von zweien, **der andere** (dagegen alius **ein anderer** in Bezug auf mehr als zwei), **I** eig.: **A** im Allg.: altero pede (auf dem einen F.) claudus, Nep.: hi libri quinque alteri, Cic.: alter exercitus, Liv.: alter consulum, Liv.: alter ex censoribus, Liv.: alterum ex duobus commodis, Gell.: altera ex duabus causis, Sen.: necesse est sit alterum *de* duobus, aut ... aut etc., Cic. Tusc. 1, 97; vgl. Sen. de brev. vit. 13, 8 u. Gell. 5, 11, 7. – binas a te accepi litteras, quarum alteris mihi gratulabare, Cic.: utrique alteris freti, Sall.: tuis unis et alteris litteris, Cic.: tabulae testamenti unae per legatos eius Romam erant allatae, alterae eodem exemplo ... Alexandriae proferebantur, Caes.: duplices similitudines, unae rerum, alterae verborum, Rhet. Her.: ambo imperatores Romani aut alter ex iis, Liv.: parentes ambo alterve, Gell.: absente consulum altero ambobusve, Liv. (vgl. unten *no.* I, B, 1): non uterque, sed alter, Cic.: aut uterque aut certe alter, Liv.: aut alter aut invicem uterque, Quint.: ita est utraque res sine altera debilis, Cic. – Distribut., alter ... alter, **der eine ... der andere,** alter perdidit, alter vendidit, Cic. – zuw. steht statt des zweiten alter ein Subst., od. hic, ille u. dgl., Epaminondae, Leonidae –: quorum alter (Epam.) – quaesivit, Leonidas autem etc., Cic.: alter ... hic, Cic. Rosc. Am. 17: alter ... iste, *ibid.*: alter ... ille, Flor. 4, 7, 10. – zuw. das eine alter ganz ausgelassen, duae turmae haesere: altera metu dedita hosti, (altera) pertinacior etc., Liv. 29, 33, 7: Graeci duo genera eius fecere; (alteram) longam enodem, alteram brevem duriorem, Plin. 16, 63 (vgl. Sillig Plin. 35, 71). – Plur. von mehreren od. von ganzen Parteien, alteri dimicant, alteri victorem timent, Cic. – endlich das zweite alter in verschiedenem Kasus, alter alterius ova frangit, Cic.: alteri alteros aliquantum attriverant, Sall.: auch unus alteri, Plaut. – ► Nach zwei Substst. bezieht sich gew. das erste alter auf das erste Subst., das zweite auf das zweite; zuw. aber ist es umgekehrt, wie Cic. Quinct. 1; de off. 3, 73; vgl. Spalding Quint. 9, 2, 6.

B insbes.: **1** als Formel in Senatsbeschl. usw.: alter ambove, S.E.V. (= si eis od. iis videbitur od. videatur), **der eine** (der beiden Konsuln) **oder beide,** wenn usw., Uti C. Pansa, A. Hirtius Coss., alter ambove, S.E.V., cognoscerent, qui ager iis coloniis esset, Cic. Phil. 5, 53; u. so *ibid.* 8, 33; 9, 16; 14, 37: umgekehrt, Q. Aelius, Paulus Fabius Coss. ambo alterve, si iis videbitur, SC. b. Frontin. aqu. 100 *extr.*

2 der **andere = zweite** (*secundus*), **a** übh.: proximo, altero (zweitnächsten), tertio die, Cic.: quadriennio post alterum consulatum, Cic.: fortunate puer, tu nunc eris alter ab illo, du bist nun der zweite nach jenem, Verg. – bei Zehnern u. Hunderten, altero vicesimo die, am 22. Tage, Cic.: annus alter ab undecimo, das 12., Verg.: anno trecentesimo altero (im 302. Jahre), quam Roma condita erat, Liv. – **b** unus et (od. atque od. aut od. vel) alter, unus alterque, unus alter, **der eine u. der andere** (s. Heß Tac. dial. 21. p. 142. Schmidt Iuven. 7, 165), **α** bestimmt = **einer oder zwei,** unus et alter dies, Cic. – **β** unbestimmt = **der eine u. der andere, der u. jener = etliche, einige wenige** u. dgl., Ter., Cic. u. a. – **c** alterum tantum, **noch einmal-, doppelt so viel,** Cic. u. Liv.: altero tanto longior, noch einmal so lang, Nep.: u. so altero tanto maior, Cic.

3 bei *Nom. appellat.* u. appellat. gebrauchten *Nom. propr.* = hinsichtlich der Eigenschaften dem genannten Appellativum gleich, unser **ein anderer, ein zweiter,** me sicut alterum parentem diligit, Cic.: alter Verres, Cic.: prope Hannibal alter, Aur. Vict.: prope alter Camillus, Claud.: u. so alter ego, ein zweites Ich (von sehr vertrauten Freunden), Cic.: u. tamquam alter idem, gleichsam das zweite Selbst, Cic. de amic. 80.

4 der andere = entgegengesetzte, ripa, das jenseitige, Caes.: acies, Liv.: pars altera, die Gegenpartei, Cic., Liv. u. a.: ebenso factio, Nep.: fortuna, Liv. – dah. poet., **ander** = der früheren Beschaffenheit nach **verschieden, verändert,** metuit secundis alteram sortem, Hor. carm. 2, 10, 13*sq.*: u. quoties te speculo videris alterum, als einen anderen, ganz verändert (also »unschöner«), Hor. carm. 4, 10, 6. – u. in der Augurspr. euphemist., altera avis = *infausta,* »ein unglückbringender V.«, nach Paul ex Fest. 7, 1.

II übtr., der **(die) Andere = der Nächste, der Mit-** od. **Nebenmensch** (ὁ πέλας, ὁ πλησίον), qui alteri exitium parat, eum scire oportet etc., Enn. fr.: qui alterum incusat probri, eum ipsum se intueri oportet, Plaut.: qui nihil alterius causā facit, Cic. – dah. alter mit einer Negation od. einer negativen Frage u. dem Komparativ, verstärkend wie **kein Zweiter** für »kein anderer übh.«, sol scelestiorem nullum illuxit alterum, Plaut.: qui me alter audacior homo? Plaut.; u. so Hor. sat. 1, 1, 40 u. 1, 5, 33: u.m. *Abl. compar.,* neque mest (als ich) Athenis alter hodie quisquam, quoi credi recte aeque putent, Plaut. asin. 492*sq.*

► *Dat. masc.* altero, Cic. de nat. deor. 2, 66 *ed. Schoem.* Carm. epigr. 192, 3; arch. alterei, CIL 1, 198, 76; öfter *Dat. fem.* alterae, Plaut. rud. 750. Ter. heaut. 271; Phorm. 928. Caes. b. G. 5, 27, 5. Nep. Eum. 1, 6. Col. 5, 11, 10. – Im Vers synk. altrius, altri, altris, s. Lorenz Plaut Pseud. 345. Brix Plaut. capt. prol. 8. Ribbeck Comic. Coroll. p. X*sq.* – Wegen der Quantität der Pänultima in alterius s. Prisc. 6, 37.

altēras, *Adv.* (alter) = *alias* (s. Paul. ex Fest. 27, 2), **ein anderes Mal;** dah. alteras ... alteras ... alteras, **das eine Mal ... das andere Mal ... das dritte Mal, bald ... bald ... bald,** Cato fr. inc. b. Charis. 215, 20.

altercābilis, e (altercor), **Worte wechselnd,** altercabilem conserere sermonem, ein Wechselgespräch, Zwiegespräch halten (= altercari sermonem, s. altercor *no.* I), Arnob. 5, 3.

altercātim, Gloss. II, 314, 34 ›altercatim, ἐριστικῶς‹.

altercātio, ōnis, *f.* (altercor), die kurze **Entgegnung** (in Fragen u. Antworten), der **Wortwechsel, Wortzank, Wortstreit, I** im Allg.: brevis, Liv.: Lentuli et Caninii, Cic.: dialogorum, Sen.: in pauciores avidos altercatio est, Plaut.: magna non *disceptatio* modo, sed etiam *altercatio,* Liv.: cum res a perpetuis *orationibus* in *altercationem* vertisset, Liv.: altercationes in senatu factas audio, Cic. ad Att. 4, 13, 1. – **II** gerichtl. *t. t.,* die nach beiderseitiger Beweisführung an einander gerichteten kürzeren Fragen u. Antworten der Parteien u. ihrer Anwälte, worin man noch einmal die Hauptpunkte zusammenfassen konnte, der **Wortwechsel,** die **Alterkation,** Cic. Brut. 164; vgl. Quint. 6, 4, 1; 10, 1, 35.

altercātor, ōris, *m.* (altercor), der **Wortwechsler, Kontroversredner** vor Gericht u. im wissenschaftl. Disput (vgl. altercatio *no.* II), Quint. 6, 4, 10 u. 15. Fronto ad Ver. imp. 1. p. 121, 2 N. Cassiod. var. 11. praef. 5. Arnob. iun. de deo tr. et un. 1, 1.

alterco, āvī, āre, aktive Form f.d. folg., mecum altercas? Pacuv. tr. 210: cum patre, Ter. Andr. 653: cum alqo de alcis nece, Apul. met. 6, 26: absol., Apul. met. 2, 29. – Passiv unpers., dum de his altercatur, Instit. Iust. 4, 13, 10.

altercor, ātus sum, ārī (alter), **einen Wortwechsel haben, im Wortwechsel streiten, hin- u. herreden** (od. **schwatzen), hin u. her dis-**

putieren, **I** im Allg.: altercari cum alqo, Caes.: mulierum ritu inter nos altercantes, Liv.: singulis ex utraque parte altercantibus, Arnob. iun. – mit homog. Akk., dum hunc et huius modi sermonem altercamur, im Wortstreit erörtern, Apul. met. 2, 3. – poet. übtr., altercante libidinibus pavore, im Streit liegt mit usw., Hor. sat. 2, 7, 57. – **II** als gerichtl. *t. t.*, mit dem Gegner **den Wortwechsel führen** (s. altercātio *no.* II), in altercando invenit parem neminem, im Wortwechsel, in Frage u. Gegenfrage, Cic. Brut. 159; vgl. Quint. 6, 4, 5 u. 14. Plin. ep. 3, 9, 12.

altercum, ī, *n.* = *hyoscyamus,* **Bilsenkraut,** Plin. 25, 35 *sqq.* Scrib. 181. Cael. Aur. acut. 1. praef. § 6. – auch **alterculum** gen., Ps. Apul. herb. 5.

alteritās, ātis, *f.* (alter), die **Andersheit, andere Wesenheit,** Boëth. inst. arithm. 2, 28 u. a. Spät.

alternā = *alternis,* **abwechselnd,** Plin. 11, 138. Stat. Theb. 7, 640 u. 12, 387. Apul. met. 10, 17; vgl. Gloss. ›alterna, ἐν μέρει‹.

alternābilis, e (alterno), **wandelbar,** divitia, Acc. tr. 264 R.[2]. Vgl. aeternabilis.

alternāmentum, ī, *n.* (alterno), der **Wechsel,** Mam. Claud. de stat. anim. 3, 8.

alternātim, *Adv.* (alterno) = *alternis,* **abwechselnd, wechselweise,** Claud. Quadrig. b. Non. 76, 12. Amm. 29, 2, 28. Augustin. ep. 29, 11. Boëth. inst. arithm. 1, 20. Vgl. Charis. p. 187, 16.

alternātio, ōnis, *f.* (alterno), **I** die **Abwechselung,** der **Wechsel** (s. Paul. ex Fest 7, 8), Ps. Apul. Ascl. 30 u. 31: noctis et diei, Augustin. serm. 29, 1: inventorum, Macr. sat. 7, 5, 4: partuum, Ps. Apul. Ascl. 27: vitalis (belebender), Arnob. 7, 28: Plur., Apul. met. 10, 10. – insbes., als gramm. *t. t.* = ἐπαλληλότης, die **unmittelbare Aufeinanderfolge, Häufung derselben Buchstaben,** Prisc. 4, 34. – u. = παραλληλότης, die **Nebeneinanderstellung gleichlautender Ausdrücke,** Prisc. part. XII vers. Aen. 7, 152. – **II** als jurist. *t. t.*, der **disjunktive Ausdruck,** die **Alternative,** ICt.

alternīs, s. 1. alternus.

alternitās, ātis, *f.* (alternus) = παραλληλότης od. ἐπαλληλότης, die **Abwechselung, Nebeneinanderstellung** gleichbedeutender Ausdrücke, Prisc. 2, 62 u. 4, 34.

alterno, āvī, ātum, āre (alternus), **I** *tr.* etw. **abwechseln lassen,** mit etw. **abwechseln,** olea alternat fructus, trägt ein Jahr ums andere, Plin.: cibum, bald eins, bald das andere (der Jungen) füttern, Plin.: excubias, Sil.: vices, abwechseln, Ov.: fidem, bald glaublich machen, bald nicht, Ov.: miscenda ista et alternanda sunt, solitudo et frequentia, Sen.: ex splendidis sordidisque alternata series, Sen.: per eadem tempora, quibus in Syria regni mutatio *inter* novos reges alternabatur, Iustin. 36, 4, 1: omnia istaec *inter* graecos versus latina ita scite alternata sunt a te et interposita, Fronto ad Marc. Caes. 1, 5. p. 12, 12 N. – übtr., **auf die Alternative stellen,** alternata condicio, Ulp. dig. 28, 7, 8. § 5. – **II** *intr.* **abwechseln,** illi alternantes (gegenseitig, wechselseitig) magnā vi proelia miscent, Verg. georg. 3, 220: arborum fertilitas omnium fere alternat, Plin. 16, 18: m. *cum* u. Abl. od. m. bl. *Abl.*, cum symphonia alternasse, Plin. 10, 84: hieraticis alternat tota milvinis nigrisque veluti plumis, Plin. 37, 168: m. *Infin.*, Tert. de anim. 29. – übtr., mit seinen Gedanken wechseln = **schwanken,** haec alternanti potior sententia visa est, Verg. Aen. 4, 287.

1. alternus, a, um (alter), **einer um den anderen, abwechselnd, gegenseitig, I** im Allg.: ex duabus orationibus capita alterna recitare, Cic.: alternis trabibus ac saxis, Caes.: alternis diebus, Liv. 4, 46, 3: alternā vice, Enn. fr.: alternis vicibus, Varr.: metus, Liv.: aves, die sich entgegengesetzten Adler, Claud.: alternis paene verbis Manlii factum laudans, fast immer beim zweiten Wort, Liv.: alternis versibus, im Wechselgesang, Verg. u. a. (vgl. Schmid Hor. ep. 2, 1, 146): alterni sermones, Wechselgespräch, Zwiegespräch, Dialog, Hor.: alterni metus, Liv. – m. *Abl.*, signa peregrinis ubi sunt alterna columnis Belides, wo mit fremdländischen Säulen abwechselnd stehen die Statuen der Beliden, Ov. trist. 3, 1, 61. – *neutr. plur.* subst., alterna loqui cum alqo, ein Zwiegespräch halten, Hor. sat. 1, 8, 40. – Abl. Sing. alternā (*sc.* vice), **abwechselnd,** ciliis alternā conivens, Apul. met. 10, 17. – Abl. Plur. alternis, **α** (*sc.* vicibus) **abwechselnd,** Varr., Liv. u. a. (s. Weißenb. Liv. 2, 2, 9): alternis ... alternis, bald ... bald, Sen. u. a. – **β** (*sc.* versibus) im **Wechselgesang,** dicere (singen), Verg. ecl. 3, 59 (vgl. vorh. alt. versibus). – **γ** (*sc.* annis) ein **Jahr ums andere, abwechselnd ein Jahr,** Verg. georg. 1, 71. – **II** insbes.: **A** als *t. t.* der Metrik = zwischen Hexametern u. Pentametern wechselnd, **im elegischen Versmaß, elegisch,** pedes ... alternos esse oportebit, Cic.: epigramma alternis versibus longiusculis, Cic.: canere alterno carmine, im elegischen Lied besingen, Ov. her. 1, 5: u. mit Anspielung darauf, elegia ... alternum fultura (*al.* factura) pedem, Stat. silv. 1, 2, 9. – **B** als gerichtl. *t. t.*, reicere alterna consilia od. alternos iudices od. alternas civitates (die als Richter bestellt waren), »abwechselnd, gegenseitig die gelosten Richter verwerfen, ein Recht, das Beklagtem u. Kläger einmal zustand,« Cic. Vat. 27; Planc. 36; Verr. 2, 32. – ► Archaist. Nom. Plur. alternei, CIL 1, 28, 5 u. alternas, Plaut. trin. 539.

2. alternus, ī, *f.*, s. alaternus.

1. altero, āre (alter), **anders machen,** Boëth. Aristot. top. 6, 3. p. 712. – dah. **schlimmer** machen (Ggstz. mitigare), tussiculam, Cael. Aur. chron. 2, 8, 115.

2. altero, *Adv.* (alter), **zum anderen** (= zweitens), altero ... tertio, Fest. 371 (a), 22 u. 26.

alterplex, icis = *duplex,* n. Paul. ex Fest. 7, 14 u. Gloss. – Nbf. altriplex, Placid. gloss. (V) 7, 45 (= 46, 20. 48, 25).

altertra = *alterutra,* nach Paul. ex Fest. 7, 15.

alter-uter, alter-utra (häufiger als altera utra), **alter-utrum** (häufiger als alterum utrum), *Genet.* **alterutrīus** (häufiger als alterīus utrīus etc.), *Dat.* **alterutri** (archaist. als *Genet.* u. *Dat. fem.* alterutrae nach Charis. 159, 2), **a einer (eine, eines) von zweien** od. **beiden** mit Ausschluss des anderen, ne alteruter alterum praeoccuparet, Nep.: alteruter vestrum, Cic.: alteruter de filiis, Cic.: alteruter ex his duobus, Sen.: altera utra victoria, Liv.: non alterius utrius partis fuisse, Cic.: alterutri se fortunae parans, sich auf alle Fälle gefasst machend, Vell.: si necessitas alterutri nostrum imminet, Sen.: video esse necesse alterutrum, Cic.: cum necesse sit alterum utrum vincere, Cic. – Plur., de alterutris (= *utrisque*) qui utramvis comprobat, numquam alteram refutat, Ps. Apul. de dogm. Plat. 3. p. 266 H.: quae inter se quantitate et qualitate contrariae alterutrae nominentur, *ibid.* – **b einer den anderen, einander,** manu alterutrum tenentes, Flor. Verg. or. an poet. p. 106, 18 H.: osculantes se alterutrum, Vulg. 1. regg. 20, 41: u. adv. et vos alterutrum pedes lavate, Itala Ioann. 13, 14: dafür *alterutro* wie alterutro docentes, Tert. ad ux. 2, 8. – ► Über die Deklination von alteruter (bes. bei Cic.) s. Prisc. 8, 85 u. Osann Cic. de rep. 3, 6. p. 250 *sq.*

alter-uterque, alterutraque, alterutrumque, **jeder von beiden,** Plin. 20, 64.

altēsco, ere (altus) **sich steigern,** Cassiod. in psalm. 91, 5.

1. althaea (althēa), ae, *f.* (ἀλθαία), die **wilde Malve,** der **gemeine Eibisch** (*Althaea officinalis,* L.), Plin. 20, 222. Isid. 17, 9, 75. Ps. Apul. herb. 39: hibiscus, quam althean vocant, Cael. Aur. chron. 1, 1, 13.

2. Althaea, ae, *f.* (Ἀλθαία), Tochter des ätol. Königs Thestius, Gemahlin des Öneus, Königs von Kalydon, bekannt durch das tragische Schicksal ihres Sohnes Meleager (s. Meleager), Ov. met. 8, 446. Hyg. fab. 171 *sqq.*

althēa, s. 1. althaea.

altiboāns, antis (alte u. boo), **laut schreiend,** Placid. gloss. (V) 7, 18 (= 46, 15). – Nbf. altiboēns, s. Löwe Gloss. nom. 127, p. 11.

alticinctus, a, um (altus u. cingo), **hoch geschürzt** od. **gegürtet,** von geschäftigen Dienern usw., ex alticinctis unus atriensisbus, Phaedr. 2, 6, 11 (wofür gew. alte cinctus, Hor. sat. 2, 8, 10 u. s.). Not. Tir. 77, 97.

alticomus, a, um (altus u. coma), **hochbelaubt,** cupressus, Tert. de iudic. dom. 8.

altifico, āre (altus u. facio) = ὑψόω, **erhöhen,** Itala Ioann. 12, 34.

altifrōns, frontis (altus u. frons), **hochgestirnt, mit hoher Stirn** = mit hohem Geweih (ὑψίκερως), cervom altifrontum cornua, Carm. epigr. 1526 C.

altiiugus, a, um (altus u. iugum), **hochgipfelig,** mons, Paul. Nol. carm. 21, 713.

altilāneus, a, um (altus u. laneus), **von hoher Wolle,** von ungeschorenen Opfertieren (*t. t.* der Priestersprache), berbeces, arietes, Acta fratr. Arval. a. 183. 1, 24. Vgl. Serv. Verg. Aen. 12, 170.

altiliārius, ī, *m.* (altilis), mit u. ohne aviarius, der **Aufseher über den Hühnerhof der Masthühner,** der **Hühnerstopfer,** CIL 6, 4230. Vgl. Gloss. ›altiliarius, ὀρνεοτρόφος‹.

altilis, e (altus v. alo), **I** passiv, was Gegenstand der Mästung ist, gemästet werden kann od. wird, **gemästet, Mast-,** boves, Varr.: cochleae, Plin.: gallina altilis, eine Poularde, Petr.: gallina, quae non esset altilis, Lex Fannii b. Plin. – subst., altilis, is, *f.* (*sc.* avis), **gemästetes Geflügel,** bes. das **Masthuhn,** die **Poularde,** Iuven. 5, 115 u. 168: Plur. altilēs, ium, *f.*, u. altilia, ium, *n.*, »gemästetes Geflügel«, Lucil. fr., Hor., Sen. u. a. – v. Menschen, homines, Athleten, die in Mastung standen, Tert. de spect. 18. – u. v. Pflanzen, alt. asparagi, künstlich großgezogen, Plin. 19, 54. – übtr., wie **fett** = **reich, ansehnlich,** dote altili atque opimā, Plaut. asin. fr. b. Non. 72, 20. – **II** aktiv, **nährend, nahrhaft,** sanguis, Macr. sat. 7, 4. § 22: avem sapidiorem et altiliorem facies, si etc., Apic. 6, 232 *Schuch.*

altilitās, ātis, *f.* (altilis), Gloss. Plac. V, 4, 2 (= 46, 16), ›altilitate: ab alendo, id est resipsa, quae alitur‹.

Altīnās, s. Altīnum.

Altīnum, ī, *n.*, Stadt Oberitaliens im Lande der Veneter, am Ausfluss des Silis in das Adriat. Meer, durch lebhaften Betrieb der Gewerbe u. der Schafzucht (Mart. 14, 155), sowie durch die mit Villen reich besetzte Umgegend (Mart. 4, 25) eins der blühendsten Munizipien, j. Dorf *Altino,* Vell. 2, 76, 2. Mela 2, 4, 3 (= 2, 61). Plin. 3, 119. Aur. Vict. epit. 16, 5. – Dav.: **a Altīnās,** ātis, **altinatisch,** oves, Col. 7, 2, 3. – Plur. subst., Altīnātēs, ium, *m.*, die Einw. von Altinum, die **Altinaten,** Plin. ep. 3, 2, 2. – **b Altīnus,** a, um, **altinisch,** vaccae, Col. 6, 24, 5: oves, Tert. de pall. 3.

altipendulus, a, um (alte u. pendulus), **hoch hängend,** Nov. com. 110 bei Fronto p. 69 vers. ult. Naber.

altipeta, ae, *c.* (alta petens), **hochstrebend,** Paul. Nol. ep. 12, 9 cod. Paris. (zwei andere codd. haben altipetax).

altipetāx, ācis (alte u. peto), **hochstrebend,** cucurbita, Strabo Gallus 6, 1. – übtr., superbia gentium, Augustin. c. Faust. 12, 36.

altipotēns, entis, **hochmächtig,** deus, Carm. epigr. 1562, 3.

altīsco, s. altēsco.

altisonus, a, um (alte u. sono), **hoch-, von der Höhe herabtönend,** Enn. ann. 575 V.; tr. 8 u. 177: v. Jupiter, Cic. poët. de div. 1, 106. Sen. Herc. Oet. 530. Claud. ep. ad Ser. 31, 27. – übtr., **hochtönend** = **erhaben,** Maro, Iuven. 11, 181.

altithronus, a, um (alte u. thronus), **hochthronend,** Eccl. Vgl. Anecd. Helv. 185, 6.

altitonāns, antis (alte u. tono), **hoch oben donnernd,** Iuppiter, Enn. ann. 541 V.: ders. pater, Cic. poët. de div. 1, 19: Volturnus, Lucr. 5, 744. – dass. **altitonus,** a, um, Varr. sat. Men. 92, 2.

altitūdo, inis, *f.* (altus), **I** die **Höhe, 1** eig. u. meton.: **a** eig.: aedium, Cic.: aedificiorum, Sen. rhet. u. Tac.: turris, Curt., turrium, Plin.: montium, Cic.: summi clivi, Vitr.: moenium, Sall. fr. u. Liv.: muri, Nep.: arborum, Curt.: ramorum, Solin.: Siciliae, Sall. fr.: linea est longitudo quaedam sine latitudine et altitudine, Varr. fr.: pedales in altitudinem (fußhohe = fußdicke) trabes, Caes.: in altitudinem pedum XV effectis operibus, Caes.: praeminent altitudine milium passuum duorum, Sall. fr.: Plur., Cic. de nat. deor. 1, 54. Gell. 1, 20, 3: impendentium montium altitudines, Cic. de nat. deor. 2, 98: expugnandorum montium altitudines, Gromat. vet. p. 93, 2. – **b** meton., die **Höhe, Anhöhe,** Sing., Val. Max. 7, 6, 5: Plur. (mit u. ohne montium), Liv. 21, 30, 6; 27, 18, 9: altitudines moenium, Cic. har. resp. 49. – altitudo meridiana, die Mittagshöhe, ab oriente usque in meridianam altitudinem sol insurgit, Augustin. de genes. ad litt. 2, 14, 29. – **2** übtr., die **Höhe, Erhabenheit,** fortunae, gloriae, orationis, Cic.: sententiarum, Gell.: animi, hochherzige Gesinnung, Hochherzigkeit, Cic. part. or. 77; ep. 3, 10, 10; 4, 13, 4. Liv. 4, 6, 12 (verschieden von unten *no.* II, 2): humanitatis, erhabene Menschenfreundlichkeit, Val. Max. 5, 1. ext. 3. – **II** die **Tiefe, 1** eig.: fluminis, maris, Caes.: maris od. Nili profunda altitudo, Sen. u. Tac. (im Bild, in vastiorem altitudinem et velut profundum invehi, Liv.): altitudo plagae (Wunde), Cels.: cavernae in altitudinem depressae, Curt.: vallis in altitudinem depressa, Hirt. b. G.: cum terra ad infinitam altitudinem desedisset, Cic.: fossa quattuor pedum altitudinis, Auct. b. Alex.: Plur., speluncarum concavae altitudines, Cic. de nat. deor. 2, 98. – **2** übtr., **a** vom Zustand der Ruhe, altitudo dormitionis, Arnob. 5, 9. p. 182, 13 R. – **b** altitudo animi, die **Kunst (Gabe), seine Gefühle zu beherrschen und zu verbergen, die vornehme Ruhe, Verschlossenheit, verschlossene Haltung** (griech. βαθύτης), Cic. de off. 1, 88; Tac. ann. 3, 44 (verschieden von oben *no.* I, 2): dass. alt. ingenii, Sall. Iug. 95, 3; vgl. in altitudinem conditus, sich in sich selbst zurückziehend, Tac. hist. 4, 86.

altiusculē, *Adv.* (altiusculus), **etwas (zu) hoch,** Apul. met. 2, 7; 8, 31 u. 11, 11.

altiusculus, a, um (*Demin.* v. altius), **etwas (zu) hoch,** Suet. Aug. 73. – *neutr. pl.* subst., aliqua altiuscula praevolare saliendo, Augustin. enarr. in psalm. 38, 2.

altivagus, a, um (alte u. vagus), **hoch schweifend,** regio, Chalcid. Tim. p. 76.

altivolāns, antis (alte u. volo), **hochfliegend,** rota solis, Lucr. 5, 433: grus, Auson. Technop. (XXVII) 9, 12. p. 136 Schenkl. – subst., altivolantēs, um, *f.* (*sc.* aves), Enn. ann. 81 V.

altivolus, a, um (alte u. volo), **hochfliegend,** aves, Plin. 10, 42.

alto, (āvī), ātum, āre (alte), **erhöhen,** Sidon. ep. 2, 2; 8, 9 u. a. Eccl.

altor, ōris, *m.* (alo), der **Ernährer, Pflegevater, Erhalter,** omnium rerum seminator et sator et parens, ut ita dicam, atque educator et altor est mundus, Cic.: Iovis altores Curetes fuisse, Sall. fr.: gaudens altore recepto, Ov. – v. Lebl., Agragas alt. equorum, Züchter, Sil.: altores suci, nährende, Nemes.

altrīm secus = *altrinsecus,* assiste altrim secus, von der anderen Seite her daneben, Plaut. Pseud. 357.

altrīnsecus, Adv. (alter u. secus), **a zur anderen-, auf der anderen Seite,** assistam hinc altr., Plaut.: quin retines altr.? Plaut.: gladiolo cinctus altr., Apul. – m. *Genet.;* altr. aedium, Apul. met. 3, 17. – **b von der einen oder der anderen Seite,** venientes altr. voces, Lact. opif. dei 8, 6; vgl. Pacat. pan. 2, 1. – **c von** od. **auf beiden Seiten,** altr. pares rugae, Auson. epigr. 79, 5. p. 217 Schenkl: viri celebres altr. dantur, Nevita et Victor ex parte nostrum … ex parte diversa Bineses, Amm.: praecesserunt altr. centeni albi boves, Treb. Poll.: maxime si rerum temporumque facies altr. conferamus, Pacat. pan.

altriplex, s. alterplex.

altrix, īcis, *f.* (altor), die **Ernährerin, Pflegerin, Pflegemutter,** terra altr. nostra, Cic.: altr. terra superantum virum, Pacuv. fr.: terra altr. Ulixi, Vaterland, Verg.: terra illa altrix equorum, Solin. 45, 5: altr. nostri Tolosa, Auson.: nix, schneeiges Vaterland, Val. Flacc.: Venus amoris altr., Laev. fr.: natura vigoris sui altr., Ambros.: adulatio vitiorum altr., Amm.: altricia terga, Ennod. – insbes. (= *nutrix*), die **Säugerin, Amme, Erzieherin,** Cic. poët. u. a.

altrōrsus, *Adv.*, zsgz. aus *altrovorsus,* **nach der anderen Seite,** Apul. met. 5, 31 u. 9, 28. – wie **altrōvorsum** oder **altrōvorsus,** *Adv.* (alter u. versus), **nach der anderen Seite,** Plaut. Cas. 555.

1. altus, a, um, *PAdi.* m. *Compar.* u. *Superl.* (von alo), groß geworden, groß; dah. je nach der Stellung des Beschauers **hoch** oder **tief, I hoch, A** nach oben gemessen (Ggstz. humilis, profundus), **1** eig.: limen caeli, Acc. fr.: parietes, Enn. fr.: arbor, Lucr. u. Scrib.: mons altus, Liv., altissimus, Caes.: altus tumulus, Liv.: alta turris, Curt.: ripa, Caes.: nix, Caes.: nives, Curt.: terra, Curt.: cubiculum, Cic.: crux alta, Plin., altissima, Iustin.: castella aliquanto altiora, Liv.: gradus alti, Verg.: altus ac profundus alveus (Nili), Sen.: iam altae in segetibus herbae, Liv.: altissimus caeli complexus, Cic.: wie αἰπύς als Beiwort großer Städte (wegen der hohen Lage od. der hohen Mauern), Carthago, Roma, Verg.: urbes, Hor. – altiorem fieri, sich erheben, indem man auf die Zehen tritt, sich in die Brust werfen, Cic.: so altum incedere, den Kopf hoch tragen (v. Stolzen), Sen. – m. *Acc.* des Maßes, orbes digitos III alti, Cato: maceria alta pedes V, Cato: signum (Standbild) septem pedes altum aut maius, Liv.: m. *Genet.*, pyramides latae pedum quinum septuagenum, altae centum quinquagenum, Varr. fr.: turris alta LX cubitorum, Vitr. – m. *Abl.* des Maßes beim Komparat., stipites binis pedibus altiores facito, Cato: columella tribus cubitis non altior, Cic. – m. *tenus* u. Genet., aqua ferme genus tenus (bis ans Knie) alta, Liv. – m. *minus* (in geringerem Grade) beim Komp., num minus hic toto est altior orbe cinis? ist diese Asche in geringerem Grade höher, als der ganze Erdkreis? Ov. fast. 1, 526. – subst., altum, ī, *n.*, die **Höhe, a** im Allg.: in altum editae arces, Sen.; vgl. ordo senatorius quasi editus in altum, Cic.: aedificia in altum edita, Tac.: quae nervo tormentisve in altum exprimuntur, Sen.: despectio ex alto, Cael. Aur.: ex alto deiecti, die einen Sturz von der Höhe getan, Plin.: ex alto cadentes, Firm. math. 8, 20. p. 226, 1: altiora petrae, der höhere Teil (Ggstz. ima u. summa), Curt. 8, 11 (39), 6. – **b** insbes.: **α** die **Höhe** des Himmels, ex alto, Enn. bei Cic. u. Plin., u. ab alto, Verg.: alto decidere (v. Vögeln), aus der Luft fallen, Dict. – **β** die **Höhe** = das **hohe Meer,** die **hohe See,** longe in altum abscedere, Plaut.: in altum provehi, Liv. fr. u. Plin. u. (bildl.) Cic.: in altum eminere, Liv.: in portum ex alto invehi, Cic.: libero mari vela in altum dare, Liv.: in alto destitui (v. Schiff), Naev. fr.: u. so in alto constitui, Caes.: eminet in altum lingua (die Landzunge), Liv.: in altum se proripere, Apul.: et terris iactatus et alto, Verg.: bildl., ego in alto vitiorum omnium sum, ich woge auf einem Meer von lauter Gebrechen, Sen. de vit. beat. 18, 1 (17, 4). – **2** übtr.: **a** von den Stufen der Ehre u. des Glücks, altior locus, Cic.: altior dignitatis gradus, Cic.: altissimus amplissimusque dignitatis gradus, Cic.: altissimae civium dignitates, Plin. ep.: altissimum maiestatis fastigium, Val. Max.: altior ordo, Sen. ad Polyb. 6, 2: altissima fortuna, die höchste Stufe des Gl., Curt.: subst., excelsa et alta sperare, Hocherhabenes, eine hervorragende u. hohe Stellung, Liv.: alta cupere, Sall.: altiora meditari, Suet.: altissima cupere, Tac.: amor in altioribus standi, zu höherer Stellung, Arnob. 7, 14. – **b** von der Stimme usw., **laut, hell,** altiore voce, Catull.: altissimus sonus, Quint. – **c** von Gottheiten u. hohen Personen, auch personifizierten Wesen, **erhaben, hehr,** Apollo, Verg.: Caesar, Hor.: Roma, Ov.: Carthago, probrosis altior Italiae ruinis, erhabener durch usw., Hor.: alto a sanguine divûm, Verg.: dah. subst. v. Gott, altus, Commod. apol. 962 u. instr. 2, 7, 6, u. altissimus, Commod. apol. 362 u. instr. 2, 7, 3. – u. durch Geburt **hoch, hochgeboren,** Aeneas, Hor.: inter altissimas condiciones (unter hochgestellten Partien) generum eligere, Plin. ep. 1, 10, 8. – **d** in Bezug auf den Ausdruck, **erhaben** (Ggstz. humilis), neque *humilem et abiectam* orationem, nec nimis *altam et exaggeratam* probat, Cic. or. 192. – **e** in Bezug auf Geist u. Gesinnung, **hoch, erhaben,** te natura excelsum quendam et altum genuit, Cic.: magnus et altus vir, vir altus et excellens, Cic.: altus, excelsus, humana despiciens, Cic.: homo altā mente praeditus, Cic.: qui altiore animo sunt, Cic. – digna prorsus cogitatio animo tuo, sed altior nostro, Curt. – altissimum planeque poëticum ingenium, Plin. ep. – nihil altum, nihil magnificum ac divinum suspicere possunt, qui etc., Cic. – dah. poet., altus vultus, hohe Miene = stolze Verachtung, Gleichgültigkeit, Hor. – **f** in Bezug auf den Grad des inneren Gehalts, **hoch,** alta in senatu sententia, sinnschwere, Val. Max.: artes altiores, Quint.: altiora studia artesque, Plin. ep.: altiores disciplinae, Quint.: altiores litterae, Sen.: altior prudentia, Val. Max.: altissima eruditio ac prudentia, Quint.: altissima moderatio, Val. Max. – **B** in die Weite gemessen, **hoch = weit entfernt,** übtr., bes. v. der Zeit, alta vetustas, das hohe Altertum, Sil. 1, 26: altior memoria, ältere Zeiten, Cic. de fin. 5, 3. – *neutr.* subst., alqd ex alto (weit) petere, Verg., repetere, Cic., appetere, Acc. tr. fr. – **II tief, A** nach unten gemessen, **1** eig. (Ggstz. summus): aqua, flumen, Caes.: limus, sabulum, Curt.: radix, stirps, Cic. – m. *Acc.* des Maßes, quinquaginta cubita altum mare, Plin.: m. *Abl.* des Maßes, scrobes tribus pedibus altae, Pallad. – beim Kompar., lacus XL cubitis altior, Plin. ep. – subst., altum, ī, *n.*, die **Tiefe** des Wassers usw., puteus in altum actus, Sen.: ex alto emergere, Cic.: vada altioribus (den tieferen Stellen des Meeres) innata, Sen. rhet. – **2** übtr.: **a** wie **tief,** von Zuständen der Ruhe, Stille usw., omnes magistratus oblivio alta suppressit, Sen. phil.: somnus altus, Liv., altior, Curt., altissimus, Sen.: altus sopor, Curt.: quies, Verg.: otium, Plin. ep.: silentium, Verg., Sen. u. a.: altissimum silentium, Quint. u. Amm.: altissima tranquillitas, Plin. ep.: securitas, oblivio, Sen.: alta nox, die tiefe, stockfinstere N., Sen. ad Marc. 26, 3; nat. qu. 1, 16, 7; 5, 15, 4. Sen. Med. 732; Agam. 764 (726). Apul. met. 1, 17. – **b tief innerlich, tiefer sitzend, -haftend,** altā mente, Verg. (aber altā mente praeditus bei Cic. Mil. 21 = tief eindringend): altiores gemitus, Sen. rhet.: altior sollicitudo, Quint.: pavor, Tac.: malum, tiefliegend, Curt. – **c tief** = »versteckt, geheim«, dissimulatio, Curt.: si altior istis sub precibus venia ulla latet, Verg.: dah. v. Pers., **unergründlich, versteckt,** ut erat altus, Vopisc. Car. 15, 1: u. alti, taciti, Firm. math. 4, 15. – **d** subst., altum, ī, *n.*, die **Tiefe,** das **Innere,** der **Grund** der Seele, ingentem molem irarum ex alto animi ciere, Liv.: ex alto (tief) dissimulare, Ov..; vgl. non *ex alto* venire nequitiam, sed *summo,* quod aiunt, *animo* inhaerere, Sen. – **B** in die Weite gemessen, **tief, tief, hineingehend,** vallis, Caes.: saltus, Liv.: portus, stabula, Verg.: pectus, die tief gewölbte Brust, Verg.: cruor, Herzblut, Lucr. – subst., altum, ī, *n.*, die **Tiefe** (des Hauses usw.), das **Innere,** in altum concedere, Lucr. 4, 915. – übtr., der Zeit nach **uralt,** Claucus, Ov. fast. 4, 305: sanguis, Verg. Aen. 6, 500.

2. altus, Abl. ū, *m.* (alo), die **Ernährung,** terrae vel rerum naturae altu nutritur universitas, Macr. sat. 1, 20, 18.

alūcinātio (halūcinātio), ōnis, *f.* (alucinor), **gedankenloses Reden, Faselei, Träumerei,** puerilis, Arnob. 6, 8: celerrima respiratio atque alucinatio, Cael. Aur. de sign. diaet. pass. 38 R.: Plur., vestrae alucinationes, Sen. de brev. vit. 26, 6: otiosae alucinationes, Arnob. 4, 36: delicatissimae mentis et corporis alucinationes, Auct. inc. bei Non. 121, 23 (nach Non. im guten Sinne, etwa »Tändeleien«).

alūcinātor (halūcinātor), ōris, *m.*, **gedankenloser Schwätzer, Faseler, Träumer,** Paul. ex Fest. 75, 17.

alūcinor (älter **halūcinor**), ātus sum, ārī (verwandt mit ἀλύω), **gedankenlos-, ins Blaue hinein reden** (schwatzen) od. **handeln (verfahren), sich gedankenlos gehen lassen, träumen, faseln, a** übh.: pastor alucinans, Col.: ego tamen suspicor, hunc, ut solet, alucinari, Cic.: tamquam illud indicium esset vagi animi et alucinantis, Gell.: epistulae nostrae debent interdum alucinari, Cic.: m. *Acc. Pron.*, quae Epicurus alucinatus est, Cic. – **b Grimassen (Faxen) machen,** hic (auf der Bühne) mimus halucinatur, comoedus sermocinatur etc., Apul. flor. 18. p. 28, 7 Kr.

alūcita, ae, *f.* (ἀλύω), nach Fulgent. serm. ant. 52 = *conops,* die **Mücke, Schnake,** Petr. fr. 11.

alucus, s. ulucus.

alum, ī, *n.*, I) σύμφυτον, eine Pflanze, **Beinwell** od. **Schwarzwurz** gen. (*Symphytum officinale,* L.), Plin. 27, 41 *sq.* u. Scrib. 83. Ps. Apul. herb. 60. – **II wilder Knoblauch,** Plin. 19, 116.

alūmen, minis, *n.*, der **Alaun,** Claud. Quadr. fr., Vitr., Cels. u. a.: alqd alumine oblinere, Gell.

alūminārius, ī, *m.* (alumen), der **Alaunarbeiter** od. **-händler,** CIL 6, 9142.

alūminātus, a, um (alumen), **alaunhaltig,** aqua, Plin. 31, 59: pellis lupi aluminata, Marc. Emp. 25, 8.

alūminōsus, a, um (alumen), **alaunreich, -haltig,** locus, Vitr. 8, 2, 8: fontes, Vitr. 8, 3, 4: aquae, Sen. nat. qu. 3, 2, 1. – subst., alūminōsa, ōrum, *n.* (*sc.* loca), **Alaunadern,** Plin. 31, 48.

alumna, ae, *f.*, s. alumnus *no.* I, 1 u. *no.* II.

alumnor, ātus sum, ārī (alumnus), **a** jmd. als Pflegling **aufziehen,** puellam, Apul. met. 10, 23: adulescentem manibus suis, *ibid.* 6, 23: Partiz. passiv, puellae in penetralibus virginis alumnatae, Mart. Cap. 9. § 892. – **b** **Tiere abrichten,** canes rabidos et immanes ad tutelae suae praesidia curiose, Apul. met. 8, 17: Partiz. passiv, canes passivis morsibus (Dat. = zu) alumnati, Apul. met. 9, 36.

alumnula, ae, *f.* (*Demin.* v. alumna), die **kleine Pflegetochter,** CIL 12, 1602.

alumnus, a, um (alo, almus), bes. bei Dichtern u. subst., **I** passiv, »der ernährt, gepflegt u. aufgezogen wird oder worden ist«, der **Pflegling, Zögling,** das **Pflegekind, 1** *masc.* der **Pflegesohn, Pflegebefohlene, a** eig., Plaut., Verg. u. a.: Ggstz. nutricula, Hor. ep. 1, 4, 8: Ggstz. paedagogus, Quint. 1, 1, 11. – bes. m. *Genet.* od. m. *Adi.* des Landes od. Orts, wo jmd. aufwächst od. aufwuchs, der **Pflegling, Zögling, Sohn,** das **Kind,** Italia alumnum suum ... videret, Cic.: Paeligni ruris al., Ov.: Marmarici alumni, Sil.: nemorum al., Sohn der Wälder = Jagdfreund, Stat.: alumni fluminum, Anwohner, Val. Flacc.: al. sutrinae tabernae, Zögling einer Schusterbude = Schusterlehrling, Tac.: al. legionum, der Legionen Zögling = im Lager erzogen, Tac.: agrestis al., Sen. poët. – v. Tieren, parvi alumni, die Jungen der Herden, Hor. (u. so attrib. al. grex, die junge Herde, Pallad. 3, 26, 4): dulces alumni, Hor.: Nemees al., v. Löwen, Stat. – v. Rebschößlingen, Col. 4, 27, 4. – **b** übtr., v. Schüler = der **Zögling, Jünger,** Platonis, Cic.: quasi al. disciplinae meae, Cic.: al. Urbis, Zögl. Roms, Tac. – u. übh., ego pacis, ut ita dicam, alumnus, Cic.: non alumnus fortunae, sed partus, nicht ein angenommenes, sondern ein leibliches Kind des Glücks, Plin. – attrib., alumnus grex, die Schülerschar, Prud. perist. 9, 31: alumna manus, Orest. tr. 455. – **2** *fem.* die **Pflegetochter,** die **Pflegebefohlene,** das **Pflegekind,** der **Zögling, a** eig.: nostra haec *alumna* et tua profecto *filia,* Plaut. (u. so Agrippinam filiam et alumnam praedicare, Suet.): at vos si laesae contemptus tangit alumnae, Ov.: noctis alumna, v. der Tisiphone, Sil.: aquai dulcis alumnae, v. Fröschen, Cic. poët.: quercus al. vadi, Stat. – **b** übtr.: bene constitutae civitatis quasi al. quaedam eloquentia, Cic.: cliens et al. Urbis Ostia, als Kolonie von Rom, Flor.: Italia omnium terrarum *alumna* eadem et *parens,* d. i. aus allen Ländern bevölkert u. alle bevölkernd, Plin. – **3** *neutr.:* numen alumnum, Ov. u. Stat. – **II** aktiv, **der, die ernährt,** der **Ernährer** (vgl. Serv. Verg. Aen. 4, 72. Isid. 10, 3), die **Ernährerin,** im *masc.,* Romanos lares (Tiberis) lapsu praelambit alumno, Avien. descr. orb. terr. 495: in latices inhiat gens fontis alumni, Avien. phaen. 502: im *fem.,* quod ... latentes locos unda foecundet alumna, *ibid.* 798: Ceres, *alumna* terrarum ac *nutrix* mortalium, Mart. Cap. 1. § 86: im *neutr.,* cygnus alumna stagna petierat, Mart. Cap. 1. § 28. – ► Synk. Gen. Plur. alumnûm, Pacuv. tr. 313: Dat. Plur. alumnabus, CIL 5, 1685.

Aluntium, (Haluntium), ī, *n.* (Ἀλούντιον), Stadt an der Nordküste von Sizilien, unweit des j. *Caronia,* auf einem steilen Hügel, bekannt durch Weinbau, Cic. Verr. 4, 51. Plin. 3, 90. – Dav. **Aluntīnus** (Haluntīnus), a, um, **aluntinisch, von** od. **aus Aluntium,** civitas, Cic.: vinum, Plin.: subst., Aluntīnus, ī, *m.,* der **Aluntiner,** Cic.: Plur., Aluntīnī, ōrum, *m.,* die **Aluntiner,** Cic.

alus, ī, *f.,* s. alum *no.* I.

alūta, ae, *f.* (alumen), **I** **Alaunleder,** ein weiches, geschmeidiges, mit Alaun und Galläpfeln zubereitetes u. gefärbtes Leder, wie **sämisch gegerbtes Leder, Korduan** od. englisches **Atlasleder,** Caes. b. G. 3, 13, 6: als Material zu Pflastern, Schuhen, Schurzfellen usw., Scrib. 81. 82. 229. Mart. 7, 35, 1. – **II** meton., das aus Alaunleder Bereitete oder ihm (an Weichheit usw.). Ähnliche: **1** die **Schuhriemen** (*corrigiae*), dann auch der **Schuh,** etwa **Korduanschuh,** gew. blendend weiß (*nivea*) od. scharlachrot (*coccinea*) od. glänzend schwarz (*nigra*), Ov. art. am. 3, 271. Mart. 12, 26, 9; 2, 29, 8. Iuven. 7, 192. – **2** ein lederner **Beutel,** Iuven. 14, 282: pasceolus et aluta, Lucil. sat. 13, 14. – **3** ein **Schönheits-** od. **Schminkpflästerchen,** Ov. art. am. 3, 202. – **4** obszön, das **schlaffe männliche Glied,** Mart. 11, 60, 3.

alūtācius u. **alūtārius,** a, um (aluta), aus **Alaunleder,** alutacia pellis oder pellicula, Marc. Emp. 23, 77 u. 26, 13: alutarium emplastrum, auf Alaunleder gestrichenes Pfl., Marc. Emp. 15, 36.

alutiae, ārum, *f.,* Name gewisser Goldgruben, viell. **Platinagruben,** Plin. 34, 157.

alvārium, ī, *n.* (alvus), **der Bienenkorb, -stock,** Cic. oecon. fr. 12 K. (b. Charis. 107, 2). Verg. georg. 4, 34. Plin. 12, 98 u. 21, 80. Col. 9, 5, 3 u. 9, 6, 1. CIL 2, 2242.

alveāre, is, *n.* (alveus), **a** der **Bienenkorb, -stock,** Col. 9, 11, 1. Quint. 1, 12, 7. Solin. 26, 7. Cassian. de inc. Chr. 7, 8. Vgl. alvarium. – **b** der **Backtrog,** Tert. adv. Valent. 31.

alveārium, ī, *n.* (alveus), der Aufbewahrungsort der Bienenstöcke (*alvei*), der **Bienenstand,** das **Bienenhaus,** Pallad. 7, 7, 8. Ambros. in Luc. 2, 71. Vgl. alveare u. alvarium.

alveātus, a, um (alveus), **muldenförmig vertieft,** sulcus, Cato r. r. 43, 1.

alveolātus, a, um (alveolus), **muldenförmig vertieft,** Vitr. 3, 4 (3), 5.

alveolus, ī, *m.* (*Demin.* v. alveus), eine kleine bauchartige Vertiefung, -Höhlung; dah. **I** die **kleine Mulde, Gelte, Wanne,** der **kleine Trog,** alv. ligneus, Phaedr. 2, 5, 15. Col. 8, 5, 13: vestri alveoli, Iuven. 5, 88. – insbes., **a** der **Schanzkorb,** Liv. 28, 45, 17. – **b** der **Napf,** Vulg. Dan. 14, 32. – **II** ein mit einem hohen Rand versehenes **Spielbrett,** auf das die Würfel aus einem Becher, in dem man sie zuvor geschüttelt hatte, geworfen wurden (vgl. Paul. ex Fest. 8, 1), Lucil. sat. 14, 10. Varr. fr. b. Gell. 1, 20, 4. Cic. de fin. 5, 56. Iuven. 7, 73. – meton., das **Spielbrett** = das **Würfelspiel,** Cic. Arch. 13. – **III** ein kleines **Flussbett,** Curt. 6, 4 (10), 4. – **IV** das **Weberschiffchen,** Hieron. ep. 130, 15. – ► Nbf. alveolum, ī, *n.,* Paul. ex Fest. 8, 1.

alveus, ī, *m.* (Etymol. s. 1. alvus), eine bauchartige, längliche Vertiefung, -Höhlung, dah. **I** ein muldenförmiges Gefäß, die **Wanne, Mulde,** der **Trog,** Scriptt. r. r., Liv. u. Plin. – insbes., der **Schanzkorb,** Veget. mil. 2, 25 u. 4, 11. – **II** ein muldenförmig zu einem Kahn ausgehöhlter Baum, der **Kahn, Nachen,** die **Piroge** (μονόξυλον), Liv. 21, 26, 9 (vgl. § 8). Vell. 2, 107, 1: poet. für **Nachen, Kahn, Schiff** übh., Verg., Prop. u. a. – u. die bauchförmige unterste Höhlung des Schiffes, der **Rumpf, Bauch,** Sall. u. a. – **III** ein muldenartiges **Wasserbecken,** Ov. met. 8, 653. – bes. der vertiefte Wasserbehälter in den Bädern, die **Badewanne,** das **Becken, Bassin,** Cic., Vitr. u. a. – **IV** die ähnliche Vertiefung, in der ein Fluss fließt, das **Flussbett,** alv. Tiberis, Inscr.: alv. fluminis, Sen. u. Verg.: vetus (das alte, eigentliche), Frontin.: solitus (eigentliche), Tac.: manu factus, künstliches Fl., Kanal (Ggstz. naturalis), Plin.: navigabilis, Mela: pleno alveo fluere, Quint.: Tusco denatat alveo, v. Tiber, Hor. iumentum ex medio alveo in suam ripam trahere, Liv.: alveum mutare, relinquere (v. einem Fluss), ICt.: amnem alveo novo avertere, Liv.: quia sicco alveo transiri poterat, Liv. – **V** der längliche **Graben,** in den die Rebsetzlinge gelegt werden, Col. u. Plin. – **VI** der **Bienenstock, -korb,** Scriptt. r. r., Tibull. u. a. – vitiosae ilicis alveo, von der Höhlung eines Baumes, in der Bienen hausen, Verg. – **VII** ein mit einem hohen Rand versehenes **Spielbrett** zum Würfeln, Vitr. 5. pr. § 4. Plin. 37, 13. Suet. Claud. 33. – meton., das **Spielbrett** = das **Würfelspiel,** Varr. b. Non. 108, 33. Val. Max. 8, 8, 2. – ► Dat. alveo zweisilbig, Ov. am. 2, 13, 9; met. 1, 423; 15, 624. – Neutr. alveum, Isid. 20, 6, 8. Paul. ex Fest. 168, 3 (in v. Naustibulum): Plur. alvea, Grom.

alvinus, a, um (alvus), am **Durchfall leidend,** Plur. subst., alvinī, ōrum, *m.,* Plin. 21, 172.

1. alvus, ī, *f.* (v. griech. αὐλός, Rohrflöte, längliche Rundung; vgl. αὐλών, Schlucht, litauisch *anlýs*), eine Wölbung, Höhlung; d. h. **I** der untere Teil der Leibeshöhlung mit dem Hauptdarm, durch den die Exkremente abgeführt werden, nachdem die nahrhafteren Bestandteile sich abgesondert haben, der **Unterleib, Bauch, Leib** und der **Darmkanal, A** eig.: purgatio alvi, Cic.: crebra alvi ductio, häufige Klystiere, Cels.: alvum purgare, Sall. fr. u. Cels.: alvum exonerare, inanire, solvere, ciere, movere, ducere, Cels. u. Plin.: alvi profusio, profluvium, alvus fluens, liquida, fusa, cita, soluta, offener Leib, Durchfall, Diarrhöe, Cels., Col. u. Plin.: so auch bl. alvus, Col. 6, 7, 2. – dagegen alvum astringere, cohibere, comprimere, supprimere, firmare, sistere, inhibere, Cels. u. Plin. – meton., **a** der **offene Leib,** die **Ausleerung,** der **Stuhlgang,** M. Caes. bei Fronto ad Marc. Caes. 5, 55 (70). p. 91, 30 N. – **b** der **Unrat,** die **Exkremente,** alvus nigra, pallida, rufa etc., Cels.: alvum deicere, abführen, Cato r. r.: alvum superiorem deicere, vomieren, Cato r. r.: alvus non descendit, er hat keinen Stuhlgang, Cels. – **B** übtr.: **I** der **Leib** der Schwangern, die Bauchhöhle, in der der *uterus* (die Gebärmutter) liegt, der **Mutterleib,** Plaut, Cic. u. a. – **2** der **Magen** u. die **Verdauungswerkzeuge** übh., Cic. de nat. deor. 2, 136. Ov. met. 6, 651. – **II** der **Bauch, Rumpf** des Schiffes, Tac. hist. 3, 47. – **III** der **Bienenkorb, Bienenstock,** Varr., Col. u. Plin. – **IV** das **Gehäuse** des Granatapfels usw., quaedam (poma) alvo continentur, ut granata, Plin. 15, 115. – ► alvus *gen. masc.,* Acc. ann. fr. II. M. (bei Non. 193, 26). Plaut. Pseud. 823 (u. a. Altlateiner b. Charis. 80 *sq.* u. Prisc. 6, 84). Iul. Obsequ. 40 (100).

2. alvus, a, um, s. albus ►.

Alyattēs, is od. eī, *m.* (Ἀλυάττης), König in Lydien, Vater des Krösus, Plin. 2, 53. Hor. carm. 3, 16, 41.

alypon, ī, *n.* (ἄλυπον), eine Pflanze, nach Sprengel die **dreizähnige Kugelblume** (*Globularia alypum.* L.), Plin. 27, 22. – Nbf. **alypos,** ī, Ps. Apul. herb. 108.

alyseidion od. **alysīdion,** ī, *n.* (ἁλυσείδιον, ἁλυσίδιον), ein **Kettchen,** Lucr. 4, 1122 (1130).

alysson, ī, *n.* (ἄλυσσον), eine Pflanze, gut gegen den Hundebiss, nach einigen die »wilde Art der Färberröte« (*Rubia tinctorum,* L.), Plin. 24, 95.

alytarcha, ae, *m.* (ἀλυτάρχης), der Vorsteher der ἀλύται, d. h. der Vorgesetzte, der Leiter der öffentlichen Diener, die bei den feierlichen Spielen u. Wettkämpfen (bei den Griechen zu Olympia u. bei den Römern in den römisch-asiatischen Provinzen) Ruhe u. Ordnung hielten, der **Alytarch,** Cod. Theod. 10, 1, 12. – Dav. **alytarchia,** ae, *f.,* das **Amt des Alytarchen,** Cod. Iust. 1, 36, 1.

alytis, is, *f.* = *perdicium,* **Rebhühnerkraut,** Ps. Apul. herb. 81.

Alyzia, ae, *f.* (Ἀλυζία), eine kleine Stadt Akarnaniens, mit einem dem Herkules geweihten Tempel u. Hafen, j. *Porto Candello,* Cic. ep. 16, 2 u. 3. Plin. 4, 5.

am, s. amb.

ama, ae, *f.,* s. hama.

amābilis, e, *Adi.* m. *Compar.* u. *Superl.* (amo), **I liebenswürdig** (Ggstz. invisus), filiola, Cic.: uxor (Ggstz. odibilis), Ambros.: mores, Cic.: insania, holder Wahn der Betörung, Hor.: vultu amabilis, Sen.: ut ameris amabilis esto, Ov.: erat cunctis hominibus amabilis, allgemein beliebt, Vopisc.: amabilior mihi Velia fuit, quod te ab ea amari sensi, Cic.: mihi quidem videntur qui utilitatum causā fingunt amicitias, amabilissimum nodum amicitiae tollere, Cic. – m. *Dat.,* v. Pers., turbae, Sen. ep. 36, 3. – **II geeignet, Liebe zu erwecken,** nihil est amabilius quam morum similitudo bonorum, Cic. de off. 1, 56.

amābilitās, ātis, *f.* (amabilis), die **Liebenswürdigkeit,** nostra, Plaut. Stich. 741: qui amabilitati animum adiceret, sich liebenswürdig zeigte, Plaut. Poen. 1174. – u. spätlat., in der Anrede, am. tua, Euer Liebden, Symm. ep. 7, 3.

amābiliter, *Adv.* m. *Compar.* (amabilis), **I liebenswürdig,** Hor. ep. 2, 1, 148. CIL 4, 2032. – **II liebevoll, liebreich,** am. in alqm cogitare, Anton. b. Cic. ad Att. 14, 13. litt. A. § 2: vultum suum super cervicem alcis am. ponere, Petr. 113, 1: spectet amabilius iuvenem, Ov. art. am. 3, 675.

Amadryas, s. Hamadryas.

Amafinius, ī, *m.,* Gaius, ein epikurëischer Philosoph, Cic. Acad. 1, 5 *sq.;* Tusc. 4, 6 *sq.* Cassius in Cic. ep. 15, 19, 2.

amalocia u. **amalusta,** ae, *f.* = *chamaemelon,* die **Kamille,** Ps. Apul. herb. 24.

Amalthēa, ae, *f.* (Ἀμάλθεια), **I** eine Nymphe, Tochter des Königs Melissus in Kreta, die mit der Milch einer Ziege den Jupiter nährte, Hyg. astr. 2, 13. Nach anderen hieß diese Ziege selbst Amalthea, deren zufällig an einem Baum abgebrochenes Horn von Jupiter später als cornu Amaltheae od. Copiae (s. cornū *no.* **I** unter die Sterne versetzt wurde. Aus dem Horn soll Nektar u. Ambrosia geflossen sein, dah. Sinnbild des Überflusses, s. Ov. fast 5, 115 *sqq.* – dah. Amalthēa, ae, *f.* (Ἀμάλθεια), u. Amalthēum od. Amalthīum, ī, *n.* (Ἀμαλθεῖον), warsch. ein altes Heiligtum der Nymphe Amalthea, nahe beim Landgut des Attikus in Epirus am Fluss Thyamis, das Attikus durch Anpflanzen von Platanen u. durch griech. Inschriften u. Basreliefs, die sich auf den Mythos der Amalthea bezogen, verschönerte u. zu einem reizenden Sommeraufenthalt machte, Cic. de legg. 2, 7; ad Att. 1, 13, 1 u. ö. – Nach ihm legte sich Cicero ein ähnliches auf seinem Arpinum an, s. Cic. ad Att. 2, 1, 11. – **II** eine Sibylle, Varr. fr. p. 217 B. Tibull. 2, 5, 67; mit der kumanischen identifiziert b. Lact. 1, 6, 10.

amalusta, ae, *f.,* s. amalocia.

āmandātio, ōnis, *f.* (amando), das **Verweisen,** die **Verweisung** (aus unserer Gegenwart), rusticana relegatio atque amandatio, Verbannung u. V. aufs Dorf, Cic. Rosc. Am. 44.

ā-mando, āvī, ātum, āre, jmdm. anbefehlen, sich nach einem entfernten Ort zu begeben, jmd. wohin **weisen, außer Landes schicken,** entweder sicherheitshalber, Cicerones in Graeciam, Cic. ad Att. 7, 13, 3: semet abstrusius amandarunt, sie hielten sich um so strenger verborgen, Amm. 28, 1, 49. – oder um ihn aus unserer Gegenwart oder Nähe zu entfernen, jmd. wohin **fortweisen, verweisen** (vgl. Serv. Verg. Aen. 3, 50), alqm Lilybaeum, Cic.: alqm extra Italiam aliquo, Liv.: alqm *dimittere ab se* et *amandare* in ultimas terras, Cic.: alqm in Frisios, Tac.: filios ad nutricem aliam, Gell.: spiritu dumtaxat vivere, re quidem infra omnes mortuos amandatum esse, Cic. – dah. übtr., ut in aedificiis architecti *avertunt* (entfernen) ab oculis naribusque dominorum ea, quae etc. –: sic natura res similes procul *amandavit* (hat ihre Stelle fern angewiesen) a sensibus, Cic. de nat. deor. 2, 141: partim tamquam in ipso amandavit atque abscondit corpore, Ambros. off. 1, 18, 77. – ► In guten Hdschrn. (z. B. cod. M. des Tac., cod. Vat. des Amm., cod. Laur. des Oros. auch amendo geschr.

amandus, a, um, *PAdi.* (amo), **liebenswürdig, lieblich,** vox. Hor. carm. 4, 11, 34.

ā-maneo, mānsī, ēre, **a** (= ἀποκοιτῶ, Gloss.) **auswärts übernachten,** Gloss. IV, 308, 10. – **b abwarten,** Gloss. IV, 405, 35; V, 591, 11.

Amānicus, Amāniēnsēs, s. Amānus.

amāns, antis, *PAdi.* m. *Compar.* u. *Superl.* (v. amo), **I** aktiv, jmd. od. etw. **liebend,** gegen jmd. **gut gesinnt,** ihm **zugetan, liebevoll teilnehmend,** ein **Freund, A** *adi.:* **1** eig.: frater amantissimus, Cic.: uxor amantissima, Tac.: m. *Genet.,* homines amantes tui, Cic.: boni cives amantes patriae, Cic.: amans rei publicae (ein Patriot), amans suorum, Vopisc.: tui amantior, Cic.: amantissimus quidam filii, ein überaus zärtlicher Vater, Val. Max.: amantissimus rei publicae, Cic.: amantissima nostri natura, die so gütige N., Sen.: quid homine aliorum (gegen a.) amantius, Sen.: fuit similitudinis quam pulchritudinis amantior, sah mehr auf usw., Quint. – **2** meton. von Dingen, durch die Liebe an den Tag gelegt wird, **liebevoll, freundlich, liebreich, lieb,** amantia verba, Ov.: nomen amantius, Cic.: amantissima verba, Cic.: mea fidelissima atque amantissima consilia, Cic.: nihil potuit fieri amantius, ich hätte nicht freundlicher (freundschaftlicher) handeln können, Cic. – **B** *subst. comm.,* der, die **Liebende, Verliebte,** ein **Liebhaber** (in einzelnen Fällen; vgl. amator), Ter. u. a.: incautus amans, Verg.: neglectus amans, Ov.: bes. im Plur., Cic. u. a. – hoc ipsum amantis est m. folg. Infin., Plin. ep. 1, 14, 10. – **II** Superl. amantissimus passiv, **a** von Pers., **innigst geliebt, herzlieb,** vale mi amicissime, vale mi amantissime, Fronto ad M. Caes. 2, 10 (13) *extr.:* u. so Sever. b. Capit. Albin. 7, 3. Hier. ep. 65, 8; 130, 7. Augustin, ep. 32, 1 u. 91, 3: mulier optima have, omnium amantissima, CIL 11, 6578. – **b** v. Lebl., **allerliebst,** amantissimae vineae, Vulg. Amos 5, 11. – *neutr.* pl. subst., amantissima eorum, das, was ihnen am liebsten ist, Vulg. Isai. 44, 9: amantissima uteris, Vulg. Os. 9, 16. – ► Genet. Plur. bei Dichtern auch amantum, z. B. Plaut. Pseud. 66. Ov. art. am. 1, 633.

amanter, *Adv.* m. *Compar.* u. *Superl.* (amans), **liebevoll, liebreich, freundlich,** valde hoc velim amanter diligenterque conficias, Cic.: gravius de nobis querentur et amantius, Cic.: melius et amantius ille, qui gladium offerebat, Tac.: quocum coniunctissime atque amantissime vixerat, ganz eng u. innig verbunden, Cic.

Amantia, ae, *f.* (Ἀμαντία), eine Stadt im griech. Illyrien, in einiger Entfernung von der Küste, j. *Nivitza,* Cic. Phil. 11, 26; mit einer Landschaft gleichen Namens, Caes. b. 3, 40, 5. – deren Bewohner **Amantiānī,** ōrum, *m.,* die **Amantianer,** Caes. b. 3, 12, 3, od. **Amantīnī,** ōrum, *m.,* die **Amantiner,** Plin. 4, 35, od. **Amantēs,** um, *m.,* die **Amanter,** Plin. 3, 145.

āmanuēnsis, is, *m.* = a manu servus (Suet. Caes. 74, 1), ein Sklave, den man als Schreibgehilfen gebrauchte, ein **Schreiber, Sekretär,** Suet. Ner. 44, 1 u. Tit. 3, 2. Paul. sent. 3, 6, 70.

Amānus, ī, *m.* (Ἀμανός), der Teil des Taurus in Kleinasien, der von NO. nach SW. bis an den Meerbusen von Issus sich hinzieht u. Cilicien von Syrien, Kataonien von Kommagene scheidet, j. *Alma Dagh,* Cic. ep. 2, 10, 2. Plin. 2, 80. Lucan. 3, 244. – u. von den Pässen, die Syrien u. Cilicien verbinden (s. Cic. ep. 15, 4, 4), hieß der eine **Amānicae pylae** (πύλαι Ἀμανικαί), Curt. 3, 8 (20), 13, od. rein lat. portae Amani montis, Plin. 5, 91, ohne Zweifel östl. von Issus, der andere portae Ciliciae (Ἀμανίδες πύλαι, Strab.), Plin. 6, 91, am Sinus Issikus, also nördl. von Issus, j. *Demir Kapa* (d. i. das eiserne Tor). – Die Bewohner des Berges Amanus **Amāniēnsēs,** ium, *m.,* die **Amanienser,** durch ihre Räubereien den Nachbarn oft lästig, deshalb von Cicero, dem Prokonsul Ciliciens, bekriegt, Cic. ep. 2, 10, 3.

amāracinus, a, um (ἀμαράκινος), **aus Majoran,** unguentum od. oleum, die »Majoransalbe«, das »Majoranöl«, ein beliebtes Parfüm, Plin. 13, 5; 21, 163: dass. subst., amarācinum, ī, *n.,* »Majoranparfüm«, Lucr. 2, 847; 4, 117. Isid. 4, 12, 8: Plur. b. Serv. Verg. Aen. 1, 693: dessen Geruch den Schweinen sehr verhasst ist (s. Lucr. 6, 973); dah. das Sprichw.: nihil cum amaracino sui, was nützt der Kuh Muskate, Gell. praef. 19.

amāracion, s. amethystus a. E.

amāracus, ī, *c.,* u. **amāracum,** ī, *n.* (ἀμάρακος u. -ον), **I Majoran** (*Origanum Majorana,* L.), eine wohlriechende Blume, Plin. 21, 37. Verg. Aen. 1, 693: zu Kränzen gebraucht, Catull. 61, 6 *sq.* – **II** eine Pflanze = perdicium (nach Scheller zu Cels. 2, 33. *not.* 320 wahrsch. *Matricaria Parthenium*), Plin. 21, 176.

amarantus, ī, *m.* (ἀμάραντος, unverwelklich), **Amarant, Tausendschön, Samtblume** (*Celosia cristata,* L.), Tibull. 3, 4, 33. Ov. fast. 4, 439. Plin. 21, 47: Plur., immortales amaranti, Col. poët. 10, 175.

amārē, *Adv.* m. *Compar.* u. *Superl.* (amarus), **bitter,** übtr. = mit **Bitterkeit, voller Galle, zornsüchtig, verletzend,** admonere, Sen.: amarius reprehendere, Macr.: amarissime singulorum nomina enumerare, Suet. Vgl. amariter.

amāresco, ere (amarus), **bitter werden,** Pallad. 2, 15, 9. Augustin. serm. 203, 3 u. a. Eccl. (auch übtr. = erbittert werden).

amāricātio, ōnis, *f.* (amarico), die **Erbitterung, Reizung,** Eccl.

amāricātus, a, um (amarico), **erbittert,** Greg. M. ep. 2, 38. p. 136, 18.

amārico, āvī, ātum, āre (amarus), **erbittern, reizen,** Spät. (vgl. Rönsch Itala p. 162). – u. Depon. **amāricor,** ātus sum, ārī, **erbittert sein,** qui congregabis amaricantes, Augustin. conf. 13, 17: amaricati sunt, Gesta Pilati 12, 2.

amāricōsē, -sus, s. amārītōsus.

amārifico, āre (amare u. facio), **bitter machen,** Isid. 17, 8, 6.

amāritās, ātis, *f.* (amarus), die **Bitterkeit,** als Eigenschaft, suci vehemens (scharfe), Vitr. 2, 9, 14. Vgl. Gloss. ›amaritas, πικρία γεύσεως‹.

amāriter, *Adv.* (v. amarus), **bitterlich** = heftig, flere, Hier. ep. 23, 1: amarissime flere, Augustin. conf. 4, 6, 11.

amāritia, ae, *f.* (amarus) = πικρία, die **Bitterkeit,** Gloss. II, 407, 50.

amāritiēs, ēi, *f.* (amarus), die **Bitterkeit** (übtr.), Catull. 68, 18. Inscr.

amārītōsus (viell. richtiger amāricōsus), a, um (amarus), **voll Bitterkeit,** Gargil. Mart. de arb. pomif. 3, 7. p. 68 *ed. Rom.* (1846).

amāritūdo, dinis, *f.* (amarus), **I** die **Bitterkeit** als natürl. Beschaffenheit u. deshalb der **bittere Geschmack,** den etw. hat, Varr. r. r. 1, 66. Plin. 21, 160 u. ö.: Plur. b. Plin. 24, 105. Lact. 4, 26, 18: ciborum amaritudines, Ambr. de off. 3, 1, 61. – meton. = bitterer Stoff, circumlinunt papillas suas aliquā amaritudine, Augustin. serm. 311, 14. – **II** übtr., von allem, was eine bittere, herbe Empfindung erregt, **a** das **Widerliche, Unangenehme,** ne amaritudinem semel perceptam etiam ultra rudes annos reformidet, Quint. 1, 1, 20: dah. das Widrige, die Ohren Beleidigende eines Lautes, πικρία, Quint. 11, 3, 169. – **b** die **Bitterkeit** des Gemüts, das **bittere Gefühl,** das aus Kummer usw. entspringt, cum illarum frons hilaris multis intus amaritudinibus sit referta, manchen bittern Kummer in sich verschließt, Val. Max. 4, 4 prooem. *extr.* – **c** die **Bitterkeit** eines gekränkten, gereizten Gemüts, die **Gereiztheit, Erbitterung,** sine amaritudine pectoris, Lampr.: cui sententiae tantum bilis, quantum amaritudinis inest, Plin. ep.: quas (facetias) ne in bilem et amaritudinem vertat iniuria, Plin. ep.: amaritudine odii adversus alqm uti, jmd. mit bitterem Hass verfolgen, Val. Max.: Plur. amaritudines, bitteres Wesen, Vulg. Os. 12, 14. – **d** die **Bitterkeit** der Rede, des Witzes, das **Bittere, Kränkende,** verborum, Sen. rhet: verborum maledictorumque, Sen.: carminum, Plin.: decretorum, Iustin.: iniuriae, Mam. Claud.: Plur., mendacia et amaritudines, Apul. apol. 8. – **e** Plur., amaritudines, **Bitterkeiten** = ernste Beherzigungen, Vulg. Ier. 31, 21.

amarizo, āvī, āre, **bitter werden,** Plin. Val. 2, 17. fol. 179 (a).

amāro, āre (amarus), **bitter machen,** Avien. carm. ad Flav. 21.

amāror, ōris, *m.* (amarus), die **Bitterkeit,** als Empfindung, der **bittere** Geschmack, Lucr. 4, 222 u. 6, 930. Verg. georg. 2, 247. Vgl. Gell. 1, 21, 6.

amārulentus, a, um (amarus), **bitter, voll Bitterkeit** in der Rede, Timon, Gell. 3, 17, 4: dicacitas, Macr. sat. 1, 7, 2.

amārus, a, um (wohl v. griech. ὠμός, roh, altind. *amáh*), *Adi.* m. *Compar.* u. *Superl.,* **bitter** (Ggstz. dulcis), **I** eig.: **a** v. Geschmack, sapor, Plin.: amygdala, bittere Mandeln, Pallad.: salix, Verg.: fontes vehementer amari, Vitr.: murra gustu leniter amara, Plin.: os, Bitterkeit im Mund, Cels.: calices amariores, schärferer, älterer Wein, Catull.: tantam magnitudinem fluminis facit amaram (von einer Quelle), Vitr. – subst., amarum, Plur. amara, das **Bittere,** die **Bitterkeit,** quid iudicant sensus? dulce amarum, lene asperum, Cic.: sentit dulcia et amara, Cic. – **b** v. Geruch, **scharf, beißend,** fructus amarus odore, Plin. 18, 122: fumus, Verg. Aen. 12, 588. – **c** für das Gehör, **rau, widerlich,** sonitus, Stat. Theb. 10, 553. – **d** für das Gefühl übh., **rau, widerlich,** gelu, Stat. Theb. 5, 393. – **II** übtr.: **a widerlich, widerwärtig, lästig, herb, unangenehm,** casus, Ov.: rumor, Verg.: historiae, lästige (langweilige), Hor.: tamquam amara aliqua sarcina, Val. Max.: amarior morte mulier, Vulg.: necessitatis amarissimae leges, Val. Max.: amarissimae calamitates, Oros. – amarum est m. folg. *Infin.,* Plaut. cist. 68. – **b bitter** für das Gemüt, curae, Ov.: luctus, Ov. – subst., amara, ōrum, *n.,* das **Herbe, Bittere** (= bitterer Kummer usw., Ggstz. dulcia), Plaut. u. Hor.: u. so amara curarum, Hor. – *Acc. neutr.* adv., amarum, **bitter,** subridere, Apul. met. 6, 13. Amm. 21, 9, 8. – **c** (wie πικρός) von der Gemütsart u. dem Benehmen dessen, der seine gereizte Stimmung gern an anderen auslässt, **bitter, empfindlich, reizbar, heftig,** mulieres, Ter.: hostis, grausamer, Verg.: amariorem me senectus facit, Cic. – **d** von der Rede, in der sich die Bitterkeit der Gesinnung ausspricht, **bitter, beißend, scharf, verletzend,** lingua, Ov.: sermo, Hor.: dicta, Ov.: dictum, Amm.: sales, Quint.: amarissima maledicta, Val. Max.

Amaryllis, idis u. idos, Akk. ida, Vok. Amarylli, *f.* (Ἀμαρυλλίς), Name einer Hirtin, Ov. art am. 2, 267: Genet. b. Verg. ecl. 2, 14: Akk. b. Verg. ecl. 1, 5: Vok. b. Verg. ecl. 1, 36. – ► Spät. Nbf. Amarillida, ae, *f.,* Schol. Bern. Verg. ecl. 8, 64. p. 822.

Amaryncēus, eī, *m.* (Ἀμαρυγκεύς), griech. Held vor Troja, Hygin. fab. 97. p. 91, 16. – Dav. **Amaryncīdēs,** Akk. ēn, der **Amaryncide,** Epit. Iliad. 377.

Amarynthis, idis, *f.* (griech. Ἀμαρυνθία od. Ἀμαρυσία), die **Amaryn-**

thische, Beiname der Diana, von *Amarynthos* (Ἀμάρυνθος), einem Flecken auf Euböa mit einem Tempel der Diana, Liv. 35, 38, 3.

amăsco, ere (amo, s. Prisc. 8, 73. Gloss. Scalig. V, 589, 2 K.), **anfangen zu lieben,** nunc primulum amasco, Naev. com. 138 R^2.

Amasēnus, ī, *m.,* Fluss in Latium, der in den Volskergebirgen entspringt, an Privernum vorbeiströmt, sich mit dem von Setia herabkommenden Ufens (j. *Ufente*) vereinigt und nur zum Teil das Meer zwischen Circeji u. Terracina erreicht, da er sich in mehreren Armen in den pontinischen Sümpfen verläuft, j. *Amaseno,* Verg. Aen. 11, 547: Vok. Amasene pater, Verg. Aen. 7, 685 (als Flussgott).

Amasīa, ae, *f.* (Ἀμάσεια), starkbefestigte Stadt in Pontus an beiden Seiten des Irisflusses, Geburtsort des Geographen Strabo, j. noch *Amasia* od. *Amassiah,* Plin. 6, 8.

amāsio, ōnis, *m.* = *amasius* (s. d.), Apul. met. 3, 22; 7, 21. Arnob. 4, 34. Prud. perist. 10, 182.

Amāsis (Amm.), idis, Akk. im, Abl. i od. e od. ide, *m.* (Ἄμασις), Name eines der würdigsten unter den ägypt. Pharaonen, unter dessen langer friedlicher Regierung in Ägypten Handel, Künste u. Gewerbe blühten (reg. bis 526 v. Chr.), Lucan. 9, 155: Akk. im, Mela 1, 9, 8 (= 1. § 59), Plin. 19, 12: Abl. i, Mela 1, 9, 9 (= 1. § 60). Abl. e, Plin. 5, 60: Abl. ide, Tac. ann. 6, 28.

amāsiuncula, ae, *f.* (*Demin.* v. amasia), die **Geliebte,** die **Buhle,** Petr. 75, 6.

amāsiunculus, ī, *m.* (*Demin.* v. amasius), der **Liebhaber, Geliebte, Buhle,** Petr. 45, 7.

amāsius, ī, *m.* (amo), der **Liebhaber, Geliebte, Buhle,** Plaut. Cas. 590. Plaut. truc. 658. – attrib. = **verliebt, buhlerisch,** Gell. 6 (7), 8. § 1; 19, 9. § 9. Tert. apol. 3. Vgl. Gloss. ›amasius est pronus ad amorem‹.

Amastra, s. Amēstratus.

Amastris, idis, *f.* (Ἄμαστρις), Stadt auf einer Landzunge Paphlagoniens mit doppeltem Hafen, durch Vereinigung des alten Sesamus mit Cytorus u. Kromna von »Amastris«, der Tochter des Oxyarthes (zuletzt mit Lysimachus vermählt u. von ihm wieder verstoßen), gegründet u. nach ihr benannt, nach Plin. (ep. 10, 98) mit Geschmack u. Pracht erbaut, j. *Amasserah,* Plin. 6, 5. Catull. 4, 13 (wo griech. Vok. Amastri). – Dav.: **a Amastriacus,** a, um, **amastriacisch,** orae = Küste von Pontus, Ov. Ib. 331. – **b Amastriānī,** ōrum, *m.* (Ἀμαστριανοί), die Einw. von Amastris, die **Amastrianer,** Amastrianorum civitas = *Amastris,* Plin. ep. 10, 98 (99) *sq.*

1. Amāta, ae, *f.* (eig. die **Geliebte**), **I** Gemahlin des Königs Latinus, Mutter der Lavinia, der ersten Dienerin der Vesta zu Lavinium, Verg. Aen. 7, 343. – **II** übtr., Name jeder vestalischen Jungfrau, wenn sie von dem Pontifex maximus gewählt worden war, Gell. 1, 12. § 14 u. 19.

2. amāta, ae, *f.,* s. 1. amo a. E.

Amathūs, ūntis, Akk. ūnta (Ἀμαθοῦς), **I** *m.* Sohn des Aërias, nach der Sage Gründer von Amathus u. des Tempels der Venus daselbst, Tac. ann. 3, 62. – **II** *f.,* uralte Stadt an der Südküste von Cypern, j. »Alt-Limasol«, mit beträchtlichen Kupferbergwerken in der Nähe, Ov. met. 10, 220 u. 531, berühmt durch den Tempel u. die Verehrung der Venus, Catull. 36, 14. Verg. Aen. 10, 51, die dah. **Amathūsia** (Ἀμαθουσία) heißt, Catull. 68, 51. Ov. am. 3, 15, 15. Tac. ann. 3, 62. – Dav. **Amathūsiacus,** a, um, **von** od. **aus Amathus,** bidentes (oves), Ov. met. 10, 227.

amātio, ōnis, *f.* (amo), das **Lieben, verliebte Treiben,** der **verliebte Umgang,** die **Liebschaft,** in hac (fabula) nulla amatio est, Plaut. capt. 1030: tua mihi odiosast amatio, Plaut. Cas. 328: acerba amatiost, Plaut. Poen. 1096: Plur., te di deaeque perduint tua cum amica cumque amationibus, Plaut. merc. 793.

amātor, ōris, *m.* (amo), der **Liebhaber, I** im Allg., der **Verehrer, Freund,** od. umschr. der jmdm. od. einer Sache **sehr zugetan ist,** für jmd. od. etw. **sehr eingenommen ist, a** einer Pers. (Ggstz. osor), favitorem me tibi, amicum, amatorem putes, Lucil. fr.: Alba, tuus antiquissimus non solum amicus, verum etiam amator, Cic.: L. Papirius Paetus, vir bonus amatorque noster, Cic.: bes. v. Verehrer eines Schriftstellers, amatores huic (Catoni) desunt, Cic.: habet (Bassus Aufidius) amatores, Quint. – **b** einer Sache: urbis, ruris, Hor.: fluminis et montium, Flor.: puri sermonis, Caes. fr. b. Suet. vit. Ter. p. 34, 9 R.: intellegentiae sapientiaeque, Cic.: pacis, Cic.: antiquitatis, Nep.: virtutis, Lucan.: nimium am. ingenii sui, Quint.: palaestrae, armorum, Firm. math.: rixarum, Streithahn, Augustin. – **II** ein **Liebhaber** aus sinnlicher Neigung, ein **Anbeter,** bes. im üblen Sinne ein **Buhler, a** eines Mädchens, longe aliter est amicus atque amator, Plaut.: adulter an amator, Cic.: magnus amator mulierum es, Plaut.: meretricibus fideles evenisse amatores, Ter.: am. indulgens, Liv.: pulcher, Prop.: fervidus, Apul.: virginem ab amatorum impetu prohibere, Cic.: qui fuerat *cultor* (Verehrer), factus *amator* erat, Ov. art. am. 1, 722. – u. prägn., ein der **Liebe Ergebener,** ein **Freund des anderen Geschlechts,** aliud est *amatorem* esse, aliud *amantem,* Cic. Tusc. 4, 12, 22: vinosus, amator, Hor. ep. 1, 1, 38. – **b** eines Knaben, puerorum amatores, Firm.: amator et scortum, Curt.: proditor amatoris, Curt.: obsequium amatori venditare, Liv.: laudi in Graecia ducitur adulescentulis quam plurimos amatores habere, Nep. – **c** attribut., deus amator, der verliebte Gott, amatores oculi, verliebte Augen, Apul. met. 5, 24.

amātōrculus, ī, *m.* (*Demin.* v. amator, s. Prisc. 3, 30), ein **Liebhaberchen,** Plaut. Poen. 236.

amātōriē, *Adv.* (amatorius), **verliebt, in verliebtem Ton, zärtlich,** loqui, Plaut. merc. 581: erat enim (epistula) scripta am., Cic. Phil. 2, 77.

amātōrius, a, um (amator), zum Liebhaber (des anderen Geschlechts) od. zur (sinnl.) Liebe gehörig, **verliebt, zärtlich, buhlerisch, Liebes-,** sermo, Cic.: poësis (Anacreontis), verliebten Inhalts, Cic.: epistulae, Apul.: u. so versus (Plur.), Gell.: ioci, Augustin.: oculi, Apul.: frui voluptate amatoriā, die Freuden der Liebe genießen, Cic.: virus, Plin., od. medicamentum, Suet., dass. was subst. bl. amātōrium, ī, *n.,* ein »Liebesmittel, Liebestrank« usw., Sen. ep. 9, 6. Quint. 7, 3, 30.

amātrīx, īcis, *f.* (Femin. zu amator, s. Prisc. 18, 17 u. inst. de nom. 71), **I** die **Freundin** von jmd. od. etw., pauperum, CIL 5, 6286 (a. 487): spiritualis pulchritudinis, Augustin. ep. 211, 16: una (pars) mundi am., Salv. adv. avar. 3, 1. – **II** die **Liebende,** das **Liebchen,** die **Buhle,** Plaut. asin. 517. Apul. apol. 78 u. 85. – attribut., am. Africa, das buhlerische A. = die Buhle aus A., Plaut. Poen. 1304: Sappho, Mart. 7, 69, 9: aquae, Mart. 7, 15, 4 u. 10, 4, 6.

amāturio, īre (amo), **zu lieben wünschen,** Diom. 346, 2 u. Prisc. 8, 74. Mar. Victorin. art. gr. (VI) 200, 2 K.

amātus, ī, *m.,* s. 1. amo a. E.

amaurōsis, *f.* (ἀμαύρωσις), die **Verdunkelung,** Oribas. syn. 8, 54.

amaxa, s. hamaxa.

Amaxobioe, s. Hamaxobιoe.

Amāzōn, onis, Akk. onem u. ona, *f.* (Ἀμαζών), die **Amazone,** gew. Plur. **Amāzones,** um, Akk. onas, *f.* (Ἀμαζόνες), die **Amazonen, I** ein mythisches kriegerisches Frauenvolk, das, von einer Königin regiert, keine Männer unter sich duldete und der Sage nach vom Kaukasus her in das westliche Asien, bes. in die Gegend des heutigen Trebisonde, an dem Flusse Thermodon (j. Termeh, Verg. Aen. 11, 659 *sq.*), in die Gefilde von Themiskyra (Sall. hist. fr. 3, 46 *ed. Kritz* od. 49 *ed. Dietsch*), aber auch auf die Inseln Lesbos, Samothrake, ja bis nach Griechenland (Böotien, Athen) zog, Iustin. 2, 4. Curt. 6, 5 (19), 24 *sqq.* – Sie werden geschildert u. in der Kunst dargestellt als kräftige kriegerische Jungfrauen, mit Speer (*hasta*), Streitaxt (*securis*), mondförmigem Schild (*lunata* od. *Amazonia pelta*), den Kriegergurt (*zona*) um die Hüften, mit Bogen u. Köcher (*pharetra*) u. mit dem Schwert an einem Wehrgehenk, das über die Brust läuft; vgl. Sen. Phaedr. 395 *sqq.* Claud. rapt. Pros. 2, 62 *sqq.* Ov. her. 21, 119; auf allen Darstellungen der Kunst immer mit zwei Brüsten, obgleich man sich bei den Griechen (nach der Ableitung von α u. μαζός = »brustlos« od. »einbrüstig«) die Amazonen mit verstümmelter od. vernichteter rechter Brust (als Sinnbild vernichteter Weiblichkeit u. Mütterlichkeit) dachte; vgl. Iustin. 2, 4, 11. – Dunkle Sagen von bewaffneten szythischen Frauen, die am Krieg teilgenommen, u. alte

Überlieferungen von Hierodulen streitbarer Göttinnen, bes. der Artemis, mögen den Mythos von den Amazonen geschaffen haben, die die neuere Symbolik als Mondpriesterinnen u. Dienerinnen der Artemis deutet. – ► Sing. Amazon, Verg. Aen. 11, 648. Sen. Agam. 219. Ampel. 8, 18. Val. Flacc. 5, 89: Akk. Amazonem, Plin. 7, 201; Amazona, Ov. art. am. 2, 743: Spät. Nbf. **Amāzona**, ae, *f.*, Tert. adv. Marc. 1, 1. Hyg. fab. 30 u. 241. Iordan. Get. 5. § 44 M. – **II** übtr., eine **Liebesheldin,** die gleichsam unter Amors Fahnen dient, Ov. art. am. 2, 743; vg. 3, 1. – Dav.: **1 Amāzonicus**, a, um (Ἀμαζονικός), **amazonisch, amazonenartig,** parma, pelta, Plin.: secures, Suet. – dah. montes Amaconici = (unten *no.* 3) Amazonius mons, ein Teil des Taurus im Amazonengebiet (am Thermodon), Mela 1, 19, 13 (1. § 109) dass. A. Taurus, Plin. 5, 99. – **2 Amāzonis**, idis, *f.* (Ἀμαζονίς), gew. Plur. Amāzonides, dum, Akk. das, poet. Nbf. v. Amazones, die **Amazonen,** Verg. u. a. Dichter. – Sing. als Titel eines Gedichts, Mart. 4, 29. – **3 Amāzonius**, a, um (Ἀμαζόνιος), **amazonisch,** pharetra, Verg.: securis, Hor. u. Ov.: pelta, Stat.: balteus, Hyg.: cultus, Sen. poët. – dah. vir, d. i. Hippolytus, Sohn des Theseus von einer Amazone, Ov. her. 4, 2. – mons (s. ob. *Amazonicus*), Plin. 6, 10. – in dessen Nähe, Amazonium, ī, *n.*, Lagerplatz u. nachher Stadt der Amazonen bei Themiskyra, Plin. 6, 10. Mela 1, 19, 9 (1. § 105).

amb, eig. ambi od. ambe, auch am od. an (aus ἀμφί), eine untrennbare Präposition, **herum, um,** auch **ringsum,** d. i. von zwei od. mehreren od. allen Seiten (Punkten) her, wie in ambedo, ambifarius, amplector, anquiro u. a. (vgl. Varr. LL. 7, 30. Paul. ex Fest. 4, 14 u. 16, 18), am terminum, Cato origg. fr. inc. 3. p. 30 *ed. Iord.;* von Macr. sat. 1, 14, 5 erklärt durch circum terminum.

ambactus, ī, *m.* (keltisch), der **Hofhörige, Dienstmann,** Enn. b. Paul. ex Fest. 4, 13. Caes. b. G. 6, 15, 2. Vgl. Placid. gloss. V, 7, 43 (= 47, 2): ›ambactus, δοῦλος, μισθωτός (Söldling), ὡς Ἔννιος‹.

amb-adedo, ēdī, ere, **um u. um anessen** = völlig aufzehren, *Plaut. merc. 239 u. 241.

ambāges, is, *f.* (Nomin. Sing. Tac. hist. 5, 13 H. Serv. Verg. Aen. 1, 293, aber Genet. Sing. ohne Belege b. Charis. 40, 1, sonst nur im Abl. Sing., dagegen der Plur. durch alle Kasus) (amb u. ago), das »Herumtreiben, -gehen, -laufen um etwas«, der **Umgang, Umlauf,** u. insofern man nicht geraden Weges auf das Ziel losgeht od. losgeführt wird, der **Umgang, Irrgang, Irrweg, I** eig.: multiformi haec (luna) ambage torsit ingenia contemplantium, über den unregelmäßigen Lauf zerbrachen sich die Beschauer die Köpfe, Plin.: ibi complurium iumentorum multivii *circuitus* intorquebant molas *ambage* variā, Apul. – bes. von »Irrfahrten«, ambage remissā, Ov. – u. von den »Irrgängen« des Labyrinths, variarum ambage viarum, Ov.: itinerum ambages, Plin.: dolos tecti ambagesque resolvit, Verg. – **II** übtr.: **a Umschweif, Weitläufigkeit,** amb. alci narrare, Ter.: quid opus est me multas agere ambages? was soll ich viel Worte machen? Plaut.: ambages mitte, Plaut.: cum mittere ambages dictator iuberet, Liv.: missis ambagibus, ohne viele Umschweife, Hor.: ne te longis ambagibus morer, Hor. – **b** die **Dunkelheit, Rätselhaftigkeit, Zweideutigkeit, Rätselworte, rätselhafte** od. **verblümte Worte (Andeutungen), -Äußerung,** ein **rätselhafter Ausspruch, rätselhaftes Beginnen** (s. Müller Liv. 1, 54, 8), ambages canere, von der Sibylla, Verg.: immemor ambagum, v. der Sphinx, Ov.: u. von Orakelsprüchen, Tac. u. Sen. poet.: Appio inter obscuras verborum ambages fate cecinit (v. der Pythia), Val. Max.: ambages aperire, Tac.: Macroni non abditā ambage exprobravit, Tac.: hāc facti ambage, Plin.: tacitis ambagibus, durch die rätselhaften, sinnbildlichen Andeutungen, Liv.: per ambages, in rätselhaften (sinnbildlichen) Andeutungen, Liv. – **c** die **Winkelzüge, Ausflüchte, Täuschungen,** vix pueris dignas ambages senes ac consulares fallendae fidei exquirere, Liv.: falsi positis ambagibus oris, ohne der falsch umschweifenden Worte Beschönigung, Ov.: in his, quae exsistere solent, negotiorum ambagibus, Gell. – **d** die durch eine rätselhafte Rede od. Erscheinung herbeigeführte **Ungewissheit, Verlegenheit,** magnā civitatis ambage, zum großen Rätsel der Stadt, Plin. 26, 9.

ambāgiōsus, a, um (ambages), **rätselhaft, zweideutig,** Gell. 14, 1, 33.

ambāgo, ginis, *f.* (amb u. ago), die Dunkelheit, **Rätselhaftigkeit,** rerum, Manil. 4, 304: verborum, Mamert. grat. act. 14, 7: pati ambaginem, Augustin. de dial. 9. p. 16, 12 *Cr.* Gramm. inc. de dub. nom. (V) 572, 5.

Ambarrī, ōrum, *m.*, ein gallisches Volk zwischen der Rhone u. Saone, östl. von den Äduern, mit denen sie stammverwandt u. verbündet waren, Caes. b. G. 1, 11, 4 u. 14, 3. Liv. 5, 34, 5.

ambarvālis, e (amb u. arvum), **um die Flur herumgehend,** hostia, das Opfertier, das man für die Feldfrüchte brachte u. um die Flur in Prozession führte, das »Feldweihopfer«, Pomp. Fest. b. Macr. sat. 3, 5, 7. Paul. ex Fest. 5, 1: sacrificium, die Handlung des Opferns, die »Flurweihe«, Serv. Verg. ecl. 3, 77 u. 5, 75. – Plur. subst., ambarvālia, ium, *n.*, das »Fest der Flurweihe«, Vopisc. Aur. 20, 3.

ambaxium, ī, *n.* (amb u. ago), der **Haufen;** dah. ambaxio, haufenweise, Paul. ex Fest. 26, 4.

ambe, s. amb.

ambecīsus, ūs, *m.* (ambe u. caedo), das **Umschneiden, Beschneiden ringsum,** Varr. LL. 7, 43.

amb-edo, ēdī, ēsum, ere, **um u. um anessen, -annagen,** dah. **völlig aufzehren,** uxoris dotem, Plaut. merc. 239 u. 241 (vgl. ambadedo): ambesas absumere mensas, Verg.: vis locustarum ambederat quidquid herbidum etc., Tac.: übtr., vom Feuer, Lucr. u. Verg.: vom Wasser, flumen agrum ambedit, Alfen. dig. 41, 1, 38 M. – ► 3. *Pers. Praes.* **ambest**, Paul. ex Fest. 4, 15.

ambegnus, s. ambiegnus.

ambestrīx, īcis, *f.* (ambedo), die **Auffresserin,** novi ego illas ambestrices: corbitam cibi comesse possunt, Plaut. Cas. 778: ursae hominum ambestrices, Amm. 29, 3, 9.

ambi, s. amb.

Ambiānī, ōrum, *m.*, ein belgisches Küstenvolk im jetzigen Depart. der *Somme,* mit der Hauptstadt Samarobriva (j. *Amiens*), Caes. b. G. 2, 4, 8; 2, 15, 2 u. 7, 75, 4.

Ambibariī, ōrum, *m.*, eine gallische Völkerschaft, zu den civitates Aremoricae gehörend, in der heutigen Normandie (wo noch eine Stadt *Ambières*), Caes. b. G. 7, 75, 4.

ambidēns = *bidens,* Paul. ex Fest. 4, 17.

ambi-dexter, tra, trum, **auf beiden Händen rechts, beide Hände rechts (geschickt) gebrauchend,** Itala iudic. 3, 15.

ambiectum esse = *circumiectum esse,* Varr. LL. 5, 132.

ambiegnus, a, um (ambi u. agnus), **von beiden Seiten mit Lämmern umgeben,** *t. t.* der Opferspr., von größern Opfertieren, zu deren Seiten noch kleinere stehen, wie ambiegna bos b. Varr. LL. 7, 31; vgl. Paul. ex Fest. 4, 16, wo die Form ambegnus, die auch Baebius Macer b. Fulg. serm. ant. *no.* 6 hat.

ambienter, *Adv.* (v. *Partic.* ambiens), **angelegentlich, eifrig,** Sidon. ep. 7, 9. Cassiod. var. 5, 2 u. a.

ambifāriam, *Adv.* (ambifarius), **nach** od. **von zwei Seiten, auf doppelte Art,** Apul. flor. 18; apol. 4. Sidon. ep. 9, 11.

ambifārius, a, um (ambi u. for; vgl. nefarius, διφάσιος), **doppelsinnig, zweideutig,** Mam. Claud. de stat. an. 1, 3, 2 p. 28, 10 *Eyssenh.:* fabulae, obtentio, Arnob. 5, 35 u. 36.

ambiformiter, *Adv.* (ambi u. forma), **doppelsinnig,** Arnob. 5, 36.

ambigēns, entis (ambigo), **unentschieden, unschlüssig,** Itala Ioann. 20, 27.

ambigenter, *Adv.* (ambigens v. ambigo), **unentschieden, unschlüssig,** Hier. adv. Pelag. 2, 14.

ambigenus, a, um (ambi u. geno = gigno), **von doppeltem Geschlecht,** Anthol. Lat. 5, 46, 1 (387, 1).

ambignus, a, um, s. ambiegnus.

amb-igo, ere (amb u. ago), etwas nach zwei Seiten hin treiben, nur übtr. = über etwas von zwei Seiten denken, d. i. **uneins sein, I** mit einem anderen, **1** über etwas **zweierlei** od. **entgegengesetzter Ansicht sein, Zweifel erheben, Anstand nehmen, streiten,** etw. **bezweifeln, bestreiten,** u. bes. im Passiv = **zweifelhaft** od. **streitig sein,**

dem **Zweifel** od. **Anstand** od. **Streit unterliegen,** **a** aktiv: haud ambigam, hicine fuerit Ascanius, an maior quam hic, will es unentschieden lassen, Liv.: de quo si quis ambiget, Vell.: de hoc, utrum imperaverit, scriptores inter se ambigunt, Treb. Poll. – gew. **b** passiv: **α** *pers.*: temporis aeterni, non unius horae ambigitur status, um die ewige Zeit, nicht um einige wenige Stunden handelt es sich, Lucr.: ius quod ambigitur inter peritissimos, Cic.: quamquam apud quosdam ambigitur, obgleich es von einigen bezweifelt wird, Vell.: ex contrariis scriptis si quid ambigitur, Cic.: in iis causis, quae propter scriptum ambiguntur, Cic.: id ambigitur, belline … an etc., Liv.: omnis res eandem habet naturam ambigendi, erfordert immer gleiche Behandlung beim Disputieren für u. wider, Cic. de or. 3, 111. – bes. **β** *impers.*, m. folg. de alqa re, od. m. indir. Frage- od. Infinitivsätzen u. bei vorhergeh. Negat. auch m. folg. *Acc.* u. *Infin.* od. m. folg. *quin* u. Konj., cum de vero ambigetur, Cic.: quid sit, de quo *conveniat,* quid, de quo *ambigatur,* Quint.: id, de quo verbis ambigebatur, Liv. – id cum *inter omnes constet,* eo magis miror *ambigi,* quānam Hannibal Alpes transierit, Liv.: ambigitur quoties, uter utro sit prior, Hor.: haec impulerint illum ad regni cupiditatem, an tantum suspectum fecerint ambigi potest, Curt.: tria an plura sint ambigitur, Quint.; vgl. ambigitur quid enim? (worüber ist denn Streit?) Castor sciat an Dolichos plus, Hor. – m. *Acc.* u. *Infin.*, aspici aliquando eam volucrem non ambigitur, darüber herrscht kein Zweifel, Tac. ann. 6, 28 (u. so Tac. ann. 11, 4; 12, 65; hist. 4, 49. Amm. 17, 5, 14). – neque ambigitur, *quin* Brutus pessimo publico id facturus fuerit, Liv. 2, 1, 3. – **2** über ein (an sich wohl strittiges oder zweifelhaftes) Recht oder Besitztum **Anstand nehmen, rechten, streiten,** zunächst mit Worten, bes. vor Gericht, ambigendi causa, der Streitpunkt, Cic.: ii, qui ambigunt, die streitenden Parteien, Cic.: amb. cum eo, qui heres est, Cic.: de finibus, Ter.: de hereditate, Cic.: de agro, Liv. epit.: de parte finium cum vicino, Tac.: de regno, Liv.: de regni certamine, Liv. – **II** mit sich selbst **uneins sein** = über etw. in **Zweifel-, unentschieden-, unschlüssig-, ungewiss sein, schwanken,** (Alexandrum) regnum Asiae occupaturum esse haud ambigere, Curt.: quaenam post Augustum militiae condicio, ambigentes, die in zweifelnder Besorgnis lebten, Tac.: in hac causa, de qua tu ambigis, Gell.: ambigebant de illis (darüber), quidnam fieret, Vulg.

ambiguē, *Adv.* (ambiguus), **I zweideutig, doppelsinnig,** loqui, dicere, scribere, Cic.: dicere, Hor.: respondere, Aur. Vict.: agere, Tac. – verbum ambigue positum, Cic. – **II schwankend, unentschieden,** ut (hostis) et levi momento nec ambigue est victus, Liv. 8, 19, 8: equites ambigue certavere, Tac. ann. 2, 21.

ambiguitās, ātis, *f.* (ambiguus), die **Zweideutigkeit,** der **Doppelsinn,** nominis, Cic.: verborum, Cic.: verbi, Liv.: in ambiguitatem incidere, Sen.: Plur., Sen. ep. 108, 12. Quint. 1, 10, 5. Gell. 18, 7, 1 *lemm.* Solin. 1, 7. Augustin. de dial. 9. p. 16, 7 *Crec.*

ambiguō, *Adv.* (ambiguus), **schwankend, unentschieden,** haerebat ambiguo, Ambros. de off. 3, 4, 43.

ambiguus, a, um (ambigo), **I sich nach zwei Seiten hinneigend,** per ambiguum favorem, dadurch, dass sie es mit keinem Teil zu verderben suchten, Liv.: natum (esse) ambiguo inter marem ac feminam sexu infantem, dem Geschlecht nach zum Mann und zur Frau sich hinneigend, ein Zwitter, Liv.: ambiguus fuerit, modo vir, modo femina, Scython, von wandelbarer-, von Wechselgestalt, Ov.: Proteus, der bald diese, bald jene Gestalt annimmt, veränderlich, Ov.: in virum soliti vultus mutare ferinos ambigui prosecta lupi, der bald Wolfs-, bald Menschengestalt annimmt, der Werwolf, Ov.: virgo, Sirene u. Sphinx, Ov.: viri, Zentauren, Ov.: aquae, von doppelter Wirkung, Ov.: ambiguam promisit Salamina, ein zweites gleichnamiges, Hor. – **II** übtr.: **A schwankend, zweifelhaft, ungewiss, unsicher,** **a** passiv: quidquid incerti mihi in animo prius aut ambiguum fuit, Plaut.: si dudum fuerat ambiguum hoc mihi, Ter.: ambiguo lapsu refluitque fluitque, in schwankendem, unschlüssigem Lauf (ob er nach dem Ufer od. nach der Quelle sich wenden solle, vom Mäander), Ov. (vgl. Sen. Herc. fur. 688): haud ambiguum regem alterum meā morte faciam, zum ausgemacht alleinigen König, Liv.: ambiguus tanti certaminis heres, ungewiss (ob Ajax od. Ulixes), Ov.: non habui ambiguum, habe es nicht für etwas Ungewisses gehalten, habe nicht daran gezweifelt, Brut. in Cic. ep.: eo ambiguum habebatur, quantum Caesari in eam liceret, Tac. ann. 3, 15. – ambiguum Clymene precibus Phaëthontis an irā mota magis, ungewiss, ob … oder usw., Ov. met. 1, 765. – subst., ambiguum, ī, *n.*, das **Zweifelhafte, Ungewisse,** der **Zweifel,** die **Ungewissheit,** relinquere in ambiguo, Lucr.: esse in ambiguo, Plaut.: rumor in ambiguo est, veranlasst doppelte Urteile, Ov.: nec diu res in ambiguo stetit, Apul. – **b** aktiv = **mit sich uneins, schwankend, unentschieden, unschlüssig, unentschlossen,** m. *Genet.*, imperandi, zur Regierung unentschlossen, Tac.: futuri, nicht wissend, was nun werden sollte, Tac. – **B** von der Rede, **zweideutig, doppelsinnig,** auch **vieldeutig,** und übh. **rätselhaft, undeutlich, unklar, dunkel,** verba, Cic.: oracula, Cic.: vox, dicta, Ov. – subst., ambiguum, ī, *n.*, der **zweideutige Ausdruck,** die **Zweideutigkeit,** ex ambiguo dicta, Cic.: addito ambiguo, altero genere ridiculi, Cic.: cum plura ambigui od. ambiguorum sunt genera, Cic. – **C zweideutig** = worauf man nicht bauen, sich nicht verlassen kann, **unzuverlässig, unsicher, zweifelhaft, ungewiss,** **1** im Allg.: ictus (Wurf), Liv.: viae, Ov.: fides, Liv.: puer ingenii ambigui, Plin. ep.: pudicitia, Gell.: auctor (Bote), Ov.: domus, Verg.: tribuni, Tac.: secreta, verdächtige Zusammenkünfte, Tac.: *neutr.* subst., cum deus sit re certā et sine ullo seriae dubitationis ambiguo (Zweideutigkeit), Arnob. 1, 42. – **2** insbes.: **a zweifelhaft, ungewiss, unsicher** in Bezug auf den Besitz (Ggstz. certus), ager, strittiger, Liv. 3, 71, 2: res possessionis haud ambiguae, Liv. 6, 5, 2: res, missliche wirtschaftliche Lage, Tac. hist. 2, 7. – subst., pro certis et olim partis *nova, ambigua, ancipitia* malebat, statt des sicheren, längst erworbenen Besitzes wollte er lieber Neues, Ungewisses, Schwankendes, Tac.: non sane alias exercitatior magisque in ambiguo Britannia fuit, niemals war Br. aufgeregter u. unsicherer (zweifelhafter) sein Besitz, Tac. – **b ungewiss, schwankend** in Bezug auf den Erfolg, Ausgang, **misslich** (Ggstz. secundus, prosper), res, Tac. ann. 1, 64.

Ambiliatī, ōrum, *m.*, kleine gallische Völkerschaft an der Samara (*Somme*), Caes. b. G. 3, 9, 10.

ambilūstrum, ī, *n.*, die **Bürgerwehrweihe,** so gen., weil die suovetaurilia (s. d.) des Mars dreimal um die im Schmuck der Waffen versammelte und als Bürgerwehr (exercitus) in Rotten aufgestellte Bürgerschaft Roms herumgeführt wurden, *Varr. LL. 5, 153. Serv. Verg. Aen. 1, 283.

amb-io, īvī, u. iī, ītum, īre (v. amb u. eo, wiewohl es nicht nach eo, sondern regelmäßig nach der vierten Konjugation flektiert wird: nur vom *Imperf.* auch ambibat b. Liv. 27, 18, 6. Ov. met. 5, 361. Plin. ep. 6, 33, 3. Tac. ann. 2, 19 u. arch. Plusqu.-Perf. ambissit = ambisset, Plaut. Amph. prol. 69 u. 71), **I herumgehen** um etw., **A** eig.: ut terram lunae cursus proxime ambiret, Cic.: curruque atrorum vectus equorum ambibat Siculae cautus fundamina terrae, Ov.: iubet a civibus urbem ambiri, Lucan. – insbes., meidend einen **Ort umgehen,** deviis plerumque itineribus ambiens patriam et declinans, Tac. ann. 6, 15. – **B** übtr.: **a um** etw. **herumgehen, -laufen** = etw. **umgeben,** insula, quam amnis Euphrates ambiebat, Vell.: muros turresque urbis praealtum mare ambiebat, Curt.: silvas profunda palus ambibat, Tac.: porticus, quis templum ambiebatur, Tac.: gemma pallida ambiente circulo aurei coloris, Plin.: densa circumstantium corona latissimum iudicium multiplici circulo ambibat, Plin. ep.: undique ambientibus ramis, Curt. – **b** etw. »um etwas herumgehen od. laufen lassen« = mit etw. **umgeben,** plagis silvas, Ov.: vallum armis, mit Waffen umziehen (mit Soldaten umstellen), Tac.: propriis quaeque domus muris ambiretur, jedes Haus sollte rings seine eigenen Mauern haben, Tac.: clypei oras ambiit auro, fasste ein, Verg. – dah. im Bild, insidiis quid nunc fallacibus ambit? umgarnt, Val. Flacc. 5, 631. – **II** als Bittsteller **herumgehen,** **A** bei mehreren, die etw. zu entscheiden haben, um ihre Stimme, ihr Fürwort sie **angehen,** bei ihnen **anhalten,** absol., vicatim ambire, Cic.: m. *Acc. pers.*, amicos, den Fr. um den Bart gehen, Ter.: amicos per reges, Lampr.: singulos ex senatu, Sall.: m. *Acc. rei,* palmam histrionibus, Plaut. Amph. prol 69: opes, honores, Boëth. cons. phil. 3. metr. 8. *v.* 20. – m. *ad* u. Akk., ad id, quod agi videbatur, ambientes, zur Erreichung des fraglichen Gegenstandes, Liv. 2, 3, 6 (u. so Augustin. de civ. dei 5, 12): mit folg. *ut* u. Konj., Suet. Caes. 18, 2, od. m. folg. *ne* u. Konj., Suet. Aug. 31, 3. – insbes., von den Bewerbern um ein Amt, die von einem Bürger zum anderen gingen und ihn um ihre Stimme baten, **angehen** um die Stimme, absol., Plaut. Amph. prol. 71. Cic. Phil. 11, 19. – m. *Acc.* des Amtes, quasi magistratum sibi ambiverit, Plaut. Amph. prol. 74. – im Passiv m. *Nom.* der Pers., populus facit eos (kürt die zu Ämtern), a quibus est maxime ambitus, Cic. Planc. 9: cives ... mandant imperia, magistratus, ambiuntur, rogantur, Cic. de rep. 1, 47. – **B** einen einzelnen bittend **angehen,** ihm **nahen, sich** an ihn **wenden,** um etw. zu erlangen, jmd. um etw. **ersuchen,** vitulam non blandius ambit torva parens, Claud.: u. so reginam affatu, der K. mit freundlichem Wort nahen, Verg.: conubiis ambire Latinum, die Werbung (um die Tochter) an L. richten, Verg.; vgl. pauci, qui ob nobilitatem plurimis nuptiis ambiuntur, mit denen um ihres Adels willen von allen Seiten Eheverbindungen gesucht werden, Tac.: te pauper ambit sollicitā prece ruris colonus, dir naht mit heißem Flehn, Hor.: ille unus ambiri, coli, ihn allein umdrängt (sucht), verehrt alles, Tac. – m. *ad* u. Akk., ambiendum mihi fuit ad angulos? quā prece? quibus sacramentis? Augustin. conf. 10, 42. – m. *ut* u. Konj., ambite, ut perveniatis ad eam, Augustin. serm. 391, 15. – m. *Infin.*, ambis inhaerere etc., Augustin. ep. 26, 2: donec ultro ambiretur delatum ab Augusto consulatum accipere, Tac. ann. 2, 43; vgl. ambissent laudare diem, würden sich's als Ehre ausgebeten haben, Stat. silv. 1, 2, 254.

Ambiorīx, rīgis, *m.*, Fürst der Eburonen im belgischen Gallien, Caes. b. G. 5, 41, 4. Flor. 3, 10, 7. Oros. 6, 10, 17 u. 6, 11, 15.

ambitio, ōnis, *f.* (ambio), das **Herumgehen, I** im Allg., **a** abstr., der **Umlauf,** die **Bahn** eines Planeten, Macr. somn. Scip. 1, 17, 16 u. 20, 26. – **b** konkret, die **Umgebung,** Solin. 22, 7; 35, 8. Minuc. Fel. 4, 6. – **II** prägn., das **Herumgehen** als Bittsteller. **1** eig., als publiz. *t. t.*, die **Bewerbung** um ein Ehrenamt durch persönl. Anhalten beim Volk, die **Amtsbewerbung,** homines ad ambitionem gratiosissimi, Cic.: quod me ambitio et forensis labor ab omni illa cogitatione abstrahebat, Cic.: scio enim quam timida sit ambitio, Cic.: illis difficile est in potestatibus temperare, qui per ambitionem probos se simulavere, bei ihren Amtsbewerbungen, Sall.: tanta exarsit ambitio, ut primores etiam civitatis prensarent homines, Liv.: u. Plur., ut studia cupiditatesque honorum atque ambitiones ex hominibus civitatibusque tollerentur, Cic. Verr. 2, 132: quid de nostris ambitionibus, quid de cupiditate honorum loquar? Cic. Tusc. 2, 62. – ambitio annua, die jährliche Bewerbung (um das Königsamt bei den Vejentern), Liv. 5, 1, 3. – **2** übtr.: **a** das **Streben nach äußerer Ehre,** u. zwar: **α** der **Drang-,** das **Streben nach Ehre u. Rang** im Staat, das **Streben-,** die **Rücksichten** des **Ehrgeizes,** die **ehrgeizigen Bestrebungen** u. **Pläne,** der **Ehrgeiz,** die **Ehrsucht** des nach Ehrenstellen u. hoher Stellung Strebenden, licet ipsa vitium sit ambitio, tamen frequenter causa virtutis est, Quint.: me ambitio quaedam ad honorum studium duxit, Cic.: in Scipione ambitio maior, Cic.: a quo incepto studioque me ambitio mala detinuerat, Sall.: aut ab avaritia aut miserā ambitione (den leidigen Ehrgeiz) laborat, Hor.: quibus ambitio est m. folg. *Infin.*, Tac. ann. 14, 22: Plur., Rutil. Lup. 2, 16. – **β** das Streben nach Ehre bei anderen übh., der **Ehrgeiz, die Ehrsucht** übh., dah. auch die **Sucht zu glänzen,** die **Eitelkeit, Prunksucht** (s. Kritz Tac. Agr. 1, 2), declamatores quosdam perversa ducit ambitio, ut expositā controversiā protinus dicere velint, Quint.: ambitio et luxuria et impotentia scaenam desiderant, Sen.: ambitione relegatā te dicere possum, ohne jede Eitelkeit, ohne jeden eitlen Dünkel, Hor.: hiemem non per oppida neque ex ambitione mea egi, nicht nach Eingebungen meiner Eitelkeit, Sall. fr.: funerum nulla ambitio, bei L. kein eitler Prunk, Tac.: magnā eum (Platonem) ambitione Syracusas perduxit, mit Aufsehen machendem großem Gepränge, Nep.: non fames nobis ventris nostri magno constat, sed ambitio, Sen. – **b** das **Streben-, Haschen nach Gunst,** das **Buhlen um die Gunst** der Menge od. der einzelnen, die man zu gewissen Zwecken braucht, **Gunstbeflissenheit, Gunstbuhlerei, Gunsterschleichung,** die **Rücksichtnahme,** die (selbstsüchtigen) **Nebenrücksichten,** das **rücksichtsvolle-, berechnende Benehmen,** die **rücksichtsvolle Aufmerksamkeit,** die **rücksichtsvolle Nachsicht** od. **-Schonung,** die **Ansehung** der **Person,** die **selbstsüchtigen Absichten,** die **Wohldienerei, Liebedienerei,** die **Parteilichkeit** (s. Halm Cic. Sest. 10 *ed. mai.* Heräus Tac. hist. 1, 1, 9), ambitio popularis, Iustin.: virtute vos victores vivere dixit, non ambitione neque perfidiā, Plaut.: non puto existimare te ambitione me labi, Cic.: dux tantā temperantiā inter ambitionem saevitiamque moderatus, gunstsuchender Milde, Sall.: ambitione vulgi tacitum favorem militum quaerunt, Iustin. (u. so oft von dem Buhlen des Feldherrn usw. um die Gunst der Soldaten, s. Fabri Sall. Iug. 45, 1 u. Liv. 22, 42, 12): ius sibi per ambitionem dictum non esse, aus parteilicher Rücksichtnahme, aus Parteilichkeit, Liv. – **c** übh. das **eifrige Streben,** das **Haschen** nach etw., das **Buhlen** um etw., amb. gloriae, Tac.: ambitio conciliandae provinciae ad spes novas, Tac. – absol. = **eifrige Bemühung,** magnā ambitione admitti non poterat, trotz der größten u. eifrigsten Bemühungen, Iustin. 1, 3, 2: u. so somnum quibuscumque ambitionibus adhibendum, Cael. Aur. acut. 1, 17, 171.

ambitiōsē, *Adv.* m. *Compar.* u. *Superl.* (ambitiosus), **a ehrgeizig, ehrsüchtig,** aus **Ehrgeiz,** petere regnum, Liv.: colere amicitias, Tac.: ambitiosissime petere provinciam, Quint. 6, 3, 68. – u. **aus Sucht zu glänzen, mit Eitelkeit, mit Prunk,** eum casum ferre, Tac.: amb. tristis, Mart.: amb. vestitus, prunkhaft gekleidet, Amm. – **b gunstbeflissen, gunst-, gefallsüchtig, aus Gunst-, Gefallsucht, aus** od. **mit Rücksichtnahme, aus allzu großer Rücksicht, aus selbstsüchtigen Nebenabsichten, parteiisch, aus Parteilichkeit,** u. dgl., de triumpho ambitiose et de re publica libere agere, Cic.: satis ambitiose utramque partem fovere, aus selbstsüchtigen Nebenabsichten, Liv.: non vulgariter nec ambitiose (mit Rücksichtnahme) scribere, Cic.: amb. corrigere orationem, mit rücksichtsvoller Schonung, Cic.: cum in isto genere multo etiam ambitiosius facere soleam, quam honos meus aut dignitas postulat, Cic.

ambitiōsus, a, um, *Adi.* m. *Compar.* (ambitio), wörtl. **voll Hang herumzugehen;** dah. **I** im Allg., **immer u. immer herumgehend, -umgebend, -umschlingend,** Iordanes, amnis amb., im Zickzack fließend, Plin.: lascivis hederis ambitiosior, ihren Liebhaber fester umschlingend als usw., Hor.: amb. ornamenta, die üppig rankenden, Hor.: amb. oppida, umfangreiche, Solin. – **II** prägn., gern sich um Ehrenstellen bewerbend; dah. übtr.: **a voll Streben nach Ehre,** u. zwar: **α voll Streben nach Ämtern u. Ehrenstellen, -nach Ehre u. Rang** im Staat, **ehrgeizig, ehrsüchtig,** imperator, Cic.: patres mollem consulem et ambitiosum rati, Liv.: u. Plur. subst., omitto, quae perferant quaeque patiantur ambitiosi honoris causā, laudis studiosi gloriae causā, Cic. – **β** voll Streben nach Auszeichnung usw. übh., **ehrgeizig, ehrsüchtig, anspruchsvoll, eitel,** homo minime ambitiosus, Cic.: nota quidem, sed non ambitiosa domus, Ov.: sexus (muliebris) saevus, ambitiosus, potestatis avidus, Tac.: in eo ambitiosum esse, darin seinen Ehrgeiz suchen, Cic. – v. Redner, **eitel, geziert, geschraubt,** *antegerio* nemo nisi ambitiosus utetur, Quint.: tumidus ac sui iactans et ambitiosus institor eloquentiae, Quint. – u. übtr., v. Lebl., **auf Befriedigung des Ehrgeizes berechnet, ehrgeizig, anspruchsvoll, eitel, prunkend** (s. Korte Lucan. 4, 376), amicitiae, aus Ehrgeiz geschlossene, Cic.: mors, auf Effekt berechneter, Tac.: pulchritudo, Iustin.: exsequiae, Sen.: ambitiosa non est fames, anspruchsvoll, Sen.: u. so ambitiosa mensa (Ggstz. parca), Amm.: u. ianuae, Acro Hor. carm. 3, 1, 45. – v. der Rede, affectatio et ambitiosa in loquendo iactantia, Quint.: u. *neutr. plur.* subst., ambitiosis utilia praeferre, Quint. – **b** voll Streben nach Gunst: **α** im öffentl. Leben, nach **Gunst strebend,** um **Gunst buhlend,** dah. auch **parteiisch, be-**

stechlich, dux indulgens ambitiosusque, Liv.: qui ita sit ambitiosus, ut omnes vos nosque cotidie persalutet, Cic. – u. übtr. v. Lebl., **auf Gunst und Beifall berechnet,** rogationes, Gesuche aus selbstsüchtigen Absichten, Cic.: sententiae, aus Gunst u. Parteilichkeit gefällte, Suet.: ambitiosius id existimans, quam etc., Suet. – **β** im Privatleben, **nach Gunst** (bei der Menge od. bei einzelnen) **haschend,** ars (v. der Medizin), Plin. 29, 20. – **c** übh. **eifrig** nach etw. **strebend,** nach etw. **haschend,** um etw. od. für etw. **werbend** od. **buhlend,** m. *in* u. Akk., Musa nec in plausus ambitiosa mea est, Ov.: m. *pro* u. Abl., *pro* gnato mater ambitiosa suo fuit, bewarb sich, legte Fürsprache ein, Ov. – übtr., v. Lebl., m. *in* u. Akk., noster in has omnes (puellas) ambitiosus amor, für sie alle loderte liebend mein Herz, Ov.: absol., preces, angelegentliche, Tac. – ► Für die von Gell. 9, 12, 1 (*ambitiosus* est et qui ambit et qui ambitur) angegebene passive Bedeutung des Wortes (= in Gunst stehend, beliebt) führt man an Iustin. 17, 2, 6: Ptolemaeus cum et in gratiam memoriae magni Ptolemaei patris et in favorem ultionis Lysimachi ambitiosus ad populares esset; die Stelle gehört aber wohl zu oben *no.* II, c (= da Pt. eifrig nach der Gunst seiner Landsleute wegen des Andenkens usw. strebte).

ambītor, ōris, *m.* (ambio), **a** der **Bittsteller,** der **Bewerber** um ein Amt, Lampr. Alex. Sev. 28, 5: novorum honorum ambitores, Salv. gub. dei 5, 10. p. 186 *ed. Rittersh.* – **b** der **Bewerber** um etw. übh., aeternae laudis, Paulin, ep. 13, 16: gratiae caelestis, Ambros. in psalm. 48. serm. 16. § 12: honesti, Carm. epigr. 1375, 11.

ambitrebius, a, um, **um den Fluss Trebia gelegen,** pagus, CIL 11, 1147.

ambitūdo, dinis, *f.* (ambitus), der **Umlauf,** alterius, Ps. Apul. Ascl. 31.

ambitus, ūs, *m.* (ambio), das **Herumgehen** (s. Varr. LL. 5, 28 u. 7, 30), **I** im Allg.: **1** abstr., die **Umkreisung,** der **Umlauf,** die **Bahn,** siderum, Cic.: octo ambitus, die Umläufe der acht Planeten, Cic.: saeculorum, Tac. – **2** konkr.: **a** der **Umlauf** = die **Bahn,** die das Umlaufende beschreibt, der **Umschweif,** die **Kreisbahn,** die **Krümmung, Windung,** secundus supra terram ambitus, Cic.: stellarum rotundi ambitus, Cic.: properantis aquae ambitus, Hor.: secretiore ambitu (einer Wendeltreppe), Plin. ep.: mutuo ambitu (Umschlingung) corpora alligata, Petr. – übtr., **α** = ambages, der **Umschweif,** die **weitläufige Darstellung,** certi et circumscripti verborum ambitus conceduntur, Cic. or. 38: multos circa rem unam ambitus facere, Liv. 27, 27, 12. – **β** = περίφρασις, die **Umschreibung,** alqd per ambitum enuntiare, Suet. Tib. 71. – **b** der **Umlauf** = die sich um etw. herumziehende **Krümmung,** der **Kreis, Saum, Rand,** extremitatem caeli rotundo ambitu circumicere, Cic.: cincto ratibus ambitu (verst. lacus), Tac.: extremus ambitus campi, Tac.: sol fulgido ambitu (Hof), Lampr. – insbes., amb. aedium, der um ein Haus gelassene schmale Raum od. Weg, auf dem man um dasselbe herumgehen kann, etwa der **Umgang,** XII tabb. b. Varr. LL. 5, 22. Cic. top. 24; vgl. Paul. ex Fest. 5, 4 u. 16, 16: um die Grabmäler, Paul. dig. 47, 12, 5; vgl. CIL 6, 10247, 14. – übtr. = περίοδος, die **Periode** der Rede (als rhet. *t. t.*), s. bes. Cic. de or. 3, 186. Cic. Brut. 162. Cic. or. 204. – **c** der **Umfang** = der Raum, den ein Ggstd. in seiner Ausdehnung einnimmt, die **Ausdehnung,** der **Bereich,** explicari per omnem terram et caeli ambitum, Suet.: castra lato ambitu, Tac.: ambitu, dem Umfang nach, im Umkreis, Tac. ann. 4, 49: ilex nobilis XXXIV pedum ambitu caudicis, Plin.: (muri) ambitus CCCLVI stadia amplectitur, Curt.: explorare ambitum Asiae, Plin.: per ambitum capitis (rings um den K.) multorum oculorum luminibus ornatus (v. Argus), Macr. – u. v. Umfang der Zeit, totam pueritiam ambitu suo astringere, Sen. ep. 12, 6. – u. übtr. vom numerischen Umfang, in magno nominum ambitu esse, einen großen Umfang von Namen, d. i. vielerlei Namen haben, Plin. 2, 37; 15, 132. – u. amb. verborum, orationis, der **Umfang von Worten, der Rede,** mit dem man etw. in der Darstellung umfaßt, der **Umriss,** genera, quae possunt cogitatione mentis et ambitu verborum facile copulari, Col.: quam angusto ambitu orationis amplectar (dicta factaque clarorum victorum), Val. Max.: excitat, qui dicit spiritu ipso nec imagine et ambitu rerum, sed rebus incendit, Quint. – u. (wie ὄγκος) im üblen Sinne, verborum amb. = Wortschwall, Petr. 118, 1. – **II** prägn., das **Herumgehen** als Bittsteller, **1** eig., die **unrechtmäßige Bewerbung** um Ehrenstellen, bes. auf dem Wege der Bestechung, die **Amtserschleichung,** die **Jagd nach Ämtern,** lex de ambitu, Cic.: ambitus reus, Flor.: ambitus alqm accusare, damnare, Cic.: de ambitu postulare alqm, Cic.: ambitus Pompeiā lege damnatos restituit, Caes.: de ambitu ad populum latum, Liv.: acriore ambitu, mit heftigerem Wahlkampf, Tac. – ambitu suffragiorum suspecto, Stimmenerschleichung, Tac. ann. 13, 29. – **2** übtr.: **a** der **Drang-,** das **Streben nach Ehre,** bes. das übertriebene, eitle, das **Geizen nach Ehre,** der **leidige Ehrgeiz,** sowohl im Staats- als im Privatleben, caret ambitu; ideo se in equestri gradu tenuit, Plin. ep.: hic erit alendus ambitu, hunc honor excitabit, Quint: relinque ambitum, Sen. – dah. auch übh. die **Sucht zu glänzen,** die **Eitelkeit,** der **Prunk,** proprius quidam intellegendi ambitus, Kennereitelkeit, Quint.: gens aureis et argenteis armis usque ad ambitum armata, Flor. – **b** das übertriebene **Streben-,** das **Haschen nach Gunst,** das **Buhlen um Gunst,** die **Umtriebe,** sowohl im Staats- als Privatleben, multa adversus ambitum et potentium preces constituta, Tac.: ne hoc munus meum ambitu corrumperetur, Plin. ep. – dah. auch die **Rücksichtnahme,** das **allzu rücksichtsvolle Benehmen,** die **rücksichtsvolle Nachsicht** od. **Schonung,** die rücksichtsvolle **Fürsprache, Verwendung,** die **Parteilichkeit,** largiendo, ambitu infimos manipularium iuvando, Tac.: iudicum ambitu evaserat, Tac.: nihil ambitu nec potestate senatus opus esse, Tac. – **c** übh. das **übertriebene Streben,** das **Haschen** nach etw., das **Werben,** die **Bewerbung,** das **Buhlen um** etw., uxorius ambitus, die ränkevollen Bemühungen eines Weibes, Tac.: uxor magno ducta ambitu, nach langem Werben, Sen. – m. *Genet.,* ne quis id ambitu valuisse claritatis e familia putet, Plin.: ambitu remanendi aut eundi (verst. in provinciam), Bew. um das Bleiben oder Gehen, Tac.

Ambivaretī, ōrum, *m.,* eine gallische Völkerschaft, Schutzgenossen der Äduer, Caes. b. G. 7, 75, 2 u. 90, 6.

Ambivaritī, ōrum, *m.,* eine gallische Völkerschaft an der Maas in der Gegend des heutigen Breda, Caes. b. G. 4, 9, 3.

ambivium, ī, *n.* (ambi u. via), der **Doppelweg, Kreuzweg,** Varr. sat. Men. 276.

L. Ambivius Turpio, ein durch die Wahrheit seines Spieles ausgezeichneter Bühnenkünstler in Rom, Zeitgenosse des Terenz, in dessen Stücken er auftrat, s. die Titel der Komödien des Ter. u. Cic. de sen. 48. Tac. dial. 20.

ambix, īcis, Akk. Plur. īcas, *f.* (ἄμβιξ, ῖκος), der **Destillierhelm, Blasenhut,** Apic. 6, 236 (vgl. Cael. Aur. chron. 4, 7, 94: vascula, quae ἄμβικας vocant).

ambligonius (amblygonius), a, um (αμβλυγώνιος), **stumpfwinkelig** (rein lat. obtusiangulus), Gromat. vet. 297, 1. Ps. Boëth. art. geom. 376, 9 Fr.

1. ambō, ae, ō (ἄμφω), **beide** (zusammen od. zu gleicher Zeit handelnd, während uterque = »beide« in Zeit und Ort vereinzelt), oculi vel *ambo* vel *singuli,* Cels.: frequentius *singulis, ambobus* interdum propitius Caesarem precabantur, Plin. ep.: alter ambove consules, Cic. (s. alter *no.* I, B, 1): aut ambo imperatores Romani ... aut alter ex iis, Liv.: verum *utrique* mos geratur *amborum* ex sententia, Plaut.: qui *utramvis* recte norit, *ambas* noverit, Ter.: hic qui *utrumque* probat, *ambobus* debuit uti, Cic.: *duae* res vehementissime in praetura desideratae sunt, quae *ambae* in consulatu multum Murenae profuerunt: *una* ... *altera* ... Horum *utrumque* ei fortuna ad consulatus petitionem reservavit, Cic. Muren. 37. – subst., ambae, ārum, *f.* (*sc.* manus), **beide Hände,** rex ambas ultra fossam protendere coepit, Enn. ann. 555. – ► ambo als alter Dual gew. im Akk. ambo, seltener (bei Cic. nie) ambos.

2. ambo, ōnis, *m.* = *umbo,* Varr. LL. 5, 115. Cassiod. hist. 10, 4. Vgl. Gloss. V, 491, 15.

ambolo, āre, in der Vulgärspr. = *ambulo,* Itala Ioann. 6, 66.

Ambracia, ae, *f.* (Ἀμβρακία, Stadt (u. Gegend) an der südl. Grenze von Epirus, eine Zeitlang Haupt- und Residenzstadt, am Arachthus oder

Aretho, j. *Arta,* Enn. hed. 3. Varr. sat. Men. 403 (aus Gell. 6, 16, 4). Liv. 38, 4, 1 *sqq.* Flor. 2, 9, 2. – Dav.: **1 Ambraciēnsis,** e, **ambracisch,** legati, Liv. – Plur. subst., Ambraciēnsēs, ium, *m.*, die Einw. von Ambracia, die **Ambracier,** Liv. – **2 Ambraciōtēs,** ae, *m.* (Ἀμβρακιώτης), der aus Ambracia Gebürtige, -Stammende, der **Ambrakiote,** Cleombrotus Ambraciotes, Cic. Tusc. 1, 84 u. pro Scaur. 4 (in beiden Stellen Akk. -am). – insbes., Ambraciotes ille, v. Philosophen Kleombrotus, Lact. 3, 18, 9 (wo Nom. -es). – Ambraciotes (vinum), »ambracischer Wein«, Plin. 14, 76 (wo Akk. -en). – **3 Ambracius,** a, um (Ἀμβράκιος), **ambracisch,** sinus, der ambracische Meerb., j. *Golfo di Arta;* hier erfocht Oktavian den Seesieg von Aktium, Liv. 38, 4, 1. Plin. 2, 205; poet. Plur. Ambracii sinus, Sil. 15, 300: dah. Ambraciae frondes, die Lorbeerkränze der Sieger in den aktischen Spielen, Stat. silv. 2, 2, 8.

ambricēs, die zwischen Dachsparren u. Ziegeln untergelegten **Latten,** Paul. ex Fest. 16, 14.

Ambronēs, um, *m.*, ein keltischer Volksstamm, der seine Wohnsitze wahrsch. in der Gegend von Embrun hatte, im Zimbernkrieg von Marius geschlagen, Liv. epit. 68. Eutr. 5, 1. Paul. ex Fest. 17, 2. – Appell. = Wüstlinge, Paul. ex Fest. 17, 4. u. (Sing.) Placid. gloss. (V) 8, 1 (= 47, 3).

ambroseus, a, um, s. 1.ambrosius .

ambrosia, ae, *f.* (ἀμβροσία), **Ambrosia, I** eig., als unsterblich Machendes: **a** die **Götterspeise** (wie nectar, der »Göttertrank«), Cic. Tusc. 1, 55. Catull. 99, 2: nulla ambr. ac nectar, Varr. sat. Men. 417: dah. orator ambrosiā alendus, gleichs. ein Gott unter den Rednern, von einem vorzüglichen Redner, Cic. de or. 2, 234. – als Futter der Sonnenpferde, Ov. met. 2, 120 u. 4, 215. – **b** die **Göttersalbe,** ein Duftöl, ein Mittel, das verschönert u. den Körper jugendlich frisch erhält, Sterbliche unsterblich macht, Verg. georg. 4, 415; Aen. 12, 419; bes. Ov. met. 14, 606. – **c** (solöz. = nectar) der **Göttertrank,** ambrosiae poculum, Apul. met. 6, 23. – **II** übtr.: **a** anderer Name der sonst *botrys* od. *artemisia* gen. Pflanze, **türkischer Beifuß** (*Chenopodium botrys,* L.), Plin. 27, 28. – **b** Name einer Traubenart, Plin. 14, 40. – **c** Name eines Gegengiftes des Zopyrus, Cels. 5, 23, 2 (§ 10). – u. eines anderen Arzneimittels des Junius Priskus, Marc. Emp. 23.

ambrosiālis, e (ambrosia), **Ambrosia darreichend,** dei (Merkur, Hebe und Ganymedes), CIL 11, 2095.

1. ambrosius, a, um (ἀμβρόσιος), **ambrosisch, I** eig.: **a aus Ambrosia** (als Götterspeise) **bestehend,** dapes, Mart. 4, 8, 8; 8, 39, 2. – **b von Ambrosia** (als Göttersalbe) **duftend, mit Ambrosia gesalbt,** liquor, Stat. Theb. 9, 731: nectar, Prud. c. Symm. 1, 276: comae, Verg. Aen. 1, 403. – **II** poet. übtr.: **a süß, lieblich,** suci, Col. 10, 408. Sil. 7, 210. – **b unsterblich, göttlich** = ausnehmend schön, corpus, Apul. met. 8, 9: color, *ibid.* 10, 31: pedes, *ibid.* 11, 4 (in den Apulejus-Stellen findet sich die Form ambroseus): sinus, Claud. nupt. Hon. et Mar. 110: pudor, Mart. Cap. poët. 1. § 116.

2. Ambrosius, ī, *m.*, berühmter Kirchenvater des 4. Jahrh. n. Chr. – Dav. **Ambrosīanus,** a, um, **ambrosianisch, des Ambrosius,** Augustin. conf. 9, 7 u. a.

Ambrysus, ī, *f.* (Ἄμβρυσος), Stadt in Phokis, südl. am Fuße des Parnassus, j. *Dystomo,* Liv. 32, 18, 6. Plin. 4, 8.

1. ambūbāia, ae, *f.*, Plur. ambūbāiae, ārum, *f.* (aus dem syr. *abbūb,* ›die Pfeife‹), die **Flötenspielerin,** eine Art Bajaderen, d. i. syrische Mädchen, die in Rom durch Flötenspiel u. nebenbei auch wohl durch ein anderes Gewerbe sich nährten, Sing. b. Petr. 74, 13: Plur. b. Hor. sat. 1, 2, 1. Suet. Ner. 27, 2.

2. ambubaia u. **ambubeia,** ae, *f.*, die **wilde Zichorie,** Form -aia, Plin. 1. ind. ad libr. 20. c. 29. u. Plin. 20, 73: Form -eia, Cels. 2, 30. § 3. – ► Gloss. II, 16, 17 ›ambubia, κιχώρια‹ u. Gloss. III, 359, 76 ›ambuvia, κιχώριον‹.

ambulābilis, e (ambulo), **wer** od. **was auf-** u. **abgehen (einhergehen) kann** (Ggstz. natabilis, volabilis), Boëth. in top. Cic. 3. p. 332, 2 B.

ambulācrum, ī, *n.* (ambulo), **a** der **Spaziergang, Promenadengang,** die **Allee,** Plaut. most. 756 u. 817. Gell. 3, 1, 7. Min. Fel. 3, 3: Plur., Gell. 1, 2, 2. – **b** der **Zwischengang** in den Weinkellereien, Pallad. 1, 18, 2.

ambulātilis, e (ambulo), auf- u. niedergehend, **beweglich,** funduli, Vitr. 10, 8 (13), 1.

ambulātio, ōnis, *f.* (ambulo), das **Wandeln, Auf-** u. **Abgehen,** das **Hin-** u. **Hergehen, I** im Allg., z. B. des Redners auf der Bühne, Quint. 11, 3, 126. – **II** insbes., das **Lustwandeln,** um sich Bewegung zu machen, das **Spazierengehen,** der **Spaziergang,** Cic. u. a.: vespertina, Gell.: Plur. ambulationes Compitaliciae, Cic. ad Att. 2, 3, 4. – meton., die **Promenade,** die **Halle** (bald gedeckt, bald ungedeckt), die **Allee,** ambulationis postes, Cic.: balnearia et amb., Cic.: amb. pensilis, auf Arkaden, Plin.: Magni, der Portikus des Pompejus, Catull.: Plur.: ambulationes apertae, Sen., hypaethrae, Vitr.

ambulātiuncula, ae, *f.*, ein **kleiner Spaziergang,** Cic. ep. 2, 12, 2. – meton. = eine **kleine Wandelhalle,** tecta (gedeckte), Cic. ad. Att. 13, 29, 2.

ambulātor, ōris, *m.* (ambulo), der **Herumgeher,** d. i. **I** der **Spaziergänger** = ein Herumläufer, Pflastertreter, vilicus ne sit ambulator, Cato r. r. 5, 2; vgl. Col. 1, 8, 7. – **II** der **Hausierer,** transtiberinus, Mart. 1, 42, 3.

ambulātōrius, a, um (ambulo), **I was hin- und hergeht, 1** im Allg.: amb. ientaculum, im Gehen eingenommenes, Apul. met. 1, 12: sive stativo sive ambulatorio titulo, zu Hause oder auf Reisen, Tert. ad nat. 1, 16. – **2 was sich schieben lässt, beweglich, a** eig.: turris, Wandel-, Rollturm auf Rädern od. Walzen, Auct. b. Alex. 2, 5. Vitr. 10, 13 (19), 3. Veget. mil. 2, 25 u. 4, 16: operculum, beweglicher Deckel, Schieber, am Bienenkorb, Plin. 21, 80. – **b** übtr., auf andere **übertragbar, der Veränderung unterworfen, wechselnd,** legis potestas, voluntas testatoris u. dgl., ICt.: actio, Cod. Iust. – **II zum Spazierengehen dienend,** porticus, Ulp. dig. 8, 5, 8.

ambulātrīx, īcis, *f.* (ambulator *no.* I), die **Spaziergängerin** = die Herumläuferin, vilica ne ambulatrix sit, Cato r. r. 143, 1.

ambulātūra, ae, *f.* (ambulo), die bes. Art u. Weise des Gehens, der **Pass-** od. **Zeltgang** eines Pferdes, franz. *l'amble,* ital. *ambio, ambiadura,* Veget. mul. 3, 5, 3 u. 6, 6, 6.

ambulātus, ūs, *m.* (ambulo), das **Gehen,** das **Vermögen zu gehen,** Christus scitur ambulatum dedisse contractis, Arnob. 1, 48.

ambulo, āvī, ātum, āre (*Demin.* v. ambio), bezeichnet das Umhergehen als eine natürliche, ungezwungene Bewegung, teils im Ggstz. zum Stillstehen, Liegen, Sitzen, teils zum Laufen, Springen u. dgl.; dah. **I** im Allg., sich mit natürlichem, ungezwungenem Schritt in Bewegung setzen, **gehen, wandeln, umher-, auf- und abgehen, einhergehen, a** v. Menschen u. Tieren, **α** *intr.*, Ggstz. cubare, Plaut.: Ggstz. sedere, Cic.: Ggstz. sedere aut stare, Sen.: Ggstz. currere, Sen.: Ggstz. salire (v. Vögeln), Plin.: Ggstz. incedere (einhersteigen), Sen.: ambulas inter nos, Plin. ep.: ante noctem cum facibus, Hor.: per funem v. Elefanten, Sen.: unpers., sedetur, ambulatur, Varr. LL. 6, 1: cum sedeatur, ambuletur, Gell. 2, 2, 9. – vom Redner, der auf der Rednerbühne einige Schritte macht, Quint. 11, 3, 127 u. 130. – u. vom gewichtigen Gang des Eingebildeten, **würdevoll einherschreiten, einherstolzieren,** Cic. de or. 1, 246. Hor. epod. 4, 5 u. 8, 14. Claud. in Eutr. 1, 306. – bes. vom natürlichen, ungezwungenen Schritt des Geschäftigen, Reisenden usw., **wandern, auftreten, zugehen, marschieren,** ambula cito, tritt scharf auf, Plaut.: ambula, nun trolle dich, Ter.: defessus sum ambulando, vom Umherwandern, -laufen, Ter.: si recte ambulaverit, tüchtig aufgetreten od. zugegangen ist, Cic.: dah. bei den Komik. der Abschiedsgruß, bene ambula od. ambulato, reise glücklich! Glück auf den Weg! gute Verrichtung! Plaut. (s. Lorenz Plaut. most. 840. Spengel Plaut. truc. 427): bene ambula et redambula, Plaut.: bene ambulasti od. ambulatum est? verlief die Reise glücklich? bist du glücklich wieder da? Plaut.: aber ergo ambula! also fort mit dir! Plaut. u. bl. ambula, Ter.: u. der scherzh. Ausdruck, ambulare in ius, vor Gericht wandern = klagen, klagbar werden, Plaut. u. Ter. – u. endl., wie **marschieren,** v. Soldaten, eodem modo autem ambulat Caesar, ut etc., er macht solche

Märsche, Cic. ad Att. 8, 14, 1: u. milites bellum ambulando confecerunt, durch bloße Märsche u. Gegenmärsche (aber wohl auch witzelnd mit Anspielung auf die Bed. von *no.* II, B, also = »durch bloße Spaziermärsche«), Cael. in Cic. ep. 8, 15, 1: dah. ambulare später als militär. Übung = »in Reih' und Glied marschieren«, educi ambulatum, zum Exerzieren ausrücken, Veget. mil. 1, 27. – **β** *tr.* m. *Acc.* des Raums, der durchwandert wird, cum (Xerxes) tantis classibus tantisque equestribus pedestribusque copiis, Hellesponto iuncto, Athone perfosso, maria ambulavisset, terram navigasset, über Meere marschiert, über Land gesegelt war, Cic. de fin. 2, 112: perpetuas vias, wandeln, Ov. fast. 1, 122: amb. vias difficiles et laboriosas, Augustin. conf. 4, 12: totum caelum oculis, überblicken, Tert. ad nat. 2, 4 *extr.* – od. m. *Acc.* der Strecke, die zurückgelegt wird, biduo aut triduo septingenta milia passuum ambulare, Cic. Quinct. 79: u. so Quint. 6, 3, 77: u. im Passiv m. *Nom.*, si statim bina stadia ambulentur, Plin. 23, 26. – **b** übtr., v. Lebl., mare aut amnis, quā naves ambulant, hin- u. hergehen, Cato: Nilus immenso longitudinis spatio ambulans, einherfließend, Plin.; u. v. Licht, Plin. 37, 131: nos offendimur ambulante cenā, gleichs. wandernden Tafel (wo die Speisen zwar auf-, aber sogleich wieder weggetragen werden), Mart.: fides male ambulans, auf schwachen Füßen stehende, schlecht bestellte, Petr. 12, 1. – und insbes., **wandern** = von einem zum anderen od. auf den anderen **übergehen,** m. *per* u. Akk., caput (legis) translatum per omnes leges ambulavit, Plin.: emptio ambulat per plures personas, ICt.: u. absol., ambulat cum domino bonorum possessio, ICt. – **II** prägn.: **A** mit dem Nbbgr. des Müßiggehens, wie unser **herumlaufen, -schlendern, sich herumtreiben,** Plaut. Men. 706. Cato. r. r. 5, 5. Varr. r. r. 1, 16, 4. – **B** zur Erholung, um sich Bewegung zu machen, **herumgehen, lustwandeln, sich ergehen, spazieren gehen,** abiit ambulatum, Plaut.: tu otiosus ambulas, Cato fr.: obsono ambulando famem, Plaut.: in hortis cum Galba, Cic.: in litore, Cic.: pedibus per urbem, Suet.; vgl. alienis pedibus ambulamus, lustwandeln mit fremden Füßen (d. i. indem wir uns in Sänften tragen lassen), Plin.: unpers., satis iam ambulatum est, Cic. de legg. 2, 1. – ► Arch. Fut. exakt. amulareis = ambulaveris, CIL 1, 1431, 7 = 5, 4111 = Carm. epigr. 119, 2 *ed. Buecheler.*

amburbāle (viell. richtiger amburbiāle), is, *n.* (sacrificium) = *amburbium* (s. d.), Serv. Verg. ecl. 3, 77.

amburbiālēs hostiae (amburbium), *i.e.* quae circum terminos *urbis* Romae ducebantur, Paul. ex Fest. 5, 2.

amburbium, ī, *n.* (amb u. urbs; vgl. Paul. ex Fest. 17, 9), der **sühnende Umzug um die Grenzen des Stadtgebiets,** sooft durch Voranzeichen Unglück drohte od. etwas Unerwartetes hereingebrochen war, Vopisc. Aur. 20, 3. Serv. Verg. ecl. 3, 77; vgl. Lucan. 1, 592 (wo die Sache, nicht der Name).

amb-ūro, ussī, ustum, ere, ringsherum-, auf der ganzen Oberfläche od. wenigstens an vielen Stellen durch die sengende Glut verzehren lassen, **ringsherum-, von außen-, halb (teilweise) verbrennen, versengen, braten** (während aduro = nur an einigen Stellen, dagegen comburo u. exuro = ganz verbrennen), **I** eig.: **1** v. Feuer: hice torris, quem amburi vides, Acc. fr.: ambusta tigna, Liv.: Vulcani irati est filius; quaqua tangit, omne amburit; si prope astes, aestu calefacit, Plaut.: ille domi suae vivus *exustus est:* hic sociorum *ambustus incendio,* tamen ex illa flamma periculoque evolavit, Cic.: Cassium capsis esse librisque ambustum propriis, Hor.: pulli ad cinerem ambusti, verkohlte, Plin.: u. (von der nachlässigen Verbrennung der Leiche des Klodius, die der rasende Pöbel auf einem durch herbeigeschleppte Bänke, Tische u. Register errichteten Scheiterhaufen verbrannte, damit aber auch die Kurie u. porcische Basilika einäscherte) ut (Clodius) sine funere, oblitus cruore et luto amburereture, Cic. Mil. 86; dah. mit Anspielung auf diesen Vorgang, ambusti tribuni plebis intermortuae contiones, des versengten, halbverbrannten Tr. (des Volkstrib. Munatius Felix, dessen Rede vor der aufgebahrten Leiche des Klodius eben durch ihre Einäscherung u. den entstehenden Brand unterbrochen wurde), Cic. Mil. 12. – ambusti parietes templorum, Sall. fr.: ambusta tigna, Liv.: magna vis frumenti ambusta, Tac.: ut pars vestis amburereretur, Suet: ambustum theatrum restituere, Suet. – vom Versengen durch den Blitz, ambustus Phaëthon, Hor.: ambusta nubila, Ov.: tot circum me iactis fulminibus quasi ambustus, durch so viele um mich niedergefallene Blitzstrahlen (den Tod. od. Verbannung vieler Freunde) gleichs. versengt, Plin. ep. 3, 11, 2. – *Partic.* subst., ambustum, ī, *n.*, der **Brandschaden** am Körper, die **Brandwunde,** inflammatio recentis ambusti, Plin.: sanat ambusta, Plin. – **2** v. anderen Ggstdn., einen Körperteil **rings entzünden,** v. Tau, ambusta pruinis lumina, Val. Flacc. 4, 70. – öfter vom Frost, **verletzen, erfrieren machen,** ambusti multorum artus vi frigoris, vielen erfroren die Glieder durch usw., Tac.: hostem habeo ambustum nivosis cautibus, Sil.: dah. sanat ambusta igni vel frigore, Brand- u. Frostschäden, Plin.: sincera axungia medetur ambustis vel nive, Frostschäden, Plin. – **II** übtr.: **A** im Allg.: amburet ei misero corculum carbunculus, frisst der Gram ihm das Herz entzwei, Plaut. most. 986. – **B** insbes.: **a** vom Schaden, den man am Vermögen erleidet, qui ambustas fortunarum mearum reliquias suas domos comportari iuberent, schon ziemlich abgebrannten, durch Brand u. Verwüstungen aller Art ziemlich heruntergekommenen (vgl. Cic. de har. resp. 3), Cic. de dom. 113. – **b** von dem, der vor Gericht nicht verurteilt, aber auch nicht freigesprochen, d. h. nur von der Instanz entbunden (absolviert) worden ist, damnatione collegae et suā prope ambustus evaserat, kaum mit heiler Haut, noch mit einem blauen Auge, Liv. 22, 35, 3: so ambustae, von der Instanz Absolvierte, Val. Max. 8, 1. p. 380, 3 *ed. Halm.*

ambustio, ōnis, *f.* (amburo), die **Verbrennung,** der **Brandschaden,** die **Brandwunde,** Plin. 23, 87 (wo Plur.). – u. amb. aeterna, das ewige Feuer, Cypr. test. 3, 1. p. 112, 24 H. Augustin. ep. 147, 27. serm. 127, 1.

ambustulātus, a, um (amb u. ustulo), **um und um verbrannt, gebraten,** Plaut. rud. 770.

ambuvia, s. 2. ambubaia.

amcīsus, a, um, s. ancīsus.

amēca, -cus, ameicus, s. amīcus ►

amellus, ī, *m.*, die purpurne ital. **Sternblume** (*Aster Amellus,* L.), Verg. georg. 4, 271. Col. 9, 4, 4; 9, 13, 8. – ► Nbf. amellum, μελίφυλλον, Gloss.

āmēn, *indecl.* (hebräisch אמן, griech. ἀμήν), **es geschehe, es sei,** Eccl. (s. bes. Augustin. doctr. Chr. 2, 11, 16). – ► Unrichtig ămēn gemessen b. Paul. Nol. 17, 117.

Amenānus, ī, *m.* (Ἀμένανος), ein periodischer Fluss Siziliens, der vom südl. Abhang des Ätna durch Katane floss, j. *Indicello,* Ov. met. 15, 279: auch adjekt., Amenana flumina, Ov. fast. 4, 467.

āmendo, s. ā-mando ►

a-mens, entis, *Adi.* m. *Compar.* u. *Superl.* (a u. mens, s. Varr. LL. 6, 44), **nicht bei Sinnen, unsinnig, sinnlos, kopflos, außer sich, wie verrückt, wie rasend,** griech. ἄφρων, **a** v. Pers.: ne trepides amens, Lucr.: amens aspectu, Verg., metu od. terrore, Liv., dolore, Ov.: amens malis cor, Liv.: amens irā, Afran. fr.: amens animi, rasenden Sinnes, Verg.: amentes, quibus animi non sunt integri, surde audiunt, Afran. com. 348: quin furibundus atque amens alienatā mente feraris, Ps. Sall. de rep. 2, 12, 6. – u. von unsinnig Handelnden, **unsinnig, aberwitzig, albern** (Ggstz. constans, besonnen), amens amansque, Plaut.: inceptio est amentium, haud amantium, Ter.: o vecors et amens, Cic.: Laodiceni multo amentiores, Cic.: homo audacissimus atque amentissimus, Cic.: est amentis m. folg. *Infin.*, Cic. Lig. 28. – **b** meton., von Abstrakten, als Wirkung od. Ursache der *amentia,* **sinnlos,** furor, Catull.: ira, Sen.: metus, Lucan.: terror, Claud.: nihil hoc amentius dicitur, Cic.: consilium amentissimum, Cic.

āmentātio, ōnis, *f.* (amento), das **Schleudern;** dah. Plur. amentationes meton. = geschleuderte **Geschosse,** Tert. ad nat. 1, 10.

āmentātus, a, um (amentum), **mit einem Wurfriemen versehen,** iaculorum amentata missilia, Chalc. Tim. 24: hastae, Cic. Brut. 271 u. (im Bild = die fertigen Pfeile od. Bolzen) Cic. de or. 1, 242.

āmentia, ae, *f.* (amens), die Abwesenheit der *mens,* d. i. die **Verstandlosigkeit, Sinnlosigkeit, Kopflosigkeit, Verrücktheit,** das **unsinnige,**

verrückte Benehmen, der **Aberwitz** (vgl. Cic. Tusc. 3, 10; Ggstz. ratio, Cic. Verr. 4, 40), amentiā atque audaciā praeditus, Cic.: caecus amentiā, Cic.: mens sana cum amentia certat, Cic.: tanta vis amentiae verius, quam amoris, mentem turbaverat, Liv.: in istam amentiam incidere, Cic.: alci amentiam inicere, Cic.: alcis amentiam augere, Sall.: amentiā rapior ferorque, Acc. fr.

1. āmento, āvī, āre (amentum), mit dem Wurfriemen u. dadurch mit um so größerer Schwungkraft **schleudern, schnellen,** iaculum habenā, Lucan. 6, 221: übtr. v. Wind (als Gottheit), amentante Noto, Sil. 14, 422: u. v. Redner, am. sententiam, Tert. adv. Marc. 4, 33.

2. āmento, āre (amens), **nicht bei Sinnen sein;** vgl. Gloss. II, 239, 26 ›amento, ἀπονοῶ‹.

āmentum (in den ältesten Hdschrn. ammentum, sonst auch agmentum, admentum geschr., ī, *n.* (viell. aus * apsmentum v. apio), Treibmittel, **I** der in Gestalt einer Schleife (dah. Sil. 1, 318 poet. nodus gen.) am Schaft des Wurfspießes befestigte Riemen, um dem Wurfgeschoss mittels des durch die Schleife gesteckten Zeigefingers im letzten Augenblick des Abwurfs eine rotierende Bewegung in seiner Längenachse zu geben, wodurch größere Wurfweite u. Treffsicherheit erreicht wurde (s. Serv. Verg. Aen. 9, 665. Paul. ex Fest. 12, 1), die **Riemenschleife,** der **Wurfriemen** (griech. ἀγκύλη), tragula cum epistula ad amentum deligata, Caes. b. G. 5, 48, 5: iaculorum amenta, Liv. 37, 41, 4: iaculum cum ammento, Plin. 7, 201: amento contorta hastilia, Sil. 9, 509: hostilium machinarum amenta (agmenta) et nervi, Oros. 6, 11, 3: digitos amentis od. amento inserere, Ov. met. 7, 787 u. 12, 321: amenta torquent, poet. = schleudern Geschosse vermittelst des Riemens, Verg. Aen. 9, 665: im Bild, quare mihi compositione velut amentis quibusdam nervisve intendi et concitari sententiae videntur, Quint. 9, 4, 9. – **II** der über den Fuß gezogene Riemen zur Befestigung der solea an den Fuß, der **Schuhriemen** (vgl. Paul. ex Fest. 12, 1), soleae sine ammento, Plin. 34, 31. – **III** = *examen,* das **Zünglein** an der Waage, Isid. 16, 25, 5.

Ameria, ae, f. (Ἀμερία), ansehnliche u. sehr alte Munizipalstadt in Umbrien, unweit des Tiber, j. *Amelia* bei Spoleto, Plin. 3, 114. Cic. Rosc. Am. 18 *sq.* – Dav. **Amerīnus,** a, um, zu Ameria gehörig, **aus Ameria gebürtig, amerinisch,** corbulae, Cato: salix, zum Anbinden der Weinstöcke gebraucht, Col. u. Plin.: u. so retinacula, Verg.: pira, Plin.: mala, Col. – municeps, Munizipalbürger aus Ameria, Cic. – subst., **a** Amerīnī, ōrum, *m.*, die Einw. von Ameria, die **Ameriner,** Cic. – **b** Amerīna, ōrum, *n.*, **amerinisches Obst,** Stat. silv. 1, 6, 18. – ► Südlich von Ameria lag das **Amerīnum castellum** am *lacus Vadimonis* (in Etrurien), Tab. Peut.; in dessen Nähe die Amerina praedia b. Plin. ep. 8, 20, 2.

amerimnon, ī, *n.* (ἀμέριμνον, das Sorgenstillende), anderer Name der Pflanze aizoon maius, unsere **Hauswurz,** nach Plin. 25, 160.

Ameriola, ae, *f.*, Stadt im Sabinerland, von den Römern schon in den ältesten Zeiten zerstört, Liv. 1, 38, 4. Plin. 3, 68.

Amerīnus, s. Ameria.

ames (der Nominat. ames noch ohne Beleg), mitis, vermutl. *m.* (eig. apmes v. * apio), ein **Querholz** zum Einfügen, **I** das Querholz (*vara),* die kleine Gabel zum Anspannen der Netze beim Vogelfang, die **Stellgabel,** Hor. epod. 2, 33. Pallad. 10, 12; vgl. Paul. ex Fest. 21, 5. *Ulit.* Grat. cyn. 87 (wo ancon = ames). – **II** Plur. amites, die **Tragstangen,** zu der von zwei Maultieren getragenen *basterna* (w. s.), Pallad. 7, 2, 3: an einen tragbaren Altar, Vulg. exod. 30, 4. – Vgl. Gloss. ›amites, στάλικες, ἰξευτικοὶ κάλαμοι‹. – **III** das **Querholz,** der **Riegel** (sera transversa) an einem Wildzaun, Col. 9, 1, 3.

Amēstratus, ī, *f.* (Ἀμήστρατος), Stadt an der Nordküste Siziliens am Haläsus, j. *Mistretta,* Cic. Verr. 3, 101. – auch gen. **Amāstra,** ae, *f.* b. Sil. 14, 267. – Dav. **Amēstratīnus,** a, um, **aus Amestratus, amestratinisch,** legati, Cic. Verr. 3, 88: u. subst., Amēstratīnī, ōrum, *m.*, die Einw. von Am., die **Amestratiner,** Cic. Verr. 3, 88 u. 89.

amethystinātus, a, um (amethystinus), **amethystfarben gekleidet,** Mart. 2, 57, 2.

amethystinus, a, um (ἀμεθύστινος), **I amethystfarben,** color, Suet. Ner. 32, 3: vestes, Mart. 1, 96, 7, wie subst. amethystina, ōrum, *n.* (*sc.* vestimenta), Iuven., 7, 136. – **II mit Amethyst besetzt,** Mart. 10, 49, 1. – subst., amethystina, ōrum, *n.*, ein **Schmuck aus Amethysten,** Prud. psych. 860.

amethystizōn, ontis, Akk. Plur. ontas, *m.* (* ἀμεθυστίζων), **dem Amethyst nahe kommend in der Farbe,** carbunculus, wahrsch. unser **violetter Rubin,** Plin. 37, 93.

amethystus, ī, *f.* (ἀμέθυστος, ἡ, dem Rausch widerstehend), **I** der **Amethyst,** ein violetter Halbedelstein, aber trüber u. fleckiger als der Hyazinth, der eig. unser Amethyst ist, Plin. 37, 121 *sqq* (das. § 124 auch über den Namen). Ov. art. am. 3, 181. Isid. 16, 9, 1 (wo *masc.*). – **II** eine Rebenart, die guten, aber nicht berauschenden Wein lieferte, rein lat. inerticula gen., Col. 3, 2, 24; vgl. Plin. 14, 21. Isid. 17, 5, 24 (verbessert aus Col. 3, 2, 24: die Hdschrn. amaracion?).

ametros, on (ἄμετρος), **ohne Metrum, in ungebundener Rede,** Charis. 288, 2. Porphyr. Hor. sat. 1, 4, 47.

amfi... s. amphi...

amflexus, a, um (amb u. flecto), **herumgebogen,** ora, Mela 3, 2, 1 (3. § 16) zw.

amfor..., s. amphor...

amfrāctus, s. 1. ānfrāctus.

āmi (ammi) *n. indecl.* (ἄμι), u. **āmium,** ī, *n.*, der **Ammei,** ein Doldengewächs, Form ami, Plin. 20, 163 u. 20, 264; Form amium, Scrib. 121 *extr.* (wo viell. statt amii zu lesen ist ami).

amiantus, ī, *m.* (ἀμίαντος, unbefleckt, rein), die grünlichweiße Asbestgattung, der **Amiant,** auch **Berg-** od. **Erdflachs** gen., der in die feinsten Fasern, gleich Fäden, teilbar, schon im Altertum zu Gespinsten u. Geweben verarbeitet wurde, die aus dem Feuer nicht nur unversehrt, sondern sogar glänzender hervorkamen, Plin. 36, 139. Isid. 16, 4, 19.

amiās, ae, *f.* (ἀμίας), der **Thunfisch** (*Scomber Thynnus,* L.), Lucil. sat. fr. inc. 53 (b. Varr. LL. 7, 47), Plin. 9, 49; vgl. Paul. ex Fest. 21, 9.

amīca, ae, *f.*, s. amīcus *no.* II, B.

amīcābilis, e (amicus), **freundschaftlich,** Spät. – Dav. das *Adv.* **amīcābiliter,** Spät.

amīcālis, e (amicus), **freundschaftlich,** Spät. – Dav. das *Adv.* **amīcāliter,** Ven. Fort. carm. praef. 6.

amīcārius, ī, *m.* (amica) = ἐρωμενοπάροχος, ἐρωμενοπώλης, der eine Geliebte verschafft, der **Kuppler,** Diom. 326, 13 (ohne Beleg).

amīcē, *Adv.* m. *Superl.* (amicus), **freundschaftlich, geneigt, günstig,** am. facis, Cic.: quos erga nos am. et benevole collegisti, Cic.: si quid am. de Romanis cogitabis, Nep.: am. pauperiem pati, willig, gern, Hor.: amicissime vivere cum alqo, Cic.: amicissime loqui de Caesare, Caes.: m. *Dat.*, vivere vitae hominum amice, als Menschenfreund leben, Cic.

amicīmen, inis, *n.* (amicio) = *amictus,* der **Umwurf,** das **Gewand,** Apul. met. 11, c. 9 u. 23.

amicīnus, ī, *m.* = ἀσκοῦ στόμα (Gloss.), das **Mundstück** am Weinschlauch, Paul. ex Fest. 15, 2.

am-icio, icuī u. ixī, ictum, īre (amb u. iacio, s. Varr. LL. 5, 131), **umwerfen, umnehmen, bekleiden,** u. se amicire od. Passiv amiciri, **sich umnehmen, -umwerfen, -umhüllen** (wie περιβάλλειν u. περιβάλλεσθαι das eig. Wort vom Umwerfen, Umnehmen des Oberkleides, dagegen induere, wie ἐνδύειν u. ἐνδύεσθαι, vom Anziehen eines Gewandes, u. vestire, vom Bedecken, Bekleiden des Körpers übh.) **I** eig.: celerius mater amixit, Varr. fr.: qui te togā praetextā amicuit, Brut. fr.: cultu rex dissimili vestitur syrmate, ut est habitus, quo Liberum patrem amiciri videmus, Solin.: simulacrum amiciebatur cotidie veste, quali ipse uteretur, Suet.: dah. amicire u. se amicire, den Mantel (die Toga) umwerfen, -anlegen, amicibor gloriose, Plaut. Pers. 307: amicitur pastor pallio suo, Vulg. Ierem. 43, 12: qui amicti sunt stolis albis, Vulg. apoc. 7, 13: atrā veste amiciuntur, Serv. Cass. Verg. Aen. 2, 92: dum salutabatur et calciabat ipse sese et amiciebat, Suet. Vesp. 21: u. prägn., amicitur (v. auftretenden Redner), er nimmt die Toga auf, gibt der Toga den gehörigen Faltenwurf (vgl. 2. amictus *no.* I, b), Plin. ep. 2, 3, 2 (vgl. Quint. 11, 3, 149): u. am. purpuram, jmd. mit dem P. bekleiden, Vopisc. Sat. 10, 1. – häufiger im Partiz., palliolatim amictus, Plaut.: plumato amictus, Publ. Syr.: amictus togā, laenā, pallio, Cic.: amictus sindone, Vulg.: amicti stolis albis, Vulg.: nationes amictae vestitu tergorum, Solin. – **II** übtr.: **a** **umhüllen, umkleiden, einhüllen,** nube cavā amictus, Verg.: angelus amictus nube, Vulg.: u. (m. *Acc. resp.*) nube candentes umeros amictus, Hor. (νεφέλῃ εἰλυμένος ὤμους, Hom.). – colus amicta lanā, Catull.: piper et quidquid chartis amicitur ineptis, eingewickelt wird, Hor.: amicta vitibus ulmus, Hor.: amicti vitibus montes, Flor. – **b** amiciri, **sich bereit machen, sich rüsten,** gladius amictus ad caedem, gerüstet, Vulg. Ezech. 21, 15. – ► Perf.-Formen amicuit, Brut. fr. bei Diom. 367, 27: amicuerunt, Vopisc. Sat. 10, 1: amixit, Varr. Sat. Men. 232: *Infin. Perf.* amicisse, Fronto fer. Als. 3. p. 228, 10 N.: *Fut.* amicibor, Plaut. Pers. 307: *Infin. Pass.* amicirier, Plaut. Cas. 723.

amicirculus, ī, *m.* (verderbt aus hemicirculus), der **Halbkreis,** Gromat. vet. p. 250, 8 u. a.

amīciter, *Adv.* = *amice,* Pacuv. tr. 131. Plaut. Pers. 255; vgl. Prisc. 15, 13.

amīcitia, ae, *f.* (amicus), die **Freundschaft** (Ggstz. inimicitia), **I** eig.: **a** in bürgerlichen, gesellschaftlichen Verhältnissen, caritas et amicitia hominum, Cic.: amicitia vetus, Cic.: magna, innige, Cic.: amicitia intima, Nep.: est mihi amicitia cum alqo, Cic.: amicitia est inter alqos, Cic. (so auch ex quo firmiorem inter nos fore amicitiam, Ter.): amicitiam facere, iungere, gerere, dimittere, discindere, dissociare, dissolvere, Cic.: conferre se in amicitiam et fidem alcis, Cic.: alqm libenter in amicitiam accipere, Cic.: in amicitia manere, Cic.: amicitiam renuntiare, Cic.: esse in amicitia cum alqo, Nep.: aut propinquitate aut amicitiā contingere alqm, Liv.: multos amicitiā comprehendere, Cic.: Plur., amicitiae igni perspectae, Cic.: quaerere opes et amicitias, Hor.: amicitias coniungere, Cic.: amicitiae immortales, mortales inimicitiae debent esse, Liv.: conciliare amicitiarum studia (Ggstz. retinere), Iustin. – **b** in politischen Verhältnissen, das **Freundschaftsbündnis,** zwischen zwei Völkern od. deren Oberhäuptern, amicitia et (ac) foedus, Sall.: amicitia ac societas od. societasque, Sall.: societas et amicitia od. amicitiaque, Cic. u. Sall.: amicitiae foedus, Sall.: amicitiam petere, appetere, Caes.: firmissima est inter pares amicitia, Curt.: accedere ad amicitiam alcis, Caes.: ceteros reges in amicitiam recipere, Sall.: in amicitiam populi Romani venire, Liv.: per Treveros venire Germanis in amicitiam, Caes.: in amicitia manere, Caes.: in amicitia cum fide permanere, Liv.: omni tempore in fide atque amicitia civitatis Aeduae fuisse, Caes.: sibi populoque Romano perpetuam gratiam atque amicitiam cum eo futuram, Caes.: permultos annos in amicitia fuisse, Liv.: amicitiam facere, Caes.: pacem atque amicitiam cum rege facere, Iustin.: amicitiam coniungere, Curt.: civitates in amicitia continere, Caes.: alqm a Caesaris amicitia avertere, Caes.: amicitiam Romanorum sequi, am Bund mit den R. festhalten, Caes.: u. so amicitiam fidemque populi Romani sequi, Cic.: Caesaris amicitiam sequi, sich auf Cäsars Seite schlagen, Caes.: amicitiam sequi Atticorum, ein Bündnis mit den A. zu schließen suchen, Nep.: cum proximis civitatibus pacem et amicitiam confirmare, Caes.: Plur., amicitias parare, Sall.: regum amicitias sequi, die Fr. der Könige suchen, Sen. ep. – **c** unter lebl. Gegenständen, die **Sympathie, Verträglichkeit** (Ggstz. odium), Plin.: unter Pflanzen, am. vitium, Plin.: am. rutae cum fico, Plin. – **II** meton., wie unser **Freundschaft** = **Freunde,** Sing., afflicta amicitia (Ggstz. florens am.), Cic. Quinct. 93: hospitem nisi ex amicitia domini raro accipiat, Col.: Domitius Celer, ex intima eius amicitia, Tac. – Plur., parcet amicitiis et dignitatibus, Freunde u. Beamte, Cic.: increpuit amicitias muliebres, Tac. – ► Arch. Genet. amicitiai, Lucr. 3, 83.

amīcitiēs, ēi, *f.* (Nbf. v. amicitia), Lucr. 5, 1017 (wo amicitiem).

amīco, āre (amicus), **zum Freunde-, gewogen machen,** Stat. Theb. 3, 470: dah. omnibus amicatus, bei a. beliebt, Rossi inscr. christ. 355. – Depon. **amīcor,** ārī, **sich als Freund benehmen,** Eccl.

amīcōsus, ī, *m.* (amica) = πολυερώμενος, **der viele Geliebte hat,** Diom. 326, 17.

amictor, ārī, περιβάλλομαι, **ich tue mir** (ein Gewand) **um,** Dosith. 61, 19 K.

amictōrium, ī, *n.* (amicio), ein Linnentuch zum Umwerfen, das **Hals-, Busen-** od. **Brusttuch,** Hieron. Iesai. 2, 3, 23 (auch Überschr. zu Mart. 11, 149). – im weiteren Sinne übh. = **Umwurf** (als Gewand), Cod. Theod. 8, 5, 48. § 1. Vgl. Gloss. ›amictorium, ἐπιβόλαιον, περιβόλαιον‹.

amictum, ī, *n.*, s. amictus ►.

amictus, ūs, *m.* (amicio), **I** das **Umwerfen** eines Gewandes, **a** übh., amictui esse, Varr. LL. 5, 131. Cic. Tusc. 5, 90: amictui habere pallium candidum, Apul. flor. 9. p. 11, 4 Kr.: non solum indutui et amictui sacerdotibus, sed opertui quoque rebus sacris usurpatur, Apul. apol. 56. – **b** prägn., die Art, das Obergewand, bes. die Toga, umzuwerfen u. zu tragen, der **Umwurf, Faltenwurf,** die **Tracht,** bes. an der Toga des Redners, am. angustus, neglegentior, Quint.: nihil est facilius, quam amictum imitari alicuius aut statum aut motum, Cic.: itum gestum amictum qui videbant eius, Titin. fr.: u. an Statuen, statuam esse eiusdem status, amictus, anulus, imago ipsa declarat, Cic. ep. – **II** meton., **1** der **Umwurf** (περίβλημα, περιβολή) = das als Umwurf dienende **Gewand,** bei Dichtern und in der nachaug. Prosa oft der allgem. Ausdruck für *toga, pallium, peplum* u. dgl., der **Umwurf,** der schalartige **Mantel,** das **Obergewand, Oberkleid** (vgl. Broukh. Tibull. 1, 8, 13), duplex, Doppelgewand (= Gewand aus doppeltem Stoff), Verg.: purpureus, Hor.: principalis, Amm.: Tyrius, Ov.: plebeius, Lucan.: muliebris, Heges. – v. Talar der Opferpriester, »Opfergewand«, lineus, Tac.: sacer, Val. Flacc. – u. v. der Tracht der χλαῖνα bei öffentl. Spielen, Graeci amictus, Tac.; vgl. Graius amictu, Stat. – Sprichw. (bei den Griechen), quem mater amictum dedit, sollicite custodire (d. i. eine in früher Jugend angenommene Gewohnheit nicht wieder fahren lassen), Übersetzung b. Quint. 5, 14, 31. – **2** übtr.: **a** die beim Gebet übliche Kopfhülle, die **Hülle,** viell. Art **Schleier,** Verg. Aen. 3, 405 u. 545. Ov. fast. 3, 363. – **b** jede Umhüllung od. Bedeckung, **Hülle, Gewand, Mantel, Deckmantel** u. dgl., caeli mutemus amictum, ob des Himmels Gewand (d. i. die uns umhüllende Luft) wir ändern = in eine Gegend, wo andere Luft ist, ziehen, Lucr.: nebulae amictus, Verg.: curvi vomere dentis scindite amictus, das den Boden verhüllende Unkraut, Col. poët.: bildl., amictu (unter dem D.) periurii fugiendi, Amm. 25, 9, 8. – ► Nbf. amictum, ī, *n.*, Isid. 19, 24, 15.

amīcula, ae, *f.* (*Demin.* v. amica, s. Diom. 326, 20), die **liebe Freundin,** das **Liebchen,** die **Geliebte,** Varr. sat. Men. 432. Cic. de or. 2, 240. Plin. ep. 3, 9, 13. Suet. Cal. 33. Lact. epit. 39, 7: concubinae paelices atque amiculae, Arnob. adv. nat. 4, 22.

amīculātus, a, um (amiculum), **mit einem Umwurf bekleidet,** pars *nudi,* pars *obscaena tantum amiculati* (verhüllt, bedeckt), Solin. 52, 20.

amiculum, ī, *n.* (amicio), ein Kleidungsstück zum Um- od. Überwerfen, der **Umwurf, Überwurf,** (über das eig. Oberkleid), **Mantel,** altdeutsch die **Schaube,** als Tracht beider Geschlechter, besond. auch der Buhlen, Plaut. u. Cic.: vom Prachtgewand einer Jupiterstatue, Cic.: des Königs Darius, der »Kaftan«, Cic.: als Geschenk für eine Königin, purpureum am., Liv.: als Tracht prachtliebender Römer u. Römerinnen, Sall. fr. u. Liv. – dagegen als Bauerntracht, agreste duplex am., doppelter (dicker) Umwurf eines Bauern, Nep. – später von Umschlagtüchern zum Einhüllen der Leichen, feralia amicula, Leichentücher, Apul. met. 10, 12. – amiculo esse, zum U. dienen (v. einem Gewand), Sall. hist. fr. 2, 23 (29), 4 (aber Varr. sat. Men. 212 die Hdschrn. chlamydas et purpurea amicula). – Übtr., novissimum homini sapientiam colenti amiculum est gloriae cupido, mit Anspielung auf den Philosophenmantel (διπλοΐς), Fronto de eloquent. 1. p. 144, 9 N.; vgl. p. 144, 11 N.

amīculus, ī, *m.* (*Demin.* v. amicus), das **Freundchen,** der **liebe, traute Freund,** Catull. 30, 2. Cic. Verr. 3, 79. Hor. ep. 1, 17, 3.

amīcus, a, um, *Adi.* m. *Compar.* u. *Superl.* (Stamm AM, wovon auch amo u. amor), der da liebt, der mit Wort und Tat unterstützt, für den Nutzen und das Wohl einer Person arbeitet, **I** *adi.*, **befreundet,**

freundlich gesinnt, wohlwollend, gewogen, geneigt, günstig (Ggstz. inimicus), **a** v. leb. Wesen u. deren Gemüt usw.: **α** absol., amicus od. amicissimus animus, Cic.: amicae civitates, Caes.: amice lector! Mart.: homines sibi conciliare amiciores, Cic.: praesidium quam amicissimum, möglichst treu ergebene Bedeckung, Caes.: vir benevolentissimus atque amicissimus, Cic.: ex alienissimis sociis amicissimos reddere, Cic.: agmen amicum (von Freunden), Ov.: vultus, des Freundes, Verg., freundliches, Ov.: vires, Ov.: v. Tieren, amici pavones et columbae, Plin. 10, 207. – **β** m. *inter* se od. *erga* alqm od. m. *Dat.*, ut amici inter nos simus, Ter.: si umquam erga te animo esse amico sensisti eum, Ter.: amicus amico Acc. fr., Komik. u. Petr. (s. Brix Plaut. mil. 660): homo amicus nobis iam inde a puero, Ter.: velim ut tibi amicus sit, Cic.: mihi nemo est amicior Attico, Cic.: regem nec inimiciorem ulli populo quam Carthaginiensi nec amiciorem quam populo Romano esse affirmabant, Liv.: amica luto sus, Hor.: amicus patriae, amicus legibus, Treb. Poll.: non fortunae, sed hominibus solebat esse amicus, Nep.: ut ego amicior invenirer Phrygum et Cilicum aerariis quam nostro, Cic.: neque illi amiciores rei publicae quam ego, Cic.: u. bes. amicum esse sibi, sich selbst nicht gram (kein Stiefbruder) sein, Hor. sat. 1, 2, 20: u. esse amicum rebus suis, mit seiner Lage zufrieden sein, Sen. de vit. beat. 6, 2: u. alqm sibi reddere amicum, mit sich befreunden, zufrieden machen, Hor. ep. 1, 18, 101. – **b** v. Lebl.: portus, Verg.: ventus, Ov.: imbres, Verg.: silentia lunae, Verg.: dicta, Verg.: amicius arvum, Ov.: quid inter tam dissimiles amicum esse poterat? welch freundschaftliches Verhältnis konnte bestehen zwischen usw., Vell. 2, 45, 1: amicum est mihi (= φίλον ἐστί μοι), m. folg. *Acc.* u. *Infin.*, es ist nach meinem Sinne, Hor. carm. 2, 17, 2: nihil homini amicost opportuno amicius, Plaut. Epid. 425: secundum te nihil est mihi amicius solitudine, ist mir lieber, Cic. ad Att. 12, 15. – **II** *subst.*: **A amīcus**, ī, *m.*, **a** der **Freund,** mit dem man die heiligen Gefühle der Liebe u. Achtung teilt, sowie übh. der **gute Freund,** verb. amicus atque aequalis suus, Ter.: amicus bonus, Nep.: vetus, Cic.: intimus, Cic.: magnus, intimer, Cur. b. Cic.: fidus, infidus, Cic.: firmus ac fidelis, Cic.: melior et fidelior, Liv.: carus, Hor.: verus, Cic. u. (Ggstz. mendax) Hor.: summus, der beste, Ter.: Superl., Cato amicissimus meus, mein allerbester Fr., Cic. – amici est m. folg. Infin., es verrät Freundschaft, Cic. de amic. 14. – für *patronus,* **Gönner,** Hor. u. Iuven. – für *socius,* **Genosse, Gefährte,** Ov. met. 13, 69. – u. wie unser **Freund** = Verehrer von etwas, veritatis, Cic. – **b** in polit. Verhältnissen, **α** der polit. **Freund, Anhänger,** amici clientesque Gracchorum, Vell. 2, 7. § 1; vgl. 2, 7. § 3. – **β** der auswärtige **Staatsfreund,** oft verb. socius amicusque, socius atque amicus, Cic., Sall. u. a. – **c** Plur., amici, **α** die **Umgebung** des Fürsten (Würdenträger, Hofleute), Sall. u. a. – **β** = ἑταῖροι ἱππεῖς, die **Hetären,** die Leibwache (der mazedonischen Könige) zu Pferde, prima cohors amicorum, Curt. 6, 7 (26), 7: alqm in cohortem amicorum recipere, Curt. 6, 2 (5), 11. – **γ** die **Umgebung** des römischen Prätors in der Provinz (cohors praetoria), Suet. Caes. 70 u. 79, 3 u. a. – **δ** die **Schar der Höflinge** des Kaisers, Suet. Cal. 19, 2 u. a. – **B amīca,** ae, *f.*, die **Freundin, a** im edlen Sinne, von der Frau gegen die Frau, die **Freundin, Gespielin,** Komik., Ov. u. Iuven. – **b** im unedlen Sinne (urspr. anständige Bezeichnung für *meretrix, paelex, concubina,* die aber bald die schlimme Bedeutung »Mätresse« gewann, dass sogar im Rechtsstil *concubina* ehrbarer lautete, s. Massur. b. Paul. dig. 50, 16, 144), wie ἑταίρα, die **Geliebte,** das **Kebsweib,** die **Beischläferin, Mätresse, Buhle,** Komik., Cic. u. a. – ► Altlat. amecus, ameca, nach Paul. ex Fest. 15, 6. u. ameicus, Plaut. Poen. 1213. – Nomin. Plur. amicei, CIL 1, 204. col. 1, 7: Gen. Plur. ameicorum, *ibid.* 1, 203, 7, synk. amicûm, Ter. heaut. prol. 24. – Dat. u. Abl. Plur. amiceis, CIL 1, 1203 u. 1422, od. ameiceis, *ibid.* 1267: Dat. Plur. amicabus, nach Prob. inst. (IV) 82, 17.

amiger, s. hamiger.

ā-migro, āre, **fortziehen,** sublatis rebus amigrant Romam, Liv. 1, 34, 7.

Amilcar, s. Hamilcar.

Amīnaeus u. **Amīnēus** (Ἀμιναῖος, Ἀμίνειος), a, um, **aus Aminäa,** einer Gegend Italiens im picenischen Gebiete, wo der Wein vorzüglich gedieh (vgl. Macr. sat. 2, 16 [3, 20], 7), **aminäisch,** vinum, Cato u. Varr.: vites, uvae, Verg., Col. u. a.; vgl. Voß Verg. georg. 2, 97. p. 300. Jan Macr. sat. 3, 20, 7 u. Wagner Verg. georg. 2, 97 *Not. cr.* – ► Āmīnĕus gemessen b. Auson. ep. 18, 32. p. 179 Schenkl.

Aminula, ae, *f.*, unbedeutende kleine Stadt in Apulien (s. Paul. ex Fest. 25, 2), Plaut. mil. 648.

āmio, s. hāmio.

Amīsēnī, s. Amīsus.

Amīsia, ae, *m.* (ὁ Ἀμισίας), ein Fluss im nördl. Germanien, j. die **Ems,** Tac. ann. 1, 60. – Ders. **Amissis (Amīsis),** Mela 3, 3. § 3. Plin. 4, 100.

Amīsos, s. Amīsus.

āmissibilis, e (amitto), **verlierbar** (Ggstz. receptibilis), Eccl.

āmissio, ōnis, *f.* (amitto), das **Verlieren,** der **Verlust,** die **Einbuße,** exercitus, Caepio bei Rhet. Her.: oppidorum, Cic.: regni, Iustin.: lucis od. luminis (des Augenlichts), Lact. u. Arnob.: u. so duorum luminum, Vulg.: dignitatis, Cic.: boni, Sen.: bonorum, Lact.: Plur., hae amissiones, Sen. ep. 98, 11: amissiones castrorum, Amm. 23, 5, 18: parentum amissiones aut fratrum, Firm. math. – insbes., der **Verlust** durch den Tod (s. Bünem. Lact. 3, 28, 8), liberorum, propinquorum, amicorum, Cic.: am. carissimorum, Sen.: iacturam gravissimam feci, si *iactura* dicenda est tanti viri *amissio,* Plin. ep.

Amissis, s. Amīsia.

Amīsus (Amīsos), ī, *f.* (Ἄμισος), u. **Amīsum,** ī, *n.*, ansehnliche Küstenstadt in Pontus, j. *Samsun,* Plin. 37, 115 u. (Form. -um) Plin. 6, 7, die Mithridates der Gr. abwechselnd mit Sinope zur Residenz nahm u. durch eine neue Anlage, Eupatoria gen., vergrößerte, Cic. de imp. Pomp. 21. Sall. hist. fr. 4, 42 (4, 1). – Dav. deren Einw. **Amīsēnī,** ōrum, *m.*, die **Amisener,** Plin. ep. 10, 93 (94).

amita, ae, *f.* (ἀμμάς, ahd. *amma,* Mutter, Amme), **des Vaters Schwester,** die **Tante** (Ggstz. matertera, der Mutter Schwester), Cic. u. a.: magna, Schwester des Großvaters, Großtante, ICt.: dies. bl. amita, Tac. ann. 2, 27: maior, Schwester des Urgroßvaters (sonst proamita): maxima, Schwester des Ururgroßvaters, ICt.

Amiternum, ī, *n.*, uralte Stadt im Sabinischen, j. *Amatrice* (in der neapol. Provinz *Abruzzo oltra* II), Geburtsort des Geschichtschreibers Sallust, Liv. 10, 39, 2. – Dav.: **a Amiternīnus,** a, um, **amiterninisch,** ager, das Gebiet von Amiternum (Ἀμιτερνίνη), Liv.: napi, Plin. – Plur. subst., Amiternīnī, ōrum, *m.*, die Einw. von Am., die **Amiterniner,** Liv. u. Plin. – **b Amiternus,** a, um, **amiternisch,** cohors, Verg.: ager, Mart.

amitīnus, a, um (amita), **von des Vaters Schwester abstammend;** dah. amitīnī, ōrum, *m.*, u. amitīnae, ārum, *f.*, **Geschwisterkinder,** von denen des einen Vater u. des anderen Mutter Geschwister sind, Gaius dig. 38, 10, 1 u. 10.

amito (*Intens.* v. amo), **sehr lieben,** Virg. gramm. p. 57, 1; vgl. Varr. LL. 8, 60.

ā-mitto, mīsī, missum, ere, **von sich (weg) lassen, I** (= *faire aller*) **wegschicken, entlassen, gehen lassen, 1** eig. (s. Brix Plaut. capt. prol. 36. Lorenz Plaut. most. 417. Ribbeck Trag. fr. coroll. p. LV), *Ast.* amitte, sine. *Di.* amitto intro, Plaut.: hunc, ihn (den Sklaven) weg-, freilassen, Plaut.: erum hinc domum, nach Hause schicken, Plaut.: pactione amisso Publio legato, Sall. hist. fr. inc. 84 (51): lectos propter cariem et tineam, von sich tun, Varr. sat. Men. 227. – **2** übtr., etw. absichtlich **fahren lassen,** etw. (**ungestraft**) **hingehen lassen, aufgeben, auf** etw. **verzichten,** rem inquisitam, Plaut.: unam hanc noxiam, Ter.: amittenda fortitudo (muss die T. aufgeben) aut sepeliendus dolor (den Schm. zu Grabe tragen), Cic.: priore (sacramento) amisso, aufgehoben, Cic.: omnes has provincias, Cic.: matrimonium, Tac.: fidem, sein Wort brechen, Nep. Eum. 10, 2 (anders b. Phaedr., s. unten *no.* II, 2, b): vitam, Plaut., Rhet. Her. u. Cic. (vgl. *no.* II, 2, b): vitam suspendio, Gell.: animam, Lucr. u. Auct. Her.: spiritum ante quam ultionem, Tac. – m. dopp. *Acc.*, ne tantum scelus impunitum amittatis, Sall. Iug. 31, 25 *ed. Dietsch* (*al.* omittatis). – **II** (= *laisser aller*) **fortlassen, fallen lassen, fahren lassen, entkommen lassen, 1** eig.: manus ebrias, Petr.: anulum, Ter.: non (te) amittam, quin eas, ich lasse dich nicht los, ohne dass du mitgehst, Plaut.: alqm prope e manibus inter tumultum, Liv.: praedam manibus, Plaut., od. de manibus, Cic., ex oculis manibusque, Liv. – **2** übtr.: **a** etw. aus Sorglosigkeit, Leichtsinn, Ungeschick usw. **außer acht lassen, unbenutzt vorbeilassen,** occasionem, Ter. u. Cic.: tempus (den günstigen Zeitpunkt), Cic. – **b** etwas, was man bereits besitzt, (durch oder ohne eigene Schuld, aus Versehen, Zufall usw.) **sich entgehen lassen, es verlieren, einbüßen,** einer Sache **verlustig gehen** (u. zwar so, dass wir die verlorene Sache als nicht mehr in unserem Besitz vermissen, wie ἀποβάλλειν, Ggstz. retinere; vgl. perdere, iacturam facere), aliquid, Sen.: uno die omnia, Sen.: praedam omnem, Liv.: pudicitiam (die Keuschheit), Liv.: arma et impedimenta, Nep.: messem, Cic.: classes, Cic.: oppidum, Sall.: dentes, Vitr. u. Plin.: plumam u. pennas, v. Vögeln, Plin.: florem, semen, v. Bäumen, Plin.: oculos, Caes.: lumina oculorum, Nep., u. bl. lumina, Cic.: aspectum, Cic.: patriam, Liv.: regem, Curt.: exercitum, Liv.: cum Quintilio Varo exercitum, Tac.: vitam, Cic.: animam, Cic.: amisisse usum pedum, das Gehen verlernt haben, Plin. pan.: am. verba (die Sprache), Aur. Vict.: rem publicam verbo *retinere,* re ipsā *amisisse,* Cic.: optimates, die Gunst der Vornehmen, Nep.: causam, litem, Cic.: ius imperii, Cic.: consilium cum re, Ter.: mentem (den Verstand), Cic. de har. resp. 33: fidem, die Glaubwürdigkeit, Phaedr. 1, 10, 2. – Dah. insbes., durch den Tod **verlieren,** (vgl. Drak. Liv. epit. 137. Benecke Iustin. 1, 9, 9): uxorem, Nep.: filium consularem, Cic.: liberos, Sulpic. in Cic. ep.: u. so liberi amissi, Ggstz. superstites, Plin. ep.: amissi aut gladio aut morbo cives, Vell.: am. magnam partem exercitus fame aut frigore, Liv.: multum in Valerio Flacco nuper amisimus, viel haben wir an V. Fl. verloren, Quint.: Partiz. subst., **1** amissī, ōrum, *m.,* die (durch den Tod) **Verlorenen, Verbliebenen,** Auson. parent. praef. pros. p. 41, 7 Schenkl. – **2** amissa, ōrum, *n.,* das Verlorene, Nep. Timoth. 3, 2. – ► Arch. Perf.-Form ameiserunt, CIL 1, 204. col. 2, 1. – synk. Perf.-Formen, amisti, Ter. Eun. 241; Hec. 251: amissis st. *amiseris,* Plaut. Bacch. 1188.

amma, ae, *f.,* die **Ohreule,** Isid. 12, 7, 42 u. Gloss.

Ammanītēs, s. Ammonītae.

amment... s. ament...

ammi, s. āmi.

Ammiānus Marcellīnus, ī, *m.,* ein um die Mitte des vierten Jahrh. nach Chr. (wahrsch. zu Antiochia in Syrien) geborener Grieche, Verfasser von Rerum gestarum libri XXXI, d. h. einer Geschichte des röm. Reichs von Nerva bis zum Tode des Valens (96 bis 378 n. Chr.), von denen jedoch die 13 ersten Bücher verloren sind.

ammīror, s. ad-mīror.

ammites, u. **-tis,** s. hammītis.

ammitto, s. ad-mitto.

ammium, s. āmi.

ammochrȳsos, s. hammochrȳsos.

ammodum, s. admodum.

ammodytēs, s. hammodytēs.

Ammōn (Hammōn), ōnis, *m.* (Ἄμμων, phönizisch *Baal Chammân,* Sonnenbaal), eine ägyptische u. libysche Gottheit, urspr. in Theben in Oberägypten, dann bes. in der libyschen Wüste auf der j. *Siwah* genannten Oase, mit einem weltberühmten Tempel, auch in Äthiopien, ja in Griechenland (als Ζεὺς Ἄμμων) u. später in Rom (als Iuppiter Ammon) verehrt, in Widdergestalt od. als Mann mit einem Widderkopf u. gewundenen Hörnern, s. Curt. 4, 7 (29), 5 *sqq.* Lucan. 9, 511 *sqq.* Ov. met. 5, 327 *sqq.* Cic. de nat. deor. 1, 82. – Dah. Ammonis cornu, ein goldfarbener Edelstein in Gestalt eines Widderhorns, unser »Ammonshorn«, metallisiert od. in eine kiesartige Materie verwandelt, Plin. 37, 167. – Dav. **Ammōniacus,** a, um (Ἀμμωνιακός), zu Ammon gehörig, **Ammons-,** nomos, Plin.: guttae, das Gummiharz (s. unten Ammoniacum), Scrib.: thymiama, Cels.: sal, ein im Sand der Ammons oase gefundenes Salz (bei Neueren *sal Ammoniacum*), Plin. u. a. – subst. Ammōniacum, ī, *n.,* **Ammonium = Gummiharz,** aus einem Baum in der Ammonsoase träufelnd, Cels. u. a.

ammoneo, ammonitrīx, s. ad-moneo etc.

Ammōniacus, s. Ammōn.

Ammonītae, ārum, *m.* (Ἀμμανῖται), ein Volksstamm an der Ostgrenze Palästinas, die **Ammoniter,** Vulg. num. 21, 24 u. a. – Sing. Ammonītēs (Ammanītēs), ae, *m.,* der **Ammoniter,** Vulg. 1. chron. 11, 39 u. a.: dah. adj. Ammanites regio, das Land der Ammoniter, Vulg. 2. Mach. 4, 26 (wofür 2, 5, 7 bl. abiit in Ammaniten). – Dav. **Ammonītis,** tidis, Akk. Plur. tidas, *f.* (Ἀμμανῖτις), die **Ammoniterin,** Vulg. 1. regg. 11, 1 u. 2. Esdr. 13, 23.

ammonitron, s. hammonitrum.

ammoveo, s. ad-moveo.

amnacum, ī, *n.,* s. amāracus *no.* II.

amnālis, e (amnis), **zum Fluss gehörig, Fluss-,** naves (Ggstz. marinae), CIL 14, 364.

amnēnsēs od. **amnēsēs,** ium, *f.* (amnis), **an Flüssen liegende Städte,** Paul. ex Fest. 17, 6; vgl. Gloss. Labb. ›amnenses, περιποτάμιοι‹.

amnēstia, ae, *f.* (ἀμνηστία), das **Vergessen** u. **Vergeben** des erlittenen u. angetanen Unrechts, die **Amnestie** (von den Lateinern durch oblivio, venia et oblivio, abolitio facti übersetzt), delictorum publicorum, Vopisc. Aur. 39, 4: illa praeclara et famosa Atheniensium amnestia, Oros. 7, 6. § 5 (vgl. 2, 17. § 15).

amnicola, ae, *c.* (amnis u. colo), **am Fluss wohnend, -heimisch,** salices, Ov. met. 10, 96.

amniculus, ī, *m.* (*Demin.* v. amnis), das **Flüsschen,** Liv. 36, 22, 8.

amnicus, a, um (amnis), **zum Fluss gehörig, (im) am Fluss befindlich, Fluss-,** insula, calamus, Plin.: vis, Solin.: piscis, Solin.: terga, Wasserspiegel, Auson.: stips, Fährgeld, Apul.: lembi, Amm. 30, 3, 5: navis (Ggstz. maritima), Edict. Diocl. u. Isid.: navicularius, auf dem Tiber, Aurel. b. Vopisc. Aur. 47, 3.

amnigena, ae, *m.* (amnis u. gigno), der **Flussgeborene,** der **Sohn des Flusses,** Val. Flacc. 5, 585 (602 Sch.); vgl. amnigenus.

amnigenus, a, um (amnis u. gigno), **im Fluss geboren,** pisces, Auson. Mos. 116 (*al.* amnigenas v. amnigena, s. d.).

amnis, is, *m.* (vgl. altind. *abann* »Fluss«, cymr. *afon*), eig. jedes **Gewässer,** insbes. ein größeres, der **Strom,** schiffbar u. unmittelbar ins Meer fließend (hingegen fluvius u. flumen = ein gewöhnl. Fluss), Oxus amnis, Lycus amnis, Curt.: ostium amnis, Liv.: ripa amnis, Vulg.: iusti cursus amnis, Liv.: amnis navium patiens, Liv.: oblivionis amnis (= *Lethe*), Lact.: amnis Alpinus, Liv.: amnis piscosus, Ov.: amnis perennis, Cic. u. Liv.: amnis inflatus aquis u. bl. inflatus, Liv.: amnis rapidus, Hor. u. Sen. rhet.: amnis placidus, Plin. ep.: violentus, Liv.: vastus, Sen.: verticosus, Liv.: non tenuis rivulus, sed abundantissimus amnis, Cic.: ut flumina in contrarias partes fluxerint atque in amnes mare influxerit, Cic. – poet., v. Sternbild des Eridanus als Stromgott, Caes. Germ. Arat. 648; vgl. Cic. Arat. 145 *sq.* – poet. wie *flumen* (abstr.) = die **Strömung,** der **Strom,** prono amni, Verg.: secundo amne, stromabwärts, Verg.: adverso amne, stromaufwärts, Curt. – poet. von den Strömungen des Ozeans, mit u. ohne Oceani (wie Ὠκεανὸς ποταμός, Hom.), Verg. u. Tibull. (vgl. Broukh. Tibull. 3, 5, 62). – poet. vom **Waldstrom, Gießbach, Wildbach,** ruunt de montibus amnes, Verg.: sowie v. kleineren Flüssen, Nebenflüssen, Bächen, quietos irritat amnes, Hor.: Liris taciturnus amnis. Hor. – poet. »Wasserstrom« für »Wasser«, Verg. Aen. 7, 465 u. 12, 417: spätlat. für »Flüssigkeit« übh., amnis musti, Pallad. 11, 14, 18. – ► **a** Abl. Sing. gew. amne; doch auch (selbst bei Cic. u. Liv.) amni. – **b** vorklass. als *fem.,* Plaut. merc. 859. (u. a. Altlateiner b. Non. 191 *sq.*). Varr. sat. Men. 415. Varr. r. r. 3, 5, 9. Vgl. Serv. Verg. Aen. 9, 124 u. 469. Paul. ex Fest. 61, 7.

1. amo, āvī, ātum, āre (Stamm AM, wovon auch amor u. amicus), **lieben,** aus Neigung od. Leidenschaft, Ggstz. odisse (dagegen diligere = »lieben« aus Hochachtung, Ehrfurcht, Bewunderung usw., Ggstz. neglegere u. spernere; dah. steigernd bald eum a me non *diligi* solum, verum etiam *amari,* Cic. ep. 13, 47 *in:* bald non quo quemquam plus *amem* aut plus *diligam* etc., Ter. Eun. 96: u. verb., cum te semper *amavi dilexique,* Cic. ep. 15, 7, 1), **I lieben** aus Neigung, **liebhaben,** tu fac, quod facis, ut me ames teque amari a me scias, Cic.: alqm fraterne, Cic.: alqm mirifice, Cic.: alqm plurimum, Hieron.: fetus immoderate (v. Affen), Solin.: alqm ardenter, Plin. ep., ardentius et constantius, Suet.: alqm ex animo, singulari amore, Cic.: alqm magis quam oculos suos, Ter.: alqm plus oculis suis, Catull.: alqm corde atque animo suo, Plaut.: inter se, sich (untereinander), Cic.: corde inter se, Plaut.: inter propinquos amandus, Plin. ep.: amandos timet, quos colit violat, Sen. – dah. **a** die parenth. Formel si me amas, wenn du mich lieb hast, mir zu Liebe (zu Gefallen), Cic. u. a. (s. Fritzsche Hor. sat. 1, 9, 38). – **b** der beteuernde Ausdruck, ita (sic) me di (bene) ament od. amabunt, so wahr mir Gott helfe, wahrhaftig, Plaut. u. Ter.: u. ellipt., ita me Iuppiter (*sc.* amet od. amabit), Plaut. u. als Gruß, di te ament, Megadore, grüß Gott! Plaut. – **c** amare se od. ipsum, **nur sich lieben, in sich verliebt-, von sich eingenommen sein, egoistisch denken** (s. Sorof Cic. Tusc. 1, 111. Fritzsche Hor. sat. 2, 7, 31), Plaut. u. Cic.: u. so se ipse amans, ein Egoist, Cic.: ebenso omnia sua, für alles, was von einem selbst kommt, eingenommen sein, Quint.: u. hoc amat, dafür ist er eingenommen, Hor.: quin teque et tua amares, Hor. – **d** amare alqm de od. in alqa re, od. quod etc., jmdm. für etw. **sich verpflichtet fühlen, verpflichtet-, verbunden sein, Dank wissen,** ecquid nos amas de vicina isthac? Ter.: de rauduscculo multum te amo, Cic.: in Atilii negotio te amavi, Cic.: te multum amamus, quod ea abs te diligenter parvoque curata sunt, Cic.: auch m. bl. *Acc. pers., Ad.* Soror, parce, amabo. *Ant.* Quiesco. *Ad.* Ergo amo te, bin dir sehr verbunden, Plaut.: *Mi.* Si vos tantopere istuc vultis, fiat. *Aes.* Bene facis; merito te amo, Ter.: u. so Credo igitur hunc me non amare (mit mir zufrieden sei). At ego me amavi (bin mit mir desto mehr zufrieden), quod mihi iam pridem usu non venit, Cic. – dah. der ellipt. Ausdr. der Umgangsspr., amabo od. amabo te (aber nie amabo vos etc.), eig. ich werde dir sehr verbunden sein (wenn du mir das sagst, tust u. dgl.), bei Bitten (= *oro, quaeso, precor*), **sei so gut, ich bitte sehr, ich bitte schön,** id, amabo, adiuta me, Ter.: amabo, quid ait? Ter.: da mihi operam, amabo, Plaut.: fac, amabo, Ter.: cura, amabo te, Ciceronem, Cic.: amabo te, advola, Cic.: m. folg. *ut* od. *ne* u. Konj. (s. Brix Plaut. Men. 424), amabo te, ut transeas, Ter.: amare ait te multum (er lässt dich schön bitten), ut deferas etc., Plaut.: amabo te, ne assignes, Cic. – **e** etw. **lieben, gern haben, Gefallen** an etw. **finden, α** m. *Acc.*: amavi amorem tuum, Cic.: prout ipse amabat litteras, Nep.: ne nimis *amemus* vitam et ne nimis *oderimus,* Sen.: amans hiatus Homerici suavitatem, Gell.: hoc (diesen Ausdruck) Arruntius amare coepit (gewann lieb), Sen.: amat otia, Verg.: qui superbiam in sese amarent (an sich gut hießen), in aliis reprehenderent, Gell.: v. Lebl., amat ianua limen, bleibt gern verschlossen, Hor.: nitidos et amoenos colores amant oculi, Augustin.: Nilus amet alveum suum, bleibe in seinem Bett, Plin. pan.: id (legumen) exilem amat terram, Col.: lens amat solum tenue magis quam pingue, Plin. – v. Abstr., ea quae secundae res amant, was das Glück gewöhnlich im Gefolge hat, Sall. Iug. 31, 4. – **β** m. *Infin.* od. *Acc.* u. *Infin.,* **es gern sehen,** hic ames dici pater atque princeps, Hor. carm. 1, 2, 50: amabat sibi pretia maiora dici earum rerum, quae etc., Lampr. Heliog. 29, 9. – dah. amare m. *Acc.* u. *Infin.* od. bl. *Infin.,* wie im Griech. φιλεῖν u. im Deutschen **lieben** = etw. **gern tun, zu tun gewohnt sein, pflegen** (vgl. Kritz Sall. Iug. 34, 1. Bentley Hor. sat. 1, 4, 87), quae ira fieri amat, was der Zorn gern tut, Sall.: e quibus unus amet quavis aspergere cunctos, Hor.: amat unus quisque sequi vitam parentum, Ambros. – bei Spät. auch (wie φιλεῖν u. *solere*) unpers. (s. Deder. Dict. 1, 3), sicut in tali re fieri amat, Dict. Cret.: ut apud deum fieri amat, Auson. – **II** jmd. **lieben** aus Leidenschaft, sinnlich **lieben,** in jmd. **verliebt sein,** alqm, Komik., Verg. u. a.: alqam misere, Ter.: alqam amare coepisse perdite, sich sterblich in eine verlieben, Ter.: qui amat, der Geliebte, Plaut., u. quod amo, amas, amat, meine, deine, seine Geliebte, Plaut. (vgl. Brix Plaut. trin. 242): si vis amari, ama, Sen.: ut ameris, amabilis esto, Ov.: ut ameris, ama, Mart.: u. bes. absol., wie unser **lieben** u. im Griech. ἐρᾶν = »eine Geliebte, ein Mädchen haben, = sich halten«, u. euphem. = die Freuden der Liebe genießen, Ter., Sall. u. Hor. (s. Heindorf Hor. sat. 2, 3, 250. Kritz Sall. Cat. 11, 6): amare a lenone, Plaut. – *Partic.,* **a** amāns, antis, *c.,* s. bes. (oben S. 354). – **b** amātus, a, um, **α** adj., **geliebt, teuer,** urbs, Lucan. 1, 508: unice amatus filius, Gell. 6 (7), 5, 3. – **β** subst., amātus, ī, *m.,* der **Geliebte,** Gell. 16, 19, 4. – u. amāta, ae, *f.,* die **Geliebte,** Liv. 30, 14, 1. Amm. 15, 4, 6; 22, 9, 15. Augustin. serm. 161, 10 u. 302, 6. – ► Archaist. *Fut. exact.* amasso, is, int, Plaut. Cas. 1001 u. 1002; mil. 1007; Curc. 578: 2. Pers. Plur. *Imperat. Pass.* ameminor, Diom. gramm. (I) 353, 24.

2. āmo, āre, s. hāmo.

ā-modo, von nun an, Eccl.

amoebaeus, a, um (ἀμοιβαῖος), **abwechselnd** (rein lat. *alternus*), carmen, Wechselgesang, Serv. Verg. ecl. 3, 29. – in der Metrik, amoeb. pes (– – ∪ ∪ –), Ggstz. antamoebaeus pes (∪ ∪ – – ∪), Diom. 481, 25.

Amoebeus, Akk. ea, *m.* (ἀμοιβεύς, ›Wechselsänger‹), ein berühmter Zitherspieler in Athen, Ov. art. am. 3, 399.

amoenē, *Adv.* m. *Compar.* u. *Superl.* (amoenus), den Sinnen **angenehm, anmutig, ergötzlich,** fumificare, Plaut.: amoenius exsequi (dicendo), Gell.: amoenissime habitare, Plin. ep.

amoenifer, fera, ferum (amoenus u. fero), **anmutig tragend,** rus, Ven. Fort. vit. S. Mart. 4, 4.

amoenitās, ātis, *f.* (amoenus), die **Annehmlichkeit** für die Sinne, **a** zunächst von Örtlichkeiten, das **Anmutige, Reizende, Freundliche, Liebliche,** die **anmutige** od. **reizende Lage, -Umgebung,** das **anmutige Besitztum,** fluminis, hortorum, Cic.: fonticulorum, Colum.: urbium, Liv.: locorum, Quint.: riparum, Curt.: domus, Nep.: am. ista, Cic.: Plur., amoenitates orarum ac litorum, Cic. de nat. deor. 2, 100: absol. = reizende Gegenden, Cic. parad. 1, 10. – **b** v. anderen Dingen, das **Angenehme, Ergötzliche, Vergnügliche,** die **Wonne,** formae illius, Plaut.: amanti am. malo est, das angenehme, üppige Leben, Plaut.: plurimarum arborum, Flor.: am. studiorum, Plin.: vitae, Tac.: naturae, Curt.: Plur., amoenitates omnium venerum et venustatum, Plaut. Stich. 278: amoenitates et copiae ubertatesque verborum, Gell. 12, 1, 24: ingenii amoenitates, Gell. 6 (7), 7, 1. – als Schmeichelwort, mea amoenitas, meine Wonne, Plaut. Cas. 229; Poen. 365.

amoeniter, *Adv.* (amoenus), **angenehm, ergötzlich,** Gell. 20, 8, 1.

amoeno, ātus, āre (amoenus), **I anmutig (reizend) machen,** huius (civitatis) territorium pascuis amoenatur, Acro Hor. carm. 3, 4, 15: regio amoenata lucis, Salv. gub. dei 7, 2 § 8 H.: tetrica sunt amoenanda iocularibus, Sidon. ep. 1, 9. – **II ergötzen, vergnügen,** Cypr. ep. 2, 1 u. a. Spät.

amoenus, a, um (vgl. amo), *Adi.* m. *Compar.* u. *Superl.,* **anmutig, reizend, lachend, wonnig, lieblich, gefällig, a** zunächst v. Örtl., urbs, salicta, Enn. fr.: moenia, Plaut.: locus, Cic.: rus, Hor.: urbium amoena positio, Sen.: amoenior villa, Plin. pan.: amoenissimus Italiae ager, Liv.: amoenissima aedificia, Tac.: multo amoenissima porticus, Vell.: pictura parietum amoenissima, von Landschaften, Plin.: m. *Abl.* (s. Weißenb. Liv. 45, 27, 10), templum fontibus rivisque circa amoenum, Liv.: recessus amoeni arboribus, Curt.: horti multarum arborum umbrā et proceritate amoeni, Curt. – subst., amoena, ōrum, *n. pl.,* **anmutige, reizende, lachende Gegenden,** Asiae, Tac.: litorum, Tac.: per plana et amoena exercitum ducere, Quint. – **b** v. anderen Dingen, res (Plur.), Plaut.: fructus, zum Luxus (Ggstz. necessarii, zum Lebensunterhalt), Liv.: cultus amoenior, zu elegante, üppige Kleidung (einer Vestalin), Liv.: amoenus capillus, Apul.: amoeni colores, Augustin.: amoeniores litterae, Gell.: amoenissima verba, Gell.: amoenissimi sermones, Gell.: amoena vita, Tac.: amoenum ingenium, einnehmendes, gefälliges Wesen, Tac.: hunc diem suavem meum natalem agitemus amoenum, Plaut.: m. *Abl.,* ita hic me amoenitate amoenā amoenus oneravit dies, überschüttet mit wonniger Wonne dieser wonnige Tag, Plaut. capt. 774: hoc opusculum nec materiā amoenum est nec appellatione iucundum, Auson. – **c** v.

Pers.: amoena Venus, Plaut.: mea amoena Stephanium, Plaut.: consultor, Macr.: Graeci plusculi, homines amoeni, Gell.: infantes amoeniores, Gell.: gerite amanti mihi morem amoenissimi (pessuli), Plaut. Curc. 149.

āmōlīmentum, *n.* (amolior) = φυλακτήριον, das **Abwendungsmittel,** das **Amulett,** Gloss. II, 473, 49.

ā-mōlior, ītus sum, īrī, mit Anstrengung **wegschaffen, beiseite schaffen, beseitigen, entfernen, I** eig.: haec hinc propere amolimini, Plaut.: am. obiecta onera, Liv.: am. obstantia silvarum, Tac.: manibus suis amoliri ac diruere omnia tyrannidis vestigia, Liv.: dah. *refl.*, amoliri se, sich schieben, sich (fort)packen, sich (fort)trollen, se hinc, Plaut. u. Ter.: hinc se intro, Plaut.: se hinc (a) stabulis, Pacuv.: se e conspectu hinc, Pacuv. – **II** übtr.: **1** etw. Unangenehmes, Nachteiliges usw. **wegschaffen, abwälzen, -wenden, beseitigen, entfernen, a** Lebl.: pericula, Plin.: invidiam crimenque ab alqo, Tac.: dedecus, Tac. – bes. v. Redner, etw. seiner Partei Nachteiliges (wie Verdacht, schlimmen Ruf, Klagpunkte u. dgl.) durch seine Darstellung **abwälzen, abweisen, beseitigen, widerlegen,** alqd prooemio, Quint. 4, 1, 29; u. so Quint. 4, 2, 27 u. ö. – **b** eine Person **sich vom Hals schaffen, beseitigen** (s. Heräus Tac. hist. 1, 13, 14), Octaviam uxorem, Tac.: alqm specie honoris, Tac.: his verbis alqm a se, loswerden, Gell. – **2** in der Rede etw. **beiseite lassen** (= nicht in Betracht kommen lassen, mit Stillschweigen übergehen), amolior et amoveo nomen meum, Liv. 28, 28, 10. – ► Parag. *Infin.*, amolirier, Plaut. most. 371 (wo haec omnia Objekt). – Passiv, ut a se vis Romani exercitus amoliretur, Iul. Val. 1, 22 (17): commixta sive amolita, Apul. de deo Socr. 9: exuviis amolitis, *ibid.* 23.

āmōlītio, ōnis, *f.* (amolior), das **Wegschaffen, Entfernen,** ubi infantis aliorsum dati facta ex oculis amolitio est, Gell. 12, 1, 22: sed (ut) in amolitione fortissimarum piissimarumque animarum iudicio suo, scelere alieno uterentur, Flor. 4, 7,15 *ed. Halm.*

amolo, amolum, s. amyl...

amōmis, idis, *f.* (ἀμωμίς), eine dem echten amomum im Geschmack ähnliche, aber schlechtere Pflanze, Plin. 12, 49.

amōmum od. **amōmon,** ī, *n.* (ἄμωμον), eine in Indien, Medien, Armenien u. (bei Dichtern) Assyrien heimische Gewürzstaude, aus deren Frucht ein kostbarer Balsam bereitet wurde, das **Amomum,** nach Sprengel (zu Theophr. 9, 7) die **weinartige Klimme** (*Cissus vitiginea,* L.), Sall. hist. fr. 4, 60 (4, 18). Plin. 12, 48. Verg. ecl. 4, 25. – dah. meton.: **a** die Frucht-, köstliche Gewürztraube des **Amomum,** auch **Amomum gen.,** Verg. ecl. 3, 89; sucus amomi, Ov. met. 15, 394: recens vicinae messis amomum, Lucan. 10, 168. – **b** der aus der Frucht bereitete **Amomum-Balsam,** das **Amomum,** Ov. ex Pont. 1, 9, 52. Pers. 3, 101. Mart. 5, 64, 3.

amor, ōris, *m.* (v. Stamm AM, wovon auch amo u. amicus), die **Liebe** aus Neigung u. Leidenschaft (Ggstz. odium; hingegen caritas = die »Liebe aus Achtung, Ehrfurcht, Bewunderung usw.«; vgl. Cic. part. or. 16 u. 88), konstr. mit *in, erga, adversus,* od. m. obj. *Genet.*, **I** eig. u. meton.: **1** eig.: amor novus, vetus, Cic.: naturalis, Cic.: pravus, Sen.: nimius, Val. Max.: insanus, Sen.: fraternus, Cic. – noster in te amor, Cic.: fraternus in alqm amor, Cic.: amor in patriam, Nep.: pietas et amor in patriam, Cic.: tuus amor erga me singularis, Cic.: amor adversus eandem libertam, Tac. ann. 13, 13. – amor iuvenum (zu den J.), Cic.: caecus amor sui, Hor.: parvuli sui nimio amore correptus, Val, Max. – amplecti od. prosequi alqm amore, Cic.: amare alqm amore singulari, Cic.: in amore esse alci, von jmd. geliebt werden, Cic.: habere amorem erga alqm, Cic.: habere alqm in amore, lieben, Cic.: im unedlen Sinne, amore perdita est, Plaut.: novercae Stratonices infinito amore correptus, Val. Max.: in amorem virginis incidere, Liv.: in amore haec omnia sunt vitia, Ter.: qui vitat amorem, Lucr.: ne sit ancillae tibi amor pudori, Hor.: am. primus, erste Liebeserklärung, Herzensergießung, Prop. – v. der Liebe der Tiere, Verg. georg. 3, 244. – im Plur., amores hominum in te, Cic.: amores sancti, die griechische edle Knabenliebe, Cic.: amores puerorum (zu den Kn.), Nep.: mihi est in amoribus, er wird von mir geliebt, Cic.: u. im unedlen Sinne, von Liebschaften, Liebeleien, Buhlschaften, amores furtivi, Catull.: meos amores eloquar, Plaut.: amores et hae deliciae, quae vocantur, Cic.: nutrit amores Cynthia, das Liebesfeuer, Prop.: incīdere arboribus amores, seine Liebe, das Geständnis, wie sehr man liebt, Prop. – personif., Amor, der **Liebesgott, Amor, Kupido,** Ἔρως, Verg., Ov. u. a. – im Plur. **Liebesgötter, Amoretten,** Ov., Hor. u. a. – **2** meton.: **a** der geliebte Gegenstand, der **Liebling,** amor et deliciae generis humani (v. Titus), Suet. u. Eutr.: u. so (von dems.) amor generis humani, Pacat. paneg., od. amor orbis, Auson.: u. bes. im Plur., amores et deliciae tuae, Cic. – in Bezug auf Geschlechtsliebe, die **Liebe** = der, die **Geliebte,** Plaut. u. Ov. – **b** poet., der **Liebe erzeugende Gegenstand,** quaeritur et nascentis equi de fronte revolsus et matri praereptus amor, jenes der Mutter entraffte Liebesgewächs, Verg. Aen. 4, 516 (vgl. hippomanes). – **II** übtr., die **Liebe** zu-, d. i. das lebhafte, leidenschaftliche **Verlangen,** die **Sehnsucht** nach etw., das **Gelüst,** die **Begier, Lust,** der **Wunsch,** am. consulatus, Cic.: cognitionis, Cic.: mortis, Cic. poët.: argenti, Hor.: negotii suscepti, Vorliebe, Eingenommenheit für usw., Liv.: poet. im Plur., amores nostri, mein Verlangen (nach dem Gesang), Verg. ecl. 9, 56. – m. *Genet. Gerundii,* amor edendi, Lucr.: amor habendi, Verg.: amor scribendi, Hor.: amor generandi, Zeugungstrieb, Tac. – poet. m. *Infin.*, Verg. Aen. 2, 10; 3, 298; 6, 133. Stat. Theb. 1, 698. – ► amōr gemessen bei Plaut. merc. 590; most. 142; trin. 259. Vergl. ecl. 10, 69; Aen. 11, 323; 12, 668.

amōrābundus, a, um (amor), **liebesüchtig, liebesiech,** mulier, Laber. b. Gell. 11, 15, 1.

amōrātus, a, um (amor), **liebevoll,** CIL 6, 10185.

Amorgos u. **-us,** Amorgus ī, *f.* (Ἀμοργός), eine der sporadischen Inseln des Archipelagus, j. *Morgo,* Plin. 4, 70; unter den Kaisern Verbannungsort, Tac. ann. 4, 13 u. 30.

amōrifer, fera, ferum (amor u. fero), **Liebe bringend,** Ven. Fort. carm. 6, 2, 13. Dracont. carm. 6, 110 D. (sagittae).

amōrificus, a, um (amor u. facio), Liebe erregend, Ps. Apul. herb. 123.

āmōtio, ōnis, *f.* (amoveo), das **Wegschaffen, Entfernen,** doloris, Cic. de fin. 1, 37 u. 2, 9: peccati, Augustin. op. imperf. c. Iulian. 2, 93 u. 6, 26: misericordiae, Prisc. praeex. 6, 19. – ordinis, Standeserniedrigung, Degradation, Gaius dig. 47, 10, 43.

ā-moveo, mōvī, mōtum, ēre, von irgendwo **weg-** od. **fortbewegen, weg-** od. **fortschaffen, beiseite schaffen, entfernen, entziehen** (Ggstz. admovere), **I** eig.: **A** im Allg.: **a** lebl. Objj.: neque in amovendo neque in exportando frumento, Cic.: sacra avecta in finitimas urbes amovimus ab hostium oculis, Liv.: am. cotidianum victum ab alqo, Nep.: nefandos ignes procul delubris, Liv.: scripta et imagines ex bibliothecis, Suet.: Porcia lex virgas ab omnium civium Rom. corpore amovit, Cic.: locus a conspectu amotus, Liv.: u. poet. von der Zeit, quaecumque vetustate amovet aetas, das was die Zeit allmählich wegnimmt, Lucr. 1, 225. – **b** Pers.: alqm loco, Plaut.: alqm aliqua ex urbe, Plaut.: alqm ex istis locis, Cic.: alqm ab altaribus, Liv.: exercitum Rom. ab urbe circumsessa, Liv.: testem hanc a se, Ter.: omnibus arbitris procul amotis, Sall.: tantum ab iniuria se abesse rati, quantum e coetu congressuque impotentium hominum se amovissent, Liv.: u. am. se finibus Ausoniae, Sil.: u. bl. am. custodem, Prop.: custodes (Theaterwache), Tac.: amoto patre, in Abwesenheit des Vaters, Tac. – dah. in der Umgangsspr., se amovere = sich fortmachen, sich aus dem Staub machen, sich schieben, sich trollen, sich drücken, se hinc, Ter. Phorm. 566: se e medio, Suet. Tib. 10: se rus, Plaut. most. 74. – **B** insbes.: **a** (euphem. = *furari*) einen Gegenstand **wegnehmen, mitgehen lassen, beiseite schaffen, entwenden,** boves per dolum amotae, Hor.: amotā et pyxide veneni, Suet. – **b** (euphem. = *relegare*) eine Person vom Hofe auf eine Insel **entfernen = verweisen, verbannen,** Cretam, Tac.: in insulam, Tac. – **II** übtr.: **A** im Allg.: etw. Unangenehmes, Störendes, Nachteiliges usw. **wegschaffen, beseitigen, entfernen, abwenden, abwälzen, von sich fern sein lassen,** a foribus maximam molestiam, Plaut.: suspicionem ab adulescente, socordiam ex pectore, benehmen,

Plaut.: a se non crimen, sed culpam ipsam, Rhet. Her.: enixe ab se culpam, Liv.: principio atque studio amotus puerilis est animus, kindische Neigungen abgelegt, Plaut.: lamentationes, eiulationes, metum, Ter.: bellum, Liv. **B** insbes.: **a** lebl. Objj.: **α** etw. in der Rede usw. **weg-** od. **beiseite lassen, aus dem Spiel lassen,** amolior et amoveo nomen meum, Liv.: u. amoto quaeramus seria ludo, Spaß beiseite! Hor. – **β** etw. als nachteilig einwirkend **fernhalten,** comitas *adsit,* assentatio *procul amoveatur,* Cic. – sensum doloris mei a sententia dicenda amovebo, nicht einwirken lassen auf das Urteil, Cic.: libidinem autem, odium, invidiam cupiditatesque amovere, Cic.: metus est nonnumquam *amovendus* ... nonnumquam *adhibendus,* Quint. – **b** eine Pers. von einem Posten usw. **entfernen,** Saturninum quaestorem a sua frumentaria procuratione, Cic. de har. resp. 43 (dagegen Sall. Cat. 23, 1 jetzt senatu moverunt, u. Val. Max. 2, 7, 5 jetzt senatu movit): censor libertinos tribubus amovit, stieß aus usw., Aur. Vict. vir. ill. 32, 2. – ► Synk. Perf.-Form amorim, Sil. 17, 223. – vulg. Fut. amoveam, Itala 2. regg. 7, 15 bei Augustin. de civ. dei 17, 8, 1.

ampelinus, a, um (ἀμπέλινος), **vom Weinstock,** Caecil. com. fr. 138.

ampelītis, tidis, *f.* (ἀμπελῖτις), eine Art **Erdpech,** das mit Öl angemacht die Weinstöcke gegen die Insekten schützte u. eine erweichende u. zerteilende Kraft hatte, Plin. 35, 194.

Ampelius, ī, *m.*, röm. Eigenname, L. Ampelius, im 4. Jahrh. nach Chr., Symm. ep. 5, 64. Amm. 28, 1, 22. Sidon. carm. 9, 301; versch. von L. Ampelius, im 3. Jahrh. nach Chr., Verf. des bekannten liber memorialis.

ampelodesmos, ī, *m.* (ἀμπελόδεσμος, das Rebenband), ein Binsenkraut, womit man in Sizilien die Weinstöcke anband, Plin. 17, 209.

ampeloprason, ī, *n.* (ἀμπελόπρασον), **Weinlauch,** der in den Weinbergen wild wachsende Lauch, Plin. 24, 136.

ampelos, ī, *f.* (ἄμπελος), der **Weinstock;** dah. **a** ampelos agria, **wilder Wein,** (rein lat. labrusca), Plin. 23, 19; 27, 44. – **b** ampelos Chironia, **Schmerwurz** (rein lat. vitis nigra), Plin. 23, 27; 25, 34. – **c** ampelos leuce, Akk. ampelon leucen, *f.* (ἄμπελος λευκή), die auch archezostis u. rein lat. vitis alba gen. **Zaunrübe, Gichtrübe** (*Bryonia alba,* L.), Plin. 23, 21; vgl. vitis (alba).

Ampelūsia, ae, *f.* (Ἀμπελουσία, die Rebenreiche), das westliche Vorgebirge mit gleichnamiger Stadt in Mauretanien, j. *Cap Espartel,* Plin. 5, 2. Mela 1, 5, 1. (1. § 25); 2, 6, 12 (2. § 96).

ampendix, s. appendix.

amphēmerinon genus febrium (ἀμφημερινοὶ πυρετοί), **tägliche** (d. i. jeden Tag eintretende, nicht wechselnde) **Fieber,** Plin. 28, 228. Cass. Fel. 59. p. 147, 21.

Amphiarāus, ī, *m.* (Ἀμφιάραος), Held, Seher u. Traumdeuter aus dem Geschlecht der Melampodiden zu Argos, Sohn des Oïkles (od. Apollo) u. der Hypermnestra, Gemahl der Eriphyle, Vater des Alkmäon, Amphilochus u. a., der Eurydike u. Demonassa, nahm gegen seinen Willen an dem Zug der Sieben gegen Theben teil, floh vor seinem Verfolger Polyklymenus u. wurde auf Zeus' Befehl mit den Rossen u. dem Streitwagen von der Erde verschlungen und unsterblich gemacht, Varr. bei Serv. Verg. Aen. 8, 275. Hygin. fab. 73. Cic. de div. 1, 88. Min. Fel. 26, 5. Apul. de deo Socr. 15. Ov. ex Pont. 3, 1, 52 u. bes. Stat. Theb. 7, 690 *sqq.* – Dav.: **a Amphiarēiadēs,** ae, *m.*, der **Amphiarēiade** (männl. Nachkomme des Amphiaraus) = Alkmäon, Ov. fast. 2, 43. – **b Amphiarēus,** a, um (Ἀμφιάρειος), **amphiaraisch,** des **Amphiaraus,** quadrigae (Streitwagen), Prop. 2, 34, 39.

amphibalum, ī, *n.* (v. ἀμφιβάλλω), der **Umwurf, Überwurf,** als Priestergewand, Sulp. Sev. dial. 2, 1. § 5 u. 7 H.

amphibion, ī, *n.* (ἀμφίβιον), die **Amphibie,** Isid. 12, 6, 3 (griech. bei Varr. LL. 5, 78. Varr. r. r. 3, 10, 1: u. ἀμφίβιοι, Col. 8, 13, 1. Amm. 22, 15, 14 *Gardth.*

amphibolē, *Adv.* (amphibolus) = ἀμφιβόλως, **zweideutig,** Acro Hor. carm. 2, 25, 20 *ed. Hauth.* (Pauly amphibolice, w. vgl.).

amphibolia, ae, *f.* (ἀμφιβολία), die **Zweideutigkeit,** der **Doppelsinn,** rein lat. ambiguitas, Rhet. Her., Cic. u. a.

amphibolicē, *Adv.* (amphibolia), **zweideutig,** Porphyrio Hor. sat. 2, 1, 48. Boëth. elench. sophist. 2, 2 (vgl. amphibole). – Nbf. amphibolicōs, Serv. Verg. georg. 4, 238. Schol. Hor. carm. 1, 1, 6.

amphibologia, ae, *f.* (ἀμφιβολογία), die **Zweideutigkeit,** Cassiod. de dial. p. 532 (b) *ed. Garet:* Plur. bei Acro Hor. de art. poët. 449. Isid. 1, 33, 13.

amphibolus, a, um (ἀμφίβολος), **doppelsinnig,** nomen, Mart. Cap. 5. § 462: amphibolon est, an ... an, Serv. Verg. Aen. 4, 178; vgl. Porphyrio Hor. carm. 1, 6, 7 u. Acro Hor. carm. 3, 13, 3.

amphibrachys, Akk. -yn, *m.* (ἀμφίβραχυς, vorn u. hinten kurz), als *t. t.* der Metrik = der Versfuß ◡–◡ (Ggstz. amphimacrus –◡–), Quint. 9, 4, 81 u. 105. Diom. 479, 8. – ► Nbf. amphibrachus, Beda (VII) 242, 3.

amphicōlus, um (ἀμφίχωλος), **auf beiden Seiten lahmend (verstümmelt),** Plot. Sacerd. art. gramm. 3, 22. p. 523, 10 K.

amphicomos, ī, *m.* (ἀμφίκομος), ein unbekannter Edelstein, Plin. 37, 160.

Amphictyōn, onis, *m.*, mythischer König von Athen, Iust. 2, 6, 9. Oros. 1, 9, 1.

Amphictyones, um, Akk. as, *m.* (Ἀμφικτύονες), die **Amphiktyonen,** der **Amphiktyonenbund, I** der apollinisch-demetrische zu Delphi u. bei den Thermopylen, eine Verbindung von zwölf (urspr. meist thessalischen) Völkerschaften zu religiösen und politischen Zwecken (Sorge für das delphische Heiligtum, Überwachung der dortigen Schätze u. Beratung der gemeinsamen Angelegenheiten), deren Abgeordnete jedes Jahr, urspr. einmal in Anthela bei den Thermopylen, später zweimal, im Frühling zu Delphi, im Herbst zu Anthela, zusammentraten, wobei einzelne Staaten mehrere Vertreter u. Stimmen, aber auch mehrere Staaten zusammen nur einen Vertreter u. eine Stimme hatten), Cic. de inv. 2, 69. Quint. 5, 10, 111. – **II** der apollinische auf Delos, eine Verbindung der Bewohner der zykladischen u. benachbarten Inseln, deren Hauptzweck Beschützung des delischen Heiligtums u. Ordnung gemeinsamer Angelegenheiten war, wahrsch. gemeint b. Tac. ann. 4, 14.

amphicyrtos, on (ἀμφίκυρτος), **nach beiden Seiten gekrümmt,** luna, Firm. math. 4, 1, 10. Amm. 20, 3, 11 (griech. bei Macr. somn. Scip. 1, 6, 55 *sq.*).

amphidanēs, ae, *m.*, ein Halbedelstein Indiens, auch chrysocolla gen., mit magnetischer Kraft selbst gegen Gold, viell. ein **Magnetkies,** Plin. 37, 147 u. Plin. lib. 1. ind. ad lib. 37, 54.

amphidoxus, a, um (ἀμφίδοξος), **zweideutig, doppelsinnig,** sententiae, Isid. 2, 21, 26: controversia, Augustin. de rhet. 20 H.

Amphilochi, ōrum, *m.* (Ἀμφίλοχοι, ein in Akarnanien (am Ostende des ambracischen Meerbusens) sesshafter epirotischer Volksstamm, Liv. 32, 34, 4; 38, 3 u. 5 *sqq.* – deren Land **Amphilochia,** ae, *f.* (Ἀμφιλοχία), **Amphilochia,** Cic. Pis. 96. Liv. 38, 3, 4 u. 7, 1. – sowie deren Hauptort **Argos Amphilochium** od. **A. Amphilochicum,** ī, *n.* (Ἄργος τὸ Ἀμφιλοχικόν), noch jetzt *Philokia,* Liv. 38, 10, 1 (ium). Plin. 4, 5 (icum).

Amphilochus, ī, *m.* (Ἀμφίλοχος), **I** Sohn des Amphiaraus, der als Seher einen Tempel zu Oropus in Attika hatte, Liv. 45, 27, 10, u. gemeinschaftl. mit Mopsus griech. Städte (wie Mallus u. a.) an der Seeküste von Cilicien gründete, Cic. de div. 1, 88. – **II** ein griech. Schriftsteller über Landwirtschaft, Varr. r. r. 1, 1, 8. Col. 1, 1, 8. Plin. 18, 144.

amphimacrus, ī, *m.* (ἀμφίμακρος, vorn und hinten lang), *t. t.* der Metrik, der Versfuß –◡– (auch *Creticus* gen.; Ggstz. amphibrachys ◡–◡), Quint. 9, 4, 81. Diom. 479, 13. – Dass. amphimēcēs (ἀμφιμήκης), Diom. 479, 13.

amphimallium u. **-mallum,** ī, *n.* (ἀμφίμαλλον), ein **wollener, auf beiden Seiten haariger** od. **zottiger Stoff,** Varr. LL. 5, 167. Plin. 8, 193 (amphimallia). Hier. ep. 71, 7. Schol. Iuven. 3, 283.

amphimēcēs, s. amphimacrus.

Amphinomus, ī, *m.* (Ἀμφίνομος), ein Jüngling aus Katane, der mit seinem Bruder *Anapus* seine Eltern mitten durch das Feuer des Ätna trug, Val. Max. 5, 4. ext. 4. Claud. edyll. 7, 1 *sqq.* u. das Ereignis (ohne Namen der Jünglinge) Sen. de ben. 3, 37, 2. Sil. 14, 197.

Amphīōn, onis, Akk. onem u. (bei Dichtern) ona, *m.* (Ἀμφίων), Sohn des Jupiter u. der Antiope, der Tochter des thebanischen Nykteus, von der Mutter in der Gefangenschaft bei Lykus mit seinem Zwillingsbruder Zethus geboren u. ausgesetzt, von einem Rinderhirten gefunden u. erzogen, bildete sich, von Merkur (od. Apollo) mit einer Lyra beschenkt, zum Meister im Gesang u. Lyraspiel aus (Verg. ecl. 2, 24), während der Bruder, ganz verschieden an Charakter (Hor. ep. 1, 18, 41), Hirt u. Jäger wurde. Antiope, inzwischen in ihrer Haft von der Dirke aus Eifersucht misshandelt, bricht mit Hilfe Jupiters ihre Fesseln u. entflieht zu ihren Söhnen. Diese erkennen die Mutter (nach einigem Weigern von Seiten des Zethus, s. Prop. 3, 13, 29. Hyg. fab. 8) an, ziehen gegen Theben, töten den Lykus u. lassen die Dirke an einen Stier binden u. zu Tode schleifen (s. die Hauptst. Prop. 3, 13, 11 *sqq.*). Sie reißen hierauf die Herrschaft von Theben an sich u. befestigen die Stadt Theben mit einer Burg, wobei die Felsen des Kithäron den Zaubertönen des Amphion folgen u. sich von selbst zu einer Mauer zusammenfügen (Hor. carm. 3, 11, 1 *sqq.*; de art. poët. 394): dah. Amphionis arces, die thebanischen, Ov. met. 15, 427. – Amphion heiratete die Niobe, des Tantalus Tochter, die ihm mehrere Söhne u. Töchter gebar; als sich aber Niobe der Latona gegenüber ihrer Fruchtbarkeit zu sehr rühmte, wurden alle ihre Kinder vor ihren Augen durch Apollos u. Dianas Pfeile getötet. Aus Gram über den Verlust seiner Kinder entleibte sich Amphion mit dem eigenen Schwert, Ov. met. 6, 270; vgl. übh. Hyg. fab. 7 *sqq.* – Niobe wurde auf dem einsamen Felsen des Sipylos in einen Stein verwandelt u. fühlte selbst als Stein noch das Leid, das ihr die Götter zugefügt, Ov. met. 6, 155 *sqq.*; vgl. Hyg. fab. 7 *sqq.* – Pacuvianus Amphio, Amphion in der nach ihm benannten Tragödie des Pakuvius, Cic. de div. 2, 133. – Dav. **Amphīonius**, a, um, **amphionisch, des Amphion,** lyra, Prop.: pecten, Sil.: ars, Musik, Sidon. – u. poet. = thebanisch, palaestra, Claud.: canes, Sen. poët.

Amphipolis, (is), Akk. im u. in, *f.* (Ἀμφίπολις), eine (urspr. athenische Pflanz-) Stadt in Mazedonien, von zwei Armen des Strymon kurz vor dessen Mündung umflossen (dah. der Name), unter den Römern Frei- u. Hauptstadt des ersten (östl.) Mazedoniens, j. Ruinen b. *Neokhorio,* türk. *Yenikiuy,* Nep. Cim. 2, 2. Liv. 40, 24, 3. Vulg. act. 17, 1. – Dav.: **1 Amphipolītēs**, ae, *m.* (Ἀμφιπολίτης), der **Amphipolitaner,** Varr. r. r. 1, 1, 8. Col. 1, 1, 8. – **2 Amphipolītānus**, a, um, **amphipolitanisch, zu Amphipolis,** arx, Iustin. 14, 6, 13.

amphiprostȳlos, ī, *m.* (ἀμφιπρόστυλος), ein Tempel, der an der Vorder- u. Hinterseite vier, an den Seiten keine Säulen hat, u. vorn mit hervortretenden Eckwandpfeilern (Anten) u. einer Tür versehen ist, Vitr. 3, 2, 1 (3, 1, 10).

Amphīsa, s. Amphissa.

amphisbaena, ae, *f.* (ἀμφίσβαινα), eine Schlangenart, bes. in Libyen, die vor- u. rückwärts kriechen kann, der die Alten daher einen doppelten Kopf gaben, Plin. 8, 85. Solin. 27, 29. Lucan. 9, 719. Isid. 12, 4, 20.

amphiscii, ōrum, *m.* (ἀμφίσκιοι) = *biumbres,* **von zwei Seiten Schatten Gebende,** Ambr. hex. 4, 5, 33; vgl. Gloss. V, 591, 38.

Amphissa (Amphīsa), ae, *f.* (Ἄμφισσα), alte Hauptstadt der Lokri Ozolä in Phokis, beim j. *Salona,* Liv. 37, 5, 4. Lucan. 3, 172, durch Augustus Freistadt (immunis), Plin. 4, 8 (wo Form Amphisa). – Dav. **A** Amphissēnsēs, ium, die Einw. von A., die **Amphisseer,** CIL 3, 10405. – **B Amphissius**, a, um, **amphissisch,** saxa, v. Vorgebirge »Zephyrium«, Ov. met. 15, 703 *ed. Riese.*

amphitanēs, s. amphidanēs.

amphitapos, ī, *m.* (ἀμφίταπος), ein **auf beiden Seiten zottiger Teppich** (Ggstz. psila), bes. als Bettdecke, Lucil. sat. 6, 10. Varr. sat. Men. 253: Plur. -tapoe, Lucil. sat. 1, 28. Non. p. 540, 24 (cod. H.); u. heterokl. -tapa, Ulp. dig. 34, 2, 23. § 2. Isid. 19, 26, 5.

amphithalamus, ī, *m.* (ἀμφιθάλαμος), ein **Zimmer vor dem Schlafgemach** *(thalamus),* ein **Vorzimmer,** Vitr. 6, 7 (10), 2.

amphitheāter, s. amphitheātrum ►.

amphitheātrālis, e (amphitheatrum), **zum Amphitheater gehörig, amphitheatralisch,** cavea, Amm. 29, 1, 17: curriculum, Amm. 26, 3, 2: spectaculum, Plin., 11, 84: magistri, Mart. 11, 69, 1: usus, Mart. 14, 137, 1: pompa, Claud. cons. Mall. Theod. 292. Prud. c. Symm. 1, 385: furores, Dracont. de deo 3, 187.

amphitheātricus, a, um (amphitheatrum), **amphitheatrisch, Amphitheater-,** spectaculum, Symm. ep. 4, 8: charta, eine geringere Sorte Papier, urspr. in od. bei dem Amphitheater zu Alexandria bereitet, Plin. 13, 75 u. 78.

amphitheātrum, ī, *n.* (ἀμφιθέατρον), das **Amphitheater,** anfangs aus Holz, später aus Stein mit großer Pracht erbaut in einem sanften Oval, in der Mitte ein freier ovaler Raum *(arena)* zu Tier- und Fechterkämpfen; rings um diesen eine massive Mauer mit Gewölben (*caveae,* für die wilden Tiere); auf dieser Mauer das *podium* u. über diesem um den ganzen Raum stufenweise sich erhebende Sitze für die Zuschauer in drei bis vier Stockwerken u. ganz oben eine offene Galerie: das ganze offene Gebäude zum Schutz gegen Sonne u. Regen mit Tüchern (vela) überspannt. Das von Vespasian (72 n. Chr.) begonnene, durch Titus nach fünf Jahren vollendete, jetzt »Kolosseum« genannte zu Rom faßte auf seinen Sitzen 87000 Zuschauer u. noch weitere 20000 auf seiner offenen Galerie, Plin. 19, 24. Tac. ann. 4, 62. Suet. Vesp. 9 u. Tit. 7 *sq.* – ► Nbf. amphitheāter, Petr. 45, 6. CIL 6, 31893.

Amphitrītē, ēs, *f.* (Ἀμφιτρίτη), eine Neréide od. Ozeanide, Gemahlin Neptuns, Göttin des Meeres (bes. des Mittelmeeres), Hyg. astr. 2, 17. Col. poët. 10, 201. Serv. Verg. Aen. 6, 74. Arnob. 4, 26 (wo Plur.). – poet. appellat. für **Meer** (Ozean) übh., Catull. 64, 11 u. a.; s. Bach Ov. met. 1, 14.

Amphitryōn(yo) u. altlat. **Amphitruo**, ōnis, *m.* (Ἀμφιτρύων), Sohn des Alcäus, des Königs von Tiryns, Enkel des Perseus, Gemahl der Alkmene, mit der er, wegen Ermordung ihres Vaters Elektryon vertrieben, nach Theben floh, wo sie von ihm den Iphikles u. von Jupiter den Herkules gebar, Hyg. fab. 29. Ov. met. 6, 112 (wo die Form -yon). Serv. Verg. Aen. 8, 103 (wo die Form -yo). Plaut. Amph. prol. 98 u. 100; 1, 1, 38 (192) u. a. (wo überall Form -uo): Amphitryonis progenies, v. Herkules, Cic. fr. b. Lact. 1, 15, 20. – Dav. **Amphitryōniadēs**, ae, *m.* (Ἀμφιτρυωνιάδης), der **Amphitryoniade** (Nachkomme des Amphitryo), d. i. Herkules, Catull. 68, 112. Verg. Aen. 8, 214. Petr. poët. 123, 206. Serv. Verg. Aen. 2, 601.

amphora (später amfora), ae, *f.* (ἀμφορεύς, zsgz. aus ἀμφιφορεύς v. ἀμφι-φέρω), **I** ein großes zylinderförmiges, meist aus Ton (Hor. art. poët. 21. Cael. Aur. chron. 3, 2, 23), doch auch aus Glas (dah. vitrea, Petr. 34, 6), sogar einmal aus dem Onyx (Plin. 36, 59) verfertigtes Gefäß mit spitz zulaufendem unterem Ende, um es in die Erde od. in die Löcher des *abacus* (s. d. *no.* III) stecken zu können, oben mit einem engen Hals u. zwei Henkeln zum Tragen, mit einem Kork (*cortex* od. *suber*) verschlossen u. dieser wieder mit Pech od. Gips versiegelt (cortex astrictus pice, amphorae diligenter gypsatae), die **Amphora,** der **Krug,** gew. zum Aufbewahren des Weins, nachdem er in den *doliis* gehörig gegoren hatte (Procul. dig. 33, 6, 15; dann bezeichnet mit den Konsuln, unter denen sie gelagert waren, an den gläsernen auf *pittacia, tesserae;* vgl. Orelli Hor. carm. 3, 21, 1), oft b. Cato, Hor. u. a.: meton. (poet.) für »Wein«, Hor. u. Mart. – zum Aufbewahren des Honigs, Cic. u. Hor.: des Öls, olearia, Cato: des geschmolzenen Metalls, Nep. – zum Aufbewahren eines Leichnams als Sarg (dah. in der Mitte aufgeschnitten u. nach Hineinlegen des Leichnams wieder zusammengefügt), Prop. 4, 5, 75. – auch als großes Uringefäß mit einem mehr trichterförmigen Hals in Sackgässchen u. Durchgängen zum Gebrauch für die Vorübergehenden aufgestellt, C. Titius b. Macr. sat. 2, 12 (3, 16), 15. – amphorae sparteae, mit zwei Handhaben versehene Körbe aus Pfriemgras, zum Aufbewahren der Weintrauben, Cato r. r. 11, 2. – **II** übtr., **1** als Maß für Flüssigkeiten (auch quadrantal gen.) = 2 *urnae* od. 8 *congii* od. 48 *sextarii* = rund 20 Liter, u. 5 amphorae = rund 100 Liter, Cic. u. a. – amphora Capitolina, die auf dem Kapitol als Normalmaß aufgestellte geeichte Amphora, Capitol. Maximin. 4, 1. – **2** als Gewicht, zur Bestimmung der Größe eines Schiffes, wie unser **Tonne,** da die amphora im Allg. 80 röm. Pfund wiegen sollte (hier meist Genet. Plur. amphorum, s. Charis. 56, 4*sqq.;* 100, 14*sqq.* Diom. 304, 26: naves onerariae, quarum minor nulla erat duum milium amphorum, Lentul. in Cic. ep.: magnitudo (navium) ad terna milia amphorum, Plin.: navis plus quam trecentarum amphorarum, Liv. – ► Die Schreibung ampora verworfen von Prob. app. (IV) 199, 17.

amphorālis, e (amphora), **das Maß einer Amphora fassend,** vas, Plin. 37, 27.

amphorārius, a, um (amphora), **auf Amphoren (Krüge) gefüllt, -abgezogen,** vinum, Procul. dig. 33, 6, 16. § 2.

amphorula, ae, *f.* (*Demin.* v. amphora), eine **kleine Amphora,** aurea, Isid. 19, 31, 12.

Amphrȳsus (os), ī, *m.* (Ἀμφρυσός), ein kleiner Küstenfluss Thessaliens, der sich in den pagasäischen Meerbusen ergießt, an dem (nach dem Mythos) Apollo die Herden des Königs Admetus neun Jahre lang weidete, pastor ab Amphryso, Apollo, Verg. georg. 3, 2: als Flussgott b. Ov. met. 1, 580. – Dav.: **a Amphrȳsiacus,** a, um, **amphrysiacisch, am Amphrysus,** gramen, Stat. silv. 1, 4, 105. – **b Amphrȳsius,** a, um, **amphrysisch,** Amphrysia (Amphrisia) saxa, poet. v. Vorgebirge »Zephyrium« im Lande der aus Thessalien stammenden Lokri Epizephyrii, Ov. met. 15, 703 *ed. Merkel.* – poet. = apollinisch, sibyllinisch, vates, Verg. Aen. 6, 398: fata, Auson. epist. 7, 2, 15. p. 164 Schenkl.

ampla, ae, *f.* = ansa, die **Handhabe,** der **Griff,** Cic. Verr. 2, 61. Amm. 21, 2, 1. Serv. Verg. Aen. 7, 796.

amplē, *Adv.* m. *Compar.* u. *Superl.* (amplus), **I reichlich, ansehnlich, bedeutend, im vollen Maße,** nutrire valetudinarios, Cels.: amplissime dare agrum, Cic.: quibus ille me rebus non ornatum esse voluit amplissime? Cic. – **II großartig, prächtig, glänzend, herrlich,** exornare triclinium, Cic.: amplissime efferri, Cic. – u. in der Rede, elate et ample loqui, mit Erhabenheit u. Würde sich aussprechen, Cic.: sublate ampleque dicentes, erhaben u. prächtig (Ggstz. attenuate presseque dic.), Cic. – Insbes.: **amplius,** *Adv. compar.,* **I** (bes. in der Umgangsspr.) vom größeren Umfang einer Handlung, fast gleich *magis* od. *plus,* **umfassender, d. i. mehr, mehr noch, stärker,** valere, Plaut.: accusare, Plaut.: invitare, dringender, Ter.: amplius aequo lamentari, Lucr. – **II** übtr., von räumlichen Verhältnissen auf Umfang u. Ausdehnung in der Zeit u. Zahl, **weit, mehr** (also von extensiver Größe, wie *magis* von intensiver, *plus* von quantitativer), **a** absol., von Zeit od. Dauer einer Handlung in der Zeit, **α** übh., **weiter, länger, ferner, mehr,** urere ne possit calor ampl. aridus artus, Lucr.: non luctabor tecum ampl., Cic.: proelio ampl. non lacessit, Caes. – mit Negationen, nec iam ampl. ullae apparent terrae, Verg.: et iam nihil amplius dicturi sumus, Quint. – dah. als gerichtl. *t. t.,* amplius pronuntiare, d. h. mit der vom Vorsitzenden ausgesprochenen Formel AMPLIUS, **auf weiteres** od. **später,** das Endurteil in einer allen od. den meisten Richtern noch nicht hinlänglich klaren Sache (die deshalb Non Liquet [auf den Stimmtäfelchen N.L.] erklärt hatten) auf einen beliebigen späteren Termin vertagen, etwa wie unser: **auf weiteren Beweis erkennen** (vgl. Ps. Ascon. in Cic. II. Verr.. 1, 26. p. 164 Or.), Cic. Brut. 86 u. ö.: dah. übtr., ampl. deliberandum censeo, Ter. Phorm. 457. – **β** bei Käufen, Zahlungen u. dgl., amplius non peti, die Kautel: **dass später kein weiterer Anspruch gemacht werden dürfe,** Cic. ep. 13, 28, 2; Rosc. com. 25 u. a. – u. so γ) amplius non agi, die Kautel: **dass später kein Prozess mehr angefangen werde,** Ulp. dig. 9, 2, 27. § 14 u. s. – **b** von bestimmten Zeit- u. dann übh. Zahlengrößen, **weiter, mehr als** usw., **über;** non amplius, **nicht mehr als, nur,** dem Zahlwort bald nach-, bald vorgesetzt u. konstruiert: **α** als Apposition zu dem durch die sonstige Konstruktion erforderlichen Kasus, mit *Nom., Acc., Abl., Genet.* (nur nicht *Dat.*), amplius sunt sex menses, Cic.: triennium amplius, Cic.: amplius centum cives Romani, Cic. – septingentos iam amplius annos, Cic.: noctem non amplius unam, Verg.: in eo proelio non amplius ducentos milites desideravit, Caes. – solem amplius duodeviginti partibus maiorem esse quam lunam, Cic.: non amplius pedum milibus duobus ab castris castra distabant, Caes. – non ampl. pedum DC, Caes.: non ampl. duum milium intervallo, Sall. – **β** mit *quam,* reiciundi ampl. quam trium iudicum potestas, Cic.: non ampl. quam terna milia aeris, Nep. – dafür **γ** mit abhängigem *Abl.,* triennio ampl., Cic.: non ampl. quinis aut senis milibus passuum interesse, Caes. – auch **δ** absol. (fast = *plures*), binas aut ampl. domos (zwei oder mehr) continuare, Sall.: XVI non ampl. legiones, Liv.: duo haud ampl. milia peditum, Liv.: tres et ampl. felices, Hor. – u. ε) = *saepius,* wie **mehr** = **öfter,** ampl., quam semel, agi potest, ICt.: absol., ter, nec ampl., Suet. – **c** von jedem Zuwachs, der als Fortsetzung einer Reihe von Gegenständen oder Handlungen einen weiteren Umfang derselben herbeiführt (= *praeterea, insuper*), **mehr, noch mehr = weiter, überdies, dazu noch, sonst noch, ferner,** quid est, quod iam ampl. exspectes? Cic.: quid vis od. quid vultis ampl.? Cic.: quid quaeris ampl.? Cic.: et alia ampl., Sall.: ampl. nemo, Curt. – dah. die Formeln: **α** non dico amplius u. nihil dico (od. dicam) amplius, **ich sage nichts weiter, ich schweige lieber,** wenn man seine Meinung zurückhält, namentlich um nicht zu beleidigen, Plaut. u. Cic. – **β** hoc od. (bei Spät.) eo amplius, **noch weiter, außerdem, überdies, noch dazu,** Komik., Cic. u. a.: eo ampl., Suet. u. ICt.: u. his ampl., Quint. – dah. *t. t.* der im Senat Stimmenden, die ihren Beitritt zu einer anderen Meinung mit einem Beisatz begleiten wollen, wie Servilio assentior; et hoc ampl. censeo, und überdies bin ich noch der Meinung, -ist das noch meine Meinung, Cic. Phil. 13, 50; vgl. Sen. de vit. beat. 3, 2; nat. qu. 3, 15, 2. – **γ** nihil od. nec amplius quam, **nichts weiter** od. **sonst als** usw., **nur,** Cic. u. a. (so auch nihil amplius praeter m. Akk., Vell. 2, 58, 2): u. so ellipt., nihil amplius quam od. nec quicquam amplius (agit), quam etc., Suet. – **δ** ellipt., nihil amplius, **weiter** od. **mehr** od. **sonst nichts, nur das, nicht mehr,** Ter. u. Cic.: ebenso si nihil amplius (*sc.* efficiam), Ov.

am-plecto, s. am-plector ►.

am-plector, plexus sum, plectī (amb u. plecto, πλέκω), **I** eig., **sich um** etw. od jmd. **flechten, schlingen;** dah. **A** mit den Armen od. Händen etw. od. jmd. **umschlingen, umfassen, umfangen, umfasst** od. **umschlungen halten, a** übh.: genua, Plaut.: aram, Tac.: saxa manibus, Liv.: manum alcis, Plin. ep.: dextram, Verg.: non possunt amplexae adire, einander anfassend, Hand in Hand, Vitr.: amplexus teneo alqd, eig., postes, Verg. Aen. 2, 490, u. bildl., imperium, Liv. 3, 52, 6. – **b** insbes., jmd. freundlich od. liebend **umarmen,** Komik., Ov. u. a. (b. Cic. de rep. 6, 14 jetzt complexus). – **B** wie mit Armen od. Händen **umschlingen, umschließen, umgeben,** compedes amplectuntur crura, Plaut.: arboris stirpem (v. einer Schlange), Lucr.: tellurem alis (v. der Nacht), umhüllen, Verg.: ansas circum acantho, einfassen, Verg.: hostium aciem, umzingeln, umringen, Liv.: scherzh., crura amplectitote fustibus, Plaut. – u. Örtl., locum exedrā et porticibus, Plin. ep.: locum munimento, Liv. – v. Feuer, **ergreifen,** ignis proxima quaeque et deinceps continua amplexus totis se passim dissipavit castris, Liv. – **II** übtr.: **A** im Allg., etw. wie mit Armen umfassen od. mit Händen festhalten, d. i. etw. **ergreifen, annehmen, willkommen-, gutheißen, benutzen,** ampl. perverse prima viai, gleich anfänglich verkehrt die Straße nehmen, d. i. die Elemente falsch fassen, Lucr.: alqm tamquam obsidem consulatus mei, Cic.: libenter talem animum, Cic.: victoriam pro sua, Liv.: occasiones obligandi me avidissime, Plin. ep.: mortis poenam removere (verwerfen), ceterorum suppliciorum omnes acerbitates amplecti (gutheißen), Cic.: m. dopp. Akk., hunc (Lysiam) amplectuntur amatores huius nominis modum (als Muster, Kanon, Ideal), Quint. 12, 10, 21. – **B** insbes.: **1** jmd. **mit Liebe umfassen, lieben, hochhalten, ins Herz schließen,** mit ihm **zärtlich** od. **schön tun,** alqm amore, alqm amicissime, Cic.: Octaviam, Tac.: dah. hoc se amplectitur uno, darauf tut er sich etwas zugute, Hor. sat. 1, 2, 53. – **2** etw. mit Liebe umfassen, etw. **mit Vorliebe festhalten,** d. i. etw. **hochhalten, auf** etw. **viel** od. **großen Wert legen, -viel halten, sich** einer Sache **annehmen,** etw. **hegen**

und pflegen, etw. **anerkennen,** tanto amore suas possessiones, Cic.: rem publicam nimium, Cic.: artem, Cic.: ius civile vehementissime, Cic.: nobilitatem et dignitates hominum, Cic.: illud quod amplexi sumus, den Beruf, den wir mit Vorliebe gewählt haben, Cic. – **3** mit dem Geist **umfassen** u. **festhalten, durchdenken, erwägen,** si iudex non omnia amplectetur consilio, Cic.: cogitationem toto pectore, Cic. – **4** etw. **umfassen, mit** unter etw. **aufnehmen, -begreifen, mit** in etw. **einschließen,** quod idem (honestum) interdum virtutis nomine amplectimur, Cic.: qui (Caesar) ceterorum suppliciorum omnes acerbitates amplectitur (*sc.* sententiā suā), Cic. – dah. übtr. v. Dingen, **umfassen** = **in sich fassen, -begreifen, enthalten,** illae (tabulae) perpetuae existimationis fidem et religionem amplectuntur, Cic.: cum (grammatice) prope omnium maximarum artium scientiam amplexa sit, Quint. – **5** in der Darstellung **umfassen,** d. i. **a ausführen, abhandeln, besprechen,** argumentum pluribus verbis, Cic.: omnes res per scripturam, Cic.: non ego cuncta meis amplecti versibus opto, zwar nicht alles begehr ich mit meinem Gesang zu umfassen, Verg. – **b zusammenfassen, summarisch behandeln,** omnes oratores, qui ubique sunt aut fuerunt, Cic.: omnia communiter, Liv.: omnia genera breviter, Plin. ep. – ► Archaist. amploctor, Liv. Andr. fr. b. Diom. 384, 9 (vgl. Prisc. 1, 32). – Aktive Form amplecto, vorklass., wov. *Imperat.* amplectitote, Plaut. rud. 816: arch. amplocto, Cassiod. (VII) 149, 17. – u. *Part. Perf. Pass.* b. Plaut. mil. 507. Petron. b. Prisc. 8, 16. – u. parag. *Infin.* amplectier, Lucil. fr. inc. 173 (b. Prisc. 8, 16). Lucr. 5, 728.

amplexābundus, a, um (amplexor), **sich der Umarmung hingebend,** Iul. Val. 2, 32.

amplexātio, ōnis, *f.* (amplexor), die **Umschlingung,** Isid. 7, 8, 14. – übtr., das **Umfassen mit Liebe,** Cassiod. var. 8, 26.

amplexio, ōnis, *f.* (amplector) = ἐπιπλοκή, die **Verknüpfung** (als metr. *t. t.*), im Sing. u. Plur., Mar. Victorin. gramm. (VI) 63, 14.

amplexo, s. amplexor ►.

amplexor, ātus sum, ārī (*Intens.* v. amplector), **I** (wiederholt) **umschlingen, umfassen, a** übh.: aram, Plaut.: puerorum corpora, Iustin.: alci pedes, Rhet. Her.: beim Ringen, amplexantis, id est luctantis sortitus est nomen, Isid. 7, 8, 14. – **b** insbes., jmd. **umfassen** = **umarmen,** osculari et ampl., Ter.: ampl. cum alqo od. inter se, sich umarmen, Plaut. (s. Brix u. Lorenz Plaut. mil. 243): alqm familiariter atque hilare, Cic. – **II** übtr.: **1 mit Liebe umfassen,** ut dixi, Appius totum me amplexatur, tut ganz zärtlich gegen mich, erdrückt mich fast mit seinen Zärtlichkeiten, Cic. ad Q. fr. 2, 12, 3 (vgl. § 1. mihi blanditur). – **2** etw. **mit Vorliebe festhalten,** als ein wünschenswertes Gut **ergreifen, hochhalten, auf** etw. **viel halten, -großen Wert legen,** etw. **anerkennen,** voluptatem, Cic.: aequabilitatem iuris, Cic.: otium, Cic.: fortunae munera, Plin.: species (*i.e.* ἰδέας) mirifice, außerordentlich hochhalten, sich ganz und gar in sie vertiefen, Cic. – ► **a** Aktive Nbf. amplexo (s. Prisc. 8, 26), wov. *Imperf.* amplexabat, Fulg. serm. 8: *Coni. Imperf.* amplexaret, Petr. 63, 8: *Fut.* amplexabo, Plaut. Poen. 1230: *Imperat.* amplexa, Acc. tr. 70, und amplexato, Cic. Clu. 124: *Infin.* amplexare, Claud. Quadrig. bei Prisc. 8, 26. – u. im Passiv, *Coni. Praes.* amplexetur, Lucil. fr. inc. 173 (b. Prisc. 8, 16). – **b** arch. *Infin. Praes.* amplexarei, Plaut. Poen. 1301: parag. *Infin.* amplexarier, Plaut. Amph. 465; truc. 925.

amplexus, ūs, *m.* (amplector), das **Umschlingen, Umfassen, I** eig.: **a** übh.: draconis od. serpentis, Cic. u. Ov.: alqm amplexibus necare (v. einer Schlange), Ov.: u. beim Ringen, amplexus excutere, sich den Umschlingungen entwinden, Ov. met. 9, 52. – **b** das freundschaftliche, liebende = die **Umarmung,** Sing. u. Plur., Verg., Ov., Vell. u. a. – dah. meton., wie unser **Umarmung** (euphemist.) = **Beischlaf,** Sing. u. Plur., Ov. u. a. – **II** übtr., terrarum amplexu, Lucr. u. Liv.: inferiorem eius (Aegypti) partem dextrā sinistrāque divisus amplexu suo determinat, Plin.: ita me vetustas amplexu annorum enecat, Laber. com. 123. – ► Dat. Sing. amplexu, Verg. Aen. 6, 698.

ampliātio, ōnis, *f.* (amplio), **I** die **Erweiterung, Vergrößerung, Vermehrung,** eig. u. übtr., Eccl.: ampl. templi, CIL 8, 1318, 3. – **II** als *t. t.*, die **Verschiebung, Vertagung** des richterl. Spruchs in einer den Richtern noch nicht klaren Sache (s. amplio *no.* II, b, β), Sen. contr. 1, 3, 9. Ps. Ascon. in Cic. II. Verr.. 1, 26. p. 164 Or.

ampliātor, ōris, *m.* (amplio), der **Mehrer,** civium, Inscr. numm. b. Eckhel doctr. numm. vet. 3, 12: populi, Augustin. serm. 109, 2.

amplificātio, ōnis, *f.* (amplifico), die **Erweiterung, Vergrößerung, Vermehrung, I** eig., pecuniae, rei familiaris, Cic. – **II** übtr.: **a** die intensive **Vergrößerung, Vermehrung,** honoris et gloriae, Cic. – **b** als rhet. *t. t.*, die **Erweiterung der Vorstellung durch Steigerung** od. **Häufung des Ausdrucks,** Rhet. Her., Cic. u. Quint. (auch im Plur.).

amplificātor, ōris, *m.* (amplifico), der **Erweiterer, Vergrößerer, Mehrer, I** eig.: urbis Romae, CIL 6, 1142: conditor atque amplificator orbis Romani Const. Maximus, CIL 8, 1179. – **II** übtr.: rerum, Cic. Tusc. 5, 10: dignitatis, Cic. ep. 10, 12, 5.

amplificātrīx, īcis, *f.* (amplificator), die **Erweiterin, Vergrößerin,** ampl. veri vetustas, Pacat. pan. Theod. 8, 5.

amplificē, *Adv.* (amplificus), **herrlich,** Catull. 64, 265.

amplifico, āvī, ātum, āre (amplus u. facio), **größer-, weiter machen, erweitern, ausdehnen, vergrößern, I** eig.: **a** an räuml. Umfang: urbem, civitatem, Cic. – **b** an Zahl, Stärke **vergrößern, vermehren, verstärken,** divitias, Cic.: fortunam, die Umstände verbessern, Cic.: sonum, Cic.: numerum senatus, Val. Max. – **II** übtr.: **a** übh.: intensiv **vergrößern, vermehren, verstärken, erhöhen, heben** (Ggstz. minuere), dolorem, voluptatem, Cic.: auctoritatem, Cic. u. Caes.: gloriam, Cic.: virtutem alcis, Vell.: pauci honore et gloriā amplificati, Cic. – **b** als rhet. *t. t.*, einen Gegenstand zu seinem Vorteil od. Nachteil stärker **hervorheben, in ein helleres Licht setzen, vergrößern, heben, steigern** (Ggstz. attenuare; vgl. Cic. de or. 3, 104 *sq.*), alqd dicendo ampl. atque ornare, Cic.: ampl. rem ornando, Cic.: alqd ampl. et augere (Ggstz. infirmare atque frangere), Cic.: ornare patriam et ampl., Plin. ep. – dah. **c** die Darstellung, den Vortrag selbst **heben, kraft-** u. **schwungvoll machen, -ausführen,** orationem, Cic. u. Quint.

amplificus, a, um (amplus u. facio), **großartig, herrlich,** Fronto de eloquent. 3. p. 150, 3 N. u. Eccl.

amplio, āvī, ātum, āre (v. *Comp.* amplius), **größer** an Umfang **machen, vergrößern, erweitern, ausdehnen, vermehren, I** eig.: **a** an räuml. Umfang: plagam scalpello, Cels.: templum, Suet.: civitatem, Plin. ep. – **b** an numer. Größe, an Stärke **vergrößern, vermehren, erhöhen,** numerum gladiatorum, Plin. pan.: equitum centurias, Liv. epit.: rem (das Vermögen), Hor.: vires, Plin.: alci vires (die Streitkräfte), Liv. epit. – **II** übtr., intensiv: **a** übh.: insequenti praeturā ampliato honore, Auct. b. Hisp.: senatus maiestatem numero ampliavit, Flor. – **b** insbes.: **α** durch den Ausdruck **heben, hervorheben, verherrlichen,** Hannibalis bellicis laudibus ampliatur virtus Scipionis, Quint.: ampl. nomen, Mart.: simplici mente prodita lenociniis, Arnob. – **β** als gerichtl. *t. t.*, vom Vorsitzenden, das Endurteil, den richterl. Spruch in einer Sache, die allen oder den meisten Richtern noch nicht klar ist (dah. sie non liquet erklärten), mit der Formel AMPLIUS (s. d. unter ample) auf einen beliebigen anderen Termin **verschieben, vertagen** (was in einer Sache mehrmals geschehen konnte; dagegen comperendinare, den Spruch in bereits klarer Sache auf den »dritten Tag«, als zweiten Termin, verschieben, vgl. Ruperti Tac. dial. 38, 1), causam, Cic.: causa septies ampliata, Val. Max.: prägn., alqm, jmds. Sache, Rhet. Her. 4, 48. Liv. 4, 44, 12.

ampliter, *Adv.* (amplus), **a reichlich, stattlich, großartig,** benigne alci pro beneficio largiri atque ampl., Acc. fr.: opsonare ampl., Plaut.: sumptum facere ampl. (Ggstz. modeste), Plaut.: aptare convivium ampl., Pompon. com. fr.: exstructa ampl. mensa, Lucil. fr.: ampl. nummatus et longe opulentus, Apul. met. 1, 21. – **b** in Bezug auf die Rede, **herrlich, glänzend,** laudare, Gell. 2, 6, 11: dicere, Gell. 10, 3, 4.

amplitūdo, dinis, *f.* (amplus), die Eigenschaft des amplus, **I** eig., die durch ihren Umfang (u. Höhe) Eindruck machende **Größe, Weite,** der **große, ansehnliche Umfang,** die **Ansehnlichkeit,** simulacrum modicā amplitudine, Cic.: ampl. membrorum, Varr.: corporis, körperlicher Umfang, Wohlbeleibtheit, Plin. ep. u. Suet.: urbis, Cic. u. Liv.: foliorum, Plin.: Plur., speluncarum concavae amplitudines, Cic. de nat. deor. 2, 98 M. – **II** übtr.: **1** die gleichs. umfangreiche **Größe** einer Sache, amplitudines quaedam bonorum excitabantur, gewisse Erweiterungen der Güter wurden angeregt, Cic. de fin. 2, 18: tamquam id vocabulum (*arena*) indigeat numeri amplitudine, Erweiterung durch den Plural, Gell. – **2** die durch äußere **Ansehnlichkeit** ins Auge fallende **Größe, Großartigkeit, Hoheit, Erhabenheit,** der **Glanz,** die **Herrlichkeit,** nominis, Cic.: rerum gestarum, Nep.: triumphi, Vell.: animi, Cic.: u. Plur. amplitudines virtutum, Gell. – **3** die aus der Geltung bei anderen und durch die äußere hohe Stellung hervorgehende **Würde, Hoheit,** das **hohe Ansehen,** die **angesehene, bedeutende Stellung** im Staat (allgemeiner als dignitas, auctoritas, dah. oft mit diesen verb.), maiestas est ampl. ac dignitas civitatis, Cic.: iudices, in quibus summa auctoritas est atque ampl., Cic.: maxima cum gratia et gloria ad summam amplitudinem pervenire, Cic. – **4** als rhet. *t. t.*, die **Fülle** u. **Würde,** der **erhabene Schwung,** die **Erhabenheit, Großartigkeit** des Ausdrucks od. Vortrags, Cic. de inv. 2, 51; vgl. Gell. 6 (7), 14, 3: dactyli, Quint. 9, 4, 136. – Insbes., amplitudo Platonis = πλατύτης τῆς ἑρμηνείας, reiche, herrliche Fülle des Ausdrucks, Cic. or. 5 (Plin. ep. 1, 10, 5 mehr wörtl. Platonica latitudo).

amplius, s. amplē.

ampliusculē, *Adv.* (ampliusculus), **etwas ausführlicher,** scribere, Sidon. ep. 8, 16: illud sermocinari, Mam. Claud. de stat. anim. 3, 14, 2.

ampliusculus, a, um (*Demin.* v. amplior), **ziemlich bedeutend** od. **ansehnlich,** Apul. apol. 75.

amplo, āre (amplus), durch den Ausdruck **heben, verherrlichen,** causam humilem dictis, Pacuv. tr. 337.

amplocto, amploctor, s. am-plector ►.

amplus, a, um, *Adi.* m. *Compar.* u. *Superl.*, **umfangreich, weit, geräumig, ansehnlich, groß** (Ggstz. exiguus, parvus), **I** eig.: **a** dem äußeren Umfang, dem inneren Raum nach, cella, Varr. fr.: curia, domus, Cic.: cubiculum amplum, amplissimum, Plin. ep.: corpore amplo et robusto, Suet.: amplissimi corporis (canis), Col.: quanto est res amplior et quo latior est, Lucr. – v. leb. Wesen, amplus, rubicundo colore et spectu protervo ferox, Pacuv. tr. 147: ampla capra (Ggstz. parva), Varr. r. r. 2, 1, 14: ampla sus (Ggstz. exilis), *ibid.* 2, 4, 4: species barbarae mulieris humanā amplior, Suet. Claud. 1, 2. – **b** viel umfassend an Zahl, Menge, Höhe, Länge, Zeitdauer usw., wie unser **groß, ansehnlich, reichlich, bedeutend, ausgedehnt, ausgebreitet,** pecunia amplissima, Cic.: ampliores copiae, Caes.: amplior exercitus, Suet.: numerus amplior, Sall.: amplissima dies horarum quindecim, der längste Tag, Plin. – Auch im *Compar. neutr.* amplius subst. (nicht zu verwechseln mit dem *Adv.* amplius, s. d.), **mehr, Größeres,** non daturus sum amplius, Cic.: imponebat amplius, quam ferre possent, Cic.: u.m. folg. *Genet.*, **noch mehr,** nescio an amplius negotii mihi contrahatur, Cic. – **II** übtr.: **a** übh. intensiv, dem Umfang nach, **groß, bedeutend,** occasio, Cic.: amplior potentia, Plin.: amplissimi effectus, Plin. – od. der inneren Kraft nach, **stark, mächtig, heftig,** amplior morbus, Ter.: pro viribus amplis, ihrer Gewaltkraft gemäß, Lucr.: ampla spes, Sall.: irae ampliores, Ter.: hominum clamor, tubarum sonus … amplior quam editur resonare solet, Iustin. – **b** **groß** dem äußeren Glanz od. dem inneren Gehalt nach, **großartig, glänzend, herrlich, glanzvoll, ehrenvoll,** praemia, Cic.: res gestae, Cic.: funus, triumphus, Nep.: amplissima verba, Cic.: u. so amplum est, »es ist ehrenvoll«, Liv.: amplum Tuscis ratus, für die Tusker darin eine Ehre findend, Liv.: quia tibi amplum et gloriosum esse censes, Liv. – **c** **groß** der Geltung bei anderen u. der äußeren hohen Stellung nach, **hoch, hochgestellt, hochgeehrt, angesehen, in hohem Ansehen stehend, ausgezeichnet,** homo virtute cognitā et spectatā fide amplissimus, Cic.: amplae et honestae familiae, Cic.: amplissimo genere natus, Caes.: amplissimi cives, Caes.: amplissimi viri (Ggstz. homines humiles), Balb. et Opp. in Cic. ep.: subst., cuiusque aetatis amplissimi, die Angesehensten, Caes. – *neutr. compar.* subst., ego (ero) aedilis, hoc est paulo amplius quam privatus, Cic.: ampliora humano fastigio, für den Gipfel menschlicher Hoheit zu hohe Ehrenbezeigungen, Suet. – u. amplissimus als Titel für hohe Staatswürden (Konsuln, Senatoren, Dezemvirn usw., Priesterkollegien), etwa **erlaucht,** collegium decemvirale, Cic.: honor, das Konsulat, Cic.: ordo, der Senatorenstand, Plin. ep.: aber amplissimorum ordinum viri delecti, aus dem Stand od. Rang der Senatoren, Ritter u. Tribuni ārarii, Cic.: amplissimi sacerdotii collegium, Cic. – ► *Compar.* im Abl. Sing. gew. ampliore; aber ampliori, CIL 5, 4020.

ampōtis, is, *f.* (ἄμπωτις = ἄμπωσις), die **Ebbe,** Ambros. hexaëm. 4, 7, 30.

Ampsăcus, ī, *m.*, u. **Ampsăga,** ae, *m.* (Ἀμψάγα), Fluss an der Grenze von Numidien u. Mauretania Căsariensis, j. *Wad-el-Kibbir* od. dessen westlicher Arm *Wad-el-Rummel,* Plin. 5, 2 (1), 21. Mela 1, 6, 1 (1. § 30), wo Ampsacus. Solin. 26, 1. Mart. Cap. 6. § 668 *sqq.*

Ampsanctī (*sc.* lacus), selten **Ampsanctus** (Ams.), ī, *m.*, ein durch seine mephitischen Ausdünstungen berüchtigter kleiner See im Hirpinischen, nicht weit von Aeculanum (j. *Fricenti*), neben dem sich ein Heiligtum der Göttin Mephitis mit einer Höhle befand, aus der erstickende Dämpfe quollen (dah. bei Dichtern Eingang der Unterwelt), j. *Lago d'Ansante* oder *Mufiti,* Cic. de div. 1, 79. Plin. 2, 208. Claud. rapt. Pros. 2, 350: Amsancti valles, Verg. Aen. 7, 565: dah. sprichw. v. seinen üblen Gerüchen, duplicis Amsancti pestis, Sidon. ep. 3, 13. – Dav. **Ampsanctīnus,** a, um, **ampsanktisch,** Ampsanctinae scaturiginis fetor, Mar. Merc. subnot. 4, 2.

Ampsivariī, ōrum, *m.*, eine germanische Völkerschaft zu beiden Seiten der Niederems, die im Bund mit den chaukischen Völkern die Cherusker gegen die Römer unterstützte, Tac. ann. 2, 8 u. a.

ampterminī, s. am-terminī.

amptruo (antruo), āre (nach Paul. ex Fest. 9, 11 [*in v.* andruare] v. ἀναδραμεῖν), in den saliarischen Religionsfeiern **tanzend hüpfen,** Pacuv. 321. Lucil. sat. 9, 62 (bei Fest. 273, 1); vgl. Otfr. Müller Fest. p. 401 (a) u. Gloss. (wo ›antruare, σαλεῦσαι‹).

ampulla, ae, *f.* (*Demin.* v. amphora; eig. amp[h]orula, dann amporla, ampurla, ampulla), **I** ein kolbenförmiges Gefäß mit engem Hals u. zwei Henkeln, von Glas, Ton, auch von Leder, zur Aufbewahrung von Flüssigkeiten, bes. v. Salbe, Schminke, Öl, eine **kleine Flasche** (vgl. Apul. flor. 9), Plaut. u. a.: vitrea, Plin. u. Mart.: olearia, Apul.: bes. (wie λήκυθος) ein Salben- od. Schminkfläschchen, -büchschen, Cic. de fin. 4, 30. – **II** poet. übtr. (als Übersetzung von λήκυθος), **Redeschwulst, Prunkworte, Bombast,** proicit ampullas, Hor. de art. poet. 97; vgl. Hor. ep. 1, 3, 14.

ampullāceus, a, um (ampulla), **I** **flaschenförmig, kolbenförmig,** pira a collo ampullacea, Plin. 15, 55. – **II** **von einer** (ledernen) **Flasche herrührend,** corium, Col. 8, 2, 15.

ampullagium, ī, *n.*, die Blüte des Granatapfelbaumes mit ihrer kleinen, einer Flasche mit engem Hals (ampulla) ähnlichen, noch nicht ausgewachsenen Frucht, griech. κύτινος ῥόας, Cael. Aur. chron. 4, 3, 52; 5, 2, 44.

ampullārius, ī, *m.* (ampulla), der **Flaschenmacher, Flaschner,** Plaut. rud. 756. CIL 12, 4455.

ampullor, āri (ampulla *no.* II), als Übersetzung von ληκυθίζω, **schwülstig-, bombastisch (mit Bombast) reden, sich spreizen,** tragica ampullatur in arte, Hor. ep. 1, 3, 14.

ampullula, ae, *f.* (ampulla), das **Fläschchen,** Sulp. Sev. dial. 3, 3, 2 u. Eccl.

amputātio, ōnis, *f.* (amputo), das **Abschneiden,** sarmentorum (Ggstz. immissio), Cic. de sen. 53: linguae, Val. Max. 3, 3. ext. 4: membrorum, Augustin. de civ. dei 19, 4, 2: capitis, das Enthaupten, Köpfen, Ulp. dig. 48, 19, 28 *pr.*: digitorum, Selbstverstümmelung der F., Cod. Theod. 7, 13, 4 u. 10. – u. meton., das (als unnütz) **abgeschnittene Reis** selbst, Plin. 12, 118. – übtr., amp. vocis (wie φωνῆς ἀποκοπή), der Verlust der Stimme, Cael. Aur. acut. 2, 10, 69; chron. 3, 2, 16 u. 23. Isid. 4, 7, 14 (als Erklärung von raucedo). – u. amp. pulsus (griech. ἀσφυξία), das Aufhören des Pulsschlages, Cael. Aur. chron. 4, 3, 40. – u. amp. omnium delictorum, Ausmerzung, Arnob. 1, 27 *extr.*

amputātor, ōris, *m.*, der **Beschneider**, Gloss. II, 566, 26 ›amputator, praecisor ramusculorum‹.

amputātōrius, a, um (amputo), **zum Abschneiden dienlich**, Th. Prisc. de diaet. 10.

amputātrīx, īcis, *f.* (amputo), die **Beschneiderin**, bildl., vitiorum, Ambros. de Iob et David 4, 3, 2.

am-puto, āvī, ātum, āre, durch ringsum gemachte Schnitte unnütze od. schädliche Teile an einem Körper **wegputzen, wegschneiden, I** eig.: **1** als *t. t.* der Landwirtschaft: **a** trockenes Holz od. unnütze Auswüchse, Äste u. dgl. **wegputzen, weg-, abschneiden, kappen** (Ggstz. immittere, stehen u. wachsen lassen), falce ramos inutiles, Hor.: proximas viti radices, Quint.: cacumen (ulmi), Plin.: circumcidat (beschneide [das Ganze]), amputet (schneide ab, kappe [unnütze oder schädliche Teile des Baumes]), Cic.: gemmas post triennium *a* matre amputato, Col. de arb. 7, 6: u. im Bild, non solum ramos amputare miseriarum, sed omnes radicum fibras evellere, Cic. Tusc. 13. – **b** prägn., einen Baum von seinen unnützen Zweigen od. Ästen befreien, ihn **beschneiden, ausputzen,** vitem ferro, Cic. de sen. 52. – **2** einen Körperteil **abschneiden, abhauen, ablösen, a** übh.: membra, Curt.: ex ipso vertice capillos, Plin. ep.: alci manus, Sen.: caput, Tac.: aurem alcis, Tac. – u. beißend **ablösen, abbeißen,** caudam, testes, Plin. – **b** als *t. t.* der Mediz., kranke Gliedmaßen **wegschneiden, amputieren, absägen, ablösen,** in corpore quicquid est pestiferum, Cic. Phil. 8, 15 (im Bild): scabiem, Col.: umeros, ossa, Sen. poët.: poet. übtr., v. der Kälte, fractos asper rigor amputat artus, Sil. 3, 553. – prägn., exoletos, verstümmeln, entmannen, Sen. exc. contr. 10, 4, 9. p. 522, 10 K. – **II** übtr., überflüssige Teile, gleich Auswüchsen, wegschneiden, das Ganze **beschneiden, beschränken, verkürzen, vermindern, a** übh.: sententiarum circumcidere et amputare multitudinem, Cic.: longa colloquia, Sen. poët.: legionum numerum, Tac. – **b** in der Rhetor., infracta et amputata loqui, abgebrochen u. verstümmelt (d. i. ohne harmonischen Zusammenhang) sprechen, Cic. or. 170.

Ampycidēs, s. Ampycus.

Ampycus, ī, *m.* (Ἄμπυκος), **I** Sohn des Japetus, ein Sänger und Priester der Ceres, auf der Hochzeit des Perseus von Pettalus getötet, Ov. met. 5, 110. – **II** ein Lapithe, Sohn des Pelias, Vater des berühmten Sehers Mopsus, Hyg. fab. 14 u. 128. – Dav. **Ampycidēs**, ae, *m.*, der **Ampycide** (Nachkomme des Ampykus), d. i. Mopsus, Ov. met. 8, 316 u. ö.

Ampyx, pycis, Akk. pyca, *m.* (Ἄμπυξ), **I** ein Genosse des Phineus, auf der Hochzeit des Perseus von diesem durch das Medusenhaupt versteinert, Ov. met. 5, 184. – **II** ein Lapithe, der auf des Pirithous Hochzeit den Zentauren Oiklus (Oëklus) erschlug, Ov. met. 12, 450.

Amsāga, Amsanctī, s. Ampsācus, Ampsancti.

am-sedentēs (= circumsedentes), ium, die **Herumsitzenden,** Gloss. V, 6, 33.

am-segetēs, um, *m.*, »deren Grundstücke an den Weg stoßen«, Paul. ex Fest. p. 21, 6.

am-terminī, ōrum, *m.*, »die an der Grenze des röm. Gebiets Wohnenden«, die »Grenznachbarn«, Paul. ex Fest. 17, 8; vgl. Gloss. ›amterminus, διχόθεν ὅρος‹.

āmūlētum, ī, *n.* (v. amoliri als Abwendung des Unheils, vgl. amolimentum), das **Amulett,** der **Talisman** (griech. φυλακτήριον, s. Charis. 105, 9. Gloss. II, 16, 39), ein sympathetisches Schutzmittel gegen Krankheit u. Zauberei, gew. als Anhängsel am Hals getragen (περίαμμα), Plin. 28, 38; 29, 66; 30, 138.

Amūlius, ī, *m.*, Sohn des Prokas, des Königs von Alba Longa, der seinen älteren Bruder Numitor vom Thron stieß, dessen Sohn tötete und die von dessen Tochter Rhea Silvia (einer Vestalin) geborenen Enkel Romulus u. Remus am Tiber aussetzen ließ: dah. Am. dirus, Ov. fast. 4, 53; Vgl. Liv. 1, 3 *sqq.*

amulum, s. amylum.

Amunclae u. **Amunculae**, ārum, *f.*, s. Amyclae.

amurca, ae, *f.* (ἀμόργη, dah. auch **amurga** gesprochen, s. Serv. Verg. georg. 1, 194), die beim Auspressen der Oliven sich absondernde wässerige Flüssigkeit, eine Art **Ölschaum,** Scriptt. r. r. u. a. – Dav. **amurcārius**, a, um, **zum Ölschaum gehörig,** dolia, Ölschaumfässer, Cato r. r. 10, 4.

āmus, s. hāmus.

amūsia, ae, *f.* (ἀμουσία), **Unkenntnis in der Musik;** Varr. sat. Men. p. 179, 8 R. (350 B. ἀμουσίαν).

amūsos, ī, *m.* (ἄμουσος), **der Musik unkundig,** Vitr. 1, 1, 13.

amussis, Akk. im, *f.* (viell. aus ad u. modus, moderari), das **Lineal** der Zimmerleute (versch. von regula, Richtscheit, u. von linea, Richtschnur), Sisenna b. Charis. 198, 26. Varr. b. Non. 9, 17. Auson. edyll. 16, 11. p. 90 Peiper. – oft adv. ad amussim, nach dem Lineal, wie unser **nach der Schnur,** d. i. **regelrecht, vollkommen, genau, pünktlich** (vgl. Bentl. Ter. Hec. 1, 2, 88), si diva gens sit ad am., Varr. sat. Men. 555: numerus non est, ut sit ad am., d. h. es ist nur eine runde Zahl, Varr. r. r. 2, 1, 26: talionem ad am. aequiperare, Gell. 20, 1, 34: iudicium ad amussim factum esse, Gell. 1, 4, 1: ad am. verum esse, Macr. sat. 1, 4, 13: u. so adv. auch bl. amussim (s. Paul. ex Fest. 6, 9), *Nov. com. 82. *Lucr. 1, 657 B.

amussitātus, a, um (amussis), **genau abgemessen, tadellos,** indoles, Plaut. mil. 632 R.

amussium, ī, *n.* (amussis), eine **waagerechte, glattpolierte Scheibe** zur Herstellung einer Art Windrose, um die Himmelsgegenden danach zu bestimmen, Vitr. 1, 6, 6 *sqq.*

amychē, ae, *f.*, (ἀμυχή), der **Riss,** Cass. Fel. 5. p. 12, 18.

Amyclae (Amynclae, Amunclae, Amunculae), ārum, *f.* (Ἀμύκλαι), **I** Stadt in Lakonien, in der Nähe von Therapnä, 20 Stadien südöstl. von Sparta, Sitz des Tyndarus, Heimat der Dioskuren, der Helena u. Klytämnestra, mit einem Heiligtum u. Koloss des Apollo Amykläus, bei dem jährlich die Hyazinthien (Hyacinthia) gefeiert wurden, *Acc. tr. 266. Liv. 34, 28, 12. Ov. met. 8, 314. Sil. 2, 434; 4, 358: virides, Stat. Theb. 9, 769. Vgl. unten *no.* II. – **II** alte (nach der Sage achäisch-lakonische Pflanz-)Stadt in Latium zwischen Kajeta u. Terracina, an dem nach ihr benannten sumpfigen sinus Amyclanus (s. unten), von den Bewohnern wegen giftiger Schlangen verlassen, nach Plin. 3, 59 (wo Amyclae sive Amynclae od. Amunclae) u. 8, 104 (wo Amynclae; vgl. unten Amyclanus a. E.). Solin. 2, 32 (wo Amunclae): Fundanae Am., die fundanische Flur von Am., Mart. 13, 115 (vgl. Fundi): Am. tacitae, das schweigsame A. (nach einer anderen Auslegung übtr. von Amyclae *no.* I, das von den Dorern überrumpelt wurde, weil man, ärgerlich über falsche Gerüchte von dem Anrücken eines Feindes, durch ein Gesetz verbot, ferner von den Feinden zu sprechen), Verg. Aen. 10, 564 (s. Servius zur St.); vgl. Amunculas tacendo periisse audio, Afran. 275: quas evertere silentia, Amyclae, Sil. 8, 528; u. so Pervig. Ven. 92: u. sprichw., Amyclis ipsis taciturnior ero, Sidon. ep. 8, 6; vgl. taciturne, Amyclas qui silendo viceris, Auson. prof. 16, 6. p. 65 Schenkl. – Dav.: **a Amyclaeus**, a, um, zu Amyklä (in Lakonien) gehörig, **amykläisch,** fratres, die Dioskuren, Verg.: mater, Leda, Stat.: olores, weil Jupiter als Schwan zu Leda kam, Stat.: pluma, Schwanenfeder, Mart.: ductor, Xanthippus aus Amyklä, Sil.: Canopus, so benannt nach Kanopus aus A., dem Steuermann des Menelaus, Sil.: corona, in den Kampfspielen der Hyazinthien errungen (s. oben), Mart. – dah. poet. = **spartanisch,** canis, Verg.: ahena, lakonischer Purpur, Ov.: dass. venenum, Mart.: nepos, Klaudius Nero, weil die Klaudier (*gens Claudia*) von Sabinern u. diese von Spartanern abstammen sollten, Sil. – **b Amynclānus**, a, um, zu Amyklä (in Latium) gehörig, **amyklanisch,** sinus, der Meerbusen von Kajeta, j. »Bai von Gaëta«, Plin. 14, 61.

Amyclīdēs, ae, *m.*, der **Amyklide** (Nachkomme des Amyklas, des Erbauers von Amyklä, d. i. dessen Sohn Hyacinthus), Ov. met. 10, 162.

amycticus, a, um (ἀμυκτικός), **kratzend,** dah. **reizend, anregend,** emplastris et malagmatibus ampycticis uti, Th. Prisc. 2, 5 (griech. bei Cael. Aur. chron. 2, 6, 93).

Amycus, ī, *m.* (Ἄμυκος), **I** Sohn des Neptun, König der Bebrycier in Bithynien (Verg. Aen. 5, 373), der, als die Argonauten an seiner Küste landeten, den tapfersten von ihnen zum Faustkampf mit dem Cästus (seiner Erfindung) herausforderte, aber von Pollux, der den Kampf annahm, getötet wurde, Val. Flacc. 4, 148 *sqq.* Hyg. fab. 17: dah. Amyci portus, bei Heraklea in Pontus, da wo Amykus erschlagen sein soll, Plin. 16, 239. – **II** ein Zentaur, Sohn des Ophion, der auf der Hochzeit des Pirithous den Lapithen Celadon erschlug, dann aber von der Hand des Belates fiel, Ov. met. 12, 245 *sqq.*

Amydōn, ōnis, *f.* (Ἀμυδών), Ort am Axius im mazedonischen Päonien, Iuven. 3, 69.

amygdala, ae, *f.*, **I** (ἀμυγδάλη), die **Mandel,** der **Mandelkern,** amygdala nux, Plin.: amygdalae amarae, Plin. – **II** (ἀμυγδαλῆ) der **Mandelbaum,** Scriptt. r. r. u. Plin. – Dav.: **a amygdaleus,** a, um (ἀμυγδαλέος), **vom Mandelbaum,** ramus, Pallad. de insit. 157. – **b amygdalinus,** a, um (ἀμυγδάλινος), **vom Mandelbaum, aus** od. **von Mandeln,** nux, Ser. Samm. 463: virgae, Vulg. gen. 30, 37: pruna, durch Okulieren der Pflaumenreiser auf Mandelstämme gewonnene, Plin. 15, 42: oleum, Plin. 15, 26. – Vgl. amygdalum.

amygdalītes, ae, *m.* (ἀμυγδαλίτης, mandelartig) u. **amygdaloīdēs,** Akk. ēn, *m.* (ἀμυγδαλοειδής, mandelartig), eine Gattung der Pflanze tithymallus, Form -ites, Plin. 26, 70: Form -oïdes, Ps. Apul. herb. 108.

amygdalum, ī, *n.* (ἀμύγδαλον), **I** die **Mandel,** der **Mandelkern,** Ov. art. am. 3, 183. Scribon. 5 u. Spät. – **II** der **Mandelbaum,** Col. de arb. 25, 1. Priap. 51, 13. Gargil. Mart. de arb. pomif. 3. – Vgl. amygdala.

amygdalus, ī, *f.* (ἀμύγδαλος), der **Mandelbaum,** Pallad. 2, 15, 6 u. a. Vulg. Sirach 12, 5. Myth. Lat. 1, 159 u. 2, 214.

amylo (amolo), (āvī), ātum, āre (amylum, amolum), **mit Kraftmehl vermischen,** Apic. 4, 153 u. 7, 284 (amol.). Cael. Aur. chron. 2, 13, 177 (amyl.).

amylum u. (altlat.) **amulum** u. (spätlat.) **amollum,** ī, *n.* (ἄμυλον, nicht gemahlen), das **Kraftmehl, Amelmehl,** die **Stärke,** amul. b. Cato r. r. 87: amyl. bei Cels. 2, 20. Scrib. 27. Plin. 18, 76: amol. bei Apic. 2, 51 u. 8, 332. Isid. 20, 2, 19.

Amȳmōnē, ēs, *f.* (Ἀμυμώνη), Tochter des Danaus, Geliebte des Neptun, der ihr zum Lohn eine dreifache Quelle aus einem Felsen (bei Argos) hervorsprudeln ließ, fons Lernaeus od. nach ihr flumen Amymonium gen. (Hyg. fab. 169), od. selbst Amymone (Ov. met. 2, 240, wenn Ovid nicht vielmehr sagen will: »in der Wassersnot sucht Böotien eine Dirke, die wieder eine Quelle werde, Argos eine Amymone, die neue Quellen schaffe«), Prop. 2, 20, 47 u. a. – ► Plur. bei Arnob. 4, 26.

Amȳmōnius, a, um, s. Amȳmōnē.

Amynclae, Amynclānus, s. Amyclae.

Amyntās, ae, Akk. am, Vok. a, *m.* (Ἀμύντας), griech. Männername, bes. mehrerer mazedonischen Könige (s. Iustin. 7, 2 *sqq.*), unter denen bekannt ist »Amyntas III.«, Sohn des Arridäus, Vater Philipps von Mazedonien, Großvater Alexanders des Gr., Nep. de regg. 2, 1. Iustin. 7, 4. – Dav. **Amyntiadēs,** ae, *m.*, der **Amyntiade** (Nachkomme des Amyntas), d. i. Philipp von Mazedonien, Ov. art. am. 1, 337; Ib. 297.

amynticus, a, um (ἀμυντικός), **zur Abwehr bestimmt,** emplastrum, Präservativpflaster, Th. Prisc. 2, 26.

Amyntōr, oris, *m.* (Ἀμύντωρ), König der Doloper, Vater des Phönix, Ov. met. 8, 307. – Dav. **Amyntoridēs,** ae, *m.*, der **Amyntoride,** d. i. Sohn des Amyntor = Phönix, Ov. art. am. 1, 337; Ibis 257 (261).

amystis, is u. idis, Akk. Plur. idas, *f.* (ἄμυστις), das **Leeren des Bechers auf einen Zug,** wenn man, ohne abzusetzen, sich den Wein in den Mund gießt, wie die Thrazier taten, das **Heruntergießen,** Hor. carm. 1, 36, 14. Sidon. ep. post carm. 22. Vgl. Prob. cath. 29, 15.

Amythāōn, onis, *m.* (Ἀμυθάων), ein Wahrsager aus Argos, Vater des Melampus, des Bias u. der Äolia, Ov. met. 15, 325. Stat. Theb. 3, 452. – Dav. **Amythāonius,** a, um, **amythaonisch,** domus, Prop. 2, 3, 54: Melampus, der Amythaonier = des Amythaon Sohn, Verg. georg. 3, 550. Tibull. 4, 1, 120: u. von demselben absol. Amythaonius, Col. poët. 10, 348.

an, *Coni.* (vgl. griech. ἄν), auch mit ne verstärkt in anne, leitet das »zweite« Glied eines disjunktiven Satzes ein, in dem einer sein eigenes unentschiedenes Urteil »zweifelnd« oder »fragend« so ausspricht, dass er von einem anderen die Entscheidung erwartet od. erbittet, wie unser **oder, oder ob, I** in **disjunktiven Zweifelsätzen,** nach allen Verben, die Zweifel, Ungewissheit u. dgl. ausdrücken, wie dubito, dubium od. incertum est, nescio etc., refert, interest, auch video, scio, doceo, disco usw., u. zwar: **1 bei vollständiger Disjunktion: a** einem mit *utrum, utrumne,* auch *ne,* od. absol. vorangestellten Glied als Gegensatz folgend, desinite dubitare, utrum ... an, Cic.: utrum ... an ..., incertus sum, Ter.: incertum est, ne (enklit.) ... an ... anne, Verg.: ut nescias, utrum ... an ..., Cic.: quid refert, utrum ... an ..., Varr. – honestumne factu sit an turpe, dubitant, Cic.: refert etiam qui audiant, senatus an populus an iudices, Cic. – dah. **b** in zusammengezogener Rede, ohne ein Verbum des Zweifels u. dgl., gleichs. fragend, **oder vielleicht, oder etwa auch,** ohne Partikel beim ersten Glied u. auch ohne Einfluss auf das Verbum (s. Piderit Cic. Brut. 89. Heräus Tac. hist. 1, 7, 9), Cn. Octavius est, an Cn. Cornelius quidam, Cic.: non plus duobus an tribus mensibus, Cic.: u. so ter an quater, Apul. apol. 43: septem an octo, Plin. ep. 6, 13, 5. – u. so **c** wie *sive,* mit diesem sogar wechselnd, wo man, seiner Sache nicht gewiss, auch nicht zu entscheiden wagt, wenigstens es für gleichgültig hält, **oder,** quod sit, an non, nihil analogiam commovet, Varr. LL.: sive fatali vecordiā, an ... ratus, Tac.: iure an iniuriā, Liv. 2, 54, 7.

Häufig **2 elliptisch,** sodass durch den auf das zweite Glied gelegten Nachdruck das erste, leicht zu ergänzende gleichsam übersehen u. ausgelassen ist, **ob nicht;** so zunächst **a** in der Redensart **dubito an** (durch alle Personen u. Tempora), u. die Formel **haud scio an** od. **nescio an,** als höflicher, bescheidener Ausdruck der subjektiven Überzeugung, wie unser: **ich bezweifle, ich weiß nicht recht, ob nicht, d. i. ich glaube fast, ich vermute, dass** usw., od. mit noch größerer Zurückhaltung dubitem od. dubitaverim an, haud sciam an, **ich möchte bezweifeln, wüsste nicht, ob nicht, d. i. ich möchte fast glauben, annehmen, vermuten, dass** usw. (vgl. Klotz Cic. Tusc. 3, 55 u. 4, 50); dah. oft = **vielleicht, vermutlich, wahrscheinlich, doch wohl, meines Erachtens** u. dgl., dubito an hunc primum omnium ponam, Nep. – tamenne dubitemus, an ei nos etiam cum periculo venditemus, Cic. – haud scio an satis sit, eum, qui lacessiverit, iniuriae suae paenitēre, Cic.: vir sapientissimus atque haud scio an omnium praestantissimus, Cic.: id quod haud sciam an tu primus ostenderis, Cic.: haud scio anne uxorem ducat, Ter.: haud sciam anne super omnes homines impenso labore eam quaesissem, Apul.: extremum illud est, quod nescio an tu primum putes, Cic.: nescio an modum excesserint, Liv. – ► Von selbst ergibt sich, dass die Verneinung des von dubito an u. haud scio an od. nescio an abhängigen Satzes durch *non* u. (nach den beiden letztern) durch *ne ... quidem, nullus, nemo, nihil, numquam, minus* etc. ausgedrückt werden muss, dubitet an turpe non sit, Cic.: quod haud scio an non possis, Cic.: haud scio an ne opus quidem sit, Cic.: meā sententiā haud scio an nulla beatior esse possit, Cic.: haud scio an minus hoc vobis probaturus sim, Cic. – ebenso **b** übh. bei Verben des Zweifelns, Nichtwissens u. dgl., moriendum enim certe est, et id incertum, an eo ipso die, ob nicht an usw., Cic.: dubium an quaesitā, morte, zweifelhaft, ob nicht, d. i. vielleicht freiwilligen Todes, Tac.

3 ohne Rücksicht auf den disjunktiven Sinn auch (aber nie bei Cicero, sehr häufig in nachaug. Prosa) übh. zweifelnd, wie num, **ob,** u. mit Hinneigung zur Verneinung, dubito an idem tibi quod tunc mihi suadeam, Plin. ep.: quis scit an adiciant hodiernae crastina summae tempora di superi? Hor.: u. wiederholt, **ob ... ob,** hunc tu ignorantem an sedeat putas scire, an vivat, an videat, an otiosus sit, Sen. – bes. **nescio an** im Munde des Zweifelnden mehr das Unwahrscheinliche andeutend, **ich weiß nicht, ob, d. h. ich glaube nicht wohl, dass** usw.; **vielleicht nicht, schwerlich,** nescio an tibi gratius opportuniusque acciderit, Caecin. in Cic. ep.: an profecturus sim, nescio, Sen.

II in disjunktiven Fragesätzen: 1 bei vollständiger Doppelfrage,

zunächst **a** bei wirklicher Unentschiedenheit des Fragenden für das eine od. das andere, einem mit *utrum, utrumne, ne* od. absol. vorangestellten Satz folgend, **α** in direkter Frage, **oder,** utrum ea vestra an nostra culpa est? Cic.: utrum praedicemne an taceam? Ter.: Romamne veniam, an hic maneam, an Arpinum fugiam? Cic.: domum paternamne anne ad Peliae filias? Enn. fr.: dicam huic, an non dicam? Ter.: roger, anne rogem? Ov. – **β** in indirekter Frage, **oder ob, oder,** id utrum Romano more locutus sit, an quo modo Stoici dicunt, postea videro, Cic.: quid mihi quaeram, sanus sim anne insaniam! Ter.: quaerendum, utrum una species et longitudo sit earum, anne plures, Cic. (u. so öfter bei Cicero mit anne, s. Matthiä Cic. de imp. Pomp. 57). – **b** bei vorgefasster Entscheidung für das eine od. das andere, u. zwar: **α** für Bejahung des ersten mit *non* od. *ne* vorangestellten Gliedes, non manum abstines, an tibi iam mavis cerebrum dispergam hic? Ter.: quid hoc intellextin, an nondum etiam ne hoc quidem? Ter.: me certiorem facias, P. Crassus vivone patre suo mortuus sit, ut ego meminisse videor, an post? ob nicht ... oder, Cic. – **β** für Bejahung des zweiten Gliedes, wo dann die mindere Wahrscheinlichkeit des ersten durch *num,* auch *ne* angedeutet wird, num Homerum, num Hesiodum etc. ... coëgit in suis studiis obmutescere senectus? an in omnibus his studiorum agitatio vitae aequalis fuit? Cic.: unum illud nescio, gratulerne tibi, an timeam? Cic. – **c** an non od. annon, **oder nicht,** wie mit Wiederholung, so auch mit Auslassung des Verbums vom ersten Glied, wo wahre Disjunktion oder gar Hinneigung zur Bejahung des zweiten Gliedes stattfindet, in direkter Frage, parebis legibus, annon? Varr. fr.: pater eius rediit, annon? Ter.: num tabulas habet, annon? Cic. – u. in indirekter, utrum sit an non voltis? Plaut.: utrum saluber locus esset, annon? Varr. **2 elliptisch,** sodass bloss die Gegenfrage mit an ausgesprochen, das erste, sich leicht aus dem Zusammenhang ergänzende Glied aber ausgelassen wird (nie bei einfacher direkter Frage), u. zwar: **a** wenn man im Sinne des anderen, also mit einer Art Ironie od. mit Staunen fragt u. deshalb Verneinung erwartet, **oder, oder vielmehr, oder wohl gar, oder etwa?** (wo man im eigenen Sinne mit *num* od. *ne* fragen würde), an id ioco dixisti? oder hast du etwa im Scherz gesprochen? Plaut.: an abiit iam a milite? Ter.: an etiam id dubium est? Cic.: an putas? Cic.: anne est intus Pamphilus? Ter.: anne oportuit? Plaut. – dah. an non (nicht annon) mit bejahender Kraft (wie wenn man im eigenen Sinne mit *nonne* fragen würde), quo fretus sim? an non dixi esse hoc futurum? oder habe ich nicht gesagt? Ter.: an haec ab eo non dicuntur? Cic. – bes. **b** wenn man das Gegenteil wünscht oder voraussetzt u. sich wundern würde, wenn es bejaht werden sollte, **doch nicht gar? denn?** (dah. auch neben den Ausrufen *eho, amabo, obsecro*), an abiit? er ging doch nicht gar? Plaut.: an scis? verstehst denn du es? Plaut.: an censes, nihil inter nos convenire? Cic.: anne exlex solus vives? Varr. fr. – **c** wenn man zur Widerlegung fremder oder Begründung eigener Ansicht einen anerkannt wahren allgemeinen Satz fragend hinstellt, od. auch einen bestrittenen Fall durch einen ähnlichen unbestreitbaren (*argumentum a minore ad maius*) erweisen will (nicht selten verstärkt durch vero, s. Wunder Cic. Planc. 17, 41), **oder aber, oder** (vgl. Cic. Cat. 1, 1, 3), quae tandem id ars non habet? earum dico artium, quae coniecturā continentur et sunt opinabiles. An medicina ars non putanda est? Cic.: an Scythes Anacharsis potuit pro nihilo pecuniam ducere? nostrates philosophi facere non potuerunt? Cic.: quid enim refert utrum propter oves an propter aves fructus capias? Anne dulcior est fructus ex bubulo pecore ... quam ex apibus? Varr. – **d** übh. wenn man die entgegengesetzte Meinung abweisen od. die eigene als unbestreitbar darstellen will, wo wir gern die Frage mit **aber ... denn** eröffnen, istoc es melior. An quid est olim homini salute melius? Plaut.: an potest quis dubitare, quin etc.? oder aber kann jemand zweifeln, dass usw.? Cic.: o pater, anne aliquas ad caelum hinc ire putandumst sublimis animas iterumque ad tarda reverti corpora? Verg. – **e** oft nach einer anderen Frage, der man etwas als seine Vermutung entgegenstellt, **oder, oder etwa,** quid dixisti pessuma? an mentita es? Ter.: sed quid Curio? an illam orationem non legit? Cic.: quomodo ...? an ... anne ... an ...? Cic. Balb. 54. – dah. auch **f** im **bejahenden** Sinne, den man im eigenen Namen u. ohne Rücksicht auf fremde Meinung durch *nonne* andeuten würde, **oder ... nicht? denn nicht? nicht etwa?** bes. im Ggstz. zu einer vorangegangenen Frage, an, qui perperam insanire me aiunt, ipsi insaniunt? Plaut.: quidnam beneficio provocati facere debemus? an imitari fertiles agros etc., Cic.

Endlich **3** nachaug. (um übh. bl. Ungewissheit auszudrücken) auch **in einfacher indirekter Frage** = *num,* **ob,** ut exspectaret, an ibi iam Pompeius esset, Liv. epit.: in obscuro est, an didiceris, Plin. ep.: tria sine dubio spectanda sunt: an sit, quid sit, quale sit, Quint.: consuluit, an etc., Curt.

ana, *Adv.* (ἀνά), **je,** franz. *à* (bei Zahlwörtern distributiv), folii cupressi ana uncias tres deteres, Veget. mul. 4 (3), 2, 6: aluminis castorii ana uncias duas, Plin. Val. 1, 36: auripigmenti ana unciam unam, Th. Prisc. chr. 2, 15.

anabasis, Akk. im, *f.* (ἀνάβασις), eine Pflanze, **Pferdeschwanz, Kannenkraut,** rein lat. *equisetum* (auch b. L.), Plin. 26, 36 u. 133.

anabasius, ī, *m.* (ἀναβαίνω), der **Sendling, Eilbote,** Hier. adv. Rufin. 3, 1 *extr.*

anabathmus, ī, *m.* (ἀναβαθμός), der **Aufstieg,** die **Stufe,** Eccl.

anabathra, ōrum, *n.* (ἀνάβαθρα = Stufen), erhöhter Sitz, zu dem Stufen hinaufführen, ein vorspringender, kanzelartiger **Sitz** für den vorlesenden Dichter, Iuven. 7, 46; vgl. Schol. ›anabathra a Graeco tractum, id est subsellia super quae altius sedeatur‹.

anabibazōn, ontis, *m.* (ἀναβιβάζων), der **aufgehende Mond,** Tert. adv. Marc. 1, 18.

anaboladium, ī, *n.* (ἀναβολάδιον), ein **Umwurf** um die Schultern (s. Isid. 19, 25, 7), Itala gen. 49, 11 (wo Vulg. pallium).

anabolicārius, ī, *m.*, der Spezereien zu Schiff verlädt u. einführt, der **Frachtschiffer, Importateur,** Fragm. iur. Rom. Vatic. § 137. – Von

anabolicus, a, um (ἀναβολικός), **zum Verladen aufs Schiff-, zur Einfuhr geeignet,** species, Importwaren, Vopisc. Aur. 45, 1.

anabolium, ī, *n.* (ἀνβάλλω), ein chirurgisches Werkzeug, um heraufzuziehen, zu heben, CIL 12, 354.

anacampserōs, ōtis, *f.* (ἀνακαμψέρως), eine Pflanze, deren Berührung verlorene Liebe zurückbringen sollte, Plin. 24, 167.

anacamptos, on (ἀνακάμπτω), **umgekehrt,** Mart. Cap. 9. § 958.

anacephalaeōsis, Akk. in, Abl. i, *f.* (ἀνακεφαλαίωσις), die **summarische Wiederholung, Rekapitulation** (rein lat. rerum repetitio et congregatio, recapitulatio), Mar. Victorin. expos. in II. rhet. Cic. 2, 48. Fortunat. art. rhet. 2, 31. Mart. Cap. 5. § 564. Flor. 1, 8 (1, 21) u. 3, 12 (1, 47) *lemm.*

Anaces, um, *m.* (Ἄνακες, alter Plur. v. ἄναξ), die **Obwalter, Schirmherren,** Beiname der Dioskuren, Cic. de nat. deor. 3, 53.

Anacharsis, idis, Akk. im, *m.* (Ἀνάχαρσις), ein Szythe fürstlichen Geschlechts, der zu Solons Zeiten sein Vaterland aus Wissbegierde verließ, nach Athen kam u. dort durch seine einfache Lebensart, seinen natürlichen Verstand u. seine naiven Bemerkungen über die ihm ganz neuen griech. Sitten u. Einrichtungen großes Aufsehen erregte, Cic. Tusc. 5, 90. Plin. 7, 209. Sidon. carm. 2, 165. Tert. de pall. 5 *in.* Lact. 3, 25, 18 (wo Akk. Anacharsim).

anachōrēsis, eōs, *f.* (ἀναχώρησις), das **Einsiedlerleben,** Sidon. ep. 7, 9, 9.

anachōrēta, ae, *m.* (ἀναχωρητής), der **Einsiedler, Eremit, Anachoret,** Ven. Fort. 1, 5, 6. u. Not. Tir. 55, 43 (wo anachorita). – ► ānăchŏrētă gemessen bei Sidon. carm. 16, 97.

anachōrēticus, a, um (ἀναχωρητικός), **anachoretisch,** Cass. conl. praef. 3, 1.

anachylis, is, Akk. in, *f.* = *conferva,* Ps. Apul. herb. 60 *in.*

anaclitērium, ī, *n.* (= ἀνακλιντήριον), die gepolsterte **Rücklehne** am Ruhebett, Spart. Hel. 5, 7.

anaclitos, on (ἀνάκλιτος), **mit einer Rücklehne versehen,** sella, Schol. in Caes. Germ. Arat. p. 399, 2 E.

anaclōmenos, on (ἀνακλώμενος), **zurückbiegend,** metrum, ein Versfuß, in dem zwei auseinanderfolgende Silben ihre Quantität wechseln, Atil. Fortunat. 290, 14 K.

anacoeliasmus, ī, *m.* (ἀνακοιλιασμός), ein **Abführmittel**, Cael. Aur. chron. 2, 14, 213.

anacollēma (anacollīma), atis, *n.* (ἀνακόλλημα), das **Heftpflaster**, Plin. Sec. 3, 16 *extr.* Veget. mul. 2 (3), 17, 4 u. a.

anacolūthon, ī, *n.* (ἀνακόλουθον), das **Anakoluth**, als gramm. *t. t.*, Serv. Verg. Aen. 3, 541.

Anacreōn, ontis, Akk. onta, *m.* (Ἀνακρέων), ein berühmter lyrischer Dichter, zu Teos in Ionien geboren (559 v. Chr.), zu Abdera erzogen (gest. 478 v. Chr.), Cic. Tusc. 4, 71. Hor. carm. 4, 9, 9; epod. 14, 10. Val. Max. 9, 12. ext. 8. Gell. 19, 9. § 5 u. 7. – Dav.: **a** **Anacreontīus**, a, um (Ἀνακρεόντειος, Gell. 19, 9, 4), **anakreontisch**, colon, Quint. 9, 4, 78: metrum, Diom. 512, 6. Serv. de cent. metr. 458, 10: numerus, Censor. fr. 14, 13. p. 71, 11 H. – **b** **Anacreonticus**, a, um, **anakreontisch**, sacra, Fulgent. mitolog. 1. praef. p. 10 *Helm.*

Anactes, s. Anaces.

1. **anactorium**, ī, *n.* (ἀνακτόριον), Name einiger Pflanzen: **I** = **Beifuß** (*Artemisia vulgaris,* L.), Ps. Apul. herb. 10. – **II** = **Schwertel** od. **Siegwurz** (*Gladiolus communis,* L.), Ps. Apul. herb. 78.

2. **Anactorium**, ī, *n.* (Ἀνακτόριον), ein Vorgebirge am Eingang in den ambrakischen Meerbusen (Akarnanien), j. *la Madonna,* mit einer gleichnamigen Hafenstadt, Plaut. Poen. prol. 87 u. 93. – Dav. **Anactorius**, a, um, **anaktorisch**, civitas, Plin. 4, 4 (fälschlich im Molosser-Land): ora, Sil. 15, 299.

anadēma, atis, *n.* (ἀνάδημα), das **Haarband, Kopfband,** die einfache Kopfbinde der Frauen, neben mitra (s. d.) b. Lucr. 4, 1121 (1129). Paul. dig. 34, 2, 26.

anadendromalachē, ēs, *f.* (ἀναδενδρομαλάχη), griech. Name für das lat. hibiscus, **Eibisch**, Ps. Apul. herb. 38.

anadesmus, ī, *m.* (ἀναδεσμός), ein **Band**, Th. Prisc. 3, 1.

anadiplōsis, Akk. in, *f.* (ἀναδίπλωσις), die **unmittelbare Wiederaufnahme, Wiederholung** desselben Wortes am Anfang des folgenden Satzes, eine rhet. Fig. (rein lat. duplicatio u. reduplicatio od. replicatio), Charis. 281, 11. Donat. art. gr. 398, 1. Mart. Cap. 5. § 533: versus per anadiplosin connexi, Sidon. ep. 8, 11, 5.

anadiplūmenus, a, um (ἀναδιπλούμενος), **verdoppelnd, wiederholend**, metrum, Atil. Fortunat. 290, 1 K.

anadyomenē, ēs, *f.* (ἀναδυομένη), die **Auftauchende**, Beiname der aus dem Meer aufsteigenden Venus, ein berühmtes Gemälde des Apelles, Plin. 35, 87 u. 91.

Anaētica, -ticus, s. Anaītis.

anagallis, Akk. ida, *f.* (ἀναγαλλίς), **Gauchheil**, eine Pflanze, Plin. 25, 144. Cael. Aur. acut. 2, 29, 160. Marc. Emp. 1.

anaglyphārius, ī, *m.* (ἀνάγλυφος), der **Ziseleur, Reliefarbeiter**, Schol. Iuven. 9, 146: übtr., anaglypharii usurarum, die Zins auf Zins häufenden Wucherer, Ambros. de Tob. 13, 43.

anaglyphus, a, um (ἀνάγλυφος), **ziseliert, mit Reliefs**, portae, Hier. in Ies. 15, 54. *v.* 11 u. 12: vasa anaglypha sigillis, Schol. Iuven. 14, 62. – subst., anaglypha, ōrum, *n.*, **ziselierte Arbeiten, Reliefs**, Vulg. 3. regg. 6, 32. Isid. 20, 4, 8.

anaglyptārius, a, um, **mit ziselierter Arbeit, (Reliefs) beschäftigt**, caelator, ein Ziseleur, Reliefarbeiter, CIL 2, 2243.

anaglypticus, a, um (ἀναγλυπτικός), **ziseliert**, Sidon. ep. 9, 13. *v.* 50.

anaglyptus, a, um (ἀνάγλυπτος), **ziseliert, mit Reliefs**, trulla argentea, CIL 10, 6, 4. – subst., anaglypta, ōrum, *n.*, **ziselierte Arbeiten, Reliefs**, Plin. 33, 139. Mart. 4, 39, 8.

Anagnia, ae, *f.* (Ἀναγνία), uralte Stadt in Latium, Hauptstadt der Herniker, in fruchtbarer u. reizender Gegend auf einer Anhöhe, an deren Fuß die *via Lavicana* u. *Praenestina* zusammenliefen (compitum Anagninum), j. *Anagni,* Liv. 27, 4, 12. Verg. Aen. 7, 684. – Dav. **Anagnīnus**, a, um, **anagninisch, aus Anagnia**, municeps, ein Munizipalbürger aus A., Cic.: compitum (s. vorh.), Liv. – subst., **a** Anagnīnus, ī, *m.*, ein **Anagniner**, Cic.: Plur., Anagnīnī, ōrum, *m.*, die Einw. von A., die **Anagniner**, Cic. u. Liv. – **b** Anagnīnum, ī, *n.* (*sc.* praedium), das **Anagninum**, ein Landgut Ciceros in der Umgegend von Anagnia, Cic.

anagnōrizomenē, ēs, *f.* (ἀναγνωριζομένη), die **Wiedererkannte**, ein Stück des Palliaten-Dichters Juventius, Fest. 298, 34 (Bruchstücke b. Ribbeck Comic. Rom. fr. p. 80. *ed.* 2).

anagnōstēs, ae, Akk. ēn, *m.* (ἀναγνώστης), der **Vorleser**, rein lat. lector (gebildeter Sklave od. Freigelassener), Cic. ad Att. 1, 12, 2. Vatin. in Cic. ep. 5, 9, 2. Nep. Att. 14, 1 (griech. bei Gell. 18, 5, 2).

anagnōsticum, ī, *n.* (ἀναγνωστικόν), das **Vorlesestück**, Ennod. ep. 1, 478, 5.

anagōgē, ēs, *f.* (ἀναγωγή), die Emporhebung des Sinnes einer Stelle, der **tiefere Sinn**, den man durch die Erklärung gleichs. emporholt, Hier. ep. 120, 8; in Iesai. 1, 1. *v.* 3 u. 8. Not. Tir. 78, 25[a].

anagōn, ōnis, *c.* (ἀγών u. αν priv.), nicht **trainiert**, equi, CIL 6, 2, 10047.

anagyros, ī, *f.* (ἀνάγυρος), ein stinkendes, schotentragendes Gewächs, **Stinkbaum, Bohnenbaum** (*Anagyris foetida,* L.), Plin. 27, 30.

Anaītis, tidis, *f.* (Ἀναιτις), eine asiatische Göttin mit üppigem Kultus, von den Alten bald mit der Venus Urania, bald mit der Diana identifiziert, Plin. 33, 82. – Dav. **Anaīticus**, a, um, **anaitisch**, lacus, Plin. 16, 157 *ed. Sill.* – u. subst., Anaītica, ae, *f.* (verst. regio), vermutl. = Acilisene (Ἀκιλισηνή), zwischen dem nördl. u. südl. Arme des Euphrat u. an der kappadoz. Grenze gelegener Bezirk Großarmeniens, dessen Name sich im heutigen *Egkilis* erhalten hat, Plin. 5, 83 *ed. Sill.*

analecta, ae, *m.* (v. ἀναλέγω), der **Brocken-** od. **Brosamensammler**, Titel eines Sklaven, der während der Tafel die Überbleibsel der Mahlzeit u. das vom Tisch Gefallene wegzuräumen hatte (s. Hor. sat. 2, 8, 10 *sqq.*), Mart. 7, 20, 17; 14, 82, 2 (an beiden Stellen andere analecta, ōrum, *n.*, ἀνάλεκτα, τά, die »Brocken, Brosamen«). Sen. ep. 27, 7 (im scherzh. Doppelsinn »Brockensammler«, d. i. = die die entfallenen Brosamen u. = die die entfallenen Verse sammeln sollten).

analectris, idis, *f.*, die **Erhöherin**, ein kleines Kissen, die Schultern auszustopfen, ein **Schulterkissen**, Plur. Ov. art. am. 3, 273 *Ehwald.*

analēmma, matos, Genet. Plur. matōrum, Dat. u. Abl. matis, *n.* (ἀνάλημμα), eine Figur, mittelst derer auf einer Sonnenuhr die Länge des Zeigerschattens beim Eintritt der Sonne in jedes Zeichen des Tierkreises auf der Mittagslinie bestimmt u. so die Polhöhe eines Ortes gefunden wurde, Vitr. 9, 1 (4). § 1; 9, 7 (8). § 6 u. 7.

analēmpsiacus, a, um (v. ἀνάλημψις), CIL 14, 21, 4 u. 2215, 11 corona analempsiaca, ›*scil. quae per dies festos* ἀναλαμβάνεται‹.

analēpticus, a, um (ἀναληπτικός), **zur Kräftigung dienend**, cibi, Th. Prisc. 2, 11. Soran. 2, 9.

analēptris, s. analectris.

analogia, ae, Akk. an, *f.* (ἀναλογία), **I** das **gleiche Verhältnis**, die **Proportion** zwischen zwei od. mehreren Dingen, die **Analogie** (rein lat. *comparatio proportiove* b. Cic. Tim. 4. § 13), Varr. LL. 8, 32; 9, 9 (im Plur.). Sen. ep. 120, 3 (4). – **II** als gramm. *t. t.*: **1** die **Gleichmäßigkeit** ähnlicher Fälle **in der Wortbildung**, die **Analogie** (Ggstz. anomalia), Varr. LL. 9, 1 *sqq.* (wo es durch aequabilitas übersetzt wird). Quint. 1, 5, 13. Gell. 15, 9, 4. – **2** (in der Stilistik) die **Einheit** u. **Gleichförmigkeit der Darstellung**, die **Analogie**, wie Cäsars Schrift de Analogia, Suet. Caes. 56, 5 (Cic. Brut. 253 de ratione Latine loquendi).

analogicē, *Adv.* (analogicus), **verhältnismäßig**, Mam. Claud. de statu anim. 1, 21, 4: als gramm. *t. t.*, Prob. (V) 88, 24 K.

analogicus, a, um (ἀναλογικός), **zur Analogie gehörig, analog**, libri, die Bücher Cäsars »über die Analogie« (s. analogia *no.* II, 2), Gell. 4, 16, 9: ratio, Mam. Claud. de stat. anim. 1, 8.

analogīum, ī, *n.* (ἀναλογεῖον), das **Sprechpult, Lesepult**, Isid. 15, 4, 17 u. Gloss.

analogos, on (ἀνάλογος), **gleiches Verhältnis habend, analog**, Varr. LL. 10, 37 *sqq.* Anecd. Helv. 113, 12.

1. **analyticē**, ēs, *f.* (ἀναλυτική), die **Analyse** in der Logik (rein lat. resolutoria), Boëth. ad Cic. top. 1. p. 276 Or. u. Boëth. 1. diff. top. *in.*

2. **analyticē**, *Adv.* (analyticus), **analytisch**, Boëth. herm. pr. 2, 10.

analyticus, a, um (ἀναλυτικός), **analytisch,** subst. analytica, ōrum, *n.*, Schrift über die Analyse, Boëth. de interpr. ed. pr. 2 *post init.*

anamnēsis, is, *f.* (ἀνάμνησις), die **Erinnerung** an scheinbar Vergessenes, als rhet. Fig., Isid. 2, 21, 37.

anancaeum, ī, *n.* (ἀναγκαῖον, das Unumgängliche), ein großes Trinkgeschirr, das beim Wetttrinken auf einmal geleert werden musste, der **Humpen,** Plaud. rud. 363. Varr. de vit. P. R. 3. fr. 22 K. (bei Non. 547, 33).

ananchītida, s. anancītis.

anancitēs, ae, *m.* (ἀναγκίτης), der **Bezwinger,** Beiname des Diamants, als Befreier von Gemütsunruhe u. Schwermut, Plin. 37, 61.

anancītis, tidis, *f.* (*ἀναγκῖτις), ein unbekannter Edelstein, Plin. 37, 192. – spät. Nbf. ananchītida, ae, *f.*, Isid. 16, 15, 22.

anapaesticus, a, um (ἀναπαιστικός), **aus Anapästen bestehend,** metrum, metra, Gramm.: iuncturae, Sidon.: est anapaesticus trimeter hypercatalecticus, Serv. – subst., anapaestica, ōrum, *n.* = **anapästische Verse,** Terent. Maur. 1507. Cic. or. 190 *ed. Iahn.*

anapaestus, a, um (ἀνάπαιστος, zurückgeschlagen), **anapästisch,** pes anapaestus, der Versfuß »Anapäst« ◡◡– (gleichs. zurückgeschlagener, d. i. umgekehrter Daktylus), Cic. Tusc. 2, 37: pedis anapaesti moduli, Val. Max. 2, 6, 2. Amm. 24, 6, 10. – subst., **a** anapaestus, ī, *m.*, **α** = pes anap., der **Anapäst** (s. oben), Quint. 9, 4, 48 *sq.* Diom. 504, 31. – **β** ein **aus Anapästen bestehender Vers,** Cic. or. 190. – **b** anapaestum, ī, *n.*, **α** ein **aus Anapästen bestehender Vers,** Gell. praef. § 20. – **β** ein **Gedicht (Lied) in Anapästen,** Cic. Tusc. 3, 57; de fin. 2, 18.

anapauomenos, ī, *m.* (ἀναπαυόμενος), der **Ruhende,** ein Gemälde des Protogenes, ein lässig an einen Baum sich lehnender Satyr, mit einer Flöte in der Hand, Plin. 35, 106. – Dav. das *fem.* **anapauomenē,** ēs (ἀναπαυομένη), ein Gemälde des Thebaners Aristides, die in Schlaf versunkene Byblis, Plin. 35, 99.

Anaphē, ēs, *f.* (Ἀνάφη), eine vulkanisch entstandene Insel, östl. von Thera, eine der Sporaden, j. *Namfi* od. *Anafi,* Plin. 2, 202. Ov. met. 7, 461. Amm. 17, 7, 13.

anaphōnēsis, is, *f.* (ἀναφώνησις), das **laute Deklamieren,** Fortunat. art. rhet. 3, 15.

anaphora, ae, *f.* (ἀναφορά), **I** das **Aufsteigen,** der **Aufgang** der Gestirne, Plin. u. Iul. Firm. – **II** als rhet. Figur, **a** die **Rückbeziehung** = das »Immerwiederzurückkommen auf dasselbe Wort« (wie Cic. Verr. 2, 26 auf das W. Verres) zu Anfang mehrerer Sätze od. Satzglieder (rein lat. repetitio), Diom. 445, 13. Beda in Rhet. Lat. *ed. Halm.* p. 609, 10. Donat. art. gr. 398, 5. – **b** übh. die Zurückbeziehung der Rede auf ein vorhergehendes Wort, Ascon. ad Cic. de div. in Caecil. 3. p. 102, 3 *ed. Bait.* Diom. 445, 21.

anaphoricus, a, um (ἀναφορικός), als *t. t.* **I** der Gnomonik, horologia, Uhren, die das Aufsteigen der Gestirne anzeigen, Vitr. 9, 8 (9), 8 *sqq.* – **II** der Medizin, **Blut ausspeiend,** von Schwindsüchtigen, Firm. math. 3, 11, 1.

anaphorus, ī, *m.* (ἀναφορεύς), die **Tragstange,** Itala num. 4, 6, 8 u. ö.

anaphysēma, atis, *n.* (ἀναφύσημα), die **Luft, die explodierend aus Tiefen emporsteigt,** Apul. de mund. 12.

Anāpis, s. Anāpus *no.* II.

anaplērōticus, a, um (ἀναπληρωτικός), **zum Ausfüllen dienend,** medicamentum, das das Fleisch wieder auf Wunden wachsen lassen soll, Veget. mul. 3, 26, 2.

Anāpus, ī, *m.* (Ἄναπος), **I** s. Amphinomus. – **II** auch Anāpis, Fluss in Sizilien, der auf der Südseite von Syrakus durch Sümpfe (Syraka) sich ins Meer ergießt, j. *Anapo,* Liv. 24, 36, 2: als Flussgott Geliebter der Nymphe Cyane, deren Bach er kurz vor seinem Ausfluss noch aufnimmt, Ov. met. 5, 412 *sqq.* (nur hier Anapis). Ov. fast. 4, 469. Sil. 14, 515.

anarchos, on (ἄναρχος), **ohne Anfang,** Ambros. hexaëm. 1, 3, 8.

anarrhinon, ī, *n.*, s. antirrhinon.

Anartēs, ium, *m.* (Ἄναρτοι), eine Völkerschaft im nördlichen Dacien, an der Theiß, Caes. b. G. 6, 25, 2.

1. Anās, ae, *m.* (Ἄνας), ein Fluss in Hispanien, noch j. *Wadi* - (d. i. Fluss) *Ana* od. *Guadiana,* Caes. b. 1, 38, 1. Mela 2, 6, 3 (2. § 87).

2. anas, atis, *f.* (altind. *ati-ḥ,* griech. νῆσσα, ahd. *anut*), die **Ente,** anas fluvialis, Ov.: anates maritimae, wilde Enten, Auson. epist. 3, 12. p. 159 Schenkl.: anas femina, anas masculus, Scribon.: anatium stabula, Varr.: anatum ova, Cic. – ► Genet. Plur. gew. anatum; doch auch anatium b. Varr. r. r. 3, 5, 14; 3, 11, 1. – Nbf. Nomin. Plur. anitēs, Plaut. capt. 1000 (1003) *Brix* u. *Schoell*: Genet. anitum, Cic. de nat. deor. 2, 124.

3. ānas, atis, *f.* (anus), die **Altweiberkrankheit,** Paul. ex Fest. 29, 19. Plac. gloss. (V) 47, 12; vgl. Gloss. ›anas, γῆρας κατ᾽ ὀργὴν θεῶν‹.

anasceua, ae, *f.* (ἀνασκευή), **I** die **Widerlegung durch Gründe** (Ggstz. catasceua), Isid. 2, 12. § 1. u. 2: Plur., Suet. rhet. 1 (griech. b. Sulpic. Vict. inst. or. 3). – **II** die **Beschönigung** durch den Ausdruck (Ggstz. catasceua), Claud. Sacerd. 1. *no.* 122.

anasceuasticus, a, um (ἀνασκευαστικός), **zum Widerlegen geeignet,** definitio, Fortunat. art. rhet. 1, 13.

anastasis, is, Akk. in, Abl. i u. e, *f.* (ἀνάστασις), die **Auferstehung** von den Toten, ohne u. mit mortuorum, rein lat. resurrectio, Lact. 7, 23. § 2 u. 5. Commodian. instr. 2, 3, 1.

Anastasius, ī, *m.*, röm. Zuname, z. B. der Kaiser Flavius I. u. II., wovon: **Anastasiānus,** a, um, **von Anastasius herrührend, ihn betreffend,** balneae, Amm. 26, 6, 14: lex, Cod. Iust. 4, 35, 13: tempora, Cod. Iust. 4, 35, 23. § 3.

anastomōsis, is, *f.* (ἀναστόμωσις), die **Öffnung,** Cael. Aur. chron. 2, 121.

anastomōticus, a, um (ἀναστομωτικός), **Öffnung verschaffend,** Cels. 5, 18, 25. Cael. Aur. acut. 3, 4, 40; chron. 3, 5, 73.

anastrophē, ēs, *f.* (ἀναστροφή), die **Umkehrung, umgekehrte Ordnung** in der Wortstellung (rein lat. reversio), Charis. 275, 8 u. a. spät. Gramm.

anatārius, a, um (anas), zu den Enten gehörig, **Enten-,** aquila, Entenadler (*Falco haliaëtus,* L.), Plin. 10, 7.

1. anathēma, atis, *n.* (ἀνάθημα), das **Weihgeschenk,** Prud. ham. 461; psych. 540. – bildl., in anathema oblivionis, zum ewigen Gedächtnis, Vulg. Iudith 16, 23.

2. anathema, atis, *n.* (ἀνάθεμα), **I** die **Verfluchung,** u. meton. = ein Verfluchter, Eccl. – **II** der **Kirchenbann,** u. meton., der **mit dem Kirchenbann Belegte,** Eccl. – ► Nbf. anathema, ae, *f.*, Lucif. de non conv. 2. p. 6, 19.

anathemābilis, e (anathemo), **verfluchenswert,** Eccl.

anathemātio, ōnis, *f.* (anathemo), die **Verfluchung,** Eccl.

anathematismus, i, *m.*, die **Verfluchung,** Eccl.

anathematizo, āvī, ātum, āre (ἀναθεματίζω), **I** jmd. **verfluchen,** u. absol. = **sich verfluchen,** Eccl. – **II mit dem Kirchenbann belegen,** Eccl.

anathemo, āre (2. anathema), **verfluchen,** Eccl., z. B. Augustin. serm. 117, 6 u. 359, 5.

anathymiasis, is, *f.* (ἀναθυμίασις), der **aufsteigende Dunst,** die **Blähung,** Petr. 47, 6. Th. Prisc. part. 2, 1, 1.

anaticula (aniticula), ae, *f.* (*Demin.* v. anas), das **Entchen,** Cic. de fin. 5, 42. – als Liebkosungswort, Plaut. asin. 693.

anatīnus (anetīnus), a, um (anas), zu den Enten gehörig, **Enten-,** fortuna, Plaut. rud. 533. – subst., anatīna, ae, *f.* (*sc.* caro), **Entenfleisch,** Petr. 56, 3.

anatocismus, ī, *m.* (ἀνατοκισμός), **Zins auf Zins,** der **Zinseszins,** Cic. ad Att. 5, 21, 11 *sq.* CIL 10, 3334.

anatolicus, a, um (ἀνατολικός), **aus dem Morgenlande, orientalisch,** ciminum, Th. Prisc. 1, 4.

anatomē, ēs, *f.* (ανατομή), die **Sektion eines Körpers,** die **Anatomie,** rein lat. apertio corporis, Th. Prisc. 4, 2 (wo Plur.).

anatomia, ae, *f.*, die **Anatomie,** Cael. Aur. acut. 1, 8, 57.

anatomicus, a, um (ἀνατομικός), **anatomisch,** ars, Augustin. de anim. 4, 6: ratio, Cael. Aur. chron. 5, 10, 104. – subst., **a** anatomica, ae, *f.* (ἀνατομική), die **Anatomie** (als Kunst), Macr. sat. 7, 15, 1. –

b anatomicī, ōrum, *m.* (*sc.* medici), die **Anatomen,** Macr. sat. 7, 13, 8. Amm. 28, 4, 34. Augustin. de civ. dei 22, 24. – **c** anatomica, ōrum, *n.*, **anatomische Vorschriften,** Cael. Aur. acut. 3, 4, 33.

anatonus, a, um (ἀνάτονος), **hochgespannt** (Ggstz. catatonus), Vitr. 10, 10 (15), 6.

Anaxagorās, ae, Akk. am u. ān, *m.* (Ἀναξαγόρας), ein berühmter Philosoph der älteren ionischen Schule, aus Klazomenä (um 500 v. Chr.), Freund u. Lehrer des Perikles u. Euripides, Cic. Acad. 1, 44 u. 2, 12; de nat. deor. 1, 26. Varr. r. r. 1, 40, 1. Lucr. 1, 830 u. 876. – Dav. **a** **Anaxagorastēs,** ae, *m.*, ein **Anhänger des Anaxagoras,** Not. Tir. 115, 3 (*codd.* Anaxagorastis). – **b** **Anaxagorēus,** a, um, **anaxagorëisch,** subst., Anaxagorēa, ōrum, *n.*, **Lehrsätze des Anaxagoras,** Plin. 1. ind. ad 2. *c.* 59.

Anaxarchus, ī, *m.* (Ἀνάξαρχος), ein berühmter Philosoph aus Abdera, Schüler des Metrodorus aus Chius, Anhänger des Demokrit, Begleiter Alexanders des Gr. auf dessen Kriegszügen, Cic. Tusc. 2, 52. Val. Max. 3, 3. ext. 4.

Anaximander, drī, *m.* (Ἀναξίμανδρος, dah. Anaximandros b. Sen. nat. qu. 2, 18 u. 19), ein berühmter ionischer Philosoph aus Milet, Schüler des Thales, Erfinder der Erdtafel u. des Erdglobus (gest. nach 570 v. Chr.), Cic. de div. 1, 113. Plin. 2, 31.

Anaximenēs, is, *m.* (Ἀναξιμένης), **I** ein berühmter ionischer Philosoph aus Milet, Schüler od. wenigstens Nachfolger des Anaximander (um 500 v. Chr.), Cic. de nat. deor. 1, 26. – **II** ein Rhetor u. Historiker aus Lampsakus, Schüler des Zynikers Diogenes (um 365 v. Chr.), Quint. 3, 4, 9.

anaxo, s. anxo.

Anaxum, ī, *n.*, kleiner Fluss im Venetianischen, j. *Stella,* Plin. 3, 126.

anazētēsis, is, *f.* (ἀναζήτησις), eine Pflanze, lat. consolida (s. d.), Ps. Apul. herb. 59.

ancaesa, ōrum, *n.* (v. amb u. caedo), im Altrömischen = *vasa caelata,* **Gefäße mit erhabener Arbeit,** Paul. ex Fest. 20, 3.

ancala, ae, *f.* u. **ancalē,** ēs, *f.* (ἀγκάλη, Ellenbogen), die **Kniekehle,** Cael. Aur. chron. 5, 1, 3 (-ale) u. 5, 1, 27 (-ala).

ancarius, ī, *m.*, der **Esel,** Lucil. sat. 6, 17.

ancentus, Abl. ū (*ancino), das **Blasen** auf Instrumenten, CIL 10, 4915.

an-ceps, cipitis (amb u. caput; alte Form ancipes b. Plaut. rud. 1158; vgl. Charis, 88, 12 u. 120, 14. Prisc. 7, 46; Abl. Sing. durchgängig ancipiti, **doppelköpfig, I** eig.: Ianus, Ov.: ancipiti imagine Ianus, Ov.: frons Iani, Arnob.: dah. poet. v. einem Berg, doppelgipfelig, acumen montis, Ov. met. 12, 337. – **II** übtr., **doppelseitig,** **1** **doppel-, zweischneidig,** ferrum, Lucr. u. Verg.: securicula, Plaut.: securis, Plaut. u. Ov.: gladius, Prud.: poet. vom Ggstz. zwischen heftiger Hitze u. Kälte, ancipiti mucrone utrimque notantur, sind an beiderlei Enden mit schneidender Schärfe bezeichnet, Lucr. – **2** übh. **nach beiden** entgegengesetzten **Seiten gehend, a** im Raum, **nach beiden** od. **nach zwei Seiten sich wendend** oder **gewandt, von beiden** od. **von zwei** entgegengesetzten **Seiten kommend, -geworfen, von vorn u. von hinten,** munimenta, Liv.: tela, Liv.: puppis, hin- u. herschwankend, Verg.: ancipites ad ictum, beide Seiten (Brust u. Rücken) dem Wurf darbietend (v. Pers.), Liv.: cum anceps hostis et a fronte et a tergo urgeret, von beiden Seiten, Liv.: ancipitibus locis premi, von vorn u. von hinten, Nep.: u. so anc. proelium, Caes. (versch. unten *no.* 3, c, α): certamen, Iustin. (vgl. unten *no.* 3, c, α): ebenso anc. periculum, Gefahr von zwei Seiten, Sall. u. a.: anc. malum, von innen u. von außen, Sall. u. a.: anc. metus et ab cive et ab hoste, Liv.: u. so terror, Caes. – **b** der Beschaffenheit nach **nach beiden Seiten sich hinneigend, zweifältig, doppelseitig, doppelt,** bestiae quasi ancipites, im Wasser u. auf dem Lande lebende, Amphibien, Cic.: anc. faciendi dicendique sapientia, Cic.: anc. cura cogitandi, Cic. – **3** nach beiden od. zwei Seiten hin **schwankend,** wie unser **zwei Seiten habend, zweiseitig,** sodass es auf die eine od. auf die andere Seite hin führen, sich neigen, ausschlagen kann, **a** übh.: anc. fatorum via, Cic.: ancipites viae rationesque et pro omnibus et contra omnia disputandi, Cic.: ebenso disputationes, Cic.: causa, Cic.: cum ipsa per se res anceps esset, Liv. – **b** **zweiseitig = zweideutig, doppelsinnig,** verborum aut ancipites aut multiplices potestates, Rhet. Her.: anc. sententia, oraculum, Liv.: anc. ius, für beide Parteien deutbar, Hor. – **c** **schwankend = zweifelhaft, ungewiss, unentschieden, α** dem Ausgang, Erfolg nach, belli fortuna, Cic.: alcis ancipites variique casus, Cic.: proelii certamen varium atque anceps, Cic.: anc. proelium, Liv. u. a. Histor. (s. Gronov. Liv. 30, 33, 15: versch. oben *no.* 2, a): ancipiti proelio digredi, Liv.: ancipiti Marte pugnare, bellum gerere, Liv. – **β** der Ansicht nach **schwankend, ungewiss,** dah. auch **unschlüssig, ratlos,** Lucanus an Apulus, anceps, Hor. – animum inter Fidenatem Romanamque rem ancipitem gessisti, Liv.: u. so anc. matres, Verg.: u. poet., formido, Verg. – dah. m. folg. *Infin.* = **unfähig,** anceps in dubium vocare omnia, Fronto ad Ver. imp. 1. p. 114, 14 N.: ancipites veritatis maiorum excipere disciplinam, *Min. Fel. 6, 1. – **γ** der Gesinnung nach **unsicher, unzuverlässig,** fides, Curt.: urbes Latii dubiae varioque favore ancipites, Lucan. – **d** prägn., **leicht** auf die nachteilige Seite-, **zum Nachteile ausschlagend, bedenklich, misslich, gefährlich,** ancipites viae (maris), Ov.: anc. auxilium, remedium, morbus, Plin.: hic locus tam anceps, Cic. de or. 2, 125: bellum dubiā et interdum ancipiti fortunā gestum, Vell.: vox ipsi anceps, Tac. – m. folg. *Infin.,* quia revocare aut vi retinere eos anceps erat, Liv. 21, 23, 5. – *neutr.* subst. = **missliche, gefährliche Lage,** in anceps trahi, Tac.: in ancipiti esse, Vell. u. Tac.: in ancipiti situm esse, Arnob.: inter ancipitia, Tac.

Anchemolus, ī, *m.*, Sohn des Rhötus, Heerführer der Rutuler, lebte in sträflichem Umgang mit seiner Stiefmutter Kasperia u. flüchtete, um der väterlichen Rache zu entgehen, zu Daunus, dem Vater des Turnus, Verg. Aen. 10, 389.

Anchialos (-us), Anchialus ī, *f.* (b. Plin. 4, 45 Anchialum, ī, *n.*), Ἀγχίαλος, kleine Stadt der Apolloniaten in Thrazien am Pontus, j. *Akiali,* Mela 2, 2, 5 (2. § 22). Ov. trist. 1, 10, 36.

Anchīsa, ae u. gew. **Anchīsēs,** ae, *m.* (Ἀγχίσης), Sohn des Kapys u. der Themis, Enkel des Assarakus, Herrscher in Dardanus, Vater des mit der Venus gezeugten Äneas, der den Gelähmten aus dem Brand von Troja trug, Verg. Aen. 1, 621 (u. dazu Servius). Hyg. fab. 94. Arnob. 4, 27. – Dav.: **1** **Anchīsēus,** a, um, **anchisëisch, des Anchises,** tumulus, Verg. Aen. 5, 761. – **2** **Anchīsiadēs,** ae, *m.*, der **Anchisiade** (Nachkomme des Anchises) = Äneas, Verg. Aen. 5, 407 u. 6, 348 (wo Vok. Anchisiade).

anchistrum, s. ancistron.

anchomanes = *dracontium,* Ps. Apul. herb. 14.

anchora, anchorālis, s. ancora etc.

anchūsa, ae, *f.* (ἄγχουσα), eine Pflanze, die färbende **Ochsenzunge** (*Anchusa tinctoria,* L.), deren Wurzel zur Rotfärberei verwandt wurde, Plin. 22, 48 *sqq.* Cael. Aur. chron. 3, 5, 74 u. 4, 8, 127. Pelag. vet. 26. – eine andere Pflanze b. Plin. 27, 59.

***ancīdo,** s. ancīsus.

ancīle, is, *n.* (nach Varr. LL. 7, 43 u. Ov. fast. 3, 377 von amb u. caedo = ancisile [auf beiden Seiten eingeschnitten], **I** der kleine, länglichrunde, in der Mitte ausgeschweifte **heilige Schild,** der im achten Jahre der Regierung des Numa vom Himmel gefallen sein sollte (dah. caelestia arma) und nachher, um den echten gegen Entwendung zu schützen, unter elf nachgemachten als Palladium der Stadt u. des Volks aufbewahrt wurde, das die dazu eingesetzten salischen Priester jährlich im Monat März in feierlichem Umzug unter Absingen von Liedern mit Waffentanz u. feierlichem Reigen durch die Stadt tragen (ancilia ferre, movere) u. nachher wieder feierlich aufbewahren mussten (ancilia condere), Lucil. sat. 9, 36. Liv. 1, 20, 4. Liv. epit. 68. Suet. Oth. 8, 3. Ov. fast. 3, 373 *sqq.* Verg. Aen. 8, 664: apposit., arma ancilia, Val. Max. 1, 1, 9. CIL 1. p. 338, 9. Charis. 81, 22. Acro Hor. carm. 3, 5, 10. Serv. Verg. Aen. 8, 285: clipea ancilia, Iuven. 2, 126. – **II** poet. übtr., jeder kleine länglichrunde **Schild,** wenn von alter Waffenart die Rede ist, die **Tartsche,** Verg. Aen. 7, 188. Lucan. 9, 480. – ► Abl. ancile, Charis. 61, 4 K.: Genet. Plur. ancilium, Tac. hist. 1, 89; dagegen heteroklit. anciliorum, Hor. carm. 3, 5, 10.

ancilla, ae, *f.* (*Demin.* v. ancula), die **Magd,** die Hausarbeiten verrichtet, die **Dienerin, Zofe, Sklavin** (Ggstz. servus, puer, s. Lorenz Plaut. mil. 787, u. Ggstz. libera [eine Freie], Ambros. de fide 3. § 28), Komik., Cic. u. a.: fidissima, Petr.: ostiaria, Eccl.: ancilla, quae ministra (διάκονος, ἡ) dicitur, v. der Diakonissin bei den Christen, Plin. ep.: attrib., mulier ancilla, Sall. Iug. 12, 5. – übtr., terra usus mortalium semper ancilla, zu den Bedürfnissen der Menschen stets dienstfertig, Plin. 2, 155. – u. verächtl. von einem, der durch knechtische Dienstfertigkeit gegen jmd. sich erniedrigt, Fufidius, ancilla turpis, dieser schmutzige Leibeigene, Sall. hist. fr. 1, 41 (1, 45), 21: Gallus Antipater, ancilla honorum, Treb. Poll. Claud. 5, 4.

ancillāriolus, ī, *m.* (ancilla), der den Mägden nachgeht, der **Mägdetröster, Schürzenjäger,** Sen. de ben. 1, 9, 4. Mart. 12, 58, 1.

ancillāris, e (ancilla), **Mägden zukommend, -eigen,** artificium, Cic. Tusc. 5, 58: vestis, Ulp. dig. 47, 10, 15. § 15. – übtr., adulatio, knechtische, niedrige Schm., Amm. 26, 6, 16.

ancillātus, ūs, *m.* (ancillor), der **Mägdedienst,** Arnob. 7, 13.

ancillo, āre (ancilla), *tr.,* **dienstbar machen,** Ps. Cypr. sing. cler. 30.

ancillor, ātus sum, ārī (ancilla), als Magd- u. dann übh. jmdm. **dienen, aufwarten, dienstbar sein,** gegen jmd. **den Untertänigen machen,** ihm **sklavisch zu Willen sein,** alci, Acc. u. Titin. fr., Plin. u. Spät. (vgl. Oehler Tert. apol. 17. p. 183, b).

ancillula, ae, *f.* (*Demin.* v. ancilla), die **junge Magd, -Dienerin, -Sklavin,** Komik., Liv., Sen. rhet. u. a. – praesto esse virtutes ut ancillulas, Cic.: idcirco istam iuris scientiam tamquam ancillulam pedisequamque adiunxisti, Cic.

ancipes = anceps, s. d.

ancīsio, ōnis, *f.* (vgl. ancisus), das **Umschneiden,** Isid. 8, 12, 3.

ancistron od. **um,** ī, *n.* (ἄγκιστρον), der **Widerhaken,** als chirurg. Instrument, Oros. lib. apol. 4, 6. p. 619, 1 Z. Cael. Aur. chron. 5, 1, 19. Isid. 4, 11, 3.

ancīsus, a, um (amb u. caedo), **um und um beschnitten, umschnitten,** Lucr. 3, 658. Vgl. Prisc. 1, 38. Isid. 8, 12, 3.

anclābris, e (anculo), **zum Götterdienst gehörig,** mensa, vasa, Paul. ex Fest. 11, 11.

anclo, āre u. **anclor,** ārī (v. griech. ἀντλεῖν), **schöpfen,** Liv. Andr. tr. 30. Paul. ex Fest. 11, 14. Vgl. Gloss. V, 431, 39 ›anclo vel anclor, haurio vel hauriorc‹.

1\. **ancōn,** ōnis, Akk. ōna, *m.* (ἀγκών), der **Armbug, Ellenbogen,** lat. *cubitum,* Fortunat. art. rhet. 3, 4. p. 123, 8 H. – dah. **I** als *t. t.* der Baukunst, u. zwar im Plur., ancones, **a** die **Schenkel des Winkelmaßes,** Vitr. 3, 5, 14 (3, 3, 20); 8, 5 (6), 1. – **b** die **Kragsteine** an der obern Türschwelle, Vitr. 4, 6, 4. – **c** die **Kolbenstangen** an der Wasserorgel, Vitr. 10, 8 (13), 1. – **d** die **Anker, Schlaudern, Klammern,** verbundene Bauteile fester zusammenzuhalten, Vitr. 10, 15 (21), 4; vgl. unten 3. Ancon. – **II** die **Gabelstange** zum Anspannen der Netze, Gratt. cyn. 87 (vgl. ames). – **III** der **Arm** am Lehnstuhl (rein lat. brachiolum), Cael. Aur. chron. 2, 1, 46. – **IV** eine Art **Trinkgeschirr** in einer Schenke (caupona), Paul. dig. 33, 7, 13.

2\. **Ancōn,** ōnis, *f.* (Λευκοσύρων Ἀγκών), Hafen u. Flecken in Pontus, auf einer Landzunge an der Mündung des Iris (des heutigen *Jeschil-Irmak*), Val. Flacc. 4, 600.

3\. **Ancōn,** ōnis, *f.* (Ἀγκών) u. **Ancōna,** ae, *f.,* alte (dorisch-syrakus. Pflanz-)Stadt in Picenum am Adriatischen Meer, da wo zwei in die See vorspringende u. sich gegeneinander krümmende Vorgebirge einen sichern Landungsplatz darbieten (woher der Name, v. ἀγκών, der Armbug), mit einem Tempel der Venus, berühmt durch Purpurfärbereien und die ausgezeichneten Wein u. Weizen liefernde Umgegend, Form *-on,* Catull. 36, 13 (wo griech. Akk. Ancona). Iuven. 4, 40. Sil. 8, 436. Plin. 14, 67, u. in dem Wortspiel: Cingulum (Stadt u. Gürtel) tenemus, Anconem (Stadt u. Haken, Heftel; vgl. 1. ancon *no.* I, d) amisimus, Cic. ad Att. 7, 11, 1. – Form *-ona,* Caes. b. 1, 11, 4. Cic. ep. 16, 12, 2; Phil. 12, 23. Liv. 41, 1, 3. Vitr. 2, 9, 16. Plin. 3, 111 u. ö. – Dav.

Ancōnitānus, ī, *m.,* **aus Ankona gebürtig,** der **Ankonitaner,** Cic. Clu. 40: Plur. Ancōnitānī, ōrum, *m.,* die Einw. von Ankona, die **Ankonitaner,** CIL 10, 6006.

ancora, ae, *f.* (ἄγκυρα), der **Anker, I** als Schiffsgerät: ancoram iacere, Afran. fr. u. Caes., ponere, Liv., u. poet. figere od. pangere, Ov., Anker werfen: ancoram tollere, lichten, Caes.; dah. übtr. = aufbrechen, Varr.: ancoram praecīdere, kappen, Liv.: ancoram moliri, aufwinden, Liv.: in alto navem destituere ancoris, Naev. com. fr.: onerarias naves ad ancoras deligare, Caes.: navem in ancoris tenere, Nep.: navis in ancoris consistit, Caes., in ancoris stat, Liv.: consistere ad ancoram, vor Anker liegen, Caes.: resolutis oris in ancoras evehuntur, weil die (vom Hinterdeck aus ans Land gehenden) Taue gelöst wurden, so schossen die Schiffe auf die (vom Vorderdeck ausgeworfenen u. nicht zu gleicher Zeit gelichteten od. gekappten) Anker, Liv.: ancora ictu ipso excussa e nave sua, Liv. – Bildl., ultima fessis ancora Fabius, Notanker, Sil. 7, 24; vgl. Ov. trist. 5, 2, 42: spem tamquam ancoram praefigere in desiderio terrae illius, Augustin. enarr. in psalm. 42, 2. – **II** der **Anker** = die **Klammer** (vgl. 1. ancon *no.* I, d), ferrea, Pallad. 1, 40, 5. – ► Die Schreibung anchora in Hdschrn.; agcora angef. von Varr. b. Prisc. 1, 39.

ancorāle, is, *n.,* s. ancorālis.

ancorālis, e (ancora), zum Anker gehörig, **Anker-,** strophium, Ankertau, Apul. met. 11, 16 *extr.* – Gew. subst., ancorāle, is, *n.,* das **Ankertau,** Liv. 22, 19, 10. Plin. 16, 34. Amm. 14, 2, 2.

ancorārius, a, um (ancora), **zum Anker gehörig, Anker-,** funis, Ankertau, Caes. b. 2, 9, 4. – **Ancorārius mons,** ein durch sein wohlriechendes Holz (*citrus*) sehr bekanntes Gebirge in Mauretanien, südl. von Cäsarea u. dem Chinalaph (j. Shellif), Plin. 13, 95. Amm. 29, 5, 25.

ancorātus, a, um (ancora), **mit einem Anker versehen,** catenae, Comp. Vitruv. de div. fabr. archit. 300, 25 R.

ancrae od. **angrae,** ārum, *f.* = *convalles vel arborum intervalla,* Paul. ex Fest. 11, 12. Placid. gloss. (V) 47, 14. Vgl. Gloss. II, 17, 19 ›ancrae, ἄγκεα, αὐλῶνες‹.

ancula, ae, *f.* (anculus), die **Magd, Dienerin,** v. dienenden Göttinnen, Paul. ex Fest. 20, 2.

anculo, āre (anculus), **dienen,** Paul. ex Fest. 20, 1.

anculus, ī, *m.* (griech. ἀμφίπολος), der **Diener, Knecht,** von dienenden Göttern, Paul. ex Fest. 20, 2.

ancunulentae, ārum, *f.* (amb u. cunire), die **Verunreinigten,** Paul. ex Fest. 11, 12.

1\. **ancus,** a, um (vgl. uncus), **gekrümmt,** Isid. 10, 180. Vgl. Gloss. ›ancus, mancus, κύλλος, λύρδος‹.

2\. **Ancus,** s. Mārcius.

ancyla (anquila), ae, *f.* (ἀγκύλη), **Kniebug, Kniekehle,** Hieron. hexaëm. 6, 5, 31. Soran. 102.

ancyloblepharon, ī, *n.* (ἀγκυλοβλέφαρον), das **Zusammenwachsen der Augenlider,** Cels. 7, 7 *no.* 6 *lemm.* (im Text griech.).

Ancȳra, ae, *f.* (Ἄγκυρα), **I** Hauptort der Tektosagen, später Hauptstadt von Galatien, Lieblingsaufenthalt der byzantinischen Kaiser (bes. des Arkadius), j. *Angora,* Liv. 38, 24 *sq.* Claud. Eutr. 2, 98. – Dav. **Ancȳrānus,** a, um, **aus** od. **zu Ancyra, ancyranisch,** episcopus, Hieron. vir. ill. 89: triumphi, Claud. Eutr. 2, 416: bes. wichtig Ancyr. monumentum, eine Abschrift des von Augustus selbst verfassten Merkwürdigsten aus seinem Leben, rechts u. links am Eingang des Vorsaals zum Tempel des Augustus in Ancyra auf weißem Marmor eingegraben u. seit 1553 n. Chr. größtenteils wieder aufgefunden. – **II** Stadt in Phrygien (*Phrygia Pacatiana*), an den Grenzen Mysiens u. Lydiens, am Macestus, einem Nebenfluss des Rhyndakus, Varr. b. Lact. inst. 1, 16, 12. Plin. 5, 145.

ancyromagus, ī, *m.* (ἄγκυρα u. ago), eine Art schnell segelnder Schiffe, Isid. 19, 1, 16. Gloss. ›genus navigii (anquiromacus)‹.

andabata, ae, *m.* (keltisches Wort), der **Herumtapper,** ein Gladiator, der einen Helm ohne Öffnungen für die Augen trug u. deshalb wie ein Blinder zum Ergötzen der Zuschauer meist Fehlhiebe tat, Cic. ep. 7, 10, 2: dah. von Luststreichen, clausis, ut dicitur, oculis andabatarum more pugnare, Hieron. adv. Iovin. 1, 36; u. so Hieron. de perp.

virg. Mar. 5. – Andabatae (die Blindzutappenden), Titel einer Satire des Varro. – ► bis jetzt nur nachgewiesen Abl. Sing. antabatā, Cic. ep. 7, 10, 2, Nomin. Plur. andabatae, Varr. sat. Men. *lemm.* zu 25 *sqq.* u. Genet. Plur. andabatarum, Hieron. adv. Iovin. 1, 36.

Andania, ae, *f.* (Ἀνδανία), alte Stadt in Messenien, zwischen Megalopolis u. Messene, j. *Andorossa* u. die Ruinen b. *Krano,* Liv. 36, 31, 7.

Andecāvī, ōrum, *m.* (= **Andēs,** ium u. **Andī,** ōrum, *m.,* bei Caes. b. G. 2, 35, 3; 3, 7, 2), eine gallische Völkerschaft an der unteren Loire, mit der gleichnamigen (od. *Iuliomagus,* j. *Angers* genannten) Hauptst., Plin. 4, 107. Tac. ann. 3, 41: Sing. Andecavus, Not. Tir. 87, 28.

Andematunnum, ī, *n.,* Hauptstadt der Lingones, j. *Langres,* Itin. Ant. 385, 6; 386, 1. Not. Tir., 86, 83 (wo Andematurnum).

1. Andēs, s. Andecāvī.

2. Andēs, ium, *f.,* ein Dorf im Mantuanischen, Geburtsort des Vergil, letzt *Pietola,* Donat. vit. Verg. 1 (wo Nom.). Val. Prob. vit. Verg. *in.* p. 52, 7 R. (wo Abl. Andibus). – Dav. **Andīnus,** a, um, **andinisch,** Mantua … ad sidera cantu evecta Andino (*al.* Aeonio), d. i. durch den Gesang des Vergil, Sil. 8, 594 *sq.*

Andī, ōrum, *m.,* s. 1. Andēs unter Andecavi.

Andocidēs, is u. ī, *m.* (Ἀνδοκίδης), attischer Redner u. Staatsmann, Zeitgenosse des Alcibiades, in dessen Prozess wegen Zerstörung der Hermessäulen verwickelt, Nep. Alc. 3, 2. Quint. 12, 10, 21. Amm. 30, 4, 5.

andrachlē (andrachne), ēs, *f.* (ἀνδράχλη), eine Pflanze, **Portulak** (*Portulaca oleracea,* L.), rein lat. *portulaca,* Col. u. Plin. – andr. agria (rein lat. *illecebra*), wilder Portulak, Plin.

Andraemōn, onis, *m.* (Ἀνδραίμων), **I** Vater des Amphissus, Gemahl der in Lotus verwandelten Dryope, Ov. met. 9, 333. – **II** König von Kalydon, Vater des Thoas, Ov. met. 13, 357.

andremas = *andrachle,* Ps. Apul. herb. 103.

Andriscus, ī, *m.* (Ἄνδρισκος), ein Sklave von niedriger Geburt, der sich unter dem Namen Philippus (dah. gew. Pseudophilippus, Ψευδοφίλιππος, gen.) für des mazed. Perseus Sohn ausgab u. den dritten mazed. Krieg erregte, der mit der Verwandlung Mazedoniens in eine röm. Provinz durch Metellus endigte (dessen Triumph Andriskus selbst als Gefangener zierte), Liv. epit. 49 *sqq.* Flor. 2, 14, 3: bl. Pseudoph. gen. bei Cic. agr. 2, 90. Vell. 1, 11, 1.

Andrius, a, um, s. Andros.

Androclus, ī, *m.* (Ἄνδροκλος), ein Sklave, der auf seiner Flucht in die afrikanische Wüste einem Löwen den Fuß heilte, später eingefangen u. zum Tierkampf verurteilt von dem ebenfalls gefangenen Löwen auf dem Kampfplatze dankbar erkannt u. liebkost wurde, Gell. 5, 14, 10 *sqq.;* vgl. Sen. de ben. 2, 19, 1.

androdamās, antis, Akk. antem u. anta, *m.* (ἀνδροδάμας, Männer bändigend), **I** ein Stein aus der Gattung der Blutsteine, Plin. 36, 146. – **II** ein viereckiger Edelstein von Silberglanz, nach Brückmann ein **würfeliger, silberfarbiger Markasit,** Plin. 37, 144.

Androgeōn, -geōnēus, s. d. Folg.

Androgeōs od. **-geus,** Androgeus, ī u. o, *m.* (Ἀνδρόγεως), Sohn des Minos u. der Pasiphaë, der in den Festspielen an den Panathenäen alle seine Gegner besiegte, dann aber ermordet wurde, weshalb Minos die Athener bekriegte u. ihnen den Tribut für den Minotaurus auflegte, Verg. Aen. 2, 371 u. 392 (dazu Serv.); 6, 20. Ov. met. 7, 456 *sqq.* u. s. (Nominativ Androgeus, s. Serv. Verg. Aen. 2, 360). – Nbf. **Androgeōn,** ōnis, Akk. ōna, *m.* (Ἀνδρόγεων), Prop. 2, 1, 62; wovon **Androgeōnēus,** a, um, **androgeonēisch,** caedes, Catull. 64, 77.

androgynēs, Akk. ēn, *m.* (ἀνδρογύνης), ein **Mannweib** = ein männliches, heldenmütiges Weib, Val. Max. 8, 3, 1. – ► Lucr. 5, 836 (839) jetzt androgynus.

androgynus, ī, *m.* (ἀνδρόγυνος), das **Mannweib, I** = der **Zwitter, Hermaphrodit,** Lucr. 5, 836. Cic. de div. 1, 98. Liv. 27, 11, 5. Plin. 7, 34 (auch bei Gell. 9, 4, 16). Auson. epigr. 69, 12. p. 340 Peiper. Lact. 1, 17, 9. Oros. 5, 4. 8 Z. – **II** der **Halbmann, Verschnittene,** Lucil. sat. 30, 77.

Andromacha, ae u. **-chē,** Andromachē, ēs, *f.* (Ἀνδρομάχη), Tochter des Eëtion, des Königs von Theben in Cilicien, Gemahlin Hektors; nach Trojas Eroberung Gefangene des Pyrrhus und von ihm Mutter dreier Söhne, später aber an den Mitgefangenen Helenus, Hektors Bruder, vermählt, Verg. Aen. 3, 294 *sqq.* Dict. 6, 12. – Andromacha auch Titel einer nach Euripides bearbeiteten Tragödie des Ennius, Cic. de div. 1, 23. – appellat., eine **Andromache** = ein junges, schönes Weib (Ggstz. Hecube), Mart. 3, 76, 4.

Andromeda, ae u. -ē, ēs, *f.* (Ἀνδρομέδη), Tochter des äthiopischen Königs Cepheus u. der Kassiope, einem Meerungeheuer zur Beute ausgesetzt, aber von Perseus gerettet und ihm vermählt, Varr. sat. Men. 406. Ov. met. 4, 670 *sqq.* Hyg. fab. 64. – Sie wurde, wie Gemahl u. Eltern, als Gestirn an den (nördl.) Himmel versetzt, Cic. Arat. 201. Hyg. astr. 2, 10. – ► Akk. auch -ān, Ov. her. 17 (18), 151; met. 4, 671 u. art. am. 1, 53.

andrōn, ōnis, Akk. Plur. ōnas, *m.* (ἀνδρών), **I** bei den Griechen = *andronitis* (s. d.), Paul. ex Fest. 22, 8 (griech. b. Vitr. 6, 11 [10], 5). – **II** bei den Römern = ein **Gang** zwischen zwei Wänden od. Mauern von Gebäuden, Höfen od. Gärten, Vitr. 6, 7 (10), 5. Plin. ep. 2, 17, 22.

Andronīcus, ī, *m.* (Ἀνδρόνικος), griech. Männername, unter dem bes. bekannt ist Livius Andronicus, geb. zu Tarent, durch Kriegsgefangenschaft Sklave des *M. Livius Salinator* (um 240 v. Chr.), der erste Bühnen- (auch epische) Dichter Roms, Cic. Brut. 72; Tusc. 1, 3; vgl. Orelli Hor. ep. 2, 1, 62.

andrōnītis, tidis, Akk. tin, *f.* (ἀνδρωνῖτις), bei den Griechen der von den Männern bewohnte Teil des Hauses, bes. das **Speisezimmer** (Ggstz. gynaeceum u. gynaeconitis), Vitr. 6, 7 (10), 4. Gell. 17, 21, 33.

Andrōnius, a, um, vom (Arzt) Andron benannt, **des Andron,** medicamentum, Cels. 6, 14. Scrib. 225; dass. subst. bl. Andrōnium, Scrib. 232.

Androphagoe (ἀνδροφάγοι), **Menschenfresser,** Volk in Afrika, Mela 3, 7, 1 (3. § 59). Vgl. anthropophagi.

Andros u. **Andrus,** ī, *f.* (ἡ Ἄνδρος), **I** die nördlichste der Kykladen, südöstl. von Euböa, noch j. *Andro,* mit einer gleichnamigen Stadt, die einen Tempel des Bacchus hatte, Liv. 31, 15, 8. Ter. Andr. 70. Ov. met. 13, 649. – Dav. **Andrius,** a, um (Ἄνδριος), **andrisch, aus Andros,** Ter. Andr. 906. – bes. subst., Andria, ae, *f.,* die **Andrierin,** das **Mädchen aus Andros,** Ter. Andr. 73 u. ö. (in der Andria gen. Komödie des Terenz nach Menander). – **II** eine Insel zwischen Britannien u. Irland, j. *Berdesey* u. *Enhly,* Plin. 4, 103.

androsaces, is, *n.* (ἀνδρόσακες), eine Pflanze, nach *Gouan* (*Flor. Monspel.*) ein Pflanzentier (*Tubularia acetabulum,* L.), Plin. 27, 25.

androsaemon, ī, *n.* (ἀνδρόσαιμον), Mannsblut, eine Art **Johanniskraut** (*Hypericum androsaemum,* L.), Plin. 27, 26.

andrunculus, ī, *m.,* ein kleiner andron (s. d.), Not. Tir. 100, 27.

Andrus, s. Andros.

anecātus, a, um, **in der Brühe,** mullei, *Apic. 4, 160.

aneclogistus (ἀνεκλόγιστος), **nicht rechenschaftspflichtig,** tutor, Ulp. dig. 26, 7, 5. § 7.

ānellārius, ī, *m.* (anellus), der **Ringverfertiger,** Not. Tir. 99, 57.

ānellus, ī, *m.* (*Demin.* v. anulus, s. Prisc. 3, 35), der **kleine Ring,** das **Ringlein,** Plaut., Hor. u. a. – vulg. auch anelus, CIL 4, 1761.

anemōnē, ēs, *f.* (ἀνεμώνη), eine Pflanze, **Anemone** (gleichs. »Windröschen«, weil sie leicht vom Wind entblättert wird; vgl. Ov. met. 10, 735 *sqq.*), Plin. 21, 65.

Anemōrīa, ae, *f.* (Ἀνεμώρεια), Stadt an der Grenze der Phozenser u. Delphier, Stat. Theb. 7, 347.

Anemūrium, ī, *n.* (Ἀνεμούριον), das südöstlichste Vorgebirge von Cilicien, Cypern gegenüber, Liv. 33, 20, 4. Mela 1, 13, 5 (1. § 77). – u. nordöstl. von der Landspitze eine Stadt gleichen Namens, j. *Anemúr,* Plin. 5, 93: **Anemuriēnsis** civitas gen. bei Tac. ann. 12, 55.

aneo, ēre (anus), **wie ein altes Weib zittern, altersschwach sein,** Plaut. merc. 755; vgl. Caper (VII) 93, 18 K.P. Cledon. 55, 4. Pompei. comment. 222, 6. Gloss. ›anet, γηρᾷ‹. – Dav. **anēsco,** ere, **wie ein altes Weib zittern,** Caper (VII) 93, 18 K.

anēsum, s. anīsum.

anēthātus (anētātus), a, um (anethum), **mit Dill angemacht,** pullus, Apic. 6, 239: ius, Apic. 7, 287.

anēthinus, a, um (ἀνήθινος), **aus Dill bereitet,** oleum, Th. Prisc. 1, 1. Cael. Aur. chron. 4, 7, 104: aqua, Plin. Val. 2, 20: unguentum, Isid. 4, 12, 10: clyster, Cael. Aur. chron. 4, 7, 95.

anēthum, ī, *n.* (ἄνηθον), eine wohlriechende Pflanze, **Dill** (*Anethum graveolens,* L.), Verg. ecl. 2, 48. Col. 11, 3, 42. Plin. 19, 167. Hier. ep. 69, 4: anethi semen, Apic. 6, 238; 7, 287. – Nbf. anēthus, ī, *m.*, Cassiod. instit. div. litt. 1. p. 510 (b) G.

aneticus, a, um (ἀνετικός), **nachlassend,** von der Krankheit, Th. Prisc. 2, 25 u. 3, 3.

anetīnus, s. anatīnus.

anētius, a, um (ἀναίτιος), **unschuldig,** Itala act. apost, 16, 37.

aneurysma, atis, *n.* (ἀνεύρυσμα), die **Erweiterung der Pulsader,** Veget. mul. 2 (3), 30, 1.

ānfrāctārius, ī, *m.* (anfractus), **einer der Winkelzüge macht,** Not. Tir. 81, 29.

ānfrāctuōsus, a, um (anfractus), **voll Umschweife,** Augustin. serm. 59, 6 u. a.

1. ānfrāctus, a, um (an u. frango), **gekrümmt, gebogen,** per anfracta undique spatia, Amm. 29, 5, 37. – subst., ānfrāctum, ī, *n.*, die **Krümmung,** Varr. LL. 7, 15: Plur., terrarum anfracta, Att. fr. 336: cavata aurium anfracta, Varr. sat. Men. 387.

2. ānfrāctus (āmfr.), ūs, *m.* (an u. frango), die **Umbrechung = Umbiegung, Krümmung,** **I** eig.: nihil incisum angulis, nihil anfractibus, Cic.: bes. von der kreisförmigen Bewegung der Sonne (nach der Annahme der Alten), solis, Cic. de rep. 6, 12 (Plur.): annui anfractus, jährlicher Umlauf der Sonne, Kreislauf des Jahres, Cic.: von der Krümmung der Hörner, Plin.: v. der Windung der Schlange, Val. Flacc.: v. Regenbogen, Val. Flacc.: bes. häufig **Krümmung** des Weges u. anderer Örtlichkeiten, anfr. curvus vallis, Verg.: rectā regione, si nullus anfractus intercederet, Caes.: in anfractum (Ggstz. in porrectum, geradeaus), ICt. – Plur., devii anfractus (Ggstz. iter rectum), Lact.: anfr. viarum, montium, litorum, Liv.: anfr. callium, Curt.: aurium curvi anfr., krumme Gänge, Arnob.: anfr. sinuosi, Veget. mil.: tortuosi, Ambros.: multiplices terrarum (der Erdschichten) anfr., Sen.: Europam curvis anfractibus urguet, Val. Flacc. – **II** übtr.: **1** vom Recht, die **krummen Gänge, Winkelzüge,** auf denen der Sachwalter es verfolgen muss, iudiciorum, Cic.: iuris, Quint. – u. von den verschiedenen Wegen bei Behandlung einer Sache, quae omnia infinitos anfractus habent, bei denen man tausenderlei Wege einschlagen kann, Quint. – **2** im Reden, die **Weitschweifigkeit,** der **Umschweif,** Cic. u. Quint. – oratio sit circumscripta non longo anfractu (= *ambitu*), Periode, Cic.

angarīa, ae, *f.* (ἀγγαρεία), der **Spanndienst,** die **Fronfuhren** u. das **Fronfuhrwerk** auf den Hauptstraßen, wie sie die Grundeigentümer für den öffentlichen Dienst zu leisten und zu stellen hatten, Acad. Char. dig. 50, 4, 18. § 21 u. 29. Cod. Theod. 8, 5. Cod. Iust. 12, 51.

angariālis, e (angaria), **zum Frondienst gehörig,** Cod. Theod. 8, 5, 4. § 1.

angario u. **angarizo,** āvī, āre (ἀγγαρεύω), **für den öffentlichen Dienst in Anspruch nehmen, requirieren, zum** od. **als Frondienst verlangen,** naves, Ulp. dig. 49, 18, 4. § 1: iumentum in duras vias, Paul. Nol. ep. 37 (27): absol., Augustin. ep. 138, 11. – übtr., jmd. wozu **nötigen, zwingen,** alqm, Iren. 1, 24 (23), 4: alqm mille passus, Vulg. Matth. 5, 41: m. folg. *ut* u. Konj., Vulg. Matth. 27, 32; Marc. 15, 21.

angarius, ī, *m.* (ἄγγαρος, ein persisches Wort), der **reitende Eilbote** im Staatsdienst, Nigid. bei Gell. 19, 14, 7. – ► Lucil. fr. 6, 17 (bei Non. 21, 21) jetzt ancarius.

angarizo, s. angario.

angela, ae, *f.* (angelus), ein weiblicher **Engel,** Tert. adv. Val. 32.

angelicē, *Adv.* (angelicus), **wie ein Engel,** vivere, Hieron. ep. 107, 13.

angelicus, a, um (ἀγγελικός), **I zu den Boten gehörend,** metrum, ein daktylisches Versmaß (so gen. wegen seiner Schnelligkeit), spät. Gramm. – **II Engeln zukommend,** panes, d. i. Manna, Prud.: vultus, Vulg.

angelificātus, a, um (*angelifico), **in Engelsnatur umgewandelt,** caro, Tert. de resurrect. carn. 26.

angellus, ī, *m.* (*Demin.* v. angulus), das **Winkelchen, Eckchen,** Lucr. 2, 428: angelli prominentes, Arnob. 7, 49.

angelticē, ēs, *f.* (ἀγγελτική), die **Erzählungskunst,** Suet. fr. 3. p. 16, 6 R. (u. daraus Diom. 482, 31).

angelus, ī, *m.* (ἄγγελος), ein **Bote,** bes. der **Gottesbote, Engel,** Ps. Apul. Ascl. 37 u. Eccl.: vastator angelus, der Würgengel, Leo serm. 55, 5: ders. angelus percussor, Vulg. exod. 12, 23.

Angerōna u. **-ōnia,** ae, *f.* (vgl. angor, anxius), **Angerona,** eine schweigsame, verschlossene Göttin (die Hüterin des Geheimnisses des geheimnisvollen und unnennbaren Genius der Stadt Rom, gewöhnlich mit diesem Genius identifiziert), deren Bild, dargestellt mit versiegeltem oder verbundenem Mund, im Tempel (u. zwar auf dem Altar) der Volupia stand, Varr. LL. 6, 23. Macr. sat. 1, 10. § 7 (wo Angeronia); 3, 9, 4. Plin. 3, 65. Solin. 1, 6, u. deren Fest (**Angerōnālia,** ium, *n.*) am 21. Dezbr. gefeiert wurde, Varr. LL. 6, 23. Solin. 1, 1. Paul. ex Fest. 17, 11. Vgl. übh. L. Jan Macr. sat. 1, 10, 9. Kopp Mart. Cap. 1. § 4.

angina, ae, *f.* (v. ἀγχόνη), **I** die **(Hals-)Bräune** (griech. κυνάγχη, συνάγχη, Gloss.), Plaut. most. 218; trin. 540. Lucil. sat. 30, 38. Cels. 2, 1. p. 28, 31 D.; 4, 7 (4). p. 129, 19 D. Scrib. 67 u. 206. Plin. 21, 130: anginam vinariam habere, den Zungenschlag haben, Poët. ap. Paul. ex Fest. 28, 7. Vgl. Serv. Verg. georg. 3, 497. – **II** übtr. = angor, die **Beklemmung,** mentis, Tert. de anim. 48: maerorum, Fulg. myth. 1. prooem. p. 7, 1 M.

angiportum, ī, *n.*, u. (seltener) **angiportus,** ūs, *m.* (ango u. portus, Furt), ein **enges Gässchen, Nebengässchen,** id angiportum non est pervium, Ter.: in id angiportum me devorti iusserat, Plaut.: angiporto deerrare, Rhet. Her.: nullum in urbe *vicum,* nullum *angiportum* esse dicebant, in quo etc., Cic.: frumentum *vias* omnes *angiportusque* constraverat, Cic.: homines in angiportis et plateis non possunt consistere propter vehementiam frigoris, Vitr.

angistrum, s. ancistron.

Angitia (in Hdschrn. u. Inschrn. auch Ancitia, weniger gut Anguitia), ae, *f.* (anguis), **Angitia,** eine wohltätige Heilgöttin der Umwohner des Fuciner Sees (j. *Lago di Celano*), der Marser u. Maruvier, die sie den Gebrauch der Gegengifte lehrte, von Spät. hellenisiert u. zu einer Tochter des Äētes, Schwester der Medea u. Circe gemacht, Solin. 2, 28 *sq.* Sil. 8, 498 *sqq.* CIL 9, 3885: als Gruppe von mehreren Göttinnen Plur. Angitiae od. Ancitiae, CIL 9, 3074; 9, 3515 (wo dis Ancitibus): nemus Angitiae, am westl. Ufer des Fucinus, j. *Selva d' Albi,* Verg. Aen. 7, 759 (dazu Servius ausführlich über die Göttin).

angitūdo, inis, *m.* (ango), die **Ängstlichkeit,** Gloss. ›anxietas‹.

Anglii, ōrum, *m.*, die **Angeln,** germanisches Volk an der Elbe, von wo aus sie nach Britannien (Engel-land, England) zogen, Tac. Germ. 40.

ango, ere (vom Stamme ANG, gr. ΑΓΧ, wovon auch angor, angustus, ἄγχω), **beengen, I** eig.: **a** körperlich einengen, **zusammenschnüren, -drücken,** bes. die Kehle, **würgen** (s. Ladewig Verg. Aen. 8, 260), sues, Verg.: oculos, guttur, Verg.: utrāque manu sua guttura, Sil.: angebar ceu guttura forcipe pressus, Ov. – Pflanzen **ersticken,** vitis pluribus radicibus inter se conexis angitur, Col. – übh. körperl. **beklemmen, Beklemmung verursachen,** ea colluvio mistorum omnis generis animantium odore insolito urbanos et agrestem confertum in arta tecta aestu ac vigiliis angebat, Liv.: hi (pelli) in coitu anguntur, Plin. – **b** örtl. **einengen, einzwängen,** hostis aëre non pigro nec inertibus angitur undis, Lucan. 6, 107: bellator equus … brevis in laevos piger angitur orbes, Val. Flacc. 2, 387: fluctuque coacto angitur, Val. Flacc. 4, 688. – **II** übtr., jmdm. **das Herz zuschnüren, -beklommen machen, bange machen, ihn ängstigen, beunruhigen, quälen,** alcis animum u. alqm, Komik., Cic. u. a. (vgl. Drak. Liv. 2, 7, 7): animum adventus angit, Caecil. com. fr.: pudor te malus angit, Hor.: angebant ingentis spiritus virum Sicilia Sardiniaque amissae, Liv.: poeta meum qui pectus inaniter angit, in ängstliche Spannung versetzt, Hor. – u. wie angere se animi, Plaut., u. im Passiv angi animi od. animo, Cic., so gew. bl. angi, **sich ängstigen, beunruhigt**

werden, sich beengt-, beklommen fühlen, melancholisch sein, ante sollicitus eram et angebar, Cic.: angor intimis sensibus, Cic. – u.m. Ang. **wodurch? worüber?** od. **weswegen?** durch *Abl.*, angi ac lacerari animi cupidine et noxarum metu, Sall. fr.: angi alcis decessu, Cic.: angi desiderio patriae, Liv.: od. durch *de* m. Abl., wie de Statio manumisso et nonnullis aliis rebus, Cic.: de quo angor et crucior, ich in Angst u. Sorge bin, Cic. – u. me angit od. angor m. folg. *quod,* Cic. ep. 6, 4, 3; ad Q. fr. 3, 3, 1. Liv. 26, 38, 1. Quint. 1, 6, 22. Plin. ep. 1, 10, 9. – u. angor od. angor animo od. angit animum m. folg. *Acc.* u. *Infin.*, Cic. ep. 7, 15, 1; Marc. 2; de amic. 90; Brut. 7. Liv. 1, 46, 6; 2, 7, 7; 4, 51, 6; 28, 8, 1. Plin. ep. 2, 8, 2. – ► Das Perfektum anxi steht Gell. 1, 3, 8; vgl. Prisc. 10, 31: das Supinum anctum nur b. Prisc. 10, 33 (ohne Beleg), woneben er aber auch die Partizipform anxus erwähnt: anctus schützt Paul. ex Fest. 29, 8, sowie die Gloss. ›ancti, ἀγχόμενοι‹ u. ›anctos, ἀναγκασθέντας‹. – Schreibung aggens (= angens) angef. von Varr. b. Prisc. 1, 39.

angobatae, ārum, *m.*, eine unbekannte Art Automaten, Vitr. 10, 7 (12), 4.

angol... s. angul...

angor, ōris, *m.* (ango), **I** das krankhafte **Zusammendrücken der Kehle,** das **Würgen,** Plin. 8, 100: aestu et angore vexata, durch erstickenden Qualm, Liv. 5, 48, 3. – **II** übtr., die **Beklemmung** des Herzens, die **Angst, Unruhe,** Lucr., Cic. u. a.: u. im Plur., angores = die **Angstbeklemmungen,** die **Melancholie,** vacuitas ab angoribus, Cic.: se dedere angoribus, Cic.: alqm conficere angoribus, Cic.: confici angoribus, Cic.

angrae, s. ancrae.

Angrivariī, ōrum, *m.*, eine germanische Völkerschaft auf beiden Seiten der Weser, durch einen Grenzwall von den südlicheren Cheruskern geschieden, Tac. ann. 2, 19; sie fielen später über die Brukterer her, bemächtigten sich des östlich u. südlich von der Lippe gelegenen Teiles ihres Landes u. nahmen somit die »Angaria« od. das »Engern« des Mittelalters in ihr Gebiet auf, Tac. Germ. 33.

anguen, s. anguis ►.

angueus, a, um (anguis), **den Schlangen eigen, Schlangen-,** lapsus, Solin. 24, 4. Isid. 14, 6, 10.

anguicomus, a, um (anguis u. coma), **schlangenhaarig,** Gorgo, Ov. met. 4, 699. Stat. Theb. 1, 544: sorores, Stat. Theb. 12, 647.

anguiculus, ī, *m.* (*Demin.* v. anguis), die **kleine Schlange,** Cic. de fin. 5, 42.

anguifer, fera, ferum (anguis u. fero), **I Schlangen tragend,** Prop. u. a. – subst., Anguifer, ferī, *m.*, als Übersetzung von Ὀφιοῦχος, der **Schlangenmann, Schlangenträger,** als Sternbild, Col. 11, 2, 49: ders. Anguiger, gerī, *m.*, Anthol. Lat. 761, 49 R. – **II Schlangen erzeugend, -nährend,** Lerna, domus, Stat.

anguigena, ae, *c.* (anguis u. geno od. gigno), **von Schlangen erzeugt,** Ov. met. 3, 531.

Anguiger, s. anguifer.

anguīlla, ae, *f.* (anguis), der **Aal** (*Muraena anguilla,* L.), Varr. LL., Sen. u. a. – Sprichw., anguilla est, elabitur, er entschlüpft wie ein Aal (v. einem schlauen Menschen), Plaut. Pseud. 747. – agguilla geschr. von Varr. bei Prisc. 1, 39.

anguimanus, ūs, *m.* (anguis u. manus), **schlangenhändig, -armig,** v. Elefanten, wegen der Gelenkigkeit seines Rüssels (manus), Lucr. 2, 537 u. 5, 1301.

anguineus, a, um (anguis), **I aus Schlangen bestehend, Schlangen-,** comae Gorgonis, Ov. trist. 4, 7, 12. – **II schlangenartig,** cucumis, Schlangengurke, Col. 2, 9, 10; 7, 10, 5.

anguīnus, a, um (anguis), **den Schlangen eigen, schlangenartig, Schlangen-,** cervice anguinā, Pacuv. fr.: capillus, Catull. 64, 193: pellis, Varr.: cucumis, Varr. – subst., anguīnum, ī, *n.* (*sc.* ovum), das **Schlangenei,** Plin. 29, 52.

anguipēs, pedis, *m.* (anguis u. pes), **schlangenfüßig,** Manil. 4, 581. Pacat. pan. 44, 5. – Plur. subst. = die **Schlangenfüßler,** v. Giganten, Ov. met. 1, 184.

anguis, is, *c.* (litauisch *angis;* vgl. ahd. *unc*), **I** die **Schlange** jeder Gattung (sofern sie sich herumschlingt u. würgt), bes. aber die große, furchtbare, iubatus, Naev. fr., Plaut. u. Liv.: immanis, Liv.: squameus, Verg.: volucres angues, Cic.: anguis ex columna lignea elapsus, Liv.: anguis in impluvium decidit de tegulis, Ter.: factum est, ut ab infima ara subito anguis emergeret, Cic. – Sprichw., als Bild des Gefahrdrohenden, frigidus latet anguis in herba, Verg. ecl. 3, 93. – u. des Widrigen u. Verhassten, alqm odisse aeque atque angues, Plaut. merc. 761: cane peius et angue vitare, d. i. auf das sorgfältigste, Hor. ep. 1, 17, 30. – **II** übtr., als Sternbild: **1** = *Draco,* der **Drache,** zwischen beiden Bären am nördl. Himmel, Verg. georg. 1, 205 u. 244. Ov. met. 2, 138. – **2** gew. = *Hydra,* die **Wasserschlange, Hyder,** Vitr. 9, 5 (7), 2. Manil. 1, 422. – **3** die **Schlange,** die der Schlangenträger (Ὀφιοῦχος, Anguitenens) in der Hand trägt, selbst von ihr umschlungen, Cic. Arat. 86; de nat. deor. 2, 109. Ov. met. 8, 182. – ► Seltene Form anguen, inis, *n.*, Iul. Val. 1, 29 (32, wo Plur. anguina). – Der Abl. gew. angue, selten (doch auch b. Cic.) angui. – Das gramm. Geschlecht häufiger *masc.* als *fem.*

Anguitenēns, tis, *m.* (anguis u. teneo, Übersetzung des griech. Ὀφιοῦχος), der **Schlangenträger,** Cic. Arat. 76 u. 454; de nat. deor. 2, 108. Manil. 5, 384.

Anguitia, s. Angitia.

angulāris, e (angulus), **winkelig, eckig,** lapis, der gerade Winkel hat, quadratisch ist, Cato u. Eccl.: pilae, Eckpfeiler, Vitr.: columnae, Vitr.: figura, linea, Boëth. – Subst., **a** angulāris, is, *m.*, ein **viereckiges Gefäß,** Apic. 5, 194 u. 206; 7, 265. – **b** angulāria, ium, *n.*, das **Winkelmaß,** Vulg. Iesai. 44, 13.

angulāriter, *Adv.* (angularis), **im Winkel,** Boëth. art. geom. 417, 2 u. 427, 16 Fr.

angulārius, a, um (angulus), **an od. in einer Ecke befindlich, -liegend,** Procul. dig. 18, 1, 69. CIL 10, 1781 (wo angolarius); vgl. Gloss. ›angularius, γωνιαῖος‹.

angulātilis, s. quattuorangulātilis.

angulātim, *Adv.* (angulus), **von Winkel zu Winkel, von Ecke zu Ecke,** Diom. 407, 8. Apul. met. 3, 2 u. 9, 41. Sidon. ep. 7, 9.

angulātus, a, um (angulus), **mit Ecken versehen, eckig,** scalprum, CIL 4, 1712 (wo synk. anglatum): corpuscula, Cic. de nat. deor. 1, 66. Lact. de ira dei 10, 8: mundus, Tert. ad nat. 2, 4.

angulo, āre (angulus), **eckig machen,** Ambros. ep. 45, 10. Ven. Fort. 5, 6 pr. 8. – Vgl. angulatus.

angulōsus, a, um (angulus), **voll Ecken, eckig,** folium, gemma, Plin.: acini, Plin.: turris, Augustin. c. litt. Petil. 3, 24.

angulus, ī, *m.* (vom Stamm ANG, griech ΑΓΧ, wovon ango, ἄγχω, angustus), die **Ecke,** der **Winkel, I** jeder Ort, wo zwei Linien od. Flächen zusammenstoßen, auch der Innenraum zwischen zwei zusammenstoßenden Flächen, die **Ecke,** der **Winkel,** die **Spitze,** anguli omnes aedium, Plaut.: ang. dextri lateris, Sall. fr.: huius lateris alter ang. ad orientem solem spectat, Caes.: extremi anguli abaci, Vitr.: extremus ang. e saxo, Kante, Ov.: ang. oculorum, Augenwinkel, Cels. u. Marc. Emp.: parietum, Plin. – **II** insbes.: **1** der mathemat. **Winkel,** ang. obtusus, stumpfer, Lucr.: dass. ang. hebes, Gromat. vet.: pares anguli, Cic.: horizonta rectis angulis secare, in rechten Winkeln durchschneiden, Sen. – **2** von Örtl., **a** der Meeresküste, der **Winkel,** die **Bucht,** der **Golf,** Gallicus, Cato b. Charis. 207, 27; vgl. Auct. b. Afr. 62, 3 (wo es jedoch mehr = entlegener Winkel der Küste, entlegene Bucht). – **b** eines Landes, der **Winkel,** die **Ecke,** Bruttius, Flor. 3, 20, 13: Venetorum, Liv. 5, 33, 10: Alpium, Liv. 29, 5, 9: extremus angulus agri Bruttii, Liv. 26, 41, 16: extremus od. ultimus Italiae angulus, Liv. 27, 51, 13. Flor. 2, 6, 51. – **c** eine Befestigung, die in Form eines Dreiecks vorspringende **Bastion,** ang. muri, Liv. 21, 7, 5. – **3** mit dem Nbbgr. des Entlegenen, Einsamen, wie unser **Winkel, Schlupfwinkel,** in angulum aliquo ire, Ter.: in ullo angulo Italiae, Cic.: in ultimo et remotissimo terrarum orbis angulo, Vell.: humillimi et in angulo iacentes, Sen.: verächtl. von den Schulen im Ggstz. zum praktischen Leben, quas (res) isti in angulis personant, Cic. – im

Bild, hunc locum fugis et reformidas et me ex hoc, ut ita dicam, campo aequitatis ad istas verborum angustias et ad omnes litterarum angulos revocas, in alle Winkel, Ecken des Buchstabenkampfes, Cic. Caecin. 84. – ► Plur. heterog. angula, Gromat. vet. 345, 1. – aggulus geschr. Varro bei Prisc. 1, 39.

angustē, *Adv.* m. *Compar.* u. *Superl.* (angustus), **eng, knapp, beschränkt** (Ggstz. late, laxe), **I** eig.: **a** dem Raum nach: habitare, Val. Max.: sedere, scribere, Cic.: angustius pabulari, Caes.: angustissime Pompeium continere, Cic. – **b** der Zahl od. Menge nach, **knapp, kärglich, spärlich,** de numero pastorum alii *angustius,* alii *laxius* constituere solent, einige weniger, andere mehr, Varr.: ang. uti re frumentariā, Caes.: frumentum angustius provenerat, Caes.: ang. XV milia legionariorum militum transportare posse, Caes.: aliis disputationibus *abundantius* (in reichlicherem Maße) occurrunt, aliis *angustius* (in beschränkterem), Cic. top. 41. – **II** übtr.: **a** übh., **in enger Grenze,** angustius se habere, mehr in der Klemme sein (beim Disputieren), Cic.: angustius apud Graecos valere, nur in einem engeren, beschränkteren Sinne, Cic. – **b gedrängt** im Vortrag, **kurz, einfach,** dicere, Cic.: neque id faciat tam presse et ang., quam etc., in derselben Kürze u. Gedrängtheit, Cic.

angustiportum, ī, *n.* = στενωπός, d. i. angiportum (s. d.), Gloss. II, 437, 20.

angustia, ae, *f.*, gew. Plur. **angustiae**, ārum, *f.* (angustus), die **Enge, I** eig.: loci angustia, Plin.: medium spatium per angustiam scissum, Sall. fr.: angustia spiritus, Kürze des Atems, Augustin. serm. 22, 3. – angustiae loci, Sall.: locorum, enge Pässe, Nep.: itineris, Caes.: viarum, Liv.: fretorum, Cic.: angustiae Thermopylarum, Iustin.: oft absol. = »Engpässe«, Caes. u. a. Histor.: Italia coacta in angustias, schmal zusammengedrängt, Sall. fr. – angustiae spiritus, Kürze des Atems, Cic.: urinae, Harnstrenge, Plin. – **II** übtr.: **1** im Allg.: epistularis angustia, Hier. ep. 53, 6: angustia conclusae orationis, die engen Grenzen eines in kurze Schlussformeln gefassten Vortrags, Cic. de nat. deor. 2, 20 (s. den Zshg.). – cum sit campus, in quo exsultare possit oratio, cur eam tantas in angustias et Stoicorum dumeta compellimus? Cic. Acad. 2, 112: hunc locum fugis et reformidas et me ex hoc, ut ita dicam, campo aequitatis ad istas verborum angustias et ad omnes litterarum angulos revocas, Cic. Caecin. 84: quantis ex angustiis (engem Gebiet) oratorem educere ausus es et in maiorum suorum regno collocare! Cic. de or. 3, 126. – **2** insbes.: **a** v. Atem, die **Kürze des Atems,** die **Beklemmung,** defectus et angustia, Plin. Val. 2, 4. – **b** v. der Zeit, die **Beschränktheit,** der **Drang,** angustia temporis, Apul. met. 10, 26 u. Eccl.: angustiae temporis, Cic.: absol., Cic. Marc. 27. – **c** v. Besitztum, die **Klemme, beschränkte Lage** od. **Mittel, Mittellosigkeit, Armut,** der **Mangel** an usw., angustiae pecuniae, aerarii, rei familiaris, Cic.: rei frumentariae, Caes.: fortunae, Tac.: sive ergo *in affluentia* rerum simus sive *in angustia,* Augustin. serm. 38, 1. – absol., angustia, fames, Salv. ad eccl. 2, 6, 24.: ex meis angustiis sustento illius tenuitatem, Cic. fil. in Cic. ep.: paternas ei angustias esse, dass seine Mittellosigkeit vom Vater herrühre, Tac. – **d** v. äußeren Lebensverhältnissen, die **Klemme, Misslichkeit, Verlegenheit, Not,** in angustias adduci, Cic.: in angustiis esse, Caes.: petitionis für Bewerbung ungünstige Verhältnisse, Cic.: verebantur angustias, Verlegenheit wegen notwendiger Stimmenzahl, Cic. – Sing. angustia rerum, Tac. ann. 4, 72. – **e** v. Gemüt, die **Beschränktheit, Engherzigkeit,** pectoris, Cic.: cuius animus tantis angustiis invidiae continetur, ein engherzig neidisches Gemüt, Rhet. Her.

angusticlāvius, ī, *m.* (angustus u. clavus), **mit schmalem Purpurstreif an der Tunika,** durch den sich die Kriegstribunen des plebejischen Standes von denen aus dem Ritterstande (*laticlavii*) unterschieden, tertiae decimae legionis tribunus angusticlavius, Suet. Oth. 10.

angustio, āvi, ātum, āre (angustiae), **in die Enge treiben, beängstigen, bedrängen,** im Passiv = **in Bedrängnis kommen,** u. im Perf. Pass. = **in Bedrängnis** (**Not, Verlegenheit**) **sein,** Eccl. (vgl. Rönsch Itala p. 162 u. 466).

angustitās, ātis, *f.* = *angustia,* die **Enge,** Acc. tr. 81 u. 504.

angusto, āvī, ātum, āre (angustus), **I enger machen, verengen,** Cic. de rep. 6, 21. Catull., Sen. u. a. – **II** übtr.: **a** verengen = **beschränken,** gaudia, patrimonium, Sen. – **b** = angustiare (s. d.), Eccl.

angustus, a, um (v. Stamm ANG, griech. ΑΓΧ, wovon auch ango, ἄγχω, angulus), **eng, schmal, I** eig.: **a** v. Örtl., **eng, schmal, nicht geräumig** (Ggstz. latus), pons, Cic.: fenestra, Col.: vascula oris angusti, Quint.: via, semita, Liv.: scrobis, Tac.: trames, Plin. u. (bildl.) Lact.: montes, schmale (= steil abfallende), Caes.: non angustior amne, Ov.: fauces portus angustissimae, Caes. – subst., angustum, ī, *n.*, die **Enge, der enge Raum,** per angustum, Lucr.: in angusto laborare, Sen.: in angusto tendere (kampieren), Liv.: in angusto si est, Cels.: Plur., Thermopylarum angusta, Sen.: angusta viarum, Verg. u. Tac. – **b** v. anderen Dingen, **eng, schmal, knapp, kurz** (Ggstz. latus, amplus), conus, Lucr.: sagitta, mit schmaler Spitze, Cels.: spiritus angustior, kurzer Atem, Cic.: poet., intonet angusto pectore Callimachus, engbrüstig (u. dah. in kurzen, einfachen Sätzen), Prop.: sus, schmal, schmächtig, Plin.: folia, Plin.: clavus, der schmale Purpurstreif an der Tunika (Ggstz. latus cl.), Vell. u. Suet.: odor rosae, kurzer, d. i. nicht weit riechender Duft, Plin.: habenae, knapp, straff angezogen, Tibull. – **II** übtr.: **1** im Allg.: in angustum concludere, adducere, deducere, etwas in die Enge ziehen, d. i. einschränken, beschränken, Cic.: in angustum deducere perturbationes, die Leidenschaften beschränken, bezähmen, zügeln, Cic. – u. angustā differentiā, mit unmerklichem Unterschied, Plin. 21, 23 zw. – *n. pl.* subst., angusta, das Beschränkte (Ggstz. longe et late pervagata), Cic. top. 69. – **2** insbes.: **a** v. der Zeit, **beschränkt, knapp zugemessen, kurz,** nox, dies, Ov.: tempus tum *liberum* tum *angustum,* Quint. – **b** v. Besitz, Vermögen, Aufwand usw., **knapp, beschränkt, dürftig, spärlich, gering,** res frumentaria, Caes.: aquatio, Auct. b. Afr. 51, 5: liberalitas angustior, Cic.: pauperies, Hor.: angustas civium domos, auch die Haushaltungen der Bürger eng begrenzt (beschränkt) gewesen seien, Tac.: tenuis et ang. ingenii vena, Quint. – **c** v. anderen äußeren Lebensverhältnissen, **beschränkt, beengt, bedenklich, misslich,** res angustae, Cic.: fides angustior, geschwächter Kredit, Caes.: defensio, beschränkte, Cic.: so auch ang. et lubrica oratio, Tac. – subst., angustum, ī, *n.*, die **Klemme,** die **bedenkliche-, missliche Lage, Verlegenheit, Not,** in angustum nunc meae coguntur copiae, Ter.: res est in angusto, Caes.: spes est in angusto, es besteht wenig Hoffnung, Cels.: in angustum venire, ins Gedränge, in Verlegenheit kommen, Cic. – **d** v. der sinnl. Empfindung, **beschränkt,** sensus (Plur.), Cic. Acad. 1, 44. – **e** v. Gemüt u. Charakter, **beschränkt, niedrig, engherzig,** animi angusti est, es zeugt von Engherzigkeit, Cic.: alii minuti et angusti, Cic. – **f** vom Vortrag, von der Rede usw., **α** der »Form« nach **auf wenige, kurze Sätze eingeschränkt, gedrängt, kurz, einfach,** ang. et concisae disputationes, Cic.: quod si et angusta quaedam atque concisa et alia est collatata et diffusa oratio, Cic. – **β** dem »Inhalt« nach in den Ansichten **beschränkt, engherzig** u. dah. auch **peinlich,** minutae angustaeque concertationes, Cic.: pungunt, quasi aculeis, interrogatiunculis angustis, mit ihren peinlichen Konsequenzmachereien, Cic.

anhēlābundus, a, um (anhelo), **keuchend,** Charis. (I) 49, 4 K.

anhēlātio, ōnis, *f.* (anhelo), **I** das beengte **schwere Atemholen, Keuchen, Schnappen nach Luft,** piscium aestivo calore quaedam anhelatio, Plin. 9, 18. – als krankhafter Zustand = ἆσθμα, **der kurze Atem,** die **Engbrüstigkeit,** Cels. 4, 4. § 21. Cael. Aur. chron. 3, 1. § 1: bes. im Plur., Plin. 23, 47. – **II** übtr.: quaedam in iis (*sc.* in Indicis sardonychibus) caelestis arcus anhelatio est, ähneln dem Regenbogen (d. i. ihre Farben spielen, wie die des Regenbogens, ineinander über), Plin. 37, 89.

anhēlātor, ōris, *m.* (anhelo), **der schwer Atem holt, der Engbrüstige,** griech. ἀσθματικός, Plin. 21, 156 u. a.

anhēlātus, ūs, *m.* (anhelo) = anhelitus (s. d.), Macrob. de diff. 1.

anhēlitus, ūs, *m.* (anhelo), **I** das **erschwerte, starke Atemholen,** der **kurze Atem,** das **Schnauben, Keuchen** infolge angestrengter Bewegung, anhelitus crebri tractique altius gemitus, Sen.: ex cursura anhelitum ducere, keuchen, Plaut.: u. so anhelitum trahere, Ps. Quint. decl.: quae (nimiae celeritates) cum fiunt, anhelitus moventur, man wird außer Atem gesetzt, Cic. – als krankhafter Zustand, Plur. anhelitus = ἄσθμα (s. Inc. art. gramm. fr. § 161), der **kurze Atem,** die **Engbrüstigkeit,** Plin. 20, 140 u. 35, 181. Pelagon. 94. – **II** meton.: **1** der **Atem, Hauch,** Plaut., Ov. u. Plin. – **2** die **Ausdünstung,** der **Dunst, Duft,** anhelitus (Plur.) terrarum, Cic.: vini, Cic.: anhelitum pestis exhalat, Pallad.

anhēlo, āvī, ātum, āre (an u. halo), **I** *intr.* **stark-, mühsam atmen, Atem holen, schnauben, keuchen, A** eig., Komik., Verg. u. a.: anhelare desisse, sich verschnauft haben, Col.: anhelans spiritus, Rhet. Her. – insbes., vor Hitze **nach Luft schnappen,** anhelantes Garamantes, Sil. 3, 10. – **B** übtr., v. Lebl.: **1** im Allg., poet., wie unser **keuchen, seufzen, dröhnen,** anhelans follis (Blasebalg), Pers.: fornacibus ignis anhelat, haucht Glut aus, Verg.: subter anhelat humus, kracht, dröhnt, Stat.: fractaque anhelant aequora, Sil.: vom glühenden Erdreich, vor Hitze gleichs. »keuchen, lechzen, nach Luft u. Kühlung schnappen«, anhelans saevis ardoribus orbis, Sil. – anhelans inopia, der lechzende, d. i. dringende Mangel, Iustin. 9, 1, 6. – **2** insbes., **aufdampfen, dampfen,** amnis vapore anhelans, von der Sonnenhitze dampfend, Plin. 5, 55. – **II** *tr.* **schnaubend** od. **keuchend hervorbringen, aus-, hervorschnauben, A** eig.: ignes, Ov.: frigus, Cic. poët.: verba inflata et quasi anhelata gravius, mit vollem Hauch und gleichsam zu starkem Schnauben herausgestoßen, Cic.: scribimus inclusi grande aliquid, quod pulmo animae praelargus anhelet, woran die mit Atem gesegnete Brust keucht, Pers.: anhelatis ictibus, mit keuchend hervorgebrachten Ruderschlägen, Sil. – **B** übtr., nach etw. **schnauben, lechzen,** scelus (Bosheit), Cic. Cat. 2, 1: crudelitatem ex imo pectore, Rhet. Her. 4, 68: inopiam suam sibi invicem, Augustin. conf. 6, 10: proelia, Stat. Theb. 11, 7.

anhēlōsus, a, um (anhelo) = δυσπνοϊκός, **keuchend,** Cael. Aur. acut. 2, 28, 148. Cass. Fel. 41.

anhēlus, a, um (anhelo) = *anhelans,* **I schnaubend, keuchend, lechzend,** pectus, Verg., Ps. Quint. decl. u. Arnob.: equi, Verg.: senes, engbrüstige, Verg.: übtr., vires, müde, geschwächt, Stat.: u. m. *Genet.,* longi laboris, Sil. 15, 718. – **II** meton., Keuchen od. Schnauben verursachend, **keuchend, ächzend,** Mars, Verg.: tussis, Verg.: febris, cursus, Ov.

anhydros, ī, *f.* (ἄνυδρος, wasserlos), die **Narzisse,** Ps. Apul. herb. 55 (56).

aniatrologētos, ī, *m.* (ἀνιατρολόγητος), **ununterrichtet-, unerfahren in der Medizin,** Vitr. 1, 1, 13.

anīcētus, um (ἀνίκητος), **unbesiegbar, I** als Beiname des anisum, Plin. 20, 186. – **II** als *nom. propr.:* **a Anīcētus,** ī, *m.* (Ἀνίκητος), ein röm. Freigelassener, früher Lehrer des Kaisers Nero, später dessen Helfershelfer bei der Ausführung seiner Verbrechen, wurde reich belohnt zum Schein nach Sardinien verwiesen, wo er starb, Tac. ann. 14, 3. Suet Ner. 35. – **b** Nbf. **Anīcātus,** ī, *m.* (Ἀνίκατος), ein Freund od. Freigelassener des Attikus, Cic. ad Att. 2, 20, 1.

Aniciānus, s. Anicius.

anicilla, ae, *f.* (*Demin.* v. anicula), ein **ganz altes Mütterchen,** Varr. LL. 9, 74. – Später **anucella,** Fronto ep. ad amic. 1, 18 *extr.* Mai.

Anicius, a, Name einer röm. gens. – Dav. **Aniciānus,** a, um, zu einem Anicius gehörig, nach ihm benannt, **anicianisch,** pirum, Cato: lapicidinae, Steinbrüche am See Volsinius, Vitr.: lectica, Cic.: nota, Zeichen eines Weines, dessen Alter bis zum Konsulat des *L. Anicius Gallus* (160 v. Chr.) hinaufreicht, Cic.

anicula, ae, *f.* (*Demin.* v. anus), ein **altes Frauenzimmer,** ein **altes Weib, -Mütterchen,** Ter., Cic. u. a.: als Schimpfwort, te philosopham aniculam vocat, Vulc. Cass. Avid. 1, 8.

aniculāris, e (anicula), **altweibermäßig,** deliramentum, Augustin. c. Faustin. 13, 6: anicularia tibi videntur haec verba, Augustin. enarr. in psalm. 38, 11.

Aniēn, ēnis, s. Anio.

Aniēnicola, ae, *c.,* s. Anio.

Aniēnsis, Aniēnus (*Adi.* u. *Subst.*), s. Anio.

Anigrus, ī, *m.* (Ἄνιγρος), kleiner Küstenfluss in Triphylien (Elis) mit übelriechendem Wasser, der auf dem arkadischen Berge Lapithes entspringt u. trägen Laufes durch eine mephitische Sumpfgegend fließt, bis seine versandete Mündung bei Samikum das Jonische Meer erreicht, nach einigen jetzt *Mavro-potamo,* Ov. met. 15, 282.

anīlis, e (anus), **alten Weibern eigen, altweibermäßig, altweiberhaft, altmütterlich,** vultus, Verg.: rugae, Ov.: frons, Sen.: aetas, Col.: curae, Verg.: prudentia, einer Greisin, Plin. ep.: cellulae, armer, alter Weiber, Apul. – bes. mit dem Nbbegr. des Abergläubischen, Abgestumpften, Geschwätzigen, superstitio, Cic. u. a.: ineptiae paene an., Cic.: fabellae, Cic.: fabulae, Quint. u. a.: quae sordida, anilia, inepta, vulgaria habentur, altfränkisch, altmodisch, Lact.

anīlitās, ātis, *f.* (anilis), das **hohe Frauenalter,** Catull. 61, 162.

anīliter, *Adv.* (anilis), **altweibermäßig, wie alte Weiber,** id dicitis superstitiose atque an., Cic. de nat. deor. 3, 92: poëta maximus in hoc solo non poëtice, sed aniliter desipuit, Lact. 2, 4, 4.

anīlitor, ārī (anilis), **zum alten Weibe-, altersschwach werden,** Apul. de mundo 23.

anilla, ae, *f.* (*Demin.* v. anus, alte Frau), ein **altes Mütterchen,** Macr. de diff. 21. § 6 *ed. Ian.* Inc. gramm. de verbo § 41. p. 172 *Endl.*

anima, ae, *f.* (vgl. animus), eig. das Hauchende, Wehende; dah. die **Luft,** der **Luftzug, Lufthauch, Wind, I** eig.: **A** im Allg.: aurarum leveis animae, Lucr.: impellunt animae lintea Thraciae, die Nordwinde, Hor.: quantum ignes animaeque valent, v. Blasebalg Vulkans, Verg.: anima (luftartig wehende Lichtflamme) reviviscit, Varr. sat. Men. 292. **B** insbes.: **1** die **Luft,** als Naturelement, im Gegensatz zum Feuer, Wasser usw., Cic. u. Verg. – **2** die eingeatmete **Luft,** der **Atem, Hauch** (*in concr.,* dagegen spiritus, urspr. das Atmen *in abstr.,* der Atem, der die Luft in Zügen einnimmt u. ausstößt, der Atemzug; vgl. Cic. de nat deor. 2, 54, 136), animam ducere, Cic., od. trahere, Plin., Atem holen: animam continere, Cic., od. comprimere, Plaut, fr. u. Ter., an sich halten: animam recipe, komm wieder zu dir, Ter.: anima foetida od. redolens, übelriechender Atem, Komik. u. Sen. rhet.: animae gravitas, Plin.: anima deficit, es entsteht Ohnmacht, Cels.

II übtr.: **A** das durch den Atem bedingte **Lebensprinzip,** der **Lebenshauch,** die **Lebenskraft,** der **Lebensgeist,** die **Seele** (u. zwar ist anima das rein tierische, animus hingegen das geistige, vernünftige, begehrende Lebensprinzip), **I** eig.: **a** übh., Lucr., Varr. u. a.: neque in homine inesse animum vel animam nec in bestia, weder eine geistige, noch eine physische (vom Körper trennbare) Seele, Cic. (u. so neben animus b. Lucr. 3, 398. Iuven. 15, 149). – dah. von den abgeschiedenen **Seelen, Geistern, Schatten** in der Unterwelt, die **Manen,** b. Dichtern u. Suet. Caes. 88. – auch von Pflanzen u. anderen organischen Stoffen, denen eine **Seele** als Grund der Selbstbewegung, des Wachsens beigelegt wird (vgl. Sen. ep. 58, 8), oft b. Plin.: anima amphorae, Weinduft, Phaedr.: scherzh., anima putei, v. Wasser, Plaut. – **b** das tierische, physische **Leben,** sofern es durch das Vorhandensein der Seele im Körper bedingt ist, animā se privare, Enn. fr.: anima corpus liquit, Acc. fr.: animam relinquam potius, will lieber sterben, Ter.: animam edere, Cic., od. efflare, Nep., od. exspirare od. effundere od. finire, Ov., od. dimittere, exhalare, Mart., od. deponere, Nep., od. dare, Verg., die Seele, das Leben aushauchen, -lassen = sterben: animam agere, in den letzten Zügen liegen, mit dem Tode kämpfen (s. ago *no.* 1, 2, a, β), Cic., Liv. u. a.: animam ducere (hinschmachten), Liv.: animam trahere (hinschleppen), Liv. u. Tac. (s. Weißenb. Liv. 3, 6, 8): dum anima est, solange er atmet od. lebt, Cic. – u. nach der Vorstellung, das Blut sei Sitz des Lebens, purpuream vomit animam, Verg.: sanguineae animae, Manil.; vgl. Thiel Verg. Aen. 2, 639; 9, 349. – animam debere (sprichw.), das Leben schuldig sein, von stark Verschuldeten, Ter. Phorm. 661. – **2** meton., ein mit anima versehenes Geschöpf, ein **belebtes Wesen,** ova parire, non animam, Enn. – v. vernünftigen Wesen, servientium animae, Tac.: imbelles animae, feige Seelen, Lucan. – u. als Liebkosungswort, **Seele,** vos, meae carissimae animae, Cic.: animae, quales neque candidiores terra tulit, Hor.: egregiae animae, Verg. **B** (wie animus) die **vernünftige Seele** des Menschen, der **Geist** (vgl. Kritz Sall. Iug. 2, 1. Cic. ecl. ind. *in v.*), anima rationis consiliique particeps, Cic.: ingenii facinora, sicut anima, immortalia sunt, Sall.: animae morte carent, Ov. – ► **a** Archaist. *Genet. sing.* animai, Enn. u. Lucr. – **b** *Dat.* u. *Abl. plur.* b. Cicero usw. regelmäßig animis; bei Spät., bes. bei den Eccl. oft auch animabus, z. B. Vulg. exod. 30, 12 u. 16 u. a. Augustin. de civ. dei 19, 23. Auson. perioch. Odyss. 11. Serv. Verg. Aen. 6, 136 u. a. Iul. Val. 3, 16 p. 117 (a) *ed. Paris.*

animābilis, e (animo), **belebend,** haec animabilis spirabilisque natura, cui nomen est aër, Cic. de nat. deor. 2, 91 *ed. Schoem.*

animadversio, ōnis, *f.* (animadverto), das Hinrichten des Geistes auf etwas; dah. **I** die **Beobachtung, Achtsamkeit, Aufmerksamkeit,** hoc totum est sive artis sive animadversionis, Cic.: excitare animadversionem et diligentiam, ut ne etc., Cic.: hae sunt fere elocutionis figurae animadversione dignae (beachtenswert), Aquil. Rom. 47. – mit *Genet.,* notatio naturae et animadv., sinnliche Wahrnehmung, Cic. or. 183. – **II** übtr., das missfällige Vermerken von etwas, die **Ahndung, Rüge, Strafverhängung, Bestrafung, Strafe, a** zu der man als Staatsbehörde, Vater, Herr usw. berechtigt ist (Synon. castigatio, die Zurechtweisung), censoria, censoris, Cic.: dictatoria, Vell.: militaris, Gell.: paterna, Cic.: vitiorum, Cic.: Dolabellae in audaces sceleratos, Cic.: nostra enim quaestio et an. in nostrum civem est, Liv.: domini adversus servos, Lact.: Plur., animadversiones censoriae, Cic. Clu. 119: notiones animadversionesque censorum, Cic. de off. 3, 111: animadversiones magnarum potestatum, Sen. de clem. 1, 8, 5. – euphemist. = »Todesstrafe« mit capitalis od. capitis, Suet. u. ICt.: an. gladii, Hinrichtung durchs Schwert, Lact. de mort. pers. 22, 3: absol., Cic. ad Att. 12, 21, 1: habere animadversionem, das Recht, am Leben zu strafen, ICt. – **b** die **Rüge,** der **Tadel,** nec effugere possemus animadversionem, si etc., Cic. or. 195.

animadversor, ōris, *m.* (animadverto), der **Beobachter,** vitiorum, Cic. de off. 1, 146.

animadversus, ūs, *m.* (animadverto), die **Ahndung, Strafe,** in animadversibus asperior in quibusdam fuit, Lampr. Alex. Sev. 25, 2 P.

animadverto (animadvorto), vertī (vortī), versum (vorsum), ere (aus animum adverto, s. ad-verto *no.* II, A, b), **I den Geist-, Sinn-, seine Aufmerksamkeit auf etwas richten, aufmerken, beachten, wahrnehmen** (in dem Sinne: seinen Vorteil u. dgl. wahrnehmen), rem suam, Ter.: in praesens haud animadversum (prodigium), Tac.: non animadverti in pace, Cic. – mit folg. indir. Fragesatz, ut animadvertatur quidquid facias, Cic.: me obsecras amantissime, ne obliviscar vigilare et ut animadvertam quae fiant, Cic. – m. folg. *ut* od. *ne* u. Konj., illud me non animadvertisse moleste ferrem, ut ascriberem te in fano pecuniam iussu meo deposuisse, nisi etc., meiner Aufmerksamkeit entgangen ist (= ich übersehen habe), Cic. ep. 5, 20, 5: tamen admonendi sunt, ut animadvertant, ne callida assentatione capiantur, Cic. de amic. 99; vgl. Cic. de off. 2, 68. Liv. 4, 56, 12. – Dah. als *t. t.* **a** v. Liktor, der **achtgeben, aufpassen** musste, dass dem Konsul bei seinem Erscheinen Platz gemacht u. ihm die gehörige Achtung bezeigt wurde, consul animadvertere proximum lictorem iussit, Liv. 24, 44, 10. – **b** v. Volk, dem der Liktor **aufzumerken, achtzuhaben** befahl, consule theatrum introeunte, cum lictor animadverti ex more iussisset, Suet. Caes. 80, 2. – **II** übtr.: **A** als Folge der angewandten Aufmerksamkeit, **bemerken, gewahr werden, wahrnehmen** (im allgemeineren Sinne als oben), **sehen, ersehen, erkennen, abnehmen,** ecquid animadvertis horum silentium? Cic.: animadv. alqm scribentem, Nep.: ne (milites) *ex* oppido (v. der Stadt aus) animadverterentur, Caes.: si quod (peccatum) est animadversum, Cic.: his animadversis, Verg.: boni seminis sues animadvertuntur *a* facie, Varr. – m. folg. *Acc.* u. *Infin.,* postquam id vos velle animum advorteram, Ter. Phorm. 909: animadvertit Caesar unos ex omnibus Sequanos nihil earum rerum facere, Caes.: si animadvertissent audere adversus se tam exiguis copiis pugnare, Nep.: animadvertebas igitur versus ab iis admisceri orationi, Cic.: equidem etiam illud animadverto lenitate verbi rei tristitiam esse mitigatam, Cic.: animadverti et didici *ex* tuis litteris te omnibus in rebus habuisse rationem, ut etc., Cic. – m. folg. *Nomin.* u. *Infin.,* sed quaedam (leges) istic esse animadvertuntur, Gell. 20, 1, 4. – m. folg. indir. Fragesatz, ut adsint, cognoscant, animadvertant, quid de religione, pietate, sanctitate existimandum sit, Cic.: quod quidem quale sit etiam in bestiis quibusdam animadverti potest, Cic. – m. *cum* u. Konj., animadversum saepe est, cum cor animantis alicuius evulsum ita palpitaret, ut etc., Cic. de nat. deor. 2, 24. – m. folg. *fore, ut* u. Konj., *Auct. b. Hisp. 36, 2 *ed. Dinter* (wo Vulg. bl. *ut* u. Konj.). – im Zshg. absol., ut etiam possumus *hinc* animadvertere, Vitr. 10, 16, 5. – **B** prägn.: **1** wie unser »etwas jmdm. übel od. missfällig vermerken«, d. i. **ahnden, rügen, strafen, a** infolge amtlicher od. väterlicher Berechtigung gegen jmd. **rügen,** an ihm **ahnden,** ihn **bestrafen,** gew. mit *in alqm* ohne Objekt des Vergehens, in iudices quosdam, Cic.: in alqm iure, Cic.: patrio iure in filium, Liv.: *impers.,* sortitione animadvertitur in quosdam, Cic.: die *Partic.* auch in Bezug auf das Vergehen, o facinus animadvertendum, die Strafe verdient, Ter.: ea primum ab illo animadvertenda iniuria est, Ter.: res animadvertenda, Cic.: multa animadversa severe, Suet. – euphem. = jmd. **mit dem Tode bestrafen, hinrichten,** in alqm, Tac. u. Suet. (vgl. Bremi Suet. Aug. 15): dah. sogar animadversus = der »Hingerichtete«, Paul. dig. 48, 24, 3. – **b** übh. etw. **rügen, tadeln,** ea sunt animadvertenda peccata maxime, quae difficillime praecaventur, Cic.: in qua (voce) nihil offendi, nihil displicere, nihil animadverti possit, Cic.: quae omnia ingrata atque arrogantiae plena animadvertit in eo, Suet. – **2** die Gottheit **beachten,** ihr **Achtung bezeigen,** deos immortales, Gell. 2, 28, 2. – ► Perf. animadversit, Apul. flor. 19 zw. cod. F.

animaequitās, ātis, *f.* (animus u. aequitas) = εὐψυχία, **Gleichmut, guter Mut,** CIL 6, 11259 u. Gloss.

animaequus, a, um, *Adi.* m. *Compar.* (animusaequus), **gleichmütig, guten Mutes,** bes. animaequus od. animaequior esto (θάῤῥει), Eccl. (s. Rönsch Itala p. 223). Vgl. Gloss. ›animaequum, ἰσόψυχον‹.

animal, ālis, *n.* (st. animale, s. Lucr. 3, 633; v. anima), **I** jedes **Geschöpf, lebende Wesen** mit ausgebildetem Körper, das **Tier** im weitesten Sinne, dah. v. Menschen (Ggstz. inanimum), cum inter inanimum et animal hoc maxime intersit, quod animal agit alquid, Cic.: animalia inanimaque omnia rigentia gelu, Liv.: omne quod vivit, sive animal sive terrā editum (Erdgewächs), Cic.: nec ullum superfuisse animal, Liv.: animalia et sata, Sen.: animalium semen ignis is qui anima ac mens, Varr. LL.: bipedum solus homo animal gignit, Plin. – u. vom Weltall als beseeltem Wesen, Cic. Tim. 3. § 10. u. 4. § 11. – **II** im engeren Sinne, **a** das **Tier** im Ggstz. zum Menschen, multa ab animalium vocibus translata in homines, Varr. LL.: so nun malum aliquod aut noxium animal, Sen.: u. animalia noxia, Ungeziefer, Col.: animalia aquatilia, Varr. LL.: animalia minuta, Varr., minutiora, Tert.: animalia infirmiora, valentiora, Val. Max.: animalia saevissima, Sen.: cum hoc animal tam sit canorum suā sponte, v. Hahn, Cic.: alqm in cavea velut novum animal aliquod et inusitatum diu pascere, Sen.: si quod animal in mustum cecīderit, Col.: nec muribus aliove animali abstinerent, Liv. – dah. = *belua,* verächtlich von einem Menschen, funestum illud animal, Untier, Cic. Pis. 21. – **b** (in der Vulgärspr.) das **Rind,** iumenta, pecora et animalia, Gloss. Paris. *no.* 437. p. 185 H. – **c** das **Postpferd,** mutare animalia, Capit. Maxim. duo 25, 2.

animālis, e (anima), **I aus Luft bestehend, luftartig, luftig,** natura, Cic.: corporum levium concursio, Cic.: duae partes, una *ignea,* altera *animalis,* Cic. – **II zum Atmen dienend,** vena, Scrib. 84. – **III** zum Leben gehörig, **1** *act.,* **Leben enthaltend** u. **gebend** (Ggstz. inanimus, inanimalis), cibus, Lebensluft, Cic.: intellegentia, geistige Lebenskraft, Cic.: spiritus, Lebensgeister, Vitr. u. Plin. – *neutr.* subst., omnia constant ex vacuo et solido, ex animali et inanimali, Tert. apol. 48: u. so Plur. animalia, Ggstz. inanimalia, Tert. adv. Hermog. 36. Ps. Apul. Ascl. c. 21 *in.* (vgl. animal *no.* I). – **2** *pass.,* **beseelt,**

lebend, lebendig, **a** übh.: corpora, Lucr.: exemplum, lebendes Original, Cic.: quadrupes inanima cum animali sono, Pacuv. fr. – subst., animālis, is, *f.*, das **lebende Wesen,** das **Tier,** Apul. met. 2, 25; de mundo 28 u. 36. – **b** in der Religionsspr.: **α** di animales, Götter, die aus Menschenseelen entstanden sind (wie *Penates* u. *Di viales*), Labeo b. Serv. Verg. Aen. 3, 168; vgl. Apul. de deo Socr. c. 13. – **β** in der Opferspr., hostia animalis, ein Opfertier, von dem nur die Seele, das Leben den Göttern geweiht, das Fleisch usw. aber für die Priester bestimmt wird, Macr. sat. 3, 5. § 1 u. 5. Arnob. 7, 3.

animālitās, ātis, *f.* (animal), die **Tierheit,** Augustin. spir. et an. 38. Mythogr. Lat. 3, 6, 16.

animāliter, *Adv.* (animalis), **tierisch,** Augustin. retract. 1, 26. Claud. Mam. 1, 13 u. 1, 24. Salv. de stat. anim. 1, 13.

animāns, antis, *PAdi.* (v. animo), **beseelt, lebend, belebt, I** *adi.*: animans est mundus composque rationis, Cic.: an. imagines, Cic.: an. machina, v. Körper der Menschen u. Tiere, Col. – **II** *subst.*, animāns, tis, *m.*, *f.* u. *n.*, jedes **beseelte, lebende Geschöpf, Wesen** (urspr. ein weiterer Begriff als animal, indem es Menschen, Tiere u. Pflanzen in sich schließt, gew. aber gleich diesem für **Tier,** im Ggstz. zum Menschen), als *masc.*, alius animans, Cic.: animantes, quos alatis, Cic.: quemquam animantem (v. Menschen), Hor.: als *fem.*, quaevis animans, Lucr.: nulla animans, Plin.: ceterae animantes, Cic.: multae aliae minutissimae terrā marique animantes, Gell.: als *neutr.* nur im Plur., animantia omnia, Cic.: pestifera animantia, Plin. – ► Genet. Plur. bei Dichtern u. Spät. auch animantum.

animātio, ōnis, *f.* (animo), **I** das **Beleben, Beseelen,** die **belebende Kraft,** Tert. de anim. 19. – meton. = *animal,* das **lebende Wesen,** das **Geschöpf,** Cic. Tim. 35. – **II** übtr.: **a** = προθυμία, der **freudige Eifer,** susceperunt verbum cum omni animatione, Itala act. apost. 17, 11. – **b** die leidenschaftliche **Aufregung,** der **Unwille,** Eccl. (s. Rönsch Itala p. 305).

animātor, ōris, *m.* (animo), der **Beleber, Beseeler,** Eccl.: übtr., v. Künstler, Mart. Cap. 1. § 36.

animātrīx, īcis, *f.* (animator), die **Ermutigerin** zu usw., Tert. scorp. 12.

1. **animātus,** a, um, *PAdi.* (v. animo), **I mit Atemversehen, a** übh., optume animati erant, Varr. sat. Men. 63. – **b beseelt** (Ggstz. inanimus), anteponantur animata inanimis, Cic.: hoc sic dividam, ut dicam corpora omnia aut animata esse aut inanima, Sen. – v. Pflanzen, **frisch erhalten,** spartum, Plin. 19, 28: cachry, Scrib. 70: nasturtii semen, Scrib. 95. Marc. Emp. 16. – **II gesinnt, a** übh., moral. od. politisch so u. so **gesinnt, gestimmt,** infirme, Cic.: bene, Nep.: male, Gell.: Pompeius an. melius quam paratus, Cic. – m. *erga* u. Akk., Plaut. capt. 407. Cic. ad Att. 15, 12, 2. Suet. Vit. 7, 3 (wo: exercitus male animatus erga principem): m. *in* u. Akk., Cic. de amic. 57; Verr. 4, 151. Liv. 29, 17, 8. – **b mit Mut-, kriegerischem Sinn begabt, mutig,** probe, Plaut. Bacch. 942: pariter, Lucr.; vgl. Lachm. Lucr. 1, 42. p. 78 *sq.*: cum sic animatum reges exercitum viderent, Iustin. – ► Superl. animatissimus, Itin. Alex. 6 (13).

2. **animātus,** Abl. ū, *m.* (animo), das **Atmen,** animatu carere, nicht atmen, Plin. 11, 7.

animitus, *Adv.* (animus), **von Herzen,** Non. 147, 27.

animo, āvī, ātum, āre (v. anima u. animus), **I** v. anima, **A** = **mit Luft** od. **Hauch versehen, blasen,** duas tibias uno spiritu, Apul. flor. 3. p. 3, 14 Kr.: bucinarum tortus intestinis et domesticis flatibus, Arnob. 6, 10. p. 221, 29 R. – **B beleben, beseelen,** Lucr., Cic. u. a.: dah. animare in m. Akk., **beleben,** in od. zu usw., d. i. Lebloses in Belebtes verwandeln, guttas in angues, Ov. met. 4, 618; vgl. 14, 566. – übtr., **beleben, erquicken, frisch erhalten,** alqm cibo potuque, Hyg.: quercus florem (v. Erdhauch), Plin.: arbores cotidianis rigationibus, Pallad.: poet., si quid Apellei gaudent animasse colores, Stat. silv. 2, 2, 64: pestiferas ad crimina taxos, entflammen, entzünden (nach der Vorstellung, dass das Feuer lebt), Claud. rapt. Pros. 3, 386. – **II** v. *animus:* **A** jmdm. »den Vorsatz, Willen zu etw. einflößen« (προθυμίαν ἐμβάλλειν); dah. im Passiv = **sich entschließen,** m. folg. *ad* od. *in* u. Akk., ut ad moriendi desiderium ultro animaretur maiestate promissi, Macr.: qui in Augusti necem fuerat animatus, entschlossen zu usw., Macr.: ita spurcus animatur (irā) in proelium, Titin. com. 9: m. folg. *Infin.*, ut hortatu vestro quae de scommate paulo ante dixerit animetur aperire, Macr.: u. so si quis animatust facere, faciat ut sciam, Plaut. truc. 966: ita animatus fui itaque nunc sum, ut eā te paterā donem, mein Wille war's u. ist's noch, die Schale dir zu schenken, Plaut. Amph. 762. – **B mit** irgendeinem **Temperament** od. **Sinn begaben, -versehen,** perinde utcumque temperatus sit aër, ita pueros orientes animari atque formari, Cic. de div. 2, 89: nisi quod (Mattiaci) ipso adhuc terrae suae solo ac caelo acrius animantur, mit einem feurigeren Temperament (mit einem kühneren Sinn) begabt werden, Tac. Germ. 29. – ► animāns u. animātus als *Adii.* s. bes.

animōsē, *Adv.* m. *Compar.* u. *Superl.* (animosus), **mutvoll, mutig, herzhaft, beherzt** (Ggstz. timide), **I** im Allg.: an. et fortiter facere alqd, Cic.: an. vivere, mit Selbstvertrauen, Cic.: an. paupertatem ferre, humiliter infamiam, Sen.: vulnera sua animosius retractare, Sen. – **II** insbes., **eifrig, hitzig, leidenschaftlich,** liceri, ICt.: multo animosius C. Marius se gessit, Val. Max.: animosius solvitur votum, Sen.: errores suos animosius defendere, Augustin.: animosissime comparare gemmas, Suet.

animōsitās, ātis, *f.* (animosus), die **Herzhaftigkeit,** der **Mut,** resistendi, Amm.: equi, Sidon. – im üblen Sinne = die **Leidenschaftlichkeit, Gereiztheit, Heftigkeit** im Zorn, Hitze, Macr., Cypr. u. a. Eccl. (auch im Plur.).

animōsus, a, um, *Adi.* m. *Compar.* (animus), **mutvoll, mutig, herzhaft, beherzt,** im üblen Sinne **hitzig, ungestüm** (Ggstz. timidus, formidolosus), **I** im Allg.: vir animosus, Naev. com. fr.: fortis et animosus vir, Cic.: comes animosior quam auctor, Liv.: animosus Priamides Hector, Hor.: an. equus, Ov.: animosior senectus, Cic.: an. signa (Statuen), Prop.: guttura, Ov.: bella an. gerere, Ov.: an. frigus, Furcht mit Mut gepaart, Stat.: dictum alicuius animosum, praeceptum utile, Sen.: an. contentio, Plin. – poet. übtr. v. Winden, ventus, Ov.: Euri, Verg. – m. *Abl.* = **pochend, stolz** auf etwas, animosus spoliis, Ov.: parens vobis animosa creatis, stolz, euch geboren zu haben, Ov. – **II** insbes., **leidenschaftlich, hitzig,** erpicht auf Erwerbung einer Sache, corruptor, Tac.: animosiorem eius rei emptorem esse, ICt.

1. **animula,** ae, *f.* (*Demin.* v. anima), **I** das **Seelchen,** die **liebe** od. (im üblen Sinne) **böse Seele,** unius mulierculae, Serv. Sulp. in Cic. ep. 4, 5, 4: avipedis leporis, Seren. b. Mart. Cap. 5. § 518: an. vagula, blandula, Hadr. b. Spart. Hadr. 25, 9: innocua, CIL 6, 10192: innocentissima, CIL 5, 4712, 6: Plur., Augustin. de civ. dei 19, 12, 3 (v. den Seelen kleiner Wesen): elicere animulas noxias (die bösen Geister), Amm. 28, 1, 7. – **II etwas Leben,** attulit tuas litteras; quae mihi quiddam quasi animulae instillarunt, der hat meine Lebensgeister wieder ein bisschen aufgefrischt, Cic. ad Att. 9, 7, 1.

2. **Animula,** f. L. statt Aminula, s. d.

animulus, ī, *m.* (*Demin.* v. animus), **Herzchen,** als Liebkosungswort im *Voc.:* mi animule od. animule mi, »mein Herzchen«, Plaut. Cas. 134; Men. 361.

animus, ī, *m.* (griech. ἄνεμος, Wind, Hauch, vgl. altind. *āniti,* atmet, got. *us-anan,* ausatmen), **I** die **Seele,** als Prinzip des geistigen Lebens, der **Geist** (Ggstz. corpus, der Körper, od. anima, die physische od. auch seelische Lebenskraft), animi corporisque vires, Liv.: unde anima atque animi constet natura, Lucr.: alci germanum esse pariter animo ac corpore, Ter.: credo deos immortales sparsisse animos in corpora humana, Cic.: difficile est animum perducere ad contemptionem animae, Sen. – seltener v. Tieren, animantia quaedam *animum* habent, quaedam tantum *animam,* Sen.: u. so bestiae, quarum animi sunt rationis expertes, Cic.

II die menschliche **Seele** als Inbegriff aller Seelenkräfte oder als Prinzip des Empfindens, Begehrens u. Denkens, der **Geist,** s. Cic. de div. 1, 61; Tusc. 2, 47. – bes. das **Gemüt, Herz,** d. i. das Empfindende, Begehrende (Ggstz. mens, d. i. das Denkende, der Verstand). – auch häufig (als *pars pro toto*) für *homo* od. st. des bl. *pronom. pers.*, wenn von den Gefühlen jmds. die Rede ist, s. Kritz Sall. Iug. 39, 5.

Dah. **A** die Seele als Gefühlsvermögen, **1** im Allg.: **a** übh., die **Seele,** das **Herz, Gemüt,** auch das **Gefühl,** die **Empfindung** (griech. θυμός), meus fac sis postremo animus, quando ego sum tuus, Ter.: mala mens, malus animus, schlechter Sinn, schlechtes Herz, Ter.: animo aegra, seelenkrank = liebekrank, Enn. fr., wie animus aegrotus, Ter.: otiosus ab animo, sorgenlos, Ter.: uno animo, einmütig, Liv.: animo aequo, iniquo, s. aequus u. iniquus: animus alius ad alia vitia propensior, Cic.: (Aristides Thebanus) omnium primus animum pinxit et sensus hominis expressit, quae vocant Graeci ἤθη, legte zuerst Seele in seine Gemälde und drückte die menschlichen Gefühle aus, wofür die Griechen den Ausdruck ἤθη (Stimmungen u. Gefühle) haben, Plin. 35, 98. – u. Genet. animi auch fast pleonast. bei Adjj. u. Substst., die einen Gemützustand bezeichnen, wie aeger animi, Liv.: dubius animi, Verg.: incertus animi, Ter., Sall. fr. u. a.: suspensi u. stupentes animi, Liv.: animi metus, Herzensangst, Cic.: u. so animi timor, Sall.: lubido animi sui, die Leidenschaftlichkeit, Sall.; vgl. Kritz Sall. Cat. 58, 2. – u. animo od. animi bei Verben des Empfindens, wie im Griech. θυμῷ, angere se animi, Plaut.: pendēre animi, Ter.: animo excrucior, Ter.: animo tremere, Cic.: animi u. animis pendēre, Cic.: animi victus, Claudian. 3, 170. Vgl. Wagner Plaut. aul. 145 u. Ter. heaut. – **b** das **Herz, Gemüt** = die **Gemütsart, Sinnesart, Denk-** u. **Handlungsweise,** die **Gesinnung,** der **Sinn, Charakter,** die **Grundsätze** (vgl. Bremi Suet. Tib. 52), iracundus, Plaut.: magnus et excelsus, Cic.: altus, Cic.: apertus et simplex (offen u. ohne Falsch), Cic.: belli ingens, domi modicus, hochfahrender, bescheidener Sinn, Sall.: u. animo ingenti, von heroischem Charakter, Sall.: fluxus, lockere Grundsätze, Sall.: esse angusti animi atque demissi, Cic.: pusilli animi est, zeugt von niedriger Sinnesart, Cic.: ebenso sordidus atque animi parvi, Hor. – poet. übtr. von der Natur, Art der Bäume, exuerint silvestrem animum, legen dir ab die wildernde Art, Verg. georg. 2, 51.

2 im einzelnen, irgendeine Beschaffenheit, Stimmung, Bewegung des Gemüts, u. zwar: **a** das **Herz,** das man für jmd. hat, die **Stimmung, Gesinnung** für od. gegen jmd., hoc animo in nos esse debetis, Cic.: bono od. alieno animo esse in alqm, Caes.: inimico animo esse, Caes.: qui quo animo inter nos simus, ignorant, Cic.: pro mutuo inter nos animo, Cic.: in animo principis, in der Gunst des Fürsten, s. Nipperd. Tac. ann. 15, 50. – dah. meton. in der Umgangsspr. als zärtliche Anrede an den Geliebten od. die Geliebte, mi anime od. anime mi, »mein Herz, liebe Seele«, Komik. (s. Lorenz Plaut. Pseud. 30 ff. Spengel Ter. Andr. 685): so auch animus meus, Fronto ep. ad M. Caes. 2, 13 p. 36, 20 N. – **b** die höhere Stimmung, wie unser **Herz** = die **Herzhaftigkeit, Energie,** der **Mut,** das **Selbstvertrauen,** die **Zuversicht** (auch oft von einem im Plur. von der Fülle des Mutes, u. umgekehrt der Sing. von mehreren, s. Kraner Caes. b. 2, 34, 6. Müller Liv. 1, 25, 3. Weißenb. Liv. 30, 28, 1), femina ingens animi, voll hohen Mutes, hochherzige, Tac.: fac animo magno fortique sis, Cic.: magnum animum ostendere, Cic.: animum addere, Mut machen, Ter.: reddere animum, animus mihi redit, Ter.: animum sumere (fassen), Vell.: animum od. animos tollere, s. tollo: animus alci accedit, Cic.: crevit extemplo Romanis animus, Liv.: neutris animus est *ad* pugnandum, Liv.: circum fusus exercitus animos *ad* non parendum addebat, machte Mut zum Nichtgehorchen, Liv.: animos *ad* spem certaminis od. *ad* temptandum de integro certamen facere, Liv. (vgl. Weißenb. Liv. 37, 37, 9): magnus mihi animus est m. folg. *Acc.* u. *Infin.*, ich habe die Zuversicht, Tac. Agr. 30 *in.* – u. ebenso im Plur., animi iis accedunt, Cic.: cum hostium opes animique crevissent, Cic.: morte Africani crevere inimicorum animi, Liv. (vgl. Drak. Liv. 28, 19, 16): cum ipsa cunctatio et his animos minuisset et auxisset hosti, Liv.: ducibus plebis accendit magis certamine animos quam minuit, Liv.: animi cadunt (sinkt), Cic. – bono es animo, Ter., Varr. u. Apul., od. bono sis (fac sis) animo, Komik.: animum bonum habe, Plaut., Sall. u. a.: in re mala animo bono uti, gute Miene zum bösen Spiel machen, Plaut.: fac animo praesenti hoc dicas, herzhaft, Ter.: satis animi, Muts genug, Ov.: si ad haec parum est animi, wenn du dazu nicht Mut genug hast, Liv.: cum Poeno recens victoria animo esset, Mut machte, Liv. – übtr., von der »Lebhaftigkeit, Lebendigkeit«, dem »Feuer« der Rede, et consilii et animi satis, Quint.: actio plena animi, Cic.: quae vis, qui animus, quae dignitas illi oratori defuit, Cic.: poet., von der Bewegung des Kreisels, dant animos plagae, Verg. Aen. 7, 383: der Gewässer, Stat. Theb. 3, 671; 5, 468: der Winde, Verg. Aen. 10, 357. – Dah. **α** der hoffende **Mut,** magnus mihi animus est m. folg. *Acc.* u. *Infin.*, ich habe die große Zuversicht, es werde usw., Tac. Agr. 30. – u. so **β** (bes. im Plur.) der aus der Fülle des Mutes hervorgegangene **hochstrebende Sinn,** die **Ansprüche, hochfahrenden Wünsche,** das **hochfahrende, anspruchsvolle Wesen,** der **Hochmut, Stolz, Übermut, Trotz** (s. Fabri Liv. 22, 26, 1. Ruhnken Ter. Hec. 3, 5, 57), cui inerat contemptor animus et superbia, Sall.: ne super fortunam animum gereret; non omnia omnibus cupiunda, Sall. – Damarata uxor, filia Hieronis, inflata adhuc *regiis animis* ac *muliebri spiritu,* Liv.: haec natis habens sublimes animos, voll Stolz wegen der Kinder, Ov.: cum divitiae iam animos facerent, Liv.: ubi pecunia animos ad spem liberioris fortunae fecit, als das Geld die stolze Hoffnung sich höher zu schwingen einflößte, Liv.: remittant *spiritus,* comprimant *animos suos,* sedent *arrogantiam,* Cic.: iam *insolentiam* noratis hominis, noratis *animos* eius *et spiritus* tribunicios, Cic.: pone animos, Verg. – **c** die gereizte Stimmung, das **heftige-, reizbare Wesen,** die **Heftigkeit, Hitze,** der **Zorn** (gew. im Plur.), animum vincere, iracundiam cohibere, Cic.: vince animos iramque tuam, Ov.: alcis animos atque impetus (Ungestüm) retardare, Cic.: u. poet. vom Windgott Äolus, mollit animos et temperat iras, mildert seine Wildheit u. besänftigt den Zorn, Verg. Aen. 1, 57. – **d** das **Gelüsten** des sinnl. Triebes, **des Herzens Gelüsten,** die **Neigung,** u. meton. die **Lust,** das **Vergnügen,** vincam animum meum, will mein Herz, d. i. mich selbst (meinen Widerwillen) besiegen, Plaut.: animo obsequi od. morem gerere, seine Lust befriedigen, Komik.: animum suum explere, seine Lust büßen, Ter.: exple iis animum, stelle sie zufrieden, Ter.: militum animis expletis, Liv.: amico quae dederis animo, dem lieben Ich, Hor. – bes. animi causā, des Gelüstens halber, d. i. »aus Lust, zum Vergnügen, zur Erholung, zum Spaß, aus Liebhaberei«, Plaut., Cic. u. a. (vgl. Görenz Cic. de fin. 2, 56): so auch animi gratiā, Plaut.: verb. animi voluptatisque causā, zur Lust u. zum Vergnügen, Caes.

B die Seele als Begehrungs-, Willensvermögen, das **Herz** = der **Wille, Wunsch,** die **Neigung,** das **Verlangen,** die **Lust,** das **Vorhaben,** der **Vorsatz,** die **Absicht, Gesinnung** (vgl. ex animi voluntate, Lucr.; u. pro animi mei voluntate, Cic.), istic animus meus est, all mein Sinnen u. Denken, mein Dichten u. Trachten, Plaut.: quoniam nobis di immortales animum ostenderunt suum, ihren Willen, Plaut.: sin aliter animus vester est, Ter.: ad omnia et animo et consilio paratus, Cic.: cuneatim constiterunt hoc animo, ut etc., in der Absicht, dass usw., Caes.: u. so eo ad te animo venimus, ut etc., Cic. – m. folg. *ad* u. Akk., tuus animus (Lust) ad nuptias, Ter. Andr. 377. – m. folg. *Genet. Gerund.*, parcendi victis filio animus et promptior et honestior, Iustin. 9, 8, 20: animum nubendi finitimis omittere, Iustin. 2, 4, 5: animum vincendi capere, Iustin. 7, 2, 10: occupandae reipublicae animum habere, Vell. 2, 4, 4. – habeo in animo m. *Infin.* = »ich habe im Sinn, bin willens, bin entschlossen, beabsichtige, habe Lust, es regt sich die Lust, es gelüstet mich«, Cic. Rosc. Am. 52; Verr. 4, 68; ep. 4, 12, 2. Caes. b. G. 6, 7, 5. Pomp. bei Auct. b. Hisp. 26, 7. Liv. 1, 48, 9; 44, 25, 1: ebenso in animum habeo, Liv. 33, 10, 4: u. dass. est (mihi) in animo, Cic. Rosc. Am. 91; Verr. 4, 137; ad Att. 6, 8, 2. Caes. b. G. 1, 7, 3; b. 1, 1, 4. Liv. praef. § 6; 1, 28, 7. Tac. Germ. 3: dass. est animus (mihi) m. folg. *Infin.*, Curt. 9, 3 (12), 5. Suet. Caes. 82, 3. Verg. Aen. 4, 639. Ov. met. 5, 150: u. fert animus m. *Infin.*, Suet. Oth. 6, 1. Ov. met. 1, 1 u. a. Dichter (s. Drak. Sil. 16, 294): u. avet animus m. *Infin.*, Cic. Phil. 5, 13: u. inclinat animus (ich bin geneigt) m. folg. *ut* u. Konj., Liv. 1, 24, 1; 7, 9, 5. – animum od. in animum induco, s. in-dūco. – u. ex animo, »von Herzen« = »gern, freiwillig, ungezwungen«, u. dah. auch »im Ernst, ernstlich, aufrichtig« (Ggstz.

simulate), oft b. Ter., Cic. u. a. – u. bono animo, in guter Absicht, Cic. de imp. Pomp. 56. Nep. Ages. 6, 2.
C die Seele als Denkvermögen, vernünftiges Prinzip, **1** im Allg., der **Geist** im engeren Sinne, die **Gedanken** (koordiniert der *mens,* dem »Verstand«, der »Vernunft«), omnium mentes animosque perturbare, aller Sinne u. Gedanken, Caes.: sic semper in animo habui (habe immer gedacht) te in meo aere esse, Cic. ep. 13, 62: sic in animo habeto, *ut ne* cupide emas, Cato r. r. 1, 1.
2 insbes.: **a** die **Gedanken** = das **Bewusstsein,** die **Besinnung,** mihi animus etiam nunc abest, Plaut.: animus alqm relinquit, Caes.: linqui animo, Curt.: linquente animo, Curt.: deficientibus animis, Liv.: animus rediit, Ov. – **b** die **Gedanken** = das **Gedächtnis,** ex animo effluere (aus dem G. entschwinden), Cic.: u. so excidere ex animo, Cic., ex omnium animis, Liv.: memor in bene meritos animus, Cic.: omnia fert aetas, animum quoque, Verg.: haberet in animo amicum solā necessitudinis gloriā usurum, den Fr. im Gedächtnis behalten, auf den Fr. Bedacht nehmen, Tac. ann. 4, 39. – **c** die **Gedanken,** meton. = das **Urteil,** die **Überzeugung,** ut animus meus est (Plaut. truc. 775), u. gew. meo animo od. meo quidem animo, »meinen Gedanken nach« = »meines Erachtens, nach meiner Ansicht od. Überzeugung«, Plaut. u. Cic. – ► Vulg. Abl. Sing. animu, CIL 8, 2182 u. 2190.

Anio, ōnis u. gew. (von der urspr. sabinischen Form **Aniēn**), ēnis, *m.,* poet. Nbf. **Aniēnus,** ī, *m.,* der **Anio, I** eig., der berühmte Nebenfluss des Tibers, der im Hernikerlande auf dem Gebirge von Trevi (mons Trebanorum) entspringt, in wildem Lauf (dah. praeceps) durch enge Gebirgstäler Tibur zuströmt, unmittelbar unterhalb dieser Stadt die vielgepriesenen Wasserfälle bildet, in der Ebene zwischen dem Sabiner- u. Latinerland hinfließt u. bei Antemnä in den Tiber einmündet, Nomin. (gew.) Anio, Varr. LL. 5, 28. Hor. carm. 1, 7, 13. Prop. 3, 22, 23. Plin. 3, 109: Nomin. (selten) Anien, Cato oratt. 18. fr. 3 (b. Prisc. 6, 16). Stat. silv. 1, 5, 25 u. a.: Nomin. (selten) Anienus, Prop. 4, 7, 86. Stat. silv. 1, 3, 70: Genet. gew. Anienis, Liv. 1, 37, 1; 7, 9, 6. Cic. Brut. 54 u. a.: Genet. Annionis (sic!), CIL 6, 2344 u. 2345 (vgl. unten *no.* II, b.).: Akk. gew. Anienem, Cato oratt. 18. fr. 3. Cic. pro Cornel. 1. fr. 24 K. Cic. de off. 1, 112. Liv. 30, 30, 17. Verg. Aen. 7, 683 u. a.: Akk. Anionem, Enn. ann. 608: Abl. Aniene, Plin. 3, 54. Vgl. übh. Prisc. 6, 16. – Dav.: **a Aniēnicola,** ae, *c.,* **Anwohner des Anio,** Catilli, Sil.: Nymphae, Sil. – **b Aniēnsis,** e, zum Anio gehörig, **aniensisch,** tribus, Tr. im tiburtischen Gebiet, durch das der Anio floss, Cic. u. a. – **c Aniēnus,** a, um, zum Anio gehörig, **anienisch,** aqua, Cato fr. (vgl. oben): unda, Prop.: flumina, Tibull.: fluenta, Verg. – **II** übtr., Anio Vetus u. Novus, zwei aus dem Wasser des Anio abgeleitete Wasserleitungen Roms, u. zwar: **a** A. vetus, einer der ältesten Aquädukte Roms, 265 v. Chr. angelegt durch Man. Kurius Dentatus von dem im Krieg mit Pyrrhus gewonnenen Geld, Frontin. aqu. 6 *sq.;* 90 *sqq.* CIL 6, 2344 u. 2345. – **b** A. novus, von Kaligula u. Klaudius angelegt, 46 n. Chr. vollendet, Front. aqu. 13, 15, 93 (der immer Genet. Anionis, Dat. Anioni sagt): Anien novus, Plin. 36, 122: Anienis novi, Suet. Claud. 20, 1. – dah. duae aquae Anionis, Frontin. aqu. 90.

anīsātum, ī, *n.* (anisum), der Aniswein, Plin. Val. 5, 34.

anisocycla, ōrum, *n.* (ἀνισόκυκλα, mit ungleichen Kreisen), Räderwerke, die aus mehreren Radscheiben mit ungleichem Durchmesser bestehen, **Anisozyklen,** Vitr. 10, 1, 3.

anīsum, ī, *n.* (ἄνισον), der **Anis** (*Pimpinella anisum,* L.), Aegyptium, Col.: u. anisum urinam movet, Cels.: anisum potui dare, Cels. – ► Nbf. **anēsum,** ī, *n.,* Cato r. r. 121. Marc. Emp. 26 u. **anīsus,** ī, *m.,* Th. Prisc. de diaeta 10.

anitās, ātis, *f.,* das **Greisenalter,** Anth. 19, 4; vgl. Gloss. ›anitas, γραότης‹.

anitēs, s. 2. anas.

aniticula, s. anaticula.

Anius, ī, *m.,* Priester des Apollo u. König auf der Insel Delos, Gastfreund des Anchises u. Äneas, Verg. Aen. 3, 80. Ov. met. 13, 630 *sqq.* Aur. Vict. de orig. gent. Rom. 9, 5.

Anna, ae, *f.,* **a** Schwester der Dido, Verg. Aen. 4, 9. Ov. her. 7, 191. Sil. 8, 55. – **b** Anna Perenna, eine röm. Gottheit, wahrsch. Mondgöttin, Personifikation des wechselnden, bald alt, bald wieder jung werdenden Mondes im laufenden Jahre, der an den Iden (also zur Zeit des Vollmonds) des Frühlingsmonats März ein fröhliches, durch Scherze u. Gelage gewürztes Fest (des mit dem Frühling wiedergewonnenen neuen Jahres) gefeiert wurde, dessen Ursprung verschieden erzählt wird bei Ov. fast. 3, 523 *sqq.;* vgl. Macr. sat. 1, 12, 6.

Annaeus, ī, *m.,* röm. Geschlechtsname, Cic. Verr. 3, 93. – Femin. **Annaea,** Cic. II. Verr.. 1, 111.

annālis, e (annus), **I** *adi.:* **A ein Jahr dauernd, fürs Jahr bestimmt, -berechnet,** tempus, Varr. u. ICt.: solis cursus, jährliche, Varr.: sexus, Tert. – **B das Jahr betreffend, Jahres-,** lex, das Gesetz, das das Altersjahr bestimmte, in dem eine jede Ehrenstelle angetreten werden konnte, Cic. Phil. 5, 47 u. a.: chartae, Prud. c. Symm. 1, 596. – **II** *subst.,* **annālis,** is, *m.* (*sc.* liber) od. gew. Plur. **annālēs,** ium, *m.* (libri), **Jahrbücher,** in denen die Hauptergebnisse des Jahres verzeichnet wurden, **Annalen,** in den ältern Zeiten von den Pontifices geführt (dah. annales pontificum od. annales maximi gen.; vgl. album [unter *albus*] *no.* 2, a), später von den sogen. Annalisten (wie Q. Fabius Pictor u. a.) benutzt u. erweitert, Sing., in tuo annali, Cic. ad Att. 12, 23, 2: in nono annali, Cic. Brut. 58: vollst. de libro Ennii annali sexto, Quint. 6, 3, 86. – Plur., Varr. LL. 5, 74. Cic. Mur. 16: annales publici, Cic. de rep. 2, 28. Diom. 484, 5: annales prisci, Liv. 4, 7, 10. Ov. fast. 1, 7: annales vetustiores, Liv. 7, 9, 5: annales pontificum maximorum, Cic. de legg. 1, 6, u. bl. annales pontificum, Quint. 10, 2, 7: annales maximi, Cic. de or. 2, 52; de rep. 1, 25: annales Ennii, Suet. gr. 2. Charis. 19, 2: annales Fabii Pictoris, Plin. 10, 71. Gell. 5, 4, 1. – bei Spät. in tertio annalium (st. in tertio annali, s. oben), Gell. 1, 16, 1: u. so in duodevicesimo annalium, Sen. de ben. 3, 23, 1 (2). – Später übh. = geschichtliche Darstellungen, in denen der Stoff mit vorherrschender Berücksichtigung der Chronologie nach den einzelnen Jahren abgehandelt wird, wie Taciti annales, Iornand. de reb. Goth. 1, 2. Vgl. Gell. 5, 18.

annārius, a, um (annus), **das Jahr betreffend, Jahres-,** lex (s. annālis), Lampr. Comm. 2, 4. Arnob. 2, 67 (nach Paul. ex Fest. 27, 9 archaist.).

annāscor, s. agnāscor.

annātio (adnātio), s. agnātio.

an-nato (ad-nato), āvī, ātum, āre, **I** an etw. **heranschwimmen,** m. *ad* u. Akk., ad proxima navigia, Auct. b. Alex. 20, 6: ad eas naves, *ibid.* 21, 2: ad proximas naves, *ibid.* 31, 6: ad suum myoparonem, *ibid.* 46, 6: ad manum hominis, ad putamina, Plin. 9, 86: ad eos (quos), Plin. 9, 38 D.: m. *Dat.,* annatare singulis ternos, Plin. 9, 36: litoribus ex aequore, Sil. 10, 609. – absol., illae (ranae) certatim adnatant, Phaedr. 1, 2, 19: maxime puer qui primus expertus est adnatat, Plin. ep. 9, 33, 6 K. – **II** bei etw. **schwimmen,** m. *Dat.,* comes lateri annatat, Sen. Agam. 450 (473).

an-nāvigo (ad-nāvigo), āvī, āre, **heran-, herzuschiffen,** undique annavigantes, Plin. 36, 76: quo cum Apelles annavigasset, Plin. 35, 81: undique annavigavimus Cretae (Dat.), Vulg. act. apost. 27, 7.

anne (aus atne), s. an.

an-necto (ad-necto), nexuī, nexum, ere, **an** etw. **anknüpfen, anheften, anfügen, anbinden, I** eig., mit *ad* u. Akk., stomachus ad linguam annectitur, Cic. – m. *Dat.,* cadavera saxis aut amphoris, ut pondere traherentur in profundum, annexa, Liv.: epistulas pedibus columbarum, Plin.: remedia collo annexa, Spart. – absol., scapha annexa, Cic.: manus ferreae et alia annexu idonea, Sall. fr.: m. *Abl. instr.,* resolutis, quibus ratis leviter annexa erat, vinculis, Liv.: quae (operimenta) lintea ferreis laminis in modum plumae adnexuerant, Sall. fr. – **II** übtr., mit etw. **verbinden, vereinigen, a** physisch, animos corporibus, Lucr.: insulas continenti, Plin.: limum litori (v. Nil), Mela: Sicilia aliquando agro Bruttio annexa, Mela.: annexae saxis arenae, hängend an usw., Curt. – **b** numer. **hinzufügen, addieren** (Ggstz. detrahere), Solin. 1. § 29 u. 38. – **c** verwandtschaftl. **verbin-**

den, cognatione stirpi regiae annexus, verwandt mit usw., Curt.: magnis domibus annexa, Tac.; vgl. Walther Tac. hist. 3, 34. – **d** in der Deduktion od. Rede **anknüpfen, anreihen,** rebus praesentibus futuras adiungere atque annectere, die G. mit der Z. in die innigste Verbindung bringen, Cic.: exordium *separatum,* non sicut aliquod membrum *annexum* orationi, Cic. – **e** redend, schreibend **hinzufügen,** *adice* Celtibericam fidem, *iunge* animosam Thraciae sapientiam, *adnecte* Lyciorum in luctibus abiciendis callide quaesitam rationem, Val. Max. 2, 6. ext. 14: annectebat mit folg. *Acc.* u. *Infin.*, Tac. ann. 4, 28: simul annectebat m. folg. Konj., Tac. ann. 2, 26.

annellus, s. ānellus.

annexio (adnexio), ōnis, *f.* (annecto), die **Verknüpfung,** Pallad. 4, 10, 36. – als Übersetzung von ζεῦγμα (rhet. Fig.), Iul. Rufin. de schem. lex. § 3.

annexus (adnexus), Abl. ū, *m.* (annecto), die soziale **Verbindung,** der **Verband,** Cremona annexu conubiisque gentium adolevit floruitque, Tac. hist. 3, 34.

Anniadae, s. Annius.

Anniānus, s. Annius.

Annibal, s. Hannibal.

Annicerii, ōrum, *m.* (Ἀννικέρειοι), eine cyrenäische Philosophensekte, nach ihrem Hauptvertreter Anniceris so benannt, Cic. de off. 3, 116.

annicto (ad-nicto), āre, **zublinzeln,** alii annutat, alii annictat, Naev. com. 76.

anniculus, a, um (annus), **jährig** = **einjährig,** taurus, Varr.: agnus, Vulg.: aper, Plin.: neptis vix ann., Nep.: filius, ICt.: nuces, Cato: ramuli, Col.: aetas, Col. – Nbf. **annuculus** u. synk. **annuclus, a** v. Pers., filia annucula, CIL 3, 3858: filius annuclus, *ibid.* 3, 2319 (vgl. 2602): infans annuclus, *ibid.* 3, 2457.

annifer, fera, ferum (annus u. fero), **das ganze Jahr hindurch (Früchte) tragend,** Plin. 16, 107. – Plur. subst., annifera, ōrum, *n.*, Pflanzen, die das ganze Jahr hindurch tragen, Plin. 19, 121.

annihilātio (adnihilātio), ōnis, *f.* (annihilo), das **Zunichtemachen** = Geringschätzen, Hier. ep. 106, 27. Vgl. Gloss. ›annihilatio, ἐξουθενισμός‹.

annihilātor (ad-nihilator), ōris, *m.* (annihilo) = ἐξουδενητής, der **Geringschätzer,** Gloss.

annihilo (adnihilo), āvī, āre (ad u. nihilum), **zu nichts machen** = geringschätzen, Hier. ep. 106, 57. Vgl. Gloss. ›annihilo, ἐξουδενῶ‹.

annīsus (adnīsus), Abl. ū, *m.* (annitor), das **Bemühen,** Symm. ep. 5, 74.

an-nītor (ad-nītor), nīxus (nīsus) sum, nītī, **sich anstemmen, anlehnen** an etw., **I** eig.: ad aliquod tamquam adminiculum, Cic. de amic. 88: gew. m. *Dat.*, annixi hastis, Verg.: annixus genibus, Val. Max.: hasta annixa columnae, Verg.: Latona oleae annisa, Tac. – **II** übtr., **sich anstrengen, Anstrengungen machen, sich Mühe geben, sich bemühen, darauf hinarbeiten,** paululum, maxime, Liv.: quam ob rem vos, quibus militaris aetas est, annitimini mecum, vereinigt eure Anstrengungen mit den meinigen, Sall.: nullo circum annitente, Sall. fr.: si porro annitantur, bei fortgesetzten Anstrengungen, Liv.: quem petit et summis annixus viribus urguet, Verg. – m. *de* u. Abl., de triumpho, Cic. ad Att. 6, 8, 5 (vgl. unten Liv. 5, 25, 13). – m. *pro* u. Abl., non temere pro ullo aeque, Liv. 2, 61, 4. – m. *adversus* u. Akk., adversus eam actionem summā ope, ankämpfen, Liv. 4, 43, 5. – m. *ad* u. Akk. des Gerundivs, ad obtinendum hesternum decus, Liv. 27, 14, 2: ad ea patranda summo studio, Sall. Iug. 43, 4: summo studio ad augendam liberi populi maiestatem, Flor. 1, 9, 4. – m. *Acc. pronom. neutr.*, hoc idem de intercessoribus, Liv. 5, 25, 13 (vgl. unten 22, 58, 3): quod ego annitar, Plin. ep. 6, 18, 1: m. bestimmtem Subst. beim Gerundiv, in concordia annitenda, in dem Bemühen, die E. herzustellen, Gell. 2, 12, 5: bei Spät. m. *Acc.* eines best. Subst. übh., gloriam deluctationis annixa, Mart. Cap. 5. § 436. – m. folg. *ut* u. Konj., Liv. 1, 9, 15; 6, 6, 9. Plin. ep. 2, 5, 6: id ann., ut etc., Liv. 22, 58, 3: omni ope ann., ut etc., Liv. 8, 16, 4. Plin. 7, 186: summā ope ann., ut etc., Gell. 4, 8, 4: summis opibus ann., ut etc., Liv. 38, 50, 2: omni modo ann., ut etc., Flor. 1, 18, 15. – m. folg. *ne* u. Konj., Liv. 10, 24, 8. Vopisc. Car. 5, 2: omni ope ann., ne etc., Plin. pan. 25, 5. – m. folg. *Infin.*, Liv. 5, 29, 1; 9, 26, 15 (omni ope ann.); 10, 41, 7. Tac. hist. 4, 8 u. 5, 8. – ►Parag. Inf. Präs. adnitier, Plaut. Amph. prol. 13.

Annius, a, um, Name einer römischen *gens,* aus der am bekanntesten T. Annius Milo Papianus, s. 2. Milo. – Dav.: **a Anniadae,** ārum, *m.*, **Sprossen der annischen Familie,** Claud. cons. Olyb. et Probr. 9. Prud. c. Symm. 1, 551. – **b Anniānus,** a, um, einen Annius od. eine Annia betreffend, **annianisch,** Ann. Milonis domus, Cic. ad Att. 4, 3, 3: caput Ann. de mulierum hereditatibus, die die Annia (Tochter des *P. Annius Asellus,* s. Cic. II. Verr.. 1, 104) betreffende Stelle, Cic. II. Verr.. 1, 118. – Als *nom. propr.* Anniānus, ī, ein unter den Kaisern Antoninus u. Hadrian lebender Fescenninen-Dichter, Gell. 7, 7, 6.

anniversālis, e = *anniversarius* (s. d.), Augustin. c. Faust. 19, 6.

anniversāriē, *Adv.* (anniversarius), **alle Jahre,** Augustin. ep. 54, 10 u. de doctr. christ. 2, 29.

anniversārius, a, um (annus u. verto), **alljährlich, jährlich wiederkehrend, jährlich erneut, a** v. Lebl., sacra, Cic.: festi dies, Cic.: vicissitudines, Wechsel der Jahreszeiten, Cic.: arma, Liv.: fructus (arborum), Vitr.: *neutr. pl.* subst., anniversaria sacrorum, die **jährliche Feier,** Porphyr. Hor. ep. 2, 1, 147. – **b** v. Pers., vicini, Varr. r. r. 1, 16, 4: assidui et anniversarii hostes, Flor. 1, 12, 1.

annīxus, s. annīsus.

1. an-no (ad-no), āvī, ātum, āre, **I herbei-, heranschwimmen,** absol., v. Fischen, Hor. sat. 2, 5, 44. Gell. 16, 19, 16; v. Pers., paulatim annabam, Verg. Aen. 6, 358 H. – m. *Acc.*, naves, Caes. b. 2, 44, 1: alqm, Plin. 9, 38 M. – m. *Dat.*, navibus, Liv. 28, 36, 12: insulae, Plin. 8, 93: huc vestris oris, Verg. Aen. 1, 538: terris, *ibid.* 4, 613. – m. *ad* u. Akk., ad litus, Gell. 6 (7), 8, 7. – dah. übtr., zu Schiff **heranschwimmen** = zu Schiff herankommen, v. Produkten, ad eam urbem, Cic. de rep. 2, 9. – **II bei** od. **neben** etw. **schwimmen,** m. *Dat.*, equites annantes equis, Tac. ann. 14, 29: absol. = daneben schwimmen, Auct. itin. Alex. 34.

2. anno, āre (annus), **das Jahr durchleben,** Macr. sat. 1, 12, 6.

3. Anno, s. Hanno.

annōdo, s. ab-nōdo.

annōminātio = agnominatio, s. d.

annōmino (ad-nōmino), āvī, āre = ἐπονομάζω, **davon** od. **danach benennen,** Augustin. 2. locut. in heptat. ad exod. 20, 24.

annōn, besser an non, s. an.

annōna, ae, *f.* (viell. v. annus), der **heurige, gegenwärtige Vorrat** an Naturalien, insofern der Marktpreis davon abhängt, **I** eig.: **1** im Allg.: vini, Col. 3, 3, 10: musti, Col. 3, 21, 6: lactis, Col. 8, 17, 13. – dah. personif. als Göttin des jährlichen Ertrags, Annona sancta, CIL 6, 22. – **2 Naturalien** = **Lebensmittel,** bes. **Kornfrüchte, Getreide, Getreidemarkt** (= das zum Markt gebrachte Getreide), **a** übh.: annonae pretium, Cic.: urbis annonaeque cura, Suet.: annonae caritas, Teuerung, Cic.: annonae vilitas, der wohlfeile Preis, Cic.: quotiens annona cara, Cato fr.: annona cara est, Ter.: si ann. carior fuerit, wenn Teuerung kommen sollte, Cic.: annonae difficultas, Cic., difficultates, Suet.: commercium annonae impedire, Liv. epit. – prägn., der **Getreide-, Fruchtmangel,** die **Getreidenot,** annonam queri, Liv.: annonā premente, Liv.: acri annonā fatigari, Tac.: allevare annonam populi Rom., CIL 14, 3608, 25. – **b** als milit. *t. t.* der Kaiserzeit = *cibus castrensis,* der **Proviant,** der **Mundvorrat,** Plin. pan., Veget. u. a. (vgl. Schwarz Plin. pan. 20, 3). – meton., die **Portion** an Lebensmitteln, auch im Plur., Lampr. u. a.: et tuas et palatii tui auferri iubebo propediem annonas, ich werde deine und deines Hofstaates Einkünfte anhalten lassen, Amm. 14, 7, 11. – **II** meton., der heurige **Preis** der Naturalien, der heurige **Marktpreis,** ann. macelli, Varr. r. r. 3, 2, 16. Suet. Tib. 34, 1: ann. vini, Iuven. 9, 100: ann. salaria, Preis des Salzes, Liv. 29, 37, 2. – bes. der heurige **Getreide-, Fruchtpreis,** vetus, Liv.: media, Plin.: gravis, gravior, Suet. u. Vell.: varia, Sen. – annonae varietas od. varietates, Wechsel, wechselnder Stand, Cic. u. Liv.: annonae gravitas, Tac. – annonam excandefacere od. incendere, Varr., od. flagellare, Plin., Ggstz. annonam levare, laxare, Liv.: annona laxat, Liv.: annona convalescit, Suet. – bildl., vilis amicorum annona, wohlfeil erkauft man sich (erwirbt man) Freunde, Hor. ep. 1, 12, 24. – prägn., **hoher Marktpreis, Teuerung,** hāc annonā, Plaut. trin. 484: solacium annonae, Cic. agr. 2, 80: fidissimum annonae subsidium (v. Sizilien), Liv. 27, 5, 5: annonae perfugia, Cic. Phil. 8, 26: per annonae causam, Cic. de dom. 10.

annōnārius, a, um (annona), **zu den Lebensmitteln gehörig,** species, Arten der Lebensmittel, Veget. mil.: provisio, Verproviantierung, Treb. Poll.: causa, ICt.: caritas, Getreideteuerung, Arnob.: regio, Treb. Poll.: lex, über die Getreideausteilung ans Volk, Ascon. in Cic. Pis. 9. p. 7, 23 K. – subst., annōnārius, ī, *m.*, der **Provianteinnehmer** in den Provinzen, Cod. Theod. 8, 1, 3.

annōno, āvī, āre (annona), **mit Mundvorrat versehen,** alqm per XL annos panibus angelicis, Ps. Augustin. serm. 29 *ed. Mai.*

annōnor, ārī (annona), **Proviant sammeln, furagieren,** Capitol. Gord. 29, 2.

annōsitās, ātis, *f.* (annosus), das **hohe Alter,** Augustin. de civ. dei 15, 15 u. ep. 269 u. a. Spät. – u. eine **lange Reihe Jahre,** Cod. Theod. 13, 6, 10.

annōsus, a, um (annus), **viele Jahre habend, hochbejahrt,** non annosa, Laber. com. 80: mater, Col. 6, 28, 1: cornix, Hor.: vinum, Ov. u. Plin.: vitis, Sen.: ornus, Verg.: arbor, Plin. – *Compar.*, Augustin. conf. 1, 7: *Superl.*, Ambros. de vocat. gent. 2, 8. Augustin. de civ. dei 1, 15 u. ep. 3, 3.

annotāmentum (adnotāmentum), ī, *n.* (annoto), die **Anmerkung, Bemerkung,** Plur. b. Gell. 1, 7, 18 u. 17, 2, 1.

annotātio (adnotātio), ōnis, *f.* (annoto), **I** die schriftliche **Aufzeichnung, Bemerkung, Anmerkung,** brevis, Quint. 10, 7, 31: Plur., Plin. ep. 7, 20, 2. Gell. praef. § 3. – insbes., **a** die **Eintragung des Abwesenden unter die Verklagten,** Macer dig. 48, 17, 4. – **b** die **Eintragung des Gebotes** u. **des Käufers** in das Auktionsprotokoll, Tert. apol. 13. – **II** die **vom Kaiser selbst unterschriebene Verfügung,** etwa **Kabinettsorder,** Cod. Theod. 1, 2, 1 u. a. – ▶Bei Isid. 1, 28, 1 irrtümlich für notatio (Cic. top. 35) gesetzt.

annotātiuncula (adnotātiuncula), ae, *f.* (*Demin.* v. annotatio), eine **kleine Bemerkung,** Plur. b. Gell. 17, 21, 50 u. 19, 7, 12.

annotātor (adnotātor), ōris, *m.* (annoto), **I** der belauschende **Beobachter** Plin. pan. 49, 6. – **II der die jährlichen Einkünfte nachprüft, der Kontrolleur,** Cod. Theod. 12, 6, 3.

annotātus (adnotātus), Abl. ū, *m.* (annoto), das **Bemerken,** sunt et externae mortes dignae annotatu, Val. Max. 9, 12. ext. 1.

annōtinus, a, um (annus), **ein Jahr alt, vorjährig,** naves, Caes.: ungues, Col.: fructus, Plin.

an-noto (ad-noto), āvī, ātum, āre, **I** im Allg., schriftlich **aufzeichnen, verzeichnen, anmerken,** ut annotaret quid et quando et cui dedisset, Col.: de quibus in orthographia pauca annotabo, Quint.: quod eius meminisse potui, annotavi, Gell.: librum tuum legi et annotavi, quae etc., Plin. ep.: annotare quaedam ut tumida, Plin.: illud, haec ann. m. folg. *Acc.* u. *Infin.*, Plin. u. Quint.: u. so annotatum est m. folg. *Acc.* u. *Infin.*, Plin. 2, 90. Tac. ann. 15, 23: u. persönl. annotatus est m. folg. *Infin.* od. *Acc.* u. *Infin.*, Tac. ann. 13, 35. Sulp. Sev. chron. 1, 46, 5. – prägn., ann. exemplaria, mit Anmerkungen versehen, Suet.: ann. librum, sich über ein Buch Bemerkungen machen, Plin. ep.: ann. libros suos nefarios φιλαλήθεις, mit der Überschrift, dem Titel »freimütige Bemerkungen« versehen, Lact. – Übtr., **a** von etwas **Notiz nehmen,** etwas geistig **bemerken, wahrnehmen,** haec tamen non annotamus, quamdiu ordo servatur, Sen. nat. qu. 7, 1, 4: quos nostra annotavit aetas, Plin. 7, 184: quod etiam in testamentis debes annotasse, Plin. ep. 7, 20, 6: sed illo magis annotantur, quia etc., Sen. ep. 33, 2: m. folg. *Acc.* u. *Infin.*, Plin. ep. 3, 16, 1; pan. 56, 1. Suet. Ner. 41: m. folg. indir. Fragesatz, coepimus annotare, quis etc., Sen. ep. 120, 9: annotatum experimentis, quod (dass) etc., Plin. ep. 2, 11, 6. – **b** annotari alqā re, **aufgezeichnet-, bekannt sein,** litora annotantur conchylio, Plin. 3, 61. – **II** insbes. als jurist. *t. t.*: **1** einen Abwesenden **unter die Verklagten eintragen,** ICt. – **2** einen bereits Verurteilten **zur Bestrafung vermerken,** Plin. min. u. Suet.; vgl. Schwarz Plin. pan. 56, 1. – dah. übtr., **rügen, tadeln,** ICt.

annuālis, e (annus), **I jährig,** Paul. sent. 3, 6. § 74. – **II auf ein Jahr gewählt, -gemietet,** Vulg. Sirach 37, 14. – **III alljährlich,** Ps. Augustin. serm. 155, 2. Cass. Fel. 66.

annuātim, *Adv.* (annus), **alljährlich,** Schol. ad Lucan. 1, 179 u. a. Spät.

an-nūbilo (ad-nūbilo), āre, **Wolken herbei-, herantreiben,** sic obvia ... velis annubilat aura secundis, Stat. silv. 5, 1, 149.

annuclus, a, um, s. anniculus.

annulāris, -ārius, -ātus, s. ānulāris etc.

annulla, ae, *f.*, s. anulla.

annūllātio (adnūllātio), ōnis, *f.* (annullo), die **Zunichtemachung,** Hieron. ep. 106, 67.

an-nūllo (ad-nūllo), āvī, āre (ad u. nullus), **zunichte machen,** Albin. de art. rhet. 26. p. 538, 25 H. u. Eccl.

annulus, s. ānulus.

annumerātio (adnumerātio), ōnis, *f.* (annumero), die **Zuzählung,** pretii, Hier. adv. Rufin. 3, 6: prägn., die **Anrechnung, Zurechnung,** annorum, Cod. Theod. 6, 22, 8. § 1.

annumerātor, ōris, *m.* (annumero), der **Zuzähler,** Novell. 73, 6.

an-numero (ad-numero), āvī, ātum, āre, **I zuzählen,** argentum ilico, Ter.: alci pecuniam, zahlen, Cic.: non ann. verba, sed appendere, gleichs. zuzählen (einzeln aussprechen), Cic.: ebenso omnes imputare et velut ann. litteras, Quint. – quas (fraxinos et populos) perspicuus amnis velut mersas viridi imagine adnumerat, abspiegelt, Plin. ep. 8, 4, 4. – prägn., **a** absol. = **Zahlung leisten,** Varr. r. r. 2, 2, 6. – **b** zuzählend **anrechnen,** agnos duos pro una ove, Varr. r. r. 2, 2, 5. – **c vollzählig zurückgeben,** reducem pubem patriae, Sil. 6, 621. – **II** zu etw. (vermehrend) **hinzuzählen, -rechnen, 1** eig., m. *Dat.*, alqm his duobus, Cic.: alqm vivis, Ov. – m. *in* u. Abl. (s. Jahn Cic. Brut. 75), alqm in vatibus et Faunis, alqm patronorum in grege, Cic.: alqm in exemplis, Ov. – m. *inter* u. Akk., servos inter urbanos, Paul. dig. 32, 1, 99 *pr.*; u. so Ambros. de Tob. 3, 2, 4; in psalm. 98, 30 u. a. – m. *cum* u. Abl., una cum alqo annumerari, Ps. Cic. in Sall. 4. – prägn., bei irgendeinem Vermerk **die Zahl** von etw. **mit angeben,** trecentos eorum vicos, Plin. 7, 29. – **2** übtr., **zuschreiben, beimessen,** imperitiam culpae, Ulp. dig. 19, 2, 9.

annūntiātio (adnūntiātio), ōnis, *f.* (annuntio), die **Ankündigung, Verkündigung,** Eccl.

annūntiātor (adnūntiātor), ōris, *m.* (annuntio), der **Verkündiger,** Eccl.

annūntiātrīx (adnūntiātrīx), trīcis, *f.* (Fem. zu annuntiator), die **Verkünderin,** innocentiae, Ennod. dict. 2. p. 431, 6 *ed. Vindob.*

an-nūntio (ad-nūntio), āvī, ātum, āre, **ankündigen, verkündigen, berichten,** e longinquo multa, Plin. 7, 174: malum, Sen. de vit. beat. 28: caedem Galbae, Suet. Vit. 9: velut victoriam, Frontin. 3, 8, 2: veritatem tuam, Vulg. psalm. 29, 10: haec, Apul. met. 3, 15: magnas et postremas domino illi fundorum clades, *ibid.* 9, 35: Christum, Lact. 4, 15, 31. Vulg. Phil. 1, 17 u. 18. – m. *de* u. Abl., sic de eius exitio, Apul. met. 8, 1: ei de puteo, Vulg. gen. 26, 32: de ea amico suo, Vulg. Iob 36, 33. – ann. u. alci ann. m. folg. *Acc.* u. *Infin.*, Plin. 7, 177. Frontin. 1, 9, 2. Lact. 4, 13, 18. Apul. met. 9, 2: annuntiatur m. folg. *Acc.* u. *Infin.*, Curt. 10, 8 (26), 11. – ann. m. folg. indir. Fragesatz, Aur. Vict. Caes. 39, 45 u. Vulg. Sirach 42, 19 (m. qui). Vulg. act. apost. 4, 23 (m. quanta). Suet. Aug. 49 (m. quid). Vulg. Ierem. 36, 15 (m. num quid). – absol., Apul. met. 1, 22 (dum annuntio). Tert. de fug. pers. 7 (annuntiaturi).

annūntius (adnūntius), a, um, **verkündigend,** Ambros. Noë 17, 62: m. *Genet.*, veri, Ambros. de off. 2, 10, 55.

an-nuo (ad-nuo), uī, ere, **zunicken, I** im Allg.: ne illa ulli homini nutet, nictet, adnuat, auch nicke, winke, blinzle sie keinem Mann zu, Plaut. asin. 784: simul atque ille sibi annuisset, auf den ersten Wink, Cic.: annuentibus et vocantibus suis evadit, Liv. – **II** prägn.: **A zunickend seine Beistimmung geben, -beistimmen, genehmigen, bejahen, bestätigen** (Ggstz. abnuo), absol., seine Beistimmung geben, Gewährung versprechen, Komik., Cic. u. a.: m. *Acc. pronom.*, id toto capite, Cic.: quod cum uterque nostrum annuisset, Cic. fr.: in tenendo, quod semel annuisset, tanta erat cura, ut etc., Nep.: hoc enim significasse et annuisse mihi visus est, hat er wohl mir durch sein bejahendes Zunicken andeuten wollen, Cic.: od. m. *Acc.* eines adjekt. Neutr., omnia omnibus, vor Alter mit dem Kopf wackelnd zunicken, Catull.: falsa, Tac.: m. *Dat.* der Pers., petenti, oranti, Verg.: alci facili ore, Prop.: m. *Dat.* der Sache, annuite legibus impositis, Sall. fr.: quibus (praemiis) etiam rex ipse annuerat, Liv.: annue coeptis, sei gnädig, gewogen unserem Beginnen, Verg.: ut promissis Deus annuat, Plin.: m. *Acc.* u. *Infin.*, adnuit sese mecum decernere ferro, Enn.: ego venturum adnuo, Plaut.: cum annuisset se venturum, Liv.: mit *Infin.*, ubi primum vellere signa annuerint superi, Verg. Aen. 11, 20. – **B** alci alqd, jmdm. etw. **zugestehen, zusagen, verwilligen, versprechen, bestimmen,** caeli arcem, Verg.: deditionem, Curt.: sin nostrum annuerit nobis Victoria Martem (ein für uns günstiges Gefecht, einen glücklichen Ausgang des Gefechts), Verg.: annuite nutum numenque vestrum invictum Campanis, lasset uns angedeihen eure Beistimmung, Liv. – **C** alqm, **durch Nicken** jmd. **bezeichnen,** quos iste annuerat, Cic. II. Verr.. 1, 158. – **D zunicken** = zunickend **zu verstehen geben,** Flavo assistenti annuentique, *an* inter ipsam cognitionem destringeret gladium caedemque patraret, renuit, Tac. ann. 15, 58: quotiescumque ad te veni, donec, *ut* considerem, annueres, restiti, Curt. 5, 2 (9), 22. – ▸Arch. Form adnuont, Plaut. truc. prol. 4. – Perf. adnūit gemessen, Enn. ann. 136. – Supin. annutum bei Prisc. 7, 12.

annus, ī, *m.* (aus *atnos, gotisch *athn,* das Jahr; vgl. altindisch *átati,* ›geht‹), eig. der **Umlauf** der Zeit, der **Kreislauf,** die **periodische Wiederkehr,** wie das griech. ἐνιαυτός; dah. das **Jahr, I** eig.: **1** übh.: annus solaris, Sonnenjahr, Mart. Cap. 8. § 866: anni tempus, Caes.: anni principium, Liv.: principio anni, Liv.: initio anni, Liv.: exitu anni, Tac.: ineunte anno, Suet.: exeunte anno, Cic.: anno superiore, Cic.: postero anno, Cic.: extremo anno, Liv.: anno vertente, Cic.: abhinc annos D, Cic.: abhinc amplius annis XX V, Cic.: anno ante, Liv.: lex anno post, quam lata sit, abrogata, Cic.: nondum centum et decem anni sunt, cum (seitdem) lex lata est, Cic.: paucis annis, Caes.: omnibus annis, alljährlich, Caes.: multis annis, in vielen J., in einer Reihe von J., Cic.: indutiae annorum octo, Liv.: vinum huius anni, diesjähriger, Porphyr. Hor.: Falernum centum annorum, Petr.: multorum annorum laetitia, Cic.: multorum annorum tyrannis, Nep.: superioris anni (vorjährigen) munitiones, Caes.: consul anni prioris (Ggstz. consul novus), Liv.: idem annus gravi igne urbem afficit, Tac. – der *Genet.* anni bei dies u. tempus, z. B. ad hunc diem anni, bis zum heutigen Tag, Gell. 20, 1, 6: tempus anni (Jahreszeit, Witterung), Cic., Caes. u. a.: ex anni tempore, Sall.: hiberno tempore anni, Auct. b. Afr.: durissimo tempore anni, Caes.: extremo anni tempore, Iustin.: u. bei Jahreszeiten u. Witterung, aestas anni, Gell. 2, 21, 2; 19, 5, 1.: aestate anni novi, Gell. 18, 1, 3: hiems anni, Suet. Caes. 35, 1. Gell. 3, 10, 5. Apul. apol. 72. Serv. Verg. Aen. 1, 125: aestu anni, Gell. 1, 2, 2; 17, 10, 1: anni verno, Amm. 15, 10, 4. – **Adverbial-Ausdrücke: a** anno, **vorm Jahre** (Ggstz. horno, Lucil. 28, 23), Plaut. Amph. 91; Men. 205. – od. **innerhalb eines ganzen Jahres, ein volles Jahr,** Liv. 25, 16, 5 zw. Liv. epit. 2. – od. **in jedem Jahr, jährlich,** Liv.: häufig auch in anno, wenn angegeben wird, wie oft etw. im Jahr geschieht, z. B. semel anno, in anno, Plin.: in anno bis, Varr.: ter in anno, Plaut. u. Cic.: tres in anno stati dies, Liv.: tribus in anno diebus, Liv. – **b** annum, **ein Jahr lang, ein volles Jahr,** Cic. u. a. – **c** in annum, **auf ein Jahr,** Liv.: so auch in hunc annum, **für dieses Jahr,** Cic.: in annos, auf Jahre hinaus, Caes.: u. so in multos annos, Cic. – aber in annum auch = **übers Jahr, fürs nächste Jahr,** Varr. r. r. 2, 2, 12. – **d** ad annum, **übers Jahr, künftiges Jahr,** Lucil. fr. u. Cic.: u. so ad decem annos, über 10 J., Cic. – **e** ante annum, **ein Jahr vorher,** Col. u. Plin. ep. – **f** intra annum, **innerhalb eines Jahres,** Liv. 6, 4, 6. – **2** v. den Jahren des menschl. Lebens, (vollst. annus aetatis erst Hier. in Dan. 6, 1), annos LXX natus, Cic.: Hannibal annorum ferme novem, als Knabe von fast 9 Jahren, Liv.: u. so primum stipendium meruit annorum decem septemque, als junger Mensch von 17 Jahren, Nep.: habere annos viginti, Cic.: annum agere quartum et octogesimum, im 84. Jahr stehen, Cic.: centum complevisse annos, volle 100 Jahre alt geworden sein, Cic. – dah. anni = die **Jahre,** in denen jmd. steht, das **Alter,** anni pueriles, Quint.: iuveniles, Ov. u. Sen. (selten so Sing. annus, wie Prop. 4, 5, 57: rugis integer annus). – u. wie aetas = die **Jahre** = das höhere od. hohe Alter, confectus annis, Sall.: gravis annis, Liv.: corpus infirmum annis, Sall.: per annos, vermöge der Jahre, Ter. adelph. 931. Hier. in Matth. 3, 18, 3. Vgl. übh. Fabri Sall. Cat. 6, 6 u. Iug. 11, 5. Hor. sat. 1, 1, 4. – **3** das **Altersjahr,** in dem jmd. zuerst um eine Ehrenstelle sich bewerben durfte (vgl. Caes. b. 3, 1: is enim erat annus, quo per leges ei consulem fieri liceret), annus meus, tuus, suus, Cic.; vgl. die Auslgg. zu Cic. Mil. 24. – u. das **Amtsjahr,** prorogare annum, Cic. ad Q. fr. 1, 1, 10. § 30. – **4** das Jahr in Bezug auf seine Beschaffenheit, auf die Ereignisse in ihm, sterilis aut fertilis, Sen.: locuples frugibus, Hor.: gravis, Sen.: gravissimus et pestilentissimus, Cic.: turbulentior inde annus excepit, Liv.: magnanimi heroës nati melioribus annis, in besseren J., besseren Zeiten, Verg.: anni famis, Hungerjahre (Ggstz. anni ubertatis), Oros. 1, 8, 11. – **5** ein **Jahr** = ein langer Zeitraum, eine lange Zeit, dum moliuntur, dum conantur, annus est (vergeht), Ter. heaut. 240: dum venit huc rumor, annus abisse potest, Ov. ex Pont. 3, 4, 59: differs curandi tempus in annum, Hor. ep. 1, 2, 39. – **6** annus magnus od. maximus, das **große Weltjahr,** ein Zeitraum von ungefähr 25800 gewöhnlichen Jahren, ann. magnus, Cic., maximus, Censor.: dass. ann. mundanus, Macr. – **II** meton. (poet.): **1** die **Jahreszeit,** frigidus, Verg.: formosissimus, v. Frühling, Verg.: pomifer, hibernus, Hor.; vgl. Orelli Hor. carm. 3, 23, 8. – **2** der **Ertrag des Jahres, Jahrwuchs,** unius anni quaestus, Cic. I. Verr.. 40; u. oft bei nachaug. Dichtern u. Pros., s. Tac. Germ. 14, 9 u. Stat. silv. 3, 2, 22. Schwarz Plin. pan. 29, 3. – ▸ Dat. od. Abl. Plur. anneis, CIL 1, 1008.

annūtātīvus (adnūtātīvus), a, um (annuo), **bejahend, bekräftigend,** Diom. 417, 17 K. Dosith. 51, 7 K.

annūtīvus (adnūtīvus), a, um (annuo) = κατωμοτικός, **bejahend, bekräftigend,** Gloss. II, 8, 24. Vgl. annutativus.

an-nūto (ad-nūto), āre (*Intens.* v. annuo), **wieder u. wieder zunicken,** alii annutat, alii annictat, Naev. fr.: u. so ibidem mihi etiam nunc annutat, Plaut.: absol., Naev. fr.: annutante capite incedere, Apul.

an-nūtrio (ad-nūtrio), īre, an etw. **heranziehen,** singulis (ulmis) saepe denas vites, Plin. 17, 202.

annuus, a, um (annus), **I ein Jahr-, jahraus jahrein dauernd, sich auf ein Jahr erstreckend, auf ein Jahr ausreichend, auf ein Jahr beschränkt, jährig,** tempus, Cic.: provincia, Cic.: magistratus, Caes.: oppugnatio, Liv.: viginti duo stipendia annua, Liv.: merces annua, Plaut. Bacch. bei Non. 334, 4: annua aera (Sold) habes, annuam operam ede, Liv.: alii (principes) vix annui et bimi, Lampr.: ut simus annui, auf ein Jahr beschränkt bleibe = ein Jahr lang (in der Provinz) bleibe, Cic. – **II alle Jahre wiederkehrend** od. **geschehend, jährlich** (s. Otto Tac. ann. 1, 15 *extr.* p. 114), solis cursus (Plur.), Cic.: anfractus (Plur.), Cic.: commutationes, Cic.: frigorum et calorum varietates, Cic.: labor agricolarum, Cic.: celebratio, ludi, Tac.: sacra, Verg.: sollemnia, Prop.: liba, Ov.: annuā vice, Plin.: annuis vicibus, Plin. – subst., annuum, ī, *n.*, u. gew. Plur. annua, ōrum, *n.*, das **Jahrgeld, Jahrgehalt,** alienae uxori annuum praebere, Sen.: si cui annuum relictum fuerit, Ulp. dig.: annua accipere, Plin. ep.: praebitis annuis alqm fraudare, Suet.; vgl. Suet. Tib. 50, 1. – ▸ Arch. Abl. Plur. annueis, CIL 1, 206, 92 u. 102.

anōdynon, ī, *n.* (ἀνώδυνον), ein **schmerzstillendes Heilmittel,** Marc. Emp. 25: Plur. anodyna (ἀνώδυνα, Cels. 5, 25 *in.*), Cael. Aur. tard. 1, 1, 49; 2, 4, 79 (wo auch dafür rein lat. indoloria).

anōmalē, *Adv.* (anomalus), **unregelmäßig, anomal,** Prob. inst. art. 82, 7 u. ö., sowie a. spät. Gramm.

anōmalia, ae, *f.* (ἀνωμαλία), als gramm. *t. t.*, die »Abweichung von der

Regel in der Form«, die **Ausnahme, Anomalie** (Ggstz. analogia), rein lat. inaequalitas, Varr. LL. 9, 1 *sqq.*; vgl. Gell. 2, 25, 1 *sqq.*

anōmalos (-**us**), on (um) (ἀνώμαλος), als gramm. *t. t.*, der Form nach **mit der Regel nicht übereinstimmend, unregelmäßig, anomal,** Diom. 327, 1 u. a. spät. Gramm.

anomoeūsios, on (ἀνομοιούσιος), **von ungleichem Wesen** (Ggstz. homoeusios), Hil. c. Const. 12.

anōnis, nidis, Akk. nim, f. (ἄνωνις, ὄνωνις), eine stachelige Pflanze, die **Hauhechel** (*Ononis antiquorum,* L.), Plin. 21, 98; 27, 29 (wo auch Nbf. onōnis, Akk. ida).

anonomastos, on (ἀνονόμαστος), **ungenannt,** aeon, Valentin. b. Tert. adv. Valent. 35.

anōnymos (-**us**), on (ἀνώνυμος), **namenlos, unbenannt,** codex, von einem ungenannten Verfasser, Cassiod. inst. div. litt. 8. – subst. anōnymos, ī, *f.*, die **Namenlose,** eine Pflanze, Plin. 27, 31.

anorectus, ī, *m.* (ἀνόρεκτος), **appetitlos, ohne Appetit,** Pelag. vet. 3. p. 23 u. 8. p. 43.

anquila, s. ancyla.

Anquillāria, ae, *f.*, Stadt am karthagischen Meerbusen, südwestlich vom Promunturium Mercurii (*Cap Born*), Caes. b. 2, 23, 1 u. 2.

anquīna, ae, *f.* (ἀγκοίνη), der **Ring** von Metall od. die **Schlinge** von Tauwerk, womit die Rahe eines Schiffes an den Mast befestigt wird, Cinna b. Isid. 19, 4, 7. Lucil. sat. 3, 42.

an-quīro, quīsīvī, quīsītum, ere (an u. quaero), nach etw. od. jmd. **umhersuchen, umherspähen,** nach allen Seiten **sich umsehen, I** eig.: alqm, quem diligamus, Cic.: omnia, quae sunt ad vivendum necessaria, anq. et parare, Cic.: aurum eo studio, ea diligentiā, ut etc., Flor. – **II** übtr.: **A** *tr.* nach allen Seiten aus Wissbegierde, Neugierde usw. **forschend untersuchen, nachforschen,** mens semper aliquid aut anquirit aut agit, Cic.: anquirunt aut consultant, Cic.: nihil praeter suum negotium agere, nihil de alio anquirere (sich neugierig bekümmern um usw.), Cic.: in qua (contentione) quid valeat id, quod fieri possit, anquiritur, Cic.: an factum sit, anquiritur, Apul.: nec diu anquirendum, quin Agrippina claritudine generis anteiret, es sei nicht erst noch lange zu untersuchen, ob usw. = es leide (es sei) keine Frage, dass usw., Tac. ann. 12, 6. – **B** *intr.* als *t. t.* des röm. Kriminalprozesses, nach gesetzlich eingeleiteter Anklage die strenge **Untersuchung** des Verbrechens **vornehmen** u. dann auf eine bestimmte Strafe **den Antrag stellen, antragen** (worauf dann erst die eigentl. Anklagebill [rogatio] erfolgte), v. vorsitzenden Magistrate, bes. v. Volkstribunen, de perduellione, Liv.: de morte alcis, Tac. – m. *Abl.* od. *Genet.* der Strafe, capite u. capitis, auf Leib und Leben, Liv.: pecuniā, Liv.

anquīromacus, s. ancyromagus.

anquīsītio, ōnis, *f.* (anquiro *no.* II, B), der **Strafantrag** bei Anklage vor dem Volk auf eine bestimmte Strafe, Varr. LL. 6, 90 u. 92.

ānsa, ae, *f.* (litauisch *ąsà*), der **Griff,** an dem etwas gefasst wird, der **Henkel,** die **Handhabe, I** eig.: *aqualis* matella sine ansis, Cato fr.: ansa poculi, canthari, Verg.: urcei, Ov.: scyphi, ICt.: ostii, der eiserne Griff an der Tür, Petr.: crepidae, die Öse am Rande der Schuhsohlen, durch die die Bindriemen gezogen wurden, Tibull. u. Plin.: ansae caligarum, Schol. Iuven.: gubernaculi, der Kolbenstock, Ruderstock (griech. οἴαξ), Vitr.: rudentis, das Ende eines Seils (mit einer Schlinge), Vitr.: die Schere, worin der bewegliche Wagebalken schwebt, Vitr.: in der Baukunst, die Klammer, die mehrere Steine zusammenhält, Vitr. – **II** übtr. (wie λαβή), der **Anhalt, Anhaltspunkt,** um zu etwas Gelegenheit, Veranlassung zu nehmen, ansam quaerere, Plaut.: sermonis ansas dare, Cic.: plures dare alci tamquam ansas ad reprehendendum, Cic.: habere reprehensionis ansam aliquam, Cic.; vgl. Cic. de amic. 59.

Ansanctī, s. Ampsanctī.

ānsārium, ī, *n.* (ansa), der **Ankerzoll,** CIL 6, 1016 u. 8594.

ānsar, s. 1. ānser ►.

ānsātus, a, um (ansa), **mit einem Griff** od. **Henkel versehen,** capulae, Varr. LL. 5, 121: vas, Col. 9, 15, 5: codex, Decret. vet. im CIL 10, 7852 (*a. 69 p. Chr.*): tela, mit Öhren versehene Geschosse, Enn. ann. 155: ebenso ansatae (*sc.* hastae), Enn. ann. 176: dah. scherzh., quis hic ansatus ambulat, gehenkelt, d. i. beide Arme in die Seiten gestemmt, Plaut. Pers. 308.

1. ānser, seris, *m.* (eig. *hanser, altind. *hąsa-ḥ,* ein Wasservogel, griech. χήν, dor. χάν), die **Gans** (der Juno heilig und in Rom auf öffentliche Kosten unterhalten, seitdem sie durch ihr Schnattern das Kapitol vor den Galliern gerettet hatte, Liv. 5, 47, 4. Cic. Rosc. Am. 56. Col. 8, 13, 2), pulli anserum, Varr.: greges anserum, Varr.: adeps anseris, Plin.: anser masculus, Scrib., od. mas, Col.: anser femina, Col.: anser albus, Varr.: anser pastus, non pastus, Edict. Diocl.: pastum iecur anseris, Hor.: clangore anserum alarumque crepitu excitus, Liv.: anser adventu Gallorum vociferatus est (hat geschnattert), canibus silentibus, Col.: u. so alii vestrum anseres tantummodo clamant, nocere non possunt, Cic. – ► anser Femin., Varr. r. r. 3, 10, 3. Colum. 8, 14, 4. Hor. sat. 2, 8, 88. Avian. fab. 33, 1 (anser feta). – Vulg. Nbf. ansar, Prob. app. (IV) 198, 22 u. 33.

2. Ānser, eris, *m.*, ein mutwilliger u. schlüpfriger Dichter (Ov. trist. 2, 435), Freund des Triumvirn Antonius, der ihn mit dem Landgut Falernum beschenkte, Cic. Phil. 13, 11 (wo im scherzh. Doppelsinn der Plur. Anseres).

ānsera, ae, *f.* = χήν, die **Gans,** Gloss.

ānserārius, ī, *m.* (anser) = χηνοβοσκός, der **Gänsemäster,** Gloss.

ānserātim, *Adv.* (anser), **nach der Gänse Art,** Charis. 182, 22.

ānserculus, ī, *m.* (*Demin.* v. anser), das **Gänschen,** Col. 8, 14, 7.

ānserīnus, a, um (anser), **zu den Gänsen gehörig, Gänse-,** genus, Col.: pes, Plin.: adeps, Cels.: ova, Petr. Vgl. Gloss. anserina (*sc.* caro) = χήνεια (*sc.* κρέας), Gänsefleisch.

Ansibariī, s. Ampsivariī.

ānsula, ae, *f.* (*Demin.* v. ansa, ital. *asola,* Knopfloch), ein **kleiner Griff,** ein **Henkelchen,** eine **kleine Schlinge,** ein **kleiner Ring,** Apul. met. 3, 4; 11, 4. Amm. 28, 1, 36. Vulg. exod. 26, 4 u. 5. Augustin. conf. 8, 3; doctr. Chr. 2, 20. Arnob. 6, 16 (wo: subscudibus et catenis, uncis atque ansulis retentari): bes. **kleine Öse** an den Schuhsohlen (vgl. ansa), Val. Max. 8, 12. ext. 3. Sidon. ep. 8, 11. carm. *v.* 16.

antachātēs, ae, *m.*, s. aethachātēs.

antae, ārum, *f.* (vgl. altind. ātā, ›Umfassung, Rahmen einer Tür‹), viereckige Pfeiler, bes. an den Türen und Ecken der Tempel, **Pilaster** (vgl. Paul. ex Fest. 16, 15. Non. 30, 6), Vitr. 4, 4, 1 u. a. CIL 1, 577. col. 1, 12 u. 15: antae angulares, Vitr. 4, 7, 2: dah. aedes in antis, ein Tempel mit Eckwandpfeilern, Vitr. 3, 2, 1 *sqq.*

Antaeus, ī, *m.* (Ἀνταῖος), ein gewaltiger Gigant, Beherrscher Libyens (Lucan. 4, 490), der alle sein Land durchziehenden Fremden im Ringkampf zu töten suchte, aber endlich von Herkules, der merkte, dass dem A. die Berührung der Mutter Erde jedesmal neue Kräfte (*alimenta parentis*) gab, in die Höhe gehoben u. in der Luft zerdrückt wurde, Ov. met. 9, 183 *sq.* Iuven. 3, 89.

ant-agōnista, ae, *m.* (ἀνταγωνιστής), der **Widersacher,** Hieron. vit. Hilar. 43.

ant-amoebaeus, a, um, in der Metrik, pes, der dem amoebaeus (– – ◡ ◡ –) entgegengesetzte Versfuß (◡ ◡ – – ◡), Diom. 481, 30.

ant-anapaestus, a, um, in der Metrik, pes, der dem anapaestus (◡ ◡ –) entgegengesetzte Versfuß (– – ◡), Diom. 481, 29.

Antandros (-**us**), Antandrus ī, *f.* (Ἄντανδρος), Stadt in Mysien am adramyttenischen Meerbusen u. am Fuße des Ida, noch j. *Antandro,* Verg. Aen. 3, 6. Mela 1, 18, 2 (1. § 91). – Dav. **Antandrius,** a, um, **aus Antandros,** Cic. ad Q. fr. 1, 2, 2. § 4.

ant-apocha, s. apocha.

ant-apodosis, is, Abl. i, *f.* (ἀνταπόδοσις), der **Gegensatz,** Quint. 8, 3, 79; vgl. Isid. 2, 21, 8.

antarcticus, a, um (ἀνταρκτικός, Varr. LL. 9, 24), **südlich,** Hyg. astr. 1, 6. Apul. de mund. 1. Ampel. lib. mem. 1. Mart. Cap. 8. § 822 u. § 826 u. § 831.

1. antārius, a, um (v. ἀνταίρω, dagegen aufrichten), **zum Aufrichten dienlich,** funes, die Seile zum Aufrichten eines Mastes, Gerüstes usw., Vitr. 10, 2, 3 (10, 3 *in.*).

2. antārius, a, um (ante), **vor der Stadt,** bellum, Paul. ex Fest. 8, 8. Serv. Verg. Aen. 11, 156.

ante (alte Form anti, wovon antidea, antideo; altind. *ánti,* gegenüber, angesichts, griech. ἀντί, gegenüber, got. *and,* entlang, auf, über), **vorn, vor** (Ggstz. post), *Adv.* u. *Praep.,* **I** *Adv.:* **A** im Raum, **vorn, voran** (Ggstz. post, a tergo), *ante* aut *post* pugnare, Liv.: ut et aliquis *ante* et *a tergo* complures, qui sequantur, retinaculis eos (boves) contineant, Col.: coronatus stabit et ante calix, Tibull.: ante volans, Verg.: Morbos agit ante (vor sich her), Verg. – in der Bewegung, **nach vorn, vorwärts** (Ggstz. retro), ante ingredi, Cic. de fin. 5, 35: ante ferre gressum, Verg. Aen. 6, 677: neque *post* respiciens, neque *ante* prospiciens, Varr. sat. Men. 260.

B übtr.: **1** in der Reihenfolge, **vorher** (s. Drak. Liv. 37, 6, 4), quem locum paulo ante perstrinxi, Cic.: fugitivus ille, ut dixeram ante, Plaut.: quem ante diximus, Liv.: ut od. sicut ante dictum est, Liv.: ante dictus perfuga, Amm.: dies triginta ante dicti, Scrib.: ante dicta medicamenta, Scrib. – **2** in der Zeit: **a** in Beziehung auf eine andere vergangene Zeit, **vor, vorher** (wo dann die genauere Angabe der Zeit bald im *Abl.,* bald im *Acc.* steht, nach dem gew. Gebrauch dieser Kasus in Zeitverhältnissen, ante actum tempus, Lucr.: ante acti anni, Tibull.: ante facta (Ggstz. futura), Turpil. fr. u. Vitr.: ante partum u. ante parta (perta), Komik.: ante ad te falsum scripseram, Cic.: multis ante saeculis, Cic.: aliquot annis ante, Liv.: paucis annis ante, Cic.: paucis ante annis, Sall.: paucis ante diebus, Cic. u. Sall.: paucis mensibus ante, Caes.: ante annum, ein Jahr vorher, Col.: ante annum Troianae cladis, ein Jahr vor Trojas Fall, Iustin. – Mit versch. *Advv.,* multo ante, Ter., od. ante multo, Cic.: longe ante, aliquanto ante u. ante aliquanto, paulo ante, Cic.: haud multum ante, Tac.: ante posteaque, Plin.: non ante consulto senatu, Liv. – Oft folgt quam auf ante (mit dem es bei vermindertem Nachdruck zu einem Wort antequam verbunden wird), **eher als, ehe, bevor,** ut te ante videret, quam a vita discederet, Cic.: veniam ante, quam plane ex animo tuo effluo, Cic.: ante quam de incommodis dico, Cic.: anno ante, quam mortuus est, Cic.: neque defatigabor ante, quam percepero, Cic.: nec ante nos hinc moverimus, quam patres acciverint, Liv.: auch m. *Indicat. Imperf.,* nec ante, quam vires ad standum in muris ferendaque arma deerant, expugnati sunt, Liv. 23, 30, 4 (vgl. 23, 48, 1). – Bei Dichtern zuw. quam ante, Lucr., Tibull. u. a.: ebenso bei Dichtern zuw. pleon. prius ... ante ... quam, Verg.: u. prius ... quam ... ante, Prop. – non ante (nicht eher) m. folg. *dum* (bis), non ante absolvit, dum omnes rediere captivi, Amm. 17, 10, 8. – **b** in Beziehung auf die Folge od. Gegenwart, **vormals, früher, ehemals,** Ov. fast. 1, 337. – **c** zur Angabe der Ordnung, **vorerst, zuerst** (für das klassische primum), mit folg. deinde od. tum, Cels.: ante ..., deinde ..., tum, Cels. – **d** sehr selten adjekt., neque ignari sumus ante malorum (= τῶν πρὶν κακῶν), der früheren Leiden, Verg. Aen. 1, 198: u. so Ps. Quint. decl. 5, 15.

II *Praep.* m. *Acc.,* **vor, A** im Raum: **1** eig.: *post me* erat Aegina, *ante me* Megara, Sulpic. in Cic. ep.: ut (simiae) catulos, quos impendio diligunt, *ante se* ferant, quoniam neglecti *pone matrem* haerent, Solin.: quemadmodum aliquando umbra *antecedit,* aliquando *a tergo est,* ita gloria aliquando *ante nos est* visendamque se praebet, aliquando *in averso est,* Sen.: ante pedes, Ter. u. Cic.: ante ostium, ante fores, Komik.: ante urbem, Turpil. fr.: ante oppidum, Cic.: alqm vinctum ante se agere, Nep. – bei Verben der Bewegung (s. Weißenb. Liv. 7, 41, 1; 26, 48, 10), ante signa progredi, Liv.: ante aram statuere, Liv. – **2** übtr., zur Bezeichnung des Vorzugs in der Beurteilung od. Rangordnung (eig. die Bed. des prae, s. d., u. dah. seltener als dieses, v. Cicero u. Cäsar gar nicht gebraucht), **vor,** quem ante me diligo, vor mir, mehr als mich, Balb. in Cic. ep.: ante alqm od. alqd esse, jmd. od. etw. übertreffen, Sall. u. a. (s. Fabri Sall. Cat. 53, 3): u. so ante Iovem haberi, höher stehen als J., Curt. 8, 7 (25), 13. – Dah. sehr häufig **a** in der Verbindung ante alios, Plaut., Liv. u. a. (s. Müller Liv. 1, 9, 12), ante omnes, Komik. u. Tac., ante cunctos, Plin. u. a., ante ceteros, Apul. flor. 16. p. 24, 17 Kr., zur Bezeichnung eines komparativ. Verhältnisses: dah. auch zuw. zur Steigerung neben Kompar. u. Superl., scelere ante alios immanior omnes, Verg.: ante alios miserandi magis, Liv.: longe ante alios acceptissimus militum animis, Liv.: ante cunctas mulieres longe deterrima coniuga, Apul. – **b** ante omnia, **α vor allem anderen,** d. h. ehe alles andere geschieht, Liv. u. a. (vgl. Drak. Liv. 35, 34, 4). – **β** komparativ, **überaus, ganz besonders,** ante omnia insignis, Liv.: dulces ante omnia Musae, die vor allem geliebten, überaus geliebten Musen, Verg.: ante omnia deplorati erant equites, Liv. – **γ** im Anfang abzuhandelnder Gegenstände od. aufzuführender Gründe, **zuvörderst, zunächst** (ac primum quidem, καὶ πρῶτον μὲν οὖν), Quint. u.; vgl. Spalding Quint. 4, 2, 4. Frotscher Quint. 10, 2, 4.

B in der Zeit (Ggstz. post), **vor,** ante lucem, Komik., Cic. u. a.: ante hunc diem, Ter.: ante brumam, Ter.: cum *ante* meridiem dictioni operam dedissemus, *post* meridiem in Academiam descendimus, Cic.: verum nec *ante* tertium neque *post* quintum annum iuvencos domari placet, Col.: solus omnium ante se principum, Tac. hist. 1, 50: omnium ante se primus, Flor. 3, 5, 22: omnium ante se genitorum diligentissimus vitae, Plin. 25, 5. – m. Zeitadvv., multo ante noctem, Liv.: paulo ante lucem, Sulpic. in Cic. ep. – seinem Kasus (bes. bei qui) zuw. nachgesetzt, diem statuo, quam ante, Cic. – Häufig auch die Zeitbestimmung umschrieben, entweder durch eine Person, qui honos togato habitus ante me est nemini, Cic.: oder durch einen Gegenstand, der in jene Zeit fällt, ante has meas litteras, vor Empfang dieser meiner Briefe, Cic.: oder durch Angabe des Amtes einer Person, ante aedilitatem meam, Cic.: oft auch solchen Substst. zur Verdeutlichung ein *partic. perf.* od. *futur. pass.* beigefügt, ante hanc urbem conditam, Cic.: ante decemviros creatos, Liv. – Besondere Ausdrücke sind noch: **a** ante rem, **vor dem Kampf,** Liv. 9, 40, 5. – **b** ante finem, **vor Ende,** Plin. ep. 1, 13, 2. – **c** ante annum, **vor einem Jahr, ein Jahr vorher,** Plin. ep. 8, 23, 7. Col. arb. 4, 2: so auch ante quadriennium, vier Jahre vorher, Tac. Agr. 45, 6: ante aliquot dies, einige Tage vorher, Nep. Dat. 11, 2. – **d** ante tempus, d. i. **α vor der rechten Zeit,** Liv. 31, 36, 3. – **β vor der festgesetzten, gesetzlichen Zeit,** Cic. u. Suet. – **e** ante diem (poet.), d. i. **α vor der Zeit,** Ov. u. Stat. – **β vor der vom Schicksal bestimmten Zeit,** Verg. u. Ov.: u. so ante annos suos, Ov. am. 2, 2, 46. – **f** ante id tempus, **bis zu dieser Zeit,** quod ante id tempus accidit nulli, Caes.: qui honos huic uni ante id tempus contigit, Nep.: ebenso armorum quantum quaeque civitas domi quodque ante tempus (bis zu welcher Zeit) efficiat, constituit, Caes. – u. ante hoc, **bis dahin,** Tac. Germ. 13. – ante hunc diem numquam, **bisher nie,** Plaut. u. Ter.: dass. non ante usquam prius, Plaut. – **g** ante certam diem, **vor Ablauf eines bestimmten Tages, binnen einer bestimmten Zeit,** equites ante certam diem decederent, Cic.: ante quem diem iturus sit, Caes. – **h** ante verb. mit dies (abgekürzt a.d.) und einer Ordnungszahl zur Angabe des Datums u. zwar nicht des vorhergehenden, sondern eben dieses Tages, z. B. a.d. VIII Kalendas Decembres, den 8. (nicht den 9.) Tag vor den Kalenden des Dezembers, d. i. den 24. November, Cic.: a.d. IV Id. Mart. (ante diem quartum Idus Martias), d. i. den 12. März, Cic. Urspr. gehört ante zu Kalendas u. man sagte entweder ante die octavo Kalendas (d. i. octavo die ante Kalendas) od. ante diem octavum Kalendas (wie auch wir sagen: **am** achten od. **den** achten); letztere Redeweise wurde die herrschende, u. ante verwuchs mit dem diem so sehr, dass ihm (gleichs. antediem, wie proconsule), noch die Präpositionen in u. ex beigefügt werden konnten, u. so sagte man in ante diem (differre u. dgl.), Cic. u. Liv.: ex ante diem, von dem Tage an, Varr., Cic. u. a. Vgl. Manuzzi Cic. ep. 3, 12. Benecke Cic. Cat. 1, 7. p. 34. – ► Im Vulgärlat. m. *Abl.* z. B. ante oculis omnium, Itala 2. Mach. 2, 23. – ante nachgestellt, caput ante, Tibull. 2, 5, 66.

anteā, *Adv.* (aus *ante* u. dem *Abl.* eā), **vorher, früher, vordem, vormals** (Ggstz. postea), Ter., Cic. u. a.: m. folg. quam, z. B. te antea, quam tibi etc., Cic.: non antea ausi, quam etc., Liv.

ante-āctus, s. ante no. I, B, 2.

ante-aedificiālis, e (ante u. aedificium), **vor einem Gebäude befindlich,** ara Iovis, Dict. 5, 12.

1. ante-ambulo, āre, **besorgen,** agaso, qui negotia aliena anteambulabat, Gloss. IV, 204, 50.

2. ante-ambulo, ōnis, *m.*, der **Vorläufer,** ein Bedienter oder Schmarotzer, der vor einem Vornehmeren herging, um ihm Platz zu machen, zuweilen verächtlich wie unser **Lakai,** Suet. Vesp. 2, 2. Mart. 2, 18, 5 u. a.

Antecanem, *indecl.*, Übersetzung von προκύων (Procyon), ein Gestirn, der **kleine Hund,** der Vorläufer des großen Hundes (Sirius), Cic. Arat. 222 (466) u. daraus b. Cic. de nat. deor. 2, 114.

ante-cantāmentum, ī, *n.* (ante u. canto), der **Vorgesang,** Apul. met. 11, 9.

ante-cantātio, ōnis, *f.*, das **Vorhersingen,** Schol. Hor. epod. praef.

ante-cantātīvus, a, um (ante u. canto) = προῳδικός, **zum Vorhersingen eingerichtet** (Ggstz. postcantativus, ἐπῳδικός), carmina, Mar. Victor. art. gr. 1, 15, 9 u. 10. p. 57, 18 u. 20 K.

ante-capio, cēpī, ceptum u. captum, ere, **vorher-, im Voraus** fassen od. **ergreifen,** **I** eig., **sich** eines Ggstds. **im Voraus,** vor einem anderen **bemächtigen,** einen Ort **im Voraus besetzen,** pontem Mosae fluminis, Tac. hist. 4, 66: locum castris, Sall. Iug. 50, 1: locum bello, Pacat. pan. 10, 3 (dagegen Liv. 5, 38, 1 bei Hertz u. Weißenb. u. Tac. ann. 15, 2 bei Nipp. getrennt geschr.). – **II** übtr.: **a** übh., **im Voraus-, vorwegnehmen = im Voraus besorgen, -verschaffen,** quae bello usui forent, Sall. Cat. 32, 1. – od. = **im Voraus erregen,** ea omnia (famem aut sitim etc.) luxu, Sall. Cat. 13, 3. – od. = **im Voraus benutzen,** noctem, Sall. Cat. 55, 5: tempus legatorum, Sall. Iug. 21, 3: tempus profectionis, Dict. 2, 8. – od. im Gedanken **vorwegnehmen,** cogitatum alterius, Apul. met. 4, 5. – **b** als philos. *t. t.*, **vorfassen,** antecepta animo rei quaedam informatio (als Übersetzung von πρόληψις), ein Begriff *a priori,* Cic. de nat. deor. 1, 43.

antecēdēns, dentis, *PAdi.* (v. antecedo), **voraus-, vorhergehend,** **I** im Raum usw.: antecedente operis parte, Plin. 30, 1. – **II** in der Zeit: **a** im Allg.: hora, Ps. Cic.: annus, Plin. u. Suet. – **b** insbes., als philos. *t. t.:* causa, die voraus- od. vorhergehende (bewirkende) Ursache, Cic. de fat. 24 u. ö. – so auch subst., antecedens, das Vorhergehende, früher Stattfindende, als wirkende Ursache (Ggstz. consequens), Cic. top. 88: öfter im Plur., antecedentia (Ggstz. consequentia), Cic. top. 53. Quint. 5, 10, 45 u. a.

ante-cēdo, cessī, cessum, ere, **vor-, vorangehen,** **I** im Allg.: **A** eig., im Raum: agmen, Caes.: gregem, Col.: signa modico volatu, vor den F. herfliegen (v. Raben), Curt.: absol., praefecti, qui cum omni equitatu antecesserant, Caes.: stellae tum *antecedunt,* tum *subsequuntur,* Cic.: aliquando umbra *antecedit,* aliquando *a tergo est,* Sen.: tum *antecedendo,* tum *retardando,* Cic. – **B** übtr., in der Zeit: haec (dies) ei (diei) antecessit, Ter.: ant. alci aetate paulum, Cic., u. bl. aetate, Cic., alqm aetate, Iustin.: exercitatio semper antecedere cibum debet, Cels.: nisi fortunam voluntas antecessit, Sen. – si hanc rem illa sequitur, hanc autem non sequitur; aut si huic rei illa antecedit, huic non antecedit, früher stattfindet, Cic. – **II** insbes., jmdm. **den Vorsprung abgewinnen, vorauseilen,** jmd. **überholen,** **A** eig.: legiones, Cic.: biduo alqm, Brutus in Cic. ep.: nuntios oppugnati oppidi famamque, Caes.: absol., magnis itineribus, Caes.: uno calculo, um einen Stein (im Brettspiel) voraus sein, Sen. – **B** übtr., jmdm. od. einer Sache **den Vorrang abgewinnen, vor** jmd. od. etw. **vorgehen, den Vorrang-, den Vorzug haben,** jmd. od. etw. **übertreffen,** **α** m. *Dat.* virtute regi Agathocli, Plaut.: ubi ambitionem virtuti videas antecedere, Titin. fr.: cum id studium totaque ea ars longe ceteris et studiis et artibus antecedat, Cic.: quantum natura hominis pecudibus reliquisque beluis antecedat, Cic. – **β** m. *Acc.:* alqm scientiā atque usu nauticarum rerum, Caes.: alqm gratiā forensi longe, Sen.: multo ceteros rerum gestarum gloriā, Nep.: hoc est, quo deum antecedatis, Sen.: fidem magnitudine rerum, unglaublich große Taten verrichten, Curt.: alqm *in* amicitia, Nep.: *in* doctrina tanto condiscipulos, ut etc., Nep.: ex tempore coactus dicere infinito se antecedebat, Sen. exc. contr. 3. praef. § 6: im Passiv, beneficiis praeëuntibus antecedi, Auson. grat. act. 1, 5. p. 20, 22 Schenkl. – **γ** absol. = **hervorragen, sich auszeichnen,** et auctoritate et aetate et usu rerum, Cic.: honore, Cic.: pretio, kostbarer sein, Plin.

ante-cello, ere, eig. **hervorragen;** dah. übtr., jmd. od. etw. **überragen, vor** jmd. od. etw. **sich auszeichnen,** jmd. od. etw. **übertreffen,** m. *Dat. pers.* u. Ang. **worin?** durch *in* m. Abl. od. **wodurch?** durch bl. *Abl.*, **a** v. leb. Wesen, qui quā re homines bestiis *praestent, ea in re* hominibus ipsis *antecellat,* Cic.: ceteris eloquentiā, Cic. fr.: omnibus ingenii gloriā, Cic.: sanctitate vitae omnibus principibus, Capitol. – m. *Acc. pers.* u. Ang. **wodurch?** durch *Abl.*, longe omnes mortales sapientiā, Sen.: omnes fortunā, Tac.: constantiā victoriae gloriam, Val. Max. – m. bl. *Acc. pers.*, omnes, Plin. 8, 174. – m. bl. Ang. **wodurch?** durch *Abl.*, militari laude, Cic.: humanitate, sapientiā, integritate, Cic. – im Passiv, qui omnibus his rebus antecelluntur, Rhet. Her. 2, 48. – v. Lebl., m. *Dat.*, duae aedes sacrae, quae longe ceteris antecellant, Cic. Verr. 4, 118: omnis sensus hominum multo antecellit sensibus bestiarum, Cic. de nat. deor. 2, 145: dicendi consuetudo longe et multum isti vestrae exercitationi ad honorem antecellit, Cic. Muren. 29 (wo die Hdschrn. antecellet). – zugl. m. bl. *Abl.* **wodurch?** quae (causa) magnitudine iniuriae et re fere criminibus ceteris antecellet, Cic. Verr. 3, 10.

ante-cēnium, ī, *n.*, das Essen vor der Hauptmahlzeit (cena), das **Vormahl,** Isid. 20, 2, 12: dah. übtr., antecenia Veneris, Apul. met. 2, 15.

antecessio, ōnis, *f.* (antecedo), **I** das **Vorauseilen,** der **Vorsprung,** quae in orbibus conversiones antecessionesque eveniunt, Cic. Tim. 37. – **II** übtr., die **vorausgehende, wirkende Ursache,** die **Bedingung,** aus der etw. folgen soll (Ggstz. consecutio), Cic. top. 53: homo *causas* rerum videt earumque praegressus et *quasi antecessiones* non ignorat, Cic. de off. 1, 11.

antecessīvus, a, um (antecedo), **vorausgehend,** Tert. de virg. vel. 4.

antecessor, ōris, *m.* (antecedo), **der vorangeht,** **I** als milit. *t. t.*, antecessores = *antecursores* (s. antecursor *no.* I), Auct. b. Afr. 12, 1. Suet. Vit. 17, 1. – **II** übtr.: **a** der mit Lehre u. Beispiel vorangeht; dah. **α** der **Lehrer** od. **Professor** des Rechts, Cod. Iust. 1, 17, 1. § 3 u. a. – **β** der **Lehrer** des Christentums, v. heiligen Geist, u. Plur. antecessores, v. den Aposteln, Eccl. – **b** (wie das klass. *decessor*) der **Vorgänger** im Amt (Ggstz. successor), Apul. flor. 9 u. 15. Paul. dig. 5, 1, 55. – ► Vgl. Gloss. ›antecessor, προηγησάμενος‹ u. ›anticessor, προηγούμενος‹.

antecessus, ūs, *m.* (antecedo), das **Vorhergehen;** dah. in antecessum, **im Voraus,** accipere, Sen. ep. 7, 10: dare, Sen. ep. 118, 1. Ps. Quint. decl. 12, 20 (wo noch *ed. Bip.* in antecessus dare): aliis postlongam diem repono, aliis in antecessum, Sen. de ben. 4, 32, 4: in antecessum sanguine senatus sibi parentabant, Flor. 3, 21, 20. – ► Vgl. Gloss. ›anticessum, πρόλημμα‹.

antecolumnium, ī, *n.* (ante u. columna), der **Platz vor den Säulen,** Ps. Ascon. ad Cic. II. Verr.. 1, 51. p. 171, 17 Or.

ante-curro, ere, **voranlaufen,** Veneris stella … eum (solem) antecurrens, Vitr. 9, 1 (4), 7 (vgl. § 12 stellae … ante currentes, getrennt geschr.): litteris istas litteras antecurrentibus, Sidon. ep. 9, 1, 1.

antecursor, ōris, *m.* (antecurro), der **Vorläufer,** **I** als milit. *t. t.*, antecursores, eine Art **Furierschützen,** auch antecessores, praecursores (und unter den Kaisern proculcatores u. exculcatores) gen., eine kleine Truppenabteilung, die vorausgeschickt wurde, um für das nachfolgende Heer einen Lagerplatz auszusuchen u. abzustecken, die Wege zu bahnen, auch den Marsch des Feindes zu erspähen, mit dessen Vorhut od. Nachtrab sie auch häufig in Kampf geriet, s. Caes. b. G. 5, 47, 1; b. 1, 16, 3 u. ö. – **II** übtr.: **a** übh.: antecursores frugum, v. den Blüten, Tert. de resurr. carn. 22. – **b** insbes., der **Vorläufer** Jesu, v. Johannes dem Täufer, Tert. adv. Marc. 4, 33 *extr.*

ante-dīco, richtiger getrennt ante dico, s. ante u. dico.

ante-eo, iī, itum, īre, **vorher-, vorangehen,** **I** eig.: alci, Cic.: alqm, Hor.: currum regis, Curt.: sua vexilla, suas aquilas magno gradu, Plin. pan. – absol., destricto gladio, Cic.: pedibus, equo, vehiculo, Suet. – **II** übtr.: **A** im Allg., der Zeit nach **vorausgehen,** **a** v. Lebl. = **zuvor geschehen,** si antissent delicta, Tac. ann. 3, 69. – **b** v. Pers.: **α** jmdm. der Zeit nach **vorangehen,** alci aetate, Cic. Tusc. 1, 5: alqm aetate, Cic. Acad. 1, 35. Sall. hist. fr. 1, 47 (50). – **β** einer Zeit mit etw. **vorausgehen, zuvorkommen,** ita, si ab annis septemdecim ad senectutem semper vos aetatem meam honoribus vestris *anteistis,* ego vestros honores rebus gerendis *praecessi,* Liv. 38, 51, 11. – **B** insbes.: **1** jmdm. **vorgehen,** es jmdm. **zuvortun,** jmdm. **den Vorrang ablaufen,** jmd. od. etw. **übertreffen,** virtus omnibus rebus anteit profecto, Plaut.: alci sapientiā, Cic.: alci in alqa re, Gell. 19, 9, 8: auctoritati parentis, dem Einfluss der Mutter vorgehen (mächtiger sein als die M.), Tac. ann. 5, 3. – fortunam ipsam anteibo fortunis meis, Trab. com. fr.: qui omnes homines supero atque antideo cruciabilitatibus animi, Plaut.: aetate et consilio ceteros, Sall. fr.: omnes intellegentiā, Cic.: alqm virtutibus, Nep.: multum numero nostrum equitatum, Auct. b. Alex.: multo ceteros regiā stirpe, Tac.: satis docuisse videor, hominis natura quanto omnes anteiret animantes, Cic. – m. bl. *Acc.,* cursus alcis, Ov.: questus omnium, Tac. – im Passiv, a deterioribus honore anteiri, Sen.: abs te anteiri putant, Cic. Sull. 23. – m. *Infin.,* Sil. 5, 355. – absol. = **sich auszeichnen, sich hervortun,** operibus (durch Taten), Caes. b. 1, 32, 8. – **2 zuvorkommen, begegnen,** quo vera seu falsa anteiret, Tac.: vereitelnd, id te oro ut anteeamus, Ter. Andr. 556: u. so damnationem u. damnationem veneno, Tac. – od. abwendend, periculum, Tac.: anteit incendium remedia (Vorkehrungen), Tac. – **3 vorherbestimmen können, vorherwissen,** Sil. 14, 455. – ► **a** Bei Dichtern und in nachaug. Prosa schwindet das e von ante, z. B. anteat, Ov. art. am. 2, 276: antibo, Tac. ann. 5, 6: antissent, *ibid.* 3, 69: antisse, *ibid.* 4, 40: antire, Gratt. cyn. 385. – Präsens durch Synizese zweisilbig, antēis, Hor. ep. 1, 2, 70: antēit, Hor. carm. 1, 35, 17. – **b** antideo archaist. = *anteeo,* Plaut. cist. 205; Pers. 779: antidit = *anteit,* Plaut. trin. 546.

ante-factus, s. ante *no.* I, B, 2.

ante-fātus, a, um (ante u. fari), **vorhergesagt, -erwähnt,** spät. ICt. u. Eccl.

ante-fero, tulī, lātum, ferre, **I vorantragen,** legum latarum titulos, Tac. ann. 1, 8: viginti clarissimarum familiarum imagines, Tac. ann. 3, 76 (aber Verg. Aen. 6, 677 jetzt getrennt ante tulit gressum, ging voran). – **II** übtr.: **A vor** od. **über** jmd. od. etw. **stellen,** jmd. od. etw. **höher stellen** als usw., alci neminem, Nep.: longe omnibus unum Demosthenem, Cic.: una in re anteferri alci (Ggstz. inferiorem esse omnibus rebus), Cic. – iniquissimam pacem iustissimo bello, Cic.: omnibus suis rebus commodum regis, Sall.: salutem privati hominis incolumitati suae, Tac.: quae quibus anteferam? Verg. – ohne Ang. **wem?** nullius umquam consilium non modo antelatum, sed ne comparatum quidem est, Nep. Timol. 3, 6. – **B vorausnehmen,** quod est dies allatura, id consilio anteferre debemus, sollten wir vorher durch verständige Einsicht gewinnen, Cic. ep. 5, 16, 6 M.

ante-fīxus, a, um (*Partic.* v. ungebr. antefigere), **vorn befestigt, vorgeschlagen, angenagelt,** truncis arborum antefixa ora, Tac. ann. 1, 61. – dah. subst., antefixa, ōrum, *n.,* die an den Dächern u. Dachrinnen der Häuser od. Tempel angebrachten kleinen Verzierungen, Bilder, Statuen u. dgl., Liv. 26, 23, 4: antefixa fictilia deorum Romanorum, die tönernen Götter der Römer auf ihren Giebelzinnen, Cato bei Liv. 34, 4, 4 u. ö.

ante-genitālis, e, **vor der Geburt,** experimentum, Plin. 7, 190.

antegeriō, s. antigeriō.

ante-gestum, ī, *n.,* s. 1. gero *no.* I, B, 2.

ante-gradātio, ōnis, *f.* = προποδισμός, das **Vorwärtsschreiten,** stellarum, Isid. 3, 67.

ante-gredior, gressus sum, gredī (ante u. gradior), **vorangehen, vorausgehen, I** eig., im Raum (Ggstz. subsequi): stella Veneris, quae Φωσφόρος Graece, Lucifer Latine dicitur, cum *antegreditur* solem, cum *subsequitur* autem,῞Εσπερος, Cic. de nat. deor. 2, 53: antegressi, Amm. 16, 10, 7: praecursores iam antegressi, Amm. 16, 12, 8. – **II** übtr., in der Zeit: quicquid est enim quod deceat, id tum apparet, cum antegressa est honestas, Cic.: res eodem modo evenirent iisdem signis (Wahrzeichen) antegressis, Cic.: causae antegressae, fortuito antegressae, Cic. (Synon. causae antecedentes, s. antecēdēns).

ante-habeo, ēre, **vorziehen,** vetera novis et quieta turbidis, Tac. ann. 1, 58: divulgata atque incredibilia avide accepta veris, Tac. ann. 4, 11.

antehāc, *Adv.* (aus ante u. dem Abl. hāc; altl. antidhac, w. vgl.), **vor diesem, vordem** = bisher, früher, Enn., Komik., Cic. u. a.: numquam antehac, Komik. – ► antehac zweisilbig b. Hor. carm. 1, 37, 5.

antēīdeā, s. antideā.

antelēna, ae, *f.,* s. antilēna.

antēlius, a, um (ἀντήλιος), **der Sonne ausgesetzt, vor der Tür befindlich,** daemones, vor der Haustür als Beschützer des Hauses stehende, Tert. de idol. 15; de cor. mil. 13.

antella, ae, *f.* = antilena (s. d.), Ggstz. postella = postilena (s. d.), Isid. 20, 16, 4.

antelogium, ī, *n.* (ante u. logus), der **Prolog,** Plaut. Men. prol. 13 (u. von da bei Auson. epist. 16. praef. p. 175, 3 Schenkl). Fulg. contin. Virg. p. 90, 18.

antelongior, ōris, (ante u. longus) **überlang,** numerus, Boëth. arithm. 2, 27.

ante-loquitur = *praefatur,* Gloss. IV, 409, 34.

anteloquium, ī, *n.* (ante u. loquor), **I** das **Recht zuerst zu reden,** das **Vorwort,** Macr. sat. 1, 24. § 21. u. 7, 4. § 2. – **II** die **Vorrede,** Symm. ep. 8, 23 u. a. Eccl.

antelūcānus, a, um (ante u. lux), **vor Tagesanbruch, bis vor Tagesanbruch (bis zum frühen Morgen) sich hinziehend,** tempora, Varr. u. Col.: tempus, Cic.: ambulatio, Cic.: cena, industria, Cic.: horae, Cels.: cantus gallorum, Apul.: flatus, ganz frühe Morgenluft, Sen.: aurae, Plin.: lucubratio (Ggstz. vespertina luc.), Col. u. Plin. – subst. antelūcānum, ī, *n.,* der **Tagesanbruch,** Sen. ep. 122, 1. – *Adv.* **antelūcānum** u. **antelūcānō, vor Tagesanbruch,** am frühen Morgen, Form -um, Macr. sat. 1, 17, 41: Form -o, Itala Ion. 4, 7.

antelūciō, *Adv.* (ante u. lux), **vor Tage,** volo ire, Apul. met. 1, 11 u. ö.

antelūculō, *Adv.,* **vor Tage,** furtim evadere, Apul. met. 1, 14.

antelūdium, ī, *n.* (ante u. ludo), das **Vorspiel,** Apul. met. 11, 8.

ante-merīdiālis, e, **vormittägig, Vormittags-,** hora, Mart. Cap. 6. § 600.

ante-merīdiānus, a, um, **vormittägig, Vormittags-** (Ggstz. postmeridianus), ambulatio, Cic.: litterae, ein vormittags empfangener Br., Cic.: dies, Vormittag, Sen.

antemerīdiem, *Adv.* (ante u. meridies), **vormittags** (Ggstz. postmeridiem), Charis. 187, 34. Not. Tir. 44, 74 u. 76 (wo abgekürzt antemeridie u. postmeridie).

ante-mitto, richtiger getrennt **ante mitto,** s. ante u. mitto.

antemna (antenna), ae, *f.,* die **Segelstange,** die **Rahe,** antemnas, proram, malos, Lucr.: antemnas ad malos destinare, Caes.: demittere partem quasi tertiam antemnas, Sall. fr.: antemnas demittere ad medium malum, Auct. b. Alex.: effugere hibernas demissā antemnā procellas, Ov.: subnectere velum antemnis, Ov.: cornua antemnarum obvertere, Verg.: malos antemnasque de nave in navem traicere, Liv.: antemnas demere, Auct. b. Alex.: antemnas ruere, Plaut.: malum et antemnam (invenit) Daedalus, Plin.

Antemnae, ārum, *f.* (Sing. **Antemna,** ae, *f.,* Cato b. Prisc. 6, 80. Sil. 8, 365), uralte, sabinische Stadt an der Mündung des Anio in den Tiber (Varr. LL. 5, 28), mit Rom vereinigt u. seitdem verschwunden (vgl. Liv. 1, 9 *sqq.*), Plin. 3, 68. Verg. Aen. 7, 631. – Dav. **Antemnātēs,** ium, *m.,* die Einw. von Ant., die **Antemnaten,** Liv. 1, 9 *sqq.*

antemūrāle, is, *n.* (ante u. murus), die **Vormauer,** das **Außenwerk,** Vulg. Isai. 26, 1.

antemūrānus, a, um (ante u. murus), **vor der Mauer befindlich,** vallum, Amm. 21, 12, 13.

antenna, s antemna.

Antēnōr, oris, Akk. orem u. ora, *m.* (Ἀντήνωρ), ein vornehmer Trojaner, der zum Frieden mit den Griechen u. zur Auslieferung der Helena riet, nach Trojas Einnahme nach Italien ging u. Patavium (Padua) gründete, Verg. Aen. 1, 242 *sqq.* Ov. met. 13, 201. Liv. 1, 1. § 2 *sq.:* Patavium Antenoris, Mela 2, 4, 2 (2. § 60). – Dav.: **1 Antēnoreus, a, um, antenorisch = patavinisch, Faunus, Mart.: alumnus Laris An-**

tenorei, der Stadt Padua, Mart. – **2** **Antēnoridēs,** ae, *m.* (Ἀντηνορίδης), der **Antenoride** (Sohn oder Nachkomme des Antenor), **Sil.**: Plur. *Antēnoridae,* **α** Söhne des Antenor, **Verg.** – **β** Einwohner von Padua, **Serv.**

ante-novissimus, a, um, der **vorletzte,** pes huius versus, Victorin. de rat. metr. 218, 25.

ante-nuptiālis, e, **vorhochzeitlich,** Iustin. novell. 1, 1.

ante-occupātio, ōnis, *f.* = προκατάληψις, die **Vorwegnahme des Einwurfs,** als rhet. Fig., Cic. de or. 3, 205. Quint. 9, 1, 31.

ante-paenultimus, a, um, der **drittletzte,** locus, Diom. 431, 13. – subst., antepaenultima, ae, *f.* (*sc.* syllaba), die **drittletzte Silbe,** Prisc. 3, 31 u. a.

antepagmentum, ī, *n.* (ante u. pago od. pango), *t. t.* der Baukunst, alles, was an der Außenseite der Gebäude, namentl. der Tür- u. Fensteröffnungen, als Bekleidung angebracht wird, die **Einfassung, Bekleidung,** der **Rahmen, Pfosten,** Cato r. r. 14. § 2 u. 4. Vitr. 4, 6, 1 u. a. CIL 1, 577. col. 2. lin. 4. Paul. ex Fest. 8, 10 (wo antipagmenta): ant. superius, der obere Pfostenquerbalken, Vitr. 4, 6, 1.

anteparta (anteperta), ōrum, *n.* (ante u. pario), das **Vorhererworbene,** Naev. com. 84. Plaut. trin. 643 u. a.

ante-passio, ōnis, *f.*, Übersetzung von προπάθεια, das **Vorgefühl des Schmerzes, -der Leidenschaft** usw., Plur. bei Hier. ep. 79, 9.

ante-pendulus, a, um, **vorhängend** (Ggstz. retropendulus), Apul. met. 2, 23 u. 5, 22.

ante-pēnultimus, s. ante-paenultimus.

anteperta, s. anteparta.

ante-pēs, pedis, *m.*, der **Vorderfuß,** Cic. Arat. 452 (704).

ante-pīlānus, ī, *m.*, **I** als milit. *t. t.*, **a** antepilani = die Hastati u. Principes, die in der röm. Schlachtordnung vor den mit dem Pilum bewaffneten Triariern standen, Liv. 8, 8, 7. – **b** = *antesignani* (s. d.), Amm. 16, 12, 20. – **II** übtr., der **Vorkämpfer** bei Schandtaten, cum Maximino velut antepilano suo contendens, Amm. 28, 1, 46.

ante-polleo, ēre, **mehr vermögen, übertreffen,** m. *Dat.*, Apul. met. 1, 5: m. *Acc.*, cunctos toto vertice, *ibid.* 7, 5.

ante-pōno, posuī, situm, ere, **I** zum Essen **vorsetzen,** alci prandium, Plaut. Men. 274 u. a.: ante nachgestellt, positum ante pullum ... sustulit esuriens, Hor. sat. 1, 3, 92: libatum agricolae ponitur ante deo, Tibull. 1, 1, 14 *ed. Haupt.* – **II** vor etw. **legen, -setzen, -stellen,** **A** eig.: equitum locos sedilibus plebis, Tac.: sed plurimum refert compositionis, quae quibus anteponas, Quint.: propugnacula anteposita, Tac. **B** übtr., **vorziehen, den Vorzug geben** (Ggstz. comparare, gleichstellen), alqm alci, Nep. u. Tac.: se alci, Cic.: mortem servituti, Cic.: amicitiam omnibus rebus humanis, Cic.: res gestas animi virtutibus, Nep.: alqm omnibus aequalibus suis *in* familiaritate, Nep. Epam. 2, 2: m. *Abl.* der Vergleichung = lieber haben als usw., nocte istā nihil antepono, Apul. met. 3, 19 E. – ante nachgestellt (um den Begriff des ante mehr hervorzuheben), mala bonis ponit ante, Cic. de off. 3, 71.

ante-potēns, tis, **vor allen reich, -glücklich,** voluptatibus gaudiisque (in usw.), Plaut. trin. 1116.

ante-praecursor, ōris, *m.*, der **Vorläufer,** Tert. de bapt. 6.

ante-quam u. **ante quam,** s. ante I, B, 2.

anterior, ōris (ante), **I** dem Raum nach, der **vordere,** chlamydis pars, Amm. 16, 8, 8: anteriores pedes erigere in sublime, sich bäumen (vom Pferd), Amm. 30, 5, 19. – *neutr. plur.* subst., anteriora, das **Terrain nach vorn hin,** Amm. 25, 3, 2. – **II** übtr.: **a** der Zeit nach, der **vorige, frühere,** Symm. ep. 6, 59. Hier. ep. 124, 3. Augustin. ep. 82, 34. Sulp. Sev. chron. 1, 52, 3. u. a. Eccl. – **b** der Reihenfolge nach, der **erstere,** numerus, Boëth. arithm. 2, 31: quorum anterior, Cassian. coen. instit. praef. p. 57, 1 M.

anterīs, idis, Genet. Plur. idōn, *f.* (ἀντηρίς), die **Gegenstütze,** der **Strebepfeiler,** Nomin. Plur. bei Vitr. 6, 11, 6: Genet. Plur. b. Vitr. 10, 11 (17), 9.

anterius, *Adv.* (anterior), **früher,** Sidon. ep. 2, 9: anterius solito, (Iuvenc.) in exod. 162.

Anterōs, ōtis u. ōnis, Akk. Plur. ōtas, *m.* (Ἀντέρως, der Gegner des Eros), **I** der **rächende Genius verschmähter Liebe** (deus ultor, Ov. met. 14, 750), Cic. de nat. deor. 3, 60. – **II** ein opalisierender Edelstein, wahrsch. ein Opal mit schönem, amethystartigem Farbenspiel, Plin. 37, 123 (wo Akk. Plur. anterotas).

antērumenos, ē, on (ἀντί u. αἴρω), **entgegengesetzt,** zona, Prob. Verg. georg. 1, 233.

antēs, ium, *m.* (vgl. ante, antiae), die **Reihen,** der Weinstöcke, Verg.: der Blumen und Pflanzen, die **Rabatten,** Col. poët.: auch der Soldaten, Cato fr.

antescholārius u. **antescolārius,** ī, *m.* (ante u. schola), der **Unterlehrer,** Petr. 81, 1. CIL 6, 14672, 9 (antescol.).

antesīgnānus, ī, *m.* (ante u. signum), als milit. *t. t.*, antesīgnāni, urspr. wohl die Soldaten der ersten Schlachtreihe, weil sie beim Angriff vor die signa traten, Varr. sat. Men. 21. Liv. 22, 5, 7: dann leicht bewaffnete Legionssoldaten, entweder von Cäsar neu eingerichtet od. im Bürgerkrieg von ihm zu einer besonderen Elitetruppe ausgebildet, um der Übermacht der Gegner an Reiterei u. Fußvolk das Gleichgewicht zu halten, Caes. u. a.: dah. **einer der vordersten** od. **ersten** (im Kampf), der **Vorkämpfer,** v. Antonius, fueras in acie antesignanus, du hast es allen zuvorgetan, Cic. Phil. 2, 71: v. einem Räuberhauptmann, Apul. met. 4, 11.

antesto, s. antisto.

antestor, ātus sum, ārī (zsgz. aus antetestor), jmd. vor (ante) Einleitung der Klage **zum Zeugesein** (testari) **auffordern, zum Zeugen anrufen** (wobei die Anrede war: licet antestari? und der Aufgeforderte die Einwilligung gab durch Hinhalten des Ohrläppchens, das der Auffordernde mit dem Wort memento berührte), alqm, Plaut., Hor. u. a.; vgl. Hor. sat. 1, 9, 76. – u. außer der Gerichtssphäre, Cic. Mil. 68. – ► **a** *Pass.* = **zum Zeugen aufgefordert werden,** Aelius b. Prisc. 8, 16: Partiz. Perf. passiv, antestatus, CIL 2, 5042, 5 u. 6, 10247, 12. – **b** *Imperat.* **antestamino, XII tabb. 1, 1** (b. **Porphyr. Hor. sat. 1, 9, 76).**

ante-temporāneus, a, um, **vorzeitlich,** caelum, Claudian. Mam. de anim. 2, 12.

ante-urbānus, a, um, **vor der Stadt gelegen,** praedia, Paul. ex Fest. 8, 7: secessus, Symm. ep. 3, 50.

ante-venio, vēni, ventum, īre, **zuvorkommen, überholen,** gew. m. *Acc.*, selten (übtr.) m. *Dat.*, **I** eig.: per tramites occultos exercitum Metelli, Sall.: magnis itineribus Metellum, Sall.: compendiis viarum et cito agmine onustum sarcinis armisque militem, Tac. – absol., anteveni aliquā, Plaut. mil. 221. – **II** übtr.: **A** im Allg.: ubi (beneficia) multum antevenere, wenn sie schon weit über diese Grenze (der möglichen Wiedervergeltung) vorausgeeilt sind, Tac. ann. 4, 18. – antevenis tempus, wartest die Zeit nicht ab, Claud. de laud. Stil. 2, 152. – **B** insbes.: **1** durch Maßregeln jmdm. od. einer Sache **zuvorkommen,** etw. **vereiteln,** temperi huic hodie anteveni (zur rechten Zeit), Plaut. trin. 911: consilia et insidias hostium, Sall. Iug. 88, 2: im Passiv, quod compluriens usu fuit, omni tempore † anteventum esse e re publica credimus, Cato oratt. fr. 64. – **2** durch eine Eigenschaft **über** etw. od. jmd. **gehen,** etw. od. jmd. **übertreffen,** omnibus rebus, Plaut.: filio meo, Plaut.: per virtutem nobilitatem, Sall.: neque consilio neque manu *priorem alium pati,* plerosque *antevenire,* Sall.

anteventulus, a, um (ante u. venio), **vorn hervorkommend, vorhängend,** comae, crines, Apul. met. 9, 30; flor. 3. p. 4, 10 Kr.

anteversio, ōnis, *f.* (anteverto), das **Zuvorkommen,** quid in rebus tumultuosis anteversio valeat et praegressus, Amm. 21, 5, 13.

Anteverta, s. Antevorta.

ante-verto (ante-vorto), vertī (vortī), versum (vorsum), ere, u. *Depon.* (s. unt. *no.* II, 2, a) **antevortor,** vortī, **einen Vorsprung nehmen,** **I** eig., absol., neque a sole longius umquam unius signi intervallo discedit (stella Mercurii), tum *antevertens,* tum *subsequens,* Cic. de nat. deor. 2, 53: vidit necesse esse Miloni proficisci Lanuvium illo ipso, quo est profectus, die, itaque antevertit (suchte er einen Vorsprung abzugewinnen), Cic. Mil. 45. – m. *Dat.* **wem?** = **vor** jmd. **einen Vorsprung bekommen, eher kommen als** jmd., **vor** jmd. **kommen,** sed eccam ipsam; miror ubi ego huic antevorterim, Ter. eun. 738; vgl. vorher 733: sed Thais multon ante venit? – **II** übtr.: **A** im Allg., m. *Dat.*: pol maerores mi antevortunt gaudiis, Kummer drängt sich vor die Freude, Plaut. capt. 840. – **B** insbes.: **1** im Handeln **zuvorkommen,** absol., atque id ipsum cum tecum agere conarer, Fannius antevortit, Cic. de amic. 16. – m. *Acc.* einer Sache vereitelnd **zuvorkommen,** etw. **vereiteln,** supplicium voluntariā morte, Cod. Iust. 6, 22, 2 (bei Tac. ann. 13, 30 jetzt damnationem veneno anteiit). – **2** in der Reihenfolge oder in der Geltung **vorziehen, a** in der Reihenfolge: quā re nuntiatā Caesar omnibus consiliis antevertendum existimavit, ut Narbonem proficisceretur, glaubte Cäsar mit Hintansetzung aller anderen Pläne sich nach N. begeben zu müssen, Caes. b. G. 7, 7, 3. – u. so als Deponens, rebus aliis antevortar quae mandas mihi, Mnesilochum ut requiram, ich werde alle anderen Dinge deinem Auftrag nachsetzen, nämlich den Mn. aufzusuchen, Plaut. Bacch. 526. – **b** in der Geltung: quod ego tuum otium aliorum negotiis anteverto, Pacat. pan. 9, 2.

ante-vio, āre, **vorausgehen,** suos, Ven. Fort. carm. 4, 26, 77.

ante-volo, āre, **voranfliegen,** mit *Acc.*, agmen, Sil. 12, 600: currum, Stat. Theb. 3, 427.

Antevorta, ae, *f.* (anteverto), eine Göttin (auch Porrima, Ov. fast. 1, 633, u. Prorsa, Varr. bei Gell. 16, 16 *extr.* gen.), das personifizierte »Vorauswissen der Zukunft«, nach anderen eine Geburtsgöttin, und zwar »die Göttin der Kopfgeburt«, Schwester (Ggstz.) der Postverta (der Göttin der Steißgeburt), beide Schwestern oder Begleiterinnen der Karmenta, Macr. sat. 1, 7. § 20.

anthalium, ī, *n.* (ἀνθάλιον), die **Erdmandel** (*Cyperus esculentus,* L.), Plin. 21, 88.

1. **anthēdōn,** onis, *f.* (ἀνθηδών), eine Art des Mispelbaums, die **griechische Mispel** (*Mespilus tanacetifolia,* Sibth.), Plin. 15, 84.

2. **Anthēdōn,** onis, *f.* (Ἀνθηδών), **I** Stadt u. selbständiger Staat des böotischen Bundes am Fuße des Messapius, mit einem Seehafen am Euripus od. euböischen Meer (dah. Euboica), j. *Lukisi,* Heimat des Glaukos, bekannt durch Handel mit Meerschwämmen, Ov. met. 7, 232 u. 13, 905. – Dav. **Anthēdonius,** a, um, **anthedonisch,** Stat. Theb. 9, 291 u. s. – **II** Hafenstadt im südlichen Palästina, in der Nähe von Gaza, von Herodes dem Gr. »Agrippias« gen., Plin. 5, 68.

anthemis, idis, *f.* (ἀνθεμίς), die **Kamille** (*Anthemis,* L.), Plin. 22, 53; 26, 87. Ps. Apul. herb. 61.

Anthemūsia, ae, *f.*, u. **Anthemūsias,** adis, Akk. ada, *f.*, Stadt in Mesopotamien, in der Nähe von Edessa, Form *-ia,* Plin. 5, 86: *-ias,* Tac. ann. 6, 41 (wo griech. Akk. -ada). – Dah. Anthemusia auch = die Umgegend der gen. Stadt (zwischen Chaboras und Euphrat), sonst *Osrhoëne,* Eutr. 8, 3 (2). Amm. 14, 3, 3. Sext. Ruf. brev. 15, 11.

anthēra, ae, *f.* (von ἀνθηρός, blühend), ein **Arzneimittel aus Blüten,** Plur. bei Plin. 24, 69 (griech. b. Cels. 6, 11 u. 13).

anthereōn, ōnis, Akk. ōna, *m.* (ἀνθερεών), **Hals, Kehle,** Cael. Aur. acut. 3, 3, 20.

anthericus, ī, *m.* (ἀνθέρικος), der **Stengel vom Asphodill,** Plin. 21, 109 u. a.

anthiās, ae, *m.* (ἀνθίας), ein uns unbekannter Meerfisch, Ov. hal. 46. Plin. 9, 180; 32, 11.

anthinus, a, um (ἀνθινός), **aus Blumen,** mel, Plin. 11, 34.

anthologica, Genet. ōn, *n.* (ἀνθολογικά), die **Blumenlese,** eine Sammlung ausgezeichneter Sentenzen, kleiner Gedichte verschiedener Verfasser u. dgl., Plin. 21, 13.

anthologūmena, ōn, *n.* (ἀνθολογούμενα), **Blumenlese, Lesefrüchte** (als Schrift), Plin. 20, 77.

anthophoros, on (ἀνθοφόρος), **Blumen tragend, blühend,** Plin. 24, 82.

anthoristicus, a, um (ἀνθορίζω), **zur Gegenbestimmung geeignet, eine Definition einer anderen entgegensetzend,** actio, Fortunat. art. rhet. 1, 13.

anthracias, s. anthracītis.

anthracinus, a, um (ἀνθράκινος v. ἄνθραξ, Kohle), **kohlschwarz,** subst. anthracina, ōrum, *n.*, **schwarze Kleidung,** Varr. b. Non. 550, 5.

anthracītēs, ae, *m.* (ἀνθρακίτης), **I** eine Art **Blutstein,** Plin. 36, 148. – **II** = anthracitis, s. d.

anthracītis, tidis, *f.* (ἀνθρακῖτις), eine Art Karbunkel, **Kohlenkarbunkel,** Plin. 37, 189. – Nbf. anthracītēs, ae, *m.*, Solin. 37, 24 M. (Vulg. mit vielen Hdschrn. anthracias).

anthrax, acis, *m.* (ἄνθραξ, die Kohle), **I** ein Quecksilbererz, woraus Zinnober bereitet wird, **Bergzinnober,** Vitr. 7, 8, 1. – **II** ein **fressendes Geschwür** (lat. carbunculus), Plin. Val. 3, 20 (Akk. Plur. -acas).

anthriscum, s. enthryscum.

anthrōpiānī, ōrum, *m.* (ἄνθρωπος), Ketzer, die Christus nur als Menschen gelten ließen, also die Gottheit Christi leugneten, Eccl.; vgl. Bünem. Lact. 4, 30, 10.

anthrōpographos, ī, *m.* (ἄνθρωπος u. γράφω), **Menschen-** oder **Porträtmaler,** Beiname des Malers Dionysius, Plin. 35, 113.

anthrōpolatra, ae, *m.* (ἀνθρωπολάτρης), der **Menschenanbeter,** Cod. Iust. 1, 1, 5 *sq.*

anthrōpomorphītae, ārum, *m.*, Ketzer, die Gott menschliche Gestalt gaben, Eccl.; vgl. Isid. 8, 5, 32.

anthrōpomorphos, a, um, **von menschlicher Gestalt,** imago, Cassian. coll. 10, 3, 4.

anthrōpophagī, ōrum, *m.* (ἄνθρωπος u. φάγω), **Menschenfresser,** v. den Szythen usw., Plin. 4, 88 u. a. Isid. 9, 2, 132 (griech. b. Gell. 9, 4, 6).

anthus, ī, *m.* (ἄνθος), ein kleiner Vogel, wahrscheinl. die **gelbe Bachstelze** (*Motacilla flava,* L.), Plin. 10, 116 u. a.

anthyllion u. **-um,** ī, *n.* (ἀνθύλλιον), das **kretische Harzkraut** (*Cressa cretica,* L.), Plin. 21, 175; 26, 84: auch **anthyllum,** ī, *n.* gen., Plin. 21, 175.

anthyllis, idis, *f.* (ἀνθυλλίς), der **Bisam-Günsel** (*Teucrium Iva,* L.), Plin. 26, 160.

anthypophora, ae, Akk. ān, *f.* (ἀνθυποφορά), eine rhet. Figur, wenn der Redner das, was der Gegner vorbringen könnte, selbst anführt u. widerlegt (rein lat. oppositio od. obiectio, s. Iul. Rufin. de schem. dian. § 4, od. relatio, s. Auct. carm. de fig. 28), Sen. contr. 1, 7. § 17. Fortunat. art. rhet. 2, 27. Schol. Iuven. 4, 26; vgl. Quint. 9, 2, 106.

anti (ἀντί) = ante, *Lucil. sat. 1, 44 M.

antiae, ārum, *f.* (ἀντίαι), **die Haarzotten, die vom Vorderhaupt auf die Stirn herabhängen** (vgl. Paul. ex Fest. 17, 5. Charis. 33, 7), Apul. flor. 3. p. 4, 10 Kr.: beim Löwen, Tert. de pall. 4.

Antiānus, Antiās, s. Antium.

antias, adis, *f.* (ἀντιάς), die **Mandel** am Hals, Plur., Cass. Fel. 35. p. 77, 2 (griech. bei Cels. 7, 12, 2).

Antiatinus, s. Antium.

antibacchīus, a, um (ἀντιβακχεῖος), **antibacchisch,** ant. pes, ein dreisilbiges Versglied: ◡– – (ein umgekehrter Bacchius), Gramm. – ant. versus, ein aus Antibacchien bestehender Vers, Gramm.

antibacchus, ī, *m.* (ἀντίβακχος), der **antibacchische Vers,** Auson. epist. 4, 93. Ter. Maur. 1410.

antibasis, is, *f.* (ἀντίβασις), die **Gegenbasis** = die hinterste kleine Säule am Fußgestell der Ballisten, Vitr. 10, 11 (17), 9.

antiborēus, a, um (ἀντί u. βόρειος), **gegen Norden gekehrt,** Vitr. 9, 8 (9), 1.

anticatēgoria, ae, Akk. ān, *f.* (ἀντικατηγορία), die **Gegenklage,** Mart. Cap. 5. § 469. Augustin. c. Crescon. 3, 26 u. 74.

Anticato, ōnis, *m.*, der **Antikato,** eine schmähende Gegenschrift des C. Jul. Cäsar in zwei Büchern gegen Ciceros (Cato betitelte) Lobschrift auf Kato von Utika, Quint. 1, 5, 68 (vgl. 3, 7, 28). Gell. 4, 16, 8: Plur. (weil zwei Bücher) duo Anticatones, Iuven. 6, 338: reliquit (C. Caesar) et *de analogia* duos libros et *Anticatones* totidem, Suet. Caes. 56, 5: u. dixit Caesar in Anticatone priore (im 1. Buch des Antic.), Cael. b. Prisc. 6, 82.

anticessor, -us, s. antec…

antichrēsis, is, *f.* (ἀντίχρησις), das Rechtsgeschäft, wodurch man die Benutzung eines Pfandes dem Gläubiger überlässt, ICt.

antichristus, ī, *m.* (ἀντίχριστος), der **Antichrist,** Hieron. ep. 121, 11 u. a. Eccl.

antichthones, um, *m.* (ἀντίχθονες), die auf der anderen Erdhälfte wohnenden Menschen, die **Antichthonen,** Mela 1, 1, 2 (1. § 4) u. 1, 9, 4 (1. § 54). Plin. 6, 81. Ampel. 6, 1. Censor. fr. 2, 4.

anticipālis, e (anticipo), **vorhergehend,** Gromat. vet. 64, 22 u. a.

anticipātio, ōnis, *f.* (anticipo), **I** die **vorgefasste Meinung,** der **Vorbegriff** von einer Sache, ehe man sie durch Unterricht kennen lernt (griech. πρόληψις), deorum, von den Göttern, Cic. de nat. deor. 1, 43 u. 44. Arnob. 2, 4. – **II** die **erste Bewegung des Körpers vor dem eigentlichen Gehen,** anticipationes itionum, Arnob. 3, 13. – **III** eine Redefigur = occupatio (πρόληψις), Iul. Rufin. de schem. lex. § 1. Carm. de fig. 124.

anticipātor, ōris, *m.* (anticipo), der **Vorausnehmer, -kenner,** mundi, Auson. ephem. 3, 9. p. 7 Peiper.

anticipo, āvī, ātum, āre (ante u. capio), **I vorher-, vor der Zeit-, früher nehmen,** quod ita sit informatum anticipatumque mentibus nostris, ut etc., weil die Vorstellung und vorgefasste Meinung in unserem Verstand liege, Cic.: ant. eius rei molestiam, sich im Voraus bekümmern wegen usw., Cic.: viam, früher zurücklegen, Ov.: ludos, vor der Zeit feiern, Suet.: mortem, sich vorher umbringen, Suet. – **II einen Vorsprung nehmen, zuvorkommen,** Varr. fr., Lucr. u. Plin. – übtr. m. *Acc.* = **übertreffen,** Auson. epist. 4, 70.

Anticlēa u. **-clīa,** ae, *f.* (Ἀντίκλεια), Tochter des Autolykus, Gemahlin des Laërtes, Mutter des Ulixes, Cic. Tusc. 5, 46. Hyg. fab. 201 u. 243. Serv. Verg. Aen. 6, 529. Apul. de deo Socr. c. 24. – ► Die Form *-ia* in der angef. Stelle des Cic. Variante, in den übrigen Stellen im Text.

antīcus, a, um (ante, s. Paul. ex Fest. p. 220, 2), **I** der **vordere** (Ggstz. posticus), pars, Cic.: Tim. 36: templi pars, Varr. LL. 7, 7: subst., antīca, *n. pl.*, die **Vorderseite** (Ggstz. postica), Gromat. vet. p. 28, 3; 166, 17 u. a.: *antica,* quae ante in auguriis sunt, Gloss. – **II** übtr. = antiquus, s. d.

anticyprius, ī, *m.*, in der Metrik = der dem cyprios (⏑–⏑⏑–) entgegengesetzte Versfuß (–⏑––⏑), Diom. 482, 5.

Anticyra, ae, *f.* (Ἀντίκυῤῥα und Ἀντίκυρα), Stadt auf einer Halbinsel (nicht Insel) in Phokis, in einer fruchtbaren Gegend an einer Einbuchtung des krissäischen Meerbusens, mit einem sichern u. geräumigen Hafen, bes. bekannt durch die auf den umliegenden Bergen in Menge wachsende Nieswurz, die die Anticyrenser durch Zusatz eines sesamartigen Mittels (Anticyricon gen., Plin. 22, 133; vgl. Plin. 25, 52) zu einem trefflichen Heilmittel zubereiteten, weshalb man zur Kur nach A. reiste, j. *Aspro Spiti,* Hor. sat. 2, 3, 83. Hor. de art. poët. 300 (wo tribus Anticyris caput insanabile = den kein Ant. heilt, wäre es auch dreifach). Gell. 17, 15, 6. – Hauptwaffenplatz der Römer im mazed. Krieg, Liv. 26, 26, 2 (fälschlich in Lokris); 28, 8, 7. – Dav.: **a Anticyrēnsēs,** ium, *m.*, die Einw. von Ant., die **Anticyrenser,** CIL 3, 567, 5. – **b Anticyricon,** ī, *n.*, das oben gen. sesamartige Mittel, Plin. 22, 133.

antidactylus, a, um (ἀντιδάκτυλος), pes, ein umgekehrter Daktylus ⏑⏑–, der **Anapäst,** Mar. Victorin. art. gr. 1, 11, 24. p. 45, 19 K.

antideā, *Adv.*, altertüml. st. antea, Liv. 22, 10, 6.

antideo, īre, s. ante-eo a. E. ►.

antidhāc, *Adv.*, alt für antehac, Plaut. Amph. 711; Bacch. 539. Komik. b. Varr. sat. Men. 8.

antidotum, ī, *n.*, u. **antidotus,** ī, *f.* (ἀντίδοτον od. -ος), das **Gegengift,** *n.* bei Cels. u. a.: *f.* bei Gell. u. a. – zuw. = **Gegenmittel, Gegenarznei** überh., Spart. Hadr. 23, 16. – übtr., antidotum adversus Caesarem, Suet. Cal. 29, 1.

Antiēnsis, s. Antium.

antifrasis, s. antiphrasis.

Antigenēs, is, *m.* (Ἀντιγένης), **I** ein Feldherr Alexanders des Gr., Nep. Eum. 7, 1. – **II** Name eines Hirten, Verg. ecl. 5, 89.

Antigenidās, ae, *m.*, u. **-idēs,** Antigenidēs ae, *m.* (Ἀντιγενίδης), Name zweier berühmter Flötenbläser, der eine ein Thebaner, Sohn des Satyrus, lebte um 440 v. Chr., der andere Sohn des Dionysius, um 338 v. Chr., oft miteinander verwechselt, Cic. Brut. 187. Val. Max. 3, 7. ext. 2. Plin. 16, 170 (Akk. -den). Gell. 15, 17, 1 (Akk. -dam).

antigeriō (antegeriō, v. ante u. gero), *Adv.*, altlat. = *valde,* s. Quint. 1, 6, 40. u. 8, 3, 25. Paul. ex Fest. 8, 5. Placid. gloss. (V) 589, 39. – Nbf. antigerium, Gloss. V, 589, 36.

Antigona, ae, *f.* u. **Antigonē,** ēs, *f.* (Ἀντιγόνη), **I** Tochter des Ödipus, Schwester des Eteokles und Polyneikes, im Altertum vielfach (bes. in Tragödien) gefeiert wegen ihrer aufopfernden Liebe, mit der sie ihrem Vater u. ihren Brüdern zugetan war, Prop. 2, 8, 21 (Form *-one*), Hyg. fab. 72 u. Iuven. 8, 228 (Form *-ona*). – **II** Tochter des trojan. Königs Laomedon, von Juno, weil sie sich ihr wegen ihres langen Haares gleichstellte, in einen Storch verwandelt, Ov. met. 6, 93 (Form *-one*).

Antigonēa, ae, *f.* (Ἀντιγόνεια od. Ἀντιγονία), Name mehrerer Städte, von denen am bekanntesten: **I** Stadt in Epirus am Celydnus u. einem Engpass in den Akroceraunien (στενά), zu Chaonien gehörig, Liv. 32, 5, 9; 43, 23, 4. – Dav. **Antigonēnsis,** e, zu Ant. gehörig, **antigonensisch,** A. ager, Liv.: Plur. subst., Antigonēnsēs, ium, *m.*, die Einw. von Ant., die »Antigonenser«, Plin. 4, 2. **II** Stadt in Mazedonien auf Chalcidice, nach Liv. 44, 10, 8.

Antigonus, ī, *m.* (Ἀντίγονος), **I** Name mehrerer Könige nach Alexander dem Gr., von denen am bekanntesten: Antigonus I., geb. 385 v. Chr., aus dem mazedon. Fürstenstamme von Elymiotis, Vater des Demetrius Poliorketes u. eines Philipp, Feldherr Philipps u. Alexanders des Gr., Satrap von Großphrygien u. nach Alexanders Tod auch von Pamphylien u. Lycien, zuerst in den Feldzügen gegen die übrigen Nachfolger Alexanders vom Glück begünstigt, verlor in der Schlacht bei Ipsus in Phrygien (301 v. Chr.) Reich u. Leben, Iustin. lib. 13–15. Nep. Eum. 5 *sqq.* Cic. de off. 2, 48. – **II** Antigonus aus Cymä, griech. Schriftsteller über Landwirtschaft, Varr. r. r. 1, 1, 8. Col. 1, 1, 7.

anti-gradus, *m.*, die **Vorstufe,** nur Akk. Plur. nach der 2. Deklin. antigrados, CIL 8, 7994.

antigraphus, ī, *m.* (ἀντίγραφος), ein kritisches Zeichen (ähnlich einem *Y),* Isid. 1, 20, 6. Not. Bern. p. 9^b.

antilēna, ae, *f.* (ante u. habena), der **Brustriemen** der Pferde, der verhindert, dass der Sattel nach hinten rutscht (Ggstz. postilena), Gloss.

Antilibanus, ī, *m.* (Ἀντιλίβανος), ein Gebirge in Phönizien u. Cölesyrien, das dem Libanon ziemlich parallel läuft u. zwar östl. von demselben, j. *Dschebel Escharki* (= der östl. Berg), Cic. ad. Att. 2, 16, 2. Plin. 5, 77.

Antilochus, ī, *m.* (Ἀντίλοχος), Sohn des Nestor, Freund des Achilles u. tapferer Kämpfer vor Troja, wo er durch die Hand Memnons od. Hektors fiel, Hor. carm. 2, 9, 14; vgl. Hyg. fab. 112 *sq.*

antilogium, ī, *n.*, s. antelogium.

Antimachus, ī, *m.* (Ἀντίμαχος), ein griechischer Dichter aus Klaros (nordöstl. von Kolophon, dah. Clarius poëta), Zeitgenosse des Plato, Verfasser einer Thebaide (auch bekannt durch seine Liebe zu Lyde, Ov. trist. 1, 6, 1), dem zwar Kraft u. Nachdruck im Ausdruck nicht abgesprochen werden konnten, wohl aber die Kunst der Verarbeitung, der Schilderung der Leidenschaften u. die Anmut (dah. tumidus b. Catull. 95, 10), Cic. Brut. 191. Quint. 10, 1, 53.

antimetabolē, ēs, *f.* (ἀντιμεταβολή, Quint. 9, 3, 85), eine rhet. Figur, **gegenseitige Vertauschung** (rein lat. *commutatio* bei Rhet. Her. 4, 39, od. *permutatio* b. Auct. carm. de fig. 16), z. B. *non ut edam vivo, sed ut vivam edo,* Isid. 2, 21, 11: per antimetabolen, Charis. 287, 15.

Antinoēus, Antinoītae, s. Antinous.

antinomia, ae, *f.* (ἀντινομία), der **Widerstreit der Gesetze,** Quint. 7, 7, 1. Cod. Iust. 1, 17, 1. § 8.

Antinous, ī, *m.* (Ἀντίνοος), **I** ein Freier der Penelope, Prop. 4, 5, 8. – **II** ein schöner Jüngling, Günstling des Hadrian, der ihm, nach seinem frühen Tod in den Wellen des Nils, göttliche Ehren erzeigen u. eine Stadt, das frühere Besa, nach ihm benennen ließ, Spart. Hadr. 14, 5: Antinoi (Antinou) urbs, Amm. 22, 16, 2. – Dav. **A Antinoēus,** a, um, zu Antinous (*no.* II) gehörig, **des Antinous,** agon gymnicus, Hier. de vir. ill. 22. – **B Antinoītae,** ōn, *m.*, **Verehrer des Antinous,** eine Phratria in Neapel, CIL 6, 1851.

Antiochēnsis, e, s. Antiochīa u. Antiochus.

Antiochēnus, a, um, s. Antiochīa.

Antiochēus, a, um, s. Antiochus.

Antiochīa (auch -**ēa**, s. Ursini Cic. ep. 2, 10), ae, *f.* (Ἀντιόχεια), Name mehrerer Städte, von denen am bekanntesten sind (u. außer bei Plin. u. Mela auch bei anderen vorkommen): I Antiochia Epidaphnes (ἡ ἐπὶ Δάφνης, Plin. 5, 79), Hauptstadt Syriens am Orontes, Sitz der Seleuciden u. später der röm. Statthalter Syriens, wo Künste und Wissenschaften blühten, j. *Antakia,* Cic. Arch. 4. Caes. b. 3, 102. Tac. hist. 2, 79. Amm. 14, 7, 10. Vulg. 1. Mach. 3, 37 u. ö. – Dah. die ganze Landschaft von Syrien, die an Cilicien grenzt, Solin. 45, 2. Mart. Cap. 6. § 678. – II Stadt in Karien am Mäander, über den hier eine schöne Brücke führte, Liv. 38, 13, 8. – III Stadt in Margiana, am Margus, j. *Merv, Mawri* od. *Schah Djehan,* Amm. 23, 6, 54. – Dav.: a **Antiochēnsis**, e, zu Antiochien (*no.* I gehörig, **antiochensisch,** ordo, plebs, Amm.: Plur. subst., Antiochēnsēs, ium, *m.,* die Einw. von Ant. (*no.* I), die **Antiochenser,** Caes. u. Tac. – b **Antiochēnus**, a, um, zu Ant. gehörig, **antiochenisch,** ager A., Ven. Fort. 8, 7, 281: senex quidam A., Vulg. 2. Mach. 6, 1: advena A., Vulg. act. apost. 6, 5: Plur. subst., Antiochēnī, ōrum, *m.,* die Einw. von Ant. (*no.* I), die **Antiochener,** Vulg. 2. Mach. 4, 9. – c **Antiochīnus**, a, um, zu Ant. (*no.* I gehörig, **antiochinisch,** bellum, Cic. Phil. 11, 17.

Antiochīnus, a, um, s. Antiochīa u. Antiochus.

Antiochīus, s. Antiochus a. E.

Antiochus, ī, *m.* (Ἀντίοχος), I Name von 13 syrischen Königen, von denen am bekanntesten: a Ant. II., Sohn des *Antiochus I. Soter,* durch seine verstoßene Gemahlin Laodice ermordet (247 v. Chr.), Val. Max. 9, 14, 1. – b Ant. III. Magnus, als Beschützer des flüchtigen Hannibal u. bes. durch seine Kriege mit den Römern bekannt, von L. Corn. Scipio besiegt, 187 v. Chr. bei den Elymäern erschlagen, Nep. Hann. 2, 7. Cic. de or. 2, 75. – c Ant. IV. Epiphanes (Ἐπιφανής), derselbe, den der röm. Gesandte L. Popilius durch sein gebieterisches, trotziges Benehmen von der Besitznahme Ägyptens zurückschreckte, gest. 163 v. Chr., Cic. Phil. 8, 23 u. a. – d Ant. X., dessen Sohn Antiochus XIII. mit seinen Brüdern nach Rom kam (73 v. Chr.), um die Ansprüche auf Ägypten geltend zu machen, u. bei dieser Gelegenheit auch Sizilien besuchte, Cic. Verr. 4, 61 *sqq.* – II Name mehrerer Könige von Kommagene, deren (bes. des letzten) bei Tacitus u. Sueton Erwähnung geschieht, s. Tac. ann. 2, 42; 13, 7. Suet. Cal. 16, 3. – III Ant. aus Askalon, Schüler des Philo, letzter Philosoph der akademischen Schule, Lehrer des Varro, Cicero u. a. zu Athen u. Rom, oft bei Cic., bes. Acad. 2, 61 *sqq.* – ► arch. Antiocus, oft in Inschriften, z. B. CIL 1, 571 u. 574. Dav.: a **Antiochēnsis**, e, zu Antiochus III. gehörig, **antiochensisch,** pecunia, von Ant. empfangen, Val. Max. 3, 7, 1. – b **Antiochīus** (Variante -**ēus**), Antiochēus a, um (Ἀντιόχειος), zum (Philos.) Antiochus gehörig, **antiochëisch, des** (Philos.) **Antiochus,** subst., α Antiochīī, ōrum, *m.,* die **Anhänger des Antiochus,** Cic. Acad. 2, 70. – β ista Antiochīa, ōrum, *n.,* die **Lehrsätze des Antiochus,** Cic. Acad. 2, 115. – c **Antiochīnus**, a, um, α zu Antiochus III. gehörig, **antiochinisch,** bellum, Cic.: pecunia, von Ant. empfangen, Gell. 4, 18, 7 u. 6 (7), 19, 8 H. – β zum Philosophen Antiochus gehörig, **antiochinisch, des Antiochus,** partes, Cic. ep. 9, 8, 1.

Antiopa, ae, f., u. **Antiopē**, -ēs, *f.* (Ἀντιόπη), I Tochter des Nykteus, Mutter des Amphion und Zethus, Hyg. fab. 7. Prop. 3, 13, 21, deren Schicksale (s. Amphīōn) Pakuvius zum Gegenstand einer gleichn. Tragödie nahm, Cic. de fin. 1, 4. Pers. 1, 77. – II Gemahlin des Pieros u. Mutter der Pieriden, Cic. de nat. deor. 3, 54.

antioper, Gloss. II, 17, 4 ›antioper πρὸ τούτου‹.

antipagmentum, s. antepagmentum.

Antipater, trī, *m.* (Ἀντίπατρος, dah. im spät. Lat. auch Antipatrus, CIL 6, 14929), griech. Männername: I in Mazedonien: a Antipater, Vertrauter Philipps und Alexanders des Gr., nach des letzteren Tode erst Statthalter, dann König von Mazedonien, Vater des Kassander, Cic. de off. 2, 48. Iustin. lib. 11 *sq.* – und b dessen Enkel, Schwiegersohn des Lysimachos, Iustin. 16, 1. – II Name mehrerer griech. Philosophen: a Ant. Cyrenaicus, einer der unmittelbaren Schüler des ältern Aristippus, Cic. Tusc. 5, 112. – b Ant. aus Tarsus, ein Stoiker, Nachfolger des Babyloniers Diogenes und Lehrer des Panätius, Varr. LL. 6, 2. Cic. de off. 3, 51; wahrsch. auch Tusc. 5, 107. – c Ant. aus Tyrus, ebenf. ein Stoiker, Freund des jüngern Kato, Cic. de off. 2, 86. – III L. Caelius Antipater, s. Caelius.

1. antipathēs is, *f.* (ἀντιπαθής), ein schwarzer Stein gegen die Zauberei, n. einigen die **schwarze Koralle** (*Gorgonia antipathes,* L.), n. anderen ein **schwarzes, hartes Gummi,** Plin. 37, 145.

2. antipathes, is, *n.* (ἀντιπαθές), ein **Mittel gegen Leiden,** Laev. fr. b. Apul. apol. 30 (= Laev. fr. 10. p. 78 M.).

antipathīa, ae, Akk. ān, *f.* (ἀντιπάθεια), I die natürliche Abneigung zweier Dinge gegeneinander, die **Antipathie** (rein lat. discordia rerum), Ggstz. sympathia (rein lat. concordia rerum), Plin. 20, 1 u. 37, 59. – II das **Abwendungsmittel,** Plin. 20, 28 u. a.

Antipatria, ae, *f.* (Ἀντιπατρία), Stadt in Mazedonien, an der Grenze von Illyrien, j. *Berat,* Liv. 31, 27, 2.

antipharmacon ī, *n.* (ἀντιφάρμακον), das **Gegenmittel** (rein lat. remedium), Phylarg. Verg. georg. 2, 299. Isid. 17, 9, 23.

Antiphatēs, ae, *m.* (Ἀντιφάθης), I Beherrscher der menschenfressenden riesenhaften Lästrygonen (an der nordwestl. Küste Siziliens), denen Ulixes mit nur einem Schiff entkam, Hor. de art. poët. 145. Ov. met. 14, 234. Tibull. 4, 1, 59. Hyg. fab. 125. Sil. 8, 530. Rutil. Nam. 1, 382. Sidon. carm. 22, 2: Antiphatae domus, das von A. gegründete Formiä, Ov. met. 15, 717. – appell. = Tyrann, Wüterich, A. trepidi Laris (seiner bebenden Hausgenossen), Iuven. 14, 20. – II natürlicher Sohn des Sarpedon von einer Thebanerin, von Turnus erschlagen, Verg. Aen. 9, 696.

antipherna, ōrum, *n.* (ἀντίφερνα, τά), die **Gegengift,** die der Bräutigam der Braut bringt (im Ggstz. zur Mitgift, dos), Cod. Iust. 5, 3, 20.

Antipho, ōnis, *m.* u. (gew.) **Antiphōn**, ōntis, *m.* (Ἀντιφῶν), griech. Männername, I Form *-pho,* häufig in der lat. Komödie, z. B. Plaut. Stich. 508. Ter. Phorm. 101. – II Form *-phon,* a der erste attische Staatsredner, aus dem Demos Rhamnus, geb. 479 v. Chr., nach dem Sturz der Vierhundert in Athen von Theramenes angeklagt u. 411 v. Chr. hingerichtet, Cic. Brut. 47. Quint. 3, 1, 11 u. a. – b ein Sophist, Zeitgenosse u. Gegner des Sokrates, Verf. einer Schrift über die Auslegung der Träume, Cic. de div. 1, 39 u. a. – c ein Freigelassener und Schauspieler, Cic. ad Att. 4, 15, 6.

antiphōna, ae, *f.* (v. ἀντίφωνος), der **Wechselgesang,** Ps. Augustin. serm. 303, 3. Cassian. inst. 2, 2, 1. Greg. Tur. hist. Franc. 2, 37. – Nbf. antiphōna, ōrum, *n.,* Cassian. inst. 3, 8, 4.

antiphonatim, *Adv.* (antiphona), **im Wechselgesang,** Spät.

antiphrasis, is, Akk. im u. in, *f.* (ἀντίφρασις), der entgegengesetzte Sinn der Worte, der **Gegensinn** (wenn z. B. jemand den Krieg bellum nennt, weil er nicht bellum [artig] ist), Charis. 276, 13. Diom. 462, 14. Beda de trop. 615, 40 H. Augustin. c. mendac. 24. Serv. Verg. Aen. 1, 139. Mythogr. Lat. 3, 6, 23. Isid. 1, 36, 24.

antipodes, um, Akk. as, *m.* (ἀντίποδες), die **Gegenfüßler,** Lact. 3, 24. § 4 u. 8; epit. 39, 2. Augustin. de civ. dei 16, 9. Serv. Verg. Aen. 6, 532 (Isid. 11, 3, 24 anders, s. d. Stelle; b. Cic. Acad. 2, 123 noch griechisch). – Daher ironisch von Menschen, die aus Tag Nacht und die Nacht zum Tage machen, Sen. ep. 122, 2. – ► Nbf. **antipodae**, ārum, *m.,* Sall. fr. 3. p. 305, 39 D. Isid. 9, 2, 133. Schol. Bern. Verg. georg. 2, 482 (wo antipodis nostris).

antipodus, a, um (ἀντίπους), **gegenfüßlerisch, einander entgegengesetzt liegend,** regiones, Mart. Cap. 6. § 608. Vgl. antipodes ►.

antipofora, s. anthypophora.

Antipolis, is, Akk. im, *f.* (Ἀντίπολις), Stadt der Massilier im narbonensischen Gallien, berühmt durch die hier bereitete, von Feinschmeckern hochgeschätzte Muria (vom dort gefangenen Fisch *thynnus,* Plin. 31, 94), j. *Antibes,* Mela 2, 5, 3 (2. § 76). Tac. hist. 2, 15. – Dav. **Antipolitānus**, a, um, **aus Antipolis, antipolitanisch,** thynni A. (s. vorher). Mart. 4, 89, 5 u. a.

antiptōsis, is, Akk. in od. im, *f.* (ἀντίπτωσις), eine gramm. Figur, wenn ein Kasus statt des anderen steht, Serv. Verg. Aen. 1, 120 u. a. Acro Hor. epod. 5, 59. Serv. 416, 15. Serg. 498, 18.

antīquāris = antiquarius, Virg. gramm. p. 150, 19.

antīquārius, a, um (antiquus, s. Prisc. 14, 32), **zum Altertum gehörig, es betreffend, I** *adi.*: ars, die Kunst, alte (mit Unzialbuchstaben geschriebene) Handschriften zu lesen u. abzuschreiben, Hier. ep. 5, 2. – **II** *subst.*, antīquārius, ī, *m.*, **a** (φιλαρχαῖος Vet. Onomast.) der **Anhänger u. Kenner altröm.** (voraugust.) **Sprache** u. **Literatur,** der **Altertümler** (nicht »Altertumsforscher«), Tac. dial. 21 u. 42. Suet. Aug. 86, 2. – und antīquāria, ae, *f.*, die **Anhängerin u. Kennerin altröm.** (voraugust.) **Sprache und Literatur,** die **Altertümlerin,** Iuven. 6, 454. – **b** der **Kenner** u. **Abschreiber alter** (mit Unzialbuchstaben geschriebener) **Handschriften,** Cod. Theod. 4, 8, 2 u. a. Spät.

antīquātio, ōnis, *f.* (antiquo), die **Aufhebung,** poenarum, Cod. Iust. 6, 56, 4, 1.

antīquē, *Adv.* m. *Compar.* u. *Superl.* (antiquus), **I alt, nach alter, ehemaliger Art,** nimis ant. dicere, Hor. ep. 2, 1, 66: simplicius atque antiquius permutatione mercium uti, Tac. Germ. 5. – **II vor alters, vor alten Zeiten,** antiquissime regnasse, Solin. 11, 16.

antīquitās, ātis, *f.* (antiquus), **I** (von antiquus *no.* I, 2) die **vorzüglichere Berücksichtigung,** tantum antiquitatis curaeque maioribus pro Italica gente fuit, Sall. hist. fr. 1, 14 (15). – **II** (von antiquus *no.* II) die **frühere, ehemalige Zeit,** die **alte Zeit, Vorzeit,** das **Altertum,** Cic. u. a. – Meton.: **1** die **Ereignisse des Altertums,** die **Geschichte des Altertums (der Vorzeit),** das **Altertum,** Cic. u. a.; vgl. Nep. Att. 18, 1. – Dah. Plur. antiquitates, **a Antiquitäten = alte Sagen, alte Geschichte, Geschichte der Vorzeit** (bes. als Büchertitel), Ateius Capito b. Gell. 13, 12, 2. Plin. praef. § 24. Plin. 13, 87. Tac. hist. 2, 4. Gell. 11, 1, 1. Amm. 16, 7, 9. – **b** die **Menschen der Vorzeit,** die **Alten,** Cic. u. a.; vgl. Kühner Cic. Tusc. 1, 26. – **2** mit dem Nbbegr. der Sittlichkeit, die **alte gute Sitte,** die **Sittenstrenge,** die **alte Redlichkeit,** die **alte Biederkeit, Schlichtheit der Gesinnung,** Cic. u. a. – **3** das **hohe Alter,** generis, Cic. Font. 41. Cic. ep. ad Hirt. fr. V II. p. 43 K. Nep. Milt. 1, 1. Tac. ann. 13, 3. – **4** der **alte Brauch (Gebrauch),** spectaculorum, Tac. ann. 14, 20.

antīquitus, *Adv.* (v. antiquus, wie humanitus v. humanus), **I vor alters, in alten Zeiten, ehemals,** Caes. u. Nep. – **II von alten Zeiten her,** morem servare, Liv.: iam inde ant., Liv. 9, 29, 8; 22, 61, 1 u. Plin. pan. 82, 7: ant. usque a Chirone ad nostra tempora, Quint.: erat antiquitus institutum, ut etc., Plin. ep. 8, 14, 4.

antīquo, āvī, ātum, āre (antiquus), **I** es bei dem Alten lassen, dah. als publiz. *t. t.* = einen Gesetzesvorschlag **verwerfen, nicht annehmen,** rogationem, legem, Cic. u. Liv.: plebei scitum primus antiquo abrogoque, Liv. – **II verjähren lassen,** dah. antiquari = verjähren, quod autem antiquatur et senescit, Vulg. ad Hebr. 8, 13.

antīquus, a, um (andere Schreibart für anticus v. ante), bezeichnet das Vorher im Rang u. gew. in der Zeit, während anticus das Vorher im Raum ausdrückt (doch s. unten ►), also: **I** »was der Geltung nach allem anderen vorangeht«, **1** als mathem. *t. t.*, **Haupt-, Grund-,** numerus, die Grundzahl, vollkommene Zahl, Vitr. 3, 1, 8 (*ibid.* auch numerus perfectus gen.). – **2** im *Compar.* u. *Superl.*, was in meinen Augen allem anderen der Geltung nach vorangeht, **wichtiger, am wichtigsten, höher-, am höchsten stehend,** dah. auch **was mir mehr am Herzen liegt, angelegentlicher, angelegentlichst, a** *Compar.*: genere antiquior, Acc. tr. fr.: antiquior in senatu sententiae dicendae locus, höhere, wichtigere Stellung, Vortritt, Cic.: antiquiorem locum hospiti tribuere quam clienti, Gell.: sed ne dubitaris, quin quod honestius id mihi futurum sit antiquius, Cic.: quod mihi est et sanctius et antiquius, Cic.: id antiquius consuli fuit, Liv.: quaedam animā carent, ut saxa; itaque aliquid erit animantibus antiquius, scilicet corpus, Sen.: m. folg. *Abl.*, ut omnes intellegerent nihil sibi antiquius amicitiā nostrā fuisse, Cic.: Claudii genti iam inde ab initio nihil antiquius in re publica patrum maiestate fuit, Liv.: tantā utilitate fides antiquior fuit, Liv.: quid hunc tantā Thebanorum gloriā, tam claro atque exornato tropaeo carius atque antiquius habere convenit? Cic.: quam nihil antiquius communi salute ac libertate iudicarim, Cic.: ne quid vitā existimem antiquius, Cic.: nihil antiquius oppugnatione Cluvianā ratus, Liv. – m. folg. *quam,* antiquiorem sibi fuisse laudem et gloriam, quam regnum et possessiones suas, Cic.: in armorum ratione antiquior cavendi quam ictum inferendi cura est, Quint.: bes. nec habui quicquam antiquius, quam *ut* m. Konj., Cic. ep. 11, 5, 1: nihil ei fuisset antiquius quam m. folg. *Infin.*, Cic. ep. 13, 29, 3. Auct. b. Alex. 36, 2: u. multo antiquius est m. folg. *Infin.*, Lucr. 4, 846: u. neque prius neque antiquius quidquam habuit quam m. folg. *Infin.*, Vell. 2, 52, 4: nihil antiquius duxit od. habuit quam m. folg. *Infin.*, Suet. Claud. 11, 1 u. Vesp. 8, 1. – **b** *Superl.*: navalis apparatus ei semper antiquissima cura fuit, Cic.: (causam) antiquissimam se habiturum dixit, Cic.: longe antiquissimum ratus est (hatte nichts Angelegentlicheres zu tun, hielt es für seine erste Pflicht) m. folg. *Infin.*, Liv. 1, 32, 2. – **II** »was der Zeit nach vorher gewesen ist«, **alt, A** relativ, **alt = früher, vormalig, einstig** (Ggstz. novus), **a** übh.: concordia, die frühere Eintracht, Plaut.: duritia, die frühere, alte Strenge, Ter.: antiquae munitiones, Caes.: morem antiquum atque ingenium obtinere, Ter.: antiquam venustatem suam obtinere, Ter.: antiquior dies, ein früheres, älteres Datum, Cic.: tres epistulas tuas accepi; igitur antiquissimae cuique respondebo, Cic.: causa antiquior memoriā tuā, Cic.: Scipio Africanus antiquior (der ältere), Gell. 4, 18, 1. – subst., fricari ex antiquo (nach der alten Sitte), Plaut.: antiquum obtinere, die alte Art od. Sitte beibehalten, Komik. (vgl. Lorenz Plaut. Most. 776. Ter. Andr. 4, 5, 22): nec in antiquius citeriusve procedere, sich weder jenseits noch diesseits dieses Zeitraums erstrecken, Vell. 1, 17, 2: verum tamen antiqua (das Alte) neglegemus, Cic. har. resp. 32: studiose antiqua (Beispiele aus der alten Zeit) persequi, Cic. de fin. 1, 36 (u. so Liv. 9, 34, 14. Sen. de ira 3, 18, 2): nam illa nimis antiqua (die in allzuferner Zeit liegenden Fälle) praetereo, Cic. Cat. 1, 3. – dicht. übh. = **früher, vergangen,** hiemes, vulnus, Ov.: carcer, Lucan.; vgl. Burm. Ov. trist. 3, 9, 12. – **b** insbes., mit dem Nebenbegr. des Einfachen, Reinen, Unschuldigen, **alt = von altem Schlage, von altem Schrot u. Korn, schlicht, bieder** von Gesinnung, antiqui moris, Tac.: antiquis esse moribus, Plaut.: cives antiquā virtute ac fide, Ter.: antiqui homines, Cic.: antiquae artes tuae, Plaut.: antiqui impetus (altbiedere Aufwallungen), Tac. – **B** absol., was seit der Vorzeit od. wenigstens seit langer Zeit besteht od. üblich ist, **alt, uralt, vorzeitlich, langjährig** (Ggstz. recens), u. mit Lob = **altehrwürdig, altheilig,** vicinus tuus, Comic. vet. fr.: hospes, Ter.: nemo est mihi te amicus antiquior, Cic.: tuus antiquissimus amicus, Cic.: antiquus Butes, der langjährige (treue) Diener, Verg.: deus (Götterbildsäule) antiquo opere factus, Cic.: templa, Hor.: quercus, Suet.: genus, Nep.: antiquissima scripta, Hor.: antiquissimum tempus, Caes.: antiqui, antiquiores medici, Cels.: u. als Beiw. von Städten usw., urbs, terra, Verg.: Helerni, Ov.; vgl. Thiel Verg. Aen. 1, 12. p. 14. – subst.: **α** antīquī, ōrum, *m.*, die **Alten, Altvordern,** die **Leute der Vorzeit,** die **Schriftsteller-, Staatsmänner-, Ärzte der Vorzeit** (Ggstz. recentiores), Cic., Vell., Cels. u. a. – **β** antīqua, ōrum, *n.*, das **Alte,** das **Altertum,** das **Vorzeitliche,** die **Vorzeit,** quid antiqua perscrutor? Sen. de ira 3, 18, 3: verb. vetera tantum et antiqua mirari, Tac. dial. 15. – ► In Hdschrn. u. Ausgg. auch anticus geschr., z. B. vates anticus, Liv. 45, 27, 10: anticum consortium, Gell. 1, 9, 12.

antirrhinon, ī, *n.* (ἀντίῤῥινον), eine Pflanze, **wildes Löwenmaul** (*Antirrhinum Orontium,* L.), auch anarrhinon (ἀνάῤῥινον) od. pararrhinon gen., Plin. 25, 129; vgl. lib. 1. ind. libr. 25, 80.

Antirrhium, s. Rhion.

Antīsa, s. Antissa.

antīsagōgē, ēs, *f.* (ἀντεισαγωγή), eine rhet. Figur, wenn irgendeiner Behauptung eine andere entgegengestellt wird, die **Gegenanführung,** Mart. Cap. 5. § 524.

antiscia, ōrum, *n.* = loca, quae a quattuor punctis cardinalibus aequaliter distant, Firm. math. 2. praef. p. 15. lin. 23 u. 37.

antisciī, ōrum, *m.*, (ἀντίσκιοι v. ἀντί u. σκιά), **Gegenschattige,** Leute auf der anderen Erdhälfte, deren Schatten auf die entgegengesetzte Seite fällt, Amm. 22, 15, 31.

antiscius, a, um (ante u. scio), **vorherwissend,** et ceteri eius artis antiscii, Firm. math. 4. praef. p. 84, 10.

antisigma, matis, *n.* (ἀντίσιγμα), **I** das Buchstabenzeichen X, das der Kaiser Klaudius im Latein. für ps (das griech. ψ) einführen wollte, Prisc. 1, 42. – **II** das kritische Zeichen, Suet. de vir. ill. 108. p. 137, 11 u. 12 u. p. 140, 7 u. 10 R. Isid. 1, 20, 11.

antisophista u. **-ēs**, ae, *m.* (ἀντισοφιστής), der **Gegensophist,** Grammatiker von entgegengesetzten Grundsätzen, Quint. 11, 3, 126. Suet. Tib. 11, 3; gr. 9.

antispasticos, on, od. **-us**, um (ἀντισπαστικός), **aus Antispasten bestehend, antispastisch,** metrum, Diom. 505, 12 u. a. Gramm.

antispastus, ī, *m.* (ἀντίσπαστος), als metr. *t. t.*, der viersilb. Versfuß ◡– –◡ der **Antispast** (z. B. Mĕdūlīnă), Diom. 481, 17.

anti-specto, āre, **vorwärtsschauen,** vestigia pedum antispectantia (Ggstz. retro porrecta), Gell. 9, 4, 6 zw.

antispodos, ī, *f.* (ἀντίσποδος), **nachgemachter Hüttenrauch** (spodos), Plin. 34, 133.

Antissa, ae, *f.* (Ἄντισσα), Stadt mit Hafen auf einer kleinen Insel bei Lesbos, die sich später mit der größeren Insel vereinigte (nach Ov. met. 15, 287. Plin. 2, 204), Liv. 45, 31, 14: Antīsa geschr., Schol. Bob. ad Cic. pro Flacc. p. 232, 18. – Dav.

Antissaeī, ōrum, *m.*, die Einw. von Ant., die **Antissäer,** Liv. 45, 31, 14.

antistātus, ūs, *m.* (antisto), der **Vorrang,** Tert. adv. Val. 13.

antistes, stitis, *c.* (antisto), der **Vorsteher, Aufseher, I** im Allg.: vindemiatorum, Col.: imperii Romani, Tert.: – *fem.* die **Vorsteherin, Aufseherin,** latrinarum, Tert. de pall. 4. – **II** insbes., der **Vorsteher, erste Priester** eines Tempels u. der dabei verordneten heiligen Gebräuche, die er auch mit verrichtet, der **Oberpriester** u. übh. **Tempelpriester,** sacrorum, Cic.: templi, Liv.: Iovis, Nep.: sacerdotes et antistites religionum, Lact.: dah. auch. der **Bischof** absol., spät. ICt. u. Eccl.: Christianae legis ant., Amm. 15, 7, 6. – *fem.* die **Tempelvorsteherin, Oberpriesterin,** Liv. u. a.: Delphicae cortinae (von der Pythia), Val. Max. – Übtr., der **Priester** = der in irgendeine Wissenschaft od. Kunst **Eingeweihte,** der **Meister** in usw., artis dicendi, Cic.: sapientiae, Plin.: iuris, Quint.: Academici et veteres et minores nullum antistitem reliquerunt, gingen ein, Sen. nat. qu. 7, 32, 1.

Antisthenēs, is u. ae, *m.* (Ἀντισθένης), Schüler des Sokrates, Lehrer des Diogenes und Stifter der zynischen Schule, Cic. de nat. deor. 1, 32: appell. im Plur., Antisthenae et Platones multi, Gell. 14, 1, 29.

antistīchon, s. antistoechon.

antistita, ae, *f.* (antistes, w. vgl.), die **Tempelvorsteherin, Oberpriesterin,** unica, Acc. fr.: Veneria, Plaut.: fani, Cic.: Phoebi, Kassandra (als Weissagerin), Ov.: Cybeles, Ps. Verg. Cir.

antistitium, ī, *n.* (antistes), das **Tempelvorsteher-, Oberpriesteramt,** Mart. Cap. 2, 134; 9, 893.

antisto (ante-sto), stitī, stāre, **voranstehen,** übtr. = **den Vorzug haben, vorzüglicher sein, übertreffen,** *alci alqā re,* z. B. viribus et magnitudine *(Abl.)* ceteris *(Dat.),* Claud. Quadrig. fr.: multum omnibus *(Dat.)* corporum viribus *(Abl.),* Cic.: in his autem cognitum est, quanto antestaret eloquentia innocentiae, Nep. – bl. *alci,* z. B. quantum dei opus humanis operibus antistet, Lact. 7, 2, 5. – *alqm alqā re,* z. B. magnitudine alias (insulas), Mela 3, 6, 7 (3. § 54): robore ceteros, Apul. met. 4, 8. – *alci* in *alqa re,* z. B. plebes in hoc regi antistat loco, Enn. tr. 197 (271). – *alqm in alqa re,* z. B. quā in re quanto universi me unum antistant, Metelli Numid. orat. fr. bei Gell. 12, 9, 4. – bl. *alqā re,* z. B. locis ordinibus dignationibus, Tac. ann. 2, 33. – u. m. vergleichendem *Abl.* (als), omnibus e meis amicis antistans mihi milibus trecentis (= quos habeo milia trecenta), Catull. 9, 2. – absol., **hervorragen, den Vorzug verdienen,** v. Pers., Cic. de rep. 3, 28: v. Lebl., Lucr. 5, 22. – ► Die Schreibung antisto ist überall (mit Ausnahme bei Nep. Arist, 1, 2 u. Mela 3, 6, 7 (3. § 54) die der besten Handschrn., s. Bünem. Lact. 7, 15, 13.

antistoechon (antistīchon), griech. ἀντίστοιχον, das Gegenüberstellen von Vokalen u. Wörtern (e u. o, lacunarium u. laquearium), Gramm.

antistrephōn, ontos, *m.* (ἀντιστρέφων), etwa die **Retorsion,** eine eigentümliche Art des Schließens, Gell. 5, 11, 1 (vgl. 5, 10, 1).

antistropha, ae, *f.*, u. **antistrophē**, ēs, *f.* (ἀντιστροφή), als metr. *t. t.*, die **Antistrophe** in den Hymnen u. lyrischen Stellen der Dramen (Ggstz. stropha, strophe), Macr. somn. Scip. 2, 3. § 5 u. Gramm.

antistrophē, *Adv.* (ἀντιστρόφως), **dem entsprechend, als Gegenstück,** Schol. Iuven. 15, 174.

antistrophus, a, um (ἀντίστροφος), **einander entsprechend,** rein lat. reciprocus, Isid. 1, 36, 5.

antithesis, is, Akk. in, *f.* (ἀντίθεσις), eine gramm. Figur, wenn ein Buchstabe statt des anderen steht (wie *olli* st. *illi*), Charis. 279, 16. Diom. 442, 28 u. a. Gramm.

antitheta, ōrum, *n.* (ἀντίθετα), die **Gegensätze,** eine rhet. Figur (rein lat. contraria), Pers. 1, 86. Fronto ad Anton. imp. 2, 6. Augustin. de civ. dei 11, 18. – ► Sing. antitheton, Porphyr. Hor. carm. 3, 1, 27 u. 3, 5, 48.

antitheticus, a, um (ἀντιθετικός), **gegensätzlich,** definitio, Fortunat. art. rhet. 1, 13: quaestio, *ibid.* 2, 10 u. 11.

antitheus, ī, *m.* (ἀντίθεος), der **Gegengott, I** im Allg., ein **feindlicher Dämon,** Arnob. 4, 12. – **II** insbes., der **Widersacher** (Gottes) = der **Teufel,** Lact. 2, 9, 13.

Antium, ī, *n.* (Ἄντιον, Ἄνθιον), uralte Stadt in Latium auf einer sich weit ins Meer erstreckenden felsigen Landspitze, j. *Torre* od. *Porto d' Anzio,* Lieblingsaufenthalt reicher Römer, dah. mit herrlichen Palästen u. Tempeln (wie dem der beiden *Fortunae* mit einem Orakel, des Äskulap, des Herkules u. a.) geschmückt, Mela 2, 4, 19 (2. § 71). Cic. ad Att. 2, 8, 2. Hor. carm. 1, 35, 1. Tac. ann. 14, 4. – Dav.: **a Antiānus,** a, um, zu A. gehörig, **antianisch,** Hercules, zu Antium verehrt, Cic. fr. b. Non. 284, 1. – subst., Antiānum, ī, *n.*, das **antianische Gebiet,** das **Gebiet von Antium,** in Antiano, Plin. 3, 81. – **b Antiās,** ātis, **zu** od. **aus Antium, antiatisch,** plebs, Liv.: Fortunae, Inscr.: Q. Valerius Antias, s. Valerius. – Plur. subst., Antiātēs, ium, *m.*, die Einw. von Ant., die **Antiaten,** Liv. – **c Antiātīnus,** a, um, **zu Antium, antiatinisch,** Fortunae, Suet. Cal. 57, 3 (s. oben). – **d Antiēnsis,** e, **zu Antium, antiensisch,** templum (Aesculapii), Val. Max. 1, 8, 2.

Antius, a, um, von einem Antius herrührend, **antisch,** lex (von Antius Restio), gegen den zu großen Aufwand, Gell. 2, 24, 13.

antlia, ae, *f.* (griech. ἀντλίον), eine Maschine zum Wasserschöpfen, die **Pumpe;** dah. bald = **Pumpenstock u. Stempel,** curva laboratas antlia tollit aquas, Mart. 9, 18, 4: bald = **Wassertretrad, Schöpfrad,** in antliam condemnatus, Suet. Tib. 51, 2 (vgl. Gloss. V, 266, 18 ›antlia, rota exhauritoria‹).

antlo, s. anclo.

Antona, s. Avona.

antōnēsco, s. Antōnius.

Antōniānus, a, um, s. Antōnius.

Antōniaster, s. Antōnius.

Antōnīnias, s. Antōnīnus.

Antōnīnus, ī, *m.*, eig. Adoptionsform des Gentilnamens (als zweites cognomen) eines aus der gens Antonia Adoptierten, wie T. Arrius Ant., des Kaisers Antoninus Pius Großvater mütterlicherseits (Konsul 69 n. Chr.), an den mehrere Briefe des jüngeren Plinius gerichtet sind. – die röm. Kaiser: Antoninus Pius (mit seinem ganzen Namen T. Aurelius Fulvius Boionius Ant. Pius), regierte v. 138–161 n. Chr., ein gerechter, milder u. wohltätiger Fürst, Aur. Vict. Caes. 14 *sq.* Eutr. 8, 8. – M. Aurelius Verus Antoninus (bei Neuern gen. Philosophus), Adoptivsohn, Schwiegersohn u. Nachfolger des Ant. Pius, reg. v. 161–180, von stoischen Philosophen erzogen u. ihrer Philosophie eifrig zugetan, Aur. Vict. Caes. 16. Eutr. 8, 9. – M. Aurelius Antoninus, vorher Varius Heliogabalus gen., s. Hēliogabalus. – Dav.: **a Antōnīniānus,** a, um, **des Antoninus, antoninisch,** Eutr. u. Lampr. – **b Antōnīnias,** ados, *f.*, die **Antoniniade** = Beschreibung der Taten des Antoninus, Capit. Gord. 3. § 3. – **c Antōnīnus**, a, um, **antoninisch, des Antoninus,** numen, Lampr. Heliogr. 3, 1.

Antōnius, a, um, Name einer röm. *gens,* in einen patrizischen (den Beinamen Merenda führenden) u. einen plebejischen Zweig geteilt, aus der (von den Plebejern) bes. bekannt sind: M. Antonius mit dem Beinamen Orator, geb. 144, gest. 88 v. Chr., von Cicero neben Krassus als der ausgezeichnetste Redner Roms in der früheren Periode bezeichnet (dah. von ihm als Hauptperson in der Schrift de oratore eingeführt), Cic. Brut. 139 *sqq.* u. 296 *sqq.* – M. Antonius Creticus, Sohn des vorigen, als Proprätor i. J. 74 v. Chr. gegen die Seeräuber des Mittelmeers geschickt, wobei er, von Byzanz (Tac. ann. 12, 62) unterstützt, einen Hauptangriff auf Kreta richtete, woselbst er auch starb, Cic. Verr. 3, 213. Vell. 2, 31, 3 *sq.* – M. Antonius (Triumvir), geb. 83 v. Chr., Sohn des vorigen, erbitterter Feind Ciceros, nach Cäsars Tod erst mit Oktavian u. Lepidus zu einem Triumvirat verbunden (43 v. Chr.), später Oktavians Gegner u. von diesem in der Schlacht bei Aktium (31 v. Chr.) überwunden, worauf er sich selbst den Tod gab, Cic. Phil. 1, 1 *sqq.* Vell. 2, 60 *sqq.:* u. dessen beide Töchter, Antonia maior, Gemahlin des L. Domitius Ahenobarbus, Suet. Ner. 4 (nach Tac. ann. 4, 44 Antonia minor), u. Antonia minor, Gemahlin des Drusus, Suet. Cl. 1, 6 (vgl. Plin. 35, 94): u. Plur. Antoniī, der Triumvir Ant. mit seinen Brüdern, Lentul. in Cic. ep. 12, 14, 1 u. 7. – M. Antonius Hybrida, zweiter Sohn des Antonius Orator, erst mit Katilina Hauptgegner, dann Mitkonsul Ciceros, der ihn später auch verteidigte, Sall. Cat. 26. Cic. ad Att. 1, 12 u. 13; ep. 5, 6. – Iulus Antonius, Sohn des Triumvirn Antonius von der Fulvia, erzogen von der älteren Oktavia, ein im Kaiserhaus des Augustus sehr beliebter Verwandter, Hor. carm. 4, 2 (*v.* 2 Iule, *v.* 26 Antoni). – *Adi.* Antōnius, a, um, **antonisch,** leges A., des Tr. Ant., Lentul. in Cic. ep. 12, 14, 6. – Dav.: **1 Antōniānus**, a, um, **antonianisch, des Antonius,** u. zwar: **a** des Tr. Ant., latrocinium, Cic.: partes, Vell. u. Sen. – subst., Antōniāni, ōrum, *m.*, die Anhänger des A., die **Antonianer,** Lepid. in Cic. ep. 10, 34, 1. – Antōniānae, ārum, *f.*, Ciceros (philippische) Reden gegen den Ant., Gell. 7, 11. § 3. – **b** des Ant. Orator, dicendi ratio, Cic. Verr. 5, 32. – **2 Antōniaster**, trī, *m.*, ein allzugroßer Nachahmer des Redners Antonius, ein **Antonius im Kleinen** (verächtl.), Cic. fr. b. Quint. 8, 3, 22 u. Prisc. 3, 40 (= Cic. pro Varen. fr. 10. p. 5 K.). – **3 antōnēsco**, ere, **dem Antonius ähnlich werden,** Consent. (V) 377, 6 K.

antonomasia, ae, *f.* (ἀντονομασία), eine rhet. Figur, die **Antonomasie** (rein lat. pronominatio, s. Diom. 458, 31), Vertauschung eines Eigennamens mit einem Epitheton od. Patronymikon od. Appellativum (z. B. *eversor Carthaginis* st. *Scipio, Pelides* st. *Achilles* u. dgl.) u. umgekehrt, Quint. 8, 6, 29. Charis. 273, 22 u. 274, 12. Diom. 458, 31. Serv. Verg. Aen. 1, 23. Porphyr. Hor. carm. 1, 17, 21. Donat. art. gramm. 400, 15.

antrālis, e (antrum), **hohl,** Schol. Hor. carm. 3, 13, 14.

1. Antrōn, ōnis, Akk. ōna, *f.* (Ἀντρών), Stadt in Thessalien (Phthiotis), am Eingang in den malischen Meerbusen, Liv. 42, 42, 1 u. 67, 9 *ed. Hertz.*

2. antron, s. antrum ►.

antroo, āre, s. amptruo.

antrum, ī, *n.* (ἄντρον), die **Höhle, Grotte,** poet. u. nachaug. für das rein lat. *caverna,* antr. Chironis, Ov., Iovis, Min. Fel.: antr. magnum, Plin.: antra praedonum, Arnob.: antra immania, vasta, Verg.: antra Corycia, Plin.: per antra et cavas rupes, Suet.: speluncas et antra pro domibus habere, Lact. – dah. übtr., exesae arboris antro, in der Höhlung des usw., Verg.: vehi clauso antro, in verschlossener Grotte (d. i. tiefer Sänfte), Iuven.: narium, palati, Höhlung, Sidon.: pectoris, Brusthöhle, Augustin.: oris, Mundhöhle, Mar. Victorin. – ► griech. Nomin. antron, Amm. 22, 8, 23.

antruo, s. amptruo.

antura, ae, *f.*, ein unbekanntes Kraut, Marc. Emp. 8, 143.

Anūbis, is u. bidis, Akk. bim u. (bei Spät.) bem, *m.*, (Ἄνουβίς, ägypt. Anup od. Anupu), eine Hauptgottheit der Ägypter (Plin. 33, 131, wo Akk. *-bim),* in Gestalt eines Hundes verehrt, dargestellt als Mann mit einem Hundekopf od. bloß als Hundekopf auf einer Herme, latrator A., Verg. Aen. 8, 698. Ov. met. 6, 690. Plin. 33, 131 (wo Akk. *-bim).* Tert. ad nat. 1, 10 (wo Akk. *-bem).* Augustin. conf. 8, 2, 3 (wo Akk. *-bem):* latrans A., Prop. 3, 11, 41 (wo Akk. *-bim):* später mit Hermes od. Merkur identifiziert, u. zur Kaiserzeit auch in Rom allgemein verehrt, bes. als Wächter an den Pforten der Ober- u. Unterwelt u. als Begleiter der Seelen aus einer Welt in die andere (ψυχοπομπός, commeator superum et inferum), Apul. met. 11. c. 11. – ► Nbf. **Hanūbius**, Firm. math. 3, 1, 1. p. 91, 13 *Kroll* u. *Skutsch* u. Firm. math. 4. prooem. 5. p. 196, 22 *Teuffel.*

anucella, s. anicilla.

ānulāris, e (anulus), **zum Siegelring gehörig, Ring-,** dah. anulare (genus coloris), eine Art weißer Farbe, die aus Kreide gemacht wurde, worunter gläserne Ringgemmen gemischt waren, die **Ringkreide,** Plin. 35, 48: digitus, Isid. 11, 1, 71. – subst., ānulāre, is, *n.* (*sc.* pigmentum), die **Gemmenfarbe,** Isid. 19, 17, 22.

ānulārius, a, um (anulus), **zum Siegelring gehörig, Ring-,** creta (s. ānulāris), Vitr. 7, 14, 2: Scalae, die Stiegengasse der Ringschmiede in Rom im achten Bezirk, Suet. Aug. 72, 1. – subst., **a** ānulārius, ī, *m.*, der **Ringverfertiger, Ringschmied,** Cic. Ac. 2, 86. CIL 11, 1235: daher collegium anularium, die Zunft der R., CIL 1, 1107. – **b** anulārium, ī, *n.*, das **Ringgeschenk,** die **Verleihung des Ringes,** CIL 8, 2554.

ānulātus, a, um (anulus), mit einem Ring versehen, **beringt,** aures, Plaut. Poen. 981. – insbes., **mit Kettenringen-, mit Ketten versehen,** pedes (Akk.) anulati, mit Ketten an den Füßen (v. Sklaven), Apul. met. 9, 12.

anulla, ae, *f. (Demin.* v. 2. anus), das **alte Mütterchen,** Fronto ep. ad amic. 1, 15 *extr.* Prud. perist. 6, 149.

ānuloculter, trī, *m.* (anulus u. culter), ein **ringförmiges Messer,** Tert. de anim. 25 *ed. Oehler.*

ānulus (annulus), ī, *m.* (1. anus), **I** ein kleiner **Ring** (s. Varr. LL. 6, 8. Suet. fr. p. 169, 6 R.), **A Fingerring,** bes. zum Siegeln, der **Siegelring,** signatorius, Val. Max.: pervius cassusque, Fab. Pict. fr.: pronubus, Tert. apol. 6. – anulum induere, Cic.: exornare anulis digitos, Sen.: de digito anulum detrahere, Ter., u. bl. anulum sibi od. alci detrahere, Cic. u. a.: hominibus honestis de digitis anulos auferre, Cic.: in eiusdem modi cera centum sigilla imprimere hoc anulo, Cic.: anulo obsignare tabulas, litteras, Plaut., Curt. u. a.: tabulis testamenti anulum imprimere, Sen.: vilissima utensilium anulo clausa, versiegelt, Tac. – gemmati magnā specie anuli, als Männerschmuck der Sabiner, Liv. – Goldene Ringe zu tragen war zur Zeit der Republik ein Vorrecht der Ritter; dah. an. equestris, ein goldener Ritterring, Hor.: anulum invenire, Cic., od. anulo aureo donari, Suet., zum Ritter gemacht, -geschlagen werden: ius anulorum, die Ritterwürde, Suet.: tunica ab anulis (vom Ritterstand) senatum distinxit, Plin. – Die Ablieferung des Siegelrings als Zeichen der gänzlichen Entsagung auf alle Familienrechte und Ansprüche, anulum de digito suum tibi tradidit, Cic. Rosc. Am. 144. – **B** von anderen ringförmigen Körpern, der **Ring,** der **Ringel, a** an Vorhängen, an. velaris, Plin. 13, 62. – **b** der **Ring** od. das **Glied** einer Kette, Plin. 34, 150: v. den Ringen der Sklavenkette, Mart. 3, 29, 2; 11, 37, 3 (mit Anspielung auf die Ringe der Ritter). – **c** der **Ring** am Spielreif (trochus, w. s.), gārrulus an., der klirrende R. (kollektiv), Mart. 14, 169. – **d** eine kreisförmige Haarlocke, der **Ringel,** comarum anulus, Mart. 2, 66, 2: in anulos suos recidere (v. Haar), Sen. de brev. vit. 12, 3. – **e** an Bäumen, eine geringelte **Ranke,** vitis anuli, quos ἕλικας vocant, Cael. Aur. acut. 3, 8, 150. – **f** aus Zweigen, virgei anuli, Ringel aus Myrtenreisig, Plin. 15, 124. – **g** ein **Ring** aus einem Faden, Amm. 29, 1, 31. – **h** eine runde Zierat am Wulst der dorischen Säule, der **Ring,** Vitr. 4, 3, 4. – **II** der **After** (vgl. 1. anus *no.* II), Cato r. r. 159. – ► Die Schreibung mit einem n empfehlen die besten Handschriften, s. Madvig Cic. de fin. 5, 3. Fritzsche Hor. sat. 2, 7, 53. Aber annulus, CIL 2, 2060, 15.

1. ānus (annus), ī, *m.* (eig. »Kreis, Ring«, s. Varr. LL. 6, 8. Suet. fr.

p. 169, 5 R.; vgl. altirisch *ānne, āinne*); dah. **I** der **Fußring,** die **Fußschelle,** Plaut. Men. 85. – **II** euphemist. für *podex* (s. Cic. ep. 9, 22, 2), die Mündung des Mastdarms, der **After,** ani vitia, Cels.: per anum immissum fenum Graecum, Scrib.

2. anus, ūs, *f.* (ahd. *āna,* »Großmutter, Urgroßmutter«, ndh. Ahne), eine **alte Frauensperson,** eine **Greisin,** verheiratet od. ledig, eine **alte Dame** mit Achtung, eine **alte Frau,** eine **Alte** mit Tadel in Bezug auf ihre Schwäche, Leichtgläubigkeit, Hässlichkeit (vgl. vetula), senex atque anus, Lucil. fr.: haec anus, Plaut.: anus Attica, Plin. ep.: anus Cumaea, von der Sibylla, Ov.: anus hederā coronatae, Varr. LL.: anus deformes (Ggstz. pulchrae puellae), Treb. Poll.: quae est anus tam delira, quae timeat ista? Cic. – trabeata anus, von einem entnervten Mann, Claud. in Eutr. 1, 9 *sq.*; vgl. ibid. 1, 240. – poet., die weissagende **Alte, kluge** od. **weise Frau,** s. Hor. sat. 1, 9, 30. – Als Apposit. = **greis, alt, ergraut, hoch bejahrt,** sacerdos, Verg.: avia, Curt.: virgines, Augustin.: matrona, Suet.: uxor, Ps. Quint. decl.: vidua, Hier.: v. Tieren u. lebl. Ggstdn. weibl. Geschlechts, cerva, Ov.: charta, Catull.: amphora, Mart.: Appia via, Prop.: terra, Plin.: fama, Catull. u. Mart. – ► Arch. *Genet.* anuis, Ter. heaut. 287. Varr. fr. b. Non. 494, 22: *Dat.* anu, Lucil. sat. 4, 9 u. 28, 23. Vgl. Gell. 4, 16, 1 *sqq.*

anxia, ae, *f.*, die **Angst,** Orest. trag. 558.

anxianimus, a, um (anxius u. animus), **ängstlichen Gemütes,** Alcim. Avit. epist. 31.

anxiē, *Adv.* (anxius), **ängstlich,** ferre alqd, Sall. u. a.: prosequi, Iustin.: loqui, Gell.: vereri, Fronto: trepide anxieque certare, Suet. – *Compar.* anxius, Gargil. de arbor pomif. c. 2. § 2 (dafür magis anxie, Ps. Sall. de rep. 2, 10, 5).

anxietās, ātis, *f.* (anxius), **I** die **Ängstlichkeit** (als Hang zur Bangigkeit, als Charakterzug; dagegen angor die **Angst** als einmalige, vorübergehende Aufregung; vgl. Cic. Tusc. 4, 27), anx. animi, Ov.: perpetua, Iuven.: anx. divortii (vor dem Scheiden), Plin.: anx. comparandi, Quint. 8. prooem. 29. – Zuw. auch = angor, die augenblickliche **Angst, Furcht,** der **Kummer,** Ov., Curt. u. Plin. – **II** übtr., die **ängstliche Sorgfalt, Genauigkeit,** Quint. u. Gell.

anxietūdo = anxitudo (w. s.), Augustin. conf. 9, 3 u. a. Eccl.

anxifer, fera, ferum (anxius u. fero), **Angst bringend, -erzeugend, peinigend,** curae, Cic. poët. de div. 1, 22: dolorum vertices, Cic. poët. Tusc. 2, 21.

anxior, ātus sum, ārī (anxius), **sich ängstigen, sich Kummer machen,** Apul. met. 4, 27. Vulg. psalm. 60, 3 u. 142, 4: super alqo, Arnob. in psalm. 80: alqā re, Tert. de paenit. 10.

anxiōsus, a, um (anxius), **angstvoll = beängstigend,** somnus, Cael. Aur. chron. 3, 8, 103: quod est dormituris anxiosum, *ibid.* 3, 7, 95.

anxitūdo, inis, *f.* (anxius), die **Angstlichkeit, Angst,** Pacuv. tr. 164. Acc. tr. 154 u. 349: prona ad luctum, Cic. de rep. 2, 68.

anxius, a, um (angor), **I ängstlich** (sowohl dauernd als augenblicklich, in letzterem Sinne am häufigsten), **angstvoll, unruhig, besorgt** vor Zukünftigem, **voll peinlicher Unruhe, in peinlicher Unruhe (Spannung) lebend,** zuw. auch **unruhig, besorgt, bekümmert, verdrießlich, ärgerlich** über schon Eingetretenes od. Vergangenes (s. Fabri Sall. Iug. 65, 3 u. zu Liv. 21, 1, 5), pavidus semper atque anxius, Suet.: anx. senes, Cic.: mens, Suet. u. Amm.: mentes, Hor.: in pace anxii, Tac.: anxium habere alqm, jmd. in Angst jagen, ängstigen (v. einem Umstand), Auct. b. Afr. u. Tac.: v. Lebl., anx. iudicium, Tac. ann. 1, 80: deliberatio, Amm. 14, 6, 14. – m. näherer Ang. **wo?** anxius animo, Sall. u. Tac.: anxius animi, Sall. fr., od. mentis, Auct. consol. ad Liv. – mit Ang. **in Betreff wessen?** durch *erga* m. Akk., anxii erga Seianum, wegen S., Tac. ann. 4, 74. – m. Ang. **wegen wessen? α** m. *Abl.*, irā et metu, Sall.: gloriā eius, Liv.: curis, Liv.: Ov.: desiderio filii, Liv.: inopiā, Liv.: eā re, Suet.: tantis malis, Curt.: amoribus, Sen.; vgl. Mützell Curt. 3, 2 (6), 2. – **β** m. *Genet.*, futuri, Sen.: furti, Ov.: nepotum securitatis, Plin.: sui, Tac. – **γ** m. *Acc.*, suam iam vicem (für ihre Person) magis anxii quam eius, cui etc., Liv. 8, 35, 1: id ego non mediocriter anxius eram, Fronto ad M. Caes. 3, 13. p. 51, 18 N. – **δ** m. *de* u. Abl., de fama ingenii, Quint. 11, 1, 50: de instantibus curis, Curt. 3, 3 (6), 2: de successore, Suet. Cal. 19, 3. – **ε** m. *ob* u. Akk., ob crebras occursiones anxii, Dict. 2, 13: ob quae anxius, Dict. 6, 9. – **ζ** m. *pro* u. Abl., pro mundi regno, Ov. met. 1, 182: pro eius salute, Plin. ep. 4, 21, 4. – **η** m. *circa* u. Akk., nimis anxium esse circa verba et compositionem, Sen. ep. 115, 1. – **θ** m. *ad* u. Akk., Lucan. 8, 592. – **ι** m. *ne* u. Konj., Sall. Iug. 6, 3 u. 70, 5. Tac. ann. 2, 65: m. *ne non* u. Konj., Val. Max. 9, 3 *in.* – **κ** m. indir. Fragesatz u. zwar mit *an* … *an,* Tac. ann. 14, 13: m. *ne* (enklit.) … *an,* Sall. Iug. 93, 1: m. *quonam modo,* Tac. ann. 11, 25: m. *unde,* *Hor. carm. 3, 5, 37: m. *quid,* Amm. 31, 4, 13. – **II** meton.: **Angst erweckend, ängstigend, peinlich, peinigend,** aegritudines, Cic.: curae, Liv.: timor, Verg.: amicitia, Tac.: accessus, Plin.: elegantia orationis neque morosa (pedantische) neque anxia, Gell.: nodosae et anxiae quaestiones, Macr.: res anxiae aut tortuosae, Gell.: *neutr. pl.* subst., pauca quaedam scrupulosa et anxia, Gell. praef. § 13.

anxo, āre, **nennen,** Paul. ex Fest. 8, 9; vgl. Gloss. ›anxant, ὀνομάζουσιν‹.

Anxur, uris, *m.* u. *n.*, **I** *m.* Anxur (Axur) u. Anxurus, eine mit dem etruskischen Veiovis (dem bösen, verderblichen Jupiter, d. i. Pluto) für identisch gehaltene Gottheit der Volsker, Form Anxur od. Axur auf Inschr. (s. Drak. Sil. 8, 392): Form Anxurus Iuppiter, Verg. Aen. 7, 799. – **II** *n.* (bei Mart. auch *m.*) eine uralte, nach dem Gott Anxur benannte Stadt der Volsker auf steiler Meeresküste an der Mündung des Ufens, 20000 Schritte vom Forum Appii, mit Tempeln Jupiters und Apollos und mit dem Hain der Feronia, später Tarracina gen., j. *Terracina,* Liv. 4, 59, 3 *sq.*: der Berg, auf dem die Stadt lag, bestand aus Kalkstein u. war dah. weiß, impositum saxis late candentibus A., Hor. sat. 1, 5, 26: candidus A., Mart. 5, 1, 6. – Dav. **Anxurnās,** ātis, **aus** od. **zu Anxur,** populus A., Liv. 27, 38, 4.

anydros, s. anhydros.

anympha = *innupta,* Gloss. V, 615, 47.

Anytus, ī, *m.* (Ἄνυτος), **Anytos,** einer der Ankläger des Sokrates, Tert. de anim. 1: dah. Anyti reus, Sokrates, Hor. sat. 2, 4, 3.

Āōn, onis, *m.* (Ἄων), Sohn des Poseidon, ein alter böotischer Heros, Schol. Stat. Theb. 1, 34. – Dav.: **1 Āones,** um, Akk. as, *m.* (Ἄονες), Name der Ureinwohner Böotiens, Serv. Verg. ecl. 6, 64. Mart. Cap. 9. § 924. – attribut. = **böotisch,** montes, Verg. ecl. 6, 65. – **2 Āonia,** ae, *f.* (Ἀονία), **Aonien,** myth. Name des alten **Böotiens** (mit den aonischen Bergen, dem Berg Helikon u. der Quelle Aganippe), Gell. 14, 6, 4. Serv. Verg. ecl. 6, 64 u. 10, 12. – **3 Āonidēs,** ae, *m.*, der **Aonide** (d. i. Böotier), vom Thebaner Eteokles, Stat. Theb. 9, 95: Plur., Āonidae, ûm, *m.*, die Aoniden = Thebaner, Stat. Theb. 2, 697: Aonidum legio, *ibid.* 10, 195. – **4 Āonides,** um, *f.*, die **Aonidinnen, aonischen Schwestern,** d. i. die Musen (als Anwohnerinnen des Helikon u. der Aganippe), Ov. met. 5, 333. Iuven. 7, 59. Auson. Mosell. 467: sorores Aonides, Stat. silv. 5, 3, 122. – **5 Āonius,** a, um (Ἀόνιος), **zu Aonien (Böotien) gehörend, aonisch, böotisch,** vertex, v. Helikon, Verg.: humus, Ov.: vir, Herkules, der zu Theben geboren, Ov.: arma, thebanische, Stat.: iuvenis, Hippomenes, Ov.: deus, Bacchus, Ov.: fons u. aquae, die Aganippe, Ov.: u. Aonie (Ἀονίη) Aganippe, Verg. – Und so auch Beiwort der Musen usw. (vgl. oben *no.* 4), sorores, die Musen, Ov.: lyra, Prop.: plectrum, Sil.: vates, der Dichter, Ov. u. Apul.

aoratos, on (ἀόρατος), **unsichtbar,** aeon, Tert. adv. Valent. 35.

aoristos, ī, *m.* (ἀόριστος), der **Aorist** (gramm. *t. t.),* Macr. gramm. (V) 615, 8.

Aornis, idis, Akk. in, *f.* (Ἄορνις = ohne Vögel, weil den Vögeln wegen seiner Höhe nicht erreichbar), ein Fels in Indien (diesseits des Indus), mit einem Kastell, nach Court der Berg *Azarneh,* Curt. 8, 11 (39), 2.

Aornos, ī, *m.* u. *f.* (ἄορνος, ohne Vögel, weil den Vögeln verderblich wegen mephitischer Ausdünstung, avibus pestifera exhalatio, Plin. 4. prooem. § 2), **I** *m.* der **Avernersee** (s. 1. Avernus das Nähere), Verg. Aen. 6, 242. – **II** *f.* eine Stadt in Epirus, Plin. 4. prooem. § 2. – ► Bei Curt. 8, 11 (39) 2 haben die besten Handschriften Aornin, s. Aornis.

Aōus, ī, *m.* (Ἀῷος), Fluss in Illyrien od. Epirus Nova, der auf dem tymphäischen Gebirge od. Lakmus entspringt, sich in einem engen u. tiefen

Tal zwischen dem Äropus u. Asnaus hindurchwindet u. unterhalb Apollonias ins Ionische Meer fließt, j. *Woiossa* od. *Wowussa,* Liv. 32, 5, 10*sq.* Plin. 3, 145. Flor. 2, 7, 10.

apaetēsis, *f.* (ἀπαίτησις), das **Zurückfordern,** eine rhet. Fig., Isid. 2, 21, 38.

apage, *Interj.* (ἄπαγε, *Imperat.* v. ἀπάγω), **fort mit dir! pack dich! marsch! geh mir mit usw.!;** od. auch **fort! weg damit! nicht doch!** konstr. mit *Acc.* od. absol., auch mit *sis* (d. i. *si vis)* verb. (nur in der Umgangsspr.), apage te a me oder a dorso meo, Plaut.: apage te, Ter. u. Rhet. Her.: apage te cum nostro Sex. Servilio, Vatin. b. Cic.: apage istas a me sorores, Plaut.: apage in dierectum a domo nostra istam insanitatem, Varr. fr.: apage sis od. me sis, Komik.: apage, inquit, Rhet. Her.

apalus (hap.), a, um (ἁπαλός), **zart, weich,** apala ova, Scrib. u. a. (s. Schuch Apic. 7, 329).

Apamēa u. **-īa, Apamīa** ae, *f.* (Ἀπάμεια; vgl. über die doppelte Schreibart Drak. Liv. 38, 13, 5), Name mehrerer asiatischer Städte, von denen am bekanntesten: **I** Hauptstadt der syrischen Landschaft Apamene u. später von Syria Sekunda, am Orontes od. Axius, südlich von Antiochia, im Mittelalter *Afamiah* od. *Famit,* Cass. in Cic. ep. 12, 12, 3. Liv. 38, 13, 5. Plin. 5, 81. – **II** Stadt in Großphrygien, in einer sehr fruchtbaren (bes. weinreichen), vom Mäander u. seinen Nebenflüssen bewässerten Gegend (Apamena regio), zur Zeit der Römerherrschaft Sitz (forum) eines *conventus iuridicus,* Cic. ep. 2, 17, 3*sq.* – **III** Stadt in Bithynien, nicht weit von Prusa am Olymp, unter dem Namen Myrlēa (Μύρλεια) von den Kolophoniern angelegt, später von Prusias erweitert u. nach seiner Gattin benannt, j. Ruinen von *Amapoli,* Plin. 5, 143. Plin. ep. 10, 47 (56), 1. – Dav.: **a Apamēī,** ōrum, *m.*, die Einw. von Apamea in Bith., die **Apameer,** Trai. in Plin. ep. – **b Apamēnsis,** e, **zu Apamea** (in Großphryg.) **gehörig, apamensisch,** civitas, Cic.: forum, Cic. – Plur. *subst.* Apamēnses, ium, *m.*, die Einw. von Apamea, die **Apamenser,** Tac. – **c Apamēnus,** a, um, **apamenisch, zu** od. **von (aus) Apamea,** u. zwar: **α** in Großphryg., regio, Plin.: vinum, uvae, Plin. u. Lampr. – **β** in Bith., colonia, Plin. u. ICt.

apangelticos, on (ἀπαγγελτικός) **erzählend,** poëma, Suet. fr. p. 5, 1 R. u. Gramm.

aparctiās, ae, *m.* (ἀπαρκτίας), der **Nordwind,** rein lat. aquilo od. septentrio, Plin. 2, 119. Suet. fr. p. 229, 1 R. Ampel. 5, 1.

aparemphatus, um (ἀπαρέμφατος), **ohne genaue Bestimmung der Person** (gramm. *t. t.,* Ggstz. paremphatus), u. subst. aparemphatum, ī, *n.*, der **Infinitiv,** Macr. gramm. (V) 621, 24 u. a.

aparinē, ēs, *f.* (ἀπαρίνη), **Klebkraut** (*Galium Aparine,* L.), Plin. 27, 32.

apathīa, ae, Akk. ān, *f.* (ἀπάθεια), die **Leidenschaftslosigkeit,** moralisches Prinzip der Stoiker, Sen. ep. 9, 2. Gell. 19, 12, 10.

Apatūria, ōrum, *n.* (Ἀπατούρια), ein athenischionisches Volksfest in Athen, drei Tage im Monat Pyanepsion gefeiert, Tert. apol. 39.

Apavortenē, ēs, *f.,* Landschaft in Parthien östl. von den *portae Caspiae,* mit der von Arsaces I. erbauten Bergfeste Dareium od. Dara (wahrsch. das j. *Dehi Muhammed),* Plin. 6, 46: deren Einw. **Zapaortēnī,** ōn (griech. Genet. Plur.), *m.*, die **Zapaortener,** Iustin. 41, 5, 2.

ape (v. archaist. apio) = *prohibe, compesce,* Paul. ex Fest. 22, 17. Vgl. Gloss. ›ape, κώλυσον‹, u. ›apet, ἀποσοβεῖ‹.

apēcula, s. apicula.

apēliōtēs, ae, *m.* (ἀπηλιώτης), der **Ostwind,** rein lat. subsolanus (vgl. Sen. nat. qu. 5, 16, 6), Catull. 26, 3. Plin. 2, 119. Suet. fr. p. 229, 6 R. (groß geschrieben). Ampel. 5, 1. Veget. mil. 4, 38. Anthol. Lat. 484, 11 (1056, 11) (wo apeliōten gemessen u. apeljoten zu skandieren ist). – ► Über die handschr. Nbf. aphēliōtēs s. Sillig Plin. 2, 119 (vgl. Lange Veget. mil. 4, 38 u. Riese Anthol. Lat. 484, 11).

Apella, ae, *m.,* Name röm. Freigelassenen (s. Cic. ep. 7, 25, 2 u. ö.), u. da die in Rom jenseits des Tibers wohnenden Juden meist Freigelassene waren u. als abergläubisch u. leichtgläubig galten, dah. appellat.: credat Iudaeus Apella! = das glaube der Jude Itzig! (= der abergl. od. leichtgl. Jude von jenseits des Tibers), Hor. sat. 1, 5, 100.

Apellēs, is, *m.* (Ἀπελλῆς), geb. zu Kolophon od. Ephesus, der größte Maler des Altertums, Zeitgenosse u. Liebling Alexanders des Gr., bes. berühmt durch das Gemälde der Venus Anadyomene, das mit den berühmtesten Werken desselben Meisters im Äskulaptempel zu Kos aufbewahrt u. als ein Wunder der Welt angestaunt wurde (dah. Apelles selbst Cous gen., nicht weil er daselbst geboren), Plin. 35, 79*sqq.* Ov. art. am. 3, 401. Cic. de off. 3, 10: Dat. Apelleti, CIL 6, 1467, 22: Akk. Apelletem, Petr. 64. CIL 2, 2286: Vok. Apella, Plaut. Poen. 1271. – Dav. **Apellēus,** a, um (Ἀπέλλειος), **apellēisch, des Apelles,** tabulae, Prop.: opus, Mart.: colores, Stat.

ā-pello, ere = ἐκβάλλω, **hinausstoßen, -werfen,** Itala euang. Ioann. 6, 37. Vgl. aspello.

apemphaenonta (ἀπεμφαίνοντα), Rufin. in metr. Ter. p. 559, 25 K. (Graecus apemphaenonta solet memorare poeta, *inmanifesta* vocant haec carmina voce latina).

apenārii, ōrum, *m.* (apenae = apinae), **Possenreißer,** Treb. Poll. Gall. 8, 3.

Āpennīn… s. Appennin…

1. aper, aprī, *m.* (ahd. *ëbur,* nhd. Eber), **I** das **wilde Schwein** (Ggstz. vulgaris sus), das männliche, der **Eber,** der **Keiler** (Ggstz. femina sus), u. das weibliche, die **Bache,** dessen Fleisch (bes. das des lukanischen, umbrischen u. etrurischen, auch laurentischen) zu den Lieblingsgerichten der Römer gehörte (animal propter convivia natum, Iuven. 1, 141), dentes (Hauer) apri, Petr. u. a.: aper Erymanthius, Cic.: aper eximiae od. ingentis magnitudinis, Val. Max.: canis ad aprum faciens, Sen. rhet.: cervorum aprorumque venatores, Veget. mil.: aprum ferire, Ov.: aprum venabulo excipere, Quint.: saetigeros apros figere, Inscr.: cum videam, quam suspensi sint, quo modo aper a coquo exeat (aus der Küche kommt), Sen. – Sprichw., uno in saltu duos apros capere, zwei Fliegen mit einer Klappe schlagen, Plaut. Cas. 476: liquidis immittere fontibus apros, etwas Verkehrtes, Unbesonnenes tun, Verg. eccl. 2, 59. – Das Bild eines Ebers als Feldzeichen der röm. Legionen, Plin. 10, 16. – **II** übtr., ein uns unbekannter, dem Eber ähnlich sehender Fisch, Plin. 11, 267. Vgl. apriculus. – ► aper als *masc.* auch von der **Bache** bei Varr. LL. 8, 47. Phaedr. 2, 4, 9 (vgl. *v.* 3). Val. Max. 1, 7. ext. 4. Petr. 40, 3.

2. Aper, prī, *m.*, ein röm. Beiname, unter dem bes. bekannt ist: M. Aper, ein geborener Gallier, der in Rom durch sein rednerisches Talent bis zur Quästur u. Prätur emporstieg, in *Tac. dial.* als Verteidiger der alten Redeweise eingeführt, Tac. dial. 2*sqq.*

Aperantī, ōrum, *m.*, (Ἀπεραντοί), die **Aperantier,** ein halbbarbarischer Volksstamm im nördl. Ätolien, Liv. 43, 22, 11. – Deren Landschaft **Aperantia,** ae, *f.* (Ἀπεραντία), **Aperantia,** Liv. 36, 33*sq.*

aperantologia, ae, *f.* (ἀπεραντολογία), die **unbegrenzte Geschwätzigkeit,** Varr. sat. Men. 144 B. (bei Riese 129, 8 griech.).

aperibilis, e, s. apertibilis.

a-perio, peruī, pertum, īre (aus *ap-verio, vgl. litauisch *àt-veriu,* ›öffne, mache auf‹, altind. *apavrnōti,* ›deckt auf, öffnet‹), zum Vorschein bringen, **bloß-, offen machen** (Ggstz. operire), **I** Verdecktes, Verhülltes **sichtbar machen, sehen lassen, aufdecken, entblößen, bloßlegen** (Ggstz. operire, tegere, contegere), **a** eig.: aperit ramum, qui veste latebat, Verg.: unda dehiscens aperit terram, lässt den Grund sehen, Verg. – Körperteile, durch Enthüllung, corporis partes quasdam, Cic.: caput (auch als Höflichkeitsbezeigung gegen höhere Magistrate), Cic. u. a.: u. caput alci (vor jmd.), Sall. fr.: u. capita aspectu magistratuum, Plin.: aperto pectore, Ov.: apertae pectora matres, die Brust entblößt, Ov. – durch Nebel, Nacht usw. Verhülltes, dispulsa sole nebula aperuit diem, Liv.: liquidior lux aperit hostem, Curt. – u. so refl. se aperire u. medial aperiri, **sichtbar werden, sich sehen lassen, zum Vorschein kommen,** v. Gestirnen, v. Örtl., die uns näher treten u. dgl. (Ggstz. delitescere, occultari), Cic. – **b** übtr., gleichs. Verhülltes, Verborgenes, Unbekanntes **an das Licht bringen, -ziehen, an den Tag geben, -bringen, offenbaren, enthüllen** (dah. auch **verraten), eröffnen, darlegen** (Ggstz. occulere, occultare, tegere), **α** m. Acc.: istaec tua flagitia, Plaut.: occulta quaedam et quasi involuta,

Cic.: involutae rei notitiam definiendo, Cic.: sententiam suam, Cic.: dissidentes suos sensus, Nep.: frontes hominum (Ggstz. tegere mentes), Cic.: errorem, Liv.: causam consilii sui, Sall.: consilium suum, Sall.: coniurationem, Sall.: rem omnem, Sall.: omnia, Liv.: futura, Verg.: casus futuros, Ov.: utriusque naturam et mores, Sall.: socios sceleris, Sall.: lux deinde aperuit bellum ducemque belli, gab Aufschluss über usw., Liv.: quo pacto hoc occipiam (accipiam!), aperi, *Plaut. mil. 1025 Br. – refl. se aperire u. medial aperiri, v. Pers., **sich** (seine wahre Gesinnung) **offenbaren** u. **sich** (wer man ist) **verraten,** coacti necessario se aperiunt, zeigen sich in ihrem wahren Lichte, Ter.: tum sumus incauti studioque aperimur in ipso, Ov. – u. ap. alqm, jmd. **aufspüren,** nec uspiam ruris aperitur ille, Apul. met. 7, 26. – v. Lebl., exspectandum (putabant), dum se ipsa res aperiret, an den Tag käme, Nep. Paus. 3, 7. – **β** m. *de* u. Abl.: deinceps de insinuatione aperiendum est, Rhet. Her. 1, 9; vgl. *ibid.* 2, 50. – **γ** m. folg. *Acc.* u. *Infin.*: se non fortunae, sed hominibus solere esse amicum, Nep. – v. Lebl., cum et concitatio remorum directaeque in se prorae hostes appropinquare aperuissent, Liv. – **δ** m. folg. indirekt. Fragesatz: aperio, qui sim, Nep.; vgl. memet ipse aperio, quis sim, Liv.: aperio, quid sentiam, Nep.

II Verschlossenes, Besetztes sichtbar u. offen u. dah. auch zugänglich machen, **öffnen, eröffnen, erschließen, aufmachen, aufbrechen** (Ggstz. operire, claudere), **a** eig.: **α** durch Wegziehen eines Vorhangs, einer Verhüllung, Decke, ostium, fores, Ter. u. a. (u. im Bild quā commendatione quasi amicitiae fores aperiuntur, Cic.): ianuam, Ov. (vgl. unten *no.* δ, **αα** : portam, Caes.: domum, Catull.: tabernas, Liv.: fenestram, Cels. (u. im Bild hanc fenestram, diesen Weg einschlagen, Suet.): aerarium, Caes. (u. im Bild nec ita claudenda est res familiaris, ut eam benignitas aperire non possit, Cic.): carceres (in der Rennbahn), Varr.: eas arcas (Särge), Liv.: sepulcrum, Curt.: patinas, Plaut.: vas, Cato: florem, v. Gewächsen, Plin.: os (Mund), Scrib.: fauces, Quint.: oculos, pupulas, Cic.: u. (sprichw.) alci oculos aperire, ut volgo dicitur, M. Caes. b. Fronto ad M. Caes. ep. 3, 18. p. 56, 13 N.: apertas aures praebe ad nomen memoriamque filii tui, Sen. ad Marc. 5, 2. – *refl.*, se aperire, **sich öffnen, aufgehen,** in templo Herculis valvae clausae repagulis subito se ipsae aperuerunt, Cic.: patris sepulchrum diruptis ianuis se aperuit, Vopisc.: flos numquam se aperit nisi vento spirante, Plin. – **β** durch Abnahme eines Bandes, Siegels **usw. öffnen, erbrechen,** fasciculum litterarum, epistulam, litteras, Cic.: testamentum, Suet. – **γ** durch Hauen, Schneiden, Graben, Stechen, Brennen usw. etw. **öffnen, bloßlegen, αα** in etwas eine Öffnung machen, parietem, durchbrechen, ICt.: murum ab imo ad summum crebris cubitalibus fere cavis, Liv. – bes. als mediz. *t. t.*, sowohl v. Arzt, cutem, Cels.: cutem latius, Cels.: vulnus latius, Cels.: pustulas acu, Cels.: locum candenti ferro, Cels. – als v. Heilmitteln, omnes vomicas celerius, Scrib.: strumas, Scrib. – u. Passiv aperiri medial = **sich öffnen, aufgehen,** v. **Geschwüren** usw., donec ea suppurent et per se aperiantur, Cels.: ubi vel per se vel per medicamenta vel etiam ferro aperta est suppuratio, Cels. – **ββ** eine Örtlichkeit **öffnen, eröffnen** = zugänglich machen, saltum caedendo, Curt.: u. bl. saltum, Liv. – **δ** prägn.: **αα eröffnen,** = eine Öffnung, einen Durchgang, eine Mündung usw. bilden, sowohl durch Graben, **aufgraben, graben, bloßlegen,** locum, Cic.: fundamenta templi, Liv.: cavernas, Ov.: viam rectam in cuniculum, Liv.: ianuam in publico, nach der Straße zu durchbrechen, ICt.: puteum, graben, ICt. – als auch durch andere Mittel, iter ferro, mit dem Schwert einen Weg durch die Reihen der Feinde, Sall. (u. im Bild ap. viam potentiae, Vell.). – v. Lebl., ventus aperuit incendio viam, Liv.: mare quoque novum in Pamphyliam iter aperuerat, Curt.: aperit os aliud amnis, Curt. – **ββ eröffnen** = einen Ausgang, Ausfluss verschaffen, fließen machen, fontium lacus, Varr. fr.: fontes maximos, penitus absconditos, Rhet. Her. (u. im Bild fontes philosophiae, eloquentiae, Cic. u. Quint.): novas venas (aquarum), ICt. – u. als mediz. *t. t.*, cataplasmatibus efficere, ut per se pus aperiatur, Cels. – **b** übtr.: **α** gleichs. Verschlossenes, Unzugängliches **eröffnen, erschließen, zugänglich machen, αα** bisher unzugängliche Länder, Völker usw. dem Zutritt, dem Verkehr, der Eroberung usw., Pontum, Cic.: Britanniam tam diu clausam Mela; vgl. quod pace omnis Italia erat aperta, dem freien Verkehr geöffnet war, Liv.: u. ver aperit navigantibus maria, Plin. – incognitum famae orbem terrarum armis, Liv.: reges et gentes, Tac.: Asiam regi, Curt.: mors alcis aperit Syriam, die sichere Rückkehr nach S., Tac. – **ββ** bisher nicht erreichbare Zustände usw., toreuticen, anbahnen, Plin.: alci pristinae vitae consuetudinem interclusam, Cic.: alci reditum ad suos, Cic. – occasionem, Liv.: occasionem ad invadendum (v. einem Umstand), Liv.: insidiantibus casum, eine Gelegenheit, eine Blöße geben, Tac.: u. ebenso locum suspicioni aut crimini, Cic. – **γγ** eine gleichs. bisher verschlossene Zeit **eröffnen,** ap. annum, **das Jahr eröffnen, erschließen,** poet. v. Sternbild Stier (weil beim Eintritt der Sonne in den Stier für den Landmann das neue Jahr begann), Verg. georg. 1, 217; u. zur Kaiserzeit von denen, die zur Benennung des Jahres das Konsulat für den ersten Januar übernahmen, Plin. pan. 58, 4. Stat. silv. 4, 1, 2. – alci vacuos honoris menses, jmdm. **freie Monate der Ehre eröffnen,** d. i. für jmd. M. offen machen, in denen er als Konsul eintreten kann, Tac. ann. 2, 72. – **β** eine Anstalt **eröffnen,** d. i. allgemeiner Benutzung zugänglich machen, ludum (eine Schule), Cic.: u. so ludum dicendi, Suet.: scholam, Suet.: u. locum ... asylum (einen Ort als As.), Liv. – **γ** eine Geldsumme jmdm. eröffnen = jmdm. **zur freien Verfügung stellen,** quod DCCC (800000 Sesterze) aperuisti, Cic. ad Att. 5, 1, 2. – ► Archaist. *Imperf.* aperibat, Ven. Fort. 5, 5, 100: *Fut.* aperibo, Plaut. truc. 763.

aperitio, s. apertio *no.* II, 1, b.

apertē, *Adv.* m. *Compar.* u. *Superl.* (apertus), **offen, a offen = vor unsern** od. **vor aller Augen, vor der Welt, öffentlich, augenscheinlich, offenbar** (Ggstz. tecte, occulte, furtim, clam), rem petere, Cic.: resistere, Sall.: pugnare, Cic. fr.: hostem videre, Cic.: desciscere, Liv.: amare, Ov.: mentiri, Cic.: adulari, Cic.: dolorem ferre paulo apertius, Cic.: laetitiam apertissime ferre, Cic. – **b offen** = **offenherzig, unverhohlen, geradeheraus, ohne Rückhalt,** dah. auch **ungeniert, plump** (Ggstz. dissimulanter), quae restant loqui, Ter.: narrare, Ter.: scribere, Cic.: aperte palamque (vor allen Leuten) dicere, Cic.: tam ap. fallere dolis, Ter.: alqm ap. insimulare, Cic.: aperte indicat (lex) posse rationem haberi non praesentis, Cic. – planius atque apertius dicam, Cic.: ut genera quam possem apertissime ostenderem, Quint.

apertibilis, e (aperio), **öffnend, bloßlegend,** Cael. Aur. acut. 3, 3, 24 u. 3, 4, 34 (*al.* aperibilis).

apertilis, e (aperio) = ἀνοικτός, **zu öffnen,** Gloss. II, 228, 19.

apertio, ōnis, *f.* (aperio), die **Öffnung, Eröffnung, I** im Allg.: recenti apertione (sirorum), Varr.: floris, Pallad.: oris, Eccl. – **II** insbes., **1** als spät. mediz. *t. t.*, **a** = die **Leibesöffnung,** Cael. Aur. chron. 3, 8, 113. – **b** = die **Öffnung** eines Leichnams, die **Sektion,** Cael. Aur. acut. 1, 8, 57: corporum apertiones, Th. Prisc. 4, 2: u. absol. Nbf. aperitiones, Cael. Aur. chron. 3, 8, 111. – **2** als *t. t.* der Religionsspr., die feierliche **Tempelöffnung,** templi, Apul. met. 11, 22: Plur., Apul. met. 11, 20. Serv. Verg. Aen. 4, 301.

apertīvus, a, um (aperio) = ἀναστομωτικός, **zur Eröffnung geeignet, reizend,** Cael. Aur. acut. 3, 4, 40.

aperto, āre (*Intens.* v. aperio), **I ganz entblößen,** brachium, Plaut. Men. 910. – **II eröffnen,** quod vias vobis ad caelum et vota immortalitatis apertaret, Arnob. 2, 2.

apertor, ōris, *m.* (aperio), der **Eröffner, Beginner,** Tert. adv. Marc. 2, 3.

apertulārius, ī, *m.* (aperio) = θυρεπανοίκτης, der **Türöffner, Einbrecher,** Gloss. II, 21, 48.

apertūra, ae, *f.* (aperio), **I** die **Öffnung, Eröffnung,** Ulp. dig. 28, 5, 3. § 4: Plur., aperturas habere in exteriores partes, nach außen aufgehen (v. Türflügeln), Vitr. 4, 4, 6. – **II** meton., die **Öffnung, Luke,** das **Loch,** Plur., Vitr. 5, 5, 1; 10, 4, 2. Veget. mul. 2, 48, 3; 2, 56, 1. Vulg. Amos 4, 3 u. 9, 11.

apertus, a, um, *PAdi.* m. *Compar.* u. *Superl.* (v. aperio), **bloß-, offen gemacht** (Ggstz. opertus), **I bloß, entblößt, unbedeckt, offen, frei, 1** eig. (Ggstz. opertus, tectus), surae, Turpil. fr.: caput, Komik., Varr.

fr. u. Sen.: u. poet., aether, caelum, unbedeckt, klar, heiter, Verg. – als naut. *t. t.*, naves, offene, nur am Vorder- u. Hinterdeck mit einem kleinen Verdecke versehene Galeoten (griech. ἄφρακτα, τὰ, Ggstz. naves tectae, Deckschiffe, κατάφρακτα, τὰ), Cic., Liv. u. a. – u. als milit. *t. t.*, wie, ἄφρακτος, vom Panzer, bes. vom Schild, **ungedeckt, offen,** latus, umerus, Caes.: corpora Romanorum, Liv. – **2** übtr., **zutage liegend, sich im klaren-, deutlichen Lichte zeigend, offenkundig, offen, klar, deutlich, frei, unverhohlen, a** übh. (Ggstz. occultus, obscurus, conditus et abstrusus, furtivus, dubius, suspectus), actio rerum illarum, Cic.: simultates partim *obscurae* partim *apertae,* Cic.: quid rem parvam et *apertam* magnam et *suspectam* facimus? Liv.: aperti clamores (Ggstz. occulta colloquia), Liv.: apertum latrocinium (Ggstz. occultae insidiae), Cic.: cum apertā vi parum procederet consuli res, cuniculum occultum agere instituit, Liv. – v. Pers., quis apertior in iudicium adductus est? als offenbarer schuldig, als ein offenkundiger Verbrecher, Cic. – apertum est, **es liegt klar zutage, es liegt auf der Hand,** m. folg. *Acc.* u. Infin., esse aliquod numen praestantissimae mentis, Cic.: u. so neque non fuit apertum, si ille non fuisset, Agesilaum Asiam Tauro tenus regi fuisse erepturum, Nep. – *neutr. Sing.* subst., in der Formel alqd in aperto est (ἐν τῷ φανερῷ ἐστιν), **α** = **es erscheint** etw. in **hellem, deutlichem Lichte, ist offenkundig** (Ggstz. in occulto est), ceterum invidia *in occulto,* adulatio *in aperto* erant, Tac.: cuius rei causa in aperto est, Lact.: pauca supra repetam, quo ad cognoscendum omnia illustria magis magisque in aperto sint, damit zur Einsicht alles lichtvoller u. offener daliege, Sall. – **β** (nachaug.) = **es liegt** etw. **auf der Hand, es liegt nahe = es bedarf keines Nachdenkens u. keiner großen Mühe, es ist leicht ausführbar,** in aperto deinde curatio est, Cels.: vota virtusque in aperto, Tac.: m. folg. *Infin.*, fessos hieme hostes aggredi, Tac. – **b** v. der Rede u. v. Redner usw., **deutlich, klar, verständlich, unverhohlen,** narratio aperta, Cic.: narratio aperta atque dilucida, Quint.: sit (periodus) aperta, ut intellegi possit, Quint.: Cicero et iucundus incipientibus quoque et apertus est satis, Quint.: apertis od. apertissimis verbis (Ggstz. tectis verbis), Cic. u. Gell.: apertā professione (Ggstz. per dissimulationem), Iustin. – **c** v. der Gesinnung, die man beim Handeln zeigt, **unverhohlen, offen zutage liegend, offenherzig,** im üblen Sinne **plump herausfahrend, plump, ungeniert, undelikat** (s. Heinrich Iuven. 4, 69, Ggstz. obscurus), animus, Cic.: homo, Cic.: quid apertius? was gibt es Plumperes? Iuven.: ut semper fuit apertissimus (ironisch, von einem Frechen), Cic. Mur. 51. – m. Ang. **worin? wobei?** durch *in* m. Abl., apertior in dicendo, ungenierter, Cic.: ut apertus in corripiendis pecuniis fuit, offen verfuhr (vorher Ggstz. obscurus in agendo), Cic. – **II unverschlossen, offen, frei, unbehindert,** u. dah. **leicht zugänglich, 1** eig.: **a** übh. (Ggstz. opertus, clausus), via patens apertaque, Liv.: caelum ex omni parte patens atque apertum, Cic.: vastum atque apertum mare, Caes.: locus apertus, Cato: loca apertiora, Caes.: campus apertus, Verg., apertior, Pallad.: vastissimus atque apertissimus Oceanus, Caes. – m. Ang. **wozu?** durch *ad* u. Akk., campi ad dimicandum aperti, Liv. – m. Ang. **für wen?** durch *Dat.*, ne nuda apertaque Romanis Africa ab Sicilia esset, Liv.: im Bild, paeninsula est Peloponnesus ... nulli apertior, quam navali bello, offener = ausgesetzter, Liv.: nihil se tam clausum neque tam reconditum posse habere, quod non istius cupiditati apertissimum promptissimumque esset, Cic. – *neutr.* subst., apertum, ī, *n.*, das **Offene, Freie,** der **offene, freie Raum,** das **offene, freie Feld,** das **Blachfeld,** apertum petere, das Freie suchen, Sen.: per apertum fugere, Hor.: in aperto castra locare, communire, Liv.: ex aperto atque interdiu vim per angustias facere, Liv.: recto itinere ad lacessendum ex aperto ire, Liv.: statim undique ex aperto et abdito (aus der Oberfläche u. Tiefe), superne, ab infimo aquarum fiet eruptio, Sen. nat. qu. 3, 30, 5. – Plur., in aperta prodire, Plin.: m. *Genet.*, naves disicere in aperta Oceani, Tac. – **b** prägn., als milit. *t. t.*, von dem, was im offenen Felde geschieht, wie unser **offen,** acies, proelium, offene Schlacht, Feldschlacht, Liv.: Mars, Ov.: aperto Marte aggredicongredi alqm. Vopisc. Aurel. 21, 2. – **2** übtr.: **a** übh. **erschlossen, offen, zugänglich,** beate vivendi via, Cic. – m. Ang. **wozu?** od. **wofür?** durch *ad* u. Akk., parum aperti ad percipiendum animi (puerorum), Quint.: haec apertiora sunt ad reprehendendum, dem Tadel mehr bloßgestellt, ausgesetzt, Cic. – **b** v. Charakter, **unverschlossen, erschlossen, offen,** in qua nisi, ut dicitur, apertum pectus videas, ins (offene) Herz sehen kannst, Cic. de amic. 97. – **c** v. Geist (Kopf), **offen,** ingenium, Lact. 5, 1, 25.

apēs, s. 1. apis ►.

apex, picis, *m.* (apio), die **äußerste** (konisch geformte) **Spitze,** der **äußerste Gipfel,** die **Kuppe** u. dgl., **I** im Allg.: lauri, Verg.: montis, Ov.: u. so gratus Iulo sublimis apex, die Lieblingsspitze (des albanischen Berges), Iuven.: obelisci, Plin.: eiusque (*sc.* falcis) velut apex pronus imminens mucro vocatur, Col. – von dem fast kegelförmig in die Luft aufwirbelnden »Feuerflämmchen« (an sich od. von einem größern Feuer ausgehend), Verg. u. Ov. – übtr. = **höchster Gipfel, höchste Stufe,** Romani fastigii, Pacat.: tenere summum apicem perfectionis, Arnob.: u. von hoher Stufe der Ehren, dignitatum apices maximi, Amm. – **II** insbes.: **A** die an der Spitze des *albus galerus* (der weißen Mütze) der Flamines befindliche, mit Wolle umwundene Rute (*virga oleaginea),* Serv. Verg. Aen. 2, 683; 10, 270. Paul. ex Fest. 10, 12. – dah. meton. (*pars pro toto*) = *albus galerus,* die vom Fell eines Opferlammes kegelförmig zusammengenähte u. mit genannter Rute verzierte Mütze der Flamines, die **Priestermütze,** lanigeri apices, Verg.: ap. Dialis, des Flamen Dialis (Eigenpriesters des Jupiter), Fab. Pict. fr. u. Val. Max.: dah. apicem Dialem alci imponere = jmd. zum Flamen Dialis machen, Liv.: u. homo honestus non apice insignis = nicht mit der Priesterwürde bekleidet, Sen. fr. – u. übh. eine hohe kegelförmige Kopfbedeckung, bes. die **Tiara** (τιάρα) der asiatischen Könige u. Satrapen, ab aquila Tarquinio apicem impositum, Cic. (bei Liv. 1, 34, 8 in ders. Erzählung pileus gen.): regum apices, Hor.: apicis nobilitatus auctoritate, Amm. – dah. bildl., wie unser »Krone« = königl. Macht u. Herrschaft, Hor. carm. 1, 34, 14; u. = höchste Zierde od. Würde, apex senectutis est auctoritas, Cic. de sen. 60: u. virtutis apicem quis supremum nactus est, Anthol. Lat. 1315, 24 M. – **B** rein lat. für conus (κῶνος s. Isid. 18, 14, 2), die metallene, kegelförmige **Helmspitze,** der **Helmkegel,** in dem der Helmbusch steckt, u. dann meton. (*pars pro toto)* der **Helm,** ardet apex capiti, Verg. Aen. 10, 270. – **C** als gramm. *t. t.*, **1** das über einen Vokal gesetzte **Längezeichen** (á, erst bei spät. Gramm, ā), um gleichgeschriebene Wörter verschiedener Bedeutung (z. B. pópulus, die »Pappel«, u. populus, das »Volk«) od. gleichlautende Kasus verschiedener Messung (z. B. tuá custodiá als Abl. Sing.) zu unterscheiden, der **Apex,** Quint. u. spät. Gramm. – übtr., nullum apicem quaestionis praemittere, auch nicht ein Tüpfelchen der Fr. übergehen, Arnob.: disputare de apicibus iuris, über die Rechtsspitzfindigkeiten, Ulp. dig. – **2** apices litterarum, die **Züge der Buchstaben,** die **Schriftzüge,** Gell. 13, 30, 10; 17, 9, 12. – meton. (in der spät. Kaiserzeit), apices = das **Schreiben,** die **Schrift** (vgl. Rönsch Itala p. 328), apicum oblator, Sidon.: bes. sacri od. Augusti apices, kaiserl. Schreiben, -Reskript, Sidon. u. spät. ICt.: lectores divinorum apicum, Cod. Theod.

apexabo u. **apexao,** ōnis, *f.*, eine Art **Wurst,** Var. LL. 5, 111. Arnob. 7, 24.

aphaca, ae, *f.*, u. **aphacē,** *f.* (ἀφάκη), **I** ein Schotengewächs, die **Acker-, Platterbse** (*Lathyrus aphaca,* L.), Plin. 27, 38 (Form -aca). – **II** eine wildwachsende Pflanze, **gemeiner Löwenzahn** (*Leontodon taraxacum,* L.), Plin. 21, 89 u. 105 (Form -ace).

Aphaea, ae, *f.* (Ἀφαῖα v. α u. φαίνομαι, die Unsichtbar-Gewordene, Verschwundene), Beiname der *Britomartis (no.* I), unter dem diese bei den Ägineten (weil sie vor den Verfolgungen eines Schiffers fliehend in einem Heiligtum der Artemis auf der Insel Ägina verschwand) einen Tempel hatte u. verehrt wurde, Ps. Verg. Cir. 303.

aphaerema, atis, *n.* (ἀφαίρεμα), die größte Art **Graupen,** Plin. 18, 112.

aphaeresis, is, *f.* (ἀφαίρεσις), die **Wegnahme, Kürzung,** eine gramm. Figur, wenn ein Buchstabe oder eine Silbe zu Anfang eines Wortes weggelassen wird (wie *lauda* st. *alauda),* Prob. de ult. syll. 263, 7 u. a. Gramm.

aphanticus, a, um (ἀφαντικός), **verödet,** iugeratio, Cod. Theod. 5, 15, 3. – Subst., aphantica, ōrum, *n.*, **verödete Stellen,** Cod. Theod. 13, 11, 3.

Aphareus, ī, *m.* (Ἀφαρεύς), **I** ein König der Messenier, Vater des Lynceus u. Idas, wov. **Apharēius,** a, um, **apharēisch, des Aphareus,** proles, Ov. met. 8, 304. – **II** ein Zentaur, dem Theseus auf der Hochzeit des Pirithous die Arme zerschmetterte, Ov. met. 12, 341 *sqq.*

aphēliōtēs, s. apēliōtēs.

aphorismus, ī, *m.* (ἀφορισμός), ein **kurzer Satz** od. **Lehrsatz,** der den Hauptbegriff einer Sache gedrängt zusammenfasst, der **Aphorismus,** Cael. Aur. acut. 3, 1, 5. Isid. 4, 10, 1.

aphracta, ōrum, *n. pl.* (ἄφρακτος, unverzäunt, unverschlossen) = *navis aperta* (s. apertus *no.* I, 1), Cic. ad Att. 5, 13, 1 u. 6, 8, 4.

aphrissa, ae, *f.* = *dracontium* (w. s.), Ps. Apul. herb. 14.

aphrōdēs, *c.* (ἀφρώδης), **schaumartig, von Schaum,** mecon, wilder Mohn, Plin. 27, 119: dass. aphr. herba, Ps. Apul. herb. 53 (aphron gen. b. Plin. 20, 207).

Aphrodisia, ōrum, *n.* (Ἀφροδίσια), das **Fest der Aphrodite,** Plaut. Poen. 191.

aphrodisiaca, ae, *f.* (ἀφροδισιακή), ein uns unbekannter rötlichweißer Edelstein, Plin. 37, 148.

aphrodisiacum metrum, eine Art des choriambischen Metrums, Mar. Victorin. art. gramm. 2, 6, 8. p. 86, 34 K.

1. **Aphrodīsias,** adis, *f.* (Ἀφροδισιάς), Name vieler nach der Aphrodite benannter Örtlichkeiten, von denen die bekanntesten sind: **I** Stadt an der Grenze von Phrygien u. Karien, zur Römerzeit Freistadt u. Asylort, j. *Gheira (Dscheira)* od. *Yeerah, Keireh;* deren Einw. **Aphrodīsiēnsēs,** ium, *m.*, die **Aphrodisier,** Tac. ann. 3, 62, Cod. Theod. 11, 1, 37. – **II** Hafenstadt in Cicilien, zwischen Celenderis u. Soli, an dem Teile der Küste, der am nächsten nach Cypern hin liegt, j. *Porto Cavaliere,* Liv. 33, 20, 4. – **III** Insel an der Küste von Karmanien, früher Cataea gen., j. *Kisch* od. *Kenn.* Plin. 6, 111. Solin. 54, 13. Mart. Cap. 6. § 700.

2. **aphrodisias,** adis, *f.* = *acoron,* Ps. Apul. herb. 6. **Aphrodītē,** ēs u. **Aphrodīta,** ae, *f.*, eine griech. Gottheit, der römischen Venus entsprechend, Mart. Cap. 1. § 7 (Form *-e*). Auson. egl. 5, 3. p. 10, 22 Schenkl (Form *-a*). – ► Genet. Afroditenis, CIL 6, 12123: Dat. Aphroditeni, CIL 6, 10844.

aphron, ī, *n.*, s. aphrōdēs

aphronitrum, ī, *n.* (ἀφρόνιτρον), **Schaumsalpeter,** auswitterndes Alkali od. Mauersalz von einer gröbern Art, Plin. 31, 113 (ebendas. § 112 spuma nitri gen.). Mart. 14, 58. – Plur. aphronitra, die aus Schaumsalpeter bereiteten Küchelchen, Treb. Poll. Gallien. 6, 5. Cypr. ep. 69, 12. Pelagon. vet. 4: u. dass. panes aphronitri, Stat. silv. 4, 9, 37.

aphthae, ārum, *f.* (ἄφθαι), schleichend sich ausbreitende Geschwüre im Munde, bes. in dem der Kinder, die **Mundfäule,** Marc. Emp. 11 (griech. bei Cels. 6, 11. § 12). – ► Sing. aphtha Paucker Th. Prisc. medic. praes. 1, 15.

aphyē, ēs, *f.* (ἀφύη), ein kleiner Fisch, der **Spierling, Schmelt** (*Salmo eperlanus,* L.), Plin. 31, 95; 32, 145: spät. Nbf. **apua,** ae, *f.*, Apic. 4, 131.

apiācius, a, um (apium), **aus Eppich, Eppich-,** corona, Hyg. fab. 74 M. (vgl. apiacus *no.* II).

apiacus, a, um (apium), **I dem Eppich ähnlich,** brassica, Cato b. Plin. 19, 136: dass. subst., **apiacon,** ī, *n.*, Cato r. r. 157, 2. Isid. 17, 9, 80. – **II aus Eppich, Eppich-,** corona, Hyg. fab. 74 Schm.

apiānus, a, um (apis), **zu den Bienen gehörig, Bienen-,** uva, den Bienen lieb, Muskateller, Plin.: so auch vinum, vitis, Col. – subst., apiāna, ae, *f.* (*sc.* herba), die Pflanze **Kamille,** Ps. Apul. herb. 23.

apiārius, a, um (apis), **zu den Bienen gehörig;** nur subst., **I** apiārius, ī, *m.*, der **Bienenzüchter, -vater,** Plin. 21, 56. – **II** apiārium, ī, *n.*, der **Bienenstand,** das **Bienenhaus,** Col. 9, 5, 1; vgl. Gell. 2, 20, 8.

apiastellum, ī, *n.*, **I** die auch apium rusticum od. herba scelerata od. rhuselinum (ῥουσέλινον) gen. Pflanze, wahrsch. **Gifthahnenfuß** (*Ranunculus sceleratus,* L.), Ps. Apul. herb. 8. – **II** eine Pflanze = *bryonia,* Ps. Apul. herb. 66.

apiastra, ae, *f.* (apis), ein den Bienen nachstellender Vogel, der **Bienenspecht,** gew. *merops* gen. (wahrsch. *merops* od. *merops apiaster,* L.), Serv. Verg. georg. 4, 14.

apiastrum, ī, *n.* (apis), die **Melisse,** eine von den Bienen bes. aufgesuchte Pflanze (μελισσόφυλλον; *Melissa officinalis,* L.), Scriptt. r. r. u. Plin.

apiātus, a, um (apium), **I mit Eppich abgekocht,** aqua, Th. Prisc. 2, 2. – **II** wie mit Eppichsamen **getüpfelt, tüpfelig** (vgl. franz. *moucheté),* mensa, Plin. 13, 97.

apica, ae, *f.* (v. ἄποκος, ›ohne Wolle‹), ein Schaf, das am Bauch keine Wolle hat, ein **Kahlbauch,** Varr. r. r. 2, 2, 3. Plin. 8, 198. Vgl. Paul. ex Fest. 25, 14.

apicātus, a, um (apex), **mit der (Priester-) Mütze geschmückt,** Ov. fast. 3, 397.

apiciōsus (vgl. apica) = calvus, **kahl, Kahlkopf,** Gloss.

Apīcius, ī, *m.*, ein röm. Beiname, unter dem bes. bekannt: M. Gabius Apicius, der berühmteste Feinschmecker u. Kochkünstler der Römer unter Tiberius, Sen. ad Helv. 10, 2 *sq.* Plin. 9, 66. Tac. ann. 4, 1. – dah. Titel eines Buches über die Kochkunst, das noch erhalten, dessen Verfasser aber unbekannt ist. – Dav.: **1 Apīciānus,** a, um, **zu Apicius gehörig, apicianisch,** coctura, Plin.: patina, Apic.: condimenta, Tert. – **2 Apīcius,** a, um, **zu Apicius gehörig, apicisch, des Apicius, a** = von einem Apicius vor od. zu der Zeit des M. Porcius Kato benannt, uva, Cato u. a.: u. subst. Apīcium, ī, *n.* (*sc.* vinum), »apicischer Wein«, Cato u. Varr. – **b** des oben gen. M. Gabius Apicius, epulones, Sidon. ep. 4, 7.

apicula, ae, *f.* (*Demin.* v. apis), das **Bienchen,** Plaut. Curc. 10. Plin. 7, 85. Augustin. ep. 137, 8. Ambros. cant. cantic. 4, 30. *v.* 11: formicularum et apicularum ostenta, Fronto ad Ver. imp. 2, 8.

apiculārius, ī, *m.* (apicula), der **Bienenzüchter,** CIL 6, 4255 zw.

Āpidanus, ī, *m.* (Ἀπιδανός), ein Fluss in Thessalien, der auf dem Othrys entspringt, bei Pharsalus den Enipeus aufnimmt u. bei Larissa in den Penēus mündet, Plin. 4, 30. Prop. 1, 3, 6. Ov. met. 1, 580.

apinae, ārum, *f.*, **Possen,** Mart. 1, 113, 2: sunt apinae tricaeque, Mart. 14, 1, 7; vgl. Gloss. ›apinae, [ἀ]φάνναι‹.

apinārii, s. apenārii.

apinor, ārī, (apinae) **den Possenreißer machen,** Exc. ex Charis. (VII) 430 not. 1 K. ›apinor, εἰκαιολογῶ (schwatze unbedachtsam)‹.

apio, ere (Stamm AP, wovon ἅπτω, apiscor, apex), **anpassen,** außer dem Partiz. aptus (w. s.) nur bei Gramm., z. B. apere, Paul. ex Fest. 18, 9. Serv. Verg. Aen. 10, 270: apiendo, Isid. 19, 30, 5.

Apiolae, ārum, *f.*, Stadt in Latium, Liv. 1, 35, 7. Plin. 3, 70.

Apiōn, ōnis, *m.* (Ἀπίων), **I** Beiname des Ptolemäus, des Königs von Kyrene, der sein Reich den Römern vermachte, Cic. agr. 2, 19, 51. Tac. ann. 14, 18. Liv. epit. 70. – **II** ein berühmter griech. Grammatiker, mit dem Beinamen Plistonices, Zeitgenosse des Tiberius und von diesem cymbalum mundi gen., Plin. 1. praef. § 25 u. a. Sen. ep. 88, 34 (40).

apiōsus, a, um, **mit Schwindel behaftet,** equus, Pelag. vet. 29. Veget. mul. 1, 25, 2: animal, iumentum, Veget. mul. 2, 2 u. 2, 10.

Āpīrēnsis, s. Ēpīrus.

apīrocalus, a, um (ἀπειρόκαλος), im **Schönen unerfahren, geschmacklos,** Gell. 11, 7, 7.

1. **apis,** is, *f.* (ἐμπίς, Mücke, ahd. *imbi,* nhd. Imme), die **Biene** (wie auch bei uns) Muster des Fleißes (Hor. carm. 4, 2, 27), apis aculeus, Cic.: examen apium, Cic.: apum rex, Col.: apis sedula, Ov.: apes Milesiae, Varr. fr.: apes exeunt ad opera, Plin.: apes fingunt favos, Cic., confingunt favos, Plin.: apes mellificant, mella faciunt, Plin.: apes insidunt floribus, Verg.: examen apium ingens in foro consedit, Liv. – ► Genet. Plur. apium, seit Liv. auch apum. – Nbf. apēs, Ven. Fort. 3, 9, 25 u. ö.; vgl. Prob. cath. (IV) 26, 17. Prisc. 3, 33; 6, 57. Claud. Sacerd. 2, 30 E.

2. **Āpis,** is, Akk. im, *m.* (Ἆπις), der Stier zu Memphis, der bei den

Ägyptern göttliche Ehre genoss, nach einigen dem Mond heilig, nach anderen der Sonne od. dem Osiris, Plin. 8, 46 (71), 184*sqq.* Amm. 22, 14, 6*sqq.* Cic. de nat. deor. 1, 82 (wo Akk. *-im).* Tac. hist. 5, 4 u. Lact. 4, 10, 12 (wo Akk. *-in).* Macr. sat. 1, 21. § 20. – ► Abl. Apide, Suet. Tit. 5, 3. Solin. rubr. 32, 1. p. 243, 7 M. Paul. Nol. nat. S. Fel. 11, 85.

apiscor, aptus sum, apiscī (apio; od. vgl. altind. *āpnōti,* erreicht, erlangt), **habhaft werden, I** räumlich **erreichen, einholen,** mare, Cic. ad Att. 8, 14, 3: legatos, Sisenn. fr. b. Non. 68, 24: hominem, Plaut. Epid. 668. – **II** übtr.: **1 erfassen, ergreifen, a** physisch, ex aliis alios (von ansteckenden Krankheiten), Lucr. 6, 1232*sq.* – **b** geistig **erreichen, erfassen, sich aneignen,** rem ratione animi, Lucr. 1, 448: artem Chaldaeorum, Tac. 6, 20. – **2** etwas mit Anstrengung als Ziel seines Strebens **erreichen, erlangen,** etw. **erringen** (s. Brix Plaut. trin. 224. Wagner Ter. heaut. 693. Drak. Liv. 4, 3, 7. Gronov Plin. 35, 78. vol. 6. p. 98 *ed. Sill.* Korte Plin. ep. 4, 8, 6), hereditatem, Plaut.: vitam deorum, Ter.: magnam ex ea re laudem, Serv. Sulpic. in Cic. ep.: summum honorem, Liv.: favorem, Tac.: flaminium, Tac.: alqd bellando, Pacuv. fr.: cuius (finis bonorum) apiscendi causā, Cic. de legg. 1, 52. – m. *Genet.,* wie τυγχάνειν τινός, Tac. ann. 6, 45. – ► Parag. Infin. Präs. apiscier, Ter. Phorm. 406. – Präs. passiv, apiscitur, Plaut. trin. 367: apiscuntur, C. Fann. bei Prisc. 8, 16.

apium, ī, *n.* (apis), der von den Bienen bes. geliebte **Eppich,** ein Doldengewächs von mehreren Arten, als Bergeppich, Sumpfeppich usw., Plin. 19, 123*sq.;* 22, 62 u. a. Col. 11, 3, 33. Aur. Vict. orig. gent. Rom. 12, 4. Arnob. 7, 16. Verg. georg. 4, 121. – Der **Sumpfeppich,** unser **Sellerie** (*Apium graveolens,* L.), gern zu Kränzen verwendet, bes. bei heiteren Gelagen u. Festlichkeiten, auch (bei den Griechen) als Preis in den isthmischen und nemëischen Spielen, s. Voß Verg. ecl. 6, 68. Orelli Hor. carm. 2, 7, 24. Iuven. 8, 226. – apium rusticum = apiastellum *no.* I (w. s.), Ps. Apul. herb. 8. – ► Spät. Nbf. **apius,** ī, *m.,* Veget. mul. 2, 11, 1: bes. Plur. apii = **Selleriewurzeln, Sellerieköpfe,** Gargil. Mart. medic. 2. Pallad. 5, 3, 2. Apic. 3, 65; 4, 181.

aplanēs, is (ἀπλανής), **nicht umherirrend, stetig,** Spät.: Dat. Plur. aplanesi, Apul. dogm. Plat. 1, 11.

aplūda (applūda), ae, *f.,* der **Abgang, a** die **Spreu,** Naev. com. 117. Plin. 18, 99. Vgl. Paul. ex Fest. 10, 14. – **b** die **Kleie,** Plaut. Astr. fr. 6 u. Auct. b. Gell. 11, 7, 3.

aplustre, is, *n.* (ἄφλαστον), gew. als Plur. **aplustria,** ium, *n.,* u. **aplustra,** ōrum, *n.* (ἄφλαστα), das gebogene Schiffshinterdeck mit seinen Verzierungen (Bändern u. kleinen Flaggen an einem Stab, der auf zusammengefügten Brettern stand), der **Schiffsknauf, Spiegel des Schiffes,** Lucr., Cic. fr. u. a. (s. Drak. Sil. 10, 325. p. 515*sqq.* viele Stellen).

aplysiae, ārum, *f.* ἀπλυσίαι, die schlechteste Art **Schwämme,** Plin. 9, 150.

apo, s. apio.

apoca, s. apocha.

apocalypsis, is, Akk. im, Abl. i, *f.* (ἀποκάλυψις), die **Offenbarung, Apokalypse,** Ioannis, Tert. adv. Marc. 4, 5. Isid. 8, 5, 5 u. 8, 5, 16: liber sacrae apocalypsis, Sulpic. Sev. chron. 2, 31, 1.

apocarterēsis, is, Akk. im, *f.* (ἀποκαρτέρησις), der **freiwillige Hungertod,** Tert. apol. 46; adv. Marc. 1, 14. Mart. Cap. 7. § 742.

apocatastasis, is, Akk. in, *f.* (ἀποκατάστασις), als *t. t.* der Astron. = die **Wiederkehr auf den frühern Standpunkt,** Ps. Apul. Ascl. 13. Mart. Cap. 7. § 742.

apocatastaticus, a, um (ἀποκαταστατικός), **auf seinen früheren Standpunkt wiederkehrend, Mars** (als Gestirn), Sidon. ep. 8, 11: sexus, Mart. Cap. 7. § 735.

apocha, ae, *f.* (ἀποχή), die **Quittung** des Gläubigers über empfangene Zahlung, Ulp. dig. 46, 4, 19 u. a.: auch apoca geschr., CIL 6, 1785. – Ggstz. **antapocha,** ae, *f.* (ἀνταποχή), die **Gegenquittung,** ein schriftliches Bekenntnis des Schuldners über empfangene Quittung, bei Zahlung jährlicher Zinsen, als Beweismittel für den Gläubiger gegen die Verjährung der Kapitalforderung, Cod. Iust. 4, 21, 19.

apocho, āre (apocha), **Geld gegen Quittung einkassieren,** Cod. Theod. 11, 2, 1 u. a.

apochyma, atis, *n.* (ἀπόχυμα) = *zopissa* (w. s.), Veget. mul. 2, 54, 4 L.

apoclētī, ōrum, *m.* (ἀπόκλητοι), die **Mitglieder des ständigen Ausschusses** des ätolischen Bundes, der **ständige Ausschuss,** Liv. 35, 34, 2: 36, 28, 8 u. a. (das. durch delecti viri erklärt u. Liv. 38, 1, 4 geradezu delecti Aetolorum gen.).

apoclisis, is, Akk. in, *f.* (ἀπόκλισις), die **Seitenwendung, Ausweichung** (als rhet. Figur), Charis. 286, 17.

apocolocynthōsis, is, *f.* (ἀποκολοκύνθωσις, von ἀπό u. κολοκύνθη, Kürbis), die **Verwandlung in einen Kürbis,** Titel der bekannten (geist- und geschmacklosen), dem Philos. Seneka beigelegten Spottschrift auf den Kaiser Klaudius, einer komischen Vergötterung, an deren Stelle eine Aufnahme unter die Kürbisse od. Dummköpfe gesetzt ist.

apocopa, ae, *f.,* u. **apocopē,** ēs, *f.* (ἀποκοπή), eine gramm. Figur, wenn am Ende eines Wortes ein Buchstabe od. eine Silbe weggelassen wird (wie *bonu* st. *bonus),* Form *-pa,* Prisc. 1, 25: Form *-pe,* Prob. de ult. syll. (IV) 263, 12 u. a. Gramm.

apocopus, a, um (ἀπόκοπος), **entmannt,** Iul. Firm. math. 3, 12, 13.

apocrisiārius, ī, *m.* (ἀποκρίνομαι, Bescheid geben), der **Stellvertreter** eines hohen Kirchenbeamten, Iulian. epit. 6, 26.

apocrotus, a, um (ἀπόκροτος), **hart und rau,** Firm. math. 7, 3 *extr.*

apocryphicus, a, um, **untergeschoben, unecht,** Aug. epist. 237, 3.

apocryphus, a, um (ἀπόκρυφος), **untergeschoben, unecht,** v. Schriften, Pastor, Tert. de pudic. 20: scripturae, Augustin. de civ. dei 15, 23, 4 u. a.: subst., apocrypha, ōrum, *n.,* die der Bibel einverleibten »apokryphischen Bücher«, Ps. Sen. ep. ad Paul. apost. 1 u. Tert. de anim. 2. Augustin. de civ. dei 15, 23, 4.

apoculo, āre (v. ἀποκαλεῖν), **unsichtbar machen,** se, sich fortmachen, sich drücken, Petron. 62, 3; 67, 3.

apocynon, ī, *n.* (ἀπόκυνον, Hundescheuche), **I** ein kleiner Knochen an der linken Seite des giftigen Frosches, Plin. 32, 51. – **II** eine Pflanze, **Hundetod,** Plin. 24, 98.

apodecta, ae, *m.* (ἀποδέκτης), der **Steuereinnehmer,** CIL 11, 316 (wo falsch epodecta).

apoderīnus, a, um (ἀποδέρω), **von ausgeschälten Mandeln od. Nüssen,** isicium, Apic. 2, 53.

apodīcticus, a, um (ἀποδεικτικός), **von unumstößlicher Beweiskraft,** Gell. 17, 5, 3. Fortun. art. rhet. 1, 10. Boëth. in Porphyr. dial. 1. p. 4. Mart. Cap. 5. § 473; 6. § 706 u. 715*sq.*

apodīxis, is, Akk. in, *f.* (ἀπόδειξις), die **unumstößliche Beweisführung,** Petr. 132, 10. Gell. 17, 5, 5. Ambros. ep. 1, 10. Vgl. Gloss. ›apodixis, probatio, exemplum‹.

apodytērium, ī, *n.* (ἀποδυτήριον), das **Auskleidezimmer** im Bad, Cic. ad Q. fr. 3, 1, 1. § 2. Plin. ep. 5, 6, 25. CIL 10, 3922.

apoforēta, s. 1. apophorēta.

apogēus, a, um (ἀπόγειος), **vom Land herkommend,** venti, Plin. 2, 114.

apographon, ī, *n.* (ἀπόγραφον), die **Abschrift, Kopie** (rein lat. *exemplar),* huius tabulae *exemplar,* quod *apographon* vocant, Plin. 35, 125.

apolactizo, āre (ἀπολακτίζω), **mit den Füßen von sich stoßen;** übtr. = **verschmähen,** inimicos meos, Plaut. Epid. 678 G.

Apolaustus, ī, *m.* (ἀπόλαυστος, der Abgenutzte), Name eines Freigelassenen, Spart. Ver. 8, 10. Lampr. Commod. 7, 2.

apolectus, ī, *f.* (ἀπόλεκτος, auserlesen, vorzüglich), eine vorzügliche, zum Einsalzen geeignete Art einjähriger **Thunfische,** Plin. 32, 150: Plur., Plin. 9, 48.

apollināria, ae, *f.* (Apollo), die auch *strychnos* gen. Pflanze, Ps. Apul. herb. 74.

Apollināris, -ineus, s. Apollo.

Apollo, inis, *m.* (Ἀπόλλων), **I Apollo,** Sohn Jupiters von der Latona, Bruder der Diana, urspr. Aufseher des Wildes u. Erhalter der Herden, Erfinder der Kunst des Bogenschießens, der Weissagung und Heilkunde, der Musik und Dichtkunst und deshalb Vorsteher der Musen, später auch mit dem Sonnengott identifiziert, als der reine, strahlende, ewig jugendlich schöne Gott mit den Beinamen Phoebus, pulcher, formosus u. a., Verg. Aen. 3, 251; 3, 119; ecl. 4, 57: als Bogenschütze arcitenens (τοξοφόρος), Verg. Aen. 3, 75: nach seinem Geburtsort Delos Delius, Cic. de nat. deor. 3, 88 u. oft bei Dichtern, u. Delius vates, Verg. Aen. 6, 12: nach seinem Hauptsitz Delphicus, Plin. 34, 14. Min. Fel. 21, 2. – ad Apollinis (*sc.* aedem), Liv. 40, 51, 3. – Apollinis urbs = Apollonia *no.* III, Ov. trist. 1, 10, 35. – Apollinis urbs magna (πόλις μεγάλη Ἀπόλλωνος), Hauptstadt des nach ihr benannten Nomos Apollonopolites (Plin. 5, 49) in Oberägypten, am westl. Ufer des Nils, j. das Dorf *Edfu,* Plin. 5, 60. – promunturium Apollinis, ein Vorgebirge nördl. von Utika, Sardinien gegenüber, j. *Cap Zibîb,* Liv. 30, 24, 8 u. a., früher Pulchri od. Pulchri promunturium (Καλοῦ ἀκρωτήριον gen.), Liv. 29, 27, 12. – poet., aperitur Apollo = der Apollotempel wird sichtbar, Verg. Aen. 3, 275. – **II** übtr. = **Baal,** der Sonnengott der Tyrier, Curt. 4, 3 (15), 22 (wie das. § 23 Saturnus = Moloch). – ► Griech. u. altlat. Formen: Apollonis, Liv. 35, 51, 1. Fronto ad M. Caes. 4, 5. p. 68, 14 N.: Apolloni, Liv. 29, 10, 6: Apolo, CIL 14, 4105: Apolones, CIL 1, 187: Apolone (Dat.), CIL 10, 4612: Apolenei, CIL 1, 167: Apolinei, CIL 1, 562: Apellinem, Paul. ex Fest. 22, 14. – Plur., Apollines quattuor, Arnob. 4, 17. Dav. abgel.: **A** **Apollināris,** e, **zu Apollo gehörend, ihm geweiht, apollinarisch,** **1** *adi.:* laurea, Hor.: ludi, die dem Apollo zu Ehren jährlich am 5. Juli gefeierten, Cic. u. a.: sacrum, Liv.: herba, radix, Scribon. (s. unten *no.* 2, a). – Sidonius Apollinaris, s. 2. Sidonius. – **2** *subst.:* **a** Apollināris, is, *f.* *(sc.* herba), **α** eine sonst *hyos cyamus* genannte Pflanze, Plin. 26, 140: Apollinaris herbae radix, Scrib. 93 u. 108, Apollinaris radix, Scrib. 90 u. 121. – **β** eine Art des *solanum,* Ps. Apul. herb. 22. – **b** Apollināre, is, *n.,* ein dem Apollo geweihter Platz, das **Apollinare,** Liv. 3, 63, 7. – **B** **Apollineus,** a, um, **zu Apollo gehörig, apollinisch, des Apollo,** medulla, Ov.: laurus, Ov.: vates, von Orpheus, Ov.: ars, Weissagekunst und Arzneikunst, Ov.: proles, Äskulap, Apollos Sohn, Ov.: mater, Latona, Stat.: frater Byblidis, Apollos Enkel, Ov.: urbs, Delos, Ov. – ► Nbf. Apollōnius, Not. Tir. 81, 79.

Apollodōrus, ī, *m.* (Ἀπολλόδωρος), ein griech. Eigenname, unter dem bes. bekannt sind: **I** ein berühmter Rhetor aus Pergamum, noch als bejahrter Greis Lehrer des jungen Oktavian (nachm. Kaisers Augustus) in der Redekunst, Suet. Aug. 80, gegen den der Rhetor Theodorus auftrat, sodass sich in der Rhetorik zwei einander entgegengesetzte Sekten od. Schulen bildeten, die **Apollodōrēī** u. **Theodōrēī,** s. Ruperti Tac. dial. 19, 3. Spalding Quint. 3, 1, 17 u. 18. – **II** ein Grammatiker aus Athen (um 140 v. Chr.), Schüler des Stoikers Panätius u. des Grammatikers Aristarchus, Verf. einer wohlgeordneten, noch erhaltenen Zusammenstellung der verschiedenen Mythen des Altertums, Varr. LL. 5, 105; 6, 2. Cic. ad Att. 12, 23, 2. Macr. sat. 1, 17, 19; 1, 20, 4. – ► griech. Genet. Apollodoru (Ἀπολλοδόρου), Didasc. ad Ter. Hec. et Phorm.

Apollōnia, ae, *f.* (Ἀπολλωνία), Name vieler Örtlichkeiten der alten Welt, von denen die bekanntesten: **I** Kastell od. festes Städtchen der Lokri Ozolä bei Naupaktus, Liv. 28, 8, 9. – **II** Stadt unweit der Aousmündung in Illyrien od. Neuepirus, noch zur Römerzeit angesehen als Sitz wissenschaftlicher Studien, j. *Polonia* od. *Polina,* Cic. Phil. 11, 26. Caes. b. c. 3, 12, 2. Liv. 24, 40: mit Erdpechquellen u. -gruben in der Nähe, Vitr. 8, 3, 8. – **III** milesische Kolonie in Thrazien am Pontus, mit zwei Häfen, zum Teil auf einer Insel erbaut, j. *Sizeboli,* Mela 2, 2, 5 (2. § 30). Iustin. 15, 2, 2. Eutr. 6, 10. Amm. 22, 8, 43. – **IV** Stadt in Mygdonien (Mazedonien), südl. vom See Bolbe, j. *Polina,* Liv. 45, 28, 8. – Dav.: **a** **Apollōniātēs,** ae, *m.,* **aus Apollonia,** der **Apolloniate,** Diogenes A. (aus dem sonst unbek. A. auf Kreta), Cic. de nat. deor. 1, 29. Censor. 9, 2. – **Öfter** Plur. Apollōniātae, ārum, *m.,* u. Apollōniātēs, um od. ium, *m.* (s. Drak. Liv. 26, 25, 2), die Einw. von Apollonia (bes. v. *no.* II), die **Apolloniaten,** Cic., Liv. u. a. (Sing. adj. Apollonias, wov. Abl. in Apolloniati agro, Liv. 42, 36, 8). – **b** **Apollōniēnsis,** e, **zu Apollonia gehörig, apollonisch,** civitas A. (eine Stadt an der Nordküste Siziliens), Cic. Verr. 3, 103. – Plur. subst., Apollōniēnsēs, ium, *m.,* die Einw. von Apollonia (*no.* III), die »Apollonier«, Iustin. 15, 2, 2. – **c** **Apollōniāticus,** a, um, **aus Apollonia** (*no.* II), **apolloniatisch,** bitumen, Plin. 35, 178.

Apollōnis, nidis, *f.* (Ἀπολλωνίς), Stadt in Lydien zwischen Pergamus u. Sardes, Cic. Flacc. 51 (wo Akk. -nidem). – Dav. **Apollōnidēnsis,** e, **apollonidensisch, aus Apollonis,** Xenon, Cic. ad Att. 5, 13, 2: öfter Plur. Apollōnidēnsēs, ium, *m.,* die Einw. von Apollonis, die **Apollonidenser,** Cic. u. Tac.

Apollōnius, ī, *m.* (Ἀπολλώνιος), griech. Eigenname, unter dem bes. bekannt sind: **I** Apollonius Alabandēnsis, mit dem Beinamen Μαλακός, griech. Rhetor um 120 v. Chr., Cic. de or. 1, 75 u. a. – **II** Apollonius Molo, Landsmann des vorigen u. ebenf. griech. Rhetor um 110 v. Chr., Cic. Brut. 307 u. a. Quint. 3, 1, 10 u. a. – **III** Apollonius Pergamenus, Schriftsteller über die Landwirtschaft, Varr. r. r. 1, 1, 8. Col. 1, 1, 9. – **IV** Apollonius Rhodius, Verf. der Argonautica, die P. Terentius Varro ins Lateinische übertrug, Quint. 10, 1, 87. – **V** Apollonius aus Myndus, Astronom, Sen. nat. qu. 7, 3, 17. – **VI** Apollonius Tyaneus (aus Tyana), Philosoph und Schwarzkünstler im 1. Jahrh. n. Chr., dessen Leben Philostratus beschrieben hat, Amm. 21, 14, 5. Lact. 5, 3, 7. Augustin. ep. 136, 1 u. 138, 18. Vopisc. Aurel. 24, 3.

Apollōnopolītēs, s. Apollo.

apologātio, ōnis, *f.* (aus ἀπόλογος mit der lat. Endung -atio), die **fabelhafte Erzählung** in äsopischer Manier, Quint. 5, 11, 20.

apologēticon od. **-um,** apologēticum ī, *n.* (ἀπολογητικόν), die **Verteidigungsschrift,** Lact. 5, 4, 3. Isid. 6, 8, 6.

apologia, ae, *f.* (ἀπολογία), die **Verteidigung,** Hieron. adv. Rufin. 2, 1: Plur., Genn. vir. ill. 97 *extr.*

apologismos, ī, *m.* (ἀπολογισμός), die Herrechnung = **Auseinandersetzung der Gründe,** als rhet. Fig., Charis. 285, 9.

apologo, āvī, āre (v. ἀπολέγω), **verwerfen, verschmähen,** Sen. ep. 47, 9.

apologus, ī, *m.* (ἀπόλογος), die **allegorische Erzählung,** insbes. die **äsopische Fabel,** das **Märchen,** Plaut. Stich. 538 *sqq.* Rhet. Her. 1, 10. Cic. de inv. 1, 25. Suet. rhet. 1: narrationes apologorum, Cic. de or. 2, 264: in apologis et quibusdam historiis, Quint. 6, 3, 44.

apomeli, itis, *n.* (ἀπόμελι), **Honigwasser,** Plin. Val. 5, 6.

Aponus, ī, *m.* (ἄπονος, Schmerzen vertreibend), od. gew. Aponi fons od. fontes, berühmte heiße Schwefelquellen beim j. *Albano,* unw. Paduas (dah. bei Plin. Patavinorum aquae calidae u. Patavini fontes gen.), Sil. 12, 218. Suet. Tib. 14, 3. Mart. 6, 42, 4; besungen Claud. eidyll. 6 (wo *v.* 90 der griech. Akk. Aponon). – auch *adi.,* Apona tellus, Flach Mart. 1, 62, 3.

apophasis, is, Akk. in, Abl. i, *f.* (ἀπόφασις), die **Verneinung, Abwehr** (rein lat. abnuentia od. negatio), Ggstz. cataphasis (rein lat. affirmatio), Aur. Augustin. rhet. 11. Isid. 2, 27, 3. Vict. art. rhet. p. 375, 38 H.

apophlegmatismos, ī, *m.* (ἀποφλεγματισμός), ein **Schleimabführungsmittel,** Cael. Aur. acut. 1, 15, 116 u. a. Th. Prisc. 1, 6.

apophlegmatizo, āre (ἀποφλεγματίζω), **abführende Mittel anwenden,** Th. Prisc. 2, 3.

1. apophorēta, ōrum, *n.* (ἀποφόρητα), Geschenke, die man an den Saturnalien, auch bei anderen festlichen Gelegenheiten, nach beendigter Mahlzeit den Gästen mit nach Hause gab (meist Schmucksachen, s. Mart. 14, 2 *sqq.* Suet. Aug. 75), **Tafelgeschenke,** Petr. 56, 8; 60, 4. Suet. Cal. 55, 2; Vesp. 19. Lampr. Heliog. 21, 7. Schol. Iuven. 6, 203: qui ad convivium magnum invitantur, apophoreta secum referre consueverunt, Ambros. exh. virg. 1. – später auch die Geschenke, die die *Candidati Principis* (s. 1. candidātus) nach Beendigung der von ihnen veranstalteten Spiele dem Kaiser, sowie ihren Gönnern u. Freunden machten, Symm. ep. 2, 80 (81). – ► Sing. apophorētum, Augustin. ep. 150 *extr.* Symm. ep. 5, 56 (54) Seeck.

2. apophorēta, ae, *f.* (ἀποφόρητος), eine **flache Schüssel,** Isid. 20, 4, 12.

apophorētus, a, um (ἀποφόρητος), **zum Mitnehmen** (für die Gäste) **bestimmt,** et hi (porcelli) quidem apophoreti fuerunt, Petr. 40, 4 B. (Vulg. apophoreta, w. vgl.).

apophysis, is, *f.* (ἀπόφυσις), die Einbeugung des Säulenstammes nach oben od. unten, der **An-** od. **Ablauf,** Vitr. 4, 7, 3; vgl. Schneider Vitr. 4, 1, 11 (wo apothesis [ἀπόθεσις] in dems. Sinne).

apopīras, atis, *n.* (ἀπόπειρα), der **Versuch,** das **Heilmittel,** Pelagon. vet. 7 u. 9.

apoplēcticus, a, um (ἀποπληκτικός), **zum Schlagfluss geneigt,** Plur. subst., apoplēcticī, ōrum, *m.*, Firm. math. 3, 5, 4 u. 3, 14, 8. Cael. Aur. acut. 3, 5, 54.

apoplēctus, a, um (ἀπόπληκτος), am ganzen Körper **vom Schlagfluss getroffen** (Ggstz. paraplectus), feminae, Cael. Aur. acut. 3, 5, 55: Plur. subst., apoplēctī, ōrum, *m.*, *ibid.*

apoplēxia, ae, *f.*, u. **apoplēxis**, is, Akk. in, Abl. i, *f.* (ἀποπληξία, ἀπόπληξις, der **Schlag, Schlagfluss,** bes. am ganzen Körper (Ggstz. paraplexia), Form *-ia*, Cael. Aur. acut. 3, 5, 55. Oros. 7, 15, 3 (wo Akk. -ān). Form *-is*, Capit. Anton. phil. 14, 8. u. Ver. 9, 11. Tertull. de anim. 53. Firm. math. 3, 7, 8.

apoproēgmena, ōrum, *n. pl.* (ἀποπροηγμένα), als *t. t.* der **Stoiker, Nach-** od. **Zurückgesetztes, Zurückgewiesenes,** von den Dingen, die an sich keine Übel, aber doch als ihnen nahekommend abzuweisen sind, rein lat. *reiecta, remota* (Ggstz. proēgmena, rein lat. *praeposita,* Bevorzugtes), Cic. de fin. 3, 15.

apopsis, is, *f.* (ἄποψις), eine **Anhöhe mit einer schönen Aussicht,** Fronto fer. Als. 3. p. 225, 11 N.

apor, alte Form für apud, Paul. ex Fest. 26, 5.

aporia, ae, Akk. ān, *f.* (ἀπορία), die **Verlegenheit,** Ps. Sen. ep. ad Paul. 10. Vulg. Sirach 27, 3. – als rhet. Fig., Charis. 287, 3 (b. Rutil. Lup. 2, 10 u. a. griech.).

aporiātio, ōnis, *f.* (aporior), die **Verlegenheit,** Tert. adv. haer. 49.

aporior, ātus sum, ārī (ἀπορέω), **in Verlegenheit sein,** Eccl.

aporrīa, ae, *f.* (ἀπόρροια), der **Abfluss,** Placid. gloss. (V) 4, 19.

aposcopeuōn, ontis, Akk. onta, *m.* (ἀποσκοπεύων), der **nach der Ferne hin Spähende,** ein Gemälde des Antiphilus, ein Satyr, der, die Hand über die Augen haltend, nach der Ferne hin späht, Plin. 35, 138.

aposiōpēsis, is, Akk. in, Abl. i, *f.* (ἀποσιώπησις), das **Abbrechen mitten in der Rede** (rein lat. reticentia), eine rhet. Fig., Serv. Verg. Aen. 2, 100 u. 101 (griech. Quint. 9, 2, 54 u. Aquil. Rom. § 5).

aposphragisma, atis, *n.* (ἀποσφράγισμα), das **eingeschnittene Bild** im Siegelring, Plin. ep. 10, 74 (16) *extr.*

aposplēnos, ī, *f.* (ἀπό u. σπλήν), **Rosmarin,** Ps. Apul. herb. 79.

apostasia, ae, *f.* (ἀποστασία), der **Abfall** von der Religion, Iren. 1, 3, 3.

apostata, ae, *m.* (ἀποστάτης), der **Abtrünnige** vom Glauben, der **Apostat,** Tertull. de pudic. 9 u. a. Eccl.

apostatātio, ōnis, *f.* (apostato), die **Abtrünnigkeit** vom Glauben, Salv. de gub. dei 6, 31.

apostatātus, ūs, *m.*, die **Abtrünnigkeit** vom Glauben, Gregor. M. in 1. regg. 5, 3, 20.

apostaticus, a, um (ἀποστατικός), **a abtrünnig** vom Glauben, Tert. adv. Marc. 4, 5 u. a. Eccl.: Plur. subst., Lucif. de non conv. 2. – **b eiternd,** Pelag. vet. 28.

apostato, āvī, āre, vom Glauben **abtrünnig werden,** Cypr. ep. 57, 3 u. a. Eccl.

apostatrīx, īcis, *f.*, die **Abtrünnige, abtrünnig** vom Glauben, Vulg. Ezech. 2, 3.

apostēma, atis, *n.* (ἀπόστημα), der **Abszess,** das **Geschwür** (rein lat. abscessus od. suppuratio, s. Plin. 20, 16), Plin. 28, 217. Veget. mul. 2, 55, 2 L. – Nbf. apostēma, ae, *f.*, Veget. mul. 4, 8 *lemm.* Isid. 4, 7, 19.

apostola, ae, *f.* (apostolus), die **Apostelin,** Augustin. serm. 132, 1.

apostolātus, ūs, *m.* (apostolus), das **Apostelamt,** Tert. adv. Marc. 1, 20 u. a. Eccl.

apostolicē, *Adv.* (apostolicus), **apostolisch,** Avell. p. 599, 11. Fulg. Rusp. ad Thras. 1, 11.

apostolicus, a, um (ἀποστολικός), **apostolisch,** Tert. orat. 15 u. spät. ICt. – subst., apostolicī, ōrum, *m.*, die Schüler u. Freunde der Apostel, Tert. praescr. adv. haer. 32: auch Name einer christl. Sekte, Isid. 8, 5, 19.

apostolus, ī, *m.* (ἀπόστολος, abgesandt), **I** der **Bericht** an einen höheren Richter, rein lat. dimissoriae litterae, ICt. – **II** der **Apostel,** Hieron. ep. in Gal. 1, 1 u. a. Eccl.

apostropha, ae, *f.* u. **apostrophē**, ēs, *f.*, (ἀποστροφή), die **Abkehr,** eine rhet. Figur, wenn der Redner in seinem Vortrag sich von dem Richter ab- u. zu dem Gegner hinwendet u. ihn anredet, Quint. 4, 1, 69. Serv. Verg. Aen. 2, 56. Ps. Ascon. in Cic. II. Verr.. 1, 25. Mart. Cap. 5. § 523. Hier. in Ierem. 13 (rein lat. aversus a iudice sermo, Quint. 4, 2, 106; 9, 2, 38, sermo a persona iudicis aversus, Quint. 4, 1, 63, od. bl. oratio aversa, *ibid.* § 67, u. aversio, Aquil. Rom. § 9).

apostrophos u. **-us**, ī, *f.* (ἀπόστροφος), der **Apostroph,** Diom. 372, 9 u. a. Gramm.

Apotactitae, ārum, *m.*, eine Ketzersekte, Cod. Theod. 16, 5, 11.

apotamia, ae, *f.* (ἀποταμιεύομαι), die **Vorratskammer,** rein lat. cellarium, Cael. Aur. acut. 3, 21, 204.

apotelesma, matis, *n.* (ἀποτέλεσμα), der **Einfluss der Gestirne und Konstellation auf das Schicksal** der Menschen, Firm. math. 8, 5 u. a.: Plur., Firm. math. 2, 32.

apotelesmaticē, ēs, *f.* (ἀποτελεσματική), die Kunst, die Konstellation zu deuten, die **Nativitätsstellerei,** Fulg. mitol. 3, 10. p. 78, 4 H.

apotelesmaticus, a, um (ἀποτελεσματικός), **zur Nativitätsstellerei gehörig,** Fulg. mitol. 3, 10. p. 79, 1 H.

apothēca, ae, *f.* (ἀποθήκη), Ort, etw. niederzulegen od. aufzubewahren, die **Niederlage,** der **Speicher,** das **Lager,** die **Vorratskammer,** bes. u. gew. aber das **Weinlager** im oberen Teil des Hauses über dem *fumarium,* wo die in tönerne Gefäße gefüllten besseren Weinsorten im Rauch standen, um klar und trinkbar zu werden (versch. von der cella vinaria, s. cella), Cic., Hor. u. a.; vgl. Heindorf Hor. sat. 2, 5, 7: apotheca triclinii, ein kleines Weinlager in der Nähe des Trikliniums, CIL 6, 1345*, u. übtr., si quasi apothecā librorum utebatur, gleichs. ein Lager von Büchern hatte, Ulp. dig. 33, 7, 12. § 34.

apothēcārius, ī, *m.* (apotheca), der **Lagerdiener,** Cod. Iust. 12, 58, 12. § 3. Augustin. ep. 185, 4, 15.

apothēco, āre (apotheca), **aufspeichern,** bildl., Ven. Fort. epist. praef. libr. 5. carm. 6.

apotheōsis, is, Akk. in, *f.* (ἀποθέωσις), die **Vergötterung,** Tert. apol. 34 (bei Cic. ad Att. 1, 16, 13 griech.).

apothesis, is, *f.*, s. apophysis.

apotomē, ēs, *f.* (ἀποτομή), der **Abschnitt,** rein lat. decisio, Boëth. de mus. 2, 30.

apoxyomenos, ī, *m.* (ἀποξυόμενος), der **sich Abreibende,** eine Statue des Lysippus, Plin. 34, 62.

apozema (apozima), atis, *n.* (ἀπόζεμα), der **Absud,** das **Dekokt,** Th. Prisc. 3, 8. Plin. Val. 1, 6; 2, 30; 5, 24.

apozymo, āre (ἀπό u. ζυμοῦν) **durch Umschläge erhitzen und aufziehen,** Th. Prisc. 1, 19.

appagineculī, ōrum, *m.*, **Zieraten,** Vitr. 7, 3, 5 R.

appango, s. 2. appingo.

apparāmentum, ī, *n.* (apparo), die **Zurüstung** (konkret), CIL 12, 1567.

apparātē, *Adv.* m. *Compar.* (apparatus, a, um), **mit großen Zurüstungen, prächtig,** opipare et app. edere et bibere, Cic.: ludi magnifice apparateque facti, Liv.: apparatius cenare, Plin. ep. – übtr., v. der Rede, **allzu gewählt, studiert,** quod nimium app. compositum est, Rhet. Her. 1, 11.

apparātio, ōnis, *f.* (apparo), die **Beschaffung, Zurüstung, I** eig.: difficilis, Vitr.: balistarum, Vitr.: popularium munerum, Cic.: Plur. bei Vitr. 2, 10, 3. – **II** übtr., das **absichtliche Hinarbeiten, Studieren** auf etw. von Seiten des Redners, die **Absichtlichkeit,** quaedam app. atque artificiosa diligentia, Cic. de inv. 1, 25; u. so Rhet. Her. 1, 12.

apparātor, ōris, *m.* (apparo) = apparitor, der **Zurüster, Diener, Aufwärter,** conviviorum, Acro Hor. sat. 2, 4, 47. CIL 14, 53. Tert. adv. Valent. 32.

apparātōrium (apparitōrium), ī, *n.*, das **Zurüstungshaus,** ein Gebäude für Leichenmahle u. a., CIL 3, 3960 u. 4792. Gloss. ›app. i.e. adiutorium, ubi res quaecunque apparantur‹.

apparātrīx, īcis, *f.* (Fem. zu apparator), die **Dienende**, Hier. ep. 18, 14.

1. apparātus, a, um, *PAdi.* m. *Compar.* u. *Superl.* (v. apparo), **I** von Pers., **wohl gerüstet u. vorbereitet**, Plaut. merc. 851. – **II** von Sachen, **mit allem wohl versehen, wohl ausgestattet**, **1** eig.: domus apparatior, Cic.: dah. **prächtig, glänzend, herrlich**, epulae, Liv.: ludi apparatiores, Liv.: ludi apparatissimi, Cic. – **2** übtr., v. der Rede, **allzu gewählt, gesucht, studiert**, oratio, Rhet. Her.: verba, Rhet. Her.

2. apparātus, ūs, *m.* (apparo), **I** abstr. = die **Zubereitung, Zurüstung, Beschaffung**, die **Anstalten** zu usw., operis, Cic.: sacrificii, Sen.: bes. zum Krieg, curam intendere in belli apparatum, Liv.: belli apparatum discutere, Liv.: urbs ipsa strepebat apparatu belli, Liv.: biduum in apparatu morati, Liv.: Plur., tanti erant in oppido omnium rerum ad bellum apparatus, Caes.: apparatus terrestres maritimique, Liv.: belli apparatus refrigescent, Cic. – **II** konkr. = die **Zubereitung, Zurüstung, Einrichtung**, die **Anstalten**, der **Apparat** (= die **Werkzeuge, Geräte, Maschinen** usw.), **A** im Allg.: tenuiculus, Cic.: Darei, Möbel, Geschirr, Plin.: argenteus, Plin.: belli, Kriegsvorräte, -apparat, -werkzeuge, Liv. (s. Fabri Liv. 21, 49, 7): u. so apparatum incendere, Nep.: omnis apparatus oppugnandarum urbium, Liv.: plenum esse bellico apparatu, Liv.: v. Menschen, dimissus auxiliorum apparatus, Liv. – Plur., apparatus regii, Liv.: alii belli apparatus, Liv.: sacrorum apparatus disicere, Liv.: oneratus fortunae apparatibus suae, mit den äußeren Zutaten seines Gl., Liv. – **B** insbes.: **1** eig., die **glänzende, prächtige Zurüstung** od. **Ausstattung**, die **Pracht**, der **Glanz, Staat, Prunk** (in Geschirren, Kleidern, Speisen usw., der **Pomp** (bes. bei feierlichen Gelegenheiten), apparatus magnifici, Cic.: regius, Cic.: epularum, ludorum venationumque, Cic.: magnifici apparatus ludi, Spiele mit großem Gepränge abgehalten, Liv. – **2** übtr., der **Prunk**, die glänzende **Ausstattung** der **Rede**, dixit causam illam … nullo apparatu, pure et dilucide, Cic.: si minorem habent apparatum (sunt enim exilia), Cic.

appārēns, s. ap-pāreo.

appārenter, *Adv.* (apparens), **sichtbar**, Boëth. elench. 1, 7.

appārentia, ae, *f.* (appareo), das **Sichtbarwerden**, die **Erscheinung**, Tert. adv. Marc. 1, 19. – übtr., die **äußere Erscheinung**, Firm. math. 5, 8.

ap-pāreo (ad-pāreo), uī, itūrus, ēre, **zum Vorschein kommen, sichtbar werden** od. **sein, zu sehen sein, erscheinen, sich zeigen**, **I** im Allg.: **A** eig. (Ggstz. latēre, latitare, occultum esse), si appareret, Plaut.: ille bonus vir nusquam apparet, Ter.: in terris non apparuit (v. Romulus), Lampr.: quod nec hostis usquam apparebat, Liv.: anguis nusquam apparuit, Arnob.: equus mecum demersus rursus apparuit, Cic.: in qua relicta pertica postridie non apparet propter herbam, Varr.: facite sonitus ungularum appareat, lasst der Hufe Klang ertönen, Plaut.: m. *Dat. pers.*, anguis ille, qui Sullae apparuit immolanti, Cic.: u. app. alci in somnis, Vulg. Matth. 1, 20 u. 2, 13. – u. so von der Anwesenheit vor Gericht, in his (subselliis) me apparere (erscheinen) nollem, Cic. – u. vom Erscheinen, Sichtbarwerden des Tageslichtes, der Gestirne, Kometen, queis numquam dies apparuit, Tibull.: Canopus paucis diebus paulisper apparet, Plin.: cum stella crinita in caelo apparuisset, Suet.: m. adjekt. Prädik., numquam maior arcus dimidio circulo apparet, Sen. – dah. apparēns, **sichtbar** (Ggstz. latens), Ov. u. Quint. – **B** übtr.: **1 sichtbar sein** = als geschehen, vorhanden, wahr an jmd. oder etw. **sich zeigen, sich kundtun** od. **-geben, sich darstellen, ersichtlich sein, in die Augen springen, sich bewähren**, fac sis promissa appareant, Ter.: ratio apparet, ist als richtig befunden, Plaut.: apparet id etiam caeco, Liv.: opus apparet, ist (als fertig) ersichtlich, Cato: non apparere labores nostros, Hor.: ut videam, ubi rhetoris tanta merces appareat, wo der dem Rhetor (für seinen Unterricht) gezahlte so hohe Lohn (d. i. die von ihm für so hohen Lohn gelernte Redekunst) sich bewähren würde, Cic.: in angustiis amici apparent (bewähren sich), Petr. – **2** *res* apparet, u. gew. apparet m. folg. *Acc.* u. *Infin.* od. indirekt. **Fragesatz** (mit qualis, quantus, quid, utrum … an, bl. an), die Sache od. **es ist augenscheinlich, -offenbar, -klar, es leuchtet ein, erhellt**, Komik., Cic. u. a.: in causa non fuisse feritatem eo apparet, quod (dass) etc., Sen. ad Helv. 8, 1 (7, 8). – m. *Dat. pers.*, Nep. Ages, 6, 1; Eum. 10, 3; Paus. 1, 1. – mit *Nom.* u. *Infin.* (wie δῆλός ἐστι), membra nobis ita data sunt, ut ad quandam rationem vivendi data esse appareant, Cic. de fin. 3, 23 (u. so Sen. prov. 5, 1. Suet. Ner. 1, 2). – m. adjekt. Prädikat., rebus angustis animosus atque fortis appare, Hor. carm. 2, 10, 21: paulatim et ipsa (rhetorica) utilis honestaque apparuit, Suet. rhet. 1. – **II** insbes., einem Höheren, Vorgesetzten, Gebieter als Diener erscheinen, d. i. zu **Gebote-, zu Befehl stehen**, ihm **dienen**, auch übh. **sich nach seinem Willen richten**, **a** übh., postquam tibi appareo atque aeditumor in templo tuo, Pompon. com. fr.: hae (Dirae) Iovis ad solium saevique in limine regis apparent, Verg.: divorumque iras (sacerdotes) providento iisque apparento, sich nach ihm (dem Zorn) richten, Cic. – **b** einer röm. Magistratsperson als Diener, bes. als öffentlicher Schreiber, Liktor **dienen, aufwarten, zu Gebote stehen** (vgl. Drak. Liv. 9, 46, 2), lictor, qui apparebat, Claud. Quadr. fr. bei Gell. 2, 2, 13: m. *Dat. pers.*, consulibus, aedilibus, Liv.: od. m. *Dat. rei*, bei der usw., quaestioni, Cic.: auch übtr., von Eumenes, **als Geheimschreiber dienen**, septem annos Philippo, Nep. Eum. 13, 1. – ▶ appareas = *apparebis*, Vulg. 4. Esdr. 11, 45.

appārēsco, ere (*Intens.* v. appareo), **anfangen zu erscheinen**, Hier. ep. 12 u. a. Eccl.

ap-pario, ere, **dazu bereiten, -verschaffen, -erwerben**, spatium, größeren Raum gewinnen, Lucr. 2, 1110.

appāritio, ōnis, *f.*, **I** (= ἐπιφάνεια) die **Erscheinung** Christi, Christi, Eccl.: domini et salvatoris nostri, Eccl.: dominica, Eccl. – **II** (v. appareo *no.* II) der **öffentl. Dienst** (des *apparitor*, s. d.), der **Unterbeamtendienst**, Cic. ep. 13, 54 *extr.*: praefecturae praetorianae, Amm. 15, 3, 8; u. so alle Dienste zur Kaiserzt. – Plur. apparitiones meton. = *apparitores*, die **öffentlichen Diener, Unterbeamten**, Cic. ad Q. fr. 1, 1, 4. § 12. Auch Singul. apparitio in dieser Bedeutung, omnis toga apparitioque, seine Freunde u. sein Tross, Amm. 15, 7, 3.

appāritor, ōris, *m.* (appareo *no.* II), der einer Magistratsperson als Gehilfe zu Gebote stehende **öffentliche Diener, Unterbeamte** (Schreiber, Liktor, Präko, Viator u. dgl.), der besoldet war u. eine Art Amtskleidung trug, Cic. u. a.

appāritōrium, s. apparātōrium.

appāritūra, ae, *f.* (appareo *no.* II), der **Amtsdienst** (eines Schreibers, Liktors usw.), magistratibus apparituram facere, Suet. gr. 9.

ap-paro (ad-paro), āvī, ātum, āre, zu etwas das Erforderliche (bes. mit Sorgfalt, Anstrengung, Aufwand) **herbeischaffen und in Bereitschaft setzen**, etw. **beschaffen, zubereiten, zurüsten**, zu etwas **Anstalt treffen** od. **machen**, etw. **betreiben**, prandium, Plaut.: nuptias, Ter.: convivium, Cic.: aggerem, Caes.: bellum, iter, ludos, Cic.: crimina in alqm, schmieden, aufbringen, Cic.: auxilium alci, schaffen, verschaffen, Plaut.: m. folg. *Infin.*, Plaut. asin. 434. Caes. b. G. 7, 26, 3 u. a.: absol. (vgl. Ruhnken Ter. Andr. 1, 5, 19. Bremi Nep. Thras. 2, 2), dum apparatur, man Anstalt macht, die Sache betreibt, Ter.: in apparando, Nep.: mit folg. *ut* u. Konj., Plaut. aul. 827: u. se apparare m. folg. *Infin.* = sich bequemen zu usw., Plaut. asin. 601. – ▶ Parag. *Infin.* adpararier, Plaut. Men. 1137.

ap-pāsco (ad-pāsco), ere, an etw. **weiden**, appasci silphio, *Auct. itin. Alex. M. 75 M.

ap-pectoro, (āvī), ātum, āre (ad u. pectus), **an die Brust drücken**, Solin. 26, 5.

appellātio, ōnis, *f.* (1. appello), das **Antönen**, **I** mit Worten, das **Ansprechen**, die **Ansprache, Anrede**, **1** im Allg., Caes. b. 2, 28, 2. – **2** insbes., als publiz. *t. t.*, die **Berufung, Appellation**, tribunorum, an die Tribunen, Cic.: ad populum, Plin.: ut omnes appellationes a iudicibus ad senatum fierent, Suet. – **II** mit Lauten, **1** die **Aussprache**, litterarum, Cic. u. Quint. – meton., das **Substantiv**, Quint. 9, 3, 9; vgl. 1, 4, 20. – **2** das **Benennen**, die **Benennung**, neque nominum ullorum inter eos appellatio est, sie nennen sich untereinander nicht mit Namen, Plin. 5, 45; vgl. Quint. 7, 9, 2. – meton. = *nomen*, die

Benennung, der **Name, Titel,** inanis, Cic.: imperatoria, der Titel »Imperator«, Vell.: alqm Caesaris appellatione donare, Capit.: alqm patris appellatione salutare, jmd. »Vater« anreden, Plin.: Plur., regum appellationes, Cic. de domo 129: ignobiles ac barbarae appellationes, Plin.: quod multiplex colorum facies, appellationes autem incertae et exiguae forent, Gell. – insbes., der **Titel** einer Schrift, hoc opusculum nec materiā amoenum est nec appellatione iucundum, Auson. parent. praef. p. 28 Peiper. – u. **ein bloßer Name** = nichts Sicheres, nihil esse rem publicam, appellationem modo sine corpore ac specie, Caes. bei Suet. Caes. 77, 1.

appellātīvus, a, um (1. appello), **I** zur Benennung dienend, **appellativ,** nomen, einer ganzen Gattung angehörend (Ggstz. nomen proprium), Charis. 152, 20. Prisc. 2, 24. Ps. Ascon. in Cic. II. Verr.. 1, 63. p. 178, 2 B. – **II so genannt** (Ggstz. verus), in illo appellativo, non vero caelo, Ambros. in psalm. 118. serm. 8, 58.

appellātor, ōris, *m.* (1. appello), **der** eine obrigkeitl. Person um **Hilfe anruft,** Cic. Verr. 4, 146. – zur Kaiserzt. = der **Berufung Einlegende,** der **Appellierende,** der **Appellant,** ICt.

appellātōrius, a, um (appellator), **den Appellanten betreffend,** tempora, innerhalb deren Berufung gestattet ist, Ulp. dig. 49, 5, 5.

appellito, āvī, āre (*Frequ.* v. 1. appello; vgl. Paul. ex Fest. 27, 1), **gewöhnlich nennen, zu nennen pflegen,** montem Caelium ab alqo, Tac. ann. 4, 65: m. dopp. *Acc.,* Gell. 17, 20, 4; 18, 9, 11. Apul. apol. 10.

1. ap-pello (ad-pello), āvī, ātum, āre (viell. zu got. *spillōn,* ahd. *spëllōn,* verkündigen, erzählen), jmd. od. etw. mit einem Ton, Laut gleichs. anrühren, anlassen, also **antönen, I** mit Worten, **ansprechen, anreden** (freundlich od. ernsthaft), **sich** persönlich mit einer Ansprache an jmd. **wenden,** jmd. **anreden** u. **begrüßen, 1** im Allg.: paucis est quod (in Betreff dessen) te volo de communi re appellare meā et tuā, Plaut.: num te appello? sprech ich denn mit dir? Plaut.: singulos appellare rogareque, Cic.: milites benigne, Sall.: legatos superbius, Cic.: alqm sic, Treb. Poll.: quaestorem appellat (begrüßt) dicitque, Sall. – dah. jmd. mit Nennung des Namens anreden, **anrufen,** mit u. ohne den Zusatz nomine od. nominatim, Caes. u. a.: so auch unum quemque nominans appellat, Sall. – **2** prägn., jmd. in der Absicht, dass er etwas bewillige od. tue, **ansprechen,** d. i. **a** jmd. zu etwas Gutem od. Bösem **auffordern, anregen, den Vorschlag machen, Anträge machen,** jmd. um etw. **angehen,** ihm etw. **vorschlagen,** alqm, Cic. u. a.: alqm in alqa re, Liv. u. a.: alqm stupri causā, Val. Max.: alqm, ut etc., Nep., Liv. u. a. (s. Nep. Att. 8, 3. Fabri Liv. 24, 5, 10). – **b** in der Gerichtsspr., eine obrigkeitliche Person **um Hilfe ansprechen,** praetorem, Cic.: tribunos, Liv.: a praetore tribunos, Cic.: principem, Tac.: si quis appellavisset de aestimatione et de solutionibus, quae per arbitrum fierent, Caes.: in eo (dabei, darüber) praetor appellatur, Cic. (vgl. Halm Cic. Verr. 4, 146). – in der Kaiserzt. an jmd. **appellieren,** ab alqo, Quint.: a od. ex sententia, ICt.: ad imperatorem, ICt. – übtr., **sich** auf etw. **berufen,** alqd, Cic. de legg. 1, 40. – **c** jmd. mahnend **angehen,** um etw. (bes. um eine Geldschuld) **mahnen,** alqm de pecunia, Cic., u. bl. pecuniā, Quint.: alqm de sorte u. de usura, Val. Max.: debitorem in diem, Sen.: ad horam et diem, Sen.: creditores (Nom.) in solidum appellabant, kündigten das Kapital, Tac.: übtr., solum, den Erdboden mahnen, d. i. durch Kultur zur Fruchtbarkeit zwingen, Plin. – Spät. auch appellare alqd, **um** etw. **mahnen,** etw. **fordern,** mercedem, Iuven. 7, 158. – **d** anklagend **zur Rede stellen,** cavendum est etiam, ne maior poena quam culpa sit, ne isdem de causis alii plectantur, alii ne appellentur quidem, Cic. de off. 1, 89. – **e** anbetend **anrufen, anbeten,** alqo praeeunte deos, Plin. ep. 10, 96 (97), 5. – **f** schwörend **anrufen,** cur autem viri Castorem iurantes non appellaverint, non facile dictu est, Gell. 11, 6, 3. – **II** mit Lauten: **1 aussprechen,** litteras, Cic.: nomen, den N. nennen, Cic.: tres istae voces ›intra, citra, ultra‹ … singularibus apud veteres syllabis appellabantur ›in, cis, uls‹, Gell.: sicut ›fetus‹ ipse et ›fecunditas‹ appellata, Gell. – **2** eine Person od. Sache mit irgendeinem ihr zukommenden Namen, Titel, Prädikat bezeichnen, ihr **den Namen** (Vater, König u. dgl.) **beilegen, sie so** u. **so nennen, benennen, titulieren,** jmd. **erklären** für od. als usw., alqm patrem, parentem, Ter., Liv. u. a.: alqm sapientem, Cic.: alqm victorem, Verg.: bes. alqm regem, jmdm. den Titel König beilegen, ihn zum Herrscher erklären, ausrufen, als König anerkennen, Cic. u. a. (s. Fabri Sall. Iug. 65, 2): u. alqam reginam, Sall. hist. fr. 4, 61 (19), 9. – m. Ang. **wovon?** durch *ab* od. *ex* od. *de* m. Abl., z. B. a colendo colles, Varr. LL.: lictorem a ligando, Gell.: locupletes assiduos ab aere dando, Cic.: ab eius nomine Thessalia appellatur, Vell.: appellata est ex viro virtus, Cic.: Italia appellata de Graeco vocabulo, Gell. 11, 1, 1. – m. Ang. **weswegen?** durch *propter* od. *ob* m. Akk., Peripatetici philosophi olim propter eximiam rerum maximarum scientiam a Graecis politici philosophi appellati, Cic.: (Scipio) Africanus ob egregiam victoriam de Hannibale Poenisque appellatus, Liv. – Dah. **nennen = namentlich anführen, erwähnen,** quos idcirco non appello hoc loco, Cic.: quae (aedes) in lege non appellantur, Cic.: u. so app. auctores, angeben, Plin.: übtr., alqm nutu significationeque, kenntlich machen, Cic. ep. 1, 9, 20. – ► arch. appellassis = *appellaveris,* Ter. Phorm. 742. – Plur. Imper. Pass. appellamino, Cic. de legg. 3, 8.

2. ap-pello (ad-pello), pulī, pulsum, ere, **heran-, hintreiben, -bewegen, -bringen, I** im Allg.: **A** eig.: alqm ad arbitrum, Plaut.: corpus ad templum, heranfliegen, Lucr.: armentum ad aquam, Varr.: turres ad opera Caesaris, Caes.: postquam paulo appulit unda (corpus), ein wenig herangetrieben, nahe gebracht, Ov. – **B** übtr.: **a** animum od. mentem ad alqd, **den Geist, seinen Sinn auf** etw. **richten,** animum ad scribendum, Ter., ad uxorem, Ter.: mentem ad philosophiam, Cic. – **b** alqm ad alqd, jmd. in eine Lage **bringen, zu** etw. **bringen,** ad probrum, damnum, flagitium, Plaut.: ad mortem, Plaut. – **II** insbes., als *t. t.* in der Schifferspr., irgendwo **hintreiben, landen, a** *tr.:* **α** *navem* u. dgl., z. B. scaphas, Curt.: lintres, Tac.: contis navigia, Curt.: navem ad ripam, Cic.: classem ad Delum, Cic.: classem in insulam, Liv.: classem Emporias in urbem sociorum, Liv.: classem tuto, Liv.: navigia litori, Curt.: im Bild, tamquam ad aliquem libidinis scopulum, sic tuam mentem ad philosophiam appulisti, hast dich der Ph. furchtsam, wie einer Klippe für deine Begierde (Lernbegierde), genähert, Cic.: nec tuas umquam rationes ad eos scopulos appulisses, ad quos etc., Cic. – **β** poet., *alqm:* hinc me digressum vestris Deus appulit oris, Verg. – **b** *pass.,* appelli, u. zwar: **α** v. Schiff, navis appellitur ad villam, Cic.: classe ad Euboeam appulsā, Nep.: classis Punica litori appulsa est, Liv.: appellitur navis Syracusas, Cic.: classis Romana cum appulsa Pompeios esset, Liv. – **β** v. Seefahrern, alios ad Siciliam appulsos esse, Cic.: appelli ripae, Vell., litori, Tac.: Libyae litoribus, Pan. vet.: Partiz. subst., appulsi, die Gestrandeten, Gelandeten, Mela 1, 19, 10 (1. § 106). – **c** *refl.* appellere: **α** von Seefahrern, Regium onerariā nave, Suet.: in portum classe, Liv. – gew. bl. appellere, wie: hinc vel illinc, Tac.: huc, Hor.: ad eum locum, Caes.: ad insulam, Liv.: a transmarina peregrinatione ad litus idem, Quint.: hortantes, ut appelleret, Suet. – **β** vom Schiff, tres biremes appulere, Tac.: Alexandrina navis Dertosam appulit, Suet.: sola Germanici triremis Chaucorum terram appulit, Tac.

ap-pendeo (ad-pendeo), ēre, **I** *v. intr.,* **daran hängen,** übtr., m. *Dat.,* Cael. Aur. acut. 2, 38, 222. – **II** *v. tr.:* **1** zum Räuchern **aufhängen, räuchern,** Apic. 8, 386. – **2 zuwägen, wiegen,** Metrol. scr. *ed. Hultsch.* p. 114, 5 (aus Isid. 16, 25, 17) u. p. 140, 17.

appendicium, ī, *n.* (appendix), der **Anhang,** die **Zugabe,** Plur. bei Hier. ep. 54, 8. Cael. Aur. chron. 4, 8, 118; 5, 4, 64.

appendicula, ae, *f.* (*Demin.* v. appendix), ein **kleines Anhängsel,** Cic. Rab. Post. 8.

appendium, ī, *n.* (ad u. pendo), ein Gewicht, das in alter Zeit bösen Schuldnern, die man am Marterholz (crux) in die Höhe gezogen hatte, an die Füße gehängt wurde, Cassiod. var. 10, 29, 4.

appendix, icis, *f.* (appendo), **I** der **Anhang,** das **Anhängsel, 1** eig., Plin. 24, 114. Apul. met. 5, 24 u. 8. 22. – **2** übtr., der **Anhang,** das **Anhängsel,** die **Beilage, Zugabe** zu etw., animi (vom Körper), Cic. fr.: appendices maioris muneris, Liv.: cuius (alterius partis) appendices, Varr.: appendices personarum et rerum, Gell.: hae appendices defensionis meae, Apul.: appendices Olcadum etc., kleinere Kontingente (die zu dem schon an sich vollständigen Hauptheere hinzukamen), Liv. – **II** ein dorniger Strauch, **Sauerdorn, Berberitzenstrauch** (*Berberis vulgaris,* L.), Plin. 24, 114. – ► ampendices archaist. st. appendices, s. Paul. ex Fest. 21, 6. Not. Tir. 65, 56 (wo ampendax).

ap-pendo (ad-pendo), pendī, pēnsum, ere, **I** an etw. **aufhängen,** taurus marmoreus cornibus ramis arboris accrescentibus appensus est, Capit. Anton. Pius 3, 5: rupes appensae, hängende Felsen, Ven. Fort. 10, 10, 42. Vgl. appendeo (*no.* II, 1). – **II zuwägen,** aurum, Cic.: aurum tamquam pro mortuo Hectore, Lact.: alci optimā fide omnia sua concedere, annumerare, appendere, Cic. – übtr., non enim ea verba me annumerare (zuzählen, wie kleine Münzen) lectori putavi oportere, sed tamquam appendere (zuwägen, wie ganze Barren), Cic. de opt. gen. 14.

Appennīnicola, ae, *c.* (Appenninus u. colo), **Bewohner des Apennin,** Verg. Aen. 11, 700.

Appennīnigena, ae, *c.* (Appenninus u. gigno), **auf (am) Apennin geboren** od. **entsprungen,** Ov. met. 15, 432. Claud. VI. cons. Hon. 505.

Appennīnus (besser als Āpenninus), ī, *m.* (vom gallischen Pen, Bergkuppe), die **Apenninen,** eine Gebirgskette, die als Fortsetzung der Seealpen (s. Alpēs *no.* **I** ganz Italien durchzieht u. das Gerippe dieser Halbinsel bildet, vollst. App. mons, Mela 2, 4, 1. Plin. 3, 48, od. mons App., CIL 1, 199, 18, gew. bl. Appenninus, Cic. de or. 3, 69. Nep. Hann. 4, 2. Hor. epod. 16, 29. Liv. 5, 33, 6. Mela 2, 4, 2. Plin. 2, 194 u. ö. Lucan. 2, 396, mit bis tief in den Sommer von Eis bedeckten Höhen in Sabinum u. Samnium; dah. A. nubifer, Ov. met. 2, 226, u. A. pater nivali vertice se attolens, Verg. Aen. 12, 703. – Appennini inculta, die Einöden d. A., Ambros. ep. 39, 3. – Die Hauptkette dieses Kalkgebirges meist öde u. kahl, von Schluchten u. Höhlen durchzogen, von jeher der Aufenthalt schlechten Gesindels, Cic. Phil. 12, 26. – Einige Orte der Apenninen wurden für heilig gehalten u. dort Orakel erteilt, die *sortes Appenninae,* Vopisc. Firm. 3, 4; vgl. Treb. Poll. Claud. 10, 4. – Auch hatte Jupiter dort einen Tempel u. Kultus (s. Claud. VI. cons. Hon. 504*sq.*), dah. Iuppiter Appenninus, CIL 8, 7961 u. 11, 5803 (an letzterer Stelle Apenninus).

appēnsio, ōnis, *f.* (appendo), die **Zuwägung,** übtr. = die Beurteilung, Augustin. op. imperf. c. Iulian. 2, 141 u. 142.

appēnsor, ōris, *m.* (appendo), der **Zuwäger,** verborum (vgl. appendo), Augustin. c. Cresc. 3, 73 u. a.

appēnsus, Abl. ū, *m.* (appendo), das **Zuwägen,** Apul. de mund. 3 zw.

appertineo (ad-pertineo), ēre, **dazu gehören,** mit folg. bl. *Dat.* od. m. *ad* u. Akk., Gromat. vet. 311, 22 u. 322, 29 u. 323, 12.

appetēns, entis, *PAdi.* m. *Compar.* u. *Superl.* (v. appeto), **trachtend, strebend, begierig** nach etw., m. folg. *Genet.,* **I** im Allg.: *appetens* gloriae atque *avidus* laudis, Cic.: app. edendi, Gell.: alieni appetens, Cic. u. (Ggstz. sui profusus) Sall.: appetentior famae, Tac.: nihil est appetentius similium sui, nihil rapacius quam natura, Cic.: studiosissimus appetentissimusque honestatis, Cic.: homo tui appetentissimus, Cic. – **II** insbes., begierig nach Geld, **begehrlich** = habsüchtig, homo non cupidus neque appetens, Cic.: gratus animus, non appetens, Cic.

appetenter, *Adv.* (appetens), **begehrlich, habsüchtig,** Cic. de off. 1, 33. Apul. met. 7, 11.

appetentia, ae, *f.* (appetens), das **Begehren, Trachten, Verlangen** nach etw., m. *Genet.,* ciborum, Plin.: laudis et honestatis (Ggstz., fuga turpitudinis), Cic. de rep. 1, 2: gloriae, Aur. Vict. – absol., laetitia profusam hilaritatem (efficit), libido effrenatam appetentiam (Begehrlichkeit), Cic. Tusc. 4, 15: omnis animi libido in contrariam ducitur appetentiam, Cael. Aur. chron. 4, 9, 137: Plur., animus ad appetentias rigidus et indomitus, Auct. itin. Alex. 52 (115).

appetibilis, e (appeto), **begehrenswert,** Hier. ep. 123, 2 u. a. Eccl.

appetisso, ere (appeto), **mit Eifer herbeiholen,** Acc. tr. 160.

appetītio, ōnis, *f.* (appeto), **I** das **Greifen** nach etw., Cic. de div. 1, 46. – **II** übtr., das **Begehren, Verlangen,** der **Trieb,** die **Neigung,** das **Trachten** nach etw., nam aliter appetitio (eam enim esse volumus ὁρμήν) ... moveri non potest, Cic.: praeterea nullum potest esse animal, in quo non et appetitio (Neigung) sit et declinatio (Abneigung) naturalis, Cic. – Plur. appetitiones, quas illi ὁρμάς nominant, Cic. de off. 2, 18: appetitiones (Neigungen), Ggstz. declinationes (Abneigungen, Widerwillen), Gell. 14, 1, 29. – m. *Genet.,* alieni, Cic.: principatus, Cic.: societatis, Sen. – im Zshg. = die **Essbegierde,** der **Appetit,** Gell. 16, 3, 2.

appetītor, ōris, *m.* (appeto), **der** nach etw. **trachtet, begehrlich** ist, m. *Genet.,* Amm. 25, 4, 18 u. Eccl.

appetītrīx, trīcis, *f.* (Femin. zu appetitor), **die** nach etwas **trachtet,** Augustin. de contin. 3, 6 *codd. Vatic.*

appetītus, ūs, *m.* (appeto), **I** das **Losgehen** auf etw., der **Angriff,** Plur. bei Amm. 30, 5, 2. – **II** übtr. das **Begehren, Verlangen,** der **Trieb,** das **Trachten** nach etwas, appetitus, quae est ὁρμή Graece, Cic.: perturbatio est appetitus vehementior, Cic. – m. *Genet.,* unde oriantur rerum appetitus, Cic. de nat. deor. 2, 29: voluptatis, Cic.: alienae rei, Pacat.

1. ap-peto (ad-peto), īvī u. iī, ītum, ere, nach etw. **hinlangen, I** im Allg., **nach** etw. **greifen, 1** eig.: solem manibus, Cic.: mammam, Cic.: placentam, Plin.: dextram osculis, (mit Küssen, d. i.) um sie zu küssen, nach der Hand greifen, Plin.: appeti (senes), dass man ihre Hand küsse, Cic. – **2** übtr., nach etw. **begehren, trachten, Verlangen haben** od. **tragen, zu** jmd. od. etw. **Neigung haben** od. **tragen,** jmd. od. etw. **suchen, sich** an jmd. **anzuschließen suchen** (Ggstz. declinare, aspernari, fugere, refugere, recusare, reformidare), alqm, Liv.: alqm praesertim, Cic.: regnum, Cic.: societatem alcis, Sall.: alienos agros cupidissime, Cic.: amicitiam populi Rom. cupidissime, Caes.: maxume adulescentium familiaritates, Sall.: artes scaenicas studiosissime, Suet.: mortem timore (aus F.), Suet.: amariores cibos, gern essen, Vopisc.: caseum bubulum manu pressum maxime, am liebsten essen, Suet. – m. folg. *Infin.,* ut appetat animus aliquid agere semper, Cic. de fin. 5, 55: u. so Stat. Theb. 1, 235 u. (m. *Infin. Praes. Pass.)* Pallad. 10, 13, 2. – **II** insbes.: **A** zu einem Ort **hinstreben, -hingehen,** ihn **aufsuchen, sich** nach ihm **hinziehen,** Europam, Cic.: v. lebl. Subjj.: mare terram appetens, sich herandrängend, Cic.: crescebat interim urbs, munitionibus alia atque alia appetendo loca, immer mehr Raum, Gebiet einnehmend, Liv. – **B** feindlich **losgehen auf** usw., **angreifen, anfallen, bedrohen,** alqm lapidibus, Cic.: umerum gladio, Caes.: morsu Pisonis caput, den P. in den K. beißen, Tac.: gladio cervicem alcis, hauen nach usw., Curt.: alis os oculosque hostis rostro et unguibus (v. Raben), Liv.: oculos potissimum, hacken nach usw. (v. Vögeln), Plin.: missilibus appeti, beschossen werden, Curt.: filii vita infestata, saepe ferro atque insidiis appetita, Cic.: alqm iudicio, ICt. – übtr., amor me appetit, Plaut.: fata Veios appetebant, bedrohten V., brachen über V. herein, Liv.: ignominiis omnibus appetitus, Cic. – **C** zur Unzucht **zu verführen suchen,** alqm, Sulp. Sev. chron. 1, 11, 4: feminam, *ibid.* 2, 1, 5: reginam, *ibid.* 2, 13, 8. – **D herannahen, sich nähern, herankommen,** von der Zeit u. von zeitlichen Ereignissen, iam appetit meridies, Plaut.: dies appetebat septimus, quem constituerat, Caes.: tempus comitiorum appetebat, Liv.: cum lux appeteret, gegen Tagesanbruch, Caes.: iam lux appetebat, Curt.: appetente iam luce, Tac.: ubi nox appetit, Liv.: postquam et nox appetebat, Curt.: fatum appetebat, Curt.: m. *Dat.* (wem?), propinqua partitudo quoi appetit, Plaut. aul. 75.

2. appeto, ōnis, *m.,* **der nach etwas leidenschaftlich strebt,** Laber. com. 96.

1. Appia, ae, *f.,* eine Stadt in Phrygia Pakatiana; dav. **Appiānus,** a, um, **aus Appia, appianisch,** legati, Cic. ep. 3, 7, 2: u. subst., Appiānī, ōrum, *m.,* die Einw. von Appia, die **Appianer,** Cic. ep. 3, 9, 1. Plin. 5, 105.

2. Appia, *fem.* v. Appius, w. s.

Appiades, um, s. Appius.

Appiānus, a, um, s. 1. Appia u. Appius.

Appias, adis, *f.,* s. Appius.

Appietās, ātis, *f.*, s. Appius.

1. ap-pingo (ad-pingo), pinxī, pictum, ere, **hinzumalen, I** eig.: delphinum silvis, Hor. de art. poët. 30; u. so colorem vetusculum (bildl.), Fronto de eloqu. ep. 3. p. 151, 8 N.: colorem sincerum vetustatis, *ibid.* p. 152, 14 N. – **II** übtr., scherzh., appinge aliquid novi, gib eine schöne Neuigkeit hinzu, Cic. ad. Att. 2, 8, 2.

2. appingo, ere (ad u. pango), **anheften,** antis, Paul. ex Fest. 8, 10.

Appiōn, ōnis, *m.*, s. Apiōn.

Appius, ī, *m.*, u. **Appia,** ae, *f.*, ein röm. Vorname, bes. der Personen aus der gens Claudia, s. 1. Claudius. – Dav.: **1 Appius,** a, um, **appisch,** via Appia u. bl. Appia, vom Zensor App. Klaudius dem Blinden um 312 v. Chr. (s. Liv. 9, 29, 6) erbaut, die große südl. Hauptstraße, die bei der Porta Kapena von Rom begann, in gerader Linie zum Albaner Berggebiet hinauflief, dann durch die Pontinischen Sümpfe bis nach Kapua ging, von wo aus sie später unter dem Kaiser Trajan bis nach Brundisium fortgeführt wurde, via App., Cic. Mil. 15; Phil. 7, 1 u. a. Liv. 22, 1, 12. CIL 6, 9663 u. ö.: via Appi, Hor. ep. 1, 6, 26: Appiae limes, Liv. 22, 15, 11: bl. Appia, Cic. ad Q. fr. 3, 7, 1. Liv. 26, 8, 10; epit 107. Hor. sat. 1, 5, 6. Ov. ex Pont. 2, 7, 44. Aur. Vict. Caes. 9, 8. Frontin. aqu. 5. Schol. Iuven. 1, 7: aqua, die von demselben A. angelegte Wasserleitung (vgl. Liv. 9, 29, 6), Frontin. aqu. 5: Appii Forum, s. forum *no.* II, B, 2, a. – **2 Appiānus,** a, um, **zu einem Appius gehörig, des Appius, appianisch,** libido, des Dezemvirn App. Klaudius, Liv.: mala (Äpfel), Plin.: subst., Appiānum, ī, *n.*, eine Art schlechter grüner Farbe, Plin. – **3 Appias,** adis, *f.*, **a** die Statue einer Nymphe am Springbrunnen der aqua Appia, Ov. rem. 660; art. am. 1, 82. – **b** Appiades deae, Statuen beim Tempel der Venus, der nicht weit von dem Springbrunnen der via Appia stand, Ov. art. am. 3, 452. Plin. 36, 33. – **c** ein Beiname der Minerva, von Cicero aus Schmeichelei gegen Appius ihr gegeben, Cic. ep. 3, 1, 1. – **4 Appietās,** ātis, *f.*, der **alte Adel des appischen Geschlechts,** gleichs. die **Appietät,** ein von Cicero aus Schmeichelei gegen den Appius gebildetes Wort, Cic. ep. 3, 7, 5.

applar, āris, *n.*, ein **kleiner Löffel** zum Essen der Eier (Gloss. Isid.), Sing., Pacuv. fab. inc. fr. LXII: Plur., Auson. epist. 21, 1. p. 181 Schenkl.

ap-plaudo (ad-plaudo) und (in der Vulgärspr.) **ap-plōdo** (ad-plōdo), plausī (plōsī), plausum (plōsum), ere, **I** *v. tr.* etwas an etw. **anschlagen, klatschen,** latus, Tibull.: manu caput, Nemes.: corpus palmis, Ov.: ovum ad terram applosum, Spart.: alqm terrae applodere, Apul. (u. so bl. Irum, Hyg. fab. 126: u. seriam, Lampr. Heliog. 6, 7): pedem (*sc.* terrae), mit dem Fuße stampfen, Hier. ep. 61, 3. – **II** *v. intr.* jmdm. **Beifall klatschen, applaudieren,** absol., Plaut. Pseud. 1334; Pers. 791: manibus suis, Vulg. Ierem. 5, 31: m. *Dat.* (wem?), his dictis applauditur, Apul. met. 3, 9.

applausor, ōris, *m.*, falsche Lesart für plausor bei Plin. pan. 46, 4.

applausus, ūs, *m.* (applaudo), **I** das **Anschlagen,** Stat. Theb. 2, 515. – **II** das **Beifallklatschen,** der **Applaus,** Firm. math. 2, 10 u. 6, 13.

applēnē, *Adv.*, **völlig, vollständig,** litteris Graecis appl. eruditus, Hieron. vita Pauli 4.

applicātio, ōnis, *f.* (applico), das **Sich-Anschließen** an etw.; dah. übtr., **I** die **Hinneigung, Zuneigung,** animi, Cic. de amic. 27. – **II** das **Sich-Anschließen** an einen Patron als Klient; dah. ius applicationis, das aus dem Verhältnis der Klientel entspringende Recht, Cic. de or. 1, 177.

applicātus, a, um, *PAdi.* (v. applico), **fest anliegend,** aures, Varr. r. r. 2, 7, 5.

applicior, ōris, *Adi. compar.* (applico), **sich anschmiegender,** appliciore nexu inhaerebat, Apul. met. 10, 22.

applicitus, a, um, *PAdi.* (v. applico), **angefügt = angepasst, sich anschließend,** sit ille pressus et velut applicitus rei cultus, Quint. 4, 2, 117.

ap-plico (ad-plico), āvī, ātum u. uī, itum, āre, **I** an etw. **anschließen, anlehnen, anfügen, anlegen, annähern, an-** od. **herandrängen, herantreiben, A** eig.: **a** übh.: ratem (*sc.* rati), Liv. 21, 28, 9 (wo mit den Synon. copulare u. annectere abgewechselt wird): se ad arborem, Caes.: se ad flammam, Cic.: corpus ad molem, Curt.: se od. corpus stipiti, Curt.: se appl. od. (medial) bl. applicari trunco (arboris), Iustin. u. Curt.: sudarium ad os, vor den Mund halten, Suet.: stomacho catulos, Plin.: undas munimento arcis, heranwälzen (v. einem Fluss), Curt.: oscula feretro, küssen, Ov.: ensem capulo tenus (*sc.* cervici), hineinstoßen, Verg.: boves illuc, dorthin treiben, Ov.: alqm lateri alcis, Curt.: coniuges captis, zugesellen, Curt.: alci equum, vorführen, Vopisc.: u. so captivum (als Dolmetscher, um mit dem Könige zu reden), Iustin. 11, 15, 6. – als milit. *t. t.*, corpora corporibus, sich eng aneinander anschließen, Liv.: his Phrygas, sich anschließen lassen, Curt.: scalas moenibus, Curt.: sinistrum cornu ad oppidum, Liv.: castra eidem flumini, Liv.: se suis, Liv. – u. **b** im Passiv, bes. im Partiz. Pers., der örtl. Lage nach **angebaut, angefügt, angelehnt, anliegend,** applicitum est cubiculo hypocauston perexiguum, Plin. ep.: hoc scalare adplicitum huic sepulchro, CIL 6, 10233, 2: Leucas colli applicata, Liv.: applicata colli colonia, Plin.: nervi applicati ossibus, Plin. – **B** übtr.: **1** etwas mit etw. **verbinden, zu** etw. **hinzufügen,** voluptatem ad honestatem, Cic.: priora sequentibus, Quint.: verba verbis, Quint.: annum, Mart. – **2** se ad etc. u. alci, **sich** an jmd. **anschließen,** se ad alqm, Ter. u. Cic.: se ad alqm quasi patronum, Cic.: se ad alcis familiaritatem od. amicitiam od. societatem, Cic.: se ad maximae feminae exemplum, sich richten nach usw., Sen. – se externo, Liv.: se familiariter alcis ingenio, Sen. – u. illae se applicant, agglutinant, Plaut.: quod in itinere tam familiariter se applicaverit, Cic. – ebenso Passiv applicari alci medial, quibus applicari (sich anzuschließen) expediet, non implicari (sie nicht an sich zu ketten), Sen. ep. 105, 5. – dagegen auch appl. alqm, jmd. **sich eng verbinden,** Sen. ep. 21, 4. – **3** jmdm. etwas **aufbürden,** eidem talia crimina, Plin. ep. 10, 58 (66), 4. – **4** zu irgendeinem Zweck an etw. hinbringen, **a** eine Sache, d. i. **bei** etw. **anwenden, gebrauchen,** finitionem in *rem,* Quint.: illa demonstratio, *muliebria,* neque vesti neque mundo applicari potest, ICt. – **b** eine Person, **zu** etw. **gebrauchen, bei** etw. **verwenden,** alqm huic officio, Col.: servum alci rei, ICt. – **II** auf etw. **hinrichten, hinwenden,** übh., **A** eig.: navem ad etc. (als *t. t.* der Schifferspr.), hinrichten, -treiben nach usw., bes. nach einem Land, **anlegen, landen,** ad alqm, nach jmd. (der auf dem Meer schwimmt) hinsteuern, Cic.: classem in Erythraeam, Liv.: naves ad Heraeum, Liv.: naves ad terram, Caes.; od. naves terrae, Liv.: navigia crepidini portus, Curt.: applicant classem (*sc.* insulae), Curt. – dah. absol., **a** applicare, **landen, α** v. Seefahrern, ad terram, Auct. b. Hisp. u. Iustin.: ad Eleusin, Frontin.: ad litus Amazonum, Iustin.: quo applicaturi erant, saxis proscribi curat, Iustin. – **β** v. Schiffen, quocumque litore applicuisse naves hostium audissent, Liv.: paucas hostium naves litori applicuisse, Frontin. – **b** applicari, **landen, α** v. Seefahrern, ad oras, Ov.: ignotis oris, Ov.: in terras, Ov.: quo applicaturi erant (Iones), Iustin. 2, 12. – **β** v. Schiffen, ripae, Curt.: terrae, Curt. – **c** poet. übtr., quo accedam? quo applicem? Enn. fr.: quae vis immanibus applicet oris, treibt dich usw., Verg.: Creteis regionibus applicat angues, lenkt ihren Drachenwagen nach usw., Ov. – **B** übtr., auf etw. **(hin)richten, hinwenden,** aures modis, votis puerorum, sein Ohr leihen, Hor.: animum ad frugem, Plaut.: animum aegrotum ad deteriorem partem, Ter.: se animus applicat et adiungit ad alqd, Cic.: applicatus ad rem, Cic.: applicatus ad se diligendum, geneigt, Cic.: dah. applicare se ad alqd, **sich** (lernend) **zu** etw. **wenden, sich auf** etw. **legen,** se ad studium musicum, Ter.: se ad eloquentiam, Cic.: se ad scribendam historiam, Cic. – ► Perf. applicui, bei Cic. nur pro Flacc. 82: Supinum applicitum u. Partiz. applicitus nicht bei Cic.

applicus, s. applicior.

applōdo, s. ap-plaudo.

ap-plōro (ad-plōro), āvī, āre = προσολοφύρεσθαι, **vorjammern, unter Tränen klagen,** cum iam apploraveris, Sen. nat. qu. 4, 2, 6: m. *Dat.* (wem?), **querebar applorans tibi, Hor. epod. 11, 12.**

applūda, s. aplūda.

applumbātus, a, um (ad u. plumbo), mit Blei **angelötet** od. **verlötet,** statua, Ulp. dig. 47, 12, 2: vas, Scrib. 271 *extr.*

ap-pōno (ad-pōno), posuī, positum, ere, **I hinstellen, hinlegen, hinsetzen, an-, auf-, vorlegen, aufsetzen, 1** im Allg.: onus, Plaut.: rastros, Ter.: gladium propter, Cic.: seram, Ov.: machinam, Cic.: sellam, Gell.: alci sedile, Gell.: manus ad os, Cael. in Cic. ep.: puerum ante ianuam, Ter.: cucumam foco, Petr.: appositum mensā lumen, Tac. – apponere alienos crines, eine Perücke aufsetzen, Firm. math. 8, 7. – **2** insbes.: **a** Speisen usw. **vorsetzen, aufsetzen, auftragen,** cenam, Plaut.: patellam, Cic.: aprum in epulis, Plin.: convivis panem et obsonia, Suet.: cenam in argento puro, Plin. ep.: alqd vasis fictilibus, Cic.: filium cum alia carne concisum pro epulis, Hyg.: alci liberos epulandos, Sen.: olus vasis aureis appositum, Fronto: appositi pisces et volucres, Amm.: appositā secundā mensā, Cic. – **b** in einer Gruft **beisetzen,** obiit appositusque est ad populum suum, Vulg. gen. 49, 32. – **c** schriftl. **hinsetzen,** notam ad versum od. epistulis, Cic.: syllabis apicem, Quint.: versum Naevi, Gell.: quae propria et ipsa apponenda decrevi, Vopisc. – **II** übtr.: **A** jmd. zu irgendeiner Verrichtung, als irgendeinen Charakter, als etw. **aufstellen,** (einem) **beigeben, zugeben, zuordnen, an die Seite setzen, a** übh.: custodes, Nep.: custodem assiduum Ioni virgini, Acc. fr.: alci custodiam, Enn. fr.: magistrum consulibus, Liv.: paedagogum, Suet.: alqm (als Befehlshaber) custodiae, Tac. (s. Nipp. Tac. ann. 2, 68): m. dopp. *Acc.,* custodem me Tullio, Cic.: Larcium moderatorem et magistrum consulibus, Liv. – **b** im üblen Sinne, **aufstellen, anstellen,** accusatorem, Cic.: calumniatores, Cic.: illicitatorem, mancipem, Cic.: alqm, qui emeret, Cic. – **B hinzutun, hinzufügen, zulegen, 1** im Allg.: annos alci, Hor.: vitiis modum, Cic.: alci alqd gratiae, anrechnen als eine Gunst, Gefälligkeit, Ter.: lucro, als einen Gewinn rechnen, Hor. – **2** insbes.: **a** einen Namen usw. **beilegen,** alci hoc nomen, Treb. Poll. Claud. 5, 5: huic signum (als Kennzeichen) ›manu ad ferrum‹, Vopisc. Aur. 6, 2. – **b** befehlend **hinzufügen,** m. folg. *ut* u. Konj., aqua et igni interdictum reo appositumque, ut teneretur insulā, Tac. ann. 3, 38. – ► Perf. adposivi, Plaut. mil. 905: adposiverunt, Apul. b. Prisc. 10, 37.

apporrēctus, a, um (ad u. porrigo), **daneben ausgestreckt,** draco, Ov. met. 2, 561.

apportātio, ōnis, *f.* (apporto), die **Herbeischaffung,** cuius materiei si esset facultas apportationibus ad urbem, könnte man es immer leicht nach Rom hinschaffen, Vitr. 2, 9, 16.

ap-porto (ad-porto), āvī, ātum, āre, **herbei-, herzu-, hintragen, -schaffen, -bringen, I** eig.: lapidem, signa, Cic.: caput eius, Suet.: clitellis columnas, Cic. fr.: sacculum secum, Apul.: magnas divitias domum, Plaut.: cocleas de Illyrico, Varr.: ea ex Hispania, Caes.: plumbum ex Cassiteride insula, Plin. – **II** übtr., **mit sich bringen,** quidnam apportas? Ter.: alci nuntium, Komik.: damnum, verursachen, Ter.: huc autem cum extemplo adventum apporto, ich hier auftrete, Plaut.: cur anni tempora morbos apportant, Lucr.: edepol, senectus, si nil quidquam aliud viti (vitii) apportes tecum, cum advenis, unum id sat est, Caecil. com. fr.: vereor, ne quid Andria apportet mali, Ter.

ap-pōsco (ad-pōsco), ere, **dazufordern,** Ter. heaut. 838. Hor. ep. 2, 2, 100.

appositē, *Adv.* (appositus), **bequem, geeignet,** cetera app. tibi mandabo, Cic.: app. scribere, Gell. – m. *ad* u. Akk., dicere app. ad persuasionem, Cic., od. app. ad persuadendum, Quint.

appositio, ōnis, *f.* (appono), **I** eig.: **a** das **Hinsetzen, Hinlegen,** mercium, Mart. Cap. 6. § 693. – u. Plur., appositiones epularum, Vulg. Sirach 30, 18. – **b** das **Ansetzen, Auflegen,** cucurbitae, hirudinum, Cael. Aur. acut. 3, 5, 59 u. chron. 3, 2, 25: digiti aut lanae, Cael. Aur. chron. 1, 4, 76: cataplasmatum, Cael. Aur. acut. 2, 26, 151. – **II** übtr.: **a** der **Zusatz,** illa app., Ascon. ad Cic. or. in Scaur. p. 23, 21 B. (p. 21, 19 K.): app. similium, Quint. 5, 11, 1. – **b** das **Aufbürden,** ficti criminis, Lampr. Comm. 5, 15: ignaviae, Gell. 7 (6), 1, 4.

appositīvus, a, um (appono) = ἐπιταγματικός, **hinzufügbar,** v. einem Pronomen, Prisc. 17, 144 *sqq.* u. 205.

appositum, ī, *n.* (1. appositus), der **Beisatz,** ἐπίθετον, **I** als gramm. *t. t.* = das **Beiwort, Adjektiv,** s. Spalding Quint. 2, 14, 3 u. 9, 4, 24. – **II** als rhet. *t. t.* = das **Beiwort, Epitheton,** Quint. 8, 2, 10 u. ö.

1. appositus (adp.), a, um, *PAdi.* m. *Compar.* u. *Superl.* (v. appono), **nahe gelegen an** etw., **I** eig.: decima regio Italiae app., Plin.: regio urbi apposita, Curt.: castellum flumini app., Tac.: gentes Thraciae app., anwohnend, Curt.: crepido app., daneben hinlaufend, Curt. – **II** übtr.: **1** im Allg.: audacia (fidentiae) non contrarium, sed appositum et propinquum, liegt ihm nahe, Cic. de inv. 2, 165: iudicis quoque noscenda natura est, iuri magis an aequo sit appositus, ob er sich mehr dem strengen Recht oder der Billigkeit nähere, Quint. 4, 3, 11. – Plur. subst., apposita, Annäherndes, Quint. 5, 10, 86. – **2** insbes.: **a naheliegend** = gleichs. am Wege, vor Augen liegend, dah. leicht erlangbar, leicht erreichbar, s. Sen. ep. 4, 10; 71, 4. – **b gelegen = bequem, geeignet, brauchbar, anstellig,** menses app. ad agendum, Cic.: homo bene app. ad istius audaciam, Cic.: operarius multo appositior ad etc., Cic.: appositissimae gallinae ad pariendum, Varr.: argumentatio adpositissima ad iudicationem, Cic. de inv. 1, 19.

2. appositus, ūs, *m.* (appono), **a** das **Hin-, Hinzustellen,** ad vitem, Varr. r. r. 1, 7, 5: apposito salinarum, Arnob. 2, 67. – **b** das **Auflegen,** appositu, Plin. 23, 164 u. ö. Ser. Samm. 413.

ap-pōstulo (ad-pōstulo), āre, um etw. **sehr bitten,** Tert. de monog. 10.

appōtus (ad-pōtus), a, um, **angetrunken, betrunken,** Plaut. Amph. 282 u. Curc. 354; vgl. Gell. 6 (7), 7. § 7.

apprecio, s. appretio.

apprecor (ad-precor), ātus sum, ārī, **zu** jmd. **beten,** jmd. **betend anrufen,** rite deos prius adprecati, Hor. carm. 4, 15, 28: deum, Apul. met. 4, 29; 11, 1: deae venerabilem conspectum, *ibid.* 11, 20.

ap-prehendo (ad-prehendo), prehendī, prehēnsum, ere, poet. zuw. **ap-prēndo** (ad-prendo), -dī, -sum, ere, **angreifen, anfassen, I** eig.: **1** im Allg.: alqm pallio, Ter.: claviculis adminicula tamquam manibus, Cic.: alqd morsu, Plin.: manum osculandi causā, Suet.: bucculam, in die Backe kneifen, Suet.: alqm, jmd. bei der Hand fassen, um ihn einem vorzustellen, Tac., od. um ihn selbst um etwas zu bitten, Plin. ep. – **2** insbes.: **a** jmd. od. etw. anfassen, um ihn od. es festzuhalten, **ergreifen,** alqm, Flor. u. Gell.: hominem, Auct. b. Hisp.: furem, fugitivum, ICt.: venam, auffangen, Cels. – **b** ein Land **in seine Hände bekommen = von** einem Land (milit.) **Besitz ergreifen,** Hispanias, Cic. ad Att. 10, 8, 2. – **c** übh. etw. in **Besitz nehmen, sich aneignen,** caute et cum iudicio, Quint.: avidissime hanc palmam, Plin.: possessionem alcis rei, dominia rerum u. dgl., bei ICt.: homines beneficiis, Pacat. pan. – **d** von physischen Übeln, jmd. **überfallen,** Cato r. r. 156, 4. Paul. dig. 17, 1, 26. § 6. – **II** übtr.: **1** im Allg.: **anfassen, ergreifen,** id ipsum nisi caute et cum iudicio apprehenditur, wenn man es nicht vorsichtig u. mit Verstand ergreift, Quint. 10, 2, 3. – **2** insbes.: **a** in der Rede **erfassen = vorbringen,** ut quidquid ego apprehenderam, statim accusator extorquebat e manibus, Cic. Clu. 52. – **b** im Geiste fassen, **begreifen,** Tert. adv. Valent. 11. Cael. Aur. chron. 3, 5, 70. – **c** etw. in seiner Meinung **mitbegreifen, einschließen,** casum testamento, personam filii (*sc.* in stipulatione), ICt. – ► Redupliz. Perf.-Form apprehendiderit, Itala (Taurin.) Marc. 9, 18.

apprehēnsibilis, e (apprehendo), **leicht begreiflich,** Tert. adv. Val. 11.

apprehēnsio, ōnis, *f.* (apprehendo), das **Anfassen, I** eig.: arae, Macr. sat. 3, 2. § 9 – **II** übtr.: **a** (als Übersetzung von κατάληψις), ein **plötzlicher Anfall von Bewusstlosigkeit,** die **Starrsucht,** Cael. Aur. acut. 2, 10, 56; chron. 2, 5, 86. – **b** das **Begreifen, Verstehen,** Cael. Aur. acut. 1, 8, 57 u. a.

apprēndo, s. ap-prehendo.

apprēnso, āre (*Intens.* v. apprehendo), nach etwas **mit Verlangen greifen,** auras, nach Luft schnappen, Gratt. cyn. 239.

appretio, āvī, ātum, āre (ad u. pretium), **I** zu einem Preis **schätzen, taxieren,** Tert. res. carn. 20. – **II** übtr., **kaufen,** Vulg. Matth. 27, 9. – dah. im Allg. = **sich zueignen,** Tert. res. carn. 9.

apprīmē, *Adv.* (apprimus), **in erster Linie, vor allem, bei weitem, ganz vorzüglich, gar sehr** (vgl. Gell. 17, 2, 14), appr. probus, Plaut.: appr. obsequens, Ter.: appr. nobilis, Komik., Gell. u. a.: artifices appr. boni, Nep.: homo od. vir appr. doctus, Varr. u. Gell.: liberalibus disciplinis appr. doctus, Eutr.: qui appr. summo genere gnatus erat, Claud. Quadrig. fr. – bei Verben, pilā ludere appr., Capit. Anton. phil. 4, 9: rationes omnium provinciarum appr. scire, Capit. Anton. Pius 7, 8: alci appr. obtingere, Apul. de deo Socr. 20.

apprimo, pressī, pressum, ere (ad u. premo), **andrücken,** carnes ad ossa, Plin.: dentes, Fronto: fetus pectori, Plin.: dextram alcis, an sich drücken, Tac.: scutum pectori appressum, anschließend, Tac.

apprīmus (ad-prīmus), a, um, **vor allem-, bei weitem der erste,** Liv. Andr. b. Gell. 6 (7), 7, 11.

approbābilis, e (approbo), **billigenswert,** Ps. Cypr. de sing. cler. 6: non est tamen approbabile (zu billigen), quod etc., Gregor. M. ep. 11, 64.

approbāmentum, ī, *n.* (approbo), das **Beweismittel,** Ps. Ambros. de dign. sacerd. 5.

approbātio, ōnis, *f.* (approbo), **I** die **Zustimmung** zu etw., die **Billigung, Genehmigung, Zufriedenheit** mit etw., die **Anerkennung** einer Pers. od. Sache, Cic. u. a.: testium, die Billigung, Annahme der Z., Rhet. Her.: Plur., Cic. or. 236. – **II** insbes., als philos. *t. t.* = die **Darlegung, Dartuung** = der **Beweis,** assumptionis (des Untersatzes), Cic.: quae (propositio) non indiget approbatione, Cic.

approbātīvus, a, um (approbo), **zum Billigen dienend, billigend,** Prisc. 16, 1 u. 6.

approbātor, ōris, *m.* (approbo), der **Billiger, Genehmiger, Anerkenner,** profectionis meae, Cic. ad Att. 16, 7, 2: subscriptor approbatorque huius verbi, Gell. 5, 21, 6: appr. lucis factae, Augustin. c. Faust. 22, 21 *in.*: approbatores perfectionis (Ggstz. reprehensores imperfectionis), Augustin. Galat. 12.

approbātus, a, um, *PAdi.* m. *Compar.* (approbo), **gebilligt, anerkannt,** communis locus in avaritiae generalitate approbatior, Donat. ad Ter. Phorm. 2, 3, 10: subst. approbātum, ī, *n.*, Cic. de inv. 1, 48.

approbē, *Adv.* (approbus), **ganz gut, ganz vollkommen,** alqm novisse, Plaut. trin. 957; vgl. Gell. 6 (7), 7, 5.

ap-probo (ad-probo), āvī, ātum, āre, **I** zu etw. **seinen Beifall geben, zustimmen,** es **des Beifalls wert finden, billigen, genehmigen, anerkennen** (Ggstz. improbo), hunc gregem, Plaut.: nostram pietatem, Plaut.: id, Ter.: consilium alcis, Cic.: sententiam, Cic.: cuncta, Liv.: illud magno clamore, Cic.: clamore donum, Liv.: dictum id risu, Cic.: falsa pro veris, Cic. – dah. von der Gottheit, etw. **geschehen lassen, seinen Segen** zu etw. **geben,** haec, Plaut.: quod actum est di approbent, Cic.: di approbent! habemus hominem etc., wir haben, so Gott will, einen usw., Cic.: id quidem, inquit, di approbent! Curt.: dis hominibusque approbantibus, Cic. – **II** einem anderen etwas beifallswert machen, d. i. **A** eine Arbeit **zur Zufriedenheit** jmds. **liefern, ganz nach Verabredung vollendet übergeben,** opus, Vitr. u. a.; vgl. Phaedr. 4, 24 (25), 11. – **B** durch augenscheinlichen Beweis, durch die Darstellung, durch sein Benehmen **einleuchtend machen, beweisen, dartun, erweisen, erhärten, bezeugen,** iudici officium suum, Cic.: propositionem appr. et firmare, Cic.: obiecta crimina pro approbatis accipere, für erwiesen ansehen, Tac.: appr. eas (quaestiones) de veteribus, aus den Alten (durch ein Zitat) belegen, Spart.: appr. industriam innocentiamque, Tac.: talis laus genus approbet, Catull. – m. folg. *Acc.* u. *Infin.*, motu demum corporum vivere eos approbante, Plin. 9, 176; vgl. Sen. ep. 75, 3. Tac. Agr. 34. Suet. Aug. 17, 1 u. Galb. 6, 3: im Passiv m. *Nom.* u. *Infin.*, si idoneus esse approbetur, Paul. dig. 48, 10, 18, § 1.

approbus (ad-probus), a, um, **gar brav u. redlich,** Caecil. com. fr. 228 (bei Gell. 6 (7), 7, 9).

apprōmissor, ōris, *m.* (appromitto), der **Bürge,** ICt., z. B. Pomp. dig. 45, 1, 5, 2.

ap-prōmitto (ad-prōmitto), ere, **noch dazu,** d. i. **auch in meinem Namen versprechen,** Cic. Rosc. Am. 26.

ap-prōno (ad-prōno), āre, **vorwärts niederbeugen,** se in genua, sich vorwärts auf die Kn. niederlassen, Apul. met. 1, 19.

ap-propero (ad-propero), āvī, ātum, āre, **I** *tr.* **beschleunigen, beeilen,** coeptum opus, Liv.: mortem, Tac. – m. folg. *Infin.*, Ov. met. 15, 583 *sq.* – **II** intr. **sich schleunig** wohin od. an etw. **machen,** adde gradum, appropera! mach schnell! beeile dich! Plaut.: approperate! Cic.: appr. *ad* cogitatum facinus, schleunig an die Ausführung des beabsichtigten Verbrechens gehen, Cic. Mil. 45.

appropinquātio, ōnis, *f.* (appropinquo), die (zeitliche) **Annäherung,** appropinquatione mortis angi, Cic. de sen. 66: partus Faustinae, Fronto ad M. Caes. 5, 45, 60. p. 90, 7 N.

ap-propinquo (ad-propinquo), āvī, ātum, āre, **herannahen, sich nähern, nahekommen, I** im Raum: ad summam aquam, Cic.: ad insulam, Nep. – m. *Dat.*, ianuae, Liv.: finibus Bellovacorum, Caes.: u. ubi (Rhenus) Oceano appropinquat, Caes. – Passiv unpers., cum eiusmodi locis esset appropinquatum, Caes. b. c. 1, 79, 4. – selten *m. in* u. Akk., iniquum in locum, Auct. b. Hisp. 30, 2: u. m. bl. Acc., fluminis ripas, Auct. b. Hisp. 5, 5 zw. – absol., appropinquante manu, wenn man die Hand nahe bringt, Plin. 24, 167. – **II** übtr.: **a** v. der Zeit u. v. Zeitereignissen, hiems appropinquat, Caes.: cum dies comitiorum appropinquaret, Liv.: sed eius rei maturitas nequedum *venit* et tamen iam *appropinquat,* Cic.: quibus ego confido *impendere* fatum aliquod aut *instare* iam plane aut certe iam *appropinquare,* Cic.: illi poena, nobis libertas appropinquat, Cic. – **b** von Pers.: qui iam appropinquat, ut videat, schon nahe daran ist, zu sehen, Cic.: centuriones, qui iam primis ordinibus appropinquabant, die Beförderung zur ersten Rangklasse in naher Aussicht hatten, Caes.

ap-propio, āvī, āre (ad u. prope), sich nähern (eig. u. übtr.), absol., od. m. *Dat.*, od. m. *ad* u. Akk., Eccl.

appropriātio, ōnis, *f.* (approprio), die **Zueigenmachung,** ciborum, die Verwandlung der Speisen in Säfte u. Blut, Cael. Aur. chron. 2, 13, 151.

ap-proprio (ad-proprio), āre, **zu eigen machen,** cibum corpori, Cael. Aur. chron. 4, 3, 22.

ap-proximo (ad-proximo), āre, **herankommen, sich nähern,** absol., od. ad alqm, Eccl.

ap-pūgno (ad-pūgno), āre, **bekämpfen, bestürmen,** classem, Tac. ann. 2, 81: castra, *ibid.* 4, 48: castellum, *ibid.* 15, 13.

Appulēius, -lēiānus, s. Āpulēius.

Appulia, -ieus, s. Apūlia.

appulsus, ūs, *m.* (2. appello), **I** das **Herantreiben,** das **Hintreiben** als Zustand, **A** eig.: pecoris ad aquam appulsus od. bl. pecoris appulsus od. ganz absol. appulsus, **das Recht, das Vieh** wohin **zur Tränke zu treiben,** das **Treibrecht,** ICt. – **B** übtr., die **Annäherung, 1** im Allg.: quod pars earum (regionum) *appulsu solis* exarserit, pars obriguerit nive pruināque longinquo *solis abscessu,* Cic. de nat. deor. 1, 24. – **2** insbes., die **wirksame Annäherung, Einwirkung,** tribus modis deorum appulsu homines somniant, Cic.: nimios et frigoris et caloris appulsus sentire, Cic. de nat. deor. 2, 141. – **II** das **Landen,** die **Landung,** m. *Genet.*, litoris, Tac. hist. 2, 59: litorum, Liv. 27, 30, 7: primus illis appulsus terrae Cyprus insula fuit, der Ort, wo sie zuerst landeten, war usw., Iustin. 18, 5, 1: u. absol., Tac. ann. 3, 1; im Plur., faciles appulsus, Tac. ann. 2, 6.

Appulus, s. Apūlia.

ap-pungo (ad-pungo), punctus, ere, **1 einen Stoß geben, anstoßen,** maxime cum appunctus fuerit (infans) aut molliter digitis pressus, Soran. Lat. p. 28, 11. – **2 mit einem Punkt versehen,** Serv. auct. Verg. Aen. 1, 21.

apra, ae, *f.* (aper), das Weibchen des Wildschweins, die **Bache,** Plin. b. Prisc. 6, 44.

aprārlus, a, um (aper), **zu den Wildschweinen** gehörig, retia, zum Fangen der Wildschweine, Paul. sent. 3, 6, 45. Paul. dig. 33, 7, 22.

aprīcātio, ōnis, *f.* (apricor), der **Aufenthalt im Sonnenschein, das Sonnen,** Cic. ad Att. 7, 11; de sen. 57. Col. 8, 8, 4.

aprīcitās, ātis, *f.* (apricus), die **milde Sonnenwärme** (als Eigenschaft), das **Sonnige** (Ggstz. opacitas), regionis, Plin. 6, 46: loci eius, Iustin. 36, 3, 5: diei, Heiterkeit, Col. 7, 4, 5; 8, 15, 4.

aprico, āre (apricus), **sonnig machen, wärmen,** locum, Pallad. 1, 38, 2: absol., iam apricante caelo, da die Witterung schon wärmer wurde, Amm. 23, 2, 6: poet. übtr., **warmhalten, erquicken,** alqm tecto et cibo, Paul. Nol. carm. 24, 312.

aprīcor, ātus sum, ārī (apricus), **sich sonnen,** Cic. u. a.

apriculus, ī, *m.* (Demin. v. aper), ein dem wilden Schwein ähnlich sehender Fisch, Enn. heduph. 1, 5: piscis apr., Apul. apol. 34. Vgl. aper *no.* II.

aprīcus, a, um, *Adi. m. Compar. u. Superl.* (aus apericus von aperio), urspr. geöffnet, unbedeckt; dah. **der milden Sonnenwärme ausgesetzt** (wie apertus dem Sonnenlicht ausgesetzt), **an der Sonne befindlich, sonnig, I** eig., v. Örtl. (Ggstz. opacus), locus, hortus, Cic.: colles, Liv.: rura, Hor.: apriciora loca, Col. – subst., apricum, ī, *n.*, der **sonnige Platz,** gew. im Plur. aprica, Plin.: proferre in apricum, an das Licht bringen (bildl.), Hor. ep. 1, 6, 24. – **II** übtr.: **1** (poet.) **gern der Sonnenwärme ausgesetzt, die Sonnenwärme-, den Sonnenschein liebend,** flores, Hor. carm. 1, 26, 7: arbor, Ov. met. 4, 331: mergi, Verg. Aen. 5, 128: senes, Pers. 5, 179 (Vgl. Schol. Bern. Verg. georg. 2, 522). – **2 sonnig = heiter,** caeli status, Col.: mensis, Col.: apricissimus dies, Col. – od. **warm,** sol, Apul.: spiritus, Amm.: aprici flatus, Südwinde, Col.

aprifer, fera, ferum (aper u. fero), **ergiebig an Schwarzwild,** Poët. bei Mar. Victorin. art. gr. 2, 10, 8 *ed. Gaisf.* zw.

Aprīlis, e, Abl. gew. ī (aperio), **erschließend, April-,** Apr. mensis u. subst. bl. Aprīlis, is, *m.*, der **April,** der Monat des Aufblühens, Cic. u. a. – u. dah. Kalendae Apr., Nonae Apr., Idus Apr., die Kalenden usw. des Aprils, Cic. u. a. –
► Über d. Ableitung v. Aprilis vgl. Ov. fast. 4, 89.

aprīneus, a, um = *aprinus,* Hyg. fab. 69.

aprinus, a, um (aper, s. Prisc. 2, 59), **vom Wildschwein,** viscus, Lucil. fr. inc. 121 M.: dens, Augustin. de civ. dei 6, 7: dentes, Solin. 32, 30 M.: subst., aprina, ae, *f.*, **Schwarzwildbret,** Iudic. coci et pist. 84 R. Vgl. Gloss. ›aprina, συάγριον (*sc.* κρέας)‹ u. ›aprinum, συάγρειον‹. – Oft Variante von aprunus, w. s.

aprocopus, s. apocopus.

aprōgineus, s. aprūgineus.

aprōnia, ae, *f.* = *bryonia,* Plin. 23, 27.

Aprōnius, ī, *m.*, ein röm. Männername, unter dem bes. bekannt sind: Q. Apronius, aus der Kohorte des Verres u. dessen Helfershelfer, Cic. Verr. 3, 22. – L. Apronius, ein röm. Ritter, Krieger unter Drusus, dann Statthalter von Afrika, später als Proprätor von Untergermanien von den Friesen geschlagen, Tac. ann. 1, 29. 56. 72; 3, 21; 4, 73. – Dav. **Aprōniānus,** a, um, **apronianisch, des Apronius,** convivium, Cic.: cerasa, Plin.

aproxis, is, *f.*, eine Pflanze, deren Wurzel von weitem Feuer fangen soll, Plin. 24, 158.

apruco, ōnis, *f.* = *saxifraga,* Ps. Apul. herb. 97.

aprūgineus, (aprōgineus), a, um (aper), **schwarzwildartig,** aprogineo more, Apic. 7, 267; außerdem noch Not. Tir. 108, 28 u. Variante bei Solin. 32, 30 (die besten Hdschrn. aprinis dentibus).

aprūgnus (aprūnus), a, um (aper), **vom Eber (Wildschwein), α** Form **aprūgnus,** callum, Plaut. Pers. 305; Poen. 579 (vgl. Serv. Verg. Aen. 11, 65): lumbi, sinciput, Metell. pontif. b. Macr. sat. 3, 13 (2, 9), 12: viscus, Lucil. fr. b. Charis. 83, 15 K. (vgl. aprinus). – **β** Form **aprūnus,** callum, Cato b. Plin. 8, 210: lumbus, Plin. 8, 210: adeps, Plin. 28, 167: sumina, Lampr. Heliog. 21, 3: dentes, Mart. Cap. 2, 197: condimentum, Apic. 8, 330: perna, Apic. 8, 339. – subst., aprūna, ae, *f.*, **Schwarzwildbret,** Capitol. Max. 28, 2 u. Spart. Hel. Ver. 5, 4 P. Edict. Diocl. 4, 43. Charis. 83, 13. Not. Tir. 108, 27.

aprūna, ae, *f.*, s. aprūnus.

aprunculus, ī, *m.* (aper), **ein kleiner (junger) Eber,** Not. Tir. 108, 26. Not. Bern. 10^b.

aprūnus, a, um, s. aprūgnus.

aps, s. 2. ā (ab).

āpse, s. rēāpse.

apsinth…, s. absinth…

apsis (absis, hapsis), sīdis, *Acc.* sīda, *Acc. plur.* sīdas, *f.* (ἅψις, ion. ἄψις), **I** *t. t.* der Mathematik, der **Bogen** = das **Segment** eines Kreises, cubiculum in hapsida curvatum, ein Zimmer von elliptischer Form, Plin. ep. 2, 17, 8: plutei dicuntur, qui in similitudinem absidis contexuntur, Veget. mil. 4, 15. – meton., das **Rundteil,** der **Chor** der Kirchen, Eccl. – **II** *t. t.* der Astronomie, apsides, die Bahn, die ein Planet durch seine Bewegung beschreibt, Plin. 2, 63 *sqq.*: summa apsis, die Sonnennähe od. Erdferne des Planeten (griech. ἀπόγειον), *ibid.*: coniunctura apsidum, der Punkt, wo ein Planet die Bahn des anderen durchschneidet, der Knoten, *ibid.* – **III** eine **länglichrunde, tiefe Schale,** eine **Schüssel,** argenteae apsides, Ulp. dig. 34, 2. 19. § 6; 34, 2, 32. § 1. – ► Spät. Nbf. **absida,** ae, *f.*, Augustin. ep. 23, 3. Paul. Nol. ep. 12. ad Sev. no. 17. Fulg. serm. 10. Greg. Tur. de glor. conf. 96; vgl. Isid. 15, 8, 7.

apsūmo, s. ab-sūmo.

Apsus, ī, *m.* (Ἄψος), ein Fluss Illyriens, der auf dem kandavischen Gebirge entspringt und in das Ionische Meer fließt, jetzt *Beratino* u. in seinem oberen Lauf *Uzumi,* Caes. b. c. 3, 13, 5. Liv. 31, 27, 1. Lucan. 5, 462 *sq.*

apsyctos, ī, *f.* (ἄψυκτος, unerkältlich), ein uns unbekannter Edelstein, Plin. 37, 148. Isid. 16, 11, 2 (absyctos).

aptābilis, e, *Adi.* m. *Compar.* (apto), **brauchbar, tauglich,** Interpr. Iren. 2, 13, 10; 2, 30. § 3 u. 4.

aptābilitās, ātis, *f.* (aptabilis) = ἐπιτηδειότης die **Brauchbarkeit, Tauglichkeit,** Interpr. Iren. 1, 4, 5.

aptābiliter, *Adv.* (aptabilis), **brauchbar, tauglich,** Interpr. Iren. 1, 16, 3.

aptātio, ōnis, *f.* (apto), die **Anpassung,** Interpr. Iren. 2, 26, 3.

aptātūra, ae, *f.* (apto), die **Zurechtmachung,** pedum, das Ausputzen der Füße (von Seiten des Tierarztes), Edict. Diocl. 7, 20.

aptē, *Adv.* m. *Compar.* u. *Superl.* (aptus), **I genau angefügt, -anschließend, passend, genau,** mundi corpus apte cohaeret, hängt eng zusammen, Cic.: ad pedem apte convenire, v. Schuh, Cic.: pileum capiti apte reponere, Liv.: übtr., **a** rhetor., aptissime inter se cohaerere (v. Worten), Cic.: m. *cum* u. Abl., apte cum genere ipso orationis, genau an den Charakter der Rede sich anschl., Cic. de or. 3, 222. – **b** moral., **mit Fügung,** hunc (casum) apte et quiete ferre, Cic. Tusc. 4, 38. – **II angemessen, passend, geeignet, bequem,** apte locare equitem, Liv.: apte tegere, Liv.: apte facere, apte dicere, Cic.: aptius suis referentur locis, Plin. – m. *ad* u. Akk., fabricatum ad id apte ferculum, Liv.: ut dicamus aliquid ad tempus apte, Cic.

aptitūdo, inis, *f.* (apto), die **Brauchbarkeit,** Boëth. anal. post. 64, 752 D.

apto, āvī, ātum, āre (*Intens.* v. apio), **anpassen, anfügen, I** im Allg.: dona postibus, Verg.: vincula collo, Ov.: corpori arma, Liv.: enses dexteris, Hor.: virgas dextris, Amm.: pileum capiti eius, Lampr.: anulum digito, Suet.: anulos (domini) sibi, Sen.: os cucurbitulae corpori, Cels.: personam Herculis et cothurnos infantibus, Quint.: foribus claves (Schlüssel), Mart.: rotam vehiculo, ICt.: calcei formulis (Leisten) nullis aptati, Amm.: ad militares manus remum, Sen. poët.: mucronem sub pectus imum, unten an die Br. setzen, Ov. – im Bild, ad evagandum altius validiores sibi pinnas, Amm. 16, 7, 2. – **II** prägn., **passend-, zurechtmachen, instand setzen, rüsten, 1** eig.: arma capere aptareque pugnae, Liv.: u. so bl. capere arma et aptare, Liv., u. bl. aptare arma, Liv.: so auch habendo ensemque clipeumque, Verg.: se pugnae, Verg. – armamenta, auftakeln, Liv.: apt. vela et disponere rudentes, Quint.: reliquias navigii ad cursum, Sen.: Liburnicam, segelfertig machen, Plin. ep. – m. *Abl. instr.*, ensem vaginā, versehen, Verg.: se armis, sich kampffertig machen, Liv.: classem velis, segelfertig machen, Verg.: biremes remigio, Verg.: pinum armamentis, auftakeln, Ov. – **2** übtr., **passend** nach od. für etwas **einrichten,** qui ad primum se velut orationis aspectum aptarunt, sich fügten, Quint.: animos armis, den Sinn auf die Waffen richten, Verg.: bella Numantiae modis citharae, Hor. – hoc verbum est ad id aptatum, quod etc., Cic.: sunt haec ad popularem aptata (berechnet) delectationem, Quint.: in oratione pressa sunt omnia et rei aptata, Sen.

aptōtē, *Adv.* (ἀπτώτως), **indeklinabel**, Prob. gramm. (IV) 120, 29.

aptōtus, a, um (ἄπτωτος), **undeklinierbar, indeklinabel**, gew. *neutr. pl.* subst., aptōta, ōrum, Wörter, die nur im Nomin. vorkommen, Diom. 308, 19 u. a. Gramm.

aptra, ōrum, *n. pl.* = ἀμπελόφυλλα (Gloss.), das **Weinlaub**, Titin. fr. inc. XX.

aptus, a, um (v. apio), **I** *Partic.*, und zwar: **A** **angefügt**, **1** eig.: crescebant uteri terram radicibus apti, befestigt mit Wurzeln an dem Boden, Lucr.: gladius e lacunari setā equinā aptus, Cic. – **2** übtr.: **a** an etw. **gebunden**, otio aptus, Plaut. trin. 658. – **b** von etw. **abhängend, entspringend**, m. folg. *ex* u. Abl., rerum causae aliae ex aliis aptae et necessitate nexae, Cic.: honestum, ex quo aptum est officium, Cic.: non ex verbis aptum pendēre ius, Cic.: nemo potest non beatissimus esse, qui est totus aptus ex sese quique in se uno sua ponit omnia, Cic. – m. bl. *Abl.*, vita modica et apta virtute, Cic.: rudentibus apta fortuna, Cic. – **B** **zusammengefügt, verbunden, verknüpft**, **1** eig.: **a** übh.: coniugio corporis atque animae consistimus uniter apti, Lucr.: qui tam certos caeli motus tamque omnia inter se *conexa* et *apta* viderit, Cic.: facilius est *apta* dissolvere, quam *dissipata* conectere, Cic. – **b** prägn., gehörig zusammengefügt = **gehörig instand gesetzt, gehörig eingerichtet, in guter Ordnung befindlich, gerüstet**, illae triremes omnes et quinqueremes aptae instructaeque omnibus rebus ad navigandum, Caes.: omnia sibi esse ad bellum apta et parata, Caes.: aptae et instructae remigio XXXII quinqueremes erant, Liv.: socordius ire milites non aptis armis, Sall. fr.: aptus exercitus, kampf-, schlagfertiges, Liv.: m. *Abl. instr.*, mit etw. **ausgestattet, ausgeschmückt**, nautico instrumento apta et armata classis, Liv.: Fides apta pinnis, Enn. fr.: caelum stellis fulgentibus aptum, Verg. – **2** übtr.: provincia, Cic.: oratio, gehörig abgerundete, Cic.: Thucydides verbis aptus et pressus, bündig u. gedrängt im Ausdruck, Cic.: sic inter se sunt pleraque *conexa* et *apta*, ut etc., Cic.: *apta* inter se et *cohaerentia*, Cic.: efficiatur *aptum* illud, quod fuerit antea *diffluens ac solutum*, Cic. – naturā nihil est aptius, nihil descriptius, es gibt nichts Harmonischeres, nichts Organischeres als die Natur, Cic. – **II** *Adi.* m. *Compar.* u. *Superl.* (eig. einer Sache angepasst; dah.) zu etw. **passend, geeignet, tauglich, geschickt, fähig, zweckdienlich, dienlich**, einer Pers. od. Sache **angemessen, wohlangebracht** (Ggstz. ineptus, Augustin. ep. 138, 5), m. *ad* u. Akk., calcei *habiles* atque *apti* ad pedem, Cic.: milites minus apti ad huius generis hostem (für den Kampf mit einem solchen Feind), Caes.: id pallium esse aptum ad omne anni tempus, Cic.: ossa commissuras habent et ad stabilitatem *aptas* et ad artus finiendos *accommodatas*, Cic.: ex omnibus ad dicendum maxime *natum aptumque* esse, Cic.: locus ad insidias aptior, Cic.: castra erant ad bellum ducendum aptissima naturā loci et munitione, Caes.: qui locus est ad exsulandum aptissimus, Cic.: Epicurus, homo non aptissimus ad iocandum, Cic.: genus ad omnia imitanda et efficienda, quae ab quoque traduntur, aptissimum, Caes. – m. *in* u. Akk., in quod (genus pugnae) minime apti sunt, Liv. – m. *Dat.*, initia *apta et accommodata* naturae, Cic.: *aptum* esse *consentaneumque* tempori et personae, Cic.: reliqua pro loci natura, pro vi tempestatum illis essent aptiora et accommodatiora, Caes.: non alium locum aptiorem proelio esse censebat, Curt.: itineri quam proelio aptiores erant, Curt.: haec genera dicendi aptiora sunt adulescentibus, Cic.: hos (oratores) aptissimos cognovi turbulentis contionibus, Cic. – solibus aptus, ›ein großer Freund der Sonnenstrahlen‹, Hor. ep. 1, 20, 24. – bes. m. *Dat. Gerund.*, quod bellando aptus sum, Acc. fr.: aptus alliciendis feminarum animis, Tac.: an (umeri) apti essent oneri ferendo, Capit.: silvestre iter aptum insidiis tegendis erat, Curt.: quicquid alendo igni aptum est, Curt.: tanto aptiora exportandis oneribus tarda iumenta sunt quam nobiles equi, Sen.: amnis gignendae herbae non alius est aptior, Curt.: gens aptior novandis quam gignendis rebus, Curt. – mit *Abl.* (durch), aptior sermone, gewandter im mündlichen Verkehr, Tac. hist. 2, 4. – poet. m. folg. *Infin.*, Circe apta cantu mutare figuras, Tibull. 4, 1, 62 (vgl. Ov. art. am. 3, 534; fast. 2, 216): m. *Infin. Pass.*, mens apta capi, Ov. art. am. 1, 358 (vgl. Ov. am. 1, 5, 20; fast. 2, 254). – mit folg. Relativsatz, nulla videbatur aptior persona, quae de illa aetate loqueretur, Cic.: est mihi qui lanas molliat apta manus, Ov. – absol., oratio, Curt.: tempus, die gelegene, rechte Z., Liv.: occasio, Curt.: nunc *quid aptum sit*, hoc est *quid maxime deceat* in oratione, videamus, Cic.: lar, ein angemessenes, genügendes Vermögen, Hor.: ego enim neminem nec motu corporis neque ipso habitu atque formā aptiorem mihi videor audisse, Cic.: verbis uti usitatissimis et quam maxime aptis, Cic.: ita opere ipso coniungi haud paulo aptius videri potest, Curt. 5, 1, 2.

apua, ae, *f.*, s. aphyē.

apud (alte Schreibart aput, CIL 1, 206, 15 u. ö., alte Nbf. apor, n. Paul. ex Fest. 26, 5 od. apur, n. Mar. Victorin. [VI] 9, 17), *Praep.* m. *Acc.* (Stamm AP, wovon apio, aptus, also das Anheften an etwas, die Nähe bezeichnend), **bei, neben, in der Nähe-, im Bereich von** (stets im Zustand der Ruhe u. gew. nur bei Personen, selten bei Örtlichkeiten), **I** zur Bezeichnung der Nähe bei Personen, **bei, a** übh.: apud alqm sedere, Cic.: plus apud me antiquorum auctoritas valet, Cic. – dah. **α** apud alqm, bes. apud me, te, se etc., **bei** jmd., **bei mir, dir, sich** usw., d. i. **in** jmds., in **meiner** usw. **Wohnung, Behausung (Villa)**, Komik., Cic. u. a. (s. Eberhardt Cic. Verr. 4, 4), apud se esse, **bei sich** (bildl.), d. i. **bei Besinnung sein,** Komik. (s. Spengel Ter. Andr. 408. Wagner Ter. heaut. 921): u. so apud se non est, Petr. 129, 11. – **β** apud exercitum esse, beim Heer (im Gefolge des Feldherrn usw.) sein (hingegen in exercitu esse = im Heer als Soldat dienen), Cic. – **b** bei der Person, in deren Gegenwart etwas geschieht (bes. wenn von Verhandlungen die Rede ist u. eben den Personen das Entscheidungsrecht zusteht), **bei, vor, in Gegenwart,** apud erum, Plaut.: apud alium, Ter.: apud populum, Cic.: apud iudices, Cic. – **c** bei den Personen, in deren Bereich etw. geschieht, **bei,** consequi gratiam apud bonos viros, Cic. – dah. **bei = zur Zeit** des usw. (s. Weißenb. Liv. 4, 4, 3), apud patres od. maiores nostros, Cic.: apud antiquos (Ggstz. recentiore memoriā), Cic.: apud patres esse coepit, Liv. – **d** zur Bezeichnung des Verfassers eines Werkes od. des Urhebers einer Behauptung, **bei, in,** apud Xenophontem, Cic.: apud Solonem, in seinen Gesetzen, Cic.: auch v. Redenden, apud quosdam acerbior in conviciis narrabatur, Tac. Agr. 22 *extr.* – **e** zuw. statt des *Dat.*, queri apud alqm, Plaut. u. Cic.: sacrificare apud deos, Tac.: apud alqm profiteri, Curt.: fidem apud alqm obligare, Papin. dig. – **II** bei örtlichen Bezeichnungen, **a** **im Gebiet, im Bereich von** usw. = **bei, an,** apud ignem, Turpil. u. Sisenn. fr.: apud Alyziam, Cic.: apud oppidum, Caes.: apud mensam, bei Tische, Gell. – **b** (fast = *in*) **in, an, auf** (s. Brix Plaut. mil. 930. Ter. adelph. 4, 1, 1. Halm Cic. Verr. 4, 48), apud Orcum te videbo, Plaut.: apud villam, Ter. u. Cic.: apud forum, Ter.: apud rostra, Tac.: apud Asiam, Tac.: montes, apud quos erat educatus, Flor.: namentl. bei Tacitus oft bei Städte- u. Inselnamen, **zu, auf,** apud urbem Nolam, zu N., Tac.: apud Rhodum, zu od. auf Rh., Tac. – ► **a** apud solöz. für ad, Lucil. 30, 66 (981). – **b** apud dem Subst. nachgesetzt. z. B. Misenum apud et Ravennam, Tac. ann. 4, 5 *in.*: Graios apud, Terent. Maur. 506.

Āpulēius (Appulēius), ī, *m.*, Name mehrerer Römer, unter denen die berühmtesten: **a** L. Apuleius Saturninus, ein unruhiger Volkstribun (ums Jahr 101 v. Chr.), Cic. Brut. 224. – **b** ein aus Madaura in Afrika gebürtiger röm. Schriftsteller (geb. um 130 n. Chr.), dessen Werke noch erhalten sind, Augustin. ep. 136, 1 u. 138, 18: Apuleius Platonicus, Apul. de dogm. Plat. 3. p. 264 H. Augustin. de civ. dei 8, 12 u. 14. Charis. 240, 28. – *Adi.* Apulēius (Appulēius), a, um, **apulejisch,** A. lex (*sc.* de maiestate), vom Volkstribunen Apulejus herrührend (dass jeder, der einem Volkstribunen entgegentrete, sich des Hochverrats schuldig mache), Cic. u. a. – Dav. **Āpulēiānus** (Appulēiānus), a, um, **apulejanisch, des Apulejus,** pecunia, des (sonst unbekannten) M. Apulejus, Cic.: seditio, des Volkstr. Apulejus, Flor.: ponderis Apuleiani fulmen, des Schriftstellers Apulejus, Sidon.

Apūlia, ae, *f.*, eine Landschaft in Unteritalien auf beiden Seiten des Flusses Aufidus, der sie in Daunia u. Peucetia teilte, berühmt durch Ackerbau u. Vieh-, bes. Pferde- u. Schafzucht, j. *Puglia*, Varr. sat. Men. 369. Varr. r. r. 1, 6, 3; 2, 1, 16. Cic. de div. 1, 97. Hor. sat. 1, 5, 77. – Dav.: **a** **Apūlicus**, a, um, **apulisch**, mare A., das Adriatische Meer, Hor. carm. 3, 24, 4. – **b** **Āpulus**, a, um, **apulisch**, pecuarii, equi, triticum, Varr.: gens, Hor.: ager, bellum, Liv. – Subst., Āpulus, ī, *m.*, der **Apulier**, Sil.: u. Plur. Āpulī, ōrum, *m.*, die Bewohner Apuliens, die **Apulier**, oft bei Liv. u. a.: dah. meton. = das Land der Apulier, non (sum natus) in Apulis, bei den Apuliern (die für stupid galten), Plaut. mil. 648.

āpuliae, ārum, *f.*, Tücher, die zum Schutz gegen die Sonnenhitze über das Theater gespannt wurden, Tert. de spect. 20.

apur, alte Form für apud, Mar. Victorin. (VI), 9, 17.

apūs, podis, *m.* (ἄπους, ohne Füße), eine Art Schwalben, die keine Füße haben sollen, die **Spierschwalbe, Mauerschwalbe** (*Hirundo apus.* L.), Plin. 10, 114 u. 11, 257 (wo Akk. Plur. apodas).

aput, s. apud.

apȳrēnus u. **apȳrīnus**, um (ἀπύρηνος), **kernlos**, fructus (mali Punici), Col. 5, 10, 15; de arb. 23, 1. – dah. subst., apȳrēnum, ī, *n.* (verst. Punicum malum), eine Art **Granatäpfel**, die ganz zarte Kerne hat, Plin. 13, 112: Plur. apyrina, Sen. ep. 85, 5. Mart. 13, 42 *sq.* (wo āpȳrīnus gemessen wird).

apyretus, a, um (ἀπύρετος), **ohne Fieber, fieberlos**, Th. Prisc. 2. chr. 15.

apyros, on (ἄπυρος), **feuerlos**, von Mineralien, die ohne Feuer gewonnen werden, **gediegen**, aurum, Plin. 21, 66: sulphur, Jungfernschwefel (rein lat. sulphur vivum), Plin. 35, 175 (vgl. Cels. 5, 18. *no.* 14: sulphur, quod ἄπυρον vocatur).

aqua, ae, *f.* (vgl. got. *ahwa*, ahd. *aha*), das **Wasser**, **I** eig.: **A** **Wasser** in der allgemeinsten Bedeutung des Wortes (Naturelement, Regenwasser, Fluss-, Meerwasser usw.), aër, aqua, terra, vapores, quo pacto fiant, Lucr.: dulcis, dulcior, Cato u. Plin.: pluvia, Cic., od. pluvialis, Ov., od. caelestis, Hor. u. Sen., Regenwasser: fluvialis, Col.: marina, Cic.: viva, fließendes Wasser, Varr. LL.: putealis, Brunnenwasser, Suet. fr.: cisternina, Sen.: salsa, Col. u. Aur. Vict.: aqua profluens (fließendes), Cic. u. Liv.: aqua fervida, Liv.: aqua ferme genus tenus alta, Liv.: aquam foras! vinum intro! Petr.: ferre aquam pedibus, dare aquam manibus, Plaut.: os aquā implere, W. in den M. nehmen, Sen.: aquam in os suum non coniciet, Petr.: visne aquam tibi petam? Plaut.: aquam velim, Plaut.: aquam petere sacris, Liv.: aquam ad restinguendum ferre, Liv. – Plur., vapor aquarum, Cic.: magnitudo aquarum, Liv.: aquae dulces, marinae, Cic.: aquae longae, Wasserstrahlen, Ov.: aquae caelestes, Regenwasser, Liv.: aquae magnae bis eo anno fuerunt, Liv.: aquae ingentes, Liv.: tanta tempestas cooritur, ut numquam illis locis maiores aquas fuisse constaret, Caes.: hae permanserunt aquae (Hochwasser) dies complures, Caes. – **Besondere,** meist sprichw. **Redensarten:** **a** aspergere alci aquam, **Mut einflößen, neu beleben,** eig. mit frischem Wasser besprengen (einen Ohnmächtigen), Plaut. truc. 366. – **b** aquam praebere (zum Mischen des Weins bei Tische), **zu Tische laden, bewirten,** Hor. sat. 1, 4, 88. – **c** aqua et ignis, für die **wichtigsten Lebensbedürfnisse,** non aquā, non igni, ut aiunt, locis pluribus utimur, quam amicitiā, Cic. de amic. 22: u. so erhält die Braut am Vermählungstag aqua et ignis als Symbol ihrer Vereinigung, Paul. ex Fest. 2, 15 (anders erklärt bei Varr. LL. 5, 61). – Dah. die Redensarten: **α** aquā et igni interdicere alci, Cic., Caes. u. a., od. aquā et igni alqm arcere, Tac., **die Gemeinschaft mit** jmd. **aufheben,** ihn **aus der bürgerlichen Gesellschaft stoßen,** ihn **verbannen;** vgl. Ruperti Tac. ann. 3, 86, 2. – **β** aquam terramque petere ab alqo od. poscere, γῆν καὶ ὕδωρ αἰτεῖν (eine persische Sitte), vom Feind **Unterwerfung fordern,** Liv. 35, 17, 7. Curt. 3, 10 (25), 8. – **d** sed aqua haeret, ut aiunt, da hapert es (= die Sache findet Schwierigkeiten, gerät ins Stocken), Cic. de off. 3, 117: in hac causa mihi aqua haeret, Cic. ad Q. fr. 2, 8 (6), 2. – **e** in aqua scribere, etwas im Wasser, wo es sofort vergeht, ausschreiben, unser »in den Wind schreiben«, Catull. 70, 3. – **f** aquas in mare fundere, Wasser ins Meer tragen, Ov. trist. 5, 6, 44. – **B** **Wasser** im engeren Sinne: **1** für **Gewässer,** **a** = **Meer,** ad aquam, an der Meeresküste, Cic.: labores, quos ego sum terrā, quos ego passus aquā, Ov.: übtr., naviget hinc aliā iam mihi linter aquā, ein neues Buch mag nun in See stechen, Ov. – **b** = **See** (*lacus*), Albanae aquae deductio, Cic. – **c** = Fluss, in aquam caeci ruebant, Liv.: secundā aquā, stromabwärts, Liv. – **2** für **Regen,** aquae augur cornix, Hor.: aquarum agmen, Regenguss, Verg. – **3** Plur. aquae, **a** **Quellen,** aquarum abundantia, Eutr.: aquae dulces, Verg. – **b** **Heilquelle, Gesundbrunnen, warme Bäder,** aquae calidae, Liv.: aquae medicatae, Plin.: aquarum salubrium usus, Tac.: ad aquas venire, Cic. – Dah. als *nom. propr.* (vgl. unser: Altwasser, Salzbrunn usw.), Aquae Albulae, Calidae, Cumanae, Mattiacae, Septem, Sextiae, Statiellae u. a., s. calidus, Cumanus (unter Cumae), Mattiacus usw. – **4** für **Wasserleitung,** aqua Claudia, Crabra u. dgl., s. Claudius etc.: aqua promissa, Vell.: aquam perducere (v. Appius), Liv. epit.: aquam in urbem ducere, Liv.: aquam ducere non longe a villa, Cic. – **5** das **Wasser in der Wasseruhr.** Von dem Gebrauch dieser Uhr bei den Vorträgen (vgl. clepsydra) entstanden die bildl. u. sprichw. Ausdrücke: **α** aquam dare, **Redezeit gestatten,** Plin. ep. 6, 2, 7. – **β** aquam perdere, **die Zeit unnütz hinbringen.** Quint. 11, 3, 52. – **6** aqua intercus, s. inter-cus. – **7** das Wasser in den Augen, d. i. die **Tränen,** illius ex oculis multa cadebat aqua, Prop. 3, 6, 10. – **II** übtr., Aqua, das **Wasser,** ein Gestirn, griech. Ὕδωρ, Cic. Arat. 179. – ► Archaist. *Genet.* aquai, Plaut. Poen. 432. Lucr. 1, 283 u. ö. Cic. poët. de div. 1, 15 u. 2, 63. Verg. Aen. 7, 464. Prud. apoth. 702.

aquae ductio, ōnis, *f.*, s. ductio.

aquae ductus, ūs, *m.*, s. ductus.

aquae haustus, ūs, *m.*, s. haustus.

aquaelicium od. **aquilicium**, ī, *n.* (aqua u. elicio), ein Bittgang (nach dem Kapitol) um Regen zuzeiten anhaltender Dürre, die **Regenbeschwörung** (s. Paul. ex Fest. 2, 12), aquilicia Iovi immolatis, Tert. apol.

aquaemanālis, is, *m.* (aqua u. manus), das **Waschbecken, Handbecken,** Varro vit. P. R. 1, 44 b. Non. 547, 9.

Aquae Sextiae, s. Sextius.

aquagium, ī, *n.* (aqua u. ago), der **Wassergraben,** ICt.; vgl. Paul. ex Fest 2, 11.

aquāliculus, ī, *m.* (*Demin.* v. aqualis), eig. »ein kleines Wassergefäß«; dah. **I** der **Magen,** bes. der **Schweinsmagen,** Sen. ep. 90, 22. Edict. Diocl. 4, 12. Augustin. conf. 4, 1 u. a. Spät. – **II** der **Unterleib, Wanst,** Pers. 1, 57.

aquālis, e (aqua), **zum Wasser gehörig, Wasser-,** **I** *adi.:* velum (*sc.* ventorum), Varr. sat. Men. 270. – **II** *subst.*, aquālis, is, Abl. ī, *c.* (verst. urceus od. hama), der **Wasserkrug, Wassereimer,** Cato fr., Plaut. u. a. – dafür aquāle, is, *n.*, Plin. b. Charis. 118, 31. – ► Abl. aquali, Varr. sat. Men. 270 u. Varr. fr. b. Non. 302, 7. Fest. p. 329 (a), 31.

aquālium, ī, *n.* (aqua), der **Wasserkrug,** Plin. b. Charis. 118, 33.

aquāriolus, ī, *m.* (*Demin.* v. aquarius *no.* II, A, 1, a), der **Wasserträger,** der zugleich **Kuppler** u. **Gelegenheitsmacher feiler Dirnen** war, Apul. apol. 78. Tert. apol. 43; vgl. Paul. ex Fest. 22, 12.

aquārium, s. aquārius.

aquārius, a, um (aqua), **zum Wasser gehörig, Wasser-,** **I** *adi.:* rota, Wasserrad, Cato u. Lampr.: situlus, Cato: urceus, Cato: vas, Varr. LL. u. ICt.: cotes, bei denen man Wasser statt Öl anwendet, Plin.: molae, Pallad.: fistulae, Capit.: provincia, die Aufsicht über die Wasserleitungen, Cic.: operator, Sulp. Sev.: artifices periti aquariae rei, Amm.: re aquariā defecti, Gell. – **II** *subst.:* **A** aquārius, ī, *m.*, **1** der **Wasserträger,** **a** in Rom, der Wasser in die Häuser trug, dabei den Kuppler machte u. sich selbst zu unzüchtigen Diensten gebrauchen ließ, Edict. Diocl. 7, 30. Valer. imp. bei Treb. Poll. Claud. 14, 11. Iuven. 6, 332. – **b** bei den Juden, einer der Tempelsklaven, die Wasser (wie die lignarii Holz) für den Tempeldienst tragen mussten, Hier. ep. 108, 8. – **2** der **Röhrenmeister,** d. i. einer von den öffentlichen Dienern (*apparitores*), die als Unterbeamte des Ädilis, später des *curator aquarum* alles zu besorgen hatten, was zur Reinlichkeit der Wasserleitungen, zur gehörigen Verteilung des Wassers in die Straßen u. Häuser (wobei sie durch Bestechung häufig den Budenkrämern [tabernarii] zum Nachteil des Publikums eine allzu große Masse Wasser zukommen ließen) u. dgl. gehörte, Cael. in Cic. ep. 8, 6, 4. Cod. Iust. 11, 42, 10. Frontin. aqu. § 9. CIL 6, 131.: auf Inschriften auch acuarius geschr. (wie acula = aquula), CIL 6, 8653 u. 9, 3189. – **3** der **Aufseher der Brunnen** u. **der Wasserkünste** in den Gärten einer Privatbesitzung, Gori Mon. Liv. Aug. p. 126. *no.* 81. u. p. 127. *no.* 82. – **4** Aquarius, der **Wassermann,** ein Sternbild im Tierkreis, zwischen dem Steinbock u. den Fischen, griech. Ὑδροχόος, Varr. fr., Cic. poët. u. a. – **B** aquārium, ī, *n.*, **1** der **Wasserbehälter,** die **Zisterne,** Cato r. r. 1, 3. – **2** der **Wasserkrug,** Plin. b. Charis. 118, 33.

aquātē, *Adv.* (aquatus), **wässerig, dünn,** *Compar.* bei Plin. Val. 1, 10 u. Soran. Lat. p. 26, 8. *Superl.* bei Cael. Aur. chron. 1, 4, 94.

aquāticus, a, um (aqua), **I im** od. **am Wasser lebend, -wachsend, -hervorkommend, Wasser-,** aves, frutices, Plin.: lotos, Ov.: gramen, Solin.: limus, Plin.: organa, Wasserorgel, Mythogr. Lat. – subst., aquātica, ōrum, *n. pl.*, die Wassertiere (Ggstz. agrestia, die Landtiere), Vulg. sap. 19, 18. – **II wässerig,** d. i. **A feucht,** panis, Plin.: auster, Regen bringend, Ov. – subst., aquātica, ōrum, *n.* (*sc.* loca), **sumpfige Örter,** Plin. 16, 165. – **B dem Wasser** der Farbe nach **ähnlich,** albicantius in aquaticum (ins Wässerige) eliquescit, Solin. 30. § 32.

aquātilis, e (aqua), **I zum Wasser gehörig, im** od. **am Wasser lebend, -befindlich, Wasser-,** genus, Varr.: animalia, Varr. LL.: animantes (Ggstz. terrenae), Lact.: bestiae, Cic.: pecus, Col.: musculi, cochleae, Plin.: horologium, Cassiod.: radiculae aquatilis silvae, von Schilf, Binsen, Col. – subst., aquātilia, ium, *n. pl.*, **α alles im Wasser Befindliche,** Plin. 31, 1. – **β Wassertiere,** Plin. 9, 23 u. a. – **II wässerig,** d. i. **A Wasser enthaltend,** subst., aquātilia, ium, *n. pl.*, **Wasserblasen,** ὑδατίδες, eine Viehkrankheit, Pelag. vet. 11. Veget. mul. 1, 25, 6 u. a. – **B einen Wassergeschmack habend,** umor, Varr. r. r. 1, 64, 1: sucus, Plin. 19, 186.

aquātio, ōnis, *f.* (aquor), **I** das **Wasserholen, a** eig., Caes. u. a.: hic aquatio, hier holt man (von Syrakus) das Wasser, Cic.: copiosa, Auct. b. Hisp.: aquatione longā et angustā utebatur, Auct. b. Afr. – **b** meton., der Ort, wo das Vieh getränkt wird, die **Tränke,** Plur. bei Col. 7, 5, 2. Plin. 6, 102. – **II** die **Bewässerung, a** eig., aquationibus adiuvare, Pallad. 3, 17, 8. – **b** meton., Plur. aquationes, durch Regen od. Überschwemmung entstandene **Wasserstellen, Lachen, Sümpfe,** ranae multae variaeque per aquationes autumni nascentes, Plin. 32, 76.

aquātor, ōris, *m.* (aquor), der **Wasserholer,** Caes. b. c. 1, 73, 2. Liv. 22, 44, 2; 41, 1, 6. Auct. b. Hisp. 21, 2.

aquātus, a, um, *Adi.* m. *Compar.* u. *Superl.* (aqua), **I mit Wasser vermischt,** potio, Augustin.: vinum primo *aquatum,* secundo etiam *meracum* dare, Cael. Aur.: vinum aquatissimum, Augustin. – **II wässerig,** d. i. **a Wasser enthaltend,** lac, Soran. Lat. p. 35, 19: fructus olearum, Pallad. 1, 6, 9. – **b dünn** (Ggstz. crassus), umor, Pallad.: aquatius medicamentum, Sen.: collyrium aquatissimum, Scrib.: dilutum ovi album, id est aquatissimum, Marc. Emp. 8.

Aquēnsēs, ium, *m. pl.*, eine Stadt der Tauriner bei Centumellā in Etrurien, jetzt *Bagni di Vicarello,* in der Nähe des Lago di Vico, Warmbad ohne Mineralgehalt (Tauri dictae de nomine thermae, Rutil. itin. 1, 249), Plin. 3, 52.

aqueus, a, um (aqua), **aus Wasser bestehend** (Ggstz. terrenus), signum, Firm. math. 2, 12.

aquicelus, ī, *m.*, s. ravicelus.

aquiducus, a, um (aqua u. duco) = ὑδραγωγός, **Wasser ziehend,** Cael. Aur. chron. 3, 8, 119.

aquifolius, a, um, s. acrifolius.

aquifuga, ae, *c.* (aqua u. fugio) = ὑδροφόβος, der, die **Wasserscheue,** Cael. Aur. acut. 3, 9, 98 u. 3, 15, 121.

aquigenus, a, um (aqua u. geno = gigno), **im Wasser geboren,** Tert. adv. Marc. 2, 12.

aquila, ae, *f.* (viell. *fem.* v. aquilus), der **Adler, Aar, I** eig., in der Mythol. Jupiters Blitzträger (*Falco Melanaëtus,* L.), Cic., Liv. u. a. – Sprichw., aquilae senectus, ein frisches u. rüstiges hohes Alter, »ewig junge Adlerkraft« (Jacob), weil der Adler auch im hohen Alter kräftig bleibt, Ter. heaut. 521. – **II** übtr.: **I** der **Adler,** das Hauptfeldzeichen jeder röm. Legion, aquila argentea, Cic.: Romanae aquilae signifer, Ov.: aquilam ferre decimae legionis, Caes.: aquilam quartae legionis inferre, Cic.: aquilam conservare, defendere, hostibus prodere, Caes.: hic statui volo primum aquolam, hier will ich zuerst Posto fassen, Plaut. Pers. 759. – Meton., **a** die **Legion,** tredecim aquilae, Auct. b. Hisp. 30, 1: hāc mercede corruptae aquilae, Plin. 13, 23: victrices aquilae, Lucan. 5, 238. – **b** die **Stelle des Adlerträgers,** locuples aqu., Iuven. 14, 197. – **2** der **Adler,** ein Gestirn, Cic. Arat. 372 (wo Genet. Aquilai). – **3** ein Fisch aus dem Geschlecht der Rochen, der **Meeradler** (*Raia Aquila,* L.), Plin. 9, 78. – **4** *t. t.* der Baukunst, aquilae, die am hintern Giebelfeld (*tympanum*) in halberhabener Arbeit ausgeführten **Adler** (des Jupiter) an der Vorder- u. Hinterseite des Tempels des Jupiter Capitolinus, die den Giebel (*fastigium*) gleichs. zu tragen schienen, Tac. hist. 3, 71.

aquilegus, a, um (aqua u. lego), **I Wasser ziehend,** rota, Tert. de anim. 38. – **II** *subst.* = aquilex, Cassiod. var. 3, 53. CIL 2, 5726 (= 6, 152).

Aquilēia, ae, *f.* (Ἀκυλήϊα), Stadt in Oberitalien, nicht weit von Tergeste, im Jahre 182 v. Chr. von den Römern zur Überwachung der besiegten Völkerschaften Norditaliens u. als Bollwerk gegen den Andrang nordischer Barbaren angelegt, später Hauptwaffenplatz der Römer, blühend durch Handel u. Gewerbe, j. *Aquileia* od. *Aglar,* Liv. 39, 22, 6: Ledaeo felix A. Timavo, Mart. 4, 25, 5. – Dav. **Aquilēiēnsis,** e, **aquilejensisch,** ager, Liv.: Plur. subst., Aquilēiēnses, ium, *m.*, die Einw. von Aquileja, die **Aquilejenser,** Liv.

aquilentānus, a, um (aquilo), **nördlich,** regio, Chalcid. Tim. 67: subst., aquilentāna, ōrum, *n. pl.*, die **nördlichen Gegenden,** der **Norden** (Ggstz. australia), Chalcid. Tim. 69.

aquilentus, a, um (aqua), **voll Wasser, feucht,** luna, Regen bringend, Varr. sat. Men. 400.

aquilex, legis (spätlat. licis), *m.* (aqua u. lego) = aquarum indagator (Col. 2, 2, 20) od. = aquarum scrutator vel repertor (Serv. Verg. georg. 1, 109) = ὑδρογνώμων, der sich auf Auffindung von Wasserquellen, ihre Fortleitung u. Verteilung nach verschiedenen Punkten versteht, der **Wassertheoretiker, Rhabdomant,** Varr. fr., Plin. u. a.

Aquīliānus, s. 2. Aquīlius.

aquilicium, s. aquaelicium.

aquilifer, ferī, *m.* (aquila u. fero), der **Adlerträger,** Caes. u. Tac.

aquilīnus, a, um (aquila), **vom Adler, Adler-,** ungulae, Plaut. Pseud. 852: corpus, Dar. Phryg. 13: aquilinum in modum, Tert. de paenit. 12: aspectus, scharfer Adlerblick, Apul. met. 2, 2.

1. aquilius, a, um, **dunkelbraun, schwarzbraun,** pueri aquilii, Arnob. 3, 14 *cod. opt.* Vgl. aquilus.

2. Aquīlius (in Hdschrn. auch Aquillius), a, um, Name eines röm. Geschlechts, aus dem am bekanntesten: C. Aquilius Gallus, ein Freund Ciceros, mit diesem Prätor i. J. 66 v. Chr., als geschickter Redner vor Gericht u. gelehrter Jurist aus der Schule des Q. Mucius Scävola Pontifex gerühmt, Cic. Brut. 154. – Aquilius Regulus, ein Stiefbruder des Redners Vipstanus Messala, ein nichtswürdiger Angeber der Kaiserzeit, s. Ruperti Tac. hist. 4, 42, 1. – eine Aquilia, Frau aus dem aquil. Geschlecht, Cic. ad. Att. 14, 13, 5 u. 17, 3. – *Adi.* **aquilisch,** lex Aqu., des gen. Aqu. Gallus, Cic. u. Gaius. – Dav. **Aquīliānus,** a, um, **des Aquilius (Gallus), aquilianisch,** defensio, Cic.: stipulatio, ICt.: Plur. subst., Aquīliānī, die **Aquilianer,** Varr. LL. 9, 71.

aquilo, ōnis, *m.* (verwandt mit aquilus, eig. der »schwarze Stürmer«), **I** der **Nordwind,** bei den Griechen βορέας, Sing. u. Plur. b. Cic. u. a.: genauer genommen, **Nord-Drittel-Ostwind,** Sen. u. Plin.: aquilone in septentrionem verso, Liv. – meton., der **Norden,** ad aquilonem conversus, Cic.: fenestras obverti in aquilonem debere, Plin.: Ggstz.

auster (*no.* II), w. s. – **II Aquilo,** als mythol. Person, Gemahl der Orithyia, Vater des Kalaïs u. Zetes, wohnte in einer Höhle des Hämus, Ov. met. 7, 3 u. s. Hyg. fab. 14.

aquilōnālis, e (aquilo), **nördlich,** Vitr. 9, 4, 3. Cic. fr. inc. 3. *no.* 15. p. 580 *ed. Orelli* (3, 14. p. 3 48 *ed. Klotz*). Gromat. vet. 332, 30; 334, 1 u. Eccl.

Aquilōnia, ae, *f.,* Stadt im Hirpinischen, beim j. *Carbonara,* Liv. 10, 38 *sqq.* – Deren Einw. Aquilōnī, ōrum, *m.,* die **Aquilonier,** Plin. 3, 105.

aquiloniānus, a, um (aquilo), **nördlich** (Ggstz. australis), Chalcid. Tim. 67 u. 69. zw. (s. aquilentānus).

aquilōnigena, ae, *c.* (aquilo u. gigno), vom Norden gezeugt, **nördlich,** Britanni, Auson. Mos. 407.

aquilōnius, a, um (aquilo), **I nördlich,** regio (Ggstz. regio australis), Cic. de nat. deor. 2, 50. Liv. 40, 58, 8: frigedo, Varr. sat. Men. 77: frigus, Solin. 9, 2: hiems, Plin.: pars, Nordseite, Solin., Augustin. u. Cael. Aur.: Piscis, ein Gestirn, der nördliche Fisch, Col. – **II** Aquilōnius, **zum Aquilo** (als Person) **gehörend,** proles, Kalaïs u. Zetes, Prop. 1, 20, 25. Val. Flacc. 4, 462 u. 501: so pignora, Stat. Theb. 5, 432.

aquilus, a, um, **dunkelbraun, schwarzbraun** (s. Paul. ex Fest. 22, 2. Gloss. V, 632, 30), corpus, Plaut. Poen. 1112: amnis, Varr. sat. Men. p. 151, 6 R. zw.: color (Teint), Ggstz. color candidus, Suet. Aug. 79, 2: pueri, Arnob. 3, 14 R.: u. di (des Todes u. der Unterwelt), Mart. Cap. 2. § 164.

aquiminale, is, *n.,* **aquiminārium,** ī, *n.,* u. **aquimanīle,** is, *n.,* u. **-īlis,** ein **Geschirr zum Waschen,** das **Waschbecken,** Form *-ale,* Paul. dig. 33, 10, 3 u. Gloss. (wo: ›aquiminale, χέρνιβον‹): Form *-arium,* Ulp. dig. 34, 2, 19. § 12 u. 21. § 2: Form *-ile,* Paul. sent. 3, 6, 56: Form *-ilis,* Isid. ep. 1, 7.

Aquīnātēs, s. Aquīnās unter Aquinum.

Aquincum, ī, *n.,* befestigte Stadt in Niederpannonien, wahrsch. j. *Alt-Ofen,* CIL 3, 6466; 6, 3431 u. ö. – Nbf. Acincum, Amm. 30, 5, 13.

Aquīnum, ī, *n.,* Stadt der Volsker in Latium, Geburtsort des Dichters Juvenal, bekannt durch Purpurfärbereien, j. Aquino, Cic. Phil. 2, 105. Iuven. 3, 310 (u. dazu Schopen Unedierte Scholien S. 23, 18 u. 19); vgl. Ruperti Tac. hist. 1, 88. – Dav. **Aquīnās,** ātis, **von** od. **zu Aquinum, aquinatisch,** colonia, Aquinum, Tac.: fucus, Hor.: Plur. subst., Aquīnātēs, ium, *m.,* die Einw. von Aquinum, die **Aquinaten,** Cic. – ► Nbf. Aquīnātes, Iuvenalis Aequinates erat, Schol. Iuven.

aquipedius, s. acupedius.

Aquītānī, ōrum, *m.,* die Bewohner der Landschaft od. Provinz Aquitania (s. unten), die **Aquitanier,** Caes. b. G. 1, 1. § 1 *sq.* – Dav.: **a Aquitanus,** a, um, **aquitanisch,** gens, Tibull. 1, 7, 3. – **b Aquītānia,** ae, *f.,* **Aquitanien,** eine Landschaft des südlichen Galliens von der Garumna bis an die Pyrenäen, vom Ozean bis an das narbon. Gallien, als röm. Provinz (nach des Augustus Bestimmung) das Land vom Liger bis zu den Pyrenäen, vom Ozean bis zu den Cevennen, Caes. b. G. 1, 1. § 7. Tac. ann. 1, 76. – **c Aquītānicus,** a, um, **aquitanisch,** sinus, j. *Golfe de Gascogne,* Plin.: Gallia u. provincia, Plin. u. Amm. – Dav. subst. **Aquītānicī,** ōrum, *m.,* die **Aquitanier,** Salv. de gub. dei 7, 3.

aquivergium, ī, *n.* (aqua u. vergo), die **Wassersenkung,** Gromat. vet. 315, 17 u. 325, 8 u. 336, 29.

1. aquola, s. aquila.

2. aquola, s. 1. acula.

aquor, ātus sum, ārī (aqua), **Wasserholen, Wasser eintragen, sich mit Wasser versehen,** Caes. u. a.: qui aquandi (Variante adaquandi) causā longius a castris processerant, Caes. b. c. 1, 66, 1.: *unde* aquari consuerat, Auct. b. Afr. 47, 2: flumen, *unde* aquabantur, Liv. 27, 41, 2: flumen, *ex* quo hostes aquabantur, Frontin. 3, 7, 1.

aquōsitās, ātis, *f.* (aquosus), **Überfluss an wässerigem Stoff,** Cael. Aur. acut. 2, 35, 185.

aquōsus, a, um, *Adi.* m. *Compar.* u. *Superl.* (aqua), **voll Wasser, wasserreich,** ager, Cato: campus, Liv.: hiems, regnerischer, Verg. u. Plin.: nubes, Regenwolke, Ov.: Orion, Verg., od. Eurus, Hor., Regen bringend: crystallus, hell, Prop.: languor, Wassersucht, Hor.: mater, Thetis, Ov.: Piscis (als Gestirn), Ov. u. Verg. – ager aquosior, Plin.: ver aquosius, regenreicher, Sen.: locus aquosissimus, Cato: quia fere aquosissima sunt quaecumque umbrosissima, Sen.

ar, altlat. = ad (w. s.), nihil ar me, Lucil. sat. 9, 3. – bes. in Kompos., wie arveho, Cato r. r. 135, 7 u. 138, arfuisse, SC. de Bacch. im CIL 1, 196. lin. 21: arvorsum, *ibid.* lin. 25: arfari, arvenae, arventores, Prisc. 1, 45: arvenire, Diom. 452, 29: arveniet, Placid. gloss. (V) 48, 29, u. arbiter (s. d.).

1. āra, ae, *f.* (altlat. asa zu Wurzel **ās,* brennen, glühen) dah. **I** ara sepulcri, der **Scheiterhaufen,** Verg. Aen. 6, 177. Sil. 15, 388. – **II** Plur. arae, **Felsbänke** u. **Klippen,** bes. von denen um die Insel Aegimurus (w. s.), Verg. Aen. 1, 109. Sisenn. u. Varr. b. Serv. Verg. Aen. 1, 108. Plin. 5, 42. – **III** ein erhöhtes **Denkmal** von Stein, virtutis, Cic. Phil. 14, 34: Lunensis, von lunensischem Marmor, Suet. Ner. 50: erigere duodecim aras ex quadrato saxo, Curt. 9, 3 (13), 19: u. von »Grabsteinen«, CIL 5, 5276 u. 6, 12134. – **IV** der **Altar, 1** als Opfertisch, Iovis ara, Plaut.: aram condere, Liv.: aras ponere, Verg.: simulacra arasque consecrare, Nep.: aram consecrare deo, Cic.: im Plur. v. einem Altar, Verg. Aen. 3, 545; 4, 219. Ov. met. 7, 74. Liv. 10, 38, 1; 41, 20, 9; 45, 27, 9 (wo: filia victima aris admota, dem Altar). – Solche Altäre standen nicht nur in den Tempeln, sondern auch auf den Straßen, ja in den Häusern, u. zwar im Hof, wo man den Familiengöttern (penates) opferte, gleichwie den Hausgöttern (lares) im Familiensaal (atrium) auf einer kleinen Feuerstätte (focus); dah. meton., arae et foci, die Altäre der Tempel und die Herde als Opferstätten der Laren und Penaten im Atrium = die Heiligtümer der Tempel und Häuser, das heiligste Besitztum, die heiligsten u. teuersten Güter (wie »Haus u. Hof«), Deiotari regis, Cic.: in aris et focis, Cic.: de aris ac focis decernere, Cic., od. pro aris atque focis certare, Sall., od. pro aris focisque dicimare, Liv.: auch bl. relictis aris suis trans maria sequi colonos, Sen. ad Helv. 7, 7. – bildl., weil der Altar ein Zufluchtsort für Schutzbedürftige war, die **Zuflucht,** der **Schutz, Schirm,** tribunatus, Cic.: legum, Cic.: hic portus, haec arx, haec ara sociorum, Cic.: vos estis nostrae portus et ara fugae, Ov. – **2** übtr., **a** Ara, der **Altar,** ein Sternbild am südl. Himmel, griech. Θυτήριον (vgl. Hyg. astr. 2, 39 u. 3, 38), Cic. poët.: A. pressa, wegen seiner Senkung, Ov. – **b** = muliebria, Priap. 73, 4 B. – ► Arch. Nbf. āsa, Varr. bei Macr. sat. 3, 2, 8. Fronto laudes fum. et pulv. p. 213, 17 N.; vgl. Serv. Aen. 4, 219. – Nbf. hāsa, Placid. gloss. (V) 51, 15.

2. ara, s. hara.

Arabarchēs (Alabarches), ae, *m.* (Ἀραβάρχης, Ἀλαβάρχης), der oberste Magistrat für die östl. (nach Arabien zu gelegene) Nilseite, wahrsch. eine Art Oberzollbeamter, der **Arabarch,** Iuven. 1, 130. – Sarkastisch von Pompejus, der sich rühmte, die Zölle sehr vermehrt zu haben, Cic. ad Att. 2, 17, 3. – Dav. **Arabarchia** (Alabarchia), ae, *f.* (Ἀραβαρχία, Ἀλαβαρχία), die **Würde-,** das **Amt des Arabarches,** Cod. Iust. 4, 61, 9.

Arabes, bum, Akk. bes u. gew. (griech.) bas, *m.* (Ἄραβες), die Bewohner Arabiens, die **Araber,** Cic. de div. 1, 94. Cael. in Cic. ep. 8, 10, 2 (Akk. Arabas). Liv. 45, 9, 6 (Akk. Arabas). Mela 1, 9, 1 (1. § 49, wo Akk. Arabas): Arabum natio, Cic. de div. 1, 92: Arabum populi, Plin. 6, 116. Lucan. 10, 311: Arabum terrae, Amm. 23, 6, 48: Arabes beati, die Bewohner des glückl. Arabiens, *ibid.* § 45: Arabes Scenītae (Ἄραβες Σκηνῖται), arabische Horden im südl. Teil von Mesopotamien (s. Arabia), Plin. 5, 86: Scenitas Arabas, Amm. 22, 15, 2: diese (Scenitae) auch bl. Arabes b. Tac. ann. 12, 12: bei Dichtern Eoi Arabes, weil man annahm, dass sie am Rande des Ozeans im Osten wohnten, Tibull. 3, 2, 24: u. so Eoae domus Arabum, Verg. georg. 2, 115. – meton. = **Arabien,** namque (Syria) Palaestina vocabatur, quā contingit Arabas, Plin. 6, 66: sive in Arabes molles gradietur, Catull. 11, 5: palmiferos Arabas reliquit, Ov. met. 10, 478. – Dav.: **1 Arabs,** abis, **arabisch,** pastor, Prop. 3, 13, 8: mensor, Mart. 3, 65, 5. – **2 Arabia,** ae, *f.* (Ἀραβία), **a** das Land **Arabien,** die Halbinsel des südwestl. Asiens, die noch heute diesen Namen führt, bei den Alten aber auch Name aller Landstriche u. Gegenden, wo mit den Bewohnern des eigentl. Arabiens durch Sprache u. Lebensart verwandte Nomadenstämme hausten, namentlich des südl. Teils von Mesopotamien (noch heute *Irak-al-Arabi*), des Sitzes der Scenitae Arabes (s. oben). Das eig. Arabien bei den Alten eingeteilt in Arabia Deserta (ἡ ἔρημος Ἀραβία), Beata od. Felix (ἡ εὐδαίμων Ἀρ.) u. Petraea (ἡ κατὰ τὴν Πέτραν Ἀρ.), Plin. 5, 65 *sqq.* Mela 1, § 14; auch Arabia terra, Plaut. trin. 933; vgl. Drak. Liv. 25, 7, 4. – Genet. Ārăbīae gemessen bei Prop. 2, 10, 16. – **b** Stadt im glückl. Arabien, j. *Aden,* Mela 3, 8, 7 (3. § 80). – **3** **Arabiānus**, ī, *m.*, der **Arabianer, Arabier,** als Beiname, Spart. Sev. 13, 7. Vopisc. Aurel. 47, 2. Lampr. Alex. 17, 3 u. 4. – **4** **Arabicus**, a, um, **arabisch,** odor, Plaut.: insulae, Solin.: sinus, der arab. Meerbusen, das Rote Meer (κατ' ἐξοχήν), Plin.: subst., Arabica, ae, *f.* (*sc.* gemma), ein elfenbeinähnlicher Edelstein, viell. eine »Chalcedon- od. Onyxart«, Plin. – *Adv.* **Arabicē, arabisch, auf Arabisch,** Plaut. fr. b. Diom. 383, 16 (vgl. Paul. ex Fest. 28, 10): Arabice sacri vocantur, Solin. 33. 7. – **5** **Arabius**, a, um, **arabisch,** odor, Plaut.: limen, mit arabischen Vorhängen versehen, Prop. – **6** **Arabus**, a, um, **arabisch,** odor, Plaut.: artemo, Lucil. sat. 26, 99: lapis, Plin. 36, 153: bitumen, Gargil. cur. boum 23: sinus, Avien. descr. orb. 1099: subst., Arabus, ī, *m.*, der **Araber,** CIL 10, 3546: Plur. Arabi, ōrum, *m.*, die Araber, G. Cass. fr. b. Charis. 123, 14. Verg. Aen. 7, 605. Aur. Vict. Caes. 4, 12.

arābilis, e (aro), **pflügbar,** campus nullis, cum siccum est, arabilis tauris, Plin. 17, 41.

Arabis, is, Akk. im, Abl. ī, *m.* (Ἄραβις), ein Fluss in Gedrosien, Plin. 6, 97 u. 109. Oros. 1, 2, 18. – Nbf. **Arabus**, ī, *m.*, Curt. 9, 10 (39), 6.

Arabītae, tōn, *m.* (Ἀραβῖται), Volk in Gedrosien, westl. von der Mündung des Indus, östl. vom Fluss Arabis od. Arabus (j. *Purally*), Curt. 9, 10 (39), 5.

1. Arabus, a, um, s. Arabes.

2. Arabus, ī, *m.*, s. Arabis.

arachidnē, *f.* (ἀραχίδνα), ein Schotengewächs, die **unterirdische Platterbse** (*Lathyrus amphicarpos,* L.), Plin. 21, 89.

1. Arachnē, ēs, *f.* (Ἀράχνη), eine lydische Jungfrau, Tochter des Kolophoniers Idmon, eines Purpurfärbers, die als kunstvolle Spinnerin sich mit Athene (Minerva) in einen Wettstreit einließ, worauf Athene das tadellose Gewebe der Arachne im Zorn zerriss, sie selbst, als sie sich aus Gram erhängen wollte, zwar am Leben erhielt, aber verdammte, als Spinne immer zu hängen, Ov. met. 6, 5, *sqq.* Manil. 4, 135 *sq.* (wo die Nbf. **Arachnēa**, Ἀράχνεια); vgl. Serv. Verg. georg. 4, 246. – appell. = Spinne, Seren. Sam. 966. – Dav. **Arachnēus**, a, um, **arachneisch,** poet. = spinnend, webend, pecten, Anthol. Lat. 742, 48 (1143, 48).

2. arachnē, ēs, *f.* (ἀράχνη), das **Spinnengewebe,** eine Art Sonnenuhr, wahrsch. wegen der Ähnlichkeit ihrer Linien mit einem Spinnengewebe so genannt, Vitr. 9, 8 (9), 1.

Arachnēus, s. 1. Arachnē .

Arachōsii, ōrum, *m.*, u. **Arachōtī**, ōrum, *m.* (Ἀραχωτοί), u. **Arachōtae**, ārum, *m.* (Ἀραχῶται), die **Arachosier** od. **Arachoten,** die Bewohner der Provinz Arachosia, Form *-ōsiī,* Plin. 6, 61 u. 92. Curt. 4, 5, (21) 5. Iustin. 13, 4, 22. – Form *-ōtī,* Iustin. 41, 6, 3. – Form *-ōtae,* Plin. 6, 92. Prisc. perieg. 1003. Itin. Alex. 32 (74). – Dav. **Arachōsia**, ae, *f.* (Ἀραχωσία), eine zwischen Drangiana u. dem Indus gelegene Landschaft des großen persischen (später baktrischen und parthischen) Reichs, mit einem gleichn. Fluss (j. *Waihend*), der sich in den See Arachōtos crēne (Ἀράχωτος κρήνη) ergoss, Plin. 6, 92. Amm. 23, 6, 72.

Arachthus, ī, *m.*, s. Aratthus.

aracia, richtiger aratia, w. s.

Aracinthus, s. Aracynthus.

aracos, ī, *m.* (ἄρακος), eine Hülsenfrucht, die als Unkraut unter den Linsen wuchs, die **wilde Erbse** (*Pisum arvense,* L.), Plin. 21, 89.

Aracūsia, ae, *f.* = Arachosia, Isid. 14, 3, 8 u. 9.

Aracynthus, ī, *m.* (Ἀράκυνθος), ein Gebirge an der Südküste Ätoliens, j. *Zygos,* Plin. 4, 6. Solin. 7, 22 (die den Ar. uneig. zu Akarnanien ziehen, weil die Akarnanen auch eine Zeitlang östl. vom Strymon herrschten). – Römische Dichter sprechen irrtümlich von einem attischen Ar. u. bringen ihn mit dem böotischen Amphion in Verbindung, Verg. ecl. 2, 24. Prop. 3, 13, 42.

Aradus (os), Aradusos ī, *f.* (Ἄραδος), berühmte phönizische Inselstadt, j. *Ruâd,* Cic. ad. Att. 9, 9, 2. Curt. 4, 1, 5. – Dav. **Aradius**, a, um, **zu Aradus gehörig, aradisch,** mare, Lucr. 6, 890: Plur. subst., Aradiī, ōrum, *m.*, die Einw. von Aradus, die **Aradier,** Plin. 5, 78.

araeostȳlos, on (ἀραιόστυλος), mit in weiterer Entfernung auseinander stehenden Säulen, **fernsäulig,** aedes, Vitr. 3, 2 (3), 1; 4 (3), 3.

arānea, ae, *f.* (ἀράχνη), **I** die **Spinne,** invisa Minervae (s. 1. Arachne), Verg.: opera omnis aranearum, Plaut.: aranearum telae, Plaut. u. Val. Max. – **II** meton., das **Spinnengewebe,** Plaut. u. a.: araneam texere, Ambros.: araneas abstergere, Titin. fr., od. detergere, ICt. – übtr., dem Spinnengewebe ähnliche Fäden, Plin. 24, 56.

arāneāns, antis (*Partic.* v. *araneo), **Spinnengewebe enthaltend,** fauces araneantes, in die seit langem keine Nahrung gekommen, Apul. met. 4, 22.

arāneola, ae, *f.* (*Demin.* v. aranea), eine **niedliche Spinne,** Cic. de nat. deor. 2, 123.

arāneolus, ī, *m.* (*Demin.* von araneus), eine **kleine Spinne,** Ps. Verg. cul. 2.

arāneōsus, a, um (araneus), **I** **voll Spinnengewebe,** Catull. 25, 3. Priap. 83, 29. – **II** **dem Spinnengewebe ähnlich,** fila, Plin.: lanugo, Plin.

arāneum, s. 2. arāneus, a, um.

1. arāneus, ī, *m.*, **I** die **Spinne,** Lucr., Plin. u. a.: aranei textura, Sen.: araneorum telae, Sen. – **II** ein Seefisch = *draco marinus,* Plin. 32, 145.

2. arāneus, a, um (1. araneus), **zur Spinne gehörig, Spinnen-,** **I** *adi.,* **a** eig.: genus, Plin.: texta, Plin. – **b** übtr., mus, eine Art Spitzmaus, Col. u. a. – **II** *subst.,* **a** arāneus, ī, *m.* = araneus mus (s. vorh.), Veget. mul. 4, 21, 1. – **b** arāneum, ī, *n.*, **α** (*sc.* textum), das **Spinnengewebe,** Sing. bei Fronto de diff. 2194 P. (= p. 350 *ed. Rom. 182, 3*): Plur. bei Phaedr. 2, 8, 23. Plin. 11, 84. – **β** übtr., eine Krankheit der Ölbäume u. Weinstöcke (griech. ἀράχνιον), Plin. 17, 229.

arapennis, s. arepennis.

Arar u. **Araris**, is, *m.*, ein Fluss in Gallien, j. *Saône,* Nom. Arar, Caes. b. G. 1, 12. Tibull. 1, 7, 11: Nom. Araris, Claud. in Ruf. 2, 211: Akk. gew. Ararim, Caes. b. G. 1, 12, 2 u. a. Verg. ecl. 1, 63. Lucan. 1, 434. Plin. 3, 33, selten Ararin, Claud. b. Get. 298: Abl. Arare, Caes. b. G. 1, 13, 1 u. 16, 3. Hirt. b. G. 8, 4, 3 *ed. Nipp.* (überall mit der Variante Arari). Tac. ann. 13, 53. CIL 13, 1966. – Dav. **Araricus**, a, um, **ararisch, des Arar,** litora, Greg. Tur. hist. Franc. 8, 3: bibitor, Sidon. ep. 1, 8: nautae Ararici et Rhodanici, CIL 12, 1005.

Arātaeus, a, um, falsch st. Arateus, w. s.

arāter, s. arātrum a. E.

Arātēus, a, um, s. 2. Arātus *no.* I.

aratia, ae, *f.*, eine Feigenart mit weißer Frucht, Plin. 15, 70.

arātio, ōnis, *f.* (aro), **I** das **Pflügen,** Col. 11, 2, 64. Plin. 18, 180: u. im Allg., das **Bebauen des Feldes** durch den Pflug, der **Ackerbau,** aratio quaestuosa est, Cic. Tusc. 5, 86. – **II** meton., das Feld, das gepflügt wird od. ist, das **Ackerfeld, Artland,** Plaut., Col. u. a. – bes. arationes = die dem röm. Staat gehörigen Ländereien in den Provinzen, die für den Zehnten verpachtet wurden, **Domänen,** arationes grandiferae et fructuosae, Cic.: hae quondam arationes Campana et Leontina, Cic.: arationes omnes totā Siciliā desertas atque a dominis omnes relictas esse cognoscitis, Cic.

arātiuncula, ae, *f.* (*Demin.* v. aratio), ein kleines Stück **Artland,** ein **kleiner Acker,** Plaut. truc. 148: duae aratiunculae, Vulg. 1. regg. 18, 32.

Arātīus, a, um, s. 2. Arātus *no.* I.

arātor, ōris, *m.* (aro), **I** der **Pflüger,** **1** im Allg., Cic. u. a., sehr oft poet. für **Landmann** (*agricola*) übh., Lucr., Verg. u. a. – appell., taurus ar.,

Pflugstier, Ov.: bos ar., Pflugochse, Suet. u. ICt.: u. so boves eius fundi aratores, ICt. – 2 insbes., in der röm. Finanzspr. aratores = die **Pächter der Domänen** für den Zehnten des Ertrags, die **Zehntpflichtigen** (vgl. aratio *no.* II), Cic. u. a. – II übtr., Arator, der **Pflüger,** ein Gestirn, Varr. b. Serv. Verg. georg. 1, 19.

arātōrius, a, um (aro), **zum Pflügen gehörig,** boves, Cod. Theod. 2, 30, 1. Paul. sent. 3, 6, 35: animal, Ambros. de Abrah. 2, 8, 50. – Plur. subst., arātōria, ōrum, *n.,* **Ackerland,** Cod. Theod. 9, 42, 7.

arātrīx, īcis (Femin. zu arator), Not. Tir. 68, 42ᵃ.

arātro od. **artro,** āre, die Saat wieder **umpflügen,** Plin. 18, 182.

arātrum, ī, *n.* (aro), griech. ἄροτρον, dor. ἄρατρον, der **Pflug** (vgl. Voß Verg. georg. 1, 169 *sqq.*), aratri vomer, Varro: aratrum circumducere, Cic.: subigere terram aratris, Cic.: aratris sulcos ducere, Ambros.: non obrui aratro, sed ligneis rastris, Col.: plostro et aratro iuvencum consuescere, Col.: alqm ab aratro arcessere, Cic.: aratro domefacta tellus, Petr. – zum Ziehen der Grenzen neu zu gründender Städte gebraucht, Cic. Phil. 2, 102. – Symbol der Zerstörung eroberter Städte, s. Orelli Hor. carm. 1, 16, 21. – ► Nbf. **arāter,** trī, *m.,* Lex August. b. Gromat. vet. p. 112, 24 u. a.

Aratthus, ī, *m.* (Ἄρατθος), Fluss in Epirus, der aus dem Lakmon u. den tymphëischen Bergen kommt u. südl. von Ambracia in den ambrac. Meerbusen mündet, j. *Arta,* Liv. 43, 21, 9 H. Plin. 4, 4. – Aretho, ontis, *m.,* Liv. 38, 3, 11; 38, 4, 3.

1. arātus, ūs, *m.* (aro), das **Pflügen,** aratui insistere, Dict. 2, 41.

2. Arātus (Arātos), ī, *m.* (Ἄρατος), I ein griechischer Dichter, Verfasser eines astronomischen Gedichts (Φαινόμενα betitelt), das Cicero u. Cäsar Germanikus ins Lateinische übersetzten, Cic. de or. 1, 99; de nat. deor. 2, 104. Ov. am. 1, 15, 16: in Zitaten griech. Genet., phaenomenōn Arātū, Diom. 483, 3. – Dav. **Arātēus** u. **Arātīus,** a, um (Ἀράτειος), **des Aratus, aratëisch,** carmen, Cic. u. Lact.: carmina, Cic.: dah. absol., nostra quaedam Aratea, Ciceros Φαινόμενα, Cic. de div. 2, 14. – II ein berühmter griech. Feldherr aus Sikyon, Stifter des achäischen Bundes, Cic. de off. 2, 81.

Arausio, ōnis, *f.,* eine Stadt im narbon. Gallien, j. *Orange,* Mela 2, 5, 2. (2. § 75). CIL 12, 3203. – Dav.: a **Arausicus,** a, um, **arausisch,** Ambros. gest. concil. Aquil. § 55. – b **Arausiēnsis** (Arausēnsis), e, **arausiensisch, von Arausio,** CIL 12, 1567. – c **Arausiōnēnsis,** e, **arausionensisch, von Arausio,** urbs, Arausio, Sidon. ep. 6, 12.

Araxēs, is, Akk., ēn u. em, *m.* (Ἀράξης), I Fluss in Großarmenien, j. *Aras,* Plin. 6, 25. Verg. Aen. 8, 728. Lucan. 1, 19. – Meton. = die Anwohner des Araxes, Stat. silv. 5, 2, 32. – Dav. **Araxēus,** a, um, **des Araxes, araxeisch,** aequor, Avien. descr. orb. 30. – II der bedeutendste Fluss in Persis, der an Persepolis vorbeifloss, j. *Bend-Emir,* Curt. 4, 5 (21), 4; 5, 4 (13), 7. – Nbf. **Araxis,** wov. Akk. Araxim, Oros. 6, 19, 1.

Arbēla, ōrum, *n. pl.* (Ἄρβηλα), Stadt in Adiabene, einer Landschaft Assyriens, wo Darius von Alexander i. J. 331 v. Chr. geschlagen wurde, j. *Arbil* od. *Erbil,* Curt. 4, 9 (36), 9. Amm. 23, 6, 22. – Nbf. Arbelo urbe non procul, Auct. itin. Alex. 22 (57).

arbita, s. arbutum ►.

arbiter, trī, *m.* (von ar = ad u. bitere, gehen), der hinzugeht, um etwas zu sehen od. zu hören; dah. I der anwesende, gegenwärtige **Zeuge, Ohren-** od. **Augenzeuge, Mitwisser, Zuschauer, Beobachter** (s. Lindem. Plaut. capt. 2, 1, 28. Brix Plaut. mil. 158), Plaut., Cic. u. a.: arbiter sermonis, Ohrenzeuge, Tac.: locus ab arbitris (lästigen Zeugen) remotus, Cic.: immunis ab arbitris domus, Vell.: sine arbitro od. arbitris, Liv.: remotis arbitris, Cic., od. summotis arbitris, Liv., od. arbitris procul amotis, Sall. – II als gerichtl. *t. t.* = der an eine Sache herangeht, um sie zu untersuchen, ein (ohne Zuziehung eines Magistrats genommener, nach Billigkeit u. Gutdünken richtender) **Schiedsmann, Schiedsrichter, Friedensrichter** (hingegen iudex der vom Magistrat eingesetzte, nach den Gesetzen entscheidende Richter), arb. litis (neben privatus disceptator), Cic.: arb. decisionis, Cic.: alqm arbitrum adigere, Cic.: arbitrum capere, Ter., od. sumere, Cic.: dare arbitrum, Cic.: esse in alqam rem arbitrum, Cic.: ad arbitrum confugere, Cic.: uti alqo arbitro, Cic.: nihil ad id quidem *arbitro* aut *iudice* opus est, Liv.: utrum *iudicem* an *arbitrum* dici oporteret, Cic. – Übtr., 1 von jeder Art **Schiedsrichter,** Cic.: formae (von Paris), Ov.: regni, Tac.: elegantiae, in Sachen des Geschmacks, Tac.: luxuriae et voluptatium, Sen.: pugnae, Kampfrichter (griech. βραβευτής), Hor.: armorum, Ov.: pacis et armorum, Ov.: favor arb. coronae, der den Sieg zuerkennt, Mart. – 2 (insofern der Schiedsrichter nach Gutdünken verfügt, übtr. übh.) der über etwas frei herrscht, -gebietet, -waltet, der **Herr, Gebieter** üb. etw., pacis ac belli, Iustin.: imperii, Ov.: irae Iunonis, Vollzieher, Ov.: bibendi (griech. βασιλεὺς τοῦ συμποσίου), der durch die Würfel bestimmte »Trinkkönig, Symposiarch«, der die Größe und Zahl der Becher, das Verhältnis des Wassers u. Weines festsetzte, Hor.: Adriae (vom Südwind), der da waltet über das Meer, Hor.: locus effusi late maris arb., ein Ort, der das weithin strömende Meer beherrscht = der die Aussicht auf usw. gewährt, Hor.: Taurus arb. innumerarum gentium, gleichs. der Gebieter über usw., Plin.: rerum, Tac.: arbitri funerum, die die Leichengebühren bestimmten, Suet. fr. 190. p. 340, 7 R. (vgl. arbitrium). – ► Genet. gedehnte Form arbiteri, Not. Tir. 31, 30 (vgl. arbiterium). – ungew. Akk. arbitrem, codd. bei Ven. Fort. praef. § 6.

arbiterium, ī, *n.* s. arbitrium ►.

arbitra, ae, *f.* (arbiter), I die **Mitwisserin, Zeugin,** Hor. epod. 5, 50. – II die **Schiedsrichterin, Richterin, richtende (entscheidende) Macht,** meist von Abstr., Sen. ep. 66, 35. Gell. 7 (6), 2, 5. Amm. 28, 6, 20. Ambros. de fug. saec. 9, 53; de Iacob 1, 1 u. 7, 28; de off. ministr. 1, 12, 44.

arbitrālis, e (arbiter), **schiedsrichterlich,** iudicatio, Macr. sat. 7, 1. § 7.

arbitrāriō, *Adv.* (arbitrarius), **nach willkürlicher Annahme, vermutlich** (Ggstz. certo), Plaut. Poen. 787.

arbitrārius, a, um (arbiter), I **schiedsrichterlich,** formula, ICt.: actio, ICt. – II übtr., **auf Willkür beruhend, willkürlich (nach Gutdünken) angenommen** od. **vorgenommen, willkürlich,** hoc quidem profecto *certumst,* non est *arbitrarium,* Plaut. Amph. 372: motus in arteria naturalis, non arb., Gell. 18, 10. § 10: u. so auch Gell. 10, 4, 3; 14, 1. § 5 u. 23. Mart. Cap. 1. § 68. Macr. de diff. 19, 6.

arbitrātio, ōnis, *f.* (arbitror) = *arbitratus,* das **Gutachten,** Boëth. in Aristot. de interpr. ed. sec. p. 457.

arbitrātor, ōris, *m.* (arbitror) = *arbiter* (*no.* II, 2), w. s., Gloss. II, 368, 12. – Dav.

arbitrātrīx, īcis, *f.,* die **Herrscherin, Gebieterin,** Tert. adv. Mart. 2, 12 *extr.*

arbitrātus, ūs, klass. bl. Abl. ū, *m.* (arbitror), das **Gutachten** = das **Belieben, freie, unbeschränkte Ermessen,** der **freie Wille,** die **Willkür, unbeschränkte Vollmacht** (s. Kritz Sall. Iug. 105, 1), tuus arbitratus sit, comburas, si velis, Plaut.: dedunt se in dicionem atque in arbitratum cuncti Thebano poplo, Plaut.: arbitratu alcis, nach der gutachtl. Abschätzung jmds., Cato: tuo arbitratu, Cic.: arbitratu suo u. suo arbitratu, Cic.: cuius arbitratu (nach wessen Grundsätzen) sit educatus, Cic.

arbitrium, ī, *n.* (arbiter), I das **Dabeisein,** die **Gegenwart** bei etwas, Sen. Phaedr. (Hippol.) 609. Auct. Aetnae 196. – II der **Ausspruch des Schiedsrichters** (vgl. Cic. Rosc. com. 10: aliud est iudicium, aliud arbitrium: iudicium est pecuniae certae, arbitrium incertae), condemnari arbitrium pro socio (s. con-demno *no.* I, 1), Cic.: adigere alqm arbitrium (s. ad-igo *no.* I, b), Cic.: arbitrium recipere, ICt. – Übtr., 1 jede **Bestimmung nach Gutdünken,** das **freie Ermessen,** die **freie Entscheidung,** mortis arbitrium dare alci, Tac.: arbitrium eligendi, die freie Wahl, Tac.: consulis in eligendo arbitrium facere, die freie W. lassen, Liv.: libera arbitria od. bl. arbitria alcis rei od. de alqo agere, über etw. od. jmd. frei entscheiden, Gesetze vorschreiben u. dgl., Liv. u. Curt. (s. Fabri Liv. 24, 45, 4. Heräus Tac. hist. 4, 21, 8): velut arbitrium regni agere, den Selbstherrscher spielen, Tac.: arbitrium rerum Romanarum agere, in röm. Angelegenheiten den Oberrichter spielen, Tac.: intempestive captare arbitria principalium armorum, in dem Streit der Häupter sich das Schiedsrichteramt anmaßen, den Friedensrichter zu spielen suchen, Vell.: arb. salis vendendi, die willkürliche Bestimmung des Salzpreises, Liv. 2, 9, 6: res ab opinionis arbitrio seiunctae, bei denen nicht nach bloßen Meinungen entschieden wird, Cic.: auris arbitrio uti, nach dem Gehör entscheiden, Gell. – arbitria funeris, die jedesmal nach Verhältnis des Ranges u. der Vermögensumstände bestimmten **Leichengebühren,** das **Leichengeld,** Cic. Pis. 21. – **2** (nach *arbiter no.* II, 2) die **Macht,** der **Wille,** die **Herrschaft,** das **Belieben,** parentum, Curt.: arbitrio suo od. suo arbitrio, Cic.: arbitrio matris, Ov.: ad arbitrium suum imperare, Caes.: vitam alieno arbitrio dimittere, Nep.: ad arbitrium tuum testes dabo, Cic.: non vestri arbitrii erit, si etc., Liv. – ► gedehnte Form arbiterium, Not. Tir. 31, 34. CIL 2, 4137 u. ICt.

arbitrīx, trīcis, *f.* (arbiter), die **Schiedsrichterin,** imboliarum (= emboliorum) (bei Aufführung von Emb.), CIL 6, 10128.

arbitro, āre, s. arbitror ►.

arbitror, ātus sum, ārī (arbiter), **I** den Beobachter, Horcher bei etwas machen, etw. **beobachten, aushorchen, erspähen** (vgl. Lindem. Plaut. capt. 2, 1, 28), dicta alcis, Plaut.: huc illuc, quid agant, Plaut.: domus attiguae fortunas, Apul.: absol., coram arbitratur, Apul. met. 10, 16. – **II** übtr.: **1** im Allg., geistig **in Betracht nehmen, erwägen,** Ter. eun. 979. Gell. 4, 11, 10. – m. *Dat.,* alci fidem parvam, geringen Glauben beimessen, Plaut. Bacch. 570. – **2** *t. t.* der Gerichtsspr. (vgl. arbiter *no.* II) = **den Schiedsrichter machen, als Schiedsrichter einen Ausspruch tun, entscheiden,** ICt. – **3** gleichs. gutachtlich **vermeinen, erachten, ermessen, des Glaubens sein,** für seine Person **meinen, nach bestem Wissen u. Gewissen dafürhalten** (Ggstz. scire, alci persuasum esse u. dgl.), als *t. t.* bei Zeugenaussagen, arbitror, Cic. u. a. (s. Weißenb. Liv. 3, 13, 3). – u. übh. v. der subjektiven Ansicht, hoc cum ceterae gentes sic *arbitrantur,* tum ipsis Siculis ita *persuasum est,* ut etc., Cic.: neque id sine causa arbitrari videbantur, Nep. – m. dopp. *Acc.,* scelestissimum te arbitror, Plaut.: qui se natos ad homines iuvandos, tutandos, conservandos arbitrantur, Cic. – m. *Infin.,* cedere loco consilii quam formidinis arbitrantur, Tac. – m. *Acc.* u. *Infin.,* quem mi amicum esse arbitratus sum antidhac, Plaut.: ut quisque minimum in se esse arbitraretur, ita ad amicitiam esset aptissimus, Cic.: nam ante id tempus fingi a legatis amicisque Caesaris arbitrabantur (*sc.* Pompeiani), Caes. – absol., ut arbitror, ut ego arbitror, Cic. u. Quint. – ► **a** aktive Form arbitro, Plaut. merc. 901: arbitras, Plaut. mil. 403 R.: arbitrarem, Plaut. Pseud. 1014: arbitrabunt, Plaut. Stich. 144: Imperat. arbitrato, Cic. de nat. deor. 2, 74. – **b** arbitror *pass.:* arbitretur (d. i. werde bestimmt ausgesucht) uxor tuo gnato, Plaut. Epid. 267: anceps quaestio et in utramque partem a prudentibus viris arbitrata est, Gell. 1, 13, 2: hoc ita semper arbitratum est, Sen. exc. contr. 3. pr. § 13: is qui defuit committit, quia per eum factum est, quo minus arbitretur, Ulp. dig. 4, 8, 27. § 4: sumptus funeris arbitrantur (werden abgeschätzt) pro facultatibus vel dignitate, Ulp. dig. 11, 7, 12. § 5: ex scriptis eorum, qui viri arbitrantur, Caelius Antipater b. Punic. fr. 2 (b. Prisc. 8, 18): quod teneri ab adversariis arbitrabantur, Caes. b. c. 3, 6, 3: quod in epistula tua scriptum erat, me iam arbitrari (geglaubt werde) designatum esse, Cic. ad Att. 1, 11, 2 (Cic. Verr. 5, 106 liest man jetzt putaretur). – **c** Parag. *Infin.* arbitrarier, Plaut. Amph. 932; Bacch. 570 u. s. Hemina bei Plin. 13, 86. – *Imperat.,* arbitramino, Plaut. Epid. 695.

arbitum, ī, *n.,* s. arbutum.

arbor (Nbf. arbōs), oris (vgl. indogerm. **ardhos,* Baum, hohes Gewächs, zu Wurzel **ar(e)dh-,* wachsen), *f.,* der **Baum, I** eig. u. meton.: **1** eig.: fici, Feigenbaum, Cic.: arbores ficorum, Col.: abietis, Tannenbaum, Tannenstamm, Liv.: mali, Ambros.: palmae, Suet.: arbor persici, Lampr., persea, Plin.: arbor cupressus, Suet.: arbor myrtus, Serv. Verg.: arbor pinus, Hyg.: olea arbor, Amm.: Iovis, Eiche, Ov.: Phoebi, Lorbeerbaum, Ov.: Palladis, Ölbaum, Ov. – arbor novella et vetula, Cic.: arbor pomifera, Plaut.: arbor insita (gepfropfter), Col.: arbor ramosa, Lucr.: arbores maiores et magis ramosae, Liv.: arbor felix, infelix, s. 1. fēlīx, īn-fēlīx. – succīdere arborum radices, Varr. LL.: arbores caedere (fällen), Cic.: excisa est arbor, non evulsa, Cic. – kollekt., multa arbor et vitis, Curt. 7, 4 (17), 24: ager arbore infecundus, Sall. Iug. 17, 5. – **2** meton., der **Baum** = das aus ihm Bereitete: **a** der Hebel an der Presse, **Pressbaum, Pressbengel,** Cato r. r. u. Plin. – **b** der **Mastbaum, Mast,** mali, Verg. Aen. 5, 504. Hier. lib. 2. ep. 13 *ed. Canis.,* od. arbor malus, Hyg. fab. 123, od. arbor navis, Oros. 4, 19. Serv. Verg. Aen. 5, 487: gew. bl. arbor, z. B. cum curvatur (sich biegt) arbor, gubernacula gemunt, Plin. ep. 9, 26, 4: non arbor erat relicta, non gubernator, non funis, non remus, Petr.: u. arbor aut aliud navis instrumentum, ICt.: ictu fulminis deustis armamentis et arbore et antemnā, ICt.: pendentes arbore nautae, Sil.: arbores caedere (kappen), Lucan. – **c** das **Ruder,** Verg. Aen. 10, 207. – **d** das **Schiff,** Pelias, das Schiff Argo, Ov. her. 12, 8. – **e** der **Wurfspieß,** ferrata, Stat. Theb. 12, 769. – **II** übtr., v. fabelhaften Meerpolypen, der Arme, wie der Baum Äste u. Zweige, haben soll, Plin. 9, 8. – ► arbor *masc.,* Itala apoc. 7, 1. Itin. Anton. Hier. 15. CIL 13. 1780. Greg. Tur. hist. Franc. 5, 3. – Nbf. arbōs gew. bei Dichtern (bei Verg. immer); doch auch Col. de arb. 20, 2. u. Arnob. 5, 7. – arch. Akk. Sing. arbosem, Paul. ex Fest. 15, 3 und Plur. arboses, Fest. 242 (a), 25.

arborārius, a, um (arbor), **zu den Bäumen gehörig, Baum-,** falx (zum Beschneiden der Bäume), Hippe, Varr.: picus, Baumspecht, Plin.: proventus (Plur.), Solin.

arborātor, ōris, *m.* (arbor), der **Baumgärtner,** Col. 11, 1, 12. Plin. 18, 330.

arborēsco, ere (arbor), **zum Baum werden,** Plin. 19, 62.

arborētum, ī, *n.,* Nbf. zu arbustum, Quadrig. b. Gell. 17, 2, 25.

arboreus, a, um (arbor), **I zum Baum gehörig, vom Baum, Baum-,** fetus, Baumfrüchte, Col. u. Verg.: coma, Baumzweige, Prop.: frondes, Ov.: folia, Plin.: umbra, Ov. – **II baumähnlich,** cornua, mit vielen Enden, Verg.: amplitudo, Plin.

arbōs, s. arbor.

1. **arbuscula,** ae, *f.* (*Demin.* v. arbor), **I** das **Bäumchen,** Varr.: arbusculae aliquae, Plin.: arbusculae humiles, Varr. u. Plin. ep.: arbusculae manu cultae, Fronto: arbusculas transferre, Col. – **II** übtr.: **A** arbuscula crinita, Federbusch, Krone (am Kopf des Pfaues), Plin. 11, 121. – **B** arbusculae (ἁμαξόποδες), bewegliche Bäumchen od. Zapfen mit Rädern, um die Belagerungsmaschinen fortzuschieben, **Drehgabeln, Achsenscheren, Zapfenscheren,** Vitr. 10, 14 (20), 1.

2. **Arbuscula,** ae, *f.,* Name röm. weibl. Freigelassenen (s. Bentley Hor. sat. 1, 10, 77), unter dem bes. bekannt eine mimische Künstlerin zu Ciceros Zeit, Cic. ad Att. 4, 15, 6. Hor. sat. 1, 10, 77.

arbusculōsus, a, um (arbuscula) = σύνδενδρος, **mit Bäumen besetzt,** Gloss. II, 444, 39.

arbusticola, ae, *m.* (arbustum u. colo), der **Baumgärtner,** Anthol. Lat. 682, 8 R.

arbustīvus, a, um (arbustum), **an Bäume gesetzt, -angebunden,** vitis, Baumrebe, Col. u. Pallad.: genus, von der Baumrebe, Col.

arbusto, āre (arbustum), **mit Bäumen** (für die Reben) **besetzen, bepflanzen,** cornu, opulo, tiliā agros, Plin. 17, 201.

arbustulum, ī, *n.* (*Demin.* v. arbustum), ein **kleines Strauchwerk,** Plur., Augustin. corrept. (Migne 44, 942) 14, 43.

arbustum, ī, *n.* (arbor), **I** übh., **Baumwerk, Strauchwerk, Sträucher,** bes. im Plur., Lucr., Verg. u. Plin. – **II** die **Baumpflanzung,** bes. die, wo an den Bäumen (bes. Ulmen) Reben emporrankten, die **Baumweinpflanzung,** der **Baumweingarten,** das **Rebengehölz** (versch. von vinea, wo die Reben auf der Erde rankten od. Pfähle gestützt wurden, dah. oft verb. arbusta durch vineaeque, vineae et arbusta), Scriptt. r. r., Cic. u. a.; vgl. Voß Verg. georg. 2, 273 *sqq.* p. 370 *sqq.*

arbustus, a, um (arbos für arbor), **I mit Bäumen besetzt,** ager, Cic. u. Plin.: arbustus sive silvestris locus, Col. – **II an Bäume gesetzt,** vitis, Baumrebe, Plin. 17, 207. – übtr., arbustiores res, festere, sichere Umstände, Tert. adv. Marc. 2, 29. – **III baumartig,** virgultum herbidum magis quam arbustum, Solin. 27, 48.

arbuteus, a, um (arbutus), **vom Erdbeer-** od. **Meerkirschenbaum, vom Hagapfel,** crates, Verg.: fetus, Ov.: liber (Bast), Stat.

arbutum, ī, *n.*, **I** v. arbutus: **1** die Frucht des Meerkirschen- od. Erdbeerbaums, die **Meerkirsche, Baumerdbeere,** der **Hagapfel,** Lucr. u. Verg. – **2** die **Laubsprossen des Erdbeerbaums samt der Frucht,** die **Erdbeerbaumsprossen,** der **Erdbeerbaum,** der **Hagapfel,** Verg. georg. 3, 301; 4, 181. – **II** Nbf. v. arbustum, **Baumpflanzung,** Rutil. Nam. 1, 32. Anthol. Lat. 931, 24 (920, 24). – ► arch. Plur. arbita, Lucr. 5, 938 u. 962.

arbutus, ī, *f.*, der **Meerkirschen-** od. **Erdbeerbaum,** der **Hagapfelbaum** (*Arbutus Unedo*, L.), Verg., Col. u. a.

arca, ae, *f.* (Stamm ARC, wov. auch arceo), **I** ein Behältnis zum Verschließen, der **Kasten,** die **Kiste, Lade, 1** im Allg.: vestiaria, Cato: ex illa olea arcam esse factam eoque conditas sortes, Cic.: arca ingens variorum venenorum plena, Suet. – **2** insbes.: **a** die **Totenlade,** der **Sarg,** operculum arcae, Liv.: arca lapidea, Liv.: angustis eiecta cadavera cellis conservus portanda locabat in arca, Hor. – **b** der große, mit Metall beschlagene **Geldkasten,** worin die Reichen ihr Geld verwahrten u. den sie sich von Sklaven auf das Forum od. zu Spielbanken nachtragen ließen, um Geschäfte zu machen, od. die Kasse beim Wechsler (auf dem Forum) zu deponieren, die **Kasse, Schatulle** (hingegen sind loculi, crumena kleinere Geldkassen, wie sacculus das Geldsäckchen der Armen; vgl. Iuven. 10, 25 u. 14, 259), arca aerata, ferrata, Iuven.: alienā arcā, auf fremde Unkosten, Iuven.: multum differt, in arcane positum sit argentum, an in tabulis debeatur, Cic.: mihi plaudo ipse domi, simulac nummos contemplor in arca, Hor. – meton., die **Kasse** = das Geld im Kasten, arcae nostrae confidito, Cic.: ex arca domoque od. domo ex arca numerare pecuniam, auf der Stelle bar bezahlen (Ggstz. de mensae scriptura absolvere), Donat. ad Ter.: später bes. auch die **kaiserliche Kasse,** arca fisci, Lampr.: die **Staatseinkünfte,** kaiserl. **Revenüen,** frumentaria, ICt.: vinaria, Symm. – **II** von allem, was die Form eines Kastens hat: **1** die **Arche** Noahs, Lact. 2, 13, 2. Sulp. Sev. chron. 1, 3, 2. Vulg. genes. 6, 14 *sqq.* u. a., vollst. arca Noë, Gromat. vet. 373, 6. – **2** die **Bundeslade,** Sulp. Sev. chron. 1, 30, 4; 1, 31, 3. Vulg. exod. 25, 10 *sqq.* u. a.: vollst. arca foederis, Vulg. deut. 10, 8; 31, 9 u. a., u. testamenti, Tert. adv. Marc. 4, 12. Gromat. vet. 373, 4. Vulg. 4. Esdr. 10, 22, u. arca domini, Vulg. Ios. 4, 4 u. a., u. arca dei, Sulp. Sev. 1, 37, 4. Vulg. 1. Sam. 3, 3 u. a. – **3** eine kleine, enge **Gefangenenzelle,** der **Kasten,** Cic. Mil. 61: arcae robustae, Paul. ex Fest. 264, 12. – **4** die **Wasserlade** in der Wasserorgel, Vitr. 10, 8 (13), 1 *sqq.* – **5 Sammelkasten** des **Wassers, Wasserfang,** Vitr. 6, 3, 2. – **6** ein **viereckiges Grenzzeichen,** Gromat. vet. 227, 14 u. a.

Arcades, um, *m.* (Ἀρκάδες; griech. Genet. Plur. Arcadōn [Ἀρκάδων], Varr. sat. Men. 101; Dat. Arcasin, Mart. Cap. 3, 281; Akk. Arcadas, Cic. de rep. 3, 25. Verg. Aen. 10, 395), die Bewohner Arkadiens, die **Arkadier,** Cic. de nat. deor. 3, 57. Liv. 32, 5, 5 u. a.: hielten sich selbst für die ältesten Menschen, Ov. fast. 2, 289: ihre Einsicht und Bildung standen in Griechenland nicht im besten Ruf, s. Ruperti Iuven. 7, 160. – Sing. Arcas, adis, *m.* (Ἀρκάς, άδος), **a** subst., der **Arkadier,** duo Arcades familiares, Cic. de div. 1, 57: u. (*f.*) die **Arkadierin,** unam Arcadem, Schol. ad Stat. Theb. 7, 267. – dah. Arcas appellat., **α** Merkur, der auf dem arkadischen Berge Kyllene geboren sein soll, Mart. 9, 35, 6 u. ö. – **β** = Parthenopäus, der Sohn der Atalante aus Arkadien, Stat. Theb. 8, 745 u. 12, 805. – **γ** A. tyrannus = Lykaon, König der Arkadier (Großvater des Arkas, s. 1. Arcas), Ov. met. 1, 218 (wo griech. Genet. Arcados). – **δ** A. bipennifer = Ancäus, Ov. met. 8, 391. – **b** attribut. = **arkadisch,** iuvenem Arcada (griech. Akk.), Verg. Aen. 12, 518: Arcadas equites, Verg. Aen. 8, 518. – Dav.: **1 Arcadia**, ae, *f.* (Ἀρκαδία), **Arkadien,** das Mittelland des Peloponnes, Plin. 4, 20. Verg. ecl. 4, 58: Arcadiae pecuaria, Esel, Pers. 3, 9. – **2 Arcadicus**, a, um (Ἀρκαδικός), **arkadisch,** asinus, Plaut. u. Varr.: urbs, Liv. – iuvenis, ein Einfaltspinsel, Iuven. 7, 160; vgl. Arcadicum ac Midinum sapere, nach Pinsel- u. Eselsart, Mart. Cap. 6. § 577. – **3 Arcadius**, a, um (Ἀρκάδιος), **arkadisch,** dea, d. i. Karmenta, die aus Arkadien nach Italien kam, Ov.: virgo, die Nymphe Arethusa, Ov.: deus, Pan, Prop.: ductor, Evander, Sil.: aper, der von Herkules erlegte erymanthische Eber, Mart.: sidus, Sen. poët., od. astrum, Val. Flacc., der große Bär: virga, Merkurstab, Stat.: galerus, Merkurhut, Stat.

arcānō, s. arcānus a. E.

Arcānum, ī, *n.*, ein Landgut des Q. Cicero, südlich von Arpinum in Latium, Cic. ad Q. fr. 2, 7 extr.(2, 5, 4); 3, 1, 1. § 2 u. a.

arcānus, a, um (arca, arceo), urspr. **verschlossen;** übtr., **I verschwiegen,** von Menschen, Plaut. u. Plin.: poet., nox, schweigsame Nacht, Ov. – **II geheim, heimlich,** quicum arcana, quicum occulta omnia, Cic.: arcana consilia, Liv.: arcanum et occultum scelus, Curt.: arc. terror (Grauen), Tac. – bes. auch in der Religionsspr. von den geheimen, nicht auszusprechenden Gegenständen, sacra, Ov. u. Tac. – Dah. **a** subst., arcānum, ī, *n.*, das **Geheimnisvolle, Geheimnis,** evulgato imperii arcano, das Geheimnis der Herrschaft, Tac.: prodere arcanum, Iuven. 9, 115. – gew. im Plur., arcana imperii od. dominationis, die geheimen Prinzipien des monarchischen Regiments, Tac.: arcana et silenda afferre, Curt.: arcana credere libris, Hor.: arcana eius elicere, Liv.: Iovis arcanis admissus, Mitwisser um die G. des J., Hor. – **b** adv., arcānō, **im Geheimen, heimlich,** arcano tibi ego hoc dico, Plaut.: hunc (librum) lege arc. convivis tuis, Cic.: arc. cum paucis familiaribus suis colloquitur, Caes. – *Compar.* arcanius, Col. 3, 2, 22.

arcārius (archārius), a, um (arca *no.* I, 2, b), **zur Kasse** (d. i. zum baren Geld) **gehörig,** nomina, **bare Darlehen gegen Schuldschein,** Gaius 3. § 131 u. 132. – Öfter subst., arcārius, ī, *m.*, der **Kassierer,** ICt. u. Inscr.: insbes. der **Kassierer** im öffentlichen Dienst, der **Kassenrendant, Schatzmeister,** Lampr. u. ICt.: pontificalis, Symm.: provinciae Achaiae, Inscr.: arcarii Caesariani, ICt.: arcarii gazae, civitatis, Vulg.: archariis invident pondera, Sidon. ep. 5, 7.

1. **Arcas**, cadis, *m.* (Ἀρκάς), Sohn Jupiters u. der Kallisto, Stammvater der Arkadier, nach dem Tode als Gestirn (Arctophylax) an den Himmel versetzt, Ov. met. 2, 410–530. Hyg. fab. 176 u. astr. 2, 4.

2. **Arcas**, cadis, *m.*, s. Arcades.

arcātūra, ae, *f.* (arca *no.* II, 6), ein **viereckiges Grenzzeichen,** Cassiod. var. 3, 52, 1.

arcella, ae, *f.* (*Demin.* v. arca), **I** das **Kästchen,** Diom. 326, 6. Paul. ex Fest. 25, 3: aurum in arcellis habere, Augustin. c. Faustin. 5, 5. – **II** (v. arca *no.* II, 6) ein **kleines, viereckiges Grenzzeichen,** Gromat. vet. p. 227, 5 u. a.

arcellacae vītēs, eine unbekannte Art Weinstöcke, Col. 3, 21, 3.

arcellula, ae, *f.* (*Demin.* v. arcella), ein **kleines Kästchen,** Diom. 326, 7.

Arcēna, s. Caesarēa.

arcentum, s. argentum ►.

arceo, cuī, ēre (v. Stamm ARC, wov. auch arca, griech. ἄρκος, Schutz, ἀρκέω, halte vor, schütze), **I verschließen, einschließen, einhegen, 1** eig.: alvus *arcet et continet* quod recipit, Cic.: nos flumina arcemus, dirigimus, avertimus, Cic. – **2** übtr.: **a** im Allg.: non posse arceri otii finibus, Cic. har. resp. 4. – **b** insbes., **in Schranken-, in Ordnung halten,** iudex ipse arcebitur, Cic. Quinct. 71 *vulg.*: arcendae familiae gratiā, Fest. 174 (a), 11. – **II** den Zutritt verwehren, **fernhalten, A abwehren, abhalten, verhindern, verhüten,** konstr. **α** m. bl. *Acc.*, copias hostium, aquas pluvias, Cic.: solem, Plin.: prospectum, Gell.: cuncta, quae arcenda sunt, arcuit, Apul. – m. folg. *Infin.*, Tac. ann. 3, 72. Amm. 16, 11, 11. Ov. met. 3, 89 *sq.* Sil. 5, 51. Stat. silv. 2, 1, 35 u. a.: m. folg. *ne* u. Konj., Liv. 27, 48, 8: alqm arcere non quire m. folg. *quin* u. Konj., Liv. 26, 44, 9: absol., arcuit omnipotens, Ov. met. 2, 505. – **β** m. *Acc.* u. folg. *ab* u. Abl. (= von, vor, gegen), alqm ab urbe, Cic.: Campanos facile a vallo, Liv.: alqm ab iniuria, a delictis, Cic.: vim a suis munimentis od. a portis moenibusque, Liv.: aetatem a libidinibus, Cic. – **γ** m. *Acc.* u. folg. bl. *Abl.* (von, vor, gegen), hostem Galliā, Cic.: alqm aditu, Cic. u. Liv.: alqm foro, Liv.: alqm foribus, von der T. abweisen, Tac.: alqm foedere, Liv.: alqm Italiā, aus I. verbannen, Tac. – **δ** alqd alci, einem etw. **abwehren,** hunc (asilum) arcebis pecori, Verg. georg. 3, 155. – **B** beschützend **fern halten,** vor etw. **schützen, bewahren,** alqm funesto veterno, Hor. ep. 1, 8, 10: classes aquilonibus, Hor. de art. poët. 64: alqm periclis, Verg. Aen. 8, 73.

arcera, ae, *f.* (arca), ein **bedeckter Wagen,** dessen sich kranke u. schwache Personen zu bedienen pflegten, ehe die Sänften aufkamen, arceram sternere (zurechtmachen), XII tabb. b. Gell. 20, 1, 25. Varr. sat. Men. 188. Vgl. Placid. gloss. (V) 48, 16.

Arcesilās, ae, *m.* (Ἀρκεσίλας), u. **Arcesilāus,** ī, *m.* (Ἀρκεσίλαος), ein griech. Philosoph aus Pitane in Äolien (geb. 316, gest. 241 v. Chr.), Schüler des Akademikers Polemon, Stifter der mittleren Akademie, Form -as, Cic. de or. 3, 67. Ac. 2, 57. Pers. 3, 79. Lact. 2, 4, 11. Min. Fel. 13, 3: Akk. ān, Cic. Ac. 2, 76. Mela 1, 18, 1 *ed. Tzsch.* – Form -āus, Gell. 3, 5, 1.

Arcēsius, ī, *m.* (Ἀρκείσιος), Vater des Laërtes, Großvater des Ulixes, Ov. met. 13, 144.

arcessio, ōnis, *f.* (arcesso), das **Herbeiholen,** Charis. 44, 32 (wo Nbf. accersio).

arcessītio, ōnis, *f.* (arcesso), die **Abberufung, Heimrufung** (zu Gott), Eccl.

arcessītor, ōris, *m.* (arcesso), der **Herbeirufer** od. **-holer, I** im Allg.: nemo arcessitor ex proximo, niemand, der mich aus der Nachbarschaft zu einem Gastmahl od. Geschäft auffordert, Plin. ep. 5, 6, 45: mittunt e suis arcessitorem unum, qui requisitum comitem reduceret, Apul. met. 8, 21. – **II** Nbf. accersitor; vgl. arcesso a. E.) insbes., als spät. gerichtl. *t. t.* = der **Ankläger,** Amm. 29, 1, 44: suorum factorum, Heges. 1, 40, 12.

arcessītus, Abl. ū, *m.* (arcesso), das **Herbeirufen, -holen,** tuo arcessitu, Plaut. Stich. 327: ipsius rogatu arcessituque (auf seine Bitte u. Einladung), Cic. nat. deor. 1, 15: arcessitu Valentis patrui, Amm. 31, 10, 3.

arcesso (accerso), īvī, ītum, ere (*Causat.* v. accedo, wie incesso v. incedo), machen, dass jmd. »herankommt«; dah. jmd. od. etw. **herbei-, herzu-, herholen, herrufen, einberufen, I** im Allg.: **1** eig.: **a** leb. Wesen: eamus intro, ut arcessatur faber, Plaut.: u. so Siculos, Cic.: Gabinium, Sall.: patrem, Liv.: auxilia, Sall.: integros pro sauciis, Sall.: Germanos mercede, Caes.: litteris arcessiti sunt, Liv.: praetoris arcessitus nuntio, Cic. – m. Ang. **woher? wohin?** undique praesidia, Sall.: alqm ab aratro, Cic.: auxilia a Vercingetorige, Caes.: alqm Venafro, Teano, Cic.: Corintho colonos, Nep.: alqm litteris Capuā, Cic.: alqm a Gadibus, Plin.: exercitum ab Tanai, Curt.: boves ex longinquo, Col.: alqm cum omnibus copiis ex citeriore Hispania, Sall.: alqm de exsilio, Ascon.: alqm domo huc, Plaut.: alqm domum, Ter.: alqm ad se, Ter. u. Cic.: alqam ad vicinam, Plaut.: alqm in patriam, Cic.: alqm in senatum, Cic.: amicum trans mare, Quint.: Aesculapium ab Epidauro Romam, Liv. – m. Ang. **wozu?** alqm ab aratro ad fasces, Salv.: alqm ad rem divinam, Ter.: Gallorum gentem ad bellum, Sall.: alqm ad laboris societatem, Cic.: ad evertenda rei publicae fundamenta Gallos, Cic.: u. so m. *Dat.*, Gallos auxilio (zur H.), Caes. b. G. 3, 11, 2: m. *in* u. Akk., alqm in auxilium, Aur. Vict. de vir. ill. 4, 11: m. 1. *Supin.*, arcessitur lavatum interea virgo, Ter. eun. 592. – **b** Lebl.: aurum, Plaut.: eius librum, Cic.: humum, Col.: tormenta et missilia, Tac.: argentum mutuum, Sall. fr.: sacra ab exteris nationibus asciscere et arcessere, Cic.: sin melius quid (vini) habes, arcesse, so lass ihn holen, Hor. – **2** übtr.: **a** im Allg.: illic homo a me sibi malam rem arcessit iumento suo, der Mensch lädt sich Unglück auf den Hals, Plaut.: ne arcessant bellum, sich auf den Hals holen, Liv.: quies molli strato arcessita, verschafft, Liv.: arc. causam sibi mortis, Val. Max.: mortem, herbeiführen, Val. Max. (dah. mors arcessita, ein gewaltsamer, Plin. ep.): somnum medicamentis, Cels.: somnum in ossa, Prop.: gloriam ex periculo, sich holen, erwerben, Curt.: poet., vitas sibi, erhalten, Verg. – **b** einen Stoff, einen Gedanken u. dgl. von irgendwo **herbeiholen, herholen, suchen,** argumentum usque a capite, Cic.: res extrinsecus, Quint.: ea aliunde, Quint.: fabulas longe, Petr.: e medio res, Hor.: orationi splendoris aliquid, Cic. – dah. arcessītus, **gesucht, mit Gewalt herbeigezogen, gezwungen,** dictum, Cic.: iocus, Suet.: affectatio *innata,* non arcessita, Quint. – **II** insbes.: **1** aus der Unterwelt **heraufrufen,** manes coniugis, Verg. Aen. 6, 119 (dazu Servius). – **2** eine Braut in das Haus des Bräutigams **holen, einholen,** z. B. virginem, Ter. Andr. 546 u. adelph. 890: uxorem, Ter. Andr. 581. – **3** als *t. t.* der Gerichtsspr., **vor Gericht fordern, belangen,** dah. übh. **verklagen, beschuldigen,** alqm iudicio od. nomine od. crimine alcis rei od. (bei Spät.) in crimen alcis rei od. alqm m. bl. *Genet.*, alqm hoc iudicio, Cic.: alqm magis invidioso crimine quam vero, Cic.: alqm eodem crimine in summum capitis periculum, Cic.: alqm iudicio capitis, Cic.: alqm statuarum nomine, Cic.: alqm ambitus crimine, Cic.: alqm veneni crimine, Suet.: alqm in crimen laesae maiestatis, Amm.: alqm capitis, Cic., pecuniae captae, Sall., maiestatis, Tac.: übtr., alqm inscitiae, Nigid. fr. bei Gell. 19, 14, 8: Passiv arcessor m. *Nom.* u. *Infin.*, arcessebantur ministri fuisse Galli ferocientis, Amm. 15, 3, 1; u. so Amm. 15, 5, 28. – ► **a** eine (ob mit Recht oder Unrecht, wird schwerlich entschieden werden) angefochtene Nbf. von arcesso ist accerso, s. Eutych. 482, 25. Kritz u. Dietsch Sall. Cat. 40, 6. Ellendt Cic. de or. 2, 117 *N. cr.* (vol. 1. p. 261 *sq.*). – **b** Formen nach der 4. Konj., arcessio, arcessiam, arcessiens, arcessire u. arcessiri, bei den Eccl.; außerdem arcessiunt, Heges. 5, 36, 2: arcessiretur, Frontin. 2, 7, 4: arcessirentur, Suet. Galb. 20 R., u. bes. arcessiri (accersiri), Auct. b. Afr. 12, 2. Frontin. 1, 9, 3. Macr. somn. Scip. 1, 13, 7. Vgl. Oudend. Caes. b. G. 1, 31, 4. – **c** Paragog. Infin. arcessier, Caecil. com. 263. Ter. eun. 510 Fl. (Dz. accersier).

arceuthinus, a, um (ἀρκεύθινος), **vom Wachholderstrauch,** *neutr. plur.* arceuthina (*sc.* vina), Vulg. paralip. 2, 2, 8.

archa, s. arca.

archaeus, a, um (ἀρχαῖος), **alt,** comoedia, Diom. 485, 31. Porphyr. Hor. sat. 1, 4, 1.

archangelicus, a, um (archangelus), **den Erzengel betreffend,** Eccl.

archangelus, ī, *m.* (ἀρχάγγελος), der **Erzengel,** Eccl.

archārius, s. arcārius.

Archē, ēs, *f.* (ἀρχή, Anfang), **I** eine der vier Musen, Tochter des jüngeren Jupiter, Cic. de nat. deor. 3, 54. – **II** einer der vier Äonen des Valentinus, Tert. adv. Val. 35.

archebion, ī, *n.*, eine Pflanze = *anchusa* (w. s.), Plin. 22, 51.

Archebūlīus, a, um (Ἀρχεβούλειος), nach einem griech. Dichter Archebulus benannt, **archebulëisch,** metrum, Diom. 514, 1. Serv. de cent. metr. 452, 12 u. a. Gramm.

Archelāus (in Inschr. os), ī, *m.* (Ἀρχέλαος), **I** ein griech. Philosoph aus Milet, Schüler des Anaxagoras, nach einigen Lehrer des Sokrates, Cic. Tusc. 5, 10. – **II** natürlicher Sohn des mazedon. Königs Perdikkas II., König von Mazedonien 413–399 v. Chr., Freund des Euripides, Cic. Tusc. 5, 34 *sq.* Gell. 15, 20, 9. – **III** Feldherr Mithridates' des Gr., von Geburt ein Kappadozier, bes. im mithridat. Krieg gegen Sulla tätig, Liv. epit. 81 u. 82. Flor. 3, 5, 8. – **IV** Sohn des vorigen, Gemahl der Berenike, der im Kampf gegen seinen vertriebenen Schwiegervater Ptolemäus Auletes, König von Ägypten, u. den diesem beistehenden A. Gabinius, Prokonsul von Syrien, das Leben verlor, Cic. Rab. post. 20. Val. Max. 9, 1. ext. 6. – **V** Enkel des vorigen, durch Antonius (34 v. Chr.) König von Kappadozien, Plin. 37, 46, von Tiberius gegen die Anklage seiner Untertanen verteidigt, Suet. Tib. 8, später wegen Vernachlässigung von Tiberius gehasst und nach Rom gelockt, wo er an Altersschwäche starb (17 n. Chr.), worauf sein Reich zu einer röm. Provinz gemacht wurde, Tac. ann. 2, 42. Suet. Tib. 37.

Archemorus, ī, *m.* (Ἀρχέμορος), eig. *Opheltes,* Sohn des nemëischen Königs Lykurgus, von seiner Wärterin Hypsipyle, als sie den gegen Theben ziehenden Sieben eine Quelle zeigen wollte, unbewacht zurückgelassen u. von einem Drachen umgebracht, weshalb der Knabe von den Sieben Ἀρχέμορος (Vorgänger im Geschick) genannt u. ihm zu Ehren die nemëischen Spiele gestiftet wurden, Tert. cor. mil. 13. Auson. eglog. (V) 12, 3. p. 14 Schenkl u. ö. – Auch die Quelle od. der Fluss *Largia,* den die Wärterin zeigte, erhielt den Namen Archem. nach Stat. Theb. 4, 718 *sq.*

archēōtēs (archīōtēs), ae, *m.* (ἀρχειώτης), der **Archivar,** Plur. archeotae bei Arcad. Charis. dig. 50, 4, 18. § 10.

Archesilās, s. Arcesilās.

archetypus, a, um (ἀρχέτυπος), zuerst geprägt od. gebildet, **Original-,** von Gemälden, Statuen, Schriften usw., archetypi Cleanthae, Originalstatuen von Stoikern, Iuven.: magistri, Tert.: auctorum libri, Fortunat.: nugae, urschriftliche, Mart. – subst., archetypum (-on), ī, *n.*, das **Urbild, Original,** Varr. r. r. 3, 5, 8 u. a.: ego autem ab hoc archetypo labor et decĭdo, Plin. ep.

archezōstis, tidis, Akk. tim, *f.* (ἀρχέζωστις) = *vitis alba* (s. vītis), Plin. 23, 21.

Archiās, ae, *m.* (Ἀρχίας), **I** Aulus Licinius A., der durch Ciceros Verteidigung berühmt gewordene griech. Dichter aus Antiochien, Cic. Arch. 1 *sqq.* Cic. de div. 1, 79; ad Att. 1, 16, 15. Quint. 10, 7, 19. – **II** ein bekannter Tischler; wovon: **Archiacus,** a, um, **archiacisch, des Archias,** lecti, eine Art kleiner Speisesofas, Hor. ep. 1, 5, 1.

archiater, s. archiatros.

archiatria, ae, *f.*, die **Würde eines Oberarztes,** Cod. Theod. 13, 3, 8. § 2.

archiatros (-**trus**) u. gew. **archiater,** trī, *m.* (ἀρχίατρος), **erster Arzt** am Kaiserhof u. sonstwo, **Oberarzt, Leibarzt, Archiater,** Cod. Theod. 13, 3, 14 u. a. Augustin. ep. 41, 2. Schol. Iuven. 10, 221. Cassiod. var. 6, 19. CIL 5, 8741.

archibūcolus, ī, *m.* (ἀρχιβούκολος), der **Oberpriester des Bacchus,** CIL 6, 510 u. 1675.

archiclīnicus, ī, *m.* (ἀρχικλινικός), der **Obertotenbettbereiter, Oberleichenmann,** Mart. 3, 93, 24.

archidiacōn, onis, *m.*, der **Ober-** od. **Archidiakonus,** Eccl.

archidiaconātus, ūs, *m.* (archidiaconus), das **Archidiakonat,** Eccl.

archidiaconus, ī, *m.* (ἀρχιδιάκονος), der **Ober-** od. **Archidiakonus,** Eccl.

archiepiscopus, ī, *m.* (ἀρχιεπίσκοπος), der **Erzbischof,** Greg. M. ep. 13, 50.

archiereus, ī, u. eos, *m.* (ἀρχιερεύς), der **Oberpriester, Erzpriester,** Lampr. Alex. Sev. 28, 7. CIL 14, 2977 u. a.

archierōsynē, ēs, *f.* (ἀρχιερωσύνη), das **Oberpriesteramt,** Cod. Theod. 12, 1, 112.

archigallus, ī, *m.* (*ἀρχιγάλλος), der **Oberpriester der Kybele,** Plin. 35, 70. Firm. math. 3, 5, 24. Fragm. Vat. § 148. CIL 6, 2183 u. a.

Archigenēs, is, *m.* (Ἀρχιγένης), berühmter Arzt zu Rom unter Domitian, Nerva u. Trajan, gebürtig aus Apamēa in Syrien, Iuven. 6, 235.

archigerontes, um, *m.* (*ἀρχιγέροντες), die **Oberältesten,** ein Titel unter den Kaisern, Cod. Theod. 14, 27, 1.

archigubernus, ī, *m.* (ἀρχικυβερνήτης), der **Obersteuermann,** Iavol. dig. 36, 1, 48 (46) *in.* CIL 10, 3349 (archigybernus).

Archilochus, ī, *m.* (Ἀρχίλοχος), ein bekannter griech. Dichter aus Paros, nach Cic. Tusc. 1, 3 Zeitgenosse des Romulus, nach Nep. bei Gell. 17, 21, 8 richtiger des Tullus Hostilius, als Erfinder u. Vollender des beißenden Spottgedichtes in Jamben von den Alten als ein zweiter Homer gepriesen, Cic. or. 4. Hor. ep. 1, 19, 24 u. 28. Quint. 10, 1, 60: griech. Akk. Archilochon, Ter. Maur. 2245. – Dav. **Archilochīus,** a, um, **archilochisch,** metrum, Gramm.: u. appellat. = beißend, bitter, edictum (Bibuli), ein im Ton des Archilochus gehaltenes Edikt, Cic. ad Att. 2, 20, 6: Archilochia in illum edicta Bibuli, mit ihrer archilochischen Bitterkeit, Cic. ad Att. 2, 21, 4.

archimagīrus, ī, *m.* (ἀρξιμάγειρος), der **Oberkoch, Küchenmeister,** Iuven. 9, 109. Sidon. ep. 2, 9. CIL 6, 8750. Hier. quaest. Hebr. in gen. 37, 36.

archimandrita od. **-ēs,** ae, *m.* (ἀρχιμανδρίτης), der Vorsteher der Mönche, der **Archimandrit,** der **Abt,** Sidon. ep. 8, 14.

archimandritissa, ae, *f.* (archimandrita), die Vorsteherin der Nonnen, die **Äbtissin,** Iulian. epit. nov. 7, 32.

archimartyr, tyris, *m.* (v. ἀρχι- u. μάρτυρ), der **Erzmärtyrer,** Maxim. in Augustin. ep. 16, 2.

Archimēdēs, is, Akk. em u. ēn, *m.* (Ἀρχιμήδης), berühmter Mathematiker u. Mechaniker, geb. 287 v. Chr., der die Mathematik durch viele wichtige Entdeckungen (Kreismessung, Quadratur der Parabel u. a.) bereicherte, Cic. Tusc. 1, 63; 5, 64 (Akk. -em). Liv. 25, 31, 9 (Akk. -ēn). Vitr. 9. praef. 9: Arch. Siculus, Lact. 2, 5, 18: von einem Soldaten getötet nach der Eroberung von Syrakus durch Marcellus (212 v. Chr.), Liv. 25, 31, 9: griech. Genet. Archimedi b. Cic. de rep. 1, 21. – Dav. **Archimēdēus** od. **-īus,** a, um, **archimedisch,** Mart. Cap. u. Mar. Victorin.

archimīmus, ī, *m.* (ἀρχίμιμος), der **Ober-** od. **Archimime,** der Darsteller der Hauptrollen in den Mimen, Sen. fr. 36 H. Suet. Vesp. 19, 2. *Apul. apol. 13. Porphyr. Hor. sat. 2, 6, 72. CIL 14, 2408. – Dav. **archimīma,** ae, *f.*, die **Obermime,** die Darstellerin der Hauptrollen in den Mimenspielen, CIL 6, 10107.

archīōtēs, s. archēōtēs.

archipīrāta, ae, *m.* (ἀρχιπειρατής), das **Haupt der Korsaren,** der **Korsarenhauptmann** (rein lat. praedonum dux, der Seeräuberhauptmann), Cic. u. a.

archiposia, ae, *f.* (ἀρχιποσία), der **Vorsitz beim Trinkgelage,** Porphyr. Hor. sat. 2, 2, 123 u. carm. 2, 7, 25.

archipresbyter, ī, *m.* (ἀρχιπρεσβύτερος), der Oberste der *presbyteri,* der **Erzpriester,** Eccl.

archisacerdōs, ōtis, *m.*, der **Oberpriester,** Ven. Fort. carm. append. 34.

archisellium, s. arcisellium.

archisynagōgus, ī, *m.* (ἀρχισυνάγωγος), das **priesterliche Oberhaupt der Synagoge,** Lampr. Alex. Sev. 28, 7. Hadrian. bei Vopisc. Sat. 8, 3. Cod. Theod. 16, 8, 4 u. 13 *sq.* Vulg. Marc. 5, 22 u. a.

Archītās, s. Archy̆tās.

architecticus, a, um (architectus), **architektisch,** Cassiod. var. 3, 52.

architectio, ōnis, *f.*, die **Baukunst,** Itala (Wirceb.) exod. 35, 35.

architectōn, onis, Akk. Plur. onas, *m.* (ἀρχιτέκτων; vgl. architectus), **I** der **Baumeister, Baukünstler, Werkmeister,** Plaut. mil. 919 R.; most. 760. Varr. sat. Men. 249. Solin. 32, 41. Sen. ep. 90, 9: artifices, quos architectonas vocant, Auct. itin. Alex. 20. – **II** übtr., Meister in der List, **Erzränkemacher,** Plaut. Poen. 1110. – ► Ungew. Dat. Plur. architectonis, Titin. com. 129 (wo incensus architectonis).

architectonicē, ēs, *f.* (ἀρχιτεκτονική *sc.* τέχνη), die theoretische, wissenschaftliche **Baukunst,** die **Architektur,** Quint. 2, 21, 8. – Nbf. **architectonica,** ae, *f.*, Mart. Cap. 9. § 891. Serv. Verg. Aen. 6, 43 *Thilo.*

architectonicus, a, um (ἀρχιτεκτονικός), zur höheren Baukunst gehörig, **architektonisch,** rationes (Verfahren), Vitr. 9, 1 (4), 1: concinentia, Sidon. ep. 8, 4.

architectonor, ārī (architecton), **künstlerisch schaffen,** Augustin. quaest. in exod. 138.

1. **architector,** ātus sum, ārī (architectus), nach den Regeln der höheren Baukunst-, künstlich **aufbauen, herrichten, anlegen,** situm loci cuiusdam ad suum arbitrium fabricari et architectari, Rhet. Her.: arch. Olympium, Vitr.: arch. aedem Minervae, Vitr. – Passiv, aedes architectata est, Nep. bei Prisc. 8, 17 K. – übtr., **werkmeistern** = künstlich schaffen, voluptates, Cic. de fin. 2, 52.

2. **architector,** ōris, *m.* (1. architector), der **Baumeister, Baukünstler,** Iul. Val. 1, 26 (1, 31) *cod. A* u. Gloss.

architectulus, ī, *m.* (*Demin.* v. architectus), ein **kleiner Architekt,** CIL 4, 2000.

architectūra, ae, *f.* (architectus), die **Baukunst, a** als Theorie, Wissenschaft, die **Architektur** (Ggstz. fabrica, die praktische Baukunst), Cic. de off. 1, 151. Vitr. 1, 1, 3 *sq.* u. a. – **b** als Geschicklichkeit, die **Kunst,** Plin. 11, 82.

architectus (in Inschr. arcitectus), ī, *m.* (= ἀρχιτέκτων), **I** der **Baumeister** im höheren Sinne, der **Baukünstler,** Cyrus arch., Cic.: arch. Apollodorus, Spart.: architecti operum, Cic.: asciti sunt fabri architectique haud imperiti, Plaut.: servus arcitectus, CIL 6, 8726: architectus magister, Lehrer der Architektur, Edict. Diocl. 7, 74. – **II** übtr., der **Begründer, Urheber, Schöpfer, Anstifter, Erfinder, Erfinder und Leiter** (gew. mit *quasi, tamquam, paene*), huius legis, Cic.: arch. paene verborum, Cic.: inventor veritatis et quasi arch. beatae vitae, Cic.: omnium arch. et machinator, Cic.: princeps atque arch. sceleris, Cic.: hic noster architectus est, Plaut.

architriclīnium, ī, *n.*, ein **Triklinium mit einer Lehne,** Not. Tir. 100, 51.

architriclīnus, ī, *m.* = tricliniarcha (τρικλινιάρχης), der **Aufseher-, Besorger der Tafel,** der **Hofmarschall,** Vulg. Ioann. 2, 8 u. 9.

archīum, ī, *n.* (ἀρχεῖον), das **Archiv,** Fronto ad M. Caes. 1, 6. p. 16, 17 N. Ulp. dig. 48, 19, 9. § 6. Paul. sent. 4, 6, 1. Vopisc. Tac. 10, 3; Nbf. **archīvum,** ī, *n.*, Treb. Poll. XXX tyr. 10, 9. Tert. apol. 19 u. a. Augustin. c. Cresc. 3, 45.

archōn, ontis, *m.* (ἄρχων, Herrscher), der **Archont,** in Athen nach Abschaffung der Könige die höchste Beamtenwürde, Cic. de fat. 19. Vell. 1, 2, 4: archontes perpetui, Vell. 1, 8, 3. – Spätlat. übh. für **hohe Magistratsperson,** Tert. adv. Marc. 4, 42 u. a.

archonticī, ōrum, *m.* = *haeretici,* Augustin. haeres. 20.

Archȳtās, ae, *m.* (Ἀρχύτας), aus Tarent, ausgezeichnet durch seinen persönlichen Charakter, sowie als Staatsmann, Feldherr, pythagorëischer Philosoph u. Mathematiker, v. 400–365 v. Chr., Cic. de or. 3, 139. Vitr. 9. praef. 13 *sq.* Hor. carm. 1, 28, 2. Arnob. 2, 9: Archytas Pythagoreus, Varr. r. r. 1, 1, 8: Archytas Tarentinus, Val. Max. 4, 1. ext. 1. Hieron. ep. 49, 19 *extr.* (wo Architas geschr.): Nbf. Archyta Tarentinus, Lact. de ira dei 18, 4 (§ 12 Archytas).

arcifer, ferī, *m.* (arcus u. fero), der **Bogenträger, Bogenschütze,** ›arcifer, τοξοφόρος‹, Gloss. II, 457, 15.

arcifīnālis, e, u. **arcifīnius,** a, um (arceo u. fines), ager, ein Acker, der noch keine gesetzlich bestimmte, sondern nur seine natürliche Grenze hat, Gromat. vet. 1, 5; 2, 17 *sq.* u. ö.

arcīon, ī, *n.* (ἄρκειον), die rein lat. *persolata* (s. d.) genannte Pflanze, Plin. 25, 113.

arcipīrāta, s. archipīrāta.

arcipotēns (arquipotēns), entis (arcus u. potens), stark im Bogenschießen, **bogenmächtig,** Apollo, Val. Flacc. 5, 17.

arcirma, ae, *f.*, viell. verderbt aus arcera, w. s., Paul. ex Fest. 15, 11.

arcisellium u. **archisellium,** ī, *n.* (arcus u. sella), der **Lehnstuhl,** Petr. 75, 4 (arcisellium). Not. Tir. 101, 8 u. Not. Bern. 11a. (archisellium).

arcitectus = architectus, w. s.

arcitenēns (archaist. arquitenēns), entis (arcus u. teneo), der, die **Bogenführende,** der **Bogenschütze,** die **Bogenschützin** (griech. τοξευτήρ od. -τής), **I** Beiwort des Apollo u. der Diana bei den Dichtern (s. Macr. sat. 6, 5. § 8), arqu. Pythius Apollo, Naev. b. Pun. 2. fr. VII *Vahlen:* arqu. Latonius, Host. bei Macr. a. a. O.: deus arc., Ov. met. 1, 441: arqu. dea, Naev. bei Macr. a. a. O. Acc. tr. 52: bl. arqu., Acc. tr. 167. Verg. Aen. 3, 75: arquitenentes Diana et Apollo, Arnob. 1, 36. – **II** ein Gestirn, Cic. Arat. 182.

arcīvus, a, um (arceo) = κωλυτικός, **zum Verhindern geeignet,** Gloss. II, 357, 32.

arcla, s. arcula ►.

arcoleōn, ontis, *m.*, viell. von ἄρκος (Bär) u. λέων (Löwe), Bärlöwe = **zottiger Löwe,** Capit. Gord. 33, 1 *ed. Peter,* wo Salmasius argoleontes (von ἀργός u. λέων), weiße Löwen.

arcticus, a, um (ἀρκτικός v. ἄρκτος), **nördlich,** rein lat. *septemtrionalis,* Hyg. astr. 1, 6. Ampel. 1, 4.

arction, ī, *n.* (ἄρκτιον), eine auch *arcturus* genannte Pflanze, Plin. 27, 33.

arctē, s. artē.

arcto, āre, s. arto.

Arctophylax, ăcis, *m.* (ἀρκτοφύλαξ), ein Sternbild = *Bootes* (w. s.), Cic. de nat. deor. 2, 109. Manil. 1, 316. Suet. fr. 142. p. 219, 8 R. Mart. Cap. 8. § 832 (wo Genet. -acos).

Arctos, ī, Akk. gew. on, Nom. Plur. nur oe, *f.* (ἄρκτος), **I** der **Bär,** die **Bärin,** zwei Sternbilder an der nördl. Hemisphäre (dah. geminae; vgl. Thiel Verg. Aen. 3, 516), der od. die **große** u. **kleine** B., rein lat. *Ursae, Plaustra, Currus, Septemtriones,* Cic. de nat. deor. 2, 105 u. Arat. 441. Vitr. 9, 4 (6), 5. Suet. fr. 142. p. 219, 9 R. (minor Arctos) u. oft bei Dichtern: wegen ihres nördl. Standes gelidae Arctoe, Verg. Aen. 6, 16. Ov. met. 4, 625: weil sie in unserer Hemisphäre nicht untergehen, immunis od. expers aequoris, Ov. met. 13, 293 u. 727, u. metuens aequore tingi, Verg. georg. 1, 246. – iuncta aquilonibus Arctos, poet. = Nordpol, Ov. met. 2, 132: opacam excipere Arcton, poet. = nach Norden liegen, Hor. carm. 2, 15, 16. – **II** übtr.: **a** = das Land u. die Völker unter dem Nordpol, der **Norden,** Lucan. 3, 74. Claud. VI. cons. Hon. 336 u. de laud. Stil. 1, 246. – **b** = die **Nacht,** Prop. 2, 22, 25. Claud. in Olybr. et Prob. cons. 22. – Nbf. **Arctus,** Ven. Fort. 9, 1, 55: Akk. Arctum, Cic. de nat. deor. 2, 109: Akk. Plur. Arctos (arctos), Ov. met. 3, 45 u. 4, 625. Lucan. 5, 155. Sil. 3, 192.

Arctōus, a, um (ἀρκτῷος), **nördlich,** rein lat. *septemtrionalis,* gens, Mart.: Germani, Amm.: provinciae, Amm.: orbis, Lucan.: terrae, Lucan.: conversio, Mart. Cap. – Subst. Arctōus = *Arctos,* der **Norden,** Arctoi gelida regio, Ven. Fort. 6, 12, 40.

arctūra, ae, *f.* = *arcuatura,* Vitell. poët. bei Virg. gramm. p. 17, 11 H.

Arctūrus, ī, *m.* (ἀρκτοῦρος), **I** als Gestirn: **A** der hellste Stern im Sternbild Bootes, nahe am Schwanz des großen Bären, Plaut. rud. prol. 1 *sqq.* Cic. de nat. deor. 2, 109. Vitr. 9, 4 (6), 1. Hyg. fab. 130; astr. 2, 4. Col. 2, 10, 21. Suet. fr. 142. p. 219, 1 R. Hor. carm. 3, 1, 27: sub ipsum Arcturum, gerade gegen die Aufgangszeit des A., Verg. georg. 1, 68. Nach der Meinung der Alten von großem Einfluss auf das Wetter, da bei seinem Aufgang u. Untergang namentl. die heftigsten Stürme toben; vgl. Thiel Verg. Aen. 3, 516. – **B** übtr., das **ganze Sternbild** *Bootes* (w. s.), Verg. georg. 1, 204. – **II** als Pflanze, s. arction.

1. arctus, ūs, s. 2. artus ►.

2. Arctus, s. Arctos.

arcuārius, a, um (arcus), **zum Bogen** (für die Pfeile) **gehörig, Bogen-,** fabrica, Veget. mil. 2, 11. – subst., arcuārius, ī, *m.*, der **Bogenverfertiger,** Tarunt. Pat. dig. 50, 6, 6.

arcuātilis, e (arcus), **gewölbt,** caminus, Sidon. ep. 2, 2.

arcuātim, *Adv.* (arcuo), **bogenförmig,** sanguis arc. fluens, Fest. 352 (b), 1: animal multis pedibus arc. repens, Plin. 29, 136.

arcuātio, ōnis, *f.* (arcuo), das **Bogengewölbe,** Plur., Frontin. aqu. 18; 121 u. ö.

arcuātūra, ae, *f.* (arcuo), das **Bogengewölbe,** Frontin., aqu. 5 *cod. Cassin.* – Nbf. arquātūra, Gloss. Vat. in Class. auct. *ed. Mai* 7, 552. Not. Tir. 100, 80.

arcuātus u. **arquātus,** a, um (arcus), **I** (gew. Form arcuātus), **bogenförmig gewölbt, -gemacht,** od. **mit einem Bogen versehen,** currus, mit einem bogenförmig gewölbten Schirmdach, Liv.: curvamen, Ov.: opus, Bogenwerk, Schwibbögen, Plin. ep. u. Frontin.: sellula, kleiner Lehnsessel, Arnob.: laqueata arquataque tecta, Lucr. 2, 28: impetus, im Bogen, Tert.: vulnus, Hier. – **II** (gew. Form arquātus) **regenbogenfarbig,** iubar, Avian. fab. 15, 8: color viridis vel arquato similis, Cael. Aur. de sign. diaet. pass. 93: morbus, die Gelbsucht, Cels. 2, 4 u. 8; 3, 24. – dah. v. leb. Wesen, **gelbsüchtig, die Gelbsucht habend,** pecus, Col. 7, 5, 18: subst., arquātus, ī, *m.*, der **Gelbsüchtige,** Afran. fab. inc. fr. XVIII. Varr. sat. Men. 148. Lucr. 4, 331. Plin. 20, 115.

arcuballista, ae, *f.* (unser »Armbrust«), eine mit einem Bogen versehene Art der Ballista, die **Bogenballista,** Veget. mil. 2, 15 u. ö.

arcuballistārius, ī, *m.* (arcuballista), der **Bogenballistaschütze,** Veget. mil. 4, 21.

arcula, ae, *f.* (*Demin.* v. arca, s. Varr. LL. 9, 74. Diom. 326, 6), **I** das **Kästchen,** operculum arculae, Col.: arcula fagina, tiliaginea, Col.: aurea, Capit.: arculae loculatae, Farbenkasten der Maler, Varr. (vgl. unten aus Cic.): pyxidem depromit arculā, Apul.: arculā quādam reclusā pyxides plusculas inde depromit, Apul. – arculae muliebres, Schmuckkästchen, Cic.: ex arcula prolata vestis, Sen.: cedo mihi speculum et cum ornamentis arculam, Plaut. – tanne (tamne) arcula (Geldkästchen, Kasse) tua plena est aranearum? Afran. fr. – qui velut ad arculas (Munitionskasten) sedent et tela agentibus subministrant, Quint. – übtr., v. Redeschmuck, meus autem liber totum Isocrati μυροθήκιον (Farbentopf) atque omnes eius discipulorum arculas (Farbenkasten) ac non nihil etiam Aristotelia pigmenta consumpsit, Cic. ad Att. 2, 1. § 2. – **II** die **Windlade** in den Orgeln, Vitr. 10, 8 (13), 4 *sq.* – ► Synk. arcla, Gloss. III, 197, 19.

arculārius, ī, *m.* (arcula), der **Verfertiger von Schmuckkästchen,** Plaut. aul. 519.

1. arculus, ī, *m.* u. **arculum,** ī, *n.* (*Demin.* v. arcus), ein **kleiner Bogen,** **a** (Form arculus) ein kleiner, ringförmiger **Wulst,** als Unterlage beim Tragen von Gefäßen usw. auf dem Kopf (noch heute bei den umherziehenden Gipsfigurenhändlern üblich), Paul. ex Fest. 10, 6. – **b** (Form arculum) ein ringförmiger **Kranz** aus einem Granatapfelzweig, bei gewissen Opfern von der Flaminika getragen, Serv. Verg. Aen. 4, 137 (b. Paul. ex Fest. 113, 18 inarculum gen.).

2. Arculus, ī, *m.* (arca), der Gott der Kasten u. Laden, in denen man das Geld verwahrte, Paul. ex Fest. 16, 8.

arcuo, āre (arcus), **bogenförmig machen,** im Aktiv nur refl. arcuare, im Passiv in medialer Bed. arcuari, **sich bogenförmig krümmen, Bogen machen,** **a** v. Örtl.: sinus arcuat, Mela 3, 8, 1 (3. § 72): Araxes arcuato amne descendit, Mela 3, 5, 5 (3. § 40). – **b** v. leb. Wesen: illam (milipedam), quae non arcuatur, sepa Graeci vocant, Bogen macht, bogenförmig kriecht, Plin. 29, 136 (vgl. *ibid.*: milipeda multis pedibus arcuatim repens).

arcus, altlat. arquus, ūs, *m.* (vgl. angels. *earh,* got. *arhwazna,* Pfeil), **I** der **Bogen,** **a** zum Abschießen der Pfeile, curvi arcus, Ov.: arcus Haemonii, der Schütze als Gestirn, Ov.: Teucri sagittae et arcus, Ampel.: Euboea consimilis arcui, Hyg.: portus curvatus in arcum, Verg.: hic pontus ad formam Scythici arcus incurvus, Mela: speciem efficit arcus Scythici, Sall. fr.: arcum intendere, Cic., od. adducere, Verg. – **b** der **Regenbogen,** Plaut., Cic. u. a.: arcus bibit aquam, zieht Wasser an sich, Plaut. Curc. 129: vollst. arcus caelestis, Plin., pluvius, Hor., imbrifer, Tibull., hibernus, Val. Flacc. – **c** als Bauwerk, der **Bogen,** der **Schwibbogen,** Vitr. 5, 10, 2 u. a. Ov. met. 3, 30 u. 160. Lucan. 4, 15 (v. einem Brückenbogen). Frontin. aqu. 15 *extr.* CIL 6, 1252: ad arcum veterem (beim alten Tor) habitare, Petr. 44, 6. – bes. **Triumphbogen, Siegesbogen, Ehrenbogen,** circi maximi, Suet. Ner. 25, 2: Fabianus, Sen. const. 1, 3: marmoreus cum tropaeis, Suet. Claud. 1, 3 u. 11, 3: arcus veteres, Iuven. 3, 11: arcus, tropaea, statuas deprecari, Plin. pan. 59, 2: fine anni arcus propter aedem Saturni ob recepta signa cum Varo amissa ductu Germanici dicatur, Tac. ann. 2, 41. – **II** übtr.: **1** jede **bogenförmige Krümmung, Bogenwölbung,** v. den Windungen der Schlange, der Krümmung des Meerbusens, Ov.: v. der Krümmung des Hafens, Verg.: v. den brandenden Wellen, Ov.: v. der Lehne des Stuhls, Tac.: v. den Ranken des Weinstocks, Plin.: v. den zur Erde gebogenen Zweigen, die einwachsen sollen, Verg. u. Col. – **2** insbes., als mathemat. *t. t.,* der **Kreisbogen,** Sen. u. Col.: quinque arcus, die fünf Parallelkreise der Erdkugel, die die Zonen begrenzen, Ov. – ► Alter *Genet. sing.* arqui, Lucr. 5, 526. Cic. de nat. deor. 3, 51 M. – alter *Nom. plur.* arci, Varr. bei Non. 77, 12: u. *Abl. plur.* arquis, Tert. ad nat. 2, 15 *ed. Oehler.* – *Abl. plur.* arcubus, Manil. 3, 213. Capit. Maxim. et Balb. 16, 5. Treb. Poll. Claud. 3, 7. Veget. mil. 1, 14; 2, 15; 4, 29. Serv. Verg. Aen. 9, 622 u. 11, 6. Sidon. ep. 1, 5. Vulg. Nehem. 4, 13; vgl. Diom. 308, 2. Vel. Long. (VII) 68, 3 K. – arcus als *fem.,* Enn. ann. 393.

ardalio (nicht ardelio), ōnis, *m.* (v. ἄρδαλος, Dreckfink), ein **geschäftig tuender Müßiggänger, Schlemmer,** Phaedr. 2, 5, 1. Mart. 2, 7, 8 u. 4, 78, 10.

1. ardea, ae, *f.* (ἐρωδιός), der **Reiher,** Verg. georg. 364. Plin. 18, 363.

2. Ardea, ae, *f.* (Ἀρδέα), **I** Stadt der Rutuler u. ehemaliger Königssitz des Turnus (Verg. Aen. 7, 409–411), einer der ältesten Orte Latiums, auf einem Felsen von Sümpfen umgeben, in einer der ungesundesten Gegenden Latiums (s. Ruhkopf Sen. ep. 105, 1), von Rom kolonisiert, Varr. r. r. 2, 11, 10. Liv. 4, 7 *sqq.* – Dav.: **a** **Ardeās,** ātis, Abl. ī, *Adi.* **nach Ardea gehörig, aus Ardea,** templum, in A., Plin.: ager, Cic. – Plur. subst., Ardeātēs, ium, *m.,* die Einw. von Ardea, die **Ardeaten,** Liv. – **b** **Ardeātīnus,** a, um, **zu Ardea gehörig, ardeatinisch,** foedus, mit Ardea, Liv.: ager, Col.: subst. bl. Ardeātīnum, ī, *n.,* ein Landgut bei Ardea, Sen. ep. 105, 1. – **c** **Ardeātis,** is, **aus Ardea,** Rutulus, Cato origg. 2. fr. 21 (vgl. Prisc. 4, 21). – **II** eine der größeren Städte in Persis, südwestl. von Persepolis, wahrsch. jetzt *Ardekân* (in dem Gebiete »Ardeschir«), Amm. 23, 6, 42.

ardelio, s. ardalio.

ārdēns, entis, *PAdi.* m. *Compar.* u. *Superl.* (v. ardeo), **brennend heiß, glühend,** **I** eig.: carbones, Val. Max.: cibi, boleti, Sen.: aqua, Mart.: lapides, Liv.: febris, Plin.: quinta est ardentior illis (zonis) Plin.: faces ardentes, Liv.: ardentissima fax, Amm.: tempus ardentissimum, Plin.: ubi visus sol ardentissimus, Tubero b. Gell. – **II** übtr.: **1** extensiv, **a** v. den Augen, **glühend, funkelnd,** oculi, Verg.: ardentes crudelitate simul ac superbiā oculi, Sen. rhet.: flammā lumina ardentia, des Zornigen, Sen. – der Tiere, insanientis iumenti ardentes et sanguinei oculi, Veget. – **b** v. der Farbe, **glänzend, funkelnd,** color, Plin.: (apes) ardentes auro, Verg. – **c** v. Wein, **stark, feurig,** Falernum, Hor. carm. 2, 11, 19. – **2** intensiv, **a** v. leidenschaftlicher Aufregung, **brennend, feurig, glühend, heftig,** dolor ardens volneris, Schmerz der brennenden Wunde, Lucr.: odium, Liv.: ira, Verg.: ardentissimum desiderium tui, Fronto: virtus, Verg.: amores sui (für sich), Liv.: avaritia, Cic.: ardentes in alqm litterae, Feuer u. Flammen speiende, Cic.: habere studia suorum ardentia, Cic.: eam mortem ardentiore studio petere, Cic.: ardentissimus clamor militum Romanorum, Gell.: ardentissimus amor, Quint. u. Vulg.: ardentissimis votis exoptare, Augustin. ep. 166, 28: v. leb. Wesen, **brennend, glühend** von Eifer, aus Kampfbegierde, vor Zorn, Verg. u. a.: pater, der ergrimmte, Hor.: iuvenis ardentis animi, Liv.: ardentes equi, Verg.: ardentissimus dux, Flor. – m. folg. *Genet.,* ardens caedis, heiß verlangend nach usw., Stat. Theb. 1, 662. – **b** v. der Rede usw., **feurig,** oratio, actio, Cic.: orator, Cic.: verbum aliquod ardens, ut ita dicam, ein, so zu sagen, enthusiastischer Ausdruck, ein Ausdruck der Begeisterung, Cic.: aber im üblen Sinne, verba ardentia, brennende W., Arnob. 1, 17 *extr.*

ārdenter, *Adv.* m. *Compar.* u. *Superl.* (ardens), **heiß, heftig, feurig,** cupere, Cic.: ardenter u. ardentius amare, Plin. ep. u. Suet.: ardentius sitire, Cic.: ardentius cohortari ad virtutem, Cic.: ardentissime diligere, Plin. ep.

ārdeo, ārsī, ārsūrus, ēre (aridus, synk. ardus), **in Brand (Feuer) sein** od. **stehen, brennen,** **I** *v. intr.:* **A** eig.: funiculi ardentes, Varr. LL.: ardentes taedae, Enn. fr., faces, Cic.: vis lignorum ardens, Liv.: ardens lucerna, Val. Max.: iam lucernae mihi plures videbantur ardere, Petr.: largior arsit ignis, Hor.: omnia velut continenti incendio ardere visa, Curt.: quod rubus arderet et non combureretur, Vulg.: mare arsit eo anno (als Wunder), Liv. – v. verbrennbaren Stoffen, bes. von Gebäuden, **brennen, im Feuer stehen, in Feuer (Flammen) aufgehen, abbrennen, verbrennen,** ardet domus, Cic. u. a.: ardet paries proximus, Hor.: ardet Carthago, Liv.: tecta ardebunt, Cic.: septem tabernae arsere, Liv.: quod castra arsissent, Curt.: meliora surrectura, quam arsissent, Sen.: XL milia librorum Alexandriae arserunt, Sen.: optime meruisti de Romanis studiis (Literatur), magna illorum pars arserat (war den Flammen übergeben), Sen. ad Marc. 1, 3: prägn., v. Pers., jmd. (= jmds. Haus, Habe) **brennt ab,** sedulus hospes paene arsit, Hor. sat. 1, 5, 72: iam proximus ardet Ucalegon, Verg. Aen. 2, 311: ultimus ardebit, Iuven. 3, 201: fulmine ictus cum domo sua arsit (verbrannte), Eutr. 1, 4. – v. Herd, Altar usw., auf dem Feuer brennt, **brennen,** ardet focus, Acc. praet. 7: ardent altaria (das Opfer auf dem Altar), Verg. georg. 3, 409: caput arsisse Servio Tullio dormienti, Cic. de div. 1, 121. – v. Ätna, in dem Feuer brennen, **brennen,** Cic. Scaur. 29. Ov. met. 2, 220. Lact. 3, 18, 5. – v. unverbrennbaren Stoffen, **glühen,** iam rapidus torrens sitientes Sirius Indos ardebat, Verg. georg. 4, 425: cum aliae terrae nimio fervore solis ardebant, Iustin. 2, 1, 6. Vgl. ardens *no.* I. – **B** übtr.: **1** extensiv, **a** von den Augen, **brennen, glühen, funkeln,** Plaut. u. Cic.; vgl. ardens (*no.* II, 1, a). – **b** v. einer brennenden hellen Farbe, **funkeln, glänzen, blitzen,** ardebat murice laena, Verg. – **2** intensiv, von allem, was in heftiger, leidenschaftlicher Aufregung ist, **brennen, glühen, verzehrt werden** von usw., mit u. ohne folg. *Abl.* der Ursache: **a** in Bezug auf den Körper u. dessen Teile: podagrae doloribus, geplagt werden, Cic.: cum omnes artus ardere (*sc.* dolore) viderentur, Cic. – **b** in Bezug auf die Affekte in uns, mit *Abl.,* amore, dolore, furore, Cic.: iracundiā, Ter.: odio vestri, Cic.: Neronis odio, Val.

Max.: odio in illum, Cic.: cupiditate, Cic.: desiderio, Cic.: m. *Abl. Gerund.*, cum et habendo et egendo et cupiendo ardeant, Gell. 13, 24 (23), 2: absol., nunc demum mihi animus ardet, nunc meum cor cumulatur irā, Caecil. com. fr.: omnium in illum odia civium ardebant desiderio mei, waren von Hass gegen ihn entbrannt aus S. nach mir, Cic.: v. Pers., ardet et iram non capit ipsa suam Procne, Pr. ergrimmt und usw., Ov. met. 6, 609 *sq.*: v. Redner, Feuer u. Flamme sein, Cic. de or. 2, 188: u. ardere ad od. in u. Akk., **glühend-, heiß begehren, heftiges Verlangen tragen, auf** etw. **brennen,** ad ulciscendum, Caes.: in arma, in proelia, Verg.: in caedem, Tac.: so auch ad reprehendenda aliena facta aut dicta ardet omnibus animus, Ps. Sall.: u. ardeo m. folg. *Infin.*, **ich brenne** vor Begierde, Verg. Aen. 2, 105 u. 316; 4, 281; 11, 895. Ov. met. 5, 166. Val. Flacc. 6, 45: mederi fraternae invidiae animo ardebat, Sall. Iug. 39, 5. – Bes. aber (b. Dichtern) in liebender Aufregung sein, **heiß lieben,** ardebant ambo, Ov.: miserere ardentis, Ov.: u. ardere alqā od. in alqa od. in alqam, **entbrannt sein in Liebe für** usw., **brennen für** usw., Hor., Verg., Ov. u. Gell. 7, 8, 3. – **c** in Beziehung auf die Affekte bei anderen, die gegen uns gerichtet sind, **stark belastet sein mit** usw., invidiā, glühend gehasst werden, Cic.: ardebat et crudelitatis et iniquitatis infamiā, die Schmach der Gr. u. Ung. lastete schwer auf ihm, Plin. ep. – **d** v. Verschwörungen, Kriegen u. ähnlichen Dingen, wenn sie zum Ausbruch kommen, gleichsam in Flammen stehen (s. Weißenb. Liv. 26, 22, 8), cum arderet coniuratio, Cic.: Galliam ardere, sei in Gärung, Caes.: cum arderet Syria bello, als die Kriegsflamme in Syrien entbrannt war, Cic.: u. so cum omnia bello arderent, Liv.: u. ardebat omnis Hispania citerior, Sall. fr.: cetera ex licentia aut odio aut avaritia in tempus arsere, wurde infolge von Zügellosigkeit oder Hass oder Habsucht eine Zeitlang mit Leidenschaftlichkeit betrieben, Sall. fr. – **II** *v. tr.* **brennen,** motu ardentur membra supremo, [Iuvenc.] in Ios. (23) 524. – ► Perf. arduerint, Act. fr. Arv. 4 u. 15 (CIL 6, 2107): Partiz. Fut. arsurus, Verg. Aen. 11, 77. Tibull. 1, 1, 61. Ov. met. 2, 245. Liv. 25, 24, 14 u. ö. Sen. nat. qu. 3, 29, 1: Partiz. Perf. Pass. arsus, Plin. Val. 2, 9, s. bes.

ardeola, ae, *f. (Demin.* v. ardea), der **Reiher,** Plin. 10, 164; 10, 204 u. 207.

ārdēsco, ārsī, ere (*Inchoat.* v. ardeo), **I** *v. intr.* **in Brand geraten, entbrennen, sich entzünden, A** eig.: arsit arundo, Verg.: sucinum rapacissimum ignium et si iuxta fuerit celerrime ardescens, Plin.: in labiis eius ignis ardescit, Vulg. – und **glühend werden, glühen,** priusquam aëris aestus ardescunt, Cael. Aur. chron. 3, 8, 145: at nunc patulam latitudinem et nullā umbrā defensam graviore aestu ardescere, Tac. ann. 15, 43. – **B** übtr.: **1** extensiv, **a** vom Lichtstrahl, **aufblitzen,** fulmineis ignibus ardescunt undae, Ov. met. 11, 523. – **b** v. der blitzenden Spitze des Schwertes, pugionem in mucronem ardescere iussit, spitz schleifen, Tac. ann. 15, 54. – **c** v. Pers., cum per haec atque talia Marcellus, ut erat torvus, voce vultu oculis ardesceret, in Ton, Miene u. Blick Flammen sprühte, Tac. ann. 16, 29. – **2** intensiv, v. leidenschaftlicher Aufregung, **entbrennen,** venere, Lucr.: caede, Ov.: libidinibus, Tac.: tuendo (durch Anschauen, beim Anblick), Verg. Aen. 1, 173: in iras, Ov.: in nuptias incestas, Tac.: in libidinem, Augustin.: ad imitationem eius, Sen. contr. 7 (3). praef. § 5. – absol., fremitus ardescit equorum, Verg.: questus ardescebant, Tac.: proelium atrox arsisset, Tac.: ardescente pugnā, Tac. – **II** *v. tr.* **in Brand setzen, anstecken,** nocticulum lumen, Hilar. Arel. metr. in gen. 76.

ārdifētus, a, um (ardere u. fetus), **glutschwanger,** lampas, Varr. sat. Men. 204.

ardiola, s. ardeola.

ardissa, ae, *f.*, eine unbekannte Pflanze, Plin. Val. 3, 15.

ārdor, ōris, *m.* (ardeo), der **Brand,** das **Feuer,** die **Flamme,** die **Glut** (das **Glühen**), die **Gluthitze, I** eig.: solis, Varr. LL. u. Cic.: caeli, glühend geröteter H., Cic.: corporis, Plin.: febricitantium, Gargil. Mart.: febrium, Hieron.: Plur., solis ardores, Sall.: nimii solis ardores, Cic.: aëris sonitus et ardores, Tönen u. Erglühen (Donner u. Blitz), Cic.: trabes et globi et faces et ardores (das Glühen des Himmels), Sen. – bes. das **heiße Klima,** Libanus inter tantos ardores opacus, Tac. ann. 5, 6: u. die **heiße Zone,** procul ab ardoribus, Sall. Iug. 18, 9. – **II** übtr.: **1** extensiv, **a** das **Blitzen, Funkeln** der Augen, ardor oculorum, Cic.: ardor ex oculis micat, Glut blitzt aus den Augen hervor, Lucr.: auch vom **Feuer** der äußeren Haltung übh., ardor vultuum atque motuum, Cic.: ardor oris, Vell. – **b** der **Glanz, Schimmer** der Farbe, ardor officit oculis, Hyg.: ardor stellarum, Cic. – **2** intensiv, **a** von leidenschaftlicher Aufregung jeder Art, das **Feuer,** die **Glut, brennende, glühende Begierde,** der **Feuereifer,** der **feurige Mut,** die **Begeisterung,** sive voluptas est, sive est contrarius ardor, sei's irgendein schmerzender Anfall, Lucr.: ardor ille me urget, quälende Unruhe, Cic.: ardor et vis, die mächtige Begeisterung, Tac. – m. subj. *Genet.*, ardor cupiditatum, der Taumel der Leidenschaften, Cic.: ardores irarum et cupiditatum, Macr.: ardor animi, animorum, Liv.: Plur., ardores animorum, Cic. Tusc. 4, 48: ardor animorum et armorum, Cic.: militum, Liv.: pugnantium, Oros.: civium, Wut, Aufruhr, Hor.: belli, Liv. – m. *Genet. Gerund.*, edendi, heftige Essbegierde, Ov.: pugnandi, Liv. – m. *ad* u. Akk. (s. Müller Liv. 1, 53, 9. Weißenb. Liv. 44, 36, 3), mentis ad gloriam, Cic.: ad bellum armaque, Liv.: tantus ardor in animis ad dimicandum utcumque erat, ut etc., Liv.: accepta calamitas maiorem ardorem ad obsidendos Veios fecit, Liv. – insbes., die **Liebesglut, glühende Leidenschaft** (des Verliebten), Tibull. u. Ov.: u. mit obj. *Genet.*, virginis, zu dem Mädchen, Ov. u. Hor.: u. meton., der heißgeliebte Gegenstand, die **Flamme,** Ov. met. 14, 683. – **b** das **stark Belastetsein** mit etw., in maximo infamiae suae ardore, bei der so schwer auf ihm lastenden großen Schmach, Val. Max. 8, 1. abs. 3.

arduē, *Adv.* (arduus), **höchst lästig,** quod ardue quaesivit, Greg. ep. 7, 26. ind. 2: indubitata ad deum fides ardue reperitur, Hier. adv. Lucif. 15: quod mihi ardue potuissem optare, Cassiod. var. 8, 11, 3.

Arduenna, ae, *f.* (silva), ein Gebirgszug in Gallia Belgica, j. die **Ardennen,** Caes. b. G. 5, 3, 4. Tac. ann. 3, 42.

arduitās, ātis, *f.* (arduus), die **Steilheit,** montium, Varr. r. r. 2, 10, 3.

ārdus, a, um, s. āridus ►.

arduus, a, um, *Adi.* m. *Compar.* u. *Superl.* (ὀρθός), **steil, I** eig.: **a** v. Örtl. (Ggstz. planus, pronus): collis, Liv.: semita, Liv.: ascensus difficilis atque arduus, Cic., arduus ac difficilis, Liv.: ascensus minime arduus, Caes.: arduius iter, Cato fr. inc. 2. p. 85, 6 (bei Prisc. 3, 8): arduissimo aditu, Cato orat. 4 (bei Prisc. 3, 8). – m. *Abl.*, ager confragosus atque arduus clivis, Varr.: collis aditu arduus, Liv. – m. *in* u. Akk., in ascensum ardui colles, Sen.: clivus arduus in valles, Ov. – subst., arduum, ī, *n.*, ein **steiler Ort** od. **Punkt,** eine **steile Anhöhe,** im *Sing.* (nur m. *Praepos.*), per arduum ducuntur, Liv.: im *Plur.*, ardua et rectae prope rupes (Ggstz. placide acclives ad quendam finem colles), Liv.: decem milites delectos secum per ardua ac prope invia in arcem ducere, Liv.: per ardua niti, Curt.: in ardua evadere, Liv.: an plana ex arduis facere potui? Liv. – m. *Genet.*, ardua terrarum et campi, Verg.: ardua montis, castellorum, Tac. – **b** (poet.) von anderen Ggstdn.: aether, von schwindelnder Höhe, Ov.: so nubes, Hor.: cedrus, hoch in die Lüfte ragende, Ov.: supercilia, stolz erhobene (eines Pedanten), Gell.: v. Pers., arduus hastā, hochragend, hervorragend, Verg.: sese arduus infert (Turnus), mit hochgetragenem Nacken, Verg.: arduus insurgens, hoch sich bäumend (v. der Schlange), Verg. – **II** übtr., schwer zu unternehmen, zu erreichen, zu bewältigen, zu ertragen, **überaus** od. **allzu schwierig, höchst mühevoll, höchst beschwerlich, höchst lästig, unübersteiglich,** magnum opus et arduum, Cic.: res arduae, Hor.: res arduae ac difficiles, Cic.: magna atque ardua cogitatio, Cic.: arduum regendi cuncta opus, Tac. – m. *Abl.*, id solum ubicumque arduum opere, difficile cultu, Plin. 17, 28. – m. 2. *Supin.*, quia id arduum factu erat, Liv. 8, 16, 8: quae factu ardua, Aur. Vict. Caes. 20, 20: opera ardua imitatu, Val. Max. 4, 6 *in.* – arduum videtur od. est m. *Infin.*, Sall. Cat. 3, 2 (vgl. Gell. 4, 15, 6). Liv. 37, 54, 16 u. (difficile atque arduum est) 24, 22, 9. Sen. nat. qu. 6, 20, 5. Plin. ep. 4, 28, 3. Curt. 6, 6 (23), 27; 9, 2

(7), 9. Amm. 29, 1, 40: u. quod certamen mutuae benevolentiae arduum dinosci facit, utrum ... an etc., Val. Max. 6, 8, 5. – arduum est m. *Acc.* u. *Infin.*, Tac. ann. 4, 4. – absol., parenthet., est enim arduum (denn es ist eine überaus schwierige Aufgabe), Cic. Tusc. 1, 26. – subst., arduum, ī, *n.*, das **überaus Schwierige,** die **große Schwierigkeit,** nil mortalibus ardui est, nichts ist Sterblichen allzu hoch, Hor. carm. 1, 3, 37: nec (iis) fuit in arduo societas, Tac. ann. 12, 15 *extr.* – Plur., ardua molimur (haben ein überaus schwieriges Werk vor), sed nulla nisi ardua virtus, Ov. art. am. 2, 537: m. folg. 2. *Supin.*, tam ardua inventu, so schwierige Aufgaben für die Erfindung, Plin. 2, 117. – ► Arch. Nomin. arduos, Verg. Aen. 10, 102: Akk. arduom, CIL 1, 199, 33.

ārea, ae, *f.* (areo), ein hoch gelegener freier **Platz,** eine **Fläche,** **I** eig.: **A** im Allg.: collis erat, collemque super planissima campi area, Ov. met. 10, 87: ar. pelagi, Oberfläche, Sil. 14, 378. – **B** insbes.: **I** ein ebener, freier Platz in der Stadt (Varr. LL. 5, 38), nach Art des englischen *square,* wie sie die Umgebung von Tempeln und Palästen bildeten, ar. Vulcani, ar. Capitolii, Liv.: ar. Capitolina, Suet., Palatina, Gell.: ar. fori, Suet.: dann aber auch selbständig angelegt waren und teils als **Verkaufsplätze** dienten, ar. pannaria, Curios. Urb. Reg. I, teils als **Tummelplatz** der Jugend, nunc et campus et areae repetantur, Hor. carm. 1, 9, 18. – **2** die **Baustätte,** der **Bauplatz** eines Hauses, die **Grundfläche,** ponendaeque domo quaerenda est area primum, Hor.: pontifices si sustulerint religionem, aream praeclaram habebimus, Cic.: domum dirui iussit, ut monumento area esset oppressae nefariae spei, Liv.; vgl. (für *no.* 1 u. 2) Vitr. 1, 7, 1. – **3** der innere **Hofraum** des Hauses, das **Impluvium** (s. impluvium das Nähere), palma in area enata, Liv.: resedimus in area domus, Plin. ep. – **4** die **Tenne,** die **Dreschtenne,** bei den Alten ein freier Platz auf dem Feld (vgl. Varr. LL. 5, 38), Cato, Cic. u. a.; vgl. Voß Verg. georg. 1, 176*sqq.* – **5** = στάδιον, die Fläche im Zirkus, worin das Wettfahren abgehalten wurde, die **Rennbahn, Laufbahn,** media area, Liv. 33, 32, 4: circi area media, Arnob. 7, 39: per varias artes, omnis quibus area fervit, ludere, cum liceat currere, pigritia est, Mart. 7, 32, 13*sq.*: bildl., die **Laufbahn,** das **Feld, Gebiet,** cane facta virorum; haec animo, dices, area facta meo est, Ov. am. 3, 1, 25: nunc teritur nostris area maior equis, Ov. fast. 4, 10: vitae tribus areis peractis, Mart. 10, 24, 19: et patet in curas area lata meas, für meine Sorgen eröffnet sich ein großes Feld (= ich mache mir viele Sorgen), Ov. her. 1, 72: quidquid inter fortunae aream geritur, Boëth. cons. phil. 2, 1. p. 20, 25 *Obbar.* – **6** die **Grundfläche** der Länderei, Cic. parad. 6, 51. – **7** **Gartenbeet, Rabatte,** Varr. LL., Col. u. a. – **8** der **Vogelherd,** Plaut. asin. 216 u. 220. – **9** der **Gottesacker,** Tert. ad Scap. 3. – 10) areae salinarum, die Salzplätze, Salzbuchten, Vitr. 8, 3, 10. – **II** übtr.: **1** der **Hof** um die Sonne od. um den Mond, Sen. nat. qu. 1, 2, 3. – **2** die **Glatze, Platte** auf dem Kopf, Cels. u. Mart. – **3** als mathem. *t. t.:* **a** die **Fläche, Ebene** in der Geometrie (= planum), Quint. 1, 10, 43. Gell. 1, 20 *in.* – **b** der **Flächeninhalt** einer mathem. Figur, quadratus locus, qui erit longus et latus pedes denos, efficit areae pedes centum, hält 100 Flächenfuß, Vitr. 9. praef. § 4: u. so *ib.* § 5*sqq.* – Nbf. āria, Gloss. u. CIL 6, 9422 u. 14, 28.

āreālis, e (area), **zur Tenne gehörig, Tennen-,** mystica vannus, id est cribrum areale, Serv. Verg. georg. 1, 166.

Arecomicī, s. Volcae.

Arectēus, a, um (von ארך, nach Genes. 10, 10 eine assyrisch-babylonische Stadt), **babylonisch,** campi, Tibull. 4, 1, 142 H.

ārefacio, fēcī, factum, ere, im Passiv **ārefīo,** factus sum, fierī (areo u. facio), **trocknen,** amurcam, Cato: luteas glebas, Vitr.: fontem aref. et exstinguere, Gell.: virgas (lini), Plin.: paludes, Tert.: quod qui arefacit ardor est solis, Varr. LL.: in fumo arefieri, Plin.: ramus exilis et cito arefactus, Suet.: polium arefactum, Cels.: ranarum sanguis arefactus, Plin.: arefactae messes, Arnob. – ► **a** arfacio, Cato r. r. 69 u. 125 (arfacito). – **b** facit are = *arefacit,* Lucr. 6, 962.

Āreios pagus, s. Arēopagus.

Arelate, is, *n.*, u. **Arelās,** ātis, *f.*, Stadt im narbon. Gallien an der Rhone, röm. Kolonie, durch Veteranen der sechsten Legion angebaut, j. *Arles,* Form -ate, Mela 2, 5, 2 (2. § 75). Suet. Tib. 4, 1: Eumen. pan. Constant. Aug. 18. § 4 u. 6. Auson. ord. urb. nob. (XIX) 73. p. 100 Schenkl (wo Vok. duplex Arelate): Form -as, Caes. b. c. 1, 36, 4: 2, 5, 1. Auson. ep. 25, 81. p. 192 Schenkl. Prud. perist. 4, 35. Sidon. ep. 1, 11. Oros. 1. 2, 65 (Arelas civitas). – Nbf. Arelatus, Avien. or. marit. 679. – Dav. **Arelatēnsis,** e, **von Arelate, arelatensisch,** ager, Plin. 10, 116: concilium, Sulp. Sev. chron. 2, 39, 2. – Plur. subst., Arelatēnsēs, ium, *m.*, die Einw. von Ar., die **Arelatenser,** Scaev. dig. 33, 2, 34 *pr.*

Arellius, ī, *m.*, röm. Eigenname, unter dem bes. bekannt Arellius Fuscus, ein Rhetor, Sen. suas. 3. § 1 u. 4. Sen. contr. 3. praef. § 1: Lehrer des Ovid, Sen. contr. 2, 10. § 8.

Aremoricus (Armoricus), a, um (aus dem keltischen are, d. i. **an,** u. mor. d. i. **Meer**), **am Meer liegend, -wohnend,** civitates Aremor., die Küstenländer, d. i. einige Nordprovinzen Galliens, die Bretagne nebst einem Teil der Normandie, Caes. b. G. 5, 53, 6: dass. Arem. orae, Rutil. Namat. 1, 213: u. Arem. tractus, Sidon. carm. 7, 370: u. subst., Aremorica, ae, *f.*, Plin. 4, 105: u. Aremoricum, ī, *n.*, Eutr. 9, 21 H. Sidon. carm. 7, 549. – gens Aremorica, Auson. prof. (XVI) 11, 28. p. 64 Schenkl.: Arem. gentes, Oros. 6, 11: u. subst., Aremoricus, ī, *m.*, kollektiv = Aremorici, Sidon. carm. 7, 252: Armoricus = Armoricus tractus, Ven. Fort. carm. 3, 8, 3. – Arem. pontus, das Meer von Bretagne, Auson. ep. 9, 35 p. 167 Schenkl.: Arm. cohors, Notit. dign. vol. 2. p. 106 *ed. Boecking.* – Dav. **Armoricānus,** a, um, **armorikanisch, der Armoriker,** tractus, Notit. dign. vol. 2. p. 106 B.

arēna (harēna), ae, *f.*, der **Sand,** **I** eig.: **A** im Allg.: fossicia, fluviatilis, marina, Vitr. u. Plin.: fervida, Curt.: cumulus arenae, Verg.: nigra, Schlamm, Verg.: aurosa, Goldsand, Lampr.: saxa globosa arenae immixta, Liv.: diducere summam arenam, Liv. – Plur., multae arenae, Sandgewühl, Verg.: arenae carae, der Goldsand des Paktolus, Ov.: arenae steriles, Curt.: putres arenae, Col.: semina arenis committere, Sen. – Sprichw., arenae mandare semina, den Samen in den Sand legen, d. i. etwas Fruchtloses beginnen, etwas in den Wind streuen, Ov. her. 5, 115 (vgl. trist. 5, 4, 48). – ex incomprehensibili pravitate arenae funis effici non potest, aus Häckerling kann man kein Seil machen, Col. 10. praef. § 4. – arena sine calce, **Sand ohne Kalk** nennt Kaligula den Seneka, weil seine Sätze ganz abgebrochen sind, weil er keine Perioden hat u. selbst um die Verbindung seiner kurzen Sätze sich wenig bekümmert (das Sprichw. hergenommen vom Sand, der ohne Kalk nicht bindet), Suet. Cal. 53, 2. – **B** insbes., der **feine Mörtel** zum Abputz der Wände, Vitr.: caelum imum camerae arenā dirigere (abputzen), Vitr. – **II** meton.: **1** eine **Sandfläche, Sandstrecke,** arenam aliquam aut paludes emere, Cic. agr. 2, 71: Plur. arenae, die **Sandmassen, Sandstrecken, Sandflächen,** die **Sandwüste,** arenarum cumuli, Suet. fr.: Literni arenae stagnaque, Liv.: arenarum inculta vastitas, Sen.: arenae nigrae, Prop.: arenae vix perviae, Tac.: auster arenas quasi maria agens, Mela: postquam inter arenas radices quoque et herbae defecerant, Sen. – **2** das **Meeresufer, Gestade,** die **Küste,** Phrygia, Ov.: optatā potiri arenā, Verg.: Plur., expositus peregrinis arenis, Ov. met. 11, 56. – **3** der (mit Sand bestreute) **Kampfplatz** des **Amphitheaters,** arena amphitheatri, Suet., u. bl. arena, Cic. Tusc. 2, 46, Suet. u. a.: im Zshg. auch der **Kampf im Amphitheater** selbst, der **Gladiatorenkampf,** ar. municipalis, Gladiatorenkämpfe in den Munizipalstädten, Iuven.: in arenam se dare, sich zum Kampf darbieten, ICt.: promittere operas arenae, Tac.: operam arenae scaenaeque edere, Suet.: scaenae arenaeque devotus, Suet. – übtr., jeder **Tummelplatz, Schauplatz** für eine Tätigkeit, civilis belli, Flor. 4, 2, 18: in media urbe ac foro quasi arenā, Flor. 3, 21, 1: in arena mea, in meinem Fach, Plin. ep. 6, 12, 2: aestuat angustā rabies civilis arenā, Lucan. 6, 63. – ► Die Schreibung harena oft in den besten Hdschrn. u. in Inschriften (z. B. CIL 3, 77 u. 6, 1763); vgl. Varr. b. Serv. Verg. Aen. 1, 172. Prob. Verg. georg. 1, 70. Charis. 103, 21. – Arch. Nbf. asena (hasena), Varr. LL. 7, 27. Placid. gloss. (V) 73, 10 (= (V) 108, 1).

arēnāceus, a, um (arena), **sandig, sandartig,** terra, Plin.: semen, Plin.: duritia, Plin. – Nbf. arenacius (arenatius) lapis, Isid. 19, 10, 7.

Arenacum, ī, *n.*, Kastell der Bataver in Belgika, j. *Ryndern* in Kleve, Tac. hist. 5, 20.

arēnārius, a, um (arena, s. Diom. 326, 14), **I** *Adi.*: **a zum Sand gehörig, Sand-,** lapis ar., der Sandstein (der Alten, ein kalkhaltiger Stein), Serv. Verg. georg. 2, 348. Cassiod. var. 7, 17. – **b für den Spielplatz bestimmt,** pila, Isid. 18, 69, 2. – **c zum Kampf** im Amphitheater (s. arēna *no.* II, 3) **bestimmt,** fera, Amm. 29, 1, 27. – **II** *Subst.*: **a** arēnārius, ī, *m.*, **α** der **Lehrer der Anfangsgründe im Rechnen** (weil die Zahlen in eine mit Sand bestreute Tafel geschrieben wurden), Tert. de pall. 6. – **β der Kämpfer im Amphitheater, Gladiator,** Petr. 126, 6. Arcad. dig. 22, 5, 21. § 2. Capit. Anton. phil. 19, 6: dav. wohl versch. arenarii, **die Herrichter der** arena (als Kampfplatz), genius arenariorum, CIL 13, 3641: u. collegium harenariorum, CIL 11, 862. – **B** arēnāria, ae, *f.* (*sc.* fodina), **die Sandgrube,** Varr. r. r. 1, 2, 23. Cic. Clu. 37: Plur. auch heterokl., arēnāria, ōrum, *n.*, Vitr. 2, 4, § 1 u. 3; 2, 6, 5.

arēnātio, ōnis, *f.* (arena), das **Auftragen eines feinen Kalkmörtels auf die Wand,** Vitr. 7, 3, 9.

arēnātius, s. arēnāceus.

arēnātus, a, um (arena), **mit Sand vermischt,** calx, Cato r. r. 18, 8. – Öfter subst., arēnātum, ī, *n.* (*sc.* opus), ein Mörtel, der aus einem Teile Kalk u. zwei Teilen Sand besteht, der **Sandbewurf,** Vitr. u. Plin.: arenatum tectorio od. arenato tectorium inducere, Plin.

arēnifodīna, ae, *f.* (arena u. fodina), **die Sandgrube,** Ulp. dig. 7, 1, 13. § 5 u. a. (auch als Konjektur b. Varr. LL. 5, 7 M.).

arēnivagus, a, um (arena u. vagus), **durch Sandwüsten irrend,** Lucan. 9, 941.

arēnōsus, a, um, *Adi.* m. *Compar.* u. *Superl.* (arena), **sandig,** terra, Cato: tofus, Col.: ager, Sall.: litus, Mela: litus Libyae, Verg.: arenosum et sitiens solum, Sen.: urina, Plin.: lapis scabrior et arenosior, Plin.: ut quod sit arenosissimum subsidat, Plin. – *neutr.* subst., quae humi arido atque arenoso gignuntur, Sall. Iug. 48, 3: u. Plur. arēnōsa, ōrum, *n.*, sandige Stellen (Ggstz. lutosa), Plin. 32, 60.

ārēns, entis, PAdi. (v. areo), **trocken, vertrocknet, dürr, I** im Allg.: silva, rosae, Verg.: rivus, Verg.: saxa, Ov.: loca, Sen. u. Tac.: campi, Ps. Quint. decl.: cetera abrupta atque ar., Tac. – subst., per arentia (brennende Sandwüste) trahebat omnem bello utilem turbam, Sen. de ira 3, 20, 2. – **II** insbes., **vor Durst trocken, lechzend,** faux, Hor.: ora, Ov.: palmites, Prudent.: u. meton., sitis, der lechzende Durst, Ov. Vgl. areo. – ► Genet. Plur. arentum (palmitum), Prudent. c. Symmach. 1. praef. 16.

arēnula, ae, *f.* (*Demin.* v. arena), **feiner Sand,** Diom. 326, 20 K.: Plur. arenulae, feine Sandkörner, Plin. 30, 24.

āreo, uī, ēre, (viell. verw. mit dem altind. *āsa-ḥ* Asche, Staub), **I trocken, dürr sein,** ubi (tracta) arebunt, componito puriter, Cato: aret ager, herba, Verg.: siccis humus aret arenis, Ov.: Ggstz., et arbor quae *aret* et arbor quae *viget,* Augustin. serm. 36, 4. – v. Pers., utinam fortunam nunc anatinam uterer. Ut quom exissem ex aqua arerem tamen, Plaut. rud. 533 *sq.* – **II** insbes. **vertrocknet sein, vor Durst schmachten, lechzen,** fauces arent, Ambros.: fauces siti arentes, Liv.: arente fauce, mit trockener Kehle, Hor. – v. Pers., arentibus siti monstrare viam, Sen.: aret Tantalus, Ov.

āreola, ae, *f.* (*Demin.* v. area), **I ein kleiner freier Platz,** Plin. ep. 5, 6. § 20. 21. 27. Lampr. Anton. Diad. 5, 6: Nbf. ariola, CIL 9, 9077. – **II ein kleines Gartenbeet,** Col. 10, 362 u. 11, 2, 30: aromatum, Vulg. cant. 5, 13 u. 6, 1: germinis, Vulg. Ezech. 17, 7.

Arēopagītēs (Ἀrīopagītes) u. **Arēopagīta** (Arīopagīta), ae, *m.* (Ἀρειοπαγίτης), ein Mitglied des Gerichtshofs Areopagus, **der Areopagit,** Sing., Form -es, Cic. Phil. 5, 14: Form -a, Vulg. act. apost. 17, 19 u. 22: Plur., Enn. tr. 190 (349). Varr. LL. 7, 19. Varr. fr. b. Augustin, de civ. dei 18, 10. Cic. de off. 1, 75; de div. 1, 54; ep. 13, 1, 5. Plin. 33, 156. Quint. 5, 9, 13: appell. = unparteiischer Richter, praeclari Areopagitae, Cic. ad Att. 1, 16, 5. – Dav. **Arēopagīticus,** a, um (Ἀρειοπαγιτικός), **areopagitisch, der Areopagiten,** gymnasia, Sidon. ep. 9, 9.

Arēopagus (Arīopagus), ī, *m.*, der Areshügel zu Athen (s. Varr. fr. a. a. O.), auf dem der daher gleichfalls Areopagus genannte oberste Gerichtshof seine Sitzungen (in einem einfach aus Lehm gebauten Haus, s. Vitr. 2, 1, 5) hielt, Varr. LL. 7, 19. Cic. de div. 1, 54 (als Ort). Cic. de nat. deor. 2, 74; de rep. 1, 43. Plin. 7, 200. – ► Urspr. Form Areios pagus, Val. Max. 2, 6, 4 (Ἄρειος πάγος bei Cic. ad Att. 1, 14, 5 u. bei Serv. Verg. georg. 1, 18): Nomin. Areos pagos, Sen. de tranqu. anim. 5, 1: Genet. Arei pagi, Val. Max. 8, 1. amb. 2: Akk. Areon pagon, Varr. fr. bei Augustin. de civ. dei 18, 10. – Nomin. Arios pagus, Solin. 7, 19: Akk. Arium pagum, Cic. de div. 1, 54 M. Val. Max. 5, 3. ext. 3. – latein. Areum iudicium, Tac. ann. 2, 55: Martium iudicium, Apul. met. 10, 7: curia Martis, Iuven. 9, 101.

arepennis, is, *m.* (ein gallisches Wort, j. *arpent*) = *semiiugerum,* **ein halber Morgen Land,** Col. 5, 1, 6. Isid. 15, 15, 4. – ► Nbf. arapennis, Grom. p. 377, 17: aripennis, Greg. Tur. hist. Franc. 5, 28: argipennis, Greg. Tur. hist. Franc. 1, 6.

Arēs, is, *m.* (Ἄρης), **Ares,** der Kriegsgott der Griechen; appell. = großer Held, si tu ad legionem bellator (tüchtiger Krieger) clues, at ego in culina clueo Ares, Plaut. truc. 2, 7, 54 (615).

ārēsco, āruī, cere (*Inchoat.* zu areo), **I trocken od. dürr werden, trocknen, vertrocknen, versiegen,** da mihi vestimenti aliquid aridi, dum mea arescunt, Plaut.: herbae arescunt et interficiuntur, Cic. fr.: omnis aruerat tellus, Lucan.: cito arescit lacrima, Cic.: nihil lacrimā citius arescit, Rhet. Her.: arescens unda, Tac.: arescens truncus, Tac.: arescens lauri nemus, Aur. Vict.: bildl. v. Pers., arescant ipsi siccitate, Rhet. Her. 4, 9. – **II** insbes., Vor Durst **verschmachten,** arescunt omnia siti perpetuā, Amm. 18, 7, 9.

Arestoridēs, ae, *m.* (Ἀρεστορίδης), der **Arestoride,** v. Argus, dem Sohn des Arestor, Ov. met. 1, 624.

aretālogus, ī, *m.* (ἀρεταλόγος), der **Tugendschwätzer,** ein schmarotzender Philosoph, meist Zyniker od. Stoiker, der sich am Tisch der Reichen einfand und dadurch, dass er mit lächerlichem Ernst seine Weisheit auskramte, die Gäste ergötzte, Iuven. 15, 16. Suet. Aug. 74.

1. Aretē, ēs, *f.* (Ἀρέτη), Tochter des älteren Dionysius, des Tyrannen von Syrakus, Nep. Dion. 1. § 1.

2. Arētē, ēs, *f.* (Ἀρήτη), Gemahlin des Alkinous, des Königs der Phäaken, Hyg. fab. 23.

Aretho, s. Aratthus.

Arethūsa, ae, *f.* (Ἀρέθουσα), Name mehrerer Örtlichkeiten, von denen am bekanntesten: eine Quelle der einen Stadtteil von Syrakus bildenden Insel Ortygia, Cic. Verr. 4, 118: celebratissimus carminibus fons Arethusa, Sen. ad Marc. 17, 3; vgl. Tzschucke Mela 2, 7, 16. – Nach dem Mythos eine im Gefolge der Artemis (Diana) befindliche Nerēide, die der Stromgott Alpheus unter dem Meer bis auf die Insel Ortygia bei Syrakus verfolgte, wo er sich mit ihr in Liebe vereinigte, Ov. met. 4, 494 *sqq.;* vgl. Verg. Aen. 3, 694 *sqq.* u. oben Alpheus. – Dav.: **a Arethūsaeus,** a, um, **arethusäisch, der Arethusa** (auf Ortygia), latices, Claud. rapt. Pros. 2, 60. – **b Arethūsis,** sidis, Akk. Plur. sidas, *f.*, **arethusisch,** Syracusae, Ov. fast. 4, 873. – **c Arethūsius,** a, um, **arethusisch;** dah. poet. = **syrakusanisch,** proles, Sil. 14, 356: subst., Arethūsiī, ōrum, *m.*, die Einw. der Stadt Arethusa in Mazedonien, die **Arethusier,** Plin. 4, 35.

Arētium, s. Arrētium.

1. Arēus (Arīus), a, um (Ἄρειος), **des Ares** (Mars), **arēisch,** iudicium, **der Areopag** als Gerichtshof, Tac. ann. 2, 55. Vgl. Areopagus ►.

2. Arēus, ī, *m.* (Ἄρειος), ein griech. Philosoph, Vertrauter des Kaisers Augustus, Sen. ad Marc. 4, 2. Suet. Aug. 89, 1.

ārfacio, s. ārefacio.

arfinis, arch. = adfinis (affinis), Prisc. 1, 45.

arfor, s. af-for.

arfui, archaist. = adfui, s. 2. assum ►.

Arganthōnius, ī, *m.* (Ἀργανθώνιος), ein tartessischer König, der ein sehr hohes Alter erreichte, Cic. de sen. 69. Val. Max. 8, 13. ext. 4. – Dav. **Arganthōniacus,** a, um, **arganthonisch,** nepotes, Sil. 3, 396.

Arganthus, ī, *m.* (Ἀργανθώνιον ὄρος), ein Gebirge in Bithynien, das sich an der Nordseite des Meerbusens von Cius (j. Modania) hinzieht und in dem Vorgebirge Posidium endigt, berühmt durch den Mythos des Hylas, j. *Katirli,* Prop. 1, 20, 33.

Argēī, ōrum, *m.,* **I** gewisse Kapellen der Argeer (Ortsgenien der Stadtquartiere), je 6 in den 4 städtischen Tribus Roms, in denen von den Pontifices od. unter ihrer Aufsicht am 16. u. 17. März gewisse heilige Gebräuche verrichtet wurden, Liv. 1, 21, 5. Ov. fast. 3, 791: Argeorum sacraria, Varr. LL. 5, 45. – **II** Puppen aus Binsenstroh, die jährlich (vierundzwanzig an der Zahl) am 14. Mai von den Vestalinnen im Beisein der Priester u. Magistrate von dem *Pons sublicius* in den Tiber geworfen wurden (nach der Meinung der Alten als Stellvertreter früherer Menschenopfer), Ov. fast. 5, 621 *sq.* Varr. LL. 7, 44.

argema, atis, *n.* (ἄργεμα), ein **kleines Geschwür im Auge,** Plin. 20, 40 u. a.

argemon, ī, *n.* (ἄργεμον), eine Pflanze, rein lat. lappa canaria gen., Plin. 24, 176.

argemōnia, (argim.), ae, *f.,* eine der vorigen ähnliche Pflanze, Cels. 5, 27. *no.* 10. Plin. 25, 102.

argemonion, ī, *n.,* eine Pflanze, rein lat. inguinalis, Plin. 26, 92.

argennon, ī, *n.* (ἀργεννόν), **rein weißes Silber,** Paul. ex Fest. 14, 19.

Argenta, ōrum, *n.,* ein Kastell in Thessalien, Liv. 32, 14, 3.

Argentānum, ī, *n.,* Stadt in Bruttium, j. *Argentino,* Liv. 30, 19, 10.

1. **argentāria,** ae, *f.,* s. 1. argentārius.

2. **Argentāria,** ae, *f.,* Stadt der Rauraker, j. *Arzenheim* bei Breisach, Aur. Vict. epit. 47, 2. Amm. 31, 10, 8. Oros. 7, 33.

1. **argentārius,** a, um (argentum), **I** *adi.:* **A zum Silber gehörig, Silber-,** metalla, **Silberbergwerke,** Plin.: plumbum, eine Mischung aus gleich viel Zinn u. Blei, Plin.: creta, zum Polieren des Silbers, Tripel, Plin. u. Apic.: faber, Silberarbeiter, ICt. u. Inscr.: tritor, Inscr. – **B** insbes., **zum Geld gehörig, Geld-,** cura, Ter.: inopia, Plaut.: auxilium, Plaut.: tabernae, die Wechslerbuden, Liv.: vicus, die Wechslerstraße, Augustin. enarr. in psalm. 38, 12. – **II** *subst.:* **A argentārius,** ī, *m.,* **1** (*sc.* faber) **der Silberarbeiter,** Cod. Theod. 13, 4, 2. Firm. math. 4, 15. Schol. Iuven. 9, 145.: arg. vascularius, CIL 5, 3428 u. 6, 9958. – **2 der Wechsler, Bankier,** Plaut., Cic. u. a. – **B argentāria,** ae, *f.,* **1** (*sc.* fodina) die **Silbergrube,** vectigalia magna instituit ex ferrariis argentariisque, Liv. 34, 21, 7. – **2** (*sc.* taberna) die **Wechslerbude,** der **Wechslerladen,** Plaut. u. Liv. – **3** (*sc.* ars) das **Wechslergeschäft,** arg. non ignobilis, Cic.: argentariam facere, Cic., od. exercere, administrare, ICt.: argentariā dissolutā, nach Aufhebung der Bank, Cic. – **C argentārium,** ī, *n.,* **der Silberschrank,** Ulp. dig. 34, 2, 19. § 8.

2. **Argentārius mons, a** Name der Halbinsel Kosa bei Etrurien, Rutil. Nam. 1, 315. – **b** der Silberberg in Hispania Baetica an den Quellen des Bätis, Avien. or. marit. 291.

argentātus, a, um (argentum), **I mit Silber beschlagen, -belegt, -ausgelegt,** sella, Lampr.: carruca, Vopisc.: milites, deren Schilde mit Silber belegt sind, Liv. – **II** insbes., **mit Geld versehen,** semper tu ad me cum argentata accedito querimonia, komm nur mit versilberten Klagen, d. i. bring Geld mit deinen Klagen mit, Plaut. Pseud. 312.

argenteolus, a, um (*Demin.* v. argenteus), **recht hübsch in Silber gearbeitet,** ensicula, Plaut. rud. 1169. – auch argentiolus geschr., laminae (lamminae) argentiolae, Fronto de or. 1. p. 157, 1 N.: u. so subst., argentiolī, ōrum, *m.,* **kleine Silbermünzen, kleines Geld,** Schol. Iuven. 14, 291.

argenteus, a, um (argentum), **silbern, I** eig.: **1** der Gattung des Materials nach, **a silbern** = ganz von **Silber, Silber-, α** übh.: aquila, Cic.: vasa, Cic.: supellex, Liv.: poculum, Liv.: vasa, Tac.: baculum, Flor.: carpentum, Flor.: pecunia, Augustin.: nummus, Varr. fr., Plin. u. Amm., od. denarius argenteus, Silberdenar, Silberling, Plin. u. Petr.; dafür auch bl. argenteus, Tac. Germ. 5; u. im Plur., argentei Antoniniani u. Aureliani, Vopisc. Bon. 15, 8 u. Prob. 4, 5: pro argenteis decem aureus unus valeret, Liv. 38, 11, 8: u. so Vulg. gen. 20, 16; 45, 22. Vulg. iudic. 16, 15 u. a. – **β von od. aus Geld, versilbert,** scherzh., amica tua facta est arg., Plaut.: salus, in klingender Münze, Plaut. – **b versilbert, mit Silber versehen, -beschlagen, -belegt, -ausgelegt,** scaena, Cic.: triclinia, Plin.: aurea et argentea Samnitium arma, mit Gold- u. Silberblech belegte Schilde, Flor.: u. so aurea atque argentea Samnitium acies, Liv. – **2** der Farbe nach **silbern** = **silberfarbig,** Ov. u. Plin.: color, Plin.: anser, Verg.: fons evomebat undas argenteas, Apul. met. 4, 6: dah. flumen Argenteum, od. bl. Argenteus, ī, *m.,* ein Fluss in Gallien, j. *Argens,* Lepid. in Cic. ep. 10, 34, 1. Plin. 3, 35. – Pons Argenteus, s. 2. Pōns. – **II** poet. übtr., dem **silbernen Zeitalter angehörig,** proles, Ov. met. 1, 114. – ► argentius geschr., CIL 14, 35, 5.

argentifex, ficis, *m.* (argentum u. facio), **der Silberarbeiter,** als ungebr. gen. b. Varr. LL. 8, 62.

argentifodina, ae, *f.,* die **Silbergrube,** Cato fr. b. Gell. 2, 22, 29. Varr. LL. 8, 62. Gaius dig. 3, 4, 1 pr.: getrennt argenti fodina, Varr. r. r. 1, 2, 22. Vitr. 7, 7. § 1.

Argentīnus, ī, *m.,* s. Aescolānus.

argentiolus, s. argenteolus.

argentius, s. argenteus ►.

Argentorātus, ī, *f.,* Stadt der Vangionen in Obergermanien am Rhein, j. *Strassburg,* Amm. 15, 11, 8 (wo Nomin.); 16, 2, 12 u. a. Eutr. 10, 14. – Dav. **Argentorātēnsis,** e, zu Arg. (Straßburg) gehörig, **von od. bei Argentoratus,** campi, Aur. Vict. epit. 42, 13: pugna, Amm. 17, 1, 1. – ► Der Nomin. Argentoratum läßt sich bei keinem lat. Schriftsteller nachweisen, da überall Akk. Argentoratum u. Abl. Argentorato; doch griech. Ἀργεντόρατον, Ptol. 2, 9, 17. – Nbf. Argentorate, Tab. Peut. 3, 4.

argentōsus, a, um (argentum), **silberreich, reichlich mit Silber versetzt, sehr silberhaltig,** aurum, Plin. 33, 93.

argentum, ī, *n.* (ἀργής, dor. ἀργᾶς wie v. Τάρας Tarentum, weißen Glanz habend, dah.) das **Weißmetall, I** das **Silber, A** das Material übh., argentum aurumque omne, Liv.: auri argentique fulgor, Quint.: auro argentoque constare, Suet.: fulgenti splendere auro atque argento, Catull.: vilius argentum est auro, Hor.: ignotum argenti pondus et auri, Verg. – arg. purum putum, Alfen. b. Gell.: pustulatum, Suet. u. Mart.: solidum, Lampr.: factum (verarbeitetes), Cic., Ggstz. infectum, Liv.: signatum, geprägtes S., Silbergeld, Cic. – **B** insbes., verarbeitet, **1 Silbergeschirr,** plenum artis argentum, Cic.: optimum (herrlich gearbeitetes) argentum, Cic.: purum, Cic. u. Plin. ep.: dass. lēve, Iuven.: caelatum, Cic.: argentum grave rustici patris, Sen.: argentum ad vescendum factum, silbernes Tafelgeschirr, Liv.: argentum escarium et potarium, CIL 6, 10229, 38: proponere (aufsetzen) argentum, Cic.: argentum ordinare, Sen. – **2 Silbergeld** u. (als die gangbarste Münze) übh. **Geld** (s. Weißenb. Liv. 27, 51, 10), argentum bigatum, Liv.: Oscense, Liv.: creditum, Liv.: mutuum, Sall. fr.: multaticium, Strafgeld, Liv.: lena delenita argento, Trabea fr.: argentum cudere (schlagen, prägen), Ter.: ab amico aliunde argentum mutuom rogare, Plaut.: argentum solvere, Ter.: argentum creditum solvere, Liv.: argentum aere solvere, Sall.: exercitum argento facere, Sall. fr.: negotiandi causā argentum in zonis habere, Liv.: perdere vidulum cum auro atque argento multo, Plaut.: multum enim differt in arcane positum sit argentum, an in tabulis debeatur, Cic.: cum tu argento post omnia ponas, Hor. – **II** argentum vivum, **Quecksilber,** Vitr. u. Plin. – ► Arch. Nomin. arcentum, CIL 1, 195, 14. – arch. Genet. argentei, Plaut. most. 1080.

Argentumexterebrōnidēs, ae, *m.* (argentum u. exterebro), ein scherzw. gebildetes Wort als Name für einen, der einem das Geld ablocken weiß, ein **Gelderpresser,** Plaut. Pers. 703.

Argenussae, s. Arginūsae.

arger, s. agger ►.

argestēs, ae, Abl. e, *m.* (ἀργέστης), der **(West-Drittel-)Südwestwind,** Vitr. 1, 6, 10. Sen. nat. qu. 5, 16, 5 (wo auch die Meinung einiger, wie Plin. 2, 119. Suet. fr. 151. p. 231, 7 R., als sei er der Corus (»Nordwestwind«) der Römer, widerlegt wird): frigidus arg., Ov. fast. 5, 161.

Argēus, a, um, s. Argos.

Argī, ōrum, s. Argos.

Argīa, ae, *f.* (Ἀργεῖα), Tochter des Adrastus, Gemahlin des Polyneikes, Stat. Theb. 2, 266. Hyg. fab. 72.

argila, s. argilla ►.

Argīlētānus, a, um, s. Argīlētum.

Argīlētum, ī, *n.* (nach allgemeiner Sage st. letum Argi, weil ein gewisser Argos oder Argolas von Evander daselbst getötet sein soll; nach anderen st. argilletum, d. i. Tongrube, Varr. LL. 5, 157. Serv. Verg. Aen. 8, 345; vgl. Spalding Quint. 1, 6, 31), ein Stadtteil Roms, der an die Subura grenzte und bis zum Forum Romanum reichte, also in der Gegend, die von der südlichen Spitze des Quirinalis sich nach dem Capitolinus erstreckt, zu Martials Zeit hauptsächlich die Gegend zwischen der Subura u. dem Forum Nervä u. Templum Pacis, wo die Handwerker u. Buchhändler feil hatten, Cic. ad Att. 12, 32, 2. Verg. Aen. 8, 345: ad infimum A., an der tiefsten Stelle des A., Liv. 1, 19, 2: auch *per tmesin* Argi ... letum, Mart. 1, 117, 9; 2, 17, 3. – Dav. **Argīlētānus**, a, um, **auf dem Argiletum befindlich (stehend)**, aedificium, Cic. ad Att. 1, 14, 7: tabernae, Mart. 1, 3, 1.

Argilius, a, um, s. Argilos.

argilla, ae, *f.* (ἄργιλλος), **weißer Ton, Töpfererde, Mergel**, fusilis, Caes.: tenuis, Verg.: quid cessat hic homullus ex argilla et luto fictus Epicureus, Cic. Pis. 59: argillā udā imitari quidvis, Hor. – ► argila geschr. b. Ven. Fort. 9, 15, 5.

argillāceus, a, um (argilla), **aus weißem Ton bestehend**, terra, Plin. 17, 43.

argillōsus, a, um (argilla), **reich an weißem Ton**, terra, Varr. u. a.: collis, Col.

Argilos, ī, *f.* (Ἄργιλος), Stadt in Mazedonien auf einer Anhöhe am rechten Ufer des Strymon, Amphipolis gegenüber; wov. **Argilius**, a, um, **argilisch, aus Argilos**, Nep. Paus. 4, 1.

argimōnia, s. argemōnia.

Arginūsa, ae, *f.* (Ἀργινοῦσα), Ort in Phrygien, wo Alcibiades getötet wurde, Plin. 8, 225.

Arginūsae (Arginussae), ārum, *f.* (Ἀργινοῦσαι), drei kleine Inseln an der Küste von Äolis, der Stadt Mitylene auf Lesbos gegenüber, berühmt durch die Niederlage der Spartaner zur See unter Kallikratidas (i. J. 406 v. Chr.) u. die darauffolgende Verurteilung der siegreichen athenischen Feldherren, j. **Janot-Inseln**, Cic. de off. 1, 84. Val. Max. 3, 8. ext. 3. Plin. 5, 140.

argipennis, s. arepennis.

Argīphontēs, ae, *m.* (Ἀργειφόντης), der **Argustöter**, Beiname Merkurs, weil er den hundertäugigen Argus getötet hatte, Arnob. 6, 25. Macr. sat. 1, 19, 12.

argītis, tidis, *f.* (ἀργός, weiß), ein Weinstock, der weiße Trauben trägt, Col. 3, 2, 21 u. 27. Isid. 17, 5, 23. – personif., Verg. georg. 2, 99.

Argīus u. **Argīvus**, a, um, s. Argos.

Argō, ūs, Akk. u. Abl. ō, *f.* (Ἀργώ), das Schiff, auf dem mehrere griechische Helden unter Jasons Führung einen Zug nach Kolchis unternahmen, um das goldene Vlies zu holen, Enn. tr. 284 (209). Varr. sat. Men. 15. – Von Minerva als **Schiff Argo** unter die Gestirne versetzt (Hyg. fab. 14), Cic. Arat. 126. Col. 11, 2, 24 u. 66. – Dav. **Argōus**, a, um (Αργῷος), **zur Argo-, zur Argonautenfahrt gehörig**, remex, Hor.: columba, Prop.: vincla, Val. Flacc. – ► Heterokl. Akk. Argon, Prop. 1, 20, 17 M.

argoleōn, ontis, *m.*, s. arcoleōn.

Argolicus, Argolis, s. Argos.

Argonautae, ārum, *m.* (Ἀργοναῦται, Argofahrer, s. Argō), die **Argonauten**, Plin. 36, 99. Hyg. fab. 14. Amm. 14, 8, 3: divinum et novum vehiculum Argonautarum, Cic. de nat. deor. 2, 89: Argonautarum navis, ein bedeutendes Schiff, wie die Argo, Cic. de or. 1, 174: spatia Argonautarum, Platz (Halle) in Rom mit Gemälden, die Szenen aus der Argonautenfahrt darstellten, Mart. 3, 20, 11. – Wegen ἀργός in der Bed. träge, müßig spielt Mart. 3, 67, 10 mit dem Wort, indem er es für »träge Schiffer« setzt. – Dav. **Argonautica**, ōrum, *n.*. **der Argonautenzug**, ein Gedicht des Val. Flaccus.

Argos, *n.*, u. (bes. in den *cas. obliqu.*) **Argī**, ōrum, *m.*, **I** die später *Argolis* (s. unten) genannte Landschaft im Peloponnes, die ganze Halbinsel zwischen dem argolischen u. saronischen Meerbusen; dah. poet. für **Griechenland** übh., Lucan. 10, 60. – **II** die Hauptstadt der *no.* I gen. Landschaft, **Argos**, Argos Inachium od. Dipsium, Plin. 4, 18: aptum equis, Hor. carm. 1, 7, 9: Plur., Plaut. Amph. prol. 98. Hor. de art. poët. 118. Liv. 31, 25, 2; 32, 25, 11; 34, 23 *sqq.* u. a.). – Dav.: **A** **Argēus**, a, um (Ἀργεῖος), **aus Argos, argivisch**, poet. für **griechisch** übh., Tibur Argeo positum colono (vom Griechen Tiburnus), Hor.: u. so A. Tibur, Ov. (Cic. Tusc. 1, 113 jetzt Argiva sacerdos). – **B** **Argīvus**, a, um (Ἀργεῖος, mit dem *dig. Aeol.* Ἀργεῖϝος), **aus Argos** (als Landschaft od. Stadt), **argivisch**, **a** eig.: civitas, Arnob.: orator, Cic.: augur, d. i. Amphiaraus, Hor.: Iuno (als Schutzgöttin von Argos), Cic. u. Verg.: Damocles erat A., aus Argos, ein Argiver, Liv.: u. so Plur. subst., Argīvī, ōrum u. (poet.) ûm, *m.*, **die Argiver**, Cic. u. a. Vgl. Wesenberg u. Kühner Cic. Tusc. 1, 113. – **b** poet. übtr. für **griechisch** übh., Verg. u. Hor.: Plur. subst., Argīvi, **die Griechen**, Verg. u. a. Dichter. – **C** **Argolis**, lidis, *f.* (Ἀργολίς), **1** *adi.* **argolisch, argivisch**, Alcmene, Ov.: puppis, Ov. – **2** *subst.* **a** **die Argiverin**, Ov. her. 6, 81 (wo Akk. das): miseris Argolisin (Dat. Plur.), Ov. Ibis 576. – **b** die Landschaft **Argolis** (s. oben Argos *no.* I), Plin. 4 prooem. § 1. – Dav. **Argolicus**, a, um (Ἀργολικός), **argolisch**, sinus, Plin.: mare, Verg.: leo, der nemëische Löwe, Sen. poët. – Dichterisch für **griechisch** übh., duces, die Anführer im troj. Kriege, Ov.: reges, Verg.: classis, Ov.: navis, das Schiff Argo als Gestirn, Cic. Arat. 277. – **D** **Argus**, a, um, **aus Argos, argivisch**, pater, Plaut. Amph. prol. 98: Plur. subst. Argī, ōrum, *m.*, **die Argiver**, Sen. Thy. 119. – **III** Argos Amphilochium, eine Stadt in Epirus, beim heutigen *Neokhori*, Liv. 38, 10, 1: dies. Argos Amphilochi, Mela 2, 3, 10 (Frick 2. § 54 Argi Amphilogii), u. Argos Amphilochicum, Plin. 4, 5.

Argōus, a, um, s. Argō.

arguitio, s. argutio.

argūmentālis, e (argumentum), **Beweise enthaltend**, narratio, Ps. Ascon. Cic. div. in Caecil. 1, 2. p. 100, 13 B.

argūmentāliter, *Adv.* (argumentalis), **durch Beweise**, Gromat. vet. 26, 24; 62, 11 u. ö.

argūmentātio, ōnis, *f.* (argumentor), **die Ausführung-, Darlegung des Beweises** aus Tatsachen, die **Beweisführung**, argumentatio est explicatio argumenti, Cic.: argumentis dico, non argumentatione, Quint.: argumentationem concludere, Cic.: argumentationis summa, Cic.: Plur., Cic. de inv. 1, 49.

argūmentātīvus, a, um (argumentor) = ὑποθετικός, **darlegend**, Donat. de comoed. p. 10 Reiff. (p. XVIII Klotz).

argūmentātor, ōris, *m.* (argumentor), **der Beweisführer**, im üblen Sinne = **der Rechthaber**, Tert. de anim. 38: ille reprehensor et arg., Augustin. serm. 311, 12 (viell. schon Gell. 17, 5, 13, wo jetzt argutator).

argūmentātrīx, īcis, *f.* (*fem.* zu argumentator), die **Beweisführerin**, Tert. de spect. 2.

argūmentor, ātus sum, ārī (argumentum), **I** *intr.* **Beweise anführen, durch Gründe dartun**, quid porro argumenter, qua de re dubitare nemo possit? Cic.: quid argumentamur, quo pecunia pervenerit? Cic.: nec iure an iniuriā caesi sint argumentari refert, Liv. – arg. *de* voluptate alcis, Cic.: ego neque *in* causis argumentari soleo, Cic. – **II** *tr.* etw. als **Beweis anführen**, si testem, praeterquam quod sciat aut audierit, argumentari et coniecturā prosequi patieris, Rhet. Her.: ego illa non argumentabor, quae sunt gravia vehementer, eum corrupisse, qui etc., Cic.: multa in eam partem probabiliter argumentatur, Liv. – *Partic. pass.*, omnia argumentata nomina = πιστωθέντα, Aufust. b. Prisc. 8, 17.

argūmentōsus, a, um (argumentum), **I** **reich an Stoff**, Quint. 5, 10, 10. – **II** **reich an Beweisen**, Sidon. ep. 9, 9; carm. 2, 175: v. Pers., Acro Hor. sat. 2, 3, 70.

argūmentum, ī, *n.* (arguo), die Veranschaulichung = das, was die Kraft hat, etwas zur Veranschaulichung zu bringen, **I** die **Darstellung, Er-**

zählung, argumentum est ficta res, quae tamen fieri potuit, Cic.: hoc erit tibi argumentum semper in promptu situm, Enn. fr.: cuius contionis primum universum argumentum (Gesamtdarstellung) sententiamque audite, Cic.: sunt certe in columnarum spiris insculptae nominum eorum argumento (zur Andeutung ihrer N.) lacerta atque rana, Plin.: quo spectaculo argumenta inferorum (die Begebenheiten der Unterwelt) explicarentur, Suet.: crateram caelare longo argumento (Geschichte), Ov. – Dah. der **Stoff,** der **Gegenstand,** der **Inhalt** (s. Quint. 5, 10, 9 *sq.*), **a** der schriftlichen od. mündlichen Darstellung, arg. epistulae, Cic.: orationis, Ascon.: libri, Suet.: scribendi argumentum habere, Cic.: in uno argumento versari, Cic. – prägn., der **bestimmte, eigentliche, wahre Inhalt** (**Gehalt**), epistula sine argumento et sententia, Cic.: non sine argumento maledicere, nicht ohne Schein von Wahrheit, Cic.: tabulae vero novae quid habent argumenti, nisi etc., was ist ihr eigentlicher Inhalt, was liegt ihnen anderes zugrunde, Cic.: u. haec tota fabella veteris poetriae … quam est sine argumento! Cic. – **b** der **Inhalt,** der **Gegenstand,** der **Vorwurf** (ὑπόθεσις), die **Fabel** (μῦθος) eines epischen od. dramatischen Gedichtes, fabulae, Ter. u. a.: tragoediae, Tac.: argumento fabulam serere, durch einen Gegenstand in einen einheitlichen Zusammenhang bringen, Liv.: agere magis ex argumento et meliores versus facere, Plaut.: argumentum narrare, Ter. – prägn., der als Gedicht, als Theaterstück verarbeitete Stoff, die **ganze Darstellung, das Gedicht, Stück, die Szene,** explicare argumenti (des Stückes, der Tragödie) exitum, Cic.: hoc argumento (in dieser Fabel), Phaedr. – u. bildl., wie unser **Stück, Komödie, Szene** = wirkliche, auf Täuschung berechnete Begebenheit, Betrug, auctor argumenti, Liv.: nocturnum hoc fictum et compositum arg., Nachtstück (gleich darauf fabula huius noctis), Liv. – **c** vom Gegenstand der bildenden Künste, wie der Bildhauerei (Bildnerkunst), ex ebore diligentissime perfecta argumenta erant in valvis, Flachreliefs, Cic.; vgl. Verg. Aen. 7, 791. Ov. met. 13, 685: od. der Malerei, Suet. Tib. 44, 2: der Webkunst, Ov. met. 6, 69. – **II** der eine Behauptung veranschaulichende **Beweis,** der **Beweisgrund,** das **Beweismittel,** der **Überführungsgrund,** verb. signa (fachliche Beweise) atque argumenta (Überführungsgründe), Plaut.: u. so signa rerum et argumenta, Quint.: argumenta (Beweise) et rationes (Schlüsse), Cic.: argumenta atque indicia sceleris, Cic.: argumenta ratione concludentia, vernunftgemäß schließende Beweise, Cic.: arg. simplex et breve, Quint.: arg. exile, Gell.: arg. parum potens (schlagend), Sen.: argumenta potentissima, Quint.: immane bellicae civitatis arg., Vell.: arg. laeti animi, Ov.: arg. voti potentis, Ov.: amoris est hoc argumentum, non malignitatis, Petr.: addere pro argumento m. folg. *Acc.* u. *Infin.*, Suet.: afferre argumenta, Cic.: agere argumentis, Cic.: astringere breviter argumenta, Cic.: sparsa argumenta colligere, Quint.: argumenta concludere, Cic.: quibus argumentis hoc doces? Lact.: multis argumentis deos esse docere, Cic.: argumenta ducere ab od. ex alqa re, Quint.: huius rei argumentum est, si etc., Scrib.: alqd est (dient) argumento, Liv., magno od. satis magno argumento, Cic., maximo argumento, Cic.: exquirere alqd argumentis, Cic.: si in omne argumentum modestiae fingimur, wenn wir uns durchaus demütig zu erweisen suchen, Sen.: loqui argumenta, Plaut.: niti argumento odii, Quint., od. niti argumentis admodum exilibus, Gell. (beide v. Pers.): onerare iudicem argumentis, Quint.: premere etiam atque etiam argumentum, Cic.: probare alqd argumento od. argumentis, Cic. u. Lact.: proferat argumenta, quibus doceat m. folg. *Acc.* u. *Infin.*, Lact.: uti argumento sensus sui (aus seiner Wahrnehmung, Erfahrung), Cic.: argumentis uti in re eius modi, Cic.: uti argumentis ducibus ad probandum, Cic.: quo argumento? aus welchem Grund? wie meinst du das? oft bei Plaut. (s. Brix u. Lorenz Plaut. mil. 1001). – **III** das **Symbol,** Apul. met. 11, 3 u. 11, 11.

argūmentuōsē, *Adv.* (*argumentuosus = argumentosus), **reich an Beweisen,** Anecd. Helv. 55, 15.

arguo, uī, uitūrus, ere (v. ἀργός), **im hellen Lichte zeigen,** **I** im Allg., **deutlich kundgeben, -zu erkennen geben, unumstößlich behaupten, -beweisen, -dartun,** ego, cum peribat, vidi, non ex auditu arguo, behaupte es nicht vom Hörensagen, Plaut.: arguendi peritior, geschickter, seine Angaben glaubhaft zu machen, Tac.: tute argue quae dicis, Apul. – m. folg. (*Acc.* u.) *Infin.*, si arguitur non licere, Cic.: speculatores non legatos venisse arguit, Liv. – dah. übtr., meist von natürlichen Zeichen, jmd. od. etw. **kundgeben, charakterisieren, verraten** (s. Bünem. Lact. de ira 20, 3. p. 1094 *sq.*), degeneres animos timor arguit, Verg. amantem et languor et silentium arguit, Hor.: exitus est, qui arguit felicitatem, Lact.: u. das Passiv mit medialer Bed. = **sich kundgeben, sich verraten,** genus arguitur vultu, Ov.: apparet virtus arguiturque malis, Ov.: laudibus arguitur vini vinosus Homerus, Hor. – **II** insbes.: **A** als falsch offenbaren, d. i. **a** eine Sache **als falsch, als unzulässig, als irrtümlich, als unhaltbar darstellen** od. **erweisen, als verwerflich nachweisen,** leges Macedoniae dedit cum tanta cura … quas ne usus quidem longo tempore, qui unus est legum corrector, experiendo argueret, dass selbst eine vieljährige Erfahrung bei dem Gebrauch nichts an ihnen auszusetzen fand, Liv. 45, 32, 7: quod et Fenestella arguit, Suet. vit. Ter. 1. – m. folg. *Acc.* u. *Infin.*, primus animalia mensis arguit imponi, Ov. met. 15, 72 *sq.*: ut suā confessione argueretur unum esse rei publicae corpus atque unius animo regendum, Tac. ann. 1, 12. – **b** jmd. **des Irrtums zeihen, -überführen,** Plinium arguit ratio temporum, Suet. Cal. 8, 3. – **B** als schuldig offenbaren, darzutun-, zu erweisen suchen, **a** eine Person mit tatsächlichen Beweisen einer Sache **zeihen,** jmd. **bezichtigen, beschuldigen, bloßstellen** (vgl. Ulp. dig. 50, 16, 197: indicasse est detulisse; arguisse accusasse et convicisse), *Arguis* fatentem. Non est satis. *Accusas* eum, Cic.: servos ipsos neque *accuso* neque *arguo*, Cic.: quod reos, ne *apud* praefectum urbis *arguerentur*, *ad* praetorem *detulisset*, Tac.: qui arguuntur, die Bezichtigten, Liv.: qui arguuntur, die Bezichtiger, die Ankläger, Liv. – m. Ang. der Beschuldigung (des crimen) od. des Verbrechens im *Genet.*, probri, stupri, dedecoris, Plaut.: malorum facinorum, Plaut.: tanti facinoris, Cic.: summi sceleris, Cic.: defectionis, Curt.: senatus nec *liberat* eius culpae regem neque *arguit*, Liv.: si confideret Euander innoxium se rei capitalis argui, Liv.: qui occupandae rei publicae argui non poterant, Tac. ann. 6, 10. – im *Abl.*, hoc crimine te non arguo, Cic. – durch *de* m. Abl., quaerere de eo crimine, de quo arguatur, Cic.: de quibus quoniam verbo arguit, verbo satis est negare, Cic. – durch *Acc. neutr. pronom.*, hoc ipsum, quod nos arguimus, Cic. Caecin. 3: m. dopp. *Acc.*, id me arguit, Caecil. com. 149: egomet haec ted arguo, Plaut. Men. 940: id quod me arguis, Cic. Phil. 2, 29: id unum ex iis, qui sibi rem aperuisset, arguere sese paratam esse, Liv. 26, 12, 17: im Passiv, non dubitavit id ipsum, quod arguitur, confiteri, Cic. Caecin. 2. – im (*Acc.* u.) *Infin.*, quae me arguit hanc domo ab se surripuisse, Plaut.: corruptum a rege capere Cymen noluisse arguebant, Nep.: im Passiv m. *Nom.* u. *Infin.*, Roscius arguitur occidisse patrem, Cic. – m. Ang. **als wen?** durch *ut* (ὡς) m. *Acc.* od. durch bl. *Acc.*, Britannicum fratrem ut subditivum, Suet.: hunc ut dominum et tyrannum, illum ut proditorem, Iustin.: falsum filium arguituri, Sall. fr.: im Passiv m. Ang. **als wer?** im *Nom.*, qui non rite creatus tribunus arguebatur, Quint.: cum neuter ab eo, quo arguebatur, mentitus argui posset, Vell. – **b** eine Sache **als strafbar nachzuweisen suchen, als strafbar rügen,** einer Schuld zeihen, culpa, quam arguo, Liv.: venenum, Quint.: regni voluntatem in Caesare, Vell.: taciturnitatem pudoremque pro tristitia et malignitate, rügen, auslegen als usw., Suet. – ► 3. Pers. Plur. Präs. arch. arguont, Plaut. Bacch. 808: Partiz. Perf. argutus (vgl. Charis. 249, 12 Prisc. 10, 12), Plaut. Amph. 883 u. (im Doppelsinn m. Adj. argutus) Pseud. 746 (s. argūtus a. E.): 1. Supin., argutum iri, Paul. ex Fest. 27, 3 (vgl. Prisc. 10, 12): Partiz. Fut. Akt. in der Form arguiturus, Sall. hist. fr. 2, 48 (57); aber arguturus ohne Beleg bei Prisc. 10, 12.

1. **Argus,** ī, *m.* (Ἄργος), **I** der hundertäugige Bewacher der Io, den auf Jupiters Befehl Merkur tötete, worauf Juno seine hundert Augen auf dem Schwanz des Pfaus anbrachte, Cic. de nat. deor. 3, 56. Ov. am. 3, 4, 19 *sq.* Ov. met. 1, 624 *sqq.* Macr. sat. 1, 19, 12 *sqq.*: homo perspicacior ipso Lynceo vel Argo et oculeus totus, Apul. met. 2. 23: cen-

toculus Argus, Hier. in Ezech. 1, 1. *v.* 15 *sqq.* – **II** der Erbauer des Schiffes Argo, Val. Flacc. 1, 93 u. 314.

2. Argus, a, um, s. Argos *no.* II, D.

argūtātio, ōnis, *f.* (argutor), das Knattern, tremuli lecti, Catull. 6, 11.

argūtātor, ōris, *m.* (argutor), der **spitzfindige Schwätzer,** Gell. 17, 5, 13 (doch s. argūmentātor).

argūtātrīx, īcis, *f.* (Fem. zu argutator), die **spitzfindige Schwätzerin,** Paul. ex Fest. 117, 1.

argūtē, *Adv.* m. *Compar.* u. *Superl.* (argutus *no.* II), **geistreich, scharfsinnig, sinnreich, spitzfindig,** argute cati, Plaut. truc. 493: argute loqui, Cato fr.: contra Stoicos disserere, Cic.: acute arguteque de alqa re conicere, Cic.: callide arguteque dicere, Cic.: aliquid dicere argutius, Cic.: de alqa re argutissime disputare, Cic.

argūtiae, ārum, *f.*, selten u. nur bei Spät., wie Gellius u. Apuleius, **argūtia,** ae, *f.* (argutus), das **Scharfausgeprägte, Markierte** od. **Nuancierte, Ausdrucksvolle, Lebendige, Sprechende,** der **scharfe, sprechende Ausdruck, I** dessen, was in die äußeren Sinne fällt, argutiae vultus, der feine, die individuellen Lebensäußerungen wiedergebende Ausdruck des Gesichts, Plin.: operum (der Werke der Bildhauerei), Plin.: digitorum, lebhaftes Fingerspiel, Cic.: tam artifices, geschwätziges Schlagen (der Nachtigall), Plin.: geschwätziges Reden, Plaut. – **II** geistig, **a** im guten Sinne, das **Geistreiche, Sinnreiche, Scharfsinnige** der Rede, die **feine, scharfe Zeichnung** durch die Rede, die **Feinheiten, Schärfe** der Darstellung, Demosthenes nihil Lysiae subtilitate cedit, nihil *argutiis* et *acumine* Hyperidi, Cic.: huius orationes tantum *argutiarum,* tantum *urbanitatis* habent, ut etc., Cic. – **b** im üblen Sinne, die **Spitzfindigkeit, Pfiffe und Kniffe,** nihil est, quod illi (Graeci) non persequantur suis argutiis, Cic.: bei Spät. im Sing. importuna atque audax argutia, Gell.: argutia famulorum, Pallad.

argūtio u. **arguitio,** ōnis, *f.* (arguo) = ἐλεγμός, die **Beweisführung,** der **Beweis,** Eccl.

argūtiola, ae, *f.* (*Demin.* v. argutia), **kleine Spitzfindigkeit,** Gell. 2, 7, 9; 9, 14, 26 u. 18, 1, 12.

argūto, āre, s. argūtor *no.* II.

argūtor, ātus sum, ārī (argutus), **sich deutlich vernehmen lassen, I** im Allg.: arg. pedibus, mit den Füßen stampfen, vom Walker, Titin. com. 28. – **II** mit Geschwätzigkeit plaudern, vorplaudern, **schwatzen, vorschwatzen, herschwatzen,** totum diem argutatur quasi cicada, Nov. fr.: exerce linguam, ut argutarier possis, Enn. fr.: pergin argutarier? Nov. fr. u. Plaut.: superare alqm argutando, Plaut. – m. *Acc.*, argutari mendacia, Lucil. fr.: u. in akt. Form, quid iste argutat molestus? Petr. 46, 1: illa mihi argutat ignes, Prop. 1, 6, 7. – ► Parag. *Infin. Praes. Pass.* argutarier, Enn. tr. 263 (369). Titin. com. 28. Plaut. Amph. 349.

argūtulus, a, um (*Demin.* v. argutus), **a gar sinnig, gar fein,** famula, Apul. met. 2, 6. – **b ein wenig scharfsinnig, in tiefere Forschung eingehend,** libri, Cic. ad Att. 13, 18 *in.*

argūtus, a, um, *PAdi.* m. *Compar.* u. *Superl.* (v. arguo), **sich deutlich kundgebend,** körperlich u. geistig **scharf, ausgeprägt, markiert** od. **nuanciert, I** körperlich: **a** dem Gesicht wahrnehmbar, **ausdrucksvoll, lebendig, sprechend,** manus, oculi, Cic.: caput equi, ausdrucksvolles, feines, Verg.: aures, lebendige (nicht steife), Pallad.: sint (boves) arguti, lebhaft, Pallad. – **b** dem Gehör wahrnehmbar, **helltönend, klangreich, rauschend, säuselnd, zirpend, zwitschernd, schwirrend, gellend,** ilex, Verg.: nemus, von den Hirtenliedern widerhallend, Verg.: aves, Prop.: hirundo, Verg.: cicada, Mart.: serra, Verg.: pecten, Apul.: forum, lärmend, Ov.: solea, knarrend, Catull.: dolor, lauter, Prop.: u. so blanditia, Prop. – v. Musikern u. Dichtern, **klangreich, ton-, gesangreich,** Neaera, poëta, Hor.: Tibullus, Mart. – u. in Bezug auf die Rede übh., beredt, **geschwätzig,** linguae, Naev. fr.: facunditas, beredter Mund, Plaut.: civis, Plaut. – **c** dem Geruch od. Geschmack wahrnehmbar, **scharf, durchdringend, penetrant,** odor, Plin.: sapor, Mart. u. Pallad. – **II** geistig: **a** v. Wahrzeichen = **deutlich, sprechend, bedeutsam, bedeutungsvoll,** omen, Prop.: argutissima exta, Cic. – **b** v. schriftl. Mitteilungen = **tiefer eingehend, ins einzelne gehend, ausführlich,** litterae argutissimae, Cic.: sedulitas, Cael. in Cic. ep. – **c** v. den Verstandeskräften in ihren Äußerungen, **α** im guten Sinne, **sinnig, sinnreich, witzig, geistreich, tief,** acumen iudicis, feiner Scharfblick (der den Nagel auf den Kopf trifft), Hor.: sententiae, Cic.: verborum ambitus, scharf markiert, fein zugespitzt, Cic.: arguti epigrammaton libelli, Mart.: poëma ita festivum ... nihil ut fieri possit argutius, Cic.: dicta argutissima, Cic. – von Pers., argutus orator verbisque dulcis, Cic.: quis (Catone) in sententiis argutior? Cic.: ne viderer argutior, Plin. ep. – **β** im üblen Sinne, **gerieben, schlau, pfiffig,** meretrix, calo, Hor.: fidelissimi et argutissimi milites, Veget. mil. – Im Wortspiel: *Ps.* Ecquid argutus est? ist er schlau? *Ch.* Malorum facinorum saepissime, d. i. (argutus est als *Perf. Pass.* v. arguo *no.* II, B genommen) er ist angeklagt worden, Plaut. Pseud. 746.

Argynnus, ī, *m.* (Ἄργυννος), ein von Agamemnon geliebter Knabe, der im Fluss Cephisus ertrank, an dessen Ufer jener ihm ein Grabmal u. der Venus (dah. deren Beiname Argynnis) einen Tempel erbaute, Prop. 3, 7, 22.

argyranchē, ēs, *f.* (ἀργυράγχη), ein dem συνάγχη (Halsentzündung) sarkastisch nachgebildetes Wort, die **Geldklemme, Geldnot,** Gell. 11, 9, 1.

argyraspides, pidum, Akk. pidas, *m.* (ἀργυράσπιδες), ein auserlesenes mazedon. Korps Fußsoldaten mit silbernen Schilden, die **Silberschildträger,** Liv. 37, 40, 7. Curt. 4, 13 (50), 27. Iustin. 12, 7, 5. – Nbf. argyroaspides, pidum, Akk. pidas, *m.*, ein ähnliches Korps des Alexander Severus, Lampr. Alex. Sev. 50, 5.

Argyrippa (u. **-ipa**), Argyripa s. Arpī.

argyrītēs, *m.* (ἀργυρίτης), Name eines Edelsteins, Veget. mul. 1, 20, 2.

argyrītis, tidis, Akk. tim, *f.* (ἀργυρῖτις), die **hellweiße Silberglätte,** Plin. 33, 106.

argyroaspides, s. argyraspides.

argyrocorinthus, a, um, **aus** (dem Silber an Glanz ähnlichem) **korinthischem Erz gearbeitet,** arg. cratera, CIL 6, 327[b].

argyrodamās, mantis, *m.* (*ἀργυροδάμας), ein silberfarbiger Stein, dem Diamant ähnlich, Plin. 37, 144.

argyroprata, ae, *m.* (ἀργυροπράτης), der **Silberhändler,** Iulian. epit. nov. c. 118. § 500 *sq.*

Argyrotoxus, ī, *m.* (ἀργυρότοξος), mit **silbernem Bogen,** Beiname Apollos, Macr. sat. 1, 17, 47.

arhythmia, s. arrhythmia.

arhythmos, s. arrhythmos.

1. Arīa, ae, *f.* (Ἀρεῖα od. Ἀρία), die wichtigste unter den östl. Provinzen des pers. Reichs, nach Reichard u. a. der größte Teil des heutigen *Sedjestân* u. der südl. Teil von *Khorasan,* Amm. 23, 6, 69, durchströmt vom Fluss Arius (Ἄρειος, Ἄριος) od. Arias, nach Reichard j. *Heri-Bûd* od. *Teasjen,* Plin. 6, 93. Amm. 23, 6, 69. – Dav. **Arīī,** ōrum, *m.* (Ἄρειοι od. Ἄριοι), die Einw. von Aria, die **Arier,** Plin. 6, 113. Manil. 4, 804.

2. āria, s. ārea ►.

Ariadna, ae, *f.*, u. **Ariadnē,** ēs, *f.* (Ἀριάδνη), Tochter des Minos u. der Pasiphaë, half dem Theseus mit dem Fadenknäuel durch das Labyrinth, entfloh mit dem Geliebten, wurde von ihm auf Naxos verlassen, von Bacchus geliebt u. ihre Krone unter die Sterne versetzt, Ov. her. 10, 1 *sqq.* Prop. 3, 17, 8. Mela 2, 7, 12 (2. § 112). Hyg. fab 42 u. 225; astr. 2, 5. – Dav. **Ariadnēus,** a, um (Ἀριάδνειος), **ariadnēisch,** tempora, Catull.: sidus, Ov.: corona, Manil.

Ariāna, ae, *f.*, u. **Ariānē,** ēs, *f.* Sammelname der östl. Provinzen des persischen Reichs, zu vergleichen mit dem heutigen *Iran,* oft verwechselt mit Aria (w. s.), Plin. 6, 95. Amm. 23, 6, 26: Form -ne, Mela 1, 2, 4 (1. § 12). – Dav.: **a Ariānus,** a, um, zu Ariana gehörig, **arianisch,** regio, Plin. 6, 93. – Plur. subst., Ariānī, ōrum, *m.*, die Einw. von Ariana, die **Arianer,** Plin. 6, 113: in Arianis (im Land der A.) gigni, Plin. 24, 162. – **b Ariānis,** nidis, Akk. nida, *f.* (*sc.* herba), ein in Ariana wild wachsendes Kraut, Plin. 24, 162.

Ariānus, a, um, s. Ariāna u. Arius.

Ariarathēs, is, Akk. em u. ēn, *m.* (Ἀριαράθης), Name mehrerer Könige von Kappadozien, u. zwar Ar. II., Zeitgenosse Alexanders des Gr., Iustin. 13, 6, 1: Ar. V., um 190 v. Chr., Liv. 37, 31, 4: Ar. VI., um 172 v. Chr., Liv. 42, 19, 3. Iustin. 35, 1, 6. – u. Ariarathes, Sohn des Ariobarzanes II., um 50 v. Chr., Cic. ep. 15, 2, 6 u. ad Att. 13, 2, 2. Auct. b. Alex. 66, 5.

Ariās, ae, *m.*, s. 1. Arīa.

Arīcia, ae, *f.*, **I** eine der ältesten Städte Latiums am Fuße des Albanerberges u. an der appischen Straße, j. *Ariccia* od. *Riccia,* in deren Nähe der berühmte Tempel u. Hain der Diana (wo auch die Grotte u. Quelle der Egeria sich befand, Sil. 4, 367, u. der Heros Virbius heimisch war, Verg. Aen. 7, 761 *sq.*) mit dem lacus nemorensis u. speculum Dianae u. einem ehemals barbarischen (mit Menschenopfern begangenen) Kultus (dah. Sil. 4, 367 immitis), Hor. sat. 1, 5, 1. Liv. 1, 50, 3; vgl. nemus u. nemorensis. – Dav. **Arīcīnus,** a, um, **zu Aricia gehörig, aricinisch,** populus, Cato fr.: municipium, Cic.: nemus, Hain der Diana, Cato fr. u. Flor.: u. Aricinum Triviae (*sc.* Dianae) nemus, Stat.: vallis, Tal u. Hain der Diana, Ov.: Plur. subst., Arīcīnī, ōrum, *m.*, die Einw. von Aricia, die **Ariciner,** Liv. – **II** persönl., eine Nymphe, Gemahlin des Hippolyt u. Mutter des Virbius, Verg. Aen. 7, 762.

Arīcīnus, s. Arīcia *no.* I.

Aridaeus, s. Arrhidaeus.

āridē, *Adv.* (aridus), **trocken,** übtr., narrationes aride dicebantur, Sen. contr. 2. pr. § 1. p. 150, 18 K.

āriditās, ātis, *f.* (aridus, **I** die **Trockenheit, Dürre,** Varr. fr. bei Serv. Verg. Aen. 1, 172. Plin. 11, 117 u. a.: sitis, aquae, Vulg. Iudith 7, 17 u. 11, 10: quasi stipula ariditate plena, Vulg. Nahum 1, 10: Plur. = anhaltende Dürre, Arnob. 2, 37. – **II** meton.: **a** das **Trockene, der trockene Stoff,** fimi, Pallad. 3, 4: ariditas (das trockene Holz) universa recidatur, Pallad. 3, 21, 2. – **b** übtr., Plur. ariditates = die **trockene, karge Nahrung,** Eccl.

āridulus, a, um (*Demin.* v. aridus), **gar trocken,** labella, Catull. 64, 316.

āridus, a, um, *Adi.* m. *Compar.* u. *Superl.* (areo), **trocken, dürr, I** eig.: **a** übh. (Ggstz. umidus, uvidus, liquidus), folia, Cic.: solum, Verg.: terra (Ggstz. terra satiata), Sen.: terra arida et sicca, Plin.: regiones umidae aridaeque, Sen.: lignum, Hor.: stramentum, Liv.: recrementa aridiora (Ggstz. umidiora), Gell. 17, 11, 2. – poet. (meton.), sonus, fragor, knatternder, knackender Schall (wie wenn trockenes Holz zerbrochen wird), Lucr. u. Verg. – subst., **α** āridum, ī, *n.*, das **Trockene,** Ggstz. 3, 12, 3: inducere colores in arido (auf die trockene Gipswand; Ggstz. inducere colores udo tectorio), Vitr. 7, 3, 8. – bes. der **trockene Boden,** naves in aridum subducere, Caes.: ex arido pugnam facere, Caes.: ex arido tela conicere, Caes.: m. *Genet.*, quae humi arido atque arenoso gignuntur, Sall. Iug. 48, 3. – **β** ārida, ae, *f.*, das **trockene Land** (Ggstz. mare), Tert. adv. Marc. 2, 12. Vulg. genes. 1, 9; exod. 4, 9 u. a. – **b** durch Hitze, Staub, Fieber **trocken, lechzend,** anhelitus, Ov.: viator, vor Durst schmachtend, Verg.: sitis, Lucr.: febris, Verg. – **c** dürr an Wasser, **regenlos,** nubila, Verg. georg. 3, 197. – **d dürr** = saft- u. fleischlos, mager, nates, Hor.: crura, Ov. – Plur. subst., exsiccati atque aridi, ausgetrocknete u. dürre Menschen (Ggstz. pituitosi et quasi redundantes), Cic. de fat. 7. – **II** übtr.: **a** v. der Lebensweise, **mager, dürftig,** victus, Cic.: vita, Cic. – u. v. Menschen, **dürftig, arm,** cliens, Mart. 10, 87, 5. – **b zähknauserig,** senex, Plaut.: pater, Ter. – **c** geistig **trocken, α** v. der Darstellung, **trocken, saftlos, ohne Frische des Vortrags** (Ggstz. copiosus), genus orationis, Cic.: libri aridissimi, Tac. dial. 19. – übtr. v. Redner selbst, rhetor, Sen.: magister, Quint.: oratores aridi et exsuci et exsangues, Quint. – **β noch dürr** = noch nicht durch Wissen befruchtet, ne scilicet sicci omnino atque aridi pueri rhetoribus traderentur, aller Kenntnisse bar u. ledig, Suet. gr. 4. – ► Synkop. ārdum = aridum, Lucil. sat. 27, 40.

ariena, ae, *f.*, die Frucht des indischen Baumes pala, die **Banane,** Plin. 12, 24.

ariēs, etis, *m.* (vgl. ἔριφος, das Böckchen), **der Widder, Schafbock, Schöps (Jährling), I** eig.: scire oportet in grege quot *feminas* habeat, quae parere possunt, quot *arietes,* Varr.: auratus ar. Colchorum, Poët. b. Cic.: aries dux, Leitbock, Leithammel, Prop. – ein Widder in alter Zeit als Buße für unbeabsichtigten Totschlag (nach einem alten Gesetz des Numa), s. Fest. 347 (b), 2 *sqq.* u. 351 (a), 8 *sqq.* Serv. Verg. ecl. 4, 43; georg. 3, 387: u. so ex quo aries subicitur ille in vestris actionibus, der Büßungs- (Vergütungs-) Widder, Cic. top. 64. – **II** übtr.: **A** der **Widder,** ein Sternbild im Tierkreis, Cic. poët. u. a. – **B** eine Belagerungsmaschine, der **Mauerbrecher, Sturmbock,** dessen an Tauen waagerecht hängender Balken vorn mit einem eisernen Widderkopf versehen war, mit dem man Bresche stieß, arietes immittere, Caes., od. admovere, Curt.: sternere ariete muros, Liv.: murum aries percutit, Cic.: tribus arietibus aliquantum muri discussit, Liv. – sublicae pro ariete subiectae, wie ein Mauerbrecher, als Wellenbrecher, Caes. b. G. 4, 17, 9. – **C** der **Seewidder,** ein unbekanntes Seetier, Plin. 9, 10 u. 145: trux, Claud. nupt. Hon. et Mar. 163. – ► aries poet. zuw. zweisilbig, dah. a lang; dah. Genet. usw. dreisilbig, ārjĕtis, ārjĕtĕ, ārjĕtes, bei ält. Dichtern u. Verg. – *Nom.* ărĭēs gemessen, Verg. ed. 3, 95.

arietārius, a, um (aries), zum Sturmbock gehörig, **des Sturmbocks,** testudo, Vitr. 10, 19 (13), 2: machina, Vitr. 10, 19 (13), 6.

arietātio, ōnis, *f.* (arieto), das **Aufeinanderstoßen** wie die Widder, arietatio magnorum inter se corporum et attritus, Sen. nat. qu. 5, 12, 5.

arietīllus, ī, *m.* (*Demin.* v. arietinus), **der Schöps,** Petr. 39: auch *adiect.* arietillus, a, um = arietinus, cicer, quod arietillum vocatur, Col. 2, 10, 20.

arietīnus, a, um (aries), **I vom Widder kommend, Widder-,** testiculi, Rhet. Her.: cornu, Plin., cornua, Solin.: ungula, Plin.: caput, Amm. – **II dem Widderkopf ähnlich,** cicer, Col. u. a. – übtr., oraculum, ein doppelsinniges Orakel (das Bild von den auseinanderstehenden beiden Hörnern des Widders hergenommen), Gell. 3, 3, 8.

arieto, āvī, ātum, āre (aries), **stoßen** wie ein Widder, **I** eig., v. Widder selbst, cornibus conitier in me arietare, Att. fr. Brut. 24 (bei Cic. de div. 1, 44). – **II** übtr., übh. **stark stoßen, an-, aufstoßen, anrennen, A** *intr.*: quae casus incitat saepe turbantur et cito arietant, Sen.: acies inter se arietant, stoßen heftig aufeinander, Sen.: u. so tecta contrario ictu arietant, Plin.: v. Reiterei, **anstürmen,** immissis frenis in portas, Verg. – im Bild, longam viam ingressus es; et *labaris* oportet et *arietes* et *cadas,* Sen.: nihil enim pravi, nihil lubrici superest: nihil *in quo arietet* aut *labet,* Sen. – **B** *tr.*: aedes, an das Haus anschlagen, Plaut., alqm in terram, niederstauchen, Curt.: arietati inter se dentes, Sen. – im Bild, ubi aliquid animum insolitum arietari percussit, Sen. de tranqu. anim. 1, 11 G.

ārificus, a, um (arefacio), **trocknend,** Cael. Aur. chron. 4, 1, 9.

Arīī, s. 1. Arīa u. Harii.

arillātor, ōris, *m.*, **der Mäkler,** Gell. 16, 7, 12; vgl. Paul. ex Fest. 20, 12.

Arimaspī, ōrum, *m.* (Ἀριμασποί), eine in mythisches Dunkel gehüllte Völkerschaft im äußersten Nordosten (Szythien) der den Alten bekannten Welt, Mela 2, 1, 2 (2. § 2. Frick Arimaspoe). Plin. 7, 10. Gell. 9, 4, 6. Prisc. perieg. 703 – Sing. Arimaspus kollektiv, Lucan. 7, 756.

Arīminum, ī, *n.*, Stadt u. gleichn. Fluss in Umbrien, von den Römern kolonisiert, j. *Rimini,* Fl. *Marcochia,* Caes. b. c. 1, 8, 1. Vell. 1, 14, 7. Sulp. Sev. 2, 41, 1 u. 45, 8. – Dav. **Arīminēnsis,** e, zu Ariminum gehörig, **ariminensisch,** Folia, Hor.: ager, Plin.: synodus, Sulp. Sev.: Plur. subst., Arīminēnsēs, ium, *m.*, die Einw. von Ar., die **Ariminenser,** Cic.

arinca, ae, *f.* (ein keltisches Wort), eine Getreideart, sonst olyra gen., nach Harduin der **Roggen** (im Departement Dauphiné noch jetzt *riguet*), nach anderen das **Einkorn** (*Triticum monococcum,* L.), Plin. 18, 81 u. 92; 22, 121.

aringus, ī, *m.* (got. *häring*), der **Hering,** Ps. Gargil. Mart. de medic. 62 *in.*

Arīo, s. Arīōn.

Ariobarzanēs, is u. ī, Akk. em u. ēn, *m.* (Ἀριοβαρζάνης), Name eines persischen Statthalters (Satrapen) von Lydien, Ionien u. Phrygien, unter Artaxerxes II., Nep. Dat. 2, 5 u. 5, 6; Timoth. 1, 3; ferner eines Feldherrn unter Darius, Curt. 5, 3 (12), 17 u. 5, 4 (14), 15; sowie einiger Könige von Kappadozien, u. zwar: Ariob. I., von den Römern als König eingesetzt, Liv. epit. 70 u. 76. Iustin. 38, 2 *sq.* – Ariob. II. Sohn des vorigen, Cic. de prov. cons. 9. Sall. hist. fr. 4, 51 (10) u. 4, 61 (19), 5. – u. bes., Ariob. III., Sohn des vorigen, Caes. b.c. 3, 4 u. oft in Cic. ep. – u. ein König von Armenien Ariobarzanes (um 1 v. Chr.), Tac. ann. 2, 4. Monum. Anc. 5, 28.

1. āriola, s. āreola.

2. ariola, s. hariola.

ariolātio, ariolor, ariolus, s. har...

Arīōn (auf Inschr. Arīo), onis, Akk. onem u. poet. ona, *m.* (Ἀρίων), **I** der bekannte, von einem Delphin gerettete griechische Zitherspieler aus Methymna auf Lesbos, Liebling des Periander von Korinth, Gell. 16, 19. Cic. Tusc. 2, 67. Plin. 9, 28. Verg. ecl. 8, 56. Ov. fast. 2, 91 u. 95. – Dav. **Arīonius**, a, um (Ἀριόνιος), **arionisch,** nomen, Ov.: lyra, Prop. u. Ov. – **II** das von Neptun dem Adrastus geschenkte, mit Sprache u. Sehergabe begabte Pferd (vgl. Adrastus), vocalis, Prop. 2, 34, 37: Adrasteus, Stat. silv. 1, 1, 52: Nereidum stabulis nutritus Arion, Claud. IV. cons. Hon. 553. – **III** ein pythagoreïscher Philosoph, Zeitgenosse Platos, Cic. de fin. 5, 87. Val. Max. 8, 7. ext. 3.

Arīopagīta, Arīopagus etc., s. Areop...

aripennis, s. arepennis.

Ariovistus, ī, *m.*, ein germanischer Fürst, wahrsch. ein Suebe, der, als er mit germanischen Völkerschaften Eroberungen in Gallien zu machen suchte, mit Cäsar in Krieg geriet u. von diesem im Jahre 58 v. Chr. besiegt wurde, Caes. b. G. 1, 31. Flor. 3, 10, 11.

aris, idis, *f.* (ἀρίς, *Demin.* v. ἄρον), eine kleine Art der Natterwurz, die **kappenförmige Zehrwurz** (*Arum Arisarum*, L.), Plin. 24, 151.

Arisba, ae, *f.*, u. **Arisbē**, ēs, *f.* (Ἀρίσβη), Stadt am Fluss Sellēis in Troas, nicht weit von Abydus, beim heut. Dorf *Mussa*, Verg. Aen. 9, 264: Form -be, Plin. 5, 125.

arispex, s. haruspex.

arista, ae, *f.* (vgl. ὀιστός), **I** die **Spitze, Hachel, Granne** an der Ähre, Varr., Cic. u. a. – Meton.: **a** die **Ähre** selbst, Verg. u. Quint.: auch von der Frucht der Narde, Ov.: Plur. aristae = Getreidearten, die Ähren tragen (im Ggstz. zu den Hülsenfrüchten), Verg. georg. 1, 220; vgl. 1, 226. – dah. **b** (poet.) die **Erntezeit**, Claud. IV. cons. Hon. 371. – **II** poet. übtr.: **1** die **Borsten** = borstenartigen, stacheligen Haare, Pers. 3, 115. – **2** die **Fischgräte**, Auson. Mos. 85 u. 119. Greg. Tur. Mart. 3, 1. p. 632, 23. – **3** Plur. aristae, **Kräuter** übh., Val. Flacc. 7, 365.

Aristaeus, ī, *m.* (Ἀρισταῖος), alter Heros und Segensgottheit der Griechen, Sohn des Apollo von der Kyrene, machte sich durch Einführung des Hirtenlebens, der Bienenpflege, der Ölerzeugung usw. verdient, Cic. de nat. deor. 3, 45; Verr. 4, 128. Verg. georg. 4, 317.

Aristandros u. **-us, Aristandrus** ī, *m.*, u. **Aristander**, *m.* (Ἀρίστανδρος), **I** (Form -os u. -us) aus Athen, ein Philosoph, Varr. r. r. 1, 1, 8. Col. 1, 1, 9. Plin. 17, 243. – **II** (Form -der) aus Telmissos, Wahrsager im Heer Alexanders des Großen, Curt. 4, 2 (9), 14 u. a.

Aristarchus, ī, *m.* (Ἀρίσταρχος), aus Samothrake, ein zu Alexandrien gebildeter Grammatiker, bes. durch die neue Rezension der homerischen Gedichte als strenger Kritiker bekannt, Varr. LL. 9, 1 u. 43. Cic. ep. 3, 11, 4. Ov. ex Pont. 3, 9, 24: appell. = ein **strenger Kritiker,** mearum orationum tu A. es, Cic. ad Att. 1, 14, 3 (vgl. Hor. de art. poët. 450. Cic. Pis. 75): quid ais, o columen litterarum et nostrorum temporum Aristarche! Hier. ep. 57, 12. – Dav. **Aristarchēī**, ōrum, *m.*, die Anhänger-, Nachfolger des Aristarchus = **strenge Kritiker,** Varr. LL. 8, 63.

aristātus, a, um (arista), **mit Ähren versehen,** farreo spico, id est aristato, Paul. ex Fest. 280, 9.

aristē, ēs, *f.*, Name eines Edelsteins, Plin. 37, 159.

aristereōn, ōnis, *f.* (ἀριστερεών), **Eisenkraut,** Plin. 25, 105 u. 27, 21. Ps. Apul. herb. 3 u. 72.

Aristīdēs, is u. ī, Akk. em u. ēn, *m.* (Ἀριστείδης), griech. Männername, unter dem bes. bekannt sind: **I** Sohn des Lysimachus aus der Phyle Antiochis u. dem Demos Alopeke, der durch seine Gerechtigkeitsliebe bekannte Athener, Zeitgenosse u. Nebenbuhler des Themistokles, Nep. Arist. 1 *sqq.* Cic. Sest. 141 (Genet. i). – **II** ein schlüpfriger Dichter aus Milet, Verf. »milesischer Geschichten (Milesiaca)« unzüchtigen Inhalts, die L. Kornelius Sisenna ins Lateinische übersetzte, Ov. trist. 2, 413 u. 443. – **III** ein Schüler des Bildhauers Polyklitus, Plin. 34, 50. (Akk. em, u. 35, 75 Akk. ēn).

aristifer, fera, ferum (arista u. fero), **Ähren tragend,** seges, Prud. cath. 3, 52.

Aristippus, ī, *m.* (Ἀρίστιππος), ein Philosoph aus Kyrene (um 380 v. Chr.), Schüler des Sokrates, Stifter der kyrenäischen Sekte, Cic. de fin. 2, 18 *sqq.* Lact. epit. 39, 7; vgl. Schmid Hor. ep. 1, 1, 18. – Dav. **Aristippēus**, a, um, **aristipēisch,** illud Aristippeum contemnere, Cic. de fin. 2, 18.

Aristius Fuscus, ein sehr gelehrter Dichter, Rhetor u. Grammatiker, intimer Freund des Horaz.

Aristo u. **Aristōn**, ōnis, *m.* (Ἀρίστων), **I** ein Philosoph aus Chios, Schüler des Zeno, Stifter der skeptischen Philosophie, Zeitgenosse Cäsars, Cic. de nat. deor. 3, 77. Varr. fr. b. Non. 308, 30. Sen. ep. 36, 3. – Dav. **Aristōnēus**, a, um, **aristoneisch,** vitia, Cic. de fin. 4, 40. – **II** Titius Aristo, ein berühmter Rechtsgelehrter im 1. Jahrh. der Kaiserzeit, Plin. ep. 1, 22, 1 *sqq.* Gell. 11, 18. 16. Ulp. dig. 2, 14, 7. § 2. Fragm. Vat. § 68. 88. 199.

aristocratia, ae, *f.*, die **Aristokratie, Herrschaft der Vornehmen,** Heges. 2, 13, 1.

Aristodēmus, ī, *m.* (Ἀριστόδημος), **I** ein tragischer Schauspieler zu Athen, Cic. de rep. 4, 13. – **II** Tyrann von Kumā in Kampanien, 502 v. Chr., bei dem der aus Rom vertriebene Kaiser Tarquinius Superbus starb, Liv. 2, 21, 5.

Aristogītōn, onis, Akk. onem u. ona, *m.* (Ἀριστογείτων), **I** ein Athener, mit Harmodius (Ἁρμόδιος) Mörder des Pisistratiden Hipparchus, als Urheber der demokratischen Freiheit u. Gleichheit gepriesen (Cic. Tusc. 1, 116. Sen. de ben. 7, 15, 2, wo Akk. -onem) und durch Bildsäulen geehrt (Plin. 34, 70, wo Akk. -onem); auch durfte kein Sklave ihren Namen führen, Gell. 9, 2, 10. Vgl. *Ilgen* Carm. conviv. Graec. p. 47 *sqq.* – **II** ein attischer Redner, Zeitgenosse u. Gegner des Demosthenes, Quint. 12, 10, 22 (wo Akk. -ona).

aristolochia, ae, *f.* (ἀριστολοχία), eine Pflanze, gut gegen Schlangenbiss u. bei Geburten, die **Osterluzei,** Cic. de div. 1, 16 u. 2, 47. Plin. 25, 95.

Aristomachē, ēs, *f.* (Ἀριστομάχη), Tochter des Hipparinus aus Syrakus, Schwester des Dion, Gemahlin des Dionysius I., der sie u. die Doris aus Lokris an einem Tage heiratete, Nep. Dion. 1, 1. Cic. Tusc. 5, 59. Val. Max. 9, 13 ext. 4.

Aristomenēs, ae, *m.* (Ἀριστομένης), aus dem Geschlecht der Äpytiden aus Messenien, Heerführer der Messenier im zweiten messen. Kriege, vom delphischen Orakel für den trefflichsten Mann Griechenlands erklärt, von den Messeniern nach seinem Tod als Heros verehrt, Plin. 11, 184. Val. Max. 1, 8. ext. 15.

Aristōnēus, a, um, s. Aristo.

Aristonīcus, ī, *m.* (Ἀριστόνικος), **I** Tyrann von Methymna auf Lesbos, Curt. 4, 5 (24), 19 *sqq.*; 4, 8 (34), 11. – **II** unehelicher Sohn des Königs Eumenes II. v. Pergamus, Cic. agr. 2, 90; Phil. 11, 18. Sall. hist. fr. 4, 61 (19), 8. Vell. 2, 4, 1. Flor. 2, 20, 4 *sqq.* Iustin. 36, 4, 6 *sqq.*

Aristophanēs, is, Akk. em u. ēn, *m.* (Ἀριστοφάνης), **I** der geistreichste u. witzigste Dichter der alten Komödie, »der ungezogene Liebling der Grazien«, wahrsch. von Geburt ein Athener, geb. 444, gest. 380 v. Chr., Cic. de legg. 2, 37. Hor. sat. 1, 4, 1. – Dav.: **a Aristophanēus** (od. **-nīus**), a, um, **aristophanēisch, des Aristophanes,** anapaestus, Cic.: metrum, Gramm. – **b Aristophanicus**, a, um, **aristophanisch,** Hier. in Iesai. 15, 54, 11. – **II** ein berühmter Grammatiker aus Byzanz, Schüler des Eratosthenes, Lehrer des Kritikers Aristarchus, Cic. de or. 3, 132. – **III** Aristophanes Mallotes, ein Schriftsteller über Landwirtschaft, Varr. r. r. 1, 1, 8.

aristophorum, ī, *n.* (ἀριστοφόρον), eine flache **Schüssel** für das Frühstück, Paul. ex Fest. 27, 15.

aristōsus, a, um (arista), **ährenreich,** Ven. Fort. carm. praef. 10, 3, 1.

Aristotelēs, is u. i, Akk. em u. ēn, *m.* (Ἀριστοτέλης), berühmter Philosoph aus Stagira, Schüler Platos, Stifter der peripatetischen Schule, auch Lehrer Alexanders des Gr., Varr. r. r. 1, 1, 8. Cic. de or. 3, 141: Genet. -ī, Cic. ad Att. 13, 28, 2; vgl. Prisc. 6, 62: Akk. -ēn, Quint. 3, 6, 60. Apul. de mag. 36. – Dav.: **A** **Aristotelēus** (od. -**īus**), Aristotelīus a, um, **aristotelisch, des Aristoteles,** vis, Cic.: ratio, Cic. – **B** **Aristotelicus,** a, um, **aristotelisch,** Augustin. conf. 4, 16 *in.*

Aristoxenus, ī, *m.* (Αριστόξενος), Philosoph und Musiker, Schüler des Aristoteles, Cic. de or. 3, 132 u. ö. – appellat. = Musiker, tuus ipse frater cibarius fuit Aristoxenus, ein hausbackener zweiter Aristoxenus, Varr. sat. Men. 360.

Aristus, ī, *m.* (Ἄριστος), akademischer Philosoph zu Athen, Freund und Gastfreund Ciceros, der sich im Jahre 51 v. Chr. bei ihm aufhielt, Cic. ad Att. 5, 10, 5: vgl. Cic. Acad. 2, 12: Lehrer des Brutus, Cic. Brut. 232.

arithmēticus, a, um (ἀριθμητικός), **arithmetisch,** integritas, Boëth. inst. arithm. 1, 1. p. 9, 2 Fr.: introductio, *ibid.* 2, 11. p. 137 Fr.: disciplina, Chalcid. Tim. 15. – Subst., **a** arithmēticus, ī, *m.*, **der Rechenmeister,** Boëth. Aristot. anal. poster. 2, 2. p. 550. Mythogr. Lat. 3, 6, 31. Cassiod. de anim. 4. Sidon. carm. 22. praef. 2. – **b** arithmēticē, ēs, Akk. ēn, *f.*, u. arithmētica, ae, *f.* (ἀριθμητική, *sc.* τέχνη), die **Arithmetik, Rechenkunst,** Vitr., Sen. u. a. – **c** arithmētica, ōrum, *n.*, die **Arithmetik,** Cic. ad Att. 14, 12, 3. Boëth. inst. mus. 2, 4 u. ö. Hieron. vir. ill. 54. p. 39. 2 *Herding.*

arithmus, ī, *m.* (ἀριθμός), die **Zahl;** dah. Arithmi, das vierte Buch Mosis (rein lat. Numeri), Tert. adv. Marc. 4, 23 u. 4, 28.

āritūdo, dinis, *f.* (areo), die **Trockenheit, Dürre,** Enn. Epich. 2 (bei Varr. LL. 5, 60). Plaut. rud. 524. Varr. sat. Men. 424 u. 428; r. r. 1, 12, 3.

1. Arīus, ī, *m.* (Ἄρεῖος), Stifter einer bekannten Sekte der Ketzer, Prud. psych. 794. – Dah. **Arīānus,** a, um, **arianisch, des Arius,** factio, Sekte, Hieron. vir. ill. 94: Plur. subst., Arīānī, ōrum, *m.*, die Anhänger des Arius, die **Arianer,** Eccl.

2. Arius, ī, *m.*, s. 1. Arīa.

Ariūsius, a, um, **aus der Gegend von Ariusia** auf Chios (Ἀριουσία χώρα, Strabo), wo der beste Chierwein wuchs, vinum, Verg. ecl. 5, 71. Plin. 14, 73: pocula, Sil. 7, 210.

Arīus pagus, s. Arēopagus.

arma, ōrum, *n.* (Stamm AR-o, griech. AP-ω, ich füge an; vgl. τὰ ἄρμενα, Segel u. Tauwerk der Schiffe), griech. ἔντεα u. ὅπλα, u. altd. **Zeug, Gezeug, Wehr** u. **Waffe, I** im Allg., alles, was zu einer Ausrüstung od. Zurüstung gebraucht wird, das **Rüstzeug** = **Gerät, Werkzeug,** arma equestria, die ganze Ausrüstung eines Pferdes, »Sattel u. Zeug«, Liv. 35, 23, 11. – das »Segelwerk, Takelwerk, Ruderwerk eines Schiffes«, Verg. Aen. 5, 15: 6, 353: dah. für »Flügel« (als Ruder in der Luft), Ov. art. am. 2, 50. – arma cerealia, Geräte zum Kornstoßen u. Brotbacken, Verg. Aen. 1, 177. – arma venatoria, Jagdgerät, Sen. de ben. 1, 11, 6. – vom »Gerät des Landmanns«, Verg. georg. 1, 160: arma operis sui, Ov. met. 11, 34 *sq.* – v. »Werkzeugen zum Haarscheren«, Mart. 14, 56. – v. »Baugerätschaften, Bauwerkzeug«, repente lintribus in eam insulam materiem, calcem, caementa, arma convexit, Cic. Mil. 74. – **II** prägn., das **Kriegszeug, Kampfzeug, 1** im weitesten Sinne, das ganze **Kriegsgerät,** die **Kriegsrüstung, Kriegsmaterialien,** armorum custos, factor, doctor, s. cūstōs usw.: pars utraque suos exercitus, sua arma, suos habitura duces, Liv.: armis et castris tentata res est, Cic.: bes. in der Verbindung arma virique, viri armaque u. dgl., Liv.; s. Fabri Liv. 24, 28, 4. – **2** im engeren Sinne, die angelegte **Rüstung, Wehr, Waffen,** sowohl die, die zum Schutz den Leib bedecken (wie Harnisch, Helm, Schild), als auch die, die man zur Verteidigung u. zum Angriff in der Hand behält (wie Schwert, Keule, Streitaxt), Ggstz. tela (Geschosse u. Angriffswaffen in die Ferne übh., dah. oft verb. tela et arma, arma atque tela, Trutz- u. Schutz- [Schutz- u. Trutz-] waffen; vgl. Fabri Liv. 22, 57, 10. Ruperti Tac. Germ. 6, 2), **a** eig.: arma auro et argento caelata od. distincta, Curt.: arma his imperata, galea, clipeum, ocreae, lorica, omnia ex aere, Liv.: tot milia armorum detracta corporibus hominum, Liv.: armorum et equitandi peritissimus, in Handhabung der W. und im Reiten, Suet.: exercitationes campestres armorum et equorum, kriegerische Waffen- u. Reitübungen, Suet.: arma virique, bewaffnete Männer, Gewappnete, Curt. – arma induere, Curt.: arma capere, sumere, Cic.: arma sumere pro alqo adversus alqm, Liv.: arma ferre contra alqm, Vell.: ad arma ire, zu den Waffen greifen = sich zum Kampf (zum Krieg) rüsten, Cael. in Cic. ep.: arma movere, inferre, s. moveo, infero: armis congredi, Acc. fr.: armis decertare od. decernere, Cic., od. dimicare, Nep., od. cernere, Acc. fr., od. certare, Verg.: milites ad arma vocare, Curt.: in armis esse, unter den W. stehen, Liv. u. Curt.: in armis stare, in voller Rüstung, s. Nipperd. Tac. ann. 14, 36. Curt. 4, 13 (47), 10.: CL milia habere in armis, Liv.: in armis aevom agere, Pacuv. fr.: in armis mori, mit den Waffen in der Hand, Sen.: arma deponere, Cic., arma dimittere, proicere, Sen.: arma tradere, Liv.: ad arma! »zu den Waffen!« Caes. u. Liv.: armis od. vi et armis expugnare, mit Waffengewalt, Sall. u. Liv.: u. so vi ac per arma, Suet. – **b** meton.: **α** die **Waffenerhebung,** der **Kampf, Krieg,** Galli inter ferrum et arma nati, Liv.: auctor armorum, Cic.: arma civilia, Cic.: arma inferre, Liv.: Graeciae arma movere, Curt.: arma referre, den Kr. erneuern, Verg.: arma proferre longius ab urbe, Liv.: arma componere, den Kr. endigen, Hor.: arma virumque cano, Verg.: auch für **Treffen, Gefecht,** in arma feror, Verg. Aen. 2, 337; u. so *ibid.* 655. – **β** die **Waffenmacht, Kriegsmacht, Heeresmacht,** et Persarum et Spartanorum arma, Curt.: Romana arma ingruere, Liv.: quam diu illa Sullani temporis arma valuerunt, Cic.: arma in Augustum cessere, Tac.: nulla iam publica arma, Tac. – **γ Bewaffnete, Soldaten, Krieger** (vgl. Fabri u. Weißenb. Liv 22, 3, 9), levia, Leichtbewaffnete, Liv.: auxiliaria, Hilfstruppen, Ov.: excubiae, arma, cetera aulae, Tac.: vallum armis ambire, Tac.: Hispanias armis non ita redundare, Tac. – dah. **δ Partei** im Krieg, neutra arma sequi, neutral bleiben, Ov.: dass. nulla arma movere, Ov. – **c** bildl., ein **Schutz-, Verteidigungsmittel,** eine **Waffe,** arma senectutis, prudentiae, Cic.: arma quaerere, auf Arglist sinnen, Verg.: amico arma (Lehren) dedit, Hor. – **3** im engsten Sinne (wie auch ὅπλα) der **Schild** als Hauptübungs- und Schutzwaffe der Alten, bes. der Fußsoldaten, fluitantia arma, Liv.: arma armis pulsare, Curt.: alqm exanimem super arma ferre, Verg.: in arma se colligere (sich decken), Verg.: arma Aeneae describere, Plin. ep.; vgl. Heyne Verg. Aen. 1, 118. Ruperti Tac. Germ. 11 *extr.* – ► Genet. Plur. synk. armûm, Pacuv. tr. 34. Acc. tr. 319; vgl. Cic. de or. 155.

armamaxa, ae, *f.* (ἁρμάμαξα), ein bedeckter persischer **Reisewagen,** bes. für Frauen u. Kinder, Curt. 3, 3 (8), 23. Suet. fr. 187. p. 335, 3 R. Tert. de spect. 7.

armāmenta, ōrum, *n.* (arma), das nötige **Zeug, Gerät,** bes. auf Schiffen das **Segelwerk, Takelwerk** (wie Taue, Mast, Segelstangen), vela armamentaque, Caes.: arm. instructa, die fix u. fertige Takelage, Caes.: armamenta aptare, collocare aptareque, Liv.: armamenta tollere, Ggstz. demere, Liv.: armamenta componere, Liv., complicare et componere, Plaut.: iubere vela stringi, armamenta demitti, Sen.: armamenta tamen, malum, velum, omnia servo, Lucil. fr.: arm. vinearum, Pfähle, Stützen, Plin.: v. Gerät zum Zerstampfen (Mörser u. Mörserkeule), Plin.: hinc erant arm. ad inclusos cantus, d. i. Blasinstrumente (von Rohr = *tibiae*), Plin.: armaria armamentorum gratiā parata, wegen Gerätschaften des Hauses, ICt. – ► Genet. Plur. synk., armamentûm stridor, Pacuv. tr. 335. – Sing. armamentum, Colum. 12 2, 5. Quint. 7, 9, 4. Not. Tir. 45, 79. Gramm. III, 462, 32. Gloss. III, 385, 24.

armāmentārium, ī, n. (armamenta), **Rüstkammer, Zeughaus, Arsenal,** armamentarium et navalia (Schiffswerften), Liv.: apertum arm., Tac.: Atheniensibus armamentarium facere, Cic.: Athenis armamentarium mille navium fabricavit, Plin.: ex armamentariis publicis arma populo Romano dare, Cic.

armāmentum, s. armāmenta ►.

armāria, ae, *f.*, s. armārium ►.

armāriolum, ī, *n.* (armarium), das **Schränkchen,** Plaut. truc. 55: als Bücherschränkchen, Sidon. ep. 8, 16. Hier. in Matth. 3, 21.

armārium, ī, *n.* (arma), der **Schrank,** zu Speisen, arm. promptuarium, Cato: zu Geld, Kleinodien, Kleidern u. a. Dingen (bes. im Atrium des Hauses), ex armario alqd surripere, Plaut.: armarii fundum exsecare, Cic.: grande arm. in angulo vidi, in cuius aedicula (kleiner Kapelle) erant Lares argentei positi, Petr.: senectus anguis reposita in arcis armariisque tineas necat, Plin. – Bücherschrank od. Bücherrepositorium, armaria librorum, Oros.: armaria exstructa bibliopolarum, Sidon.: bibliopolae stationes et armaria circa pilas habebant, Acro: capsae et armaria, si librorum aut vestium gratiā parata sint, non esse in supellectile, Paul. dig.: arm. parieti in bibliothecae speciem insertum, Plin. ep.: e certis armariis infinita volumina eduxit, Vitr. – armarium muricibus praefixum, der inwendig mit hervorstehenden Spitzen versehene Kasten, in dem Regulus den Tod fand, Gell. 6, 4. § 4. – armarium als Denkmal, CIL 6, 1600. – ► Nbf. armāria, ae, *f.*, Schol. Iuven. 3, 219 u. 7, 118.

armātio, ōnis, *f.* (armo), die **Bewaffnung,** Prisc. part. XII vers. Aen. 1, 17.

armātor, ōris, *m.* (armo), der **Bewaffnende** (= ὁπλιστής, Gloss.), Prisc. part. XII vers. Aen. 1, 16.

armātrīx, trīcis, *f.* (Femin. zu armator), die **Bewaffnende,** Prisc. part. XII vers. Aen. 1, 16.

armātura, ae, *f.* (armo), **I** = armamenta (ἡ σκευή), das **Segelwerk, Takelwerk,** armatura navis, Itala (Vindob.) act. apost. 27, 19: armatura cadit, Ven. Fort. vit. S. Mart. 4, 411. – **II** = ὅπλισις (s. Prisc. part. XII vers. Aen. 1, 20), die **Bewaffnung** als Gattung, die **Waffengattung, A** eig.: cohortes nostrā armaturā, Cic.: Numidae levis armaturae, Caes.: studium armaturae Threcum prae se ferens, für die Fechter (Gladiatoren) in thrazischer Waffenrüstung, Suet. – **B** meton.: **a** die **Waffengattung** = die **Bewaffneten** einer Gattung, haec arma (näml. Cretenses), Liv.: arm. levis, Leichtbewaffnete, Ggstz. qui gravium armorum sunt, Cic., u. Ggstz. legiones, Cic., Ggstz. phalanx, Curt., Ggstz. equites, pedites, Cic. u. Frontin.: Plur., leves armaturae, Sen. de vit. beat. 7, 8, 2. u. arm. leves, Amm. 14, 6, 17: arm. velocissimae, Veget. mil. 3, 14. p. 97, 9 L. – spätlat. insbes. die **schwerbewaffnete Garde,** armaturarum tribunus, Amm. 14, 11, 21; 15, 5, 6: armaturarum rector, Amm. 15, 4, 10. – u. für **Streitmacht** übh., Amm. 23, 3, 5. Nazar. pan. Const. 23, 1. – u. Sing. armatura = **Soldat,** arm. leg. XIV, CIL 13, 6895. – **b** (= arma) die **Waffen,** armaturam dare, *Val. Max. 7, 6, 1: armaturam accipere, Vulg. sap. 5, 18: induere armaturam dei, Vulg. Ephes. 6, 11. – **c** die **Übung im Gebrauch der Waffen in Reih u. Glied gegen den Feind,** die **taktischen Übungen,** die **Taktik** (s. Salmasius Lampr. Alex. Sev. 53. vol. 1. p. 1012 *sq.*), Veget. mil. 1, 4; 1, 13 u. ö.: multiplex armaturae scientia, in der Taktik, Amm. 14, 11, 3: artium armaturae pedestris perquam scientissimus, Amm. 21, 16, 7: qui equo vectus militares armaturas exercet, Firm. math. 8, 6 *in.* – u. die **taktisch geübten Truppen,** Veget. mil. 2, 23.

1. **armātus,** a, um, *PAdi.* m. (selten) *Compar.* u. *Superl.* (v. armo), **bewaffnet, gerüstet, ausgerüstet, in voller Rüstung, I** eig. (Ggstz. inermus, inermis, auch togatus): armatos, si Latine loqui volumus, quos appellare vere possumus? opinor eos qui scutis telisque parati ornatique sunt, Cic.: quos aliquamdiu *inermos* timuissent, hos postea *armatos* et victores superassent, Caes.: sed perinde valebit, quasi armatissimi fuerint, Cic.: tam tibi par sum quam *multis armatissimis* (bis an die Zähne Bewaffneten) *nudi* aut *leviter armati,* Sen.: mihi dederunt (di) armato togatoque (= im Kriegs- u. Friedensgewand, in Krieg u. Frieden), ut vos a barbaris hostibus, a superbis defenderem civibus, Liv.: armati milites, Spart.: cohors armata (Ggstz. coh. togata), Tac.: armatae classes, Verg. – m. *Abl.*, armatus ferro, Verg., falce, Tibull.: urbs armata muris, Cic. – meton., vis armata, Waffengewalt, ICt.: armatae rei scientissimus et togatae, Meister in jeder Kunst des Kriegs u. des Friedens, Amm.: arm. anni, Kriegsjahre, Sil. – subst., armātus = ὁπλίτης, ein **Bewaffneter,** Prisc. part. XII vers. Aen. 1, 20: u. kollektiv, Curt. 5, 7 (22), 2; gew. Plur. armātī, ōrum, *m.*, **Bewaffnete,** Caes. u. a. – **II** übtr.: erat incredibili armatus audaciā, Cic.: excitati, erecti, parati, armati animis iam esse debemus, Cic.: mens armata dolis, Sil.: illum maluerim aliquo modo *mitiorem,* quam te isto modo *armatiorem* (geharnischter), Augustin. ep. 73, 10.

2. **armātus,** Abl. ū, *m.* (armo), die **Bewaffnung, Rüstung, I** eig.: haud dispari armatu, Liv.: Cretico maxime armatu, Liv. – **II** meton., die **Bewaffneten** (s. Weißenb. Liv. 26, 5, 3), toto fere gravi armatu, Schwerbewaffnete, Liv.: relicto omni graviore armatu, Liv.

Armenia, ae, *f.* (Ἀρμενία), **Armenien,** eine Landschaft in Asien, durch den Euphrat in zwei ungleiche Hälften geteilt (dah. utraeque Armeniae, Flor. 3, 5, 21; u. utraque A., Lucan. 2, 638), A. maior (Ἀρμενία μεγάλη, j. die Provinzen *Erzerum, Kars, Wan* u. *Eriwan*) u. A. minor (Ἀρμενία μικρά od. βραχυτέρα, jenseits des Euphrats, etwa das j. *Anatoli*) genannt, Arm. maior u. minor, Plin. 6, 9 (9), 25 (45), 12: Arm. minor, Eutr. 6, 8: Arm. maior, Curt. 4, 12 (45), 12: bl. Armenia (bes. = Armenia minor), Cic. Phil. 2, 94. Sall. hist. fr. 4, 51 (10) u. 52 (11). Mela 3, 5, 5 (3. § 40). Amm. 17, 5, 6 u. (= Arm. maior) Eutr. 6, 8 u. 8, 3. – Dav.: **1 Armeniacus,** a, um, **armenisch,** bellum, Plin. u. Spart.: als Beiname, Scriptt. hist. Aug. – subst., **a** armeniaca, ae, *f.* (*sc.* arbor), der **Aprikosenbaum,** Col. 11, 2, 96. – **b** armeniacum, ī, *n.* (*sc.* pomum), die **Aprikose,** Col. u. Plin. – **2 Armenius,** a, um, **armenisch,** lingua, Varr. LL.: reges, Cic.: pedites, Nep.: sagittarii, Treb. Poll. – subst., **a** Armenius, ī, *m.*, der **Armenier,** Hor. u. Ov. (kollektiv): Plur. = die Bewohner Armeniens, die **Armenier,** Cic. fr., Sall. u. a.: habes Armenios sescentos (als Soldaten), Valer. b. Vopisc.: Armenii, quos minores vocant, die Bewohner Kleinarmeniens, Curt. – **b** armenium, ī, *n.*, **α** (verst. pomum) die **Aprikose,** Col. u. a. – **β** (verst. pigmentum) eine kostbare blaue Farbe, unser **Bergblau,** Varr. u. Plin.

Armenius, s. Armenia u. Arminius.

armenta, ae, *f.*, s. armentum a. E.

armentālis, e (armentum), **zum Großvieh gehörend,** equae, weidende, Verg.: lac, Kuhmilch, Symm.: fistula, Sidon.: viri, Prudent.

armentārius, a, um (armentum), **zum Großvieh gehörig,** morbi, Solin. 5, 21: equiso, Apul. met. 7, 15: pastor, Gregor. in euang. 2, 30, 8. – subst., armentārius, ī, *m.*, der **Großviehhirt, Rinderhirt,** Varr., Verg. u. a.

armenticius, a, um (armentum, s. Prisc. part. XII vers. Aen. 1, 14), **zum Großvieh gehörig,** pecus, Varr. r. r. 2, 5, 16: greges, *ibid.* 2, 10, 3.

armentīvus, a, um (armentum), **zur Großviehherde gehörig,** animalia, das Großvieh, das bei der Herde geht, Veget. mul. 1, 18: fima, Plin. 28, 232.

armentōsus, a, um (armentum), **reich an Großvieh,** Italia armentosissima, Gell. 11, 1, 2.

armentum, ī, *n.* (aus *aramentum v. aro), das in Herden lebende **Großvieh,** bes. Ochsen u. Pferde, **I** *Sing.* kollektiv = das **Großvieh,** die **Großvieh-Herde** (Ggstz. pecus, *n.*, das Kleinvieh, u. grex, die Herde Kleinvieh), in eo saltu armentum pascere solitus (v. einem Hirten) Liv. 32, 11, 1: pecus armentumque, Plin.: tardius asellus deficit, quam ullum aliud armentum, Col. – v. Stieren u. Pferden, subolem armento (der Herde) sortire quotannis, Verg.: Pan erat armenti custos, Ov.: v. Ochsen (Stieren), Hor. u. Liv.: v. Pferden, in grege armenti, Plin. – dah. auch im Plur. von mehreren Herden, hic inter greges interque armenta Cupido natus, Tibull.: multi greges ovium, multa ibi equorum boumque armenta, Plin. ep.: hos tota armenta (Rudel) sequuntur a tergo, Verg.: u. übtr., quorum (cynocephalorum) armenta pascit, Plin. – **II** *Plur.*, v. Ochsen, grex armentorum, Varr.: greges armentorum reliquique pecoris, Cic.: ut accensis cornibus armenta concitentur, Liv.: v. Pferden, bellum haec armenta minantur, Verg.: übtr., armenta immania Neptuni, das scheußliche Meervieh, Verg. – meton. = einzelne **Stücke Rindvieh,**

centum armenta, Hyg. fab. 118. – ▶ Akk. Plur. heteroklit. armentas, Enn. fr. inc. 12 V. Pacuv. tr. 349; vgl. Paul. ex Fest. 4, 3.

armicustōs, ōdis, *m.* = custos armorum (vgl. custos), der **Waffenbewahrer, Waffenträger,** CIL 11, 67 u. ö. Vgl. Gloss. ›armicustos, ὁπλοφύλαξ‹.

armidoctor, ōris, *m.* (= armorum doctor), = ὁπλοδιδάσκαλος, der **Lehrer in der Handhabung der Waffen,** der Fechtmeister, Not. Tir. 45, 81[a] u. Gloss. II, 385, 26.

armifactor, ōris, *m.* (= armorum factor), = ὁπλοποιός, der **Waffenschmied, Zeugschmied,** Vict. Vit. 1, 30. Cassiod. var. 7, 18.

armifactōrium, ī, *n.* (arma u. facio), die **Waffenfabrik, Waffenschmiede,** Novell. 86, 1.

armifactūra, ae, *f.* (ὁπλοποιία), das **Verfertigen von Waffen,** Novell. 85, 3.

armifer, fera, ferum (arma u. fero), **I Waffen tragend, bewaffnet, kriegerisch,** Minerva, Ov.: deus, d. i. Mars, Stat.: Leleges, Ov.: poet. übtr., irae, Stat.: labores, Kriegsmühen, Stat. – **II Bewaffnete tragend,** arvum (das mit Drachenzähnen besäte Feld in Kolchis, aus dem geharnischte Männer hervorkamen), Sen. Med. 471.

armiger, gera, gerum (arma u. gero), **I Waffen tragend, 1** die eigenen = **bewaffnet,** corpus, Acc. fr.: deus, Mars, Sil.: inter cives armigera dissensio, Vitr. 1, 7, 1: subst., armigerī, ōrum, *m.*, **Bewaffnete, Landsknechte,** Curt. 3, 12 (30), 7; od. **Leibwache** (ὑπασπισταί), **Palastwache,** Curt. 5, 4 (15), 21; 6, 8 (31), 19 u. a. – **2** die eines anderen, nur *subst.*, **a** armiger, gerī, *m.*, der **Waffenträger, Schildknappe,** egomet mihi agaso, armiger, Plaut.: armiger Achillis, Verg.: regis, Ov.: Germanorum manum inter armigeros circum se habuerat, Suet.: in regio comitatu armigeri quidam, Apul.: obtruncato prius armigero, Liv. (attrib., servus armiger, Plaut. Casin. 257). – übtr., armiger Iovis, v. Adler, Verg. u. Spät.: ders. fulvus tonantis armiger, Claud.: Veneris hortator et armiger Liber, Apul.: poet., armiger hāc magni patet Hectoris, v. Vorgebirge Misenum (das nach Hektors Waffenträger Misenus benannt ist), Stat. – armiger Catilinae, Schildknappe = Helfershelfer, Cic. de dom. 13. – **b** armigera, ae, *f.*, die **Waffenträgerin** (Dianae). Ov. met. 3, 165; 5, 619. – übtr., Iovis, v. Adler, Plin. 10, 15: aquila, quae ob hoc armigera huius teli (*sc.* fulminis) fingitur, Plin. 2, 146. – **II Bewaffnete tragend** (vom Feld in Kolchis, s. armifer *no.* II), humus, Prop. 3, 11, 10: sulcus, Claud. laud. Stil. 1, 324.

armilausa od. **-lausia**, ae, *f.*, ein auf beiden Seiten aufgeschlitzter Überwurf, wie das Chorhemd unserer Priester (s. Isid. 19, 22, 28), Paul. Nol. ep. 17 (13), 1. u. 22 (7), 1. Schol. Iuven. 5, 143.

armilla, ae, *f.* (armus), **I** das **Armband,** das aus zusammenhängenden breiten Stücken (gew. mit getriebener od. durchbrochener Arbeit) bestand, die **Armspange,** das **Brasselett,** als am Handgelenk getragener Schmuck der Frauen u. Männer, Cic. fr.: dexter lacertus armillā aureā cultus, Petr.: ubi illae armillae sunt, quas unā dedi? Plaut. Men. 536. – größere, massive, in drei bis vier Windungen schlangenförmig um den Arm aufsteigende als Belohnung tapferer Krieger, aureae armillae magni ponderis, Liv.: torque atque armillis decoratus, Claud. Quadrig. fr.: equites omnes corniculis armillisque argenteis donat, Liv. – **II** ein breiter **eiserner Ring,** Vitr. 10, 2, 11 (10, 6).

armillārius, ī, *m.* (armilla) = ψελιοποιός, der **Armspangenverfertiger,** Gloss. II, 25, 33.

armillātus, a, um (armilla), mit **Armspangen geschmückt,** armillata et phalerata turba, Suet. Ner. 30, 3: armillatus in publicum processit, Suet. Cal. 52. – canes, mit den Armspangen der Herrin geschmückte, Prop. 4, 8, 24.

armillum, ī, *n.* (armus), ein auf der Schulter (armus = umerus) getragenes **Weingefäß, Weinkrüglein,** Varr. b. Non. 547, 15; vgl. Paul. ex Fest. 2, 5. Placid. gloss. (V) 48, 21. – Dah. sprichw., ad armillum redire od. reverti, **auf seine alten Sprünge** od. **Ränke kommen,** Apul. met. 6, 22; 9, 29: u. so ellipt., hinc a me ilicet anus rursum ad armillum, Lucil. sat. 28, 30.

armilūstrium, ī, *n.* (arma u. lustro), das alljährliche Fest der **Waffenweihe** in Rom (den 19. Oktober), wo die Bürger auf dem **armilustrum** (Liv. 27, 37, 4; vgl. Varr. LL. 5, 153) gen. Platz bewaffnet erschienen u. opferten, Varr. LL. 6, 22. Paul. ex Fest. 19, 6.

Arminius, ī, *m.*, **Armin,** der berühmte cheruskische Fürst, der i. J. 9 n. Chr. im Teutoburger Wald den Quintilius Varus schlug u. Germanien vom Druck der Römer befreite, Vell. 2, 118, 2. Tac. ann. 1, 55 (*cod. Med.* ›Armenius‹). A. liberator haud dubie Germaniae, Tac. ann. 2, 88 (*cod. Med.* ›Armenius‹). (Germani) duce Arminio arma corripiunt, Flor. 2, 30, 32.

armiportātor od. **armiportitor** = armiger, Gloss.

armipotēns, entis (arma u. potens), **waffenmächtig, kriegerisch, tapfer,** Minerva, Acc. fr.: Mavors, Lucr.: Mars, Verg.: Achilles, Verg.: diva, Minerva, Verg.: ductor, genitor, Claud.: v. Örtl., Syria, ICt.: Ausonia, Stat.

armipotentia, ae, *f.* (armipotens), die **Waffenmacht, Kriegsmacht,** Amm. 18, 5, 7.

armisonus, a, um (arma u. sono), **waffentönend, waffenumrauscht,** Pallas (als Schwingerin der Lanze u. Ägis), Verg. Aen. 3, 544. Stat. Theb. 1, 535. Val. Flacc. 1, 74: dies. diva, Sil. 13, 42: übtr. v. Lebl., antrum, dröhnende, Claud. rapt. Pros. 3, 67: procellae, tosende, Sil. 15, 39.

armitēs = ὁπλῖται οἱ ἐν ἐσχάτῃ τάξει, Gloss. II, 23, 15.

armo, āvī, ātum, āre (arma), **ausrüsten, rüsten, I** im Allg., mit dem nötigen Rüstzeug, Gerät versehen, thecam calamis, Mart. 14, 19, 1. – als naut. *t. t.*, **auftakeln, segelfertig machen,** naves, Caes.: classem, Verg.: navis instructa et armata egregie, Liv. – **II** prägn., zum Kampf, zum Krieg, zum Mord rüsten, **1** im weiteren Sinne, übh. **ausrüsten, rüsten, kampfgerüstet-, kampftüchtig machen,** alqm, Cic.: Pompeium senatus auctoritas armavit, Vell. – muros propugnaculis, Liv.: urbs armata muris, Cic. – alqm in rem publicam, Cic.: regem armare et exercere adversus Romanos, Nep. – **2** im engeren Sinne, mit Schwert u. Rüstung od. mit einer sonstigen Mordwaffe **waffnen, bewaffnen, bewehren, a** eig.: in pace multitudinem hominum cogere, armare, instruere, Cic.: arm. milites, Caes.: copias, Sall.: exercitum, Liv.: manus agrestes, Verg.: armare se coepisse, ins Gewehr treten (von der Wache), Curt.: milites armari iubet, lässt sie antreten, Caes. – manus (die Rechte, den Arm), Sall.: u. so manus adversum deos, Sall. fr.: dextram patris in filiam, Liv.: servum in od. contra dominum, Cic. – Asiam Europamque ad funestum bellum, Liv.: adversus communem hostem duas potentissimas armis virisque urbes, Liv.: ad occidendum iam armatum esse (v. Räuber), Sen.: manus (seine Hände) in alcis perniciem, Planc. in Cic. ep.: equum bello (zum Kr.), Verg. – Arios pro Beso, Auct. itin. Alex. 32. – milites iis armis, Pompeius in Cic. ep.: u. alqm telis, saxis, Liv.: gladiis dextras, Liv.: sagittas veneno, Iustin.: calamos veneno, Verg.: multitudo facibus armata, Liv. – **b** übtr., wie mit einer Waffe **waffnen,** zum Schutz od. Angriff **versehen,** multitudinem auctoritate publicā, Cic. – cogitavit, quibus rebus accusatorem armaret, Cic.: se eloquentiā, Cic.: se impudentiā alcis, Nep.: quā (arte) semper armatus, Tac. – alqm ad omnia, Cic.: u. alqm in fata parentis, Ov.

armon... s. harmon...

armoracea (od. **-cia**), ae, *f.*, u. **armoracium**, ī, *n.* (ἀρμορακία), **Meerrettich,** (*Cochlearia armoracia*, L.), Col., Plin. u. a.

Armoricānus, s. Aremoricus.

Armoricus, s. Aremoricus.

armus, ī, *m.* (got. *arms*, indogerm. *irmah*, nhd. Arm), der oberste Teil des Oberarms bei Menschen, das **Schulterblatt,** des Oberschenkels bei Tieren, der **Vorderbug,** als Teil des ganzen Körpers (zum Unterschied von scapula, als Teil des Skeletts), **a** bei Menschen, das **Schulterblatt** (während umerus = die Schulter), nur noch bei Dichtern der august. Zeit und meist = der starke, muskulöse **Oberarm** selbst, latos huic hasta per armos tremit, Verg.: ex umeris medios coma dependebat in armos, Ov.: forti pectore et armis, Verg. – **b** bei Tieren, der **Vorderbug** (Ggstz. suffrago, der Hinterbug), ex umeris armi fiunt, Ov.: uni homini umeri, ceteris armi, Plin.: u. so armi equi, Hor. u. Plin.:

leporis, Hor.: leonis, pantherae, Plin.: armis hispidi apri et ursi, Amm. – dah. im weiteren Sinne, die **Seite** des Tieres, Verg. Aen. 6, 881.

Arna, ae, *f.*, Stadt in Umbrien, bei Perusia, j. *Civitella d'Arno,* Sil. 8, 456. – Dav. **Arnātēs,** ium, *m.*, die Einw. von Arna, die **Arnaten,** Plin. 3, 113.

arnacis, Akk. Plur. cidas, *f.* (ἀρνακίς), ein **Schafpelz,** als Mädchenkleidung, Varr. b. Non. 543, 1.

Arnē, ēs, *f.* (Ἄρνη), Stadt in Böotien, Stat. Theb. 7, 331.

Arniēnsis, s. Arnus.

Arnobius, ī, *m.*, Afer, aus Sikka in Afrika, einer der frühesten u. bedeutendsten Schriftsteller der christl. Kirche, gest. um 330 n. Chr., dessen Apologie des Christentums (Arnobii adversus gentes, gegen die Heiden) wir noch besitzen, Hier. de vir. ill. c. 79; chronic. ad a. XX imp. Constant.; vgl. *Hildebr.* praef. ad Arnob. p. XIII *sqq.*

arnoglōsson, ī, *n.* (ἀρνόγλωσσον), eine Pflanze, **Schafzunge, Wegerich,** rein lat. plantago (*Plantago maior,* L.), Ps. Apul. herb. 2 (das. auch **arnion** gen.). – Nbf. **arnoglōssos,** ī, *f.*, Marc. Emp. 20. Isid. 17, 9, 50. – gew. **arnoglōssa,** ae, *f.*, Marc. Emp. 8. Cael. Aur. chron. 4, 8, 117. Theod. Prisc. 1, 8. Plin. Val. 2, 28.

Arnus, ī, *m.* (Ἄρνος), der Hauptfluss Etruriens, der auf den Apenninen entspringt u. bei Pisā in das Tyrrhen. Meer mündet, j. *Arno,* Liv. 22, 2, 2. Tac. ann. 1, 79. – Dav. **Arniēnsis,** e, zum Arno gehörig, tribus, am Arno gelegen (die entfernteste), Cic. agr. 2, 79. Liv. 6, 5, 8.

aro, āvī, ātum, āre (ἀρόω), **pflügen, ackern, I** eig.: **a** vom Ackersmann und Ackervieh, m. *Acc.,* ar. terram aut serere arbores, Varr.: ar. terram et sulcum altius imprimere, Cic.: ager non *semel aratus,* sed *novatus* et *iteratus,* Cic.: ager qui *arari aut coli* possit, non qui *aratus aut cultus sit,* Cic.: bildl. v. Beschreiben mit dem Schreibgriffel, gleichs. **beackern,** osse campum cereum, Titin. com. 160: gleichs. ackernd **ziehen,** cerā sulcos, Prud. perist. 9, 52: u. v. Reden, incipit alloquiis fera pectora cultor arare (zu bearbeiten), Ven. Fort. vit. S. Mart. 3, 161. – absol., arare mavelim, quam sic amare, Plaut.: numquam domum revortor, quin te in fundo conspicer *fodere* aut *arare* aut aliquid ferre denique, Ter.: nudus ara, sere nudus, Verg.: arare tauris, Hyg.: bildl. v. Schreiben mit dem Schreibgriffel, vertamus vomerem, in cera mucrone aeque aremus osseo, Atta com. 12 *sq.* (p. 162 R[2]). – Sprichw., non profecturis litora bubus aras, wendest vergebliche Mühe an, Ov. her. 5, 116; vgl. trist. 5, 4, 48: alienum fundum arat, incultum familiarem deserit, er pflügt auf fremdem Acker, lässt den eigenen unbebaut = kümmert sich um fremde Dinge, vernachlässigt die eigenen Angelegenheiten, Plaut. asin. 874. – **b** v. Ländereibesitzer, bes. v. Staatsdomänenpächter, m. *Acc.* = **beackern-, bestellen lassen, bebauen,** non opinor quemquam minus esse professum, quam quantum arasset, Cic.: Falerni mille fundi iugera, Hor.: u. allg., quae homines arant, navigant, aedificant, virtuti omnia parent, alles Pflügen, Schiffen, Bauen der Menschen hängt von ihrer Tüchtigkeit ab, Sall. Cat. 2, 7: quidquid arat impiger Apulus, erpflügt, d. i. durch Ackerbau gewinnt, Hor. carm. 3, 16, 26. – u. absol., **Ackerbau treiben, vom Ackerbau leben,** cives Romani, qui arant in Sicilia, d. i. die Domänenpächter (s. arātor *no.* I, B), Cic. Verr. 3, 11: araret, navigaret, Vopisc. Prob. 23, 3. – **II** poet. übtr.: **a durchfurchen** = runzelig machen, venient rugae, quae tibi corpus arent, Ov. art. am. 2, 118: aratā rugis fronte, Hier. ep. 14, 13 u. 52, 1. – **b** das Meer usw. **durchfurchen** = durchsegeln, vastum maris aequor, Verg. Aen. 2, 780; 3, 495: latum aequor, Ov. trist. 1, 2, 76: vicinas aquas, Ov. trist. 3, 12, 36. – **c** obszön, den **After** jmds. **durchfurchen,** pueros, Plaut. truc. 150.

arōma, atis, *n.* (ἄρωμα), **Gewürz,** ar. Indicum, Marcian. dig. 39, 4, 16. § 7: Sabaeum, Ven. Fort. 7, 12, 39: odor sparsi aromatis, Prud. apoth. 758: aromate tinctus, Prud. perist. 14, 72: acerra multo aromate gravidata, Mart. Cap. 2. § 115. – Plur. aromata, Cels. 3, 21. p. 107, 18 D. Col. 12, 20, 4. Isid. 17, 8, 1. Vulg. gen. 37, 25 u. a.: Genet. aromatum, Ulp. dig. 7, 5, 11. Vulg. exod. 31, 11: Dat. od. Abl. aromatibus, Vulg. exod. 37, 29. Augustin. conf. 9, 13, 36; aromatis, Colum. 12, 25, 4. Apul. met. 3, 17 u. 11, 16; flor. 19. Augustin. conf. 9, 13, 16.

arōmatārius, ī, *m.* (aroma), der **Gewürzhändler, -krämer,** CIL 6, 384.

arōmaticus, a, um (ἀρωματικός), **aus Gewürz bestehend, Gewürz-,** messis, Sedul. carm. 5, 324: calamus (s. d.), Veget. mul. 3, 13, 4 L.: subst, arōmatica, ōrum, *n.*, **Gewürzwaren, Spezereien,** Spart. Hadr. 19, 5.

arōmatītēs, ae, *m.* (ἀρωματίτης), **Gewürzwein,** rein lat. *vinum medicatum,* Plin. 14, 92 u. 107.

arōmatītis, tidis, *f.* (ἀρωματῖτις), eine Art **Bernstein** von Geruch u. Farbe der Myrrhe, Plin. 37, 145.

arōmatizo, āre (ἀρωματίζω), nach etw. **gewürzhaft riechen,** balsamum aromatizans, Vulg. Sirach 24, 20.

aron (arum), ī, *n.* (ἄρον), **Natterwurz, Zehrwurz** (*Arum,* L.), Plin. 19, 96 u. a.: arum Gallicum, Pelag. vet. 6. p. 32.

Arōnēus, a, um, **zum Hohenpriester Aaron gehörig,** Paul. Nol. 22, 27.

arpa, s. harpa.

arpago, s. 1. harpago.

Arpānus, a, um, s. Arpī.

Arpī, ōrum, *m.*, blühende Handelsstadt in der getreidereichen apulischen Ebene, der Sage nach eine Gründung des Diomedes aus Argos u. von diesem Ἄργος ἵππιον gen., woraus der frühere Name **Argyrippa** (Ἀργύριππα) od. poet. **Argyripa** (Verg. Aen. 11, 246. Sil. 4, 554 u. ö.) u. dann Arpi entstanden sein soll, Liv. 9, 13, 6 *sqq.* Cic. ad Att. 9, 3, 2. Plin. 3, 104. Mart. 4, 55, 3. Iustin. 20, 1, 10. – Dav.: **1 Arpīnus,** a, um, **arpinisch, aus Arpi,** ager, Varr.: Dasius Altinius Arpinus, Liv. – Plur. subst., Arpīnī, ōrum, *m.*, die Einw. von Arpi, die **Arpiner,** Liv. – **2 Arpānus,** a, um, zu **Arpi gehörig, arpanisch,** ager, Gromat. vet. 210, 10. – Plur. subst., Arpānī, ōrum, *m.*, die Einwohner u. Umwohner von Arpi, die **Arpaner,** Plin. 3, 105.

Arpīnās, Arpīnātis, s. Arpīnum.

Arpīnum, ī, *n.*, urspr. volskische, dann samnitische Stadt am Fibrenus, unweit des Liris, Heimat des Cicero u. Marius, Cic. de legg. 2, 1, 3; ad Att. 2, 8, 2. Sall. Iug. 63, 3. – Dav.: **1 Arpīnās,** ātis, Abl. e u. ī, zu **Arpinum gehörig, arpinatisch,** fundus, u. bl. in Arpinate nostro, Cic.: praedia, Cic.: mei municipes Arpinates, meine Mitbürger zu Arpinum, Cic. – subst., Arpīnās, ātis, Abl. e u. ī, **a** *m.*, der **Arpinate;** dah. für Cicero, Symm.; u. für Marius, Sidon. – im Plur. Arpīnātes, ium, *m.*, die Einwohner von Arpinum, die **Arpinaten,** Cic. u. a. – **b** *n.*, ein Landgut Ciceros bei Arpinum, in Arpinati, Cic. Tusc. 5, 74; ad Q. fr. 3, 1: ex Arpinati, Cic. ad Att. 5, 1. – Nbf. **Arpīnātis,** is, *m.*, Cato origg. 2. fr. 28 (61). – **2 Arpīnus,** a, um, **aus Arpinum, arpinisch,** chartae, Ciceros, Mart. 10, 19, 17.

Arpīnus, a, um, s. Arpī u. Arpīnum.

Arpocratēs, s. Harpocratēs.

arquātūra, s. arcuātūra.

arquātus, s. arcuātus.

arquipotēns, s. arcipotēns.

arquitenēns, s. arcitenēns.

arquus, s. arcus.

arra (arrha), ae, *f.*, u. **arrabo** (arrhabo), ōnis, *m.* (ἀῤῥαβών, vom hebr. ערבון, Unterpfand, aus ערב, bürgen), **I** das bei einem Vertrag gegebene **Unterpfand, Angeld,** das **Kaufgeld,** der **Kaufschilling,** arrabonem dare, Plaut.: arraboni dare has quadraginta minas, Plaut.: pro arrabone dari, Vulg.: arrabonem hoc ferre pro mina, Plaut.: puellam arraboni relinquere pro argento, Ter.: fenus copiosum sub arrabone auri argentique crebriter exercens, auf Gold u. Silber als Pfand gegen reichlichen Zins häufig Gelder leihend, Apul. – quod arrae nomine pro emptione datur, Gaius dig.: anulum arrae nomine accipere, Ulp. dig. – Insbes., Plur. arrae = der **Mahlschatz** (bei Verlobungen), Paul. dig. 23, 2, 38. Cod. Iust. 5, 1, 5; vollst. arrae sponsaliciae, Cod. Iust. 5, 1, 5; 5, 2, 1. Gregor. ep. 1, 71 – **II** übtr.: arra mortis, Plin. 29, 21 – potestatis et virtutis suae arrabo, Tert. adv. Hermog. 34: arrabo spiritus, Itala 2. Corinth. 5, 5: hunc arrabonem amoris primum a me accipe, Plaut. mil. 957. – ► Scherzhaft abgek. rabo, Plaut. truc. 688 u. 689.

arrādo, s. ad-rādo.

arrālis (arrhālis), e (arra), **pfändlich, unterpfändlich,** pactum, Diocl. in Cod. Iust. 4, 49, 3.

arrēctārius, a, um (arrigo), gerade in die Höhe gerichtet, **perpendikulär,** subst., arrectāria, ōrum, *n.*, die **Ständer** an den Wänden (Ggstz. transversaria, Querbalken), Vitr. 2, 8, 20 u. a.

arrēctus, a, um, *PAdi.* m. *Compar.* (v. arrigo), **emporgerichtet, emporstehend,** auriculae, Col. 6, 29, 2: aures, Pelag. vet. 12. p. 55: oculis est arrectis, *ibid.* 29. p. 99: oculos habet arrectiores, *ibid.* 12. p. 55. – dah. v. Örtl., **steil, jäh,** pleraque Alpium ab Italia sicut breviora, ita arrectiora sunt, Liv. 21, 35, 11: saxa arrectiora, Solin. 9, 8.

arrēmigo, s. ad-rēmigo.

arrenicum, s. arrhenicum.

ar-rēpo (ad-rēpo), rēpsī, ere, an oder zu etw. **herankriechen, heranschleichen,** I eig.: ad columbaria (von der Maus), Varr. r. r. 3, 7, 2: ad matris mammam (v. einem Säugling), Plin. 35, 98: ad aquas (v. der Gurke), Plin. 19, 66. – m. *Dat.*, foribus (v. einem Frosch), Plin. 11, 62: senis lateri voluntarius comes (als fr. B.) arrepsit, Val. Max. 6, 7. – adulescentulus *a tergo* adrepens, Apul. met. 2, 13. – II übtr., v. Pers., quibus rebus non sensim atque moderate *ad* amicitiam adrepserat, sed etc., Cic. Verr. 3, 158: arr. leniter *in* spem, Hor. sat. 2, 5, 47: m. *Dat.*, saevitiae principis, Tac. ann. 1, 74: non virorum animis, sed muliercularum, *ibid.* 3, 50.

arreptīcius, a, um (arreptus), am Geist ergriffen, **begeistert, besessen,** Augustin. de civ. dei 2, 4 (u. a. Eccl.). Schol. Lucan. 1, 659 u. Gloss.

arreptus, Abl. ū, *m.* (arripio), das **Ergreifen,** Vet. schol. ad German. Arat. 173.

arrespex, s. haruspex.

Arrētium, ī, *n.* (Ἀρρήτιον), eine der vornehmsten der alten Zwölfstädte Etruriens (s. Liv. 9, 37, 12), Geburtsort des Mäcenas, deren wein- u. weizenreiches Gebiet die fruchtbaren Täler um die Quellen des Arnus, Tiber u. Umbro begriff, berühmt durch Kunstfleiß in Verfertigung von Waffen (vgl. Liv. 28, 45, 16) u. Tongebilden aller Art (Gefäße, Plin. 35, 160, Backsteinbauten, Vitr. 2, 8, 9), j. *Arezzo,* Caes. b. c. 1, 11, 4. Cic. ep. 16, 12, 2. Sil. 7, 29. – Dav. **Arrētīnus,** a, um, **zu** od. **aus (von) Arretium, arretinisch,** praedium, Nep.: ager, Sall.: laser (scherzh. v. Mäcenas), August. b. Macr.: vasa, testa, Macr.: mulier, Cic. – Plur. subst., Arrētīnī, ōrum, die Einw. von Arretium, die **Arretiner,** Cic. u. a.

arrha, arrhabo, s. arra.

arrhālis, s. arrālis.

arrhenicum (arrenicum), ī, *n.* (ἀρρενικόν), **Operment,** ein Arsenikerz, rein lat. auripigmentum, Plin. 6, 98; 28, 214; 30, 117; 34, 178. – Spät. Nbf. arsenicon od. -um (ἀρσενικόν), Isid. 19, 17, 12. Cael. Aur. chron. 4, 8, 117 (griech. Scrib. 114).

arrhenogonos, on (ἀρρενογόνος), **Männchen** (der Tiere) **zeugend** (Ggstz. thelygenos), Beiname I einer Art der Pflanze satyrion, Plin. 26, 99; II) (Nbf. arsenogon) einer Art der Pflanze phyllum, Plin. 26, 162.

Arrhidaeus (Arridaeus, Aridaeus), ī, *m.* (Ἀρριδαῖος), Sohn des Königs Philipp von Mazedonien u. der Tänzerin Philine (Philinne) aus Larissa (Iustin. 9, 8, 2), nach Alexanders des Gr. Tod, obgleich blödsinnig, zum König von Mazedonien gemacht u. mit der Eurydike vermählt, aber 317 v. Chr. auf Olympias Betrieb ermordet, Curt. 10, 7 (22), 2 *sqq.* Sen. de ben. 4, 31, 1. Iustin. 13, 2 *sqq.*: Arridaeus quidam Philippus, Sulp. Sev. chron. 2, 17, 3.

arrhythmia (arhythmia), ae, *f.* (ἀρρυθμία), **der Mangel an Rhythmus,** Mar. Victorin. art. gr. 1, 10, 13 G. p. 43, 5 K.

arrhythmos, on (ἄρρυθμος), **ohne Ebenmaß, ungleichmäßig, unharmonisch** (Ggstz. enrhythmos), Mart. Cap. 9. § 970 u. 972.

Arridaeus, s. Arrhidaeus.

ar-rīdeo (ad-rīdeo), rīsī, rīsum, ēre, **dazu lachen,** I wenn ein anderer lacht, **mitlachen,** α mit *Dat. pers.*, morbus est, non hilaritas, semper arridere ridentibus, Sen.: ut ridentibus arrident, ita flentibus adsunt humani vultus, Hor. – β absol.: riserit, arride; si flerit, flere memento, Ov.: cum risi, arrides; lacrimas quoque saepe notavi me lacrimante tuas, Ov. – II **zulächeln, anlächeln,** bes. freundlich, beifällig, od. auch spöttisch, 1 eig.: α mit *Dat. pers.*, arr. omnibus, Ter.: praetori stupenti (v. einer Buhldirne), Sen. rhet.: non alloqui amicos, vix notis familiariter arridere, Liv.: omnibus arrides (spöttisch), dicteria dicis in omnes, Mart.: cui saevum arridens (ihn angrinsend), »Narrabis«, inquit etc., Sil. – m. *Dat. rei,* zu etw. **lächeln** od. **lachen,** probrosis in se dictis, Sen.: maledictis suorum infantium (v. den Eltern), Sen. – β m. *Acc. pers.*, vos (agros) nunc alloquitur, vos nunc arridet ocellis, Val. Cato ecl. e Lyd. v. 5 (dir. 108). – m. allg. *Acc. rei,* video quid arriseris, anlächelst = (spöttisch) belächelst, Cic.: u. so Cn. Flavius id arrisit, Piso fr. – γ absol.: leniter arridens, »Quaeso«, inquit etc., Cic.: subamarum arridens, Amm.: cum … arrisisset adulescens, beifällig zugelächelt, durch Lächeln seinen Beifall kundgegeben hatte, Cic. – 2 übtr.: α v. Zuständen, jmdm. **zulächeln,** ihm **lächeln** = günstig sein, m. *Dat.*, quandoque mihi Fortunae arriserit hora, Petr. poët.: absol., cum tempestas arridet, Lucr. – β v. a. Verhältnissen usw., jmd **anlachen** = jmds. **Beifall finden,** jmdm. **behagen, zusagen** (Ggstz. alci displicere), »inhibere« illud tuum, quod valde mihi *arriserat,* vehementer *displicet;* est enim verbum totum nauticum, Cic.: quibus (amicis) haec, sunt qualiacumque, *arridere* velim, doliturus, si *placeant* spe deterius nostrā, Hor. – absol., si modo arriserit pretium, Plin. ep. 1, 24, 3.

ar-rigo, rēxī, rēctum, ere (ad u. rego), **auf-, emporrichten,** I eig.: arma, Enn. fr.: arrecti litore currus, Verg.: arr. comas (v. Löwen), Verg.: u. arrectae horrore comae, Verg.: arr. aures, spannen, spitzen (v. Aufhorchenden, Aufmerkenden, Ggstz. demittere, v. Furchtsamen usw.), Ter., Verg. u. a. (s. Klotz u. Spengel Ter. Andr. 933; vgl. arrectus): u. alci suo sermone aures, Plaut. – m. Ang. **woraufhin?** durch *in* m. Akk., in digitos arrectus, auf den Zehen sich bäumend, Verg. – u. obszön, arr. in od. ad alqam, geil sein auf usw., Anton. b. Suet. Aug. 69, 2. Mart. 1, 76, 1. – II übtr.: a geistig **spannen, in Spannung versetzen,** arrexere animos Itali, merkten gespannt auf, Verg.: arrectae spes iuvenum, Verg.: arrecta cupido (Erwartung), Verg. – m. indir. Fragesatz, arrectā omni civitate, quanta fides amicis Germanici etc., während die ganze Stadt in Spannung war usw., Tac ann. 3, 11. – b v. Gemüt, **heben, erheben, an-, aufregen, anfeuern,** alqm oratione suā, Sall.: animos eorum, Sall.: libertas praeter spem data arrexit (verst. animos), war für sie erhebend, Liv.: animus consulis paulum arrectus, Sall.; vgl. poet., animum arrecti dictis, aufgerichteten Mutes durch die Rede, Verg.: Etruria atque omnes reliquiae belli arrectae (sunt), Sall. fr. – m. Angabe **wozu?** durch *ad* m. Akk., suos hortando ad virtutem, Sall.: adeo arrecti ad bellandum animi sunt, Liv.

ar-ripio, ripuī, reptum, ere (ad u. rapio), **an sich heranraffen, -reißen,** I im Allg., an sich **raffen, -reißen, aufraffen, aufgreifen, hastig-, rasch an sich nehmen, -ergreifen, anpacken,** an od. bei etw. **packen,** 1 eig.: a übh.: gladium, Plaut.: arma, Liv.: telum, Nep.: manum alcis, Hirt. b. G. (u. so arreptā manu, Hor.): turibulum, Val. Max.: vestimenta, Nep.: colubram, Turpil. fr.: filiam regis parvulam, Nep.: quidquid obvium erat, quo armari possent, arripiunt, Curt. – m. Angabe **wie?** od. **womit?** durch *Adv.* od. *Abl.*, manum mordicus, Plaut.: cupide calicem, Val. Max.: ultro casnares, Varr. fr.: cibum partim unguium tenacitate, partim aduncitate rostrorum (v. Vögeln), Cic. – m. Ang. **wo? woran?** durch *Abl.*, alqm manu, Liv.: alqam comā, Ov.: alqm barbā, Plaut.: u. caput capillo, Suet. – m. Ang. **woher?** durch *ex, de* od. *ab* m. Abl., scuta e strage, Tac.: quemcumque patrem familias ex aliquo circulo, aufgreifen, Cic.: tabulam de naufragio, Cic.: cultrum ab lanio, Liv. – b wie unser **aufgreifen, auf-, zusammenraffen** = eilig u. ohne Wahl das erste beste an sich nehmen, ankaufen, eilig auftreiben, naves, Tac.: equum cum scuto pedestri, Liv.: familiam (verst. servorum od. gladiatorum), Cic. – c Truppen **in der Eile an sich ziehen, rasch aufbrechen lassen,** v. Anführer, cohortes arreptas in urbem inducere, Liv. 34, 20, 8. – d von einer Örtlichk. **eilig Besitz nehmen** od. zu **nehmen suchen,** locum, Verg.: terram velis, schnell lossegeln auf usw., Verg. – e v.

Feuer, **ergreifen** (klass. corripio), ignis omnia, quae arripuit, absumit, Lact. 1, 12, 5: u. (sacer ignis) urit corpore serpens quamcumque arripuit partim, Lucr. 6, 660 *sq.* – **2** übtr.: **a** übh., **aufgreifen,** sich Darbietendes **in Eile, mit Hast, eifrig ergreifen, -sich aneignen,** sermonem aliquem, irgendwelche (dem Cäsar entfallene) Äußerungen aufgreifen, Cic.: facultatem laedendi, quaecumque detur, Cic.: occasionem non tam pio animo quam offertur, Iustin.: causam ad caedes, Cic.: primam quamque occasionem recuperandi ea, quae etc., Liv.: tempus, wahrnehmen, Verg.: impedimentum pro occasione, Liv.: condicionem, Suet.: omen, mit Freuden annehmen, Val. Max. – m. Ang. **woher?** durch *Adv.* u. durch *de* od. *ex* m. Abl., vocem et gestum aliunde, Cic.: verba de foro, Cic.: maledictum ex trivio, Cic. – **b** geistig: **α** mit Eifer **auffassen, erfassen** = sich als Kenntnis **aneignen,** celeriter res innumerabiles (v. Knaben), Cic.: quod ipse celeriter arripuit, id tam tarde percipi videt, Cic. – m. Angabe **woher?** durch *ex* m. Abl., legem ex natura ipsa, Cic. Mil. 10. – **β** ein Studium, eine liter. Arbeit **rasch in Angriff nehmen,** mit Eifer **ergreifen** = sich mit Eifer auf etw. werfen, studium litterarum, Nep.: statim causam (Angelegenheit) illam totam et tempus (Zeitgeschichte), Cic.: litteras Graecas sic avide, quasi etc., Cic. – **γ** etw. **rasch (sofort) aufgreifen** = auf etw. (einen Rat, Vorschlag) **sofort eingehen,** quod iste arripuit, et ita se facturum confirmavit, Cic. de or. 2, 89. – **II** mit dem Nbbegr. des Gewaltsamen, Feindlichen, Widerrechtlichen usw. **aufgreifen,** packend **ergreifen, anpacken, 1** eig.: **a** übh., v. Pers., alqm medium, am Körper packen, Ter. adelph. 316. Liv. 1, 48, 3. – v. Schmerz, Krankheit, Schlaf usw., **ergreifen, packen,** ne succussu maior arripiat dolor, Pacuv. fr.: is dolor, qui simul arripuit, interficit, Cic.: adversā valetudine arreptus, Iustin.: aploplexi arreptus, Capitol. Aur.: repente ante proelium confectum curis Alexandrum somnus arripuit, Iustin. – **b** als publiz. *t. t.*, zur Haft **aufgreifen, aufheben,** Virginius arripi iubet hominem et in vincula abduci, Liv.: uno aut altero arrepto quieturos alios, Liv.: arripi a viatore, Liv. – **c** als gerichtl. *t. t.*, jmd. (bes. eine Magistratsperson sogleich nach Niederlegung ihres Amtes) wegen eines Vergehens »anpacken u. vor den Richter führen« = jmd. **ohne Weiteres vor Gericht ziehen, -gerichtlich belangen** (s. Ruhnken Suet. Caes. 23), A. Plotium, Cic.: Licinianum, Plin. ep.: consules abeuntes magistratu (v. Volkstribunen), Liv.: statim quaestor eius in praeiudicium aliquot criminibus arreptus est, Suet. – **d** mit den Waffen in der Hand **anfallen, überfallen, stürmen,** arriperent vacui occupatos, integri fessos, Tac.: turbata arripe castra, Verg. – **2** übtr.: **a** (mit Anspielung auf *no.* II, 1, c) vom Satiriker, jmd. **vor sein Forum ziehen,** tadelnd **vor-, hernehmen, vorkriegen,** primores populi populumque tributim, Hor. sat. 2, 1, 69: luxuriam et Nomentanum, Hor. sat. 2, 3, 224. – **b** etw. widerrechtlich **sich aneignen, sich anmaßen,** sibi imperium, Caes. – u. mit Ang. **woher?** durch *ab* od. *ex* m. Abl., praemia a socru (socro) suo, Acc. fr.: sibi cognomen ex Aeliorum imaginibus, Cic.

arrīsio, ōnis, *f.* (arrideo), das beifällige **Zulächeln,** Rhet. Her. 1, 10: ad omnia quaeque facilis aegrotantis arrisio, Cael. Aur. acut. 2, 37, 214.

arrīsor, ōris, *m.* (arrideo), **der** jmd. **anlächelt, der immer freundliche Schmarotzer,** stultorum divitum *arrosor,* et quod sequitur *arrisor,* et quod duobus his adiunctum est, *derisor,* der Schmarotzer, der reiche Narren benagt, sie – mit sets lächelnder Miene unterhält u. – sie selbst verlacht, Sen. ep. 27, 7.

ar-rōdo (ad-rōdo), rōsī, rōsum, ere, **benagen,** von Tieren, mures Antii coronam auream arrosere, Liv.: sues a muribus arrosae, Plin.: ab locustis, a muribus genus omne acciditur atque arroditur frugum, befressen u. benagt, Arnob.: ut illa ex vepreculis extracta nitedula rem publicam conaretur arrodere, Cic. – v. Menschen, crudum unguem, Pers.: solidos, beschneiden, Cod. Theod. – v. lebl. Subjj., sanguis equi arrodit carnes septicā vi, frisst an, Plin.; vgl. sinapi imponere per omnia membra, donec arrodantur ac rubeant, Cels. – Übtr., arr. rem publicam, am Gut des Staates nagen = vom Gut des St. zehren (v. untätigen Staatsbeamten), Capit. Anton. Pius 7. § 7.

arrogāns, antis, *PAdi.* m. *Compar.* u. *Superl.* (v. arrogo), sich Fremdes aneignend = **anmaßend, anspruchsvoll, dünkelhaft, rücksichtslos,** Indutiomarus iste minax atque arrogans, Cic.: si (veterani) essent arrogantes, non possem ferre fastidium, Cic.: arrogantissime percussorum, Ps. Quint. decl. 7, 12. – adversus superiores tristi adulatione, arrogans minoribus (gegen die N.), inter pares difficilis, Tac. ann. 11, 21: ne arrogans in praeripiendo populi beneficio videretur, Caes. – übtr., v. Lebl., si te aliquod dictum arrogans aut superbum movet, Cic.: arr. de se persuasio, Quint.: pigritia arrogantior, Quint.: arrogantissimum proverbium, Macr.: arrogantissima persuasio, Ps. Quint. decl. – arrogans est m. folg. *Infin.*, es verrät Dünkel, timerem, ne arrogans esset ob ea laudare, ob quae gratias agerem, Plin. ep. 9, 31, 2. – subst., arrogans, antis, *m.*, der **Anmaßende, Dünkelhafte,** Vulg. Sirach 7, 9 u. a.: arrogantis est m. folg. *Infin.*, Cic. de off. 1, 99.

arroganter, *Adv.* m. *Compar.* u. *Superl.* (arrogans), **anmaßend, dünkelhaft,** dicere alqd, Cic.: scribere ad alqm, Cic.: facere, Caes.: consulere in deditos, Tac. – insolentius et arrogantius uti gloriā artis, Plin.: arrogantius et elatius praefari, Gell. – arrogantissime excipi ab alqo, Oros.

arrogantia, ae, *f.* (arrogans), die **Anmaßung,** das **dünkelhafte Benehmen,** die **dünkelhafte Eitelkeit** (Ggstz. humilitas), ex arrogantia odium, ex insolentia arrogantia oritur, Cic.: cum omnis arrogantia odiosa est, tum illa ingenii atque eloquentiae molestissima, Cic.: huius arrogantiam pertinacia alterius aequabat, Liv.

arrogātio, ōnis, *f.* (arrogo), die feierliche **Annahme** einer mündigen u. selbständigen Person **an Kindes Statt,** die in den comitia centuriata unter der Autorität u. Genehmigung des Volkes geschah (vgl. adoptio), wobei der Adoptierende gefragt wurde, ob er den u. den adoptieren, u. der zu Adoptierende, ob er adoptiert sein wolle, s. Gaius inst. 1. § 99. Ulp. fr. 8. § 2 *sqq.* Gell. 5, 19, 8. Aur. Vict. Caes. 2, 1.

arrogātor, ōris, *m.* (arrogo), **I** der **Sach-Aneigner,** gestarum ab se rerum divinique operis, Arnob. 1, 50. – **II** der **Annehmer** eines Mündigen und Selbständigen **an Kindes Statt** unter Autorität des Staates, ICt.

ar-rogo (ad-rogo), āvī, ātum, āre, **I** von rogo = langen, verlangen: **A** sibi alqd, sich etw. Fremdes, einem nicht Angehörendes **aneignen, zuschreiben, anmaßen,** für sich in **Anspruch nehmen,** mihi non *sumo* tantum, iudices, neque *arrogo,* Cic.: ego tantum tibi *tribuo,* quantum mihi fortasse *arrogo,* Cic.: sibi sapientiam arr., Cic.: nihil sibi nobilitatis aut modestiae, Tac. – **B** (poet.) alci alqd, jmdm. etw. **als das Seinige zuerkennen,** es ihm **verschaffen, erwerben** (Ggstz. abrogo), decus imperiis, Hor.: pretium chartis, Hor. – nihil non armis (Abl.), alles mit den W. ertrotzen, Hor. – **II** v. rogo, fragen, **A** bei jmd. förmlich **noch einmal** wegen etw. **anfragen,** Venus haec volo adroget te, Plaut. rud. 1332. – **B** übtr., als publiz. *t. t.*: **1** einen Mündigen u. Selbständigen **an Kindes Statt annehmen** (s. arrogātio das Nähere), Gaius inst. 1, 99. Ulp. fr. 8. § 2 *sqq.* Gell. 5, 19, 4. Aur. Vict. Caes. 13, 1. – **2** einem Magistrat einen anderen **durch eine neue Rogation an die Seite setzen,** cui unico consuli … dictatorem arrogari haud satis decorum visum est patribus, Liv. 7, 25, 11.

ar-rōro, āre (ad u. roro), wie mit Tau benetzen, **betauen,** herbam vino, Marc. Emp. 34, 71. Cassian. inst. 5, 2.

arrōsor, ōris, *m.* (arrodo), der **Benager,** bildl., Sen. ep. 27, 7 (s. arrīsor).

arrotāns, antis (*Partic.* v. *arroto), **anrollend** = in rollender u. schwankender Bewegung anschlagend, arrotanti tactu, Sidon. ep. 6, 1 zw.

arrugia, ae, *f.* (ὀρυγή, ὀρυχή, walach. *eruga, ieruga*), der **Stollen** im Bergwerk, Plin. 33, 70.

Arrūns (Arūns), ūntis, *m.* (Ἄῤῥων), etrusk. Name der nachgeborenen Söhne, unter dem bes. bekannt ein jüngerer Sohn des Tarquinius Superbus, Cic. Tusc. 4, 50. Liv. 1, 56, 7 u. 2, 6, 7. – ►Die Schreibung Arruns in den besten Hdschrn.

Arruntius, ī, *m.*, ein röm. Eigenname, unter dem am bekanntesten: **a** L. Arruntius, Konsul im Jahre 22 v. Chr. mit Aeserninus (dah. Plur. Aesernini et Arruntii, Leute wie Äs. u. Arr., Tac. ann. 11, 7), als Staatsmann nicht unbedeutend, Vell. 2, 86, 2. Tac. ann. 1, 13; 1, 74 u. a.;

bekannt als Historiker, Verf. einer Gesch. des punischen Krieges, Sen. ep. 114, 17. Plin. ind. libr. III, V u. VI; Gegner der neumodischen Beredsamkeit, Sen. contr. 7. praef. § 7. – **b** ein berühmter Arzt unter dem Kaiser Klaudius, Plin. 29, 7 *sqq.* (wo auch Plur. Arruntii, Leute wie Arr.). – **c** L. Arruntius Stella, gew. bl. Stella, ein röm. Dichter unter Domitian, Freund des Martial und Statius, Stat. silv. 1. praef. u. 1, 2. Mart. 1, 7, 1; 1, 61, 4; 4, 6, 5 u. a. Sidon. carm. 9, 264: Konsul wahrsch. 101 n. Chr., CIL 6, 1492. – **d** Arruntius Celsus, gew. bl. Celsus, ein röm. Grammatiker unter Antoninus Pius, Charis. 200, 27; 213, 18; 222, 6 u. 30. Prisc. 3, 22; 6, 67 u. a.

arruo, s. ad-ruo.

ars, tis, *f.* (vgl. artus, ūs, mhd. *art*, griech. ἀρτίζειν), die geregelte Kunst, **I** im engeren Sinne, **A** eig., wie τέχνη = jede körperliche od. geistige Fertigkeit, insofern sie sich werktätig zeigt, das **Handwerk** (die **Profession**), das **Gewerbe,** die Kunst, Kunstleistung, **Wissenschaft,** Zeno censet artis maxime proprium esse creare et gignere, Cic.: artes, quarum omne opus est in faciendo et agendo, Cic.: artium aliud eius modi genus est, ut tantummodo animo rem cernat, aliud ut moliatur aliquid et faciat, Cic. – artes (Leistungen) sine honore, Tac. ann. 16, 22. – artis scriptor, Rhet. Her. 4, 9: artes ingenuae od. liberales, die Künste der Freien (artificum), die edleren Künste (Ggstz. artes sordidae od. quaestus illiberales et sordidi, die Künste, Arbeiten der Sklaven u. niederen Stände [opificum], Cic.: artes optimae, die Wissenschaften, Cic. u. Nep.: studia (Berufsarten) atque artes (Wissenschaften), Cic. – coquorum ars, Quint.: ars aeraria, Iustin., ferraria, Treb. Poll.: ars gubernandi, Cic.: ars medendi, Plin.: disserendi, Dialektik, Cic.: ars musica, grammatica, Plin.: rhetorica, Quint.: artes urbanae, Jurisprudenz u. Beredsamkeit, Liv.: ara Mentoris, Varr. fr.: extispicum ars, Acc. fr.: poëtice est ars earum rerum, Varr. fr.: hanc discere artem, Pompon. com. fr.: artem alqam factitare, Cic., exercere, Hor.: profiteri artem tesserariam, ein Spieler von Profession sein, Amm.: profiteri captandorum testamentorum artem, ein Erbschleicher von Profession sein, Sen.: quod ministerium fuerat (nämlich die Kocherei), ars haberi coepta, Liv.: minime artes eae probandae, quae sunt ministrae voluptatum, cetarii, lanii, coqui, fartores, piscatores, Cic.: plena artis ornamenta, Apul.: vasa pretiosae artis, Curt. – ars est m. folg. *Infin.*, Cic. ep. 1, 9, 21 u. ad Att. 7, 25. Tac. ann. 3, 66: artis est m. folg. *Infin.*, Plin. 18, 197. – **B** meton.: **1** die einer Kunst od. Wissenschaft zugrundeliegenden Regeln, die **Theorie,** ad artem et ad praecepta revocare alqd, auf die Kunsttheorie u. auf Regeln zurückführen, Cic.: res mihi videtur esse facultate (in der Praxis) praeclara, arte (in der Theorie) mediocris, Cic.: ex arte (dicere, scribere etc.), den Regeln der Kunst gemäß, Cic.: si arte caret, der Kunsttheorie, des Kunstgefühls, Hor.: artes, quae traduntur, vorgetragene Kunstregeln, Quint. 10, 1, 15: u. so praecepta atque artes, Quint. 1. prooem. 26. – dah. auch = **theoretische Kenntnis,** Cic. de or. 3. § 151 u. 195; Plur. = **theoretische Studien,** Cic. Arch. 4. – u. ars = **Lehrsystem (Schulsystem), Lehrgebäude,** Cic. de or. 1, 92 u. 99 u. 151; 2, 216 u. 229. – In der spät. Zeit ars = **grammatische Disziplin, Grammatik,** Gramm. – Dah. auch als Titel der Bücher, in denen solche Theorien abgehandelt werden, **α Lehrbuch der Redekunst,** eine **Rhetorik,** artes oratoriae, Cic.: rhetorum artes, Cic.: artes antiquae, alte Lehrbücher der Redekunst, Cic.; vgl. Spalding Quint. 2, 15, 4. – **β Grammatik,** Gramm. – **2** die bei etw. angewandte **Kunst, Geschicklichkeit, Fertigkeit, Gewandtheit,** das **Geschick,** arte medicinae, durch seine Geschicklichkeit in der Heilkunde, Tac.: exercitatio artem paravit, ars decorem, Tac.: opus est vel arte vel diligentiā, Cic.: arte canere, Ov.: arte laboratae vestes, Verg.: plausus tunc arte carebat, war ungekünstelt, aufrichtig, Ov.: m. *Genet. Gerund.*, quin potius auctā arte quādam nec abnuendi tale quicquam nec palam affirmandi, Liv. 26, 19, 8. – **3** Plur. artes = **Kunstwerke,** Cic. de legg. 2, 4. Hor. ep. 1, 6, 17. Verg. Aen. 5, 359 (poet. von einem Kunstwerk) u. a.; vgl. Broukh. Prop. 3, 7, 39. – **4** Artes = die **Musen,** Phaedr. 3. prol. 19. – **II** übtr.: **1** die moralische **Eigenschaft** eines Menschen, insofern sie sich durch Handlungen kundgibt, als *vox media,* je nach dem Zshg. od. beigefügten Adj. gute od. schlechte **Eigenschaft, Gewohnheit, Handlungsweise, Tugend** od. **Untugend, Laster** (vgl. Brix Plaut. trin. 72. Zumpt Cic. Verr. 4, 81. Halm Cic. de imp Pomp. 36 *ed. mai.* Dietsch Sall. Cat. 2, 4. Fabri Sall. Cat. 13, 5. Mützell Curt. 3, 6 [16], 20), artes antiquae tuae, deine frühere Lebens- u. Handlungsweise, Plaut.: mea ars, meine Emsigkeit, Ter.: hac arte (Beharrlichkeit) Pollux attigit arces igneas, Hor.: multae sunt artes eximiae, Cic.: bonae artes, gute Eigenschaften, edles Bestreben, löbliche Bestrebungen, Sall. u. Tac.: artibus bonis malisque mixtus, mit Tugenden u. Lastern, Tac.: malae artes, böse Gewohnheiten, Sall.: ingenii dotes vel animi artes, Curt. – **2** (absol.) wie τέχνη für **List, Kunstgriff, Betrug,** Ter., Sall. u. a. (vgl. Thiel Verg. Aen. 1, 657. Fabri u. Wölffl. Liv. 21, 34, 1): summis artibus, Suet. – **3** Plur. artes, **a Künste = Mittel, Mittel und Wege, Art und Weise,** artes quaesitae, Verg. georg. 3, 549: bonae artes, löbliche M., Tac. hist. 1, 17 *extr.*: artes nocendi, Verg. Aen. 7, 338. – **b Künste,** poet. = **Spielereien** (von der künstl. Zucht), Verg. georg. 2, 52. – ► Nomin. Sing. auch artis, nach Virgil. gramm. 5. p. 38, 6 H.

Arsacēs, is, Akk. ēn, *m.* (Ἀρσάκης), erster König u. Stifter der Dynastie der Arsaciden in Parthien (um 250 v. Chr.), Sall. hist. fr. 4, 61 (19). Iustin. 14, 4, 6 *sq.* u. 41, 5, 5 *sqq* u. prol. 35. Amm. 23, 6, 2 u. 5: ein Nachkomme desselben um 35 v. Chr., Tac. ann. 6, 31. – Dav.: **a Arsacidēs**, ae, *m.* (Ἀρσακίδης), einer aus der Dynastie des Arsaces, ein **Arsacide,** Iustin. 36, 1, 3; 38, 9, 3. Amm. 23, 6, 6; öfter Plur. Arsacidae, dārum u. dûm, *m.*, die **Arsaciden,** Tac., Lucan. u. a.: dah. poet. für **Parther** übh., Lucan. 10, 51. Sil. 3, 467 (an beiden Stellen der Genet. Arsacidûm). – **b Arsacius**, a, um, **arsacisch,** poet. = **parthisch,** aula, Mart. 9, 35, 3: domus (Plur.), Sidon. carm. 2, 450.

Arsamōsata (in Handschrn. auch Armōsata), ae, *f.* (Ἀρσαμώσατα), starke Festung in Armenia maior, in einem schönen Gefilde zwischen dem Euphrat u. den Quellen des Tigris, bei Abulfeda *Schemschath,* Tac. ann. 15, 10. Plin. 6, 26.

arsēn, senis, Akk. sena, *m.* (ἄρσην, altatt. = ἄῤῥην), der **männliche,** als Beiname von mandragoras, Plin. 25, 148.

arsenicum, s. arrhenicum.

arsenogonos, s. arrhenogonos.

arse verse = *averte ignem* (s. Paul. ex Fest. 18, 15), inscribat aliquis ›arse verse‹ in ostio, Afran. com. 415. – dass. arses vurses (so!) = *avertas ignem,* Corp. inscr. Etrusc. 1, 474 (wahrsch. unecht).

Arsēs, is, *m.* (Ἄρσης), der jüngste Sohn des Perserkönigs Artaxerxes III. Ochus, vom Eunuchen Bagoas (338 v. Chr.) auf den Thron gesetzt, aber drei Jahre später durch Gift aus dem Weg geräumt, Sulp. Sev. chron. 2, 16, 8.

Arsia, ae, *f.*, Grenzfluss von Oberitalien u. Illyrikum in Istrien, j. *Arsa,* Flor. 2, 5, 1. Plin. 3, 150; mit einer gleichnam. Stadt, Plin. 3, 139.

arsineum, ī, *n.*, ein weiblicher **Kopfputz,** Cato b. Fest. p. 263, 1 *Scal.* Paul. ex Fest. 20, 16. – Dagegen: **arsinum**, διάκριμα (viell. = *acus discriminalis*), Gloss. II, 23, 31.

Arsinoē, es, *f.* (Ἀρσινόη), **I** weibl. Name, unter dem bei röm. Schriftst. vorkommen: **A** Tochter des Ptolemäus Lagi u. der Berenike, Gemahlin des Königs Lysimachus, später ihres Bruders Ptolemäus Philadelphus, Iustin. 17, 1 *sq.*; 24, 2. Plin. 34, 148; nach ihrem Tod als Venus Zephyritis (auf dem afrikan. Vorgebirge Zephyrium) verehrt, Catull. 66, 54 u. 57: Plur., Arnob. 4, 26. – Dav. **Arsinoēum**, ī, *n.*, das ihr von Ptol. Philad. errichtete Denkmal, Plin. 36, 68. – **B** Tochter des Ptol. Auletes, Schwester der Kleopatra, Auct. b. Alex. 4, 1. Lucan. 10, 521. – **C** eine der Hyaden, Hyg. fab. 182. – **II** Name mehrerer Städte. – **A** Stadt Alt-Ätoliens am Achelous (beim heutigen *Anghelokastro*), Cic. Pis. 91. – **B** Stadt in Cyrenaika (sonst Teuchira gen.), Plin. 5, 32. Amm. 22, 16, 4. – **C** Stadt in Cilicien, Plin. 5, 92, wov. **Arsinoiticus**, a, um, **arsinoitisch,** aqua, Plin. 36, 165.

arsinum, s. arsineum.

arsis, Akk. in, Abl. ī, *f.* (ἄρσις), in der Metrik, die **Hebung des Tones** (Ggstz. thesis, die Senkung), rein lat. sublatio od. elatio od. elevatio vocis (Ggstz. depositio vocis ac remissio od. positio od. deiectio vocis, die Senkung), Prisc. de accent. 13. Mart. Cap. 9. § 974. Isid. 1, 16, 21. Fulg. mitol. 3, 9. p. 76, 8 H. u. a. Gramm.

ārsūra, ae, *f.* (ardeo), das **Brennen,** stomachi, Sex. Placit. de medic. 31, 16. Ps. Apul. herb. 118, 2 *lemm.*

ārsus, a, um (*PAdi.* v. ardeo), **gebrannt, geröstet,** Plin. Val. 2, 9.

artaba, ae, *f.*, ein ägypt. Maß trockener Dinge = ein attischer Medimnus, Auct. carm. de ponder. 89; vgl. Isid. 16, 26, 16. Placid. gloss. (V) 48, 23.

Artabanus, ī, *m.* (Ἀρτάβανος), **I** ein parthischer König aus dem Geschlecht der Arsaciden, Tac. ann. 2, 3. Iustin. 42, 2, 1. – **II** ein Hyrkanier, Anführer der Leibwache des Xerxes, der diesen König (465 v. Chr.) ermordete, Nep. de regg. 1. § 5. Iustin. 3, 1, 2.

Artabazus, ī, *m.*, ein Meder, Parteigänger des Darius Kodomannus, nach dessen Tode er sich an Alexander den Großen anschloss u. Statthalter von Baktrien wurde, Curt. 3, 13, 13 u. ö.

Artaciē, ēs, *f.* (Ἀρτακίη), eine Quelle bei den Lästrygonen, Tibull. 4, 1, 60.

artaena, s. arytaena.

Artaphernēs, is, Akk. em u. ēn, *m.* (Ἀρταφέρνης), ein Perser, Neffe des Darius Hystaspis (vgl. Datis), Nep. Milt. 4, 1. Plin. 35, 57.

Artavasdēs, is, Akk. ēn, *m.*, König von Großarmenien, Sohn des Tigranes I., Zeitgenosse der Kleopatra, bald Freund der Parther, bald der Römer, Cic. ad Att. 5, 20, 2. Vell. 2, 82, 3. Tac. ann. 2, 3. – u. dessen Sohn, gew. Artaxias gen. (Tac. ann. 2, 3), Vell. 2, 94, 2.

Artaxata, ōrum, *n.* (Ἀρτάξατα), Hauptstadt Großarmeniens am Araxes, Tac. ann. 12, 50. Iuven. 2, 170. Sidon. carm. 2, 445. Amm. 25, 7, 12. – Nbf. **Artaxata**, ae, *f.*, Tac. ann. 2, 56; 6, 33. Eutr. 6, 13. Itin. Anton. 180, 1 u. 210, 5.

Artaxerxēs, is u. ī, Akk. ēn, *m.* (Ἀρταξέρξης), Name einiger persischer Könige, **I** Artaxerxes Macrochir (Ἀρταξέρξης Μαχρόχειρ, d. i. der Langhändige), Sohn des Xerxes I., reg. von 465–425 v. Chr., Nep. Them. 9, 1; de regg. 1, 3 u. 4. Cic. ad Att. 10, 8, 7. – **II** Artaxerxes Mnemon (Ἀρταξέρξης Μνήμων, d. i. mit dem guten Gedächtnis), Sohn des Darius II., reg. 405–359 v. Chr., Nep. de regg. 1, 3 u. 4. Iustin. 5, 11, 1 *sqq.* – **III** Artaxerxes Ochus (Ἀρταξέρξης Ὄχος), Sohn des vorigen, reg. 359–338 v. Chr., Iustin. 10, 3. Oros. 3, 7. – ► Die Schreibung Artaxerses oft in guten Handschriften; vgl. Crecelius Augustin. dial. 7. p. 12, 16.

Artaxiās, ae, *m.*, s. Artavasdēs.

artē, *Adv.* m. *Compar.* u. *Superl.* (artus, a, um), **enggefügt, zusammengepresst, zusammengedrängt, eng, I** eig.: **a** im Ggstz. zum Lockern, Schlaffen, **eng, fest** (Ggstz. laxe), arte colligare manus, Plaut. (u. so nimis arte colligor, Naev. com. fr.): arte boves ad stipites religare, Col.: tigna hoc (desto) artius illigata tenentur, Caes.: artius complecti alqm, enger, innig, Cic.: historia ingens minutissime scripta, artissime plicata (zusammengerollt), Sen. – u. öfter im Bild, artius astringi atque hederā, Hor.: artius astringere rationem, Cic.: artissime constringere sententiam, Cic.: illud arte tenent (daran halten sie fest) accurateque defendunt, Cic. – **b** im Ggstz. zum Weiten, **eng, dicht** (Ggstz. late), trabes singulis saxis interiectis arte continentur, Caes. – aciem, quam *arte* statuerat, *latius* porrigit, Sall.: signa artius collocare, Sall.: pedites quam artissime ire iubet, Sall. – spiritus arte meat, Curt. – **II** übtr.: **a fest,** arte et graviter dormire, fest u. tief, Cic.: artius ex lassitudine dormire, Cic. – alqm arte (eng, innig) diligere, Plin. ep.: u. so alqm artissime (aufs innigste) diligere, Plin. ep. – **b eingeschränkt, knapp, kurz,** artius appellare alqm, jmds. Namen kürzer aussprechen, Ov. ex Pont. 4, 12, 10. – bes. in Bezug auf Beschränkung des Lebensgenusses, alqm arte cohibere, knapp halten, tüchtig einschränken, Plaut.: u. so alqm arte contenteque habere, Plaut.: alqm arte colere (Ggstz. opulenter), Sall.: alqm artius habere, Sall. fr.: alci arte modum statuere, auf ein beschränktes Maß setzen, Sall.

Artemis, midis, Akk. min, Abl. mide, *f.* (Ἄρτεμις), mit der Diana identische Göttin der Griechen, s. Macr. sat. 1, 15, 20 u. 7, 16, 27. – Artemis Ilithyia, die Artemis als Geburtsgöttin (mit der eigentlichen Ilithyia indentifiziert), Plin. 25, 73.

1. **Artemīsia**, ae, *f.* (Ἀρτεμισία), Königin in Karien, die ihrem Gemahl Mausolus ein prächtiges Grabmal errichtete, Gell. 10, 18, 3 *sqq.*; vgl. Cic. Tusc. 3, 75. Val. Max. 4, 6. ext. 1.

2. **artemīsia**, ae, *f.* (1. Artemisia), die Pflanze **Beifuß,** Plin. 25, 73. Ps. Apul. herb. 10.

Artemīsium, ī, *n.* (Ἀρτεμίσιον), Landspitze u. Küstenstrich Euböas, Magnesia gegenüber, mit einem gleichn. Flecken, j. *Xerochori*, Nep. Them. 3, 2. Plin. 4, 64.

artemo u. **artemōn**, onis, *m.* (ἀρτέμων), **I** ein über dem Marssegel angebrachtes kleineres Segel, das **Bramsegel,** Nom. artemo, Lucil. sat. 26, 99: artemon, Isid. 19, 3. § 2 u. 3: Akk. artemonem, Labeo dig. 50, 16, 242. Schol. Iuven. 12, 68. Vulg. act. apost. 27, 40: Abl. artemone, Sen. contr. 7, 1 (16), 2 K. – **II** die **Leitflasche,** der dritte Kloben beim Hebezeug, Vitr. 10, 2, 9 (10, 5).

artēria, ae, *f.* (ἀρτηρία), **I** die **Luftröhre,** wegen ihrer Rauheit auch arteria aspera (τραχεῖα ἀρτηρία), Cic. u. a.: weil aus zwei Teilen bestehend, auch als Plur., Rhet. Her. u. Suet.: arteriae spiritales, Arnob. 3, 13 *extr.*: u. heteroklit. Plur. arteria, *n.*, Lucr. 4, 527. – **II** die **Arterie, Schlag-** od **Pulsader** (Ggstz. vena), Cic. u. a.

1. **artēriacē**, s. artēriacus.

2. **artēriacē**, ēs, *f.* (ἀρτηριακή), **Arznei für die Luftröhre,** Cels. u. a.

artēriacus, a, um (ἀρτηριακός), **zur Luftröhre gehörig,** gravitudo, Beschwerde der Luftröhre, erschwertes Atemholen, Vitr. 1, 6, 3: medicamina, die Husten erregen, Cael. Aur. chron. 2, 6, 93: confectio, Pelag. vet. 28. p. 96.

artēriasis, is, *m.* (*ἀρτηρίασις), die **Heiserkeit,** Isid. 4, 7, 14.

artēriotomia, ae, *f.* (ἀρτηριοτομία), das **Öffnen der Schlagader,** Cael. Aur. chron. 1, 1, 45. Theod. Prisc. 3, 2.

arthrīsis, s. arthrītis.

arthrīticus, a, um (ἀρθριτικός), **gichtisch,** passio, Cael. Aur. chron. 5, 2, 28. – v. Pers. = **mit der Gicht behaftet,** Cic. ep. 9, 23. Fragm. iur. Rom. Vatic. § 130. – Plur. subst., arthrīticī, ōrum, *m.*, **mit der Gicht Behaftete, Gichtleidende,** Cael. Aur. chron. 5, 2, 38.

arthrītis, idis, Akk. in, *f.* (ἀρθρῖτις), die **Gliederkrankheit, Gicht,** rein lat. articularis morbus, Cael. Aur. chron. 5, 2, 27. Porphyr. Hor. ep. 1, 15, 6. – Nbf. **arthrisis**, Plin. Val. 2, 45. Prud. perist. 10, 495 D.

articulāmentum, ī, *n.* (articulo), das **Gelenk** an Gliedern, Scrib. 206; 214; 263. Sex. Placit. de medic. 16, 42 u. 23, 2.

articulāris, e (articulus), **I** die **Gelenke betreffend,** morbus, Gicht, Plin. 20, 195. Scribon. 101. Suet. Galb. 21. Apul. met. 5, 10. Veget. mul. 1, 6, 1: passio, Cael. Aur. chron. 5, 2, 30. – Plur. subst., articulāres (*sc.* morbi), **Gliederkrankheiten,** Plin. Val. 4, 29. – **II** (Gramm.) **artikelartig,** pronomen (d. i. *hic, iste*), Prisc. 2, 16 u. a. Gramm. – **III artikuliert,** vox, Boëth. inst. arithm. 2, 1.

articulārius, a, um (articulus), **zum Gelenk gehörig,** morbus, Gicht, Cato 157, 7. Plin. 22, 34 u. a. – Plur. subst., articulāriī (*sc.* morbi), **Gliederkrankheiten,** Plin. 21, 157.

articulātē, *Adv.* (articulatus), artikuliert = **deutlich, verständlich,** plane et articulate eloqui, Gell. 5, 9, 2.

articulātim, *Adv.* (articulatus), **I** eig., **gliederweise, stückweise,** membra dividere, Poët. trag. fr.: iste homo articulatim te concīdit, Plaut.: mihi comminuit articulatim diem, Aquil. com. fr. – **II** übtr., **artikuliert, gehörig gegliedert,** verba plane exaudiri discernique articulatim, Lucr.: articulatim distincteque dici, Punkt für Punkt und eingehend, Cic.: pleraeque definitiones non facile perspiciuntur, nisi articulatim sint explicatae, Varr. LL.

articulātio, ōnis, *f.* (articulo), **I** eig.: **a** von Bäumen, das **Ansetzen neuer Knoten,** Plin. 16, 101 u. a. – **b** eine Krankheit der Weinstöcke an den Knoten der Ranken, die **Knotenkrankheit,** Plin. 17, 226. – **II** übtr.: **a** der **gehörig gegliederte Vortrag,** Fulg. mitol. 3, 10. p. 77, 20 H. – **b** der **Artikel,** Graecae articulationes, Fulg. contin. Virg. p. 97, 5 H.

articulātor, ōris, *m.* (articulo) = μελοκόπος der **Zergliederer,** Gloss. II, 23, 39.

articulātus, a, um, *PAdi.* (v. articulo), **I mit Gelenken (Gliedern) ver-**

sehen, dei forma, Augustin. de mor. Manich. 11. – **II artikuliert, gegliedert = vernehmbar, deutlich, verständlich,** verba, Solin.: vox (Ggstz. vox inarticulata), Arnob. u. Gramm.: locutio non *articulata,* sed *confusa,* Cael. Aur.: articulata verba exprimere (v. Papagei), Isid.

articulo, āvī, ātum, āre (articulus), eig. gliedern; dah übtr., **artikulieren = deutlich aussprechen,** voces, Lucr. 4, 549: verba, Gramm. u. Eccl.

articulōsus, a, um (articulus), **voller Gelenke und Knoten,** radix veluti signata articulosaque, Plin. 24, 150. – übtr., concīsa nimium et velut articulosa partitio, allzu zerschnittene u. gleichs. allzu gliederreiche (zu vielfach gegliederte), Quint. 4, 5, 24.

articulus, ī, *m.* (*Demin.* v. artus), das kleine, mehrere Glieder verbindende **Gelenk,** der **Knoten, Knöchel, Knochen** (der Extremitäten), **I** eig.: **1** an leb. Wesen, articulorum dolores, Gelenk-, Glieder-, Gichtschmerzen, Cic.: articulorum nodi, Gichtknoten, Plin.: articuli alarum, Flügelgelenke, Plin.: ad numerum articulus cadens, oberstes Fingergelenk, Cic.: medii articuli, die mittleren Fingergelenke, Quint.: articulus, quo iungitur capiti cervix, das Halsgelenk, Liv.: nodi corporum, qui vocantur articuli, Plin.: articuli elapsi in priorem partem, Verrenkungen nach vorn, Cels.: hominis digiti articulos habent ternos, pollex binos, Plin.: crura sine articulis habere, Caes.: auxerat articulos macies, d. i. hatte gemacht, dass mehr Knochen zum Vorschein kamen, Ov.: articulum extorquere (ausrenken), Sen.: articuli suis sedibus excidunt, Cels.: articulos reponere, Cels.: molli articulo tractare alqm (sprichw.), milde behandeln, Quint. 11, 1, 70. – Plur., meton., die **Glieder,** bes. die **Finger,** Lucr. 3, 695. Catull. 99, 8. Prop. 2, 34, 80. Ov. her. 10, 140; ex Pont. 2, 3, 18. – **2** an Pflanzen, Bäumen, das **Gelenk,** der **Knoten,** sarmentorum, Cic.: seges in articulum it, Col. u. Plin. – u. montium articuli, die mehrere größere Berge verbindenden Hügel, die Absätze, Plin. 37, 201. – **II** übtr.: **1** v. der Rede, das **Glied,** der **Teil,** die **Abteilung,** articuli membraque (κόμματα καὶ κῶλα, kleinere u. größere Satzglieder, Cic.: oratio sine nervis et articulis fluctuat huc et illuc, ohne Bänder u. Gelenke, Rhet. Her.: dah. ein **kleiner Redesatz,** ICt.: auch ein **Band der Satzglieder,** Rutil. Lup. 1, 14 u. 15: ein einzelnes Wort, articulus *Tum,* ICt. – In der Gramm. das **Pronomen** hic u. quis, Varr. LL. 8, 45: u. der **Artikel,** Quint. 1, 4, 19. – **2** von der Zeit, der **Scheide-** od. **Wendepunkt,** der **entscheidende, schicklichste Zeitpunkt, Augenblick,** commoditatis omnes articulos scio, Plaut.: si de singulis articulis temporum deliberabimus, Plin.: in ipso articulo temporis, Cic.: in ipsis quos dixi temporum articulis, Curt.: u. bl. in ipso articulo, Ter.: u. in articulo, auf der Stelle, sogleich, Cod. Iust.: in quo articulo rerum mearum, zu welchem misslichen Zeitpunkt, in welcher misslichen Lage, Curt.: in aspero ac difficili temporum articulo, Val. Max. – **3** v. anderen abstrakten Dingen, der **Abschnitt, Absatz, Punkt,** per eosdem articulos et gradus, durch alle kleineren u. größeren Abstufungen der Ehrenstellen, Suet.: latitudinum articuli, Plin.: civilis articuli umbra, das Schattenbild eines bloßen Bruchteils der Politik, Apul.: ventum est ad ipsum articulum causae, zum Hauptpunkt, Arnob.: in multis nostri iuris articulis, ICt.: summa rerum divisio in duos articulos diducitur, ICt. – ► Nbf. articulum, Virg. gramm. p. 146, 24; vgl. Gloss. ›articulum, ἄρθρον‹ u. ›articula, ἄρθρα‹.

artifex, ficis, *c.* (ars u. facio), der **Kunstmeister, Künstler, I** v. Pers.u. personif. a. Subjj., der **Kunstmeister, Werkmeister, Künstler, Bildner, Kunst-** od. **Sachverständige,** der **Techniker,** auch sachverständige **Theoretiker,** attrib. = **der** in etw. **technisches Geschick zeigt,** in etw. **kunstgeübt, technisch ausgebildet** od. **geschickt,** in etw. **Meister, 1** im engeren Sinne: **a** v. Künstler als Ausüber einer Kunst od. Fertigkeit (Ggstz. inscius, Pfuscher, Cic. Acad. 2, 22: artifices, Ggstz. imperiti, Laien, Plin. ep. 3, 6, 3), v. Künstlern u. Handwerkern aller Art, Plaut. Cas. 356. Cic. ep. 1, 7, 7. Cic. II. Verr.. 1, 91; 4, 54; 5, 73. Nep. Att. 13, 3. Phaedr. 5. pr. 4. Sen. de ben. 4, 21, 3. Plin. ep. 1, 10, 4. Curt. 6, 2 (5), 5 (Sänger, Spielleute, Schauspieler u. dgl.). Gell. 7 (6), 13, 5. Apul. flor. 7. p. 8, 7 Kr.: servi artifices, Cic. II. Verr.. 1, 92. – v. Werkmeister, Bauarbeiter, Liv. 42, 3, 11; fr. 91. Quint. 7. pr. 1. Plin. ep. 8, 20, 4: v. Geschützmeister, Amm. 23, 4, 2; 24, 4. § 12 u. 28: v. Sachverständigen im Bauwesen, artifices eius regionis, Plin. ep. 10, 41 (50), 3: v. Nivellierer, Traian. in Plin. ep. 10, 62 (70): v. Feldmesser, Gromat. vet. 5, 20; 10, 17 u. a.: v. Kunstgärtner (topiarius), Plin. ep. 5, 6, 35: v. Kunsttischler, Apul. apol. 62: v. Mosaikfußbodenarbeiter, Hieron. in Ioel 2, 1: v. Erzbildner, Bildhauer, Cic. II. Verr.. 4, 4 u. 5; 4, 12. Cic. ep. 5, 12, 7. Verg. Aen. 1, 455; 12, 210. Ov. met. 12, 398. Vell. 1, 13, 4. Plin. ep. 1, 20, 10. Suet. Vesp. 18. Apul. apol. 61: v. Goldschmied, Sen. de tranqu. anim. 1, 7; ad Helv. 11, 3. Iuven. 11, 102. Vulg. Ierem. 10, 9: v. Seidenwirker, Vulg. Iesai. 44, 13: v. Maler (artifex pictor, Firm. math. 3, 7), Vell. 1, 13, 4. Quint. 8, 5, 26. Val. Max. 8, 12 ext. 3. Sen. ep. 9, 7. Plin. ep. 4, 28, 3; 7, 33, 2: v. Musiker, Virtuosen, Musiklehrer, Cic. Muren. 29. Quint. 5, 10, 125. Curt. 5, 1 (3), 22. Plin. ep. 4, 19, 4: v. Sänger, Ov. met. 11, 169 (v. Apollo): v. Schauspieler, Plaut. Amph. prol. 70; Poen. prol. 38. Cic. Quinct. 78; Sest. 120. Liv. 5, 1, 5 u. a. Sen. de clem. 1, 26, 2. Quint. 9, 3, 86. Suet. Ner. 49, 1. Tert. de spect. 5 (vollst. artifex scaenicus, s. unten): v. Redner u. Rhetoriker, Cic. Quinct. 77; or. 172; de or. 1, 111 u. 145: v. praktischen Arzt, Cels. 1. pr. p. 8, 27 u. p. 12, 34 D.; 3, 4. p. 80, 15 D.: artifices improbi, Quacksalber, Liv. 5, 3, 6: v. Barbier, Tibull. 1, 8, 12. Mart. 6, 52, 6: v. Wettkämpfer, Nep. Chabr. 1, 3. Phaedr. 5, 5, 7: v. Wagenlenker, Plin. 7, 186: v. Vogelsteller, Petr. 109, 7: v. Giftmischer, Sen. nat. qu. 3, 25, 1: v. einem Pferd, artifex equus, das die Touren zu machen versteht, eingeschultes, Ov. art. am. 3, 556: v. der Natur, natura non *artificiosa* (kunstfertig) solum, sed *plane artifex* (eine vollkommene Künstlerin) ab eodem Zenone dicitur, Cic. de nat. deor. 2, 58. – m. attrib. Subst., artifex faber, Zimmermeister, Vulg. sap. 13, 11: artifex medicus, Apul. met. 10, 2: artifices palaestritae, Amm. 15, 3, 4: m. attrib. Adj., artifex aerarius, Vulg. 3. regg. 7, 14: artifex caligarius, Chalc. p. 77, 1 K.: artifex carpentarius, Lampr. Alex. Sev. 52, 1: artifex lignarius, Vulg. Iesai. 44, 13: artifices periti rei aquariae (des Wasserbaues), Amm. 28, 2, 2: artifex polymitarius, Damastweber, Ven. Fort. 5, 6. praef. p. 196 Migne: artifices scaenici, Schauspieler, Cic. Arch. 10. Sen. ep. 11, 7. Suet. Caes. 84, 4. Gell. 3, 3, 14: dies. artifices scaenarii, Amm. 28, 4, 32: artifices sellularii, Apul. flor. 15: artifex signarius, Bildhauer, CIL 6, 9896: artifex rhetoricus, Gell. 17, 5, 9. – m. *Genet. subst.,* omnis artifex omnis artis, Vulg. apoc. 18, 22: medellarum artifices, Amm. 17, 5, 7: artifex morbi, Prop. 2, 1, 58: artifex pugnorum, Faustkämpfer, Tert. spect. 23: artifices scaenae, Schauspieler, Sen. de ben. 7, 20, 3: tam artifices saltationis (so künstlerisch ausgebildete Tänzer), ut etc., Suet. Tit. 7, 2: ne quis in exercitu miles faber aut alterius rei artifex esset, Capit. Maxim. duob. 8 4: artifex talium (eine Meisterin in solchen Künsten) vocabulo Locusta, Tac. ann. 12, 66. – m. *Genet. Gerund.,* pingendi fingendique idem mirus artifex, Quint. 12, 10, 6: non quo illa contemnam, quae Graeci dicendi artifices et doctores reliquerunt etc., Cic. de or. 1, 23: Demosthenes primarius dicendi artifex, Apul. apol. 25. p. 22, 7 Kr.: artifices pronuntiandi (im Vortrag), Quint. 11, 3, 73: Pyrrhus unicus pugnandi artifex, Liv. fr. 1: miles decollandi artifex, Suet. Cal. 32, 1. – m. *in* u. Abl., in tornando artifex, Apul. de mund. 1. p. 107, 14 G.: in his artifex, quae stationis imperatoriae non erant, ut calices fingeret saltaret cantaret, Lampr. Comm. 1, 8: mirus artifex in sagittis (im Bogenschießen), Aur. Vict. epit. 42, 18. – m. bl. *Abl.,* Phidias dis quam hominibus effingendis melior artifex creditur, Quint. 12, 10, 9.

b v. Künstler als **Bildner** eines Werkes od. Stoffes, der **Werkmeister, Arbeiter, Verfertiger, Erbauer, Schöpfer,** attrib. = **bildend, schaffend, schöpferisch,** artificis naturae manus od. opus, Gell. 12, 1, 9. Auct. Aetnae 595: omnis bonae malaeque materiae fecunda artifex, rerum natura, Val. Max. 1, 8. ext. 18: materiam adhuc rudem deus artifex conformat universam, Apul. dogm. Plat. 1, 5. – m. *Genet.,* deus aedificator mundi et artifex rerum, Lact. 1, 6, 16: si probus eius (mundi) artifex, Cic. Tim. 6: natura omnium artifex, Plin. 2, 3: natura operis immensi artifex, Sen. Octav. 397 (386). – talium operum artifices, Liv. 29, 35, 8: artifices operum singulorum, Vulg. 2. paral.

24, 12: statuarum artifices pictoresque clarissimi, Quint. 5, 12, 21: gladiorum armorumque artifex, Schwertfeger u. Waffenschmied, Treb. Poll. XXX tyr. 8, 13: artifices lapidum, Steinhauer, Vulg. 2. regg. 5, 11: artif. lignorum, Holzarbeiter, Vulg. exod. 38, 23 u. a.: artifex simulatorque figurae (v. Morpheus), Ov. met. 11, 634: artifices mercatoresque veneni, Iuven. 13, 154.

2 im weiteren Sinne: **a** **der sich** auf etw. **meisterhaft versteht,** in etw. **Meister, -erin,** m. *Genet. subst.*, homines talis negotii artifices, Sall. Iug. 35, 5: artif. formae, die ihre Schönheit (durch Schmuck) zu heben versteht, Prop. 1, 2, 8: humani doloris, Menschenpeiniger, Ps. Quint. decl. 5, 4. – m. *Genet.* des Gerundii od. Gerundivi, tractandi animos artifices, Liv. 6, 36, 10: artif. suadendi, Quint. 2, 15, 18: egregius acquirendi artif., Iuven. 14, 116: artifices laedendi, Amm. 28, 1, 10: sapientia tamquam artifex conquirendae et comparandae voluptatis, Cic. de fin. 1, 42 (u. so *ibid* 2, 116): hic faciendarum amicitiarum artif., Sen. ep. 9, 5: summus ille tractandorum animorum artif., Quint. 11, 1, 58: serendae od. transferendae in alios invidiae artif., Tac. hist. 2, 86. Amm. 27, 9, 2. – m. *ad* u. Akk., si qui sunt, qui in hoc reo artifices ad corrumpendum iudicium velint esse, Cic. Verr. 5, 183: artif. ad occultandam audaciae specie formidinem, Aur. Vict. epit. 42, 7: art. ad inquietandum senis inguinem, Schol. Iuven. 10, 138: artifex ad formanda corpora effigiesque caelandas mobilitas ignea, Plin. 6, 187. – m. *in* u. Akk., in seria et iocos artif., Iustin. 9, 8, 8: artif. in lacrimas alcis, Ps. Quint. decl. 10, 9. – m. *in* u. Abl., in ambitione artif., Q. Cic. de pet. cons. 47: in complicandis negotiis artifex dirus, Amm. 14, 5, 8. – mit *Infin.*, Pers. prol. 11 u. 1, 71. – dah. prägn., Meister in der Verstellungskunst, ein **abgefeimter Schelm, Erzschelm, Schlaukopf,** Ter. Phorm. 259. Verg. Aen. 2, 125. Ov. met. 6, 615. Iuven. 4, 18: scelus artificis, Schelm u. Schurke, Verg. Aen. 11, 407. **b** der **Urheber, Anstifter,** artifex monstrorum, Tonangeber bei den Scheußlichkeiten, Plin. 28, 6: art. turbarum, Amm. 30, 3, 6: caedis, Ov. met. 13, 551: necis, Ov. art. am. 1, 656: haec scelerum artif., Sen. Phaedr. 567 (559): sceleris nefandi artif., Sen. Agam. 1041 (983). – abs. = Urheber der Schandtat, Ov. met. 6, 615.

II v. Lebl.: **1** aktiv = **kunstfertig,** Künstler-, artifex, ut ita dicam stilus, Cic. Brut. 96: artif. manus, Ov. trist. 2, 522 u. Amm. 17, 4, 7: artifices manus, Prop. 4, 2, 62. Ov. amor. 3, 2, 52; met. 15, 218. Vulg. deut. 27, 15: os (Mund), Iuven. 10, 238: vir tam artificis ingenii, von solchem Kunstgeschick, Plin. 8, 55.

2 passiv, **mit Kunst ausgeführt, kunstreich, kunstvoll, meisterhaft,** quattuor artifices boves, Prop. 2, 31, 8: artif. vultus, Pers. 5, 40: artif. forma, Val. Flacc. 6, 466: tantae tamque artifices argutiae, Plin. 10, 85: artif. dimicatio, Plin. 8, 150: artif. complexus, Plin. 29, 52: artif. temperamentum, Plin. 12, 115: artif. motus, Quint. 9, 4, 8: plaga, Solin. 35, 6: ratio, Ps. Apul. Ascl. 13 *extr.*

artificiālis, e (artificium), **kunstmäßig, kunstgerecht, Kunst-,** als rhet. *t. t.* für das griech. ἔντεχνος (Ggstz. inartificialis, ἄτεχνος), ratio, Quint.: probatio, Quint. – subst., artificiālia, ium, *n.*, das Kunstgerechte, Quint. 1, 8, 14. Chalcid. Tim. 2.

artificiāliter, *Adv.* (artificialis), **kunstmäßig, kunstgerecht** (Ggstz. inartificialiter), in re se gerere, Quint. 2, 17, 42: agere, Chalcid. Tim. 56: considerare, *ibid.* 62.

artificīna, ae, *f.* (ars u. facio), die **Kunstwerkstätte,** Gloss. V, 590, 51 *ex Osberno.*

artificiolum, ī, *n.* (Demin. v. artificium), Not. Tir. 53, 90. Not. Bern. 11, b.

artificiōsē, *Adv.* m. *Compar.* u. *Superl.* (artificiosus), **künstlerisch, kunstmäßig,** populum art. salutare, Rutil. Ruf. fr.: artificiose dici, Cic.: id multo artificiosius efficere, Cic.: artificiosissime facere, Rhet. Her.

artificiōsus, a, um, *Adi.* m. *Compar.* u. *Superl.* (artificium), **I** aktiv = **kunstreich, kunstfertig,** rhetores ii, qui elegantissimi atque artificiosissimi putati sunt, Cic. – Plur. subst. artificiōsī, Künstler, Firm. math. 4, 6. – übtr., v. Lebl. ipsius mundi natura non artificiosa solum, sed plane artifex, Cic.: quodsi id artificiosum est intellegere, quae sunt ex arte scripta, multo est artificiosius ipsum scribere ex arte, Rhet. Her. – **II** passiv = **kunstvoll, künstlich,** **A** eig.: res artificiosae (Ggstz. res naturā comparatae), Rhet. Her.: artificiosum opus divinumque, Cic.: de re artificiosa loqui, ut mathematici, Cic.: artificiosis rebus se delectare, sich gern mit mechanischen Künsten beschäftigen, Vitr. – *n. pl.* subst., artificiosa (anteponuntur) non artificiosis, das Kunstvolle dem Kunstlosen, Cic. top. 69. – **B** übtr., **den Gesetzen der Kunst angemessen, kunstgemäß, künstlich** (Ggstz. naturalis, »naturgemäß«), sunt duae memoriae: una *naturalis,* altera *artificiosa,* Rhet. Her.: ea genera divinandi non *naturalia,* sed *artificiosa* dicuntur, Cic.

artificium, ī, *n.* (artifex), **I** die Beschäftigung, Tätigkeit des *artifex,* der **Handwerks-, Kunstbetrieb,** das **Gewerbe, Handwerk,** die **Kunst,** tenue et leve, Cic.: ancillare, Mägdeverrichtung, Cic.: piscatorium, Lact.: artificium oblivisci et studium deponere, Cic.: operum atque artificiorum initia tradere, der Handwerke u. Künste, Caes. b. G. 6, 17, 2 (versch. von Cic. Verr. 4, 132, s. *no.* II, C). – **II** meton.: **A** der Inbegriff der einer Wissenschaft zugrundeliegenden Regeln, die **Theorie,** das **System,** die **Kunstlehre,** oft bei Cic. (s. Sorof Cic. de or. 1, 96): art. praeceptorum, Rhet. Her.: art. memoriae, Gedächtniskunst, Mnemotechnik, Rhet. Her.: componere artificium de iure civili, Cic. – **B** subj.: **a** die bei etw. angewandte **Geschicklichkeit, technische Fertigkeit, Kunstfertigkeit, Kenntnis, Kunst,** vis artificii, Kunstgeschicklichkeit, Cic.: art. gubernatoris, Caes.: art. callidissimum (sehr sinnreiche), Cic.: simulacrum Dianae singulari opere artificioque perfectum, Cic.: haec omnia antiquo opere et summo artificio facta, Cic.: quorum in isto vestro artificio nihil est, Cic.: hoc ipsum est summum artificium, ein sehr großes Kunststück, Cic. – **b** jedes zur Erreichung eines Zweckes angewandte Mittel, der **Kunstgriff,** die **Kunst,** im üblen Sinne die **List, Schlauheit,** artificium proprium palaestrae, Cic.: id quod contra me locutus es, artificio quodam es consecutus, Cic.: vicinitas non assueta mendaciis, non fucosa, non fallax, non erudita artificio simulationis, Cic.: non virtute neque in acie vicisse Romanos, sed artificio quodam et scientiā oppugnationis, Caes. – Plur., quorum artificiis effectum est, ut resp. in hunc statum perveniret, Cic. – **C** (*abstr. pro concr.*) der künstlich gearbeitete Gegenstand selbst, das **Kunstwerk,** ut intellegatis artificii cupidum, non argenti fuisse, Cic.: quae certis signis artificii notata sunt, Rhet. Her.: u. Plur., haec opera atque artificia, Cic. Verr. 4, 132 (versch. von Caes. b. G. 6, 17, 2, s. *no.* I).

artigraphia, ae, *f.* (ars u. γράφω), ein **grammatisches** od. **rhetorisches Lehrbuch,** Anecd. Helv. 174, 3.

artigraphus (artigrafus), ī, *m.* (ars u. γράφω), der **Verfasser eines grammatischen** od. **rhetorischen Lehrbuchs,** Serv. Verg. Aen. 1, 104; 5, 522. Pompei. comment. 205, 7 u. 240, 3 K. Eutych. 448, 27 K. Isid. 2, 9, 8. Cassiod. 145, 31 K. u. ö.

artio, s. arto ►.

artios = ἄρτιος, angemessen, Charis. 288, 4.

artis, s. ars ►.

artisellium, ī, *n.*, s. arcisellium.

artītus, a, um (ars) = bonis artibus instructus, Paul. ex Fest. 20, 14. Placid. gloss. V, 48, 27. Gloss. II, 23, 33 (= πάντεχνος, δαίδαλος).

arto, āvī, ātum, āre (artus, a, um), **einengen,** **I** eig.: **a** im Ggstz. zum Lockern, **straff anziehen, fest schnüren,** frenorum habenas (v. Reiter), Lucan. 1, 143; vgl. equum celerem artato compescere freno, Tibull.: ubi fasciae artatae sunt, Cels.: vitis contineri (gehalten werden) debet vimine, non artari, Plin. – **b** im Ggstz. zum Weiten, **einengen, gedrängt machen** (Ggstz. laxare), **α** eine Örtl.: pelagus victas artasse carinas, Lucan.: artatas ponti fauces modica insula claudit, Sil.: forma terrae (Hispaniae) quadrata, nisi quod artantibus (eam) freti litoribus in Pyrenaeum coit, Mela: angustias eas (maris) artantibus insulis parvis, Plin.: ubi primum *se artat* (Oceanus) Hellespontus vocatur, Propontis ubi *expandit;* ubi iterum *pressit* Thracius Bosphorus; ubi iterum *effudit* Pontus Euxinus, Mela. – m. Angabe

wodurch? durch *Abl.*, atria immodicis imaginibus, Mart.: u. im Passiv, et Syriae et Aegypti regna Romanā vicinitate artata, Iustin.: vallum artatur denso fugientium examine, Stat. – **β** andere Gegenstände **einengen, gedrängt-, dicht stellen, zusammendrängen, einzwängen,** quorum (primordiorum rerum) condenso magis omnia conciliatu artari possunt, Lucr.: transversos fustes spisse, Col.: animam, Lucan.: tam artatum opus, auf so enge Grenzen beschränktes, gedrängtes, Vell.: longior undecimi nobis decimique libelli artatus labor est, das längere Werk des zehnten u. elften Buchs ist von mir zusammengedrängt, gekürzt worden, Mart. – mit Ang. **wodurch?** durch *Abl.*, quos (libellos) artat brevibus membrana tabellis, Mart. – m. Ang. **wohin?** durch *in* m. Akk., cancellos in rugas, Plin.: od. durch bl. *Dat.*, flores canistris, Col. poët.: foramini taleam, Pallad. – **γ** eine Pers. einengen = **umdrängen, sich rings** an jmd. **herandrängen,** quod occursantium populus te quoque, te immo maxime artaret, Plin. pan. 23, 2 K. – **II** übtr.: **a** durch od. an etw. **binden,** artari iuris iurandi religione, Cod. Theod.: artari ad solutionem (Bezahlung), Cod. Theod. – **b einengen, einzwängen, einschränken, beschränken, knapp zumessen,** **α** der Zahl nach: quam numero artarat annonam, comparcendo laxabat, Pacat. pan.: u. so artata numero felicitas, Vell. – **β** der Zeit nach: nonnumquam *artare,* nonnumquam *prorogare* tempus (Frist), ICt.: artati temporis spatium, Vell. 1, 16, 2. – prägn., etw. od. jmd. der Zeit nach **beschränken,** quia dies sollemnis ludum artaverat, die Schule früher geschlossen hatte, Petron. 85, 4. – m. Ang. **wodurch?** durch *Abl.*, adeo artatum (quod clarum fuit) angustiis temporum, ut etc., Vell. 1, 16, 5: art. poenam tempore (Ggstz. poenam perpetuare), ICt.: art. alqm, jmdm. eine kürzere Frist gewähren (Ggstz. alci largius tempus tribuere), ICt. – **c** den Verhältnissen nach, **knapp zumessen,** fortuna humana fingit artatque ut lubet, Plaut. capt. 304: in praemiis, in honoribus omnia artata, Liv. 45, 36, 3. – u. prägn., alqm od. se, jmd. od. sich (in seinem Tun u. Lassen) **einengen, in die Enge treiben, ins Gedränge bringen,** ICt. – ▶ Nbf. artio, wov. artivit, Nov. com. 16 u. 41: artiveris, Cato r. r. 40, 3: Imper. artito, Cato r. r. 40, 3 u. 41, 2 3: Infin. artire, Gloss. IV, 311, 10.

artocopus, ī, *m.* (ἀρτοκόπος), der **Kunstbäcker,** Firm. math. 8, 20. p. 225, 53 ed. Bas. 1551; vgl. artopta.

artocreas, atis, *n.* (ἀρτόκρεας), ein **Gericht aus Brot** u. **Fleisch,** Pers. 6, 50. CIL 9, 5309.

artolaganus, ī, *m.* (ἀρτολάγανον), ein **Brotkuchen** (zusammengesetzt aus Mehl, Wein, Milch, Öl, Fett u. Pfeffer), Cic. ep. 9, 20, 2. Plin. 18, 105.

artopta, ae, *m.* (ἀρτόπτης), der **Brotbäcker,** eine Backform, worin das feinste Brot gebacken u. noch warm aufgetragen wurde, Plaut. aul. 400 (vgl. Plin. 18, 107). Iuven. 5, 72.

artopticius, a, um (artopta), **in der Backpfanne gebacken,** panis, Plin. 18, 88 u. 105.

Artotrōgus, ī, *m.* (v. ἄρτος u. τρώγω), **Brotzermalmer,** Name eines Parasiten b. Plaut. mil. 9.

Artotyrītae, ārum, *m.* (ἀρτοτυρῖται, v. ἄρτος u. τυρός), eine Art Ketzer, die beim Abendmahl neben dem Brot auch Käse genossen haben sollen, Augustin. de haeres. *no.* 25. Isid. 8, 5, 22.

artro, āre, s. arātro.

artuātim, *Adv.* (artuatus), **gliedweise,** Firm. math. 7, 1. p. 195, 3. Firm. de err. prof. rel. 2. § 2.

artuo, āre (2. artus) = διαρθρόω, **zergliedern, zerteilen,** Gloss. Labb. – Dav. artuata viscera, Firm. math. 6, 31.

1. artus, a, um, *Adi.* m. *Compar.* u. *Superl.* (Stamm AR-o, griech. AP-ω, wov. auch 2. artus, arma u. a.), **gefügt,** d. i. **eingeengt, eingeschränkt, zusammengedrängt, -gezwängt, eng geschlossen, eng, knapp, I** eig.: **a** im Ggstz. zum Lockern, Schlaffen, **eng, straff, fest** (Ggstz. laxus), catena, Ov. u. (Ggstz. laxa) Sen.: frenum, Tibull.: toga, fest anschließende, Hor.: compressiones artae amantum comparum, Plaut.: artissima oscula, Kuss auf Kuss, Suet.: complexus artiores, Sen., artissimi, Petr.: artissimo nodo vinciri (Ggstz. levi nodo contineri), Plin. – u. oft im Bild, artioribus (ille) apud populum Romanum laqueis tenebitur, Cic.: vinculum ad astringendam fidem artius, Cic.: artissimum societatis vinculum, Cic. – **b** im Ggstz. zum Weiten, **eng** (Ggstz. latus), **α** v. Örtl.: regiones, Lucr.: loca, Sall. fr.: artiores silvae, dichtere, Caes.: vallis, Liv.: via, semita, Liv.: itinera, Tac.: aditus, Curt.: fauces, Tac.: ostium (Mündung), Liv.: os specus, Curt.: Arabici sinus os artius (Ggstz. latum), Mela: saltus artior, Liv.: mare artius, Mela: artissimum inter Europam Asiamque divortium, Tac.: coit deinde murus ex utraque parte in artiorem velut cuneum, Liv.: inde *se* rursus *laxat* (mare), rursusque etiam, quam fuit, *artius exit in spatium,* Mela: terra quae sequitur nusquam lata, atque hic artissima inter Hellespontum Aegaeumque procurrit, Mela. – subst., artum, ī, *n.*, die **Enge,** der **enge Raum,** in artum concreti montes nimborum, Lucr.: mare adeo in artum agitur, ut etc., Mela: u. (im Bild) nec desilies imitator in artum, dich verrennen, Hor.: quinquaginta ferme volumina collecta in artum, gekürzte, Plin.: ita in arto stipatae erant naves, ut etc., Liv.: per omnia arta praeruptaque velut caeci evadunt, Liv.: im *Compar.* u. *Superl.*, montes paulatim in artius coëunt, Curt.: quā in artissimum cogitur regio, Curt. – bes. die **Enge,** das **Gedränge** des Kampfes, pugna in arto, Fuß an Fuß, Tac.: in artum compulsi, eingekeilt, eingezwängt, Liv.: suomet ipso agmine in arto haerentes, Liv. – **β** v. a. Dingen, **eng, gedrängt, dicht,** turbā artā circumstare, Tibull.: nimis arta convivia, Hor.: cernere alqd artiore cribro, mit dichterem (feinerem) Sieb, Plin.: trahi in artissimas tenebras, Suet. Ner. 46, 1 (vgl. Apul. de deo Socr. 3): custodia arta, Tac., artissima, Mela. – u. **γ** v. Pers., **eng gewachsen,** mulierem ita artam, ut mulier fieri non possit, sanam non videri constat, Ulp. dig. 21, 1, 14. § 7. – **II** übtr.: **a** nicht schlaff, **eng, fest,** artus somnus, artior somnus, fester, tiefer Schl., Suet. u. Cic.: artissimus somnus, Suet.: artā propinquitate coniunctus, Curt.: arto contubernio intime iunctus, App.: u. artā familiaritate alqm complecti, mit enger, inniger, Plin. ep.: alqm in artissimam affinitatem recipere, Vell. – v. Pers., **eng verbunden,** contubernalis artissimus, Apul. met. 9, 23. – **b eingeengt, beengt, α** unter dem Zwang befindlich, sponte suā cadere sub leges artaque iura (Zwang der Rechte), Lucr.: leges artae ideoque superbae, Plin. – **β beengt** durch Sorgen, animus, Hor. sat. 2, 6, 82. – **c** eingeengt = **knapp, beschränkt, nur sparsam, gering,** numerus, Tac.: commeatus, Liv.: annona arta, artior, artissima, Suet.: artiora tempora somni quam noctis, Curt.: omnia sibi in dies artiora esse viderunt, Curt. – u. artior petitio, mit geringer Aussicht, Liv. – subst., in arto (esse) commeatum, die Zufuhr sei knapp, Tac. hist. 3, 12: nobis in arto et inglorius labor, beschränkt, Tac. ann. 4, 32: alci spem ponere in arto, jmdm. die H. beschränken, Ov. – **d drangvoll, misslich** (s. Duker Flor. 2, 6, 31), res (Lage), Ov., Tac. u. a.: spes artior, Col. – subst., cum in arto res esset, als er in der Klemme war, sich bedrängt sah, Liv.: numquam Mavors adeo constrinxit in artum res, Claud.

2. artus, ūs, *m.* (Stamm AR-o, griech. AP-ω, wov. auch 1. artus, arma, ἄρθρον u. a.), das **Gefüge,** gew. Plur. **artūs,** tuum, Dat. u. Abl. tubus, *m.*, die **Gelenke** mit ihren Gliedern, die **Gelenkglieder, Gliedmaßen** (dagegen membra die Glieder [Kopf u. Rumpf nicht ausgenommen] als Körperteile, von denen eben die artus die äußeren Teile bilden), magni membrorum artus, magna ossa lacertique, Verg.: nervi atque artus sapientiae (im Bild), Cic.: digitorum contractio facilisque porrectio propter molles commissuras et artus nullo in motu laborat, Cic.: nondum in sua membra artus redierant, Sen. rhet.: luxata corpora in artus redeunt, Plin.: ambusti multorum artus vi frigoris, Tac. – dolor artuum, Gelenk-, Gliederschmerz, Gicht, Cic.: artubus tremoentibus, Sisenn. fr.: omnibus artubus contremisco, Cic. – poet. = *membra,* die **Glieder** (s. Heinse Ov. met. 2, 823), salsus per artus sudor iit, Verg.: sopor fessos complectitur artus, Verg.: ubi mortales Tirynthius exuit artus, Ov. – ▶ Der Singul. nur Lucan. 6, 754. Val. Flacc. 4, 312. Prisc. inst. 6, 77 (wo hoc artu) u. part. XII vers. Aen. 1, 11 (wo artu corporis). – Plur. heterokl. artua, Plaut. Men. 855. – Dat. u. Abl. Plur. gew. artubus (vgl. Diom. 308, 3); selten artibus, z. B. Tert.

de anim. 10; vgl. Ter. Scaur. (VII) 25, 1 *sqq.* – Spät. lat. Plur. arctus, Akk. arctus, Virg. gramm. p. 86, 9: Abl. Plur. arctubus, *ibid.* p. 8, 8.

artūtus, a, um (2. artus), **von starkem Gliederbau,** Plaut. asin. 565 (nach Fleckeisens Konjektur).

aruga, s. arviga.

ārula, ae, *f.* (*Demin.* v. ara), jede kleine Erhöhung; dah. **I** ein **kleiner Altar,** ein **Altärchen,** Cic. Verr. 4, 5. Papin. ius b. Macr. sat. 3, 11, 6. CIL 13, 569 u. Eccl. – **II** Plur. arulae, bei den Kampanern = der um eine gepflanzte Ulme herumgelegte feste Rasen, nach Plin. 17, 77.

arum, s. aron.

āruncus, ī, *m.* (ἤρυγγος, dor. ἄρυγγος), der **Ziegenbart,** Plin. 8, 203.

arundifer (harundifer), fera, ferum (arundo u. fero), **Rohr tragend,** Ov. fast. 5, 637.

arundināceus, a, um (arundo), **rohrähnlich,** folium, Plin. 18, 58.

arundinārius (harundinārius), ī, *m.* (arundo), der **Rohrhändler** = der Angel- od. Leimrutenverkäufer, CIL 6, 9456.

arundinātio (harundinātio), ōnis, *f.* (*arundino, mit Rohr stützen), das **Stützen** der Weinstöcke **durch Rohrstäbe,** Varr. r. r. 1, 8, 3.

arundinētum (harundinētum), ī, *n.* (arundo), das **Rohrgebüsch, Röhricht,** der **Rohrbruch,** Cato r. r. 6, 3. Varr. r. r. 1, 8, 3. Col. 1, 2, 3 u. 4, 30, 2. Vell. 2, 19, 2. Plin. 10, 23. Suet. Ner. 48, 3. CIL 11, 3895. Vulg. Iosuë 16, 8 u. a.

arundineus (harundineus), a, um (arundo), **I aus Rohr, mit Rohr bewachsen, Rohr-,** canales, Verg.: cuneoli, Col.: silva, Rohrgebüsch, Röhricht, Verg.: ripa, Stat.: poet., carmen, ein Hirtenlied, Ov. trist. 4, 1, 12. – **II rohrähnlich, -artig,** radix, Plin. 24, 150.

arundinōsus, a, um (arundo), **voll Rohr, schilfreich,** Cnidus, Catull. 36, 13.

arundo (harundo), dinis, *f.*, das **Rohr** im Allg. (während canna = das kleine Rohr, das Schilf, ulva = das Kolbenschilf), **I** eig.: arundinis Italiae usus ad vineas maxime, Plin.: radiculae degeneris *arundinis,* quam *cannam* vulgo vocant, Col.: insulae herbidae *arundine* et *iunco,* Plin. ep.: aper Laurens *ulvis* et *arundine* pinguis, Hor.: gracilis et cannae similis arundo, Col. – arundo Indica, Bambusrohr, Plin. – arundo piscatoria, zu Angelruten (s. unten), aucupatoria, zu Leimruten (s. unten), Plin. – das Rohr gebraucht zum Bedecken u. Bekleiden von Hütten u. Häusern, s. Vitr. 2, 1, 3. Plin. 16, 156: bes. als Flechtwerk zu Lagerhütten (s. Drak. Liv. 35, 27, 3), casae ex arundine textae, Liv.: erant tecta arundine texta, Liv. – als Attribut in den Haaren der Flussgötter, crines (dei Tiberini) umbrosa tegebat arundo, Verg. Aen. 8, 34. – **II** meton. für das aus Rohr Gemachte: **a** die **Angelrute,** moderator arundinis, ein Fischer, Ov.: captare arundine pisces, Tibull.: hice hami atque hae arundines sunt nobis quaestu et cultu, Plaut. – **b** die **Leimrute** zum Vogelfang, parati aucupes cum arundinibus fuerunt, Petr.: alas arundo verberat, Plaut.: arundine sumptā Faunus plumoso sum deus aucupio, Prop. – **c** die **Schreibfeder,** Pers. 3, 11. Mart. 9, 13, 3. Auson. ep. 15, 50. p. 252 Peiper: tristis, finsterer, ernster Stil, Mart. 1, 3, 10. – **d** der **Schaft** des Pfeiles (Ggstz. mucro, ferrum), Cels. 7, 5. *no.* 2. Ov. met. 1, 471: poet. auch der **Pfeil** selbst, Verg. Aen. 4, 73; 5, 544. Ov. met. 5, 384. Sil. 5, 447: u. der **Bogen,** Sil. 10, 12. – **e** die **Rohr-, Hirtenpfeife, Schalmei,** griech. σῦριγξ (bestehend aus mehreren durch Wachs verbundenen, stufenweise abnehmenden Röhren), Verg. ecl. 6, 8. Ov. met. 11, 154. Sil. 14, 471: arundine canens, Suet. Caes. 32. – **f** die **Flöte,** Ov. met. 6, 384. – **g** der Rohrstab, der den Aufzug am Webstuhl in zwei Teile scheidet, sodass die Fäden (stamina) abwechselnd vor u. hinter ihm herabhängen, stamen secernit ar., Ov. met. 6, 55. – **h** ein Rohrstock mit Borstbesen zum Abkehren der Spinnengewebe, die **Kehreule,** Plaut. Stich. 347. – **i** ein **Rohrbündel** als **Vogelscheuche,** Hor. sat. 1, 8, 6. – **k** ein **Stock** zum Prügeln, Prop. 4, 7, 25. Petr. 134, 3. – **l** als **Weinpfahl,** Varr. r. r. 1, 8, 2. – **m** als **Steckenpferd,** Hor. sat. 2, 3, 248. Val. Max. 8, 8. ext. 1. – **n** als **Schiene** (der Chirurgen), Suet. Aug. 80. – **o** ein **Messstab,** Vulg. apoc. 21, 16. Prud. psych. 826. – ► Die Schreibung harundo ist durch sehr gute Hdschrn. u. Inschr. beglaubigt; vgl. Fritsche Hor. sat. 1, 8, 6.

Ārūns, s. Arrūns.

Arūpium, ī, *n.*, eine Stadt der Japoden in Illyrikum, j. »Auersberg« od. »Mungava«; wovon **Arūpīnus,** a, um, **arupinisch,** arva, Tibull. 4, 1, 110.

arūra, ae, *f.* (ἄρουρα), **I** das **Ackern,** Caper (VII) 106, 3. – **II** das **Acker-, Saatfeld,** Marc. Emp. 8.

arusion, ī, *n.* = *isatis,* Ps. Apul. herb. 69.

aruspex etc., s. haruspex etc.

arutaena, s. arytaena.

arva, ae, *f.*, s. arvus.

arvālis, e (arvum), **zum Saatfeld gehörig;** dah. Fratres Arvales, die **Arval-Brüder,** ein Kollegium von zwölf Priestern, an deren Spitze ein Magister stand, der Sage nach schon von Romulus seiner Amme Akka Larentia zu Ehren eingesetzt. Ihre Würde war lebenslänglich u. verblieb selbst denen, die im Exil waren. Sie kooptierten sich selbst den Magister auf ein Jahr an den Saturnalien; einer war Flamen, der mit dem Magister das Opfer vollzog. An den Iden des Mai hielten sie, das Haupt mit einem Kranz von Ähren (corona spicea) u. einer weißen Binde (vitta alba) geschmückt, capite velato unter Absingen eines Liedes im saturnin. Versmaß einen Umzug um die Felder in den Grenzen des ältesten Weichbildes von Rom, um Fruchtbarkeit von den Göttern u. Schonung der röm. Felder von Mars insbes. zu erflehen, Hauptstellen Plin. 18, 6 (wo sie arvorum sacerdotes heißen). Massur. Sab. b. Gell. 6 (7), 7, 8. Varr. LL. 5, 85. Fulgent. expos. serm. antiqu. *no.* 9. p. 172 M.: Sing. frater arvalis, CIL 5, 1874. Vgl. Carm. epigr. conl. Fr. Buecheler p. 1 (wo auch das Lied) u. bes. Acta fratr. arval. rest. et ill. Guil. Henzen. Berol. 1874.

arveho, ere, archaist. = *adveho,* Cato r. r. 135, 7 u. 138.

arvena, ae, *m.*, archaist. = *advena,* Prisc. 1, 45.

arvenio, īre, archaist. = *advenio,* Diom. 452, 29. Placid. gloss. (V) 48, 29.

Arvernī, ōrum, *m.*, ein gallisches Volk in Aquitanien, in der j. *Auvergne,* Caes. b. G. 1, 31, 3 u. a. Liv. 5, 34, 5. Vell. 2, 10, 2. Flor. 3, 2, 4; 3, 10. § 20 u. 24. Val. Max. 9, 6, 3, Oros. 6, 14, u. deren Hauptstadt (j. *Clermont),* Plin. 34, 45. Amm. 15, 11, 13. Sidon. ep. 3, 12 u. 7, 2. – Dav. **A Arvernia,** ae, *f.*, das **Arvernerland,** Gloss. in Sidon. p. 35, 10. – **B Arvernus,** a, um, **arvernisch,** vinum, Plin. 14, 18: dux, Liv. epit. 107: regio, Sidon. ep. 7, 7 *extr.*

arviga (harviga), ae, *f.* (viell. Nbf. v. vervex aus der Vulgärsprache der Landleute), der **Widder, Schafbock** als Opfertier, Varr. LL. 5, 98 (nach dem es Accius tr. gebraucht haben soll). Paul. ex Fest. 100, 6. – Bei Donat. Ter. Phorm. 4, 4, 28 aruga (haruga).

arvīgnus, a, um (arviga), **zum Schafbocke gehörig,** Varr. LL. 5, 98.

arvīna, ae, *f.* (wahrsch. zu griech. ὀρύα, Darm, entstanden aus *ἀρυα), **I Schmer, Fett, Speck** vgl. Suet. fr. 170. p. 272 R.), Vulg. exod. 29, 22 u. Iob. 15, 27: pinguis, Verg. Aen. 7, 627. Ambros. in psalm. 98. serm. 17. § 15: arvinae tori, Cypr. ad Donat. 7: arv. iecoris, Vulg. levit. 3, 15. – **II** übtr., die **Feistigkeit** eines Menschen, Prud. cath. 7, 9. Sidon. ep. 8, 14: uti carne ad arvinam corporis, Ambros. de Noë et arca 25, 90. – dah. als Beiname, A. Cornelius (Cossus) Arvina, Liv. 8, 38, 1.

arvīnula, ae, *f.* (*Demin.* v. arvina), **Fett,** Plur., Vulg. levit. 8, 16. Gloss. IV, 310, 18.

arvipendium, ī, *n.* (arvum u. pendo), ein **Landmaß** (σχοῖνος γεωμετρικός), Gloss. II, 19, 6.

arvocito, āre, archaist. = *advocito,* **herbeirufen,** Paul. ex Fest. 27, 8.

arvoco u. **arvolo,** archaist. = *advoco, advolo,* Prisc. 1, 45.

arvorsum, s. 2. adversus ►.

arvum, ī, *n.*, s. arvus.

arvus, a, um (st. aruus v. aro), **zum Pflügen bestimmt, Acker-, Saat-, I** *adi.*: ager (Ggstz. pascuus), Plaut. truc. 149. Varr. LL. 5, 39. Cic. de rep. 5, 3; vgl. Isid. 15, 13, 6. Schol. Bern. ad Verg. buc. et georg. p. 840, 7 H. – **II** *subst.*, **A arvum,** ī, *n.*, **1 Ackerland, Saatfeld,** prata et arva, Cic.: repleta arva cultoribus, Sall. fr.: subigere arva, Verg.: arvum colere, Apul. – meton., pabulo pecoris magis quam arvo (Getreide) studere, Sall. Iug. 90, 1. – **2** übtr.: **a** die **Flur,** das **Gefilde,** die **Gegend,** Ov.: arva laeta, Verg. – dah. insbes.: **α Weideplatz,** Prop. 4, 9, 19. – **β** arva Neptunia = **Meer,** Verg. Aen. 8, 695. – **γ Gestade, Ufer,** Verg. Aen. 2, 209. – **b** poet., v. den weibl. Geschlechtsteilen, genitale, Verg.: arva muliebria, Lucr. – **B arva,** ae, *f.*, **Ackerfeld, Saatland,** arvas obterere, Naev. tr. 22: arvas calvi, Pacuv. tr. 396.

arx, arcis, *f.* (v. Stamm ARC in arceo; vgl. Varr. LL. 5, 151), ein von Natur od. durch Kunst fester, hoher Punkt, der eine Stadt, eine Gegend deckt od. beherrscht, eine **feste Höhe, -Anhöhe, -Berghöhe, Feste, Zitadelle, Burg, Zwingburg,** griech. ἄκρα, ἔρυμα, **I** eig.: **A** im engeren Sinne: iam montani signo dato ex *castellis* ad stationem solitam conveniebant, cum repente conspiciunt alios, *arce* occupatā suā, super caput imminentes, alios viā transire hostes, Liv.: Ianiculum quoque adiectum non inopiā loci, sed ne quando *arx* hostium esset, Liv.: nocte occupat *collem* imminentem urbi (Larissam eam *arcem* vocant), Liv. – v. der Arx von Rom, zunächst die (nördl.) Höhe des kapitol. Berges (j. Höhe von Araceli), dann auch der ganze Berg mit der Burg u. dem Kapitol, vobis (communis patria) *arcem* et *Capitolium* commendat, Cic.: ne quis patricius in *arce* aut in *Capitolio* habitaret, Liv.: Romana, Liv.: Capitolina, Liv., od. Capitolii, Tac.: Tarpeia, Kapitol, Verg.: dass. arces Tarpeiae, Ov.: u. als Ort, wo die Auspizien angestellt wurden, cum in *arce* augurium augures acturi essent, Cic.: quia (domus) auguribus ex *arce* augurium capientibus officiebat, Val. Max. – v. der Arx griech. Städte = ἄκρα, ἀκρόπολις, der höher gelegene u. befestigte Teil einer Stadt, die **Akropolis,** die **Burg, feste Oberstadt,** Tarentina arx, Liv.: non est (hoc opus), ut in arce (A. v. Athen) poni possit, quasi illa Minerva Phidiae, Cic.: arx (A. von Korinth) inter omnia in immanem altitudinem edita, Liv.: qui (Salinator) amisso *oppido* (Tarent) fugerat in *arcem,* Cic.: potitus est *urbis* Syracusarum, praeter *arcem* et insulam adiunctam *oppido,* Nep. – v. der Arx eines Reiches = **erste Festung, Hauptbollwerk, Hauptwaffenplatz,** quod Gentius eam (Scodram) sibi ceperat velut regni totius arcem, Liv.: ad *caput arcemque* regni Pergamum ducit oppugnandam, Liv. – Sprichw., arcem facere e cloaca, aus einer Mücke einen Elefanten machen, Cic. Planc. 95.

B im weiteren Sinne, v. Jupiters Himmelsburg, quae pater ut vidit summā Saturnius arce, Ov.: siderea arx, Ov.: Plur. v. Himmel selbst, aethereae arces, Ov.: igneae arces, Hor. – v. Götterwohnungen, d. i. Tempeln, sacras iaculatus arces, Hor. – v. Städten (vgl. Korte Lucan. 3, 84. Voß Verg. georg. 2, 172. p. 341), Romanae arces, v. Arpi in Apulien, Ov.: arces Bacchi, v. Dionysopolis am Pontus, Ov.: beatae arces, v. Korinth, Hor.: exustae Phocidos arces, v. Phokäa, Lucan. – v. Berg- u. Gebirgshöhen (vgl. Drak. Sil. 15, 305. Voß Verg. georg. 1, 240. p. 123), Parnassi arx, Ov.: Plur., Roma septem una sibi muro circumdedit arces (Hügel), Verg.: Rhodopeiae arces, Verg.: inexpertae arces, v. den Alpen, Sil. – v. jedem **Gipfel,** jeder **Spitze** (vgl. Drak. Sil. 15, 305), corporis, das Haupt, der Kopf, Sen. poët.; vgl. alta capitis, Claud.: galeae corusca, Stat.

II übtr.: **A** wie unser **Burg, Schirmfeste = Hort, Schutz, Schutzwehr, Zuflucht,** v. Örtl., haec urbs lux orbis terrarum atque arx omnium gentium, Cic.: templum illud fuit te consule *arx* civium perditorum, *receptaculum* veterum Catilinae militum, *castellum* forensis latrocinii, Cic.: cis Iberum castra Romana esse, *arcem* tutam *perfugiumque* novas volentibus res, Liv.: tyranni nuper eos (muros) *arcem* et *munimentum* sibi, non civitati paraverunt, Liv.: hic locus (forum) est igitur unus, quo perfugiant: hic *portus,* haec *arx,* haec *ara* sociorum, Cic. – v. Pers., ipsam arcem finitimorum, Campanos, adorti, Liv. – v. Abstr., munite communem *arcem* bonorum, obstruite *perfugium* improborum, Cic.: consulatum superesse plebeiis: eam esse *arcem* libertatis, id *columen,* Liv.: hanc (legem repetundarum) habent *arcem,* minus aliquanto nunc *munitam,* quam antea, verumtamen etc., Cic. Vgl. Fabri Liv. 21, 33, 2.

B = **der eigentliche Sitz, Hauptsitz,** die **Hauptschanze,** quae visa species ... *arcem* eam (das Kapitol) *imperii* atque *caput rerum* portendebat, Liv.: urbem magnam et in ea parte, quā sita erat, *arcem regni* Zamam statuit oppugnare, Sall.: v. Pers., ubi Hannibal sit, ibi *caput* atque *arcem* totius belli esse, Liv. – v. Abstr., arcem Stoicorum defendis, die Hauptschanze = den Hauptbeweisgrund, Cic.: num potui magis in arcem illius causae invadere? Cic.

C (von der Arx als hohem Punkt) = **Höhepunkt, Gipfel,** quae te via ... ad summas laudum perduxerit arces, Sil.: celsā mentis ab arce despicis errantes, Stat.: tecum mihi res non est, quod, cum natura tua in ipsam arcem eloquentiae ferat, errare mavis, Tac. dial.: qui (Pollio et Messala) Cicerone arcem iam tenente eloquentiae agere coeperunt, Quint.: Caesar ... nondum attigit arcem iuris (der höchsten Gewalt) et, humanum culmen egressus, meruit etc., Lucan. 7, 593.

D (v. der Arx als dem gewöhnl. Sitz der Herrscher, s. Nep. Tim. 3, 3. Sen. contr. 4 [8], 27. § 1) = **Herrschaft, Thron,** cupidi arcium, Sen. poët.: evertit arces respectus honesti, Lucan.

arytaena (arutaena, artaena), ae, *f.* (ἀρύταινα), jedes **Schöpfgefäß** (wie Eimer, Kelle, Gelte, s. Paul. ex Fest. 21, 3), *Lucil. sat. 1, 41.

as, assis, *m.* (vgl. εἷς), das **Ganze** als **Einheit, I** eingeteilt in 12 unciae (d. i. zwölf Zwölftel), genannt: uncia = $^1/_{12}$, sextans = $^2/_{12}$ od. $^1/_6$, quadrans = $^3/_{12}$ od. $^1/_4$, triens = $^4/_{12}$ od. $^1/_3$, quincunx = $^5/_{12}$, semis = $^6/_{12}$ od. $^1/_2$, septunx = $^7/_{12}$, bes = $^8/_{12}$ od. $^2/_3$, dodrans = $^9/_{12}$ od. $^3/_{12}$, dextans = $^{10}/_{12}$ od. $^5/_6$, deunx = $^{11}/_{12}$, **A** im Allg.: si assem abstulero, wenn ich eins wegnehme, Boëth. art. geom. p. 410, 21 Fr. – bes. bei Erbschaften, ex asse heres, Universalerbe, Quint. 7, 1, 20 u. ICt.: si mater te *ex parte quarta scripsisset heredem* (auf das Viertel = Pflichtteil gesetzt hätte), num queri posses? quid si *heredem instituisset ex asse,* sed legatis ita hausisset, ut non amplius apud te, quam quarta remaneret? Plin. ep. 5, 1, 9. – in assem, ins Ganze, **ganz, völlig,** Col. u. ICt.: so auch in asse, Col.: u. ex asse (Ggstz. ex parte), Col. u. ICt. – **B** insbes.: **1** als Münze, der As, mit obiger Einteilung, urspr. ein römisches Pfund (as librarius, Gell. 20, 1, 31), aber durch mehrere Reduktionen endlich bis auf $^1/_{24}$ Pfund gebracht: asses scortini (aus Leder), Suet. fr.: cibus uno asse venalis, Plin.: crumena assium plena, Gell.: assem nullum dare, Cic.: asse (für einen As) duas ficus, Lucil. fr.: u. so asse vinum, Varr. fr.: u. asse modium populo dare, Cic.: asse panem emere, Petr.: asse venire (verkauft werden), Vulg.: lomentum quinis assibus aestimatum, Plin.: sat hic vicinus asses perperisset nobis, Caecil. com. fr.: dah. ad assem, bis auf einen Pfennig (Heller, Kreuzer) = alles zusammen, ad assem perdere omnia, Hor.: ad assem impendium reddere, Plin. ep. – unius assis non umquam pretio pluris licuisse, Hor.: unius assis aestimare, gering achten, Catull.: so auch non assis facere, Catull. u. Sen.: vilem redigi ad assem, zur Bagatelle werden, Hor.: assem para, halte einen As (Dreier) bereit (als Lohn für ein Geschichtchen), Plin. ep.: u. so assem elephanto dare, dem E. (schüchtern) ein Trinkgeld (für seine Künste) geben, August. fr.: quod non opus est, asse carum est, Cato fr.: ab asse crevit, mit fast nichts hat er angefangen (er hat es vom Heller zum Taler gebracht), Petr. 43, 1: assem habeas, assem valeas, wieviel einer hat, so viel ist er wert, Petr. 77, 6. – **2** als Gewicht ein **Pfund,** Ov. med. fac. 60. Auct. carm. de pond. 41. – **3** als Ackermaß, ein **Morgen Land,** Col. u. Plin. – **4** als Längenmaß, ein **Fuß,** Col. 5, 3, 3 *sq.* – **II** bei den Mathematikern, die die Zahl 6 als numerus perfectus (weil 1 + 2 + 3 = 6), annahmen, = ein **Ganzes** von sechs Teilen, die sextans ($^1/_6$), triens ($^2/_6 = {}^1/_3$), semissis ($^3/_6 = {}^1/_2$), bes ($^4/_6 = {}^2/_3$), quinarius ($^5/_6$) heißen, Vitr. 3, 1. – ► Genet. Plur. gew. assium (s. Mart Cap. 3. § 299 [die *codices* haben assum], Fest. p. 347 (a), 2. Val. Max. 4, 3, 11. Plin. 33, 43. Gell. 20, 1. § 13 u. 31. Gaius inst. 3, 223. Ulp. fr. tit. 1, 2: selten assum, Varr. LL. 5, 180 (vgl. Fragm. Bob. de nom. et pron. 22. p. 560, 1 K.). – Nbf. **a** assis, Plin. 33, 42. Donat. Ter. Phorm. 1, 1, 9. Schol. Pers. 2, 59 (verworfen von Charis. 76, 3). – **b** assarius, Varr. LL. 8, 71 (wo Plur. assarii, Genet. assariorum u. synk. assariûm). Rufin. interpr. Iosephi antiqu. 3, 1. Placid. gloss. (V) 48, 31 u. assarium, Gloss. II, 24, 7.

āsa, ae, *f.*, s. 1. āra ►.

asari, s. asaron.

asaron, ī, *n.,* u. **asarum,** ī, *n.* (ἄσαρον), **Haselwurz** (*Asarum Europ.,* L.), Form *-on,* Plin. 21, 30: Form *-um,* Plin. 12, 47. – Nbf. asari, eos, *n.* (ἄσαρι), Apic. 7, 274; 8, 363.

asarōtos, on (ἀσάρωτος), **ungekehrt, ungefegt,** oecos asarotos (οἶκος ἀσάρωτος), ein Zimmer mit Mosaikfußboden, auf dem Überbleibsel der Mahlzeit, als sei der Fußboden nicht gefegt, abgebildet waren, Plin. 36, 184. – u. subst., asarōta, ōrum, *n.,* derartige Mosaikfußbodenarbeiten, Stat. silv. 1, 3, 56. – Dav. **asarōticus** lapillus, Mosaiksteinchen, Sidon. carm. 23, 58.

asarum, s. asaron.

asbeston, ī, *n.* (ἄσβεστον), **unverbrennbare Leinwand,** Varr. LL. 5, 131.

asbestos, ī, *f.* (ἄσβεστος, unverbrennlich), ein eisenfarbiger Stein, der sich in den Gebirgen Arkadiens fand, versch. von unserem Asbest; viell. unser **Amiant,** Plin. 37, 146. Solin. 7, 13. Isid. 16, 4, 4: lapis asbestos, Augustin. de civ. dei 21, 7, 1.

Asbolus, ī, *m.* (ἀσβόλη, Ruß), der schwarzzottige Hund des Aktäon, Ov. met. 3, 218.

ascalabōtēs, ae, *m.* (ἀσκαλαβώτης), eine Art Eidechsen, rein lat. stellio gen. (*Lacerta Gecko,* L.), Plin. 29, 90.

ascalia, ae, Akk. ān, *f.* (ἀσκαλία), der **essbare Boden der Artischocke,** Plin. 21, 97.

Ascalōn, ōnis, *f.* (Ἀσκάλων), Stadt der Philister in Palästina, j. Dorf *Ascalan,* Mela 1, 11, 3 (1. § 64). Plin. 5, 68. Amm. 14, 8, 11. – Dav.: **A** **Ascalōnēnsēs,** ium, *m.,* die Einw. von Askalon, die **Askalonier,** Sulp. Sev. chron. 1, 13, 3. – **B** **Ascalōnītēs,** ae, *m.,* **aus Askalon,** Plur. = die Einw. von Askalon, die **Askaloniter,** Vulg. Iosuë 13, 3. – **C** **Ascalōnius,** a, um, **askalonisch,** cepa, ital. *scalogna,* die Schalotte, Col. u. a. (s. Schuch Apic. 4, 144). – subst., ascalōnia, ae, *f.,* die **Schalotte,** Anthim. 63.

a-scalpo (ad-scalpo), ere, an etw. **kratzen,** aurem dexteram, Apul. met. 6, 9.

1. Ascanius, ī, *m.,* Sohn des Äneas und der Krēusa, Verg. Aen. 2, 666; oder des Äneas und der Lavinia, Liv. 1, 1. § 11.

2. Ascanius, ī, *m.,* **I** Asc. lacus, ein großer See in Bithynien, an dessen östl. Ende Nicäa lag, j. See von Isnik, Plin. 5, 148. – **II** ein den See Askanius durchströmender Fluss in Bithynien, j. *Tschatirgha Su,* Verg. georg. 3, 270: Ascanium flumen gen. bei Plin. 3, 144.

ascarida, ae, *f.* (ἀσκαρίς), der **Spulwurm, Afterwurm** (noch j. franz. *ascaride),* Cael. Aur. chron. 4, 8, 117 u. 4, 9, 134. Isid. 12, 5, 13.

ascaulēs, ae, *m.* (ἀσκαύλης), der **Sackpfeifer,** rein lat. *utricularius* (wie Suet. Ner. 54), Mart. 10, 3, 8.

ascea, s. ascia.

ascella (ascilla), ae, *f.* = axilla, **I** die **Achselhöhle,** meton., die **Achsel,** Vulg. levit. 1, 17; prov. 19, 24 u. 26, 15. Greg. Tur. hist. Franc. 2, 16. Isid. 11, 1, 65. Marc. Emp. 18. Th. Prisc. medic. praes. 1, 9. Sex. Placit. de medic. 33, 2. Anthim. 23. Vgl. Gloss. ›ascilla, μασχάλη‹. – **II** der **Flügel,** Itala Matth. 23, 37.

ascendentēs, ium, *m.,* s. a-scendo a. E.

ascendibilis, e (ascendo), **besteigbar,** semita, Pompon. com. 18[1].

a-scendo, scendī, scēnsum, ere (ad u. scando), **heransteigen, hinauf-, auf-, emporsteigen** zu einem Ort (Ggstz. descendere), **I** eig.: **1** m. Ang. **wohin? wozu? a** durch *in* m. Akk., in equum, Varr.: in murum, Cic.: in tribunal, Liv.: in altissimam turrim, Curt.: in iugum montis, Curt.: in verticem Haemi montis, Liv.: in equum (Ggstz. descendere ex equo), Cic.: in trierem, Nep.: in rates, Curt.: in caelum, Cic.: in contionem (auf die Rednerbühne), Cic. – **b** durch *ad* m. Akk., ad Gitanas, Liv.: ad laevam paulatim, Sall.: ad summum (höchste Spitze), Treb. Poll. – **c** durch bl. *Acc.,* **α** Akk. der Städtenamen zur Ang. **zu welchem Ort?** Delphos, Liv. 41, 22, 5. – **β** durch Akk. anderer Örtl., zur Ang. **welchen Ort? = besteigen, ersteigen, erklimmen, erstürmen,** murum, Caes.: positis scalis muros, Caes.: montem, Sall.: altum ocrim, Liv. Andr. fr.: iugum montis, Caes.: tribunal, Lampr.: equum, Liv.: navem (navim), Ter., Sall. u. Nep.: classem, Tac.: scalas ascendere, Ggstz. descendere, Soran. – u. zugl. m. Ang. **womit?** primum gradum dextro pede, Vitr.: ripam equo, Cic. – im Passiv, cum dextro pede primus gradus ascendatur, Vitr.: porticus ascenduntur nonagenis gradibus, Plin.: si mons erat ascendendus, Caes.: ascensae Bactrae, das erstürmte B., Prop.: simul ascenso curru, Suet. – **d** durch Ortsadvv., illuc, Ov.: quo simul ascendit, Ov. – **2** m. Angabe **wo?** durch Ortsadvv.: eādem ascendens descendensque, Sall. Iug. 94, 2. – **3** absol.: ascendens hostis, Liv.: ascendentes desuper protegere, Caes. – ascendens machina = ascensus *no.* II, B (w. s.), Vitr. 10, 13 (19), 3. – **II** übtr., **emporsteigen, sich aufschwingen,** bes. zu einer höheren Stufe, einem höheren Grad (namentl. der Ehren), **a** m. Ang. **wohin? α** durch *in* m. Akk.: in id (bis zu dem Punkt), Vell.: in summum, Vell.: in tantum honorem (v. der Beredsamkeit), Cic.: in quam (fortunam) postea ascendit, Curt. – ascendens in tricesimum annum, ins dreißigste Jahr gehend, CIL 3, 3989. – **β** durch *ad* m. Akk.: a minoribus ad maiora (Ggstz. a maioribus ad minora delabi), Cic.: e socco ad cothurnum, Apul.: ad fortiora (Ggstz. ad tenuiora demitti), Quint.: ad hunc gradum amicitiae tuae, Curt.: ad honores, Cic.: quandoque propius ad magnitudinem tuam ascenderint, Plin. pan. – **γ** durch *super* u. *supra* m. Akk.: in id evecti, super quod ascendi non potest, Vell.: asc. et super ingenuos et super nobiles, Tac.: supra praeturas et tribunatus et consulatus, Tac. – **δ** durch bl. Akk.: altiorem gradum, Cic.: ex honoribus continuis familiae unum gradum dignitatis, Cic.: summum locum civitatis, Cic. – **ε** durch *Advv.:* usque ad nos contemptus Samnitium pervenit, supra non ascendit, Liv.: utrum nescis quam alte ascenderis, an pro nihilo id putas? Cic.: itaque timeo de consulatu, ne Caesar tuus altius se ascendisse putet tuis decretis, quam inde, si consul factus sit, descensurum, Brut. in Cic. ep. ad Brut. – **b** m. Ang. **wie? auf welchem Wege?** hinc *gradatim* ascendere vocem utile et suave est, Cic. – etiamsi non *per gradus* ascendant (verba ac sententiae idem significantes), tamen etc., Cic.: ad summam amplitudinem pervenisset, ascendens *gradibus* magistratuum, si etc., Cic. – **c** absol.: an consularis viri triumphalisque filius, cum tertio consul creatur, ascendit? steigt der Sohn eines Konsularen usw. darum höher, wenn er zum drittenmal zum Konsul gewählt wird? Plin. pan. 58, 3. – gradatim ascendit (in der Rede), Serv. Verg. Aen. 2, 356. – Partiz. subst., ascendentēs, ium, *m.,* die Anverwandten in aufsteigender Linie, die Aszendenten (Ggstz. descendentēs), Paul. dig. 23, 2, 68. Cod. Theod. 3, 13, 3. – ► Plusqu.-Perf. ascendiderat, Itala (Palat.) euang. Ioann. 6, 22.

ascēnsibilis, e (ascendo), **besteigbar,** iter, Cael. Aur. chron. 3, 1, 4: ascensibile facere caelum, Arnob. iun. de deo trin. 2, 14 *extr.*

ascēnsio, ōnis, *f.* (ascendo), **I** das **Hinaufsteigen,** ad hirundininum nidum ascensionem facere, Plaut. rud. 599: per graduum ascensionem percurrere (v. Gestirnen), Vitr. 9, 1, 5: asc. difficilis, Cassiod. var. 12, 15 *in.:* asc. Adommim (nach A.), Vulg. Ios. 15, 7: via ascensionis, Vulg. paral. 1, 26, 16. – Insbes., **a** die **Einschiffung** (Ggstz. escensio), ascensionem properare, Dict. 1, 5. – **b** die **Himmelfahrt** Christi, asc. domini od. Christi od. filii, asc. dominica, asc. Christi in od. ad caelum, oft bei den Eccl. – **c** meton., der **Aufstieg, Aufgang, α** die **Stufe,** ascensiones in corde suo disposuit, Vulg. psalm. 83, 6. – **β** der **Thron** (zu dem man auf Stufen emporsteigt), aedificare in caelo ascensionem suam, Vulg. Amos 9, 6. – **II** übtr., das **allmähliche Aufsteigen,** die **Stufenfolge,** oratorum, Cic. Brut. 137.

ascēnsor, ōris, *m.* (ascendo), der **Besteiger,** montis, Eccl.: caeli, Eccl.: quadrigae, Eccl.: equi, asini, der Reiter, Eccl.

ascēnsus, ūs, *m.* (ascendo), das **Hinaufsteigen, Besteigen, I** eig. u. übtr.: **1** eig. (Ggstz. descensus): sui tergoris, Col.: in Capitolium, Cic.: Gallorum in Capitolium, Plin.: in caelum (Ggstz. descensus de caelo), Himmelfahrt (Christi), Eccl.: quorum (Alpium) mihi citus et facilis ascensus, Sidon.: alqm ascensu prohibere, Caes.: alqm ab eius templi *aditu* atque *ascensu* repellere, Cic.: alci aditum ascensumque difficilem praebere, Liv.: ascensum dare Gallis, die Möglichkeit des Erklimmens verschaffen, Caes.: mollioris ascensus viam invenire,

Liv.: in ascensum arduos colles emunire, Sen.: ascensu summi fastigia tecti superare, emporsteigen zu usw., Verg.: aber ascensu vincere montes, übersteigen, Claud.: Plur., scalis ascensus tentare, Liv. 36, 24, 4. – von Gestirnen, der **Aufgang,** siderum, Plin.: scorpionis, Vulg. – **2** übtr., das **Auf-, Emporsteigen = Gelangen** zu etw., primus ad amplioris honoris gradum, Cic.: ad victoriam facilis ascensus, Nazar. pan.: hic ei *gradus* ad rem publicam, hic primus est *aditus* et *ascensus* ad popularem iactationem, Cic. – **II** meton.: **A** der Ort, auf dem man wohin steigt, der **Zugang, Aufgang,** die **Anhöhe,** der **Abhang** (sofern man ihn ersteigt), difficilis atque arduus, Cic., arduus ac difficilis, Liv.: minime arduus ad munitiones, Caes.: alio ascensu Aequos mittit, Caes.: tanto collis ascensu, bei der so starken Steigung des Hügels, Caes.: animadverso ad saxum ascensu aequo, Liv.: aedes tribunal habent et ascensum, einen Aufgang, eine Treppe, Vitr.: so ascensus valli duplices, Hyg. – im Bild, in virtute multi ascensus, viele Stufen, Cic. Planc. 60. – **B** eine Maschine, die emporgehoben wurde, um die Angreifenden auf gleiche Höhe mit der Mauer zu bringen, die **Hebemaschine,** Vitr. 10, 13 (19), 8 (*ibid.* § 3 ascendens machina). – **C** als rhet. u. gramm. *t. t.,* **a** = κλῖμαξ, die **Steigerung, Klimax,** Aquil. Rom. § 40. Mart. Cap. 5. § 536. – **b** die **Steigerung** der Vergleichungsgrade, ascensus quidam ad amplificandam significationem gradus sunt dicti, Cledon. 37, 30 K. – **D** personif., Ascēnsus, ī, *m.,* der Gott der Aufgänge u. Abhänge, Tert. ad nat. 2, 15.

ascētēria, ōrum, *n.* (ἀσκητήρια), der **Aufenthalt der Asketen,** Cod. Iust. 1, 3, 35. Iulian. epit. nov. c. 6. § 29 u. a.

ascētriae, ārum, *f. pl.* (ἀσκήτριαι), gottgeweihte Frauen, **Asketinnen,** Iulian. epit. nov. c. 115. § 460 u. a.

Aschetos, Akk. on, *m.* (ἄσχετος, unaufhaltbar), Name eines Rosses, Stat. Theb. 6, 463.

ascia (ascea), ae, *f.* (griech. ἀξίνη, got. *aqizi,* Beil), **I** die mit einer ausgehöhlten Schneide und auf der Rückseite mit einer Art Hammer versehene Axt der Zimmerleute, die **Zimmeraxt,** XII tabb. fr. b. Cic. de legg. 2, 59. Vitr. 7, 2, 2. Plin. 7, 198 u. 16, 207: securis et ascia, Vulg. psalm. 73, 6: dolabrae, secures, asciae, serrae, Veget. mil. 2, 25. – als Werkzeug des Feldbaues, eine auf der Rückseite mit einem Karst (rastrum) versehene Axt, Pallad. 1, 43, 3. – Sprichw., ipsum sibi asciam in crus impingere od. sponte asciam cruribus suis illidere, sich ins eigene Fleisch schneiden = sich selbst Schaden zufügen, Petr. 74, 16. Apul. met. 3, 22. – **II** die **Kelle,** mit der die Maurer den Kalk auf die Steine tragen u. auseinanderstreichen, die **Maurerkelle,** Vitr. 7, 2, 2. Pallad. 1, 14: dah. auf Grabsteinen, sub ascia dedicare, noch unter der Kelle weihen (wahrsch. um noch leere Grabmäler vor Beschädigung zu schützen), saxum sub ascia dedicatum, CIL 12, 2012; vgl. 12, 2041. – ► Die Schreibung ascea in den besten Hdschrn., z. B. Cic. de legg. 2, 59 (= XII. tabb. 10, 2).

Asciburgium, ī, *n.,* Stadt in Gallia Belgica am Niederrhein, wahrsch. j. *Asburg* bei Meurs, Tac. Germ. 3. Tac. hist. 4, 33.

ascilla, s. ascella.

1. ascio, āre (ascia), **I** mit der Zimmeraxt **beschlagen,** lignum, Augustin. in psalm. 30. serm. 2, 6. – **II mit der Maurerkelle bearbeiten,** calcem, den Kalk beschlagen, Vitr. 7, 2, 2.

2. a-scio (ad-scio), īre, mit Wissen u. Willen **annehmen, aufnehmen,** ascire socios, Verg. Aen. 12, 38: centurionem militesve ascire, in seine Nähe ziehen, Tac. Agr. 19: asciri per adoptionem, Tac. ann. 1, 3: asciri in societatem, Tac. hist. 4, 21: asciri inter comites, Tac. hist. 4, 80. – ► Pers. ascivi u. Partiz. ascitus, s. a-scīsco.

asciola, ae, *f. (Demin.* v. ascia), das **Äxtchen,** Isid. 19, 19, 12. Not. Bern. 11, b.

a-scīsco (ad-scīsco), ascīvī, ascītum, ere (2. ascio), jmd. zu od. als etw. **beiziehen, an-** od. **aufnehmen, I** eig.: *collectis* undique perditis hominibus, exsulibus omnium civitatum *ascitis, receptis* latronibus etc., Hirt. b. G.: plurimos cuiusque generis homines ascivisse sibi dicitur, mulieres etiam aliquot, quae etc., Sall.: asciverunt sibi illud oppidum piratae, primo commercio, deinde etiam societate, Cic. – m. *ad* u. Akk., alqm ad hoc sceleris foedus, Cic.: voluntarios undique ad spem praedae, Liv. – m. *in* u. Akk. (s. Heräus Tac. hist. 3, 52, 11), alqm in numerum civium, Cic., in civitatem, Liv.: alqm in senatum, Tac.: virginem in matrimonium, Iustin.: alqm in nomen familiae suae, Suet.: alqm in adoptionem, Spart.: alqm in societatem sceleris, Curt.: in conscientiam facinoris pauci asciti, Tac. – m. *inter* u. Akk., inter patricios, Tac. Agr. 9. – m. *Dat.,* superis ascitus Caesar, unter die G., Ov. ex Pont. 4, 9, 127. – m. *Acc.* des Prädikats als was, alqm patronum, Cic.: alqm civem aut civitate donare, Cic.: alqm successorem, Suet. – absol. u. *refl.,* ascivere comites, es schlossen sich an als G., Gratt. cyn. 16. – **II** übtr.: **A** übh. **herbeiziehen, an-, aufnehmen, sich aneignen,** *neglegere* patrios ritus, peregrinos *asciscere,* Liv.: u. so sacra a Graecis ascita et accepta, Cic.: amicitiam propter utilitates, Cic.: hanc consuetudinem libenter asc., Cic.: quod natura ipsa asciscat (begehrt) et probet, Cic. – **B** insbes.: **1** etw. billigend **annehmen = billigen, gutheißen, anerkennen, zulassen, sich gefallen lassen,** quas (leges) Latini voluerunt, asciverunt, Cic.: tu vero ista ne *asciveris* neve *fueris* commenticiis rebus *assensus,* Cic.: ne labar ad opinionem et aliquid *asciscam* et *comprobem* incognitum, Cic.: illud et melius et verius, omnia, quae natura *aspernetur,* in malis esse, quae *asciscat,* in bonis, Cic.: cum *iussisset* populus Romanus aliquid, si id *ascivissent* socii populi ac Latini, Cic. – **2** asc. sibi alqd, etw. **für sich in Anspruch nehmen,** etw. **sich beilegen, sich anmaßen,** sibi sapientiam, Cic.: sibi eloquentiae laudem, Tac. – ohne *sibi:* plebem parto auxilio imperium quoque ascituram, Liv. – Dav. **ascītus,** a, um, **hergeholt, fremd,** *genitos* esse vos mihi, non *ascitos* milites credite, Curt.: lepos ascitus, angebildeter (Ggstz. lepos nativus), Nep. – ► Synk. Perf. adscisti, Fronto ad Ver. 2, 1. p. 121, 8 N.

ascītēs, ae, *m.* (ἀσκίτης), die **Bauchwassersucht,** Cael. Aur. chron. 3, 8. § 102 u. 105 (Akk. Plur. ascitas) 114. Plin. Val. 3, 12.

ascītus, a, um, s. a-scīsco.

ascius, a, um (ἄσκιος), **schattenlos,** loca, Länder unter dem Äquator, Plin. 2, 185.

Asclēpiadēs, is u. ae, Akk. em u. ēn, Abl. e, *m.* (Ἀσκληπιάδης), **I** ein griech. Dichter, Erfinder des nach ihm benannten metrum Asclēpiadēum od. Asclēpiadicum, Diom. 508, 5. Mar. Victorin. art. gr. 1, 12, 12. p. 51, 2 K.: subst., Asclēpiadēī quidam, einige asklepiadëische Verse, Sidon. ep. 9, 13 *in.* – **II** ein berühmter Arzt aus Prusa in Bithynien, Cic. de or. 1, 62. Cels. 3, 4. – **III** ein blinder Philosoph aus Phlius, Schüler des Menedemus (des Stifters der eretrischen Schule), Cic. Tusc. 5, 113.

Asclēpiadēus u. **-iadicus,** a, um, s. Asclēpiadēs.

asclēpias, adis, *f.* (ἀσκληπιάς), **(gemeine) Schwalbenwurz** (*Asclepias Vincetoxicum,* L.), Plin. 27, 35.

Asclēpion, ī, *n.,* ein nach Asklepius (Äskulap) benanntes Heilkraut, Plin. 25, 30.

Asclēpiodotus, ī, *m.* (Ἀσκληπιόδοτος), griech. Zuname, **I** Cassius Ascl., aus Nicäa, lebte um 66 n. Chr., Tac. ann. 16, 33. – **II** ein Historiker, Verf. einer Biographie des Diokletian, Vopisc. Aurel. 44, 2 *sq.;* Prob. 22, 3.

Asclēpius, ī, *m.* (Ἀσκληπιός), **Asklepius** = Äskulap (s. Aesculāpius), Hyg. fab. 14. Lact. 1, 17, 15. Augustin. de civ. dei 8, 26.

Asclum, s. Asculum.

Ascōnius, vollst. Q. Ascōnius Pediānus (d. i. aus der gens Pedia), ein gelehrter röm. Grammatiker u. Ausleger von Schriftstellern, vorzügl. des Cicero. Er war geboren zu Patavium (Padua) unter Augustus, wahrsch. kurz vor Christi Geburt, u. schrieb unter Klaudius u. Nero, soll 73 Jahre alt im 7. Jahre der Regierung des Vespasian erblindet sein u. dann noch 12 Jahre gelebt haben, Hier. in chron. Eus. ad Ol. 213, 3.

ascopa, ae, *f.* (ἀσκοπήρα), der **Schlauch,** vini, Vulg. Iudith 10, 5. – u. ein schlauchartiger Ledersack, = lederner **Bettelsack,** Suet. Ner. 45, 2 *Ihm.* Vgl. Gloss. V, 343, 6.

ascopēra, s. ascopa.

Ascra, ae, *f.* (Ἄσκρα), ein Flecken in Böotien am Helikon, zweite Heimat des aus Kyme in Äolis gebürtigen Dichters Hesiod, Ov. ex Pont. 4, 14, 31. – Dav. **Ascraeus**, a, um (Ἀσκραῖος), **a askräisch, aus Askra,** Hesiodus, Varr. r. r. 1, 1, 9: ders. poëta Ascr., Prop., senex Ascr., Verg., u. bl. Ascraeus, Ov. – **b hesiodisch,** carmen, ländlich, Verg.: oves, die Hesiod angeblich geweidet, Ov. – **c helikonisch,** fontes, Prop. 2, 10, 25.

a-scrībo (ad-scrībo), scrīpsī, scrīptum, ere = ἐπιγράφω, **I bei-, zuschreiben,** schreibend **beifügen, hinzusetzen, A** eig.: **a** übh.: ascr. MAGNO, Cic.: illud, quod ascripsit, Cic.: causam mortis, Curt. – m. Ang. **an wen?** durch *Dat.*, alci totiens salutem, Cic.: salutem plurimam alci (an jmd. einen herzlichen Gruß beifügen lassen, jmd. herzlich grüßen lassen), Cic. – m. Ang. **wem? wozu?** durch *Dat.*, nomen suum emptioni, Cic.: Alexandri nomini regis titulum, Curt.: poenam foederibus, Cic.: motis senatu notas, Liv. – m. Ang. **wohin?** durch *in* m. Akk., alqd in eandem legem, Cic. – m. Ang. **wo?** durch *in* m. Abl., diem in epistula, Cic.: litteram ι (ἰῶτα) dativis casibus in ultima parte, Quint. – m. Ang. **worüber?** durch *de* m. Abl., tum ascripsit de locis, in quibus senatus consultum fieri iure posset, Gell. 14, 7, 7. – m. Ang. **als wen?** durch Prädik.-*Acc.*, statuarum titulis (auf die usw.) se pronepotem Q. Catuli, Suet. Galb. 2. – **b zuschreiben** = durch eine schriftliche Erklärung für jmd. od. etw. **einsetzen, zuordnen, bestimmen,** post aliquod tempus alios (legatos) ascribi iubent, Phaedr.: tutor his (verst. mulieribus) Graecorum legibus ascribendus fuit, Cic. – bes. im Testament, alci legatum, Plin. ep., u. sibi legatum, Suet. – eine Person m. Ang. **als wen?** durch Prädik.-*Acc.*, alqm alci cohaeredem, Suet.: alqm tutorem liberis, Cic. – **c** in eine Liste, unter die Liste der u. der Pers. **mit einschreiben, mit eintragen, mit einzeichnen,** alcis nomen in albo profitentium citharoedorum, Suet. Ner. 21: ascribi inter homines, Oros. 6, 22. – bes. **α** in die Bürgerliste, Romano censui, Oros. 6, 22. – u. als Bürger, alqm in civitatem, Cic.: im Passiv, ascriptum esse in id municipium, Cic.: ascriptum esse foederatis civitatibus u. in foederatis civitatibus, Cic.: alqm ascriptum Heracliensem dicere, für einen mit eingeschriebenen Heraklienser erklären, Cic. – **β** als neue Kolonisten, colonos u. novos colonos, Liv.: m. Ang. **wohin?** durch *Acc.* der Ortsnamen od. durch *Adv.*, colonos Venusiam, Liv.: veteranos Tarentum et Antium, Tac.: colonos eo (dahin) trecentos, Liv.: tertia pars agri adempta est, quo (wohin), si vellent, novos colonos ascribere possent, Liv. – **γ** als Soldaten **in die Stammrollen eintragen,** urbanae militiae ascribi, Tac. hist. 2, 94: als überzählig, *ascriptivi* dicti, quod olim ascribebantur inermes, armatis militibus qui succederent, si quis eorum deperisset, Varr. LL. 7, 56: iure iurando se constrinxit, ne quem *ascriptum* (Überzähligen, Supernumerären) id est *vacantivum* (Dienstfreien) haberet, Lampr. Alex. Sev. 15, 3 *ed.* Peter (vgl. ascripticius, -ivi). – **B** übtr.: **a** zuordnen = **festsetzen, bestimmen,** ascriptus poenae dies, Phaedr.: u. habebit quisque quantum ille dies primus ascripsit, Sen. – **b** zu einer Zahl, Klasse usw., **unter eine Zahl zählen, rechnen,** einer Klasse usw. **beizählen,** m. Ang. **wozu? worunter?** durch *ad* od. *in* m. Akk. u. durch bl. *Dat.*, hunc ad tuum numerum (zur Zahl der Deinigen) libenter ascribito, Cic.: tu vero me ascribe in talem numerum, Cic.: ad hoc genus narrationes apologorum, Cic.: alqm ordinibus deorum, Hor.: alqm numinibus, Plin.: poëtas Satyris, Hor.: Peucinorum nationes Germanis, Tac.: Scythas Asiae, Curt.: alqm antiquis temporibus, Tac.: alcis sententiam suae, Cic. – m. Ang. **als wen?** durch einen Prädik.-*Acc.*, alqm tertium ad amicitiam, Cic.: vulgo hominum opinio socium me ascribit tuis laudibus, Cic. – im Passiv m. Prädik.-*Nom.*, utinam ego tertius vobis amicus ascriberer! Cic.: unus A. Gabinius belli maritimi rerumque gestarum Cn. Pompeio socius ascribitur (wird beigesellt betrachtet als usw.), Cic. – **c zuschreiben** = **beilegen, beimessen,** hoc sibi exemplum, auf sich beziehen, Phaedr. 4, 3, 6. – bes. jmdm. als Urheber, panaces dis inventoribus, Plin.: alci incommodum, Cic. – **d** einen Beinamen **sich zulegen,** Germanici et Parthici nomen, Spart. Carac. 10, 6. – **e** als Attribut **beilegen,** quia illi deo (Iovi) ales (aquila) ascribitur, Plin. 10, 18. – **II** auf etw. **daraufschreiben, daraufsetzen, als Aufschrift** auf etw. **anbringen,** m. Ang. **wohin?** durch *ad* m. Akk., ad statuam eius adscriptum est: ›Pater argentarius etc.‹, Suet. Aug. 70, 2. – m. Ang. **wem? worauf?** durch *Dat.*, marmori Praxitelem (den Namen des Pr.), Phaedr. 5. pr. 6: tumulo ascripserant ›Pro libertate eos occubuisse‹, Suet. Aug. 12: ascriptum et columnis ›iam Gallos eum cantando excitasse‹, Suet. Ner. 45. – **III** mit etw. als **Aufschrift** oder **Inschrift versehen,** Victoriola, quae ipsius nomine ascriptum orbem tenebat, Spart. Alex. Sev. 22, 3. – ► Parag. *Infin. Praes. Pass.* adscribier, Plaut. Pers. 69.

ascrīptīcius, a, um (ascribo *no.* I, A, c, γ), als neu hinzugekommen (in die Bürger-, Soldatenliste usw.) **eingetragen, registriert, eingeschrieben,** novi et ascripticii cives, Cic. de nat. deor. 3, 39: ascripticii (milites), überzählige, Paul. ex Fest. 14, 13 (vgl. ascriptivi): u. so quod eius consilio nullum *ascripticium* (Überzähligen, Supernumerären) id est *vacantem* (Dienstfreien) haberet, Treb. Poll. trig. tyr. 18, 11 (vgl. ascribo *no.* I, A, c, γ): ascripticii (coloni), eine Art Ackersklaven, die zugleich mit dem Grundstück auf jeden Erwerber desselben übergingen, Cod. Iust. 11, 47, 6.

ascrīptio, ōnis, *f.* (ascribo), **I** das **Beischreiben,** konkr. = die **Beischrift,** Cic. Caecin. 95. – **II** das **Einschreiben** in die Bürgerliste, singillatim cunctorum hominum editā ascriptione, Oros. 6, 22, 7.

ascrīptīvī (adscrīptīvī), ōrum, *m.* (ascribo *no.* I, A, c, γ), die **als überzählig in die Stammrolle Eingetragenen, die Überzähligen,** idem istuc aliis adscriptivis fieri ad legionem solet, Plaut. Men. 184; vgl. Varr. LL. 7, 56.

ascrīptor, ōris, *m.* (ascribo), **der** (seinen Namen) **billigend beischreibt,** legis agrariae, Cic.: venalis ascriptor et subscriptor tuus, Cic.

asculto, s. ausculto.

Asculum, ī, *n.*, **I** feste u. ansehnliche Hauptstadt der Picentiner, j. *Ascoli* in der Mark Ancona, Cic. Brut. 169. Vell. 2, 21, 1: Asculum Picenum, Caes. b. c. 1, 15, 3: synk. Form Asclum, Sil. 8, 440. Itiner. Anton. 307, 6. – Dav. **Asculānus**, a, um, **askulanisch,** genus, Cic.: triumphus, des Cn. Pompeius, der Askulum im Bürgerkrieg erobert hatte (s. Vell. l. l.), Plin.: Plur. subst., Asculānī, ōrum, *m.*, die Einw. von Askulum, die **Askulaner,** Cic. u. a. – synk. Form Asclani, CIL 1, 653. – **II** Stadt in Apulien, j. *Ascoli di Satriano,* Flor. 1, 18, 9. – Dav. **Asculīnus** (Ausculīnus), a, um, **askulinisch,** Gromat. vet. 210 u. 260 261.

Ascūris, idis, *f.* Gebirgssee auf dem Olymp in Thessalien, Liv. 44, 2, 11.

ascyroīdes, is, *n.* (ἀσκυροειδές), eine dem *ascyron* ähnliche Pflanze, Plin. 27, 37.

ascyron, ī, *n.* (ἄσκυρον) = *androsaemon,* **Johanniskraut,** Plin. 27, 26.

Asdrubal, s. Hasdrubal.

asella, ae, *f. (Demin.* v. asina), die **Eselin,** Ov. art. am. 3, 290.

asellifer, fera, ferum (asellus u. fero), **den Esel tragend,** cancer (als Sternbild), Anthol. Lat. 761, 57 R.

asellio, ōnis, *m. (Demin.* v. asellus = *asinarius),* der **Eseltreiber,** Ennod. carm. 2, 24 *lemm.*

asellulus, ī, *m. (Demin.* v. asellus), das **Eselchen,** Arnob. 3, 16.

asellus, ī, *m. (Demin.* v. asinus), der **Esel, I** eig.: tardus, Verg.: agitator aselli, Verg. u. Col.: asellus auritus, Ov.: asellus dossuarius, Varr.: as. Pessinuntius, Varr. fr.: iniquae mentis asellus, Hor.: as. onustus auro, Cic.: asellus cum asinario occurit, Suet.: ad molas asellis uti, Varr.: in mentem venit te bovem esse et me asellum, Plaut.: asello sedens, Hier.: tergo residebat aselli, Ov.: bipes as., ein zweibeiniger Esel (v. einem zur Unzucht gebrauchten Menschen), Iuven. 9, 92 (vgl. Hier. ep. 27, 3). – Sprichw., s. ago (*no.* I, 2, a, α) u. surdus. – **II** übtr.: **A** ein leckerer Seefisch, Laber. com. u. Nep. nach Plin. 9, 69. Varr. LL. 5, 77. Ov. hal. 133: pisces teneri, ut sunt scari, aselli, iulides, Cael. Aur. chron. 1, 1, 22. – Sprichw., post asellum diaria non sumo, nach so herrlicher Kost (herrlichem Genuss) nehme ich nicht mit gemeiner vorlieb, Petr. 24, 7. – **B** ein vierbeiniges Gestell, ein Bock, *Pallad. 1, 18, 2 (wo jetzt basellis). – **C** aselli, zwei Sterne im Sternbild des Krebses, Hyg. astr. 2, 23. Plin. 18, 353. – **D** Asellus, ein röm. Beiname, wie: Tib. Claudius Asellus, von dem Zensor Scipio

Afr. minor aus dem Ritterstand gestoßen u. unter die Ärarier versetzt, Cic. de or. 258 u. 268. – ► asellus geschr. CIL 4, 1555.

asēmus, a, um (ἄσημος, ohne Zeichen), tunica, purpurlose, Lampr. Alex. Sev. 33, 4.

asēna, s. arēna ►.

asēptus, a, um (ἄσηπτος), **nicht faulend,** ligna, Itala (Monac.) exod. 37, 4.

aser = *cui lingua ligatur naturaliter,* Gloss. II, 568, 35.

asf... s. asph...

1. Asia, ae, *f.* (Ἀσία), **I** im weiteren Sinne, der bekannte Erdteil **Asien** (Ggstz. Europa, s. Varr. LL. 5, 16; 9, 27. Solin. 40, 1), Sall. Iug. 17, 3. Flor. 2, 8, 1. Verg. Aen. 1, 385: später Asia maior (im Ggstz. zu Asia minor) gen., Iustin. 15, 4, 1. – **II** im engeren Sinne: **1** die Halbinsel, die wir jetzt **Vorderasien** od. **Kleinasien** nennen, entw. bl. Asia gen. (s. Varr. LL. 5, 16. Solin. 40, 1), Trag. inc. fr. 164. Plaut. Stich. 152; trin. 599 u. 845. Ter. Andr. 935. Cic. Brut. 51. Liv. 38, 39, 15. Vell. 1, 6, 1. Eutr. 4, 20; 5, 4 u. 5, od. Asia, quae cis Taurum montem (Ἀσία ἡ ἐντὸς τοῦ Ταύρου), wie Liv. 37, 45, 14, od. Asia minor, wie Oros. 1, 2. – Bestimmter oft vom Reich von Pergamus, Liv. 26, 24, 9. Vell. 2, 4, 1. Eutr. 4, 6: u. von Troas, Ov. met. 13, 484. – **2** im engsten u. bei den Römern gewöhnlichsten Sinne, die röm. Provinz Asien, quae proprie vocatur Asia (Ἀσία ἡ ἰδίως καλουμένη), Plin. 5, 102, gew. bl. Asia gen., gebildet aus dem von den Römern 133 v. Chr. ererbten pergamenischen Reich, den griechischen Städten an der asiatischen Küste u. dem Gebiet von Rhodus, umfasste außer den Küstenstrichen u. Inseln von Ionien, Äolis u. Doris, die Landschaften Phrygien, Mysien, Karien und Lydien (s. Cic. Flacc. 65), Lucil. sat. 26, 1. Cic. de imp. Pomp. 4 *sqq.;* ep. 2, 15, 4. – ► Archaist. Genet. Asiai, nach Cassiod. de orthogr. (VII) 158, 14.

Dav. abgel.: **1 Asiagenēs,** is, *m.,* ein Beiname des L. Korn. Scipio (s. unten Asiaticus), Liv. 39, 44, 1 u. a.: Nbf. Asiagenus, ī, *m.,* CIL 1, 36. – **2 Asiānus,** a, um (Ἀσιανός), **a** zur Provinz Asien gehörig, **asianisch, asiatisch,** di, Iuven. 3, 218: equites, Iuven. 7, 14: milites, Iustin. 31, 6, 9: exercitus, Iustin. 38, 3, 8: equitatus, Vulg. 2. Mach. 10, 24: reges, Sulp. Sev. chron. 2, 25, 4: Graeculus, ein asiatischer Maulheld u. griechischer Windbeutel, Amm. 17, 9, 3: lascivitas, Firm. math.: mensa (Tisch, Kost), Macr. sat. 7, 5, 24: oves, Pallad. 12, 13, 5: expeditio, Iustin. 2, 5, 1. CIL 2, 4114: bella, Iustin. 38, 3, 10: dioecesis, Cod. Theod. 7, 6, 3 u. 16, 1, 3. Not. dign. orient. 1, 2. § 1. p. 9 B. – Plur. subst., Asiānī, ōrum, *m.,* die **Asianer,** d. i. **α** die Einw. der Provinz Asien, Plin. 21, 171. Trogi prol. 41. Firm. math. 1, 1. p. 3, 19: u. so Asiani vero Tychicus et Trophimus, Vulg. act. apost. 20, 4. – **β** die asiatischen Generalpächter, Cic. ad Att. 1, 17, 9. – **b asiatisch** der Redeweise nach, d. i. schwülstig u. sentenzenreich, declamator, Sen. contr. 1, 2, 23 (vgl. 10, 24, 21): gens (Rednergattung), Quint. 12, 10, 17: subst. Asiānī, die **asiatischen Redner,** Sen. contr. 9, 24, 12. Quint. 12, 10, 16: *adv.* **Asiānē, nach Art der Asiaten** (asiatischen Redner), neque enim Attice pressi neque Asiane sunt abundantes, Quint. 12, 10, 18. – **3 Asiarcha,** ae, *m.* (Ἀσιάρχης), der oberste Priester, auch zugleich Vorsteher der Kampf- u. Schauspiele, deren jede Stadt in Asien einen wählte, der **Asiarch,** Cod. Theod. 15, 9, 2. CIL 3, 6835. – **4 Asiāticus,** a, um (Ἀσιατικός), **asiatisch,** bellum, mit Mithridates (König von Pontus), Cic.: exercitus, Liv. epit.: imperium, Herrschaft über Asien, Vell.: asiatica persica oder bl. asiatica, eine Pfirsichart, Plin. u. Col.: Asiatici oratores, die asiatischen Redner, die eine schwülstige u. sentenzenreiche Redeweise hatten, Cic. Brut. 51: dah. Asiaticum orationis genus, Asiatica dictio, diese Redeweise selbst, Cic. Brut. 325: u. so more Asiatico, Cic. or. 27. – Asiāticus, Beiname des L. Korn. Scipio, der den König Antiochus in Asien besiegte, Liv. 37, 58, 6. Gell. 7, 19. Eutr. 4, 4. – u. dav. **Asiāticiānus,** a, um, zu den Asiatikern gehörig, **asiaticianisch,** scaenici, CIL 12, 1929. – **5 Āsis,** sidis, Akk. sida, *f.* (Ἀσίς), **asiatisch,** terra, Ov. met. 5, 648; 9, 448. – **6 Asius,** a, um (Ἄσιος), **asiatisch,** villae, Varr. bei Non. 466, 3.

2. asia, ae, *f.,* bei den Taurinern der **Roggen** (lat. secale), nach Plin. 18, 141.

Asiagenēs, -genus, s. 1. Asia.

Asiānē, -ānus, -archa, s. 1. Asia.

Asiāticus, s. 1. Asia.

asifolium, s. assefolium.

asignae = κρέα μεριζόμενα, Gloss. II, 24, 6.

asīlus, ī, *m.,* die **Bremse, Viehbremse,** gew. tabanus, griech. οἶστρος, noch jetzt ital. *asillo,* Verg. georg. 3, 147. Sen. ep. 58, 2. Plin. 11, 100 u. 32, 10. Tert. de pudic. 10. Serv. Verg. georg. 3, 148.

1. asina, ae, *f.* (asinus), die **Eselin,** Varr. u. a. – ► Dat. u. Abl. Plur. asinabus b. Prisc. 7, 10 u. a. Gramm. ohne Beleg.

2. Asina, ae, *m.,* ein röm. Beiname in der *gens Cornelia,* Liv. 22, 34, 1. Macr. sat. 1, 6, 29.

asinālis, e (asinus), **eselhaft,** asinali verecundiā ductus, Apul. met. 4, 23.

asināricius, a, um (asinus), **zum Esel gehörig, Esel-,** mola, Mühlstein, Itala (Rehd.) Marc. 9, 42.

asinārius, a, um (asinus), **zum Esel gehörig, Esel-, I** *adi.:* molae, Eselsmühle, Cato r. r. 10, 4 u. 11, 4: mola, Mühlstein, Vulg. Matth. 18, 6; Marc. 9, 42: mulier, Eselwärterin, Apul. met. 7, 8. – **II** *subst.:* **a** asinārius, ī, *m.,* der **Eselwärter, Eseltreiber,** Cato r. r. 10, 1. Varr. r. r. 1, 18, 1. Suet. Aug. 96, 2. Edict. Diocl. 7, 17: als beschimpfende Bezeichnung der Christen, Tert. apol. 16; ad nat. 1, 11. – **b** Asināria, ae, *f.,* das »Stück von den Eseln«, der »Eselsverkauf«, Titel einer Komödie des Plautus, Plaut. asin. prol. 12. Varr. LL. 7, 79.

asinastra ficus, eine uns unbekannte Feigenart, Cloat. b. Macr. sat. 3, 20 (2, 16), 1.

asinīnus, a, um (asinus), **vom Esel, Esels-,** stercus, Varr.: pullus, Eselfüllen, Varr.: lac, Eselsmilch (Gesundheits- u. Schönheitsmittel, wie bei uns), Plin. u. Cael. Aur.: asininas aures habere, Hyg. – übtr., pruna, eine Art Pflaumen, wahrsch. unsere Eierpflaumen, Plin. 15, 41.

Asinius, a, um, Name eines römischen Geschlechts, aus dem am bekanntesten: **a** C. Asinius Pollio (auch bl. Pollio), seiner Abstammung nach ein Marruciner (Catull. 12, 1 u. 6), Anhänger u. Vertrauter des Antonius u. später des Augustus, in beider Kriegen vielfach tätig, ausgezeichnet als Staatsmann, Redner, Dichter u. Historiker, Gründer der ersten Bibliothek in Rom, Cic. ep. 9, 25, 3; 11, 9, 1. Cic. ad Att. 12, 2, 1 u. a. Verg. ecl. 3, 84. Hor. carm. 2, 1, 14; sat. 1, 10, 42. Vell. 2, 36, 2; 2, 72 u. 76, 2 (Pollio Asinius); 2, 128, 3 (Asinius Pollio). Plin. 35, 10. Tac. dial. 17: Plur. Asinii, Männer wie A., Sen. de clem. 1, 10, 1. – **b** C. Asinius Gallus, der Sohn des vorigen, bekannt als Redner, Verf. einer Schrift *Comparatio patris et Ciceronis,* Sen. exc. contr. 4. pr. § 4. Suet. Claud. 41, 3. Plin. ep. 7. 4, 3. Gell. 17, 1, 1: Asinius uterque, Asinius Vater und Sohn, Quint. 12, 1, 22.

asinus, ī, *m.,* der **Esel, I** eig.: asinus aut musimo aut aries, Cato fr.: asinus Arcadicus, Plaut., Reatinus, Varr. fr.: molarius et plostrarius, Cato: ferus, Varr. u. Amm.: tardus, Augustin.: asinorum grex, Varr.: Calatiae asinum tripedem natum, Liv.: longum est mulorum utilitates persequi et asinorum, Cic.: et non pistrino traditur atque asino, dem Esel (um ihn zu treiben), Catull. – Die besten Esel bei den Griechen kamen aus Arkadien, bei den Römern aus Reate, Varr. r. r. 2, 6, 1 *sqq.* (auch übh. über die Eselzucht). – Sprichw., qui asinum non potest, stratum caedit, auf den Sack schlägt man und den Esel meint man, Petr. 45, 8: asinus in tegulis, der Esel auf dem Dach, von einer seltenen Erscheinung, Petr. 63, 2: asinus ad lyram, der Esel beim Lautenschlagen, von einem rohen, gegen alle Musenkünste unempfindlichen Menschen, nach Varr. sat. Men. 543 b. Gell. 3, 16, 13 (wo griech. si erunt ὄνοι λύρας); vgl. Hier. ep. 27, 1 asino lyra superflue canit. – **II** übtr.: **a** ein **Esel, Einfaltspinsel,** als Benennung eines einfältigen Menschen, neque homines magis asinos umquam vidi, Plaut. Pseud. 136: scio te voluisse et me asinum germanum fuisse, Cic. ad Att. 4, 5, 3. – als Schimpfwort, quid tu autem huic, asine, auscultas? Ter. adelph. 935: quid nunc te, asine, litteras doceam? non opus est verbis, sed fustibus, Cic. Pis. 73. – bei Verhöhnung, asinum tantum, Ter. eun. 597. – **b Esel** = bissiger Mensch, asinus albus, Quint. 6, 3, 57.

asinusca, ae, *f.,* eine Art geringer Weintrauben, so genannt nach der Farbe der Esel, Plin. 14, 42. Macr. sat. 2, 16, 7.

asio, ōnis, *m.*, s. axio.

1. Āsis, sidis, s. 1. Asia.

2. Asis, s. Asisium.

Asisium, ī, *n.* (Ἀσίσιον), Stadt in Umbrien, nach Lachmann Geburtsort des Dichters Properz, j. *Assisi,* *Prop. 5 (4), 1, 125 (die Hdschrn. Asis). – Dav. **Asīsinātēs,** ium, *m.*, die Einw. von As., die **Asisinaten,** Plin. 3, 113. CIL 11, 5371 u. 5375.

Āsius, a, um (Ἄσιος, v. ἄσις, Schlamm, Sumpf) zur asischen Gegend in Lydien am Kayster, südlich vom Tmolus gehörig, **asisch,** palus, bei Ephesus, Verg. Aen. 7, 701: prata, fruchtbare Landstrecken das., Verg. georg. 1, 383 (Ἄσιος λειμών b. Hom. Il. 2, 461) u. Deïopea, eine Nymphe das., Verg. georg. 4, 343. Auch in anderem Sinne, myrtus, Catull. 61, 32.

āsma, atis, *n.* (ᾆσμα), der **Gesang,** das **Lied,** Mar. Victorin. art. gr. 4. 3, 6. p. 161, 16 K. u. a.

asōmatus, a, um (ἀσώματος), **unkörperlich,** profatus, Mart. Cap. 3. § 222.

Asōpus (Āsōpos), ī, *m.* (Ἀσωπός), **I** Fluss in Böotien, der im Bezirk von Platää entspringt, kurz vor seiner Mündung in das Attische tritt u. bei Delphinium in das Euböische Meer fällt, j. *Asopo,* Stat. Theb. 7, 315. – Als Flussgott Sohn des Oceanus u. der Tethys, von der Metope Vater der Ägina, Euadne, Euböa, Großvater des Äakus (des Sohnes der Ägina von Jupiter), Ov. am. 3, 6, 41. – Dav. **Āsōpiadēs,** ae, *m.* (Ἀσωπιάδης), der **Asopiade** (Nachkomme des Asopus) = Äakus, Ov. met. 7, 484. – u. **Āsōpis,** idis u. idos, *f.* (Ἀσωπίς), die **Asopide,** d. i. Tochter des Asopus, u. zwar v. der Ägina, Ov. met. 6, 113 (wo griech. Akk. Asopida) u. 7, 616 (wo griech. Genet. Asopidos): v. der Euadne, Ov. am. 3, 6, 41: v. der Euböa auch Name der Insel *Euboea,* Plin. 4, 64: *adi.* Asopis ripa, das asopische = böotische, Stat. Theb. 4, 370. – **II** ein Fluss in Phthiotis, der vom Öta kommt u. nördl. von Thermopylä in den *sinus Maliacus* fällt, Liv. 36, 22, 7.

asōtia, ae, *f.* (*ἀσωτία), **wüstes Leben, Zügellosigkeit,** Gell. 19, 9, 8. Macr. sat. 6, 4, 22.

asōtus, ī, *m.* (ἄσωτος, heillos verloren, bes. in Lüste versunken), für sinnl. Lüste **verschwenderisch,** wüst, homo (Ggstz. homo avarus), Rutil. Lup. 2, 9: filius, Auct. argum. 2. ad Plaut. merc. *v.* 1. – subst., asōtus, ī, *m.*, der **Wüstling, Verschwender, Schlemmer, Lüstling,** Cic. de fin. 2, 22 *sq.;* de nat. deor. 3, 77.

aspalathus, ī, *m.* (ἀσπάλαθος), ein dorniger Strauch mit wohlriechendem Holz, woraus man Öl machte, nach einigen **Rosenholz,** Plin. 12, 110 u. a. Scrib. 269.

Asparagium, ī, *n.*, Ort im Gebiet von Dyrrhachium in Illyrien, am Fluss Genusus (j. *Uschkomobin),* wahrsch. das heutige *Kerno,* Caes. b. c. 3, 30, 7 u. a.

asparagus, ī, *m.* (ἀσπάραγος), **I** der **fette Keim** einer Pflanze, ehe sich die Blätter entwickeln, Plin. 21, 91; 23, 27. – **II** insbes., der **Spargel,** bes. der **Gartenspargel** (Ggstz. corruda, der wilde Spargel), Cato r. r. 6, 3; 161, 1 *sq.* Lucil. sat. 3, 26 u. inc. 166. Varr. sat. Men. 573. Cels. 2, 18. Col. 11, 3, 45. Plin. 19, 145 *sqq.* Scrib. 79. Suet. Aug. 87, 1. Mart. 13, 21. Iuven. 5, 82 u. 11, 69: asp. hortulanus, Ggstz. agrestis, Edict. Diocl. 6, 34 u. 35. – ► Apokop. sparagus, Theod. Prisc. 1, 5.

1. aspargo (adspargo), ere, s. 1. a-spergo ►.

2. aspargo, inis, *f.*, s. 2. aspergo ►.

asparsio, s. aspersio.

Aspasia, ae, *f.* (Ἀσπασία), **I** die ältere, eine aus Milet geborene, mit hohem Geist u. ungewöhnlicher Kenntnis der Redekunst begabte Frau, Verehrerin des Sokrates, Freundin des Perikles, auf den sie großen Einfluss hatte, Cic. de inv. 1, 52. Quint. 6, 11, 27. – **II** die jüngere, aus Phokäa in Jonien gebürtig, Geliebte des jüngeren Cyrus, Iustin. 10, 2. § 2.

Aspavia, ae, *f.*, fester Platz in Hispania Baetica, j. *Espejo,* Auct. b. Hisp. 24, 2.

aspectābilis, e (aspecto), **I sichtbar,** Cic. Tim. 13. – **II** (im *Compar.)* **sehenswert,** Apul. apol. 14.

aspectio (adspectio), ōnis, *f.* (aspicio), das **Hinschauen, Beobachten, In-Augenschein-nehmen, Betrachten,** Fest. 333 (a), 9. Augustin. tract. in Ioann. 14. Eustath. hexaëm. 6, 1.

a-specto (ad-specto), āvī, ātum, āre (*Intens.* v. aspicio), mit Aufmerksamkeit, mit Verlangen u. dgl. jmd. od. etw. **anblicken, anschauen,** **I** eig.: **a** übh.: huc me adspecta! Plaut.: quid me adspectas? Ter. u. Cic.: aspecta formam, Titin. fr.: asp. Rutulos et urbem, Verg.: caelum, aufblicken zum H., Plaut.: u. so supera convexa, Verg.: terras, auf die L. herabschauen (v. Jupiter), Verg. – **b** insbes.: **α** mit Hochachtung = **anstaunen,** alqm, Lucr. 3, 76: virtutem legionis suae, Enn. ann. 347. – **β** v. Örtl., die **volle Aussicht auf** etw. **haben** = **gerade** nach etw. **hinliegen,** collis adversas aspectat desuper arces, Verg. Aen. 1, 420: mare, quod Hiberniam insulam aspectat, Tac. ann. 12, 32. – **II** übtr., auf etw. **achten,** principis iussa, Tac. ann. 1, 4.

aspector, ōris, *m.* (aspicio), der **Beschauer,** Augustin. serm. 117, 12.

aspectus (adspectus), ūs, *m.* (aspicio), **I** *act.*, das **Hinsehen, der Hinblick** nach etw., der Blick auf etw., der **Anblick** von etw., **A** eig.: **1** übh., primo aspectu, Cic.: uno aspectu, Cic.: si te aspectus detinet urbis, Cic.: carere aspectu civium, Cic.: hominum aspectum lucemque vitare, Cic.: gravari aspectum civium, Tac. – **2** insbes.: **a** die Richtung od. Stellung, die man den Augen gibt, der **Blick,** asp. trux, Pacuv. fr.: oculi mobiles, ut aspectum, quo vellent, facile converterent, Cic.: referre aspectum in curiam, Cic.: aspectu acri uti, Rhet. Her.: et verbis et actibus et aspectu terrori omnibus ac formidini fuit, Lact.: Plur., me magnopere semper a suis terret aspectibus, Apul. met. 5, 19. – **b** die **Aussicht,** für uns zuw. auch = der **Gesichtskreis,** orbes qui aspectum nostrum definiunt, Cic. de div. 2, 92: nam (urbs Syracusae) ... portus habet prope in aedificatione aspectuque urbis inclusos, Cic. Verr. 4, 117: bildl., sub uno aspectu poni, unter einen Gesichtspunkt gebracht werden, Q. Cic. de petit. cons. 1. – **B** meton., die **Sehkraft,** der **Gesichtssinn,** das **Gesicht** (vollst. aspectus oculorum, Enn. tr. 56 [32] Cic. Tusc. 5, 114), quaeretur, num quid *aliquo sensu* perceptum sit, *aspectu, auditu, tactu, odoratu, gustatu;* nam quivis horum sensus potest conflare suspicionem, Rhet. Her.: omnia quae sub aspectum cadunt, od. omnes res quae sub aspectum veniunt, alles Sichtbare, Cic.: caelum ita aptum est, ut sub aspectum et tactum cadat, sicht- u. fühlbar ist, Cic.: amittere omnino aspectum, die Sehkraft verlieren, erblinden, Cic. – **II** *pass.:* **A** das **Sichtbarwerden, Erscheinen,** der **Anblick,** aspectus eius repens, Turpil. fr.: patriam privare aspectu tuo, Cic.: tantus est gemitus factus aspectu statuae, ut etc., Nep.: utrisque laetus fuit aspectus beluarum, Curt.: Rhenum et Germaniae deos in aspectu, seien zu schauen, Tac.: alieno molliorum siderum aspectu maligna lux, der Aufgang, Plin.: situs Syracusarum laetus ad aspectum (anzusehen, von Ansehen), Cic.: u. so Sagana et Canidia horrendae aspectu, Hor.: apes horridae aspectu, Plin. – **B** übtr., die Art des Erscheinens, das **Ansehen, Aussehen,** der **Anblick,** asp. Cethegi, das (wilde) Aussehen, Cic.: auctionis mirabilis asp., Cic.: asp. et forma altera, Lucil. fr.: pomorum iucundus non *gustatus* solum, sed *odoratus* et *aspectus,* Cic.: aspectu venenato, Rhet. Her.: horridiores sunt in pugna aspectu, Caes.: quaeque aspectu sunt spurca et odore, Lucil. fr.: fallaci aspectu paries pictus putidus, Afran. fr.: herba aspectu roris marini, Gestalt, Plin.: asp. carbunculi nigrioris, Farbe, Plin. – ► Archaist. Genet. Sing. aspecti, Acc. tr. 80 u. 188: Dat. Sing. gew. aspectui, selten aspectu, Verg. Aen. 6, 465: Abl. Plur. aspectibus, Apul. met. 5, 19. Mart. Capell. 1. § 20.

as-pello, pulī, pulsum, ere (abs u. pello), **wegtreiben,** inde optime virum de supero, Plaut. Amph. 1000: alqm domo, Titin. com. 47: alqm plenis semitis, Plaut. merc. 114 R.: übtr., ille qui aspellit, compellit, Plaut. trin. 672 (viell. unecht): übtr., longe a leto aspellor, Cic. poët. Tusc. 2, 25: neque eum potuisse umquam ab hac me aspellere, Ter. heaut. 261: metum alci, vertreiben, Plaut. capt. 519.

aspendios, ī, *f.*, eine Rebensorte, Plin. 14, 117.

Aspendos (us), ī, *f.* (Ἄσπενδος), Stadt in Pamphylien an beiden Ufern des Eurymedon (Kapsi-Su), nach einigen j. *Minugat,* Cic. II. Verr.. 1, 53. – Dav. **Aspendius,** a, um, **aus Aspendus, aspendisch,** citharista,

Cic. II. Verr.. 1, 53. – Plur. subst., Aspendiī, ōrum, *m.*, die Einw. von Aspendus, die **Aspendier,** Liv. 37, 23, 3. Nep. Dat. 8, 2.

asper, era, erum, *Adi.* m. *Compar.* u. *Superl.*, **rau, barsch** (Ggstz. lēvis u. lenis), **I** eig.: **1 rau** für den Gefühlssinn, **a** übh., **uneben, holperig,** aspera saxa, Enn. fr. u. Pacuv. fr.: asperi Athones, Lucil. fr.: loca aspera et montuosa, Caes.: in locis autem et illa naturalia (spectantur) plani an montuosi, leves an asperi, Cic.: asperrimo atque arduissimo aditu, Cato fr.: asp. hiems, Vell.: arteria, die Luftröhre, Cic.: nummus, noch nicht durch den Gebrauch abgegriffen, neu geprägt, Suet.: mare, stürmisch, Liv.: equum tenacem asperioribus frenis castigare, Liv. – m. *Abl.* (durch), Athesis ille saxis asper, Pan. vet.: pocula aspera signis, mit halberhabener Arbeit, Verg.: aspera caelo (dem Klima nach) Germania, Tac.: m. 2. *Sup.*, asper attactu, Varr. r. r. 2, 5, 8: asper tactu, Hor. carm. 3, 2, 10. – subst., asperum, ī, *n.*, das **Raue, Unebene,** in aspero (ungeprägter Münze) accipere, Sen.: asperrimo hiemis, Tac.: im Plur., aspera maris, die Stürme des Meeres, Tac.: per aspera (raue Orte) et devia, Suet.: a tergo insulae per aspera (Klippen) erepo, Sen. – **b rau, harsch** u. dah. **stechend, kratzend,** sentes, Verg.: barba, Tibull.: tussis, im Hals kratzend, Mart. – u. **spitz, scharf,** mucro, Lucan. 6, 186; 7, 139. – **2** für den Geschmack od. Geruch, **rau, harsch, herb, beißend,** victus (Kost), Plaut.: vinum, Ter.: allium asperi saporis, Plin.: piper asperrimum, Plin.: herba odoris asperi, Plin. – subst., quid iudicant sensus? dulce amarum, lene asperum, Cic. de fin. 2, 36. – **3** für das Gehör **rau, grob, derb** (Ggstz. lenis), (plura vocum genera) lene, asperum, Cic.: vox, Quint.: *aspera* mutata est in *lenem* tempore longo littera, quae toto nomine prima fuit, R in L (Remuria in Lemuria), Ov. fast. 5, 481. – dah. in der Rhetor. von der Rede, **holperig, unregelmäßig, uneben** (Ggstz. lēvis), aspera, tristis et horrida oratio, Cic.: compositio praefracta et aspera, Sen. – u. in der Gramm., spiritus asper, der H-Laut, Prisc. – **II** übtr.: **1** v. lebenden Wesen u. deren Benehmen gegen andere, **rau, barsch, trotzig, ungestüm, spröde, abhold** (Ggstz. mitis, lenis, placidus et quietus), amica, aspera atque praecox, Lucil. fr.: homo asper et durus, Cic.: quos naturā putes asperos atque omnibus iniquos, Cic.: C. Fimbria (orator) asper, maledicus, Cic.: verbis asper, Ps. Quint. decl.: cladibus asper, erbittert, Ov.: aspera est illi Venus, abhold, Tibull.: Pholoē, spröde, Hor.: asperrimi ad condicionem pacis, Liv.: rebusque veni non asper egenis, nicht abhold schmaler Bewirtung = gern vorlieb nehmend mit usw., Verg.: monitoribus asper, voll Trotz gegen usw., Hor. – u. **rau, grämlich, streng** in Bezug auf Lebensansicht u. Lebensweise, (Stoici) horridiores evadunt, asperiores, duriores et oratione et moribus, Cic.: accessit istuc *doctrina non moderata nec mitis,* sed, ut mihi videtur, paulo *asperior* et *durior,* quam aut veritas aut natura patitur, Cic.: Cato *asperi* animi fuit, sed *rigidae* innocentiae, Liv. – u. **wild, trotzig** durch die Beschäftigung mit Waffen, Krieg u. Jagd, (Carthago) studiis asperrima belli, Verg.: gens laboribus et bellis aspera, Iustin.: virgo, Diana, Sen. poët.: in ludo ac rudibus cuivis satis asper, Trotz bietend, Lucil. sat. 4, 27. – v. Tieren, **wild, graus,** anguis asper siti, gereizt, Verg.: lupus dulcedine sanguinis asper, Ov.: bos aspera (drohend) cornu, Verg.: m. folg. *Infin.*, (equus) asper frena pati, Sil. 3, 387. – **2** v. Zuständen, wie unser **mühsam, schwierig, kitzlich, dornenvoll, misslich, hart, bitter, rau, empfindlich, unangenehm, niederschlagend,** dolor (est) motus asper in corpore, Cic.: scilicet res ipsa aspera est, die Sache ist kitzlich, schlimm, Sall.: res asperae, schwierige Aufträge, Sall.: asperius opinione, schwieriger, als man sich's vorstellte, Sall.: mala res, spes multo asperior, noch weit trüber die Aussicht, Sall.: fata, Verg.: odia, Verg. – insbes. v. Krieg u. Kampf (s. oben *no.* II, 1), **wild,** bellum, Sall. u. a.: u. so pugna, Verg. – u. v. Verhältnissen usw., **peinlich, schwer u. bedrängt, drückend, misslich,** res, tempora, Cic. u. a.: u. subst., aspera, ōrum, *n.*, Widerwärtigkeiten, Ungemach, Bedrängnis, Hor., Liv. u. a. – v. Urteilen, Gesetzen, Strafen usw., **hart, streng, streng u. sträflich,** sententia, Liv.: censura, Vell.: lex, Quint.: custodia, Tac.: subst., asperiora suadere, zu härteren Maßregeln raten, Suet. – **3** von der Rede, **stechend, bitter, kränkend u. beleidigend,** facetiae, Cic.: verba, Ov. – ► Synkop. Formen aspro, Scribon. 180. Pallad. de insit. 67: aspros, Stat. Theb. 1, 622: aspris, Verg. Aen. 2, 379.

asperātio, ōnis, *f.* (aspero), die **Vermehrung, Verschlimmerung,** passionis, Cael. Aur. acut. 2, 7, 33.

asperē, *Adv.* m. *Compar.* u. *Superl.*, **I** (zu asper *no.* I, 3), **rau, uneben, holperig** (Ggstz. leniter), loqui, Cic. de or. 3, 45: litterae aspere coeuntes, Quint. 1, 1, 37. – **II** (zu asper *no.* II) **hart, barsch, streng, ungestüm,** apud populum Rom. loqui, Cic.: accusare, Cic.: tractare alqm, Cic.: asperrime saevire in alqm, Vell.: nihil placet aspere agi, keine harten Maßregeln zu ergreifen, Liv. – u. (von der Rede) **stechend, bitter, grob, kränkend u. beleidigend, nachteilig,** scribere de alqo, Cic.: scribere in alqm, Sall.: multa in illa oratione aspere, multa facete dicta sunt, Cic.

aspergen = 2. aspergo, Mar. Victorin, art. gr. 1, 3, 28. p. 7, 19 K.

aspergillum, ī, *n.* (aspergere) = περιῤῥαντήριον, der **Wedel** und das **Gefäß zum Sprengen,** Gloss. Labb.

1. **a-spergo** (ad-spergo), spersī, spersum, ere (ad-spargo), **I hinspritzen** od. **-streuen, a hinspritzen,** aquam, (eig. mit frischem Wasser besprengen =) erquicken, Plaut.: aquam Latinis, Enn. fr.: purgamenta capiti, Dict.: liquorem oculis, Plin.: guttam bulbo, (mit Anspielung auf die Namen *Gutta* u. *Bulbus)* hinzufügen, Cic.: sales orationi (bildl.), Cic.: pigmenta in tabula, Cic.: virus pecori, vergiften, Verg. – übtr., labeculam alci, einen Schandfleck anhängen, Cic.: notam alci, ICt. – **b hinstreuen,** glandem bubus, Plin.: sapores huc, Verg.: übtr., **hinzufügen,** bes. etw. Weniges, alci sextulam, den 72sten Teil vermachen, Cic.: alci molestiam, zufügen, verursachen, Cic. – bes. schriftl., **nebenbei hinzufügen,** hoc aspersi (bemerke ich nebenbei), ut scires etc., Cic. ep. 2, 16, 7: ea his commentariis aspersi, ut etc., Gell. 9, 4, 5: ut noctes istae quadamtenus his quoque historiae flosculis leviter interiectis aspergerentur, Gell. 17, 21, 1. – **II bespritzen, bestreuen, a bespritzen,** aram sanguine, Cic.: vestimenta leviter aquā, Sen.: vaccam semine, Liv.: vino vel infusus (begossen) vel aspersus (angegossen), Macr. – m. allg. *Acc.* = **mit,** sed paululum pluviae aspersi sumus, M. Caes. in Front. ep. ad M. Caes. 4, 4. p. 66, 22 N. – übtr., **beschmutzen, beschimpfen,** splendorem vitae maculis, Cic.: aspergi infamiā, suspicione, Cic.: alqm linguā, begeifern = beschimpfen, Rhet. Her. – **b bestreuen,** olivam sale, Plin.: panis sale aspersus, gesalzenes (Ggstz. panis sine sale od. indigens salis), Macr.: corpus nitro, sulphure, Cael. Aur. – übtr., mons parvis urbibus aspersus, hier und da bedeckt, Mela: u. so canis (mit grauen Haaren) aspergitur aetas, Ov. – alqd mendaciunculis, mit kleinen Unwahrheiten verbrämen, Cic.: auditiunculā quādam de Catonis familia aspergi, einige Kunde (Kenntnis) erhalten, Gell.: edito gemitu regias aures, durch einen Schmerzenslaut unangenehm berühren, Val. Max. – ► Form aspargo, Ampel. 8, 16. Marc. Emp. 36. Apic. 3, 63; 4, 131 u. 133: asparso pipere, Apic. 4, 154; vgl. 2. aspergo ►.

2. **aspergo** (adspergo, auch adspargo), ginis, *f.* (aspergere), **I** die hingespritzte od. ausgespritzte Feuchtigkeit, die angespritzten **Tropfen,** bes. **Regentropfen, Regen,** nimborum, der niederträufelnde Regen, Lucr.: caedis, das angespritzte Blut, Ov.: aquae, angespritzter Tropfen Wasser, Petr.: aquarum, angespritztes Wasser, Ov.: salis, angespritztes Salz, Prud.: salsa adspargo, salziger Gischt, Verg.: summis aspergine silvis impluit, beregnet mit seinen Tropfen, Ov.: multā aspergine rorant, mit einem Tropfenregen, Ov.: buxus longinquā aspergine maris inarescit, durch das wenn auch nur fern angespritzte Seewasser, Plin. ep.: aqua platanos leni aspergine (Tropfen) fovet, Plin. ep.: uti cum tempestates ventosae sint, non possit aspergo in interiorem partem venire, der Regen nicht hineinspritzen kann, Vitr.: si adspargine (durch angespültes Seewasser) propter iactum res deteriores factae sunt, ICt.: Plur., aspergines parvae, leichte Spritzregen, Amm. 20, 11, 26: roris aspergines gelidae, kalte Tautropfen, Amm. 27, 4, 14: aspergines lunares, Solin. 53, 24. – bes. die vom Regen an od. in Gestein od. Steinwände angespritzte **Nässe,** neque aspergo nocebit, Cato r. r. 128: tofi aspergine et gelu pruinisque rum-

puntur in testas, Plin. 36, 167: dah. aspergines parietum, die Stellen, wo die Wände ausgeschlagen haben, ausgeschlagene Wände, Plin. 22, 63. – bildl., cuius infamiae adspergo (Makel) inquinat simul multos et dedecorat, Fronto ad amic. 2, 7 (6). p. 195, 2 N.: u. so omni culparum aspergine liber, Prud. apoth. 937. – **II** das Hingestreute = das Pulver zum Auf- od. Zwischenstreuen auf od. zwischen wunde Stellen, das **Streupulver** (griech. διάπασμα u. σύμπασμα), Plur. b. Cael. Aur. acut. 2, 38, 218; chron. 3, 5, 73 u. 3, 7, 93. – ► In älterer Zeit *gen. comm.* nach Prisc. 5, 42. – Die Form aspargo sicher bei Verg. Aen. 3, 534. Callistr. dig. 14, 2, 4. § 2 M.; vgl. 1. aspergo ►.

asperitās, tātis, *f.* (asper), die Eigenschaft des *asper,* **I** eig.: **1** die **Rauheit** dem Gefühl nach, die **Unebenheit,** montium, Varr.: viarum, das Unebene u. Steinige, Cic. u. a.: u. so locorum, Unwegsamkeit, Sall.: asp. faucium u. bl. asperitas, der raue Hals, die Heiserkeit, Plin. – Plur., asperitates saxorum, Cic. u. Arnob.: omnes asperitates (Geländeschwierigkeiten) supervadere, Sall. – **2** dem Geschmack nach, die **Rauheit, Barschheit, Herbheit,** vini, aceti, Plin.: aquarum, der salzige Geschmack des Wassers, Plin. – **3** für das Gehör, die **Rauheit, Grellheit** eines Tones, der **raue, grelle Ton,** vocis (Ggstz. lēvor vocis), Lucr.: soni, Tac. – **4** für das Gesicht, das **Abstechende,** der **Kontrast,** Vitr. 7, 5, 5: asp. intercolumniorum, Vitr. 3, 3, 9. – **II** übtr.: **1** von Menschen u. ihrem Charakter, Benehmen, usw., die **Rauheit, Barschheit, Grobheit,** das **Abstoßende, Spröde** im Benehmen, im Äußeren, die **Wildheit,** naturae, Cic.: avunculi, Nep.: patris, Ov.: asp. atque rusticitas Maximini, Lampr.: asp. Stoicorum, raue, strenge Lebensweise, Cic.: agrestis, Rauheit, Ungeschliffenheit im Äußeren, Hor. – **2** v. Lebl., die **Rauheit, Härte,** ob calorem aut asperitatem (Unwirtlichkeit des Bodens), Sall.: asperitas frigorum abest, strenge Kälte, Sall. – v. der Sittenroheit, Härte, die der Krieg zur Folge hat, asp. bellorum, Apul.: asperitatem belli ostendere, wie wild es im Krieg zugehe, Sall. – u. v. Verhältnissen u. Umständen, das **Peinliche, Harte, Drückende, Herbe,** in ea tanta asperitate, in dieser harten Bedrängnis, bei diesem herben Missgeschick, Sall.: in eis vel asperitatibus rerum el angustiis temporis, ungeachtet dieser misslichen Verhältnisse u. bedrängten Zeiten des Staates, Cic. de or. 1, 3: asp. remedii, Härte der Massregeln, Tac. – u. die **verletzende Härte,** das **Kränkende** u. **Beleidigende** der Rede (Ggstz. lenitas), contentionis, Cic.: iudicialis verborum, Cic.

asperiter, archaist. *Adv.* v. asper = aspere, Caecil. com. 43. Sueius fr. II. bei Non. 513, 21. Plaut. fr. b. Prisc. 15, 13.

asperitūdo, inis, *f.* (asper), die **Rauheit,** Tert. de paen. 11. Marc. Emp. 8. Sex. Placit. de medic. 17, 1. – übtr., fabularum, Apul. met. 1, 2. Vgl. aspritudo.

aspernābilis, e (aspernor), **verächtlich,** Acc. tr. 555. Gell. 11, 3, 1; 16, 8, 16; 20, 1, 10 u. Spät.: moribus aspernabilis, Capit. Maxim. et Balb. 6, 2. – *Compar.*, quid stercore aspernabilius, Augustin. de mor. Manich. 8. § 12.

aspernāmentum, ī, *n.* (aspernor), **ein Gegenstand der Verachtung, ein Scheusal** (βδέλυγμα), Collat. leg. Mos. et Rom. 5. § 1 u. Eccl.

aspernandus, a, um, s. a-spernor.

aspernanter, *Adv.* (aspernans v. aspernor), **verächtlich, mit Verachtung,** Amm. 31, 4, 3. Sidon. ep. 7, 2. Cod. Iust. 2, 6, 6. § 3: *Compar.* b. Augustin. de music. 4, 9. § 10.

aspernātio, ōnis, *f.* (aspernor), das **Abweisen,** die **Verschmähung,** rationis, Cic. Tusc. 4, 31: huius mundi, Augustin. de utilit. cred. § 35: illius, Vulg. Sirach 12, 1: ad quosdam tactus, Sen. de ira 2, 2, 1: ut superbis sit aspernatio, Hilar. in psalm. 122, 12: Plur., naturales *ad* utilia *impetus,* naturales *a* contrariis *aspernationes* (Abneigungen) sunt, Sen. ep. 121, 21.

aspernātor, ōris, *m.* (aspernor), der **Verächter, Verschmäher,** Tert. adv. Marc. 4, 15. Ambros. in Luc. 4, 46.

a-spernor, ātus sum, ārī (ab u. sperno), **abweisen, von sich weisen,** u. so = **nicht mögen, verleugnen, verschmähen, verwerfen, unbeachtet lassen, vernachlässigen, von** etw. **nichts wissen wollen,** etw. **nicht anerkennen** (Ggstz. appetere, accipere, asciscere, credere), pro ignoto me aspernari, quasi me numquam noveris, mich abweisen, sich von mir wenden, Plaut. capt. 542: nemo civis est, qui vos non oculis *fugiat,* auribus *respuat,* animo *aspernetur,* recordatione denique ipsā consulatus vestri *perhorrescat,* Cic.; vgl. utrum aperte hominem *asperner* ac *respuam,* Cic. – voluptatem *appetit,* ut bonum; *aspernatur* dolorem, ut malum, Cic.: eius bonitatem non modo non *aspernari ac refutare,* sed etiam *complecti et augere* debetis, Cic.: quas illorum querimonias nolite *aspernari,* nolite *contemnere* ac *neglegere,* Cic.: haec muliebria consilia neque tota *aspernatus est* neque extemplo *accepit,* Liv.: illud et melius et verius, omnia, quae natura *aspernetur,* in malis esse, quae *asciscat* (zulasse), in bonis, Cic.: talem condicionem, Nep.: multis petentibus nuptias, Liv.: Hennensium querimonias, Cic.: amicitiam alcis, Cic.: alcis litteras, Cic.: pacem, Liv.: regem, Iustin.: legatos, Tac.: alqm nutu, Suet.: oculis pulchritudinem rerum, Cic.: colore ipso patriam, oratione genus, moribus nomen, Cic. fr. – libri non medius fidius usque quaque aspernandi (verwerflich), Gell. 9, 16, 2: non aspernandus comes, nicht verwerflicher, Val. Flacc. 4, 163: haud aspernanda (nichts Unziemliches) precari, Verg. Aen. 11, 106. – m. *ab* u. Abl., cuius furorem atque crudelitatem deos immortales a suis aris atque templis aspernatos confido, Cic. Clu. 194: proscriptionem nisi hoc iudicio a vobis reicitis et aspernamini, Cic. Rosc. Am. 153. – m. folg. *Infin.*, validissimum quemque militiae dare aspernabantur, verweigerten, Tac. ann. 4, 46: u. so Mart. 6, 64, 9. Stat. silv. 1, 2, 105. Inc. (Eumen.) grat. act. 5, 3. – absol., a philosopho, si afferat eloquentiam, non asperner, si non habeat, non admodum flagitem, Cic. de fin. 1, 15: non aspernante senatu, Cic. – ► Passiv, Cic. ep. fr. II, 1. p. 39 K. = 292 M. (bei Prisc. 8, 17). Auct. b. Afr. 93, 3: u. Partiz. Perf. passiv, Arnob. 5, 25. Dict. Cret. 4, 17 (dagegen falsche Lesart bei Liv. 1, 17, 2; 1, 22, 2 u. 34, 40, 2).

aspero, āvī, ātum, āre (asper), **rau machen, I** eig.: **1** an der Oberfläche **rau-, uneben-, ungleich machen, a** übh.: fauces (Schlund), Cels.: tabula lapidibus aut ferro asperata, Varr.: glacialis hiems aquilonibus asperat undas, macht stürmisch, Verg. – **b** an der Oberfläche **spitz-, scharf machen, spitzen, schärfen,** specillum, Cels.: sagittas ossibus, Tac.: pugionem vetustate obtusum saxo, Tac. – **2** für das Gehör **holperig machen,** compositionem, Quint. 9, 4, 31. – **3** für den Geschmack **herb-, ungenießbar machen,** lascivas vitae illecebras, Prud. psych. 430 *sq.* – **II** übtr., **heftiger-, ungestümer machen, aufregen, aufreizen** (Ggstz. lenire), crimina, Tac.: iram victoris, Tac. – alqm in saevitiam, Tac. – u. physisch **heftiger machen, vermehren, verschlimmern,** passionis magnitudinem, Cael. Aur. acut. 2, 37, 195. – ► Synk. Partiz. Perf. Pass. aspratus, Sidon. ep. 4, 8, 5 u. carm. 2, 419 u. 22, 130.

aspersio, ōnis, *f.* (aspergo), **a** das **Hinzuspritzen, Anspritzen,** aquae, Cic. de legg. 2, 24. Macr. sat. 3, 1. § 6: aqua aspersionis, Sprengwasser, Vulg. num. 19, 9: asp. sanguinis, Vulg. Hebr. 12, 24 u. 1. Petr. 1, 2: sanguinis sui, Isid. 12, 27, 6. – **b** das **Hinstreuen, Aufstreuen,** cyminati salis, Pallad. 12, 22, 5: pulveris, Vulg. 3. regg. 20, 38. – das **Auftragen der Farben,** Cic. de div. 1, 23. – übtr., ita enim solent res gestae aspersione mendaciorum in fabulas verti, Augustin. de civ. dei 7, 35. – **c** = res aspersa, σύμπασμα, Cael. Aur. chron. 3, 5, 73.

aspersus, Abl. ū, *m.* (aspergo), das **Hinzuspritzen,** calidae aquae aspersu, Plin.: aspersu picis, Plin.: aspersu sacro fit gregis alter odor, Ven. Fort. carm. 5, 5, 104.

asperūgo, ginis, *f.* (asper), ein Kraut mit stacheligen Blättern, **großes Klebekraut** (*Asperugo procumbens,* L.), Plin. 26, 102.

asphaltion, ī, *n.*, ein Klee mit langen Blättern u. asphaltartigem Geruch, griech. μινύανθες, wahrsch. **gemeiner Harzklee** (*Psoralea bituminosa,* L.), Plin. 21, 54 (griech. bei Col. 6, 17, 2).

Asphaltītēs lacus, auch bl. **Asphaltītēs**, ae, *m.* Ἀσφαλτῖτις od. Σοδομῖτις λίμνη), der große salz- u. asphaltreiche Landsee in Palästina, den wir gew. das **»Tote Meer«** nennen, j. bei den Umwohnern *Bahr el Lut* (= der See des Lot) od. *Bahirei Montine* (= der stinkende See), Plin. 2, 226. Solin. 1, 56 (Asphaltites lacus). Isid. 13, 13, 6 u. (lacus Asphalti) 13, 19, 4 u. (bl. lacus) Iustin. 36, 3, 6; vgl. Ruperti Tac. hist. 5, 6, 5.

asphaltus (asfaltus), ī, *f.* (ἄσφαλτος), der **Asphalt,** das **Judenpech,** rein lat. bitumen, Pelagon. vet. 26. p. 88. – lacus Asphalti, s. Asphaltītēs lacus.

asphodelus u. (selten) **-ilus,** ī, *m.* (ἀσφόδελος), **Asphodill, Asphodillwurz** (*Asphodelus ramosus,* L., nach Scribon. 254 u. Ps. Apul. herb. 33 rein lat. astula regia, nach Isid. 17, 9, 84 rein lat. albutium), Col. 9, 4, 4. Plin. 12, 31; 21, 108 u. a. Gell. 18, 2, 13 (wo asphodelum): asphodil., Pallad. 1, 37, 2.

aspiciālis, e (aspicio) = ὁρατός, **sichtbar,** Gloss. II, 386, 17.

a-spicio (ad-spicio), spēxī, spectum, ere (ad u. specio), **I** auf od. zu jmd. od. etw. **hinsehen,** einen Gegenstand **ansehen, anblicken, A** eig.: **1** im Allg.: **a** v. Pers., m. *Advv.,* aspice huc, Plaut.: accessi, intro aspexi, Ter. – m. *Praepp.,* aspice ad me, Plaut.: asp. ad faciem alcis, Plaut.: *Th.* aspice dum contra me. *Tr.* aspexi. *Th.* vides? *Tr.* video, Plaut.: uxorem aspiciam contra oculis, Plaut.: cancri in obliquum aspiciunt, Plin.: hospes resiste et hoc (= *huc*) ad grumum ad laevam aspice, Inscr. – m. *Acc.,* me huc aspice! Plaut.: tu aspice, sis, me! Lucil. fr.: asta atque templum Cereris ad laevam aspice! Enn. fr.: aspice vultus ecce meos! Ov.: quem ut procul aspexit, Titin. fr.: cum neque me aspicere aequales dignarent meae, Pacuv. fr.: grundientem aspexi scrofam, Laber. fr.: interea aspexit virginem ibi stantem, Turpil. fr.: *aspicite* ipsum, *contuemini* os, Cic.: sic obstupuerant, sic terram *intuebantur,* sic *furtim* nonnumquam *inter se aspiciebant,* Cic.: odi celebritatem, fugio homines, lucem aspicere vix possum, das Tageslicht sehen = leben, Cic.: tamquam ad aspiciendam lucem esse revocatum, wie ins Leben zurückgerufen, Cic.: nec Saturnius haec oculis pater aspicit aequis, Verg.: ne rectis quidem oculis (festem Blick) eum aspicere potuisse instructam aciem, August. bei Suet. – aspice, ut (wie) m. folg. Indikat., Verg. ecl. 3, 6, m. folg. Konj., Catull. 61, 171. Calp. ecl. 8, 34: u. so aspice, quo submittat humus formosa colores, Prop. 1, 2, 9; vgl. Jahn Verg. ecl. 4, 52. Sillig Catull. 61, 77. Lachmann Prop. 1, 2, 9. – absol., en aspice! Ov.: aspicite en! Ov.: aspicito limis oculis, Plaut.: vide, amabo, si non, cum aspicias os impudens videtur, Ter.: ubi ille, saepius appellatus, aspexit ac restitit et, quis esset aut quid vellet, quaesivit, Caes. – **b** v. Örtl., nach irgendeiner Seite **hinschauen, die Aussicht haben = gerichtet sein, liegen,** ea pars Britanniae, quae Hiberniam aspicit, Tac.: terra ventosior quā Noricum ac Pannoniam aspicit, Tac.: quod (tabulatum) aspiciat meridiem, Col.: quae (aestiva cryptoporticus) non aspicere vineas, sed tangere videtur, Plin. ep.: domus domini, quae aspicit ad aquilonem, Tert.: poet., quā sol utrumque recurrens aspicit Oceanum, Verg. – **2** prägn.: **a** etw. **in Augenschein nehmen, nachsehen, ansehen, einsehen,** nach etwas **sehen, zusehen,** asp. tabulas, Cic.: asp. situm omnem regionis, Liv.: asp. Boeotiam atque Euboeam, Liv.: asp. opera, Liv.: asp. opus admirabile, Ov. – non aspicies, ubi liqueris Anchisen? Verg. – **b** (wie ἀποβλέπειν εἴς τινα) **mit Hochachtung, Bewunderung** u. **Zutrauen auf** jmd. **hinblicken,** eum magis milites aspiciebant, Nep. Chabr. 4, 1. – **c** (wie ἄντην εἰσιδέειν b. Hom.) jmdm. **ins Auge (Antlitz) schauen, dreist ins Gesicht sehen,** jmds. **Blicke begegnen,** alqm in acie, Nep. Epam. 8, 3: e contuberniis hostem, Tac. ann. 1, 17 *extr.:* hostem aspicere non possunt, Cic. Tusc. 2, 65; vgl. illum aspice contra, qui vocat, Verg. Aen. 11, 374. – **B** übtr.: **1** im Allg., mit dem Geist auf etw. hinblicken, **einen Blick werfen, schauen,** etw. **betrachten, ansehen, beachten, beherzigen, erwägen,** sic in oratione Crassi divitias atque ornamenta eius ingenii per quaedam involucra *perspexi;* sed ea, cum *contemplari* cuperem, vix *aspiciendi* potestas fuit, Cic.: neque tanta est in rebus obscuritas, ut eas non penitus vir ingenio *cernat,* si modo *aspexerit,* Cic.: qui semel aspexit, quantum etc., Hor.: aspice, si quid etc., schau = erwäge, Hor.: aspice, quot locis vertatur terra, quot milia colonorum arent, fodiant, Sen.: quos pro felicibus aspicitis, Sen.: quia malorum facinorum ministri quasi exprobrantes aspiciuntur, man so betrachtet, als rückten sie dieselben vor, Tac. – **2** insbes., **a** auf jmd. od. etw. **sehen** jmd. od. etw. **in Betrachtung ziehen = berücksichtigen,** aspice nos, sieh auf uns, hilf uns, Verg.: si genus aspicitur, Ov. – **b** etw. **untersuchen, sich** über etw. **unterrichten,** res sociorum, Liv.: A. Claudium legatum ad eas res aspiciendas componendasque senatus misit, Liv. – **II** inchoativ, **a** einer Person od. Sache **ansichtig-, gewahr werden,** sie **zu Gesicht bekommen, erblicken,** ubi contra aspexit me, Plaut.: perii, si me aspexerit, Plaut.: forte unam aspicio adulescentulam, Ter.: *respexit* et simulac Cn. Lentulum cos. *aspexit,* concĭdit in curiae paene limine, Cic.: aspicit hanc visamque vocat, Ov.: propter quos hanc suavissimam lucem aspexerit, v. den Eltern, Cic. Rosc. Am. 63. – asp. m. *Acc.* u. *Infin.,* tristem astare aspicio, Plaut.: derepente aspicio ex nemore pavidum et properantem egredi, Acc. tr. 184: aspicio Triptolemum sculponeatum bigas sequi cornutas, Varr. sat. Men. 457: quid? non in species succedere annum aspicis, Ov. – **b** prägn., **wieder zu sehen bekommen, wiedersehen,** o pater, en umquam aspiciam te? Plaut. trin. 589: o rus, quando ego te aspiciam? Hor. sat. 2, 6, 60. – ► Arch. adspexit = *adspexerit,* Plaut. asin. 770.

aspīrāmen, inis, *n.* (aspiro), das **Zuwehen,** Cassiod. var. 11, 2 *extr.* – übtr., die **Vergünstigung** artificis blanda aspiramina formae dare, Val. Flacc. 6, 465.

aspīrāmentum, ī, *n.,* der **Hauch,** Gloss. III, 426, 38 ›aspir., πνοή, αὔρα‹.

aspīrātio, ōnis, *f.* (aspiro), das **Anwehen, Anhauchen, I** eig.: **A** im Allg.: aëris, das Anwehen, Anhauchen der Luft, Cic.: u. so ventorum, Lact.: quae omnia fiunt et ex caeli varietate et ex disparili aspiratione terrarum (anwehende Ausdünstung), Cic. – **B** als gramm. *t. t.,* der **Anhauch,** die **Aspiration,** u. meton. = der Buchstabe H, Cic. or. 160. Quint. 1, 4, 9 u. 14 u. ö. Fronto de b. Parth. p. 221, 11 N. (Plur.). Prisc. 1, 5; 1, 24 u. ö. Serv. Verg. Aen. 1, 17. – **II** übtr.: **a** die göttliche od. dämonische **Eingebung,** asp. dei, Interpret. Iren. 3, 21, 2: asp. caelestis, Cassiod. var. 11, 2 *extr.:* daemonum aspiratio u. aspirationes, Tert. apol. 22. Lact. 2, 14, 10. – **b** der Gunsthauch, die **Gunst,** asp. superni numinis, Amm. 15, 2, 8: asp. numinis caelestis, Amm. 26, 1, 5.

aspīrātīvus, a, um (aspiro), **hauchbar,** H per se aspirativa est, Cornut. b. Cassiod. orthogr. 1. Virg. gramm. p. 170, 18 H.

a-spīro (ad-spīro), āvī, ātum, āre, **I** *intr.:* **A hinhauchen, hinwehen, zuhauchen, zuwehen, 1** eig.: **a** übh.: lenius aspirans aura secunda, Catull.: si minima aspiret aura, Plin.: ad quae (granaria) nulla aura umida ex propinquis locis aspiret, Varr.: ut frigus ad eum non aspiret, Cels.: pulmones se contrahunt aspirantes, wenn sie die Luft aushauchen, Cic.: aspirant aurae in noctem, ein günstiger Wind erhebt sich gegen Abend, Verg.: v. musikalischen Instrumenten, tibia tenuis simplexque foramine pauco aspirare et adesse choris utilis erat, den Ton anzugeben u. die Chöre zu begleiten, Hor. de art. poët. 202 *sq.* – **b** als gramm. *t. t.,* zu etw. **den H-Laut setzen,** etw. **aspirieren,** consonantibus, Quint.: Graeci aspirare solent (s. littera), Quint.: absol., asp. perperam, Gell. 13, 6, 3. – **2** übtr., **günstig** od. **förderlich** od. **behilflich sein, beistehen, unterstützen,** paululum in rebus difficillimis, Rhet. Her.: aspiravit nemo eorum, qui etc., es rührte sich keiner (rührte keiner einen Finger) von denen, die usw., Cic.: licet felicitas aspirare videatur, tamen etc., Curt.: aspirante fortunā, Sen. u. Curt.: aspirante caelesti cupidine, Apul. – m. *Dat.,* vos, Calliope, aspirate canenti, Verg.: Iuppiter ducum nostrorum consiliis aspiravit, Val. Max.: verbis filiae aspiravit, Val. Max.: aspirat primo fortuna labori, Verg.: sane blandum animum casus facit, ubi pravo consilio propitius aspirat, Val. Max. – **B** prägn., einer Person od. Sache **sich** (wenn auch nur von fern) **nähern,** zu ihr zu **gelangen suchen, 1** eig.: vasa ec (ex) fenestreis in caput deiciam (*sc.* eorum), qui prope ad ostium aspiraverint, Lucil. fr.: quid enim quisquam ad meam pecuniam me invito aspirat? quid accedit? d. i. warum will jmd. wider meinen Willen sich zu meinem Geldgeschäft drängen (sich hineinzumischen suchen)? Cic.: Februario mense aspirabit in curiam, Cic.: ne vipera possit aspirare, Col.: nec equis aspirat Achillis, Verg. –

2 übtr., sich wohin, zu jmd. oder etw. **versteigen** (bei Cic. nur in negativen Sätzen, s. Jordan Cic. Caecin. 39), haec etiam in eculeum coniciuntur, quo vita non aspirat beata, Cic.: quo neque Carthaginiensium gloriosissimae classes umquam aspirare potuerunt, Cic.: cum tu ad eum (Ciceronem) nunquam aspirasti, Cic.: ex bellica laude ad Africanum aspirare nemo potest, dem A. auch nur von weitem nahe kommen kann, sich auch nur entfernt neben A. stellen kann, Cic.: quod ad spem consulatus in partem revocandam aspirare non auderet, Liv.: sed haec ad eam laudem, quam volumus, aspirare non possunt, Cic.: ad horum autem sinceritatem veritatemque verborum an aspiraverit Caecilius, consideremus, Gell.: ex alieno certamine ad eos quoque ipsos contagium certationis aspirat, Gell. – **II** *tr.*: **A zuhauchen, zuwehen, 1** eig.: Iuno ventos aspirat eunti, haucht ihr Winde zu = befördert ihren Flug durch einen günstigen Wind, Verg. Aen. 5, 607: im Bild, aspiravit auram quandam salutis fortuna, Amm. 19, 6, 1. – **2** übtr., **einhauchen, einflößen, eingeben,** divinum amorem dictis, Verg.: ut, quantum nobis exspectationis adiecit, tantum ingenii aspiret, Quint.: illis (daemonibus) aspirantibus et infundentibus praestigias faciunt, Min. Fel. – **B anhauchen, anwehen,** übtr., v. Meer, **anspülen,** insula aspiratur freto Gallico, Solin. 22, 10.

1. aspis, pidis, Akk. pidem u. poet. pida, Akk. Plur. pidas, *f.* (ἀσπίς), **I** die **Natter, Otter** (*Coluber,* L.), venenum aspidum, Vulg.: quem aspis percussit, Cels.: aspidem occulte latere uspiam, Cic.: aspide ad corpus admotā vitā est privatus, Cic.: inlatā aspide sanie eius spiritum reddidit, Vell.: admotis aspidibus periit, Aur. Vict.: aspida somniferam tumidā cervice levavit, Lucan. – Sprichw., aspis a vipera mutuatur venenum, Tert. adv. Marc. 3, 8. – **II** der **Schild,** Iust. novell. 85 *extr.* – ► aspis (*no.* **I** als masc. bei Prud. c. Symm. 1. praef. 37. Commod. instr. 2, 9, 19.

2. Aspis, s. 2. Clupea.

aspisatis, Akk. tim, *f.*, ein arabischer Edelstein, Plin. 37, 146.

asplēnos, ī, *f.* (ἄσπληνος), **Milzkraut, Hirschzunge** (*Asplenum Ceterach,* L.), Plin. 27, 34 (wo Akk.). Cael. Aur. chron. 3, 4, 59 u. Isid. 17, 9, 87 (wo Nom.); griech. bei Vitr. 1, 4, 10.

asportātio, ōnis, *f.* (asporto), das **Wegschaffen, Wegführen,** signorum, Cic. Verr. 4, 110.

as-porto (abs-porto), āvī, ātum, āre, **wegschaffen, wegbringen** (zu Wagen, Schiff) **fortführen, fortschaffen, fortbringen, entführen, mitnehmen, a** v. Pers.: **α** Lebl.: si quae asportassent reddere, Plaut.: is hoc (simulacrum Victoriae) e signo Cereris avellendum asportandumque curavit, Cic.: asp. vina, Cic.: multa de suis rebus secum, Cic.: omnia Salamina (nach S.), Nep.: vehiculis regum res, Liv.: ex Sicilia litteras, Cic.: res asini atque aliorum iumentorum dorso, Apul.: si qua asportari possent, sibi quemque deducere (es mit sich zu nehmen), iubet, Tac. – **β** Pers.: Proserpinam, Cic.: abreptam ex eo loco virginem secum, Cic.: alqm secum, Auct. b. Afr.: alqm Pergamo secum in castra, Auct. b. Alex.: Alexandriam ad virum uxorem, ad patrem filias, Liv.: illam trans mare hinc venum, Plaut.: quoquo hinc asportabitur terrarum, Ter.: non hoc publicitus scelus hinc asportarier in solas terras, Ter. – **b** v. Schiffen, naves paratae erant, quae tollerent atque asportarent (*sc.* tegulas marmoreas), Liv. 42, 3, 3. – ► Paragog. *Infin.* asportarier, Plaut. rud. prol. 67. Ter. Phorm. 978.

asprātilis, e (von u. für asper im Spätlat.), **rau,** piscis, mit rauen Schuppen, Plin. Val. 5, 8 u. ö. Th. Prisc. 2. chr. 8. Edict. Diocl. 5, 1: terminus, aus einem rauen, unbehauenen Stein, Gromat. vet. 306, 26 u. ö.

asprātūra, ae, *f.* (aspero) = κόλλυβον, eine **kleine** (**raue**) **Münze,** Gloss. II, 22, 1.

asprātus, s. aspero ►.

asprēdo, dinis, *f.* (asper), die **Rauheit,** Cels. 5, 28. *no.* 2 u. 15. Ps. Cypr. de Sina et Sion 6: Plur. konkr. = raue Stellen, Sex. Placit. de medic. 11, 8.

asprētum, ī, *n.* (asper), ein **rauer, steiniger Punkt,** eine **raue, steinige Stelle,** Plur. bei Liv. 9, 24, 6 u. ö. Gratt. cyn. 241.

aspriter, s. asperiter.

aspritūdo, dinis, *f.* (synkop. st. asperitudo [w. vgl.], v. asper), die **Rauheit,** calculi, Cels.: linguae, Cels.: oculorum, Cels.: palpebrarum, Scrib.: pulveris, Tert.

a-spuo (ad-spuo), ere, **anspeien,** si dormiens spectetur infans, a nutrice ternā (dreimal) aspui, Plin. 28, 39 D.

Assabinus, ī, *m.*, ein Gott der Äthiopier (von einigen mit Jupiter identifiziert), dem vor der Zimmeternte ein großes Opfer gebracht wurde, Plin. 12, 89.

assacrificium (ad-sacrificium), ī, *n.*, das **Beiopfer,** Tert. de idol. 16.

assalio, s. as-silio.

assaltus, s. assultus.

as-salūto (ad-salūto), āre, **begrüßen,** Paul. Nol. ep. 34, 10. Not. Tir. 63, 97.

assannae (adsannae) od. **assanae,** s. afannae.

Assaracus, ī, *m.* (Ἀσσάρακος), Sohn des Tros, Vater des Kapys, Großvater des Anchises u. Bruder des Ganymedes u. Ilus, Enn. ann. 31. Acc. tr. 653^2 u. 653^3. Ov. met. 11, 756. Ov. fast. 4, 34 (wo griech. Akk. Assaracon neben Nom. Assaracus): dah. Assaraci nurus, Venus, Ov. fast. 4, 123: frater Assaraci, Ganymedes, ein Gestirn (der Wassermann), Ov. fast. 4, 943: Assaraci tellus, Troja, Hor. epod. 13, 13: domus Assaraci, die Römer, Verg. Aen. 9, 643.

assarātum [ī, *n.*], ein Trank aus Wein und Blut gemischt, Paul. ex Fest. 16; vgl. Gloss. II, 23, 56.

assārium, s. 2. assārius.

1. assārius, a, um (asso), **gebraten,** daps, Cato r. r. 132, 2.

2. assārius, a, um (as), **einen As wert,** tres homines assarii, Sen. apoc. 11, 2. – subst., assārius, ī, *m.* (*sc.* nummus), **das Asstück** (als Münze), Varr. LL. 8, 71. Charis. 76, 3. Placid. gloss. (V) 48, 31. – Nbf. assarium, Gloss. II, 24, 7. Vgl. as a. E. ►.

assātūra, ae, *f.* (asso), **Gebratenes,** ass. assa, Apic. 7, 271: ass. sine colore, Apic. 7, 275: ass. bubulae carnis una, ein Stück gebratenes Rindfleisch, Vulg. 2. regg. 6, 19: Plur., Vopisc. Aurel. 49, 9. Apic. 7, 272 *sqq.*: assaturae caprinae, Plin. Val. 2, 29.

assecla (adsecla) u. **assecula** (adsecula), ae, *m.* (assequor), der **Nachgänger,** der sich zu einem Großen (bes. zu einem in die Provinz gehenden Prätor, Legaten usw.) des Vorteils wegen hält, ein blindergebener politischer **Anhänger,** der **Parteigänger,** assentatores eorum atque asseculae, Cic.: qui potentissimorum contumaciam non tuli, ferrem huius asseculae, Cic.: vos humili asseculae, vos indulgebitis umquam cultori, Iuven.: asseclam esse praetoris, im Gefolge des Pr. sein, Nep.: omnium mensarum assecla (Schmarotzer), v. Katilina, Ps. Cic. in Sall. 7, 24.

assectātio (adsectātio), ōnis, *f.* (assector), **I** die **unablässige** (**öffentliche, ehrerbietige**) **Begleitung,** bes. die, die man einem Bewerber um ein Amt angedeihen lässt, Cic. Mur. 70. Q. Cic. de pet. cons. 34. – **II** die **Beobachtung,** caeli, Plin. 2, 82.

assectātor (adsectātor), ōris, *m.* (assector), der **unablässige Nachgänger, I** im engeren Sinne, der **treue Begleiter,** der sich unterordnende **Anhänger** eines Parteihauptes (v. Freunden u. Klienten), cum ducibus ipsis, non cum comitatu assectatoribusque confligant, Cic.: quidam vetus assectator ex numero amicorum, Cic. – **II** im weiteren Sinne: **1** im Allg., der **unablässige Nachgänger, a** einer Frauensperson, **α** der **Freier,** Plin. ep. 3, 11, 7. – **β** der **Mädchenjäger,** v. einem Greis = der **alte Geck,** Quint. 1, 5, 8. – **b** einer Sache: assectator comesque patrimoniorum pereuntium populus, Umlagerer, Sen.: bonarum cenarum, der Umlagerer guter M., der Schmarotzer, Sen.: cancer dapis ass., der seinem Fraß nachgeht, Plin. – **2** insbes., der **Anhänger** einer Lehre, eines Lehrers, der **Jünger,** sapientiae, ein Philosoph, Plin.: eloquentiae, ein Rhetor, Plin.: Apollodorus assectator Democriti, Plin.: cum diutule auditor assectatorque Protagorae fuisset, Gell.

as-sector (ad-sector), ātus sum, ārī, **I** einem **immer u. immer-, überall-, unablässig nachgehen, sich** jmdm. **als Begleiter** (bes. bei öffentlichen Ausführungen) **anschließen, in** jmds. **Begleitung-, in** jmds.

Gefolge sein (v. Freunden, Klienten usw., s. Matthiä Cic. Muren. 70), cum assectaretur, Schritt für Schritt folgte, Hor. sat. 1, 9, 6. – m. *Acc. pers.*, suos necessarios totos dies, Cic.: cum aedilitatem P. Crassus peteret eumque Ser. Galba assectaretur, Cic.: omnibus officiis Cn. Pompeium assectatus est, schloss sich auf das verbindlichste an P. an, Suet. – **II** insbes. **neben** od. **hinter einer Frau schweigend hergehen,** sie **fortwährend begleiten** (als Beleidigung betrachtet), Ulp. dig. 47, 10, 15. § 22. – ► Passiv., assectari se omnes cupiunt, Enn. tr. 423 M. (b. Prisc. 8, 17): Themistocles cum a formoso assectaretur, Ateius philol. b. Prisc. 8, 17.

assecuē (adsecuē), *Adv.* (*adsecuus v. adsequor), **nachgehend, auf dem Fuße,** sequi, Plaut. trin. 1118. Plaut. fr. b. Varr. LL. 6, 73. Vgl. Lachmann Lucr. p. 304. Ritschl Plaut. trin. 1118.

assecula, s. assecla.

assecūtio (adsecūtio), ōnis, *f.* (assequor), **I** die **Nachfolge,** umbrarum, Chalcid. Tim. 46 A.: simulacrorum, *ibid.* 257. – **II** übtr., das **Fassen, Begreifen,** scientiae, Augustin. op. imperf. c. Iulian. 5, 1.

assecūtor, ōris, *m.* (assequor), der **Begleiter,** Mart. Cap. 9. § 905.

assedo, ōnis, *m.* = *assessor,* Non. 62, 23.

assefolium, ī, *n.* (assus u. folium), ein Kraut mit dürren, trockenen Blättern, sonst agrostis gen., Ps. Apul. herb. 77.

assello, āre (ad u. sella), **durch den Stuhlgang von sich geben, kacken,** sanguinem, Ps. Theod. Prisc. p. 332, 8: corruptum, Veget. mul. 5, 44, 1: stercus durum, Veget. mul. 5, 56, 1.

assellor (ad-sellor), ārī, (ad u. sella) **Stuhlgang haben,** Soran. 141. Ps. Theod. Prisc. p. 287, 16. Veget. mul. 2, 22, 2 u. ö.

assenēsco (ad-senesco), ere, **alt werden, altern** bei usw., Tert. exhort. cast. 13.

assēnsio (adsēnsio), ōnis, *f.* (assentio), das **Beipflichten, I** im Allg.: die **Beipflichtung,** die **Zustimmung** und, insofern sie sich äußert, die **Beifallsbezeigung,** die **Stimme des Beifalls,** der **Beifall,** assensio et laus, Plin. ep.: ass. popularis, Cic.: ass. simulata, Quint.: ass. favoris (Ggstz. fremitus invidiae), Val. Max.: ass. plurium, Sen.: rem assensione comprobare, Cic.: alqd suā assensione approbare, Min. Fel.: rebus non dubiis captare assensionem alcis, Cic.: dum lego, assentior; cum posui librum, assensio omnis elabitur, Cic. – Plur., assensiones universi ordinis nec tacitae nec occultae, Cic.: crebrae assensiones, multae acclamationes, Cic. – **II** insbes., als philos. *t. t.*, die **Zustimmung** = das **Fürwahrhalten** der sinnl. Erscheinungen, griech. συγκατάθεσις, Cic. Acad. 2, 37; de fato 40 *sqq.;* vgl. Gell. 19, 1. § 16 u. 19.

assēnsor (adsēnsor), ōris, *m.* (assentior), der **Beipflichter,** non omnes habemus assensores, Rhet. Her. 3, 38: cotidie commemorabam te unum in tanto exercitu mihi fuisse assensorem, Cic. ep. 6, 21, 1: vindictae rigidum assensorem patrem habuit, Val. Max. 6, 3, 6: tu semper irae facilis assensor meae, Sen. Phaedr. 1216 (1207).

assēnsus (adsēnsus), ūs, *m.* (assentio), das **Beipflichten, I** im Allg., die **Beipflichtung,** die **Zustimmung** und, insofern sie sich äußert, die **Beifallsbezeigung,** die **Stimme des Beifalls,** der **Beifall,** assensu omnium dicere, Cic.: cum assensu audiri, Liv.: assensu omnium approbari od. comprobari, Cic.: exposuit cum ingenti assensu, Liv.: vario fremebant assensu, Verg.: vulgi *assensu* et populari *approbatione* iudicari solet, Cic. – Plur., alii partes assensibus (durch Zeichen des Beifalls) implent, Ov. met. 1, 245. – **II** insbes.: **A** (als philos. *t. t.)* die **Zustimmung** = das Fürwahrhalten der sinnl. Erscheinungen, assensum retinere, Cic.: se ab assensu retinere, Cic.: Plur., assensus lubricos sustinere, Cic.: assensus suos firme sustinere, Cic. – **B** poet. übtr., der **Widerhall** des Tones, der **Nachhall,** das **Echo,** nemorum, Verg. georg. 3, 45: cornuum, Verg. Aen. 7, 615: cavae vallis, Claud. VI. cons. Hon. 615.

assentāneus (adsentāneus), a, um (assentio) = *consentaneus* (w. s.), Gloss. Scal. V, 589, 31.

assentātio (adsentātio), ōnis, *f.* (assentor), das **unablässige Beistimmen, I** im üblen Sinne = das **Reden nach dem Munde,** das **unbedingte Jasagen,** die **niedrige Schmeichelei,** die **Liebedienerei,** die **liebedienerische Nachgiebigkeit,** faceta parasitorum, Cic.: familiaris, Liv.: immodica, Liv.: turpis, Cic.: nullam in amicitiis pestem esse maiorem, quam adulationem, blanditiam, assentationem, Cic.: perdidit illum istaec adsentatio, Plaut. Bacch. 411: quorum (regum) opes saepius assentatio quam hostis evortit, Curt.: assentatio erga principem sine affectu peragitur, Tac.: vitia eius assentatione alere, Vell. – Plur., Cic. Phil. 13, 35: blanditiae et assentationes, Cic. Clu. 36 (vgl. Plin. pan. 85, 1): inflatus assentationibus eorum, qui etc., Liv. 24, 6, 8. – **II** im guten Sinne = das **Beipflichten,** die **Zustimmung,** Vell. 2, 128, 3. Petr. 17, 1. Plin. ep. 1, 8, 17. Cod. Theod. 10, 3, 5.

assentātiuncula (adsentātiuncula), ae, *f. (Demin.* v. assentatio), **kleinliche, elende Schmeichelei,** die **Liebedienerei,** non vereor, ne assentatiunculā quādam aucupari tuam gratiam videar, Cic. ep. 5, 12, 6: levi assentatiunculā facile capiuntur, Ambros. de off. 2, 23, 117. – Plur., Plaut. Stich. 226.

assentātor (adsentātor), ōris, *m.* (assentor), der **unablässige Beipflichter, I** im üblen Sinne, der **Reder nach dem Munde, Liebediener, Jasager, niedrige Schmeichler,** assentator perniciosus, Cic.: quasi assentator populi, Cic.: assentator mulierum, Cic.: ass. reginae humillimus, Vell.: assentatores regii, Liv.: an aliquid intersit inter assentatorem et amicum, Cic.: cavendum est, ne assentatoribus patefaciamus aures, ne adulari nos sinamus, Cic. – **II** im guten Sinne, der völlige **Beipflichter, Zustimmer** zu etw., non auctor, sed assentator mali, Tert. adv. Herm. 10.

assentātōriē (adsentātōriē), *Adv.* (assentator), **nach Art der Schmeichler,** dubitare te non ass. (um dir zu Gefallen zu reden), sed fraterne veto, Cic. ad Q. fr. 2, 14 (15. litt. b). § 3: divitibus plerique assentatorie gratificantur, Ambros. de off. min. 3, 22, 135.

assentātrīx (adsentātrīx), trīcis, *f.* (assentator), die **unablässige Beipflichterin, Liebedienerin** (Ggstz. adversatrix), Plaut. most. 257: lingua ass., Aldh. de laud. virg. 58.

assentiae (adsentiae) = *assentationes,* Gloss. Placid. (V) 44, 36.

as-sentio (ad-sentio), sensī, sēnsum, sentīre, u. (in der klass. Zeit gew.) **as-sentior** (adsentior), sēnsus sum, sentīrī, **beistimmen, beipflichten, seine Zustimmung-, seinen Beifall geben** (Ggstz. repugnare), **a** depon. Form, m. *Dat. pers.*, tibi assentior, Plaut.: homini assensus sum, Lucil. fr.: ei senatus assensus est, Cic.: Catoni ass., Cic.: Gaberio equiti ass., Sall.: *de* Vennonianis rebus tibi assentior, Cic.: illud *in* quo te Dicaearcho assentiri negas, Cic. – alius alii varie *verbo* (mit kurzen Worten) assentiebatur, Sall.: purganti se Dareus *vultu* assentiebatur, Curt. – m. *Dat. rei,* eam sententiam dixi, cui sunt assensi ad unum, Cic.: ut ego assentiar orationi, defensionem tamen non probabo, Cic.: cum iidem huic orationi, qui litteris regis assensi erant, assentirentur, Liv. – m. allg. Obj. im *Acc.*, ego illud assentior Theophrasto, Cic.: non habeo quid tibi assentiar, Cic.: cetera ass. Crasso, Cic. – assentior m. folg. *ut* u. Konj., Cic. de legg. 2, 11. – assentiris enim mihi m. folg. *Acc.* u. *Infin.*, Cic. de or. 2, 39; ad Att. 14, 19, 1. – absol., assensus est uterque, Cic.: omnes assensi sunt, Liv.: verbo (mit kurzen Worten) assentiebatur, Liv.: vultu, qui maxime servit, assentiebantur, Curt. – **b** akt. Form: advertebatur Pompeii familiares assentire Volcatio, Cic.: cavendum est, ne his rebus temere assentiamus, Cic.: ut eius semper voluntatibus non modo cives assenserint, socii obtemperarint, hostes oboedierint, sed etiam venti tempestatesque obsecundarint, Cic. – mit allg. Obj. im *Acc.,* qui illud quod ego dicam adsentiant, Plaut. Amph. 824. – assentio tibi mit folg. *ut* u. Konj., Cic. ad Att. 9, 9, 1. – absol., assentio, Att. tr. 50. Plaut. rud. 975: assensit silens, Att. tr. 476: pol magis curabo, ut, ubi cognorint, omnes unā assentiant, Pompon. com. 467: assensere omnes, Verg. Aen. 2, 130. – *pass.*, sapiens multa sequitur probabilia neque comprehensa neque percepta neque assensa, zugestanden, für wahr gehalten (vgl. assensio *no.* II u. assensus *no.* II, A), Cic. Acad. 2, 99. – *impers.*, Bibulo assensum est de tribus legatis, Cic.: saepius tamen *assentiendum* quam repugnandum est (*sc.* insanientibus), Cels.: assentiendum temporibus, man müsse sich in die Zeit schicken, Cic. – **c** unbest. im Gerund. u. Partiz. Präs., omnibus in rebus temeritas in assentiendo turpis est, Cic.: qui magno applausu loquitur assentiente populo, Cic.

as-sentor (ad-sentor), ātus sum, ārī (*Intens.* v. assentior), **I überall beistimmen** od. **beipflichten, in allem Recht geben, nach dem Munde reden** und so **schmeicheln** (Ggstz. adversari), (callidus adulator) etiam *adversando* saepe *assentatur* et litigare se simulans *blanditur,* Cic.: benevolentiam civium *blanditiis* et *assentando* colligere turpe est, Cic.: qui ipse sibi assentatur et se maxime delectat, Cic. – m. allg. Obj. im *Acc.*, ut nihil nobis assentati esse videamur, Cic.: negat quis, nego; ait, aio; postremo imperavi egomet mihi omnia assentari; Ter.: Baiae tibi assentantur, sucht sich bei dir einzuschmeicheln durch seine Heilkräfte, Cic. – **II** im guten Sinne = **beistimmen,** etiam tu quoque assentaris huice, Plaut.: nunc ne eius causā vapulem, tibi potius assentabor, Plaut.: iis assentabatur ... iis adversabatur, Vell.: cur ergo consilio assentabimur? Tert. – u. durch Handbewegung, manus lenior promittit et assentatur, citatior hortatur, Quint. 11, 3, 102.

assequē, *Adv.*, s. assecuē.

assequella (adsequella), ae, *f.* (assequor), das **Anhängsel,** der **Folgesatz,** Mar. Victorin. art. gr. 1, 15, 6. p. 57, 8 K.

as-sequor (ad-sequor), secūtus sum, sequī, zu einem Ggstd., der voraus war, herzufolgen, d. i. ihm **nachkommen,** ihn **einholen, erreichen, I** eig., absol. (s. Fabri Liv. 24, 20, 2), assequere ac retine, hol sie ein (= setz ihr nach, um sie einzuholen), Ter.: Porcius deinde assecutus cum levi armatura, Liv. – od. m. *Acc.*, si es Romae, iam me assequi non potes, Cic.: ass. vehiculum Darei, Curt. – **II** übtr.: **a** einem Ggstd., der uns in irgendeiner Beziehung voraus war, **nachkommen,** ihn **einholen, erreichen,** alqm, Cic.: merita alcis non ass., Cic.: ingenium alcis aliqua ex parte ass., Plin. ep. – **b** etw., bes. etw. Erstrebtes, **erreichen** = **erlangen, α** m. *Acc.*: eosdem honorum gradus, Cic.: magistratus omnes sine repulsa, Cic.: propositum, Cic.: immortalitatem, Cic.: sine studio in vita nihil quisquam egregium adsequeretur, Cic.: tantum laudis et gloriae, ut etc., Quint.: *per* quorum sententias iusque iurandum id assequantur, quod antea ipsi scelere et ferro assequi consueverant? Cic.: in iis *per* quae nomen est assecutus, Quint.: istam diem (Termin) quomodo assequitur? hält er ihn ein? Cic. – **β** m. folg. *ut* od. *ne* m. Konj., illud assequi posse, ut etc., Cic.: ex quo etiam illud assequor, ut etc., Cic.: neque precibus nec insidiando nec speculando assequi potui, ut etc., Cic.: qua in re nihil aliud assequeris, nisi ut etc., Cic.: haec ut sciamus, assequi nullo modo possumus, Quint.: non solum assecuti, ne naves darent, Cic. Verr. 5, 51: assecutas virtute, ne etc., Iustin. 2, 4, 27. – **γ** m. folg. *Infin.*, mihi videris unā mercede duas res assequi velle, nos iudicio perfundere, accusare autem eos ipsos a quibus mercedem accepisti, Cic. Rosc. Am. 80. – **c** etw. geistig **erfassen, verstehen, begreifen, fassen, einsehen,** nihil eorum vestigare, nihil assequi potuisse, Cic. – u. m. Ang. **womit?** durch *Abl.*, alqd cogitatione, Cic., animo, Curt.: alqd suspicione, coniecturā, vermuten, erraten, Cic.: haec quam sint gravia credo vos *ex* vestris rebus rusticis coniecturā assequi posse, Cic. – ► Perf. passiv, est adsecuta, Vitr. 6. prooem. 5: *Infin.* assequi passiv, Greg. Tur. de curs. eccl. p. 41 *Haase.*

asser, eris, *m.* (Stamm ASS, wov. auch assis od. axis), ein rund gezimmerter dünner Balken, eine **dicke Stange,** ein **Stollen,** eine **starke Latte, a** übh.: asseres abiegnei, Inscr.: validi asseres, Tac., longi duo validi asseres, Liv.: asseres falcati, Liv.: asseres pedum XII cuspidibus praefixi, Caes.: asseres ferreo unco praefixi, Liv.: *St.* ligna hic apud nos nulla sunt. *Str.* Sunt asseres? Plaut. – **b** insbes., die **Tragstange** an der Sänfte, Suet. u. a.

asserculum, ī, *n.* u. **-us,** ī, *m.* (*Demin.* v. asser), eine **kleine Stange,** ein **kleiner Pfahl,** eine **kleine Latte,** Form *-um,* Cato r. r. 12 u. 152: Form *-us,* Col. 8, 3, 6 u. 12, 52, 4. Vgl. Gloss. ›asserculus, στρωτήρ, ἡ λεπτὴ δοκός‹; u. ›assercli, στρωτῆρες‹.

1. as-sero (ad-sero), sēvī, situm, ere, **dabei-** od. **danebensäen, -pflanzen, -setzen,** vites, Cato u. Varr.: arbores, ICt.: assitae arbores, Catull.: vitis assita ad olus, Varr.: populus assita limitibus, Hor.

2. as-sero (ad-sero), seruī, sertum, ere, **an sich fügen, -nehmen,** dah. **I** als *t. t.*, der Gerichtsspr., **A** jmd. (einen Sklaven) durch Berührung u. Auflegen der Hand als **frei erklären** (vgl. assertor), manum in libertatem, Varr. LL., od. manu alqm liberali causā, Plaut. u. Ter., od. liberali manu alqm, Plaut., od. bl. manu alqm, Plaut., od. bl. alqm in libertatem od. in ingenuitatem, Liv. u. Suet., od. alqm in liberali causa, Cic.: u. bl. alqm tamquam suum filium, Quint.: asserui iam me (ich setzte mich in Freiheit), fugique catenas, Ov. am. 3, 11, 3: asserere se libertati, Sen. rhet. – **B** durch Auflegen der Hand jmd. **als (seinen) Sklaven erklären, beanspruchen,** alqm in servitutem, Liv. u. Suet. – **II** übtr.: **A** (nach *no.* I, A) jmd. (od. etw.) von jmd. (oder etw.) **befreien,** gegen jmd. **in Schutz nehmen,** vor jmd. **sicher stellen, unverletzt erhalten,** se a mortalitate, Plin. ep.: se ab iniuria oblivionis, Plin. ep.: post assertam a Manlio urbem, Flor.: in asserenda libertate, in Wiederherstellung der Freiheit, Quint. u. Suet.: auriculas, schützen vor dem Anhören schlechter Verse, Mart. – **B** (nach *no.* I, B) etwas jmdm. (od. sich) **zueignen, 1** als Eigentum **zusprechen, als sein Eigentum erklären, beanspruchen,** alci regnum, Liv. epit.: sibi dominationem, Suet.: nec laudes assere nostras, Ov.: sibi cognomen Felicis, Plin.: sibi nomen sapientis, Quint.: sapienti lapidis duritiam, zuschreiben, Sen.: se studiis, sich hingeben, widmen, Plin. ep.: alqm caelo, dem Himmel aneignen, himmlischen Ursprungs erklären, Ov. – m. dopp. *Acc.*, Iovem sibi patrem, Curt.: alqm imperatorem, Val. Max.: se vecordem, Gregor. M. – **2** etw. **geltend machen, behaupten,** Colchidos furorem, Mart. 10, 35, 5: defectum lunae, Macr. somn. Scip. 1, 20, 10: quantum Maeonius asserit, Treb. Poll. XXX tyr. 12, 3: m. dopp. *Acc.*, se Iovem, Aur. Vict. Caes. 3, 10: asserens (eum) necessarium rei publicae virum, Spart. Pesc. 3, 5: gew. m. folg. *Acc.* u. *Infin.*, Sen. exc. contr. 4, 2, 5 u. 7, 1, 10 B. Aur. Vict. orig. gent. 9, 8 u. Spät.: m. folg. direkten Rede, Aur. Vict. Caes. 21, 3.

assertio (adsertio), ōnis, *f.* (2. assero), **I** die **förmliche Behauptung, dass jemand ein freier Mensch sei,** ass. libertatis, Min. Fel.: assertionem alci denegare, Traian. in Plin. ep.: esse in assertione, Quint.: Plur., perfusoriae assertiones, sachverdrehende Freisprechungen, Suet. Dom. 8, 1: hanc totam legem de assertionibus firmavit, Capit. Anton. phil. 9, 9. – **II** übtr., **1** das **Zusprechen, Einverleiben** in usw., amplissimi ordinis, Cod. Theod. 6, 7, 22: personarum, *ibid.* 16, 1, 3. – **2** die **Behauptung,** sententiarum, Sidon. ep. 7, 9: religiosa deorum, Behauptung des Daseins Gottes, Arnob. 4, 21: haec quippe enim demonstrata de post gestis assertio est, Auct. itin. Alex. 43: Ggstz. *assertio* talis rei et *abnegatio,* Arnob. 1, 32.

assertor (adsertor), ōris, *m.* (2. assero), der Vertreter vor Gericht, wo es sich um die Freiheit einer Person (ob sie frei oder Sklave sein solle) handelte, **I** eig.: **A** als Sprecher der Person für ihre Freiheit, etwa der **Vertreter-, Wahrer der Freiheit,** Suet. Caes. 80, 1. Donat. Ter. eun. 4, 7, 35: u. vollst. ass. libertatis, Plin. 20, 160: gladius ass. libertatis, Sen. ep. 13, 14. – **B** als Sprecher für die Knechtschaft, der **Behaupter der Knechtschaft** jmds., der **Anspruchmacher** auf jmd. (als Sklaven), puellae, Liv. 3, 46, 7: virginis, Liv. 3, 47, 8. – **II** übtr., der **Befreier, Erretter, Beschützer, Verteidiger,** Ov., Quint. u. a.: Epicurus, voluptatis ass., Sen. fr.: idoneus veritatis ass., Lact.: ass. quaestionis, der die Untersuchung vollständig durchführt, Macr.

assertōrius (adsertōrius), a, um (assertor), zur **Freisprechung gehörig,** lis, Cod. Iust. 7, 17, 1.

assertrīx (adsertrīx), trīcis, *f.* (assertor), die **Verteidigerin, Vertreterin,** iuris diabolici, Iulian. bei Augustin. op. imperf. c. Iulian. 6, 5 *in.*

assertum (adsertum), ī, *n.* (2. assero), die **Behauptung,** der **Beweis,** congrue ass., Mart. Cap. 6. § 601: multiplicia asserta, *ibid.* § 599.

as-servio (ad-servio), īvī, īre, **noch nebenbei zu Hilfe kommen,** toto corpore contentioni vocis, Cic. Tusc. 2, 56.

as-servo (ad-servo), āvī, ātum, āre, **in Verwahrung-, in Obhut nehmen, bewahren, aufbewahren, verwahren, festhalten, bewachen, a** als bewahrender, schützender od. bewachender Hüter: tabulas neglegentius, Cic.: Latinos libros magnā diligentiā, Val. Max.: sacra fideli custodiā (v. einer Örtl.), Liv.: corpora mortuorum in conditorio, Plin.: ignem in ferula, Plin.: thynnos sale, Plin.: custodes lecti praedam asservabant, Verg. – ass. alqm ibi, Val. Max.: alqm domi suae, Cic.: ass. alqm vinctum, Ter.: alqm vinctum domi, Plaut.: alqm nocte clausum, Liv., alqm custodiā intentiore, Liv.: Vitruvium in carcerem asservari iussit, Liv.: asservari publicis custodiis, Cic.: quem ad modum est asservatus? Cic. – **b** als Beaufsichtiger, Beobachter **bewachen, überwachen, nicht aus den Augen lassen,** auf etw. **achtgeben,** oram, Caes.: portas murosque, Caes.: arcem neglegentius, Curt.: u. so bildl., ius neglegentius, Cic. – alqm, Komik. u. a.: puellam nigerrimis diligentius uvis, Catull.: alqm assiduā operā, Liv.: alqm dissimulanter, Liv.: acerrime asservabimur, Cic.

assessio, ōnis, *f.* (assideo), **I** das **Sitzen bei** jmd., quae tua fuerit assessio, oratio, confirmatio animi mei fracti? dein Zur-Seite-Stehen (als Tröster), Cic. ep. 11, 27, 4. – **II** das **Beisitzen** vor Gericht, **Beisitzeramt,** Augustin. conf. 8, 6, 13. Cod. Iust. 1, 51, 14. § 1 u. 2 (auch im Plur.).

assessor (adsessor), ōris, *m.* (assideo), **I** der **neben** jmd. **sitzt,** assessor patris, sitzend zur Rechten des Vaters (v. Christus), Augustin. serm. 58, 1. – **II** der **Beisitzer, Gehilfe** im Amt, der Könige in Sparta, Cic. de div. 1, 95. – bes. des Prätors u. der Richter in Rom, Sen. de tranqu. anim. 3, 4. Suet. Galb. 14, 2 u. ICt.: non possum assessor esse furis iudicis, Schol. Iuven. 3, 46.

assessōrius (adsessōrius), a, um (assessor), **den Beisitzer betreffend,** in assessorio (*sc.* libro), in der Schrift über die Obliegenheiten eines Beisitzers, Ulp. dig. 47, 10, 5. § 8.

assessūra (adsessūra), ae, *f.* (assessor), das **Amt eines Beisitzers,** Ulp. dig. 50, 14, 3 pr.

assessus (adsessus), Abl. ū, *m.* (assideo), das **Sitzen bei** jmd., assessu meo, durch das Sitzen bei mir, Prop. 4, 11, 50.

assestrīx (adsestrīx), īcis, *f.* (Femin. zu assessor), die **Beisitzerin, Gehilfin,** Afran. 181. Vulg. sap. 9, 4 (wo spätere Form assistrix).

assevēranter (adsevēranter), *Adv.* m. *Compar.* (asseverans), **ernstlich, hartnäckig,** loqui valde asseveranter cum alqo, Cic. ad Att. 15, 19, 2: quam asseveranter se Clodium tulit! Val. Max. 9, 15, 4: multo asseverantius in Syria, Cic. Acad. 2, 61.

assevērantior (adsevērantior), ius, *Adi. compar.* (asseverans v. assevero), **versichernder, beteuernder,** Donat. ad Ter. Andr. 1, 1, 73.

assevērātē (adsevērātē), *Adv.* (asseveratus), **mit Ernst u. Eifer, mit allem Ernst,** Apul. de mag. 25: verb. scite atque asseverate, Gell. 7, 5, 2.

assevērātio (adsevērātio), ōnis, *f.* (assevero), der angewandte **Ernst, a** im Verfahren, **der Ernst** (die **Feierlichkeit**), die **Festigkeit, Hartnäckigkeit,** in hoc orationis genere virtus est asseveratio (feierlicher Ernst), Fronto laud. fum. et pulv. p. 212, 10 N.: asseveratione eādem peragere accusationem, Tac. ann. 2, 31: multā asseveratione coguntur patres, Tac. ann. 4, 19 (vgl. 6, 2): qui se Persei filium ingenti asseveratione mentiretur, Liv. epit. 48. – dah. auch der **Nachdruck,** den man in Stimme u. Ausdruck legt, quae asseveratio in voce, quae affirmatio in vultu, Plin. pan. 67, 1: ass. dicentis, Quint. 11, 3, 2: respondit Blaesus specie recusantis, sed neque eādem asseveratione, Tac. ann. 3, 35: inter obstrepentes magnā asseveratione nititur, Tac. ann. 4, 42. – **b** in der Beteuerung, der **Ernst,** die **ernstliche** od. **zuversichtliche Behauptung, Beteuerung, α** eig.: *confirmatio* est nostrorum argumentorum expositio cum asseveratione, Rhet. Her. 1, 4: cum quorumdam probatio sola sit in asseveratione et perseverantia, Quint. 4, 2, 94: quaedam tantā auctorum asseveratione commendantur, ut etc., Plin. 29, 61: omni asseveratione (in vollem Ernst) tibi affirmo m. folg. *Acc.* u. *Infin.,* Cic. ad Att. 13, 23, 3: secutā asseveratione Caesaris, quā suo iure disertum eum appellavit, Tac. ann. 4, 52: hāc asseveratione incitati Galli, Iustin. 24, 8, 1: Plur., Chalcid. Tim. 297: quo saepius asseverationibus credunt, eo etc., Min. Fel. 14, 5. – m. folg. *Acc.* u. *Infin.,* Val. Max. 5, 9, 4. Tac. ann. 4, 15. – **β** meton., die **Beteuerung** = das **Beteuerungswort,** Quint. 1, 4, 20.

as-sevēro (ad-sevēro), āvī, ātum, āre (ad u. severus), **I mit Ernst verfahren, A** im Allg.: quae est ista defensio? utrum *asseveratur* in hoc, an *temptatur* ? Cic. Verr. 2, 26: bella ironia, si *iocaremur;* sin *asseveramus,* vide ne etc., Cic. Brut. 293: nisi quod frequentius *asseverat* quam *eludit,* Quint. 9, 2, 59. – **B** insbes., etw. **im Ernst** od. **mit Zuversicht-, ernstlich** od. **zuversichtlich behaupten, -versichern,** m. *Acc.,* neminem eorum asseverare haec audias, Plaut.: ordinem agminis asseverare non ausim, Tac.: gravitatem, sich zu ernsten Grundsätzen bekennen, Tac. – mit *Acc.* u. *Infin.,* idque se facturum asseveravit, Cic.: unum illud firmissime asseverabat, in exsilium se iturum, Cic.: sola Vitellia nihil se audivisse asseveravit, Tac. – m. *de* u. Abl., nemo de ulla re potest *contendere* neque *asseverare,* Cic.: neque hoc meum (iudicium), de quo tanto opere in hoc libro *asseveravi,* umquam *affirmabo* esse verius quam tuum, Cic. – v. lebl. Subjj., tatsächlich **für** etwas **sprechen, von** etw. **zeugen,** magni artus Germanicam originem asseverant, Tac. Agr. 11. – **II ernst (streng) erscheinen lassen,** frontem, Apul. met. 3, 13 u. 8, 6.

as-sībilo (ad-sībilo), āvī, ātum, āre (ad u. sibilo), **I** *intr.* **zu** od. **gegen** etw. **zischeln, säuseln, flüstern,** aura crepat motoque assibilat aëre ventus, Auson. Mos. 258: et platani platanis alnoque assibilat alnus, Claud. nupt. Hon. et Mar. 68. – **II** *tr.* animam dominis assibilat aris (serpens), zischt die Seele hin usw. = stirbt, Stat. Theb. 5, 578.

as-siccēsco (ad-siccēsco), ere, **abtrocknen,** Col. 12, 9, 1.

as-sicco (ad-sicco), āvī, ātum, āre, etw. **abtrocknen, austrocknen,** alqd in sole, Col.: semen in umbra, Col.: uvam passam, Col.: lacrimas, Sen.: assiccata viscera, Sen.

assiculus, s. 1. axiculus.

assidārius, ī, *m.* = essedarius (w. s.), CIL 13, 1997.

as-sideo (ad-sideo), sēdī, sessum, ēre (ad u. sedeo), **bei** jmd. od. etw. **sitzen, I** im Allg.: **1** eig.: ut fortunati sunt fabri ferrarii, qui apud carbones assident, Plaut.: agresti in scamno assidens foco, Val. Max.: Sthenius est, is qui nobis assidet, Thermitanus, Cic. – **2** übtr.: parcus assidet insano, steht ziemlich nahe, ist ziemlich ähnlich, Hor. ep. 1, 5, 14. – **II** insbes.: **A** bei jmd. als Besucher, Tröster, Helfer, Berater **sitzen, -verweilen,** ihm als Tröster usw. **zur Seite sitzen, -stehen, 1** eig., bei Unglücklichen, assidet una soror, Prop.: huic assident, Cic.: in carcere mater noctes diesque assidebat, Cic. – bei Kranken, (s. Fabri u. Wölfflin Liv. 21, 53, 6. Döring Plin. ep. 1, 22, 11), v. Wartenden u. Besuchenden, assidentes curantesque eādem vi morbi repleti, Liv.: si alius casus lecto te affixit, habes, qui assideat, fomenta paret, medicum roget, Hor.: ass. ibi, am Bette sitzen, Liv.: m. *Dat.,* aegro, Sen.: aegrae, Petr.: aegro collegae (v. Konsul), Liv.: Iuniae Virgini, Plin. ep.: assidere valetudini (ihm in seiner Krankheit zur Seite stehen), fovere deficientem non contigit, Tac.: m. *Acc.,* pedes, Apul. met. 1, 22: parentem aegrotum, Apul. met. 8, 11. – bei amtlichen Vornahmen, von beratenden usw. Freunden, cum Cn. Pompeius Lentulo frequens assideret, Cic. – von beisitzenden Richtern, **assistieren,** magistratibus pro tribunali cognoscentibus plerumque se offerebat consiliarium assidebatque iuxtim vel ex adverso, Suet.: rarus in tribunali Caesaris Piso, et si quando assideret, atrox ac dissentire manifestus, Tac.: iudiciis assidebat (wohnte bei) in cornu tribunalis, Tac.: u. so ass. legibus u. dgl., oft b. ICt. – **2** übtr.: ass. gubernaculis, am Staatsruder sitzen, Plin. pan.: totā vitā litteris, über den Wissenschaften sitzen, Plin. ep. – assidet (illa maiestas) Iovi; Iovis est fidissima custos, wohnt bei, Ov. – **B** wo **seinen Aufenthalt haben, verweilen,** propinquo rure aut litore et saepe moenia urbis assidens, Tac. ann. 4, 58. – dah. als milit. *t. t.,* **a** vor einem Ort **lagern, liegen, stehen,** teils ruhig = vor einem Ort **still liegen,** wo **sein Standquartier, sein Lager haben,** m. *Dat.,* intactis muris, Liv.: sepultae urbis ruinis, Tac.: populis ferocissimis, bei den usw., Tac.: m. *Abl.* (wo?), iisdem castris, Tac. hist. 2, 22. – teils tätig = **vor** einem Ort **gelagert sein, -stehen,** ihn **belagern,** assederint prope moenia Romana, Liv. – m. *Dat.,* assidens Casilino, Liv.: moenibus assidet hostis, Ps. Verg. cir. 268: m. *Acc.* (s. Nipperd. Tac. ann. 4, 58), assidendo castellum, Tac.: cum muros assidet hostis, Verg.: assidebat oppugnabatque oppidum, Gell.: me gravis assidet hostis, Val. Flacc.: dah. im Passiv, Amisum sine proeliis assideri, Sall. fr.: assessos Capuae muros, Sil. – **b** vor einem Ort als Wache **stehen, Wache halten,** ludis, Tac. ann. 13, 24: theatro, *ibid.* 13, 25.

as-sīdo (ad-sīdo), sēdi, sessum, ere, **sich** irgendwo **hinsetzen, sich niedersetzen, sich niederlassen** (Ggstz. surgere), asside, si etc., Pompon. com. fr.: assido, occurrunt servi, soccos detrahunt, Ter.: surge, ego *istic* assedero, Plaut.: cum satis *ambulatum* videretur, tum *assedimus* in bibliotheca, Cic.: u. so ass. hic *in* ara, Plaut.: *in* sella *apud* magistrum, Plaut.: in toro, Suet.: in loco inquinato, Varr.: in culmine domus, Suet.: *super* aspidem, Cic.: humi, Suet.: *propter* Tuberonem, Cic.: *eo* mulier assidat, Cato: ut aves videre possint, *ubi* assidant, Varr.: m. *Acc.*, dexterā Adherbalem assedit, setzte sich dem Adherbal zur Rechten, Sall.: se utrumque assidere iussit, Aur. Vict.: absol., simul assidamus, si videtur, Cic. – v. Redner, der sich nach beendigtem Vortrag setzt, peroravit aliquando, *assedit; surrexi* ego, Cic. Rosc. Am. 60. – u. v. Redner, der nicht weiter reden kann, subito assedit, er brach plötzlich ab, Cic. or. 129. – euphem. v. Hund, **sich** zum Kacken **hinsetzen,** Sen. apoc. 10, 3 B.

assiduē (adsiduē), *Adv.* m. *Superl.* (assiduus), **beständig, fortwährend, wiederholt, unablässig, ohne Unterlass,** voces, quas audio ass., Cic.: quibus (litteris) assidue utor, Cic.: gallos gallinaceos sic ass. canere coepisse, ut nihil intermitterent, Cic. – assiduissime mecum fuit Dionysius Magnes, Cic. Brut. 316: salientes assiduissime interdiu et noctu, SC. b. Frontin. aqu. 104.

assiduitās (adsiduitās), ātis, *f.* (assiduus), **I** die **beständige Gegenwart** bei jmd., um ihm zu dienen, aufzuwarten usw., medici, anhaltende Pflege, Cic. – die beständige Aufwartung, auch Begleitung der Freunde u. Klienten eines Großen, cotidiana amicorum assiduitas et frequentia, Cic.: salutandi ass., Amm.: eandem assiduitatem tibi praebuit postridie, Cic.: Bassus assiduitate, indulgitate victus, Sisenn. fr. – das beständige Aufwarten der Amtskandidaten, assiduitatis et operarum harum cotidianarum putat esse consulatum, Cic. Mur. 21. – selten die **beständige Gegenwart** übh., Suet. Tib. 10, 1. – **II** übtr.: **A** v. Pers. = das **Ausharren** bei etw., die **Beständigkeit, beharrliche Ausdauer,** et quo consilio profectus es, id assiduitate et virtute consequere, Cic.: ipse assiduitate, consilio, auctoritate, diligentiā perfecit, ut etc., Cic. – **B** v. Dingen, mit dem Nbbegr. der ununterbrochenen Fortdauer in der Zeit, das **beständige Fortdauern, Ununterbrochene,** auch die **häufige Wiederholung** einer Sache, epistularum, ununterbrochener Briefwechsel, Cic.: molestiarum, unablässiges Ungemach, Cic.: litterae eiusdem, Rhet. Her.: bellorum, Cic.

1. **assiduō** (adsiduō), *Adv.* (assiduus) = *assidue,* Plaut. cist. 185; mil. 50; most. 976; truc. 422. Lucil. sat. 5, 23. Plin. 26, 16. Apul. met. 9, 15.

2. **assiduo** (adsiduo), ātus, āre (assiduus), **fleißig anwenden, fleißig beibringen,** assiduat illi flagella, Vulg. Sirach 30, 1: antidotum ita morbis occurit, ut assiduatum omnes depellat, Ps. Augustin. serm. 64 *extr.*

assiduus (adsiduus), a, um (assideo), **I** beständig wo sitzend = **ansässig,** als publiz. *t. t.*, assiduus, ī, *m.*, ein **ansässiger** u. dah. **wohlhabender** u. **steuerpflichtiger Bürger,** gew. Plur. assidui = die wohlhabenden Bürger der oberen Klassen, im Ggstz. zu den proletarii, den armen, den untersten Klassen, die dem Staat nur mit ihrer Nachkommenschaft (proles) nützen konnten, XII tabb. b. Gell. 16, 10, 5. Cic. de rep. 2, 40. Cic. top. 10. Varr. b. Non. 67, 25. Quint. 5, 19, 55. – bildl., wie locuples, **vollgültig,** classicus assiduusque aliquis scriptor, non proletarius, Gell. 19, 8, 15. – **II** beständig wo sitzend u. tätig, unser **fleißig, a** v. Pers.: **α** aus bestimmter Absicht **fleißig,** wo **gegenwärtig, sich fleißig** wo **zeigend,** audivi Romae esse hominem et fuisse assiduum, Cic.: ruri assiduum semper vivere, Cic.: cum hic filius assiduus in praediis esset, Cic.: boni assiduique domini, die fleißig auf ihren Landgütern gegenwärtig sind, Cic.: alter decimum iam prope annum assiduus in oculis hominum fuerat, Liv.: assiduus circa scholas et auditoria professorum, der die Stunden fleißig besucht, Suet.: flamen Iovi ass., Liv. – insbes. v. den beständigen Begleitern der Amtskandidaten, Q. Cic. de pet. cons. 37: u. einer Magistratsperson (des Prätors usw.), mecum fuit assiduus praetore me, Cic. Cael. 10. – im üblen Sinne, urbani assidui cives (feinstädtische u. zudringliche B.), quos scurras vocant, Plaut. trin. 202. – **β** bei einer Tätigkeit **beharrlich aushaltend, beharrlich,** custos ass., Acc. fr. u. Liv.: qui filios suos agricolas assiduos esse cupiunt, Cic.: flagitator non ille quidem molestus, sed assiduus tamen et acer, Cic.: accedebat hortator assiduus, ut etc., Cic.: profiteor huic generi hominum me inimicum, accusatorem odiosum, assiduum, acerbum adversarium, Cic.: Veiens hostis, assiduus magis quam gravis, Liv. – **b** v. Lebl., **beständig, anhaltend, ununterbrochen, unablässig, häufig wiederkehrend, gewöhnlich,** imbres, Cic.: hiems, gelu, ignes, Mela: lacrimae, Cic.: febricula, Planc. in Cic. ep.: deorum cura, Liv.: bella, Cic.: homines labore assiduo et cotidiano assueti, Cic.: assidua (nachdrückliche) pro fratre deprecatio, Rut. Lup.: cotidianae querimoniae et assiduus fletus sororis, Cic.: vasa aurea assiduissimi usus, Suet. Aug. 71, 1: Superl. maxime assiduus, Vulg. Sirach 6, 37. Kompar. assiduior, Varr. r. r. 2, 9, 16 u. 2, 10, 6.

assifolium, s. assefolium.

assīgnātio (adsīgnātio), ōnis, *f.* (assigno), die **Anweisung, Zuerteilung,** aquae, liberti, ICt.: peculii, spät. ICt. – bes. die **Anweisung** von Ländereien an Kolonisten, agrorum, Cic.: popularis assignationis modum non excessit, nahm nicht mehr, als dem Volk zugeteilt war, Val. Max. – Plur., Sullanae venditiones et assignationes, Cic.: novae assignationes, Cic.: u. meton., Sullanarum assignationum possessores, der von Sulla angewiesenen Ländereien, Cic. agr. 3, 3.

assīgnātor (adsīgnātor), ōris, *m.* (assigno), der **Anweiser,** Ulp. dig. 38, 4, 3. § 1.

assīgnificātio (adsīgnificātio), ōnis, *f.* (assignifico) = προσδιασάφησις, die **hinzugefügte Erklärung,** Auct. carm. de fig. 184 (p. 70 H.) = Anthol. Lat. 485, 184 R.

as-sīgnifico (ad-sīgnifico), āre, **I anzeigen, darauf hindeuten,** m. folg. *Acc.* u. *Infin.*, Varr. r. r. 2, 11, 10. – **II** als gramm. *t. t.*, **anzeigen, bezeichnen, bedeuten,** cognomina, Varr. r. r. 2, 1, 10: locum, tempus, Varr. fr. b. Gell. 10, 1, 6: tempora, Varr. LL. 6, 36 u. 40: nullam unitatem, *ibid.* 8, 3: casus, tempora, *ibid.* 8, 11: idem, quod etc., Non. 59, 9: absol., Vel. Long. (VII) 52, 23 K.

as-sīgno (ad-sīgno), āvī, ātum, āre, **I zuweisen, A** = **anweisen, durch Anweisung übergeben, zuteilen, a** eig.: inferiorem aedium partem alci, Cic.: equitibus Romanis in theatro XIIII gradus proximos, Liv. epit.: equiti certum numerum aeris, Liv.: iumenta, Curt.: alci equum publicum, Liv.: alci ordinem, eine Zenturionenstelle, Liv. (u. so per tuum servulum ordines assignatos, Cic.): libertos liberis, als wessen Kindes Freigelassener einer erscheinen soll, ICt.: iuvenibus deportandam Romam reginam Iunonem, Liv. – bes. Länderei usw. an Kolonisten, loca, Cic.: agrum, Liv.: agros (= die Menschen an Ackerbau gewöhnen), Hor.: locum, in quo novum oppidum aedificetur, Liv.: m. *Dat.*, agros colonis od. legionibus, Cic.: urbem agrumque colonis, Liv.: agrum militibus, Cic.: duo milia iugerum agri Leontini rhetori, Cic.: Latinis victis montem Aventinum, Liv. epit. – **b** übtr.: **α** bestimmt **zuweisen, zuteilen, bestimmen,** munus humanum a deo assignatum, Cic.: quibus (animalibus) rerum natura caelum assignaverat, Plin.: id quemque habiturum, quod proximae lucis assignatura fortuna est, Curt.: minus triginta transfugae et desertores imperium assignabunt? sollen auf den Thron Anwartschaft geben? Tac.: assignatae (zugeschworene) etiam domibus inimicitiae, Tac. – u. eine Pers. einem Amt usw. **zuweisen, bestimmen,** sors et urna fisco iudicem assignat, Plin. pan.: natura hunc sexum (*sc.* muliebrem) custodiae et diligentiae assignaverat, Cic. fr.: ei sententiae personam Crassi, Quint. – **β beimessen, zuschreiben,** hoc praeceptum deo, Cic.: alci Cypri devictae gloriam, Vell.: alqd homini, non tempori, Cic.: fortia facta gloriae principis, Tac.: culpae fortunam, zur persönl. Schuld anrechnen, was Schuld des Geschickes ist, Cic.: alci patrem adulterum, ICt. – **B** zur Bewachung, Bewahrung förmlich **überweisen, überantworten, ausliefern, a** eig.: alqm custodibus, Iustin. 14, 4, 21. – **b** übtr.: alqm famae, Plin. ep.: (verbum) in clausula positum assignatur auditori et infigitur, Quint. – **II** an etw. **ein Siegel machen,** etw. **besiegeln,** m. *Acc.*, tabellas, Pers.: m. *Dat.*, instrumento divisionis, ICt.: absol., scripsi coram subscribente et assignante domino, ICt.

as-silentio (ad-silentio), āvī, āre, **zum Schweigen bringen,** Itala (Lugd.) num. 13, 31.

as-silio (ad-silio), siluī, īre (ad u. salio), **herbei-, herzuspringen, heran-, hinanspringen, anspringen, I** eig.: **1** im Allg.: **a** v. leb. Wesen, absol., v. Pers., Phaedr. 2, 5, 21. Curt. 9, 7 (29), 21. Val. Flacc. 1, 257. Sil. 16, 63. Claud. in Ruf. 1, 84: v. Tieren, Phaedr. 4, 2, 14. Col. 6, 37, 9. Plin. 9, 143: m. Ang. **wohin?** durch *in* u. Akk., in ferrum, Sil. 10, 3: od. durch *Dat.*, volanti a tergo, Sil. 7, 701: assiluit aris, Sen. Thyest. 706 (*Leo* assistit). – **b** v. Lebl.: inquietum aëra hinc atque illinc assilire, Sen. nat. qu. 1, 2, 9. – **2** insbes.: **a** von Kriegern, zum od. im Kampf **heran-, anstürmen,** absol., hostes vagi et ex occasionibus assilientes, Sen. tranqu. 1, 1: assilit Hasdrubal, Sil. 15, 692: m. Ang. **von wo?** undique nudi assiliunt frenis infrenatique manipli, Sil. 4, 313: pars montibus, alii viam inter Mosellamque flumen tam improvisi assiluere, ut etc., Tac. hist. 4, 77: m. Ang. **wohin?** durch *Dat.*, cum saepe assiluit defensae moenibus urbis, Ov. met. 11, 526. – **b** von Gewässern, an etw. **heranspritzen, anspülen, anplätschern,** assiliens aqua, Ov. met. 6, 107; fast. 5, 612: assilientia aequora, Ov. trist. 1, 10, 7: assiliunt fluctus, Ov. fast. 3, 591: m. Ang. **woran?** durch *Acc.*, quas (insulas) assilit spumiger Aegon, Stat. Theb. 5, 56. – **II** übtr., **zu** etw. **überspringen,** primo libenter assilui (*sc.* ad ista studia), ich bin darangegangen, Sen. contr. 10 (5). praef. § 1: neque assiliendum statim est ad genus illud orationis, man muss nicht mit der Tür ins Haus fallen bei usw., Cic. de or. 2, 213. – ► Das Supin. assultum kommt nicht vor; doch läßt das Adv. assultim u. das Subst. assultus darauf schließen.

assimilātio, s. assimulātio.

assimilis (ad-similis), e, **an-** od. **hinähnelnd** = in der Ähnlichkeit **nahekommend, ziemlich ähnlich, ziemlich vergleichbar** (vgl. προσόμοιος), assimili ratione, Lucr. 2, 493; 4, 423. – m. *Genet.*, assimilis lateris nostri flexura, Lucr. 4, 310: alqm assimilem sui assuetudine longā facere, Ov. trist. 1, 6, 27: quasi tu numquam quicquam adsimile huius facti feceris, Plaut. merc. 957. – m. *Dat.*, forma eius assimilis illi, Cato fr.: assimilis spongiis mollitudo, Cic.: aeri assimilis capillus, Suet.: assimilis fratribus, Ov. – m. *quasi*, hoc assimilest quasi etc., das ist gerade, wie wenn usw., Plaut. truc. 563. – subst., assimile, is, *n.* = παρόμοιον (s. paromoeon), Auct. carm. de fig. 127 (p. 68 H.).

assimiliter (adsimiliter), *Adv.* (assimilis), **ähnlich, ebenso,** adsimiliter mi hodie obtigit, Plaut. Bacch. 951. Eugraph. Ter. Andr. 599.

assimilo, s. as-simulo.

assimulanter (adsimulanter), *Adv.* (assimulans v. assimulo), **auf ähnliche Art,** Nigid. fr. bei Non. 40, 25.

assimulātīcius (adsimulātīcius), a, um (assimulo), **nachgebildet, nicht wirklich, Titular-,** insignia, Cod. Theod. 6, 22, 8.

assimulātio (adsimulātio), auch **assimilātio** (adsimilātio), ōnis, *f.* (assimulo, assimilo), die **Ähnlichmachung;** dah. **I** im Allg.: **a** die **ähnliche Bildung,** mulierum paucis prodigiosa assimilatio, Plin. 11, 262 M. u. D. – **b** das **Invergleichbringen,** Tac. ann. 15, 49: einer Sache mit einer anderen, dolosa, Cod. Iust. 2, 18 (19), 24; vgl. Cod. Theod. 16, 2, 18. – **II** prägn.: **a** die **Erdichtung,** fabulosa assimilatio, Cic. (?) b. Favon. Eulog. comm. ad somn. Scip. p. 401, 3 B. – **b** als rhet. *t. t.*, das **verstellte Sich-Annähern** des Redners an die Meinung der Zuhörer, die **Verstellung,** Rhet. Her. 4, 50.

assimulātor (adsimulātor), ōris, *m.* (assimulo), der **Heuchler,** Donat. Ter. Andr. 175.

as-simulo (ad-simulo), auch **assimilo** (ad-similo), āvī, ātum, āre, etw. dem anderen **ähnlich machen, -darstellen, I** im Allg.: **a** in der Wirklichkeit, totis animalibus assimulari, ganz an Gefühl vollkommenen Tieren gleichen, Lucr.: deos in humani oris speciem, Tac.: est ergo Italia folio querno maxime assimulata, ähnlich gemacht, ähnlich, Plin.: statura tua assimilata est palmae, Vulg. cant. 7, 7: u. so absol., litterae lituraeque omnes assimulatae, expressae, Cic.: m. griech. *Acc.*, formam assimulata Camerti, die G. des K. annehmend, Verg. Aen. 12, 224. – **b** in der Rede od. in Gedanken etw. einer Sache **vergleichen, für ähnlich angeben** od. **halten,** formam totius Britanniae auctores oblongae scutulae vel bipenni assimulavere, Tac.: simile ex specie comparabili aut ex *conferenda* atque *assimulanda* natura iudicatur, Cic.: quam assimulasse aptissime visus est, durch eine passende Vergleichung bezeichnet zu haben, Suet. – **II** prägn., **durch Verstellung nachmachen, -nachahmen, vorgeben, heucheln,** m. *Acc.*, nuptias assim., Ter.: anum assim., Ov.: se amicum, se laetum, Ter. – m. *Infin.*, furere assimulare institit, Tragic. inc. fr.: assimulare amare oportet, Plaut. – im Pass. m. *Nom.* u. *Infin.*, Plaut. mil. 152. – m. *Acc.* u. *Infin.*, me assimulem insanire, Plaut.: assimulasse me esse praegnantem haud nego, Plaut.: hinc ab dextra venire me assimulabo, Ter. – mit *quasi*, ita assimulavit se quasi Amphitruo siet, Plaut.: assimulato quasi hominem quaesiveris, Plaut.: assimulabo quasi nunc exeam, Ter. – absol., quid si assimulo? Ter.: u. so oft Partiz. assimulātus = **erheuchelt, verstellt, Schein-** (Ggstz. verus), familiaritas, Cic.: virtus, Cic.: multa alia eiusdem generis, alia *vera* alia *assimulata,* Liv. – ► Parag. *Infinit. Praes. Pass.* assimularier, Ter. heaut. 716. – Die Schreibung assimilo, von älteren Gelehrten gerade-zu verworfen (s. Plaut. capt. 2, 1, 32), scheint doch bei nachaug. u. späteren Schriftstellern, namentlich bei den Eccl., in der Bedeutung »ähnlich machen« ganz üblich gewesen zu sein, s. z. B. Vulg. Iob 30, 9; psalm. 27, 1.

assipondium, ī, *n.* (as u. pondus), das **Gewicht von einem Pfund,** Varr. LL. 5, 169.

assir, archaist. = **Blut,** wov. **assirātum,** ī, *n.*, ein **Getränk aus Wein und Blut,** Paul. ex Fest. 16, 12 *sq.*

1. assis, s. 1. axis.

2. assis, is, *m.*, s. as ►.

assīsa, ae, *f.* (viell. verdorben für asce[n]sa, vgl. ascendo), die **Flut** (Ggstz. recessa), Isid. de ord. creat. 9, 7.

as-sisto (ad-sisto), astitī (adstitī), ere, **hintreten, sich hinstellen, sich aufstellen, I** eig.: **a** übh.: accede, nate, assiste, Cic. poët.: assiste ilico, Plaut.: ego assistam *hinc altrinsecus,* Plaut.: alter instinc alter hinc assistite, Plaut.: hic propter hunc assiste, Ter.: ass. *propter* aquilam, Sall.: *pone* fores, Tac.: *ad* aditum nemoris, Curt.: *ad* fores, Cic.: *extra* regiam, Curt.: *contra* alqm, Plaut.: *contra* omnes hostium copias *in* ponte, Cic.: alci *supra* umerum et deinde *in* capite, Suet.: m. *Dat.*, capiti, Claud. b. G. 329: m. *Acc.*, illas trabes, Val. Flacc. 5, 640: hos equos, Stat. Theb. 3, 299. – prägn., consulum tribunalibus, sich stellen, erscheinen vor usw., Tac. ann. 13, 4. – **b** (als vollbrachte Handlung des Hintretens), **zu stehen kommen, dastehen, daran-, dabeistehen, an, bei** usw. etw. **stehen, α** übh.: talus rectus assistit, steht aufrecht da, Cic.: u. so recto assistere trunco, Ov.: egressum cubiculo Vespasianum pauci milites, solito assistentes ordine, Imperatorem salutavere, Tac.: iudices aut (*sc.* in iudicio) assistentes, die Da-, Umstehenden (Parteien usw.), Quint.: assistentium fletus, Iustin.: *pro* foribus, Apul.: *in* publico in conspectu patris, sich neben seinem V. öffentlich sehen lassen, Caes. b. G. 6, 18, 3: in latus obliquum (auf die Seite geneigt), Ov.: cum *inter* ceteros Artabanus armatus assisteret, Iustin.: m. *Dat.*, regionibus, Lucr.: lecto, Ov.: divinis, Hor. – **β** als Diener: ut servi ad fores adsisterent, imperat, Cic. Verr. 1, 66: ad epulas regis, aufwarten, Cic. de rep. 2, 37: arae Larum cubiculi, Aufseherdienste verrichten bei usw., Suet. Dom. 17, 2. – **II** übtr., jmdm. **beistehen,** ihn **unterstützen, a** übh.: mihi assistat diligens aliquis aut peritus, Quint.: neque enim scribenti, ediscenti et cogitanti praeceptor assistit, Quint.: si assiduus studiorum exactor astiterit, Quint.: ut causae suae deprecator (als F.) assistat, Tac. – **b** vor Gericht (als Sachwalter) jmdm. **beistehen,** ihn **unterstützen,** assistebam Vareno, Plin. ep. 7, 6, 3; vgl. 10, 81 (85), 1: u. so oft b. ICt. – ► *Infin. Futur. Act.* adstiturum esse, Aem. Porcina bei Prisc. 9, 38.

assistrīx, īcis, *f.*, s. assestrīx.

assitus (ad-situs), a, um, **daneben gelegen, -befindlich,** proxime assita

(Ggstz. longule dissita), Apul. flor. 2: atria viridantibus assita pratis, Auson. Mos. 335.

Assius, a, um, s. Assos.

asso, āvī, ātum, āre (assus), **trocken braten, schmoren,** assare in craticula (Rost), Apic. 7, 264 u. 8, 362: iecur porcinum, Apic. 2, 40: in omento assabis, Apic. 2, 42: cum sim paratus super istum ignem assari, Apul. met. 2, 10: assavit carnes eius, Vulg. Tob. 6, 6: assaverunt Phase super ignem, Vulg. 2. paral. 35, 13: in cinere aut in vase fictili assatae castaneae, Gargil. de pom. 19.

associetās (adsocietās), ātis, *f.* (associo), das **Beigeselltsein,** die **Gesellschaft,** Cod. Theod. 13, 5, 14. § 2.

as-socio (ad-socio), āvī, ātum, āre, **I** eine Person **beigesellen,** alqm, Cassiod. var. 8, 12: alqm curae, Acc. Charis. dig. 1, 11, 1 pr. (M.). – **II** übtr., **vereinigen, verbinden** mit etw. usw., summis cornua malis (Mastbäumen), Claud. b. G. 482: passus, mitgehen, Stat. Theb. 3, 452: pelagi latices iusto pondere dulcibus lymphis, Ser. Samm. 341: iis actionibus congrua libenter, Augustin. de music. 6, 5. § 10 *extr.*: proceleumaticam speciem novem prototypis decimam (als die z.), Mar. Victorin. art. gr. 2, 1, 7. p. 70, 2 K.: associantur itaque sic inter se vocales litterae id est *i* et *u*, ut etc., Mall. Theod. 1, 11. p. 586, 26 K.

associus (ad-socius), a, um, **zugesellt,** alci, Cassiod. var. 3, 47, 4: v. Lebl., Mart. Cap. 4. § 327.

as-soleo (ad-soleo), ēre, **bei** etw. (zu tun od. zu geschehen) **pflegen,** nur in der 3. *pers. sing.* u. *plur.* gebr., ponite hic quae assolent, Plaut.: ludos tantā pecuniā, quantā assoleret, faciendos, Liv.: deinde quae assolent (*sc.* scribi), Cic.: ubi (comitia) assolent (*sc.* fieri), Liv.: m. *Infin.*, quae assolent quaeque oportet signa esse ad salutem, omnia huic esse video, Ter.: cum multa assoleat veritas praebere vestigia sui, Liv. 40, 54, 8 *ed. Hertz.* – gew. *impers.*, ut assolet, **wie es gewöhnlich (bei solchen Gelegenheiten) zu geschehen pflegt, nach Herkommen, nach Sitte u. Brauch,** Cic. u. a.: ut assolet in amore et ira, Tac. ann. 13, 44: ut somno assolet, Augustin. conf. 8, 5. Vgl. Madvig Cic. de fin. 5, 1. Müller u. Weißenb. Liv. 1, 28, 2.

as-solido (ad-solido), āre, **dichter-, fester machen,** Mar. Victorin. de phys. 18.

as-solo (adsolo), āvī, āre (ad u. solum), **zu Boden werfen, zugrunde richten,** Tert. ad nat. 1, 10; apol. 15.

assonātio (adsonātio), ōnis, *f.* (assono), der **Anklang,** Plur. bei Cassiod. expos. in psalm. 1, 1.

as-sono (ad-sono), āre, **I** *intr.* **bei etwas tönen, tönend beistimmen,** v. Echo, absol., reparabilis assonat echo, Pers. 1, 102: mit *Dat.*, planxerunt Dryades; plangentibus assonat Echo, stimmt mit ein, Ov. met. 3, 507: quibus (numeris) assonet omne virens late nemus, Pompon. tr. 10. – **II** *tr.* **ertönen lassen, anstimmen,** concentus suaves, Apul. met. 11, 7.

Assos, ī, *f.* (Ἄσσος), Stadt in Mysien, im alten Troas (Plin. 2, 210), am adramyttenischen Meerbusen, auf einem Felsen des Ida, j. bedeutende Ruinen unter dem Namen *Asso* beim Dorf *Berem* (*Beriam* od. *Bearahm Kalesi*), Plin. 2, 210; 5, 123. Mela 1, 18, 3 (1. § 93). – Dav. **Assius,** a, um, **assisch,** lapis A. = sarcophagus (s. d.), Plin. 28, 96; 36, 132; vgl. 2, 210.

as-subrigo (ad-subrigo), ere, **nach und nach aufrichten,** se paulatim adsubrigens, Plin. 9, 88 D. u. M.

as-sūdāsco (*assudo), ere, **in Schweiß geraten,** Plaut. Cas. 361 (Schöll liest sudascit).

as-sūdēsco (ad-sūdēsco), ere (*assudo), **anfangen zu schwitzen,** Varr. LL. 5, 109.

as-suēfacio (ad-suēfacio), fēcī, factum, ere (*assueo u. facio), **an** etw. **gewöhnt machen, gewöhnen,** durch Gewöhnung etw. **aneignen,** konstr. m. *ad* u. Akk., ad supplicia patrum plebem, Liv. 3, 52, 11. – m. *Abl.*, se Persico sermone, Val. Max.: quorum sermone qui assuefacti erant, Cic.: puro sermone assuefacta domus, Cic.: genere quodam pugnae assuefacti, Caes.: assuefacti frigore et fame et siti ac vigiliis perferendis, Cic. – mit *Dat.*, pedites operi aliisque iustis militaribus, Liv.: nec probitati nec modestiae parvulos, sed lasciviae et libertati, Tac. dial.: is (corvus) mature sermoni assuefactus, Plin. – ungewiss, ob m. *Abl.* od. *Dat.*, quibus (rebus) et natura me et voluntas et consuetudo assuefecerat, Cic.: ass. equo se et armis, Val. Max.: inanibus se simulacris, Quint.: filiam et neptes lanificio, Suet. – m. *Infin.*, ceteras (nationes) imperio Romano parēre, Caes.: equos eodem remanere vestigio, Caes.: militem minus iam tandem aut virtutis aut fortunae paenitere suae, Liv.

as-suēsco (adsuēsco), suēvī, suētum, ere (*assueo), **I** *tr.* **an** etw. **gewöhnen,** m. *Dat.* od. *Abl.*, qui pluribus assuerit mentem corpusque superbum, Hor. sat. 2, 2, 109: contrahendo militi ac remigi navalibusque assuescendo certaminibus praefectus, Vell. 2, 79, 1: alqm ass. fatis, Lucan. 5, 776: Icariā Rhodopen umbrā, Stat. Theb. 4, 655. – m. *in* u. Akk., assueverat Armenios in hoc unum servitutis genus, ut etc., Flor. 4, 12, 43. – m. *Infin.*, rem Quirini assuescit supero pollere in secula regno, Prud. c. Symm. 1, 540. – **II** *intr.* **an** etw. **sich gewöhnen,** etw. **gewohnt werden,** durch Gewöhnung **sich** etw. **aneignen, lernen,** Perf. assuēvi = **ich habe mich an** etw. **gewöhnt,** ich **bin** etw. **gewohnt,** Partiz. Perf. Pass. assuētus = **an** etw. **gewöhnt,** eine Sache **gewohnt, A** im Allg., konstr. m. *ad* u. Akk., male assuetus ad omnes vis controversiarum, Sall. hist. fr. 3, 62 (84): non assuetae ad sceptra manus, Sen. Troad. 159 (152). – m. *in* u. Akk., in hoc assuescat (puer), huius rei naturam sibi faciat, Quint. 4, 2, 17: iam inde a puero in omnia familiaria iura assuetus, Liv. 24, 5, 9. – m. *Abl.* (vgl. Gronov u. Drak. Liv. 31, 35, 3. Freinsh. Flor. 1, 1, 7. Scheffer Iustin. 31, 1, 8), genus pugnae, quo assuerant, Liv.: ille barbarus (populus) et signis militaribus et disciplinā armis etiam Romanis assueverat, Flor.: homines labore assiduo et cotidiano assueti, Cic.: tot gentes alterius imperio ac nomine assuetae, Curt. – m. *Dat.* (vgl. Duker Liv. 10, 17, 10), quaestui, Liv.: sermoni, Quint.: quieti et otio per voluptates, Tac.: gens umori ac frigori assueta, Liv.: mensae assuetus erili, Verg.: ungewiss, ob m. *Dat.* od. *Abl.*, ass. legibus, Cic.: scriptoribus, Quint.: vicinitas non assueta mendaciis, Cic.: assuetae ripis volucres et fluminis alveo, Verg.: assueta gymnasiis et oleo corpora, Quint.: u. *Partic.* im *Compar.*, ea (Hispanorum legio) assuetior montibus, Liv. 22, 18, 3. – m. *inter se*, assueti inter se hostes, Liv. 10, 19, 16. – m. *Acc.*, ne tanta animis assuescite bella, Verg. Aen. 6, 833: iuxta invia ac devia assueti, Liv. 21, 33, 4. – m. *Infin.* (vgl. Gronov Liv. 21, 16, 5. Fabri Liv. 21, 33, 4. Mützell Curt. 3, 10 [25], 9. Benecke Iustin. 37, 2, 8), ut fremitum assuescat voce vincere, Cic.: assuescat iam a tenero non reformidare homines, Quint.: paulatim claram lucem pati assuesce, Sen.: assuevi non mihi respondere sed adversario, Sen. rhet.: assueti vinci, Liv.: rapto vivere assueti, Curt. – absol., sic enim assuevi (als Parenthese), Cic. ep. 9, 22, 5: ut assueverant, Curt. 9, 1 (6), 36. – **B** insbes., **sich** an jmd. **gewöhnen, seinen Umgang liebgewinnen, a** im guten Sinne, m. *Dat.* od. *Abl.*, amici, quibus maxime assueverat, Curt.: pedites, quibus assueverat, Curt. – m. *ad* u. Akk., uri assuescere ad homines et mansuefieri ne parvuli quidem possunt, Caes. b. G. 6, 28, 4. – **b** im üblen Sinne: spado, cui et Dareus assuetus fuerat et mox Alexander assuevit, Curt. 6, 5 (18), 23.

assuētūdo (ad-suētūdo), inis, *f.* (assuesco), **I** die **Gewöhnung** an etw., die **Angewöhnung, Gewohnheit,** amor assuetudinis, Varr. LL.: ass. cotidiana, Liv.: XII annorum, Liv.: succedendi, Liv.: confarreandi, Tac.: furandi, Gell.: voluptatum, Tac.: laborum, maxime frigoris, Mela 3, 3, 2 (3. § 26): assuetudine mali animum efferare, Liv.: Ggstz., Tiberio, seu *naturā* sive *assuetudine,* suspensa semper et obscura verba, Tac. ann. 1, 11. – **II** insbes., die **Gewöhnung** an eine Geliebte, der **Umgang** mit einer Geliebten, Actes, Tac. ann. 13, 46.

assuētus (adsuētus), a, um (assuesco), **I** *Part. Perf. Pass.*, s. as-suēsco. – **II** *Adi.* m. *Compar.* = **gewohnt, gewöhnlich,** dah. auch **bekannt, a** v. Lebl.: portula, Liv.: fontes, Plin.: assueta oculis regio, Liv.: ea (cohors) adsuetior montibus, Liv. 22, 18, 3: tripudia Hispanorum suae cuique genti assueta, Liv.: Romanis Gallici tumultus assueti, Liv.: assuetam sibi causam suscipit, Vell. – *Abl.* subst., longius assueto, weiter als gewöhnlich, Ov. her. 6, 72: assueto propior, Stat. Theb. 12, 306. – **b** v. Pers. (vgl. Fabri Liv. 24, 23, 10), assueti collis cultores, Liv.: duces assueti militibus, Liv.: subst., assueti, die gewohnte Umgebung, Curt. 9, 3 (13), 18. – ► assŭētus gemessen bei Phaedr. 3. pr. 14.

assūgo (ad-sūgo), sūctum, ere, **ansaugen,** Lucr. 4, 1186 (1194). Cael. Aur. acut. 3, 9, 100.

assula u. **astula** (auch hastula), ae, *f.*, der **Span, Splitter,** als Abspalt, Abgang, **a** v. Marmor, caementa marmorea, sive assulae dicuntur, Vitr. 7, 6, 1. – **b** v. Holz (s. Paul. ex Fest. 84, 17. Isid. 17, 6, 26 [wo hastula]; 19, 19, 12), percussarum (v. Blitz getroffenen) arborum hastulae, Sen. nat. 2, 31, 2: assulae ambustae, Clod. gramm. fr. bei Serv. Verg. Aen. 1, 176: piceae astula, Kienspan, Plin. 16, 54 u. 57: dass. taedae astula, Plin. 29, 34; vgl. Plin. Val. 1, 36 (wo: taedas pingues in astulas concīdere): at etiam cesso foribus facere hisce assulas? diese T. kurz und klein zu schlagen, Plaut. merc. 129: Plur. assulae meton. = ein **verschaltes Bretterhaus,** Fur. Bibac. b. Suet. gr. 11. – **c** v. Stein, Plur., astulae = **abgebröckelte Steinchen,** Apul. apol. 35. – **d** Plur. astulae = in einer Brühe sich absetzende **Fasern,** teres diligenter, ne astulas habeant, sich nicht fasern, Apic. 2, 41. – ► Nbf. acsula (Ellis) od. axula (Schwabe), Catull. 17, 3 (wo arch. Abl. acsuleis od. axuleis).

assulātim, *Adv.* (assula), **splitterweise, in Spänen, in kleinen Stücken,** Plaut. capt. 832; Men. 859. Sueius pull. fr. III. p. 313 M. (an Lucil. sat.).

assulōsē, *Adv.* (*assulosus v. assula), **splitterweise,** frangi, Plin. 12, 105.

assultim (adsultim), *Adv.* (assilio), **ansprungweise, im Ansprung, springend,** Plin. 8, 90: ingredi, Plin. 11, 79.

as-sulto, āvī, ātum, āre (*Intens.* von assilio), **heranrennen, -stürmen, I** im Allg.: feminae pellibus accinctae assultabant ut sacrificantes aut insanientes Bacchae, Tac.: assultant illi (pisciculi) protinus, Plin.: assultantes pisciculi, Plin.: (canis) assultans contraque beluam exsurgens, Plin. – **II** insbes., feindlich **anrennen, anstürmen** gegen usw., telis (mit G.), Tac. – m. *Dat.*, tergis pugnantium, Tac.: vallo, Sil.: u. *impers.*, assultatum (est) castris, Tac. ann. 2, 13. – m. *Acc.*, berennen, stürmen, latera et frontem (agminis) modice, Tac. ann. 1, 51: portarum moras frenis et hastis, Stat. Theb. 11, 244. – v. Lebl., montes duo inter se concurrerunt crepitu maximo assultantes recedentesque, Plin. 2, 199.

assultus (adsultus), nur Abl. Sing. ū u. Abl. Plur. ibus, *m.* (assilio), das **Anspringen** (der **Ansprung**), **Ansprengen, Anrennen (Berennen), Anstürmen,** der **Sturm, Stoß,** subito assultu, Amm. 15, 2, 4: acri assultu, Amm. 22, 8, 14: assultibus variis, Verg. Aen. 5, 442: contiguis, Amm. 20, 8, 10: densis, Amm. 20, 11, 15: repentinis, Amm. 21, 12, 13: crebris, Amm. 23, 1, 3: cassis, Prud. psych. 144: neque assultibus et velocitate corporum uteretur, Tac. ann. 2, 21.

1. as-sum (ad-sum), affuī (adfuī), adesse, u. dazu afforem (adforem) = affutūrus (adfutūrus) essem, affore (adfore) = affutūrum esse, **anwesend-, zugegen sein, dasein** (Ggstz. abesse), zuw. auch herzukommend dasein = **erscheinen, sich einstellen, I** im Allg.: **a** v. Pers.: **α** mit dem Körper, absol., ades u. adesdum, sei da = bleib da, Komik. (s. Spengel Ter. Andr. 29): heri, cum non adessetis, Cic.: omnes, qui aderant, alle Anwesenden, Caes.: cum hostes adessent, anrückten, Liv. – m. Ang. **wie?** assum *praesens* praesenti tibi, Plaut.: adest *praesens* vir singulari virtute, M. Bibulus, Cic.: praesto etiam assum, Acc. fr.: sed ubi est frater? *Ch. praesto* adest, Ter.: fit enim nescio qui, ut *quasi coram* adesse videare, cum scribo aliquid ad te, Cic.: ibi tum filius cum illis unā aderat *frequens,* Ter. – m. Ang. **wo?** sed *hic* num quis adest? Plaut.: iam ego *inibi* adero, Pompon. com. fr.: iam *hic* adero, gleich bin ich wieder da, Ter.: u. so prius ego tuā opinione *hic* adero, Plaut.: *domi* assitis facite, Ter.: assum *apud* te, genitor, Acc. fr.: *apud* te assum Sosia idem, Plaut.: mane *ad* portam adesse, Cic.: *in* tabernaculo, Plaut.: *in* foro, Liv.: *ante* oculos, Verg.: portis (Dat.), Verg.: m. *Abl.* od. *Genet. loc.*, Amphipoli, Brundisi, Liv.; vgl. Weißenb. Liv. 45, 28, 8. – m. Ang. **woher?** u. **auf welchem Wege?** hi *ex* Africa iam affuturi videntur, Cic.: adsum atque advenio *Acheronte* vix *viā altā atque arduā per* speluncas saxis structas, Enn. fr.: Galli *per* dumos aderant, Verg. – mit Ang. **wohin?** *huc* ades, o formose puer, komm hierher, Verg.: quaeritis, quare *huc* assim, Ov.: primā face *cubiculum tuum* adero, werde ich in deinem Gemach erscheinen, Apul. met. 2, 10: u. so *ibid.* 5, 5 *in.* – **β** mit dem Geiste, in der Formel adesse animo od. (v. mehreren) animis, **mit dem Geiste zugegen sein,** sowohl um gehörig aufzumerken, ades animo, Ter., od. bl. ades, Plaut., gib acht! (s. Brix Plaut. Men. 643): eum non affuisse animo, Cic.: adestote omnes animis, Cic.: adeste aequo animo! schenkt ein geneigtes Gehör! Ter. (s. Spengel Ter. Andr. prol. 24). – als auch um die Geistesgegenwart, den Mut nicht zu verlieren, **gefasst sein, ruhig sein,** ades animo et omitte timorem, Scipio, Cic.: quam ob rem adeste animis, iudices, et timorem, si quem habetis, deponite, Cic. – **b** v. Lebl., bes. v. körperl., geistigen u. zeitlichen Zuständen u. Verhältnissen, **dasein, vorhanden sein, zur Hand sein, zu Gebote stehen,** zuw. auch **im Anzug sein, bevorstehen, sich zeigen,** frumentum conferri, comportari, adesse dicere, Caes.: largitur in servos, quantum aderat pecuniae, Tac.: ubi vis, dona tibi adsunt a Phaedria, kommen dir, Ter. – tanti aderant vesicae et viscerum (*al.* torminum) morbi, ut etc., Cic.: etiamsi certa pestis adesset, (se) mansurum potius, quam etc., Sall. – isto bono utare, dum adsit, cum absit, ne requiras, Cic.: corpore nihil nisi praesens et quod adest sentire possumus, Cic.: illis robur aetatis affuerat, Tac.: vim affore verbo crediderat, Verg. – assunt multa eius rei exempla, Quint.: adest ingens seditio, ingens certamen, Liv.: si iam adest vitae meae finis, Curt.: adesse supremam horam, Curt.: vesper adest, Catull.: aderat iudicio dies, Liv.: adesse Romanis ultimum diem, Liv.: nunc adest occasio bene facta cumulare, Plaut.: nunc probrum atque partitudo prope adest, ut fiat palam, Plaut.: aderit tempus od. dies, cum etc., es wird die Zeit kommen, wo usw., Acc. tr. u. Komik.: u. so bl. prope adest, cum etc., bald kommt die Zeit, wo usw., Komik. (s. Spengel Ter. Andr. 152).

II in bestimmter Absicht **dasein, erscheinen, zugegen sein, auf dem Platz sein, bei der Hand sein, nahe sein** u. in bestimmter Absicht **erscheinen, sich einstellen, a** übh.: **α** v. Menschen: primum me ipsum vigilare, adesse, Cic.: ipse dux hostium suis aderat atque eos hortabatur, Caes. – m. Ang. **wo?** od. **wobei?** oft zugl. m. Ang. **als wer?** durch Adjj. od. Substst., Caesar ubique aderat, Vell.: nunc ultro ad cineres et ossa parentis assumus, Verg.: in agmine modo in primis modo in postremis aderat, Sall.: in operibus, in agmine atque ad vigilias multus (fleißig) adesse, Sall.: egomet in agmine, in proelio consultor idem et socius periculi vobiscum adero, Sall.: in eo cornu non Poetelius solus, sed Sulpicius etiam hortator affuerat, Liv. (vgl. suus cuique animus memor ignominiae adhortator aderat, Liv.). – u. (als Feind) m. Angabe **gegen wen?** adversus hostes, Sall.: in semisomnos barbaros, Tac. – m. Ang. wie gestimmt? durch Adjj., iam omnes feroces aderant, Sall.: Numidae infensi adesse atque instare, Sall.: Masinissa dies noctesque infestus aderat, Liv. – m. Ang. des Zweckes **wozu?** durch *ad* m. Akk., nunc ades ad parendum vel ad imperandum potius, stell dich, um Order zu parieren oder vielmehr um Order zu erhalten, Cic.: adsint tempori (zur rechten Zeit) ad metendum, Gell.: adesse ad magnitudinem beneficiorum, zum Empfang so großer Wohltaten gleich bei der Hand sein, Tac. – od. durch *Infin.*, non Teucros delere aderam, Sil. 9, 532. – u. unpers. (vgl. πάρεστί μοι), aderit cognoscere, man wird erkennen können, Avien. progn. 80. – **β** v. der Gottheit, adsis placidusque iuves, Verg.: m. Ang. **wie? als wer?** adsis favens, Verg.: sui sceleris ultores adesse deos, Curt. – m. Ang. **wem?** durch *Dat.*, origini Romanae, rebus Romanis, sich gnädig zeigen, förderlich sein, unser »sein mit« usw., Liv.: querelis nostris, armis (nostris), unserer Kl., unserer W. sich annehmen, Liv.: si fortuna coeptis affuerit, hold ist, Tac.: fortunam et deos et numen Othonis adesse consiliis, adfore conatibus testabantur, Tac. – **b** als Teilnehmer, Zeuge, Zuschauer **zugegen sein, erscheinen,** einer Sache **beiwohnen,** an etw. **teilnehmen,** bei etw. **mitwirken,** m. Ang. **wo?** od. **wobei?** ad suffragium, Cic.: in senatu,

Cic.: in hac re, Ter.: in magnis rebus, Nep.: in pariundo, Ter. Andr. 771: durch *Dat.*, comitiis, Cic.: pugnae, Liv.: omnibus periculis, Nep.: colloquio, Lic.: convivio, spectaculo, Suet.: eorum recitationibus, Plin. ep.: cur istuc vadimonio assum? Nov. fr. – absol., is dies, quo me adesse iusserat, Cic.: quasi nusquam adfueris (verst. in pariundo), Tert.: nec adfuisse usque Philippum, Curt.: ut paene liberum sit senatori non adesse, zu kommen und nicht zu kommen, Cic.: ille nec iratos sensit adesse deos, Ov. – u. in der publiz. Formel adesse scribendo senatus consulto od. decreto, bei Abfassung eines Senatsbeschlusses zugegen sein, Cic.: u. bl. adesse scribendo, SC. b. Cic. – **c** als Berater, als Beistand einer Pers. od. Sache **zur Seite stehen, beistehen,** jmds. od. einer Sache **sich annehmen** (Ggstz. abesse, deesse, s. Oudend. Schol. ad Cic. ep. p. 66), semper absenti Deiotaro, Cic.: alcis rebus, Cic.: intercessioni, Liv.: ego apud consulem deprecator defensorque vobis adero, Liv.: alci (einem Richter od. Fürsten) adesse in consilio, Cic. u. Nep. – So namentl. v. Rechtsbeistand, als Verteidiger, Vertreter **erscheinen,** sich jmds. od. einer Sache als Vertreter **annehmen,** jmd. od. eine Sache **vertreten,** ius qui profitebitur, adsit, Ov.: volo ego adesse hic advocatos nobis in turba hac, Ter.: u. so adesse Quinctio, amicis, Cic.: partibus, Plin. ep.: tali causae, Quint.: ei sententiae, Plin. – m. Ang. **wozu?** durch *ad* m. Akk., ad hanc rem, Ter.: ad defendendam causam, Ter.: ad rem agendam, Cael. fr. b. Quint. – m. Ang. **wo?** durch *in* m. Abl., in iudicio, Cic.: in foro, Liv. – m. Ang. **in welcher Sache?** durch *in* m. Abl., in hac causa, Cic.: u. (bildl.) in sua causa omnium libertati, Liv. – m. Ang. **gegen wen?** *contra* Satrium, Cic.: *adversus* privatum intemperantius, Suet. – **d** als Angeklagter od. Ankläger vor Gericht **erscheinen, α** als Angeklagter, **sich stellen,** adesse iuberi, Cic.: Amphipoli (zu A.) adesse iuberi, Liv.: u. alqm Amphipoli adesse iubere, Liv.: adesse ad iudicium, Cic. – **β** als Ankläger, adesse in iudicio, Cic. Verr. 4, 113 (vgl. *no.* c): citatus accusator M. Pacilius nescio quo casu non respondit, non adfuit, Cic. Verr. 2, 98. – ► Archaist. Konj. Präs. adsiem, Verg. catal. 5, 6: adsies, Prud. perist. 2, 569: adsiet, Plaut. asin. 415; Pseud. 924 u. 1114. Ter. adelph. 619. Cato r. r. 141, 4: adsient, CIL 1, 198, 32. Ter. Phorm. 313. – arch. Konj. Imperf. adesent = *adessent,* CIL 1, 196, 6. – arch. Fut. adessint = *aderunt,* CIL 1, 198, 63. – arch. Perf. arfuerunt = adfuerunt, CIL 1, 196, 2. – archaist. Infin. Perf. arfuisse (= *adfuisse*), SC. de Bacch. im CIL 1, 196. lin. 21.

2. assum, ī, *n.*, s. 1. assus, a, um.

assūmentum (adsūmentum), ī, *n.* (assuo), der aufgesetzte **Flicken,** der **Flicklappen,** Itala Matth. 9, 16. Vulg. Marc. 2, 21.

as-summo (ad-summo), āre (ad u. summa), **dazuzählen, addieren,** sextula bis assummata duellam facit, Hultsch Metrol. p. 113, 7 (aus Isid. 16, 25, 15. Not. Bern. 12, a.

as-sūmo (ad-sūmo), sūmpsī, sūmptum, ere, **an sich-, zu sich nehmen,** zum Gebrauch **annehmen, I** eig., etw. **zur Hand nehmen,** caestus, Tac. ann. 14, 20: iacentium scuta, aufnehmen, Frontin. 2, 5, 27. – od. etw. an den Körper **herannehmen, sich zulegen,** novas umeris alas, Ov. met. 11, 789: seros pedes serasque alas, *ibid.* 15, 384: quae (subtemina) ducta colorem assumpsere novum, Sen. apoc. 4. *v.* 7. – u. in den Körper **aufnehmen, zu sich nehmen,** plura *sibi assumunt* quam *de se* corpora *mittunt,* Lucr. 2, 1124: nam cibus atque umor membris assumitur intus, gehen in den Körper über, Lucr. 4, 1083: crudam materiam, sicut assumpta est, in corpus omne diduci, Cels. praef. § 36. p. 4, 21 D.: si plus umoris *excernitur* quam *assumitur,* Cels. 3, 21. p. 107, 26 D.: ut solet a ventis alimenta assumere (favilla), neue Nahrung zu bekommen, Ov. met. 7, 79. – u. (v. Pers.) eine Nahrung, Arznei **zu sich nehmen,** aliquid (ein wenig), Cels.: nihil, Cels.: non amplius iusto, Cels.: aquam, Cels.: nihil nisi aquam, Cels.: aquam calidam, frigidam, Cels.: carnem pinguem, Cels.: cibum, cibum nullum, cibum bis die, Cels.: vinum, Cels.: nihil vini, Cels.: cum cibo vini paulo plus, Cels.: primum assumere oportet quae nauseam faciunt, Scrib.

II übtr.: **1** zur Teilnahme, Gemeinschaft, Hilfe usw. **hinzunehmen, annehmen, zu Hilfe nehmen, heran-, hinzuziehen, α** eine Pers.: legiones in Italia, Cic.: Eumenem regem, Liv.: novos socios, Liv.: amicos, Hor.: comitem, Iustin.: uxorem, Plin. ep.: coniugem, Tac. – m. Ang. **wozu?** od. **wohin?** durch *in* u. Akk., alqm in societatem, Iustin. (u. so in societatem alcis assumi, Iustin.): alqm in societatem armorum, Liv.: alqm in societatem consilii, Liv. u. Iustin., od. facinoris, Iustin.: alqm in consilium rei familiaris, Plin. ep.: alqm in id bellum, Vell.: alqm in nomen, adoptieren, Plin. ep.: u. so alqm in nomen familiamque, Tac.: alqm in matrimonium, Iustin.: alqm in deos, unter die G. versetzen, Min. Fel. – m. Ang. **als wen?** durch *Acc.*, alqm ducem, Iustin.: alqm collegam sibi in quinto consulatu, Suet.: alqm filium u. sibi filium, adoptieren, Plin. pan.: zugl. m. Ang. **wozu?** durch *Dat.*, alqm socium coeptis, Iustin. 1, 6, 1. – im Passiv m. Ang. **als wer?** durch *Nom.*, socius et administer omnium consiliorum assumitur Scaurus, Sall.: ut a C. Musonio gener (als Schw.) assumeretur, Plin. ep.: praeterea et nobiles aliquot adulescentes conscii assumpti, Liv. – **β** Lebl. (Ggstz. repudiare, Cic. or. 209), aliquantum noctis, zu Hilfe nehmen, Cic.: uxoris consilium, Tac.: vim Caesaris in quibusdam locis, Quint.: assumpta verba, zu Hilfe genommene, anderswoher entlehnte, Cic. part. or. 23: tanta verborum etiam quae assumpta sunt (der bloß zum Schmuck dienenden) proprietas, Quint. 10, 1, 121: *n. pl.* subst., assumpta et adventicia, was nur angenommen u. von außen her gekommen ist (Ggstz. innata atque insita), Cic. top. 69. – m. Ang. **woher?** alqd foris, Cic.: locos od. auxilia extrinsecus, Cic. u. Quint. – m. Ang. **wozu?** durch *ad* od. *in* u. Akk., alqd ad ornatum, Quint.: alqd in exemplum, Quint.: iudicia deorum in consilium, Plin. pan.: reliqua non reprehendo, sed mihi ad id, quod sentio, assumo, wende es auf meine Behauptung an, Cic.

2 (mit u. ohne sibi) irgendwoher etw. **sich aneignen,** etw. **entlehnen, sich zu eigen machen, sich beilegen, sich erwerben, a** im Allg. (Ggstz. alteri detrahere, Cic. de off. 3, 23): conservatoris sibi nomen, Tac. ann. 15, 71: sibi geniorum nomen, Lact. 2, 14, 12. – vires avitas, Ov.: Felicis nomen, Vell.: regis nomen, Curt.: parentis patriae vocabulum, Tac.: regni insignia, Tac.: diadema, Iustin.: mores Persarum, Iustin.: robur, zu Kraft gelangen, Tac.: u. so robora (Ggstz. concidere), v. einem Volk, Ov. – m. Ang. **woher?** durch *de* od. *ex* m. Abl., Cereris sacra de Graecia, Cic.: laudem sibi ex Asiae nomine, Cic.: ex victoria licentiam sibi, Auct. b. Afr.: nihil ex fastu regio, Curt. – **b** insbes.: **α** etw. **für sich beanspruchen, in Anspruch nehmen, sich vorbehalten, sich widerrechtlich beilegen, sich zuschreiben, sich anmaßen** (s. Halm Cic. Sull. 85. p. 155 *ed mai.*), ipse identidem belli auctor esse, in eo sibi praecipuam laudem assumere, Liv.: orator tractationem orationis sibi assumet, Cic.: ita de me meriti sunt illi ... ut eorum reprehensionem vos vestrae prudentiae *assumere,* meae modestiae *remittere* debeatis, Cic.: neque ego mihi postea quicquam assumpsi neque hodie assumo, quod etc., Cic.: si id mihi *assumo,* videor id meo iure quodammodo *vindicare,* Cic.: quae Graeci scriptores inanis arrogantiae causā sibi assumpserunt, Rhet. Her. – **β** als philos. *t. t.* = αἱρεῖν, etw. **annehmen, ergreifen, wählen** (Ggstz. depellere), omnis voluptas assumenda est, omnis dolor depellendus, Cic. de fin. 1, 33: artes enim ipsas propter se assumendas putamus, *ibid.* 3, 18. – **3** (**vermehrend**) **hinzunehmen, a** im Allg.: qui nihil opinione *affingat assumatque* ad aegritudinem, Cic.: ego apud improbos meam *retinuissem* invidiam, alienam *assumpsissem,* Cic.: si quis in aliqua arte excellens aliam quoque artem sibi assumpserit, Cic. – **b** insbes.: **α** als *t. t.* der Logik, **als Untersatz** im Syllogismus **aufstellen,** Cic. de inv. 1, 63; de div. 2, 106 u. 107 u. 109. – **β** als *t. t.* der Rhet., **als außer der Sache liegenden Verteidigungsgrund vorbringen,** Fab. Victorin. art. rhet. 1, 11. p. 191, 9 H.

assūmptio (adsūmptio), ōnis, *f.* (assumo), **I** das **Annehmen, die Annahme, Übernahme,** Pallad. 1, 6, 12: ass. naturae nostrae, der menschl. N. (von Seiten Gottes), Leo serm. 25, 3. – insbes., **α** die **Aneignung, Anmaßung,** originis, quae non est, Ulp. dig. 50, 1, 6 pr.: nominis, Cod. Theod. 9, 35, 1. – **β** als philos. *t. t.*, die **Annahme, Wahl,** Cic. de fin. 3, 18. – **γ** das **Sich-Annehmen** jmds. = der Schutz,

Schild, Vulg. psalm. 88, 19. – **II** die **Hinzunahme,** **a** eig.: duarum vel trium vel quotlibet proportionum assumptio ad unum, Boëth. arithm. 2, 40. p. 137, 9 Fr. – **b** meton., ein **Zusatz,** Ulp. dig. 28, 5, 46 *extr.* – insbes., **α** in der Logik, der **Untersatz** (propositio minor, vgl. assumo *no.* II, 3, b, α), Cic. de inv. 1, 64; de div. 2, 108. Quint. 5, 14, 5: Plur., assumptiones (Ggstz. propositiones), Lact. 2, 5, 31. – **β** in der Rhet. = der außerhalb der Sache liegende u. zur Rechtfertigung zu Hilfe genommene Umstand, Fortunat. art. rhet. 2, 6. Fab. Victorin. art. rhet. 1, 11. p. 191, 1 H. (auch im Plur.). – **III** die **Hinwegnahme,** das **Vonhinnen-Nehmen,** Vulg. Luc. 9, 51; Rom. 11, 15: Plur., Vulg. thren. 2, 14.

assūmptīvus (adsūmptīvus), a, um (assumo), als rhet. *t. t.* = von der Art, dass außerhalb der Sache liegende Umstände zur Rechtfertigung zu Hilfe genommen werden müssen, **an sich unvollständig, assumtiv** (Ggstz. absolutus), pars, Cic.: causa, Quint.: qualitas, Victorin. rhet.

assūmptor (adsūmptor), ōris, *m.* (assumo), **a** der **Annehmer,** disciplinae et virtutis, Hier. interpr. Didym. de spir. sanct. 5. – **b** der **Sich-Anmaßer,** gloriae, Ambros. epist. 19, 23: laudis, Ennod. dict. 1.

assūmptrīx (adsūmptrīx), trīcis, *f.* (Femin. zu assumptor), die **Annehmerin,** natura ass., Ps. Augustin. serm. 246, 1.

assūmptus (adsūmptus), ūs, *m.* (assumo), die **Annahme,** Plur. bei Boëth. in Porphyr. 1 *extr.*

as-suo (ad-suo), suī, sūtum, ere, **annähen, anflicken,** nemo assumentum panni rudis assuit vestimento veteri, Vulg. Marc. 2, 21: unus et alter assuitur pannus, Hor. de art. poët. 16: veteri id est priori euangelio pannum haereticae novitatis assuisti, Tert. adv. Marc. 4, 11: cui (fasciae) uno loco pila assuta est, Cels. 7, 20 *in.*: instita assuta, Porphyr. Hor. sat. 1, 2, 29: lunula assuta calceis, Schol. Iuven. 7, 192: extrema pars eius (fasciae) inferioribus acu assuenda est, Cels. 5, 26. *no.* 24: Partiz. im *n. pl.* subst., sicut semel assuta redintegrantur, ita frequenter suta solvuntur, Ambros. de paenit. 2, 11, 98.

as-surgo (ad-surgo), surrēxī, surrēctum, ere, **sich in die Höhe richten, -heben, sich aufrichten, sich erheben, aufstehen,** **I** v. Pers.: **A** im Allg.: **a** v. zu Boden Gefallenen, v. Liegenden, ille supplicem assurgere iussit, Curt.: assurgentem regem umbone resupinat, Liv.: seu manibus in assurgendo seu genu se adiuvissent, Liv. – **b** v. Sitzenden, quae dum recitatur, vos quaeso, qui eam detulistis, assurgite, Cic.: plerosque et ad singulas sententiarum clausulas video *assurgentes* et nonnullos subinde aliquid etiam spatiantes: … cum id faciunt, non *sedentes* agunt, Quint.: minime permittenda pueris *assurgendi exsultandique* in laudando licentia, Quint. – als Ehrenbezeigung, ass. alci, vor jmd. **aufstehen** (Ggstz. residēre, sitzen bleiben, Capit. Maximin. duob. 28, 1), Calp. Piso fr., Cic. u. a.: alci sellā (vom Sessel) ass., Sall. hist. fr. 5, 13 (5, 16). Val. Max. 5, 2, 9; vgl. Serv. Verg. Aen. 11, 500: *impers.*, ut maioribus natu assurgatur, Cic.: ludos ineunti semper assurgi, etiam ab senatu, in more est, Plin.: assurrectum ei non est, Liv.: eisdem praetextatis adhuc assurrectum ab universis in theatro, Suet. – ohne *Dat.*, neque *assurgere* neque *salutare* se dignans, Suet. Vesp. 13: retentus a Cornelio Balbo, cum conaretur assurgere, Suet. Caes. 78, 1: admonens Gaius Trebatius ut assurgeret, *ibid.*: viā decedat, assurgat, Arnob. 7, 13: im Passiv, haec ipsa sunt honorabilia, salutari, appeti, decedi, assurgi etc., Cic. de sen. 63. – Bildl., alci assurgere, **vor** jmd. **aufstehen** (wir: den Hut abnehmen) = den Vorzug einräumen, firmissima vina, Tmolius assurgit quibus et rex ipse Phanaeus, Verg. georg. 2, 98: tantis honoribus semper assurgo, Sen. ep. 64, 10. – **B** insbes.: **1** eig.: **a** vom Krankenlager **sich erheben, -erstehen, -sich erholen,** neque, ex quo semel fuerit aeger, umquam non modo visum in publico, sed ne *assurrexisse* quidem *ex morbo* multorumque tabe mensum mortuum, Liv. 3, 24, 4: u. so e gravi corporis morbo ass., Tac. hist. 2, 99. – **b** beim Hieb, Stoß, Wurf, um sich mehr Kraft zu geben, mit dem Körper od. einem Körperteil **sich in die Höhe recken, sich emporheben,** quantus in clipeum assurgat, Verg.: assurgens dextrā plagamque ferens, Verg.: iacit assurgens, Sil. – u. **c** in der Luft **höher und höher emporschweben, -sich aufschwingen,** aëra per vacuum ferri atque assurgere in auras, Verg. georg. 3, 108 *sqq.* – **2** übtr.: **a** zu einer Tätigkeit **sich erheben,** querelis haud iustis assurgis, brichst aus in usw., Verg.: u. so ass. in ultionem, Flor. – **b** **sich mutvoll erheben, sich aufrichten,** animo assurgit Adrastus, Stat. Theb. 10, 227. – **c** v. redner. od. dichter. Aufschwung = **sich erheben, einen höheren Schwung nehmen, in Feuer geraten,** raro assurgit Hesiodus, Quint.: sublimitate heroici carminis animus assurgat, Quint.: nec comoedia in cothurnis assurgit nec contra tragoedia socculo ingreditur, Quint. – **II** v. Lebl., allmählich steigend **sich emporheben, emporsteigen,** **A** im Allg., v. Örtl.: paulo latior patescit campus; inde colles assurgunt, Liv. 22, 4, 2 W.: modicus collis assurgit, Plin. ep.: quod cum (iugum montis asperi ac praerupti) *a mari assurgat,* velut sinu quodam flexuque curvatum, rursus altero cornu *in diversum litus excurrit,* Curt.: Delos assurgit Cynthio monte, Plin.: in ore portus insula assurgit, Plin. ep.: non ignoro quosdam Alpium vertices quinquaginta milibus passuum assurgere, Plin. – **B** insbes., entstehend, wachsend **sich erheben, aufsteigen, sich zeigen** usw., **1** eig.: **a** v. Bauten usw., non coeptae assurgunt turres, Verg. – v. Schnee, septem assurgit in ulnas, der Schnee erhob sich dort sieben Ellen hoch, Verg. – **b** v. Gestirnen usw., fluctu assurgens Orion, Verg.: assurgens nox aurea, Val. Flacc. – **c** v. Gewächsen, **sich erheben, emporwachsen,** narthex assurgens in altitudinem, Plin.: maior (lygos) in arborem silicis modo assurgit, Plin. – **d** v. Gliedmaßen u. Geschwulsten, arteria (aspera) in gutture assurgit, steigt am Hals in die Höhe, Cels.: tumores *oriuntur,* deinde *desinunt,* deinde rursus *assurgunt,* Cels. – **2** übtr.: tum vero assurgunt irae, der Z. steigt, Verg. Aen. 12, 494. – ► Nicht zusammengezogene Form adsubrigo, wovon adsubrigens, Plin. 9, 88.

1. assus, a, um (v. areo, wie cassus v. careo), **trocken, auf trockenem Wege, durch bloße Hitze bereitet,** **I** eig.: **a** als *t. t.* der Kochkunst, vom Fleisch, das ohne alle fremde Brühe, nur in seinem eigenen Saft zubereitet wurde, **trocken gebraten, trocken geschmort** (Ggstz. iurulentus), res eadem magis alit *iurulenta* quam *assa,* magis *assa* quam *frixa,* Cels.: caro, Varr. LL. u. a.: assae carnes, Vulg.: bubula, Rinderbraten, Plaut.: vulpis od. pecudum pulmo, Cels. u. Plin.: piscis, Vulg. – subst., assum, ī, *n.*, **Gebratenes, Braten,** vitulinum, Cic.: Plur. assa (Ggstz. elixa), Hor. u. Cels. – **b** als *t. t.* der Badekunst, sol, der Genuss der bloßen Sonnenwärme auf ungesalbter Haut (Ggstz. nitidus unctusque sol, auf gesalbter Haut), Cic.: sudatio, trockenes Schwitzbad, Cels.: u. balnearia assa, die Vorkehrungen zum Schwitzbad, Cic. – **II** übtr., **trocken, bloß** = ohne Zutat usw., femina od. nutrix, eine Kinderwärterin (die bloß wartet und erzieht, nicht nährt), Iuven. u. Fronto (vgl. Schol. Iuven. 14, 208): lapides, rohe, unbehauene, Serv. (u. so viell. assa structura, Vitr. 8, 6, 13. p. 211, 6 R.): vox, Vokalmusik ohne Instrumente, Varr. fr. u. Ascon.: tibiae, Flöten ohne Stimmenbegleitung, Serv. Verg. georg. 2, 417.

2. Assus, s. Assos.

as-suspīro (ad-suspīro), āre, **zu (bei)** etw. **seufzen,** altius, Apul. met. 4, 25: fletibus alcis, *ibid.* 4, 27.

assūtus, a, um, s. as-suo.

Assyria, ae, *f.*, s. Assyriī.

Assyriī, ōrum, *m.* (Ἀσσύριοι), die **Assyrier,** die Bewohner Assyriens (als Landschaft od. Reich), s. Cic. de div. 1, 2. Iustin. 1, 1 *sqq.* – Dav.: **A** **Assyria,** ae, *f.* (Ἀσσυρία), **Assyrien,** d. i. **1** eine Landschaft in Asien zwischen Medien, Mesopotamien u. Babylonien j. *Kurdistan,* mit der Hauptstadt Ninive, später *Adiabene* (s. d.) gen., Plin. 5, 66: als Teil des persischen Reichs b. Amm. 23, 6, 14 *sq.* – **2** im weiteren Sinne das **assyrische Reich,** bei den Römern gew. *Syria* gen., wie Cic. de fin. 2, 106; Tusc. 5, 101. – **B** **Assyrius,** a, um (Ἀσσύριος), **assyrisch,** regnum, Iustin.: amomum, Verg. – oft poet. für **medisch, phönizisch, phrygisch, palästinisch, indisch,** malus, Zitronenbaum (sonst *malus Medica*), Plin.: puella, die phönizische Europa, Sen. poët.: venenum, tyrischer Purpur, Sil.: stagnum, der See Genezareth in Palästina, Iustin.: ebur, indisches, Ov.: axis, östliche, Avien. descr. orb. 534.

ast, *Coni.*, s. 1. at.

1. Asta, ae, *f.* (Ἄστα), **I** Stadt im inneren Ligurien am Tanaxus, j. *Asti* (in Piemont), Plin. 3, 49 (Jan u. Detl. Hasta). – **II** Stadt in Hispania Baetica, in der Nähe von Gades, röm. Kolonie mit dem Beinamen regia, j. *Mesa de Asta,* Liv. 39, 21, 3. Mela, 3, 1, 4 (3. § 4 liest Frick Hasta colonia). Auct. b. Hisp. 36, 4. – Dav. **Astēnsis**, e, **aus** od. **von Asta, astensisch,** ager, Liv. 39, 21, 2: equites Romani Astenses, Auct. b. Hisp. 26, 2.

2. asta, s. 1. hasta ►.

Astaborās u. **-ēs**, ae, *m.* (Ἀσταβόρας), der die östl. Seite der sogenannten Insel Meroë umfließende Arm des Nils in Äthiopien, j. *Tacazzé* u. in seinem unteren Lauf *Atbar* (vgl. Astapus), Form -as, Vitr. 8, 2, 6 (wo Rose Astoboam): Form -es, Mela 1, 9, 2 (1. § 50). Plin. 5, 53. – ► Die Handschriften wechseln zwischen der Schreibung Astabores (od. -as) u. Astobores (od. -as).

1. astacus, ī, *m.* (ἀστακός), eine Art Meerkrebse, Plin. 9, 97. Apic. 2, 37. Eustath. hexaëm. 7, 2. Isid. 12, 8, 9.

2. Astacus, ī, *m.* (Ἄστακος), Vater des Melanippus, der daher heißt **Astacidēs**, ae, *m.*, der **Astacide,** Ov. Ib. 515.

3. Astacus, ī, *f.* (Ἀστακός) u. **Astacum**, ī, *n.*, Stadt in Bithynien, im südöstl. Winkel des nach ihr benannten astacenischen Meerbusens, Kolonie der Megarer, an der Stelle des j. *Ovaschik,* auch *Bashkele* gen. Fleckens, Mela 1, 19, 4 (1. § 100). Plin. 5, 148, deren Einwohner Nikomedes I. in die von ihm gegründete gegenüberliegende Stadt Nikomedia führte. – Dav. **Astacēnus**, a, um, **astacenisch,** sinus, Plin. 5, 148.

astago, ginis, *f.* = *astacus* (s. d.), Plin. Val. 5, 16 u. 5, 27.

Astapa, ae, *f.*, Stadt in Hispania Baetica, jetzt *Estepa,* Liv. 28, 22 *sq.*

Astapē, ēs, s. Astapus.

astaphis, Akk. phida, *f.* (ἀσταφίς), getrocknete Weintraube, **Rosine,** Plin. 23, 15.

Astapus, ī, *m.* (Ἀστάπους), der die westl. Seite der sogenannten Insel Meroë (in Äthiopien) umfließende Arm des Nils, j. »der östliche Nil« od. *Abawi,* auch *Bahr el Azrek,* Plin. 5, 53. Vgl. Astaboras. – Ders. auch **Astapē**, ēs, *f.*, Mela 1, 9, 2 (1. § 50), od. **Astusapēs**, ae, *m.*, Plin. 5, 53; od. **Astasobās**, ae, *m.*, Vitr. 8, 2, 6.

astārium, s. hastārius

Astartē, ēs, *f.* (Ἀστάρτη), Name der phönizisch-syrischen Mondgöttin, Min. Fel. 6, 1; die vierte Venus, nach Cic. de nat. deor. 3, 59. – Nbf. **Astarta**, Ambros. in Luc. 3, 9.

astator, ōris, *m.* (asto), der **Beschützer,** astator et conservator huius collegii (v. einer Gottheit), CIL 6, 467.

astātus, s. hastātus.

asteïsmos, ī, *m.* (ἀστεϊσμός), die **feine Redeweise** (rein lat. urbanitas), Charis. 276, 29. Serv. Verg. Aen. 2, 547: auch astismos geschr., Diom. 462, 36. Donat. 402, 16, u. astysmus, Isid. 1, 36, 30.

astella, ae, *f.* (*Demin.* v. astula), ein **kleiner Span,** Cass. Fel. 32. p. 65.

Astēnsis, e, s. 1. Asta.

astēr, eris, *m.* (ἀστήρ), **I** der **Stern,** rein lat. stella, Macr. somn. Scip. 1, 14, 21. – **II** aster Atticus, eine Pflanze, bei Plin. auch bubonion, bei Verg. u. Col. amellus gen., die **italienische Sternblume** (*Aster Amellus,* L.), Plin. 27, 36. Ps. Apul. herb. 60. – **III** aster Samius, eine Art samischer Erde, weil sie mit einem Stern bezeichnet wurde, Plin. 35, 191.

astercum, ī, *n.*, **Rebhühnerkraut** (rein lat. urceolaris herba), Plin. 22, 43.

1. asteria, ae, *f.*, ein Edelstein, viell. **Katzenauge,** Plin. 37, 131.

2. Asteria, ae, *f.* u. **-iē**, ēs, *f.* (Ἀστερίη), **I** Tochter des Titanen Cōus (nach Hyg. fab. prooem. p. 7 M. des Polus) und der Phōbe, Mutter des 4. Herkules (Cic. de nat. deor. 3, 42), wird, da sie Jupiters Umarmungen zu entfliehen sucht, in eine Wachtel verwandelt, stürzt sich ins Meer und wird zu einer Insel, die zuerst Asteria (Plin. 4, 66. Solin. 11, 19), dann Ortygia (die Wachtelinsel) u. später Delos (die helle, strahlende) genannt wurde, Hyg. fab. 53. Ov. met. 6, 108. – **II** (Asterie) ein weiblicher Eigenname, gleichs. »Sternenmaid«, Hor. carm. 3, 7, 1.

asteriās, ae, *m.* (ἀστερίας) eine Art Reiher, Plin. 10, 164.

1. asterion, ī, *n.* (ἀστέριον), eine Art Spinnen, Plin. 29, 86.

2. Asteriōn, ōnis, *m.* (Ἀστερίων), ein kleiner Fluss in Argolis, der sich hinter dem Heräum bei Mykene in einer Höhle verlor, Stat. Theb. 4, 122 u. 714.

asteriscus, ī, *m.* (ἀστερίσκος), ein **Sternchen** (*), als kritisches Zeichen an lückenhafte Stellen der Autoren gesetzt, Suet. fr. 107. p. 137, 10 u. 139, 1 5 R. Hier. in Rufin. 2, 8. Isid. 1, 20, 2.

asteritēs, ae, *m.*, **I** eine Art Basilisken, Ps. Apul. herb. 128. – **II** (= 1. asteria) ein Edelstein, viell. **Katzenauge,** Isid. 16, 10, 3: synkop. astrites, Mart. Cap. 1. § 75. Mythogr. Lat. 3, 7 u. 8.

a-sterno (ad-sterno), ere, **hinstreuen;** dah. passiv in medialer Bed., asternor, astrātus, **sich hinstrecken, hingestreckt** wo **liegen,** sepulcro, Ov. met. 2, 343: ante lares, Ov. trist. 1, 3, 43: foribus plebes astrata, hingestreckt, Iuvenc. 1, 13.

asteroplēctos, on (*ἀστερόπληκτος), **vom Wetterleuchten getroffen** (sine fulmine ictus), tecta, Sen. nat. qu. 1, 15, 3 H.

asteroscopia, ae, *f.* (ἀστεροσκοπία), die **Beobachtung der Sterne,** Acro Hor. carm. 1, 28, 1.

asthma, matis, *n.* (ἆσθμα), **Engbrüstigkeit, Beklemmung,** Plur. bei Plin. 25, 82 (Cels. 4, 8 griech. geschr.).

asthmaticus, a, um (ἀσθματικός), **mit kurzem Atem behaftet, engbrüstig, asthmatisch,** Plur. subst., asthmaticī, ōrum, *m.* (rein lat. anhelatores), Plin. 26, 34. Th. Prisc. 12, 3.

asticus, a, um (ἀστικός), **zur Stadt gehörig, städtisch,** vita, *Caecil. com. 222 R.[2]: ludi, die in der Stadt zu Ehren des Bacchus gefeierten, Suet. Cal. 20: u. Astici, Titel einer Tragödie des Pakuvius, s. Ribb. Tragic. Rom. fr. p. 77.

astifer, s. hastifer.

astipulātio (adstipulātio), ōnis, *f.* (astipulor), eig. die **Mitstipulierung;** dah. übtr., die **vollkommenste Beistimmung, völlige Übereinstimmung,** Annaei Senecae, Plin. 29, 10: doctae sententiae, Boëth. arithm. 1. praef. p. 3, 16 Fr.: incorrupta ordinis, Cod. Theod. 12, 1, 177: u. der Stimme, Quint. 11, 3, 175.

astipulātor (adstipulātor), ōris, *m.* (astipulor), **I** als gerichtl. *t. t.*, einer der bei einer stipulatio, d. h. bei einem feierlichen Vertrag (Bürgschaft, Kontrakt) von dem stipulator, der sich das Versprechen geben ließ, hinzugezogen wurde, um sich dasselbe Versprechen wiederholen zu lassen, damit er dann, wenn die Leistung verweigert wurde, vor Gericht als Zeuge oder Beistand des stipulator oder dessen Erben, wenn sie klagbar wurden, auftreten konnte, Gaius inst. 3, 110. 117. 126. 215. Cic. Quinct. 58; Pis. 18. – **II** übtr., ein **unbedingter Beipflichter,** tamquam idoneus ast., Sidon. ep. 6, 4: Stoici et eorum astipulator Antiochus, Cic. Acad. 2, 67: ast. vanae opinionis, Val. Max. 7, 1, 2 *extr.*: impositae devotionis ast., Sidon. ep. 1, 9. p. 65, 3 Sav.: ast. veritatis tuae, Hier. b. Augustin. ep. 75, 6: disertissimus eorum ast. Tertullianus, Augustin. de bono viduit. 7.

astipulātus, Abl. ū, *m.* (astipulor), die **vollkommene Beipflichtung, Zustimmung,** Iovis deorum summi astipulatu, Plin. 7, 152.

a-stipulor (ad-stipulor), ātus sum, ārī, **I mitfestsetzen** (vgl. astipulator *no.* I), Gaius inst. 3, 112: alteri, Ael. Gallus ICt. bei Fest. p. 273, 26 (*in* v. Reus). – **II** übtr.: **a** jmdm. **vollkommen beipflichten,** alci, Liv. 39, 5, 3. Plin. 7, 154. – **b** m. *Acc.*, gleichs. hinstipulieren = **verschaffen,** fidem (Glauben) verbis, Apul. met. 10, 24. – ► Nbf. **astipulo**, āre, Iul. Val. 1, 23 (30), wo *Infin.* astipulare.

astismos, s. asteïsmos.

a-stituo (ad-stituo), tuī, tūtum, ere (ad u. statuo), irgendwo **hinstellen,** aulas, ansetzen, Plaut. capt. 846: Orestem, Acc. trag. 55: reum ad lectum (aegroti), Rhet. Her. 3, 33.: astitui in genua, niedergestaucht werden auf die K., Plaut. Cas. 930: astitui molae (v. Esel), Apul. met. 9, 11: astitui tribunal, Apul. met. 3, 2.

a-sto (ad-sto), stitī, āre, **I bei** etw. od. jmd. **stehen, stehen bleiben, sich hinstellen, A** im Allg.: age asta; mane, audi, Pacuv. fr.: asta et Athenas contempla, Enn. fr.: asta, ut consuetus es puer olim, Plaut.: erus stupidus astat, Turpil. fr.: astante atque audiente Italiā totā, Cic.: astante et inspectante ipso, Caes.: super astantium manibus in murum attollitur, Sall. fr.: ast. arrectis auribus, Verg.: ast. hic, Ter.:

ad id, Liv.: ast. alci, Plaut.: confidenter alci contra, Plaut.: portis, Verg.: mensae inter copreas, Suet.: ante aedes, Plaut.: cum patre, Ter.: ante oculos, Verg.: iuxta genitorem, Verg.: pro foribus, Suet.: v. Lebl., arduus in moenibus astans (v. trojanischen Pferd), Verg.: sedes relictae astant, stehen verlassen da, Verg.: mihi caeruleus supra caput astitit imber, Verg.: poet. übtr., certa quidem finis vitae mortalibus astat, steht bevor, Lucr. 3, 1076: astante ope barbaricā, noch stand, dauerte, Enn. tr. 120 (83). – ► ast. illum locum, Prisc. 18, 208; aber Plin. pan. 23, 2 jetzt Keil te artaret. – **B** insbes.: **a** (wie assum) jmdm. ratend, helfend **zur Seite stehen,** Plaut. Amph. 993: dum adsto advocatus quoidam cognato meo, Plaut. Cas. 567. – **b** dienend **dastehen, aufwarten,** tibi servi multi ad mensam astant, Naev. com. 26. – **II aufrecht-, aufgerichtet stehen,** ego miser vix adsto prae formidine, halte mich kaum auf den Beinen, Plaut. capt. 637: cave ne cadas; asta, Plaut. most. 324: v. Lebl., squamae astantes, emporstehend, zu Berge stehend, Verg. georg. 3, 545. – ► *Perf. Conj.* astasint (astassint) = astiterint, Paul. ex Fest. 26, 3: *Supin.* astatum od. astitum nach Prisc. 9, 38; dah. *Part. Fut. act.* astiturus, Aemil. Porcina b. Prisc. 9, 38.

Astoborās u. **Astoborēs**, s. Astaborās.

astolos, s. astrobolos.

astomachētus, a, um (ἀστομάχητος), **ungeärgert,** CIL 6, 10662.

Astomī, ōrum, *m.* (Ἄστομοι, Mundlose), indische Völkerschaften, die keinen Mund haben sollen, Plin. 7, 25.

astraba, ae, *f.* (ἀστράβη), ein bequemer, namentl. von Frauen benutzter Maultiersattel, ein **Damensattel.** – Eine größtenteils verloren gegangene (erwähnt b. Gell. 11, 7, 5. Varro LL. 6, 73. Fest. 306, 2) Tragödie des Plautus führt den Titel Astraba, latein. Clitellaria, in qua Plautus mulieres in eiusmodi vehiculis inducit, Prob. Verg. bucol. p. 2, 23 Keil. Der Name wird abgeleitet παρὰ τὸ μὴ στρέφεσθαι, weil man darauf festsaß (Prob. *ibid.*). Später scheint das Wort die Bedeutung geändert zu haben, die Gloss. erklären es durch σανίς, ὑποπόδιον ›tabella, ubi pedes requiescunt‹.

astrabicon (ἀστράβη), das **Saumsattellied,** Prob. Verg. bucol. p. 2, 23 Keil.

Astraea, ae, *f.* (Ἀστραία), die »Sternenjungfrau«, die jungfräuliche Göttin der Gerechtigkeit, die im goldenen Zeitalter als segensreiche Göttin unter den Menschen lebte, aber im ehernen Zeitalter das gesunkene Menschengeschlecht von allen Himmlischen zuletzt verließ und als Sternbild *Virgo* unter die Sterne versetzt wurde, Ov. met. 1, 149 *sq.* Iuven. 6, 19. Mart. Cap. 2. § 174: als Sternbild b. Lucan. 9, 534; vgl. Hyg. astr. 2, 25.

Astraeus, ī, *m.* (Ἀστραῖος), einer der Titanen, der mit Aurora die Winde zeugte, die darum fratres Astraei, die »asträischen Brüder« heißen, Ov. met. 14, 545; vgl. Caes. Germ. Arat. 105.

astragalizontes, um, *m.* (ἀστραγαλίζοντες), die **Würfel-Spielenden,** ein Standbild des Polykletus, Plin. 34, 55.

astragalus, ī, *m.* (ἀστράγαλος, der Knöchel), **I** *t. t.* der Baukunst: **a** der erhabene, halbrunde **Ring,** der oben die Säule umgibt, das **Stäblein,** der **Stab,** Vitr. 3, 3, 8 (3, 5, 3). – **b** astr. Lesbius, **Stab mit Samenkörnern** od. **Oliven, Perlschnur, Fruchtschnur,** Vitr. 4, 6, 2. – **II** eine hülsentragende Pflanze, **spanischer Tragant** (*Astragalus baeticus,* L.), Plin. 26, 46.

astrālis, e (astrum), **die Gestirne betreffend,** fata, aus den Gestirnen erkannt, Augustin. de civ. dei 5, 7 *extr.*: flammae, das Licht der Sterne, Avien. phaenom. 609.

Astramītae, ārum, *m.* (Ἀστραμῖται), Völkerschaft im östl. »glücklichen Arabien«, j. *Hadramaut,* Plin. 12, 52. – Dav. **Astramīticus**, a, um, **astramitisch,** murra, Plin. 12, 69.

a-strangulo (ad-strangulo), (āvī), ātum, āre, **bei** od. **an** etw. **erdrosseln,** Minuc. Fel. 30, 2.

astrapaea, ae, *f.* (ἀστραπαῖος, αία, αῖον, voll Blitz), ein schwarzer Edelstein mit kreuzweisen Lichtstreifen in der Mitte, Plin. 37, 189.

Astrapē, ēs, *f.* (ἀστραπή), der **leuchtende Blitz,** personif., ein Gemälde des Apelles, Plin. 35, 96.

a-strepo (ad-strepo), strepuī, strepitum, ere, **I** *intr.*: **A dazu ertönen, lärmend bei-** od. **einstimmen,** astrepebat vulgus, Tac. ann. 1, 18: u. poet., haec dum quaerimus, en! totum mare immugit, omnes undique scopuli astrepunt, stimmen widerhallend mit ein, Sen. Phaedr. 1035 (1027). – **B** jmdm. **Beifall zu-** od. **entgegenlärmen,** lärmend **Beifall zurufen, zujauchzen,** alci, Tac. ann. 11, 17: haec dicenti, *ibid.* 12, 34: absol., vulgus clamore et vocibus astrepebat, lärmte ihm mit Geschrei u. Zuruf Beifall entgegen, Tac. hist. 2, 90. – **II** *tr.*: **A** v. Pers.: **lärmend** in etw. **einstimmen,** etw. **mit lärmendem Beifall aufnehmen,** quae pauci incipiant, reliquos astrepere, Tac. ann. 2, 12: ut eadem astreperent hortari, auf gleiche Weise einstimmten, Tac. hist. 4, 49. – **B rauschend bespülen,** platanus, quam garrulus astrepit umor, Calp. ecl. 4, 2.

astrictē (adstrictē), *Adv.* m. *Compar.* (astrictus), **I straff,** tres catenas inserens circa suum corpus, dum alligasset astricte, Ven. Fort. vit. S. Radeg. 25: imponendum malagma, quod digerat; astrictiusque alligandum, Cels. 8, 10. *no.* 7. – **II** übtr.: **a** durch den Rhythmus **gebunden, in gebundener Weise,** orationem non *astricte,* sed *remissius* (in mehr freier Weise) numerosam esse oportere, Cic. de or. 3, 184. – **b gedrängt, bündig, kurz,** astrictius dicere, Sen. u. (Ggstz. effusius dicere) Plin. ep.: astrictius scribere, Plin. ep.: ille concludit *astrictius,* hic *latius,* Quint.

astrictio (adstrictio), ōnis, *f.* (astringo), die **Zusammenziehung, zusammenziehende Kraft, -Wirkung,** Plin. 27, 83. Cael. Aur. chron. 1, 4, 36: Ggstz. relaxatio, Chalcid. Tim. 46 D.

astrictōrius (adstrictōrius), a, um (astringo), **zusammenziehend,** vis, Plin. 24, 115.

astrictus (adstrictus), a, um, *PAdi.* m. *Compar.* (2. astringo), **angezogen, zusammengezogen, straff, eng, I** eig.: non astrictus soccus, nicht knapp anliegend, d.i. schlotternd, poet. für nachlässige, geschmacklose Schreibart, Hor.: corpora astricta (stramme) et lacertis expressa, Quint.: ilia astricta equi, schmale, Quint.: frons, gerunzelte St., Mart.: gustu astricto, von zusammenziehendem, herbem Geschmack, Plin.: an *astrictum* corpus *sit,* an *profluat,* Cels.: alios *astricta,* alios *resoluta* alvus exercet, Cels.: quibus in adulescentia (alvus) *fuit astricta* (verstopft, verhalten), saepe in senectute *solvitur;* melior est autem in iuvene *fusior,* in sene *astrictior,* Cels. – **II** übtr.: **a knapp, sparsam, genau, karg,** pater, Prop.: mos, eingeschränkte Lebensweise, Tac.: *astricti* sunt in continendo patrimonio, simul ad iacturam temporis ventum est, *profusissimi* (wahre Verschwender) in eo, cuius unius honesta avaritia est, Sen. de brev. vit. 3, 1: Platonis verbis astricta, sensu praevalens sententia, Val. Max. – **b** dem Rhythmus nach **gebunden,** ut eam (sententiam) numero quodam complectar et *astricto* et *soluto,* Cic. de or. 3, 175: nec tamen haec ita sunt arta et astricta, ut ea, cum velimus, laxare nequeamus, Cic. or. 220: est enim finitimus oratori poëta, numeris *astrictior* paulo, verborum autem licentiā *liberior,* Cic. de or. 1, 70: cum (poëta) versu sit astrictior, Cic. or. 67. – **c gedrängt, bündig, kurz,** dialectica quasi *contracta* et *astricta* eloquentia putanda est, Cic.: verborum astricta comprehensio, Cic.

astricus, a, um (ἀστρικός), **zu den Sternen gehörig, Sternen-,** corona, Varr. sat. Men. 206: u. in griech. Femininform caeli chorea astrice, *ibid.* 269.

a-strīdo (ad-strīdo), ere, **dazu zischen,** Stat. Theb. 11, 494.

astrifer, fera, ferum (astrum u. fero), **gestirnt,** umbrae (noctis), Val. Flacc. 6, 752: thalamus, Mart. Cap. 8. § 888: axes, Stat. Theb. 8, 83: os (des unter die Sterne versetzten Cyllarus), Mart. 8, 28, 8: domus (Plur.), Boëth. cons. phil. 4. metr. 1, 8: corona, Orest. trag. 243: circuli, Iuvenc. 3, 225. Hilar. 12. trin. 53.

astrifico, āre (astrum u. facio), **Sterne bereiten, -verfertigen,** Mart. Cap. 6. § 585.

astrificus, a, um (astrum u. facio), **Sterne erzeugend,** habenae, Mart. Cap. 2. § 98: peplus, Mart. Cap. 6. § 584.

astriger, gera, gerum (astrum u. gero), **I gestirnt,** axes, Stat. Theb. 10, 828: coniunx, v. der Kassiope, Claud. b. Get. 245: facies, Solin. fr. in

Anthol. Lat. 720, 11 (234, 11): diadema, Auson. Cupido cruc. (XXIV) 2, 42. p. 123 Schenkl.: caelum, Mart. Cap. 2. § 193: sedes, Mart. Cap. 8. § 808: thronus, Ven. Fort. app. 3, 40. p. 279 *Leo:* orae, Boëth. cons. phil. 4. metr. 6, 17. – **II in den Sternen leuchtend, -thronend,** subst., astrigeri, Mart. Cap. 1. § 91.

astriloquus, a, um (astrum u. loquor), **von den Gestirnen redend,** astriloquae commenta puellae, Mart. Cap. 8. § 808 *in.*

astrilūcus, a, um (astrum u. luceo), **in den Sternen leuchtend, -thronend,** divi (Ggstz. divi ruricolae und fluctigenae), Mart. Cap. 9. § 889.

a-stringo (ad-stringo), strīnxī, strictum, ere, straff anziehen, **I** eig. straff-, fest anziehen, fest zusammenziehen, zusammenschnüren, -pressen, fest schnüren, fest anbinden, fest anschließen (Ggstz. relaxare), **a** im engeren Sinne, ein Band u. einen Ggstd. (v. den Banden selbst u. v. Pers., die vermittelst eines Bandes schnüren), quo magis extendas (vincula), tanto astringunt artius, Plaut.: vincula motu, Ov.: laqueos, Sen. – quae (vinculum) astringit, Cic.: u. artius atque hederā astringitur ilex, Hor.: iugum astrictum compluribus nodis, Curt.: soccus astrictus, Hor.: comae astrictae, Ov. – rotam multo sufflamine, stark hemmen, Iuven. – alci manus, Plaut.: alqm ad columnam fortiter, Plaut.: alqm ad statuam, Cic. – **b** im weiteren Sinne, Körperteile u. ähnl. Ggstd., labra (Ggstz. diducere labra), Quint.: vultum superciliis, Quint.: frontem, zusammenziehen, runzeln, Sen.: astricta tempora, runzelige Schläfe, Cels.: astrictae fauces, zusammengeschnürte, Tac.: astricti crepidis pedes, zusammengepresste, Curt.: paenulis astricti et velut inclusi, eingepresst, Tac. – venas (terrae) hiantes, sich eng schließen machen, Verg.: so auch limen astrictum, geschlossene, Ov.: cortex astrictus pice, Hor.: astrictum opus bitumine, Curt. – alvus (der Magen) tum *astringitur* tum *relaxatur,* Cic.: tum *astringentibus* se intestinis tum *relaxantibus,* Cic. – Insbes. v. Ggstdn., die zusammenziehend auf einen Körper wirken, **α** v. Heilmitteln, Speisen usw. (als mediz. *t. t.*), omnem partem (corporis) confirmare et astringere, Scrib.: astr. gustu, den Mund zusammenziehen, Plin.: astringi a marino morsu, von der Schärfe des Seewassers verdichtet werden, Plin.: alvum astr., harten Leib machen, verstopfen, stopfend auf den Leib wirken (Ggstz. alvum solvere, resolvere, laxare), Cels. – **β** v. der Kälte, **zusammenziehen, erstarren machen,** corpora vis frigoris ita astrinxerat, ut etc., Curt.: imbrem concreto gelu, zu festem Eis gefrieren machen, Curt.: astrictae aquae (*sc.* gelu), Ov.: astricto perusta terra gelu, ewig erstarrt vom Eis, Ov.: humus riget gelu astricta, erstarrt, hart gefroren, Curt. – u. **abkühlen,** mollibus lacubus remissum corpus, Mart. 1, 49, 11: dah. astringi, sich abkühlen, in proxumo puteus, ex quo possis rursus astringi, si paeniteat teporis, Plin. ep. 5, 6, 25. – **γ** v. Stoffen, eine Farbe **abschwächen** (Ggstz. excitare, heben), ita permixtis viribus alterum altero excitatur aut astringitur, Plin. 9, 134. – u. se astr., **sich verdichten, gerinnen,** quod (medicamen) cum se astrinxerit, Pelag. vet. 28. p. 95 *extr.* – **II** übtr.: **a** übh. **straff anziehen** (Ggstz. relaxare), pater nimis indulgens quicquid ego astrinxi relaxat, lockert die Zügel, die ich straff angezogen habe, Cic.: puta enim avaritiam relaxatam, puta astrictam esse luxuriam, Sen.: haec magis adhuc astringunt, befestigen noch mehr, Quint. – in Schrift u. Rede **zusammendrängen, einschränken, in Schranken weisen,** luxuriantia, Quint.: rem tam late fusam tam breviter, Quint. – u. commeatum ad certam formulam astringere, den Wagentross auf ein bestimmtes Maß beschränken, Suet. Tib. 18, 1. – u. einen Beweis **zusammendrängen, zusammenfassen,** breviter argumenta (Ggstz. vagari), Cic.: hoc artius astringi ratio non potest, knapper als so lässt sich diese Schlussfolge nicht fassen, Cic. – **b** geistig, politisch, moralisch gleichs. **fesseln, binden, α** geistig, illi studio suorum astricti, gefesselt durch die Teilnahme an den Ihrigen, Sall.: Iugurtha maioribus astrictus, durch wichtigere Gegenstände ganz in Anspruch genommen, Sall. – **β** politisch, vel armis vel legibus totam Galliam sempiternis vinculis, Cic. – **γ** moralisch **binden, fesseln, fest-, unauflöslich machen,** disciplinam legibus, Cic.: huius tanti officii servitutem testimonio sempiterno, Cic. – u. moralisch **binden = verbinden, verbindlich machen, verpflichten,** hāc lege alci suam fidem, Ter.: alqm legibus, Cic.: iureiurando populum, Liv. epit.: alqm suis condicionibus, Cic.: eius (C. Marcelli iudicis) religione devinctus atque astrictus, durch desselben Eidespflicht gebunden u. fest umstrickt, Cic. – se scelere astringere u. scelere astringi, sich durch ein Vergehen binden, d. i. sich schuldfällig machen, Cic.: u. so furti sese, Plaut. – m. Ang. **woran?** od. **wozu?** durch *in* od. *ad* m. Akk., se verbis alterius in iura sacra, Ov.: se ad certa verba, Quint.: milites ad certam stipendiorum formulam, Caes.: astringi ad temperantiam, Plin. ep.: haec utique lex naturae est, quae ad omnem astringit humanitatem, Ambros. de off. 3, 3, 19. – mit Ang. **wofür?** durch *pro* m. Abl., se iureiurando pro salute alcis, Suet. Caes. 84.

astrion, ī, *n.* (ἀστήρ), ein indischer Edelstein, der von innen wie ein Stern mit dem Glanz des Vollmonds leuchtet, nach einigen die weißliche Art des **Sternsaphirs,** nach anderen unser **Adular,** Plin. 37, 132. Isid. 16, 13, 7.

astriōtēs, ae, *m.*, ein uns unbekannter Edelstein von magischer Kraft, Plin. 37, 133.

astrisonus, a, um (astrum u. sono), **mit den Sternen tönend,** Iuppiter, Mart. Cap. 9. § 911.

astritēs, ae, *m.*, s. asteritēs *no.* II.

astrobolos, ī, *f.* (ἀστήρ u. βάλλω), ein Edelstein, nach einigen eine Art **Katzenauge,** nach anderen ein **Chalcedon** mit feinen Ringeln, *Plin. 37, 133 zw.

astrolāpsus, ūs, *m.* (astrum u. labi), **Sternschnuppen,** Auct. inc. exc. mathem. 1, 8 u. 2, 3 *ed. Ian.* – Dass. **astrolāpsum,** ī, *n.*, Schol. ad Macr. somn. Scip. 1, 20, 9.

astrologia, ae, *f.* (ἀστρολογία), **I** die **Sternkunde, Astronomie,** Cic. de or. 1, 69 u. a. Col. 1, 1, 5. Plin. 7, 203. Quint. 2, 18, 1. Suet. fr. p. 16, 11 R. (= Diom. 483, 2). – meton., **a** eine **Astronomie** als Schrift, Plin. 18, 213. – **b** die **Astronomie** = die Astronomen, Varr. r. r. 1, 2, 17. – **II** die **Sterndeuterei, Astrologie,** Lact. 2, 16, 1. Hier. adv. Pelag. 1, 8.

astrologicus, a, um (ἀστρολογικός), **astrologisch = astronomisch,** demonstrationes, Boëth. cons. 2. pros. 7 *in.* – subst. astrologica, ae, *f.* (ἀστρολογική), die **Astrologie,** Claud. Mamert. 1, 22 p. 81, 7 *Engelbr.*

1. astrologus, ī, *m.* (ἀστρολόγος), **I** der **Sternkundige,** Enn. tr. 275 (199). Varr. sat. Men. 280. Varr. r. r. 2, 1, 17. Cic. de div. 2, 88 u. a. Col. 11, 1, 31. – **II** der **Sterndeuter,** Cic. de div. 1, 12 u. 85 132. Iuven. 6, 554. Suet. Ner. 36, 1.

2. astrologus, a, um (ἀστρολόγος), **astrologisch,** primus Georgicorum est totus astrologus, Fulg. contin. Verg. p. 139 M. (= p. 84, 9 H.).

astronomia, ae, *f.* (ἀστρονομία), die **Sternkunde,** Sen. ep. 95, 10. Petr. 88, 7. Macr. somn. Scip. 2, 4, 9. Hieron. de vir. ill. 73. Augustin. de civ. dei 18, 39. Boëth. inst. arithm. 1, 1. p. 11, 23 Fr. Isid. 3, 23–26.

astronomicus, a, um (ἀστρονομικός), **astronomisch,** disciplina, Boëth. inst. arithm. 1, 1. p. 9, 5 Fr.: ratio, *ibid.* p. 12, 7: subtilitates, *ibid.* 2, 4. p. 137, 3: remedia, Chalcid. Tim. 2: Plur. subst., astronomica, ōn, *n.*, **Astronomisches, Astronomie,** Titel eines Gedichtes des Manilius u. einer Schrift Hygins.

astronomus, ī, *m.* (ἀστρονόμος), der **Sternkundige,** Firm. math. 5, 13 u. 15.

astroscopia, ae, *f.* (ἀστροσκοπία) = *astrologia,* Acro Hor. carm. 1, 28, 2.

astrōsus, a, um (astrum), **I unter übler Konstellation geboren,** Isid. 10, 13. – **II** = *lunaticus,* Gloss. V, 589, 17.

astrūctio (adstrūctio), ōnis, *f.* (astruo), das **Aufbauen, a** die **Herstellung,** astructiones corporum, Cael. Aur. chron. 3, 8, 137. – **b** die **Zusammensetzung,** rhythmicae et melicae astructiones, Mart. Cap. 9. § 930. – **c** die **Aufstellung** eines Beweises, einer Behauptung, die **Beweisführung, Behauptung,** documentorum, Augustin. ep. 104, 14 *extr.:* veri, Mam. Claud. de statu anim. 2, 7, 7 u. 3, 14, 2 (wo Ggstz. falsi confutatio): absol., Mart. Cap. 5. § 461 u. 173: Plur., Mart. Cap. 5. § 167.

astrūctor (adstrūctor), ōris, *m.* (astruo), der **Beweisführer,** Ven. Fort. de vit. S. Mart. 2, 404.

astrum, ī, *n.* (ἄστρον), jeder leuchtende **Himmelskörper,** das **Sternbild, Gestirn,** der **Stern, I** eig.: Cancri, Virginis astrum, Manil.: cognitio astrorum, Cic.: cursus astrorum dispares, Cic.: astrorum micantium splendentia signa, Lact.: homines tantummodo annum solis, id est unius astri reditum metiuntur, Cic.: alqm astris inferre, unter die Sterne versetzen, Ov. met. 9, 272. Schol. ad Caes. Germ. Arat. 347. p. 417, 4 E.: dass. alqm in astris ponere, Hyg. fab. 194 *extr.;* u. alqm inter astra collocare, Schol. Bern. ad Verg. georg. 1, 33. – u. Plur. astra meton., **α** = Sonne, astra Thyestae abstulit, begrub den Th. in Nacht, Lucan. 7, 452. – **β** = Götter, Auct. Aetnae 51 u. 68. – in Bezug auf den Einfluss der Gestirne bei der Geburt u. dem künftigen Schicksal eines Menschen, astrum natale, die Konstellation in der Geburtsstunde, Hor.: utrumque nostrum consentit astrum, wir werden gleiches Schicksal haben, Hor. – poet., zur Bezeichnung bedeutender Höhe, turris educta ad astra, bis an die Sterne (an den Himmel), Verg.: mons ibi verticibus petit arduus astra duobus, Ov. – **II** übtr.: tollere in astra, Cic., od. ad astra, Verg., od. educere in astra, Hor., bis zu den Sternen-, bis an od. in den Himmel erheben (= sehr rühmen): ex astris decidere, aus dem Himmel fallen, seines größten Ruhms verlustig gehen, Cic.: sic itur ad astra, so erlangt man unsterblichen Ruhm, Verg.

a-struo (ad-struo), struxī, strūctum, ere, **anbauen, aufbauen, daranbauen, daraufbauen, I** eig.: gradus, Liv.: alqd laterculo (mit Z.), Caes.: veteri recens aedificium, Col.: utrique (villae) quae desunt, Plin. ep. – **II** übtr., **noch obendrein hinzufügen, 1** im Allg.: formae animum, Ov.: vix quidquam gloriae eius, Vell.: aliquid alcis dignitati, Plin. ep.: quantum famae meae domi, quantum in publico, quantum apud principem astruxit, Plin. ep.: omnibus hanc astruis laudem, Plin. pan. – sibi *accrescere* putat, quod cuique *astruatur,* Plin. pan. – *ad* necem utriusque parentis caedem fratris, Iustin. – non est opus *affingas* aliquid aut *astruas:* sufficit, ne ea, quae sunt vera, *minuantur,* Plin. ep.: sicut ante secunda fortuna tot victorias *astruxerat,* ita nunc adversa *destruens* quae *cumulaverat,* Iustin. Vgl. Schwarz Plin. pan. 35, 4 u. 74, 5. Benecke Iustin. 23, 3, 12. Oudend. Apul. met. 5, 6. p. 331. – u. in der Rede **hinzufügen,** belli difficultates, contraque pacis commoda, Dict. 1, 6: haec etiam blanditiis astruit ›Mi mellite, mi marite‹, Apul. met. 5, 6: u. astruitur his m. direkter Rede, Plin. ep. 8, 7, 6. – **2** insbes.: **a zuzählen,** alqm priorum aetati, Vell. 1, 17, 2. – **b** jmdm. etw. **beilegen, zuschreiben,** ut quae Neroni falsus astruit scriptor, Mart. 3, 20. – **c** eine Pers. einer Sache **beigeben** = für etwas **anstellen,** gentis eiusdem levissimos falsis criminibus, Curt. 10, 1 (4), 27. – **d durch Beweise stützen,** Iul. Severian. praec. artis rhet. 9. p. 361, 2 H. Iul. Vict. 11. p. 413, 16 H. – **e bemerken, versichern, behaupten,** alqd, Macr. somn. Scip. 2, 7, 13 u. a. Mart. Cap. 2. § 113. Mam. Claud. de stat. anim. 1, 1 u. a. Eccl.: m. *Acc.* u. *Infin.,* Aur. Vict. Caes. 20, 6. Macr. somn. Scip. 1, 20, 10. Ambros. de off. 3, 28, 137; hexaëm. 7, 24. Sidon. ep. 3, 6 u. a. Eccl.

1. astu (asty), nur Akk. u. Abl. astū, *n.* (ἄστυ), die **Stadt,** nur von »Athen«, in astu venire, Ter. eun. 987. Nep. Alc. 6, 4: in astu, quod appellatur, se conferre, Cic. de legg. 2, 5: accedere astu, Nep. Them. 4, 1: in asty et portum Piraeum ducti sunt salientes, Vitr. 8, 3, 6: in asty Olympium architectandum suscipere, Vitr. 7. praef. 17.

2. astū, Abl. v. astus, s. d.

astula, s. assula, hastula.

astulōsus, a, um (astula = assula), **splitterig, bröckelig,** Marc. Emp. 36.

astulus, ī, *m.* (astus), eine **kleine List, Finte,** Apul. met. 9, 1 H.

a-stupeo (ad-stupeo), ēre, **bei** od. **über** etw. **staunen,** etw. **anstaunen,** sibi, Ov.: divitiis, Sen.: absol., Stat. Theb. 2, 13.

1. astur, uris, *m.*, eine Habichtsart, wahrsch. der **Sperber** (*Astur Nisus, L.*), Firm. math. 5, 7 *extr.*

2. Astur, uris, *m.*, s. Astures.

Astura, ae, *m.* (Ἄστυρα), **I** ein Fluss in Latium, der aus den Albanerbergen südwärts zwischen Antium u. Circeji ins Tyrrhen. Meer fließt, noch j. *Astura,* Liv. 8, 13. § 5 u. 12, vor seiner Mündung aber eine gleichn. Insel (*f.*) aus Tufffelsen bildet, Plin. 3, 57. Serv. Verg. Aen. 7, 801, mit einem gleichn. Städtchen (*f.*, jetzt *torre d'Astura*), in dessen Nähe Cicero ein Landgut hatte, Cic. ep. 6, 19, 2. – **II** ein Nebenfluss des Durius in Hispania Tarrac., j. *Ezla* od. *Estola,* Flor. 4, 12, 4, Oros. 6, 21.

Asturco, asturco, s. Astures a. E.

Astures, um, *m.* (Ἄστυρες), die **Asturier,** ein 22 Völkerschaften mit 240000 Freien (Plin. 3, 3, 4. § 28) zählender Volksstamm in Hispanien, Bewohner der Landschaft *Asturia* (s. unten), Flor. 4, 12, 46 u. 54. Plin. 4, 111. Oros. 6, 21: Asturum conventus, Mart. Cap. 6. § 632. – Sing. **Astur** (Astyr), uris, *m.*, der **Asturier** (gew. kollektiv), Lucan. 4, 8. Mart. 10, 16, 3 u. a. Sil. 12, 748. Claud. laud. Seren. reg. 75: u. poet. attrib. = aus dem Land der Asturier, **aus** od. **in Asturien, asturisch,** equus, Mart. 14, 199, 2 (s. unten Asturco): exercitus, Sil. 1, 252. – Dav.: **a Asturia,** ae, *f.*, eine hispanische Landschaft, das heutige »Asturien, Leon u. Valladolid bis an den Duero«, Plin. 4, 112. – **b Asturicus,** a, um, **asturisch,** gens, Plin. u. Sil.: subst., Asturica, ae, *f.*, die Haupt- u. Gerichtsstadt der Asturier, j. Astorga, Plin. 3, 28: Asturicus, ī, *m.*, der »Asturiker«, als Beiname, Iuven. 3, 211. – **c Asturco** (asturco), cōnis, *m.*, ein **asturisches Pferd,** ein **Zelter,** berühmt durch die schöne Bewegung seiner Schenkel, Rhet. Her. 4, 63. Sen. ep. 87, 10. Plin. 8, 144 u. 166. Suet. Ner. 46, 1. Mart. 14, 199 lemm. Gran. Licin. p. 9 B. Pelag. vet. 2. p. 21. Veget. mul. 2, 28, 37. – dah. auch von anderen Pferden gleicher Eigenschaft, asturco Macedonicus, Petr. 86. § 4 u. 6.

Asturia, ae, *f.*, s. Astures.

astus, ūs, *m.*, die **List** als Tätigkeit, ein **listiger-, schlauer Anschlag,** eine **Finte** (vgl. astutia), im klass. Latein nur im adverb. *Abl.*, später auch in anderen Kasus, **I** im Allg.: docte atque astu, Plaut.: astu magis ac dolo, Suet.: callide et cum astu, Gell.: callido astu, Amm.: satin astu et fallendo callet? Acc. fr.: ad manticulandum astu aggreditur, Pacuv. fr.: consilio versare dolos ingressus et astu incipit haec, Verg.: perplexum Punico astu responsum, Liv.: maior usu armorum et astu (Finten) stolidas vires minoris superavit, Liv.: nihil astu agere, Iustin.: astu carēre (von der Rede), Quint.: duos exercitus populi Romani et astu et virtute conficere, Lact. – **II** insbes. = στρατήγημα, die **Kriegslist** (s. Walther Tac. ann. 12, 33), astus hostium in perniciem ipsis vertebat, Tac.: militari astu cohortes turbidas dispergendi, Tac. – Plur., machinamenta et astus oppugnationum, Tac.: nectit astus callidos, Sen. trag.: ante *dolos,* ante exsequar *astus,* Val. Flacc.

Astusapēs, ae, s. Astapus.

astūtē, *Adv.* m. *Compar.* u. *Superl.* (astutus), **listig, schlau,** docte atque astute cavere, Plaut.: satis astute aggredi alqm, Ter.: nihil nec *temere* dicere, nec *astute* reticere debeo, Cic.: astutius ponere alqd, Varr. LL. 10, 13: astutissime componere alqd, Gell. 18, 4, 10: quod ille astutissime excogitavit, Lact. 1, 22, 23.

astūtia, ae, *f.* (astutus), die **List, Hinterlist, Schlauheit, Verschlagenheit,** als natürliche Geschicklichkeit, intellegendi astutia, Pacuv. fr.: ast. serpentis, Hier.: aut confidens astutia aut callida audacia, Cic.: nunc meae malitiae, Astutia, te opus est, succenturiari, Caecil. com. fr. 229 R.: quae tamen ego omnia non astutiā quādam, sed aliquā potius sapientiā secutus sum, Cic.: nunc opus est tuā mihi ad hanc rem exprompta memoriā atque astutiā, Ter.: Martem astutiā decipere, Hygin. – Plur. = **hinterlistige Kunstgriffe, schlaue Anschläge, Ränke, Kniffe u. Pfiffe,** Plaut. Epid. 375; mil. 233. Ter. Andr. 604. Cic. de off. 3, 68 u. 71. Sall. Cat. 26, 2. Tac. ann. 13, 38. Vulg. Sirach 1, 6 (wo es = kluge Anschläge).

astūtulus, a, um (*Demin.* v. astutus), **gar listig, gar schlau,** anus, Apul. met. 6, 27 zw.: astutule asine, Apul. met. 9, 30.

astūtus, a, um, *Adi.* m. *Compar.* u. *Superl.* (astus), **klug, listig,** im Hintergehen anderer, sowohl um einen Vorteil zu gewinnen, als auch eigenen Schaden zu verhüten, **schlau, hinterlistig, verschlagen,** malus, callidus, astutus admodum, Plaut.: ast. viri, Plaut.: ast. homo, Cic.: homo sagax et ast., Mart.: ast. Getae, Prop.: gens non astuta nec callida, Tac.: vulpes ast., Hor. u. Pers.: ratio ast., Cic.: consilium ast., Gell.: Parthorum ast. fuga, Prop.: hoc celandi genus quale sit et cuius hominis, quis non videt? Certe non *aperti,* non *simplicis: versuti* potius, *obscuri, astuti, fallacis* etc., Cic.: cum te pro *astuto sapientem* appelles, Quint. – *Compar.* u. *Superl.,* fallacia astutior, Plaut. Cas. 860: quod si qui me astutiorem fingit, Cic. ep. 3, 8, 6: astutissimus adversarius, Augustin. serm. 347, 3: calliditas astutissima, Augustin. de civ. dei 21, 6, 1. – m. *in* u. Abl., alter eorum erat in dando benignus, in accipiendo astutus, Rutil. Lup. 2, 16.

asty, s. 1. astu.

Astyagēs, is, Akk. auch ēn, *m.* (Ἀστυάγης), **I** König von Medien, Großvater des älteren Cyrus, Cic. de div. 1, 112. Iustin. 1, 4 *sq.* – **II** Gefährte des Phineus, Ov. met. 5, 203 u. 205.

Astyanax, actis, Akk. acta, *m.* (Ἀστυάναξ), **I** Sohn Hektors u. der Andromache, nach Trojas Eroberung durch die Griechen von den Mauern Trojas herabgestürzt, weil er nach einem Orakelspruch die Stadt wieder aufbauen sollte, Verg. Aen. 2, 457. Ov. met. 13, 415. Hyg. fab. 109. Tert. ad nat. 2, 9. Mythogr. Lat. 1, 204 u. 2, 209. Auson. epit. (XVII) 16, 3. p. 75 Schenkl. – **II** ein tragischer Schauspieler zu Ciceros Zeit, Cic. ad Att. 4, 15, 6.

astycus, s. asticus.

Astypalaea, ae, *f.* (Ἀστυπάλαια), eine sporadische Insel in der Nähe von Kreta mit einer gleichnam. Stadt, j. *Stampalia,* deren Bewohner den Achilles als Gott verehrten, Ov. art. am. 2, 82. Mela 2, 7, 13 (2. § 114). Plin. 4, 71. Mart. Cap. 6. § 612. – Dav.: **1** **Astypalaeēnsis,** e, **astypaläensisch,** insulani, Cic. de nat. deor. 3, 45. – **2** **Astypalaeicus,** a, um, **astypaläisch,** Plin. 30, 32 u. a. – **3** **Astypalēius,** a, um, **astypaleïsch,** Ov. met. 7, 461 *sq.*

Astyr, s. 2. Astur unter Astures.

astysmus, s. asteïsmos.

astytis, is, Akk. ida, *f.* (ἀστυτίς), eine Art **Lattich,** Plin. 19, 127.

asumbolus, s. asymbolus.

asuper, *Praepos.* = *super,* a super limina, Itala (Lugd.) deut. 6, 9.

asuprā, *Adv.* = *supra,* Ps. Boëth. grom. p. 408, 24.

asyla, ae, *f.,* die sonst ferus oculus genannte Pflanze, Plin. 25, 145.

asȳlum, ī, *n.* (ἄσυλον), die **Freistätte,** das **Asyl,** asylum Iunonis, Verg., Aesculapii, Tac., Romuli, Min. Fel.: lucus asyli, Tac.: vetustum asyli ius, Tac.: ubi et in fano lucoque eā religione eo iure sancto, quo sunt templa, quae asyla Graeci appellant, Liv.: asylum aperire, Liv., constituere, Schol. Iuv. u. Lact.: asyla statuere, Tac.: lucum asylum (zum A.) facere, Flor.: asylum facere inter duos lucos, Vell.: in illud asylum confugere, Cic.: de asylo procedere, Vulg. – übtr., Papinianus, iuris asylum, der Hort, Spart. Sev. 21, 8.

asymbolus (asumbolus), a, um (ἀσύμβολος), der keinen Beitrag (συμβολή) zur Mahlzeit gibt, **zechfrei,** asymbolum (Fl. asumbolum) venire, Ter. Phorm. 339: ne omnino immunes et asymboli veniremus, Gell. 7, 13, 2.

asymmeter, tra, trum (ἀσύμμετρος), **unsymmetrisch,** Boëth. Aristot. anal. pr. 1. p. 487 u. a.

asyndeton, ī, *n.* (ἀσύνδετον), die Weglassung der Verbindungswörter, das **Asyndeton,** als rhet. Figur (rein lat. dissolutio), z.B. veni, vidi, vici, Charis. 281, 10. Diom. 445, 5 u. 448, 5.

asyndetōs, *Adv.* (ἀσυνδέτως), **asyndetisch,** Pompei. comm. art. Donat. § 28. p. 264, 23 K.

asyndetus, a, um (ἀσύνδετος), **unverbunden, nicht in Zusammenhang stehend, asyndetisch,** als *t. t.* der Astronomie, von Sternen, die in gar keiner Beziehung zu anderen Sternbildern stehen, Mercurius, Sidon. epist. 8, 11.

asynthetus, a, um (ἀσύνθετος), **nicht zusammengesetzt, unverbunden,** als *t. t.* der Metrik, Mart. Cap. 9. § 949.

asystatos, on (ἀσύστατος), **unbeständig,** Iul. Vict. de art. rhet. 2. p. 374, 29 u. 3, 13. p. 384, 4 H. Fortunat. art. rhet. 1, 2 *sq.* (bei Lact. 3, 6, 10 griechisch).

1. at, arch. **ast,** *Coni.* = ἀτάρ (bei den Alten auch ad geschrieben, wie umgekehrt at statt der Präpos. ad; vgl. Quint. 1, 7, 5. Charis. 229, 30 u. Osann Cic. de rep. 1, 7, 12. p. 31), **aber, dagegen aber,** **I** zur Anknüpfung eines verschiedenen, aber nicht völlig entgegengesetzten Gedankens, **aber, allein, anderseits aber,** **A** im Allg.: Midae dormienti formicae in os tritici grana congesserunt. Divitissimum fore, praedictum est, quod evenit. *At* Platoni cum in cunis parvulo dormienti apes in labellis consedissent, responsum est, singulari illum suavitate orationis fore, Cic.: una (navis) cum Nasidianis profugit: … at ex reliquis una praemissa Massiliam, Caes.

B insbes.: **1** bei Aufzählungen, Verg. georg. 1, 401; 2, 447; Aen. 7, 691. Quint. 4, 2, 49. – **2** bei Übergängen, Verg. Aen. 4, 1; 4, 504. Caes. b. G. 2, 23, 4; 4, 12, 1. Tac. ann. 1, 38; 4, 13. Curt. 3, 2 (4), 1; 3, 7 (17), 1. – dah. **a** beim Übergang zu unerwarteten, spannenden, wunderbaren, leidenschaftlich erregenden Ereignissen und Umständen, Verg. Aen. 2, 225; 3, 225. Tibull. 2, 5, 33. – **b** beim Übergang zu einem affektvollen Ausruf, wie: **α** bei Ermunterungen u. Bitten, at unum hoc quaeso, ut etc., Plaut.: at tu nauta ne parce, Hor.: at videte hominis intolerabilem audaciam, Cic. – **β** bei freundlichen Wünschen, at tibi di bene faciant omnes, Plaut.: at tu candidior semper candidiorque veni, Tibull. – u. beim Gebet, at vos, o superi, et divûm tu maxime rector, quaeso, patrias audite preces, Verg. – **γ** bei Verwünschungen (s. Spengel Ter. Andr. 666), at te Iuppiter dique omnes perdant! aber od. ei so wollt ich, dass dich usw., Plaut.: at tibi di dignum factis exitium duint! Ter.: at vobis male sit, malae tenebrae Orci, quae etc., Catull.: at vos respiciant di periuriorum vindices, Iustin. – **δ** bei Drohungen, at tibi ego continuo cyatho oculum hoc excutiam tuom, Plaut. Pers. 794. – **ε** bei Verwunderung, beim Unwillen, bei Schmerz- u. Rachegefühl u. dgl., at ut scelesta sola secum murmurat, Plaut.: exi foras sceleste! at etiam restitas? Ter.: at per deos immortales quid est quod dici possit? Cic.: at quem hominem, C. Verres, tantā, tam insigni iniuriā affecisti? Cic.: tangit et ira deos. At non impune feremus etc., Ov. – **c** zur Anfügung einer Erklärung, **aber,** at illi foeda cicatrix saetosam laevi frontem turpaverat oris, Hor. sat. 1, 5, 60 *sq.*

II zur Anknüpfung eines völligen Gegensatzes, **aber, dagegen, wohl aber, aber doch,** **A** im Allg.: mentiris nunc iam. At iam faciam ut verum discas dicere, Plaut.: non cognoscebantur foris, at domi; non ab alienis, at a suis, Cic.: verstärkt at contra, Cic.: at e contrario, Nep.: at potius, Plaut.: at etiam, Cic.: at vero, Cic.: at non … sed, Petr.

B insbes.: **1** bei Einwürfen, bes. solchen, die der Redner in die Seele eines anderen macht, quid porro quaerendum est? factumne sit? at constat: a quo? at patet, Cic.: at (aber, könnte einer sagen) mores commodi. Quis contumacior? quis inhumanior? Cic.: oft verstärkt at pol, at edepol, at hercule (hercle), at quidem, Plaut., Liv. u. a.: at pol quī (= *atquī pol*), Plaut. (s. Ussing Plaut. Amph. 698): at mehercules, oft bei Sen. (s. Haase Sen. vol. III. p. XIV): u. at enim, aber freilich, Plaut. u. Cic.: u. at vero, aber doch, Serv. in Cic. ep.: u. at enim vero, Liv. – **2** nach Konzessivsätzen (s. Caes. b. G. 6, 40, 2. Mützell Curt. 3, 8 [19], 2), **aber doch, doch wenigstens,** non est, inquit, in parietibus res publica, *at* in aris et focis, Cic.: *si* pars aliqua circumventa ceciderit, *at* reliquos servari posse confidunt, Caes. – verstärkt durch *tamen:* atque ei, *etsi* nequaquam parem illius ingenio, *at* pro nostro *tamen* studio meritam gratiam debitamque referamus, Cic. – verstärkt durch *certe:* quorum cognitio studiosis iuvenibus *si* non magnam utilitatem afferet, *at certe,* quod magis petimus, bonam voluntatem, Quint.: satis (vixisti) naturae fortasse: addo etiam gloriae, *at* patriae *certe* parum, Cic.: u. durch *saltem,* arcem iam Sabini habent; inde huc tendunt. *At* tu, pater deûm hominumque, hinc *saltem* arce hostes, Liv.: si id consilium damnaret, *at* ille divideret *saltem* copias innumerabiles, Curt. – **3** nach Kausal- od. Konditionalsätzen, si ergo hic peribo, at erit mihi hoc factum mortuo memorabile, Plaut.: si victoriam duis, ast ego templum tibi voveo, Liv.

2. at, s. 2. ad ►.

atābulus, ī, *m.*, bei den Apuliern Name des brennend heißen, trockenen Südostwindes, des **Schirokko,** der in Italien gew. im Frühjahr od. Herbst einige Wochen weht, j. in Apulien *altino* gen., Sen. nat. qu. 5, 17, 5. Plin. 17, 232. Quint. 8, 2, 13 (wo at. ventus). Hor. sat. 1, 5, 78 (dah. bei Gell. 2, 22, 25 Horatianus ille atabulus): Calaber at., Sidon. epist. 1, 5.

Atacīnus, a, um, s. Atax.

atagēn, s. attagēn.

1. Atalanta, ae, u. -ē, ēs, *f.* (Ἀταλάντη), nach der einen Sage eine Böotierin, Tochter des Schöneus, Gemahlin des Hippomenes, nach der anderen eine Arkadierin, Tochter des Jasos, urspr. eine jungfräuliche Jägerin, Genossin der kalydonischen Jagd, dann Gemahlin des Milanion, nachdem er sie im Wettlauf besiegt durch die in die Bahn geworfenen drei goldenen Äpfel, die er von Aphrodite erhalten hatte, Acc. tr. 447. Varr. sat. Men. 300. Ov. met. 10, 565 *sqq.* 8, 318 *sqq.* Hyg. fab. 99. 173. 185: als Arkadierin mit dem Beinamen Nonacrina, Nonacria, Ov. art. am. 2, 185. Ov. met. 8, 426: Maenalia, Ov. her. 4, 99. – Dav.: **a** **Atalantaeus,** a, um (Ἀταλανταῖος), **atalantäisch,** Stat.: Schoenos At., eine Stadt in Arkadien, in deren Nähe Atalante ein Wettrennen anstellte, Stat. (bei Manil. 5, 179 die besten Hdschrn. Atlanteos). – **b** **Atalantiadēs,** ae, *m.*, der **Atalantiade** (= Sohn der Atalante), d. i. Parthenopäus, Stat. Theb. 7, 789.

2. Atalanta, ae, u. -ē, ēs, *f.* (Ἀταλάντη), eine kleine Insel im opuntischen Meerbusen, j. *Talanda,* Liv. 35, 37, 7: durch ein Erdbeben zerrissen, Sen. nat. qu. 6, 24, 6.

atamussim = ad amussim, s. amussis.

Atanagrum, ī, *n.*, Hauptort der Ilergeten im tarrakon. Hispanien, Liv. 21, 61, 6.

Atargatis, tidis, Akk. tin, *f.* (Ἀταργάτις), eine syrische Göttin, sonst Derceto (Δερκετώ) gen., mit der griech. Aphrodite identifiziert, Plin. 5, 81. Macr. sat. 1, 23. § 18.

atat, jetzt attat, s. d.

atavia, ae, *f.*, die Mutter des Ururgroßvaters (abavus) od. der Ururgroßmutter (abavia), die **Urahne** (Ggstz. atneptis, Urenkelin), ICt.

atavus, ī, *m.* (für attae avus), der Großvater des Urgroßvaters (abavus) od. der Urgroßmutter (abavia), der **Urahn,** **I** eig.: pater, avus, proavus, abavus, atavus, tritavus, Plaut.: avus et atavus noster, Varr. fr.: atavus maternus, Solin.: non patrem tuum videras, non patruum, non avum; proavum, atavum audiveras consules fuisse, Cic. – **II** übtr., atavi = die **Ahnesahnen, Vorfahren,** Turnus avis atavisque potens, Verg.: Maecenas atavis edite regibus, Hor.: veteres illi Sabini atavique Romani, Col. – ► Arch. Nomin. atavos, Plaut. Pers. 57.

Atax, tacis, *m.*, **I** ein Küstenfluss im narbon. Gallien, der sich in den Rubresus Lacus ergoss, j. *Aude,* Plin. 3, 32. Lucan. 1, 403. Sidon. ep. 9, 15. – Dav. **Atacīnus,** a, um, **vom Fluss Atax,** Varro Atacinus, Hor. sat. 1, 10, 46. Quint. 10, 1, 87: Plur. subst., Atacīnī, ōrum, *m.*, die Anwohner des Atax, die **Ataciner,** colonia Atacinorum (j. *Narbonne*), Mela 2, 5, 2 (2. § 81). – **II** ein Dorf in der Nähe des Flusses Atax, Hier. chronic. Euseb. ad Olymp. 174, 2.

Atēius, ī, *m.*, röm. Eigenname, **I** C. Ateius Capito, röm. Volkstribun im J. 55 v. Chr., Cic. de div. 1, 29 u. a. Tac. ann. 3, 45. – **II** C. Ateius Capito, Sohn des vorigen, ein berühmter Jurist, bekannt als Gegner des nicht minder berühmten Q. Antistius Labeo, Fest. 238, 12 (b). Plin. ind. libr. 4. Plin. 14, 93. Tac. ann. 1, 76. Gell. 4, 10, 7. – **III** Ateius Praetextatus, mit dem Beinamen Philologus, berühmter Grammatiker in Rom, gelehrter Freund des Sallust und Asinius Pollio, Asin. Pollio b. Suet. gr. 10. Fest. 166, 6 (b). Plin. ind. libr. 4. Plin. b. Charis. 127, 17. Serv. Verg. Aen. 1, 605.

atelīa, ae, *f.* (ἀτέλεια), das **Freisein von Steuern u. Abgaben,** Heges. 1, 24, 3.

Ātella, ae, *f.* (Ἄτελλα), eine uralte Stadt der Osker in Kampanien, in der Nähe des heutigen *Aversa,* später röm. Munizipalstadt u. Kolonie, die ihren Abfall zu Hannibal schwer büßen musste, Cic. agr. 2, 86. Liv. 26, 16, 5. Suet. Tib. 75, 3; de poët. fr. 3. p. 14, 12 R. Sil. 11, 14. – Dav. **Ātellānus,** a, um, **zu Atella gehörig, atellanisch,** municipium, Cic.: Ātellānī, ōrum, *m.*, die Einw. von Atella, die **Atellaner,** Liv. u. a. – bes. aber fabella Atellana (Liv. 7, 2, 11), gew. bl. Ātellāna, ae, *f.*, ein **Atellanenstück,** eine **Krähwinkeliade,** urspr. Späße über das Schilda Atella, dann übh. heitere, mit derbem Witz gewürzte szenische Darstellungen von echt italischem Charakter, von der röm. Jugend selbst (nicht von fremden Histrionen) aufgeführt (s. die Hauptst. Liv. 7, 2), Atellana, Suet. de poët. fr. 3. p. 5, 15 R.: Atellanae exodium, Iuven. 6, 71: in Atellanis, Varr. LL. 7, 29: Atellanae poëta, Suet. Cal. 27, 4: Atellanarum scriptor, Suet. de poët. fr. 19. p. 38, 4 R. Macr. sat. 1, 10, 3: Atellanarum actores, Liv. 7, 2, 12: Atellanarum histrio, Suet. Ner. 39, 3: non Atellanam, sed mimum introducere, Cic. ep. 9, 16, 7: ex comoediis, Atellanis, mimis ducunt laetissimas voluptates, Arnob. 7, 33. – Dav.: **a** **Ātellānus,** ī, m., ein **Atellanenspieler,** Fest. 217 (a), 23. Val. Max. 2, 4, 4. Quint. 6, 3, 47. Suet. Galb. 13. Tert. spect. 17 *ed. Oehl.* – **b** **Ātellānicus,** a, um, **zu den Atellanen gehörig, atellanisch,** exodium, Suet. Tib. 45: versus, Petr. 68, 5: subst., Ātellānica, ōrum, *n.*, **atellanische Gedichte,** Porphyr. Hor. ep. 2, 1, 145. – **c** **Ātellānius,** a, um, **atellanisch,** versus, Cic. de div. 2, 25: ars, Macr. sat. 1, 10, 3: fabula, Gell. 12, 10, 7 H. – subst., Ātellānia, ae, *f.* (*sc.* fabula) = *Atellana* (s. d.), Gell. 10, 24, 5; 17, 2, 8. Macr. sat. 1, 4, 22; 6, 4, 13. – **d** **Ātellāniola,** ae, *f.* (*Demin.* von Atellania), ein **kleines Atellanenstück,** M. Aur. b. Fronto ep. ad M. Caes. 2, 10 (13). p. 34, 15 N.

1. āter, ātra, ātrum, *Adi.* m. *Compar.* (= umbr. atru, adro), wie unser **dunkel,** um das Lichtverhältnis anzudeuten (Ggstz. lucidus), od. die Farbe = glanzlos **schwarz, farblos** (Ggstz. albus, glanzlos weiß, versch. von niger, glänzend schwarz, Ggstz. candidus, glänzend weiß), **I** eig.: **1** *adi.*: atrum an album vinum potas? dunkelroten oder weißen, Plaut.: reddam tam atram quam carbo est, Ter.: filius, ein Mohr, Ov.; vgl. atrior multo ut siet quam Aegyptii (Aegyptini), schwärzer als die Mohren, Plaut.: atrae gentes et quodammodo Aethiopes, Mela: caprae, Cato fr.: intibi, Pompon. com. fr.: lapilli (Stimmsteinchen), Ggstz. nivei, Ov.: panis, Ter. Eun. 939: color, Ov.: nemus, speluncae, dunkel, Verg.: odor, schwarzer Qualm, Verg.: nubes, Plin. ep.: mare, schwarz (Ggstz. glaucus et caeruleus, Gell.), dunkel, aufgewühlt, stürmisch, Hor.: atrae et profundae tenebrae, Ael. Tuber. fr.: poet. = atratus, **schwarz gekleidet** (als Zeichen der Trauer), lictores, Hor. ep. 1, 7, 6. – Sprichw., s. albus *no.* I, 1. – **2** *subst.*: alba discernere et atra non posse, Cic. Tusc. 5, 114: candida de nigris et de candentibus atra facere, Ov. met. 11, 314 *sq.* (sprichw.). – **II** übtr.: **A** als Zeichen der Trauer von allem Betrübenden, Unglücklichen, Unheilbringenden, **schwarz, finster, traurig, unglücklich, unheilvoll, Unheil bringend** od. **-drohend,** funus, Lucr.: dies, Afran. fr. u. Verg.: cupressus, Verg.: mors, Hor.: timor, tigris, Verg.: vipera, Hor.: acies, Verg.: agmen, Verg.: lites, leidige, schnöde Händel, Hor. – Im röm. Staatsleben sind dies atri (Unheil bringende) die Tage, an denen dem Staat ein Unglück begegnet, s. alte Formel bei Liv. 22, 10, 6; vgl. Fab. Max. fr. 4 (bei Macr. sat. 1, 16, 25). Varr. LL. 6, 29. Gell. 5, 17 *in.* Macr. sat. 1, 15, 22; 1, 16, 21 *sqq.* – **B** **giftig, schwarz** = böse, mens, Sil. 2, 355: Aemilia cute fusca, ... sed non atra animo, Auson. parent. (XV) 7, 3 u. 5. p. 44 Schenkl. – bes. = **giftig, hämisch,** atro dente petere alqm, Hor. epod. 6, 51: versibus atris oblinere alqm, Hor. ep. 1, 19, 30. – **C** **schwer zu verstehen, dunkel,** Lycophron, Stat. silv. 5, 3, 157 zw. – ► *Compar.* bei Plaut. Poen. 1290. Gell. 2, 26, 14; 2, 30, 11. Lact. 5, 3, 23.

2. Āter mōns, ein Gebirge im Innern Afrikas, das in der Richtung von Osten nach Westen die Oase Phazania von der röm. Provinz Afrika trennte, noch j. der **schwarze Harusch** od. die **schwarzen Berge,** Plin. 5, 35.

ateramum (ἀτεράμων, ον), **hart,** Beiname einer Pflanze, die bei Philippi die Bohnen im fetten Boden erstickte (vgl. teramum), Plin. 18, 155.

Aternus, ī, *m.*, ein nicht unbedeutender Fluss Mittelitaliens, der bei den Marsen entspringt u. ins Adriatische Meer mündet, j. *Pescara,* Varr. LL. 5, 28. Plin. 3, 44 u. a. – Dav. **Aternum,** ī, *n.*, die an der Mündung des Aternus gelegene gemeinschaftliche Hafenstadt der Vestiner, Marruciner u. Päligner, j. *Pescara* (in Abruzzo Citra), CIL 9, 3337 = Carm. epigr. 1265 *ed. Buecheler.*

Ateste, is, *n.* (Ἀτεστέ), eine Stadt im Land der Veneti, j. *Este,* Tac. hist. 3, 6, 4. Plin. 3, 130. – Dav. **Atestīnus,** a, um, **atestinisch,** Mart. 10, 93, 3. CIL 5, 2490.

Athamānes, um, Akk. as, *m.* (Ἀθαμᾶνες), die **Athamanen,** eine die Landschaft *Athamania* (s. d.) bewohnende thessal. Völkerschaft, die sich nach dem Untergang des molossischen Reiches zur Selbständigkeit unter eigenen Fürsten erhob (deren letzter Amynander war), Liv. 27, 30, 4. Cic. Pis. 96. – Dav.: **a Athamānia,** ae, *f.* (Ἀθαμανία), eine Landschaft im südl. Epirus, auf der Westseite des Pindus, ein Bergland, in dem der Achelous entspringt, mit der Hauptstadt *Argithea,* Liv. 36, 14, 7. – **b Athamānus,** a, um, **athamanisch,** litora, Prop. 4, 6, 15.

Athamantēus, -tiadēs, s. Athamās.

Athamanticus, -tis, s. Athamās.

Athamānus, s. Athamānes.

Athamās (in Hdschrn. auch Athamāns), mantis, Akk. mantem u. manta, *m.* (Ἀθάμας), Sohn des Äolus, zeugte mit der Nephele (der Wolkengöttin) den Phrixus u. die Helle, mit der Ino den Melicertes u. Learchus. Ino verfolgte auf jede Art die Kinder der Nephele u. brachte einen Orakelspruch vor, dem zufolge zur Abwendung einer Unfruchtbarkeit des Landes Phrixus geschlachtet werden sollte. Nephele entrückte den Phrixus u. die Helle auf dem Widder mit dem goldenen Vlies (vgl. Phrixus). Durch den Zorn der Juno verlor Athamas jedoch auch seine übrige Familie; er selbst tötete den Learchus im Wahnsinn, u. Ino stürzte sich im Wahnsinn mit dem Melicertes ins Meer, worauf diese beiden zu hilfreichen Meergottheiten wurden, Ino zur Leukothea (von den Römern identifiziert mit der *Matuta*), Melicertes zum Palämon (bei den Römern identifiziert mit dem *Portunus,* d. i. Hafengott), Ov. met. 4, 421 *sqq.* Ov. fast. 6, 489. Cic. Pis. 47; vgl. Hyg. fab. 2. – Dav.: **a Athamantēus,** a, um (Ἀθαμαντεῖος), **athamantēisch,** sinus, Ov.: pinus, der Fichtenkranz in den isthmischen, von Athamas eingeführten Spielen, Stat.: aurum, das goldene Vlies des Phrixus, Mart. – **b Athamantiadēs,** ae, *m.* (Ἀθαμαντιάδης), der **Athamantiade** (d. i. Sohn des Athamas) = Palämon, Ov. met. 13, 919. – **c Athamantis,** tidos, *f.* (Ἀθαμαντίς), die **Athamantide** (d. i. Tochter des Athamas) = Helle, Athamantis Helle, Ov. fast. 4, 903. Prop. 3, 22, 5 (wo Athamantidos Helles): gew. bl. Athamantis, Ov. met. 15, 311: Athamantidos undae, aequora, der Hellespont, Prop. 1, 20, 19. Ov. her. 18, 137. – **d Athamanticus,** a, um (Ἀθαμαντικός), **athamantisch,** meum, eine Pflanze, **Bärwurz** (*Athamantha meum,* L.), Plin. 20, 253.

Athēna, ae, *f.* (Ἀθηνᾶ, Ἀθήνη), die griech. Göttin Athene, latein. Minerva), Nbf. Athāna (dorisch Ἀθάνα), Petr. 58, 7. Orest. tr. 33.

Athēnae, ārum, *f.* (Ἀθῆναι), Name mehrerer Städte (s. Varr. LL. 8, 35), von denen am bekanntesten: **Athen,** die Hauptstadt von Attika (Liv. 45, 27, 11), 7,5 km vom Piräus entfernt, am nördlichen Ufer des Ilissus, in einer an Ackerbau und Ölbau reichen Ebene (dah. frugum parens, Flor. 3, 5, 10), berühmt als Hauptsitz der Künste und Wissenschaften, besonders der Philosophie u. Beredsamkeit, dah. von jungen Römern zu ihrer Ausbildung besucht, Cic. de or. 1, 13 (vgl. Cic. Flacc. 62). Cic. ad Att. 5, 10, 5 (dah. meton. für »Bildung u. Wissenschaft«, Iuven. 15, 110). – zur Unterscheidung oft Athenae Atticae, Plaut. Epid. 502; mil. 100; rud. 741; truc. 497. Apul. met. 1, 24; flor. 18. p. 29, 16 Kr. Amm. 27, 9, 6. Macr. sat. 5, 1, 20 u. 7, 1, 17. Sidon. epist. 4, 3. – Athenae novae, **Neuathen,** ein vom Kaiser Hadrian angelegter Stadtteil Athens, CIL 3, 549. – Dav.: **a Athēnaeus,** a, um (Ἀθηναῖος), **athenisch, aus Athen,** Lucr. 6, 749. Plin. 1. in indic. 1. 8. 11. 12: Athenaeae sedes, Orest. tr. 519: gazae, Anthol. Lat. 764, 11, R. – **b Athēniēnsis,** e, **von (aus)** od. **zu Athen, athenisch,** civis, ein Athener, Nep.: populus, Val. Max.: leges, Nep.: Sing. subst., Atheniensem dominum sortiri, einen Athener zum H. bekommen, Sen. contr. 10, 5 (34). § 10. – Plur. subst., Athēniēnsēs, ium, *m.,* die **Athener,** Cic. u. a. – ► *Abl. sing.* gew. ī, selten e, wie a Callia Atheniense, Plin. 33, 113.

Athēnaeī, ōrum, *m.* (Ἀθηναῖοι), u. **Athēnaeīs** (Ἀθηναεῖς) u. **Athēnaeopolītae,** ārum, *m.* (Ἀθηναιοπολῖται), Bewohner einer Stadt Athen, Varr. LL. 8, 35.

Athēnaeum, ī, *n.* (Ἀθήναιον), **I** ein **Tempel der Athene** zu Athen, in dem Dichter u. Gelehrte ihre Werke vorzulesen pflegten, Lampr. Al. Sev. 35, 2. – dah. Name einer die Förderung gelehrter Studien u. wissenschaftlicher Bildung bezweckenden Anstalt zu Rom, vom Kaiser Hadrian gegründet (um 133 bis 136 n. Chr.), eine **Hochschule,** Aur. Vict. Caes. 14, 3. Porph. Hor. ep. 2, 2, 94. Sidon. ep. 2, 9. – **II** ein Kastell in Athamanien, Liv. 38, 1, 11 u. 39, 25, 17.

1. Athēnaeus, a, um, s. Athēnae.

2. Athēnaeus, ī, *m.* (Ἀθηναῖος), griech. Eigenname, **a** ein griech. Rhetor, Nebenbuhler des Hermagoras, Varr. LL. 8, 82. Quint. 2, 15, 23 u. a. – **b** ein griech. Bildgießer, Plin. 34, 52.

Athēnagorās, ae, Akk. ān, *m.* (Ἀθηναγόρας), griech. Eigenname, **a** ein Anführer unter Darius, Curt. 4, 5 (23), 18. – u. ein Anführer unter Philipp II. von Mazedonien, Liv. 31, 40, 8. – **b** ein griech. Schriftsteller über die Landwirtschaft, Varr. r. r. 1, 1, 9. Col. 1, 1, 10.

Athēnaïs, idis, *f.* (Ἀθηναΐς), griech., später auch röm. Frauenname (s. Anthol. Lat. 1297, 12 M.), unter dem bes. bekannt die Gemahlin Ariobarzanes' II., des Königs von Kappadozien, Cic. ep. 15, 4, 6.

Athēnio, onis, *m.,* ein Hirt in Sizilien, der sich (i. J. 103 v. Chr.) im zweiten sizilischen Sklavenkriege mit Hilfe des Aberglaubens an die Spitze der empörten Sklaven stellte u. den Römern so gefährlich wurde, dass sie endlich den Konsul Man. Aquilius gegen ihn schickten, durch dessen eigene Hand er im Zweikampf fiel, Cic. Verr. 3, 66 u. 125. Cic. de har. resp. 26. – sarkast. von Sext. Klodius, der ebenfalls aus Sizilien stammte u. Anführer aufrührerischer Sklaven war, Cic. ad Att. 2, 12, 2.

Athēnodōrus, ī, *m.* (Ἀθηνόδωρος), griech. Männername, unter dem bei den Römern bes. bekannt: Athenodorus, Sohn des Sandon (Σανδώνιος), stoischer Philosoph aus Tarsus, Schüler des Posidonius zu Rhodus. Er lehrte zu Apollonia in Epirus, wo ihn Oktavian hörte, der ihn dann als Freund und Ratgeber mit nach Rom nahm u. ihm wahrsch. die Erziehung seines Neffen, des nachmaligen Kaisers Klaudius, anvertraute (Suet. Claud. 4). Später kehrte er nach Tarsus zurück u. machte sich um die Gesetzgebung seiner Vaterstadt verdient, Cic. ep. 3, 7, 5; ad Att. 16, 11, 5 u. 4, 14. Sen. de tranqu. anim. 3, 1 *sqq.*

athēnogerōn, ontis, Akk. onta, *m.* (*ἀθηνογέρων, v. Ἀθήνη u. γέρων der **studierende Greis,** Hier. in Rufin. 3. *no.* 6.

atheos u. **atheus,** ī, *m.* (ἄθεος), der **Gottesleugner, Atheist,** Min. Fel. 8, 2. Arnob. 3, 28; 5, 30 (griechisch bei Cic. de nat. deor. 1, 63).

athēra, ae, *f.* (ἀθήρα), ein Arzneimittel aus arinca, Plin. 22, 121. Hieron. quaest. in genes. 45, 21.

Atheriānus, ī, *m.,* Iulius, röm. Geschichtschreiber unter den dreißig Tyrannen, Treb. Poll. trig. tyr. 6, 5.

atherōma, atis, *n.* (ἀθέρωμα), ein **Eitergeschwür** am Kopf, Cels. 7, 6. § 9. Veget. mul. 3, 30, 1.

Athesis (Atesis), Akk. im, Abl. ī, *m.* (Ἄθεσις), ein Fluss in Rhätien, j. *Adiga, Etsch,* Liv. epit. 68. Flor. 3, 3, 12. Sil. 8, 596: Ath. amoenus, Verg. Aen. 9, 680: Ath. velox, Claud. VI. cons. Hon. 197. Sidon. epist. 1, 5: saxis asper et gurgitibus verticosus, Auct. pan. Constant. Aug. 8, 2.

atheus, s. atheos.

athiscē, ēs, *f.,* die **Opferschale,** Vulg. 3. Esdr. 2, 13

āthla, ae, *f.,* s. āthlon ►.

Athlās, Athlāns, s. Atlās.

āthlēta, ae, *m.* (ἀθλητής), der Wettkämpfer, **Wettringer, Athlet** (rein lat. luctator), Milo Crotoniensis, athleta illustris, Gell.: athletarum certamen, Liv.: athletarum spectaculum, Suet.: athletarum usus, Nep.: athletarum exemplo, Cels.: ille qui aut athleta aut pyctes est, Sen.: faciunt idem, cum exercentur, athletae, Cic.: subduc cibum unum diem athletae, Cic. – übtr., ein **Held, Meister, Virtuose** in etw., athletae pecuarii, Varr. r. r. 2, 1, 2: comitiorum, *ibid.* 3, 5, 18.

āthlēticē, *Adv.* (athleticus), **athletisch, nach Art der Athleten,** Plaut. Bacch. 248; Epid. 20.

āthlēticus, a, um (ἀθλητικός), **athletisch,** victus, Cels. 4, 13 (6) *extr.*: exercitationes cibique athletici, Cels. 1, 1: athl. ars, Gell. 15, 16, 2: virtus, Lact. 1, 18, 8: habitudo, Cael. Aur. acut. 1, 14, 113. – subst., āthlētica, ae, *f.* (*sc.* ars), die **Athletik,** athleticam condere, Plin. 7, 205.

āthlon, ī, *n.* (ἆθλον), **a** Sing., der **Kampf,** das **Kampfspiel,** funebre, Hyg. fab. 91. – **b** Plur., die (zwölf) **Kämpfe** u. **Arbeiten** des Herkules, Herculis athla, Varr. sat. Men. 76 u. 162. Hyg. fab. 30. Ampel. 2, 3. Schol. in Caes. German. Arat. 146. p. 391, 19 E. – übtr., **α** die **Kämpfe und Plagen** der Menschen übh., haec sunt vera athla, da heißt's kämpfen und sich plagen! Petr. 57, 11 B.: von den Astrologen in 12 Klassen geteilt u. den einzelnen Sternbildern zugewiesen, Manil. 3, 162. 172. 193. – **β** die **Kämpfe** der Parteien vor Gericht, athla fori, Anthol. Lat. 149, 4 (962, 4).

Athōs, Dat. ō, Akk. ō u. ōn, Abl. ō, *m.* (ὁ Ἄθως), u. **Atho** od. **Athōn,** ōnis, *m.*, der Berg **Athos,** der östlichste u. höchste der Bergrücken, durch die die mazedonische Halbinsel Chalcidice in das Ägäische Meer sich erstreckt, j. *Monte Santo,* Nom. Athos, z. B. Cic. de rep. 3, 49. Verg. Aen. 12, 701: Dat. u. Akk. Atho, z. B. Liv. 44, 28, 6 u. 45, 30, 4. Plin. 18, 215: Abl. Atho, z. B. Liv. 44, 28, 3: Nom. Atho, z. B. Liv. 44, 11, 2, Athon, Serv. Verg. Aen. 12, 701: Akk. Athon, z. B. Ov. met. 11, 554. Mela 2, 2, 9 (2. § 30): Akk. Athonem, Cic. de rep. 3, 49: Abl. Athone, Cic. de fin. 2, 112. – appell. = ein steiler Berg, Plur. Athones, Lucil. sat. 3, 14.

Athracis, s. Atracis (unter Atrax).

Atia, s. Atius.

Atīlius, a, um, Name eines röm. Geschlechts, aus dem am bekanntesten: A. Atilius Calatinus, Konsul 258 u. 254 v. Chr., Diktator 250 v. Chr., Feldherr im ersten punischen Krieg, Liv. epit. 17 u. 19. Frontin. 1, 5, 15. Cic. Tusc. 1, 13; de sen. 61. – M. Atilius Regulus, s. 2. Rēgulus. – C. Atilius Serranus Gavianus, während Ciceros Konsulats Quästor, Cic. ad Quir. 5, 12; später Volkstribun u. als solcher Ciceros Feind, von dessen Gegnern erkauft, Cic. Sest. 33, 72. – M. Atilius, ein röm. Dichter der früheren Periode, der wie Ennius, Nävius u. a. griechische Dramen für die röm. Bühne bearbeitete, von denen bes. eine *Electra* genannt wird, Sedig. bei Gell. 15, 24 *extr.* Cic. de fin. 1, 5. Cic. ad Att. 14, 20, 3. – L. Atilius, ein Jurist im 3. Jahrh. v. Chr., Pompon. dig. 1, 2, 2. § 38. – Atilius Fortunatianus, ein latein. Grammatiker am Ende des 4. Jahrh. n. Chr., Verf. einer ars über Metrik, s. Gramm. Lat. *ed. Keil* 6, 276 *sqq.* – P. Atilius Septicianus, ein latein. Grammatiker zu Komum, CIL 5, 5278. – *Adi.* **atilisch,** lex, wegen Anordnung eines Vormundes, Gaius inst. 1, 185 u. 195. – Dav. **Atīliānus,** a, um, **atilianisch, des Atilius,** praedia, des Trib. At., Cic. ad Att. 5, 1, 2: virtus, des M. At. Regulus, Val. Max. 4, 4, 6: tutor, nach der *lex Atilia* (s. vorher) angeordneter, Gaius inst. 185 u. 194. – ► Atilius, nicht Attilius, nach den besten Hdschrn. u. nach den Inschrn. (z. B. CIL 5, 5278 = Carm. epigr. 1274 *ed. Buecheler* u. Femin. Atiliabus, CIL 5, 4042).

Ātīna, ae, *f.* (Ἄτινα), Stadt in Latium, noch j. *Atina,* Verg. Aen. 7, 630. Cic. Planc. 30. – Dav. **Ātīnās,** ātis, Abl. e u. ī, **atinatisch,** praefectura At., Cic.: in Atinati, im Atinatischen, Cic.: Plur. subst., **Ātīnātēs,** ium, *m.*, die Einwohner von Atina, die **Atinaten,** Cic.

Ātīnius, a, um, Name eines röm. Geschlechts, aus dem am bekanntesten C. At. Labeo Macerio, Volkstribun 130 v. Chr., Feind des Q. Cäcilius Metellus Macedonicus, s. Plin. 7, 143. Cic. de dom. 123. – *Adi.* **atinisch,** lex, Cic. u. a.: plebiscitum (wahrsch. des gen. Volkstrib.), Varr. fr. – ulmus, die »langstielige Ulme« (*Ulmus effusa*), Col. u. Plin.

Atintania, ae, *f.* (Ἀτιντανία), das zu Mazedonien gerechnete Land der Atintanes (Ἀτιντᾶνες, Thuc.), einer epirotischen, aber in Illyrien am oberen Aous wohnhaften Völkerschaft, Liv. 27, 30, 13.

Atius, a, um, Name einer röm. *gens,* aus der am bekanntesten M. Atius Balbus, der Großvater des Oktavianus Augustus, Cic. Phil. 3, 16. Suet. Aug. 4, 1. – u. dessen Tochter Atia, Suet. Aug. 4, 1. Vell. 2, 59, 2.

atizoē, ēs, Akk. ēn, *f.*, ein Edelstein mit einem Silberglanz, Plin. 37, 147.

Atlāns, s. Atlās.

Atlantēus, -tiacus, -tiadēs, s. Atlās.

Atlantias, -ticus, -tigena, s. Atlās.

Atlantis, -tion, -tius, s. Atlās.

Atlās (handschr. u. Not. Tir. 114 auch Athlās, Atlāns, Athlāns), antis, Akk. antem u. anta, Vok. Atlā, *m.* (Ἄτλας), **I** der **Atlas,** ein hohes Gebirge in Mauritanien, im Nordwesten Libyens, auf dem dem Mythos zufolge der Himmel ruhte, Vitr. 6, 7 (10), 6. Ov. met. 2, 296. Verg. Aen. 4, 246. Hyg. fab. 150. – **II** König von Mauritanien, Sohn des Japetus u. der Klymene, Freund der Astronomie, Ov. met. 4, 628 *sqq.* Cic. Tusc. 5, 8, von Perseus, weil er ihm gastliche Aufnahme verweigerte, vermittelst des Medusenhauptes in den Berg Atlas verwandelt, Ov. met. 4, 657 *sqq.* Er zeugte mit der Plejone die sieben Plejaden, mit der Äthra die sieben (nach Hygin fünf) Hyaden. – Appellat. für einen langgewachsenen Menschen, Iuven. 8, 32 (ironisch Name eines Zwerges). – Dav. abgel.: **1** **Atlantēus,** a, um, **zum Atlas gehörend, a** zum Gebirge, als Bezeichnung für **westafrikanisch, libysch,** finis, Hor.: Oceanus, der Atlantische Ozean, Claud. – **b** zum König, Pleiades, Ov. fast. 3, 105. – **2** **Atlantiacus,** a, um, zum Gebirge Atlas gehörend = **westafrikanisch, libysch,** litus, Sil.: Olympus, der vom Atlas getragene Himmel, Calp. – **3** **Atlantiadēs,** ae, *m.*, der **Atlantiade** (= männlicher Nachkomme des Atlas), d. i. **a** Merkur, des Atlas Enkel von der Maja, Ov. met. 1, 682 u. a.: Akk. -dem, Mart. Cap. 9. § 889. – **b** Hermaphrodit, Urenkel des Atlas von Merkur, Ov. met. 4, 368. – **4** **Atlantias,** adis, *f.* (Ἀτλαντιάς), die **Atlantiade** (= weiblicher Nachkomme des Atlas), sorores, die Plejaden, Töchter des Atlas, Sil.: Calypso, Auct. Priap. – **5** **Atlanticus,** a, um (Ἀτλαντικός), zum Gebirge Atlas gehörend, **atlantisch** = **westafrikanisch, libysch,** mare, der Atlantische Ozean, Cic. u. a.: ders. oceanus, Solin.: aestus, Solin.: accola, am Atlas wohnend, Sil.: munera, v. Zitrusholz, Mart. – **6** **Atlantigena,** ae, *f.* (Atlas u. gigno), **von Atlas gezeugt, des Atlas Tochter** = **Maja,** Anthol. Lat. 1042 M. – **7** **Atlantis,** tidis u. tidos, Akk. tidem u. tida, *f.* (Ἀτλαντίς), **a** **zum Gebirge Atlas gehörend,** silva, Zitruswald, Lucan. 10, 144. – auch Name mehrerer Inseln am Atlant. Ozean, deren größte nach Plato untergegangen sein soll, Plin. 6, 199; vgl. Amm. 17, 7, 13. – **b** **zum König Atlas gehörend,** weiblicher Nachkomme des Atlas, die **Atlantide,** Epitheton der Elektra, einer der Plejaden, Ov.: u. der Kalypso, Tibull. – Im Plur. Atlantides, die **Plejaden** und **Hyaden** sämtlich als Gestirne an den Himmel versetzt, Vergiliae gen., Hyg., Verg. u. a. – **8** **Atlantion,** ī, *n.*, der **unterste Halswirbel** (so gen., weil er die ganze Last des Kopfes u. der übrigen Halswirbel trägt), Plin. 28, 99. – **9** **Atlantius,** ī, *m.*, männlicher Nachkomme des Königs Atlas, Hermaphrodit, Urenkel des Atlas von Merkur, Hyg. fab. 271.

atnepōs, atneptis, s. adn...

atocium, ī, *n.* (ἀτόκιον), ein Mittel, das Unfruchtbarkeit der Frauen bewirkt, Plin. 29, 85.

atomus, a, um (ἄτομος), **unzerteilbar, unteilbar,** tus, Plin. 12, 62: segmentum paene at., Paul. Nol. ep. 31 (11). – Subst., **a** atomus, ī, *f.* (ἡ ἄτομος), jedes **unteilbare Ding** od. **Körperchen, Atom, Monade,** Cic. u. a. – **b** atomum, ī, *n.*, die **Spanne Zeit,** der **Augenblick,** in atomo (ἐν ἀτόμῳ), **im Nu, im Augenblick,** Tert. adv. Marc. 3, 24 u. a.

at-que u. **ac** (letzteres in der klass. Sprache nur vor Konsonanten), *Coni.* (aus ad-que, dah. in Hand- u. Inschr. zuw. auch adque geschr.), eine kopulative Partikel, deutsch: **und dazu, und auch, und,** bildet eine innige Verbindung u. Gleichstellung zwischen einzelnen Wörtern od. ganzen Sätzen (während et die Gegenstände bloß äußerlich aneinander knüpft). **I** **Verbindung einzelner Wörter,** u. zwar: **1** im Allg.: vitam parce ac duriter agebat, Ter.: spargere ac disseminare, Cic.: genus hominum liberum atque solutum, Sall. – Dah. **a** zuw. = *et … et, ut … ita, aeque ac:* hodie sero ac nequiquam voles, Ter.: copiam sententiarum atque verborum perspexistis, Cic.: nobiles atque ignobiles, Sall. – **b** in der Verbindung zweier Substst. zur Hendiadys, isto animo atque virtute, mit dieser tugendhaften Gesinnung,

Cic.: fama atque invidia, gehässige öffentliche Meinung, Sall.: clamore atque assensu, mit beifälligem Zuruf, Liv. – **c** dem Begriff des vorhergehenden Wortes einen gewichtvolleren anschließend, **und vielmehr, und namentlich, und sogar, und überhaupt** (s. Fabri Sall. Cat. 2, 3), ecquid habet is homo aceti in pectore? *CH.* Atque acidissimi, Plaut.: Fugin hinc? *B.* Ego vero, ac lubens, Ter.: rem difficilem (di immortales) atque omnium difficillimam, Cic.: alii intra moenia atque in sinu urbis sunt hostes, Sall. – u. so mit dem *Pron. dem.* hic, is, idem, z. B. negotium magnum est navigare atque id mense Quintili, und dazu noch usw., Cic.: duabus missis subsidio cohortibus a Caesare, atque his primis legionum duarum, Caes.: fratre meo atque eodem propinquo suo interfecto, Sall. – ebenso atque adeo, **und sogar, und noch mehr, und in der Tat,** Komik., Cic. u. a. – u. atque etiam, **und sogar auch, oder sogar auch,** id populare atque etiam plausibile factum est, Cic. – **2** bei Vergleichungen = **wie, als, a** nach Wörtern, die eine Gleichheit od. Verschiedenheit anzeigen, folglich nach aeque, aequus, idem, item, iuxta, par, proxime, similis, similiter, talis, totidem u. aliter, aliorsum, alius, contra, contrarius, dissimilis, secus, s. d. – Zuw. ist das Vergleichungswort (aeque, tantopere u. dgl.) aus dem Zusammenhang zu ergänzen, quem esse amicum ratus sum, atque ipsus sum mihi, Plaut.: digne ac mereor commendatus, Cass. b. Cic.: u. so (ohne vorhergehendes Vergleichungswort) ac si od. atque si, **als wenn, gleich als wenn,** Paul. dig. 2, 14, 4. § 3. u. ö. – **b** nach Komparativen für *quam:* amicior mihi nullus vivit atque is est, Plaut.: illi non minus ac tibi pectore uritur intimo, Catull. 61, 176: artius atque hederā procera astringitur ilex, Hor. – **c** zur Bezeichnung zweier Zeitmomente, am häufigsten mit *simul* verb., simul atque od. ac, **sobald als,** Cic.: selten mit principio, z. B. principio atque animus ephebis aetate exiit, Plaut.: u. mit statim, ICt. – **3** zur Anknüpfung einer Negation, die das Vorhergehende erläutert od. berichtigt, **und nicht, und nicht vielmehr,** decipiam ac non veniam, Ter.: si hoc dissuadere est, ac non disturbare atque pervertere, Cic.: quam ob rem enim scriba deducat ac non potius mulio, qui advexit, Cic. – Bei Plin. nat. hist. gew. in diesem Sinne atque (nicht ac) non.

II Verbindung ganzer Sätze, und, und so, und ebenso, 1 im Allg.: *P.* Antiquam adeo tuam venustatem obtines. *B.* Ac tu (und ebenso du) ecastor morem antiquum atque ingenium obtines, Plaut.: Africanus indigens mei? Minime hercle. Ac ne ego quidem illius, und so auch ich nicht seiner, Cic.: dah. zuw. mit sic, Quint. 12, 10, 67. – **2** beim Anknüpfen neuer, gleich wichtiger Argumente für irgendeine Behauptung, Cic. de legg. 1, 43. – **3** in der Erzählung, Liv. 5, 21, 17; 39, 49, 9. Tac. hist. 3, 30. – **4** beim Anknüpfen von Vergleichungen, atque ut, **ebenso wie, so gut als,** Plaut. (s. Brix Plaut. mil. 400 u. 1130). – atque ut … si, **und sowie … so** usw., Cic.: so auch ac velut … si, Verg u. a. – **5** zur Verbindung zweier sich unmittelbar berührender Zeitmomente, weshalb schon die alten Grammatiker den Begriff des Schnell-aufeinander-folgens annahmen und es, obwohl mit Unrecht, geradezu für statim, ilico (alsbald, sogleich), ohne alle kopulative Nebenbezeichnung, erklärten; es entspricht häufig dem deutschen **und so, und da,** atque atque accedit muros Romana iuventus, und so, und so rückt an die Mauern usw., Enn. fr.: quo imus unā; ad prandium? Atque illi tacent, und da schweigen sie, Plaut.: si brachia forte remisit, atque illum in praeceps prono rapit alveus amni, und so reißt ihn fort, Verg.: hic Quinctium … incautum hastā transfigit: atque ille praeceps cum armis procidit ante proram, Liv.: summa omnium exspectatio quidnam sententiae ferrent leves ac nummarii iudices: atque illi omnes sine ulla dubitatione condemnant, Cic. – **6** (wie oben *no.* I, c) zur Anknüpfung eines gewichtvolleren Gedankens, **und zwar, und sogar, und besonders,** quid me oportet Tullium pro Tullio facere? Ac mihi magis illud laborandum videtur, ut etc., Cic.: atque hic tantus vir tantisque bellis districtus nonnihil temporis tribuit litteris, Nep. – dah. auch bei Antworten, um das Gefragte od. Behauptete zu bestätigen, sed videone ego Pamphilippum cum fratre Epignomo? Atque is est, nun ja, er ist es, Plaut.: egon formidolosus? nemo est hominum, qui vivat, minus. *TH.* Atque ita opust, Ter. – u. so verb. atque (ac) … quidem: Tun vidisti? *SC.* Atque his quidem oculis, Plaut.: quo si civitas careat … id estne numerandum in bonis? *Q.* Ac maximis quidem, Cic. – **7** zur Anknüpfung eines Adversativsatzes, **und doch, und gleichwohl** (vgl. Brix Plaut. mil. 448. Ruhnken u. Spengel Ter. Andr. 1, 3, 20), mihi hercle non fit verisimile; atque ipsis commentum placet, Ter.: propera; atque audin, Ter.; bei Cic. dafür atque … tamen, ac tamen, z. B. Cic. de off. 3, 118; de or. 3, 35; Pis. 3 u. a. – **8** zur Anführung eines Einwurfs, den sich jmd. selbst macht, atque aliquis dicat, nihil promoveris, es kann nun einer sagen usw., Ter.: atque ego illi praeceptori … credidi non ea sola docenda esse etc., Quint. – Dah. sehr häufig in negativen Formeln, durch die ein Einwurf vorweggenommen wird, ac ne sine causa videretur edixisse, Cic.: ac ne forte hoc magnum ac mirabile esse videatur, Cic.: ac ne saepius dicendum sit, Cels.: ac ne forte roges, quo me duce, quo lare tuter, Hor. Seltener in einem Affirmativsatz, atque ut omnes intellegant, me etc. …, dico, Cic. de imp. Pomp. 20. – **9** sehr häufig dient es bloß zum allgemeinen Fortführen des Gedankens bei Behauptungen und in der Erzählung, deutsch **und zwar,** od. bl. **nun, und so, also** (vgl. Fabri Sall. Cat. 51, 35), atque ii, quos nominavi, Cic.: atque id primum in poëtis cerni licet, Cic.: ac si, sublato illo, depelli a vobis omne periculum iudicarem etc., wenn ich nun behauptete usw., Cic. – So **a** in der Parenthese, vulgo credere, Poenino (atque inde nomen ei iugo Alpium inditum) transgressum, Liv. – **b** am Schluss der Rede, atque in primis duabus dicendi partibus qualis esset, summatim breviterque descripsimus, und so haben wir denn kürzlich dargelegt usw., Cic.: ac de primo quidem officii fonte diximus, Cic.

III Besondere Verbindungen u. Redensarten: 1 alius atque alius, **bald dieser, bald jener; verschiedene,** dilatis alia atque alia de causa comitiis, Liv. – **2** atque eccum od. eccam, beim Erblicken eines Erwarteten od. Gewünschten, **nun sieh, da ist er (sie),** Ter. Andr. 580; eun. 455; Hec. 523. – **3** atque utinam, bei Anschließung eines Wunsches, Acc. tr. 190. Cic. Brut. 68; or. 22. Verg. ecl. 10, 35. Tibull. 3, 5, 27. Prop. 2, 9, 47. Ov. met. 14, 669. Liv. 21, 41, 13; 22, 60, 8. Quint. 10, 2, 15 u. a. – **4** atque omnia od. omnes, bei Verallgemeinerung einer Behauptung, **und so überhaupt,** atque haec omnia verbo continentur, Cic.: commoda civium non divellere, atque omnes aequitate eādem continere, und so vielmehr alle usw., Cic. – **5** mit anderen Konjunktionen, **a** nach et, z. B. non minis et vi ac metu, Cic. – **b** nach que, wie im Griech. τέ … καί, submoverique atque in castra redigi, Liv.; u. so Verg. Aen. 1, 7; 8, 486: ac … que, *ibid.* 1, 18. – **c** nach nec (neque), z. B. nec clavis, nec canis atque calix, Mart.; u. so öfter bei Tac. u. Suet. – **6** bei Dichtern in Aufzählungen öfter wiederholt, huius membra atque ossa atque artua, Plaut.: ab studio atque ab labore atque arte musicā, Ter.: haec atque illa dies, atque alia, atque alia, Catull.: atque deos atque astra, Verg.: atque Ephyre atque Opis et Asia, Verg.: aber atque … atque in der Steigerung, Verg. ecl. 5, 23. Tibull. 2, 5, 73.

at-quī (nicht adquī), *Coni.* (aus at u. qui [entst. aus quoi = quo]), zur nachdrücklichen Anknüpfung einer adversativen Behauptung, **auf welche Weise dagegen, dagegen eben, gleichwohl aber, aber doch, nun doch, vielmehr** (also eine rein adversative Partikel, das nachdrücklichere at, während atque ursprünglich rein kopulativ ist), **I** im Allg.: *TH.* Quid ais venefica? *PY.* Atqui certo comperi, Ter.: *CL.* satis scite promittit tibi. *SY.* Atqui tu hanc iocari credis? glaubst du vielmehr, sie scherze? Ter.: atqui mihi quoque videor, inquam, venisse, ut dicis, opportune, vielmehr glaube ich eben auch usw., Cic.: u. so Hor. carm. 1, 23, 9 (gleichwohl, ἀλλά τοι); u. Cic. de sen. 81 (dagegen eben). – zuw. zur Anknüpfung eines das Vorhergehende bestätigenden Gedankens, **ja freilich, allerdings,** *DO.* Salvus sis adulescens. *SO.* Siquidem hanc vendidero pretio suo. *DO.* Atqui aut hoc emptore vendes pulcre aut alio non potes, Plaut.; u. so Cic. de rep. 3, 8 (ja freilich); de legg. 1, 4 (allerdings): zuw. verb. atqui pol, atqui sic, wie Plaut. asin. 670. Ter. eun. 953. – so auch atqui si, **wenn nun**

eben; nun wohl, wenn; nun gut, wenn; od. adversativ, **wenn nun aber,** atqui si quaeres, ego quid exspectem, nun wohl, wenn, Cic.: atqui si ita placet, nun, wenn es so gefällig ist, Cic.: atqui si noles sanus, curres hydropicus, wohl denn, willst du gesund nicht laufen, Hor.: atqui si tempus est ullum, wenn es nun aber irgendeine Zeit gibt, Cic. – bei vorangehender Negation od. einer negativen Frage, deren Inhalt nicht geleugnet, aber durch einen anderen Gedanken gemildert wird, **gleichwohl eben, dagegen eben, dagegen vielmehr,** o rem, inquis, difficilem et inexplicabilem. Atqui explicanda est, Cic.: modum statuarum haberi nullum placet? Atqui habeatur necesse est, Cic. – zuw. verb. atqui certe, z. B. Cic. ad Att. 7, 7, 1; de nat. deor. 2, 18. – **II** insbes. zur Anfügung eines Untersatzes (*assumptio, propositio minor* in der philos. Sprache) in einer logischen Schlussfolge, **nun, nun aber,** quodsi virtutes pares sunt inter se, paria esse vitia etiam necesse est. Atqui pares esse virtutes … facillime potest perspici, Cic. – zuw. verb. atqui certe, **nun aber wenigstens, nun aber zuverlässig,** Cic. – ► Arch. atquei, Lucil. sat. 16, 4 u. 17, 6.

at-quīn, spät. Nebenf. für atqui, s. d.

Atrabatēs, Atrabaticus, a, um, s. Atrebatēs.

Atraces, s. Atrax.

Atracidēs, Atracis u. **Atracius**, s. Atrax.

atractylis, lidis od. lidos, Akk. lida, *f.* (ἀτρακτυλίς), eine distelartige Pflanze, aus der man Spindeln (ἄτρακτος) machte, **wolliges Bürstenkraut** (*Carthamus lanatus*, L.), Plin. 21, 90 u. 184.

ātrāmentāle, is, *n.* (atramentum), das **Tintenfass,** Gloss. ›atramentale, μελανδόχιον‹.

ātrāmentārium, ī, *n.* (atramentum), das **Tintenfass,** Vulg. Ezech. 9, 2 u. 3 11 (als Übersetzung des hebr. קסת). Vgl. Caper (VII) 108, 3 u. Gloss. ›atramentarium, μελανδόχιον‹.

ātrāmentārius, ī, *m.*, der **Tintenfabrikant,** Gloss. III, 308, 47; 529, 83.

ātrāmentum, ī, *n.* (ater), **jede schwarze Feuchtigkeit, Flüssigkeit, Schwärze,** sepiae atr., sepiarum atr., der schwarze Saft des Tintenfisches, Cels. 2, 29: atramenti effusione sepiae se tutantur, Cic. de nat. deor. 2, 127. – Künstlich zubereitet zu verschiedenem Gebrauch: **1 Schreiberschwärze, Tinte,** atr. librarium, Vitr. u. Plin.: atr. scriptoris, Vulg.: calamo et atramento temperato, Cic.: Antiochus epistulis bellum gerit, calamo et atramento militat, Cato oratt. fr. 7: haec cum scriberem, lacrimis atramentum temperavi, CIL 8, 9513. – **2 Kupfervitriol** od. **Kupfervitriolwasser,** auch von dem Gebrauch, den die Schuster zum Färben des Leders davon machen, **Schusterschwärze** gen., Scrib.: atr. sutorium, Cels. u. Plin.: dah. sutorio atramento absolutus putatur, von Karbo, der durch getrunkenen Vitriol sich ums Leben brachte, Cic. – **3** die **schwarze Farbe** der Maler, ein aus reiner Kohle bereitetes Schwarz, Vitr. u. Plin.: atr. Indicum, chinesische Tusche, Plin.: opera atramento illinere, mit einem feinen dunklen Firnis, Lack, Plin.: atramento notare alqd, Cels.: atramento duas lineas ducere, Cels. – zum Anstreichen der Wände, **schwarze Farbe, Schwarz,** Vitr.: atr. tectorium, Plin.

Atramītae, -ticus, s. Astramītae.

1. ātrātus, a, um (ater, s. Varr. LL. 8, 18), **I geschwärzt,** atr. dentes, Caecil. com. 268: atratum coquinae ministerium (Küchenpersonal), Amm. 14, 6, 17: atrati equi, am Wagen der sich verfinsternden Sonne, Prop. 3, 5, 34. – **II** insbes., **schwarz gekleidet, im schwarzen Gewand, im Trauergewand,** v. Bittenden u. Trauernden (Ggstz. albatus), Cic. Vat. 30 *sqq.* Tac. ann. 3, 2. Suet. Ner. 47, 2; Galb. 18, 2. Macr. sat. 3, 15, 4: atratus taetrā veste, *Acc. tr. 374.

2. Atrātus, ī, *m.*, ein kleiner Fluss in der Nähe von Rom, etwa **Schwarzwasser,** Cic. de div. 1, 98 u. 2, 58.

Atrax, acis (Ἄτραξ), **I** *m.*, ein Fluss in Ätolien, Plin. 4, 6. – Dav. **Atraces**, um, *m.*, die Anwohner des Atrax, die **Atracer,** Plin. 4, 6. – **II** *f.*, Stadt in der thessalischen Landschaft Histiäotis zwischen dem Fluss Titarsios u. dem (oberen) Peneios, Liv. 32, 15, 8. – Dav.: **a Atracius**, a, um, **atracisch,** poet. für **thessalisch,** ars, die magische Kunst, die die Thessalier vorzüglich stark trieben, Stat.: virgo (= Atracis, s. d.), Val. Flacc. – **b Atracidēs**, ae, *m.*, der **Atracide,** poet. = der Thessalier, v. Cäneus, Ov. met. 12, 209. – **c Atracis**, cidis, *f.*, die **Atracidin,** poet. = Thessalierin, Hippodamia, Ov. her. 16 (17), 248 u. a.

Atrebatēs, ium u. um, *m.*, Völkerschaft in Gallia Belgica, im jetzigen *Artois* od. *Dép. du Pas de Calais,* Caes. b. G. 2, 4, 8. Sidon. carm. 5, 219. – Im Sing. **Atrebas**, batis, der **Atrebate,** Caes. b. G. 4, 35, 1. – Dav. **Atrebaticus**, a, um, **atrebatisch,** Treb. Poll. Gall. 6. § 6.

Atreus, eī, Akk. eum u. (b. Dichtern) zuw. ea, Vok. Atreu, *m.* (Ἀτρεύς), Sohn des Pelops u. der Hippodamia, Bruder des Thyestes, Vater des Agamemnon u. Menelaus, König von Argos u. Mykene, Acc. tr. 198. Varr. r. r. 2, 1, 6. Cic. Tusc. 4, 77. Ov. met. 15, 855; am. 3, 12, 39. Sen. Thy. 486 (wo Akk. Atrea) u. *ibid.* 513 (wo Vok. Atreu); vgl. Hyg. fab. 85 *sqq.* – Seine Schicksale als Gegenstand einer gleichnam. Tragödie des Attius, Gell. 13, 2, 2. – Dav.: **a Atrēus**, a, um, **atrēisch,** poet. für **argivisch,** sanguis, Stat. Theb. 8, 743. – **b Atrīdēs** u. (selten) **Atrīda**, ae, Vok. u. Abl. ā, *m.* (Ἀτρείδης), männlicher Nachkomme des Atreus, der **Atride,** non minor Atr. (Menelaus), non bello maior et aevo (Agamemnon), Ov. met. 12, 632 (u. so minor Atr. auch Ov. her. 5, 101. Sen. Agam. 513. Auson. ep. 16, 11. p. 175 Schenkl.; u. so Atr. öfter für Agamemnon, Hor. u. a. (auch Apul. de deo Socr. 17); seltener für Menelaus, Hor. u. a.: im Plur. Atridae, die **Atriden,** d. i. Agamemnon u. Menelaus, Plaut., Hor. u. a.: reges Atridae, Poet. tr. b. Rhet. Her. 3, 34 (Ribbeck Trag. fr. p. 238, 1: reges et Atridae). – ► Nom. Atrida, Prop. 2, 14, 1. Sen. Agam. 292: Akk. Atridam, M. Caes. b. Fronto ad M. Caes. 1, 4. p. 10, 20 N. u. 1, 5. p. 12, 15, N. Auson. ep. 16, 11. p. 175 Schenkl: Vok. Atrida, Hor. sat. 2, 3, 187: Abl. Atridā, Sen. Agam. 293. Epit. Iliad. 327.

Atriānus, s. Hadriānus unter Hadria.

ātriārius, ī, *m.* (atrium), der **Reiniger des Atriums,** Ulp. dig. 4, 9, 1. § 5 u. a. CIL 10, 6638 C. 2, 6.

atribux (ater u. bucca) = *truculentus,* **griesgrämig,** Auson. ep. 22, 19 Schenkl. u. Peiper; vgl. Gloss. IV, 22, 37 attribux senex atrix (= atris buccis).

ātricapillus, a, um (ater u. capillus), **mit schwarzem Haarbüschel** (auf dem Kopf), Paul. ex Fest. 124, 15. Vgl. Gloss. ›atricapillus, μελαγκόρυφος, μελάνθριξ‹.

ātricolor, ōris (ater u. color), **schwarzfarbig,** Cadmi filioli atricolores, v. den mit Tinte geschriebenen Buchstaben, Auson. ep. 7, 52. p. 165 Schenkl.

Atrīda u. **Atrīdēs**, s. Atreus.

ātriēnsis, is, Abl. e u. ī, *m.* (atrium, s. Varr. LL. 8, 61) = διαιτάριος, διαιτάρχης, (Gloss.), der Aufseher des Atriums u. des Hauses übh., der **Hausdiener, Hausmeister, Kastellan** (ital. *maestro di casa;* vgl. Varr. LL. 8, 61), Plaut. asin. 264. Cic. parad. 5, 38; Pis. 67. Col. 12, 3, 9. Petr. 29, 9. Suet. Cal. 57, 2: ex alticinctis atriensibus unus, Phaedr. 2, 5, 11.

ātriolum, ī, *n.* (*Demin.* v. atrium, w. vgl.), ein **kleines Atrium,** Cic. ad Att. 1, 10, 3; ad Q. fr. 3, 1, 1. § 2. Sen. contr. 1. praef. § 11. Vulg. Ezech. 46, 21 *sqq.* CIL 6, 10876.

atriplex, plicis, (verdorben aus ἀτράφαξυς, Spinat), *n.*, **Melde,** ein Küchengewächs, Col. u. a. (*masc.* b. Plin. Val. 4, 7): Plur., Cass. Fel. 1. p. 7, 9. – Nbf. atriplexum, ī, *n.*, Paul. ex Fest. 29, 3.

ātritās, ātis, *f.* (ater), die **Schwärze,** Plaut. Poen. 1290. Paul. ex Fest. 28, 18 (wo aber viell. atrītus = *atratus* zu lesen).

ātritūdo, dinis, *f.* (ater) = μελανία, die **Schwärze,** Gloss. II, 366, 49.

ātrium, ī, *n.* (vgl. αἴθριος, ὑπαίθριος), das **Atrium,** in den altital. ländlichen Wohnungen eine vom Rauch des Kaminfeuers geschwärzte Stube (noch heute in den kleinrussischen Häusern ähnl. »die schwarze Stube« gen.); später der erste oder vorderste und zugleich der größte bedeckte Saal des Hauses, die **Halle,** Vitr. 6, 5 (8), 3. Quint. 11, 2, 20: atria minora ac maiora, Vitr. 6, 5 (8), 5. – Dass das Atrium aus einem bedeckten Raum bestand und nicht mit *cavaedium* gleichbedeutend sein kann, erhellt hinreichend aus seiner Bestimmung u. den hier getriebenen Beschäftigungen. Im Atrium stand das Braut- u. Ehebett (lectus genialis od. adversus, *sc.* ianuae), s. Schmid Hor. ep.

1, 1, 87. – Hier waren die Ahnenbilder (imagines od. expressi cerā vultus) aufgestellt, Sen. de ben. 3, 28, 1. Iuven. 8, 19 *sq.* Mart. 2, 90, 6. Val. Max. 5, 8, 3; auch andere Gemälde aufgehängt, Plin. 34, 55. – Hier beschäftigte sich die Hausfrau nebst ihrer weiblichen Umgebung mit Weben und ähnlicher Arbeit, Arnob. 2, 67. – Im Atrium pflegte man in den ältesten Zeiten das Mahl einzunehmen, Cato fr. bei Serv. Verg. Aen. 1, 726; es war übh. der Sammelplatz der Familie. – Hier erwarteten die Klienten den Patronus u. den Jurisconsultus, Hor. ep. 1, 5, 31. Iuven. 7, 7 u. 91: hi non *in foro* nec *in consultorum atrio,* sed in Pythagorae tacito illo sanctoque secessu iura didicerunt, Sen. ep. 90, 6. – Auch bei öffentlichen Gebäuden gab es atria, atrium publicum in Capitolio, Liv. 24, 10, 9: Palatii atrium, Serv. Verg. Aen. 11, 235: atrium sutorium, Fasti Praen. Mart. 23 (CIL 1. p. 315): atria auctionaria, Cic. agr. 1, 7. CIL 9, 3307; dgl. die Atria Licinia sein mochten, Cic. Quinct. 25; bl. Atria gen. b. Iuven. 7, 7. – Bes. hatten die Tempel ein Atrium, wie atrium Libertatis (am Forum, Cic. ad Att. 4, 16, 14, doch auch eine aedes Libertatis auf dem Aventinus, Liv. 24, 10 *extr.*), u. dort war das Archiv der Zensoren (Liv. 43, 16, 13), dort wurden Kriminaluntersuchungen vorgenommen (Cic. Mil. 59), Losungen abgehalten (Liv. 45, 15, 5), Gesetze angeheftet (Fest. p. 241[a], 31), dort war auch die von Asinius Pollio angelegte Bibliothek aufgestellt (Ov. trist. 3, 1, 71). – atrium Vestae, der Aufenthalt der Vestalinnen, am südwestlichen Ende des Forums, am Fuße des Mons Palatinus gelegen, Ov. fast. 6, 263. Plin. ep. 7, 19, 2; dass. atrium regium, Liv. 26, 27, 3. – ► Bei Dichtern häufig der Plur. atria = Sing. atrium, u. wegen der Größe u. Pracht genannt ampla (Verg. Aen. 1, 725), longa (*ibid.* 2, 483), alta (*ibid.* 4, 665), regalia (Ov. met. 5, 3), marmore tecta (*ibid.* 14, 260). – Ebenso Plur. meton. für »Wohnungen der Reichen, Paläste«, atria divitis Crassi, Varr. sat. Men. 36: atria duo Maenium et Titium, Liv. 39, 44, 7: *plebis aedificiis* obseratis, patentibus *atriis principum,* Liv. 5, 41, 7; u. poet. für **»eine** Wohnung, **ein** Haus«, Ov. her. 15 (16), 184. Ov. met. 13, 968 u. s. – u. von den »Hallen« der Götter, Ov. met. 1, 172. Stat. Theb. 1, 197.

atrōcitās, ātis, *f.* (atrox), **I** das **Grässliche, Greuliche, Abscheuliche, Entsetzliche, Scheußliche, Schauderhafte, Furchtbare, Schreckliche, Unheilvolle, Empörende,** die **Abscheulichkeit, Scheußlichkeit, Furchtbarkeit** (Ggstz. clementia), maris, Col.: rei, Cic.: sceleris, Sall.: facinoris, Liv.: ipsius facti atrocitas aut indignitas, Cic.: criminis, Tac., criminum, Curt.: poenae, Liv.: temporis atrocitas, Schreckenszeit, Cic.: temporum, furchtbare Not, Suet.: insequentium temporum, die schrecklichen Zeiten, die auf ihn folgten, Suet.: habet atrocitatis aliquid legatio, die Absendung eines Gesandten hat einen drohenden Charakter, Cic.: consilium iniit nefandae atrocitatis, Suet. – Plur., crudelissimae mulieris atrocitates, Abscheulichkeiten, abscheuliche Schandtaten, Apul. met. 10, 28: miserae mortium atrocitates, Firm. math. 6, 31. p. 179, 56. – **II** übtr., die **unbeugsame Härte** od. **Strenge, Unbarmherzigkeit, Erbarmungslosigkeit, Menschenfeindlichkeit,** Samnitum, Amm.: animi, Acc. fr. u. (Ggstz. quaedam humanitas et misericordia) Cic.: animi *in* exigendis poenis, Sen.: morum, Tac.: formularum, Quint.: invidiosa atr. verborum, schneidende Härte deines Ausdrucks, Cic.: atrocitas ista quo modo in veterem Academiam inruperit, Cic.

atrōciter, *Adv.* m. *Compar.* u. *Superl.* (atrox), **greulich, entsetzlich, empörend, furchtbar, Unheil drohend,** u. bl. **drohend, mit unbeugsamer Strenge, unbarmherzig, erbarmungslos,** Verri nimis atr. minitans, Cic.: contentā voce *atrociter* dicere et summissā *leniter,* Cic.: atr. ferre legem, Cic.: atr. in rogationem latoremque ipsum invehi, Liv.: atr. deferre crimen, in den schwärzesten Farben, Tac.: cum omnibus horis aliquid atr. fieri videmus, ein entsetzliches Ereignis eintreten sehen, Cic. – atrocius in alqm saevire, Liv.: labores itinerum atrocius accipiebantur, mit umso größerem Ingrimm, Tac. – de ambitu atrocissime (mit den furchtbarsten Ausfällen) agitur in senatu, Cic.: et (leges) atrocissime exercuit, Suet.

Atropatēnē, ēs, *f.* (Ἀτροπατηνή), der nördliche Distrikt von Medien, Plin. 6, 42: Genet. Atropatenae, Amm. 23, 6, 27. – Dav. **Atropatēnī,** ōrum, *m.* (Ἀτροπατηνοί), die Einw. von Atropatene, die **Atropatener,** Plin. 6, 42. Avien. descr. orb. 1214.

atrophia, ae, *f.* (ἀτροφία), das **Nachlassen der Ernährung** (nutrimenti desertio, quam Graeci atrophian vocant, Cael. Aur. chron. 2, 1, 7), die **Abzehrung** dessen, der sich nicht mehr gehörig nährt, die **Abmagerung, Atrophie,** Cael. Aur. chron. 2, 14, 200 u. a. Th. Prisc. 2, 11 (griech. bei Cels. 3, 22. § 2).

atrophus, a, um (ἄτροφος), **abzehrend** (vgl. atrophia), subst., **a** atrophī, ōrum, *m.*, **Abzehrende, Abmagernde,** Plin. 26, 110 u. a. – **b** atropha, ōrum, *n.*, **abmagernde Körperteile,** Plin. 22, 54 u. 27, 63.

Atropos, ī, *f.* (ἄτροπος, unabwendbar), die eine der drei Parzen, Mart. 10, 44, 6. Stat. silv. 4, 8, 18; Theb. 3, 68. Auson. parent. 15, 7. p. 48 Schenkl. CIL 8, 212, 70. Vgl. Clotho.

atrōtus, a, um (ἄτρωτος), **unverwundbar,** Hyg. fab. 28 u. 30.

atrox, trōcis, *Adi.* m. *Compar.* u. *Superl.* (v. ater, wie ferox v. ferus), »sich schwarz, d. i. Unheil drohend, zeigend« = **grässlich, unheilvoll, Unheil bringend, greulich, scheußlich, schauderhaft, furchtbar, schrecklich, I** eig.: exta, Naev. b. Pun. fr.: res scelesta, atrox, nefaria, Cic.: atroces res (Ggstz. mites), Quint.: atr. facinus, caedes, Liv.: nihil umquam atrox ausus, Eutr.: m. 2. *Sup.*, illa species quam atrox visu, Nazar. pan. 22, 4. – v. Krieg, Kampf, Gefahr u. a. Übeln, **grässlich, grimmig, blutig, mörderisch, schrecklich** usw., bellum, Sall.: proelium, pugna, certamen, Liv.: periculum, Liv.: valetudo, schwere Krankheit, Tac. – v. der Jahreszeit, v. dem Wetter usw., wie unser **grässlich, schauderhaft, fürchterlich,** hora flagrantis Caniculae, Hor.: aestas, Claud.: hiems (Ggstz. clemens hiems), Col. u. Plin.: tempestas (Ungewitter), Liv.: nox nimbo atrox, Tac. – von Befehlen, Nachrichten usw., **grässlich, Schrecken erregend, Unheil drohend** (vgl. Heräus Tac. hist. 1, 15, 22), imperium, Liv.: edicta, Tac.: responsum, Liv.: nuntii, Tac.: rumor, Tac.: mendacium, Tac.: atrocissimae litterae, Schreckenspost, Cic. – von der Rede, **in drohendem** od. **strengem, schneidendem Ton abgefasst, schneidend, drohend, wütend** (s. Heräus Tac. hist. 2, 40, 8), vehemens atque atrox orationis genus (Ggstz. alterum genus lenitatis et mansuetudinis), Cic.: peroratio in alcis digitum, Plin.: mandata, Tac.: *n. pl.* subst., haec vulgus, proceres atrociora, führten noch drohendere Reden, Tac. hist. 5, 25. – **II** übtr., v. leb. Wesen, deren Charakter usw., **grässlich, gefährlich, grimmig, unbändig, wild, trotzig, unbarmherzig** (Ggstz. clemens), contio, Liv.: Medea, Quint.: Agrippina semper atrox, Tac.: filia longo dolore atrox, empört, Tac.: atr. ingenium (Sinn), Liv.: atr. malitia, Pacuv. fr.: saevissimi principis atrocissima effigies, Plin. pan.: m. *Genet.*, atrox odii (in ihrem Hass) Agrippina, Tac. ann. 12, 22: m. *ad* u. *Gerund.*, negat ullum atrocius esse animal ad conficiendum hominem in aqua, Plin. 9, 91. – u. **trotzig** = **fest, unbeugsam,** animus Catonis, Hor.: confidentia, Pacuv. fr.: fides, virtus, Sil.: odium in prole paternum exercebat atrox, Ov. – ► Bei spät. Dichtern auch ătrox gemessen, s. Sen. Troad. 298 (292); Thyest. 745. – Spätlat., atrox pix = *atra pix* (?), Pelag. vet. 26. p. 89.

ātrusca, ae, *f.* (ater), eine Weintraubenart, Macr. sat. 2, 16. § 7.

1. atta (ἄττα), **Atta** = **Vater, lieber Vater,** freundliche Anrede, urspr. der Kinder an den Vater, Paul. ex Fest. 13, 18 (*in v.* atavus); dann jüngerer Männer an ältere, Paul. ex Fest. 12, 11.

2. Atta, ae, *m.*, röm. Beiname (urspr. dessen, der wegen eines Fehlers an den Beinen mehr auf den Fußspitzen dahinschwebt als geht [wahrsch. v. ἄττειν, sich leicht od. schnell bewegen], Paul. ex Fest. 12, 10), unter dem bes. bekannt: C. Quintius Atta, ein röm. Bühnendichter, der volkstümliche Komödien (fabulae togatae) schrieb (gest. 102 v. Chr.), Hor. ep. 2, 1, 79 (mit Anspielung auf die Bedeutung des Beinamens).

attāctus (adtāctus), ūs, *m.* (attingo), das **Anrühren,** die **Berührung, a** im Nom.: asper attactus, Mam. Claud. de stat. anim. 1, 23: nos apostolorum erudivit auditus, nos confirmavit attactus, Leo serm. 1. in Ascens. – **b** im *Acc.*: ad extrinsecus rei venientis attactum ita afficitur, Arnob. 7, 28: quo modo ad dexterae salutaris attactum fugiat dolor, Ambros. in Luc. 10, 70; u. so im *Acc.* noch Cassian.

collat. 19, 16. Arnob. iun. de deo trino 1, 19 u. 2, 20. – **c** gew. im *Abl.*: corium attactu non asperum et durum, Varr. r. r. 2, 5, 8: volvi attactu nullo, Verg. Aen. 7, 350: attactu continuo, Apul. de mund. 27: sine ullo attactu viri, Lact. 4, 14, 1; u. so im *Abl.* noch Iuvenc. 1, 776. Pallad. 1, 35, 11. Ambros. in psalm. 118. serm. 6. *no.* 15 *extr.* Iulian. bei Augustin. c. sec. resp. Iul. 6, 20 *in.*

attacus, ī, *m.* (ἀττακός), eine Art Heuschrecken mit kurzen Flügeln, Vulg. levit. 11, 22.

attagēn, gēnis, Akk. gēna, *m.* (ἀτταγήν), eine Art wilder Hühner, Ionicus od. Ionius, nach einigen das **Haselhuhn** (*Tetrao bonasia,* L.), nach anderen der **Frankolin** (*Tetrao Francolinus,* L.), Hor. epod. 2, 54. Plin. 10, 133. – Nbf. attagēna, ae, *f.*, Mart. 2, 37, 3 u. 13, 61, 12: Phrygia attagena, Varr. sat. Men. 403 (b. Gell. 6 [7], 16, 5). – Nomin. Plur. attagenae, Marc. Emp. 20. fol. 114 (a), 10: Genet. Plur. attagenarum, Mart. 13, 61, 2. Edict. Diocl. 4, 30.

attăgus, ī, *m.* (ion. ἄττηγος) = *hircus,* Arnob. 5, 6.

Attalēnsēs, ium, *m.*, die **Attalenser,** d. i. die Einwohner der Stadt Attalīa (Ἀττάλεια), in Pamphylien, am innersten Teil des pamphyl. Meerbusens, westl. vom Katarrhaktes, noch j. *Adalia,* Cic. agr. 1, 5 u. 2, 50.

Attalis, s. Attalus.

Attalus, ī, *m.* (Ἄτταλος), Name mehrerer Könige in Pergamum, unter denen am berühmtesten sowohl durch seinen Reichtum u. prächtigen Hausrat, als durch die Erfindung der Kunst, Gold in die Kleider zu weben, Attalus III. Philometor (Varr. r. r. 1, 1, 8), der die Römer als Erben seiner Schätze u. seines Reiches einsetzte, Plin. 8, 196. Liv. epit. 58. Vitr. 4, 1, 4. Vell. 2, 4, 1. Hor. carm. 2, 18, 5. – Dav.: **a Attalicus,** a, um (Ἀτταλικός), **attalisch,** hereditas, Varro: agri, im Cherrones, Cic.: urbes, pergamenische, Hor.: reges, Vitr.: vestes, Prop., od. aulaea, Sil., od. subst. bl. Attalica, ōrum, *n.*, Plin., mit Gold durchwebte Kleider oder Vorhänge usw.: condiciones, die glänzendsten usw., Hor. – **b Attalis,** lidis, Akk. lida, *f.* (Ἀτταλίς), die **attalische Phyle** (**Zunft**) in Athen, so gen. zu Ehren des Königs Attalus, Liv. 31, 15, 6.

at-tamen (meist getrennt geschr.), *Coni.*, **aber doch, allein,** Liv. 3, 56, 5. Sen. contr. 9, 2 (25), 16 u. a.

attāminātio, ōnis, *f.* (attamino), die **Berührung, Betastung,** Augustin. c. Cresc. 4, 4, 5.

at-tāmino (ad-tāmino), āvī, ātum, āre (aus ad u. tagmino v. tango; nachklass. für contamino), **berühren, antasten, I** im Allg.: hominem forte, Augustin. de civ. dei 22, 22. p. 531, 21 D.: alqd, Ambros. de inst. virg. 16; de off. 1, 36, 184 u. a. Eccl. – **II** prägn. **1** = **nehmen, rauben,** Capit. Gord. 27, 1. – **2** = **entehren, beflecken, schänden,** virginem, Iustin. 21, 3, 4: alqm Iudaicis sacramentis, Cod. Theod. 3, 1, 5: sacrum opus, Porphyr. Hor. ep. 1, 3, 9. – übtr., quae imprudentia regendae coniugis attaminavit, Aur. Vict. Caes. 16, 2.

attāt (atāt) od. wiederholt attatae, attattatae, *Interj.*, ein Ausruf der Freude, des Schmerzes, der Verwunderung, der Furcht, der Ermahnung u. dgl., **ha!** Komik. u. Cato orat. fr. 2. p. 37, 6. Iord. (b. Fronto p. 100, 5 N.). Vgl. Ribbeck Coroll. ad Comic. Lat. fr. p. XII. Spengel Ter. Andr. 125 u. (über den Tonwechsel) Bentley Ter. Andr. 1, 1, 98. Brix Plaut. capt. 661.

attegia, ae, *f.* (gallisches Wort), eine **Erdhütte,** Iuven. 14, 196. CIL 13, 6054.

attegro, āre, als *t. t.* der Opferspr. = **Wein** beim Opfer **aufgießen,** Paul. ex Fest. 12, 3.

attelebus, ī, *m.* (ἀττέλεβος), eine Art kleiner Heuschrecken ohne Flügel, Plin. 29, 92.

attemperātē (adtemperātē), *Adv.* (attemperatus v. attempero), **recht passend,** itane attemperate evenit, ut etc., Ter. Andr. 916: attemperatissime exclamare, Mar. Mercat. apol. adv. Theodoret. *in.*

attemperiēs (adtemperiēs), ēī, *f.* (attempero), die **Mäßigung,** Cod. Theod. 9, 3, 2.

at-tempero (ad-tempero), āvī, ātum, āre, **anpassen, anfügen,** Vitr. 10, 7 (12), 2: gladium sibi, auf sich richten, Sen. ep. 30, 8.

attemptātio, s. attentātio.

attempto, attemto, s. at-tento.

at-tendo (ad-tendo), tendī, tentum, ere, **hinspannen, hinstrecken,** spannend, streckend **hinrichten, I** körperl. Objj.: arcum meum et ipse vigor attetendit, Apul. met. 2, 16. – simul aurem attendo, ut quirem exaudire amplius, Acc. tr. 281. – m. Ang. **wohin?** caput eodem, Hyg. astr. 3, 20 *in.*: caelo (Dat.) manus, Apul. met. 11, 13. – Passiv attendi medial = **sich hinerstrecken,** fluvio praeterlabenti (v. einem Hain), Apul. met. 6, 11: ante fores (v. Balken), *ibid.* 4, 6. – **II** den Geist = **seinen Geist** auf etw. **spannen, seine Aufmerksamkeit** auf etw. **richten,** auf etw. **aufmerken, aufmerksam achten, a** um etw. zu vernehmen, **α** vollst. att. animum, z. B. date operam, cum silentio animum attendite, ut etc., Ter.: quo tempore igitur aures iudex erigeret animumque attenderet? Cic. – u. m. Ang. **worauf? αα** durch *ad* m. Akk.: att. animos ad ea quae consequuntur, Cic. – **ββ** durch folg. indir. Fragesatz: nunc quid velim, animum attendite, Ter. – **γγ** durch *Dat.*: dictis animum, Lucil. sat. 27, 33: nostreis animos dictis, *ibid.* 30, 115. – **β** bl. attendere, z. B. audire atque att., Cic.: bene att., diligenter att., Cic.: magis att., Quint. – m. Ang. **worauf? αα** durch *Acc.*: primum versum legis, Cic.: alqd diligenter, Quint.: alqm magnopere, alqd non magnopere, Cic.: cetera neglegentius, es mit dem übrigen nicht so genau nehmen, Cic.: alqm satis belle, Cic.: alqm diligenter in hoc novo genere dicendi, Cic.: erigite mentes auresque vestras et me de invidiosis rebus dicentem attendite! Cic. – *Pass.*, attenditur versus pars, Cic. – **ββ** durch *Acc.* u. *Infin.*: non attendere superius illud eā re a se esse concessum, Cic. – **γγ** durch folg. indir. Fragesatz: forte lubuit attendere, quae res maxime tanta negotia sustinuisset, Sall.: si paulo diligentius, quid de his rebus dicat, attenderis, Cic.: attende, cur etc., Phaedr. – **δδ** durch *Dat.*: sermonibus malignis, Plin. ep.: Caesari, Plin. pan.: magistro interpretanti tacitus attendas, Fronto. – **εε** (mit u. ohne sibi) m. *ab* u. Abl., **sich hüten** vor usw., ab alqo u. ab alqa re, Eccl. – **b** um etw. zu finden od. zu erreichen, **α** vollst. att. animum, mit Ang. **worauf? αα** durch *ad* m. Akk.: att. animum ad cavendum, Nep. – **ββ** durch folg. indir. Fragesatz: iubet peritos linguae attendere animum, pastorum sermo agresti an urbano propior esset, Liv. – **β** bl. attendere, m. Ang. **worauf? αα** durch *Acc.* od. einen Objektssatz: immo id hercule, inquit, ipsum attendo, Cic. – attendemus, *ut* quam saluberrime reficiantur, Plin. ep.: illud att., *ne* etc., Cels.: u. so utique attendendum est, *ne* etc., Cels. – puer, *ne* attenderis petere a me id quod nefas sit concedi tibi, Acc. tr. – **ββ** durch *Dat.* = einer Sache seine Aufmerksamkeit widmen, minimum eruditioni, eloquentiae plurimum, Suet.: iuri, Suet. – m. Ang. **in Betreff wessen?** durch *de* m. Abl.: cum de necessitate attendemus, Cic.: animus tamen erit sollicitus, ut nihil possit de officiis legationis attendere, Cic. – ► Redupl. *Perf.* attetendi, Apul. met. 2, 16.

attentātio (ademptātio), ōnis, *f.* (attento), der **Versuch,** Symm. ep. 6, 9. Cod. Theod. 10, 3, 5; 16, 2, 26. Oros. 2, 3, 4.

attentē, *Adv.* m. *Compar.* u. *Superl.* (attentus), gespannt = **aufmerksam, mit gespannter Aufmerksamkeit,** alcis officia fungi, Ter.: intellegenter atque attente, benigne attenteque audire alqm, Cic. – numquam benignius atque attentius quemquam auditum, Cic.: acrius et attentius cogitare de etc., Cic. – nos raucos saepe attentissime audiri video, Cic.

attentio, ōnis, *f.* (attendo), **I** die **Anspannung,** übtr., animi, die A. des Geistes für einen bestimmten Zweck, die Aufmerksamkeit, Cic. de or. 2, 150: u. so bl. attentio, Quint. 4, 1, 34. Augustin. serm. 288. 1. Vulg. sap. 12, 20. Serv. Verg. Aen. 2, 69. – **II** (= ἔνδειξις), die **Nachweisung, Anzeige,** recentis vulneris, Cael. Aur. chron. 2, 12, 146.

at-tento (ad-tento) od. **at-tempto** (ad-tempto) od. **at-temto,** āvī, ātum, āre, **antasten, I** eig.: ruinam alcis manu suā (im Bild), Val. Max. 5, 3, 5: arcum digitis, zu spannen versuchen, Claud. rapt. Pros. 3, 217. – **II** übtr.: **1 versuchen, a** etw. **versuchen, sich** in etw. **versuchen,** neque vim neque naturam eius (generis) nec partes nec genera proponunt, ut praeteriri omnino fuerit satius quam attentatum deseri, Cic.: locos laetiores, Tac. dial.: argumentorum locos singulos, Quint. – m. folg. *Infin.*, Oros. 5, 19, 5. – **b** jmdm. durch Bestechung **beizukommen suchen, zu verführen suchen, zur Untreue, zum Abfall zu verleiten suchen,** omnium adversarios, omnium inimicos diligenter cognoscere, colloqui, attentare, Cic.: classem, Cic.: Capuam, Cic. – **2** feindl. antasten = **angreifen, anfechten,** patriam nefarie, Val. Max.: alqm vi, Tac.: alqm bello, Stat.: alqd linguā, Cic.: ne compositae orationis insidiis sua fides attentetur, seine Leichtgläubigkeit in Schlingen gelegt werde, Cic. – att. alcis testamentum, Val. Max.: iura, Hor.: pudicitiam, zu beflecken suchen, ICt.: u. so uxorem alienam, Augustin. serm. 8, 10: annonam, verteuern, ICt. – aegritudo insolens mentem attentat tuam, Pacuv. tr. 60.

1. **attentus** (adtentus), a, um, **I** *Partic.* v. attendo u. attineo, s. d. – **II** *Adi.* m. *Compar.* u. *Superl.* (attendo), **1 gespannt, a gespannt** (Ggstz. lassus), ut animus in spe atque in timore usque antehac *attentus* fuit, ita, postquam adempta spes est, *lassus* curā confectus stupet, Ter. Andr. 303 *sq.* – **b** = **starr,** visus, Cael. Aur. acut. 1, 2, 32: oculi, Cael. Aur. chron. 1, 5, 152. Veget. mul. 3, 43, 1. – **c** = **aufmerksam,** animus, Ter. u. Cic.: auris, Hor.: attentissima cogitatio, Cic.: attentissimo consilio, Val. Max.: attentissimā curā, Val. Max. – v. Pers., auditor, Cic.: iudex, Cic. – **2 aufmerksam = sorgfältig bedacht auf** usw., m. *Genet.*, continentiae (auf Enthaltsamkeit), Val. Max. 2, 5, 5: communis boni, Sen. de clem. 2, 5, 3. – bes. = **aufmerksam** auf Erhaltung seines Vermögens, **genau** (s. Fritzsche Hor. sat. 2, 6, 82), attentior od. nimium attentus ad rem, Ter.: asper et attentus quaesitis (Dat.), Hor.: u. absol., paterfamilias, Cic.: pater, Hor.: attenta vita et rusticana, Cic.

2. **attentus** (adtentus), Abl. ū, *m.* (attendo), die **Spannung,** das **Gespannthalten,** cum oculorum suspenso attentu, Cael. Aur. chron. 3, 1, 3.

attenuātē (adtenuātē), *Adv.* (attenuatus), **schlicht, einfach darlegend,** attenuate presseque dicere (Ggstz. sublate ampleque), Cic. Brut. 201.

attenuātio (adtenuātio), ōnis, *f.* (attenuo), die **Abschwächung,** dah. **a** die **Verminderung,** suspicionis, Rhet. Her. 2, 3. – **b** der **schlichte Ton** der Darstellung, facetissima attenuatio verborum, Rhet. Her. 4, 16.

attenuātus (adtenuātus), a, um, *PAdi.* m. *Superl.* (v. attenuo), **abgeschwächt, a** übh. = **geschwächt, vermindert,** fortunae familiares attenuatissimae, Rhet. Her. 4, 53. – **b** insbes.: **α** v. der Stimme usw., **ins Feine-, in den Diskant übergehend, übergehalten, fein,** vox paululum attenuata, Rhet. Her.: acuta atque attenuata nimis acclamatio, Rhet. Her. – **β** v. der Rede, gleichs. dünngesponnen, d. i. **schlicht, einfach, nüchtern,** im üblen Sinne **mager, matt,** oratio (Ggstz. gravis oratio), Rhet. Her.: genus orationis, Rhet. Her.: constructio verborum, Rhet. Her.: ipsa illa pro Roscio iuvenilis abundantia multa habet attenuata, Cic.: eius oratio nimiā religione attenuata, Cic. – ► *Compar.* attenuatior, Augustin. de anim. quant. 22, 38.

attenuitās, ātis, *f.* (attenuo), die **Abschwächung, Schwächung,** stomachi, Cael. Aur. de signif. diaet. pass. 60.

at-tenuo (ad-tenuo), āvī, ātum, āre, **verdünnen, abschwächen, verkleinern, vermindern, herunterbringen** (im Passiv **herunterkommen**), **I** eig.: **a** übh.: **α** dem Umfang nach, arboris umbram, Catull.: corpus, Ov.: ubi sortes suā sponte attenuatae erant, waren eingeschwunden, Liv. – lingua (leonis) limae similis attenuansque lambendo cutem hominis, Plin. – foliorum exilitas attenuata usque in fila, Plin.: attenuata in filum metalla, Hier. – **β** der numerischen Stärke (der Zahl, Menge) nach, legio proeliis attenuata, Caes.: armorum speciem *diffundendi* ex industria vel *attenuandi* perquam scientissimus, sein Heer absichtlich scheinbar zu vergrößern oder zu verkleinern, Amm. 24, 1, 3. – **γ** der dynamischen Stärke nach, vires diutino morbo attenuatae, Liv.: attenuatus amore, Ov.: att. opes, Ov.: quod bellum exspectatione eius (Cn. Pompeii) attenuatum atque imminutum est, moralisch geschwächt und usw., Cic.: domus nobilis civili bello attenuata, heruntergekommen, Sen. rhet. – **b** insbes., die Stimme **in den Diskant übergehen lassen, überhalten,** vocem att., durch die Fistel sprechen (v. Klodius in Weibertracht), Cic. or. in Clod. et Cur. fr. 5, 1. p. 30, 5 K. Vgl. Boëth. inst. mus. 4, 15. p. 342, 18 Fr. – **II** übtr.: att. curas, Ov.: insignem, an Würde u. Macht schwächen, erniedrigen, Hor.: virtutem, (in der Rede) herabdrücken, verkleinern (Ggstz. amplificare), Rhet. Her.

at-termino (ad-termino), āre, **abgrenzen,** Arnob. 3, 13.

at-tero (ad-tero), trīvī, trītum, ere, **I** an etw. **anreiben, reiben,** leniter caudam, anschmiegen, Hor. carm. 2, 19, 30: m. Ang. **wohin?** durch *Dat.*, spinetis se scabendi causā (v. Esel), Plin. 10, 204: se scopulis, Plin. 9, 160. – **II abreiben, A** = tüchtig **reiben,** alci aures, scherzh. st. jmd. (als Zeugen) an den Ohren fassen, Plaut. Pers. 748. – **B** = durch Reiben **abnutzen,** dentes, Plin.: pedes, Gargil.: vestem, ICt.: alveum fluminis, austreten, Plin.: attrita ansa, abgegriffen, Verg.: sulco attritus vomer, abgescheuert, Verg. – od. = **wund reiben,** insuetas opere manus, Tibull.: femina atteri adurique equitatu notum est, Plin. – übtr., **schwächen, erschöpfen, hart mitnehmen, zerrütten, ruinieren** (s. Drak. Sil. 2, 392. p. 92 *sq.* Kritz Tac. Germ. 29, 2. Heräus Tac. hist. 1, 89), opes, Sall. u. Tac.: Italiae res, Tac.: alqm, Sall. u. Tac.: atteri (in der öffentlichen Meinung) einen Stoß erleiden, Tac. Agr. 9, 5. – **C zerreiben,** alii atteri cibum in ventre contendunt, alii putrescere, Cels. 1. prooem. § 35 zw. – übtr., **a zertreten, zerstampfen,** Verg. georg. 4, 12. – **b gänzlich aufreiben,** Gothos brevi tempore, Treb. Poll. Claud. 7, 6: consules M. Manlius et Q. Caepio a Cimbris et Teutonibus victi sunt iuxta flumen Rhodanum et ingenti internecione attriti, Eutr. 5, 1 H. – ► *Infin. Perf.* wegen des Versmaßes **atteruisse, Tibull. 1, 4, 48.**

atterrāneus (ad-terrāneus), a, um, **aus der Erde kommend,** Sen. nat. qu. 2, 49, 2.

attertiātus (adtertiātus), a, um (*attertio), **bis zum Drittel eingekocht,** lixivium, Plin. Val. 1, 29.

attēstātio (adtēstātio), ōnis, *f.* (attestor), die **Bezeugung, Bescheinigung,** Macr. somn. Scip. 2, 9. Treb. Poll. XXX tyr. 30, 4 u. a.: Plur., Ambros. ep. 10, 3.

attēstātor (adtēstātor), ōris, *m.* (attestor), der **Bezeuger, Beglaubiger,** veritatis, Augustin. serm. 288, 2.

at-tēstor (ad-tēstor), ātus sum, ārī, **I bezeugen, beweisen, bestätigen,** hoc, Phaedr. 1, 10, 3. Plin. nat. hist. pr. § 10: id saepe, Gell. 4, 12, 3: attestata fulgura, die, die vorausgegangene bestätigten (Ggstz. peremptoria), Sen. nat. qu. 2, 49, 2. Paul. ex Fest. 12, 5. – **II** als spät. mediz. *t. t.*, attēstāns u. attēstātus, **augenscheinlich vorhanden, wirklich sich einstellend, -sich eingestellt habend,** attestante febriculā, Cael. Aur. chron. 2, 14, 197: attestantibus febribus, *ibid.* 3, 8, 148: attestata partium gravedo, *ibid.* 2, 13, 172: si tumor fuerit attestatus, *ibid.* § 193. – ► Partiz. attestatus passiv, attestata miracula, Paul. Petroc. 2, 177: im *Compar.*, quo nihil potest ad expressionem perennitatis attestatius dici, Ambros. in Luc. 7, 188.

at-texo (ad-texo), texuī, textum, ere, **daran-, dazuflechten, I** eig.: loricas ex cratibus, Caes. b. G. 5, 40, 6: attexti capiti crines, Apul. met. 11, 8. – **II** übtr., **anweben, eng anreihen, eng anfügen, a** übh.: ita barbarorum agris quasi attexta quaedam videtur ora esse Graeciae, Cic. de rep. 2, 9: vos ad id, quod erit immortale, partem attexitote mortalem, Cic. Tim. 41. – **b** mündlich od. schriftlich **anreihen, anfügen, hinzufügen,** secundum actum de maioribus, Varr. r. r. 2, 5, 2: exordio sermonis huius quam concolores fallacias, Apul. met. 5, 16 *extr.*: quid Ionatham fratrem eius attexam? Ambros. de off. 1, 41, 201.

Atthis (Attis), thidis, Akk. Sing. thida, Akk. Plur. thidas, *f.* (Ἀτθίς), **I** *adi.* **attisch, athenisch,** matres, Mart. 11, 53, 4: virgines, Serv. Verg. Aen. 1, 8: lingua, Apul. met. 1, 1. Diom. 440, 5. Anthol. Lat. 484, 24 (1056, 24). – **II** *subst.*: **A Attika,** Lucr. 6, 1114. Mela 2, 3, 4 (2. § 39) u. 2, 7, 10 (2. § 109). Sidon. carm. 5, 44. – **B** eine **Athenerin,** Stat. Theb. 12, 536: Atthidum chorus, Sen. Phaedr. 111 (107): dah., weil nach dem Mythos Philomela u. Procne, Töchter des athenischen Königs Pandion, erstere in eine Nachtigall, letztere in eine Schwalbe verwandelt wurde, meton. **Nachtigall,** Mart. 1, 54, 9: u.

Schwalbe, Mart. 5, 67, 2 (wo Plur. Atthides). – **C** Name einer Freundin der Sappho, Ps. Ov. her. 15, 18. Terent. Maur. 2154.

Attiānus, s. Accius u. Attius.

attibernālis, s. attubernālis.

1. Attica, ae, *f.* (Ἀττική), **Attika,** die berühmteste Landschaft Griechenlands, im eig. Hellas gelegen, mit der Hauptstadt Athen, Ter. eun. 110. Varr. r. r. 2, 5, 4 (wo griech. Form. Attice). Cic. Brut. 43. Mela 2, 3, 7 (2. § 49): auch terra Attica od. Attica terra (wie terra Italia, s. Drak. Liv. 25, 7, 4), Liv. 28, 8, 11; 31, 14, 10. Gell. 15, 1, 6.

2. Attica, ae, *f.*, s. Atticus *no.* I a. E.

1. Atticē, *Adv.* (Atticus), **attisch,** dicere, Cic. u. Quint.: loqui, Quint.: Attice pressi oratores, Quint.

2. Atticē, ēs, *f.* (Ἀττική), **attisch,** philosophia, Varr. sat. Men. 141: ochra quae Attice nominatur, Cels. 5, 18. *no.* 19. – subst., Atticē, ēs, *f.* (Ἀττική, verst. γῆ) = Attica, Varr. r. r. 2, 5, 4.

atticismos, ī, *m.* (ἀττικισμός), **attischer Ausdruck, attische Mundart,** Diom. 440, 23.

atticisso, āre (ἀττικίζω), **attizissieren, a** v. Pers. = attisch reden, Apul. flor. 18 *extr.* – **b** v. Inhalt eines Bühnenstückes = im attischen Ton gehalten sein, Plaut. Men. prol. 12. Vgl. Paul. ex Fest. 28, 17.

Atticula, s. Atticus *no.* I a. E.

atticūrgēs, is, *Adi.* (ἀττικουργής), **im attischen Stile ausgeführt,** Vitr. 3, 5, 2; 4, 6, 1.

Atticus, a, um (Ἀττικός), **I attisch, athenisch** übh., Athenae, s. Athēnae: ager, Plaut.: regio, Attika, Plin. u. Hyg.: terra, s. 1. Attica: pubes, Trag. inc. fr.: civis, Plaut.: talentum, Varr. fr. u. Gell.: oves, Varr.: columnae, Pfeiler, Plin.: mel, vom Berg Hymettus, Plin.: u. so mella, Ov. u. Mart.: apis, Ov.: anus (Alte), Quint. u. Plin. ep.: virgo, *i. e.* canephoros (s. d.), Hor.: pelex, *i. e. Philomela,* Mart.: verba, Plaut.: fides, sprichw. = aufrichtige u. feste, Vell.: subst., Atticus, ī, *m.*, der **Attiker, Athener,** Ter. Andr. 923 u. 927; kollekt., Ven. Fort. vit. S. Mart. 3, 498: Plur., Atticī, ōrum, *m.*, die **Attiker** od. **Athener,** Cic. u. a. (s. Nipp. Nep. Thras. 3, 1). – Als Beiname: T. Pomponius Atticus (weil Pomp. lange in Athen gelebt hatte), s. Nep. Att. 2 *sqq.*: u. Attica, seine Tochter, Cic. ad Att. 12, 1, 1; 16, 11, 8: u. diese schmeichelnd Atticula genannt, Cic. ad Att. 6, 5, 4. – **II** insbes., **attisch, athenisch,** in Bezug auf den Ausdruck, auf Kunst u. Wissenschaft, bes. auf Beredsamkeit (vgl. Cic. or. 23), stilus, der einfache (im Ggstz. zum asiatischen, schwülstigen), Cic.: aures, feine, Cic.: u. so lepos, Mart.: logi, Plaut.: Atticarum Musarum scriptores, Varr. sat. Men. 379: subst., quid sit Atticum (der attische Ausdruck), discant, Cic.: u. Plur. Atticī, ōrum, *m.* (*sc.* oratores), attische Redner (Ggstz. Asiani), Cic. u. Quint. – ► Synkop. Genet. Plur. in der Verbindung tetrachmum Atticum, Liv. 37, 46, 3; 39, 7, 1 (dagegen tetrachmum Atticorum b. Liv. 37, 59, 4).

Attidiātēs, ium, *m.*, Stadtgemeinde in Umbrien, j. *Attigio* mit Ruinen, Plin. 3, 113. CIL 11, 5718.

at-tigo (ad-tigo), ere (ad u. tago = tango), **anrühren,** aevitatis extimam attigit metam, Varr. sat. Men. 544. – Außerdem nur in den Formen ne attigas me, puerum, cave attigas vestem u. dgl., Acc. tr. 304. Turpil. com. 106. Plaut. Bacch. 445; Epid. 723; Pers. 816; truc. 276. Ter. Andr. 789: ne … attigat, Pacuv. tr. 228: aedis ne attigatis, Plaut. most. 468: Konj. Imp. attigeret, CIL 1, 198, 21.

attiguus, a, um (attingo), **anstoßend, angrenzend, anliegend, benachbart, a** v. Gebäuden, domus, Apul. met. 4, 12. – m. *Dat.*, attiguum culminibus tuis tegimen (Dach), Paul. Nol. nat. S. Fel. 13, 331. – **b** v. Örtl. u. deren Besitzern, mons, Apul. met. 4, 3: nemus, *ibid.* 6, 12: regiones, *ibid.* 4, 28: possessores, Gromat. vet. 11, 1 u. a. – mit *Genet.*, Sinope gurgitis attigua, Avien. perieg. 1152. – **c** v. a. Ggstdn.: aurae, Avien. Arat. 241. – m. *Dat.*, attigua ramis humilioribus poma, Sulp. Sev. dial. 1, 13, 8.

Attīliānus, a, um, s. Atīlius.

Attīlius, s. Atīlius.

at-tillo (ad-tillo), āre (v. ad u. *tillo, woraus titillo), **bekitzeln,** Iul. Val. 3, 26.

attilus, ī, *m.*, ein außerordentlich großer Fisch im Po, von den Anwohnern jetzt (nach *Hard.*) *Ladano* u. *Adello* gen., Plin. 9, 44.

Attin, s. Attis.

attinae, ārum, *f.* (attineo), **wie eine Mauer zur Grenzmark aufgehäufte Steine,** Gromat. vet. 139, 1 u. 142, 26.

at-tineo (ad-tineo), tinuī, tentum, ēre (ad u. teneo), **I** *v. tr.* **festhalten, aufhalten, zurück-, innehalten, 1** eig.: nunc eandem (pallam) ante oculos attines, hältst sie fest in der Hand vor meinen Augen, Plaut.: nunc iam cultrum attinet, hat er schon das Messer fest in der Hand, Plaut.: att. prensam dextram vi, Tac.: alqm castris, carcere, publicā custodiā, Tac.: ut perpetuis quibusdam vinculis vinctus attineatur, Fronto: signatum argentum fisco vel aerario attinetur, Tac.: valetudine infensā domi attineri, Tac.: ita me vadatum amore vinctumque attines, Plaut. – **2** übtr.: **a aufhalten, festhalten,** ita med attinuit, ita detinuit, Plaut. Men. 589: nos in sollicitudine, immerzu in Unruhe erhalten, Sall. hist. fr. 1, 48 (51), 6: simul Romanum et Numidam spe pacis, mit Friedenshoffnungen hinhalten, Sall. Iug. 108, 3. – **b** als Besitz **festhalten, nicht aus den Händen lassen, behaupten,** magnos dominatus, Poëta b. Cic. or. 157: ripam Danuvii, Tac. ann. 4, 5. – **c** geistig **festhalten, fesseln,** formam huius morem virtus hic animum attinere hic tuum, Plaut. mil. 1327: sed me Caesaris oratio uncis unguibus attinet, Fronto ad M. Caes. 1, 9. p. 21 M. = ep. Graec. 6. p. 253, 6 N. – **II** *v. intr.* nach etwas **hinhalten, sich hinerstrecken, 1** in lokaler Hinsicht, qui in Europa sunt (Scythae) a laevo Thraciae latere ad Borysthenem atque inde ad Tanaim … rectā plagā attinent, Curt. 6, 2 (6), 13. – **2** übtr., **sich** worauf **erstrecken,** nur in der dritten Pers., **α** alqd attinet ad alqm od. ad alqd, **es erstreckt sich** etw. **auf** einen Ggstd., **es geht** etw. eine Pers. od. Sache **an, betrifft** od. **berührt** sie, **macht** ihr **etwas aus, ist von Belang für sie, hat Einfluss auf sie,** quid id ad vos attinet? Cato fr.: iamne me vis dicere id quod ad te attinet? Ter.: cetera, quae ad somnum, cibi desiderium, febrem, puris colorem attinent, Cels.: cetera, quae ad colendam vitem attinebunt, Cic.: oft in der Wendung quod attinet ad alqm od. ad alqd, **was anlangt, was betrifft** den u. den, das u. das, z. B. ut aibat de eius consilio sese velle facere quod ad hanc rem attinet, Ter.: nam ego, quod ad me attinet, nolim, Cato fr.: quod ad sese attineat, Cato fr.: qui omnes, quod ad me attinet (meinetwegen), vellem viverent, Cic.: quod ad me attinet, ipse hoc bustum ante non videram, Curt.: id quod ad me nihil attinet, für mich von keinem Belang, mir gleichgültig ist, Cic. – **β** bl. alqd attinet od. attinet m. folg. Subjektssatz (*Infin.* od. *Acc.* od. *Infin.*), **es kommt darauf an, gehört zur Sache, es liegt daran, macht etwas (nichts) aus, ist von Belang, ist zweckmäßig, es hilft,** immer m. vorhergeh. Negation (nihil, non, neque) od. in negativen Fragesätzen (s. Seyffert Cic. Lael. 39. p. 280), eā re non venit, quia nihil attinuit, Cic.: illi ea conquisiverunt, quae nihil attinebant, Rhet. Her.: neque enim attinet, es gehört nicht hierher, Quint. – sin autem eos non probabat, quid attinuit cum iis, quibus re concinebat, verbis discrepare? Cic.: nec victoribus mitti attinere puto, Liv.: dici plura non attinet, Curt.: neque quemquam attinebat id recusare, Cic.: nihil attinet me plura scribere, Cic.: u. *quorsum* attinet m. folg. *Infin.*, Val. Max. 4, 4 pr.

at-tingo (ad-tingo), tigī, tāctum, ere (ad u. tango), **anrühren, berühren, I** eig.: **A** im Allg.: **1** übh.: mento summam aquam attingens, Cic. poët.: sustringebat caput loro altius, quam ut prioribus pedibus (iumentum) plane terram posset attingere, Nep.: att. alqm manu, Gell. (u. so cum hominum manu attingitur rupes, Mela): att. digito alqd, Porc. Licin. fr.: digito se caelum attigisse putare, fast im H. zu sein glauben (= heidenfroh, heilfroh sein), Cic.: alqd extremis, ut dicitur, digitis (im Bild = mit etw. sich nur flüchtig befassen), Cic.: quae gignuntur attingere nefas et pro sacrilegio habent, Mela: u. im Bild, invitus ea tamquam vulnera *attingo,* sed nisi *tacta tractataque* sanari possunt, Liv. 28, 27, 7: poet., att. solium Iovis, an Jupiters Thron reichen, den Weg zur Unsterblichkeit bahnen, Hor. ep. 1, 17, 34. – **2** insbes.: **a** einen Ort **berühren,** d. i. **α** v. Pers., ihn **erreichen,** ihn

betreten, nach ihm **hingelangen,** Italiam, Cic.: Britanniam, Caes. u. Eutr.: arva, proram, Verg.: poet., arces igneas, zu göttlichen Ehren gelangen (v. Herkules), Hor.: lumina, zum Lebenslicht gelangen, Verg. – **β** v. Örtl. u. Völkerschaften, **an** einen Ort **angrenzen, anstoßen, stoßen,** Cappadociae regio ea, quae Ciliciam attingit, Cic.: quā Hellespontum attingit Aeolis, Mela: Gallia altero (latere) Tuscum pelagus attingens, altero Oceanum, Mela: eorum fines Nervii attingebant, Caes.: hae gentes, quae Madenam attingunt, Eutr. – m. *Dat.*, item collegia, quae attingunt eidem foro, CIL 9, 5438: mit *ad* u. Akk., quā ad fluvium attingit, Mela 1, 4, 1 (1. § 20). – absol., cuius modi loci attingant, Rhet. Her. 2, 7. – **b** (poet.) jmd. berühren, d. i. **antreffen,** m. dopp. *Acc.*, si te his attigerit terris Aurora morantem, Verg. Aen. 4, 568. – u. feindlich = **auf** jmd. **treffen, -stoßen,** Sulla, quem primum hostes attigerant, Sall. Iug. 101, 4. – **B** mit versch. Nebenbegriffen: **a** etw. **anrühren** = berührend von etw. nehmen, es sich aneignen, tetigin tui quidquam? *C.* si attigisses, ferres infortunium, Ter.: de praeda mea ... teruncium nec attigit, nec tacturus est quisquam, Cic. – dah. **b** (wie ἅπτεσθαι) etw. **anrühren** = **von** etw. **kosten, fressen,** bestiae, quae tantum scelus (Scheusal) attigissent, Cic.: att. graminis herbam, Verg. – alqd ne primoribus quidem labris (im Bild = mit etw. sich nicht einmal flüchtig befassen), Cic. (vgl. labrum). – **c** als mediz. *t. t.*, **befühlen,** pulsum venarum, Tac.: venam, Gell. – **d** schlagend, stoßend usw. **anrühren, berühren, schlagen, stoßen,** *Me.* Nemo etiam tetigit; sanun (= *sanusne*) es? *Li.* At censebam attigisse, Plaut.: cavebis ne me attingas, Plaut.: si illam digito attigerit uno, Ter.: cave attigeris hominem, Varr.: ne sis me uno digito attigeris, Plaut.: si digito quem attigisset, poenas dedisset, Cic.: v. Blitz = **treffen,** ictu fulminis arbores attactae, Act. fratr. Arval. (*a. 224*) im CIL 6, 2107: attactum de caelo, Fest. 195, 5. – u. übh. feindlich **anrühren, antasten** = **Hand legen an** usw., **angreifen** (wie ἐφάπτεσθαι), cubicularios eius, Suet. Ner. 38, 1: si Vestinus attingeretur, Liv. 8, 29, 4. – **e** eine liebend od. unkeusch **berühren,** mit ihr **verliebten Umgang pflegen,** alqam, Ter. u. a.: u. so Venerem seram, sich später Liebe widmen, Ov.: ut quamque attigeris, fabula turpis erit, Ov. – **II** übtr.: **a** übh., **berühren, treffen,** von Nachrichten, quod ab illoc [me] attigisset nuntius, mich getroffen, Plaut. Bacch. 196: quem simulac Romam venisse mihi attigit aures nuntius, Varr. fr. b. Non. 263, 5. – v. Gemütszuständen, voluptas aut dolor alqm attingit, Cic.: invidia od. infamia alqm attingit, Cic.: si quid eam humanitus attigisset, wenn ihr etwas Menschliches begegnet wäre (= wenn sie gestorben wäre), Apul. – **b** ein Alter **erreichen,** septuagenariam aetatem, Eutr. 8, 16. – **c** mit etw. od. jmd. **in Berührung** od. **Verbindung stehen, etwas zu tun haben,** zu ihm **gehören,** ihn **angehen,** ihn **betreffen,** etw. od. jmd. **erreichen,** corporis similitudo attingit naturam animi, der Leib hat Ähnlichkeit mit der Seele, Cic.: labor non attingit deum, geht Gott nichts an, Cic.: non magis att. nomen legis, quam si etc., mit dem Namen Gesetz ebensowenig etwas zu tun haben, als wenn usw., Cic.: alqd ne suspicione quidem att., mutmaßlich erreichen, Cic. – dah. att. alqm cognatione, mit jmd. verwandt sein, att. alqm sanguine, mit jmd. blutsverwandt sein, Suet.: att. alqm necessitudine, mit jmd. in genauer Verbindung stehen, Cic. – m. *ad* u. Akk., quae nihil attingunt ad rem (was nicht zur Sache gehört) nec sunt usui, Plaut. merc. 32. – **d** handelnd berühren = **sich** mit etw. **befassen, sich an** etw. **machen** od. **wagen, sich in** etw. **versuchen,** forum, rem publicam, Cic.: rem militarem, Caes.: sero ac leviter Graecas litteras, Cic.: studia non leviter, Suet.: Cimbricas res, Cic.: poëticen, Nep.: gaudia, genießen, Prop. – **e** lesend **nur berühren,** librum strictim, nur flüchtig ansehen, Cic. ad Att. 2, 1, 1. – **f** redend, schreibend **berühren** = **auf** etw. **zu sprechen kommen,** etw. **besprechen, erwähnen,** illam iniuriam non att., quae etc., Cic.: tantummodo summas (res) att., Nep.: alqd summatim att., Lucr., Quint. u. Pacat. pan.: singillatim unamquamque rem attingere et ita omnes transire breviter argumentationes, Cic.: alqd perquam breviter perstringere atque attingere, Cic.: alqd breviter att., Rhet. Her., Ggstz. oratione complecti, Cic., od. Ggstz. exsequi, Suet.: alqd leviter in transitu att., Quint.: quos paucis attigi, Aur. Vict. – ► Archaist. *Fut.* attinge, Paul. ex Fest. 26, 13.

at-tinguo (ad-tinguo), tinctum, ere, **benetzen,** Veget. mul. 1, 11, 7.

Attīnius, s. Ātīnius.

Attis, idis, *m.* u. **Attin,** īnis, *m.* (Ἄττις od. Ἄττιν; in Inschriften u. Hdschrn. auch Atthis od. Atys, was andere Namen sind, s. d. WW.; vgl. Burmann Ov. fast. 4, 223), ein phrygischer junger Hirt, den die Kybele liebte u. unter der Bedingung einer beständigen Keuschheit zu ihrem Priester machte; als er diese aber verletzte, verfiel er in Raserei u. entmannte sich selbst, Arnob. 5, 6 (wo Nomin.). Catull. 63 (wo *v.* 42 u. 88 griech. Akk. Attin). Macr. sat. 1, 21, 7 *sq.* (wo Genet. Attinis u. Akk. Attinem). Carm. epigr. 111 (Anthol. Lat. *ed. Buecheler* I. p. 63, 3), wo griech. Genet. Atteos. Sen. Agam. 727 (wo Akk. Attin). CIL 6, 505 (wo Genet. Attinis); *ibid.* 10, 6074 (wo Akk. Atthin); *ibid.* 10, 3146 u. 14, 3534 (wo Dat. Attini); *ibid.* 6, 506 u. 8, 7956 (wo Dat. Attidi).

attitulātio (adtitulātio), ōnis, *f.* (attitulo), die **Betitelung,** libelli, libri, Rufin. orig. in cant. prol. p. 64.

at-titulo (ad-titulo), āvī, āre, **betiteln,** Augustin. serm. 151, 4 *Mai.* Gennad. vir. ill. 11. 58. 65.

Attius, a, um, Name eines röm. Geschlechts, aus dem am bekanntesten: P. Attius Varus, ein Prätor in Afrika zur Zeit des Bürgerkriegs zwischen Cäsar u. Pompejus, eifriger Anhänger des letzteren, Caes. b. c. 1, 12, 3. Cic. ad Att. 7, 13 a. § 3. Cic. Lig. 1 *sqq.* Lucan. 4, 713 *sqq.* – Dav. **Attiānus,** a, um, **attianisch, des Attius,** milites, Caes.: legiones, Cic. – ► Vgl. Accius, Atius u. Attus.

attolero (ad-tolero), āre, **emportragen** = **emporhalten,** Apul. met. 2, 4.

attollentia (adtollentia), ae, *f.* (attollo), die **Überhebung,** der **Übermut,** Schol. ad Lucan. 1, 82.

at-tollo (ad-tollo), ere, **emporheben, in die Höhe heben, aufheben, aufrichten, erheben, empor-, aufnehmen, emporhalten** (Ggstz. demittere, summittere, premere, deprimere), **I** eig.: **1** im engeren Sinne: pueros, Quint.: parvum natum, Ov.: fracto crure planum (den Gaukler), Hor.: partus suos (v. Tieren), Plin.: attollere alqm mersum (im Bad), Ggstz. deprimere alqm, Cels.: Germanos fluminibus suetos levitas armorum et proceritas corporum attollit, Tac. – alteram fasciam (Ggstz. alteram fasciam premere), Cels.: pallium, Ter. – caput, Ov. u. (im Bild) Liv.: oculos, Cels.: vix prae lacrimis oculos, Liv.: pedem, Quint.: crus in urina (vom männl. Hund, Ggstz. sidere in urina, v. weibl.), Plin.: frontem (Ggstz. demittere), Quint.: brachia, Verg.: manus (Ggstz. summittere), Quint.: att. iras, minas, mit emporgehobenem Haupt eine zornige, drohende Stellung nehmen (v. der Schlange), Verg. Aen. 2, 381. Col. 8, 2, 11. – alqm umeris, Verg.: cubitum alcis cum umero dextrā manu, Cels.: super adstantium manibus in murum attolli, Sall. fr.: att. cornua e mari, Plin.: oculos vix humo, Ov. – manus ad caelum, Liv.: pedes super limen, Plaut.: timidum ad lumina lumen (Auge), Ov.: oculos ad virginem, Ps. Quint. decl.: ocellos contra solem, Prop.; vgl. (im Bild) adversus dictatoriam vim attollere oculos non audere, sein Auge kühn zu erheben, Liv.: u. so contra fortunam audere attollere oculos, Sen. – refl. se attollere u. medial attolli, **sich emporheben, sich aufrichten, sich emporhalten,** ter sese, Verg.: att. se tam deformiter (Ggstz. abicere se tam suppliciter), Val. Max.: subito navis coepit et regere se et attollere, Sen. rhet.: venae nostrae modo summittunt se, modo attollunt, Cels.: periti imperitique nandi perinde attolluntur, Tac.: miscent se maria et nigrae attolluntur arenae, Verg. – att. se recto trunco, sich aufrecht in die Höhe richten, Ov. – se a gravi casu, Liv.: se in femur, Verg. – **2** im weiteren Sinne = etw. sich hoch erheben machen oder lassen, etw. **emporheben, emporsteigen machen, hoch emporrichten, aufrichten,** molem, Verg.: arcem tectis, Verg.: malos (Mastbäume), Verg.: globos flammarum, emporwirbeln lassen (v. Ätna), Verg. – mare ne ventis quidem attollitur, Tac. – refl. attollere se u. medial attolli, **sich erheben, emporsteigen, aufsteigen, emporwachsen,** v. Pers., mox se attollit in auras, Verg.: modo se sublimis in auras attollit, modo subdit aquis, Ov.: simul visum eundem iuvenem in caelum igne plurimo attolli, Tac. – v. Flüssen, Euphratem nullā imbrium vi sponte et in immensum attolli, Tac. – v. Pflanzen, a terra se non att., Plin. – v. Bergen, ex mediis arenis in caelum attolli, Plin.: Taurus a Cappadocia se attollens, Curt. – v. Bauten, turres in LX pedes attollebantur, Tac.: columnarum ratio erat attolli super ceteros mortales, Plin. – u. v. Örtl., denen man sich nähert, **sich erheben,** quarto terra die primum se attollere tandem visa, Verg. Aen. 3, 205: attollit se diva Lacinia contra, *ibid.* 3, 552. – **II** übtr., **1** **erheben** = aus dem Mund aufsteigen lassen, clamorem, Veget. mil. 3, 18 (auch Variante bei Frontin. 3, 9, 5): prägn., favorem, einen Beifallsruf ertönen lassen, Dict. 2, 52; 3, 18. – **2** **heben, erheben** = steigen machen, **a** extensiv, vocem (Ggstz. vocem summittere), Quint.: vox attollitur (Ggstz. descendit), Quint. – v. Redner, supra modum sermonis attolli, sich (mit der Stimme) über den Gesprächston erheben (stärker als im G. reden), Quint. – **b** intensiv: **α** körperlich u. geistig **emporheben, aufrichten, erhöhen, heben, erheben,** vires in milite (Ggstz. frangere), Prop.: animos civium (Ggstz. deprimere), Plin. pan.; vgl. animum nec attollant fortuita nec deprimant, Sen.: att. animos ad spem consulatus, Liv. – refl., Punica se quantis attollet gloria rebus, wird so gewaltig der p. R. sich erheben, Verg. – insbes., orationem att., die Rede heben, ihr einen höheren Schwung geben (Ggstz. orat. summittere), Quint. – u. refl. se attollere u. medial attolli v. Redner u. Dichter im Affekt = **einen Aufschwung nehmen,** modo nimis se attollit, modo nimis deprimit, Sen. rhet.: debet enim orator erigi, attolli, Plin. ep.: nunc attollebatur, nunc residebat, Plin. ep. – **β** politisch **emporheben, erhöhen, auszeichnen,** rem publicam bello armisque, Tac.: suum sanguinem, Tac.: alqm insignibus triumphi, Tac.: alqm ordinibus altis et praemiis, Tac.: u. alcis progeniem *super* cunctos, Tac. ann. 11, 16. – **γ** rednerisch **heben, erheben, hervorheben,** res per similitudinem, Quint.: cuncta in maius, Tac.: haec tu quā miseratione, quā copiā deflebis, ornabis, attolles! Plin. ep. – eine Pers., alqm adulationibus, Tac.: studio Ciceronis attolli, Vell.

attolo (adtolo), s. at-tulo.

at-tondeo (ad-tondeo), tondī, tōnsum, ēre, **bescheren, beschneiden,** **I** eig.: caput, Cels.: caput ad cutem, Scrib.: vitem, Verg.: forficulis caprinos utres, Apul.: alqm strictim, jmd. bis auf die Haut scheren (scherzh. = tüchtig prellen), Ggstz. alqm per pectinem (über den Kamm), Plaut.: alqm usque (v. Ulmenstäben), durchwalken (= tüchtig abprügeln), Plaut. – v. Ziegen, (wie κείρω) **befressen, benagen,** tenera virgulta, Verg.: attonsa arva, abgeweidet (= kahl, nackt), Lucan. – **II** übtr.: consiliis nostris laus est attonsa Laconum, ist geschmälert, Cic. poët. Tusc. 5, 49. – ► Im Vulgärlatein nach der 3. Konjug. Futur. attondent, Vulg. Ezech. 44, 20: Futur. Pass. attondentur, Vulg. Nahum 1, 12: Infin. Präs. Pass. attondi, Veget. mul. 2, 28, 36. – Infin. Perf. Akt. attodisse (so!), Verg. cat. 8 (10), 9 R^2 mit *cod. Brux.*

1. **attonitus** (adtonitus), a, um, *PAdi.* (v. attono), wie vom Donner gerührt (s. Serv. Verg. Aen. 3, 172), **betäubt, besinnungslos,** **a** körperlich: **α** übh.: intremui post hoc fulmen attonitus, Petr.: attonitae aures, Curt.: attonitos subitus tremor occupat artus, Ov.: gutta per attonitas ibat oborta genas, Ov. – **β** (= βλητός) **vom Schlag betäubt, -gerührt, kataplektisch,** attonitos raro videmus, Cels. 3, 26. § 1. – **b** geistig: **α** **wie vom Donner gerührt, wie vom Blitz getroffen = bestürzt, verblüfft, erstaunt,** von einem gewaltigen Eindruck od. einer Begierde **mächtig ergriffen, sinnlos** (vgl. Korte Lucan. 5, 476. Lörs Ov. trist, 1, 5, 3), magna pars integris corporibus attoniti concidunt, Liv.: vigiles attoniti et stupentibus similes procul stabant, Curt.: mater ad auditas stupuit ceu saxea voces attonitaeque diu similis fuit, Ov.: attonitis haesere animis, Verg.: neque populi aut plebis ulla vox, sed attoniti vultus et conversae ad omnia aures, Tac.: nulla res urget magis attonita (sinnlose), Sen.: domus att., Verg.: arces att., Sil.: v. Abstr., attonita orbitas, die tieferschütterte, Plin. pan. 38, 3: att. diligentia, gespannte, Tert. praescr. haer. 43. – m. Ang. **wodurch?** durch *Abl.*, quasi formidine attonitus, Sall. fr.: novitate ac miraculo attoniti, Liv.: novitate rei attoniti, Sen.: Graecia omnis admiratione eius attonita, Iustin.: inconcessis puellae ignibus attonitae, wie von Sinnen, Ov. – m. Ang. **worüber?** durch *Genet.*, attonitus serpentis equus, Sil. 6, 231: attoniti caeli visus equi, Sil. 14, 246: durch *de* m. Abl., mens att. (tief bekümmert) de lodice paranda, Iuven. 7, 66 *sq.* – m. Ang. **worauf?** (= **gespannt** auf usw.) durch *Dat.*, huic operi, Apul. met. 4, 22: voluptario spectaculo, *ibid.* 10, 35: durch *in* u. Akk., in proventum prosperiorem, *ibid.* 11, 20. – **β** (= ἐνθουσιάζων) **in Verzückung geraten, enthusiasmiert, begeistert,** attonitae Baccho matres, Verg.: vates, Hor.: Britannia hodieque eam (artem) attonita celebrat tantis caeremoniis, ut etc., Plin. – übtr., v. Abstr., attonitae quorundam persuasiones, exaltierte (überspannte) Überzeugungen, Plin. 29, 28.

2. **attonitus** (adtonitus), Abl. ū, *m.* (attono), die **Verzückung, Begeisterung,** Ven. Fort. 8, 6, 134.

at-tono (ad-tono), tonuī, tonitum, āre, **andonnern,** **I** eig.: ipsa altitudo attonat summa, setzt ihre Höhen dem Donner aus, Maecen. b. Sen. ep. 19, 9. – **II** übtr. (wie ἐμβροντᾶν), **betäuben, verblüffen, in Bestürzung versetzen,** alqm, Ov.: quis furor vestras attonuit mentes? Ov.: genitor attonitus est m. folg. *Acc.* u. *Infin. Praes. Pass.*, Ov. met. 7, 426.

attōnsio, ōnis, *f.* (attondeo), das **Scheren,** Eccl.

at-torqueo (ad-torqueo), ēre, **emporschwingen,** iaculum attorquens emittit in auras, Verg. Aen. 9, 52.

at-torreo (ad-torreo), ēre, **anrösten, anbraten,** nuces, Apic. 4, 136. – Nbf. nach der 3. Konjug., attoritur in clibano, Apic. 7, 275 Sch.

attractio, ōnis, *f.* (attraho), das **Ansichziehen,** **a** eig.: rugarum, die Annahme von Runzeln, Pallad. 5, 4, 3. – **b** übtr., litterarum, die Assimilation (wo ein Buchstabe den anderen gleichs. an sich zieht), Varr. LL. 5, 6.

attractīvus (adtractīvus), a, um (attraho), **zum Anziehen dienlich,** virtus, Anziehungskraft, Cassiod. var. 10, 29; de anim. 6.

attracto, s. at-trecto ►.

1. **attractus** (adtractus), a, um, *PAdi.* im *Compar.* (v. attraho), **straff angezogen, gefaltet** = finster, frons attractior, Sen. de ben. 4, 31, 4.

2. **attractus** (adtractus), Abl. ū, *m.* (attraho), das **Anziehen,** Dict. 5, 11. Ser. Samm. 931.

at-traho (ad-traho), trāxī, tractum, ere, **heran-, herbeiziehen, an sich ziehen,** **I** eig.: **a** lebl. Objj.: spiritu sucum, Cels.: pinguem salivam, Sen.: crus, Cels.: uncus attractus infantem educit, Cels.: magnes attrahens ferrum, Plin.; vgl. magnes lapis, qui ferrum ad se alliciat et attrahat, Cic. – bes. **anziehen** = straff ziehen, spannen, fasciam, Cels.: lora, Ov.: contentum arcum fortius, Ov.: cutem, Cels.: vultus tuus colligit rugas et attrahit frontem, Sen. – **b** eine Person **herbeischleppen,** attrahi pedibus, Dict.: *adducitur* a Veneriis atque *adeo attrahitur*, Cic.: tribunos attrahi ad se iussit, Liv.: attr. alqm unā, mit sich schleppen, Ov.: mit dopp. *Acc.*, alqm vinctum, Liv.: alqm vivum, Suet. – **II** übtr.: **1** im Allg.: nihil esse, quod ad se rem ullam tam alliciat et attrahat (so mächtig anziehe), quam ad amicitiam similitudo, Cic.: attr. benevolentiam alcis largitione ad se, durch Geschenke für sich gewinnen, Val. Max. – **2** **herbeiziehen** = in bestimmter Absicht herbeikommen machen od. lassen: **a** eine Person: te ipsum, Cic.: discipulos novos, Ov.: alqm Romam, Cic.: ea me ad hoc negotium provincia attraxit, Cic.: nisi illum necessitas ad hanc atrocitatem occisionis attraxisset, genötigt hätte, Vopisc. Numer. 15, 6. – **b** eine Sache: o magnam stultitiam timoris, id ipsum, quod verearis, ita cavere, ut, cum vitare fortasse potueris, ultro arcessas et attrahas! mit aller Gewalt, bei den Haaren herbeiziehst, Brut. in Cic. ep. ad Brut. 1, 17, 4.

attrectātio (adtrectātio), ōnis, *f.* (attrecto), das **Betasten,** die **Berührung,** **I** eig.: **1** im Allg.: quas solum res esse attrectatione cognoscimus, Ps. Apul. Asclep. 33: m. subj. *Genet.*, attr. manus, Streicheln mit der H., Pallad. 4, 12, 1: m. obj. *Genet.*, attr. corporis, Arnob. 2, 15: singularum partium, Streicheln, Cael. Aur. acut. 2, 37, 207. – **2** insbes.: **a** das unschickliche **Betasten,** nostra, Apul. de deo Socr.

4: exoletorum, Lampr. Heliog. 12, 4. – **b** als jurist. *t. t.*, die **Handanlegung** an etw. (um es sich anzueignen), furtum sine ulla quoque attrectatione fieri posse, *Gell.* 11, 18, 23. – **II** übtr., als gramm. *t. t.* = Benennung der Wörter, die ein »Zusammentreffen« bedeuten, wie fasciatim, Quint. 1, 4, 20 zw.

attrectātus (adtrectātus), Abl. ū, *m.* (attrecto), das **Betasten,** Pacuv. tr. 266.

at-trecto (ad-trecto), āvī, ātum, āre (ad u. tracto), **antasten, betasten, berühren, I** eig.: **1** im Allg.: blanditia popularis aspicitur, non attrectatur, man fühlt sie nicht, Cic. Planc. 29. – **2** insbes.: **a** ungeziemend, unzüchtig **berühren, betasten,** libros (Sibyllinos) violatis oculis legere, contaminatis manibus attrectare, Cic.: attr. id signum, Liv.: singula non indecore, Apul.: quam (rupem) profanum sit attrectari hominis manu, Plin.: ne me attrecta, Plaut.: comperce me attrectare, Plaut.: alqm nimium familiariter, Plaut.: uxores a cena redeuntes, Cic.: sin nullius libidine corpus attrectaretur, Augustin. – **b** prägn., etw. **antasten, an** etw. **Hand anlegen, nach** etw. **greifen** = etw. sich gegen Gebühr anzueignen suchen, regias gazas, Liv.: insignia summi imperii, fasces securesque, Liv.: alienam rem, Mas. Sabin. bei Gell. 11, 18, 20: fiscalem pecuniam Paul. sent. 5, 27, 1. – **II** übtr.: **1 sich mit** etw. **befassen,** feralia, Tac.: ferrum attrectasse (als Waffenschmied und dann als Soldat), Treb. Poll.: indecorum, attrectare quae non obtineret, Tac. – u. **sich** mit jmd. **befassen** = **sich an** jmd. **versuchen,** iterum Atreum, Acc. tr. 198 (b. Cic. de or. 3, 219). – **2** etw. **berühren** = erwähnen, virtutes alcis, Nazar. pan. 3, 2: praeteritas res tuas, Pacat. pan. 47, 1. – ► arch. Nbf. attracto, wovon attractare, Plaut. Poen. 350; attractatus, *Acc. tr.* 198.

at-tremo (ad-tremo), ere, **bei** etw. **zittern, beben,** m. *Dat.*, Stat. Theb. 3, 309; 8, 81. Sidon. ep. 6, 1.

at-trepido (ad-trepido), āre, **herbeitrippeln,** *attrepidate* saltem: nam vos *adproperare* haud postulo, Plaut. Poen. 544.

at-tribuo (ad-tribuo), buī, būtum, ere, **zuerteilen, zuteilen, verleihen, I** eig.: **A** im Allg.: servos, pastores armat atque iis equos attribuit, machte sie beritten, Caes.: navibus III comparatis, ex quibus duas familiaribus suis attribuerat, unam ipse conscenderat, Caes.: non Stratonis modo regiam supellectilem attribui ei iussit, sed etiam etc., Curt.

B insbes.: **1** jmdm. einen Ort als Aufenthalt, Wohnsitz od. Besitztum **zuteilen, zuweisen, anweisen,** alteram partem eius vici Gallis *concessit,* alteram cohortibus ad hibernandum *attribuit,* Caes.: sibi agros attribuant, Caes.: quibus urbes agrosque attribui iussit, Curt.: ipsis attribueret sedem, Curt.: coloniae a rege attributae, Curt.: terra culturae causā attributa olim particulatim hominibus, ut Etruria Tuscis, Samnium Sabellis, Varr. sat. Men. 17. – iuventus, quae praesidio eius loci attributa erat, Liv.: u. m. dopp. *Acc.*, electos ex omnibus legionibus fortissimos viros, antesignanos, centuriones Caesar ei classi attribuerat, als Zent., Caes. b.c. 1, 57, 1. – ebenso den Standort in der Schlacht, dextra pars (Flügel) Massiliensibus attribuitur, sinistra Nasidio, Caes.

2 als *t. t.* der Geschäftsspr., attr. pecuniam, Geld **anweisen, überweisen, durch Anweisung zuteilen, -verleihen, a** v. einer Privatperson, Faberius si venerit, videbis, ut tantum attribuatur, si modo attribuetur, quantum debetur, Cic. ad Att. 13, 2, 1: dah. prägn., attr. alqm, **auf** jmd. **anweisen,** *attributos* (die Angewiesenen) quod appellas, valde probo, Cic. ad Att. 13, 22, 4: sei (= *si*) is quei (= *qui*) adtributus erit, eam pecuniam … ei quoi (= *cui*) attributus erit, non solverit, CIL 1, 2, 206. lin. 41 *sq.*: u. m. *Dat.* der Summe, tamtae pecuniae eum eosve attribuito, ibid. 40 *sq.*: quamtae pecuniae attributus erit, tamtam pecuniam et eius dimidium ei, quoi (= *cui*) adtributus erit, dare debeto, *ibid.* lin. 43. – **b** von Staats wegen (s. Müller Liv. 1, 43, 9), »(Antonius) mihi pecuniam attribuit?« Cupio videre, qui id audeat dicere, Cic.: pecunia attributa, numerata est, Cic.: censoribus postulantibus, ut pecuniae summa sibi, quā in opera publica uterentur, attribueretur, vectigal annuum decretum, Liv.: *unde* (pecunia publica) erat attributa, Cic.: nonne sestertium centiens octogiens *ex* aerario tibi attributum Romae in quaestu reliquisti? Cic.: his talenta D *ad* belli usum attributa, Curt. – prägn., **auf** jmd. **anweisen,** quibus equos alerent, *viduae* attributae, quae bina milia aeris in annos singulos penderent, Liv. 1, 43, 9.

3 jmdm. etw. zur Besorgung, Leitung, Führung **zuteilen,** pecus omne equitibus auxiliariis agendum attribuit, Sall.: attribuit nos trucidandos Cethego, Cic.: Amynandro Aetolos concitandos ad bellum attribuit, Liv.; vgl. ceterorum (captivorum) curam benigne tuendorum C. Flaminio quaestori attribuit, Liv.: ei (pontifici) sacra omnia exscripta exsignataque attribuit, quibus etc., übertrug ihm den ganzen Gottesdienst mit der schriftlichen Übersicht und Nachweisung usw., Liv. – bes. jmdm. ein milit. Kommando **zuteilen,** eine Stadt, Soldaten, Schiffe usw. **unter** jmds. **Leitung (Kommando) stellen,** ihm **unterordnen,** oppidum civibus Romanis, Caes.: naves singulas equitibus Romanis, Caes.: alci IV legiones, Caes.: equites praefectis, Curt. – ebenso eine Provinz usw., video, cui Apulia *sit attributa,* qui *habeat* Etruriam etc., qui *sibi* has urbanas insidias caedis atque incendiorum *depoposcerit,* Cic.: alci Sogdianam regionem, alci satrapeam Mediae, Curt.: regnum filio eius, Curt.

4 als publiz. *t. t.*, eine Völkerschaft od. einen Fürsten einem anderen Volk od. Fürsten als unterworfen u. zinsbar **zuteilen,** ihm **unterwerfen, mediatisieren, einverleiben,** insulae, quae erant a Sulla Rhodiis attributae, Cic.: Suessiones Remis attributi, Caes.: ipsi (Commio) Morinos attribuerat, Caes.: Ariarathen Ariobarzani *attribuit, qui sub eius imperio et ditione esset,* Auct. b. Alex.

5 einer Sache die u. die Summe als Abgabe zuteilen, d. i. als Abgabe **auflegen,** damit **belegen,** his rebus omnibus terni in milia aeris attribuerentur, Liv. 39, 44, 3.

II übtr.: **A** im Allg., **zuerteilen, zuteilen, verleihen,** ne aut irato facultas ad dicendum *data,* aut cupido auctoritas *attributa esse* videatur, Cic.: huc accedit summus timor, quem mihi natura pudorque meus attribuit, Cic.: si legi, loco, urbi, monumento attribueretur oratio, die Rede dem Gesetz usw. gleichs. in den Mund gelegt würde, Cic. – nunc illud satis est, non attribuere ad amissionem amicorum miseriam nostram, hinzuzufügen, hinzuzubringen, Cic. – senae horae in orbem operi attributae sunt, wurden zugewiesen, bestimmt, Liv.

B insbes.: **1** als rhetor. u. gramm. *t. t.*, alci (*rei*) attribui, einer Pers. od. Sache als Eigenschaft, nähere Bestimmung (als Prädikat od. Attribut) **zuerteilt-, erteilt-, beigelegt werden,** dah. attributum esse (als Prädikat od. Attribut) **zukommen,** zu einer Pers. od. Sache **ganz eigentlich gehören, unter** etw. **mitbegriffen sein,** omnis res [argumentando] confirmatur aut ex eo, quod personis, aut ex eo, quod negotiis *est attributum.* Ac personis *has res attributas* putamus: nomen, naturam, victum, fortunam, habitum, adfectionem, studia, consilia, facta, casus, orationes … Ac personis quidem haec videntur *esse attributa.* Negotiis autem *quae sunt attributa,* partim sunt continentia etc., Cic. de inv. 1, 34 *sqq.*: etiam quod iumentorum causā apparatum esset, quibus dominus uteretur, penori *attributum* dicit, zum Penus gehörig, mit unter dem P. begriffen, Gell. 4, 1, 21.

2 jmdm. etwas als Wirkung od. Schuld **zuteilen = zuschreiben, beimessen, beilegen,** bonos exitus attribuimus dis immortalibus, Cic.: quod mihi cum illo erat commune, sibi soli attribuit, Cic.: qui (Cato) si eruditius videbitur disputare, attribuito litteris Graecis, Cic.: hoc si cupidius factum existimas, Caesari attribues; si familiarius, utrique nostrum, Cic.: tanta fuit Verris impudentia, ut aliis *causam calamitatis attribueret,* quae omnis propter avaritiam ipsius accidisset, Cic.: m. folg. quod (dass usw.), quod Sicyonii te laedunt, Catoni et eius aemulatori attribues Servilio, Cic.

attribūtio (adtribūtio), ōnis, *f.* (attribuo), **I** (v. attribuo *no.* I, B, 2) als *t. t.* der Geschäftsspr. = die **Anweisung** einer Geldschuld, die **Assignation,** de attributione conficies, Cic.: maxime autem me angit ratio reliquorum meorum (Berechnung meiner Rückstände), quae, quamquam explicata sunt, tamen, et quod Dolabellae nomen in iis et (in) attributione mihi nomina ignota (u. in der Anweisung [an seine

Schuldner] mir unbekannte Namen sind), conturbor, Cic.: attributionem facere, CIL 1, 206. lin. 42. – **II** (v. attribuo *no.* II, B, 1) als rhetor. *t. t.* = die einer Person od. Sache **nebenbei zukommende Eigenschaft,** ein **Nebenumstand,** ea opportunitas (loci) quaeritur ... ex his etiam attributionibus: sacer an profanus, publicus an privatus, alienus an ipsius, de quo agitur, locus sit aut fuerit, Cic. de inv. 1, 38: u. so *ibid.* 2, 42 (Plur.).

attribūtor (adtribūtor), ōris, *m.* (attribuo), der **Zuteiler,** Hier. in Didym. de spir. sanct. 4.

attribūtum (adtribūtum), ī, *n.* (attribuo *no.* I, B, 2), das aus dem Staatsschatz **angewiesene Geld,** Varr. LL. 5, 181 M.

attribux, s. atribux.

attrītio (adtrītio), ōnis, *f.* (attero), das **Abreiben,** die **Abreibung,** Lampr. Heliog. 19, 5. Mart. Cap. 3. § 226. Augustin. de mor. Manich. 2, 16, 46 *in.* u. *extr.*

1. attrītus (adtrītus), a, um, *PAdi.* m. *Compar.* (v. attero), **abgerieben, abgenutzt, I** eig.: **A** im Allg.: ansa, Verg.: toga, Mart.: *Compar.*, ut rictum eius ac mentum paulo sit attritius, Cic. Verr. 4, 94. – **B** insbes., **wund gerieben,** attritae partes, u. subst., attrīta, ōrum, *n.*, wund geriebene Teile, Plin. – **II** übtr.: **a** attrita frons, schamlose, freche Stirn, Iuven. 13, 242. – **b** v. Redner, in der Darstellung abgeschwächt, **matt,** Calvus exsanguis et attritus, Tac. dial. 18.

2. attrītus (adtrītus), ūs, *m.* (attero), **I** das **Anreiben,** das **Reiben** (die **Reibung**) an etw., m. *Genet.* des Orts **woran?** sues indurantes attritu arborum costas, Plin.: m. subj. *Genet.* der Sache, nubium adtritu fulmina nascuntur, Sall. fr.: attritu aëris, Sen.: magnorum inter se corporum attritus, Sen.: attritus inter se ligni, Plin.: locustas pinnarum et feminum attritu sonare credatur sane, Plin.: absol., apri tela (Hauer) sua attritu acuentes, Sen.: myrrhiten attritu incitare ad calorem, warm reiben, Solin.: lateribus attritu exulceratis, wund gerieben, Sen.: femora atteri adurique attritu notum est, Plin. – **II** übtr., die von starker Reibung herrührende **Entzündung der Haut,** ulcera ex attritu facta, Plin.: sedis vitia et attritus, Plin. – ► Dat. attritu, Plin. 2, 239.

at-tropo (ad-tropo), āre (ad u. tropus), einen Ausdruck **tropisch (bildlich) nehmen (erklären),** Arnob. in psalm. 37.

Attuariī, s. Chasuariī.

Attuatuca, s. Aduatuca.

attubernālis (attibernalis) = *contubernalis,* Paul. ex Fest. 12. Gloss. V, 342, 22.

attubus, s. atubus.

at-tueor (ad-tueor), ērī, **hinsehen,** *Varr. LL. 7, 11 (wo attuentur passiv). – Nbf. **attuor,** Varr. LL. 7, 7 M.

at-tulo (ad-tulo), ere, archaist. für affero, **herbeibringen,** Plaut. Cas. 357 *Schoell.* Nov. com. 87. Pacuv. tr. 228 (b. Diom. 382, 18).

at-tumulo (ad-tumulo), ātum, āre (ad u. tumulus), **I** hügelhoch **überschütten, a** übh., orca attumulata fluctibus, Plin. 9, 14. – **b** insbes., **mit einem Grabhügel bedecken,** Ambros. de parad. 14, 70 *sub fin.;* de Noë et arca 29, 113. – **II** hügelhoch **aufhäufen,** congeriem arenae, Plin. 4, 5 D.

at-tundo (ad-tundo), tūsum, ere, **bestoßen** = **gehörig stoßen,** Veget. mul. 5, 2, 4.

attuor, s. at-tueor.

attūrātio (adtūrātio), ōnis, *f.* (*ad-turo) = λιβανοκαία, θυσία, das **Weihrauchopfer,** Gloss. II, 22, 45.

Attus Nāvius, ein berühmter Augur zur Zeit des Tarquinius Priskus, Cic. de div. 1, 31; de rep. 2, 36. Liv. 1, 36, 3 *sqq.* Flor. 1, 5, 2 *sqq.*

Attys, s. Attis u. Atys.

atubus (attubus), a, um, verderbt aus atypus (s. d.), *Auson. ep. 22, 2, 9; vgl. Gloss. ›atubus, μογιλάλος, μογγός‹.

Atūrrēs, ium, *f.*, Stadt am Aturus in Aquitanien, j. *Aire,* Sidon. ep. 2, 1 *p. in.*

Atūrus (Aturrus), ī, *m.* (Ἄτουρις, Ἀτούριος), ein Fluss der Tarbeller in Aquitanien, j. *Adour,* Lucan. 1, 420. Auson. Mos. 467 u. s.

atypus, ī, *m.* (ἄτυπος), dessen schwere, halbgelähmte Zunge Silben u. Wörter mehr lallend u. so ausspricht, dass man sie nicht gehörig unterscheiden kann, **undeutlich redend,** Cael. Sab. b. Gell. 4, 2, 5. Ulp. dig. 21, 1, 10. § 5.

Atys (Attys), yos, Akk. ym u. yn, Abl. ye, *m.* (Ἄτυς, Ἄττυς), **I** ein Sohn des Herkules u. der Omphale, Vater des Tyrrhenus u. Lydus, Stammvater der lydischen Könige, die deshalb Atyadae genannt werden, Tac. ann. 4, 55, 4. – **II** Stammvater der gens Atia, Verg. Aen. 5, 568. Liv. 1, 3, 8. – Davon verschieden ist Attis, s. d.

au! od. **hau!** *Interi.* **ach! ach! ei bewahre! ach geh!** Ausdruck der Überraschung u. Entrüstung, Afran. com. 103. Plaut. Stich. 243 R. u. 259. Ter. Andr. 751 u. a.: au au! Ter. adelph. 336. Petr. 67, 13: bes. oft au (te) obsecro, Afran. com. 97. Ter. eun. 656; heaut. 1015; Phorm. 803.

aububulcus, ī, *m.*, der **Rinderhirt,** Gloss. V, 346, 39.

auca, ae, *f.* (zsgz. aus *avica = avis), **a** der **Vogel,** ›auca, πτηνόν‹, Gloss. – **b** insbes. = χήν, die **Gans** (ital. *oca,* franz. *oie*), Avian. apol. 33. p. 80 Fr. Bed. vit. Guthb. 36.

aucella, ae, *f.* (*Demin.* v. auca), **Vögelchen** (ital. *uccella* u. franz. *oison* [= Gänschen]), Varr. LL. 8, 79. Apic. 4, 181; 5, 194 u. a. Anthim. 31. Vgl. Gloss. IV, 312, 1 aucella, ortygometra (Wachtel). – ► Apul. met. 9, 33 mit den Hdschrn. ancilla.

aucellus, ī, *m.* (Nbf. zu aucella) = στρουθίον (jeder kleine Vogel, bes. Sperling), Schol. Iuven. 6, 7. Gloss. II, 25, 42.

auceps, cupis, *m.* (zsgz. aus aviceps von avis u. capio), der **Vogelsteller, Vogelfänger, I** eig.: myropolae, aucupes, Plaut.: aucupes, venatores, piscatores, Varr.: hamiotae aucupesque, Varr. fr.: merulis intentus auceps, Hor.: ab aucupibus in hunc usum nutriti (turdi), Col. – **II** übtr.: peritissimum voluptatum aucupem sapientem esse, der sei ein Weiser, der es in Befriedigung der sinnlichen Lust am weitesten gebracht habe, Cic. fr.: auc. syllabarum, Silbenstecher (der Anwalt, der bei dem Beweis aus dem Wortlaut des Gesetzes auf jeden Buchstaben den stärksten Nachdruck legt u. dabei in spitzfindiger Interpretation stark ist), Cic.: ne quis nostro sermoni auceps sit, horche, Plaut.

auceptor, ōris, *m.* (avis u. capio), der **Vogelfänger,** Gloss. Vat. in Class. auct. *ed. Mai* 6, 509 u. 7, 552.

auceta, archaist. = *saepe aucta,* Paul. ex Fest. 25, 15.

Auchētae, ārum, *m.* (Αὐχάται), ein szythisches Volk an der Quelle des Hypanis (Bog), Plin. 4, 88; 6, 22. Solin. 14, 1. Mart. Cap. 6. § 663. – Sing. **Auchātēs,** ae, *m.*, der **Auchatier,** Val. Flacc. 6, 132.

aucilla, s. aucella.

aucipium, s. aucupium ►.

auctārium, ī, *n.* (augeo), die **Zugabe, Zulage** (zu einer Summe), immo auctarium adicito, vel mille nummûm plus quam poscet, Plaut. merc. 490 (*cod. A* auctorarium); vgl. Paul. ex Fest. 14, 17.

auctifer, fera, ferum (auctus u. fero), **Fülle bringend, fruchtbar,** terrae, Cic. fr. poëm. I, b, 2. p. 91, 9 K. = H. I, b 6, 2 M. (b. Augustin. de civ. dei 5, 8).

auctifico, āre (auctus u. facio), **vermehren,** in der Opferspr. = **durch Darbringung** von etw. **verherrlichen,** alqā re honorem deorum od. deos, Arnob. 7, 17: alqā re honorare et auctificare superas dignitates, Arnob. 7, 27.

auctificus, a, um (auctus u. facio), **das Wachstum fördernd,** Lucr. 2, 571.

auctio, ōnis, *f.* (augeo), **I** = αὔξησις, die **Vermehrung,** auctio dierum (Ggstz. retractio), Macr. sat. 1, 15. § 1: rerum crescentium, Paul. ex Fest. 17, 17. – **II** insbes., die **Versteigerung, Auktion, 1** eig.: anulus in auctione venalis, Plin.: rationes auctionis et partitio, Cic.: tabula Neratianae auctionis, Cic.: funesta illa auctio, Cic.: auctio hereditaria, Cic. u. Apul.: auctio fortunae regiae, Liv.: auctionem facere, Plaut., Cic. u. a. (vgl. auctio fiet Menaechmi mane sane septimi, Plaut.): auctionem ornamentorum imperialium facere, Capit.: auctionem rerum hereditariarum facere, ICt.: auctionem constituere, Cic., instituere, spät. ICt.: auctionem praedicare, Plaut.: auctionem proscribere, Cic.: auctionem proponere, Quint. u. Suet.: auctionem proferre, Cic.: auctionem prohibere, Cic.: auctionem dimittere,

Quint.: auctionis diem obire, Cic.: auctioni Sexti operam dare (anstellen), Cic.: sedere in auctione, Suet.: in auctione persedere diem totum, Sen. rhet.: in auctione liceri, Sen. rhet.: alqd sub auctione licitari, ICt.: familiam supellectilemque et omnia iumenta ad hereditariam deducere auctionem, Apul.: vendere alqd in auctione, Plin.: constitutā auctione vendere alqd, Cic.: in auctione venire (verkauft werden, weggehen), ICt.: vix credo auctione totā capiet (wird lösen) quinquagesiens, Plaut.: si in auctione praedictum est, ne etc., ICt. – Plur., perquisitores auctionum, Plaut. Stich. 385: circulator quidam auctionum notissimus, Asin. Pollio in Cic. ep. 10, 32, 3: ducentesima auctionum, ein halbes Prozent vom Erlös aus den Aukt., Suet. Cal. 16: addicta avorum praedia foedis sub auctionibus, Prud. perist. 2, 77: auctiones facere, Plaut. Epid. 235; Stich. 384. – **2** meton., das **Auktionsgut,** auctionem vendere, Cic. Quinct. 19.

auctiōnālis, e (auctio), **zur Auktion gehörig,** nur subst. auctionālia, ium, *n.*, **Auktionsverzeichnisse,** Ulp. dig. 27, 3, 1. § 3.

auctiōnārius, a, um (auctio), **zur Auktion gehörig,** tabulae, Versteigerungsliste (der zu veräußernden Schuldnergüter), Cic. Cat. 2, 18: atria, Auktionshallen, Cic. agr. 1, 7. CIL 9, 3307. – subst., auctiōnārius, ī, *m.*, der **Bieter in der Auktion,** Not. Tir. 57, 22. Gregor. M. ep. 1, 42.

auctiōnātor, ōris, *m.* (auctionor), der **Auktionator,** Hilar. Arel. vit. S. Honorat. 11.

auctiōnor, ātus sum, ārī (auctio) **I** *v. intr.* **Auktion halten, veranstalten,** in Gallia, Cic.: ponite ante oculos vobis Rullum hastā positā auctionantem, der eine Subhastation veranstaltet, Cic. agr. 2, 53: difficultates auctionandi proponere, Caes.: tu quasi venditor auctionaris, Ambros. – **II** *v. tr.:* **1** **in der Auktion versteigern,** praecipuas sui partes, Oros. 5, 18, 28. – **2** **in der Auktion erstehen,** bona condemnatorum semel, Ps. Ascon. II. Verr.. 1, 23, 61. p. 177 B. – **3** in der Auktion den Preis **steigern,** pretium, Ambros. de off. min. 3, 6, 41: prägn., tu frumentum quasi fenerator occultas, quasi venditor auctionaris (steigerst seinen Preis), Ambros. de off. min. 3, 6, 41.

auctito, āre (*Frequ.* v. augeo), **I** **stark vermehren,** pecunias fenore, Tac. ann. 6, 16 *in.* – **II** als *t. t.* der Opferspr., **durch Darbringung von** etw. **verherrlichen,** sacris numinum potentias, Arnob. 7, 13.

auctiuncula, ae, *f.* (*Demin.* v. auctio), eine **unbedeutende Auktion,** Not. Tir. 57, 21; vgl. Gloss. V, 269, 43 ›auctiuncula, auctior minor supra fundum‹.

auctiusculus, a, um (*Demin.* v. auctus), **etwas größer von Statur,** Iul. Val. 2, 25. p. 91, 6 K.

auctīvus, a, um (augeo), **zum Vermehren (Vergrößern) geeignet, vermehrend, vergrößernd** (Ggstz. minutivus), Fortunat. art. rhet. 3, 20. Diom. 417, 19. Dosith. 51, 10 K.

aucto, āre (*Frequ.* von augeo), **mehr u. mehr-, fort u. fort vermehren,** Plaut. Amph. prol. 6. Lucr. 1, 56. – dah. **fort u. fort bereichern,** Catull. 67, 2.

auctor, ōris, *c.* (augeo; dah. unrichtig autor od. author geschr.), wörtl. etwa der **Förderer,** d. i. der, der etwas noch nicht Vorhandenes unmittelbar od. mittelbar ins Dasein fördert oder ein schon Vorhandenes zur vollen Kraft bringt, ihm Bestand, Gedeihen, Anerkennung und Dauer leiht, **I** im Allg.: **1** der Urheber u. Förderer mater. Ggstd., Zustände u. Einrichtungen, der **Urheber, Stifter, Schöpfer, Vollbringer,** frugum, Verg.: muneris, Geber, Geberin, Ov. u. Mart.: vulneris, Verg.: plagae, Ov.: clamoris, Ov.: auctor mortis, funeris, Ov.: auctor necis, Suet.: non exstinctor sed auctor incendii, Cic.: scriptor pro auctore (Vollbringer der Tat) laudatur, Iul. Val.: certamen Olympiorum initium habuit auctoremque Iphitum Elium, Vell.: auctores imperii Romani conditoresque, Plin. – Bes.: **α** der **Urheber** eines Bauwerkes od. anderen Kunstwerkes, **Erbauer, Gründer, Unternehmer, Wiederhersteller, Künstler,** auctor amplissimorum operum, Suet.: Troiae, Verg.: templi, Liv.: porticus, Ov.: murorum, Prop.: statuae et tabulae pictae, Plin.: statua incerti auctoris, Plin.: quid enim miretur quisque in hoc (*sc.* in amphitheatro Scauri) primum? *inventorem* an *inventum? artificem* an auctorem? Plin. – **β** der **Urheber** eines Geschlechts, der **Gründer, Ahnherr, Stammvater,** L. Brutus, praeclarus auctor nobilitatis tuae, Cic.: auctor generis, Verg., od. gentis, Suet.: mihi Tantalus auctor, Ov. – **γ** der **Urheber, Verfasser** eines Schriftwerkes, **Schriftsteller,** scripta auctori perniciosa suo, Ov.: versus sine auctore, anonyme, Suet.: Latini auctores, Quint.: ista lectio multorum auctorum, Sen.: auctores, quos praelegunt, Quint.: u. m. *Genet.*, eius operis auctores, Schr. dieser Gattung, Quint.: auctor carminis, Hor.: divinorum carminum auctores, Firm.: evolvere utriusque linguae auctores, Suet. – Verschieden unten *no.* 3, b, β. – **δ** der **Erfinder, Begründer, Schirmherr,** nihil auctor Apollo subvenit, Verg.: auctor carminis, Tibull.: auctor citharae, v. Merkur, Lucan.: u. auctor lucis, v. Apollo, Ov.

2 der Urheber u. Förderer eines Vorschlags, Entschlusses, einer Unternehmung, Handlung, deutsch bald = **Urheber, Veranlasser, Anstifter,** bald = **Förderer, Unterstützer, Verfechter,** bald = **Veranstalter, Unternehmer,** bald = **Anrater, Zustimmer,** bald = **Tonangeber, Stimmführer, Vorgänger, Leiter, Lenker, Vertreter, Verteidiger,** **a** übh.: **α** absol.: nec auctor quamvis audaci facinori deerat, Liv. 2, 54, 7. – bes. oft auctore alqo, **auf** jmds. **Veranlassung, nach** jmds. **Verfügung, auf** jmds. **Geheiß, -Verantwortung,** auctore me, te, Komik., Cic. u. a.: auctoribus vobis (Ggstz. suā sponte), Liv.: auctore atque agente eo, Caes.: consiliario et auctore Vestorio, Cic.: auctore eodem deo, Tac.: auctoribus avibus, Cic.: ingenio sibi auctore, Cic.: auctoribus dis, Liv.: fatis auctoribus, Verg. – **β** konstr. m. *Genet.*, non suscipiendi belli civilis auctor gravissimus, Cic.: auctor Cadmeae occupandae, Nep.: auctor interficiendi alcis, Cic.: auctor comitiorum centuriatorum, Cic.: rei publicae rector et consilii publici auctor, Cic.: auctor rei publicae ac dux, Cic.: auctor belli, Liv.: belli pacisque auctores, die Kriegs- u. Friedenspartei, Liv.: auctor caedis, Suet.: auctores iniuriae (Ggstz. vindices iniuriae), Liv.: auctor beneficii, Ov.: obscenissimarum rerum et auctor et minister, Vell.: deditionis auctor et suasor, Cic.: auctor rerum (Ggstz. scriptor rerum), Sall.: dux, auctor, actor rerum illarum, Cic.: facti auctor et praedicator, Cic.: facinoris praeclari auctor, Vell.: auctor pacis, Cic.: auctor profectionis, Caes.: auctor viae, Ov. – mit *Dat.*, auctor his rebus quis est? Ter.: ille legibus Caecilii Metelli contra auspicia ferendis auctor, Cic. – mit *ad* u. Akk., hic tibi gravissimus *auctor* ad instituendam, fidelissimus *socius* ad comparandam, fortissimus *adiutor* ad rem ipsam perficiendam fuit, Cic. de domo 30. – m. *in* u. Abl., in restituendo auctorem fuisse ascriptoremque, Cic. post red. in sen. 9: hunc in omni procuratione rei publicae actorem auctoremque habebant, er unterstützte sie mit Tat u. Rat (wir: mit Rat u. Tat), Nep. Att. 3, 2. – **b** insbes., alci auctorem esse, jmdm. zu etw. **raten,** jmdm. etw. **anraten,** jmd. zu etw. **durch seinen Rat ermächtigen,** bei jmd. etw. **beantragen,** auf etw. **antragen,** **α** absol., ut auctores aliis fuerunt, Cic.: sibi quisque auctor, Ter. – **β** konstr. m. *Genet.*, semper senatui pacis auctor fui, Cic.: auctor senatui fuit decernendi, ut etc., Suet. – m. *ad* u. Akk., eo tempore non modo ipse *fautor* dignitatis tuae fui, verum etiam ceteris *auctor* ad te adiuvandum, Cic. – m. bl. allg. *Acc.* (zur Ang. **in Betreff wessen? wozu?),** idne estis auctores mihi? Ter.: a me consilium petis, quid sim tibi auctor, in Siciliane subsidas, an ut proficiscare ad etc., Cic. – m. folg. *ut* od. *ne* u. Konj. (zur Ang. des durch den Rat Beabsichtigten), mihique ut absim vehementer auctor est, Cic.: illi magnopere auctor fui, ne differret tempus petitionis suae, Brut. in Cic. ep. – m. folg. *Acc.* u. *Infin.* od. bl. *Infin.* (zur einfachen Angabe des Rates), ego quidem tibi non sum auctor, si Pompeius Italiam relinquit, te quoque profugere, Attic. b. Cic. ad Att. 9, 10, 5: alci sum auctor amorem in teneros transferre mares, Ov. met. 10, 83: auctor est adverso scalpello subsecare, Cels. 7, 7, 6. p. 275, 32 D.

3 der Förderer einer Ansicht, Meinung, Behauptung, einer Erzählung, eines Gerüchtes usw., der **Vertreter, Gewährsmann** (die **Autorität), Bürge, Bestätiger, Beglaubiger,** **a** übh.: **α** absol., fama nuntiabat te esse in Syria; auctor erat nemo, Cic.: boni nuntii, non optimis tamen auctoribus, Cic.: quos aliqua fabula sine auctore sparsa conterruit, Sen.: auctore certo comperisse, aus sicherer Quelle, Suet.: u. so certis auctoribus comperisse, Cic.: auch v. Schriften, magistratuum libri, quos Macer Licinius itentidem citat auctores, Liv. – **β** m. *Genet.*, cuius (Cethegi) eloquentiae est auctor, et idoneus quidem, Ennius, Cic.: auctor gravis rei magnae, Liv.: suae quisque fortunae domi auctorem exspectent, der ihnen sichere Nachricht gäbe von usw., Liv.; vgl. Fabri Liv. 22, 55, 7: v. Vögeln usw., auctor aquae pluviae graculus, der sichere Verkündiger, Ov.: lucis auctores aves (v. den Hähnen), Verg. – u. m. folg. *Acc.* u. *Infin.*, ab Sutrio legati, auctores concilia Etruriae populorum de petenda pace haberi, Liv. 10, 14, 3. – **b** insbes.: **α** der Gewährleister von Lehrmeinungen u. wissenschaftlichen Ansichten, deutsch bald = **Vertreter, Gewährsmann** (die **Autorität**), bald = **Vorbild, Muster,** bald = **Vorgänger** (**Vorgang**), **Leiter, Lehrmeister,** habere auctorem idoneum, Cic.: habere eos auctores (als Vorgänger), Ter.: Fabricios alci auctores proferre, Cic.: auctoribus optimis uti, Cic.: malus auctor Latinitatis, Cic.: Ciceronem auctorem huius verbi habeo, puto locupletem, Sen. – v. Lehrer, Cratippo auctore, Cic.: hoc eodem auctore, nach seiner eigenen Lehre, Cic.: quoniam optimus auctor ita censet, Cic.: Pythagoras et Plato, locupletissimi auctores, Cic. – v. Erforscher, non sordidus auctor naturae verique, Hor.: divini humanique iuris auctor celeberrimus, Vell.: iuris civilis auctor, Gell. – **β** der Gewährleister von etw. schriftlich Aufgezeichnetem, deutsch bald = **Gewährsmann** (**Autorität**), bald = **Berichterstatter, glaubwürdiger Schriftsteller,** auctor bonus, valde bonus, verlässiger, ganz verlässiger G., Cic.: Homerus optimus auctor, Cic.: auctor locuples, Cic.: summus auctor divus Iulius, Tac.: Polybius haudquaquam spernendus auctor, Liv.: nec quisquam aequalis temporibus illis scriptor exstat, quo satis certo auctore stetur, Liv. – bes. v. histor. Darsteller, Geschichtschreiber, auctor rerum Romanarum, Cic.: auctores rerum, Tac.: discrepat inter auctores, Liv. – ut Valerius Antias auctor est, Liv.: ut quidam auctores sunt, Liv. – dah. auctorem esse mit folg. *Acc.* u. *Infin.*, **verbürgen, dafür einstehen, verbürgend berichten,** nec pauci sunt auctores Cn. Flavium scribam fastos protulisse, Cic.: sunt qui male pugnatum ab his consulibus in Algido auctores sint eamque causam dictatoris creandi fuisse, Liv.: auctor est Iulius Marathus prodigium Romae factum publice, Suet.: auctores sunt (es gibt Leute, die berichten) ter novenis punctis interfici hominem, Plin. – Verschieden oben *no.* 1, γ.

II insbes., als zivilist. *t. t.*, u. zwar: **a** als publiz. *t. t.*, auctor legis od. senatus consulti, im Zshg. auch bl. auctor, **α** der **Urheber, Geber, Vorschlager, Durchführer** eines G. od. S., quarum legum auctor fuerat, earum suasorem se haud dubium ferebat, Liv.: auctore Fabio consule, Liv. – **β** der **Anrater, Unterstützer** (durch seine Stimme u. sein Ansehen), **Aufrechterhalter** eines G. od. S. (Ggstz. dissuasor), multarum legum aut auctor aut dissuasor, Cic.: Manutius Plancus auctor senatus consulti, Tac. – **γ** der **Bestätiger,** in der Verbindung auctores fiunt patres, die Väter bestätigen es (nämlich das vom Volk Beschlossene), patres ante auctores fieri coëgit, Cic.: si patres auctores fierent, Liv.: patres auctores facti, Liv. – **b** als gerichtl. *t. t.*, der einer Sache Anerkennung, Gültigkeit verschafft od. zu verschaffen sucht, sie vertritt, verteidigt, der **Vertreter, Wortführer, Verfechter, Schirmherr, Gewährsmann, Bürge, Zeuge,** praeclarus iste auctor suae civitatis, Cic.: maximarum societatum auctor, Cic.: auctor beneficii populi Rom., Cic.: auctor querelarum, Cic.: auctor et cognitor sententiae, Cic. – So nun bes.: **α** der **Vertreter, Gewährleister** eines Eigentums, an den sich der Kläger hält, actio est in auctorem praesentem, Cic. Caecin. 54. – u. bes. der Vertreter eines Eigentums, der beim Verkauf dem Käufer das Eigentumsrecht gewährleistet (also nur scheinbar = Verkäufer), auctor fundi, Cic.: a malo auctore emere, Cic. – **β** der **Vollgültigkeitserklärer,** vom Vormund, Kurator (tutor) einer Frau, dessen volle Zustimmung ihre Willensmeinung erst rechtsgültig macht, quod mulier sine tutore auctore promiserit, Cic.: deberi viro dotem, quam (mulier) nullo auctore dixisset, Cic. – u. nuptiarum auctores, von den agnatischen Vormündern (den nächsten Anverwandten), Cic. Clu. 14. – ► auctor als *fem.*, Liv. 40, 4, 14 (auct. mortis), Ov. fast. 6, 709 (sum tamen inventrix auctorque ego carminis huius) u. a.: u. selbst auf ein Neutrum bezogen, Amm. 29, 1, 31 (numine praescitionum auctore).

auctōrābilis, e (auctoro), **vertretend, verbürgend,** Schol. Lucan. 1, 454. Schol. Vindob. Hor. de art. poët. 191.

auctōrāmentum, ī, *n.* (auctoro), **I** das, wofür man sich zu einem Dienst (Soldaten-, Gladiatorendienst, einer Mordtat usw.) verbindlich macht, das **Handgeld, Mietgeld,** funebre, Vell.: centenûm milium, Suet.: est in illis (quaestibus mercennariorum omnium) ipsa merces auctoramentum servitutis, Cic.: übtr., spernendae sunt opes: auctoramentum sunt servitutis, Sen.: nullum sine auctoramento malum, Sen. – **II** der **Dienstvertrag, Kontrakt,** auctoramentum turpissimum, der Gladiatoren, Sen. ep. 37, 1.

auctōrātīcius = *authenticus,* Gloss. II, 250, 47. Not. Tir. 42, 41.

auctōrātio, ōnis, *f.* (auctoror), die **Vermietung,** Acro Hor. sat. 2, 7, 59. Vgl. Gloss. V, 269, 39.

auctōritās, ātis, *f.* (auctor), das **Bestandhaben** od. **Bestandgeben, I** im engeren Sinne: **1** die **Gültigkeit, a** eines Besitzes, adversus hostem aeterna auctoritas (esto), gegen den Fremden soll ewige Gültigkeit (des Besitzes) sein, findet kein Verjährungsrecht statt, XII tabb. fr.: quod subreptum erit, eius rei aeterna auctoritas esto, Legis Atin. fr. – dah. usus et auctoritas u. usus auctoritas u. bl. auctoritas, die Ersitzung u. das daraus entstandene Eigentumsrecht oder der durch Verjährung gültige Besitzstand, usus et auctoritas fundi, Cic.: usus auctoritas fundi biennium est, Cic.: iure auctoritatis, Cic. – **b** die **Gültigkeit** einer Behauptung usw., die **Beglaubigung,** die **Gewähr, Verbürgung,** das gewährleistende **Ansehen,** das **Gewicht,** die **Vollkraft,** auctoritas publicarum tabularum, Cic.: testimonii tui, Cic.: somniorum, Cic.: auctoritas venditoris, das Haften, ICt.: auctoritas est in eo testimonio, Cic.: auctoritatem habere (z. B. v. Schriften, Schuldbüchern usw.), Cic. u. a.: auctoritatem testi attribuere (Ggstz. auferre), Cic.: auctoritatem promittere, Sen.: auctoritas verbis deest, Quint. – Meton., die **Beglaubigung, Verbürgung** = die beglaubigende usw. Namensangabe, auctoritates perscriptae, die zur Beglaubigung (des Senatsbeschlusses) ins Protokoll geschriebenen Namen (der anwesenden Senatoren), Cic. de or. 3, 5. Cael. in Cic. ep. 8, 8, 4. – **c** der **Vorgang** in etw., die **erste Veranlassung** zu etw., das **maßgebende Beispiel,** das **Muster, Vorbild** in etw., auct. maiorum, Cic.: auctoritatis eius et inventionis comprobatores, Cic.: alcis auctoritatem sequi, Cic.: aliorum auctoritati parēre, Cic.: auctoritates contemnere, Cic.: in auctoritatibus, in exemplis versari, Cic.

2 die **Förderung** eines Entschlusses, Vorschlags, einer Handlung usw., die fördernde **Gewähr,** die fördernde **Mitwirkung, Beistimmung,** der fördernde **Einfluss,** (die **Autorität**), die **gewichtvolle Empfehlung,** die **Unterstützung,** der **Rat,** das **Zureden,** die **Aufmunterung,** der **Antrieb, a** übh.: itaque attende, quam (wie wenig) ego defugiam auctoritatem consulatus mei, Cic.: cuius auctoritas multum apud me valet, Cic.: his rebus adducti et auctoritate Orgetorigis permoti, Caes.: eius auctoritate impulsi, Nep.: alcis consilio atque auctoritate Lacedaemoniis bellum indicere, Nep.: auctoritates rerum gerendarum (v. den Augurien), Cic. – **b** als jurist. *t. t.*, das bestimmte, vom Vormund freiwillig ausgesprochene **Vollwort,** wodurch die an sich ungültige Willensmeinung des Mündels rechtsgültig wird, interponere auctoritatem tutoris, ICt.: accommodare auctoritatem pupillo, ICt.

3 die geltend gemachte **Willensmeinung,** der **Ausspruch,** die **Erklärung,** der **Wille,** die **authentische Ansicht,** der **Beschluss, a** übh.: voluntas scriptoris et auctoritas, Cic.: illius sententia atque auctoritas, Cic.: hominum consilia et auctoritates, Cic.: si ad *verba* rem deflectere velimus, *consilium* autem eorum, qui scripserunt, et *rationem et auctoritatem* relinquamus, Cic. – Meton., der schriftlich aufgezeichnete **Ausspruch,** s. Cic. Cael. 55. – **b** einer einzelnen Person im Senat, Q. Catuli auctoritas et sententia, Cic. – u. der Richter, auctoritate vestrā viam patefaciatis illustrem atque latam, Cic. –

c der **Wille** des Volkes, der Gemeinde, auct. populi Romani, Cic.: auct. publica, Vell. – Meton., der aufgezeichnete Wille, **schriftliche Auftrag,** civitatum auctoritates ac litterae, Cic.: publicae auctoritates testimoniaque, Cic. – **d** der Kollegien u. Staatsgewalten, auct. collegii (pontificum), Liv.: auct. censoria, Cic. – **e** der maßgebende **Meinungsausspruch** des röm. Senates, cum potestas in populo, auctoritas in senatu sit, Cic.: huius auctoritate uti magistratus, Cic. – Insbes.: **α** der durch Abstimmung ausgesprochene **Wille** des Senates, der **Senatsbeschluss** im Allg. (dagegen senatusconsultum, der durch Beitritt der Volkstribunen sanktionierte), sine auctoritate senatus foedus facere, Cic.: ex auctoritate senatus respondere, Cic.: auctoritatem senatus, iussa populi Rom. vendere, Cic. – **β** das **Gutachten** des Senates, dessen Erhebung zum förmlichen Beschluss durch das Einschreiten eines Volkstribunen verhindert worden war, si quis huic senatusconsulto intercessisset, auctoritas perscriberetur, Cic.: si quis intercedat senatusconsulto, auctoritate se fore contentum, Liv.

4 die **Autorisation, Machtvollkommenheit, Vollmacht, Ermächtigung,** etw. zu tun od. zu lassen, auct. legum dandarum, Cic.: legatos cum auctoritate mittere, Cic.: patris auctoritas erit necessaria, Ulp. dig.: tot tam graves ab amicissimis civitatibus legationes cum publicis auctoritatibus convenisse, Cic. – dah. die **Macht, Gewalt,** das **Machtgebot,** der **Befehl,** das **Geheiß,** se conferre ad alcis auctoritatem, Cic.: persequi (nachkommen) alcis auctoritatem, Cic.: esse od. manere in alcis auctoritate, Liv.: suae auctoritatis esse, sein eigener Herr (mündig) sein, Spart. Hadr. 18, 9.

II im weiteren Sinne, die **Geltung,** das **Gewicht,** das **Ansehen,** der **Einfluss,** die **Autorität, a** einer Pers.: **α** eig.: auctoritas et gratia, Cic.: summa auctoritas et doctoris et urbis, Cic.: sua auctoritas, das persönliche Ansehen, Cic.: quorum auctoritas apud plebem plurimum valet, Caes.: in Miltiade erat magna auctoritas apud omnes civitates, Nep.: auctoritate multum apud alqm posse, Nep.: auctoritatem, nomen habere, Cic.: auctoritatem habere apud alqm, Cic.: auctoritatem alcis apud omnes amplificare, Caes.: facere auctoritatem, Cic.: alci auctoritatem addere, Liv.: auctoritatem alcis imminuere, frangere, Cic.: de auctoritate alcis detrahere, Cic.: auctoritatem restituere, levare, amittere, Cic., perdere, Quint.: auctoritatem interponere, Cic.: ad auctoritatem alcis se conferre, Cic.: auctoritate alcis compulsus, Liv. – **β** meton., eine **Autorität** = eine angesehene, einflussreiche Person, auctoritates principum coniurationis colligere, einflussreiche Persönlichkeiten unter den Häuptern d. V., Cic. Sull. 37; vgl. Cic. Deiot. 30; Marc. 10. – **b** eines lebl. Ggstds.: **α** eines Verhältnisses, einer Einrichtung, Vornahme, Eigenschaft usw., legum, Cic.: vetustatis, Cic.: loci, Cic.: orationis, Cic.: veteris Academiae, Cic.: auctoritas dignitasque formae, Suet.: bibliothecas mehercules omnium philosophorum unus mihi videtur XII tabularum libellus et auctoritatis pondere et utilitatis superare, Cic.: totius huius rei quae sit vis, quae auctoritas, quod pondus, ignorant, Cic. – **β** einer materiellen Sache, die **Geltung,** das **Ansehen,** die **Schätzung,** bos in pecuaria maximā debet esse auctoritate, Varr.: sic habebit circa cellam ambulatio auctoritatem, Vitr.: achates magnā fuit in auctoritate, nunc in nulla, Plin.: auctoritas praecipua lupo pisci, Plin.: ut maiestas imperii publicorum aedificiorum egregias haberet auctoritates, das Ansehen erhöhende Werke, Vitr.

auctōro, āvī, ātum, āre (auctor), **I** als Gewähr angeben, **a** eig., nur im Passiv auctorari = **Vertreter** einer Sache **werden, sich verbürgen,** Pompon. dig. 26, 8, 14. Ulp. dig. 27, 6, 9. – **b** übtr., **verbürgen, bekräftigen, bestätigen,** satis auctorata observatio, Tert. de cor. mil. 2: a deo satis auctoratus vir, Tert. de pudic. 20. – **II** für Geld od. Lohn zu etw. **verdingen, vermieten,** refl. auct. se, **sich vermieten,** gladiatoribus auctorare se nolebat, Asin. Poll. in Cic. ep.: se ad lanistas, se ad ignes, Tert.: se gulā, Ps. Quint. decl.: ebenso quid refert, uri virgis ferroque necari auctoratus eas (dich anheischig machst), Hor.: proximo munere inter novos auctoratos (Gemieteten) ferulis vapulare placet, Sen.: dah. im Wortspiel, ipsum magis auctoratum populum Romanum circumferens, d. i. in größere Gefahr gebracht, als die Gladiatoren, Plin. 36, 117. – dah. übtr. **a** übh. **verbindlich machen, verpflichten,** eo pignore velut auctoratum sibi proditorem ratus est, Liv.: auctoratos in tertia iura ministros, Manil. – **b** alci alqd, gleichs. **mieten** = **bereiten,** Romanis certam victoriam, partibus suis excidium, sibi turpissimam mortem pessimo auctoravit facinore, Vell. 2, 30, 1. – Dazu die Nbf.

auctōror, ātus sum, ārī, **vermieten,** auctorabitur se in ludum ut gladiator, Porph. Hor. ep. 1, 18, 35: exsecrando metallo pudicitiam suam, Apul. met. 9, 19: animas suas, Tert. ad Scap. 1.

auctrīx, īcis, *f.* (auctor), **I** die **Urheberin,** Tert. de spect. 17 u. ö. Chalcid. Tim. 297. – **II** die **Verkäuferin, Gewährleisterin,** Cod. Iust. 8, 45, 16. – ► Nach den Gramm. (aber ohne Beleg) auch = **Vermehrerin,** s. Charis. 44, 19. Serv. Verg. Aen. 12, 159.

auctumn..., s. autumn...

1. auctus, a, um, *PAdi.* (v. augeo), nur im *Compar.* auctior, **vermehrter** = **vergrößerter, größer, reichlicher,** tanto mi aegritudo auctior est in animo, Plaut.: maiestas auctior, Liv.: socii honore auctiores, Caes.: auctius atque melius di fecēre, Hor.: quod genus (Geschlecht) amplissimum acceptum maius auctiusque (geehrter) reliquit, Liv.: Ggstz. cur in tumidis et globosis (speculis) omnia *defectiora,* at contra in cavis *auctiora* (videantur), Apul. apol. 16. p. 23, 14*sq.* Kr. – u. im *Superl.,* auctissima basis, Treb. Poll. Gall. 18, 4.

2. auctus, ūs, *m.* (augeo; vgl. Varr. LL. 5, 90), **I** der Umstand, dass etwas sich mehrt, zunimmt, sich vergrößert, die **Mehrung, Zunahme,** das **Wachstum, Gedeihen,** die **Vergrößerung, a** physischer Objekte: infinitus corporis auctus, Lucr.: immensus auctus aquarum od. Tiberis, Plin. u. Tac.: imbres auctusque fluminum, Tac.: auctus diei, Plin.: hilarem grandescere ad auctum (v. Körper), Lucr.: auctum etiam visum in capite (iocinoris), Liv.: Plur., auctus et remissiones, Vitr.: auctus lunae et eliquia, Solin.: luminis auctus (Ggstz. dispendia), Apul.: statis auctibus crescit decrescitque (fons), Plin. ep.: quod semen, quamvis sit exiguum, vires suas explicat et ex minimo in maximos auctus diffunditur, Sen.: sic et aures immodicis horripilant auctibus, Apul. – **b** nicht physischer Objekte: auctu imperii adolevisse etiam privatas opes, Tac.: transrhenanis gentibus invisa civitas opulentiā auctuque, Tac.: sine auctu ac detrimento summi boni, Sen.: bellum Africum cotidiano auctu (Umsichgreifen) maius, Vell.: Plur., eadem vos (divi divaeque) bene iuvetis, bonis auctibus auxitis, möget durch glücklichen Fortgang fördern, Formul. vet. b. Liv.: cuius rei praemium sit in civitate, eam maxumis semper auctibus crescere, das wachse u. gedeihe am stärksten, Liv.: at Civilem immensis auctibus (Zuwachs, Verstärkung) universa Germania extollebat, Tac.: huius viri fastigium tantis auctibus fortuna extulit, ut etc., seinen hohen Ruhm steigerte das Glück so, dass er usw., Vell.: rem publicam et imperium Romanum magnis auctibus augere, Fronto de fer. Als. 3. p. 226, 2 N. – **II** meton., die durch Wachstum gewordene **Größe, Stärke, Fülle,** caedere arboris auctum, einen starken Baum, Lucr. 6, 168: nec lorica tenet distenti corporis auctum, Lucan. 9, 797.

aucula, s. aucella ►.

aucupābundus, a, um (aucupor), **spähend, lauernd,** Tert. de anim. 39.

aucupālis, e (auceps), **zum Vogelfang bestimmt,** perticae, Paul. ex Fest. 21, 5.

aucupātio, ōnis, *f.* (aucupor), das **Vogelstellen,** der **Vogelfang,** Ps. Quint. decl. 13, 8. – übtr., quid tibi aucupatio est argumentum? Caecil. com. 62: u. auc. novarum rerum, das Trachten nach N., Oros. 5, 19, 10.

aucupātor, ōris, *m.* (aucupor), **I** eig., der **Vogelsteller,** Gloss. II, 569, 13. – **II** übtr., der **Hascher** nach etw., eventuum (von den Haruspices), Oros. 5, 4, 19: pecuniarum, Boëth. Arist. elench. sophist. 1, 2. p. 734.

aucupātōrius, a, um (aucupor), **zum Vogelfang geeignet (passend)** od. **dienlich,** amplitudo (Größe), Plin. 16, 169: arundo, Plin. 16, 172: calamus, Mart. 14, 218 *lemm.*

aucupātus, ūs, *m.* (aucupor), der **Vogelfang,** amavit aucupatus, Capitol. Anton. phil. 4, 9.

aucupex = *auceps,* Not. Tir. 93, 17.

aucupiāmen = *aucupium,* Not. Tir. 93, 19.

aucupium, ī, *n.* (auceps), der **Vogelfang,** die **Vogelstellerei, I** eig. u. meton.: **1** eig.: piscatus, aucupium, venatio, Cic.: venatione atque aucupio capere feram vel avem, Vulg.: vitam propagare aucupio, Cic.: omnes, quos venatus, aucupia piscatusque alebant, Plin.: v. Bienenfang, quae (examina apium) dono vel aucupio contingunt, die man geschenkt bekommt oder selbst einfängt, Col. 9, 8, 5. – **2** meton., der **Fang an Vögeln, gefangene Vögel,** aucupium, omne genus piscis, prata, Catull.: peregrina aucupia, Sen.: minima inflatio fit ex venatione, aucupio etc., Cels.: venatu et aucupio vesci, Plin. – **II** übtr., das **Haschen** nach etw., das **Lauern,** die **Jagd** auf etw., facere aucupium auribus, horchen, was einer sagt, Plaut.: hoc novum est aucupium, eine neue Art des Nahrungserwerbs, Ter.: delectationis auc., die Sucht, andere (die Zuhörer) zu ergötzen, die Gefallsucht, Cic.: aucupia verborum, Wortklaubereien, Silbenstechereien (vgl. auceps [syllabarum] *no.* II), z. B. *aucupia* verborum et litterarum *tendiculae* in invidiam vocant, Cic.: sed quid aucupia verborum splendoremque sermonis peti ab hoc dicam, Arnob. – ► Nbf. aucipium, Caes. nach Vel. Long. (VII) 67, 3.

aucupo, āvī, ātum, āre (auceps), **vogelstellen,** doch nur übtr. = **auf der Lauer sein** od. **stehen, nach** od. **auf** jmd. od. etw. **Jagd machen, lauern, haschen,** etw. **zu erlauern** od. **zu erspähen** od. **aufzuschnappen suchen, a** aktiv: **α** absol., Plaut. Men. 570; truc. 964. – **β** m. *Acc.,* Enn. tr. 293 (218). Pacuv. tr. 96. Acc. tr. 165 u. 407. Titin. com. 151. Plaut. most. 473. Itala psalm. 58, 4. – **γ** alqm (beschleichen) m. folg. indir. Fragesatz, Plaut. mil. 995. – u. m. bl. indir. Fragesatz, Plaut. asin. 881. – **b** Partiz. Perf. passiv, Lact. 5, 22, 22.

aucupor, ātus sum, ārī (auceps), **I auf den Vogelfang ausgehen, vogelstellen, α** absol., Varr. r. r. 1, 23, 5. Gaius dig. 41, 1, 3. § 1. Ulp. dig. 47, 10, 13. § 7. – **β** m. *Acc.* = einem Tier **nachstellen,** es **einfangen,** volantes, Apul. apol. 34: v. Bienenfang, examina, Col. 9, 8, 8: u. scherzh., pinnas de suis penatibus advectas, Apul. apol. 57. – **II** übtr., **nach** od. **auf** etw. **Jagd machen, nach** etw. **begierig trachten, auf** etw. **lauern, warten, nach** etw. **haschen,** absol., viden, scelestus ut aucupatur? Plaut. rud. 1093. – gew. m. *Acc.,* accessum hostium, Auct. b. Afr.: alcis absentiam, Iustin.: occasionem, Auct. b. Afr.: verba, Cic.: errores hominum, Cic.: inanem rumorem, Cic.: tempus alcis, Cic.: m. *Abl.* (mit, durch), longis navibus tempestates, warten, bis die See ruhiger ist, Cic.: voluptatem auribus, Varr. fr.: gratiam assentatiunculā quādam, Cic.: famam sibi obtrectatione alienae scientiae, Plin. – ► *Partic.* aucupatus passiv, s. aucupo a. E.

audācia, ae, *f.* (audax), die **Kühnheit, I** im guten Sinne, der kühne Mut, die **Dreistigkeit,** das **Wagnis,** duabus his artibus, *audaciā* in bello, ubi pax evenerat, *aequitate* etc., Sall.: mirabundi, unde tanta *audacia,* tanta *fiducia sui* victis ac fugatis, Liv.: quae bona sunt, *fiduciam* faciunt, divitiae *audaciam,* Sen.: si verbis audacia detur, wäre eine kühne Ausdrucksweise erlaubt, Ov. – **II** im üblen Sinne, die **Keckheit, Dreistigkeit,** das **kecke (dreiste) Auftreten,** die **Unverschämtheit, Verwegenheit, Tollkühnheit, Frechheit, Vermessenheit** (Ggstz. verecundia), **a** übh.: audaciae columen, Plaut.: malitiosa aud., Trag. inc. fr.: aud. inconsulta, vecors, Liv.: aud. scelerata, Plin.: aud. muliebris, Iustin.: o hominis impudentem audaciam! Plaut.: summae homo audaciae, Caes.: tantā audaciā affectus, Ter.: audaciā et impudentiā fretus, Cic.: stolidā audaciā ferox, Curt.: stultorum et improborum temeritas et audacia, Cic.: certatum utrimque temeritate atque audaciā, Liv.: audaciā abundare, Cic.: audaciae cedere, Cic.: alcis audaciam debilitare, Cic., frangere, Liv., contundere et frangere, Cic.: eorum dementem reprimere audaciam, Sisenn. fr.: m. folg. *Infin.,* haec mihi sit audacia lepores molles excipere, Prop. 3, 19, 23: m. *Acc.* u. *Infin.,* quae istaec audaciast te sic ebrium incedere, Plaut. Pseud. 1298: m. *Genet. Gerund.,* aliis timor hostium audaciam ingrediendi flumen fecit, Liv. 21, 56, 5. – meton. = **Wagnis,** Liv. 10, 33, 7: öfter Plur. = **Wagnisse, verwegene Versuche** od. **Taten, freche Bestrebungen,** Cato fr. b. Paul. ex Fest. 27, 6. Cic. Verr. 3, 208; Cat. 2, 10; Sull. 76; ad Att. 9, 7, 5. Tac. ann. 1, 74. – **b** im milderen Sinne, die **Freiheit, Dreistigkeit,** *licentia* ... vel potius *audacia,* Cic.: vitare audaciam in translationibus, Suet. – ► Arch. *Genet.* audaciai, Plaut. Amph. 367.

audāciter u. gew. **audācter,** *Adv.* m. *Compar.* u. *Superl.* (audax), **kühn** im guten u. üblen Sinne, **herzhaft, mutig, dreist, keck, verwegen, frech, vermessen** (Ggstz. timide), **α** *audaciter* (bei Cic. selten): multa aud. fecisse, Cic.: aud. hoc dico, iudices, Cic.: aud. negare, Liv.: aud. ferre de etc., Liv.: aud. cum alqo loqui, Sen.: dic aud., Sen. rhet. – **β** *audacter:* accede ad sponsam aud., Enn. fr.: porge aud. ad salutem bracchium, Plaut.: alci res aud. magnas parvasque eloqui, Enn. fr.: facit ut te aud. moneam, Ter.: omnia non modo dicere, verum etiam libenter, audacter libereque dicere, Cic.: aud. respondere alci, Cic.: ad dicendum veniebat magis audacter quam parate, Cic.: *audacter* hoc dico, non *temere* confirmo, Cic.: aggressi facinus Macedones, ut inconsulte, ita *audacter* coeptum, nec consulte et *timide* reliquerunt, Liv. – **γ** *Compar.:* audacius concredere alci alqd, Plaut.: audacius exsultare, Cic.: aud. instare hostibus, Nep. – **δ** *Superl.:* ego audeo audacissime, Plaut.: audacissime oneris quidvis impone, Ter.: audacissime perrumpere, Caes.: omnia audacissime incipere, Liv.

audāculus, a, um (*Demin.* v. audax, s. Paul. ex Fest. 27, 7), **gar kühn,** homo Cappadox valde audaculus, Petr. 63, 5: aud. reprehensor verborum, Gell. 5, 21, 4: rabula, Sulp. Apoll. b. Gell. 15, 5, 4: pollicitatio, Firm. math. 1. praef. *in.*

audāx, ācis, *Adi.* m. *Compar.* u. *Superl.* (audeo), **wagend** im guten u. (gew.) im üblen Sinne, **kühn, herzhaft, dreist, keck, verwegen, ungestüm, tollkühn, frech, vermessen,** (Ggstz. timidus, ignavus), **a** v. leb. Wesen u. deren Sinn: Vatinius homo petulans et audax, Cic.: temerarius et audax homo, Cic.: mulier aud., Cic.: belua aud., Cic.: audaces et protervi, Cic.: animus, Sall. u. Verg.: poëta, ein kühner (der ungewöhnliche Wendungen wagt), Hor.: audax cave sis, ungestüm, Catull.: u. so Cerberus aud., Tibull. – homo audacissime, Plaut.: Verres homo audacissimus atque amentissimus, Cic.: audacissimus ego ex omnibus, der unerschrockenste, Cic.: subst., audax, der Kühne, der Wagehals, Cic.: u. so im Plur., audaces, Wagehälse, verwegene, tollkühne Menschen, Bösewichte, Cic. – m. *Genet. loci,* audax ingenii, Stat. silv. 3, 2, 64; 5, 3, 135: animi, Stat. Theb. 10, 495. Claud. rapt. Pros. 2, 4. – m. *Abl.,* iuventā, Verg. georg. 4, 565: viribus audax, trotzend auf usw., Verg. Aen. 5, 67: irā, Sil. 14, 416: verbis, Quint. 10, 1, 96. – m. *ad* u. Akk., paulo ad facinus audacior, Cic. Cat. 2, 9: supra vires audacem esse ad conandum (Ggstz. cunctatorem esse), Liv. 45, 35, 15. – mit *in* (zu) u. Akk., Liber animum audaciorem in omnes conatus facit, Sen. de tranqu. anim. 17, 8 (15, 15). – mit *in* u. Abl. Gerund., audax praecipue fuisse videtur in convocandis hominibus et armandis, Cic. Caecin. 2. – m. *usque ad* od. *ad usque* od. m. *in* u. Akk. (bis zu), audax usque ad insaniam, Amm. 14, 7, 17, ad usque insaniam, Amm. 28, 1, 53, in insaniam, Amm. 17, 8, 1. – m. *Infin.,* Hor. carm. 1, 3, 25. Prop. 4, 5, 13 u. spät. Dichter. – **b** von Lebl.: facinus aud., Ter.: *audax* negotium! dicerem *impudens,* nisi etc., Cic.: consilium primā specie *temerarium* magis quam *audax,* Liv.: spes, Plin.: verba, ungewöhnlichere, dichterische, Quint.: audacior hyperbole, ungewöhnlichere, härtere, Quint.: solito audacior loquacitas, Cels.

audēns, entis, *PAdi.* m. *Compar.* u. *Superl.* (v. audeo), **wagend** (meist) im guten Sinne, **kühn, dreist, herzhaft,** audentes fortuna iuvat, Verg.: nihil gravius *audenti* quam *ignavo* patiendum, Tac. – tu ne cede malis, sed contra audentior ito, Verg.: puer quidam audentior ceteris, Plin. ep.: nonne his latior et audentior et excelsior (Aeschines), Quint.: audentiores adversus hostes fiunt, Frontin. – audentissimus quisque miles, Tac.: Hannibal ille audentissimus atque fortissimus, Gell.

audenter, *Adv.* m. *Compar.* (audens), **kühn, dreist, herzhaft,** dicere, Ulp. dig. 5, 4, 1. § 5; 28, 2, 29. § 14. Vulg. act. apost. 2, 29. – audentius progredi, Tac.: audentius resistere, Dict.: audentius iam onerat Seianum, Tac.: multa audentius inseri possunt, Quint.: audentius hostem increpitans, Stat.

audentia, ae, *f.* (audens), die **Dreistigkeit, Herzhaftigkeit,** die **Kühnheit,** Quint. 12. pr. § 4. Tac. ann. 15, 53 u. a. – insbes., im Ausdruck, Plin. ep. 8, 4, 4.

audeo, ausus sum, ēre (zsgz. aus avideo v. avidus), **I** im milderen Sinne, **Lust haben, belieben, mögen, es über sich gewinnen, es übers Herz bringen** (s. Brix Plaut. trin. 244. Lorenz Plaut. mil. 231. Ladewig Verg. Aen. 8, 364), **a** m. *Infin.:* non audes mihi subvenire? Plaut.: nihilne adiuvare me audes? Plaut.: auden participare me quod commentus es? Plaut.: aude, hospes, contemnere opes, Verg.: sapere aude, Hor.: nec longius audet abire, Ov. – **b** absol. in der parenthet. Formel si audes, wenn du Lust hast, wenn du es über dich gewinnen kannst, wenn du so gut sein willst, da mihi hoc, si audes, Plaut. trin. 244. Vgl. Cic. or. 154 u. sodes. – **II** im stärkeren Sinne, **es übers Herz bringen** = etw. **(zu tun) wagen, sich unterstehen, sich herausnehmen, sich unterfangen, sich erkühnen, so dreist sein,** zu usw., **a** m. *Infin.:* segregare abs te ausus es, Pacuv. fr.: tun audes etiam servos spernere? Plaut.: puellam sum ausus aggredi, Titin. fr.: sibi cum viro forti ac strenuo negotium esse, qui cum cogitasset, facere *auderet,* et prius cogitare, quam *conari* consuesset, Nep.: vide quaeso, ut, qui de meo facto *non dubitem* dicere, de Ligarii *non audeam* confiteri, Cic.: ad quemvis numerum ephippiatorum equitum quamvis pauci adire audent, wagen sich heran an usw., Caes.: ut vix quidquam satis certum affirmare ausus sim, Liv.: audeo dicere, ich wage es zu sagen, d. i. zu behaupten, Plaut., Cic. u. a. (s. Klotz Cic. Lael. 1. p. 85): im Passiv unpers. m. *Infin. Pass.,* si animadverterent auderi adversus se tam exiguis copiis dimicari, Nep. Milt. 4, 5 N. u. H. – **b** m. *Acc.:* tantum facinus, Ter. (vgl. *locuti* magis quam *ausi* tantum facinus, Liv.): extrema, Verg.: proelium, aciem (Schlacht), Tac.: multa *dolo,* pleraque *per vim,* Liv.: privatis ut opibus ita consiliis (aus eigenen Mitteln und im eigenen Interesse) magna ausus magnificeque conata exsecutus, Vell.: m. *Dat.* od. *in* u. Akk. (gegen) od. adversus m. Akk., vim cultoribus et oppidanis ac plerumque in mercatores et navicularios, Tac. ann. 12, 55: si quid in morbo petulantius ausi sunt *adversus* medentem, sich etwas herausnehmen, Sen. de const. sap. 13, 2. – m. *in* u. Abl. (bei), ausurum se in tribunis, quod princeps familiae suae ausus in regibus esset, Liv. 3, 17, 8: plus in eo dilectu Valens audebat, Tac. hist. 2, 93. – m. *pro* u. Abl., pro vita maiora audere probavi, Verg. Aen. 12, 814: audendum aliquid pro patria etiam cum periculo ratus, Iustin. 5, 9, 6. – im Passiv, audeantur infanda, si non perniciem nobis cum scelere ferunt, Liv.: omnia et *conanda* et *audenda* Magnetibus esse, Liv.: agenda res est audendaque, Liv.: non ab Scipionibus aliis veteribus Romanorum ducum quicquam ausum patratumque fortius quam tunc a Caesare, Vell.: ausis ad Caesarem codicillis, Tac. ann. 3, 67. – **c** bei vorhergeh. Negation mit *quin* u. Konjunkt., ut non audeam profecto percontanti quin promam omnia, dass ich nicht umhin kann, so kühn zu sein, Plaut. asin. 25 *sq.* – **d** absol. (vgl. Nipperd. Tac. ann. 4, 59): hos vero novos magistros nihil intellegebam posse docere, quam audere (dreist sein, dreist auftreten), Cic.: in eiusmodi consiliis periculosius esse deprehendi, quam audere, Tac.: quod (dass sie) sperant, quod audent, omne Caesari acceptum referre possunt, Cic.: si casus daretur, ausurum, Tac.: audendum atque agendum ait in tanto malo esse, Liv.: Romani audendo et fallendo magni facti, Sall. fr.: audendo atque agendo res Romana crevit, Liv.: Caelius audendo potentior, Tac.: duo itinera audendi, Tac.: ausos libertas sequetur, Tac. – m. *Praepos., adversus* Neronem ausus, Tac. hist. 2, 71: audere *in* proelia, sich mutig in den Kampf einlassen, Verg. Aen. 2, 347: istas *in* usque manus, Stat. Theb. 1, 439: *in* artes, Gratt. cyn. 498: qui auctor audendi *pro* patria fuit, Oros. 2, 17, 9. – m. *Advv.,* neque ausurum contra Seianum, S. werde sich nicht heranwagen, Tac. ann. 4, 59 *extr.:* unde rursus ausi, aus dem von neuem sich heranwagend, Tac. hist. 2, 25: longius ausuri, sich weiter vorwagen, Tac. hist. 5, 11. – ► Altes *Perf.* ausi, Cato orat. 63 (bei Prisc. 9, 47): dah. in Prosa (selbst Cic. Brut. 18) u. häufig bei Dichtern *Coni. syncop.* ausim, ausis usw. Fritzsche Hor. sat. 1, 10, 48. – Ungew. *Coni. Perf.* auserim = *ausim,* Ambros. ep. 53, 1 *extr.* – Partiz. ausus passiv, Vell. 2, 80, 3. Tac. ann. 3, 67. Amm. 26, 10, 10 u. bei Dichtern.

audibilis, e (audio, s. Prisc. 4, 27), **hörbar,** Boëth. Aristot. top. 1, 13. p. 670. Ambros. de Noë et arca 15, 52 *extr.* Augustin. ep. 169, 10; c. Iul. Pelag. 4. § 73. Theod. Prisc. 4. fol. 316 *ed. Ald.*

audiēns, entis (audio), **I** *Partic.,* s. audio. – **II** *subst.,* der **Zuhörer, a** im Allg., im Genet. Sing., audientis animum movere, Cic.: gew. im Genet. Plur., animos audientium permovere, Cic., od. inflammare, Cic.: Hanno unus adversus senatum causam foederis magno silentio propter auctoritatem suam *non cum assensu audientium* egit, Liv. – **b** insbes., der **Katechumene,** Tert. de paenit. 6.

audientia, ae, *f.* (audio), der Umstand, dass jmd. hört, das **Hören, I** im Allg.: surdis fruendam reddere audientiam, machen, dass die Tauben sich wieder des Gehörs bedienen können, Prud. perist. 10, 954. – **II** insbes.: **a** das **Anhören,** das aufmerksame **Gehör,** die **Aufmerksamkeit,** exsurge, praeco, audientiam fac populo, mache, dass das Volk uns hört, verschaffe uns Gehör beim Volk, Plaut. Poen. pr. 11: illi praeco faciebat audientiam, verschaffte ihm Gehör, Rhet. Her. 4, 68: u. so audientiam facere praeconem iussit, Liv. 43, 16, 8: iam nunc mente et cogitatione prospicio ..., quantam audientiam orationi meae improbitas illius factura sit (verschaffen werde), Cic. div. in Caec. 42: facit (es verschafft) persaepe ipsa sibi audientiam diserti senis compta et mitis oratio, Cic. de sen. 28: nam nonnulli, quom illud meditati ediderunt, sic ad reliqua transeunt, ut audientiam fieri (geschenkt werde) nolle videantur, Cic. de or. 2, 325: si paulisper audientiam publicam mihi tribuerit (schenkt) humanitas, facile vos edocebo etc., Apul. met. 3, 4: atque utinam daretur in unius speciem contionis toto orbe contracto oratione hāc uti et humani in generis audientia collocari, uns von allen Menschen Gehör geschenkt werde, Arnob. 1, 29: quem viam vobis pandere deorum ad audientiam (Erhörung) creditis, Arnob. 3, 29: audientiam rogare, um G. bitten, Leo M. app. ad opp. tom. 3. tit. 43. p. 410 M. – **b** das **Anhören, Vernehmen** = Lernen, ad primam legum audientiam venire, den ersten Rechtsunterricht erhalten, Cod. Iust. 1, 7, 25. – **c** das **Anhören** u. **Entscheiden** eines Rechtsfalles, die **richterliche Kognition,** episcopalis aud., Cod. Theod. 16, 2, 47: secundum iudiciariam disciplinam partibus praebere audientiam, Fragm. Vat. § 33: inter litigatores audientiam suam impertiri, Cod. Iust. 2, 14, 1: omnibus negotiis, quae ad se delata fuerint, exhibere audientiam, Cod. Theod. 1, 16, 6: audientiam eius (iudicis) eligere, Cod. Iust. 3, 13, 1: in sacrae cognitionis examine audientiam abnegare, Cod. Theod. 11, 31, 3.

audio, īvī u. iī, ītum, īre (aus *avidio; vgl. griech. ἀΐω, αἰσθάνομαι, altind. *āvíḥ, adv.* »offenbar, offenkundig«), **hören** (Ggstz. surdum esse), **I hören** = hörend sein, **a** Gehör haben u. anwenden können (Ggstz. surdum esse), auribus parum audire, Cato: plus audire, Cato: gravius audire coepisse, Cels.: liquidius audire, Plin.: clarissime audire, Plin.: rectis auribus acutissime audire, submissis nihil (v. den Hirschen), Solin.: apertis atque integris et oculis et auribus nec videre nec audire, Cic.: propter imbecillitatem iam non audire aut non videre, Cels.: audiendi sensu carere, v. Pers., Cic.: audiendi usu carere, v. Ohr, Cels.: per quae foramina facultas audiendi est, Cels. – **b** aufhorchen, sein Ohr leihen: *PH.* Dorio, audi, obsecro. *DO.* Non audio, Ter.: loquere, audio, Ter.: audisne od. audin? hörst du? Ter.

II etwas **hören** = etwas mit dem Gehör od. (im weiteren Sinne) durch Hörensagen od. Lektüre **vernehmen, A** im Allg.: **a** m. Ang. **was?** od. **wen?** od. **wovon?** man hört, **α** durch *Acc.:* vocem alcis, Plaut. (vgl. tum sapientiae vocem audire videar, Cic.): visi audire vocem, sie glaubten eine St. zu hören, Liv.: miseram me, quod verbum audio? Ter.: neque enim novi quicquam audieram, Cic.: quidnam audio? Ter.: quem ego hic audio? Ter. – omnes civiles dissensiones, non solum eas, quas audistis (von denen ihr gehört habt), sed eas, quas vosmet ipsi meministis atque vidistis, Cic.: Romanorum audivere, non sensere arma, Iustin.: u. so aud. clamorem, Caes.: galli cantum, Cic.: adventum eius, Curt.: saepe eadem et graviter, dasselbe eindringlich zu hören bekommen, Ter. – im Passiv durch *Nom.*, **man hört von** etw. od. **von** jmd. (s. Nipp. Tac. ann. 4, 23), eo ipso die auditam esse eam pugnam ludis Olympiae memoriae proditum est, Cic.: missis levibus copiis, quae ex longinquo in maius audiebantur, die das Gerücht aus der Ferne vergrößerte, Tac.: legionum seditio audita est aliquando, Tac.: Iulius Largus nondum mihi visus ac ne auditus quidem, Plin. ep.: m. *Dat.* (von), exclamat, ita ut populo patribusque audita vox pariter sit, Liv. 8, 6, 4: u. im *Abl. absol.*, hāc auditā pugnā, Caes.: auditis hostium copiis, Liv.: auditā mutatione principis, Tac. – m. dopp. *Acc.*, te, ut spero, propediem censorem audiemus, Cic.: aud. alqm querentem, gloriantem, klagen, sich rühmen hören, Nep.: im Passiv m. dopp. *Nom.*, tantum Camillus auditus imperator terroris intulerat, Liv.: occupaverat animus prior auditus, der, von dem man zuerst gehört hat, Tac.: hominum clamor, tubarum sonus multiplex auditur (wird als ein vielfaches gehört = vervielfältigt sich), Iustin. – u. im Passiv m. *Dat. pers.*, cui non sunt auditae Demosthenis vigiliae? wem sind nicht zu Ohren gekommen die N. des D. = wer hat nicht gehört von den N. des D.? Cic. Tusc. 4, 44. – *Partic. Perf.* subst., auditum, ī, *n.*, das **Hörensagen,** das **Gerücht,** quin ego, cum peribat, vidi, non ex audito arguo, Plaut.: nihil habeo praeter auditum, Cic.: audito fuit eruditior, Vell. – **β** durch *Acc.* u. *Infin.*: tintinnire ianitoris impedimenta audio, Afran. fr.: saepe hoc maiores natu dicere audivi, Cic.: se patrem suum audisse dicere mit zweitem Akk. u. Infin., Sempr. Asell. fr.: audiet cives acuisse ferrum, Hor.: et ego regem nostrum Cluilium causam huiusce esse belli audisse videor, ich glaube gehört zu haben, Liv.: cum Augustum Caesarem se ipsum in thorace linteo scriptum legisse audissem, den Aug. Cäsar sagen gehört hatte, Liv. 4, 20, 7: u. so (bei den Histor.) Abl. absol. audito, **auf die erhaltene Nachricht, dass** usw., z. B. audito Q. Marcium regem pro consule per Lycaoniam cum tribus legionibus in Ciliciam tendere, Sall. fr.: audito Machanidam refugisse Lacedaemonem, Liv. – im Passiv m. *Nom.* u. *Infin.*, Bibulus nondum audiebatur esse in Syria, Cic. – **γ** durch *Acc.* u. *Partic.*: non eum querentem quisquam audivit, Nep.: idque Socratem audio dicentem, Cic.: ut audivi Phameam mortuum, Cic.: nec ob id quemquam fulmine ictum audimus, Liv. – **δ** durch indir. Fragesatz, z. B. audin tu, hic quid ait? Ter.: audire volo si est, quem exopto, Acc. fr.: volo tamen audire (ich bin doch neugierig zu hören), quid sit, propter quod etc., Liv.: u. so quid igitur est? inquit; audire enim cupio, quid non probes, Cic.: audio quibus dis violatis expiatio debeatur, Cic.: velut patienter audiret, quis (= *quibus*) Clitus obterebat laudes eius, Curt.: ubi audivit rex, unde essent, Cic. – u. durch einen Satz m. *quod* (dass), Cic. Verr. 3, 80: m. *ut* (wie), Tac. hist. 1, 37. – **ε** durch eine Umschr. m. cum od. dum, z. B. saepe soleo audire Roscium, cum ita dicat etc., Cic.: auditus est certe, dum ex eo quaerit, Suet. – **ζ** audio (**ich bekomme zu hören, es heißt von mir**) m. folg. dir. Rede: audies ›*o virum fortem!*‹ Cic. Tusc. 2, 32: audit continuo ›*quis homo hic aut quo patre natus?*‹ Hor. sat. 1, 6, 29. – u. audio alqm (**ich höre** jmd. **sagen**) m. folg. dir. Rede, quam multas matres audivi illo tempore ›*quidnam* volui, quae peperi?‹ Sen. contr. 2, 5 (13), 3: ut audivi veterem convivam ›*hic nescio quid boni debet esse*‹, Petron. 33, 8. – **b** m. Ang. **wovon?** = **worüber?** durch *de* u. Abl., illos, de quibus audivi et legi, Cic.: multa falsa de me audierunt, multa ad eos improbi detulerunt, Cic.: quod quisque eorum de quaque re audierit aut cognoverit, Caes.: rescripsi epistulae maximae; audi (brieflich) nunc de minuscula, Cic.: nihildum de reditu Caesaris audiebatur, es verlautete noch nichts über usw., Cic. – **c** m. Ang. **woher?** = **von wem?** durch *Advv.*, unde quidque auditum dicant, Plaut. trin. 218: is, unde te audisse dicis, Cic. de or. 2, 285. – od. durch die *Praepp.* ab, ex od. de m. Abl. (s. Madvig Cic. de fin. 1, 39. p. 81), laeti et audiere ab novo duce novum consilium, Liv.: e Davo audivi, Ter.: audivi a od. ex maioribus natu m. folg. *Acc.* u. *Infin.*, Cic.: quando hoc quisquam ex te (aus deinem Munde), Caesar, audivit? Cic.: saepe ex eo (aus seinem Munde) audivi, Cic.: non hoc nunc primum audit privatus *de* amico, reus *ab* accusatore, Cic.: quid est quod audivi de Bruto? Cic.: cum de te ex te ipso audiebam (durch briefliche Mitteilung), Cic. – quid ego ex te audio? u. quod facinus od. scelus ex te audio u. dgl., oft bei Plaut. – **d** m. Ang. **woher?** = **von wo aus?** noctu audita (est) ex delubro vox, abstinerent manus, Liv. 29, 18, 16: iamque e Macedonum castris signorum concentus et totius exercitus clamor audiebatur, Curt. 7, 11 (43), 25: armorum crepitus et tubae sonitus auditos e caelo, Plin. 2, 148. – **e** m. Ang. **gegen wen?** durch *in* m. Akk., quod se in eum audisse dixisset, weil er behauptet hätte, etwas Nachteiliges über ihn gehört zu haben, Cic. de or. 2, 285. – **f** absol.: mane audi, Pacuv. fr.: se non audivisse (habe es nicht gehört), sed vidisse dicit, Cic.: audivi (ich habe es gehört) et credo, Ter.: recte audivisti, Plaut.: ut audio, ut audimus (parenthet.), Cic. u. Liv.: ades, audi paucis (mit wenigen Worten), Ter.: audi (schriftlich) nunc ad omnes (epistulas), Cic.

B insbes.: **a hören, anhören, α** eine vortragende Pers., eine vorgetragene Mitteilung, audire alqm facile, Cic.: alqm lubenter studioseque, Cic.: alqm diligenter, Quint.: alqm attentissime, Cic.: a vobis sic audior, ut numquam benignius neque attentius quemquam auditum putem, Cic.: Rhodii cum silentio auditi sunt, Liv.: cum audiretur silentio M. Caelius tribunus plebis, Cic.: auditus est magno silentio, Cic.: quidquid tribunus plebis loquitur assuestis *aequi* audire, Liv.: ne in senatu quidem *aequis auribus* audiebatur, Liv.: non *secundis auribus* patrum auditus est consul, Liv.: eam sententiam *haud aequioribus animis* quam ipsorum quondam postulatum Latinorum patres audierunt, Liv.: id Philotas haud *iniquo animo* audiebat, Curt.: litterae consulum ingenti laetitiā et in curia et in contione auditae, Liv.: ubi (Cicero) eo ipso anno *adversus* Antonium (als er seine Rede gegen A. hielt) cum admiratione eloquentiae auditus fuerat, Liv. fr. 48 H. (50 W.): m. *Dat.* (von), auctores signa relinquendi et deserendi castra non uni aut alteri militi sed universis exercitibus palam in contione audiuntur, Liv. 5, 6, 14. – v. Richter, **anhören, vernehmen, verhören,** aliis audientibus iudicibus, aliis sententiam ferentibus, Caes.: cum de vinculis educitur audiendus, Amm.: audire *de* ambitu, Cic.: servum, Suet.: dolos, Verg. – v. Schüler od. Zuhörer, jmd. **hören,** jmds. **Vorträge besuchen** u. etw. **vortragen hören,** über etw. **einen Vortrag hören,** Zenonem audivisse, Cic.: Polemonem audivisse assidue, Cic.: alqm Romae, Quint.: annum iam audire Cratippum, Cic.: cotidie ad audiendum alqm ventitare, Plin. ep.: audivi Metrodorum, cum de his ipsis rebus disputaret, Cic. – u. ponere iubebam de quo quis audire vellet, Cic.: ponere aliquid, ad quod audiam, volo, Cic. – v. Fürsten, jmdm. **Audienz geben,** legationes, Suet. Vesp. 24. – **β** eine Bitte usw., eine bittende Person **hören, anhören,** ihr **Gehör schenken,** sie **erhören,** bes. v. der Gottheit, alcis preces, Cic.: alcis vota, Hor.: puellas, Hor.: orantem, Ov. – **γ** auf eine Pers. od. Sache, die eine Behauptung, einen Einwurf vorbringt od. enthält, beistimmend **hören,** ihr **Glauben schenken, beistimmen** (s. Meißner Cic. Tusc. 1, 65), nec Homerum audio, qui ait etc., Cic.: si vos audire vellemus, Cic.: si fabulas audire volumus, Cic.: u. absol., in der Formel audio, **das lässt sich hören, ich glaube es schon,** Plaut. u. Cic.: non audio, davon will ich nichts hören, Cic.: nil audio, ich will von nichts hören (will von keinem Einwand wissen), Ter. Vgl. Ruhnken Ter. Andr. 3, 3, 20 u. eun. 2, 3, 79. Cic. Tusc. 2, 46. Bünem. Lact. 7, 3, 13. – **δ auf** eine warnende, mahnende Pers. usw. Folge leistend **hören,** ihr **Gehör geben,** sie **beachten,** ihr **Folge** leisten, **sich** ihr **fügen,** m. *Acc.*: alqm amicissime monentem, Cic.: sapientiam, Cic.: te audi, tibi obtempera, Cic. – v. lebl. Subjj., neque audit currus habenas, Verg.: nec quae (sagitta) magis audiat arcum, Ov.: cornum maxime audit sorbus, carpinus etc., Plin. – m. *Dat.*: nam istis magis audiendum quam auscultandum censeo, Pacuv. fr.: improbo ac nefario homini ne auscultarent, sibi potius audirent, Apul. – u. so audiens sum m. Dativ, imperiis, Plaut. truc. 125. – in klassischer Prosa m. *Dat.* nur in der Formel dicto audientem esse, **aufs Wort** (auf den Befehl) **hören, dem Befehl Folge leisten, gehorchen** (**Order parieren**), dicto sum audiens, Plaut.: dicto me emit audientem, haud imperatorem sibi, zum Gehorchen, nicht zum Gebieten hat er mich sich angeschafft, Plaut.: non fore dicto audientes milites, Caes.: aut eos, quos misisset, non *paruisse,* aut qui *dicto audientes* in tanta re *non fuissent,* eos vinctos potius quam necatos, Cic. – u. dicto audientem esse alci, jmdm. **aufs Wort gehorchen,** jmds. **Befehl Folge leisten,** vilicus domino dicto audiens sit, Cato: si potest tibi dicto audiens esse quisquam, Cic.: dicto audiens fuit iussis absentium magistratuum, Nep.: ne plebs nobis dicto audiens atque oboediens sit, Liv. – **b** (wie ἀκούω) **sich nennen hören, α** m. einem *Nom.* od. *Infin.,* so u. so **genannt werden,** für den u. den od. das **gelten,** Matutine pater, seu Iane libentius audis, Hor.: rexque paterque audisti, Hor.: si divini puelli haec mater audierit, Apul.: Cenchreae, quod oppidum audit nobilissimae coloniae Corinthiensium, Apul.: si curas esse quod audis, Hor.: quod montem fodisse audit Amphitryoniades, Catull. – **β** m. *Advv.,* bene audire (wie καλῶς ἀκούειν), **gelobt werden, in gutem Ruf** (**wohl angeschrieben**) **stehen;** Ggstz. male (selten graviter) audire (κακῶς ἀκούειν), **getadelt** (**gescholten**) **werden, in üblem Ruf** (**schlecht angeschrieben**) **stehen,** innocentes ergo et verecundi sunt, ut *bene audiant* et ut *rumorem bonum colligant,* Cic.: qui me idcirco putent *bene audire* velle, ut ille *male audiat,* Cic.: si erum insimulabis avaritiae, male audies, Ter.: erat surdaster M. Crassus, sed aliud molestius, quod male audiebat, Cic. – m. Ang. **von Seiten wessen? = bei wem?** durch *ab* u. Abl., velle bene audire a parentibus, a propinquis, a bonis etiam viris, Cic. de fin. 3, 57. – m. Ang. **wodurch?** im *Abl.,* quod illorum culpā se minus commode audire arbitrarentur, Cic. Verr. 3, 134: iterum falso crimine male audit, Sen. contr. 7, 1 (16), 8. – bei Spät. auch male audire *in* alqa (in Bezug auf usw.), z. B. in Maevia Galla nupta, Macr. sat. 2, 2, 6: in scortis, Ps. Quint. decl. 377 *in.* – **c** übtr., als nachaug. gramm. *t. t.,* **α** etw. in dem u. dem Sinne hören, d. i. **verstehen,** ut Vulcanum pro igne vulgo audimus, Quint. 8, 6, 24: sic enim auditur *ut depugnares,* Quint. 8, 5, 12: hoc pro pleno atque perfecto auditur, Gell. 5, 8, 4: ut sic audias ›subruptum‹, tamquam ›certamen erit‹, Gell. 17, 7, 8. – u. **β** (wie das spätlat. subaudio) etwas **mithören** = im Gedanken ergänzen, simul enim auditur coepit, Quint. 9, 3, 58. – ► Ältere Form des Futur. audibo, Enn. tr. 277 (218): audibis, Enn. com. 4 (7). Caecil. com. 24 u. 113. Plaut. capt. 619 u. a.: zsgzg. Formen audibat, audibant, Ov. fast. 3, 507. Catull. 84, 8: audin (= *audisne*), Plaut. mil. 1313. Ter. Andr. 865: Perf. audit, Prop. 4, 9, 39. Sen. contr. 2, 2, 8; 9, 4, 4 u. 10, 1, 13. Suet. Vesp. 19, 2. Tert. ad nat. 1, 7. CIL 3. *no.* 37, 38, 39 u. a.: ganz gew. (s. Quint. 1, 6, 17) audisse, z. B. Plaut. truc. 575. Ter. eun. 115: audisti, Ter. heaut. 685: auditin (= audivistine), Plaut. Pseud. 172: audistis, Ter. Phorm. 349: audisset, *ibid.* prol. 20. – audivistin (= audivistine), Plaut. Amph. 748 u. 752. – Im Bibellatein in versch. Bedeutungen m. *Genet.* konstr.

audītio, ōnis, *f.* (audio), das **Hören, I** im Allg., vox auditionis, eine Stimme, die leicht zu hören ist, Vulg. Ierem. 10, 22. – dah. meton., der **Gehörsinn,** das **Gehör** (klass. auditus), Apul. dogm. Plat. 1, 14 *in.:* musicae auditiones, musikalisches Gehör, Vitr. 10, 12 (18), 2. – **II** insbes., das **Hören** = das **Anhören, Zuhören, 1** aktiv: **a** eig.: (pueri) fabellarum auditione ducuntur, Cic. de fin. 5, 42. – absol., subactio (ingenii) autem est usus, auditio, lectio, litterae, Cic.: alqd multā lectione atque auditione assequi, Cic.: et idcirco non sunt facili auditione credenda, muss man sie nicht geradezu aufs Hören hin glauben, Arnob. – **b** meton., der **Vortrag,** die **Vorlesung,** sedere in scholis auditioni operatos, Plin.: quod eius meminisse potui, egressus ibi ex auditione propere annotavi, Gell.: easdem auditiones, eosdem doctores colebamus, Gell.: quando erat a magistris auditionibusque obeundis otium, Gell. – **2** passiv = das **Hörensagen,** hoc solum auditione expetere coepit, cum id ipse non vidisset? Cic.: si accepissent *famā* et *auditione* esse quoddam numen et vim deorum, Cic. – dah. meton., das **leere Gerede, Gerücht,** mala, Vulg. psalm. 111, 7: levem auditionem habere pro re comperta, Caes.: Romam cum venissem ne levissimam quidem auditionem de ea re accepi, Cael. in Cic. ep.: Plur., fictae auditiones, Cic.: his rebus atque auditionibus permoti, Caes.: falsas auditiones depellere, Tac.

audītiuncula, ae, *f.* (*Demin.* v. auditio), ein **kleiner Lehrvortrag,** auditiunculā quādam de Catonis familia aspersus es, Gell. 13, 20 (19), 5.

audito, āvī, āre (*Frequ.* v. audio, s. Paul. ex Fest. 21, 15), **wiederholt hören,** ita auditavi saepe hoc volgo dicier, Plaut. Stich. 167.

audītor, ōris, *m.* (audio), **I** der **Hörer,** der **Zuhörer,** auditorum prudentia, Cic.: praebeo me tibi vicissim attentum contra Stoicos auditorem, Cic.: auditores corrogare, Plin. ep.: auditores bonos nancisci, Cic.: benevolum facere od. efficere auditorem, Rhet. Her.: alci auditorem (als Z.) venire, Cic. – Insbes.: **a** der **Zuhörer** eines Lehrers, der **Schüler,** Perseus Zenonis auditor, Cic.: clarissimus Gorgiae auditorum, Isocrates, Quint.: verb. auditor et discipulus Platonis, Cic.: Ggstz. praeceptor rhetorices, Quint. – **b** der **Verhörsrichter,** Cod. Theod. 11, 31, 7 u. 9. – **II** übtr. = der **Leser,** potius cognationi verborum quam auditori calumnianti geremus morem, Varr. LL. 6, 1.

audītōriālis, e (auditorium), **zum Auditorium** od. **zur Schule gehörig,** scholastici, Augustin. c. Iul. Pelag. 2, 10. § 37 *in.*

audītōrius, a, um (audio), **I zum Hören gehörig,** cavernae, Gehörgänge, Cael. Aur. chron. 2, 3, 65. Theod. Prisc. p. 416 *ed. Ald.* – **II zum Zuhören gehörig;** dah. subst., **audītōrium,** ī, n., **A** das **Anhören einer Rechtssache,** das **Verhör,** Callistr. dig. 4, 8, 41. – **B** der Ort, wo Menschen zusammenkommen, um jmd. (einen Lehrer usw.) zu hören, **a** der **Hörsaal,** aud. Calpurnii Pisonis, Plin. ep.: aud. plenum, Quint.: auditorium exstruere (einrichten), Tac. dial.: propria auditoria instituere, Suet.: populum in auditorium advocare, Plin. ep.: nonnulla in auditorio recitare, Suet. – dah. die **Schule** im Ggstz. zum öffentlichen Leben u. zum Gericht (forum), Quint. 10, 1, 36 u. (Plur.) 79. – **b** der Ort, wo Gericht gehalten wird, der **Gerichtssaal, Gerichtshof,** ICt. u. Vulg. act. apost. 25, 23: principis, Landesregierung, ICt. – **C** meton., die **versammelten Zuhörer selbst,** die **Zuhörerschaft,** das **Auditorium,** frequens, Suet. Claud. 42, 2: modicum, Ps. Suet. vit. Iuven. *in.:* adhibere ingens auditorium, Plin. ep. 4, 7, 2: auditorium mittere, Apul. apol. 73, od. amittere, Sulp. Sev. dial. 3, 1, 1.

audītrīx, īcis, *f.* (Femin. zu auditor), die **Hörerin,** Prisc. inst. de nom. etc. § 71 K.

audītus, ūs, *m.* (audio), das **Hören, I** im Allg.; dah. meton. = der **Gehörsinn,** das **Gehör,** num quid aliquo sensu perceptum sit, aspectu, auditu, tactu, odoratu, gustatu, Rhet. Her.: auditus acerrimus, Plin.: gravitas auditus, Plin.: auditus semper patet, Cic. – u. Plur. übtr., das **Gehör** = die **Ohren,** auditus hominum deorumque, Apul. de dogm. Plat. 1, 1. – **II** insbes., das **Hören** = das **Anhören, 1** eig.: auditu (durch Hörensagen) cognitum od. compertum habere, Plin. u. Curt.: consultant, quonam modo ea plurium auditu acciperentur, Tac.: brevi auditu quamvis magna transibat, Tac.: nos cepimus pontificii iuris auditum, haben Unterricht genossen im usw., Macr. sat. 3, 10, 2: Plur., quod (velum) visum arceret, auditus non adimeret, Tac. ann. 13, 5. – **2** meton.: **a** das Gehörte = der **Ton,** der sich hören lässt, Acc. tr. 406. Apul. de mund. 15: flatus emittere auditum, Veget. mil. 3, 7. p. 73, 1 L. – **b** (= ἀκοή) das **Gerede, Gerücht** von etw., incipietis audire bella et auditus bellorum, Itala Matth. 24, 6 (bei Cypr. ad Fortunat. 11. p. 335, 10 H.): auditum audivi a domino, Vulg. Ierem. 49, 14. – **c** das gesprochene Wort, die **Predigt,** Vulg. Iesai. 53, 1 (auch bei Lact. 4, 16, 15, wo Dat. auditui); Ioann. 12, 38. – **d** der **Lehrvortrag,** Lucan. 10, 183. – ► Dat. auditu, Vitr. 5, 2, 6.

Aufaniae matronae od. matres, weibliche Schutzgottheiten, viell. **Alfen** od. **Elfen,** Inscr. Rhen. Bramb. 73 (wo matronis Aufaniabus). CIL 2, 5413 (wo matribus Aveniabus).

Aufēius, a, um, **von Aufejus herrührend, aufejisch,** des **Aufejus,** aqua, Plin. 31, 41: lex, Gell. 11, 10, 1.

au-fero, abstulī, ablātum, auferre (au, altind. *áva,* ab, weg, u. fero), **I hinweg-, forttragen, hinweg-, forttun, davontragen, wegschaffen, entfernen, 1** eig.: **a** v. Pers., aufer! da nimm! Hor.: aufer manum! tu die H. fort! weg mit der H.! Plaut.: vos haec intro auferte! Ter.: auf. mensam, Plaut.: auf. ab ianua stercus, Plaut.: aulam in fanum, Plaut.: sacra publica ab incendiis procul, Liv.: semianimem inter manus domum auferri, Liv.: u. so auferri ex proelio prope exsanguem, Liv.: inter manus e convivio tamquam e proelio auferri, Cic.: deûm regnator nocte caecā caelum e conspectu abstulit, Acc. fr.: u. auferre se, wie unser vulg. **sich wegheben, sich fortmachen = sich wegbegeben, sich entfernen,** te, obsecro hercle, aufer modo, Plaut.: aufer te hinc, Ter.: aufer te domum, Plaut.: se e conspectu alcis, Cic.: eripere se auferreque ex oculis, Sen. – u. auferri = **entrückt werden, entschwinden,** ex oculis (v. einem Vogel), Tac.: auferri e conspectu terrae (v. Schiffenden), Liv. – u. auferri ab lacte = ablactari, Augustin. in psalm. 130, 13 wechselnd mit ablactari. – **b** v. Flüssen, Wellen, Winden usw., die einen Körper **forttragen, fortreißen,** auferet unda rates, Prop.: Crassipedis ambulatio ablata, horti, tabernae plurimae, fortgeschwemmt, Cic.: proventum optimum frumentorum fluvius improvisus de horreis eiecit atque abstulit, Augustin.: auferor in scopulos, Ov.: in silvam pennis ablata refugit, Verg.: dah. auferri (ohne pennis), **fliegend enteilen, fliegen,** in ortus, v. Perseus, Ov.: bubo aufertur transversus, fliegt schräg, Plin. – **2** übtr.: **a** jmd. vom Ziel **entfernen, fortreißen, hinreißen, verlocken, verleiten,** ne te auferant aliorum consilia, Cic.: abstulerunt me velut de spatio Graecae res immixtae Romanis, haben mich vom Thema abgeführt, -entfernt, Liv.: auferimur cultu, werden bestochen, getäuscht, Ov. – **b** etw. **unterlassen, (sein) lassen,** bes. auferas u. Imper. aufer = weg od. **fort mit!** lass! (s. Brix Plaut. capt. 960), iurgium hinc auferas, Plaut.: aufer istaec tua terricula, Acc. fr.: aufer nugas, Plaut.: aufer ista od. istaec! lass das! Plaut.: aufer abhinc lacrumas, Lucr.: aufer mihi *oportet,* lass »das Muss« beiseite, Ter.: u. mit folg. *Infin.,* aufer (erspar dir's) me vultu terrere, Hor. sat. 2, 7, 43. – **II hinwegnehmen, mit sich nehmen,** sowohl im guten als (gew.) im üblen Sinne, **wegnehmen, entfernen, entziehen, entreißen, rauben, stehlen, A** im Allg.: **1** eig.: **a** v. Pers.: **α** übh.: aliquid, Ter.: securim atque lorum, mitnehmen, Cato fr.: exoletos, entfernen (aus Rom), Lampr.: commentarios quosdam Aristotelis, mit nach Hause nehmen (um sie zu lesen), Cic.: pecuniam, Cic.: multa palam domum (Ggstz. clam de medio removere), Cic.: pecuniam *de* aerario, Cic.: pecuniam *in* ventre, durchbringen, Cic.: aurum *de* medio, Liv.: mensas aureas *de* omnibus delubris, Cic.: mel *ex* Hymetto, Cic.: *ex* urbe illos deos, Cic.: *ex* aede Minervae grande auri pondus, Cic.: vasa *ab* alqo, Cic.: aliquid *a* privato occulte, Cic.: auriculam mordicus, abbeißen, Cic.: alci observanti etiam oculos, jmd. vor sichtlichen Augen betrügen, Liv.: alci vitam veneno, Quint.: tuas et palatii tui auferre annonas, dir und deinem Hofstaat die Einkünfte entziehen (anhalten), Amm. 14, 7, 11. – **β** mit einem Schneidewerkzeug **wegnehmen = abhauen, abschneiden,** brachia, Dict. 5, 12: crinem eius, Sulp. Sev. chron. 1, 28, 3: linguam ense, Ov. met. 6, 556. – **b** v. Lebl.: **α** übh.: hi ludi dies XV auferent, werden 15 Tage wegnehmen, Cic.: ne cum sensu doloris aliquo spiritus auferatur, Cic.: si vitam adulescentibus vis aufert, senibus maturitas, Cic. – **β** vernichtend **hinweg-, dahinraffen, zerstören, vernichten,** mors Achillem abstulit, Hor.: Drusum matura mors abstulit, Flor.: quam (Ardeam) postquam barbarus ignis abstulit, Ov. – **γ** hinwegnehmend **trennen, sondern,** mare septem stadiorum intervallo Europam auferens Asiae, Plin. 4, 75: Bosporus D passuum intervallo Asiam Europae iterum auferens, Plin. 5, 150. – **2** übtr.: **a** übh.: abstulit virtus parricidam, rettete, Flor.: auferri periculo, der Gefahr entrissen werden, Plin. ep.: istam superbiam, von sich tun, Caecil. com. fr.: auferre curas, Hor.: metus, Verg.: ruinas, den Sturz herbeiführen, Lucan.: fugam, unmöglich machen, verhindern, Flor.: u. so obsequia meliorum, misericordiam, Tac.: media orsa loquentis, abschneiden, unterbrechen, Stat. Theb. 3, 87: illa autem, quae contrariis commotionibus auferenda sunt, durch Erregung entgegengesetzter Gemütsbewegungen zu beseitigen sind, Cic. de or. 2, 126. – **b** jmdm. etw. **abnehmen, entziehen, entreißen,** totam Academiam ab hominibus nobilissimis et transferre ad nostrum sodalem, Cic. ad Att. 13, 13, 1: provincias consulares (die Verfügung über die kons. Pr.), Cic. de domo 24. – **c** jmd. **entfremden,** longe hunc ab hoc genere, Cic. post red. in sen. 15. – **B** insbes.: **1** etw. als Frucht seiner Tätigkeit, seiner Bemühung, seiner Bitten, Forderung, seines Vergehens usw. **davontragen,** deutsch oft = **bekommen, erhalten, erlangen,** caput ore nostro incolume, Phaedr.: per sycophantiam viginti minas auferre ab alqo, Plaut.: id inultum numquam auferent od. bl. non sic auferent, es soll ihnen nicht ungestraft hingehen, Ter.: tantum abstulit, quantum petiit, Cic.: auferre pretium, Plaut.: u. so praemium, Suet.: praemium ab od. de alqo, Plaut.: paucos dies ab alqo, wenige Tage Frist von jmd. erhalten, Cic.: responsum ab alqo, Cic. – m. folg. *ut* u. Konj. = **es erpressen, dass** usw., ut in foro statuerent (statuas), abstulisti, Cic. Verr. 2, 145. – **2** eine Kenntnis davontragen, etwas aus etwas **erkennen, verstehen,** quis est in populo Romano, qui hoc non ex priore actione abstulerit, nicht von der früheren Klage her wisse, Cic. II. Verr.. 1, 21. – ► Imperat.-Formen, aufere = aufer, Itala (Taurin.) Marc. 13, 5 u. auferite = auferte, Itala (Palatin.) Luc. 19, 24: parag. *Infin. Praes. Pass.* auferrier, Plaut. merc. 801.

Aufidēna, ae, *f.*, Stadt in Samnium, auf der Grenze der Päligni, am Fluss Sagrus, j. *Alfidena* (in Abruzzo cit.), Liv. 10, 12, 9. – Dav. **Aufidēnātēs,** ium, *m.*, die Einw. von Auf., die **Aufidenaten,** Plin. 3, 107.

Aufidius, a, um, Name eines römischen Geschlechts, aus dem am bekanntesten: Cn. Aufidius, Volkstribun 114 v. Chr., Prätor 108 v. Chr., obgleich im hohen Alter blind, dennoch tätig im Staat u. in der Wissenschaft, Verfasser einer römischen Geschichte in griech. Sprache, Cic. Tusc. 5, 112. Cic. de fin. 5, 54. Da er kinderlos war (Cic. fragm. p. 490 *ed. Orell.*), adoptierte er den Cn. Aufidius Orestes (Aurelianus), Cic. de dom. 35, der 71 v. Chr. Konsul war, Cic. Planc. 52; de off. 2, 58. – M. Aufidius Lurco, Volkstribun 61 v. Chr., wahrsch. identisch mit dem Auf., der als Zeuge gegen Flaccus auftrat, Cic. Flacc. 10, u. mit dem Großvater der Livia, Suet. Cal. 23, führte zuerst das Mästen von Pfauen ein, Varr. r. r. 3, 6, 1. Plin. 10, 45. – T. Aufidius, ein röm. Redner, Cic. Brut. 179. – Sex. Aufidius, ein röm. Ritter, Cic. ep. 12, 26 sq. – Aufidius Luscus, ein berüchtigter Schlemmer, Hor. sat. 1, 5, 34 u. 2, 4, 24. – Aufidius Bassus, ein römischer Geschichtschreiber unter Augustus u. Tiberius, Verfasser einer Geschichte der röm. Bürgerkriege, sowie einer Geschichte der röm. Kriege in Germanien, die Plinius der Ältere fortsetzte, s. Tac. dial. 23, 3. Sen. ep. 30 *in.* Plin. ep. 3, 5, 6. Quint. 10, 1, 103. – Dav. **Aufidiānus,** a, um, **aufidianisch, des (Sex.) Aufidius,** nomen, Cic. ep. 16, 19.

Aufidus, ī, *m.* (Αὔφιδος), der Hauptfluss Apuliens, der in Samnium auf den Apenninen entspringt, anfangs ein wilder Gebirgsstrom (dah. longe sonans, violens, acer bei Hor.), später trägen Laufs (stagna Aufida), vor seiner Mündung in zwei Arme geteilt (dah. tauriformis b. Hor.) dem Adriat. Meere entgegenfließt, j. *Ofanto,* Liv. 22, 44, 2 *sq.* Hor. carm. 3, 30, 10. Hor. 2, 6, 18. Adjekt., stagna Aufida (s. oben), Sil. 10, 171.

au-fugio, fūgī, ere (au, altind. *áva,* ab, weg u. fugio), **davonfliehen, entfliehen,** absol., Komik., Cic. u. a.: simul, ICt.: exulatum ex pectore meo, Plaut.: aliquo, Plaut.: domo, Plaut.: hinc aliquā plateā, Plaut.: iam aliquantum spatii *ex* eo loco, ubi pugnatum est, aufugerat, Liv.: si *cum* rebus aufugerit fugitivus, ICt. – mit *Acc.* = **fliehen, meiden,** auf. aspectum parentis, Cic. poët. de nat. deor. 2, 111: quae sol aufugit, Hyg. fab. 258: ab his, quos aufugit, reprehensus, Cod. Iust. 3, 23, 1.

Augē, ēs, *f.* (Αὔγη), **I** eine der Horen, Hygin. fab. 183. – **II** Tochter des Aleus u. der Neära aus Tegea in Arkadien, gebar von Herkules den Telephus, Hyg. fab. 99 u. 101. Ov. her. 9, 49. Sen. Herc. Oet. 370 (368); vgl. Serv. Verg. ecl. 6, 72.

Augēās u. **Augīās,** ae, *m.* (Αυγείας), Sohn des Helios u. der Naupidame, König der Epeier in Elis, ein Argonaut, dessen dreißig Jahre nicht ausgemisteten Rinderstall (mit 3000 Rindern) Herkules auf Befehl des Eurystheus in einem Tag reinigte, Serv. Verg. Aen. 8, 300. Hygin. fab. 14: Erfinder des Düngens, Plin. 17, 50: non potest Hercules, qui Augeae egessit κόπρον, Varr. sat. Men. 70: Hercules Augiae regis bovile uno die purgavit, Hyg. fab. 30. – Sprichw., cloacas Augeae purgare (καθαίρειν τὴν κόπρον τοῦ Αὐγείου), einen Augiasstall reinigen =

eine mühevolle u. unangenehme Arbeit verrichten, Sen. apoc. 7, 4 (5). – ► Nbf. **Augēus**, eī, *m.*, Hygin. fab. 30. Sen. Herc. fur. 248. Apul. orthogr. 33. – Dav. **Augēus**, a, um, **augëisch, des Augeas**, stabula, Auson. edyll. 19, 7 (*al.* Augei stabulis).

augeo, auxī, auctum, ēre (got. *bi-aukan*, griech. αὐξάνω), **wachsen machen, I wachsen** od. **gedeihen machen** od. **lassen, im Wachstum fördern, befruchten,** quidquid est hoc, omnia animat, format, alit, auget, Pacuv. fr.: quodcumque alias ex se res auget alitque, Lucr.: aër umorem colligens terram auget imbribus, Cic.: Aegyptus alendis augendisque seminibus ita gloriata est, ut etc., Plin. pan.: corpus augere volentibus (die beleibt werden wollen) conducit inter cibos bibere, Plin.: cum incremento lunae augeri conchylia, Plin.: aucta (gewachsen) silex in altitudinem, Sall. – **II** im weiteren Sinne, etw. **größer machen, a** dem Umfang, der Weite, Dicke od. Höhe nach, **α** Bauten **erweitern, erhöhen, verstärken,** Esquilias, Liv.: pomerium urbis, Tac.: has munitiones, Caes.: muros civitatis, Tac.: vallum turresque castrorum, Tac.: naves turribus auctae, Tac. – **β** Gewässer **vergrößern, steigen machen,** gew. Passiv augeri = **steigen, anschwellen** (Ggstz. decrescere, minui), Acesines Indum auget, fällt in den Indus, Curt.: Inopus fons eodem quo Nilus modo ac pariter cum eo *decrescit augeturve,* Plin.: fons inclusus ad putei modum alias simul cum oceano *augetur minuiturque,* Plin.: neque iam sustineri poterat immensum aucto mari et vento gliscente, Sall. fr.: amnis nimbis hiemalibus auctus, Ov. – **γ** eine Wunde **erweitern,** secando vulnus, Curt. 9, 5 (22), 23. – **δ** Glieder usw. an Dicke **mehr hervortreten lassen,** auxerat articulos macies, ließ sie dicker erscheinen, Ov.: formam cultu augebat, hob hervor, Ov.: forma aucta est fugā, trat mehr hervor, Ov. – **ε** ein Wort in der Aussprache **dehnen,** cognomentum in barbarum, Tac. hist. 5, 2. – **b** der Zahl, Menge, dem Gehalt nach **vergrößern, vermehren, verstärken** (Ggstz. minuere), numerum, höher od. zu hoch angeben, Plaut.: numerum dierum, Cic.: numerum legatorum, Cic.: caelestium numerum, Liv.: numerum ad infinitum, Plin.: annos, Ov.: exercitum, copias eius, Sall. (u. so nondum satis aucto exercitu, Tac.): volucrum turbam, Ov.: Cycladas, Ov.: magnum quendam cumulum aeris alieni, Cic. fr.: alcis censum (Ggstz. extenuare), Cic.: pretium, am Pr. zulegen, Plin.: summam pecuniae, Liv.: vectigalia, Caes.: tributa provinciis, Suet.: peculium ex pauxillo, Plaut.: patrimonium, Cic.: possessiones suas, Nep.: rem (sein Vermögen), Cic. u. Nep.: rem bene, Ter.: linguam, die Spr. bereichern, Cic.: munus cumulatius, Cic.: divitias a patre relictas tyranni muneribus, Nep.: dona suis venatibus, neue Geschenke hinzufügen, Verg.: urbem novam asylo facto inter duos lucos, an Einwohnerzahl vermehren, Vell.: u. so eae urbes brevi multum auctae, Sall.: copiis auctus, verstärkt, Curt. – **c** dem Grad nach **vergrößern, verstärken, stärken** (Ggstz. minuere), **α** physisch: flammam, Ov.: incendium, Curt.: vires, Lucr. u. Ov.: vires eloquentiae, Quint.: vocem, Suet.: clamorem, Sall.: orationem, den Ton der Rede heben (Ggstz. summittere, herabstimmen), Quint.: vitium ventris et gutturis, Cic.: vim morbi, Liv. – u. so als gramm. *t. t.* = den **höheren Grad (Komparativ) bilden,** si augere volumus, dicamus magis mane, si superferre (s. super-fero *no.* III), maxime mane, Serg. expl. in Donat. 512, 35 K. – **β** politisch, **verstärken, heben, fördern,** Passiv augeri = **verstärkt** od. **gehoben werden, erstarken, wachsen,** opes, Nep. (im Passiv, in singulas dies nostrae opes augentur, Cic.): quibus rebus opes augeantur, Caes.: u. Ggstz., opes nostrae *contusae,* hostium *auctae,* Sall.: rem publicam, Sall. u. Cic.: populi Romani imperium, Cic.: omnia bonis auctibus (Fortgang), Formul. vet. b. Liv.: res (Gemeinwesen) eorum civibus, moribus (an Einrichtungen), agris aucta, Sall.: Civilis societate Agrippinensium auctus (*sc.* opibus), an Macht verstärkt, Tac.: novis ex rebus aucti, durch die neuen Verhältnisse gehoben, Tac.: defectione Aeduorum cognitā bellum augetur, gewinnt an Ausdehnung, Caes. – **d** moralisch u. geistig, **vergrößern, vermehren, heben, erhöhen, fördern, steigern** (Ggstz. minuere), **α** im guten Sinne, auctoritatem alcis, Cic.: dignitatem alcis, Suet.: eloquentiam, der B. förderlich sein, Quint.: orandi facultatem, Quint.: benevolentiam, Cic.: familiaritatem inter mulieres, Liv.: favorem, Vell.: gloriam, Cic. u. Suet.: gloriam a patre acceptam virtutibus, Nep.: alci ingenium, Sall. fr.: industriam poëtae ad scribendum, Ter.: laetitiam, Suet.: spem, Cic. u. Caes.: animum alcis (jmds. Mut), Cic.: u. so suis animum, Sall.: animos Samnitibus, Liv.: aucto animo, in gehobener Stimmung, Tac.: auctus (ermutigt) omine, Tac. ann. 2, 14. – **β** im üblen Sinne (Ggstz. minuere, levare), eius amentiam, Sall.: crimen, Cic.: culpam, s. culpa: alcis dolorem (Ggstz. consolando levare), Cic.: luctum (Ggstz. levare), Cic.: alci licentiam, Caes.: periculum, Caes.: dimicationis metum, Cic.: metum utriusque partis, Curt.: terrorem, Curt., terrorem alcis, Caes.: timorem alcis, Cic.: u. alci timorem (Ggstz. minuere), Liv.: simultatem eius, Nep.: suspicionem, Cic.: alcis suspiciones, Liv.: metuens, ne augerentur in maius, dass es damit nur noch ärger würde, Amm. 20, 4, 1. – **e** durch die Rede etwas **vergrößern, α** übh. **vergrößert darstellen, übertreiben,** proelium Dyrrhachinum multis partibus, Caes.: falsa per metum, Curt. 4, 10 (40), 10: multitudinem de industria, Curt. 9, 3 (12), 12: aucta est apud hostes eius rei fama, Tac. ann. 12, 40: cuncta ut ex longinquo aucta in deterius afferebantur, Tac. ann. 2, 82: modica de moribus adulescentis neque in falsum aucta rettulit, Tac. ann. 3, 56. – **β** vom Redner, durch die Rede **vergrößern, hervorheben, mit starken Farben auftragen, steigern** (Ggstz. extenuare, minuere), augere amplificareque res, Cic.: aug. alterum, aut minuere se, Cic.: aug. hostium vim et copias et felicitatem, Cic.: aug. peccati atrocitatem, Rhet. Her.: aug. verbis munus suum (Ggstz. extenuare), Cic.: aug. principis munus, von einer noch rühmlicheren Seite darstellen, Plin. ep.: aug. quod infra est, Quint. – **f** mit etw. **mehren** = **α reichlich versehen, überhäufen, beglücken, bereichern, verherrlichen,** cives suos copiā rerum, Cic.: alqm divitiis, Cic.: u. augeri divitiis, Augustin.: alqm scientiā, Cic.: cives suos agro atque urbibus augeri maluit, quam etc., Nep.: augeri liberis, Plaut., od. filiolo, Cic., od. filiolā, Tac.: augeri honore, gratulatione, Cic.: augeri largitione, liberalitate, Tac.: augeri nomine imperatorio, Tac.: augeri cognomento Augustae, Tac.: auctus praedā, Cic.: spoliis ornatus auctusque, Cic.: urbs antiqua et omnibus rebus aucta et ornata, Cic.: aucta hereditate viri, Erbin ihres Mannes, Macr. – dah. als *t. t.* der Opferspr., aram alqā re, bereichern = durch dargebrachte Opfer verherrlichen, Plaut. merc. 676. – auch ohne *Abl.*, jmdm. **zu Vermögen, Ansehen** u. **Ehren verhelfen,** ihn **befördern, emporbringen, verherrlichen,** häufig verb. alqm augere atque ornare, Cic., od. augere adiuvareque, Cic.: solum te commendat augetque temporis spatium, Plin. pan. – **β** im üblen Sinne, augeri alqā re, **αα** von einem Übel **heimgesucht werden,** augeri maerore, Plaut. Stich. 55: augeri damno, Ter. heaut. 628. – **ββ** eines Ggstds. **verlustig gehen,** iam libertā auctus es? hast nun keine Fr. mehr? Plaut. Pers. 484. – ► Archaist. auxitis = *auxeritis,* alte Formel b. Liv. 29, 27, 3. – Formen nach der 3. Konj., Fut. augeam, Itala gen. 17, 3: auges, Iren. 1. praef. 3: Infin. Präs. augere, Commod. apol. 602. – parag. Infin. augerier, Plaut. merc. 50.

auger, -erātus, s. augur, -uratus.

augerium, s. augurium.

augēsco, auxī, ere (*Inchoat.* v. augeo), **zu wachsen anfangen, I im Wachstum zunehmen, gedeihen** (Ggstz. minui), semina dicuntur temperatione caloris oriri et augescere, Cic.: multa, quibus animantes alantur augescantque et pubescant, Cic.: quae (uva) et suco terrae et calore solis augescens primo est peracerba gustatu, Cic.: augescunt corpora dulcibus atque pinguibus et potu, minuntur siccis et aridis frigidisque ac siti, Plin.: ut corpora nostra lente augescunt, cito exstinguuntur, sic etc., Tac. – **II** im weiteren Sinne: **a** dem Umfang od. der Höhe nach **zunehmen, wachsen, α** übh.: unde mare et terrae possent augescere, Lucr. 2, 1109: Nilus spatium augescentium terrarum in vicina vada promovet, Mela 2, 7, 6 (2. § 104). – **β** v. Gewässern, **zunehmen, steigen, anschwellen** (Ggstz. minui), Nilus aliis amnibus augescit atque alitur, Mela: cuius (oppidi) putei crescente aestu minuuntur, augescunt decedente, mediis temporum immobiles, Plin.: augescente flumine, Tac. – **b** der Menge nach, **sich mehren, überhandnehmen,** occurrendum augescentibus vitiis, Plin. ep. 9, 37, 3. – **c** dem Grad nach **zunehmen, wachsen,** **α** physisch: fames acer augescit hostibus, Enn. bell. Punic. fr. inc. IX. p. 18 V. (b. Prisc. 5, 17). – **β** politisch, **zunehmen, gedeihen, erstarken** (Ggstz. minui, imminui), augescunt aliae gentes, aliae minuuntur, Lucr.: qui rem Romanam Latiumque augescere (*al.* augiscere) voltis, Enn. tr.: eo res eorum auxit, Cato fr.: cum hostium res tantis augescere rebus cerneret, suas imminui, Liv.: ignoscundo populi Romani magnitudinem auxisse, Sall. fr. – **γ** geistig u. moralisch, **zunehmen, steigen, wachsen,** Iugurthae Bestiae ceteris animi (Mut) augescunt, Sall.: mihi quidem cotidie augescit magis de filio aegritudo, Ter.: augescente superstitione, Tac.

Augēus u. **Augēus**, s. Augeus.

Augīas, s. Augēās.

augifico, āre (augeo u. facio), **vermehren,** Enn. tr. 105 (68).

auginos, ī, *f.* (αὐγή), **Bilsenkraut,** sonst *hyoscyamus*, Ps. Apul. herb. 4.

augīsco, s. augēsco.

augītēs, ae, *m.*, ein Edelstein = *callaina* (s. d.), Plin. 37, 147 D.

augmen, minis, *n.* (augeo), **I** die **Vermehrung,** das **Wachstum,** der **Zuwachs,** Lucr. 1, 435; 2, 73 u. ö.: Plur., Lucr. 2, 188; 5, 679. – **II** meton. = *augmentum* (*no.* II, a), Arnob. 7, 24.

augmentātio, ōnis, *f.* (augmento), die **Vermehrung,** Boëth. top. Arist. 4, 2. p. 944. Cassiod. in psalm. 87, 14.

augmentātor, ōris, *m.* (augmento), der **Vermehrer,** Cassiod. var. 8, 22, 4.

augmento, āre (augmentum), **vermehren,** Firm. math. 5, 6. *no.* 2 u. a. Spät.

augmentum (in Hdschrn. auch augumentum), ī, *n.* (augeo), **I** die **Vermehrung,** das **Wachstum,** die **Zunahme** (Ggstz. deminutio), fundi, Plin.: dotis, ICt.: lunae, Pallad.: augm. aut deminutio, ICt.: indictionale augm., **Steuererhöhung,** Amm. 17, 3, 5: Plur., luminis eius (= *lunae*) vel augmenta vel damna, Firm.: detrimenta lunae et augmenta, Fulgent.: corporum augmenta detrimentaque, Apul.: medii temporis augmenta, ICt.: habet (amor) augmenta sua, Augustin. – **II** meton., **a** als *t. t.* der Opferspr., ein **Abschnitt** vom Opfertier, der besonders dargebracht wird, Varr. LL. 5, 112. Arnob. 7, 25. – **b** wahrsch. ein **Fettdarm,** Apic. 3, 112 u. 7, 264.

augur, uris, **I** *m.*, der **Augur, Vogeldeuter.** Die Auguren bildeten ein angesehenes u. einflussreiches Priesterkollegium in Rom, Liv. 1, 36, 1. Ihr Amt bestand darin, dass sie aus dem Flug, aus dem Fressen u. aus dem Geschrei der Vögel u. aus anderen Erscheinungen die Zukunft vorausverkündigten, Cic. de legg. 2, 21; Phil. 13, 12; ep. 6, 6, 7: non solum augures Romani ad auspicia primum pararunt pullos, sed etiam patres familiae rure, Varr. r. r. 3, 3, 5. – **II** *c.*, bei Dichtern (vgl. jedoch Cic. de legg. 2, 32) übh. = **Weissager, Weissagerin, Seher, Seherin,** aug. Apollo, als Gott der Weissagekunst, Hor.: aug. Argivus, Amphiaraus, Ov.: aug. Thestorides, Kalchas, Ov.: aug. nocturnae imaginis, Ausleger der nächtlichen Erscheinung, Ov.: pessimus in dubiis augur timor, der schlechteste Prophet, Stat. – *fem.*, aquae augur annosa cornix, Hor. carm. 3, 17, 12: simque augur cassa futuri! Stat. Theb. 9, 629. – *neutr.*, oracula augura, Acc. tr. 624. Vgl. Probi cath. 14, 25 K. (hic, haec, hoc augur). – ► augur ist nach Paul. ex Fest. 2, 1 eig. aviger (von avis u. gero), dah. altlat. auger, Prisc. 1, 36.

augurāculum, ī, *n.* (auguro), Name der Burg von Rom, weil die Auguren daselbst den Vogelflug beobachteten, Paul. ex Fest. 18, 14; vgl. Sacrif. Arg. b. Varr. LL. 5, 52.

augurāle, is, *n.*, s. augurālis.

augurālis, e (augur), **zum Augur gehörig, Auguren-, Weissage-,** **I** *adi.*: cena, vom Augur beim Antritt seines Amtes gegeben, Cic.: libri, Cic.: insignia, Liv.: verbum, Gell.: alites, Amm.: aug. sacerdotium habere, Lact. – **II** *subst.*, augurāle, is, *n.*, **1** im römischen Lager der Ort zur Rechten des Feldherrnzeltes, wo auspicia gehalten wurden (οἰωνιστήριον), dah. übh. das **Feldherrnzelt, Hauptzelt,** Quint. 8, 2, 8. Tac. ann. 2, 13. – **2** der **Augurstab** (gew. lituus), Sen. de tranqu. anim. 11, 9.

augurātio, ōnis, *f.* (auguro), **I** die **Weissagung,** quae tandem ista auguratio est *ex* passeribus annorum potius quam aut mensium aut dierum? Cic. de div. 2, 65. – **II** meton., die **Weissagekunst,** Lact. 2, 16, 1.

augurātō, s. auguro.

augurātor, ōris, *m.* (auguro), der **Weissager,** Itala deut. 18, 11. Ambros. ep. 50, 4.

augurātōrium, ī, *n.* (auguro) = *augurale* (s. augurālis *no.* II, 1), Hygin. de munit. castr. 11. CIL 6, 976.

augurātrīx, īcis, *f.* (auguro), die **Weissagerin, Wahrsagerin,** Vulg. Iesai. 57, 3. Hier. in Iesai. 16, 57, 3.

augurātus, ūs, *m.* (auguro), **I** das **Auguramt,** aug. alcis, Cic.: insigne auguratus, Cic.: scientia auguratus, Cic.: auguratu praeditus, Tac.: auguratum deferre alci, Cic.: auguratum accipere, Plin. ep. – Plur., pontificatus auguratusque, Tac. hist. 1, 77. – **II** die **Weissagung,** Tert. de anim. 26. – ► Altlat. augeratus, s. Prisc, 1, 36.

auguriālis, e (augurium), **die Augurien betreffend, Weissage-,** alites, Mart. Capell. 1. § 26: avis, Apul. de nota aspir. § 8.

augurionālis, e = *augurialis*, Not. Tir. 55, 84.

augurium, ī, *n.* (augur), die **Beobachtung** u. **Deutung der Wahrzeichen** (bes. des Vogelflugs, vgl. auspicium), das **Augurium,** **I** eig. u. übtr.: **1** eig.: aug. agere, anstellen, Varr. LL.: so auch aug. capere, Liv. u. Suet.: aug. salutis, ein Augurium, das in Friedenszeiten angestellt wurde, für die Frage, ob man die Gottheit um Staatswohl (de salute) bitten dürfe, Cic. – **2** übtr.: **a** jede **prophetische Deutung, Weissagung, Prophezeiung,** o mea frustra semper verissima auguria rerum futurarum! Cic.: constitui apud te auctoritatem *augurii* et *divinationis* meae; debebit habere fidem nostra *praedictio*, Cic.: coniugis augurio, Ov. – **b** das **Vorgefühl,** die **Ahnung** (s. Meißner Cic. Tusc. 1, 33), inhaeret in mentibus quasi saeculorum quoddam augurium futurorum, Cic.: augurio animorum suorum laetabantur, Liv. – **II** meton.: **A** subj., die **Wissenschaft des Augurs,** die **Weissagekunst,** Apollo augurium citharamque dabat, Verg.: non augurio potuit depellere pestem, Verg.: Attus Navius, vir summus augurio, Flor. – **B** objekt., das **Wahrzeichen, Vorzeichen,** das sich dem Auguren zeigt, bes. ein Vogel, **1** eig.: iidem (di immortales) auguriis auspiciisque et per nocturnos etiam visus omnia laeta ac prospera portendunt, Liv.: augurium accipere, das V. annehmen, als ein günstiges, Liv.: augurium alci fit, es zeigt sich jmdm. ein W., Suet.: augurio laetus, Suet. – **2** übtr., **Anzeichen, Vorzeichen,** übh., Ov. u. Plin. – ► augurium nach Serv. Verg. Aen. 5, 523 (Thilo) eig. avigerium. – arch. synk. Plur. augura, Acc. tr. 624.

augurius, a, um (augur), **augurisch, Auguren-,** ius, Cic. de sen. 12; ep. 3, 9, 3. Gell. praef. § 13; 7 (6), 6, 12.

auguro, āvī, ātum, āre (augur), **I das Amt eines Augurs verrichten, Augurien anstellen, Wahrzeichen beobachten und deuten,** m. *Acc.* der Sache, wegen der man Augurien anstellt, sacerdotes vineta virgetaque et salutem populi auguranto, Cic. de legg. 2, 21. – Passiv, *res* od. *locus* auguratur, **wird durch Augurien geweiht,** Cic. u. Liv.: u. augurato (*Abl. absol.*), **nach Anstellung der Augurien,** Liv. u. Suet. – **II** übtr.: **A** im Allg.: ad terram aspice et despice, oculis in vestigiis astute augura, spähe umher wie ein Augur, Plaut. cist. 693. – **B** insbes.: **1 prophezeien, vorhersagen,** cui quidem utinam vere, fideliter, abunde ante auguraverim, Cic. fr.: aug. sibi annos longos, Val. Flacc. – **2** etw. **ahnen,** von etw. **ein Vorgefühl haben,** si quid mens veri augurat, Verg.: *praesentit* animus et *augurat* quodammodo, quae futura sit suavitas, Cic. fr.: propemodum animus coniecturā *de* errore eius augurat, Pacuv. fr. – Gew. als *Depon.:*

auguror, ātus sum, ārī (augur), **I das Amt eines Augurs verrichten, Augurien anstellen, Wahrzeichen beobachten** u. **deuten, weissagen, prophezeien,** m. *Acc.* dessen, was prophezeit wird, in augurando, Suet.: augurandi disciplina, Gell.: ex passerum numero belli Troiani annos, Cic.: alci ex alitis involatu, Cic. – **II** übtr.: **1** übh. etw. Künftiges **weissagen, prophezeien,** alci mortem, Cic.: futurae pugnae fortunam, Tac.: imperia, Plin. – m. *Acc.* u. *Infin.*, quam (diem) non procul auguror esse, Ov. met. 3, 519. – **2** etw. **ahnen,** von etw. **ein Vorgefühl haben,** etw. **vermuten,** aus etw. **einen Schluss ziehen,** bella civilia mentibus, Curt.: ex vultu alcis certam spem victoriae, im Voraus schöpfen, Curt.: arma Orientis, Tac. – quantum auguror coniecturā od. opinione, Cic.: adversa secundis, futura praeteritis, Plin. ep. – m. folg. *Acc.* u. *Infin.*, recte auguraris de me nihil a me longius abesse crudelitate, Caes. in Cic. ep. 8, 1, 2: hāc (*sc.* voluntate) ego contentos auguror esse deos, Ov.: iter monstrasse eam augurabantur, Curt. – m. folg. indir. Fragesatz, o praeclare *coniectum* a vulgo *omen* etc.! cum *ex* nomine istius, *quid* in provincia facturus esset, perridicule homines *augurarentur,* Cic.: quantum inde abesset mare, quae gentes colerent etc., anceps et caeca aestimatio augurabatur, Curt.

Augusta, ae, *f.*, **I** in der Kaiserzeit Titel der Gemahlin, auch Tochter, Mutter u. Schwester des Kaisers, nach unserer Art **kaiserliche Majestät, königliche Hoheit,** Tac. ann. 1, 8. Suet. Cal. 10; vgl. Schwarz Plin. pan. 84, 6. p. 435. – **II** Name mancher von Augustus od. anderen Kaisern angelegten od. neu bevölkerten Stadt, z. B. Augusta Taurinorum, j. *Turin,* Plin. 3, 123. Tac. hist. 2, 66. – A. Praetoria, in Oberitalien, j. *Aosta,* Plin. 3, 123. – A. Treverorum, j. *Trier,* Mela 3, 2, 4 (3. § 20). – A. Emerita, j. *Merida* in Spanien, Plin. 4, 117. – A. Vindelicum, j. *Augsburg,* Itin. Anton. 232, 1. CIL 6, 3353; auch bl. Augusta, Ven. Fort. vit. S. Mart. 4, 648; vgl. Ruperti Tac. Germ. 41, 4.

Augustālis, e (Augustus), **den Kaiser Augustus betreffend, augustalisch, des Augustus,** maiestas, kaiserliche, Cod. Iust.: ludi, dem Augustus zu Ehren am 12. Okt. gefeiert, Tac. (auch Augustalia, ium, *n.*, Inscr.): sodales od. sacerdotes Aug., auch bl. Augustales, ein dem Augustus zu Ehren von Tiberius errichtetes Priesterkollegium von 25 Priestern, Tac.: versch. seviri Aug., Augustalkollegium von sechs Priestern, von Augustus eingesetzt zum Kultus der Laren und Penaten an den Kreuzwegen, bes. häufig in den Munizipien u. Kolonien, Petr. 30, 2; auch bl. Augustales, Porphyr. Hor. sat. 2, 3, 281. CIL 10, 114. – Praefectus Aug., auch bl. Augustalis, der Präfekt (Statthalter) in Ägypten, ICt. – endlich Augustālēs, ium, *m.*, den Legionen Zugeordnete, Veget. mil. 2, 7.

Augustālitās, ātis, *f.* (Augustalis), die **Würde des Statthalters in Ägypten,** Cod. Theod. 13, 11, 11.

Augustamnica, ae, *f.* (Augustus u. amnis), Name des östlichen Teils von Ägypten seit Diokletian, Amm. 22, 16, 1. Cod. Theod. 1, 14, 1 u. 4, 12, 9.

Augustānus, a, um (Augustus), **zu Augustus gehörig, augustëisch,** colonia, Ulp. dig. 50, 15, 1. § 1: domus, CIL 6, 2271. – subst., Augustānī, ōrum, *m.*, die Einwohner der Städte, deren Beiname Augusta (s. d. A.) ist, Plin.

augustē, *Adv.* m. *Compar.* (augustus), **ehrfurchtsvoll,** aug. et sancte venerari deos, Cic.: aug. sancteque consecrare alqm, Cic. – aut quod de religione dici possit augustius, Cic.

Augustēnsis, e (Augustus), **zu Augustus gehörig, augustëisch,** civitas, Cod. Theod. 10, 2, 1.

Augustēus, a, um (Augustus), **augustëisch, des Augustus,** marmor, Plin. 36, 55. Isid. 16, 5, 4: charta (= regia), Isid. 6, 10, 2: lex, lapides, limites, termini, Gromat. vet. – subst., Augustēum, ī, *n.*, ein **dem Augustus geweihter Tempel,** CIL 11, 1420.

Augustiānus, a, um (Augustus), **zu Augustus gehörig, augustianisch,** limites, lex, bellum, Gromat. vet.: census, Tert. – Plur. subst., Augustiāni, ōrum, *m.*, die **Augustianer,** von Nero ausgehobene röm. Ritter, Tac. ann. 14, 15.

1. **Augustīnus,** ī, *m.*, röm. Beiname, z. B. D. Aurelius Augustinus, latein. Kirchenschriftsteller, geb. am 13. Nov. 354 n. Chr. zu Tagesta, gest. 430 n. Chr., Sidon. ep. 9, 2.

2. **Augustīnus,** a, um (Augustus), **augustinisch, des Augustus,** currus, Suet. Claud. 11, 2.

augusto, āre (augustus), **ehrwürdig-, majestätisch machen,** deos, Arnob. 6, 16.

Augustodūnum, ī, *n.*, Stadt der Äduer in Gallien j. *Autun,* Tac. ann. 3, 43 u. 45. Amm. 15, 11, 11; 16, 12, 1. Ven. Fort. 8, 6, 100 (wo Augustōdūnō gemessen ist). – Dav. **Augustodūnēnsēs,** ium, *m.*, die Einw. von Augustodunum, die **Augustodunenser,** Eumen. pro rest. schol. 14, 1.

Augustonemetum, ī, *n.*, Stadt in Gallia Aquitanica, j. *Clermont,* Not. Tir. 87, 7 u. 8.

Augustoretum od. **Augustoritum,** ī, *n.*, Stadt der Lemoviker in Gallia Aquitanica, j. *Limoges,* Not Tir. 87, 16. Itin. Anton. 462, 2.

1. **augustus,** a, um, *Adi.* m. *Compar.* u. *Superl.* (augeo), **I geheiligt, heilig,** bes. v. Örtlichkeiten, ara consecrata in loco augusto, Cic.: templum augustum, augustissimum (hochheiliger), Liv.: Eleusis sancta illa et augusta, Cic.; vgl. ex hoc igitur Platonis quasi quodam sancto augustoque fonte nostra omnis manabit oratio, Cic.: *augusti* tota (insula) atque *inviolati* soli, Liv.: aug. sedes, v. Bienenstock, Verg. – **II** übtr., **ehrwürdig, majestätisch, erhaben,** habitus formaque viri aliquantum amplior augustiorque humanā, Liv.: augustior solito currus, Plin. pan.: vestis augustissima, Liv.: doctrina augustissima, Arnob.: cuius (senatus) conspectus augustissimus fuit, Plin. ep. – v. Pers., species viri maioris, quam pro humano habitu, augustiorisque, Liv.: cum cetero habitu se augustiorem, tum maxime lictoribus duodecim sumptis fecit, Liv. – Dav.

2. **Augustus,** ī, *m.*, der **Heilige, Unverletzliche** (griech. σεβαστός), Beiname des Cäsar Oktavianus, den ihm der Senat i. J. 27 v. Chr. erteilte, Suet. Aug. 7, 2. Flor. 4, 12, 66: wegen seines Glückes sprichw., Augusto felicior, Traiano melior, Eutr. 8, 5. – nach ihm Beiname aller römischen Kaiser, wie unser **Majestät, kaiserliche Majestät,** Ov. met. 15, 860. Vell. 2, 91, 1: Plur., Magnos et Felices et Augustos diximus, wir haben den einen den Großen, den anderen den Beglückten, den dritten den Erlauchten genannt, Sen. de clem. 1, 14, 2. – Später auch Perpetuus Augustus, Eutr. praef., od. Semper Augustus, Symm. ep. 2, 30. Auct. paneg. Maximin. et Constant. 1, unser »allezeit Mehrer des Reichs«. – Nbf. Agustus, CIL 4, 4008 u. 11, 6644. – Dav. ein neues *Adi.:*

3. **Augustus,** a, um, **a augustisch, des Augustus,** pax, Ov.: domus, Ov.: mensis, der Monat August, dem Augustus zu Ehren so genannt (früher mensis Sextilis), Iuven.: so auch Kalendae, Nonae, Idus Augustae, des Monats August, Col. u. Mart. – **b kaiserlich,** aula, Mart.: historia, Kaisergeschichte, Vopisc.

1. **aula,** ae, *f.* (αὐλή), **I** der die ländliche Wohnung umgebende, eingehegte Raum, der **Hof** (rein lat. chors od. cohors), Hor. ep. 1, 2, 66: u. weil hier das Vieh gehalten wurde, auch der **Hof fürs Vieh,** Prop. 3, 13, 39. Gratt. cyn. 167: u. übtr., **Vergitterung, Gitter** übh., Serv. Verg. Aen. 9, 60 (wo aber wohl caulas zu lesen). – **II** die bedeckte, von oben das Licht empfangende **Halle** im röm. Haus (vgl. Vitr. 6, 7, 5), rein lat. atrium (w. vgl.), aulai medium, Verg. Aen. 3, 354: lectus genialis in aula est, er lebt verehelicht, Hor. ep. 1, 1, 87. – Dah. III) der **Palast,** das **Schloss,** die **Residenz** der Vornehmen u. Fürsten, der **Hof, 1** eig.: invidenda aula, Hor.: aula regia, Vitr. u. Amm.: aula Augusta, der kaiserliche Hof, Mart.: aula Priami, Hor.: aulā (im P.) ludere, Verg.: rarissimam rem in aula consequi, senectutem, Sen. – Poet. v. Aufenthaltsort der Götter, **Residenz,** illa se iactet in aula Aeolus, Verg. Aen. 1, 140: vom Totenreich (αὐλὴ νεκύων), immanis ianitor aulae (v. Zerberus), Hor. carm. 3, 11, 16: v. Käfig des Tigers, aula aurata, Petr. 119, 17: v. Aufenthaltsort einer Schlange, feralis aula, Stätte des Mordes, Sil. 6, 216: u. der Bienenkönigin, der **Hof** = der Bienenkorb, Verg. georg. 4, 90, u. = die Zelle, *ibid.* 4, 202 (Plur.). – **2** meton.: **a** der **Hof** = die **Hofleute, Höflinge,** aula regia, Aur. Vict.: puer ex aula, königlicher Edelknabe, Hor.: pronā in eum aulā, Tac.: divisa et discors aula erat, Tac.: inter ludibria aulae esse, Suet.: aulā et novo rege potiri (in seiner Hand haben, beherrschen), Tac. – **b** der **Aufenthalt am Hofe,** das **Hofleben,** tristis curis et sollicitudinibus aula, Val. Max. 7, 1, 2: haud quaquam aulae accommodatus, Curt. 8, 8 (29), 21. – **c** der **Hofdienst,** qui summam aulam tenebant, die angesehensten Würdenträger, Amm. 15, 1, 2: plures ad aulae varios actus sunt admissi, Amm. 26, 7, 6. – **d** die **fürstliche Macht,**

auctoritate aulae communitā, Cic. ep. 15, 4, 6. – ► Arch. Genet. Sing. aulai, Verg. Aen. 3, 354.

2. aula, ae, *f.*, altlat. = ōlla, der **Topf, Hafen,** aula aēnea, Cato: bilibris, Plaut.: maior, Plaut.: aula lentis Aegyptiae, ein Gericht äg. Linsen, Gell.: in aulam indere, Cato: astituere aulas, ansetzen (ans Feuer), Plaut.: aulis assistere, Amm. – übtr., Moab aula spei vel olla spei meae, Itala psalm. 59, 10 bei Ambros. instit. virg. 12. § 79.

3. aula, ae, *f.* (αὐλός) = *tibia*, Quint. 7, 9, 4.

aulaea, ae, *f.*, s. aulaeum ►.

aulaeum, ī, *n.* (αὐλαία, ἡ), die prachtvolle, meist gestickte od. bunt durchwebte **Decke, Purpurdecke** als **Vorhang, Überhang, Teppich,** gew. im Plur., **a** übh.: aulaea Attalica, Varr. fr., Val. Max. u. a.: aulaea superba, Verg.: aulaea purpurā auroque fulgentia, Curt.: aulaea lectis obducere, Curt.: exsertare aurem subinde per aulaeum, Amm.: im Bild, omnia aulaea reducere, Augustin. c. sec. resp. Iulian. 1, 48 *in.* – **b** als eine Art »Baldachin«, da bei den Alten in den Sälen, die keine kostbaren Decken (lacunaria) hatten, der Reinlichkeit (damit kein Staub herabfalle) und der Pracht wegen Purpurdecken an der Decke aufgespannt wurden, Hor. carm. 3, 29, 15; sat. 2, 8, 54; vgl. Prop. 3, 32, 12. – **c** als Theatervorhang, der bei den Alten, wie die Fenster an unseren Wagen, unten befestigt war, dah. am Anfang des Stückes od. Aktes herabgelassen wurde, aulaeum premitur, Hor. ep. 2, 1, 189, od. mittitur, Phaedr. 5, 7, 23; hingegen am Ende des Stückes hinaufgezogen, aulaeum tollitur, Cic. Cael. 65. Ov. met. 3, 111. Später jedoch, wie bei uns, aulaeum deponitur, der Vorhang fällt [am Schluss des Stückes], Amm. 16, 6, 3; 28, 6, 29. Vgl. auch aulaeum tragicum dimovere, Apul. met. 1, 8, u. aulaeum subducere, Apul. met. 10, 29: aulaea (die aufgezogenen V.) miranda monstrantia, Amm. 16, 12, 57. Gew. waren solchen Vorhängen Götter- od. Menschen-, bes. Heldenfiguren eingewebt, die gleichsam den Vorhang heraufzuziehen schienen; dah. utque purpurea intexti tollant aulaea Britanni, und des Vorhangs Purpur rauscht aufgezogen von eingewebten Britanniern, Verg. georg. 3, 25. – **d** sarkastisch v. einem übertrieben weiten Obergewand, pictae Sarrana aulaea togae, Iuven. 10, 39. – ► Nbf. aulaea, ae, *f.*, Pacian. epist. 3, 27.

aulārius, ī, *m.* = *aulicus*, Gloss. V, 589, 18.

aulax, acis, *f.* (αὖλαξ), die **Furche,** rein lat. sulcus, Veget. mul. 2, 28, 38.

Aulercī, ōrum, *m.* (Αὐλίρκιοι), eine große weitverzweigte Völkerschaft in Gallia Celtica, Liv. 5, 34, 5, in vier Zweige geteilt, **1** Aul. Eburovīces, mit der Hauptstadt Mediolanum (j. *Evreux*), j. *Dép. de l'Eure* in der Normandie, Caes. b. G. 3, 17, 3. – **2** Aul. Cenomani, j. *Dép. de la Sarthe,* Caes. b. G. 7, 75, 3. – **3** Aul. Brannovīces, wahrsch. j. *le Briennois* an der *Loire,* Caes. b. G. 7, 75, 2. – **4** Aul. Diablintes od. Diablinti, j. *Dép. de la Maine,* Caes. b. G. 3, 9, 10. Plin. 4, 107.

aulēticos, on (αὐλητικός), **zum Flötenspiel dienend,** calamus, Flötenrohr, Plin. 16, 164 u. 169.

aulicoctus, a, um (2. aula u. coquo), **im Topf gekocht, gesotten,** exta, Act. fr. arv. *a.* 87 I. p. CXVI. u. Vot. fr. arv. 3. § 3. p. 92 M. *Paul. ex Fest. p. 23, 13.

1. aulicus, a, um (aula), **zum (Fürsten-) Hofe gehörig, fürstlich,** apparatus, Suet.: muli, Auson.: histriones, Spart. – Plur. subst., aulicī, ōrum, *m.*, Hofbediente, Nep. u. Suet.

2. aulicus, a, um (αὐλικός v. αὐλός), **zur Flöte gehörig,** soni, Flötentöne, Ambros. in Luc. 7. § 237: dulcedo od. suavitas, Lieblichkeit des Flötenspiels, Mart. Cap. 9. § 905 u. 926.

Aulida, ae, *f.*, s. Aulis.

aulio, ōnis, *m.* (3. aula) = αὐλητής, der **Flötenbläser,** Gloss. II, 26, 36 ›auliones, αὐληταί‹.

Aulis, idis, Akk. ida, idem u. in, Abl. ide, *f.* (Αὐλίς), Seestadt in Böotien, wo sich die gegen Troja vereinigte Flotte der Griechen versammelte, j. *Vathi* od. *Karababa,* Verg. Aen. 4, 426. Cic. Tusc. 1, 116: griech. Akk. Aulida, Ov. met. 13, 182, u. Aulim, Lucan. 5, 236. – Nbf. Aulida, ae, *f.*, Dict. 1, 17 u. 18; 2, 10.

auliscus, ī, *m.* (αὐλίσκος), die **kleine Röhre** vorn an der Klystierspritze (rein lat. tibia), clysteris, Cael. Aur. acut. 3, 4, 29 u. a.

auloedus, ī, *m.* (αὐλῳδός), der **Sänger zum Flötenspiel,** Cic. Mur. 29. Iul. Val. 1, 52 (46).

Aulōn, ōnis, *m.*, ein vorzügliches Weingelände in der Nähe von Tarent, Hor. carm. 2, 6, 18. Mart. 13, 125, 1.

aulula, ae, *f.* (*Demin.* v. 2. aula = olla, Topf), ein **kleiner Topf,** Apul. met. 5, 20. Vgl. ollula.

Aululāria, ae, *f.* (aulula), die **Topfkomödie,** das **Topfstück,** eine Komödie des Plautus, so gen. von dem Geldtopf des geizigen Alten, der Hauptperson des Stückes, Plin. 18, 107.

1. Aulus, ī, *m.* (von aula, Hof, d. i. im Freien geboren), ein röm. Vorname, gew. abgekürzt A. geschr.

2. aulus, ī, *m.* (von αὐλός, Flöte, wegen einiger Ähnlichkeit), die männliche Art der **Kammmuschel** (pecten), Plin. 32, 103.

aumatium, ī, *n.* = *locus secretus publicus, sicut in theatris aut in circo,* Petr. fr. XI II. p. 109 B. (aus Fulg. expos. serm. p. 567, 20 M.).

aunculus, s. avunculus ►.

aura, ae, *f.* (αὔρα), der **Hauch, I** im engeren Sinne, der strömende **Lufthauch, 1** im Allg.: **a** eig., das **Wehen,** die **Strömung** der Luft, der **Luftzug,** die wehende **Luft,** das **Säuseln,** aura fluminis, Liv.: aura matutina, Vitr., antelucana, Plin.: nocturnā aurā uti (v. Schiffen, die segeln), Caes.: aurā fluere mobilius, Sen.: deneget afflatus ventus et aura suos, Ov.: Plur., aurae fluminum et stagnorum, Luftzüge an usw., Cels.: semper aër spiritu aliquo movetur, frequentius tamen auras quam ventos habet, Plin. ep.: venti et aurae cient mare, Liv.: nunc omnes terrent aurae, erschreckt jedes Lüftchen, Verg. – bei Dichtern jeder (auch scharf wehende) **Wind,** petulans, Lucr.: rapida, Ov.: aurae vela vocant, Verg. – u. die **Luft** übh., aura mixta vapore, Lucr.: aurae aëris, Lucr. u. Mam. Claud., od. aurae aëriae, Lucr. u. Verg. – **b** meton., Plur. aurae, wie **Lüfte, α** für **Höhe, Himmel,** cursum per auras dirigere, Verg.: in auras attollere se od. assurgere, Verg.: ad auras tendere od. se agere, Verg.: erigere fluctus sub auras, Verg.: stat ferrea turris ad auras, ragt hoch in die Lüfte, Verg. – **β** für **Oberwelt,** venire superas ad auras, Verg.: seque ipsum pondus in auras expulit (v. neugeborenen Kind), ans Licht der Welt, Ov. – **γ** für **Tageslicht, Öffentlichkeit,** ferre sub auras, bekannt machen, Verg.: reddere ad auras, herausgeben, Verg.: fugere auras, das Tageslicht meiden, Verg. – **c** übtr., der **leise, flüchtige,** wirklich oder scheinbar **günstige, lockende Hauch,** das **leise Anschlagen,** das **leise Zeichen,** der **leise Schimmer von** usw., dum flavit velis aura secunda meis, Ov.: aura honoris, der sanfte, liebliche Hauch der Ehre (Ggstz. periculi tempestas), Cic.: rumoris, Cic.: voluntatis, Cic.: favoris popularis, Liv.: vulgi se venditare aurae, Ov.: levis aura spei obicitur, Liv.: dah. bes. häufig aura popularis, die unbestimmte, unzuverlässige Gunst des großen Haufens, Cic. u. a. (neben militaris favor, Liv. epit. 30): auch im Plur. aurae populares, Verg. Aen. 6, 817: u. bl. aura, Liv. 6, 11, 7. – **2** insbes., die atmosphärische **Luft,** die wir einatmen, auras vitales suscipere, Lucr., od. carpere, Verg.: auris vitalibus vesci, Lucr. u. Verg.: haurire auram communem, Quint.: captare naribus auras, schnaubend atmen, Verg. – übtr., libertatis auram captare, nach jeder Hoffnung von Freiheit haschen, Liv. – **II** im weiteren Sinne: **1** die **Ausdünstung,** der verbreitete **Dunst, Geruch** (vgl. Jacob Lucil. iun. Aetna 315. Bünem. Lact. 3, 17, 11), Lucr., Verg. u. a.: auram (Duft) bonam floris naribus ducere, Min. Fel. 38, 2. – **2** der **Lichtglanz, Schimmer,** auri, Verg. Aen. 6, 204. – **3** die **Wärme** des Sonnenlichtes, Varr. sat. Men. 139. – **4** das **Echo,** Prop. 1, 20, 50 u. s. – ► Arch. Genet. Sing. aurai, Verg. Aen. 6, 747.

aurāmentum, ī, *n.* (aurum), **Goldarbeit, Goldgeschirr,** Itala 1. Mach. 11, 58.

aurāria, ae, *f.*, s. 1. aurārius.

1. aurārius, a, um (aurum), **zum Gold gehörig, Gold-, I** *adi.*: negotium, das Geschäft, Gold (Geld) beizutreiben, Plaut.: statera, Varr. fr.: metalla, Plin. u. Iustin.: fornax, Plin.: necessitas, Goldbedarf, Inscr.: pensitatio, eine Art »Gewerbesteuer, Handelssteuer«, spät. ICt.: canon, das Reglement, nach dem die Handelssteuer entrichtet wird, spät. ICt.: susceptor, der Einnehmer der Gewerbe-, Handelssteuer, spät. ICt. – **II** *subst.*: **a** aurārius, ī, *m.*, der **Goldarbeiter, Goldschmied,** CIL 6, 196. – **b** aurāria, ae, *f.*, **α** (*sc.* fodina) = χρυσαρχύριον (Gloss.), die **Goldgrube,** Tac. ann. 6, 19: subprocurator aurariarum, kaiserl. Unterverwalter der dacischen Goldbergwerke, CIL 3, 1088. – **β** eine Art **Gewerbe-** od. **Handelssteuer,** Cassiod. var. 2, 30. Cod. Theod. 12, 6, 29.

2. aurārius, ī, *m.* (aura *no.* I, 1, c), der **Begünstiger,** nach Serv. Verg. Aen. 6, 817.

aurāta, ae, *f.*, ein Fisch, der **Goldbrassen,** die **Goldforelle** (*Sparus aurata,* L.), Cels. 2, 18. Col. 8, 16, 2. Plin. 9, 58. Mart. 13, 90. Apic. 4, 151: piscis aurata, Apic. 10, 473 u. 474: aur. pulcherrima, Hier. ep. 71, 1: auch orata geschrieben, Fest. 182 (b), 13.

aurātīcius, a, um (auratus), **vergoldet,** statua, CIL 2, 6338ª.

aurātilis, e (auratus), **goldfarbig,** Solin. 15, 28.

aurātor, ōris, *m.* = *aurifex* (χρυσωτής), Gloss. II, 26, 38.

aurātūra, ae, *f.* (*auro), die **Vergoldung,** Quint. 8, 6, 28. CIL 6, 8737 (wo: qui fuit ab auraturis).

aurātus, a, um (aurum), **mit Gold versehen, -überzogen, -durchwirkt, -geschmückt, golden, vergoldet,** metalla, goldreiche, Lucr.: pellis, Catull.: lyra, Ov.: tecta, Cic.: vestis, Ov. u. Iustin., od. amictus, Ov. u. Prud., tempora, mit goldenem Helm bekleidet, Verg.: sinus, mit einer goldenen Spange, Nadel usw. geschmückt, Ov.: milites, mit vergoldeten Schilden, Liv.: bos, cornua bovis, Liv. – v. weibl. Wesen = **mit Goldschmuck ausgestattet,** Plaut. Men. 801; Epid. 222. – *Compar.*, hostia auratior, Tert. de idol. 6.

aureae, s. ōreae.

aureātus, a, um (aureus), **geziert, geschmückt,** Sidon. carm. 9, 396.

aureax (v. aureae = oreae) = *auriga,* Paul. ex Fest. 8, 12. Vgl. Gloss. II, 26, 51 ›aureax solitarius ἱππαστής‹.

Aurēliānus, ī, *m.*, Flavius Claudius, ein römischer Kaiser (reg. 270–275 n. Chr.), Vopisc. Aurel. 1 *sqq.* u. a. – Dav.: **a Aurēliānus,** a, um, **aurelianisch,** sodales, Priester nach Art der Augustales, Capit. Anton. phil. 7, 11: argentei (Silberlinge), von Kaiser Aurelianus geschlagen, Vopisc. Prob. 4, 5: balneum, von Kaiser Aurelianus erbaut, CIL 11, 556. – **b Aurēliānēnsis** urbs, das heutige *Orléans,* Sidon. ep. 8, 15.

Aurēlius, a, um, Name eines röm. plebejischen Geschlechts (mit den Beinamen Cotta, Orestes, Scaurus), aus dem besonders zu nennen sind: C. Aurelius Cotta, den Cicero in den Büchern »vom Redner« als Redner u. in den Büchern »von der Natur der Götter« als Akademiker mitsprechend aufführt, oft bei Cic. – L. Aurelius Cotta, Bruder des vor., Prätor 70 v. Chr., s. unten *no.* b, α. – *Adi.* **aurelisch, a** Aurelia via, von einem sonst unbekannten Aurelius erbaut u. zwar vetus et nova, Inscr.: erstere lief von der Porta Ianiculensis (j. *Porta di St. Pancrazio)* an der nördlichen Küste bis nach Pisa, später bis Arelate; letztere war ein kleiner Seitenweg, der von der Porta Aurelia (j. *Castel S. Angelo)* 4000 Schritte weit zu der ersteren führte. Von ersterer spricht Cic. Cat. 2, 6 u. a. – **b** Aurelia lex, **α** iudiciaria, vom Prätor L. Aurelius Cotta, dass die Gerichte von Senatoren, Rittern u. *Tribuni aerarii* gemeinschaftlich verwaltet werden sollten, Cic. Phil. 1, 20. – **β** de ambitu, von unbekanntem Ursprung, Cic. ad Q. fr. 1, 3, 8. – **c** Aurelium Forum, eine Stadt in Etrurien an der Aurelia via, in der Nähe des heutigen Dorfes *Castellacio,* Cic. Cat. 1, 24. – **d** Aurelium tribunal (auch Gradus Aurelii gen.), auf dem Forum, Cic.

aureolus, a, um (*Demin.* v. aureus), **schön golden, I** nach seinem Gehalt = **1 schön aus Gold gemacht, a** eig.: anellus, Plaut. Epid. 639: ensiculus, Plaut. rud. 1156: mālum, Catull. 2, 12: corona, Vulg. exod. 25, 25 u. ö. – subst., aureolus, ī, *m.* (*sc.* nummus), ein Goldstückchen, Mart. 5, 19, 14 u. a. – **b** übtr., **golden** = schön, vortrefflich, herrlich, allerliebst, libellus, Cic. Acad. 2, 135: oratiuncula, Cic. de nat. deor. 3, 43: pedes, Catull. 61, 167. – **2 vergoldet,** cinctus, Lucil. sat. 7, 33: laquearia, Prud. perist. 3, 197. – **II** nach Ansehen und Farbe, **goldartig, goldfarbig,** collum, Varr. r. r. 3, 9, 4: color, Col. 9, 3, 2.

aurēsco, ere (aurum), **goldfarbig werden,** Varr. LL. 7, 83. – Archaist. Nbf. ōrēsco, Nov. com. 66 (wo: sol orescit).

aureus, a, um (aurum), **golden, I** nach seinem Gehalt, **1** = **aus Gold, a** eig.: patera, Plaut.: anulus, Cic.: anulus totus aureus (Ggstz. an. subauratus), Petr.: imber, Ter.: poculum, Cic. (vgl. pocula et aliae res aureae, Sall. fr.): scyphus, Tac.: vasa, Liv.: fibula, Verg.: corona, als Belohnung für tapfere Krieger, Liv.: armilla, Liv.: pecunia, Augustin.: nummus aureus, ein Goldstück, Golddenar (Ggstz. argenteus, ein Silberdenar), Plin. 33, 47 u. (Plur.) Plaut. trin. 1139 (mille nummûm aureûm). Cic. Phil. 12, 20. Liv. 21, 48, 9: u. dafür denarius aureus, Petr. 33, 3: nummi Philippei aurei, Plaut. asin. 153. Liv. 34, 52, 7; 39, 7, 1: oft subst. bl. aurei, Liv. 38, 11, 8; 44, 26, 4. Curt. 9, 1, 6. Suet. Cal. 42 u. ö. Schol. Iuven. 7, 243: mille aureûm (= aureorum), Apul. met. 7, 4: aurei Philippei, Vopisc. Bonos. 15, 8: Antoniani, Vopisc. Aurel. 9, 7: Valeriani, Treb. Poll. Claud. 17, 7. – Poet., vis aurea, die Kraft, alles in Gold zu verwandeln, Ov. met. 11, 142. – **b** übtr., **golden** = überaus schön, reizend, allerliebst, vortrefflich, schätzbar, Venus, Verg.: copia, Hor.: saeculum, s. d. (vgl. gens, Verg.): mediocritas, Hor.: mores, Hor.: puella, Hor. – **2 mit Gold versehen, -gearbeitet, -durchwirkt, -beschlagen, -geschmückt, vergoldet,** Pactolus, Goldsand führend, Ov.: palla, Varr. fr.: amiculum, Cic. u. a.: paludamentum, Plin.: vestis, cingula, Verg.: sella, Cic.: currus (v. Triumphwagen), Cic. – **II** nach Ansehen u. Farbe, **golden** = **goldfarbig, goldschimmernd,** color, Lucr., Ov., Plin. u. a.: sidus, Verg.: caesaries, Verg.: uvae, Sen.: mala, Quitten, Varr. u. Verg.: flos, Plin.

aurichalcum, ī, *n.*, **I** breitere Aussprache für *orichalcum* = ὀρείχαλκος (jedoch von Charis. 34, 20 u. Diom. 328, 13 u. 550, 24 von diesem unterschieden), **Messing,** viell. auch **Goldbronze,** Plin. 34, 2 u. 4; 37, 126. Suet. Vit. 5. Ulp. dig. 30. fr. 4 pr. Vulg. Sirach 47, 20; apoc. 1, 15 u. 2, 18. – **II** ein (von Plautus fingiertes) kostbares Metall, noch wertvoller als Gold, aurichalco contra non carum fuit meum mendacium, unser »war nicht mit Gold zu bezahlen«, Plaut. Pseud. 688: u. so aurichalco contra, gegen Gold von meiner Seite, Plaut. Curc. 202 u. mil. 658.

aurichalcus u. **aurichalicus,** a, um (aurichalcum), **von Messing, messingen,** aurichalca lamina, Ven. Fort. vit. Radeg. 26, 61: aurichalcum vas, Marc. dig. 18, 1, 45 (wo aber viell. vas zu streichen ist).

auricilla, ae, *f.* = auricula (s. d.), imula, das **Ohrläppchen,** Catull. 25, 2 H. (*al.* oricilla).

auricoctor, ōris, *m.* (aurum u. coquo) = χρυσεψητής, der **Goldsieder, -reiniger, -läuterer** (im Feuer), Gloss. II, 27, 9. CIL 6, 2712*.

auricolor, ōris, *m.* (aurum u. color), **goldfarbig,** Iuvenc. euang. de bapt. Chr. 1, 359.

auricomāns, antis (aurum u. comans), **goldhaarig,** Crocus, Auson. Cup. cruc. (XXIV) 2, 11. p. 122, 2 Schenkl.

auricomus, a, um (aurum u. coma), poet., **I goldhaarig,** Batavus, Val. Flacc. 4, 92 Sch.: Horae, Sil. 3, 608: Apollo, Mythogr. Lat. 3, 8, 4. – **II** übtr., **goldbelaubt,** fetus arboris, Verg. Aen. 6, 141: nemus, Auson. edyll. 12 (Technop.) de vere primo 2. p. 137 Schenkl: apium, Ps. Apul. herb. 9.

auricula (im Vulgärlat. ōricula), ae, *f.* (*Demin.* v. auris), das **Öhrchen,** bes. das äußere **Ohr,** der **Ohrknorpel** u. das **Ohrläppchen, I** eig.: auriculae albae (asini), Pers.: aur. dextra, Plin. u. a., sinistra, Plin. Val.: extremum auriculae, das Ohrläppchen, Vulg.: dass. aur. infima, Cic.: aur. ima, Amm.: muris auriculae summae, Ohrenspitzen, Plin.: auriculae molles, Hor.: auriculae collectā sorde dolentes, Hor.: auriculae rubentes, Suet.: oricularum magnitudo loquacitatis et stultitiae nota est, Trog. b. Plin.: abscīdere od. amputare auriculam alcis od. alci, Vulg.: nares vel auriculas desecare, Lact.: auriculas alci praecīdere, Petr.: auriculam mordicus auferre, Cic.: garrire in auriculam, Mart.: alqd (ein Ohrgehänge) in auriculis gestare, Apul.: auriculas asini quis non habet? Pers.: praeceptum auriculis instillare, Hor.: auricula graviter alci olet, Mart.: opponere auriculas, Hor.: prendere alqm auriculis, Plaut.: teneras radere auriculas, Pers.: surdorum auriculas returare, Arnob.: auriculam alcis tangere, um es zu heilen (v. Christus), Vulg.: aber auriculam alci tangere, jmd. am Ohr zupfen (um ihn zu erinnern), Sen.: auriculis per suos servulos tolli,

Apul.: alci ad auriculas versari, vor den O. schweben, Rhet. Her.: in foro tibi diu tinnisse auriculas, M. Aur. bei Fronto ad M. Caes. 2, 2. p. 28, 3 N. – **II** meton., Plur. auriculae = **geneigtes Gehör, Erhörung,** deorum auriculas emere, Pers. 2, 30. – ▶ Form oricula, Cic. ad Q. fr. 2, 13 (15 a), 4 M. Trog. b. Plin. 11, 276; vgl. Fest. p. 182 (b), 15.

auriculāris, e (auricula), **zu den Ohren gehörig, Ohren-,** morbus, Cod. Iust. 10, 50, 2: digitus, »weil wir uns mit ihm am Ohr kratzen«, Isid. 11, 1, 71.

auriculārius (in der Vulgärspr. ōriculārius), a, um (auricula), **zu den Ohren gehörig, Ohren-, I** *adi.*: auric. medicus, Ulp. dig. 50, 13, 1. § 3. CIL 6, 8908: or. clyster, Cels. 5, 28, 12. p. 215, 32 D.; 6, 7, 3. p. 241, 34 D. u. a.: or. specillum, Cels. 7, 30, 3. p. 320, 21 D. – **II** *subst.*: auriculārius, ī, *m.*, ein **Ohrenrat** = ein **geheimer Ratgeber,** Vulg. 2. regg. 23, 23.

aurifer, fera, ferum (aurum u. fero), **I Gold hervorbringend,** terra, Mart. u. Sil.: orae, Mart.: arva (v. Spanien), Sil.: arbor, goldene Äpfel (im Garten der Hesperiden) tragend, Cic. poët. u. Sil.: natura regionis circa se omnis aur., Flor. – **II a Gold mit sich führend,** amnis, Catull. u. Tibull.: Tagus, Ov. u. Mart.: fons, aquae, Claud.: arenae, Plin. – **b** wie Gold glänzend, **golden,** aurifera vigilis spolia serpentis, v. d. lernäischen Schlange, Sen. Herc. fur. 240.

aurifex, ficis, *m.* (aurum u. facio), der **Goldarbeiter, Goldschmied,** Plaut. aul. 508; Men. 525. Varr. LL. 8, 62. Cic. Verr. 4, 56. Plin. 18, 99 u. 33, 93. Quint. 9, 2, 61. Augustin. serm. 15, 4: Caesaris aurif., CIL 6, 3951: aurif. de sacra via, CIL 6, 9207: aurificis statera, Cic. de or. 2, 159: Plur. aurifices neben argentarii, Lampr. Alex. Sev. 24, 5: neben inauratores u. bractearii, Firm. math. 4, 15. – ▶ aurufex, CIL 1, 1310.

aurificīna, ae, *f.* (aurifex) = χρυσοχοεῖον, die **Werkstätte eines Goldarbeiters,** Gloss. – vollst. taberna aurificina, CIL 7, 265.

aurifluus, a, um (aurum u. fluo), **goldfließend,** Tagus, Prud. adv. Symm. 2, 604.

aurifodīna, ae, *f.* (aurum u. fodina) = χρυσωρυχεία (Gloss.), die **Goldgrube,** das **Goldbergwerk,** Plin. 33, 78. Gaius dig. 3, 4, 1 *pr.* Not. Tir. 77, 23.

aurifossor, ōris, *m.* (aurum u. fodere), der **Goldgräber,** Cassiod. hist. 11, 15.

aurīga, ae, *m.*, in der Vulgärspr. **ōrīga,** ae, *m.* (vom alten aurea, der Zügel, u. rego), der **Zügelführer, I** der **Wagenführer, Wagenlenker, A** eig., Caes. u. a.: non auriga piger, Hor.: auriga currus paterni, Ov. – beim *fem.*, auriga soror, Verg. Aen. 12, 918: u. (bildl.) velut auriga rectrixque membrorum anima, Col. 3, 10, 9. – bes. der **Wettrenner, Wettfahrer** in den zirzensischen Spielen, Cic. fr. u. Suet. – **B** übtr.: **1** poet., der **Steuermann,** Ov. trist. 1, 4, 16. – **2** als Gestirn, der **Fuhrmann,** Cic. (Arat.) u. a. – **II** der **Reiter,** Auct. paneg. ad Pison. 49. – ▶ Form ōrīga bei Varr. r. r. 2, 7, 8 u. 2, 8, 4 (wo es wohl = ἱπποκόμος Pferdeknecht; vgl. aurigator).

aurīgābundus, a, um (aurigo), dem **Wagenlenken ganz ergeben,** Iul. Val. 1, 9. p. 20, 5 K.

aurīgālis, e (auriga), **zum Wagenlenker gehörig, des Wagenlenkers,** corigia, Edict. Diocl. 10, 19.

aurīgāns, antis (aurum u. ago), **von Gold glänzend,** color, Iul. Val. 3, 36. p. 144, 15 K.

aurīgārius, ī, *m.* (auriga), der **Wettfahrer, Wettrenner** in den zirzensischen Spielen, Suet. Ner. 5, 2. Not. Tir. 112, 78. Not. Bern. 13 a.

aurīgātio, ōnis, *f.* (aurigo), das **Wettfahren, -rennen** in der Rennbahn, Suet. Ner. 35. Chalcid. Tim. 22 C.: übtr., v. Delphin, Gell. 6 (7), 8, 4 (Plur.).

aurīgātor, ōris, *m.* (aurigo), **I** (= auriga *no.* **I** der **Wettrenner, -fahrer,** CIL 6, 555*. – **II** übtr., der **Fuhrmann,** ein Gestirn, Avien. Arat. 405. – ▶ aurigator, ἱπποκόμος (Pferdeknecht), Gloss. II, 325, 22.

aurigena, ae, *m.* (aurum u. gigno), der **Goldgeborene,** poet. Beiname des Perseus, als Sohn der Danaë, der Jupiter sich in Gestalt eines goldenen Regens nahte, Ov. met. 5, 250. Sidon. carm. 6, 14.

auriger, gera, gerum (aurum u. gero), **I Gold tragend,** taurus, mit vergoldeten Hörnern, Cic. poët. de div. 2, 63: arbor, an dem das goldene Vlies hing, Val. Flacc. 8, 110. – **II Gold mit sich führend,** Pactolus, Avien. descr. orb. 996.

aurīgineus, a, um (aurigo = aurugo), **gelbsüchtig,** color, Cael. Aur. chron. 2, 11, 132.

aurīginōsus, a, um, s. aurūginōsus.

1. aurīgo, s. aurūgo.

2. aurīgo, āvī, ātum, āre (auriga), **Wagenlenker sein, wettfahren, wettrennen,** Plin. 33, 90. Suet. Cal. 18 u. ö. (vgl. Gloss.: ›aurigat, ἡνιοχεῖ‹). – *Partic.* subst., aurīgantēs, ium, *m.*, die **Wagenlenker,** Iul. Val. 1, 43 (41) u. Auct. itin. Alex. 24 (61). – übtr., **lenken** u. **regieren, anführen,** ducentibus stellis et aurigantibus, Gell. 14, 1, 23.

aurīgor, ārī = 2. aurigo (übtr.), Varr. sat. Men. 316.

aurilegulus, ī, *m.* (aurum u. lego) = χρυσεκλέκτης (Gloss.), der Goldsand aus den Flüssen liest, der **Goldsammler, Goldsucher,** Cod. Theod. 10, 19, 3: des Metrums wegen getrennt, aurī legulus, Paul. Nol. 17, 262. – Dass. **aurilegus,** Nicet. symb. fr. 3.

auripīgmentum, ī, *n.* (aurum u. pigmentum), **Auripigment** od. **Operment,** ein Arsenikerz (griech. ἀρσενικόν), Vitr. 7, 7, 5. Cels. 5, 5. Plin. 33, 79; 35, 30 u. 49. Scrib. 227 u. 230 u. 237. Plin. Val. 1, 37. Cael. Aur. chron. 4, 8, 117. Isid. 19, 17, 12.

auris, is, *f.* (urspr. *ausis, vgl. ausculto, griech. οὖς, got. ausō), das **Ohr, I** eig. u. meton.: **1** eig.: auris ima, das **Ohrläppchen,** Plin.: aures pendulae atque flaccentes, Lact.: aures rectae, Ggstz. aures summissae, Solin.: aures superbae, Liv.: aures asininae, Hyg.: aures aselli, Ov.: alci aures nasumque abscīdere, Sen.: accedit alci alqd ad aures, Ter.: accedere alci ad aurem et dicere (v. Pers.); Cic.: accidit alqd ad aures, Liv., od. auribus, Plin. pan. (vgl. 1. accido): accipere auribus, Cic.: accipere benignis auribus, Plaut.: accipere secundis od. adversis auribus, Liv., pronis auribus, Tac., propitiis auribus, Sen. rhet, aequis od. parum aequis auribus, Tac. u. Plin. ep., adversis auribus, Ps. Quint. decl.: nunc primum aures tuae hoc crimen accipiunt? Cic.: adhibere aures, ein empfängliches Ohr darbieten, Cic.: aditum ad aures alcis habere, Cic.: admittere alqd auribus, Liv.: alqm admonere ad aurem, ut etc., jmdm. die Mahnung ins Ohr flüstern, Cic.: admovere aurem, sein Ohr hinhalten, hinhören, aufmerken, Cic.: foraminibus et rimis aurem admovent, sie halten das Ohr an usw., Tac.: mentes suas, non solum aures ad alcis vocem admovere (hinrichten), Cic.: arrigere aures, Ter.: ascalpere aurem dextram, Apul.: audiri non secundis auribus, Liv.: claudere aures alci rei od. ad alqd, Cic.: claudere aurem precanti, Lact.: hic (sermo) suppeditat nobis, ubi aures convicio defessae conquiescant, Cic.: credere oculis magis od. amplius quam auribus, Liv. u. Sen.: noli putare, me hoc auribus tuis dare, dir etw. Schmeichelhaftes sagen wolle, Trebon. in Cic. ep.: dare od. dedere aures alci, jmdm. sein Ohr leihen, jmd. anhören, Cic.: demittere aures, herabhängen, senken, (als Zeichen der Sanftmut u. Milde), v. Zerberus, Ggstz. tollere aures, Hor.: demittere (neigen) aures suas ad alcis verba, Sen.: demittere se ad aurem alcis, Cic.: tutis auribus deponere, Hor.: rimosā aure bene deponere, Hor.: dicere in aurem alci alqd, Cic. fr. u. Hor.: in aurem utramvis otiose dormire, auf beiden O. (d. i. unbekümmert) schlafen, Ter.: so auch in dextram aurem dormire, Plin. ep.: aures erigere, Cic.: auribus avidissimis excipere laudes alcis, gierig dem Lob lauschen, das man jmdm. zollt, Plin. ep.: exsertare aurem per aulaeum, Amm.: frustra surdas aures fatigare, tauben O. predigen, Curt.: ferunt aures hominum illa iucunda et grata laudari, die O. der M. sind empfänglich für das Lob des Liebenswürdigen u. Angenehmen, Cic.: haurire vocem his auribus, Verg.: procul auribus haurire talia dicta suis, Ov.: oculis auribusque haurire tantum gaudium cupere, Liv.: implere aures alcis, jmdm. in den O. liegen, Liv. u. Curt. (vgl. unten *no.* 2, a): inculcare se auribus alcis, Cic.: insusurrare ad aurem od. in aures, Cic.: blandius alia ad aurem invocare, M. Cael. fr. b. Quint.: laedere alcis aures, Sen.: obsidēre aures alcis, Liv.: obtundere aures alcis, s. obtundo: offendere aures, Cic.: patefacere aures suas assentatoribus,

Cic.: patent aures alci rei od. ad alqd, Cic.: pervenit alqd ad aures alcis, Cic.: praebere aurem, sein O. hinhalten, Suet. u. Plin. ep.: praebere aurem alci rei, sein O. leihen, Hor. u. Ov.: so auch puellae, Prop.: praebere aures, sein O. leihen, etw. anhören, Liv.: praebere aures conviciis adulescentium, sein O. leihen, anhören, Liv.: praeoccupare aures, Liv.: aures refercire alqā re, Cic.: aures respuunt alqd, wollen etw. nicht hören, Cic.: auribus respuere alqm, die O. vor jmd. verschließen, Cic.: digito aurem scalpere, Isid.: servire auribus alcis, jmdm. zu Willen reden, Caes.: strepunt (es gellen) aures clamoribus plorantium sociorum, Liv.: meis aequissimis utuntur auribus, Cic.: aurem alcis vellere od. pervellere (um zu erinnern), Verg. u. Sen.: muliebris vox mihi ad aures venit, Plaut. – **2** meton.: **a** das **Gehör,** insofern es ein prüfendes Urteil abgibt, aures elegantes, Cic.: Atticorum aures teretes et religiosae, Cic.: tritae aures hominum nostrorum, Cic.: aures tam inhumanae tamque agrestes, Cic.: durae auris homines, Gell.: iudicium aurium superbissimum, Cic.: ingenium amoenum et temporis eius auribus (Geschmack) accommodatum, Tac.: arbitrio consilioque auris uti, Gell.: aures alcis implere, jmds. Geschmack völlig befriedigen, Cic. u. Tac, (vgl. oben *no.* 1): descendere in aures alcis, vor jmds. prüfendes O. kommen, dem prüfenden Urteil jmds. unterworfen werden (v. Gedichten), Hor. – **b** der **Zuhörer,** cum tibi sol tepidus plures admoverit aures, Hor. ep. 1, 20, 19. – **II** übtr., das **Ohr** = **Streichbrett** am Pflug, Verg. georg. 1, 172.

auriscalpium, ī, *n.* (auris u. scalpo), **I** der **Ohrlöffel,** Mart. 14, 23 *lemm.* – **II** die **Sonde,** Scribon. 41 u. a.

aurītulus, ī, *m.* (*Demin.* v. auritus), das **Langöhrlein** = der Esel, hic auritulus clamorem tollit, Phaedr. 1, 11, 6.

aurītus, a, um (auris), **mit Ohren** (bes. **mit langen**) **versehen, I** eig. u. meton.: **1** eig., **langbeohrt,** asellus, Ov.: lepus, Verg.: quadrupes, Solin.: subst., aurītus, ī, *m.*, das **Langohr** = der Hase, Avien. Arat. 788. – **2** meton.: **a zuhörend, horchend, aufmerksam,** Plaut. u. Hor. – testis auritus, **Ohrenzeuge,** der etwas nur gehört, nicht gesehen (Ggstz. oculatus testis), Plaut. – **b** passiv, **nur mit den Ohren vernommen, nur gehört** (aber nicht geschrieben), leges, Prud. apoth. 767. – **II** übtr.: **A die Gestalt eines Ohrs habend, geohrt,** Plin. 10, 136. – **B mit einem Ohr** od. **Streichbrett versehen,** Pallad. 1, 43.

aurivestrīx, trīcis, *f.* (aurum u. vestio), die **Goldstickerin,** CIL 6, 9214 (Grabschrift einer Sellia Epyre).

auro, āre (aurum, s. Prisc. 8, 79), **vergolden,** statuas, CIL 2, 4230.

auroclāvātus, a, um, s. clāvātus.

auroclāvus, a, um (aurum u. clavus), **mit goldenen Streifen besetzt,** vestes, Schol. Iuven. 6, 482.

aurolentus, s. aurulentus.

aurōra, ae, *f.* (für *ausōsa, v. indogerm. *aus,* leuchten, glänzen, altindisch *usāh,* Frühlicht, hom. ἠώς, äol. αὐώς, attisch ἕως, das **Morgenrot, die Morgenröte, I** eig.: **A** im Allg.: nos usque ab aurora ad hoc quod diei est numquam concessavimus lavari etc., Plaut.: iamque rubescebat stellis aurora fugatis, Verg.: primā aurorā folia arborum melle roscida inveniuntur, Plin.: Hercules ad primam auroram somno excitus, Liv.: ut primum aurora lucem vocavit, Ps. Quint. decl.: exoriente aurorā diei, Amm. – **B** person., Aurora, die **Göttin der Morgenröte,** griech. Ἠώς, Tochter des Hyperion, Gattin des Tithonus, Mutter des Memnon, lutea, Verg. Aen. 7, 26: pallida, Verg. georg. 1, 446: purpurea, Ov. met. 3, 184: roscida, Albin. consol. ad Liv. 281: vigil, Ov. met. 2, 112. – **II** meton.: **A** die **Morgengegend,** das **Morgenland, der Orient,** der **Osten,** Ov. met. 1, 61. Claud. Eutr. 1, 427 u. a. – **B** die **Völker des Orients,** Claud. bell. Gild. 61 u. a.

aurōresco, ere (aurora), **I** eig., *impers.*, cum iam auroresceret, **als schon das Morgenrot strahlte,** Rufin. recogn. 10, 53. – **II** übtr., **strahlen wie das Morgenrot,** cum euangelii splendor auroresceret, Aldh. de virgin. 30.

aurōro, āre (aurora), **wie das Morgenrot strahlen** = feuerrot glänzen, Varr. sat. Men. 121 B. Vgl. Gloss. Vat. in Class. auct. 8, 56: ›aurorare, illuminare, clarificare, irradiare‹.

aurōsus, a, um (aurum) = χρυσίτης (*fem.* χρυσῖτις), χρυσίζων (*fem.* χρυσίζουσα), **goldhaltig, goldähnlich, Gold-,** color, Veget. u. Eccl.: tellus, Plin.: arena, Lampr.: pulvis, Pallad.: spumae argenti, Plin. Val.

aurufex, s. aurifex ►.

aurūgineus, a, um, s. aurīgineus.

aurūgino, āre (aurugo), **die Gelbsucht haben,** Tert. de anim. 17.

aurūginōsus u. **aurīginōsus,** a, um (aurugo) = ἰκτερικός, **gelbsüchtig,** Form. aurug., Marc. med. 22, 13 u. Gloss. V, 591, 47: Form aurig., Marc. Emp. 22. Ps. Apul. herb. 32. Gloss. IV, 312, 56.

aurūgo, inis, *f.* (aurum), **I** die **Gelbsucht,** Scribon. 110 u. 127. Vulg. 2. chron. 6, 28 u. a. – gew. aurīgo geschr., Varr. b. Isid. 4, 8, 13. Cael. Aur. chron. 3, 5 *lemm.* Ps. Apul. herb. 85. Apul. de orthogr. § 41: aurugo = ἴκτερος, Gloss. – **II** = πύρωσις, der **Brand** des Getreides, Vulg. Agg. 2, 18; Amos 4, 9.

aurula, ae, *f.* (*Demin.* v. aura), ein **Lüftchen,** ein **leiser Hauch,** ein **Anhauch** von usw., übtr. für **ein wenig,** Tert. adv. Marc. 2, 9 u. a. Eccl.

aurulentus (aurolentus), a, um (aurum), **goldfarbig,** lux, Prud. perist. 12, 49: seges, Ven. Fort. vit. S. Germ. 13.

aurum, ī, *n.* (sabinisch ausum, s. Paul. ex Fest. 9, 3, in der Vulgärspr. ōrum, s. Fest. 182, 15, ital. *oro,* franz. *or*), **Gold, I** eig. u. meton.: **A** eig.: auri argentique reconditae venae, Cic.: fert Britannia aurum et argentum et alia metalla, Tac.: templum laqueatum auro, Liv.: caelatura, quae auro, argento, aere, ferro opera efficit, Quint.: aurum habere, Quint. – Sprichw., montes auri polliceri, goldene Berge versprechen, Ter. Phorm 68. – **B** meton., alles aus Gold Gemachte, **a goldenes Gerät, goldenes Geschirr (Tafelgeschirr),** aurum escarium, potorium, Inscr.: nec domus argento fulget nec auro renidet, Lucr.: auro et argento abundare, Cic.: si vicina tua melius habet aurum, quam tu habes, Quint.: se malle alienum aurum, quam suum, Quint.: quis posuit secretam in auro dapem? Sen. – **b goldener Becher, goldene Schale,** argentum aurumque caelatum, Cic.: aurum plenum, Verg.: bibere venenum in auro, Sen. poët. – **c goldenes Nachtgeschirr,** onus ventris auro excepit, Lampr. Heliog. 32, 2. – **d goldenes Gebiss** der Pferde, Verg. Aen. 7, 279. – u. **goldenes Joch,** Verg. Aen. 5, 817. – **e goldene Kette, Spange, Halsschmuck, Geschmeide,** fulvum, Verg.: fatale, Ov.: oneratae veste atque auro, Ter.: dives pictae vestis et auri, Verg.: mulierem a lenone cum auro et veste abducere, Plaut. – **f goldener Ring,** aestivum od. semestre aurum, der vom Militärtribun nach einem halben Dienstjahr getragene Goldring, Iuven. 1, 28 u. 7, 89. – **g** das **goldene Vlies,** Ov. met. 7, 155. – **h goldenes Haarband** od. **Haarnetz,** Verg. Aen. 4, 138. – **i goldene Fäden,** Verg. Aen. 3, 483. – od. **Golddraht,** *ibid.* 3, 467. – od. **Goldblech,** *ibid.* 5, 366. – **k** bes. häufig **gemünztes Gold, Goldmünzen,** aula onusta auri, Plaut.: vide quaeso, ne qua lacuna sit in auro, Cic.: auri sacra fames, Verg.: perdere vidulum cum auro atque argento multo, Plaut.: spondeo et mille auri Philippûm dotis, 1000 Philippsdor, Plaut. trin. 1158. – **II** poet. übtr.: **A Goldfarbe, Goldglanz, Goldschimmer,** anguis cristis praesignis et auro, Ov. met. 3, 32: spicae nitido flaventes auro, Ov. met. 9, 689: saevo cum nox accenditur auro, Gestirn, das wie Gold strahlt, Val. Flacc. 5, 369. – **B** das **goldene Zeitalter,** redeant in aurum tempora priscum, Hor. carm. 4, 2, 39: subiit argentea proles, auro deterior, Ov. met. 1, 115 (vgl. 15, 260).

Auruncī, ōrum, *m.* (= Ausones, s. d.), die **Aurunker,** Verg. Aen. 11, 318. Plin. 3, 56. Gell. 1, 10, 1. Amm. 30, 4, 12. – Dav. **Aurunca,** ae, *f.*, eine uralte Stadt in Kampanien, magnus Auruncae alumnus, d. i. der Satiriker Lucilius, dessen Vaterstadt Suessa Aurunca (s. Suessa *no.* I das Nähere) eine Kolonie der Aurunker war, Iuven. 1, 20. – Dav. **Auruncus,** a, um, **zu Aurunka gehörig, aurunkisch,** patres, senes, Verg.

Auruncułēius, ī, *m.*, röm. Eigenname, z. B. L. Aurunculeius Cotta, Caes. b. G. 2, 11, 3.

Auruncus, a, um, s. Auruncī.

Ausa, ae, *f.*, s. Ausetānī.

Auscī, ōrum, *m.*, eine Völkerschaft in Aquitanien, mit der Hauptstadt Climberrum od. Augusta (j. *Auch* im *Armagnac*), ebenf. Ausci gen. (bei Amm. 15, 11, 14), Caes. b. G. 3, 27, 1. Mela 3, 2, 4 (3. § 20). Plin. 4, 108.

ausculor, s. ōsculor.

auscultātio, ōnis, *f.* (ausculto), **I** das **Horchen** als Geschäft des Horchers, die **Ohrenbläserei,** Sen. de tranqu. anim. 12, 4 = 12, 7 H. u. K. – **II** das **Folgeleisten, Gehorchen,** m. *Dat.*, quid mini scelesto tibi erat auscultatio? Plaut. rud. 502.

auscultātor, ōris, *m.* (ausculto), **I** der **Zuhörer,** Cic. part. or. 10. – **II der Folge leistet, gehorcht,** Apul. met. 7, 16.

auscultātus, ūs, *m.* (ausculto), das **Zuhören,** Apul. met. 6, 13: Plur. meton. = Zuhörer, Fulg. contin. Virg. p. 142 M. = p. 86, 6 H.

ausculto, āvī, ātum, āre (auris), **I** bei etw. **mit Aufmerksamkeit zuhören,** etw. **aufmerksam anhören** (griech. ἀκροᾶσθαι, s. Brix Plaut. trin. 662), ausculto atque animum adverto sedulo, Plaut.: ausculta, ut scias, Plaut.: iam scies; ausculta, Ter. – m. *Dat.*, vin tu huic seni auscultare? Ter. adelph. 906. – m. *Acc.*, ego hunc ausculto lubens, Plaut. aul. 496: populum, Catull. 67, 39. – **II** insbes.: **A** einer Sache **sein Ohr leihen** = etw. **anhören** u. ihm **Glauben beimessen,** crimina, Plaut. Pseud. 427. – **B** auf etw. **horchen, lauschen,** etw. **erhorchen, erlauschen,** quid habeat sermonis, auscultabo, Plaut.: omnia ab ostio, Plaut. – im guten Sinne, v. Diener, an der Tür **aufpassen, aufwarten** (griech. ὑπακούειν), ad fores auscultato, ne quis adventor gravior abeat quam adveniat, Plaut.: iam dudum ausculto, Hor. – **C** auf jmd. **hören,** jmdm. **Gehör geben, Folge leisten, gehorchen** (s. Brix Plaut. trin. 662), auscultare disce, Pompon. com. fr.: magis audiendum quam auscultandum censeo, Pacuv. fr.: auditis, non auscultatis, Cato fr. – m. *Dat.*, auscultato filio, Plaut.: mihi ausculta, nate, Enn. fr.: mihi ausculta; vide ne tibi desis, Cic. Rosc. Am. 104. – Im Passiv unpers., auscultabitur, es soll gehorcht werden, es soll geschehen, Plaut. merc. 465. – ► vulg. Nbf. opsculto, wov. opscultat, CIL 4, 2360.

ausculum, s. ōsculum ►.

Auser, eris, *m.* od. **Ausur**, uris, *m.*, ein Fluss in Etrurien, der auf den Apenninen entsprang, bei Pisā in den Arnus floss, später aber ins Meer abgeleitet wurde, j. *Serchio* mit dem *Osari,* Plin. 3, 50 (wo Auser). Rutil. itin. 1, 566 (wo Ausur).

Ausetānī, ōrum, *m.*, die **Ausetaner,** eine hispan. Völkerschaft im jetzigen Katalonien, deren Hauptstadt Ausa (j. *Vique*) hieß, Caes. b. c. 1, 60, 2. Liv. 29, 2, 5. – Dav. **Ausetānus**, a, um, **ausetanisch,** ager, Liv. 29, 2, 1.

ausim, is, it, s. audeo ►.

Ausōn u. **Ausona**, s. Ausones.

Ausones, um, *m.* (Αὔσονες), die **Ausonier,** die Ureinwohner von Mittel- u. Unteritalien (im Gebirge, westl. von Benevent, Kales, in Kampanien bis an den Tiber, viell. auch in Apulien), gleichbedeutend mit Aurunci (Aurunici, Aurini = Ausuni, Ausones), Opici u. Osci, Liv. 9, 25 u. a. – Poet. für alle Einwohner Italiens, **Italer,** Stat. silv. 4, 5, 37. – *Sing.* adjekt., **Ausōn**, onis, **ausonisch** = römisch, lateinisch, Avien. Arat. 102. – Dav. abgel.: **A Ausona**, ae, *f.*, uralte Stadt der Ausonier, in der Nähe von Minturnā, Liv. 9, 25, 3. – **B Ausonia**, ae, *f.* (Αὐσονία), das Land der Ausonier, **Ausonien, Unteritalien** (s. Ausones), Ov.: u. poet. übh. für **Italien,** Verg. u. Ov. – **C Ausonidae**, ûm, *m.*, die **Ausoniden,** d. i. **a** die Einwohner Ausoniens, Verg. – **b** (poet.) die Einwohner Italiens übh., Verg. u. a. – **D Ausonis**, idis, *f.*, **ausonisch,** poet. übh. für **italisch, römisch,** ora, Ov.: vates, Fulgent. – **E Ausonius**, a, um, **a ausonisch,** mare, an der Südküste Italiens zwischen der japygischen Halbinsel bis zur sizilischen Meerenge, Plin. – **b** (poet.) **italisch, lateinisch, römisch,** Thybris, Verg.: Pelorum, ein Vorgebirge Siziliens nach Italien zu, Ov.: os, römische Beredsamkeit, Mart.: dah. subst., Ausoniī, ōrum, *m.*, die **Ausonier** = die Einwohner Italiens, Verg.

1. Ausonius, a, um, s. Ausones.

2. Ausonius, ī, *m.*, Decimus Magnus, geistreicher röm. Dichter aus der zweiten Hälfte des vierten Jahrh. n. Chr., Verfasser der Mosella, einer Schilderung einer Rhein- u. Moselreise.

auspex, spicis, *m.*, zuw. auch *f.* (st. avispex), ein **Weissager** aus dem Flug, Geschrei od. Fressen der Vögel, der **Vogelschauer,** früherer u. besonderer Name des Augurs, **I** eig.: providus, Hor.: latores et auspices legis curiatae, v. Cäsar, der als Konsul den Antrag gestellt, u. von Pompejus, der als Augur die Auspizien dazu vorgenommen hatte, Cic. – v. den Auspizien gebenden Vögeln, hi (galli gallinacei) victoriarum omnium auspices, Plin. – **II** übtr.: **A** v. Pers., der **Leiter, Beschützer, Begünstiger, 1** übh.: dis auspicibus, Verg.: Teucro duce et auspice Teucro, Hor.: auspice Musā, Hor. – **2** insbes., als *t. t.* für die Person, die bei Schließung eines Ehekontrakts, bei Empfang der Mitgift, bei Anordnung der Hochzeit usw. tätig ist, der **Ehestifter** (griech. παράνυμφος), Plaut., Cic. u. a. – **B** v. Lebl.: **a günstig einleitend, glücklich anfangend,** o kalendae Martiae sicuti olim annorum volventium, ita nunc aeternorum auspices imperatorum! Auct. inc. pan. Constant. Caes. 3, 1: ille felicitatis publicae auspex dies, Pacat. pan. 3, 1. – **b ein günstiges Auspizium (seinen Segen) gebend, günstig,** auspex victoria, Claud. VI. cons. Hon. 653: auspex purpura, Claud. ep. 2, 51: auspice clamore, Claud. IV. cons. Hon. 611: auspice dextrā, Sen. Med. 68.

auspicābilis, e (auspicor), **von günstiger Vorbedeutung,** Arnob. 4, 7 u. a.

auspicālis, e (auspex), **zu einer Vorbedeutung geeignet,** pisciculus, Plin. 32, 4: primus consulatus tui auspicalis dies, Mamert. pan. Maxim. 6, 2.

auspicāliter, *Adv.* (auspicalis), **wie bei Anstellung der Auspizien,** Gromat. vet. 170, 5.

auspicātō, *Adv.* (eig. *Abl. absol.* v. auspico), **I nach Anstellung der Auspizien,** urbem condere, Cic.: urbem auspicato inauguratoque conditam habemus, Liv.: nec auspicato nec litato instruunt aciem, Liv. – **II** übtr., **unter guter Vorbedeutung, zur glücklichen** od. **guten Stunde, unter günstigen Umständen,** ut ingrediare ausp., Plaut.: haud ausp. huc me attuli, Ter. – *Compar.* auspicatius, Plin. 3, 105 u. a.

auspicātus, a, um, *PAdi.* m. *Compar.* u. *Superl.* (auspico), **I nach veranstalteter Vogelschau geweiht, feierlich eröffnet,** locus, Cic.: comitia, Liv. – **II günstig begonnen, glücklich, von guter Vorbedeutung,** omina, Vell.: bellum male ausp., ungünstig begonnener, Iustin.: Venus auspicatior, Catull.: auspicatior arbor, Plin.: auspicatissimum exordium, Quint., initium, Tac.: urbs toto orbe auspicatissima, Iustin.: quod erat auspicatissimum, Plin. ep.

auspicium, ī, *n.* (st. avispicium), die **Beobachtung der Weissagevögel, die Vogelschau, das Auspizium, I** eig. u. übtr.: **A** eig.: in auspicio esse, als Augur mitwirken (tätig sein), Cic.: dass. auspicio adesse, Liv.: praeesse auspiciis, Cic.: adhibere alqm in auspicium, Cic.: pullarium in auspicium mittere, Liv.: auspicium od. auspicia sumere, Val. Max.: auspicia repetere, Val. Max.: auspicia observare, Liv.: auspicia dissolvere, Cic., dirimere, Plin.: auspicio uti, Cic.: nova atque integra auspicia concipere, in den offiziellen Formeln anordnen, Liv. – bes. das **Recht, Auspizien anzustellen,** propraetores auspicia non habent, Cic.: quod nemo plebeius auspicia haberet, Liv.: habere auspicium domi militiaeque, Liv.: dah. auspicia ponere, die Auspizien abgeben = die Magistratsstellen niederlegen, die das Recht der Auspizien haben, Cic. – Da im Feld nur der Oberanführer dieses Recht hatte, so findet sich häufig die Verbindung imperio atque auspicio, alcis imperio auspicioque od. ductu auspicioque suo u. vgl., Plaut. u. Liv.: ductu Germanici, auspiciis Tiberii, Tac. – **B** übtr.: **1 oberste Leitung, Oberbefehl,** consulis auspicia, Liv.: auspiciis Pompeii, Vell.: meis auspiciis, Liv.: tuis auspiciis, Hor.: illius auspiciis, Ov.: paribus auspiciis regere populum, Verg.: suis auspiciis ducere vitam, Verg.: pleraque in summa fortuna auspiciis et consiliis quam telis et manibus geri, Tac.: domuit partim ductu partim auspiciis suis Cantabriam, Aquitaniam etc., Suet.: fatorum auspiciis in eas sedes delati fuerant, den Winken des Sch. zufolge, Iustin. – **2** (da man Wichtiges mit Haltung der Auspizien anfing) der **Anfang,** auspicia belli od. regni incipere od. coepisse a parricidio, den Krieg, seine Regierung anfangen mit usw., Iustin. 26, 2, 2 u. 27, 1, 1. – **II** meton.: **a** das **Wahrzeichen,** die **göttliche Anzeige,** das **Vorzeichen,** die **Vorbedeutung,** bonum, Catull.: optimum, Plaut. u. Cic.: felix, Iustin.: quod auspicium primum regalis maiestatis Lysimacho fuit, Iustin.: iidem (di immortales) *auguriis auspiciisque* et per nocturnos etiam visus omnia laeta ac prospera portendunt, Liv.: auspicium facere, ein Wahrzeichen geben (v. Vögeln usw.), z. B. circum summum culmen hominis, Liv.: ebenso aves auspicium ratum fecere, Cic.: in auspicia pugnae hostias caedere, Iustin.: poet., cui (diviti) si vitiosa libido fecerit auspicium, wenn eine fehlerhafte Neigung, ein launenhafter Wunsch ihm ein Zeichen (nämlich zur Veränderung) gibt, ihn zu einem neuen Entschluss treibt, Hor. ep. 1, 1, 86. – **b** die **glückliche Unternehmung,** der **errungene Sieg,** omnia auspicia regis Alexandri, Iustin. 14, 4, 17.

auspico, āvī, ātum, āre (auspex), **Auspizien halten,** postquam auspicavi, Cato oratt. 1. fr. 15: domi cum auspicamus, Cato oratt. 18. fr. 1: magistratus publice cum auspicant, Caecil. com. 182: cum primo luci hodie ut auspicetis, Atta com. fr. 9. – mit Ang. **wofür? worüber? weswegen?** durch *Dat., super* u. Abl., *gratiā* m. *Genet.,* lucro faciundo ego auspicavi in hunc diem, die Zeichen deuten's, dass ich heut gewinnen muss, Plaut. Pers. 689: non hodie isti rei auspicavi, ut cum furcifero fabuler, »nie hätte mir's heut geträumt, dass usw.«, Plaut. rud. 717: ubi noctu in templum censurae auspicaverit, Tab. cens. b. Varr. LL. 6, 86: id, *super* quo auspicaverunt, Gell. 3, 2, 10: quod in eo monte Remus urbis condendae *gratiā* auspicaverit, Gell. 13, 14, 5. – m. *Acc.* = **als Auspizium erhalten** od. **annehmen,** auspicium prosperum, Naev. bell. Pun. 4. fr. 3 V.: mustellam in re capitali sua, Plaut. Stich. 502. – u. übtr., v. Lebl., = etw. **andeuten, prophezeien,** hesternum illi imbrem lacrimas auspicasse, Apul. flor. 16. p. 21, 21 Kr. – ► auspicatus u. auspicato, s. bes.

auspicor, ātus sum, ārī (auspex), **Auspizien halten, Vogelschau anstellen, I** eig.: auspicari oblitus est, Cic.: tripudio ausp., Cic.: Fabio auspicanti aves non addixere, Liv.: mos et ritus auspicandi, Gell. – **II** übtr.: **A zur guten Vorbedeutung** mit etw. **den Anfang machen,** -etw. **anfangen, -beginnen,** auspicandi gratiā tribunal ingressus, Tac.: lucubrare Vulcanalibus incipiebat, non auspicandi causā, sed studendi, Plin. ep.: mit *Acc.,* ausp. iurisdictionem, Suet.: m. *Infin.,* anno novo dicere aliquid ausp., das neue Jahr mit einem Spruch einweihen, Sen. – **B** übh. mit etw. **den Anfang machen,** etw. **anfangen, beginnen** (vgl. Benecke Iustin. 38, 1, 1), et ingenium et adulescentiam praeclaro opere ausp., Val. Max.: senatorium per militiam gradum, ihn durch den Kriegsdienst einleiten, durch diesen zu ihm gelangen, Sen.: eum militiae gradum sub patre tuo, Vell.: vitam a suppliciis, Plin.: caedes civium ab Alcibiade, Iustin.: ab Idibus Ianuariis culturarum officia, Col.: v. Lebl., ab Emodis montibus auspicatur India, Solin. – m. bl. *Acc.,* militiam, Suet. – m. *Infin.,* in Virginem desilire, Sen. ep.: ingredi famam, Tac.: cantare, Suet. – ► Archaist. ōspicor, Claud. Quadr. ann. 8. fr. 71 (bei Diom. 383, 10). – auspicato u. auspicatus, s. bes.

austellus, ī, *m.* (*Demin.* v. auster), ein **gelinder Südwind,** Lucil. sat. 16, 8.

1. auster, strī, *m.,* **I** der **Südwind,** ventus auster, Cato: auster atque aquilo, Lucil. fr.: spiritus austri, Enn. fr.: si flabat auster aut aquilo, Turpil. fr. 71: portus, qui ab Africo tegebatur, ab austro non erat tutus, Caes.: austrum nacti naves solvunt, Caes.: nobis flavit ab Epiro lenissimus auster et mitis, Cic.: auster, qui per biduum flaverat, in Africum se vertit, Caes.: idem auster increbruit, Caes.: reici austro vehementi ad alqm locum, Cic.: ut in tectoriis videmus austro (beim S.), Cic. – Der trockene Südwind (Schirokko), der Vegetation schädlich, dah. floribus austrum immittere, über die B. herstürzen lassen, Verg. ecl. 2, 58. – **II** meton., die **südliche Gegend,** der **Süden,** Asia iacet ad meridiem et austrum, Europa ad septentriones et aquilonem, Varr. LL. 5, 13; luna inde fertur ad austrum et regreditur inde, Varr. LL. 9, 25: luna nunc in aquilonem elata nunc in austros deiecta, Plin. 2, 43: Indiae pars versa ad austrum, Plin. 6, 212: mundus premitur Libyae devexus in austros, Verg. georg. 1, 241.

2. auster, s. austērus ►.

austērālis, is, *f.* = *sisymbrium,* Ps. Apul. herb. 105.

austērē, *Adv.* (austerus *no.* II, 1), **ernst, streng,** austere et Stoice agere cum alqo, Cic. Mur. 74. – *Compar.,* austerius agere cum alqo, Vulg. 2. Mach. 14, 30.

austēritās, ātis, *f.* (austerus), die **Herbheit, Strenge, I** eig.: **a** dem Geschmack nach = der **herbe Geschmack,** vini, Plin.: uvae u. uvarum, Plin. u. Col.: cepae, Plin.: cydonei, Garg. Mart. – meton. = ein **herber Stoff,** Pallad. 1, 35, 11: Plur., Pallad. 1, 35, 8. – **b** dem Ansehen, der Farbe nach, die **Dunkelheit,** der **dunkle Ton** (Ggstz. claritas), Plin. 9, 134; 35, 97 u. ö.: brumalis austeritas terrestrium viscerum, Apul. de mund. 23. – **II** übtr., die **Düsterheit,** das **düstere** (ernste, strenge, unfreundliche, sauertöpfige) **Wesen,** der **Ernst,** die **Strenge, Unfreundlichkeit** einer Pers. od. Sache, non *austeritas* eius tristis, non dissoluta sit *comitas,* Quint. 2, 2, 5: ista austeritas, Vulg. 2. Mach. 14, 30: tua ista gravitas iucunda, mitis austeritas, Apul. flor. 9. p. 12, 21 Kr.: cum austeritate imperare, Vulg. Ezech. 34, 4: qui a te hanc austeritatem exigo, Plin. ep. 2, 5, 5: ipsa rerum, quas tractabit, austeritas (Ernst), Sen. ad Polyb. 8 (27), 4.

austērulus, a, um (*Demin.* v. austerus), **etwas herb** (Ggstz. dulcis), Apul. flor. 20.

austērus, a, um, *Adi.* m. *Compar.* u. *Superl.* (αὐστηρός), **herb, streng** (Ggstz. mitis), **I** eig.: **a herb, hart** dem Geschmack nach, von säuerlichen u. den Mund zusammenziehenden Säften, vinum, Col.: herba austero sapore, Plin.: gustus austerior, Col.: cruda (cydonia) austeriora sunt, Garg. Mart.: austerissimae herbae, Ps. Lucil. fr. p. 166. *no.* 19 M.: vinum austerissimum, Scribon. 42. – **b** dem Geruch nach, **scharf,** balsami sucus odore tantum austerus, Plin. 12, 120. – **c** der Farbe nach, **nicht munter, dunkel** (Ggstz. floridus), color, Plin. 35, 30: u. prägn., pictor austerior colore, Plin. 35, 134. – **d** der Ansicht nach, austerum genus, der harte, strenge Stil der Darstellung (in der (Erzgießerei), Ggstz. genus iucundum, Plin. 34, 66. – **e** fürs Gehör, **dumpf,** sonus, Acro Hor. de art poët. 216. – **II** übtr.: **1** im Ggstz. zum Weichlichen, Üppigen, **ernst, streng, kräftig auftretend,** illo austero more ac modo, Cic.: austerior et gravior esse potuisset, Cic. – v. der Rede, **kräftig,** suavitas austera et solida (Ggstz. dulcis et decocta), Cic.: *n. pl.* subst., austera et pressa delectant, Plin. ep. 2, 19, 6. – **2** im Ggstz. zum Freundlichen, Gefälligen, **düster, finster, sauertöpfig, ernst, unfreundlich, streng,** senes (Ggstz. senes mites), Quint.: vir, Prop.: homo austerior et gravior, Cic.: periodus, Quint.: poëmata, ernsten, belehrenden Inhalts, Hor.: tabellae, strenge Stimmtäfelchen (= strenges Urteil), Prop.: praeceptio, Cod. Theod.: labor, ernste Anstrengung, Hor.: curatio (Kur), Plin.: sententia u. ultio austerior, Cod. Theod. – ► Nbf. auster, Scribon. 188: u. austēris, Eccl.

austium, s. ōstium ►.

austor, s. haustor.

austrālis, e (auster), **südlich,** cingulus od. ora, die heiße Zone, Cic.: regio, Cic.: pelagus, Amm.: venti, Südwinde (Ggstz. venti septentrionales, Nordwinde), Isid.: annus, ägyptisch, Claud. – *n. pl.* subst., austrālia, **südliche Punkte (Gegenden),** Ggstz. aquilentana (nördliche), Chalcid. Tim. 69.

austrifer, fera, ferum (auster u. fero), **Südwind bringend,** vertex, Südpol, Sil. 12, 2.

austrīnus, a, um (auster), **I vom Südwind herrührend, des Südwinds,** calores, Verg.: aestus (Ggstz. Arctoa frigora), Pacat. pan.: flatus, Plin.: aër, Cass. Fel.: tempus, wenn der Südwind weht, Plin. – **II** meton., **südlich,** piscis (als Gestirn), Vitr. u. Col.: vertex od. polus, Südpol, Plin. – *n. pl.* subst., austrīna, ōrum, *n.* (*sc.* loca), die **südlichen Gegenden** eines Landes, Cypri, Sardiniae, Cappadociae, Plin. 2, 213 *sqq.*

austroāfricus, ī, *m.* (auster u. Africus = Südwestwind), **Südwest-Drit-**

tel-Südwind, Suet. fr. 151. p. 230, 6 R. (aus Isid. de nat. rer. 37, 3). Isid. 13, 11, 7 (von Sen. u. Plin. libonotos, λιβόνοτος, gen.).

Austrogothi, s. Ostrogothī.

austronotius od. -**notus,** ī, *m.* (auster u. notus), der **Südpol,** Isid. 3, 32, 1; 3, 36; 13, 5, 5.

austrum, s. haustrum.

austus, ūs, *m.,* s. haustus.

ausum, ī, *n.* (ausus v. audeo), das **Wagnis, Wagestück, Unternehmen, Beginnen,** improbum, Plin.: auso par gloriae portio, Val. Max.: nullius ausi capax, Tac.: auso potiri, Verg., Ov. u. Oros.: ausi paenitet, Ov. – Plur., talia ausa, Verg.: ausa fortia, Verg.: ausa eius, Tac.: immania ausa barbarorum, Plin. pan.: magnis ausis excidere, Ov.: ausis indulgere, Ov.

Ausur, uris, *m.,* s. Auser.

ausus, ūs, *m.* (audeo), das **Wagnis, Wagestück, Beginnen, Unternehmen,** ductu ausuque suo, Auct. b. Al. 43, 1: vetito ausu, Cod. Theod. 12, 6, 32. § 2: ausu gravi atque damnabili, *ibid.* 16, 4, 2: ausu protervo, Cod. Iust. 1, 2, 14. § 1. – Plur., insoliti ausus, Petr. 123. v. 184: cunctantes ausus, Val. Flacc. 3, 613: isti sacrilegi ausus, Augustin. de civ. dei 5, 9, 2.

aut, *Coni. disiunct.* (vgl. griech. αὖ, wieder), **oder** (wesentlich verschiedene Begriffe trennend), u. aut ... aut, **entweder ... oder** (den einen oder den anderen Fall ausschließend), **I** allein, **1** nach einfach hingestelltem erstem Begriff, **a** übh., **oder, α** einmal: id ergo est pronuntiatum, quod est verum aut falsum, Cic.: hic vincendum aut moriendum, milites, est, Liv. – mit dem Satz vorstehender Negation, neque vero qui non iisdem rebus movetur naturāque consentit fidus aut stabilis potest esse, Cic.: sine quibus nec intellegi quicquam nec quaeri aut disputari potest, Cic.: nemo tribunos aut plebeios timebat, Liv.: nullos habuit hortos, nullam suburbanam aut maritimam sumptuosam villam, Nep. – in der Frage, erit, inquit Brutus, aut iam est iste, quem exspectas? Cic. – **β** zwei- u. mehrmals, **oder ... oder** u. s.f., si (animus) deus aut anima aut ignis est, Cic.: oppidum validum prope siet aut mare aut amnis aut via bona celeberrima, Cato. – **b** vom Stärkeren zum Geringeren herabsteigend, **oder auch, oder auch nur, oder doch, oder wenigstens,** cuncti aut magna pars, Sall.: quaero num iniuste aut improbe fecerit, Cic.: si (alces) quo afflictae casu conciderunt, erigere sese aut sublevare non possunt, Caes. Vgl. Jordan Cic. Caecin. 39. p. 210. – **c** zum Allgemeinen aufsteigend, **oder überhaupt,** nec illa vincula carceris ruperit, sed, tamquam a magistratu aut ab aliqua potestate legitima, sic a deo evocatus atque emissus exierit, Cic.: quid? huic calix mulsi impingendus est, ut plorare desinat, aut aliquid eiusmodi? Cic. – **d** berichtigend, verdeutlichend, **oder vielmehr, oder genau genommen,** de hominum genere aut omnino de animalium loquar, Cic.: quid enim ultra differri aut teri tempus? Liv. Vgl. Fabri Liv. 21, 53, 3. – am Anfang eines Satzes, s. Cic. de nat. deor. 1, 1. – **e** bedingend, **oder = sonst, widrigenfalls,** reduc uxorem, aut quamobrem non opus sit cedo, Ter.: nunc manet insontem gravis exitus, aut ego veri vana feror, Verg.; u. so Cic. de or. 2, 5. Ov. met. 10, 52. Quint. 2, 17, 9. – **2** korrespondierend: **a** mit einem vorhergeh. aut, u. zwar: **α** aut ... aut, **entweder ... oder, einerseits ... andererseits, wo nicht ... so doch, wenn nicht ... so doch wenigstens,** otiosam aetatem et quietam sine ullo aut labore aut contentione traducere, Cic.: cum aut suis finibus eos prohibent aut ipsi in eorum finibus bellum gerunt, Caes.: aut prodesse volunt aut delectare poëtae, Hor. – zweimal aut ... aut in verschiedener Beziehung nebeneinander, ne aut de C. Laelii soceri mei aut de huius generi aut arte aut gloriā detraham, Cic. Vgl. Ellendt Cic. de or. 1, 35. Halm Cic. Sull. 44. – mit einem Satz vorstehender Negation, neque enim sunt aut obscura aut non multa commissa postea, Cic. – in der Frage, num aut ille lanista omnino iam a gladio recessisse videtur aut is discipulus magistro tantulum de arte concedere? Cic. – **β** aut ... aut ... aut, **entweder ... oder ... oder,** alii autem aut naturā corporis aut consuetudine dolendi aut metu supplicii ac mortis vim tormentorum pertulerunt, Cic. – **b** mit einem vorhergeh. neque (nec) ... neque (nec), bei Dichtern der Abwechslung wegen, s. Verg. Aen. 4, 337–339. Hor. carm. 3, 12, 1–3. Hor. sat. 1, 9, 31 *sq.* – In der Prosa zwar oft aut vor neque ... neque, aber mit diesen nicht korrespondierend, s. Cic. ep. 2, 19, 1. Sall. Iug. 18, 2. – **II** näher motiviert durch eine andere Partikel: aut certe, **oder wenigstens,** Cic. – so auch aut ... aut certe, Cic. – aut saltem, **oder wenigstens,** Cic. – aut potius, **oder vielmehr,** Cic. – aut etiam, **oder auch, oder gar,** Cic. – so auch aut ... aut etiam, Cic. – aut vero, **oder wohl, oder wohl gar,** meist in ironischer Frage, Cic. – aut denique, od. aut ... denique, **oder endlich,** Ter. u. Cic. – aut quidem, **oder sicher,** Suet. Caes. 66. – aut ... vel od. vel ... aut, s. Nipperd. Tac. ann. 14, 3.

Autariātae, ārum, *m.,* eine illyrische Völkerschaft, Iustin. 15, 2, 1.

Autāriī, ōrum, *m.,* eine illyrische Völkerschaft, wov. **Autāricus,** a, um, **autarisch,** poet. = illyrisch, Prop. 1, 8, 25.

autem, *Coni. adversat.* (αὖτε), **dagegen, aber, andererseits,** drückt die ruhigste Gegenüberstellung eines Begriffs gegen einen anderen aus, **I** sich zunächst an den Begriff, der entgegengestellt wird, anlehnend, **dagegen, anderseits, a** in einfacher Darlegung, vehit hic clitellas, vehit hic autem alter senex, Plaut. – **b** in der Frage, cur non de integro autem datum? Cic.: sed quid ego haec autem nequiquam ingrata revolvo? Verg. – **II** nach einem Wort od. mehreren zu einem Begriff vereinigten Worten zu Anfang eines Satzes od. Satzgliedes, **a** in einfacher Darlegung, **hingegen, aber, dagegen,** e principio oriuntur omnia; ipsum autem nulla ex re nasci potest, Cic.: QUA DE AGITUR autem illud, quod etc., Cic. – autem mehrmals wiederholt, s. Cic. Tusc. 4, 13 *sq.* – Insbes.: **α** beim näheren Eingehen auf etwas, **aber,** in der Erzählung, oppidum oppugnare instituit. Est autem oppidum et loci naturā et colle munitum, Caes. – zur Einführung einer Parenthese, si qua praeterea sunt (credo autem esse multa), ab iis, si videbitur, qui ista disputant, quaeritote, Cic.: in primis foedera et leges (erant autem eae duodecim tabulae et quaedam regiae leges) conquiri iusserunt, Liv. – bei Wiederholung eines gebrauchten Ausdrucks u. näherem Eingehen auf denselben, admoneri me satis est. Admonebit autem nemo alius nisi reip. tempus, Cic. – **β** zur Einführung des Untersatzes (der assumptio) in einem Schluss, **aber,** aut hoc aut illud: non autem hoc, illud igitur, Cic. – **γ** zur Entgegenstellung der Pronomina, **aber,** ego autem, nos autem u. dgl., Cic. u. a. – **b** bei Einleitung einer Frage, die im Gegensatz zu etwas stattfindet, **aber,** quid tu ais, Gnatho? ... quid tu autem, Thraso? Ter.: cedo tandem, qui sit ordo aut quae concursatio somniorum? quo modo autem distingui possunt vera somnia a falsis, cum etc.? Cic. – Insbes.: **α** bei näherem Eingehen auf etwas, Arsinoën, Stratum ... fateris ab hostibus esse captas. Quibus autem hostibus? Cic. – **β** bei Wiederholung eines eben gebrauchten Ausdrucks, um ihn als unstatthaft od. ungeeignet zu bezeichnen, **aber,** num quis testis Postumum appellavit? Testis autem? Num accusator? Cic. Vgl. Fabri Liv. 21, 44, 7. – spöttelnd im Zwiegespräch, *THR.* Quid tu tibi vis? ego non tangam meam? *CH.* Tuam autem, furcifer? Ter. – **c** beim Ausruf, um denselben gegensätzlich einzuführen, quam brevi tempore quot et quanti poëtae, qui autem oratores exstiterunt! Cic. – Bes. bei Interjektionen, heia autem inimicos! Plaut.: ecce autem subitum divortium! Cic. Vgl. Ruhnken Ter. eun. 2, 3, 6. – ► autem steht auch mit anderen Partikeln verbunden, wie ast autem, **allein dagegen,** Cic. fr. – sed autem od. sed ... autem, **aber dagegen,** Komik. u. Verg. – et ... autem, **und ... dagegen,** Plaut. u. Lucan., **und hinwiederum,** Sen. u. Plin. – et autem ... et, **aber sowohl ... als auch,** Plin. u. a. – et ... et autem, **sowohl ... als auch hinwieder,** Plaut. – neque ... autem, **und hinwieder nicht,** Plaut. – nec (neque) ... neque autem, **weder ... noch dagegen,** Cic. u. a. – neque autem ... neque, **aber weder ... noch,** Cels. – autem etiam, **aber auch, dagegen auch,** Cic. u. Cels. – post autem, Nep. u. Auct. b. Afr.

autenta, s. authenta.

authēmerum, ī, *n.* (αὐθήμερον v. αὐτός u. ἡμέρα) am selben Tag, also **frischgemachte Salbe** (für die Augen), Inscr. b. *Tochôn Cachets des oculistes* p. 71.

authenta (autenta), ae, *m.* (αὐθέντης), **Herrscher, Haupt,** Fulg. Virg. contin. p. 102, 19 H. (autenta). Schol. Lucan. 1, 454.

authenticus, a, um (αὐθεντικός), **zuverlässig, verbürgt,** oculare, Pelag. vet. 30. p. 102. – bes. v. Schriften, **urschriftlich, eigenhändig, authentisch,** der Kopie entgegengesetzt, Graecum exemplar, Tert.: rationes, ICt.: libri, Hier.: testamentum, das Original des Testaments, ICt.: dass. tabulae, ICt. – subst., authenticum, ī, *n.*, die **Urschrift,** das **Original,** ICt. u. Eccl.

authepsa, ae, *f.* (αὐτός u. ἕψω), der **Selbstkocher,** eine Kochmaschine mit zwei Boden, wovon der untere das Feuer, der obere die kochende Speise enthielt, Cic. Rosc. Am. 133. Lampr. Heliog. 19, 3; vgl. Exc. ex Charis. 532, 36 ›authepsa, κάκκαβος‹.

author, authōritās, s. auctor, auctoritas.

autochthōn, onis, *m.* (αὐτόχθων), der **Eingeborene,** Ampel. 8, 2. – Plur., autochthones Attici, die von alters her im Land wohnenden Attiker, die Ureinwohner von Attika, Apul. met. 11, 5. Censor. 4, 11 (wo Akk. autochthonas).

autocratōr, oris, Akk. ora, *m.* (αὐτοκράτωρ), der **Selbstherrscher, Gewaltherrscher,** Vopisc. Firm. 2, 1 *ed. Iordan.*

autocthōn, s. autochthōn.

autogenitor, ōris, Akk. ōra, *m.* (αὐτός u. geno = gigno), der **Sichselbsterschaffer,** Iren. 1, 14, 3.

autographus, a, um (αὐτόγραφος), **mit eigener Hand geschrieben, eigenhändig,** epistula, litterae, Suet. Aug. 71, 2 u. 87, 1: familiarem sermonem autographum ad alqm transmittere, Theod. Aug. ep. ad Auson. p. 335 B. – subst., autographum, ī, *n.*, die **Handschrift,** Symm. ep. 3, 11.

Autololēs, um, *m.* (Αὐτολάλαι), ein gätulisches Volk an der Westküste von Afrika, nördl. u. südl. vom Atlas, Plin. 5, 5 u. 9; 6, 201. Lucan. 4, 677. Sil. 3, 306. Claud. laud. Stil. 1, 356.

Autolycus, ī, *m.* (Αὐτόλυκος), ein Sohn des Merkur, Vater der Antiklea, Großvater des Ulixes, ein durch List u. Verstellung berüchtigter Räuber, Suet. de vir. ill. fr. p. 16, 3 R. Mart. 8, 59, 4: Aut. furtum ingeniosus ad omne, Ov. met. 11, 311: Aut. furacissimus, Hyg. fab. 201. – dah. appellat. für einen »diebischen Menschen«, Plaut. Bacch. 275.

Automatia, griech. Genet. -iās, *f.* (Αὐτοματία), Göttin des freiwaltenden Glückes, der ohne menschliches Zutun eintretenden Ereignisse, **Glücksgöttin,** Nep. Timol. 4, 4.

automatopoeētus, a, um (αὐτοματοποιητός), **von selbst sich bewegend,** machinae, Vitr. 9, 8 (9), 4.

automatus (-os), a, um (on), *Adi.* (αὐτόματος), **aus eigenem Antrieb handelnd, freiwillig,** Petr. 50, 1. Serv. Verg. Aen. 1, 720. – dah. subst., automatum (-on), ī, *n.* (αὐτόματον), **a** eine Maschine, die sich selbst bewegt, der **Automat,** Petr. 50, 1 u. 54, 4. Suet. Claud. 34. – **b** Plur. automata, **Kunstleistungen, Kunststücke,** Petr. 140, 11, – Dav. **automatārius,** a, um, zu einem Automaten gehörig; dah. subst. automatāria, ōrum, *n.*, **Automatwerke,** Ulp. dig. 30, 41. § 11.

Automedōn (Automedo), ontis, *m.* (Αὐτομέδων), Sohn des Diores, Wagenlenker des Achilles, Verg. Aen. 2, 477. – dah. appell., ein **Automedon** = ein (geschickter) Wagenlenker, Cic. Rosc. Am. 98. Iuven, 1, 61; vgl. Ov. art. am. 2, 738.

Autonoē, ēs, *f.* (Αὐτονόη), Tochter des Kadmus, Mutter des Aktäon, Ov. met. 3, 720 u. a. Hyg. fab. 179 u. 184. – Dav. **Autonoēius,** a, um, **autonoëisch,** heros, Aktäon, Ov. met. 3, 198.

autoprāctor, oris, *m.* (αὐτοπραγέω), **selbständig** im Handeln, Cod. Theod. 11, 1, 34 u. a.

autopȳros od. **-us pānis** (αὐτόπυρος ἄρτος), **grobes Weizenbrot aus Mehl mit den Kleien,** Plin. 22, 138. Petr. 66, 2 u. a.

autor, autōritās, s. auctor etc.

Autrigonēs, um, *m.*, eine hispan. Völkerschaft am oberen Ebro, Plin. 3, 27. Flor. 4, 12, 47. Oros. 6, 21. § 3 Z. (an beiden Stellen der griech. Akk. Autrigonas).

Autrōnius, ī, *m.*, Name eines röm. Geschlechts, aus dem bes. bekannt: P. Autronius Paetus, Teilnehmer an der ersten u. zweiten katilinarischen Verschwörung, wurde für das Jahr 65 v. Chr. zum Konsul designiert, aber wegen *ambitus* verurteilt, weswegen er ins Exil ging, Cic. ad Att. 3, 2. Cic. Sull. 1 *sqq.* Sall. Cat. 17, 3; 18, 2: auch als Redner genannt, Cic. Brut. 241: Plur. Autrōniī, Menschen wie Autronius, Cic. Brut. 244. – Dav. **Autrōniānus,** a, um, **autronianisch, des Autronius,** domus, Cic. ad Att. 1, 13, 6.

autumātor, ōris, *m.* (autumo) = ὀνομαστής, der **Nennende,** Gloss. II, 27, 41.

autumnālis, e (autumnus), **herbstlich, Herbst-,** aequinoctium, Varr., Liv. u. a.: solstitium, Mela: tempus, Varr. u. (Ggstz. vernum) Vitr.: anni tempus, Cels.: lumen (Ggstz. lumen vernum), Cic. poët.: quartana, Cels.: pruna, Prop.: rosa, Plin.: arbores, Vulg.: agnus, Col.: conclave, Vitr. – ► *neutr.* autumnal, Varro bei Charis. 118, 25 (aequinoctium autumnal); vgl. Charis. 119, 3.

autumnāsco, ere (autumnus), **sich zum Herbst neigen,** v. Sommer, Mart. Cap. 6. § 605.

autumnīnus, a, um (autumnus), den Herbst betreffend, **Herbst-,** tempora, Clem. ad Cor. 20.

autumnitās, ātis, *f.* (autumnus), **I** die **Herbstzeit,** Cato r. r. 5, 8. Varr. sat. Men. 458. Min. Fel. 2, 3: prima aut., Cato r. r. 155, 1: aestas atque autumnitas, Arnob. 2, 74. – **II** meton., der **Ertrag des Herbstes,** die **Herbstfrüchte,** Varr. sat. Men. 443. Arnob. 1, 21. Symm. ep. 3, 23 *in.*

autumno, āre (autumnus), **den Herbst bringen,** Corus autumnat, Plin. 2, 124: in Italia aër semper quodammodo *vernat* aut *autumnat,* ist frühlings- oder herbstmäßig, Plin. 2, 136.

autumnum, s. 2. autumnus.

1. autumnus, ī, *m.*, der **Herbst** (die drei Monate vom Herbstäquinoktium bis zum Wintersolstitium, d. h. vom 23. Sept. bis zum 22. Dez.; nach dem landwirtschaftl. Kalender aber die Zeit vom 8. od. 13. Aug. bis zum 9. od. 14. Nov.), quae temporis quasi naturam notant, hiems, ver, aestas, autumnus, Cic.: pomifer, Hor.: gravis, Caes.: novus, adultus, praeceps, Serv. Verg. georg. 1, 43: sub autumno, Ov.: autumno (im H.), Varr., Verg. u. Plin. ep.: statim autumno, Liv.: autumno, non verno (*al.* non vere), Plin.: vel verno vel autumno, Suet. fr.: autumno adulto, Tac., vergente, Tac., praecipiti, Amm.: autumni tempore, Liv. u. Plin.: pestilentia autumni, Caes.: autumni aestus, frigora, Verg.: autumni fere tempus erat, Liv.: Plur. autumni, Hor. carm. 2, 14, 15. Ov. met. 1, 117. Mart. 9, 2, 1: meton., septem autumni, sieben H. = sieben Jahre, Ov. met. 3, 326 *sq.*: senes autumni, alte (reife) Herbstgaben, -früchte, Mart. 3, 58, 7. – ► autumpnus geschr. b. Suet. fr. 122 R.

2. autumnus, a, um (1. autumnus), **herbstlich, Herbst-,** aequinoctium, Plin.: tempus, Manil.: tempestas, Gell.: pruinae, Auson. – subst., autumnum, ī, *n.* (*sc.* tempus; vgl. Charis. 34, 16), die **Herbstzeit,** der **Herbst,** Varr. fr. b. Non. 71, 20: Plur. autumna (*sc.* tempora), Cypr. ad Demedr. 3: Ggstz., verna et autumna, Tert. de res. carn. 12.

autumo, āvī, ātum, āre (eig. aitumo v. aio, wie negumo v. nego), behauptend **aussprechen, behaupten, sagen, nennen** (Ggstz. nego), zuw. auch im Gedanken **behaupten, meinen** (Ggstz. dico), **α** m. *Acc.*, Plaut. capt. 606 u. 891; Men. 760; trin. 324 u. ö. Pacuv. tr. 308. Apul. met. 5, 25. – **β** m. *Acc.* u. *Infin.*, Plaut. Amph. 306; capt. 236 u. ö. Ter. heaut. tim. prol. 19. Atta com. 6. Poët. trag. fr. b. Cic. or. 166 u. top. 55. Lucil. sat. 28, 46. Catull. 44, 2. Sen. Phaedr. 262 (257); Oed. 786 (765). Apul. met. 1, 18. Auson. sept. sap. 7 (Pittac.), 7. Arnob. 5, 30 *extr.*: *ex* hac igitur sublimiore daemonum copia Plato autumat m. folg. *Acc.* u. *Infin.*, Apul. de deo Socr. 16. – **γ** m. dopp. *Acc.*, Hor. sat. 2, 3, 45. Vell. 1, 6, 4. Hieron. praef. in XII proph. – **δ** absol., ut Plato autumat, Apul. apol. 4. p. 7, 10 Kr.: sicut ego autumo, Augustin. ep. 7, 4: ut Cato in oratione senatoria autumat, Solin. 27, 10: ut Plato in Symposio autumat, Apul. de deo Socr. 6: ut geometrae autumant, Apul. de deo Socr. 8. – ► Vgl. übh. Gell. 15, 3, 6: autumo non id solum significat: ›aestumo‹, sed et ›dico‹ et ›opinor‹ et ›censeo‹; u. Quint. 8, 3, 26: ›autumo‹ tragicum.

autumpnus, s. 1. autumnus.

Auvona, ae, *m.*, s. Avona.

auxēsis, Akk. in, Abl. ī, *f.* (αὔξησις), die **Vermehrung**, der **Zuwachs**, Ps. Ascon. ad Cic. I. Verr.. 56. p. 152, 2 B. Victorin. in rhet. Cic. 1, 3. p. 169, 24 H. Arnob. iun. in psalm. 77.

auxiliābundus, a, um (auxilior), **helfend, hilfreich**, m. *Dat.*, Apul. de deo Socr. 11.

auxiliāris, e (auxilium), **zur Hilfeleistung dienlich, Hilfe leistend, helfend, I** im Allg.: arma, Ov.: carmen, Ov.: dea, v. der Lucina, Ov.: fulmina, Caecin. b. Sen.: numen, Lucan.: deae summatis auxiliaris providentia, Apul. – m. Ang. **wem? wozu? wogegen?** aera auxiliaria lunae, Ov.: oleum aux. lethargicis, Plin.: aux. contra alqd vis, Plin. – **II** insbes.: als milit. *t. t.*: auxiliares milites, cohortes etc., Hilfstruppen (der Bundesgenossen usw., Ggstz. legiones), Caes. u. a. – subst., Sing. auxiliāris, is, *m.*, Soldat bei den Hilfstruppen, Tac. ann. 11, 18: Plur. auxiliārēs, ium, *m.*, Hilfstruppen (Ggstz. legiones), Caes. u. a.: externi auxiliares, Liv. – dah. auxiliaria stipendia, Sold der Hilfstruppen, Tac. ann. 2, 52.

auxiliārius, a, um (auxilium), **zur Hilfeleistung dienlich, Hilfe leistend, helfend, Hilfs-, I** im Allg.: magis consiliarius amicus quam auxiliarius, Plaut. truc. 216: consiliario huic magis aetati opus est quam auxiliario, Fronto de eloqu. 3. p. 150, 15 N. – **II** insbes., als milit. *t. t.*: auxiliarii milites, Hilfstruppen (Ggstz. legiones), Liv.: u. so aux. cohors, Cic.: *militem* non modo *legionarium*, sed ne *auxiliarium* quidem ullum quoquam misi, As. Poll. in Cic. ep.

auxiliātio, ōnis, *f.* (auxilior), die **Hilfeleistung, Hilfe,** Ambros. in psalm. 61, 17. Cassiod. in psalm. 26, 4. Non. 385, 5.

auxiliātor, ōris, *m.* (auxilior), der **Helfer, Beistand, Retter** (σωτήρ), absol., Tac. ann. 6, 37. Petr. poët. 89. v. 49. Auson. perioch. Iliad. 9 u. 13 15. Nazar. pan. 14, 2. Amm. 14, 10, 14 (Ggstz. adversarius), u. öfter bei a. Spät.: m. *Genet.*, alcis, Quint. 12, 3, 2. Eumen. de rest. schol. 20, 1.

auxiliātrīx, trīcis, *f.* (auxiliator), **helfend, Helferin,** multitudo, Nepot. epit. Val. Max. 6, 4. p. 493, 4 H.: sapientia, Mythogr. Lat. 2, 113: gratia, Cassiod. var. 2, 40: auxiliatrix eruditionis honestae moderationisque diligentia, Chalcid. Tim. 44 C.: mundi anima dissolubilium rerum auxiliatrix et patrona, *ibid.* 54: quotiens iusta iracundia comitem se et auxiliatricem rationi praebet, *ibid.* 187.

auxiliātus, ūs, *m.* (auxilior), die **Hilfeleistung,** Lucr. 5, 1038: auxiliatibus plenus novis, *Arnob. 1, 44. p. 29, 17 R.

auxilio, (āvī), ātum, āre, **helfen, unterstützen,** Gracch. fr. b. Diom. 401, 3: im Passiv, Lucil. sat. fr. inc. 130. Vitr. 5, 8, 2.

auxilior, ātus sum, ārī (auxilium), **Hilfe leisten, zu Hilfe kommen, helfen, a** übh.: **α** v. Pers., absol., Caes. b. G. 4, 29, 2; 7, 25, 1; 7, 50, 6. Plin. 10, 19. Auson. perioch. Iliad. 14. Auct. incert. grat. act. Constant. Aug. 3, 3: aux. velut *adversus* communem hostem, Plin. 10, 205: m. *Dat.*, alci, Plaut. trin. 377. Ter. heaut. 923. Cic. ep. 5, 4, 2. Auson. perioch. Iliad. 8. Vulg. 1. regg. 7, 12 u. 2. regg. 10, 11: patriae, Vitr. 10, 16 (22), 6: sibi fugā, Plin. 8, 40: sibi *contra* naturam eius (*sc.* accipitris), v. den Tauben, Plin. 10, 22: alci nil, Ter. adelph. 273: alci in paucis (mit Wenigem), in pluribus (mit Vielem), Vulg. 2. par. 14, 11: alci in bello, Vulg. psalm. 88, 44: auxiliatum Priamo adventare, Dict. 3, 15. – **β** v. Lebl.: nihil Tarentinis corporis vires auxiliatae sunt, Rhet. Her. 4, 37: neque mihi beneficia neque decreta auxiliantur, Sall. Iug. 24, 3: loro traiecto fit una pars iugi longior, quae imbecilliori auxiliatur iumento, Vitr. 10, 3 (8), 5: non arma mihi, non principis ullus auxiliatur amor, Claud. in Rufin. 2, 15. – **b helfen = heilen,** v. der Heilkunst, formidatis aquis (durch usw.), Ov. ex Pont. 1, 3, 24. – v. Arzt, huius folio vel flore vel semine auxiliantur contra scorpionum serpentiumque ictus, item contra tormina, Plin. 27, 124. – bes. v. Heilmitteln, absol., Plin. 29, 4: in pestilentia vim magnam auxiliandi habere, Plin. 23, 53: m. *Dat.* quibusdam morbis, Plin. 13, 125: dysentericis unice, Plin. 25, 65: m. *contra* u. Akk., contra torminum ac vesicae mala, Plin. 32, 24: contra ea omnia, Plin. 32, 44. – ► Parag. *Infin.* auxiliarier bei Plaut. u. Ter. an den oben *no.* a, α angef. Stellen.

auxilium, ī, *n.* (augeo), der Zuwachs, um etw. durchzuführen, die **Hilfe, I** im Allg., die Hilfe (abstr. u. konkr.), die **Hilfeleistung,** das **Hilfsmittel (Mittel)**, die **Abhilfe,** der **Beistand,** die **Mitwirkung, Unterstützung,** v. Pers. auch der **Helfer** (Ggstz. exitium, Plaut. rud. prol. 68), summum aux. omnium gentium (v. Konsul), Cic.: aux. Romanum (der Römer), Liv.: aux. adventicium, Cic.: aux. argentarium, Plaut.: m. subj. *Genet.*, aux. domus, Helfer, Ov.: Graecorum auxilio, Cic.: auxilio noctis, mit Hilfe = unter dem Schutz der N., Sall.: auxilio tempestatis, vom stürmischen Wetter begünstigt, Caes. – m. obj. *Genet.*, aux. salutis, Caes. u. Nep.: hortandi suos, Auct. b. Alex. – m. *adversus* u. Akk., opportunum adversus Indos auxilium, Curt.: quibus auxilii latio adversus consules esset, Liv. (vgl. unten mit dare u. esse). – accire alqm auxilio, Tac.: accurrere auxilio, Sall., in auxilium, Suet.: adiungere sibi auxilium, Cic.: auxilio alcis adiuvari, Liv. epit.: alqm advocare in auxilium alcis rei (wegen etw.), Tac.: auxilii nihil afferre, Ter.: unius civitatis firmum auxilium amittere, Cic.: arcessere alqm auxilio, Caes., in auxilium, Aur. Vict.: arripere opem auxiliumque ad alqd, Plaut.: ad auxilium convenire, Caes.: auxilio plebem per magistratus ex omnibus vicis convocare, Suet.: dare auxilium, Verg. u. Liv.: dare *adversus* alqm auxilium, Liv. u. Iustin. (s. Benecke Iustin. 38, 5, 3): ad extremum auxilium descendere, Caes.: effundere supremum auxilium, Liv.: egere auxilio, Sall., Ov. u. Quint.: auxilium esse alci, Plaut., od. gew. esse auxilio u. esse alci auxilio, Komik., Caes., Sall., Nep. u. a.: alci in peccato adiutricem, auxilio *in* paterna iniuria esse, Ter.: consuli *adversus* intercessionem collegae auxilio esse, Liv.: u. alci nemo auxilio est, *quin* m. Konj., Liv. 9, 26, 10: u. quod *ne* fieret, tribuni plebis auxilio fuerunt, Liv. epit. 59: tum quoque, si se appellet, auxilio ei futurum, *ne* causam dicat, Liv. 38, 52, 10: in auxilio (alcis) od. in auxilium esse, Plin., Iustin. u. Eutr. (s. Oudend. Caes. b. G. 3, 11, 2): aliquid auxilii est in alqo, es ist H. bei jmd. zu finden, Caes.: evocare alqm ex Africa in auxilium, Suet.: extremum auxilium experiri, Caes.: serum auxilium perditis erat, Liv.: vestri est auxilii m. folg. *Infin.*, Cic. Clu. 4: expetere auxilium ab alqo, Ter. u. Cic.: exspectare vestrum auxilium, Cic.: ferre auxilium, Cic.: alci ferre auxilium, Enn. fr., Komik., Cic., Caes. u. a., opem auxiliumque alci, Cic.: ferre auxilium pecuniae, das G. retten, Caes.: ferre alci auxilium *contra* tantam vim sceleris praesentis, Cic.: Aetolos in auxilio habere, Liv. epit.: implorare auxilium alcis, Cic., od. auxilium ab alqo, Caes.: auxilium alcis implorare et flagitare, Cic.: suo auxilio freti, Cic.: deos in auxilium invocare, Quint.: mittere alci auxilium, Curt.: alqm auxilio mittere, Caes.: mitti alci auxilio ab alqo, Nep.: negare alci auxilium, Liv.: alci opus est auxilio alcis, Sall. fr. u. Cic.: offertur alci auxilium alcis, Cic.: orbari auxilio, Cic.: alcis auxilium sibi paratum putare, Cic.: petere auxilium ab alqo, Cic.: auxilium petere *contra* alqm, Hirt. b. G.: petere ab alqo auxilium salutis, Nep.: polliceri auxilium alci rei, Cic.: polliceri auxilium in publicum (zum allgemeinen Nutzen), Quint.: postulare auxilium, Caes.: privari auxilio sociorum, Nep.: proficisci alci auxilio, Nep.: promittere alci auxilium, Ov.: quaerere auxilium, Cic.: reperire alci rei auxilium, Caes.: requirere auxilium vestrum od. nullum, Cic.: rogare auxilium, Caes., auxilium summissā voce, Ov.: spoliari auxilio alcis, Cic.: succurrere alci auxilio, Caes.: uti auxilio (Mitwirkung) elephantorum, Liv.: uti auxilio legis, Quint.: venire alci auxilio, Caes. u. a., in auxilium, Suet. – Plur., auxilia, entw. übh. **Hilfe** usw. (s. oben), auxilia magica, Tibull.: aux. extrinsecus assumpta, Quint.: mit subj. *Genet.*, auxilia equitum, Caes.: provinciarum, Caes.: Graecorum, Liv.: liberorum, Quint.: mit obj. *Genet.*, salutis auxilia, Cic. – omnium sibi auxilia adiungere, Cic.: salutis auxilia ad alqm afferre, Cic.: assidēre auxiliis suis, vom Schiffer, Ov.: cuncta auxilia (Stützen) rei publicae labefactare convellereque, Cic.: auxilia formidare, Curt.: longinquis auxiliis indigere, Liv.: neutris auxilia mittere, neutral bleiben, Caes.: negare alci auxilia, Liv. u. Scrib.: auxilia portare, Sall.: illorum auxiliis uti, Cic. – od. **Hilfsquellen,** copiae auxiliaque alcis, Caes.: haec auxilia od. magna duo auxilia detrahere alci, Caes. u. Cic.: minuere auxilia populi Romani, Cic. – **II** insbes.: **a** als mediz.

t. t., die **Hilfe,** das **Hilfsmittel,** das **Heilmittel** für od. gegen etw., absol. od. m. obj. *Genet.* od. m. *adversus* u. Akk., aux. anceps, Cels.: aux. optimum, praesentissimum, Cels.: auxilia imbecilliora, validiora, Cels.: omne auxilium corporis, jedes auf den K. angewandte H., Cels.: aux. adversae valetudinis, Cels.: aux. adversus profusionem sanguinis, Cels.: adhibere auxilium, Cels., auxilia, Scrib.: admovere aliquod auxilium, Cels.: egere auxilio, Cels.: opus est auxilio, Cels. – **b** Plur. auxilia als milit. *t. t.*, **α** militär. Hilfsmittel = **Streitkräfte, Militärmacht,** auxilia infirma, Caes.: magna equitatus, Auct. b. Afr.: equestria, Auct. b. Afr.: equitum peditumque, Caes.: contrahere undique auxilia, Iustin. – **β Hilfstruppen, Hilfsvölker** (Ggstz. legiones, copiae [eigene Streitkräfte]), auxilia et suppetiae, Plaut.: auxilia barbara, Caes.: levis armaturae, Hirt. b. G.: peditum, peditatus equitatusque, Caes.: ab sociis auxilia arcessere, Sall.: auxilia ex Britannia arcessere, Caes.: auxilia cogere, Verg.: auxilia comparare, Cic.: mittere alci auxilia, Cic. – im Ggstz. zu equitatus u. equites = **Hilfstruppen zu Fuß,** auxilia equitatumque comparare, Caes.: magnos equitatus magnaque auxilia exspectare, Caes.: equites auxiliaque barbaris omnibus imperare, Caes.

1. **auxilla,** ae, *f.* (*Demin.* v. aula = olla), ein **kleiner Topf, -Hafen,** Paul. ex Fest. 24, 17.

2. **auxilla,** ae, *f.* (*Demin.* v. ala), ein **kleiner Flügel,** Gloss. ›auxillae, μικρὰ πτερά‹.

Auximātes, s. Auximon.

Auximon u. (gew.) **Auximum,** ī, *n.* (Αὔξιμον), bedeutende Stadt der Picentiner, später röm. Kolonie, j. *Osimo,* Form *-on,* Lucan. 2, 466: Form *-um,* Caes. b. c. 1, 12 *sq.* Liv. 41, 21, 12. Vell. 1, 15, 3. Itin. Anton. 312, 5. CIL 9, 559. – Dav. **Auximātes,** ium, *m.*, die Einw. von Aux., die **Auximaten,** Caes. b. c. 1, 13, 5. Plin. 3, 111.

Auxuma, s. Uxama.

Auzia (Auzea), ae, *f.* (Ptol. Αὐζία), Stadt in Mauretania Caesariensis, später röm. Kolonie, j. *Hamzah,* Tac. ann. 4, 25. – Dav. **Auziēnsis,** e, **zu Auzia, auziensisch,** territorium, CIL 8, 9047: Plur. subst. Auziēnsēs, ium, die Einw. von A., die **Auzienser,** CIL 8, 9029.

ava, s. 1. avia ►.

avārē, *Adv.* m. *Compar.* u. *Superl.* (avarus), **habsüchtig, gewinnsüchtig, aus Habsucht,** numquam avare pretium statui arti meae, Ter.: nihil avare, nihil iniuste esse faciendum, Cic.: neglegenter se et avare agentes, Eutr. – quo crudelius avariusque in Graecia bellatum, Liv.: avarius exigere opus, quam pensiones, mehr auf Verrichtung der Arbeit, als auf Entrichtung der Abgaben sehen, Col. – horas suas avarissime servare, mit seinen Stunden sehr geizen, Sen. de otio 5, 7.

Avaricum, ī, *n.*, Hauptstadt der *Bituriges Cubi* in Aquitanien (später Biturigae gen., Amm. 15, 11), j. *Bourges,* Caes. b. G. 7, 13, 3. Flor. 3, 10, 23. – Dav. **Avaricēnsis,** e, **avaricensisch,** Caes. b. G. 7, 47, 7.

avāritās, ātis, *f.* = *avaritia,* Not. Tir. 40, 23ᵃ.

avāriter, *Adv.* (v. avarus), vorklass. für das klass. avare, **I gierig,** Plaut. Curc. 126; rud. 1238. – **II habsüchtig, geizig** (Ggstz. largiter), Claud. Quadr. ann. 21. fr. 88 (bei Non. 510, 20). Cato orat. 70. fr. 3. Vgl. Prisc. 15, 13.

avāritia, ae, *f.* (avarus), **I** jede **unmäßige Begierde,** die **Gier,** v. der Essgier, Plaut rud. 1239: talorum nucumve et aeris minuti, Sen. de const. sap. 12, 2: temporis, Geizen mit d. Z., Sen. de brev. vit. 3, 1: gloriae, Ruhmgier, Curt. 9, 2 (7), 9. – **II** insbes., die **Habsucht, Habgier, Geldgier,** der **Geldgeiz** (vgl. Rhet. Her. 4, 35. Cic. Tusc. 4, 26; Ggstz. liberalitas, Cic. Flacc. 89. Plin. ep. 9, 30, 2: Ggstz. innocentia, Caes. b. G. 1, 40, 13: Ggstz. luxuria, Liv. 34, 4, 2. Sen. ep. 94, 13; 108, 12. Tac. hist. 2, 62: Ggstz. luxus, Tac. ann. 4, 14: Ggstz. prodigalitas, Sen. de rem. fort. 10, 6. vol. 3. p. 452 H.: cupiditas atque avaritia, Ggstz. abstinentia, Suet. Dom. 9, 1), ardens, Cic.: hians et imminens, Cic.: insanabilis, Sall.: caecus avaritiā, Sall. u. Liv., cupiditate atque avaritiā, Cic.: avaritiae cupido, Aur. Vict.: avaritia bellorum mater, Iustin.: prima scelerum mater avaritia, Claud.: propter avaritiam ipsius, Plaut.: avaritia pecuniae studium habet, Sall.: neque *avaritiam* neque *sordes* obiciet vere quisquam mihi, Hor.: avaritia parsimoniae nomine lenietur, Quint.: ardere avaritiā, Cic.: avaritiam constringere fenebribus legibus, Liv.: avaritiā omnium fortunas devorare, Cic.: omnia avaritiae atque pecuniae causā facere, Cato fr.: avaritiam exuere, Tac.: alqm increpare avaritiae, Suet.: avaritiā perire, Cic.: avaritiam relaxare (Ggstz. luxuriam astringere), Sen.: avaritiam sanare, Sen. – verb. sordes et avaritia od. avaritia ac sordes, schmutzige (gemeine) Habsucht, Tac. hist. 1, 52 u. 60: extremae avaritiae et sordis infimae infamis homo, Apul. met. 1, 21. – Plur., omnes avaritiae, alle Arten der H., Cic. de fin. 4, 75.

avāritiēs, ēī, *f.*, Nbf. v. avaritia, CIL 1, 1011 u. 1459. Lucr. 3, 59. Claud. III. cons. Hon. 185.

avārus, a, um, *Adi.* m. *Compar.* u. *Superl.* (Stamm AV, wovon auch aveo u. avidus; vgl. Gell. 10, 5), **I gierig, geizend** nach etw., **unersättlich** (in seinen Begierden), mare, Hor.: Acheron, Verg.: venter, hungrig, Hor. – m. *Genet.*, publicae pecuniae avarus, Tac.: milites caedis avari, Claud.: animus laudis avarus, Hor.: Graii praeter laudem nullius avari, Hor. – m. *ab* u. Abl. (in Bezug auf), ipse enim avarissimus ab istis prodigiis sum, Sen. ep. 50, 2. – **II** insbes., **gierig** nach Geld u. fremdem Gut, **habgierig, habsüchtig, geldgierig, geizig** (Ggstz. largus, Vopisc. Carin. 14. § 2 u. 3: Ggstz. asotus, Rutil. Lup. 2, 9), **a** v. Pers.u. deren Gemüt: parens av., Caecil. com. fr.: leno av., Ter.: fenerator av., Varr. fr.: coniunx avara, Cic.: avarus homo, Lucil. fr.: homo avarus et furax, Cic.: quantum discordet *parcus avaro,* Hor.; vgl. pro *avaro parcum* vocemus, Quint.: av. animus, Comic. inc. fr.: nachaug. m. *Genet.*, pecuniae alienae non *appetens,* suae *parcus,* publicae *avarus,* Tac. – avariores magistratus, Cic.: ne tuom animum avariorem faciant divitiae meae, Plaut. – homo avarissime et spurcissime, redde bona sodalis filio, Cic. – subst., avārus, ī, *m.*, der **Geizige,** der **Geizhals,** Varr. sat. Men. 126. Hor. ep. 1, 2, 56; 2, 2, 194. Quint. 3, 7, 25; 8, 5, 6: dives avarus, Sen. nat. qu. 1, 16, 1: vigil (wachsame) avarus, Claud. VI. cons. Hon. praef. 8: Plur., avari, Cic. Phil. 2, 115. Quint. 6, 2, 17: u. avarae, habsüchtige Mädchen, Tibull. 3, 1, 7. – **b** von Lebl.: manus, Ov.: avarae et insatiabiles manus, Curt.: litus, wo geldgierige Menschen wohnen, Verg.: spes, Hor.: adulationes, Plin. pan.

avē, s. 2. aveo.

ā-veho, vēxī, vectum, ere, **ab-, wegführen, -fahren, -schaffen, -bringen** (Ggstz. advehere), corpora, Verg.: deos, Iustin.: pecuniam Proserpinae, Aur. Vict.: alqm a patriis oris, Catull.: alqm lecticā suā, Suet.: hinc mulierem, Plaut.: Tyrias alas retro, Sil.: te pater a patria avehit, Plaut.: virginem secum, Ter.: amicum secum ex Samo, Plaut.: equites Aegyptum, Liv.: dona domos, Liv.: sacra in finitimas urbes, Liv.: simulacrum aeneum gremio Tusculum, Suet.: alqm ad mercatum, Plaut.: iuvencum ad aras, Stat. – poet., alias oras, zu usw., Verg. Aen. 1, 512. – übtr., alqm instanti leto, entreißen, Sil. 17, 382. – Passiv avehi medial = **ab-, wegfahren, -reiten** (Ggstz. advehi), avecti (*sc.* navibus) hostes, Verg.: domum e castris est avectus (Ggstz. plaustro in castra advectus), Liv.: avectus (*sc.* equo) ab suis, Liv.: equo citato subter murum hostium ad cohortes avehitur, Liv.: cum citato equo ex proelio avectus esset, Liv. – ► synk. Perfekt-Form avexti, Plaut. rud. 862.

Avella, Avellānus, s. Abella.

ā-vello, vellī, u. vulsī (volsī), vulsum (volsum), ere, gleichs. rupfweise **ab-, losreißen, ausreißen, I** im Allg.: **A** eig.: avulsus *ex* arbore od. *e* palma termes cum fructu, Gell.: hoc iste simulacrum *e* signo Cereris avellendum asportandumque curavit, Cic.: e monte Taygeto extrema montis quasi puppis avolsa est, Cic.: sive secetur aliquid sive avellatur *a* corpore, Cic.: margarita viva ac spirantia saxis avelli, Tac.: ne margaritae conchis avelli queunt nisi limā, Plin.: avulsum umeris caput, Verg.: Euboea avulsa Boeotiae, Plin.: avulsus radicibus oculus, Lucr.: sibi avelli iubet spiculum, herausr., Cic.: membra avulserunt, Augustin.: urticam morsu avellere (abzubeißen) conantes, Plin. – **B** übtr.: *inhaeret* in visceribus illud malum exsistitque morbus et aegrotatio, quae *avelli* inveterata non possunt, Cic. Tusc. 4, 24. – **II** prägn., **weg-, losreißen** = **gewaltsam trennen, -entfernen, A** eig.: **a** eine Pers.: de matris complexu avellere atque abstrahere,

Cic.: u. complexu matris avellere natam, Catull.: ex complexu avelli, Cic.: avulsus complexu Iuli, Verg.: avulsus a meis, aus dem Kreise der Meinigen gerissen (Ggstz. in sedes meas restitutus), Cic.: ut avellerentur castris, Tac. – **b** Lebl.: sacrato templo Palladium, entwenden, Verg. Aen. 2, 165. – **B** übtr.: **a** eine Pers.: **α** jmd. von einem Mädchen, d.i. von deren Umgang **losreißen, trennen,** alqm a puella, Ter.: u. so ab ea (puella) sese derepente, Ter. – **β** jmd. von einem Zustand **losreißen** = aus einem Zustand **reißen,** pueros a lacte (die der M. entwöhnten K.) non subito a consuetudine, Varr. LL.: convicio alqm ab errore, Cic. – **b** eine Sache: **α** übh.: oriens incendium belli Punici secundi a portis huius urbis, ablenken, Cic. de rep. 1, 1. – **β** einen Besitz = von jmd. od. einem etw. **wegreißen** = ihm **entreißen,** ihn **um** etwas **bringen,** rus ab alqo, Ter.: avulsum est enim praeter spem, quod erat spe devoratum lucrum, Cic.: alci fundum, nummum, ICt.: liberalitas (Geschenke, Belohnungen) Augusti avulsa, Tac. – ► *Perf.,* avelli, Curt. 5, 6 (20), 5: gew. avulsi, Sen. cons. ad Helv. 5, 4. Lucan. 9, 765. Augustin. ep. 134, 4. – Parag. *Infin. Praes. Pass.* avellier, Hor. sat. 1, 2, 104.

1. **avēna**, ae, *f.,* **I Hafer, a** als Getreideart, **gemeiner Hafer** (*Avena sativa,* L.), hordeum, arinca, sed praecipue avena, Plin.: longa, Hor.: urit lini campum seges, urit avenae, Verg. – **b hoher Hafer, haferartiges Roßgras** (*Avena elatior,* L.), Col. 2, 10, 32. – **c** als ein Unkraut, **wilder** od. **tauber Hafer** (*Avena fatua,* L.), Cato, Cic. u.a.: avenae steriles, vanae, Verg.: vacuae, Prud. – **II** übtr.: **A** der **Halm** des Hafers, auch wohl des Rohrs, zur Hirtenpfeife gebraucht, **1** eig.: sic rustica quondam fistula disparibus paulatim surgit avenis, Ov. met. 8, 191. – **2** meton. (poet.): **a** im Sing. = *tibia,* die einröhrige **Hirtenpfeife, Hirtenflöte,** besonders auch zur Bezeichnung der einfachsten Gattung des idyllischen Gesanges, Verg. u. Tibull. – **b** im Plur., iunctae pice avenae od. bl. structae avenae = *fistula* (s.d.), die zusammengesetzte **Hirten-** od. **Panspfeife,** die **Syrinx** (σῦριγξ), Ov. – **B** übh. der halmähnliche **Stengel,** lini, Plin.: eriphiae, Plin.

2. **avēna**, s. habēna.

avēnāceus, a, um (avena), **aus Hafer,** farina av., Plin. 22, 137: farina hordeacea aut av., Plin. 29, 143; 30, 38.

avēnārius, a, um (avena), **zum Hafer gehörig, Hafer-,** cicada, Plin. 11, 94.

Avennicus, a, um, s. Avennio.

Avennio, ōnis, *f.,* Stadt im narbon. Gallien, j. *Avignon,* Mela 2, 5, 2 (2. §75). Plin. 3, 36. Greg. Tur. hist. Franc. 2, 32. – Dav. **Avennicus**, a, um, **zu Avennio gehörig,** urbs, die Stadt Avennio, Greg. Tur. hist. Franc. 7, 10: subst., Avennicus, ī, *m.,* der Einw. von Avennio, der **Avenniker,** kollekt. bei Sidon. ep. 6, 12.

avēno, āre (avena), mit Hafer u. dann übh. **füttern,** equos sale modico, Pelag. vet. 12. p. 56.

avēns, entis (1. aveo), **I** *Partic.* v. 1. aveo, s.d. – **II** *PAdi.* **begierig, gern,** Laev. b. Gell. 19, 7, 9.

aventer, *Adv.* (avens), **begierig,** alqd haurire (bildl.), Amm. 29, 2, 10: übtr. = **gern,** suscipere alqm, Amm. 18, 5, 6; 19, 9, 7: contubernio nostro av. insertus, Sidon. ep. 2, 2.

Aventicum, ī, *n.* (Αὐάντικον), Hauptstadt der Helvetier, deren Trümmer beim j. *Avenche* oder *Wiflisburg* (in der Nähe des Murtener Sees), Tac. hist. 1, 68*sq.* Amm. 15, 11, 12. CIL 13, 5089. – Dav. **Aventicēnsis**, e, zu Av. gehörig, **aventicensisch,** incolae, CIL 3, 5072. – Plur. subst., Aventicēnsēs, ium, *m.,* die Einw. von Av., die **Aventicenser,** CIL 13, 5042.

Aventīnum, ī, *n.* u. **Aventīnus**, ī, *m.,* der **aventinische Berg,** der **Aventin,** einer der sieben Hügel Roms, zwischen dem palatinischen u. cölischen, der unter Ankus Marcius seine ersten Bewohner erhalten haben soll, Rom. Aventinum, Liv. 1, 33. §2 u. 5; 3, 67, 11: Nom. Aventinus, Sil. 12, 713. Serv. Verg. Aen. 7, 657 (vgl. Frontin. aqu. 87: Caelio et Aventino, in quos etc.): gew. in den Kasus obliqui, bes. oft in Aventino, Varr. LL. 6, 94. Cic. de div. 1, 98 u. 107; pro Cornel. *no.* 25. p. 15 K. Liv. 2, 28, 4. Vitr. 7, 9, 2. Plin. 15, 138. Macr. sat. 3, 12, 3. Arnob. 5, 1. Censor. 23, 6. CIL 6, 10213: in alto Aventino, Enn. ann. 84: extremo in Aventino, Hor. ep. 2, 2, 69. – vollst. mons Aventinus, Cic. de rep. 2, 33 u. 58. Liv. epit. 3. Sen. de brev. vit. 13, 8. Gell. 13, 4, 4. Ampel. 25, 2 u. 26, 2. Eutr. 1, 5: mons sacer atque Aventinus, Sall. hist. fr. 1, 9 (10): sacri Aventinique montes, Plin. 19, 56. – Dav.: **A Aventīnēnsis**, e, **aventinensisch,** Diana (s. unten), Val. Max. 7, 3, 1. Fest. 165, 27. – **B Aventīnus**, a, um, **aventinisch, des Aventins,** mons, s. oben: herbae, Ov.: humus, Ov.: cacumen od. iugum, der aventinische Berg, Ov.: Diana, weil sie auf diesem Berg einen uralten, sehr berühmten Tempel hatte, Porp.: cerva, Stat.: recessus, Claud.

1. **Aventīnus**, ī, *m.,* König von Alba, nach dem der aventinische Berg benannt sein soll, Varr. LL. 5, 43. Varr. fr. bei Serv. Verg. Aen. 7, 657. Liv. 1, 3, 9.

2. **Aventīnus**, s. Aventīnum.

1. **aveo** (**haveo**), ēre (vgl. altind. *ávati,* er freut sich, fördert, hilft, *avitár,* Gönner, griech. ἀΐτης, Freund, Geliebter), **begierig sein, heftiges Verlangen tragen,** absol., animus atque aures avent avide, lauern gierig, Enn. tr. 70 (34): u. so avens, Hor. sat. 2, 4, 1. Val. Flacc. 2, 123: aventibus cunctis, Aur. Vict. Caes. 3, 1. – m. *Acc.,* dum abest, quod avemus, Lucr. 3, 1080: post aliud avemus, Lucr. 3, 1081: parto quod avebas, Hor. sat. 1, 1, 94: aveo genus legationis, ut, cum velis, introire, exire liceat, Cic. ad Att. 15, 11, 4. – gew. m. *Infin.,* te imitari aveo, Lucr.: quod his (auribus) avemus discere, Varr. LL.: valde aveo scire, quid agas, Cic.: cum unus quisque non audire modo sed videre libertatis suae nuntium averet, Liv.: avet animus apud consilium illud pro reo dicere, Cic.: animus ardens mutabiliter avet habere et non habere fastidiliter, Varr. sat. Men. 78 B. – m. *Acc.* u. *Infin.,* illud in his quoque te rebus cognoscere avemus, Lucr. 2, 216.

2. **aveo** od. **haveo**, ēre (ἀϝέω, »gesegnet sein«, woraus dann ἀϝέκω, ἄϝκω od. αὔγω, augeo, d.i. »segnen«), **gesegnet sein, gesund sein, sich wohl befinden,** aveo et avebo, Mamert. grat. act. in Iul. 29, 3. – In der klass. Sprache nur im *Imperat.* u. *Infinit.,* in den Grußformeln (bes. beim Kommen u. beim Abschied) ave (have), **gesegnet seist du! Heil dir!** etwa (beim Kommen) = **sei gegrüßt!** (beim Abschied) = **lebe wohl!** Caesar simul atque *Have* mihi dixit, statim exposuit etc., Cael. in Cic. ep.: cum proclamantibus naumachiariis: *Ave imperator!* … respondisset: *Avete vos!* etc., Suet.: numquam dicis *Ave,* Mart.: so auch haveto, Catil. bei Sall.: Marcus *avere* iubet, lässt dich grüßen, Mart. – als Gruß an Tote, in perpetuum, frater, *have atque vale!* Catull.: *have,* domina, *vale,* domina, Inscr.

Avernālis, e, s. 2. Avernus a. E.

1. **Avernus**, a, um (ἄορνος = ohne Vögel; vgl. Aornos), allgemeine Bezeichnung für solche Örtlichkeiten, wo mephitische Dünste den Aufenthalt gefährlich od. gar tödlich machen u. über die nicht einmal ein Vogel zu fliegen wagt, **avernisch,** Averna loca, Lucr. 6, 738. 740. 818: übtr., aestus Averni, »avernische Dünste«, *ibid.* 830. – Insbes.:

2. **Avernus**, ī, *m.* (Ἄορνος), vollst. lacus Avernus od. lacus Averni, ein tiefer, einen vulkanischen Krater ausfüllender See von mephitischer Ausdünstung bei Kumä in Kampanien unweit der Acherusia, von steilen Höhen eingeschlossen u. von dichtem, hochstämmigem Wald überschattet, in dessen Nähe die Sage den Hain der Hekate, die Grotte der kumäischen Sibylla u. den Eingang in die Unterwelt verlegte, noch j. *Lago d'Averno,* Verg. Aen. 6, 126 u. 201. Prop. 3, 18, 1. Cic. Tusc. 1, 37. Liv. 24, 12, 4. – portus Averni, der Hafen von Kumä, Verg. Aen. 5, 813. – dah. Avernus poet. für **Unterwelt,** Ov. am. 3, 9, 27 u.a.: u. für **Acheron,** Stat. Theb. 11, 588. – Dav.: **A Avernus**, a, um, **a** diese avernische Gegend od. den See Avernus betr., dabei od. darin befindlich, **avernisch,** Averna loca lacusque, Lucr.: lacus, freta, der avern. See, Verg.: subst. Averna, ōrum, *n.* (*sc.* loca), die Gegend am Avernersee, Verg. Aen. 3, 442: Averna alta, Grotte am Avernersee, Verg. Aen. 5, 732: Averna ima, die Unterwelt, Verg. Aen. 7, 91. – **b zur Unterwelt gehörig, unterirdisch,** stagna, Verg.: Iuno, Proserpina, Ov.: loca, die Unterwelt, Ov. – **B Avernālis**, e, zum Avernersee gehörig, **avernalisch,** aquae, Hor.: Nymphae, Ov.: Sibylla (s. oben), Prop.

ā-verro, verrī, ere, **wegfegen,** übtr. = **wegraffen,** reliquias averrerunt, Licin. Macer b. Prisc. 10, 42: mensā pisces carā, von dem teuren Tisch (des Fischhändlers) wegraffen = hastig einkaufen, Hor. sat. 2, 4, 37.

ā-verrunco, āre, **a** als *t. t.* der Religionsspr., etw. Böses **abwenden, entfernen,** Mars pater, te precor ... ut calamitates intemperiasque prohibessis, defendas averruncesque, Cato: placuit averruncandae deûm irae victimas caedi, Liv.: omnia haec mala vestri numinis averruncate clementiā, Arnob.: mala averruncare, bona prosperare, Apul.: av. prodigia, Liv.: procul, ut dicitur, averruncetur amentia, Arnob.: absol., di, inquis, averruncent, Cic. ad Att. 9, 2, 1. – **b** übtr., **verbieten,** inita iam consortia vivendi, Ambros. de off. 3, 7, 45. – ► Archaist. averruncassint = *averruncent,* Pacuv. tr. 112. Lucil. 16, 55: u. *Infin. Fut.* averruncassere, Pacuv. tr. 236.

āverruncus, ī, *m.* (averrunco), der **Abwehrer** von Unheil u. Gefahr (als Gottheit), Varr. LL. 7, 102. Gell. 5, 12, 14.

āversābilis, e (aversor), **abscheulich,** Lucr. 6, 390. Arnob. 7, 45.

āversātio, ōnis, *f.* (aversor), die **Abneigung,** der **Abscheu,** tacita aversatio et timida verecundia, Quint. 8, 3, 65: m. *Genet. obi.*, aversatio alienorum processuum et suorum desperatio, Sen. de tranqu. anim. 2, 11: quia infixa nobis eius rei aversatio est, Sen. ep. 97, 16: Plur., Sen. de ira 1, 4, 3 *Gertz.*

āversātrīx, trīcis, *f.* (aversor), die **Verabscheuerin,** Tert. de anim. 51. Augustin. de unit. eccl. § 33. Vulg. Ierem. 3, 6 u. a.

āversio, ōnis, *f.* (averto), **I** das **Abwenden,** nur in der adverb. Verbdg.: **a** ex aversione, **abgewandt, rücklings,** alqm iugulare, Auct. b. Hisp. 22, 3. – **b** aversione od. per aversionem, sodass einer mit weiteren Bedingungen fern gehalten wird, **abfindungsweise, in Bausch und Bogen,** emere, vendere, locare etc., ICt. – **II** übtr.: **A** das **Abwenden,** eine rhet. Figur, Art der **Abkehr** (apostrophe), wenn man den Zuhörer von dem vorliegenden Gegenstand ablenkt, Quint. 9, 2, 39. Aquil. Rom. § 9. – **B** das **Sich-Abwenden, 1** der **Abfall, Ungehorsam,** Vulg. Ierem. 2, 19; Ezech. 9, 9 u. ö.: sanabo aversiones vestras, Vulg. Ierem. 2, 21. – m. *ab* u. Abl., a divina religione od. a cultu divinae religionis (Ggstz. ad unum verum sanctumque deum conversio), Augustin. de civ. dei 8, 24, 2: a religione priorum, Arnob. 2, 67. – **2** der **Abscheu, Widerwille, Ekel, a** der physische, aversionibus stomachorum laborare, Arnob. 7, 25. – **b** der moralische, deorum, Dict. 4, 18.

1. āversor (āvorsor), ātus sum, ārī (*Frequent.* v. averto), **sich** (aus Unwillen, Verachtung, Ekel, Scham usw.) **ab-, wegwenden, sich auf die Seite wenden, I** eig., absol., noli avorsari, Plaut. trin. 627: aversari advocati et iam vix ferre posse, Cic. Clu. 177 zw. – m. *Acc.*, filium, sich vom Sohn (der vor ihm stand), Liv. 8, 7, 14: aspectum alcis, bei jmds. Anblick sich abwenden, Tac. ann. 14, 51. – **II** übtr., **sich** von jmd. od. etw. **wegwenden** = jmd. od. etw. **von sich weisen, zurückweisen, verschmähen, nicht anerkennen,** m. *Acc.*, regem, Sall. fr.: principes Syracusanorum, Liv.: vos vostraque volta, *Enn. fr.: Iovem, Curt.: dicentem, Tac.: afflictum amicum, Ov.: preces, Liv.: honorem, Ov.: latum clavum, Suet.: scelus, Curt.: facinus ingens, Curt.: sua facinora (v. den Göttern), Tac.: alqd voltu, Quint.: m. dopp. *Acc.*, alqm ut parricidam liberûm, Liv. 3, 50, 5: Philippum patrem, Curt. 8, 7 (25), 13: m. *Infin.*, aversati sunt proelium facere, Auct. b. Hisp. 14, 4. – ► Partiz. Perf. āversātus passiv, aversato vultu, Aur. Vict. epit. 28, 3.

2. āversor, ōris, *m.* (averto), der **Unterschlager,** pecuniae publicae, Cic. Verr. 5, 152.

āversus (āvorsus), a, um, *PAdi.* (v. averto), **abgewendet, I** (m. *Superl.*) eig., mit der Vorderseite-, mit dem Gesicht **abgewendet, -abgekehrt, rückwärts, hinter, hinten, von hinten** (Ggstz. adversus), adversus et aversus impudicus es, von vorn u. hinten, Cic.: quendam actorem aversum (dem Publikum den Rücken zukehrend) solitum esse dicere, Cic.: caedebantur aversi, Liv.: aversum hostem transfigit, Dict.: aversos boves in speluncam traxit, Liv.: aversa porta, Liv.: domus pars, Tac.: pars Capitolii, Liv. epit.: pars capitis (Ggstz. prior pars), Plin.: palmae (Ggstz. adversae palmae), Quint.: charta, die Rückseite des Papiers, Mart.: pecus averso sole agere, Varr. – iter aversum ab urbe, Curt.: porta aversa ab hoste, Curt.: porta quae aversissima ab hoste erat, Liv.: m. *Dat.*, latere, quod aversum proeliantibus fuit, Sall.: decumana (porta) aversa hostibus, Tac. – subst., **a** āversa, ae, *f.* (*sc.* pars), die **entgegengesetzte Seite, -Richtung,** collum circum agit in aversam se, dreht sich ganz herum, Plin. 11, 256. – **b** āversum, ī, *n.*, die **entgegengesetzte Seite, -Richtung,** flectere suffraginum artus in aversum, in entgegengesetzter Richtung, Plin. 11, 248: quemadmodum umbra aliquando *antecedit,* aliquando a *tergo est,* ita gloria aliquando *ante nos est,* aliquando *in averso* est (hinter uns), Sen. ep. 79, 13: Plur., āversa, ōrum, *n.*, die **entgegengesetzte, hintere Seite,** die **hinteren Partien, -Gegenden,** aversa urbis, Liv., castrorum, Vell.: aversa insulae, Liv.: aversa montis, Plin.: aversa Asiae, Indiae, Hinterasien, Hinterindien, Plin. – **II** (m. *Compar.* u. *Superl.*) übtr., **abgeneigt, ungünstig,** aversus a Musis, Cic.: aversus a vero, Cic.: aversus a consiliis belli, Tac.: aversissimo animo esse ab alqo, Cic.: m. *Dat.*, nobis aversi animis, abgeneigten Herzens, Tac.: aversus mercaturis, Hor.: aversior defensioni, Quint.: absol., amici, Hor.: animus, Tac.: illius vultus aversior (unfreundlicher) visus est, Sen. de ira 2, 24, 1.

averta, ae, *f.* (ἀορτήρ), ein größeres **Felleisen,** Edict. Diocl. 10, 1. Cod. Theod. 8, 5, 47. § 1. Acro Hor. sat. 1, 6, 106. – Dav.

avertārius, ī, *m.* (*sc.* equus), das **Felleisenpferd,** Cod. Theod. 8, 5, 22. § 1.

ā-verto (āvorto), vertī (vortī), versum (vorsum), ere, **ab-, hinweg-, fortwenden, -drehen, -lenken** usw., abwendend **entfernen, I** eig.: **A** im Allg.: te volo, uxor, colloqui: quor ted avortisti? Plaut.: Lepidus se avertit, Cic.: simul se universa contio avertit, Liv.: alqd ab oculis, Cic.: naves in altum, Liv.: ardentes equos in castra, Verg.: flumina, d. Fl. eine andere Richtung geben, Cic.: iter ab Arari, sich entfernen vom usw., Caes.: iter in agrum Picenum, Liv. (vgl. quo post pugnam ad Trasumennum auditam averterant iter, Liv.): sese eo itinere, eine andere Marschrichtung nehmen, Caes.: Italiā Teucrorum regem, Verg.: ab alqo omnium in se oculos, Liv.: ab hominibus ad deos preces, Liv.: poet. m. *Acc.*, quo regnum Italiae Libycas averteret oras, nach Libyens Küsten (Karthago) verpflanzt hatte, Verg. Aen. 4, 106: m. *Dat.*, se alci, sich von jmd., Col. 6, 37, 10. – Dah. **a** das Passiv medial averti, **sich abwenden,** Gell. 1, 8, 6. Verg. Aen. 6, 469: surdā aure, Stat. silv. 2, 1, 7: a iudicibus, Quint. 11, 3, 127: aversus ab suo itinere, Liv. 22, 13, 6: aversi omnes ad Tarquinium salutandum, Liv. 1, 50, 8: aversa vultus, mit dem Gesicht sich abwendend, Prud. perist. 14, 41. – mit *Acc.*, **sich abwenden** von jmd. oder etw. = jmd. oder etw. verschmähen, mors sordidā miseros avertitur aure, Boëth. cons. phil. 1. metr. 1, 15: hominum damnatum avertitur agmen, Petr. poët. 124. *v.* 248: equus fontes avertitur, Verg. georg. 3, 499: parens oppositas impasta avortitur herbas, Stat. Theb. 6, 192. – **b** das Aktiv refl. = **sich abwenden, -abkehren** (bes. im Perf.), ecce avortit, Plaut. mil. 203: prora avertit, Verg. Aen. 1, 104 H. u. R.: ob eam causam huc abs te avorti, Plaut. mil. 1074: qui in vestibulo artis obversati, prius inde averterint quam penetraverint, Fronto ep. ad M. Caes. 4, 3. p. 62, 7 N. – **B** insbes.: **1** mit Gewalt **fernhalten, fort-, wegtreiben,** hostem inde, Curt.: barbaros a portis castrorum, Caes.: classem in fugam, Liv. u. Curt. (s. Drak. Liv. 1, 37, 3; 38, 20, 3). – u. bl. m. *Acc.* = **zum Weichen bringen, in die Flucht schlagen,** mille acies, Liv.: primo impetu hostem, Liv.: homines inermes ... armis, viris, terrore periculoque mortis *repulerit, fugarit, averterit,* Cic. – **2** heimlich entfernen = **entwenden, unterschlagen, an sich ziehen,** per litteras aliquod nomen, Caecil. com. fr.: pecuniam publicam, Cic.: eam praedam, Liv.: praedam domum suam, Cic.: omne aurum et argentum auferre et avertere, Cic.: hereditatem, Cic.: aliquid de publico quam obscurissime per magistratum, Cic.: quattuor tauros a stabulis, Verg.: auratam pellem Colchis (von K.), Catull. – **II** übtr.: **A** im Allg.: **a** etw. (Gefährliches, Schädliches usw.) **abwenden, entfernen,** pestem ab Aegyptiis, Cic.: u. so incendia Teucris, Verg.: morbos, Hor.: quod omen di avertant, Cic.: u. di avertant m. folg.

Akk. u. Infin., Vopisc. Tac. 6, 5. – periculum victimā, Phaedr.: avertere transferreque periculum, Suet.: periculum imminens in caput suum, die (dem Herrn) drohende Gefahr auf ihr eigenes Haupt ableiten, Sen.: in eos ab se iram invidiamque plebis, Liv. – causam in alqm, schieben, Cic. – **b** jmd. von etw. (Schädlichem usw.) **entfernt halten,** ego vero austro gratias miras, qui me a tanta infamia averterit, Cic. ad Att. 16, 7, 5. – **c** **aus den Gedanken entfernen, ausreden,** quod mihi patrii poterant avertere amici, Prop. 3, 24, 9. – **B** insbes.: **1** jmds. od. seine eigene Neigung, Gedanken usw. von etw. **abwenden, abziehen, entfernen,** populi opinionem a spe adipiscendi, Cic.: Antonii furorem a pernicie rei publicae, Cic.: legiones a C. Antonii scelere et ad rem publicam suā auctoritate traducere, Cic.: alcis mentem od. animum ab alqa re, Cic. u. Liv.: animum (ihre [eigenen] G.) ab assiduo maerore, Liv.: animos (ihre [eigenen] G.) a spe recuperandae arcis, Liv.: cogitationem a miseriis, Cic.: alqm ab incepto, Liv.: alqm a consiliis pacis, Liv.: u. Passiv medial = **sich abwenden,** ut nec vobis averteretur a certamine animus, Liv. 1, 28, 5: aversis in aliud animis (Aufmerksamkeit), Quint. 4, 3, 8. – **2** in der Gesinnung von jmd. abwenden, d. i. ihm **abwendig-, abgeneigt machen, entfremden,** alqm od. se ab alcis amicitia, Caes.: legiones ab alcis scelere, Cic.: alcis animum a se, Cic.: alci mentem deorum, Catull.: alqm caro dolis (durch L.) fratri, Val. Flacc.

1. avia, ae, *f.* (avus), die **Großmutter,** Plaut., Cic. u. a.: anus avia, Curt. – Plur., veteres aviae meton. = alte, von Großmüttern eingesogene Vorurteile, eingefleischter Altweiberwahn, Pers. 5, 92. – ► spätlat. Nbf. ava, Ven. Fort. 8, 13 (19), 8; 10, 7, 60; 10, 8, 22.

2. avia, ae, *f.*, eine Pflanze = *senecio,* **Kreuzwurz,** Col. u. Veget.

aviārius, a, um (avis), **zu den Vögeln gehörig, Vogel-, I** *adi.*: rete, Varr. r. r. 3, 5, 13. – **II** *subst.*: **1** **aviārius,** ī, *m.*, **a** = ὀρνιθοκόμος, ὀρνιθοτρόφος (Gloss.), der **Vogelwärter,** Col. 8, 3, 4 u. ö.; bes. der **Hühnerstopfer,** Apic. 8, 372: vollst. av. altiliarius, CIL 6, 9201. – **b** = ὀρνεοπώλης, der **Hühnerhändler,** Gloss. II, 387, 10. – **2** **aviārium,** ī, *n.*, der Aufenthalt der Vögel, **a** übh.: **α** der Hausvögel, das **Vogelhaus** (griech. ὀρνιθών), Varr. r. r. 1, 38, 2. Cic. ad Q. fr. 3, 1, 1. § 1 u. a. – **β** des wilden Geflügels im Wald, die **Vogelhecke,** Verg. georg. 2, 430. – **b** = ὀρνιθοτροφεῖον, die **Hühnerstopferei,** Gloss.

aviāticus, a, um (avia), **großmütterlich, der Großmutter,** munus, ICt.: donationes, Resp. Papin. tit. 22. – subst., aviāticī, ōrum, *m.*, die **Enkel** (vgl. ital. *l'abiatico,* der Sohnesenkel), filiae suae et avviaticis (so!) suis, CIL 5, 5902.

avicella, ae, *f.* (*Demin.* v. *avica = auca, s. d.), das **Vögelchen,** ungebr. nach Varr. LL. 8, 79.

avicula, ae, *f.* (*Demin.* v. avis, s. Varr. LL. 8, 79), das **Vögelchen,** aviculae nidulus, Gell. 2, 29, 2: omnes minutissimae aviculae, Suet. fr. 161. p. 253, 3 R.: aviculae canorae, Apul. met. 11, 7: avicula brevis (kleines), Amm. 22, 15, 19; 23, 6, 16: avicularum cupidissimus, Fronto ad amic. 1, 12. p. 182, 9 N.: dare (aegrotanti) aviculas, Cael. Aur. chron. 1, 1, 22. – als Schmeichelwort, **Täubchen,** vestra avicula, Salv. ep. 4. § 13.

avidē, *Adv.* m. *Compar.* u. *Superl.* (avidus), **begierig, mit Begierde,** prandere, Hor.: se replere cibo, Petr.: haurire, Curt. u. (bildl.) Liv.: exspectare nuntium, Enn. fr.: alcis litteras, Cic.: epistulam ab alqo ante vesperum, Cic.: appetere, expetere, arripere alqd, Cic. – avidius vesci, Suet.: avidius vino ciboque corpus onerare, Liv.: avidius intueri alqm, Curt.: avidius se in voluptates mergere, Liv.: alqd avidissime exspectare, Cic.: avidissime credere alci, Plin. ep.

avideo, ēre (avidus), **a** **heißes Verlangen tragen = wagen,** m. *Infin.*, Auct. itin. Alex. 50 (114) *cod. Ambros.* u. Gloss. – **b** = ἀπληστεύομαι, **heißhungrig sein,** Gloss. – Nbf. **avido,** Virg. gramm. p. 19, 21 H. Placid. gloss. V, 49, 6 u. a. Gloss.

aviditās, ātis, *f.* (avidus), die instinktartige, hastige, ungeduldige **Begierde,** das ungeduldige, heftige, **gierige Verlangen,** die **Hast, Gier, Sucht I** im Allg., m. subj. *Genet.*, av. animi (deiner Wünsche), Curt. 7, 8 (31), 12. – m. obj. *Genet.*, cibi, pecuniae, Cic.: praedae, Liv.: fluminis, das gierige Trinken aus dem Fl., Tac.: sermonis, Cic.: gloriae, Cic.: possidendi, Augustin.: legendi, Cic.: imperandi, Tac.: navandae operae, Tac. – m. *ad* u. Akk., ad coitus, Plin. 17, 134: ad cibos, Plin. 20, 173. – Plur. aviditates, die **Begierden, Gelüste, Lüsternheit,** bestiolarum, Plin. 11, 15. – **II** insbes.: **a** = φιλαργυρία (Gloss.), die **Habsucht, Geldgier,** inhaeret (amori) aviditas, desidia, iniuria, Plaut.: huius mendicitas aviditati coniuncta in fortunas nostras imminebat, Cic.: m. subj. *Genet.*, ingenii humani, Cic.: hostium, Tac. – **b** die **Essbegierde,** der **Appetit,** av. nimia, Cels.: av. ieiuna, Heißhunger, Plin.: aviditatem excitare, incitare, facere, Plin.: aviditatem inhibere, Plin. – **c** der Geschlechtstrieb, Plur. aviditates, die **Gelüste, Brunst,** feminarum, Plin. 20, 227.

aviditer, *Adv.* (avidus), **begierig,** Apul. met. 4, 7. Arnob. 5, 1. Vgl. Placid. gloss. V, 7, 19.

avido, s. avideo.

avidus, a, um, *Adi.* m. *Compar.* u. *Superl.* (1. aveo), nach etw. **begierig, gierig, lüstern, geizend,** auf etw. **erpicht** (v. instinktmäßiger, hastiger, ungeduldiger, ja unbesonnener Gier u. Sucht), **I** mit näherer Angabe, **α** m. *Genet.*, cibi, Ter.: pecuniae, Curt.: aeris, Gell.: divitiarum, Sall.: vini, Liv.: humani cruoris, Amm.: sermonum, redselig, Tac.: tam virorum quam feminarum, lüstern nach usw., Sen.: belli, Liv. u. Ov.: caedis, Liv.: novarum rerum, neuerungssüchtig, Sall.: novae libertatis, eifersüchtig auf usw., Liv.: gloriae, Curt.: laudis, Cic.: videndi, Ov.: cognoscendi regem, Curt.: belli gerendi, Sall.: cognoscendae vetustatis, Curt.: *Compar.*, avidior caedis, Ov.: gloriae, Cic.: properandi, Sall. fr.: *Superl.*, avidissimus humani sanguinis, Sen.: uvarum, Fronto: gloriae, Cic.: privatae gratiae, Sall. fr.: fluit tempus et avidissimos sui (die nach ihr Geizenden) deserit, Sen. – **β** m. *Infin.*, Verg. Aen. 1, 514; 12, 290. Ov. met. 5, 75 u. 10, 472. Plin. 7, 189. Amm. 15, 5, 5. Dict. 3, 20. – **γ** m. *in* u. Akk., in instrumenta eius avidi, Sen. ep. 61, 4: in omne fas nefasque avidi, Tac. hist. 2, 56: in omne nefas, Amm. 29, 6, 3: avida in novas res ingenia, neuerungssüchtige, Liv. 22, 21, 2: avidae in direptiones manus, die raublustigen, Liv. 5, 20, 6. – **δ** m. *ad* u. Akk., ad mercedem, Augustin. serm. 372, 1: gens ferox et ingenii avidi ad pugnam, von Charakter kampflustiges, Liv. 7, 23, 6: ille avidae semper ad ulteriora cupiditatis, Amm. 24, 7, 3: *Compar.*, aliquantum ad rem est avidior, ganz erpicht auf Vermehrung seines Vermögens, Ter. eun. 131. – **ε** m. *in* u. Abl., in pecuniis locupletium, Cic. Phil. 5, 22. – **ζ** m. *Dat.*, bibendis fontibus, Iuven. 7, 58. – **II** absol.: **A** eig., **begehrlich, gierig, a** **begehrlich = habsüchtig, geldgierig,** hospes, Plaut.: pater, Ter.: iudex, Varr. fr.: heres, Hor.: ingenium, Plaut. u. Sall.: mores, Plaut.: gens avidissima, Curt.: divitias conduplicant avidi, Lucr.: grati animi, non *appetentis,* non *avidi* signa proferre perutile est, Cic.: subst., avidus, der **Geizhals** (Ggstz. liberalis), Cic. Rosc. com. 21. – übtr., v. lebl. Subjj.: avida manus heredis, Hor.: servorum manus subitis (*Abl. absol.*) avidae, streckten sich bei plötzlichem Glückswechsel gierig aus, Tac.: poet., avida manus mortis, Tibull. – **b** **begehrlich = gefräßig, unersättlich, unmäßig,** aegri, convivae, Hor.: u. v. wilden Tieren, **gierig** = blutdürstig, canes, leones, Ov.: tigris, Lucan.: bes. übtr. v. Sinnen, Begierden u. Leidenschaften, ita sunt avidae (aures meae), Cic.: oculi, Plin.: sitis, Mart.: libido, Varr. fr.: libidines, wilde Triebe, Cic.: amor, Catull. – u. v. anderen lebl. Gegenständen, mare, Lucr. u. Hor.: morbus, die (um sich) fressende, nach Opfern gierige, Lucr.: ignis, flammae, alles verzehrend, Ov.: morsus, schnappende, gierige (um zu fressen), Ov. – **c** **erwartungsvoll, gespannt,** avidi spectant ad carceris oras, Enn. ann. 88. – **d** **hitzig = kampfbegierig,** Vulcanus (Ἥφαιστος λιλαιόμενος πολέμοιο), Hor. carm. 3, 4, 58: duces, Sall. hist. fr. 2, 19 (25): legiones, Tac. ann. 1, 51. – **e** **leidenschaftlich** = rachsüchtig, rex avidior fuit, quam patientior, Curt. 5, 7 (22), 4. – **B** meton., weit u. breit um sich greifend = **weit** od. **viel umfassend, weithin reichend** im Raum (vgl. Lucr. 5, 203), pars, complexus, Lucr.

Aviēnus, ī, *m.*, vollst. Rufus Festus A., ein röm. Dichter, gegen das Ende des 4. Jahrh. n. Chr., Übersetzer von Arati Phaenomena, Serv. Verg. Aen. 10, 272.

avipēs, pedis (avis u. pes), **vogelfüßig, schnellfüßig,** lepus, Seren. b. Mart. Cap. 5. § 518 u. bei Ter. Maur. 1464.

avis, is, *f.* (griech. οἰωνός aus *ὀϝι-ωνός), der **Vogel** (vgl. ales *no.* II, 1), od. kollektiv **Geflügel, I** im Allg.: avis aquila, Dict. 5, 7: examina avium, Liv.: cantus avium, Cic.: concentus avium, Cic.: avium plumae, Apul.: aves vernae, Fronto: aves aestivae, Zugvögel, Liv.: aves magnae, Plaut., maiores, Cels.: omnis avis grandis, Cels.: aves grandiores, Cels.: aves parvulae, Lampr.: aves minutae, aves minimae, Cels.: aves domesticae, Col.: aves rapto viventes, Sen.: aves, quae natant (Ggstz. quae natandi scientiam non habent), Cels.: avis fluminea, Ov.: aves litoreae, Verg.: avis riparia, Suet. fr.: aves palustres, Mela: aves pretiosas scindere (tranchieren) Sen.: istā avi (aquilā) volat nulla vehementius, Cic.: *aves* quasdam et *alites* et *oscines* rerum augurandarum causā esse natas putamus, Cic. – v. den Bienen, Varr. r. r. 3, 16, 1. – **II** insbes., der **Weissagevogel**, u. meton. für omen, das **Wahrzeichen,** in Beziehungen wie: avibus bonis, Ov., od. secundis, Liv., mit guter Vorbedeutung, zur glücklichen Stunde: hingegen avi malā, Hor., od. adversā, Poëta b. Cic., od. sinistrā, Plaut., od. sinistris avibus, Ov., mit böser Vorbedeutung, zur unglücklichen Stunde. – ► Abl. Sing. ave (bes. in der Bedeutung *no.* II) u. avī.

avitium, ī, *n.* (avis), das **Vogelgeschlecht**, die **Vögel,** Apul. de deo Socr. prol. *extr.* p. 109, 2 H. (p. 3, 27 G.).

1. avītus, a, um (avus), vom Großvater od. von der Großmutter od. von den Vorfahren übh. überkommen, -ererbt, **großväterlich, großmütterlich, angeerbt, angestammt, Erb-, Stamm-,** zuw. auch = **uralt,** bona paterna et avita, Cic.: paternus ager et avitus, Sen.: avitus ac patritus mos, Varr. fr.: regnum, Cic.: ager, großmütterliches Gut, Erbgut, Stammgut, Suet.: Troia, das großmütterliche, Hor.: nobilitas, Tac.: merum, Ov.: malum, Erbübel, Liv. – v. Tieren, fortitudo, der Esel, Col.: color, der Esel u. Schafe, Col.

2. Avītus, ī, *m.*, röm. Zuname, z. B. A. Cluentius Avitus, Cic. Clu. 11. Vgl. Alcimus.

āvius, a, um (a u. via), **I außer der Straße liegend, abliegend vom Weg, -von der Straße, abgelegen, wenig betreten,** avia virgulta, Verg.: av. montes, Hor.: av. saltus, Liv.: avii saltus montesque, Liv.: av. solitudines, Apul.: nocturna et avia itinera, Nachtmärsche auf Abwegen, Sall.: av. fluvii, Apul.: avia commeatibus loca, Liv. – subst., āvium, ī, *n.*, der **Abweg, abgelegene-, wenig betretene Ort,** die **Einöde,** hunc ăvium dulcedo ducit in āvium, Rhet. Her. 4, 29: häufiger im Plur., die **unwegsamen Strecken, Einöden,** per avia, Ov., per avia ac derupta, Tac.: avia dum sequor, Verg.: m. *Genet.*, avia itinerum, Vell.: avia nemorum, Ov.: saltuum, Tac.: montium, Apul.: Armeniae, Oceani, Tac. – **II** (poet.) vom Weg sich entfernend, **auf Abwegen, abwegs,** in montes sese avius abdidit altos, Verg.: volat avia longe (Iuturna), Verg. – übtr., avius a vera longe ratione vagaris, irrig u. ungereimt zu denken wäre es, Lucr.: avius errat animus, weglos, Lucr.: avia coepto consilia, vom Beginnen abweichende, Sil.: disciplina avia veri, Tert.

āvocāmentum, ī, *n.* (avoco *no.* I, B, 2, b), das **Erholungs-, Zerstreuungsmittel,** Plin. pan. 82, 8. Apul. apol. 43: Plur., Plin. ep. 8, 5, 3 u. 8, 23, 1. Apul. apol. 43. Lact. opif. dei 18, 8. Arnob. 5, 14: avocamenta animae nostrae, Augustin. in Ioann. c. 1. tract. 7. § 2: animi, Cael. Aur. chron. 1, 5, 170.

āvocātio, ōnis, *f.* (avoco), das **Abziehen, I** im Allg.: avocatio a cogitanda molestia (von dem Gedanken an die B.) et revocatio ad contemplandas voluptates, Cic. Tusc. 3, 33: ἀποπλάνησις est iudicis a re contraria nobis avocatio, Iul. Rufin. de fig. sent. 13. – **II** insbes.: **a** die störende **Zerstreuung,** Sen. ep. 56, 4. – **b** die erheiternde **Zerstreuung,** Plur. avocationes (Ggstz. exercitationes), Iustin. 37, 4, 1.

āvocātor, ōris, *m.* (avoco), der **Abrufer,** nec mortuorum suscitator, sed vivorum avocator, Tert. carn. Christ. 5 *extr.*

āvocātrīx, trīcis, *f.* (Femin. zu avocator), die **Abruferin,** Tert. de anim. 1.

ā-voco, āvī, ātum, āre, **I ab-, wegrufen, abberufen, A** eig.: **a** übh.: populum ab armis, Liv.: milites a signis, Traian. in Plin. ep.: pubem Albanam in arcem, Liv.: partem exercitus ad bellum, Liv. – **b** als publiz. *t. t.*: a magistratu od. magistratui (alii) comitiatum od. contionem avocare, die von einer Magistratsperson zu haltenden Komitien oder anderen Volksversammlungen dadurch hindern, dass man das versammelte Volk (zu einer anderen Versammlung usw.) abberuft, Messala b. Gell. 13, 16, 1 H. – **B** übtr.: **1 ableiten,** fossā aquam, Ulp. dig. 39, 2, 26. – u. **ablenken,** arma, eine Finte machen, Quint. 9, 1, 20. – **2** von etw. (d. i. der Beschäftigung, dem Sinn od. der Neigung zu etw.) **abrufen = abziehen, abbringen, entfremden, a** übh. (vgl. Bünem. Lact. 2, 3, 11), Socrates videtur primus a rebus occultis *avocasse* philosophiam et ad vitam communem *adduxisse,* Cic.: ne plebs frumentationum causā frequentius ab negotiis avocaretur, Suet.: quos aetas a proeliis avocat, fern hält, Cic.: senectus avocat a rebus gerendis, Cic.: ne quo externo terrore avocarentur animi ab sanandis domesticis malis, Liv.: postquam lege hāc fabularum ab risu ac soluto ioco res avocabatur (verdrängt wurde), Liv.: avocari ab spe capiendae in dies urbis, Liv.: av. ad Antiochum multitudinis animos, hinüberziehen, Liv. – **b** von der Aufmerksamkeit **abziehen, zerstreuen, α** störend **abziehen, -abhalten, zerstreuen, stören,** nulla res nos avocabit, Sen.: magis mihi vox avocare videtur quam crepitus, Sen.: quia ipse multum *distringebar* frigidis negotiis, quae simul et *avocant* animum et comminuunt, Plin. ep. – **β** erheiternd **abziehen = zerstreuen, erheitern, unterhalten** (vgl. Liv. epit. 69. Hildebr. Apul. met. 1, 20. p. 60), ab iis, quae avocant, abductus et liber et mihi relictus, non oculos animo, sed animum oculis sequor, Plin. ep.: alqm anilibus fabulis, alqm festivitate fabulae, Apul.: luctum lusibus, Sen.: se passerculis, Arnob.: canem cibo, beschwichtigen, Petr.: illic avocare, dort belustige dich, Vulg. Sirach 32, 15. – **II zurückfordern** (= *revocare*), ICt.: non potest avocari ei res, ICt. – übtr., factum, widerrufen, ICt. – ► Parag. *Infin. Praes. Pass.* avocarier, CIL 1, 198, 71.

āvolātio, ōnis, *f.* (avolo), das **Wegfliegen,** der **Ausflug,** Augustin. in psalm. 54. § 8 u. 13. Plur., Augustin. in psalm. 85, 7.

ā-volo, āvī, ātum, āre, **hinweg-, fort-, davonfliegen, I** eig.: sublime avolans, Cic. poët.: observatum est, auspicanti pullos avolasse, Suet.: isque (ales equus) per aethereas me tollens avolat umbras, Catull.: pavones, qui ex consuetudine *avolare* et *revolare* solent, ICt.: ex oculis et manibus infelicissimae coniugis tacitus avolavit (v. Amor), Apul. met. 5, 23. – **II** übtr., **davonfliegen = davoneilen,** avolat ipse, Verg.: experiar certe, ut hinc avolem, Cic.: citatis equis avolant Romam, Liv.: alterum non videas, cor subito non potuisse nescio quo avolare, Cic.: velut avium examina ad crepitum primum missilium avolavere, Liv. – So auch von Sterbenden, hinc av., von hinnen eilen, -scheiden, Cic. Tusc. 1, 103: u. v. der Lust, voluptas avolat, schwindet schnell, Cic. de fin. 2, 106. – ► arch. afvolant = *avolant*, Paul. ex Fest. 26, 2.

āvolsio, ōnis, *f.*, s. āvulsio.

āvolsor, ōris, *m.*, s. āvulsor.

Avona, ae, *m.*, ein Fluss in Britannien, j. *Avon*, Tac. ann. 12, 31.

avonculus, s. avunculus.

avonōmicus, a, um (avus u. nomino), **nach des Großvaters Namen gebildet,** nomen, (Serg.) explan. in Donat. 537, 7.

āvorsus, s. āversus.

āvorto, s. ā-verto.

avos, s. avus.

āvulsio (āvolsio), ōnis, *f.* (avello), das **Abreißen,** dah. **a** meton. (als *t. t.* der Gartenkunst) = die **abgerissenen Zweige** (um daraus Bäume zu ziehen), Plin. 17, 58; 17, 98. – **b** übtr., die **Losreißung** durch den Tod, de uxore, de liberis, de excedentibus caris funebris et tristis avulsio, Cypr. de mortal. 12.

āvulsor (āvolsor), ōris, *m.* (avello), der **Abreißer,** spongiarum, Plin. 9, 148.

avunculus (archaist. avonculus), ī, *m.* *(Demin.* v. avus), der **Oheim, I** der **Oheim** als der Mutter Bruder (hingegen patruus der Oheim als des Vaters Bruder), Megadorus avunculus, Plaut.: av. tuus, Cic. u. Curt.: av. illius adulescentis, Cic.: av. eius, Liv.: inscio avunculo,

Liv. – Dah. **a** magnus av. = *aviae frater*, der Großmutter Bruder, der **Großoheim,** Cic. Brut. 222 u. ICt. – **b** maior av. = *proavunculus, proaviae frater*, der Urgroßmutter Bruder, der **Urgroßoheim,** ICt.: aber auch = *aviae frater*, der **Großoheim,** Vell. 2, 59, 3. Suet. Aug. 7, 2 u. Claud. 3, 2. – **c** maximus av. = *abaviae frater*, der Urgroßmutter Bruder, der **Urgroßoheim,** ICt. – **II** übtr.: **A** der **Oheim** als der Mutter Schwestermann, Sen. cons. ad Helv. 17, 3 = 19, 4 *Koch*. – **B** der **Großoheim** (av. magnus; vgl. *no.* I, a u. b), Tac. ann. 2, 43 u. 53; 4, 75. – ► Nbf. aunculus, Gloss. IV, 209, 48. CIL 2, 713 u. ö.

avus (archaist. avos), ī, *m.*, der **Ahn, I** eig., der **Großvater,** pater, avos, proavos, abavos, atavos, tritavos, Plaut.: pater, patruus, avus, proavus, atavus, Cic.: avi mater, Varr. LL.: huius avus Lentuli, Cic.: avus maternus, Verg., Liv. u. a.: paternus, Plin. ep. u. a.: naturalis, Vell.: avorum memoriā, zur Zeit der G., Liv. – **II** übtr.: **A** = *proavus*, der **Urgroßvater,** Cic. Scaur. 32. Tac. ann. 14, 55 *cod. M* (Nipp. u. Halm abavus). – **B** übh. = **Ahnherr, Vorfahr,** avus paternus atque maternus, Hor. sat. 1, 6, 3: oft im Plur., avi veteres, magni, Verg.: intonsi, Ov.: triumphales, Tac.: Troiae, Verg.: avis atavisque potens, Verg.: übtr. v. Bienen, Verg. georg. 4, 209. – **C** ein **Greis,** Albinov. in Maecen. 2, 4. – **III** meton., Plur. avi, wie πάπποι, der wollige od. haarige Same einiger Pflanzen (des Löwenzahns usw.), den, wenn die Pflanze abgeblüht ist, der Wind wegführt, die **Federkrone,** Ps. Apul. herb. 75; vgl. Schneider Col. 6, 14, 3.

axamenta, ōrum, *n.* (v. axo), religiöse Gesänge, die jährlich bei den Opfern des Herkules von seinen Priestern, den Saliern, gesungen wurden, Paul. ex Fest. 3, 6; vgl. Gloss. axamenta ›στίχοι ἐπὶ θυσιῶν Ἡρακλέους‹.

axeārius, ī, *m.* (1. axis), der **Stellmacher, Wagner,** CIL 6, 9215.

axēdo, dinis, *f.* (= 2. axis), der rundes **Brett** als **Deckel,** Marc. Emp. 33 *extr.*

Axenus (ἄξενος), **ungastlich,** Pontus Axenus, früherer Name des Pontus Euxinus, Ov. trist. 4, 4, 55 *sq.* Mela 1, 19, 6 (1. § 102). Plin. 6, 1: dafür Axena Ponti freta, Poëta tr. inc. fr. 182 R² b. Censorin. fragm. 14 (de legit. num.) § 9. – Andere Form **Axīnus** (ἄξεινος), Tauri in Axino (verst. Ponto), Cic. de rep. 3, 15.

axicia, ae, *f.* (*asseco), die **Schere,** Plaut. Curc. 578.

1. axiculus, ī, *m. (Demin.* v. 1. axis), **a** die **kleine Achse** od. **Welle** am Drehrad, Vitr. 10, 2, 1; 10, 9, 2. – **b** eine **Rolle,** Vitr. 10, 3, 2: ex torno facti axiculi, Vitr. 10, 15, 4.

2. axiculus (assiculus), ī, *m. (Demin.* v. 2. axis = assis), eine **kleine Bohle, Latte, Pfoste,** Col. 6, 19, 2. Amm. 16, 8, 10; 23, 4, 1: u. Plur. axiculi = die Felgen des Schildes, Amm. 21, 2, 1.

axilla, ae, *f. (Demin.* v. ala), die **Achselhöhle,** Schol. Hor. epod. 12, 5. Isid. orig. 11, 1, 65. Vgl. Gloss. ›axilla, μασχάλη‹.

axim, archaist. = *egerim*, Pacuv. tr. 297; vgl. Paul. ex Fest. 3, 3.

axinomantīa, ae, *f.* (ἀξινομαντεία), das **Weissagen vermittelst der Äxte,** Plin. 36, 142.

Axīnus, s. Axenus.

axio, ōnis, *f.*, die **Ohreule,** Plin. 10, 68 u. 29, 117.

axiōma, matis, *n.* (ἀξίωμα), der **Grundsatz,** die **Grundwahrheit,** das Axiom, Apul. dogm. Plat. 3 *in*. Boëth. inst. mus. 2, 5; vgl. Gell. 16, 8, 7.

1. axis, is, *m.* (altind. *ákša-ḥ*, griech. ἄξων, ahd. *ahsa*), die **Achse, I** eig. u. meton.: **1** eig., die **Achse** am Wagen, faginus, Verg.: axes rotarum, Liv.: axes amurcā ungere, Plin.: paene curru excussus est axe diffracto, Suet. – **2** (poet.) meton., der **Wagen,** Verg. Aen. 5, 820. Ov. met. 2, 59 u. a.: Plur., Ov. met. 2, 148 u. a. – **II** übtr.: **A** die **Welle** an der Wasseruhr, der **Wellbaum,** versatilis, Vitr. 9, 8, 8. – **B** die Linie, um die sich die Welt od. ein Weltkörper zu drehen scheint, die **Achse, 1** eig.: mundi, Lucr.: terra circum axem se convertit, Cic.: rectus ab axe, Suet. fr. – **2** meton.: **a** der **Pol,** nördliche od. südliche, inocciduus, Lucr.: meridianus, Vitr. – bei Dichtern bes. der **Nordpol,** Acc. fr., Lucr., Verg. u. a. – **b** (poet.) der ganze **Himmel,** Verg. u. a.: sub (nudo) axe, unter freiem Himmel, Verg. – Plur. axes, der **Sternenhimmel,** axes siderei, Claud. rapt. Pros. 2. praef. 35: rutili, *ibid.* 2, 192: igniferi, Claud. de Mall. Theod. cons. 275. – **c** die **Himmelsgegend,** borēus, der Norden, Ov.: hesperius, der Westen, Ov.: uterque, Norden u. Westen, Claud., od. Ost u. Süd, Claud.: calidus, Claud. Vgl. Gesner Claud. b. G. 458. – **C** das **Eisen, in dem die Türangel sich dreht,** Stat. Theb. 1, 349. – **D** als *t. t.* der Archit.: **1** das **Ventil** an einer Röhre, Vitr. 10, 7, 1. – **2** axes volutarum, die **Säume der Schnecken,** Vitr. 3, 5, 7 (3, 3, 12). – ► Abl. Sing. gew. axe, selten axī, wie Cic. Tim. 37. Vitr. 9, 8, 8.

2. axis (assis), is, *m.* (vgl. asser), die **Diele,** das **Brett,** die **Bohle** (u. zwar im rohen Zustand, während tabula = das mit dem Hobel bearbeitete Brett), axes aesculini, quercei, Vitr.: axes querni, Plin., quernae, Pallad.: stabula roboreis assibus constrata, Col.: supra ea *tigna* transversas *trabes* inicere easque *axibus* religare, Caes.: axibus ligneis leges incīdere, Gell.

3. axis, is, Akk. in, *f.* Name eines wildlebenden Tieres in Indien, viell. der **Axishirsch,** Plin. 8, 76.

axitia, ae, *f.*, s. axicia.

axitiōnēs = *conspirationes, factiones*, Placid. gloss. V, 6, 32.

axitiōsus, a, um (ago), **gern mit anderen gemeinschaftlich handelnd,** Plaut. u. Ser. Claud. bei Varr. LL. 7, 66; Paul. ex Fest. 3, 3.

Axius, ī, *m.* (Ἄξιος), der größte Fluss Mazedoniens, der auf dem Berg Skordus (j. *Tschar-Dagh*) entspringt, später den Erigonus (j. *Tzerna*) aufnimmt u. endlich in den thermäischen Meerbusen mündet, j. *Vardar*, Liv. 39, 53, 15. Mela 2, 3, 1 (2. § 35). Plin. 4, 34.

axo, āre (eig. acso, *Frequ.* v. ago), **nennen,** Paul. ex Fest. 8, 9.

axōn, onis, *m.* (ἄξων), **I** die **Linie** auf den Sonnenuhren, die **Achse,** Vitr. 9, 7 (8), 5. – **II** ein Teil der ballista, die **Welle,** Vitr. 10, 11 (17), 7 (wo griech. Akk. axona). – **III** axones (οἱ ἄξονες), die auf hölzernen Tafeln eingegrabenen Gesetze Solons, die auf einer Achse umgedreht werden konnten, Amm. 16, 5, 1.

Axona, ae, *m.* (Αὔξουννος), ein Fluss im belg. Gallien, j. *Aisne*, Caes. b. G. 2, 5. § 4 u. 9. § 3. Auson. Mos. 461.

axula (acsula), ae, *f. (Demin.* v. axis, die Bohle), eine **dünne, schwache Bohle, ein Brettchen,** Catull. 17, 3 Schw.

axungia, ae, *f.* (axis u. ungo), **Wagenschmiere, Schmiere, Fett** zum Schmieren, bei den Alten meist Schweinefett, Plin. 28, 141 (wo auch die Etymologie). Edict. Diocl. 4, 11. – als Heilmittel, Col. 6, 11 *extr.*; 6, 15. § 1 u. 2. Scrib. 267. Plin. 28, 135 *sqq.*; 37, 156. Veget. mul. 4, 12, 3: caprina, Veget. mul. 4, 10, 3. – mit Pech vermischt zum Bestreichen der Ritzen, picis liquidae quantum volueris, et tantundem sumes *unguinis*, quod vocamus *axungiam* vel *sevum*, Pallad. 1, 17, 3.

Axur, s. Anxur.

Āzān, ānis, *m.* (Ἀζάν), ein **Azanier** (= **Arkadier),** poet. vom Berg Lykaion (dem Hauptsitz des mystischen Cybelekultus in Arkadien), Stat. Theb. 4, 292.

azaniae nucēs (ἀζάνω), die zu lange am Baum gebliebenen u. dah. **sich von selbst spaltenden Piniennüsse,** Plin. 16, 107.

azōnī dī (ἄζωνοι), Götter, die keinen bestimmten Teil des Himmels innehaben, sondern überall sind, dah. auch überall verehrt werden (rein lat. communes), Mart. Cap. 1. § 61; vgl. Serv. Verg. Aen. 12, 118.

Azōtos u. **-us,** ī, *f.* (Ἄζωτος), das alttestam. **Asdod,** Stadt in Palästina, j. *Esdud*, Plin. 5, 68 (wo Azotos). Mela 1, 10 (1. § 61). Vulg. Iosue 11, 12 u. a. Sulp. Sev. chron. 1, 31, 1. – Dav.: **A Azōticē,** *Adv.*, **azotisch,** Vulg. Nehem. 13, 24. – **B Azōtis,** idis, Akk. Plur. idas, *f.*, **aus Azotos,** uxores, Vulg. 2. Esdr. 13, 23. – **C Azōtius,** a, um, **azotisch, aus Azotos,** Vulg. 1. Sam. 5, 7: Plur. subst., Azōtiī, ōrum, *m.*, die Einw. von Azotos, die **Azotier,** Vulg. Iosue 13, 3 u. a. Sulp. Sev. chron. 1, 31, 3.

azȳmus, a, um (ἄζυμος), **ungesäuert,** panis (rein lat. panis sine fermento), Scribon. 133. – subst., azȳmum, ī, *n.*, **ungesäuertes Brot,** Eccl. (die falsch āzȳmon messen): in diebus azymorum, Oros. 7, 6, 14.

B.

B, b, der zweite Buchstabe des latein. Alphabetes, entsprechend dem griech. beta (Β, β), aber kurzweg *be* genannt. – Als Abkürzung auf Inschr. = Bonus od. Bene, z. B. B. D. = bona Dea, aber auch = bonum datum. – B. L. = bona lex. – B. O. = bono omine, bona omina. – B. P. = bono publico, bona possessio. – B. (mit u. ohne D. S.) M. = bene (de se) merenti. – B. V. V. = bene vale, vale!

Baal, *m. indecl.* u. **Bahal**, alis, *m.* (aus dem hebr. בעל der Herr), eine syrische Gottheit, Eccl.

babae od. **papae** (βαβαί od. παπαῖ), Ausdr. der Verwunderung, **potztausend! ei der Kuckuck! o je!** Komik. u. Petr. 37, 9. Vgl. Lorenz Plaut. Pseud. 353.

babaecalus, ī, *m.* (babae), ein **Blitzkerl** = ein **Lebemann, Wüstling,** Petr. 37, 10. Arnob. 4, 22.

Babel, elis, *f.* = *Babylon*, Eccl.

Babulōnicus, s. Babylonicus unter Babylon.

babulus, ī, *m.* (v. babit = γαυριᾷ, Gloss.), viell. der **Prahlhans,** Spitzname eines Räubers, Apul. met. 4, 14.

baburrus = *stultus, ineptus*, Isid. 10, 31. Gloss. IV, 589, 4.

Babylo, ōnis, *m.*, der **Babylonier,** appell. = ein Mann von orientalischem Reichtum u. Luxus, ein **Nabob,** Ter. adelph. 915.

Babylōn, ōnis, *f.* (Βαβυλών), Hauptstadt Babyloniens, auf beiden Seiten des Euphrat in einem Viereck erbaut, in deren östl. Teil sich der Palast der chaldäischen Könige (Nebukadnezar usw.) mit den berühmten hängenden Gärten (j. *el Kasr*, d. i. der Palast) befand. Einzelne Ruinen der Stadt noch jetzt in *Ard Babel* bei *St. Hille* in Irak Arabi, Cic. de div. 1, 47. Mela 1, 11, 2 (1. § 63). Ov. ex Pont. 2, 4, 27: *Genet.* auch griech. -ōnos, Claud. IV. cons. Hon. 653. *Acc.* gew. griech. -ōna, Prop. 3, 11, 21 u. a. – Nbf. Babylōna, Oros. 2, 2, 1 u. ö. – Dav. abgel.: **A** **Babylōnia**, ae, *f.* (Βαβυλωνία), **1** die Landschaft **Babylonien,** eine weite, durch Berge nicht unterbrochene Ebene südlich von Mesopotamien, von dem Punkt, wo sich der Euphrat u. Tigris einander nähern, bis zu ihrer gemeinschaftlichen Mündung in den persischen Meerbusen, Ursitz der Astronomie u. Astrologie u. der Kunst, kostbare Stoffe zu weben, das j. *Irak Arabi*, im weiteren Sinne auch = das ganze babylonisch-assyrische Reich, Mela 1, 11, 1 (1. § 62). Plin. 6, 121; 8, 196. Curt. 8, 3 (13), 17. Iustin. 20, 4, 3. – **2** die Stadt **Babylon,** Liv. 38, 17, 11. Curt. 4, 6 (25), 2. Iustin. 1, 2, 7. – **B** **Babylōniacus**, a, um, **babylonisch,** undae, der Euphrat, Manil. 4, 580. – **C** **Babylōnicus** (Babulōnicus, vulgär Vabulōnicus), a, um, **babylonisch,** Chaldaeûm doctrina (s. *Babylonia*), Lucr.: peristromata, kunstvoll gewebte u. mit Figuren durchwirkte, Plaut.: tricliniaria, Plin.: pelles, Maroquin, ICt.: u. daraus zona, soleae, socci, Edict. Diocl.: mulieres, Isid.: captivitas, Eccl.: subst. babylōnicum, ī, *n.*, eine **babylonische Decke,** ein **Teppich,** P. Syr. b. Petr. 55, 6. *v.* 3 (vgl. Gloss. babylonicum, ψιλὴ πολύμιτος): Plur., Lucr. 4, 1029. Ulp. dig. 34, 2, 25. § 3. – **D** **Babylōniēnsis**, e, **aus Babylon, babylonisch,** miles, Plaut. truc. 84. – **E** **Babylōnius**, a, um, **babylonisch,** miles, Plaut.: arx, Curt.: numeri, chaldäische u. astrologische Rechnung = Weissagung aus den Gestirnen, Hor.: dah. Horos, der Sternkundige, Prop. – subst., Babylōniī, ōrum, *m.*, die Einw. Babyloniens, die **Babylonier,** Cic. – u. Babylōnia, ae, *f.*, die **Babylonierin,** Ov.

1. **bāca** (bacca), ae, *f.* (vgl. cymr. *bagad*, Traube), die **Beere,** **I** eig.: **A** im Allg.: virgas murteas cum bacis servare, Cato: lauri bacae, Verg.: cupressi bacae, Plin.: piperis bacae, Pfefferbeeren, -körner, Vitr. – **B** insbes., die **Ölbeere, Olive,** agricola cum florem oleae videt, bacam quoque se visurum putat, Cic.: so Venafranae baca olivae, Hor.: ubi viridi certat baca Venafro, Hor.: bicolor baca Minervae (weil der Olivenbaum der Minerva heilig), Ov. – **II** übtr.: **A** jede runde **Baumfrucht,** arborum bacae (Ggstz. fructus od. fruges terrae u. bl. fruges), Cic.: arbores seret diligens agricola, quarum aspiciet bacam ipse numquam, Cic. – **B** alles Beerenähnliche: **1** die **Perle,** Indica, Petr.: detractam ex aure Metellae aceto diluit insignem bacam, Hor. – **2** v. Ziegenkot, eine **Lorbeer,** ein **Böllchen,** baca caprini stercoris, Pallad. 2, 14, 3. – **3** ein **Gelenk** der Kette, Prud. perist. 1, 46 u. a. – ► Die Schreibung baca ist in den besten Hdschrn. vorherrschend. – bacca schrieb Prisc. 2, 6.

2. **Bāca** = Baccha, s. d.

bācālia (laurus), ae, *f.* (baca), die an Beeren fruchtbarste Art von **Lorbeerbäumen,** Plin. 15, 129.

bācālis, e (baca), **Beeren tragend,** laurus bac., Plin. 17, 60. Vgl. bacalia.

bacalūsiae, ārum, *f.*, viell. eine Art Naschwerk; dah. sprichw., postquam omnes bacalusias consumpsi, nachdem ich alle Nüsse geknackt hatte = nachdem ich mich in allen möglichen Vermutungen fruchtlos erschöpft hatte, Petr. 41, 2.

Bacānal = Bacchanal, s. d.

bacar = *vas vinarium simile bacrioni*, Paul. ex Fest. 31, 2.

bacario = *urceoli genus*, Gloss. IV, 488, 11.

bacarium, **1** = *vas aquarium*, Gloss. IV, 170, 4. – **2** = *vas vinarium*, Gloss. IV, 599, 2. Vgl. bacar, bacario.

bācātus, a, um (baca *no.* II, B, 1), **mit Perlen versehen, Perlen-,** monile, Verg. Aen. 1, 655. Sil. 8, 134. Lampr. Alex. Sev. 41, 1.

Bacaudae, ārum, *m.* (= *rebelles*), das Landvolk in Gallien, das sich unter Diokletian u. Maximian empörte u. langwierige Unruhen erregte, Aur. Vict. Caes. 39, 17. Eutr. 9, 20. Hier. in chron. ad Ol. 266, 3. Salvian. de gub. dei 5, 6. – Dav. **Bacaudica rebellio**, der **Volks-, Bauernaufstand,** *Eumen. pro rest. schol. 4, 1.

bacca, baccālia etc., s. 1. bāca etc.

baccar, aris, *n.* u. **baccaris**, is, *f.* (βάκκαρις), eine Pflanze mit wohlriechender Wurzel, aus der man ein Öl bereitete, auch nardum rusticum u. perpressa gen., nach Sprengel der **keltische Baldrian** (*Valeriana Celtica*, L.), Verg. ecl. 4, 19 u. 7, 27. Plin. 12, 45; 21, 29 u. 30; 21, 132 133. *Curt. 8, 10 (36), 14. *Sen. Oed. 421 P.: Form baccaris, Plin. 12, 45.

Baccāria, ae, *f.* (viell. v. baccar), Titel einer Komödie des Plautus, Macr. sat. 3, 16, 1 E.

baccātus, a, um, s. bācātus.

1. **Baccha** (archaist. Bāca), ae, *f.* (Βάκχη), eine **Bacchantin,** d. i. eine gottbegeisterte Priesterin des Bacchus, Frau od. Mädchen, die die Feste jenes Gottes in einer bis zur Unempfindlichkeit gesteigerten Raserei beging, Plaut. Amph. 703; aul. 408. Ov. met. 4, 25 u. a.: als Gemälde, Cic. ep. 7, 23, 2. – Bacchis initiare alqm, einweihen in die Bacchusfeier, Liv. 39, 9. § 4 u. 10. § 2 u. 14. § 8: Bacas adiese (archaist. = *adire*), die Bacchusfeier besuchen, SC. de Bacch. im CIL 1, 196. lin. 7. – ► griech. Nbf. Bacchē (Βάκχη), Ov. amor. 1, 14, 21; trist. 4, 1, 41.

2. **baccha**, ae, *f.*, der **Wein,** Varr. LL. 7, 87.

bacchābundus, a, um (bacchor), **sich bacchantischer Begeisterung hingebend,** agmen, Curt. 9, 10 (42), 27. – u. **bacchantisch tobend,** turbabat impurus hic in medio foro bacchabundus, Apul. apol. 82.

Bacchānal (archaist. Bacānal), ālis, *n.* (Bacchus), **I** ein **dem Bacchus geweihter Ort,** der **Ort, wo die Bacchusfeier begangen wird,** Plaut. aul. 408; Bacch. 53: Plur. (v. mehreren Orten), SC. de Bacch. im CIL 1, 196. lin. 28. Liv. 39, 18, 7. – **II** Bacchānal, Plaut. mil. 858. SC. de Bacch. im CIL 1, 196. lin. 3 u. 4 (wo Bacanal): gew. Plur. Bacchānālia, ium, *n.* (zuw. iōrum, wie Sall. hist. fr. 3, 79 [97]), Cic. de legg. 2, 37. Liv. 39, 9 *sqq.* Liv. epit. 39. **1** das **Bacchusfest,** die **Bacchusfeier,** alle drei Jahre zur Nachtzeit höchst tumultuarisch u. ausschweifend begangen, dah. in Rom im J. 186 v. Chr. verboten durch ein senatus consultum de Bacchanalibus, das sich noch erhalten hat u. abgedruckt ist im CIL 1, 196. p. 43. – **2** die **Kultusstätten des Bacchus,** demoliri Bacchanalia, Liv. 39, 16, 10. – Poet., Bacchanalia vivere, **ausschweifend leben,** Iuven. 2, 3.

Bacchānālis, e (Bacchus), **bacchanalisch, des Bacchus,** chorus, Aur. Vict.: sacra, Val. Max., od. festum, Macr., das Bacchusfest (s. Bacchānal *no.* II): dass. subst., Bachānālia, ium, Διονύσια, Gloss. II, 278, 21.

bacchar u. **baccharis,** besser baccar, baccaris, s. d.

bacchātim, *Adv.* (bacchor), **in bacchantischer Wut,** alqm discerpere, Apul. met. 1, 13.

bacchātio, ōnis, *f.* (bacchor), **I** die **Bacchusfeier,** Hygin. fab. 4 u. a. – **II** das **bacchantische Schwärmen,** sileatur de nocturnis eius bacchationibus ac vigiliis, Cic. II. Verr.. 1, 33. – übtr., das **Toben nach Bacchantenart,** in detestabilis vinolentiae bacchationibus superbus exsultat, Augustin. ep. 35, 2.

bacchātor, ōris, *m.* (bacchor), der **Schwärmer, Tober,** et falsoris prodentur insidiae et brevitate temporis forte constringitur insania bacchatoris, Zacch. 3, 8.

Bacchē, s. 1. Baccha ►.

Bacchēis, idos, *f.*, von Bacchis, dem Ahnherrn der korinthischen Bacchiaden, herrührend, dah. poet. = **korinthisch,** Ephyres Baccheidos altum culmen, Korinths, Stat. silv. 2, 2, 34.

Bacchēius, a, um (Bacchus), von Bacchus, **bacchisch,** dona, Wein, Verg. georg. 2, 454. – ► Ov. met. 3, 691 jetzt Bacchea sacra.

Bacchēus, a, um (Βακχεῖος), **bacchëisch, bacchantisch,** sacra, Ov.: cultor, Stat.: ululatus, der Bacchantinnen, Ov.: sanguis, von den Bacchantinnen vergossen, Stat.

bacchiacus, a, um (βακχιακός), **bacchisch,** metrum, Terent. Maur. 2608. Mar. Vict. art. gr. (VI) 95, 26 u. 96, 13 K.: coniugationes, *ibid.* 97, 6 K.

Bacchiadae, ārum, *m.* (Βακχιάδαι), die Nachkommen des Herakliden Bacchis (Herrn von Korinth seit 924 v. Chr.), die **Bacchiaden,** eine uralte Herrscherfamilie zu Korinth, die von Kypselos 657 v. Chr. gestürzt wurde, Ov. met. 5, 407. Plin. 35, 152.

Bacchicus, a, um (Βακχικός), **bacchisch,** serta, Ov. u. Mart.: speluncae, Macr.: metrum, Gramm.: Bacchico modo, Enn. fr.: Bacchico ritu, Mart.

Bacchis, chidis, *f.* (Βακχίς), weibl. Name, Plaut. Bacch. 371.

Bacchisonus, a, um (Bacchus u. sono), **den Bacchusruf hören lassend,** Paul. Nol. carm. 26, 289.

1. bacchius, a, um (Bacchus), **bacchisch,** sacra, Ov. met. 3, 518.

2. bacchīus, a, um (βακχεῖος), **bacchisch,** pes, aus zwei Längen u. einer Kürze bestehend, entweder – – ᴗ (z. B. Rōmānŭs), s. Terent. Maur. 1411, oder ᴗ – – (z. B. sălūtī), s. Quint. 9, 4, 82.

baccho, āre (Bacchus), **nach Art der Bacchanten lustschwärmen, pokulieren,** bacchent aulica semper, Commodian. instr. 1, 32, 7. – u. **sich wütend gebärden, wüten,** ille litibus, iste clamoribus, ille bacchabat iniuriis, Augustin. serm. 97, 13 *ed. Mai.*

bacchor, ātus sum, ārī (Bacchus), **I** *intr.*: **A** eig., **das Bacchusfest begehen, -feiern,** Baccha bacchans, Plaut. Amph. 703: cum alqo, Plin. 3, 8: u. im Gleichnis, non ego sanius bacchabor (will lustiger schwärmen) Edonis, Hor. carm. 2, 7, 27. – dah. bacchantēs = Bacchae, **Bacchantinnen,** bacchantum voce, Ov. met. 3, 703: bacchantum ritu, *ibid.* 7, 258: similes bacchantibus, Curt. 8, 10 (36), 15: bacchantium lusus, Curt. 9, 10 (42), 24. – **B** übtr.: **a** übh. v. Menschen, bacchantisch **schwärmen, jauchzen, frohlocken, lärmen, toben, rasen, wüten,** bacchans et grassans, ein rasender Wüterich, Suet.: tum baccharis, tum furis, Cic.: quibus gaudiis *exsultabis?* quanta in voluptate *bacchabere?* Cic.: bacch. in vestra caede, Cic.: tantā *in* illos caede, Vulg. iudic. 20, 25: auch **umherschwärmen, umhertollen** = **schwärmend-, rasend-, wild umherschweifen, -umherirren,** in magnis montibus passim, Lucr.: totam per urbem, Verg.: medias Italûm per urbes, Verg.: per convivia et balneas, Lampr.: omne per latus Italiae ferro et igni, Claud. – **b** vom feurigen Redner od. seiner Rede, eos ... furere et bacchari arbitraretur, für überbegeisterte u. taumelnde Schwärmer hält, Cic. Brut. 276: dicendi genus ... quod inanibus locis bacchatur, sich bacchantisch gebärdet, herumrast, Quint. 12, 10, 76. – v. der in Begeisterung versetzten Wahrsagerin, **rasen,** in antro, Verg. Aen. 6, 78: ebenso vom Dichter, **in bacchantischer Begeisterung schwelgen,** ad aras, Stat. silv. 1, 2, 258. – **c** v. lebl. Gegenständen: **α** = **daher(heran-, herab-)rasen, -toben, -tosen,** vom Wind, Hor. u. Ov.: v. Regen, Val. Flacc.: v. Gerücht, fama bacchatur per urbem, Verg. – **β** scherzh. v. einem vollgefüllten Gefäß, ubi bacchabatur aula, cassabant cadi, ins Tollen kam (= übervoll wurde), Plaut. mil. 856. – **II** *tr.*: **A den Bacchusruf ertönen lassen, a** eig.: bacchari euhoe, Catull. 64, 61 u. 255. – **b** passiv, v. Örtl. = **vom Bacchusruf-, Bacchustanz** od. **von der Bacchusfeier durchtobt werden** od. **widerhallen,** ita obsoletum sono furenter ab omni parte bacchatur nemus, Santra b. Non. 78, 28: ululatibus Ide bacchatur, Claud. rapt. Proserp. 1, 206: bes. Partiz., te, bacchate Cithaeron, Stat. Theb. 4, 371: bacchata iugis (auf seinen Gebirgen) Naxos, Verg. Aen. 3, 125: virginibus bacchata Lacaenis (von lakon. J.) Taygeta, Verg. georg. 2, 487: u. so Dindyma sanguineis famulûm bacchata lacertis, Val. Flacc. 3, 20. – **B in bacchantischer** od. **wilder Begeisterung dichten,** carmen, Iuven. 6, 636.

1. Bacchus, ī, *m.* (Βάκχος), **I Bacchus,** bei den Griechen, der jugendlich schöne, weichliche Gott des Weins, als solcher von den Römern mit ihrem Naturgott Liber identifiziert. Zeus zeugte ihn mit der Thebanerin Semele. Semele, durch die List der Hera, die in Gestalt von Semeles Amme od. einer Freundin zu ihr kam, verleitet, bat den Zeus, der ihr die Erfüllung jedes Wunsches versprochen, in derselben Herrlichkeit ihr zu erscheinen, in der er sich der Hera nahe. Zeus erschien mit Blitz und Donner; Semele wurde von der Flamme ergriffen (Ov. fast. 6, 485) u. gebar sterbend ein unreifes Kind (dah. Bacchus ignigena, Ov. met. 4, 12); Zeus rettete das Kind aus dem Brand u. ließ es in seine Hüfte einnähen (Curt. 8, 10 [35], 12. Arnob. 4, 22). Nachdem der Gott zur rechten Zeit die Naht getrennt und das Kind geboren hatte (dah. Bacchus bis genitus, Ov. met. 3, 314; trist. 5, 3, 26, u. satus iterum u. bimater, Ov. met. 4, 12), übergab er es dem Hermes. Dieser brachte den Knaben zur Ino (der Schwester der Semele) u. zu deren Gemahl Athamas und überredete sie, ihn als Mädchen aufzuziehen. Als aber die erzürnte Hera beide in Raserei versetzte, verwandelte Zeus den Knaben in einen Bock, und Hermes brachte ihn zu den Nymphen, die auf dem Nysa wohnten (dah. Bacchus Nyseus, Ov. met. 4, 13: Nysius, Cic. Flacc. 60). Herangewachsen wurde Bacchus selbst von Hera rasend gemacht u. irrte in der Raserei umher. – als Gott des Weins mit den Beinamen Bromius, Lyaeus, Lenaeus, Nyctelius, Eleleus, Evan, Liber (alle bei Ov. met. 4, 11 *sqq.*), nocturnus (Verg. georg. 4, 521). Vgl. Dionysos. – als berauschend u. begeisternd Gott der Dichter, bes. der hochbegeisterten, Hor. carm. 2, 19, 1 *sqq.;* vgl. Ov. am. 3, 15, 17. – Von der bildenden Kunst wird Bacchus in der ältesten Zeit als Naturgott bloß als Herme mit dem Phallus dargestellt, in späterer Zeit teils als bärtiger Mann mit reichem, bald in Locken herabfallendem, bald zum Teil in einem zierlichen Wulst um den Kopf aufgebundenem Haar, teils als ein im Alter der Epheben stehender Jüngling gedacht (Ov. fast. 3, 771 *sqq.* Tibull. 1, 4, 37), auf dem Kopf gleichfalls mit reichem, zum Teil hinten in einen Knoten geschürztem, zum Teil üppig herabwallendem Haar (dah. indetonsus, Ov. met. 4, 13, depexus crinibus, Ov. fast. 3, 465), mit der Stirnbinde od. einer Wein- od. Efeuranke (dah. racemifer, Ov. met. 15, 413; vgl. Bacche racemiferos hederā redimite capillos, Ov. fast. 6, 483: u. corymbifer, Ov. fast. 1, 393); endlich als gehörnter Gott, den Mysterien angehörend (dah. cornu insignis Bacchus, Ov. art. am. 3, 348, corniger Lyaeus, Ov. am. 3, 15, 17; vgl. Tibull. 2, 1, 3). – **II** meton.: **A** der **Bacchusruf** (Io Bacche!), Baccho audito, Verg. Aen. 4, 302. – **B** = der **Weinstock,** Verg. georg. 2, 113 u. a. – **C** = der **Wein,** Verg. ecl. 5, 69 u. a.

2. bacchus, ī, *m.*, eine auch myxon gen. Art **Schellfische,** Plin. 9, 61; 32, 77 u. a.

Bacchylidēs, is, *m.* (Βακχυλίδης), griech. lyrischer Dichter aus Keos, Schwestersohn des bekannten Dichters Simonides, um 470 v. Chr., Amm. 25, 4, 3. Atil. Fortunat. de art. metr. 1, 4, 14. – Dav. **Bacchylidīus,** a, um, **bacchylidisch,** metrum, Serv. gramm. (IV) 459, 19 K.

bacciballum, ī, *n.* (bacca), etwa **dicke Nudel,** unser vulg. **dicke Huschel** (v. einem beleibten Frauenzimmer), pulcherrimum bacc., Petr. 61, 6.

baccifer, s. bācifer.

baccina, ae, *f.*, das auch Apollinaris genannte Kraut, Ps. Apul. herb. 22.

baccula, s. bācula.

bacellus, ī, *m.* = bacillus, das **Stäbchen, Stöckchen,** Hier. reg. Pachom. 81.

Bacenis, is, *f.*, ein ausgedehnter Wald Germaniens, der zwischen den Cheruskern u. Sueven eine natürliche Grenzmauer bildete, ohne Zweifel der **westliche Teil des Thüringerwaldes,** im Mittelalter **Bukonia, Buchenau,** Caes. b. G. 6, 10, 5.

baceolus, ī, *m.* (βάκηλος), **stockdumm, Dummhut,** sagte Augustus st. stultus, nach Suet. Aug. 87, 2.

bācifer, fera, ferum (baca u. fero), **I** übh., **Beeren tragend, beerenreich,** taxus, Plin. 16, 50: hedera, Sen. Oed. 414 (415). – **II** insbes., **Oliven tragend,** Pallas, Ov. am. 2, 16, 8: Sabinus, Sil. 3, 596.

bacillo, s. vacillo a. E.

bacillum, ī, *n.* (*Demin.* v. baculum), **das Stäbchen, Stöckchen, I** im Allg.: bacillum corneolum, Afran. fr.: huic (Polyphemo) maius bacillum quam malus (Mastbaum) in corbita maximus ulla, Lucil. fr.: lituus, id est incurvum et leniter a summo inflexum bacillum, Cic.: bacillum aliud est inflexum et incurvatum de industria, aliud ita natum, Cic.: nullo dextram subeunte bacillo, Iuven. – **II** insbes.: **a** der **Stab** des Liktors, anteibant lictores, non cum bacillis, sed cum fascibus duobus, Cic. agr. 2, 93: quos (lictores) ego nunc paulisper cum bacillis in turbam conieci, Cic. ad Att. 11, 6, 2: converso bacillo oculos misero tundere vehementissime coepit, Cic. Verr. 5, 142 M. – **b** der **Schaft** eines Geschosses, inversi teli, Apul. met. 1, 4. – ► Nbf. **bacillus** b. Isid. 20, 13, 1.

bāco, āre (bāca), **mit Lorbeer bestreuen,** Apic. 1, 12.

bacrio, ōnis, *f.*, die **Kelle,** Paul. ex Fest. 31, 1 u. 2.

bactērium, ī, n. (βακτήριον), das **Stöckchen, Stäbchen,** Gloss. V, 442, 39.

Bactra, ōrum, *n.* (Βάκτρα), die Hauptstadt von Baktriana am Baktrusfluss, das j. *Balk,* Hor. carm. 3, 29, 28. Curt. 7, 4 (18), 31. Amm. 23, 6, 58: meton., die Einwohner der Stadt Baktra, Verg. Aen. 8, 688. – Nbf. **Bactrum,** ī, *n.*, Plin. 6, 48. – Dav. **a Bactrī,** ōrum, *m.*, die Einw. der Stadt Baktra od. des baktrischen Reichs, Varr. fr., Mela u. Plin. – u. dav. **Bactria,** ae, *f.* = Bactriana (s. unten), Plin. 8, 67. – **b Bactriānus,** a, um (Βακτριανός), zur Stadt Baktra od. zum Reich Baktrien gehörig, **baktrianisch,** arx, Curt.: regio od. terra = Bactriana (s. d.), Curt. – subst., **α** Bactriāna, ae, *f.* (Βακτριανή), die Landschaft Bactriana (eine der östl. Provinzen des persischen Reichs, das heut. *Balk),* Plin. 12, 35: Bactriana ulterior, Oros. 3, 23. – **β** Bactriānī, ōrum, *m.*, die Bewohner von Baktriana, die **Baktrianer,** oft bei Curt. u. a.: meton. = Bactriana (s. vorh.), Curt. 7, 4 (17), 25: ebenso (kollektiv) Sing. Bactriānus, ī, *m.* bei Tac. ann. 2, 60. – **c Bactrīnus,** a, um, **baktrinisch** (= baktrisch), camelus, Apul. met. 7, 14.

bactroperīta, ae, *m.* (βακτροπηρίτης), **mit Stab u. Ranzen gerüstet,** v. den Zynikern, Hier. in Matth. 1. *c.* 10. *v.* 9 u. 10.

Bactrus (-os), ī, *m.* (Βάκτρος), Fluss bei Baktra, j. *Balk,* Curt. 7, 4 (18), 31. Lucan. 3, 267.

bācula, ae, *f.* (*Demin.* v. baca), eine **kleine Beere,** Plin. 25, 96. Arnob. 2, 21: olearum baculae, *ibid.* 1, 2: murtae baculae, Cael. Aur. chron. 5, 4, 69.

baculum, ī, *n.* u. (spätere Form) **baculus,** ī, *m.* (verwandt mit βάκτρον, von βάω, βάζω, gehen), der **Stab, Stock** (eig. als Stütze beim Gehen, dann auch = scipio, ein Stab zur Zierde, u. = fustis, ein Stock zum Schlagen), bacula valida, Cels.: summa papaverum capita baculo decutere, Liv.: baculum, quo angui rana excussa sit, parturientes adiuvat, Plin. – als Hirtenstab, baculi cuspis, Plin.: baculum pastorale, Sil.: pastor baculo innixus, Ov. – als Augurstab (*lituus),* augur dextrā manu baculum sine nodo aduncum tenens, Liv. – als Szepter, ipse veste purpureā argenteoque baculo et regium in morem fronte redimitā, Flor.: u. der Bühnenkönige, elapsum baculum cito resumere, Suet. – als Stütze beim Gehen, baculum aureum inclusum corneo, Liv.: baculum sambuceum, Flor.: innitens baculo, Sen. rhet. u. Ov.: innixa baculo senectus, Sen.: dah. als Attribut der zynischen Philosophen, pera et baculum, Apul., pera, baculus, Auson.: hunc novi cum baculo peraque senem, Mart. – als Stütze, Krücke für Fußkranke, minus baculo eget crus, Cels.: für Blinde, caecorum baculum fuit (bildl. v. einer Pers.), Hier. ep. 60, 10. – zum Dreschen, baculis excutere (ausdreschen) spicas, Col. – als **Riegel,** durch einen Kloben zu stecken, Vitr. – ► Form baculum, z. B. Cels. 8, 10, 2. § 4. Plin. 30, 129. Flor. 4, 5, 3. Ov. met. 2, 681 u. 15, 655. Plur. Cels. 8, 20. § 16: Form baculus, z. B. Auson. epigr. 49, 1. p. 209 Schenkl. Vulg. genes. 38, 18 u. ö. Ambros. de Tob. 5 *extr.;* vgl. Prob. append. (IV) 197, 22. u. Caper (VIII) 108, 7.

Badia, ae, *f.*, Stadt in Hisp. Baetica, noch j. *S. Mariade Bedoya,* Val. Max. 3, 7, 1. – Nbf. Budua, Itin. Anton. 419.

badisso, āre, s. badizo.

baditis, idis, *f.*, eine Pflanze = *nymphaea* (s. d.), Marc. Emp. 33, 63.

badius, a, um, **kastanienbraun,** color (equi), Pallad. 4, 14, 4. Isid. 12, 1, 48 u. 49: equus, Varr. sat. Men. 358: in pectore (canis) crines, Gratt. cyn. 536: viola, CIL 5, 6415. – ► Gloss. ›badius, χελιδονιαῖος‹ (schwalbenfarbig).

badizo, āre (βαδίζω), **schreiten, marschieren,** tolutim, Plaut. asin. 706.

Baduhennae lūcus, ein Wald im Land der Friesen, im j. Sevenwalden (Westfriesland), j. *Hold Pade,* Tac. ann. 4, 73.

Baebius, a, um, Name eines plebej. röm. Geschlechts, mit den Beinamen Dives, Sulca, Tamphilus, aus dem am berühmtesten: die Gebrüder Cn. Baebius Tamphilus, Val. Max. 7, 2, 6: u. M. Baebius Tamphilus, Val. Max. 1, 1, 12; beide oft b. Liv. *lib.* 29–40. – u. C. Baebius Sulca, Volkstribun, 111 v. Chr., von Jugurtha bestochen, Sall. Iug. 33 *sq.* – *Adi.* **bäbisch,** lex Baebia (*de praetoribus creandis*), Liv. 40, 44, 2. Fest. p. 282 (b), 28.

Baecula (Baecyla), ae, *f.* (Βαίκυλα), Stadt der Oretaner in Hisp. Baetica, j. *Baylen,* Liv. 27, 18, 1; 28, 13, 16.

Baeterrae (Beterrae, Biterrae), ārum, *f.*, Stadt in Gallia Narbon., j. *Béziers,* Form Baet., CIL 9, 799: Form Bet., Mela 2. § 75 Fr. Plin. 3, 36 u. 14, 68 S. Itin. Anton. 389, 5 u. 397, 1: Form Bit., Itin. Anton. 552, 3. Sulp. Sev. chron. 2, 39, 2. – Dav. **Baeterrēnsis** (Beterrēnsis, Biterrēnsis), **aus** od. **zu Bäterrā, bäterrensisch,** septimani Baet., CIL 12, 4227: synodus Bit., Hilar. c. Constant. imp. 2: Biterrae, Biterrensis, Not. Tir. 84, 43 u. 44: subst., de Biterrensi (*sc.* civitate), **aus dem Biterrensischen,** Sidon. ep. 9, 10: Plur. Beterrēnsēs od. Biterrēnsēs, ium, *m.*, die Einw. von Bäterrā, die **Bäterrenser,** Form. Bet., Notit. eccl. Galliae: Form Bit., Sidon. ep. 8, 4.

Baeticātus, Baeticus usw., s. Baetis.

Baetis, is, Akk. im u. in, Abl. e u. ī, *m.* (Βαῖτις), Hauptfluss in Hisp. Baetica, j. *Guadalquivir,* Liv. 28, 16, 2 (Akk. Baetim); 28, 22, 1. Plin. 3, 13. CIL 2, 4701 (überall Abl. Baete). Mart. 9, 61, 2 (Akk. Baetin). Amm. 23, 6, 21 (Abl. Baeti). CIL 2, 4712 (Akk. Baetem): Nbf. Betis, Paul. Nol. carm. 10, 236. – Dav.: **A Baeticus,** a, um, **bätisch,** am Fluss Bätis befindlich, provincia Baetica (Βαιτική), die Provinz (Hisp.) Baetica, ein Teil des südwestl. Spaniens, jetzt **Andalusien u. ein Teil von Granada,** wegen der Wolle berühmt, Plin.: Baeticae lacernae, aus bätischer Wolle, Mart.: Plur. subst., Baeticī, ōrum, *m.*, die Einw. von Bätika, die **Bätiker,** Plin. ep. – **B Baeticātus,** a, um, **in bätische Wolle gekleidet,** Mart. 1, 96, 5. – **C Baeticola,** ae, *Adi.*, **am** Fluss **Bätis wohnend,** Sil. 1, 146. – **D Baetigena,** ae, **am** Fl. **Bätis geboren,** Sil. 9, 234. – **E Baetūria,** ae, *f.* (Βαιτουρία), der nordwestl. Teil von Hisp. Baetica, zwischen dem Bätis u. Anas, Plin. 3, 13.

baeto (bēto, bīto), ere (βάω, βῆμι), **schreiten, gehen,** absol. od. m. *Advv.*, m. *ad* od. *in* u. Akk., m. *Acc. loc.*, m. 1. *Sup.*, **α** Form *baeto:*

absol., Pacuv. tr. 227: foras, Varr. sat. Men. 553 B.: hinc defensum patriam in pugnam, Pacuv. tr. 255. – **β** Form *bēto:* si valebit, puls in buccam betet, *Pompon. com. 150 R². – **γ** Form *bīto:* absol., Plaut. Pseud. 254: ad alqm, Plaut. Curc. 141; Stich. 608. Lucil sat. 30, 66 (wo auch apud alqm = ad alqm): ad portum, Plaut. merc. 465: Romam gladiatoribus, Lucil. sat. 26, 78.

baetulī (baetyli), ōrum, *m.* (βαίτυλοι), **Meteorsteine,** Plin. 37, 135.

bafa, ae, *f.* (βαφή), die **Tunke, Brühe,** Apic. 3, 89.

Baga, s. 1. Vaga.

Bagaudae, richtiger Bacaudae, s. d.

Bagiennī (Vagienni, Bagenni, Vagenni), ōrum, *m.,* eine Völkerschaft im nördl. Ligurien, am ersten Lauf des Padus, Bagienni, Varr. r. r. 1, 51, 2. CIL 6, 3896 (wo abgek. Aug. Bag. = Augusta Bagiennorum): Vagienni, Plin. 3, 47 u. 49: Vagenni (Variante Bagenni), Sil. 8, 605.

bagīna, vulgär = vagina, s. d.

Bagōus, ī, *m.* u. **Bagōās,** ae, *m.* (Βαγώας, ein persisches Wort), Name persischer »Eunuchen« (Plin. 13, 41, wo griech. Genet. Bagou), unter dem bes. der Mörder Artaxerxes' III. (Ochus) u. des Arses bekannt ist, Quint. 5, 12, 21. Sulp. Sev. chron. 2, 16, 8: dah. appell. = jeder **Frauenwächter,** Ov. am. 2, 2, 1.

Bagrada, ae, *m.* (Βαγράδας), der ansehnlichste Fluss im Gebiet von Karthago, zwischen Utika u. Karthago mündend, j. *Medsjerda* od. *Mejerda,* Caes. b. c. 2, 24 *in.* u. 26 *in.* Liv. 30, 25, 4. Mela 1, 7, 2 (1. § 34), von mittelmäßiger Größe u. trägen Laufes, dah. B. lentus, Lucan. 4, 588: durch seinen bei öfterem Austreten zurückgelassenen Schlamm das Land befruchtend, Sil. 6, 141 *sqq.*

Bahal, s. Baal.

1. baia, ae, *f.* (βάιον), der **Palmenzweig,** Hieron. adv. Iovin. 2, 13.

2. baia, ae, *f.* = *portus* (vgl. ital. *baia,* franz. *baie*), Isid. orig. 14, 8, 40.

Bāiae, ārum (Dat. auch Bais), *f.,* **I** Stadt u. warmes Bad an der kampanischen Küste (zwischen Kumä u. Puteoli), gleich berühmt durch die Reize der Natur, die Heilkraft seiner Quellen u. die Fröhlichkeit des dortigen Lebens, Cic. ep. 9, 2, 5. Hor. carm. 2, 18, 20: homo durus ac priscus invectus est in eos, qui mense Aprili apud Baias essent et aquis calidis uterentur, Cic. in Clod. fr. 20 M.: Baiis remotis arbitris otiabar, Symm. ep. 1, 3. Vgl. Schmid u. Obbarius Hor. ep. 1, 1, 83 u. 1, 15, 2 *sqq.*: über das geräuschvolle Leben in Bajä s. Sen. ep. 51, 1 *sqq.* – als Badeort auch Baiae aquae b. Prop. 1, 11, 30. – **II** meton., jeder **Badeort,** Cic. Cael. 35 u. 38. Mart. 10, 13, 3. Vgl. Huschke u. Dissen Tibull. 3, 5, 3. – Dav. **Bāiānus,** a, um, **bajanisch, in (zu)** od. **bei Bajä,** negotia, Cic.: murex, Hor.: regiones, montes, Vitr.: lacus, der Lukriner See, Tac. u. Plin.: sinus, Plin. u. Mythogr. Lat.: subst., Bāiānum, ī, *n.,* **a** das **bajanische Landgut,** das **Bajanum,** Varr. r. r. 3, 17, 9. Mythogr. Lat. 1, 226. – **b** das **Bajanische,** die **Gegend von Bajä,** Plin. 9, 25 u. a. Macr. sat. 3, 15, 3: Plur., Baiana liquida, Symm. ep. 1, 8.

baiiolus, s. bāiulus.

Bāiocassēs, ium, *m.,* eine Völkerschaft in Gallia Lugdun. in der Gegend des heutigen *Bayeux,* Auson. prof. (XVI) 5, 7. p. 58 Schenkl. (wo Sing. = ein Bajokasse). – Dav. **Bāiocassīnus,** a, um, **bajokassinisch, im Lande der Bajokassen,** praedia, Sidon. ep. 4, 18: civis, incola, Greg. Tur. vit. S. Martin. 2, 53 u. 4, 22: pontifex, Greg. Tur. hist. Franc. 9, 13: subst., Bāiocassīnī = *Baiocasses,* Greg. Tur. hist. Franc. 5, 26.

bāiol…, s. baiul…

bāionula (bāionola), ae, *f.,* die **Reisesänfte,** Isid. 20, 11, 2. Gloss. V, 583, 12 (badanola).

bāiulātio (bāiolātio), ōnis, *f.* (baiulo) = βασταγμός, das **Lasttragen,** Gloss. II, 494, 40.

bāiulātor (bāiolātor), ōris, *m.* (baiulo) = βαστακτής, der **Lastträger,** Gloss. II, 256, 35.

bāiulātōrius, a, um (baiulo), **zum Tragen eingerichtet** od. **bestimmt,** sella, Tragsessel, Cael. Aur. acut. 1, 11, 83: sessio, *ibid.* 1, 15, 133.

bāiulo (bāiolo), āre (baiulus) = ἀχθοφορῶ (Gloss.), **den Lastträger machen, auf dem Rücken** od. übh. am Körper eine Last, etwas Schweres **tragen,** non didici baiulare (den Lastträger zu machen), nec pecua ruri pascere, Plaut.: asinus baiulans sarcinas, Phaedr.: pondus usque ad LX libras, Veget. mil.: alqm, aufhucken, Quint.: *ferri* proprie dicimus quae quis suo corpore *baiulat, portari* ea, quae quis in iumento secum ducit, ICt.: uterus, quo mulier baiulat partum, Prob. de nom. exc. 46. p. 213, 5 K.: radicem pulegii post aurem sinistram baiulabis, Th. Prisc. 4. fol. 311ᵃ.

bāiulus (bāiolus), ī, *m.* = ἀχθοφόρος, ein **Träger** von Lasten (um Lohn), der **Lastträger, I** im Allg.: Protagoram … adulescentem aiunt vecturas onerum corpore suo factitavisse: quod genus Graeci ἀχθοφόρους vocant, Latine *baiulos* appellamus, Gell.: non pudet amplexari puellam baiolum in media via, Plaut. Poen. 1301: utrum nobis est quaerendum, quid *baioli* atque *operarii,* an quid homines doctissimi senserint? Cic. parad. 23. – m. *Genet.,* stercorum, Firm. math. 8, 20: litterarum, ein Briefträger, Hier. ep. 15. *no.* 5: non eris boni nuntii baiulus, Überbringer, Vulg. 2. regg. 18, 22: baiuli divinarum caeremoniarum, Firm. math. 3, 9, 9 Kr. u. Sk.: baiuli deorum, Firm. math. 3, 10, 3. – **II** insbes.: **a** der **Briefträger,** Amm. 15, 8, 10 u. 28, 1, 33. Hieron. ep. 6 *in.* Cod. Theod. 2, 27, 1. § 2. – **b** (mit u. ohne corporis) der **Leichenträger,** Amm. 14, 7, 17. Sidon. ep. 3, 12. Augustin. ep. 82. *no.* 16. Iul. Val. 2, 34 (21).

bālābundus, a, um (balo), **blökend,** oves, Cypr. ep. 45, 3.

bālaena, bālaenaceus, s. ballaena, ballaenaceus.

balanātus, a, um (balanus *no.* II, C), **einbalsamiert,** Pers. 4, 37. Prisc. 8, 91.

balaninus, a, um (βαλάνινος), **aus der Balsamfrucht** *balanus* **bereitet,** oleum, Plin. 13, 8.

balanītēs, ae, *m.* (βαλανίτης, eichelförmig), ein uns unbekannter Edelstein, Plin. 37, 149. Isid. 16, 15, 10.

balanītis, tidis, *f.* (βαλανῖτις), **eichelförmig,** castanea, Plin. 15, 93.

bālāns, s. 1. bālo.

balanus, ī, *f.,* selten *m.* (βάλανος), **I** die **Eichel,** rein lat. *glans,* Plin. 16, 21; hae acinis quam balanis similiores, Plin. 13, 42. – **II** übtr.: **A** jede ähnlich gestaltete Frucht, **1** bei den Griechen, Sardiani balani, eine Art größerer Kastanien, die **Maronen,** nach Plin. 15, 93. – **2** in Phönizien u. Cilicien die **Dattel,** nach Plin. 13, 48. – **B** übh. jeder eichelförmige Gegenstand: **1** ein **Seifenzäpfchen,** um bei Verstopfungen den Stuhlgang zu befördern, Plin. 20, 43. Cael. Aur. acut. 2, 12, 83; 3, 8, 84. – **2** eine Art Seemuschel, die **Meereichel,** Plaut. rud. 297. Col. 8, 16, 7. Plin. 32, 145: balani albi, nigri, Metell. b. Macr. sat. 2, 9 (3, 13), 12. – **C** = *myrobalanus,* die **Be(h)ennuss,** aus deren Kern ein Öl gepresst wird, das zu den geruchlosen gehört u. andere Wohlgerüche leicht aufnimmt u. in sich bewahrt, Plin. 23, 143. Hor. carm. 3, 29, 4. Mart. 14, 57, 2. Prisc. 8, 91: auch deren Baum, die **arabische Be(h)ennuss** (*Hyperanthera Moringa*), Plin. 13, 61.

balātio, s. ballātio.

balatro, ōnis, *m.,* ein **gemeiner Possenreißer,** Hor. sat. 1, 2, 2. Vopisc. Carin. 21, 1. – als scherzh. Spitzname, **unnützer Schwätzer, Schreier, Hans Narr,** Lucr. 3, 954. Varr. r. r. 2, 5, 1. Hor. sat. 2, 8, 21 u. 64: dah. ne me putes in modum rustici balatronis cuncta Origenis reprobare, quae scripsit, Hier. ep. 85, 4. – ► Gloss. ›balatro, ἄσωτος‹ (= asotus, s. d.), also mit barathrus zusammengestellt; vgl. Comment. Cruq. u. Acro Hor. sat. 1, 2, 2.

bālātus, ūs, *m.* (balo), das **Mäh- u. Bährufen** der Schafe u. Ziegen, **Blöken u. Meckern,** Verg. georg. 3, 554; Aen. 9, 62. Ov. met. 7, 319 (u. spät. Dichter) Plin. 20, 156. Cl. Mam. grat. act. 10, 1: alci balatum ducere, jmdm. ein Blöken entlocken = jmd. tüchtig aufs Maul schlagen, Petr. 57, 2. – Plur., Verg. georg. 4, 435. Ov. met. 7, 540. Solin. 1, 15. Hyg. fab. 125. p. 108, 22 Schm. Hieron. vita Hilar. 6 (= Vol. 2. p. 32 Migne).

balaustium, ī, *n.* (βαλαύστιον), die **Blüte des wilden Granatbaums,** Col. poët. 10, 297. Plin. 13, 113. Scrib. 85 u. 112.

balbē, *Adv.* (balbus), **stammelnd,** Lucr. 5, 1022. – übtr. = **unverständlich,** Varr. fr. b. Non. 80, 7.

balbo, āre (balbus), **lallen,** Isid. 10, 29.

balbus, a, um, (vgl. βαμβάλειν), **stammelnd, lallend** (Ggstz. planus,

d. i. ohne Anstoß, geläufig sprechend), cum (Demosthenes) ita *balbus* esset, ut eius ipsius artis, cui studeret, primam litteram (das R) non posset dicere, perfecit meditando, ut nemo *planius esse locutus* putaretur, Cic.: os pueri b., Hor.: verba b., Hor.: balba de nare loqui, durch die Nase sprechen, Pers.: Plur. subst., balbī, ōrum, *m.*, Firm. math. 4, 14, 1 Kr. u. Sk. – Balbus Beiname der Attii, Cornelii u. a.

balbūtio (balbuttio), īvī, ītum, īre (balbus), **I** *intr.* **stammeln, lallen** (vgl. Non. 80, 13), balbutiendo vix sensus suos explicare, Cels. 5, 26, 31: incertā verborum salebrā balbutire, Apul. met. 10, 10: ore semiclauso balbutiens, Apul. met. 1, 26: balbutiens incerto sermone, v. einem Sterbenden, Apul. met. 8, 14: u. so balbutiens lingua, Cod. Iust. 6, 23, 15. – v. Vögeln = nur zwitschern (Ggstz. canere), Plin. 10, 88. – übtr. = nicht mit der Sprache recht herausgehen, sich ganz unklar ausdrücken, desinant *balbutire, aperteque et clarā voce* audeant *dicere,* Cic. Tusc. 5, 75: Epicurus balbutiens de natura rerum, Cic. de div. 1, 5. – **II** *tr.* **herstammeln,** illum balbutit scaurum, nennt er lallend, tätschelnd (indem er im Kinderton spricht) Humpelchen, Hor. sat. 1, 3, 48. – übtr., Stoicus perpauca balbutiens, dem es nur zuweilen an der nötigen Klarheit gebricht, Cic. Acad. 2, 137.

Baleārēs (Baliārēs) **īnsulae** od. bl. **Baleārēs**, ium, *f.* (Βαλιαρεῖς), die balearischen Inseln, die **Balearen,** j. *Mallorca* (maior) u. *Minorca* (minor), deren Einw. als Schleuderer sehr berühmt waren, ins. Bal., Auct. b. Afr. 23, 3 (Bale.). Liv. 28, 37, 4 (Bali.) u. a.: praef[ectus] pro legato insular[um] Baliarum, CIL 11, 1331 (*a. 66 p. Chr.*): bl. Bal., Cic. ad Att. 12, 2, 1. Mela 2, 7, 20 (2. § 124). – Dav.: **A** **Baleāris** (Baliāris), e, **balearisch,** terra, Plin.: funditor, Liv.: subst., Baleārēs, ium, *m.* (Βαλιαρεῖς), die Einw. der bal. Inseln, die **Balearen,** Liv.: u. Sing. Baleāris, is, *m.*, ein **Baleare,** Sil. – **B** **Baleāricus** (Baliāricus), a, um, zu den balearischen Inseln gehörig, **balearisch,** funda, Ov.: mare, Plin.: subst., Baleāricī, ōrum, *m.*, die Einw. der bal. Inseln, die **Balearen,** Plin.: u. Balearicus Beiname des Q. Caecil. Metellus, als Besieger der Balearen, Cic.

bālēna, s. ballaena.

Baliārēs etc., s. Baleārēs etc.

balineārius, a, um (balineum), **zum Bad gehörig, Bade-,** lacus, CIL 1, 1166.

balineātor, ōris, *m.* (balineum), der **Bademeister,** scherzh. übtr. v. Neptun, Plaut. rud. 527 Fl. (Vulg. balneator).

balineum, zsgz. **balneum,** ī, *n.*, **balinea** od. **balnea,** ōrum, *n.*, gew. aber heteroklit. **balineae,** zsgz. **balneae,** ārum, *f.* (βαλανεῖον), das **Bad,** der **Badeort** (von öffentlichen Bädern, die aus mehreren Zimmern bestehen, nur der Plur., ebenso auch von größeren Privatbädern), **I** eig.: balinea pensilia, Val. Max., balineae pensiles, Plin., balneae pensiles, Macr.: vacantes (leer stehende, unbenutzte) balnearum fornaces, Tac.: labella e balineis, Afran. fr.: aedificare balineas, Plaut.: mihi non sunt balneae, Caecil. com. fr.: balineum calefieri iubebo, Cic.: cum e balneo exissem, accepi litteras tuas, Cic.: pauper mutat cenacula, lectos, balnea, Hor.: constitui locum iussit *balneas Senias:* … Cur enim *balneas publicas* potissimum constituerat? Cic.: in balneas venire, Rhet. Her.: in balneis fuisse cum filio, Cic.: in balneas ardentes conici, Aur. Vict. epit. – **II** meton.: **A** das **Bad** = die Badewanne mit dem Badewasser, praefervidi balnei vapore enecatur, durch ein sehr heißes Dampfbad, Tac.: balneo inferri et vapore eius exstingui, Tac. – **B** das **Bad** = das Baden, balneum prodest, Cels.: balneo raro utendum, Cels.: caventur pridiana balinea, Plin.: bes. a balineo od. a balineis, nach dem Bad, Plin.: post balneum, Cels. – ► Aus der Vulgärspr. Form balneus = *balneum,* Petr. 41, 11 u. balnia = balnea, CIL 14, 914.

baliscus, ī, *m.*, das **Bad,** Petr. 42, 1.

1. Bālista, s. 2. Ballista.

2. bālista, s. 1. ballista.

bālistārius, s. ballistārius.

ballaena (spät. ballēna), ae, *f.* (φάλαινα), s. Paul. ex Fest. 31, 4), der **Walfisch,** Plaud. rud. 545. Ov. met. 2, 9. Plin. 9, 12 *sqq.* Iuven. 10, 14. Auson. Mos. 144.

ballaenāceus, a, um (ballaena), **von Fischbein,** Petr. 21, 2.

ballātio, ōnis, *f.* (ballo), der **Tanz,** Plur. bei Ps. Augustin. serm. app. 265, 4 u. Gloss.

ballātor, ōris, *m.* (ballo), der **Tänzer** (ital. *ballatore, ballerino*), Cybelae, CIL 6, 2265. Not. Tir. 93, 31.

ballātrīx, trīcis, *f.* (Femin. zu ballator), die **Tänzerin** (ital. *ballatrice*), Not. Tir. 93, 32 u. 95, 24[a].

ballematia, ae, *f.* (ballo), das **Tanzen,** Isid. 3, 22, 11. Form vallematia, *n. plur.*, Gloss. V, 596, 7 ›v. sunt inhonestae cantiones et carmina et ioca turpia‹.

ballematicus, a, um, **zum Tanz gehörig,** cymbala, Isid. 3, 21, 11.

ballēna, s. ballaena.

Ballio, ōnis, *m.*, Name eines nichtswürdigen Kupplers im Pseudolus des Plautus; dah. appellat. ein **Ballio** = ein nichtswürdiger Mensch, Cic. Phil. 2, 15.

1. ballista (bālista), ae, *f.* (βάλλω), **I** eine große, bogenartige, mit Stricken und Sehnen gespannte Kriegsmaschine, mit der Steinmassen u. andere Geschosse fortgeschleudert wurden, **Schleudermaschine, Wurfmaschine, Ballista** (urspr. versch. von catapulta, die mehr Pfeile abschoss, später aber oft mit derselben verwechselt; vgl. Vitr. 10, 11 u. 12. Amm. 23, 4. § 1–3), *ballistae* lapidum et reliqua *tormenta* telorum eo graviores emissiones habent, quo sunt contenta atque adducta vehementius, Cic.: asseres cuspidibus praefixi maximis ballistis missi, Caes.: porta ballistis scorpionibusque instructa, Liv.: catapultas ballistasque eo congerere, Liv.: saxa excutere ballistis, Tac.: ballistarum tormentis undique peti, Val. Max.: ballistis tormentisque ut oppidum aliquod expugnata serpens, Plin.: serpens ballistis atque catapultis diu oppugnatus, Gell. – meton., das **Wurfgeschoss,** der **Wurfstein,** ballistae quattuor talentariae (fünfzig Pfund schwere), Sisenn. fr. 92 (bei Non. 555, 26): centenarias (hundert Pfund schwere) iactare ballistas, Lucil. sat. 28, 42: ballista ut iacitur, Plaut. trin. 668: ballista missa, Auct. b. Hisp. 13, 7: contorta ballista, Amm. 19, 1, 7. – **II** übtr.: iam infortuni intenta ballistast probe, Plaut. Poen. 201: u. so Plaut. Bacch. 709. – ► Die Schreibung ballista ist die der meisten guten Hdschrn. – Nbf. ballistra, Cassiodor. (Martyr.) de orthogr. (VII) 173, 1.

2. Ballista, ae, *f.*, Berg u. wahrsch. Kastell (j. *Baltignano?*) auf den Alpen, bei den Ligures Friniates, Liv. 39, 2, 7 u. a.

ballistārius (bālistārius), a, um (ballista), **zur Ballista gehörig,** sagittae, mit der Ballista geschleuderte, Veget. mil. 3, 24. p. 117, 9 L.: milites, Ballistenwerfer, Schleuderschützen, Not. dign. occ. 39. – subst.: **a** ballistārius, ī, *m.*, **α** der **Ballistenverfertiger,** Tarrunt. dig. 50, 6, 6 (7): collegium balistariorum, Inscr. – **β** der **Ballistenwerfer, Schleuderschütze,** Veget. mil. 2, 2. Amm. 16, 2, 5: magister balistariorum, CIL 5, 6632. – **b** ballistāria, ae, *f.* *(sc.* fabrica), die **Ballistenfabrik,** Not. dign. occ. 8. – **c** ballistārium, ī, *n.* = ballista, **Wurfmaschine, Ballista,** Plaut. Poen. 202.

ballistia, ōrum, *n.* (βαλλίζω, tanzen, hüpfen), **Tanzgesänge,** Vopisc. Aurel. 6, 4.

ballistra, s. 1. ballista ►.

1. ballo, āre (βαλλίζω, Gloss.), **tanzen** (ital. *ballare*), Augustin. serm. 106, 2 *ed. Mai.* Ps. Augustin. serm. app. 265, 4 u. 266, 3 (wo: diabolico more).

2. ballo = θήριον θαλάσσιον, der **Wal, Walfisch,** Gloss. II, 28, 7.

ballōtē, ēs, *f.* (βαλλωτή), eine Pflanze, **schwarzer Andorn** (*Ballota nigra,* L.), Plin. 27, 54.

balluca, s. baluca.

ballūx, s. balūx.

balneae, s. balineum.

balneāris, e (balneum), **zum Bad gehörig, Bade-,** argentum, silbernes Badegeschirr, ICt.: urceus, solea, Charis.: vestis Lampr.: iocus, Spart.: pecunia, Schol. Iuven. – subst.: **a** balneāre, is, *n.*, das **Badegeld,** baln. exigere, Gloss. V, 595, 68. – **b** balneāria, ium, *n.*, **Badegerät, Badezeug,** Apul. met. 3, 12.

balneārius, a, um (balneum), **zum Bad gehörig, Bade-,** fur, bei den

Bädern sich aufhaltend, Catull.: furtum, ICt.: instrumentum, Badezeug, ICt.: instrumenta, Schol. Iuven. – subst.: balneāria, ōrum, *n.*, **Bäder, Badezimmer,** Cic. ad Q. fr. 3, 1, 1. § 2; ad Att. 13, 29, 2. Sen. de tranqu. an. 9, 7; nat. qu. 3, 24, 3. Col. 1, 6, 2: fornax balneariorum, Scrib. 60: minora balnearia citius calefiunt, Sen. nat. qu. 4, 9. – ► Nbf. balinearius, s. d.

balneāticum, ī, *n.* (balneum), das **Badegeld,** Schol. Iuven. 2, 152. Vgl. Gloss. ›balneaticum, βαλανικόν‹.

balneātor, ōris, *m.* (balneum), der **Bademeister,** Plaut. Poen. 703. Cic. Cael. 62; Phil. 13, 26. Cic. oratt. fr. inc. 13. p. 35 K.: haec balneator (= balneatrix), Serv. Verg. Aen. 12, 159. – ► Nbf. balineator u. balnitor, s. d.

balneātōrius, a, um (balneator), **zum Baden gehörig,** instrumentum, Badezeug, Paul. sent. 3, 6, 65. Marc. dig. 33, 7, 17. § 2.

balneātrīx, trīcis, *f.* (balneator), die **Badefrau,** Petr. fr. II B. b. Serv. Verg. Aen. 12, 159. Paulin. vit. Ambros. 10. Prob. cath. (IV) 13, 1 K.

balneātus, a, um (balneum), **mit Bädern versehen,** Baiae, Gloss.

balneo, āre (balneum), **baden,** Schol. Vindob. ad Hor. de art. poët. 145. Plin. Val. 5, 41.

balneolae, s. balneolum.

balneolum, ī, *n.* *(Demin.* v. balneum), ein **kleines Bad,** Sen. ep. 86, 3 (4). Iuven. 7, 4: Plur., Cic. Hortens. fr. 69. p. 63 K. (= fr. 76. p. 321 M.). – Plur. heteroklit. **balneolae,** ārum, *f.* *(Demin.* v. balneae), Augustin. c. Acad. 3, 4.

balneum, s. balineum.

balneus, ī, *m.*, s. balineum ►.

balnia, s. balineum ►.

balnitor, ōris, *m.* = βαλανεύς, der **Bademeister,** Gloss. III, 440, 12.

1. bālo, āvī, ātum, āre (onomatop.), **I blöken,** von Schafen, Plaut., Ov., Quint. u. a.: **meckern,** v. Ziegen, Vulg. Tob. 2, 21. – Nbf. belare, Varr. r. r. 2, 1, 7. – poet., balantes hostiae = *oves,* Enn. fr.: u. absol., bālantēs, ium u. (poet.) um, *f.* = oves, Lucr., Verg. u. Apul. – scherzh., satis balasti, du hast genug geblökt = hast genug von Schafen geredet, Varr. r. r. 3, 2, 1. – **II** übtr., **albern reden,** Arnob. 3, 39.

2. balo, s. 1. ballo.

balsamārius, a, um (balsamum), **balsamartig,** herba, Plin. Val. 3, 15.

balsameus, a, um (balsamum), **balsamig,** Auct. carm. de Phoen. 118.

balsaminus, a, um (balsamum), **aus Balsam bestehend, Balsam-,** oleum, Plin. 23, 92.

balsamōdēs (βαλσαμώδης), **balsamartig,** casia, Plin. 12, 97.

balsamum, ī, *n.* (βάλσαμον), **I** der **Balsambaum, -strauch,** die **Balsamstaude** (*Amyris gileadensis,* L.), balsami arbor, Isid. 17, 8, 14 (vgl. Serv. Verg. georg. 2, 119): balsamum modica arbor, Tac. hist. 5, 6: balsamum et palmae, *ibid.*: turis et balsami silvae, Flor. 3, 5, 29: balsami lacrima (βαλσαμοῦ δάκρυον), der Balsamsaft, Cels. 5, 18. *no.* 3: dass. balsami umor, Tac. hist. 5, 6: balsami semen, Cels. 5, 18. *no.* 3. Plin. 12, 115. Scrib. 126 u. 170: balsami seminis grana, Scrib. 177. – **II** der aus dem Balsambaum gewonnene schleimige Saft, der **Balsamsaft,** das **Balsamöl,** der **Balsam,** genau der **Gileadbalsam** od. **Mekkabalsam** (vgl. Prob. Verg. georg. 2, 115), **α** Sing.: oleum balsamum, Apul. met. 10, 21 *in.*: balsamum sudare (v. Bäumen), Iustin. 36, 3, 4: India et terra Israël balsamum et mel et oleum (Olivenöl) et resinam proposuerunt (hielten feil) in nundinis tuis, Vulg. Ezech. 27, 17. – oft als Arzneimittel, casia, myrrha, balsamum, Cels. 3, 21. p. 107, 12 D.: balsami pars una et olei veteris aut cyprini partes duae, Cels. 6, 6. *no.* 34: balsamum purgat, Cels. 5, 5, mollit, Cels. 5, 15. – als Wohlgeruch, Vulg. Sirach 24, 20 u. 21: zum Sprengen, ceteris unguentis et geniali balsamo guttatim excusso conspergere plateas, Apul. met. 11, 9. – als Brennmaterial, idem (Heliogabalus) in lucernis balsamum exhibuit, Lampr. Heliog. 24, 1. – **β** Plur. balsama, ōrum, *n.* die **Balsamsäfte,** der **Balsam,** bes. als Wohlgeruch, Tac. Germ. 45, 5. Solin. 35, 5. Apul. met. 2, 8; 6, 11. Verg. georg. 2, 119 u. oft bei a. Dichtern. – zum Sprengen der Straßen usw., Spart. Hadr. 19, 5: bei Hochzeiten, Apul. met. 6, 24. Claud. nupt. Hon. et Mar. 96; epith. Pall. et Cer. 121: auf Gräber, Anthol. Lat. 779, 134 (109, 134). Auson. epitaph. (XXVII) 30, 2. p. 78 Schenkl.

balteārius, ī, *m.* (balteus), der **Verfertiger von Wehrgehenken,** CIL 6, 31075.

balteo, ātus, āre (balteus), **umgürten, gürtelartig umgeben,** Gloss.: pectus exquisitissimis gemmarum coloribus balteatum, Mart. Cap. 5. § 426.

balteolus, ī, *m.* *(Demin.* v. balteus), ein **kleiner Gürtel,** Capitol. Maximin. 2, 4.

balteus, ī, *m.* u. **-eum,** ī, *n.* (nach Varr. bei Charis. 77, 5 etrusk. Urspr.), die **Einfassung,** der **Rand,** der **Gürtel, Gurt, I** im Allg.: **a** der **Rand,** die **Rinde** des Kuchens, Cato. r. r. 76 u. 78. – **b** die **Rinde** des Weidenbaums, Plin. 16, 174. – **c** = *praecinctio* (διάζωμα), der im Amphitheater rings herumgehende **breite Absatz** zwischen den Sitzerhöhungen, Calp. ecl. 7, 47. Tert. de spect. 3. – **d** baltei pulvinorum, an den Kapitälen der Säulen, der **Polstergurt,** Vitr. 3, 5, 7. – **e** der **Himmelsgürtel, Tierkreis,** Manil. 1, 679 (675); 3, 334. – **II** insbes., der **Gürtel,** der **Gurt, A** eig.: **a** zum Tragen des Schwertes, das über der Schulter getragene **Wehrgehenk** (s. Varr. LL. 5, 116), sutilis, Verg.: caelatus auro, Ov.: verutum in balteo defigitur, Caes. – **b** = ζωστήρ, der **Gürtel** der Frauen, Lucan. 2, 362: v. Gürtel der Venus, Mart. 14, 207. Apul. met. 2, 8: des jüdischen Hohenpriesters, Vulg. exod. 28, 4 u. a. – **c** ein **Gürtel** zum Schmuck um Hals u. Brust der Pferde, an den man oft Schellen befestigte, Apul. met. 10, 18; de deo Socr. 23 (neben cingulum). – **d** (poet.) = cingula, der **Bauchgurt, Bauchriemen** der Pferde usw., Claud. epigr. 21, 2 (*ibid.* 20, 4 zona gen.). – **B** meton., baltea, **Schläge mit dem Gürtel** od. **mit dem Riemen,** quoties rumoribus ulciscuntur baltea, Iuven. 9, 111 *sq.* – ► Genet. baltei zweisilb., Verg. Aen. 10, 496.

baluca (gew. balluca), ae, *f.*, latin. Nbf. v. balux (s. d.), Cod. Theod. 10, 19, 3 u. 4. Cod. Iust. 11, 7, 1. Veget. mul. 1, 20, 3. Vgl. Gloss. ›balluca, γήδιον χρυσοῦ ἀκαθάριστον‹ od. ›ἀχώνευτος γῆ ἢ τὸ χρυσίον ἐκβάλλουσα‹. – ► Abl. Plur. baluceis, Fronto ep. ad M. Caes. 5, 23. p. 82, 25 N.

balūx, ūcis, *f.* (span. Wort) = χρύσαμμος, **Goldsand, Goldkörner,** Plin. 33, 77. *Mart. 12, 57, 9: Plur., Iustin. 44, 1, 7.

Bambalio, ōnis, *m.* (v. βαμβαλειν, stammeln), der Stammler, als Beiname: M. Fulvius Bamb., Vater der Fulvia, der Gemahlin des Antonius, Cic. Phil. 2, 90; 3, 16. – ► Vgl. Cassiod. orth. 6 u. Gloss. ›*bambalo,* ψελλιστής (der Stammler)‹.

bambalium (Meyer) od. **bambilium** (Riese) od. **bambōrium** (Keil), ī, *n.* (onomatop.), ein »bam bam« od. »wam wam« tönendes musik. Instr., bambal. od. bambil., Anthol. Lat. 742, 61 (1163, 61): bambor., (Serg.) expl. in Donat. 532, 2.

bambalo, s. Bambalio ►.

Bambycē, ēs, *f.* (Βαμβύκη), die bedeutendste Stadt Cölesyriens, von den Römern Hierapolis gen., j. *Bambig* od. *Membedsch,* Plin. 5, 81. – Dav. **Bambycius,** a, um, **bambyzisch,** Avien. Arat. 542 u. 646.

bancalēs, Lagerstätten, Gloss. V, 624, 14 ›bancales sunt stratoria‹.

bancus, ī, *m.*, ein unbekannter Fisch, Cael. Aur. acut. 2, 37, 210.

bandum (got. *bandwa),* ī, *n.*, das **Banner** (σίγνον, id est vexillum, *Scaliger*), Gloss. II, 28, 40.

Bandusia, ae, *f.*, eine anmutige Quelle auf dem sabinischen Landgut des Horaz, von ihm besungen, carm. 3, 13. Vgl. Ritter Hor. carm. 3, 13, 1.

Bantia, ae, *f.* (Βαντία), Stadt Apuliens bei Venusia, in waldiger Gegend am Vulturgebirge, j. *S. Maria de Vanze,* Liv. 27, 25, 13. – Dav. **Bantīnus,** a, um, **bantinisch, bei** od. **zu Bantia,** saltus, Hor.: Plur. subst., Bantīnī, ōrum, *m.*, die Einw. von Bantia, die **Bantiner,** Plin.

baphīum, ī, *n.* (βαφεῖον), die **Färberei,** Plur., Lampr. Alex. Sev. 40, 6. Cod. Iust. 11, 7, 14; 11, 8, 5. Cod. Theod. 10, 20, 18; 11, 28, 3. Serv. Verg. georg. 4, 335.

baphius, ī, *m.* (= βαφεύς), der **Färber,** Cod. Iust. 11, 7, 2.

Baptae, ārum, *m.* (Βάπται = die Täufer, die ihre Novizen bei der Einweihung mit Wasser taufen), die **Bapten,** Priester der thrazischen, später athenischen Göttin Cotytto, deren Kultus sie als Orgien mit groben Ausschweifungen begingen, Iuven. 2, 92.

baptēs, ae, *m.*, ein uns unbekannter Edelstein, viell. ein gefärbter Bernstein, Plin. 37, 149.

baptisma, atis, *n.* (βάπτισμα), **I** das **Untertauchen, Abwaschen,** Prud. psych. 103 u.a. – **II** die **christliche Taufe,** spät. ICt. u. Eccl.

baptismus, ī, *m.* (βαπτισμός), die **christliche Taufe,** Eccl.: baptismum percipere, Augustin. in psalm. 80, 2. – Nbf. **baptismum**, ī, *n.*, Eccl.

baptista, ae, *m.* (βαπτιστής), der **Täufer,** von Johannes, Eccl.

baptistērium, ī, *n.* (βαπτιστήριον), **I** ein **Becken** zum Baden u. Schwimmen, Plin. ep. 2, 17, 11; 5, 6, 25. Sidon. ep. 2, 2. – **II** die **Taufkapelle,** Sidon. ep. 4, 15: baptisterium construere, Greg. ep. 2, 12.

baptizātio, ōnis, *f.* (baptizo), das **Taufen,** Eccl.

baptizātor, ōris, *m.* (baptizo), der **Täufer,** Eccl.

baptizo, āvī, ātum, āre (βαπτίζω), **I beträufeln,** Apic. 4, 131. – **II taufen,** Eccl. – **III baden,** se in fonte aquae, Vulg. Iudith 12, 7. – Nbf. **baptizio**, Itala (Taurin.) Matth. 3, 6; Marc. 10, 38 u. 39.

barathrum, ī, *n.* (βάραθρον), **I** der **Schlund, Abgrund,** die **Schlucht, Unterwelt,** Plaut., Lucr. u.a. – auch ein künstlicher **Schlund,** ein **tiefes Loch,** Vitr. 10, 16 (22), 11. – barathro donare, in einen Abgrund werfen, d.i. verschwenden, Hor. sat. 2, 3, 166. – **II** übtr.: **A** scherzh. od. sarkast., der **Abgrund, a** vom (gleichs. unausfüllbaren, unersättlichen) Magen, der **Abgrund,** Plaut. Curc. 121. Flach Mart. 1, 87, 4: dah. v. einem Unersättlichen, bar. macelli, der Abgrund, Schlund des Speisemarkts, Hor. ep. 1, 15, 31. – **B** bar. femineum, v. weibl. Geschlechtsteil, Mart. 3, 81, 1.

barathrus, ī, m. (βάραθρος), ein des Untergangs würdiger Mensch, ein **Nichtswürdiger,** Lucr. 3, 964.

barba, ae, *f.* (für *farba, Grundform *bharda, ahd. *bart*), der **Bart, I** eig.: **a** am Menschen, capillus et barba magna, Varr.: capillus et prominens barba, Sen.: hirsuta barba et in acutum prominens, Amm.: barba longa, Ov.: barba promissa, Vollbart, Nep.: barba immissa, Verg. u. Sen. rhet.: barba demissa, Sen. rhet.: barbā et capillo promisso, Liv.: promittere barbam, Liv., crinem barbamque, Tac.: barbam radere, Suet. u.a.: barbam tondere, Cic.: barbam ponere, Hor. u. Suet.: barbam recīdere, resecare, Ov.: barbam vellere alci, jmd. am Bart ziehen (eine schwere Beleidigung), Hor. – Plur. barbae, von einem starken Bart, Petr. 99, 5. Apul. met. 4, 31. – **b** an Tieren, hirci, caprae, gallinacei, Plin.: polyporum = *cirri,* die Fangarme, Plin.: lupi, Wolfsschnauze (an der der Bart sitzt), Hor. sat. 1, 8, 42: tragelaphi habent menta promissis hirta barbis, Solin. 19. § 19. – **II** übtr., der **Bart** an Gewächsen, nucum, die Wolle, Plin. 15, 88: barba tonsilis tenuium virgultorum, Plin. 17, 202. – Iovis barba, die **silberblättrige Wollblume** (*Anthyllis barba Iovis,* L.), Plin. 16, 76.

Barbāna, ae, *m.*, ein Fluss im mazedon. Illyrien, der die Stadt Scodra (j. *Scodar* od. *Scutari*) auf der Westseite umfloss, j. *Boiana,* Liv. 44, 31, 3.

barbara, ae, *f.*, s. barbarus *no.* I, a, β.

barbarē, *Adv.* (barbarus), **I ausländisch, fremd = lateinisch,** im Gegensatz zum Griechischen, vertere, lateinisch übersetzen, Plaut. asin. prol. 11; trin. prol. 19. – **II** meton., wie ein Ausländer, **a roh, unschicklich,** ferociter et barbare facere, Vulg. 2. Mach. 15, 2: barb. laedere oscula, Hor. carm. 1, 13, 15: loqui, Quint. 1, 5, 9. – **b den Gesetzen** u. **dem Geist der latein. Sprache zuwider, fehlerhaft,** loqui, Cic. Tusc. 2, 12: exclamare, Quint. 1, 6, 45: id barbare facere, Gell. 4, 1, 5: eam litteram in hac voce barbare corripere, Gell. 4, 6, 6: praepositiones istae possunt non barbare protendi, Gell. 4, 17, 7: barbare dixisti ›pluria‹, Gell. 5, 21, 5.

barbaria, ae (Nbf. **barbariēs**, Akk. em, Abl. ē, bei Cic. im Text nur Brut. 258, aber öfter in guten Hdschrn.), *f.* (barbarus), **I** das **Ausland** (Staat und bes. Bewohner) im Ggstz. zu Griechenland und Rom, **a** im Allg.: a quo (philosopho) non solum Graecia et Italia, sed etiam omnis barbaria commota est, Cic.: quod nulla in barbaria quisquam tyrannus fecit, Cic.: extra hanc summam (Graeci exercitus) et Macedoniae exercitus erant et confinis domitarum gentium barbaria, Iustin.: ut omnes fere Italiae gentes tamquam saeva barbaries domarentur, Augustin. de civ. dei 3, 26: barbaria omnis, alle Barbaren, Eutr. 8, 23. – **b** insbes., von einem bestimmten Staat außer Griechenland u. Rom: **α** (im Munde eines Griechen) von Rom, im Ggstz. zu Griechenland, Plaut. Poen. 597. – **β** im Munde eines Römers von Persien, im Ggstz. zu Griechenland, Cic. de rep. 1, 5: von Phrygien, ebenf. im Ggstz. zu Gr., Hor. ep. 1, 2, 7: von Gallien, im Ggstz. zu Rom, Cic. Font. 44: von Szythien und Britannien, in dems. Ggstz., Cic. de nat. deor. 2, 88: v. Szythien, Isid. 14, 4, 3 *cod. Gu.* – **II** meton.: **A** geistige **Barbarei, Unkultur, Roheit,** si multitudo litium, si haec turba et barbaria forensis dat locum vel vitiosissimis oratoribus etc., Cic.: ingenium fuerat pretiosius auro, at nunc barbaries grandis, Ov. – vom »barbarischen (fehlerhaften) Ausdruck« in der Rede, omnes tum fere, qui nec extra urbem hanc vixerant nec eos aliqua *barbaries* domestica infuscaverat, *recte* loquebantur, Cic. Brut. 258: v. »fehlerhaften Ton« der Rede, Petr. 68, 5. – **B** moral. **Barbarei, Roheit, Ungeschliffenheit, Ungeschlachtheit, Wildheit,** (C. Caesar) inveteratam quandam barbariam ex Gaditanorum moribus disciplinā delevit, Cic.: tanta barbaria (Sarmatarum) est, ut pacem non intellegant, Flor.

barbaricārius, ī, *m.* (barbaricus *no.* I, phrygisch), der **Goldweber, -wirker,** der das Gold in Fäden zieht u. zu Stoffen webt, Cod. Iust. 12, 24, 7. § 1. Cod. Theod. 10, 22, 1. Edict. Diocl. 16, 48; vgl. Donat. ad Verg. Aen. 11, 777.

barbaricē, *Adv.* (barbaricus), **barbarisch,** Capitol. Ver. 10, 6. Anthim. 64.

barbaricus, a, um, **I barbarisch,** auf Seiten der Griechen = **nichtgriechisch, römisch, lateinisch** (s. Brix Plaut. trin. prol. 19), urbes, Plaut.: lex, Zwölftafelgesetz, Plaut.: barbarico ritu, Plaut.: auf Seiten der Römer = **nichtrömisch, nichtgriechisch, ausländisch, fremd,** supellex, Liv.: arma, Sen.: sermo, Amm.: solum, Aur. Vict.: barbarico ritu, Ps. Sall.: more od. usu barbarico, Veget. mil. – bes. **morgenländisch, phrygisch,** vestes, Lucr.: aurum, Verg.: b. puxum, die phrygische Flöte, Ps. Verg. cir. 166: pavimenta, Plin.: manus, der Phrygierin Brisēis, Ov.: astante ope barbaricā, Enn. fr.: ope barbaricā, mit Hilfe ausländischer Macht, Verg. – u. **germanisch,** nomina, Suet. Cal. 47. – subst., barbaricum, ī, *n.*, das **Barbarenland, Ausland,** in barbarico, Eutr. 7, 9 u. 9, 4. Amm. 18, 2, 14. Lampr. Alex. Sev. 47, 1. Not. dign. occ. 31 u. 32. – **II** meton., **barbarisch** in Sitten u. Lebensart = **roh, ungesittet,** vita barb., Claud. Eutr. 2, 226: übtr., silva barb., mit verschiedenartigen Anpflanzungen, Col. 11, 2, 83. – *Acc. neutr.* fürs Adv., barbaricum gemens, wild, Sil. 12, 418.

barbariēs, s. barbaria.

barbarismus, ī, *m.* (βαρβαρισμός), **I** das Sprechen auf ausländische, d.i. fehlerhafte Weise, das **fehlerhafte Sprechen,** der **Sprachfehler, Barbarismus,** Rhet. Her. 4, 17. Quint. 1, 5, 5 *sqq.* Fronto ad M. Caes. 1, 8 p. 24, 24 N. Gell. 5, 20, 4. Charis. 265, 2 u.a. Gramm. – **II** die moral. **Roheit, Ungeschliffenheit, Ungeschlachtheit,** quidam barbarismus morum, Sidon. ep. 9, 3.

barbarizo, āre (βαρβαρίζω), **barbarisch reden,** Boëth. Aristot. elench. sophist. 1, 3. p. 734.

barbarolexis, eos, Akk. in, *f.* (βάρβαρος λέξις), die **fehlerhafte Aussprache eines fremden Wortes** (während barbarismus die fehlerhafte Aussprache eines lateinischen ist), Donat. art. gr. 3, 1. p. 392, 7 K. Serv. in Donat. 444, 8 K. Isid. 1, 31, 2. (Charis. 265, 8 u. 10 barbaros lexis).

barbaros, s. barbarus ►.

barbarus, a, um (βάρβαρος), **I ausländisch, fremd,** u. subst. der **Ausländer,** der **Fremde,** der **Barbar,** dem griech. u. röm. Sitte fremd war, **a** im Allg., hospes, Plaut.: servi agrestes et barbari, Cic.: reges, Hor.: barbara (puella) sermone est? was für Kauderwelsch redet sie? Ov. – subst.: **α** barbarī, ōrum, *m.*, **Barbaren,** barbari quidam et immanes (Ggstz. Graeci homines), Cic. – **β** barbarum, ī, *n.*, **αα** das **schwarze Pflaster,** Cels. 5, 19, 1; 5, 26, 23: bei Scrib. 207 barbara gen. – **ββ** die **Sitte-, Art (Weise) der Barbaren,** nur in barbarum, Tac. ann. 6, 42;

hist. 5, 2. – **b** insbes., von einem bestimmten Volk: **α** im Munde eines Griechen od. im Ggstz. zum Griechischen, **barbarisch = italisch, römisch, lateinisch,** poëta (d. i. Nävius), Plaut.: tantum barbaris casibus Graecam litteram (Φ) adhibere, Cic.: u. so im Munde eines Mazedoniers, cum barbaris aeternum omnibus Graecis bellum est eritque, Liv.: u. im Ggstz. zu Pontus, barbarus hic ego sum, quia non intellegor ulli, Ov. – **β** für **phrygisch,** carmen, Hor.: buxus, Val. Flacc. – **γ** für **persisch, Perser** (da seit den Perserkriegen die Perser die verhasstesten Feinde der Griechen waren), Nep. u. Curt.: u. κατ' ἐξ. barbarus vom König der Perser, Nep. Them. 4, 5 u. a.: u. von einem hohen pers. Beamten, Nep. Ages. 3, 1. – **δ** endlich übh. für jedes feindliche, nichtgriechische od. nichtröm. Volk, s. Dähne Nep. Milt. 7, 1: einmal sogar von einer griech. Völkerschaft (den Dassaretiern), Liv. 31, 33, 5 (während die Römer sonst nicht barbarus von Griechen gebrauchen). – **II** meton., **barbarisch, A** geistig **roh, ungebildet, unkultiviert,** qui aliis *inhumanus ac barbarus,* isti uni *commodus ac disertus* videretur, Cic.: homines *barbari* atque *imperiti,* Caes. – *Compar.,* non sunt illa (scripta) suo barbariora loco, Ov. trist. 5, 1, 72. – **B** = moralisch **roh, ungeschlacht, ungeschliffen, wild, hart,** gentes immanitate barbarae, Cic.: homines feri ac barbari, Caes.: immanis ac barbara consuetudo hominum immolandorum, Cic.: mos barb., Hor. – *Compar.,* sacra suo facio barbariora loco, Ov. ex Pont. 3, 2, 78. – Vgl. (*no.* A u. B verb.) neque tam barbari linguā et natione illi, quam tu naturā et moribus, Cic. Verr. 4, 112. – ► Griech. Nbf. barbaros (Femin.) Charis. p. 265, 8 u. 10. Consent. (V) 386, 21 (wo barbaros lexis).

barbasculus, ī, *m.* (viell. *Demin.* v. barbarus), **ziemlich ungebildet,** barbasculus quidam ex advocatorum turba, Gell. 15, 5, 3.

barbātōria, ae, *f.* (barba) = πωγωνοκουρία (Gloss.), das **Abscheren des Bartes** (in der Vulgärspr.), barbatoriam facere, zum erstenmal den Bart scheren lassen, Petr. 73, 6.

barbātulus, a, um (*Demin.* v. barbatus), **ein wenig bärtig, milchbärtig, mit einem Stutzbärtchen,** iuvenis, Cic. ad Att. 1, 14, 5 u. 1, 16, 11: adulescens, Hier. ep. 117, 6 u. 10: v. Tieren, mulli, Cic. parad. 5, 38.

barbātus, a, um (barba), **bärtig, I** v. leb. Wesen, **A** v. Menschen, **1** im Allg. (Ggstz. imberbis, lēvis), dicere licebit Iovem semper *barbatum,* Apollinem semper *imberbem,* Cic.: Iuppiter modo *imberbis* statuitur, modo *barbatus* locatur, Min. Fel.: quos aut *imberbes* aut *bene barbatos* videtis, Cic.: Apollo tot aetatibus *lēvis* (bartlos), Aesculapius *bene barbatus,* Min. Fel. 22, 5. – (poet.) zur Bezeichnung des Mannesalters, solet hic barbatos sectari senex, Plaut.: equitare in arundine, si quem delectet barbatum (Erwachsenen), Hor.: Iove nondum barbato, da Jupiter noch nicht bärtig (d. i. noch jung) war = in der frühesten Zeit, Iuven. – u. Barbatus als Beiname des Lucius Cornelius Scipio. – **2** insbes.: **a** v. **Römer aus der alten Zeit** (in der man den Bart noch nicht abschor), z. B. unus aliquis ex barbatis illis, Cic. Sest. 19. – **b** barb. magister, der **bärtige Meister,** der **Philosoph** (da diese den Bart lang wachsen ließen), Pers. 4, 1 (von Sokrates) u. (Plur.) Iuven. 14, 12: u. subst., barbatus nudus, Mart. 14, 81. – **B** v. Tieren, barb. hirculus, Priap. 86, 16 B = Anthol. Lat. 775, 16: u. subst. bl. barbatus, Langbart = Ziegenbock, Phaedr.: aquila barb., eine auch *ossifraga* genannte Adlerart, Seeadler, Beinbrecher (*Falco Ossifragus,* L.), Plin. 10, 11. – **II** übtr.: **A** von der Nuss, **wollig,** nux barb., Plin. 19, 14. – **B** v. Buch, **bärtig = zottelig,** ne toga barbatos faciat libros, in Zotteln verwandle, Mart. 14, 84.

barbēsco = γενειάζω, ich **bekomme einen Bart,** Gloss. II, 262, 17 u. ö.

barbiger, gera, gerum (barba u. gero), **barttragend, bärtig,** pecudes, Lucr. 5, 897: capellae, Lucr. 6, 970.

barbio, īre (barba), **einen Bart bekommen,** Theod. Prisc. 4, 2. Chalcid. Tim. 156.

barbitium, ī, *n.* (barba), der **Bartwuchs, Bart,** lanosum barbitium, Apul. met. 5, 8: hircinum, Apul. met. 11, 10.

barbitondium, ī, *n.* (barba u. tondeo), das **Bartabzwicken,** Schol. Pers. 1, 15.

barbitos, ī, *m.* (βάρβιτος, -ον), die **Laute** (ursprüngl. durch tieferen Ton u. mehr Saiten von der Lyra versch., aber oft mit ihr verwechselt), **I** eig.: age dic Latinum, barbite, carmen, Hor.: pollice barbiton movere, Claud. 9, 10. – *Plur. heterocl.,* barbita, Auson. epigr. 40, 3. p. 207, 4 Schenkl. – **II** meton. = das (auf der Laute gespielte) **Lied,** Ov. her. 15, 8 (wo barb. als *fem.;* aber das ganze Gedicht wahrsch. unecht).

barbula, ae, *f. (Demin.* v. barba), das **Bärtchen, Stutzbärtchen,** der **Milchbart, I** eig.: barbula prima, Lucil. sat. 9, 71: aliquis ex barbatis illis, non hāc barbulā, quā ista (mulier) delectatur, sed illā horridā, Cic. Cael. 33: vellicare barbulam, Heges. 4, 25. § 2. – **II** übtr.: **A** v. Pflanzen: barbulae pastillicantes, Plin.: gerit iuxta folia singulas veluti barbulas, Plin. – **B** als Beiname des Q. Aemilius, Liv. 9, 20, 7.

barbulus, ī, *m. (Demin.* v. barbus) = φάγρος ἰχθύς, ein in Istrien *marmora,* in Venetien *dentale* gen. Fisch (*Gadus barbatus,* L.), Gloss. II, 28, 21.

barbus, ī, *m.,* die **Barbe, Flussbarbe** (*Cyprinus barba,* L.), Auson. Mos. 94 u. 134.

1. barca, ae, *f.* (abgel. v. baris), die **Barke** (vgl. Isid. 19, 1, 19), Paul. Nol. carm. 21, 95 u. a. Spät.: barcarum certamen, Schifferstechen (?), CIL 2, 13.

2. Barca, ae, *m.* (Βάρκας, von ברק Blitz od. blitzendes Schwert), der Stammvater der später so berühmten barkischen Familie in Karthago, zu der Hamilkar u. Hannibal gehörten: dah. Beiname des Hamilkar, Nep. Ham. 1, 1. – Dav.: **A Barcaeus,** a, um, **barcisch,** iuvenis, Hannibal, Sil. 10, 354. – **B Barcīnus,** a, um, **barcinisch, des Barkas** od. **der Barciner,** familia, factio, Liv.: poet., clades, die Schlacht am Metaurus (i. J. 207 v. Chr.), in der Hasdrubal besiegt u. getötet wurde, Sidon.: subst., Barcīnī, ōrum, *m.* = die **Barciner,** das **barcinische Haus,** die **barcinische Familie,** Liv.

Barcaeus u. **-ī,** s. 2. Barca u. Barcē.

barcala (barcula), ae, *m.,* scherzh. Wort, etwa **Ehestandsesel,** Petr. 67, 7.

barcārius, ī, *m.* (barca), der **Barkenschiffer, -führer,** Not. dign. occ. 40 u. 58. CIL 7, 285.

Barcē, ēs, *f.* (Βάρκη), Stadt in Cyrenaika mit dem Hafenplatz Ptolemais (nach Verfall der Stadt selbst Barce gen.), nach der die Provinz noch heute *Barca* heißt, j. Ruinen von *Merdsjeh,* Plin. 5, 32. – Dav. **Barcaeī,** ōrum, *m.* (Βαρκαῖοι), die Bewohner der Gegend von Barce, die **Barcäer,** ein Nomadenstamm, im röm. Zeitalter durch weitausgedehnte Raubzüge furchtbar, Verg. Aen. 4, 42 *sq.*

barcella, ae, *f. (Demin.* v. barca), eine **kleine Barke,** Not. Tir. 110, 17. Not. Bern. 13[b].

Barcino, ōnis, *f.,* Stadt der Laletaner im tarrakon. Hispanien, j. *Barcelona,* Mela 2, 6, 5 (2. § 90). Auson. ep. 25, 89 p. 193 Schenkl. – Dav. **Barcinōnēnsis,** e, **barcinonensisch,** muria, Auson. ep. 21, 1. p. 181 Schenkl.

Barcīnus, a, um, s. 2. Barca.

1. barcula, ae, *f. (Demin.* v. barca), eine **kleine Barke,** Not. Tir. 110, 14.

2. barcula, s. barcala.

Bardaeī, ōrum, *m.,* ein Volk Illyriens (bei Cic. ep. 5, 9, 2 Vardaei). – Dav. **Bardaicus,** a, um, **bardaisch = illyrisch,** calceus, eine Art Filzstiefel (als Tracht der Zenturionen), Iuven. 16, 13 (wo es scherzh. = Zenturio): ders. bl. Bardaicus, Mart. 4, 4, 5: cuculli, Kapuzen von Filz od. Flaus, Capitol. Pertin. 8, 3.

bardītus, ūs, *m.,* s. barrītus.

bardocucullus, ī, *m.,* ein gallisches **Oberkleid mit einer Kapuze** aus Filz, Mart. 1, 53, 5; 14, 128. Gallien. b. Treb. Poll. Claud. 17, 6.

1. bardus, a, um (von βραδύς, s. Paul. ex Fest. 34, 9), **langsam** od. **schwer von Begriff, stumpfsinnig, einfältig, dumm,** auch **dummdreist,** stulti, stolidi, fatui, bardi, Plaut.: nimis audax nimisque bardus barbarus, Caecil. com. fr.: Zopyrus *stupidum* esse Socratem dixit et *bardum,* Cic.: esse acuminis obtunsioris et bardi, Arnob. 2, 19. – *Compar.,* Pictor te bardior non est, Tert. adv. Herm. 36. – *Superl.,* bardissime, tuo te pugione feristi, Mar. Mercat. subnot. 6, 1. – ► Vgl. Gloss. ›bardus, ἀναίσθητος, βραδύς, ἄφρων, ἀφυής‹.

2. bardus, ī, *m.* (ein gall. Wort, s. Paul. ex Fest. 34, 11), ein Dichter und Sänger der Gallier, der **Barde,** Lucan. 1, 449. Amm. 15, 9, 8.

1. Barēa, ae, *f.* (Βαρεία), Stadt in Hispania Tarrac., j. *Vera,* Cic. ad Att. 16, 4, 2. Plin. 3, 19.

2. Barea, s. 3. Sōrānus.

Barēnē, ēs, *f.*, Stadt in Großmedien in der Nähe von Ekbatana, Aufenthaltsort des von Cyrus begnadigten Krösus, Iustin. 1, 7, 7.

bargina u. **barginna** = *homo vitiosae gentis,* nach Caper (VII) p. 103, 8 mit *codd. B* u. *C;* dagegen Gloss. ›bargina, προσφώνησις βαρβαρική‹; u. ›barginna, βάρβαρος, προσφώνησις βαρβάρου‹.

Bargūsiī, ōrum, *m.* (Βαργούσιοι), Völkerschaft im tarrak. Hispanien, im heutigen Katalonien, Liv. 21, 19. § 7; 21, 23. § 2.

Bargyliae, ārum, *f.* u. **Bargylia,** ōrum, *n.* (Βαργύλια, τά), Stadt in Karien im innersten Winkel des vom Prom. Posidium u. der Stadt Myndus begrenzten sinus Bargylieticus (s. unten), Liv. 32, 33, 7 (wo Abl. -iis); 33, 18, 19 (wo Akk. -ias). Plin. 5, 107 (wo Nomin. -ia): dafür Bargylos, Mela 1, 16, 3 (1. § 85). – Dav.: **A** **Bargyliētae,** ārum, *m.*, die Einw. von B., die **Bargylieten,** Cic. ep. 13, 56, 2. – **B** **Bargyliēticus,** a, um, **bargylietisch,** sinus, Liv. 37, 17, 3.

baripe (barripe), s. baroptenus.

bāris, idos, *f.* (βᾶρις, ein ägypt. Wort), ein ägyptisches kleines Ruderschiff, ein **Nachen,** Prop. 3, 11, 44.

barītus, ūs, *m.*, s. barrītus.

Bārium, ī, *n.* (Βᾶριον), nicht unbedeutender Hafenplatz in Apulien am Adriat. Meer, j. *Bari,* Liv. 40, 18, 8: Bari moenia piscosi, Hor. sat. 1, 5, 97.

1. bāro, ōnis, *m.* (varo, varro, Klotz; vgl. Jahn Pers. 5, 138 *not. cr.*), ein **einfältiger Mensch, ein Einfaltspinsel, Tölpel,** barones et rustici, Lucil. fr.: baro, te victum esse non vides? Cic.: haec cum loqueris, nos barones stupemus, Cic.: eheu, baro, Pers.

2. bāro, ōnis, *m.*, der **Mietsoldat,** nach Isid. 9, 4, 31; vgl. Gloss. ›baro, mercennarius‹.

baroptenus, ī, *m.*, ein uns unbekannter schwarzer Edelstein mit weißen u. roten Punkten, auch baripe gen., Plin. 37, 150.

bārōsus [a, um], (1. baro), **dummstolz,** Gloss.

barrinus, a, um (barrus), **zum Elefanten gehörig, Elefanten-,** aures, Sidon. ep. 3, 13.

barrio, īre (barrus), **brüllen,** vom Elefanten, Suet. fr. 161. p. 250, 3 R. Spart. Get. 5. § 5. Anthol. Lat. 762, 53 (233, 53); vgl. Paul. ex Fest. 30, 7. Placid. gloss. (V) 49, 25. Gloss. II, 28, 34 ›barrit, τρίζει ἐλέφας, βοᾷ‹.

barripē, s. baripe.

barrītus, ūs, *m.* (barrio), **I** das **Gebrüll des Elefanten,** Apul. flor. 17. Veget. mil. 3, 24. Isid. 12, 2, 14. Porphyr. Hor. epod. 12, 1. – **II** das **Schlachtgeschrei,** der **Kriegsgesang, Schlachtgesang** der Barbaren, Tac. Germ. 3, 2. Amm. 16, 12, 43: der Römer, Amm. 21, 13, 15; 26, 7, 17; 31, 7, 11. Veget. mil. 3, 18. – ▶ Die Schreibung barritus ist auch für *no.* II die der besten Hdschrn., nur Tac. Germ. 3, 2 haben die besten Hdschrn. barditum, andere baritum.

barrus, ī, *m.* (ein indisches Wort), der **Elefant,** Hor. epod. 12, 1. Anthol. Lat. 762, 53 (233, 53). Sidon. carm. 22, 55. Isid. 19, 17, 8; vgl. Gloss. ›barrus, ἐλέφας‹.

barycephalus, a, um (βαρυκέφαλος), **plattköpfig, gedrückt,** aedes, Vitr. 3, 3, 5.

barypicros, on (*βαρύπικρος), **schwer bitter,** Beiname des Wermuts, Ps. Apul. herb. 100.

barytonos, on (βαρύτονος), **den Ton auf der vorletzten Silbe habend,** verbum, Macr. de diff. 4. § 1; 5. § 1; 8. § 2 u. 4.

basanitēs, ae, *m.* (βασανίτης = βάσανος, Probierstein), ein sehr harter, zum Prüfen, zu Wetzsteinen und Mörsern dienender Stein, wahrsch. unser **Basalt,** Plin. 36, 58 u. a.

bascauda, ae, *f.* (ein britannisches Wort, vgl. das engl. *basket,* wall. *basget, basgawd*), eine große **Kumme,** ein **Spülkump** von Metall (Silber usw.), Mart. 14, 99. Iuven. 12, 46. Vgl. Gloss. V, 616, 24 ›bascaudae sunt concae aereae‹.

Basculus, s. Bastulī.

basella, ae, *f.* *(Demin.* v. basis), ein **kleines Fußgestell,** Pallad. 1, 18, 2 (Lager für Fässer).

bāsiātio, ōnis, *f.* (basio), das **Küssen,** Plur. = die Küsse. Catull. 7, 1. Mart. 2, 23, 4 u. a.

bāsiātor, ōris, *m.* (basio), der **Küsser,** Mart. 11, 98, 1 *sqq.*

basicula, ae, *f.*, *Demin.* v. basis (w. vgl.), Vel. Long. VII, 77, 6 K. Not. Tir. 100, 64.

basilēum, ī, *n.* (βασίλειον), das königl. **Diadem,** CIL 2, 3386.

1. Basilīa (od. **-ēa**), ae, *f.*, Stadt in Helvetien, j. **Basel,** Amm. 30, 3, 1.

2. Basilīa, ōn, *n.* (βασίλεια, τά), die **Bücher der Könige** in der Bibel, Tert. adv. Marc. 4, 14. Cypr. testim. 2, 11 (wo Genet. -ōn).

basilica, ae, *f.*, s. basilicus *no.* II, B.

basilicāris, e (basilica), **die Kirche betreffend,** famulus, Kirchendiener, Greg. Tur. Iul. 16.

basilicārius, ī, *m.* (basilica), der **Aufseher der Basilika (Domkirche),** Isid. ep. 1, 14.

1. basilicē, ēs, *f.*, s. basilicus *no.* II, B, 1 u. C, 2.

2. basilicē, *Adv.* (basilicus), **königlich, fürstlich, wie ein König** od. **Fürst** = herrlich, prächtig, euge exornatus bas., Plaut.: bas. agere eleutheria, Plaut.: bas. se inferre, Plaut.: scherzh. übtr., ut ego interii bas., wie überaus, wie völlig, Plaut. Epid. 56.

basilicon, s. basilicus *no.* II, C, 2.

basilicula, ae, *f.* *(Demin.* v. *basilica*), eine **kleine Domkirche,** Paul. Nol. ep. 32, 17. Alc. Avit. 7. p. 35, 14. Not. Bern. 13^{b}.

basilicus, a, um (βασιλικός), **I** *adi.* **königlich, fürstlich, wie ein König** od. **Fürst** = machthaberisch, edictiones, facinora, Plaut.: od. = herrlich, prächtig, victus, Plaut.: vitis, eine Art Weinstöcke bei den Dyrrhachiern, Col. u. Plin. – **II** *subst.:* **A** basilicus, ī, *m.* *(sc.* iactus), der **Königswurf,** als der beste Wurf im Würfelspiel mit tali (wie Venus = der beste Wurf im Würfelspiel mit tesserae), Plaut. Curc. 359. – **B** basilica, ae, *f.* (βασιλική, *sc.* οἰκία od. στοά), **1** die **Basilika,** Name großer, wie ein Königspalast mit doppelten Säulengängen (Hallen) gezierter Prachtgebäude am Forum (in Rom u. anderen Städten), die zu Gerichtssitzungen u. Geschäften der Kaufleute bestimmt waren (rein lat. regia [s. d.] od. porticus, wie Cic. Verr. 4, 86), Porcia (die erste in Rom von M. Porcius Kato als Zensor im J. 186 v. Chr. erbaute), Liv.: Opimia, Varr.: Iulia, Plin. u. a.: Aemilia, Plin.: Pauli, Plin.: argentaria, der vascularii, Inscr.: qui forum et basilicas non spoliis provinciarum, sed ornamentis amicorum ... ornarent, Cic.: in honorem Plotinae basilicam apud Nemausum opere mirabili exstruxit, Spart.: ingenti celebritate basilicam, qui locus auditorii erat, complentes, Apul.: zur Bezeichnung eines vielbesuchten Ortes, basilicam habeo, non villam, frequentiā Formianorum, Cic. ad Att. 2, 14, 2: basilica equestris exercitatoria, eine **Reitbahn,** CIL 7, 965. – **2** die nach Art dieser Basiliken gebaute **Hauptkirche, Domkirche, Kathedrale,** Sulp. Sev. chron. 2, 33, 5: basilica martyrum, *ibid.* 2, 38, 5. – **C** basilicum, ī, *n.*, **1** ein **prächtiges Kleid,** Plaut. Epid. 232. – **2** in griech. Form, basilicon, ī, *n.*, **a** ein **schwarzes Pflaster,** Scribon. 210; *ibid.* 238 basilicē, ēs, *f.*, gen. – **b** die beste Art der Nüsse, die **Königsnuss,** Plin. 15, 87 (basilica nux bei Macr. sat. 2, 14, 7).

basilisca, ae, *f.*, eine wider das Gift der Basilisken heilsame Pflanze, rein lat. herba regia od. regula, Ps. Apul. herb. 128.

basiliscus, ī, *m.* (βασιλίσκος), der **Basilisk** (*Lacerta basiliscus,* L.), eine Eidechsenart, Plin. 8, 78 *sq.* Solin. 27, 50. Vulg. psalm. 90 (91), 13. Amm. 22, 15, 27. Ven. Fort. 8, 6, 195. Ps. Apul. herb. 128: basilisci serpentes, Amm. 28, 1, 41: mit Anspielung auf die Abstammung des Wortes v. βασιλεύς (König), Lucan. 9, 726.

basilīum, s. basilēum.

bāsio, āvī, ātum, āre, zärtlich **küssen,** alqm, Catull. u. Mart.: mellitos oculos alcis, Catull.: pedes decoros puellae, Apul.: alqm non numquam, Apul.: alqm semel iterumque u. alqm spissius, jmd. abküssen, Petr.: oculos alcis usque ad milia trecenta, Catull. – mit dopp. *Acc.*, alqm multa basia, jmdm. viele Küsse geben, Catull. 7, 9.

bāsiolum, ī, *n.* *(Demin.* v. basium), ein zärtliches **Küsschen,** Petr. 85, 6. Apul. met. 10, 21. Not. Tir. 88, 64. Not. Bern. 14^{b}.

basis, is u. eos, Akk. im, Abl. ī, *f.* (βάσις), die **Grundlage, I** eig.: **A** als *t.t.* der Architektur: **a** das **Fußgestell,** der **Sockel,** das **Postament,** statuae, Cic.: colossici Apollinis, Vitr.: columellae, Cic.: sepulcri, Cic.: bases abacorum, Friese, Sockel der Zimmerwände (s. abacus *no.* IV, b), Plin. – Sprichw., alqm cum basi sua metiri, jmd. samt seinem Untergestell messen = bei ihm einen zu hohen Maßstab anlegen, ihn überschätzen, Sen. ep. 76, 31. – Bildl., bases (Grundlagen) virtutis, Vulg. Sirach 6, 30. – **b** der **unterste Teil des Säulenschafts,** scapi, Vitr. 4, 1, 6 (was wir »Base« od. »Säulenfuß« nennen, heißt bei Vitruv spira, s. d.). – **c** die **Grundmauer,** villae, Cic. ad Q. fr. 3, 1, 2. § 5. – **B** als mathem. *t.t.*, trianguli, die Grundlinie, Cic. de nat. deor. 2, 125: arcus, die Sehne, Col. 5, 2, 9. – **C** die **Fußsohle** des Viehes, Veget. mul. 1, 25, 6. – **II** übtr.: **A** als gramm. *t.t.*, das **Grundwort,** ut ipsa vox basis eius, Varr. sat. Men. 362. – **B** als *t.t.* der Metrik, die Verbindung zweier Füße, Mar. Victorin, 1, 11, 38. p. 47, 4 K.: basis iambica, trochaice, Diom. 505, 14 u. 30: bases trochaicae, iambicae, Mar. Victorin. 2, 8, 6. p. 90, 10 u. 12 K. – **C** als rhet. *t.t.*, die **Grundlage** der Erzählung, Donat. Ter. Eun. 1, 2, 36. – ► Genet. basis, Vitr. 10, 11 (16), 9. Vulg. 1. regg. 7, 27 u. 34, od. baseos, Vitr. 10, 15 (21), 2: Akk. klass. basim, später auch basin, Cael. Aur. acut. 1, 8, 54. Diom. 505, 14 u. 30, od. basem, CIL 9, 1656 u. 10, 5848. Gromat. vet. 297, 17, od. basidem, Ven. Fort. 8, 18 (in epist.): Abl. klass. basi, später base, wie Treb. Poll. Gallien. 18, 4. Gromat. vet. 286, 8. CIL 10, 5779 u. ö.: Genet. Plur. basium, CIL 12, 1904. Vulg. 3. regg. 7, 28: Akk. Plur. baseis, CIL 1, 1146 u. basis, *ibid.* 10, 825: Abl. Plur. basibus, Plin. 34, 17. Arnob. 6, 18.

bāsium, ī, *n.*, ein zärtlicher **Kuss** (ital. *bagio* od. *bacio,* provenc. *bais,* span. *beso,* portug. *beijo*), basium dare alci, Petr.: dare columbatim mitia basia, Anthol. Lat.: basium impingere, Petr.: basium surripere alci, Catull.: basia multa basiare alqam, Catull.: basia iactare, Kusshändchen zuwerfen, Phaedr. u. Iuven.

Bassania, ae, *f.*, Stadt im mazedon. Illyrien, j. *Elbessan* od. *Elbassan,* Liv. 44, 30, 7. – Dav. **Bassanītae,** ārum, *m.*, die Einw. von B., die **Bassaniten,** *ibid.* § 13.

Bassareūs, Vok. eū, *m.* (Βασσαρεύς v. βασσάρα, d. i. Fuchs, Fuchsfell, als Tracht der Bacchantinnen), ein Beiname des Bacchus, Hor. carm. 1, 18, 11. – Dav.: **a Bassaricus,** a, um (Βασσαρικός), **bacchisch,** comae, Prop. 3, 17, 30: metrum, Mar. Victorin. p. 98, 8 K. – **b Bassaris,** ridis, *f.* (Βασσαρίς), eine **Bacchantin,** Pers. 1, 101. Porphyr. Hor. carm. 1, 18, 11 (Plur.).

Bassus, ī, *m.*, »der Dicke«, Beiname röm. Geschlechter, wie der Aufidii, Caecilii u. a.

bastaga, ae, *f.* (βασταγή), das Fortschaffen der Staatsfrachten zu Wagen, die **Fronfuhre, Frachtfuhre,** Cod. Theod. 8, 4, 11. Not. dign. orient. 10 *sqq.*: u. die **Fracht zur Frone,** Public. b. Augustin. ep. 46 *in.*

bastagārius, ī, *m.* (bastaga), der **Fronfuhrmann,** Cod. Theod. 10, 20. c. 4 u. 11.

Bastarnae u. **Basternae,** ārum, *m.*, eine germanische Völkerschaft, deren Wohnsitze sich von den Quellen der Weichsel bis in die Gegenden südlich der Donaumündungen hinzogen (Podolien, Galizien, Ukraine), Form *-arnae,* Liv. 40, 5, 10. Tac. ann. 2, 65; Germ. 46, 3. Claud. IV. cons. Hon. 450. CIL 14, 3608: Form *-ernae,* Ov. trist. 2, 198, 7 M. u. R. Plin. 4, 81 u. 100. Capit. Anton. phil. 22, 1. Vopisc. Prob. 18, 1. Oros. 4, 20 u. 7, 25 *codd. optt.* – Sing. Bastarna u. Basterna, ae, *m.*, der **Bastarner,** Liv. 40, 57, 3 (Form -arna). CIL 3, 2. p. 862. lin. 35 (Form -erna).

basterna, ae, *f.* (βαστάζω), eine von zwei Maultieren auf Querhölzern getragene, rings verschlossene Sänfte für Damen, die **Maultiersänfte,** Serv. Verg. Aen. 8, 666. Pallad. 7, 2, 3. Lampr. Heliog. 21, 7. Amm. 14, 6, 16. Anthol Lat. 101, 1 (958, 1): basternarum cavernae, Hier. ep. 22, 16.

Basternae, s. Bastarnae.

basternārius, ī, *m.* (basterna), der **Führer einer Maultiersänfte,** Symm. ep. 6, 15.

Bastulī, ōrum, *m.*, eine Völkerschaft in Hisp. Baetica, an der Straße von Gibraltar, Mela 3, 1, 3 (3. § 4). Plin. 3, 8. – Andere Form Sing. Basculus, ī, *m.*, der **Baskuler,** Varr. r. r. 2, 10, 4.

bastum, ī, *n.*, **Stab, Stecken,** noch j. ital *bastone,* franz. *bâton,* Lampr. Commod. 13, 3.

basus, a, um = span. *bazo,* **dunkelbraun, schwärzlichbraun,** Gloss. V, 170, 28.

bat, scherzh. Bildung, um einen mit at angefangenen Einwurf lächerlich zu machen und abzuweisen, at ... bat, etwa **aber ... baber,** Plaut. Pseud. 235: at enim ... bat enim, Plaut. Epid. 95.

bataclo = *oscito,* Gloss.

batalārius, a, um, **dahinrauschend,** navis, Schol. Iuven. 7, 134.

Batāvī, ōrum, *m.* (Batāvi bei Lucan. 1, 431), die **Bataver,** eine urspr. keltische Völkerschaft, die infolge innerer Spaltungen ihre Wohnsitze verlassen u. eine Insel an der Mündung des Rheins u. der Maas in Besitz genommen hatte, nun gen. Batavorum insula (im engeren Sinne die Insel Holland, die vom eig. Rhein, von der Waal in Verbindung mit der Maas u. vom Ozean gebildet wird), Tac. Germ. 29; hist. 4, 12. Oros. 1, 2. § 76: Batavorum insula, Caes. b. G. 4, 10, 2. Tac. ann. 2, 6: Sing. Batavus, ī, *m.*, Mart. 14, 176; kollektiv, Sil. 3, 608. Iuven. 8, 51. – Dav.: **A Batāvus,** a, um, **batavisch,** spuma, Mart.: aurem habere Batavam, ein ungebildetes, Mart. – **B Batāvia,** ae, *f.*, die Halbinsel **Batavia,** j. **Holland,** Pacat. pan. Theod. 5, 2.

Batāvodurum, ī, *n.*, Stadt im Gebiet der Bataver, vermutl. j. *Wyck-Durstede,* Tac. hist. 5, 20.

Batāvus, a, um, s. Batāvī.

batenim, richtiger bat enim, s. bat

Bathyllus, ī, *m.* (Βάθυλλος), **I** ein von Anakreon geliebter Knabe aus Samos, Hor. epod. 14, 9. – **II** ein Alexandriner u. Freigelassener des Mäcenas in Rom, mit dem Cilicier Pylades, seinem Rivalen, als Begründer der eig. röm. Pantomimik berühmt u. noch in später Kaiserzeit gepriesen, Tac. ann. 1, 54, 3. Iuven. 6, 63. Sen. nat. qu. 7, 32, 5.

batia, ae, *f.*, ein uns unbekannter Fisch, Plin. 32, 77 u. 145.

batiaca, ae, *f.*, s. batioca.

batillum u. **batillus,** s. vatillum.

batioca u. **batiola** (vatiola), ae, *f.* (βατιακή), eine große Trinkschale aus edlem Metall, der **Humpen** (Ggstz. Samiolum poterion), Form *-oca,* Plaut. Stich. 694. Arnob. 2, 23 *ed. Oehler* (Reiff. mit *cod. Paris.* pattiocas). Placid. gloss. V, 50, 1 u. a. Gloss.: Form *-ola,* Plaut. fr. b. Non. 545, 20. Vgl. Gloss. ›battiola (vel batiola) ποτήριον‹; u. ›vatiola, ποτήριον φιαλοειδές‹.

batis (battis), is, Akk. im, *f.* (βατίς), eine Pflanze, **Bazil,** bes. **Strandbazil, Meerfenchel** (*Crithmum maritimum,* L.), franz. *bacile,* Col. 12, 7, 1. Plin. 21, 174: batis marina u. hortensia, Plin. 21, 86.

batos, s. 1. batus.

batrachion, ī, *n.* (βατράχιον, Froschkraut), ein sonst ranunculus gen. Heilkraut, viell. **Hahnenfuß,** Plin. 25, 172; 26, 106. Scrib. 174. Ps. Apul. herb. 8 u. 9.

batrachītēs, ae, *m.* (βατραχίτης), ein froschgrüner Edelstein, Plin. 37, 149. Isid. 16, 4, 20.

Batrachomyomachia, ae, *f.* (Βατραχομυομαχία), der **Frosch-** u. **Mäusekrieg,** Titel eines dem Homer fälschlich beigelegten Gedichts, Stat. silv. 1. praef. Mart. 14, 183 *lemm.*

batrachus, ī, *m.* (βάτραχος), ein Meerfisch, der **Froschfisch, Seeteufel** (*Lophius piscatorius,* L.), Plin. 32, 145.

battālia, s. battuālia.

Battiadēs, ae, *m.*, s. Battus *no.* I.

1. Battis, tidis, *f.* (Βαττίς), die Geliebte des Dichters Philetas aus Kos, Ov. trist. 1, 6, 2 u. ex Pont. 3, 1, 58 R.

2. battis, s. batis.

battitūra, ae, *f.*, **Hammerschlag,** Veget. mul. 2 (3), 26, 3.

batto, s. battuo.

battuālia (vulg. battālia, woraus das franz. bataille), *n. pl.* (battuo), die **Fechtübungen** der Soldaten u. Gladiatoren **mit Stöcken,** Charis. 33, 25. Exc. Charis. 549, 35. Adamant. b. Cassiod. de orthogr. VII, 178, 4.

battuātor, ōris, *m.* (battuo) = βασανιστής, der **Stockmeister** = Folterer, Adamant. b. Cassiod. de orthogr. VII, 178, 6.

battuo (batuo), seit Fronto auch **batto**, ere, **schlagen, klopfen, stampfen** (noch j. ital. *battere,* franz. *battre*), **a** m. *Acc.*: latera sculponeis, Naev. (?) b. Fulg. 563, 33 *Merc.*: alci os sculponeis, Plaut. Cas. 496. – bes. etw. im Mörser **stampfen, stoßen,** medicamen, Marc. Emp. 36. – etw. weich **klopfen,** ulcera, Plin. 31, 104: soleas, Apic. 4, 148. – Hülsenfrüchte **klopfen** = **dreschen,** fabam, Donat. ad Ter. eun. 2, 3, 89. – **b** absol.: **α** = franz. *se battre,* **sich schlagen,** v. Fechter, pugnatoriis armis, Suet. Cal. 54, 1: rudibus cum alqo, *ibid.* 32: quom Persarum disciplinam memorares, bene battuunt ais, Fronto ep. ad M. Caes. 3, 16. p. 55, 7 N. – **β** im obszönen Sinne, batuit impudenter, Cic. ep. 9, 22, 4.

Battus, ī, *m.* (Βάττος), **I** ein Beiname des Aristoteles, des Sohnes des Polymnestos (od. Grinos) u. der Phronima, aus Thera, ein Minyer u. der Gründer von Cyrene in Libyen, Iustin. 13, 7, 1. Sil. 8, 58: Batti domos petiere, Cyrene, Sil. 17, 591. – Dav. **Battiadēs,** ae, *m.* (Βαττιάδης), der **Battiade** (d. i. der Nachkomme des Battus) = der Cyrenäer, v. Dichter Kallimachus, Catull. 65, 16 u. 116, 2. Ov. Ib. 55 u. trist. 2, 367. Stat. silv. 5, 3, 157: u. Plur. Battiadae (Βαττιάδαι), die **Battiaden** = die Cyrenäer, Sil.; vgl. Ruperti Sil. 2, 61. – **II** ein Hirt des Neleus, Ov. met. 2, 688 *sqq.*

Batulum, ī, *n.*, Stadt in Kampanien, nach Reichardt j. *Baja,* Verg. Aen. 7, 739. Sil. 8, 564.

batuo, s. battuo.

1. batus u. **batos,** ī, *f.* (βάτος), der **Brombeerstrauch,** Ps. Apul. herb. 87. Paul. ex Fest. 30, 15. Placid. gloss. V, 8, 15: batos Idaea (βάτος Ἰδαία), der Himbeerstrauch, Ps. Apul. herb. 87.

2. batus, ī, *m.* (בַּת), ein hebräisches Maß für Flüssigkeiten, = 50 sextarii (s. Metrol. scriptt. p. 119, 19 u. p. 141, 3 H.), Eccl.

1. baubo, s. baubor.

2. Baubo, ōnis, *f.* (Βαυβώ, οῦς, *f.*), eine Eleusinierin, Amme der Ceres, Arnob. 5, 25–27.

baubor, ārī u. **baubo,** āre (onomatop., vgl. griech. βαύ βαύ, Hundegebell), **bellen,** Lucr. 5, 1071. Suet. fr. 161. p. 250, 1 R. Vgl. Gloss. II, 28, 45 baubantur, ὑλακτοῦσιν. Gloss. IV, 28, 46 baubant, latrant ὑλακτοῦσιν. Gloss. V, 170, 36 baubare sive latrare canum est, sicut gannire vulpium.

baucalis, is, *f.* (βαύκαλις), ein **tönernes Kühlgefäß** (zum Abkühlen des Wassers u. Weins), rein lat. gillo, Cassian. coenob. inst. 4, 16, 1. Vgl. Gloss. IV, 600, 25.

Baucis, cidis, *f.* (Βαῦκις), hochbetagte Gattin des ebenf. hochbejahrten Philemon in Phrygien, Ov. met. 8, 621 *sqq.* – dah. appell., eine **Baucis** = eine **alte Frau,** Pers. 4, 21.

Baulī, ōrum, *m.* (Βαῦλοι, dem Mythos nach v. βοῦς u. αυλή, weil Herkules dort die dem Geryon geraubten Rinder in Hürden untergebracht haben soll, urspr. Boaulia od. Boalia, s. Symm. ep. 1, 1), Ort zwischen Misenum u. Bajä in Kampanien, eine Anlage mehrerer Villen (von denen die des Hortensius gew. genannt wird), j. Dorf *Bacolo,* Varr. r. r. 3, 17, 5. Cic. Acad. 2, 3, 9. Cael. in Cic. ep. 8, 1, 4. Herculei Bauli, Sil. 12, 156: Bauli magnum silentes, Symm. ep. 1, 8.

Bavius, ī, *m.*, ein schlechter Dichter zur Zeit Vergils, Verg. ecl. 3, 90. Hier. chron. Euseb. Ol. 186, 3.

baxea, ae, *f.* (πάξεια zu πάξ), eine leichte Art Sandale von zusammengeflochtenen Fasern, Blättern oder kleinen Streifen von Weiden (Isid. 19, 34. *no.* 6 u. 13) und von Palmblättern od. Papyrus bei den Ägyptern (Apul. met. 2, 28), auf der komischen Bühne u. von Philosophen getragen, Plaut. Men. 391. Apul. met. 11, 8 u. flor. 9. p. 11, 17 Kr.: auch v. Weibern, nach Varr. beim Auct. de dub. nomin. 572, 21 K. – Nbf. **baxa,** Tert. de idol. 8 u. de pall. 4.

baxeārius (baxiārius), ī, *m.*, **geflochtene Sohlen verfertigend,** faber soliarius baxiarius, CIL 6, 9404 (wo zsgz. Genet. Plur. fabrûm soliariûm baxiariûm).

bdellium, ī, *n.* (βδέλλιον), **I** eine Palme, die im »glücklichen Arabien« u. mehreren Gegenden in Asien wächst, die **Weinpalme** (*Borassus flabelliformis,* L.), Plin. 12, 35. – **II** meton., das wohlriechende Gummi dieses Baums, Arabicum, Veget. 6, 14, 1 u. 5: dah. als Schmeichelwort, tu bdellium, Plaut. Curc. 101.

beābilis, e (beo), **beseligend,** palma, Ven. Fort. carm. 2, 4, 18.

beātē, *Adv.* m. *Compar.* u. *Superl.* (beatus), **glücklich, I** eig.: profecto nihil est aliud bene et beate vivere, nisi honeste et recte vivere, Cic.: non est mihi *male,* sed *bene ac beate,* quod etc., Catull. – beatius vivere, Cic.: beatius quam aliae urbes excultae, Mela. – ad beatissime vivendum parum est, ad beate satis, Cic.: res, quas natura beatissime fundit, Sen. – als Ausruf des Schmeichlers, euge! beate! herrlich! prächtig! Mart. 2, 27, 3. – **II** übtr., **glücklich** = vollkommen, locum beate implebat, Sen. contr. 7. praef. § 3.

beātificātio, ōnis, *f.* (beatifico), die **Beglückung,** Conc. Chalc. Leo M. epist. 98, 1.

beātificātor, ōris, *m.* (beatifico), der **Beglücker,** Augustin. in psalm. 99, 3.

beātifico, āvī, ātum, āre (beatus u. facio), **beglücken,** Itala Iesai. 3, 12. Vulg. Luc. 1, 18.

beātificus, a, um (beatus u. facio), **beglückend,** Apul. de dogm. Plat. 1, 5 u. Eccl.

beātitās, ātis, *f.* u. **beātitūdo,** inis, *f.* (beatus), der **glückliche Zustand,** die **Glückseligkeit,** Cic. de nat. deor. 1, 95, von Cicero gebildete u. nur an dieser Stelle von ihm gebrauchte Wörter, die erst bei Späteren, wie Petr., Apul. u. a., wieder vorkommen (vgl. Quint. 8, 3, 32): Plur. beatitudines, Augustin. de civ. dei 21, 17. Sidon. ep. 7, 6.

beātulus, a, um (*Demin.* v. beatus), **so recht selig,** Pers. 3, 103.

beātus, a, um, *PAdi.* m. *Compar.* u. *Superl.* (v. beo), **beglückt, glücklich, glückselig** (Ggstz. miser), **I** im Allg., v. einem, dem zu seinem Dasein kein physisches u. moralisches Gut fehlt, **a** v. Pers.: videamus, qui dicendi sint *beati:* equidem hos existimo, qui sint in bonis, Cic.: qui *beatus* est, non intellego quid requirat, ut sit *beatior:* si est enim quod desit, ne *beatus* quidem est, Cic.: nemo non potest non *beatissimus* esse, qui est totus aptus ex sese quique in se uno sua ponit omnia, Cic.: nec potest quisquam alias *beatus* esse, alias *miser:* qui enim existimabit posse se *miserum* esse, *beatus* non erit, Cic.: nihil est tam miserabile quam *ex beato miser,* Cic.: si non potest, ut dicitis, sapiens ex *beato in miserum* decidere, non potest *in non beatum,* Sen.: velim ut tibi amicus sit: hoc cum tibi opto, opto tu beatus sis (wünsche ich dir alles Glück); erit enim tamdiu, Cic.: (perturbationibus) vacuus animus perfecte atque absolute beatos efficit, Cic.: non facit collectio amicorum sapientiorem, non facit stultiorem detractio; ergo nec facit *beatiorem* aut *miseriorem,* Sen. – usque ad supremum diem beatus et felix, Plin. ep. 3, 7, 2: felix beatusque es, si etc., *ibid.* 1, 3, 2. – agricolae parvo beati, sich glücklich dünkend, Hor.: quo beatus vulnere, Hor. – Plur. subst., istam oscitantem sapientiam Scaevolarum et ceterorum beatorum otio concedamus, Cic. de or. 2, 144: Phraaten numero beatorum eximit Virtus, Hor. carm. 2, 2, 18. – **b** v. Zuständen usw.: Zeno in una virtute positam beatam vitam putat. Quid Antiochus? Etiam, inquit, *beatam,* sed non *beatissimam,* Cic.: cum ipsa virtus efficiat ita beatam vitam, ut beatior esse non possit, Cic.: ex quo illorum beata mors videtur, horum vita laudabilis, Cic.: res magna et ex beatissimo animi statu profecta, Sen.: sublimis animus et beatior spiritus (seligere Begeisterung), Quint. – *neutr.* subst.: in qua (virtute) sit ipsum etiam beatum (τὸ μακάριον), das Glückseligsein, die Glückseligkeit, Cic. de fin. 5, 84 (vgl. Cic. Tusc. 5, 45): non quia per se beatum (eine Glückseligkeit, ein Glück) est malo caruisse, sed quia etc., Sen. nat. qu. 1. prol. 6. **II** insbes.: **A** von einem, dem nichts zu äußerer Glückseligkeit, zum vollen Genuss aller äußeren Erdengüter fehlt, übh. **gesegnet, gesegnet mit Besitztümern, -mit Glücksgütern, begütert, wohlhabend, reich, a** v. Pers.: qui se *locupletes, honoratos, beatos* putant, ii ne obligari quidem beneficio volunt, Cic.: *inopes* (magis praesidia quaerunt) quam *opulenti,* et *calamitosi* quam *ii, qui putantur beati,* Cic.: mulier beata ac nobilis, Cic.: uxor beata, Hor. u. Sen.: homo non beatissimus, eben nicht sehr wohlhabend, Nep. – satis beatus unicis

Sabinis, Hor.: Thynā merce beatus, bereichert, Hor. – Plur. subst., beati, die **Reichen** (οἱ εὐδαίμονες), noli nobilibus, noli conferre beatis, Prop. 2, 9, 33: beatos (zu R.) egentes facere, Gran. Licin. 35. p. 37 B.: unus beatiorum, einer von den Wohlhabenden, Catull. 10, 17. – **b** v. Staat u. dessen Zustand: Dionysius tyrannus *opulentissimae* et *beatissimae* civitatis, Cic.: in libera et in beata civitate viximus, Cic.: *florente* ac *beata* re publicā, Liv.: nullius civitatis *fortunatiorem* ac *beatiorem* statum fore, Liv.: *beatiorem* post se *laetioremque* portendi rei publicae statum, Suet. – **c** v. Besitztum u. dgl., **gesegnet, reich begabt, fruchtbar,** gazae beatae Arabum, Hor.: rus beatum, Hor.: beati Campaniae sinus, Tac.: rura beata, Stat.: auriferi ripa beata Tagi, Ov. – vox beata, eine reich begabte Stimme (die starke u. schwache, hohe u. tiefe Töne hervorbringen kann), Quint. – **d** v. Zuständen aller Art, **gesegnet,** poet. = **herrlich, prächtig,** commoda, Catull.: nuntii, Catull.: nectar, göttlicher, Mart.: dies beatissimus, Amm. – **e** v. geistiger Fülle, **gesegnet, überströmend,** ingenii beatissima ubertas, Quint.: beatissima rerum verborumque copia, Quint.
B weil die Götter den Lebenden kein ganz vollkommenes Glück gönnten, hießen vorzugsw. die Verstorbenen bei den Griechen μάκαρες u. nach ihnen bei den Römern beati, die **Seligen;** dah. beatorum insulae (μακάρων νῆσοι), die »Inseln der Seligen«, die alter griech. Glaube an den Westrand der Erdscheibe in den Ozean verlegte, wo unter Kronos milder Herrschaft die im Kampf gefallenen Heroen, die Halbgötter des vierten Menschengeschlechts, ein sorgenloses Leben ohne Tod genießen (Hesiod. op. 173), si nobis, cum ex hac vita emigraverimus, *in beatorum insulis* immortale aevum, ut fabulae ferunt, degere liceret, Cic. Hortens. fr. 40 K. – dah. im Spätlat. beatus, **selig** = verstorben übh., quem cum *beatum* fuisse Sallustius respondisset, intellexit *occisum,* Amm. 25, 3, 21: u. übtr., beatae memoriae (vir u. dgl.), seligen Andenkens, Eccl.
C Beatissimus, Titel der höheren Geistlichkeit, spät. ICt. u. Eccl.

beber, bri, *m.,* spätlat. = *fiber,* der **Biber,** Prisc. 5, 14. Schol. Iuven. 12, 34. – Dav. **bebrīnus,** a, um, **zum Biber gehörig, Biber-,** pelles, Schol. Iuven. 2, 106. Vgl. feber, fiber.

bēbo, āre (onomatop.), **bä bä schreien,** v. Böcklein, Suet. fr. 161. p. 249, 3 R.

bebra, ae, *f.,* eine Wurfwaffe der Barbaren, Veget. mil. 1, 20. p. 23, 12 L.

Bebriacum, s. Bedriacum.

bebrīnus, a, um, s. beber.

1. **Bebryces,** ycum, Akk. cas, *m.* (Βέβρυκες), eine Völkerschaft in der später Bithynien genannten Landschaft in Kleinasien, Plin. 5, 127. Val. Flacc. 4, 315. Amm. 22, 8, 14. – Sing. **Bebryx,** ycis, *m.* (Βέβρυξ), der **Bebrycier,** vorzugsw. ein alter, auch Amycus genannter König in Bebrycien, der, stark im Cästuskampf, die besiegten Fremden zu opfern pflegte, aber zuletzt von Pollux überwunden u. getötet wurde, Val. Flacc. 4, 261 u. 290. Stat. Ach. 1, 190 (wo griech. Akk. Bebryca). – Dav.: **A Bebrycia,** ae, *f.* (Βεβρυκία), die von den Bebryciern bewohnte Landschaft **Bebrycien,** später **Bithynien,** Sall. hist. fr. u. Val. Flacc. – **B Bebrycius,** a, um (Βεβρύκιος), **a zur Landschaft Bebrycien gehörig, bebrycisch,** Verg. u. Val. Flacc. – **b zum König Bebryx gehörig,** arena, auf der Amykus od. Bebryx mit dem Pollux kämpfte, Stat.: nemus, in dem Amykus den Fremden auflauerte, Stat.: cruor, das von ihm vergossene Blut, Tert. – auch in Bezug auf den bithynischen König Prusias, hospes, Sidon.

2. **Bebryces,** ycum, *m.* (Βέβρυκες), viell. stammverwandt mit dem vor., eine alte iberische Völkerschaft am Mittelmeer (im narbon. Gallien), nördl. u. südl. von den Pyrenäen; vgl. Sil. 3, 420–443. – Sing. **Bebryx,** ycis, *m.* (Βέβρυξ), der **Bebrycier,** vorzugsw. ein alter König der Bebrycier, dessen Tochter Pyrene dem dortigen Gebirge den Namen gab, Sil. 3, 423. – Dav. **Bebrycius,** a, um (Βεβρύκιος), **zum König Bebryx gehörig, bebrycisch,** aula, poet. = Gallien, Sil.: virgo = Pyrene, Sil.

beccus, ī, *m.,* in der alten gallischen Sprache der **Schnabel,** bes. eines Hühnerhahns (franz. *bec*), Suet. Vit. 18.

bēchicus, a, um (βηχικός), **gegen den Husten wirkend** (rein lat. tussicularis), medicamen, Cael. Aur. acut. 1, 17, 172.

bēchion, ī, *n.* (βήχιον), **Huflattich,** eine Pflanze, rein lat. tussilago (*Tussilago Farfara,* L.), Plin. 26, 30.

Bechīres, um, *m.* (Βέχειρες), eine szythische Völkerschaft in Pontus, viell. mit den heutigen »Baschkiren« verwandt, Plin. 6, 11. – Andere Form **Bechīrī,** ōrum, *m.,* Mela 1, 19, 11 (1. § 107). Avien. descr. orb. 945.

Bedriacum (auch Betriacum u. Bebriacum), ī, *n.,* ein Flecken in Italien zwischen Kremona und Verona, berühmt durch zwei Schlachten in den Bürgerkriegen zwischen Otho, Vitellius u. den Feldherren Vespasians, Form Bedr., Tac. hist. 2, 23 u. 44 *sq.* Oros. 7, 8 § 6 *codd.* Geogr. Ravenn. 4, 30 (wo verschrieben Brediaco): Form Betr., Suet. Oth. 9, 2. Aur. Vict. epit. 7, 2. Eutr. 7, 17: Form Bebr., Iuven. 2, 106. Schol. Iuven. 2, 99. – Dav.: **a Bedriacēnsis** (Betriacēnsis), e, **bedriacensisch,** campi Bedr., Tac.: acies Bedr., Tac., acies Betr., Suet.: bella Bedr., Plin. – **b Bebriacus,** a, um, **zu Bebriakum gehörig,** Prisc. 2, 43: Bebr. campus, Schol. Iuven. 2, 106.

bee, griech. βῆ, Naturlaut der Schafe, Varr. r. r. 2, 1, 7.

Beel-zebūb, *indecl.,* od. **Beel-zebūl,** ūlis, *m.* (Βεελζεβούβ od. Βεελζεβούλ, hebr. בעל זבוב od. בעל זבול), der **Beelzebub,** Oberhaupt der bösen Geister, Eccl.

Begerriones, s. Bigerriones.

bel, s. vel ►.

belba, ae. *f.* u. **belbus,** ī, *m.,* s. bēlua u. beluus.

Belena, s. Helena.

Belenus, ī, *m.,* der keltische Sonnengott *Beal,* Tert. apol. 24 u. adv. nat. 2, 8. Capit. Maximin. 22, 2. CIL 3, 4774; 5, 734 u. 738 ö.

Belgae, ārum, *m.* (»Balge« im Niederdeutschen = eine niedrige, sumpfige Gegend), die **Belgier,** eine Mischung germanischer u. keltischer Völkerschaften, die den dritten Teil von Gallien ausmachten, Caes b. G. 1, 1. Tac. ann. 1, 43. – Sing. Belga, ae, *m.,* der **Belgier** (kollekt), Lucan. 1, 426. Claud. laud. Stil. 1, 226. Sidon. carm. 7, 293 u. 329. – Dav.: **A Belgicus,** a, um, **belgisch,** esseda, Verg.: calami, Plin.: Gallia Belgica u. bl. Belgica, der von den Belgiern bewohnte nördliche Teil Galliens zwischen der Marne, der Seine, dem Rhein u. der Nordsee, Plin. u. Tac. – **B Belgium,** ī, *n.,* ein Teil von Gallia Belgica, j. *Beauvais, Artois, Amiens,* Caes. b. G. 5, 12, 2 u. a.

Bēlias, Bēlides u. **Bēlis,** s. Bēlus.

belion, ī, *n.,* eine Pflanze = *polion* (s. d.), Ps. Apul. herb. 58.

bellāria, ōrum, *n.* (bellus) = τραγήματα (Gell. 13, 11, 7. Prisc. part. XII vers. Aen. § 159 K. Gloss. II, 29, 1 u. ö.), der **Nachtisch,** das **Dessert** (wie Nüsse, Obst, Zuckerwerk, süße Weine u. dgl., franz. *dragée*), Plaut. truc. 480. Varr sat. Men. 341. Suet. Ner. 25, 2. Fronto de fer. Als. 3. p. 224, 19 N. Act. fratr. Arv. (*a. 218*) im CIL 6, 2104 A 14. Donat ad Ter. adelph. 4, 2, 51.

bellārium u. **bellāria** (*n. pl.*) = *res aptas bellis,* Paul. ex Fest. 35, 10.

bellātor, ōris, *m* (bello) = πολεμιστής (Gloss.), der **Krieger, Kriegsmann, tapfere Streiter** (mit dem Nbbgr. der Kraft, Fähigkeit zu kämpfen, während miles, der Soldat, den der Klasse, des Standes, des Berufs hervorhebt), ecquae *pacifica persona* (Mann des Friedens) desideretur an in *bellatore* sint omnia, Cic.: de re publica non minus vehemens orator quam bellator fuit, Cic.: primus ipse bellator duxque, Liv.: fortes bellatores (Ggstz. otiosi urbani, Bummler der Hauptstadt), Liv.: adeo Sulla dissimilis bellator ac victor, ut etc., Vell.: voluisse (L. Metellum) primarium bellatorem esse, optimum oratorem, fortissimum imperatorem, Plin.: multitudo bellatorum inbellium, Tac. – scherzh. v. einem Helden im Trinken, Plaut. Men. 187. – attrib. = **kriegerisch, streitbar, mutig,** deus, der Kriegsgott, Mars, Verg.: Turnus, der tapfere Streiter, Held, Verg. – v. Tieren, equus, Verg u. Tac., u. bl. bellator, Iuven., Streitross: taurus, Stat.: u. übtr. v. Lebl., campus bell., Stat.: ensis bell., Sil.

bellātōrius, a, um (bello), **kriegerisch, zum Kriegführen geschickt,** iumenta, Amm. 23, 5, 13; 31, 2, 22: übtr., semper pugnax hic et quasi bellatorius stilus, streitender, polemischer, Plin. ep. 7, 9, 7.

bellātrīx, trīcis, *f.* (Femin. zu bellator) = πολεμική, **kriegerisch, streitbar, zum Kriegführen geschickt,** Roma, Ov.: Diva, Pallas, Ov.: Amazon, Lact.: Thraciae gentes, Amm.: belua, der Elefant, Sil.: gleba, Krieger hervorbringend, Val. Flacc.: aquilae, Feldzeichen, Fahnen, Claud. – übtr., ista b. iracundia, Cic. Tusc. 4, 54: b. ira, Claud. in Rufin. 2, 118.

bellātulus od. viell. richtiger **belliātulus,** a, um (*Demin.* v. bellus), scherzh. st. bellulus, **gar schön, gar nett,** Plaut. Casin. 854.

bellāx, ācis (bello, s. Prisc. part. XII vers. § 160 K.) = μαχικός, **kriegerisch, kampflustig,** gens, Lucan. 4, 406: Germani, Prisc. perieg. 274: Sarmata, Prisc. perieg. 294.

bellē, *Adv.* m. *Superl.* (bellus), **hübsch, allerliebst, niedlich, fein, angenehm, köstlich, I** im Allg.: belle scribere, Cic.: belle dicere Cic.: belle negare, auf eine höfliche, feine Weise, Cic.: satis belle attendere alqm, Cic.: belle adhuc, insoweit geht es bis jetzt ganz gut, Cic.: belle cantare, saltare, Mart.: bellissime navigare, Cic.: alqd ferre fronte et vultu bellissime, ganz heiter Cic.: cum hoc fieri bellissime posset, ganz gut abgemacht werden konnte, Cic.: alqm belle tractare od. tangere, nett, Plaut.: i sane bella belle (hübsch), Plaut.: sequere istum bella belle (hübsch), Plaut. – bei *Partic.* u. *Adi.*, praediola belle aedificata, Cic.: aqua non longe a villa belle sane fluens, Cic.: sumus ambo belle curiosi (hübsch neugierig), Cic.: belle corpulentus est, Hieron. – als Antwort: dices: Tu ergo haec quomodo fers? *Belle mehercule* et in eo me valde amo, Cic. – **II** insbes.: **A** als Beifallsruf = **köstlich!** *euge* tuum et *belle,* Pers. 1, 49; vgl. Cic. de or. 3, 101 quare *bene* et *praeclare* quamvis nobis saepe dicatur; *belle* et *festive* nimis saepe nolo. – **B** vom Befinden: belle se habere u. bl. belle habere od. esse, **sich wohl befinden, wohlauf sein,** cum se Cicero meus belle habebit, Cic.: accepi ab Aegypta, Atticam plane belle se habere, Cic.: cum ego me non belle haberem, Cic. – Tullia nostra *recte valet,* Terentia *minus belle habuit,* sed certam scio iam *convalluisse* eam, Dolab. in Cic. ep. – de Attica pergratum mihi fecisti quod curasti, ut antea scirem *recte esse,* quam *non belle fuisse,* (unwohl gewesen sei), Cic. – **C** als mediz. *t. t.:* belle facere, wohltun, gute Wirkung tun, Cato u. Scrib.

belleāris, e (wohl = vellearis v. vellus), **mit dem Vlies, mit den Haaren,** pellis, Edict. Diocl. 8, 15.

Bellerophōn, phontis, *m.* (Βελλεροφῶν), od. **Bellerophontēs,** ae, *m.* (Βελλεροφόντες), Sohn des Glaukus, Enkel des Sisyphus, tötete die Chimära mit Hilse des Pegasus, Form *-phon,* Cic. Tusc. 3, 63. Hor. carm. 3, 7, 15; 3, 12, 8. Manil. 5, 97. Iuven. 10, 325. Hyg. fab 57. Mythogr. Lat. 1, 71 u. 72 ö. Apul. met. 7, 26 u. 11, 8. Fulg. myth. 3, 1. p. 102 M. (wo griech. Akk. -phonta): Form *-phontes,* Auson. ep. 24, 72. p. 190 Schenkl. Hyg. fab. 263. p. 147, 20 Schm. Serv. Verg. Aen. 5, 118 u. 6, 288 (wo Bellerofontes). – In Bezug auf die Mythe mit dem Brief, mit dem Prötus das Verderben des B. beabsichtigte (s. Hyg. fab. 57. Mythogr. Lat. 1, 71), Bellerophontem iam tuus me fecit filius, zum Träger eines Uriasbriefes, Plaut. Bacch. 810. – Dav. **Bellerophontēus,** a, um, **bellerophontēisch,** equus, Pegasus, Prop. 3, 2, 2: habenae, Claud. IV. cons. Hon. 560: sollicitudines, Rut. Nam. 1, 450.

belliātulus, s. bellātulus.

belliātus, a, um (bellus), **gar hübsch,** Plaud. rud. 463.

bellicōsus, a, um, *Adi.* m. *Compar.* u. *Superl.* (bellicus), **kriegerisch, streitbar** (Ggstz. imbellis), ipse acer, *bellicosus*; at is, quem petebat, quietus, *imbellis,* Sall.: homines, Caes.: gentes immanes et barbarae et bellicosae, Cic.: bellicosiores eā tempestate erant (Gallograeci), Liv.: Suevorum gens est bellicosissima omnium Germanorum, Caes.: bellicosissimae nationes, Caes.: duae bellicosissimae provinciae, Caes. – übtr., differre sibi consulatum in bellicosiorem annum, ein kriegerisches, kriegsreicheres J., Liv. (vgl. den Ggstz. ne prorsus *imbellem annum* agerent, Liv.): quod multo bellicosius fuerit, was weit mehr kriegerischen Sinn verrate, Liv.

bellicrepus, a, um (bellum u. crepo), **kriegerisch rauschend,** saltatio (v. Waffentanz), Enn. (?) b. Paul. ex Fest. 35, 3.

bellicum, ī, *n.*, s. bellicus.

bellicus, a, um (bellum), **I zum Krieg gehörig, im Krieg, Kriegs-,** tormenta, Varr. u. Liv.: tormenta operaque, Liv.: tubicen, der Tr. im Krieg, Ov.: ensis, Schlachtschwert, Ov.: *res bellicas* maiores esse, quam *urbanas,* Cic.: res bellica, Kriegswesen, Cic.: disciplina, Kriegstaktik, Cic.: mors, Cic.: virtus, Cic.: laus, Cic.: ius, Cic.: condictiones (*al.* condiciones) pactionesque bellicae et hostiles, im Krieg mit dem Feind gemachte, Cic.: nubes, Kriegsunheil, Claud.: fortuitum, non hostilem ac bellicum ignem esse, sei ein Werk des Zufalls, nicht der Feinde u. des Kriegs, Liv. – subst., bellicum, ī, *n.*, das **Zeichen** (mit der Tuba) **zum Ergreifen der Waffen, zum Kampf,** in der Verbindung bellicum canere, in die Kriegstrompete stoßen, Cic.: clangere bellicum, Cypr.; u. übtr. = aufregen, aufreizen, Cic.: u. v. feurigen Redner, alter (Thucydides) incitatior fertur et de bellicis rebus canit etiam quodammodo bellicum, stößt ins Horn, bläst das Alarmhorn, Cic. – **II** übtr., aus dem Krieg ein Geschäft machend, **des Kriegs, Kriegs-,** civitas, Vell. 2, 38, 3: deus, der Krieger als Gott (v. Romulus), Ov. fast. 2, 478: v. der Pallas, Pallas, die Göttin des Kriegs, Ov. met. 5, 46: dea, Pallas, Ov. met. 2, 752: Virgo, *ibid.* 4, 754.

bellifer, fera, ferum (bellum u. fero), **kriegerisch, streitbar,** Italia, Claud. Eutr. 1, 429: pax, Augustin. c. Gaud. § 27 *in:* cohortes, Alc. Avit. 5, 373. – glaebae, v. d. Acker, in den Jason die Drachenzähne sät, Sidon. carm. 9, 74.

bellifico, āre (bellum u. facio), **bekriegen, angreifen,** navim (v. Seetieren), Th. Prisc. 4. fol. 316[a].

belliger, gera, gerum (bellum u. gero) = πολεμικός (Gloss.), **Krieg führend, streitbar,** gens, Ov.: Scytha, Avien.: numen, Mars, Stat.: fera, Kriegs- od. Streitelefant, Sil.: übtr. v. Lebl., manus, Ov.: hasta, Mart.

belligerātio, ōnis, *f.* (belligero), die **Kriegführung,** Spät.

belligerātor, ōris, *m.* (belligero) = πολέμαρχος (Gloss.), der **Kriegführer, Krieger, Streiter,** Avien. perieg. 55 u. 583. Ven. Fort. vit. S. Mart. 3, 370: attrib., viri belligeratores, streitbare M., Vulg. 1. Mach. 15, 13 u. 16, 4.

belligero, āvī, ātum, āre (bellum u. gero), **I** *intr.* **Krieg führen, streiten, kämpfen,** belligerant Aetoli cum Aleis, Plaut: qui isti par in belligerando esse possit, Cic.: socii nostri cum belligerare nobiscum vellent etc., Rhet. Her.: bell. adversus accolas, Tac.: contra Titanas, Commodian. – *impers.*, cum Gallis *tumultuatum* verius, quam *belligeratum,* Liv.; vgl. quoniam nobis non solum cum his, ... sed etiam cum fortuna belligerandum fuit, Cic. – **II** *tr.* (wie πολεμέω) **bekriegen, feindselig behandeln,** alqm, Itala (Ashb.) num. 21, 26. – ► Nbf. **belligeror,** ātus sum, ārī, Hygin. fab. 274.

bellio, ōnis, *m.*, eine Pflanze, die **Getreide- Wucherblume** (*Chrysanthemum segetum,* L.), Plin. 21, 49.

bellipotēns, tis (bellum u. potens), **kriegsmächtig, mächtig im Kriege,** Aeacidae, Enn. fr.: Diva, Pallas, Stat.: princeps, Orest. tr. 28.: u. subst., Bellipotēns = Mars, Verg. u. a.

bellis, idis, *f.*, die **Gänseblume,** das **Maßliebchen,** (*Bellis perennis,* L.), Plin. 26, 26. Ps. Apul. herb. 57.

bellisonus, a, um (bellum u. sono), **von Kriegslärm ertönend,** clangores, Orest. trag. 633: flumen, Paul. Nol. carm. 23, 424.

bellitūdo, inis, *f.* (bellus), die **Nettigkeit,** Verr. (e poët. vet.) b. Paul. ex Fest. 35, 11.

bello, āvī, ātum, āre (bellum), **Krieg führen, I** eig.: homines bellandi cupidi, Caes.: b. cum alqo, Cic.: adversus alqm, Nep.: pro alqo adversus alqm, Liv.: magno parenti (Dat.), Stat.: inter se, Curt.: longe a domo, Cic.: bellatum mittere alqm in Asiam, Nep.: alqm bellandi cupiditate incendere, Nep.: neque prius bellare destitit, quam etc., Nep.: m. homog. *Acc.*, bellare bellum hoc, Krieg führen, Liv. 8, 39, 16 (8, 40, 1): bellare bellum nostrum, Vulg. 1. Mach. 9, 30: bella duo ... bellata, Fronto princ. hist. p. 204, 17 N. – **II** übtr. = **kämpfen, fechten** übh., pictis armis, Verg.: ense, manu, Sil.: caestu, Stat.: quoniam prohibent anni bellare, loquendo pugnat, Ov.: inter primos bellantes, Dict.; vgl. Deder. Dict. 2, 4. – ► Nbf. **bellor,** ārī, Verg. Aen. 11, 660. Sil. 2, 349. Commodian. instr. 1, 33, 8; vgl. Prisc. 18, 291. Serv. Verg. Aen. 1, 4.

Bellōna, ae, *f.* (bellum; alt [v. duellum] Duellona, s. d..), **Bellona,** d. i. die »Kriegsgöttin«, Begleiterin des Mars, mit blutiger Geißel bewaffnet, Verg. Aen. 8, 703 u. a. – In ihrem Tempel (auf dem Marsfeld neben dem flaminischen Zirkus) versammelte sich der Senat, um Konsuln, die auf einen Triumph Anspruch machten, od. fremden Gesandten Audienz zu geben, da diese nicht in die Stadt kommen sollten, Liv. 28, 9, 5; 30, 21, 12. – Die Priester der B. (turba entheata Bellonae, Mart. 12, 57, 11) pflegten bei den der Göttin dargebrachten Opfern (bes. am 20. März, dah. dies sanguinis) sich selbst die Arme od. Füße zu ritzen u. dann das Blut als Opfer zu bringen od. selbst zu trinken, s. Lact. 1, 21, 16. Minuc. Fel. Oct. 30, 5. Lucan. 1, 565 *sq.*; vgl. Heinrich Iuven. 6, 511. – Dav.: A **Bellōnāris**, e, **die Bellona betreffend,** Not. Tir. 81, 77. – B **Bellōnārius**, ī, *m.*, ein **Priester der Bellona,** Schol. Iuven. 6, 105: Plur., Acro Hor. sat. 2, 3, 223. – C **Bellōnāria**, ae, *f.*, das von den Priestern der Bellona an deren Fest (24. März) gebrauchte Kraut solanum, Ps. Apul. herb. 74.

bellor, ārī, s. bello ►.

bellōsus, a, um (bellum), **kriegerisch,** Cael. Antip. b. Non. 80, 32.

Bellovacī, ōrum, *m.*, eine Völkerschaft in Gallia Belgica, in der Gegend des heutigen *Beauvais,* Caes. b. G. 2, 4. § 5 u. ö.

bellua, -ālis, -ātus, -īlis, -īnus, s. bēlua etc.

bellulē, *Adv.* (bellulus), Plaut, fr. b. Paul. ex Fest. 36, 4. Apul. met. 5, 31 u. a. – Von

bellulus, a, um (*Demin.* v. bellus), **gar hübsch, gar allerliebst, gar niedlich,** papilla, Plaut. Cas. 848: puella, Plaut. mil. 989.

bellum, ī, *n.* (aus duellum [s. d.]; eig. der Zweikampf, dah.) I der **Krieg,** A eig.: domesticum, Cic.: intestinum, Liv.: domesticum et intestinum, post hominum memoriam crudelissimum ac maximum, Cic.: bella domestica et externa, Cic.: b. sociale, Liv.: piraticum, Varr. u. Cic.: b. civile, Cic.: navale, Cic.: terrestre, Liv.: iustum, pium, iustum piumque, Liv.: impium, Liv.: segne, Liv.: grave et periculosum, Cic.: acerbum, Cic.: cruentum, Vell.: internecivum, Liv.: sumptuosum, Liv.: inexpiabile, Flor.: Africum, s. Āfricus: Africanum, Parthicum, transalpinum, Hispaniense, Cic.: b. Peloponnesiacum, Cic., Peloponnesium, Nep.: b. Iugurthinum, Hor.: Punicum, Cic. – bellum Samnitium, mit den S., Liv.: bella trium regum, mit drei K., Liv.: bellum Romanorum *cum* Philippo, Liv.: novum *cum* Antiocho instabat bellum, Liv. – exitus erant bellorum aut mites aut necessarii, Cic.: omnium bellorum terrā marique quies, Liv. – abesse bello, Liv., toto bello, Caes.: alqm mittere ad bellum, Sall. fr.: proficisci ad od. in bellum, s. pro-ficīscor: b. facere, s. facio *no.* I, B, 1, β: b. concitare, excitare, suscitare, Cic.: b. concire, Liv.: b. movere, commovere, Cic.: b. conflare, Cic.: b. moliri, Liv.: de bello cogitare, Caes.: ad b. animum intendere, Sall.: totus et mente et animo in bellum insisto, Caes.: in bellum incumbere, Caes. – b. parare od. comparare, Cic.: b. apparare, Nep.: b. moliri, Liv. epit., b. moliri animo, Vell., b. moliri adversus alqm, Liv. epit.: b. instruere, b. facere atque instruere, Cic. – b. nuntiare, b. denuntiare, b. indicere, b. denuntiare et indicere, Cic. (u. so indicta finitimis bella et gesta cum civibus, Sen.). – b. capessere, Liv. u. Curt. (s. Mützell Curt. 3, 2 [4], 2): b. consciscere, Liv. – b. suscipere, Cic.: b. sumere, Sall., sumere cum alqo, Liv.: b. incipere, Sall. u. Liv.: b. coepisse adversus alqm, Liv.: b. inchoare, Cic.: b. inire cum alqo, Liv.: belli initium facere, Sall., od. capere, Caes.: belli civilis initia invitum suscipere, extrema non libenter persequi, Cic. – alci bellum cum alqo contrahere, Liv.: b. lacessere, Cic.: b. intendere, Liv.: bello tentare, Cic.: b. pace mutare, Sall. – b. alci inferre, Cic.: b. inferre contra patriam, Cic.: b. inferre in provinciam, Cic.: bello persequi alqm, Cic. – b. administrare, b. agere, b. gerere, s. ad-ministro, ago, 1. gero. – b. prorogare, Cic. – b. patientiā suā alere, Cic.: b. alere et fovere omnibus consiliis, Liv.: bellum se ipsum alit, Liv.: bellum adiuvare viribus suis, Liv. – b. coquere, Liv. – b. ducere (in die Länge ziehen), Caes.: b. trahere, Cic. – b. ponere, Sall. u. Liv., od. deponere, Cic.: b. componere, Cic.: b. omittere, Liv., belli consilia omittere, Liv. – b. conficere, ambulando conficere, Cic.: b. patrare, Sall.: bellum perficere, Liv.: b. profligare, Tac.: profligatum bellum ac paene sublatum, Cic.: b. non modo restinctum, sed etiam inflammatum, Cic. – b. exstinguere, b. restinguere, b. delere, Cic.: b. affectum et, vere ut dicam, paene confectum videmus, Cic. – belli consilium renovare, Caes.: bellum renovare, b. redintegrare, Cic.: b. instaurare, Liv. – bellum differre, Liv.: bellum continuare, Liv. – tumultum ex tumultu, bellum ex bello serere, Sall. fr.: bella ex bellis serere, Liv. – b. impendet, Cic., od. imminet, Liv.: b. ante portas est, Liv.: incidit (es tritt ein, bricht aus) id bellum, Cic., Caesarianum civile bellum, Nep. – b. exsistit, Cic.: b. oritur, b. exoritur, b. nascitur, Cic.: b. exardescit, Liv.: convenientes manus dissipare, *ne quod belli initium nasceretur,* Caes.: b. renascitur, Cic., od. redit, Liv.: bellum ad Trebiam consistit, kommt vorläufig zum Stehen, Liv. – bello ardet Syria, Cic. – bella erunt (es wird geben), Verg. – in bello, im Krieg, Cic.: in *bello* ... in *pace,* Sall. u. Liv.: in *pace* ... in *bello,* Sen. rhet.: in bello praedonum, Cic.: in bello Philippi, Liv.: in civili bello, Cic.: in eo bello, Liv. (vgl. Fabri Liv. 23, 46, 6): mit einem Genet. od. Adjekt. auch bl. bello, wie bello Romanorum, Cic.: Pyrrhi bello, mit P., Cic.: u. so bello Antiochi, Aur. Vict.: Veienti bello, Cic.: bello Romano, Africo, Liv.: trium regum bellis, Liv.: eo bello, Liv.: bello, quo etc., Liv. (vgl. Fabri Liv. 23, 46, 6. – u. der Lokativ. belli = im Krieg, Ter. heaut. 112. Cic. de rep. 2, 56. – beide (bello u. belli) gew. verb. mit *domi,* wie vel domi vel belli, Cic.: vel belli vel domi, Apul.: od. belli domique, domi bellique, bello domique, domi belloque, Liv.; vgl. Drak. Liv. 1, 34, 12. Alschefski Liv. 9, 26. p. 517, 8. – inter *pacem* et *bellum* medium nihil, Cic.: *bellum* aliquando sine *tumultu;* at *sine bello tumultus* numquam, Cic.: ubi ad *bellum* et *castra* ventum sit, Cic.: fassus est, non *proelio* modo se, sed *bello* victum, Liv.: Thucydides res gestas et *bella* narrat et *proelia,* Cic. – B übtr.: b. tribunicium, Streit, Gezänk mit den Tr., Liv.: b. indicere philosophis, Cic.: cum omnibus improbis aeternum b. esse susceptum, Cic.; vgl. bellum gerimus, sed non pari condicione, contra arma verbis, Cic. – bellum intestinum ab uxore contra me comparatum, Rutil. Lup. – miluo est quoddam b. quasi naturale cum corvo, Cic. – II meton.: a wie urspr. πόλεμος, **Treffen, Kampf, Schlacht,** im Sing. b. Enn., Sall. u. a. Histor.: im Plur. b. Verg. u. a. Dichtern, s. Sall. Cat. 9, 4. Drak. Liv. 3, 61, 2. Mützell Curt. 3, 10 (25), 3. v. 118. Benecke Iustin. 2, 12, 23. Deder. Dict. 2, 4 u. 38. Thiel Verg. Aen. 2, 439. – b Plur. bella, **Kriegsmassen** = Massen Kriegsvölker, Danubius duratus glacie ingentia tergo bella transportat, Plin. pan. 12, 3.

belluōsus, s. bēluōsus.

bellus, a, um (zsgz. aus benulus, dem *Demin.* von benus *i.e.* bonus), I **hübsch, allerliebst, niedlich, sein, angenehm, köstlich,** A im Allg., nimis bella es atque amabilis, Plaut.: bellae puellae, Plaut.: b. hospes, Plaut.: bellus homo, ein Stutzer, Mart.: homines, Cic.: epistula, Cic.: litterae (Brief), Cic.: fama, Hor.: vinum bellissimum, Col.: locus bellissimus, Cic.: bellissima occasio, Petr.: subsidium bellissimum senectuti otium, Cic. – bellum est m. folg. *Infin.*, bellum est enim sua vitia nosse, Cic.: bellum est aliquo exire, Cic.: est bellum aliquem libenter odisse, Cic. – B insbes., dem Befinden nach **munter,** bellissimum vidi, Plaut.: fac bellus revertare, Cic. – II übtr., von innerer Güte = bonus, **gut,** in quo Graeci belliores, quam Romani nostri, Varr. sat. Men. 541.

bēlo, s. 1. bālo.

belonē, ēs, *f.* (βελόνη), ein Seefisch, rein lat. acus, der **Hornhecht,** Plin. 9, 166.

bēlua (bēlva, nicht bellua), ae, *f.* (wie bestia viell. vom Stamm FE, wovon das alte feo), ein **Tier,** bes. großes, schwerfälliges (wie Elefant, Tiger, Löwe, wilder Eber, Walfisch u. andere große Seetiere), ein **Untier,** I eig.: in *homine* mens, in *belua* quiddam simile mentis, Cic.: quantum *natura hominis pecudibus reliquisque beluis* antecedat, Cic.: quae *in rebus inanimis* quaeque in usu et tractatione *beluarum* fiunt utiliter ad hominum vitam, Cic. – Romulus silvestris beluae sustentatus uberibus, Cic.: b. fera et immanis, b. vasta et immanis. Cic.: ea genera beluarum, quae in rubro mari Indiave gignantur, Cic. – hoc beluarum est, Cic. – vorzugsw. a der (von den Römern als Wundertier angestaunte) **Elefant,** quia habes imperium in beluas,

Ter.: b. Inda, Ov.: b. Gaetula, Iuven.: beluarum manus (Rüssel), Curt.; vgl. Flach Mart. 1, 104, 10. Grävius Flor. 2, 6, 49. – **b** der **Wolf,** beluae pellis, Wolfsfell, Cael. Aur. acut. 3, 16, 37. – **c** die **Hyäne,** belua od. belva, Barnab. ep. vers. Lat. 10, 7: vulgär belba, Arnob. 7, 16. – **II** übtr.: **a** als Schimpfwort v. Menschen, **α** = dummer Mensch, **Rindvieh, Schafskopf,** Komik. (s. Brix Plaut. trin. 952). – **β** = unverschämter, vertierter Mensch, **Untier, Ungetüm, Ungeheuer,** furor impurae beluae, Cic.: quid ego hospitii iura in hac immani belua commemoro? Cic.: taetram et pestiferam beluam ne inclusam et constrictam dimittatis cavete, Cic.: volo ego illi beluae ostendere, me etc., Liv. – **b** v. Abstr., avaritia belua fera, Ps. Sall. de rep. 2, 8, 4: ignari, quanta belua esset imperium, Suet. Tib. 24.

bēluālis, e (belua), **tierisch,** educatio, Macr. sat. 5, 11. § 15.

bēluātus, a, um (belua), **mit** (gestickten) **Tierfiguren versehen,** tapetia, Plaut. Pseud. 147.

bēluīlis, e (belua), **tierisch, nach Art der Tiere,** quod est subter atque beluile, Iul. Val. 3, 55 (30). p. 163, 2 K.: formae prorsus beluile saevientes, *ibid.* Vgl. Gloss. ›beluile, θηριῶδες‹.

bēluīnus, a, um (belua), **tierisch, eines Tieres,** fetus cuius prioris corporis pars pube tenus ad hominem congruebat, enimvero quae insecuta corporis erant, omnia beluina, prorsusque qualem Scyllam homines fabulantur, Iul. Val. 3, 54 (30). p. 162, 1 *sqq.*: bel. carnes, Augustin. de trin. 4, 1. § 3: bel. venter, Augustin. de civ. dei 18, 30: bel. voluptates, Gell. 19, 2, 2: bel. fauces, Prud. cath. 7, 114.

bēluōsus, a, um (belua), **reich an Seetieren (Seeungeheuern),** Oceanus, Hor. carm. 4, 14, 47. Avien. or. marit. 102 u. 204. – Nbf. biluosos, Virg. gramm. ep. 4. p. 24, 21.

Bēlus, ī, *m.* (Βῆλος, hebr. בל), **I** männl. Name: **A** ein asiatischer König aus der Urzeit, Erbauer von Babylon u. Gründer des assyrischen Reichs, als Gottheit **Baal** (Baal) verehrt, Amm. 23, 6, 23. Min. Fel. 6, 1. Sulp. Sev. chron. 2 8, 3. Serv. Verg. Aen. 1, 642: priscus, Ov. met. 4, 213. – Der griech. Sage nach Sohn des Poseidon (Neptun), Vater des Danaus, Ägyptus u. Cepheus, Großvater der Amymone (der Großmutter des Palamedes), Verg. Aen. 1, 729 u. 730 u. Serv. Verg. Aen. 2, 81 u. 82. – mit Jupiter identifiziert, Belus Iuppiter, Solin. 56, 3: u. mit dem griech. Herkules (aber fälschlich nach Indien versetzt), Cic. de nat. deor. 3, 42. – **B** der jüngere Belus, Vater der Dido, Eroberer von Cyprus, das er dann dem Teucer überließ, Verg. Aen. 1, 621; vgl. Serv. Verg. Aen. 1, 343 u. 642. – **C** ein unbekannter Magier, Arnob. 1, 52. – Dav.: **a Bēlīdēs,** ae, Vok. e, *m.* (Βηλίδης), ein männl. Nachkomme des Belus, ein **Belide,** Belidae fratres, Danaus u. Ägyptus, Stat.: surge, Belide, Lynceus, Sohn des Ägyptus, Ov.: Belidae nomen Palamedis, Verg. – **b Bēlis,** lidis, *f.* (Βηλίς), u. gew. im Plur. Bēlides, um, die Enkelinnen des Belus, Töchter des Danaus, die **Beliden** = Danaides (s. Danaus), Ov. – **c Bēlias,** adis, *f.* (Βηλιάς) = Belis, Sen. Herc. Oet. 961. – **II** ein kleiner Küstenfluss in Phönizien, Tac. hist. 5, 7 u. a. – **III** ein Edelstein, Plin. 37, 149. – dav. versch. oculus Beli, das **Katzenauge,** ein Edelstein, Plin. 37, 149.

bēlutus = *bestiae similis,* Paul. ex Fest. 34, 13.

bēluus (belbus), a, um (belua) = θηριώδης (Gloss.), Cic. nach Augustin. gr. V, 520, 28 K. – subst., belui, vulgär belbi, id est yaenae, decem, Capit. Gord. *c.* 33, 1.

bēlva, s. bēlua.

Belzebūb, s. Beel-zebūb.

bēma, atis, *n.* (βῆμα), ein Festtag der Manichäer, Augustin. c. epist. fund. 8; c. Faust. 18, 5.

Bēnācus, ī, *m.* (mit u. ohne lacus), ein See im Gebiet von Verona, j. *Lago di Garda,* Plin. 2, 224. Verg. georg. 2, 160; Aen. 10, 205.

Bendidīus, a, um (Βενδίδειος), **zur** Mondgöttin **Bendis gehörig, bendidisch,** templum, Liv. 38, 41, 1.

bēndo, s. vēndo ►.

bene, *Adv.* (vom alten benus st. bonus), *Compar.* **melius,** *Superl.* **optimē, gut, wohl, recht, tüchtig, gehörig, gelegen, angenehm, schön** usw., sowohl in physischer als in moralischer u. geistiger Hinsicht (Ggstz. male), **I** eig.: **A** im Allg.: ager b. cultus, Cic.: b. cenare, Catull. u. Hor.: habitare, angenehm, bequem u. geschmackvoll, Nep.: praebere vestem, reichlich darbieten, Plaut.: bene narrare, eine gute Nachricht bringen, Cic.: promittere, Cic., od. polliceri, reichliche Versprechungen machen, Sall.: bene et (ac) pudice od. bene pudiceque educare od. educere (s. Brix Plaut. capt. 989. Spengel Ter. Andr. 474): dissimulare, geschickt, schlau, Ter.: nosse alqm, ganz gut, genau, Hor.: monere, praecipere, Cic.: reprehendere, mit Recht, Cic.: bene, optime mereri de etc., Cic.: bene sperare, Gutes hoffen, Cic.: optime sentire, das Beste wollen, die beste Gesinnung haben, Cic.: iudicare, richtig, mit Einsicht, Cic.: bene mori, in Ehren, ruhmvoll (Ggstz. turpiter vivere; s. Fabri u. Weißenb. Liv. 21, 42, 4).

Besondere Beziehungen u. Verbindungen, 1 mit Verben: **a** bene agere, **gut handeln, nach Recht und Billigkeit verfahren,** Cic. Quinct. 79. Eutr. 1, 18; bes. im Handel u. Wandel, Cic. de off. 3, 70. – bene, optime agere cum alqo, **gut, sehr gut** mit jmd. **verfahren** (Ggstz. male agere cum alqo), Plaut., Cic. u. a. – **b** bene audire, s. audio *no.* II, B, b, β. S. 718. – **c** bene dicere, **α gut, wohl, recht, regelrecht reden,** b. dicere, quod est scienter et perite et ornate dicere, Cic.: b. dicere, id est Attice dicere, Cic.: bene Latine dicere od. loqui, Cic.: non optime Graece, sed tamen libere respondere, Cic.: planius ac melius dicere alqd, Hor.: qui optime dicunt, die Beredtesten, Cic. – u. **wohl** = **vernünftig reden,** b. et sapienter dicere, Ter. – **β Worte von guter Vorbedeutung reden,** εὐφημεῖν, Plaut. (s. Ussing Plaut. asin. 738). – **γ** bene dicere alci, **Gutes von** jmd. **reden,** cui *b. dixit* umquam bono? *b. dixit?* immo quem fortem et bonum civem non petulantissime *est insectatus?* Cic.: bene, quaeso, inter vos dicatis et mihi absenti tamen, Plaut.: absol., omnes b. dicunt (*sc.* ei), amant, Ter.: ad b. dicendum delectandumque redacti (poëtae), Hor. – dah. philosophia mater omnium b. factorum beneque dictorum, Cic.: bene dictis tuis (Lobpreisungen, Lobeserhebungen) benefacta aures meae auxilium expostulant, Plaut.: bene dictis si certasset, audisset bene, Ter. – **d** bene facere, **α** etw. **gut, recht machen, wohl an etwas tun,** vel non facere, quod non *optime* possis, vel facere, quod non *pessime* facias, Cic.: b. facit, er tut wohl daran, Ter.: b. fecit A. Silius, qui etc., Cic.: quod (dass du) reliquos coheredes convenisti, fecisti plane bene, daran hast du ganz recht getan, Cic.: b. factum te advenisse, gut (du tust wohl daran), dass du kommst, eine Begrüßungsformel, Ter. – dah. bene facta, gute, edle, ruhmvolle Taten od. Handlungen, Verdienste, philosophia, mater omnium bene factorum beneque dictorum, Cic.: conscientia bene actae vitae multorumque b. factorum iucundissima est, Cic.: omnia b. facta in luce se collocari volunt, Cic. – **β** von Arzneimitteln, **guttun, von guter Wirkung-, heilsam sein,** id b. faciet, et mali nihil sinet in corpore consistere, Cato: ad capitis dolorem b. facit serpyllum, Scribon. – **γ** bene facis, bene fecisti, eine Formel der Danksagung u. Freudenbezeigung **sehr wohl, vortrefflich, danke bestens,** Komik. (s. Brix Plaut. capt. 840 u. trin. 384). – **δ** bene facere, **wohltun, Wohltaten** od. **Gefälligkeiten erweisen** (Ggstz. male facere), absol., quod bene fecisti, die Wohltat, Plaut.: voluntas od. animus bene faciendi, Sen.: mit *Dat.* (wem?) od. m. *erga* u. Akk., amicis, quibus b. fecerimus, Cic.: malo si quid b. facias, id beneficium interit, Plaut.: sibi facere b., sich etwas zugutetun, sich gütlich tun, Cic. u. (ohne sibi) Spät.: b. facere erga alqm, Plaut. – Passiv, quod bonis benefit beneficium: gratia ea gravidast bonis, Gutes tun wird Guten stets auch reichen Dankes Quell, Plaut. capt. 358. – dah. bene facta = beneficia, Wohltaten, b. facta male locata male facta arbitror, Enn. fr.: pro b. factis alci pretium reddere, Plaut.: b. facta referre, Claud. – **e** bene est, **α** alci bene est (Ggstz. alci male est), **es** ist od. **geht** jmdm. **wohl, steht** mit jmd. **gut** (eig. Ausdr. des behaglichen u. frohen Genusses, s. Obbarius Hor. ep. 1, 1, 89), Komik., Cic. u. a.: so auch melius est mihi, tibi etc., mit mir geht's besser, ich befinde mich besser, Ter.: nec quoiquam melius est, keiner hat es besser, Plaut.: Pompeio melius est factum, mit P. ist es besser geworden, P. befindet sich besser, Cic. – u. mit *Abl.* der Sache, alqā re bene est alci, **es befindet sich** jmd. **wohl** bei usw., er **tut sich gütlich** mit usw., ubi illi

b. sit ligno, aquā calidā, cibo, Plaut.: b. erat non piscibus urbe petitis, sed pullo atque haedo, Hor.; vgl. Heindorf u. Fritzsche Hor. sat. 2, 2, 120. – **β** bene est od. bene habet, **es steht gut** oder **wie ich wünsche, es geht gut, ich bin zufrieden, ich fühle mich glücklich, es (das) freut mich, ich verlange nichts weiter** (vgl. Brix Plaut. capt. 696. Heindorf Hor. sat. 2, 6, 4), Komik., Cic. (bes. häufig zu Anfang der Briefe) u. a.: so auch optime (optume est), das ist sehr schön, ist mir sehr lieb, Komik.: bene habent tibi principia, geht gut vonstatten, Ter. – ebenso bene agitur, **es geht gut,** Komik. – bene est (es ist mir lieb) mit folg. *Acc.* u. *Infin.*, bene herclest illam tibi valere et vivere, Plaut. trin. 52. – aber melius est m. folg. *Acc.* u. *Infin.*, es dürfte besser sein (= du usw. musst), Plaut. asin. 249; Curc. 417; Men. 1091; truc. 846. – **f** bene vivere, **α im Wohlergehen leben, sich kein Vergnügen entgehen lassen, herrlich** od. **lustig leben,** Plaut. mil. 706. Ter. Hec. 461; eun. 1074. – **β gut (wohl), glücklich leben,** Cic. Tusc. 5, 12. Hor. ep. 1, 6, 56: vivitur parvo bene, Hor. carm. 2, 16, 13. – **g** bene vocas, du bist sehr gütig, mich einzuladen (eine höfliche Ablehnung =) **ich danke sehr,** Plaut. Men. 387. – **h** bene vendere, gut, d. i. **teuer verkaufen,** Plaut. u. Petr.: emere, gut, d. i. **wohlfeil kaufen,** Plaut. u. Cic. fr. – **2** elliptisch: optimeque in Verrem Cicero (*sc.* dicit), *si pater ipse etc.*, Quint. – so auch als Beifallsruf, **gut! ganz recht!** s. Cic. de or. 3, 101. – m. *Acc.* u. *Dat.*, wie unser: **auf dein Wohl!** beim Zutrinken, bene nos, bene vos, bene te, bene me, bene nostram etiam Stephanium, Plaut.: bene Messalam, Tibull.: bene vobis, bene amicae meae, Plaut.; vgl. Heinsius Ov. art. am. 1, 601.

B prägn.: **1 gut** in Bezug auf den Erfolg, **wohl, glücklich,** b. ambula, reise glücklich, Plaut.: b. pugnare, Liv.: bene credere, sicher leihen, Ulp. dig. 17, 1, 12. § 13 (dagegen bene credere imperium, recht daran tun, ihm die Herrschaft anzuvertrauen, Liv. 1, 50, 5). – **2** in Bezug auf die Zeit, bene, optime = **(ganz) zur guten Stunde,** bene venit in mentem, Treb. Poll.: optime te offers, Ter.: optime eccum foras progreditur, Plaut.: eccum Phidippum optime video, Ter.: u. elliptisch, Syrum optime eccum, Ter.

II übtr., v. Maß u. Grad, m. Adjj. u. Advv., wie das franz. *bien*, zur Verstärkung des in denselben liegenden Begriffs, **sehr, recht, tüchtig, äußerst** (s. Sorof Cic. de or. 2, 259. Fritzsche Hor. sat. 1, 3, 61), **a** m. Adjj. u. Partizz.: b. munita templa, Lucr.: b. frequens, Cato: b. robustus, Cic.: b. sanus (Ggstz. male sanus), Cic.: b. potus, Cic.: loris bene caesus, Gell.: b. magnus, Cic. u. Auct. b. Hisp.: b. plane magnus, Cic.: bene multus, Comic. inc. fr., As. Pollio (in Cic. ep.) u. Auct. b. Hisp.: b. multa, Com. inc. fr. u. Ov.: vix b. natus, kaum noch recht, Ov. u. Sen. – **b** mit Advv. u. Adverbialausdrücken: b. penitus, Cic.: b. longe, Auct. b. Hisp.: b. mane, Cic.: b. ante lucem, Cic. b. diu, Suet.: non bene = vix, Ov.: vix bene, Ov.

benedicē, *Adv.* (benedicus), **mit guten, liebreichen Worten,** Plaut. asin. 206.

benedīcibilis, e (benedico), **segnend,** salutatio, Ps. Augustin. app. serm. 120, 6.

bene-dīco, dīxī, dictum, ere, **I** v. jmd. **Gutes reden,** jmd. **loben,** m. *Dat.*, in dieser Bed. gew. getrennt geschr., s. bene *no.* I (bes. Verbdgg.), 1, c, γ. – **II** in der späteren Religionsspr., **A loben, lobpreisen,** m. *Dat.*, domino, Eccl.: m. *Acc.*, deum, Apul. u. Eccl.: dah. auch Passiv, sit nomen dei benedictum, Vulg.: benedici deum condecet, Tert. – **B segnen, benedeien, den Segen aussprechen** über usw., m. *Dat.*, Abrahae, filiis tuis, Eccl.: m. *Acc.*, martyres, Tert.: diem, heiligen, Lact. – herba benedicta, ein sonst lagopus gen. Kraut, Ps. Apul. – ► arch. Imper. benedice, Plaut. aul. 787 u. Cas. 346. – parag. Infin. Präs. Pass. benedicier, Sedul. carm. pasch. 2, 247.

benedictio, ōnis, *f.* (benedico *no.* II), **I** das **Lobpreisen,** Apul. u. Eccl. – **II** der **Segen,** benedictionem alcis petere, jmd. um seinen Segen bitten, Gregor. dial. 2, 12: benedictionem dare, *ibid.* 3, 17. – meton. = der geweihte, geheiligte Gegenstand, b. crucis, ein Stück des heiligen Kreuzes, Paul. Nol. ep. 32. c. 8.

benedictum, ī, *n.* (benedico), besser getrennt geschr., s. bene *no.* I (bes. Verbdgg.), 1, c, γ.

benedicus, a, um (benedico), **liebreich,** munus, Alcim. Avit. epist. 8. p. 40, 17.

bene-facio, fēcī, factum, ere, besser getrennt geschr. s. bene *no.* I (bes. Verbdgg.), 1, d, δ.

benefactio, ōnis, *f.* (benefacio), das **Wohltun,** die **Guttätigkeit,** Tert. adv. Marc. 4, 12.

benefactor, ōris, *m.* (benefacio), der **Wohltäter,** Eccl.

benefactum, ī, *n.* (bene-facio), besser getrennt geschr., s. bene *no.* I (bes. Verbdgg.), 1, c, α u. δ.

beneficē, *Adv.* (beneficus), **guttätig,** b. facere, Gell. 17, 5, 13.

beneficentia (benificentia), ae, *f.* (beneficus; vgl. Beier Cic de off. 1, 20), die **Guttätigkeit, Wohltätigkeit** (Ggstz maleficentia, Lact. de ira dei 1. § 1), huic (iustitiae) coniuncta *beneficentia*, quam eandem vel *benignitatem* vel *liberalitatem* appellari licet, Cic.: quid melius aut quid praestantius bonitate et beneficentiā? Cic.: beneficentiā adversus supplices uti, Tac. – ► Auch benificientia geschr., z. B. Itala Hebr. 13, 16 *cod. Amiat.*

beneficiālis, e (beneficium), **wohltätig,** Cassiod. var. 2, 20 u. a.

beneficiārius (benificiārius), a, um (beneficium), **zur Wohltat gehörig, als Wohltat anzusehend,** res, Sen. ep. 90, 2. – Häufiger subst., beneficiāriī, ōrum, *m.* (*sc.* milites), Soldaten, die durch besondere Vergünstigung ihres Befehlshabers von den härteren Arbeiten des Dienstes (Schanzenwerfen, Wasserholen, Furagieren usw.) befreit waren, **Freisoldaten, Gefreite,** beneficiarii superiorum exercituum, Caes. b. c. 3, 88, 4. – Sie hatten gew. die Wache bei der Person des Befehlshabers, Caes. b. c. 1, 75, 2, die Untersuchung militärischer Vergehungen, Inscr., u. andere Ehrendienste; vgl. Salmas. Spart. Hadr. 2, 6.

beneficiātus, ūs, *m.* (beneficium), der **Grad eines** *beneficiarius*, CIL 10, 410, 3.

beneficiōsus, a, um (beneficium), **gern Wohltaten spendend, wohltätig,** Ps. Fulg. Rusp. serm. 53. Not. Tir. 33, 69. Not. Bern. 14[a].

1. **beneficium** (benificium), ī, *n.* (bene u. facio), die **Guttat,** das **Verdienst** (Ggstz. maleficium, iniuria), bes. die **Wohltat,** die **gütige Vermittlung, Begünstigung, Vergünstigung, Gunstbezeigung,** der **Liebesdienst, Freundschaftsdienst, I** im Allg.: in re publica multo praestat *benefici* quam *malefici* immemorem esse, Sall. Iug. 31, 28: senatus et populus Romanus *benefici* et *iniuriae* memor esse solet, *ibid.* 104, 5: ut *maleficii* quam *beneficii* potius immemores essent, Liv. 7, 20, 8: *beneficii* et *maleficii* occasione omissā, Liv. 9, 12, 2. – beneficium id est quod quis dedit, cum illi liceret et non dare, Sen.: sunt qui ita distinguant, quaedam *beneficia* esse, quaedam *officia*, quaedam *ministeria*: *beneficium* esse quod alienus det; *officium* esse filii, uxoris etc.; *ministerium* esse servi etc., Sen.: nec enim si tuam ob causam cuiquam commodes, *beneficium* illud habendum est, sed *feneratio*, Cic.: beneficium alci dare, b. alci tribuere, tribuere et dare, b. in alqm conferre, b. deferre, Cic.: b. ponere, collocare, b. bene ponere, b. bene collocare apud alqm, Cic.: alqm beneficio afficere, Cic.: alqm beneficiis obstringere, Cic.: b. fenerari, Cic.: beneficia fenerare, Sen. – b. accipere, b. accipere ab alqo, Cic.: qui b. dedit taceat, narret qui accipiat, Sen. – beneficio se obligatum putare, Cic. – b. tueri (im Herzen bewahren, dankbar anerkennen), Cic. u. Plin. ep. (s. Döring Plin. ep. 2, 13, 9). – alcis beneficia in alqm, Verdienste um jmd., Caes. u. Sall. – in beneficii loco (petere), Cic., od. in beneficio (relinquere), Liv., als eine Gefälligkeit: in summo beneficio impetrare, als eine große Wohltat, Cic.: ähnl. beneficii causā od. per beneficium, Cic. – dah. beneficio, **durch Vermittelung, Einwirkung, Einfluß, Bemühung, Verwendung, Hilfe, Beistand,** tuo beneficio, Cic.: deorum beneficio, Caes.: sortium beneficio, vermittelst der L., Caes.: nostri consulatus beneficio, Cic.: anuli beneficio, Cic.: silvarum beneficio, unter dem Schutz der W., Hirt. b. G.: hoc beneficio, durch dieses Mittel, Ter. – **II** im Staatsleben, **A** die (vom Staat od. Volk od. von einer einzelnen Staatsperson herrührende) **Auszeichnung, Begünstigung, Vergünstigung, Wohltat, Verleihung, Beförderung,** in beneficium recepti, in die Verleihung (des Bürgerrechts),

Ggstz. auctores beneficii, Vell.: tabula alicuius beneficii, Cic.: cooptatio collegiorum ad populi beneficium transferebatur, Cic.: cum suo magno beneficio esset, da er seiner Empfehlung viel verdankte, Cic.: centuriones sui beneficii, seine Kreaturen, Suet.: ut munus imperii beneficii sui faceret, die Befehlshaberstellen zu einem Gnadengeschenk von seiner Seite machte, Iustin.: in beneficiis (unter den zu verleihenden Vergünstigungen) ad aerarium delatus est a L. Lucullo consule (vgl. defero a. E.), Cic.: tribuni militum ... quae antea dictatorum ... fuerant beneficia, Beförderungen von Seiten der Diktatoren gewesen waren, Liv. – liber beneficiorum, das Buch, in dem die verliehenen Staatsäcker verzeichnet waren, Gromat. vet. p. 203, 1; 295, 12. – **B** das **Vorrecht, Privilegium,** b. militare, b. anulorum, b. religionis, ICt.: b. liberorum, das durch eine bestimmte Kinderzahl erlangte Befreitsein vom Richteramt, Suet. Claud. 15, 1. – ► In der Volksspr. synk. benficium, Plaut. u. Ter. – Auch benificium geschr., z. B. CIL 1, 587; 5, 5050. lin. 30 u. 34. Sall. Iug. 31, 28 u. 104 Iordan.

2. benēficium, s. venēficium ►.

benefico = benefacio, **wohltun,** m. *Dat.*, cognato, Charis. 293, 33.

beneficus (benificus), a, um, *Adi.* m. *Compar.* u. *Superl.* (benefacio), **guttätig, wohltätig, gefällig,** ubi enim beneficus, si nemo alterius causā benigne facit, Cic.: benefici liberalesque sumus, non ut exigamus gratiam, Cic.: homines benefici et benigni, Cic.: voluntate beneficā benevolentia movetur, Cic. – *Compar.* regelmäßig beneficentior, wie: beneficentior gratiorque adversus bene merentes fiam, Sen. – *Superl.* beneficentissimus (vorklass. beneficissimus), wie: liberalissimi sint et beneficentissimi, Cic.: Iuppiter optimus, id est beneficentissimus, Cic. – ► Über die Schreibung benificus (dagegen Vel. Long. (VII) 76, 12).

benemerēns, s. mereo *no.* II.

beneolentia, ae, *f.* (bene u. oleo), der **Wohlgeruch,** Hieron. in Didym. de spir. sanct. 11 u. a.

bene-placeo, uī, itum, ēre, **wohl gefallen,** alci, Vulg. 1. Corinth. 16, 2 u. a. – Dav. **beneplacitus,** a, um, **wohlgefällig,** Vulg. Sirach 34, 21. Ambros. de Isaac et anima 7, 57 *in.* – u. subst., beneplacitum, ī, *n.*, das **Wohlgefallen, Belieben,** Vulg. Ephes. 1, 9. Augustin. serm. 34, 9. Oros. 2, 17.

benesuādus, a, um (bene u. suadeo), **wohl beredend,** paupertas philosophiae ... consilio benesuada, Apul. apol. 18. p. 26, 12 Kr.

Beneventum, ī, *n.*, alte Stadt der Hirpiner in Samnium, früher Maleventum (w. vgl.) gen., später von den Römern kolonisiert (Vell. 1, 14, 7) u. zur blühenden Pflanzstadt erhoben, j. *Benevento* (mit bedeutenden Überresten altröm. Bauten), Cic. II. Verr.. 1, 38. Hor. sat. 1, 5, 71. – Dav.: **a Beneventānus,** a, um, **beneventanisch, aus Beneventum,** ager, Cic. u. Liv.: sutor, Iuven.: res publica, civitas, Inscr.: ordo, Inscr.: colonia, Gromat. vet.: subst., Beneventānī, ōrum, *m.*, Einw. von B., die **Beneventaner,** Liv. 27, 10, 8 u. a. – **b Beneventānicus,** a, um, **beneventanisch,** morbus, Pelagon. veterin. 1. p. 15. – ► Synk. Benventod, Numm. vet. b. Eckhel doctr. numm. 1, 102 (= CIL 1, 19).

benevolē (benivolē), *Adv.* (benevolus), **wohlwollend, mit Wohlwollen, gütig,** quos (Torquatos) paulo ante erga nos amice et b. collegisti, aus Fr. u. Wohlw. gegen mich angeführt hast, Cic.: fideliter benevoleque praesto esse alci, Cic. – *Compar.* benevolentius, Boëth. de diff. top. 4. – *Superl.* benevolentissime, Augustin. ep. 22, 1 u. 166, 8.

benevolēns (benivolēns), entis (bene u. velle), **wohlwollend, a** *adi.*: **α** absol.: sodalis, Plaut.: amicus multum ben., Plaut.: cum dis benevolentibus, Plaut. – **β** m. *Dat.* od. *inter se*, hero benevolens, Plaut.: benevolentem vivere alci, Plaut.: benevolentes inter se, Plaut. – **b** *subst.*, der **Gönner,** die **Gönnerin,** tuus ben., Plaut.: alius ben., Plaut.: sua ben., Plaut.: neque benivolens neque notus neque cognatus, Ter. Phorm. 97 Fl. – ► *Compar.* u. *Superl.* s. benevolus.

benevolenter, *Adv.* (benevolens), **wohlwollend,** Pontius vit. Cypr. 5. – *Compar.* u. *Superl.* s. benevolē.

benevolentia (benivolentia), ae, *f.* (benevolens), das **Wohlwollen,** die **Geneigtheit, Gewogenheit, wohlwollende-, freundschaftliche Gesinnung** (Ggstz. odium), **I** eig.: **A** im Allg.: Graecorum benevolentia *erga* se, Curt.: fretus conscientiā officii tui benevolentiāque, Cic.: benevolentiam desiderare, Cic.: alci benevolentiam colligere (Ggstz. odia), Caes.: benevolentiam habere *erga* alqm, Cic.: benevolentiam praestare alci od. conferre *erga* alqm, Cic.: nihil de sua *in* Aeduos benevolentia deminuere, Caes.: cum alqo benevolentiā *in* alqm certare, Tac. – **B** insbes., **Nachsicht, Milde, Gnade,** ICt. – **II** Plur. meton., **wohlwollende Handlungen, Gnadenakte,** Spart. Carac. 1, 4. Arnob. 6, 2. – ► Über die Schreibung benivolentia s. benevolus a. E.

benevolentiēs = *benevolentia,* Charis. 118, 20.

benevolus (benivolus), a, um, *Adi.* m. *Compar.* u. *Superl.* (bene u. volo), **wohlwollend, gütig, freundlich, gewogen, günstig, a** v. Pers.: animus, Cic.: actio, Sen.: benevolos auditores quattuor modis facere possumus, Rhet. Her.: ex iis, apud quos agetur, ut benevolos beneque existimantes efficiamus, Cic. – m. *erga* u. Akk., me esse scit sese erga benivolum, Plaut. capt. 350. – m. *Dat.*, ut eum, qui audiat, benevolum nobis faciamus, Cic.: servus benevolus domino, treuergeben, dienstwillig, Cic. – *Compar.*, benevolentior tibi quam fui nihilo sum factus, Cic. – *Superl.*, officio esse functum benevolentissimi atque amicissimi, Cic. – **b** übtr., v. Lebl.: stellae, Firm. math. 4, 15: benevolus omnium flumen Nilus, Amm. 22, 15, 3 (wahrsch. unecht). – ►Die Schreibung benivolus, benivolens, benivolentia oft in Inschrn. u. Hdschrn., s. CIL 5, 4870 u. 9, 3590 u. bei den Gramm., s. Eutych. 454, 33 K. Albin. (VII) 298, 14. Isid. 10, 26. Vgl. Osann Cic. de rep. 4, 8. p. 322. Oudend. Suet. Aug. 66.

Beniamin, *m. indecl.*, **I** der jüngste Sohn des Patriarchen Jakob, Augustin. de civ. dei 17, 21. Sulp. Sev. chron. 1, 12, 1 *sqq.* Vulg. genes. 35, 18 u. a. – **II** der jüdische **Stamm Benjamin,** Sulp. Sev. chron. 1, 29, 5. – Dav. **A Beniamītae,** ārum, *m.*, die Juden aus dem Stamm Benjamin, die **Benjamiten,** Sulp. Sev. chron. 1, 29, 5. – **B Beniamīticus,** a, um, **benjamitisch,** tribus, Hier. Euseb. chron. 16, 23. Ps. Rufin. in Os. 9, 9.

benif..., s. benef...

benīgnē, *Adv.* m. *Compar.* u. *Superl.* (benignus), **gütig, I** der Gesinnung nach **gütig** = **freundlich, zuvorkommend, bereitwillig** (Ggstz. maligne), **A** im Allg.: salutare benigne, comiter appellare unumquemque, Cic.: qui erranti comiter monstrat viam benigne, non gravate, Cic.: alqm b., b. atque hospitaliter invitare, Liv.: alqm b. accipere, Liv.: b. polliceri, Cic.: b. appellare milites, Sall.: b. alloqui, Liv.: b. respondere, Liv.: benigne attenteque audire, Cic.: b. arma capere, Liv. – *Compar.*, benignius alloqui, Curt.: promissum id benignius est ab rege quam praestitum, Liv. – *Superl.*, benignissime promittere, Cic. – **B** insbes.: **1 mild, glimpflich, gnädig,** benignius interpretari, accipere, ICt.: benignissime rescribere, ICt. – **2** in der Umgangssprache: benigne dicis od. facis od. bl. benigne, eine Danksagungsformel, **sehr gütig, sehr verbunden, bitte sehr,** sowohl annehmend als ablehnend, Komik., Cic. u. Hor. – **II** der Tat nach **gütig** = **mildtätig, freigebig, reichlich,** b. praebere, Ter.: b. commeatus in castra advehere, Liv.: vino invitari poclis large atque b., Varr. fr.: benignius se tractare, sich eine größere Güte tun, auf großem Fuße leben, Hor.: b. facere alci, jmdm. wohltun, Wohltaten erweisen, Ter., Cic. u. a.: u. so b. facere *adversus* alqm, Sen. de ben. 6. 4, 3: aut operā benigne fit indigentibus aut pecuniā, Cic.: u. so me benignius omnes salutant quam salutabant prius, begrüßen mich mit einem größeren Schwall von Worten, Plaut, aul. 114 *sq.*; vgl. benignus a. E.

benīgnitās, ātis, *f.* (benignus), die Eigenschaft des benignus, das gütige, wohlwollende Betragen gegen andere, **I** in der Gesinnung u. im äußeren Benehmen, die **Leutseligkeit, Gutmütigkeit, Freundlichkeit, freundliche Gesinnung, Milde** (Ggstz. livor, Plin. pan. 3, 4), **A** im Allg.: iustitiae sunt adiunctae pietas, bonitas, liberalitas, benignitas, comitas, quaeque sunt generis eiusdem, Cic.: etsi me attentissimis animis summa cum benignitate auditis etc., Cic.: deûm benignitate, Liv. – m. *in* u. Abl. Gerund., vestra in me attente audiendo benignitas, Cic. de domo 32. – Plur., die **Regungen der Leutseligkeit** usw., vacant odia, vacant benignitates, Arnob. 7, 10. – **B** insbes., die **Milde** = **Nachsicht, Gnade** (Ggstz. severitas), ICt. – **II** durch die Tat, die **Wohltätigkeit, Güte, Gefälligkeit, Freigebigkeit,** ne maior benignitas sit, quam facultates, Cic.: largitio, quae fit ex re familiari, fontem ipsum benignitatis exhaurit, Cic.: amicorum benignitas exhausta est in ea re, Cic. – mit *in* u. Akk., alcis in alqm ben., Cic. Clu. 196. Curt. 5, 1 (5). § 35 u. 38; 10, 5 (18), 31. – Plur., viden ut annonast gravis! viden *benignitates* hominum ut periere et *prothymiae,* Plaut. Stich. 636.

benīgniter, *Adv.* (benignus), **gütig,** Titin. com. 49.

benīgnor, ārī (benignus), **zufrieden sein, sich wohl fühlen,** Vulg. 3. Esdr. 4, 39.

benīgnus, a, um, *Adi.* m. *Compar.* u. *Superl.* (zsgz. aus benigenus, von bonus u. gignere, genus), **von guter Art, -Natur, gütig** (Ggstz. malignus), **I** in der Gesinnung u. im äußeren Benehmen gegen andere, **gütig, freundlich, liebevoll, leutselig, gewogen, mild, glimpflich, A** eig.: alqo uti benigno et lepido et comi, Ter.: comes, benigni, faciles, suaves homines esse dicuntur, Cic.: homines benefici et benigni, Cic.: Apelles in aemulis b., Plin.: divi b., numen b., Hor.: homo plus quam benignissimus, CIL 9, 1876. – **B** übtr., v. Lebl.: **1 freundlich, angenehm, mild,** vultus benigni, Liv.: b. vultus et sermo, Liv.: b. oratio, Cic.: b. verba, Prop. – **2** insbes., **mild, nachsichtig, gnädig,** interpretatio (Ggstz. dura, d. i. die der Strenge des Buchstabens folgt), ICt: so sententia benignior, ICt. – **3** poet., **günstig, glücklich,** dies, nox, Stat. – **II** in der Tat, **wohltätig, gefällig, spendend, freigebig, A** eig.: **1** im guten Sinne: Fortuna b., Hor.: qui benigniores volunt esse quam res patitur, Cic.: is, qui benignus liberalisque dicitur, officium, non fructum sequitur, Cic. – m. *erga* u. Akk., erga alqm, Plaut. rud. 1389; mil. 1230: mit *Dat.,* alci, Plaut. trin. 740 u. a. Hor. carm. 3, 29, 52. – m. *adversus* u. Akk., adversus amicos benignus, adversus inimicos temperatus, Sen. ep. 120, 10. – mit *in* u. Abl. Gerund., alter eorum in dando benignus, alter in accipiendo astutus, Rut. Lup. 2, 16. – poet. m. *Genet.,* vini somnique b., mit Wein und Schlaf sich gütlich tuend, Hor. sat. 2, 3, 3. – **2** im üblen Sinne: **freigebig = verschwenderisch** (Ggstz. bonae frugi, haushälterisch), Plaut. truc. 34 u. 41. – **B** übtr. v. Lebl., **reichlich spendend, reichlich, reich** (Ggstz. malignus, s. Schwarz Plin. pan. 31 *extr.*), terra, Tibull.: ager, Ov.: cornu, Hor.: daps. Hor.: ingenii vena, Hor.: materia, fruchtbarer, dankbarer Stoff, Mela: benignissimum inventum, sehr wohltätige, Plin.: velut rivi ex illo benignissimo fonte decurrunt, Plin. ep.: nemo est, ad quem non aliquid ex illo benignissimo fonte (aus jenem Urquell der Güte) manaverit, Sen.: so auch sermo b., reichlich strömende Reden, lange Gespräche, Hor. ep. 1, 5, 11.

beniv..., s. benev...

benna, ae, *f.* (ein gallisches Wort), eine Art zweirädriger Wagen mit einem geflochtenen Korb, **Korbwagen,** noch jetzt im Belgischen *banne,* in Schwaben u. in der Schweiz *benne,* Paul. ex Fest. 32, 14.

beo, āvī, ātum, āre (das Stammwort von benus, bonus), **glücklich machen, beglücken;** dah. **I erfreuen, erquicken,** hoc me beat saltem, quod perduelles vicit, Plaut.: ecquid beo te? freut dich das? Ter.: dah. (mit ausgelassenem *me*) beas od. beasti, das freut mich, das ist mir lieb, Komik. (s. Spengel Ter. Andr. 106): u. so id beat, nimis beat, quod etc., Plaut. (s. Ussing Plaut. asin. 330). – m. sachl. Obj., agrum Setinum, Titin. com. 120. – **II** m. etw. **beglücken, beseligen = beschenken, bereichern,** alqm munere, Hor.: Latium linguā divite, Hor.: alqm caelo (= unter die Götter versetzen), Hor.: se notā Falerni, sich gütlich tun mit usw., Hor.

berbēcinus, s. vervēcīnus.

berbēna, s. verbēna ►.

berbēx, s. vervēx.

berbum, s. verbum a. E. ►.

Berecyntes, um, *m.* (Βερέκυντες) u. **Berecyntae,** ārum, *m.* (Βερεκύνται), eine phrygische Völkerschaft. – Ein Kastell **Berecyntus** (Βερέκυντος) am Sangarius, Serv. Verg. Aen. 6, 785. Vib. Sequ. de flum. p. 18, u. ein Berg **Berecyntus** (Βερέκυντος) in Phrygien, Serv. Verg. Aen. 9, 82. Vib. Sequ. de mont. p. 28. Schol. Cruq. Hor. carm. 4, 1, 22, sind wohl nur Erfindungen der Grammatiker. – Dav.: **A Berecyntius,** a, um (Βερεκύντιος), **a berecyntisch,** poet. = **phrygisch,** tractus, an der karischen u. lydischen Grenze, Plin.: B. mater, Cybele, Verg. u. Stat.: dies. bl. Berecyntia, Verg., Ov. u. Arnob. – **b zur Cybele gehörig,** heros, Midas, der Cybele Sohn, Ov.: Attis, ihr Liebling, Pers. (Cybelēius Attis b. Ov.): tibia, die (ursprüngl. nur an den Festen der Cybele gebrauchte) gekrümmte phrygische Flöte, Hor.: furores, Wahnsinn der Cybele-Priester, Mart. – **B Berecyntiadēs,** ae. *m.,* **berecyntisch,** venator, viell. Attis (s. d. Wort), Ov. Ib. 508. – **C Berecyntiacus,** a, um, **zur Cybele gehörig,** sacerdos, Prud. c. Symm. 2, 51.

Berenīcē (Beronīcē, synk. Bernīcē), ēs, *f.* (Βερενίκη, Βερονίκη wov. nhd. Veronika), **I** weiblicher Name. unter dem bei römischen Schriftstellern vorkommen: **A** die Tochter des Königs Magas von Cyrenä, Gemahlin des Königs Ptolemäus Euergetes, deren schönes Haar (Berenices crinis, Iustin. 26, 3, 2) einem Sternbild (der nördl. Halbkugel) den Namen gab, Hygin. astr. 2, 24; vgl. Plin. 2, 178 (der ein gleichn. Sternbild aus der südl. Halbkugel nennt): verherrlicht durch Catull. 66, 1 *sqq.* – Dav. **Berenicēus,** a, um, **berenicēisch,** Berenic. vertex, Catull. 66, 8. – **B** Tochter des judäischen Königs Agrippa I., die im Verdacht stand, mit ihrem Bruder blutschänderischen Umgang getrieben zu haben, Iuven. 6, 156 *sqq.,* im judäischen Krieg mit Titus Vespasianus Bekanntschaft machte, Tac. hist. 2, 2, 2, u. später nach Rom kam, wo sie als Geliebte des Titus lebte, Tac. hist. 2, 81. Suet. Tit. 7, 1. (Aur. Vict. epit. 10, 4 uxor Titi gen.). – **II** Name verschiedener Städte, unter denen am berühmtesten: **A** die früher Hesperis od. Hesperia genannte Stadt in Cyrenaika, j. *Benegasi* od. *Benagaye,* Plin. 5, 31. Solin. 27, 54. Amm. 22, 16, 4. – Dav. **Berenīcis,** idis, Akk. ida, *f.,* die **Gegend um Berenice,** poet. = Cyrenaika, Lucan. 9, 524. Sil. 3, 249. CIL 3, 6627, 2, 13. – **B** Handelsplatz in Arabien am sinus Aelanites, im A. T. *Ezeon-Geber,* j. Ruinen bei *Assyun* od. *Aszyoun,* wahrsch. gemeint b. Mela 3, 8, 7 (3. § 80). – ► Die wahrsch. vulgäre Schreibung Beronice in Hdschrn (z. B. Iuven 6, 156 *ed. Herm.* u. Schold z. d. St. Iustin 26, 3, 2 *ed. Ieep*). Synkop. Form Bernice bei Iuven 6, 156 *ed. Iahn* (Hermann) Beronice. Solin. 27, 54 M.

Bergimus, ī, *m.,* Gottheit der Galli Cenomani, CIL 5, 4200 u. 4202.

Bergomum, ī, *n.,* Stadt im cisalpin. Gallien zwischen Komum u. Brixia, j. *Bergamo,* Plin. 3, 124. Iustin. 20, 5, 8. CIL 5, 2126. – Dav. **Bergomās,** ātis, **bergomatisch,** ecclesia, Euseb. Med. Leo M. epist. 97. p. 950: u. Bergomātēs, ium, *m.,* die Einw. von Bergomum, die **Bergomaten,** Cato origg. 2, 4. Plin. 34, 2.

Bēritus, s. Bērȳtos.

berna, ae, *m.,* s. verna.

Bēro, s. Bērōnes.

Beroe, es, *f.* (Βερόη), **I** Amme der Semele, Ov. met. 3, 278. Hygin. fab. 167. – **II** eine Tochter des Oceanus, Verg. georg. 4, 341. – **III** Gemahlin des Doryklus, Verg. Aen. 5, 620.

Beroea (Berrhoea), ae, *f.* (Βέροια, Βέῤῥοια), eine der ältesten Städte Mazedoniens (in der Landschaft Emathia), j. *Veria* (*Voria*) od. (türkisch) *Karaferga,* Cic. Pis. 89. Liv. 44, 45, 2 u. a. – Dav.: **A Beroeaeus,** ī, *m.,* **aus Beröa,** ein **Beröäer,** Liv. 42, 51, 4 u. 58, 7. – **B Beroeēnsis,** e, **aus Beröa,** Pyrrhus Ber., Vulg. act. apost. 20, 4. – Plur. subst., Beroeēnsēs, ium, *m.,* die Einw. von Beröa, die **Beröenser,** Plin. 5, 82.

Bērōnes, um, *m.* (Βήρωνες), eine urspr. keltische mächtige Völkerschaft zwischen den Kantabrern u. Keltiberiern in Hisp. Tarrac., Liv. fr. lib. XCI, lin. 213 *sq.* – Leute aus dieser Völkerschaft sind auch wohl die Berones (etwa eine beronische Leibwache) b. Auct. b. Alex. 53, 1.

Beronīcē, s. Berenīcē.

berula, ae, *f.,* keltischen Urspr. = καρδαμίνη od. καρδαμίς, eine zur Gattung der Kresse gehörige Pflanze, Marc. Emp. 36, 51.

bērullus, s. bēryllos.

bēryllos od. **-us** (bērullus), ī, *c.* (βήρυλλος), ein **meergrüner** indischer Edelstein, der **Beryll** (bei den Alten auch Name für den Aquamarin u. alle bläulich gefärbten Kristalle), Plin. 37, 76 (berullus). Marcian. dig.

39, 4, 16. § 7. Solin. 52, 61 *sqq.* Isid. 16, 7, 5. Anthol. Lat. 82, 2 M. (vgl. Isid. 19, 32, 6): als Ringstein, Prop. 4, 7, 9: als Zierat an Gefäßen, Iuven. 5, 38: an einer Rüstung, Iul. Val. 3, 42 (3, 24). – beryllus aëroides (βήρυλλος ἀεροειδής), der **Saphir,** Plin. 37, 77. – ► Falsch bĕryllus gemessen bei Prud. psych. 855.

Bērȳtos u. **Bērȳtus,** ī, *f.* (Βηρυτός), eine uralte Hafenstadt an der phönizischen Küste, später als röm. Kolonie mit ital. Recht Iulia Augusta Felix gen., berühmt durch Weinbau, j. *Bairut,* Mela 1, 12, 5 (1. § 69). Plin. 5, 78. Tac. hist. 2, 81. Prisc. perieg. 853. Hier. ep. 108, 8. CIL 8, 3270 (natus Berito): Bērȳtus gemessen bei Avien. descr. orb. 1071. – Dav.: **A** **Bērȳtius,** a, um, **berytisch, aus Berytus,** vinum, Plin. 14, 74: uva, Plin. 15, 66: Probus Ber., Suet. gr. 24. Auson. lect. sal. III, 20. p. 2 Schenkl. (wo Bērȳtĭus gemessen ist). – **B** **Bērȳtēnsis,** e, **berytensisch,** colonia, Ulp. dig. 50, 15, 1. § 1: Bērȳtēnsēs, ium, *m.*, die Einw. von B., die **Berytenser,** CIL 10, 1634.

bēs, bēssis (bēsis), *m.;* altlat. dēs, Varr. LL. 5, 172 (st. be-is = binae partes assis; vgl. as), **I** **zwei Drittel** (= 8 unciae) **von einem jeden zwölfteiligen Ganzen,** **A** eig.: **a** vom Pfund = 8 Unzen, Plin. 18, 102. – **b** von einem iugerum, Col. 5, 1, 11. – **c** vom Fuß, $^2/_3$ Fuß = 8 Zoll, u. bes alter = $^{12+8}/_{12}$ = $1^2/_3$, s. Fest. p. 363 (*in v.* Trientem tertium etc.). – **d** vom as als Münze (s. Varr. LL. 5, 172), fenus ex triente Idib. Quinct. factum erat bessibus, anstatt dass früher $^1/_3$ % Zinsen monatlich bezahlt wurden, bezahlte man nun $^2/_3$ %, also nach unserer Berechnung aufs Jahr = die Zinsen stiegen von 4% (12 × $^1/_3$) auf 8% (12 × $^2/_3$), Cic. ad Att. 4, 15, 7. – **e** von der Erbschaft, heres ex besse, Plin. ep. 7, 24, 2. – **B** meton. = **acht,** bessem bibamus, 8 Becher (so viel als der Name Proculus Buchstaben enthält), Mart. 11, 36, 7. – **II** bei den Mathematikern, $^2/_3$ von 6 (s. as *no.* II) = 4, griech. δίμοιρος, u. bes alter = $^{6+4}/_6$ = $1^2/_3$, griech. ἐπιδίμοιρος, Vitr. 3, 1, 6. – ► Spät. Nbf. **bēssis,** is, *m.*, Bassus de asse § 2. 8. 14. 16 (Metrol. scriptt. p. 72 *sqq. ed. Hultsch).* Prisc. de fig. num. 10. p. 408, 25 u. 31. p. 416, 20 K. Cod. Theod. 9, 42, 8. § 1. Paul. ex Fest. 33, 1 zw.

bēsālis (bēssālis), e (bes), **die Zahl** 8 **in sich fassend,** laterculi, achtzöllige, Vitr. 5, 10, 2 u. 7, 4, 2: ebenso comula, Petr. 58, 5: scutula, 8 Unzen haltend, Mart. 8, 71, 7: clausulae, v. d. Senaren, Porphyr. prooem. ad Hor. epod. 1.

besīca, s. vēsīca ►.

bēssālis, s. bēsālis.

Bessī, ōrum, *m.* (Βέσσοι), eine weitverzweigte, den ganzen Hämus bis zum Pontus Euxinus bewohnende Völkerschaft in Thrazien, Cic. Pis. 84: Bessis ac Thracibus (ehrenvoll = reliquis Thracibus), Suet. Aug. 3, 2. – Sing. Bessus, ī, *m.*, ein **Besser,** Claud. de Mall. Theod. cons. 41. CIL 6, 2699 (Besus). – Dav. **Bessicus,** a, um, **bessisch,** gens, Cic. Pis. 84.

bēssis, s. bēs ►.

1. Bessus, ī, *m.*, s. Bessī.

2. Bessus, ī, *m.*, Satrap von Baktrien, Verräter u. Mörder des Dareus Kodomannus, Curt. 5, 8 (24), 4 u. a. Iustin. 12, 5, 10.

bester, s. vester ►.

1. bestia, ae, *f.*, das **Tier,** als vernunftloses Wesen (im Ggstz. zum Menschen), **I** eig.: **A** im Allg.: bestia cicur, fera, Cic.: bestia grandis (v. Eber), Liv.: bestiae terrenae, aquatiles, Cic.: bestiae mutae, Cic.: sus terrestris bestia est., Plaut.: ille Orpheus, immanium bestiarum delenitor, Apul.: bestiarum morsus, Cic.: bestiarum genus, das Tierreich, Plin.: ut bestiis aliud alii praecipui a natura datum est, sic homini multo quiddam praestantius, Cic.: natura alias bestias nantes aquarum incolas esse voluit: alias volucres caelo frui libero; serpentes quasdam; quasdam esse gradientes; immanes alias, quasdam autem cicures, Cic.: adde hydram Lernaeam et draconem Hesperidum! quot bestiae fuerunt immanes, Varr. fr. – als Schimpfwort, **Bestie,** mala tu es bestia, Plaut. Bacch. 55; vgl. Vulg. ad Tit. 1, 2: u. scherzh. mala bestia, vom Bocksgestank unter dem Arm (caper), Catull. 69, 8. – **B** insbes., ein **wildes, reißendes Tier,** eine **Bestie,** Ulp. dig. 3, 1, 1. § 6; 9, 1, 1. § 10. Isid. 12, 2, 1 (aber nicht Plin. 10, 1, wo bestiarum genus = Tierreich); namentl. ein zum Kämpfen mit Gladiatoren od. Verbrechern bestimmtes, alqm bestiis obicere, Cic.: alqm ad bestias mittere, zum Kampf mit den wilden Tieren, Cic.: ebenso dare alqm ad bestias, ICt.: condemnare alqm ad bestias, damnatio bestiarum, Verurteilung zum Tierkampf, ICt.: pugnare od. depugnare cum bestiis, ICt.: ad bestias pugnare, Vulg. – **II** übtr., ein Sternbild, j. der **Wolf** gen., Vitr. 9, 5 (7), 1. – ► Nbf. bistea, Greg. Tur. hist. Franc. 1, 27: bistia, Greg. Tur. curs. stell. 5.

2. Bestia, ae, *m.*, Beiname der Calpurnii (s. Calpurnius).

bestiālis, e (bestia), **I** **tierisch, von Tieren,** villi, Prud. cath. 7, 153: animae, Augustin. lib. arbitr. 3, 69: saevitia, Ambros. de off. 2, 4, 11. – **II** **wild wie Tiere, bestialisch,** natio, Sidon. ep. 4, 1: mens, Augustin. de civ. dei 18, 18.; u. dgl. oft bei Eccl.

bestiāliter, *Adv.* (bestialis), **wie wilde Tiere,** Augustin. de nuptt. et concup. 1, 4, 5.

bestiārius, a, um (bestia), **die Tiere betreffend, Tier-,** **I** *adi.:* ludus, Tierkampf (zwischen Tieren u. Menschen, als Schauspiel), Sen. ep. 70, 22 (vorher § 20 ludus bestiariorum genannt). – **II** *subst.*, bestiārius, ī, *m.*, der **Tierkämpfer, Tierfechter** (θηριομάχης, Mietlinge od. Verbrecher, erstere mit Waffen u. als Sieger belohnt, letztere ohne Waffen, zuw. gebunden), Cic. u. a.

bestiola, ae, *f. (Demin.* v. bestia), das **Tierchen,** bestiolae quaedam minutae, Varr.: sic dissimillimis bestiolis (pinae et squillae) communiter cibus quaeritur, Cic.: et bestiolae, si quae prope nascuntur aut inferuntur, aut efflantur aut aritudine cito pereunt, v. Insekten, Varr.: curculio et reliquae bestiolae, quae frumento solent nocere, Vitr.: bestiolae multorum pedum, Tausendfüßler, Scrib. 39 *in.*

bestiolus, ī, *m.*, Maskul. zu bestiola, das **Tierchen,** Veget. mul. 2, 79, 10 L.

bestius, a, um (bestia), **einem wilden Tier ähnlich,** Commodian. instr. 1, 34, 17.

bestula = *bestiola,* Ven. Fort. vit Mart. 3, 341.

1. bēta, ae, *f.* (keltischen Urspr.), **Bete, Mangold,** ein Gartengewächs (*Beta vulgaris,* L.), Plaut., Cic. u. a. – Nbf. bētis, is, *f.*, Ser. Samm. 983.

2. bēta, *indecl.* (βῆτα), Name des zweiten Buchstabens des griech. Alphabets (rein lat. be, deutsch Be), hoc discant ante alpha et beta, noch vor dem Abece, noch ehe sie lesen lernen, Iuven. 14, 209. – Sprichw. = der **Zweite,** Mart. 5, 26. – ► Nbf. bēta, ae, *f.* b. Auson. edyll. de litt. monos. 13. p. 138 Schenkl.

bētāceus (**bētācius**), a, um (beta, s. Charis. 37, 16 u. 155, 16. Prisc. 3, 44 *extr.*), **von der Bete, vom Mangold,** pedes betacei, Mangold-Wurzeln, rote Rüben, Varr. r. r. 1, 2, 27. – subst. bētāceus, ī, *m.* u. bētācius, ī, *m.* = σεῦτλον, die **rote Rübe,** Form -eus, Gloss.: Form -ius, Arnob. 4, 10 *cod. P.* Apic. 3, 63 u. 64.

bētāculus, ī, *m.* (beta), eine **kleine rote Rübe,** Serv. comm. in art. Donat. 432, 17.

Beterrae, ārum, *f.*, s. Baeterrae.

Bethlehem u. **Bethleem** u. **Bethlēm,** *n. indecl.* u. **Bethlehēmum,** ī, *n.* (בית-לחם), Flecken im Stamm Juda, Geburtsort Davids u. Jesu, j. *Beit el Lahm,* Form *-lehem,* Tert. adv. Iud. 13. Vulg. genes. 35, 19 u. a.: Form *-leem,* Hier. ep. 58, 3 u. 108, 1. Sulp. Sev. dial. 1, 8, 1. Iuvenc. 1, 149 u. 153. Prud. perist. 10, 737: Form *-lem,* Prud. cath. 7, 1 u. 12, 78. – Dav.: **A** **Bethlaeus,** a, um, **bethläisch,** Sedul. carm. 2, 73. – **B** **Bethleemicus,** a, um, **bethleemisch,** Iuvenc. 1, 260. – **C** **Bethlehemītēs,** ae, *m.*, **aus Bethlehem,** ein Bethlehemit, Vulg. 1. Sam. 16, 1 u. a. – **D** **Bethlemīticus** u. **Bethleemīticus,** a, um, **bethlemitisch,** Bethlem. rura, Hier. ep. 108, 33: Bethleem. cisterna, Cassian. inst. 8, 7. – **E** **Bethlemītis,** e, **bethlemitisch,** Bethlemiti antro, Hier. ep. 108, 33.

1. bētis, is, *f.*, s. 1. bēta.

2. Betis, s. Baetis.

bētizāre sagte Augustus für languēre (wegen der Weichheit der 1. beta) nach Suet. Aug. 87, 2.

1. bēto, ere, s. baeto.

2. beto, s. veto ►.

bētōnica, ae, *f.*, s. Vettōnēs unter Vettones.

Betriacum, s. Bedriacum.

bētuli, s. baetulī.

betulla (betula), ae, *f.*, die **Birke,** Plin. 16, 75; 16, 176 u. 209.

bēx, bēchos, *f.* (βήξ), der **Husten,** Cass. Fel. 33. p. 70, 16.

Bēzabdē, ēs, *f.* (Βηζάβδη), eine nicht unbedeutende Festung auf einer Anhöhe am Tigris, nord-östl. von Nisibis, später Phaenicha gen., Amm. 20, 7, 1.

biaeothanatos, on (βιαιοθάντος), **eines gewaltsamen Todes sterbend,** Tert. de anim. 57.

biarchia, ae, *f.* (βιαρχία), das **Proviantkommissariat,** Cod. Iust. 1, 31, 1 pr.

biarchus, ī, *m.* (βίαρχος), der **Proviantkommissar, -meister,** Hier. adv. Ioann. Hierosol. § 19. Cod. Iust. 14, 20, 3. CIL 3, 3370.

Biās, antis, *m.* (Βίας), aus Priene in Ionien, Zeitgenosse des lydischen Königs Alyattes u. seines Sohnes Krösus, als einer der sog. sieben Weisen von der Nachwelt verehrt u. hochgeachtet, Cic. parad. 1, 8; de amic. 59. Col. 1, 1, 9. Val. Max. 7, 2. ext. 3. Auson. lud. sept. sap. (Bias) 1. p. 104 Schenkl.

Bibāculus, ī, *m.*, Beiname der Furii u. Sextii.

bibaria, ae, *f.* (bibo), die **Trinkstube,** Not. Tir. 104, 71. Not. Bern. 14[b].

bibāx, ācis (bibo), **trunksüchtig,** Nigid. b. Gell. 3, 12, 2. Macr. sat. 2, 51, 16. Sidon. carm. 7, 94. – Kompar. bibacius, Sidon. ep. 8, 3, 2.

biber, eris, *f.* (eig. verkürzter Infin. v. bibo), der **Trank,** Cael. Arel. reg. mon. 22 u. Gloss.

Biberius, ī (bibo), der **Trunkenbold,** Spottname des Tiberius, Suet. Tib. 42, 1.

Bibēsia, ae, *f.* (bibo), das **Trinkland** (Ggstz. Peredia, das Fressland), scherzh. bei Plaut. Curc. 444; vgl. Fest. 214, 28.

bibilis, e (bibo), **trinkbar,** Cael. Aur. acut. 2, 11, 81.

bibio, **I** = 2. bibo *no.* II, s. d. – **II** = vipio, s. d.

bibitio, ōnis, *f.* (bibo), das **Trinken,** absol., od. eius calicis u. dgl., auch im Plur., Eccl.

bibitor, ōris, *m.* (bibo), der **Trinker,** Araricus, Sidon. ep. 1, 8 *in.*

bibium, s. bivium ►.

biblinus, a, um (βίβλινος), **aus der ägyptischen Papyrusstaude,** epistulae, Hier. ep. 51. *no.* 1.

bibliopōla, ae, *m.* (βιβλιοπώλης) der **Buchhändler,** Plin. ep. 1, 2, 6 u. 9, 11, 2. Mart. 4, 72, 2 u. 13, 3, 4. Sidon. ep. 5, 15 *in.* Porphyr. Hor. sat. 1, 4, 71 u. ep. 1, 20, 2. – bybliopola geschr. im CIL 6, 9218.

bibliothēca, ae, *f.*, (βιβλιοθήκη) die **Bibliothek,** **I** als Ort: **a** = **Büchergestell, Bücherschrank, Repositorium,** bibliothecae parietibus inhaerentes, ICt.: parieti cubiculi in bibliothecae speciem armarium insertum est, quod non legendos libros, sed lectitandos capit, Plin. ep. – **b** = **Büchersaal,** abdo me in bibliothecam, Cic.: in bibliotheca, quae in Lycio est, assedimus, Cic.: M. Catonem vidi in bibliotheca sedentem, Cic. – **II** als Büchersammlung: bibl. Apollinis, Fronto: bibl. Ulpia, Vopisc.: promere e bibliotheca Aristotelis librum, Gell.: bibliothecam comparare ac digerere, Suet.: bibliothecas Graecas Latinasque publicare, Suet.: bibliothecam ad communem delectationem instituere, Vitr.: bibliothecas habere, unam Graecam, alteram Latinam, Petr.: e bibliotheca Luculli quibusdam libris uti, Cic.: bibliothecā alcis pasci, Cic.: bibliothecam suam Graecam supplere, Cic.: bibliothecam ordinare, Suet.: bibliothecen alcis multorum nummorum tractare (v. einem Sklaven), Cic.: bibliothecae codices componere, ICt.: alqm supra bibliothecam constituere, Vitr.: supra bibliothecam esse, Vitr.: bibliothecae Palatinae praeesse, Suet.: a bibliotheca, Bibliothekar, Inscr. – ►griech. Nbf. bibliothece, wov. Akk. bibliothecen, Cic. ep. 13, 77, 3. – Schreibung bybliotheca bei Tac. dial. 21 u. 37 Halm. Apul. apol. 55 u. flor. 18 u. 19. Amm. 14, 6, 18 u. 22, 16, 13. CIL 3, 607.

bibliothēcālis, e (bibliotheca), **zur Bibliothek gehörig,** thesaurus, Bücherschatz, Sidon. ep. 8, 4: copia, Mart. Cap. 2. § 139.

bibliothēcārius, ī, *m.* (bibliotheca), der **Bibliothekar,** M. Caes. b. Fronto ep. ad M. Caes. 4, 5 u. Gloss. IV, 488, 37.

bibliothēcula, ae, *f.* (*Demin.* v. bibliotheca), eine **kleine Bibliothek,** Symm. ep. 4, 10.

biblos, ī, *f.* (βίβλος), die **ägyptische Papyrusstaude** (*Cyperus papyrus,* L.), aus deren Bast Papier bereitet wurde, Lucan. 3, 222. – meton., Niliacae bibli, Papier, Sedul. carm. pasch, 1, 6. – Plur. bibli = Bücher, Schriften, Aldhelm. de laud. virg. 1167.

1. **bibo,** bibī (bibitum), ere (altind. *pibati,* ›er trinkt‹, faliskisch *pipavo,* ›ich werde trinken‹; vgl. πίνω), **trinken** (u. zwar aus natürlichem Bedürfnis, während potare aus Leidenschaft, »viel trinken«, dah. auch »saufen« ist: doch werden in Ermangelung des Supinums von bibo [da erst Spät. bibitus u. bibiturus bilden] in der klass. Periode auch potus u. potatus als Partizipialformen zu bibo gebraucht), **I** eig.: ēsse, bibere, ICt.: sic estur apud illos, sic bibitur, Sen.: bibere aut etiam ēsse inter agendum, Quint.: et edere et bibere ἀδεῶς et iucunde, Cic.: numquam bibisse iucundius, Cic.: bib. large, Plin.: damnose, Hor.: bibo sitiens, non sitiens, Cic. u. Plin.: bibo ieiunus, Sen.: bib. ab octava, Iuven.: ab hora tertia bibebatur, Cic.: in lucem semper bibere, bis es Tag wird, Mart: bibe, tibicen, Plaut.: quin bibis? Plaut.: bibere post prandium aut cenam vulgare est, Plin.: nunc est bibendum, Hor.: bibitur usque dum de dolio ministretur, Cic.: iste unus totam Asiam magnitudine poculorum bibendoque superavit, Cic. – dare bibere, zu trinken geben, Cato, Liv. u. a. (vgl. unten m. *Acc.*): alci ministrare bibere, Cic.: bib. exiguis haustibus, Ov.: bib. suctu, morsu, Plin.: bib. ex lacu, Vitr.: ex fonte, Prop. u. Vitr.: ex eo puteo, Hyg.: de fluvio, Pelag.: ab amne, Mart.: in Nilo, Phaedr.: e gemma, Prop., od. bl. gemmā, Verg., aus mit Edelsteinen besetztem Becher: so auch ex auro, Varr. fr., in auro, Vulg., od. auro, Sen. poët.: in argento potorio, ICt.: poculo eodem, Plaut. u. Lucil. fr.: scaphiis, Samio poterio, Plaut.: in aureis poculis, Treb. Poll.: bibere dare usque plenis cantharis, Plaut.: cum alqo ex eodem catino cenare, eodem poculo bibere, Apul.: avenis (vermittelst Haferstengeln), Mela: cavā manu, Sen.: usque ad ebrietatem, Lact. – m. *Acc.*, vinum, Komik., Cato fr., Hor. u. a.: mulsum, Fronto: vinum e dolio, Plin.: hoc vinum sine aquae admixtione libenter bibit, Firm.: aquam gelidam, Cic.: faeces, Vopisc.: aquae frigidae tres cyathos, Cels.: numquam in uno convivio ex uno vino duo pocula, Treb. Poll.: Circae pocula, Hor.: uvam prelo domitam, gekelterten Traubensaft, Hor.: medicamentum, Varr. fr. u. Curt.: alci medicamentum innoxium bibendum dare, Sen. (vgl. quod iussi ei dari bibere et quantum imperavi date! Ter.): bib. sanguinem alcis, Cic.: urinam humanam et etiam suam, Augustin.: ex aqua (in W.) castoreum, Cels.: aliquid ex vino (in W.), Cels.: calidam aquam cum pipere, Cels.: vinum cum cibo pleniore, Cels.: aquam per binos ternosve cyathos, Cels.: in quo (convivio) nemo potest dicere utrum iste plus biberit an effuderit, Cic.: pars bibenda servatur, Ov. – **Andere besondere Redensarten:** **a** bibe si bibis, eine zum Trinken ermahnende Formel, »wenn du trinkst, so trinke ordentlich«, »trink nur zu!« Plaut. Stich. 713. – **b** mandata, die Aufträge vertrinken, d. i. beim Trinken vergessen, Plaut. Pers. 170. – **c** aut bibat aut abeat (Übersetzung des griech. ἤ πῖθι ἤ ἄπιθι), **sauf oder lauf,** Cic. Tusc. 5, 118. – **d** bib. Graeco more, einem zutrinken, Cic. II. Verr.. 1, 66: ut Graeco more biberetur, Auson. Griph. (XXVI) 1. p. 129, 2 Schenkl. – **e** bib. nomen alcis, so viel Gläser, als der Name Buchstaben hat, Mart. 8, 51, 26 u. a. – **f** bibere ad numerum, nach der Zahl der Jahre (die man sich wünscht), Ov. fast. 3, 532. – **g** dare bibere ab summo, vom Obersten (bei Tische) bis zum Untersten, die Reihe herum, Lucil. sat. 5, 34. – **h** bib. simul eandem nutricem, an derselben Brust trinken, Apul. met. 3, 2. – **i** bis deciens solus bibis, vertrinkst, Mart. 1, 11, 2; u. so auch 1, 26, 3 *sq.* u. 1, 26, 10: u. quod (Philippeûm) bibimus, vertrinken, Varr. sat. Men. 343. – **k** bibere pro salute alcis, jmds. Gesundheit trinken, Ambros. de Helia et ieiun. 17. § 62. – **l** (poet.) bib. flumen, an einem Fluss wohnen od. sich aufhalten, Ararim, Verg.: Danuvium, Hor.: rivus, quem Mandela bibit, der M. mit Wasser versieht, Hor. – **II** übtr.: **A** v. Lebl., **trinken, einziehen, einsaugen,** sat prata biberunt, Verg.: hortus aquas bibit, Ov.: amnis harenis bibitur et recep-

tatur, Auct. itin. Alex. 38: lanae colorem bibunt, nehmen die Farbe an, Plin.: amphora bibit fumum, Hor.: arcus bibit, der Regenbogen zieht Wasser, Plaut. Curc. 129 u. Verg. georg. 1, 380: tellus bibit cruorem, wird von Bl. getränkt, Sil. (s. Drak. Sil. 17, 413): hasta bibit cruorem, trinkt Blut, indem er in den Körper eindringt, Verg. – **B** v. Pers.: **a** **einsaugen,** **α** physisch = einatmen, caelum (die Luft), Lucil. sat. 26, 43: fuliginem lucubrationum, Quint. 11, 3, 23. – **β** geistig, bib. amorem, Plaut.: longum amorem, in langem Zuge schlürfen, Verg.: bib. maternos mores, Claud. – so auch bibere aure od. auribus alqd, eifrig anhören, gleichs. mit den Ohren verschlingen, Hor., Prop. u. a. – **b** **aussaugen,** e serpente cruorem, Sil. 6, 293. – ► Archaist. Infin. Präs. biber, Titin. com. 78. Cato u. C. Fann. b. Charis. 124, 1 *sq.* – Spätere Formen: quoties bibitum est, Capitol. Ver. 5, 3: bibitus, Augustin. in Ioann. tract. 32, 4. Iren. 3, 11, 5 u. a. Eccl. Cael. Aur. chron. 4, 3, 60. Plin. Val. 2, 18. Placit. medic. 14, 13. Anthim. 75 u. 76: bibiturus, Phorm. Hor. carm. 1, 27, 13. Vulg. Matth. 20, 22. Vulg. act. apost. 23, 12. Augustin. serm. 21, 2. Sulpic. Sev. dial. 1 (2), 6, 5. Cassiod. hist. eccl. 1, 1.

2. bibo, ōnis, *m.* (1. bibo), **I** der **Trinker, Zechbruder, Trunkenbold,** Apul. met. 2, 31. Firm. math. 5, 4 *extr.* – **II** ein kleines, im Wein sich erzeugendes Insekt, Afran. com. 406 (aus Class. auct. tom. 8. p. 67, wo bibones, u. Isid. 12, 8, 16, wo bibiones).

3. bībo = vivo, s. vīvo ►.

bibōsus, a, um (bibo), **trunksüchtig,** Laber. u. Nigid. b. Gell. 3, 12 *in.*

Bibracte, is, *n.*, Hauptstadt der Äduer (auf dem heutigen *Mont Beuvray),* vielbesuchter Sitz gallischer Studien, Caes. b. G. 1, 23, 1; 7, 63, 5. Auct. inc. (Eumen.) grat. act. Constant. Aug. 14, 5: Abl. Bibracti, Caes. b. G. 7, 55, 4 zw.

Bibrax, actis, *f.*, feste Stadt der Remer im belg. Gallien, entweder das j. *Beaurieux* od. der Berg *Vieux Laon,* Caes. b. G. 2, 6, 1.

bibrevis (bis u. brevis), rein lat. für dibrachys, **aus zwei kurzen Silben bestehend,** pes, Diom. 475, 9 u. 476, 4.

Bibrocī, ōrum, *m.*, eine Völkerschaft Britanniens, Caes. b. G. 5, 21, 1.

1. bibulus, a, um (bibo), **I** aktiv, **gern trinkend, immer durstig** (nach etw.), mit *Genet.*, liquidi Falerni, sich gütlich tuend in usw., Hor. ep. 1, 14, 31. – übtr., v. Lebl., **a** im Allg. = eine Flüssigkeit **einsaugend, einziehend,** lapis, Bimsstein (der Regenwasser u. Luft durchlässt), Verg.: lana, Ov.: nubes, die Wasser ziehen, Ov.: charta, Papier, das fließt, wie Löschpapier, Plin. ep.: papyrus, gern an Flüssen wachsend, Lucan. – **b** insbes., v. Gehör, **hörbegierig,** aures, Pers. 4, 50. – **II** passiv, **trinkbar, süffig,** Falernum, Hor. ep. 1, 18, 91.

2. Bibulus, ī, *m.* (1. bibulus), Beiname der Calpurnii, Publicii.

bicamerātus, a, um (bis u. camera), **mit zwei Gewölben** od. **Kammern,** ecclesia, Augustin. de civ. dei 15, 26. *no.* 2: interiora arcae bicamerata aut tricamerata facies, Ambros. hexaëm. 6, 9, 72. – subst., bicamerātum, ī, *n.*, ein **Behältnis mit zwei Kammern,** Plur., Hier. adv. Iovin. 1. *no.* 17.

bicapit-, s. biceps.

biceps, cipitis (bis u. caput; alte Form bicipes, cipitis, nach Prisc. 7, 46), **zweiköpfig, doppelköpfig, I** eig.: puer, Cic.: puella, Liv.: Ianus, Ov.: porcus, Liv.: partus, Tac. – poet., **doppelgipfelig,** Parnasus, Ov. met. 2, 221. Pers. prol. 2. – **II** übtr.: **a** v. Konkr.: gladius, zweischneidiges, Vulg. prov. 5, 4: hamus, doppelhakiger, Sidon. ep. 7, 9. p. 422 Sav.: laqueus, mit zwei Schlingen (bildl. = sehr verfängliche Frage), Augustin. serm. 308, 1. – **b** v. Abstr.: civitas, zwieträchtig, in Parteien zerfallen, Varro vit. P. R. 4. fr. 1 K. (bei Non. 454, 21). Flor. 3, 17, 3: argumentum, doppelsinnig, Apul. flor. 18. – ► vulg. Nbf. bicapitis u. bicapitus, CIL 6, 532 (bicapite). Cass. Fel. 35 (uva bicapita).

bicessis, is, *m.* (eig. vicessis [v. vig-inti u. as], wie Prisc. de fig. num. 31) = viginti asses, **zwanzig Asse,** Varr. LL. 5, 170.

bicia, s. 1. vicia.

bicinium, ī, *n.* (bini u. cano), der **Zweigesang,** das **Duett,** cum … duo canunt, bicinium appellatur, Isid. 5, 19, 6.

bicipes, s. biceps.

biclīnium, ī, *n.* (bis u. κλίνη, Lager), ein **Speisesofa für zwei Personen,** Plaut. Bacch. 720 u. 754. Quint. 1, 5, 68.

bicōdulus, a, um (bis u. coda = cauda), **doppelschweifig,** inlices bicodulae, Laev. fr. 10 M. (b. Apul. apol. 30 *extr.*).

bicolor, ōris (bis u. color), **zweifarbig,** populus, grün und weißlich (auf der Rückseite der Blätter), Verg.: myrtus, stahlblau, Ov.: vexilla, Vopisc.: membrana, bunte, Pers.: albis equus bicolor maculis, Schecke, Verg.: intus omne ovum volucrum bicolor, Plin. – Nbf. **bicolōrus,** a, um, Vopisc. Aur. 13, 3.

bicomis, e (bis u. coma), **doppelmähnig,** Veget. mul. 2, 28, 36 (= 1, 56, 36 L.).

bicoris, e (bis u. cora), **mit doppelter Sehe,** pupula (Pupille), Chalcid. Tim. 243.

bicorniger, gerī, *m.* (bis u. corniger), der **Zweigehörnte,** Beiname des Bacchus, Ov. her. 13, 33.

bicornis, e (bis u. cornu), **zweihörnig, zweigehörnt** (Ggstz. unicornis), caper, Ov.: animal, Plin.: Fauni, Ov.: Satyri, Calp.: Minotaurus, Tert.: Nictelus, Anthol. Lat. – poet. übtr., v. Neumond, luna, Hor. u. Auson. (auch Chalcid. Tim. 37): v. der Gabel, **zweizinkig,** Verg.: v. Flüssen, **zweiarmig** = zweifach mündend, Verg. u. Ov.: von Bergen, **zweigipfelig,** iugum (des Parnass), Stat.: von der Schlachtreihe, figura, Gestalt eines Halbmonds, Amm. 16, 2, 13. – Plur. subst., bicornēs, **gehörnte Tiere,** als Opfer, CIL 6, 504.

bicorpor, oris (bis u. corpus; vgl. Prisc. de fig. num. 31. p. 416, 27 K.), **zweileibig, doppelleibig,** Pallas bicorpor, Acc. tr. 307: bicorpores Gigantes, Naev. bell. Pun. 1. fr. 18 *Vahlen* (b. Prisc. 6, 6): haec bicorporem afflixit manum (Schar), Cic. poët. Tusc. 2, 22. – Spät. Nbf. **bicorporeus,** a, um, Firm. math. 2, 12.

bicors, cordis (bis u. cor), mit doppeltem Verstand begabt = **verschlagen, schlau,** Commodian. instr. 1, 11, 8.

bicostis, e, **zweirippig,** Itala iud. 3, 16.

bicubitālis, e (bis u. cubitus), **zwei Ellen lang,** Plin. 20, 253 *ed. Sill.* – Spät. Nbf. **bicubitus,** a, um, Ps. Apul. herb. 72.

bidēns, entis (bis u. dens), **zweizähnig, I** eig.: **1** **zweizähnig,** amica, Priap. 82, 26. – **2** als *t. t.* der Opferspr., **doppelt bezahnt,** d. i. (nach Paul. ex Fest. 4, 17) schon beide Zahnreihen vollständig habend, **ausgewachsen,** verres, Pompon. com. 52: hostia, Hyg. fr. b. Gell. 16, 6, 4: bos, Paul. ex Fest. 35, 2. – subst. (*f.*), ein **doppelt bezahntes Opfertier,** bes. ein **Schaf,** bidenti facere (opfern), Laber. fr.: mactare lectas bidentes, Verg.: tentare multā caede bidentium deos, Hor.: Coruncanius ruminales hostias, donec bidentes fierent, puras negavit, Plin. – übtr., übh. ein **Schaf,** Phaedr. 1, 17, 8. – **II** übtr., **zweizackig,** ancora, Plin.: forfex, Verg. cat. 8, 9: ferrum, Ps. Verg. cir. 213: ligones, Veget. mil. 2, 25. – subst. (*m.*), ein **zweizinkiger Karst** (griech. δίκελλα), als Werkzeug der Landleute zum Behacken des Bodens, bidente pastinari solum vineae praecipit, Plin.: gleba versis frangenda bidentibus, Verg. – dah. meton., bidentis amans, dem Landbau hold, Iuven. 3, 228.

bidental, ālis, *n.* (bidens), ein **Blitzmal,** ein vom Blitz getroffener Ort, der dann durch ein Opfertier (bidens) gesühnt wurde u. so für geheiligt galt, dah. auch nicht durch Berührung verletzt werden durfte, Pers. 2, 27 (dazu die Schol.). Apul. de deo Socr. 7: b. movere, verrücken (u. so entweihen), Hor. de art. poët. 471 *sq.* – Dav. **bidentālis,** is, *m.*, der **Priester eines Blitzmals,** CIL 5, 567: u. ebenso bidentales sacerdotes, CIL 5, 568.

bidentātio, ōnis, *f.* (*bidento v. bidens, Karst), die **Behackung** des Bodens **mit dem Karst,** Gloss. – u. (= σκαφετός) die **mit dem Karst gezogenen Furchen,** Gloss. II, 432, 42.

Bidis, is, *f.*, Städtchen auf Sizilien, nordwestl. von Syrakus, in der Nähe der j. Kirche *S. Giovanni di Bidini,* Cic. Verr. 2, 53. – Dav. **Bidīnus,** a, um, **zu Bidis gehörig, bidinisch,** palaestritae, Cic. Verr. 2, 54. – Plur. subst., Bidīnī, ōrum, *m.*, die Einw. von Bidis, die **Bidiner,** Cic. Verr. 2, 53. Plin. 3, 91.

bīduancula, ae, *f.* (biduum u. ancula), eine **Taglöhnerin für zwei Tage,** Mar. Victor. 1, 1, 93 = p. 23, 9 K.

bīduānus, a, um (biduum), **zweitägig,** inedia, Cassian. de coenob. inst. 5, 5: occupatio, Alcim. Avit. ep. 79.

bīduum, ī, *n.* (bis u. dies), der **Zeitraum** (die **Zeit, Frist**) **von zwei Tagen, zwei Tage** als Zeitraum, **a** übh.: biduum comitiale (der 3. u. 4. Januar), Caes. b.c. 1, 5, 4: abstinentia bidui, Cels. 3, 21: bidui inedia, Plin. 8, 209: bidui est aut tridui haec sollicitudo, Ter. Andr. 440: finitā febre biduum integrum est, so befindet sich der Kranke zwei Tage lang gut, Cels. 3, 3: quod omnino biduum supererat, cum (bis zu dem Tage, wo) etc., Caes. b.G. 1, 23, 1: in iis operibus consiliisque biduum consumitur, Caes. b.c. 1, 82, 1: certamine consulum biduum absumptum (est), Liv. 38, 44, 1 (vgl. inter has cogitationes biduo absumpto, Curt. 3, 6 [15], 8): biduum criminibus obiciendis statuitur, Tac. ann. 3, 13: ›longus fuit dolor‹. Bidui; at compluribus annorum saepe multorum, Cic. Phil. 11, 8: unum aliquem diem aut summum (höchstens) biduum eximere ex mense, Cic. Verr. 2, 129: id biduum memoriae eximere, Suet. Claud. 11, 1: biduum ad considerandum tempus petere, zwei Tage Bedenkzeit, Liv. 27, 24, 3: biduo intermisso, Plin. 30, 116. – oft biduum = »zwei Tage (lang)«, alqm biduum cibo tectoque prohibere, Cic. Verr. 3, 60: biduum in his locis morari, Caes. b.G. 7, 9, 1: u. so Cic. pro C. Rab. 8 u.a. Caes. b.c. 2, 21, 2 u.a. Sall. Iug. 69, 3. Nep. Att. 22, 3 u. oft bei anderen: non plus biduum, Ter. eun. 184: biduum aut triduum, Cato r.r. 96, 1: biduum … tertio die, Liv. 31, 34, 9: noctem continuumque biduum, Suet. Tib. 42, 1: ante biduum, Vulg. Iosue 20, 5: iam ante biduum, Auct. inc. pan. Constant. Aug. 16, 5: in biduum, Liv. 10, 23, 1. Curt. 7, 11 (30), 14. Cels. 2, 10: oft per biduum, z.B. Cic. Phil. 11, 5; de nat. deor. 2, 96. Caes. b.c. 2, 32, 12. Vell. 2, 40, 3. Cels. 3, 17 u.a.: per continuum biduum, Vulg. 2. Mach. 10, 37: per insequens biduum, Liv. 30, 8, 4: post biduum, Plin. 2, 124; 13, 133. Aur. Vict. Caes. 32, 12. Vulg. lev. 19, 7 u.a.: post biduum demum, Suet. Aug. 10, 4: post biduum statim, Suet. Caes. 43, 1: non ultra biduum, Tac. ann. 6, 50. – Abl. biduo bei Kompar., biduo brevior dies, Cic. I. Verr.. 6: uno die longior mensis aut biduo, Cic. Verr. 2, 129. – oft Abl. biduo = »im Verlauf (während) zweier Tage, zwei Tage über«, auch »binnen zwei Tagen«, z.B. Cic. Quinct. 79 u. 81; ad Att. 4, 1, 6. Caes. b.G. 5, 27, 8. Cels. 1, 3. Curt. 4, 10 (39), 1 u.a.: selten in biduo, Iavol. dig. 50, 16, 217. § 1: oft eo biduo, »im Verlauf (während) dieser zwei Tage, in diesen zwei Tagen«, auch »nach diesen zwei Tagen«, Cic. ad Att. 4, 1, 6. Caes. b.c. 1, 41, 1; 1, 87, 4. Auct. b. Alex. 9, 3 u. 59, 2: so auch hoc biduo, Cic. Phil. 14, 10: illo biduo, Cic. Verr. 2, 64: biduo illo, Curt. 6, 10 (39), 20: illo fere biduo, Cic. Pis. 14: biduo aut summum (höchstens) triduo, Cic. Quinct. 78: biduo vel certe triduo, Cels. 4, 5 (2): biduo triduove, Cels. 3, 21; vgl. spatio bidui triduive, Apul. met. 9, 40: biduo et binoctio, Amm. 10, 1, 8: biduo et noctibus tribus, Caes. b.c. 2, 23, 1: biduo et duabus noctibus, Nep. Hann. 6, 3: priore biduo, Tac. hist. 1, 57: biduo proximo, Cels. 3, 15: toto biduo, Apul. met. 1, 10: biduo continenti, Suet. Cal. 19, 2: biduo ante, Cic. Pis. 60: biduo post, Caes. b.G. 1, 1, 47, 1. Liv. 44, 18, 6. Suet. Caes. 16, 2: biduo post aut non toto triduo, Cic. Quinct. 79: biduo vix, Liv. 21, 47, 6: biduo *a* partu, Plin. 11, 236. – biduo, quo haec gesta sunt, zwei Tage von da an gerechnet (von der Zeit ab), wo usw. = zwei T., nachdem usw., Caes. b.c. 1, 48, 1: u. so biduo, quo senatum legerunt censores, Liv. 40, 53, 1: biduo postquam inde sublatus esset, Val. Max. 1, 8. ext. 1. – **b** zur Bestimmung der Wegstrecke: bidui iter progressus, Caes. b.c. 2, 24, 1: ab eo non longius bidui viā abesse, Caes. b.G. 2, 7, 2: bidui navigatione distare a continente, Plin. 6, 200: biduum aut triduum abesse a Brundisio, Cic. ad Att. 8, 14, 1: bidui spatio abesse ab alqo, Planc. in Cic. ep. 10, 17, 1: in castra properabamus, quae aberant bidui, Cic. ad Att. 5, 16, 4: castra a quibus aberam bidui, Cic. ad Att. 5, 17, 1.

biduvium, ī, *n.*, ein Strauch = *vitex* (*vibex*), Schol. Pers. 4, 49.

biennālis, e (biennium), **zweijährig,** pensio, Cod. Theod. 11, 20, 4. § 1: culpa, *ibid.* 12, 43, 3: metae, Cod. Iust. 5, 37, 27; 12, 7, 2: intra biennale iuge tempus, *ibid.* 4, 29, 22.

biennis, e (bis u. annus), **zweijährig,** d.i. **zwei Jahre dauernd,** Prisc. de fig. num. 31. p. 416, 22 K. (ohne Beleg): außerdem als Erklärung v. bidentes, *bidennes* primo dictas, d littera immissa, quasi *biennes,* Nigid. b. Gell. 16, 6, 13 u. b. Macr. sat. 6, 9. § 6. Serv. Verg. Aen. 4, 57. Non. 53, 22. – b. Plin. 2, 198 u. Suet. Galb. 15, 1 ist wohl bienni spatio = biennii spatio.

biennium, ī, *n.* (bis u. annus), ein **Zeitraum** (eine **Zeit, Frist**) **von zwei Jahren, zwei Jahre** als Zeitraum, biennii infecunditas, Sall. hist. fr. 3, 1 (90): unius anni aut biennii ratio, Cic. Verr. 3, 43: debita biennii pecunia, Caes. b.c. 3, 31, 2: biennii imperium, Aur. Vict Caes. 33, 12: biennii usus, Iustin. 17, 2, 14: vacatio biennii, Ulp. fr. 14, 1. – biennium iam factumst (es sind schon zwei Jahre her), postquam abii domo, Plaut. merc. 8: u. so iam bienniumst, quom med amare coepit, Plaut. merc. 533: iam bienniumst, quom habet rem tecum, *ibid.* 534: si iam biennium aut triennium est, cum virtuti nuntium remisisti, Cic. ep. 15, 16, 3. – nondum biennium compleveramus in officio laboriosissimo et maximo, cum etc., Plin. pan. 91, 1. – nondum est biennium, ex quo (seitdem) etc., Augustin. de civ. dei 22, 8. p. 505, 38 D. – biennio iam confecto fere, Cic. Quinct. 40: biennio completo, Eutr. 9, 7: biennio expleto, Vulg. act. apost. 24, 27: interiecto biennio, Vell. 1, 14, 6. – oft Akk. biennium = »zwei Jahre (lang)«, in hoc iudicio iam biennium versari, Cic. Quinct. 42: biennium provinciam obtinere, Cic. Verr. 3, 216: ad eas res conficiendas biennium sibi satis esse ducere, Caes. b.G. 1, 3, 2: biennium summis potitum esse, Auct. Vict. Caes. 36, 1; u. so Cic Quinct. 67; Caecin. 54: biennium fere, Cic. Verr. 4, 67: ferme abhinc biennium, Plaut. Bacch. 388: iam biennium, Plin. ep. 5, 1, 10: non plus quam annum neve plus quam biennium, Cic. Phil. 1, 19: paulo plus quam biennium, Quint. ep. ad Tryph. § 1: ante biennium, Vell. 1, 12, 4; 2, 48, 2 u.a.: in biennium, Plin. ep. 3, 9, 18: intra biennium, Vell. 2, 23, 2; 2, 45, 3. Plin. 25, 20. Quinct. 1, 12, 9: intra tempus biennii, Col. 3, 9. 6: per biennium, Cic. Verr. 3, 101; Cael. 78. Liv. 3, 56, 4. Curt. 7, 11 (41), 1. Plin. ep. 10, 56 (64), 4. Iustin. 5, 1, 1: per biennium continuum, Vell. 2, 16, 4: post biennium, Cic. Quinct. 41. Vell. 1, 14. § 4 u. 8; 2, 31, 2. Plin. 17, 97. Vulg. 2. Mach. 10, 3: post tempus biennii, Vulg. 2. regg. 13, 23: ultra biennium, Tac. ann. 1, 1. – Abl. biennio beim Kompar., biennio minor Xenophilus, Val. Max. 8, 13. ext. 3: biennio maior natu Domitius, Tac. ann. 12, 25. – oft Abl. biennio = »im Verlauf (während) zweier Jahre, innerhalb zweier Jahre, in od. binnen zwei Jahren«, appellare biennio, Cic. Quinct. 41: Africam pro consule biennio obtinuit, Suet. Galb. 7: u. so Vell. 1, 9, 1. Tac. Agr. 14. Plin. 16, 96 u. 18, 45. Aur. Vict. Caes. 33, 3: biennio prope, Cic. Verr. 2, 62: eo biennio, Caes. b.c. 3, 32, 5: biennio proximo, Tac. ann. 14, 29: biennio toto, Vulg. act. apost. 28, 30: biennio ante, Cic. Clu. 14 u. 68; agr. 2, 49; Sest. 67. Liv. 10, 22, 2; 27, 37, 5. Tac. ann. 6, 25: biennio post, Cato fr. bei Plin. 16, 195. Suet. Aug. 26, 2: biennio post diluvium, Vulg. gen. 11, 10: biennio post et octo mensibus, Eutr. 8, 22: biennio post ac menses fere novem, Aur. Vict. Caes. 10, 5. – quam ego biennio (nach zwei J.) postquam hinc in Ephesum abii conspicio lubens, Plaut. Bacch. 170 *sq.*

bifāriam, *Adv.* (bifarius; urspr. *Acc. fem. sc.* partem), nach zwei Seiten hin, d.i. **zweifach, doppelt,** dispartire obsonium, Plaut.: b. dividere copias, Liv.: alqd distribuere, Cic.: castra b. facta sunt, Liv.: alqm b. laudare, Suet.: b. intellegere, auf zweierlei Art, ICt.

bifāriē, *Adv.* (bifarius), **zweifach,** Cassiod. de orat. 1. p. 601 *ed. Garet.* Victorin. Petav. fabric. mundi p. 313 M.

bifārius, a, um (bis u. for, entsprechend dem griech. διφάσιος), **zweifach, doppelt,** ratio, Amm. 14, 11, 8 u. 18, 4, 3: anxietas, Amm. 19, 9, 4: natura, Zeno 2. tr. 55; vgl. Isid. ord. nat. 8, 14. – v. Pers. = ein **Doppelgänger,** Commodian. instr. 1, 24, 11.

bifer, fera, ferum (bis u. fero), **I zweimal** (im Jahr frucht-) **tragend,** malus, vites, Varr.: ficus, Col. poet. 10, 403: violaria, Solin. 2, 2: biferi rosaria Paesti, Verg. georg. 4, 119. – **II** übtr., **doppeltgestaltet,** corpus Centauri, Manil. 4, 230. – ► Nom. bifer bis jetzt ohne Beleg.

bifēstus, a, um (bis u. festus), **doppelt festlich,** dies, Prud. perist. 12, 66.

bifidus, a, um (bis u. findo), **in zwei Teile gespalten, -geteilt,** pedes,

Ov.: ungulae, Plin. u. Amm.: lingua, Plin.: ridicae, Col.: iter, Val. Flacc.

bifīlum, ī, *n.* (bis u. filum), ein **doppelter Faden,** Serv. Verg. Aen. 12, 375.

bifissus, a, um (bis u. findo), **in zwei Teile gespalten,** ungulae (Ggstz. ungulae solidae), Solin. 52, 38.

biforis, e (bis u. fores, griech. δίθυρος), **I zweitürig, zweiflügelig,** valvae, Ov. met. 2, 4: fenestrae, Ov. ex Pont. 3, 3, 5: cardo, Prud. psych. 666. – **II mit zwei Öffnungen,** fistula, Sidon. ep. 3, 13: cavernae, Sidon. carm. 11, 123: via narium, Apul. de dogm. Plat. 1, 14: tibiae, Serv. Verg. Aen. 9, 618: nidi bifori accessu, Solin. 2, 48. – meton., ubi biforem dat tibia cantum, wo die (phrygische Doppel-) Flöte aus zwei Löchern, d. i. in Doppelakkorden, in wechselnden (bald hohen, bald tiefen) Akkorden tönt, Verg. Aen. 9, 618: b. tumultus, der Lärm der doppelakkordigen phryg. Flöte, Stat. Theb. 4, 668.

bifōrmātus, a, um (bis u. formo), **doppeltgestaltet,** biformato impetu centaurus, Cic. poët. Tusc. 2, 20.

bifōrmis, e (bis u. forma) = δίμορφος (Gloss.), **von doppelter Gestalt, doppelgestaltig, zweigestaltig, a** v. Lebl.: adverbiorum bif. regula, Rhemn. Palaem. 546, 21: bif. littera, der für zwei griechische gesetzt wird, Mar. Victorin, 1, 3, 16 G. p. 6, 13 K. – **b** von leb. Wesen: Cecrops, Iustin.: biformes hominum partus, doppelgeschlechtliche, Tac.: monstra, Paneg. vet.: proles b. Minotaurus, Verg.: u. so monstrum, v. Minotaurus, Ov.: Ianus, Ov.: Glaucus, Claud.: poet., vates, beflügelter Dichter, Hor. carm. 2, 20, 2.

biforus, a, um (bis u. foris), **zweiflügelig,** ostia, Vitr. 4, 6. § 6.

bifrōns, frontis (bis u. frons) = διμέτωπος (Gloss.), **doppelstirnig** = mit zwei Gesichtern, Ianus, Verg. Aen. 7, 180 u. 12, 198. Gav. Bass. b. Macr. sat. 1, 9. § 13. Cypr. quod idol. etc. 2. Augustin. de civ. dei 7, 4 u. 7, 7: u. bifrons simulacrum, des Janus, Augustin. de civ. dei 7, 8.

bifurcus, a, um (bis u. furca), **zweizackig, -zinkig, zweigabelig,** ramus, Ov.: surculi, Col.: valli, gabelförmige Schanzpfähle, Liv.: terminus = samardacus od. samartia (s. d.), Gromat. vet.: ders. bifurtius terminus, *ibid.* – subst., bifurcum, ī, *n.*, der Punkt, wo sich zwei Äste voneinander teilen, Col.: von der Verbindung zweier Venen am Kopf des Zugviehs, Veget. – dah. in der Volksspr.: sudor mihi per bifurcum volabat, über die Backen nach der Kehle zu, Petr. 62, 10.

bifurtius, a, um, s. bifurcus.

bīgae, ārum, *f.* u. nachaug. **bīga,** ae, *f.* (zsgz. aus biiugae od. biiuga), das **Zweigespann,** signitenentes bigae, Enn. fr.: Rhesi niveae citaeque bigae, Catull.: bigae albae, Verg.: b. cornutae, v. Pfluggespann, Varro fr.: ad id sacrum bigis curru arcuato vehi, Liv.: als Gepräge der Denare (s. bīgātus), Plin. – Form biga, Plin. 34, 89 u. 35, 141. Suet. Tib. 26. Tac. hist. 1, 86. CIL 14, 2991, 8 u. ö. (vgl. Varr. LL. 10, 24 non dicitur *una biga,* sed *unae bigae).*

bigamus, a, um (bis u. γαμεῖν), **zweifach verheiratet,** Eccl.

bīgārius, ī, *m.* (bigae), der **Lenker des Zweigespanns,** CIL 6, 10078. Not. Bern. 14[b].

bīgātus, a, um (bigae), **mit dem Zeichen der** *bigae* **geprägt, zu Silberdenaren ausgeprägt,** argentum, Liv. 33, 23, 7 (vgl. Plin. 33, 46): nummi, Paul. ex Fest. 98, 3. – subst., bīgātī, ōrum, *m. (sc.* nummi), die mit dem Gepräge der *bigae* versehenen röm. **Silberdenare,** Liv. 23, 15. § 15. Plin. 33, 46: serrati bigatique, Tac. Germ. 5.

bigeminus, a, um (bis u. geminus), **zweimal doppelt,** Poët. b. Mar. Victorin. 3, 11, 8 G. p. 133, 19 K.

bigemmis, e (bis u. gemma), **I mit zwei Edelsteinen besetzt,** anulus, Val. b. Treb. Poll. Claud. 14, 5. – **II** übtr. von Pflanzen, **mit zwei Knospen** od. **Augen,** reseces, Col. 5, 5, 11.

bigener, era, erum (bis u. genus), **von zwei verschiedenen Geschlechtern abstammend,** ein **Bastard,** hinni, Varr. r. r. 2, 8, 1; vgl. Paul. ex Fest. 33, 14. Isid. 12, 1, 61. – ► Nom. bigines, Gloss. IV, 26, 3.

Bigerra, ae, *f.*, Stadt der Dretaner im südöstl. Teil des tarrakon. Hispaniens, Liv. 24, 41. § 11.

Bigerriones, um (u. Nbf. **Begerrī** od. **Bigerrī,** ōrum,) *m.*, eine gallische Völkerschaft in Aquitanien, j. *Bigorre* (im Dép. des hautes Pyrénées), Caes. b. G. 3, 27: Nbf. *Beg.* b. Plin. 4, 108: *Big.* b. Paul. Nol. ep. ad Aus. carm. 10, 246. – Dav.: **a Bigerricus,** a, um, **bigerrisch,** turbo, von Aquitanien her wehend, Sidon.: subst., Bigerrica, ae, *f. (sc.* vestis), ein wärmendes, zottiges Kleid, Eccl. – **b Bigerritānus,** a, um, **bigerritanisch,** patria, Auson. ep. 11, 26. p. 170 Schenkl.

bīgintī, s. vīgintī.

bignae (= bigenae) geminae dicuntur, quia bis unā die natae sunt, Paul. ex Fest. 33, 13.

bīgus, a, um, s. biiugus ►.

biiugis, e (bis u. iugum), **zweispännig, I** eig.: equi, Verg.: ohne equi, Val. Flacc. 2, 567: lynces, Ov.: delphines, Stat.: ferae, Prud.: curriculum, Suet.: currus, Apul. – **II** poet. übtr., **doppelt,** uno biiuges tolli de limine fasces, zwei Konsulbrüder aus **einer** Familie, Claud. Olyb. et Prob. cons. 233.

biiugus, a, um (bis u. iugum), **zweispännig,** leones, Lucr. u. Verg.: equi, Mart.: serpentes, Val. Flacc.: currus, Lucr., Sil. u. Aur. Vict. (s. Arntzen Aur. Vict. epit. 3, 9): certamen, Kampf auf dem Zweigespann, Verg.: subst., biiugī, ōrum, *m. (sc.* equi), ein **Zweigespann, Rennwagen,** Verg. Aen. 10, 587; od. **Streitwagen,** Verg. Aen. 10, 453. – ► synk. Nbf. **bīgus,** Manil. 5, 3 (wenn nicht bigis v. bigae zu lesen ist). Prud. c. Symm. 1, 361.

bilamna, ae, *f.* (bis u. lamna), sonst unbekanntes Wort, Gromat. vet. 352, 21 *sq.*

bilanx, lancis (bis u. lanx), **zwei Wagschalen habend,** libra, Mart. Cap. 2. § 180. – Nbf. **duilanx,** Ven. Fort. carm. 6, 10, 33.

Bilbilis, is, Akk. im, *f.*, **I** Stadt (Munizipium) der Keltiberier im tarrakon. Hispanien, Vaterstadt des Dichters Martial, hochgelegen und in rauer (Gegend, ausgezeichnet durch Eisenwerke, Waffenschmieden, auch Goldverarbeitung u. Pferdezucht, j. *Cerro di Baubola* (Ruinen bei *Calatayud*), Mart. 1, 49, 3 *sq.;* 4, 55, 11 *sqq.;* 12, 18, 9 *sq.* Plin. 34, 144. – **II** der Fluss Bilbilis (bei Mart. gen. Salo), dessen Wasser das Eisen härtete (Mart. 1, 50, 12), j. *Xalon,* der in den Ebro fällt, Iustin. 44, 3, 8.

bilbo, ere (Naturlaut), **bil bil machen, glucksen,** v. Wasser im Gefäß, bilbit amphora, Naev. com. 124. Vgl. Gloss. ›bilbit, βομβύζει‹.

bilībra, ae, *f.* (bis u. libra), **zwei Pfund,** farris, Liv. 4, 15, 6.

bilībrālis, e (bilibra) = διλιτριαῖος, **zweipfündig,** Gloss. II, 277, 53.

bilībris, e (bis u. libra), **zweipfündig, I** *adi.*: **A zwei Pfund schwer,** offae, Plin. 18, 103: mullus, Mart. 3, 45, 5 u. 11, 50, 9: coronae, Vopisc. Aurel. 35, 1: panes, Cael. Aur. chron. 3, 2, 20. – **B zwei Pfund fassend,** aula, Plaut. mil. 854: cornu, Hor. sat. 2, 2, 61. – **II** *subst.*, bilībris, is, *f.*, ein **Maß von zwei Pfund,** Veget. mul. 2 (3), 6, 6 u. a. Vulg. apoc. 6, 6. Apic. 7, 295.

bilinguis, e (bis u. lingua), **zweizüngig, doppelzüngig, I** eig. u. meton.: **A** eig., scherzh. von wollüstig mit untergeschobenen Zungen sich Küssenden, Plaut. Pseud. 1260: tibias bilinguos (so!), mit zwei Klappen, Varr. sat. Men. 309. – **B** meton., **mit** od. **in zwei Zungen = zwei Sprachen redend,** im üblen Sinne = **ein Kauderwelsch redend,** Enn. ann. 488. Lucil. sat. 3, 23. Hor. sat. 1, 10, 30. Curt. 7, 5 (23), 29. – **II** übtr.: **a doppelsinnig,** fabulae, allegorische, Arnob. 5, 35. – **b doppelzüngig** = heuchlerisch, falsch (s. Drak. Sil. 16, 157), v. Pers., Plaut., Verg. u. a.: Afrorum animi, Firm. math.: insidiae, Claud.

bilinguus, s. bilinguis *no.* I.

bīliōsus, a, um (bilis), **voll Galle, gallig, gallicht, a** v. Lebl.: alvus, sputum, Cels. – Plur. subst., bīliōsa, ōrum, *n.*, **gallichte Stoffe,** Cels. u. Scrib. – **b** v. Pers., **gallensüchtig,** gew. subst., Isid. u. (Plur.) Cels.

bīlis, is, Abl. ī u. e, *f.* (vgl. corn. *bistl,* bret. *bestl),* die **Galle** (u. zwar als Flüssigkeit, während fel die Gallenblase mit der Galle), **I** eig.: sanguis, bilis, pituita, Cic.: ab eo cibo cum est secreta bilis, Cic.: b. atra od. nigra, die schwarze Galle, Cels.: b. suffusa, Plin., od. suffusio luridae bilis, Sen., die Gallensucht, Gelbsucht: bile suffusus, gallensüchtig, gelbsüchtig, Plin.: Plur. biles, die gelbe u. schwarze Galle, Plin. u. Scrib. – **II** übtr.: **A** die **Galle** = **Zorn, Unwille, Verdruss,** bilem movere, Plaut., alci, Hor.: bilem commovere, Cic.: bilem habere, zornig sein, Sen.: non continere bilem, Sen. rhet.: expellere bilem meraco,

Hor.: cui sententiae tantum bilis, tantum amaritudinis inest, ut etc., Plin. ep.: quas (facetias) ne in bilem et amaritudinem vertat iniuria, Plin. ep. – Plur., biles Venereae, Apul. met. 5, 31. – **B** atra (od. nigra) bilis, **1** (wie das griech. μελαγχολία) die schwarze Galle für **Melancholie, Schwermut, Tiefsinn,** Cic. u. Scrib.: atrae bilis morbus, Cels. – **2** (wie χολή) = furor, **Wut, Raserei, Wahnsinn** (s. Ussing Plaut. Amph. 720), bilem atram agitare, Varr. fr.: atrā bili percita est, Plaut.: bilis nigra curanda est, et ipsa furoris causa removenda, Sen.

bilīx, līcis (bis u. licium), **zweifädig, zweidrähtig,** lorica b. (θώρηξ διπλόος, Hom.), Verg. Aen. 12, 375 (wo Akk. bilicem). – Gloss. ›bilex (schr. bilix), δίμιτος, u. bilices, δίπτυκτοι‹; vgl. das. ›trilex (schr. trilix), τρίμιτος‹.

bīluōsus, s. bēluōsus.

bilūstris, e (bis u. lustrum), **zwei** *lustra* (= 10 Jahre) **dauernd, zehnjährig,** bellum, Ov. am. 2, 12, 9. Sidon. carm. 23, 299.

bilychnis, e (bis u. lychnus), **mit zwei Lichten** od. **Kerzen, zweikerzig,** lucerna, Petr. 30, 3 u. CIL 10, 114, 17.

bimammius, a, um (bis u. mamma), **zweibrüstig,** übtr. = wie zwei Brüste gestaltete Trauben habend, vites purpureae cognomine bimammiae, Plin. 14, 40.

Bimārcus, ī, *m.* (bis u. Marcus), **Doppelmarkus,** Name einer Satire bei Varr. sat. Men. 45–70 B.

bimaris, e (bis u. mare) = διθάλασσος, ἀμφιθάλασσος, **von zwei Meeren berührt, von beiden Seiten vom Meer berührt (bespült),** v. Örtl., Corinthus, Hor.: Isthmos, Ov.: litus, Rutil. Nam.: Pyrenaeus, Auson. – übtr., morbus, Hang zu widernatürlicher Unzucht, Auson. epigr. 92, 5. p. 220 Schenkl.

bimarītus, ī, *m.* (bis u. maritus), der **Gemahl zweier Frauen,** ein **Doppelgatte,** ein von Laterensis neu gebildetes Wort bei Cic. Planc. 30: so noch flamen b., Hier. adv. Iov. 1. *no.* 49.

bimāter, tris, *m.* (bis u. mater) = διμήτωρ, **zwei Mütter habend, von zwei Müttern geboren,** Beiname des Bacchus, den erst Semele, dann die Hüfte Jupiters gebar, *Nom.* b. Hygin. fab. 167. Anthol. Lat. 573, 2 u. 574, 2: *Acc.* b. Ov. met. 4, 12.

1. bīmātus, ūs, *m.* (bimus), ein **Alter von zwei Jahren,** der Tiere u. Pflanzen, Col. 7, 3, 6 u. 7, 4, 4. Plin. 9, 89 u. 93; 11, 73. Mythogr. Lat. 3, 6, 32: der Kinder, Macr. sat. 2, 4, 11. Vulg. Matth. 2, 16.

2. bīmātus, a, um (bimus), **zwei Jahre alt,** haedi, Plin. Val. 5, 28.

bimembris, e (bis u. membrum) = δίσωμος (Gloss.), **zwei-, doppelgliedrig,** natura, Chalcid. Tim. 27 u. 28: puer, halb Mensch, halb Tier, Iuven. 13, 64: monstrum feminei bimembre sexus, v. Hermaphrodit, Anthol. Lat. 317, 1 (328, 1). – gew. v. den Zentauren (halb Mensch, halb Ross), Centauri, Sil.: u. so forma, die Zentauren, Ov.: u. subst., bimembrēs = *Centauri,* Verg. u. a.

bimēnstris, s. bimēstris.

bimēnstruus, a, um (bis u. mensis) = διμηνιαῖος (Gloss.), **zweimonatlich,** tempus, *Cod. Theod. 11, 5, 3 (*cod.* dismenstruum).

bimēstris (bimēnstris), e (bis u. mensis), **zweimonatlich, a** v. leb. Wesen = zwei Monate alt, porcus, Hor. carm. 3, 17, 15 (wo Abl. -trī): porca, Ov. fast. 6, 158 (wo Abl. -tre). – **b** v. Lebl. = zwei Monate dauernd, auf zwei Monate (ein paar) erteilt, spatium, Zeitraum von zwei M., Auson. grat. act. dict. Grat. (VIII) 7, 32. p. 23, 28 Schenkl: triticum, zwei Monate nach der Aussaat reifer, Plin. 18, 70: stella, zwei Monate denselben Stand behaltend, Plin. 2, 60: cura, Nazar. pan. 33, 6: stipendium, Liv. 9, 43, 6: consulatus, Planc. in Cic. ep. 10, 24, 6. Suet. Claud. 14, 1 u. Ner. 14. – ► Die Schreibung bimēnstris oft in den besten Hdschrn.

bimeter, tra, trum (bis u. metrum) = dimeter, **aus doppelten Versmaßen bestehend,** litterae, Sidon. ep. 9, 15, 1: ars, Sidon. ep. 9, 13, 5.

bīmulus, a (*Demin.* v. bimus), **erst zweijährig, als kleines Kind von zwei Fahren,** Catull. 17, 13. Suet. Cal. 8, 5. Liv. epit. 52. CIL 6, 16739.

bīmus, a, um (aus *bihimus v. hiems, eig. zweiwinterig), **zweijährig, von zwei Jahren, a** v. leb. Wesen, **α** = zwei Jahre alt, taurus, vacca, Varr.: bos, capra, equus, Plin.: sus, Petr. – v. Menschen, minus bimus hic Tiberius Caesar, Vell. 2, 75, 3. – **β** sich auf zwei Jahre erstreckend, legio, erst seit zwei Jahren bestehende (errichtete) (Ggstz. veterana legio), Planc. in Cic. ep. 10, 24, 3: semestres (principes) alii et vix annui et bimi, ein oder zwei Jahre regierende, Lampr. Heliog. 35, 2. – **b** v. Lebl.: **α** = zwei Jahre alt, merum, Hor.: semen, lateres, Plin.: nix, zwei Jahre liegender, Ov. – **β** = sich auf zwei Jahre erstreckend, dies (Termin), ICt: aestimatio (usus fructus), ICt.: honos, auf zwei Jahre erteilte, Ov.: pensio, auf zwei Jahre rückständiger Mietzins, Mart.: plantae, sich zwei Jahre haltende, Pallad. – prägn., sententia, Antrag auf zwei Jahre (des Verbleibens auf seinem Statthalterposten), Planc. in Cic. ep. 3, 8, 9.

bīnārius, a, um (binus), **zwei enthaltend,** numerus, die Zahl zwei, Augustin. serm. 252, 8. Isid. lib. numer. 3: divisio, das Dividieren durch zwei, Augustin. serm. 252, 8: formae, Goldstücke im Wert von zwei Golddenaren, Lampr. Alex. Sev. 39, 9: nomina, zwei Abwandlungen habende, Prob. inst. art. 121, 12: u. so forma, Prob. cath. 32, 30.

bīnātim (bini), **zu je zweien,** Epist. Cyrilli (Augustin. Migne 33, epist. app. 19, 25).

Bingium, ī, *n.,* Stadt im belgischen Gallien, am westl. Ufer der Nava (j. Nahe), nicht weit von deren Mündung in den Rhein, Bingen gegenüber, das heutige *Bingerbrück,* Tac. hist. 4, 70.

bīnī, ae, a (aus *bis-ni), Genet. binorum u. binûm (Sing. binus, a, um nur zweimal bei Lucr., s. unten *no.* II, A), **je zwei, I** eig.: **a** bei Einteilungen, venationes binae per dies quinque, jeden Tag zwei, Cic.: hodie compendi feci binos panes in dies, Plaut.: unicuique binos pedes assignare, Cic.: Carthagine quotannis annui bini reges creabantur, Nep.: singuli binique velut cum paribus pugnam conserere cogebantur, Liv.: illos binas aut amplius domos continuare, Sall.: bibere aquas per binos ternosve cyathos, Cels.: nec quae sint singula bina vide, sieh nicht alles doppelt, Ov. – **b** bei Substst., die nur im Plur. gebräuchlich sind, od. bei solchen, die im Plur. eine andere Bed. als im Sing. erhalten, castra, Cic.: litterae, zwei Briefe, Cic.: copiae (Heere), Cic.: ludi, Cic.: centesimae, Cic. – **c** bei Zahlen, bini ducenti Philippi, zweimal 200 Philippsdor, Plaut. Bacch. 1050: bes. bina milia, je zweitausend, Sisenn. 3. fr. 36 (b. Non. 80, 4). Liv. 43, 5, 8; 43, 6, 14; 43, 8, 8. Quint. 6, 3, 77. – **II** übtr.: **A** v. Dingen, die zusammengehören od. doch zusammen gezählt werden, ein **Paar, zwei auf einmal, doppelt, zwei,** bini boves, Plaut.: bini tabellarii, Cic.: bina sex spolia, Acc. fr.: bini scyphi, Cic.: bini centones, Lucil. fr.: frena b., Verg.: b. corpus, Lucr., 5, 879: b. supellex, Lucr. 4, 449: omnes bini consules, alle beide K., Varr. LL. 8, 10. – *neutr. Plur.* subst., fieri bina, Lucr.: findi in bina secando, in zwei Teile, Lucr.: si bis bina quot essent didicisset, Cic. – **B** im obszönen Doppelsinn mit βινεῖ (von βινέω, außerehelichen Beischlaf üben), Cic. ep. 9, 22, 3. – ► Genet. Plur. binorum, Cic. post red. in sen. 36. Caes. b.c. 1, 25, 10. Eutr. 2, 13, 2; binarum, Plin. 7, 28; synk. binûm, Sall. hist. fr. 3, 22 (23). Liv. 42, 19, 6. Vitr. 7, 1, 6 u. 7, 4, 5. Plin. 31, 57 u. 36, 69. Curt. 8, 9 (32), 28 u. bes. binûm milium, Sisenn. hist. fr. 36 (bei Non. 80, 4). Liv. 43, 6, 14 u. 43, 8, 8.

bīnio, ōnis, *m.* (bini), die **Zahl von je zwei,** Isid. 18, 65 u. Gloss.

binoctium, ī, *n.* (bis u. nox; vgl. Prisc. de num. fig. 31. p. 416, 25 K.), eine **Zeit von zwei Nächten, zwei Nächte,** non plus quam binoctium abesse, Tac. ann. 3, 71: biduo et binoctio exanclatis itinerum laboribus magnis, während zweier Tage u. zweier Nächte, Amm. 30, 1, 8.

binōminis, e (bis u. nomen), **zweinamig,** Ascanius, weil auch *Iulus* gen., Ov.: Irus, weil auch *Arnaeus* gen., Ov.: Hister, weil auch *Danuvius* gen., Ov. Vgl. Paul. ex Fest. 36, 1 (wo Nom.).

binūbus, ī, *m.* (bis u. nubo), **doppelt verheiratet,** Cassiod. hist. sacr. 9, 38.

bīnus, a, um, s. bīnī.

biocōlȳta, ae, *m.* (βιοκωλυτής), ein **Gewaltwehrer,** eine Art Gendarmen, Novell. Iust. 29, 5 u. 134, 1.

Biōn, ōnis, *m.* (Βίων), **I** (ὁ Βορυσθενίτης, am Borysthenes geboren) ein Schüler des Theophrast, Anhänger der cyrenaischen u. später der zynischen Schule (um 300 v. Chr.), ein bissiger Satiriker, dah. Muster Lucians, Cic. Tusc. 3, 62; vgl. Orelli Hor. ep. 2, 2, 60. – Dav. **Biōnēus,** a, um, **bionēisch** = bissig, sermones, Hor. ep. 2, 2, 60. – **II** B. Soleus od. Solensis, ein Schriftsteller über Landbau, Varr. r. r. 1, 1, 8. Plin. 1. ind. lib. 8. Plin. 6, 179.

bios, ī, Akk. on, *m.* (βίος, Leben), ein berühmter griechischer Gesundheitswein, Plin. 14, 77 u. a.

biothanatus, a, um (βιοθάνατος), **eines gewaltsamen Todes sterbend** (s. Isid. 10, 31), Lampr. Heliog. 33, 2. Serv. Verg. Aen. 4, 386. Firm. math. 3, 14, 12; 4, 3 u. 6: bioth. mors, ein gewaltsamer, Firm. math. 3, 5, 8; 3, 13 u. 4, 6: übtr., qui sunt biothanati facti, in den ewigen Tod gestürzt (im Ggstz. zu immortalis), Commodian. instr. 1, 14, 8. – Andere Form biaeothanatos (βιαιοθάνατος), Tert. de anim. 57.

biōticus, a, um (βιωτικός), **für das Leben geeignet, praktisch,** epilogi, Serv. Verg. Aen. 3, 718. Mar. Victorin. 1, 12, 13 G. p. 51, 7 K.

bipālium, ī, *n.* (aus bis u. pala, wie bisellium aus bis u. sella), der **Doppelspaten,** meton. der **Doppelspatenstich** (zwei bis drei Fuß tief), solum ad bipalium subigere, Col.: oft bipalio vertere terram, convertere novale, subigere locum od. agrum, Scriptt. r. r.: solum bidente pastinari debet ternos pedes bipalio alto, Plin.

bipalmis, e (bis u. palmus), **zwei Spannen lang** od. **breit,** tabulae, Varr. r. r. 3, 7, 4: spiculum, Liv. 42, 65, 9. – Nbf. **bipalmus,** a, um, Ps. Apul. herb. 7.

bipartio u. **bipertio** (īvī), ītum, īre (bis u. partio), **in zwei Teile teilen,** hiems bipertitur, scheidet sich (in Rücksicht der Witterung), Col. 11, 2, 5: ebenso ver bipartitur, Col. 11, 2, 36. – Häufiger Partiz. bipartītus (bipertītus), a, um, **in zwei Teile geteilt, zwiefach, doppelt,** divisio, Varr. LL.: ex altero genere, quod erat bipartitum, Cic.: bipertiti Aethiopes in orientem occasumque versi, Plin. – dah. *Abl.* **bipartītō** u. **bipertītō,** *adv.*, **in zwei Teile, in zwei Teilen (Abteilungen, Heerhaufen), doppelt, zweifach,** distribuere, Cic.: dividere, Vitr.: inferre signa, Caes.: collocare insidias b. in silvis, Caes.: equitatum in Syriam ducere b., Cic.: secta b. cum mens discurrit utroque, Ov.: b. esse u. b. fieri (wie δίχα εἶναι u. γίγνεσθαι), Cic.

bipartītē, *Adv.* (bipartitus) = bipartito (s. bipartio), Boëth. Aristot. top. 6, 5. p. 709.

bipartītio (bipertītio), ōnis, *f.* (bipartio), die **Teilung in zwei Teile,** Gromat. vet. p. 65, 20 (wo bipert.).

bipartītō, s. bipartio.

bipatēns, entis (bis u. patens, s. Prisc. de fig. num. 32. p. 416, 28 K. Prisc. de XII vers. Aen. 23. p. 465, 14 K.), **doppelt geöffnet,** Enn. ann. 62: portae, mit doppelten Türflügeln, Verg. Aen. 2, 330: tecta, *ibid.* 10, 5.

bipeda, ae, *f.*, s. bipedus.

bipedālis, e (bis u. pedalis), **zweifüßig,** dem Maße nach, **zweischuhig,** trabes, Caes.: tegulae, Vitr.: caulis, Plin.: modulus, Hor.: erat (adulescentulus) bipedali minor, Suet. – subst., bipedāle, is, *n.* = *bipeda,* CIL 15, 362.

bipedāneus, a, um (bis u. pes), **zweifüßig,** dem Maße nach, altitudo, latitudo, Col.: scrobis, Col.: pastinatum, Plin.

bipedius, a, um (bis u. pes), **zweibeinig,** animalia, Augustin. de mor. Manich. 9. § 17.

bipedus, a, um (bis u. pes) = δίποδος, **zwei Fuß groß** od. **lang,** Gloss. – subst., **bipeda,** ae, *f.* ein **Ziegelstein von zwei Fuß,** den Fußboden zupflastern, Pallad. 1, 19, 1 u. ö.

bipennifer, fera, ferum, **eine Doppelaxt** (bipennis) **führend,** Lycurgus, Ov. met. 4, 22; trist. 5, 3, 39: Arcas (näml. Ancäus), Ov. met. 8, 391.

bipennis, e (bis u. penna), **I mit zwei Flügeln versehen, zweiflügelig,** insectum, Plin. 11, 96: fulmen, Varr. sat. Men. 272. – **II** übtr., **zweischneidig,** bipennis securis, Varr. sat. Men. 389: bipenne ferrum, Verg. Aen. 11, 135. – gew. subst., bipennis, is, Akk. em, Abl. ī, *f.* (*sc.* securis, s. Prisc. 5, 28 u. 7, 62) = δίστομος ἀξίνη od. πέλεκυς (Gloss.), die **zweischneidige Axt,** die **Doppelaxt** (s. Veget. mil. 4, 46. p. 163, 17. Isid. 19, 19, 11), als Holzaxt, Lucil. sat. 3, 48 (Abl. bipenne), zum Fällen der Bäume, Phaedr. 4, 7, 7, als Schlichtbeil, Varr. sat. Men. 441. Hor. carm. 4, 4, 57, gew. als Streitaxt, Verg. Aen. 2, 479. Ov. met. 5, 79. Tac. Agr. 10. Curt. 3, 2 (4), 5 u. a. (Akk. bipennim nicht mehr Ov. met. 8, 766; Abl. bipenne nur Tibull. 1, 6, 47). – ►Die Form bipinnis (v. bis u. pinna), von Bücheler Varr. sat. 272 u. von Lang Veget. mil. 4, 46 beibehalten, steht auch Phocas (V) 430, 12.

bipert..., s. bipart...

bipēs, pedis (bis u. pes), **zweifüßig, zweibeinig** (Ggstz. quadrupes), volucres, Naev. fr.: belua, Laber. fr.: deus, Cic.: animal, Quint.: equi, fischschwänzige Rosse der Meergötter, Meerpferde, Verg.: asellus, von einem einfältigen Menschen, Iuven.: Aegyptii mures bipedes ambulant, gehen auf zwei Füßen, Plin. – subst., bipedes, die »Zweifüßler« (Ggstz. quadrupedes), replevit eam (terram) bipedibus et quadrupedibus, Vulg. Baruch 3, 32: verächtl. = die Menschen, omnium non *bipedum* solum, sed etiam *quadrupedum* impurissimus, Cic.: Regulus, omnium bipedum nequissimus, Modest. b. Plin. ep. – ► *neutr.* Plur. bipedia, Augustin. de mor. Manich. 9. § 14. – Nbf. **duipēs,** Naev. tr. 31.

bipinnis, s. bipennis ►.

biprōrus, a, um (bis u. prora), **mit doppeltem Vorderdeck,** navis, Hyg. fab. 168 u. 277 *extr.*

birēmis, e (bis u. remus), **I zweirudrig, mit zwei Rudern versehen,** scapha, Hor. carm. 3, 29, 62: lembus, Liv. 24, 40, 2. – subst., birēmis, is, *f.*, ein kleines Schiff mit zwei Rudern, Lucan. 8, 562 u. 10, 56. – **II** in weit. Bed., **mit zwei Reihen Ruderbänken versehen,** nur subst., birēmis, is, *f.* (*sc.* navis), eine **zweirudrige Galeere,** ein **Zweiruderer,** Cic. Verr. 5, 51 u. 59. Caes. b. c. 3, 40, 4. Auct. b. Alex. 16, 6. Verg. Aen. 1, 182 u. a. – Nbf. **birēmus,** a, um, Auct. de dub. nom. (V) 572, 25 biremas antiqui dicebant naves etc.

birgo, s. virgo ►.

Biriātus, s. Viriāthus ►.

biridis, e, s. viridis ►.

birotus, a, um (bis u. rota), **zweirädrig,** vehiculum, Non. 86, 30. – subst., **birota,** ae, *f.* (*sc.* reda), ein **Kabriolett,** Cod. Theod. 6, 29, 2. § 2 u. a.

birrus (byrrus, byrrhus), ī, *m.* (πυῤῥός, von gelber Farbe), ein (seidener od. wollener) **Mantelkragen** od. **kurzer Mantel mit Kapuze** (Vopisc. Car. 20, 6. Edict. Diocl. 7, 42 u. 43. Cod. Theod. 14, 10, 1. § 1. Cassian. coen. inst. 1, 7. Schol. Iuven. 8, 145), aus dickem Stoff (dah. rigens, Sulp. Sev. dial. 1, 21, 4), mit Noppen, wie Biber (Claud. epigr. 42).

bis, *Adv.* (st. duis v. duo, griech. δίς, got. *tvis,* nhd. zwier), **zweimal, auf zweierlei-, auf doppelte Weise,** in una civitate bis improbus fuisti, Cic.: in quo bis laberis: primum quod etc.; deinde quod etc., Cic.: demonstravimus L. Vibullium Rufum bis in potestatem pervenisse Caesaris, semel ad Corfinium, iterum in Hispania, Caes.: bis dimicavit, semel ad Dyrrhachium, iterum in Hispania, Suet.: tempestate in traiectu bis conflictatus, primo inter promunturia, rursus circa montes Ceraunios, Suet.: bis ovans ingressus est urbem, post Philippense, et rursus post Siculum bellum, Suet. – bis dat, qui dat celeriter, Syri sent. 235 R^2. – bis ter, Laber. com. 29, bis terque, Cic., od. bisque terque, Mart., zwei bis dreimal, d. i. mehr als einmal (= öfter): bis terque quaterque, Ven. Fort. vit. S. Mart. 3, 163: dagegen bis terve, zwei- oder dreimal (= selten), Varr. fr., Cic. u. Hor. (s. Bentl. Hor. epod. 5, 33): non semel, sed bis, Cic.: bis ac saepius, Nep.: bis consul, der zweimal K. gewesen, Cic., Liv. u. a.; poet. u. spätl. auch = *iterum consul,* zum zweiten Mal Konsul, Mart. 10, 48, 20. Spart. Hadr. 3, 8 u. Sev. 1, 3. Rossi inscr. Chr. 14. – bis die, zweimal täglich, Cels.: u. so cotidie bis, Liv.: bis anno, zweimal jährlich, Plin.: semel aut bis anno, Varr. fr.: dagegen bis in die, Cic., bis in mense, Plin., bis in anno, Varr., zweimal innerhalb eines Tages, Monates, Jahres; vgl. Oudend. Suet. Aug. 31. – bis tanto od. tantum, doppelt so groß, -so viel, -so sehr, Plaut. u. Varr.: bis tanto amici sunt inter se quam prius, Plaut.: bis tanto pluris pallam redimam, Plaut.: bis tantum quam tuus fundus ducentûm iugerûm Reate reddit, Varr.: u. so bis minus, zweimal weniger, semel minusne, an bis minus (non) sit nescio, Auct. inc. bei Gell. 12, 6, 2. – Bei anderen Zahlen, mit Distributiven auch in klass. Prosa, bis triceni anni, Laber. fr.: bis quina et octogena, Lucil. fr.: bis bini, Lucr.: bis bina, Cic.: bis centena milia, 200000 Sesterze, Hor.: bis et tricies centena milia, Suet.: mit Kardinalzahlen zur Umschreibung der doppelt so großen Zahl nur bei Dichtern u. Spät., bis sex, Enn. u. Varr. fr.: bis centum, Ov.: bis mille, Lucr. u. Hor.: bis quinque viri (= decem viri), die Zehnherren, Hor. – m. Ordinalzahlen, bis sextus honos, das Konsulat (weil vor den Konsuln zweimal 6 Liktoren vorangingen), Stat. Silv. 4, 1, 9. – sprichwörtl., bis ad eundem (erg. lapidem offendere), zweimal denselben Fehler machen, Cic. ep. 10, 20, 2.

bisaccium, ī, *n.* (bis u. saccus), ein **Quersack,** Petr. 31, 9. – Nbf. **bisacia,** ae, *f.*, Gloss.

Bīsaltae, ārum, *m.* (Βισάλται), eine thrazisch-mazedonische Völkerschaft vom Strymon westl. bis nach Krestonika hin, Liv. 45, 29, 7 u. 30, 3. Verg. georg. 3, 461. Val. Flacc. 6, 48: Sing. (kollekt.), Bisalta, ae, *m.*, Sidon. carm. 5, 483. – Dav. **Bīsaltica** u. **Bīsaltia,** ae, *f.* (Βισαλτία), das **Land der Bisalten,** Liv. 45, 29, 6. Gell. 16, 15.

Bīsaltis, tidis, Akk. -tida, *f.* (Βισαλτίς), die **Bisaltide** (Tochter des Bisaltes, Sohnes des Sol u. der Terra) = Theophane (s. d.), Ov. met. 6, 117; vgl. Hyg. fab. 188.

Bisanthē u. **Bizanthē,** ēs, *f.* (Βισάνθη), thrazische Stadt an der Propontis (*Mare di Marmora),* Kolonie der Samier, wichtiges Bollwerk für Byzantium, j. *Rodosto,* türkisch *Rodostschig,* Plin. 4, 43: Nep. Alc. 7, 4.

bisellīārius, -iātus, s. bisellium.

bisellium, ī, *n.* (bis u. sella), ein **zweisitziger, prächtig verzierter Ehrenstuhl** (auf dem aber der Ehre halber nur eine Person saß), Varr. LL. 5, 128. CIL 11, 3805 u. ö. Not. Bern. 14[b]. – Dav.: **a bisellīārius,** ī, *m.*, **der die Ehre eines** *bisellium* **genossen,** CIL 11, 1355 a, 17. – **b bisellīātus,** ūs, *m.*, die **Ehre eines** *bisellium,* CIL 10, 5348.

bisēta porca dicitur, cuius a cervice setae bifariam dividuntur, Paul. ex Fest. 33, 12.

bisextiālis, e (bisextium), ein *bisextium* **enthaltend,** Marc. Emp. 15.

bisextīlis, a (bisextus), **einen Schalttag enthaltend,** Isid. 6, 17, 25.

bisextium, ī, *n.* (bis u. sextus) = δίξεστον, **zwei** *sextarii* **(Sechstelmaß),** Marc. Emp. 30. Gloss. II, 570, 2.

bisextum, s. bisextus.

bisextus (bis-sextus), ī, *m.* (*sc.* dies) u. **bisextum** (bissextum), ī, *n.*, der **Schalttag,** so gen., weil der doppelte 24. Februar = VI Kal. Mart. war, Form *-us,* Isid. 6, 17, 25 *sq.*: Form *-um,* Ulp. dig. 4, 4, 3. § 3. Cels. dig. 50, 16, 98 pr. Macr. sat. 1, 14, 6. Censor. 20, 10. Amm. 26, 1, 7. – dah. annus bisextus, das **Schaltjahr,** Augustin. ep. 55, 13. Isid. de nat. rer. 6, 4.

bisolis, e (bis u. solea), **doppelte Sohlen habend,** v. Sandalen (Ggstz. monosolis), Edict. Diocl. 9, 12 u. 15.

bisōmum, ī, *n.* (bis u. σῶμα), ein **Sarkophag für zwei Personen,** CIL 6, 8984 u. 32897.

bisōn, ontis, *m.* (βίσων, nach Oppian. cyn. 2, 155 von den thrazischen Βίστονες benannt), eine im Norden lebende Art wilder Ochsen, **Buckelochse, Auerochse** (*Bos Bison,* L.), Plin. 8, 38. Mart. spect. 23, 4. Sen. Phaedr. (Hipp.) 64. – vison geschr. bei Solin. 20, 4 M.

bisonus, a, um (bis u. sono), **zweifach tönend,** Serv. Verg. Aen. 9, 618.

bispellio, bispello, s. vespillo ►.

bissēni, -nus, s. sēnī.

bissext..., s. bisext...

bissyllabus, s. bisyllabus.

bistea, bistia = bestia, s. d.

Bistones, um, *m.* (Βίστονες), die **Bistonen,** eine thrazische Völkerschaft um Abdera u. Dicäa, am See Bistonis (stagnum Bistonum), Plin. 4, 42. – bei Dichtern im Allg. = **Thrazier,** Sil. 2, 76: griech. Akk. -as, Lucan. 7, 569. Val. Flacc. 3, 83. Stat. Theb. 3, 221 M. – Dav.: **A Bistonis,** idis, *f.* (Βιστονίς), **bistonisch für thrazisch,** Ov.: ales B., d. i. Prokne, die Gemahlin des thrazischen Königs Tereus, Sen. poët.: subst., die **Thrazierin** (thrazische Bacchantin), Hor. u. Ps. Verg. cir. – **B Bistonius,** a, um (Βιστόνιος), **a bistonisch,** plagae, Lucr. 5, 30. – **b** im Allg. = **thrazisch,** viri, Thrazier, Ov.: Minerva (als Göttin des kriegerischen Thraziens), Ov.: vates, d. i. Orpheus, Sil.: tyrannus od. rex, der thrazische König Diomedes, Lucan. u. Sidon.: aves, die Kraniche, Lucan.: turbo, heftiger Nordwind, Lucan.: chelys, die Leier des Thraziers Orpheus, Claud. – subst., **Bistonia,** ae, *f.* (Βιστονία), **Bistonien = Thrazien,** Bistoniae magnus alumnus, d. i. Orpheus, Val. Flacc. 3, 159.

bisulcis, e (bis u. sulcus), **zweigespalten,** bis. lingua (anguis), Pacuv. tr. 229 *cod.*: dah. übtr., bisulci linguā, ein **Doppelzüngler** = ein **Heuchler,** Plaut. Poen. 1034. – subst., bisulcis, ein Schwein mit gespaltenen Klauen, Gloss.

bisulcus, a, um (bis u. sulcus), in zwei Teile **gespalten, I** *adi.*: cauda, Plin.: lingua, Ov. (vgl. bisulcis): bisulcum aliquid ferri, Schere des Tonsor, Tert. de paen. 11. – oft vom Huf der Tiere, ungula, Varr. fr. u. Plin.: pes, Lucr. u. Plin.: animal bisulco vestigio, Solin. – **II** *subst.*, bisulcum, ī, *n.* (*sc.* animal), ein **Tier mit gespaltenen Klauen,** Plin. 11, 255: gew. im Plur. (Ggstz. solipedes), Plin. 10, 199 u. 11, 254 *sq.* – ► Lucil. sat. 30, 131 wohl in obszönem Sinne.

bisyllabus, a, um (bis u. syllaba), **zweisilbig,** Varr. LL. 9, 91. – Andere Schreibart bissyllabus, Macr. de diff. 6. § 8. u. 8. § 11.

bīta, s. vīta ►.

bitemporis, e (bis u. tempus) = δίχρονος, **zweizeitig = von zweifacher Silbenlänge** (kurz u. lang), vocales bitempores, Prisc. 7, 43.

Biterrae, -ēnsis, s. Baeterrae.

Bīthȳnī, ōrum, *m.* (Βιθυνοί), eine aus Thrazien in die nach ihnen benannte Landschaft Bithynien eingewanderte Völkerschaft, die **Bithynier,** Mela 1, 2, 6 (1. § 14). Tac. ann. 12, 22. Claud. in Eutr. 1, 201: gemessen Bīthȳnī bei Iuven. 7, 15. – Dav.: **A Bīthȳnia,** ae, *f.* (Βιθυνία), eine sehr fruchtbare Landschaft in Kleinasien zwischen der Propontis u. dem schwarzen Meer, in der die Römer bedeutenden Handel trieben, früher von eigenen Königen (bald Nicomedes, bald Prusias [s. d.] gen.) beherrscht, später röm. Provinz, j. *Ejalet Anadoli,* Varr. sat. Men. 197. Cic. Verr. 5, 27. Tac. ann. 1, 74: socii Bithyniae, die Staatspächter der bithyn. Gefälle, Cic. ep. 13, 9, 3. – **B Bīthȳnicus,** a, um (Βιθυνικός), **bithynisch,** societas B. (= socii Bithyniae, s. ob.), Cic.: Nicomedes B., König v. B., Flor.: Bithynicus als Beiname des Pompejus (als Besieger von Bithynien) u. seines Sohnes, Cic. – **C Bīthȳnis,** nidis, *f.* (Βιθυνίς), eine **Bithynierin,** Ov. am. 3, 6, 25. – **D Bīthȳnius,** a, um, **bithynisch, aus Bithynien,** Varr. u. Col.: Plur. subst., Bīthȳniī, ōrum, *m.*, die **Bithynier,** Plin. – **E Bīthȳnus,** a, um, **bithynisch,** campi, Catull. 31, 5: caseus, Plin.: negotia, Hor.

bīto, ere, s. baeto.

Bitōn (Bito), ōnis, *m.* (Βίτων), Sohn der argivischen Priesterin Cydippe, Bruder des Kleobis, mit diesem für die der Mutter bewiesene kindliche Liebe von den Göttern durch einen sanften Tod belohnt, Cic. Tusc. 1, 113. Val. Max. 5, 4. ext. 4. Vgl. Serv. u. Philarg. Verg. georg. 3, 532.

Bittis, idis, *f.*, s. 1. Battis.

Bituitus, ī, *m.*, König der Arverner im Kampf der Allobroger gegen die Römer, Liv. epit. 61. Val. Max. 9, 6, 3. Flor. 3, 2, 5. Eutr. 4, 22. Oros. 5, 13.

bitulus, s. 1. vitulus.

bitūmen, inis, *n.* (altind. *játu,* Lack, angels. *cwidu, cwudu, cudu,* Baumharz, ahd. *quitti, kuti,* Leim, Kitt), das **Erdharz, Erdpech, Judenpech,** der **Bergteer,** nigrum, Verg.: tenax, Ov.: durum, Vitr.: liquidum, Bergöl, Steinöl, Vitr.: Iudaicum, Scrib.: taetro concrescere odore bitumen, Lucr.: Plur. bitumina, verschiedene Arten von Erdpech, Plin. 7, 65.

bitūminātus, a, um (bitumen), **mit Judenpech (Erdharz) geschwängert,** aqua, Plin. 31, 59.

bitūmineus, a, um (bitumen), **aus Erdharz bestehend, erdharzig,** vires b. (poet. für bitumen), Ov. met. 15, 350: aqua quasi bit., Rufin. hist. monach. 29.

bitūmino (āvī), ātum, āre (bitumen), **verpichen, auspichen,** Ambros. hexaëm. 6, 9, 72. Augustin. de unit. eccl. 9.

bitūminōsus, a, um (bitumen), **erdharzhaltig,** fontes, terra, Vitr. 8, 3, 4 u. 9.

Biturīcus, a, um, s. Biturīges.

Biturīges, um, *m.*, die **Bituriger,** eine Völkerschaft im aquitanischen Gallien, die in zwei Stämme zerfiel: Bit. Cubi, das heutige *Berry* (im Dép. du Cher et de l'Indre), mit der Stadt *Bourges,* Plin. 4, 109 u. (ohne Cubi) Caes. b. G. 7, 5, 3; 7, 15, 4. Sidon. ep. 7, 9. Not. dign. occ. p. 472 u. 491 *ed. Boeck.* – u. Bit. Vivisci, in der Nähe des heutigen *Bordeaux,* Plin. 4, 108. CIL 13, 1697. – Sing. Biturīx, rīgis, *m.*, ein **Bituriger,** Lucan. 1, 423 (kollektiv). – attrib. = **biturigisch,** Rutil. Nam. 1, 353: civis Biturix Cubus, CIL 13, 2025 a. – Dav.: **a Biturīcus,** a, um, **biturigisch,** vitis, Col. 3, 2, 191. Isid. 17, 5, 22: civitas, Spät. – **b Biturīgae,** ārum, *f.*, **Biturigä,** die Hauptstadt der Bituriges Cubi, j. *Bourges,* Amm. 15, 11, 11. Sidon. ep. 7, 5; 7, 9 u. Spät. – **c Biturīgēnsis,** e, **biturigensisch,** equites catafractarii, Not. dign. or. 4. § 1 B. – **d Biturīgiacus,** a, um, **biturigisch,** vitis, Plin. 14, 27.

Biturīx, s. Biturīges.

biumbrēs, s. amphisciī.

biūrus, ī, *m.* (bis u. οὐρά), **doppelt geschwänzt,** v. einer Rattenart, Cic. fr. inc. I 13 M. Plin. 30, 146.

bivertex, ticis (bis u. vertex), **doppelgipfelig,** Parnasus, Stat. Theb. 1, 628: mons, Sidon. carm. in ep. 9, 15.

bivira, ae, *f.* (bis u. vir), eine **Frau, die den zweiten Mann hat** od. **gehabt hat** (Ggstz. univira), Varr. sat. Men. 239: mulier bivira, Augustin. de bono viduit. 15.

bivium, ī, *n.*, ein **Zweiweg, I** eig. = Ort, wo zwei Wege zusammenlaufen, der **Scheideweg,** qui (locus) patet in bivio portae, Verg. Aen. 9, 238: quasi in quodam bivio collocatus, Flor. 1, 9, 7: huc convenit utrumque bivium, Plin. 6, 144: cum ad bivia consisteres, Liv. 38, 45, 9. – **II** übtr.: **A** ein **Doppelweg** = doppeltes Mittel, eine doppelte Art, Varr. r. r. 1, 18, 7. – v. der Liebe, in bivio distineri, Ov. rem. 486. – **B** bivium Pythagorae, s. Pȳthagorās. – ► Vulg. bibium, Gloss. II, 29, 31.

bivius, a, um (bis u. via), **doppelwegig,** fauces, die Schlünde od. Eingänge des Hohlwegs auf beiden Seiten, Verg. Aen. 11, 516: calles, Val. Flacc. 5, 395: trames, Chalcid. Tim. 247: di, deae, an den Zweiwegen verehrte; CIL 13, 5621: auch subst. bl. biviī, ōrum, *m., ibid.* 13, 5070 u. 6096.

Bīzācēnī, s. Bȳzacium.

Bizanthē, s. Bisanthē.

blăchnon, ī, *n.* (βλῆχνον), eine Art **Farrenkraut,** Plin. 27, 78.

blactero, āre, **bla bla schreien,** v. Frosch, Sidon. ep. 2, 2, 14. Eucher. intell. spirit. 1. Vgl. blatero *no.* II.

Blaesius, ī, *m.*, röm. Eigenname, Mart. 8, 38, 10. – Dav. **Blaesiānus,** a, um, **bläsianisch, nach Art des Bläsius,** facis ipse Blaesianum, Mart. 8, 38, 14.

blaesus, a, um (βλαισός), der beim Sprechen einzelne Buchstaben verschluckt, **lispelnd,** wie der Zärtling, od. **lallend,** wie der Betrunkene (vgl. balbus), lingua, Ov.: sonus, von der Aussprache des Papageis, Ov. – subst., balbus et blaesus, ICt.: madidi et blaesi, von Betrunkenen, Iuven. – Dav. Blaesus, Beiname der Iunii, Pedii, bes. der Sempronii, z. B. duo (Iunii) Blaesi, Tac. ann. 6, 40, 2.

Blanda, ae, *f.*, u. **Blandae,** ārum, *f.*, **I** Stadt in Lukanien, in der Nähe des heutigen Fleckens *S. Biasio,* Mela 2, 4, 9 (2. § 69). Plin. 3, 72: Plur. b. Liv. 24, 20, 5. – **II** kleine Küstenstadt der Lacetaner in Hispania Tarracon., in der Nähe des heutigen Fleckens *Blanes,* Mela 2, 6, 5 (2. § 90). Plur. b. Plin. 3, 22.

blandē, *Adv.* m. *Compar.* u. *Superl.* (blandus), **liebkosend, schmeichlerisch, höflich,** bl. et docte percontare, Naev. fr.: bl. mulieri palpari, Acc. fr.: caudam more atque ritu adulantium canum clementer et bl. movere (v. einem Löwen), Gell.: rogare, Cic.: colere fructus, zart, sorgfältig behandeln, Lucr.: flectere cardinem, sanft, behutsam, Ps. Quint. decl. – blandius petere, Cic.: blandius moderari fidem, Hor. – blandissime alqm appellare, Cic. Clu. 72.

blandicella, ōrum, *n.* *(Demin.* v. blandus), **kosende Schmeichelworte,** Paul. ex Fest. 35, 9. Vgl. Gloss. V, 520, 25.

blandiculē, *Adv.* (*blandiculus), **gar schmeichlerisch,** respondere, Apul. met. 10, 27.

blandidicus, a, um (blande u. dico), **schmeichlerisch, schmeichelnd,** Plaut. Poen. 138.

blandificus, a, um (blandus u. facio), **schmeichlerisch,** Mart. Cap. 9. § 888.

blandifluus, a, um (blande u. fluo), **sich schmeichlerisch (sanft) ausbreitend,** uvae, Ven. Fort. 3, 12, 39: odor, Ven. Fort. 11, 10, 10: habenae, Dracont. carm. 6, 76.

blandiloquēns, tis (blande u. loquor), **schmeichlerisch (redend),** oratio, Laber. com. 106.

blandiloquentia, ae, *f.* (blandiloquens), die **Schmeichelrede,** Enn. tr. 305 (227). Hilar. in psalm. 139, 4.

blandiloquentulus, a, um (*Demin.* v. blandiloquens), **gar schmeichlerisch (redend),** Plaut. trin. 239.

blandiloquium, ī, *n.* (blandiloquens), die **Schmeichelrede,** Augustin. ep. 3, 1 u. 28, 33. Augustin. in Hier. ep. 116, 33.

blandiloquus, a, um (blande u. loquor), **schmeichlerisch (redend),** Plaut. Bacch. 1173. Sen. Agam. 290.

blandīmentum, ī, *n.* (blandior), die **Schmeichelei, Liebkosung,** als Mittel, jmd. zu gewinnen, gew. im Plur.: **I** eig. (Ggstz. convicium, minae), blandimenta tua, Plaut.: muliebria, Tac.: blandimenta dare alci, Liv.: blandimentis corrumpere, Cic.: per blandimenta aggredi, Tac.: alci blandimentis elicere libros (Ggstz. convicio extorquere), Plin. ep.: captus blandimentis, Plin. ep.: blandimentis *adversum* plebem, Tac. ann. 12, 55. – im Sing., ibi blandimentum sublevavit metum, Tac. ann. 14, 4. – **II** übtr.: **A** alles die Sinne **Gewinnende, Reizende,** die **Annehmlichkeit,** blandimenta voluptatis, Cic.: blandimenta vitae, Reize, Tac.: sine apparatu, sine blandimentis (Gaumenkitzel) expellunt famem, Tac. – **B** die **sanfte Behandlung, sorgfältige Pflege,** einer Pflanze, Plin. 17, 98.

blandio, s. blandior ►.

blandior, dītus sum, dīrī (blandus), jmdm. **schmeicheln,** jmd. **liebkosen** (durch süße Worte, Gebärden, sanftes Anschmiegen usw.), **I** eig. (Ggstz. minari), v. Pers.: quanto blandior, tanto vehementius mordet, Lucil. fr.: qui (callidus accusator) etiam adversando saepe assentatur et litigare se simulans blanditur, Cic.: de Commageno mirifice mihi et per se et per Pompeium blanditur (geht mir um den Bart herum) Appius, Cic.: inter se bl., v. Tauben, Plin.: bl. auribus, die Ohren kitzeln, Plin. ep. 1, 2, 6: bl. sibi, sich mit etw. schmeicheln, sich einbilden, sich selbst täuschen, Ulp. dig. 26, 7, 3. § 2. Firm. de err. 27, 2: sibi ineptā spe, Sen. de tranqu. an. 14, 14: sibi de ipsius indulgentia, Augustin. serm. 22, 9: bl. votis suis, das glauben, was man wünscht, Ov. am. 2, 11, 54. – mit folg. *ut* u. Konj. = schmeichelnd bitten, Hannibal pueriliter blandiens patri Hamilcari, ut duceretur in Hispaniam, Liv. 21, 1, 4. – **II** übtr., v. Lebl.: **a schmeicheln, liebkosen,** blandientes oculi, liebkosende, schmachtende, Iustin. 24, 2, 10: blandiebatur coeptis fortuna, hold lächelte zu usw. = begünstigte, Tac. hist. 2, 12. – **b wohl behagen, Wohlbehagen einflößen, zum Genuss anlocken, -einladen** (s. Heräus Tac. hist. 5, 4, 11), pomi suavitas blanditur, Plin.: voluptas sensibus blanditur, Cic.: blandiente inertiā, als die Untätigkeit wohl behagte, Tac. – Partiz. blandītus, a, um, auch *adi.* (= blandus), **angenehm, reizend,** rosae, Prop.: peregrinatio, Plin. – ► Partiz. Perf. Passiv., Verr. bei Prisc. 8, 18: Partiz. Fut. Pass., blandiendo dulce nutrivit malum, Sen. Phaedr. 134.

blanditer, *Adv.* (blandus) = blande, Plaut. asin. 222; Pseud. 1290. Titin. com. 57. Mamert. Claud. de stat. anim. 3, 13.

blanditia, ae, *f.* (blandus), das **Schöntun,** die **Schmeichelei, Liebkosung** (wie ἀρέσκεια im guten u. üblen Sinne, während assentatio = die Schmeichelei, die nach dem Mund redet, u. übh. jede Art von Liebedienerei, u. adulatio = die kriechende Schmeichelei), **I** eig.: **a** Sing.: blanditiā certare, Lucil. fr.: sic habendum est, nullam in amicitiis pestem esse maiorem quam adulationem, blanditiam, assentationem, Cic.: in cive excelso atque homine nobili blanditiam, ostentationem, ambitionem notam esse levitatis, Cic.: opus est magno opere blanditiā, Q. Cic. – **b** Plur. = **Schmeicheleien, Schmeichelworte, Liebkosungen, schmeichelndes Kosen, Höflichkeiten, Artigkeiten** (Ggstz. minae), quot blanditiae, Plaut.: blanditiae et assentationes, Cic.: bl. pueriles, Ov.: benevolentiam civium blanditiis et assentando colligere, Cic.: adhibere blanditias, Ov., adhibere puellae, Liv.: blanditiis alqd elicere, Plin. ep.: blanditiis ab alqo nummulorum aliquid exprimere, Cic.: per blanditias, Suet. – **II** übtr., die **Annehmlichkeit,** das **Reizende, Anlockende,** der **liebliche Genuss,** blanditiae praesentium voluptatum, Cic.: blanditiae eius (voluptatis) illecebraeque, Cic.: rerum talium blanditiā, Quint. – ▶ Nbf. **blanditiēs,** ēī, *f.*, Apul. met. 9, 28 *in.* Augustin. serm. 115, 11.

blandītor, ōris, *m.* (blandior), der **Schmeichler, Schranze,** blanditores regis, Itin. Alex. M. 39 (90).

blandulus, a, um (*Demin.* v. blandus), **gar schmeichlerisch,** Hadr. carm. b. Spart. Hadr. 25, 9.

blandus, a, um, *Adi.* m. *Compar.* u. *Superl.*, **schmeichelnd, liebkosend, sich einschmeichelnd, zutulich, schöntuend, freundlich** (wie ἄρεσκος, im guten u. üblen Sinne), **I** eig.: blanda es parum, Plaut.: ut unus omnium homo te vivat nusquam quisquam blandior, Ter.: tum graves, tum blandi esse volumus, Quint. – u. so blandus amator, Prop.: amicus (Ggstz. verus), Cic.: puella, puer, Ov.: columba, Ov.: leones, Claud.: verba, Ov.: voluptates, blandissimae dominae, höchst verlockende, Cic. – m. Ang. **gegen wen?** durch *Dat.* od. *adversus* m. Akk. od. durch *inter se,* Plaut. aul. 196. Quint. 6 pr. § 8. Cic. ad Att. 12, 3, 1: an blandiores *in* publico, quam *in* privato, et alienis (gegen Fr.) quam vestris estis? Liv. 34, 2, 10. – m. *Abl.* (durch), doctā prece blandus, Hor. ep. 2, 1, 135: blanda precatu, Stat. Theb. 11, 103: versch., blandissimus ingenio, sehr fr. von Charakter, Aur. Vict. epit. 42, 10. – poet. mit *Genet.* od. *Acc.* (= in Hinsicht), bl. precum, Stat. Ach. 2, 237: bl. genas vocemque, Stat. Theb. 9, 155. – dah. durch schöne Worte **überredend, gewinnend,** nostrum uter sit blandior, Plaut. Cas. 274: mit folg. *Infin.*, Hor. carm. 1, 12, 11. Stat. Theb. 5, 456. – **II** übtr., v. Lebl., **a liebkosend, schmeichelnd, freundlich, höflich,** vox, Enn. fr.: adulantia verba blandaeque voces, Plin. pan.: soni, Ov.: oculi, Plin.: blanda aut supplex oratio, Cic.: verba, dicta, Ov.: litterae (Brief), Cic.: laudes, Verg. – *Acc. neutr.* st. des *Adv.*, blandum ridere, süß lächeln, Petr. 127, 1. – **b zum Genuss einladend, wohlbehagend, einnehmend, reizend, verführerisch, angenehm,** voluptas, Cic.: alea, quies, Ov.: ver, Varr. fr.: minime blanda frons, Val. Max.: malum, Lucil. fr.: otium consuetudine in dies blandius, Liv.: omni praesenti statu spem cuiusque novandi res blanditiorem esse, die Hoffn. usw. habe mehr Reiz als usw., Liv.: aspectus blandissimus, Plin. – m. *Dat.*, res blanda legentibus, Plin. 1. pr. § 12: blandae superûm mortalibus irae, Stat. Theb. 10, 836. – *n. pl.* subst., animus asperis blandisque pariter invictus, Sen. ep. 66, 6.

blapsigonia, ae, Akk. an, *f.* (βλαψιγονία), die **Verletzung der Geburt,** eine Krankheit der Bienen, wenn sie keine Brut bekommen, Plin. 11, 64.

Blasco, ōnis, *m.* (Βλασκών), Insel an der Küste von Gallia Narbon., j. *Brescou,* Avien. or. mar. 599. – Dies. insula, quae **Blascōrum** vocatur, Plin. 11, 79 u. daraus Mart. Cap. 6. § 643.

blasphēmābilis, e (blasphemo), **Lästerung-, Schmähung verdienend,** Tert. de cult. fem. 2, 12.

blasphēmātio, ōnis, *f.* (blasphemo), die **Lästerung, Schmähung,** Tert. de cult. fem. 2, 12.

blasphēmātor, ōris *m.* (blasphemo), der **Lästerer, Schmäher,** Eccl., z. B. Augustin, serm. 48. § 7.

blasphēmātrīx, trīcis, *f.* (Fem. zu blasphemator), die **Lästererin, Schmäherin,** Cassian. Nest. 7, 3, 1.

blasphēmia, ae, *f.* (βλασφημία), die **Lästerung, Schmähung,** auch im Plur., Eccl. – Nbf. **blasphēmium,** ī, n., Eccl.

blasphēmo, āvī, ātum, āre (βλασφημέω), **lästern, schmähen,** Eccl.

blasphēmus, a, um (βλάσφημος), **lästernd, schmähend,** subst. der **Lästerer, Schmäher,** Eccl.

blateo, āre, s. 1. blatero *no.* II.

blaterātio, ōnis, *f.* (blaterare) = βλατταρισμός, das **Plappern,** die **Papelei,** Auct. de idiom. 576, 28.

blaterātus, ūs, *m.* (blaterare), das **Plappern, Schwatzen,** die **Papelei,** das **Geschwätz,** Sidon. ep. 9, 11: Plur., blateratus canini, Mart. Cap. 9. § 999.

1. **blatero** (blattero), āvī, ātum, āre, **I** (gew. blatero) **plappern, schwäbeln, schwafeln,** unnütz schwatzen, absol., malus iste verbero blaterans, Apul. met. 10, 9: quid est istuc? te blaterare atque obloqui? Afran. com. 13: ecquis audit? cum magno blateras clamore fugisque, Hor. sat. 2, 7, 35. – m. *Acc.*, **herplappern, herpapeln,** illud memento, ne quid imprudentius blateres, Afran. com. 195: stulta et immodica, Gell. 1, 15, 17: haec et similia, Apul. met. 4, 24: haec et huiusmodi, *ibid.* 8, 26: incondita et vitiosa, Apul. flor. 9: honesta dicta sordide, Apul. apol. 34. – **II** (gew. blattero), als Naturlaut, **bla bla schreien,** v. Kamel, Paul. ex Fest. 34, 2 (*cod. M* blatterare). Anthol. 720, 3 R. (wo *cod.* u. Riese blateat od. blatteat): v. Widder, Suet. fr. 161. p. 249, 2 R. Anthol. Lat. 762, 56 (233, 56). Vgl. blactero.

2. **blatero,** ōnis, *m.* (1. blatero), ein **Plappermaul,** unnützer **Schwätzer,** nach Gell. 1, 15, 20.

blatio, īre (verwandt mit blatero), **plappern, papeln, schwatzen,** absol., ut Silenus penes aures Midae blatit, Tert. de pall. 2: m. *Acc.*, bl. nugas (abgeschmacktes Zeug), Plaut. Amph. 626; Curc. 452: quippe tu mihi aliquid aliquo modo alicunde ab aliquibus blatis, Plaut. Epid. 334.

1. **blatta,** ae, *f.* (vgl. lettisch *blakts* ›Käfer‹), ein lichtscheues, an Kleidern, Büchern usw. nagendes Insekt von verschiedenen Arten, **Schabe, Motte,** Laber. fr., Verg., Hor., Plin. u. a.

2. **blatta,** ae, *f.*, der geronnene Saft der Purpurschnecke, der Purpur, bes. die erste Sorte, der schwarze Purpur, Spart. Heliog. 33, 3 u. a. Spät. Vgl. Mommsen Edict. Diocl. p. 93. – Nbf. **blattea,** ae, *f.*, Ven. Fort. carm. 2, 3, 19.

3. **blatta,** ae, *f.* = *glis,* Marc. Emp. 10.

blattārius, a, um (1. blatta), zur Schabe gehörend, balnea, d. i. dunkle Badezimmer (so genannt von der Lichtscheu der Schabe), Sen. ep. 86, 8. – subst., blattāria, ae, *f.* (*sc.* herba), das Schabenkraut, Mottenkraut (*Verbascum blattaria,* L.), Plin. 25, 108.

blattea, ae, *f.*, s. 2. blatta.

blattero, s. 1. blatero.

blatteus, a, um (2. blatta), **purpurn, purpurfarbig,** tunicae, Vopisc. Aur. 46, 4: pallium blatteum sericum, purpurseidenes, *ibid.* 45, 50 P.

blattiārius, ī, *m.* (blattea), der **Purpurfärber,** Cod. Theod. 13, 4, 2.

blattifer, fera, ferum (2. blatta u. fero), **purpurtragend,** senatus, Sidon. ep. 9, 16 (carm. *v.* 22).

blattinus, a, um (2. blatta), **purpurn, purpurfarbig,** funes, Eutr. 7, 14, 1.

blattio, s. blatio.

blattosēricus, s. blatteus.

Blaudēnus, a, um, **aus der Stadt** *Blaudus* (in Groß-Phrygien) **gebürtig,** Zeuxis, Cic. ad Q. fr. 1, 2, 2. § 4.

blēchōn, ōnis, *f.* (βλήχων), **wilder Polei,** Plin. 20, 156.

Blemyae (Blemmyae), ārum, *m.* u. **Blemyes** (Blemmyes), um, *m.* (Βλέμμυες), eine äthiopische Völkerschaft, der Fabel nach ohne Kopf u. Augen u. mit dem Mund auf der Brust, Form *-ae,* Mela 1, 8, 10 (1. § 48). Plin. 5, 44 u. 46. Vopisc. Aur. 33, 4. Vopisc. Prob. 17, 2 u. ö.: Form *-es,* Mela 1, 4, 4 (1. § 23). Cl. Mam. genethl. 17, 4.

blendius, ī, *m.* (βλέννος), eine Art schlechter Seefische, Plin. 32, 102.

blennus, ī, *m.* (βλεννός), der **Stinkewitz, Tölpel,** Plaut. Bacch. 1088. Lucil. sat. 30, 106. Vgl. Paul. ex Fest. 35, 14.

bliteus, a, um, s. blitum.

blitum, ī, *n.* (βλίτον), ein Küchengewächs, an sich geschmacklos, durch Essig, Pfeffer usw. schmackhaft gemacht (vgl. Paul. ex Fest. 34, 8. Isid. 17, 10, 15), **Meier, Meieramarant, Blutkraut, Stuhr** (franz. *blette,* span. *bledo*), Plaut. Pseud. 815. Plin. 20, 252. Pallad. 4, 9, 17 (wo Nbf. blitus). Oribas. 1, 15 (wo Nbf. bletus): Empedocles natos homines ex terra ait ut blitum, Varr. sat. Men. 163. – Dav. **blitĕus**, a, um, **abgeschmackt, albern, unnütz,** meretrix, Plaut, truc. 854: belua, Laber. com. 92.

blitus, s. blitum.

Blossius, ī, *m.*, ital. Eigenname, unter dem bes. bekannt C. Blossius, aus Kumä, stoischer Philosoph, Anhänger des Tib. Gracchus, Cic. de amic. 37. Val. Max. 4, 7, 1. – Außerdem Blossii in Kapua, Liv. 23, 7, 8. Cic. agr. 2, 93.

1. boa u. (urspr., aber archaist.) **bova**, ae, *f.* u. **boba**, ae, *f.*, **I** eine Art **Wasserschlange,** die sich gern an Kühe ansaugt, Form boa, Plin. 8, 37 u. a. Solin. 2. § 33 u. 34: Form bova, Varr. sat. Men. 329. Paul. ex Fest. 30, 13. Form boba, Plac. gloss. V, 8, 9. – **II** übtr.: **a** (Form boa) die durch Kuhmist zu heilende Krankheit der **roten Blattern,** die **Wasern,** franz. *la rougeole,* Plin. 24, 53 u. a.: Form boba, Placid. gloss. V, 8, 9. – **b** (Form bova) die durch Gehen rot angeschwollenen Adern der Schenkel, **Adergeschwulst,** Lucil. sat. fr. inc. 39 (bei Fest. p. 360, 21 boa; bei Paul. ex Fest 30, 13 bova). – **c** (Form bova) ein einer *boa* ähnliches Weingefäß, die **Weinschlange,** Varr. sat. Men. 329.

2. Boa, ae, *f.*, eine Insel des Adriat. Meeres, an der Küste von Dalmatien, Verbannungsort, Amm. 22, 3, 6 u. 28, 1, 3. Cod. Theod. 16, 5, 53.

boārius u. **bovārius** (bobārius), a, um (bos), zum Rind (Ochsen) gehörig, Rinder-, Ochsen-, corpus boar., Nov. Valent. III. de suar. boar. II, 36. c. 1. § 2: forum boar. u. bovar., Cic., Liv. u. a. (s. das Nähere unter forum *no.* II, A, 2): arva boar., wo später das forum boarium, Prop. 4 (5), 9, 19: lappa boar., eine Klettenart, Plin. 26, 105: negotiantes boarii, CIL 6, 1035 (*a. 204*). – subst., boārius, ī, m., der **Ochsenhändler,** Nov. Valent. III. de suar. boar. II, 36. c. 1. § 8.

boātus, Abl. ū, *m.* (boo), das **Brüllen, Schreien,** Apul. met. 3, 3. Mart. Cap. 2. § 98. Ven. Fort. vit. Leob. 12, 37.

boba, s. 1. boa.

bobārius, s. boārius.

Bobiānus, s. Boviānum.

bobīle, s. bovīle.

bobinātor, s. bovinātor.

bōca, s. bōx.

Boccar u. **Būcar**, aris, *m.*, **α** Form Bucar, ein König von Mauretanien, zur Zeit des zweiten punischen Kriegs, Liv. 29, 30, 1 W. (Hertz Baga, s. 1. Vaga), u. ein königlicher Befehlshaber des Sypha, Liv. 29, 32, 1. – **β** Form Boccar, appellat., ein Bokkar = ein Afrikaner übh., Iuven. 5, 90.

Bocchorum, ī, *n.*, Hauptort der größeren balearischen Insel (j. *Majorca*), Plin. 3, 77. – Dav. **Bocchoritānus**, a, um, von od. zu Bocchorum, populus, CIL 2, 3695 (*a. 6*).

Bocchus, ī, *m.*, **I** ein König von Mauretanien, abwechselnd der Freund der Römer u. des Jugurtha, den er schließlich an Rom verriet, Sall. Iug. 19 *extr.* Vell. 2, 12, 1. – **II** eine nach ihm benannte Pflanze, Ps. Verg. cul. 406.

bōcula, s. 1. būcula.

Bodotria, ae, *f.* (Βοδέρια), eine Einbuchtung an der Ostküste Britanniens, j. *Firth of Forth* (in Schottland), Tac. Agr. 23.

Boebe, ēs, f. (Βοίβη), ein Flecken in der thessalischen Landschaft Pelasgiotis, am Westufer des auch Boebe od. Boebēïs (s. d.) gen. Sees, Ov. met. 7, 231 (der Ort): Boebe palus, Liv. 31, 41, 4. – Dav.: **A Boebēïs,** idos, *f.* (Βοιβηΐς λίμνη), der See Böbëis, j. *Bio,* in der Nähe des Ossa, dah. Ossaea, Lucan. 7, 176: ohne sichtbaren Abfluss, dah. B. pinguis, Val. Flacc. 1, 449: u. weil Minerva in ihm die Füße gebadet hatte, sanctae Boebeidos undae, Prop. 2, 2, 11. – **B Boebēius,** a, um (Βοιβήϊος), **böbëisch** für **thessalisch,** proles B., die thessalischen Nymphen, Val. Flacc. 3, 543.

Boeōtarchēs, ae, *m.* (Βοιωτάρχης), der höchste Magistrat in Böotien, der **Böotarch,** Liv. 33, 27, 8 u. a.

Boeōtī, ōrum, *m.* (Βοιωτοί) u. **Boeōtiī**, ōrum, *m.*, die Bewohner Böotiens (s. im Folg. Boeotia), die **Böotier,** der Unempfänglichkeit für geistige Anregung u. der Plumpheit beschuldigt, die man der feuchten u. dicken Luft des Landes u. der Esslust der Bewohner zuschrieb, Form *-ti,* Varr. r. r. 3, 1, 6. Liv. 42, 43. § 5 u. 7. Nep. Alc. 11, 3; Epam. 8, 3 u. Ages. 4, 1. Liv. epit. 52. Prisc, 1, 53: Form *-tii,* Cic. Pis. 86 u. 96. Liv. 33, 1, 1. Plin. 10, 49. Oros. 1, 21, 13 u. ö.: Genet. Boeotûm, Hor. ep. 2, 1, 244. Avien. orb. terr. 586. Prisc, perieg. 428: Dat. Boeotis (zsgz. st. Boeotiis), Liv. 33, 2. § 4 u. 9 (§ 1 Genet. Boeotiorum). – Femin. Sing. Boeotia, ae, *f.*, die **Böotierin,** ein Stück des Plautus od. Aquilius, Gell. 3, 3. § 3 (vgl. Ribbeck Tragic. Lat. fr. p. 33). – Dav. abgel.: **A Boeōtia,** ae, *f.* (Βοιωτία), Böotien, eine Landschaft Griechenlands im eigentlichen Hellas (mit der Hauptstadt Theben), Geburtsland des Bacchus u. Herkules, Cic. Flacc. 63 u. 100; de nat. deor. 3, 49. Liv. 33, 1, 1; 33, 2, 6 u. ö. Vell. 2, 23, 3. Plin. 4, 25. Ov. met. 2, 239 u. 3, 13. – **B Boeōticus,** a, um (Βοιωτικός), böotisch, Plin. 18, 66 u. a. – **C Boeōtis,** tidis, *f.* (Βοιωτίς), **Böotien,** Mela 2, 3, 4 (2. § 39). – **D Boeōtius,** a, um (Βοιώτιος), **böotisch,** aus **Böotien,** Bacis, Cic.: Hesiodus, Col.: adulescens, iuvenis, Apul.: urbes, Apul.: moenia, Theben, Ov.: mos, Prisc. – **E Boeōtus,** a, um (Βοιωτός), **böotisch,** tellus, Ov.: flumina, Stat.

Boēthius (Boētius), ī, *m.* (vollst. Anicius Manlius Torquatus Severinus B.), geb. um 470–475 n. Chr., ein ausgezeichneter Philosoph u. Theologe der nachklass. Periode, im Gefängnis (wo er seine berühmteste Schrift: De consolatione philosophiae libri V abfasste) 524 nach Chr. enthauptet.

Boēthūntes, ium, *m.* (βοηθοῦντες), die **zu Hilfe Eilenden,** Titel einer Komödie des Turpilius, s. Ribbeck Comic. Rom. fragm. p. 85^2.

1. Boēthus, ī, *m.* (Βοηθός), **I** ein stoischer Philosoph, Cic. de div. 1, 13 u. 2, 47. – **II** einer der berühmtesten Toreuten, wahrsch. aus Chalkedon, Cic. Verr. 4, 32. Plin. 33, 154.

2. boēthus, ī, *m.* (βοηθός), der **Gehilfe** eines Schreibers (rein lat. adiutor). Cod. Iust. 10, 69, 4.

Boētius, s. Boēthius.

Bogud, udis, *m.*, Sohn des Königs Bocchus von Mauretania Tingitana und dessen Nachfolger in der Regierung, Bundesgenosse Cäsars, später des Antonius, zuletzt durch Agrippa gefangen genommen u. hingerichtet (31 v. Chr.), Asin. Pollio in Cic. ep. 10, 32, 1. Liv. fr. libr. 112 (bei Prisc. 6, 22). Liv. fr. lib. 114 (bei Prisc. 5, 10). Auct. b. Alex. 59, 2. Auct. b. Afr. 23, 1. Suet. Caes. 52.

Boī, s. 1. Boiī.

1. bōia, ae, gew. Plur. bōiae, ārum, *f.* = κλοιός (Gloss.), eine jochartige Halsfessel, das **Halsband, Halsjoch, Halseisen,** für Sklaven u. Verbrecher (s. Paul. ex Fest. 35, 12. Isid. 5, 27, 12), Plaut. asin. 550; capt. 888 (im Wortspiel, s. 1. Boii). Hier. in Iesai. 5, 27. *v.* 2. Prudent. psych. praef. 34.

2. Boia, s. 1. Boiī.

Boihaemum, s. 1. Boiī a. E.

1. Boiī u. **Boī**, ōrum, *m.* (Βοῖοι), eine der ansehnlichsten keltischen Völkerschaften, die nach der aus Liv. 5, 34 *sqq.* bekannten Sage ihre ursprünglichen Wohnsitze im eigentl. Gallien verlassen hatten und zum Teil gegen das hercynische Waldgebirge (bis ins j. Böhmen) vorgedrungen waren, teils die Alpen überstiegen und das Po-Tal zwischen den Alpen u. Apenninen eingenommen hatten, beständige Gegner der Römer in den Kriegen in Oberitalien u. Gallien. Cäsar schlug einen Teil u. wies ihm Wohnsitze bei den Äduern an, Nom. Boii, Caes. b. G. 1, 25, 6 u. ö. Liv. 5, 35, 2 u. ö. Tac. Germ. 28: Nom. Boi, Liv. 21, 25, 2; 32, 30, 3; 34, 46, 1; 35, 4, 4. Plin. 3, 116 u. 124 4, 107: Abl. Boiis, Caes. b. G. 7, 75, 3. Tac. Germ. 42. – Sing., **Boius,** ī, *m.*, ein **Bojer,** Boia, ae, *f.*, eine **Bojerin,** nobilis Boius, Liv. 39, 42, 10 (viell. aus Cato): u. (in dem Wortspiel mit 1. boia) Boius est, Boiam terit (obszön = quasi *subiungit*), Plaut. capt. 888. – Dav. **a Boia,** das **Bojerland,** Caes. b. G. 7, 14, 5 zw. – **b Boiohaemum,** ī, *n.* = **Bojenheim,** d. i. die Bojerheimat, das Bojerland, Vell. 2, 109, 5 Halm: Nbf. Boihaemum, Tac. Germ. 28 Halm. – **c Boicus,** a, um, **bojisch,** der **Bojer,** ager, Paul. ex Fest. 36, 10.

2. Boiī, ōrum, *m.*, Ort der Tarbeller in Aquitanien, j. *Buch,* Itin. Anton. 456, 4. Paul. Nol. ep. ad Auson. 4, 241.

Bōla, ae, *f.* u. **Bōlae**, ārum, *f.*, eine uralte Stadt der Äquer in Latium, j. *Lugnano*, Sing. b. Verg. Aen. 6, 776: Plur. b. Liv. 4, 49. § 6 *sqq.* – Dav. **Bōlānus**, a, um, zu Bolagehörig, bolanisch, ager, Liv. 4, 49, 11: subst., Bōlānī, ōrum, *m.*, die Einw. von Bola, die **Bolaner**, Liv. 4, 49, 3.

bōlarīum (vōlarium), ī, *n.* (βωλάριον), ein **Klümpchen** (Farbstoff), Seren. bei Diom. 518, 1.

Bolbitinē, ēs, *f.* (Βολβιτίνη), Stadt in Unterägypten, j. *Rosette, Raschid.* – Dav.: **a** **Bolbitinus**, a, um, **bolbitinisch**, ostium, die jetzige Mündung des Nils von Rosette, Plin. 5, 64. – **b** **Bolbiticus**, a, um, **bolbitisch**, ostium (s. vorh.), Mela 1, 9, 9; vgl. Amm. 22, 15, 10.

bolbiton, ī, *n.* (βόλβιτον), **Kuhmist**, Plin. 28, 232.

bolbus, s. bulbus.

bōlētar, āris, Abl. āri, *n.* (boletus), **I** ein **Geschirr zu Pilzen**, Plur. b. Mart. 14, 101 *lemm.* – **II** jedes **Essgeschirr, Küchengeschirr**, Treb. Poll. Claud. 17, 5. Apic. 2, 41; 5, 190 u. 191 (wo Akk. boletare).

bōlētus, ī, *m.* (βωλίτης), die beste Art essbarer Pilze, der **Champignon**, Sen. ep. 95, 25 u. (bes.) Sen. nat. qu. 4, 13, 10. Plin. 22, 92. Suet. Claud. 44, 2. Mart. 1, 20, 4 u. a.

bolis, lidis, Akk. Plur. lidas, *f.* (βολίς, ein Pfeil), **I** ein **feuriges Meteor in der Gestalt eines Pfeils**, Plin. 2, 96. – **II** das **Senkblei**, Vulg. act. apost. 27, 28.

bolītēs, ae, *m.*, die Wurzel des Krautes lychnis, Plin. 21, 171.

bolo, vulg. = 2. volo ►.

bōloe (βῶλοι, Erdschollen), eine Art Edelsteine, Plin. 37, 150.

bolōnae, ārum, *m.* u. *f.* (βόλος u. ὠνεῖσθαι), **I** *m.*, **Fischhändler** im **großen**, die ganze Fischzüge (βόλοι) aufkaufen und wieder verhandeln, Arnob. 2, 38. – **II** *f.*, der **Fischhandel im Großen**, Donat. ad Ter. Eun. 2, 2, 26.

bolus, ī, *m.* (βόλος), der Wurf, **I** im Würfelspiel, boli tres, Plaut. Curc. 612: nimis lepide bolum iacere, Plaut. rud. 360: omnes enumerare bolos, Auson. prof. 2, 26. p. 56 Schenkl. – **II** der Wurf des Netzes beim Fischen; dah. **A** meton. (*abstr. pro concr.*), die auf einen Wurf gefangenen Fische, der **Fang** (rein lat. iactus), emere bolum, Suet. rhet. 1. – **B** übtr., ein **Wurf** = ein **guter Bissen**, ein **Profit**, is primus bolust, Plaut.: bolo tangere od. multare od. emungere alqm, prellen um usw., Plaut. u. (em.) Lucil. fr.: bolum mihi tantum ereptum tam subito e faucibus, Ter.: magnum bolum deferunt aeris, Varr.

bombalium, Variante von bambalium, s. d.

bombax, *Interi.* (βομβάξ), Ausdr. der (wirklichen od. spöttischen) Verwunderung, **ei der Tausend! potz Blitz!** Plaut. Pseud. 365.

bombica, ōrum, *n.*, das **Gesumm, Gesumse**, Ven. Fort. vit. S. Mart. 4, 535.

bombico, āre, **summen, sumsen**, Ven. Fort. carm. praef. 5.

bombilo (bombito), are (bombus) **sumsen**, v. den Bienen, Suet. fr. 161. p. 254, 1 R. Anthol. Lat. 762, 36 (233, 36).

bombio, īre, **sumsen**, v. den Bienen, Suet. fr. 161. p. 254, 1 R. u. Gloss. II, 258, 43.

bombisonus, a, um (bombus u. sonare), **summend**, Schol. Pers. 1, 99.

bombitātor, ōris, *m.* (bombito), der **Sumser**, v.d. Bienen, Mart. Cap. 9, 999.

bombizātio, ōnis, *f.* (bombizo), das **Summen, Gesumse** der Bienen, Paul. ex Fest. 30, 2.

bombizo, āre, **sumsen**, v. d. Bienen, Suet. fr. p. 254, 1 R.

bombo, ōnis, *f.*, die **Drohne**, *ex cod. Brux. saec.* XII.

Bombomachidēs (Bumbomachidēs), ae, *m.* (βόμβος u. μάχομαι). **Brausekampf, Sausekampf**, komischer Name eines prahlerischen Soldaten, Plaut. mil. 14.

bombōsus, a, um (bombus), **brummend, summend**, Gloss.

bombulio, s. bombylis.

bombus, ī, *m.* (βόμβος), der **dumpfe, tiefe Ton**, das **Summen, Brummen**, der Bienen, Varr.: der Waldhörner, Lucr. u. Catull.: der Flöte, Prud.: tympani, Mart. Cap.: organorum, Serv.: der hohlen Hände beim Klatschen, Suet.

bombȳciae arundinēs (βομβυκίας κάλαμος) das **zur Flöte** (βόμβυξ) **geeignete Rohr**, Plin. 16, 170.

bombȳcinus, a, um (bombyx), **seiden, aus Seide**, vestis, Plin.: taenia, Mart.: mitellae, Apul.: vestimenta et bombycina et serica, ICt. – Plur. subst., bombȳcina, ōrum, *n.*, **seidene Kleider, Seidengewänder, seidene Stoffe**, Mart. 8, 68, 7 u. a. Apul. met. 8, 27. Ven. Fort. vit. S. Mart. 2, 88. – Sing. bombȳcinum, ī, *n.*, **Seidenweberei**, Isid. 19, 22, 13.

bombylis, *f.* (βομβυλίς), die **Puppe des Seidenwurms**, Plin. 11, 76. – Nbf. **bombylius**, ī, *m.* (βομβύλιος), Ambros. hexaëm. 5, 23, 77: u. **bombulio**, ōnis, *f.*, Eust. hexaëm. 8, 8.

bombȳx, ȳcis, Akk. Plur. ȳcas, *m.* u. *f.* (βόμβυξ), **I** der **Seidenwurm**, die **Seidenraupe**, Plin. 11, 75 *sqq.* Mart. 8, 33, 16. Tert. de pall. 3 (*fem.*). Serv. Verg. georg. 2, 121. Isid. 12, 5, 8; 19, 27, 5. – **II** die **Seide**, der **Seidenstoff**, Arabius, Prop. 2, 3, 15: Assyria, Plin. 11, 78: dum in carbaso sudat unus, alter in bombyce, Sidon. ep. 2, 2. – übtr., von der feineren Baumwolle, Plin. 19, 14.

Bomilcar, aris, *m.* (Βομίλκας), **I** ein Feldherr der Karthager (tätig seit 510 vor Chr.), der in dem Streben nach Alleinherrschaft unterging, Iustin. 22, 7, 7 *sqq.* – **II** einer der vertrautesten Diener Jugurthas (oft b. Sall. Iug.), der wegen Verrats an seinem Herrn mit dem Tode bestraft wurde, Sall. Iug. 70 *sqq.*

bōmiscus, ī, *m.* (βωμίσκος) = *arula*, ein **kleiner Altar**, Boëth. arithm. 2, 25. p. 114, 16 Fr.

bōmonīcae, ārum, *m.* (βωμονῖκαι), **Sieger am Altar**, lacedäm. Jünglinge, die sich um die Wette am Altar der Artemis Orthia geißeln ließen, um ihre Standhaftigkeit zu beweisen, Serv. Verg. Aen. 2, 116 (u. daraus Hyg. fab. 261).

bonacus, s. bonasus.

Bona Dea (Dīva), die **gute Göttin**, die Göttin der Fruchtbarkeit, des Wachstums u. Segens in der Natur, bes. im Menschen- u. Staatsleben, von den röm. Frauen verehrt, Macr. sat. 1, 12. § 21 *sqq.* Tert. ad nat. 2, 9. Arnob. 1, 36 u. 5, 18. Der geheime Ort, an dem die röm. Frauen am 1. Mai zur Festfeier zusammenkamen, hieß Opertum, später auch von verkleideten Männern besucht, Lact. 1, 22, 11. Ov. art. am. 3, 633. Iuven. 2, 84 *sq.*; 6, 314. Anfang Dezember flehten die Frauen im Hause des obersten Staatsbeamten die Göttin um Heil u. Segen für das römische Volk an einem geheimen Ort (in operto) an; dort schlich sich Klodius wegen der Pompeja ein (s. Cic. de har. resp. 37. Cic. parad. 4, 32), weshalb ihn Cicero den Priester der Bona Dea nennt, Cic. ad Att. 2, 4, 2.

bonanimis, is, *m.*, **einer, der gutes Mutes ist**, Gloss. II, 566, 41.

bonasus, ī, *m.* (βόνασος), eine Art wilder Ochsen in Päonien, Plin. 8, 40. – ► Solin. 40, 14 **bonacus** (Mommsen) gen.

bonātus, a, um (bonus), **gut geartet, solid**, Petron. 74, 16.

bonememorius, a, um (bonus u. memoria), **guten Andenkens**, CIL 5, 1707. – Nbf. bonomemorius, CIL 5, 5004 u. 6748.

Bonifātius (nicht Bonifācius), ī, *m.* (bonum fatum), eig. Winfried, geb. 683 n. Chr. zu Kirton in Devonshire, Benediktiner, zuletzt Bischof von Mainz (745–755 n. Chr.).

boniloquium, ī, *n.* (bonus u. loquor), die **schöne** (schmeichlerische) **Rede**, Cassiod. hist. eccl. 1, 14.

boniloquus, a, um (bonus u. loquor), **schön** (schmeichlerisch) **redend**, Ps. Augustin, serm. 244, 3.

bonitās, ātis, *f.* (bonus), die **gute Beschaffenheit** einer Sache, die **Güte**, **I** in materieller Hinsicht, agrorum, praediorum, vocis, Cic.: mutuum eādem bonitate solvatur, quā datum est, ICt. – **II** in geistiger u. moralischer Hinsicht, **A** im Allg.: hic si sibi ipse consentiat et non interdum naturae bonitate (natürliche gute Anlage) vincatur, Cic.: u. so b. ingenii, Cic.: summa bonitas et aequitas causae, die Gerechtigkeit einer Sache, die gerechte Sache, Cic.: b. verborum, Cic. – **B** insbes., v. Charakter, die **Güte, Gutmütigkeit, Gutherzigkeit, Herzensgüte, zärtliches Wohlwollen, Zärtlichkeit, Redlichkeit, edle Gesinnung an sich** u. im Benehmen gegen andere (Ggstz. fraus, malitia), Cic. u. a.: naturalis, Nep.: fides alcis bonitasque, Cic.: bonitas et beneficentia, Cic.: facit parentes bonitas, non necessitas, Phaedr.: bonitas tua, deine Güte (Gnade), v. Kaiser, Plin. ep. 10, 8 (24), 5. – m.

in od. *erga* u. Akk., bonitas in suos, iustitia in omnes, Cic.: id non sine divina bonitate erga homines fieri, Cic.

Bonna, ae, *f.*, fester Ort am linken Rheinufer in Niedergermanien, wo Drusus eine Brücke über den Rhein schlug, j. **Bonn,** Tac. hist. 4, 19 *sqq.* Flor. 4, 12, 26. – Dav. **Bonnēnsis,** e, **bonnensisch,** castra, proelium, Tac.

bonomemorius, s. bonememorius.

Bonōnia, ae, *f.* (Βονωνία), **I** Stadt in Gallia Cisalpina, früher unter dem Namen Felsina Hauptstadt der etrurischen Zwölfstädte, i. J. 190 v. Chr. von Rom kolonisiert, j. *Bologna,* Liv. 37, 57, 7. Vell. 1, 15, 2. Sil. 8, 599 (601). – Dav. **Bonōniēnsis,** e, **aus** od. **bei Bononia, bononiensisch,** colonia, Tac.: Plur. subst., **Bonōniēnsēs,** ium, *m.*, der **Bononienser,** Cic. u. Plin. – **II** Hafenstadt in Gallia Belgica im Land der Moriner (früher Gesoriacus gen.), j. *Boulogne,* Amm. 20, 1, 3; 20, 9, 9: dies. **Bonōniēnse oppidum,** Auct. inc. (Eumen.) pan. Constant. Aug. 5, 2. – **III** feste Stadt in Niederpannonien, an der Donau, j. *Banostor,* Amm. 21, 9, 6; 11, 6.

bonum, ī, *n.*, s. bonus

bonus (arch. duonus), a, um, *Compar.* **melior,** -ius, Genet. -ōris, *Superl.* **optimus** (v. opto), a, um, **gut** seiner Natur u. seinem Wesen nach (Ggstz. malus), fast in allen Beziehungen entsprechend dem griech. ἀγαθός (Ggstz. κακός), **I** *adi.*: **A** gut sowohl in physischer als auch in geistiger Hinsicht, **trefflich, tüchtig, brav** u. dgl., **1** an sich gut, bonae aedes, boni postes, Plaut.: nummi boni (Ggstz. nummi adulterini), Cic.: calamus, Cic.: agrum meliorem in his regionibus habet nemo, Ter.: optimum argentum, vortrefflich gearbeitetes, Cic. – vox, Quint.: bonā esse voce, Plaut. – memoria (Gedächtnis) b., Cic.: si meliore memoriā es, velim scire, ecquid de te recordere, Ter. – bona carmina (Ggstz. mala c.), Hor.: verba suā naturā bona aut mala (versch. v. bona verba unten *no.* I, A, 2, l), Cic.: verba valde bona, Cic.: bona dicta, Witze, Enn. fr.: scripta optima Graecorum, Hor.: omnia meliora facere, vervollkommnen, Cic. Tusc. 1, 1. – ars b., artes b., lobenswerte-, edle Eigenschaft, -Eigenschaften, Sing. b. Quint., Plur. b. Sall. u. Tac. (vgl. Spalding Quint. 12, 1, 7). – bonae res, das Gute (Ggstz. aliena ac nihil profutura), Sall. Iug. 1, 5. – adulescentes bonā indole praediti, Cic.: vir egregio ingenio bonisque omnibus disciplinis, Gell. – optimum est! vortrefflich! Plaut. (s. Brix Plaut. capt. 696).

Insbes.: **a** = καλός der äußeren Erscheinung nach **gut, hübsch, schön,** forma bona, Ter. u. Varr., melior, Hor.: cervix b., Suet.: M. Lepidus iuvenis formā quam mente melior, Vell.: mulier bona aspectu, Ambros. ep. 27. *no.* 16. – **b** von Geburt **gut, von guter Abkunft, vornehm, angesehen,** auch mit ethischem Nebenbegr. des Rechtlichen, Achtungswerten, wie **honett,** bono genere natus, Plaut. u. Cic. u. (Ggstz. malo genere natus) Rhet. Her.: illam civem esse Atticam, bonis prognatam, honetter Leute Kind, Ter. – **c** zum Geschäft **gut, tüchtig, geschickt, brav, wacker, α** übh.: gubernator, gladiator, imperator, Cic.: dux, Ov.: poëta, Cic.: non boni, sed imperiti medici, Cels.: übtr., stilus optimus et praestantissimus dicendi magister, Cic. – m. *Abl.*, hic iaculo bonus, hic longe fallente sagittā, Verg.: et proelio strenuus erat et consilio bonus, Sall. (vgl. im folg. pace belloque b.). – u. bonus (geschickt, kundig) m. *Infin.*, Verg. ecl. 5, 1. Val. Flacc. 1, 438. Sil. 14, 453: u. so so melior (geeigneter, brauchbarer, tüchtiger) m. *Infin.*, Pers. 4, 16. Lucan. 8, 381. Sil. 1, 681. Val. Flacc. 1, 424. Claud. IV. cons. Hon. 541; de nupt. Hon. et Mar. 314: u. optimus m. *Infin.*, Stat. silv. 2, 3, 70. – subst., boni, tüchtige Männer, Cic. Tusc. 1, 110. – **β** zum Kampf, im Krieg **tüchtig, wacker, brav** (Ggstz. malus, ignavus, s. Dietsch Sall. Iug. 86, 3), meist subst., iuxta boni malique, strenui et imbelles inulti obtruncari, Sall.: pari periculo, sed famā impari boni atque ignavi erant, Sall.: optimus quisque cadere aut sauciari, Sall. – m. *Abl.*, vir pace belloque b., Liv.: bonus militiā, Tac.: bello meliores (Ggstz. rudes), Sall.: Pisidae optimi bello, Liv. Vgl. Fabri Sall. Iug. 13, 1. Drak. Liv. 4, 2, 2. Kießl. Tac. ann. 1, 3.

2 in Bezug auf die Empfindung, das Befinden, die Lage jmds., **gut, trefflich, frisch, gesund, angenehm, günstig, glücklich, a** v. phys. u. geistigen Befinden, gut, trefflich, gesund, valetudo bona, Cic., optima, Caes. – mens b., vernünftiger, gesunder Verstand (Ggstz. furor), Liv. u. a.: numquid vis? *D.* mentem vobis meliorem dari, Ter. – animus b., ein ruhiger, gelassener Sinn, Plaut.: bono animo esse, guten Mutes sein, Cic. u. a. (bes. oft es bono animo u. bono animo es, sei guten Muts, Komik., Varr. u. Apul.; s. Hildebr. Apul. met. 7, 12. p. 567): bonum animum (Mut) habere, Liv., de Numidia, Sall. – **b** v. phys. Eigenschaften u. Zuständen, **gut, frisch, gesund,** color (Gesichtsfarbe), Lucr. u. (Ggstz. malus) Ov.: melior sanguis (Jugendblut) dabat, Verg.: aetas bona, das frische Alter = die Jugend (Ggstz. aetas mala), Cic. u. (der Tiere) Varr. – v. Lust u. Witterung, caelum b., Cato: bona et certa tempestas, Cic.: tempestas melior, via peior, Hor. – **c** v. Örtl.: *Th.* Non in *loco* emit *perbono* has (aedes)? *Tr.* Immo *optimo,* Plaut.: amnis doctus iter melius, Hor. – **d** v. unschädlichen Dingen, **gesund, heilsam, unschädlich,** vinum, Cels.: aquae, Prop. – **e** v. den Sinnen angenehmen Dingen, **gut, köstlich, edel,** regio rebus opima bonis, Lucr.: bonis rebus explere, Lucr.: optimis rebus uti, in jeder Hinsicht auf das beste (feinste) eingerichtet sein, Nep. – grandi pecuniā et re bonā multā (mit vielen Kostbarkeiten) copiosus, Gell. – optima quaedam (Ggstz. vilia et minuta), Plin. ep. 2, 6, 2. – insbes., bonae res, wie τὰ ἀγαθά, köstliche Sachen, d. i. köstliche Salben, Leckerbissen, Delikatessen, Nep.: cena b., Catull.: cenarum bonarum assectator, Sen. – **f** v. Nachrichten u. Gerüchten, **gut, angenehm, günstig,** nuntii b., Plaut.: bona de Domitio, praeclara de Afranio fama est, Cic. – **g** v. Gesinnung u. Denkart, et quorum melior sententia menti, Verg. – **h** v. Lebens- u. Gemütszuständen, fama b. (εὐδοξία), guter Ruf, Cic. (vgl. fama): optimae opinionis vir, ICt. – cum bona gratia, s. grātia. – cum b. venia, u. bl. bonā veniā, s. venia. – spes b., Cic. u. a. (vgl. spes). – **i** v. menschl. Handlungen, Verhältnissen u. Lagen, **gut** = **nützlich, verdienstlich,** bona facta, Tac.: exemplum b., Tac.: alcis operā optimā fortissimāque usum esse, Caes.: bonā fortique operā eorum se ad eam diem usum, Liv.: bonam operam navare adversus alqm, Aur. Vict. – od. gut = **gedeihlich, günstig, glücklich,** bona initia (Ggstz. mali eventus), Sall.: bonus eventus, Varr.: exitus boni, Hor.: haec omnia meliores habebunt exitus, Cic.: fata b., Hor.: fatis melioribus uti, Verg.: salutis bonae si quid, Cic.: raro simul hominibus bonam fortunam bonamque mentem dari, Liv.: b. mors, ein glücklicher, leichter Tod, Plin. ep.: b. navigatio, Cic. u. Val. Max. – bonae res, günstige, glückliche Umstände od. Lage, Glück (Ggstz. malae), Plaut., Cic. u. Liv.: res et fortunae tuae … quae quidem cotidie faciliores mihi et meliores videntur, Cic. – in bonam partem, in optimam partem accipere (vgl. accipio), Cic. – **k** v. der Zeit, **gut = günstig, glücklich, froh, heiter,** dies b., Ov., Sen. u. Petr.: optima quaeque dies miseris mortalibus aevi prima fugit, Verg.: bona hora, Petr.: bonas horas male collocare, Mart. – endlich l) v. Vorbedeutungen u. allem, was dazu gehört, **gut = Glück bringend, günstig, von guter Vorbedeutung,** auspicium b., Cic.: meliore opus est auspicio, Plaut.: omine cum bono, Catull.: bona cum alite, Catull.: ite bonis avibus, Ov. – v. der Rede, dicamus bona verba, Tibull.: linguis animisque favete; nunc dicenda bono sunt bona verba die, Ov.: dah. übtr., bona verba quaeso, nur gemach! Ter. Andr. 204. – u. die Eingangsformeln: quod bonum faustum felix fortunatumque sit, Cic.: quod bonum atque fortunatum sit, Plaut.: quod bonum faustumque sit tibi domuique tuae, Caesar Auguste, Suet.: venerare, ut nobis haec habitatio bona fausta felix fortunataque evenat, Plaut. trin. 40 *sq.* – u. vor Edikten: bonum factum, Heil u. Glück! Suet. (vgl. die Auslgg. zu Suet. Caes. 80, 2): bonum factum, ut edicta mea servetis, wohlan denn, nehmt in Obacht usw., Plaut.

3 in Bezug auf Zweck u. Gebrauch **gut, d. i. tauglich, geeignet, zweckmäßig, bequem,** aetas tironum plerumque melior, taugt besser, Cic. Tusc. 2, 38. – mit *ad* u. Akk.: terra cuiusmodi sit refert, et ad quam rem bona aut non bona sit, Varr.: campi militi Romano ad proelium boni, Tac. – m. *Dat.*, ager frugum fertilis, bonus pecori,

Sall.: quia mons pecori bonus alendo erat, Liv.: civitatibus suis quidem non boni (für ihre St. nicht von Segen), sed etc., Cic. de or. 3, 139. – dah. bonum est, es hilft, Cato. – quod mihi erit bonum atque commodum, bequem u. leicht für mich, Ter. – melius est m. 2. *Sup.*, vitatu quidque petitu sit melius, Hor. sat. 1, 4, 116. – optimus est m. 2. *Sup.*, quist amor cultu optumus, Plaut. mil. 101: bes. optimum factu esse, Cic. ep. 7, 3, 1. Cic. II. Verr.. 1, 67 u. 136; Cat. 1, 29. Caes. b. G. 4, 30, 2. Liv. 38, 22, 2. – u. bonum est (es ist gut, ersprießlich, geraten, heilsam) m. *Infin.*, Plaut. Curc. 176. Publ. Syr. sent. 47 R²: bonum atque utile est m. *Acc.* u. *Infin.*, Dict. Cret. 2, 22: u. bonum videtur m. *Infin.*, Augustin. conf. 8, 1: u. melius est m. *Infin.*, Cic. ep. 9, 18, 2; de legg. 3, 54: u. erit melius m. *Infin. perf. act.*, Liv. 3, 41, 3; 3, 48, 2: u. optimum est m. *Infin.*, Caes. b. G. 2, 10, 4: u. optimum factu videtur m. *Infin.*, Sall. Iug. 107, 5: u. optimum videtur m. *Acc.* u. *Infin.*, Liv. 3, 4, 10 u. 27, 4, 3: u. optimum factu credens od. ratus m. *Infin.*, Sall. Cat. 32, 1; 55, 1; 57, 5: u. (id) optimum est (ist am geratensten) m. folg. *ut* u. Konj., Plaut. trin. 486. Callistr. dig. 4, 2, 13: u. hoc mihi factu est optimum m. folg. *ut* u. Konj., Plaut. aul. 582: u. optimum est m. bl. Konj., Plaut. Men. 947.

4 übtr. auf den Grad einer Menge, **gut = ziemlich, nicht unbeträchtlich, ansehnlich,** bona pars hominum, Hor.: bonam partem sermonis in hunc diem differre, Cic.: u. verb. bonam magnamque partem ad se attulit, Ter.: sit bona librorum copia, Hor.

B in moral. Hinsicht **gut, 1** im Allg., **gutartig, brav, bieder, redlich, rechtschaffen, zuverlässig, ehrenhaft, treu, ehrlich** (s. Dietsch u. Fabri Sall. Iug. 5, 5), **a** v. Gesinnung u. Handlungsweise, ingenio bono esse, Ter.: ob mores bonos, Cels.: bono animo in populum Rom. esse, Caes.: consilio bono, in guter Absicht, Cic.: fides b., bonā fide, s. 1. fidēs. – conscientia b., Quint., conscientia optima, Plin. ep. – bona atque honesta amicitia, Sall.: societas b., Tac.: – causa b., Cic.: ratio bona cum perdita confligit, Cic. – bona pars tui, v. Geist (Ggstz. corpus), Sen.: u. so optima pars hominis, Cic.: u. quod est optimum in nobis, Lact., u. quod in homine praestantissimum et optimum est, Cic. Vgl. Bünem. Lact. 1, 7, 13. p. 49*sq.* – **b** v. Pers., bonus auctor, Cic.: u. so auctor valde bonus, auctor optimus, Cic.: M. Lepidus iuvenis formā quam mente melior, Vell.: boni fidelesque socii, Liv.: in foro infimo boni homines et dites ambulant, in medio, ibi ostentatores meri, Plaut.: naturā optimus, Sen.: fecit (homines) ex malis bonos, ex bonis optimos, Capitol. – bes. oft vir bonus u. subst. bl. bonus, der **brave, biedere, rechtliche, wohlgesinnte, honette Mann, der Biedermann, Ehrenmann,** auch ironisch (s. Sorof Cic. de or. 2, 85. Jordan Cic. Caecin. 16. p. 171), negant quemquam esse bonum virum nisi sapientem, Cic.: hoc autem celandi genus quale sit et cuius hominis, quis non videt? certe non aperti, non simplicis, non ingenui, non iusti, non viri boni; versuti potius, obscuri, astuti, fallacis etc., Cic.: pessimus atque optimus vir, Quint.: iustis autem et fidis hominibus, id est bonis viris, ita fides habetur, ut etc., Sall.: vir gratus bonusque, Liv., od. gratus homo et vir bonus, Cic.: ipso homo melior non est, es gibt keinen braveren Mann als ihn, Petr.: tanto melior! (Ggstz. tanto nequior), wir »desto besser!« (s. Wagner Ter. heaut. 549): homines optimi, die guten (lieben) Leutchen (iron.), Cic.: viri boni est misereri, Cic. – subst. (vgl. Dietsch Sall. Iug. 42, 3), proprium est boni recte facere, Quint. 5, 10, 64: bonus tantummodo segnior fit, ubi neglegas, malus improbior, Sall.: Plur., minor vis bonis quam malis inest, Plin. ep.: boni, Ggstz. nefandi (die Ruchlosen), Ov. – u. im *Voc.* in der Anrede, **mein guter, braver, wackerer,** wie ὠγαθέ, ὠγαθοί, **α** in freundlicher Anrede: dux bone, Hor.: optimi viri, Cic.: o bone, Hor. u. Pers.: bone, Hor.: boni, Hor. – **β** mit Ironie: bone vir, sauberer Bursche, Plaut, u. Ter.: quid ais, bone (du sauberer) custos defensorque provinciae? Cic.: boni, ihr lieben Leutchen, Hor. Vgl. Brix Plaut. capt. 951. Spengel Ter. Andr. 616. Fritzsche u. Heindorf Hor. sat. 2, 2, 1. Drak. Sil. 2, 240. – u. Bonus = Χρηστός, der »Redliche«, als Beiname des Phocion, Nep. Phoc. 1, 1.

2 insbes.: **a** politisch **gut-, wohlgesinnt, patriotisch gesinnt, loyal, gemeinsinnig,** d. i. in Rom = **aristokratisch gesinnt,** in Athen usw. = **demokratisch gesinnt,** ut eum, quem bonum civem semper habuisset, bonum virum (rechtl. M.) esse pateretur, Cic.: bonus et fortis civis (Ggstz. aut timidus aut sibi potius consulens), Cic.: boni cives, boni viri (Ggstz. seditiosus civis), Cic.: qui ita suum consulem observavit, ut et illi quaestor bonus et vobis omnibus optimus civis videretur, Cic.: pars (Partei) melior (Ggstz. pars deterior), Liv. – subst., ein **Gutgesinnter,** ein **Patriot, loyaler Bürger,** Sing. u. Plur. b. Cic. u. a.: omnes boni, Cic.: boni complures, Sall.: fautor et cultor bonorum, Liv.: so auch optimi viri, achtbare Patrioten, Cic.: u. ironisch, etsi propediem video bonorum (Patrioten), id est lautorum et locupletium (Leuten, die gern gut leben u. volle Beutel haben) urbem refertam fore, Cic. ad Att. 8, 1, 3. – **b** sittlich **gut = sittsam, keusch, tugendhaft,** quid dicas, nullam mulierem bonam esse, Plaut.: femina, Cic.: virgo, coniunx, Catull.: pueri boni malique, Catull. – amor, Catull. – **c gutmütig, uneigennützig,** von Hetären, die kein Geld nehmen, expedit bonas esse vobis, Ter.: at bona, quae nec avara fuit, Tibull. – **d gütig = gnädig, gewogen, gefällig,** des bonus veniam, Hor.: vos Manes este boni, Verg.: di boni! als Ausruf, Komik. u. Cic. (s. Spengel Ter. Andr. 338): bone deus, Augustin. conf. 2, 6, 12. – hic si, quā modeste munifico esse licet, vellet bonus atque benignus esse, Hor. – m. *Dat.*, vicinis bonus esto, Cato: sis bonus o felixque tuis, Verg. – m. *in* u. Akk., eo velim uti possem bono in me, Cic. – dah. als Beiname des Jupiter, Iuppiter Optimus Maximus, abgekürzt OM. (nicht Maximus Optimus, s. Cic. de nat. deor. 2, 64), Cic. u. a. – u. Bona Dea, s. bes. S. 846. – optimus zuw. noch durch Advv. gesteigert, wie: satis opt., Aur. Vict. Caes. 39, 26: valde opt., Plin. Val. 3, 3: plane opt., Apul. de dogm. Plat. 2, 19: perquam optimus, Itala psalm. 22, 5 (b. Cypr. ep. 63, 12). – ► vulg. Genet. Sing. Femin. bone, CIL 10, 1231 (*a 490 p.* Chr.): arch. Dat. Sing. Femin. bonai, CIL 6, 54: arch. Nomin. Plur. bonei, Catull. 61, 232 Schw.: arch. Dat. Plur. boneis, CIL 1, 1194 u. 10, 600. Plaut. Poen. 1216 *cod. Ambr.* – Kompar. arch. Akk. meliosem, Varr. LL. 7, 27. Paul. ex Fest. 122, 2: Abl. Sing. gew. meliore, doch auch meliori, Act. fr. Arv. aus dem J. 101. I. lin. 73. CIL 8, 1183 (aber Cic. Quinct. 4 Kayser und Müller meliore): arch. Dat. od. Abl. Plur. meliosibus, Paul. ex Fest. 264, 6. – Superl. auch gedehnt opitumus, CIL 1, 1016: opitimus, CIL 6, 2440. – Superl. bonissimus od. melissimus ungebr. nach Varr. LL. 8, 75 u. 76; doch bonissima femina, CIL 5, 342*. – arch. Nbf. **duōnus**, Paul. ex Fest. 67, 1. Cn. Marc. carm. bei Fest. 165 (a), 30; vgl. Gloss. II, 56, 56 ›duonus, ἀγαθός‹: Genet. Plur. duonoro(m), CIL 1, 32.

II *subst.*, bonum, ī, *n.*, Kompar. melius, *n.*, **1** das **Gute** = die gute Beschaffenheit, der gute Zustand usw., ni vis boni in ipsa inesset forma, Ter.: in bonum vertere, sich zum Guten wenden, zum Guten ausschlagen, Caes. u. Liv.: mutare in deterius aut in melius, Sen.: mutari in melius (von Pers.), Tac.: perniciosa illorum consilia fortuna deflexit in melius, Sen.: pleraque ab saevis adulationibus aliorum in melius flexit, wusste die bessere Seite herauszukehren, Tac.: reficere in melius et in maius, verbessern u. vergrößern, Plin. ep.: it in melius valetudo principis, es geht besser mit der G. des F., Tac. – **2** wie τὸ ἀγαθόν, bonum, ī, *n.*, u. wie τὰ ἀγαθά, Plur. bona, ōrum, *n.*, das **Gut,** das **Gute, a** übh. jedes phys., geistige u. moralische **Gut, Glücksgut, Glück,** körperl., geist. u. moral. **Vorzug, Talent, Tugend,** übh. alles, was **gut, recht** u. **löblich** ist (Ggstz. malum), **α** Sing.: bonum breve est, Nov. fr.: sapiens et bonum ferre potest modice et malum fortiter aut leviter, Varr. fr.: aut honoribus aucti aut re familiari, aut si aliud quippiam nacti sumus fortuiti boni aut depulimus mali etc., Cic.: forma bonum fragile est, Ov.: summum bonum erae esse putabam hunc Pamphilum, Ter.: bonum tuum concoquas, genieße dein Glück, Petr.: nihil melius homini sit a dis immortalibus datum, kein größeres Gut, Cic. – bonum naturale, angeborenes Talent, Nep. – bonum mentis est virtus, Cic.: bonum tuum auge et exorna, dein Gutes (deine Vorzüge, deine Tugenden), Sen. – ius bonumque, was recht u. gut ist, Sall.: aequum et bonum u. dgl., s. aequus (oben S. 194). – summum bonum, das höchste Gut (im philosoph. Sinne), Cic.: a bono honestoque in pravum abstrahi, Sall.: boni honestique sectator, Dict. – bonum! als Ausruf, etwa »du meine Güte!« Apul. met. 10, 16. – **β** Plur.: tria genera bonorum: maxima animi, secunda corporis, externa tertia, Cic.: bona malaque corporis, Suet.: bona animi, Cic., Sen. u. a. (Ggstz. bona corporis et externa, Sall.): bona aut mala, Vorzüge oder Fehler, Sall.: aber bona malaque vestra, euer Wohl und Wehe, Tac.: acer bonorum et vitiorum suorum iudex, Cic.: ingenii multa bona, Sall.: eloquentiae, ingenii studiique bona, Quint.: bona pacis, Tac. – mala fugere, sequi bona, Cic. – dividere bona diversis, Gutes vom Schädlichen trennen, Hor.: omnes omnia bona dicere, sie sagten alles Gute von mir, Ter. Andr. 97: bona omnia optare od. precari alci, lauter Heil u. Segen, Plaud. rud. 639. Liv. 24, 16, 10: *meliora* praetervolant, *deteriora* succedunt, Sen. ep. 108, 25. – di melius duint, di meliora velint od. ferant u. dgl., s. deus. – **b** **Gut, Güter, Vermögen, Reichtum, -tümer,** nur im Plur. (vgl. Cic. parad. 1, 7), bona fortunaeque, Cic.: omnium fortunae et bona, Cic.: bona, fortunae, possessiones omnium, Cic.: b. patria, Cic.: b. paterna et avita, Cic.: bona aliena, Cic.: bona privata, Cic.: bona caduca, Stat.: bonorum omnium heres, Universalerbe, Liv.: divisa inter creditores bona, Tac.: haec Heraclii bona verbo redigere (einziehen), re dissipare, Cic.: alqm patriis bonis evertere od. exturbare, Cic.: ea bona huic Heraclio utenda ac possidenda tradere, Cic. – dah. esse in bonis, im Besitz der Güter (einer Erbschaft) sein, Cic. ep. 13, 30, 1 (dagegen Cic. Tusc. 5, 28: qui sint in bonis, nullo adiuncto malo, d. i. die im Besitz u. Genuss von [phys.- u. moral.] Gütern aller Art sind): u. in dieser Bedtg. habere in bonis, ICt.: dagegen esse in bonis alcis, im Besitz jmds. sein, jmdm. angehören, ICt. – **c** bonum, das **Gute** = der **Nutzen, Vorteil,** die **Belohnung** u. dgl., nullā boni spe, ohne sich etwas Gutes zu versehen, Tac.: quis enim ullam ullius boni spem haberet in eo? sollte sich von ihm etw. G. versehen? Cic.: quid mihi sit boni (was sollte es mir helfen), si mentiar, Plaut.: cui bono fuisset, wenn es zum Nutzen gereicht hätte, zugute gekommen wäre, Cic.: quibus occidi patrem bono fuit, Cic. – bonum publicum, der Staatsvorteil, das Staatswohl, das allgemeine Beste (Ggstz. malum publicum), hoc ita si fiat, publico fiat bono, Plaut.: bene gerere rem bono publico, Plaut.: bonum publicum simulantes, Sall.: ne ira obstaret bono publico, Liv.: privato usui bonum publicum postponitur, Tac. – so auch commune bonum, das gemeine Wohl (Beste), non desinemus communi bono operam dare, Sen. de otio 1 (28), 4.

bonuscula, ōrum, *n.* (*Demin.* v. bona, Güter), **geringe Glücksgüter,** das **geringe Vermögen,** Cod. Theod. 10, 10, 29. § 1: avita et paterna, Sidon. ep. 9, 6, 2.

1. boo, āvī, āre (βοάω, s. Paul. ex Fest. 30, 3), **brüllen, laut schreien,** **a** v. Menschen, absol., boando purgant ravim, Apul. flor. 17. p. 26, 17 Kr.: mit folg. dir. Rede, Apul. met. 5, 29 u. 7, 3: m. *Acc.*, fidem deûm, den Schutz der G. laut anrufen, Apul. met. 9, 20. – **b** (Nbf. bovo) v. Tieren, clamore bovantes, Enn. ann. 571. – **c** v. Örtl., **widerhallen,** boat caelum fremitu virûm, Plaut. Amph. 232: m. folg. dir. Rede, *Redde meum!* toto voce boante foro, Ov. art. am. 3, 450.

2. boo, ere (Nbf. v. 1. boo), **a** von leb. Wesen, **brüllen, laut schreien,** exeunt citi, strepunt, mixtim bount, Varr. sat. Men. 386. – **b** v. Örtl., **ertönen,** clamore et sonitu colles resonantes bount, Pacuv. tr. 223.

boōpes, is, *n.* (βοῶπες), rein lat. caerefolium, Kerbel, Ps. Apul. herb. 104.

boōpis, is (βοῶπις), **ochsenäugig, mit stark hervortretenden Augen,** Varr. r. r. 2, 5, 4 (b. Cic. ad Att. 2, 9, 1; 2, 12, 2 u. ö. griechisch).

Boōtēs, ae u. is, Akk. ēn, *m.* (βοώτης, Ochsentreiber), das auch *Arctophylax* u. rein lat. Custos od. Custos Arcti (Vitr. 9, 4 [6] *in.*) gen. Sternbild der nördl. Halbkugel, Nomin. Bootes, Cic. poët. de nat. deor. 2, 109. Ov. met. 10, 447: Genet. Bootae, Cic. Arat. 100 (b. Prisc. 6, 63 Booti). Ov. art. am. 2, 55: Genet. Bootis, Hyg. astr. 3, 24 u. 4, 6. Avien. descr. orb. 456: Dat. Booti, Cic. de nat. deor. 1, 110: Akk. Bootēn, Ov. fast. 5, 733: Vok. Boote, Ov. met. 2, 176: Abl. Boote, Plin. 18, 202.

Bora, ae, *m.*, ein Berg in Mazedonien, j. *Nitje* od. *Vitzi*, Liv. 45, 19. § 8 *sq.*

boreālis, e (boreas), **nördlich,** Avien. descr. orb. 84 u. a.

boreās, ae, *m.* (βορέας), rein lat. aquilo, **I** eig., der **Nordost-Drittel-Ostwind** (vgl. Plin. 2, 119), dann übh. der **Nordwind,** ventus boreas, Nep.: boreae frigus, Verg.: bor. gelidus, Ov., saevus, Catull.: saeviente boreā, Liv. – meton., der **Norden,** Hor. carm. 3, 24, 38. Vulg. num. 8, 2. – **II** personif., Boreas = Aquilo *no.* II (s. d.), Ov. met. 6, 682 u. 702.

boreōtis, tidis, Akk. Plur. tidas, *f.* (βορεῶτις), **nördlich,** Prisc. perieg. 577.

borēus, a, um (βόρειος), **nördlich,** axis, Cic. fr. inc. I. 31 M. Ov. trist. 4, 8, 41 M. (Riese boreae sub axe): b. Scytha, Oros. 6, 21, 12. – Von Späteren bŏrĕŭs gemessen, Prisc. perieg. 271 u. a.

borīa, ae, *f.* (βόρειος, nördlich), eine Art **Jaspis,** Plin. 37, 116.

boricus, a, um (boreas), **nördlich,** Oceanus, Prisc. part. XII vers. Aen. 508, 6 K.

borīnus, a, um, **vom Nordwind,** des **Nordwindes,** Licent. carm. 57 (bei Augustin. ep. 26, 4). Poët. Lat. min. ed. Wernsd. 4, 2. p. 527.

borith, *indecl. n.* (ברית), **Seifenkraut,** Vulg. Ierem. 2, 22 u. a.

borrās, ae, *m.*, Nbf. v. boreas (s. d.), Prud. psych. 847. Paul. Nol. carm. 17, 245.

borrio (burrio), īre, **wimmeln,** Apul. met. 8, 22 *extr.*

Borysthenēs, is, *m.* (Βορυσθένης), ein großer Fluss im europ. Sarmatien, j. *Dnjepr* od. *Dnepr,* Mela 2. § 6 u. 98. Curt. 6, 2 (6), 13. Gell. 9, 4, 6. Prisc. perieg. 303: Borystenis ora, Calvus fr. II, 12 M. (b. Prob. 226, 9). – Dav.: **A** **Borysthenidae** od. **Borysthenītae,** ārum, *m.* (Βορυσθενῖται), die **Anwohner** des **Borysthenes,** Form *-dae,* Prop. 2, 7, 18: Form *-tae,* Macr. sat. 1, 11, 33. – **B** **Borysthenis,** nidis, Akk. nida, *f.*, eine früher Olbia gen. Stadt am Borysthenes, Kolonie von Milet, j. *Kudak* (bei *Oczakow*), Mela 2, 1, 6 (2. § 6); hier fälschlich von Olbia geschieden. – **C** **Borysthenius,** a, um, borysthenisch, amnis B., poet. = Borysthenes, Ov. ex Pont. 4, 10, 53.

bōs, bovis, *c.* (βοῦς, *Genet.* βοός, dor. βῶς), **I** das **Rind,** als *m.* = **Ochse,** Cyprius, Enn. fr.: opimus, Cic.: indomitus, Varr.: boves domiti indomitique, Liv.: boves perferi, Varr.: boves vetuli, novelli, Varr.: bos iratus, Petr.: Apis ille, sanctus Aegyptiorum bos, Cic.: bos arator, s. arātor: bos Luca, s. Lūcānī unter Lucani: bos auratus, Liv.: bovem caedere, Cato fr.: mugit bovis (= bos), Varr. fr. – als *f.* = **Kuh,** bos femina, Liv.: eximia, Liv.: torva, Ov.: formosa, Ov.: bos mirā specie, Liv.: boves meae, Verg.: boves incustoditae, Ov.: boves praegnantes, Varr. LL.: inde cum actae boves mugissent, Liv. – Sprichw., bos lassus fortius figit pedem (tritt schärfer auf), Hier. ep. 102, 2. Augustin, ep. 68, 2: clitellae bovi sunt impositae, s. clītellae. – Scherzh. für die **aus Rindsleder geschnittene Peitsche,** Plaut. asin. 34. – **II** (nach dem Griech.) übtr., eine Art Seefisch aus dem Geschlecht der Plattfische, Ov. u. Plin. – ► Nom. bovis, Varr. sat. Men. 3. Petr. 62, 13; vgl. Varr. LL. 8, 74: Genet. Plur. gew. boum, in Handschrn. u. Ausgg. auch bovum (z. B. Cic. de rep. 2, 16 M. Hier. ep. 52, 1 *extr.*); bovom, Verg. georg. 3, 211 R.; bubum, Ulp. dig. 32, 1, 55 § 6 M.; altlat. boverum (z. B. Cato r. r. 62; vgl. Varr. LL. 8, 74): Dat. u. Abl. Plur. gew. būbus, in sehr guten Hdschrn. auch bōbus (z. B. Hor. carm. 3, 6, 43 Firm. math. 5, 2). – bŭbus gemessen, Auson. app. ad epigr. XXVIII, 2. p. 260 Schenkl, wogegen Serv. Verg. ecl. 8, 86.

boscis, idis, *f.*, od. (viell. richtiger) **boscas,** adis, *f.* (βοσκάς), eine Entenart, Col. 8, 15, 1.

Bosporus u. **Bosporos** (Bosphorus), ī, *m.* (Βόσπορος, d. i. Rinderfurt), Name schmaler »Meerengen«, insbes.: **I** B. Thracius (Βόσπορος Θρᾴκιος od. τὸ Βυζαντιακὸν στόμα, der Sage nach Furt der, Io als Kuh), zwischen Thrazien u. Kleinasien, wegen der reißenden Strömung u. der herrschenden Stürme bei den Schiffern berüchtigt, j. **Straße von Konstantinopel,** Varr. r. r. 2, 1, 8. Mela 1, 1, 5 (1. § 7). Amm. 22, 8, 13. Hor. carm. 2, 13, 14. – **II** B. Cimmerius, in der Krim, j. **Straße von Jeni-Kalé,** bei den Russen *Wosporskoi,* Mela 1,

1, 5 (1. §7). Amm. 22, 8, 13; auch bl. Bosporus, Curt. 6, 2, 13 u. (als *fem.* = die Landstriche am B.) Prop. 3, 11, 68. Sulpic. Sev. dial. 1, 26, 2: *Acc. loc.*, Bosporum (nach dem B.) confugere, Cic. Mur. 34. – Dav. abgel.: A **Bosporānus**, a, um (Βοσπορανός), **bosporanisch,** bellum, Tac.: Nbf. Bosporiānus, a, um, cohors, Not. dig. or. 38, 29. – subst., Bosporānus, ī, *m.*, der **Bosporaner,** Mithridates (rex) Bosp., Tac.: bes. Plur. Bosporani = die Anwohner des Bosporus, die **Bosporaner,** Cic. u. Tac. – B **Bosporius** u. **Bosporeus**, a, um (Βοσπόριος), **bosporisch,** Form *-ius,* Ov. trist. 2, 298: *-eus,* Sidon. carm. 2, 55. – C **Bosporicus**, a, um, **bosporisch,** Gell. 17, 8, 16.

Bosra, s. Bostra.

bostar, *n.* = βουστάσιον, der **Rinder-, Ochsenstall,** Gloss. II, 259, 33.

Bostra, ae, *f.* (ἡ Βόστρα), Hauptstadt der röm. Provinz Arabien seit Trajan, noch j. *Boszra,* Amm. 14, 8, 13: im Alten Testament *Bosra* (Bozra), Vulg. Iesai. 34, 6; Ierem. 48, 24 u. a. – Dav. **Bostrēnus**, a, um (Βοστρηνός), **aus od. von Bostra,** subst. der **Bostrener,** praetextatus, Cic. ad Q. fr. 2, 12, 3: Plur. Bostrēnī, ōrum, *m.*, die Einw. von Bostra, die **Bostrener,** Novell. Iust. 102, 2.

bostrychītis, Akk. tin, *f.* (*βοστρυχῖτις), ein uns unbekannter Edelstein, Plin. 37, 150 u. 191.

bostrychus, a, um (βόστρυχος), **gekräuselt, gelockt,** crines, Firm. math. 4, 19, 17 Kr. u. Sk.

botanicum, ī, *n.* (βοτανικόν) = *herbarium,* ein **Kräuterbuch,** Isid. 4, 10, 4.

botanismos, ī, *m.* (βοτανισμός), das **Ausjäten des Unkrauts,** Plin. 18, 169.

botellus, ī, *m.* (*Demin.* v. botulus), das **Würstchen,** Mart. 5, 78, 9 u. 11, 31, 13. Sidon. ep. 8, 11. *v.* 46. Apic. 2, 55.

Boterdum, ī, *n.*, Ort in der Gegend von Bilbilis (s. d.), Mart. 1, 49, 7; 12, 18, 11.

bothynus, ī, *m.* (βόθυνος), ein **feuriges Meteor in Gestalt einer Traube,** Apul. de mund. 3 u. 16. Sen. nat. qu. 1, 14, 1.

botontinī, ōrum, *m.* u. **botontonēs,** um, *m.*, **kleine Erdaufwürfe** als Grenzzeichen, Form *-ini,* Gromat. vet. 315, 29 u. 352, 20: Form *-ones, ibid.* 361, 22.

Botontīnus, s. Butuntum.

botrio, s. 2. botryōn.

botrōnātus, ūs, *m.* (βότρυς), die Haarfrisur der Frauen in Gestalt einer Traube, Itala Iesai. 3, 20 (b. Cypr. de habit. virg. 13; vgl. Tert. de cult. fem. 2, 10).

botruōsus, a, um (botrus) = βοτρυώδης, **traubenförmig,** rein lat. racemosus, Ps. Apul. herb. 66. Isid. 17, 11, 8.

botrus, botruus, s. 1. botrys *no.* I.

botryītis, tidis u. tidos, *f.* (βοτρυιτις), **traubenförmig,** cadmea b., Galmei in traubenförmiger Kristallisation, Cels. 6, 6. *no.* 6. Plin. 34, 101. Scrib. 24 u. 220. – subst., ein uns unbekannter Edelstein in Traubengestalt, Plin. 37, 150.

botryo, s. 2. botryōn.

botryōdēs, is (βοτρυώδης), **traubenförmig,** cadmea (vgl. botryitis), Veget. mul. 6 (4), 11, 1.

1. **botryon,** ī, *n.* (βότρυον, τὸ, das jedoch von Dindorf in Steph. Thes. als unbegründet verworfen wird), ein Arzneimittel aus Menschenkot, Plin. 28, 44 (wo viell. botryn zu lesen, od. botryon als Genet. Plur. = βοτρύων zu nehmen ist).

2. **botryōn** u. **botryo** (botrio), ōnis, *m.* (*βοτρυών), I der **Traubenstengel** mit u. ohne Beeren, Mart. 11, 27, 4. Pallad. 3, 33. Cassiod. var. 12, 15 *in.* Acro Hor. sat. 2, 4, 71. – botryo, Itala cantic. 1, 14. – botrio, Isid. 17, 5, 14. – II ein Gestirn, das **Traubengestirn,** Greg. Turon. de curs. eccl. 51; vgl. botrys *no.* III.

1. **botrys,** tryos, *f.* (βότρυς, Traube), I latinisiert botrus, die **Weinbeere,** Augustin. serm. 101, 10. Hier. in Oseam 2, 10. *v.* 1. Vulg. cant. 1, 13 u. a. Eccl. – u. botruus, Anthol. Lat. 117, 18 (1050, 18). Prob. app. (IV) 198, 22. – II in griech. Form botrys = artemisia, **Beifuß,** Plin. 25, 74 u. a. – III (botrus), das **Traubengestirn,** Isid. de nat. rer. 26, 6; vgl. botryon *no.* II.

2. **Botrys,** yos, *f.* (Βότρυς), eine Stadt in Phönizien, j. Dorf *Bathon,* Mela 1, 12, 3 (1. §67).

Bottiaea, ae, *f.* (Βοττιαία), ein Gau in Mazedonien, zwischen dem Axius u. Pieria gelegen, Liv. 26, 25, 4: Nbf. **Bottia,** ae, *f.* (Βοττία), Iustin. 7, 1, 3. – Dav. **Bottiaeī,** ōrum, *m.* (Βοττιαῖοι), die Einw. von Bottiäa, die **Bottiäer,** Plin. 4, 40.

botulārius, ī, *m.* (botulus), der **Wurstmacher, Wursthändler,** Sen. ep. 56, 2.

botulus, ī, *m.* (umbr.-samn. Urspr.), der **Darm,** I Plur. = die **Eingeweide,** Mam. Claud. de stat. anim. 2, 9: interiores botuli, die vollgestopften Ei., exteriores botuli, die vor Wollust gespannten Glieder (*penes),* Tert. de ieiun. 1. – II übtr., die **Wurst,** Laber. com. fr. b. Gell. 16, 7, 11. Mart. 14, 72. Petr. 49, 10. Arnob. 2, 42: botulus cruore distentus, Blutwurst, Tert. apol. 9.

bova, s. 1. boa.

bovārius, a, um, s. boārius.

bovātim, *Adv.* (bos), nach **Rinderart,** Nigid. b. Non. 40, 26.

Boviānum, ī, *n.* (Βουΐανον), Hauptort der Pentri in Samnium, von den Römern erobert, j. *Bojano,* Cic. Clu. 197. Liv. 9, 28 in.: von Augustus zu einer Veteranen-Kolonie erhoben, Gromat. vet. p. 231, 8; vgl. Plin. 3, 107, wo Bovianum vetus das eig. Bovianum, Bov. Undecumanorum wahrsch. eben jene Veteranen-Ansiedelung. – Dav.: A **Boviānius,** a, um, **bovianisch,** lustra, Sil. 8, 564 (566) *sq.* – B **Boviānus** (Bobiānus), a, um, **bovianisch,** ager, Gromat. vet. p. 259, 23. – C **Boviēnsis,** e, **bovianisch,** incolae, Conc. Rom. *a. 502.* p. 453, 37. – subst. Plur. Boviēnsēs, ium, *m.*, die Einwohner von Bovianum, die **Bovianer,** CIL 6, 1406.

bovicīdium, ī, *n.* (bos u. caedo), das **Schlachten der Rinder,** factis bovicidiis, Solin. 1. § 10.

bovīle, is, *n.* (bos), der **Rinder-, Ochsenstall,** Cato b. Charis. 104, 29. Phaedr. 2, 8, 4. Veget. mul. 4, 1, 3 (ungew. st. bubile, s. Varr. LL. 8, 54). – Form bobīle, Hyg. fab. 30. p. 64, 13 Schm. – Nbf. bovīlium, ī, *n.*, Gloss. II, 258, 44.

bovilla, ae, *f.*, s. bovillus.

Bovillae, ārum, *f.*, I (auch Bobillae geschr., Gromat. vet. p. 231, 11 [103], uraltes Städtchen in Latium, an der appischen Straße u. am Fuße des Albanerbergs, etwa 15 km von Rom (dah. B. suburbanae, Prop. 4, 1, 33), j. Ruinen bei der *Osteria delle Fratocchie* rechts von der via Appia jenseits des 12. Meilensteins, Ov. fast. 3, 667. Vell. 2, 47, 4. Suet. Aug. 100. Tac. ann. 15, 23: mit dem sacrarium der gens Iulia, Tac. ann. 2, 41. – In der Nähe dieser Stadt in einem Gasthaus fiel der schon auf dem Wege dahin verwundete Klodius von den Händen der Leute des Milo, Ascon. Cic. Mil. argum. §4. p. 27, 17 K. – Dah. scherzh. u. wahrscheinlich im Wortspiel mit bovillus die Ermordung des Klodius pugna Bovillana gen. bei Cic. ad Att. 5, 13, 1. – Dav.: A **Bovillānus,** a, um, **bovillanisch,** vicinitas, Cic. Planc. 23: pugna, s. vorh. – subst. Bovillānus, ī, *m.*, **ein Bürger aus Bovillä,** ein **Bovillaner,** broncus B., *Lucil. sat. 3, 8. – u. in Bovillano, im Bovillanischen (Gebiete), Ascon. Cic. Milon. §5. p. 28, 6 K. – B **Bovillēnsēs,** ium, *m.*, die Einw. von Bovillä, die **Bovillenser,** CIL 6, 2125. – II Städtchen od. Dorf im Arpinatischen; dav. **Bovillānus,** a, um, **bovillanisch,** fundus, Cic. ad Q. fr. 3, 1, 2. § 3.

bovillus, a, um (bos), veraltete Nbf. für bubulus, **zum Rind gehörig, Rinder-,** grex b., Carm. vet. bei Liv. 22, 10, 3: carnes, Theod. Prisc. 1, 7.

bovinātor (bobinātor), ōris, *m.* (bovinor), I **einer, der lärmt, tobt, schimpft,** ›bovinatores, θορυβοποιοί, θρῦλον ποιοῦντες ἤ ταραχήν‹, Gloss.; vgl. Paul. ex Fest. 30, 12. – II = tergiversator (s. d.), Lucil. sat. 11, 27; vgl. Gell. 11, 7 u. 9. Non. 79, 26. Placid. gloss. V, 50, 34.

bovinor, āri (bos), **schreien, lärmen, schimpfen,** Paul. ex Fest. 30, 12. Placid. gloss. V, 50, 33.

bovīnus, a, um (bos), **zum Rind gehörig, Rinder-,** pedes, Plin. Val. 5, 35: medulla, Theod. Prisc. de diaeta 15.

bovis, s. bōs ►.

bovo, s. 1. boo.

bōx, bōcis, Akk. Plur. bōcas, *m.* (βῶξ), ein sonst unbekannter Meerfisch, Paul. ex Fest. 30, 6. Isid. 12, 6, 9. – Nbf. bōca, ae, *f.*, Plin. 32, 145.

brabēum (brabīum, bravīum), ī, *n.* (βραβεῖον), der Preis in den Kampfspielen, der **Kampfpreis** (eig. u. bildl.), Eccl.

brabeuta, ae, *m.* (βραβευτής), der Anordner öffentlicher Kampfspiele, der **Kampfaufseher, Kampfrichter, Preisausteiler,** Suet. Ner. 53; vgl. Ulp. dig. 3, 2, 4. § 1.

brabifer (brabium u. fero) = brabeuta, Gloss. IV, 432, 10. – bravifer geschr. Gloss. IV, 594, 10 ›brabeuta qui palmas dat vel bravifer‹.

brabilla, ae, *f.*, eine sonst unbekannte Pflanze, Plin. 27, 55.

brabīum, s. brabēum.

brāca (bracca), ae, *f.*, gew. im Plur. **brācae**, ārum, *f.* = ἀναξυρίδες (Gloss.), eine Art weiter, langer **Beinkleider, Pluderhosen,** die nicht nur Hüften u. Dickbeine, sondern auch die Unterschenkel, ja den Leib, wenigstens großenteils (totum corpus bracati, Mela 2, 1, 10 (2. § 10) bedeckten, urspr. von den Persern, Indiern, Galliern, Germanen (dah. bracae, barbarum tegimen, Tac. hist. 2, 20), später auch von den Römern getragen, Lucil. sat. 11, 1. Ov. trist. 5, 7, 49 u. a.: br. virgatae, Prop. 4, 10, 43: br. albae, coccineae, Lampr. Alex. Sev. 40 *extr.* – Sing. b. Ov. trist. 5, 10, 33. – ► Nbf. **brācha**, ae, *f.*, Cod. Theod. 14, 10, 2. – Nbf. **brāx**, brācis, *f.*, Not. Tir. 97, 7: Plur. braces, Edict. Diocl. 7, 46 (wo: pro bracibus).

brācārius (bracc.), ī, *m.* (braca), der **Hosenverfertiger,** Lampr. Alex. Sev. 24, 3. Edict. Diocl. 7, 42. Cod. Iust. 10, 66 (64), 1.

brācātus (braccātus), a, um (braca), **I mit weiten Hosen bekleidet, behost,** totum corpus bracati, Mela 2, 1, 10 = 2. § 10 (vgl. braca). – **II** übtr.: **A ausländisch, barbarisch, verweichlicht,** sagati bracatique, Cic.: natio, Cic.: miles, Prop. – **B** als geogr. Benennung = *transalpinus,* wie in Gallia bracata, der ältere Name der Provinz Gallien jenseits der Alpen, später *Gallia Narbonensis,* Plin.: cognatio br. (sarkastisch), mit Leuten aus *Gallia Narbon.*, Cic.: bracatorum pueri, Knaben aus *Gallia Narbon.*, Iuven.

bracch..., s. brach. ...

1. braces, Akk. em, *f.*, gallische Benennung einer besonders weißen Getreideart, woraus Malz bereitet wurde, rein lat. sandala, Plin. 18, 62.

2. brācēs, s. brāca ►.

brācha, s. brāca ►.

brachiālis, e (brachium), **zum Arm gehörig, Arm-,** nervus, Plaut. Poen. 1269: crassitudo, die Dicke eines Arms, Plin. 17, 123: torques, Vopisc. Aurel. 7, 7. – subst., brachiāle, is, *n.* u. brachiālis, is, *f.*, eine am Oberarm getragene **Armspange,** *n.* b. Plin. 28, 82. Ambros. ep. 10, 9, Vulg. Sirach 21, 24. Prisc. de XII vers. Aen. 14: *f.* bei Valer. imp. ap. Treb. Poll Claud. 14, 5. Isid. 19, 33, 5.

brachiātus, a, um (brachium; vgl. Prisc. 8, 91), **in die Breite gezogen** (Ggstz. capitatus, in die Höhe gezogen), vineae, Col. 5, 5, 9: arbor, Plin. 16, 123.

brachīlis, is, *f.* = brachialis (subst.), Isid. 19, 33, 5.

brachiolāris, e (brachiolum *no.* II), **zum Pferdemuskel gehörig,** Veget. mul. 1, 25, 5.

brachiolum, ī, *n.* (*Demin.* v. brachium), **I** ein **Ärmchen, kleiner, niedlicher Arm,** Catull. 61, 181. – **II** übtr.: **1** ein Muskel am Pferdeschenkel, Pelag. veterin. 10 u. 13. Veget. mul. 1, 25, 4 *sq.* u. a. – **2** (= ἀγκών) ein Arm, eine **Lehne** am Thronsessel, Vulg. 2. par. 9, 18. – **3** ein Arm an der Ballista, Veget. mil. 4, 22 *in.*

brachionārium, ī, *n.* (βραχίων) = ψέλλιον ἀνδρός, rein lat. brachiale (s. brachiālis), Gloss. II, 480, 13.

brachium od. **bracchium**, ī, *n.* (βραχίων), **I** der **Unterarm** von der Hand bis zum Ellbogen (während lacertus der Oberarm von da bis zur Schulter), s. bes. Cels. 8, 1. p. 327, 11 D. u. 8, 10. *no.* 3. Tac. Germ. 17. Ov. met. 1, 501 *sq.* – **II** der **ganze Arm,** von der Schulter bis zu den Fingern, **A** eig.: brachium dextrum, sinistrum, Cels.: brachium laevum, Vell.: brachia procera, Turpil. fr.: diu iactato brachio scutum manu emittere, Caes.: brachium frangere, Cic. u. Cels. – zum Umarmen, dare collo brachia, Verg., od. brachia collo circumdare, inicere, implicare, Ov. – beim Reden, porrectio brachii, Ggstz. contractio, Rhet. Her. u. Cic.: extento brachio paululum de gestu addere, Cic.: brachium in latus iactare, Quint. – Das Tanzen der Alten bestand vornehmlich in geschickter Bewegung der Arme, brachia in numerum iactare et cetera membra, Lucr.: molli deducere gestu brachia, Prop.: brachia numeris movere, numerosa brachia ducere, Ov.: dah. brachia saltantis, Ov. – Sprichw., brachia sua praebere sceleri, behilflich sein zu usw., Ov. her. 7, 126. – illud levi brachio agere, die Sache auf die leichte Schulter nehmen, Cic. ad Att. 4, 16, 6 (4, 17, 3): u. molli brachio obiurgare alqm, jmdm. einen leichten Rippenstoß od. Wink geben (um ihn zurechtzuweisen), Cic. ad Att. 2, 1, 6. – dirigere brachia contra torrentem, wider den Strom schwimmen, Iuven. 4, 89. – **B** übtr.: **1** für die den Armen analogen Glieder der Tiere, **a** die **Scheren** des Krebses, des Nautilus, Plin.: u. so von den Scheren des Krebsgestirns, Ov., u. vom Skorpiongestirn, Verg. – **b** der **Schenkel** des Elefanten (= femur), Plaut. mil. 26; aber femina et brachia (= *crura*) leonis, die Hinter- und Vorderbeine, Plin. 11, 214. – **2** für die den Armen ähnlich gestalteten Gegenstände übh., wie: bei Bäumen, die **Äste, Seitenäste,** Plin., Verg. u. a., bes. am Weinstock, Cato, Verg. u. a.; neben ramus das kleinere Geäste, der **Zweig,** Verg., Plin. u. a.: beim Meer, Arme, Ov.: bei Gebirgen, **Seitenzweige, Arme,** Curt. u. Plin.: bei Belagerungs- od. Befestigungswerken, ein (natürlicher od. künstlicher) **Seitendamm, Seitenlinie, Verbindungslinie** zur Verbindung zweier Punkte (gew. lingua gen.), Liv.: ebenso vom Seitendamm eines Hafens, Liv. u. a.: an den Ballisten u. Katapulten, die Arme, Vitr.: am Zirkel, die **Schenkel,** Ov.: poet.: für **Segelstangen,** Verg. u. a. –► Die Schreibung bracchium oft in den besten Hdschrn. und daher in verschiedene Texte aufgenommen, auch inschriftlich beglaubigt, s. CIL 7, 217.

Brachmānae, ārum, *m.* u. **Brachmānī**, ōrum, u. ûm, *m.* (Βραχμᾶνες), die **Priester-** u. **Gelehrtenkaste** der Hindus, die heutigen **Brahminen,** Form *-ae,* Tert. apol. 42 *in.* (u. Plin. 6, 64 als besondere Völkerschaft). – Form *-i,* Amm. 23, 6, 33. Apul. flor. 15 (wo auch Genet. Brachmanûm).

brachycatalēctus, a, um (βραχυκατάληκτος), **brachykatalektisch,** d. i. dem am Ausgang ein ganzer Fuß fehlt, versus, Prisc. partit. XII vers. Aen. 460, 8 K. Serv. gramm. (IV) 457, 14: species carminum, Diom. 502, 8.

brachypota, ae, *m.* (βραχυπότης), der **Wenigtrinker** (rein lat. parvibibulus), Cael. Aur. acut. 3, 15, 120.

brachysyllabus, a, um (βραχυσύλλαβος), **kurzsilbig,** pes, der Tribrachys ∪∪∪, Diom. 479, 1. Mar. Victorin. 2, 9, 18. p. 92, 17 K.

brācīle, is, *n.* (braca), der **Schurz,** die **Schürze,** redimiculum est, quod succinctorium, sive bracile nominamus, Isid. 19, 33, 5.

bractamentum (bractari), der **Trunk,** ipse (Virgilius) Ascrei fontis bractamento saturior advenit, Fulg. Virg. cont. p. 85, 13 H.

bractea, -eālis, -eātor, -eātus, s. brattea etc.

bracteola, s. bratteola.

bractor, ārī (βρέχομαι), **trunken sein,** rex potando lassatur, calore torretur, bractatur mero, Fulg. de aet. mund. p. 162, 17 H.

brādo, ōnis, *f.* (ahd. *brāto,* Wade), der **Schinken,** Anthim. 14.

branca, ae, *f.*, die **Branke, Pfote,** lupi, ursi, Gromat. vet. 309, 2 u. 4.

Branchiadon, s. Branchus a. E.

branchiae, ārum, *f.* (βράγχια, τά), die **Kiemen, Kiefern** der Fische, Col. 8, 17, 12. Plin. 9, 16. – Sing. **branchia**, ae, *f.*, Auson. Mos. 266. Vulg. Tob. 6, 4.

Branchidae, s. Branchus.

branchos, ī, *m.* (βράγχος), die **Heiserkeit,** Cael. Aur. chron. 2, 7, 95. Isid. 4, 7, 13.

Branchus, ī, *m.* (Βράγχος), der von Apollo geliebte Sohn des Smikrus aus Delphi oder des Apollo selbst, der ihm die Weissagegabe schenkte, die er in Didyma, dem berühmt gewordenen Orakel der Branchiden, übte, Mythogr. Lat. 2, 85. Stat. Theb. 3, 479 u. 8, 198 (das. Schol. mit der Stelle des Varr.). – Dav.: **A Branchidae**, ārum, *m.* (Βραγχίδαι), die **Branchiden** (= Nachkommen des Branchus), erbliche Diener u. Verwalter des Apollotempels und -orakels zu Didyma (Didymeon b. Curt., penetralia Branchi b. Stat.) im milesischen Gebiete, Curt. 7, 5 (23), 28 *sqq.*: oracula Branchidarum, Amm. 29, 1, 31: oppidum oraculum Branchidarum appellatum, nunc Didymaei Apollinis, Plin. 5, 112. – Sing. Branchidēs, ae, *m.*, der **Branchide,** als Beiname des Apollo, Mela 1, 17, 1 (1. § 86). – **B** **Branchiadon,** ī, *n.*, der **Tempel des Branchus,** Mythogr. Lat. 2, 85.

brandeum, ī, *n.*, eine linnene od. seidene Hülle für die heiligen Reliquien, Greg. ep. 3, 30.

Brannovices, s. Aulercī.

Brannoviī, ōrum, *m.*, eine keltische Völkerschaft, Klienten der Äduer, Caes. b. G. 7, 75, 2.

brasmatiae, ārum, *m.* (βρασματίαι, οἱ), **Erderschütterungen mit heftigen, aufwärtsdrängenden Stößen,** Amm. 17, 7, 13. – Dass. **brastae,** ārum, *m.* (βράσται), Apul. de mund. 18.

brassica, ae, *f.* (griech. χράμβη), der **Kohl,** Plaut, Scriptt. r. r. u. a.: Plur. brassicae, Kohlarten Cato u. Plin.

brastae, s. brasmatiae.

brathy, ys, *n.* (βράθυ), der **Sevenbaum,** rein lat. herba Sabina, Plin. 24, 102. Scrib. 154. Ps. Apul. herb. 85.

brattea (bractea), ae, f., **I** **ein dünnes Blatt** von Metall od. Holz, **A** **ein dünnes Metallblech,** bes. **Goldblättchen** (während lamina die dickere Metalltafel), br. auri, Lucr.: tenuis brattea tegat ligna, Goldblättchen, Ov.: crepitabat brattea vento, Goldblättchen am goldenen Zweig, Verg.: quod (genus gemmae) argenteis bratteis sublinitur, dem eine Folie von Silber untergelegt wird, Plin.: poet., br. viva, das goldene Fell der Schafe (in Spanien), Mart. 9, 61, 4. – brattea quaestoria, eine Sorte geschlagenen Goldes, das bei der Reiterei von den Quästoren statt der Zahlung angenommen wurde, Plin. 33, 62. – **B** = **dünnes Holzblättchen, Furnier** (ebens. im Ggstz. zu lamina, dem stärkeren Blatt), Plin. 16, 232. – **II** übtr., der **Flitterstaat,** äußere **Schimmer** (= Mangel an Gediegenheit), eloquentiae, Solin. praef. § 2.

bratteālis (bracteālis), e, **von Goldblech,** fulgor, Prud. perist. 10, 1025.

bratteārius, ī, *m.* (brattea) = πεταλοποιός (Gloss.), der **Goldschläger,** Firm. math. 4, 15. CIL 6, 95 u. 6939. – u. **bratteāria,** ae, *f.*, die **Goldschlägerin,** CIL 6, 9211.

bratteātor, ōris, *m.* (brattea), der **Goldschläger,** Firm. math. 8, 16.

bratteātus (bracteātus), a, um (brattea), **I** mit **Goldblech, -blättchen überzogen,** sellae, Sidon.: lacunar, Sidon.: comae, Mart. Cap.: leo, mit Goldflitter behangen, Sen. ep. 41, 6. – **II** übtr.: **A** **golden, schön, herrlich,** dictum, Auson. grat. act. Gratian. (VIII) IV, 17. p. 22, 4 Schenkl. – **B** **nur äußerlich schimmernd** (= nicht gediegen), felicitas, Sen. ep. 115, 9.

bratteola (bracteola), ae, *f.* (*Demin.* v. brattea), ein **Goldblättchen,** Iuven. 13, 152. Lampr. Alex. Sev. 44, 9. Arnob. 6, 21. Prud. perist. 12, 49.

bratus, ī, *f.*, eine asiatische Zypressenart, beschr. b. Plin. 12, 78.

Bratuspantium, ī, *n.*, Stadt im belgischen Gallien, j. Ruine *Bratuspante* bei *Breteuil,* Caes. b. G. 2, 13, 2.

Braurōn, ōnis, Akk. ōna, *m.* (Βραύρων), alte Stadt in Attika, in der Nähe von Sunium, j. *Vraona* od. *Vrana,* Plin. 4, 24. Stat. Theb. 12, 615 (wo Akk. -ona). – Dafür (wahrsch. falsche **Lesart)** Brauronia, Mela 2, 3, 6 (2. § 46).

bravifer, s. brabifer.

bravīum, s. brabēum.

brāx, brācis, *f.*, s. brāca ►.

brecta, ōrum, *n.* (βρεκτά), ein Pferdefutter bei den Kappodoziern, Pelag. vet. 2. p. 20.

bregma, atis, *n.* (ein indisches Wort = *abortus*), die **Körnerlosigkeit,** piperis, ein Fehler, Plin. 12, 27.

Brenda, ae, *f.*, poet. Name von Brundisium, nach Paul. ex Fest. 33, 4.

Brenni, s. Breunī.

Brennicus, s. Brennus *no.* I.

Brennus, ī, *m.* (Βρέννος), **I** der Anführer der senonischen Gallier, die die Römer an der Allia besiegten u. Rom einnahmen (390 v. Chr.), Liv. 5, 38, 3. Serv. Verg. Aen. 6, 826. – Dav. **Brennicus,** a, um, **brennisch, des Brennus,** signa, Sidon. carm. 7, 562. – **II** der Anführer eines großen gallischen Heerhaufens, der Mazedonien verheerte, dann in Griechenland einfiel u. bis nach Delphi vordrang, Iustin. 24, 5 *sqq.* Cic. de div. 1, 81. Val. Max. 1, 1, 18. Prop. 3, 13, 51.

Breones, s. Breunī.

brephotrophēum, ī, *n.* (βρεφοτροφεῖον), das **Findelhaus,** Cod. Iust. 1, 2, 19.

Breunī (fälschlich Brenni), ōrum, *m.*, rhätische Völkerschaft im nördl. Tirol (am Brenner) u. im südwestl. Teil von Oberbayern, Hor. carm. 4, 14, 11. Flor. 4, 12, 4. – Nbf. Breones, Ven. Fort. vit. S. Mart. 4, 645.

breviārius, a, um (brevis), **kurzgefasst, zusammengezogen,** rationes, Scaev. dig. 33, 8, 26. – subst., **breviārium,** ī, *n.*, **ein kurzes Verzeichnis, eine kurze Übersicht, ein kurzer Bericht, ein Auszug** aus einer Schrift (früher summarium, s. Sen. ep. 39, 1), rationum, Suet.: imperii, Staatsinventarium, statistische Übersicht, Suet.: totius culturae, Suet.: officiorum omnium breviaria, Suet.

breviātim, *Adv.* (brevio), **in abgekürzter Weise, kurz,** Isid. de off. eccl. 2, 23, 5.

breviātio, ōnis, *f.* (brevio), die **Abkürzung,** Augustin. ep. 199, 20.

breviātor, ōris, *m.* (brevio), **I** der **Abkürzer, Epitomator,** Oros. 1, 8, 1. Augustin. de cons. euang. 1, 2, 4. – **II** der **Verfertiger eines** breviarium (s. d. W.), Novell. 105, 2, 4.

breviculus, a, um (*Demin.* v. brevis), **etwas kurz, -klein,** **I** eig.: homo, Plaut. merc. 639: coturnicum pinnae, Fronto de eloqu. 1. p. 146, 16 N.: grabatulus, Apul. met. 1, 11. – **II** übtr., v. der Zeit, tempus, Apul. met. 6, 25.

breviloquēns, quentis (brevis u. loquor), sich (in der Rede) **kurzfassend,** Cic. ad Att. 7, 20 *in.*

breviloquentia, ae, *f.* (breviloquens), die **Kürze im Ausdruck,** Cic. bei Gell. 12, 2, 7.

breviloquium, ī, *n.* (brevis u. loquor), die **gedrängte, kurze Rede,** Prisc. 7, 46. Fulg. mitol. 1. praef. p. 15, 6 H. Serv. Verg. Aen. 1, 561. Schol. Vindob. in Hor. de art. poët. 50.

brevio, āvī, ātum, āre (brevis), **kurz machen, kürzen, verkürzen,** **I** eig.: **a** räumlich, cervicem, Quint. 11, 3, 83: gradus, Sidon. ep. 2, 2: manum, Vulg. Ierem. 37, 27. – **b** numerisch, numerum, Iuvenc. 4, 135: lanigeros, Manil. 3, 434. – **c** zeitlich, dies, Vulg. Iob 17, 1: annos imperii, Vulg. prov. 10, 27: horas, Paul. Nol. poëm. 24, 13: fatum, Anthol. Lat. 98, 77 (695, 77). – **II** übtr.: **a** **abkürzen, kurz fassen,** quaedam, Quint. 1, 9, 2: aliquid callide, Quint. 5, 13, 41: prolixa (in scribendo), Lact. epit. 8, 6; vgl. Sulp. Sev. chron. 1, 1, 5. – **b** **kurz aussprechen,** syllabam, Quint. 12, 10, 57. producta breviare, Ggstz. brevia producere, Hier. in ep. ad Tit. 3, 9.

brevis, e (βραχύς), **kurz, klein, von geringer Ausdehnung,** **I** quantitativ: **A** räumlich: **a** in die Weite, **kurz, klein, schmal** (Ggstz. longus, latus), via, Verg.: via brevior (Ggstz. longior anfractus), Nep.: aqua br., schmales, Ov.: iter urinae brevius (Ggstz. spatiosius), Cels.: Corsica Sardiniā brevior, porrectior Ilvā, Sen.: cursus brevissimus, Verg.: in breve cogere, eng zusammenrollen, Hor. – **b** in die Höhe, Länge, **kurz, klein, niedrig** (Ggstz. longus, altus, procerus), longus an brevis sit, Cic.: avicula brevis, Amm.: (homo) brevi capite, Pacuv. fr.: homo corpore brevis, Suet: iudex brevior, Cic.: frons, schmale, Mart.: funis, vinculum, Gell. – **c** in die **Tiefe, niedrig, flach, seicht** (Ggstz. profundus), litus, Tac.: brevia vada, Verg., od. bl. brevia, Verg. u. Tac., u. Sing. breve, is, *n.*, Tac. ann. 14, 29, seichte Orte, Untiefen, Sandbänke. – **B** zeitlich: **1** eig., **kurz, klein** (Ggstz. longus), numquam tibi dies *longi* erunt, sed *breves* videbuntur, Hier. ep. 130, 15: aevi brevis, Hor.: ad breve tempus (Ggstz. diu), Cic.: primus ille et brevissimi temporis impetus, Liv.: brevi tempore, auch bl. brevi, in kurzer Zeit, in Kürze, nächstens, Cic. u. a. (unklass. in brevi, Afran. com. 196): brevi post, brevi deinde, Liv.: brevi antequam moreretur, Gell.: aber auch brevi, während einer kurzen Zeit, eine kleine Weile, Ov. met. 5, 32 (vgl. 7, 307: illa brevi spatio silet): ad breve, auf kurze Zeit, Suet. Tib. 68. Vulg. act. apost. 5, 34. – brevi (beim *Compar.*, um ein kleines), fuit Aeschylus non brevi antiquior, Gell. 13, 19 (18), 4. – **2** übtr.: **a** übh. von Dingen in der Zeit, **von kurzer Dauer, kurz,** dah. auch **vorübergehend, vergänglich, flüchtig** (Ggstz. longus, perpetuus, sempiternus), bonum, Nov. fr.: vita, Plaut.: vitae curriculum, Cic.: ver, Ov.: occasio, Ter.: dolor, Cic.: rosa, flos, lilium, nur kurze Zeit blühende, Hor.: osculum, flüchtiger Kuss, Tac.: assensus, Tac.: dominus, eine kurze Zeit lebender, Hor.: scias nec gratius quicquam decore nec brevius, aber auch nichts hinfälliger, hinwelkender, Suet. – subst., gaudere od. laetari in brevi, sich am Vergänglichen erfreuen, Commodian. apol. 600 u. instr. 1, 21, 10. – **b** insbes.: **α** v. der Silbenmessung, **kurz, geschärft** (Ggstz. longus, productus), a primum longa brevis syllaba, Lucil. fr.: syllabae longae et breves et mediocres (mittelzeitigen), Gell.: postrema syllaba brevis an longa sit, ne in versu quidem refert, Cic.: syllaba longa brevi subiecta, Hor.: u. subst., brevis, is, *f.* (verst. syllaba), eine Kürze = eine kurze Silbe (Ggstz. longa), creticus, qui est e longa et brevi et longa, et eius aequalis paean, qui spatio par est, syllabā longior. Nam aut e longa est et tribus brevibus, aut e totidem brevibus et longa, Cic. – v. geschärfter Aussprache, *indoctus* dicimus brevi primā litterā, *insanus* productā, *inhumanus* brevi, *infelix* longā, Cic.: ut aut contractione brevius fieret aut productione longius, Cic.: ut multarum brevium iunctura vitetur, Sen. – **β** v. Ausdruck, **kurz, kurz gefasst, kurz und bündig** (Ggstz. longus), ne (ille ambitus) brevior sit quam satis sit, neque longior, Cic.: comprehensio et ambitus ille verborum erat apud illum contractus et brevis, Cic.: breves litterae tuae, Cic.: laudatio br., narratio br., Cic.: brevi, kurz, mit wenigen Worten, Cic.: quod etsi ita esse pluribus verbis disserendum est; illud tamen et breve confitendum est, nisi qui ita sit affectus, liberum esse neminem, Cic.: breve faciam, ich will's kurz machen, Cic.: hoc breve dicam, ich will's kurz sagen, Cic.: in breve cogere, kurzfassen, Liv. – m. 2. *Sup.*, quam brevia responsu, Cic. Clu. 164. – dah. breve, *n.*, od. brevis, is, *m.* (*sc.* liber), **ein kurzes Verzeichnis,** eine **Liste,** Vopisc. u. **Spät.:** ut in brevi, wie in einem kurzen Verzeichnis, in der Kürze, Quint. 9, 4, 32. – **c** v. Redner, **kurz, sich kurzfassend, kurz und bündig** (Ggstz. longus, copiosus), oratorum si quis ita numerat plura genera, ut alios grandes aut graves aut copiosos, alios tenues aut subtiles aut breves putet etc., Cic.: multos imitatio brevitatis decipit, ut, cum se breves putent esse, longissimi sint, Cic.: ut ego brevior sim, Cic.: esto brevis, Hor.: brevis esse laboro, obscurus fio, Hor. – **II** qualitativ: **a schmächtig, geschmeidig,** mus, Ov. fast. 2, 574: forma, Ov. met. 5, 457. – **b kurz, gedrungen,** pondus, Hor. sat. 2, 2, 37. – **c mager, knapp, gering, unbedeutend, dürftig,** cena, Hor.: impensa, Ov.: insulae, Pallad.: vasculum, Pallad.

brevitās, ātis, *f.* (brevis), die **Kürze, I** im Raum **a** in die Weite: angusti fretus, Gell. 10, 24, 6: vineae, Pallad. 9, 3: spatii, kurze Entfernung, Caes. b.c. 1, 82, 3. – **b** in die Höhe, Länge, die **Kürze, Kleinheit,** corporis, Lucr.: crurum, Plin.: pili, Plin.: guttarum, Vitr.: br. coacta, Plin.: brevitas nostra, unsere kleine Statur (Ggstz. magnitudo corporum suorum), Caes. b. G. 2, 30, 4. – **II** in der Zeit (Ggstz. longitudo), **1** eig.: diei brevitas (Ggstz. longitudo noctis), Cic.: br. horae, Sil.: brevitas temporis impedit alqd, Caes.: brevitate temporis cogor tam pauca scribere, Cic. – br. vitae, Cic. u. Sen.: tam exigua br. vitae, Cic. – **2** übtr.: **a** v. der Silbenmessung, die **Kürze,** brevitas et celeritas syllabarum, Cic.: brevitas pedum (Ggstz. proceritas), Cic.: contractio et brevitas dignitatem non habet, Cic.: im Plur., omnium longitudinum et brevitatum in sonis iudicium, Cic. or. 173. – **b** v. Ausdruck, die **Kürze, kurze Fassung, kurze** u. **bündige Darstellung,** die **Kürze** u. **Bündigkeit, Gedrängtheit** (Ggstz. copia), litterarum, Cic.: orationis meae, Cic.: Sallustiana, Quint.: respondendi, Nep.: loquendi, Auson.: ne brevitas (ambitus) defraudasse aures videatur neve longitudo obtudisse, Cic.: multos imitatio brevitatis decipit, ut, cum se breves putent esse, longissimi sint, Cic.: brevitati servire, Cic.: brevitatis causā od. gratiā, der Kürze wegen, um mich kurzzufassen, Cic. u. Plin.

breviter, *Adv.* m. *Compar.* u. *Superl.* (brevis), **kurz, I** vom Raum, **kurz,** ipse suos breviter concretus in artus, Prop. 4, 8, 41: *Compar.*, **kürzer,** curvo brevius compellere gyro, Tibull. 4, 1, 94: quo (arcu) brevius valent, Tac. ann. 6, 35: parvo brevius quam totus, Plin. 2, 168. – **II** übtr., von der Kürze in der Silbenmessung u. im Ausdruck, **a** v. der Silbenmessung, **kurz, geschärft** (Ggstz. producte), quibus in verbis eae primae litterae sunt, quae in *sapiente* atque *felice,* producte dicitur, in ceteris omnibus breviter, Cic. or. 159. – **b** v. Ausdruck, **kurz, kurz und bündig, in der Kürze, mit wenig Worten,** alqd summatim breviterque describere, Cic.: simpliciter breviterque dicere, Cic.: rem br. narrare, Cic.: br. ac summatim percurrere, Varr.: br. tangere rem, Cic. – quod ego pluribus verbis, illi brevius (dixerunt), Cic. – agam quam brevissime potero, Cic.: de alqa re dicere brevissime (Ggstz. fuse lateque), Cic.

bria, ae, *f.*, ein Weingefäß, Arnob. 7, 29. Apul. apol. 59. Charis. 83, 16. Vgl. Gloss. ›bria, εἶδος ἀγγείου‹.

Briarēus, eī, *m.* (Βριαρεύς = der Furchtbare), von den Menschen Aegaeon (s. d.) gen., ein Uranide, nach anderen ein Gigant, mit hundert Armen und fünfzig Köpfen, dah. Br. centumgeminus, Verg. Aen. 6, 287; vgl. 10, 565: Br. ferox, Lucan. 4, 596. – Dav. **Briarēius,** a, um, **briarëisch,** turba, Claud. rapt. Proserp. 3, 188: praeda, Rutil. Nam. 1, 6, 3.

bridus, ī, *m.* (v. ahd. *brātan,* braten), eine Art **Kochgeschirr,** Anthim. 43.

1. **brigantēs,** um, *m.*, kleine, in den Augenlidern sich einnistende Würmer, Marc. Emp. 8.

2. **Brigantes,** um, *m.* (Βρίγαντες), die nördlichste u. ausgebreitetste unter den Völkerschaften des röm. Britanniens, etwa im jetzigen Cumberland, Northumberland usw., Tac. ann. 12, 32. Iuven. 14, 196. – Dav. **Briganticus,** der **Brigantiker,** als Beiname des Iulius, des Schwestersohns des Civilis, Tac. hist. 4, 70.

Brigantia, ae, *f.*, **I** Stadt der brigantischen Vindeliker am Bodensee, j. *Bregenz,* Itin. Anton. 237, 4 u. 259, 2. Amm. 15, 4. § 1 u. 3. – Dav. **Brigantīnus,** a, um, **brigantinisch,** lacus, der **Bodensee** (Brigantiae lacus bei Amm. *l. l.*), Plin. 9, 63. – **II** = Brigantium *no.* II, s. d.

Brigantio, s. Brigantium *no.* I.

Brigantium, ī, *n.*, **I** Kastell der Segustaner in Gallia Narbon., j. *Briancon,* Amm. 15, 10, 7: Nbf. Brigantio, Itin. Anton. 341, 5 u. 357, 3. – **II** Stadt in Gallaecia, j. *Coruña,* Itin. Anton. 424, 5: Nbf. Brigantia, Oros. 1, 2, 71 u. 81.

Brīmō, ūs, *f.* (Βριμώ), die **Zürnende, Schreckende,** Beiname der Hekate, identifiziert **a** mit Proserpina, Prop. 2, 2, 12. Arnob. 5, 20 u. 35: Akk. Brīmō, Stat. silv. 2, 3, 38. – **b** mit Ceres (Demeter), Arnob. 5, 20.

Briniātēs, ium, *m.*, ligur. Völkerschaft südl. vom oberen Po, im Montferrat, beim j. *Brignolo,* Liv. 41, 19, 1.

Brinta, ae, *m.*, ein Fluss in Oberitalien, j. *Brenta,* Ven. Fort. vit. S. Mart. 4, 677.

brīsa, ae, *f.* (vgl. griech. τὰ βρύτεα od. βρύτια), **Weintrestern,** Col. 12, 39, 2.

Brīsaeus, ī, *m.* (Βρισαῖος), Beiname des Bacchus, Mythogr. Lat. 3, 12, 2 (wo Brīsēus): übtr., Beiname des Attus, Pers. 1, 76.

Brīsēis, idos, Akk. idem u. ida, Vok. i, Abl. ide, *f.* (Βρισηΐς), die **Brisëide** (= Tochter des Brises), Hippodamia, Sklavin des Achilles, die ihm Agamemnon entriss, Varr. sat. Men. 368. Hor. carm. 2, 4, 3. Prop. 2, 8, 35 u. 2, 22, 29. Ov. her. 3, 1; 3, 137. Ov. am. 2, 8, 11. Epit. Iliad. 695. – Spätlat. Nbf. **Brīsēida,** ae, *f.*, Hyg. fab. 106. Dar. Phryg. 13. Schol. Gronov. ad Cic. pro S. Rosc. 90. p. 434, 1.

Brīsēus, s. Brīsaeus.

Britannia (Brittania), ae, *f.*, sowohl im weiteren Sinne **Großbritannien** (England, Schottland u. Irland). dah. im Plur. Britanniae, Catull. 45, 22. Plin. 4, 102; 25, 21. Amm. 27, 8, 1 u. 9, 1. CIL 3, 445, als (gew.) im engeren Sinne die größere Insel England u. Schottland, **Britannien,** Cic. de nat. deor. 2, 88. Caes. b. G. 4, 21. Tac. Agr. 10 *sq.* Catull. 29, 20: meton., modo mihi date Britanniam (= Cäsars Taten in B.), quam pingam coloribus tuis, penicillo meo, Cic. ad Q. fr. 2, 13, 2. – Dav.: A **Britannicus** (Brittanicus), a, um, **britannisch, aus-, in-, bei Britannien,** litterae, Cic.: aestus maritimi, Cic.: legiones, Tac.: herba, eine Pflanze, Wasserampfer (*Rumex aquaticus,* L.), Plin. – u. Britannicus als Beiname der Besieger britischer Völkerschaften, wie des Sohnes des Kaisers Klaudius, Tac. u. Suet. – B **Britannus** (Brittanus), a, um, **britannisch, britisch,** esseda, Prop.: gens, Solin.: Oceanus, litus, Claud.: rex, Stat. – subst., Britannus, ī, *m.*, der **Britannier,** catenatus, Hor. epod. 7, 7: Plur. Britannī, ōrum, *m.*, α die **Britannier,** Lucr., Caes. u. a. – β die **Bretagner** in Gallien, Sidon. – C **Britanniciānus,** a, um, **nach Britannien Geschäfte machend,** negotiator, CIL 13, 8164ª. – D **Britannis,** idis, *f.*, **britannisch,** insulae, Prisc. perieg. 578. – ► Die Schreibung Brittania, Brittanicus, Brittanus in guten Handschriften u. (wiewohl selten) auf Inschriften (z. B. CIL 7, 1194 u. 1195).

Brīto (Britto), ōnis, *m.*, I der **Britannier,** Iuven. 15, 124. Auson. epigr. 108, 2 u. 109, 2. p. 225 Schenkl. – II der **Bretagner** in Gallien, poet. für **Gallier** übh., Mart. 11, 21, 9.

Britomartis, tis, Vok. ti, *f.* (Βριτόμαρτις, vom kret. βριτύς = süß, segensreich, u. *μάρτις = μαρνά, Jungfrau; virgo dulcis übersetzt v. Solin. 11, 8, wo Akk. Britomartem), urspr. eine kretische Segensgottheit, als Nymphe der Diana mit den Beinamen Aphaea u. Dictynna (s. u. d. WW. das Nähere), Ps. Verg. cir. 294 *sq.*, spät. mit der kretischen Diana identifiziert, Claud. cons. Stil. 3, 251 u. 303.

Brittania etc., s. Britannia etc.

Brittius, Brittiī, s. Bruttiī.

Britto, s. Brīto.

Brixa, Brixae, s. Brixia.

Brixellum, ī, *n.*, festes Städtchen am rechten Po-Ufer in Gallia Cisalp., j. *Bersello,* Tac. hist. 2, 33 *sqq.* Suet. Oth. 9, 1. Itin. Anton. 283, 4. – Andere Schreibung **Brixillum,** ī, *n.*, Plin. 3, 115 u. 7, 163. Ambros. ep. 39, 3. Sidon. ep. 1, 5, 5. CIL 6, 100 u. ö. – Dav. **Brixillānus,** a, um, **aus od. zu Brixillum,** CIL 11, 1027: Plur. subst. Brixillānī, ōrum, *m.*, die **Brixillaner,** CIL 11, 1295.

Brixia, ae, *f.*, Stadt in Gallia Cisalp., meist im Besitz der Cenomanen, j. *Brescia,* Liv. 5, 35, 1; 32, 30, 6. Verg. cat. 8, 5. Nazar. pan. 25. § 1 u. 4: Mutterstadt von Verona, Catull. 67, 32. – Nbf. Brixa, Itin. Hieros. p. 558 W. Hilar. op. hist. fr. 2, 15: u. als Plur. tantum Brixae, Charis. 35, 8. – Dav.: A **Brixiānus,** a, um, **brixianisch,** Galli, Liv.: porta, Tac.: Plur. subst., Brixiānī, ōrum, *m.*, die Einw. von Brixia, die **Brixianer,** CIL 5, 4319 u. ö. – B **Brixiēnsis,** e, **brixiensisch,** Augustin. ep. 222, 2.

Brixillānus, Brixillum, s. Brixellum.

brocchitās (brochitās), ātis, *f.* (brocchus), dentium, das **Hervorragen der Zähne** bei den Tieren, Plin. 11, 169.

brocchus (brochus, broccus, broncus, bronchus), a, um, I **hervorstehend,** v. den Zähnen der Tiere, brocchi od. dentes brocchi, **Bleckzähne,** Varr. r. r. 2, 7, 3 u. 2, 9, 3. – II übtr. v. Tieren u. Menschen, mit **hervorstehenden Zähnen,** mit **Bleckzähnen,** Plaut. fr. b. Fest. 375, 21. Lucil. sat. 3, 8. Vgl. Gloss. ›brochus, ὁ τὸ ἄνω χεῖλος ᾠδηκώς‹. – Dah. Brocchus, ī, *m.*, Beiname der Furii u. Annaei, Cic. Verr. 3, 93 u. a.; vgl. Plin. 11, 159 labra, a quibus Brocchi, Labeones dicti.

brochon (um), ī, *n.*, das Harz, das vom Baum bdellium fließt, Plin. 12, 35.

Brogitarus, ī, *m.*, Schwiegersohn des Königs Dejotarus, ein Galatier, an den P. Klodius als Tribun das Priestertum von Pessinus u. den Königstitel verkaufte, Cic. Sest. 56; de har. resp. 28 *sqq.* u. a.: Plur. = Leute wie Br., Cic. de har. resp. 59.

Bromiālis, s. Bromius.

Bromius, ī, *m.* (Βρόμιος), der **Lärmende,** ein Beiname des Bacchus, Enn. tr. 148 (107). Plaut. Men. 836 (Vok. Bromie). Ov. met. 4, 11. Petr. 41, 6. Arnob. 4, 22. – meton., a = Weinstock, Auson. Griphus (XXVI) 2, 46 p. 130, 23 Schenkl. – b Weinbau, Stat. silv. 2, 2, 4. – Dav.: A **Bromiālis, bromisch** = **bacchisch,** Mart. Cap. 8. § 804. – B **Bromius,** a, um, **bromisch** = **bacchisch,** frons, Weinstock, Varr. sat. Men. 443: remi, Claud. de cons. Stil. 3, 365.

bromos, ī, *m.* (βρόμος), eine Art **Hafer,** Plin. 18, 93. – als Unkraut, Plin. 22, 161.

brōmōsus, a, um (βρωμώδης), **stinkig, bockig,** caro, Cael. Aur.: qualitas, Cael. Aur.: aqua, Eccl.

brōmus, ī, *m.* (βρῶμος), der **Gestank,** Gloss. ›bromus squalor, i.e. fetor‹.

bronchia, ōrum, *n.* (βρόγχια), die **Luftröhrenäste,** die **Bronchien,** Cael. Aur. acut. 2, 28, 147.

bronchus, broncus, s. brocchus.

Brontē, ēs, *f.* (βροντή), der (personifizierte) **Donner,** Plin. 35, 96.

brontea, ae, *f.* (v. βροντή), der **Donnerstein,** ein uns unbekannter Edelstein, Plin. 37, 150. – Andere Form **brontia,** Isid. 16, 15, 24.

Brontōn, ōntis, *m,* (Βροντῶν), der **Donnernde,** Beiname des Jupiter, Iovi sancto Brontonti, CIL 6, 432: sacerdos dei Brontontis, CIL 6, 733.

brūchus, ī, *m.* (βροῦχος), eine ungeflügelte **Heuschreckenart,** Prud. ham. 228. Alcim. Avit. 5, 193. Vulg. levit. 11, 22 u. a.: neben locusta, Hier. ep. 53, 8. Vulg. 2. paral. 6, 28.

Brūchīon, ī, *n.*, Name des Stadtteils in Alexandria in Ägypten, in dem sich die erste von Philadelphos gestiftete Bibliothek u. ein Museion befanden, Amm. 22, 16, 15. Hier. chron. ad Ol. 262, 2.

Bructerī, ōrum, *m.*, eine alte germanische Völkerschaft (Anwohner der [Westseite der] (Ems u. Lippe bis zum hercynischen Wald hin), der auch die Seherin Veleda angehörte, s. Tac. Germ. 33; ann. 1, 51. Vell. 2, 105, 1. Plin. ep. 2, 7, 2 (wo Genet. Bructerûm). – Sing. Bructerus, ī, *m.*, der **Brukterer,** kollektiv = Bructeri, Claud. IV. cons. Hon. 451. Sidon. carm. 7, 325. – Dav. **Bructerus,** a, um, **brukterisch,** ea virgo (Veleda) nationis Bructerae, Tac. hist. 4, 61.

Bruges, altlat. = *Phryges,* s. d.

Brugius, altlat. = *Phrygius,* s. d.

brūma, ae. *f.* (v. brevis st. *brevima [*sc.* dies]); vgl. Varr. LL. 6, 8. Paul. ex Fest. 31, 14. Serv. Verg. Aen. 2, 472), die Zeit des scheinbaren Stillstands der Sonne im Steinbock, die **Wintersonnenwende,** das **Wintersolstitium,** der **Wintersanfang,** die **Zeit der kürzesten Tage** (Ggstz. solstitium), I eig.: tempus a bruma ad brumam, cum sol redit, vocatur annus, Varr. LL.: solis accessus discessusque solstitiis brumisque cognosci, Cic.: ante brumam, Cic.: sub bruma, Caes.: brumā (zur Zeit der W.), Cic.: erat forte brumae tempus, Liv.: novissimus dies brumae, Plin. – II poet. übtr.: A die **eig. Winterzeit, Winterkälte,** der **Winterfrost** (vgl. Schmid Hor. ep. 1, 7, 10), ver proterit aestas interitura, simul pomifer autumnus fruges effuderit et mox bruma recurrit iners, Hor.: br. horrida cano gelu, Verg.: per brumam, Hor. – B meton. = das **Jahr,** per quinquagenas brumas, Manil.: ante brumas triginta, Mart.

brūmālis, e (bruma), **zum Wintersolstitium** od. übh. **zum Winter gehörig, winterlich** (Ggstz. solstitialis), signum, Zeichen des Steinbocks, Cic.: sidus, Gestirn des Steinbocks, Amm.; poet. = Wintertag, Ov.: circulus, der Winterwendekreis, Plin.: oriens, occasus, Plin. u. Apul.: ortus, Plin.: dies, der kürzeste Tag, Cic.: diebus brumalibus, in den kürzesten Tagen, mitten im Winter, Hirt. b. G.: tempus, Winterzeit, Cic. poët.: horae, die kurzen Winterstunden, Ov.: frigus, Verg.: frigora, Liv.: rigor, Mela.

brumāria, ae, *f.*, **echtes Löwenblatt,** eine Pflanze, Ps. Apul. herb. 7.

Brunda, ae, *f.* = Brundisium (s. d.), Arnob. 2, 12.

Brundisium (Brundusium), ī, *n.*, Stadt in Kalabrien, in einem Halbkreis am Meer gelegen, mit einem geräumigen, trefflichen Hafen, aus dem gew. die Überfahrt nach dem gegenüberliegenden Griechenland u. dem Orient geschah, j. *Brindisi,* Enn. ann. 478; hed. 4. Caes. b. 1, 25. Cic. Phil. 1, 7. Liv. 23, 32, 17. Vell. 2, 40, 3. Hor. sat. 1, 5, 104: Nbf. Brentesium, Scaevol. dig. 45, 1, 122. § 1. – Dav. **Brundisīnus** (Brundusīnus), a, um, **brundisinisch,** ager, Varr.: portus, Caes.: colonia, Cic.: ostrea, im Hafen von Brundisium gefischt, Plin.: pax, Vell. – subst., in Brundisino, im Brundisischen, Varr. – Brundisīnī, ōrum, *m.*, die Einw. von Brundisium, die **Brundisiner,** Enn. fr., Cic. u. a. –

► Die Schreibung Brundisium u. Brundisinus ist fast überall die der besten Handschrn. und der Inschrn.

bruscum, ī, *n.*, der Schwamm am Ahornbaum, Plin. 16, 68.

brūta, ae u. **brūtes,** is, *f.* (got. *brūths,* ahd. *brūt*), die **Braut, Neuvermählte,** CIL 3, 4746 u. 12666 (brutes). Gloss. V, 314, 32 ›nurus, bruta‹.

brūtālis, e (brutus), **tierisch** = unvernünftig, Plur. subst., brūtālia, ium, *n.*, die unvernünftigen Tiere, Ps. Augustin. solil. 31, 2.

brūtes, s. brūta.

brūtēsco (brūtīsco), ere (brutus), **I stumpf-, gefühllos werden,** membra brutescunt, Lact. 2, 5, 40 (dazu Bünem.). – **II zum Vieh-, roh-, unvernünftig werden,** Eccl.

Brūtiānus, s. 2. Brūtus.

Brūtiī, s. Bruttiī.

Brūtīnus, a, um, s. 2. Brūtus.

brūtīsco, s. brūtēsco.

Brūtius, s. Bruttiī.

Bruttātēs (Bruttăcēs), die **Bruttier** (vgl. Bruttii), bilingues, Enn. ann. 601 M. Lucil. 3, 23; vgl. Paul. ex Fest. 35, 5. Porphyr. Hor. sat. 1, 10, 30.

Bruttedius, ī, *m.*, mit dem Beinamen Niger, ein röm. Geschichtschreiber u. Rhetor zur Zeit des Tiberius, Verf. einer verlorenen Schrift über den Tod Ciceros, Tac. ann. 3, 66. Sen. contr. 2, 1 (9), 36.

Bruttiānus (Brūtianus), s. Bruttiī.

Bruttiī (Brūtiī, Brittiī), ōrum, *m.*, die **Bruttier,** die Bewohner der Südspitze Italiens (j. *Calabria Ulteriore*), Liv. 22, 61, 11. Augustin. de civ. dei 3, 17. Cassiod. var. 9, 3: Sing. Bruttius (Brittius), ī, *m.*, der **Bruttier,** kollektiv = die Bruttier, Liv. 31, 7, 11. Flor. 1, 18, 27. Sil. 8, 568 u. 13, 93. – sehr oft Bruttii (Brittii) meton. = das **Land der Bruttier,** das **Bruttische,** das **bruttische Gebiet,** in Bruttiis, Cic. Rosc. Am. 132; Caecin. 54. Caes. b. 1, 30, 4: in Bruttios, Liv. 34, 53, 2. – Dav.: **A Bruttiānus** (Brūtiānus), a, um, **bruttianisch,** caules, Plin.: subst., Bruttiānī, ōrum, *m.*, die (im zweiten punischen Krieg) zu Staatssklaven gemachten Bruttier, die die Dienste der Liktoren, Gerichtsdiener, Boten u. dgl. in Rom verrichten mussten, die **Bruttianer, bruttianischen Diener (Büttel),** Cato or. fr. 9 bei Gell. 10, 3, 17. – **B Bruttius** (Brūtius, Brittius), a, um, **bruttisch,** ager, das bruttische Gebiet, Bruttien, Cato fr., Liv. u. a.: Brutia terra, Col.: pix Bruttia, Col. u. Plin., pix Brutia, Scrib., pix Brittia, Pelag., u. bl. Brutia, Calp. ecl. 5, 80, bruttisches Pech (als vorzügl. gerühmt). – ► Die Schreibung Brittii u. Brittius ist bei Cicero u. Florus die der besten Handschrn; die Inschrn. haben Bruttii u. Brittii.

1. brūtus, a, um (vgl. altind. *gurúh,* griech. βαρύς, got. *kaúrus,* schwer), **I schwer, schwerfällig,** pondus, plumpes Gewicht, Lucr. 6, 105: tellus, Hor. carm. 1, 34, 9: corpora, Apul. de deo Socr. 9. – **II** übtr., **stumpf, gefühllos, 1** physisch (Ggstz. sensibilis), Eccl. (s. Bünem. Lact. 2, 5, 40). – **2** geistig, **stumpf, gefühllos, unvernünftig, stockdumm, a** v. leb. Wesen u. deren Zuständen usw. (Ggstz. sapiens), homo, Pacuv. tr. 176: Fortuna insana et caeca et bruta, Pacuv. tr. 366: non sum tam brutus, Apul. met. 7, 9: scherzh., ista culpa Brutorum (des L. Iunius u. D. Iunius)? Minime illorum quidem, sed aliorum brutorum, qui se cautos ac sapientes putant, Cic. ad Att. 14, 14, 2: adulescentia bruta et hebes, Sen. de ben. 3, 37, 4: scitum Caesaris, unvernünftig, unüberlegt, Prud. perist. 5, 66. – u. v. den Tieren u. zwar **α** v. einzelnen Tieren, Plin. 9, 86; 11, 183 u. 226: animalium hoc maxime br., v. Schwein, Plin. – **β** v. allen Tieren, bruta animalia, die unvernünftigen Tiere (Ggstz. rationalis homo, homines), Greg. in Iob 10, 13, 23; 17, 30, 46. – **b** v. Lebl., fulmina, bedeutungslose, Plin. 2, 113. – ► Superl. brutissimus, Iul. Val. 3, 42 (24). Cassiod. de anim. 2.

2. Brūtus, ī, *m.* (1. brutus), Beiname der Römer aus der gens Iunia, von denen die bekanntesten: **I** L. Iunius Brutus, der durch fingierte Albernheit (daher der Name) gerettete Verwandte des Tarquinius Superbus, Befreier Roms von der königlichen Herrschaft, Liv. 1, 56 *sq.* Ov. fast. 2, 717 u. 837. Cic. Tusc. 1, 89. – **II** M. Iunius Brutus, Sohn der Schwester des Cato Uticensis, Servilia, u. des M. Brutus (nicht des Caesar, s. Ellendt Cic. Brut. p. 136), Mörder des Iulius Cäsar, Cic. Phil. 1, 8 *sqq.* Vell. 2, 56 u. 58. Suet. Caes. 80 *sq.*: intimer Freund des um 21 Jahre älteren Cicero, als Philosoph u. Redner geachtet u. tätig, Cic. Acad. 1, 12: derselbe, dem Cicero mehrere seiner Schriften (den Orator, Brutus u. a.) widmete. Vgl. für *no.* I u. II brutus *no.* II, 2, a. – **III** D. Iunius Brutus, der Mitverschworene des vorigen, Cic. Phil. 3, 8 *sqq.* Vell. 2, 56 u. 58. Suet. Caes. 80 *sq.* – Plur. Bruti, Cic. Sest. 143. Plin. ep. 1, 17, 3. – Dav. abgel.: **α Brūtiānus,** a, um, **brutianisch, des** (M. Iunius) **Brutus,** castra, Vell.: ultio, Val. Max.: bellum civile, Lact. – **β Brūtīnus,** a, um, **brutinisch, des** (M. Iunius) **Brutus,** consilia coepi inire Brutina plane, Cic. ep. ad Brut. 1, 15, 6.

brya, ae, Akk. an, *f.* (*βρύα), der auch myrice u. tamarice genannte Strauch, Plin. 13, 116; 24, 69.

bryon, ī, *n.* (βρύον), **I Moos,** bes. die sonst sphagnos genannte Art, Plin. 12, 108. – **II** eine am Meer wachsende Pflanze, Plin. 13, 137 u. a. – **III** die **traubenförmige Blüte der Silberpappel,** Plin. 12, 132.

bryōnia, ae, f. (βρυωνία), eine wildwachsende, rankende Pflanze, **Stickwurz, Gichtrübe, Zaunrübe,** Plin. 23. § 24 u. 27. Ps. Apul. herb. 66. – Nbf. **bryōnias,** adis, *f.*, Col. poët. 10, 250.

1. bu, Silbe aus der Kindersprache, Paul. ex Fest. 109 ›unde infantibus an velint bibere dicentes, bu syllaba contenti sumus‹.

2. bū- (βου-) drückt in vielen Zusammensetzungen griech. Wörter bloß den Begriff des sehr Großen, Ungeheuern aus, ist aber auch in diesen Fällen von βοῦς, unser gemeines **ochsig;** vgl. bumastus, bumelia, buselinum.

bua, ae, *f.*, Naturlaut der Kinder zur Bezeichnung des Trankes, wie pappa zu der der Speise, Varr. u. Lucil. b. Non. 81, 1 *sqq.* Vgl. 1. bu.

Būbaesius, s. Būbasus.

būbalion, ī, *n.* (βουβάλιον), die **wilde Gurke,** Ps. Apul. herb. 113.

būbalus, ī, *m.* (βούβαλος) **I** die afrikanische **Gazelle,** Plin. 8, 38. Solin. 20, 5. Vulg. deut. 14, 5. – Dav. **būbalus,** a, um, **von der** afrikan. **Gazelle,** caro, Vulg. 1. paral. 16, 3. – **II** der **Büffelochse, Büffel,** Plin. 8, 38. Solin. 20, 5. Mart. spect. 23, 4 (überall neben bison). Amm. 22, 15, 14. – Nbf. **būfalus,** Ven. Fort. carm. 7, 4, 21.

Būbasis, s. Būbasus.

Būbastis, is, *f.* (Βούβαστις), **I** eine ägyptische Göttin, mit der Artemis der Griechen u. der Diana der Römer (als Mondgöttin) identifiziert, dargestellt als Katze od. mit einem Katzenkopf, weil die Katze das ihr heilige Tier war, Ov. met. 9, 691. – Dav. **Būbastius,** a, um, **bubastisch,** der **Bubastis,** sacra, Gratt. cyn. 42: Plur. subst., Būbastiī, ûm, *m.*, **Priester der Bubastis,** CIL 6, 2249. – **II** die der Göttin Bubastis geheiligte Hauptstadt des **Būbastītēs nomos** (Βουβαστίτης νομός, Plin. 5, 49) in Unterägypten, am pelusischen Nilarm, j. Ruinen *Tell-Bustah* (d. i. Hügel von Bubastis), Mela 1, 9, 9 (1. § 60).

Būbasus u. **Būbassus,** ī, *f.* (Βούβασος, Βούβασσος), eine alte Stadt in Karien, östl. von Knidus, Plin. 5, 104. – Dav.: **A Būbasis,** idis, *f.*, **bubasisch,** nurus, Ov. met. 9, 644. – **B Būbassius,** a, um (Βουβάσσιος), **bubassisch,** sinus, Mela 1, 16, 2 = 1. § 84.

Būbetius, s. Būbōna.

būbīle, is, *n.* (bos), der Rinder- od. Ochsenstall, Plaut. Pers. 319. Cato r. r. 4. Varr. r. r. 1, 13, 1. Col. 1, 6, 4. Vitr. 6, 6. § 1 u. 2. Phaedr. 2, 8, 4. Vgl. bovile.

bubino, āre (vgl. altind. *gūtha -h*), **mit dem Monatlichen besudeln,** Paul. ex Fest. 32, 1 u. Gloss.

būblārius, s. būbulārius.

Bublos, s. Byblos.

būblus, s. būbulus.

būbo, ōnis, *m.* (onomatop., wie βύας, βῦζα), der **Uhu** (*Strix Bubo,* L.), bei den Alten, wie bei uns, durch sein Schreien Unglücksprophet, Varr. LL. 5, 75. Ov. met. 5, 550. Plin. 10, 34. Apul. flor. 13. Arnob. 2, 59. Amm. 30, 5, 16. Vulg. levit. 11, 17. Anthol. Lat. 390, 28 (385, 28). – auch *fem.* (vgl. Prisc. 6, 14), Verg. Aen. 4, 462. Lampr. Commod. 16, 5.

Būbōna, ae, *f.* (bos), die **Beschirmerin der Rinderzucht,** eine Göttin der Römer, Augustin. de civ. dei 4, 24 u. 34. – Dav. **Būbetius**, a, um, **die Bubona betreffend, der Bubona,** ludi, Plin. 18, 12.

būbōnion, ī, *n.* (βουβώνιον), eine gegen die Geschwulst der Schamteile gebrauchte Asternart, sonst aster Atticus gen., Plin. 27, 36.

būbulārius, a, um (bubulus), **zum Rind (Ochsen) gehörig, Rinder-, Ochsen-,** vicus bub(u)larius, CIL 6, 3297*. – subst., būbulārius, ī, *m.*, der **Rinderhirt,** Testam. porcell. p. 232, 4. Gloss. II, 259, 44, wo statt bubulcarius zu lesen ist ›bubularius, βοώτης‹.

būbulcārius, s. būbulārius.

bubulcitor, ārī, u. **bubulcito**, āvī, āre, **I den Ochsentreiber** machen, Form -or, Plaut. most. 53 (wo paragog. *Infin.* -arier): Form -o, Apul. flor. 6. p. 6, 11 Kr. – **II** übtr., **wie ein Ochsentreiber schreien,** apud rhetorem bubulcitarat, Varr. sat. Men. 257.

bubulcus, ī, *m.* (bos), der **Ochsentreiber, -knecht,** als Pflüger = der Ackerknecht, Lucil. sat. 3, 65 u. 15, 19. Cato r. r. 5, 6, Varr. r. r. 2. pr. 4. Cic. de div. 1, 57 u. 2, 50. Col. 1. 6, 8. Petr. 39, 6. Gloss. ›bubulcus, βοηλάτης, βουφορβός, βοώτης‹.

būbulīnus, a, um, spät. Nbf. v. bubulus, zum Rind gehörig, **Rinder-,** stercus, fimum, Veget.: urina, Veget.: medulla, Mar. Emp.: fel, Gargil.: carnes, Cass. Fel. u. Anthim.

būbulo, āre (bubo), **bu bu rufen,** als Naturlaut des Uhus, Anthol. Lat. 762, 37 (233, 37).

būbulus, a, um (bos), zum Rind gehörig, **Rinder-, Ochsen-, Kuh-,** penis, Ochsenziemer, Naev. com. fr.: pelles, Varr. fr.: corium bub. confectum (gegerbtes), infectum (ungegerbtes), Edict. Diocl.: corii, Ochsenriemen, Peitsche, Knute, Plaut.: u. so cottabi, das Klatschen solcher Peitschen, Plaut.: u. monimenta, Peitschenhiebe, Plaut.: censio, Strafe mit der Peitsche (Knute), Plaut.: pecus, Varr.: utres, aus Ochsenhäuten, Solin.: fimum, Liv.: caseus, Varr. u. Suet.: caro, Plin. u. Lampr.: isicia, Rindfleischwurst, Edict. Diocl.: lac, Plin.: cor, Plin.: lingua (s. būglōssos), eine Pflanze, Plin.: oculus, Petr.: oculi, Min. Fel.: adeps, Cael. Aur.: medulla, Scrib. u. Cael. Aur. – subst., **a** būbula, ae, *f.*, **Rindfleisch,** Plaut, Cels. u. a. – **b** būbula, ōrum, *n.* (*sc.* isicia), Rindfleischwurst, Anthol. Lat. 199, 92 R. – ► Synk. bublus, Petr. 44, 11 B^{3}.

būca, s. bucca ►.

būcaeda, ae, *m.* (bos u. caedo), **mit rindsledernen Riemen gepeitscht,** Plaut. most. 884.

būcāle, is, *n.* (buca = bucca), ein eiserner **Maulkorb,** Edict. Diocl. 10, 4.

Bucar, s. Boccar.

būcardia, ae, *f.* (βοῦς u. καρδία), ein dem Rindsherzen ähnlicher Edelstein, viell. eine Art Türkis, Plin. 37, 150.

bucca, ae, *f.* (wahrsch. onomatop.), die (im Reden, Essen u. dgl. aufgeblasene, vollgestopfte) Backe (versch. von genae, der bloßen Oberfläche des Gesichts, den »Wangen«), **I** eig.: puls in buccam betet, Pompon. com. fr.: demonstravi digito pictum Gallum, distortum, eiectā linguā, buccis fluentibus, Cic.: erant illi fluentes purpurissataeque buccae, Cic.: tunc extenti buccarum sinus perlucent, der quakenden Frösche, Plin.: buccas vehementius sufflare, Varr. fr.: buccam implere, Cato fr. (beide v. Wind): buccas inflare, Plaut., vor Ingrimm, Hor.: scribere od. garrire (loqui), quod od. quicquid in buccam venerit (was einem vor den Mund kommt), Cic. ad Att. 1, 12, 4; 7, 10 *extr.*; 14, 7, 2 (ellipt. quicquid in buccam, *ibid.* 12, 1, 2). Mart. 12, 24, 5: so auch nihil te quod in buccam venerit celem, Augustin, ep. 3, 5: durae buccae fuit, er hatte ein hartes (freches) Maul, Petr. 43, 3: gemina quaedam buccarum inanitas, eine doppelte Vertiefung, wie eine hohle Backe, Plin. 11, 250. – **II** meton.: **1** (im Vulgärlat.) ein **Mundvoll, α** ein **Mundbissen, Bissen** duae buccae, Suet. Aug. 76, 2 *Ihm.*: panis, Petron. 44, 2. Mart. 10, 5, 5. – **β** plena bucca, als Hohlmaß = cyathus, Metrol. scriptt. p. 128, 24 H. – **2** v. Pers., einer, der die Backen aufbläst, ein **Backenbläser, Pausback, a** v. Hornbläser (cornicen), Iuven. 3, 35. – **b** v. schlechten Sachwalter, der sich im Reden lächerlich ereifert, Iuven. 11, 34. – **c** Pausback = Schmarotzer, Parasit, Petr. 64, 12. – ► vulg. Nbf. **būca**, Gloss.

buccea, ae, *f.* (bucca), ein **Mundbissen** (franz. *bouchée),* Aug. b. Suet. Aug. 76, 2.

buccella (bucella, buccilla, bucilla), ae, *f.* (*Demin.* v. bucca), **I** ein **kleiner Mundbissen,** Mart. 6, 75, 3. Vulg. Ruth 2, 14 u. a. Apic. 7, 278. 294. 302; 8, 359: buccella panis, Vulg. genes. 18, 5 u. a.: reliquiae (panium) atque buccellae, Ps. Cypr. de rebapt. 8: de pane cocto candido bucellae, Anthim. 75. – **II** ein **kleines,** unter die Armen verteiltes Brot, Cod. Theod. 14, 17, 5. – ► Die Form bucella (auch bucilla) od. bucela ist fast überall die der besten Hdschrn.; auch die Glossen haben neben buccella die Formen bucella u. bucilla; aber Not. Tir. 78, 32 buccilla.

buccellāris, e (buccella), **zum Mundbissen gehörig,** farina, aus Zwieback (buccellatum) gemahlenes Mehl, Plin. Val. 1, 6.

buccellārius, ī, *m.* (buccella), ein Kommissbrotler = ein **Stationssoldat,** Cod. Iust. 9, 12, 10. Greg. Tur. hist. Franc. 2, 8.

buccellātārius, ī, *m.* (*Demin.* v. buccella), ein **ganz kleiner Bissen,** Gloss. V, 509, 28.

buccellātum (būcellātum, būcēlātum), ī, *n.* (buccella), Zwieback, bes. Soldatenzwieback, Kommisszwieback, Spart. Pesc. Nig. 10, 4. Vulcat. Gall. 2, 8. Avid. Cass. 5, 4. Amm. 17, 8, 2. Cod. Theod. 7, 4, 6 u. 5, 2. – bildl., bucc. Christianum, Augustin. ep. 32, 2. – ► Die besten Hdschrn. haben bucellatum u. bucelatum.

buccilla, s. buccella.

buccina, buccinātor etc., s. būcina etc.

bucco, ōnis, *m.* (bucca), der **Tölpel** in den Atellanen, der die Backen aufblies u. hinhielt (os praebuit), um sich zum Ergötzen der Zuschauer eine knallende Backpfeife (salpicta od. salpitta, Arnob. 7, 33) geben zu lassen. Dah. die Atellanentitel bucco adoptatus u. bucco auctoratus, Pompon. com. fr. p. 228 R^{2}; dann übtr. = **Tölpel, Einfaltspinsel, leerer Schwätzer** (s. Isid. 10, 30), Pompon. com. 10. Aphriss. com. 1. Plaut. Bacch. 1088. Apul. apol. 81. Heinrich Iuven. 5, 171 *sqq.*

bucconiātis, *f.*, eine spätere Rebensorte der thurinischen Hügel, Plin. 14, 39.

buccōsus, a, um, **pausbackig, großmäulig,** Not. Tir. 78, 33. Not. Bern. p. 15^{a}.

buccula (būcula), ae, *f.* (*Demin.* v. bucca), **I** das **Bäcklein,** die zarte Backe, Plaut. truc. 290. Suet. Galb. 4, 1. Apul. met. 3, 19 u. 6, 22. Arnob. 2, 42. – **II** übtr.: **1** παραγναθίς, das Backenstück am Helm Liv. 44, 34, 8. Iuven. 10, 134. Capit. Maxim. iun. 3, 9. Cod. Theod. 10, 22, 1: bucularum structores, Tarrunt. dig. 50, 6, 7 (6) M. – **2** die Backe = eine Seitenplatte zur Bekleidung, buculae stagneae, *Vitr. 10, 2 (6), 11. – **3** die Backe (rechts u. links) an der *catapulta,* zur Sicherlegung des Geschosses, Vitr. 10, 10 (15), 5. – **4** ein Kochgefäß, Anthim. 3.

bucculāre (būculare), is, *n.* = buccellare, der **Kochtopf,** Marc. Emp. 8, 127. p. 81, 13. Anthim. 3 *extr.*

bucculentus, a, um (bucca), **pausbackig, großmäulig,** Plaut. merc. 639.

bucella, bucellātum, s. buccella, buccellatum.

Būcephalās, ae, Akk. am, *m.* u. **-us**, ī, *m.* (mazedon. βουκεφάλας, griech. βουκέφαλος), das (mit der Figur eines Ochsenkopfes gezeichnete od. nach der Breite seiner Stirn so genannte, vgl. Plin. 8, 154) Leibpferd Alexanders des Gr., Curt. 6, 5 (17), 18. Gell. 5, 2, 1 *sqq.*: dem zu Ehren eine neu erbaute Stadt am Hydaspes gen. wurde **Būcephala**, ae, *f.* od. **Būcephalē**, ēs, *f.* (Βουκεφάλη) od. **Būcephalos**, ī, *f.* (Βουκέφαλος), j. *Dsjilum* od. *Djelim,* Form -a, Plin. 6, 77. Curt. 9, 3 (13), 23: Form -e, Iustin. 12, 8, 8: Form -os, Gell. 5, 2. § 5.

būceras, *n.* (βούκερας, Ochsenhorn), das sonst fenum graecum genannte Schotengewächs, **Bockshorn,** Plin. 21, 37 u. 24, 184.

būcerus, um (βούκερως, ων), **Rinderhörner habend,** bucera armenta, Herden Rindvieh, Ov. met. 6, 395: bucera saecla, die Zucht der gehörnten Herden, Lucr. 5, 866. – Nbf. **būcerius**, a, um, b. Lucr. 2, 663.

būcētum, ī, *n.*, die **Trift,** Lucan. 9, 185. Gell. 11, 1, 1. Sidon. ep. 2, 2. – Nbf. būcita, ōrum, *n.*, Varr. LL. 5, 164.

būcīdae = *qui boves caedunt,* Gloss. Vgl. bucaeda.

bucilla, s. buccella.

būcina, ae, *f.* (zsgz. aus bovicina v. bos u. cano), **I** ein schneckenförmig gewundenes **Horn** aus Blech od. Messing, ähnlich unserem **Waldhorn, A** eig.: **a** der Hirten, bes. der Schweinehirten, das **Hirtenhorn, Kuhhorn,** Scriptt. r. r. u. a.; vgl. Broukh. Prop. 4, 10, 29. – **b** als Jagdhorn, **Waldhorn,** Rut. Nam. 1, 629. – **c** beim Heer, das **Signalhorn,** um aus der Nähe des Feldherrn das Hauptsignal (classicum) zum Aufbruch u. Angriff zu geben, das dann durch die tuba für das Fußvolk, durch den lituus für die Reiterei weitergegeben wurde, Verg. Aen. 11, 475. – um das Zeichen zum Ablösen der Wachen bei Nacht (die in vier Nachtwachen geteilt war) zu geben, secundae vigiliae bucinā signum datum, Liv.: iam quarta canit venturam bucina lucem, Prop.: dah. meton., ut ad tertiam bucinam (= *vigiliam*) praesto essent, Liv. – um das Ende der Hauptmahlzeit (gegen Abend) anzukündigen, Tac. ann. 15, 30, 2. – **d** im öffentl. u. bürgerl. Leben, zur Zusammenberufung der Volksversammlung (in älteren Zeiten), Prop. 4, 1, 13. – zur Ankündigung einer der vier Abteilungen, in die der bürgerliche Tag geteilt war, nondum in noctem vergente die tertia misit bucina signum, Sen. Thyest. 799 (vgl. bucino). – **B** übtr.: quam foede bucina famae! Posaune = Ausposaunung, Iuven. 14, 152. – **II** die kreiselförmig gewundene Muschel, auf der Triton bläst, das **Tritonshorn,** Ov. met. 1, 335 u. 337. – ► Die Schreibung bucina (nicht buccina), bucinator, bucino, bucinum ist meist die der besten Handschrn. u. Inschrn.

būcinātor, ōris, *m.* (bucino), **I** der **auf der** *bucina* **bläst,** der **Hornbläser,** Varr. LL., Caes. u. a. – übtr., der **Ausposauner,** existimationis meae, Cic. fil. in Cic. ep. 16, 21, 2.

būcino, āvī, ātum, āre (bucina) = βυκανίζω (Gloss.), **auf der** *bucina* **blasen, -das Zeichen geben, I** v. bucina *no.* I: bucinate in neomenia tubā, Vulg. psalm. 80, 4: *pass. impers.,* cum bucinatum est, Varr. r. r. 2, 4, 20: *act. impers.,* saepe declamante illo ter bucinavit (es blies dreimal = es ging in die dritte Tagesabteilung, s. būcina *no.* I, c), Sen. contr. 7 (3). prooem. § 1. p. 293, 1 K. – **II** v. bucina *no.* II: Triton conchā sonāci leniter bucinavit, blies auf der Muschel, Apul. met. 4, 31 extr.

būcinum, ī, *n.* (bucina), **I** der **Hornton** (s. Isid. 18, 4, 1), bucini sonus, Plin. 9, 130: ad bucinum recurvae (conchae), Plin. 9, 103. – als milit. *t. t.,* das **Hornsignal,** Hyg. de mun. castr. 21. – **II** ein Schaltier zum Purpurfärben, die **Posaunenschnecke, Meer-** od. **Seetrompete,** Plin. 9, 130.

būcinus, ī, *m.* (bucina), der **Hornbläser** od. (wir) **Trompeter,** vom Hahn, Petr. 74, 2. – ► Gloss. ›bucini = κήρυκες‹ u. ›bucinus = κήρυξ θαλάσσιος‹ (wohl = bucinum *no.* II).

būcita, s. būcētum.

būcolia, ae, *f.,* der **Rinderstall,** Gloss. V, 563, 51.

Būcolicī mīlitēs, ein Soldatenkorps in Ägypten, benannt von seinem Standort Bucolia (Βουκόλια) in Unterägypten, Capitol. Anton. phil. 21, 2. Vulcat. Gall. Avid. Cass. 6, 7.

būcolicos, ē, on, u. **būcolicus,** a, um (βουκολικός), **zu den Hirten gehörig, Hirtenländlich,** modi, Ov.: poëma, Hirtengedicht, Col.: so carmen, Gramm.: Plur. subst. bl. būcolica, ōrum u. on, *n.* = Hirtengedichte, Gell. 9, 9, 4 u. a. Gramm.: in extrema bucolicorum parte, im letzten seiner (des Vergil) Hirtengedichte, Amm. 17, 4, 5: bucolice tome (βουκολικὴ τομή), der Abschnitt in Hirtengedichten = wenn der vierte Fuß des Hexameter ein dactylus ist, der das Wort endigt (wie Verg. ecl. 3, 1), Auson. epist 4, 90.

būcolismus, ī, *m.* (βουκολισμός), das **Singen eines Hirtenliedes,** Diom. (I) 486, 26.

būcolista, ae, *m.* (*βουκολιστής), der **Hirtenliedersänger,** Diom. 487, 5. Prob. ad Verg. bucol. *in.* p. 348 *ed. Lion* = 3, 11 K.

būcrānium, ī, *n.* (βουκράνιον), **Ochsenkopf, I** ein Opferplatz, CIL 13, 1751 (*a. 160*). – **II** eine Pflanze, Ps. Apul. herb. 86.

būcrius, ī, *m.* (βούκριος), ein uns unbekanntes wildes Tier, Iul. Val. 3, 17. p. 123 (a) *ed. Paris.* (wo *ed. Mai.* 3, 19 *extr.* buriis).

1. būcula (bōcula), ae, *f.* (*Demin.* v. bos), eine **junge Kuh** zur Zucht, eine **Stärke, Färse,** Verg. ecl. 8, 86; georg. 1, 375. Arnob. 1, 28. Sulpic. Sev. dial. 1 (2), 9, 4. – als Kunstwerk, Cic. Verr. 4, 135. Plin. 34, 57. Auson. epigr. 56, 1. p. 211 Schenkl.

2. būcula, s. buccula.

būculāre, s. bucculāre.

būculus, ī, *m.* (*Demin.* v. bos), ein **junger Stier** zur Zucht, ein **Farre,** Col. 6, 2, 4. Frontin. strat. 1, 5, 26.

Bucures, um, *m.,* göttlich verehrte Könige in Mauretanien, Arnob. 1, 36 R. zw.

buda, ae, *f.,* in der Vulgärspr. = *ulva,* **Schilfgras,** Anthol. Lat. 95, 2 (1119, 2). Augustin. ep. 88, 6. Donat. ad Verg. Aen. 2, 135.

Budalia, ae, *f.,* Stadt in Niederpannonien im Gebiet von Sirmium, Eutr. 9, 4.

budinārius, ī, *m.,* der **Schilfdeckenflechter,** Cypr. ep. 42.

būfalus, ī, *m.,* s. būbalus.

būfo, ōnis, *m.,* die **Kröte,** Verg. georg. 1, 184.

bugillo, ōnis, *m.,* in der Vulgärspr. auch bugula u. aiuga reptans = *chamaepitys,* Marc. Emp. 8, 115.

būglōssos, ī, *f.* (βούγλωσσος), **Ochsenzunge,** eine Pflanze, rein lat. bubula lingua, Plin. 25, 81. Ps. Apul. herb. 42. – Spät. Form **būglōssa,** ae, *f.,* Ps. Apul. herb. 42. Seren. Samm. 424.

būgonia, ae, *f.* (βουγονία), die **Erzeugung der Bienen** aus verwesenden Rindern, Titel einer Schrift des Archelaus, Varr. r. r. 2, 5. § 5.

būgula, s. bugillo.

būlapathum, ī, *n.* (βουλάπαθον), eine Art **Sauerampfer,** Plin. 20, 235.

bulba, s. volva ►.

bulbāceus, a, um (bulbus), **knollenartig, knollig,** radix, Plin. 21, 170.

bulbātio, s. bullātio.

bulbīnē (bolbīnē), ēs, *f.* (βολβίνη), ein Zwiebelgewächs, Plin. 19, 95; 20, 107.

bulbōsus, a, um (bulbus), **knollig,** radix, Plin. 21, 102 u. ö.

bulbulus, ī, *m.* (*Demin.* v. bulbus), die **kleine Zwiebel, Bolle,** Pallad. 3, 21, 3.

bulbus, ī, *m.* (βολβός, dah. in Handschrn. auch bolbus, z. B. Ov. rem. 797, od. bulvus, Apic. 4, 181, od. volvus, Isid. 17, 9, 88 u. 17, 10, 19), die **Zwiebel, Bolle, I** im weiteren Sinne, die **knollige Wurzel** an Zwiebelgewächsen, wie Tulpen, Lilien, Narzissen usw., Cels. u. Plin. – **II** im engeren Sinne, als Gartengewächs v. mehreren Arten (Zwiebeln, Knoblauch usw.), von denen die megarische die bekannteste, Cato, Ov. u. a. (b. Apic. gen. bulbus fabrilis).

būlē, ēs, Akk. ēn, Abl. ē, *f.* (βουλή), die (griechische) **Ratsversammlung,** der **Rat,** Plin. ep. 10, 81 (85), 1 u. a.

būleuta, ae, *m.* (βουλευτής), der **Ratsherr,** Plin. ep. 10, 39 (48), 5. Spart. Sever. 17, 2. CIL 3, 7429. Vgl. Gloss. IV, 314, 51.

būleutērion (-**ium**), būleutērium ī, *n.* (βουλευτήριον) der Versammlungsort des griech. Senats, das **Rathaus,** in *curia* Syracusis, quem locum illi *buleuterion* nomine appellant, Cic. Verr. 2, 50: Cyzici et buleuterium vocant aedificium amplum sine ferreo clavo etc., Plin. 36, 100.

bulga, ae, *f.,* der **lederne Sack,** bes. der **Geldsack** (s. Paul. ex Fest. 35, 1), Gloss. V, 638, 40. Lucil. sat. 2, 24 u. 6, 23 *sqq.* Varr. sat. Men. 343 u. 492. – scherzh. v. Mutterleib, Lucil. sat. 26, 13.

būlīma, s. būlīmus.

būlīmo, āvī, āre (βουλιμιάω), **Heißhunger bekommen, heißhungrig werden,** Pelag. vet. 10. Theod. Prisc. 2, 29. Ps. Soran. p. 280 R.

būlīmōsus, a, um (bulimus), **heißhungerig,** Pelagon. veterin. 10.

būlīmus, ī, *m.* (βούλιμος), der **Heißhunger,** dah. auch die **Magenschwäche, Ohnmacht, Ermattung,** Pelag. vet. 10. Veget. mul. 5, 37 (3, 38). Not. Tir. 103, 5; vgl. Gell. 16, 3, 9. – Nbf. būlīma, ae, *f.,* Paul. ex Fest. 32, 10 codd. u. M.

bulla, ae, *f.* (bullio), die hohle Aufschwellung od. Aufwallung, die **Blase, I** eig., die **Wasserblase,** spumosae aquarum bullae, Eccl.: fons plurimis bullis stellans, Plin.: ut pluvio perlucida caelo surgere bulla solet, Ov. – bildl., v. Vergänglichem, homo est b., Varr. r. r. 1, 1, 1:

non pluris sumus quam b., Petr. 42, 4. – **II** übtr.: **A** der **Buckel,** der **Knopf, a** an Gürteln, aurea bullis cingula, Verg. Aen. 9, 359; u. so *ibid.* 12, 942. – **b** an Türen, iussin in splendorem dari bullas has foribus nostris? Plaut. asin. 426: bullas aureas omnes ex his valvis non dubitavit auferre, Cic. Verr. 4, 124: durch dergl. glückliche u. unglückliche Tage bezeichnet, s. Petr. 30, 4. – **c** ein mit einem Stift versehener **Knopf** als **Weiser** (*l'indice*) an der Sonnenuhr, Vitr. 9, 8 (6 od. 9). § 9 *sq.* – **B** bulla aurea, die (nach Fest. p. 322 *in v.* Sardi) urspr. von den etruskischen Königen u. Lukumonen u. deren Söhnen getragene (dah. Iuven. 5, 164 aurum Etruscum gen.) u. mit der Toga prätexta nach Rom verpflanzte **goldene Kapsel, goldene Bulla,** die als Amulett (dah. mit magischen Mitteln gegen Faszination versehen) von den Triumphatoren u. von Knaben guter Herkunft (urspr. der patricii, dann übh. der ingenui) um den Hals auf die Brust herabhängend getragen wurde, s. Plin. 33, 10. Macr. sat. 1, 6. § 9 *sqq.* Plaut. rud. 1171. Liv. 26, 36, 5. Suet. Caes. 84, 4. Flor. 2, 6, 24. Cic. II. Verr.. 1, 152 (dazu Ascon., nach dem die Kinder der Libertinen nur eine bulla scortea tragen durften). – Zur Zeit der Mündigkeit wurde zugleich mit der Toga prätexta auch die bulla abgelegt und den Laren geweiht, Pers. 5, 31 (weshalb lares bullati, Petr. 60, 8): dah. dignus bullā, = kindisch, Iuven. 13, 33. – bulla argentea, aus Tändelei auch einem Lieblingshirsch angehängt, Ov. met. 10, 114.

bullātio, ōnis, *f.* (bullo), das **Blasenwerfen, Aufsprudeln,** sparsa b. magnetis, von einzeln in kugelförmigen Stücken zutage kommendem Gestein, Ggstz. cautes continua (fortgesetzte Steinbildung), Plin. 34, 148.

bullātus, a, um (bulla), **I** (v. bulla *no.* **I** **wasserblasenartig,** nugae, inhaltleere Possen, Bombast, Pers. 5, 19 *ed. Hermann* (*ed. Iahn* pullatae nugae, s. pullātus). – **II** übtr. (v. bulla *no.* II): **A mit einem Buckel versehen,** cingulum, Varr. LL. 5, 116. – So von dem mit Sternen gleich Buckeln geschmückten Äther, Fulgent. myth. 1, p. 24 M. – **B eine Bulla am Halse tragend, mit einer Bulla geschmückt,** puer, Scip. Afr. b. Macr. sat. 2, 10. § 7: lares, Petr. 60, 8 (s. bulla *no.* II, B): statua b., Val. Max. 3, 1, 1: heres, der noch ein Kind ist, Iuven. 14, 5.

bullēsco, ere, **Blasen werfen, aufsprudeln,** Ampel. 8, 1.

bullio, īvī u. iī, ītum, īre (bulla), **Blasen werfen, aufwallen, sprudeln, I** eig.: cocta donec bullire desierit, Cels.: cum bene bullierit, Apic.: alto demersus summa rursus non bullit in unda, wird nicht wieder auf der Oberfläche des Wassers erscheinen, Pers. – als *v. tr.* bullita, durchwallt, halbgekocht, Veget. mul. 2, 17, 5. – **II** übtr., **aufbrausen,** indignatione, Apul. met. 10, 24. – u. *tr.* = **aufbrausen lassen,** libidinum incendia bulliebant, Hier. ep. 22, 7.

Bullis (Byllis), idis, *f.* (Βουλλίς od. Βύλλις), illyrische Stadt u. Landschaft zwischen Dyrrhachium u. Apollonia, Cic. Phil. 11, 26. Caes. b. 3, 40. – Deren Einwohner gen. **Bullidēnsēs,** ium, *m.,* Caes. b. 3, 12, 4: u. **Buliēnsēs,** ium, *m.,* Cic. Pis. 96, od. **Buliōnēs,** um, *m.,* Cic. ep. 13, 42, 1. Plin. 3, 145: u. **Bullīnī,** ōrum, *m.,* Liv. 44, 30, 10.

bullītio, ōnis (bullio), *f.,* das **Sprudeln** eines Wassers, Serv. Verg. georg. 1, 110. Alex. Trall. 2, 271.

bullītus, ūs, *m.* (bullio), das **Sprudeln, Wallen,** aquae, Vitr. 8, 3, 3.

bullo, āre (bulla), **Blasen werfen, sprudeln, aufsprudeln,** Cato, Cels. u. a.

bullula, ae, *f.* (*Demin.* v. bulla), **I** ein **Wasserbläschen,** Cels. 2, 5 *extr.* u. a. – **II** (nach bulla *no.* II, B, w. vgl.) eine **kleine,** am Hals getragene **Kapsel, Bulla,** Hier. Iesai. 2, 3, 18.

būmammus, a, um (bu u. mamma, großbrüstig), **großbeerig,** uva, Varr. r. r. 2, 5, 4. Macr. sat. 2, 16 (3, 20), 7.

būmastus, ī, *f.* (βούμαστος, großbrüstig, verst. ἄμπελος), eine **großbeerige Traubenart,** Verg., Col. u. a. – Nbf. **būmasta,** ae, *f.,* Edict. Diocl. 6, 80.

bumbio, s. bombio.

Bumbomachidēs, s. Bombomachidēs.

būmelia, ae, *f.* (βουμελία), eine **Eschenart** (*Fraxinus excelsior,* L.), Plin. 16, 63.

būnias, adis, Akk. ada, *f.* (βουνιάς) u. **būnion,** ī, *n.* (βούνιον), eine Art **Steckrüben,** Col. poët. 10, 422. Plin. 20, 21 (beide).

būnītum vīnum = βουνίτης οἶνος, Wein aus der Pflanze βούνιον (einem Doldengewächs), Cael. Aur. chron. 4, 3, 52.

būpaes, aedis, *m.* (βούπαις), ein **großes Junges,** Varr. r. r. 2, 5, 4. – Nbf. **būpaeda,** ae, *m.,* Mart. Cap. 1. § 31 u. 9. § 908.

Būpalus, ī, *m.* (Βούπαλος), ein Bildhauer aus Chios, Zeitgenosse des Iambendichters Hipponax, mit dem er in Feindschaft lebte u. dessen hässliches Gesicht er in einem Bild dem Spott preisgab, wofür ihn wiederum der Dichter in seinen Spottgedichten tüchtig mitnahm, Hor. epod. 6, 14; vgl. Plin. 36, 11 *sq.*

būphthalmos, ī, *f.* (βούφθαλμος), **I Ochsenauge,** eine Pflanze, Plin. 25, 82. – **II** eine Art des aizoon maius, **Hauswurz,** Plin. 25, 160.

būpleuron, ī, *n.* (βούπλευρον), ein doldentragendes Gewächs, **baldisches Hasenöhrlein** (*Bupleurum baldense,* Host.), Plin. 22, 77.

būprēstis, is, Akk. im, Abl. ī, *f.* (βούπρηστις, von πρήθω), **I** ein giftiger **Käfer,** dessen Stich bei den Kühen Anschwellungen verursacht, Plin. u. a. – **II** eine Pflanze, viell. **gemeines Hasenöhrlein** (*Bupleurum rotundifolium,* L.), Plin. 22, 78.

1. būra, ae, *f.,* das **Krummholz,** der **Krümmel** am Hinterteil des Pfluges, Varr. r. r. 1, 19, 2. Varr. LL. 5, 135; vgl. Non. 80, 19. – Dass. **būris,** is, Akk. im, *f.,* Verg. georg. 1, 170. Varr. bei Serv. Verg. georg. 1, 170. Arnob. 2, 23; vgl. Paul. ex Fest. p. 39, 4 u. Gloss. (wo ›buris, ῥυμός ἀρότρου‹).

2. Būra, ae, *f.* (Βοῦρα), Stadt in Achaja, Plin. 2, 206 u. 4, 12. Schol. Bob. ad Cic. Flacc. p. 232, 18 B. – Nbf. **Būris,** is, Akk. in, *f.,* Ov. met. 15, 293. Sen. nat. qu. 6, 23, 4 u. ö.

Burchana, s. fabārius unter fabarius.

burdātio, ōnis, *f.,* die **Ackersteuer,** Greg. M. epist. 1, 42. p. 64, 9.

Burdigala, ae, *f.,* uralte Stadt der Bituriges Vivisci in Aquitanien, auf der Südseite des Garumna, bedeutend durch Handel und später durch Betrieb der Wissenschaften, Geburtsort des Dichters Ausonius, j. *Bordeaux,* Auson. ordo urb. nob. 135. p. 102 Schenkl. Auson. Mos. 18. Mart. 9, 32, 6. Eutr. 9, 10. Amm. 15, 11, 13. Sulp. Sev. chron. 2, 48, 2. – Dav. **Burdigalēnsis,** e, **aus Burdigala, burdigalisch,** discipulus, Sidon. ep. 9, 13: synodus, Sulp. Sev. chron. 2, 49, 7.

burdo, ōnis, *m.,* das **Maulpferd, Maultier** (von einem Hengst u. einer Eselin, während mulus, der Maulesel, von einem Esel u. einer Stute; vgl. Isid. 12, 1, 60), bes. als Saumtier, Anthol. Lat. 387, 2 M. Ulp. dig. 32, 49 pr. Edict. Diocl. 11, 4. Pelagon. veterin. 8 u. 11. Vulg. 4. regg. 5, 17. Pompei. comment. p. 148, 33 K.

burdōnārius, ī, *m.* (burdo), der **Maultiertreiber** als Säumer, der **Saumtiertreiber,** Edict. Diocl. 7, 17. Vgl. mulio.

burdōnicus, ī, *m.,* der **Maultiertreiber,** Gloss.

burdubasta, ae, *m.* (burdus u. bast, wov. basterna), ein **lendenlahmer Esel,** Petr. 45, 11 B.

burdunculus, ī, *m.* (*Demin.* v. burdo), eine Pflanze, wahrsch. **Boretsch,** Marc. Emp. 5. Not. Tir. 112, 43. Not. Bern. 15b.

burgāriī, ōrum, *m.* (burgus), **Burgbewohner, Grenzbeschützer,** Cod. Theod. 7, 14, 1. CIL 3, 13795 (*a. 138*).

burgones = *caules,* Gloss. V, 173, 6.

Burgundiōnēs, um, *m.* u. **Burgundiī,** ōrum, *m.,* die **Burgunder, a** eine gotische Völkerschaft, wobei zu unterscheiden die östlichen Burgunder, die ihre Wohnsitze zwischen der Oder u. Weichsel hatten, u. die westlichen, die das obere Maingebiet innehatten, Form -iones, Plin. 4, 99. Mamert. I. paneg. 5 *in.* u. II. paneg. 17, 3 B.: Form -ī, Amm. 28, 5, 9 *sqq.* Mamert. II. paneg. 17, 1 B. u. a. – Sing. Burgundio, onis, *m.,* der **Burgunder,** kollektiv, Sidon. carm. 5, 482; 7, 239 u. 323. – **b** Burgundionēs, **Burgunder** = burgundische Rosse, Veget. mul. 6, 6, 2.

burgus, ī, *m.* (germanisches Wort), **Burg, Kastell, Fort,** Oros. 7, 32, 12. Veget. mil. 4, 10. p. 134, 22 L. u. a. Spät.

Būrī, ōrum, *m.* (Βουροί), eine germanische Völkerschaft in der Nähe der Weichsel- u. Oderquellen, Tac. Germ. 43, 1. Capit. Anton. Phil. 22 *in.*

būricus, s. burricus.

burio, īre, s. borrio.

1. būris, is, *f.*, s. 1. būra.

2. Būris, s. 2. Būra.

būrius, s. būcrius.

burra, ae, *f.*, ein **zottiges Gewand,** Anthol. Lat. 390, 5 (385, 5). – Dav. **burrae,** ārum, *f.*, **läppisches Zeug, Possen,** Auson. Drepan. fil. 5. p. 120 Schenkl.

burranica pōtio (burrus), ein rötliches Getränk aus Mostsaft, der mit Milch verdünnt ist, Paul. ex Fest. 36, 12: von den Römern an den Paganalien genossen, nach Ov. fast. 4, 780 (lac niveum potes purpureamque sapam).

būrrhīnon, ī, *n.* (βοῦς u. ῥίς), **Ochsennase,** eine Pflanze, Ps. Apul. herb. 86.

burrichus, s. burricus.

burricus (burrichus) od. **būricus,** ī, *m.* (burrus), ein **kleines** (fuchsrotes) **Pferd,** Veget. u. a.; vgl. Schneider Varr. r. r. 2, 8, 1.

burrio, īre, s. borrio.

1. burrus, a, um = rufus, πυῤῥός, ξανθός **feuerrot, scharlachrot,** Paul. ex Fest. 31, 6 u. 36, 12. Serv. Verg. Aen. 2, 469 u. Gloss. – Nbf. byrrus, Prob. ad Iuven. 3, 283; u. so lacerna byrra, Cypr. act. proc. 5.

2. Burrus, ī, *m.* = Pyrrhus (Πύῤῥος), Enn. ann. 184; vgl. Cic. or. 160. Serv. Verg. Aen. 2, 469.

bursa, s. 1. byrsa.

būselīnon, ī, *n.* (βουσέλινον), **Ochseneppich,** eine Pflanze, Plin. 20, 118.

būsequa, ae, *m.* (bos u. sequor), der **Rinderhirt,** Apul. met. 8, 1; de deo Socr. 5; flor. 3; apol. 10. Vgl. Gloss. ›busequa, boum provisor‹.

Būsīris, ridis u. ridos, Akk. ridem u. rin od. rim, Abl. ride, *m.* (Βούσιρις), ein alter König von Ägypten, der seiner Grausamkeit wegen verrufen war, weil er die Fremden, die in sein Land kamen, opferte, Mythogr. Lat. 1, 65 u. 2, 157. Hyg. fab. 31 u. 56. Verg. georg. 3, 5. Ov. met. 9, 183. Ov. trist. 3, 11, 39. Suet. de vir. ill. fr. p. 16, 4 R. Macr. sat. 3, 5, 9. Amm. 28, 1, 46.

būssequa, s. būsequa.

bustar, āris, *n.* (*buro altlat. = uro), die **Leichenbrandstätte,** Charis. 38, 19.

busticētum, ī, *n.*, spätlatein. = bustum, ein **Brandlager, Grabmal,** Arnob. 1, 41; 7, 15.

bustio, ōnis, *f.* (*buro = uro), das **Brennen,** Schol. Bern. Verg. georg. 1, 170.

bustirapus, ī, *m.* (bustum u. rapio), **einer, der Leichenbrandstätten bestiehlt** (der sich etwas von der cena feralis aneignet), ein Schimpfwort, Plaut. Pseud. 361.

busto, āre (bustum), **verbrennen,** Gloss. V, 27, 6.

bustrophēdon, *Adv.* (βουστροφηδόν), **von der Rechten zur Linken** u. **wieder von der Linken zur Rechten,** eine alte Art zu schreiben, Mar. Victorin. 1, 14, 6. p. 55, 25 K.

bustuālis, e (bustum), die **Brand-** od. **Grabstätte betreffend,** Sidon. ep. 3, 12. Prud. cath. 9, 52.

bustuārius, a, um (bustum), **zur Leichenbrandstätte gehörig,** gladiator, der an der Leichenbrandstätte dem Verstorbenen zu Ehren kämpft, Tert. u. Serv. (übtr. v. Klodius, ille bustuarius gladiator, jener Klopffechter, wie man sie bei Totenfeiern sieht, Cic. Pis. 19): moecha, die sich bei Brandstätten u. Gräbern preisgibt, Mart.: altare, auf dem Menschen geopfert werden, Tert.: latro, Plünderer der Grabmäler, Amm. – subst., **a** bustuārius, ī, *m.*, **α** = καύστης νεκρῶν, der **Leichenverbrenner,** Gloss. II, 347, 1. – **β** = τυμβωρύχος, der **Plünderer der Grabmäler,** übtr. übb. = **Erzspitzbube,** Amm. 29, 2, 15. – **b** bustuārium, ī, *n.* = καῦσις νεκρῶν, die **Leichenverbrennung,** Gloss. u. Not. Tir. 59, 26.

bustum, ī, *n.* (von *buro, altlat. = uro) = τύμβος (Gloss.), die **Leichenbrandstätte, I** im engeren Sinne, die Stätte, wo der Leichnam verbrannt worden ist, das **Brandlager,** Lucr. 3, 904. Stat. silv. 5, 1, 226. – dah. **a** meton., der **verbrannte Leichnam,** Stat. Theb. 12, 248. – übtr., von einer zerstörten Stadt, eine **leere Brandstätte,** Plin. 5, 73: von der **Brandstätte des** Altars, duobus digitulis tura in bustum arae iacere, Hier. ep. 14, 5. – **II** im weiteren Sinne, der über die Leichenasche aufgeworfene **Grabhügel,** die **Grabstätte,** das **Grabmal,** das **Grab,** excelso coacervatum aggere bustum, Catull.: ingens ex terreno aggere, Verg.: poena est, si quis bustum (nam id puto appellari τύμβον) aut monumentum violarit, Cic.: qui (Sardanapalus) incidi iussit in busto: Haec habeo, quae edi etc., Cic.: bustum in foro facere, Cic.: mactari in busto alcis, Cic.: busto alcis insultare, Hor.: Plur., bustis exisse feruntur, Ov. – poet., vom Magen eines menschenfressenden Tieres, viva videns vivo sepeliri viscera busto, sah den lebendigen Leib im lebendigen Grab verschließen, Lucr. 5, 991: und vom Schlachtfeld, quoties civilia busta Philippos canerem, Prop. 2, 1, 27. – Ad Busta Gallica, eine Gegend in Rom, wo Kamillus die gefallenen Gallier hatte verbrennen u. beerdigen lassen, Varr. LL. 5, 157; vgl. Liv. 5, 48, 3; 22, 14, 11. – übtr., ein Grab = die Stätte, wo-, od. die Person, durch die etw. vernichtet wird, cui templum illud (Castoris) fuit arx civium perditorum, castellum forensis latrocinii, *bustum* legum omnium ac religionum, Cic.: tu, bustum rei publicae, Cic.: b. nati, v. Tereus, der seinen Sohn gegessen hatte, Ov.

Būtadēs, s. Būtēs.

1. būteo, ōnis, *m.*, eine **Falkenart,** viell. der **Bussard,** Plin. 10, 21 u. 135; 11, 263. Arnob. 2, 59 u. 7, 16. Paul ex Fest. 3, 5 u. 32, 7.

2. būteo, s. 1. būtio.

Būtēs, ae, Akk. ēn, *m.* (Βούτης), griech. Männername, Hyg. fab. 14. Ov. met. 7, 500. Verg. Aen. 5, 372 u. a. – Dav. **Būtadēs,** ae, *m.* (*Βουτάδης), ein männl. Nachkomme des Butes, ein **Butade,** Prisc. 2, 36.

Būthrōtum, ī, *n.*, od. **-tos,** ī, *f.* (Βουθρωτόν u. -τός), Seestadt an der thesprotischen Küste (Epirus), Korcyra gegenüber, j. *Butrinto* (in Albanien, an der Meerenge von Korfu), Caes. b. 3, 16, 1. Verg. Aen. 3, 392 *sq.*: Form -tos nur Ov. met. 13, 721. – Dav. **Būthrōtius,** a, um (Βουθρώτιος), **buthrotisch,** causa, ager, Cic. ad Att. 16, 16 (A), 4: Plur. subst., Būthrōtiī, ōrum, *m.*, die Einw. von Buthrotum, die **Buthrotier,** Cic. ad Att. 16, 16. lit. A. § 4.

būthysia, ae, *f.* (βουθυσία), ein großes u. feierliches **Rinderopfer,** Suet. Ner. 12, 4.

būthytēs, is, *m.* (βουθύτης), **einer, der Rinder opfert,** Plin. 34, 78.

Būticus, a, um, s. Būtos.

1. būtio, ōnis, *m.*, die **Rohrdommel,** Anthol. Lat. 762, 42 (233, 42). – buteo geschr. bei Iuvenc. fr. 1. *v.* 32.

2. būtio, īre, **bu schreien,** Naturlaut der Rohrdommel, Anthol. Lat. 762, 42 (233, 42).

Būtos, ī, *f.* (Βοῦτος), Hauptstadt des nomos Ptenethu, an der sebennytischen Mündung des Nils im Delta (Unterägypten), am butischen See (j. See *Burlos*), mit einem berühmten Tempel u. Orakel der Latona (Buto), Plin. 5, 64. – Dav. **Būticus,** a, um, **butisch,** linum, Plin. 19, 14.

Butrōtus, ī, *m.*, Fluss in Bruttien, bei Lokri, j. *Bruciano,* Liv. 29, 7, 3.

buttuti, *Interi.*, bei Plaut. nach Charis. 242, 11.

butubatta, *Interi.*, bei Naev. com. (fr. inc. XXIV R.) u. Plaut. nach Paul. ex Fest. 36, 6 u. Charis. 242, 10.

Butuntum, ī, *n.*, Stadt in Kalabrien, j. *Bitonto;* wovon **A Butuntinēnsēs,** ium, *m.*, die Einw. von But., die **Butuntinenser,** Plin. 3, 105. – **B Butuntīnus** (Botontīnus), a, um, zu B. gehörig, **butuntinisch,** ager, Gromat. vet. p. 262, 9.

būtur, s. būtȳrum.

būtūrum, s. būtȳrum.

būtyr, s. būtȳrum.

būtȳrum, ī, *n.* (βούτυρον), die **Butter,** Cels. 3, 22 *extr.;* 4, 15 u. 18. Col. 6, 12, 5. Plin. 11, 239. Scrib. 43 u. 238. Plin. Val. 2, 1 u. 3, 14. Sidon. carm. 12, 7 (wo Abl. būtȳrō falsch gemessen ist). Edict. Diocl. 4, 50 (wo buturum). – Poet. Nbf. būtur (Variante būtyr), Ven. Fort. 11, 23, 2.

buvīle, s. bovīle u. bubile.

buxa, ae, *f.* (buxum), die aus Buchsbaum gefertigte **Büchse,** Paul. Diac. vit. Greg. 24.

buxāns, antis (buxus), **buchsbaumartig,** Apul. met. 8, 21.

buxeirostris, s. buxeus a. E.

Buxentum, ī, *n.* (bei den Griechen Πυξοῦς), Stadt in Lukanien, Gründung der Messenier, später Kolonie der Römer, j. *Policastro,* Liv. 34, 45, 2. Vell. 1, 15, 3. – Dav.: **A** **Buxentīnus,** a, um, **buxentinisch,** ager, Gromat. vet. p. 209, 14. – **B** **Buxentius,** a, um, **buxentisch,** pubes, Sil. 8, 583.

buxētum, ī, *n.* (buxus), eine **Buxbaumpflanzung,** tonsile, Mart. 3, 58, 3: Plur., Mart. 2, 14, 15.

buxeus, a, um (buxus), **I** **aus Buchs, Buchsbaum,** arbor, Firm.: lucus, Solin.: forma, Col.: sorticula, Lex repet. (CIL 1, 198) 51. – **II** = πυξοειδής, **buchsbaumartig** von Farbe, **buchsbaumfarbig** = **bleichgelb, gelblich,** color, Plin. u. Solin.: dentes, Mart.: rostra, Varr. sat. Men. 489.

buxiārius, a, um (buxus), **Buchsbaumholz betreffend,** auctio, Tabul. auction. *no.* 3.

buxifer, fera, ferum (buxus u. fero), **Buchsbaum tragend,** Catull. 4, 13.

buxōsus, a, um (buxus), **dem Buchsbaumholz ähnlich,** Plin. 12, 119.

buxtula, ae, *f.* (*Demin.* v. buxa), die **kleine Büchse,** Paul. Diac. vit. Greg. 24.

buxum, ī, s. buxus.

buxus, ī, *f.* u. (seltener) **buxum,** ī, *n.* (πύξος), **I** der **Buchs** = **a** der **Buchsbaum,** Enn. fr., Verg., Ov. u. Plin. – **b** das **Buchsbaumholz,** Plin. u. Verg.: ora buxo pallidiora, Ov. – **II** meton. = aus Buchsbaum bereitete Gegenstände, wie: **Flöte,** Verg. Aen. 9, 616. Ov. met. 4, 30; 12, 158 u. a. Dichter: **Kreisel,** Verg. Aen. 7, 382. Pers. 3, 51: **Kamm,** Ov. fast. 6, 229. Iuven. 14, 194: **Schreibtafel,** Prop. 3, 23, 8. Prud. perist. 9, 49; vgl. Schol. Hor. sat. 1, 6, 74.

Būzygēs, ae, *m.* (Βουζύγης), der **Stieranspanner,** Beiname eines attischen Heros (nach einigen des Triptolemus, nach anderen des Epimenides), als Erfinder des Pfluges u. des Pflügens, Plin. 7, 199. Varr. r. r. 2, 5, 4. Auson. ep. 22, 2, 47 p. 185 Schenkl. Serv. Verg. georg. 1, 19.

bybliopōla, s. bibliopōla.

bybliothēca, s. bibliothēca a. E.

Byblis, idis, Akk. ida, *f.* (Βυβλίς), Tochter des Miletus, verliebt sich in ihren Bruder Kaunus, folgt dem ihrer sündigen Liebe entweichenden Bruder durch Lycien, Karien usw., bis sie ermattet niedersinkt u. Tränen vergießend in eine Quelle sich auflöst, Ov. met. 9, 450 *sqq.* – Nach Ov. art. am. 1, 283 u. Hyg. fab. 243 erhenkte sie sich.

Byblos, ī, *f.* (Βύβλος), uralte Stadt in Phönizien, auf einer Anhöhe nicht weit vom Meer zwischen Tripolis u. Berytos, berühmt durch den Tempel u. Kultus des Adonis, j. *Djebail* od. *Djaebbehl,* Mela 1, 12, 3 (1. § 67). Curt. 4, 1 (3), 15. Plin. 5, 78.

Byllis, s. Bullis.

byrrhus, s. birrus.

1. byrrus, s. birrus.

2. byrrus, a, um, s. 1. burrus.

1. byrsa (bursa), ae, *f.* (βύρσα), das **Fell,** Serv. Aen. 1, 367 u. Gloss. IV, 315, 5.

2. Byrsa, ae, *f.* (Βύρσα), die Zitadelle von Karthago, Verg. Aen. 1, 367. Liv. 34, 62, 12. – Dav. **Byrsicus,** a, um, **byrsisch** = karthagisch, Sidon. ep. 7, 17. *v.* 18.

byssicus, a, um (byssus), **fein leinen, aus Batist,** opus, Marcian. dig. 39, 4, 16. § 7 M.

byssinus, a, um (βύσσινος), **fein leinen, aus Batist,** vestis, Apul.: opus, ICt.: tunica, stola, tiara, Vulg. – subst., byssinum, ī, *n.,* **Batist,** als Stoff, Plin. 19, 20; als Gewand, ein **Gewand aus Batist,** Tert. de cult. fem. 2, 13. Vulg. 2. paral. 5, 12. Auct. vit. S. Hilar. 19.

byssus, ī, *f.* (βύσσος), **feines Leinen, Batist, Kammertuch,** Apul. met. 11, 3. Vulg. exod. 25, 4. Mart. Cap. 2. § 114. – Nbf. **byssum,** ī, *n.,* Isid. 19, 27, 4.

Bȳzacium, ī, *n.* (Βυζάκιον, auch Βυσσᾶτις), die östlichste Landschaft in Africa propria, zwischen dem Fluss Triton u. der kleinen Syrte, Varr. r. r. 1, 44, 2. Plin. 5, 24. – Dav.: **A** **Bȳzacēnus,** a, um (Βυζακηνός), **byzacenisch,** Cod. Iust. 1, 27, 2. – Plur. subst., Bȳzacēnī, ōrum, *m.,* die Einw. von Byzacium, die **Byzacener,** Cod. Theod. 11, 1, 29: Bizazeni geschr. bei Prob. ad. Iuven. 5, 89. – **B** **Bȳzacius,** a, um, **byzacisch,** Sil. 9, 204.

Bȳzantium, ī, *n.* (Βυζάντιον), **Byzanz,** das heutige **Konstantinopel,** Nep. Paus. 2, 2 *sq.* Liv. 38, 19, 3 *sqq.* – Die griech. Form Byzantion, Lucan. 9, 958. – Dav.: **A** **Bȳzantīnus,** a, um, **byzantinisch,** Auson. u. Sidon.: proceres, Claud. in Eutr. 2, 136. – Plur. subst., Bȳzantīnī, ōrum, *m.,* die Einw. von Byzanz, die **Byzantiner,** Treb. Poll. Claud. 9, 7. – **B** **Bȳzantius,** a, um (Βυζάντιος), **byzantisch,** exsules, Cic.: muria, Hor.: litora, die Straße von Konstantinopel, Ov.: portus, Plin. – Plur. subst., Bȳzantiī, ōrum, *m.,* die Einw. von Byzanz, die **Byzantier,** Cic. u. a. – **C** **Bȳzantiacus,** a, um (Βυζαντιακός), **byzantisch,** Stat. silv. 4, 9, 13.

Bȳzēres, um, *m.* (Βύζηρες), eine Völkerschaft im Pontus, Val. Flacc. 5, 152. Prisc. perieg. 739. Avien. descr. orb. 945.

C.

1. C, c, dritter Buchstabe des latein. Alphabets, ursprüngl. den K- u. G-Laut bezeichnend, also dem griech. Γ entsprechend (da das Buchstabenzeichen G erst spät in das röm. Alphabet aufgenommen wurde); dah. die alten Schreibweisen LECIONES (legiones), MACISTRATOS (magistratus). – Als Abkürzung: **a** = (Vorname) Gaius, und umgekehrt Ↄ Gaia od. allgemein = mulier. – **b** auf den Votiertäfelchen der Richter = condemno (ich verdamme); dah. littera tristis, entgegenges. dem A = absolvo, als littera salutaris (s. Ps. Ascon. Cic. II. Verr.. 26. p. 164 B.), Cic. Mil. 15. – **c** auf Inschriften = centuria, centurio, civis, civitas, cohors, collegium, colonia, coniunx u. a.

2. C, Zahlzeichen = centum.

caballa, ae, *f.* (caballus), die **Stute,** Anthol. Lat. 148, 7 (961, 7).

caballārius, ī, *m.* (caballus) = ἱπποκόμος, **Pferdewärter, Pferdeknecht,** Gloss. III, 467, 51. CIL 3, 10275, 12.

caballātio, ōnis, *f.* (caballus), das Futter für das Pferd, die **Ration,** Cod. Theod. 7, 4, 34.

caballico, āre (caballus), **reiten,** Anthim. praef. p. 8, 13.

caballīnus, a, um (caballus), **zum Pferd gehörend, Pferde-,** dentes, Plin.: caro, Plin.: fons, Rossbrunnen, scherzh. = Hippokrene, Pers. pr. 1.

caballio, ōnis, *m.* (*Demin.* v. caballus), das **Pferdchen,** marinus, das Seepferdchen (gr. ἱππόκαμπος), Veget. mul. 1, 20, 2 u. 6, 12, 3.

caballion, ī, *n.*, wahrsch. die **gemeine Hundszunge** (*Cynoglossum officinale,* L.), Ps. Apul. herb. 96.

Caballodūnum, s. Cabillōnum.

caballus, ī, *m.* (cabo), ein Pferd zu gemeinen Diensten, dann in der Volksspr. für **Pferd** übh., wie unser **Gaul, Klepper,** taetri tardique caballi, Lucil. fr.: caballo vecta, reitend, Hor.: c. Gorgoneus, Pegasus, Iuven.: caballo esse contentum, Sen.: alius caballum arbori ramo in humili alligatum relinquit, Varr. fr.: Ggstz. equus (Streitross), caballos (Ackergäule) equis cedere, Hier. ep. 60, 17 *extr.* – Sprichw., optat ephippia bos piger, optat arare caballus, d. i. niemand ist mit seinem Stand zufrieden, Hor. ep. 1, 14, 43: lassus tamquam caballus in clivo, von einem schlaff Gehenden, Petr. 134, 2.

cabanna, ae, *f.*, die **Hütte** (der Weinbergshüter), franz. *cabane,* span. *cabaña,* Isid. 15, 2, 2 (wo capanna der Etymologie von capio zu Liebe).

cabātor, s. cavātor.

Cabēnsēs, ium, *m.*, Priester der feriae Latinae auf dem albanischen Berge (j. *monte Cavo*), CIL 6, 2174.

Cabillōnum, ī, *n.*, bedeutende Stadt der Äduer am Arar im lugdun. Gallien, Aufenthalt röm. negotiatores, j. *Châlons-sur-Saône,* Caes. b. G. 7, 42, 5 u. 90. Ambros. ep. 24, 11. Sidon. ep. 4, 25: Nbf. **Cabillōna,** ae. *f.*, Amm. 15, 11, 11 G.; u. **Cabillo,** Akk. ona, *f.*, Amm. 14, 10. § 3 u. 5; 27, 1, 2; u. **Caballodūnum,** ī, *n.*, Not. dign. occ. 40. § II. C. p. 119 B. – Dav. **Cabillōnēnsis,** e, **kabillonensisch,** portus, Eumen. pan. Constantin. 18, 3.

Cabīra, ōrum, *n.* (Κάβειρα), Stadt in Pontus, eine der Residenzen des Königs Mithridates, Aur. Vict. vir. ill. 76, 6. Eutr. 6, 8.

Cabīrī, ōrum, *m.* (Κάβειροι), die **Kabiren,** von den Pelasgern auf Lemnos u. Samothrake verehrte Gottheiten, deren geheimnisvoller Dienst sich durch ganz Griechenland verbreitete, ja selbst in Phönizien und Ägypten gefunden wurde, anfangs Diener der sogen. »großen Götter« (Di magni u. potes), dann mit diesen identifiziert u. unter ihrem Namen mit den Dioskuren vereint als Schutzgeister verehrt, Plur. bei Acc. tr. 526 (wo Genet. Plur. Cabirûm): Sing. bei Cic. de nat. deor. 3, 23, 58. Lact. 1, 15, 8.

cabo, ōnis, *m.* (Grundwort zu caballus), der **Wallach,** Gloss. V, 51, 5.

cabus, ī, *m.* (κάβος), ein Maß für trockene und flüssige Gegenstände, dem χοῖνιξ entsprechend, der vierte Teil eines hebr. modius = XXII sextarii (s. Metrol. scriptt. p. 101, 9 *H.*), Vulg. 4. regg. 6, 25.

Căca, ae, *f.*, Schwester des Cacus (s. d.), Lact. 1, 20, 36; vgl. Serv. Verg. Aen. 8, 190.

căcabo, āre, **gackeln, gackern,** griech. κακκαβίζω, Naturlaut der Rebhühner, Anthol. Lat. 762, 19 (233, 19). Auct. fr. de aucup. 12.

cacalia, ae, *f.* (κακαλία), eine auch leontice gen. Pflanze, nach Sprengel die **wollkrautblätterige Pestwurz** (*Cacalia verbascifolia,* Sibth.), nach Schneider **Huflattich** (*tussilago*), Plin. 25, 135.

cacātor, ōris, *m.* (caco), der **Kacker,** CIL Vol. 4. suppl. 3782. – **cacātrīx,** īcis, *f.*, die **Kackerin,** CIL 4, 2125.

cacāturio, īī, īre (*Desiderat.* v. caco), **kacken wollen,** Mart. 11, 77, 3. CIL Vol. 4. suppl. 5242.

caccabāceus, a, um (caccabus), **den Tiegel** od. **die Pfanne betreffend,** panis, im Tiegel (in der Pfanne) gebackenes, dah. topfschwarzes, Augustin. retr. 2, 39. Zeno 2. tract. 44: motus, gleich der im Tiegel kochenden Flüssigkeit, Tert. adv. Herm. 41.

caccabātus, a, um (caccabus), **tiegelschwarz** = **rußig, beschmutzt** (Ggstz. immaculatus), Paul. Nol. ep. ad Sever. 32, 9.

caccabīnus, a, um, **im Tiegel (in der Pfanne) gebacken, gesotten,** Apic. 4, 119 u. 120.

caccabulus, ī, *m.* (*Demin.* v. caccabus), ein **kleiner Tiegel,** eine kleine **Pfanne,** Tert. apol. 13 (neben trulla). Arnob. 6, 14 (neben ollula). Apic. 4, 116: fictilis, Pelag. vet. 1. p. 18.

caccabus, ī, *m.* (κάκκαβος), ein wahrsch. dreibeiniger tiefer **Tiegel,** eine **Pfanne,** ein flacher **Kessel,** zum Schmoren u. Backen, Varr. LL. 5, 127. Publ. Syr. mim. fr. inc. 10 R^2 (bei Petr. 55, 6. *v.* 8). Scrib. 45, 82 u. ö. Stat. silv. 4, 9, 45: neben olla (Kochtopf), Vulg. Sirach 13, 3. CIL 4, 1896: neben lebes (Kessel) u. olla, Vulg. 1. regg. 2, 41; paral. 2, 35, 13: neben patina (Kasserolle), Paul. dig. 33, 7, 18, § 3: cacc. novus, Plin. 23, 109: fictilis, Scrib. 220. Plin. Val. 1, 50: fictilis novus vel stagneus (stanneus), Col. 12, 42, 1: aëneus, Col. 12, 48, 1: aereus, Plin. Val. 2, 30: argenteus, Ulp. dig. 34, 2, 19. § 12. – Die Schreibung mit cc in caccabus u. seinen Abgeleiteten ist fast überall die der besten Hdschrn.

caccitus, ī, *m.*, v. einem schönen Knaben, etw. **ein wahrer Ganymed,** Petr. 63, 3 *codd.* u. B.

cacemphaton (cacenphaton), ī, *n.* (κακέμφατον), ein **Ausdruck von unanständiger, obszöner Nebenbedeutung, ein zweideutiger Ausdruck,** Prisc. 12, 28. Diom. 270, 26 u. a. Gramm.; vgl. Quint. 8, 3, 44 *sqq.*

cachectēs, ae, *m.* (καχέκτης), der **Hektische, Schwindsüchtige,** Plur. cachectae bei Plin. 28, 125; 32, 117.

cachecticus, a, um (καχεκτικός), **schwindsüchtig,** Cass. Fel. 3. Cael. Aur. chron. 3, 6, 81.

cachexia, ae, *f.* (καχεξία, schlechter, schlimmer Zustand des Körpers, der Gesundheit), die **Hektik, Schwindsucht,** Cael. Aur. chron. 3, 6, 80 *sqq.*; 4, 2, 18.

cachinnābilis, e (cachinnare), **zum Lautauflachen hinneigend,** animal, Apul. de dogm. Plat. 3. p. 268 H.: risus, ein ausgelassenes Lachen, Apul. met. 3, 7.

cachinnātio, ōnis, *f.* (cachinno), das **Lautauflachen, ausgelassene Lachen,** das **Lachen aus vollem Hals,** das **schallende, gellende, rohe Gelächter,** Rhet. Her. 3, 25. Augustin. serm. 175, 2 u. 351, 5: ut si ridere concessum sit, vituperetur tamen cachinnatio, Cic. Tusc. 4, 66.

1. cachinno, āvī, ātum, āre (cachinnus) = καχάζω **hell-, laut auflachen, ein schallendes, rohes Gelächter erheben, eine helle Lache aufschlagen,** ridere convivae, cachinnare ipse Apronius, Cic.: furtim, Lucr.: petulantius, Aur. Vict. – m. *Acc.*, über etwas, exitium meum cachinnat, Apul. met. 3, 7. – poet. übtr., suavisona echo crepitu clangente cachinnat, schallt laut, Acc. tr. 572 *sq.* (vgl. cachinnus a. E.). – Bei den Schriftstellern immer aktiv cachinno (s. Zumpt Cic. Verr. 3, 62. p. 481); auch Gloss. ›cachinnat, καχάζει‹.

2. cachinno, ōnis, *m.* (cachinnus) = καχαστής der **laute** (spöttische) **Lacher**, sum petulante splene cachinno, es regt die prickelnde Milz mir die Lache, Pers. 1, 12.

cachinnōsus, a, um (cachinnus), **zum lauten Lachen aufgelegt**, Cael. Aur. acut. 1, 3, 41.

cachinnus, ī, *m.* = καγχασμός, die **helle, laute Lache**, das **schallende, gellende, rohe Gelächter**, tum ioca, tum sermo, tum dulces esse cachinni consuerant, Lucr.: cachinnos irridentium commovere, Cic.: cachinnum tollere, Cic., od. edere, Suet.: laetissimum cachinnum extollere, Apul.: effundi in cachinnos, Suet., od. in clarum cachinnum, Apul.: rideri ingenti cachinno, Lampr.: tantus et tam liberalis cachinnus cunctos invaserat, ut etc., Apul.: gaudium in *risu*, non *cachinnum* intellegeres, Hier. ep. 60, 10. – poet. übtr., leni resonant plangore cachinni (undarum), das laute Geplätscher (γέλασμα κυμάτων), Catull. 64, 273 (vgl. cachinno a. E.).

cachla, ae, *f.* (κάχλα), die sonst buphthalmos gen. Pflanze, **Ochsenauge**, Plin. 25, 82.

cachry, yos, *n.* (κάχρυ) u. **cachrys**, yos, Akk. ym, Abl. y, *f.* (κάχρυς), **a** das **Blüten-** u. **Samenkätzchen, Samenzäpfchen** der Eichen, Tannen, Kiefern, Lärchen, Linden, Nussbäume u. Platanen, Plin. 16, 30. – **b** der weiße Samenkern der Pflanze crethmos, Plin. 26, 82. – **c** der in der Medizin angewendete harzige Samen einer von Plinius ros marinum gen. Pflanze (wahrsch. unsere »Nussdolde«, *Cachrys Libanotis,* L.), Cels. 5, 18. *no.* 5. Plin. 24, 101. Scrib. 166, 170, 255: cachry animatum, Scrib. 70. – Verderbte Nbf. cacrium, Plin. Val. 1, 38.

cacillo, āre, **gackeln, gackern,** Naturschrei des Huhns, Anthol. Lat. 762, 25 R. (233, 25 M. gracillat).

cacīnus, s. cachinnus.

cacizotechnos, ī, *m.*, s. catatēxitechnos.

caco, āvī, ātum, āre (griech. κακκάω), **I kacken, hofieren, a** *v. intr.*: cossim, Pompon. com. fr.: toto decies in anno, Catull.: in alqm, Hor.: decedo cacatum, Pompon. com. fr.: neben mingo, CIL 6, 13740: neben mio, CIL 3, 1966. – **b** *v. tr.*: durum, hartleibig sein, Mart.: odorem, Phaedr.: sanguinem, Pelag.: ego quaero quod edim, hi quaerunt quod cacent, Pompon. com. fr. – **II bekacken,** coleos, Laber. com. 66: mentulam, Priap. 69, 4: cacata charta, ein Geschmiere, durch das das Papier verunreinigt wird, Catull. 36, 1 u. 20.

cacochȳmia, ae, *f.* (κακοχυμία), die **Schlechtigkeit der Säfte,** Cass. Fel. 42.

cacochȳmus, a, um (κακόχυμος), **schlechte Säfte habend,** Cass. Fel. 26 (Cels. 2, 19 griech.).

cacodaemōn, onis, *m.* (κακοδαίμων), der **böse Dämon,** Firm. math. 2, 17 Kr. u. Sk. u. Gloss.

cacoēthes, is, *n.* (κακόηθες, boshaft), als *t. t.* der Mediz. = die **hartnäckige, bösartige Krankheit,** Cels. u. Plin.: im Plur. cacoēthe (τὰ κακοήθη), Plin. – übtr., von der unheilbaren Krankheit der Schreibsucht, Iuven. 7, 52.

Cacomnēmōn, onis, *m.* (κακομνήμων), der **mit schlechtem Gedächtnis Begabte,** ein Stück des Laberius, Gell. 16, 7, 8.

cacophēmia, ae, *f.* (κακοφημία), **übler Leumund** (Ggstz. euphemia), Sacerd. art. gramm. 1. § 156. p. 462, 15 K.

cacosyntheton, ī, *n.* (κακοσύνθετον), in der Rhetor. = die **fehlerhafte Verbindung der Wörter,** Lucil. sat. 9, 29. Charis. 271, 22. Sacerd. p. 454, 17 K. u. a. Gramm.

cacosystatus, a, um (κακοσύστατος), **nicht gehörig fest stehend,** Fortunat. art. rhet. 1, 3. p. 83 H.

cacozēlia, ae, *f.* (κακοζηλία), die **fehlerhafte, ungeschickte Nachahmung** guter Muster im Stil, infolge eines verkehrten Geschmacks, die **Nachäffung,** Sen. suas. 7, 11 u. contr. 9 (4), 25. § 28. Quint. 2, 3, 9. Diom. 451, 8. Sacerd. p. 455, 13 K.

cacozēlus, **-on** (κακόζηλος), nur subst., **I** cacozēlus, ī, *m.*, der **ungeschickte Nachahmer** im Stil aus verkehrtem Geschmack, der **Nachäffer,** Sen. suas. 2, 16. Suet. Aug. 86, 2. – **II** cacozēlon, i, *n.* = cacozelia (s. d.), Ps. Ascon. Cic. div. in Caecil. 21; vgl. Quint. 8, 3, 56 *sqq.*

cacrium, s. cachry.

cactos, *-us*, cactus ī, *m.* (κάκτος), eine stachelige Pflanze mit essbarem Stengel u. Blumenboden, die **Karden-Artischocke, spanische Artischocke** (*Cynara Cardunculus,* L.), Plin. 21, 97. – bildl., eradicato cacto et rubo subdolae familiaritatis, Tert. de pallio 2 *extr.*

cacula, ae, *m.*, ein **Soldaten-** od. **Offiziersaufwärter** im Felde, militaris, Plaut. trin. 721. Vgl. Paul. ex Fest. 45, 16. – Plaut. Pseud. argum. 2. *v.* 13 u. 14 căcula gemessen.

caculātum, ī, *n.* = *servitium,* Paul. ex Fest. 46.

caculor, ārī (cacula), **dienen,** Gloss. Placid. V, 29, 6 u. ö.

cacūmen, minis, *n.* (vgl. altind. *kakúd,* Gipfel, Kuppe), die allmählich auslaufende kegelförmige Spitze, das spitz auslaufende obere **Ende,** bes. der **Gipfel** eines Berges, Baumes (Ggstz. radix), **I** eig.: **a** übh.: cacumen radicis loco ponis, Sen.: montis, Catull., Sen. u. a.: Alpium, Plin.: nuda fere cacumina (rupis) sunt, Liv.: collis in modum metae in acutum cacumen fastigatus, Liv.: pyramidis, Plin.: arboris, Verg., Quint. u. a.: oleae, Quint.: praeacuta (ramorum) cacumina, Caes.: cacumina clavorum (der Nägel), Val. Max.: graminis, Plin.: ovi, Plin.: corporis, Lucr.: membrorum, Plin. – **b** als gramm. *t. t.*, das über die Buchstaben gesetzte **Akzentzeichen,** Diom. 433, 21. Mart. Cap. 3. § 273. – **II** übtr., der **Gipfel** = das Höchste, das äußerste Ziel, in cacumine ipso pulchritudinis, venustatis et floris, Arnob. 6, 13: alescendi summum tangere c., den Gipfel des Wachstums völlig erreichen, Lucr. 2, 1130: artibus ad summum c. venire, zur höchsten Vollkommenheit gelangen, Lucr. 5, 1455: florens cacumen nostrae famae frangere, Naev. com. 115.

cacūmino, āvī, ātum, āre (cacumen), **zuspitzen,** summas aures, Ov.: saxo ensem, Sidon.: ova cacuminata, Plin.

Cācus, ī, *m.* (Κᾶκος), Sohn des Vulkan, wahrsch. urspr. ein unterweltlicher Feuergott, nach der späteren Sage ein Straßenräuber in Italien, von Herkules wegen des Rinderdiebstahls erschlagen, Verg. Aen. 8, 190 *sqq.* Liv. 1, 7, 5 *sqq.* Col. 1, 3, 6. Solin. 1. § 7 u. 18. Verr. Flacc. bei Serv. Verg. Aen. 8, 190 (u. Serv. z. St.). Mythogr. Lat. 1, 66; 2, 153 u. a.

cadāver, eris, *n.* (cado, s. Hier. in Iesai. 24, 28. Isid. 11, 2, 25) = πτῶμα νεκροῦ (Gloss.), der gefallene, tot daliegende Körper, der **Leichnam,** die **Leiche,** der Tiere = das **Aas** (als *t. t.*, während corpus mortuum u. bl. corpus, der entseelte Körper, euphem. Ausdruck; dah. cadaver auch wechselnd mit corpus, Cels. praef. § 118. p. 12, 35 *sqq.* [D.]. Auson. perioch. Iliad. 17. Nazar. pan. 30, 1. Hier. in Iesai. 24, 28. Lucan. 3, 675; u. cadavera, Ggstz. vivorum corpora, Val. Max. 9, 2. ext. 10, u. Ggstz. vivus homo, Cels. praef. § 118. p. 12, 38 D.), **I** eig.: cadaverum ossa, Varr. LL.: odor cadaveris, Suet., cadaverum, Curt.: foetor cadaveris, Aur. Vict: cadaverum tabes, Suet.: cadaverum pabulum, Flor. – senis cadaver, Quint.: mariti cadaver, Apul.: hostium cadavera, Sall.: cad. leonis, Vulg.: cad. hominis occisi, Vulg.: cad. mortui bovis, Vulg. – cad. caninum, Aur. Vict.: P. Clodii cruentum cadaver, Cic.: cad. crudum, Iuven.: cad. informe, Verg.: hostilia cadavera, Sall.: cadavera intumescentia, Plin.: cadavera medicata, Plin.: cad. morticinum, Vulg.: cad. recens, Plin. u. Petr.: taetra cadavera, Lucr.: cadaver (anus) unctum oleo largo, Apul. – aqua turbida et cadaveribus inquinata, Cic.: congestae alte cadaverum moles, Nazar. pan.: turpi dilapsa cadavera tabo, Verg.: erecta cadavera adornata veste atque armis, Frontin. – cadaver abicere, Cic. u. Tac., abicere in publicum, Cic.: cadavera intacta a canibus ac vulturibus tabes absumebat, Liv.: fossas cadaveribus aequare, Pacat. pan.: cadavera asservare medicata, Plin.: coacervare cadavera, Caes.: cadaver alcis deponere de cruce, Vulg.: congerere cadavera, Flor.: cadaver curare, Suet.: Aegyptii diligenter curant cadavera mortuorum, Augustin.: cadaver nocturnis canibus dilaniandum relinquere, Cic.: cadaver efferre, Liv.: alcis cadaver eicere domo, Cic.: cadavera eicere angustis cellis, Hor.: cadavera exportare vehiculis serracisque, Capit.: ut viae cadaveribus implerentur, Iustin.: ubi passim domus, fora, viae templaque cruore ac cadaveribus opplerentur, Aur. Vict.: proicere cadaver alcis in itinere, Vulg.: cadaverum artus rescindere (v. Anatomen), Sen. rhet: sternere cadavera parricidarum, Cic.: alcis cadaver cervicibus reste circumdatum per vias trahere, Val. Max.: visere interfectae cadaver, Suet.: volvere (umwenden) cadavera, Sall. Iug. – verächtl., v. einem, der dem Grabe nahe ist, busti cadaver extremum, Apul. met. 4, 7: cad. surdum, Apul. met. 8, 25: foeda etiam cadavera, Ps. Quint. decl. 12, 13 *extr.*: olim iam tuum est hoc cadaver, Sen. fragm. Oedip. 36. – u. als Schimpfwort, eiectum od. abiectum hoc cadaver, Cic. Pis. 19 u. 82. – **II** übtr., die **Trümmer,** tot oppidûm cadavera, Sulpic. in Cic. ep. 4, 5, 4: tot semirutarum urbium cadavera, Ambros. ep. 39, 3. – cadaver vulg. auch Mask., CIL 4, 3129 (cad. mortuus). Dracont. carm. 9, 44*sq.* (cadaver quem).

cadāverīnus, a, um (cadaver), **vom Aas,** nidores, Augustin. de civ. dei 9, 16. – subst., cadāverīna, ae, *f.* (*sc.* caro), Fleisch vom gefallenen Vieh, **Aas,** Tert. de anim. 32.

cadāverōsus, a, um (cadaver), **leichenähnlich, -haft,** facies, Ter. Hec. 441: v. Pers., Ambros. in psalm. 48. serm. 16. § 28.

Caddusiī, falsche Schreibart für Cadusii, s. d.

cadēsco, ere (*Inchoat.* v. cado), **zu Fall kommen,** citius, Theod. Prisc. 2, 2.

cadiālis, e (cadus), **im Krug aufbewahrt,** resina, Cael. Aur. chron. 2, 7, 108.

cadīvus, a, um (cado), **I** von Früchten = **von selbst abfallend, abfällig,** mala, Plin. 15, 59 u. a. – **II** von Kranken = **mit der fallenden Sucht behaftet,** Marc. Emp. 20. – **III** von der Krankheit selbst, **epileptisch,** quod genus morbi rustici cadivum dixēre, Greg. Tur. vita S. Mart. 2, 18.

cadmēa u. **cadmīa** od. **cadmia,** ae, *f.* (καδμεία, καδμία), **Galmei,** sowohl der natürliche als der in Schmelzhütten sich bildende, der **graue Hüttenrauch** (versch. von diphryges, d. i. Ofenbruch), cadmia, Cels. 5, 7 u. 5, 28. *no.* 5 u. a. Scrib. 21. 23. 242: cadmea u. cadmia, Plin. 34, 100*sqq.* u. a.: Akk. cadmean, Plin. 34, 2. – c. botryitis, s. botryītis.

Cadmēa, s. Cadmus *no.* I.

Cadmēis, -mēius, -mēus, s. Cadmus *no.* I.

cadmīa, s. cadmēa.

Cadmogena, s. Cadmus *no.* I.

Cadmus, ī, *m.* (Κάδμος), **I** Sohn des phönizischen Königs Agenor, Gemahl der Harmonia, Vater des Polydorus, der Semele, Agave, Ino u. Autonoë. Er kam, um seine von Zeus nach Kreta entführte Schwester Europa zu suchen, nach Böotien, gründete dort Cadmea, die Burg des späteren böotischen Thebens (Ov. met. 1, 15*sq.*; fast. 1, 490), brachte ein Alphabet von 16 Buchstaben mit nach Griechenland (Plin. 7, 192), erfand das Schmelzen des Erzes (Plin. 7, 197. Hyg. fab. 274) u. wurde zuletzt samt seiner Gattin Harmonia in Drachen verwandelt, Ov. met. 4, 463*sqq.* Hor. de art. poët. 187; vgl. Hyg. fab. 178*sq.* – dah. Cadmi soror, Europa (als Weltteil), Ov. ex Pont. 4, 10, 55: Cadmi nigellae filiae od. filiolae atricolores, von den Buchstaben, Auson. ep. 4, 74 u. 7, 52. – Dav. abgel.: **A Cadmēis,** idos, Akk. ida, *f.* (Καδμηΐς), **zu Kadmus gehörig, kadmëisch,** poet. = **thebanisch,** arx, Ov.: matres, Ov. – subst., eine **Kadmëide** (= Tochter des Kadmus), wie Semele u. Ino, Acc. fr. u. Ov.: u. Plur. Cadmēides, Agave, Ino u. Autonoē, Sen. poët. – **B Cadmēius,** a, um (Καδμήϊος), **kadmëisch,** genetrix, Agave, Stat.: seges, die von Kadmus gesäten Drachenzähne, Val. Flacc.: heros, der Thebaner Polyneikes, Stat. – **C Cadmēus,** a, um (Καδμεῖος), **zu Kadmus gehörig, kadmëisch,** poet. = **thebanisch,** Thebae, Prop.: cistae, bacchische (weil Bacchus Enkel des Kadmus von der Semele), Sen. poët.: Tyros (weil Kadmus aus Phönizien), Prop.: dah. gens, stirps, manus, karthagisch, Sil. – subst., Cadmēa, ae, *f.* (*sc.* arx), die Burg in Theben (von Kadmus gegründet), Nep. – **D Cadmogena,** ae, *f.*, **von Kadmus gezeugt,** Semela, *Acc. tr. 642. – **II** aus Milet, Logograph u. einer der ersten Prosaisten, kurz vor den Perserkriegen, Plin. 7, 205. – **III** ein grausamer Henker zur Zeit des Horaz, Hor. sat. 1, 6, 39.

cado, cecidī, cāsūrus, ere (altind. *çad-*, Perf. *çaçáda*, Fut. *çatsyanti*, »abfallen, ausfallen«), **fallen, sinken,** zuw. auch **sich senken, I** im Allg.: **A** eig.: **a** v. lebl. Subjj., absol.: quare calix, si cecidit, frangitur; spongia, si cecidit, non frangitur, Sen.: bis patriae cecidere manus, Verg.: articulus ad numerum cadens, der nach dem Takt sich senkende Finger, Cic. – a mento cadit manus, Ov.: arma alci cadunt de manibus, Cic. (u. arma de manibus alcis delapsa cadunt, Cic.): cadere ex muro, Liv.: ex arbore, Plin.: e celsiore scopulo, von einer steilen Höhe herabstürzen (bildl.), Amm.: de tertio cenaculo deorsum, Vulg.: tum arbores *in* te cadent, Plaut.: caelo u. de caelo (v. Meteorsteinen), Liv.: sinu, Ov. – in terram, Cic., od. ad terram, Quint.: in sinum, Ov.: in alqm, Plaut.: supra caput alcis, Lucr. – in Euboico litore saxea pila cadit, Verg. – deorsum, Plaut.: gravatim, Lucr. So nun bes.: **α** v. Geschossen, **fallen,** cadunt tela retusa, Ov.: in hostem, Curt.: in humum, Curt. – frustra, Sen.: ut tela in vanum cadant, Sen.: levius, auffallen, Caes. – so auch v. Blitzen, cadentia (einschlagende) fulmina, Curt.: quaecumque cadent, in te fulmina missa putes, Ov.: caelo cadunt fulmina, Petr.: fulmina paucorum periculo cadunt, omnium metu, Sen. – **β** v. Würfel u. Wurf, **fallen,** ut (talus) cadat rectus, Cic. Tusc. 3, 54: u. (im Bild) iudice fortunā cadat alea, Petr. poët. 122. *v.* 174; vgl. auch Ter. adelph. 741. – u. v. Lose, im Bild, Liv. 2, 12, 16. – **γ** v. Segeln, **eingezogen werden,** vela cadunt, Verg. Aen. 3, 207. Ov. fast. 3, 585. Gloss. IV, 468, 28. u. (bildl. = der Zorn legt sich) Ov. art. am. 1, 373. – **δ** v. Gewändern, pallium interdum cadit, ut candidos nudet umeros, Hieron. ep. 117, 7 *extr.* – **ε** v. Flüssigkeiten (v. Regen, Schnee, Tau, Wassertropfen, Wellen, Gewässern, Tränen usw.), **fallen, sich ergießen,** cadere imbres, Lucr.: imbres cadentes, Mela: nix cadens, Lucr.: cadentes assidue nives, Mela: ad cenam non ibo, si nives cadent, Sen. (vgl. nix): guttae cadentes, Cic.: ros cadit, Plaut., rores cadunt, Plin.: lacrimae tam iuste cadentes, Sen.: hae lacrimae per elisionem cadunt nolentibus nobis, Sen.: sine fine cadentes aquae (Regengüsse), Sen.: haemorrhoides cadere cogit, Scribon.: e capillis ros cadit, Ov.: cadunt toto de corpore guttae, Ov.: u. (im Bild) Graeco fonte cadent (verba), Hor.: ut (Athos) aestimetur altior, quam *unde* imbres cadunt, Solin. – in ora, per genas (von Tränen), Ov.: in petram (v. einer Quelle), Curt.: in sinum maris (v. einem Fluss), Liv.: u. so in mare (v. einem Sumpf), Curt.: in Maeandrum (v. einem Fluss), Liv.: ex India in Hyrcaniam (v. Meer), Curt. – silanus iuxta cadens (plätschernder), Cels. – **ζ** v. Schatten, **fallen,** altis de montibus, Verg.: umbra modo brevior modo longior hāc vel illā cadit, Sen.: arboris antiquae quā levis umbra cadit, Tibull.: in ea India umbrae in meridiem cadunt, Plin.: ne umbrae in corpora cadant (auf einem Gemälde), Quint.: longius cadentes umbrae, die sich verlängernden (der Menschen), Flor. – **η** v. dem, was auf natürlichem Wege von selbst od. künstlich sich trennt, sich loslöst u. abfällt, **fallen, ab-, ausfallen, ausgehen,** priora (medicamenta) fasciā deliganda sunt, ne per somnum cadant, Cels. – an od. von Bäumen od. Pflanzen, folia nunc cadunt, Plaut.: arbori od. ex arbore folia cadunt, Plin.: u. casuri flosculi, Quint.: motis poma cadunt ramis, Ov.: u. folia de arboribus cadunt, Mythogr. Lat. – am od. vom tier. Körper, donec crustae cadant, Cels.: vitiosi ungues cadunt, Cels.: cadunt capilli, Petr.: cadit pilus quadrupedibus, Plin.: a fronte (am Vorderhaupt) cadunt pili, Vulg.: tondenti barba cadit, Verg.: cadit dens, Cels.: dentes cadunt, Plaut. u. Plin.: cadunt alci dentes, Sen. – **θ** v. der Sonne u. a. Gestirnen, v. Tage, v. Jahreszeiten, **sinken, sich neigen, untergehen** (Ggstz. oriri), in densam umbram, Curt., od. in mare, Flor. (v. der Sonne): in Oceanum (v. Gestirnen), Prop.: Delia (Mond) exoriens simul atque cadens, Manil. – infra caelum et sidera nox cadit, die Nacht erhebt sich nicht bis zum Himmel u. bis zu den Sternen, Tac.: quā (wo) tristis Orion cadit, Hor. – hiems cecidit (ist dahin), referent illam sui menses, Sen. ep. 36, 11. – dah. sol cadens, poet. = Abend, Westen, iuxta solem cadentem, Verg. Aen. 4, 480: soli subiecta cadenti arva, Avien. descr. orb. 273.

– **ι** v. Winden, Stürmen, Orkanen, **sich legen** (Ggstz. surgere; vgl. Drak. Liv. 26, 39, 8 u. 29, 27, 10), ventus premente nebulā cecidit, Liv.: ubi primum aquilones (ii namque per aliquot dies tenuerunt) cecidere, Liv.: cadente iam euro, Liv.: sic cunctus cecidit pelagi fragor, Verg. – **κ** v. Worten usw., dem Munde **entfallen,** sic iterat voces et verba cadentia tollit, Hor.: haec aliis male dicta cadant, Tibull.: neu tibi pro vano verba benigna cadant, Prop.: haud irritae cecidere minae, Liv. – **λ** (als gramm. u. rhet. *t. t.*) v. Wort- u. Tonfall, **abfallen, verlaufen, enden,** quod verba melius in syllabas longiores cadunt, Cic.: quā (litterā m) nullum Graecum verbum cadit, Quint.: quae cadunt similiter, gleiche Abfälle (ὁμοιόπτωτα; dagegen quae similiter desinunt, gleiche Ausgänge [wie unsere Reime], ὁμοιοτέλευτα), Cic. de or. 3, 206: *similiter cadens* (Gleichheit des Falles) exornatio appellatur, cum etc., Rhet. Her. 4, 28: ultima syllaba in gravem cadit, Quint. – cadere numerose, aptissime, Cic.: numerus opportune cadens, Quint.

b v. leb. Wesen, **α** übh.: ubi circumvortor (mich im Tanz herumdrehe), cado, Plaut.: et labaris oportet et arietes et cadas, Sen.: cecidit coxamque fregit, Plin. ep.: sanis pedibus suis cecidit, pedem fregit, Augustin.: fratrem suum pugno ictum a Kaesone cecidisse, Liv.: si prolapsus cecidisset, Liv.: cadere solere u. saepius cadere (v. Fallsüchtigen), Cels. u. Plin. Val.: u. (im Bild) magnus orator minime in lubrico versabitur, et si semel constiterit, numquam cadet, Cic.: u. (im Bild), securus cadat an recto stet fabula talo, Hor. – ab alto (v. Vögeln), Plin.: de equo, Plaut. u. Cic.: de sella, Augustin. – alci ad pedes, Eutr.: in terram, in die Erde sinken (v. Körper), Cic.: alte in terram, Varr. fr.: in pedes alcis, Sen. rhet.: in patrios pedes, Ov.: in vulnus, Liv.: in vultus, Ov.: in transtra, sich ganz auf die Ruderbänke niederbeugen (= mit voller Kraft rudern), Lucan.: alci ad pedes, Eutr. 4, 7. Augustin. serm. 143, 4: alcis ad pedes, Vulg. Luc. 8, 41 u. Ioann. 11, 32: super collum alcis (jmdm. um den Hals), Vulg. Luc. 15, 20. – praecipitem, Verg.: pronum, Ov.: supinum, Suet.: honestius, Suet. – **β** von der Frau = **sich** einem Mann **hingeben** (Ggstz. demitti), Plaut. Pers. 656. Tibull. 4, 10, 2. Sen. contr. 1, 3, 7. – **γ** v. Neugeborenen, de matre cadens, Stat. Theb. 1, 60: matre cadens, Val. Flacc. 1, 355. – u. v. der Sitte, Neugeborene vor die Füße des Vaters zu legen, tellure cadens, Stat. silv. 1, 2, 209 u. 5, 5, 69.

B übtr.: **a** wohin **fallen = kommen, geraten, α** übh.: abrupte in narrationem, in die E. wie mit der Tür ins Haus fallen (v. Redner), Quint. 4, 1, 79. – **β** in od. auf eine Zeit **fallen,** in ihr **eintreten,** in id saeculum Romuli cecidit aetas, Cic.: considera, ne in alienissimum tempus cadat adventus tuus, Cic. – bes. v. Zahlungen, **fällig werden, einkommen,** in eam diem cadere nummos, qui a Quinto debentur, Cic.: sed ei ex praediis, ut cadet, ita solvetur, Cic. – **γ** in die Sinne od. geistige Anschauung **fallen, kommen,** ihr **anheimfallen, unterworfen werden,** sub sensum aliquem, Cic.: sub sensum cernendi, Cic.: sub oculos, sub aspectum, in conspectum, Cic.: sub aspectum et tactum, Cic.: sub aurium mensuram aliquam, Cic.: sub iudicium sapientis et delectum, Cic.: sub intellegentiam, Cic.: in deliberationem, in nostram intellegentiam, Cic.: ne in cogitationem quidem, nicht einmal gedacht werden können, Cic. – **δ** in eine gewisse Klasse usw. **fallen,** ihr **zufallen, anheimfallen,** zu ihr **gehören,** in idem genus orationis, Cic.: u. sub eandem rationem, Cic.: in unam quaestionem (v. mehreren), Quint.: sub nullam regulam cadere posse, unter keine Regel gebracht werden können, Sen.: ultra medicinae professionem, Scrib. – **ε** in einen Zustand, in ein Verhältnis **fallen, verfallen, geraten,** ihm **anheimfallen,** von Pers., in morbum, Cic.: in unius potestatem, Cic.: sub populi Romani imperium ditionemque, Cic.: in offensionem alcis, Cic.: in suspicionem alcis, Nep.: u. in aliquam vituperationem, Cic.: in peccatum, der S. verfallen, Augustin. in psalm. 65, 13. – **ζ** an jmd. **fallen,** jmdm. **zufallen, anheimfallen** = zuteil werden, m. Ang. **an wen?** durch *ad* m. Akk., regnum praeceps ad servitia (die Sklaven) cadit, Liv.: ad regna alcis, Lucr. – u. durch *Dat.,* quibus ad portas cecidit custodia sorti (Abl.), Verg. – **η** auf jmd. fallen, d. i. jmd. **treffen, auf** jmd. od. etw. **Anwendung finden,** auf od. für jmd. od. etw. **passen,** jmdm. **beigelegt-, zugemutet werden können,** mit etw. **stimmen,** non cadit in hos mores, non in hunc hominem ista suspicio, Cic.: hoc verbum, hoc nomen cadit in alqm, Cic.: non cadit in te superbia, Curt.: cadit ergo in bonum virum mentiri emolumenti sui causā, criminari etc.? Cic.: cadit igitur in eundem et misereri et invidere, Cic.: in consuetudinem nostram non caderet, es würde mit unserem Sprachgebrauch nicht übereinstimmen, Cic.

b seinem Verlauf od. Erfolg nach fallen = **eintreten, sich ereignen, sich zutragen,** so u. so **ausfallen, ablaufen,** von Ereignissen, Versprechen u. dgl., quae tum maxime acciderant, casura praemonens, Liv.: si quid adversi casurum foret, Liv.: quid, si hostem habuissemus, casurum fuisset, Liv.: vota cadunt, treten ein, d. i. gehen in Erfüllung, Tibull. 2, 2, 17 (versch. von omnia ingrato litore vota cadunt, im Bild = bleiben unerfüllt, Prop. 1, 17, 4). – c. fortuito, Cic.: c. feliciter, Sen. rhet.: c. male, Caes.: hoc adhuc percommode cadit, quod (dass usw.), Cic.: quod melius caderet nihil vidi, Cic.: res cecidit praeter opinionem, Nep., od. aliter ac putaram, Cic.: cecidit ut volumus et optamus (ganz erwünscht), Cic.: commodius cadere non potuit, Cic.: durius et contra praedicta cadentibus rebus, Suet. – si non omnia caderent secunda, Caes.: ut irrita promissa eius caderent, Liv. – res quocunque cadent etc., Verg.: leviter curare videtur, quo promissa cadant, Hor.: etsi verebar, quorsum id casurum esset, Cic.: aliorsum vota ceciderunt, Flor. – ni misericordia in perniciem casura esset, Cic.: cadere ad od. in irritum, fehlschlagen, vereitelt werden, fruchtlos bleiben (v. Hoffnung usw.), Liv. u. Tac.: so auch in cassum, Plaut. u. Lucr., u. frustra, Tac. – m. Ang. **wem?** etw. eintritt, sich ereignet, begegnet, durch *Dat.,* ut nihil ipsis iure incommodi cadere possit, Cic.: insperanti mihi cecidit, ut etc., Cic.: hoc cecidit mihi peropportune, quod etc., Cic.: nihil mihi optatius cadere potest, quam ut etc., Cic.: qua in re mihi videtur illud perquam venuste (ganz allerliebst) cecidisse, ut (dass) etc., Cael. in Cic. ep.: sed certe a te mihi omnia semper honesta et iucunda ceciderunt, Cic. – nimia illa libertas et populis et privatis in nimiam servitutem cadit, schlägt um in usw. (wie μεταβάλλει), Cic. de rep. 1, 68.

c gleichs. zu Boden **fallen, sinken, α** v. Pers., **αα** durch Verlust der Macht, des Ansehens, des Kredits im Staats- u. Privatleben, turpius est enim privatim cadere quam publice, Cic.: tam graviter c., Cic.: eminentis vitae exitus est cadere, Sen. – **ββ** durch Verlust des Prozesses, **fallen = den Prozess verlieren, verurteilt werden,** absol., Tac. hist. 4, 6: in iudicio, Cic.: causā, Cic. u. ICt., od. formulā, Sen. u. Quint., infolge eines Formfehlers den Prozess verlieren (s. Piderit Cic. de or. 1, 166. Halm Cic. Mur. 9): coniurationis crimine, Tac.: ore impudico (accusatoris), Tac. – **γγ** durch Verlust des moralischen Haltes, Mutes, frangi repente et ita cadere, ut nulla res te ad aequitatem animi possit postea extollere, Cic.: non debemus ita cadere animis (den Mut verlieren), quasi etc., Cic. ep. 6, 1, 4. – **β** v. Lebl., **αα** durch Abnahme der extensiven od. intensiven Stärke, **sinken, schwinden,** cadunt vires, Lucr.: cadit vis venti, Liv. – cadit alci ira, Liv., u. (poet.) cadit ira fulminis, Prop.: cadit ira metu, Ov. – **ββ** durch Abnahme des moral. Haltes, **sinken, entsinken,** nec debilitari animos aut cadere patitur (amicitia), Cic.: castris amissis od. alienis cladibus ceciderant animi, Liv. (s. Drak. Liv. 1, 11, 3): cecidere illis animique manusque, Ov. – **γγ** durch Abnahme od. Verlust der Geltung, Macht, **fallen, sinken, an Geltung-, an Bedeutung-, an Ansehen verlieren,** pretia militiae casura in pace, Liv.: tua laus pariter cum re publica cecidit, Cic.: tanta civitas si cadet, Cic.: auctoritas principum cecidit, Cic.: multa renascentur, quae cecidere, cadentque quae nunc sunt in honore vocabula, Hor.: si magnus vir cecidit, magnus iacuit, Sen. – huc cecidisse Germani exercitus gloriam, ut etc., so weit (so tief) sei der R. des germ. H. gesunken, dass usw., Tac. – Unpers., periculum est, ne cadatur, Augustin. de dono persev. 1.

II prägn., **fallen = hinsinken, zusammensinken, a** v. lebl. Subjj.: **α fallen = einfallen, einsinken, zusammenfallen, -sinken, verfallen, versinken,** cadunt toti montes, Lucr.: at mundus aliquando est casurus? Ps. Quint. decl. – v. menschl. Gliedmaßen, cadunt alci oculi, fallen zu, Cic.: cadentes in ipso opere oculi, Sen.: cadentes iam oculos ad meum nomen erexit, Sen. rhet.: venas cadentes vino fulcire od. reficere, Sen. – **β** **fallen** = erobert u. zerstört werden, von Städten, non tota cadet Troia, Ov.: cadere Argolico sub milite Troiam, Ov. **b** v. leb. Wesen, **fallen, sinken** = tot **hinsinken,** **α** von Menschen, teils gewaltsam, sowohl **durch fremde Hand,** im Kampf, Krieg, od. durch Gift, durch das Henkerschwert usw., hinterlistig usw., pauci de nostris cadunt, Caes.: pauci utrimque cecidere, Liv.: ante signa circaque omnes ceciderant, Liv.: adversum femur tragulā graviter ictus cecidit, Liv.: confossi ceciderunt, Liv. – cadere in acie, Cic., in proelio, in eo bello, Nep.: acie civili, Ov.: pugnā Cannensi, Liv.: inter signa Samnitium, Liv.: in Hispania, Liv. – in pio officio, Ov. – telis, Tac.: iaculo eminus, Ov.: u. Marte suo per mutua vulnera, Ov.: u. per alqm iustā morte, Hor.: per acies aut proscriptione, Tac.: fraude muliebri, Tac.: poenali gladio (unter dem Henkerschwert), Amm. 27, 12, 3. – pro patria, Quint.: pro optimatibus, Tac. – neque illius interest, quemadmodum aut ubi cadam, Iustin.: in pugna acceptis a forti adversario vulneribus honeste cadere, Cic.: super LX milia non armis telisque Romanorum, sed ... oblectationi oculisque ceciderunt, Tac.: cadere cum dignitate, Cic.: iure belli, Tac. – m. Ang. **von wem?** durch *ab* m. Abl. (s. Burm. Ov. met. 5, 192. Nipp. Tac. ann. 16, 9. Ruhnk. Suet. Oth. 5, 1): a tanto viro, Ov.: a centurione advorsis vulneribus tamquam in pugna, Tac.: nihil referre an *ab* hoste in acie an in foro *sub* creditoribus caderet, Suet.: poet. durch bl. *Abl.*, Thessalo victore, Hor. – m. Ang. **wem zuliebe?** durch *Dat.*, illud rogo, legi potius quam scorto cadat (hingerichtet werde), Sen. contr. 9 (4), 25. § 8. – als **durch eigene Hand,** suā manu, Tac.: exitu voluntario, Tac. – teils **durch Schicksals Hand, in den Tod-, ins Grab sinken,** vivam, si vivet; si cadet illa, cadam, Prop. – cadere ferrove fatove, Ov. – **β** v. Opfertieren, **fallen** = als Opfer **geschlachtet werden, geopfert werden,** si tener pleno cadit haedus anno, Hor.: hostia cadit ante aras, Verg.: quae prima hostia ante foculum cecidit, Val. Max. – m. Ang. **wem?** durch *Dat.*, agna cadet vobis, Tibull.: ovis cadit deo, Ov.: u. (im Bild) nostrae cadens ferus Hannibal irae, Corn. Sever. (poët.) bei Sen. suas. 6, 26. – Abl. Partiz. Präs. cadenti, Lucr. 3, 466: Genet. Plur. cadentum, Verg. Aen. 10, 674 u. 12, 410. Sil. 4, 424.

cadūcārius, a, um (caducus), **I** **fallsüchtig,** homines, Augustin. de beat. vit. § 16 u. 20. – **II** **ein herrenloses Gut betreffend,** lex Iulia c. (von Augustus herrührend), Ulp. lib. reg. § 28. – subst., der **Erbe eines herrenlosen Gutes,** Gloss. IV, 214, 2 u. ö.

cādūceātor, ōris, *m.* (caduceus), der von den Feinden an die Gegenpartei abgeschickte **Herold,** der **Parlamentär, Unterhändler,** **I** eig.: caduceatore ad consulem misso, qui indutias ad sepeliendos milites peteret, Liv.: caduceatorem praemisit, qui denuntiaret etc., Curt. Vgl. Mützell Curt. 3, 1, 6. – **II** übtr.: qui (Eumolpidae) postea floruerunt *caduceatores hierophantae* (ἱεροφάνται) atque *praecones* (ἱεροκήρυκες), eine Art Boten, Herolde in den eleusin. Mysterien, Arnob. 5, 25.

cādūceātus, a, um (caduceus), **mit dem Heroldsstab versehen,** Mercurius petasatus et caduceatus, CIL 5, 194*. Vgl. Gloss. V, 275, 8.

cādūceum, ī, *n.* = κηρύκειον, κηρύκιον, der **Heroldsstab,** Gell. 10, 27, 5. Apul. met. 10, 3. Macr. sat. 1, 19, 16. Serv. Verg. Aen. 4, 242; vgl. Caper de verb. dub. p. 108, 12 K.

cādūceus, ī, *m.* = κηρύκιον, dorisch καρύκιον, der Stab, den der caduceator vor sich trägt, der **Heroldsstab,** Cic. u. a.: oratores cum caduceo ad Paulum misit, Liv. – v. dem von zwei Schlangen umwundenen Heroldsstab des Götterboten Merkur, Suet. u. a. – Adj., caducea virga, Mythogr. Lat. 1, 119.

cadūcia, ae, *f.*, die **Epilepsie,** Gloss. IV, 40, 17.

cādūcifer, ferī, *m.* (caduceus u. fero), **den Heroldsstab tragend,** ein Beiname des Merkur, Atlantiades c., Ov. met. 8, 627: u. absol., Ov. fast. 5, 449.

cadūciter, *Adv.* (caducus), **abfällig. jählings,** Varr. sat. Men. 576.

cadūcus, a, um (cado), **I** **fallend, gefallen,** **A** eig.: aqua, Varr. u. Ov.: oleae, Cato: folia, Ov.: fulmen, herabgeschleudert, Hor. – bello caduci, im Krieg gefallene, Verg. Aen. 6, 481. – subst., **cadūcum,** ī, *n.*, die **abgefallene Blüte,** māli Punici, Cael. Aur. chron. 4, 3, 52 u. 5, 2, 44. – **B** übtr., als jurist. *t. t.*, nicht an den eig. im Testament eingesetzten Erben (weil er kinderlos ist oder die Erbschaft nicht antritt), sondern an andere, mit Kindern gesegnete Erben od., falls solche nicht vorhanden, an das Ärarium u. später an den Fiskus fallend, **anheimgefallen, verfallen, herrenlos,** hereditas, Cic. u. Inscr.: possessio, Iustin.: bona, ICt.: u. Plur. subst., cadūca, ōrum, *n.*, heimgefallene, herrenlose Güter, ICt. – übtr., prudentiae doctrinaeque possessio quasi caduca (gleichs. verschmähte) atque vacua (herrenlose), Cic. de or. 3, 122. – **II** **zum Fallen geneigt, zum Fallen reif, leicht fallend, abfällig,** **A** eig.: **1** im Allg.: lignum caducum in domini caput, das einst fallen wollte, Hor.: vitis, Cic.: frons, flos, Ov. – **2** insbes.: **a** **zum Fallen reif** = dem Tode geweiht, zum Sterben bestimmt, iuvenis, Verg. Aen. 10, 622. – **b** als mediz. *t. t.*, **fallsüchtig, epileptisch** (vgl. Isid. 10, 61), homo, Iul. Firm.: equus, Veget.: morbus, die Fallsucht, Epilepsie, Apul. – subst. cadūca, ae, *f.*, die Epilepsie, Isid. 4, 7, 5. Chiron 490. – **B** übtr., **hinfällig** = vergänglich, eitel, nichtig, res humanae fragiles caducaeque, Cic.: corpus caducum et infirmum, Cic.: brevis (von kurzer Dauer) et caduca res, Sen.: fama, spes, preces, Ov.

Cadurcī, ōrum, *m.*, eine gall. Völkerschaft in Aquitanien, im heutigen *Quercy,* berühmt durch Leinwandfabrikation, gewirkte Arbeiten, Polster u. dgl., Caes. b. G. 7, 4 *sqq.* Plin. 4, 109: südlicher die Cadurci Eleutheri, mit der Hauptstadt Albiga (j. *Alby*), Caes. b. G. 7, 75, 2. – Dav. **Cadurcus,** a, um, **kadurcisch,** Sidon. u. Auson.: fasciae, von kadurc. Leinwand, Sulpicia poët. – subst., cadurcum, ī, *n.* (*sc.* stragulum), eine kadurcische (leinene) Decke, Iuven. 7, 221; u. meton. = das mit kadurcischer Decke geschmückte **Bett, Ehebett,** Iuven. 6, 537.

cadurcum, ī, *n.*, s. Cadurcī.

cadus, ī, *m.* (κάδος), **I** ein größeres irdenes Gefäß von kegelförmiger Gestalt, dessen Bauch nach unten zu enger oder (zum Eingraben in die Erde) spitz zulief und nach oben durch einen schmalen Hals mit der etwas breiteren Öffnung in Verbindung stand, der **Krug,** zum Aufbewahren **a** des Weins, der **Weinkrug,** Plaut., Verg., Hor. u. Ov.: dah. meton. (poet.) = **Wein,** Tibull. u. Hor. – **b** anderer Dinge, wie: des Öls (dah. olearii cadi), der Hülsenfrüchte, der Feigen, Plin.: des Honigs, Mart.: als Geldtopf, Mart.: u. (= urna) als Aschenkrug, Verg.: als Blumentopf, Plin.: beim Opfern, cadus ligneus, Aur. Vict. Caes. 33, 8. – **II** übtr., das größte griech. Hohlmaß für Flüssigkeiten = 12 congii od. 72 sextarii (dah. bei den Römern von griech. Weinen meist cadus, von italienischen amphora, die ²/₃ des cadus enthielt, s. Auct. carm. de pond. 64 u. 84), centum cadi olei, Vulg.: Genet. Plur. gew. cadûm, vini mille cadum, Lucil. fr.: decem milia cadum, Varr. fr.

Cadūsii, ōrum, *m.* (Καδούσιοι), ein großes kriegerisches Volk am Kaspischen Meer, namentlich in den Gebirgen der Südwestküste in Media Atropatene, Nep. Dat. 1, 2. Liv. 35, 48, 5. Iustin. 10, 3, 2. – Deren Land **Cadūsia,** ae, *f.*, **Kadusien,** Plin. 6, 36.

cadytās, ae, *m.* (καδύτας), eine Schmarotzerpflanze in Syrien, Plin. 16, 244.

caecātor, ōris *m.* (caeco) der **Blender,** viventis aquae, der Verstopfer des Borns, Paul. Nol. carm. 24, 618.

caeciās, Akk. an, *m.* (καικίας), der **Nordostwind** (od. genauer **Nord-Drittel-Ostwind),** Vitr. 1, 6, 10. Plin. 2, 120 *sq.* Gell. 2, 22, 24: caecias ventus, Apul. de mund. 14.

caecigenus, a, um (caecus u. gigno), **blindgeboren,** Lucr. 2, 741.

caecilia, ae, *f.* (caecus), **I** eine Eidechsenart, noch heute italien. *cecella,* bei den Sarden *cicigna,* Col. 6, 17, 1. Veget. mul. 4, 21, 1. – **II** eine Art **Laktuke, Lattich,** Col. poët. 10, 190.

Caecilius, a, Name einer berühmten plebejischen *gens,* deren bedeutendste Familie die Metelli (s. 1. Metellus) waren u. in der die Beinamen Denter, Bassus, Rufus, Pinna u. a. vorkommen. – Hier sind bes. zu erwähnen: Q. Caec. Metellus, 148 v. Chr. Prätor mit der Provinz Mazedonien, wegen verschiedener Siege u. eines Triumphs über diese Pr. mit dem Bein. Macedonicus, Cic. de fin. 5, 82. – Dessen ältester

Sohn Q. Caec. Metellus, Konsul 123 v. Chr., wegen eines Sieges u. Triumphs über die Balearen mit dem Beinamen Balearicus, Cic. Brut. 259. Flor. 3, 8, 1. – Dessen Schwestern (Töchter des Maced.) Caeciliae, Cic. de dom. 123. – Dessen Tochter Caecilia (Mutter des Prätors Appius Klaudius u. des Volkstribunen Klodius), Cic. de div. 1, 4 u. 99. – C. Caecilius (Statius), ein ausgezeichneter röm. Komiker, Zeitgenosse des Ennius, starb um 168 v. Chr., Cic. de opt. gen. 2. Quint. 10, 1, 99. Hor. art. poët. 53. – Dav.: **A** **Caecilius,** a, um, **cäcilisch,** familia, Vell.: lex (de ambitu), Cic. – **B** **Caeciliānus,** a, um, **cäcilianisch,** fabula (des Cäcilius Statius), Cic.: senex (in einer seiner Komödien), Cic.: lactuca (nach Q. Caecilius Metellus benannt), Plin.

Caecīna, ae, *m.,* Beiname der aus Etrurien stammenden gens Licinia (rein etruskisch Ceicna), aus der am bekanntesten A. Licinius Caecina aus Volaterrā, für dessen röm. Bürgerrecht Cicero die Rede pro Caecina hielt. – Dav. **Caecīniānus,** a, um, **Cäcina betreffend,** subst. Caecīniāna, ae, *f.* (*sc.* oratio), die Rede Ciceros für Cäcina, Mart. Cap. 5. § 527.

caecitās, ātis, *f.* (caecus), die **Blindheit,** **I** aktiv: **a** eig., die physische (Ggstz. incolumis acies), bonum incolumis acies, misera caecitas, Cic.: cuius liquor aspersus oculis caecitatem inferret omnibus animalibus, Plin.: caecitate liberari, Plin.: exturbasse ab oculis caecitates, Arnob. 1, 48: repentinis caecitatibus opprimi, Firm. – **b** übtr., die geistige, an tibi luminis obesset caecitas plus quam libidinis? Cic.: mit *ad* u. Akk., furorem esse rati sunt mentis ad omnia caecitatem, Cic. Tusc. 3, 11. – **II** passiv, die **Dunkelheit, Verstecktheit,** cicatrices caecitate viae et hebetudine torpentes, Cael. Aur. chron. 3, 4, 58.

caecitūdo, inis, *f.* (caecus), die **Blindheit,** nuscitiones esse caecitudines nocturnas, Opil. Aurel. b. Fest. p. 173 (a), 23.

caeco (coeco), āvi, ātum, āre (caecus), **lichtlos machen,** **I** **blind machen, blenden,** sol caecat, Lucr. 4, 323 (300): unde (Appius Claudius) caecatus est, Aur. Vict. vir. ill. 34, 3. – als *t. t.* der Botanik, c. oculum vitis, verderben, Col. 4, 9, 2 u. a. – übtr., **blenden, trüben,** **a** physisch, **gefühllos machen,** timidos artus, Ps. Verg. cul. 198. – **b** geistig, largitione c. mentes imperitorum, Cic.: caecati libidinibus, Cic.: pectora ... serie caecata laborum, Ov.: praestigiis caecantibus veritatem, Cypr. – **II** **dunkel machen, verdunkeln,** Avien. descr. orb. 504. – celeritate caecata oratio, durch allzu große Schnelligkeit unverständliche, Cic. Brut. 264.

Caecubum, ī, *n.* u. **Caecubus ager,** eine sumpfige, aber durch die edelste Sorte italienischer Weine berühmte Ebene in Latium am fundanischen See u. kajetanischen Busen, beim j. Kastell *Vetere,* Mart. 13, 115. Plin. 2, 209. – Dav. **Caecubus,** a, um, **cäkubisch,** ager, Col.: vindemia, Mart.: vites, Plin.: vinum Caecubum, Hor., u. bl. Caecubum, Hor. u. a., cäkubischer Wein, Cäkuber (vgl. Fritzsche Hor. sat. 2, 8, 15).

caeculto, āre (zsgz. aus caeculito v. caecus) = caecutio (s. d.), numnam oculi mihi caecultant? Plaut. fr. b. Paul. ex Fest. 62, 3.

Caeculus, ī, *m.,* Sohn des Königs Latinus, Gründer von Präneste, Verg. Aen. 7, 678 *sqq.* (dazu Serv.). Mart. Cap. 6. § 642.

caecuma, s. cicuma.

caecus, a, um (altirisch *caech,* got. *haihs,* einäugig), *Adi.* m. *Compar.* (Hor. sat. 1, 2, 91), kein Licht habend, **lichtlos,** **I** aktiv: **A** eig., **nicht sehend, blind,** **a** v. leb. Wesen: catuli aeque caeci, priusquam dispexerunt, ac si ita futuri semper essent, Cic.: nemo, ne ille quidem qui caecus factus est, Cic.: Hypsaea caecior illa ... spectes, Hor. – subst., caecus, ī, *m;* der **Blinde,** facie miserabili senis, caeci, infantis, Quint.; u. in dem sprichw. apparet id etiam caeco, Liv. 32, 34, 3: caecis hoc, ut aiunt, satis clarum est, Quint. 12, 7, 9: atqui haec (forma felicitatis) vel caeco perspicua est, Boëth. cons. phil. 3. pros. 9. p. 56, 20 Obb.: si caecus iter monstrare velit, Hor. ep. 1, 17, 4. – **b** v. Lebl.: rami, ohne Augen (Knospen), Plin. 16, 125. – intestinum, der Blinddarm, Cels. 4, 1. § 28; vgl. 4, 14. § 1. – **B** übtr., geistig u. moralisch **blind, wie mit Blindheit geschlagen, verblendet, umnachtet,** **a** v. Pers. u. deren Geist od. Gemüt, o miseras hominum mentes! o pectora caeca! Lucr.: non solum ipsa fortuna caeca est, sed eos etiam plerumque efficit caecos, quos complexa est, Cic.: ipsos caecos reddit cupiditas atque avaritia, Cic.: ille caecus atque amens tribunus, Cic. – animus cupidine caecus, Sall.: cupidine caecus oppidi potiundi, Sall.: caecus furore, Liv., amenti furore, Catull.: caecus avaritiā, Liv., cupiditate et avaritiā, Cic. – caecus animo, Cic. de fin. 4, 64, od. animi, Quint. 1, 10, 29. Gell. 12, 13, 4. – m. *ad* u. Akk., caecus ad mandata, Plaut. merc. 630: caecus ad has belli artes, Liv. 21, 54, 4: u. m. *Genet.,* für etw. blind = einer Sache unkundig, caeca futuri mens hominum fati, Lucan. 2, 14: caeca futuri (Ceres), Claud. rapt. Pros. 1, 138: caecus praesentium, Ambros. de off. 1, 49, 244 (vgl. *no.* b). – **b** meton., v. Affekten (die kein Besinnen erlauben u. nur aufs Geratewohl handeln lassen), caeca ac temeraria dominatrix animi cupiditas, Cic.: ambitio (Ehrgeiz), Sen.: amor, Hor.: impetus, Cic.: timor, panischer Schrecken, Cic. u. a. (s. Burm. Phaedr. 2, 8, 3): ebenso pavor, Tac.: metus, Ov. – m. *Genet.,* pro caeca futuri gaudia! Claud. in Eutr. 2, 545 (vgl. *no.* a). – **II** passiv, **A** eig.: **a** von Örtl., phys. Zuständen, die kein Licht haben, **dunkel, finster, undurchsichtig,** cubiculum, Varr. LL.: domus, Cic.: loca, Prop.: cavernae, Ov.: acervus (vom Chaos), Ov.: gemmae, Plin. – nox, Cic.: tenebrae, Verg. – Sprichw., alqd emere caecā die, an einem Tag, wo man den zu zahlenden Preis nicht sieht, d. i. auf Kredit kaufen (Ggstz. oculatā die vendere alqd, bar), Plaut. Pseud. 301. – **b** v. Ggstdn., Erscheinungen, die kein Licht haben, um das Sehen zu gestatten od. um gesehen werden zu können, **dunkel, unsichtbar, nicht wahrnehmbar,** res caecae et ab aspectus iudicio remotae, Cic. – dah. **verdeckt, versteckt,** fossa, Col.: libramentum abditum ac caecum, Plin. ep.: spiramenta, Verg.: fores, Verg.: arma u. dgl., Ov. u. Stat. (s. Heinsius Ov. fast. 2, 214): corpus, die Rückseite des Körpers (vgl. τὰ τυφλὰ τοῦ σώματος), Sall.: vulnus, verborgene, geheime, Lucr., od. auf dem Rücken, Verg.: u. so auch ictus, Rückenstreich, -hieb, Liv.: morbus, Col.: freta, mit verborgenen Klippen und Sandbänken, Verg. – pericula, Cic.: u. pericula viae, Prop. – poet., **dumpf** (für das Gehör), murmur, Verg.: clamor, Val. Flacc. – **B** übtr.: **a** von dem, was im Dunklen u. Verborgenen liegt, **dunkel, im Dunklen liegend, verborgen, unergründlich, unerweislich,** cur est hoc tam obscurum atque caecum? Cic.: in Achaeis caecum erat crimen (lag die Besch. im Dunkel), nullis eorum litteris inventis, Liv.: causae, Lucr.: fata, sors, Hor.: eventus, Verg.: *neutr.* subst., verum in caeco esse, Manil. 4, 304. – **b** v. dem, wobei man nicht weiß, woran man ist, wovon man keinen Grund absieht, **blind, unsicher, ungewiss, zwecklos, ziellos,** obscurā spe et caecā exspectatione pendēre, Cic.: ne sint caecae obsecrationes tuae (blindlings den Schuldigen u. Unschuldigen) treffen, Liv.: caeci ictus, ohne sicheres Ziel, Liv.: casus (Zufall), Cic.: Mars (Kampf), Verg.: suspicio c., Caecin. in Cic. ep.: caeci in nubibus ignes, ziellose, blindlings (ohne den rechten Mann zu treffen) einherfahrende, Verg.: caeco volvente fluctu, Liv. fr.

caecūtio (caecuttio), īre (v. caecus, wie balbutio v. balbus), **wie blind sein, geblendet sein, schlecht sehen,** **a** von den Augen, oculi mihi caecuttiunt, Varr. sat. Men. 193. – **b** v. Pers., Varr. sat. Men. 30. Apul. flor. 2. Mam. Claud. de statu animi 3, 11. p. 174, 3 Engelbr.: caecutiens Maeonius (Homer), Mart. Cap. 1. § 3.

caedēs, is, *f.* (caedo), **I** (v. caedo *no.* I) spätlat. = das **Schlagen** mit der Faust, das **Prügeln,** contumeliosa, Donat. ad Ter. adelph. 2, 1, 46: nimia, *ibid.* 4, 2, 20. – **II** (v. caedo *no.* II) das **Fällen,** **A** = das **Abhauen, Abschneiden,** ligni atque frondium, Gell. 19, 12, 7: capilli caede cultrorum desecti, Apul. met. 3, 16. – **B** das **Niederhauen, Töten,** **1** eig.: **a** der Menschen, bes. in der Schlacht od. meuchlings, das **Morden,** die **Ermordung,** der **Mord** (sowohl der zugefügte als der erlittene; vgl. Ladewig Verg. Aen. 8, 492), das **Gemetzel, Blutbad** (auch verb. caedes et occisio, caedes et strages, caedes et cruor), caedes impia od. infanda legatorum, Liv.: Clodii caedes, Caes.: C. Gracchi et M. Fulvi caedes, Sall.: c. cruenta, Iustin. u. Sen. poët.: fraterna, Liv.: conscius mihi caedis humanae, Apul.: omnibus locis caedes est, Liv.: magna utrimque caedes fuit, Iustin.: iam non pugna, sed caedes erat, Curt.: caedem facere, Cic.: caedem et occidionem facere, Cic.: caedem facere vicinorum, Cic.: plerique caedem in vos fecisse pro munimento habent, Sall.: caedem edere od. perpetrare, Liv.: se caede nefariā cruentare, Cic. fr.: ex caede fugere, Caes., effugere, Liv., refugere, Hirt. b. G. – Plur., pulcher caedum amor, glühende Mordsucht, Sil.: multae et atroces inter se caedes (blutige Auftritte, blutige Schlägereien), Liv.: venena (Vergiftungen) intestinaeque caedes (Verwandtenmorde), Liv.: cum interea caedes indignissimae maximaeque factae sint, Cic.: (Clodius) magistratuum atque privatorum caedes effecerat, Cic.: caedibus omnia vastare, Caes.: homicidia compescimus et singulas caedes, Totschläge u. Mordtaten an einzelnen, Sen. – **b** das **Töten** der Tiere, bes. der Opfertiere, das **Schlachten,** armenti, Ov.: bidentium, Hor.: ferina, Ov.: Polyxenia, das Schlachten (Opfern) der Polyxena, Catull. – **2** meton.: **a** der **Mordanschlag,** Verg. Aen. 3, 256. – **b** das **Blutbad** = **α** (Sing. u. Plur.) die **Erschlagenen, Ermordeten,** der **Verlust an Toten,** ingentes Rutulae caedis acervi, Verg. Aen. 10, 245: plenae caedibus viae, Tac. hist. 4, 1: caedes prope par utrimque fuit, Liv. 21, 29, 3. – **β** (wie φόνος) das **durch Mord vergossene Blut,** (currus) respersus fraternā caede, Catull.: caede madentes, Ov. – Archaist. Nom. caedis, Liv. 1, 98, 10; 3, 5, 9; 3, 22, 9; 5, 28, 13; vgl. Auct. de idiom. gener. (IV) 576, 33 (wo: caedis, φόνος). – Genet. Plur. gew. caedium; poet. auch caedum, Sil. 4, 351; 4, 422 u. a.; vgl. Prisc. 7, 77.

caedo, cecīdī, caesum, ere (vgl. altind. *khidáti,* stößt, drückt, reißt), auf etw. auftreffen, **I** etw. od. auf (an) etw. **hauen, schlagen, klopfen,** jmd. od. auf jmd. **hauen, schlagen,** jmd. **stoßen, prügeln, aushauen, a** übh.: lapidem ferro, Lucr.: silicem rostro, Liv.: ianuam saxis, Cic.: pectus, frontem, Quint.: sacrum lapidem rostro, hacken, Liv. – alqm, z. B. uxorem, Augustin.: alqm calcibus, pugnis, Plaut.: alqm lapidibus, Cic. fr.: hastili tergum alcis, Liv.: discentes, Quint.: alqm verberibus, Komik.: alqm ferulā, Hor.: alqm virgis od. loris, Cic.: alqm flagris, Quint.: alqm flagellis, Sen.: alqm virgis ad necem, Cic.: alqm flagellis ad mortem, Hor.: alqm valide, Sen. rhet.: loris bene caesus, Gell. – Sprichw., stimulos pugnis caedere (= durch törichten Widerstand das Übel verschlimmern), Plaut. truc. 768. – übtr., testibus caedi, durch Z. gedrängt werden, Cic. ad Q. fr. 3, 3, 3. – **b** obszön, v. Beischlaf, **beschlafen, schänden,** Catull. u. a. – **II** prägn.: **A fällen = niederhauen, 1** Lebl., **hauen = um-, abhauen,** trabem abiegneam, Enn. fr.: lignum, Plaut.: ligna, Vulg.: ligna (in silvis), Salvian.: caedentes ligna, Holzhauer, Vulg.: silvam, Caes.: et maiores et magis ramosas arbores, Liv.: montanorum Ligurum vineas, Liv.: fenum, Col.: ruta (et) caesa, s. ruo. – Sprichw., s. vīnētum. – **2** lebende Wesen: **a** Menschen, einen einzelnen **erschlagen = töten, morden,** od. eine Masse **niederhauen, niedermachen, zusammenhauen, in die Pfanne hauen, gänzlich schlagen,** Ti. Gracchum, Cic.: cives, Auct. b. Afr.: milites dispersos, Auct. b. Alex.: consulem exercitumque, Liv.: Antiochum, den A. (u. sein Heer), Hor.: ante oculos suorum caesi, Iustin.: caesa corpora, Auct. b. Afr.: reliqui caesorum, die Reste der Zusammengehauenen, Tac.: poet., caesi acervi, Haufen Erschlagener, Catull.: caesus sanguis, das Blut der Erschlagenen, Verg. – **b** Tiere, **α erlegen,** dentes aprorum, quos cecidit, CIL 2, 2660. – **β schlachten,** greges armentorum reliquique pecoris, Cic.: boves, Ov.: bes. Opfertiere **schlachten, opfern,** sues, Varr.: hostias, victimas, Cic.: inter caesa et porrecta, s. porricio. – **B zerschlagen, zerhauen, zerhacken,** vasa dolabris, Curt.: thynnos membratim, Plin.: cucurbitam minutim, Gell. – **C an-, auf-** oder **ausschneiden** od. **-hauen,** ventrem, den Kaiserschnitt machen, Spart.: securibus umida vina, zerhauen, Verg.: latius (murus) quam caederetur (angebrochen wurde) ruebat, Liv.: montes in marmora, aushöhlen, Plin.: übtr., oratio caesa, die ungebundene Rede (v. Asyndeton), Rhet. Her. 4, 26. Aquil. Rom. 18 u. 19. Mart. Cap. 5. § 528. – **D** prägn.: **a** hauend, schneidend zurechtmachen: palos, zurechthauen, Col. 11, 2, 12: volutas, ausmeißeln, Vitr. 3, 3 (4), 7 Schn.: toga rotunda et apte caesa (zugeschnitten), Quint. 11, 3, 139: übtr., caedere sermones = κόπτειν τὰ ῥήματα, schwatzen, plaudern, Ter. heaut. 242 (vgl. Prisc. 18, 232). – **b heraushauen, -brechen,** lapides ex lapidicinis, Ulp. dig. 8, 4, 13. § 1: lapidem, lapides, Cic. II. Verr.. 1, 147. Ulp. dig. 8, 4, 13. § 1: marmor, *ibid.* 24, 3, 7. § 13. – vulg. Perf. caederunt, Itala Matth. 21, 35 u. 26, 67. Augustin. spec. 112. p. 99 M.

caedrus, s. cedrus.

caeduus, a, um (caedo), was man (ohne Schaden) behauen kann, **haubar,** silva, Unterholz, Scriptt. r. r. u. a.: natura, fertilitas, Plin.

cael, s. 2. caelum ►.

caelāmen, inis, *n.* (caelo), die **halberhabene Arbeit,** das **Relief,** Ov. met. 13, 291. Apul. flor. 7 u. met. 5, 1. Iul. Val. 3, 53 (29).

caelātor, ōris, *m.* (caelo), ein **Künstler in halberhabener Arbeit,** ein **Ziseleur, Toreute** (τορευτής), Cic. Verr. 4, 54 u. 63. Plin. 34, 90. Quint. 2, 21, 24. Tert. de idol. 3. Vulg. exod. 28, 26. CIL 6, 4328: argenti caelatores, Plin. 34, 85: caelator anaglyptarius, CIL 2, 2243: caelator de sacra via, CIL 6, 9221.

caelātūra, ae, *f.* (caelo), **I** die Kunst, in Gold, Silber od. Bronze erhabene od. halberhabene Figuren einzuschneiden, zu stechen, das **Ziselieren,** die **Ziselierkunst, Toreutik** (griech. τορευτική), Varr. sat. Men. 420. Plin. 35, 156 u. 158. Quint. 2, 4, 7: caelatura, quae auro, argento, aere opera efficit, Quint. 2, 21, 8. – **II** meton. = τόρευμα, **erhabene** od. **halberhabene Arbeit** in Metall, solidi auri caelatura, Sen.: cael. clipei Achillis, Quint.: caelaturae valde eminentes, Vulg.: attritae caelaturae, Plin.: an Bechern, scyphos duos, quos Homericos a caelatura carminum Homeri vocabat, Suet.: nummi quadrigati et bigati a figura caelaturae dicti, Paul. ex Fest. 98, 3.

caelebs, libis (vgl. altind. kévala-ḥ, ›jmdm. ausschließlich eigen‹), **unvermählt, ehelos** (v. Mann, gleichviel ob Junggeselle od. Witwer, Ggstz. maritus, der verheiratete Mann, Gatte, u. vidua, die unverheiratete, gattenlose Frau), **I** eig. u. meton.: **a** eig.: utrum nunc tu *caelibem* esse te mavis liberum, an *maritum* servum aetatem degere, Plaut.: se rectius *viduam,* et illum *caelibem* futurum fuisse, Liv.: ut nubere vellet *mulier viro, vidua caelibi,* Apul.: (censores) caelibes esse prohibento, Cic. – **b** meton.: vita, Hor.: lectus, Ov. – **II** übtr.: **a** v. Tieren, caelebs aut vidua columba, Plin. 10, 104. – **b** v. Bäumen, an denen keine Weinstöcke hinaufgezogen u. gleichs. damit vermählt werden, platanus, Hor. carm. 2, 15, 4: sine palmite truncus, Ov. met. 14, 663: arbor, Plin. 17, 204.

caeles, itis (caelum), **himmlisch, I** v. leb. Wesen = im Himmel wohnend, di, Enn. tr. 353 (269): deus, Amm. 16, 12, 13 *codd.:* agricolae, Tibull. 2, 1, 36: Venus (Ggstz. vulgaria), Apul. apol. 12. – subst., der **Himmlische, Himmelsbewohner** = Gott, Ov. ex Pont. 4, 6, 17 u. 4, 9, 132. Tert. de pall. 4. – öfter Plur. caelites, die **Himmlischen** = die Götter, Plaut. rud. prol. 2. Cic. de rep. 6, 9 (= somn. Scip. 1). Quint. 1, 6, 36, oft Tragic. fr., Catull. u. a. Dichter: caelitum templum, Varr. fr. – **II** von Lebl., **himmlisch** = im Himmel befindlich usw., regna, Ov. fast. 1, 236: aula, Mart. Cap. 1. § 62: mensa, Paul. Nol. carm. 24, 403. – *Nomin.* caeles nicht nachweisbar.

caelestīnus, a, um (caelum), **himmlisch,** CIL 6, 404. – Dav. **Caelestīnus,** ī, *m.,* ein spät. röm. Geschichtschreiber, Treb. Poll. Valer. iun. 8, 1.

caelestis (coelestis), e, *Adi.* m. *Compar.* u. *Superl.* (caelum, coelum), zum Himmel gehörig, **himmlisch, a** zum Himmel als Weltraum gehörig, am Himmel befindlich, corpora, Cic. de sen. 77 (versch. von unten *no.* b): astra, Ov.: orbis, Cic.: plagae, Ov.: res (Plur.), Dinge am Himmel (Ggstz. res humanae), Cic. or. 119; u. die Himmelskörper (Sterne), studiosi rerum caelestium, Sternkundige, Astronomen, Col. 3, 6, 4: u. cael. signa, Vitr.: solum, Ov.: vis, Einfluss des Himmels, Cic. – subst., caelestia, ium, *n.,* die **Dinge am Himmel,** die **Himmelskörper,** haec caelestia (Ggstz. illa humana), Cic. de rep. 6, 20: supera et caelestia (Ggstz. haec nostra), Cic. Acad. 2, 127: pleraque caelestium, Tac. hist. 5, 4: periti caelestium, Sternkundige, Tac. ann. 4, 58: peritia caelestium, Spart. Hadr. 2, 4: cognitio caelestium vel mortalium, Quint. 1, 10, 5. – **b** zum Himmel als Luft- u. Wolkenhimmel (Sitz u. Ausgangspunkt der Lufterscheinungen, des Regens, Blitzes) gehörig, **am Himmel sichtbar, -beobachtet, vom Himmel ausgehend**

u. dgl., des **Himmels,** aër, Vitr.: aqua, Hor., Vitr. u. a., aquae, Liv., Sen. u. a.: arcus, Regenbogen, Plin.: auguria (wenn es donnert u. blitzt), Paul. ex Fest.: prope cael. clamor, des Himmels gewaltige Stimme, Cic.: fragor, Donner, Quint.: ignis, Blitzstrahl, Tac.: fulminis ignis, Lucr.: imbres, Vitr. u. Col.: minae (v. drohenden Regen), Tac.: nubes, Ov.: prodigia, Liv.: spiritus, Cic.: turbo, Lucr. – **c** zum Himmel als Sitz der Götter gehörig, **im Himmel, des Himmels, der Götter, himmlisch, göttlich, überirdisch** (Ggstz. terrenus, Lact. 6, 6, 11), **α** eig.: animus (Seele), Vell. u. Quint.: anima, Vell.: animi, Verg.: aula, Ov.: corpora, Verg. Aen. 11, 276 (vgl. oben *no.* a): deus, Amm. 16, 12, 13: di, Cic. harusp. resp. 20 u. (Ggstz. di terrestres u. di inferni) Liv. 1, 32, 10: dona, Verg. u. Ov.: honores, Curt.: irae, Liv.: nectar, Ov.: origo, Verg.: ortus, Quint.: pabula, Ov.: religiones, Tac.: sapientia, Hor.: species, stirps, Ov.: caelestem eius vitam et memoriam futuram, ihm ein Leben im Himmel u. ewiger Ruhm zuteil werden würde, Vell. 2, 24, 3: quem prope caelestem fecerint, den sie beinahe vergöttert, Liv. 6, 17, 5. – subst., **αα** *plur. masc.*, caelestēs, ium, *m.* u. *f.*, die **Himmlischen** = die Götter, Göttinnen, Cic., Liv. u. a.: Iuppiter omnesque caelestes, Vitr.; u. bes. = die oberen Götter (Ggstz. inferi), caelestium inferorum irae, Liv. 10, 28, 17. – **ββ** *neutr. sing.* caeleste, is, *n.*, das **Himmlische,** nihil est caelesti caelestius, Sen. ep. 66, 11. – Plur. caelestia, **himmlische, göttliche Dinge** od. **Wesen** (Ggstz. inferna, die Unterwelt), Tac. hist. 5, 5. – **β** übtr.: **αα** als Beiwort für alles Herrliche, Ausgezeichnete, **himmlisch, göttlich, übermenschlich, göttergleich, unvergleichlich, herrlich,** caelestes divinaeque legiones, Cic.: cael. ingenium, mens, Ov.: iudicia, Quint.: illa natura caelestis atque immortalis, Quint.: cael. praeceptor, Vell.: caelestissima opera, Vell.: caelestissimum os Ciceronis, Vell. – m. *in* u. Abl., caelestis hic in dicendo vir, Quint. 10, 2, 18. – **ββ kaiserlich,** Cod. Theod. 3, 1, 9; 6, 5, 2. – *Abl. sing.* caeleste (st. caelesti) b. Ov. her. 15 (16), 277; met. 15, 743 u. a.: *Genet. plur.* caelestum (st. caelestium) bei Varr. LL. 6, 53. Acc. tr. 209. Lucr. 6, 1272 u. a. Dichtern.

caelia, ae, *f.*, ein **Getränk aus Getreide,** in Hispanien üblich, Plin. 22, 160 D. Vgl. Gloss. V, 653, 45 ›potio de suco frumenti‹.

Caeliānus, s. Caelius.

caelibālis, e (caelebs), **zum Ehelosen gehörig,** Prisc. 4, 23.

caelibāris hasta, eine kleine Lanze, mit deren Spitze das Haar der Braut in Flechten od. Locken abgeteilt wurde, Arnob. 2, 67. Paul. ex Fest. 62, 16; vgl. Ov. fast. 2, 559.

1. caelibātus, ūs, *m.*, (caelebs), der **ehelose Stand** des Mannes, die **Ehelosigkeit,** das **Zölibat** (Ggstz. viduitas, der Witwenstand, *Sen. de ben. 1, 9, 4 G. Cod. Iust. 6, 40, 3), cael. perpetuus, Cod. Theod. 3, 16, 2. § 1: ad caelibatum pervenire, Cod. Iust. 6, 40, 3: alci caelibatum obicere, Suet. Claud. 16, 3: in caelibatu permanere od. remanere, Suet. Claud. 26, 2 u. Galb. 5, 1: propter caelibatum ex lege Iulia submoveri a hereditate, Gaius inst. 2, 144.

2. caelibātus, ūs, *m.* (caelum), das **himmlische Leben, Götterleben,** caelibatum ago una cum dis, Iul. Val. 3, 42 (24).

3. caelibātus, a, um = caelebs, Gloss.

caelicola, ae, *m.* (caelum u. colo), **I** ein **Himmelsbewohner,** poet. für eine **Gottheit,** ein **Gott,** Lucil. fr., Verg. u. a. Dichter, in Prosa bei Apul. de deo Socr. 6. – **II** Plur. Caelicolae, **Verehrer-, Anbeter des Himmels,** eine Sekte Häretiker, Cod. Theod. 16, 5, 43 u. 16, 8, 19. – Genet. Plur. caelicolûm, Enn. ann. 483 (324). Verg. Aen. 3, 21 u. a. Dichter.

Caeliculus, s. Caeliolus.

caelicus, a, um (caelum), **himmlisch** = prächtig, tecta (*al.* tesca), Stat. silv. 2, 3, 14. Mart. Cap. 9. § 891. Paul. Nol. de nom. christ. 64.

caelifer, fera, ferum (caelum u. fero), **I den Himmel tragend,** Atlans, Verg. Aen. 6, 796 u. Stat. Theb. 5, 430: manus (des Herkules), Sen. Herc. fur. 528. – **II zum Himmel emporhebend,** laudes, Mart. Cap. 6. § 637.

caelifluus, a, um (caelum u. fluo), **vom Himmel fließend,** Paul. Nol. carm. 30, 780.

caeligenus, a, um (caelum u. gigno), **im Himmel erzeugt,** Varr. LL. 5, 62. Apul. de mundo 1.

caeliger, gera, gerum (caelum u. gero), **den Himmel tragend,** Atlas, Avien. phaenom. 575.

caeliloquāx, ācis (caelum u. loquor), **himmlisch redend,** Commodian. instr. 2, 19, 3.

Caelimontānus, a, um (Caelimontium), zum Cälimontium gehörig, **cälimontanisch,** campus Caelemontanus (so!), CIL 6, 9475. – subst., Caelimontāna, ae, *f.* (*sc.* porta), das **cälimontanische Tor,** Cic. Pis. 55.

Caelimontium, ī, *n.* (Caelius u. mons), die den cälischen Hügel einschließende zweite Region der Stadt Rom, P. Vict. Reg. U. R. p. 3, 12.

Caeliolus, ī, *m.* (*Demin.* v. Caelius), ein Teil des cälischen Hügels, Varr. LL. 5, 46 (auch Caeliculus gen. b. Cic. de har. resp. 32).

caelipotēns, entis (caelum u. potens), **mächtig im Himmel,** di, Plaut. Pers. 755.

caelitēs, s. caeles.

caelitus, *Adv.* (caelum), **a vom Himmel,** Spät. – übtr., **vom Kaiser,** spät. ICt. – **b himmelwärts,** Fulg. mitol. 1. p. 14, 13 H.

Caelius (Coelius), a, um, **I** Name eines röm. plebej. Geschlechts in den Familien der Caldi u. Rufi. Bes. bekannt sind: **A** C. Caelius Caldus, ein Zeitgenosse des L. Krassus Orator, aus niederem Stande, der durch Tüchtigkeit u. seine Beredsamkeit zu den höchsten Ehrenstellen gelangte, als Volkstribun Verf. eines Gesetzes, nach dem in den Gerichten auch über Fälle des Hochverrats durch Täfelchen abgestimmt werden sollte, Cic. de or. 1, 117; Planc. 52; de legg. 3, 36. – **B** L. Caelius Antipater, ein berühmter röm. Annalist u. Rechtskundiger, Zeitgenosse der Gracchen, Freund des L. Krassus Orator, behandelte in 7 Büchern *Annales* die Geschichte des zweiten punischen Kriegs (von Livius viel benutzt), Cic. de legg. 1, 6; de or. 2, 54; Brut. 102. – **C** M. Caelius Rufus, unter Ciceros u. des M. Krassus Leitung in Wissenschaften u. Künsten, bes. in der Beredsamkeit gebildet, vertrauter Freund Ciceros u. von diesem in der noch erhaltenen Rede pro Caelio verteidigt, später Cäsarianer, s. bes. Cic. Brut. 273. Caes. b. c. 3, 20 *sqq.* Vell. 2, 68, 1 *sq.* Sen. de ira 3, 8, 4. Quint. 10, 1, 115. Tac. dial. 17, 1. – **II** Caelius Aurelianus, ein röm. Arzt (des 5. Jahrh. n. Chr.) aus Sikka in Numidien, von dem wir noch zwei Schriften besitzen: Acutarum Passionum libri III und Chronicarum Passionum libri V, sowie größere Bruchstücke anderer Werke (abgedruckt in Roses Aenecdota Graeca et Graecol. 2, 163 bis 202). – **III** Caelius Mons, der südl. vom Palatinus u. östl. vom Aventinus gelegene **cälische Hügel** zu Rom, ben. nach dem Tusker Caeles Vibenna (der Sage nach Stammvater der *gens Caelia*), j. der lateranische Berg, Varr. LL. 5, 46 u. a.: maior Caelius et minor, der eigentliche Caelius u. der Caeliolus (s. d.), Mart. 12, 18, 6. – Dav. abgel.: **Caeliānus,** a, um, **cälianisch, des Cälius,** orationes (des Cälius *no.* I, C), Tac. dial. 21, 3. – subst., Caeliāna, ōrum, *n.*, die Schriften des Cäl. Antip. (oben *no.* I, B), Cic. ad Att. 13, 8. Caeliānī, ōrum, *m.*, die Soldaten des Cäles Vib. (oben *no.* III), Varr. LL. 5, 46 (in der orat. imp. Claud. 1, 20 im CIL 13, 1668 Caelianus exercitus gen.).

caelo, āvī, ātum, āre (von 1. caelum), **I** entsprechend dem griech. τορεύω = auf Metall (bes. Gold u. Silber) erhabene Arbeiten stechen (später auch gießen), **ziselieren, in erhabener Arbeit ausführen, halberhaben schnitzen,** speciem caelare argento, Cic.: calvam auro, mit G. auslegen, Liv.: in auro fortia facta patrum, Verg.: scuta auro, argento, arma auro et argento, Liv.: prägn. v. der Pers., miles non caelatus auro et argento, sed ferro et animis fretus, Liv. – tecta caelata, Enn. fr.: vasa caelata, Cic. u. Liv.: lanx caelata (Ggstz. pura), ICt.: frena caelata, Apul.: Centauri caelati in scyphis, Plin.: caelatum aurum et argentum, Cic. – in Elfenbein, navis, cuius tutela (Schutzpatron) ebore caelata est, Sen. – in Holz, pocula ponam fagina, caelatum divini opus Alcimedontis, Verg. – in Marmor, pteron ab oriente caelavit Scopas, Plin. – in Gips, coronae (Gesimse) caelatae (Ggstz. purae), Vitr. – *n. pl.* subst., caelata magnorum artificum manu, von der Hand gr. K. ziselierte Gefäße, Sen. ep. 123, 7. – **II** übtr., von anderen Werken der Kunst, wie: **a** v. kunstvollen Webereien, caelata multā arte Dolionii donat velamina regis, Val. Flacc. 5, 6. – **b** v. der Dichtung, caelatum novem Musis (von den neun M.) opus, ausgeschmückt, Hor. ep. 2, 2, 92.

1. **caelum**, ī, *n.* (caedo), der **Meißel, Grabstichel** des Ziseleurs, Varr. sat. Men. 7. Cic. Acad. 2, 85. Quint. 2, 21, 24: figuli, Mart. 4, 46, 14: Praxitelis, Stat. silv. 4, 6, 25: Plur., ferrea caela, Auson. epigr. 55, 6. p. 211 Schenkl.

2. **caelum** (coelum), ī, *n.* (zu Wurzel [*s*]*quait,* hell, klar, altind. *kētúḥ,* Helle, ahd. *haitar* = nhd. heiter), **I** die **Himmelswölbung,** der **Himmel, a** als oberer Weltraum, im Ggstz. zur Erde (die Wasser u. Land umfasst), Sitz der Gestirne, luftige Höhe u. dgl., o caelum, o terra, o maria Neptuni, Pacuv. fr.: summus ille caeli stellifer cursus, Cic.: caelum totum astris distinctum et ornatum, Cic.: totius caeli descriptio, Cic.: contemplatio caeli, Cic.: spectator caeli siderumque, Liv.: caelum suspicere, Cic.: caelum spectare, Ov.: quaerere unum caelum sit an innumerabilia, Cic.: caelum pingere, Varr. fr. – occasio quasi decidit de caelo, fiel gleichs. vom H. (= kam unverhofft), Plaut.: non de caelo demissos, sed qui patrem ciere possent, nicht wie vom Himmel gefallen (= ganz fremd), Liv. – Sprichw., caelum ac terras miscere, alles von oberst zu unterst kehren, alles umstürzen, Liv. 4, 3, 6 (so auch maria omnia caelo miscere, Verg. Aen. 5, 790): u. caelum findere aratro, etwas Unmögliches tun, Ov. trist, 1, 8, 3: quid si nunc caelum ruat? (v. von eitler Furcht u. Erwartung Ergriffenen) Ter. heaut. 719: toto caelo errare, sich gröblich irren, Macr. sat. 3, 12, 10. – dah. **α** als Höhe, wie unser **Himmel,** mons e mediis arenis attollitur in caelum, himmelan, Plin.: tollere manus ad caelum, Hor. u. Sen. rhet.: od. manus utrasque ad caelum, Sen. rhet.: it caelo (himmelan) clamor, Verg.: sonitum dare caelo, Verg. – u. bes. als bedeutende Höhe, iuncta caelo montium iuga, Liv.: nives caelo prope immixtae, fast himmelhoher, Liv.: educere molem caelo, himmelan, Verg.: caelum contingere (von Örtl.), Liv.: aequare alqd caelo, Verg.: aequare caelum, sich zum H. türmen (v. Meer), Ov.: u. minari in caelum, Verg.: exiit ad caelum arbos, Verg. – **β** (poet.) als **Oberwelt** (Ggstz. Erebus, manes, Tartarus), Hecate caelo Ereboque potens, Verg.: falsa ad caelum mittunt insomnia Manes, Verg.: caelum in Tartara (Unterwelt) solvere, Verg. – **γ** im Bild, als Höchstes, was jmd. erreichen kann, Gipfel der Freude, des Glücks, Ruhms u. dgl., digito caelum attigisse putare, fast im H. zu sein glauben (= heilfroh sein), Cic.: caelum accipere, Ov.: u. (v. ungewöhnlichen Lob) alqm, alqd ferre ad od. in caelum, alqm tollere ad caelum, Cic.: alqd extollere caelo tenus, Iustin.: esse in caelo, bis in den H. erhoben werden, Cic.: alqm detrahere de caelo, seines hohen Ruhms berauben, Cic.: exaequat nos victoria caelo, Lucr. – **b** als Luft-, Wolkenhimmel, **α** als Sitz u. Ausgangspunkt der Lufterscheinungen, des Regens, Blitzes, caelum nocte atque nubibus obscuratum, Sall.: omne caelum hoc, in quo nubes imbres ventique coguntur, quod et umidum et caliginosum est propter exhalationem terrae, Cic.: propter aëris crassitudinem de caelo multa apud eos fiebant, et ob eandem causam multa inusitata partim e caelo, alia ex terra oriebantur, Cic.: a terris quantum caeli patet altus hiatus, Lucr.: subisse in caelum (v. Regenwasser), Plin.: demittere caelo imbres od. ex omni caelo nimbos, Ov.: cadere caelo od. de caelo (v. Meteorsteinen), Liv., u. cadere de caelo (v. Regen), ICt.: delabi de caelo (v. einem Bildnis, einer Fackel), Cic. u. Frontin.: de caelo servare, Himmelszeichen beobachten, Cic.: caelum discedit, Cic.: caelum finditur velut magno hiatu, Liv.: Arpis parmas in caelo visas, Liv.: cadunt caelo fulgura, Verg.: fulmina iaciuntur de caelo, Liv.: tangi de caelo, vom Blitz getroffen werden, Cato, Liv. u. a.: u. so percuti de caelo, Cic., u. ici e caelo, Cic.: ici de caelo, Iul. Obsequ.: et prius coruscare caelum creditur et mox tonare, Apul. – **β** als untere **Luftschicht, Dunstkreis, Atmosphäre, atmosphärische Luft,** caelum liberum, apertum et liberum, die freie Luft, Cic. u. a. (bes. oft caelo libero frui, s. Bünem. Lact. 1, 21, 40): sub caelo, unter freiem H., in freier Luft, Ps. Quint. decl. 314: ferri per caelum, Verg.: per caelum eunte nuntio, Plin. – bes. Region der Witterung, densitas caeli, Vitr.: caeli compressio, Vitr.: potestne tibi haec lux aut huius caeli spiritus esse iucundus, Cic.: alium domi esse caeli haustum, Curt. – dah. **Luft** = **Witterung, Wetter, Klima,** caeli temperies, Plin. u. a. (s. Mützell Curt. p. 269): intemperies caeli, raue L. od. W., Liv.: gravitas huius caeli, hiesige ungesunde L., Cic.: serenitas caeli, Sen.: status caeli, Witterungsverhältnisse, Curt.: c. vernum, Sen.: c. tenue purumque et propterea salubre, Ggstz. caelum pingue et concretum, Cic.: c. liquidum, Ov.: c. spissum, Ov. u. Sen.: c. palustre, Sumpfluft, Liv.: c. bonum, Cato: c. pestilens., Sen.: c. temperatum, Cels.: c. crassum, Cic.: c. mitissimum, Liv.: c. umidum, siccum, Cels.: c. frigidum, calidum, Cels.: c. grave, Sen. u. Suet. – **γ** als Träger der Tageszeit, albente caelo, Sisenn. 4. fr. 103 (b. Quint. 8, 3, 35). Caes. b. c. 1, 68, 1, od. caelo albente, Auct. b. Afr. 11, 1 u. 80, 3: albescente caelo, Paul. dig. 28, 2, 25. § 1: vesperascente caelo, Nep. Pelop. 2, 5. – **c** der **freie Himmel** als **Gesichtskreis, Horizont,** libertas caeli, Quint.: cuicunque particulae caeli officeretur, Cic.: nox umida caelum abstulit, Verg. – dah. die **Himmelsgegend,** der **Himmelsstrich,** in eam caeli partem spectat, Plin.: hoc caelum, sub quo natus educatusque essem, Liv.: caelum, non animum mutant, qui trans mare currunt, Hor. – **d** der Himmel als Sitz der unsterblichen Götter, me assere caelo, erkläre mich himmlischen Ursprungs, Ov.: de caelo delabi (v. Romulus), Liv.: de caelo delapsus, wie ein Bote des Himmels, ein Gottgesandter, Cic.: u. so de caelo demissus, Lucr., caelo missus, Tibull., quasi de caelo missus, Iustin.: caelum conscendere, in den H. steigen, Val. Max.: alqm in caelo ponere, Iustin.: in caelum ire od. abire, gen H. fahren, Suet., Petr. u. Tibull.: so auch in caelum plurimo igne attolli, Tac.: non ad mortem trudi, verum in caelum videri escendere, Cic. – dah. **α** = die Götter selbst, sunt commercia caeli, mit dem H. haben wir (Dichter) Umgang, Ov. am. 3, 549. – **β** = göttliche Verehrung, quid me caelum sperare iubebas, Verg. georg. 4, 325. – **γ** = Unsterblichkeit, virum caelo Musa beat, Hor.: dicare caelo, Plin.: decretum patri suo caelum, sein V. wurde für unsterblich erklärt, unter die Götter versetzt, Tac. – **e** personif., Caelum, ī, *n.* = Caelus (s. caelus *no.* II), Hyg. fab. praef. *in.* p. 2 M. – **II** übtr. = die **Wölbung, Decke,** imum c. camerae, der innere Himmel (die innere Seite) des Gewölbes, Vitr. 7, 3, 3: capitis, Plin. 11, 134. – Apokop. Form. cael, Enn. ann. 561 (b. Auson. Technop. (XXVII) 13, 17. p. 139 Schenkl.

caelus (coelus), ī, *m.*, **I** der **Himmel,** Enn. ann. 474. Petr. 39, 5 u. 45, 3. Vitr. 4, 5, 1: Plur. caeli, Lucr. 2, 1097. Serv. Verg. Aen. 1, 331; u. (für das hebr. שָׁמַיִם) b. Eccl. – **II** personifiziert als Gottheit, Sohn des Äther u. der Dies, Cic. de nat. deor. 3, 44, Vater des Saturnus, Enn. ann. 27. Cic. de nat. deor. 2, 63; des Vulkan, *ibid.* 3, 55; des Merkur, *ibid.* 3, 56; u. der Venus, *ibid.* 3, 59. Serv. Verg. Aen. 1, 297.

caementa, ae, *f.*, s. caementum.

caementārius, ī, *m.* (caementum), der **Steinhauer, Steinmetz, Maurer,** Hier. ep. 53, 6. Vulg. Amos 7, 7 u. a.

caementīcius, a, um (caementum), **aus Bruchsteinen bestehend,** caem. parietes, Vitr.: caem. murus, CIL 1, 1279: caem. saxum u. subst. bl. caementīcium, unbehauener Bruchstein (Ggstz. saxum quadratum), Vitr.

caementum, ī, *n.* (caedo), der **Bruchstein** zum Mauern, der **Mauerstein,** lintribus in eam insulam materiem, calcem, caementa convexit, Cic.: tecta in varios usus non tigna modo et tabulas, sed *laterem* quoque et *caementa* et *saxa* variae magnitudinis praebebant, Liv.: servis suis ministrare caementa, Varr. fr. – caementa marmorea, beim Bearbeiten des Marmors abspringende Marmorstücke, die man unter den Mörtel mischte, Vitr. 7, 6, 1. – Heteroklit., caementa, ae, *f.*, CIL 1, 577. col. 2. lin. 21 u. 22: Plur. caementae nach Konjektur bei Enn. tr. 373 (398).

caena nebst den Abgeleiteten, s. cēna etc.

Caenēus, eī u. eos, *m.* (Καινεύς), als Mädchen geboren, mit Namen Caenis, Tochter des Elatus, dann von Neptun in einen unverwundbaren Knaben u. zuletzt in einen Vogel verwandelt, Ov. met. 12, 189 *sqq.* u. 459 *sqq.* Hyg. fab. 14; wieder in ein Mädchen nach Verg. Aen. 6, 448.

Caenīna, ae, *f.* (Καινίνη), uraltes Städtchen in Latium, nahe bei Rom, Plin. 3, 68. – Dav.: **a** **Caenīnēnsis**, e, **cäninensisch,** sacerdotium, CIL 6, 1598: Plur. subst., Caenīnēnsēs, ium, *m.*, die Einw. von Cänina, die **Cäninenser,** Liv. 1, 9 *sq.* – **b** **Caenīnus**, a, um, **cäninisch,** arx, Prop.: Acron, König der Cäninenser, Prop.: nomen, Liv.

Caenis, s. Caeneus.

caenito, caeno, s. cēnito, cēno.

Caenophrūrium (Caenofrūrium), ī, *n.*, eine Stadt in Thrazien an der Straße von Apollonia nach Selymbria, j. *Bivados,* Eutr. 9, 15. Vopisc. Aurel. 35, 5. Lact. de mort. pers. 6, 2.

caenōsitās, ātis, *f.* (caenosus), ein **kotiger Ort, Pfuhl,** Augustin. c. ep. Manich. § 36: Plur., Fulgent. continent. Verg. p. 156 M. – Übtr., mundi ista caenositas, Cassiod. in psalm. 39, 7.

caenōsus, a, um, *Adi.* m. *Comp.* (caenum), **voller Kot, kotig, morastig,** lacus, Col. 7, 10, 6: gurges, der Styx, Iuven. 3, 266: aqua, Hier. in Iesai. 9, 3. *v.* 13 u. 14: si caenosior liquor fuerit, Solin. 49, 11. – Übtr., impuritas, Salv. de gub. dei 3, 10.

caenulentus, a, um (caenum), **schmutzbedeckt, kotig,** Tert. de pall. 4. Ambros. in psalm. 39. § 2.

caenum (cēnum), ī, *n.* (viell. zu cunio, inquino), der **Schmutz, Kot, Unflat** (stets mit dem Nbbgr. des Ekelhaften; vgl. limus, lutum), limus ac caenum, Lucil. fr.: caeno peius, Plaut.: caenum acervatum, Lucil. fr.: res cruenta aut caeno oblita, Rhet. Her.: male olēre omne c., Cic.: volvi in caeno, eig. b. Lucr. 6, 978; bildl. (= in Niedrigkeit leben) b. Lucr. 3, 77: e caeno emersus, Cic. Vatin. 17: ex caeno plebeio consulatum extrahere, Liv. 10, 15, 9. – als Schimpfwort, caenum! Plaut. Pseud. 366: o caenum! Cic. de domo 47: labes illa atque caenum, Cic. Sest. 20.

caepa, s. cēpa.

caepāria, ae, *f.*, s. cēpāria.

caepārius, ī, *m.*, s. cēpārius.

Caepāsius, ī, *m.*, C. u. L., zwei unbedeutende Redner, Cic. Brut. 242; Clu. 57. Iul. Vict. art. rhet. 17.

caepe, s. cēpa. – **caepicium**, s. cēpīcium.

caepīna, s. cēpīna.

Caepio, Beiname der Servilii.

caepula, (caepulla) , s. cēpula.

caera, ae, *f.*, s. cēra.

Caerātēus, a, um, **vom** Fluss **Cāratus** auf Kreta, flumina, Ps. Verg. cir. 113.

Caere, *n. indecl.*, auch **Caeres**, itis u. ētis, *f.* (Καίρη, Καιρέα), bei den Griechen früher Agylla (s. d.) gen., eine alte etruskische Zwölfstadt, mit Mauern aus gewaltigen Steinblöcken befestigt, in alten Zeiten reich u. mächtig, j. Dorf *Cerveteri* od. *Cervetro,* Verg. Aen. 8, 597 (vgl. 478 *sq.*). Liv. 1, 60, 2. – Dav. abgel.: **A** **Caeres**, itis u. ētis, **zu Cäre gehörig, cäretisch,** populus, Liv.: aquae, Val. Max. – subst., Caeritēs od. Caerētēs, um, *m.*, die Einw. von Cäre, die **Cäriten,** Liv. Sie hatten früh das röm. Bürgerrecht, aber ohne suffragium; dah. tabulae Caerites od. Caeritum = das Verzeichnis solcher Cäriten u. dann übh. aller derer, die zwar röm. Bürger waren, aber kein Stimm- u. Ehrenrecht hatten (also aerarii, s. aerārius *no.* II, B, 1); dah. in tabulas Caerites (Caeritum) referri, seines Stimmrechts verlustig gehen, unter die Ärarier versetzt-, degradiert werden, Ps. Ascon. Cic. div. in Caecil. 3, 8. p. 103 B.: u. so Caerites fieri, Gell. 16, 13, 7 *sq.*: u. Caerite cerā (*i.e. tabulā*) digni, wert, unter die Cäriten versetzt zu werden (= das Bürgerrecht zu verlieren), Hor. ep. 1, 6, 62. – **B** **Caerētānus**, a, um, **cäretanisch,** amnis, Plin. 3, 51. – subst., **a** Caerētāna, ōrum, *n.*, **α** (*sc.* vina) **cäretanische Weine,** Mart. 13, 124, 1. – **β** (*sc.* praedia) **Besitzungen bei Cäre,** Col. 3, 3, 3. – **b** Caerētāni, ōrum, *m.*, die Einw. von Cäre, die **Cäretaner,** Val. Max. 1, 1, 10.

caerefolium (spätlat. cērefolium), ī, *n.* (χαιρέφυλλον), franz. *cerfeuil,* unser **Kerbel,** Plin. 19, 170. Pallad. 3, 24, 9 u. 10, 13, 3: ceref., Apic. 4, 119.

caeremōnia, s. caerimōnia.

Caeres u. **Caerētānus**, s. Caere.

caerimōnia (caeremōnia), spätlat. cēremōnia, ae, *f.*, die **heilige Verehrung,** **I** in der jmd. steht, die **Heiligkeit,** legationis, Cic.: deorum, Cic. – **II** die man jmdm. zollt, **1** abstr., die **Ehrfurcht, heilige Scheu,** summā religione caerimoniāque sacra conficere, Cic.: caerimoniā summā colere sacrarium, Nep. – **2** konkr.: **a** die **religiös-feierliche Handlung, der feierliche, religiöse Gebrauch, Religionsgebrauch,** die **Feierlichkeit,** gew. im Plur., caerimonia gravissima, Caes.: barbara, Suet.: caerimoniae publicae, antiquae, peregrinae, Suet.: fetiales, Liv.: religionum, Cic.: libri caerimoniarum, das Rituale, Tac.: caerimonias prodere (ausgehen lassen), Liv.: caerimonias polluere, Liv. – **b** Plur. caerimoniae = Gegenstände des Kultus, **Heiligtümer** Tac. hist. 1, 43: baiuli divinarum caeremoniarum (Heiligenbilder), Firm. math. 3, 9, 9 Kr. u. Sk. – Nbf. **caerimōnium**, ī, *n.*, Gloss. IV, 217, 15 u. IV, 317, 41: Plur. caerimonia, ōrum, *n.*, CIL 11, 3933. Gloss. IV, 33, 19. – cērĭmōnia gemessen bei Prud. c. Symm. 1. praef. 5.

caerimōniālis, e (caerimonia), **zur Gottesverehrung gehörig,** officia, Arnob. 7, 31: scientia, Amm. 29, 1, 31.

caerimōnior, ārī (caerimonia), **mit heiligen Gebräuchen verehren,** Eccl.

caerimōniōsus, a, um (caerimonia), **der Gottesverehrung geweiht, geheiligt,** dies, Amm. 22, 15, 17.

caerimōnium, ī, *n.*, caerimonia.

Caeritēs, s. Caere.

Caeroesī, ōrum, *m.*, eine belgische Völkerschaft um Luxemburg od. Lüttich, Caes. b. G. 2, 4, 10. Oros. 6, 7, 14.

caerulāns, antis (v. caerulus), **dunkelfarbig, himmelblau,** Musa caerulanti peplo circumlita (*coni.* circumdata), d. i. die Sternkunde, Fulg. mitol. 1. praef. p. 14, 11 H.

caeruleātus, a, um (von caeruleus), **dunkelblau bemalt,** Vell. 2, 83, 2.

caeruleus u. **caerulus**, a, um (2. caelum), **I** **dunkelfarbig, dunkelblau, schwarzblau** (griech. κυάνεος), als poet. Epitheton des Himmels, des Meeres u. sonstiger damit verwandter Gegenstände (vgl. Thiel Verg. Aen. 7, 198), **a** v. Himmel, caeli caerula templa, Enn. fr., u. bl. caerula caeli od. bl. caerula, Lucr. u. Ov., die Bläue, der blaue Dom des Himmels: caerula mundi, v. Weltall, Lucr.: caeruleae bigae, das bläuliche Doppelgespann, Ps. Verg. cir. 38. – **b** v. Meer u. v. darauf bezüglichen Pers.u. Dingen: ponti plaga, Lucr.: pontus, aequora, Catull.: mare, Cic. fr.: maris terga, Claud.: Propontis unda, Varr. fr.: campi, Plaut.: aquae, Ov.: u. bl. caerula, ōrum, *n.*, die Bläue des Meeres (= das Meer), Enn. fr. – von Meergottheiten usw. (s. Thiel Verg. Aen. 7, 198 u. Hor. epod. 13, 16), deus, Neptun, Ov.: mater (*sc.* Achillis), Thetis, Hor. u. Prop.: Psamathe, eine Meernymphe, Ov.: currus (Neptuni), Verg.: equi (Tritonis), Ov. – u. v. anderem zum Meer Gehörigen, puppis, Ov.: via, Plaut. u. Ov. – **c** vom Wasser u. v. Flüssen u. darauf bezüglichen Dingen, aquae sunt caeruleae, Sen.: Thybris, Verg.: Addua, Sidon. ep.: amnis, Tibull.: lympha, guttae, Ov. – **d** von anderen Gegenständen, draco, serpens, Ov.: angues, Verg.: guttae (serpentis), Ov.: vestis, Iuven.: caesios oculos Minervae, caeruleos esse Neptuni, Cic.: Germanorum caerulei et truces oculi, Tac.: lumina Germani, Iuven.: dah. Germanorum pubes, blauäugige, Hor.: u. so Britanni, Mart.: color, Vitr.: color caerulo albidior, Plin. ep. 8, 20, 4. – subst., caeruleum, ī, *n.*, **α** übh., das **Blaue,** aliquid caerulei (im Regenbogen), Sen. nat. qu. 1, 3, 4. – **β** eine blaue Farbe, **Stahlblau,** sowohl natürliches als künstliches, Vitr. 7, 11, 1. Plin. 33, 162: dass. caerulum, ī, *n.*, Solin. 15, 28 u. 20, 15. – **II** poet. übtr.: **A** **dunkelgrün,** prata, Enn.: cucumis, Prop.: arbor Palladis, Ov. – **B** **dunkel, dunkelgrau, schwärzlich,** vitta, Verg.: infula, Inscr.: equi Plutonis, Ov.: nox, Stat.: panis, Iuven.: puppis (Charontis), Verg.: nubes, imber, Verg.

caerulōsus, a, um (caerulus), **stark dunkelblau,** Sedul, op. pasch. 3, 19, 1.

caerulus, a, um, s. caeruleus.

caesa, ae, *f.* (caedo), der **Hieb,** Veget. mil. 1, 12.

caesālis, e, (caedo), **zum Behauen geeignet**, lapis, Gromat. vet. p. 306, 21.

caesapon, ī, *n.*, eine Art **Lattich**, Plin. 20, 59.

Caesar, aris, *m.*, ein röm. Familienname des julischen Geschlechts. Am berühmtesten ist C. Iulius Caesar, der den Pompejus besiegte, die Republik stürzte u. als Diktator königliche Gewalt erhielt, aber von Brutus u. Kassius im J. 44 v. Chr. ermordet wurde. Sein Neffe u. Erbe Oktavius, der nachher auch seinen Namen C. Iulius Caesar (Octavianus) führte, setzte die Alleinherrschaft fort. Nach ihm hatten alle Kaiser den Beinamen Caesar neben dem Titel Augustus (vgl. Suet. Galb. 11), bis unter Hadrian der Unterschied entstand, dass Caesar Augustus den wirklich regierenden Kaiser und Caesar den bestimmten Nachfolger desselben, den Thronerben (der in neueren Zeiten »römischer König« hieß) bezeichnete, Spart. Hel. 1, 2. Aur. Vict. Caes. 13, 12. – Germanicus Caesar, s. Germanicus. – Dav. abgel.: **A Caesareus**, a, um, **a** den Julius Cäsar betreffend, **cäsarisch**, sanguis, Ov.: forum, von Cäsar angelegt, Stat. – subst., Caesareum, ī, *n.* (*sc.* templum), ein dem Cäsar geweihter Tempel, CIL 9, 1556; 10, 415 u. 11, 948. – **b kaiserlich**, amphitheatrum, vom Kaiser Domitian erbaut, Mart.: leones, von dems. in den Tierkampf gegeben, Mart. – **B Caesariānus** (nachaug. auch **Caesareānus**), a, um, **a cäsarianisch, des Cäsar**, civile bellum, Nep.: nex, Suet.: familia, Capit.: orationes, Lobreden Ciceros auf Cäsar, Serv. Verg.: aequitas (Ggstz. Sullana violentia), Val. Max.: subst., Caesariānī, ōrum, *m.*, die Anhänger Cäsars im Bürgerkrieg, die **Cäsarianer**, Auct. b. Afr. – **b cäsarianisch = des Mitregenten**, nomen, imperium, Scriptt. hist. Aug. – **c kaiserlich, der Kaiser**, collyrium, Cels.: Pallas, vom Kaiser Domitian bes. verehrt, Mart.: Caesareanorum temporum scriptor, Vopisc.: subst., Caesariānī, ōrum, *m.*, eine Art Provinzialbeamter, spät. ICt. – **d Caesareānus** als Beiname v. der Eroberung von Caesarea, Treb. Poll. trig. tyr. 2. § 2. – **C Caesariēnsis**, e, Beiname mehrerer Ortschaften, wie: Mauritania, der östliche Teil von Mauritanien, Tac.: Colonia, ICt. – **D Caesarīnus**, a, um, **cäsarinisch, des** (Jul.) **Cäsar**, celeritas, Cic. ad. Att. 16, 10, 1.

Caesaraugusta, ae, *f.*, Stadt in Hispania Tarrac., j. *Saragoza*, Mela 2, 6, 4 (2. § 88). Plin. 3, 23. Itin. Anton. 392, 1 u. 433, 1: Caesarea Augusta (Καισάρεια Αυγούστα, Strabo), Auson. epist. 25, 88. p. 193, 2 Schenkl.

Caesarēa, ae, *f.* (Καισάρεια), **I** früher Stratonis turris gen., kleine See- u. Hafenstadt in Palästina an der Grenze von Galiläa u. Samaria, noch j. *Kaisarieh*, Tac. hist. 2, 78. Eutr. 7, 10. Amm. 14, 8, 11: viell. auch Treb. Poll. trig. tyr. 2. § 2 gemeint, wov. dort der Beiname Caesareanus. – Deren Einw. Caesariēnsēs, ium, *m.*, die **Cäsarienser**, Plin. 5, 120. Ulp. dig. 50, 15, 8. § 7. – **II** Stadt in Mauritanien, früher Iol gen., später Hauptstadt von Mauritania Caesariensis, j. *Tenez* (zwischen Mostagan u. Scherschel), Mela 1, 6, 1 (1. § 30). Eutr. 7, 10. – **III** Hauptst. v. Kappadozien, j. Ruinen bei *Kaisarieh*, Eutr. 7, 6, früher Mazaca gen., Auct. b. Alex. 66, 4. – **IV** die früher Arca (Arcena urbs) gen., von den Römern kolonisierte u. dann Caesarea gen. Stadt in Phönizien, Geburtsort des Kaisers Alex. Severus, Aur. Vict. Caes. 24, 1. Lampr. Alex. Sev. 1. § 2. – **V** Caesarēa Augusta, s. Caesaraugusta.

Caesareānus, s. Caesar.

Caesareus, Caesariānus, s. Caesar.

caesariātus, a, um (caesaries; vgl. Paul. ex Fest. 45, 6. Placid. gloss. V, 14, 24), **I mit buschigem Haar versehen, buschig behaart**, qui admutiletur miles usque caesariatus, wie der Soldat trotz des buschigen Haares glatt geschoren (tüchtig geprellt) wird, Plaut. mil. 768: Numidae equis caesariati, mit dem Pferdeschweif am Helm geschmückt, Tert. de pall. 4. – **II** übtr., viridantibus comis (= *foliis*) caesariata terra, bebuschte, Apul. de mundo 23.

Caesariēnsis, s. Caesar, Caesarea.

caesariēs, ēī, *f.* (altind. *kḗsara-ḥ*, Haar, Mähne), das **Haar** der Männer, bes. der Krieger (u. das ähnliche der Frauen), das, gleichviel ob kurz oder lang, kunstlos das Haupt umgibt u. so ein imposantes Ansehen verleiht, das **Haupthaar**, promissa, Liv.: festinatis senectutis insignibus ad augendam maiestatem ornata caesaries, Plin. pan.: nitida, Verg.: horrida, Ov. – caesaries quam decet, Plaut.: vidit e Bereniceo vertice caesariem, Catull.: calamistris vibrare (kräuseln) caesariem, Arnob. – v. Haar der Frauen, der Tituskopf (s. Burm. Verg. georg. 4, 337. Barth Claud. epith. Honor. 99), Catull. u. a. – caesaries longae barbae, das lange Barthaar, Ov. met. 15, 656. – das Haar am Hals der Hunde, Gratt. cyn. 272.

Caesēna, ae, *f.*, ganz unbedeutende Stadt in Gallia Cispadana, j. *Cesena*, Cic. ep. 16, 27, 2. Plin. 3, 116. – Dav. **Caesēnās**, ātis, **cäsenatisch**, vina Caesenatia, Plin. 14, 67.

Caesennius, a, Name einer tarquinischen u. dann röm. Familie, aus der bes. bekannt: Caes. Lento, ein Anhänger Cäsars, Cic. Phil. 12, 23. – Caes. Paetus, unter Nero, Tac. ann. 15, 6 *sqq.*

Caesia Silva, ein Wald im alten Germanien, der j. **»Häserwald«** zwischen Lippe und Yssel, Tac. ann. 1, 50.

caesīcius, a, um = καιρόεις, **dicht gekettet, dicht gewebt**, linteolum, Plaut. Epid. 230.

caesim, *Adv.* (caedo), **I hauend, hiebweise, a** vom hiebweisen Behauen der Bäume (Ggstz. ductim), Col. 4, 25, 2 u. 3. – **b** als milit. *t. t.* (Ggstz. punctim, stichweise), ferire, pugnare, Veget. mil.: petere hostem, Liv.: gladio cervicem percutere, Suet.: quid interest, caesim moriar an punctim? Sen. – **II** übtr., in der Rhetor., **mit** od. **in einem Schlag** (Ggstz. membratim), membratim adhuc, deinde caesim diximus, Cic.: u. so membratim caesimque dicere, Quint.

caesio, ōnis, *f.* (caedo), **I** das **Hauen** = Behauen, castaneae, Col. 4, 33, 1. – **II** das **Verwunden, Töten**, Plur., Tert. apol. 39.

caesitās, ātis, *f.* (caesius), die **blau-graue Farbe**, oculorum, Boëth. in Porph. comm. 4 u. ö.

caesītius, s. caesīcius.

caesius, a, um, **I bläulichgrau, blaugrau**, von den Augen, pupillae caesius color, Cels.: caesios oculos Minervae, caeruleos esse Neptuni, Cic.: caesii (oculi) in tenebris clariores, Plin. – **II** übtr., **blaugrauäugig, katzenäugig**, virgo, Ter. u. Lucr.: leo, Catull.: hunc dico canum, subcrispum, caesium, Rhet. Her. – *Superl.* caesissumus angef. bei Varr. LL. 8, 76, wo auch *Compar.* caesior als ungebr. bezeichnet wird.

Caesius Bassus, ī, *m.*, der Freund des Dichters Persius, an den dieser die sechste Satire gerichtet hat; vgl. Quint. 10, 1, 96.

caesna, arch. = caena (cena), Fest. 205 (a) 15.

Caeso (Kaeso), ōnis, *m.*, Beiname u. Vorname der Duilii, Fabii, Quinctii.

Caesōnius, a, ein röm. Familienname, unter dem bekannt: M. Caesonius der mit Cicero Ädilis war, Cic. I. Verr.. 29. – Caes. Paetus, Konsul unter Nero, Tac. ann. 14, 29. – u. bes. Milonia Caesonia, die Geliebte u. nachmalige Gemahlin des Kaisers Kaligula, die diesem einen Zaubertrank beigebracht haben soll, der, obgleich nur ein Liebestrank, ihn wahnsinnig gemacht habe, Suet. Cal. 25, 3. Iuven. 6, 116. – Dav. **Caesōniānus**, a, um, **cäsonianisch,** Col. 1, 4, 1.

caesor, ōris, *m.* (caedo), der **Hauer**, Prob. cath. 16, 32: lignorum, Vulg. deut. 29, 11: metallorum lignorumve caesores, Hier. ep. 53, 6: caes. lapidum, Steinbrecher, Ambros. Luc. 2, 89 *extr.* Vulg. 2. paral. 24, 12.

Caesoriacum, s. Gesoriacus.

caespes, pitis, *m.* (caedo), der **ausgeschnittene Rasen**, das **Rasenstück**, **I** eig. u. meton.: **1** eig., gebraucht zum Lager- u. Schanzbau, zum Bedecken der Hütten, zu Altären u. zu Grabhügeln, cadaver eius levi caespite obruebat, Suet.: hanc (domum) utrum caespes erexerit, an varius lapis gentis alienae, nihil interest, Sen.: hic vivum mihi caespitem, pueri, ponite, Hor.: primum exstruendo tumulo caespitem Caesar posuit, Tac. – im Plur., recentibus caespitibus tabernacula constrata, Caes.: gladiis caespites circumcīdere, Caes.: ad aggerem caespites comportare, Caes.: non esse arma caespites neque glebas, Cic. – **2** meton.: **a** eine **Rasenhütte**, Hor. carm. 2, 15, 17. – **b** ein **Rasenaltar**, Hor. carm. 3, 8, 4. Tac. hist. 4, 53. Iuven. 12, 2. Apul. flor. 1: auch die Einfassung eines Altars übh., Act. fratr. Arval. *a.* 218 A 19 = CIL 6, 2104 (in forculo arg[enteo] cespiti ornato). – **c** ein wie ein Rasenstück gestalteter **Knopf,** Plin. 17, 153. – **d** ein **Wurzel-** od. **Pflanzenknäuel,** Verg. georg. 4, 273. Plin. 21, 43. – **II** übtr.: **a** ein **Rasenfeld, Rasen,** gramineus, Verg. u. Ov.: tener, Ov.: sedere in caespite nudo, Suet.: de caespite se levare, Ov.: Plur., summa caespitum, Plin. – **b** der **Erdboden, Boden** übh., Avien. descr. orb. 227 u. 388. – Nbf. Nomin. caespis, Vict. Vit. 3, 56.

caespitātor, ōris, *m.* (caespito), der **Rasenstrauchler,** Benennung eines Pferdes, das an Wassergallen leidet, Serv. Verg. Aen. 11, 671.

caespiticius, a, um (caespes), **aus Rasen,** tribunal, Vopisc.: arae, murus, Capitol.

caespito, āre (caespes), **auf dem Rasen straucheln,** Gloss. V, 177, 32 ›cespitat, cadit‹.

caespōsus, a, um (caespes), **voll Rasen,** Col. poët. 10, 130 zw.

1. caestus (nicht cēstus), ūs, *m.* (v. caedo), der rohe, rindslederne, mit eingenähtem Blei oder Eisen versehene Riemen, womit sich die Faustkämpfer (pugiles) Hände u. Arme umwickelten, der **Schlagriemen, Cästus,** Plaut., Cic. u. a.: pugiles caestibus contusi ne ingemiscunt quidem, Cic.: qui crudo fidit pugnam committere caestu, Verg. – Abl. Plur. heterokl. caestis, Varr. sat. Men. 89.

2. caestus, ī, m., s. 1. cestus.

caesullae, ārum, *f.* (caesius), **mit grauen Augen, katzenäugige,** nach Fest. 274, b (*in v.* Ravilliae).

caesum, ī, n. (caesus, a, um, v. caedo), gramm. *t. t.* = comma, der **Einschnitt,** das **Komma,** Aquil. Rom. § 18. Fortunat. art. rhet. 3, 10. Mart. Cap. 5. § 527 *sq.*

caesūra, ae, *f.* (caedo), **I** das **Hauen, Fällen,** arboris, Plin. 16, 230: silvae, Plin. 17, 150. – meton., recentes arundinum caesurae, frisch abgeschnittene Rohrstauden, Plin. 8, 96. – **II** übtr., als *t. t.* der Metrik = incisio, der **Einschnitt, Abschnitt,** die **Zäsur,** auch im Plur., Diom. 497, 6. Prisc. part. XII vers. Aen. 1, 6. p. 460, 16 u. 1, 9. p. 461, 16 K.

caesūrātim, *Adv.* (caesura), **schnittweise,** übtr., **in kurzen Einschnitten,** dictio c. succincta, Sidon. ep. 4, 3.

caesus, Abl. ū, *m.* (caedo), das **Hauen,** caesu frondium, Auct. itin. Alex. M. 44 (102).

caeterus, u. die Abgeleiteten, s. cēterus etc.

caetra (cētra), ae, *f.*, ein kleiner, leichter **Lederschild,** bei den Afrikanern, Spaniern u. Britanniern gebräuchlich, Varr. sat. Men. 88. Verg. Aen. 7, 732. Liv. 21, 27, 5 u. a.: pelta caetrae haud dissimilis est, Liv. 28, 5, 11.

caetrātus (cētrātus), a, um (caetra), **leicht bewaffnet,** caetratae cohortes u. subst. caetrāti, ōrum, *m.*, in der Mitte zwischen den leichten u. schweren Truppen, Caes. – insbes. caetrata cohors u. subst. caetrati = πελτασταί, die **Peltasten** der Griechen, Liv.

1. Caeus, a, um, s. Cēus.

2. Caeus, ī, s. Coeus.

Caeyx, s. Cēyx.

1. Cāia, s. Cāius.

2. cāia, ae, *f.*, ein **Prügel,** nach Isid. orig. 18, 7, 7.

Cāiānus, s. Cāius.

cāiātio, ōnis, *f.* (caio), das **Hauen, Prügeln** der Kinder, Fulgent. continent. Verg. p. 103, 17 H.

Caīcus, ī, m. (Κάϊκος), **I** Fluss in Großmysien, der am Fuße des Temnus in Teuthrania entspringt, südlich fließt, sich bei Pergamum mit dem Mysus od. Mysius (der auch auf dem Temnus entspringt, weshalb Ov. met. 15, 277 den Caicus für den Mysus in seinem oberen Lauf hält) vereinigt, dann westlich strömt u. sich in den Sinus Eleaticus ergießt, j. Bakirtschai (= Kupferfluss), Verg. georg. 4, 370. Cic. Flacc. 72: C. Teuthranteus, Ov. met. 2, 243. – **II** ein Troer, Verg. Aen. 1, 183 u. 9, 35.

Cāiēta, ae. *f.* u. **Cāiētē,** ēs, *f.* (Καιήτη), **I** die Amme des Äneas, Verg. Aen. 7, 2. Ov. met. 14, 443. – **II** Stadt u. vielbesuchter Hafen an der Grenze von Latium u. Kampanien, in der Nähe von Formiä, wo Ciceros Landgut lag, nach der Sage Begräbnisort der Amme Kajeta (s. *no.* I), j. *Gaëta,* Cic. de or. 2, 22; de imp. Pomp. 33. Liv. fr. 50 (aus Sen. suas. 6, 17). Aur. Vict. orig. gent. Rom. 10, 3 *sq.* – Dav. **Cāiētānus,** a, um, **kajetanisch, bei Kajeta,** villa, Val. Max. 1, 4, 5.

Cain, *m., indecl.,* **Kain,** ein Sohn Adams, Augustin. de civ. dei 15, 8, 1 u. 15, 17. Vulg. genes. 4, 1.

cāio, āre (2. caia), **hauen, schlagen,** Plaut. b. Fulgent. continent. Virg. p. 103, 19 H.

Caiphas, ae, *m.* (כיפא), Oberpriester der Juden zu Christi Zeit, Vulg. Matth. 26, 3 u. 57 u. ö. Prud. ditt. 157. – Dav. **Caiphaeus,** a, um, **kaiphäisch, des Kaiphas,** Iuvenc. 4, 408 u. 533.

Cāius (bei Dichtern auch Cāïus), ī, *m.* u. **Cāia,** ae, *f.* (ältere Schreibung für Gaius, Gaia, s. den Buchst. C), ein röm. Vorname. Bei Hochzeiten pflegte man den Bräutigam Caius u. die Braut Caia zu nennen, u. sie sagte: Ubi tu Caius, ego Caia; vgl. Paul. ex Fest. *in v.* Gaia p. 95 *sq.* u. Quint. 1, 7, 28. – Bes. wichtige Pers. dieses Namens sind: **I** der berühmte röm. Jurist (etwa 110–180 n. Chr.), Verf. von Rerum cotidianarum libri VII u. Institutionum iuris civilis commentarii IV, Serv. Verg. georg. 3, 306. Prisc. 6, 96. – **II** bei den nachaug. Histor. κατ' ἐξοχὴν der Kaiser C. Caligula; dah. **Cāiānus** (Gāiānus), a, um, **kajanisch, des Kajus (Kaligula),** Sen. u. a.: as C., von ihm bedeutend herabgesetzt, Stat. – subst., Gāiānum, ī, *n.*, ein vom Kaiser Kaligula erbauter Zirkus am Vatikan, Curios. Urb. reg. XIV. – **III** Caia Caecilia, römischer Name der (etruskischen) Tanaquil, Paul. ex Fest. *in v.* Gaia p. 95, 18. – Gāïus, Catull. 10, 31. Mart. 5, 14, 5: Gāï. Mart. 10, 16, 1: ebenso Cāïānō, Stat. silv. 4, 9, 22.

cāla, ae, *f.* (κᾶλον), ein **Holzstück, Brennholz,** Lucil. fr. inc. 151 (b. Serv. Verg. Aen. 6, 1). – Nbf. cālum, ī, *n.*, Isid. 19, 34, 2.

Calābra cūria, s. cūria *no.* II, B.

Calabrī, ōrum, *m.*, die Einw. von Kalabrien, die **Kalabrier,** Mela 2, 4, 2 (2. § 59). Sil. 12, 396. – Nom. Sing. Calaber, Sil. 8, 573. – Dav.: **A Calaber,** bra, brum, **kalabrisch, in** od. **aus Kalabrien,** hospes, Hor.: apes, Hor.: oves, Col.: pastores, Mar. Victorin.: Atabulus, Sidon.: poet., Pierides, die Gedichte des Ennius, Hor. – **B Calabria,** ae, *f.*, die Halbinsel, die sich von Tarent aus in südöstl. Richtung bis zum Vorgebirge Japygium erstreckt, Geburtsland des Dichters Ennius, berühmt durch Öl-, Wein- u. Honigbau u. durch Vieh-, bes. Schafzucht, Liv. 23, 34, 3; 42, 48, 7. Hor. carm. 1, 31, 5. – **C Calabricus,** a, um, **kalabrisch,** oliva, Col.: tubera, Pallad. – subst., **calabrica,** ae, *f.*, eine Art chirurg. Bandage, Plin. Val. 3, 13. – u. dav. **calabrico,** āre, in die calabrica gen. Bandage bringen, *ibid.* – **D calabrion metrum,** das Versmaß ⏑⏑⏑⏑⏑ oder ⏑⏑⏑⏑–, Mar. Victorin. 3, 14, 9 G. p. 122, 10 K.

calabrīx, brīcis, *f.*, ein Strauch, viell. der **färbende Wegedorn** (*Rhamnus infectorius.* L.), Plin. 17, 75. Pallad. 10, 14, 3.

Calactē, ēs, *f.* (Καλὴ ἀκτη), Stadt an der Nordküste Siziliens, Ruinen beim j. *Calonia,* Cic. Verr. 3, 101. Sil. 14, 251. Prisc. 2, 58. – Dav. **Calactīnus,** a, um, **aus Kalakte, kalaktinisch,** Cic. (vgl. Prisc. 2, 58): Plur. subst., Calactīnī, ōrum, *m.*, die Einw. von Kalakte, die **Kalaktiner,** Cic. Verr. 3, 101.

Calagurris, is, Akk. im, *f.*, **I** hispan. Stadt jenseit des Ebro, im Gebiete der Vaskonen, Geburtsort des Quintilian, j. *Calahorra,* deren Einwohner Calagurritani Nassici, Plin. 3, 24. Auson. prof. (XVI) 2, 7. p. 56 Schenkl. – **II** hispan. Stadt diesseits des Ebro, im Gebiet der Ilergeten, j. *Lohorra,* Liv. 39, 21, 8. Flor. 3, 22, 9. – Dav. **Calagurritānī,** ōrum, *m.*, die Einw. von K., die **Kalagurritaner,** Caes. b. c. 1, 60, 1: C. Fibularenses, Plin. 3, 24.

Calaïs, Akk. in, Abl. ī, *m.* (Κάλαϊς), **I** ein geflügelter Sohn des Boreas (Aquilo) von der Orithyia und Bruder des Zetes, mit dem er die Argonauten begleitete und die Harpyien vertrieb, Ov. met. 6, 716. Prop. 1, 20, 26. Val. Flacc. 4, 465 *sq.* Hyg. fab. 14 u. 19. Serv. Verg. Aen. 3, 209 (wo Akk. -in); 10, 350 (wo Abl. -i). – **II** ein schöner Knabe, Hor. carm. 3, 9, 14.

calamārius, a, um (calamus), **zum Schreibrohr gehörig,** theca, die Federbüchse, das Pennal, Suet. Claud. 35, 2.

calamellus, ī, *m.* (*Demin.* von calamus), das **Röhrchen,** Arnob. iun. in psalm. 150.

calamentum (nicht calametum), ī, *n.* (cala), **trocknes, verdorrtes Holz** am Weinstock, Col. 4, 27, 1.

Calamīnae īnsulae, schwimmende Inseln in Lydien, Plin. 2, 209; vgl. Varr. r. r. 3, 17, 4. Mart. Cap. 9. § 928.

calaminthē, ēs, *f.* (καλαμίνθη), eine Pflanze, eine Art **Minze,** Ps. Apul. herb. 70.

Calamis, midis, *m.* (Κάλαμις), einer der größten Bildhauer aus dem Zeitalter des Phidias (um 470 v. Chr.), Cic. Brut. 78. Plin. 34, 71. Quint. 12, 10, 7. Prop. 3, 9, 10. Ov. ex Pont. 4, 1, 33.

calamiscus, ī, *m.* (καλαμίσκος), ein kleiner hohler Arm an einem Kandelaber, ein **Röhrchen,** Interpr. Iren. 2, 24, 3. Vgl. Eucher. de expos. var. rer. 3.

calamister, trī, *m.* u. gew. **calamistrum,** trī, *n.* (calamus), das (hohle, rohrförmige) **Brenneisen,** um die Haare zu kräuseln, **I** eig., volsella, pecten, speculum, calamistrum, Plaut.: hunc calamistrum, Varr. fr.: plura calamistra, Varr. fr.: frons calamistri notata vestigiis, Cic.: calamistra in cinere calefacere, Porphyr. Hor. sat. 1, 2, 98: crines calamistro convertere, Petr.: calamistro crispare comas, Hier.: calamistris vibrare caesariem, Arnob.: crines calamistri vestigiis rotantur, Hier.: a calamistro, die Haarkräuslerin, CIL 6, 3485*. Vgl. (über *masc.* u. *neutr.*) Charis. 80, 11. – **II** übtr., v. zu großem Schmuck im Ausdruck, **Künstelei, Schnörkelei,** tum removebitur omnis insignis ornatus quasi margaritarum, ne calamistri quidem adhibebuntur, Cic.: ineptis fortasse gratum fecit, qui volent illa calamistris, inurere, Cic.: calamistri et tinnitus (oratorum), Tac. dial. – Nom. calamister nicht nachweisbar.

calamistrātus, a, um (calamistrum), **mit dem Brenneisen gekräuselt,** coma, Cic. Sest. 18. – prägn. = **mit gebrannten Locken,** cinaedus, Plaut.: saltator, Cic.: procurator, Hier.: pueri cincinnatuli et calamistrati, Stutzer, Hier. ep. 130, 19: so calamistrati et torquati, Ambros. ep. 69, 7.

calamistrum, trī, *n.*, s. calamister.

calamitās, ātis, *f.*, **Schaden, Unheil, I** eig., als *t. t.* der Landw. = Hagelschlag, Brand (Mehltau), Misswuchs, Viehsterben (vgl. für Hagel u. Brand Donat. Ter. eun. 1, 1, 34. Serv. Verg. georg. 1, 151), postquam calamitas plures annos arvas calvitur, Pacuv. fr.: nisi quicquid erat calamitas profecto attigerat numquam, Plaut.: si aratio omnis tempestatis calamitate semper vacat, Cic.: in calamitate fructuum, Cic.: pecus morbosum et vitiosum magnā gregem afficit calamitate, Varr.: bildl., sed eccum egreditur, nostri fundi calamitas (Mehltau, Brand), Ter. eun. 79 (vgl. Serv. Verg. georg. 1, 151). – **II** übtr., **A Schaden, Verlust, Unheil, Unglück, Verderben, Sturz, Verfall,** quamquam videbam perniciem meam cum magna calamitate rei publicae esse coniunctam, Cic.: fac cogites, in quanta calamitate sis, Sall.: maiori calamitati esse, desto mehr V. bringen, Nep.: plures trahere in eandem calamitatem, Cic.: calamitatem tolerare, Cic., ferre, Nep., perferre, Caes., perpeti, Gell.: calamitate prohibere alqm, Cic.: lamentari tanti imperii calamitatem (Sturz), Cic.: cum Romanum imperium non dubiā iam calamitate nutaret, sichtbar dem Verfall zueilte, Eutr. – Plur., calamitates rei publicae, Cic. – **B** insbes., **Kriegsunglück, Unfall,** euphemist. für **Niederlage,** cal. atrocissima, Vell.: Cannensis illa calamitas, Cic.: nullā calamitate victus, Hirt. b. G.: calamitatem accipere, Cic. u. Nep.: calamitatem alci inferre, Caes.: calamitates belli diutius ferre non posse, Nep.: interim accidit illa calamitas apud Leuctra Lacedaemoniis, Nep.: magna clades atque calamitas rem publicam oppressisset, Sall.: adversus vires hostium, non adversus calamitates contendere, gegen die Unglücksfälle der F., Iustin. 11, 12, 13. – calamitas appellativ, Prud. adv. Symm. 1, 70. Servius zu Verg. buc. 8, 30. – *Genet. plur.* auch calamitatium, z. B. Sen. contr. 1, 1, 11. Plin. 7, 87 u. 8, 55. Iustin. 16, 4, 5, Flor. 1, 18, 3.

calamītēs, ae, *m.* (καλαμίτης, v. κάλαμος), der **Laubfrosch** (*Rana arborea,* L.), Plin. 32, 122 u. 139.

calamitōsē, *Adv.* (calamitosus), **dem Unglück ausgesetzt,** turpiter magis quam calamitose vivere, Cic. de off. 3, 105.

calamitōsus, a, um, *Adi.* m. *Compar.* u. *Superl.* (calamitas), **I** aktiv = **großen Schaden-, großes Unheil bringend, unheilbringend, verderblich, schädlich, A** eig.: caelum, Cato: tempestas, Cic. – **B** übtr.: quid hac clade tristius? quid calamitosius? Flor.: acerbissimum et calamitosissimum bellum, Cic.: m. *Dat.*, fuga patriae calamitosa, Cic.: m. *Infin.*: calamitosum est bonis everti, calamitosius cum dedecore, Cic. – **II** passiv = **großen Schaden erleidend, großem Schaden ausgesetzt, A** eig.: loca, Cato: agri vectigal caelo ac loco c., Cic.: hordeum ex omni frumento minime c., dem Brand ausgesetzt, Plin. – **B** übtr.: **a** v. Pers., **von großem Unglück heimgesucht, zugrunde gerichtet, bodenlos unglücklich** od. **elend, schmerzlich betrübt,** homines miseri et fortunā magis quam culpā calamitosi, Cic.: ut inopes (magis amicitiarum praesidia quaerant) quam opulenti et calamitosi quam ii, qui putentur beati, Cic.: calamitosissimus omnium Regulus, Sen. – **b** v. Zuständen, **unglücklich, unheilvoll,** res misera et calamitosa, Jammer u. Unheil, Cic.: otium, Cic.: exilium, Cic.

calamochnus, ī, *m.* (κάλαμος u. χνόος) = *adarca* (s. d.), Plin. 32, 140.

calamus, ī, *m.* (κάλαμος), **I** das **Rohr,** im Allg. (rein lat. arundo), insbes. der dünnere, schlankere Halm des Rohres (während arundo vorzugsw. der dickere Rohrstengel u. canna das kleine Rohr od. Schilf, s. die Hauptst. Plin. 16, 156 *sqq.*), **A** eig.: cava calamorum, Lucr.: calami palustres, Ov.: calami Cnidii, Plin.: latera arundini calamoque in rotunditate bina, Plin. – gespitzt zum Schneiden, cal. acutus, Pallad. 12, 22, 3. – zur Rohrpfeife, cal. tibialis, Plin.: calami dispares, der Syrinx, Ov.: calamus cerā iungitur usque minor, Tibull. – zu Pfeilen, cal. sagittarius, Plin. – als Gewürz, c. odoratus, Col. u. Plin., od. c. aromaticus, Veget., od. c. Syriacus, Veget., aus Syrien od. Arabien stammend, unser »Kalmus«: dass. bl. calamus, Cato u. Plin. – **B** meton. für alles aus Rohr od. Schilf Gemachte: **a** eine **Rohrpfeife,** Catull. 63, 22. Verg. ecl. 2, 34: calamo cantare, Sen. de ben. 4, 6, 5: tubā, tibiis calamoque flatantes, Trompeter, Flötenspieler u. Pfeifer, Arnob. 2, 38: Plur. (v. einer Pfeife), Lucr. 4, 586. Verg. ecl. 5, 2. Prop. 4, 1, 24. Ov. met. 11, 161. – **b** der **Rohrpfeil,** Hor. carm. 1, 15, 17. Verg. Aen. 5, 2 u. 10, 140. Prop. 2, 19, 24. Ov. met. 7, 778 u. 8, 30: arcus et calami, Verg. ecl. 3, 13. – **c** das **Schreibrohr** (vollst. c. scriptorius, Cels. 5, 28, 12. p. 215, 24 D. u. a. Scrib. 10 u. 47. Marc. Emp. 1. fol. 87 [b], 5), calamus et atramentum, Cic. ad Q. fr. 2, 14, 1 (2, 15, 6), od. atramentum et calamus, Vulg. Ioann. 3, 13: cal. scribae, Vulg. psalm. 44, 2: cal. fissipes, Auson. ep. 7, 2, 49. p. 165 Schenkl: calamum sumere, Cic. ad Att. 6, 8, 1: calamum intingere, Quint. 10, 3, 31: atrum transverso calamo signum allinere, Hor. de art. poët. 447: Antiochus epistulis bellum gerit, calamo et atramento militat, Cato oratt. fr. 7. – **d** die **Leimrute** (vollst. calamus aucupatorius, Mart. 14, 218 *lemm.*), Prop. 3, 13, 46. Sen. Octav. 422 (411). Sil. 7, 677. Mart. 13, 68 u. 14, 218. – **e** die **Angelrute,** Ov. met. 3, 587. – **f** ein **Stab,** eine **Stange** zum Stützen des Weins, Col. 3, 15, 1 u. 4, 4, 1. – eine **Signalstange,** Col. 3, 15, 1. – u. eine **Messstange, Rute,** Vulg. Ezech. 40, 3 u. a. – u. ein **Wegweiser** in Ägypten, Plin. 6, 166. – **g** ein hohler **Arm** an einem Kandelaber, eine **Röhre,** Vulg. exod. 25, 31 u. 32. – **h** als mediz. *t. t.*, pulmonis calamus, die Luftröhre, Cael. Aur. chron. 2, 12, 143. – **II** der **Stengel, a Fruchthalm, Stengel,** Verg. georg. 1, 76. Plin. 18, 61: avenae, Haferstengel, -halm, Plin. 6, 188. – **b** das **Pfropfreis,** Col. 4, 29, 9. Plin. 17, 106 u. 129.

calantica, s. calautica.

Calanus, ī, *m.* (Κάλανος), ein indischer Gymnosophist, der von Taxila aus auf Alexanders des Gr. Einladung dem mazedon. Heer folgte und, als er kränklich wurde, sein Leben (wahrscheinl. in Susa) durch Selbstverbrennung endigte, Cic. Tusc. 2, 52; de div. 1, 47. Val. Max. 1, 8. ext. 10.

Calaris, Calaritānus, s. Caralis etc.

calasis, tunicae genus, quod Graeci καλάσιριν (καλάσινον *codd.*) dicunt, Paul. ex Fest. 51, 11.

calasticus, s. chalasticus.

calathiscus, ī, *m.* (*Demin.* v. calathus), ein **geflochtenes Körbchen,** Catull. 64, 319. Petr. 41, 6.

calathoīdēs = καλαθοειδής, **korb-** od. **becherförmig,** umbra, Chalcid. Tim. 90.

calathus, ī, *m.* (κάλαθος), **I** ein **Korb** od. **Körbchen** in Gestalt einer offenen Lilie (rein lat. quasillus, s. Paul. ex Fest. 47, 6 u. 350, 12), aus Flechtwerk (s. Ov. fast. 4, 435), Vitr. 4, 1, 9. Plin. 21, 23; insbes., nach dem verschiedenen Gebrauch **a** zu Blumen u. Früchten, **Blumenkorb, Blumenkörbchen,** Verg. ecl. 2, 46. Ov. met. 5, 393 u. 14, 267: **Fruchtkorb, -körbchen,** Ov. art. am. 2, 264. Vulg. Ierem. 24, 1 u. 2. – **b** ein **Arbeitskörbchen** der Wollspinnerin, Ov. her. 9, 73 u. 76; art. am. 1, 693 u. 2, 219. Iuven. 2, 54: neben colus od. fusus, Verg. Aen. 7, 805. Ov. met. 12, 470. Hier. ep. 50, 5 (inter fusos calathosque puellarum): telas calathosque infectaque pensa reponunt, Ov. met. 4, 10. – **c** zu Zaubereien, Arnob. 5, 26: calathus fetui gallicaneo destinatus, Apul. met. 9, 33. – **II** übtr.: **A** ein ähnlich gebildetes Gefäß aus Holz od. Metall: **a** **Käsekorb,** Verg. georg. 3, 402. Col. poët. 10, 397. – **b** **Weinschale, Becher,** Verg. ecl. 5, 71. Mart. 9, 59, 15 u. 14, 107 *lemm.* – **c** = modius, ein **Scheffel,** den man als Attribut der Fruchtbarkeit auf den Kopf des Apollo Hieropolitanus setzte, Marc. sat. 1, 17, 67 *sq.*: u. auf den Kopf des Iupiter Serapis, Macr. sat. 1, 20, 13. – **B** der **Blumenkelch,** Col. poët. 10, 99 u. 240. Auson. app. II. (de rosis) *v.* 31. p. 245 Schenkl.

Cālātia, ae. *f.* u. **Cālātiae,** ārum, *f.*, Stadt in Kampanien an der appischen Straße, von Cäsar kolonisiert, j. Dorf Guajazzo, Cic. ad Att. 16, 8, 1. Liv. 9, 2, 2. Sil. 8, 542; 11, 14: Form -ae nur Plin. 3, 63. – Dav. **Cālātīnus,** a, um, **zu Kalatia gehörig, kalatinisch,** ager, Liv.: Plur. subst., Cālātīnī, ōrum, *m.*, die Einw. von Kalatia, die **Kalatiner,** Liv.: Calatinus auch Beiname des M. Attilius, Cic. de sen. 61: dah. Plur. Calatini, Leute wie Kalatinus, Cic. Pis. 58.

Calatiāna viola, nach Sprengel der **Frühlings-Enzian** (*Gentiana verna,* L.), Plin. 21, 27.

calātio, ōnis, *f.* (calare), das **Rufen,** Varr. LL. 5, 13.

Cālātis, s. Callatis.

calātor, ōris, *m.* (v. calare), der **Rufer, Ausrufer,** nominis, Charis. 126, 20. – dann eine Art **Diener, Aufwärter,** zunächst der *pontifices* u. *flamines,* Suet. gr. 12. CIL 6, 2184 u. 31034 (vgl. Serv. Verg. georg. 1, 268 u. Gloss.) u. übh., Plaut. merc. 852 u. rud. 335.

Calaura u. **Calaurēa,** s. Calauria.

Calauria, ae, *f.* (Καλαυρία), eine Insel im Saronischen Meerbusen, der Stadt Trözen gegenüber, mit der alten Insel Sphäria (j. Damala) durch eine Sandbank verbunden, j. *Poro,* Mela 2, 7, 10. Plin. 4, 56. Prisc. perieg. 525. Avien. descr. orb. 671: andere Form Calaurēa (Καλαύρεια) Letoïs, Ov. met. 7, 384.

calautica (nicht calantica), ae, *f.* = κρήδεμνον, eine Kopfbedeckung vornehmer Frauen, mit einem Band um den Kopf befestigt, mit schleierartig auf beide Wangen herabhängenden breiten Zipfeln, die man auch auseinanderziehen und so das ganze Gesicht damit verhüllen konnte, Afran. com. 37. Cic. or. in P. Clod. et Cur. 5, 3. p. 30 K. (u. dazu Schol. Bob. p. 336, 18 B.). Ulp. dig. 34, 2, 25. § 10. Arnob. 2, 23. Auson. perioch. Odyss. 5. Serv. Verg. Aen. 9, 16.

calbeum, calbeus, s. galbeum.

calbiēnsis, e, s. galbeum.

Calbis, s. 2. Indus *no.* II.

calcābilis, e (calco), **betretbar,** silex, Sidon. ep. 1, 5: pedibus facere mare calcabile, Greg. lib. sacr. *no.* 177 *extr.*

calcāneum, ī, *n.* (seltene Form für calx), die **Ferse,** Lampr. Heliogr. 20, 5 u. Eccl. – Nbf. **calcāneus,** ī, *m.*, Ambros. in psalm. 48, 10. Isid. 11, 1, 14.

calcar, āris, *n.* (calx), der **Sporn, I** der **Sporn** des Reiters, **A** eig.: equo calcaria subdere, dem Pferd die Sporen geben, Liv.: u. so equum calcaribus incendere, Hirt. b. G., concitare, Liv. u. Curt., stimulare, Val. Max. scherzh., ventus buccas vehementius sufflare et calcar admovere, Varr. fr. – Sprichw., addere calcaria sponte currenti, d. i. jmd. zu etw. antreiben, was er schon von selbst tut, Plin. ep. 1, 8, 1. – **B** übtr., der **Sporn** = der **Antrieb,** die **Anregung,** der **Reiz,** **α** Sing.: immensum gloria calcar habet, Ov.: (iram) calcar ait esse virtutis, Sen.: anticipate atque addite calcar, Varr. fr.: ascribit etiam et quasi calcar admovet, intercessisse se etc., Cic.: vatibus addere calcar, Hor.: temeritati frenos iniectos, ignaviae subditum calcar, Sen. – **β** gew. Plur.: alter frenis eget, alter calcaribus, Cic.: alteri calcaria adhibere, alteri frenos, Cic.: se calcaribus in Ephoro, contra autem in Theopompo frenis uti solere, Cic. – **II** der **Sporn** am Fuß des Hahns, Col. 8, 2, 8.

calcārea, ae, *f.* = calcaneum, die **Ferse,** Not. Tir. 79, 36.

calcāria, ae, *f.*, s. calcārius.

calcāriārius, a, um (calcaria), **zur Kalkbrennerei gehörig,** exonerator, CIL 6, 9384: negotians, CIL 10, 3947.

calcāriēnsis, is, *m.* (calcarius), der **Kalkbrenner,** Cod. Theod. 12, 1, 37. CIL 6, 9223 u. 9224.

calcārius, a, um (2. calx), **zum Kalk gehörig, Kalk-, I** *adi.*: fornax, Cato r. r. 38, 1. Plin. 17, 53. – **II** *subst.*: **a** calcārius, ī, *m.*, der **Kalkbrenner,** Cato r. r. 16. – **b** calcāria, ae, *f.*, **α** (*sc.* fornax) = der **Kalkofen,** *Amm.* 27, 3, 4: de calcaria in carbonariam pervenire, sprichw. = aus dem Regen in die Traufe kommen, Tert. de carn. Christ. 6. – **β** (*sc.* fodina) = der **Kalksteinbruch,** Ulp. dig. 48, 19, 8. § 10.

Calcās, s. Calchās.

calcātae, ārum, *f.*, unsichere Lesart b. Auct. b. Hisp. 16 (*al.* crates), viell. **Faschinen.**

calcātius, *Adv.* (calcatus v. calco), **etwas gedrängter,** exprimere alqd, Spät.

calcātor, ōris, *m.* (calco) = ληνοβάτης (Gloss.), der **Kelterer,** mit u. ohne uvae u. dgl., Calp. ecl. 4, 124 u. Eccl.

calcātōrium, ī, *n.* (calco) = ληνός (Gloss.), die **Kelter,** Pallad. 1, 18, 1 u. 2. Isid. 15, 6, 8.

calcātrīx, trīcis, *f.* (Femin. zu calcator), die auf etw. tritt, übtr. = **die** etw. **verachtet,** die **Verächterin,** mundi, Prud. psych. 587.

calcātūra, ae, *f.* (calco), das **Treten,** rotae, Vitr. 10, 5 (10), 1. – insbes., das **Keltern,** u. meton. = die **Kelter,** vinum manat de calcatura, Augustin. in psalm. 55, 7.

calcātus, ūs, *m.* (calco), das **Treten, Betreten,** Pallad. 7, 13, 17. Auct. itin. Alex. 33 (77).

calceāmen (calciāmen), minis, *n.* (seltenere Nbf. v. calceamentum), der **Schuh,** Plin. 15, 34; 19, 27.

calceāmentārius (calciāmentārius), ī, *m.* = ὑποδηματάριος, der **Schuhmacher,** Gloss. II, 466, 3.

calceāmentum (calciāmentum), ī, *n.* (calceo), die **Fußbekleidung,** das **Schuhwerk,** calc. militare, Aur. Vict: calceamenti resolutio, Eccl.: calc. pedum tuorum, Eccl.: calceamenta utrique sexui convenientia, Col.: calceamentis humilioribus uti, Cels.: mihi amictui est Scythicum tegmen, calceamentum solorum callum, Cic.: ›crepidas‹ et ›crepidulas‹ id genus calciamentum appellaverunt, quod Graeci κρηπῖδας vocant, Gell. 13, 22 (21), 7.

calceāria, ae, *f.* (calceus), **Schuhbude,** Varr. LL. 8, 55.

calceārium (calciārium), ī, *n.* (calceus), **Schuhgeld,** Suet. Vesp. 8, 3. Ulp. dig. 2, 15, 8. § 14; 34, 1, 21.

calceātor (calciātor), ōris, *m.* (calceo), der **Schuhmacher, Schuster,** CIL 6, 3939 a.

calceātus (calciātus), ūs, *m.* (calceo), die **Fußbekleidung,** das **Schuhwerk,** sowohl der Menschen als der Tiere, Plin. 8, 221 u. Suet. Cal. 52.

Calcēdon, -onia, -onius, s. Calchēdon.

calcendīx, s. clacendix.

calceo (calcio), āvī, ātum, āre (calceus), **mit Schuhen versehen, -bekleiden, beschuhen, a** die Füße der Menschen od. übtr. letztere selbst: pedes, Phaedr.: se, Suet.: alqm soccis, Plin.: homines non satis commode calceati et vestiti, Cic.: quod in eius dei templa calceati introeunt, Varr. fr. – **b** Tiere (da diese ebenfalls mit Schuhen versehen, nicht, wie bei uns, beschlagen wurden), mulas, Suet.: calceatis pedibus, Veget. – **c** calceati dentes, scherzh., **zum Beißen wohl eingerichtet,** Plaut. capt. 187 (in einem fortgesetzten Bild).

calceolārius (calciolārius), ī, *m.* (calceolus), der **Schuhmacher,** Plaut. aul. 512.

calceolus (calciolus), ī, *m.* (*Demin.* v. calceus), der **kleine Schuh,** der **Halbstiefel,** calceoli repandi, Schnabelschuhe, Cic. de nat. deor. 1, 82: calceoli Syriaci, Memm. b. Serv. Verg. Aen. 4, 261: ligulae calceolorum, Schuhriemen, Scrib. 208. – Titel einer Komödie des Plautus, Macr. sat. 3, 18 (2, 14), 9.

calcēs, is, *f.,* s. 2. calx .

calcētum, s. chalcētum.

calceus (calcius), ī, *m.* (calx, Ferse), der **Schuh, Halbstiefel** (den ganzen Fuß, oft auch noch die Knöchel bis an die Wade bedeckend, dagegen solea, Sandale, nur die Sohle umschließend; vgl. Gell. 13, 21 [22], 5), calcei muliebres, Varr. LL., viriles, Varr. LL. u. Cic.: stola calceique muliebres, Varr. fr.: calcei veteres, Quint.: calcei patricii, senatorum, equestres, Edict. Diocl.: calcei Sicyonii, von sämischem Leder, Cic.: calcei ex ligno facti, Paul. ex Fest.: calcei habiles et apti ad pedem, Cic.: c. laxus, Hor.: calceos capere, Plaut.: calceos et vestimenta mutare, Cic.: calceo inserere pedem, Amm.: ut calceus olim si pede maior erit, subvertet, si minor, uret, Hor.: in humu calceos facies elixos, Varr. fr.: si mane sibi calceus perperam ac sinister pro dextro induceretur, ut dirum (omen observabat), Suet. – Die Römer zogen, wenn sie sich zu Tische legten, die Schuhe ab, dah. calceos poscere (die Schuhe fordern) = vom Tisch aufstehen, Plin. ep. 9, 17, 3. – Eine besondere Art Schuhwerk trugen die Senatoren, dah. calceos mutare = Senator werden, Cic. Phil. 13, 28.

Calchādon, s. Calchēdon.

Calchās (altlat. Calcās, Acc. tr. 171 R.), antis, Akk. antem u. anta, *m.* (Κάλχας), Sohn des Thestor, griechischer Weissager vor Troja, Verg. Aen. 2, 182 (Nom.). Cic. de div. 1, 87. Verg. Aen. 2, 122. Val. Max. 8, 11. ext. 6. – Nach der 1. Deklin.: Genet. -ae, Prisc. 6, 53: Akk. -am, Pacuv. u. Plaut. b. Charis. 66, 22: Abl. -ā, Plaut. Men. 748.

Calchēdon (Calcēdon, Chalcēdon), onis u. onos, Akk. onem u. ona, *f.* (Καλχηδών), Stadt in Bithynien, an der Propontis u. am Eingang des Bosporus, Byzanz gegenüber, j. Dorf *Kadikjo* (bei den Türken) od. *Chalkedon* (bei den Griechen), Form Calch., Mela 1, 19, 5 (1. § 101). Liv. epit. 93. Plin. 5, 149 u. 150; 6, 217; 37, 73: urspr. Form Chalcedon (Χαλκηδών), Sall. hist. fr. 4, 61 (13). Amm. 26, 6, 4. Lucan. 9, 959. Claud. IV. cons. Hon. 177. – Nbf. **Chalcēdona,** ae, *f.,* Amm. 22, 9, 3, u. **Calcēdonia,** ae, *f.,* Itin. Anton. 139, 2. – Dav.: **A** **Calchēdonius** (Chalcēdonius), a, um (Χαλκηδόνιος), **kalchedonisch, aus Kalchedon,** Thrasymachus Calch., Cic.: smaragdus Calch., faseriger Malachit od. Atlaserz, Plin. (ders. subst. bl. Calchedonius u. von smaragdus geschieden, Vulg. apoc. 21, 19: u. chalcedon gen., Prud. psych. 857): Plur. subst., Chalcēdoniī, ōrum, *m.,* die Einw. von Chalkedon, die **Chalkedonier,** Tac. ann. 12, 63. – **B** **Chalcēdonēnsis,** e, von Chalkedon, **chalkedonisch,** urbs, Chalkedon, Cassiod. hist. eccl. 7, 21: Plur. subst., Chalcēdonēnsēs, ium, *m.,* die Einw. von Chalkedon, die **Chalkedonier,** *ibid.*

calciāmen, -mentārius, -mentum, s. calceāmen etc.

calciāria, -um, s. calceāria, -um.

calciātor, s. calceātor.

calciātus, s. calceātus.

calcifraga, ae, *f.* (2. calx u. frango), eine den Blasenstein zermalmende Pflanze, sonst empetros gen., viell. **Hirschzunge** (*Asplenium Scolopendrium,* L.), Plin. 27, 75.

calcio, s. calceo.

calciolārius, s. calceolārius.

calciolus, s. calceolus.

calcis, is, *f.,* s. 2. calx ►.

calcitrātus, ūs, *m.* (calcitro), das **Schlagen mit der Ferse,** mulae, Plin. 8, 174.

1. calcitro, āvī, ātum, āre (1. calx), **hinten ausschlagen,** v. Tieren, Plin. 30, 149: v. einem Sterbenden, Ov. met. 12, 240. – Sprichw., calcitrare contra acumina od. contra stimulum, wider den Stachel löcken, Amm. 18, 5, 1 (c. ac.). Vulg. act. apost. 9, 5 u. 26, 14 (c. st.). Augustin. serm. 116, 7 (c. st.). – Übtr., calcitrat (er sträubt sich), respuit, non putat tua dona esse tanti, Cic. Cael. 36.

2. calcitro, ōnis, *m.* (calcitrare), **I** **der heftig hinten ausschlägt,** equus, ein Schläger, Varr. sat. Men. 479: asinus, Apul. met. 8, 25. – **II** mit den Fersen heftig an die Tür tretend, ein **Anpolterer,** Plaut. asin. 391.

calcitrōsus, a, um (calcitrare), **gern hinten ausschlagend,** ein **Schläger,** iuvencus, Col. 2, 2, 26: equus, Ulp. dig. 9, 1, 1. § 4. Pelagon. veterin. 28. p. 97: iumenta, Ulp. dig. 21, 1, 4. § 3.

calcius, s. calceus.

calco, āvī, ātum, āre (1. calx), etw. od. **auf** etw. **treten,** **I** im Allg.: **1** eig.: viperam, hydrum, Ov.: surculum, Col.: viscera, Ov.: terram, Vulg.: laciniam togae, Suet.: subiectorum colla pedibus, Vulg.: pede ac vestigio (mit der Fußsohle) alcis calcari, Tac.: plantā undique magnā calcor, ein Breitfuß tritt mich, Iuven. 3, 248. – **2** übtr.: **a** **niedertreten, mit Füßen treten, unterdrücken,** gentem, Iustin.: domitum amorem pedibus, Ov.: nunc domi victa libertas nostra hic quoque in foro obteritur et calcatur, Liv.: avaritiam ira calcavit, brachte unter seine Füße, Sen. – **b** aus Hohn **mit Füßen treten** = **höhnen, verspotten, beschimpfen, verachten,** insultet rogis, calcet et ossa mea, Prop.: ut quae refutare non possumus, quasi fastidiendo calcemus, Quint.: aedium sacrarum ruinae calcantur, Sen.: c. regias opes (v. Diogenes), Sen.: c. fata sua, Sil. – **c** gleichs. **abtreten,** verba calcata et obsoleta, abgedroschene u. abgestandene, Sen. exc. contr. 4. praef. § 9. – **II** insbes.: **A** v. Hahn, zur Begattung, die Henne **treten,** Col. 8, 5, 24. – **B** die Kelter **treten** = Wein keltern, torcularia, Vulg. 2. Esdr. 13, 15 u. Iob 24, 11. – u. die Trauben **treten** = **keltern,** uvas in torculario, Cato r. r. 112, 3: u. bl. uvam od. uvas, Varr. r. r. 1, 54, 2. Ov. met. 2, 29. Vulg. iudic. 9, 27. Isid. 15, 6, 8: musta, Plin. 18, 322. – **C** wohin **treten,** in vultus galeam alci clipeumque in pectora, Stat. Theb. 8, 542. – **D** prägn. (als Wirkung des Tretens) = **eintreten, fest eindrücken, einpressen, einstampfen, festtreten, feststampfen,** oleas in orculam, Cato: terram pedibus, festucis vectibusque, Cato: ferratis vectibus solum parietesque, Plin.: huc agrum undasque ad plenum, das mit Wasser gefüllte Erdreich bis an den äußersten Rand, Verg.: monumenta (Bauwerke) intrinsecus medio calcata structuris, mit einer Füllung von Mauerwerk eingepresst, Vitr. – u. im Mörser **stampfen, stoßen,** grana lentisci, Pallad. 2, 20: alqd in matrice (od. materna) bene lota, Apic. 2, 54. – **E** einen Ort **betreten,** auf ihm **wandeln,** ihn **besuchen,** viam, Hor.: loca, Petr.: cruorem, im Bl. traben, Verg.: iuravit se amnem eo redacturum, ut transiri calcarique etiam a feminis posset, Sen.: dah. calcati Iovi luci, von Jup. besuchte, bewohnte, Sil. 3, 676.

1. calculātio, ōnis, *f.* (calculo), die **Berechnung** (klassisch computatio), Eccl.

2. calculātio, ōnis, *f.* (calculus), der **Steinschmerz,** calculatio, quam λιθίασιν vocant, Cael. Aur. chron. 5, 4, 60.

calculātor, ōris, *m.* (calculo), der **Rechner,** d. i. **I** ein Lehrer der elementaren Arithmetik, **Rechenmeister, -lehrer,** griech. λογιστής, Mart. 10, 62, 4. Edict. Diocl. 7, 67. Isid. 1, 3, 1. Acro Hor. sat. 1, 6, 72. – **II** ein Schüler der elementaren Arithmetik, ein **Rechner,** Rufin. Origen. in num. hom. 27, 12. – **III** der **Rechnungsführer, Buchhalter,** ICt. (gew. rationarius, s. Modest. dig. 27, 1, 15. § 5).

calculātōrius, a, um (calculo), **zum Rechnen gehörig,** tabula, Rechenbrett, Schol. Iuven. 7, 73: philura, CIL 6, 10229.

calculātrix, trīcis, *f.* (Femin. zu calculator), die **Rechenmeisterin,** arithmetica est multitudinis calculatrix, Beda de mundo const. tom. 1. p. 403.

calculātūra, ae, *f.* (calculo), die **Berechnung,** CIL 13, 6247.

calculēnsis, e (calculus), **an Steinen befindlich,** genus purpurarum, *Plin. 9, 131.

1. calculo, āre (calculus), **I** für das klass. computare, **berechnen, zusammenrechnen,** Prud. perist. 2, 131. Chalcid. Tim. 35. – **II** übtr., pro meritis, anrechnen, Sidon. ep. 7, 9. – Dav.

2. calculo, ōnis, *m.,* ein Lehrer der elementaren Arithmetik, der Rechenmeister, Ruf. Fest. 1, 1. Augustin. de ord. 2, 12. § 35. Anthol. Lat. 96, 1 (854, 1).

calculōsus, a, um (calculus), **I steinig, voller Steinchen,** ager, Col.: loca, Col.: solum, Plin. u. Gargil.: pomum, Cloat. bei Macr. sat. 2, 15, 6. – **II am Stein leidend,** bes. Plur. subst., Cels. u. a.

calculus, ī, *m.* (*Demin.* v. 2. calx), der **kleine Stein,** das **Steinchen, I** im Allg.: calculos conicere in os, Cic.: tenui venulā per calculos fluere (im Bild, v. Redefluss), Quint.: calculi arenae, Sandkörnchen, Vulg.: calculi calcis, Klümper im Kalk, Vitr.: dumosis calculus arvis, Kies im Dornengefild, Verg. – **II** insbes.: **A** der **Stein** der Urinblase, humanus, Plin.: arenosus, Cels.: calculum frangere, rumpere, Plin.: calculum eximere, evellere, Cels.: calculum comminuere et eicere, Plin.: vesicae dolore calculis per urinam eiectis levari, Suet.: calculi dolore consumi, Liv. epit. – **B** der **Stein** in den latrunculorum u. duodecim scriptorum ludus (lusus) genannten Brettspielen, dergl. Steine kleine Figuren aus Glas (vitrei), aus Edelstein (gemmei), aus Elfenbein (c. eburnei, ex ebore), od. aus Wachs (c. cerei od. cerā ficti) waren, deren jede Partei in der Farbe verschiedene (dah. bicolores, discolores) hatte, nämlich die eine weiße (c. albi), die andere schwarze (c. nigri), die im latrunc. ludus, da es ein Kriegsspiel war, bald im Allg. calculi, bald speziell milites od. bellatores od. latrones od. gew. latrunculi (dah. latrunculis ludere), im duod. script. ludus, obwohl es ebenfalls als eine Art Kriegsspiel genannt wird, gew. bl. calculi heißen. – calculorum ludus, Cael. Aur. chron. 1, 5, 165: laxare animum lusu calculorum, Plin. ep.: in lusu duodecim scriptorum cum prior calculum promovisset (zuerst gezogen hatte) etc., Quint.: quomodo alligatus (matt gesetzte) exeat calculus, Sen. ep. 117, 30: cum medius gemino calculus hoste perit, Ov. trist. 2, 478: quis te duce cessit calculus? Laus Pisonis 196: im Bild, tibi concedo, quod in duodecim scriptis solemus, ut calculum reducas (einen Stein wieder zurückziehst = eine Handlung zurücknimmst), si te alicuius dati (gezogenen) paenitet, Cic. fr. philos. F. V, 60 M. – **C** der **Rechenstein** auf dem Rechenbrett; dah. meton. die **Rechnung, Berechnung,** calculi et rationes, Quint.: calculi error, ICt.: causae paucorum calculorum, Prozesse über geringe Geldsummen, Bagatellen, Quint.: calculum ponere, s. pōno *no.* I, 1, f: vocare alqm ad calculos, mit jmd. abrechnen, Liv.: exiliter vocare amicitiam ad calculos, einer förmlichen Berechnung unterwerfen, d. i. nicht mehr Gefälligkeiten erweisen, als man empfängt, Cic.: voluptatum calculis subductis proelium inire, nachdem sie das Fazit der Lust gezogen (= nachdem sie den wahrscheinlichen Gewinn an Lust genau berechnet), Cic.: ad illos calculos revertamur, zu jenen Berechnungen, Maximen, Cic. ad Att. 8, 12, 5. – **D** in der ältesten Zeit der **Votierstein** (wie später die Votiertafel), u. zwar ein weißer für Beistimmung oder Freisprechung, ein schwarzer für Verwerfung od. Verurteilung, Ov. met. 15, 41 *sq.*: dah. c. iudicialis, Cod. Iust.: deteriorem calculum reportare, Cod. Iust. – übtr., calculis omnibus, einstimmig, Apul. met. 7, 9: album calculum adicere errori nostro, seinen Beifall geben, begünstigen, Plin. ep. 1, 2, 5. – **E** die Thrazier pflegten durch weiße Steinchen die Erinnerung an glückliche, durch schwarze die an unglückliche Ereignisse zu bewahren, Plin. 7, 131. – dah. bildl., o diem laetum notandumque mihi candidissimo calculo, Plin. ep. 6, 11, 3. – **F** ein kleines **Gewicht,** Gromat. vet. de ponder. p. 373, 21. – Nbf. cauculus, Itala (Wirzeb.) thren. 3, 16. Anthol. Lat. ed. Riese 96, 1; 193, 3; 196, 8 *cod. Salmas.* – Nbf. calculum, Gloss.

calcus, ī, *m.*, s. chalcus.

calda, s. calidus.

caldāmentum, ī, *n.* (calidus), ein **warmer Umschlag,** Marc. Emp. 5, 18.

caldārius (calid.), a, um (caldus), **zur Wärme-, zum Wärmen gehörig,** cella, Warmzelle, Warmbadezimmer, Plin. ep.: ahenum, der »Kessel mit heißem Wasser« fürs Bad, Vitr.: maltha calidaria, zum Verkleben der Wände in den Badezimmern, Pallad.: aes calidarium, das sich nur durch Hitze bearbeiten lässt, Plin. – subst., **a** caldāria, ae, *f.*, **α** die **Warmzelle** im Bad, Marc. Emp. 25. – u. das **warme Bad,** caldarias de nardo exhibere, Lampr. Heliog. 24, 1. – **β** der **Kochtopf,** Vulg. 1. regg. 2, 14. Ps. Apul. herb. 59. – **b** caldārium (calidārium), ī, *n.*, die **Warmzelle** im Bad, das **Warmbad,** cald. b. Vitr. 5, 10, 1. Sen. ep. 88, 11: calid. bei Cels. 1, 4. § 6.

caldicerebrius, ī, *m.* (caldus u. cerebrum), der **Hitzkopf, Heißsporn,** Petr. 45, 5.

Caldius, ī, *m.* (caldum), einer der warme Getränke (Glühwein) liebt, Verstümmlung des Namens Claudius wegen der Trunksucht des Kaisers Tiberius, Suet. Tib. 42, 1.

caldor, s. 1. calor a. E. ►.

caldum, ī, *n.*, s. calidus.

caldus u. **Caldus**, s. calidus.

caleco, s. calico.

Calēdones, um, Akk. as, *m.*, die Bewohner von Kaledonien (s. im Folg. Caledonia), die **Kaledonier,** Flor. 3, 10, 18. Auct. inc. (Eumen.) pan. Constant. Aug. 7. § 2. – Dav.: **a Calēdonia** (Variante Calidonia), ae, *f.*, Gegend des alten Britannien, j. das nordwestliche Schottland, das **Hochland,** Tac. Agr. 10 *sqq.* – **b Calēdonius** (Calidonius), a, um, **kaledonisch,** silva, Plin.: saltus, Flor.: Britanni, Lucan. – **c Calidonicus**, a, um, **kaledonisch,** angulus, Solin. 22, 1 M.

calefacio u. synk. **calfacio** (mit Umlaut **calficio**), fēcī, factum, ere, Passiv **calefīo** u. **calfīo**, factus sum, fierī, selten **calfacior** (mit Umlaut **calficior**), factus sum, facī, **warm-, heiß machen, erwärmen, erhitzen, heizen** (Ggstz. refrigerare), **I** eig.: **a** physisch, absol., calef. igni, Quint. 5, 10, 58. – mit *Acc.*, calf. dolium, Cato: calf. ceram, Vitr.: calf. balineum domi, Plin. ep.: calef. fornum ad panis coquendi modum, bis zur Brothitze heizen, Pallad.: eā parte calf. cellam (v. der Sonne), Vitr.: calf. igne focum, Ov.: amnes sanguine, Claud.: minora balnearia et minora miliaria citius calefiunt, Sen.: ut murena et conger ne calefierent, Plaut.: uti testudines alveolorum ex communi hypocausto calfaciantur, Vitr.: quo celerius et *calefit* et *frigescit* aqua, Cels.: iube huic aquam calefieri, Plaut.: balineum calfieri iubebo, Cic.: officium calamistrorum in igne calefaciendorum, Porphyr.: calamistra calefacta, Varr. LL.: calefacta aqua, Val. Max.: ovum calefactum, Plin.: Partiz. im *Compar.*, calfactior potio, heißeres, Pelag. vet. 28. – scherzh., forum aleatorium calfecimus, wir haben das Würfelbrett nicht kalt werden lassen, Aug. b. Suet. Aug. 71, 3. – **b** animalisch: **α** übh., absol., prope sist, aestu calefacit (Vulcani filius), Plaut. Epid. 674 G. – m. *Acc.*, calfic. corpus, v. Feuer, Cic.: calef. brachia, crura, Cels.: calf. manum algentis sinu, Ov.: fauces calefiunt, Rhet. Her.: calidus homo *refrigerare* se debet, frigidus *calefacere,* Cels.: non poterat calefieri, am Körper warm werden (v. einem Greis), Hier.: calficiens se, Eccl.: sudore calefacti, Petr.: carnes assiduo incubitu calefactae, Solin.: oleo et vino calefacti, Frontin.: rubor calefacta per ora cucurrit, Verg. – **β** von Getränken u. Heilmitteln, **wärmen, bähen,** absol., novum vinum *refrigerare,* vetus *calefacere,* Varr. fr.: aliae res *calefaciunt,* aliae *refrigerant,* Cels.: reliqua malagmata fere calefaciunt, Cels.: magis calefacit adeps, si vetus est Cels. – m. *Acc.*, nam ferme convenit, vinum, ub potum est, calefacere corpora, Gell.: malagma lateris dolorem bene calfacit, Scrib.: acopum peruncturn refrigeratos calfacit, Scrib. – Partiz. subst., calefacientia, ium, *n.*, **erwärmende Mittel** (Ggstz. refrigerantia), Cels. 3, 12; 4, 2 u. ö. – **II** übtr.: **1** jmdm. **warm machen, einheizen** = jmdm. derb zusetzen, jmd. beunruhigen, calface hominem, Cic.: si Parthi vos nihil calficiunt, nos hic frigore rigescimus, Cael. in Cic. ep.: Gabinium ad populum luculente calefecerat Mummius, Cic. ep.: nos Ventidianis rumoribus calficimur, Cic. fr. – **2** (poet.) **in Feuer setzen, aufregen, leidenschaftlich stimmen,** calefacta corda tumultu, Verg. Aen. 12, 269: vino calefacta Venus, Claud. de bell. Gild. 182: calefactus miles, der hitzige, Ov. Ib. 48. – calface, Cic. ep. 16, 18, 2: calfacere, Vitr. 6, 6, 2: calfacimini, Vulg. Iacob. 2, 16: calfaciantur, Vitr. 5, 10, 1: calfacito, Cato r. r. 76, 2 u. 157, 10. – Formen mit dem Umlaut (calfic.): calficiens, Itala Ioann. 18, 25: calficiendum, Cic. de nat. deor. 2, 151: calficimur, Cic. fr. p. 43, 15 K.: calficiunt, Cael. in Cic. ep. 8, 6, 4 B. mit *cod. M.*

calefactibilis, e (calefacio), **was erwärmt werden kann,** Boëth. herm. pr. 2, 13. p. 200, 13.

calefactio, ōnis, *f.* (calefacio), die **Erwärmung,** **a** die physische, die **Heizung,** publici balinei, Arcad. dig. 50, 4, 18. § 4: Plur., calefactiones thermarum, Hermog. dig. 50, 4, 1. § 2: synk. calfactiones, Soran. Lat. p. 60, 2. – **b** die animalische, Pelagon. veterin. 28. p. 95: calefactione et fotu, Chalcid. Tim. 165: Plur., Veget. mul. 3, 14, 8.

calefacto u. **calfacto,** āre (*Intens.* v. calefacio), **tüchtig warm machen,** calef. aquam, Plaut. rud. 411: calef. aënum emptis lignis, Hor. ep. 2, 2, 169: calf. resinam et picem, Capit. Pert. 8, 5. – scherzh., virgis calefactabere, Plaut. Cas. 400.

calefactōrius, a, um (calefacio), **erwärmend,** Plin. Val. 1, 38. Theod. Prisc. de diaeta 10. – subst., calefactōrium, i, *n.*, ein **Tiegel** zum Wärmen der Speisen, Macrob. excerpta Paris. (V) p. 606, 36 K.

calefactus (calfactus), Abl. ū, *m.* (calefacio), die **Erwärmung,** calef., Lact. de opif. dei 14, 5: calf., Plin. 29, 48.

calefīo, Passiv von calefacio, s. d.

Calendae od. **Kalendae,** ārum, *f.*, meist abgekürzt Cal. od. Kal. (calare, v. Ausrufen der Kalenderdaten; vgl. die inschriftliche Form Kalandae), **I** der **erste Tag des Monats,** Kal. Februariae, der erste Februar, Cic.: Kal. intercalariae, der erste Schalttag im Schaltmonat, Liv.: usque ad pridie Kalendas Sept., bis zum letzten August, Cic.: V. Kalend. exspectabam Romā aliquid, Cic. – Am ersten Tag des Monats mussten die Zinsen bezahlt werden, dah. für die Schuldner tristes Kalendae, Hor. sat. 1, 3, 87: u. celeres Kalendae, Ov. rem. 561. Und da die griechische Zeitrechnung mit den römischen Kalenden nichts gemein hatte, sprichw. ad Kalendas Graecas solvere, zum Nimmermehrstage (an der Juden Weihnachten) zahlen, Aug. bei Suet. Aug. 87, 3. An den Kalendae Martiae feierten die römischen Ehefrauen die Matronalia, opferten der Juno, der Beschützerin der Ehen, erflehten Glück u. Segen für ihr Haus und empfingen von Gatten, Kindern, Verwandten und Freunden Geschenke, Hor. carm. 3, 8, 1. Suet. Vesp. 19, 1 u. (als Titel einer Komödie) Pompon. com. p. 234 R^2: bl. Calendae, Plaut. mil. 691: u. dies. femineae Kalendae, Iuven. 9, 53. – Kal. sextae, die Kalenden des Juni, Ov. fast. 6, 181: Kal. Germanicae, der erste September, CIL 11, 5745 (vgl. Suet. Cal. 15 ›is mensis Germaniae‹). – Kalendae Ianuariae (Februariae etc.) primae od. proximae, der nächste erste Januar (Februar usw.), Cato r. r. 147 u. 148. CIL 5, 7749. Ulp. dig. 45, 1, 41 pr. – **II** meton. (*pars pro toto*) = **Monat,** intra septimas Kalendas, Mart. 1, 99, 6: centesimis Kalendis, Paul. dig. 45, 1, 46: nec totidem veteres, quot nunc, habuere Kalendas, Ov. fast. 3, 99: transierant binae forsan trinaeve Kalendae, Mart. 10, 75, 7.

calendālis u. **calendāris,** e (calendae), **zu den Kalenden gehörig,** tributa calendalia, an den Kalenden fällig, Iustin. edict. 13: Iuno Calendaris, an den Kalenden verehrt, Macr. sat. 1, 15, 18.

calendārium (kalendārium), ī, *n.* (calendae), das **Schuldregister, Schuldbuch** der Geldverleiher, so genannt, weil bei den Alten am ersten Tag des Monats (calendae) die Zinsen abgetragen wurden, Sen. u. a.: auch calendarii liber, Sen. ep. 87, 6: curator kalendariorum rei publicae, Inscr.: cura kalendarii rei publicae Canusinorum, Inscr.: nemo beneficia in calendaria scribit, Sen. – meton. = ein ganzes Vermögen, Tert. de habit. mul. 9 u. de cult. fem. 1, 8. Ps. Cypr. de bono pudic. 12.

calendārius (kalendārius), a, um (calendae), **an den Kalenden geweiht,** strena, Hier. comm. 3. in ep. ad Ephes. 6, 4.

Calentum, ī, *n.*, wahrsch. Stadt der Callenses (Plin. 3, 14), einer Völkerschaft in Baetica, j. *Cazalla* bei *Allaniz,* bekannt durch die Fabrikation leichter, auf dem Wasser schwimmender Ziegel, Plin. 35, 171. Vitr. 2, 3, 4.

Calēnum, s. Calēs.

1. Calēnus, s. Calēs.

2. Calēnus, s. Fuvius.

caleo, uī, ēre (vgl. litauisch *szílti,* warm werden, *szíltas,* warm, ahd. *lāo,* nhd. lau), **warm-, heiß-, glühend sein, glühen** (Ggstz. frigēre), **I** eig.: **a** durch physische Wärme, **α** absol.: ignis calet, Cic.: aqua calet, Plaut.: nimis calet urceus, Plaut.: quartam iam totus in horam sol calet, Auson.: quod spectat ad occidentem sole exorto *tepescit,* meridie *calet,* vespere *fervet,* Vitr.: iam non solum *calet* unda, sed *coquitur,* Sidon.: calet per membra sudor, Claud.: u. im Partiz., sole calente, Tibull.: favilla calens, Hor.: calens sulfur, Ov.: calentibus aris, Ov.: calentium aquarum fontes, Sen.: aquae suāpte naturā calentes, Amm.: mediocriter calentia fomenta, Cels.: cibi calentes, Cels.: calentes epulae, Ov.: iure (Brühe) calente, Auson.: a calendo calor, Varr. fr. – Aktiv unpers., calet (es ist heiß) tamquam furnus, Petron. 72, 3: u. Passiv impers. (vgl. Prisc. 8, 26), quom caletur od. quom caletur maxume, wenn es heiß, sehr heiß ist, Plaut. capt. 80; truc. 65: u. so cum iam flagrantiā solis caleretur, Apul. met. 4, 1. – **β** m. Ang. **wodurch?** durch *Abl.,* centum Sabaeo ture calent arae, Verg.: terrae alio sole calentes, Hor.: caliturae ignibus arae, Ov.: u. poet., ungularum pulsibus calens Hister, vom Hufschlag glühende = von Rossen oft überschrittene, Mart. 7, 7, 2. – **b** durch animalische Wärme: **α** absol.: os (das Gesicht) calet tibi, nunc frigefactas, Plaut.: caput calet, Cels.: calens cor, Auson.: neque natura sanguinis est, ut utique caleat, Cels.: nunc dum calet sanguis, vigentibus ad meliora eundum est, Sen.: exterior pars *friget,* interior sic *calet,* ut etiam sitim faciat, Cels.: calent membra in tepido toro, Petr. poët.: von Pers., ut fortunati sunt fabri ferrarii, qui ad carbones adsident: semper calent, Plaut. rud. 531 *sq.*: scinde calam, ut caleas, Lucil. sat. fr. inc. 115: caluit (hatte Fieberhitze) et hodie Faustina, M. Caes. b. Fronto ad M. Caes. 5, 11. p. 80, 11 N. – **β** mit Ang. **wodurch?** durch *Abl.,* rabie magis ora (Gesichter) calent, Val. Flacc. 3, 216: minimus gelido iam in corpore sanguis febre calet solā, Iuven. 10, 217 *sq.* – **II** übtr.: **A** von Pers. u. gemütl. Zuständen u. Vornahmen, **1 beunruhigt werden, eingeheizt bekommen, in Unruhe-, in beunruhigende Spannung versetzt sein,** haec velim explices et me iuves consilio, etsi te istic iam calere puto, der Kopf dir warm genug sein mag, Cic.: quod tibi supra scripsi Curionem valde frigere, iam calet (wird ihm eingeheizt); nam ferventissime concerpitur, Cael. in Cic. ep. – **2 warm-, erwärmt-, erhitzt-, aufgeregt-, entbrannt (entflammt) sein, brennen, glühen,** **a** übh.: **α** absol.: nimirum vigilant clamant calent rixant, Varr. fr.: an ego, cum omnes caleant (während alles in fieberhafter Aufregung ist), ignaviter aliquid faciam? Hirt. in Cic. ep.: animis calentibus, Quint.: animus calens (*sc.* irā), Stat.: calet libido irati eri, Claud.: belligeratrix ira calet, Claud.: avidius calenti impetu progressi, bei allzu hitzigem Vorrücken, Amm. – **β** m. Ang. **wobei? worin?** durch *in* u. Abl., in re frigidissima *cales,* in ferventissima *friges,* Rhet. Her.: calebat in agendo, er war ganz Feuer im Vortrag, Cic. – **γ** m. Ang. **infolge wessen?** durch *ab* od. *de* u. Abl., Romani calentes adhuc ab (infolge des) recenti pugna, Liv. 25, 39, 9: Arctoa de strage calens, Claud. III. cons. Hon. 26. – **δ** mit Ang. **wodurch? in welcher Beziehung?** durch *Abl.,* permixtā caede, Lucr.: furore, Mart.: desiderio, Ov.: cupidine laudis, Ov.: scribendi studio, Ov.: calet amore, Sil.: dum animi spe calerent, solange ihr Mut von H. entflammt sei, Curt. – **ε** m. Ang. **wozu?** durch *ad* u. Akk., ad nova lucra, brennen auf usw., Prop. 4, 3, 64. – od. durch *Infin.,* brennen = erpicht sein, begierig sein, zu usw., Stat. Theb. 4, 261. Claud. nupt. Hon. et Mar. 287; ep. 1, 29. – **b** insbes., vor Liebe **glühen,** haesimus calentes, Petr. 79, 8. – m. *Abl. pers.,* **von Liebe** zu jmd. **entbrannt** od. **entflammt sein, für** jmd. **brennen, glühen,** iuvene, feminā, Hor.: puellā, Ov.: sordibus (zur Kanaille), Petr. – **B** v. Lebl.: **1 mit Feuer, emsig (schwunghaft) betrieben werden,** nundinae calebant, Cic.: indicia calent, die Angeberei ist an der Tagesordnung (ist im besten Flor), Cic.: posteaquam satis calere res Rubrio visa est, zur Ausführung reif schien, Cic.: tot calentibus malis, Amm. – **2 noch warm-, noch neu-, noch frisch sein, sich noch nicht verraucht haben, noch von Interesse sein,** at enim nihil est, nisi dum calet, hoc agitur, Plaut.: rumores ... Cumarum tenus caluerunt, Cael. in Cic. ep. 8, 1, 2: illud crimen de nummis ... *caluit* re recenti, nunc in causa *refrixit,* Cic.: calentibus adhuc rhetorum studiis atque doctrinis, Hier. – *Partic. Fut. act.* calitūrus, Ov. met. 13, 590.

Calēs, ium, *f.* (Nbf. **Calēnum,** ī, *n.*, Plin. 3, 63), Stadt der Caleni (einer kleinen ausonischen Völkerschaft in Kampanien), von den Römern kolonisiert, berühmt durch trefflichen Wein, j. *Calvi,* Cato r. r. 135, 1. Cic. agr. 2, 96. Verg. Aen. 7, 728: Akk. Sing. Threïciam Calen, Sil. 12, 525 (weil, der Sage nach, von Kalaïs, Sohn des Boreas, erbaut; vgl. *ibid.* 8, 514). – Dav. **Calēnus,** a, um, **kalenisch,** municipium, d. i. Kales, Cic.: falx, Hor.: ager, Liv.: obbae, Varr. fr.: Calenum (vinum), Plin. u. Iuven.

calēsco, caluī, ere (*Inchoat.* v. caleo), **warm** od. **heiß** od. **erhitzt werden, erglühen, I** eig. (Ggstz. refrigerari, refrigescere), **a** durch physische Wärme: **α** absol.: aestus calescens, Amm. 25, 3, 10: collocantur (aeolipilae) ad ignem et antequam *calescant* non habent ullum spiritum, simul autem ut *fervere coeperunt,* efficiunt ad ignem vehementem flatum, Vitr. 1, 6, 2: Solis aqua sub lucis ortum *tepide manat,* inclinato die in vesperam *calescit,* Curt. 4, 7 (31), 22: per aestatem caelum meridianum sole exoriente *calescit,* meridie *ardet,* Vitr. 1, 4, 1: medio tua, corniger Hammon, unda die *gelida est,* ortuque obituque *calescit,* Ov. met. 15, 309 *sqq.:* flumineae volucres medio caluere Caystro, fingen mitten im K. an zu sieden, Ov. met. 2, 253. – **β** m. Ang. **wodurch?** durch *Abl.:* nam (fulmen) duplici ratione *accenditur,* ipsa suā cum mobilitate *calescit,* et e contagibus ignis, Lucr. 6, 279 *sq.:* iam fomento tenui calescens et enutritus ignis surgebat in flammas, Apul. met. 7, 19: im Bild v. der Liebesflamme, quo propior nunc es, flammā (Liebesflamme) propiore calesco, Ov. her. 17 (18), 177: u. so quoque magis sequitur, flammā propiore calescit, Ov. met. 3, 372. – **b** durch animalische Wärme: **α** absol.: ex iis, quae in homine sunt, hic (sanguis) celerrime vel *calescit* vel *refrigescit,* Cels. 4, 6 (3). p. 128, 12 D.: im Bild, accepti caluere sub ossibus ignes, wurde zur Flamme, Ov. met. 2, 410: accede ad ignem hunc, iam calesces plus satis, nur näher ans Feuer! sie macht es bald dir heiß genug, Ter. eun. 85. – **β** m. Ang. **von wem?** durch *ab* m. Abl. od. **wodurch?** durch bl. *Abl.,* nam quae spiritu in pulmones anima ducitur, ea calescit primum ipso ab spiritu, deinde contagione pulmonum, Cic. de nat. deor. 2, 138: ubi potest illa aetas (das Greisenalter) aut *calescere* vel apricatione melius vel igni aut vicissim umbris aquisve *refrigerari* salubrius? Cic. de sen. 57: cum corpus motionibus in ambulatione calescat, Vitr. 5, 9, 5: David unius tantum adulescentulae grandaevus calescit amplexibus, Hier. ep. 52, 2: tunc primum radiis gelidi caluere triones, Ov. met. 2, 171: si quando profundo nubigenae caluere mero, Stat. Theb. 5, 263: narratur et prisci Catonis saepe mero caluisse virtus, der alte Kato soll trotz seiner Tugend vom W. erglüht sein, Hor. carm. 3, 21, 12: u. so ubi convivium caluit (*sc.* mero), Min. Fel. 9, 6. – **II** übtr.: est deus in nobis; agitante calescimus (geraten in Feuer) illo, Ov. fast. 6, 5.

Calētī, ōrum, *m.* u. **Calētēs,** um, *m.,* eine gallische Völkerschaft auf beiden Seiten des Flusses Sequana (*Seine*), in der Nähe des Meeres, in der h. Normandie, Form *-eti,* Caes. b. G. 2, 4, 9. Hirt. b. G. 8, 7, 4. Plin. 19, 8: Form *-etes,* Caes. b. G. 7, 75, 4.

calfacio, s. calefacio.

calfactio, s. calefactio.

calfacto, s. calefacto.

calfactus, ūs, *m.,* s. calefactus.

calficio, s. calefacio.

caliandrum (caliendrum), ī, *n.* (κάλλυντρον, Putz), eine **hohe Frisur** der röm. Frauen aus falschem Haar, die durch mehrere Lagen von Locken od. Flechten aufgetürmt war, eine Art **Fontange,** Varr. sat. Men. 570. Tert. de pall. 4: altum Saganae c., Hor. sat. 1, 8, 48. – Nbf. **caliandrium,** Arnob. 6, 26.

calicellus, ī, *m.* (*Demin.* v. calix), ein **kleiner Becher,** Theod. Prisc. 4, 1.

calicia, ae, *f.,* ein unbekanntes Kraut, Plin. 24, 156 *Detl.*

caliclārium, ī, *n.* (1. caliculus) = ποτηριοθήκη, ein Gestell zum Aufstellen der Becher, eine **Etagère,** Gloss.

calico, ātum, āre (2. calx), **mit Kalk bewerfen, abputzen,** Paul. ex Fest. 47, 4 u. 59, 1: basilicam calecandam, CIL 10, 5807.

calicula, s. caligula.

1. caliculus, ī, *m.* (*Demin.* v. calix), ein **kleiner Becher, kleiner Kelch, a** eig., Cato r. r. 108, 1. Cels. 2, 11. Pallad. 12, 7, 11. Augustin. conf. 9, 8. – insbes. ein **Tintenfässchen,** Cassiod. var. 11, 36. – **b** übtr., die **Saughöhle** an jedem Arm der Polypen, acetabula sive caliculi, Treb. b. Plin. 9, 93.

2. caliculus, s. calyculus.

calidārius, s. caldārius.

calidē, *Adv.* m. *Superl.* (calidus), **warm, a** eig., clauso stabuletur calidissime, Pelag. vet. 23. p. 79. – **b** übtr., **α warm, mit Feuer,** dixit calide, acriter, culte, Plin. ep. 5, 20. – **β noch warm, frisch** = auf der Stelle, tum tu igitur calide, si quid acturu's, age, Plaut. Epid. 284.

calido, āvī, āre (calidus), **wärmen,** Pelagon. veterin. 7. p. 41.

Calidonia, -ius, -icus, s. Calēdones.

calidus (zsgzg. caldus), a, um, *Adi.* m. *Compar.* u. *Superl.* (caleo), = θερμός, **warm, heiß** (Ggstz. frigidus, kalt, u. tepidus, lau), **I** eig.: **a** physisch: omne quod est calidum et igneum cietur et agitur modo suo, Cic.: calidior est vel potius ardentior animus quam hic aër, Cic.: urceus calidus, Plaut.: fornax calidus, Lucil. fr.: venti calidi, Ps. Quint. decl.: aqua calida Sen.: aqua modice c., (Ggstz. aqua ferventissima), Col.: oleum calidum, Cels.: vinum c., bene c., Cels.: aes maxime c., Cels.: regio c., Vitr.: loca c. (Ggstz. frigida, algentia), Vitr. u. Plin.: dies c., Quint.: solis calidior aura (Wärme), Varr. fr.: hiemes calidissimae, Vitr. – zsgzg. Form, caldus ager, Cato: caldi pedes, Varr.: sol caldus, Varr.: lavatio calda, Varr. LL. u. Vitr. – subst.: **α** calida od. calda, ae, *f.* (*sc.* aqua), **warmes Wasser,** Cato, Sen. u. a.: calidā lavari, Plin. – **β** calidum od. caldum, ī, *n.* (= τὸ θερμόν *sc.* ὕδωρ), **Warmes,** d. i. **warmes Getränk** (Wein mit siedendem Wasser gemischt, Glühwein), Plaut. u. Varr. LL.: caldum meiere et frigidum potare, Petr. – **γ** calida, ōrum, *n.,* **Warmes** (Ggstz. frigida), Ov. met. 1, 9. – bes. **warme, heiße Gegenden** (Ggstz. frigida), Plin. 21, 36: so auch calidissima (Ggstz. frigidissima), Plin. 15, 3. – Dah. als *nom. propr.,* Calidae Aquae (Ὕδατα Θερμά, »Warmbrunnen«) Badeort in Zeugitana an der Bucht von Karthago bei Tunis, j. *Hammam Gurbos,* Liv. 30, 24, 9. – **b** animalisch: corpus, Cels. u. Curt.: manus, Cels.: iecur, Frontin.: vulnus, Ov. u. Curt.: calida adhuc vulnera, Salv. – **II** übtr.: **A** wie θερμός = **feurig, hitzig, heftig, eifrig, leidenschaftlich, unüberlegt, unbesonnen, übereilt** (vgl. Liv. 35, 32, 13. Fritzsche Hor. sat. 1, 3, 53. Drak. Sil. 15, 337), equus, Verg.: calidus iuventā, Hor.: redemptor, Hor.: caldior est, Hor.: consilium calidum, calidius, Cic. u. Liv. (s. Fabri Liv. 22, 24, 2): vide ne nimium calidum hoc sit modo, Ter. – Dah. als *nom. propr.,* Caldus (Hitzkopf), ut si dicamus idcirco aliquem Caldum vocari, quod temerario et repentino consilio sit, Cic. de inv. 2, 28. – **B** gleichs. »noch warm«, **noch frisch** = auf der Stelle herbeigeschafft, -gemacht usw., opus est quadraginta minis celeriter calidis, Plaut.: mendacium c., frischbackene Lüge, Plaut.: so auch consilium, Plaut. (vgl. Brix Plaut. mil. 226).

caliendrum, s. caliandrum.

caliga, ae, *f.,* der bis an das Ende des Schienbeins reichende **Stiefel,** der **Halbstiefel,** dessen Sohle bei gemeinen Leuten mit Nägeln beschlagen war (dah. clavus caligaris), **a** übh., Cic. ad Att. 2, 3, 1: c. mulionica, eines Maultiertreibers (Fuhrmanns), Edict. Diocl. 9, 5: rustica, eines Bauern, *ibid.:* muliebris, einer Frau, *ibid.* 9, 10: stridor (das Knarren) caligae, Hieron. ep. 117, 2: dono tibi caligas, Petr. 69, 5. – **b** bes. der **Stiefel** der röm. Soldaten, der **Soldatenstiefel** (vollst. cal. militaris, Plin. 7, 135. Edict. Diocl. 9, 6), Iuven. 16, 24. Iustin. 38, 10, 3: c. speculatoria, eines von der Leibwache, Suet. Cal. 52. – dah. meton. = **Dienst eines gemeinen Soldaten, Gamaschendienst,** Marium caliga dimisit (M. ist den G. los); consulatus exercet, Sen. de brev. vit. 17, 3: a caliga (von der Pike) ad consulatum perduci, Sen. de ben. 5, 16, 2, od. usque septimum consulatum pervenire, Ampel. 18, 15: in caliga (als gemeiner Soldat) militare, CIL 3, 7108 (vgl. 6, 33061).

caligāris, e (caliga), **zum Stiefel (Halbstiefel) gehörig,** clavus, Plin. 9, 69 u. 22, 94. Charis. 77, 1: formae (Leisten), Edict. Diocl. 9, 1.

caligārius, a, um (caliga), **zum Stiefel (Halbstiefel) gehörig, Stiefel-,** clavus, Plin. 34, 143: sutor, CIL 5, 5319, 3: artifex, Charis. 77, 1: cal. Cassandra, gestiefelte (als Schimpfwort), Petr. 74, 14. – subst. caligārius, ī. *m.*, der **Schuhmacher,** Lampr. Alex. Sev. 33, 2. Firm. math. 4, 14, 13 Kr. u. Sk.

cālīgātio, ōnis, *f.* (caligare), **Verdunkelung,** caligationes suffusionesque oculorum, Plin. 29, 123.

caligātus, a, um (caliga), **gestiefelt,** **a** übh., caligatum venire, wie wir »gestiefelt u. gespornt« = wohlgerüstet, Iuven. 3, 321. – **b** v. Soldaten, miles, ein gemeiner Soldat, Ulp. dig. 3, 2, 2 pr.: milites, Suet. Vit. 7, 3: Venul. Saturn. dig. 48, 3, 9: subst., caligati, gemeine Soldaten, Suet. Aug. 25, 3.

cālīgineus, a, um (1. caligo), **dunkel, finster,** Gratt. cyn. 56.

cālīgino, āre (caligo) = caligare (v. den Augen), s. d., Marc. Emp. 8. Garg. Mart. de virt. herb. 47. Ps. Cypr. de XII abus. saec. 2. p. 154, 2 H. Itala 3. regg. 14, 4 (wo Passiv m. *Infin.*). – Übtr., Fulg. Virg. contin. p. 162 M.

cālīginōsus, a, um (1. caligo), **voll nebliger Dünste, dunstig, neblig, umnebelt, düster, umdüstert, bedeckt,** **I** eig.: caelum nebulosum et caliginosum, Cic.: obscurior et quasi caliginosa stella (Ggstz. illustris et perlucida stella), Cic.: tenebrae c., Val. Max. – **II** übtr., **in Dunkel gehüllt, dunkel,** nox, dunkle (ungewisse) Zukunft, Hor.: caliginosissimae quaestionis obscuritas, Augustin.

1. cālīgo, ginis, *f.*, **I** jeder bedeckende, verdüsternde **Dunst, dichter-, starker Nebel, Dampf, Rauch** u. dgl., fulvae nubis caligo crassa, Verg.: meridie *nebula* occepit … noctem insequentem eadem *caligo* obtinuit; sole orto est discussa, Liv. (vgl. Fabri Liv. 22, 5, 3. Mützell Curt. 4, 3 [14], 16): caligo, immodico terrae fervore excitata, lucem tegit, Curt.: caligo, quam circa umidi effuderant montes, Curt.: e terra fumidam exhalari caliginem (Dampf) certum est, Plin.: pingues multā caligine taedae, Lucr.: statim concidit crassiore caligine spiritu obstructo clausoque stomacho, Plin. ep. – Plur., (vites) quarum inter caligines uvae deflorescunt, Col. – **II** meton., die alles bedeckende **Dunkelheit,** die **Finsternis,** **A** eig.: **1** im Allg.: tetrae tenebrae et caligo, Cic.: caligo tenebrarum, Amm.: c. obscura, Cic. poët.: caeca, Verg.: caliginem et tenebras et perpetuam noctem profundo incubantem mari, Curt. – **2** insbes., **Dunkel** vor den Augen: **a** als augenblicklicher Zustand: oculorum cal. u. bl. cal., **Verdunkelung der Augen, Flor, Schwindel,** Cels. u. a.: cum altitudo oculis caliginem offudisset, den Blick schwindeln gemacht hatte, Liv.: alqd videre od. cernere quasi per caliginem, wie durch einen Nebel od. Flor, Cic.: u. so quasi per caliginem vidi Gitonem in crepidine semitae stantem, Petr. 9, 1. – Plur., caligines, Schwindelanfälle, Cels. 1, 3. p. 19, 33 D., vollst., oculorum caligines, Plin. 25, 158 u. ö. – **b** (mediz. *t. t.*) als dauernder Zustand = ἀμβλυωπία, die **Augenschwäche, Gesichtsschwäche,** mit u. ohne oculorum, Cels. u. a.: oculi caligine quādam obducuntur, Ambros. – **B** übtr.: **1** im Allg.: alci magnitudine suā inducere caliginem, jmds. Ruhm durch seine Größe verdunkeln, Vell. 2, 36, 1. – **2** insbes.: **a** geistiges Dunkel, **Nebel, Flor,** caecā mentem caligine consitus, Catull.: discussa est illa caligo, quam dixi, Cic.: sed ut opinor hic error et haec indoctorum animis offusa caligo est, quod tam longe retro respicere non possunt, Cic.: eademque (philosophia) ab animo tamquam ab oculis caliginem dispulit, ut omnia supera infera, prima ultima media videremus, Cic. – **b** **trüber Zustand, trübe Verhältnisse, Trübsal,** temporum illorum, Cic.: superioris anni caligo et tenebrae, Cic.: ecce illa tempestas, *caligo* bonorum, *tenebrae* rei publicae, Cic.: quaedam scelerum offusa c., Quint.: numquam sibi tantum caliginis, tantum perturbationis offusum, Plin. ep.

2. cālīgo, āvī, ātum, āre (1. caligo), **I** *intr.*: **A** **finstern Nebeldunst-, Finsternis verbreiten, dunkeln Dampf aufsteigen lassen,** amnes frigidis nebulis caligant, Col. 1, 5, 4. – omnis, quae umida circum caligat, nubes, Verg. Aen. 2, 605 *sq.*: aram tenui caligans vestiet umbra (Centaurus), Cic. Arat. 205. – dah. meton. = **Schwindel erregen, schwindeln machen,** caligantes fenestrae, Iuven. 6, 31. – **B** **in Dunkel gehüllt-, dunkel-, düster sein,** **1** eig.: **a** übh.: caligans lucus, Verg.: caligantes animarum examine campi, Stat. – **b** insbes., v. den Augen, **α** als augenblicklicher Zustand, caligant oculi, es wird dunkel vor den Augen, Lucr., Cels. u. a.: caligavit aspectus, es schwindelte dem Blick, Cypr. de laps. 8: u. so caligat in altis obtutus saxis, Sil. 3, 492. – v. Pers., caligant, Scribon. 184: lato Mucius caligat in hoste, es wird ihm dunkel vor den Augen, Sil. 1, 499. – **β** als dauernder Zustand = ἀμβλυωπεῖν, **trübe, blöde, schwach** (an Sehkraft) **sein,** oculi eius caligaverant, er war schwachsichtig geworden, Vulg. 1. regg. 4, 15: caligare oculi non numquam ex lippidine consuerunt, es pflegt infolge der Augenentzündung eine Abnahme der Sehkraft sich einzustellen, Cels. 6, 6, 32: cuicumque oculi caligant, wo Schwäche der Augen eintritt, *ibid.* § 34: longinqua oculorum acies per intervalla media caligantium, Augen, die in die Weite sehen, aber für mittlere Entfernungen nichts taugen, Gell. 14, 1, 5: von Pers., **schwachsichtig sein,** Mart. 10, 4, 1. – **2** übtr.: **a** im Allg.: orbatae caligant vela carinae, irren im Finstern = wissen nicht, wohin sie sich wenden sollen, Stat. silv. 5, 3, 238. – **b** insbes. von Pers., **im Finstern tappen** = der Einsicht ermangeln, vivere omnes beate volunt, sed ad pervidendum quid sit quod beatam vitam efficiat caligant, Sen.: ad quas (vires religionis) maxime etiamnum caligat humanum genus, Plin. – Sprichw., caligare in sole, bei hellem Tageslicht im Finstern tappen, d. i. bei der größten Klarheit nichts verstehen, Quint. 1, 2, 19. – **II** (spätlat.) *tr.* **in Dunkel hüllen,** Fulgent. Virg. contin. p. 162 M. Chrysol. serm. 42 u. a. – In guten Hdschrn. des Liv. auch calligo geschr., s. Alschefski Liv. 22, 5. p. 306.

cālīgōsus, a, um (1. caligo) = caliginosus (s. d.), Vulg. (Amiat.) Ierem. 13, 16 u. Iesai. 59, 10. Mart. Cap. 8. § 803. Ven. Fort. carm. 5, 5, 25 M. u. L.

caligula, ae, *f.* (*Demin.* v. caliga), der **kleine Soldatenschuh,** das **Soldatenstiefelchen,** Ambros. u. a. Spät. – dah. Caligula, als scherzh. Beiname des Kaisers Gajus, weil er als Knabe in der Kleidung eines gemeinen Soldaten, also mit Soldatenschuhen an den Füßen, im Lager war, Suet. Cal. 9 u. a.

calim (*al. cod.* calam, callim), *Adv.*, altlat. = *clam,* s. Paul. ex Fest. 47, 3.

caliptra = καλύπτρα, eine Art **Kopfhülle,** Paul. ex Fest. 47, 5.

Calisto, falsche Schreibart für Callisto, s. d.

calix, icis, *m.* (κύλιξ), eine tiefere **Schale,** u. zwar: **I** als Trinkgeschirr = **Becher, Pokal, Kelch** (auch mit Weininhalt), calix Cumanus, Varr. fr., Tiburtinus, Sen.: fictilis inauratus, Petr.: crystallinus, Sen.: aureus, Schol. Iuven. u. Vulg.: perlucidus, Fronto: calices amariores, Catull.: calix venenatus, Sen.: calix mulsi, Varr. fr. u. Cic.: calix aquae, Vulg.: tetigit calicem clanculum, Plaut.: calix si cecidit frangitur, Sen. rhet.: calices poscere, Hor.: calices siccare, Hor. u. Iuven.: alci calicem propinare, Mart.: calicem in faciem alcis immittere, Petr. – **2** übtr., der **Becher** in den Wasserleitungen, ein ehernes Gefäß, das in das Gerinne eingesteckt wird, an dem dann die Röhren angebracht werden (Frontin. de aquis 36), c. signatus (gestempelter), Frontin. de aquis: circa collocandos observari debet, ut ad lineam ordinentur, ne alterius inferior calix, alterius superior ponatur, *ibid.* – **II** als Küchengeschirr = **Schüssel, Topf,** Cato u. Varr. LL.: stant calices: minor inde fabas, olus alter habebat, Ov.

Callaecī (Gallaecī), ōrum, *m.*, die **Kallācier** od. **Gallācier,** eine Völkerschaft in Hispania Tarrac., Plin. 3, 28 (Call.) u. 4, 112 (Gall.). Liv. epit. 56 (Gall.). Eutr. 4, 19 (Gall.). Oros. 5, 5, 12 (Gall.). – Dav.: **a** **Callaecia** (Gallaecia), ae, *f.*, die Landschaft **Kallācien** od. **Gallācien,** berühmt durch Goldgruben u. Pferdezucht, Plin. 19, 10. Flor. 2, 17, 12. Iustin. 44, 3, 3. Sil. 3, 345 (Call.). Claud. de laud. Ser. 71 (Call.). Oros. 6, 21, 2 (Gall.). CIL 2, 2422 (Call.). – **b** **Callaecus** (Gallaecus), a, um, **aus Kallācien (Gallācien), kallācisch (gallācisch),** equi Call., Gratt. cyn. 514. – u. Callaecus od. Gallaecus, der **Gallācier,** Beiname des D. Brutus, des Besiegers der Gallācier (vgl. Ov. fast. 6, 461. Oros. 5, 5), Vell. 2, 5, 1. Plin. 36, 26. – **c** **Callaïcus** (Gallaïcus), a, um, **aus Kallācien (Gallācien), kallācisch (gallācisch),** hostis, Ov. fast. 6, 461: gens Call., Plin. 8, 166: Call. Lampon (ein Rennpferd), Sil. 16, 334: arva Call., Mart. 10, 16, 3: aurum Call. Sil. 2, 602: metallum Call., Mart. 4, 39, 7. Sil. 10, 118. – subst., **α** **callaïca** (gallaïca), ae, *f.* (*sc.* gemma), ein trüber, gelblicher Edelstein (benannt nach der Farbe des Callaïcum aurum), Plin. 37, 151 (call.). Solin. 20, 14 M. (gall.). – **β** (**callaïcum**, verderbt) **callicum**, ī, *n.* (*sc.* ius), eine gelbliche Brühe (ebenfalls benannt nach der Farbe des aurum Callaïcum), Apic. 7, 275; 9, 416 u. 446.

callaïnus, a, um (καλλάϊνος), **blaßgrün, meergrün,** lacerna, Mart. 14, 139: tali (Würfel), Plin. 37, 111: lapis (Edelstein), Marcian. dig. 39, 4, 16. §7. – subst., callaïna, ae, *f.* (verst. gemma), ein blassgrüner (meergrüner) Edelstein, Plin. 37, 110 u. 147. – u. callaïnum, ī, *n.*, das **Blassgrün, Meergrün,** Plin. 37, 151.

callaïs, Akk. in, *f.* (κάλλαϊς), ein Edelstein, heller wie der Saphir, in der Farbe dem Meerwasser an Küsten ähnlich (fälschlich für den Türkis gehalten), Plin. 37, 151.

Callatis (Calatis), Akk. tim, *f.* (Κάλλατις), Stadt in Thrazien, j. *Kollat,* Mela 2, 2, 5 (2. §22). Plin. 4, 44 u. 78. Eutr. 6, 10.

callēns, entis, *PAdi.* v. 2. calleo, **gescheit, kundig, erfahren, a** absol., callens ingenium tuum, Augustin. ep. 9, 2: prudens et maxime callens vinitor, Col. 4, 27, 4: Plur. subst., callentēs, ium, *m.*, die Kundigen, Iul. Val. 1, 20 (25). – **b** m. *Genet.*, utriusque linguae, Gell. 17, 5, 3: bellandi usu diutino callentes, Amm. 16, 12, 33.

callenter, *Adv.* (callens), **geschickt, schlau,** Apul. met. 4, 16.

calleo, uī, ēre (callum), **I eine harte (dicke) Haut haben,** priusquam calleret (sumen), Plin. 11, 211. – durch Schläge od. Arbeit = **Schwielen haben,** magis calleo quam aprugnum callum callet, Plaut. Pers. 305: ita plagis costae callent, Plaut. Pseud. 136: tun iam callebis, ille festus desidet? Caecil. com. 14: callent rure manus, Auct. Aetnae 265. – **II** übtr., durch Erfahrung **gewitzt-, gescheit (verschlagen) sein, praktisch geübt-, erfahren sein, a** *intr.*: **α** absol.: melius quam viri callent mulieres, Acc. fr.: vide sis calleas, Plaut.: qui non in illis rebus exercitatus animus callere iam debet atque omnia minoris aestimare? Serv. Sulpic. in Cic. ep. Vgl. callens. – **β** m. *in* u. Abl., in hoc, Plin. 8, 91: in re quodam modo familiari, Plin. 9, 86. – **γ** m. *ad* u. Akk., ad suum quaestum, Plaut. truc. 932 zw.: ad innectendas letales insidias vitae simplici perquam callens, Amm. 15, 2, 4 (u. so auch 21, 3, 5). – **δ** m. *Abl.* (durch, in), arte vivendi, Sept. Seren. fr.: his artibus, Petr.: astu et fallendo, Acc. fr.: apprime fidibus, Apul.: augurali studio praeter ceteros, Iustin.: usu alcis rei, Liv.: cotidiano usu eius callebant, Val. Max. – **b** *tr.*, durch Erfahrung od. Übung **sich auf** etw. **verstehen, in** etw. **bewandert sein, Erfahrung haben,** (Ggstz. alcis rei ignarum esse, Liv. 35, 26, 10), cuncta perdocte, Plaut.: sensum alcis pulchre, Ter.: cantiunculam in colubras, Pompon. com. fr. 118: ius civile, Gell.: Poenorum iura, Cic.: iura altius, Amm.: historiam Livii et Herodoti, Auson.: urbanas rusticasque res pariter, Liv.: linguam alcis, Petr.: progressus et regressus probe, Apul.: legitimum sonum digitis et arte, Hor.: dicenda tacendaque, Pers. – eine Pers., Probum corde intimo, Auson. prof. 16, 12. p. 66, 4 Schenkl. – m. folg. *Infin.*, Pacuv. tr. 75. Lucr. 2, 978. Hor. carm. 4, 9, 49. Iuven. 4, 142. Curt. 3, 2 (5), 14. – m. folg. *Acc.* u. *Infin.*, Sisenn. 3. fr. 44 (bei Non. 258, 8). – m. folg. indir. Fragesatz, quo pacto id fieri soleat, calleo, Ter. heaut. 548: quae augurales portenderent alites scientissime callens, Amm. 15, 7, 8: quid augurales alites vel cantus monerent oscinum apprime callens, Amm. 28, 1, 7.

callēsco, s. callīsco.

calliandrum, s. caliandrum.

calliblepharātus, a, um (calliblepharum), **mit schönen Wimpern (Augenlidern),** ostrea, Plin. 32, 61.

calliblepharum, ī, *n.* (καλλιβλέφαρον), ein Mittel, die Augenbrauen schön zu färben, auch stibium gen., **Augenschwärze,** Varr. sat. Men. 370. Plin. 21, 123. – Nbf. calliblepharium, Marc. Emp. 8. fol. 97, 6.

Calliclēs, is, *m.* (Καλλικλῆς), ein griech. Maler zur Zeit Alexanders des Gr., Varr. de vit. p. R. 1. fr. 1 K. (bei Charis. 126, 26 K.). Plin. 35, 114.

Callicolōnus, ī, *m.* (Καλλικόλωνος), der **schöne Hügel,** v. Olymp, Anthol. 369, 7 (376, 7).

Callicratidās, ae, Akk. an, *m.* (Καλλικρατίδας), Feldherr der Spartaner (seit 406 v. Chr.) im peloponn. Kriege, der anfangs mit Glück gegen die Athener kämpfte, aber zuletzt bei den arginusischen Inseln besiegt beim Anprallen seines Schiffes an ein feindliches ins Meer stürzte u. so durch seinen Untergang die allgemeine Flucht der Peloponnesier herbeiführte, Cic. de off. 1, 84 u. 109.

Callicula, ae, *f.*, ein niedriger Berg in Kampanien bei Kasilinum, nach Reich, j. *Cajanello,* Liv. 22, 15, 3 u. 16, 5.

callicum, s. Callaecī a. E.

callidē, *Adv.* m. *Compar.* u. *Superl.* (callidus), **gewitzt,** im guten Sinne **klug, einsichtsvoll, gescheit, geschickt,** im üblen Sinne = **verschmitzt, verschlagen, schlau,** facete et c. ordiri rem, Plaut.: callide arguteque dicere, Cic.: callide et perite versari in alqa re, Cic.: c. accedere, Cic.: c. vitia sua occultare, Sall.: c. cogitare, auf List sinnen, Nep.: c. et cum astu confiteri alqd, Gell.: facere perite et c., Cic.: callidius id facere, Cic.: callidius interpretari, Tac.: callidissime dicere, Cic.: callidissime conicere, Nep.: omnia decreta eius peritissime et callidissime venditare, Cic. – in der Umgangsspr. = **ganz gut, sehr wohl, ganz genau,** bes. als bestätigende Antwort, c. nosse alqam, Plaut.: *Si.* Hoc intellextin? an nondum etiam ne hoc quidem? *Dav.* Immo callide, Ter.: *Dem.* Hoc facito. *Syr.* Recte sane. *Dem.* Hoc fugite. *Syr.* Callide, Ter.

calliditās, ātis, *f.* (callidus), die Eigenschaft des callidus, das **Gewitztsein,** die **praktische Lebensklugheit,** im guten Sinne der **feine, richtige Blick,** die geistige **Gewandtheit,** im üblen Sinne die **Verschmitztheit, Verschlagenheit, schlaue List, Schlauheit,** vincere omnes calliditate et celeritate ingenii, Nep.: ad novitatem accedere calliditate ingeniorum contigit, Plin.: scientia, quae est remota ab iustitia, calliditas potius quam sapientia appellanda, Cic.: stulta c. perverse imitata prudentiam, Cic.: haec Romana esse, non versutiarum Punicarum neque calliditatis Graecae, Liv.: nihil dolo (Arglist) factum ac magis calliditate (Schlauheit) Iugurthae, Sall.: his inest latens et operta et inveterata (abgefeimte) calliditas, Sen.: illi, quos ignavia aut prava calliditas armis abstinuit, Sall. fr. – v. der Kriegslist, calliditas ad robur accesserat, Flor. 3, 4, 3: u. übtr., v. orator. Kunstgriff, genus eiusmodi calliditatis atque calumniae, Cic. part. or. 137. – Plur., Syri calliditates, Schelmereien, Praktiken, Ter. heaut. 887: omnes fallacias et calliditates suas ad decipiendum hominem intendit, Lact. 2, 12, 7.

Callidromos, ī, *m.* (Καλλίδρομος), ein Teil des Ötagebirges in Lokris in der Nähe von Thermopylä, mit einem Kastell, j. *Cumaita,* Liv. 36, 15 *sqq.*

callidulus, a, um (*Demin.* v. callidus), **ein wenig verschmitzt,** fraus, Arnob. 2, 68.

callidus, a, um, *Adi.* m. *Compar.* u. *Superl.* (calleo), durch Erfahrung u. Übung **gewitzt, praktisch, welt-, lebensklug, gescheit, praktisch geübt** od. **erfahren, kundig, mit feinem = richtigem Blick begabt** od. **handelnd,** im üblen Sinne = **verschmitzt, gerieben, raffiniert, verschlagen, schlau,** alle Vorteile **fein** od. **schlau berechnend** (vgl. Cic. de nat. deor. 3, 25), Ggstz. imperitus (Cic. Rosc. com. 21), **a** v. Pers. u. persönl. Eigenschaften usw., **α** absol., agitator (equi), Cic.: artifex, Cic.: auceps, Ov.: fur, Mart.: homo callidus ac veterator, homo versutus et callidus od. callidus et versutus, Cic.: homo c. et ad fraudem acutus, Nep.: gens non astuta nec c., Tac.: imperator c., Nep.: iudex c., Hor.: Musa c., sinnreiche, Lucr.: legum scriptor peritus et c., Cic.: c. servulus, Apul.: naturā nihil est callidius, Cic.: imperator callidissimus, Nep.: vir omnium callidissimus, Nep. – insbes. in Bezug auf Kunst, **mit feinem Kennerblick, als feiner Kenner,** Hor. sat. 2, 3, 23 u. 2, 7, 101. Hor. ep. 1, 10, 26. – **β** m. *ad* u. Akk., ad suom quaestum, Plaut. asin. 186: ad fraudem, Cic. Clu. 183: ad eri fraudationem c. ingenium gerunt, Plaut. asin. 257. – od. m. *in* u. Akk., femina callida semper in fraudes, Amm. 22, 16, 11. – **γ** m. *Dat.* (= *ad* m. Akk.), callidi offensionibus accendendis, Tac. ann. 2, 57: mutandis mercibus callidi, Apul. flor. 6. p. 6, 12 Kr. – **δ** m. *in* u. Abl., quidam in disputando mire callidi, Quint. 12, 2, 14: homo in dicendo vehemens et callidus, Cic. Clu. 140. – **ε** m. *Genet.*, einer Sache **kundig,** mit etw. **vertraut,** in etw. **bewandert,** ein **genauer**

Kenner, locorum, Amm. 15, 10, 5: penetralium (des Inneren der Stadt), Amm. 20, 7, 9: temporum, Tac. ann. 4, 33: corrumpendorum hominum, Porphyr. Hor. ep. 1, 18, 31: callidior rei militaris, Tac. hist. 2, 31 *extr.* (2, 32 *in.*): callidissimus rusticarum rerum od. rerum naturae, Col. 2, 2, 1 u. 7, 3, 12. – **ζ** m. *de* (in Betreff) u. Abl., neque de futuro satis callidus satisque prudens, Ps. Sall. de rep. 2, 1, 1. – **η** m. *Abl.* (von, durch), homines callidi usu, Cic. Scaur. 24: acutus homo et naturā usuque callidus, Cic. de or. 1, 223: non ego naturā, nec sum tam callidus usu, Ov. her. 19 (20), 25: iuncturā callidus acri, Pers. 5, 14. – **θ** m. folg. *Infin.*, Hor. carm. 1, 10, 7 u. 3, 11, 4. Pers. 1, 118. – **b** v. Lebl., **klug, schlau, fein** od. **sinnreich** od. **schlau ausgedacht, schlau berechnet,** amor, Ter.: nocendi artificium, Cl. Mamert.: astus, Amm. u. Apul.: audacia, Cic.: consilium, Cic.: doli, Plaut.: versutum et c. factum Solonis, Cic.: c. facundia, Sall. fr.: nimis callida iuris interpretatio, Cic.: alcis inventum c., Nep.: callidum versutumque ius, Cic.: c. liberalitas, Nep.: malitia inimici, Liv.: oratio melior et callidior, Ter.: callidissimum artificium, höchst sinnreiche Kunst, Cic.: callidissima fraus, Apul.

Callifae, ārum, *f.*, Stadt in Samnium, wahrsch. j. *Calvisi,* Liv. 8, 25, 4.

callīgo, s. 1. cālīgo.

Callimachus, ī, *m.* (Καλλίμαχος), ein berühmter griechischer Dichter u. Grammatiker aus dem berühmten Geschlecht der Battiaden zu Cyrene, Vorsteher der Bibliothek zu Alexandria (260 bis 240 v. Chr.), Cic. Tusc. 1, 85. Quint. 10, 1, 58. Prop. 2, 1, 40. – Dav. **Callimachīus,** a, um (Καλλιμάχειος), **kallimachisch,** metrum, Serv. gramm. (IV) 463, 13 K.

callimus, ī, *m.* (κάλλιμος, schön), eine Art **Adlersteine,** Plin. 36, 151.

callion, ī, *n.* (κάλλιον), eine Pflanze, rein lat. vesicaria, Plin. 21, 177.

calliōnymus, ī, *m.* (καλλιώνυμος, schönnamig), ein Seefisch, auch uranoscopus gen., Plin. 32, 69 u. 146.

Calliopē, ēs, *f.* (Καλλιόπη, die Schönstimmige), eine der neun Musen, Göttin der epischen, aber bei Dichtern zuweilen auch jeder anderen Dichtung, mit Schreibtafel und Griffel dargestellt, **I** eig., Lucr. 6, 94. Hor. carm. 3, 4, 2: mit den übrigen Musen, Auson. app. IV (de musis), 9. p. 251 Schenkl. Anthol. Lat. 88, 9 (616, 9): neben Melpomene u. Polyhymnia, Mart. 4, 31, 8. – Nbf. Calliopa, ae, *f.*, Arnob. 5, 26 (wo Calliopae filius). – **II** meton.: **A** für sämtliche Musen, Verg. Aen. 9, 525. – **B** = **Dichtung,** Ov. trist. 2, 568. – Nbf. **Calliopēa,** ae, *f.* (Καλλιόπεια), Verg. ecl. 4, 57 u. a. Dichter. – Dav. **Calliopēius,** a, um (Καλλιοπήϊος), **kalliopēisch, der Kalliope,** puer, v. Hymenäus, Anthol. Lat. 6, 941, 77 (283, 77): musici, Firm. math. 7, 25.

callipetalon, ī, *n.* (καλλιπέταλον), die rein lat. quinquefolium gen. Pflanze, Ps. Apul. herb. 2.

Calliphōn, ōntis, *m.* (Καλλιφῶντος) u. **Callipho,** ōnis, *m.*, griech. Männername, unter dem bes. bekannt ein griech. Philosoph, der das Vergnügen u. die Lust (voluptas) mit der Tugend (honestas) zu verbinden suchte und die Bestimmung des Menschen darin sah, dies zu erreichen. Cic. Tusc. 5, 85 u. 87; de off. 3, 119. Lact. 3, 7, 7; epit. 33, 7. Vgl. über die Form Callipho Madvig Cic. de fin. 2, 19. p. 173 (171). Beier Cic. de off. 3, 119. p. 413; u. gegen den Genet. ōnis (bei Cic.) Madvig Cic. de fin. 2, 35. p. 207 (206).

Callipolis, is, Akk. in od. im, *f.* (Καλλίπολις), **I** griech. Stadt am Tarentinischen Meerbusen in Kalabrien, j. *Gallipoli,* Mela 2, 4, 7 (2. § 66). – **II** Stadt auf dem Thrazischen Chersones, Lampsakus gegenüber, j. *Gallipoli,* Liv. 31, 16, 5. – **III** ätolische Stadt unter dem hohen u. steilen Korax (auf dem Taurischen Chersones), gew. Callium gen., Liv. 36, 30, 4.

callipȳgis, e (καλλίπυγος), **mit schönem Steiß,** Schol. Cruqu. ad Hor. sat. 1, 2, 94.

Callirrhoē (Callirroē, Callirhoē), ēs, *f.* (Καλλιρρόη, episch Καλλιρόη), **I** Tochter des Flussgottes Achelous, zweite Gattin des Alkmäon, Ov. met. 9, 414. – **II** berühmte Quelle bei Athen, auf der Südseite der Akropolis, Stat. Theb. 12, 629: mit dem Beinamen Enneacrunos (Ἐννεάκρουνος, die durch 9 Röhren geleitete), Plin. 4, 24.

callis, is, *m.* u. (in Prosa gew.) *f.*, ein über Anhöhen u. Berge führender ungebahnter Pfad, der **Bergpfad, Gebirgspfad, Waldweg,** nur dem Vieh zugängliche **Triftweg,** die **Trift,** Plur. auch meton. = **Gebirgstriften, Gebirgshutungen, α** Sing., Amm. 30, 1, 15. Auct. itin. Alex. 45 *in.* Pers. 3, 57. Val. Flacc. 3, 368. Claud. b. Get. 282: poet. v. Pfad der Ameise, Verg. Aen. 4, 405. Ov. met. 7, 626: u. übh. Abzugsweg, Varr. sat. Men. 430 B. – **β** gew. Plur.: iter callium, Marsch über die G., Curt.: Italiae calles (in den Abruzzen) et pastorum stabula, Cic.: calles saltusque Macedonicorum montium, Liv.: calles silvestres longinqui, Varr.: calles inviae, Liv. u. Curt.: calles occulti, Verg.: silvestres calles, vix singulis pervii, Curt.: calles consitae arboribus, Amm.: nos hic pecorum modo per aestivos saltus deviasque calles exercitum ducimus, Liv.: timor incessit, ne quas per imminentia iuga calles inveniret, Liv.: cum quaedam in callibus, ut solet, pastorum controversia esset, Cic. – bes. calles publicae, Gebirgstriften des Staates, Varr. r. r. 2, 2, 10: calleis viaeque publicae, Leg. agr. fragm. XXVI im CIL 1. p. 81: dah. als eine öffentliche Verwaltung (provincia) silvae callesque, Suet. Caes. 19, 2, u. bl. calles, Tac. ann. 4, 27 H. – Über das *gen. fem.* vgl. Drak. u. Fabri Liv. 22, 14, 8. Zumpt u. Mützell Curt. 3, 10 (25), 10. – Abl. Sing. calle, seltener calli, Itin. Alex. 45 *Volkmann.*

callīsco, scī, ere (*Inchoat.* von calleo), **stumpf-, unempfindlich werden,** Cato or. 37. fr. 2. (aus Non. 89, 28).

Callisthenēs, is, Akk. em u. ēn, *m.* (Καλλισθένης), ein Philosoph u. Naturforscher aus Olynth (geb. um 360 v. Chr., gest. 328), Schwestersohn (od. Enkel) des Aristoteles, Jugendfreund Alexanders des Gr. u. sein Begleiter auf dem Zug nach Asien, wo er, dem Übermut Alexanders mit Freimütigkeit entgegentretend, eines gewaltsamen Todes starb, Curt. 8, 5 (18), 13 *sqq.*; 8, 6 (25), 25; 8, 8 (29), 21. Cic. Rab. Post. 23. – Diese Gewalttat wurde, nachdem Theophrast das Andenken seines Freundes in der Schrift Καλλισθένης ἢ περὶ πένθους gefeiert hatte (Cic. Tusc. 3, 21 u. 5, 25), zum stehenden Thema bei den Philosophen u. Rhetoren der Folgezeit (Sen. nat. qu. 6, 23, 1 *sqq.*), sodass selbst Cicero den Kallisthenes ein vulgare et notum negotium nennen konnte, Cic. ad Q. fr. 2, 13, 4.

Callistō, ūs, *f.* (Καλλιστώ), Tochter des arkadischen Königs Lykaon, von Jupiter Mutter des Arkas, von Juno aus Eifersucht in eine Bärin verwandelt, darauf von Jupiter als Gestirn Helice od. Ursa maior an den Himmel versetzt, Ov. fast. 2, 156 *sq.* Prop. 2, 28, 23. Col. 11, 2, 15 (C. sidus); vgl. Hyg. fab. 176 *sq.*: Dat. Callisto, Catull. 66, 66: Akk. Callisto, Hyg. astr. 2, 1: Abl. Callisto, Hyg. fab. 155.

callistrūthia, ae, *f.*, od. **callistrūthis,** thidis, *f.* (griech. καλλιστρούθιον σῦκον), eine Art köstlicher Feigen, besonders vom Sperling (στρουθός) bevorzugt, Plin. 15, 69. Col. poët. 10, 416, rein lat. ficus passeraria, Capitol. Albin. 11. § 3, jetzt in Italien *digitelle* gen.

callithrix (callitrix), tricis, *f.* (καλλίθριξ, schönhaarig), **I** = trichomanes, eine Pflanze, mit der man die Haare färbt, Plin. 25, 135 u. 26, 160. – **II** eine Art Affen in Äthiopien (nach Lichtenstein wahrsch. *Simia Faunus,* L.), Plin. 8, 216. Solin. 27, 60.

callitrichon, ī, *n.* (καλλίτριχον, Schönhaar) = *adiantum* (s. d.), Plin. 22, 62.

callitrix, s. callithrix.

Callōn, ōnis, *m.* (Κάλλων), **I** ein Bildgießer aus Ägina, Quint. 12, 10. § 7 u. 10 (wo griech. Akk. Plur. Callonas = Leute wie K.). – **II** ein Bildgießer aus Elis, um 430 v. Chr., Plin. 34, 49.

callōsitās, ātis, *f.* (callosus), die **Hauthärte, Verhärtung,** matricis, Soran. fr. 45. p. 126, 23: palpebrarum, Scrib. 36: narium, fistulae, Veget. mul. 3, 21 u. 3, 27, 3. – übtr., die **Abhärtung, Abstumpfung,** Tert. test. anim. 5 *extr.*; ad nat. 2, 1.

callōsus, a, um, *Adi.* m. *Compar.* (callum), **hart-, dickhäutig, schwielig, verhärtet,** cutis (apri), Apul.: cutis (hominis) callosior, Plin.: manus, schwielige, Sen.: orae ulcerum, Cels.: vetustate callosa (kallos) fit fistula, Cels. – c. resina, Plin.: ova, hart gesottene, Hor. sat. 2, 4, 14: asparagos callosiores reddes, Apic. 3, 66.

callum, ī, *n.* u. **callus,** ī, *m.* (vgl. altind. *kíṇa-ḥ),* die **verhärtete, dicke Haut, Schwiele, Schwarte, I** eig.: **a** am tierischen Körper, mihi amictui est Scythicum tegmen, calceamentum callum solorum, Cic.: pedum, Plin.: c. manus elephantorum, Plin. – bes. c. aprugnum (aprunum), Sauschwarte, Plaut. u. Cato: dass. c. porcinum, Apic. (im Zshg. bl. callum, wie Plaut. capt. 904. Apic. 7, 259). – als mediz. *t. t.*, **Verhärtung, Knochengeschwulst, Kallus,** c. articulorum, Gichtknoten, Cels.: interdum vetustas ulcus occupat induciturque ei callus, es bildet sich um dasselbe eine knorpelige Härte, Cels.: cum iam increscere callum oportet, wenn der Kallus (an dem Knochenbruch) schon im Wachstum begriffen sein muss, Cels.: callum iocineribus obducere, die L. verhärten, Sen. – **b** die **harte Haut** od. das **harte Fleisch** gewisser Früchte (der Weintrauben, Äpfel, Birnen), auch das **Abgehärtetsein** der Blätter, Plin. – **c** die **Kruste, Rinde,** terrae, Plin.: salis, Plin. – **II** übtr., **die Unempfindlichkeit,** der **Stumpfsinn,** consuetudo callum obduxit stomacho meo, hat mein Gefühl etw. hartschlägig (unempfindlich) gemacht, Cic.: ipse labor quasi callum quoddam obducit dolori, macht unempfindlich (härtet ab) gegen den Schm., Cic.: quorum animis diuturna cogitatio callum vetustatis obduxerat, deren Gemüt der langjährige Gedanke daran abgestumpft hatte, Cic.: u. ingenio adhuc alendo callum inducere, unempfänglich (für weitere Ausbildung machen, Quint.: tristitia iam videtur duxisse callum, unempfindlich geworden zu sein, Sen. – Nbf. callus, ī, *m.*, Domit. Mars. bei Charis. 72, 5, u. immer bei Cels., z. B. 5, 18, 36; 5, 26, 31: u. im Plur., multorum annorum callos, Scrib. 37: callos eminentes, Scrib. 205: dazu wohl auch callis quibusdam, Suet. Aug. 80.

1. calo, āvī, ātum, āre (καλῶ, s. Macr. sat. 1, 15, 10), **ausrufen, zusammenrufen,** nur als *t. t.* in Religionsangelegenheiten, Formul. vet. bei Varr. LL. 6, 27. Quint. 1, 6, 33: c. in Capitolium plebem, Macr. sat. 1, 15, 10: c. comitia, calata comitia, in Sachen der kirchlichen Verfassung gehaltene Komitien, bei denen das Kollegium der Pontifices den Vorsitz hatte, u. die sich auf die Inauguration des Rex als Rex sacrorum u. der höheren Flamines u. auf die Bestimmungen über den Kalender beschränkten, Labeo b. Gell. 15, 27, 1: dah. sarkastisch a calatis Gaviis in Calatinos Atilios insitus, Cic. Sest. 72.

2. calo, ātus, āre, s. chalo.

3. cālo, ōnis, *m.* (viell. zsgz. aus caballo, v. caballus) **Pferdejunge, Stallknecht,** weil handfest, auch gebraucht als Sänftenträger, Cic. u. a.: lectica formosis imposita calonibus, Heiducken, Sen. ep. 110, 17. – beim Heer = **Trossknecht, Trainsoldat,** Caes. u. a.

4. cālo, ōnis, *m.* (cala), eine Art **Holzschuh,** der **Kothurn** der Griechen, Paul. ex Fest. 46, 15. Isid. 19, 34, 6. Gloss.

calōbatārius, ī, *m.* = σχοινοβάτης, der **Seiltänzer,** Gloss.

cālopodia, ae, *f.* (καλοπόδιον, καλόπους), der **Schusterleisten,** Acro Hor. sat. 2, 3, 106.

1. calor, ōris, *m.* (caleo, s. Varr. sat. Men. 33), die **Wärme, Hitze, Glut, I** die physische: **a** im Allg. (Ggstz. frigus, refrigeratio), vis frigoris et caloris, Cic.: c. ignis, Lucr.: solis, Lucr. u. Cic.: Phoebi, Tibull.: fulminis, Lucr.: arenae calidae, Laconici, clibani, Cels.: calor, qui aquā continetur, Cic.: myrrhiten attritu incitare ad calorem, warm reiben, Solin. – Ggstz. terra in se habet calores fervidos refrigerationesque, Vitr. 8, 2, 3. – **b** insbes.: **α** die **Sonnen-** od. **Tageswärme, Sonnen-** od. **Tageshitze,** caloris frigorisque patientia par, Liv.: vitandi caloris causā Lanuvii tres horas acquieveram, Cic.: paulum requiescet, dum se calor frangat, Cic.: neque mihi (obsistet) mare nec calor; neque frigus metuo, neque ventum, Plaut.: Plur. (Ggstz. frigora), meridiani calores, Cels.: calores nimii, Cic. u. Liv.: calores maximi, Cic.: et frigorum vis et calorum molestiae, Cic.: intemperie variante calores frigoraque, Liv. – dah. wie unser **Wärme, Hitze = Sommer,** cur vere rosam, frumenta calore, vites autumno fundi suadente videmus, Lucr.: Idibus Iuniis calor incipit, Col.: Plur., mediis caloribus, mitten in den Sommertagen, im heißesten Sommer, Liv. – **β** die **Glut des heißen Windes,** Hor.: calores austrini, Verg. – **II** die animalische (Ggstz. frigus), **1** eig.: **a** im Allg.: c. corporis, Cels.: c. iuventae (Ggstz. senectutis frigus), Cels.: in quibus quaerunt, initium morbi calor attulerit an frigus, Cels. – **b** insbes., die unnatürliche **Hitze** bei Krankheiten, bes. die **Fieberhitze,** si sine calore corpus est, Cels.: aliae (cotidianae febres) protinus a calore incipiunt, aliae a frigore, aliae ab horrore, Cels.: mea nunc vexat corpora fessa calor, Tibull.: Plur., vehementissimi calores, Cels.: calores febrium, Augustin. – **2** übtr.: **a** geistige, leidenschaftliche **Hitze, Aufregung, Feuer, Eifer,** iuvenilis, Quint.: c. et impetus, Quint.: cogitationis, Quint.: ambitionis, Sen.: cohortationis, Val. Max.: c. dicendi, Quint., dicentis, Plin. ep.: si calor et spiritus tulit, Quint. – **b** insbes., **heftige Liebe, Liebesglut,** Ov. met. 11, 305 u. ö. Sil. 14, 223: Plur., Hor. carm. 4, 9, 11. Prop. 1, 12, 17 u. 2, 15, 35. Ov. art. am. 1, 237. – vulg. Nbf. **caldor,** Varr. r. r. 1, 41, 1; 1, 55, 6; 3, 9, 15. Gell. 17, 8, 10; 19, 4, 4 u. 5. Arnob. adv. nat. 2, 21 u. 7, 34. Non. 46, 20.

2. Calor, ōris, *m.*, Fluss in Samnium, noch j. *Calore,* Liv. 24, 14, 2 u. 25, 17, 1.

calōrātus, a, um (calor), **erhitzt, heiß,** ferrum, Isid. 20, 16, 7: vatillum, Apic. 8, 406: bes. durch die Sonnenhitze **heiß,** Calabria, Porphyr. Hor. epod. 1, 27: caniculares dies, qui sunt caloratissimi, Porphyr. Hor. sat. 1, 6, 126. – übtr. **hitzig, feurig,** Apul. 6, 23. Fulg. mitol. 3, 4. p. 63, 22 H.

calōrificus, a, um (calor u. facio), **erwärmend, erhitzend,** oleum calorificum est, acetum autem frigorificum, Gell. 17, 8, 12.

calpar, āris, *n.* (Adjektivform v. κάλπη = κάλπις), **I** (verst. vas) **Weinfass,** Varr. de vit. p. R. 1. fr. 48 K. (bei Non. 546 *sq.*); vgl. Paul. ex Fest. 46, 17. – **II** (verst. vinum) **junger Wein vom Fass,** Varr. de vit. p. R. 1. fr. 48 K. (bei Non. 547, 2); vgl. Paul. ex Fest. 65, 13 u. Gloss. ›calpar, οἶνος ἐν θυσίᾳ‹ u. ›calcar (schreibe mit Skaliger calpar), θυσίαι ἀπαρχῶν οἴνου‹.

Calpē, ēs, *f.* (Κάλπη), hoher Berg an der gaditanischen Meerenge, der mit dem an der afrikan. Küste liegenden Vorgebirge Abyla die sogen. Säulen des Herkules bildet, j. *Gibraltar,* Asin. Poll. in Cic. ep. 10, 32, 1. Lucan. 1, 555; 4, 71: C. Hibera, Sen. Herc. Oet. 1257 (1253): Abl. unregelm. Calpĕ gemessen bei Iuven. 14, 279 (vgl. Prisc. 7, 8). – Dav. **Calpētānus,** a, um, **kalpetanisch,** Avien. progn. 296 (1621) u. Arat. 1024.

Calpurnius, a, um, Name eines röm. plebej. Geschlechts (dessen Familien die Beinamen Flamma, Asprenas, Piso [Frugi], Bestia, Bibulus führen), aus dem am bekanntesten: C. Calp. Piso, 186 v. Chr. Prätor u. dann Proprätor in Spanien, Liv. 39, 6, 1; 39, 30, 1 *sqq.*: Konsul 180 v. Chr., Liv. 40, 35, 1, u. als solcher gestorben, Liv. 40, 37, 1. – L. Calp. Piso, Konsul im J. 112 u. später (107) Legat des Kassius, Caes. b. G. 1, 6 u. 12 14. – L. Calp. Piso Frugi, bekannt wegen seiner strengen Rechtlichkeit und edlen Gesinnung, Cic. Tusc. 3, 16. Val. Max. 4, 3, 11: Volkstribun 149 v. Chr., Cic. Brut. 106: Konsul 133 v. Chr., Cic. Verr. 4, 108. – L. Calp. Bestia, Volkstribun 121 v. Chr., Cic. Brut. 128: Konsul (111) u. Feldherr gegen Jugurtha, Sall. Iug. 27 *sqq.* – L. Calp. Bibulus, der Stiefsohn des M. Brutus, Hor. sat. 1, 10, 86 (wo bl. Bibule). – C. Calp. Piso, Schwiegersohn Ciceros, Cic. ad Att. 2, 24, 3; Sest. 54. – L. Calp. Piso Caesonius, Konsul im J. 58 v. Chr., Schwiegervater Cäsars, Gegner Ciceros, Caes. b. c. 1, 3. § 6. u. oft Cic. de domo, pro Sest., in Pis. – Calpurnia, Cäsars Gemahlin (Tochter des zuletzt gen. Calp.), Vell. 2, 57, 2. – Außerdem: T. Calpurnius Siculus, ein röm. Bukoliker aus der zweiten Hälfte des 3. Jahrh. n. Chr., unter dessen Namen wir elf Eklogen besitzen, in denen politische Anspielungen mit großer Wahrscheinlichkeit auf die Zeiten des Karus u. Numerianus (280 n. Chr.) gedeutet werden. – *Adi.* **kalpurnisch,** familia, Cic.: domus, Auct. Paneg. in Pis. – bes. Calpurnia lex, **α** *de repetundis,* vom Volkstribun L. Calp. Piso Frugi, Cic. de off. 2, 75. – **β** *de ambitu,* vom Konsul C. Calp. Piso, Cic. Mur. 46. – Dav. **Calpurniānus,** a, um, **kalpurnianisch,** equites, unter dem (oben zuerst gen.) Prätor Kalpurnius dienende, Liv. 39, 31, 7.

calta (caltha), ae, *f.*, eine gelbliche, stark riechende Blume, wahrsch. unsere **offizinelle Ringelblume** (*Calendula officinalis,* L.), Verg. ecl. 2, 50. Col. poët. 10, 97 u. 307. Plin. 21, 28. – Nbf. **caltum,** ī, *n.* Prud. cath. 5, 114.

caltula (calthula), ae, *f.* (calta), ein Frauenkleid von gelblicher Farbe, **Kaltakleid,** Plaut. Epid. 231. Verg. catal. 5, 21 *Haupt.*

cālum, s. cāla.

calumma, s. calymma.

calumnia, ae, *f.* (v. altlat. calvor, verwandt mit carpo), jedes schikanierende, ränkevolle, mit Lug u. Trug umgehende, das wahre Sachverhältnis beeinträchtigende Verfahren, **Kniffe und Ränke, Lug u. Trug, Schurkerei, Prellerei, Verdrehung, ränkevolle Deutelung** od. **Auslegung, böswillige Kritik, Verleumdung, Fälschung** (Ggstz. veritas, Wahrhaftigkeit, u. fides, Aufrichtigkeit, Gewissenhaftigkeit), **a** im Allg., in Rechtsangelegenheiten, calumniā paucorum, Sall.: inimicorum calumniā, Cic.: calumniā aliquā competitoris, Augustin.: religionis calumniā, der trügerische Vorwand, Cic.: oppressus calumniā, Aur. Vict.: res per calumnias creditae, verleumderisches Gerede, Arnob.: provincias calumniis agitare (v. den Prokuratoren), Aur. Vict.: calumniā dicendi tempus eximere, Cic.: variis calumniis rem extrahere, Cic.: calumniam coërcere (gesetzlich ahnden), Cic.: calumniam et stultitiam obterere ac contundere, Cic.: aliquam calumniam, fraudem, dolum adhibere, Cic.: ne in calumniam cadam, Quint. – bei philosoph. Streitfragen, Arcesilae calumnia, Cic.: nullam calumniam adhibere, Cic. – u. gegen sich selbst, in hac calumnia timoris, von (vorgespiegelter) Furcht erzeugten Selbstpeinigung, Ängstigung seiner selbst, Caecin. in Cic. ep. 6, 7, 4: nimia contra se calumnia, allzu ängstliche Kritik gegen sich selbst, Quint. 10, 1, 115. – **b** insbes., die in falscher Anklage eines Unschuldigen bestehende **Schikane, die falsche, trügerische Anklage,** der **schikanöse Prozess,** sowohl im Zivilals im Kriminalprozess, calumniae litium, Iustin.: calumniae fiscales, Suet.: calumniae iudicum, ICt.: publico iudicio calumniae condemnatus, Tac.: calumniā litium alienos fundos petere, Cic.: causam calumniae reperire, Cic.: calumniam iurare (v. Ankläger), schwören, dass man nicht aus Schikane (trügerisch) klagt, den Eid für die Gefährde leisten, absol., Caelius in Cic. ep., od. in alqm (um die Klage gegen ihn aufzunehmen), Liv. – dah. meton., die **Verurteilung u. Strafe wegen Schikane (trügerischer Anklage),** calumniam privato iudicio non effugere, Cic.: ferre calumniam, für einen Schikaneur (trügerischen Ankläger) erklärt werden, zur Strafe wegen Schikane verurteilt werden, Cael. in Cic. ep.: notatus calumniā, Suet.

calumniātio, ōnis, *f.* (calumnior), die **Schikane,** die **falsche, trügerische Anklage,** Plur., Rhet. Her. 4, 22 M.

calumniātor, ōris, *m.* (calumnior), der **Ränkeschmied, Rechtsverdreher, Schikaneur, trügerische Ankläger,** aliquis c. atque improbus, Cic.: delator et c., Mart.: Epidius c., Suet.: calumniatorem apponere, Cic.: scriptum sequi calumniatoris esse; boni iudicis, voluntatem scriptoris auctoritatemque defendere, Cic.: litem sibi inferri aegerrime calumniator patitur, Sen. – Plur., Augustin. ep. 17, 4. – calumniator sui, der Künstler, der übertriebene Kritik gegen sich selbst übt, Plin. 34, 92.

calumniātrīx, trīcis, *f.* (Femin. zu calumniator), eine **falsche Anklägerin,** Ulp. dig. 37, 9, 1. § 14. u. 16. Hier. ep. 74, 4.

calumnio, āvī, āre, s. calumnior ►.

calumnior, ātus sum, ārī (calumnia), **ränkevoll verfahren, schikanieren, Ränke schmieden, Lug und Trug üben, das wahre Sachverhältnis verdrehen, ränkevoll** an etw. **deuteln, mäkeln,** etw. od. jmd. **übertrieben** od. **böswillig kritisieren, aufmutzen, bekritteln, bemäkeln,** gegen jmd. od. etw. **übertriebene** od. **böswillige Kritik üben, a** im Allg.: **α** absol., in Rechtssachen, calumniandi quaestus, Cic.: iacet res in controversiis isto calumniante biennium, Cic.: Romam Ψαμμακόσιοι, non qui in urbe inter nundinum calumniarentur, Varr. fr. – gegen sich selbst, calumniabar ipse; putabamet c., ängstigte mich selbst ohne Not, Cic. ep. 9, 2, 3. – **β** m. *Acc.:* quod antea te calumniatus sum, indicabo malitiam meam, Cic.: c. ius civile, ICt. – non verba nec vultus, Sen.: festinationem alcis, Quint. – cal. se, Quint. 8. prooem. § 31; 10, 3, 10. – **γ** m. *Dat.:* non solum filio, sed etiam patri, Ambros. de inc. dom. sacr. 8, 83: deo, Augustin. quaest. in genes. 2. qu. 8: de talibus verbis veteri testamento, Augustin. de genes. c. Manich. 1, 17, 27 *extr.* – **δ** m. folg. indir. Fragesatz, calumniari si quis voluerit, quod arbores loquantur, Phaedr. 1. prol. 5. – **b** insbes., durch falsche Anklage **schikanieren, fälschlich-, trügerisch anklagen,** accusator calumniatur, Rhet. Her.: poena calumniantium, Suet. – Aktive Nbf. **calumnio,** āvī, āre, Itala (Cant.) Luc. 3, 14 u. 19, 8. Arnob. 1, 13 *cod. P:* passiv, non esse positiones regulae, a quibus interdum analogia calumniatur (συκοφαντεῖται), Staber. bei Prisc. 8, 18.

calumniōsē, *Adv.* m. *Superl.* (calumniosus), **ränkevoll, böswillig,** ICt. u. Spät.

calumniōsus, a, um, *Adi.* m. *Superl.* (calumnia), **ränkevoll,** ICt. u. Eccl.

1. calva, ae, *f.* (calvus, a, um), die **Hirnschale,** der **Schädel,** Liv. 23, 24, 12. Mart. 3, 74, 5 u. 5, 49, 3.

2. calva, ae, *f.,* s. calvus.

3. Calva, ae, *f.* (calvus), Beiname der Venus, angebl. seit dem gallischen Krieg, wo die Frauen ihre Haare zur Anfertigung von Bogensehnen sich abschneiden ließen, Lact. 1, 20, 7. Cypr. de idol. van. 2, 10. Veget. mil. 4, 9. Serv. Verg. Aen. 1, 720.

calvāria, ae, *f.* (calva), die **Hirnschale,** der **Schädel,** Cels., Plin. u. a. – calvariae locus, die Schädelstätte (v. Golgatha), Vulg. Matth. 27, 33 u. a.

calvāria pinguia, eine Art fetter Seefische, Enn. hed. 10: marina calvaria, Apul. apol. 34.

calvāriola, ae, *f.* (*Demin.* v. calvaria), ein kleiner Becher in Form einer Hirnschale, eine **kleine Schale,** Schol. Iuven. 5, 48.

calvaster, trī, *m.* = *apiciosus,* **mit kahlem Vorderkopf,** Gloss.

calvātus, a, um (calvus), **kahl gemacht,** übtr., **leer gemacht, leer,** si vinea a vite calvata erit, Cato bei Plin. 17, 196 (dagegen Cato r. r. 33, 3 calva erit).

Calvēna, ae, *m.* (calvus), ein erdichteter Name für den (kahlköpfigen) Matius, Cäsars Freund, Cic. ad Att. 14, 5, 1 u. a.

calveo, ēre (calvus), **kahl sein** = haarlos sein, v. Tieren, naturaliter c., Plin. 11, 130.

calvēsco, ere (*Inchoat.* v. calveo), **I kahl werden,** v. Hals der Ochsen, Col. 6, 14, 7: v. Vögeln, Plin. 10, 78. – **II** übtr., v. Pflanzen, **dünn-, weitschichtig hervorwachsen,** Col. 4, 33, 3.

calvio, īre, s. calvor.

Calvisius, ī, *m.,* röm. Name, unter dem bes. bekannt: C. Calv. Sabīnus, Legat unter Cäsar (48 v. Chr.), Caes. b. c. 3, 34 *sq.,* später (39 v. Chr.) Prätor des alten Afrika, das ihm auch Antonius für das folg. Jahr zuteilte, Cic. Phil. 3, 26 (vgl. aber Cic. ep. 12, 25, 1). – Calvisius, Ankläger der Agrippina, der Mutter Neros, Tac. ann. 13, 19 *sqq.,* viell. identisch mit Calv. Sabinus, den Seneka erwähnt u. als *homo dives* bezeichnet (vgl. Tac. ann. 13, 21), Sen. ep. 27, 5. – Dav. **Calvisiānus,** a, um, **kalvisianisch, des Kalvisius,** actio, Ulp. u. Marcian. dig. 38, 5, 3 u. 5.

calvitiēs, ēī, *f.* (calvus), die **Kahlheit** des Kopfes, Petr. 108, 3. Cael. Aur. chron. 4, 2, 15. Ennod. carm. 2, 104, 10.

calvitium, ī, *n.* (calvus), **I kahle Stelle** des Kopfes, **Glatze,** Cic. Tusc. 3, 62. Suet. Caes. 45, 2 u. a.: Plur., Arnob. 3, 14. – **II** übtr., **pflanzenleere Stelle,** Col. 4, 29, 11.

calvor, vī, *Depon.* (Nbff. **calvo,** vī, ere, Prisc. 10, 13 u. Gloss., u. **calvio,** īre, Serv. Verg. Aen. 1, 720), **a** *v. depon.* = **Ränke schmieden, Ausflüchte suchen,** XII tabb. 1. fr. 2 (bei Fest. 313, 6 u. in Dig. 50, 16, 233 pr.). Lucil. sat. 17, 10: m. *Acc.* = mit Ränken jmd. **hintergehen, täuschen** (vgl. Charis. 58, 15), Pacuv. fr. 137. 241. 396. Plaut. Cas. 169. – **b** *v. pass.* = **hintergangen-, getäuscht werden,** Pacuv. tr. 240. Sall. hist. fr. 3, 78 (96).

calvus, a, um (vgl. altind. *áti-kulva-ḥ,* allzu kahl), **kahl, haarlos** (Ggstz. comatus, capillatus), v. Menschen, auch subst. = der **Kahlkopf,** Plaut., Sen. u. a.: cucurbitā calvior, Apul. met. 5, 9 *extr.* – sprichw., s. capillātus. – übtr., si vinea a vite calva erit, leer, Cato r. r. 33, 3 (vgl. calvatus): calvae restes, ziemlich leere, Mart. 12, 32, 20. – calva nux, die oben kahle »Bartnuss«, Cato r. r. 8, 2. Anth. Lat. 675, 4: dies. subst. bl. calva, Petr. 66, 4. Apic. 6, 232 u. 9, 437 *sqq.* (bei Plin. 15, 99 galba). – vulg. Akk. calvom, Poëta bei Suet. Caes. 51. – Kompar. calvior, Apul. met. 5, 9.

1. **calx,** cis, *f.*, die **Ferse, I** eig., die **Ferse** der Menschen u. Tiere, calces deteris, Plaut.: certare pugnis, calcibus, Cic.: v. Tieren, caedere calcibus, Plaut.: calce petere alqm, Hor.: calces remittere, Nep.: calcem terere calce, mit der Ferse die Ferse streifen (= dicht hinterherlaufen), Verg.: alterno morsu digitis calceque retinentibus solum, indem Zehen u. Ferse (des Hirsches) wechselweise in den Boden eingriffen, Plin.: equi calce percussus, Firm. math. 8, 13. p. 221, 13. – Sprichw., advorsum stimulum calces (*sc.* iactare) = λακτίζειν πρὸς κέντρον, wider den Stachel löcken, d. i. unnützen, törichten Widerstand leisten, Ter. Phorm. 78: calcem impingere alci rei, einer Sache einen Fußtritt geben, = etwas aufgeben, an den Nagel hängen, Petr. 46, 5. – **II** übtr.: **A** in der Baukunst: **a** calces scaporum, die **Grundstücke der Treppenwangen,** franz. *patin de l'échiffre,* Vitr. 9. praef. § 8. – **b** calx mali, der **Fuß des Mastbaums,** Vitr. 10, 3, 5. – **B** im Gartenbau, ein **Fuß** od. **Ansatz** vom älteren Holz, der mit dem Schnittling abgerissen wird, Plin. 17, 156. – Als *masc.* bei Cato 18, 7 K. Gratt. cyn. 278. Pers. 3, 105; vgl. Charis. 93, 2.

2. **calx,** cis, *f.*, selten *m.* (von χάλιξ), der **Stein, I** der **Spielstein** im Brettspiel (vgl. Paul. ex Fest. 46, 2), alveolus et calces, Lucil. sat. 14, 11: unam calcem ciere, ziehen, Plaut. Poen. 908. – **II** der **Kalkstein,** roher od. gelöschter **Kalk,** c. viva, ungelöschter K., c. exstincta od. restincta, gelöschter K., Vitr. u. Inscr.: c. harenatus, mit Sand vermischter Kalk, d. i. Mörtel, Cato u. Vitr.: calcem coquere (brennen), Vitr.: lintribus in eam insulam materiam, calcem, caementa convehere, Cic.: quod caementa non calce durata erant, sed interlita luto structurae antiquae genere, Liv. – Weil nun in der ältesten Zeit das Ziel in der Rennbahn mit Kalk (später mit Kreide, s. 2. crēta) bezeichnet war, meton. = das **Ziel, Ende der Laufbahn** (Ggstz. carceres, die Schranken als Anfang der Rennbahn), im Bild u. sprichw., nemini Fortuna currum a carcere intimo missum labi inoffensum per aecor candidum ad calcem sivit, Varr. sat. Men. 288: optandum est ut cum aequalibus possis, quibuscum tamquam e carceribus emissus sis, cum isdem ad calcem, ut dicitur, pervenire, Cic. de amic. 101: nec velim quasi decurso spatio ad carceres a calce revocari, Cic. de sen. 83: nunc video calcem, ad quam cum sit decursum, nihil etc., Cic. Tusc. 1, 15: extra calcem, ut dicitur, procurrebat, hielt das rechte Gleis nicht ein, Amm. 25, 10, 7: v. der Rede (sermo), extra calcem, quod dicitur, decurrere, über das Ziel hinausschießen (= über das Thema hinausschweifen), Amm. 21, 1, 14. – in calce epistulae, sermonis, am Ende des B. usw., Hier. ep. 66, 15 u. 79, 11; vgl. si tamen in clausula et calce pronuntietur sententia, Quint. 8, 5, 30. – Spät. Nbf. **calcis,** is, *f.*, Ven. Fort. 11, 11, 12 (verworfen von Prob. cath. (IV) 20, 19).

Calybita, s. Cybelista.

Calycadnus, ī, *m.* (Καλύκαδνος), **I** Fluss in Cilicia τραχεία, der späteren Provinz Isauria, j. *Saleph* od. *Ghiuk Su,* auch *Ermenék Su,* Plin. 5, 92 *sq.* Amm. 14, 2, 15 u. 14, 8, 1. – **II** Vorgebirge in Cilicien an der Mündung des gleichnam. Flusses, Liv. 38, 38, 9.

calyculus (caliculus), ī, *m.* (*Demin.* v. calyx), **I** die kleine **Knospe,** der **Blumenkelch,** Plin. 20, 205 (calyc.) u. 27, 37 (calic.). Apul. met. 4, 2 (calic.). – **II** die **Schale** der Schaltiere, echinorum, Apul. apol. 35 (calic.).

Calydōn, ōnis, Akk. ōnem u. ōna, Akk. Plur. ōnas, *f.* (Καλυδών), uralte Hauptstadt Ätoliens, am Evenus, Gründung eines gleichnamigen Heros im Lande der Kureten, Sitz der berühmten Sage von der kalydonischen Jagd, Residenz des Öneus, des Vaters des Meleager u. der Deïanira, Großvaters des Diomedes, j. *Aïton* (od. *Aïdon*), Ov. met. 6, 415; 8, 270 *sqq.*; 9, 147. Verg. Aen. 7, 306; 11, 270. Caes. b. c. 3, 35 *in.* – Dav.: **A Calydōnēus,** a, um, **kalydonisch,** rupes, Manil. 5, 180. – **B Calydōnis,** idis, Akk. ida, *f.*, **kalydonisch,** Ov.: u. subst., die **Kalydonierin,** pavida, Deïanira, Ov.: Plur. Akk. idas, die **Kalydonierinnen,** Stat. – **C Calydōnius,** a, um (Καλυδώνιος), **kalydonisch,** terra, Ätolien, Pacuv. fr.: heros, Meleager, Ov.: amnis, Achelous, Ov.: sus, aper, der von Meleager erlegte kalydonische Eber, Mart. u. Porphyr.: hasta Tydidae, des Diomedes, Ov.: regna, des Diomedes Reich in Unteritalien (Daunia), Ov. – subst., Calydōniae, ārum, *f.*, **Kalydonierinnen,** Sen. poët.

calymma (calumma), atis, *n.* (κάλυμμα), die **Decke,** Mart. Cap. 1. § 67.

Calymnē, ēs, *f.* (Κάλυμνα), Insel im Ägäischen Meere bei Rhodus, berühmt durch vortrefflichen Honig, Ov. met. 8, 222; art. am. 2, 81.

Calypsō, ūs, Akk. ō, *f.* (Καλυψώ), eine Nymphe, Tochter des Atlas, die den Ulixes auf seiner Irrfahrt gastlich auf der Insel Ortygia, ihrem Wohnsitz, aufnahm, ihm, von Liebe ergriffen, ewige Jugend und Unsterblichkeit versprach u. ihn sieben Jahre festhielt, bis sie, von den Göttern genötigt, ihn frei lassen musste, Tibull. 4, 1, 77. Ov. ex Pont. 4, 10, 13. Cic. de off. 1, 113. Prop. 1, 15, 9: Atlantias C., Priap. 68, 23. – Genet. Calypsōnis, Apul. met. 1, 12. Auson. perioch. Odyss. 4. Macr. sat. 5, 2, 10: Akk. Calypsun, Priap. 68, 23 B.: Akk. Calypsōnem, Pacuv. tr. 403. Liv. Andr. bei Prisc. 6, 18. Caes. bei Quint. 1, 5, 63 (von Quintilian getadelt). Macr. sat. 5, 2, 10. Vgl. Prisc. 6, 18.

calyx, ycis, *m.* (κάλυξ, v. καλύπτω, also) = jede **Hülle:** dah. **I** die **Knospe,** der **Blumenkelch,** rosae, lilii, Plin. – **II** die weichere **Schale** der Früchte (Ggstz. putamen), echinatus (castanearum), Plin.: pulvinatus (nucum), Plin. – **III** die **Schale** der Schaltiere, calyces cochlearum, Plin.: calyces echinometrarum, Plin. – **IV** die **Eierschale,** ovorum calyces, Plin. 28, 19. – **V** die **Wachshülle** um das Obst, damit es vor dem Verderben geschützt wird, Plin. 15, 64. – **VI** eine unbekannte Pflanze, Plin. 27, 58 *sq.*

cama, ae, *f.* (v. χαμαί), ein kurzes u. niedriges Bett, etwa **Pritsche,** Isid. 19, 22, 29; 20, 11, 2.

camaeleōn, s. chamaeleōn.

Camalodūnum, s. Camulodūnum.

camara, s. camera.

Camarīna, s. Camerīna.

Camars, s. Clūsium.

camarus, s. cammarus.

Camasena, s. Cameses.

cambio, āvī, āre (κάμπτω), **wechseln, tauschen,** Apul. apol. 17. Gromat. vet. p. 151, 20. – Nbf. cambio, cambsi od. campsi, angef. v. Charis. 247, 9 u. 262, 5. Prisc. 10, 52.

Cambūnii montēs, *m.*, Gebirge zwischen dem Lakmon u. Olympus, das die Grenze Thessaliens gegen Mazedonien bildet, j. *Volutza,* Liv. 42, 53, 6; 44, 2, 6.

Cambȳsēs, is u. ae (griech. u), Akk. ēn, Abl. e, *m.* (Καμβύσης), **I** (Gesch.): **A** der Gemahl der Mandane, Vater des älteren Cyrus, Iustin. 1, 4. § 4. – **B** der Sohn u. Nachfolger des älteren Cyrus, Mela 1, 11, 3 (1. § 64). Iustin. 1, 9. Val. Max. 6, 3. ext. 3. Lucan. 10, 280. – **II** (Geogr.): **A** auf dem Kaukasus (od. koraxischen Gebirge) entspringender Fluss, der sich mit dem Cyrus vereinigt, Mela 3, 5, 6 (3. § 41). Plin. 6, 39. – **B** Fluss in Medien, der zwischen dem Araxes u. Amardus in das Kaspische Meer mündet, nach Reichardt j. *Raumasfarûd,* Amm. 23, 6, 40.

camēla, ae, *f.* (Femin. zu camelus), weibliches **Kamel,** eine **Kamelmutter,** Val. imp. bei Treb. Poll. Claud. 14, 3. – camella geschr., Heges. 4, 1, 1 (*cod. Casell.*).

Camēlae virginēs (= γαμήλιαι θεαί), Nymphen (wahrsch. Wassernymphen), von Bräuten angerufen, Paul. ex Fest. 63, 8.

camēlārius, ī, *m.* (camelus), der **Kamelwärter, -treiber,** Arcad. dig. 50, 4, 18. § 11. Edict. Diocl. 7, 17.

camēlasia, ae, *f.* (viell. zsgz. aus καμηληλασία), die **Verpflegung der** (dem Staat gehörigen) **Kamele,** Arcad. dig. 50, 4, 18. § 11 M.

camēlīnus, a, um (camelus), **von Kamelen, Kamel-,** genitale, Plin. 11, 261: lac, Plin. 28, 123: caput, Solin. 30, 19: ossa, Arnob. 6, 14.

1. **camella,** s. camēla.

2. **camella,** ae, *f.* (*Demin.* v. camera), eine **Schale** für Flüssigkeiten, Laber. com. 60 (bei Gell. 16, 7, 9). Ov. fast. 4, 779. Petr. 64, 13; 135, 3; 137, 10.

camellus, s. camēlus.

camēlopardalis, is, Akk. im, *f.* (καμηλοπάρδαλις), **Kamelparder, Giraffe** (*Cervus Camelopardalis,* L.), Varr. LL. 5, 100. Plin. 8, 69. Solin.

30, 19 (wo Akk. -im). – Nbf. **camēlopardalus**, ī, *m.*, Capit. Gord. c. 33, 1. Vopisc. Aurel. c. 33, 4. Vulg. deuter. 14, 5: u. **camēlopardus**, ī, *m.*, Isid. 12, 2, 19.

camēlopodion, ī, *n.* (καμηλοπόδιον, Kamelfuß), eine Pflanze, viell. **Andorn,** Ps. Apul. herb. 45.

camēlus, ī, *m.* u. *f.* (κάμηλος, ὁ u. ἡ), das **Kamel,** ein- u. zweihöckerig, Varr. LL., Cic. u. a.: c. Arabiae, das eig. K., Plin.: c. Bactriae, Dromedar, Plin.: dass. c. dromas, Dromedar, Curt.: Plur., cameli (camelli), quos dromadas appellant od. vocitant, Liv. u. Vopisc. – *fem.* z. B. Plin. 8, 67; 11, 164. Apul. met. 7, 14. Vulg. genes. 32, 15. Paul. Nol. ep. 29, 2. – camellus geschr. bei Pompon. com. 112. Vopisc. Aur. 28, 3 P. Edict. Diocl. 11, 6 (wo sagma camelli). Itala (Weing.) Ezech. 25, 5 u. a. (s. Rönsch Itala p. 460).

Camēna (richtiger als Camoena), ae, *f.* (v. cano, eig. Carmena, dann archaist. Casmena, Enn. ann. 2; vgl. Varr. LL. 7, 26. Fest. 205, 14. Paul. ex Fest. 43, 16 u. 67, 9), die **weissagende Sängerin,** die **Kamene,** gew. Plur., weissagende Quellnymphen u. Geburtsgöttinnen, später mit den griech. Μοῦσαι identifiziert, **Musen,** Hor. carm. saec. 62. Verg. ecl. 3, 59: C. Graiae, Hor. carm. 2, 16, 38: Camenis (Numa) eum lucum sacravit, Hain vor der Porta Kapena, Liv. 1, 21, 3; vgl. uti nec fontalis ab Camenis (Quellwasser aus dem Hain der K.) nec Marcia saliens desideretur, Vitr. 8, 3, 1: Camenarum aedes, viell. in diesem Hain, Plin. 34, 19. – meton. = **Dichtung, Gedicht,** Hor. carm. 1, 12, 39; ep. 1, 1, 1. Tibull. 4, 1, 24. – Dav. **Camēnālis**, e, **zu den Kamenen (Musen) gehörig,** Avien. u. a.

cāmēnsis, e (camus), **mit einem Maulkorb,** cursor (scherzh. v. pistor), Titin. fr. inc. XVIII[b] (bei Paul. 58, 16).

camera (camara), ae, *f.* (καμάρα), **I** (gew. camera), das **Gewölbe,** die **gewölbte Decke, Wölbung,** eines Zimmers, camera lapideis fornicibus iuncta, Sall.: camera duabus sustentata columnis, Sen.: horreum camerā contectum, Col.: vitro absconditur camera, ist mit Glas getäfelt, Sen.: cameras marmorato facere, Varr.: cameras mutare, Cic.: inter cameram et tectum cubiculi abditus, Val. Max. – eines Schiffes, camerae ruina, Suet. Ner. 34, 2. – **II** (camara) eine leichte, tragbare **Barke** der Pontier, über der bei hochgehender See ein gewölbtes Bretterdach angebracht wurde, Tac. hist. 3, 47. Gell. 10, 25 *extr.* – Über die Formen camara u. latinisiert camera s. Charis. 58, 23. Paul. ex Fest. 43, 7. Serv. Verg. Aen. 3, 55.

1. **camerārius** (camarārius), a, um (camera), **sich in die Höhe hinaufwindend,** genus cucurbitarum camararium (Ggstz. genus plebeium, die sich am Boden halten), Plin. 19, 70.

2. **camerārius**, ī, *m.* (camera), der **Kämmerer,** Greg. Tur. hist. Franc. 4, 7.

camerātio, ōnis, *f.* (camero), die **Wölbung,** Spart. Carac. 9, 5.

Cameria, ae, *f.* u. **Camerium**, ī, *n.*, uralte sabinische Stadt in Latium, -ia, Liv. 1, 38, 4: -ium, Plin. 3, 68. Tac. ann. 11, 24. – Dav. **Camerīnus**, a, um, zu Kameria gehörig, **kamerinisch,** municipium, Sidon. ep. 2, 9 (vgl. Prisc. 2, 51 wegen ī): u. Plur. subst., Camerīnī, ōrum, *m.*, die Einw. von Kameria, die **Kameriner,** Val. Max. 6, 5, 1. – u. Camerīnus, Beiname der sehr berühmten gens Sulpicia, Liv. 3, 31, 8: dah. Camerini appell. = vornehme Leute, Iuven. 7, 90; 8, 38.

Camerīna (Camarīna), ae, *f.* (Καμάρīνα), Stadt an der Mündung des Hipparis, an der Südwestküste Siziliens, Gründung der Syrakusier, j. *Camerina* od. *Camarana,* Ov. fast. 4, 477 (Akk. -an). Plin. 3, 92. – In der Nähe ein gleichnamiger Sumpf, den die Kamariner ungeachtet der Warnung des Orakels trocken legten, wodurch sie bei einer nachmaligen Belagerung dem Feind einen Weg in die Stadt bahnten, j. *Lago di Camarana,* Verg. Aen. 3, 701. Sil. 14, 198. Claud. rapt. Pros. 2, 59. – Die Schreibung der besten Hdschrn. ist überall Camerina (nur bei Sil. liest man Camarina).

Camerīnum, ī, *n.*, eine Gebirgsstadt in Umbrien, an der pizenischen Grenze, j. *Camerino,* Caes. b. c. 1, 15. Gromat. vet. 240, 7. – Dav.: **A Camerīnēnsēs**, ium, *m.*, die Einw. von Kamerinum, die **Kamerinenser,** Flor. 2, 1, 13. – **B Camerīnus**, a, um, **kamerinisch,** ager, Gromat. vet. 256, 16 u. 257, 2. – **C Camers**, ertis, **kamertisch,** in agro Camerti, Cic. Sull. 53. – Plur. subst., Camertēs, ium, *m.*, die **Kamerter,** Cic. u. a. (Genet. Plur. Camertum nur Sil. 4, 157): Sing. Camers, mertis, *m.*, kollektiv, Sil. 8, 461. – **D Camertīnus**, a, um, **kamertinisch,** foedus, Cic. Balb. 46.

camero (camaro), ātus, āre (camera, camara), **wölben, überwölben,** nidum camarare ab (gegen) imbri, Plin. 10, 97: tecta camerata, Serv. Verg. Aen. 2, 487. – übtr., cameratum elogium, ein künstlich aufgebautes Lob, Cassiod. hist. eccl. 1 *in.*

Camers, s. Camerīnum.

Camertēs, -mertīnus, s. Camerīnum.

Cameses, is, *m.*, ein alter König Italiens, Mitregent des Janus, nach dem die Gegend *Camesene* hieß, Hyg. bei Macr. sat. 1, 7, 19. – nach a. hieß die Gattin des Kameses Camesene (od. Camasena), Serv. Verg. Aen. 8, 330.

camilla, ae, *f.* (camillus), ein aus unbescholtener Ehe entsprossenes, freigeborenes, **ehrbares Mädchen,** caelitum camilla, Götterkind, Pacuv. 232, von den Glossatoren (s. Varr. LL. 7, 34. Macr. sat. 3, 8, 7. Serv. Verg. Aen. 11, 543) administra gedeutet, weil nur solche freigeborene Mädchen als Opferdienerinnen verwendet werden durften.

1. **camillus** (auch casmillus geschr.), ī, *m.* (v. γάμος, wie γαμήλιος), ein aus unbescholtener Ehe entsprossener, freigeborener, **ehrbarer Knabe** oder **Jüngling,** Carm. rust. b. Paul. ex Fest. 93 u. Serv. Verg. georg. 3, 101; u. weil nur solche zum Opferdienst zulässig, ein vornehmer, beim Opferdienst des flamen Dialis u. dann übh. bei religiösen Handlungen gebrauchter Jüngling, ein **Opferknabe, Altarknabe,** Varr. LL. 7, 34 u. a. Gramm. – = **jung** übh., Poët. b. Quint. 8, 3, 19.

2. **Camillus**, ī, *m.*, Beiname mehrerer Personen der gens Furia; am berühmtesten M. Furius Camillus, der Besieger Vejis u. Befreier Roms von gallischer Herrschaft, Liv. 5, 19*sq.* Cic. de rep. 1, 6. – oft Plur. Camilli = Leute (Männer) wie Kamillus, Cic. Sest. 143 u. Pis. 58. Verg. georg. 2, 169. Hor. ep. 1, 1, 64. Claud. Prob. et Ol. cons. 149. – appell. = Retter des Vaterlandes, alter C., ein zweiter K., Claud. laud. Stil. 2, 390: u. so novus C., Liv. 22, 14, 19.

camīno, (āvī), ātum, āre (caminus), **in Form eines Kamins aufbauen, -aufsetzen,** acervi … luto caminantur, Plin. 16, 23: fossura caminata, gewölbt, Plin. 17, 80.

camīnum, ī, *n.*, s. camīnus *no.* I. B.

camīnus, ī, *m.* (κάμινος), die **Feuerstätte, I** der Feuerarbeiter, **A** = der **Schmelzofen,** Ov. u. Pers. – **B** die **Schmiedeesse,** Vulkans, Verg. u. Ov. – im Bild, semper ardente camino, mit unablässigem Fleiß, Iuven. 14, 118. – Nbf. camīnum, ī, *n.*, bildl., quod erat totum caminum sceleris, coquina malitiae, Augustin. serm. bei Mai Nov. patr. collect. tom. 1. p. 4. – **II** der **Zimmerherd,** der **Kamin** zur Heizung des Zimmers, Hor. u. Suet. – meton., das **Kaminfeuer,** c. luculentus, Cic. – Sprichw., oleum addere camino, Öl ins Feuer gießen, d. i. das Übel vergrößern, Hor. sat. 2, 3, 321.

Camīrus, ī, *f.* (Κάμειρος, Κάμιρος), unbefestigte Stadt an der Westseite der Insel Rhodus, Gründung der Dorier (nach der Sage durch einen gleichnamigen Heros), Mela 2, 7, 4 (2. § 101); vgl. Cic. de nat. deor. 3, 54. – Dav. **Camīrēnsēs**, ium, *m.*, die Einw. von Kamirus, die **Kamirenser,** Macr. sat. 1, 17. § 35 u. 45.

camīsia, ae, *f.*, ein leinener, unmittelbar auf dem Körper getragener Überwurf, das **Hemd** (italien. *camicia, camiscia*), Hier. ep. 64, 11. Paul. ex Fest. 311, 4. Isid. 19, 21, 1.

cammaron, ī, *n.* (κάμμαρον), eine sonst aconitum gen. Pflanze, Plin. 27, 9.

cammarus (gammarus), ī, *m.* (κάμμαρος), der **Meerkrebs,** der **Hummer,** Varr. r. r. 3, 11, 3. Col. 8, 15, 6. Plin. 27, 9 (Akk. cammaron) u. 32, 148. Mart. 2, 43, 12. Iuven. 5, 84. Apic. 2, 37: vollst. cammarus marinus, Plin. 27, 9.

Camoena, s. Camēna.

camomilla, -millīnus, s. chamaemēlon.

campa, s. campē.

campagus, ī, *m.*, ein **Stiefel** mit Schnürriemen, Treb. Poll. 16, 4: c.

regius, Capit. Maximin. 23, 8: campagi militares (κομβαῶνες στρατιωτικοί v. κόμβος, Schleife), Edict. Diocl. 9, 11.

campāna, ae, *f.*, s. 1. Campānia.

campānella, ae, *f.* (*Demin.* v. campana), das **Glöckchen**, Anecd. Helv. 182, 29.

campāneus u. **-ius**, a, um, **zum flachen Land gehörig, Feld-** (Ggstz. montaniosus), loca, das Blachfeld, Gromat. vet. 331, 20 u. 22. – Sing. subst., campānia, ae, *f.*, das **flache Land**, in campaniam Remensem accedit, Greg. Tur. hist. Franc. 4, 17: Plur. subst., campānia, ōrum, *n.*, das **flache Land, Blachfeld**, *ibid.* 332, 22.

1. Campānia, ae, *f.* (campus, das Blachfeld, die Ebene), **I Kampanien**, die mildeste, schönste, gesegnetste u. deshalb von den Alten vielfach gepriesene Landschaft in Mittelitalien mit der Hauptstadt Kapua, mit dem Hauptfluss Vulturnus u. (gegen Latium) mit dem Grenzfluss Liris, j. *Terra di Lavoro*, Liv. 2, 52, 1. Flor. 1, 16, 3. Tibull. 1, 9, 33 (wo Campania terra). – Dav.: **1 Campānicus**, a, um, **kampanisch**, aratra, Cato: peristromata, Plaut. Pseud. 146. – **2 Campānus**, a, um, **kampanisch**, Capua, Lucil. fr.: colonia, Kapua, Cic.: urbs, Kapua, Verg.: mulier, Liv.: vinum, Plin.: via, ein Seitenweg der via Appia, Suet.: pons, die Brücke über den *Savo* (*Saona*) bei *Molino di Ceppani*, Hor.: morbus, eine Art Warzen im Gesicht, die in Kampanien sehr häufig waren, Hor.: arrogantia, Cic.: superbia, Gell.: Plur. subst., **a** Campānī, ōrum, *m.*, die **Einwohner von Kapua**, die **Kampaner**, Cic. – **b** campāna, ae, *f.*, **α** (*sc.* libra) die **Schnellwage, Balkenwage**, Isid. 16, 25, 6. – **β** die **Glocke** zum Läuten, Beda hist. eccl. 4, 23 u. a. spät. Eccl. – **3 Campāns**, antis, **kampanisch**, genus, Plaut. trin. 545. – **4 Campāniēnsēs**, ium, *m.*, **aus Kapua stammende Ansiedler** in Pompeji, CIL 4, 470 u. 480. – **II** die Umgegend von Rom, die heutige *Campagna (di Roma)*, Porphyr. Hor. de art. poët. 65.

2. campānia, ae, *f.* u. **campānia**, ōrum, *n.*, s. campāneus.

campārius, ī, *m.* (campus) = ἀγροφύλαξ, der **Feldhüter** (franz. *garde champêtre)*, Gloss. Labb.

campē, ēs, *f.* u. **campa**, ae, *f.* (κάμπη), **I** die **Krümmung**, übtr., campas dicere, krumme Wege, Ausflüchte suchen, Plaut. truc. 942. – **II** (campe) die **Raupe**, Col. poët. 10, 324 u. 366. Pallad. 1, 35, 6; rein lat. eruca, Col. 11, 3, 63.

campēnsis, e (campus), **I zum ebenen Feld gehörig**, locus, ein Platz im Feld, Itala Luc. 6, 17. – **II auf dem Marsfeld verehrt**, Beiname der Isis, die auf dem Marsfeld einen Tempel hatte, Apul. met. 11, 26.

campester, stris, stre u. (selten) **campestris**, e (campus), **I auf ebenem Feld, in** od. **auf der Ebene** (befindlich, wohnend, kämpfend u. dgl.), **flach, eben** (Ggstz. montanus u. collinus), locus campester, Varr., od. locus campestris, Col.: loca campestria, Liv.: vici agrique, Liv.: iter, auf der Ebene, Caes.: so auch oppidum, Liv.: barbari, Liv.: Scythae, Hor.: hostis, an den Kampf in der Ebene gewöhnter, Liv. – subst., **α** Campestrēs, ium, *f.*, **Göttinnen des Blachfeldes** (Ggstz. Sulevae = Silviae), CIL 6, 768 u. ö. – **β** campestria, ium, *n.*, die **flache, ebene Gegend**, das **Blachfeld**, Sen., Tac. u. a. – **II** insbes., **das Marsfeld** (Campus Martius) **betreffend, auf dem Marsfeld**, u. zwar: **A** das Marsfeld als Ort der Leibesübungen, ludus, Cic.: arma, Hor.: exercitationes, Suet.: Nemesis Campestris, weil sie auf dem Marsfeld einen Tempel hatte (vgl. Campensis), CIL 6, 533.: ebenso Mars Campester, CIL 2, 4083. – subst., **a** campestre, is, *n.* (*sc.* velamentum), ein **Schurz** zur Bedeckung der Scham, den die röm. Jünglinge trugen, wenn sie auf dem Campus Martius nackt ihre Leibesübungen anstellten, der **Kampfschurz, -gurt**, Ascon. in Cic. Scaur. 46. p. 25, 24 K. (wo campestri sub toga cinctus). Vulc. Gall. Avid. Cass. 4, 7. Itala genes. 3, 7 (b. Augustin. de civ. dei 14, 17): auch in heißer Sommerzeit statt der Tunika unter der Toga getragen, Hor. ep. 1, 11, 18. – **b** Campestrēs, ium, *m.*, **Kampfgottheiten**, CIL 7, 1114 (vgl. oben *no.* I). – **B** das Marsfeld als Ort der Komitien, bes. als Wahlfeld, **auf dem Wahlfeld**, certamen (wegen der Ehrenämter), Liv.: gratia (Einfluss), Liv.: quaestus, Cic.: campestrem experiri temeritatem, sich der blinden Willkür des Wahlfeldes aussetzen, Val. Max. – ► Vgl. über die Formen campester u. campestris Prisc. 6, 41.

campestre, s. campester *no.* II, A, a.

campestror, ātus sum, ārī (campestre, s. campester *no.* II, A, a), **sich mit dem Kampfschurz umgürten**, Augustin. de nupt. et concup. 2. § 52 *extr.* u. (Partiz. Perf. = mit dem Kampfschurz umgürtet), Augustin. de civ. dei 14, 17. p. 34, 2 D.; vgl. Pelag. 1, 16, 32.

campicellum, ī, *n.* (*Demin.* v. campus), ein **kleines Feld**, Gromat. vet. 312, 9 u. 17.

campicursio, ōnis, *f.* (campus *no.* II, A), die **militärische Übung auf dem Marsfeld**, Veget. mil. 3, 4, u. 9.

campidoctor, ōris, *m.*, der Lehrmeister der Soldaten in der Kunst der Schwenkungen in Abteilungen und im Gebrauch der Waffen in Reih u. Glied gegen den Feind (vgl. Amm. 21, 2, 1), der **Exerziermeister** (versch. vom armorum doctor, der Fechtmeister), Veget. mil. 1, 13 u. 2, 23: campi doctor coh. V II. pr., CIL 6, 2658.

campigenī, ōrum, *m.*, **wohl eingeschulte Soldaten**, Veget. mil. 2, 7.

Campī Macrī, s. Macrī Campī.

Campī Magnī, s. Māgnī Campī.

campsa, ae, *f.* = κάμπτριον (*Demin.* v. καμπτήρ), Auct. inc. de idiom. gen. 581, 25 K.

campsanema, atis, *n.*, eine Pflanze = *ros marinus*, Ps. Apul. herb. 79.

campsāria, ae, *f.*, der **Trödelmarkt**, Acro Hor. sat. 1, 7, 110.

campso, āre (κάμπτειν), **umsegeln**, Leucatam, Enn. ann. 334; vgl. Prisc. 10, 52.

camptēr (camtēr), ēris, *m.* (καμπτήρ), die **Biegung, Wendung**, Pacuv. tr. 48.

campulus, ī, *m.* (*Demin.* v. campus), ein **Stückchen Land**, ein **Gütchen**, Greg. epist. 10, 12.

1. campus, ī, *m.* (vgl. καμπή, κάμπειν), eine **offene Fläche**, **I** im Allg., die **Ebene, Fläche** (Ggstz. mons, collis, silva, saltus), ein **flaches, ebenes Feld** (wurde nicht nur bebaut oder als Weide benutzt, sondern diente auch als Ort für große Versammlungen oder zu militärischen Übungen), colles et campi, Lucr.: campos et montes hieme et aestate peragrare, Cic. – als »Wiesengrund« od. »Ackerfeld«, c. herbidus aquosusque, Liv.: c. herbosus, Hor.: campi frumenti et pecoris et omnium rerum copiā opulenti, Liv.: campi torridi siccitate, Liv.: dah. meton. für »Feldfrucht«, Stat. Theb. 5, 528. – als »Saatgefilde«, Cic. – als »Blachfeld« für Kriegsoperationen (Ggstz. mons, collis, silvae et saltus), Liv., Nep. u. a.: campis exuti, Tac.: numquam in campo sui fecit potestatem, Nep.: dah. für »Schlachtfeld«, Iuven. 2, 106: campum colligere, Veget. mil. 3, 25. – poet. übtr. (wie aequor) = **jede ebene Fläche**, des Meeres, campi caerulei, Plaut.; u. so bei Lucr., Verg. u. a.: eines Felsens, Verg. Aen. 5, 128: c. cereus, Schreibtafel, Titin. com. 160. – im Bild, **ebener Boden**, feratur eloquentia non semitis, sed campis, Quint.: velut campum nacti expositionis, Quint. – **II** insbes., ein **freier Platz** in der Stadt (Rom), bestimmt zu öffentlichen Zusammenkünften u. sonstigen öffentlichen Zwecken. Solcher Plätze gab es in Rom 8, nach anderen 17 (wie: Esquilinus, Agrippae usw): sceleratus campus, s. scelerātus. – Der berühmteste dieser Plätze war der Campus Martius, auch bl. vorzugsw. Campus gen. (s. Fritzsche Hor. sat. 1, 1, 91), eine mit Gras bedeckte Ebene längs des Tibers, in der 9. Region, ursprünglich den Tarquiniern gehörig, dann nach deren Vertreibung dem Mars geheiligt, dah. der Beiname Martius, Versammlungsort des römischen Volkes zu den comitiis centuriatis, Cic.: dah. meton. für die »Komitien« selbst, Cic.: dies campi = dies comitiorum, der Wahltag, Cic. Mil. 43: fors domina campi, Cic.: auch vielbesuchter Spiel-, Übungs-, Erholungsplatz der Römer, Exerzierplatz der Soldaten, Cic., Quint. u. a. – übtr., **freier Spielraum** für irgendeine Tätigkeit, **Feld, Tummelplatz, Gemeinplatz**, hunc locum fugis et reformidas et me ex hoc, ut ita dicam, campo aequitatis ad istas verborum angustias et ad omnes litterarum angulos revocas, Cic.: cum sit campus, in quo exsultare possit oratio, Cic.: in hoc tanto tamque lato campo cum liceat oratori vagari libere, Cic.: honoris et gloriae campus, Plin. pan.: hinc rhetorum campus de Marathone etc., Cic.

2. campus, ī, *m.* (κάμπος), ein Seetier, campi marini = *hippocampi,* Mart. 9, 42, 1.

camso, s. campso.

camtēr, s. camptēr.

Camulodūnum, ī, *n.,* Stadt bei den Trinobanten in Britannien, erste Kolonie der Römer unter dem Kaiser Klaudius, der Veteranen hier ansiedelte, j. *Colchester,* Tac. ann. 12, 32 u. 14, 31: auch Camalodunum geschr., Plin. 2, 187. CIL 14, 3955: Camolodunum, Itin. Anton. 480, 4.

Camulus, ī, *m.,* der Kriegsgott der Gallier, CIL 6, 46 u. 13, 3980.

camum, ī, *n.,* eine Art **Bier,** Ulp. dig. 33, 6, 9 *pr.* Edict. Diocl. 2, 11.

camur, a, um (von κάμπτω, umbiegen), **gekrümmt, gewölbt,** cornua, Verg. georg. 3, 55: arcus, Wölbung, Gewölbe, Prud. perist. 12, 53. Vgl. übh. Jan Macr. sat. 6, 4, 21. – Nom. camur b. Isid. 12, 1, 35; 15, 8, 5.

cāmus, ī, *m.* (κημός), der **Beißkorb, Maulkorb** für Pferde u. Esel, Itala 1. Cor. 9, 9. Vulg. psalm. 31, 9 u. a. Ambros. hexaëm. 6, 3, 10. – Strafwerkzeug für Sklaven u. Verbrecher, Acc. tr. 302. Hor. sat. 1, 6, 39.

canaba (kanaba, cannaba, canava, canapa), ae, *f.,* ein leichtes, für kürzere od. längere Zeit hergerichtetes Gebäude, **Schoppen, Stadel, Bude, a** für Vorräte, **α Niederlage** eines Großhändlers für Wein, Öl u. dgl., CIL 6, 29722 u. 13, 1954. – **β** außerhalb des Hauses gelegene **Vorratskammer** für Wein in Fässern u. Krügen, Ps. Hier. app. serm. 142, 2 u. 237, 1. Ennod. carm. 2, 43 *lemm.* – **b** als Verkaufslokal, **α Weinbude, Weinschenke,** CIL 6, 1585^{b}, 8. – **β** außerhalb des Lagers aufgeschlagene **Bude** eines dem Heer folgenden Händlers, **Krämerbude,** und, da diese canabae bei stehendem Lager (castra stativa) auch stehend wurden, der Plur. canabae = **Krämerrevier** od. **-bezirk,** später feste Ansiedelungen mit Korporationsrechten, kanabae legionis X III, CIL 3. p. 941, 19: decurio kanabarum legionis XIII geminae, *ibid.* 3, 1100, 4: vicus canabarum, *ibid.* 13, 5967.

canabēnsis, e (canaba, w. vgl.), **zum Krämerrevier gehörig, aus dem Krämerrevier,** vicani canab., die Bewohner, Insassen, die Korporation des Krämerreviers, CIL 13, 5967: dies. gew. subst., canabēnsēs, ium, *m.,* CIL 3, 1008 u. 1093.

canabētum, ī, *n.* (cannabis), eine **Hanfpflanzung,** CIL 5, 3072.

canabula, ae, *f.,* eine zur Trockenlegung der Grundstücke bestimmte Abzugsröhre, Gromat. vet. 227, 14; 228, 25 u. ö.

Canacē, ēs, Akk. ēn, *f.* (Κανάκη), Tochter des Äolus (s. Aeolus das Nähere), Ov. her. 11; trist. 2, 384. Hyg. fab. 238 u. 242.

Canachēnī, ōrum, *m.,* vielleicht eine Art **Zigeuner,** die Zauberkünste trieben, Arnob. 6, 23 zw.

Canae, ārum, *f.* (Κάναι), Küstenstadt in Äolis, an dem gleichnamigen Vorgebirge, der Südspitze von Lesbos gegenüber, j. *Kanot-Koei,* Liv. 36, 45, 8 u. a.

canāle, s. 1. u. 2. canālis.

canālīcius, a, um (canalis), **in Schachten gegraben,** Plin. 33, 68.

canāliclārius, ī, *m.* (canalicula), der **Verfertiger von Rinnen,** CIL 6, 231.

canālicolae, ārum, *m.* (canalis u. colo), Arme, die sich auf dem Forum beim canalis (s. d. *no.* I. über Plaut. Curc. 476) aufhielten, Paul. ex Fest. 45, 18: Sing. b. Gell. 4, 20, 3 H.

canālicula, ae, *f.* (*Demin.* von canalis), die **kleine Rinne,** Lucil. b. Non. 198, 7. Varr. r. r. 3, 5, 14. Gell. 17, 11.

canāliculātim, *Adv.* (canaliculatus), **gerieft,** Plin. 9, 103 D. u. M.

canāliculātus, a, um (canaliculus), mit Rinnen od. Röhren versehen, **gerieft, gerillt, gerippt,** semina, Plin. 19, 119: filix foliis ad radicem canaliculata, Plin. 27, 78.

canāliculus, ī, *m.* (*Demin.* v. canalis), **I** die **kleine Rinne, Röhre,** Vitr. 10, 9 (14). § 3 u. 6 *sq.* Col. 8, 10, 5 u. 8, 15. Pallad. 6, 11, 2. – **II** in der Baukunst: **a** der **Schlitz** des Dreischlitzes, Vitr. 4, 3, 5. – **b** die **Rinne** an der Katapulte, griech. σῦριγξ, Vitr. 10, 10 (15), 3. – **III** als *t. t.* der Chirurgie, eine kleine **Beinlade,** Cels. 8, 8.

canāliēnsis, e (canalis), **in Schachten gegraben,** Plin. 33, 68.

1. canālis, is, Abl. ī, *m.* u. *f.* (urspr. *Adi.* v. canna, also rohrförmig), die **Röhre, Rinne, I** die **Wasserrinne,** der **Kanal** (u. zwar als langer, weiter u. hohler Raum, durch den eine Flüssigkeit usw. ihren Durchgang hat, gew. aus Stein gemauert, versch. von tubus u. fistula, s. d.; vgl. Vitr. 8, 6 [7], 1 *sqq.*), Scriptt. r. r., Liv. u. a.: manu canales facere, künstliche Kanäle anlegen, Sen. – vom Kanal in Bergwerken, der Schacht, Plin.: u. die in die Kloake führende »Abzugsrinne«, Plaut. Curc. 476. – übtr., aciem velut canali dirigere, in **eine** Bahn, ganz geradeaus, Plin. 11, 148: ebenso canale directo, geraden Wegs (= rectā viā), Apul. met. 6, 18: u. vom Gang, v. Fluss der Rede, ego confiteor certo canali cuncta decurrere, Gad. Gallican. b. Non. 198, 6: pleniore canali fluere, in vollerem Erguss (Fluss) hinströmen, Quint. 11, 3, 167. – **II** als *t. t.* der Architektur: **a** die **Auskehlung, Kannelüre** am Säulenkapitell, Vitr. 3, 5, 7. – **b** c. fundi, die Kolbenrinne an der Katapulte, Vitr. 10, 15, 4. – **III** als *t. t.* der Chirurgie = σωλήν, die Röhre, in die das bereits (mit der ferula) geschiente Bein gebracht wird, die **Beinlade,** Cels. 8, 10. – **IV** als *t. t.* der Anatomie, can. animae, die Luftröhre, Plin. 8, 29: recta tenuataque cervix (vulvae), quem *canalem* vocant, Cels. 4, 1. § 38. – **V** als *t. t.* der Landw., eine Vorrichtung bei der Ölbereitung, der **Presstrog,** Col. 12, 50 (52), 6. – **VI** als *t. t.* der Botanik, die **Rippe** des Blattes, Plin. 25, 48. – **VII** die **Halmpfeife, Halmflöte,** Calp. ecl. 4, 76. – Wegen des *gen. fem.* s. Serv. Verg. georg. 3, 330. Philarg. Verg. georg. 4, 265. – Abl. Sing. gew. canali; aber canale bei Apul. met. 6, 18. Ven. Fort. vit. S. Mart. 3, 114. – Nbf. canāle, Varr. sent. 91 *Riese* (101 *De-Vit.*).

2. canālis, e (canis), **für den Hund geeignet,** subst., canāle, is, *n.,* Hundewerk = **Weidwerk** (neben pedale = Fußwerk), scherzh. v. einem Hasen, Petr. 56, 9 B.

Canān, s. Chanaan.

Cananaeus, s. unter Chanaan.

canārius, a, um (canis), **I zum Hund gehörig, Hunde-,** sacrificium, Atei. Capito: augurium, wo ein Hund geopfert wurde, Comment. pontif. b. Plin.: herba, eine Grasart, nach Sprengel »fingerförmiger Fench« (*Panicum dactylon,* L.), Plin. – **II** als *Adi. propr.,* **Canāria (īnsula),** eine von den insulae fortunatae im Atlantischen Meer, wegen der Menge der dort vorhandenen großen Hunde so genannt, Plin. 6, 205. Solin. 56, 17. Mart. Cap. 6. § 702: u. Plur. **Canāriae īnsulae,** die Kanarischen Inseln übh., Arnob. 6, 5. – subst. **Canāriī,** ōrum, *m.,* eine (von Hunden sich nährende) mauretanische Völkerschaft, Plin. 5, 15.

cānaster (canus) = μιξοπόλιος, **mit Grau gemischt,** Gloss. II, 371, 60.

Canastraeum Pallēnēs prōmunturium (Κάναστρον), die südöstliche Spitze der Halbinsel Pallene, j. *Paillari* od. *Caistro,* Liv. 31, 45, 15. Mela 2, 3, 1 (2. § 34).

canātim, *Adv.* (canis), **nach Hundeart,** Nigid. b. Non. 40, 26.

canava, s. canaba.

canavāria, ae, *f.* (canava = canaba), die **Kellermeisterin** des Klosters, Caesar. Arel. reg. ad virg. 28.

cancamum, ī, *n.* (κάγκαμον), das Gummi aus einigen Arten des Balsamstrauchs, vorzüglich des arabischen (*Amyris Kataf,* Forsk.), Plin. 12, 98.

1. cancellārius, ī, *m.* (cancelli), Diener in den cancelli, **I** der **Türsteher,** Vopisc. Carin. 16, 3. – **II** der Vorsteher der Kanzellisten, der **Kanzleidirektor,** Cassiod. var. 11, 6.

2. cancellārius, a, um (cancelli), **hinter Gittern gemästet,** turdus, Schol. Pers. 6, 22.

cancellātim, *Adv.* (cancellatus, cancello), **gitterförmig,** Plin. 7, 81 u. a. Sidon. ep. 5, 17.

cancellātio, ōnis, *f.* (cancello), die **Ausmessung** der Äcker nach **Quadratschuhen,** der **Flurplan,** Gromat. vet. 154, 17 u. a.

cancellātus, a, um, s. cancello.

cancellī, ōrum, *m.* (*Demin.* v. 2. cancer), das **Gitter,** die **Einzäunung,** die **Schranken, A** eig.: c. scaenici, Varr. (auch Ov. am. 3, 2, 64 gemeint): c. fori, der Gerichte, Cic.: rivorum, Col.: aedium, ICt.: fenestrarum, Augustin. – von der gegitterten Haut des Elefanten, Plin. 8, 30. – Sing. cancellus, Ulp. dig. 43, 24, 9. § 1. – **B** übtr., die **Schranken, Grenzen,** extra cancellos egredi, quos mihi ipse circumdedi,

Cic.: cancellis circumscripta scientia, Cic. – intra cancellos omnes coniecti pugnare cogebantur, auf einem beschränkten Raum, Auct. b. Afr. 15, 3.

cancello, āvī, ātum, āre, **I gitterförmig machen, gittern,** solum quasi cancellare, vom Weinstock, sich am Boden gitterförmig geschlungen hinranken (= καρκινοῦσθαι), Col. 4, 2, 2. – öfter Partiz. Perf. = **gegittert,** cancellata cutis, Plin.: cancellatae manus, Solin. – **II mit Gittern** (×) **durchstreichen, kanzellieren,** eine Schrift, ICt. – **III** einen Acker **nach Quadratschuhen ausmessen,** universa regio, quae cancellata erat, Gromat. vet. 118, 25.

cancellōsus, a, um (cancelli), **stark vergittert,** postes, Cassiod. var. 5, 42.

cancellus, s. cancellī.

cancer, crī, *m.* (vgl. griech. καρκίνος), **I** das **Gitter** (s. Paul. ex Fest. 46, 2), inter Orci cancros haerescere, Apul. met. 6, 8. – **II** metonisch, das Gittertier = der **Krebs, A** eig., der **Flusskrebs** od. **Seekrebs,** Plin. u. a.: marinus sive fluminalis, Cael. Aur. chron. 1, 4, 119: cancri digiti primores, Varr. sat. Men. 42: antiquus amor cancer est, geht den Krebsgang, Petr. 42, 7. – **B** übtr.: **1** Cancer als *nom. propr.*, der **Krebs,** das bekannte Sternbild des Tierkreises zwischen dem Löwen u. den Zwillingen, von dem der Wendepunkt u. Wendekreis der Sonne im Sommer den Namen »Wendepunkt u. Wendekreis des Krebses« hat, Lucr., Ov., Petr. u. a. – **2** meton.: **a** poet. = **Südgegend,** Ov. met. 4, 625. – **b** zur Bezeichnung **großer Hitze,** Ov. met. 10, 127. – **c** als Geschwür, der **Krebs,** bei Celsus bald ein **erysipelatöses,** bald ein **putrides,** bald ein **gangränöses Geschwür,** Cato, Cels. u. a.: in mamilla cancrum habere, Augustin. de civ. dei 22, 8. p. 499, 27 D.: sermo eorum ut cancer serpit, frisst um sich wie der Kr., Vulg. 2. Tim. 2, 17: sermones eorum velut cancer et pestem fugiendo vitate, Cypr. ep. 43, 5. – cancer (als Geschwür) auch Genet. canceris, Arnob. 1, 50, u. Plur. canceres, Cato r. r. 157, 3. – u. (in ders. Bedeutung) als Neutrum, Claud. Quadrig. bei Prisc. 6, 43. Scrib. 206 u. 240. Cypr. sent. episc. 10 u. ep. 43, 5.

cancerāsco, āvī, ere (cancer), **krebsartig eitern,** Plin. Val. 1, 10. Marc. Emp. 9. Ps. Apul. herb. 36.

cancerāticus, a, um (canceratus v. cancero), **krebsartig,** Veget. mul. 3, 43, 1.

cancerātio, ōnis, *f.* (cancero), die **krebsartige Eiterung,** Soran. p. 101, 9.

cancerātus, a, um (cancer), **krebsartig,** vulnera, ulcera, Plin. Val. 4, 32 u. 51.

cancero, āvī, āre (cancer), **krebsartig werden,** oculus equo si canceraverit, Pelagon. veterin. 434: vulnus tabo et sorde putredinis cancerare, Ps. Ambr. de paen. 3.

cancerōma, atis, *n.* (καρκίνωμα), der **Krebsschaden,** das **Krebsgeschwür,** Ps. Apul. herb. 19 u. 31. – zsgzg. **cancrōma**, Veget. mul. 6, 19, 2. Salv. adv. avar. 1, 9. Dynamid. 2, 50 (in Class. auct. 7, 441); u. verderbt **canchrēma**, Veget. mul. 3 (2), 22, 15.

cancerōsus, a, um (cancer), **voller Krebsgeschwüre,** pes, Hieron. tract. in psalm. 133: vulnus, Veget. mul. 3 (2), 28, 5.

Candāvia, ae, *f.* (Κανδαουΐα), eine raue, unwirtliche Gebirgsgegend Illyriens, durch die die egnatische Straße führte, Caes. b. c. 3, 11, 2 u. 79, 3. Cic. ad Att. 3, 7, 3; ad Brut. 1, 6, 4. Lucan. 6, 331: deserta Candaviae, Sen. ep. 31, 9.

candefacio, fēcī, factum, ere (candeo u. facio), **glänzend weiß machen, blank machen** alqd, Gell. 6, 5, 9. – wie sprichw., unā operā, era, ebur atramento candefacere postules, wäre so, als wolltest du machen Elfenbein mit Schwärze weiß (= das hieße dein an sich schönes Gesicht nur verunzieren wollen), Plaut. most. 259. – Passiv **candefīo**, factus sum, fierī, **glühend werden, glühen,** Cels. u. Plin.

candēla, ae, *f.* (candeo), **I** ein **Licht** aus **Wachs** od. **Talg, Wachslicht, Talglicht, Kerze,** Vitr. u. a.: candelam apponere valvis, das Haus in Brand stecken, Iuven. 9, 98. – **II** eine mit Wachs überzogene-, gewichste Schnur, eine **Wachsschnur,** mit der man bes. die Dinge, die man Leichen mit ins Grab gab, umwickelte, um sie vor Fäulnis zu bewahren, fasces candelis involuti, Liv. 40, 29, 6; u. so Cassius Hemina b. Plin. 13, 86.

candēlāber, s. candēlābrum.

candēlābrārius, ī, m. (candelabrum), der **Leuchterfabrikant,** CIL 6, 9227 u. 9228.

candēlābrum, brī, *n.* (candela), der **Leuchter, Kandelaber,** Cic. u. a.: in candelabro pendēre, Varr. sat. Men. 62. – Nbf. candēlāber, brī, *m.*, Arnob. 1, 59: candēlābrus, brī, *m.*, Petr. 75, 10: Mask. Akk. candelabrum ardentem, Caecil. com. 111.

Candēlifera, ae, *f.* (candela u. fero), die **Kerzenträgerin,** eine Gottheit als Geburtshelferin, weil bei der Entbindung eine Kerze angezündet wurde, wahrscheinl. als sinnbildliche Darstellung des Lichts, an das das Kind durch die Geburt gelangt, Tert. ad nat. 2, 11.

candentia, ae, *f.* (candens v. candeo), der **weiße, helle Schein,** das **Weiß,** lunae, Vitr. 9, 2, 2.

candeo, uī, ēre (vgl. das griech. κάνδαρος), **glänzend-, schimmernd weiß sein, glänzen, schimmern** (meist poet., am häufigsten im Partiz. candēns), **I** im Allg.: candet ebur soliis, Catull.: rubro ubi cocco tincta vestis canderet, Hor. – im *Partic.*, taurus candens, Verg.: candens corpore taurus, Varr. fr.: villa candens, von Marmor glänzend, Hor.: circus candens, Milchstraße, Cic. poët.: luna candens, Cic. u. Vitr.: ortus candens, Morgenröte, Tibull.: candentior Phoebus, Val. Flacc.: candentissimum sidus, Solin. – **II** insbes., durch Hitze, **hell glühen, glühend heiß sein,** aestate, Col. 1, 4, 9: candens ferrum, Lucr.: candente carbone, Cic.: candenti ferro inurere, Varr.: candenti aquā conspergere, Col. – Nbf. **cando**, ĕre, Ven. Fort. carm. 2, 9, 24. Abl. Sing. candente u. candenti. – Supin. canditum nach Prisc. 9, 48.

candēsco, duī, ere (*Inchoat.* v. candeo), **weiß erglänzen, weiß zu schimmern-, zu strahlen beginnen, I** im Allg.: ut solet aër purpureus fieri, cum primum aurora movetur, et breve post tempus candescere solis ab ortu, Ov. met. 6, 47 *sqq.*: liceat caput candescere canis, Tibull. 1, 10, 43. – **II** insbes., durch Hitze, **hell zu glühen beginnen, glühend werden,** ferrum candescit in igni, Lucr. 1, 490: donec lamna candescat, Vitr. 7, 9, 5: tum primum siccis aër fervoribus ustus canduit, Ov. met. 1, 119 *sq.* – übtr., von Leidenschaft **erglühen,** im Perf. = **erglüht** od. **entbrannt sein, glühen, brennen,** felle, Claud. Mall. Theod. cons. 226: irā, Claud. laud. Stil. 2, 82.

candētum, ī, *n.* (aus dem keltischen cand, hundert), ein Flächenraum von 100 Quadratfuß bei städtischen, von 150 Quadratfuß bei ländlichen Grundstücken, bei den Galliern, Col. 5, 1, 6. Gromat. vet. 368, 9 u. 11 (aus Isid. 15, 15, 6).

candico, āre (v. candeo, wie albico v. albeo), **weißlich sein** od. **schimmern, ins Weiße spielen,** quod ex eo candicat, das Weißliche desselben, Plin.: cum (ulcus) candicat, Scrib.: lyra eius ebore candicat, Apul. – *Partic.* candicāns, **weißlich, ins Weißliche spielend, weißlich schimmernd,** candicanti colore, Plin.: macula, Plin.: arma margaritis candicantia, Varr. fr.: gemma e fulvo candicans, Plin.

candida, ae, *f.*, s. candidus.

candidārius, a, um (candidus), **mit Weißem beschäftigt,** pistor, Weißbäcker, CIL 14, 2202 u. 2203.

candidātio, ōnis, *f.* (candido), das **Weiß** (als Stoff), nomen ipsum (Libani) interpretatur candidatio, der weiße Berg, Schneeberg, Augustin. in psalm. 71, 18; vgl. Cassiod. in psalm. 103, 16.

candidātōrius, a, um (candidatus), **zum Kandidaten gehörig, des Kandidaten,** munus, Cic. ad Att. 1, 1, 2.

1. **candidātus**, a, um (candidus), **weiß gekleidet, I** im Allg.: candidatus cedit hic mastigia, Plaut.: vectores nautaeque candidati coronatique, Suet. – praeturae, Ascon. in Cic. or. in tog. cand. p. 76, 15 K. – **II** insbes., u. zwar subst., **A** candidātus, ī, *m.*, der (mit glänzend weißer Toga bekleidete) **Bewerber um ein Amt,** der **Kandidat, 1** eig.: c. consularis, c. praetorius, c. tribunicius, Cic.: c. consulatus, Liv. epit. u. Suet.: c. quaesturae, Suet.: c. sacerdotii, Sen. – candidatus Caesaris, ein von C. bes. empfohlener Kandidat, Vell. 2, 124, 4: dah. sprichw., petis tamquam Caesaris candidatus, d. i. des Erfolgs gewiss, Quint. 6, 3, 62. – candidatus principis, zur Zeit der Kaiser =

der quaestor, der, vom Kaiser selbst dazu erwählt, dessen Reden u. Reskripte verlas (vgl. Ulp. dig. 1, 13), Symm. ep. 2, 80 (81) u. a. – **2** übtr., jeder, **der um** etw. **sich bewirbt, bemüht, auf** etw. **Anspruch macht** od. **machen kann,** candidatus (Bewerber) non consulatus tantum, sed immortalitatis et gloriae, Plin. pan.: c. eloquentiae, Quint.: c. crucis, der bald gekreuzigt werden wird, Apul.: c. socer, der sich um die Schwiegervaterschaft bewirbt, Apul. apol. 99. – **B** candidāta, ae, *f.*, die **Bewerberin,** sacrificii, Ps. Quint. decl. 252 *extr.*

2. candidātus, ūs, *m.* (candidus), die **Kandidatur,** Cod. Theod. 6, 4, 21. § 1.

candidē, *Adv.* (candidus), **I** glänzend **weiß,** vestitus, Plaut. Cas. 767. – **II** übtr., **aufrichtig,** Cael. in Cic. ep. 8, 6, 1. Petr. 107, 13. Quint. 12, 11, 8.

candido, āvī, āre (candidus), **(glänzend) weiß machen** od. **kleiden,** vestimenta sua, Itala apoc. 7, 14 (b. Tert. adv. gnost. 12): albis vestibus candidatur, Augustin. ep. 34, 2. – Partiz. candidāns, antis, **glänzend weiß,** Isid. 14, 8, 21.

candidulē, *Adv.* (candidulus), **rein,** übtr., **aufrichtig,** Arnob. adv. nat. 2, 11.

candidulus, a, um (*Demin.* v. candidus), **hübsch weiß,** dentes, Cic. Tusc. 5, 46: grex, Prud. cath. 3, 157.

candidus, a, um, *Adi.* m. *Compar.* u. *Superl.* (candeo), schimmernd-, glänzend **weiß,** auch **fleckenlos** übh. (Ggstz. niger, pullus, sordidus), **I** eig.: **a** übh.: ferrum, Curt.: lilia, Verg.: populus, Silberpappel, Verg.: vestis (Ggstz. sordida od. pulla vestis), Liv. u. Hier.: tunicae linteae, Liv.: tentoria, Ov.: vela, Catull.: panis, Anthim.: candidum altā nive Soracte, Hor.: crusta candidissimo colore, Vitr. – subst., candidum, ī, *n.*, das **Weiße, α** als Farbe, candido candidius non est adversum, Quint. 2, 17, 35: candida de nigris et de candentibus atra facere (sprichw.), Ov. met. 11, 314*sq.*: nigrum in candida vertere, Iuven. 3, 30. – **β** als Stoff, das **Weiße** des Eies, candidum ovi, Plin.: candida ovi, Ser. Samm. – **b** v. Bart- u. Haupthaar, **silberweiß, silbergrau,** barba, Verg.: caput, Plaut. – **c** v. Flüssigkeiten, **silberweiß, schillernd,** Marcia (aqua), Mart. 6, 42, 19: lact, Varr. sat. Men. 26 u. 199. – **d** v. Körper u. seinen Teilen, **blendend weiß, schneeweiß milchweiß, blütenweiß, α** der Menschen, in Bezug auf den Teint, color (Teint), Ov.: corpora (Gallorum), Liv.: umeri, Hor.: rosea ista labella hibernā fiant candidiora nive, Catull.: brachia candidiora nive, Ov.: von der Pers. selbst, **mit weißem Teint,** von neugeborenen Kindern, filius mihi natus est ita candidus statim toto corpore, ut etc., Capitol.: ut esset candidissimus, Capitol.: poet. = **blendend, von Schönheit strahlend,** Maia, Verg.: puer, Hor. – **β** der Tiere, equi, Tac.: avis, v. Storch, Verg.: vitulus, Vopisc.: agnus, Lact. – **e** v. Gottheiten, **im himmlischen Glanz strahlend** (s. Ladewig Verg. ecl. 5, 56), Liber, Tibull.: Bassareus, Hor.: Sol., Ov. – **f** v. Gestirnen u. v. Tag, **hell glänzend, heiter strahlend, hell, heiter,** sol, Catull.: sidera, Lucr.: stella, Plaut. u. Hor.: luna, Verg.: lux clara et candida, Plaut.: dies, Ov.: candidior dies, Petr. poët.: u. meton., Favonii, hellmachende, heitere Witterung bringende, Hor. carm. 3, 7, 1. – **g** v. der weißgewalkten Bekleidung der Amtsbewerber (Kandidaten), toga, Titin. fr., Cic. u. a.: u. v. den Bewerbern selbst, **weißgekleidet,** turba, Tibull.: pompa, Ov. – subst., candida, ae, *f.*, **α** (*sc.* toga), die weiße Toga der Kandidaten, das **Kandidatengewand,** Spart. Sev. 3, 3. – **β** ein Gladiatorenspiel, das von einem Kandidaten gegeben wird, candidam edere, Ps. Ambros. serm. 81. – **γ** die **Anwartschaft, Hoffnung** auf etw., salutis, claritatis u. dgl., Tert. – **h** v. weißen Steinchen (calculus, lapis), **α** als freisprechender Stimmstein; dah. meton., candida sententia, beipflichtende, Ov. met. 15, 47. – **β** zur Bezeichnung glücklicher Tage, lapide candidiore od. candidissimo calculo notare diem, Catull. 68, 148 u. Plin. ep. 6, 11, 3. – **II** übtr.: **a** v. der Zeit u. v. zeitl. Verhältnissen, **heiter, ungetrübt, froh und glücklich,** hora, Ov.: nox, Prop.: convivia, Prop.: fatum, Tibull. u. Ov.: natalis, Tibull. – **b** v. der Stimme, **rein und hell, metallreich** (Ggstz. fuscus), vox, Plin. 28, 58. Quint. 11, 3, 15. – **c** v. der Schreibart u. v. Schriftsteller, **klar, lauter, durchsichtig** (vgl. Spalding Quint. 2, 5, 19), genus dicendi, Cic. u. Quint.: vocum filum teres et candidum, Gell.: Herodotus, Quint.: Messala nitidus et candidus, Quint.: eorum (scriptorum) candidissimus et maxime expositus (verständlichste), Quint. – **d** v. der Gesinnung, **lauter, aufrichtig, ehrlich, treuherzig, redlich** (s. Fritzsche Hor. sat. 1, 5, 41), pauperis ingenium, Hor.: animae, Hor.: iudex, Hor.: humanitas, Petr.: tam felix utinam quam pectore candidus essem! Ov.: habet avunculum, quo nihil verius, nihil simplicius, nihil candidius novi, Plin. ep.: ut est naturā candidissimus omnium magnorum ingeniorum aestimator T. Livius, Sen. rhet.

candifico, āre (candeo u. facio), **glänzend weiß machen,** Augustin. de civ. dei 21, 7: übtr., Augustin. enarr. in psalm. 67. *no.* 21.

candificus, a, um (candeo u. facio), **glänzend weiß machend,** pulvisculus, Zahnpulver, Apul. poët. apol. 6.

candor, ōris, *m.* (candeo), **I** das **blendende Weiß, A** als Farbstoff = **weiße Schminke,** fucati medicamenta (Schönheitsmittel) candoris et ruboris, Cic. or. 79. – **B** als Beschaffenheit, das **blendende Weiß,** der **weiße, helle, lichte Glanz** od. **Schimmer, 1** eig.: **a** übh.: candor marmoreus (Ggstz. niger color), Lucr.: tunicarum, Liv.: lanarum, Quint.: dentium, Plin.: c. eboris (neben auri fulgor u. argenti nitor), Min. Fel.: arma candore paria, Liv. – Plur., ulnarum nivei marmoreique candores, Arnob. 4, 22 (vgl. 7, 20). – **b** v. dem Weiß der Haut, das **blendende Weiß,** das **Schneeweiß, Milchweiß, Blütenweiß,** der **blütenweiße Teint, α** der **Menschen,** corporum, Liv.: niveo mixtus candore rubor, Ov.: candor huius et proceritas, Cic.: inductā candorem quaerere cretā, Ov. – Plur., corporis candores, Plaut. Men. 181. – **β** der Tiere, equi candore nivali, Verg.: equi candore eximio, Suet. – **c** der **helle, lichte Glanz** od. **Schimmer,** die **Helle** des Himmels u. der Gestirne, candor solis, Naev. fr.: species candorque caeli, Cic.: solis candor illustrior, Cic.: via candore notabilis ipso, Milchstraße, Ov. – **2** übtr.: **a** die **Klarheit, Reinheit** der Darstellung, Livius in narrando mirae iucunditatis clarissimique candoris, der lichtesten Klarheit, Quint. 10, 1, 101. – **b** die **Reinheit, Lauterkeit** der Gesinnung, **Aufrichtigkeit, Treuherzigkeit, Redlichkeit,** animi, Ov.: patrius, Ov.: tuus candor, Plin. pan.: iustus sine mendacio candor, Vell.: nec minus candoris, und dabei der redlichste (beste) Mensch, Plin. ep. – **II** (nach candeo *no.* II) die **Glut, Hitze,** Vitr.: aestivus, Claud. cons. Prob. et Olyb. 219: flammae (des Hundsgestirns), Hyg. astr. 2, 35.

candosoccus, ī, *m.* (ein keltisches Wort), ein **Senker** vom Wein, deinde palmites rursus ad harundines submittere, quos nostri agricolae mergos, Galli candosoccos vocant, Col. 5, 5, 16.

1. canēns, entis, s. cāneo u. cano.

2. Canēns, entis, *f.* (cano), die **Sängerin,** eine Nymphe, Tochter des Janus u. der Venilia, Gemahlin des Pikus, Ov. met. 14, 338 u. 417.

cāneo, uī, ēre (canus), **grau-, weißgrau sein,** temporibus geminis canebat sparsa senectus, Verg.: gramina canent (*sc.* rore), Verg.: ager canet aristis, Ov. – *Partic.* canēns, entis, **grau, graulich,** senecta, Verg.: gelu, Ov.: pruina, Sil. – u. **mattgrün,** lilia, Ov.: oliva, Ov.

Canēphoros, ī, *f.* (κανηφόρος), die **Korbträgerin,** Plur. Canephoroe (= κανηφόροι), Gemälde od. Statuen griechischer Künstler, darstellend athenische Jungfrauen, die an den Panathenäen, den Festen der Demeter u. des Dionysos u. wohl auch bei anderen Festaufzügen Körbchen mit zu den Opfern gehörigen Dingen, wie Früchten, in Prozession auf dem Haupt trugen, Plur., Cic. Verr. 4, 5 u. 18. Plin. 36, 25: Sing., Plin. 34, 70 (wo heteroklit. Akk. Canephoram). – Spätlat. latin. Canifera, ae, *f.*, Paul. ex Fest. 65, 6.

canēs, is, s. canis ►.

cānēsco, nuī, ere (*Inchoat.* v. caneo), **grau-, weißgrau werden, I** eig.: canescunt capilli, Plin.: canescunt aequora, Ov. – **II** übtr. = *senescere,* **altern,** Ov. met. 9, 422: bildl., cum oratio iam nostra canesceret, gleichs. ergraut war, Cic. Brut. 8: v. Gedichten als Geisteskindern, ac ne carmen (die Poesie) quidem sani coloris enituit, sed omnia quasi eodem cibo pasta non potuerunt usque ad senectutem canescere, konnte nicht ein hohes Greisenalter erreichen, Petr. 2, 8. – Abl. d. Partiz. canescenti, Mart. Cap. 9. § 999.

Cangī, s. Ceangī.

canicae, ārum, *f.*, eine geringe Art **Kleie,** Lucil. sat. 27, 28; vgl. Paul. ex Fest. 46, 1.

canīcula (auch canīcola geschr.), ae, *f.* (*Demin.* v. canis), **I** das **Hündchen,** der **kleine Hund,** Plin. 32, 7 (26), 79. – appellat., von bissigen Personen, Plaut. Curc. 598. Gell. 4, 20, 3. – **II** übtr.: **A** = Sirius, der hellste Stern im Hundsgestirn, der **Hundsstern** (dessen Aufgang glühende Hitze brachte), flagrans, Hor.: sitiens, Ov.: caniculae ortus, Liv.: canicula exoritur, Cic. – zur Bezeichnung der Hundstage, ad signum caniculae, Varr.: agente terrā per caniculam rimas, Auct. Priap.: u. so Plur. caniculis (v. beiden Hundssternen, s. canis *no.* II, B), durch die Hundstage, Gromat. vet. 351, 8. – **B** ein Seetier, vielleicht der Seehund, Plin. 9, 152. – **C** im Spiel der Würfel (tali) = der unglücklichste Wurf (wie canis), der **Hundswurf,** Pers. 3, 48.

canīculāris, e (canicula *no.* II), **zum Hundsstern gehörig,** dies, Hundstage, Pallad. 8, 1 *extr.* u. 8, 7 *in.* Porphyr. Hor. carm. 3, 13, 9. Isid. 3, 70, 14: sol, Veget. mul. 5, 35: aestus (Plur.), Acro Hor. carm. 3, 13, 9: inclementia, Sidon. ep. 2, 2 *in.* – Plur. subst., canīculārēs, ium, *m.* (*sc.* dies), die **Hundstage,** canicularium aestus, Pallad. 11, 12, 8.

canīculātus, a, um (canicula), viell. **von der Hundstagshitze versengt** (vgl. Plin. 18, 272), uva, Marc. Emp. 14.

Cānidia, ae, *f.* (nach den Schol. Hor. sat. 1, 8, 24 u. 2, 1, 48 eig. Gratidia), eine Geliebte des Horaz, mit der er sich nach vertrautem Umgang entzweit hatte, weshalb er an ihr durch die Schmähgedichte epod. 5 u. 17 durch die boshafte Fiktion sat. 1, 8 schwere Rache nahm.

Cānidius Crassus, P., diente im J. 43 v. Chr. unter Lepidus in Gallien und trug dazu bei, dass das Heer des Lepidus mit dem des Antonius sich vereinigte, Cic. ep. 10, 21, 4. – Später ließ er als Legat des Antonius das Landheer nach der verlorenen Seeschlacht bei Aktium im Stich, Vell. 2, 85, 2, u. wurde nach des Antonius Untergang auf den Befehl des Oktavianus hingerichtet, Vell. 2, 87, 3.

Canifera, s. Canēphoros ►.

cānifico, āre (canus u. facio), **grau-, weißgrau machen,** mare, Vet. poët. b. Atilius (VI) 285, 11 K.

canifōrmis, e (canis u. forma), **Hundsgestalt habend,** Anubis, Prud. apoth. 263.

Caninefās, -fatēs, s. Canninefatēs.

Cānīnius, ī, *m.*, Name einer plebej. röm. *gens,* die sich in mehrere Familien, namentlich die der Rebili u. Galli teilte. Am bekanntesten sind: C. Caninius Rebilus, Legat unter Cäsar in Gallien, nur einige Nachmittagsstunden des letzten Dezembers (im J. 45 v. Chr.) Konsul, daher der Scherz bei Cic. ep. 7, 30, 1. – Can. Rebilus, wahrsch. Sohn des vorigen, wegen schlechten Charakters berüchtigt, Sen. de ben. 2, 21, 5. – L. Can. Gallus, erst Ankläger, dann Schwiegersohn des Antonius, Val. Max. 4, 2, 6, im J. 56 v. Chr. Volkstribun und als solcher auf der Seite des Pompejus, wo er den P. Lentulus Spinther, Prokons. von Sizilien, von der Wiedereinsetzung des ägypt. Königs Ptolemäus Auletes zu verdrängen suchte u. vorschlug, den Pompejus ohne Heer mit zwei Liktoren abzusenden, um den König mit den Alexandrinern zu versöhnen, Cic. ep. 1, 2, 1 u. 1, 4, 1: dah. **Cānīniānum tempus,** jener Zeitpunkt, Cic. ep. 1, 7, 3.

canīnus, a, um (canis, s. Prisc. 2, 59), **zum Hund gehörig, Hunde-, hündisch, I** eig.: latratus, Val. Max.: adeps, Plin.: cadaver, Aur. Vict.: caput, Plin.: far, Speltbrot für die Hunde, Iuven.: lac, Ov. u. Plin.: lingua, Plin. (vgl. *no.* II, a): pellis, Scrib.: stercus, Iuven.: scaeva, das von dem Begegnen eines Hundes od. dessen Bellen entnommene günstige Augurium, Plaut. Cas. 973. – subst., canīna, ae, *f.* (*sc.* caro), Hundefleisch, Auct. inc. b. Varr. LL. 7, 31. – **II** übtr., **hundeähnlich, a** dem äußeren Ansehen nach, dentes, Augen-, Spitzzähne, Cels.: urtica, Plin.: prandium, bei dem kein Wein getrunken wird, Varr. fr. – u. dem Ton nach = **knurrend,** lingua, Lucil. sat. 9, 29: littera, der Buchstabe R, Pers. 1, 109. – od. = **bellend,** vocis sonitus, Cael. Aur. acut. 3, 2, 8. – **b** der Art, dem Charakter nach, **α** = **belfernd, bissig,** ingenium, Hundenatur, Petr.: canino ritu, Lucil. fr.: bes. v. der Rede, facundia, Appius bei Sall. hist. fr. u. Spät.: eloquentia, Quint., forensis eloquentia, Hier.: studium, der Advokaten, Col.: latrare canina verba in foro, Ov.: libros, quos contra Iovinianum scripsi, canino dente rodere, Hier. – **β schamlos, zynisch,** nuptiae, Hier. ep. 69, 2: philosophi, die Zyniker, Augustin. de civ. dei 14, 20: dah. caninae aequanimitatis stupor, Tert. de pat. 2.

canipa, ae, *f.* = *canistrum,* der **Fruchtkorb,** Act. fratr. Arv. 3, 13 = CIL 6, 2099.

canis, is, *c.*, (κύων, Genet. κυνός), der **Hund, I** eig.: c. femina, Hündin, Varr.: c. feta, Enn. fr.: c. praegnans, Varr.: partu gravida, Iustin. 43, 4, 4: c. alba, Sen.: c. villaticus, Col.: c. venaticus, Plaut. u. Cic.: c. extrarius, Suet.: c. catenarius, Sen.: c. pastoricius, Apul.: c. gregarius, Porph. Hor.: c. acer, c. sagax, Enn. fr. u. Cic.: c. obscoena, schamloser, Verg.: canes nocturni, Cic.: c. moestos edens eiulatus, kläglich heulender, Plin.: canis rabiosus, Cels.: rabiosa femina c., Plaut.: c. mordax, Plaut.: c. gravis, Ggstz. c. pernix, Col.: c. Laconicus, spartan. Jagdhund, Petr.: c. Molossus, molossischer Jagdhund, Lucr. u. Hor.: c. Echidnaea, Ov., od. c. tergeminus, Ov., od. vipereus, Ov., od. c. Tartareus, Mart., od. c. Stygius, Sen. poët., Zerberus: canes semidei, Anubis, Lucan.: alere canes ad venandum, Ter.: alere canes in Capitolio, Cic.: canem alligare ad ostium, Sen. rhet.: od. religare pro foribus, Suet.: circumdare canibus saltus, Verg.: immissis canibus agitare feras, Verg.: cave canem (als Inschrift an der Haustür), Varr. sat. Men. 143. Petr. 29, 1. CIL 10, 877; Titel einer Satura, Varr. sat. Men. 75. – Sprichw., **α** cane peius et angue vitare, ärger fliehen als usw., Hor. ep. 1, 17, 30. – **β** venatum ducere invitas canes (= jmd. trotz seines Sträubens zu etwas zwingen), Plaut. Stich. 139. – **γ** canis a corio numquam absterrebitur uncto, an kleinen Riemen lernt der Hund Leder fressen, Hor. sat. 2, 5, 83. – **δ** a cane non magno saepe tenetur aper (= auch ein Schwächerer wird oft eines Stärkeren Herr), Ov. rem. 422. – **ε** canis timidus vehementius latrat quam mordet (= ein Furchtsamer schimpft wohl, aber er greift nicht an), Curt. 7, 4 (16), 13. – **II** übtr.: **A** v. Menschen: **a** als Schimpfwort, **Hund,** zum Ausdruck der Unverschämtheit, Schmutzigkeit, des zynischen Wesens, Plaut. most. 41. Ter. eun. 803. Hor. epod. 6, 1 (vgl. sat. 2, 2, 56). Petr. 74, 9. Suet. Vesp. 13: dah. canes v. den zynischen Philosophen, Diogenes cum choro canum suorum, Lact. epit. 39, 4. – od. der Wut, Raserei, Plaut. Men. 714 u. 718. – **b** von bissigen Menschen, besonders Anklägern, Cic. Rosc. Am. 57. Sen. ad Marc. 22, 5. – **c** v. unterwürfigen Anhänger einer Person, **Schmarotzer, Kreatur,** Clodianus canis, Cic. Pis. 23. – **B** der **Hund** als Sternbild, **a** canis maior, κύων, der **große Hund,** ein Sternbild auf der südlichen Halbkugel, nahe der Milchstraße, Vitr., Verg. u. a. – **b** canis minor, auch Antecanem (s. d.), griech. προκύων, der **kleine Hund,** ein Sternbild am Äquator u. südl. von ihm, Ov.: dem Mythos zufolge der Hund der Erigone, der Tochter des Ikarus, dah. canis Erigoneïus u. Icarius, Ov. – v. beiden Hunden, Plur. canes, Varr. r. r. 2, 1, 8. – **C** canis marinus, der **Seehund,** Sen. de ben. 2, 34, 2. Plin. 9, 110; u. canes mythisch von den Hunden der Scylla, Lucr. 5, 889 (892). Verg. Aen. 3, 432. Tibull. 3, 4, 89. Cic. Verr. 5, 146. – **D** im Würfelspiel (lusus talorum), der unglücklichste Wurf, wenn jeder der vier Würfel die Zahl I zeigt (also der Wurf IIII), der **Hundswurf, Pasch** (Ggstz. Venus), canes damnosi, Prop. 4, 8, 46. Ov. trist. 2, 474: canem mittere, Aug. bei Suet. Aug. 71, 2. – dah. sprichw., tam facile homines occīdebat quam canis excidit, Sen. apoc. 10, 2. – **E** eine Art **Fessel,** ut canem et furcam feras, Plaut. Cas. 389. – arch. Nbf. canēs, is, *c.* (s. Varr. LL. 7, 32), Plaut. Men. 718; most. 41; trin. 170 u. 172. Enn. ann. 518. Lucil. sat. 1, 32 u. 6, 12.

cānīsco, s. cānēsco.

canistellum, ī, *n.* (*Demin.* v. canistrum, s. Paul. ex Fest. 45, 19) = κανοῦν (Gloss.), das **Brot-, Fruchtkörbchen,** Symm. ep. 2, 81 u. 7, 76. – Nbf. canistellus, ī, *m.*, Not. Tir. 108, 96.

canister, ri, *m.*, s. canistrum.

canistrāria, ae, *f.* (canistrum), **die einen Korb** (m. Früchten, Blumen) **trägt,** CIL 8, 9337 (*a.* 183).

canistrifer, a, um (canistrum u. fero), **einen Korb** (mit Früchten, Blumen) **tragend,** Naiades Carm. epigr. 1233, 19 *ed. Buecheler.*

canistrum, ī, *n.* (κάναστρον), ein aus Rohr geflochtener **Brot-, Frucht-, Blumenkorb,** gew. Plur. canistra, Cic. ad Att. 6, 1, 13. Verg. georg. 4, 280. Hor. sat. 2, 6, 105 u. a. Dichter: spätlat. Nom. Sing. canister, Ven. Fort. app. 26, 6: Plur. canistri, Pallad. 12, 17, 1 (Akk. -os).

cānitiēs, Akk. em, Abl. e, *f.* (canus), **I** die **(weiß)graue Farbe** einer Sache, bes. der Haare, Ov. u. Plin.: canities capillorum, Solin. – Nbf. **cānitia,** ae, *f.,* Plin. 31, 91; vgl. Charis. 57, 4. – **II** meton., **graue Haare,** Catull., Verg. u. Plin.

cānitūdo, inis, *f.* (canus), die **(weiß)graue Farbe,** Plaut. b. Paul. ex Fest. 62, 1. Varr. sat. Men. 5.

cānitus, *Adv.* (canus) = *antiquitus,* Virg. gramm. epit. 1. p. 44.

Cānius, ī, *m.,* röm. Eigenname, unter dem bes. bekannt: **a** C. Canius, röm. Ritter, Zeitgenosse Ciceros, ein Mann von höherer griech. Bildung, Cic. de or. 2, 280; de off. 3, 58; viell. auch (als Dichter) Varr. LL. 6, 81. – **b** Canius Rufus, röm. Dichter, Zeitgenosse und Freund Martials, Mart. 1, 61, 9; 3, 20, 1 *sqq.* – **c** Iulius Canius, wie Seneka u. Soranus angeklagt u. in den Tod getrieben, viell. Sen. de tranqu. anim. 14, 6: Plur. = Männer wie Kanius, Boëth. cons. phil. 1, 3. p. 6, 18 Obb.

1. canna, ae, *f.* (κάννα), kleines **Rohr, Schilf** (vgl. arundo a. A.), **I** eig.: palustris, Ov.: tremula, Ov.: radiculae degeneris *arundinis,* quam *cannam* vocant, Col.: als Schilf gebraucht zu Flechtwerk, gew. Plur. cannae, Schilfflechten, Col. 12, 52. § 4 u. 8: als Schilf od. Rohr zum Decken der Dächer u. Wände, Veget. mil. 2, 23 u. 3, 7. Pallad. 1, 13, 1. Lucan. 5, 517. Sil. 17, 88: als Rohr, Stütze des Weinstocks, Pallad. 3, 11: zu Röhren, Pallad. 4, 15, 2: zu Rohrpfeifen, Schol. Pers. 1, 119. – **II** meton. = das aus Rohr Bereitete od. dem Rohr Ähnliche: **a** die **Rohrpfeife** (vgl. Schol. Pers. 1, 119), Ov. met. 11, 171. Sil. 7, 439. – **b** das **Schreibrohr,** theca cannarum, Edict. Diocl. 10, 17. – **c** ein Messerchen aus Rohr, **Rohrmesser,** Col. 12, 50, 5. Pallad. 3, 25, 25. Macr. Emp. 22. Apic. 7, 264. – **d** ein **kleines Fahrzeug,** eine **Gondel,** c. Micipsarum, Iuven. 5, 89. – **e** c. gutturis, die **Luftröhre** bei Menschen usw., Cael. Aur. acut. 2, 16, 97; chron. 2, 12, 137.

2. canna, ae, *f.,* wahrsch. unsere **Kanne,** Ven. Fort. vit. Radeg. 19, 44. CIL 13, 10017, 46.

3. Canna, s. Cannae.

cannaba, s. canaba.

cannabētum, s. canabētum.

cannabifer, fera, ferum (cannabis u. fero), **Hanfstengel tragend,** Silvanus, CIL 5, 168*.

cannabinus, a, um (κανvάβινος), **aus Hanf, hanfen, Hanf-,** tomix, Lucil. fr.: retis, Varr.: funis, Col.

cannabis, bis, Akk. bim, Abl. bī, *f.* (κάνναβις), der **Hanf,** Scriptt. r. r. u. a. (Abl. cannabe, Pers. 5, 146). – Nbf. **cannabus,** ī, *m.* (κάνναβος), Varr. fr. b. Gell. 17, 3, 4 u. Spät.: u. **cannabum,** ī, *n.,* Varr. fr. bei Gell. 17, 3, 4. Isid. 19, 27, 3. Not. Bern. 15, b.

cannabius, a, um (cannabis), **aus Hanf, hanfen, Hanf-,** silvae, Hanfpflanzung, Gratt. cyn. 47.

cannabum, -bus, s. cannabis.

Cannae, ārum, *f.,* Flecken Apuliens an der Ostseite des Aufidus (der dah. amnis Canna heißt in der Weissagung des Marcius b. Liv. 25, 12, 5), bekannt durch die furchtbare Niederlage, die die Römer hier (216 v. Chr.) durch Hannibal erlitten, j. *Canne,* Liv. 22, 44 *sqq.* Flor. 2, 6, 15. Cic. Tusc. 1, 89: Cannarum pugna, Liv. 23, 43, 4. – appell., Capuam Hannibali Cannas fuisse, ein zweites Kannä, ebenso verderblich wie den Römern Kannä, Liv. 23, 45, 4 (angef. b. Flor. 2, 6, 21). – Dav. **Cannēnsis,** e, **kannensisch, bei Kannä,** pugna, Cic., Nep. u. Liv.: calamitas, Cic.: clades, Liv.: victoria, Liv.: exercitus, das bei K. geschlagene, Liv.: animae, die Seelen der bei K. Gefallenen, Sil.: sprichw., Cannensis pugna, angerichtetes Blutbad, Metzelei, Mord und Totschlag, v. den sullan. Proskriptionen, Cic. Rosc. Am. 89 (vgl. Arnob. 5, 38): von einem Gastmahl, non praetoris convivium, sed Cannensis pugnae nequitia, Cic. Verr. 5, 28. – Plur. subst., Cannēnsēs, ium, *m.,* die Einw. von Kannā, die **Kannenser,** Plin. 3, 105.

Cannenefatēs, s. Canninefatēs.

cannētum, ī, *n.* (canna), das **Schilfgebüsch, Röhricht,** Pallad. 3, 22, 2 u. 24, 13. Cassiod. var. 2, 40, 6.

canneus, a, um (canna), **aus Schilf-, aus Rohr bereitet, Schilf-, Rohr-,** Col. 12, 50 (52), 8 zw.

canniciae (cannuciae), ārum, *f.* (canna), **mit Schilf (Rohr)** von Natur od. durch Anpflanzung **bewachsene Stellen, aus Schilf bestehendes Gebüsch,** Form *-iciae,* Pallad. 1, 13 *lemm.* Augustin. enarr. in psalm. 63, 14: *-uciae,* Gromat. vet. 315, 16.

Canninefatēs, ium, *m.,* ein den Batavern verwandter Volksstamm, der zu Tacitus' Zeiten die batavische Insel bewohnte, Vell. 2, 105, 1 (wo die Handschriften Caninifati). Tac. hist. 4, 15 *sqq.*: andere Schreibung Cannenefates, ium, *m.,* Plin. 4, 101, u. Cannanefatēs, um, *m.,* CIL 11, 2699. – Sing. **Canninefās,** fatis, *m.,* der **Kanninefate,** dux natione Canninefas, Tac. ann. 11, 18. – *Adi.* **kanninefatisch,** ala, tumultus, Tac.

cannophoros, ī, *m.* (κάννη u. φέρω), der **Schilfträger,** collegius (= collegium) cannophororum, ein Priesterkollegium, CIL 10, 24.

cannuciae, s. canniciae.

cannula, ae, *f.* (*Demin.* v. canna), **I kleines, niedriges Schilf** od. **Rohr,** Apul. met. 4, 6. Mart. Cap. 3. § 224. – **II** meton., cannula pulmonis, die **Luftröhre,** Cael. Aur. chron. 2, 13, 152.

cano, cecinī, cantum, ere (vgl. griech. κανάζω, ich töne, got. *hana,* Hahn), **Töne von sich geben, tönen, I** *intr.*: **A** mit der Stimme, **1** v. Menschen, **singen,** canere voce, Cic. u. Gell.: canere ad tibicinem, Cic.: simplex canendi ratio, Quint. – u. in der Rhetor. von fehlerhafter singender Aussprache des Redners, **singen,** cum inclinatā ululantique voce more Asiatico canere coepisset, quis eum ferret etc., Cic. or. 27. – **2** von Tieren, **a** v. Vögeln, **singen, schlagen,** merula canit aestate, hieme balbutit, Plin. – od. **heulen,** v. der Eule, Varr. LL. – **krähen,** v. Hahn, v. Raben, v. der Krähe, Cic. u. a.: u. so gallina cecinit, krähte wie ein Hahn (als Portentum), Ter. – **b** v. Fröschen, **quaken,** Plin. 8, 227. – **B** musikalisch **ertönen, sich hören lassen, 1** v. Menschen, auf etw. **spielen, blasen, a** übh.: c. fidibus, Cic.: nervis, Augustin.: tibiā, Quint.: conchā (v. Triton), Plin.: citharā ludicrum in modum, Tac.: harum una voce, alia tibiis, tertia lyrā canebat, Myth. Lat. 2, 101: bene, male, Plin. ep.: absurde, Cic. – **b** insbes., als milit. *t. t.,* canere receptui, zum Rückzug blasen, s. 1. receptus. – **2** v. Instrumenten, **ertönen,** tubae utrimque canunt, Plaut.: tubae cornuaque cecinerunt, Liv.: signum od. classicum canit, das Zeichen zum Aufbruch, Angriff usw. ertönt Acc. fr., Liv. u. a. (s. Weißenb. Liv. 4, 31, 3. Fabri Liv. 23, 16, 12): symphonia canit, Cic.: lyra canit, Iul. Val.: m. *Adv.,* torvum canentibus classicis, Amm. – **3** v. Örtl., **ertönen,** silvae canunt undique avibus, Lucr. 1, 256. – **II** tr.: **A** mit der Stimme **singen, 1** mit homogenen Objekten, **singen,** od. Singbares verfertigen = **in Musik setzen, komponieren,** carmen, Cic.: suo ritu carmen, Curt.: versus, Cic.: neniam, Suet.: verba ad certos modos, Ov. – **2** mit besonderen, bestimmten Objekten, **a** v. Menschen, **singen, besingen, singend verherrlichen, im Lied preisen,** ad tibiam clarorum virorum laudes atque virtutes, Cic.: suas et imperatoris laudes, Liv.: laudem victorum, Phaedr.: seu deos regesve canit (Pindarus), Hor.: reges et proelia, Verg.: regum facta, Hor.: maxima bella et clarissimos duces, Quint. – dann auch **preisen, verherrlichen** übh. (ohne an Gesang od. Gedicht zu denken), amicitiam suam et Metrodori gratā commemoratione, Sen. ep. 79, 15. – **b** v. Tieren, **hören lassen, verkünden,** anser Gallos adesse canebat, Verg.: et veterem in limo ranae cecinere querelam (nach alter Weise gesprochen kekinere kuerelam, Nachahmung des aristophonischen βρεκεκεκέξ), Verg. – **B** auf einem musikalischen Instrument: **a** von Menschen, **spielen, blasen,** canere classicum, Caes., od. signum, Liv., den Soldaten mit der Trompete das Zeichen geben (zur Versammlung, zum Abmarsch usw.): so auch bellicum c., s. bellicus: intus c. omnia, alles auf der inneren Seite der Cithara spielen (vom aspendischen Citharaspieler), Cic. II. Verr.. 1, 53; dah. sprichw., hoc carmen hic tribunus plebis non vobis, sed sibi intus canit, d. h. denkt bei diesen Äußerungen bloß an seinen eigenen Vorteil, Cic. agr. 2, 68. – **b** von der Musik, **tönen, ertönen lassen,** Quint. 1, 10, 24. – **C** übtr., übh. (urspr. in Versen, dann auch in Prosa) **verkünden, a** von Gottheiten, Sehern, Orakeln u. deren Priestern, Weissagevögeln usw. = als Weissagung, Warnung, Orakel **verkünden, weissagen, vorhersagen** (s. Bünem. Lact. 1, 4, 3. p. 25), ut haec quae nunc fiunt canere di immortales viderentur, Cic.: ut caneret fera fata Nereus, Hor.: quod puero canit anus, Hor. – m. folg. *Acc.* u. *Infin.*, te mihi mater, veridica interpres deûm, aucturum caelestium numerum cecinit, Liv.: nec ei cornix canere potuit recte eum facere, quod etc., keine Krähe konnte ihn belehren, Cic. – **b** von Lehrern (Philosophen), als Lehre **verkünden, vortragen,** c. praecepta, Hor.: quae diu latuere, canam, Ov.; vgl. Orelli Hor. sat. 2, 4, 11. – **c** v. der Fama = **ausposaunen,** Fama facta atque infecta canens, Verg. Aen. 4, 190: Fama digna atque indigna canit, Val. Flacc. 2, 117. – arch. Perf. canui, nach Serv. Verg. georg. 2, 384: canerit, Augustal. libri bei Fest. 270 (a) 32: Fut. canebo, Itala (Lugd.) iud. 7, 18. – synkop. Imperat. cante für canite, Vers. Sal. b. Varr. LL. 7, 27. – *Partic. Fut. act.* ungew. canitūrus, Vulg. apoc. 8, 13. – Genet. Plur. des *Partic. Praes.* canentum, Lucr. 4, 583 u. 5, 1383. Coripp. Iustin. 3, 42. – canīt gemessen, b. Verg. Aen. 7, 398.

canōn, onis, Akk. ona, *m.* (κανών), **I die Regel, Norm, Richtschnur,** Plin. u. Auson. – **II** insbes.: **A die Kanzelle einer Wasserorgel** (ein Kanal von Brettern, der über der Windlade für jede clavis angebracht ist), Vitr. 10, 10, 3. – **B** die jährliche festgesetzte Abgabe (an Getreide, Gold, Silber, Kleidern usw.) während der Kaiserzeit, die **ständige Abgabe, Normalabgabe,** der **Kanon,** Spart. Sev. 8, 4. Aurel. bei Vopisc. Firm. 5, 4. Ps. Ascan. Cic. II. Verr.. 2, 5. Cod. Theod. 11, 14, 2: c. frumentarius, Lampr. Heliog. 27, 7. – **C** das Verzeichnis der Bücher des Alten u. Neuen Testaments, die als göttliche Offenbarung galten u. die inspirierte heilige Schrift bildeten (im Ggstz. zu den profanen oder apokryphischen), der **Kanon,** Augustin. de civ. dei 15, 23 u. 18, 38. Iulian. epit. nov. 115. § 430 u. 447. Isid. 6, 15 u. 16: c. ecclesiasticus, Augustin. ep. 64, 3: chronici canones, Hieron. vir. ill. 81: evangelici canones, Hieron. vir. ill. 55.

canonicāria, ae, *f.* (canonicus *no.* I, b), **die Normalsteuereinnahme,** Cassiod. var. 3, 8.

canonicārius, ī, *m.* (canonicus *no.* I, b), der **Normalsteuereinnehmer,** Iulian. epit. nov. c. 124. § 545 *sq.* u. a. Cassiod. var. 6, 8 u. 12, 13.

canonicē, *Adv.* (canonicus), **a** übh. **regelrecht,** Charis. 232, 7. – **b** insbes., **nach den Satzungen der Kirchengewalt,** Cassian. coll. 21, 5 u. a. Eccl.

canonicus, a, um (κανονικός), **I regelmäßig, regelrecht, normal, a** in Kunst u. Wissenschaft, **α** in der Musik, ratio, die Theorie des Klanges, Vitr. 1, 1, 8 u. 5, 3, 8. – **β** in der Astronomie, c. defectiones solis, regelmäßig erfolgende, Augustin. de civ. dei 3, 15: u. subst., canonici, ōrum, *m.*, die **Theoretiker,** Plin. 2, 73: canonica, ōrum, *n.* = *canonica ratio,* die **Grundgesetze, Theorie,** luminum, Plin. 1. ind. lib. 2. c. 12 (vol. 1. p. 8, 22 *ed. Ian*). – **b** im Abgabenwesen, pensitationes, Cod. Theod. 8, 10, 2. – **II** insbes.: **A zum Kanon (zur jährlichen Abgabe) gehörig,** spät. ICt. – **B** der im Verzeichnis befindliche **Geistliche,** später **Domherr, Kanonikus,** spät. Eccl. – **C** canonici libri, canonicae scripturae sanctae, die in den Kanon (s. canōn *no.* II, C) aufgenommenen Schriften des Alten u. Neuen Testaments, Augustin. de civ. dei 18, 36 u. 38; de doctr. Christ. 2, 8: so auch canonica epistula apostoli, Augustin. de civ. dei 18, 38.

canonizo, āre (κανονίζω), **unter die kanonischen Bücher aufnehmen,** Eccl.

Canōpaeus, Canōpicus, -pīus, s. 1. Canōpus.

Canōpītae, -tānus, s. 1. Canōpus.

Canōpos, s. 2. Canōpus.

1. Canōpus, ī, *f.* (Κάνωβος, selten Κάνωπος; vgl. Quint. 1, 5, 12), **I** Stadt in Unterägypten, an der kanopischen (od. westl.) Nilmündung, der Sage nach Gründung der Spartaner zu Ehren des in der Gegend verstorbenen Canopus, des Steuermanns des Menelaus, Tac. ann. 2, 60; vgl. Dict. Cret. 6, 1: berüchtigt wegen der dort herrschenden Üppigkeit (Κανωβισμός), dah. Canopus famosus, Iuven. 15, 46; vgl. 6, 84. Sen. ep, 51, 3. – meton. für **Unterägypten,** Verg. georg. 4, 287: u. für ganz **Ägypten,** Lucan. 10, 64. Iuven. 1, 26. – Dav.: **A Canōpīus,** a, um, **kanopisch,** litora, Catull. 66, 58.: Nbf. Canopaeus, Isid. 14, 3, 28. – **B Canōpicus,** a, um (Κανωβικός), **kanopisch,** Nili ostium C., Mela u. Plin.: arbor C., Plin. – subst., Canōpica, ōrum, *n.*, **kanopisches Backwerk,** Anthol. Lat. 199, 48 R. – **C Canōpītēs,** ae, *m.*, der aus Kanopus Gebürtige, der **Kanopite,** Canopitae collyrium, Cels. 6, 6, 25 u. 28. – Plur. Canōpītae, ārum, *m.* (Κανωβῖται), die Einw. von Kanopus, **die Kanopiten,** Cic. b. Quint. 1, 5, 13. – **D Canōpītānus,** a, um, **kanopitanisch,** ostium, Solin. 32, 42. – **II** eine kleine unbewohnte Insel vor der kanopischen Nilmündung, Mela 2, 7, 6 (2. § 103). Auct. b. Alex. 25, 5.

2. Canōpus u. **-os,** ī, *m.* (Κάνωπος), ein Stern erster Größe im Schiff Argo, einem Sternbild auf der südlichen Halbkugel, nur im südl. Europa sichtbar, Manil. 1, 215. Plin. 2, 178. Lucan. 8, 181: stella Canopi, Vitr. 9, 5, 4. – Canŏpos gemessen b. Mart. Cap. 8. § 808.

canor, ōris, *m.* (cano), **der Klang, die Melodie, der Gesang,** als Aggregat heller u. harmonischer Töne (vgl. Quint. 1, 10, 22), c. cygni, Lucr., oloris, Ven. Fort.: cygneo canore vox dulcior, Hieron.: res est blanda c. Ov.: Martius aeris rauci c., kriegerischer Klang, Verg.: c. lyrae, Ov.: bella truci memorata canore, von heroischer Dichtung, Petr.: mundi canor, Var. Ruf. tr. 6.

canōrē, Adv. (canorus), **melodisch, harmonisch,** Apul. de dogm. Plat. 1, 9.

canōrus, a, um (canor), **wohltönend, melodisch, harmonisch, I** *neutr.*: profluens quiddam habuit Carbo et canorum, eine fließende Sprache u. wohltönende Stimme, Cic.: vox canora, eine wohltönende, melodische, Acc. fr., Cic. u. a.; aber der vox languens gegenüber als Fehler = eine singende, Cic. de off. 1, 133: latratus, Col.: nugae c., eitler Klingklang, Hor. – subst., canōrum, ī, *n.*, das **Wohltönende** (in der Rede), der **Wohlklang, Wohllaut,** Cic. de or. 3, 28; de sen. 28. Tac. ann. 4, 61. – **II** aktiv: **a** v. Menschen: orator, Cic.: turba, die Tubabläser, Ov.: canoro choro, in Gesang u. Tanz, Iuven.: m. *Abl.*, voce canorus, Spart. Sev. 19, 9. – **b** v. Tieren: animal (gallus), Cic.: aves, Verg.: aviculae, Apul.: ales, v. Schwan, Hor. – **c** v. Instrumenten, **helltönend,** fides canorae, Verg.: aes, die Tuba, Verg. – **d** v. Frühling, ver iam c., mit seinem Gesang u. Tanz, Pervig. Ven. 2.

cānōsus, a, um (cani von canus), **voll grauer Haare,** v. Pers., Valer. imp. b. Vopisc. Prob. 5, 6.

Cantaber, s. Cantabrı.

cantābilis, e (canto), **des Besingens wert, preisenswert,** Eccl.

cantabrārius, ī, *m.* (1. cantabrum), der **Standartenträger,** Cod. Theod. 14, 7, 3 (*a.* 412).

Cantabrī, ōrum, *m.* (Κάνταβροι), eine rohe, wilde Völkerschaft im nördlichen Spanien u. deren Gebiet (s. Cantabrī), lange von den Römern bekämpft, erst von Augustus teilweise, endlich von Agrippa gänzlich unterworfen (25–19 v. Chr.), Cato origg. 7. fr. 4. Caes. b. G. 3, 26, 6. Plin. 4. 110. Flor. 4, 12, 46 *sqq.* Liv. epit. 48. Oros. 6, 21. – Oft Sing. **Cantaber,** brī, *m.*, der **Kantabrer,** C. bellicosus od. indoctus inga ferre nostra, Hor.: kollektiv, C. unde Stoicus, Iuven. – *Adi.* Cantaber, bra, brum, **kantabrisch,** oceanus, Claud. laud. Ser. 74. – Dav.: **A Cantabria,** ae, *f.* (Κανταβρία), die Landschaft **Kantabrien,** früher Name der ganzen spanischen Nordküste bis an die Pyrenäen, seit Augustus das Land östl. von den Asturen bis zu den Austrigonen u. Vaskonen, also die Nordhälfte des j. *Palencia* u. *Toro,* u. der Westen von *la Montanna,* Flor. 4, 12, 48 (wo es meton. = Cantabri). Suet. Aug. 21, 1. Eutr. 7, 9. – **B Cantabricus,** a, um, **kantabrisch,** bellum, Hor. u. Suet.: terrae, Mela. – subst., Cantabrica, ae, *f.*, eine Pflanze, die »kantabrische Winde« (*Convolvulus Cantabrica,* L.), Plin. 25, 85.

1. Cantabricus, a, um, s. Cantabrī.

2. cantabricus, a, um (2. cantabrum), **von Kleie,** suci, Veget. mul. 5, 56, 3.

cantabriēs, ēī, *f.* (2. cantabrum), der **Kleiengrind,** Cass. Fel. 6.

1. cantabrum, ī, *n.*, eine prächtige **Standarte,** die bei feierlichen Aufzügen vorangetragen wurde, Minuc. Fel. Oct. 29, 7. Tert. apol. 16.

2. cantabrum, ī, *n.*, **Kleie** von Weizen od. Gerste u. eine **Kleienmasse,** Cael. Aur. chron. 3, 4, 63. Th. Prisc. 2, 4. Apic. 7, 260.

cantābundus, a, um (canto), **sich im Gesang ergehend, singend,** Petr. 62, 4.

cantāmen, minis, *n.* (canto), die **Zauberformel,** der **Zauberspruch,** Prop. 4, 4, 51. Apul. met. 2, 1; apol. 40: c. magicum, Prud. c. Symm. 2, 176.

cantarus, s. cantharus.

cantātio, ōnis, *f.* (canto), **I** der **Gesang,** das **Lied,** Varr. LL. 6, 75. Vulg. psalm. 70, 6. Augustin. epist. 26, 6. Prisc. part. XII vers. Aen. 1, 31. p. 467, 5 K. Apul. met. 2, 25. – **II** die **Zauberformel,** der **Zauberspruch,** Plur., Firm. math. 3, 5, 22 Kr. u. Sk.

cantātor, ōris, *m.* (canto), der **Sänger, Tonkünstler,** Varr. LL. 8, 57. Mart. 13, 77: vetus et nobilis Arion cantator fidibus (= *fidicen*) fuit, Gell. 16, 19, 2. Vgl. Gloss. ›cantator ὑμνητής‹ u. ›cantatores τραγῳδηταί‹.

cantātrīx, trīcis, *f.*, **I** die **Sängerin,** Vulg. 2. Sam. 19, 35 u. a. Prisc. part. XII vers. Aen. 1, 31. p. 467, 4 K.: cantatores et cantatrices, Hier. comment. in eccl. p. 399 extr. Vall. = p. 1079 extr. ed. Migne. -attrib. = **singend, tonreich,** choreae, Claud. bell. Gild. 448. – **II** durch Zauberformeln **besprechend, bezaubernd,** anus (Alte), Apul. met. 2, 20 u. 30.

cantātus, ūs, *m* (canto), der **Gesang,** Prisc. part. XII vers. Aen. 1, 31. p. 467, 5 K.

canter..., s. canther...

cantharias, ae, *m.* (von κανθαρίς), ein uns unbekannter Edelstein mit dem Bild einer spanischen Fliege, Plin. 37, 187.

cantharida, ae, *f.*, s. cantharis *no.* I.

cantharis, idis, Akk. Plur. idas, *f.* (κανθαρίς), **I** die **spanische Fliege** (*Meloe vesicatorius*, L.), bes. in Bezug auf das aus ihr gewonnene Gift, Cic. Tusc. 5, 117. Ov. Ib. 308. Val. Max. 6, 2. ext. 3. – Nbf. cantharida, ae, *f.*, Isid. 12, 5, 5. Greg. Tur. hist. Franc. 6, 15: u. cantareda, ae, *f.*, Greg. Tur. hist. Franc. 6, 15 *Arndt.* – **II** der **Kornwurm,** Plin. 18, 152.

canthariītēs, ae, *m.* (κανθαρίτης οἶνος), eine Art Wein von der Rebe κανθάρεως Plin. 14, 75.

Cantharolethrus, ī, *m.* (Κανθαρόλεθρος), **Käfertod,** Name einer Örtlichkeit bei Olynth in Thrazien, Plin. 11, 99.

cantharulus, ī, *m.* (*Demin.* v. cantharus), **I der kleine Humpen,** Arnob. 6, 26. – **II der kleine Leuchter,** Paul. Nol. carm. 22, 462.

cantharum, ī, *n.* = cantharus, CIL 8, 6982.

cantharus (cantarus), ī, *m.* (κάνθαρος), **I** ein großes, weitbäuchiges Trinkgeschirr mit weit herabgehenden Henkeln, **die Kanne, der Humpen,** Plaut., Plin. u. a.: cantharis bibere, Plaut.: uno cantharo potare, Plaut.: gew. Attribut des Bacchus, Macr. sat. 5, 21, 14 u. 16. Arnob. 6, 25 (wo potorius cantharus); vgl. Heinrich Iuven. 3, 203 *sq.* – dah. auch der in Bechergestalt gefertigte Ansatz an einer Wasserröhre, **der Ausgießer,** Paul. dig. 30, 1, 41. § 11. – **II** eine Art Fahrzeug, Macr. sat. 5, 21, 2 u. 14. – **III** eine Art Seefisch, Col. 8, 17, 14. Plin. 32, 146. Ov. hal. 103. – **IV** der schwarze Fleck unter der Zunge des ägyptischen Ochsen Apis, Plin. 8, 184.

canthēriātus, a, um, **an ein Jochgeländer** (cantherius) **gezogen,** Col. 5, 4, 1.

canthērīnus, a, um (cantherius), **zum Wallach gehörig, Wallach-,** cantherino ritu, Plaut. Men. 395: hordeum c., sechszeilige- od. Wintergerste, Col. 2, 9, 14: lapathum c. = *rumex*, Plin. 20, 231.

canthēriolus, ī, *m.* (*Demin.* v. cantherius), ein **kleines Jochgeländer** zum Anbinden der Reben, Col. 11, 3, 58.

canthērius (cantērius), ī, *m.* (viell. v. κανθήλιος, Lasttier), **I der verschnittene Hengst, der Wallach,** auch verächtlich **Gaul, Klepper** (vgl. Lorenz Plaut. mil. 216), novellus, vetulus, Varr. fr.: debilis, Apul.: albus, Cic.: crucians, Marterklepper, Plaut.: cantherio vehi, Sen.: descendere de cantherio, Cato fr.: Caput Canteri, als Ortsbezeichnung, CIL 6, 975[a]: minime sis cantherium in fossam (*sc.* demitte), beileibe nicht mit dem Gaul in eine Grube, in ein Loch, Liv. 23, 47, 6 (was sprichw. geworden = ja nicht so verkehrt gehandelt). – meton., v. einem schläfrig dastehenden, einem verlebten Menschen, quamquam vetus cantherius sum, mihi nunc, ut ego opinor, adhinniret, Plaut. fr. p. 19 *ed. Mai.* – v. Esel (Maulesel), Tert. apol. 16; ad nat. 1, 14. – **II** übtr.: **A** Pfähle mit Querstangen zum Anbinden des Weins, ein **Jochgeländer,** Col. 4, 12, 1 u. a. – **B** als *t. t.* der Baukunst, gew. im Plur., die **Dachsparren,** das **Dachgebälk,** das **Sparrwerk,** franz. *chevrons,* Vitr. 4, 2, 5. – **C** ein jochartiges Gestell zum Einhängen kranker Pferde, Veget. mul. 3, 47, 3. – Die Schreibung canterius im CIL 22, 2248 u. 6, 975[a].

canthus (cantus), ī, *m.* (κανθός), **I** der eiserne Reif um ein Rad, die **Radschiene,** Quint. 1, 5, 8. Vulg. 1. (3). regg. 7, 33. Augustin. dial. 6 *extr.* – meton. = das **Rad,** Pers. 5, 71. – **II** der **Augenwinkel,** anguli oculorum, quos Graeci *canthus* vocant, Marc. Emp. 8. fol. 97 (a), 15.

canthyllion, -yllis, s. anthyllion, -yllis.

cantica, ae, *f.* (cano) = canticum, Ven. Fort. vit. S. Radeg. 36.

canticulum, ī, *n.* (*Demin.* v. canticum), der **kleine Gesang,** das **Liedchen,** Septim. Afer b. Ter. Maur. *v.* 1981.

canticum, ī, *n.* (cano), **I Gesang, Lied** (als Text, der gesungen wird od. gesungen werden kann), rusticum vetus c., Macr.: carmina et cantica, Quint.: cantica Nili (ägyptische), Gaditana susurrare, Mart.: canticum adulescentiae garrire, von der Nachtigall, Apul.: auch v. Gesang des Chors auf der Bühne, Phaedr. 5, 7, 25. – dah. der gesangartige Ton od. Vortrag in der Rede, der **Rezitativton, Liederton,** Cic. or. 57. Quint. 11, 3, 167. Plin. ep. 2, 14, 13. – **II** insbes.: **A** als szen. *t. t.*, im engeren Sinne eine Art von **Monolog** (μονῳδία), der gesangartig unter Flötenbegleitung mit ausdrucksvoller Mimik vorgetragen wurde, im weiteren Sinne ein **Rezitativ, rezitierender Vortrag** mit musikalischer Begleitung (heutzutage melodramatischer Vortrag), Cic. ep. 9, 22, 1. Phaedr. 2, 7, 25. Suet. Cal. 54, 2. Diom. 491, 30: canticum agere, Liv. 7, 2, 9. – **B** eine **Zauberformel,** ein **Zauberspruch,** Apul. apol. 42. – **C** ein **zotiges Lied,** ein **Schimpflied, Pasquill,** Petr. u. a.: cantica obscoena, Quint. – vulg. Nbf. **canticus,** Victorin. comm. in Pauli epist. ad Ephes. 5, 19.

canticus, a, um (cano), **musikalisch,** delenimenta, Macr. somn. Scip. 2, 3, 7.

cantilātrīx, īcis, *f.* (cantilo), die **Sängerin,** Soran. Lat. 48, 14.

cantilēna, ae, *f.* (cantilo), das **Getön, I** mit der Stimme, die **Singerei, a** das **Lied,** das nach einer bekannten Melodie geht, Gell. 9, 4, 14; 19, 9, 8. Ambros. de off. 1, 24, 114. Augustin. conf. 10, 33: in cantilenis (Volksliedern) et proverbiis, Vulg. Sirach 47, 18: cantilenas meditari pro iubilo molliores, statt des rauen Soldatenliedes zärtliche Arien, Amm. 22, 4, 6: von einem Spottlied, Vopisc. Aur. 7. § 2. – **b** im üblen Sinne, der **Singsang,** das **Herunterleiern,** denuo repetit eandem cantilenam (v. Papagei), Apul. flor. 12 *extr.*: u. in dem sprichw. cantilenam eandem canis, τὸ αὐτὸ ᾄδεις ᾆσμα, Ter. Phorm. 495: u. übtr., wie unser **Litanei, alte Leier,** vulgär für »allbekanntes-, abgedroschenes Geschwätz«, quasi quaedam cantilena rhetorica, Gell.: neque ex scholis cantilenam requirunt, Cic.: ut crebro mihi insusurret cantilenam suam, sein bekanntes Sprüchelchen, Cic.: totam istam cantilenam ex hoc pendēre, ut etc., das ganze Geschwätz, Brut. in Cic. ep. – **II** mit musik. Instrumenten, die **Musik,** das **Spiel,** Chalcid. Tim. 44: v. Flötenspiel, Schol. Pers. 1, 119. – u. insbes., der **Akkord,** diatessaron c., Chalc. Tim. 45: Plur., cantilenae diatessaron et diapente, *ibid.* 46.

cantilēnōsus, a, um (cantilena), **liederreich,** nugae, Sidon. ep. 3, 14: si quid lyricus cantilenosum condidit, *ibid.* 4, 1.

cantilo, āvī, āre (cano), **trillernd singen, trillern,** Apul. met. 4, 8; flor. 3. p. 4, 14 Kr.; 15. p. 17, 17 Kr.; 17. p. 27, 8 Kr.

cantio, ōnis, *f.* (cano), **I** das **Singen,** der **Gesang,** pol ego metuo lusciniolae ne defuerit cantio, Plaut. Bacch. 38. – im üblen Sinne = das **Ableiern, Geleier,** iam vero unum et unum duo, duo et duo quattuor odiosa cantio mihi erat, Augustin. conf. 1, 13 *extr.* – **II** konkr.: **a** das gesungene **Lied,** die **Arie,** der **Gesang,** Plaut. Stich. 707 u. 768. Vitr. 5, 4, 2: Plur., Suet. Ner. 25, 1. Vulg. psalm. 136, 3: v. Gesang der Vögel, Apul. flor. 12 *extr.*: ultima c. (cycni), Fronto ad Ver. 1. p. 114, 5 N. – **b** die gesprochene **Zauberformel,** der **Zauberspruch,** Cato r. r. 160 *in* Mart. Cap. 9. § 926: Plur., Apul. met. 1, 10: veneficia et cantiones, Cic. Brut. 217.

cantito, āvī, āre (*Frequent.* v. canto, s. Varr. LL. 6, 75), **I** *intr.*: **immer** u. **immer singen, zu singen pflegen,** cum alqo, Ter. adelph. 750: exsequias, bei der Leichenfeier, Afran. com. 218[1]: v. Vögeln, dulce (Adv.), Apul. met. 6, 6. – **II** *tr.* **A gewöhnlich singen,** carmina in epulis, Cic. Brut. 75: Nauplia mala bene, Suet. Ner. 39, 3: cur ergo ludi scaenici,ubi haec dictantur, actitantur, cantitantur, Augustin. de civ. dei 4, 26 *in.* – **B immer** u. **immer besingen, zu besingen pflegen, fort** u. **fort im Lied preisen,** laudes tritas, *Varr. de vit. p. R. 4, 12 K.: fortia virorum illustrium facta heroicis composita versibus cum dulcibus lyrae modulis, Amm. 15, 9, 8: tales (inferni iudices), quales poëtarum vestrorum carminibus cantitantur, Augustin. de civ. dei 1, 19, 2.

Cantium, ī, *n.* (Κάντιον), eine im östlichen Britannien gelegene Landschaft, j. *Kent,* mit einem gleichnamigen Vorgebirge, j. *Cap Paperness,* Caes. b. G. 5, 13, 1 u. 22, 1.

cantiuncula, ae, *f.* (*Demin.* v. cantio), das **Liedchen,** Pompon. com. 118 R[2]. Cic. de fin. 5, 49. Augustin. de util. cred. 17 *extr.*: de gen. ad litt. 2, 17, 36 u. a.

canto, āvī, ātum, āre (*Intens.* v. cano), **helle Töne von sich geben, hell tönen, I** *intr.*: **A** mit der Stimme: **1** v. Menschen, **singen,** Cato fr., Cic. u. a.: cantare, sibilare (pfeifen), Lampr.: ad chordarum sonum, Nep.: inde ad manum cantari histrionibus coeptum, zu dem Gebärdenspiel des Histrio, Liv. 7, 2, 10: in scaenam saltandi cantandive causā prodire, Macer dig. 48, 5, 24 pr.: in caelo cantatur et psallitur, Arnob. 3, 21. – Sprichw., s. surdus. – In der Rhetor., vom fehlerhaften singenden Vortrag des Redners, Caes. bei Quint. 1, 8, 2: vitium cantandi, die Unsitte des Singens, Quint. 11, 3, 57. – **2** von Vögeln, **singen,** cantantes aves, Prop. 4, 9, 30. – od. v. Hahn, **krähen,** Plaut. mil. 690. Cic. de div. 2, 57. Suet. fr. 161. p. 252 R. Vulg. Matth. 26, 34 u. ö. – **B** musikalisch **ertönen, sich hören lassen, 1** von Menschen, **spielen, blasen,** fidibus, Plaut.: tibiis, Nep.: calamo, Sen.: structis avenis, Ov.: sterili avenā, Auct. carm. ad Pis.: lituo, tubā, Gell. – **2** übtr., v. Instrument selbst, **ertönen,** bucina cantat, Prop. 4, 10, 30: tibia cantat, Ov. fast. 6, 660. – **C die Zauberformel-, den Zauberspruch hersagen,** Cato r. r. 160, 1. Verg. ecl. 8, 71. – **II** *tr.*: **A singen, spielen, dichten, 1** mit homogenen Objekten: neniam, Varr. fr.: hymnos, Eccl.: carmina, Hor.: versum, Gell.: rustica verba, Tibull.: hymen cantatus, Ov.: non est cantandum, es bedarf keiner Dichtung, Iuven. 4, 35: prägn., doctum Catullum, die Lieder Katulls, Hor. sat. 1, 10, 19. – **2 singen, besingen, singend verherrlichen, im Lied preisen,** deum, Tibull.: absentem amicam, Hor.: convivia, Hor.: recentes victorias, Flor.: cantari dignus, Verg.: per totum cantabimur orbem, Ov. – Dah. auch **a** übh. **preisen, häufig** u. **mit Vorliebe im Munde führen,** nam ut scis, iam pridem istum canto Caesarem, mein Held ist schon lange dein C., Cic.: cantat et apponit: ›Meus est amor huic similis‹, Hor.: totā cantabitur urbe, er soll in aller Leute Mund kommen, Hor.: quae me iuvene ubique cantari (abgedroschen zu werden) solebant, Quint. – **b** v. Dichter, Deklamator od. Schauspieler = gesangartig, im Rezitativton etw. **vortragen, rezitieren, sprechen,** im üblen Sinne **herleiern** (vgl. Heinrich Iuven. 1, 3 *sq.* u. 7, 153), togatas (fabulas), elegos, Iuven.: eadem versibus iisdem, Iuven.: epinicia, Suet.: fabulam, Nioben, Suet. – **B** etwas **anzeigen, verkünden, zu erkennen geben,** vera cantas. *Ph.* Vana vellem, Plaut. most. 980: v. Lebl., sed metuo ne idem cantent (tabellae), quod priores, Plaut. Bacch. 985: urna haec litteratast; eapse cantat quoia sit, Plaut. rud. 478. – dah. wie unser **predigen, vorpredigen** = etw. einschärfen, haec dies noctes canto, ut caveas, Plaut. trin. 287: harum mores cantabat mihi, Ter. heaut. 260: testas patinas pistillos mihi cantant, Nov. com. 28. – **C eine Zauberformel hersagen,** Cato r. r. 160. Verg. ecl. 8, 71: hoc ter novies, Varr. r. r. 1, 2, 27: carmen, Ov. fast. 14, 369. – dah. prägn., **a** etwas **zaubern, herzaubern, durch Zauberei verschaffen,** chelydris soporem, Sil. 8, 496. – od. **durch Zauberformeln hervorrufen,** umbram, Lucan. 6, 767. – **b bezaubern, besprechen, durch Zauberei bannen** u. dgl., cantatae herbae, Ov.: cantata luna, Prop.: cantatus puer, Apul.

cantor, ōris, *m.* (cano), **I** der **Tonkünstler, Sänger,** Nov. com. 37. Hor. sat. 1, 2, 3. Suet. Cal. 54, 1. Amm. 14, 6, 18. Apul. flor. 17. p. 27, 12 Kr. u. Spät.: cantor Apollo, als Citharöde, Hor. de art. poët. 407. – übtr., verächtl., cantor formularum, Ableierer, Cic. de or. 1, 236. – cantores Euphorionis, die Lobhudler, Cic. Tusc. 3, 45. – dagegen cantores probi, Prediger (= Tadler), Plaut. Pseud. 366. – **II** insbes., **der Sprecher** im Schauspiel, der eig. **Schauspieler,** der auch am Schluss jedes Stückes dem Publikum das *plaudite* zurief, cantor tragicus, Prud. c. Symm. 2, 647: donec cantor ›vos plaudite‹ dicat, Hor. de art. poët. 155: u. mit Anspielung darauf, cantorum convicium, der Schreier (des Klodius), Cic. Sest. 55, 118.

cantrīx, trīcis, *f.* (Femin. zu cantor), die **Tonkünstlerin, Sängerin,** Plaut. trin. 253. CIL 6, 7285 u. Eccl. – attrib., aves cantrices, Singvögel, Varr. r. r. 3, 5, 14.

cantula, ae, *f.* (canto, cantilo), Name eines unbekannten Vogels, Plin. Val. 5, 25.

canturio, īre (cano), **singen,** melica, Petr. 64, 2: v. Vögeln, Paul. ex Fest. 68, 16. Not. Tir. 107, 41.

1. cantus, ūs, *m.* (cano), **I** das **Singen,** der **Gesang,** levia carmina cantu concelebrare, Lucr. 5, 1378: funera cantu lusuque celebrare, Val. Max. 2, 2, 3. – u. das **Besingen,** verbosa cantu laudum suarum Graecia, Val. Max. 3, 2, 2. – **II** konkr., **der Ton, Gesang,** die **Melodie,** das **Lied,** hinsichtlich der Art und Weise, als Produkt natürlicher Anlagen oder der Kunst, **1** im Allg.: **a** von Menschen, cantus Sirenum, Cic., od. Sirenarum, Ambros., od. Sirenei, Hieron.: c. inchoantium proelium, Liv.: citharae et cantus peritus, Tac.: est etiam in dicendo quidam cantus obscurior, Cic.: bestiae saepe immanes cantu flectuntur, Cic.: cantu tremulo (*i.e.* voce anili), Hor.: cantus movete (stimmt an), Verg. – **b** von Tieren, avium, Cic.: perdicis, Ov.: corvi, Cic.: galli, das Krähen, Cic. (als Zeitbestimmung, sub galli cantum consultor ubi ostia pulsat, Hor. sat. 1, 1, 10: an galli cantu, an mane, Vulg. Marc. 13, 35): c. oscinum, Amm. – **c** eines Instrumentes, das **Spiel,** der **Klang,** die **Musik,** bucinarum, Cic.: tibiarum, Flötenspiel, Liv.: tubarum, Liv.: symphoniarum, Sen.: vocis et tibiarum nervorumque cantus (Plur.), Vokal- u. Instrumentalmusik, Cic.: tibiae aut fidium cantus, Flöten- od. Saitenspiel, Cic.: c. citharae, Hor. u. Lact.: c. symphoniae, Cic.: descripto ad tibicinem cantu, Liv.: cantu lusuque celebrare funera, Mela. – **2** insbes.: **a** der **weissagende Gesang,** die **Weissagung,** der **Weissagespruch,** avis, Tibull. 1, 8, 4: veridici cantus, Catull. 64, 306. – **b** der rezitierte **Zauberspruch,** die **Zauberformel,** Tibull. 1, 8, 19 *sq.* Ov. met. 4, 49 u. 7, 201: Plur., Tibull. 1, 2, 60. Ov. met. 7, 195 u. 330: magici cantus, Iuven. 6, 610. Lucan. 4, 553. Col. poët. 10, 367.

2. cantus, ī, *m.*, s. canthus.

canua, ae, *f.* (κανοῦν) = *qualum,* Paul. ex Fest. 65, 6.

Canulēius, ī, *m.*, Name einer röm. plebej. *gens,* aus der am bekanntesten: C. Canuleius, Volkstribun 445 v. Chr., beantragte ein Gesetz, das die Ehen zwischen Patriziern und Plebejern gestattete, Liv. 4, 1 *sqq.* Cic. de rep. 2, 63. Flor. 1, 25.

cānus, a, um (aus **cas-nos;* vgl. osk.-pälign. *casnar,* der Greis, angels. *hasu,* graubraun, ahd. *hasan,* grau), **grau, aschgrau, weißgrau, I** eig.: **a** übh.: aequora, Enn. fr.: fluctus, Lucr. u. Min. Fel.: aqua, Ov., u. mare, Plin. ep., schaumig: nix, Hor.: gelu, Verg.: pruina, Hor.: lupus, Ov.: color equi, Pallad.: gramina, Calp.: arborum villi (Baummoos), Plin.: seges, Min. Fel. – bes. v. Haar des Greises, crinis, Catull.: capilli, Hor.: caput, Plaut. u. Catull.: barba, Mart.: subst., cānī, ōrum, *m.* (*sc.* capilli), graues Haar, non cani, non rugae, Cic.: cani aut rugae, Sen.: pubertas canis (dem gr. H. = dem Alter) suum decus reddebat, Val. Max.: bei Dichtern selbst mit anderen Epithetis, wie cani falsi, rari, Ov.: cani venerandi, Sen. poët. – **b** prägn., **mit grauen Haaren, alt u. grau, hochbetagt,** amator, Tibull.: quidam bene canus, Sen.: anilitas, senectus, Catull. – dah. **altehrwürdig,** Veritas, Varr. fr.: senectus, Catull.: Fides, Vesta, Verg.: saecula, Catull. u. Mart.

Canusium, ī, *n.*, eine uralte Stadt Apuliens, griech. Gründung (dah. Canusinus bilinguis, Hor. sat. 1, 10, 30), berühmt durch die fein rötliche Wolle (Plin. 8, 48, 73. § 190), j. *Canosa* (auf einer mäßigen Anhöhe der »Terra di Bari«), Cic. ad Att. 8, 11. litt. D. § 1. Liv. 22, 50, 4 u. 52, 4. Hor. sat. 1, 5, 91. – Dav.: **A Canusīnātus,** a. um, **in kanusinische Wolle gekleidet,** Suet. u. Mart. – **B Canusīnus,** a, um, **kanusinisch, aus Kanusium,** ager, Varr.: hospes, Cic.: lana, Plin.: birri, Vopisc. – subst., **a** Canusīna, ae, *f.* (*sc.* vestis), **ein Kleid aus kanusinischer Wolle,** Mart. 14, 127 u. 129. – **b** Canusīnus, ī, *m.*, **der Kanusiner,** bilinguis, Hor. (s. oben): Plur., Canusīnī, ōrum, *m.*, die Einw. von Kanusium, die **Kanusiner,** Varr. u. Liv.

cānūtus, a, um (canus), **grau,** Plaut. fr. inc. 16. Vgl. Gloss. II, 412, 3.

capābilis, e (capio), **I fassbar, greifbar** (Ggstz. incapabilis), Augustin. c. Maxim. 2, 9. § 2. – **II** für etwas **empfänglich,** m. *Genet.*, Cassiod. hist. sacr. 1, 14 u. a. Eccl.

capācitās, ātis, *f.* (capax), die **Fassungsfähigkeit, I** eig., im räuml. Sinne, die **Geräumigkeit,** vasorum, Col.: uteri, Plin.: athletarum, in Bezug auf Speise, Plin. – meton., die **Räumlichkeit** = der fassende **Raum,** Cic. Tusc. 1, 61. Chalcid. Tim. 221. Iul. Val. 3, 52 (28). – **II** übtr.: **a** der **Umfang,** immensa capacitas memoriae, Augustin. conf. 10, 9 in. – **b** die **Fähigkeit,** habet et ipsa (materies, ὕλη) capacitatem formarum, die F. (Eigenschaft), zu verschiedenen Formen sich bilden zu lassen, Augustin. de nat. boni c. Manich. 18 *extr.* – Insbes., **α** die **Erbfähigkeit,** Gaius dig. 31, 55. § 1. Cod. Theod. 9, 42, 1 *pr.* – **β** die geistige **Fassungskraft,** humanae naturae, Cod. Iust. 1, 17, 1. § 1.

capāciter, *Adv.* (capax), **empfänglich,** Augustin. de trin. 11, 2 *extr.*

capanna, s. cabanna.

Capanēus, eī, Akk. ea, Vok. eū, *m.* (Καπανεύς), einer der sieben Fürsten vor Theben, von Jupiter, dessen Macht er verachtete, mit dem Blitz erschlagen, Stat. Theb. 10, 898. Prop. 2, 24, 40. Plin. 35, 144. Serv. Verg. Aen. 1, 44 (wo Nomin. Capaneos). – Als sein Leichnam verbrannt wurde, stürzte sich seine Gemahlin Euadne (Tochter des Iphis, dah. Iphias) in den brennenden Scheiterhaufen, Ov. art. am. 3, 21 *sq.* – Dav. **Capanēius,** a, um, **kapanēisch, des Kappaneus,** coniunx, Stat. Theb. 12, 545.

capāx, ācis, *Adi.* m. *Compar.* u. *Superl.* (capio), **fassungsfähig, I** eig., **viel fassend, -umfassend, geräumig,** mundus, Lucr.: portus, Plin.: urbs, Ov.: urna, Hor.: duo baptisteria abunde capacia, Plin. ep.: spatiosa et capax domus, Plin. ep.: quod nulla in Italia moles tam capax foret, weil kein Gebäude in J. so viel Menschen fasste, Tac.: capaciores scyphi, Hor.: capacior guttur, Varr. fr.: capaciora intestina, Plin.: basilica capacissima, Sidon. – m. *Genet.*, circus capax populi, Ov.: capax populi cenatio, Sen.: rubrum mare animalium magis quam cetera capax, Mela: magnae sedis (Niederlassung) insula haud capax est, Curt.: Baetis multorum fluminum capax, Plin.: cibi vinique capacissimus, Liv. – m. *ad* u. Akk., calix c. ad tres sextarios, Plin. 37, 18. – m. *Dat. comm.*, villa c. usibus, Plin. ep. 2, 17, 3. – **II** übtr.: **a erbfähig,** qui capax est, Paul. dig. – m. *Genet.*, specie dotis, cuius capax fuisset, Papin. dig.: scriptus heres, cuiuscumque portionis capax, Cod. Iust. – **b** physisch u. geistig zu etw. **befähigt, fähig,** einer Sache **gewachsen,** für etw. **empfänglich, tauglich,** aures avidae et capaces, Cic.: ingenium, Ov.: capax est animus noster, kann Großes erfassen, Sen. – m. *Abl.*, mente capax, Augustin. serm. 23, 4. – m. *Genet.*, materia formationis c., Augustin.: c. mentis altae animal, Ov.: c. fortunae, Vell.: c. amicitiae, Plin. ep.: c. imperii, Tac.: opus facundiae minime capax, Mela: nihil tam fortuitorum capax quam mare, lasse so vielen Zufälligkeiten Raum, Tac.: laboris ac fidei capacissimus, Vell.: ingenium omnium bonarum artium capacissimum, Sen. rhet.: c. generosi ingenii dictum, ein hohes Selbstgefühl verratend, Val. Max. – m. *ad* u. Akk., animus ad praecepta c., Ov. met. 8, 243: ad discendum c., Lact. epit. 80, 7. – m. folg. *Infin.*, Stat. silv. 3, 1, 85.

1. **capēdo,** dinis, *f.* (capis), eine mit einem Henkel versehene Schale, eine **Henkelschale,** bes. als Opfergerät, Cic. parad. 1, 11. Cic. de rep. 6, 2.

2. **capēdo** = *inter parietem spatium,* Gloss. IV, 316, 18.

capēduncula, ae, *f.* (*Demin.* v. capedo), eine mit einem Henkel versehene kleine Schale, eine **Henkelschale,** bes. als Opfergerät, Cic. de nat deor. 3, 43.

1. **capella,** ae, *f.* (*Demin.* v. capra), **I** die **(kleine) Ziege** (Ggstz. hircus), Cic., Catull. u. a. – **II** übtr., die **Ziege,** ein Stern erster Größe im Fuhrmann, dessen Erscheinen (1. Mai) Regen brachte, c. pluvialis, Plin. 18, 248: sidus pluviale capellae, Ov. met. 3, 594; fast. 5, 113.

2. **Capella,** ae, *m.*, ein römischer Eigenname, unter dem bekannt: Capella, ein elegischer Dichter, Ov. ex Pont. 4, 16, 36: Capella Antistius, ein Sprachmeister (*litterator*), Lampr. Comm. 1, 6: Statilius Capella, Suet. Vesp. 3. – besonders aber: Martianus Minneus Felix Capella, aus Madaura in Afrika, ein gelehrter Grammatiker in der zweiten Hälfte des 5. christl. Jahrh., dessen Schrift de Nuptiis Philologiae et Mercurii etc. noch erhalten ist. – Dav. **Capelliānus,** a, um, **zu einem Kapella gehörig, kapellianisch, Mart.** 11, 31, 17.

capello, āre, **abschneiden, abbrechen,** Anthim. 43.

capellus, ī, *m.* (*Demin.* v. caper), das **Ziegenböckchen,** Prisc. 3, 40.

Capēna, ae, *f.*, Stadt in Etrurien, am Fuße des Sorakte, wahrsch. Pflanzstadt, sicher aber in Abhängigkeit von Veji, auf deren Gebiet der Tempel u. Hain der *Feronia* (s. d.) sich befand, nach Abeken j. *Civitucola,* Cato origg. 2. fr. 17. Liv. 5, 8 *sqq.*; 22, 1, 10. – Nbf. Capēnae, Oros. 4, 15, 1. – Dav.: **A Capēnās,** ātis, **kapenatisch,** populus, Liv.: fundus, Cic.: bellum, Liv.: in agro Capenate, auf kapenatischem Gebiet, im Kapenatischen, Liv.: so bl. in Capenati, Cic. u. Liv. – subst.: **α** Plur. Capēnātēs, ium, *m.*, die Einw. von Kapena, die **Kapenaten,** Liv. u. Plin. – **β** Sing. Capēnās, ātis, *m.*, ein Flüsschen im Hain der Feronia, j. *Taglia Fosso,* Sil. 13, 85. – **B Capēnatis,** e, **kapenatisch,** lucus, Cato origg. 1. fr. 26. – **C Capēnus,** a, um, **kapenisch,** luci, Verg. Aen. 7, 697. – u. **porta Capēna,** eins der Haupttore der servischen Mauer des alten Roms, am Fuße des Cälius, durch das die via Appia nach Kapua führte (fälschlich für die heutige *Porta S. Sebastiano* [die alte porta Appia] gehalten), später natürlich innerhalb der Stadt gelegen; extra portam C., in der Vorstadt vor der P. C., in der Gegend der nachmal. porta Appia (s. vorh.), ad portam C., mehr nach dem Tor zu, Liv. u. a.: subst. auch bl. Capēna, ae, *f.*, Iuven. 3, 11.

1. **caper,** prī, *m.*, nach Varro bei Gell. 9, 9, 10 der verschnittene **Bock, Ziegenbock, I** eig., Col., Verg. u. a.: dem Bacchus geopfert (weil den Weinstöcken schädlich), s. Orelli Hor. carm. 3, 8, 7. – **II** meton., der **schweißige Bocksgestank** unter den Achseln der Menschen, Catull. 69, 6. Ov. art. am. 3, 193.

2. **Caper,** prī, *m.*, Flāvius, ein lat. Grammatiker unter od. nach Hadrian.

capero, (caperro), āvī, ātum, āre (caper), **I** *tr.* **in Runzeln zusammenziehen, runzeln,** frontem caperari (sich runzeln), Auson. Griphus (XXVI) 1. p. 128, 12 Schenkl: gew. Partiz. caperātus (caperrātus), a, um, **gerunzelt,** frons, Naev. Dol. (bei Varr. LL. 7, 107). Varr. sat. Men. 134: supercilium, Apul. met. 9, 16: vultus ipse conductus atque concurrentibus superciliis caperatus, Cael. Aur. acut. 2, 3, 16: c. vela, Ps. Apul. de deo Socr. prol. p. 2, 7 G. (p. 105 H.). Vgl. Paul. ex Fest. 48, 8. – **II** *intr.* **Runzeln machen, sich runzeln,** illi caperat frons severitudine, Plaut. Epid. 609. Vgl. Gloss. Placid. (V) 15, 30 u. 51, 21 ›caperassere, in rugas contrahi‹. – Die Schreibung mit rr in vielen guten Hdschrn.; vgl. Hildebr. Apul. met. 9, 16.

Capēreus, s. Caphāreus.

capesso, īvī, ītūrus, ere (*Desider.* von capio), nach etwas mit Verlangen, **Eifer greifen,** etwas eifrig, hastig **ergreifen,** etw. **packen, erpacken,**

I im engeren Sinne: **A** eig.: arma, Verg. Aen. 3, 234. Ov. met. 11, 378: cap. pastum u. cap. cibum oris hiatu et dentibus (v. Tieren), Cic. de nat. deor. 2, 121 *sq.* – **B** übtr.: **1** etwas **ergreifen, nehmen** = zu tun beginnen od. sich zu eigen machen, **a** übh.: cursum ad alqm, Plaut.: eam potissimum viam, einschlagen, Liv.: fugam, Liv.: nunc quam spem, quam opem, aut consili quid capessam? Plaut.: noctem in castris tutam et vigilem, sicher und wachsam zubringen, Tac.: otium, die Ruhe aufsuchen, Tac.: egregium spectaculum oculis, sich verschaffen, Liv.: libertatem, Cic. u. Sall. fr.: candorem, Pacuv. fr. – **b** insbes., ein Geschäft, Amt usw. mit Eifer **ergreifen,** mit Eifer u. Ernst sich einer Sache **annehmen,** sie **übernehmen, -betreiben** u. dgl., alcis imperia, Plaut.: iussa, Verg.: rem publicam, sich dem (höheren) Staatsdienst zu widmen beginnen, die politische Laufbahn einschlagen, Cic., Sall. u. a.: u. so civitatem, Plin. pan.: magistratus, imperium, honores, provincias, Tac.: bellum, Liv. u. Curt., od. partem belli, Liv. (s. Mützell Curt. 3, 2 [4], 2. Drak. Liv. 9, 40, 12): proelium, pugnam, Liv. (s. Drak. Liv. 10, 5, 4): pugnam manu, selbst handgemein werden, Tac. – **2** mit dem Geist ergreifen = **fassen, begreifen, verstehen,** in capessendis naturae sensibus tam obsurduit, ut etc., Gell. 12, 1, 11. – **II** im weiteren Sinne, nach einem Ort od. Ziel **hinstreben, hineilen, hinwandern** u. dgl., **A** eig.: omnes mundi partes medium locum capessentes, Cic.: animus superiora capessat necesse est, muss notwendig nach den höheren Regionen streben, Cic. (das. auch superiora petunt): c. Melitam, Cic.: c. Italiam, Verg. – dah. se c., sich eilig begeben, hineilen, horsum se, Plaut.: se intro, Apul.: se in altum, Plaut.: se domum, Titin. fr. u. Plaut.: auch bl. quo capessit, Plaut.: quo nunc capessis hinc, Plaut. – **B** übtr.: **1** se ad alqd, **sich** in etw. **stürzen,** quam (filius) se ad vitam et quos ad mores praecipitem inscitus capessat, Plaut. Bacch. 1077. – **2** hinstrebend etw. **erreichen,** neque (te) posse corde capessere, doch nimmer vermocht ich dich zu erspähen, Enn. bei Cic. de div. 1, 40. – arch. capissam = capessam, Pacuv. tr. 52. – Perf. auch capessi nach Diom. 370, 12 u. Prisc. 10, 46; aber capessisse bei Liv. 10, 5, 4 u. capessisset bei Tac. ann. 13, 25 können als synk. Formen nicht als Beweis angeführt werden, u. statt capesserunt ist bei Iustin. 6, 3, 11 capessunt zu lesen, da Präsens-Formen vorhergehen.

capētum, s. capītum.

Caphārēus od. **Caphērēus** (Καφηρεύς), arch. **Capērēus,** eī u. eos, Akk. ea, Vok. ēu, *m.*, eine klippenreiche, gefährliche Landspitze im südlichen Euböa, wohin die unter Agamemnon von Troja zurückkehrende Flotte der Griechen vom dortigen König Nauplius, dessen Sohn Palamedes die Griechen getötet hatten, aus Rache gelockt wurde und Schiffbruch litt, j. *Capo d'Oro,* Form Caphar. bei Ov. met. 14, 472 u. 481: Form Capher. bei Verg. Aen. 11, 260. Ov. rem. am. 735 u. trist. 1, 1, 83. Mela 2, 7, 9 (2. § 107). Plin. 4, 64: Form Caper., Pacuv. tr. 136. – Dav.: **A Caphērēus,** a, um (Καφήρειος), **kapherēisch,** saxa, Prop. 3, 7, 39. Tert. de anim. 52: aqua, Ov. trist. 5, 7, 36 Ehw. – **B Caphēris,** idis, *f.* (Καφηρίς), **kapherisch,** petrae, Sen. Herc. Oet. 808 (805).

capicium, s. 2. capitium.

capidula, ae, *f.* (*Demin.* v. capis), die **kleine Schale,** Prisc. 6, 67.

capillāceus (capillācius), a, um (capillus), **I haarähnlich,** cap. coma arboris, Plin.: folium, Plin. – **II aus Haaren bereitet,** vinculum, zona, Augustin. de civ. dei 22, 8. p. 506, 20 u. 27 D.: vela, Itala exod. 26, 7 (bei Augustin. quaest. in exod. 108). Augustin. quaest. in exod. 177, 23.

capillāgo, inis, *f.* (capillus), der **Haarwuchs** = das ganze Haar, vel affluit capillago vel deserit, Tert. de anim. 51.

capillāmentum, ī, *n.* (capillus), **I** das **Haar,** kollektiv, Plin. 16, 38: sordes quaedam capillamentis similes, Solin. 15, 27. – insbes., **falsches Haar, Perücke,** Petr. 100, 5. Suet. Cal. 11, 1. – **II** übtr., die feinen **Fasern** der Wurzeln und Blätter, vitis, Sen.: seminum, Col.: radicum, Plin. – und von haarartigen Streifen an Edelsteinen, Plin.

capillāris, e (capillus), **zum Haar gehörig, Haar-,** herba c. = adiantum (s. d.), Ps. Apul. herb. 47: arbor (= arbor capillata, s. capillātus), Paul. ex Fest. 57, 17. – subst., capillāre, is, *n.* (*sc.* unguentum), **Haarsalbe, -pomade,** Mart. 3, 82, 28.

capillāsco, ere (capillo), **Haare bekommen,** Gloss. IV, 27, 27 ›capillascit, capillis porrectis‹.

capillātio, ōnis, *f.* (capillatus), die **Behaarung, I** das **Haar** kollekt., bes. **falsches,** Paul. Nol. ep. 23, 23. – **II** übtr. = τριχίασις, eine Krankheit der Harnröhre, wenn der Harn gleichsam weiße Haare zeigt, Cael. Aur. chron. 5, 4, 60.

capillātūra, ae, *f.* (capillatus), die **Haarbedeckung,** das **Haar** kollekt., Tert. de cult. fem. 2, 7. Vulg. 1. Petr. 3, 3. Cael. Aur. acut. 1, 11, 79; 2, 9, 41; chron. 1, 1, 35 u. a. – übtr. v. den haarartigen Streifen an Edelsteinen, Plin. 37, 190.

capillātus, a, um, *Adi.* m. *Compar.* (capillus; vgl. Prob. app. 199, 28), **behaart, haarig** (Ggstz. **calvus**), **I** eig.: adulescens bene capillatus, Cic.: capillatior quam ante, Cic.: vinum capillato diffusum consule = sehr alter Wein, Iuven. 5, 30: capillata arbor, an dem man die abgeschnittenen Haare aufhing, Plin. 16, 235. Paul. ex Fest. 57, 17: sprichw., fronte capillatā post est occasio calva, Cato dist. 2, 26; vgl. Phaedr. 5, 8, 1 *sq.* – Plur. subst., capillātī, ōrum, *m.*, vornehme Jünglinge, junge Herren, Mart. 3, 58, 31 u. a. – **II** übtr., **haarig, dünnfaserig,** radices, folia, Plin.

capillēsco, s. capillāsco.

capillitium, ī, *n.* (capillus), das **Haarwerk** = das **Haar** (kollekt.), Apul. met. 2, 2. Mart. Cap. 2. § 181 u. 4. § 331.

capillōsus, a, um (capillus), **voll Haare, sehr haarig** (Ggstz. raripilus), Cael. Aur. chron. 5, 4, 67. Prob. app. 199, 28.

capillulus, ī, *m.* (*Demin.* v. capillus), **zartes Haar,** Anthol. Lat. 989, 5 M.

capillus, ī, *m.* (verwandt mit caput; eig. *Adi. sc.* crinis), **I** das **Haupt-** u. **Barthaar** des Menschen (dagegen crinis das geschmeidige Menschenhaar übh.), u. zwar **a** kollektiv, compositus, Plaut. u. Cic.: flavus, Vulg., subflavus, Suet.: albus, niger, Hor.: longus, Nep.: horridus, Cic.: promissus, Caes.: passus, fliegendes, Ter. u. Caes.: tonsus, Prop.: sibi adurere capillum, Cic.: barbam ac capillum summittere, Sen. rhet.: capillum frangere, Sen. rhet.: quid capillum ingenti diligentiā *comis?* cum illum vel *effuderis* more Parthorum vel Germanorum *vinxeris* vel, ut Scythae solent, *sparseris,* in quolibet equo densior iactabitur iuba, horrebit in leonum cervice formosior, Sen. – doch auch Plur., capilli suo ingenio flexi, von Natur krauses Haar, Ter.: erant illi compti capilli, Cic.: capilli arte iacentes, Sen.: ex barba detonsi capilli, Sen.: capilli sparsi per colla, zerstreutes, Ov.: puellares capilli, Schol. Iuven.: capilli mulierum, Lact.: horrent ac subriguntur capilli, Sen. – **b** v. **einem Haar,** in imaginem capilli unius aut multorum, Cael. Aur. chron. 2, 11, 129. – **II** übtr.: **A das Tierhaar,** Catull., Col. u. a. – **B die haarigen Fasern** od. **Wurzeln** der Gewächse, croci, Plin.: porrum cum capillo suo, Apic.: dah. capillus Veneris (= ἀδίαντον), »Venushaar, Frauenhaar«, eine Pflanze, Ps. Apul. herb. 47.

1. capio, cēpī, captum, ere (vgl. κάπτω, ich schnappe, κώπη, der Griff), **nehmen, I** zugreifend **nehmen, fassen, ergreifen, A** im Allg.: **1** eig.: **a** mit der Hand usw., calculum (Stein in der Urinblase), Cels.: flabellum, Ter.: alcis vestem, Ter.: baculum, Ov.: hanc cotem, Liv.: arma, zu den Waffen greifen, Cic. u. a. (s. Wunder Cic. Planc. 36, 88. Fabri Liv. 22, 5, 3). – saxa manu, Verg.: florem ternis digitis, Plin.: scutum laevā, Plin. – sibi coronam in caput, Plaut. Amph. 999. – **b** durch Besitzergreifen übh.: terras, Land gewinnen, sich zur Erde herablassen (von Vögeln), Verg. Aen. 1, 396. – So nun bes. **α** (als milit. *t. t.*) irgendwo **Posto fassen,** einen Ort **besetzen, einnehmen,** locum, Posto fassen, sich aufstellen, Caes., Cic. u. Verg.: loca, Caes.: locum editum, Nep.: locum paulo editiorem, Sall.: montem, Caes.: arcem, Caes. – **β** einen Ort **erreichen,** an od. in einen Ort **gelangen,** an einem Ort **anlangen,** bes. zu Schiff, insulam, Caes.: portum, Caes.: u. (im Bild) portum otii, Cic.: cum ignorarent, quem locum reliquae (naves) cepissent, Caes. – u. einen Ort **zu erreichen suchen,** proximos colles capere universos, Caes. b. c. 2, 42, 1: montes proximos fugā capiunt, Liv. 9, 43, 20. – **γ** einen Ort zu einem bestimmten Zweck **in Beschlag nehmen, aussersehen, auswählen,** locum oculis, Verg. – u. als milit. *t. t.,* locum castris, Liv.: u. so bl. loca, Caes. – u. als *t. t.* der Auguralspr., prospectum ad urbem agrumque, Liv.: tabernaculum recte, parum recte, vitio, Cic.: templa ad inaugurandum, Liv. – **δ** als jurist. u. publiz. *t. t.:* pignus (pignera) capere, s. pīgnus. **2** übtr.: **a** eine Tätigkeit, ein Beginnen usw. gleichs. **in** od. **vor die Hand nehmen, α** übh., ein Beginnen usw. **nehmen, ergreifen, in Angriff nehmen** = **vornehmen, anstellen** u. dgl., impetum, s. impetus *no.* II, A, 1 u. B, 2: fugam, die Flucht ergreifen, Caes.: conatus ad erumpendum, Liv.: initium ex alqa re, Quint.: primordia agendi ab alqo, Cic.: finem, Verg. – augurium, Liv.: orgia cum alqo, Verg. – consilium (Entschluss), coniecturam, s. cōnsilium, coniectūra. – **β** eine leitende, bes. öffentliche Tätigkeit in die Hand nehmen, **antreten, übernehmen,** provinciam duram, Ter.: moderamina (navis), Ov. – magistratum, consulatum, Cic.: pontificatum maximum, Suet. – **b** eine Gelegenheit usw. gleichs. in Beschlag nehmen, **abpassen, ablauern, ersehen,** causam, Ter.: occasionem mittendae ad Syphacem legationis, Frontin.: u. bes. tempus (den günstigen Zeitpunkt, den günstigen Augenblick), Liv.: satis scite et commode tempus ad alqm abeundi, Cic. – **c** einen Beweis, ein Beispiel woher **entnehmen,** documentum ex alqo, Cic.: specimen alcis rei ex alqa re, Cic.: exemplum de alqo u. ex alqa re, Ter. u. Cic. – **d** eine Eigenschaft, Gesinnung, Gewohnheit usw. **sich aneignen,** virtutem animo, Plaut.: modum, Plaut.: avi prudentiam, Cic.: patrium animum virtutemque, Cic.: consuetudinem exercitationemque, Cic. – **e** eine Pers. **nehmen,** d. i. **α** zu einem Zweck **zuziehen,** magistrum ad eam rem improbum, Ter. Andr. 192. – m. Ang. **als wen?** durch Prädikats-*Acc.,* alqm fatorum comitem, Verg.: alqm consiliis socium, Verg. – **β** aus einer Menge **nehmen, aussersehen, wählen,** virginem Vestalem, Suet.: in locum demortuae (virginis Vestalis) aliam, Suet. – in singulos annos sacerdotem Iovis sortito (durchs Los), Cic. – u. m. Ang. **als wen?** durch Prädikats-*Acc.,* alqm iudicem, Plaut. u. Liv.: alqm arbitrum, Ter.: alqm flaminem, Liv.: alqam sibi patronam, Ter.

B als Feind **nehmen, wegnehmen, sich** eines Ggstds. **bemeistern,** etw. **in seinen Besitz-, in seine Gewalt bringen, 1** eig.: **a** übh.: fures earum rerum, quas ceperunt, signa commutant, Cic.: lubido rei publicae capiundae, Sall.: oppressā captāque re publicā, Cic. – **b** im Krieg, im Kampf **nehmen, α** bewegl. Ggstd. u. Ländereien = **erbeuten, erobern,** magnas praedas, Nep.: iuncta vehicula mille, Liv.: naves, Nep. – pecuniam ex hostibus, Liv.: agros de hostibus, Cic.: signum ex Macedonia, Cic. – signum Carthagine (zu K.), Cic. – **β** eine Örtl. u. dgl. **nehmen, einnehmen, erobern,** oppidum, Sall.: urbem, castra hostium, Cic.: calles, Cic. – moenia scalis, Liv.: oppidum vi, Cato fr.: oppidum vi oppugnando, Vatin. in Cic. ep.: Sassula urbs ex Tiburtibus capta, Liv.: post captam Troiam atque deletam, Augustin.: ager Etruscus de Tarquiniensibus quondam captus, Liv. – u. als Zeitbestimmung, post Troiam captam, Vell.: post urbem captam, Eutr.: ab condita urbe Roma ad captam eandem urbem, Liv. – **γ** Menschen **gefangennehmen, fangen,** belli nefarios duces, Cic.: quattuor milia hostium cum multis militaribus signis, Liv.: vivum (lebendig) Thuyn cum uxore et liberis, Nep.: u. (im Bild) numquam erit ... tam captus equester ordo, so unterjocht, so unfrei, Cic. Sest. 52. – servus ex hoste captus, Quint.: capta ex Caria, Ter. – Livium captum Tarenti, Cic. – Partiz. subst., captus, ī, *m.* = captivus, ī, *m.,* **der Gefangene,** in Prosa gew. nur im Plur., z. B. in captos clementiā uti, Nep.; u. capta, ae, *f.,* die **Gefangene,** Sen. rhet. – **c** Tiere (bes. auf der Jagd, beim Vogelstellen, beim Fischen) **erlegen, fangen, einfangen,** prolapsorum equitum vacuos equos, Liv.: cervum, Phaedr.: aves, Varr. LL.: murem, Val. Max.: pisces, Cic.: ista fera periculose capta, Sen.: illa quidem pro lepusculis capiebantur, patellae, paterae, Cic.

2 übtr.: **a** übh. jmd. **ergreifen, sich** jmds. **bemächtigen,** v. äußeren Zuständen, ubi periculum quemque ceperat, ibi resistere, Sall. Iug. 51, 1. – v. inneren = befallen, anwandeln, admiratio, metus capit alqm, Liv.: capit alcis animum cura sacrorum, Liv.: nos post reges exactos servitutis oblivio ceperat, Cic.: non prius sum conatus misericordiam commovere quam misericordiā sum ipse captus, Cic. – **b** jmd. gleichs. **einnehmen, α** übh. physisch od. geistig, Passiv capi, physisch od. geistig **eingenommen, gelähmt werden,** m. Ang. **wodurch?** (deutsch **woran?**) im *Abl.* (vgl. Fabri Liv. 21, 58, 5), altero oculo capi, auf einem Auge blind werden, Liv.: luminibus capi, erblinden, Liv.: oculis et auribus captus, blind u. taub, Cic.: captus pedibus, Sall. fr. u. pedibus captus, Liv.: membris omnibus captus ac debilis, an a. Gl. gänzlich gelähmt, Cic.: caput captum leto, das vom Tode befallene, todumnachtete Haupt, Verg. – captus mente, geistig umnachtet, verrückt, Cic.: velut captus animi, Tac., od. velut mente captā, Liv., als hätte er den Kopf verloren, wie verrückt: capti et stupentes animi, befangene, Liv. – **β** jmds. Willenskraft, jmd. **bestricken, überlisten, betrügen,** adversarium, Cic.: aures, Cic. – adulescentium animos dolis, Sall.: capi dolo alcis, Nep.: capi errore, Liv. – **γ** jmds. Neigung u. Gemüt, jmd. **fangen, fesseln, für sich einnehmen, gewinnen, bestechen, verlocken, betören, berücken,** ut etiam adversantem ac repugnantem uti imperator fortis ac bonus capere possit, Cic.: quod insit in his aliquid probi, quod capit ignaros, Cic.: capior et scire cupio quomodo etc., lasse mich verlocken, Cic.: captus est, er hat sich fangen lassen (v. einem Verliebten), Ter. – capere alqm suā humanitate, Nep.: u. capi voluptate, Cic.: amore captivae captus, Liv.: captus adulescentis et humanitate et doctrinā, Nep. – **δ** vor Gericht u. übh. jmd. **überführen** (wie αἱρεῖν τινά τινος), alqm impudicitiai, Plaut. Amph. 821.

II empfangend **nehmen, fassen, A** im Allg.: **1** eig.: **a** mit der Hand usw. **nehmen, sich geben lassen, empfangen** (Ggstz. dare), praemia, Verg.: tantum praemium, Plin. pan.: nitidam praemia (als Belohnung) vaccam, Ov.: essedum aliquod capias suadeo et ad nos quam primum recurras, Cic. – per alqm aut honores aut divitias, Cic. – ex calamitate alcis nomen, Caes.: de re publica nihil praeter gloriam, Cic.: u. poenam de alqo, Liv. – regnum ab alqo, Ov. – So nun bes.: **α** als publiz. *t. t.,* pecuniam (pecunias) capere, Geld nehmen, sich geben lassen, sich aneignen, sowohl auf dem Wege der Erpressung als auf dem Wege der Bestechung (v. Magistraten in den Provinzen, die dann de pecuniis repetundis belangt wurden; vgl. Madvig Cic. de fin. 1, 24. p. 53². Dietsch Sall. Iug. 32, 1), Cic. u. a.: contra leges, Cic.: per vim atque iniuriam, Cic.: ob rem iudicandam od. iudicatam, Cic.: captarum pecuniarum ab regibus Illyriorum suspicione infamis, sich habe bestechen lassen von usw., Liv. – **β** als jurist. *t. t.,* **rechtlich erwerben, an** etw. **Eigentumsrecht erlangen,** oft bei ICt. – bes. als Erbe **erwerben, bekommen, erben,** ex hereditate nihil, Cic.: qui morte testamentoque capiat quantum omnes heredes, Cic.: abdicatus, ne quid de bonis patris capiat, Quint.: si capiendi ius nullum uxori, Iuven. – absol., capere = **erbfähig sein, perzipieren,** Valens dig. 49, 14, 42 *in.* – **γ** als *t. t.* der Geschäftsspr., eine Abgabe, einen Ertrag usw. **einnehmen, beziehen, lösen,** stipendium iure belli, Caes.: plus fructi (alt = fructus) capies, si etc., Cato: vix auctione totā quinquagensiens, Plaut.: vectigal ex agro, Liv.: quinquagena talenta vectigalis ex castro, Nep.: ex eis praediis talenta argenti bina, Ter.: ex praediis sescenta sestertia, Cic.: u. bes. (im Bild) fructum u. fructum duplicem ex alqa re, Phaedr. u. Cic.: (im Bild) utilitates ex amicitia maximas, ernten, Cic. – **δ** eine andere Beschaffenheit, Gestalt usw. **bekommen, annehmen,** duritiem tacto ab aëre, Ov.: faciem aliquam morando, Ov.: vultus priores, Ov. – **b** in od. an seinen Körper **aufnehmen, α** lebl. Objj., **in sich aufnehmen, zu sich nehmen, eindringen lassen, durchlassen,** plenos capit alveus amnes, Ov.: fauces cibum et potum capiunt, Cels.: u. v. Pers., cibum, Komik., Sall. u. a.: potionis quantum volet capiat, Cels.: quae gloria est capere multum? Sen. – **β** (poet.) leb. Objj.: alter ab undecimo tum me iam ceperat annus, ich war schon ins zwölfte J. getreten, Verg. – u. bes. v. Örtl., jmd. gastlich **aufnehmen,** donec fessos Aegyptia tellus ceperit, Ov.

2 übtr.: **a** einen äußeren od. inneren Zustand, eine äußere od. innere Empfindung u. dgl. **bekommen, gewinnen, erwerben, schöpfen,**

ernten, **tragen** od. **ertragen müssen, empfinden, erleiden, erdulden** (vgl. Burmann Ov. art. am. 2, 346), somnum capere non posse, Cic.: non partem ullam quietis, Cic.: ex suo propinquo rure hoc commodi, Ter.: aliquid commodi ex ea re, Ter.: aliquid detrimenti (bes. in der publiz. Formel dent operam od. curent od. videant consules, ne quid res publica detrimenti capiat), Cic.: maximam calamitatem, Cic.: inimicitias, Ter.: miseriam omnem (Ggstz. potiri gaudia), Ter.: laborem inanem, Ter.: laborem ex alqo u. ob alqm, Ter.: desiderium ex filio, Cic.: magnum dolorem animo, Cic.: dolorem od. dolorem magnum ex alqa re, Cic.: gaudium ex civibus victis, Liv.: animi laetitiam memoriā alcis rei, Cic.: summam laetitiam ex reditu alcis, Cic.: veram laudem, Ter.: u. maximam laudem ex alqa re, Cic.: gloriam egregiam ex hoste, Liv. – maximam gloriam ob alqd, Cic.: voluptatem non mediocrem animo, quod etc., Cic. – voluptatem malis alienis, Cic.: voluptatem ex alqa re, Plaut. – **b** jmd. **bekommen zu** usw., m. dopp. *Acc.*, inimicos omnes homines, Ter. Andr. 695.
B prägn., räumlich etwas **fassen,** d. i. für etwas **Raum haben** od. **bieten,** etw. **in sich fassen** od. **begreifen, enthalten, 1** eig., v. räuml. Ggstdn., tot domus locupletissimas istius domus una capiet? Cic.: armarium, quod non legendos, sed lectitandos libros capit, Plin. ep.: lapis excisus sic, ut pedes capiat, Cels.: portus ingentem vim navium capit, Liv.: populi, quos dives Achaia cepit, Ov.: aptius hae capiant vadimonia garrula cerae, Ov. – mit einer Negation, non (vix u. dgl.) capere, **nicht (kaum) fassen (können), nicht Raum genug haben** für usw. = **zu klein sein** für usw., aedes nostrae vix capient, Ter.: pons fugientes non capiebat, Curt.: unā domo capi non possunt, Cic.: nec iam se capit unda, fasst (hält) sich nicht mehr in sich, Verg.: u. im Bild, capere eius amentiam civitas, Italia, provinciae, regna non poterant, hatten nicht Raum genug für seinen Wahnsinn, d. i. konnten ihn nicht befriedigen, Cic.: nec te Troia capit, ist für dich zu klein, Verg.: ebenso orbis te non caperet, Curt.; vgl. Mützell Curt. 3, 4 (11), 12. p. 62.
2 übtr.: **a** übh., etw. zu tun od. zu ertragen nicht zu groß finden, d. i. zu etwas (körperlich od. geistig) **tüchtig-, fähig-, reif sein,** etw. **zulassen, vertragen, gestatten, nicht ausschließen,** quicquid mortalitas capere poterat (was der Menschheit möglich war), explevimus, Curt.: summo, quantum capit aetas illa, labore, Quint.: capere id rerum naturam, Quint.: contio capit omnem vim orationis, Cic. de or. 2, 334: si aliquam superlationem res capit, Arnob. 1, 51. – u. mit der Negation, concupiscis quae non capis, was für dich zu groß ist, Curt.: iram non capit ipsa suam Procne, ist ihres Zorns nicht mächtig, Ov.: aetates nondum rhetorem capientes, noch nicht reif für usw., Quint.: rimam fissuramque non capit cedrus, Plin. – dah. (= ἐνδέχεται) **es ist zulässig, es geht an, es ist möglich,** m. folg. *Infin.*, Eccl. (s. Rönsch Itala p. 351). – **b** geistig in sich aufnehmen, **α** mit dem Gefühl = **die Größe** od. **hohe Bedeutung** von etw. **fühlen,** gew. mit einer Negation, non capiunt angustiae pectoris tui, non recipit levitas ista ... tantam personam, Cic.: nullam esse gratiam tantam, quam non capere animus meus posset, Cic.: v. Pers., vix spes ipse suas animo capit, fühlt kaum im Herzen die Größe dessen, was er hofft, Ov. – **β** mit dem Verstand = etw. **in seiner Totalität fassen** od. **auffassen, in seinem ganzen Umfang verstehen, sich eine richtige Vorstellung** von etw. **machen** (während intellegere = geistig durchdringen, s. Spalding Quint. 11, 1, 45), mens nostra intelligentiaque capit, quae sit et beata natura et aeterna, Cic.: quod mentes eorum capere possent, Liv. – v. Pers., ne iudex eam orationem vel intellegere vel capere possit, Quint.: u. quem (senatum) qui ex regibus constare dixit, unus veram speciem Romani senatus cepit, Liv.: quantum capio, soviel ich verstehe, Augustin. serm. 311, 2. – Archaist. Form capso = *cepero,* Plaut. Bacch. 712: capsis = *ceperis,* Cic. or. 154: capsit = *ceperit,* Plaut. Pseud. 1022. Acc. tr. 454 (vgl. Paul. ex Fest. 57, 15): capsimus = *ceperimus,* Plaut. rud. 304: cepet = *cepit,* Column. rostr. Duil. *a.* 167 *a. Chr.* im CIL 3, 14203[22]: Imperf. capebat, Commodian. apol. 120.

2. capio, ōnis, *f.* (capere), das **Nehmen, Ergreifen,** odoris, das Einziehen, Lact. de opif. dei 15, 20. – oft als jurist. *t. t.,* pignoris capio, Cato fr., Frontin. u. ICt.: dominii, ICt. – absol. = usucapio, das **durch Verjährung erlangte Eigentumsrecht,** ICt. Vgl. usucapio.

1. capis, pidis, Akk. Plur. pidas, *f.* (v. σκαφίς, nicht, wie Varr. LL. 5, 121 u. Paul. ex Fest. 48, 9 wollen, v. capio), eine mit einem Henkel versehene Schale, eine **Henkelschale,** bes. als Opfergerät, **Opferschale,** Lucil. sat. 9, 61. Varr. vit. p. R. 1. fr. 47. Liv. 10, 7, 10. Plin. 37, 20. Petr. 52, 2.

2. Capis, s. Capys.

capisso, s. capesso ►.

capistellum, ī, *n.* (*Demin.* v. capistrum), ein **Maultierzaum mit der Halfter,** Edict. Diocl. 10, 6: carpenti capistella, CIL 8, 8457, 17.

capister, s. capistrum a. E.

capistērium, ī, *n.*, f. L. st. scaphisterium, s. d.

capistrārius, ī, *m.* (capistrum), der **Halftermacher** od. **Seiler,** CIL 12, 4466.

capistro, (āvī), ātum, āre (capistrum), **I durch eine Schlinge anbinden, befestigen,** vites, Col. 11, 2, 95. – **II** insbes., **halftern,** boves fiscellis, Plin.: iumenta ad iugum, Col.: tigres capistratae, das Tigergespann, Ov. u. Plin.

capistrum, ī, *n.*, **I die Schlinge** zum Halten eines Ggstds., wie an der Weinpresse, Cato r. r. 12: zur Befestigung der Weinstöcke, Col. 4, 20, 3. – **II** insbes., die **Halfter, der lederne Maulkorb** der Tiere, Varr. u. a.: equestre, die lederne Pferdehalfter, Edict. Diocl.: mulare, *ibid.* – bildl. maritali iam porrigit ora capistro, wir: »nimmt das Ehejoch auf sich«, Iuven. 6, 43. – Nbf. capister, *m.*, Not. Bern. 16, b.

capital (nachaug. capitāle), ālis, *n.* (capitalis), **I** capital (*sc.* linteum), ein **leinenes Tuch,** das die Priesterin beim Opfern um den Kopf zu tragen pflegte, Varr. LL. 5, 130. Paul. ex Fest. 57, 6. – **II** (*sc.* facinus) das **Kapitalverbrechen, Todesverbrechen,** capital facere, eine Mordtat begehen, Plaut.: u. so capital admittere gladio, ICt.: capitalia audere, Liv.: capitalia vindicare, Cic.: capital est m. folg. indir. Fragesatz, nisi, si u. dgl., Cic. de legg. 2, 21; de inv. 2, 96. Iustin. 2, 7, 8: ebenso capitale fuisse, cum etc., Tac. Agr. 2, 1: capital est m. *Infin.*, Lucil. sat. 26, 67. Liv. 24, 37, 9. Mela 1, 9, 7 (1. § 58). Curt. 8, 4 (15), 17. Suet. Cal. 24, 2: ebenso capitale est m. *Infin.*, Quint. 9, 2, 67: u. capital exsistit (es wird zum T.) m. *Infin.*, Val. Max. 6, 1. ext. 1: u. capital facere (es zu einem T. machen) m. *Infin.*, Plin. 10, 62.

capitāle, is, *n.* (caput), das **Kopfkissen, Kopfpolster,** Regul. S. Bened. 55.

capitālis, e, *Adi.* m. *Compar.* (caput), **I den Kopf-, das Leben betreffend, 1** eig.: periculum, Lebensgefahr, Plaut.: res, worauf der Tod steht, Cato fr. u. Cic.: ebenso facinus, Caecil. com. fr. u. Cic.: triumviri, Cic.: poena, Todesstrafe, Liv.: vitia, Sen. – **2** übtr., übh. **tödlich, Tod-, höchst gefährlich** od. **verderblich,** inimicus, hostis, Cic.: odium, Cic.: oratio, Cic.: capitalior pestis, Cic. – **II vorzüglich** in seiner Art, **Haupt-, Kapital-,** Philistus, ein Hauptschriftsteller, Cic.: ingenium, Ov.: iocus, Treb. Poll. – Archaist. (zu *no.* I, 1) caputalis res, CIL 1, 196, 26.

capitāliter, *Adv.* (capitalis), **auf Leib und Leben, bis auf den Tod, tödlich, a** im Allg.: lacessere, Plin. ep. 1, 5, 4: odisse, Amm. 21, 16, 11: saevire, Cassiod. var. 1, 37. – **b** in strafrechtl. Beziehung, **sodass es sich um Freiheit und Leben handelt,** Cod. Theod. 3, 14, 1 u. a.: c. animadvertere in militem, einen Soldaten am Leben bestrafen, Veget. mil. 2, 22.

capitāneus, a, um (caput), **durch Größe hervorstechend,** litterae, Gromat. vet. p. 362, 30.

capitārium aes, quod capi potest, Paul. ex Fest. 65, 18.

capitātio, ōnis, *f.* (caput), das **Kopfgeld, a** als Staatseinnahme, die **Kopfsteuer,** Amm. 17, 3, 2 u. ICt. – **b** als Staatsausgabe, für das Vieh im öffentlichen Dienst, Cod. Theod. 7, 4. § 8 u. 11.

capitātus, a, um (caput), **mit einem Kopf versehen, a** v. leb. Wesen: fieri (mortales) capitati ab utraque parte potuerunt, Iulian. bei Augustin. opp. imperf. c. Iulian. 5, 15. – **b** v. Lebl., **mit einem Kopf** od. **Knopf versehen,** natrix, Lucil. fr.: clavulus, Varr.: cepa, Plin.: vinea,

Wein, der in die Höhe gezogen wird (Ggstz. brachiata, in die Länge gezogen), Col.

capitellum, ī, *n.* (*Demin.* v. caput, s. Varr. LL 8, 79), **I der kleine Kopf, das Köpfchen,** Veget. mul. 3, 17, 2. – **II** übtr., das **Säulenkapitell,** Vulg. 3. regg. 7, 16. Augustin. quaest. in exod. 110. Coripp. 4, 59. Isid. 15, 8, 15.

capitilavium, ī, *n.* (caput u. lavo), die **Kopfwaschung,** im Volk Name des Palmsonntags, Isid. 6, 18, 14.

1. Capitium, ī, *n.*, Stadt auf dem Nebrodengebirge im südl. Sizilien, j. *Capizzi,* wov. **Capitīnus,** a, um, **kapitinisch,** civitas, Cic. Verr. 3, 103.

2. capitium, ī, *n.*, **I** ein kurzer, den oberen Körperteil eng umschließender Überwurf der röm. Frauen, etwa **Mieder, Korsett,** Varr. LL. 5, 131. Varr. de vit. p. R. 2. fr. 22 u. 23 K. (b. Non. 542, 25 *sqq.*). Laber. com. 61. Ulp. dig. 34, 2, 23. § 2. – **II** die **Öffnung** oben in der Tunika, durch die der Kopf gesteckt wurde, Hier. ep. 64, 14. Vulg. exod. 28, 32 u. 39, 23; Tob. 30, 18. Mythogr. Lat. 1, 147 u. 2, 203. Schol. Iuven. 3, 81.

capito, ōnis, *m.* (caput), **I** der **Großkopf, Dickkopf,** Cic. de nat. deor. 1, 80: v. Parasiten, Plaut. Pers. 60. – **II** übtr.: **A** der auch cephalus genannte großköpfige Seefisch, Cato r. r. 158. – **B** eine Art Weißfisch, der **Döbel, Dickkopf** (*Cyprinus Dobula,* L.), Auson. Mos. 85. – **C** Capito als röm. Beiname der Atteii, Fonteii.

Capitōlium, ī, *n.* (caput), der prächtige, von den Tarquiniern erbaute u. immer prachtvoller (namentlich von Augustus) verzierte Jupitertempel in Rom auf dem tarpejischen Berg, neben dem die römische Burg (arx Tarpeia) u. der tarpejische Felsen (rupes Tarpeia) sich befanden, von dem die Missetäter herabgestürzt wurden; im weiteren Sinne der ganze Hügel mit der Burg usw., j. *Campidoglio,* s. Liv. 1, 55, 1 *sqq.* Plaut. Curc. 269. Cato origg. 4. fr. 12. Varr. sat. Men. 195. Cic. de rep. 2, 36; vgl. Thiel Verg. Aen. 8, 347. – das Cap. wurde von den Römern für unzerstörbar gehalten, dah. zur Bezeichnung der Ewigkeit, ewigen Dauer, Verg. Aen. 9, 448. Hor. carm. 3, 30, 8 *sq.* – Den Namen leiten einige (Serv. Verg. Aen. 8, 345. Arnob. 6, 7; vgl. Varr. LL. 5, 41. Liv. 1, 55, 5) von dem Haupt eines gewissen Tolus (caput Toli) ab, das man bei der Grundlegung des Tempels ausgegraben habe, es ist jedoch bloß eine andere Form für capitulum. Daher werden auch Capitolia, d. i. große prächtige Tempel od. Burgen, in anderen Städten erwähnt, wie in Kapua, Suet. Cal. 57, 2; in Benevent, Suet. gr. 9. – Im Kirchenlat. = jeder **Heidentempel,** Prud. c. Symm. 1, 632. – Übtr., pars eius tamquam totius corporis capitolium (Spitze, Haupt), Chalcid. Tim. 233. – Dav. **Capitōlīnus,** a, um, **zum Kapitolium gehörig, kapitolinisch,** clivus, Cic.: Iuppiter, Cic.: amphora, s. amphora: ludi, dem kapitolin. Jupiter zu Ehren, Liv.: so auch certamen, Suet.: quercus, der den Siegern in den kapitolin. Spielen dargebrachte Eichenkranz, Iuven.: subst., Capitōlīnī, ōrum, *m.*, die Besorger der kapitolin. Spiele, Cic. ad Q. fr. 2, 5, 2. – Auch Beiname des M. Manlius, wegen der Rettung des Kapitols, Aur. Vict. vir. ill. 24, 1.

capitulāre, is, *n.* (capitulum), der **Kopfschmuck,** Isid. 19, 31, 3. Vgl. capitularium.

capitulāriī, ōrum, *m.* (capitulum), **I** Gehilfen der Steuereinnehmer u. Kassenrendanten, Spät. – **II** Gehilfen beim Ausheben der Rekruten, Cod. Theod. 6, 35, 3.

capitulāris, e (capitulum), **die Kopfsteuer betreffend,** lex, CIL 8, 4508 (*a.* 202).

capitulārium, ī, *n.* (capitulum), die **Kopfsteuer, a** als öffentliche Abgabe, CIL 2, 5181. – **b** als Eintrittsgeld in ein Kollegium, CIL 14, 2112.

capitulārius, a, um (capitulum), **die Aushebung der Rekruten betreffend,** functio, Cod. Theod. 11, 16, 14.

capitulātim, *Adv.* (capitulum), **dem Hauptinhalt nach,** dicere alqd, Nep. Cato 3, 3: attingere, Plin. 2, 55.

capitulātus, a, um (capitulum), **mit einem kleinen Kopf versehen,** costae leniter quasi c., Cels. 8, 1. p. 326, 9 D.: c. utrimque surculus, Plin. 17, 156.

1. capitulum, ī, *n.* (*Demin.* v. caput), **der kleine Kopf, das Köpfchen, I** eig.: obstipo capitulo, Caecil. com. fr.: operto capitulo, Plaut.: c. agninum, Pelagon.: c. haedi, Cels.: cepae, Col.: sarmenti, Col.: torcularii, Cato: m. tamquam od. quasi von den Hämorrhoidalknoten, Cels. 6, 18, 9 u. 7, 30, 3. – meton., scherzh. od. schmeichelnd = **Mensch,** hoc c., Plaut. asin. 496: o capitulum lepidissimum, Ter. eun. 531. – **II** übtr.: **A** als *t. t.* der Baukunst: **a das Kapitell** der Säulen, **der Knauf,** Vitr. u. Plin. – **b** das **Kapitell** an den Triglyphen, Vitr. 4, 3, 8. – **c** der **Hauptbalken** an den Kriegsmaschinen, Vitr. – **B ein Kopfschmuck,** Isid. 19, 31, 3 (von Non. 542, 30 mit capitium *no.* I identifiziert). – **C** eine **Abteilung,** ein **Abschnitt,** ein **Kapitel,** ein **Passus,** eine **Stelle** einer Schrift od. eines Gesetzes, Eccl. u. ICt.: capitula, quae finalia nominantur, Prisc. praeex. 33. – u. der **Hauptinhalt,** die **Summa,** Vulg. Hebr. 8, 1. – **D** die **Aushebung der Rekruten** (als Amt), Cod. Theod. 11, 16, 15. – Nbf. **capitulus,** ī, *m.*, Ps. Cypr. de pasch. comp. 15. Ariani fragm. 13 in Nov. collect. ed. Mai III. p. 233.

2. Capitulum, ī, *n.*, Stadt der Herniker in Latium, j. wahrsch. *Paliano,* Plin. 3, 63. CIL 14, 269. – Dav. **Capitulēnsēs,** ium, m., die Einw. von Kapitulum, die **Kapitulenser,** Ulp. dig. 50, 15, 8. § 7.

capitulus, s. 1. capitulum a. E.

capītum, ī, *n.* (καπητόν), **Viehfutter, Furage, Ration,** Vopisc. Aur. 7. § 7. Amm. 22, 4, 9. Cod. Theod. 6, 24, 1 u. a. spät. ICt.

caplātor, s. capulātor.

capniās, ae, *m.* (καπνίας, rauchig), ein rauchfarbiger Edelstein von mehreren Arten: **I** eine **Jaspisart,** Plin. 37, 118 (Plin. 37, 151 capnitis = καπνῖτις gen.). – **II** eine Art **Chrysolith,** sehr wahrsch. unser **Rauchtopas,** Plin. 37, 128.

capnios, ī, *f.* (κάπνιος, verst. ἄμπελος), eine Rebenart mit dunklen, rauchfarbigen Trauben, Plin. 14, 39.

capnītis, tidis, *f.* (καπνῖτις, rauchig), **I** eine Art **Galmei** od. **Kobalt,** Plin. 34, 101. – **II** ein Edelstein, s. capniās *no.* a.

capnos, ī, *f.* (καπνός, Rauch), eine Pflanze, **Erdrauch** (bei Neueren fumaria), Plin. 25, 155 *sqq.*

cāpo, ōnis, *m.* (spät. Nbf. v. capus, s. Charis. 103, 26), der **Kapaun, Kapphahn,** Mart. 3, 58, 38. Treb. Poll. Gallien. 12, 5. Pallad. 12, 1, 3. Apic. 4, 173.

1. cappa, *n. indecl.*, der griech. Buchstabe **Kappa,** Auson. Technop. (XXVII) 12, 26. p. 138 Schenkl.

2. cappa, ae, *f.*, eine Art Kopfbedeckung, Isid. 19, 31, 3. Gregor. Tur. vit. patr. 8, 5.

Cappadoces, um, Akk. as, m. (Καππάδοκες od. -και), die Bewohner von Kappadozien (s. unten), die **Kappadozier,** Mela 1, 2, 5 (1. § 13) u. 3, 8, 5 (3. § 77): Cappadocum rex (Archelaus, der letzte König, reg. von 413–399 v. Chr.), Hor. ep. 1, 6, 39, dessen einziger Reichtum in seinen ihm leibeigenen Untertanen bestand, die er als Sklaven verkaufte; sie konnten aber wegen ihrer Trägheit u. Treulosigkeit nur zu den niedrigsten Diensten (bes. zum Sänftentragen, Mart. 6, 77, 4) gebraucht werden, Pers. 6, 77 (wo griech. Akk. -as). – Sing. **Cappadox,** ocis, *m.* (Καππάδοξ), der **Kappadozier,** Cic. post red. in sen. 14: homo C., Petr. 63, 5. – u. Plur. Cappadoces, Kappadozier = kappadozische Pferde, Veget. mul. 6, 6, 4. – Dov.: **A Cappadocia,** ae, *f.* (Καππαδοκία), **Kappadozien,** eine Landschaft Kleinasiens, die östlichste kleinasiat. Provinz der Römer, j. *Caramanien,* Varr. r. r. 1, 57, 2. Cic. ad Att. 5, 18, 1. – **B Cappadocius,** a, um, **kappadozisch,** lactuca, Col.: gemma, Plin. – **C Cappadocus,** a, um, **kappadozisch,** sal, Col.: lactuca, Col.: u. dies. bl. Cappadoca, ae, *f.*, Mart.

cappara, ae, *f.*, die auch portulaca genannte Pflanze, Ps. Apul. herb. 103.

cappari, *n. indecl.* (κάππαρις), die noch geschlossene Blütenknospe der Kaperstaude, die **Kaper,** gesammelt u. als Gewürz gebraucht, Cels. 4, 9 (16) *extr.* Plin. 24, 121 u. 25, 96.

capparis, is, Akk. im, Abl. ī, *f.* (κάππαρις), die **Kaperstaude** u. die **Kaper,** Plaut., Varr. fr., Cels. u. a.

cappūdo, s. 1. capēdo.

capra, ae, *f.* (caper), die **Ziege, Geiß, I** eig. u. meton.: **1** eig.: *caprae, quas alimus, a capris feris* sunt ortae, Cato fr.: u. so caprae ferae, viell. Gemsen, Verg.: c. alba, Liv.: caprae similis, Solin.: capras et oves quot quisque haberet, dicere posse, amicos quot haberet, non posse dicere, Cic. – **2** meton., der **schweißige Bocksgestank** unter den Achseln der Menschen (sonst caper gen.), Hor. ep. 1, 5, 29. – **II** übtr.: **A ein Stern** im Fuhrmann, sonst capella gen., Cic. poët. de nat. deor. 2, 110. Hor. carm. 3, 7, 6. – **B** Beiname der Annii, Varr. r. r. 2, 1, 10. – **C** Caprae Palus, die Stätte auf dem Marsfeld in Rom, wo Romulus verschwand, Liv. 1, 16, 1. Aur. Vict. vir. ill. 2, 13; auch *Capreae* Palus gen., Ov. fast. 2. 491 (489). Solin. 1, 20. Flor. 1, 1, 16, u. **Caprālia,** Paul. ex Fest. 49 *ed. Lindem.* (*ed. Muell.* 65, 5 Cupralia).

caprāginus (*al.* **caprūginus**), a, um (capra), **von Rehwildbret,** lumbi (Koteletten), Macr. sat. 2, 9 (3, 13), 12. – capruginus synkop. caprūnus, Anthim. 70. 76. 82 *codd. optt.*

caprāgo, inis, *f.*, die auch cicer columbinum genannte Pflanze, Ps. Apul. herb. 108.

Caprāria, ae, *f.* (capra), **I** Insel nahe der Südspitze der Balearis maior, den Schiffen gefährlich, j. *Caborra,* Plin. 3, 78. Mart. Cap. 6. § 643. – **II** eine der fortunatae insulae, Mart. Cap. 6. § 702. – **III** kleine Insel im Tyrrhenischen Meer zwischen Populonia und der Nordspitze von Korsika, von wilden Ziegen bewohnt (dah. der Name, bei den Griechen Αἴγιλον), j. *Capraja,* Plin. 3, 81. Mela 2, 7, 19 (2. § 122). Rut. Nam. 1, 439. Mart. Cap. 6. § 644: Form Caprasia, Varr. r. r. 2, 3, 3. – Dav. **Caprāriēnsis,** e, **kaprariensisch,** plumbum, Plin. 34, 164.

caprārius, a, um (capra), **zur Ziege gehörig, Ziegen-, I** *adi.*, pecus, Solin. 9, 12: pastus caprarii, Solin. 1, 97: mutilago c., eine Art der Pflanze *tithymalus,* Ps. Apul. herb. 108. – **II** *subst.*, caprārius, ī, *m.* = αἰγοπόλος (Gloss.), **der Ziegenhirt,** Varr. r. r. 2, 3, 10. Col. 3, 10, 17.

Caprāsia, ae, *f.*, s. Caprāria *no.* III.

Caprātīnae Nōnae, s. Caprōtīnae Nōnae.

caprea, ae, *f.* (capra), **I** eine Art wilder Ziegen, wahrsch. das **Reh,** Verg., Plin. u. a.: silvestris, Val. Max.: als Wildbret, caprea astringit alvum, Cels.: – Sprichw., prius iungentur capreae lupis, quam etc. = eher wird das Unmögliche möglich, als usw. (vgl. πρίν κεν λύκος οἶν ὑμεναιοῖ, Aristoph. in Pace *v.* 1076), Hor. carm. 1, 33, 8. – **II** Capreae Palus, s. capra *no.* II, C.

Capreae, ārum, *f.* (Καπρέαι, auch Καπρέα u. Καπρία), kleine Insel an der kampanischen Küste vor dem Golf von Puteoli, j. *Capri,* ein hohes, felsiges, aber höchst reizend gelegenes u. mildes Eiland, früher der Sage nach ein Wohnsitz der Teleboer (Verg. Aen. 7, 735), später im Besitz der Neapolitaner, denen Augustus es abtauschte (Suet. Aug. 92, 1). Hier verlebte bekanntlich Tiberius die letzten sieben Jahre seiner Regierung unter Ausschweifungen, nur seinen Kreaturen zugänglich, Tac. ann. 4, 67. Suet. Tib. 40. Iuven. 10, 72 u. 93: dah. die Insel spottweise **Caprineum** (v. capra u. inire) gen., Suet. Tib. 43, 2. – Dav. **Capreēnsis,** e, **kapreensisch,** secessus, Suet. Tib. 43, 1.

capreïda, ae, *f.*, eine Pflanze, nach einigen **Geißblatt,** Cato r. r. 122 zw.

capreola, ae, *f.* (capreolus) = δορκάς, viell. die **Gazelle,** Itala Isai. 13, 14. Ambros. de interp. Iob et David 2, 1, 3 (neben hinnulus cervorum).

capreolātim, *Adv.* (capreolus), **verschlungen, verflochten,** Apul. met. 11, 22.

capreolus, ī, *m.* (caper), **I** eine Art wilder Ziegen, viell. der **Rehbock,** nach anderen die **Gemse,** Verg. u. Col. – **II** meton.: **A Hacke zum Jäten,** mit zwei Zinken, Col. 11, 3, 46. – **B** capreoli, **Streben, Stützenträger,** Caes. u. Vitr. – **C** die geringelten **Gäbelchen** des Weinstocks, womit die zarten Zweige die Stengel anfassen, Varr. u. Plin.

capreus, a, um = αἴγειος, **von Ziegen,** Prisc. 3, 40. p. 112, 16 K. – Nbf. ficus caprius = caprificus (s. d.), Gromat. vet. 352, 3.

capricornus, ī, *m.* (caper u. cornu), der **Steinbock,** ein Gestirn, griech. αἰγόκερως, Hor. u. a. Vgl. Prisc. 6, 20. p. 211, 22 K.

caprificātio, ōnis, *f.* (caprifico), **die künstliche Befruchtung der Feige durch den Stich der Gallwespe,** Plin. 15, 81 u. a.

caprifico, āre (caprificus), **durch den Stich der Gallwespe die Feigen künstlich befruchten,** Plin. 16, 114. Pallad. 4, 10, 28.

caprificus, ī, *f.* (caper u. ficus), **der wilde Feigenbaum,** bei den Griechen ἐρινός), u. seine Frucht, **die wilde Feige,** Ter., Varr. LL., Prop. u. a.: caprifici arbor, Capitol.: lac caprifici, Cels.: im Wortspiel mit caper u. ficus bei Mart. 4, 52. Merkwürdig durch die auf ihm entstehende Gallwespe (*Cynips Psenes,* L., bei Plin. 17, 255 culex gen.), die von da zu der zahmen Feige (ficus, συκῆ) übergeht und durch den Stich in die Substanz des Fruchtbodens (receptaculum) die Befruchtung der Feigen bewirkt. Er wächst in Felsen, die er, im Wachstum zunehmend, sprengt (vgl. Iuven. 10, 144 *sq.*); dah. poet. vom Sprengmittel der Leber, des Sitzes des Hochmuts, der Ruhmsucht, Pers. 1, 25. – Genet. Sing. caprificus, Scrib. 175.

caprigenus, a, um (caper u. gigno), **von Ziegen stammend,** genus, Pacuv. fr.: pecus, Ziegen, Cic. fr. u. a. – subst., caprigenae = caprae, Acc. 544 (wo Genet. caprigenûm). – Auf die Schwächlichkeit und Kränklichkeit der Ziege bezieht sich der Scherz mit caprigenum hominum genus bei Plaut. Epid. 18.

caprīlis, e (caper), **zur Ziege gehörig, Ziegen-, I** *adi.*: semen c., Varr. r. r. 2, 3, 3: casa, Ziegenstall, Oros. 5, 21, 7. – **II** subst., caprīle, is, *n.*, der **Ziegenstall,** Varr. r. r. 2, 3, 8. Vitr. 6, 6 (9), 4.

caprimulgus, ī, *m.* (capra u. mulgeo), **I Ziegenmelker,** poet. für »Hirt«, Catull. 22, 10. – **II** ein die Ziegeneuter ansaugender Vogel, Plin. 10, 115.

Caprineum, s. Capreae.

caprīnus, a, um (caper, s. Prisc. 2, 59), **zu den Ziegen gehörig, Ziegen-, I** *adi.*, pellis, Cic.: pecus, Col.: grex, Varr. u. Augustin.: caseus, Varr.: lac, Plin.: sanguis, Plin. u. Aur. Vict. – Sprichw., de lana caprina rixari, um des Kaisers Bart streiten, Hor. ep. 1, 18, 15. – **II** *subst.*, caprīna, ae, *f.* (*sc.* caro), **Ziegenfleisch,** Valer. Imp. b. Vopisc. Prob. 4, 6. Charis. 83, 13.

caprio, āre, **einweichen,** Anthim. 23 u. 24.

capripēs, pedis (caper u. pes), **ziegenfüßig,** Satyri, Lucr. 4, 578. Hor. carm. 2, 19, 4: Panes, Prop. 3, 17, 34.

caprius, s. capreus.

caprōnae u. **-neae,** ārum, *f.*, die Haarzotten, die von den Schläfen auf die Backen herunterhängen (vgl. antiae), Lucil. sat. 6, 18. Paul. ex Fest. 48, 12 (Form *-nae*). Apul. flor. 3 (Form *-neae*).

Caprōtīnae Nōnae, der siebte Tag des Juli, als Festtag der **Iūno Caprōtīna,** Varr. LL. 6, 18. Auson. ecl. de fer. Rom. (16) 9. p. 15, 23 Schenkl. CIL 4, 1555 (wo in anderer Schreibung ante Nonas Capratinas). Über Veranlassung des Namens u. Festes s. Macr. sat. 1, 11. § 36 *sqq.*

caprūgīnus, s. caprāginus.

caprulīnus, a, um (eig. capreolinus v. capreolus), **vom Rehbock,** caro, Plin. Val. 5, 30.

caprūnus, s. caprāginus.

1. capsa, ae, *f.* (wie capsus von capio), das **Behältnis,** die **Kapsel,** der **Kasten,** für Bücherrollen, Cic. div. in Caec. 51. Hor. sat. 1, 4, 22. Plin. 16, 229. Iuven. 10, 117: für Obst, Plin. 15, 65. Mart. 11, 8, 3.

2. Capsa, ae, *f.* (Κάψα), eine Stadt in Byzacium, an einer Oase in einer wegen Wassermangels u. Schlangen schwer zu durchziehenden Wüste, j. *Kafsa* (südl. von Tunis u. zwar landeinwärts), Sall. Iug. 89 *sqq.* Flor. 3, 1, 14. – Dav. **Capsēnsēs,** ium, *m.*, die Einwohner von Kapsa, die **Kapsenser,** Sall. Iug. 89, 6. – u. dass. **Capsitānī,** ōrum, *m.*, die **Kapsitaner,** Plin. 5, 30.

capsacēs, ae, *m.* (καψάκης), der **Ölkrug,** Hier. ep. 22, 32 u. 54, 16. Augustin. serm. 239, 3.

capsāria, ae, *f.* (1. capsa), **I die Kleiderbewahrerin-,** das **Garderobemädchen im Badezimmer,** CIL 6, 9233 (capsara). – **II** (*sc.* taberna), **Bude für Badebedürfnisse,** Acron. Hor. sat. 2, 7, 110.

capsāricius, a, um (capsarius), **vom** capsarius (im Bad) **aufbewahrt,** lintea, Schol. Iuven. 8, 168.

capsārium, ī, *n.*, s. capsārius *no.* III.

capsārius, ī, *m.* (1. capsa), **I** der **Kapselverfertiger,** Tarrunt. dig. 50, 6,

6. – **II** der Sklave, der dem Sohn vom Haus die beim Unterricht nötigen Dinge (wie Bücherrollen, Schreibmaterialien) in einer capsa in die Schule nachtrug, Suet. Ner. 36, 2. Ulp. dig. 40, 2, 13. – **III** der Sklave, der in den öffentl. Bädern dazu angestellt war, gegen eine kleine Abgabe die Kleider in Verwahrung zu nehmen, der **Kleiderbewahrer,** Paul. dig. 1, 15, 3. § 5. Edict. Diocl. 7, 75. – *subst. neutr.* **capsārium,** ī, *n.* die **Garderobe** im Bad, Gloss. III, 306, 17. Schol. Hor. sat. 2, 7, 110.

capsella, ae, *f.* (*Demin.* v. capsa) = *capsula* (s. d.), Petr. 67, 9. Ulp. dig. 33, 7, 12. § 1. Vulg. 1. regg. 6, 8 *sqq.*

Capsēnsēs, s. 2. Capsa.

capsilāgo, inis, *f.*, **Bilsenkraut,** Plin. Val. 2, 28.

Capsitānī, s. 2. Capsa.

capsula, ae, *f.* (*Demin.* v. capsa), die kleine **Kapsel,** das **Kästchen,** für Kleidungsstücke, Schmuck, Geld, Bücher usw., Fab. Pict. bei Gell. 10, 15, 14. Catull. 68, 36. Sen. apoc. 3, 4: Zenobiae capsulae, Schatulle, Aurel. b. Vopisc. Aurel. 31, 8: dah. totus de capsula, ganz wie aus dem Schmuckkästchen, d. i. ganz fein (v. stutzerhaften Gecken), Sen. ep. 115, 2.

capsus, ī, *m.* (capio), **I** der kastenförmige Hauptteil des Wagens, der **Wagen-, Kutschkasten,** im Gegensatz zum unteren Gestell, Vitr. 10, 9, 2. – **II** der **Behälter** für wilde Tiere, der **Kasten,** Verg. Aen. 1, 396 R. Vell. 1, 16, 2. – **III** eine **Blase** zum Füllsel, Apic. 6, 253 u. 8, 369. – **IV** das **Schiff der Kirche,** Greg. Tur. hist. Franc. 2, 14. p. 82, 2.

Capta, ae, *f.*, Beiname der auf dem mons Caelius verehrten Minerva, s. Ov. fast. 3, 837 *sqq.*

captātēla, ae, *f.* (capto), die **Anlegung,** pallii, Tert. de pall. 5 *in.*

captātio, ōnis, *f.* (capto), **I** das **eifrige Greifen, Trachten, Haschen** nach etw., verborum, Wortklauberei, Silbenstecherei, Cic.: puerilis similium vocum aut ambiguarum, Quint.: testamenti, Erbschleicherei, Plin. – absol., Quint. 8, 6, 51. – **II** als *t. t.* der Fechter, die **Finte,** Quint. 5, 13, 54.

captātor, ōris, *m.* (capto), der eifrig nach etw. **Greifende, -Haschende, -Trachtende, a** m. *Genet.*: lucri, Sen. de ben. 4, 20, 3: frumentarii pretii od. bl. pretii, Getreidepreissteigerer, Getreidewucherer, Ambros. de off. 3, 6. § 43 u. 44: aurae popularis, Liv. 3, 33, 7. – **b** absol.: **α** der **Erbschleicher,** Hor. sat. 2, 5, 57. Petr. 141, 1. Iuven. 10, 202. – **β** der **Versucher, Verführer,** Prud. perist. 5, 19. – **γ** der **Getreidewucherer,** Dracont. hexaëm. 3, 34. Commodian. instr. 2, 23, 12.

captātōrius, a, um (captator), **I zum Erbschleicher gehörig,** institutio (heredis) c., das Einsetzen einer Person zum Erben unter der Bedingung, dass sie uns wieder zum Erben einsetzt, ICt.: ebenso scripturae c., ICt. – **II verführerisch,** hoc vafrum et captatorium, Augustin. ord. 1, 10.

captātrīx, trīcis, *f.* (Femin. zu captator), **eine, die nach etwas hascht, strebt,** c. veri similium, Apul. de dogm. Plat. 2, 8.

captentula, ae, *f.* (captio), **der Fang-, Trugschluss,** Mart. Cap. 4. § 423 u. Gloss. V, 594, 72.

captio, ōnis, *f.* (capio), **I** das **Fassen, Ergreifen,** pignoris, Gaius inst. 4, 12 u. a.; vgl. Gell. 7, 10, 3. – **II** das **Fangen, 1** eig., das **Fangen, a** eines Tieres, Vulg. 2. Petr. 2, 12: fovea captionis, die Fanggrube, Greg. in Iob 9. § 85. – meton., das Netz, Vulg. psalm. 34, 8. – **b** eines Menschen, die **Gefangennehmung, Verhaftung,** Vulg. psalm. 123, 6; ad Rom. 11, 9: domini, Ambros. de ebitu Valent. § 35. – **2** übtr.: **a** das **Täuschen,** die **Täuschung,** der **Betrug** (vgl. Lorenz Plaut. most. 910), istaec captio est, Plaut.: in parvula re captionis aliquid vereri, Cic.: in captionem incidere, Quint.: Plur., captiones metuis, Plaut. asin. 790. – meton., der **Schaden, Nachteil,** ne quid captioni mihi sit, Plaut. most. 922: mea captio est, si etc., Cic. ad Att. 5, 4, 4: saepe cum magna captione a rebus nostris revocamur, Gaius dig. 29, 3, 7: nihil sine captione investigari potest, Iavol. dig. 50, 17, 200. – **b** das **Verfängliche** in Worten, quanta esset in verbis captio, si etc., Cic. Brut. 198: in qua parte quoque in verbo captio foret, Gell. 18, 13, 6: eam sententiam nihil habere aut captionis aut vitii, Cic. part. or. 133. – meton. = σόφισμα (s. Sen. ep. 45, 8. Gell. 18, 13, 2), der **Fangschluss, Trugschluss,** das **Sophisma,** c. dialectica, Cic.: captio soluta aut parum intellecta, Gell.: captionis sophisticae solutio, Gell.: captiones discutere, explicare, refellere, Cic.: induere se in captiones, Cic.: occurrunt captiones, Cic.: erant autem captiones ad hoc fere exemplum, Gell.

captiōsē, *Adv.* (captiosus), **verfänglich,** c. interrogare, Cic. Acad. 2, 94: sermonem c. quaerere, Cassiod. in psalm. 57, 1 (vgl. in psalm. 93, 21).

captiōsus, a, um, *Adi.* m. *Compar.* u. *Superl.* (captio), **I betrügerisch,** o societatem captiosam et indignam! Cic.: quo nihil captiosius neque indignius dici potest, Cic. – **II verfänglich, sophistisch,** fallaces et captiosae interrogationes, Cic.: interrogationes c., sententiae c., Gell.: c. verba, Sen.: captiosissimo genere interrogationis uti, Cic. – subst., captiōsa, ōrum, *n.* = Trugschlüsse, c. solvere, Cic. de fin. 1, 22.

captito, āvī, āre (*Intens.* v. capto), nach etw. **eifrig streben, -haschen,** Apul. de deo Socr. 19; vgl. Gell. 9, 6. § 3.

captiuncula, ae, *f.* (*Demin.* v. captio), die **Verfänglichkeit,** omnes captiunculas pertimescere, Cic. ad Att. 15, 7: in illa captiuncula, in qua haerere eos necessum est, Gell. 16, 2, 8.

captīvātio, ōnis, *f.* (captivo), das **Einfangen,** elephanti, Cassiod. var. 10, 30.

captīvātor, ōris, *m.* (captivo), der **Gefangennehmer** jmds., Eccl.

captīvātrīx, īcis, *f.* (Femin. zu captivator), die **Gefangennehmerin,** Eccl.

captīvitās, ātis, *f.* (captivus), der Zustand des captivus, **I** eig.: **a** v. leb. Wesen, **α** die **Gefangennahme, Verhaftung,** ut in quoquam templo caedem vel captivitatem fieri prohiberent, Augustin. de civ. dei 1, 6 *extr.* – **β** die **Gefangenschaft, Knechtschaft,** captivitas, verbera, catenae, egestas, Sen.: omnium captivitas et miserrima servitus, Iustin.: periculum captivitatis, Tac.: poena captivitatis, Iustin.: c. Babylonica, Eccl.: captivitati patrem eripere, Sen.: si aperte illi paupertatem, si captivitatem, si famem ac metum imprecaris, Sen.: hic regnum ipsum quaeque alia captivitas gignit arcet, Plin. pan.: nisi coetus alienigenarum velut captivitas inferatur, wenn ihr nicht durch eine Schar Fremder gleichsam Kriegsgefangenschaft aufgebürdet würde, Tac. ann. 11, 23. – **b** von lebl. Ggstdn., die **Einnahme, Eroberung,** urbis, Tac.: Africae, Flor.: Plur., captivitates urbium, Tac. hist. 3, 70. Arnob. 2, 76. – **II** übtr., das **Gebundensein,** der **beschränkte Gebrauch** Apul. met. 1, 6. – Genet. Plur. captivitatium, Ulpian. dig. 49, 15, 21. § 1.

captīvo, āvī, ātum, āre (captivus), **gefangennehmen,** eig. u. übtr., Eccl. u. spät. ICt.

captīvus, a, um (captus, capio), **I** im Zustand der Gefangenschaft befindlich, **gefangen, erbeutet, 1** von Kriegsgefangenschaft, **a** v. leb. Wesen, **kriegsgefangen, gefangen,** homines, Plaut.: cives Romani, Cic.: piratae, Cic.: spado, senex, Curt.: corpora, Beute an Menschen u. Vieh (Ggstz. capta urbs), Liv.: pubes, Hor.: in Prosa gew. subst., der **Kriegsgefangene,** die **Kriegsgefangene,** Cic. u. a.: c. quidam, Caes.: captivos redimere, Rhet. Her., Curt. u. Eutr.: captivos reddere, Curt.: captivos remittere pretio od. sine pretio, Curt. u. Liv. epit., od. Atheniensibus gratis, Iustin.: praedam captivosque locare, Sall.: captivae feminarum, Curt.: vereor plus quam fas est captivam hiscere, Acc. fr. – übtr., v. den Gefangenen angehörigen Gegenständen, crines, Ov.: sanguis, Verg.: colla, Ov.: mens, Ov.: habitus, Curt. – **b** v. Lebl., **erbeutet, erobert,** ager, Sall. fr.: pecunia, Liv.: naves, Caes. – **2** v. Gefangenschaft übh., **gefangen,** corpora, Ov.: v. Tieren, pisces, ferae, Ov.: crocodili, Plin. – **II gelähmt, verkrüppelt** (vgl. ital. *cattivo,* franz. *chétif*), Firm. math. 8, 27. p. 237, 19: dah. **schlecht, verderblich,** Anthol. Lat. 736, 3 R.

capto, āvī, ātum, āre (*Intens.* v. capio), nach etw. **fahnden,** mit Eifer, Verlangen nach etw. **greifen, haschen, schnappen,** auf etw. **Jagd machen, I** eig.: feras, Verg.: muscas, Suet.: leporem laqueo, Hor.: colla lacertis, Ov.: auras, Verg. – **II** übtr.: **A** im Allg., **eifrig** nach etw. **streben, verlangen, trachten,** auf etw. **passen,** etw. **ablauern, zu erschleichen suchen,** sermonem alcis, belauschen, Plaut.: sonitum aure admotā, horchen auf usw., Liv.: pulsum venarum et momenta, auf die einzelnen Pulsschläge lauschen, Apul.: assensionem alcis, Cic.: occasionem, Cic.: frigus, Verg.: somnos, Col.: benevolentiam, Cic.: gloriam, Ov. u. Lact.: plausus, risus, Cic.: pretia annonae (hohe Getreidepreise), Ambros.: cenas divitum, Petr.: observes filium, quid agat, quid cum illo consili captet, was für Ränke er mit jenem spinnt, Ter. Andr. 170. – m. folg. *Infin.*, Ov. met. 10, 58. Phaedr. 4, 8, 6. Col. 8, 11, 2. Liv. ep. 88 u. 103. – mit folg. indir. Fragesatz, variis captare ominibus an etc., zu erfahren wünschen, Suet. Tib. 14, 2. – m. folg. *ne* u. Konj., Petr. 141, 11. – **B** insbes.: **1** jmd. od. etw., bes. auf listige Weise, **zu fangen-, zu gewinnen suchen,** alqm, Cic. u. a.: caute mihi captandum est cum illo (st. captandus est ille), Plaut.: alqm impudicitiae, d. i. zu überführen suchen, Plaut.: insidiis hostem, Liv.: Boeotorum gentem captatam (*sc.* ad foedus) Philippo, Liv.: verba, sophistisch deuten, ICt.: captabunt *in* animam iusti, werden den Seelen der Gerechten nachstellen, Vulg. psalm. 93, 21: *inter se* perite captantium lusus, Sen. ep. 102, 2. – **2** captare testamenta, **Erbschleicherei treiben, erbschleichen,** Hor. sat. 2, 5, 23. Sen. de ben. 6, 38, 3: u. so c. hereditatem, Ulp. dig. 29, 6, 1 pr.: captare alqm, bei jmd. **erbschleichen,** Mart. 6, 63, 1. Plin. ep. 2, 20, 7. Iuven. 16, 56: aut captantur aut captant, sie sind Erbbeschlichene od. Erbschleicher, Petr. 116, 6. – Depon. Nbf. captor, ārī, Augustin. serm. 109, 2 *ed. Mai.*

1. captor, ōris, *m.* (capio), der **Fänger,** vulpium, Augustin. enarr. in psalm. 80, 14: piscium. Leo libr. sacram. 23, 7. – Anthol. Lat. 181, 8 (1093, 8).

2. captor, ārī, s. capto.

captōrius, a, um (capio), **zum Fangen dienend,** tendicula, Augustin. c. Faust. 20, 17, – subst., captōrium, ī, *n.*, das **Fangnetz,** Ps. Augustin. app. serm. 205, 1.

captrīx, īcis, *f.* (Fem. v. captor), die **Fängerin,** bildl. = die Einnehmerin, Lähmerin, Cael. Aur. acut. 2, 39, 226.

captūra, ae, *f.* (capio), **I** der **Fang,** das **Fangen,** piscium et alitum, Plin.: pantherae, Plin. – **II** meton.: **A** das **Gefangene,** der **Fang,** Plin. u. a.: piscium capturam alci vendidisse, Val. Max. – **B** übtr., der (aus niederem od. unsittlichem Geschäft erlangte) **Gewinn, Tagelohn, Sündenlohn** (vgl. Kempf Val. Max. 6, 9, 8), prostitutarum, Suet.: inhonesti lucri, Val. Max.: diurnas capturas exigere, Val. Max.: manus, quae dis datura erat sacra, capturas (Hurenlohn) tulit, Sen. rhet.

captus, ūs, *m.* (capio), **I** das **Fassen, Greifen, Ergreifen,** meton.: **a** der **Griff,** trium digitorum, soviel, als man mit drei Fingern nimmt, eine Prise, Plin. 24, 79. – **b** insbes., der **Fang,** captus piscium vel avium emitur, Pomp. dig. 18, 1, 8. § 1. – **II** übtr.: **a** der **Umfang,** iracundissimae ac pro corporis captu pugnacissimae sunt apes, im Verhältnis zum Umfang ihres K., Sen. de clem. 1, 19, 2. – **b** die **Erwerbung,** der **Erwerb,** in captu bonorum suorum tibi ipsi pondus examinandum relinquit, es bleibt jedem überlassen, in welchem Maße er sich ihrer (der Tugend) Güter teilhaftig machen will, Val. Max. 3, 3. ext. 7. – **c** die **Fassungskraft, geistige Fähigkeit = Begabung, Bildungsstand,** ut (uti) captus est servorum, Afran, fr. u. Ter.: ut est captus hominum, Cic., Germanorum, Caes.: ut captus noster est, Gell.: pro captu mediocritatis meae, Vell. 2, 104, 3: pro virium captu, Amm. Marc. 15, 1, 1: pro captu lectoris habent sua fata libelli, Ter. Maur. 1286: u. so pro aestimato captu sollertiae, Gell.: supra sexus sui captum et aetatem prudens, CIL 10, 290*.

Capua, ae, *f.* (Καπύη), Stadt Kampaniens, nach dem Sturz von Kumä Haupt des Landes, in der Römerwelt durch ihren Reichtum u. die infolgedessen eingerissene stolze Erhebung über andere Städte, sowie durch Üppigkeit u. Verweichlichung der Sitten berühmt, j. der Flecken *St. Maria,* Cato origg. 3, 2. Lucil. sat. 3, 7 u. 17. Varr. sat. Men. 38. Cic. Pis. 24 *sq.;* Phil. 12, 7. Hor. epod. 16, 5: Campana Capua, Lucil. sat. 3, 18: Capua domicilium superbiae, Cic. post red. in sen. 17; vgl. Cic. agr. 1, 18 *sq.* Sil. 8, 545. – Dav.: **A Capuānus,** a, um, **kapuanisch,** in der Vulgärspr. für Campanus, s. Varr. LL. 10, 16. Serv. Verg. Aen. 10, 145. – **B Capuēnsis,** e, **von** od. **aus Kapua, kapuensisch,** synodus, Ambros. epist. 56, 2: ordo, CIL 10, 3860. – Plur. subst., Capuēnsēs, ium, *m.*, die Einw. von Kapua, die **Kapuenser,** Schol. Bob. ad Cic. post red. in sen. 7. p. 249, 13 B.

capūdo, s. 1. capēdo.

Capuēnsis, e, s. Capua.

capula, ae, *f.* (*Demin.* v. capis), eine kleine, mit Henkeln versehene **Schale,** Varr. LL. 5, 121.

capulāris, e (capulus), **dem Sarg gehörig = dem Grab nahe,** tam (ego tibi videor) capularis? Plaut. mil. 628 (vgl. Serv. Verg. Aen. 6, 222. Lact. Stat. Theb. 6, 55. Isid. 20, 117): pergit capulare cadaver, Lucil. (?) fr. b. Non. 564, 14.

capulātor, ōris, *m.* (1. capulo), der aus einem Gefäß ins andere abzieht, der **Küfer, Küper,** Cato r. r. 66, 1. Col. 12, 50, 10: Plur. collegium caplatorum, CIL 10, 5917 u. 14, 3677.

1. capulo, āre, aus einem Gefäß ins andere gießen, **abziehen,** oleum, Plin. 15, 22.

2. capulo, āre (capulus), **mit dem Fangseil fangen,** iuvencos, Col. 6, 2, 4: pisces, harpunieren, Mela 2, 5, 7 (2. § 83).

3. capulo, āre, **abschneiden, abbrechen,** Anthim. 75.

capulum, s. capulus *no.* II, B, 2.

capulus, ī, *m.* (capio, s. Serv. Verg. Aen. 6, 222), **I** der **Sarg,** cooperculum capuli, Apul.: capuli decus, v. einem Greis, Plaut.: capulo vicinus od. proximus (v. Greis), dem Sarg (Grab) nahe, Serv. u. Non.: ire ad capulum, zu Grabe gehen, Lucr. – **II** = λαβή, der **Griff,** die **Handhabe, A** im Allg.: falcis, Col.: sceptri, Ov.: aratri, die Pflugsterze, Ov. – **B** insbes.: **1** der **Griff** des Schwertes, Dolches, das **Gefäß,** Cic. u. a.: c. gladii, pugionis, Suet.: ensium capuli, Solin.: manum ad capulum referre (legen), Tac. u. Petr.: Nbf. capulum, ī, *n.*, Paul. ex Fest. 61, 12. – übtr., vom männl. Glied, cap. coleorum, der Hodengriff, Priap. 25, 7: u. absol., Plaut. Cas. 909. – **2** (Nbf. capulum, ī, *n.*) das **Fangseil,** der **Lasso,** Isid. 20, 16, 5.

cāpus, ī, *m.*, der **Kapphahn, Kapaun,** Varr. u. Col.

caput (kaput), pitis, *n.* (vgl. got. *haubith,* Haupt, Kopf u. viell. altind. **kaput* in *kapucchalam,* Haar am Hinterkopf), das **Haupt,** der **Kopf, I** eig. u. meton.: **A** v. leb. Wesen: **1** der Menschen, **a** eig.: **α** übh. (Ggstz. vestigium): caput hominis, aegri, Cels.: capite aperto, Plaut.: capite operto, obvoluto, involuto, Cic.: capite demisso, Caes.: porcus cum capite humano natus, Liv. – caput adaperire, Sen.: caput aperire, operire, Cic.: caput velare, Liv., revelare, Arnob.: caput operire togā, Petr.: caput obvolvere, Cic.: caput obvolvere togā, Suet.: caput attollere, Ov.: caput ferire (sich vor den K. schlagen), femina plangere, Cic. fr.: c. perfricare, Cic.: c. alci auferre, abscīdere, praecīdere, percutere, Liv.: caput illidere foribus, Suet.: caput impingere parieti, Plin. ep.: capita conferre (zusammenstecken, bei geheimer Unterredung), Liv.: circum saucios milites inserere in tentoria caput, Liv.: sed corpori valido caput deerat (im Bild), Liv. – **Besondere Verbindungen,** ire praecipitem in lutum per caputque pedesque (über Hals und Kopf), Catull. 17, 9. – capita aut navia u. caput aut navim, »Kopf oder Wappen«, ein Spiel, in dem ein Geldstück in die Höhe geworfen und dann gesehen wird, ob die Bildseite (der Götterkopf) oder die Wappenseite (das Schiff) nach oben gefallen ist, Macr. sat. 1, 7, 22. Aur. Vict. orig. gent. Rom. 3, 5. Paul. Nol. adv. paganos 75 *extr.* – nec caput nec pedes (habere), sprichw., von Geschäften usw., bei denen man nicht weiß, wo man anfangen, wo man aufhören soll, M'. Curius in Cic. ep. 7, 31, 2. Liv. epit. 50; vgl. Plaut. asin. 729: ut nec pes nec caput uni reddatur formae, eine bestimmte Gestalt gegeben werde der einen Idee, Hor. de art. poët. 8. – supra caput esse, sowohl = (als gefährlich, drohend) im Nacken sein, sitzen, v. Feinde, Sall. u. Liv., als auch = (als belästigend) auf dem Halse liegen, v. einer Person, Cic., v. Alter, Sen.: ebenso als gefährl. super caput esse, v. Feind, Tac.: u. in capite atque in cervicibus nostris restitisse, drohend über unserem Haupt u. Nacken zurückgeblieben sein (v. Pers.), Cic. Vgl. Kritz u. Fabri Sall. Cat. 52, 24. Drak. Liv. 3, 27, 2; 21, 33, 2. – caput movere, das Haupt hin u. her neigen (als Gebärde des Hohns, der Schadenfreude), Vulg. Sirach 12, 19 u. 13, 8. – caput extollere, sein Haupt erheben (als Zeichen der Hoffnung auf Besserung und Erlösung), Cic. Planc. 33: ebenso caput erigere in libertatem, Augustin. de civ. dei 5, 22. – in caput alcis recidere, auf jmds. Haupt zurückfallen, Aetolorum prava consilia atque in ipsorum caput semper recidentia, Liv. 36, 29, 8. – **β** der Kopf als Sitz des Verstandes, der Einsicht, incolumi capite es? Hor.: aliena negotia centum per caput saliunt, gehen mir durch den Kopf, Hor. – **b** meton.: **α Mensch, Person, αα** übh. (s. Lorenz Plaut. most. 202. Brix Plaut. capt. 943), hoc c., ich, Plaut.: propter meum caput, um meiner Person willen, Plaut.: o lepidum caput! Plaut.: c. ridiculum, festivum, närrischer, drolliger Kauz, Ter.: c. liberum, Cic.: libera servaque capita, Liv.: ignota capita, Liv.: c. noxium, innoxium, Liv.: carum caput (wie φίλη, ἠθείη κεφαλή), Verg. u. Hor. – beim Ausruf u. bei Verwünschungen, at vos, devota capita, Iustin.: nefandissimum caput, Iustin.: vae capiti tuo! Plaut. – **ββ** beim Zählen, Schätzen oder beim Verteilen, **Kopf, Mann, Person,** capitum Helvetiorum milia CCLXIII, Caes.: cum hostium numerus capitum CCCCXXX milium fuisset, Caes.: in capita describere, Cic.: exactio capitum, Kopfgeld, Personensteuer, Cic.: dah. capite censi, s. 1. cēnseo. – **γγ** bei Verwünschungen, quod illorum capiti sit, was auf ihr Haupt falle, Cael. in Cic. ep.: di capiti ipsius reservent, Verg.: sacrare alcis caput, Liv. – **β** der Kopf als Hauptträger des menschlichen Daseins, das **Leben,** die **Existenz, αα** das physische **Leben,** coniuratio in tyranni caput facta, Liv.: capitis periculum od. dimicatio, Lebensgefahr, Ter. u. Cic.: in caput vertit, traf das Leben, beschleunigte seinen Tod, Liv.: capite suo decernere, dimicare, Cic. u. Liv.: capite luere, Liv. – suum caput pro salute rei publicae vovere, Cic. – **ββ die bürgerliche Existenz,** nach römischem Sinne der Inbegriff aller Freiheits-, Bürger- u. Familienrechte, causa capitis, Cic.: iudicium capitis, Cic.: capitis accusare, Cic.: capitis anquirere, Liv.: capitis damnare, condemnare, Cic.: capite damnari, Cic.: capitis absolvere, Nep.: pro capite dicere, Cic.: causam capitis dicere, Nep.: poenam capitis constituere, Cic.: agitur caput alcis, Cic.: capitis minor, ein bürgerlich Toter, Hor.: u. capite deminui od. se deminuere, s. dē-minuo: u. capitis deminutio, s. dēminūtio: ebenso capite minui, s. minuo, capitis minutio, s. minūtio.

2 der Tiere, **a** eig.: c. iumenti, Nep.: c. equinum, Plin.: c. elephantinum, Val. Max.: c. simininum, Iul. Obsequ.: trium capitum canis, Mythogr. Lat.: hydra multa capita habens, Sen.: belua multorum es capitum, Hor. – dah. ad capita bubula, »bei den Ochsenköpfen«, ein Ort in Rom, wo O. in Stein eingehauen waren, Suet. Aug. 5. – **b** meton. = das ganze **Tier,** ein **Stück,** bina boum capita, Verg.: grex XXV capitum, Col.: triginta capitum fetus, Verg.

B von Lebl., der **Kopf,** die **Spitze, Kuppe,** das **Oberste, Äußerste** (Anfang oder Ende), papaveris, Mohnkopf, Liv.: tignorum, Caes.: trabis, Veget. mil.: pontis, Brückenkopf, Planc. in Cic. ep.: iecinoris, Cic.: columnae, Kapitell, Plin.: fistulae, Vorderende, Mündung, Liv.: alii, Bolle, Cato u. Plin.: capita vitis, Wurzeln, Cato u. Plin., od. die Ranken, Col. u. Cic.: capita loramentorum, die Enden, Iustin.: arcus, die Enden, Verg.: vectis, der lange Teil, Liv.: c. machinae, quae graece κανὼν μουσικός appellatur, die Kanzelle an der Wasserorgel, Vitr.: perangusta capita (mitellae), die ganz schmalen Enden der chirurg. Armbinde (Ggstz. latitudo, der breite Teil), Cels.: c. fasciae, habenae, lini, Cels.: uti aequalia duo capita (Enden des Seiles) sint, funis cum erit extensus, Vitr.: si nusquam caput (eine Geschwulst, Beule) se ostendit, Cels.: caput facere (v. Beulen usw.), hoch aufschwellen, Plin. – von Örtl., c. silvae, Wipfel, Sen. poët.: capita aspera montis, äußerste Spitze, Verg.: in capite Bithyniae, am äußersten Punkt (Ein- u. Ausgang), Plin. ep. – v. Gewässern, sowohl der **Ursprung,** die **Quelle,** Enipei, Verg.: Rheni, Mela: amnis, Verg.: fontis, Hirt. b.G., Vitr. u.a.: als die **Mündung,** der **Ausfluss** (aber seltener), capita Rheni, Caes.: u. so Rheni c., Hor. u. Lucan.: im Bild, die **Quelle,** der **Ursitz,** die **Urquelle,** der **Ausgangspunkt,** die **Grundlage,** der **allgemeine Gesichtspunkt** (die **Kategorie**), quo invento ab eo quasi capite disputatio ducitur, Cic.: nonne his vestigiis ad caput maleficii perveniri solet? Cic.: si quid (ein Gerücht) sine capite manabit, ohne sichere Quelle, Cic.: nos de Dolabella cotidie, quae volumus, audimus: sed adhuc sine capite (ohne Quelle), sine auctore (unverbürgt), rumore nuntio, Cic. ep.: aperiamus autem capita, unde etc., Cic. – u. so oft verb. mit fons, z.B. ille fons et caput (ihr Urheber u. Stifter) Socrates, Cic.: in ea (*sc.* in aegritudine) est fons miseriarum et caput, die Quelle u. Grundursache, Cic. – u. **der Anfang,** cuncta igitur a capite (von Anfang an) proposito ordine persequamur, Pacat. pan. 4, 1.

II übtr., was in irgendetw. das Erste, Vorzüglichste ist, **1** v. Pers., das **Haupt,** die **Hauptperson,** der **Stimmführer, Hauptanstifter,** rei publicae, die Hauptperson im Staat, Tac.: c. scelerum, Erzhalunke, periuri caput, der ganz verlogene Kerl, Plaut. (s. Brix Plaut. mil. 494): illic est huic rei caput, Ter.: c. omnium Graecorum concitandorum, Cic.: capita coniurationis, Liv.: capita Latini nominis, Liv.: caput rerum Masinissam fuisse, Liv.: statim et seditio crevit, ut caput et consilium (ein beratendes Haupt) habere coepit, Iustin. – **2** v. Lebl., **a** im Allg., das **Haupt,** die **Hauptsache,** cenae, das vorzüglichste Gericht, Hauptgericht, Cic.: patrimonii, das vorzüglichste Stück, Liv.: litterarum, Hauptinhalt, Hauptpunkt, Cic.: rerum, Hauptpunkt, Cic.: caput est, ist der Hauptpunkt, Cic.: c. Epicuri, Hauptgrundsatz, Cic.: c. civilis prudentiae, oberstes Prinzip, Cic. – **b** in Gesetzen u. Schriften, der **Hauptsatz, Hauptabschnitt, Paragraph,** das **Kapitel,** legis, Cic.: epistulae, Cic.: unius capitis lectio (Lektüre), Treb. Poll.: quae scripserimus in summas sive in commentarium et capita conferre, Quint. – u. **ein Absatz, Abschnitt** in Urkunden, CIL 11, 3614 (Decr. decur. Caerel. 15). Gromat. vet. p. 263 *sq.* – **c** v. Geld u. Geldeswert, die **Hauptsumme,** der **Stock,** das **Kapital** (Ggstz. usurae), de capite deducite, quod usuris pernumeratum est, Liv.: quinas hic capiti mercedes exsecat, Hor. – de capite ipso demere, die Pachtsumme kürzen, Cic.: de capite quantum commodum fuit frumenti detraxit, Cic. – de illo Tulliano capite (Schuld) libere cum Cascellio loquare, Cic. – **d** v. Örtl., der **vornehmste Ort,** die **vornehmste Stadt,** die **Hauptstadt,** der **Hauptsitz,** Thebae c. totius Graeciae, Nep.: Roma, c. orbis terrarum, Liv.: Persepolis, c. regni, Plin.: c. gentis Artaxata, Tac.: c. belli, Liv. – Abl. auch capiti, Catull. 68, 124. Amm. 18, 5. – In Inschrn. auch kaput od. bl. k. geschr., z.B. CIL 14, 2112. Gromat. vet. p. 263 *sq.*: u. capud, CIL 7, 897.

caputālis, s. capitālis ►.

Capys, yis, Akk. yn, Abl. ye u. y, *m.* (Κάπυς), **I** Sohn des Assarakus, Vater des Anchises, Enn. ann. 31 (Vahlen Capis). Acc. tr. 6533 u. 6535. Ov. fast. 4, 34. Serv. Verg. Aen. 1, 272. – **II** Gefährte des Äneas, Verg. Aen. 1, 183 u.a. – **III** König von Alba, Vater des Kapetus, Liv. 1, 3, 8. Verg. Aen. 6, 768. Ov. met. 14, 614: Gründer von Kapua, Suet. Caes. 81, 1. Serv. Verg. Aen. 10, 145. – **IV** König von Kapua, Liv. 4, 37, 1. Serv. Verg. Aen. 1, 242.

Căr, s. Cāres.

1. carabus, ī, *m.* (κάραβος), eine Art langgeschwänzter **Meerkrebse** (nach Beckmann *Cancer Cursor,* L.), Plin. 9, 97.

2. carabus, ī, *m.,* **ein kleiner Kahn** aus Flechtwerk, mit Leder überzogen, Isid. 19, 1, 26.

caracalla, ae, *f.* u. **caracallis,** is, *f.* (ein gall. Wort), **a** eine kürzere od. längere **Kappe, Kapuze,** die Kopf u. Schultern bedeckte, Edict. Diocl. 7, 44 u. 45. – **b** ein mit einer Kapuze versehener, bis auf die Knöchel herabgehender Mantel, die *sottana* der heutigen kathol. Priester, Hier. ep. 64, 15; vom Kaiser M. Aurelius Antoninus (Bassianus) bei den Römern eingeführt, daher caracalla Antoniniana gen., Spart. Car. 9, 8. Lampr. Diad. 2, 8, woher er den Beinamen Caracalla od. Caracallus erhielt, Spart. Car. 9, 7. Aur. Vict. Caes. 21, 1; epit. 21. Auson. Caes. (XXI) 92. p. 118 Schenkl.

caractēr, s. charactēr.

caragius u. **caragus,** ī, *m.* (*καραγός), der **Zauberer,** Ps. Augustin. app. serm. 264, 4 u. 278. § 1 u. 3 u. 5 u.a. spät. Eccl.

caragogos, ī, *f.* (κάρα, Kopf, u. ἄγω, ich führe), eine Heilpflanze, die die schlechten Säfte des Kopfes abführte, Ps. Apul. herb. 27.

caragus, s. caragius.

Caralis, is, Akk. im, *f.* (Κάραλις), u. Plur. **Caralēs,** ium, *f.,* Stadt u.

gleichnam. Vorgebirge auf Sardinien, am sinus Caralitanus, j. *Cagliari,* Plin. 2, 243. Flor. 2, 6, 35. Plur., Liv. 23, 40. § 7. Auct. b. Afr. 98, 1. Prisc. 2, 63. Prob. app. (IV) 195, 27. – Dav. **Caralītānus**, a, um, **karalitanisch,** Liv. u. Plin.: Plur. subst., Caralītānī, ōrum, *m.*, die Einw. von Karalis, die **Karalitaner,** Caes.

Caralītis, tidis, Akk. tin, *f.*, ein Landsee in der kleinasiatischen Landschaft Pisidia, j. *Kaja Goel,* Liv. 38, 15, 2.

Carambis, bis u. bidis, Akk. bin u. bim, *f.* (Κάραμβις), ein hohes, steiles Vorgebirge Paphlagoniens an der Nordspitze Kleinasiens, dem Kriu Metopon auf der taurischen Halbinsel gegenüber, j. *Kerembe, Kerine,* bei den Franken auch *Pisello,* Mela 1, 19, 8 (1. § 104). Plin. 2, 245; 6, 6. Val. Flacc. 4, 599: dass. **Carambicon prōmunturium**, Mela 2, 1, 3 (2. § 3). Plin. 4, 86.

caraxo, s. charaxo.

carbās, ae, *m.*, der **Ost-Drittel-Nordostwind,** Vitr. 1, 6, 10.

carbaseus, a, um (carbasus), **aus (Musselin) Karbasus gefertigt, Karbasus-,** vela, Cic. Verr. 5, 30 u. 80. Tibull. 3, 2, 21: sinus (Plur.), Verg. Aen. 11, 776. Stat. Theb. 7, 658. – Nbf. **carbasineus**, a, um, Varr. de vit. p. R. 4. fr. 14 K. (b. Non. 541, 21). – u. **carbasinus**, a, um, vela, Plin. 19, 23: volumina, Mart. Cap. 2. § 136: color, rote, Vulg. Esther 1, 6. – subst., carbasina, ōrum, *n.*, Musselingewänder, Caecil. com. 138. Apul. met. 8, 27.

carbasus, ī, *f.* (κάρπασος, feiner Flachs, das wieder aus altind. *karpasaḥ,* Baumwolle), Plur. gew. heterokl. carbasa, ōrum, *n.* (κάρπασα, τά), ein feines, urspr. oriental. Gewebe aus Baumwolle, **Musselin, Nesseltuch,** aber gew. übtr. = ein feines Gewebe aus Linnen, **Batist, Kammertuch,** als Gewand, Curt., Prop. u. a. (vgl. Mützell Curt. 8, 9 [31], 21. p. 776). – als Segel, Catull., Verg. u. a.: carbasa Punica, Claud.: carbasa substringere (einziehen), Mart.: carbasa ventus inflaret, Cassiod.: iam carbasa tendebantur, Hier.: u. a. fundamento ipso carinae ad supremos ipsos carbasos, Amm. – als über das Theater ausgespanntes Segeltuch, Lucr. 6, 109. – als Scharpie, Scrib. 227. – als Leinwand zu Büchern, Claud. bell. Get. 232. – Sing. carbasum, ī, *n.*, Pacat. pan. 33, 4. – carbasus als *masc.*, Val. Max. 1, 1, 7. Prud. c. Symm. 1. praef. 48 u. (Plur.) Amm. 14, 8, 14. – Adjekt., carbasa lina, Batistmusselin, Prop. 4, 3, 64.

carbatinus, a, um, s. carpatinus.

carbo, ōnis, *m.*, die **Kohle** übh., ausgeglüht od. glühend (hingegen pruna die glühende Kohle), **I** eig.: candens, Cic.: carbones vivi, Petr.: carbones mollissimi, Pelag.: lenissimi, lentissimi, Pelag.: tam excoctam reddam atque atram quam carbo est, Ter.: carbonibus urere, Ov.: coquere carbonibus, Plin.: ardentes ore carbones haurire, Val. Max.: in carbonibus superpositus, Th. Prisc. – zur Bezeichnung von etw. Ungünstigem, impleantur meae fores elogiorum carbonibus, d. i. Schmähliedern, Plaut.: sani ut cretā an carbone notati, Hor.; vgl. Pers. 5, 108. Ven. Fort. 6, 10, 15: miror proelia rubricā picta aut carbone, Hor. – v. etw. Unbedeutendem, sprichw., carbonem pro thesauro invenire, Phaedr. 5, 6, 6. – **II** übtr.: **A** **ein böses Geschwür** (= carbunculus *no.* II, C, a), Seren. Samm. 725. – **B** Carbo, als Beiname der Papirii.

carbōnārius, a, um (carbo), **die Kohlen betreffend, Kohlen-, I** *adi.:* negotium, Kohlenhandel, Aur. Vict. vir. ill. 72, 1: cella, Kohlenniederlage (ἀνθρακοθήκη), Gloss.: taberna, Verkaufsbude für Kohlen, Kohlenhandlung, Kohlenmagazin, Serv. Verg. ecl. 9, 1. – **II** subst.: **A** carbōnārius, ī, *m.* = ἀνθρακεύς u. ἀνθρακοπώλης (Gloss.), der **Kohlenbrenner, Köhler** oder der **Kohlenhändler,** Plaut. Cas. 438. CIL 6, 9235. – **B** carbōnāria, ae, *f.*, **a** die **Kohlenhändlerin** od. die **Köhlerfrau,** Titel eines verlorenen Stückes des Nävius, Prisc. 10, 30, und des Plautus, Fest. p. 330 (b), 27. Prisc. 10, 24. Non. 221, 13. – **b** die **Köhlerei,** Tert. de carn. Chr. 6 im Sprichw. (s. calcārius): Plur., Schol. Bern. Verg. ecl. 9, 24.

carbōnēsco, ere (carbo), **zu Kohle werden, verkohlen,** Cael. Aur. chron. 2, 13, 168 u. 5, 1, 20.

carbōneus, a, um (carbo), **kohlschwarz** (Ggstz. candidus), Anthol. Lat. 727, 18 u. 20 R.: *neutr.* subst., Gloss. III, 441, 29.

carbōnica, s. carbunica.

carbunculātio, ōnis, *f.* = carbunculus (*no.* II, C, b), Plin. 17, 222.

carbunculo, āre, **am** *carbunculus* (s. d. *no.* II, C, a u. b) **leiden,** genitalia carbunculantia, Plin.: ulcera circa oculos carbunculantia, Karbunkelgeschwüre, Plin. – v. Bäumen = durch die Hitze **verkohlen,** olivae caeli intemperie carbunculant, Plin.: vitis carbunculare negatur, Plin.

carbunculōsus, a, um (carbunculus *no.* II, A), **mit rötlichem Tofstein durchsetzt,** ager, Col. 3, 11, 9.

carbunculus, ī, *m.* (*Demin.* v. carbo), die **kleine Kohle,** das **Köhlchen, I** eig.: spirans c., ein glimmendes K., Apul. met. 7, 19: carbunculos conrogare, Rhet. Her. 4, 9. – im Bild, v. verzehrendem Gram, amburet ei misero corculum carbunculus, so wird der Gram dem armen Mann das Herz zernagen, Plaut. most. 986. – **II** übtr.: **A** eine Sandart, **rötlicher Tofstein,** Varr., Vitr. u. a. – **B** eine **rötliche, Edelsteingattung** (Karbunkel, Rubin, Hyazinth und ähnliche), Plin. 37, 92. Isid. 16, 14, 1. Vulg. exod. 28, 10; Ezech. 28, 13. CIL 2, 3386. – im Bild, v. etwas Wertvollem, probitas est carbunculus, ist ein glänzender Edelstein (fällt jedem in die Augen), Publ. Syr. com. 16. p. 304 R^2. (s. Bücheler Petr. 55, 6. *v.* 14: nisi ut scintillet probitas e carbunculis). – **C** eine Krankheit: **a** der Menschen, ein bösartiges, an den edlen Teilen des Körpers (unter der Zunge usw.) entstehendes Geschwür, das meist tödlich wird, urspr. im narbon. Gallien heimisch, noch jetzt unter dem Namen *le charbon provençal* bekannt, Cels. 5, 28. *no.* 1; vgl. Plin. 26, 5: carbunculi oculorum, quos anthracas dicunt, Marc. Emp. 8. fol. 95 (b), 30. – **b** der Bäume, das **Verkohlen der Knospen** durch Sonnenhitze usw., Col. u. Plin.

carbunica, ae, *f.*, eine Rebenart, Plin. 14, 43, wo viell. carbonica zu schreiben ist.

carcar, aris, *m.*, in der Vulgärspr. = *carcer,* Itala (Cant.) Luc. 3, 20 u. 21, 12.

Carcaso (Carcasso), ōnis, *f.*, Stadt der Volcā Tectosages (im narbon. Gallien), j. *Carcassone,* Itin. Anton. p. 551, 9 (bei Caes. b. G. 3, 20, 2 unecht, s. *Nipperd.* prolegg. ad Caes. b. G. p. 67 *sq.*). – Nbf. **Carcasum**, ī, *n.*, b. Plin. 3, 36.

Carcenna, falsche Lesart für Cartenna, s. d.

carcer, eris, *m.* (sikulisch κάρκαρον), die **Umfriedigung,** die **Umzäunung,** dah. **I** das **Gefängnis,** der **Kerker, Gewahrsam, A** eig.: nervus, carcer, moletrina, Cato fr.: ostium carceris, Cic.: ianitor carceris, Cic.: custos carceris, Manil. u. carcerum custodes, Firm. math.: ratio carceris, Cic.: plenus carcer damnatis, Sen. rhet.: vadere in carcerem, Cic.: in carcerem ducere, condere, conicere, contrudere, Cic.: in carcerem includere, Cic., carcere includere, Liv.: in carcere includi, Cic.: in carcere includi inter fures nocturnos, Liv.: vinculis et carcere fatigare alqm, Cic.: emitti e carcere, Cic.: carcerem aperire, Lact.: carcerem refringere, Liv.: carcerem effringere, Tac.: sunt ita multi, ut eos carcer capere non possit, Cic. – vom Körper (als dem Gefängnis der Seele, vgl. Macr. somn. Scip. 1, 10, 9 *sqq.*), qui e corporum vinculis tamquam e carcere evolaverunt, Cic.: illa vincula carceris rumpere, Cic.: in corpora ire iussisse (animas), quorum indutae carceribus etc., Arnob. 2, 45: haec (mors) e carcere educit, Sen. ad Marc. 20, 2. – **B** meton.: **1** = die eingekerkerten Verbrecher, in me carcerem effudistis, Cic. Pis. 16. – **2** als Schimpfwort, etwa = **Schurke,** Ter. Phorm. 373: carcer vix carcere dignus, Lucil. sat. 28, 62 (*cf.* inc. 141). – **II** die **Schranken** der Rennbahn, gew. (in Prosa immer) im Plur., carcere od. carceribus effundi od. se effundere, Verg.: e carceribus exire, Varr. LL. u. Cic.: e carceribus emitti cum alqo, Cic.: carceribus missi currus, Hor.: exspectant vel uti consul cum mittere signum volt omnes avidi spectant ad carceris oras, quam mox emittat pictis e faucibus currus, Enn. ann. 87 *sqq.:* im Bild, nemini fortuna currum e carcere intimo missum labi inoffensum per aecor (= aequor) candidum ad calcem sivit, Varr. sat. Men. 288: ad carceres a calce revocari, das Leben von neuem beginnen, Cic. de sen. 83; vgl. Cic. de amic. 101. Varr. r. r. 1, 3 u. 2, 7, 1.

carcerālis, e (carcer), **zum Kerker gehörig, Kerker-,** Spät.

carcerārius, a, um (carcer), **zum Kerker gehörig, I** *adi.*: quaestus, beim Hüten (Öffnen, Schließen usw. des Kerkers), Plaut. capt. 129. – **II** *subst.*, carcerārius, ī, *m.*, der **Gefängniswärter,** CIL 6, 1057, 7, 4 u. 6, 1058, 2, 7. Donat. Ter. Phorm. 2, 3, 26.

carcereus, a, um (carcer), **zum Kerker gehörig, Kerker-,** Eccl.

carcero, āre (carcer), **einkerkern,** Eccl.

carcharus, ī, *m.* (= καρχαρίας), eine **Haifischart** (*Squalus Carcharias,* L.), Col. 8, 17, 12.

Carchēdonius, a, um (Καρχηδόνιος u. Καρχηδών = Carthago), **karchedonisch, karthagisch,** Plaut. Poen. prol. 53: carbunculus C., viell. der orientalische Amethyst od. Granat, so gen., weil er von Karthago kam, Plin. 37, 92; vgl. Publ. Syr. com. 15 (b. Petr. 55, 6. *v.* 13).

carchēsium, ī, *n.* (καρχήσιον), **I** ein hohes, um die Mitte etw. eingedrücktes **Trinkgeschirr,** mit Henkeln, die vom Rand bis zum Boden reichten (vgl. Macr. sat. 5, 21, 3), Liv. Andr. tr. 30. Verg. georg. 4, 380; Aen. 5, 77. Ov. met. 7, 246. Val. Flacc. 2, 655. – **II** übtr.: **A** der so gestaltete oberste Teil des Mastes, wo die Segel befestigt sind, der **Topp,** Sing., Apul. met. 11, 16; flor. 23 *in.* Macr. sat. 5, 21, 5: Plur., Lucil. sat. 3, 27: alti c. mali, Cinna b. Isid. 19, 2, 10: summi c. mali, Lucan. 5, 418. – **B** der **Kranständer, Kran,** Vitr.

carciniās, ae, *m.* (καρκινίας), ein krebsfarbiger Edelstein, Plin. 37, 187.

carcinōdes, is, *n* (καρκινῶδες), eine **krebsartige Krankheit,** Plin. 20, 187.

carcinōma, atis, Dat. u. Abl. Plur. matis, *n.* (καρκίνωμα), das **Krebsgeschwür,** der **Krebs,** Cato, Cels. u. a. – als Schimpfname für Menschen von unheilbarer Verdorbenheit, b. Suet. Aug. 65, 4.

carcinos u. **-us**, ī, *m.* (καρκίνος), der **Krebs** als Tier u. Gestirn, rein lat. cancer, Ampel. 2, 4 (Form -us). Lucan. 9, 536 (Form -os).

carcinōsus, a, um (carcinus), **krebsartig,** ulcera, Marc. Emp. 4.

carcinōthron, ī, *n.* (καρκίνωθρον), eine auch polygonon gen. Pflanze, Plin. 27, 113.

carcinus, s. carcinos.

Carda, ae, s. Cardea.

cardaces, um, Akk. as, *m.* (v. persisch karda, stark, kriegerisch), die **Braven,** eine stehende und erbliche Fußtruppe der Perser, wie die türkischen Janitscharen, Nep. Dat. 8, 2.

cardamina, ae, *f.* (καρδαμίνη), eine zur Gattung Kresse gehörige Pflanze, Ps. Apul. herb. 20.

cardamōmum, ī, *n.* (καρδάμωμον), **Kardamom, Paradieskörner,** ein Gewürz, Plin. 12, 50.

cardamum, ī, *n.* (κάρδαμον), eine Art **Kresse,** rein lat. nasturtium, Ps. Apul. herb. 20. Hier. adv. Iovin. 2, 13.

Cardea od. **Carda**, ae, *f.* (cardo), Schutzgottheit der Türangeln (d. i. des Familienwesens), die alle schädlichen Einwirkungen schlimmer Dämonen abwehrte, bes. der Strigen (böser Nachtvögel, von denen man glaubte, dass sie des Nachts unbewachte Kinder anfielen, aus den Wiegen rissen, sie zerfleischten u. ihnen das Blut aussaugten), Tert. idol. 15; adv. gnost. 10. Augustin. de civ. dei 4, 8 u. 6, 7. Cypr. idol. van. 2. – von Ov. fast. 6, 101 *sqq.* mit der Carna identifiziert.

cardēlis, s. carduēlis.

Cardia, ae, *f.* (Καρδία), Stadt am Meerbusen Melas od. der Westseite des thrazischen Chersones, Geburtsort des Königs Eumenes, j. *Karidia,* Mela 2, 2, 8 (2. § 77). – Dav. **Cardiānus, aus Kardia gebürtig,** der **Kardianer,** Eumenes, Nep. Eum. 1, 1.

cardiacē, ēs, *f.* (καρδιακός), das **Herzleiden,** Isid. 4, 6, 4.

cardiacus, a, um (καρδιακός), **den Magen betreffend,** morbus, Magenkrankheit, Cels. u. a.: passio, Chalcid. Tim. 224. – v. Pers., **am Magen leidend, magenkrank,** amicus, Iuven.: equus, bos, Veget. – subst., cardiacus, ī, *m.*, **der Magenkranke,** Cic. u. a. – Nbf. **cordiacus** u. **cordialus** u. **cordiatus,** Gloss.

cardimona, ae, *f.* (= καρδιωγμός), **Magenschmerz, Magendrücken,** Cael. Aur. acut. 2, 35, 187.

cardinālis, e (cardo), **I zur Türangel gehörig,** scapi c., die Zapfenschenkel einer Tür, Vitr. 4, 6, 4. – **II** übtr., **vorzüglich, Haupt-,** venti, Serv. Verg. Aen. 1, 131. Isid. 13, 11, 14: virtutes, Ambros. expos. in Luc. 5. § 49 u. de exc. fratr. Sat. 1. § 57. Hieron. in Marc. 1, 16 *sqq.*: presbyter, Oberältester, Greg. ep. 1, 6: episcopus, Kardinal, *ibid.* 2, 6. – in der Gramm., numeri c. (unus, duo, tres etc.), Prisc. de fig. num. 4, 19. p. 412, 27 K.

cardināliter, *Adv.* (cardinalis), **vornehmlich,** Firm. math. 4, 17, 6 u. 8 Kr. u. Sk.

cardinātus, a, um (cardo), **verzapft,** tignum, Vitr. 10, 15, 4.

cardineus, a, um (cardo), **von der Türangel,** tumultus, Sept. Afer bei Ter. Maur. 1895.

cardinulus, ī, *m.* (*Demin.* v. cardo), eine **kleine Türangel,** Alc. Avit. ep. 78.

cardo, dinis, *m.* (vgl. κραδάω, κραδαίνω schwenken, u. κράδη, die Schwungmaschine im Theater), das **Dreh-, Wendeding, I** eig.: **A** als *t. t.* der Mechanik, die **Türangel,** aerei, Ps. Verg.: aurei, Vulg.: cardinum turbines tardi, Varr. fr.: confectores cardinum, Lucil. fr.: cardines immoti, Plin.: cardines effringere, Plaut.: vecte atque ancipiti ferro effringere cardines, Lucil. fr.: cardines frangere et funditus evellere, Apul.: cardinem versare, die Tür aufmachen, Ov.: so auch cadinem vertere, Verg. u. Ov. – Die Türangeln der Alten waren anders als bei uns: die untere war nur ein Zapfen, der sich in einer Höhlung (Mutter) herumdrehte, wie bei uns an den Scheunentoren usw.; dah. cardines **a** die Balken, die ineinander gezapft werden u. zwar c. masculus, bei Zapfen, c. femina, die Pfanne, Vitr. – **b** die beiden zusammengebundenen Enden eines Kranzes, Plin. 21, 18. – **B** als *t. t.* der Astronomie, der Punkt, um den sich etwas dreht, der **Wendepunkt,** c. caeli, der Nordpol, Varr.: cardines mundi, die Erdachsen, Nord- u. Südpol, Col. u. Plin.: u. so cardo duplex, die doppelte Erdachse, Cic. poët.: dah. ihm analog, die auf den Äckern von Süden noch Norden gezogene Linie (Ggstz. limes decumanus, die von Osten nach Westen gezogene), Plin.: u. hiernach heißt der Berg Taurus cardo (Scheidelinie, Demarkationslinie), Liv. 37, 54, 23, u. die Stadt Ankona, Liv. 41, 1, 3. – von den einzelnen Weltgegenden, Himmelsgegenden, quattuor mundi cardines, Quint. 12, 10, 67: c. meridianus, occidentalis, septentrionalis, Veget. mil. 4, 38: cardo frigoris (die kalte Zone) et septentrio, Arnob. 4, 5: omnes illius cardinis populi, Flor. 4, 12, 4. – v. der Erde nach der Meinung der Alten als Mittelpunkt des Weltalls, Plin. – v. Sommersolstitium, c. anni, Plin. – v. den Abschnitten der einzelnen Jahreszeiten, c. temporum, Plin.: dah. von den Lebensaltern, c. extremus, das Greisenalter, Lucan. – **II** übtr., der **Haupt-** u. **Wendepunkt,** um den sich alles dreht, der **Hauptumstand** (s. Bünem. Lact. 2, 8, 55 u. 3, 7, 66), haud tanto cessabit cardine rerum, Verg.: quorum nihil refert, ubi litium cardo vertatur, Quint.: in quo totius sapientiae cardo versatur, Lact.: in quo totius dominationis summa quasi quodam cardine versabatur, Val. Max.: hic est ergo cardo rerum; hic vertuntur omnia, Lact.: hic nostri velut cardo sermonis, Augustin.: hic causae cardinem ponit, Quint.: ventum est ergo, dum loquimur, ad ipsum articulum causae, ventum rei ad cardinem, Arnob.: sed tantae rei cardinem in arte tua nondum videbam, Augustin.: exaudiens cardinem desiderii eius, Augustin.: cardine summo verti, in der größten Gefahr sein, Val. Flacc. – cardo als *fem.*, Gracch. tr. 1 u. 2. p. 230 R.

carduēlis, is, *f.* (carduus), der **Distelfink, Stieglitz,** Plin. 10, 116. Serv. u. Prob. Verg. georg. 3, 338. Isid. 12, 7, 74. – Nbf. **cardēlis** (v. cardus, s. carduus), Petr. 46, 4 B.

carduētum, ī, *n.* (carduus), eine **Artischockenpflanzung,** Pallad. 4, 9, 4.

carduus, ī, *m.*, die **Distel,** die wilde, die **Kardendistel,** Lucil. fr., Verg., Plin. u. a.: agrestis, Col.: die essbare, die **Artischocke,** sonst cinara gen., Col. u. a. – Nbf. carduus, ūs, *m.*, Charis. 75, 2: synkop. Nomin. Plur. cardus, Edict. Diocl. 6, 1: synkop. Akk. Plur. cardus, Capit. Pertin. 12, 2 P.

cārē, *Adv.* m. *Compar.* u. *Superl.* (carus), **teuer, I** eig.: c. emere, Varr.: equos carius quam coquos emere, Cato fr.: noctes c. mercari, Sen.: carius vendere, Ps. Quint. decl.: c. venire (verkauft werden), Varr.: carius constare, Lucil. fr.: carissime constare, Sen.: c. comparatus cibus, Val. Max. – **II** übtr.: valde c. aestimare tot annos, sehr hoch anschlagen, Brut. in Cic. ep.: bona carius aestimare, Planc. in Cic. ep.: carius ei victoriam vendere, Iustin.: nulla res carius constat quam quae precibus empta est, Sen.

cārectum, ī, *n.* (st. caricetum, v. carex), ein **Ort voll Riedgras,** Verg., Col. u. a.

carēnāria, ae, *f.*, s. caroenāria.

carēnsis pistoribus a caria, quam Afrorum lingua *panem* esse dicimus, Plac. gloss. V, 14, 26.

carentia, ae, *f.* (careo), das **Nichthaben, Freisein von** usw., Chalcid. Tim. 283 u. 287: m. *Genet.*, tristitiae, Boëth. Aristot. top. 3, 2. p. 681.

carēnum, s. caroenum.

careo, uī, itūrus, ēre (falisk. *carefo* »carebo«; vgl. altind. *çasati* schneidet, lat. castro, āre, castus, ūs, die Enthaltsamkeit, Keuschheit), von etw. **leer-, entblößt-, frei sein, ohne** etw. **sein,** etw. **nicht** od. **nicht mehr haben** (gleichviel ob das Fehlende ein Gut od. ein Übel ist), m. folg. *Abl.*, **I** im Allg.: **a** v. leb. Wesen: malo, Cic. u. Scrib.: vitio, Scrib.: dolore, febri, Cic.: culpā, Komik., Cic. u. a.: suspicione, Cic.: morte, unsterblich sein, Hor.: pilo, haarlos sein, Plin. – **b** v. Lebl.: terra caret sensu, Lucr.: haec duo tempora carent crimine, Cic.: oratio, quae astu caret, Quint.: ripa caret ventis, Hor.: provincia malis hominibus caret, ist rein von Gesindel, ICt.: lege carens civitas, gesetzloser, Cic.: facilius est, ut id, quod habuit initium, fine careat, quam ut habeat finem, quod initio careat, Lact. – **II** insbes.: **A** durch eigenen Willen etw. nicht haben, d. i. **sich** einer Sache **enthalten, sich** ihrer **nicht bedienen, von ihr keinen Gebrauch machen,** ihr **entsagen,** c. temeto, Plaut. u. Cic. fr.: Veneris fructu, Lucr.: facultatibus amicorum, Nep. – od. durch eigene Schuld etwas **verloren-, vergeudet** usw. **haben,** omni maiorum censu, Iuven. 1, 59 *sq.* – dah. **a** von einer Örtlichkeit **sich entfernt halten, nicht** an (auf) od. in einen Ort **gehen** od. auch bloß von wo **entfernt sein,** urbe, foro, senatu, publico, nicht in die Stadt, auf den Markt, in den Senat, auf die Straße gehen, Cic.: caret libens patriā, Tac. – **b** von einer Handlung **entfernt sein,** ihr **nicht beiwohnen** od. **beiwohnen können,** quod declamationibus nostris cares, damni nihil facis, Cic. ep. 7, 33, 1. – **B** von etwas Wünschenswertem **entblößt sein,** etw. **nicht mehr haben,** etw. **entbehren, entbehren** od. **meiden müssen, auf** etw. **verzichten müssen,** einer Sache **entsagen müssen, verlustig gehen, ermangeln** u. mit dem Nbbgr. der subjektiven Gemütsstimmung **den Mangel** einer Sache **schwer empfinden,** etw. **missen, vermissen** (während egere u. indigere in Bezug auf unentbehrliche Bedürfnisse stehen; vgl. Cic. Tusc. 1, 87 u. 88 u. Sen. de vit. beat. 7, 2 voluptate virtus saepe *caret*, numquam *indiget*), gew. m. folg. *Abl.*, te, Plaut.: hoc commodo, Lucil. fr.: patriā, Ter. u. Nep.: prope triennium provinciā domoque, Cic.: consuetudine amicorum, Cic.: libertate, Hor.: matre carentes (mutterlosen, verwaisten) privigni, Hor.: mihi carendum est conviviis, Cic. – m. *Genet.*, tui carendum quod erat, Ter. heaut. 400: u. quod carendum tui erat, Laev. fr. 15 M. (b. Gell. 19, 7, 7). – m. *Acc.*, quia id quod amo careo, Plaut. Curc. 136 (vgl. Plaut. Poen. 820): illam caream, Ter. Eun. 223: meos parentes careo, Turpil. com. 32: quae filios duos caruit, CIL 13, 2103: lucem caruit, CIL 8, 5372: v. Lebl., reputes cum animo tuo an ista causa tempus argumentandi careat, Fronto ep. ad amic. 2, 7. p. 196, 13 N.; vgl. Gromat. vet. 6, 18 u. 25, 15. – dah. passiv, careri, Acro Hor. carm. 3, 1, 46. Marc. Emp. 6 *med.*: u. Partiz. Fut. Pass., virque mihi dempto fine carendus abest? Ov. her. 1, 50. – mit folg. *Infin.*, quaque caret proferre aliquam de gurgite gentem, Ps. Cypr. Sodom. 142. – absol., quamquam non caret is, qui non desiderat, Cic. de sen. 47: u. im Gerund., quae quam sit cara post carendo intellegunt, Trag. inc. fr. 194 (b. Cic. de or. 157): dies festi quid haberent voluptatis carendo magis intellexi quam fruendo, Cic. post red. ad Quir. 3. – Partiz. Fut. Akt. caritūrus oft, z. B. Ov. met. 2, 222 u. a. Sen. de ben. 1, 11, 1. Curt. 10, 2 (10), 27. Iustin. 4, 5, 1. – Genet. Plur. Part. Präs. Akt. carentum, Lucr. 4, 35. Verg. georg. 4, 255 u. 472. – Depon. careor bei den Altlat. nach Prisc. 8, 26.

Cāres, um, *m.* (Κᾶρες), die Bewohner Kariens (s. Cāria), die **Karier,** ein umherfahrendes Inselvolk, ursprünglich mit den Lelekern vermischt, das sich später auf dem Festland ansiedelte, berüchtigt durch feile, treulose u. sklavische Gesinnung (dah. sprichw. b. Cic. Flacc. 65 nach dem Griech. ἐν Καρὶ κίνδυνον, Plat. Lach. p. 178), Liv. 33, 18, 9: griech. Akk. -as, Plaut. Curc. 443. Liv. 38, 13, 7. Verg. Aen. 8, 725. Ov. met. 4, 297. Sen. de ben. 5, 6, 1. – Sing. **Cār**, Cāris, *m.* (Κάρ), ein **Karier,** Cic. Flacc. 65. Nep. Dat. 1, 3. – Dav.: **A Cāria**, ae, *f.* (Καρία), **Karien,** die südlichste Landschaft Kleinasiens, von den Türken *Alidinella* u. *Mendech-Seli* gen., Ter. eun. 126. Cic. Flacc. 65. Liv. 33, 19, 11. – **B Cāricus**, a, um (Καρικός), **karisch,** creta, Varr. u. Plin.: boves, Plin.: ficus, Edict. Diocl. (s. im folg. subst.). – subst., **Cārica**, ae, *f.* (*sc.* ficus), die **karische Feige,** die gew. getrocknet in den Handel kam, Plin. 13, 51; dah. gew. carica = ἰσχάς (Gloss.), **getrocknete Feige** übh., ducentae massae caricarum, Vulg.: caricae Cauno advectae, Cic.: caricae pressae, Edict. Diocl.: hic mixta est rugosis carica palmis, Ov. – übtr., abistis dulces caricae, sie sind dahin, die süßen Scherze, Petr. 64, 3.

carēsco (*Inchoat.* v. careo) = στέρομαι, Gloss. II, 437, 32.

careum, ī, *n.* (κάρος), **Wiesenkümmel, Feldkümmel** (*Carum carvi*, L.), Plin. u. a.

cārex, ricis, *f.*, das **Riedgras,** Verg., Col. u. a.

carfiathum, ī, *n.*, eine vorzügliche Art **Weihrauch,** Plin. 12, 60.

Cāria, s. Cāres.

cariāns, antis (caries), **morsch, faul,** tripus, Mart. Cap. 1. § 10.

cārica, s. Cāres a. E.

carico, s. carrico.

Cāricus, a, um, s. Cāres.

cariēs, em, ē (nur diese drei Kasus), *f.* (vgl. altind. *çīryátē*, wird zerbrochen, zerfällt; griech. κήρ, Verderben, Tod), das **Morsch-, Faulsein,** die **Morschheit, Fäulnis,** Lucil.: des Holzes infolge des Alters, Ov. u. Vitr.: der Mauern, Amm.: der Knochen, Cels.: des ausgetrockneten Bodens, Col.: der eigentümlich milde Geschmack alten Weins, Plin., u. des alten Obstes, Mart. – übtr., spottweise von alten, welken Personen, Afran. com. 250. Turpil. com. 104.

Carietēs, um, hispanische Völkerschaft, Plin. 3, 26. CIL 5, 4373 (wo Genet. -um).

carina, ae (κάριον), der **Kiel, Schiffskiel, I** eig u. meton.: **A** eig.: uncta carina, Enn. fr.: panda, Enn. fr.: carinae aliquanto planiores, quam nostrarum navium, Caes.: centum navium longarum carinas ponere (wie τρόπεις θέσθαι), die Kiele von 100 Kr. legen = den Bau von 100 Kr. beginnen, Liv. – **B** meton., wie **Kiel = Fahrzeug, Schiff,** Catull., Prop. u. a. – **II** übtr. auf ähnlich gestaltete Gegenstände, v. der Nußschale, Plin.: v. Körper des Hundes, Nemes. – Bes. häufig im Plur. als *nom. propr.*, **Carīnae**, ārum, *f.*, die **Kiele,** eine Örtlichkeit in Rom am Esquilin, j. die Höhe von *S. Pietro in vinculo* nebst der von da sich hinabziehenden Tiefe, Varr. LL. 5, 47. Liv. 26, 10, 1: mit prächtigen Gebäuden versehen, dah. C. lautae, Verg. Aen. 8, 361. – Hier stand der Tempel der Tellus, Suet. gramm. 15: hier das Haus des Q. Cicero, Cic. ad Q. fr. 2, 3 *extr.*: hier auch das Haus des Pompejus, Suet. Tib. 15, 1. Suet. gr. 15; vgl. Cic. de har. resp. 49: dah. sein scherzh. Wortspiel mit carinae, Schiffskiele, b. Vell. 2, 77, 1. Aur. Vict. vir. ill. 84, 3.

carinārius, ī, *m.* (carinus), der **Nussbraunfärber,** Plaut. aul. 510.

carinātor, ōris, *m.* (2. carino), der **Schmäher,** Placid. gloss. V, 15, 40.

carinātus, a, um (carina), **kielförmig,** concha acatii, Plin.: pectus hominis, Plin.

1. **carīno**, āvī, ātum, āre (carina), se, von den Muscheln, sich mit Schiffskielen versehen, d. i. **sich mit den Schalen versehen, Schalen bekommen,** Plin. 9, 103.

2. **carino**, āre, od. (nach Gloss.) carinor, ārī = χαριεντίζεσθαι, **Hohn und Spott treiben,** Enn. ann. 181 u. 229; vgl. Paul. ex Fest. 47, 8. Serv. Verg. Aen. 8, 361.

carīnula, ae, *f.* (*Demin.* v. carina), ein **kleiner Kiel,** Diom. 507, 22.

carinus, a, um (καρύινος), subst. carinum, ī, *n.*, ein **nussbraunes Kleid,** Plaut. Epid. 233.

cariōsus, a, um (caries), **morsch, faul, mürbe, I** eig.: os, Cels.: dentes,

Phaedr. u. Plin.: palmula fit vetustate cariosior, Varr.: terra, trocken, beinahe zu Staub geworden, Cato u. Col.: von altem Wein, vina, amphora Falerni, mild, Mart. – **II** übtr.: senectus, Ov.: di (Götterstatuen), Eccl.: sacerdotes perfidiā cariosi, Ambros. ep. 10, 3: c. nuptiae, mit einer alten (welken) Person, Manil. b. Varr. LL. 7, 28.

cariōta, s. caryōta.

cariotta, ae, *f.*, die **Karotte,** Veget. mul. 5, 63.

cariōtum, s. caryōtum.

cāris, ridis, *f.* (καρίς), eine Art **Krabben** od. **Seekrebse,** Ov. hal. 132.

carīsa (carissa), ae, *f.*, die **Durchtriebene, Verschmitzte,** Lucil. b. Paul. ex Fest. 44, 3; vgl. Placid. gloss. V, 15, 6.

caristia (charistia), ōrum, *n.* (χαρίστια), ein jährlich, unmittelbar nach den Parentalien, am 22. Februar gefeiertes Familienfest, an dem Verschwägerte u. Blutsverwandte sich zu einem geselligen Kreis vereinigten, angesichts der Gottheiten (Laren, Genien), denen der Tag geweiht war, entstandene Misshelligkeiten beilegten u. beim gemeinsamen Mahl sich fröhlich u. herzlich miteinander vergnügten, das **Fest der Liebe und Eintracht,** Ov. fast. 2, 617 *sqq.* Val. Max. 2, 1, 8.

Caristus, Caristius, s. Carystus.

carīsula, ae, *f.*, *Demin.* v. carisa, s. d., Anon. mim. XVIII. p. 400 R².

cāritās, ātis, *f.* (carus), der **hohe Preis, Wert** einer Sache, die **Teuerung, I** eig. (Ggstz. vilitas): annonae, Cic.: rei frumentariae, Cic.: vini, Suet.: nummorum, Geldmangel, Cic.: operariorum, Plin. – prägn. = **Teuerung** der Nahrungsmittel, ut tum vendas, cum caritas est, Varr.: cum alter annus in vilitate, alter in summa caritate fuerit, im einen Jahr Wohlfeilheit, im anderen große T., Cic. – **II** übtr., die **Werthaltung, Hochschätzung, Hochachtung,** (aus Hochachtung entspringende) **Liebe, Anhänglichkeit** (vgl. amor), c. uxoria, Gattenliebe, Ps. Quint. decl.: sanguine et caritate propior, Tac.: in caritate et honore esse, Liv.: complecti alqm amicitiā et caritate, Cic.: benevolentiā devincire homines et caritate, Cic.: alqm eximiā caritate diligere, Curt.: ut omnis caritas aut inter duos aut inter paucos iungeretur, Cic.: quae (caritas) dirimi nisi detestabili scelere non potest, Cic. – m. Ang. **wessen?** (von wem ausgehend od. woraus hervorgegangen?), hominum, Cic.: deorum, Cic.: civium, Cic. u. Liv. (verb. amor civium etc., Liv.): benevolentiae, Cic.: necessitudinis, Cic. – m. Ang. **bei** oder **zwischen wem?** durch *Praepp.*, *apud* milites praedam munifice largiendo tantā caritate esse, ut etc., in so großer Achtung stehen, Liv.: ingenita *erga* patriam caritas, Liv.: retinere caritatem *in* pastores, Cic.: mutua *inter* nos c., Quint.: ea caritas, quae est *inter* natos et parentes, Cic. – od. durch obj. *Genet.*, patriae et suorum, Liebe zum usw., Cic.: rei publicae, Liv.: pacis, Liv.: domini, Liv.: liberorum od. liberûm, Cic. u. Liv.: parentum, Cic.: suorum, Cic.: tantam esse apud omnes tui caritatem, ut etc., Cic.: fateor insitam esse nobis corporis nostri caritatem, Sen. – od. durch das *Pron. poss.*, caritate suā, Anh. an sie, Liv. 5, 54, 3. – im Plur., omnes omnium caritates patria una complexa est, alle diese Gefühle für alle, die uns teuer sind, Cic. de off. 1, 57: u. so im Plur. bei Cic. de fin. 3, 73. Apul. met. 5, 28. Mamert. grat. act. Iul. 24, 2: familiarum caritates, die teuren Familienbande, Arnob. 1, 43. – u. im Plur. meton., uns **teuere Wesen,** die **teuern Lieben,** caritates, Amm. 18, 5, 2; 18, 8, 14 u. a. – spätlat. auch im Sing., sollicita caritas, Auct. vit. Cypr. 5. p. XCV H.

Carmānī, ōrum, *m.* (Καρμανοί), die Bewohner Karmaniens, die **Karmanier,** nach Sitte u. Sprache Meder u. Perser, Mela 2, 8, 4 u. 6 (2. § 75 u. 79). **Lucan. 3, 250.** – Dav. **Carmānia, ae,** *f.* **(Καρμανία)**, die Landschaft **Karmanien,** das Küstenland am persischen Meerbusen u. dem indischen Ozean bis Gedrosia, j. *Kerman* u. an der Küste hin *Laristan,* **Plin. 6, 95.**

Carmēlus (Charmēlus), ī, *m.* u. **Carmel** (Charmel), *m. indecl.* (כרמל, Κάρμηλος), **I** eine Gebirgskette in Niedergaliläa, mit dem Vorgebirge Carmelum, Plin. 5, 75, mit einem Tempel u. Orakel des Zeus, der dah. Carmelus deus hieß, noch jetzt *Karmel, Karmul,* Tac. hist. 2, 78. Suet. Vesp. 5, 6: u. Form Carmel, Vulg. Ies. 29, 17 u. a. – **II** Berg mit einer gleichnamigen Stadt bei Hebron im Stamm Juda zwischen Ake u. Stratons-Turm, j. *El-Karmel,* die Stadt j. *Karmul,* Vulg. 1. Sam. 15, 12 u. 25, 2 u. a. – Dav. **Carmēlītēs** (Charmēlītēs), ae, *m.*, **aus** der Stadt **Karmel,** Vulg. 1. chron. 3, 1 u. 11, 37.

1. carmen, minis, *n.* (aus *canmen v. cano), der **Ton, Gesang,** das **Lied, I** im Allg.: carmine vocali clarus citharāque Philammon, Ov. met. 11, 317: carmina vocum, Ov.: texere carmina, Claud. – vom Gesang des Schwans, Ov.: vom Kreischen der Eule, Verg.: vom plätschernden Ton der Wellen, Claud. – **II** insbes.: **A** das **Gedicht,** die **Dichtung, a** im weiteren Sinne von jeder Art poetischer Produktion, Epik, Dramatik, Lyrik, im Ggstz. zur Prosa (soluta oratio od. prosa), während poëma nur Gedicht im höheren Sinne, bes. Epos, non prosā modo ... sed etiam carmine, Quint.: carminum auctores, Quint.: satirici carminis (Dichtungsart) scriptor, Lact.: carminum suorum actor (in einem dramatischen Stück), Liv.: c. Saliorum, Varr. LL.: lyricorum carmina, Quint.: c. lyricum, Porphyr. Hor.: c. epicum, Quint.: c. tragicum, Hor.: c. Aeolium, Hor.: c. funebre, Quint.: c. georgicum, Col.: c. pastorale, Ter. Maur.: c. nuptiale, Hier.: c. amatorium, Augustin.: c. saeculare, Suet.: c. Saliare Numae, Hor.: obscoena carmina, schmutzige Spott-, Schmähgedichte, Prop.: qui cantus (feierliche, religiöse Gesänge), quae carmina (Lieder, bes. Rundgesänge, griech. σκόλια), Cic.: carmina levia et faciles versus, leichtfertige Lieder u. spielende (tändelnde) Verse, Tac.: carmina fundere, condere, contexere, Cic.: carmina pangere, Lucr.: carmina componere od. fingere, Hor., od. facere, Verg.: carmina scribere, Hor.: carmen patrium canere, Curt.: carmina dicere in imperatorem, Liv.: ac ne carmen (Poesie) quidem sani coloris enituit, Petr. – **b** lyrische Dichtung, **Ode,** Hor.: c. amabile, erotische Dichtung, Hor. – u. dem Drama gegenüber für Epos u. Lyrik, fabula, quae versatur in tragoediis et carminibus, Quint. – **c** ein **Gesang** = ein Teil eines größeren Gedichts, eine **Rhapsodie,** primum, Lucr. 6, 937. – und eine **Stelle** (ein Vers od. mehrere) aus einem Gedicht, **Vers, Verse** (s. Cic. Tusc. 1, 37), illud mollissimum c., Cic.: Euripideum c. illud, Cic.: notum est id totum carmen incisum in sepulcro, Cic. – **d** eine poetische **Inschrift,** Verg., Prop. u. a.: od. **Aufschrift,** wie über den Eingängen der Tempel, Cic. Arch. 27. – **B** ein **Orakelspruch, Weissagespruch,** eine **Weissagung,** Verg., Liv. u. a.: carmina Sibyllina, Lact. – **C** ein **Zauberspruch,** eine **Zauberformel,** XII tabb. fr., Quint., Verg. u. a. – **D** ein **Rätsel** in Versen, carmen ponere, interpretari, solvere, Hyg. fab. 67. – **E** wegen des uralten Gebrauchs, Sittensprüche, Lehrformeln, Eides-, Religions- u. Gesetzesformeln im saturnin. Versmaß abzufassen, ein **Spruch,** eine **Formel,** insbes. eine **Religions-, Eides-, Gebets-, Gesetzesformel,** Appii Caeci c., Sittengedichte, Cic.: Catonis c. de moribus, Gell.: c. magistri, Cic.: c. necessarium, Cic. – diro quodam carmine iurare, Liv. – lex horrendi carminis, von schrecklichem Inhalt, Liv.: carmen rogationis, Liv.: carmina cruciatus, Cic.: alci carmen componere, Cic. – carmen (Gebetlied, Gebet) Christo quasi deo dicere secum invicem, Plin. ep.: sollemne carmen precationis peragere, Liv.: ex carmine sacro praeeunte verba sacerdote precationes facere, Liv.

2. carmen, minis, *n.* (caro, ere), die **Krempel,** Ven. Fort. init. epist. praem. carm. 5, 6.

Carmenta, Carmentālis, **-tālia**, s. Carmentis.

Carmentis, is, *f.* u. **Carmenta**, ae, *f.* (carmen = Weissage- od. Orakelspruch), die **Weissagerin,** in der römischen Mythologie die als Seherin göttlich verehrte Mutter des Euander, die mit ihm aus Arkadien nach Latium kam, Liv. 1, 7, 8. Ov. fast. 1, 461 *sqq.* Hyg. fab. 277; urspr. eine altitalische Nymphe (Verg. Aen. 8, 336 *sqq.*), deren Name schon ihr Wesen als weissagende u. heilende Göttin bezeichnet u. die am Fuße des kapitolinischen Hügels einen Tempel u. am karmentalischen Tor Altäre hatte, Solin. 1, 13. Gell. 18, 7, 2. Fest. p. 334 (a), 4; Liv. 5, 47, 3. – Ihr Fest (Carmentalia, s. unten), an dem bes. Frauen tätig waren, wurde am 11. u. 15. Januar gefeiert, wobei man die Göttin selbst u. ihre gleichnamigen Schwestern als Postvorta u. Antevorta od. Prorsa (Porrima) anrief, Varr. fr. b. Gell. 16, 16, 4; vgl. Macr. sat. 1, 7. § 19 (wo Camese = Carmentis). – Dav.: **A Carmentālis**, e, **karmenta-**

lisch, flamen, Cic. Brut. 56: porta, ein am Fuße des kapitolin. Hügels nahe am alten Altar der Karmentis befindliches Tor, Verg. Aen. 8, 338. Ascon. in Cic. or. in tog. cand. p. 81, 2 K. Solin. 1, 13, mit zwei Durchgangsbogen (fornices od. Iani), von denen der (von der Stadtseite) rechts gelegene späterhin porta scelerata gen. wurde, weil die Fabier durch ihn ihrem Untergang entgegengezogen waren, Liv. 2, 49, 8. Ov. fast. 2, 201 (fälschlich später auf das ganze Tor bezogen, Fest. p. 285 [a], 6 u. 334 [a], 4. Serv. Verg. 8, 337). – Plur. **Carmentālia,** ium, *n.*, das **Karmentisfest** (s. oben), Varr. LL. 6, 12. Ov. fast. 1, 585 *sq.* u. 617 *sq.* – **B** **Carmentāriī,** ōrum, *m.*, die Priester der Karmentis, die ihre Orakelsprüche aufzeichneten, Serv. Verg. Aen. 8, 336.

carminābundus, a, um (1. carmino), **dichtend,** Sidon. epist. 8, 11, 6.

carminātio, ōnis, *f.* (2. carmino), das Bearbeiten mit dem Wollkamm, das **Krempeln,** Plin. 11, 77.

carminātor, ōris, *m.* (2. carmino), der **Krempler,** lanarius, CIL 11, 1031.

1. carmino, āre (1. carmen, franz. charmer), **bezaubern,** Augustin. c. Iul. op. imperf. 3, 117. Sidon. ep. 1, 9 u. 9, 15.

2. carmino, (āvī), ātum, āre (2. carmen), **krempeln,** lanam, Varr. LL. 7, 50. Plin. 9, 134. Ven. Fort. misc. 5, 6 *in.* Marc. Emp. 15: linum, **hecheln,** Plin. 19, 18.

Carmo, ōnis, *f.*, eine Stadt im bätischen Hispanien, j. *Carmone* in Andalusien, Liv. 33, 21, 8. – Nbf. **Carmōna,** ae, *f.*, Auct. b. Alex. 57, 2 u. 64, 1. – Dav. **Carmōnēnsēs,** ium, *m.*, die Einw. von Karmo, die **Karmonenser,** Caes. b. c. 2, 19, 5.

Carmōna, ae, *f.*, s. Carmo.

Carna, ae, *f.* (caro), Schutzgöttin der edleren Teile des Leibes, bes. der zum Leben unentbehrlichen (vitalia) Organe, des Herzens, der Lunge u. Leber, der Junius Brutus nach Vertreibung der Könige ein Heiligtum auf dem cälischen Berg stiftete u. deren Tempelweihe man jährlich am 1. Juni feierte, Macr. sat. 1, 12, 31. – Ov. fast. 6, 101 *sqq.* identifiziert die Carna mit der Cardea (s. d.).

carnālis, e (2. caro), **fleischlich, körperlich** (Ggstz. spiritalis), Eccl. – Plur. subst., carnālia, ium, *n.* (Ggstz. spiritalia), Lact. 4, 17, 21. – Über carnales bei Varr. sat. Men. 494 *codd.* s. casnar.

carnālitās, ātis, *f.* (carnalis), die **Fleischlichkeit,** Eccl.

carnāliter, *Adv.* (carnalis), **fleischlich** (Ggstz. spiritualiter), Eccl.

carnārius, a, um (2. caro), **zum Fleisch gehörig, Fleisch-,** **I** *adi.:* ›carnārius, a, σάρκινος‹, Gloss. – **II** *subst.:* **A** carnārius, ī, *m.*, **1** ein **Fleischliebhaber** (Ggstz. pinguiarius), scherzh. b. Mart. 11, 100, 6. – **2** = κρεοπώλης, der **Fleischhändler, Fleischer,** Gloss. – **B** carnāria, ae, *f.*, **Fleischbude,** Varr. LL. 8, 55. – **C** carnārium, ī, *n.*, **a** die **Fleischkammer, Rauchkammer,** zuw. auch der **Fleischhaken** in derselben, Plaut., Scriptt. r. r. u. a. – **b** eine **Fleischhackerei, Metzelei,** Petr. 45, 6.

carnātio, ōnis, *f.* (2. caro) = εὐσαρκία, die **Fleischigkeit, Wohlbeleibtheit,** Cael. Aur. chron. 1, 4, 113.

carnātus, a, um (2. caro) = εὔσαρκος, **sehr fleischig,** Cael. Aur. chron. 1, 4, 95.

Carneadēs, is, Akk. em u. ēn, *m.* (Καρνεάδης), ein Philosoph aus Cyrene (geb. 214, gest. 139 v. Chr.), Nachfolger des Hegesippus in der Akademie zu Athen, Stifter u. Haupt der dritten akademischen Schule, heftiger Gegner des Zeno, Lucil. sat. 1, 12. Cic. Acad. 1, 46 u. 2, 16. Gell. 17, 15, 1 *sqq.* – Dav. **Carneadēus** u. **Carneadīus,** a, um, **karneadisch, des Karneades,** divisio, Cic.: sententia, Cic.

carneus, a, um (2. caro), **von Fleisch, fleischern,** Spät.: übtr., **fleischlich,** lex, Prud. apoth. 370: subst., carnea, ōrum, *n.*, Prud. psych. 765. – u. **fleischern** = gefühlvoll, cor (Ggstz. cor lapideum), Vulg. Ezech. 11, 19 u. a.

Carnī, ōrum, *m.* (Καρνοί), eine keltische Völkerschaft in den nach ihr benannten (kärnthischen) Alpen, im heutigen *Krain* u. *Kärnthen,* Liv. 43, 5, 3. Mela 2, 4, 2 (2. § 59). – Dav. **Carnicus** a, um, **karnisch,** Alpes, die kärnthischen Alpen, Plin. 3, 147 (vgl. Alpes *no.* I, 9).

carnicula, ae, *f.* (*Demin.* v. caro), ein **Stückchen Fleisch,** Prisc. 6, 17. Vgl. Gloss. ›carnicula, κρεάδιον‹. – Synk. carnilla.

carnifer, fera, ferum (caro u. fero), **Fleisch tragend,** Ignat. ad Smyrn. 5, 2. Coripp. Iust. 4, 354.

carnifex (arch. carnufex), ficis, *m.* (2. caro u. facio), **I** der **Stockmeister,** ein öffentlicher Sklave, der in Rom jene Strafen zu vollziehen hatte, mit denen nur Sklaven und Fremde belegt wurden, bes. die grausamen Stäupungen u. Folterungen, die den Hinrichtungen vorangingen, und als **Scharfrichter, Henker** die Hinrichtungen (namentl. das Kreuzigen) selbst vollzog, s. bes. Plaut. Bacch. 688; capt. 1019; rud. 857. Cic. Verr. 5, 118. – Sein Amt galt für so entehrend, dass er nicht einmal in der Stadt wohnen durfte, Cic. Rab. perd. 16, sondern vor der *porta Metia (= Esquilina),* jenseits des Caelius mons (in der sogen. Subura), Mart. 2, 17. – Dah. carnifex auch als entehrendes Schimpfwort, **Henkers-** od. **Schinderknecht, Galgenvogel, Schurke,** Komik., Cic. u. a. – **II** übtr., der **Schinder** = **Peiniger, Folterer,** carnifex meus, Ter.: c. civium sociorumque, Cic.: eum sibi carnificem novum exortum, Liv. – attrib. = **henkerisch** = **peinigend, tötend,** Mart. u. a.: hic carnifex animus, eine Henkerseele, Plin. 7, 43.

carnificātor, ōris, *m.* u. **carnificātrīx,** īcis, *f.* (carnifico), **Henker, Henkerin,** Charis. 50, 4.

carnificīna (arch. carnuficīna), ae, *f.* (carnifex), das Amt u. die Tätigkeit des Scharfrichters, das **Henkeramt,** das **Martern, Foltern,** die **Folter, Marter,** dolores atque carnificinae, Cato fr.: carnificinam facere, Plaut.: quamvis carnificinam subire, Cic.: in ergastulum et carnificinam duci, Liv.: carnificinae locus, die Marterstelle, Suet. – übtr., **Folter, Marter, Pein, Schinderei,** Cic. Tusc. 3, 27; Sest. 135.

carnificius, a, um (carnifex), **vom Henker herrührend,** cribrum, Plaut. most. 55. – *neutr.* subst. **carnificium,** ī, *n.* = *cruciatus,* Tert. de pud. 22.

carnifico, āre (carnifex), an jmd. den Henker machen = jmd. **hinrichten, köpfen,** Sisenn. fr. bei Prisc. 8, 19. Tert. adv. Marc. 1, 2: c. (hostes) iacentes, den Gefallenen die Köpfe abhauen, Liv. 24, 15, 5. – Depon. **canificor,** ārī, nach Prisc. 8, 15.

carnificus, a, um (carnifex), **henkerisch,** manus (Plur.), Sil. 1, 173.

carniger, gera, gerum (caro u. gero) = σαρκοφόρος, **Fleisch an sich tragend, mit Fleisch bekleidet,** deus, Cassiod. hist. eccl. 7, 9 *extr.* p. 285 (b) *ed. Garet.*

carnilla, s. carnicula.

carnis, is, *f.*, s. 2. caro ►.

carnivorus, a, um (2. caro u. voro), **fleischfressend,** animalia, Plin. 9, 78 u. a.: animae, Coripp. laud. Iustin. 4, 351.

carnōsus, a, um, *Adi.* m. *Compar.* u. *Superl.* (2. caro), **I** **fleischig,** **a** v. Gliedern: cervix, Cels.: manus, crura, Plin.: atropha carnosiora faciunt, Plin. – **b** v. Pflanzen, folia, radices, Plin.: misy carnosius, Plin.: olea carnosissima, Plin. – **II** meton., **fleischähnlich, fleischfarben,** lignum, candor, Plin.

carnufex, -ficīna, s. carnifex, -ficina.

carnuficius, a, um, s. carnificius.

carnulentus, a, um (2. caro), **fleischähnlich,** tactus, Solin. 2, 41: vestigia, Solin. 49, 9: pectora, Prud. perist. 10, 372.

Carnuntum, ī, *n.*, alte keltische Stadt an der Donau in Oberpannonien beim j. »Haimburg« zwischen Deutsch-Altenburg und Petronell, wo die gewöhnlichen Winterquartiere der röm. Heere, das Standlager der legio XIV gemina u. die Station der großen Donauflotte waren, Vell. 2, 109, 5. Eutr. 8, 6. Spart. Sever. 5, 1. CIL 6, 3625 u. ö. – Nbf. **Carnuntium,** Oros. 7, 15, 6. – Ob **Carnūs,** ūntis, *f.*, b. Liv. 43, 1, 2 nicht vielmehr eine illyrische Stadt war, ist zweifelhaft.

Carnutēs, um, *m.*, eine in der Mitte Galliens heimische Völkerschaft mit der Hauptstadt Genabum, dem j. *Orléans,* Caes. b. G. 2, 35, 2. Liv. 5, 34, 5. – Nbf. **Carnutēnī,** ōrum, *m.*, Plin. 4, 107. – Dav. **Carnutēnus,** a, um, **karnutenisch,** civitas, Sulp. Sev. dial. 3, 2, 3.

1. caro, ere, **krempeln,** lanam, Plaut. Men. 797. Varr. LL. 7, 54. Vgl. Gloss. Papin. ›qui lanam carunt, carpunt, dividunt‹.

2. caro, carnis, *f.* (vgl. umbrisch *karu,* Teil), das **Fleisch,** **I** eig. u. meton.: **1** eig.: subrancida, Cic.: cruda, Suet.: cocta, Apic.: tosta, Ov.: morticina, Aas, Sen.: dass. tacita, Mart.: salita, Macr.: bubula, Val.

Max.: porcina, Vopisc.: haedina, Cael. Aur.: caprina, vervecina, Edict. Diocl.: cervina, Solin.: ferina, Sall.: ferina ac domesticarum pecudum c., Col.: piscium c., Val. Max.: lacte et carne vivere, Caes.: lacte et ferinā carne vesci, Sall. u. Plin.: omne animal sentit se carne constare, Sen. – Plur. carnes, **Fleischstücke, -teile, -klumpen, -masse,** carnes vipereae, Ov.: carnes bubulae, Plin.: carnes recentes, Apic.: informes minimaeque carnes, Plin.: carnes pauxillulae, Solin.: carnes semicrudae, Hier. – carnis plus habere quam lacertorum (bildl., v. einem schwülstigen Redner), Quint. 10, 1, 77. – Bei Celsus ist caro oft = Zellgewebe, Weichteile, Granulation, Zellstoff u. dgl.: dah. caro hebes, fleischiger Auswuchs, wildes Fleisch, Cels. 7, 3 u. 6 13. – **2** meton., verächtl.: **a** v. einem Menschen, ista pecus et caro putida, Aas, Cic. Pis. 19. – **b** dem Geist gegenüber, caro ista, dieses Fl. = dieser sinnliche Leib, Sen. ep. 65, 22 (vgl. Sen. ep. 74, 16 u. 92, 10): carnes voluptatis, Salv. de gub. dei 1, 3. – **II** übtr., wie im Deutschen, **A** v. Fleisch der Früchte, auch im Plur., Plin. u. Pallad. – **B** an Bäumen, das inwendige weiche Holz hinter dem Splint, Plin. 16, 181. – **C** an Edelsteinen, Plin. 37, 73. – Archaist. Nbf. carnis, is, *f.*, Liv. Andr. fr. bei Prisc. 6, 17. Liv. 37, 3, 4. Charis. 58, 4: Abl. carni, Plaut. capt. 914. – Genet. Plur. von caro regelm. carnium, Tert. ieiun. 5; resurr. carn. 32. Augustin. de civ. dei 13, 24; 22, 20. Hier. ep. 100, 6; vit. Malchi § 8. Cael. Aur. chron. 2, 12, 138.

3. cārō, *Adv.* (carus), **teuer,** vendere (Ggstz. vili emere), Poët. mim. bei Augustin. trin. 13, 3 (Anon. mim. fr. XII. p. 398 R[2]). Ulp. dig. 19, 1, 13. § 3: caro valere, teuer zu stehen kommen, Augustin. serm. 21, 4; conf. 11, 2, 1.

caroenāria, ae, *f.* (caroenum), ein **Gefäß zum** *caroenum* (s. d.), Pallad. 8, 7.

caroenum, ī, *n.* (κάροινον), **süßer eingekochter Wein,** Pallad. 14, 8, 2. Augustin. de mor. Manich. 13. § 29. Apic. 4, 121: car. Maeonium, süßer asiatischer, Edict. Diocl. 2, 13. – Verschieden ist garoenum, s. d.

Carōn, s. Charōn.

caros, ī, *m.*, eine unbekannte Pflanze, Plin. 26, 80.

carōta, ae, *f.*, die **Karotte, Möhre,** Apic. 3, 113 *sqq.*

carōticus, a, um (καρωτικός), **Schlagfluss veranlassend,** venae, die Hauptschlagadern, Chalcid. Tim. 214.

carpa, ae, *f.* (vgl. altind. *çaphara-ḥ*, eine Karpfenart), der **Karpfen,** Cassiod. var. 2, 4.

carpasum u. **carpathum,** ī, *n.* (κάρπασος, vgl. ὀποκάρπασον od. -θον), ein Gewächs mit giftigem Saft (opocarpathum), Form carpasum, Marc. dig. 39, 4, 16. § 7. Col. poët. 10, 17 (Plur.): Form carpathum, Plin. 32, 58. – Dav. viell. **carpathius,** a, um, vom **Karpathum,** filum, Amm. 29, 1, 31.

1. carpathius, s. carpasum.

2. Carpathius, s. Carpathus.

carpathum, s. carpasum.

Carpathus (-**os**), ī, *f.* (Κάρπαθος), eine Insel im Ägäischen Meer zwischen Kreta u. Rhodus, j. *Scarpanto*, Mela 2, 7, 13 (2. § 114). Isid. 14, 6, 24 u. 19, 1, 11. Acro Hor. carm. 1, 35, 8. – Dav. **Carpathius,** a, um, **karpathisch,** mare, das Karpathische Meer = der südl. Teil des Ägäischen Meeres, Lucil. fr., Verg., Mela u. a. (u. poet. = Ägäisches Meer übh., Hor.): ebenso gurges, Verg., pelagus, Lucil. fr. u. Col.: vates, senex, Proteus, der daselbst seinen Sitz hatte, Ov.

carpatinus (carbatinus), a, um (καρπάτινος), **von rohem Leder, rohledern,** crepidae, rohlederne Bauernschuhe, Catull. 98, 4.

carpentārius, a, um (carpentum), **zum Wagen gehörig, Wagen-,** fabrica, Plin. 16, 34: artifex, ein Wagner, Stellmacher, Lampr. Alex. 52, 1: vehiculum, Treb. Poll. XXX tyr. 30, 17. – subst. carpentārius, ī, *m.*, der **Wagner, Stellmacher,** Tarrunt. dig. 50, 6, 6. Treb. Poll. XXX tyr. 14, 11. Veget. mil. 1, 7 u. 2, 11. Ven. Fort. vita Radeg. 33. Edict. Diocl. 7, 10. Cod. Theod. 8, 5, 31. Vulg. 1. paral. 9, 15. Isid. 19, 19, 1. CIL 5, 5922.

carpentum, ī, *n.* (ein gallisches Wort), ein zweirädriger Wagen, **a** als Stadt- od. Reisewagen, die **Karosse, Kutsche,** c. argenteum, Flor.: c. rotale, Capit.: c. iudiciale, von Staats wegen gestellter Reisewagen für hohe Staatsbeamte, Amm.: carpenta partim contexta partim velata, Apul.: carpenta Serica, mit seidenen Vorhängen, Prop.: carpento veloci impositus rex, Amm.: pilento ad sacra ludosque, carpentis festo profestoque uti, Liv.: carpento sedere cum uxore, Liv.: vehi carpento mulari oder carpento boum, Lampr.: flectere carpentum dextrā in Urbium clivum, Liv.: carpento Capitolium ingredi, Tac.: carpento in forum invehi, Liv.: carpentis per urbem vectari, Liv.: supra eum (patrem occisum) carpentum inigere, Varr. LL.: per patris corpus carpentum agere, Liv. – **b** als Gepäckwagen, carpenta Gallica multā praedā onerata, Liv.: carpenta captiva, Liv.: obiectis undique plaustris carpentisque, Flor.: in carpento invehi, Cod. Theod. 8, 5, 18. – **c** als Lastwagen, der **Karren,** stercoris carpenta, Pallad. 10, 1, 2. – meton., das **Gespann,** das **Zugvieh,** nisi eorum adminiculis subvehendis carpenta sudarent, Veget. mul. 4. pr. § 3. – **d** als **Streitwagen** der Gallier u. Britannier, carpenta Gallorum, Flor. 1, 18, 26: trepidantia ad conspectum rei novae carpenta volitabant, Flor. 3, 10, 17.

carpeo, s. carpo ►.

Carpetānī, ōrum, *m.*, die **Karpetaner,** eine der mächtigsten hispanischen Völkerschaften am Anas u. Tagus, im j. Kastilien u. Estremadura, mit der Hauptstadt Toletum (j. *Toledo*), Liv. 21, 5, 7. – Dav.: **A Carpetānia,** ae, *f.* das Gebiet der Karpetaner, **Karpetanien,** Liv. 39, 30, 1. – **B Carpetānus,** a, um, **karpetanisch,** iuga, Plin. 3, 6.

carphologia, ae, *f.* (καρφολογία), das **Ausklauben der Strohstückchen** aus den Lehmwänden, von Kranken, Cael. Aur. acut. 1, 3, 34 u. a.

carphos, *n.* (κάρφος), rein lat. fenum Graecum, **Bockshorn,** Plin. 24, 184.

Carpī, ōrum, *m.* (Καρποί), eine Völkerschaft zwischen der Donau u. den Karpaten in Dazien, mit dem vicus Carporum (j. Karpfen od. Karpona, nach Reich.), Eutr. 9, 25. Capit. Maxim. et Balb. 16, 3. Lact. de mort. pers. 4, 3 u. a. – Dav. **Carpicus,** der **Karpiker,** Beiname der Sieger über die Karpi, s. Vopisc. Aur. 30, 4.

carpineus, a, um (carpinus), **aus Hagebuchen gemacht, Hagebuchen-,** Col. u. Plin.

carpinus, ī, *f.*, die **Hagebuche, Hainbuche** (*Carpinus Betulus*, L.), Col. u. a.

carpisclum (carpisculum, griech. κρηπίς), ī, *n.*, eine Art Schuhwerk, Vopisc. Aur. 30, 4. – Nbf. carpusculum, ī, *n.* = die **Unterlage** (*t. t.* der Archit.), CIL 3, 9768 u. 12, 1904.

carpistēs, ae, *m.* (καρπιστής), der **Freimachende,** einer der Äonen des Valentinus, Tert. adv. Valent. 9.

carpo, carpsī, carptum, ere (vgl. καρπός, ›Abgepflücktes‹, ahd. *herbist*, ›Zeit des Abpflückens, Erntens‹), **rupfen, I** rupfweise wegnehmen, **rupfen, abrupfen, A** eig.: **1** mit der Hand, d. i. **a** einen Teil vom Ganzen = **pflücken, abpflücken, abreißen,** flores ex arbore, Ov.: uvam de palmite, Verg.: herbas manibus, Col.: c. manu (Ggstz. convellere ferro), Verg.: coronas ex collo, Hor.: inter cornua saetas, ausreißen, Verg. – **b** ein Ganzes in Teile = **rupfen, zupfen,** vellera, Verg.: mollia lanae fila, Ambros. in Luc. 8, 11: lana mollis bene carpta (woher das franz. *charpie*), Cels.: pensum, zupfen, spinnen, Hor. u. a.: cibos digitis, an den Sp. klauben, Ov. – dah. scherzh. stolidum pleno vellere carpe pecus, v. Rupfen, d. i. Prellen der reichen Liebhaber, Prop. 1, 13 (16), 8: so auch c. amantem, Ov. am. 1, 8, 91. – **2** mit dem Mund: **a** einen Teil vom Ganzen **abrupfen** = **abfressen,** von Tieren, alia animalia carpunt, Cic.: gramen (v. Pferden), Verg.: insbes. v. Bienen = **ab-** od. **aussaugen,** cibum, Varr. – u. poet. v. Menschen, oscula, Küsse rauben, Prop. u. a. – **b** ein Ganzes in Teilen **ab-** od. **ausfressen,** v. Vögeln, iecur, Ov.: v. Bienen = **ab-** od. **aussaugen,** thyma, Hor.: flores, Macr. – u. prägn. von Menschen, **zu sich nehmen, genießen, speisen,** unumquicquid, quod quidem erit bellissimum, carpam, Ter.: mullum, leporem, Mart. – **B** übtr.: **1 pflücken, abpflücken, a** einen Teil vom Ganzen = **sich aussuchen, auswählen,** flosculos, Cic.: paucos ad ignominiam, Cic. – **b** poet.: **α pflücken** = nach u. nach od. mit Muße **genießen,** molles sub divo somnos, Verg.: auras vitales, Verg., od. bl. auras, Sil. – diem, Hor.: aetatem, Catull. –

β einen Raum Strecke für Strecke **zurücklegen,** ihn **durchziehen, durcheilen, durchfliegen,** Ov.: prata fugā, durchfliehen, Verg.: aethereum volucri pede iter, Ov.: aëra alis, Ov.: hāc duce carpe vias, Ov.: mare, durchfahren, Ov. – od. einen Gang, eine Bewegung im Raum Strecke für Strecke **vornehmen,** iter od. viam, gehen, wandeln, Verg., Hor. u. a.: supremum iter, den letzten Gang gehen = sterben, Hor.: fugam, fliehen, Sil.: volatus, fliegen, Stat. – **2 rupfen, a** mit Worten, **durchhecheln, herunterreißen, tüchtig mitnehmen, bekritteln, verkleinern** (s. Döring Plin. ep. 1, 9, 5), alqm maledico dente, Cic.: alqm sermonibus, Liv.: alqm sinistris sermonibus, Plin. ep.: militum vocibus carpi, Caes.: hoc, Vell.: nostros libellos, Ov.: studium non utile, tadeln, Ov.: famam vitamque, Plin. pan.: c. et detorquere recte facta, Plin. ep. – **b** als milit. *t. t.*, dem Feind **durch wiederholte Neckereien** od. **Scharmützel** (wobei man einzelne wegfängt od. tötet) **Abbruch tun,** ihn **durch Angriffe auf verschiedenen Seiten necken u. schwächen** (s. Fabri Liv. 22, 16, 2), equitatu agmen adversariorum, Caes.: novissimum agmen od. novissimos, Caes. u. Liv. – dah. im Bild, numerosum agmen (Schar) reorum posse superari, si per singulos carperetur, wenn man sie einzeln abtue, Plin. ep.: (ira) graves habet impetus; tota vincetur, dum partibus carpitur, wenn man ihm teilweise etwas von seiner Stärke nimmt, Sen. – **c** übh. **nach u. nach schwächen, -entkräften, -mitnehmen, -verzehren** (vgl. Drak. Sil. 2, 458), vires paulatim, Verg.: labor carpit corpus, Ov.: caeco carpi igni, Verg.: carpi parvis cotidie damnis vires suas, verlieren an Zahl, Liv. – **II** prägn. = concerpere, discerpere, **A** eig.: **a klein hacken,** pullus carptus, Apic. 4, 133: Ggstz., pullus *integer* vel *carptus,* Apic. 6, 251. – **b zerreißen, zerfleischen,** iecur, Ov.: viscera dente, Ov.: alqm, Sen. de ira 3, 18, 2. – **B** übtr., **zerstückeln, zersplittern** (vgl. Drak. Liv. 3, 5, 1), in multas parvasque partes exercitum, Liv.: multifariam vires Romanas, Liv.: quia totum potest excidere, quod potest carpi, Sen.: Etymandrum (fluvium), in Kanäle zersplittern, Curt.: carpenda membris minutioribus oratio est, man muss den Vortrag in kleinere Glieder zerstückeln, in kurzen, abgerissenen Sätzen sprechen, Cic. de or. 3, 190: vix pauca verba carpebat, er gab ein paar abgerissene Worte von sich, Hier. ep. 125, 18. – Nbf. carpeo, ēre, z. B. carpeas, Apic. 4, 151: Nbf. carpio, wovon carpiunt, Vict. Vit. 3, 66.

carpobalsamum, ī, *n.* (καρποβάλσαμον), die **Balsamfrucht,** Isid. 17, 8, 14.

carpophyllon, ī, *n.* (καρπός u. φύλλον), eine dem Lorbeerbaum ähnliche Staude, die ihre Früchte auf den Blättern trägt, sonst laurus Alexandrina gen., **Fruchtblatt,** Plin. 15, 131.

carptim, *Adv.* (carptus, carpo), **rupf-** od. **zupfweise, I** eig., **in abgerissenen Stücken,** favos congerere in qualum, Col. 9, 15, 12. – mit der Stimme, **ruckweise,** vocem resorbere, Plin. 18, 362. – **II** übtr.: **a stück-, teilweise,** c. divisi agri, in kleineren Stücken, Suet. – bes. in der Rede (s. Döring Plin. ep. 6, 22, 2), **mit Auswahl, nach den Hauptmomenten, summarisch,** res gestas c. perscribere, Sall.: agere carptim et κατὰ κεφάλαια, Plin. ep.: alqd carptim breviterque perstringere, Plin. pan.: non posse carptim (= *carptim dicta*) ut contexta placere, abgerissene Stücke wie ein Ganzes, Plin. ep. 8, 4, 7. – **b teilweise** = **nur hin u. wieder einer** od. **einige** (aus der Menge heraus), **nach u. nach einige,** convenirent, seu carptim partes, seu universi mallent, Liv.: dimissi carptim ac singuli, Tac. – **c durch einzelne wiederholte Angriffe** (vgl. Fabri u. Weißenb. Liv. 22, 16, 2), aggredi, Liv.: hostem lacessere, Liv.

carptor, ōris, *m.* (carpo), **I** der **Zerleger, Vorschneider** der Speisen, Iuven. 9, 109. – **II** der **Durchhechler,** subducti supercili carptores, gehässige Tadler, Laev. fr. bei Gell. 19, 7, 16.

carptūra, ae, *f.* (carpo), eig. das Abpflücken; dah. v. der Biene, das **Aussaugen der Blumen,** Varr. r. r. 3, 16, 26.

Carpus, ī, *m.* (carpo), Name des Vorschneiders (Tranchierers), etwa **Schneidevor,** Petr. 40, 5: dah. quotiescumque dicit *Carpe* (Schneid er)! eodem verbo et vocat et imperat, Petr. 36, 8.

carpusculum, s. carpisclum.

carracutium, ī, *n.* (carrus), eine Art zweirädriger Wagen, nach Isid. 20, 12, 3.

Carrae, s. Carrhae.

carrāgo, inis, *f.* (carrus), die **Wagenburg,** Claud. imp. bei Treb. Poll. Claud. 8, 5. Valer. bei Vopisc. Aurel. 11. 6. Treb. Poll. Gallien. 13, 9. Amm. 31, 7, 7.

carrārius, ī, *m.* (carrus), der **Wagen-, Stellmacher,** Gloss. V, 564, 14 ›carrarius, ἁρμαξοποιός‹).

Carrhae (Carrae), ārum, *f.*, Stadt in Mesopotamien, das (noch jetzt so genannte) *Charan* od. *Haran* der Bibel, Lucan. 1, 105. Flor. 3, 11, 8. Spart. Carac. 6. § 6.

carrico, āre (carrus), ital. *carcare,* franz. *charger,* **beladen,** Gloss. u. Spät.

carroballista, ae, *f.*, die **auf einem Wagen** (carrus) **liegende Ballista,** Veget. mil. 2, 25; 3, 14 u. 3, 24.

carrocarpentārius (καρροπηγός), ī, *m.*, der **Wagenmacher,** Gloss. III, 308, 25.

carroco, ōnis, *m.* (ein keltisches Wort), ein Meerfisch, viell. **Stör** (*Acipenser sturio,* L.), Auson. ep. 4, 60. p. 161 Schenkl.

1. **Carrūca,** ae, *f.*, Stadt in Hispania Baetica, nördl. von Munda, Auct. b. Hisp. 27, 5.

2. **carrūca (carūca, carrūcha, carūcha),** ae, *f.* (carrus), eine Art vierrädriger Wagen, früher **Reisewagen,** später **Staatswagen** der vornehmen Welt in der Stadt, Plin. 33, 140. Suet. Ner. 30, 3. Mart. 3, 47, 13; 3, 62, 5; 12, 24, 2. Vopisc. Aurel. 46, 3. Paul. dig. 13, 6, 17. § 4. Paul. sent. 3, 6, 91. Edict. Diocl. 10, 1 u. 15, 28. Cod. Theod. 14, 12, 1: carrucha dormitoria, Schlafwagen, Scaevol. dig. 34, 2, 13: carruchae solito altiores, Amm. 14, 6, 9.

1. **carrūcārius** (carrūchārius), a, um, zur *carruca* gehörig, **Wagen-,** mulae carruch., Ulp. dig. 21, 1, 38. § 8: mulio carruc., Capit. Maximin. 30, 6.

2. **carrūcārius** (carruca), ī, *m.*, der **Kutscher,** Ulp. dig. 19, 2, 13 pr. M.: schola carrucariorum, Inschr.

carrulus, ī, *m.* (*Demin.* v. carrus), ein **kleiner Wagen,** Ulp. dig. 17, 2, 52. § 15.

carrum, ī, *n.*, s. carrus.

carrus, ī, *m.* (gallisches Wort), eine Art vierrädriger **Transportwagen, Karren,** Varr. fr., Caes. u. a. – Nbf. **carrum,** ī, *n.*, Porph. Hor. sat. 1, 6, 120. Isid. 20, 12, 1 u. Gloss.: Plur. carra, Treb. Poll. XXX tyr. 8, 5. Itala num. 7, 7 u. a.

Carseolī (Carsiolī), ōrum, *m.* (Καρσέολοι), Stadt in Latium, im südlichsten Teil des Äquikulertales, in einer rauen Gegend, von den Römern kolonisiert, j. *Arsoli,* Liv. 10, 3, 2. Vell. 1, 14, 5. Ov. fast. 4, 683: Forum Carsioli, Itin. Anton. 309, 2. – Dav. **Carseolānus** (Carsiolānus), a, um, **karseolanisch,** Ov. u. Col.: dendrophori Carsiolani, CIL 9, 4067: Plur. subst., Carseolānī, ōrum, *m.*, die Einw. von Karseoli, die **Karseolaner,** Plin.

Carsūlae, ārum, *f.* (Κάρσουλοι), eine der bedeutendsten Städte Umbriens, nördl. von Narnia, j. Ruinen bei *Monte Castrilli,* Tac. hist. 3, 60. – Dav. **Carsūlānum,** ī, *n.*, ein Landgut bei Karsulä, Plin. ep. 1, 4, 1.

carta u. die dav. Abgeleiteten, s. charta etc.

Cartāgo, s. Carthāgo ►.

cartallus, ī, *m.* (κάρταλλος), der **Korb,** Vulg. deuteron. 26, 2; Ierem. 6, 9.

Cartēia, ae, *f.* (Καρτηΐα, Καρθαία), **I** eine uralte Stadt in Hisp. Baetica, unweit des fretum Herculis, bei der Cäsar den Cn. u. Sextus Pompejus schlug, beim j. *Rocadillo,* Cic. ad Att. 12, 44, 4. Liv. 28, 30, 6. – Dav.: **A Cartēiānus,** a, um, **kartejanisch,** ora, Plin. 3, 17. – **B Cartēiēnsis,** e, **kartejensisch, aus Karteja,** legati, Auct. b. Hisp. 36, 1. – **II** die Hauptstadt der Olkader im tarrakon. Hispanien (Ἀλθαία b. Polyb.), j. *Orgaz,* Liv. 21, 5, 4.

Cartenna (Cartinna), ae, *f.* (Καρτένναι), röm. Kolonie in Mauretania Caesariensis, nach einigen j. *Mostagan,* Mela 1, 6, 1 (1. § 31). Plin. 5, 20. Mart. Cap. 6. § 668.

Carthada, ae, *f.*, s. Carthāgo a. A.

Carthaea, ae, *f.* (Καρθαία), Stadt auf der Südseite der Insel Cea od. Ceos, j. *Poles,* Plin. 4, 62. – Dav.: **A Carthaeus**, a, um, **karthäisch,** arva, Ov. met. 10, 109. – **B Carthēius**, a, um, **karthēisch,** moenia, Ov. met. 7, 368.

Carthāgo (Karthāgo), inis, *f.* (griech. Καρχηδών, phöniz. Karthadhadtha = Neustadt; dah. Carthada, Solin. 27, 1. Serv. Verg. Aen. 1, 343), **I** die bes. durch ihre Zwistigkeiten mit den Römern berühmte Stadt in Afrika, Tochterstadt von Tyrus, von P. Kornelius Scipio zerstört (146 v. Chr.), später als röm. Kolonie wieder aufgebaut und zur Kaiserzeit an Umfang u. Reichtum die zweite Stadt nach Rom, j. nur noch kolossale Trümmer, worauf j. die Dörfer *Sidi Bou Said, Malga* u. *Douar el Schat,* oft b. Cic., Liv. u. a. – *locat.* Carthagini u. (häufiger) Carthagine, zu Karthago, Plaut., Cic. u. a. – **II** Carthago (Nova), die von den Karthagern in Hispania Tarracon. angelegte Hafenstadt **Neukarthago,** j. *Carthagena,* Liv. 21, 5, 4; 26, 42 *sqq.*: Carthago Spartaria gen. (wegen des vielen Ginsters, spartum, in der Umgegend), Plin. 31, 94: Hispaniensis Carthago gen., Serv. Verg. Aen. 1, 159 *Thilo.* – Dav. **Carthāginiēnsis** (Karthāginiēnsis), e, **karthagisch, aus-, von Karthago,** u. zwar: **a** aus Altkarth., C. fratres, Plaut.: bellum C. primum, der erste punische Kr., Cato fr.: secundum ac postremum bellum C., der zweite u. dritte punische Kr., Sall. fr.: excidium C., Solin. – subst., der **Karthager,** die **Karthagerin,** Enn. fr., Plaut. u. Nep. (auch Sing. kollektiv, wie Liv. 24, 47, 7; 28, 44, 5): Plur. Carthāginiēnsēs, ium, *m.,* die **Karthager,** oft bei Cic., Liv. u. a. – **b** aus Neukarth., Varr. u. Plin. – Die Form Carthāginēnsis ist spätlat., z. B. Kartaginensis, Not. Tir. 137: Carthaginenses negotiatores, Vulg. Ezech. 27, 12: Carthaginensis civitas, Cod. Iust. 7, 62, 24. – Die Schreibung Cartago z. B. CIL 1, 200, 89 u. 3, 446: Chartago, CIL 1, 200, 81.

Carthēius, s. Carthaea.

cartibum, ī, *n.* u. *Demin.* **cartibulum**, ī, *n.*, ein einfüßiger steinerner Tisch (viereckig od. länglichrund) zum Aufstellen der Gefäße im Kompluvium, Varr. LL. 5, 125.

cartilāgineus, a, um (cartilago), **knorpelig;** subst., cartilāginea, ōrum, *n.* (*sc.* animalia), **Knorpelfische,** Plin. 9, 78; 11, 165 u. 215.

cartilāginōsus, a, um (cartilago), **voller Knorpel, sehr knorpelig,** Cels. u. Plin.

cartilāgo, inis, *f.* (vgl. κάρταλος u. cratis), der **Knorpel** am tierischen Körper, Cels. u. a.: übtr., an Pflanzenkörpern, Plin.

Cartinna, s. Cartenna.

cartopōla, s. chartopōla.

carūca (carūcha), s. 2. carrūca.

1. carum, ī, *n.* (κάρον), **Kümmel,** Pelagon. veterin. 13. p. 54.

2. cārum, ī, *n.*, s. garātus.

caruncula, ae, *f.* (*Demin.* v. caro, s. Prisc. 6, 17), ein **kleines Stück Fleisch,** vitulina, ein Stückchen Kalbfleisch, Cic. u. Val. Max.: ne ex angulo (oculi) caruncula abscindatur, die Tränenkarunkel, Cels.: in iisdem (digitis) recedere caruncula (ein Auswuchs) ab unguibus cum magno dolore consuevit, Cels.: interdum in naribus carunculae quaedam nascuntur, Fleischgewächse, Cels. – meton. = der sinnliche Leib, in carunculae huius folliculo, Arnob. 2, 76.

1. cārus, a, um, *Adi.* m. *Compar.* u. *Superl.* (altirisch *cara,* Freund, *caraim,* ich liebe), **hoch im Preis, teuer** (Ggstz. vilis), **I** eig.: pisces cari, Plaut.: annona cara, Cato fr.: annona carior, annona carissima, Cic.: m. *Abl. pret.*, quod non opus est, asse carum est (ist für einen A. zu teuer), Cato in Sen. ep. 94, 27. – **II** übtr., **teuer, wert, schätzbar, lieb und wert, geschätzt** (Ggstz. alci invisus), honestum ei *vile* est, cui corpus *nimis carum* est, Sen.: cari sunt parentes, cari liberi, propinqui, familiares, Cic.: nepotes c., Catull.: c. caput, Verg. u. a.: alqm diligere carumque habere, lieb u. wert halten, Cic.: patria, quae mihi est vitā meā multo carior, Cic.: paucis carior fides quam pecunia fuit, Sall.: hoc est gratum nobisque est carius auro, Catull.: carior est auro iuvenis, Tibull.: aliud si quid carius est oculis, Catull.: acceptiores carioresque fieri populo Romano, Gell.: frater carissimus atque amantissimus, Cic.: homines mihi carissimi et amicissimi, Cic.: carus omnibus, Treb. Poll.: dis carus, von einem Beglückten, Hor. – subst., cari, die teuren Lieben, cum careis meis, Plaut. Men. 105: amissio carorum, Lact. 3, 28, 8: ebenso carissimi, Sen. ad Marc. 7, 1. – In Inschr. auch karus, z. B. CIL 6, 19530 u. 8, 217, 23.

2. Cārus, ī, *m.*, ein röm. Männername, unter dem bekannt: **I** ein Dichter des august. Zeitalters, Verf. eines (verlorenen) Gedichts über Herkules, wahrsch. nach griech. Quellen, Ov. ex Pont. 4, 16, 7. – **II** M. Aurelius Carus, nach einigen in Narbo in Gallien, nach anderen in Rom od. Mediolanum geb., röm. Kaiser im J. 282 u. 283 n. Chr., Vopisc. Car. 1 *sqq.* Aur. Vict. epit. 39. Eutr. 9, 18. – **III** T. Lucretius Carus, s. Lucretius.

Carventāna arx, die Burg der Stadt Karventum in Latium, Liv. 4, 53 u. 55.

Caryae, ārum, *f.* (Καρύαι), ein Flecken in Lakonien, mit einem Tempel der Artemis (Diana), noch j. (nach Pouqu.) *Karyes,* Vitr. 1, 1, 5. Liv. 34, 36, 9; 35, 27, 13. – Dav.: **A Caryātēs**, ium, *m.*, die Einw. von Karyä, die **Karyaten,** Vitr. 1, 1, 5. – **B Caryātis**, tidis, *f.* (Καρυᾶτις), **a** Beiname der Artemis (Diana), Serv. Verg. ecl. 8, 30. – **b** Caryātides, Akk. tidas, *f.*, **α** die im Tempel der Artemis (Diana) dienenden lakonischen Mädchen, ein Gemälde des Praxiteles, Plin. 36, 23. – **β** als *t. t.* der Archit., weibliche Figuren, die an Stelle der Säulen das Gebälk tragen, **Karyatiden,** Vitr. 1, 1, 5. – **C Cariātīum**, ī, *n.*, der **Tempel der karyischen Diana,** Lact. ad Stat. Theb. 4, 225. – **D Caryus**, a, um, **karyisch,** Diana, Stat. Theb. 4, 225.

caryinus, a, um (καρύϊνος), **aus welschen Nüssen bereitet,** oleum, Plin. 15, 28 u. 23, 88.

caryitēs, ae, *m.* (καρυΐτης), eine Art der Pflanze tithymalus, Plin. 26, 66. Ps. Apul. herb. 108.

caryon, ī, *n.* (κάρυον), die **welsche Nuss,** Plin. 15, 87.

caryophyllon, ī, *n.* (καρυόφυλλον), **Nussblatt,** eine Art Gewürz in Indien, **Gewürznägelein, Gewürznelke** (*Caryophyllus aromaticus,* L.), Plin. 12, 30.

caryōta (cariōta), ae, *f.* (καρυωτή), eine nussförmige große **Dattelart,** Varr. r. r. 2, 1, 27. Plin. 13, 44. Plin. ep. 1, 7, 6. Mart. 8, 33, 11. Nbf. **caryōtis**, tidis, Akk. Plur. tidas, *f.* (καρυῶτις), Mart. 11, 31, 10. Stat. silv. 1, 6, 20.

caryōtum (cariōtum), ī, *n.*, **Dattelhonig,** Apic. 1, 34; 7, 310; 8, 385.

Carystus, ī, *f.* (Κάρυστος), **I** Stadt an der Südküste von Euböa, berühmt durch den in der Umgegend gebrochenen vortrefflichen Marmor von grünlicher Farbe, j. *Carysto* od. *Castel Rosso,* Plaut. Pseud. 730 u. 737. Liv. 32, 16 *sq.* Tibull. 3, 3, 13 *sqq.* – Dav.: **A Carystēus**, a, um, **karystēisch,** vada, Ov. fast. 4, 282: marmor, Isid. 6, 11, 2; 16, 5, 15. – **B Carystius**, a, um (Καρύστιος), **karystisch, aus Karystus,** marmor, Plin.: columellae, Plin. ep.: columnae, Capit.: Diocles, Cels.: Plur. subst., Carystiī, ōrum, *m.* (Καρύστιοι), die Einw. von Karystus, die **Karystier,** Liv. u. Solin. – **II** Stadt der Ligurier im ager Statellas, j. *Carosio,* Liv. 42, 7, 3.

Caryus, a, um, s. Caryae.

casa, ae, *f.* (zu Wurzel **kat,* bergen, decken, s. 1. cassis, castrum), **I** jedes einfache od. ärmliche Gebäude, das **Häuschen,** die **Hütte,** Cic. u. a.: casa frondea, Ov.: stramenticia, Lagerhütte von Stroh, Auct. b. Hisp.: parvula Romuli, Val. Max.: agrestis, Amm.: piscatoria, Petr.: pastoralis, Val. Max.: caprilis, Ziegenstall, Oros.: custos casae, Sen.: potest ex casa vir magnus exire, Sen. – bes. »Gartenhaus«, Cic.: »Landhaus«, Mart.: im Feld, »Baracke, Lagerhütte«, Auct. b. Hisp.: Kate, Baracke der Verwalter, Kolonen u. Knechte (im Ggstz. zu villa [Herrenhaus] u. zu fundus [Hauptgut]), Varr. u. ICt. – Sprichw., ita fugias, ne praeter casam, fliehe so, dass du nicht an der bergenden (schützenden) Hütte vorbeirennst, d. i. fliehe so, dass du nicht aus Eifer zu entkommen den eigentlichen Zielpunkt deiner Flucht verfehlst, Ter. Phorm. 768. – **II** meton. = **Landgut, Hof,** Cassiod. var. 5, 14: k(asa) Oppiana, CIL 10, 407.

cāsābundus, a, um, s. cassābundus.

casālis, e (casa *no.* II), **zum Hof gehörig, Hof-,** finis, Gromat. vet.:

vinea, *ibid.* – subst., casālēs, ium, *m.* (*sc.* termini) u. casālia, ium, *n.*, die Hofgrenzen, Gromat. vet.

casamo, s. casnar.

casānicus, a, um (casa), **zur Hütte (zum Haus) gehörig, Haus-**, Silvanus, CIL 9, 2100.

Cāsantra, s. Cassandra ►.

casārius, a, um (casa), **zur Hütte gehörig,** nur subst., **I** casārius, ī, *m.* = der **Kolone** od. **Knecht auf einem Hof,** etwa **Kossäte,** Cod. Theod. 9, 42, 7. – **II** casāria, ae, *f.* = die **Hüttenwächterin,** Paul. ex Fest. 48, 5.

Casca, ae, *m.*, Beiname der gens Servilia.

cascē, *Adv.* (cascus), **alt, altväterisch,** Gell. 1, 10 *lemm.*

cascus, a, um (sabinisch-oskisch, viell. verwandt mit canus; vgl. Varr. LL. 7, 28), **uralt,** populi Latini, Enn. ann. 24 (vgl. Cic. Tusc. 1, 27. Hier. ep. 8. Serv. Cass. Verg. Aen. 1, 6): res, Carm. Priami bei Varr. LL. 7, 28: lana, *Naev. fr. bei Varr. LL. 7, 54: sal, Auson. ep. 22, 27. – subst., cascus, ī, *m.*, ein **Uralter,** casca, ae, *f.*, eine **Uralte,** Manil. bei Varr. LL. 7, 28.

cāseārius, a, um (caseus), **zum Käse gehörig, Käse-,** taberna, wo der Käse getrocknet und aufbewahrt wurde, Ulp. dig. 8, 5, 8. § 5.

cāseātus, a, um (caseus), **mit Käse versehen, -vermischt,** polenta, Apul. met. 1, 4: übtr., montes, mit Fülle gesegnete, Hier. ep. 66. *no.* 10; vgl. incaseatus.

casella, ae, *f.* (*Demin.* v. casa, s. Gloss. V, 214, 24), das **Hüttchen, Häuschen,** Ps. Augustin. serm. app. 75, 2.

casellulla, ae, *f.* (*Demin.* v. casella), das **Hüttchen, Häuschen,** Ennod. ep. 8, 29: c. pomorum, Cassiod. in psalm. 78, 21.

Cāsentera, s. Cassandra ►.

cāseolus, ī, *m.* (*Demin.* v. caseus), der **kleine Käse,** Ps. Verg. cop. 17. Stat. silv. 1, 6, 17.

cāseum, s. cāseus .

cāseus, ī, *m.* (nach Varr. LL. 5, 108 aus *coaxeus* a coacto lacte), der **Käse,** bubulus, ovillus, caprinus, Varr.: Alpinus, Capit.: caseos facere, Varr., od. figurare, Plin., od. premere, Verg.: kollekt., villa abundat caseo, Cic. – als Schmeichelwort, meus molliculus caseus, Plaut. Poen. 367: huius dulciculus caseus, *ibid. v.* 390. – Nbf. cāseum, ī, *n.*, Plaut. fr. bei Non. 200, 11. Cato r.r. 76, 3 u. 4. Pompon. com. 62. Nov. com. 46.

casia, ae, *f.* (κασία), **I** ein Baum mit einer wohlriechenden, würzigen Rinde, wahrsch. der **wilde** od. **Mutterzimt** (*Laurus Cassia,* L.), Plaut., Verg., Cels. u.a. (vgl. Voß Verg. georg. 2, 446): casiae rufae fistula, weil die Rinde zu einer Röhre zusammenläuft, Scrib. 36. – **II** ein wohlriechendes Staudengewächs, sonst cneoron od. thymelaea gen., **wohlriechender Seidelbast, Zelland** (*Daphne Cneorum,* L.), Verg. u. Plin.; vgl. Voß Verg. ecl. 2, 49.

casignētē, ēs, *f.* (κασιγνήτη), die **Geschwisterliche,** Name einer Pflanze, die nur mit ihresgleichen wächst, Plin. 24, 165.

Casilīnum, ī, *n.*, Stadt in Kampanien am Vulturnus, in der Nähe des alten Kapua, auf der Stelle des heutigen »Kapua«, Varr. r.r. 3, 5, 9. Liv. 22, 15 *sq.*: von den Römern kolonisiert, Cic. Phil. 2, 102. – Dav.: **A** deren Einwohner: **1 Casilīnātēs**, ium, *m.*, die **Kasilinaten,** Val. Max. 7, 6, 2. Frontin. 4, 5, 20 *ed. Ded.* – u. **2 Casilīnēnsēs**, ium, *m.*, **Kasilinenser,** Cic. de inv. 2, 171. – **B Casilīnus**, a, um, **kasilinisch,** limina, poet. = Tore von Kasilinum, Sil. 12, 426.

Casina, ae, *f.*, Name einer Komödie des Plautus, nach der Hauptperson des Stückes; vgl. Paul. ex Fest. 61, 7.

Casīnum, ī, *n.* (samnit. Wort = forum vetus, s. Varr. LL. 7, 29), Stadt in Latium, am Fluss Casinus, mit einer Burg, an deren Stelle j. das berühmte Stift *Monte Casino,* Trümmer der Stadt selbst beim j. *S. Germano,* Liv. 9, 28, 8. Sil. 4, 227. – Dav.: **A Casīnās**, ātis, von od. aus Kasinum, **kasinatisch,** oleum, Lucil. fr.: ager, fundus, Cic.: in agro Casinate, Cato, od. in agro Casinati, Cic. – subst., in Casinati u. in Casinate, im kasinatischen Gebiet, Varr. u. Plin. – Plur. Casīnātēs, ium, *m.*, die Einw. von Kasinum, die **Kasinaten,** Cic. – **B Casīnus**, a, um, **kasinisch,** Nymphae, Sil. 12, 527 (*al.* Casini Nymphae).

cāsito, āvī, āre, s. cāssito.

Casius, ī, *m.*, mons (Κάσιον ὄρος), **I** sehr hoher Berg Syriens (in der nach ihm benannten Landschaft Casiotis), mit einem berühmten Tempel des Jupiter, j. *Djebel Okrab* (d.i. der kahle Berg), Plin. 5, 80. Amm. 14, 8, 10; 22, 14, 4. – **II** Berg zwischen Arabien u. Ägypten, bei Pelusium, jetzt *El Kas* oder *El Katieh,* auf dem das Grab des Pompejus u. ein Tempel des Jupiter (Iuppiter Casius) war, Plin. 5, 68. Mela 1, 10; 3, 8, 3 (1. § 61 u. 3. § 74). Lact. 1, 22, 23. – Dav. **Casius**, a, um, **kasisch,** Lucan. u. Plin.

casmo, s. chasmo.

casnar (keltisch), der **Alte, alte Geck,** Varr. LL. 7, 29. Paul. ex Fest. 47, 12. Quint. 1, 5, 8: Plur. casnares, *Varr. sat. Men. 494 nach Junius' Vermutung (die *codd.* carnales).

cāso, āre, s. 2. casso.

Casperia, ae, *f.*, ein altes Städtchen der Sabiner am Fluss Himella, wahrsch. das j. *Aspra,* Verg. Aen. 7, 714. Sil. 8, 415.

Caspium mare od. **pelagus** u. **Caspius ōceanus** (τὸ Κάσπιον πέλαγος), das **Kaspische Meer,** jetzt *Mare di Sala, di Bachu,* C. mare b. Mela 1, 2, 1 (1. § 9). Curt. 6, 4 (12), 16: C. pelagus, Mela 1, 19, 13 (1. § 109): C. oceanus, Plin. 6, 36: u. subst. bl. Caspium, Flor. 3, 5, 31. – Dav.: **A Caspius**, a, um (Κάσπιος), **zum Kaspischen Meer gehörig, kaspisch,** sinus, Mela u. Plin.: mons, das Grenzgebirge zwischen Armenien u. Medien u. weiterhin gegen Parthien, letzteres j. *Siah-Koh* (das schwarze Gebirge), Mela, in dem der berühmte Engpass (j. der Pass *Chawar* u. *Firuz Koh*), gen. C. pylae od. portae, Plin., od. bl. Caspiae, Tac., od. C. claustra, Val. Flacc., od. C. via, Tac. (auch Caspiaca porta, Stat.): regna, das am Kasp. Meer liegende Land, Verg.: C. gens, Plin.: u. subst. Caspiī, ōrum, *m.* (Κάσπιοι), die Anwohner des Kaspischen Meeres, Flor., Mela u.a. – **B Caspiacus**, a, um, **kaspisch,** porta (s. vorher *no.* A), Stat. silv. 4, 4, 64. – **C** (v. den Anwohnern des Kaspischen Meeres) **Caspiadae**, ārum, *m.*, die **Kaspiaden,** Val. Flacc. 6, 107. – **Caspiānī**, ōrum, *m.*, die **Kaspianer,** Mela, 1, 2, 4 (1. § 12).

cassābundus, a, um (2. casso), **fallen wollend, wankend, taumelnd, torkelnd,** Naev. com. 120. Macr. sat. 5, 21, 16; vgl. Paul. ex Fest. 48, 4. Placid. gloss. V, 13, 24.

Cassander, drī, *m.*, Sohn des Antipater, nach Alexanders des Großen Tode Reichsverweser in Mazedonien, Mörder der Familie des Königs, Iustin. 12, 14, 1; 13, 4, 5 u.ö. – Nbf. **Cassandrus**, Nep. Eum. 13, 3 u. Phoc. 3, 2. Censor. 18, 11.

Cassandra, ae, *f.* (Κασσάνδρα), Tochter des Priamus, die, von Apollo mit der Gabe der Weissagung beschenkt, stets das kommende Unheil vorhersagte, aber bei niemand Glauben fand, Verg. Aen. 2, 247 (u. dazu Serv.); vgl. Hyg. fab. 93 u. 117. – Auf älteren Monumenten Casantra, s. Quint. 1, 4, 16, u. Casenter(a), CIL 1, 1501.

Cassandrēa u. **-īa**, Cassandrīa ae, *f.* (Κασσάνδρεια), die Stadt Potidäa auf der Landzunge Pallene der Halbinsel Chalcidice (in Mazedonien), durch Philipp zerstört, von Kassander wieder aufgebaut und nach ihm benannt, Liv. 43, 23, 7; bes. 44, 11, 1 *sqq.* – Dav.: **A Cassandrēnsēs**, ium, *m.*, die Einw. von Kassandrea, die **Kassandrenser,** Liv. 44, 10, 12. – **B Cassandrēus**, eī, *m.* (Κασσανδρεύς), der **Kassandreer** = (κατ᾽ ἐξ) der zu Kassandrea regierende Tyrann Apollodorus, Ov. ex Pont. 2, 9, 45; Ib. 463.

Cassandrus, s. Cassander.

cassātim, *Adv.* (cassatus v. casso), **vergeblich,** Aug. in Secundin. 16. p. 928, 22.

cassē, *Adv.* (cassus), **vergeblich,** Liv. 24, 26, 10 H.

cassēsco, ere (cassus), **leer werden,** Amm. 22, 13, 4 G. Solin. 22, 21.

cassia, s. casia.

Cassiānus, a, um, s. Cassius *no.* I-V.

cassiculum, ī, *n.* (*Demin.* v. 2. cassis), das **kleine Netz,** Hier. Ruf. 3, 6. Paul. ex Fest. 48, 1. Placid. gloss. V, 15, 45.

cassida, ae, *f.* (1. cassis), der **Helm** aus Metall (vgl. 1. cassis), Verg. Aen. 11, 775. Prop. 3, 11, 15. Vgl. Charis. 103, 15. Prisc. 6, 27. Prob. cath. (IV) 28, 24.

cassidārius, ī, *m.* (cassida), der **Helmschmied,** CIL 6, 1952.

cassidīle, is, *n.* (1. cassis), ein helmähnliches **Säckchen, Reisetäschchen,** Vulg. Tob. 8, 2; vgl. Gloss. V, 594, 43 ›cassidilis, pera, marsupium.‹

Cassiepēa, -pīa, -pēïa, s. 1. Cassiopē.

Cassiodōrius, ī, *m.,* Magnus Aurelius, geb. um 480 n. Chr. zu Scyllacium (im Gebiet der Bruttier), Geheimschreiber u. erster Minister des Theodorich, Königs der Ostgoten, u. seiner Nachfolger, Verf. mehrerer latein. Schriften, unter denen am merkwürdigsten Variarum (epistularum) libri XII.

Cassiopa, ae, *f.,* s. 2. Cassiopē.

1. **Cassiopē,** ēs, *f.* (Κασσιόπη), Gemahlin des Cepheus u. Mutter der Andromeda, durch ihren Stolz Ursache des Verderbens ihrer Tochter; sie selbst wurde als Gestirn an den Himmel versetzt, Prop. 1, 17, 3. Ov. met. 4, 738; vgl. Hyg. fab. 54; astr. 2, 10 u. 3, 10. – Nbf. (als Gestirn) **Cassiepēa** u. **Cassiepīa** u. **Cassiepeïa,** ae, *f.* (Κασσιόπεια), Cic. poët. de nat. deor. 2, 111. Manil. 1, 354. Hyg. astr. 2, 10.

2. **Cassiopē,** ēs, *f.* (Κασσιόπη), Stadt auf Korzyra am Vorgebirge gleichen Namens, mit einem guten Hafen u. einem Tempel des Jupiter Kassius, j. noch *Cassopo,* Cic. ep. 16, 9, 1. Suet. Ner. 22, 3: Nbf. Cassiopa, ae, *f.,* Gell. 19, 1, 1. Ulp. dig. 14, 1, 1. § 12.

1. **cassis,** idis, *f.* (tuskisch für κόρυς, s. Isid. orig. 18, 14), der **Helm** aus Metall, die **Sturmhaube** (dagegen galea = der Helm aus Leder, die Pickelhaube), Plaut., Caes. u. a. – meton. = **Krieg,** sub casside, im Krieg, Plin. 13, 23: aetas patiens cassidis, Iuven. 7, 33.

2. **cassis,** is, gew. Plur. cassēs, ium, *m.,* das **Jägergarn, Netz, I** des Jägers, casses ponere, Ov., od. imponere, Prop., stellen, aufstellen. – übtr., wie unser **Netz** = **Nachstellung, Falle,** casses tendere alci, Tibull.: viso casse, Ov. – **II** der Spinne, das **Spinnengewebe,** Verg. u. a.

cassīta, ae, *f.* (1. cassis), die **Haubenlerche** (*Alauda cristata,* L.), Gell. 2, 29, 3 *sqq.*

Cassiterides, s. cassiterum.

cassiterinus, a, um, s. cassiterum.

cassiterum, ī, *n.* (κασσίτερος, Hom.), urspr., was unsere Hüttenleute **Werk** nennen, eine Mischung aus Blei, Silber u. anderen Metallen; späterhin **Zinn** (plumbum album), Plin. 34, 156. Avien. or. mar. 260. Charis. 34, 20. Diom. 328, 13. – Dav.: **A Cassiterides,** um, *f.* (Κασσιτερίδες), die Zinninseln, **Kassiteriden,** wahrsch. die jetzigen »Scilly-Inseln« im Atlantischen Ozean an der Westküste von England, Mela 3, 6, 2 (3. § 47). Plin. 4, 119. – **B cassiterinus,** a, um (κασσιτέρινος), **aus Werk,** lamella, Pelagon. veterin. 135 *Ihm.*

cāssito, āvī, āre (*Intens.* v. cado), **fort u. fort fallen, herabträufeln,** v. der Dachtraufe, Paul. dig. 8, 2, 20. § 3 u. 4 M.

Cassius, a, um, Name eines urspr. patriz., dann plebej. röm. Geschlechts, familia, Tac. ann. 12, 12: via, eine Abzweigung der flaminischen Straße, Cic. Phil. 12, 22 *sq.:* lex Cassia (tabellaria), Cic. de legg. 3, 37: lex Terentia et Cassia frumentaria, Cic. Verr. 3, 163 u. 5, 52. – Bes. bekannt: **I** L. Cassius Longinus Ravilla, der strenge, aber sehr wahrheitsliebende u. weise Richter, Cic. Rosc. Am. 84. Val. Max. 3, 7, 9 (cuius tribunal scopulus reorum dicebatur; dah. Plur. appellat. = strenge usw. Richter, Lycurgos invenisse se praedicabat et Cassios, columina iustitiae prisca, Amm. 30, 8, 13); Verfasser der lex tabellaria Cassia, nach der die Richter mit Täfelchen stimmen sollten, Cic. de legg. 3, 35 *sqq.;* Sest. 103 (dazu Schol. Bob. p. 303 B.) u. ö. – Dav. **Cassiānus,** a, um, **kassianisch,** iudex, ein strenger Richter wie Kassius, Cic. Verr. 3, 137: Cassianum illud (*sc.* dictum), Spruch des Kassius, Cic. Mil. 32. Phil. 2, 35; vgl. Cic. Rosc. Am. 84. – **II** der Konsul L. Cassius, der im J. 107 v. Chr. von den Helvetiern besiegt u. getötet wurde, Caes. b. G. 1, 7, 4 u. 12, 5. – Dav. **Cassiānum** bellum, der kassianische Krieg, Caes. b. G. 1, 13, 2. – **III** C. Cassius Longinus, einer der Mörder Cäsars, Cic. ad Att. 5, 21, 2. Vell. 2, 46, 6, bes. 2, 68 *sqq.;* an ihn gerichtet, Cic. ep. 12, 1–10: von ihm an Cicero, Cic. ep. 12, 11–13. – Plur. **Cassiī,** Männer wie Kassius, Plin. ep. 1, 17, 3. – Dav. **Cassiānae** partes, die kassianische Partei, die Anhänger des Kassius, Vell. 2, 74, 1. – **IV** Cassius Parmensis, einer der Mörder Cäsars, ausgezeichnet als Dichter, Vell. 2, 87, 3. Hor. ep. 1, 4, 3. – nicht zu verwechseln mit Cassius Etruscus, einem früheren Dichter, dessen nicht vorteilhaft gedacht wird von Hor. sat. 1, 10, 61 *sqq.* – **V** C. Cassius Longinus, ein großer Rechtsgelehrter unter Tiberius, Nachfolger des Sabinus, Tac. ann. 12, 12, 1; 16, 7. Suet. Ner. 37, 1. Plin. ep. 7, 24, 8: auf die Insel Sardinien verbannt, Tac. ann. 16, 9. Pomp. dig. 1, 2, 2. § 47; vgl. Iuven. 10, 16 *sq.* (wo clausit = sperrte ein [auf der Insel S.]). – seine Nachfolger **Cassiāna** schola, Plin. ep. 7, 24, 8, u. **Cassiānī,** Pompon. dig. 1, 2, 2. § 47. – **VI** T. Cassius Severus, latein. Redner u. Dichter unter Augustus u. Tiberius, Sen. suas. 6, 11. Quint. 10, 1, 116. Suet. gr. 22. Tac. dial. 19 u. 26.

1. **casso,** āvī, ātum, āre (cassus), **zunichtemachen, für ungültig erklären, kassieren,** Eccl. u. spät. ICt.

2. **casso,** s. quasso ►.

1. **cassus,** a, um (wohl Partiz. v. careo aus *casseo, von etw. leer-, entblößt sein), **leer, I** eig.: **A leer, taub,** anulus, Ring ohne Stein (ἄλιθος, ἄψηφος), Fab. Pict. fr.: sphaera, hohle, Chalcid.: nux, Plaut. u. Hor.: granum, Plin.: canna, unfruchtbar, Ov. – subst., cassum, ī, *n.,* das **Leere** (Ggstz. solidum), Tert. de res. carn. 4: Plur., palearum cassa, Solin. 52, 62. – **B** poet. mit *Abl.* od. *Genet.,* **-los, ermangelnd, entbehrend, beraubt,** cochlea sanguine cassa, blutlos, Poët. b. Cic.: virgo c. dote et illocabilis, Plaut.: corpus c. lumine, Lucr. – lumine cassus od. aethere cassus, des Lebens beraubt, tot, Verg. – selten mit *Genet.,* non c. luminis ensis, Cic. Arat. 369: luna c. fulgoris, Apul. de deo Socr. 1. – **II** übtr., **eitel, leer, nichtig, vergeblich, erfolglos, unnütz,** omne, quod honestum nos et laudabile esse dicimus, id illi cassum quiddam et inani vocis sono decoratum esse dicunt, Cic.: apud sapientes cassa habebantur, quae etc., Tac.: terricula, Afran. fr.: rumor, Arnob.: vota, Verg. u. Min. Fel.: preces, Lact.: spes (Plur.), Arnob.: fertilitas, Ov.: labores, Plin. ep. – Subst., **α** Sing., cassum, ī, *n.,* das **Nichtige,** quid cassum times? Sen. Herc. Oet. 355 (352). – in Prosa nur in cassum (auch als **ein** Wort incassum geschr.), ins Leere, ins Blaue hinein = zwecklos, erfolglos, agi, Sall. fr.: recīdere, Col.: preces mittere, Liv.: vivere, Fronto: longos ciebat in cassum (mit vergeblichem Gram) fletus, Verg.: verb. in cassum frustraque, Lucr. 5, 1428, frustra in cassumque, Mart. Cap. 1. § 10: u. bl. cassum, Tert. de pall. 4. – **β** Plur., cassa, ōrum, *n.,* **Leeres, Nichtiges,** Sil. 4, 128. Arnob. adv. nat. 2, 12.

2. **cāsus,** s. cāsus ►.

Castalia, ae, *f.* (Κασταλία), eine dem Apollo u. den Musen geheiligte Quelle am Parnass, deren Wasser man bei den Libationen in Delphi gebrauchte, Liv. Andr. tr. 37. Afran. com. 169. Hor. carm. 3, 4, 61. – Dav.: **A Castalis,** lidis, *f.,* **kastalisch,** unda, Mart.: Castalides sorores u. bl. Castalides, die Musen, Mart. – **B Castalius,** a, um, **kastalisch,** fons, Plin.: aqua, Ov.: latices, Lucan.: arbor, Lorbeerbaum, Prop.: umbra, den die Lorbeerbäume geben, Tibull.: antrum, die Orakelhöhle zu Delphi, Ov.: dah. Castalius, Beiname Apollos, Nemes.

castanea, ae, *f.* (= κάστανον), **I** der **Kastanienbaum** (*Fagus Castanea,* L.), Col. u. a. – **II** die **Kastaniennuss,** die **Kastanie,** Verg. u. Plin.: auch verb. casteanae nuces, Verg. ecl. 2, 52.

castanētum, ī, *n.* (castanea), der **Kastanienwald,** Col. 4, 30, 2 u. 4, 33, 3. Pallad. 12, 7, 21.

castē, *Adv.* m. *Compar.* u. *Superl.* (v. castus), moralisch **rein, lauter, fleckenlos, unschuldig, I** im Allg.: c. agere aetatem suam, Plaut.: caste et integre vivere, Cic.: c. se agere, sich anständig benehmen, Aurel. imp. bei Vopisc.: ubertim casteque (aber nicht verschwenderisch) adesse, v. Speisen, Macr.: radix caste pureque collecta, Plin. – **II** insbes.: **a** in Bezug auf anderer Hab u. Gut, **rein = enthaltsam, uneigennützig,** in privatorum periculis caste integreque versari, Cic. de imper. Pomp. 2. – **b** in Bezug auf fleischlichen Umgang, **keusch, züchtig, schamhaft,** c. se habere a servis aliorum, C. Gracch. fr.: c. tueri eloquentiam ut adultam virginem, Cic.: c. se gerere, Lact. – **c** in Bezug auf Gott u. Religion, **fromm, religiös, heilig,** c. ad deos adire, Cic.: haec omnia pure atque caste tribuere deorum numini,

Cic.: castius sacra privata facere et religiosius deos colere, Liv.: castissime colere deos, aufs gewissenhafteste, Cic.: c. placare deos, Ov.: c. introire, aus Frömmigkeit, aus heiliger Ehrfurcht, Suet. – **d** in Bezug auf den Stil, **rein** = frei von Barbarismen, caste pureque linguā Latinā uti, Gell. 17, 2, 7.

castellāmenta, ōrum, *n.* (castellum), eine **Fleischpastete** in Gestalt eines castellum, Arnob. adv. nat. 2, 42.

castellānus, a, um (castellum), **zum Kastell gehörig**, triumphi, für eroberte Kastelle, Cic. Brut. 256: miles, Cod. Theod. 7, 15, 2. – subst., castellānī, ōrum, *m.*, **a** die **Besatzung eines Kastells**, Sall. Iug. 92, 7. – **b** die **Bewohner eines festen Fleckens**, Auct. b. Alex. 42, 3. Liv. 38, 45, 9. CIL 1, 199, 24 (wo castelani geschr.): castellani agrestes, Landleute aus den Bergflecken, Liv. 34, 27, 2.

castellārius, ī, *m.* (castellum *no.* II, B), der **Aufseher eines Wasserbehälters**, Frontin. aqu. 117. CIL 6, 2346 u. 8492.

castellātim, *Adv.* (castellum), **kastellweise**, dissipati, in einzelne Kastelle, Liv. 7, 36, 10. – übtr., **in Häufchen, truppweise**, Plin. 19, 112.

castellum, ī, *n.* (*Demin*, v. castrum) = φρούριον (Gloss.), **a** das **Kastell, Fort**, die **Zitadelle, Festung**, das **Blockhaus**, die **Schanze**, der **Brückenkopf**, der **feste Punkt**, Caes., Cic. u. a.: castellum in alto tumulo positum, Liv.: castella aliquanto altiora ac munitiora, Liv. – bildl., **α** sicheres **Vollwerk, Versteck**, templum ... castellum latrocinii, Cic.: c. omnium scelerum, Liv. – **β** (wie φρούριον) das **Gefängnis**, v. Leib, clausa in castello animula mortalis, Anthol. epigr. spec. I. *no.* 42, 1. – **b** (= κώμη, Gloss.) der **Meierhof**, kleine **Flecken**, bes. im Gebirge, der **Bergflecken**, das **Gebirgsdorf**, Verg. georg. 3, 475. Liv. 22, 11, 4. CIL 1, 205. *no.* 2, 26. Paul. sent. 4, 6, 2 u. a. ICt. – **c** das Gebäude, worin sich das Wasser einer Wasserleitung sammelt, um von da aus durch Röhren verteilt zu werden, das **Sammelbecken**, der **Wasserbehälter**, Vitr. u. a. – Nbf. castellus, ī, *m.*, CIL 1, 199, 17 (wo castelus geschr.). Itala (Cant.) Marc. 11, 2; Luc. 19, 30.

castēria, ae, *f.*, Teil des Schiffsraums, der den Ruderern als Ruheort diente, Plaut. asin. 513.

castificātio, ōnis, *f.* (castifico), die **Reinigung**, Eccl.

castifico, āre (castus u. facio), **reinigen**, Eccl.

castificus, a, um (castifico), **I rein machend**, lavacrum, d. i. die Taufe, Paul. Nol. carm. 25, 188. – **II rein, keusch**, mens, Sen. Phaedr. (Hipp.) 174.

castīgābilis, e (castigo), **Züchtigung verdienend**, culpa, Plaut. trin. 44.

castīgātē, *Adv.* m. *Compar.* (castigatus, eingeschränkt), **a** in Worten **knapp gehalten, kurz**, haec de monade castigatius quam se copia suggerebat, Macr. somn. Scip. 1, 6, 10. – **b eingeschränkt, eingezogen**, castigate vivere, Sen. exc. contr. 6, 8. § 5: castigatius vivere, Amm. 22, 3, 12: castigatius (behutsamer) agere, Amm. 31, 14, 3.

castīgātim, *Adv.* (castigatus) = castigate (s. d.), Serg. in Donat. 560, 10.

castīgātio, ōnis, *f.* (castigo), **I** die **Zurechtweisung, Züchtigung, Strafe**, durch Wort od. Tat, c. verborum, Liv.: c. fustium, c. flagellorum, ICt.: mitis (Ggstz. severa ultio), Vell.: verborum castigatione uti, Sen.: afficere alqm castigationibus, Cic. Tusc. 4, 45. – im aszet. Sinne = die **Kasteiung**, Cassian. de coenob. inst. 5, 5 u. ö. – **II** übtr., die **strenge Behandlung** der Bäume durch Beschneiden, Plin. 17, 173: durch der Kälte Aussetzen, Plin. 17, 262. – c. loquendi, das strenge Überwachen des Ausdrucks, Macr. sat. 2, 4, 12.

castīgātor, ōris, *m.* (castigo), der **Züchtiger, Tadler, Sittenrichter** (Ggstz. laudator), Hor., Liv. u. a.

castīgātōrius, a, um (castigator), **zurechtweisend**, solacium, Plin. ep. 5, 16, 10: severitas, Sidon. epist. 4, 1.

castīgātus, a, um, *PAdi.* m. *Compar.* u. *Superl.* (castigo), **eingeschränkt, zusammengehalten**, dah. **I straff, gedrungen**, pectus, Ov. am. 1, 5, 21: frons, Stat. 2, 1, 43: mamillae, Ser. Samm. 357. – **II** übtr., **eingeschränkt, knapp gehalten**, opus, Macr. somn. Scip. 1, 1, 3: luxuria castigatior, Augustin. de civ. dei 5, 24: castigatissima disciplina, Gell. 4, 20, 1.

castīgo, āvī, ātum, āre (zu altind. *çāstí-ḥ*, Züchtigung, *çā́sti*, *çāsati*, weist zurecht, züchtigt), tätlich od. durch Worte **zurechtweisen, zur Ordnung weisen, rügen, züchtigen, strafen, tadeln, schelten, I** eig.: te, Plaut.: improbos, Cic.: pueros verbis, verberibus, Cic.: alqm dictis, Verg.: alqm litteris, Caes., per litteras, Tac.: equum frenis asperioribus, Liv.: alqm vehementissme, tüchtig abkanzeln, Petr.: nimiam lenitatem, Liv.: dolorem animi, Cic. – im Ggstz. zu laudare, z. B. laudat Pompeius promptos atque in posterum confirmat; segniores castigat atque incitat, Caes.: et perinde dominos laudaret castigaretque, Liv. – cast. alqm m. folg. *Acc.* u. *Infin.*, Liv. 4, 43, 9. – m. folg. *ut* u. Konj. (= scharf ermahnen), Caes. b. c. 2, 25, 3. – m. folg. *quod* (weil), Caes. b. c. 3, 60. Plin. ep. 9, 12, 1. – **II** übtr.: **a** etwas Fehlerhaftes **verbessern**, c. carmen, Hor.: vitia sua, Plin. pan. – **b beschränken** = **verhindern**, crebris potiunculis risum, ersticken, Petron. 47, 7: molis praevalidae pulvere lapsus, Stat. Theb. 6, 700. – **c räumlich zusammenhalten, einschließen**, insula castigatur aquis, Sil. 12, 355: examen improbum in illa trutina, bildl. = das falsche Urteil berichtigen, Pers. 1, 7.

castimōnia, ae, *f.* (castus), **I** die körperliche **Reinheit**, wie sie zu religiösen Handlungen erforderlich ist, die **Enthaltsamkeit von sinnlichen Genüssen** (vom fleischlichen Umgang, von leckeren Speisen usw.) aus Religiosität, dah. zuw. = das **Fasten**, Cic. u. Liv.: superstitio castimoniarum, Plin. – **II Sittenreinheit, Moralität**, Cic. Cael. 11.

castimōniālis, e (castimonia), **zum Fasten gehörig, Fasten-**, liquamen, Pallad. 3, 25, 12. – subst., castimōniālis, is, *f.*, die **Nonne**, Augustin. in psalm. 75, 16.

castimōnium, ī, n. (Nbf. v. castimonia, s. d.), das **Fasten**, castimoniorum abstinentia, Enthaltsamkeit beim Fasten, Apul. met. 11, 19. Vgl. Gloss. ›castimonium, ἀγνεία‹.

castitās, ātis, *f.* (castus), die moralische **Reinheit**, **I** im Allg., die **Sittenreinheit, Moralität**, vitae, Gell. 15, 18, 2. – **II** insbes.: **A** die **Keuschheit**, Cic. de legg. 2, 29. Hor. carm. 3, 24, 22. Plin. pan. 20, 2. Tac. ann. 1, 33 u. a. – personif., Castitas = *Minerva*, Pallad. 1, 6, 14. – **B** die **Uneigennützigkeit** (Ggstz. avaritia), Vitr. 1, 1, 7: praeturae maximā castitate, Macr. sat. 7, 3, 15. – **C** in Bezug auf den Stil, die **Reinheit**, eloquentiae, Hieron. vir. ill. 106.

castitūdo, inis, *f.* (castus), vorklass. = castitas, moralische **Reinheit**, Acc. tr. 585.

1. castor, oris, *m.* (κάστωρ), der **Biber**, rein lat. fiber, Cic. fr., Plin. u. a.: fera castor, der B., das wilde Tier, Apul. met. 1, 9: griech. Akk. Sing. castora, Iuven. 12, 34: griech. Akk. Plur. castoras, Plin. 32, 26.

2. Castōr, oris, Akk. orem u. bei Dichtern ora, *m.* (Κάστωρ; archaist. auch Genet. usw. mit langem o, also Castōris usw., s. Quint. 1, 5, 60: Genet. Castorus, CIL 1, 197, 17; Kastorus, *ibid.* 1, 201, 1), der rossebändigende Heros, Sohn des spartan. Königs Tyndarus und der Leda, Bruder der Helena u. des Pollux (dah. oft Plur. Castores = Kastor u. Pollux, z. B. Plin. 7, 86 u. ö. Tac. hist. 2, 24. Apul. met. 10, 31. Claud. in Rufin. 1, 108. Tert. de spect. 8. Arnob. 1, 36: Castores gemini, Pacat. pan. 39, 4; vgl. die unten angeführten Stellen), mit dem er als Zwillingsgestirn (Gemini; dah. selbst Castores, Plin. 10, 121, u. alter Castor, Stat. silv. 4, 6, 16) den Schiffern als Führer dient, Hor. ep. 2, 1, 5 u. a.; dah. auch ihr Bild als Abzeichen am Vorderdeck eines Schiffes, navis Alexandrina, cui erat insigne Castorum, Vulg. act. apost. 28, 11: oft verb. Castor et Pollux, Cic. de nat. deor. 2, 6; de div. 2, 75 u. a.: aedes Castoris, Cic. II. Verr.. 1, 129 *sqq.*: templum Castoris, Schol. Iuven. 14, 260: aedes Castoris et Pollucis, Cic. de div. 1, 98. Suet. Cal. 22, 2: aedes Castorum, Capit. Maxim. 16, 1: ellipt., ad Castoris (verst. aedem), Cic. Mil. 91: u. ad Castoris quaerere, eine Schatzkammer am Tempel des Kastor, Cic. Quinct. 17: so auch ad vigilem ponendi Castora nummi, Iuven. 14, 260: als Ortsbezeichnung, locus Castorum, ein Ort in Oberitalien zwischen Kremona u. Bedriakum, wo ein Heiligtum des Kastor u. Pollux sich befand, Tac. hist. 2, 24: dass. locus, quem Castores vocant, Oros. 7, 8, 6: u. ad Castores, Suet. Oth. 9, 2. – Ihr Fest wurde in Rom am 28. Februar gefeiert, Ov. fast. 1, 705. – Die Römer (nicht bloß die röm. Frauen, wie Gell. 11, 6 behauptet) schwuren häufig u. zwar mit der durch vorgesetztes Demonstrativ e od. me gebildeten Form ēcastor od. mēcastor, »beim Kastor«, sehr häufig b. den Komik. – Dav. **Castoreus,** a, um, **kastorisch,** manus, Sen. Phaedr. (Hipp.) 818 (810).

castoreum, ī, *n.* (1. castor), **Bibergeil,** Lucr., Varr. fr., Cels. u. a. – Plur., Verg. georg. 1, 59 u. Plin.

1. Castoreus, s. 2. Castōr a. E.

2. castoreus, a, um (castor), **vom Biber,** oleum, Cass. Fel. 46. p. 117, 19.

castorīnātus, a, um (1. castor), **in Biberfelle gekleidet,** Sidon. epist. 5, 7.

castorīnus, a, um (1. castor), **vom Biber, Biber-,** oleum, Marc. Emp. 35: pellis, Edict. Diocl. 8, 31.

castra, ōrum, s. castrum *no.* II.

castramētor, s. mētor.

Castrānus, s. castrum *no.* I, 2.

castrātio, ōnis, *f.* (castro), **I** das **Verschneiden, Kastrieren** der Tiere, Col. u. Pallad. – **II** das **Ausputzen** der Pflanzen, Plin. 16, 206.

castrātor, ōris, *m.* (castro), der **Verschneider,** Tert. adv. Marc. 1, 1, Anthol. Lat. 1, 109, 5 (953, 5).

castrātōrius, a, um, **zum Verschneiden (Kastrieren) dienend,** ferramenta, Pallad. 1, 4, 3.

castrātūra, ae, *f.* (castro), **I** das **Verschneiden, Kastrieren** der Tiere, Pallad. 6, 7, 2. – **II** das **Reinigen** des Getreides, Plin. 18, 86.

castrēnsiānī, ōrum, *m.* (castrum *no.* II, A, 2, b), die **Diener der Hofhaltung,** spät. ICt.

castrēnsiārius, a, um (castra), **einer, der es mit dem Lager zu tun hat,** negotiator, CIL 5, 5592: subst., castrēnsiārius, ī, *m.*, CIL 6, 1739.

castrēnsis, e (castra), **I zum Lager gehörig, Lager-,** ratio, Cic.: verbum, Lagerausdruck, militärischer Ausdruck, Plin.: munia, Tert.: labores, Sen. phil.: flagitia, Arnob.: corona, als Belohnung für den, der zuerst ins feindliche Lager eindrang, Gell.: peculium, im Lager, im Feld erworben, ICt.: exsilium c., sarkastisch = beständiger Kriegsdienst, Iustin.: panes militares castrenses (grobe; Ggstz. panes militares mundi, feine), Vopisc. Aurel. 9, 6: castrensis modius = zwei röm. modii, spät. Kaiszt. (vgl. Mommsen Edict. Diocl. S. 58 f.). – **II** (nach castrum *no.* II, A, 2, b) **zur Hofhaltung** = **zum Hoflager gehörig,** ministri, Hofdienerschaft, Lampr. Alex. Sev. 41, 3. Vgl. Heinrich Iuven. 4, 135. kastrensis geschr., Grom. vet. 354, 2.

castriānus, ī, *m.*, der **Feldsoldat,** Vopisc. Aurel. 38, 4.

castriciānus, a, um (castra), **im Feldlager stehend,** legiones, Cod. Theod. 7, 1, 18.

castro, āvī, ātum, āre (zu altind. çásati, *çā́sti*, schneidet, metzelt), die geilen, wuchernden, üppig aufschießenden usw. Teile entziehen, kastrieren, **entgeilen,** mit einem Schneidewerkzeug = **schneiden, I** eig.: **a** Menschen u. Tiere = (sowohl Männchen als Weibchen) **der Zeugungskraft berauben, entmannen, verschneiden, kastrieren,** alqm, Plaut. u. Curt.: se, Lucil. fr.: se ipsos, Vulg.: vitulos, Varr.: pecus, Varr. fr.: gallos, kappen, Plin. – **b** Bäume **lichten, kappen, abzapfen,** u. dgl., Plin. u. a.: arbusta, entgeilen, die überflüssigen Säfte entziehen, Vitr. u. Plin. – **c** Getreide usw. **abspitzen, reinigen,** siligo castrata, Plin.: semen castratum, unfruchtbare Kerne, Plin.: vina saccis, durch Säcke durchseihen, filtrieren, u. dadurch der Schärfe berauben, Plin. – **d** übh. **kürzen, schneiden, abnehmen,** caudas catulorum, Col.: alvos apum, schneiden, ausheben, ausnehmen, Col. – poet., libellos, von Zoten reinigen, Mart. – **II** übtr., **vermindern, schwächen,** vires, Plin.: avaritiam, Claud.: res publica castrata est morte Africani, getadelt von Cic. de or. 3, 164 (vgl. Quint. 8, 6, 15). – im Passiv m. griech. *Acc.*, candida virginitas animum castrata recisum, Prud. ham. 957.

castrum, ī, *n.*, ein eingeschlossener, befestigter Raum; dah. **I** Sing., ein gegen feindliche Angriffe mit Mauern od. Schanzen umgebener Ort, das **Kastell, Fort,** die **Festung,** Nep. Alc. 9, 3. Callistr. dig. 27, 1, 17. § 7. – Öfter als *nom. propr.*, **Castrum,** v. Örtlichkeiten, namentlich: **1** Castrum Album (*al.* Altum), Ort im tarrakon. Hispanien, viell. identisch mit Ἄκρα Λευκή, Liv. 24, 41, 3. – **2** C. Inui, ein verfallener Ort der Rutuler in Latium, zwischen Ardea u. Antium, am Meer, wo Inuus od. Pan gewohnt haben soll, Verg. Aen. 6, 775; u. dass. bl. Castrum, Ov. met. 15, 727. Sil. 8, 359. Rutil. Nam. 1, 227; dav. **Castrānus,** a, um, **kastranisch,** rura, Mart. 4, 60, 1. – **3** C. Novum, **a** röm. Kolonie an der etrurischen Küste, j. *Marinello,* Liv. 36, 3, 6. Mela 2, 4, 9 (2. § 72). – **b** Stadt an der Küste von Picenum, j. *Giulia Nova,* Plin. 3, 110: u. bl. Castrum, Vell. 1, 14, 8. – **4** C. Truentinum od. Truentum, Ort in Picenum, j. *Torre Segura,* Pompei. b. Cic. ad Att. 8, 12 (13), 1. – **5** C. Vergium (Bergium), fester Ort der Vergestaner, j. *Verga,* Liv. 34, 21, 1. – **II** Plur., **castra,** ōrum, *n.*, **A** eig.: **1** im Allg.: das **Feldlager, Kriegslager, Lager,** das (urspr. ein Viereck [quadrata], später zuw. kreisförmig od. der Örtlichkeit angemessen) mit einem Graben (fossa) u. hinter diesem nach innen zu mit einem Wall (vallum), auf dem Palisaden (pali) eingerammt waren, umgeben war, c. stativa, für längere Zeit bezogen, Standlager, Cic.: aestiva, Sommerlager, Suet.: hiberna, Winterlager, Liv.: navalia, ein Lager am Ufer zur Deckung der Schiffe u. der ans Land kommenden Truppen, zuw. mit den ans Land gezogenen Schiffen verbunden, Caes. u. Liv.; auch c. nautica gen., Nep.: c. quadrata vel rotunda vel trigona vel oblonga, Veget. mil.: c. lunata, halbmondförmiges, Auct. b. Afr.: c. bina, Liv. – castra metari, s. mētor.: castra ponere, Liv., od. locare, Cic., od. collocare, Cic. (auch bildl. castra luxuriae collocare, Cic. Verr. 5, 96), od. facere, Cic., od. constituere, Auct. b. Hisp.: c. munire, Caes., od. communire, Liv., ponere et munire, Sall.: conferre castra cum hoste, castra oppido, castra castris, s. cōn-fero *no.* I, 4, a, β: castra castris convertere (vertauschen), Caes.: castra habere prope muros, Cic., od. in radicibus Amani, Cic., od. ad portas, Caes.: c. habere contra alqm, gegen jmd. im Felde stehen, Caes.: c. proferre, Caes.: c. movere (loco), das L. abbrechen, auch übh. aufbrechen, fortmarschieren, weiterrücken, Caes., Liv. u. a.: castra movere ab od. ex alqo loco, Cic. u. Caes.: castra movere Arretium versus, Cic.: c. promovere, vorwärts marschieren, -gehen, -rücken, Caes.: c. movere retro od. removere, rückwärts marschieren, zurückgehen, Liv.: exercitum castris non movere, Liv.: c. referre, zurückverlegen, weiter rückwärts aufschlagen, Liv.: castra temptare (v. Feind), Sen.: hostem castris exuere, das Lager nehmen, erbeuten, Liv.: castra hostium diripere, Curt.: se in castra recipere, Caes.: cum alqo in castra proficisci, Nep.: castra alcis sequi, jmdm. in den Krieg folgen (= unter jmd. dienen), Nep.: in castris esse cum alqo, jmd. auf seinen Kriegszügen begleiten, Nep. – im Bild, wie unser **Lager,** einer Partei, in meis castris praesidiisque versaris, Cic. Caecin. 83: bes. einer philos. Sekte, in Epicuri nos adversarii nostri castra coniecimus, Cic.: soleo in aliena castra transire, nec tamquam transfuga, sed tamquam explorator, Sen.: nil cupientium castra peto, Hor. – in Titeln, Castrorum Filius, ein Titel des Kaisers Kaligula, weil er im Lager geboren u. erzogen war; dann auch anderer Kaiser, Suet. u. Inscr. – Castrorum Pater als Titel der späteren Kaiser, Inscr. – so Castrorum Mater, Titel der Faustina, die ihren Gemahl M. Antoninus Philosophus ins Feld begleitete, und späterhin mehrerer Kaiserinnen, Capitol. – **2** insbes.: **a** die **Kaserne** der Prätorianer in der Vorstadt Roms, Suet. u. Tac.; vollst. c. praetoriana, Suet., od. c. praetoria, Capitol. u. Aur. Vict. – **b** das **Hoflager,** die **Hofhaltung,** der **Hofstaat** des Kaisers, Iuven. 4, 135. Spart. Hadr. 13, 7; s. Heinrich Iuven. 4, 135. Gothofr. Cod. Theod. tom. 2. p. 227. – **c** als *nom. propr.*, **Castra,** v. Örtlichkeiten, namentl.: C. Corneliana od. Cornelia, ins Meer auslaufende Anhöhe zwischen Utika u. dem Fluss Bagrada, wo Scipio Africanus im zweiten punischen Krieg landete, Caes. b. c. 2, 24, 2. Mela 1, 7, 2 (1. § 34): auch Castra Scipionis gen., Oros. 4, 22. – C. Postumiana, Ort in Hispania Baetica, Auct. b. Hisp. 8. § 8. – **3** übtr.: **α** v. Bienenstock, cerea, Verg. Aen. 12, 589: apium, Pallad. 1, 37, 4. – **β** v. Standquartier der Hirten, stabulariorum, Col. 6, 23, 3. – **B** meton.: **1** = **Tagesmarsch** (bei den Histor.), secundis castris pervenit ad Dium, Liv.: inde alteris castris ad oppidum Catabolum pervenit, Curt.: tertiis castris Ancyram pervenit, Liv.: tertiis castris Rigodulum venit, Tac.: quartis castris ad Insulam pervenit, Liv.: ex eo quintis castris Gergoviam pervenit, Caes. – **2** = **Kriegsdienst,** castris est vobis utendum, non palaestrā, Nep.: in castris … in toga, Vell.: castrisve forove, Tibull.: magnum in castris usum habere, Caes. – Nbf. castra, ae, *f.*, castra haec vestrum est, Acc. praet. 16. p. 283 R.²: Nbf. castrus, ī, *m.*, CIL 5, 5418.

castula, ae, *f.* (*Demin.* v. κάσας, κασᾶς), eine Art **Mieder** od. **Schnürbrust,** Varr. de vit. p. R. 1. fr. 38 K. (b. Non. 548, 29).

Castulo, ōnis, *m.* u. *f.* (Καστα λών), Stadt der Oretaner in Hispania Tarrac. am oberen Bätis u. an der Grenze von Baetica, j. *Cazlona,* Liv. 28, 19. § 2 u. 4 (*masc.*). Sil. 3, 99 u. 391 (*fem.;* vgl. Prisc. 6, 14). – Dav. **Castulōnēnsis,** e, **kastulonensisch,** saltus, die am Bätis nördl. sich hinziehende Bergkette mit ergiebigen Silbergruben, Caes. b. c. 1, 38, 1: als Aufenthalt von Räubern berüchtigt, Asin. Poll. in Cic. ep. 10, 31, 1. – Plur. subst., Castulōnēnsēs, ium, *m.*, die Einw. von Kastulo, die **Kastulonenser,** Plin. 3, 25.

castum, ī, *n.*, s. 1. castus *no.* II, c.

1. castus, a, um, *Adi.* m. *Compar.* u. *Superl.* (careo), moralisch **rein, lauter, fleckenlos, unschuldig, anständig** (u. zwar gew. bl. in Bezug auf die Person selbst, vgl. candidus,) **I** im Allg.: a culpa castae, Plaut.: quis hoc adulescente castior? Cic.: homo castissimus, Cic.: se integros castosque servare, Cic. – v. Lebl., res familiaris casta a cruore civili, Cic.: fides, unverbrüchliche, Sil.: tempora, Vopisc.: dicens castiores esse debere ludos spectante censore, müssten mit größerem Anstand gefeiert werden, Vopisc. – **II** insbes.: **a** in Rücksicht auf anderer Vermögen, **rein, enthaltsam, uneigennützig,** homo castus ac non cupidus, Cic.: castissimus homo atque integerrimus, Cic. – **b** in Rücksicht auf fleischlichen Umgang, **keusch, züchtig, unschuldig** (Ggstz. incestus, obscoenus, adulter), Pallas, Prop.: matres c., Verg.: matronarum castissima, Cic.: casta sine labe corpora, Ps. Quint. decl.: castus ab rebus venereis, Col. – v. Lebl., cubile, Catull.: domus, Catull.: Cassii castissima domus, Cic.: signa, Z. der Züchtigkeit, Ov. – castum adv., c. sapere, Prud. cath. 2, 22. – **c** in Bezug auf Religion, **fromm, religiös, heilig,** Aeneas, Hor.: casti maneant in religione nepotes, Verg.: ego qui *castam contionem, sanctum campum* defendo, Cic. – v. Lebl., lucus, Hor., u. nemus, Tac. (s. Passow Tac. Germ. 40, 3): haud satis c. donum deo, Cic.: poësis, weil sie im Schutz der Gottheit steht, Varr. fr. – subst., castum, ī, *n.*, die **heilige Festzeit** einer Gottheit, während der mannigfache Enthaltsamkeit geboten wurde, Cereris, Fest. p. 154 (b), 25: Isidis et Cybeles, Tert. de ieiun. 16. – **d** in Bezug auf den Stil, **rein, frei von Barbarismen,** Gaius Caesar, vir sermonis praeter alios suae aetatis castissimi, Gell. 19, 8, 3.

2. castus, ūs, *m.* (1. castus), das **sich Enthalten sinnlicher Genüsse,** die **Kasteiung** (als *t. t.* der Religionsspr., s. Arnob. 5, 16), religiones et castus, Varr. bei Non. 197, 13: multiplices castus, Gell. 10, 15, 1: res divas edicit, praedicit castus, Naev. b. Punic. 1. fr. 3 *Vahlen* (bei Non. 197, 15).

cāsuālis, e (casus), **I zufällig,** condicio, Cod. Iust. 6, 27, 6; 6, 51, 1. § 7: arbitrium, Cassiod. var. 4, 33. – **II** als gramm. *t. t.* = **den Kasus betreffend,** Varr. LL. u. spät. Gramm.: verbum, das Partizipium, Prisc.

cāsuāliter, *Adv.* (casualis), **zufällig,** Sidon. ep. 9, 11. Fulg. myth. 1, 6. p. 20, 14 H.

casubla, s. casula *no.* II.

casula, ae, *f.* (Demin. v. casa), **I** als Gebäude, **a** die **kleine Hütte,** c. modica, parvula, Apul.: parva casula cannulis temere contecta, Apul.: casulā contentus erat in horto suo, Plin.: videas casulas meas, mein kleines Gütchen, Petron. – **b** die **Totenkammer** (= hypogeum), Petron. 111, 5. – **II** als Kleidung, ein **Mantel mit Kapuze,** Augustin. de civ. dei 22, 8. Ven. Fort. vit. S. Medard. 2. Isid. 19, 24, 17. – Nbf. casubla, Greg. Tur. vit. patr. 8, 5. p. 696, 1.

cāsūra, ae, *f.* (cado), das **Fallen, Hinstürzen,** quae (arbor) prope casuram secatur, sodass er dem F. nahe ist, Solin. 20, 7 M.

cāsus, ūs, *m.* (cado), das **Fallen,** der **Fall, I** im Allg.: **A** eig.: **a** im Raum, sowohl das **Herabfallen,** stillicidi, Lucr.: nivis, Liv.: fulminum, Plin.: lapidum, Plin. ep. – als das **Einfallen, Einstürzen,** camerae, Dict.: celsae graviore casu decidunt turres, Hor. – u. das **Umfallen, Umstürzen,** der **Umsturz, Sturz,** vehiculi, Plin.: equi, Spart.: gravi casu concĭdere, Phaedr.: ad casum dare, umwerfen, Acc. fr.: casus, quo (infantes) in terram toties deferuntur, Quint. – im Bild, v. polit. **Fall, Sturz,** Cic. Sest. 140; u. v. moral. **Fall,** Cic. Cael. 41. – **b** das **Sich-Neigen, Sinken** einer Jahreszeit, extremae sub casum hiemis, Verg. georg. 1, 340. – **c** als gramm. *t. t.* der **Kasus, Beugefall,** c. rectus, der Nominativ, Varr. LL., Cic. u. a. (Ggstz. casus obliqui, Varr. LL., Sen. u. a., od. conversi, Cic.): ders. c. patricus, Varr. LL., u. c. nominativus, Quint.: c. genetivus, Quint.: ders. c. interrogandi, Nigid. fr.: c. dativus, Quint.: ders. c. dandi, Varr. LL. u. Nigid. fr.: c. accusativus, Quint.: ders. c. accusandi, Varr. LL.: c. vocativus, Gell.: ders. c. vocandi, Varr. LL.: c. ablativus, Quint.: ders. c. sextus, Varr. LL. u. Varr. fr., u. c. Latinus, Varr. fr.: casuum series, Varr. LL.: casum mutare, Quint.: verbum per casus ducere, Quint.: non omne nomen casus sex recipit, Sen. – **B** übtr.: **a** das **Fallen, Stürzen** in einen (niederen) Zustand, der **Fall, Sturz,** quam gravis casus in servitium ex regno foret, Sall. Iug. 62, 9; vgl. (im Bild) *no.* A, a. – **b** der **Fall, Eintritt** nach seinem Verlauf od. Erfolg, durae mortis casus, Verg.: aetas illa multo plures quam nostra mortis casus habet, Eintritt des Todes, d. i. Fälle, wo der Tod eintreten kann od. eintritt, tödliche Zufälle, Cic. – dah. die (sich darbietende) **Gelegenheit** zu etw. (s. Kritz Sall. Iug. 25, 9), aut vi aut dolis se casum victoriae inventurum, Sall.: casum pugnae praebere, Tac.: casum invadendae Armeniae obvenisse, Tac. – Meton., der **Fall,** der eintreten kann od. eintritt od. eingetreten ist, das **Ereignis,** das **Vorkommnis,** der **Vorfall,** der **Zufall** (s. Cic. de nat. deor. 1, 90; de div. 2, 15), **α** übh.: casus communis et incertus, Cic.: casus mirabilis, Nep., admirabilis, Quint., mirificus, Cic.: casus quidam fatalis (Ggstz. casus voluntarius), Cic.: casus rariores, Cic.: casus secundi (Ggstz. casus adversi), Nep.: casus subiti repentinique, Suet.: casus varii, Wechselfälle, Liv. u. Vell. – novi casus temporum, neue Vorkommnisse, die die Zeitverhältnisse mit sich führen, Cic. – nihil consilia a casu differre, Tac. – oft *Abl.* casu, **durch Zufall, zufällig,** bald im Ggstz., z. B. casu fieri aut forte fortunā, Cic.: evenire non temere nec casu, Cic.: sive casu sive consilio deorum, Caes.: seu sponte seu quolibet casu, Col.: necessitate an casu, Quint.: casu an huius persuasu et inductu, Cic. fr. – bald allein, z. B. ego eo die casu apud Ptolemaeum cenavi, Cic.: ibi casu rex erat Ptolemaeus, Caes.: casu accĭdit, ut etc., Nep. – **β** prägn., der ungünstige **Zufall,** der **Unfall,** meus ille casus tam horribilis, tam gravis etc., Cic.: varii nostri casus, Cic.: propter casus navigandi, der Zufälle halber, denen man zur See ausgesetzt ist, Cic.: casus (Plur.) loci, Ov.: Asiatica legatio filii casu deformata, Liv.: forte tulit casus (wollte ein unglücklicher Zufall), ut etc., Liv.: cum sui quemque casus per quinquennium absumpsissent, Liv.: multi fortuitis casibus intercĭderunt, Tac. – bei den Ärzten, **Krankheitsfall,** casus gravissimi, Cels.: propter huiusmodi casus, Scrib.: in hoc casu, Cels. – **c** das **Sinken,** der **Verfall,** civitatis, Sall.: rei publicae, Sall. – **II** prägn., das **Fallen** = das **Hinsinken,** der **Untergang, a** lebl. Ggstd.: urbis Troianae, Verg.: civitatium, Iustin.: virium, Cael. Aur. – **b** leb. Wesen, der **Untergang,** der **Tod,** bes. der gewaltsame, Bomilcaris, Sall.: Gaii Luciique, Suet.: Saturnini atque Gracchorum casus (Plur.), Caes.: casum mariti quiritans, Apul. – zu Ciceros Zeit cāssus geschr., s. Quint. 1, 7, 20.

cata, griech. *Praep.* m. *Acc.* (κατά, altfranz. *chade*), **durch hin,** c. mane, Plin. Val. 2, 12: c. mane mane, jeden Morgen, Vulg. Ezech. 46, 14 u. 15.

Catabanēs, um, *m.* u. **Catabanī,** ōrum, *m.* (Καταβανεῖς), ein Hauptvolk Arabiens, das mit den in seinem Land wachsenden Myrrhen u. anderen Spezereien einen starken Handel trieb, Plin. 5, 65 u. 6, 153. Prisc. perieg. 889: Sing. kollektiv, glebae ditis Catabanus, Avien. descr. orb. 11, 8.

catabasis, is, Abl. ī, *f.* (κατάβασις), das **Hinabsteigen,** als Bezeichnung der Trauerzeit bei der Festfeier der Magna Mater, wahrsch. weil die Fichte (das Symbol des entmannten u. gestorbenen Attis) zu Pessinus in eine höhlenartige Gruft hinabgetragen wurde, Macr. sat. 1, 21,10.

Catabathmos, ī, *m.* (Καταβαθμός), ein breites Tal, das sich durch das gegen die Küste hin abfallende Gebirge Aspis in Marmarica gebildet hat, als Grenze zwischen Ägypten u. dem eig. Libyen (zunächst Cyrenaika) u. so im weiteren Sinne selbst zwischen Asien u. Afrika angesehen, unstreitig das heutige Tal *Akabah,* Mela 1, 8, 2; 1, 9, 1 (1. § 39 u. § 49). Sall. Iug. 17, 4 u. 19, 3. – in ihm ein gleichnam. Kastell mit Hafen, j. *Akabet Assalom,* Plin. 5, 32.

catabolēnsēs (catabulēnsēs), ium, *m.* (catabolum), die Auslader u. Abführer von Waren auf Lasttieren, die **Frachter,** Cod. Theod. 14, 3, 9 u. 10. Cassiod. var. 3, 10 u. 4, 17.

1. **catabolum** (catabulum), ī, *n.* (καταβόλος), der **Ausladeort,** in den Glossarien erklärt durch stabulum als Standort der Lasttiere der catabolenses (w. vgl.), Not. Tir. 10, 85 (wo catapulum). Gloss. V, 614, 10.

2. **Catabolum,** ī, *n.* (Κατάβολον), Stadt in Cilicien, östlich von Ägä in der Bucht von Issus, j. *Carabolat,* Curt. 3, 7 (17), 5. Itin. Anton. 146, 1.

Catacecaumenē, ēs, *f.* (Κατακεκαυμένη von κατακαίω), eine der Sonne ausgesetzte, weinreiche Gegend in Mäonien od. Mysien (vgl. Vitr. 2, 6, 3); dav. **Catacecaumenītēs,** ae, *m.* (Κατακεκαυμενίτης sc. οἶνος), der Wein dieser Gegend, Vitr. 8, 3, 12. Plin. 14, 75.

catachanna, ae, *f.* (καταχήνη), **I** ein mit verschiedenen Fruchtzweigen okulierter Baum, Marc. Aurel. b. Fronto ep. ad M. Caes. 2, 11. p. 35, 5 N. Fronto de oratt. *in.* p. 155, 19 N. – **II** Plur. catachannae, **Spottschriften,** Spart. Hadr. 16, 2.

catachrēsis, is, Akk. in, Abl. ī, *f.* (κατάχρησις), der **Gebrauch eines Wortes in uneigentlicher Bedeutung,** die **Katachrese** (wie lat. abusio), Charis. 273, 1 u. 285, 4 u. a. Gramm.

cataclīstus, a, um (κατάκλειστος), des Verschließens u. Aufbewahrens wert = **prächtig,** c. vestis u. subst. bl. cataclīsta, ae, *f.*, Staatskleid (vgl. das lat. vestis seposita b. Tibull. 2, 5, 8), Apul. met. 11, 9 u. Eccl. – u. dass. cataclistica fila, Ven. Fort. vit. S. Mart. 4, 325.

cataclysmus, ī, *m.* (κατακλυσμός) **I** die allgemeine **Überschwemmung, Sintflut,** Tert. apol. 40. Lact. 2, 10, 10: Ogygi (zur Zeit des O.), Varr. r. r. 3, 1, 3: zur Zeit des Deukalion, Hyg. fab. 153. Augustin. de civ. dei 18, 10: c. maximus, Schol. Caes. Germ. Arat. 287. p. 406, 3 E. – **II** die **Übergießung des kranken Gliedes mit Wasser,** die **Bähung,** Cael. Aur. chron. 1, 1, 42 u. a.

catacumba, ae, *f.*, die **Katakombe** (ein Grabgewölbe), spät. Eccl.

catadromus, ī, *m.* (κατάδρομος), ein **schräg in die Höhe gespanntes Seil,** Suet. Ner. 11, 2.

Catadūpa, ōrum, *n.* (Κατάδουπα, τά), die **Katadupen,** d. i. Nilkatarakten an der äthiopischen Grenze, j. Wasserfall von *Wady Halfa,* Cic. de rep. 6, 19 (somn. Scip. 5). Macr. somn. Scip. 2, 4, 14. – Deren Anwohner **Catadūpī,** ōrum, *m.*, die **Katadupen,** Plin. 5, 54. Amm. 22, 15, 2.

cataegis, idis, *f.* (καταιγίς), ein von oben herabstürzender **Stoßwind, Orkan,** Apul. de mundo 12: bes. in Pamphylien heimisch, Sen. nat. qu. 5, 17, 5.

catafract..., s. cataphract...

catagelasimus, ī, *m.* (καταγελάσιμος), **zum Gespött dienend,** in einem Wortspiel b. Plaut. Stich. 631.

catagraphus, a, um (κατάγραφος), **I** *adi.:* **bemalt, bunt,** Catull. 25, 7. – **II** *subst.:* cathagrapha, ōrum, *n.*, **Verkürzungen** auf Gemälden, rein lat. obliquae imagines, Plin. 35, 56.

catagūsa, ae, *f.* (κατάγουσα), die **Hinabführende,** Statue der die Proserpina zum Hades hinabführenden Ceres, Werk des Praxiteles, Plin. 34, 69.

Catalaunī (Catelaunī), ōrum, *m.*, ein erst bei Spät. gen. gallisches Volk in der j. *Champagne,* mit der Hauptstadt Catalauni, j. *Châlons-sur-Marne,* Eutr. 9, 13. Amm. 15, 11, 10. – Dav. **Catalaunicus,** a, um, **katalaunisch, der Katalauner,** clades, Auct. inc. grat. act. Const. Aug. 4, 3.

catalēcticus, a, um (καταληκτικός), **katalektisch,** versus, ein Vers, dem am Ausgang eine od. mehrere Silben fehlen, Gramm.: syllaba, Ter. Maur.

catalēcton, s. catalepton.

catalēctos, on = catalecticus, Beda VII, 255, 23.

catalēpsis, is, Akk. in, *f.* (κατάληψις), ein **akuter Krankheitsanfall** (rein lat. apprehensio od. oppressio), ein **plötzlicher Anfall von Bewusstlosigkeit,** die **Starrsucht,** Cael. Aur. acut. 2, 10, 56. – Dav. **catalēpticus,** a, um, **zur Starrsucht gehörig,** passio, Cael. Aur. acut. 2, 10, 74: Plur. subst., catalēpticī, ōrum, *m.*, von der Starrsucht Befallene, *ibid.* § 75.

catalepton, ī, *n.* (κατὰ λεπτόν), Titel einer Sammlung von Jugendgedichten Vergils, Serv. Verg. Aen. 1. praef. *in.* (die *codd.* catalecton): dass. catalepta, ōrum, *n.*, Auson. Technop. (XXVII) 13, 5. p. 139 Schenkl.

catalēxis, Akk. in, *f.* (κατάληξις), die **Kürzung,** wenn am Ausgang des Verses eine od. einige Silben fehlen, Gramm.

catalogus, ī, *m.* (κατάλογος), **I** die **Aufzählung,** c. virtutum, Hier. ep. 83. – **II** insbes., das **Namenverzeichnis,** der **Katalog,** rein lat. index, Macr. u. Auson.

catalysis, Akk. in, *f.* (κατάλυσις), **Beendigung der Feindseligkeiten, Friede,** Serv. Verg. Aen. 5, 484.

Catamītus, ī, *m.* (verderbt aus Ganymedes, s. Paul. ex Fest. 7, 16 u. 44, 6; vgl. Gloss. ›Catamitus, Γανυμήδης ‹), lateinischer Name des Ganymed, des Mundschenken und Lieblings des Jupiter, Acc. tr. 653². Plaut. Men. 144, *Plaut. trin. 948. Lact. 1, 11, 19. Apul. met. 11, 8. – appell., ein **Ganymed** = ein **Buhlknabe** (pathicus), Cic. Phil. 2, 77. Aur. Vict. epit. 1, 22. Auson. epitaph. (XVII) 35, 8. p. 80 Schenkl. Apul. met. 1, 12. Prud. c. Symm. 1, 70. Serv. Verg. ecl. 8, 30.

Catanē, Catanēnsis, s. Catina.

catanancē, ēs, *f.* (κατανάγκη), ein magisches Liebeskraut, Plin. 27, 57.

Cataonia, ae, *f.* (Καταονία), eine Landschaft im Norden des Taurus, an die röm. Provinz Kappadozien grenzend, Nep. Dat. 4, 1. – Deren Einw. **Cataonēs,** um, Akk. as, *m.*, Curt. 4, 12 (45), 11.

catapeirātēs, ae, *m.* (καταπειρατής), das **Senkblei,** Lucil. sat. 3, 43 M.; vgl. Isid. 19, 4, 10.

cataphagās, ae, *m.* (καταφαγᾶς), der **Gefräßige,** Petr. 39, 9.

cataphasis, is, Akk. in, Abl. ī, *f.*, die **Bejahung** (rein lat. aientia, affirmatio; Ggstz. apophasis, rein lat. abnuentia), als rhet. Fig., Aur. Augustin. de rhet. 11. Isid. 2, 27, 3. Iul. Vict. art. rhet. p. 375, 38 H.

cataphractārius, a, um, s. cataphractēs.

cataphractēs, ae, *m.* (καταφράκτης), ein aus eisernen Schuppen bestehender **Panzer** für Menschen u. Pferde, Tac. u. Spät. – Dav. **cataphractus** (κατάφρακτος) u. (bei Spät.) **cataphractārius,** a, um, **gepanzert,** von Soldaten u. deren Pferden, Form *-tus,* Sall. fr., Liv. u. a.: Form *-tarius,* Lampr. u. Treb. Poll.: übtr., terga eius (crocodili) cataphracta, Amm. 22, 15, 16.

catapīrātēs, ae, *m.*, s. catapeirātēs.

cataplasma, matis, *n.* (κατάπλασμα), der **Umschlag, Breiumschlag,** Lucil. fr., Cels. u. a.: Abl. Plur. cataplasmatibus, Apul. met. 5, 10, cataplasmatis, Cato fr. bei Prisc. 6, 84. – Heteroklit. cataplasma, ae, *f.*, Lucil. 814. Pelagon. veterin. 14. p. 61 u. 16. p. 63, 68 u. 69 (= 230 u. 261 *Ihm*). Greg. Tur. hist Franc. 6, 15.

cataplasmo, āre (cataplasma), **a** auf etw. **einen Breiumschlag auflegen,** mit *Acc.*, Cael. Aur. acut. 2, 19, 120 u. a. Veget. mul. 5, 2, 2. – **b** etw. **als Umschlag auf** etw. **legen, aufschlagen,** massam super vulnus, Vulg. Iesai. 38, 21.

cataplēctātio, ōnis (gebildet nach καταπληγμός), *f.*, das **Niederschlagen,** die **Gewalttätigkeit,** Itala (Tolet.) Sirach 21, 5.

cataplēxis, is, *f.* (κατάπληξις), das **Staunen, In-Verwunderung-setzen,** Lucr. 4, 1163.

cataplūs, ī, *m.* (κατάπλους), eig. das Landen einer Flotte, eines Schiffs; dah. meton.), **I** die **(landende) Flotte,** das **(landende) Schiff,** *Cic. Rab. Post. 14, 40 zw. Sidon. ep. 6, 8: c. Niliacus, die von Augustus geschaffene ägyptische Handelsflotte, Mart. 12, 74, 1. – **II** der **Landungsplatz,** Greg. Tur. hist. Franc. 4, 43 *in.* (wo Akk. cataplum).

catapotium, ī, *n.* (καταπότιον, was ganz verschluckt wird), die **Pille,** Cels. u. a.

catapulta, ae, *f.* (καταπέλτης), ein grobes Geschütz, womit Pfeile, Lanzen u. dgl. abgeschossen wurden, die **Wurfmaschine, Katapulte,** castra crebro catapultā impulit, Varr. fr.: ne saxa ex catapultis latericium discuterent, Caes.: catapultis ballistisque per omnia tabulata dispositis, Liv. – meton. = das **Wurfgeschoss,** Turpil. com. 125. Plaut. capt. 796 u. a.

catapultārius, a, um (catapulta), **zur Katapulte gehörig, von ihr abgeschossen,** pilum, Plaut. Curc. 689.

cataracta (catarr.), ae, *f.*, auch **cataractēs,** ae, Akk. ēn, *m.* (καταράκτης u. καταῤῥ.), **I** eig.: **A** (der »Wasserfall« übh.; dah. meton. u. vorzugsweise) die Gegend an der ägyptischen Grenze, in der der Nil seine berühmten Wasserfälle bildet, der **Katarakt,** Sen. u. a. – **B** das **Schutzgatter, a** an den Toren, das **Fallgatter,** Liv. 27, 28, 10. Veget. mil. 4, 4. – **b** in Flüssen, die **Schleuse,** Plin. ep. 10, 61 (69), 4: übtr., patefacere od. aperire cataractas caeli, zum Regen öffnen, Ambros. serm. 23, 4 u. 24, 3: bildl., aperuit cataractas donorum suorum, zog die Schl., Augustin. conf. 13, 13. – **II** übtr., ein schnell herabstürzender Wasservogel, sonst avis Diomedea gen., nach einigen die **Rotgans** (*Pelecanus Bassanus,* L.), Iuba b. Plin. 10, 126.

cataractria, ae, *f.*, ein uns unbekanntes Gewürz, Plaut. Pseud. 836.

catarrhōsus, a, um (catarrhus), **mit Katarrh behaftet,** Plur. subst., catarrhōsī, ōrum, *m.*, Theod. Prisc. 2, 2, 1.

catarrhus, ī, *m.* (κατάῤῥους), der **Katarrh, Schnupfen,** Marc. Emp. 5. Plin. Val. 1, 2.

catasceua, ae, *f.* (κατασκευή) **I** die **Bekräftigung durch Gründe** (Ggstz. anasceua [ἀνασκευή], die Widerlegung durch Gründe), rhet. *t. t.*, Suet. rhet. 1 R. (= de gramm. et rhet. 25. p. 122, 5 Reiff.). Serv. Verg. Aen. 2, 402 u. 408. Isid. 2, 12. § 1 u. 2. – **II** die **Herabsetzung** durch den Ausdruck (Ggstz. anasceua, die Beschönigung), Cl. Sacerd. 1. *no.* 122.

catascopium, ī, *n.* (κατασκόπιον), bei Gell. 10, 25, 5, u. **catascopus,** ī, *m.* (κατάσκοπος), bei Hirt. b. Afr. 26, 3, ein **Späherschiff** (rein lat. navigium speculatorium; vgl. Isid. 19, 1, 18).

catasta, ae, *f.* (κατάστασις) **I** das **Schaugerüst, a** zur Ausstellung verkäuflicher Sklaven, Tibull. 2, 3, 60. Plin. 35, 200. Suet. gr. 13. Pers. 6, 77. Mart. 6, 29, 1 u. 9, 60, 5. Stat. silv. 2, 1, 72. – **b** ein eisernes Gestell (Bett, Rost), unter dem Feuer angemacht wurde, als Folterwerkzeug für Missetäter u. Märtyrer, die daraufgelegt wurden, ein **Marterbett, -rost,** Prud. perist. 1, 56. Augustin. in psalm. 96. *no.* 16. – **c** als **Tribüne,** um einen Vortrag zu halten, Rutil. Nam. 1, 393. Cypr. ep. 38, 2.

catastacticē, ēs, *f.* (καταστακτική), die rein lat. scelerata gen. Pflanze, Ps. Apul. herb. 8.

catastalticus, a, um (κατασταλτικός), **zum Zurücktreiben, Hemmen, Unterdrücken geeignet, hemmend,** medicamentum, Veget. mul. 3 (2), 22, 2; u. absol. catastalticum, Veget. mul. 6, 28, 2.

catastēma, atis, *n.* (κατάστημα = κατάστασις), der **gewöhnliche Stand** der Gestirne, Veget. mul. 1, 17, 5.

catastrōma, atis, *n.* (κατάστρωμα), das **Verdeck** des Schiffs, Schol. ad Germanic. Arat. 347.

catastropha, ae, u. **-strophē,** Akk. ēn, *f.* (καταστροφή), die **Umkehr, Wendung,** Sidon. ep. 5, 17. – dah. **a** der **Wendepunkt** einer Handlung, die **Katastrophe,** Donat. de comoed. p. XV III. lin. 8 u. 21 *ed. Klotz.* Donat. argum. ad Ter. Andr. p. 3. lin. 15 *ed. Klotz.* – **b** die **überraschende Wendung, Überraschung,** Petr. 54, 3.

catatechnos, s. catatēxitechnos.

catatēxitechnos, ī, *m.* (κατατηξίτεχνος), der »durch übermäßige Feile die Kunst Entkräftende«, der **Tüftler,** Beiname des Künstlers Kallimachus, Plin. 34, 92. – b. Vitr. 4, 1, 10 **catatechnos,** ī, *m.* (κατάτεχνος), der **Verkünstelte.**

catatonus, a, um (κατάτονος), **tief gespannt** (Ggstz. anatonus), Vitr. 10, 10, 6.

catāx, ācis, **hinkend, lahm,** Lucil. sat. 2, 19. Mythogr. Lat. 1, 176; vgl. Paul. ex Fest. 45, 4. Gloss. V, 653, 42.

catē, *Adv.* (catus), **gescheit, mit Einsicht, mit Schlauheit,** Plaut. Poen. 131: alqm nosse (erkennen), Plaut. Men. 413: c. tornare alqd, mit Kunstgeschick, Cic. Arat. 304.

catēchēsis, is, *f.* (κατήχησις), der **Unterricht der Katechumenen,** Eccl.

catēchismus, ī, *m.* (κατηχισμός), ein **Religionsbuch** (zum ersten Unterricht), **Katechismus,** Augustin. de fide et oper. 13, 19.

catēchista, ae, *m.* (κατηχιστής), der **Religionslehrer, Katechet,** Hier. ep. 50, 1.

catēchizo (catechisso), (āvī), ātum, āre (κατηχίζω), **in der Religion unterrichten,** Augustin. serm. 116, 7 u. 336, 1 u. a. Eccl.

catēchūmenus (catēcūmenus), ī, *m.* u. **-a,** ae, *f.* (κατηχούμενος u. -ένη), der (die) in der christlichen Religion unterrichtet wird, ehe er (sie) die Taufe empfängt, der (die) **Katechumene,** Eccl.

catēgoria, ae, *f.* (κατηγορία), **I** = ψόγος = die **Schmährede,** die **schmähende Beschuldigung,** Macr. sat. 7, 3, 2. Hier. ep. 82, 9. – **II** als *t. t.* der Logik, das **Prädikat,** die **Eigenschaft,** bes. categoriae (rein lat. praedicamenta), die allgemeinen Bestimmungen des Seins u. Denkens, die **Kategorien,** deren Aristoteles zehn annimmt, Isid. 2, 16, 1 *sqq.*: Aristotelica quaedam, quas appellat decem categorias, Augustin. conf. 4, 16: Aristoteles dicit decem esse categorias, Serg. expl. in art. Donati 487, 25: Aristotelicae categoriae, Sidon. ep. 4, 1.

catēgoricus, a, um (κατηγορικός), **zum Prädikat, zur Kategorie gehörig,** Chalcid. Tim. 319 u. Eccl.

catēia, ae, *f.* (wahrsch. keltisches Wort), eine Art **Wurfkeule** der Gallier u. Germanen, mit Nägeln beschlagen, Verg. Aen. 7, 741. Val. Flacc. 6, 83. Sil. 3, 277. Gell. 10, 25, 2. Isid. 18, 7, 7; vgl. Pompei. comment. 284, 23 K. – Nbf. **cathēa,** ae, *f.*, Consent. de barb. et metapl. 1 *extr.*

Catelaunī, s. Catalaunī.

1. catella, ae, *f.* (v. catula), das **Hündchen,** Mart. 3, 82, 19. Iuven. 6, 653. Petr. 64, 6. – als Schmeichelwort, **Busselchen,** Hier. ep. 22, 29.

2. catella, ae, *f.* (*Demin.* v. catena), das kleine, feingearbeitete **Kettchen** aus goldenen Ringen, als Schmuck von Männern u. Frauen um den Hals getragen, Caecil. com. 189. Cato r. r. 135, 1. Hor. ep. 1, 17, 55: als Belohnung tapferer Soldaten, Liv. 39, 31, 19: an der Degenscheide, vaginae catellis crepitant, Plin. 33, 152.

catellulus, ī, *m.* = catinulus, Diom. 326, 7.

catellus, ī, *m.* (*Demin.* v. catulus), das **junge Hündchen,** Plaut., Varr. fr., Cic. u. a.: decesserat catellus, quem puella in deliciis habuerat, ihr Lieblingshündchen, Val. Max. – als Liebkosungswort, **Busselchen,** Plaut. asin. 693. Hor. sat. 2, 3, 259. – Plaut. Curc. 691 im scherzh. Doppelsinn = Hündchen u. = Kettchen (vgl. 2. catella).

catēna, ae, *f.* (verwandt mit cassis [das Netz]), die zum An- u. Zusammenschließen gebrauchte **Kette, a** als **Fessel,** ferrea, Caes.: aurea, Vell.: collo inserta catena, Curt.: catenā vinctus, Tac.: catenā constrictus, Rutil. Lup.: catenis ligatus, Liv.: ferreis od. argenteis catenis vinctus, Val. Max. u. Amm.: catenis oneratus, Tac.: trinis catenis vinctus, Caes.: alqm catenis od. catenis aureis vincire, Liv., Plaut. u. Vell.: alqm in catenas conicere, Liv.: alci catenas indere, Plaut., od. inicere, Cic.: in catenis tenere, Caes., od. habere, Sall.: in catena esse (v. Türhüter), eine K. tragen, Suet.: cum catenis esse, K. tragen, Plaut.: alqm in catenis Romam mittere, Liv. – bildl., **Fessel** = Schranke, Zwang, legum catenae, Cic.: aliorum aurea catena est, aliorum laxa, aliorum arta et sordida, Sen.: hunc (animum) tu compesce catenā, Hor.: quae apprehensa Graeci in catenas ligant, schlagen die Gr. in Fesseln u. Bande, Quint. – **b** als Schmuck, Plin. 33, 40. Paul. sent. 3, 6, 84. – **c** Plur., catēnae, ārum, *f.*, **α** als hölzerne **Bänder,** die zwei andere Hölzer zusammenhalten, **Klammerhölzer,** Cato u. a. – **β** = vincula, **Gefängnis,** carcerum custodes et quibus publicarum catenarum cura credatur, Firm. math. 3, 6. sect. 7. p. 41, 46. – **d** übtr.: **α** = Reihe, sempiterna quaedam et indeclinabilis series rerum et catena, Gell. 7 (6), 2, 1. – **β** als rhet. *t. t.* = κλῖμαξ, die **Steigerung,** Isid. 2, 21, 4.

catēnārius, a, um (catena), **zur Kette gehörig,** canis, Kettenhund, Sen. contr. 7, 5 (20), 12; de ira 3, 37, 2. Petr. 72, 7.

catēnātio, ōnis, *f.* (cateno), **a** als *t. t.* der Baukunst, die **Verklammerung,** im Plur. bei Vitr. 2, 9, 11 u. 10, 1, 2. – **b** die **Gliederung,** von einem Automaten, mobilis, Petr. 34, 9.

catēnātim, *Adv.* (catenatus v. cateno), **kettenartig,** Augustin. spir. et litt. 30, 52.

catēnātus, a, um (catena), **mit einer Kette versehen, gekettet, gefesselt,** Hor., Col. u. a. – übtr., palaestrae (wegen des Ineinanderschlingens der Glieder), Stat. silv. 2, 1, 110: versus ex pluribus syllabis catenati, verkettete (= unter sich verbundene), Quint. 1, 1, 37: labores, dicht anschließende, ununterbrochene, Mart. 1, 15, 7.

catēno, āre (catena), **zusammenketten, -binden,** Col. 6, 19, 2. Ven. Fort. carm. 2, 17, 3.

catēnōsus, a, um (catena), **aus Ketten zusammengesetzt,** panni, vom Kettenpanzer, Alcim. Avit. 5, 508.

catēnula, ae, *f.* (*Demin.* v. catena), das **Kettchen,** Vulg. exod. 28, 14 u. ö. Hieron. tract. in psalm. 132. p. 248, 25. Paul. Nol. carm. 26, 462.

caterva, ae, *f.* (umbr. *kateramu*), der geschlossene **Haufe,** die **Truppe, Schar, I** eig.: **A** v. Menschen: **1** im Allg.: magna togatorum, Cic.: magna iuvenum, Verg.: obviam cum bene magna caterva sua venire, Cic. – Plur., catervae testium, Cic.: catervae patriciorum iuvenum, Liv. – **2** insbes.: **a Truppe, Schar** Soldaten, bes. barbarischer Völker, von Mietsoldaten, im Gegensatz zu den röm. legiones, Hor., Tac. u. a.: c. conducticiae, Nep. – **b** die ganze **Schauspielertruppe,** gew. grex gen., Plaut. u. Cic.: ähnl. cat. gladiatoria, Caecil. com. 38. – **c** der **Chor** im Drama, Cic. de or. 3, 196. – **B** v. Tieren, Lucr. u. Verg. – **II** übtr., v. Abstrakten: vilis et incondita verborum caterva, Wortschwall, Gell. 15, 2, 3. – katerva geschr., Sedul. hymn. 2, 37.

catervārius, a, um (caterva), **zum Trupp gehörig,** pugiles, truppweise fechtende, Suet. Aug. 45, 2. CIL 8, 7413.

catervātim, *Adv.* (caterva), **haufen-, scharen-, truppweise,** Lucr., Sall. u. a.: Ggstz. specialiter, Col. 3, 19, 3.

catharticum, ī, *n.* (καθαρτικόν), das **Reinigungs-** od. **Abführungsmittel,** Acro Hor. de art. poët. 302 u. Eccl.

cathēa, ae, *f.*, s. catēia.

cathedra, ae, *f.* (καθέδρα), **I** der **Stuhl, Sessel,** bes. der mit Armlehnen u. einem Fußtritt versehene der röm. Damen, der **Lehnsessel,** Hor. u. a.: alci cathedram poni iubere, Sen.: exsiluit cathedrā, Sen. – später statt der *lectica* (Sänfte) zum Tragen eingerichtet, der **Tragsessel,** Iuven. 1, 65. – meton., cathedrae molles = weichliche Frauen, Iuven. 6, 90. – **II** der **Lehrstuhl,** das **Katheder,** Mart., Iuven. u. Eccl. – cathedram sacerdotalem invadere (die Kanzel besteigen), Hier. vir. ill. 70. – meton. = das **Lehramt,** Auson. prof. 10, 1: u. der **Bischofssitz,** Prud. perist. 2, 462. Sidon. ep. 7, 4.

cathedrālicius, a, um (cathedra), **dem Armsessel angehörig,** ministri, weichliche, Mart. 10, 13, 1.

cathedrālis, e (cathedra), **das Katheder betreffend,** dans claves superas cathedralis incohatori, Auson. rhop. 32. p. 32, 9 Schenkl.

cathedrārius, a, um (cathedra), **I zum Armsessel gehörig, Sessel-,** subsellia, Paul. dig. 33, 10, 5 pr.: servi, Sesselträger, Sidon. ep. 1, 11. – **II zum Katheder (Lehrstuhl) gehörig, bloß dozierend, Katheder-,** oratores, (nicht öffentlich auftretende) Kathederredner, Sidon. ep. 4, 3: philosophi, (ungeschulte) Kathederphilosophen (Ggstz. veri et antiqui), Sen. de brev. vit. 10, 1.

cathedrāticum, ī, *n.* (cathedra), die **Einsetzungsgebühren,** die ein Bischof beim Amtsantritt entrichten musste, Iustin. epit. nov. 115. § 431.

cathetēr, ēris, Akk. ēra, *m.* (καθετήρ), der chirurg. **Katheter,** Cael. Aur. chron. 2, 1, 13 u. a.

catheterismus, ī, *m.* (καθετηρισμός), die **Anwendung des Katheters,** Cael. Aur. chron. 2, 1, 23.

cathetus, ī, *f.* (κάθετος), die **senkrechte Linie, Perpendikulärlinie,** Vitr. 3, 5, 6 (wo Plur. cathetoi). Chalcid. Tim. 124.

catholicē, *Adv.* (catholicus), **I allgemein,** Tert. praescr. 26 u. a. – **II rechtgläubig,** Hier. in Ruf. 2, 3.

catholicus, a, um (καθολικός), **I allgemein,** c. et summa bonitas dei, Tert. adv. Marc. 2, 17. – Plur. subst., catholica, ōrum, *n.* = das **Allgemeine,** c. siderum, fulgurum, Plin.: caelestes di catholicorum (des Alls) dominantur, terreni incolunt singula, Apul. – Vgl. Quint. 2, 13, 14 quae καθολικά vocant, id est (ut dicamus quomodo possumus) *universalia* vel *perpetualia;* u. Cael. Aur. acut. 1, 5, 46 non febricitare furiosos *percunctatum* (ein ausgemachter Grundsatz, ἀξίωμα) sive *universale,* quod Graeci καθολικόν vocant. – **II rechtgläubig, katholisch,** Eccl.

Catiānus, a, um, s. 2. Catius.

Catia u. **Catiēna,** ae, *f.*, zwei durch Unzucht berüchtigte Weiber, *-ia,* Hor. sat. 1, 2, 95: *-iena,* Iuven. 3, 122.

Catilīna, ae, *m.*, L. Sergius, der durch mehrere Verschwörungen gegen das Vaterland berüchtigte Römer, Cic. Cat. 1, 1 *sqq.* Sall. Cat. 1 *sqq.* Lucan. 7, 64. – Plur., seminarium Catilinarum, katilinarische Existenzen, Cic. Cat. 2, 23: ille omnium vocibus cum se non ad iudicium, sed ad supplicium praesens trudi videret, omnes Catilinas Acidinos postea reddidit, machte er durch sein Benehmen Katilina und seine Rotte zu Acidinern (= ließ er gegen sich Katilina u. seine Rotte als wahre Tugendspiegel erscheinen), Cic. ad Att. 4, 3, 3: Marcus Cicero inter Catilinas, Clodios iactatus, unter Leuten wie Kat. u. Klodius sich umhertreibend, Sen. de brev. vit. 5, 1.

catillāmen, inis, *n.* (1. catillo), der **Leckerbissen,** Arnob. 7, 24.

catillānus, a, um (catillus), **leckerig,** patina, Apic. 4, 135.

catillātio, ōnis, *f.* (catillo), die **Ausfressung** (= Plünderung) einer befreundeten Provinz, Paul. ex Fest. 44, 13.

1. catillo, (āvī), ātum, āre (1. catillus), **die Teller lecken, schmarotzen,** Plaut. Casin. 552: catillata vadimonia, viell. der Tellerlecker, Auct. inc. b. Fulg. serm. ant. 22 *Helm.*

2. catillo, ōnis, *m.* (1. catillus; eig. Tellerlecker; dah.) ein **Schlemmer, Leckermaul,** Lucil. sat. fr. inc. 50; vgl. Paul. ex Fest. 44, 12 u. 90, 2.

catillum, ī, *n.* (*Demin.* v. catinum) = catillus (s. d.), Sing. ohne Beleg bei Prisc. 1, 30, Plur. b. Petr. 50, 6.

1. catillus, ī, *m.* (*Demin.* von catinus), **I** das flache **Schüsselchen, Tellerchen,** gew. aus Ton, auf der Töpferscheibe gedreht, Lucil. fr., Hor., Col. u. a.: ligneo catillo cenare, Val. Max. – **II** meton., der obere Teil des oberen Mühlsteins (der κατ. ἐξ. mola hieß, s. Vitr. 10, 5 [10], 2), eine Art Trichter, in den das Getreide geschüttet wurde (Ggstz. meta, s. mēta *no.* II, B), Paul. dig. 33, 7, 18. § 5.

2. Cātillus (Cātilus), ī, *m.*, Sohn des Amphiaraus; er zog mit seinen Brüdern Koras u. Tiburtus nach Italien u. erbaute Tibur, Solin. 2, 8. Verg. Aen. 7, 670 *sqq.;* 11, 640. Sil. 8, 366. – Form Cātilus nur Hor. carm. 1, 18, 2.

Catina, ae, *f.* (Κατάνη [wie Massilia aus Μασσαλία; dah. Catanē, ēs, *f.* b. Sil. 14, 196), Stadt auf Sizilien am Amemanusfluss an der Ostküste an den Abhängen des Ätna (dah. Bimsstein, pumex, ein Auswurf des Ätna, Handelsartikel der Katinenser), j. *Catania* od. *Catanea,* Mela 2, 7, 16 (2. § 117). Cic. Verr. 2, 184. Auson. ordo urb. nobil. (XIX) 92. p. 101 Schenkl. – Dav.: **A Catinēnsis,** e, **katinensisch,** aus od. **von Katina,** L. Manlius C., Cic.: pumex C., Iuven.: regio C., Solin.: Ceres, Lact.: Plur. subst., Catinēnsēs, ium, *m.*, die Einw. von Katina, die **Katinenser,** Cic. u. a.: Nbf. Catiniēnsēs, Iustin. 4, 3, 7. – **B** (v. Catane, s. oben) **Catanēnsis,** e, **katanensisch, aus Katane (Katina),** Lact. 2, 4, 28.

catīnulus, ī, *m.* (*Demin.* v. catinus), das **Näpfchen,** Varr. b. Charis. 80, 3; vgl. Diom. 326, 7.

catīnum, ī, *n.* (Nbf. v. catinus), der **Napf, Tiegel,** Cato r. r. 84, 1; vgl. Prisc. 1, 30.

1. catīnus, ī, m. (v. κάτυλος, Pfanne), **I** ein irdenes, auf der Töpferscheibe gedrehtes Geschirr, der **Napf, A** im Allg., zum Schmelzen der Metalle, der »Tiegel, Schmelztiegel«, Plin.: aquae catini, Wassernäpfe, Varr. – **B** insbes., eine Art *patina,* eine breite, aber flache **Schüssel,** bald einfach u. schmucklos, Samius curtusque, Lucil. fr.: angustus, Hor.: bald kostbar gearbeitet und dah. hoch im Preis (vgl. Heindorf Hor. sat. 2, 4, 77), Varr., Hor. u. a.: vitreus, Glasteller (zum Weihrauch), Suet.: cum alqo ex eodem catino cenare, eodem poculo bibere, Apul. – **II** übtr.: **A** der **Windkessel** an einem Druckwerk, Vitr. 10, 7, 1 *sq.* – **B** c. saxorum, eine (natürliche) Höhlung, Plin. 24, 125.

2. cātīnus, s. cattīnus.

1. Catius, ī, *m.* (verwandt mit catus), eine römische Gottheit, der man die Macht zuschrieb, die Knaben gescheit u. gewitzt zu machen, nach Augustin. de civ. dei 4, 21.

2. Catius, ī, *m.*, ein epikureïscher Philosoph aus Insubrien, gest. i. J. 54 v. Chr., Cic. ep. 15, 16, 1. Quint. 10, 1, 124: er wurde wahrsch. als Charakter seiner Satire gewählt von Hor. sat. 2, 4, 1 u. 88. – Dav. **Catiānus,** a, um, **katianisch,** spectra, Cic. ep. 15, 16, 1.

catlaster, trī, *m.* (zsgz. aus **catulaster** [v. catulus]), der **erwachsene Knabe,** der **Bursche,** Vitr. 8, 3, 25 (8, 4, 2); vgl. Charis. 85, 4. Prisc. 3, 43.

catlītio, ōnis, *f.* (synk. aus catulītio v. catulio), das **Brünstigsein,** die **Brunst,** übtr., Plin. 16, 94.

1. cato, āre (vulgär), **sehen,** Isid. 12, 2, 38.

2. Cato, ōnis, *m.*, **I** ein Beiname der Porcii (s. Gell. 13, 19), von denen bes. bekannt sind: **A** M. Porcius Cato, der ältere, geb. 235 v. Chr., gest. 147 v. Chr., als strenger Sittenrichter bekannt, dah. mit dem Beinamen Censorius, dessen berühmteste Werke die origines u. de re rustica sind, u. dem Cicero seine Schrift Cato Maior s. de senectute widmete, s. bes. Cic. de or. 3, 135. Liv. 31, 1 *sqq.* Plin. 7, 100 u. 112; – Wegen seiner Strenge appell. = »strenger Richter«, Phaedr. 4, 7, 21: Cato severe, Mart. epist. lib. 1. praem. *extr.* – Dav. **Catōniānus,** a, um, **katonianisch,** Cic. u. a.: aetas, Sen. – **B** M. Porcius Cato, der jüngere, der aus Missmut über den Untergang der Republik zu Utika Selbstmord beging (46 v. Chr.), dah. mit dem Beinamen Uticensis, s. bes. Sall. Cat. 53, 6. Vell. 2, 35, 1 *sqq.* Plin. 7, 113. Lucan. 2, 380 (außerdem oft bei Cic. u. a.). – Dav. **Catōnīnī,** ōrum, *m.*, die Anhänger, Freunde des jüngeren Kato, Cic. – Wegen des streng sittlichen Wesens der Katonen steht Cato und namentlich Plur. Catones appell. für: Mann od. Männer von strenger Sittlichkeit u. streng republik. Gesinnung, Muster aller Tugenden, Cic. de amic. 21; de or. 2, 290 u. 3, 56. Hor. ep. 2, 2, 117. Sen. ep. 70, 22; 97, 10; 118, 4; 120, 19. Plin. ep. 1, 17, 3. Iuven. 2, 40. Suet. Aug. 87, 1 (wo contenti simus hoc Catone, d. i. verlangen wir nichts Besseres); vgl. Catonum rigores, Fulg. myth. 1. prol. p. 15 M. – **II** Valerius Cato, aus Gallien, Freigelassener, ein berühmter Grammatiker und Dichter zur Zeit des Sulla, Catull. 56, 1 *sqq.* Ov. trist. 2, 436. Suet. gr. 2.

catōblepās, ae, *m.* (κατωβλέπον, der Niederschauende), eine unbekannte Stierart in Äthiopien, mit niederhängendem Kopf, Mela 3, 9, 9 (3. § 98). Plin. 8, 77.

catocha, ae, *f.* (κατοχή), die **Starrsucht,** Cael. Aur. acut. 2, 10, 57.

catochītis, idis, *f.* (κατοχῖτις), ein uns unbekannter Edelstein, Plin. 37, 152: ders. **catochītēs,** Akk. ēn (κατοχίτης), Solin. 3, 4 Prisc. perieg. 472.

catōmidio, āre (κατωμίζω), jmdm. **den Hintern verhauen,** Petr. 132, 2. Spart. Hadr. 18, 9.

Catōniānus, a, um, s. 2. Cato *no.* I, A.

Catōnīnī, s. 2. Cato *no.* I, B.

catoptrītis, (is), *f.* (κατοπτρῖτις), ein Edelstein, der jedes Bild spiegelartig zurückwirft, Plin. 37, 152.

catorchītēs, ae, *m.* (κατορχίτης οἶνος), **Feigenwein,** Plin. 14, 102 *ed. Sill.*

catta, ae, *f.* (cattus) = αἴλουρος (Gloss.), die **Katze,** Mart. 13, 69. Vulg. Baruch 6, 21. Placit. de medic. 18. *no.* 1 *sqq.*

Catti (Catthi), s. Chattī.

cattīnus, a, um (catta od. cattus), **katzengrau,** oculi, Acro Hor. epod. 16, 7.

cattus (catus), ī, *m.* = αἴλουρος (Gloss.), der **Kater,** die männl. **Katze,** Pallad. 4, 9, 4. Anthol. Lat. 181, 3 (1093, 3) u. 375. 1 (1094, 1). Isid. 12, 2, 38.

catula, ae, *f.* (catulus), das **Hündchen,** Prop. 4, 3, 55. Aur. Vict. epit. 23, 6.

Catulāria porta, wahrsch. ein Eingangsbogen im Hain des Robigus, wo der Flamen Quirinalis dem Robigus ein Hundeopfer brachte (s. Ov. fast. 4, 905), Paul. ex Fest. 45, 7.

catulaster, s. catlaster.

catuligenus, a, um (catulus u. geno = gigno), **lebendige Junge gebärend,** genus (animalium), Eust. hexaëm. 7, 2.

catulīnus, a, um (catulus), **von Hunden-, Hunde-,** caro, Plaut. b. Paul. ex Fest. 45, 3. – subst., catulīna, ae, *f.* (*sc.* caro), **Hundefleisch,** Plin. 29, 58.

catulio (catullio), īre (catulus), **brünstig sein, läufisch sein,** von der Hündin, Varr. r. r. 2, 9, 11: von der Wölfin, Laber. com. 56.

catulītio, ōnis, *f.*, s. catlītio.

Catullus, ī, *m.*, **I** Q. Valerius Catullus, ein berühmter röm. Elegiker und Epigrammatiker, geboren in Verona od. im Veronesischen im Jahre 87 v. Chr., Tibull. 3, 6, 41: Vokat., Catulle, Catull. 8, 1. – Dav. **Catulliānus,** a, um, **katullianisch,** basia, Mart. 11, 6, 14. – **II** C. Lutatius Catullus Urbicarius, ein Mimograph zur Zeit des Domitian, Iuven. 8, 185; 12, 29; 13, 111. – **III** Catullus Messalinus, ein berüchtigter Delator des Domitian, Plin. ep. 4, 22, 5. Iuven. 4, 113. – **IV** eine Catulla, Iuven. 2, 49.

catūlōticus, a, um (κατουλωτικός), **das Vernarben befördernd,** medicamentum, Veget. mul. 6, 28, 4.

1. catulus, ī, *m.* (*Demin.* von catus, Kater, vgl. umbr. *katel*), das **Junge,** bes. das eines Tieres aus dem Katzen- u. Hundegeschlecht, **I** eig.: **a** übh., z. B. c. suis, Plaut.: c. ovis, Col.: c. leonis, Hor. u. Ambros.: ferai (= ferae) catuli, Lucr. fr.: u. so catuli leonini, Val. Max.: feles catulique, Phaedr.: c. lupi, Verg.: villosae catuli ursae, Ov.: c. vulpis, Plin.: u. so vulpini catuli, Phaedr.: c. tigris, simiae, mustelae, lacertae, serpentis, Plin.: ad cubilia et catulos ferarum bestiarum ire, Liv. – **b** insbes., der **junge Hund,** das **Hündchen,** Lucr., Cic. u. a.: summa illi oblectatio fuit, ut catuli cum porcellulis luderent, Lampr. – Sprichw., aliter catuli longe olent, aliter sues, Plaut. Epid. 579. – **II** übtr., eine Art **Fessel,** Lucil. sat. 29, 100.

2. Catulus, s. Lutātius.

catumeum, ī, n., eine Art Opferkuchen, Arnob. 7, 24.

Caturīgēs, um, *m.*, eine gallische Völkerschaft in der ehemaligen Dauphiné, j. *Dép. des Hautes Alpes,* Caes. b. G. 1, 10, 4. Plin. 3, 137.

1. catus, a, um (sabinisch = acutus nach Varr. LL. 7, 46), **I** auf das Gehör scharf einwirkend, **helltönend,** signa, Enn. ann. 447. – **II** auf das Geistige übtr., **gewitzt, gescheit, gewandt, geschickt,** im üblen Sinne **verschmitzt, pfiffig, schlau** (Ggstz. stultus; vgl. Spengel Ter. Andr. 855), Enn. fr., Komik. u. a.: arguti et cati, Plaut. trin. 493: vide, quam sit catus is, quem etc., Cic.: prudens et, ut ita dicam, catus, Cic.: cata dicta, Enn. fr.: dare alci consilium catum, Plaut. – m. *Abl.*, experimentis catus, Apul. de deo Socr. 17 *extr.:* catus linguā, ore canorus, Auson. parent. 19, 15. p. 50 Schenkl: catus arte palaestrae, Auson. ep. 96, 1. p. 222 Schenkl. – m. *Genet.*, catus legum, Auson. Mos. 400. – mit folg. *Infin.*, Hor. carm. 3, 12, 10. Apul. flor. 3 *in.*

2. catus, ī, *m.*, s. cattus.

caucalis, idis, *f.* (καυκαλίς), eine doldentragende Pflanze, nach Sprengel die **levantische Haftdolde** (*Caucalis orientalis.* L.), Plin. 21, 89 u. 22, 83.

Caucasigena, ae, *m.* (Caucasus u. gigno), **am Kaukasus geboren,** Sidon. ep. 4, 1.

Caucasus, ī, *m.* (Καύκασος), die noch jetzt so genannte hohe Gebirgskette in Asien, zwischen dem Pontus Euxinus u. dem Kaspischen Meer, Mela 1, 15, 2 (1. § 81). Ov. met. 2, 224; 8, 798 (wo griech. Akk. -on): C. inhospitalis, Hor. carm. 1, 22, 7. – Dav. **Caucasius,** a, um, **kaukasisch,** montes = Caucasus, Mela 1. § 109: vertex, Verg.: portae, enge Pässe zwischen dem Kaukasus u. dem Kaspischen Meer, Plin.

Caucī, s. Chaucī.

cauculus, s. calculus ►.

caucus, ī, m. (καῦκα), die **Trinkschale,** Valer. imp. b. Treb. Poll. Claud. 14, 4: argenteus, Spart. Pesc. Nig. 10, 1: ligneus, Hier. adv. Iov. 2, 14. Marc. Emp. 25.

cauda, ae, *f.* (vgl. litauisch *kutas,* Schopf), der **Schwanz, Schweif** des Tieres, die **Rute, I** eig.: leonis, Cic.: pavonis, Cic.: setosa (equi), Plin.: longa, procerior, Plin.: ultima cauda, Schwanzende, Caes. Germanic.: Cerberus caudam atterens, Hor.: caudam more atque ritu adulantium canum movere (v. einem Löwen), Gell. – caudam iactare popello, dem Volk hündisch schmeicheln, Pers. 4, 15: caudam trahere, einen Schwanz nach sich ziehen, Vell. 2, 83, 2 (wo cauda = Fischschwanz); nach Art eines Bajazzo (wir: die Narrenkappe tragen), Hor. sat. 2, 3, 53: vitium bono viro quasi caudam turpissimam apponere, Lact. 6, 18, 16: cauda leonem facit, Quint. 10, 7, 26 (vgl. Plin. 8, 49: leonum animi index cauda). – **II** übtr.: **a** in scherzh. Zweideutigkeit, coda Verrina, der Schwanz des Ebers u. der Schweif, d. h. das Anhängsel des Namens Verres, der in Verrucinus umgewandelt war, Cic. Verr. 2, 191. – **b** die **Rute,** das männliche Glied, Hor. sat. 1, 2, 45; 2, 7, 49. – vulg. **cōda**, Varr. sat. Men. 518. Varr. r. r. 2, 7, 5, Cic. Verr. 2, 191. Petr. 44, 12. Fest. p. 178 (b), 29; vgl. Diom. 383, 3.

caudeus, a, um = *iunceus,* **von Binsen, Binsen-** (s. Paul. ex Fest. 46, 11. Placid. gloss. V, 14, 18 (53, 12), cistella, Plaut. rud. 1109.

caudex, dicis, *m.* (ältere Form für codex, w. vgl.), **I** der **Baumstamm, Stamm** (Ggstz. rami, Solin. 32, 34), Verg., Plin. u. a. – als Schimpfwort, **Klotz,** Ter. heaut. 877 (Petr. 74, 13 codex). – **II** meton., die aus mehreren mit Wachs überzogenen Holztäfelchen bestehende **Schreibtafel,** das **Notizbuch** (gew. in der Nbf. codex, s. d.), iussi caudicem proferri, ubi mea oratio scripta erat, Cato oratt. 2 *in.* (b. Fronto ep. ad Anton. imp. 1, 2. p. 99, 23 N.). Vgl. Sen. de brev. vit. 13, 4.

caudica, ae, *f.* (caudex), ein aus einem rohen Baumstamm gemachter Kahn, das **Kanu,** Plur. bei Gell. 10, 25, 5. Isid. 19, 1, 27.

caudicālis, e (caudex), **zum Holzstamm gehörig, Holz-,** provincia, scherzh. = das Geschäft des Holzspaltens, Plaud. Pseud. 158.

caudicārius, a, um, s. cōdicārius.

caudiceus, a, um, (caudex) **aus einem rohen Baumstamm gemacht,** lembus, Kanu, Auson. Mos. 197.

caudiculum, s. cōdiculus.

caudifico, āre, (caudex u. facio), **zu einem Buch gestalten,** Cledon. gramm. (V) 9, 15 K.

caudītus, a, um (cauda *no.* 11, b), **mit tüchtiger Rute,** Anthol. Lat. 682, 2 R.

Caudium, ī, n., Stadt in Samnium an der appischen Straße, j. *St. Maria di Goti* (bei *Forchia Caudina*), viel genannt wegen der schmählichen Niederlage, die die Römer durch die Samniter in den benachbarten Pässen des Taburnus erlitten, Liv. 9, 2 *sqq.* Cic. de off. 3, 109. – Dav. **Caudīnus,** a, um, **kaudinisch,** furculae, Liv., od. furcae, Val. Max., od. fauces, Col. poët. 10, 132, od. saltus, Liv., die kaudinischen Pässe (s. vorher): proelium, in den kaud. Pässen, Cic.: pax, Liv.: legiones, die in den kaud. P. schimpflich unterlegenen, Liv.: Plur. subst., Caudīnī, ōrum, die Einwohner von Kaudium, die **Kaudiner,** Liv. u. Plin.

caulae od. **caullae,** ārum, *f.* (zsgzg. aus cavillae v. cavus, s. Varr. LL. 5, 20. Paul. ex Fest. 56, 12), **Höhlung, Öffnung, I** im Allg.: per caulas corporis, Lucr.: per caulas aetheris, Lucr. – **II** insbes.: **1** = περίβολοι, μάνδραι (Gloss.), die **Hürde** der Schafe, cum (lupus) fremit ad caulas, Verg. Aen. 9, 60 u. so Sidon. ep. 1, 6; 7, 6. Apul. met. 4, 6. Vulg. gen. 29, 17; num. 32, 16 u. ö.: ne frementibus ad *caulas* rapacibus lupis facilis in *ovilia* sit incursus, Ambros. in Luc. 7, 82. – **2** die **Umfriedigung,** das **Gehege, Gitter,** die **Schranken** um Tempel, Altäre, Tribunale, um den Zudrang abzuwehren (s. Serv. Verg. Aen. 9, 60. Macr. sat. 1, 9, 16), Lex de XX quaestor. *col.* 2. *lin.* 41 *ed. Goettl.* CIL 11, 715.

caulātor, ōris, *m.,* zum scherzh. Doppelsinn durch Zusammenziehung von cavillator (cauillator) wie von caulis gebildetes Wort, etwa **Kohler,** Plaut. truc. 683.

cauliās, ae, *m.* (καυλίας), **aus dem Stengel gezogen,** sucus (Ggstz. rhizias, ῥιζίας, aus der Wurzel), Plin. 19, 43.

cauliculātus, a, um (cauliculus), **mit Stengeln versehen,** Ps. Apul. herb. 90.

cauliculus, in der Vulgärspr. **cōliculus,** ī, *m.* (*Demin.* v. caulis), der **kleine, zarte Stengel** der Gewächse, **Spross, Trieb, I** eig.: quicquid in cauliculo nascitur, qualis est cucurbita et cucumis, Cels.: col. brassicae, Cato: sambuci, Gargil.: col. viteus, Ranke, Varr.: caul. ferulaceus, Plin.: ramorum teneri cauliculi, der Feigen, Plin.: col. virens. Mart. – Synk. coliclus, Apic. 3, 81 *sqq.;* 4, 180: colicli malvarum, Apic. 5, 201. – **II** übtr., als *t. t.* der Archit., der **Stengel** als Verzierung an den Kapitellen der Säulen, Vitr. 4, 1, 12 u. a.

caulis (cōlis, cōlēs), is, *m.* (καυλός), **I** der **Stengel, Stiel, Strunk** der Gewächse, brassicae, Cato: c. fabarum, Plin.: am Weinstock die **Ranken,** Plin. – bes. der **Kohlstengel** od. **Kohl,** Varr. LL., Cic. u. a. – **II** übtr., v. ähnlich Gestaltetem: **A** der **Kiel** der Feder, pinnarum caules omnium cavi, Plin. 11, 228. – **B** das **männliche Glied,** Lucil. sat. 7, 22 M.: Nbf. colis, Cato r. r. 35, 2: Nbf. coles, Cels. 6, 18, 2 u. 7, 25, 1: Plur. coles, Varr. r. r. 1, 31. § 1 u. 2.

caullae, s. caulae.

caulōdēs, is (καυλώδης), **stengelartig,** brassica, eine großblättrige Kohlart, Plin. 20, 79.

Caulōn, ōnis, *m.* (Καυλών), italische Stadt im Bruttischen, deren Namen noch heute der *Monte Caulone* nördl. von *Castel Vetere* trägt, Liv. 27, 15, 8. Plin. 3, 95. Verg. Aen. 3, 553. Ov. met. 15, 705 (wo Akk. -ona). – Nbf. **Caulōnea** od. **Caulōnia,** ae, *f.,* Liv. 27, 12 *sqq.* Mela 2, 4, 8 (2. § 68).

cauma, atis, *n.* (καῦμα), die **Hitze,** Vulg. Iob 30, 30. – Nbf. cauma, ae, *f.,* Anon. Ravenn. 3, 3. p. 136, 16.

caumāliter, *Adv.* (cauma), **durch Hitze,** Spät.

Caunus (Caunos), ī, *f.* (Καῦνος), eine uralte Seestadt in Karien, jetzt *Kingi* oder *Kopi,* Cic. de div. 2, 84. Mela 1, 16, 1 (1. § 83), der Sage nach gegründet von einem Heros Caunus, dem Sohn des Miletus u. der Cyane, Bruder der Byblis, Ov. met. 9, 452 *sqq.:* griech. Form Caunos, Plin. 5, 103. Stat. silv. 1, 6, 15. – Dav.: **a Cauneus** od. **-ius, kaunisch,** subst., **α** Cauneae, ārum, *f.* (*sc.* ficus), **kaunische Feigen,** Cic. u. a.: aedilis non trium caunearum, ein lumpiger, Petr. 44, 13. – **β** Cauneī od. Cauniī, ōrum, *m.,* die Einw. von Kaunus, die **Kauneer** od. **Kaunier,** Cic. – **b Caunītēs,** is (Καυνίτης), **kaunitisch,** sal, Plin. 31, 99.

caupillus, s. caupulus.

caupo (cōpo), ōnis, *m.,* **I** = κάπηλος (Gloss.), der **Schenkwirt** (der auch beherbergt und über die Straße verkauft), caupones patagiarii, Plaut.: propolae et caupones, Salv.: copo de via Latina, Cic.: malignus, perfidus, Hor.: callidus, Mart.: stabularii aut cauponis hospes, Sen.: ad cauponem (coponem) devertere, Cic.: coponem defraudare, Varr. fr.: copo, computemus, Wirt, wir wollen zusammenrechnen, CIL 9, 2689. – **II** übtr., der **Verhöker,** sapientiae atque facundiae, Tert. de anim. 3.

caupōna (cōpōna), ae, *f.* (caupo), **I** die **Schenkwirtin,** Lucil. sat. 3, 24: quaedam anus caupona, Apul. met. 1, 21. – **II** die **Schenke,** conventicula et cauponae, Tac.: cauponarum aestiva animalia (Ungeziefer), Plin.: in caupona vivere, Hor.: in caupona delitescere, Gell.: cauponam exercere, Schenkwirtschaft treiben, Iustin. 1, 7, 12 *ed. Ieep.* Ulp. dig. 23, 2, 43: nonne tibi nox erat pro die, caupona pro oppido, Cic. Pis. 53.

caupōnārius, a, um (caupona), **zur Schenkwirtschaft gehörig,** subst., **caupōnārius,** ī, *m.* = κάπηλος, der **Schenkwirt,** Gloss. II, 238, 38.

caupōnicula (cōpōnicula), ae, *f.* (*Demin.* v. caupona) = καπηλεῖον, die **kleine Schenke,** Gloss. II, 116, 22.

caupōnius, a, um (caupo), **zum Schenkwirt gehörig, Schenk-,** puer, Schenkbursche, Kellner, Plaut. Poen. 1298: taberna, Krug, Schenke, Ulp. dig. 23, 2, 43 pr. Paul. dig. 33, 7, 13 pr.: instrumentum (Inventar), Ulp. dig. 23, 2, 43. § 9. Paul. dig. 33, 7, 17. § 2. – subst., **a** caupōnius, ī, *m.* = caupo (s. d.), Apul. met. 1, 5 H. u. E. – **b** caupōnium, ī, *n.,* = καπηλεῖον (Gloss.), die **Schenkwirtschaft,** die **Kneipe,** Tert. apol. 40. Pomp. dig. 33, 7, 15 pr.

caupōnor, ātus sum, ārī (caupo), mit etw. **schachern, Schacher treiben,** bellum, um den Kr. kleinlich feilschen (= gegen Gold zu erkaufen suchen), Enn. ann. 201: verbum dei, Vulg. 2. Corinth. 2, 17: verbum veritatis, Cassiod. hist. eccl. 4, 24.

caupōnula, ae, *f.* (*Demin.* v. caupona), die **kleine Schenke, elende Kneipe, Butike,** Cic. Phil. 2, 77.

caupulus, ī, *m.,* eine Art kleiner Schiffe, Gell. 10, 25, 5. – Nbf. **caupillus,** ī, *m.,* Isid. 19, 1, 25.

caupuncula, ae, *f.* (*Demin.* v. caupona), die **kleine Schenke,** Gloss. V, 274, 34. – Titel einer Komödie des Ennius, s. Comic. Rom. fragm. ed. O. Ribbeck p. 4. ed. 2.

cauricrepus, a, um (caurus u. crepo), **vom Nordwestwind durchbraust,** convalles, Avien. descr. orb. 869.

caurīnus, a, um (caurus), **vom Nordwestwind,** frigus, Gratt. cyn. 296.

caurio, īre, **schreien,** vom brünstigen Panther, Anthol. Lat. 762, 50 (233, 50).

caurus u. **cōrus,** ī, *m.,* **Nordwestwind** (vgl. litauisch *sziaurys,* Nordwind), Form *caurus,* z. B. Laber. com. 131. Lucr. 6, 135. Vitr. 1, 6, 13. Verg. georg. 3, 356. Gell. 2, 22, 12: Form *corus,* z. B. Caes. b. G. 5, 7, 3. Vitr. 1, 6, 1. Sen. nat. qu. 5, 16, 5. Plin. 2, 119: *caurus,* quem plures vocant *corum,* Vitr. 1, 6, 5: *libonotus,* id est *corus,* Veget. mil. 4, 38: caurus u. corus geschieden, ad latera *cauri* circias et *corus,* Vitr. 1, 6, 10.

causa (von Cicero u. nach ihm noch von Vergil u. auch in Inschr. caussa geschr., s. Quint. 1, 7, 20; vgl. Osann Cic. de rep. 1, 6. p. 20), ae, *f.* (v. cūdo), der **Fall, I** der veranlassende, die **Veranlassung,** der **Anlass,** der **Grund (Beweggrund),** der **Umstand,** die **Ursache, Quelle, Schuld** von etw. (Ggstz. effecta u. facta, *n. pl.;* vgl. Cic. de fat. 34 die Definition von causa), **a** übh.: causa parva, Ter., parvula, Caes.: magna, Cic., maior, Liv.: c. levis, gravis, Cic.: c. evidens (Ggstz. c. abdita od. obscura od. in obscuro posita), Cels.: c. perspicua (Ggstz. obscura), Cic.: c. externa, Cic.: c. iusta, iustior, Cic.: c. vera, Ter.: c. probabilis, Cic. – cum causa, mit (triftigem, stichhaltigem) Grund, Ggstz. sine causa, Cic.: non sine causa fieri, Cels. – qua de causa, Cic.: quibus de causis, Quint.: his de causis, Cic.: quacunque de causa, Cels.: aliquibus de causis, Cels.: gravi de causa, Cic.: iustis de causis, Cic. – qua ex causa, Cic.: quibus ex causis, Quint., od. ex quibus causis, Plin. ep.: u. ex hac causa, ex his causis, Cels. – ex alia causa, Cels.: nulla alia ex causa, Sen.: multis ex causis, ex pluribus causis, Quint.: obscura aliqua ex causa, Cic. – ob eam causam, Cic.: ob eas causas, Caes.: u. ob eandem causam, Liv.: ob quam causam u. quam ob causam, quas ob causas, Liv.: ob aliam causam, non ob aliam causam, Liv.: ob nullam aliam causam, nullam aliam ob causam, nullam ob aliam causam, Liv. – propter eam quam dixi causam, Cic. – mit Ang. **wessen? wozu?** durch *Genet.,* selten (nicht bei Cic.) durch den *Infin.,* od. durch *ad* mit Akk., c. adventus, Nep.: c. belli, Cic. u. a. (auch v. Pers., s. Fabri Liv. 21, 21, 2): c. criminis, Cic.: c. mortis, v. Pers., Cic., v. einem Umstand, Liv.: parvulae causae vel falsae suscipionis vel terroris repentini, kl. U., die in f. V. od. pl. Schr. liegen, Caes.: quae tot scelerum suscipiendorum causa? Cic.: durch *Infin.,* quae causa fuit consurgere in arma, Verg.: dolor huic et cura Neaerae coniugis ereptae causa perire fuit, Tibull.: durch *ad* mit Akk., satis vehemens causa ad obiurgandum, Ter. – m. weiterer Ang. **weshalb? warum?** causae, propter quas, Quint.: ob eam causam, quia speciem habet admirabilem, Thaumante dicitur esse natus, Cic.: cur causa Zenoni non fuerit, quamobrem etc., Cic.: multae causae sunt, quam ob rem etc., Ter. (s. Spengel Ter. Andr. 382): causam Ulixi fuisse, quare interfecerit Aiacem, Rhet. Her.: quidnam esse causae, cur etc., Cic.: quae causa sit, cur etc., Cic.: cuius rei cum causam quaererem quidnam esset cur in quoquo oratore plurimum esset, ita maxime is pertimesceret, has causas inveniebam duas, Cic. – m. weiterer Ang. des Grundes, **weil, dass** od. **dass nicht** usw. durch *quod, quo (= ut eo) ut, ne, quin, quominus* (s. Fabri Sall. Cat. 51, 41. Weißenb. Liv. 5, 55, 5 u. 40, 26, 5), z. B. propter hanc causam, quod etc., Cic.: ob eam causam, ut od. ne etc., Cic.: neque ob eam causam, quo facilius consequerer, Cic.: ea est causa, ut veteres cloacae nunc privata passim subeant tecta, Liv.: huius epistulae non solum ea causa est, ut ne quis a me dies intermittatur, quin etc. … sed etiam haec iustior, ut a te impetrarem, ut etc., Cic.: num quid est causae, quin amicos nostros Stoicos dimittamus? Cic.: quibus aut emerita stipendia aut morbus causae essent, quominus militarent, Liv.: eis causis, quominus dimicare vellet, movebatur, Caes. – **Redensarten:** in causa esse, U., Sch. sein (vgl. *no.* II, a am A.), z. B. in causa haec sunt, Cic. ep. 1, 1. § 1: in causa (est) amor primum, deinde quod (weil usw.) etc., Plin. ep. 7, 5, 1: vim morbi in causa esse, quo serius perficeretur, Liv. 40, 26, 5: u. esse alci in causa, ut etc., Quint. 12, 5, 2. – afferre causam, causam consilii sui, den Grund angeben von usw., Cic.: afferre causam explicandae philosophiae, Veranlassung geben zu usw., Cic.: alci inferre causam belli, iurgii, gegen jmd. einen Grund zum Kr., zum Streit geltend machen, suchen (vgl. *no.* II a. E.), Cic. de imp. Pomp. 65. Phaedr. 1, 1, 4: alci causam alcis rei dare, Veranlassung geben zu etw. (z. B. harum litterarum), Cic.: esse causam alcis rei (v. Pers. u. Lebl.), Cic. u. a. (auch von mehreren, z. B. dicuntur causa mortis fuisse, Quint.: nos causa belli sumus, Liv.): causae esse, Caes., alci causae esse, Liv.: nancisci causam alcis rei, Cic.: quaerere causam eius rei u. novi consilii, nach der U. fragen, Cic. u. Liv. (vgl. quaerit causae quid sit tam repentini consilii, Nep.). – habere multas et graves causas corrumpendi iudicii, Cic.: nec umquam bellorum civilium semen et causa deerit, Cic.: causam alcis rei sustinere, von etw. die Schuld tragen, Cic. – **b** der entschuldigende Grund, der **Entschuldigungsgrund,** die **Entschuldigung,** die **Ausrede,** der **Einwand,** tibi causa est de hac re, Ter.: causam accipere (gelten lassen), Cic. – **c** der bemäntelnde, erdichtete **Grund,** der **Vorwand,** das **Vorgeben** (πρόφασις; vgl. Ruhnk. Ter. Andr. 1, 3, 8), causas fingere, Ov.: causam invenire, Ter.: causam interponens (als Vorwand angebend, unter dem Vorwand) se collegas exspectare, Nep.: u. ebenso causam interserens te hostem esse Atheniensibus, Nep. – mit Ang. **wessen?** durch *Genet.,* muri causam opponere, Cic.: bes. per causam m. Genet. = unter dem Vorwand einer Sache (griech. κατὰ πρόφασιν), z. B. per causam supplementi equitatusque cogendi, Caes.: per causam renovati ab Aequis belli, Liv. (s. Drak. Liv. 2, 32, 1. Broukh. Tibull. 1, 6 [7], 26). – mit Ang. **wozu?** durch *Genet.* od. *ad* m. Akk., causas novarum postulationum quaerere, Cic.: causam bellandi reperire, Nep.: causam habere ad iniuriam, Cic. – m. weiterer Ang. **weshalb?** iam diu aliquam causam quaerere, quamobrem etc., Ter. – m. weiterer Ang. **dass** od. **dass nicht,** fingere causam peracutam, ut etc., Cic.: fingere causas, ut etc., Tibull.: fingere causas, ne etc., Ter. – **d** der eingewendete Grund, die **Einwendung,** der **Einwand,** causam hau dico, ich mache keinen Einw., Plaut.: nullam od. non causam dico, quin etc., ich habe nichts einzuwenden, dass usw., Plaut. u. Ter.: num quid causae est od. num quae causa est, quin etc., Plaut.: neu causa ulla restet relicua, quin etc., Ter.: causae nihil dicimus, quin etc., Cic. Quinct. 57. Vgl. Brix Plaut. capt. 350. – **e** als mediz. *t. t.,* der **Krankheitsanlass, Krankheitszustand** (s. Fabri Liv. 22, 8, 3), causa levis (Ggstz. causa gravior), Liv.: causa tenuissima, Cic.: causae externae, Liv.: tantum causam metuere, Cels.: afferre valetudinis causas, Quint. – dah. bei Spät. = **Krankheit,** Cael. Aur., Veget. u. a. – **f** *Abl.* causā m. *Genet.* od. *Pronom. possess.,* **aus Ursache, auf Veranlassung, in Rücksicht auf, im Interesse** eines Ggstds., **um … willen, wegen, halber,** auch **zu, α** m. *Genet.,* gew. dem *Genet.* nachgestellt, selten (des Gegensatzes, Nachdrucks wegen) ihm vorangesetzt, fili causā, Plaut.: tempestatis causā, auf V. des Wetters, durch das W., Cic.: temporis causā, der Zeit u. Umstände wegen, im Drang des Augenblicks, Cic.: rei publicae causā, Cic.: ioci causā, Cic.: delectationis causā, Cels.: animi causā, s. animus *no.* II, A, 2, d: auxilii causā, Caes.: contumeliae causā (Ggstz. honoris causā), Cic.: mortis causā patris sui, Liv.: honoris causā, s. honōs: fidei causā, Sall.: exempli causā, Cic.: verbi causā, Cic.: liberorum quaerendorum causā, Plaut. u. Suet.: liberûm quaesundûm causā, Enn. fr.: voluptatum adipiscendarum causā, Cic.: dissimulandi causā, Sall.: u. alcis causā cupere, velle, velle omnia, debere omnia, Cic. – vor dem *Genet.,* causā virginis, Ter. Eun. 202: causā antiquitatis, Vulcat. Sedig. fr. bei Gell. 15, 24. *v.* 13: causā amicorum, Cic. de amic. 57: causā ignominiae, Liv. 40, 41, 11 H.: causā ludorum, Liv. 40, 44, 10 H.: causā detrectandi sacramenti, Suet. Aug. 24 R., causā conservandae vocis, Augustin. conf. 6, 3, 3. – zwischen zwei *Genet.,* aedificandi causā theatri, Amm. 29, 6, 11. – **β** m. *Pronom. poss.,* meā causā, um meinetwillen, meinetwegen, in meinem

Interesse, mir zuliebe, Cic. (auch causā meā des Verses wegen bei den Komik. u. bei Hor. sat. 1, 4, 97): u. so tuā causā, nostrā causā, vestrā causā, Cic.: alienā potius causā quam suā, Quint.
II der obwaltende, **a** die obwaltende **Angelegenheit, Sache,** der **Gegenstand, Punkt,** die **Sachlage,** der **Sachverhalt,** Alexandrina causa, Cic.: nec praetermittebat fere quicquam, quod esset in causa, was zur Sache gehörte, Cic. Brut. 303 (vgl. oben *no.* I, a in causa esse): et causam et hominem probare, Caes.: super tali causa eodem missum esse, Nep.: sic egit causam tuam, ut etc., Cic.: cui senatus dederat publicam (*al.* publice) causam, ut etc., den offiziellen Auftrag, Cic. – im Ggstz. zu Nebenumständen, armis inferiores, non causā fuisse, Cic.: parum precibus, parum causā proficere, Liv. – **b** die obwaltende **Lage, Stellung,** der obwaltende **Fall,** obwaltende **Zustand,** suam causam non nosse, alienas facile discere, Cic.: num alia in causa M. Cato fuit, aliā ceteri qui etc., Cic.: (Regulus) erat in meliore causa, Cic.: in eadem causa erant Usipetes et Tenchteri, Caes.: (praedia) soluta meliore causā sunt quam obligata, Cic. – **c** das obwaltende freundschaftliche **Verhältnis,** die freundschaftliche **Beziehung** zu jmd., das **Freundschaftsverhältnis,** die **Verbindung,** quicum tibi affinitas, societas, omnes denique causae et necessitudines veteres intercedebant, Cic.: ad eas causas quibus inter nos amore sumus, officiis, vetustate coniuncti patriae caritas accessit, Cic.: explicare breviter, quae mihi sit ratio et causa cum Caesare, Cic. – **d** das **Interesse,** das man verfolgt, die **Sache, Partei,** die man verficht, Cic. de imp. Pomp. 2: causa senatoria, popularis, Iustin.: populi Romani vera, Cic.: c. Caesaris melior, Quint.: suarum partium c., Quint.: c., quam Pompeius susceperat, Cic.: causam imperii cognoscere, Cic.: causam rei publicae non tenere, Cic. (s. Halm Cic. Sull. 32): u. ad causam publicam accedere, das Interesse des Staates zu vertreten beginnen, Cic.: causam populi agere (Ggstz. causam optimatium agere), Nep.: rem in causam plebis inclinare, Quint.: ea causa, quae est senatui, quae est dis hominibusque gratissima, Cic.: ii, quorum est una causa, Cic.: non omnibus Sullae causa grata, Cic.: utrum militantium *adversarii estis,* an *causam agitis* ? Liv.: omnis familiae causa consistit tibi, das Interesse für usw. (die Sorge für die Unterhaltung der usw.), Plaut. asin. 520. – **e** der in Frage stehende od. gestellte **Gegenstand, Punkt,** **α** = ὑπόθεσις die **Aufgabe,** der **Stoff,** das **Thema,** der **Streitpunkt** (s. Cic. top. 79. Quint. 3, 5, 7), sowohl einer philosophischen Erörterung usw., poscere eorum aliquem qui adsunt causam disserendi, Cic.: quod vero maxime rem causamque continet, Cic. – als einer rednerischen Darstellung, der **Fall,** verae causae aut forenses, wirkliche Geschäfts- od. Gerichtsfälle, Cic.: causarum, quae sint a communi quaestione seiunctae, partim in iudiciis versari, partim in deliberationibus, Cic. – **β** der obwaltende **Rechtsfall,** die **Rechtssache,** die **Rechtsfrage,** die gerichtliche **Sache,** die **Streitfrage,** der **Prozess,** causa capitis, causa capitis aut famae, Cic.: maiestatis, Tac. – causae forenses, Cic.: causae malae, optimae, Cic.: causae privatae, publicae, Cic.: c. centumviralis, Cic.: c. liberalis, Cic.: c. superior, Ggstz. c. inferior, Cic.: c. parvula, Bagatellsache, Cic.: c. tenuis, Cic.: c. vera (gerechte), Cic.: causa iudicata atque damnata, Cic.: causā indictā, ohne Prozess, Cic.: causā cognitā (Ggstz. causā incognitā), Cic. – actio, actor causae, Cic.: causae dictio, Cic.: orationes causarum, Cic. – accedere causae od. ad causam, Cic.: adesse in hac causa, Cic.: adesse tali causae, Quint.: agere causam, s. ago *no.* II, B, 5, c (S. 270): causam defendere, Cic.: causas defensitare, Cic. – causam dicere = den Prozess führen (v. gerichtl. Redner) u. = sich verteidigen od. sich verteidigen lassen (v. Angeklagten, Ggstz. accusare), Cic.: causam parricidii dicere (v. gerichtl. Redner), Liv.: coronae subreptae de Capitolio causam dicere (v. Angeklagten), Porphyr.: causam ex vinculis dicere (v. Angeklagten), Caes. u. Liv. – causam discere, sich vortragen lassen (v. Sachwalter), Cic.: causam docere alqm, einem Sachwalter vortragen, Cic.: causam orare, perorare, Cic. – causam alci inferre, Auct. b. Hisp. 1, 4 u. ICt. (versch. v. oben *no.* I, a). – causam recipere, suscipere, Cic.: causā desistere (v. Kläger), Cic.: causā premi, mit seinem Pr. ins Gedränge kommen, Sen.: in causis iudiciisque versari, Cic. – causam tenere, obtinere, sustinere, den Prozess gewinnen, Cic.: u. so auch vincere causam suam, Ov. – u. causam perdere, seines Interesses verlustig gehen, den Pr. verlieren, Cic.: causā cadere, infolge eines Formfehlers den Pr. verlieren, Cic., Suet. u. ICt. (s. Piderit Cic. de or. 1, 66. Halm Cic. Mur. 9). – causa labefactatur ad iudicem, Cic. – **f** die ganze jurist. Beschaffenheit eines Rechtsobjekts, bes. die damit verbundenen **Lasten und Vorteile,** tota causa fundi, ICt.: fundus cum sua causa transit, ICt.: dominium cum sua causa transferre, ICt.: bona cum causa, ICt.: dah. oft sine causa, **ohne Nutzen** od. **Vorteil, umsonst,** Eccl. – Nicht selten steht causa mit einem gewissen Lautspiel in einem Satz in der Bedeutung von *no.* I u. von *no.* II nebeneinander, z. B. meā causā causam accipite, Ter. heaut. 47: his de causis ego huic causae patronus exstiti, Cic. Rosc. Am. 5.

causābundus, a, um (causor), **Gründe vorschützend,** Prisc. 4, 35.

causālis, e (causa), **I zur Ursache gehörig,** ratio, Augustin. de genes. 7, 23. – subst., causālia, ium, *n., pl.* = αἰτίαι φυσικαί, **die Ursachen der Dinge** (als Titel einer Schrift), Arnob. 5, 18. – **II** insbes.: **a** (gramm. *t. t.*) coniunctiones, die den Grund des Vorhergehenden anschließen (wie nam, enim, itaque), Gramm. – **b Anlass zur Krankheit gebend,** Ps. Cypr. sing. cler. 6.

causāliter, *Adv.* (causalis), **aus Ursachen,** Augustin. de genes. 5, 4. § 9 u. 11; 5, 23. § 45.

Causamēla, s. Gaugamēla.

causāriē, s. causārius *no.* II, a.

causārius, a, um (causa *no.* I, e), **I kränklich,** corpus, partes, Sen.: dentes, Plin. 23, 75. Marc. Emp. 12. – subst., causarii vel latere vel faucibus, Plin.: c. oculorum, Marc. Emp. – **II** als milit. *t. t.,* **a aus Gesundheitsrücksichten geschehen,** missio, Abschied aus dem Kriegsdienst wegen Kränklichkeit, Ulp. dig. 3, 2, 2. § 2. Macer dig. 49, 16, 13. § 3. Apul. met. 4, 4: dass. absol., causariā missum esse, wegen Kränklichkeit verabschiedet sein, Macer dig. 49, 16, 13. § 2 M. (Vulg. causarie). – **b aus Gesundheitsrücksichten (wegen Kränklichkeit) verabschiedet,** Plur. subst., causāriī, ōrum, *m.,* Invaliden, Liv. 6, 6, 14.

causātio, ōnis, *f.* (causor), **I** die **Vorschützung, Entschuldigung,** Cod. Theod. u. a.: causationes innectere, Augustin. ep. 29, 3. – bes. aegri corporis, Gell. 20, 1, 30. – dah. die **Kränklichkeit,** Pallad. 1, 4, 1. – **II** die **Anklage, Beschwerde,** Ps. Augustin. Manich. 6, 2. Salv. de gub. dei 4, 8. – Plur., der **Prozess,** malae insinuationes et acerbae causationes, Firm. math. 6, 11. p. 156, 16.

causātius, *Adv. compar.* (causatus v. causor), **mit besserem Grund,** Plin. nat. hist. praef. § 8.

causātīvus, a, um (causa), **I ursächlich,** vis, Mart. Cap. 7. § 731: origo, Chalcid. Tim. 23: persona (verbi), die erste P., Prisc. 8, 66: et est τὸ αἴτιον, id est causativum, Serv. Verg. Aen. 2, 311. – subst., causātīva, ōrum, *n.,* **Ursächliches,** Prisc. 16, 6. – **II die Rechtssache feststellend, a** übh., subst., causativum litis, griech. αἴτιον, Fortunat. art. rhet. 1, 2. Iul. Vict. art. rhet. 1, 2 u. 3, 8. Mart. Cap. 5. § 472. – **b** insbes., **die Anklage bestimmend,** casus, der Akkusativ, Prisc. 5, 72.

causātor, ōris, *m.* (causor) = accusator, Schol. Cic. Gron. p. 431.

causia (causea), ae, *f.* (καυσία), **I** der mazedonische **Sonnenhut,** mit hohem Deckel u. steifer, breiter Krempe, Plaut. mil. 1178 u. Pers. 155. Val. Max. 5. 1. ext. 4. Mart. 14, 29 *lemm.* (überall mit der gut beglaubigten Variante causea). – **II** übtr., als milit. *t. t.,* eine Art **Schutzdach** der Belagerer, Veget. mil. 4, 15. p. 137, 2 L. zw.

causidicālis, e (causidicus), **zum Rechtsanwalt gehörig,** odium et taedium, M. Aurel. b. Fronto ep. ad M. Caes. 4, 5. p. 68, 22 N.

causidicātio, ōnis, *f.* (causidicor), die **Sachführung, Advokatur,** Fronto ep. ad amic. 2, 6. p. 193, 2 N. Vgl. Gloss. ›causidicatio, δικολογία‹.

causidicīna, ae, *f.* (causidicus), das **Advokatenamt,** die **Advokatur,** Spät.

causidicor, ārī (causidicus) = δικολογῶ (Gloss.), **ich halte Reden vor Gericht, ich mache den Rechtsanwalt,** Dosith. 59, 8 K.

causidicus, ī, *m.* (causa u. dico), der **Rechtsanwalt, Advokat** (im verächtlichen Sinne als ein für Geld u. kunstlos Plädierender), Cic. u. a.

causificor, ārī (causa u. facio), als **Ursache vorschützen,** als **Vorwand angeben,** inconcinne, Apul. met. 10, 9: haud causificor m. folg. *quin* u. Konj., Plaut. aul. 755.

causor, ātus sum, ārī (causa) = προφασίζομαι (Dosith. 59, 8 K.), **I einen** od. **als einen** (wahren od. häufiger einen fingierten) **Grund vorbringen, vorschützen,** absol., Pacuv. tr. 23. Acc. tr. 418. Verg. ecl. 9, 56: contra patrem, Afran. com. 91. – m. *Acc.*, multa, Lucr.: militum voluntatem, Sall. fr.: omina saepe visaque, Ov.: consensum patrum, Liv.: negotia, Tac.: valetudinem, Tac. – m. folg. *Acc.* u. *Infin.*, Liv. 5, 15, 6; 28, 35, 2. Curt. 6, 5 (19), 31. Suet. Ner. 49, 2. Gell. 18, 4, 9. – mit folg. *quod,* Suet. Cal. 23, 3. Ulp. dig. 16, 3, 3. – **II** prägn.: **a** unter Vorschützung von Gründen **versagen, ablehnen,** absol., Cl. Mam. de stat. anim. 3, 11, 2: m. folg. *Infin.*, accipere rationes, Papin. dig. 40, 7, 34. § 1. – **b sich beklagen, sich beschweren,** m. folg. indir. Fragesatz, causaris igitur quid sit istud etc., Salv. de gub. dei 3, 2 *in.* – aktive Nbf. causo, wovon Infin. causare, Pallad. 3, 25, 3 *codd.*: causasse, Cornut. bei Cassiod. de orthogr. (VII) p. 149, 13: Passiv causetur, Firm. math. 8, 27: causatus, Tert. adv. Marc. 2, 25.

caussa etc., s. causa etc.

causticē, ēs, *f.* (καυστική), die rein lat. scelerata genannte brennende Pflanze, Ps. Apul. herb. 8.

causticus, a, um (καυστικός), **brennend, beizend, ätzend,** vis c., natura c., Plin.: spuma c., eine Art »Schaumseife«, mit der sich die Germanen das Haar färbten, Mart. 14, 26. – subst., causticum, ī, *n.* = ein **ätzendes Heilmittel,** Plin. 26, 65. Pelagon. veterin. 195 u. 216 *Ihm.* Veget. mul. 6, 14, 1 *q.*

causula, ae, *f.* (*Demin.* v. causa), **I** die **kleine, unbedeutende Veranlassung,** parvulam modo causulam nactus, Auct. b. Afr. 54, 1. – **II** die **kleine Rechtssache,** der **unbedeutende Prozess,** parvarum rerum causulae, Bagatellprozesse, Cic. de opt. gen. 9: agere causulas, Capit. Macrin. 4, 3.

cautē, *Adv.* m. *Compar.* u. *Superl.* (cautus), **behutsam, vorsichtig, mit Vorsicht, der Vorsicht gemäß,** ingredi, Acc. fr.: incedere viā, Plaut.: iter caute diligenterque facere, Caes.: caute pedetemptimque dicere, Cic.: eo mi abs te caveo cautius, Plaut.: cautius vivere, Cic.: cautissime navigare, Cic.; cautissime tractare alqd, Cic.: cautissime agere, Plin.

cautēla, ae, *f.* (cautus v. caveo), **I** die **Behutsamkeit, Vorsicht,** Apul. met. 2, 6 u. 5, 5. Oros. 2, 10, 3. – **II** die **Sicherstellung, a** der **Schutz,** das **Schutzmittel,** dare cautelam periculis, Min. Fel. 7, 6. – **b** als jurist. *t. t.,* die **Kaution,** Ulp. dig. 3, 3, 15 § 1 u. ö. – Nbf. **cautēlitās,** ātis, *f.*, Ennod. epist. 8, 8, 1. p. 206, 2.

cautēr, ēris, *m.* (καυτήρ), **I** das **Brenneisen,** Pallad. 1, 41, 2 u. 43, 3. Prud. perist. 10, 490. – bildl., cauterem adhibere ambitioni, brandmarken, Tert. de pall. 5: cautere eloquii bene purgare vulnera morbi, Ven. Fort. 4, 7, 17. – **II** meton., die gebrannte **Wunde,** Prud. perist. 5, 229.

cautērio, (āvī), ātum, āre (cauterium), **I** mit dem Brenneisen **brennen,** Pelagon. veterin. 180. 212. 246 *Ihm.* – **II** insbes., **brandmarken,** Eccl.: übtr., cauteriata conscientia, Eccl.

cautērium, ī, *n.* (καυτήριον), **I** als Werkzeug: **a** als chirurg., das **Brenneisen,** zum Brennen des Fleisches, Pelagon. veterin. 180 u. ö. Veget. mul. 1, 14, 3; 1, 28, 1 *sqq.* – **b** in der Malerei, ein an die Wand gehaltenes Feuergefäß zum Einbrennen der Malerei, Marc. dig. 33, 7, 17. Tert. adv. Herm. 1. – **II** als Mittel, um wildes Fleisch auszubeizen usw., das **Beizmittel,** Plin. 22, 102 u. 25, 80. Scrib. 240.

cautērizo, āre (καυτηριάζω), **mit glühendem Eisen brennen, brandmarken,** Iren. 1, 13, 7. Chiron 509.

cautēs u. **cōtēs,** is, *f.* (Plur. cautēs u. cōtēs, ium, *f.*, vgl. lettisch *schkaute,* Kante), der **spitze Fels,** das **Riff, a** Form *cautes:* cautes celsae, Enn. fr.; cautes cavatae, Apul.: saxa et cautes timere (v. Schiffer), Caes.: duris cautibus horrens Caucasus, Verg.: fluctus cautibus illisi, Amm.: scopuli cautium, Klippen der Felsschluchten, Sen. nat. qu. 4, 2, 5: continua, durch fortgesetzte Steinbildung, Plin. (s. bullātio): Nomin. Sing. cautes, Tibull. 2, 4, 9, cautis, Prud. perist. 10, 701. – **b** Schreibung *cotes* (Plur.): scrupulosae cotes, Cic. Tusc. 4, 33: durae cotes, Verg. ecl. 8, 43. Prop. 1, 3, 4: inviae cotes, Curt. 6, 6 (23), 26: saxa cotesque, Curt. 4, 6 (26), 8, saxa et cotes, Curt. 5, 3 (10), 8: lubrica saxa et inviae cotes, Curt. 8, 11 (41), 23.

cautim, *Adv.* (cautus, caveo), **vorsichtig, behutsam,** Acc. tr. 77 u. 541. Ter. heaut. 870.

cautio, ōnis, *f.* (zsgz. aus cavitio [s. Paul. ex Fest. 61, 3], von caveo), **I** die **Behutsamkeit, Vorsicht,** incommodorum, Vorsicht bei usw., Cic.: defendendi, Cic.: cautionem adhibere, Cic. – Dah.: **a** (mihi) cautio est, **es ist Vorsicht nötig,** m. folg. *ne* u. Konj., Plaut. u. Ter. – **b** res cautionem habet, d. i. **α die Sache bedarf der Vorsicht,** sed habet multas cautiones, erfordert viele Rücksichten, Cic. de off. 1, 42. – **β die Sache lässt Vorsicht zu, verstattet Vorsicht,** Cic. ep. 11, 21, 3. – **II** insbes., als jurist. *t. t.,* **Sicherheit, Gewährleistung, Bürgschaft, Kaution** (sie bestehe in Verschreibung, Obligation od. in sachlichem Unterpfand), chirographi, handschriftliche, Cic.: cautionem cavere, ICt.: cautionem idoneam offerre, ICt.: cautionem interponere, ICt. – mit folg. *Acc.* u. *Infin.*, Suet. Aug. 98, 2. – übtr., alqm omni cautione devinxisse mit folg. *Acc.* u. *Infin.*, Cic. Sest. 15.

cautiōnālis, e (cautio *no.* II), **zur Kaution gehörig,** stipulatio, Ulp. dig. 46, 5, 1. § 2.

cautis, s. cautēs.

cautō, *Adv.* (cautus) = caute (s. d.),*Enn. praet. 2. p. 279 R.[2] zw.

cautor, ōris, *m.* (caveo), **I der sich in acht nimmt, -hütet,** ein **Sicherheitskommissarius** (scherzh.), Plaut. capt. 256 u. Epid. 359. – **II** der **Sichersteller, Abwehrer,** alieni periculi, Cic. Sest. 15.

cautrōma, atis, *n.* (cauter), die **Brandwunde,** Plin. Val. 3, 47.

cautulus, a, um (*Demin.* v. cautus), **ziemlich sicher,** Gell. 1, 3, 30.

cautum, ī, *n.* od. **cautus,** ūs, *m.* (caveo), die **Verschreibung,** der **Schuldschein,** inveteratae legis cautum novo sanctionis ordine mors amisit, Augustin. serm. 30, 1 *Mai.*

1. cautus, a, um, *PAdi.* m. *Compar.* u. *Superl.* (caveo), **I** *neutr.* **sich hütend, a** im guten Sinne, **vorsichtig, behutsam** (Ggstz. audens, temerarius, acer), **α** v. Pers., absol., parum putantur cauti providique fuisse, Cic.: dubium, cautior an audentior, Suet.: cauti *in* periculis, non timidi *in* contionibus, Cic.: parum cauti, Hor. – m. *Praepp.*, c. *in* scribendo, Cic.: *ad* propius praesentiusque malum cautior, Liv.: parum c. *adversus* colloquii fraudem, Liv.: *adversus* alqm cautior, Val. Max.: satis c. *erga* bona sua, Curt. – m. *Genet.*, c. rei divinae, Macr. sat. 1, 15, 8. Claud. 18, 89. – m. folg. *ne* m. Konj., Plaut. Pseud. 298. – m. folg. *Infin.*, Hor. sat. 1, 6, 51. Pers. 5, 24. – **β** v. Lebl.: manus c., Ov.: consilia cauta (Ggstz. consilia acria), Tac.: consilia cautiora, Cic.: cautissima senectus, Tac. – **b** im üblen Sinne, **schlau, listig,** vulpes, Hor.: Myrtale, Mart. – **II** *pass.* **sichergestellt, gesichert, sicher,** nummi, Hor. ep. 2, 1, 105: quo mulieri esset res cautior (damit ihr Geld sicherer stehe), curavit, ut etc., Cic. Caecin. 11: in eam partem peccare, quae est cautior, Cic. Rosc. Am. 56: civitates murorum firmitate cautissimae, Amm. 14, 8, 13. – mit *ab* (gegen) u. Abl., cautus ab incursu belli, Lucan. 4, 409.

2. cautus, ūs, s. cautum.

cava, ae, *f.*, s. cavus.

cavaedium, ī, *n.* = cavum aedium, der rings von Gebäuden eingeschlossene Hofraum in der Mitte eines röm. Hauses, der **Hof innerhalb des Hauses,** Plin. ep. 2, 17, 5; die nicht kontrahierte Form cavum aedium, Varr. LL. 5, 161. Vitr. 6, 3, 1.

cavāmen, inis, *n.* (cavo), **I** die **Höhlung,** temonis, Amm. 23, 4, 2. – **II** insbes., die **Höhle,** latebrosa rupium cavamina, Solin. 9, 9.

cavannus, ī, *m.* (gallisches Wort), die **Nachteule,** Eucher. instr. 2, 9; vgl. Schol. Bern. Verg. buc. 8, 55.

Cavarīnus, ī, *m.*, ein Fürst der Senonen, Caes. b. G. 5, 54, 2 u. 6, 5, 2.

cavāticus, a, um (cavus), **in Höhlen lebend,** cochleae, Plin. 8, 140 u. 30, 45.

cavātio, ōnis, *f.* (cavo), die **Höhlung,** Varr. LL. 5. § 19 u. 20.

cavātor, ōris, *m.* (cavo), der **Aushöhler, a** (spät. Form cabator) von Menschen, der **Graveur,** CIL 6, 9239. – **b** v. Vögeln, arborum, Plin. 10, 40.

cavātūra, ae, *f.* (cavo), die **Höhlung,** Spät.

cavātus, a, um, s. cavo.

cavea, ae, *f.* (cavus), **I** die **Höhlung,** v. gerieften Leib des Flohes, Plin. 11, 3: v. der mit Knorpelstreifen versehenen oberen Mundwölbung, an die man beim Sprechen die Zunge andrückt, Prud. cathem. 2, 92: v. der Augenhöhle, exsiluerunt oculi de caveis (aus ihren Höhlen), Lact. de mort. pers. 40, 5. – **II** insbes., **A** die **Vergitterung, 1** das **Gehege, Behältnis,** der **Käfig,** für wilde Tiere, Varr., Lucr., Curt. u. a.: verächtl. übtr., caveae basternarum, die Käfige von M., Hier. ep. 22, 16. – Insbes.: **a** für Vögel, der **Käfig, Vogelbauer,** Cic. u. a.: in cavea mortua pica, Mart.: in cavea conclusum esse, Plaut. – **b** für Bienen, der **Bienenstock,** Verg. u. Col. – **2** die **Umfriedigung,** das **Gehege** von Dornen usw., um einen jungen Baum usw., Col. u. Pallad. – **3** ein konisches, gitterartiges Gestell aus Flechtwerk, das Walker u. Färber über eine Kohlenpfanne mit angebranntem Schwefel setzten, um das Zeug zu lüften, zu trocknen und zu bleichen, Apul. met. 9, 24. – **B** der Teil des röm. Theaters od. Amphitheaters, der die Plätze für die Zuschauer (das eig. theatrum) enthielt und später (nach Plautus' Zeit) aus terrassenartig aufsteigenden **Sitzreihen, Stufen** (sedilia, gradus) bestand, der **Schauplatz, Zuschauerraum, 1** eig., c. tota, Plaut. Amph. pr. 66. Cic. de amic. 24: ingens, Verg. Aen. 5, 340: amphitheatralis, Amm. 29, 1, 17: de cavea exire, Cic. de har. resp. 26; in größeren Theatern in mehrere Absätze od. Stockwerke geteilt, dah. prima cavea, »die ersten Sitzreihen, der erste Rang« (Plätze der Ritter), cavea media, der »mittlere Rang« (Plätze angesehener Bürger), cavea ultima od. summa, die »letzten od. obersten Sitzreihen« (wie unsere »Galerie« Plätze des gemeinen Volks, des Pöbels), s. Cic. de sen. 48. Suet. Aug. 44, 2 u. Claud. 21, 1. – **2** meton.: **a** die **Zuschauer in der** *cavea,* verba ad summam caveam spectantia, für die Galerie (s. vorher) berechnete, Sen. de tranqu. an. 1, 1, 8: u. übtr., **Zuschauer** übh., caveae dissensus, Stat. Theb. 1, 423. – **b** das ganze **Theater,** Plaut. truc. 931. Lucr. 4, 76. Cic. de legg. 2, 15, 38. – Genet. Sing. caveāī, Lucr. 4, 76 (78).

caveālis, e (cavea), **in einer Höhle verwahrt,** resina, Veget. mul. 5, 53, 2 u. 6, 14, 1 zw.

caveātus, a, um (cavea), **I wie in einen Käfig eingeschlossen,** Plin. 9, 13. – **II in terrassenartiger Form** wie die Schausitze **angelegt,** urbes, Plin. 4, 30.

cavefacio, fēcī, ere = *caveo,* Ven. Fort. carm. 8, 3, 193.

caveo, cāvī, cautum, ēre (v. κοέω, ich merke), **Vorsichtsmaßregeln treffen, I** um sich zu hüten = **auf der Hut sein, sich hüten, sich in Acht nehmen, sich vorsehen, 1** im Allg.: **a** absol.: faciet, nisi caveo, Ter.: erunt enim (molesti soritae), nisi cavetis. Cautum est, inquit, Cic. – cum animum attendisset ad cavendum, Nep. – bes. im Imperat., cave, Komik., Hor. u. a. – **b** mit Ang. **von welcher Seite?** (= gegen wen od. was?) durch *ab* u. Abl. od. (vor- u. nachklass.) durch bl. *Abl.*, ab alqo, Cic.: a veneno, Cic.: ab eruptionibus, Caes.: ab insidiis, Sall. – c. malo, Plaut. u. Petr.: infortunio, Plaut. – zugl. m. Ang. **für wen?** durch *Dat.*, sibi ab eo, Plaut. Bacch. 739: eo mi (= mihi) abs te caveo cautius, Plaut. Men. 151: cave tibi Romā! Val. Max. 1, 6, 5 (Vgl. *no.* e, α aus Plaut. Pseud. 897 *sqq.*). – **c** m. Ang. **mit (bei) wem?** durch *cum* m. Abl., mihi tecum cavendum est, nimis qui es orator catus, Plaut. most. 1142. – **d** m. Ang. **in Betreff wessen? α** durch *Acc.* = vor jmd. oder etw., alqm, Cic.: cave canem! Varr. fr. u. a.: c. malum, Cic.: omnia, Cic.: vallum caecum fossasque, Caes.: insidias, Suet.: ictum fulminis, Lucr. (vgl. unten *no.* 2). – im Passiv, cavenda etiam gloriae cupiditas, Cic.: aliquot dies cavendis ac struendis in vicem insidiis trahere, Liv.: quod multis rationibus caveri potest, Cic.: cavendus dolus, Sall. fr.: cauto opus est, Plaut. – **β** durch *Infin.*, postremo caveret id petere a populo Romano, quod illi iure negaretur, Sall.: commisisse cavet quod mox mutare laboret, Hor. – beim *Imperat.* cave, caveto (als starke Verneinung = **ja nicht, beileibe nicht),** in quibus cave vereri, ne etc., fürchte ja nicht usw., Cic. ad Att. 3, 17, 3 B.: eo plumbum affundere caveto, Cato r. r. 20, 1: laedere hanc caveto, Catull. 50, 21. – **e** mit Ang. **zu welchem Zweck? α** durch *ne, ut ne* m. Konj., ut cavebis, ne me attingas, Plaut.: cavit, ne qua in re iure plecteretur, Nep.: cavendum est, ne extra modum sumptu et magnificentiā prodeas, Cic.: cavere, necubi hosti opportunus fieret, Sall.: quod ut ne accidat cavendum est, Cic. de amic. 99; u. so (mit *ut ne*) auch Cic. ad Q. fr. 1, 1, 13. § 38. Liv. 34, 17, 8. – zugl. mit Ang. **für wen?** durch *Dat.* u. **vor wem?** durch *ab* m. Abl. a me opere petiit maximo, ut *mihi* caverem *a* Pseudulo servo meo, *ne* fidem ei haberem, Plaut. Pseud. 897 *sqq.* – **β** beim Imperativ cave, caveto, cavete (als starke Verneinung = **ja nicht, beileibe nicht**) durch *ne* m. Konj. od. gew. m. bl. Konj., cave ne cadas, Naev. com. fr.: cave ne pendeas, si etc., Afran. fr.: caveto ne laxi sient, Cato: ignem caveto ne intromittas, Cato: nupta, tu quoque, quae tuus vir petet, cave ne neges, Catull.: decolles cave, Caecil. com. fr.: cave vestem attigas, Acc. fr.: cave attigeris hominem, Varr. fr.: verbum cave faxis, Plaut.: cave sis mentiare, Cic.: cave ignoscas, Cic.: cave deformes multa bona uno vitio, Liv.: caveto, cum ventus siet aut imber, effodias aut seras, Cato: cavete inulti animam amittatis, Sall.: mit der 1. Pers.; cave posthac umquam istuc verbum ex te audiam, Ter. – m. der 3. Pers., cavete fratrum misereat, Cic.: cavete concurrant arma, Verg. – ellipt., cave mendacium (*sc.* ne dicas), ja (beileibe) keine L., Plaut. mil. 967: so auch cave mihi mendaci quicquam (*sc.* dicas), Plaut. asin. 30. – **γ** durch *ut* mit Konj. = **sich vorsehen, Fürsorge tragen, dafür sorgen,** dass usw. (s. Zumpt Cic. de off. 1, 39, 10), tertium est, ut caveamus, ut ea, quae pertinent ad liberalem speciem et dignitatem, moderata sint, Cic.: cavisse deos priore anno, ut tuto libertas defendi posset, Liv.

2 insbes., als *t. t.* der Fechterspr., **parieren,** ictum (Ggstz. inferre ictum), Quint. 4, 2, 26: cavere ac propulsare adversos ictus, Quint. 9, 1, 20: quartae (manus fiunt), si geminata captatio est, ut bis cavere, bis repetere oportuerit, Quint. 5, 13, 54: paratus iam ad cavendum ictumque declinans hostis, Dict. 2, 40.

II Vorsichtsmaßregeln treffen, um etw. gegen Schaden und Gefahr sicherzustellen, für jmd. od. etwas **Fürsorge tragen,** jmdm. od. einer Sache **Sicherheit verschaffen,** jmd. od. etw. **sicherstellen, sichern, 1** im Allg., m. Ang. **für wen** od. **was?** durch *Dat.*, alci, Cic.: qui in Oratore tuo caves tibi per Brutum etc., Cic.: cav. concordiae publicae, Vell.: securitati, Suet. – zugl. m. Ang. **von welcher Seite?** (= gegen was?) durch *ab* m. Abl., orant ac monent, ut ipsis ab invidia caveatur, Liv. 3, 52, 11. – zugleich m. Ang. **zu welchem Zweck? α** durch *ad* m. Akk, semper existimasti, satis cautum tibi ad defensionem fore, si etc., Cic. II. Verr.. 1, 88. – **β** durch *ut* m. Konj., caverat enim sibi ille sororius adulter … omnium ut suorum scelerum socium te adiutoremque praeberes, Cic. Pis. 28. – mit Angabe **in Betreff wessen?** durch *Acc.*, scabiem pecori et iumentis caveto, sichere das Klein- u. Großvieh gegen die Räude, Cato r. r. 5, 7.

2 insbes., als zivilist. u. publiz. *t. t.* **a** Sicherheit verschaffen, **α sich Sicherheit (Gewähr, Kaution) geben lassen, sich sicherstellen,** absol., cum ita caverent, SI etc., Cic. – m. Ang. **von welcher Seite?** durch *ab* m. Abl., ab sese caveat, Cic.: tibi ego non solvam, nisi prius a te cavero amplius eo nomine neminem, cuius petitio sit, esse petiturum, Cic. – **β** jmdm. durch Einleitung u. Feststellung der Kautionsformulare **Sicherheit verschaffen, sicherstellen,** jmdm. **bei Kautionen Rechtsbeistand leisten** (als Geschäft der röm. Rechtsgelehrten), absol., cavere in iure, Cic.: haec urbana militia respondendi, scribendi, cavendi, Cic.: sin autem quaereretur, quisnam iuris consultus vere nominaretur, eum dicerem, qui legum et consuetudinis eius, quā privati in civitate uterentur, et ad respondendum et ad agendum et ad cavendum peritus esset, Cic. – mit Ang. **wem?** durch *Dat.*, cum tu mihi meisque saepe cavisses, Cic. – **γ** durch sachliche, schriftliche od. mündliche Bürgschaft **Sicherheit gewähren, Gewähr (Kaution) leisten, einstehen,** mit Ang. **wem?** durch *Dat.*, mit Ang. **wodurch?** durch *Abl.*, m. Ang. **in Betreff wessen?** durch *de* m. Abl., praedibus et praediis populo, Cic.: obsidibus de pecunia, Caes.: u. iureiurando et chirographo de ea re, Suet. – obsidibus inter se, Caes. – m. Ang. **in Betreff wessen?** durch *Acc.*, alci pecuniam, ICt.: chirographum, ICt. – mit Ang. **wofür?** durch *pro* mit Abl., capite pro ea, Plin. – u. m. Ang. **wie hoch?** in duplum, Suet.: populo in duplum praediis, Tac. – übtr., **verbürgen** übh., mit folg. *Acc.* u. *Infin.*, nonne vestris cautum est litteris adamatum esse ab Aurora Tithonum, Arnob. 4, 27 *in.* – **b** durch schriftliche Verordnung **Fürsorge-, Sorge tragen, fest-, sicherstellen, anordnen, verordnen, verfügen, einen Beschluss fassen,** **α** testamentarisch, mit Ang. **in Betreff wessen?** durch allg. *Acc.* eines *Pronom. neutr. gen.*, si hoc, qui testamentum faciebat, cavere voluisset, Cic. – u. m. Ang. **zu welchem Zwecke?** durch *ut* m. Konj., testamento, ut ageretur (dies natalis), Cic. – mit Ang. **für wen? zu wessen Gunsten?** durch *Dat.*, heredi velle cavere, Cic. – **β** vertragsweise, m. Ang. **für wen?** durch *Dat.*, mit Ang. **in Betreff wessen?** durch *de* m. Abl., m. Ang. **wodurch?** durch *Abl.*, in quo (foedere) cum caveretur utrorumque sociis, nihil de Saguntinis cautum est, Liv.: de quibus (agris) cautum sit foedere, Cic.: de adulterio satis caveri lege visum, Tac. – zugl. m. Ang. **zu welchem Zweck?** durch *ne* m. Konj., sibi se privatim nihil cavere (er bedinge für sich keine Sicherstellung [gegen Strafe], keine Straflosigkeit); militibus cavendum, quod apud patres semel plebi, iterum legionibus cautum sit, ne fraudi secessio esset, Liv. 7, 41, 2. – **γ** gesetzlich, durch Verfügung des Senats, des Fürsten, m. Ang. **für wen? zu wessen Gunsten?** durch *Dat.*, quarum (legum) altera privatorum aedificiis, altera ipsis sepulcris cavet, Cic.: quoniam veteranis cautum esse volumus, Cic. – m. Ang. **in Betreff wessen?** durch *de* m. Abl., ut de eo alia in lege cautum esse videatur, Cic. – m. Ang. **zu welchem Zweck?** durch *ut* od. *ne* m. Konj., cautum est lege XII tabb., ut etc., Plin.: princeps cavit, ut etc., Plin. pan.: propositum est edictum quo cavebatur, ut religionis illius homines carerent omni honore ac dignitate, Lact.: cautum est in legibus Scipionis, ne etc., Cic.: cautum est senatus consulto, ne etc., Frontin. – cavitum = *cautum*, Lex agr. im CIL 1, 200, 6. – Imperat. căvĕ (st. *căvē*) gemessen, z. B. Plaut. asin. 467; capt. 431. Catull. 50, 18 *sq.* u. 61, 146. Hor. sat. 2, 3, 38. Prop. 1, 7, 25. Ov. am. 1, 8, 72, u. căvēsis, Plaut. Amph. 845. Ter. eun. 799.

caveola, ae, *f.* (*Demin.* v. cavea), der **kleine Käfig,** Gloss. ›caveola, caviola, ζωγρεῖον, ζώγριον‹.

caverna, ae, *f.* (cavus), die **Höhle, Höhlung, Grotte,** das **Loch,** c. subita, plötzlich entstandene H., pl. entstandener Abgrund, Sen.: cavernae terrae, Lucr. u. Cic.: maris, Sen.: cavernae silicum, Felsengewölbe, Lucr.: cavernae navigii od. puppis, der hohle Schiffsraum mit seinen Kammern, Cic. u. Lucan.: cavernae vasorum fictilium, Plin.: cavernae arboris od. arborum, Spalten, Höhlen, Gell. u. Plin.: cavernae narium, Nasenlöcher, Cael. Aur.: caverna dentis, Scrib.: cavernae caeli, Lucr. u. Varr. fr., od. aetheriae, Lucr., od. aëris, Manil., das Himmelsgewölbe. – Insbes., **a** das **Mäuseloch,** Plin. 22, 72. Vulg. Iudith 14, 12. – **b** am tier. Körper, **α** das Loch des Mastdarms, das **Blindloch,** Plin. 28, 106; vgl. 30, 138. – **β** obszön, caverna utraque (mulieris), Auson. epigr. 67, 7. p. 214 Schenkl. – **γ** die **Abteilung, Kammer,** corporis cavernae, Plin. 8, 218. – **c** Plur. cavernae = **Bassins, Reservoirs,** Curt. 5, 1 (4), 28. – Nbf. cavernum, ī, *n.* = τρώγλη das **Loch,** Gloss.

cavernātim, *Adv.* (caverna), **durch Löcher,** Sidon. epist. 5, 14.

caverno, āre (caverna), **aushöhlen,** Augustin. quaest. in heptat. 2, 177, 7. Cael. Aur. chron. 4, 3, 26. Cass. Fel. 32 *in.* p. 63, 17.

cavernōsus, a, um (caverna), **voller Höhlungen, löcherig,** radix, Plin. 26, 58; 27, 34: latibula, Augustin. tract. in Ioann. 119, 4: penetralia, Augustin. in psalm. 36. serm. 2, 11: meatus vocis, Prud. ham. 319.

cavernula, ae, *f.* (*Demin.* v. caverna), die **kleine Höhlung,** Plin. 27, 98. *Cass.* Fel. 20 u. 48.

cavernum, s. caverna a. E.

caviae = pars hostiae caudā tenus, wovon **caviārēs hostiae,** Paul. ex Fest. 57, 19.

cavilla, ae, *f.* (*Demin.* v. cavus, eig. das leere, nichtige Gerede; dah.), **I** der **neckende Scherz,** die **Neckerei,** das **Aufziehen,** Plaut. aul. 638. – Nbff. cavillum, ī, *n.*, Apul. met. 1, 7. Paul. ex Fest. 46, 10, u. cavillus, ī, *m.*, Apul. met. 2, 19: Abl. cavillo (v. cavillum od. -us), Aur. Vict. epit. 9, 14 u. 23, 6. Iulian. bei Augustin. op. imperf. c. Iulian. 3, 50 *in.* – **II** die **Sophisterei,** Mart. Cap. 4. § 423.

cavillābundus, a, um (cavillor), **auf Sophismen ausgehend,** Tert. de anim. 34.

cavillātio, ōnis, *f.* (cavillor), **I** das scherzhafte **Aufziehen, Hänseln,** die **Neckerei, Stichelei, Ironie** in Scherz od. Ernst (vgl. Cic. de or. 2, 218), Plaut., Liv. u. a.: c. mimica, Solin. – **II** das **leere, sophistische Gerede,** die **Sophisterei** (vgl. Sen. ep. 111 *in.* Ulp. dig. 50, 16, 177), inepta, Quint.: infelix verborum, Wortmäkelei, Quint.: cavillationes iuris, sophistische Rechtsfragen, Quint.: syllogismi et cavillationes, Sen.

cavillātor, ōris, *m.* (cavillor), **I** der **Humorist, Aufzieher, Stichler,** Plaut., Cic. u. a. – **II** der **Sophist,** Sen. ep. 102, 20.

cavillātōrius, a, um (cavillor), **zur Stichelei (Ironie) gehörig,** Boëth. ad Cic. top. 1. p. 761.

cavillātrīx, trīcis, *f.* (Fem. zu cavillator), **I** die **Sophistin,** Quint. 7, 3, 14. – **II** die **Sophistik,** Quint. 2, 15, 25.

cavillātus, ūs, *m.* (cavillor), die scherzhafte **Neckerei,** Apul. met. 8, 25.

cavillor, ātus sum, ārī (cavilla), **I neckenden Scherz-, Neckereien treiben, Stichelreden führen,** u. *tr.* (ironisch) **aufziehen, bespötteln, durchziehen,** auf etwas **sticheln** im Scherz od. Ernst, cum alqo, jmd. aufziehen, necken, Cic. u. Liv.: in eo cavillatus est, Cic.: tribunos plebei cavillans interdum vocare, nannte sie höhnisch V., Liv.: inter cavillantes milites Romanos Etruscosque, unter den Neckereien der röm. u. etr. Soldaten, Liv.: alcis praetextam, Cic.: artem, Quint.: deos, Val. Max. – **II Sophismen anwenden, unbegründete Ausstellungen machen, Ausflüchte suchen, ohne Grund behaupten,** cavillari tribunos plebis, Liv.: circa crus, Plin.: m. folg. *Acc.* u. *Infin.*, stridorem eum dentibus fieri cavillantur, Plin. 11, 267: m. folg. *ne* u. Konj., omnibus modis cavillandum (zu verhüten suchen), ne quid etc., Tert. de cor. mil. 11. Aktiv. Nbf. **cavillo,** āre, Ven. Fort. vit. S. Mart. 2, 241. Prisc. 8, 76: Passiv cavillatur, Tert. de res. carn. 21 u. Partiz. Perf. cavillatus, Apul. met. 3, 19 u. 9, 28.

cavillōsus, a, um (cavillor), **zu Sticheleien (zur Ironie) geneigt,** Firm. math. 5, 8.

cavillum u. **cavillus,** s. cavilla *no.* I.

caviola, s. caveola.

cavitās, ātis, *f.* (cavus), die **Höhlung,** vasculorum, Th. Prisc. 4. fol. 317[a]: oculorum, Cael. Aur. acut. 3, 2, 9: plantae, Cael. Aur. signif. diaet. pass. 149. p. 239 R.

cavitio, s. cautio a. A.

cavo, āvī, ātum, āre (cavus), **hohl machen, aushöhlen, I** im Allg.: stillicidi casus lapidem cavat, Lucr.: gutta cavat lapidem, Ov. ex Pont. 4, 10, 5: corneum cavatum ad id (zu diesem Zweck) baculum, Liv.: oppida cuniculis cavata, unterminierte, Plin.: parmam gladio, durchbohren, Verg.: luna cavans cornua, im Abnehmen, Plin.: lapidem alabastriten c. *ad* vasa unguentaria, Plin.: lapis cavatur tornaturque *in* vasa, Plin. – Partiz., cavātus, a, um, **ausgehöhlt, hohl,** rupes, Verg.: cortices, Verg.: dentes, Col.: torrens alibi aliter cavatus, Liv.: Kompar., sinus cavatior, Tert. adv. Herm. 29. – **II** prägn., **aushöhlen,** naves ex arboribus, Liv.: vas ex lapide, Plin.: lintres arbore, Verg.: tegmina capitum, Verg.: summa laquearia citro et ebore curiose cavata, Apul.: urna faberrime cavata, Apul.

cavōsitās, ātis, *f.* (*cavosus v. cavus), die **Höhlung,** Tert. de anim. 55 u. a.: Plur., Tert. de pudic. 20.

cavum ī, *n.*, s. cavus.

cavus, a, um, **hohl, gehöhlt,** nach innen **gewölbt, konkav** (Ggstz. plenus, voll, rund; od. Ggstz. solidus, massiv; od. Ggstz. gibbus, nach außen gewölbt, erhaben, konvex), **I** eig. u. meton.: **A** eig.: cava conveniant plenis, Lucr.: ilex, Verg.: vena, Hohlader, Cic.: cornua (Ggstz. cornua solida), Plin.: cavernae, Verg.: rupes, ausgehöhlte Felsen, Felsenklüfte, Liv. u. Verg.: vallis, Liv.: cavae undique viae,

Hohlwege, Liv.: nubes, hohl = umhüllend, Lucr. u. Verg.: so auch umbra, Verg.: turres, geräumige, Verg.: flumina, hohluferige, seichte, Verg.: aër, Himmel, Varr. fr.: luna, der abnehmende, Plin. – subst., cavum, ī, *n.*, b. Pompon. com. fr., Cato, Liv. u. a., u. cavus, ī, *m.* (*sc.* locus) b. Varr., Col. u. Hor., die **Höhlung,** das **Loch:** cava, ae, *f.*, die **Vertiefung, Höhlung,** als Grenzmark, Gromat. vet. – insbes. cavum aedium, s. cavaedium. – **B** meton. (= inanis), **gehaltlos,** c. imago formae, Verg.: corporis effigies c., Prud. – **II** übtr.: menses cavi, die nur 30 Tage haben (Ggstz. pleni, die 31 Tage haben), Censor. 20. § 3 u. 5.

Caȳcī, ōrum, s. Chaucī.

Caȳcus, s. Chaucī.

Caystros u. **-us,** ī, *m.* (Κάϋστρος), ein Fluss Ioniens, der auf dem Tmolus (u. zwar in den cilbianischen Bergen) entspringt, die nach ihm benannte Ebene zwischen dem Tmolus u. dem Messogisgebirge durchströmt u. bei Ephesus in das Meer mündet, j. *Kara Su* (Schwarzwasser) od. *Kutschuk-Meinder* (der kleine Mäander), bes. berühmt durch die »asische Wiese« (s. Āsius), wo noch jetzt, wie zu Homers Zeiten, zahlreiche Scharen von Schwänen sich niederlassen, Mela 1, 17, 2 (1. § 88). Verg. georg. 1, 382 *sqq.* – Dav. **Caystrius,** a, um (Καΰστριος), **kaystrisch,** ales, der Schwan, Ov. trist. 5, 1, 11.

ce, angehängt = **da,** istisce, iisce, Plaut.: hice, Ter.: hisce, Cic. – Wird bei einer Frage ne angehängt, so wird ci daraus, sicine, Plaut. u. Ter.: haecine, Ter.

Cēa, ae, *f.* (Κέως, dah. auch lat. **Ceōs** b. Plin. 4, 62, u. Akk. Ceo b. Cic. ad Att. 5, 12, 1, u. Abl. Ceo b. Plin. 4, 65; od. Κία b. Ptol., dah. auch lat. **Cīa** b. Liv. 31, 15, 8), eine der bedeutenderen Zykladen zwischen dem attischen Vorgebirge Sunium u. der Insel Cythnus, Geburtsort der Dichter Simonides u. Bacchylides, j. *Zia* (türkisch *Morted*), Varr. bei Plin. 2, 62 u. 31, 15. Varr. r. r. 2. prooem. § 3. Verg. georg. 1, 14. Ov. her. 20, 222. – Dav.: **a Cēus,** a, um (Κεῖος), **cëisch, aus Cea,** Simonides Ceus, Cic.: neniae (θρῆνοι), des Simonides (von ihm zuerst gedichtet), Hor.: Camenae, des Simon. Gedichte, Hor.: Plur. subst., Cēī, ōrum, *m.* (Κεῖοι), die Einw. von Ceos, die **Cëer,** Cic. de div. 2, 130. – **b Cīus,** a, um (Κεῖος), **cëisch,** subst., Cīa, ōrum, *n.*, cëische Gewänder, Lucr. 4, 1122 (1130).

Ceangī, ōrum, *m.*, eine britannische Völkerschaft im Norden des heutigen Wales, Tac. ann. 12, 32.

Cebenna (od. **Gebenna) mōns,** *m.* (Κέμμενον ὄρος), ein Gebirge in Gallien, j. die »Sevennen«, Caes. b. G. 7, 8, 2 u. 56, 2. Plin. 3, 31. Suet. Caes. 25, 1: Plur. **Cebennae,** Mela 2, 5, 6 (2. § 74) u. **Gebennae,** Lucan. 1, 435, u. **Cebennicī (Gebennicī) montēs,** Mela 2, 5, 1 (2. § 80).

Cebrēn, ēnis, *m.* (Κεβρήν), ein Flussgott in Troas, Vater der Önone u. Hesperie, Sabin. epist. 89. – Dav. **Cebrēnis,** idos, Akk. ida, *f.*, die **Cebrenide,** d. i. die Tochter des Cebren (Hesperie, s. vorh.), Ov. met. 11, 769. Stat. silv. 1, 5, 21.

cecaumenus, a, um (κεκαυμένος), **gebrannt,** subst., Cecaumena, ōrum, *n. pl.*, die **heiße Zone,** Mart. Cap. 1. § 17.

Cecrops, opis, *m.* (Κέκροψ), der älteste König in Attika, Gründer der Burg von Athen, Hyg. fab. 48 u. 158: dem Mythos nach halb Mensch u. halb Schlange, dah. geminus, Ov. met. 2, 555. – Dav.: **A Cecropidēs,** ae, *m.* (Κεκροπίδης), ein **Cekropide** (= Nachkomme des Cekrops), v. Theseus, Ov. met., 8, 550 (wo Vok. Cecropida). – appell. = ein »Altadeliger, einer von altem Geschlecht«, ast ego Cecropides, Iuven. 8, 46. – Plur. Cecropidae, ārum, *m.* (wie Κεκροπίδαι), die »Athener«, Verg. Aen. 6, 21. Ov. fast. 3, 81; met. 7, 502 (wo Genet. Cecropidûm). Mart. Cap. 4. § 424 u. 9. § 888. – **B Cecropis,** pidis, *f.* (Κεκροπίς), eine **Cekropide** = **a** ein weiblicher Nachkomme des Cekrops, wie dessen Tochter Aglauros, Ov. met. 2, 806: Pandions Töchter Prokne u. Philomele, Ov. met. 6, 667. – **b** eine **Athenerin,** Iuven. 6, 186. – *adi.* **cekropisch,** ales, Prokne, Ov. am. 3, 12, 33: tres virgines, Lact. 1, 17, 14 (wo heterokl. Dat. Cecropidis): terra, Attika, Ov. her. 10, 100 (wo Vok. Cecropi). – **C Cecropius,** a, um (Κεκρόπιος), **a cekropisch,** Cecr. arx u. subst. bl. **Cecropia,** ae, *f.* (Κεκροπία), die von Cekrops erbaute Burg von Athen, Ov. met. 6, 70. Plin. 7, 194; dah. meton. = Athen, Catull. 64, 79. – **b** häufiger **attisch,** fines, Attika, Lucr.: insula, Attika, Plaut.: Eumolpus (zu Athen geboren), Ov.: apes, Verg.: vates, Ov.: cothurnus, der Stil der in Athen heimischen Tragödie, Hor.: Cecropiae domus opprobrium (v. der Prokne, der Tochter des athenischen Königs Pandion), Hor.: fides, die Treue der Freunde Theseus u. Pirithous, Stat.: cuius Cecropiā voce madent pectora, voll attischer Weisheit, Mart.

cectōria, ae, *f.* (cingo), ein um einen Ort gezogener Graben, der **Grenzgraben,** Gromat. vet. 334, 15 u. a. – dass. **cectūrium,** ī, *n.*, *ibid.* 333, 19. – Dav. **cectoriālis,** e, **zum Grenzgraben gehörig,** *ibid.* 337, 9.

cecut..., s. cicut...

cēdenter, *Adv.* (cedens v. cedo), **weichend, nachgebend,** Cael. Aur. acut. 3, 16, 129.

1. cēdo, cessī, cessum, ere, gemessenen Schrittes **gehen, treten, I** im Allg., **einhertreten, einhergehen, einhergegangen kommen, passieren, a** eig. (s. Ussing Plaut. asin. 402. p. 388. Brix Plaut. Men. 1020), cedunt, petunt trecenti, Plaut.: ibi cedit miles, Plaut.: ced. ex transverso, Plaut.: per ora, Hor.: de caelo, Lucr.: ab humana in astra via, Prop.: humano de corpore in amnem, Ov.: nec cedere quoquam, Lucr.: inanis cedis, Plaut.: transvorsus, non provorsus cedit, quasi cancer solet, Plaut. – **b** übtr.: **α gehen, schreiten,** quam citissume potest, tarn hoc cedere ad factum volo, Plaut. capt. 352. – **β Fortgang haben, vonstatten gehen, Erfolg haben, ausgehen,** si res od. fortuna cessisset, Flor. (s. Duker Flor. 2, 17, 13). – quā (inwieweit) Parcae sinebant res cedere Latio, Verg. – m. *Advv.*, male, Vell. u. a.: alci male, Ov.: bene, Hor.: bene aut secus, Plin. pan.: optime, Quint.: prospere, Nep.: feliciter, Ov.: felicissime, Quint.: parum, Suet.: opinione tardius, Suet.: pro bono, Suet.: citra spem omnium, Flor.: supra vota, Aur. Vict.: utcumque cessura res est, Curt. – *impers.*, si male cesserat (Ggstz. si bene cesserat), Hor.: u. utcumque cesserit, Curt. – **γ** cedere pro alqa re, **für** etw. **gelten, gerechnet werden, passieren** (*t. t.* der Geschäftsspr.), oves, quae binae pro singulis in fructu cedent, Cato: epulae pro stipendio cedunt, Tac. – **δ** cedere m. *Dat.* od. m. *in* u. Akk. = an jmd. od. etw. **kommen,** auf jmd. od. etw. **übergehen,** jmdm. od. einer Sache **überlassen werden, anheimfallen, zuteil werden** (s. Dräger Tac. ann. 13, 39. Heräus Tac. hist. 4, 64, 14), ut etiam is quaestus huic cederet, Cic.: reliqua praeda victoribus cessit, Tac.: cedit alqd praedae alcis od. in praedam alcis, fällt als B. anheim, Liv.: praemium (als B.) occisi regis Asiam et totum orientem interfectoribus esse cessura, Curt.: Ptolemaeus, cui Aegyptus cesserat, Curt. – u. cedet (ager) in usum mihi, Hor.: omne dehinc caelum et mare omne in austrum cessit, Tac.: res omnis Albana in Romanum cedit imperium, Liv.: Pompeii Crassique potentia cedit in Caesarem, Tac.: bona interfectorum in medium cessere, wurden Gemeingut, Tac. – omnes (nationes) in unum cedebant, Tac. – **ε** cedere m. *Dat.*, für jmd. od. etw. **eintreten** = jmd. od. etw. **treffen,** poena in vicem fidei cesserat, Strafe war stattdessen für ehrliche Bezahlung eingetreten, Liv. 6, 34, 2: nolle ominari quae captae urbi cessura forent, welche Nachteile für die eroberte Stadt eintreten würden, Liv. 23, 43, 14. – **ζ** cedere m. *Adv.* od. *in* m. Akk. = wohin od. in etw. **übergehen,** zu etw. **sich verwandeln,** huc omnis aratri cessit honos, Verg.: temeritas in gloriam cesserat, Curt.: Cattis victoribus fortuna in sapientiam cessit, wurde der Erfolg als Weisheit angerechnet, Tac.

insbes., **gehen** = **abtreten, fortgehen, sich wegbegeben, weichen, sich zurückziehen, ausscheiden,** v. Leb. auch **vergehen, verschwinden 1** eig.: absol., ego cedam atque abibo, Cic.: cedere paulatim, Caes.: sequi (verfolgen), dein cedere, Sall.: cedentes violari vetuit, Nep.: suos perculsos cedere animadvertit, Liv.: quia postremus cedis (dich davonmachst), hoc praemi feres, Plaut.: prägn., cesserit parum gratus, mag geschieden (gestorben) sein, Plin. pan. 43, 4: so auch Tac. hist. 2, 55. – v. Lebl., videtur (aër) quasi locum dare et cedere, Cic.: ut ripae fluminis cedunt, je nachdem Raum geben, zurücktreten, Tac.: rari ac cedentes capilli, zurücktretende, Plin. ep.: v. Zeit u.

Zuständen, horae cedunt et dies, Cic.: cedit amor, Verg.: ut primum cessit furor, Verg. – m. Ang. **von wo?** semitā ausweichen, Sen.: cedere e patria u. bl. c. patriā, Cic.: ex civitate, Cic.: u. bl. civitate, Liv.: ex acie, Liv.: ab od. de oppido, Cic.: ab urbe sua, Ov.: de sede secunda aut quarta, Hor.: Italiā, Cic.: finibus alieni imperii, Curt.: e vita u. bl. vitā, aus dem L. scheiden, Cic.: u. so mundo, Vell.: e memoria u. bl. memoriā, aus dem G. schwinden, Liv.: loco u. ex loco, vom Platz, von seinem Posten weichen, seinen Posten verlassen (milit. *t. t.*), Caes. u. Liv.: c. foro, zahlungsunfähig werden, Sen. – m. Ang. **wohin?** retro, Liv.: introrsum, Lucr.: in tutum, Liv. – m. Ang. **wem? vor wem?** infenso hosti, Liv.: hosti numquam, Nep.: cedere instanti et paulo post instare, Sall.: aër disco cedens, Hor.: sabulum vestigio cedens, jedem Tritt nachgebend, Curt.: cessit (gab nach) aliquando ictibus ianua, Augustin.: quā (hoc dorsum) maxime introrsus mari cedit, wo er vom M. am meisten landeinwärts zurücktritt, Curt.: cutis prementi digito cedit, Cels. – **2** übtr.: **a** sich unterordnend weichen, **α** der Gewalt, Übermacht **weichen, unterliegen, sich fügen, nachgeben,** absol., ubi vinci necesse est, expedit cedere, Quint. – m. Ang. **wem?** alci, Cic.: minis alcis, Cic.: fato, freiwillig sterben, Liv.: tempori, Cic.: rei publicae temporibus, rei publicae, Cic.: tempestati publicae, Liv.: malis, erliegen, Curt. – **β** dem Willen jmds. **weichen, sich unterordnen, sich fügen, nachgeben,** cedo equidem, nec tibi comes ire recuso, Verg.: cedentes per reverentiam, Tac. – gew. m. Ang. **wem?** multorum iustis et officio incensis voluntatibus, Cic.: auctoritati alcis, Cic.: precibus alcis, Cic.: adulationibus alcis, Cic.: nobis rem publicam gubernantibus, Cic.: praecipientibus facillime, Quint. – **γ** dem Rang, den Vorzügen nach **weichen, nachstehen,** m. Ang. **wem?** alci, Cic.: gloriae alterius, Vell.: naturae caelesti atque immortali, Quint. – alci virtute, Caes.: alci caritate in regem, Curt.: alci in nulla re, Nep. – ut aut non multum aut nihil omnino Graecis cederetur (unpersönl.), Cic.: salix quantum cedit olivae ... tantum tibi cedit Amyntas, Verg.: Graeciae nihil in hoc genere, Cic. – **b** aufgebend weichen, **α** von einem Besitz, Recht, m. Ang. **wovon?** durch *Abl.*, cedere alqā re, von etw. **zurücktreten** = auf etw. **verzichten,** possessione agri publici, Liv.: possessionibus, Cic.: bonis, Quint.: od. durch *de* m. Abl., cedo oppressus de fortuna, de dignitate, Ps. Cic. prid. quam in ex. iret 3, 7. – mit Ang. **zu wessen Gunsten?** durch *Dat.*, alci possessione hortorum, Cic.: Siciliā sibi omni cedi (unpersönl.), Liv.: alci honore collegae, Liv.: cessit illi (filio) uxore suā pater, Sen. rhet. – m. Ang. **in Betreff wessen?** durch *Acc.*, cedere alqd, etw. **abtreten, überlassen, nachlassen,** aegre victoriam, Vell.: in dando et cedendo loco, Cic. – gew. zugl. m. Ang. **wem?** durch *Dat.*, alci hereditatem, Varr.: alci currum (den Triumphwagen), Liv.: multa multis de iure suo, Cic.; vgl. die Synon., *permitto* aliquid iracundiae tuae, *do* adulescentiae, *cedo* amicitiae, *tribuo* parenti, Cic. Sull. 46. – m. folg. *ut* u. Konj. = **einräumen, zugestehen,** Liv. 6, 42, 3. Tac. ann. 12, 41: u. so auch non cedere m. folg. *quominus* u. Konj., Quint. 5, 7, 2: cedamus m. folg. *Acc.* u. *Infin.*, Tert. de idol. 17. – **β** aus einer Körperschaft **austreten, ausscheiden,** Q. Vitellium movit senatu aut sponte cedere passus est, Tac. ann. 2, 48; vgl. *ibid.* 11, 25.

2. cedo u. Plur. archaist. **cette** (ce u. *dō, date, Imperative zu dare; cette synkopiert aus cedate): **1** als Aufforderung zu einer Leistung, **gib her, bring** oder **schaff her** oder **hol her, her mit** usw., cedo aquam manibus, Wasser her, Plaut.: puerum mihi cedo, Plaut.: cedo aurum mi, Plaut.: cedo manum, cedo dextram, Plaut. u. Ter.: cette manus, Enn. fr.: cette dextras, Plaut.: carnificem cedo, Naev. com. fr.: cedo senem, Ter.: en eum aliquis cette in conspectum (bringt od. holt ihn her vor mein Angesicht), aut nos ubi est ducite ad conspectum, Acc. fr.: cedo (aurum) abs te, Plaut. Men. 546. – ebenso cedo ut = her damit, auf dass ich = lass mich (wie fac ut), cedo ut bibam, od. cedo ut inspiciam, Plaut. – od. ganz *adv.* (wie age) = **wohlan,** cedo experiamur, Apul., u. mit Beistimmung, his legibus si quam vis dare, cedo (wohlan, ich bin's zufrieden), nuptias adorna, Plaut. – **2** als Aufforderung zu einer Aussage usw., **lass hören, heraus damit, sage mir, sprich,** cedo istuc tuum consilium, Ter.: unum cedo auctorem tui facti, unius profer exemplum, Cic.: cedo igitur, quid faciam, Ter.: cedo, si vos in eo loco essetis, quid aliud fecissetis, Cato fr.: u. so cedo, si breve parvi sortita est lateris spatium, sag wie nun wenn usw. = vollends wenn sie nun gar usw., Iuven. – cedo (nur heraus damit), cuium puerum hic apposuisti, dic mihi, Ter. – cedo dum (wie age dum), **her denn, heraus denn damit,** Ter. Phorm. 329. – **3** als Aufforderung zur Betrachtung einer Sache, zum Hinblick auf sie, **da nimm mir nur, da sieh nur, denk dir einmal,** cedo mihi leges Attinias, Furias, Cic.: si (Galbam laudas) ut oratorem, cedo (da nimm nur), quaeso, orationes, et dic etc., Cic.: cedo nunc eiusdem illius inimici mei de me eodem ad verum populum in Campo Martio contionem, Cic.

cedra, ae, *f.*, s. cedrus ►.

cedrelatē, ēs, *f.* (κεδρελάτη), die **Zedertanne,** Plin. 13, 53.

cedreum, s. cedrium.

cedria, ae, *f.* (κεδρία), das **Zedernpech, Zedernharz,** Col. 6, 32, 1. Plin. 29, 70. Scrib. 58. Isid. 17, 7, 33.

cedrinus, a, um (κέδρινος), **aus Zedernholz, Zedern-,** trabes, Plin.: oleum, Plin. u. Theod. Prisc.: lignum, tabulae, columnae, Vulg.: Apollo, Plin.

cedris (nicht cedrys), idis, *f.* (κεδρίς), die **Frucht der Zedern,** Plin. 13, 53 M. u. 24, 20.

cedrium, ī, *n.* (κέδριον), **Zedernöl,** *Plin. 16, 52. – Dass. cedreum, ī, *n.*, Vitr. 2, 9, 13.

Cedrōsī, -is, s. Gedrōsī.

cedrōstis, Akk. tim, *f.* (κέδρωστις) = *ampeloleuce*, die **Zaunrübe, Gichtrübe** (*Bryonia alba*, L.), Plin. 23, 21.

cedrus, ī, *f.* (κέδρος), **I** die **Zeder,** u. zwar bes. der **Zeder-Wachholder** (*Iuniperus Oxycedrus*, L.), der ein sehr feines Harz, ein dauerhaftes, wohlriechendes Holz und ein vor Fäulnis schützendes Öl liefert, Vitr. u. Plin. – **II** meton.: **A** das **Zedernholz,** Verg., Curt. u. a. – **B** das **Zedernöl,** liber flavus cedro, Ov.: carmina linenda cedro, d. i. der Unsterblichkeit wert, Hor.: u. so cedro digna locutus, Pers. – In guten Hdschrn. auch caedrus, s. Gloss. Placid. V, 11, 4 (V, 53, 17). – Nbf. cedra, ae, *f.*, Plur. bei Petr. 38.

cedrys, s. cedris.

ceivis, ceivitās, s. cīvis, cīvitās .

Celaenae, ārum, *f.* (Κελαιναί), große u. blühende Stadt in Großphrygien, in der Nähe des Mäanders, mit einer Zitadelle auf einem steilen Hügel mitten in der Stadt, an dem der Fluss Marsyas entsprang, Sitz der Mythe vom musikalischen Wettkampf des Marsyas mit Apollo, Geburtsort des von der Cybele geliebten Attis, j. Ruinen bei *Dineir*, Liv. 38, 13, 5 *sqq.* Curt. 3, 1, 1 *sqq.* – Dav. **Celaenaeus,** a, um, **celänisch,** concubinus, Attis, Mart.: amores, der Cybele zu Attis, Mart.: Marsyas, Mart.: buxus, die Flöte, Stat.

Celaenō, ūs, *f.* (Κελαινώ), **I** Tochter des Atlas, als Plejade an den Himmel versetzt, Ov. her. 19, 135. – **II** eine der Harpyien, Verg. Aen. 3, 211. – appellat., eine **Celäno** = ein »raub- u. habsüchtiges Weib«, Iuven. 8, 130.

cēlātē, *Adv.* (celatus), **heimlich, insgeheim,** non cel., Amm. 14, 7, 21.

cēlātim, *Adv.* (celatus v. celo), **heimlich, insgeheim,** Sisenn. 6. fr. 126 (bei Gell. 12, 15, 2). Apul. met. 4, 20.

cēlātio, ōnis, *f.* (celo), die **Verheimlichung,** Boëth. Aristot. anal. prior. 1, 25.

cēlātor, ōris, *m.* (celo), der **Verberger, Verhehler,** Lucan. 10, 286: celatores deputatae pecuniae, Cassiod. var. 2, 34.

celeber, bris, bre, u. (selten) **celebris,** e (s. unten a. E.), Abl. ī, *Adi.* m. *Compar.* u. *Superl.* (κέλλω), **zahlreich, I** v. Orten, Versammlungen usw.: **A** eig.: **a** = viel od. zahlreich **besucht, belebt** (Ggstz. desertus, derelictus, secretus), locus, Cic.: regio, Rhet. Her.: portus, Cic.: oraculum, Cic.: celebre et frequens (volkreicher) emporium, Liv.: celeberrimus virorum mulierumque conventus, Cic.: nunc sicca prius celeberrima fontibus (quellreichste) Ide, Ov. – **b** = **volkreich, bevölkert, belebt,** urbes, oppidum, Tac.: celeberrimi colles, Frontin. –

B übtr.: **1** durch zahlreiche Versammlungen, Aufzüge, Deputationen usw. **gefeiert, verherrlicht, feierlich,** funus fit regium, magis amore civium et caritate, quam curā suorum celebre, Liv.: celeberrima populi Romani gratulatio, Cic.: cum diem festum de fastis sustulissent celeberrimum et sanctissimum, Cic.: ex multis diebus, quos in vita celeberrimos et laetissimos viderit, Cic. – **2 viel besprochen, viel gehört, gefeiert** (in Prosa seit Liv., s. Kühner Cic. Tusc. 5, 9), **a** v. Lebl.: celebre est apud nos imperium tuum, Plaut.: res totā Siciliā celeberrima atque notissima, Cic.: celebre per Italiam responsum, Liv.: famam inter barbaros celebrem esse (es gehe überall unter den B. die Sage) Philippum occisum, Liv.: magis celebre nomen, der öfter gehörte Name, Liv.: celebre ad posteros nomen, Liv.: Maenii celebre nomen laudibus fuit, wurde oft mit Lob genannt, Liv.: duo celeberrimi nominis duces, des gefeierten Namens = sehr gefeierte, Liv. – **b** von Pers., **gefeiert** = **berühmt,** clarissimarum urbium excidio celeberrimi viri, Liv.: per omnium annalium monumenta celebres nominibus, gefeierten Namens, Liv.: gentis Aquitanae celeber Messala triumphis, Tibull.: c. tribunus plebis opibus, gratiā, amicitiis, Vell.: Remmius Palaemon grammaticā arte celeber, Plin.: magicae artis magis professione quam scientiā celeber, Curt.: m. 2. *Sup.*, Diardines minus celeber auditu est, Curt. 8, 9 (30), 8: m. *Infin.*, Catane generasse pios quondam celeberrima fratres, Sil. 14, 197: absol., Diana, Hor.: duces, Vell.: Sibylla Erythraea inter ceteras celebrior ac nobilior habetur, Lact. – *neutr.* celebre adv., Greg. Tur. hist. Franc. 1, 7. – **II** = *creber,* **oft vorkommend, häufig vorhanden,** lapis celeber trans maria et quondam in Campania, Plin. 34, 2. – od. **oft wiederholt, oft gebraucht,** celebri gradu, Acc. tr. 24: vox celeberrima, Ov. ex Pont. 1, 9, 25: verba celeberrima, Ov. art. am. 2, 705. – celebris als *masc.* bei Rhet. Her. 2, 7. Mela 1, 13, 1 (1. § 70). Tac. ann. 2, 88 u. ö. Gell. 17, 21, 10. Apul. met. 2, 12. – Abl. des Femin. nach der 1. Dekl., in acie celebra, *Pacuv. tr. 168.

celebrābilis, e (celebro), **rühmlich,** Amm. 29, 5, 56. Ambros. de Cain et Abel 2, 3, 12 u. a.

celebrātio, ōnis, *f.* (celebro), **I** die **zahlreiche Gegenwart, zahlreiche Gesellschaft,** quae domus? quae c. cotidiana? Cic.: Plur., hominum coetus et celebrationes obire, Cic. de off. 1, 12. – **II** übtr.: **A** das **feierliche Begehen,** die **glänzende Feier,** ludorum, Cic.: epuli, Vell.: sacri, Plin.: paschae, Eccl.: Plur., ludorum celebrationes, Lact. 6, 20, 34: absol., in celebrationibus, Feierlichkeiten, Festtagen, Vulg. Sirach 47, 12. – **B** die **Auszeichnung,** equestres statuae Romanam celebrationem habent, werden von den Römern geschätzt, Plin. 34, 19.

celebrātor, ōris, *m.* (celebro), der **Verherrlicher,** Mart. 8, 78, 3.

celebrātus, a, um, *PAdi.* m. *Compar.* u. *Superl.* (celebro), **1 zahlreich besucht, a** v. Örtl., zahlreich **besucht, belebt,** forum rerum venalium totius regni maxime celebratum, Sall. Iug. 47, 1. – **b** v. Festen, **durch zahlreiche Teilnahme belebt,** dah. **festlich, feierlich,** dies festus celebratusque per omnem Africam, Sall.: supplicatio celebratior, Liv.: dies celebratior, Ov. – **2** durch Rede u. Schrift **allgemein verbreitet, a** übh. **ins Publikum gebracht, bekannt,** quid in Graeco sermone tam tritum atque celebratum est, quam etc., Cic.: verbum celebratius, Gell.: res celebratissimae omnium sermone, Cic. – **b gepriesen, verherrlicht, gefeiert, α** v. Lebl., forma, Sall. fr.: eloquentia, Tac.: Macedonum fortitudo, Curt. – nomine quam pretio celebratior ara, Ov.: celebratissimus carminibus fons Arethusa, Sen. – **β** v. Pers., artifices, Plin.: scriptor celebratissimus, Gell. – Scipio parum factis fortibus, partim suāpte fortunā quādam ingentis ad incrementa gloriae celebratus, Liv. – **c oft angewendet, häufig,** celebrata apud Graecos schemata, Quint.: missile celebratum, in Menge abgeschossene Pfeile, Sil.: anuli usus celebratior, Plin.

celebrēsco, ere (celeber), **gefeiert werden,** Acc. tr. 274.

celebris, s. celeber.

celebritās, ātis, *f.* (celeber), **a** der **zahlreiche Besuch,** das **starke Besuchtsein,** die **Belebtheit,** einer Örtl., loci, viae, Cic.: domestica, Cic. – u. einer Versammlung, Festlichkeit usw., die **Belebtheit,** das **festliche Begehen,** die **Feierlichkeit, Feier,** mercatus, Cic.: quinquennalis ludorum, Cic.: eiusdem diei, Liv.: supremi diei, feierliches Leichenbegängnis, Cic.: matrimonii, Sen. rhet., od. nuptiarum, Macr.: paschalis c., die Osterfeier, Ostern, Heges.: ludis celebritatem addere, die Sp. belebter, feierlicher machen, Liv.: Plur., mercatus, ludos omnesque conveniundi causas et celebritates invenit, Cic. de rep. 2, 27. – **b** das **zahlreiche Erscheinen, α** von Pers., der **Zulauf,** die **große Volksmenge,** die **große Welt** (Ggstz. solitudo), m. *Genet.*, totius Graeciae, Cic.: virorum ac mulierum, Cic.: audientium (Ggstz. pauci praesentes), Quint.: notabilis celebritate et frequentiā occurrentium introitus, Tac. – absol., theatrum celebritate refertissimum, Cic.: in celebritate versari, Nep.: in maxima celebritate atque in oculis civium vivere, Cic. – **β** v. Lebl., das **häufige Vorkommen,** das **Sich-Wiederholen,** multitudo et cel. iudiciorum, Cic.: cel. periculorum, Tac. – **c** das häufige Erwähntwerden, das **Gefeiert-, Verherrlichtwerden,** die **Verherrlichung,** die **Berühmtheit** einer Pers. od. Sache, cel. famae, V. durch die S., Cic.: celebritatem sermonis hominum consequi, Cic.: causam celebritatis et nominis habere, eines gefeierten Namens, Cic.: grammaticus primae *in* docendo celebritatis, Gell.: Rhodus insula antiquissimae celebritatis, Gell.

celebriter, *Adv.* (celebris), **1 oft, häufig,** c. nominatus, Augustin. de haeres. 81. – *Superl.* celeberrime, Suet. Tib. 52, 3. – **2** = *praeclare,* Cassiod. chron. 2. p. 138, 673.

celebro, āvī, ātum, āre (celeber), **1 zahlreich** oder **oft besuchen, -betreten,** durch zahlreichen Besuch **beleben, a** eine Örtlichkeit oder Person u. dgl., domum alcis, Cic.: vestibulum, Cic.: templa, Plin. ep.: viam, Cic.: senectutem alcis celebrare et ornare, Cic.: similis et frequentia et plausus me usque ad Capitolium celebravit, begleitete mich aufs K., Cic.: in urbe clandestini coetus celebrabant (Agrippam), in Rom drängten sich heimlich Zirkel um ihn, Tac. – m. dopp. *Acc.*, cel. alqm magistratum, Tibull. 1, 4, 75. – m. Ang. **womit? wodurch?** sepulcrum hominum conventu epulisque, Cic.: litora ludis, Verg.: cuius litteris, famā, nuntiis celebrantur aures cotidie meae novis nominibus gentium, werden erfüllt mit usw., Cic.: cel. iuvenes multo sermone, sich mit jungen Leuten häufig in Gespräche einlassen, Tibull. – m. Ang. **von wem?** quam multā madidae celebrantur arundine fossae, Ov. trist. 5, 6, 37: Tagus auriferis arenis celebratur, im T. findet sich häufig Goldsand, Plin. 4, 115. – **b** eine Versammlung, Festlichkeit u. dgl. durch zahlreichen Besuch, durch Festlichkeit, Gesang usw. **beleben,** ihr **zahlreich beiwohnen,** sie **fleißig-, festlich begehen, verherrlichen,** übh. im weiteren Kreise **feiern, begehen,** coetus, sich zahlreich versammeln, Cic. poët. u. Verg.: convivium, Liv.: festos dies ludorum, Cic.: orgia, Catull.: nuptias, Liv.: diem natalem, Tac.: natalem suum, natalem alcis, Plin. ep. u. Suet. – m. Ang. **wie?** durch *Advv.*, comiter regis convivium, Liv.: festos et sollemnes dies profusissime, non numquam tantum ioculariter, Suet. – m. Ang. **wem?** Aesculapio et Minervae ludos, Curt. – m. *Abl.* (wodurch? womit?), frequentiā urbanā actiones, Liv.: contiones suas cantorum convicio, Cic.: funus omni apparatu atque honore, Curt.: epulas cantu, Liv.: epulas vino largius, Liv.: dapes festumque canendo, Ov.: natalem dei ludis, Ov.: celebratur omnium sermone laetitiāque convivium, Cic. (u. so tu quoque velim inquiras, quā laetitiā, quo lusu apud me celebratum hesternum convivium sit, Cic.): quatridui supplicatione publicum gaudium privatis studiis celebratum est, wurde unter lebhafter Teilnahme der Bürger durch ein viertägiges Dankfest gefeiert, Liv. – ganz absol., im Zshg., publice a Syracusanis in gymnasio totā celebrante Siciliā (unter feierlichem Geleit von ganz S.) sepultus est, Nep.: is funus imperatoris in castris celebrantibus cum exercitu Beneventanis fecit, Liv. – **2** in Rede u. Schrift **im Publikum, im weiten Kreis verbreiten, allgemein bekannt machen, a** übh.: quibus in locis factum esse consulem Murenam nuntii litteraeque celebrassent, Cic. – m. Ang. **wodurch?** laudes alcis litteris, Cic.: quod omnium accusatorum non criminibus, sed vocibus maledictisque celebratum est, Cic. – **b** insbes., rühmend **bekannt machen, rühmen, preisen, verherrlichen** (Ggstz. obscurare), egressum alcis ornare atque celebrare, Cic.: cel. alqd in maius, von etw. zu viel Aufhebens machen, Sall. u. Liv. – m. dopp. *Acc.*, alqm socium laborum, Tac.: alqam servatricem, Ov. – m. Ang. **wo?** legem omnibus contionibus, Liv.: alqd totā Graeciā, Nep. – m. Ang. **wodurch?** alqm od. alqd laudibus, Sen., magnis laudibus, Plin., miris laudibus, Plin.: nomen alcis scriptis, Cic.: alqd carminibus, besingen, Civ.: virum aut heroa lyrā vel acri tibiā, Hor.: nullā illustri laude celebrari, Cic. famā celebrari, Ov.: totā Graeciā famā celebrari, Nep. – **3 mit reger Teilnahme vornehmen, mit reger Teilnahme-, mit regem Eifer-, fleißig treiben, -betreiben, -ausüben, in vollen Gang bringen, zu heben suchen, oft anwenden,** artes, Cic.: hoc ornatus genus in orationibus suis, Gell.: nec unum genus est divinationis publice privatimque celebratum, Cic.: quid operis aut negotii celebrans, Arnob.: celebrari de integro iurisdictio, kam wieder in vollen Gang, Liv.: postea celebratum id genus mortis, von vielen angewendet, Tac.: unde hic antiquissimus versus vice proverbii celebratus est, Gell. – m. Ang. **wo?** servorum vicatim celebratur totā urbe conscriptio, Cic.: apud Philonem etiam harum iam causarum cognitio exercitatioque celebratur, Cic. – u. m. Ang. **wodurch?** popularem potestatem lege populari, Liv.: inimicitiae saepe multis et in senatu et ad populum atrocibus celebratae certaminibus, Liv. – m. Ang. **mit wem?** durch *cum* m. Abl., cum alqo seria ac iocos, Liv. 1, 4, 9. – Archaist. celebrassit = *celebraverit* Plaut. fr. bei Non. 134, 33.

cēlebs, s. caelebs.

Celeïa, ae, *f.*, Stadt in Norikum, j. *Cilly* in Steiermark, Plin. 3, 146. CIL 3, 5154. Itin. Anton. 129, 4.

Celeïātēs, ium, *m.*, ein ligurischer Stamm, südl. vom Po, im Montferrat, Liv. 32, 29, 7.

Celemna, ae, *f.*, eine Stadt in Kampanien, in der Nähe von Teanum, Verg. Aen. 7, 739.

Celenderis u. **Celendris,** is, *f.* (Κελένδερις), gut befestigte Hafenstadt in Cilicien, westlich von Seleucia, Kolonie der Samier, noch j. *Kelenderi* od. *Kilindria,* bei den Türken *Gulnar,* Mela 1, 13, 4 (1. § 77). Tac. ann. 2, 80. – Dav. **Celenderītis,** tidis, *f.* (Κελενδερῖτις), **von** od. **um Celenderis,** regio, Plin. 5, 92.

celer, eris, ere, Abl. ī (κέλεσθαι, κέλης) der Renner), **schnell, rasch, eilend, I** eig. (Ggstz. tardus), face te propere celerem, Plaut.: Cynthia, Mercurius, Hor.: canis, equus, classis, Tibull.: navis, Ov.: pedes, Prop.: sagittae, Ov.: ventus, Sturmwind, Ov.: m. *Abl.*, iaculo, Verg. Aen. 9, 178: pennā, Ov. met. 8, 686 (676 R.): motu, Lucan. 1, 662: m. *Genet. Gerundii,* c. nandi, Sil. 4, 585. – **II** übtr.: **A** im guten Sinne: oderunt sedatum celeres, Hor.: mens, quā nihil est celerius, Cic.: oratio c. et concitata, Cic.: consilium c., Ter. – victoria c., Caes.: mors, Tibull. u. Suet.: reditus, Cic. (vgl. reditus eius fuit celerior omnium opinione, Auct. b. Alex.): remedia celeria, schnell wirkende, Nep.: fata celerrima, Verg. – m. *Abl.*, cogitatione od. sensu celer, von schneller Auffassungskraft, Vell. 2, 73, 1 u. 2, 118, 2: uvae celeres proventu, Plin. 14, 42. – m. *Infin.*, celer sequi Aiax, Hor. carm. 1, 15, 18; u. so *ibid.* 3, 12, 11 u. 4, 6, 39. – **B** im üblen Sinne = **zu rasch, übereilt, hitzig,** consilia celeriora (Ggstz. tutiora), Liv.: iambi c., Hor.: m. folg. *Infin.*, celer irasci, Hor. ep. 1, 20, 25. – *neutr.* **celere** = celeriter, Pacuv. Paul. 2. Enn. sat. fr. 2. Plaut. Curc. 283. Lex ap. Frontin. de aqu. 129. Cypr. de spect. 8. – celer als *fem.*, Liv. Andr. Odyss. fr. bei Prisc. 7, 57. Lucr. 4, 158. Cael. Aur. chron. 3, 8, 100. Cael. Aur. de sign. diaet. pass. 17. – celeris als *masc.*, Naev. tr. 42. Cato de re mil. fr. 12 (bei Prisc. 7, 57). – Genet. Plur. celerum (st. celerium), Cael. Aur. acut. 2, 1. § 1. – Ungewöhnl. *Superl.* celerissimus bei Enn. ann. 448 u. 579 V. (= 504 u. 505 M.). Matius b. Prisc. 7, 57.

celeranter, *Adv.* (celerans v. celero), **eilig,** Acc. tr. 123.

celerātim, *Adv.* (celero), **eilig,** Sisenn. 6. fr. 126 b. Non. 87, 2 zw. (bei Gell. 12, 15, 2 in ders. Stelle celatim).

celere, s. celer ►.

Celerēs, um, *m.* (κέλης, der Renner), angeblich Name der 300 Krieger, die die berittene Leibwache des Romulus bildeten, Liv. 1, 15, 8; richtiger Name der alten röm. Ritter, als Kern des Heeres, in drei Zenturien, einer Zenturie der Ramnes, einer der Tities, einer der Luceres, an deren Spitze einer der drei alten Tribunen, der Tribunus Celerum (s. tribūnus), stand, Plin. 33, 35. Paul. ex Fest. 55, 2.

celeripēs, pedis (celer u. pes), **schnellfüßig,** der **Schnelläufer,** Cic. ad Att. 9, 7, 1. Auson. epigr. 114, 32. p. 226 Schenkl; parent. 29, 4. p. 54 Schenkl.

celeritās, ātis, *f.* (celer), die **Schnelligkeit, Raschheit** (Ggstz. tarditas, mora), **I** eig.: corporis, Cic.: pedum, Cic.: equorum, Cic.: peditum, Caes.: praerapida fluminum c., Curt.: celeritate vinci a tardioribus, Cic.: tantā celeritate uti, ut etc., Cic.: celeritate incredibili longissimas vias conficere, Suet.: haec navis erat incredibili celeritate velis, Cic. – Plur. (Ggstz. tarditates), Cic. de off. 1, 131; Tim. 31. – **II** übtr.: **1** der **rasche Gang,** die **Geläufigkeit** der Rede usw., verborum, Cic.: orationis, Cic.: eloquendi, dicendi, Cic.: in Bezug auf die Silbenmessung, c. trochaei (Ggstz. tarditas spondei), Quint.: brevitas et c. syllabarum, Cic. – **2** die **Raschheit, Eile** im Verfahren, das **rasche Verfahren** (Ggstz. tarditas, mora), tanta celeritas festinatioque, Cic.: c. praepostera, Liv.: c. reditionis, reditus eius, Cic.: bellandi, Vell.: celeritati studere, Caes.: celeritatem adhibere, Planc. (in Cic. ep.) u. Nep.: celeritatem alcis impedire, Nep.: celeritatem persequendi retardare, Cic.: celeritate opus est, Cic. – **3** die **Raschheit** im Fortgang, im Verlauf, in der Wirkung, der **rasche Fortgang** od. **Verlauf,** das **rasche (schnelle) Vorübergehen,** die **rasche (schnelle) Wirkung,** actionis, Cic. fr.: belli, Cic.: doloris, Cic.: veneni, Cic.: famae, die rasche Verbreitung, Curt. – **4** die **Schnelligkeit, Raschheit** im Auffassen, Denken, Beschließen, die geistige **Regsamkeit,** animi, Cic.: animorum, Cic.: ingenii, Cic. u. Nep.: cogitationis, Quint.: consilii, Entschlossenheit, Nep.: percipiendi, Quint. – u. im Antworten usw., die **Schlagfertigkeit,** celeritas et brevitas et respondendi et lacessendi, Cic.: c. prompta et parata in agendo et respondendo, Cic.

celeriter, *Adv.* m. *Compar.* u. *Superl.* (celer), **schnell,** librum tibi c. mittam, Cic.: bis dat qui dat celeriter, Syri sent. – cum celerius omnium opinione venisset, Caes.: omnium spe celerius Saguntum oppugnari allatum est, Liv.: eo celerius de isto transigamus, quo maturius ad Apronium possimus accedere, Cic. – mens celerrime multa simul cogitans, Cic.

celeritūdo, inis, *f.* (celer), die **Schnelligkeit,** Varr. r. r. 3, 12, 6. Non. 532, 32.

celeriusculē, *Adv.* (celeriusculus), **ein wenig rascher,** dicere, Rhet. Her. 3, 24.

celeriusculus, a, um (*Demin.* v. celer), **ein wenig rascher,** nach Analogie bei Prisc. 3, 29.

celerivolus, a, um (celer u. volo, āre), **schnellfliegend,** dea, Poëta bei M. Victorin. de gen. metr. 3, 11, 9 G. p. 133, 25 K.

celero, āvī, ātum, āre (celer), **I** *tr.* **schnell machen, beschleunigen, schnell vollziehen, -ausführen** (vgl. Oudend. Apul. 2, 6. p. 100), lembum, Turpil. fr.: viam, gradum, fugam, Verg.: victoriam, Tac.: oppugnationem, Tac.: haec, Plaut.: imperium alcis, Val. Flacc. – **II** *intr.* **eilen,** Lucr., Catull. u. a. celerante gradu, Cypr. Gall. exod. 676. – m. folg. *Infin.*, Auson. Mos. 353.

celerrimō, *Adv.* (celer), **sehr schnell, sehr rasch,** Cic. Tim. 31 M.

celēs, ētis, *m.* (griech. κέλης, vgl. celox), **I** der **Renner,** das **Rennpferd,** Plin. 34, 19 (wo Akk. Plur. -tas). – **II** ein schnell segelndes Schiff, die **Jacht,** rein lat. celox, Plin. 7, 208 (wo Akk. Sing. -tem); vgl. Gell. 10, 25, 5.

celētizontes, tum, Akk. tas, *m.* (κελητίζοντες), die **auf Rennern Reitenden,** pueri, Plin. 34, 75 u. 78.

Celetrum, ī, *n.*, mazedonische Stadt in der Landschaft Orestis auf einer Halbinsel des lacus Castoris, das »Kastoria« der Anna Komnena, noch j. *Castoria,* Liv. 31, 40, 1.

celeuma, atis, *n.* (κέλευμα, κέλευσμα), **I** das **Kommando** des celeustes (s. d.), durch Zuruf u. Angabe des Taktes mit dem Hammer (portisculus), nach dem die Ruder in die Höhe u. herabgestoßen werden mussten, Mart. 3, 67, 4. Rut. Nam. 1, 370. Sidon. ep. 2, 10. carm. *v.* 27.

Ascon. ad Cic. div. in Caecil. 55. p. 122, 6 B. – **II** ein **fröhliches Liedchen,** ein **Jauchzer, Jodler** der Weinkelterer, Vulg. Ierem. 25, 30; 48, 33; 51, 14. – Nbf. celeuma, ae, *f.* Ven. Fort. vit. S. Mart. 4, 423 (wo Abl. celeumā).

celeumaticus, a, um (κελευματικός), **im Takt des** *celeuma* (s. d.), hemistychium, Serv. Verg. Aen. 3, 128.

Celeus, ī, *m.* (Κελεός, οῦ), König u. Cerespriester in Eleusis, den od. dessen Sohn die gastfreundlich aufgenommene Ceres den Ackerbau u. die Mysterien (ihren Geheimdienst) lehrte, Verg. georg. 1, 165. Ov. fast. 4, 507 *sq.;* vgl. Hyg. fab. 147.

celeustēs, ae, *m.* (κελευστής), der **Vorgesetzte der Ruderknechte,** rein lat. hortator, pausarius, CIL 12, 5736.

cēlia (caelia), ae, *f.*, eine Art **Weizenbier** in Spanien, Plin., Flor. u. a.

cella, ae, *f.* (urspr. *cēla, vgl. celare, verwandt mit altind. *çālā,* griech. καλιά, Hütte), unser Zelle = ein Behältnis, **I** im röm. Haus: **A** im Wohnhaus in der Stadt (domus): **a** für Menschen, die **Kammer,** das **Kabinett,** Ter. adelph. 552. – insbes. von den um das cavaedium herumliegenden Wohnräumen der Dienerschaft, Sklaven, Cic. u. a.: cellae familiaricae, Gesindewohnungen, Vitr.: c. angustae, der niederen Sklaven (teilweise unter der Erde), Hor. – **b** als Wirtschaftskammer für Vorräte aller Art, die **Vorratskammer,** mit u. ohne penaria, Cic. u. a.: dah. in cellam dare, imperare, emere, »für den Hausbedarf, für die Küche geben, fordern, kaufen«, Cic. – Scherzh., promptuaria cella = carcer, Plaut. Amph. 156: u. reliqui in ventre cellae uni locum, habe für ein Kämmerchen Platz gelassen (= für die noch zu essenden Speisen), Plaut. Curc. 387. – **B** in der *villa rustica:* **a** als Sklavenwohnung, **Kammer,** Scriptt. r. r.: grandis, Varr.: cella familiae, Cato. – **b** als Wirtschaftskammer, penaria, Vorratskammer, bes. Kornkammer: olearia, Ölkammer (wo das Öl geklärt u. aufbewahrt wurde): torcularia, Kelterkammer: c. vinaria, Gärkammer für den Wein (aus der er dann in die apotheca [s. d.] gebracht wurde): c. defrutaria, Mostkammer; s. Cic. de sen. 56. Col. 1, 6, 9: übtr., cella penaria rei publicae, Kornkammer (v. Sizilien), Cato bei Cic. Verr. 2, 5: ebenso Capua cella atque horreum Campani agri, Cic. agr. 2, 89. – **c** als Behälter, **Stall** für Geflügel usw., anserum, Gänsestall, Col.: columbarum, Taubenschlag, Col. – **d** als **Kabinett** im Badehaus, Pallad.: c. balnei calida, Warmbadekabinett, Veget. mul.: cellae piscinales, nach Art der *piscinae* (Bassins) zum Schwimmen eingerichtete, Pallad. – **C** im Miethaus (insula), das **Stübchen, Kämmerchen** eines Armen, meist im dritten Stock, das **Dachstübchen,** s. Mart. 7, 20, 21; 8, 14, 5. – dah. cella pauperis, ein »Armenstübchen«, d. i. ein Zimmer, das reiche Römer in ihren Palästen anlegten, um an bestimmten Tagen in ihm nach Art armer Leute zu leben (damit dann die Schwelgerei wieder den Reiz der Neuheit hatte), Sen. ep. 18, 7 u. 100, 6; dah. das Wortsp. b. Mart. 3, 48. – **D Gefängniszelle,** Ps. Quint. decl. 9, 21. – **II** im Tempel, der Teil, wo das Bild der Gottheit in einer Nische (aedicula) stand, die **Kapelle,** das **Schiff,** Vitr. u. a.: cella Concordiae, Cic.: Iovis, Liv. – **III** im Bienenstock, die **Zelle,** Verg. Aen. 1, 433. Plin. 11, 26: cellae cereae, Augustin. serm. 22, 7; in psalm. 118.

cellārārius, ī, *m.* (cellarium), der **Kellermeister,** spät. Eccl.

cellāriēnsis, e (cellarium), **zur Vorratskammer gehörig,** species, Viktualien, Cod. Theod. 7, 4, 32 u. a.

cellāriolum, ī, *n.* (*Demin.* v. cellarium), ein kleines **Kämmerchen,** Hier. adv. Iovin. 2, 29 u. a. Eccl.

cellāris, e (cella), **zum Behälter gehörig,** columbi, im Taubenschlag gehalten, Col. 8, 8, 1: u. so turdus, Charis. 77, 2.

cellārītēs, ae, *m.* (cellarium), der **Kellermeister,** Vict. Vit. 3, 33. Cassiod. var. 10, 28.

cellārium, ī, *n.* (cellarius), **I** die **Speisekammer, Vorratskammer,** Scaev. dig. 32, 41. § 1. Vulg. deuter. 28, 8. Ambros. cant. cantic. 1. § 20 (neben promptuarium). Ps. Augustin. serm. app. 273, 1 (neben horreum). Cael. Aur. acut. 1, 11, 93 u. 3, 21, 204. Schol. Pers. 3, 73 u. 76. – **II** meton., der **Speisevorrat,** Lampr. Heliog. 26, 8 u. a. Spät.: a cellariis = *cellarius* (s. d.), CIL 6, 1896*.

cellārius, a, um (cella), **zur Vorratskammer gehörig,** sagina, Plaut. mil. 845. – Öfter subst., cellārius, ī, *m.*, der **Keller-** u. **Küchenmeister, Beschließer** (s. Lorenz Plaut. mil. 817), Plaut. capt. 895; mil. 824. Sen. ep. 122, 16. Col. 11, 1, 19. Plin. 19, 188. Ulp. dig. 33, 7, 12. § 9. Paul. sent. 3, 6, 72. CIL 6, 9253.

cellerārius, ī, *m.*, s. cellārārius.

cellio, ōnis, *m.* (cella), der **Kellermeister,** CIL 2, 5356.

***cello,** ere (verwandt mit κέλλω), **bewegen, treiben,** um etwas weiterzubringen, Grundwort zu celsus, antecello, excello, percello, procello.

cellula, ae, *f.* (*Demin.* v. cella), **I** die kleine **Zelle,** das **Kämmerchen,** eines Sklaven od. der Leute niederen Standes, Ter. eun. 310. Sen. contr. 7, 6 (21). § 8. Apul. met. 4, 8; 9, 5; 10, 13 u. 15: einer Buhldirne, Petr. 11, 1: des Tempelhüters (aeditui), Min. Fel. 25, 11: Mönchszelle, Hier. bei Augustin. ep. 72, 3: dis conclavia et cellulas fabricari, Arnob. 6, 3 *extr.* – **II** ein **kleiner Taubenschlag,** Col. 8, 9, 3. – Nbf. cellola, Greg. Tur. hist. Franc. 7, 29. p. 310, 18 *Arndt.*

cellulānus, ī, *m.* (cellula), der **Klausner,** Sidon. epist. 9, 3.

cēlo, āvī, ātum, āre (v. cēla, der Urform v. cella, verwandt mit clam, heimlich, occulo, ich verberge, ahd. *helan,* ›hehlen‹, verbergen), **hehlen, verhehlen** = **verheimlichen, verbergen, a** m. Ang. **wen?** od. **was? α** durch *Acc.* (Ggstz. palam facere, patefacere [u. Passiv celari, Ggstz. patefieri], nudare, ostentare), plerosque, Caes.: conscios, Liv.: commissa, Nep.: annos, Phaedr.: sententiam suam, Cic.: vitia (Ggstz. ostentare laudes), Plin. ep.: celat se vespere stella, Col.: diem qui *promis* et *celas* (v. Sonnengott), Hor.: utra magis pisces et echinos aequora celent, in ihrem Schoß verbergen, Hor.: longe dissimilem noto celantia sucum, alles was usw. birgt (= enthält), Hor.: im Passiv, ne vera eo ipso, quod celarentur, suā sponte magis emanarent, Liv.: celabitur auctor, Hor.: celati anni, Prop.: bene dissimulatus amor et celatus, Ter.: u. Partiz. Perf. subst., celatûm (= celatorum) indagator, Plaut. trin. 241: u. celata omnium pessum dare, *ibid.* 164. – m. Ang. **wo?** durch *Praepp.*, lupum sub ovis pelle, Lact.: granum sub cortice (v. Apfel), Ov.: culpam sub falsa imagine, Ov.; od. durch *Genet. loc.*, sacra terrae, Liv. 5, 51, 9. – m. Ang. **womit? wodurch? worunter?** durch *Abl.*, vultus manibus, Ov.: alqm silvis, Verg.: se tenebris, Verg.: pudorem tenebris, Ov.: dulci crudelia formā consilia, Catull.: dolorem vultu tegere et taciturnitate celare, Cic.: capillamento celatus (v. Pers.), Suet.: celatus Satyri imagine, Ov. – m. Ang. **vor wem?** se a domino, Ulp. dig. 21, 1, 17 pr. – **β** durch einen indir. Fragesatz, istum celare quae scribat existimo, Cic.: celans, qua voluntate esset in regem, Nep. – **b** m. Ang. **wem? vor wem?** durch *Acc.* = jmdm. od. vor jmd. **es verhehlen,** jmd. **in Unkenntnis, in der Täuschung erhalten** od. **lassen,** senem, Ter.: omnes deos hominesque, Cic.: annos multos filias meas celavistis clam me, Plaut.: u. im Passiv, celabar, excludebar, Cic.: sed heus tu, celari videor a te, du verhehlst mir, glaube ich, etwas, Cic. – **c** m. Ang. **wem?** od. **vor wem?** durch *Acc.* u. zugl. m. Ang. **wen?** od. **was?** od. **in Betreff wessen? α** ebenfalls durch *Acc.*, quom istaec flagitia me celavisti et patrem, Plaut.: non te celavi sermonem T. Ampii, Cic.: iter, quod habebat, omnes celat, Nep.: mortem regis *in* (bis zur) adventum eius omnes, Liv.: u. im Passiv mit allg. *Acc. Pron.*, quor (= cur) haec, tu ubi rescivisti ilico, celata me sunt, Plaut.: nosne hoc celatos tam diu? Ter.: sed tamen indicabo tibi, quod mehercule imprimis te celatum volebam, Cic.: hoc unum totā celata (filia) vitā, Sen. – **β** durch einen indir. Fragesatz, neque tu me celassis quid scias, Plaut.: tu celabis homines, quid iis adsit commoditatis et copiae? Cic.: im Passiv, non ego celari possum, quid etc., Tibull. 1, 8, 1. – **γ** durch de m. Abl., jmd. **in Unkenntnis, in der Täuschung erhalten,** in Betreff einer Sache, Bassus noster me de hoc libro celavit, Cic.: id tibi non credidit, de armis, de ferro, de insidiis te celare noluit? Cic.: u. im Passiv, te maximis de rebus a fratre esse celatum, Cic.: non est profecto de illo veneno celata mater, Cic. – **d** absol.: ex omni deliberatione celandi et occultandi spes opinioque removenda est, zu hehlen u. zu verbergen (zus. = mit aller Heimlichkeit zu Werke zu gehen), Cic. – non est enim celandum (als Parenthese), es ist kein Hehl daraus zu machen,

Nep. – Nep. Alc. 5, 2 jetzt id Alcibiades celari non potuit; u. Auct. b. Alex. 7, 1 neque celari Alexandrini possent. – Archaist. celassis = celaveris, Plaut. Stich. 149; vgl. Paul. ex Fest. 61, 16: parag. *Infin. Praes. Pass.* celarier, Lucr. 1, 905: synk. Genet. Plur. des Partiz. Perf. Pass. celatûm = celatorum, Plaut. trin. 241.

celōcula, ae, *f.* (*Demin.* v. celox), die **kleine Jacht**, Plaut. mil. 1006.

celōx, ōcis, *m.* u. *f.* (κέλης, s. Gell. 10, 25, 5), ein schnell segelndes Schiff, die **Jacht**, das **Avisschiff** (Ggstz. corbita od. oneraria), Enn. ann. 476. Turpil. com. 95. Varr. sat. Men. 49 u. 214. Coel. Antip. 1. fr. 12 (bei Charis. 203, 32). Liv. 21, 17, 3: c. publica, Staatsjacht, Paketboot, Plaut. capt. 874: piratici celoces et lembi, Liv. 37, 27, 4. – scherzh., haec celox illiust, quae hinc egreditur, internuntia (v. einer Pers.), Plaut. mil. 986: dic, unde onustam celocem agere te praedicem? sag, von wo du deinen Kutter geladen hierher treibst (= wo du dich voll getrunken), Plaut. Pseud. 1305: obsecro hercle operam celocem hanc mihi, ne corbitam date, helft mir wie ein Schnellschiff, nicht wie ein Lastschiff (= helft mir schnell, nicht langsam), Plaut. Poen. 543: sprichw., qui celocem regere nequit, onerariam petit, Apul. fr. bei Fulg. serm. antiqu. p. 780 *Stav.* = p. 123, 1 *Helm.*

celsē, *Adv.* (celsus), **hoch**, eig. u. übtr., celse natorum aequavit honori, Stat. silv. 3, 3, 145 zw. (*al.* celso honore). – gew. im *Compar.*, celsius evocari, Col.: assurgere, Claud.: consurgens vita, Amm.: celsius dominari, Amm.

celsiiugus, a, um (celsus u. iugum), **mit hohem Kamm**, collis, Cypr. Gall. gen. 291 (Migne 19, 354).

celsithronus, a, um (celsus u. thronus), **hochthronend**, Anecd. Helv. 185, 6.

celsitūdo, inis, *f.* (celsus), die **Hoheit, Höhe**, **I** eig.: **1** die **hohe, stattliche Haltung**, corporis, Vell. 2, 94, 2. – **2** die **Höhe** eines Bergs, Apul. de mundo 33. Auct. itin. Alex. 50 (112). – meton., die **Höhe**, der **hohe Berg**, adversa, Amm. 19, 6, 6: alia celsitudo erectior, Amm. 15, 10, 6: maximae celsitudines montium, Amm. 23, 6, 28. – **II** übtr.: **a** **Höhe, hoher Standpunkt**, huius saeculi celsitudo, Augustin. serm. 381: historiae discurrere per negotiorum celsitudines assuetae, sich auf den Höhen der Ereignisse zu ergehen (= nur die wichtigsten Ereignisse besprechen), Amm. 26, 1, 1. – **b** als Titel der späteren Kaiserzeit, unser **Hoheit**, Cod. Theod. 6, 26, 8 u. a.

1. **celsus**, a, um, *Adi.* m. *Compar.* u. *Superl.* (v. *cello, s. d.; eig. in die Höhe getrieben, dah.) **in die Höhe gerichtet, emporragend, hoch, erhaben**, **I** eig.: natura homines humo excitatos celsos et erectos constituit, Cic.: celsissimo Germano procerior (Iudaeus), Col.: status c., Cic.: ingressus celsior, Plin.: celsus in cornua cervus, Ov.: m. *Abl.*, celsi corpore, in gehobener Stellung, Liv. 30, 32, 11. – **II** übtr.: moralisch **hochstehend**, **1** im guten Sinne, über das Gemeine **erhaben, groß**, celsus et erectus, Cic.: celsi (in gehobener Stimmung) et spe haud dubiā feroces, Liv.: quo generosior celsiorque est, Quint.: celsā mente, Sil. – **2** im üblen Sinne (vgl. unser: die Nase hoch tragend), **stolz, hochmütig**, haec iura suae civitatis ignorantem, erectum et celsum etc., Cic.: celsi Ramnes, Hor.

2. **Celsus**, ī, *m.*, röm. Eigenn., unter dem bes. bekannt: **a** A. Cornelius Celsus, berühmter, aber seinen Lebensumständen nach ganz unbekannter Arzt u. Gelehrter, Verf. eines enzyklopädischen Werkes in 20 Büchern, von denen die acht die Heilkunde behandelnden (lib. 6–13) auf uns gekommen sind, Quint. 10, 1, 124 u. 12, 11, 24. Col. 1. 1, 14. Veget. mil. 1, 8, p. 12, 14 L. – **b** die Juristen P. Iuventius Celsus, der Vater, zu Vespasians Zeit, Nerat. dig. 17, 1, 39; u. der berühmtere Sohn, zu Trajans, Domitians u. Hadrians Zeit, Plin. ep. 6, 5, 4. Ulp. dig. 5, 3, 20. § 6. – **c** Celsus Albinovanus, s. Albinovānus.

Celtae, ārum, *m.*, die **Kelten**, ein ausgebreiteter Volksstamm, der urspr. im Nordwesten Europas wohnte, sich aber später durch ganz Gallien u. einen Teil von Spanien u. Oberitalien ausbreitete, bei den Römern im engeren Sinne die Bewohner des südlichen Galliens, Caes. b. G. 1, 1. § 1. Liv. 5, 34, 1. Mela 3, 2, 4 (3. § 20). – Dav. **Celticus**, a, um, **keltisch**, **a** = **südgallisch**, Gallia, Plin.: spolia, Plin.: spica, nardus, Plin. Val.; subst., celtica, ae, *f.*, Th. Prisc. 3, 3. Plin. Val. 1, 2. – *Adv.*, Celticē loqui, Sulpic. Sev. dial. 1, 27, 4. – **b** = **oberitalisch**, rura, Sil. 1, 46. – **c** Celticī, ōrum, *m.* (Κελτικοί) od. Celtica gens, *f.*, eine keltische Völkerschaft in Galläzien (span. Galizien) am Vorgebirge Nerium, nach ihr prom. Celticum (j. *Capo Finisterre*) gen., Mela 3, 1, 7 (3. § 10). Plin. 3, 13. – **d** Celtica, ae, *f.*, das **Keltenland**, **α** in Hispanien, Plin. 3, 14. – **β** im hohen Norden am Weißen Meer, Plin. 6, 34. – **e** Celticum, ī, *n.* (τὸ Κελτικόν), die **Gesamtheit der keltischen Völker** in Gallien, das **Keltenreich**, Liv. 5, 34, 1.

celthis, Akk. thim, *f.*, eine afrikanische Art des Lotus, Plin. 13, 104.

Celtibērī, ōrum u. synk. ûm, *m.*, die **Keltiberer**, eine durch Vermischung der Kelten mit den eingeborenen Iberern (Lucan. 4, 10) entstandene Völkerschaft im mittleren Hispanien, Cic. Tusc. 2, 65. Liv. 24, 29, 7 u. ö. Val. Max. 2, 6, 11. – Sing. Celtibēr, ērī, *m.*, der Keltiberer, Catull. 39, 17. – Dav.: **A** **Celtibēr**, ēra, ērum, **keltiberisch**, Mart. u. Val. Max. – **B** **Celtibēria**, ae, *f.* (Κελτιβηρία), das Land der Keltiberer, **Keltiberien**, Caes. u. a.: Celtiberia terra, Catull. 39, 17. – **C** **Celtibēricus**, a, um, **keltiberisch**, Liv. u. a.

Celtica, Celticē, Celticus, s. Celtae.

1. **celtis**, s. celthis.

2. **celtis**, is, *f.* (griech. γλυφεῖον), der **Meißel des Steinmetzen**, Vulg. Iob 19, 24.

celtium, ī, *n.*, das **Schildpatt** der gehörnten Schildkröte, Plin. 6, 137 u. 9, 38.

cēna (nicht caena od. coena), ae, *f.* (altlat. cesna, oskisch *kerssnaís* ›cenis‹), die tägliche Hauptmahlzeit der Römer, gew. um 3 od. 4 Uhr nachmittags, die **Tafel**, die **Mahlzeit**, das **Mahl**, das **Mittagessen, Essen** (Ggstz. ientaculum u. prandium), **I** eig.: tempus cenae, Sen.: caput cenae, Hauptgericht, Cic.: c. recta, eine förmliche M., Suet.: c. bona, Sen.: c. ternis ferculis, Suet.: c. abundantissima, Suet.: lauta, Cic.: Cerealis (s. d.), Plaut.: magnifica (Ggstz. cotidiana), Plin.: sumptuosa, Cic.: luxuriosa, Sen. rhet.: magna, Hor.: grandis, Quint.: exigua, Cels.: familiaris, Suet.: c. terrestris, ländliches M., Plaut. – argenti facti cenae gratiā decem pondo libras habere, zehn Pfund silbernes Tafelgeschirr haben, Gell. 17, 21, 39. – c. tempestiva, Cic.: antelucana, Cic. – c. adventicia, Suet.: aditialis, Varr. u. Sen.: auguralis, Cic.: nuptialis, Plaut. u. Suet.: cena pura, Fastenspeise, meton. = Fasttag, Eccl. (s. Rönsch Itala p. 306 u. Semias. 1. p. 13). – cenam coquere (alci), Plaut., Cato fr. u. Nep.: cenam apparare, Ter.: apponere lautiorem cenam, Suet., alci cotidianam cenam, Plin. – alqm ad cenam invitare, Cic.: alqm rogare ad cenam ut veniat, Ter.: alqm ad cenam rogare, Aur. Vict. u. Macr.: alqm ad cenam vocare, Cic.: ad cenam promittere (alci), renuntiare, s. prō-mitto, re-nūntio: ad cenam condicere, s. con-dīco. – alqm cenae adhibere, Quint.: alqm cenā accipere, Suet.: alqm cenā excipere, Vell.: alqm abducere ad cenam in Academiam, Cic. – alci cenam dare (z. B. apud villam), Cic.: alci cenam facere, Plaut.: cenas et facere et obire, Cic.: ire ad cenam, Ter.: itare ad cenas desisse, Cic.: venire ad cenam, Cic.: cenae deesse, Quint.: redire a cena, Cic. – cenam protrahere, Suet.: cenam producere iucunde, Hor.: cenam repetere, Suet. – cenae tempore, Suet.: ad praedictam cenae horam, Suet.: in cena, Cels. (u. so in cenis grandibus, Quint.): inter cenam, Cic.: super cenam, Suet.: per cenam, Suet.: post cenam, Cic. – Sprichw., cenā comesā venire, unser »*post festum* kommen«, Varr. r. r. 1, 2, 11: cenam rapere de rogo, v. hungrigen Leuten, Catull. 59, 3. – **II** meton.: **a** der einzelne **Gang** einer Mahlzeit, cena prima, altera, tertia, Mart. 11, 31, 6 *sq.* – **b** der **Speiseort, Speisesaal**, Plin. 12, 11. – **c** die **Speisegesellschaft**, Iuven. 2, 120.

Cenabum, (Genabum), i, *n.*, die später civitas Aurelianorum genannte Hauptstadt der Carnutes (s. d.), am Liger, j. *Orléans*, Caes. b. G. 7, 2 u. a. – Dav. **Cenabēnsis** (Genab.), e, **cenabensisch**, Caes. – Plur. subst. **Cenabēnsēs**, ium, *m.*, die Einwohner von Cenabum, die **Cenabenser**, Caes.

cēnācellum (caenācellum), ī, *n.* (*Demin.* v. cenaculum), **das kleine Speisezimmer**, Not. Tir. 92, 3.

cēnāculārius (cēnāclārius), a, um (cenaculum), **zum Stockwerk gehö-**

rig, nur subst., **A** cēnāculārius, ī, *m.* = σταθμοῦχος (Gloss.), der Pächter der Stockwerke eines Hauses, der die Zimmer einzeln vermietete, **der Stockwerkpächter,** Ulp. dig. 13, 7, 11. § 5. – **B** cēnāculāria, ae, *f.*, das **Pachten von Stockwerken** (s. vorher), cenaculariam exercere, aus dem Vermieten von Zimmern ein Gewerbe machen, Ulp. dig. 9, 3, 5. § 1.

cēnāculātus, a, um (cenaculum), **mit einem oberen Stockwerk versehen,** domus, Marini papyr. dipl. 123, 12.

cēnāculum, ī, *n.* (ceno), das gew. im oberen Stockwerk befindliche **Speisezimmer** (δειπνητήριον, Gloss.), Varr. LL. 5, 162; dah. (= ὑπερῷον, Gloss.), das ganze **obere Stockwerk,** die **obere Etage** u. (nachdem die Häuser mehrere Stockwerke hatten) übh. das **Stockwerk** (s. Varr. LL. 5, 162), Roma cenaculis sublata atque suspensa, Cic.: ex adverso si quod est cenaculum, quo te recipias, Lucil. fr.: hic in cenaculo polito recipiuntur, Varr. fr.: cenaculum super aedes datum est, Liv.: mutat cenacula, Hor.: diviso inter se cenaculo habitare (v. mehreren), ICt.: uxorem et liberos meritorio cenaculo abdere, Suet.: alqm per scalas complicitis pedibus in superius cenaculum attrahere, Apul.: cadere de tertio cenaculo deorsum, Vulg. act. apost. 20, 9. – Übtr. v. Himmel, cenacula maxima caeli, Enn. ann. 61: und scherzh. v. Jupiter, in superiore qui habito cenaculo, Plaut. Amph. 863.

Cēnaeum, ī, *n.* (Κηναῖον ἄκρον), nordwestl. Landspitze Euböas, mit einem Jupitertempel, jetzt *Capo Litar* od. *Capo Lithoda,* Liv. 36, 20, 5. Mela 2, 7, 9 (2. § 107). – Dav. **Cēnaeus,** a, um, **cenäisch,** Iuppiter, Ov. met. 9, 136.

cēnālis, e (cena), **zur Mahlzeit gehörig,** pompa, Varr. r. r. 1, 2, 11.

cēnārius, ī, *m.*, **einer, der eine Mahlzeit zubereitet,** CIL 6, 8460.

cēnāticus, a, um (cena), **zur Mahlzeit gehörig,** spes, auf eine Mahlzeit, Plaut. capt. 496. – subst., cēnāticum, ī, *n.*, das **statt der Mahlzeit** (den Soldaten, Priestern usw.) **gegebene Geld,** Cod. Theod. 7, 4, 12. CIL 6, 9044.

cēnātio, ōnis, *f.* (ceno), das **Speisezimmer,** der **Speisesaal,** Sen. ep. 90, 9. Plin. 36. 60. Plin. ep. 2, 17, 10. Petr. 77, 4: c. parva, Mart. 2, 59, 1: capax populi c., Sen. ep. 115, 8: Iovis c. (v. einer Örtl.), Capit. Pert. 11, 6: cotidiana amicorum c., Plin. ep. 5, 6, 21: im Plur., Sen. prov. 4, 9. Col. 1, 6, 2. Suet. Ner. 31, 2. Petr. 77, 4.

cēnātiuncula, ae, *f.* (*Demin.* v. cenatio), das **kleine Speisezimmer,** Plin. ep. 4, 30, 2. Sidon. epist. 2, 2.

cēnātor, ōris, *m.* (ceno) = δειπνητής, der **Tischgast,** Gloss. II. 267, 27.

cēnātōrius, a, um (cena), **zur Mahlzeit-, Tafel gehörig, I** *adi.*: vestis, Capit. Maxim. 30, 5: instrumentum, *Apul. met. 5, 3 E.; abolla, CIL 13, 4508: fames, Sidon. ep. 2, 9 *extr.* – **II** *subst.*: **a** cēnātōrium, ī, *n.* = δειπνητήριον(Gloss.), das **Speisezimmer,** der **Speisesaal,** Act. fratr. arv. *a.* 218 A 1. – **b** cēnātōria, ōrum, *n.*, **Tischkleider,** Petr. 21. Mart. 10, 87, 12.

cēnāturio, īre (ceno), **speisen wollen,** Mart. 11, 77, 3.

cēnātus, a, um, s. cēno.

Cenchreae, ārum, *f.* (Κεγχρέαι), das östliche Emporium der Korinther am saronischen Meerbusen, mit einem tiefen und sicheren und für den asiatischen Handel sehr wichtigen Hafen, jetzt *Kenkri,* Liv. 32, 17, 3. Apul. met. 10, 35 (oppidum gen.): C. Corinthiacae, Ov. trist. 1, 10, 9 (wo Cenchreis zweisilbig). – Dav. **Cenchrēus,** a, um (Κεγχρειος), **kenchrëisch,** manus, Stat. Theb. 4, 60: sinus, der saronische Meerbusen, Porphyr. Hor. carm. 1, 7, 2.

cenchris, idis, Akk. im (κεγχρίς), **I** *m.* eine Art bunt **gefleckter Schlangen,** Plin. 20, 245. Lucan. 9, 712. – **II** *f.* eine **Falkenart,** Plin. 10, 143 u. a.

cenchrītis, tidis, *f.* (κεγχρίτης), **Hirsenstein,** eine uns unbekannte Edelsteinart, Plin. 37, 188.

Cenchrius, ī, *m.* (Κέγχριος), ein Fluss in Ionien bei Ephesus, Tac. ann. 3, 61.

cenchros, ī, Akk. on, *m.* (κέγχρος), **Hirse,** ein arabischer Diamant von der Größe eines Hirsekorns, Plin. 37, 57.

cēnito, āvī, āre (*Frequ.* v. ceno), **oft-, gewöhnlich speisen, zu speisen pflegen,** foris, Cic.: in superiore parte, Varr. LL.: in publico, Suet.: in tricliniis caelestibus, Arnob.: apud alqm, Cic.: foris apud alqm, Apul.: cum alqo, Val. Max.: solus cenitabat, Suet.: triclinium, ubi delicate cenitaret, Varr.: ad focum hieme ac frigoribus cenitabant, aestivo tempore in loco propatulo; rure in chorte, in urbe in tabulino, Varr. fr.: eodem argento apud omnes cenitavisse ipsos, Plin.: ut per Dionysia largiore sumptu cenitarent, Gell. – unpers., patentibus ianuis cenitatur, Macr. sat. 2, 13, 1. – m. *Acc.*, sacrificales epulas cum alqo, Apul. met. 9, 1.

cēno (nicht caeno u. coeno), āvī, ātum, āre (cena), **I** *v. intr.* **die** *cena* (w. vgl.) **halten, (zu Mittag) speisen, Tafel halten,** cenavi modo, Plaut.: ambulare debet, tum ungi, deinde cenare, Cels.: manus lava et cena, Cic.: accepi tuas litteras cenans (bei Tisch), Cic. – c. bene, Catull. u. Cic. (vgl. cenasti in vita numquam bene, Lucil. fr.): opto te bene ce(nare), gesegnete Mahlzeit! CIL 8, 9272: belle, Mart.: melius, Cic. u. Sen.: apparatius, Plin. ep.: c. libenter, frugaliter, recte, honeste, prave, nequiter, turpiter, Cic. – c. pleno convivio, Sen. rhet. – c. ligneo catillo, Val. Max. – c. sine carne, Spart. – cenavit sedens, Vell.: cubans cenavit, Iustin. – quis umquam cenarit atratus? Cic.: quis in funere familiari cenavit cum toga pulla? Cic. – *ubi* cenabant, cenaculum vocabant, Varr. LL.: ut vix triclinium *ubi* cenaturus ipse Caesar esset vacaret, Cic.: c. foris, Plaut.: Idibus foris, Pompon. com. fr.: c. in litore, Quint.: in propatulo, Val. Max.: apertis papilionibus, Lampr.: domi, Plaut.: in palatio peius quam domi, Lact.: est tempus istic cenandi, Gell.: utrubi cenaturi estis, hicine an in triclinio? Naev. com. fr.: c. Rhodi, Lucil. fr. – c. apud alqm, Cic.: apud alqm in eius nuptiis, Cic.: ad (at) alqm, Gell. 19, 7, 2. CIL 4, 1880. – c. unā, Hor.: simul, Cic.: cum alqo, Cic.: cum alqo in cubiculo, Sen.: cum alqo ex eodem catino, Apul.: cum amica iucundius, Sen. rhet.: cum bulga cenat, dormit, lavit, Lucil. fr. – c. centiens HS, Plin.: numquam minus centum sestertiis, aliquando autem tribus milibus sestertium, Lampr. – unpers., cum cenatum forte apud Vitellios esset, Liv.: neque umquam apud eum sine aliqua lectione cenatum est, Nep. – u. Partiz. Perf. cenatus medial, **gespeist habend, mit dem Essen fertig, nach dem Mittagessen, nach der Tafel** (Ggstz. ieiunus), cenati discubuerunt ibidem, Cic.: cum iam cenatus esset (gespeist hatte) cum Petreio, Auct. b. Afr.: statim milites cenatos esse, die Soldaten sollten unverweilt mit dem Essen fertig sein (abgekocht haben), Sall. – **II** *v. tr.* **als Mahlzeit zu sich nehmen, speisen, verspeisen,** cenam, Plaut.: ostrea, Lucil. fr.: eum odorem cotidie, Plaut.: aprum, Hor.: asperrimum fenum, Apul.: ad focum illas ipsas radices, quas etc., Sen.: remedia vera cotidie, Plin. – scherzh. cenabis hodie magnum malum, Plaut. asin. 936. – prägn., nova deorum adulteria, bei Tafel darstellen, Poët. b. Suet. Aug. 70, 1. – u. centum cenatae noctes, bei Tafel hingebrachte Nächte, nächtliche Gelage, Plaut. truc. 279. – arch. cenassit = *cenaverit,* Plaut. Stich. 192.

cēnobium, s. coenobium.

cenodoxia, ae, *f.* (κενοδοξία), die **eitle Ruhmsucht,** Eccl.

cenōma, atis, *n.* (κένωμα), der **leere Raum, Zwischenraum,** Iren. 2, 8, 3.

Cenomanī, ōrum, *m.*, eine keltische Völkerschaft in Gallien, die zum Hauptstamm der Aulerci gehörte, im ehemal. *le Maine,* j. *Dép. de la Sarthe,* Cato fr. b. Plin. 3, 130. Caes. b. G. 7, 75, 3, in die Gegend von Brixia, Verona u. Mantua eingewandert, Liv. 5, 35, 1 u. a. – Dav. **Cenomanus** (Cenumanus), a, um, **cenomanisch,** salicta, Helv. Cinna fr. b. Gell. 19, 13, 5 (wo Genumana = Cenumana).

cēnor, ātus sum, ārī (cena), zu Mittag **speisen,** Zenobia cenata est Hispanorum cupiditate, Treb. Poll. XXX tyr. 30, 18. Vgl. cenatus unter ceno *no.* I.

cenōsis, Akk. in, *f.* (κένωσις), die **Ausleerung,** Cass. Fel. 55. p. 142.

cēnōsitās, s. caenōsitās.

cēnōsus, a, um, s. caenōsus.

cenotaphiolum, ī, *n.* (*Demin.* v. cenotaphium), das **kleine Zenotaphium,** CIL 6, 13386.

cenotaphium (cenotafium), ī, *n.* (κενοτάφιον), ein leeres Grabmal zu Ehren eines Verstorbenen, das **Zenotaphium** (rein lat. tumulus inanis, Verg. Aen. 3, 304 od. tumulus honorarius, Suet. Claud. 1, 3 od. sepulcrum inane, Inscr. in Anthol. Lat. 1439, 1 M.), Ulp. dig. 11, 7, 6. Vopisc. Tac. 15 (2), 1. Hyg. fab. 273: *cenotaphium* in Gallia, Romae *sepulcrum* amplissimum meruit, Lampr. Alex. Sev. 63, 3.

1. cēnseo, suī, sum, ēre (oskisch *censaum* = censere), **begutachten, I** im Allg., den Wert einer Sache prüfen, **schätzen, taxieren, A** eig.: **1** übh.: si censenda nobis atque aestimanda res sit, Cic. parad. 6, 48: in quo (anulo) censendum nil nisi dantis amor, Ov. am. 2, 15, 2. – **2** insbes., als publiz. *t. t.*: **a** den Namen u. das Vermögen der röm. Bürger **schätzen, kontrollieren** (das Amt des Zensors, s. cēnsor), censores populi aevitates, suboles, familias pecuniasque censento, Cic. de legg. 3, 7: ne absens censeare, Cic.: censeri omnes homines iussit, Oros.: censebantur eius aetatis lustris ducena quinquagena milia capitum, Liv.: qui minore summā aeris censebantur, Gell.: aliena censendo sua facere, Cic.: censendo (verst. censui) finem facere, Liv. – capite censi, die unterste, ärmste Bürgerklasse, die nicht dem Vermögen nach geschätzt, sondern nur nach Personen gezählt wurde, Sall. Iug. 86, 2; vgl. Gell. 16, 10. § 10 *sqq.* – sintne ista praedia censui censendo, können sie (als wirkliches Eigentum des Besitzers) in die Zensorliste aufgenommen werden, Cic. Flacc. 79: legem censui censendo dicere, eine Formel, Taxe für die abzuhaltende Zensur feststellen, Liv. 43, 14, 5: censendi formula, diese Formel selbst, die Taxe, Liv. 4, 8, 4. – **b** von der in die Zensorliste aufzunehmenden Person selbst, **schätzen = als sein Vermögen angeben** (so auch als *Depon.* cēnseor, cēnsus sum, cēnserī), in qua tribu denique ista praedia censuisti? Cic. Flacc. 80: magnum agri modum, Cic.: servos censeri, Cic. – **c** *subst.*, cēnsum, ī, *n.* = census, ūs (*no.* II, b), Cic. poët. de consul. fr. inc. p. 134 K. (p. 342, 9 *ed. Klotz.*). – **B** übtr.: **1** übh.: censeor cognomine od. nomine, ich werde mit einem Namen angegeben, d. i. es wird mir ein Name beigelegt, quo cognomine censeretur interrogatus, Val. Max. 8, 7. ext. 2: nomen quo tu censeris aiebat, Apul. met. 5, 26 *extr.*: hoc enim nomine censebatur iam meus dominus, *ibid.* 8, 25 *extr.* – censeri de alqo, als zu jmd. gehörig betrachtet werden, Ov. ex Pont. 2, 5, 73; 3, 1, 75. – censeri alqam dilectam inter comites suas, jmd. als Liebling unter seinen Begleiterinnen gelten lassen, Ov. ex Pont. 1, 2, 139. – **2** insbes., censeri alqā re, nach etw. **geschätzt werden,** durch etw. **seinen eigentlichen Wert gewinnen,** hic te commilitone censetur, Plin. pan.: multiplici variāque doctrinā, Suet.: divitiis, Val. Max. – **II** prägn., (nach Prüfung aller Umstände) **seine Ansicht** od. **Meinung** od. **sich dahin aussprechen, der Ansicht-, der Meinung sein, raten, anraten, dafürhalten, für zweckmäßig, billig, wahr erachten, 1** im Allg.: **a** m. *Advv.*: haud aliter censeo, Ter.: ita prorsus censeo, Cic. – **b** mit *Acc.*, u. zwar: **α** mit einfachem allg. *Acc.*: tibi igitur hoc censeo, für dich nun ist mein Rat, Cic.: quid ergo censes? Cic.: quod censueris, faciam, Cic. – **β** m. dopp. *Acc.*: cum aspicias tristem, frugi censeas, Plaut.: quid me od. illum censes? was denkst du von mir od. ihm? (s. Ribbeck Coroll. ad Comic. Lat. fr. p. LXV II. Brix Plaut. trin. 811. Klotz Ter. Andr. 853. p. 85): quid censes munera terrae? Hor.: nec bona censendum, quae Fors infida dedisse valet, Sil. – **c** m. *ut* u. Konj., Plaut. merc. 483. Varr. sat. Men. 550. Cic. de or. 2, 290; od. m. *ne* u. Konj., Suet. Aug. 94, 3. – **d** m. bl. (meist eingeschobenem) Konj. (s. Seyff. Cic. Lael. 5, 17. p. 103. Halm Cic. Cat. 4, 13. Heerw. Liv. 21, 19, 10), **ich dächte, dächte ich,** censeo eas, Plaut.: magno opere censeo desistas, Cic.: nunc quoque accersas censeo omnes navales terrestresque copias, Liv.: misereamini censeo, Sall.: censeo libens dormias, Fronto. – **e** m. *Acc.* u. *Infin.*: non vidisse undas me maiores censeo, Plaut.: dum illud, quod miser est, clam esse censet alteros, Acc. fr.: adeon me esse pervicacem censes, Ter.: ego amplius deliberandum censeo, Ter.: im Passiv mit *Nom.* u. *Infin.*, comoediae, quae consensu omnium Plauti esse censebantur, Gell. 3, 3. § 3. – **f** m. *Infin.*: delubra esse in urbibus censeo, Cic.: cum alii in Palatium redire, alii Capitolium petere, plerique rostra occupanda censerent, Tac.: censeo ergo in propinquo agrum mercari, Col. – **g** absol.: rem (den Tatbestand) cum videas, censeas, da kannst du's ermessen, Ter. heaut. 1023. – u. als Ausdruck der Beistimmung od. ironisch der Verneinung, **ich denke (dächte), ich denke (dächte) doch** (vgl. Ussing Plaut. Amph. 959. p. 325 u. Ter. eun. 2, 1, 11), *PL.* Censen hodie despondebit eam mihi quaeso? *TR.* Censeo, Plaut.: *PH.* ego rus ibo atque ibi manebo. *PA.* Censeo, Ter. – **2** als publiz. *t. t.*, **a** in der Beratung **für** etw. **stimmen, sein Votum abgeben, auf** etw. **antragen, zu** etw. **raten** (konstr. mit folg. *Infin. Pass.* od. mit folg. *Acc.* [bes. *Partic. Fut. Pass.*] u. *Infin.* od. m. folg. *ut* od. *ne* m. Konj.; vgl. Fabri Liv. 24, 22, 5; Held Caes. b. c. 1, 67, 1), bona censuerunt reddi, Liv.: reddenda censebat bona, Liv.: captivos reddendos in senatu non censuit, Cic.: plerique censebant, ut noctu iter facerent, Caes. – m. bl. *Acc.* (s. Nipperd. Tac. ann. 13, 8), pars deditionem, pars eruptionem censebant, Caes.: zugl. m. *ne* u. Konj., non arma neque secessionem, tantummodo ne amplius sanguinem vestrum praebeatis, censebo, Sall. fr. – **b** insbes., *t. t.* für die Willensentscheidung des Senats (wie iubere für die des populus), **beschließen, verordnen,** quae Patres censuerunt, vos iubete, Liv.: senatus censuit, uti etc., Caes.: S. P. Q. R. verbis nuntient velle et censere, eos ab armis discedere, Sall.: bellum Samnitibus Patres censuerunt, Liv.: u. so cens. alci alqd (aram, triumphi insignia etc.), zuerkennen, Tac. – Perf. censiit, Gromat. vet. 231, 1. – *Infin. Praes. Pass.* censiri, Gromat. vet. 234, 2: u. ders. parag. censerier, Plaut. capt. prol. 15. – *Partic. Perf.* censītus, Chalcid. Tim. 344. Gromat. vet. 211, 8 u. a. Cod. Iust. 11, 47, 6 *sqq.* – censen = censesne, Plaut. merc. 461.

2. cēnseo = *succenseo,* **zürnen,** Varr. sat. Men. 72.

cēnsētor, s. cēnsītor.

cēnsio, ōnis, *f.* (1. censeo), **I** das zensorische **Abschätzen** u. **Kontrollieren,** die **Besorgung der allgemeinen Bürgerschatzung,** die **Zensur, 1** eig., Varr. LL. 5, 81. Paul. ex Fest. 65, 9: c. capitis, der untersten Bürgerklasse, bei der nur die Person zählte, Gell. 10, 28. § 2. – **2** übtr.: **a** die (zensorische) **Bestrafung, Züchtigung,** censionem facere, eine zensor. Bestrafung ergehen lassen, Paul. ex Fest. 54, 5. – u. dav. scherzh. übtr., c. bubula, die Peitschenzensur = Strafe mit Ochsenriemen, Plaut. aul. 601. – **b** die **Zensur** = das strenge Urteil, de nostris epistulis, Symm. ep. 1, 3: absol., Ambros. de Abrah. 2, 1. § 1. – **II** prägn., das **Aussprechen der Meinung,** das **Meinen,** die **Meinung,** der **Antrag,** adsum equidem, ne censionem semper facias, damit du nicht immer censeo (ich dächte) sagst, Plaut. rud. 1273: communem nummum dividendum censio est, CIL 4, 1597.

cēnsītio, ōnis, *f.* (1. censeo), die nach der Taxe gemachte **Auflage, Abgabe, Steuer,** Spart. Pesc. Nig. 7. § 9.

cēnsītor, ōris, *m.* (1. censeo) = τιμητής (Gloss.), der **Taxierer, Zensor,** bes. der Steuer, Ulp. dig. 50, 15, 4. § 1. Cassiod. var. 9, 11. CIL 3, 1463: censetor geschr., Sidon. ep. 8, 8, 3. Alcim. Avit. 6, 612.

cēnsor, ōris, *m.* (altlat. cēsor, CIL 1, 31 u. cēssor, Varr. LL. 6, 92; v. 1. censeo), der **Zensor, I** eig., Plur. censores, der urspr. auf 5, später auf 1½ Jahre gewählte höchste römische Magistrat von zwei Personen (urspr. beide Patrizier, dann einer ein Plebejer, zuw. auch beide), dem oblag: **a** Haltung des census (s. d.), Cic. de legg. 3, 7. – **b** das Sittenrichteramt oder die Aufsicht über das Benehmen der Bürger im häuslichen u. öffentlichen Leben, Cic. de legg. 3, 7, wobei die Zensoren den Straffälligen aus einer ländlichen tribus in eine städtische (ex rustica in urbanam) versetzen, ja inter aerarios od. Caerites (s. aerārius *no.* II, B, 1) zählen, insbes. die Senatoren aus dem Senat stoßen, den Rittern das Pferd nehmen (= sie aus dem Ritterstand stoßen) konnten, s. Liv. 45, 15, 4 u. 8. – **c** die Verpachtungen der dem Staat gehörigen Grundstücke, Nutzungen und Gefälle, Aufsicht über die loca publica, über die öffentlichen Bauten und Anlagen, Verakkordierung dieser, sowie aller anderen aus dem Schatz zu bezahlenden Dinge, übh. Hauptrechnung u. Übersicht aller in den Schatz oder aus demselben gezahlten Gelder (während die eigentl. bare Einnahme u. Ausgabe die Quästoren hatten), Cic. de legg. 3, 7. – Auch in den röm. Kolonien gab es Zensoren, Liv. 29, 15, 10. – Die Auszeichnung der Zensoren bestand außer der sella curulis zu Polybius' Zeit in einer purpurnen Toga. – **II** übtr., ein **strenger Beurtei-**

ler, -Richter, -Sittenrichter, -Tadler, scharfer Kritiker, absol., Cic. Cael. 25. Hor. ep. 2, 2, 110. Ov. ex Pont. 4, 12, 25: censor animus, Arnob. 7, 33: m. *Genet.*, castigator censorque minorum, Hor. de art. poët. 174: factorum dictorumque c., Sen. de vit. beat. 20, 4 (5): servus erilis imperii non censor est, sed minister, Sen. exc. contr. 3, 9, 4: Sallustius gravissimus alienae luxuriae obiurgator et censor, Macr. sat. 2, 9, 9. – als *fem.*, ita fides prompta dura sui censor est, Ambros. ep. 10, 83.

cēnsōriē, *Adv.* (censorius), **als strenger Sittenrichter,** alqm velut c. reprehendere, Augustin. c. Iul. Pelag. 4. § 33.

1. **cēnsōrīnus,** a, um (censor), **einer, der zweimal Zensor gewesen ist,** CIL 1, 1166, 16. Not. Tir. 37, 7.

2. **Cēnsōrīnus,** ī, *m.*, ein röm. Grammatiker des 3. Jahrh. n. Chr., der um das J. 238 n. Chr. eine noch erhaltene Schrift de die natali verfasste.

cēnsōrius, a, um (censor), **I zum Zensor gehörig, zensorisch,** zuw. auch = **sittenrichterlich,** tabulae, die Zensorkontrollen, Cic.: lex, der öffentliche Pachtkontrakt der Bauten od. der Staatseinkünfte, Cic. (sonst auch locatio c., Cic.), zuw. auch die Zensorverordnung (über Volkseinteilung, Abgaben, Staatsbauten usw.), Cic. u. Varr. r. r.: animadversio, Cic.: nota, Liv.; vgl. censoriae severitatis nota, Cic.: notiones censoriae, Gell. – opus c., **a** eine Handlung, ein Vergehen, die od. das der Ahndung des Zensors verfällt, Cic. u. Suet. (wofür probrum cens. b. Plin.): opus c. facere, dergl. begehen, Gell. – **b** die Zensorstrafe selbst, Col. 12. praef. § 10. – homo censorius, ein Mann, der Zensor gewesen, Cic.: Cato Censorius, Plin. u. Quint. – **II** übtr.: **a streng prüfend, -richtend, kritisierend,** versus virgulā quādam censoriā notare, Quint. 1, 4, 3: alqm censoria docti lima momordit Secundi, Mart. 5, 80, 12: censoria illa atque divina manus, Arnob. 5, 23. – **b sich in den Grenzen des Anstandes haltend, streng sittlich,** risus, Macr. sat. 2, 2, 16: mater familias, *ibid.* 7, 1, 2.

1. **cēnsuālis,** e (census), **den Zensus-, die Schatzung (Abschätzung) betreffend, Zensus-, Schatzungs- (Abschätzungs-),** tabularium, CIL 2, 4248: professiones, Abschätzungsangaben, Arcad. Charis. dig. 50, 4, 18. § 16: forma, Schatzungsordnung, Ulp. dig. 50, 15, 4 pr. – Dav.

2. **cēnsuālis,** is, *m.*, **I** der Anfertiger der Zensuslisten, der **Zensuale,** Capit. Gord. 12, 3. Symm. ep. 10, 43. – **II** censuales, die **Zensuslisten, Tert. apol.** 19. – Dav. wieder

3. **cēnsuālis,** e, **zu den Zensualen gehörig, der Zensualen,** Cod. Theod. 4, 4, 4 u. a.

cēnsum, ī, *n.*, s. 1. cēnseo *no.* I, A, 2, c.

cēnsūra, ae, *f.* (censor), **I** das Amt des Zensors, bes. als Sittenrichter, das **Zensoramt,** die **Zensur,** c. tristis, Liv.: post censuram, Cic.: censuram agere, Vell. u. Ov.: censuram gerere, Cic. u. Suet.: censurā alqm prohibere, Cic.: censurā fungi, Gell. – **II** übtr.: **A** die **Prüfung, Beurteilung, Untersuchung, Kritik,** vivorum, Vell.: convivarum, Sen. ep.: vini, Plin.: culinarum, Plin.: censuram (das Recht, dich zu tadeln) senecta dabat, Ov. – **B** das **strenge Wesen,** die **streng sittliche Haltung** (Ggstz. luxuria), Capit. Anton. phil. 22, 10. Treb. Poll. Gall. 3, 9. Prud. perist. 2, 326.

cēnsus, ūs, *m.* (1. censeo), **I** die **Abschätzung und Kontrollierung** der Vermögensumstände u. bürgerlichen Verhältnisse eines jeden röm. Bürgers (wobei dieser des Vaters Namen und den eigenen vollständigen Namen, sein Alter, seine Familie [Gattin, Kinder], sowie insbesondere sein Vermögen [an Kapital, Grundeigentum u. Sklaven] genau angeben musste, weil nach dieser Taxe ihm die Höhe der Kopf- u. Vermögenssteuer auferlegt u. sein Platz in einer der 35 Tribus angewiesen wurde), der **Zensus,** die **Schatzung,** aestimatio census, Cic.: professio census Romani, Oros.: censum instituere, Liv.: Romano censui ascribi, Oros.: censibus negotiatorum ascribi, zum Vermögen der H. gerechnet werden, Tac.: censum habere, Cic., od. agere, Liv., od. facere, Gell., den Zensus halten: censum a tribus Galliis agere, Liv. epit. 134: censum perficere, Liv.: censum maturare (schnell beendigen), Liv.: esse censui censendo etc., s. 1. cēnseo (*no.* I. A, 2, a): censum accipere (entgegennehmen), Liv., Ggstz. repudiare, Cic.: praedia dedicare in censum od. in censu, angeben, Scip. Afr. fr., Cic. u. Varr. LL.: in censum deferre, s. dē-fero: afferre in censum nihil praeter caput, Cic.: censum alcis augere, extenuare, Cic.: censum deferre od. profiteri, deklarieren, Tac. u. ICt.: censum emendare, nachdeklarieren, ICt.: censu liberari, Cic.: a censu (nach der Vermögensschätzung) et senatum et iudices legere, Liv.: u. so ex censu remiges dare, Liv.: censum alci praefinire, Cic.: censu prohibere, Cic., od. excludere, Liv., einem die Aufnahme in die Bürgerliste verweigern: habere censum eorum, qui etc., eine Zählung derer vornehmen, die usw., Caes. – **II** meton.: **a Zensusrolle** od. **-liste, Schatzungsliste, Steuerkataster** u., insofern auch die Grundstücke eingetragen waren = **Lagerbuch, Grundflurbuch, Kataster,** in censum referre, Liv. 39, 44, 2. Flor. 1, 6, 3. Ulp. dig. 50, 15, 4 pr.: census nostros requiris, Cic. Arch. 5, 10: censum populi Romani incendere, Cic. Cael. 78: vetera monumenta, census (Lagerbücher), auctoritas, Papin. dig. 10, 1, 11. – **b** das beim Zensus anzugebende od. angegebene **Vermögen,** der **Zensus,** übtr. übh. **Vermögen, Reichtum, Besitztum,** census senatorius, eines Senatoren (nicht unter 800000 Sesterze), Suet.: c. equester, eines Ritters (nicht unter 400000 Sesterze), Suet.: homo sine censu, Cic.: homo tenui censu, Hor.: inops censu, ein armer Teufel, Ps. Quint. decl.: census partus per vulnera, im Krieg erworbenes V., Ov.: Romani census populi, der röm. Schatz, Lucan.: c. mobilis, Mobiliarvermögen, Amm.: demittere censum in viscera, sein V. durchbringen, Ov.: breves extendere census, sein kleines Vermögen vergrößern, Mart.: dat census honores, Ov.: non potest ad haec sumi iudex ex turba selectorum, quem census in album et equestris hereditas (ererbte Ritterstand) misit, Sen.: census (Vermögensstücke) capere, pfänden, Plaut. Men. 454. – bildl., censu oris, durch Beredsamkeit, Manil. 1, 792. – **c** die vom ganzen Zensus abhängige **Kopf-** u. **Vermögenssteuer,** Cod. Iust. 4, 47 sine censu etc.

centaurēum, ī, *n.* u. **centaurium,** ī, *n.* (κενταύρειον, κενταύριον), **Tausendgüldenkraut, α** Form *-eum,* nur Gargil. Mart. med. 18: Plur., Lucr. 4, 123. Verg. georg. 4, 270. Lucan. 9, 918. – **β** Form *-ium,* Lucr. 2, 401. Plin. 25, 66: centaurium maius (*Centaurea Centaurium,* L.) u. minus (*Gentiana Centaurium,* L.), Plin. 25, 66 *sq.* – Nbf. **centauria,** ae, *f.* (κενταυρία), Plin. Sec. 2, 26. Cass. Fel. 1 u. 21. Isid. 17, 9, 33. Ps. Apul. herb. 34 *sq.*

Centaurēus u. **-ricus,** a, um, s. Centaurus *no.* I.

centauris, ridis, *f.* (κενταυρίς), eine Art von centaurium, Plin. 25, 69.

Centaurus, ī, *m.* (Κένταυρος), **I** der **Zentaur,** Plur. Centaurī, ōrum, *m.*, die **Zentauren,** ein roher, in Wäldern u. auf Bergen wohnender Stamm, Stierjäger zu Ross in Thessalien, von wilder Lebensweise und tierischen Begierden; dem Mythos nach zweigestaltete (oben Mensch, unten Ross) Ungeheuer, Söhne des Ixion u. einer Wolkengestalt als der vermeintlichen Juno (dah. nubigenae, Verg. Aen. 7, 674; 8, 293), bes. berühmt durch den Kampf mit den Lapithen, der sich auf der Hochzeit des Pirithous wegen Ehrenverletzung der Braut in der Trunkenheit entspann u. mit völliger Niederlage der Zentauren endigte, Ov. met. 12, 210 *sqq.* Verg. georg. 2, 455 *sq.* Hor. carm. 4, 2, 13 *sqq.* Iul. Val. 1, 13 (21). – C. nobilis = *Chiron* (s. d.), Hor. epod. 13, 11. – Dav.: **a Centaurēus,** a, um (Κενταύρειος), **zentaurisch, der Zentauren,** rixa, Hor. carm. 1, 18, 8. – **b Centauricus,** a, um (Κενταυρικός), **zentaurisch, der Zentauren,** lustra, Stat. Ach. 1, 266. – **II** übtr.: **A** ein südliches Gestirn, Cic. Arat. 203 u. a. – **B** der Name eines Schiffes (dah., wegen navis, *fem.*), C. magna, Verg. Aen. 5, 122; 10, 195.

centēnārius, a, um (centenus), **hundert enthaltend, aus hundert bestehend,** numerus, Varr. LL. u. Augustin.: grex, Varr.: pondera, Hundertpfundgewichte, Zentner, Plin.: ballistae, hundertpfündige Schleudersteine, Lucil. fr.: rosa, die Zentifolie, Tert.: fistula, deren Blech vor der Krümmung hundert Zoll breit war, Vitr. u. Frontin.: formae, Geldformen im Wert von 100 Goldstücken, Lampr.: infantes centenarii, mit 100 Armen oder Köpfen, Arnob. 2, 75: vir centenarius evasit, wurde ein hundertjähriger, Ps. Apul. herb. 100, 1: so auch centenario contiguus, beinahe hundert Jahre alt, Amm. 24, 1, 10:

centenariam transgredi aetatem, über 100 Jahre alt werden, Hier. ep. 10, 1: cena, für hundert Asse, Paul. ex Fest. u. Tert.: libertus, der hunderttausend Sesterze besitzt, ICt.: procurator, der hunderttausend Sesterze Gehalt hat, Inschr. – subst., **a** centēnārium, ī, *n.* (*sc.* pondus), das **Hundertpfundgewicht,** der **Zentner,** Isid. 16, 25, 4. – **b** centēnāriī, ōrum, *m.*, **α** Beamte, die hunderttausend Sesterze Gehalt haben, Cod. Iust. 10, 19, 1. – **β** = *centuriones,* Veget. mil. 2, 8 u. 13.

centēni, s. centēnus.

centēniōnālis, e (centenus), **ein Hundertteil betragend,** pecunia od. nummus, etwa »Centime« (Ggstz. maiorina pecunia u. decargyrus nummus), Cod. Theod. 9, 23, 1. § 3 u. 9, 23, 2.

centēnōdius, a, um (centum u. nodus), **hundertknotig,** herba, Marc. Emp. 31.

centēnsumus, s. centēsimus ►.

centēnus, a, um (centum), **I** Sing., **hundertmalig, hundertmal vorhanden,** arbor, Verg.: guttur, Pers.: vulnus, Sil.: consul, Mart.: iudex, Zentumvir, Stat.: dignitas, Dienstgrad der *centenarii,* ICt.: fructus, Augustin.: reditus, hundertfältiger Ertrag, Ven. Fort. 3, 9, 105. – subst., **a** centēna, ae, *f.* (*sc.* dignitas), Dienstgrad der *centenarii,* Cod. Theod. 10, 7, 1 u. a. – **b** centēnum, ī, *n.* = secale, weil es hundertfältig trägt (vgl. Plin. 18, 141), Edict. Diocl. 1, 3. Isid. 17, 3, 12. – **II** Plur., als *num. distrib.*, **centēnī,** ae, a, Genet. centenûm, **je hundert, allemal hundert,** Cic. u. a.: latae pedum centenûm quinquagenûm, Varr. fr.: centenis obsonitare, für hundert Asse, Cato oratt. 17. fr. 1 (b. Fest. 201, 32).

centēsimo, āvī, āre (centesimus), **den hundertsten Mann herausnehmen, zentesimieren,** Capit. Macrin. 12, 2.

centēsimus, a, um, *num. ordin.* (centum), der **hundertste,** pars, Plaut.: lux ab interitu, Cic.: portio, Plin.: legis unum et c. caput, Paragraph 101, Cic. – als *t. t.* der Landw. v. hundertsten Korn als Ertrag, ex eodem semine redire cum centesimo (v. Bohnen), Varr.: (ex uno grano) cum centesimo fundere (v. Boden), Plin.: cum centesima fruge fenus reddere (v. Boden), Plin.: cum incremento centesimae frugis renasci (vom Samen), Solin. – subst., centēsima, ae, *f.* (*sc.* pars), der **hundertste Teil** von etw., das **Prozent, a** als Abgabe, eine **einprozentige Abgabe,** Cic. Rab. Post. 30; ad Brut. 1, 18, 5: rerum venalium, Verkaufssteuer, Tac. ann. 1, 78: dies. vectigal centesimae, Tac. ann. 2, 42. – von Interessen, 1 **Prozent** monatlich, also nach unserer Zinsrechnung 12 Prozent jährlich (als Wucherzins betrachtet), Cic.: so auch binae centesimae, 24 Prozent jährlich, Cic.: quaternae c., Cic.: perpetuae, Zins auf Zins (Ggstz. quotannis renovatae, jährlich zum Kapital geschlagene), Cic. ad Att. 6, 2, 7: a Caecilio propinqui minore centesimis nummum movere non possunt, nicht unter 12 Pr. (jährl.) flott machen können, Cic. ad Att. 1, 12, 1; vgl. Sen. ep. 118, 2. – Nbf. centēnsumus, Plaut. capt. 421; mil. 763 (761).

centiceps, cipitis (centum u. caput), **hundertköpfig,** belua, Zerberus, Hor. carm. 2, 13, 34.

centiēns (centiēs) *Adv.* (centum), **hundertmal,** nisi idem dictum est centiens, Ter.: centiens viciens proeliatum esse, Plin.: HS centiens (verst. centena milia), 10 Millionen S., Cic.: u. so (ohne HS) centiens comesse, Mart.

centifidus, a, um (centum u. findo), **in hundert-** od. übh. **in sehr viele Teile geteilt,** Prud. c. Symm. 2, 888.

centifolius, a, um (centum u. folium), **hundertblättrig,** rosa, Plin. 21, 17.

centigrānius, a, um (centum u. granum), **hundertkörnig,** triticum, Plin. 18, 95.

centimālis fistula (cent. v. κέντημα), ein chirurg. Instrument, der **Trokar** (franz. *trois quarts*), Veget. mul. 2, 15, 4 u. a.

centimanus, Akk. um (centum u. manus), **hunderthändig,** Gyas, Hor. carm. 2, 17, 14: Typhōeus, Ov. met. 3, 303. – Genet. centimanūs nach Prisc. 6, 84; vgl. Lachm. Lucr. 2, 537.

centimeter, trī, *m.* (centum u. metrum), **hundert-** od. übh. **sehr viele** *metra* **gebrauchend** od. **habend,** Terentianus, Sidon. carm. 9, 265: libellus, über hundert (= sehr viele) Metra handelndes, Serv. gramm. (IV) p. 457, 1 K.

centinōdius, a, um (centum u. nodus), **hundertknotig,** Marc. Emp. 31.

centipeda, ae, *f.* (centum u. pes), die **Hundertfüßlerin,** ein auch milipeda u. multipeda gen. Wurm, der **Tausendfuß,** die **Assel,** der **Kellerwurm,** Plin. 29, 136. Arnob. 2, 52: centupeda geschr. bei Isid. 12, 4, 33. – Nbf. centipedium, σκολόπενδρα, Auct. exc. de idiom. gen. 582, 73.

centipedālis, e (centum u. pes), **hundert Fuß haltend,** Beda de num. tom. 1. p. 101.

centipellio, ōnis, *m.* (centum u. pellis), der zweite Magen der wiederkäuenden Tiere, der **Blättermagen,** Plin. 28, 150.

centipēs, pedis (centum u. pes), **hundertfüßig,** Plin. 9, 145.

centiplex, s. centuplex.

cento, ōnis, *m.* (κέντρων, ›Rock aus Lumpen‹), **I** ein aus allerhand Lappen bestehendes **Flickwerk,** ein **Lumpen, Lumpenrock, Lumpenwerk,** eig., Scrippt. r. r. u. a.: als »Untermütze« unter dem Helm, Amm. 19, 8, 8: als Sack, Kissen, Matratze, bes. nassgemacht, beim Feuerlöschen od. zur Sicherung vor Feuer od. Geschossen gebraucht, Ulp. dig. 33, 7, 12. § 18. Caes. b. c. 2, 9, 3; 2, 10, 6; 3, 44, 7: aceto madefacti centones, Sisenn. 4. fr. 107 (bei Non. 91, 17). – Sprichw., centones alci sarcire, jmdm. etw. am Zeug flicken = Lügen aufbinden, Plaut. Epid. 455. – **II** übtr., Titel eines Gedichts, das aus verschiedenen Versen anderer Dichtungen zusammengestoppelt ist, ein **Cento,** wie z. B. des Ausonius Cento Nuptialis (das 13. seiner Idyllien); vgl. Isid. 1, 38, 25.

Centobriga, ae, *f.*, eine Stadt der Keltiberer in Hispanien, Val. Max. 5, 1, 5. – Dav. **Centobrigēnsēs,** ium, *m.*, die Einw. von Centobriga, die **Centobrigenser,** *ibid.*

centoculus, ī, (centum u. oculus), **hundertäugig,** Argus, Hier. in Ezech. 1, 1. *v.* 15 *sqq.*

centōnārius, a, um (cento), zum **Flick-, Lumpenwerk gehörig,** vestiarius, der Händler mit Kleidern aus alten Flicken, CIL 5, 50*: more centonario, wie ein Flickwerk, Tert. de praescr. 39. – subst., centōnārius, ī, *m.*, **a** der Verfertiger von Kissen und Decken aus alten Flicken, die mit Wasser getränkt zum Feuerlöschen dienten, Petr. 45, 1. – **b** Plur. centōnāriī, die Handhaber der centones (s. cento *no.* **I** beim Feuerlöschen usw., Cod. Theod. 14, 8, 1 u. 16, 10, 20. § 4: collegium centonariorum, CIL 5, 5128 u. 11, 1926 u. ö.: corpus centonariorum, Cod. Theod. 14, 8, 2. CIL 2, 1167: centuria centonariorum, CIL 5, 5446.

centrālis, e (centrum), **in der Mitte befindlich,** terra, Plin. 2, 86.

centrātus, a, um (centrum), **in die Mitte versetzt,** Fulg. mitol. 1, 12. p. 23, 19 H.

centria, ae, *f.* (verderbt aus κέντρον = *stimulus*), der **Stachel** als Marterwerkzeug, solus nequam populus centriam erexit ad illum, hat seinen St. gegen ihn gerichtet = hat sich an ihm vergriffen, Commodian. apol. 630.

centrinēs, ae, *m.* (κεντρίνης), der **Centrines,** eine Art Mücke (Wespe?), Plin. 17, 255.

Centronēs etc., s. Ceutronēs.

centrōsus, a, um (centrum *no.* II, 2), **kernig, körnig,** gemmae, Plin. 37, 98.

centrum, ī, *n.* (κέντρον), eigentlich der Stachel; dah. **I** circini c., der eingehakte feste **Schenkel des Zirkels,** um den sich der andere herumdreht, Vitr. 3, 1, 3 u. a. – **II** meton.: **1** der **Mittelpunkt** des Kreises, das **Zentrum,** Vitr. u. Plin.: rein lat. punctus (punctum) circuli, Isid. 3, 12, 1. – Im Plur., solis terraeque centra, Plin. – **2** der **Kern,** das **Harte, Körnige,** im Innern des Holzes, der Edelsteine usw., Plin. – Nbf. centron, Mart. Cap. 8. § 814 u. 855 (mundi centron).

centum, *indecl. num. card.* (altind. *çatá-m,* griech. ἑκατόν), **hundert, I** eig.: c. milia, Laber. com. fr.: c. milia modiûm, Cic.: c. dies, c. anni, Cic.: intra centum annorum spatium, Liv.: ratis longa pedes centum, Liv.: centum capita, eine auch eryngium gen. Pflanze, Plin. 1. ind. lib. 22 u. Plin. 22, 20. – **II** hyperbol. für eine unbestimmte größere

Zahl, centum docta consilia Plaut.: centum puer artium (= πάντεχνος), in allen möglichen Künsten u. Wissenschaften unterrichtet, Hor.: non mihi linguae centum oraque centum, Verg.: centum clavibus servata, mit hundert Schl. = sehr sorgfältig, Hor.: quin immo centum ac mille, Quint. Vgl. Huschke Tibull. 1, 7, 49.

Centum Cellae, ārum, *f.*, ein Hafenort Etruriens mit einer Villa Trajans, j. *Civita Vecchia,* Plin. ep. 6, 31, 1. Rut. Nam. 1. 237.

centumgeminus, a, um (centum u. geminus), **hundertfältig,** Briareus, der hundertarmige, Verg. Aen. 6, 287 (vgl. Macr. sat. 5, 14, 8): Thebe, das hunderttorige, Val. Flacc. 6, 118.

centumpeda, ae, *m.* (centum u. pes), **Hundertfüßler,** Beiname Jupiters, Augustin. de civ. dei 7, 11.

centumpondium, ī, *n.* (centum u. pondo), ein **Gewicht von hundert Pfund,** das **Zentnergewicht,** Plaut. asin. 303. Cato r. r. 13, 3.

centumvirālis, e (centumviri), **zu den Zentumvirn gehörig, zentumviralisch,** iudicium, Cic.: causa, von den Z. abgeurteilte, Cic.: centumviralem hastam cogere, ein Zentumviralgericht zusammenberufen, Suet.

centumvirī, ōrum, *m.*, die **Hundertmänner,** ein jährlich gewähltes, aus 105 (in der Kaiserzeit aus 180) Personen bestehendes Richterkollegium in Privatangelegenheiten, bes. in Erbschafts-, Vormundschaftssachen usw., Cic. u. a.

centunclus, -um, s. centunculus.

centunculus, ī, *m.* (*Demin.* v. cento), **I** ein **kleines Flickwerk, kleiner Lumpen,** Liv. u. a.: sutilis, Apul.: als Harlekinsrock, Apul. apol. 13. – Synk. Nbf. centunclum equestre coactile, eine Pferdedecke von Filz, Edict. Diocl. 7, 52: centunclum ornatum ab acu, eine gestickte Pferdedecke, *ibid.* 7, 53. – **II** übtr., synk. centunclus (griech. γναφάλλιον), eine Pflanze, die **Buchwinde** (*Polygonum Convolvulus,* L.), Plin. 24, 138 u. 26, 114 (wo Femin.).

centupeda, s. centipeda.

centuplex (centiplex), icis, **hundertfältig,** murus, Plaut. Pers. 560: fructus, Prud. cath. 7, 220: centuplicem ferre frugem, Iuvenc. hist. sacr. 2, 799. – subst., centuplicia, ium, *n.*, das **Hundertfältige,** ego accipio minus et do plus, quid? centuplicia, Augustin. serm. 239, 5 *in.*

centupliciter, *Adv.* (centuplex), **hundertfältig,** Augustin. in euang. Ioann. tract. 119, 3 u. a. Eccl.

centuplico, āvī, ātum, āre (centuplex), **verhundertfältigen,** populum, Vulg. 2. reg. 24, 3. – Partiz. centuplicātus, a, um, **hundertfältig,** fructus, Prud. adv. Symm. 2, 1051 *sq.*: centuplicato fenore, Hier. ep. 66, 7: *neutr. Plur.* subst., centuplicata dehinc capiet, Iuvenc. hist. sacr. 3, 548. – dah. centuplicato (hundertmal teurer) venire, Plin. 6, 101.

centuplus, a, um (centum u. plus), **hundertfach,** fructus, Myth. Lat. 2, 15. Vulg. Luc. 8, 8: fenoris usus, Alcim. Avit. carm. ad Sor. 365: augere populum suum centuplum, Vulg. 1. chron. 21, 3. – subst., centuplum, ī, *n.*, das **Hundertfache,** accipere, Augustin. de civ. dei 20, 7. Vulg. Matth. 19, 29: invenire, Vulg. genes. 26, 12: reddere alci, Salv. adv. avar. 3, 17.

centuria, ae, *f.* (centum), urspr. eine Abteilung von hundert; dah. **I** eine Truppenabteilung der Legion von urspr. 100, später 60 Mann, die **Zenturie, Kompagnie,** Varr. LL., Liv. u. a. – **II** eine der 193 Ordnungen, in die Servius Tullius die römischen Bürger entsprechend ihrem Vermögen teilte, die **Zenturie,** Cic. u. Liv.: praerogativa, die in den Zenturiatkomitien zuerst votierende (durchs Los erwählte) Z., Cic. – **III** eine der Einteilung der ältesten Bevölkerung des römischen Gebietes in drei Tribus oder dreißig Kurien entsprechende Distriktseinteilung der Äcker in drei Tribusfluren (Varr. LL. 5, 55) od. dreißig Kurien-Fluren, die centuriae agrorum heißen u. je 100 sortes oder Kopfteile, somit in Summa 200 iugera umfassen, sodass 1 sors 2 iugera enthält, Varr. r. r. 1, 10, 2. Varr. LL. 5, 35 (u. daraus Col. 6, 1, 7. Isid. 15, 15, 7). Paul. ex Fest. 53, 12. Gromat. vet. 30, 7; 110, 4; 153, 26.

centuriālis, e (centuria), **zur Zenturie gehörig, I** (nach centuria *no.* I) zur Zenturie der Legion: vitis, Zenturionenstab, Macr. sat. 1, 23, 16. – **II** (nach centuria *no.* II) zur Z. der Bürger: civis, in irgendeiner Zenturie stimmend, Paul. ex Fest. 177, 28. – **III** (nach centuria *no.* III) zur Z. der Äcker: lapides, Grenzsteine für einzelne Zenturien, Gromat. vet. 286, 14 u. a.

centuriātim, *Adv.* (centuria), **I zenturienweise, a** v. Heer, producere milites, Caes. b. c. 1, 76, 3; vgl. Charis. 185, 28. – **b** v. Volk, describere ordines, Cic.: citare populum, Liv. – **II** übtr., **massenweise, zu Hunderten,** Pompon. com. 153.

centuriātio, ōnis, *f.* (centuriare), die **Einteilung nach Zenturien,** der **Flurplan,** Gromat. vet. 117, 24 u. a.

1. **centuriātus,** ūs, *m.* (v. 1. centurio), die **Einteilung** (der Legionssoldaten) **in Zenturien,** ubi ad decuriatum aut centuriatum convenissent, Liv. 22, 38, 3.

2. **centuriātus,** ūs, *m.* (von 2. centurio), das Amt und die Würde eines Zenturio, das **Zenturiat,** Cic. u. a.

3. **centuriātus,** a, um, s. 1. centurio.

1. **centurio,** āvī, ātum, āre (centuria), **in** od. **nach Zenturien einteilen, -abteilen,** u. zwar (nach centuria I–III): **I** die Legionstruppen: c. iuventutem, Liv.: inter sese decuriati equites, centuriati pedites coniurabant, die Reiter in ihren Dekurien, das Fußvolk in seinen Zenturien, Liv.: iuventus Romana … equis delapsa se ipsam centuriavit, d. i. kämpfte zenturien-, kompagnienweise, Val. Max. – absol., centuriat Capuae, Cic. – Scherzh., eripiam ego hodie concubinam militi, si centuriati bene sunt (gut organisiert) maniplares mei, Plaut. mil. 815. – mulus centuriatus, der jeder Zenturie zugeteilte Proviantmaulesel, der Maulesel der Zenturie (Kompagnie), Aurel. bei Vopisc. Aurel. 7. § 7. – **II** die röm. Bürger; dah. comitia centuriata, die Zenturiatkomitien = die Versammlung des röm. Volkes, in denen es nach Zenturien stimmte (bei der Wahl der höheren Magistrate, bei Entschließungen über Krieg und Frieden, übh. bei allen bedeutenden Verhandlungen), Cic.: Pseudolus mihi centuriata habuit capitis comitia, hat das Todesurteil über mein Dasein ausgesprochen, Plaut. Pseud. 1232. – centuriata lex, in den Zenturiatkomitien beraten, Cic. – **III** Äcker, agrum, Gromat. vet. 120, 3 u. 204, 5.

2. **centurio,** ōnis, *m.* (centuria), der Befehlshaber einer Zenturie, der **Zenturio,** Cic. u. a.: c. classiarius, Marinekapitän, Tac. ann. 14, 8 (u. so centurio ex triere Neptuno, CIL 10, 3375): cohortes sibi quaeque centuriones legerunt, Liv. 3, 69, 8.

centuriōnātus, ūs, *m.* (2. centurio), **I** das Amt u. die Würde eines Zenturio, das **Zenturionat,** Val. Max. 3, 2, 23. – **II** die **Zenturionenwahl,** Tac. ann. 1, 44.

centuriōnus, ī, *m.* = 2. centurio (s. d.), Paul. ex Fest. 49, 16.

Centuripae, ārum, *f.* (Κεντούριπαι, αἱ, Ptol.) u. **Centuripa,** ōrum, *n.* (Κεντόριπα, τά, Thuc.) u. **Centuripīnum,** ī, *n.*, eine uralte Stadt auf Sizilien, im Inneren der Insel, dem Ätna gegenüber, j. *Centorbi,* Form *-ae,* Scrib. 171. Sil. 14, 204 (wo die Hdschrn. Centuripe haben): Form *-a,* Itiner. Anton. 93, 5. Auct. de mirac. mund. § 4 H.: Abl. Centuripis (unsicher, ob von Form *-ae* od. *-a*), Plin. 31, 86: Form *-inum,* Mela 2, 7, 16 (2. § 118). – Dav. **Centuripīnus,** a, um, **centuripinisch,** Cic. u. Plin.: Plur. subst, Centuripīnī, ōrum, *m.*, die Einw. von Centuripä, die **Centuripiner,** Cic. u. Plin.; u. zugl. für die Stadt **Centuripä,** Cic. Verr. 4, 50.

centussis, is, *m.* (centum u. as, s. Varr. LL. 5, 170; 9, 81. Prisc. de fig. num. 31), **hundert Asse,** emere centussis, Varr. sat. Men. 404 (b. Gell. 15, 19, 2): centusse liceri, Pers. 5, 191: centussibus aestimari, Fest. 237 (a), 20: Fanni centussis misellus, scherzh. von des Fannius Aufwandsgesetz, Lucil. sat. 4, 12 (vgl. Gell. 2, 24, 4. Macr. sat. 3, 17, 5).

cēnula, ae, *f.* (*Demin.* v. cena), die **kleine Mahlzeit,** hesterna, Cic. Tusc. 5, 91: parva, Mart. 5, 78, 22 u. 7, 51, 12: sermone cenulam variare, Varr. sat. Men. 103: ad subitam condictamque cenulam invitare alqm, Suet. Claud. 21, 4: cenulas facere, ein paar Gäste bei sich sehen, Cic. ep. 9, 24, 2: si cenulam diviti pauper fecisset, Ps. Quint. decl. 301: qui cenulam ordine suo curabat, Gell. 18, 2, 3: hoc aere collecto cenula curabatur omnibus, Gell. 18, 13, 4: unā ponetur cenula mensā, Mart. 10, 48, 13.

cēnulentus, s. caenulentus.
cēnum, s. caenum.
Ceōs, s. Cēa.
cēpa (caepa), ae, *f.* (κάπια), die **Zwiebel,** Lucil. fr., Varr. fr., Cels. u. a.: übtr., caepa citrata, haariger Zwiebelkopf, Petr. 58, 2 B³. – Nbf. **cēpe,** is, *n.,* Poët. vett., Hor. u. a.
cēpaea, ae, *f.* (κηπαία), eine dem Portulak ähnliche Pflanze, das **portulakblätterige Sedum** (*Sedum Cepaea,* L.), Plin. 26, 84.
cēpāria, ae, *f.* (cepa), eine Krankheit in den Schamgliedern, Marc. Emp. 33.
cēpārius, ī, *m.* (cepa), der **Zwiebelhändler,** Lucil. sat. 5, 23. Vgl. Gloss. V, 565, 8.
cēpe, is, *n.,* s. cēpa.
cephalaea, ae, Akk. ān, *f.* (κεφαλαία), **altes, eingewurzeltes Kopfweh,** Plin. 20, 135. Cael. Aur. chron. 2, 1, 28.
cephalaeon, ī, *n.* (κεφάλαιον = κεφαλή), **der Kopf,** acharnae, Lucil. 50.
cephalaeōta, ae, *m.* (κεφαλαιωτής), der **Kopfgeldeinnehmer,** Cod. Theod. 11, 24, 6.
cephalargia, ae, *f.* (κεφαλαλγία, -αργία), das **Kopfweh,** der **Kopfschmerz,** Plin. Val. 1, 3.
cephalargicus, a, um (κεφαλαλγικός, -αργικός), **an Kopfschmerz leidend,** Veget. mul. 1, 25, 2. Oribas. fr. p. 21, 24.
cephalicum, ī, *n.* (κεφαλικόν), das **Kopfpflaster,** Veget. mul. 6, 28, 1.
cephalicus, a, um (κεφαλικός), den **(kranken) Kopf betreffend,** medicamentum, Veget. mul. 2 (3), 43, 2.
Cephallēnia (Cephallānia), ae, *f.* (Κεφαλληνία), die größte Insel im Jonischen Meere, j. *Cefalonia,* Liv. 37, 13, 11; 38, 28, 6 *sqq.* Flor. 2, 9, 4. Mela 2, 7, 10 (2. § 110). Plin. 4, 54 u. 55. – Dav. **Cephallēnes,** um, *m.* (Κεφαλλῆνες), die Einw. von Ceph., die **Cephallener,** Liv. 37, 13, 12. Sil. 15, 305.
cephalicus, a, um (κεφαλικός), **den Kopf betreffend, Kopf-,** Cels. u. Veget.
1. **cephalo,** ōnis, *m.* (= ἐγκέφαλον), eine **Palmenpflanze,** Pallad. 5, 5, 3.
2. **Cephalo,** ōnis, *m.* (κεφαλή), ein Beiname, viell. **Großkopf,** Lucil. sat. 11, 22.
Cephaloedis, idis, *f.* (Κεφαλοιδίς, Ptol.) u. **Cephaloedium,** ī, *n.* (Κεφαλοίδιον, Strab.), Stadt an der Nordküste Siziliens, im Gebiet von Himera, mit einem Hafen u. einer diesen schützenden Akropolis, j. *Cefali,* Form *-dis,* Plin. 3, 8 (14), 90: Form *-dium,* Cic. Verr. 2, 128, wo Genet. Cephaloedi; vgl. Prisc. 2, 63. – Dav.: **A** **Cephaloeditānus,** a, um (vgl. Charis. 2, 63), **cephalöditanisch,** civitas, Cic. Verr. 3, 103: Plur. subst., Cephaloeditānī, ōrum, *m.,* die Einw. von Cephalödis, die **Cephalöditaner,** Cic. Verr. 2, 130. – **B** **Cephaloedias,** adis, *f.,* **cephalödisch,** ora, Sil. 14, 252.
cephalōtē, ēs, *f.* (κεφαλωτή, *fem.* v. κεφαλωτός), **mit einem Kopf versehen,** Ser. Samm. 427.
Cephalus, ī, *m.,* Enkel des **thessalischen** Königs Äolus, Gemahl der Prokris, von Aurora geliebt und entführt, Ov. met. 6, 681; 7, 665 *sqq.* Hyg. fab. 189 u. 276.
Cēphēïs, -ēius, s. Cēpheus.
1. **cēphēnes,** um, *m.* (κηφῆνες), die **Drohnen** im Bienenstock, rein lat. fuci, Plin. 11, 48.
2. **Cēphēnes,** um, *m.* (Κηφῆνες), eine fabelhafte Völkerschaft in Äthiopien, Ov. met. 5, 1 u. 97. Ov. Ib. 552. – Dav. **Cēphēnus,** a, um, **cephenisch,** proceres, Ov. met. 4, 764.
Cēphēsias, s. Cēphīsias.
Cēphēus, eī u. eos, Akk. ea, *m.* (Κηφεύς), König in Äthiopien, Gemahl der Kassiope od. Kassiopeja, Vater der Andromeda, Schwiegervater des Perseus, mit diesen unter die Gestirne des nördl. Himmels versetzt (vgl. Andromeda), Ov. met. 4, 738. Cic. Tusc. 5, 3, 8: Genet. -ei, Hyg. fab. 64: Genet. -ēos (Κηφῆος, epischer Genet.), Caes. German. Arat. 191: Akk. -ea, Ov. met. 5, 42. Mela 1, 11, 3 (1. § 64). – Dav.: **A** **Cephēïs,** idos, *f.* (Κηφηΐς), die **Cephēïde** (d. i. Tochter des C.) = Andromeda, Genet. -idos, Manil. 1, 436: Akk. -ida, Caes. Germ. phaen. 240: Vokat. ëi, Ov. art. am. 3, 191. – **B** **Cēphēius,** a, um, **cephēisch,** Andromeda, Prop. u. Ov.: virgo, Andromeda, Ov.: arva, äthiopische, Ov. – **C** **Cēphēus,** a, um, **cephēisch** = äthiopisch, Meroë, Prop. 4, 6, 78.
Cēphīsias, Cēphīsis, Cēphīsius, s. Cēphissos.
Cēphissos u. **-us** (Cēphīsus), ī, *m.* (Κηφισσός u. Κηφισός), **I** ein Fluss in Phocis u. Böotien, der bei Liläa in Phocis entspringt und in den See Kopaïs strömt, j. *Cephisso, Gaurio* od. *Gerios,* Plin. 2, 230. Ov. met. 3, 19. Lucan. 3, 175; als Flussgott Vater des Narcissus, Ov. met. 3, 343. Stat. Theb. 7, 340. – Dav.: **A** **Cēphīsius** (Cēphissius), ī, *m.* (Κηφίσσιος), der **Cephisier** = Narcissus, Ov. met. 3, 351. – **B** **Cēphīsis** (Cephissis), idis, *f.* (Κηφισίς od. Κηφισσίς), **cephisisch,** undae, Ov. met. 1, 369. – **II** der einzige Fluss in der Ebene westl. von Athen, der bei Munychia mündet, Ov. met. 7, 388. – Dav.: **A** **Cēphīsia,** ae, *f.,* eine quellenreiche Aue in Attika, Gell. 1, 2, 2; 18, 10, 1, u. Quelle selbst, nach Plin. 4, 24. – **B** **Cēphīsias,** adis, *f.* (Κηφισιάς), **cephisisch,** ora, das Ufer des attischen Cephisus, wo Prokrustes sich aufhielt, Ov. met. 7, 438.
cēpīcium (caepīcium), ī, *n.* (cepe), die **Zwiebel,** Arnob. 5, 1 R.; vgl. Caper bei Prisc. 6, 11, wo cepicius, cepicium.
cēpīna (caepīna), ae, *f.* (cepa), die **Zwiebel** als Pflanzung, das **Zwiebelland, Zwiebelfeld,** Col. 11, 3, 56 *sq.*
cepionidēs, um, *f.,* gewisse uns unbekannte Edelsteine, Plin. 37, 156.
cēpītis u. **cēpolatītis,** tidis, *f.,* ein uns unbekannter Edelstein, Plin. 37, 152.
cēpolendrum, ī, *n.,* ein erdichtetes Gewürz, Plaut. Pseud. 832.
cēpotaphiolum, ī, *n., Demin.* v. cepotaphium (s. d.), CIL 6, 2259 u. 19039.
cēpotaphium, ī, *n.* u. **cēpotaphius,** ī, *m.* (κηποτάφιον), ein von einem kleinen Garten umgebenes Grabmahl oder ein Grab in Gestalt eines Gärtchens, ein **Gartengrabmal,** Form -ium, CIL 6, 3554. 8505. 10675: Form -ius, CIL 6, 21020 u. 29929.
cēpula, ae, *f.* (*Demin.* v. cepa), die kleine **Zwiebel,** Pallad. 3, 24, 2; 11, 11, 4: cepulae Germanae (viell. = bulbi vomitorii), Cael. Aur. acut. 3, 4, 42. – Form cepulla, Apic. 7, 277: verderbt cibulla (woher franz. ciboule), Plin. Val. 2, 3.
cēpūricus, a, um (κηπουρικός), **zum Gartenbau gehörig,** loca, Firm. math. 2, 12. – Plur. subst., cēpūrica, ōn, *n.,* **Bemerkungen** oder **Beiträge zum Gartenbau,** eine Schrift des Sabinus Tiro, Plin. 19, 177.
cēpūros, ī, *m.* (κηπουρός), der Gärtner, Titel des 3. Buches des Apicius.
cēra (spätlat. auch caera), ae, *f.* (verwandt mit κηρός), das Wachs, **I** eig.: cera Tarentina, Varr. fr.: alba, Plin.: flava, Ov.: mollissima, Cic.: si omnis cera commutabilis esset, nihil esset cereum, quod commutari non posset, Cic. – Plur., ceras excudere (von Bienen), das Wachs zu Zellen bilden, Verg.: suum quaeque plebs (apium) morem figurandi ceras fingendique servant, Col.: aures occludere ceris, um nicht zu hören, Amm. 29, 2, 14. – Bes. gebraucht zum Bestreichen usw. der Leichen, damit sie sich lange halten, alqm cerā circumlinere, Cic.: alqm cerā circumfundere, Nep. – zum Überziehen der Stimmtäfelchen und Schreibtafeln, ceratam unicuique tabellam dari cerā legitimā, non illā infami ac nefariā, Cic. – zum Bilden von Figuren, fingere e cera solitum esse, ein Wachsbildner (Wachsbossierer) gewesen sein, Cic.: ceris fingendis (Wachsmassen zu Figuren bilden, Wachsfiguren bilden, in Wachs bossieren) et aere fundendo procudendoque oblectari, Iustin.: expressi cerā vultus, Plin.: fictae cerā icones, Plin. – bes. der Ahnenbilder, non ceram illam (imaginum) neque figuram tantam vim in se habere, Sall. Iug. 4, 6. – zum Siegeln, cedo ceram et linum, Plaut.: expressa in cera ex anulo imago alcis, Plaut.: in illo testimonio ceram esse, Cic. – gefärbt zum Schminken, inductā candorem quaerere cerā, Ov. art. am. 3, 199. – zur enkaustischen Malerei, loculatae arculae, ubi discolores sint cerae, Varr.: ceris pingere et picturam inurere, Plin. – **II** meton.: **a** die mit Wachs überzogene Tafel, in die mit dem metallenen Griffel (stilus) die Buchstaben eingetragen wurden, die **Wachstafel, Schreibtafel,** codicis extrema cera, Seite, Cic.: ut illa prima postrema ex illis ta-

bulis cerave recitata sunt, Liv.: prima secundo cera versu, die erste Seite des Testaments in der zweiten Zeile, Hor.: primae duae cerae (testamenti), **Seiten,** Suet.: cerae ultimae, das Testament, Mart.: alqd ceris mandare, Quint.: ut, si manus vacuas, ceras tamen plenas reportarem, Plin. ep.: nomen in ceras referre, Ov.: pugillares percurrere ceras, Prud. – **b** (poet.) Plur. cerae, **Wachsbilder** = wächserne Ahnenbilder, dispositae generosa per atria cerae, Ov.: exornent undique cerae atria, Iuven.

cērachātēs, ae, *m.* (κηραχάτης), der **wachsgelbe Achat,** Plin. 37, 139.

Cerambus, ī, *m.* (Κέραμβος), myth. Person, die in der deukalionischen Flut in einen Käfer verwandelt wurde, Ov. met. 7, 353.

1. **Ceramīcos** u. **-us,** ī, *m.* (Κεραμεικός, Topfmarkt), Name zweier Plätze innerhalb u. außerhalb Athens, auf deren letzterem die Statuen u. Grabmäler im Krieg gefallener Helden errichtet waren, Cic. de fin. 1, 39. Plin. 37, 155.

2. **Ceramicus,** s. Ceramus.

ceramītis, tidis, *f.* (κεραμῖτις), ein ziegelfarbiger Edelstein, Plin. 37, 153.

Ceramus, ī, *f.* (Κέραμος), dorische Seestadt an der Küste von Karien, j. *Keramo,* an dem von ihr benannten sinus Ceramicus (Κεραμεικός u. Κεραμικός, j. *Golfo di Stanco*), Mela 1, 16, 2 (1. § 84). Plin. 5, 107 u. 109 (der ihr eine falsche Stelle anweist).

cērārius, a, um (cera), **zum Wachs gehörig,** nur subst.: I) **cērārius,** ī, *m.,* **A** κηροπώλης, **Wachs-, Wachskerzenhändler,** Gloss. – **B** der auf **Wachstafeln schreibt,** CIL 3, 14507; 8, 2986 u. ö. – **II cērārium,** ī, *n.,* die Abgabe für verbrauchtes Wachs (zum Siegeln usw.), die **Siegelgebühren,** Cic. Verr. 3, 181.

ceras, atis, *n.* (κέρας, Horn), eine Art wilder Pastinake, Ps. Apul. herb. 80.

cerasinus, a, um (cerasum), **kirschfarbig,** cingulum, Petr. 28, 8: tunica, Petr. 67, 4.

cerasium, ī, *n.* = *cerasi pomum,* die **Kirschfrucht, Kirsche,** Marc. Emp. 9. Gargil. Mart. de med. ol. et pom. 52 *lemm.* Edict. Diocl. 6, 57 (wo Plur.).

cerastēs, ae, *m.* (κεράστης, gehörnt), **I** die **Hornschlange** (*Coluber Cerastes,* L.), Prop., Cels. u. a.: als Attribut in den Haaren der Furien, Stat. u. a. – meton., das **Schlangengift,** incocta cerastis spicula, Sil. 15, 681. – **II** ein den Bäumen schädlicher **gehörnter** Wurm, Plin. 16, 220. – **III** als *nom. propr.,* **Cerastae,** ārum, *m.,* eine dem Mythos nach gehörnte Völkerschaft auf Cypern, Ov. met. 10, 222 *sqq.*

cerasum, ī, *n.,* die Kirsche, Cels. 2, 24 u. 27. Plin. 15, 102 *sqq.* Hieron. epist. 31, 3.

1. **cerasus,** ī, *f.* (κέρασος), **I** der Kirschbaum, Varr. r. r. 1, 39, 2. Col. 11, 2, 96. Plin. 15, 102. Verg. georg. 2, 18. Ps. Ov. nuc. 32. u. **Kirschholz,** Pers. 6, 36. – **II** die **Kirsche,** Plin. 15, 112. Prop. 4, 2, 15.

2. **Cerasūs,** ūntis, *f.* (Κερασοῦς), Stadt in Pontus, Heimat der Kirschen, j. *Keresun,* Mela 1, 19, 11 (1. § 107). Plin. 6, 11. Amm. 22, 8, 16. Serv. Verg. georg. 2, 18. Isid. 17, 7, 16.

ceraulēs, ae, *m.* (κεραταύλης), der **Hornbläser, Hornist** (rein lat. cornicen), *Vopisc. Carin. 19, 2.

ceratēs, Akk. ēn, *m.* u. **ceratim,** *indecl.* (κέρας), ein griech. Gewicht = 4 scripula, Metrol. scriptt. Lat. vol. 2. p. 100, 2 u. 112, 10: u. = 2 calculi, *ibid.* p. 139, 2.

ceratia, ae, *f.* (κερατία), eine Pflanze mit einem einzigen Blatt, Plin. 26, 52.

ceratiās, ae, *m.* (κερατίας), der **Hornstern,** eine Art Kometen, Plin. 2, 90.

ceratim, s. ceratēs.

ceratinās, ae, *m.,* s. ceratinus a. E.

ceratinus, a, um (κεράτινος), **vom Horn,** ambiguitas, der Trugschluss von den Hörnern, der Hornschluss, griech. κεράτινος λόγος, κερατίνης (was du nicht verloren hast, das hast du noch? Hörner hast du nicht verloren? Also hast du Hörner), s. Gell. 18, 2, 9; vgl. Sen. ep. 45, 7 (8). Quint. 1, 10, 5: dass. subst., ceratina, ae, *f.* oder (richtiger) ceratinās, ae, *m.* (κερατίνης), Fronto de eloqu. 1. p. 146, 8 N.

ceratītis, tītidis, Akk. tītim, *f.* (κερατῖτις, gehörnt), eine Art **wilden Mohns,** Plin. 20, 205.

ceratium, ī, *n.* (κεράτιον), ein griechisches Gewicht, entsprechend dem lateinischen siliqua = 2 calculi, Metrol. scriptt. Lat. p. 144, 6; vgl. cerates.

cērātum, ī (Nbff. cērōtum, ī, Plin., Mart. u. a.; cērātorium od. cērōtārium, ī, Th. Prisc. u. Cael. Aur.), *n.,* **Wachssalbe, -pflaster, -pomade,** Cels. u. a.

cērātūra, ae, *f.* (cera), das **Überziehen mit Wachs,** der **Wachsüberzug,** Col. 12, 50, 16.

cērātus, a, um, s. cēro.

ceraula, ae, *m.,* (κεραύλης), der **Hornbläser,** monumentarius, Apul. flor. 4. p. 5, 4 Kr.

ceraunius, a, um (κεραύνιος), zum Donner-, Blitz gehörig; dah. **I rötlich, a** ceraunia gemma, ein Edelstein, wahrsch. eine Art **Katzenauge,** Plin. u. a. – Nbf. ceraunium, ī, *n.,* Claud. u. Mart. Cap., u. ceraunus, ī, *m.,* Prud. u. Mart. Cap. – **b** ceraunia vitis, von rötlicher Farbe, Col. 3, 2, 1. – **c** ceraunia, ae, *f.,* das **Johannisbrot,** Plin. 13, 59 (von Plin. mit ceronia, κερωνία, verwechselt). – **II** *nom. propr.,* **A Ceraunii** od. **Ceraunīmontēs,** *m.,* u. gew. (bes. b. Dicht.) bl. **Ceraunia,** ōrum, *n.,* Κεραύνια ὄρη, die **Donnerhöhen,** ein hohes, sich längs der epirotischen Küste hinziehendes Gebirge, j. *Kimara* od. *Monti della Chimera,* durch häufige Gewitter berüchtigt, u. bes. dessen in das Adriatische Meer ragende Vorgebirge, Acroceraunium promunturium, Plin. 3, 97, od. bl. Acroceraunia u. Ceraunia (s. unten die Zitate), griech. τὰ ἄκρα Κεραύνια, j. *Capo della Linguetta,* den Schiffen sehr gefährlich, Ceraunii (Cerauni) montes b. Mela 2, 3, 10 (2. § 39). Suet. Aug. 17, 3. Flor. 2, 9, 4: Ceraunia b. Verg. georg. 1, 332. Prop. 1, 8, 19; 2, 16, 3 u. a. (s. die Dichterstst. bei Orelli zu Hor. carm. 1, 3, 20): montes Acroceraunia u. montes Acroceraunii b. Plin. 3, 145: 4, 1. § 1 u. 2: infames scopuli Acroceraunia, Hor. carm. 1, 3, 20, u. bl. Acroceraunia (appell. = gefährlicher Ort), Ov. rem. 739. – **B** der nordöstliche Teil des Kaukasus, der an Albanien grenzt, zuw. = der ganze Kaukasus, Mela 1, 19, 13; 3, 5, 4 (1. § 109 u. 3. § 39): Ceraunius mons, Plin. 5, 99. Mart. Cap. 6. § 683.

Ceraunobolia, ae, Akk. ān, *f.* (κεραυνοβολία), der **Blitzfall,** ein Gemälde des Apelles, Plin. 36, 96.

ceraunus, s. ceraunius *no.* I, a.

Cerberos u. **-us,** ī, *m.* (Κέρβερος), **Zerberus,** der drei- (nach anderen hundert-)köpfige **Höllenhund,** Bewacher des Eingangs zur Unterwelt, Verg. Aen. 6, 417. Ov. met. 4, 450 *sq.;* her. 9, 91 (Cerberos). Cic. Tusc. 1, 10: canis Cerberus triceps, Hyg. fab. 151; vgl. Orelli Hor. carm. 2, 13, 34. – Dav. **Cerbereus,** a, um, **zum Zerberus gehörig, des Zerberus,** os, Ov.: facies canum Cerbereae, Höllenhunde, Lucr.: portae, der Unterwelt, Stat.

cerbīnus, s. cervīnus.

cercera, s. querquerus.

cercēris, ein im Wasser und auf dem Land lebender Vogel, Varr. LL. 5, 79 Sp.

Cercetius, ī, *m.,* mons (Κερκετήσιον ὄρος), die vom Lakmon ausgehende südliche Fortsetzung des Berges Pindus in Thessalien, Liv. 32, 14, 7; vgl. Plin. 4, 30.

Cercina, ae, *f.* (Κερκίνα), eine größere Insel vor der afrikanischen Küste, am Anfang der kleinen Syrte, mit einer Stadt gl. Namens und einem bequemen Hafen, j. *Kerkine* od. *Cherkara* od. *Zerbi,* Liv. 33, 48, 3 *sqq.* Auct. b. Afr. 34, 1: unter den Kaisern Verbannungsort, Tac. ann. 1, 53: durch eine Brücke mit der kleinen Insel **Cercinītis,** tidos, *f.* (Κερκινῖτις) verbunden, Plin. 5, 41. – Dav. **Cercinitānī,** ōrum, *m.,* die Bewohner der Insel Cercina, die **Cercinitaner,** Auct. b. Afr. 34, 3.

cercītis, tidis, *f.* (κερκῖτις), eine Art Ölbäume, Col. 5, 8, 3.

cercius, s. circius.

cercolōpis (wahrsch. griech. κερκολωπίς, von κέρκος und λώπη), eine Affenart mit zottiger Schwanzspitze, Paul. ex Fest. 54, 13.

Cerconīcus, ī, *m.* (κέρκος u. νικᾶν), **Schwänzelsiegerich,** ein erdichteter kom. Name, Plaut. trin. 1021.

Cercōpes, s. cercōps.

cercopithēcos u. **-us,** ī, *m.* (κερκοπίθηκος), **der geschwänzte Affe, die**

Meerkatze, Lucil. sat. inc. 80. Varr. sat. Men. 127. Plin. 8, 72. Mart. 7, 87, 4 u. 14, 128, 2: von den Ägyptern göttlich verehrt, Iuven. 15, 4.

cercōps, ōpis, *m.* (κέρκωψ), **I der geschwänzte Affe,** Manil. 4, 668. Amm. 22, 14, 3. – **II Cercōpes,** um, *m.* (Κέρκωπες), eine verschmitzte, betrügerische u. räuberische Völkerschaft auf der Insel Pithekusa, von Jupiter in Affen verwandelt, Ov. met. 14, 92. – Dav. scherzh. **Cercōpia,** ae, *f.*, das **Affenland,** Plaut. trin. 928 (s. R.[2] *not. cr.).*

cercupithēcos, s. cercopithēcos.

cercūrus (cercȳrus), ī, *m.* (κέρκουρος), **I** eine (bes. bei den Cypriern heimische) Art leichter, schnellsegelnder Schiffe, etwa **Kutter,** Form *cercur.*, Plaut. merc. 87; Stich. 368 u. 413. Gell. 10, 25, 5: Form *cercyr.*, Lucil. sat. 8, 19 u. 14, 2. Liv. 23, 34, 4 u. 33, 19, 10. Plin. 7, 208. – **II** ein Seefisch, nur cercyr., Ov. hal. 102. Plin. 32, 152.

Cercyōn, onis, Akk. onem u. ona, *m.* (Κερκύων), ein berühmter Räuber in Attika, von Theseus zu Eleusis besiegt u. getötet, Ov. met. 7, 439. Hyg. fab. 38 u. 187. Gell. 15, 21. – Dav. **Cercyonēus,** a, um, **cercyonēisch,** corpora, Ov. Ib. 412.

cercȳrus, s. cercūrus.

cerdo, ōnis, *m.* (κέρδος, Gewinst, Verdienst), **I** rein lat. lucrio, der gemeine **Handwerksmann,** Pers. 4, 51. CIL 6, 14946: sutor cerdo, Schuhflicker, Mart.; vgl. Heinrich Iuven. 4, 153; 8, 182. – **II** Cerdo, *nom. propr.*, bes. der Sklaven, Petr. u. a.

cerea, ae, *f.*, ein **Getränk** aus Getreide, in Hispanien üblich, Plin. 22, 164.

Cereālis, s. Cerēs.

cerebellāre, is, *n.* (cerebellum), eine **Gehirn-,** d. i. **Kopfbedeckung,** Pelagon. veterin. 50 *Ihm.* Veget. mul. 3, 7, 1.

cerebellum, ī, *n.* (*Demin.* v. cerebrum), **kleines Gehirn,** Cels. u. a.: pavonum cerebella, Suet. Vit. 13, 2: cerebellorum pulvis, Th. Prisc. 2. chr. 18. – Übtr., cepi ipsimi cerebellum, ich eroberte meines Herrn ganze Huld, Petr. 76, 1.

cerebrōsus, a, um (cerebrum), **I hirnwütig, toll,** Plaut. u. (von Tieren, z. B. boves) Col. – **II** übtr., der **Hitzkopf, Tollkopf,** Hor. sat. 1, 5, 21.

cerebrum, ī, *n.* (aus *cerasrom, vgl. altind. *çiraḥ*, Kopf, Spitze, griech. καράρα, Kopf), **I** das **Gehirn,** Komik., Cic. u. a.: id nunc eis cerebrum uritur m. folg. *Acc.* u. *Infin.*, macht das den Kopf heiß, dass ich usw., Plaut. Poen. 770. – meton., **a** = **Verstand,** Plaut., Hor. u. a. – **b** = **Hitzkopf,** Plaut. u. Hor. – **II** übtr., **a** das **obere Mark** in Bäumen, Plin. 13, 36. – **b der Sinn, Inhalt,** huius mysticae fabulae interius cerebrum, Fulg. myth. 3, 9. p. 126 M. – **III** die **Hirnschale,** Plin. Val. 1, 8. Th. Prisc. IV. f. 313[a]. Ser. Samm. 25. Vict. epit. 1, 15. Sidon. ep. 3, 13. – Nbf. cerebrus, Fulg. myth. 3, 9. p. 126 M.

cērefolium, s. caerefolium.

cēremōnia, s. caerimōnia.

cēreofalum, ī, *n.*, **die Kerze,** Plur., Itin. Silv. 24, 7.

cēreolus, a, um (*Demin.* v. cereus), **I** *adi.*, **wachsgelblich,** pruna, Col. poët. 10, 404. – **II** *subst.*, eine **kleine Wachskerze** od. **Wachsfackel,** Hier. adv. Vigil. 4. Ps. Augustin. serm. app. 265, 2. Isid. ep. 1, 14.

Cerēs, eris, *f.* (vgl. osk. Kerrí, ›Cereri‹, marruc. *Cerie),* arch. Genet. Cererus, CIL 1, 568, **I** Tochter des Saturn u. der Ops, Schwester des Jupiter u. Pluto, Mutter der Proserpina, Göttin der fruchttragenden Erde, des Acker-, bes. aber des Getreidebaus und der Fruchtbarkeit übh., dah. auch Göttin der Ehe; als Göttin des Ackerbaus Freundin des Friedens u. Gesetzgeberin (θεσμοφόρος), Cato r. r. 134, 1. Verg. georg. 1, 96. Hor. carm. saec. 30. Tibull. 1, 1, 15: von ihren Verehrungsorten mit den Beinamen C. Hennensis, Cic. Verr. 4, 107. Lact. 2, 4, 28: C. Catinensis, Lact. 2, 4, 28: C. Eleusina, Lact. 1, 21, 24: Eleusinia, Min. Fel. 21, 2: C. Milesia, Lact. 2, 7, 19 u. a. (vgl. Val. Max. 1, 1. ext. 5. ex Parid.): C. profunda, inferna, Proserpina, Stat. Theb. 4, 460 u. 5, 156: sacerdos Cererum, der Ceres u. Proserpina, CIL 10, 1585: Cereri nuptias facere, d. i. ohne Wein, Plaut. aul. 354. – **II** meton. für ihre Gaben, für **Saat, Getreide, Frucht, Brot** (im Ggstz. zu Liber, d. i. Wein; vgl. Rhet. Her. 4, 43. Cic. de or. 3, 167; de nat. deor. 2, 60), Verg. Aen. 1, 177 u. 701. Hor. carm. 3, 24, 13; epod. 16, 43. Ov. met. 3, 437; 8, 292. – dah. das Sprichw. sine Cerere et Libero friget Venus, Ter. eun. 732. – Dav. **Cereālis** (Ceriālis), e, **zur Ceres gehörig, ihr heilig** od. **geweiht,** u. meton. **zum Acker-, Getreidebau** usw. **gehörig, cerealisch,** cenae, lukullische (eig. = so glänzende u. üppige wie am Ceresfest), Plaut.: papaver, Verg.: nemus, Ov.: sacrum, Ov.: munera, Brot, Ov.: herba, Saat, Ov.: sulci, Saatfelder, Ov.: arma (s. d.), Verg.: solum, Unterlage von Weizenkuchen, Verg.: sapor, Getreide- od. Weizengeschmack, Plin.: aediles Cereales, die von Cäsar aus dem plebejischen Stand eingesetzten »Cerealädilen«, denen ausschließlich die Aufsicht über den Getreidemarkt u. die Proviantierung der Stadt Rom anvertraut war, Pompon. dig. 1, 2, 2. § 32. CIL 6, 1095 u. 31678: Sing., *ibid.* 2, 3864: u. ähnl. in den Kolonien, praefecti cereales iuri dicundo, Inscr. bei de Vita Antiqu. Benev. p. XIII. *no.* 11 u. 12. – subst., **a** Cereālēs, ium, *m.*, **Hinundherrenner** (wie Ceres, als sie ihre Tochter suchte), Hier. adv. Rufin. 3, 1 *extr.* – **b** Cereālia, ium, *n.*, **α** das **Ceresfest,** gefeiert den 12. od. 13. April, Cic. u. a.; mit Zirkusspielen verbunden, dah. Cerialia ludi, Liv. – **β** die **Getreidefrüchte, Zerealien,** Plin. 23. prooem. § 1.

cēreus, a, um (cera), **I wächsern,** nihil cereum, Cic.: imago, effigies, Hor.: campus, Schreibtafel, Titin. fr.: castra c., Wachszellen, Verg.: cellae cereae, Augustin. in psalm. 118. serm. 22. *no.* 7. – subst., cēreus, ī, *m.*, die **Wachskerze,** die **Wachsfackel,** Cic. u. a. (vollst. funalis cereus, Val. Max. 3, 6, 4): solche Wachskerzen wurden an den Saturnalien von den Klienten den Patronen zum Geschenk dargebracht, Mart. u. Macr.: bei Leichenbegängnissen vorangetragen, Sen. – **II** meton.: **1** dem Ansehen nach **wachsartig,** bald = **wachsfarbig, wachsgelb,** color, Plin.: pruna, Verg.: poma, Mart.: prata, CIL 5, 3635. – bald = **blendend weiß** wie Wachs, brachia, Hor. carm. 1, 13, 2. – bald = von gelbem Fett glänzend, **fett,** ficedula, turtur, Mart.; od. im üblen Sinne = **fettig, schmierig,** lacerna, Mart.: abolla, Mart. – **2 geschmeidig wie Wachs, fügsam,** m. folg. *Infin.*, cereus in vitium flecti, Hor. de art. poët. 163.

cerevisia, s. cervīsia.

Cerfennia, ae, *f.*, Stadt im Land der Marser, nach Reichard j. *Cerchio* beim *coll'Armeno*, Itin. Anton. 309, 4. CIL 9, 5973.

Ceriālis, s. Cerēs.

Ceriālitās, ātis, *f.*, die **Würde der Cerealädilen,** Corp. inscr. 9, 1655.

cērifico, āvī, āre (cera u. facio), **Wachs machen;** dah. von den Purpurschnecken, **das zellenartige Eiernest bereiten, schleimen,** Plin. 9, 133.

cēriforus = κηριάπτης, der **Wachskerzenanzünder,** Gloss. II, 349, 6.

Cerillae, ārum, *f.*, Stadt in Unteritalien (im Bruttischen), j. *Cirella Vecchia*, Sil. 8, 579.

cērimōnia, -ālis, s. caerim…

cērimōnior, -ōsus, s. caerim…

cērineus, a, um = cerinus (s. d.), CIL 8, 212.

cērintha, ae, u. **-ē,** ēs, *f.* (κηρίνθη), die **Wachsblume** (*Cerinthe maior,* L.), ein Bienenkraut, Verg. u. Plin.

cērinthus, ī, *m.* (κήρινθος), **Bienenbrot, Sandarach,** Plin. 11, 17.

cērinus, a, um (κήρινος), **wachsfarbig, wachsgelb,** pruna, Plin.: berylli, Plin. – subst., cērinum, ī, *n.*, ein **wachsfarbiges Kleid,** Plaut. Epid. 233.

cēriolāre, is, *n.* (*ceriolus = cereolus), der **Leuchter für Wachskerzen,** CIL 6, 18, 9 u. 9254, 4. – Nbf. **cēriolārium,** ī, *n.* (κηριολάριον), Gloss.

cēriolārius, ī, *m.* (*ceriolus = cereolus), der **Wachskerzenverfertiger,** CIL 3, 2112.

cērītis, tidis, *f.* (κηρῖτις), der **Wachsstein,** der uns unbekannte Edelstein, Plin. 37, 153.

cerītus, a, um, s. cerrītus.

cērium, ī, *n.* (κηρίον, Honigwabe, fucus), ein bösartiger **Ausschlag,** bei dem die Haut durchlöchert u. hohl ist, Plin. 20, 11 u. 23, 119 (bei Cels. 5, 28, 13 griech.).

Cermalus, s. Germalus.

cernentia, ae, *f.* (cernens, cerno), das **Sehen** (Ggstz. caecitas), Mart. Cap. 4. § 384 u. 386.

cerniculum, ī, *n.* (cerno), **I** = σύγκρισις, Gloss. II, 100, 4. – **II** = *incerniculum* (s. d.), Lucil. 26, 70 M.

cernitus, s. cerno ►.

cerno, crēvī, crētum, ere (aus *crĭno; vgl. κρΐνω, crībrum), **sichten, scheiden, I** eig.: cernere alqd per cribrum, Cato (wofür poet. alqd per densa foramina, Ov.): cernere alqd in cribris, Ov.: cernere alqd tenui od. artiore cribro, Plin.: alqd cribello spisso, Pallad. – **II** übtr.: **A unterscheiden, 1** mit den Sinnen, bes. mit den Augen **unterscheiden, a** übh., **deutlich wahrnehmen, gewahren, erkennen, sehen, α** mit den Sinnen, ut (vis et natura deorum) non sensu, sed mente cernatur, Cic. de nat. deor. 1, 49. – **β** mit den Augen, teils von den Augen selbst, pupilla, quā cernit (oculus), Cels.: imbecillitas oculorum est, ex qua quidem interdiu satis, noctu nihil cernunt, Cels. – teils v. Pers., absol., estne Hegio tribulis noster? si satis cerno, is est hercle, Ter.: nos oculis quia solis cernere quimus, Lucr.: acies ipsa, quā cernimus, quae pupula vocatur, Cic.: u. so c. acute, Lucr., acutum, Hor. u. Amm.: c. clarissime, Plin. – m. *Acc.*, lumen iubarne in caelo cerno? Enn. fr.: ut (wie) ea cernimus, quae videmus, Cic.: ego Catuli Cumanum ex hoc loco video, Pompeianum non cerno, Cic.: nisi prope admota non cernere, kurzsichtig sein (Ggstz. longinqua contueri, fernsichtig sein), Plin.: dextro oculo plus cernere, Plin.: in sole sidera ipsa desinunt cerni (sind nicht mehr sichtbar), Quint.: exemplum insigne cernitis (habt vor Augen) mutationis rerum humanarum, Liv.: im Passiv m. *Dat. pers.* (wem?), neque cernitur ulli, ist niemand sichtbar, Verg. Aen. 1, 440. – alqd oculis cernere, Cic. u. a., Ggstz. auribus accipere, Nep., od. animo videre, Cic.: c. oculis profanis, Ov., obliquis, Plin.: alqd c. coram, Verg. – m. *Acc.* eines Partiz., migrantes cernas tota ex urbe ruentes, Verg.: simile quiddam facientes aves cernimus, Quint.: cernis terram quasi quibusdam redimitam et circumdatam cingulis, Cic. – m. *Acc.* u. *Infin.*, Auroram rutilare procul cerno, Acc. fr.: Amphilochum huc vadere cerno, Acc. fr.: simul ut pueras has hāc nocte suspirare crevi, Titin. fr.: sensum inesse et motum in membris cerno, Canius bei Varr. LL.: quos frequentes obstinatos ad resistendum concurrisse cernebat, Suet.: cernebatur (man gewahrte) novissimos illorum premi, Caes. – m. indir. Fragesatz, hic autem alter (cingulus) cerne, quam tenui vos parte contingat, Cic.: cernis, ut insultent Rutuli? Verg. – endlich die Formeln en cerne (cernite) od. cerne en, **da sieh,** um die Aufmerksamkeit zu erregen, Stat. Theb. 5, 124 u. 7, 386: so auch cernis ut (wie), Ov. fast. 1, 75. – **b** prägn., berücksichtigend **vor Augen haben, im Auge haben,** ubi gratus, si non eum ipsum cernunt grati, cui referunt gratiam, Cic. de legg. 1, 49: exempla adiungerem, nisi apud quos oratio haberetur cernerem, Cic. de or. 1, 190. – **2** mit dem Geiste **unterscheiden, a** übh., **deutlich wahrnehmen** od. **erkennen, sich überzeugen,** animus plus cernit et longius, Cic.: mentis acies, quā verum cernitur, Cic.: haec, quae non vidistis oculis, animis cernere potestis, Cic.: neque tanta in rebus obscuritas, ut eas non penitus acri vir ingenio cernat, si modo aspexerit, Cic.: ut consuetum facile amorem cerneres, Ter.: quae cum ego non solum suspicarer, sed plane cernerem, Cic.: perspice tu, qui plurimum cernis, da sieh du zu, der du die beste Nase hast (im Doppelsinn mit cernere = cernere hereditatem), Rhet. Her. 4, 67. – m. *Acc.* u. *Inf.*, quom te mihi amicam esse crevi, Plaut.: isque ubi se nullo iam cursu evadere pugnae posse cernit, Verg.: ille cernens nullum locum sibi tutum in Graecia in Asiam transiit, Nep. – m. indir. Fragesatz, iam cernam, mene an illam potiorem putes, Cic. poët.: nec pro quibus meritis, pro qua magnificentia tantum ei tribuatur, cernere, Liv.: cernis ut ignavum corrumpant otia corpus, Ov. – **b** animo cernere, **im Geiste voraussehen,** m. *Acc.* u. *Infin.*, Cic. Cat. 4, 11: m. indir. Fragesatz, Cic. ep. 5, 12, 2. – **c** cerni in alqa re od. bl. alqā re, in, an od. durch etw. **wahrgenommen** od. **erkannt werden,** in od. durch etw. **sich zeigen,** in temporibus autem praesentia, praeterita, futura cernuntur, Cic.: amicus certus in re incerta cernitur, Enn. fr.: atque hae quidem virtutes cernuntur in agendo, Cic.: fortis animus et magnus duabus rebus maxime cernitur, Cic.: si beata vita honestate cernitur, Cic. – **B entscheiden, 1** etw. Zweifelhaftes, Streitiges entscheiden, **a** friedlich **entscheiden,** entscheidend **bestimmen,** v. Richter usw., et aecum (aequum) et rectum est, quod postulas; iurati cernant, Acc. tr. 33: regnum tibi permitti malunt? cernant; tradam exercitum, Acc. tr. 18: v. Los, priusquam id sors creverit, Liv. 43, 12, 2. – **b** durch Streit, Kampf **entscheiden** = **kämpfen,** ibi de divinis atque humanis cernitur, Plaut. trin. 479. – bes. durch Waffengewalt (vgl. Heinse Verg. Aen. 12, 709), absol., armis cum alqo, Acc. fr.: ferro inter se, Verg.: hi crevere pares bello, Sil. – m. *de* u. Abl., saeviter fortunā ferri de victoria, Enn. fr.: de virtute, Pacuv. fr.: magnis de rebus inter se, Lucr. – m. *Acc.* (über etw.), ferro, non auro vitam, Enn. fr.: fortunam ferro, Enn. fr. – m. homog. *Acc.*, einen Kampf **kämpfen,** certamen, Plaut.: duplicem seiunctim Martem, Tibull. – **2** prägn.: **a sich** für etw. **entscheiden,** etw. **beschließen,** durch entscheidenden Beschluss **bestimmen,** quodcumque senatus creverit, agunto, Cic. de legg. 3, 6: quotcumque senatus creverit, tot sunt, *ibid.* 3, 8: zugl. m. *Dat.* (für wen?) quibus divis (portenta) creverint, procuranto, *ibid.* 2, 21: zugl. m. *de* u. Abl., quid de Armenia cernerent, Tac. ann. 15, 14: m. *Infin.*, Lucil. sat. 5, 35 u. 13, 1. Catull. 64, 150. Laev. fr. 6 M. (bei Charis. 288, 10). – **b** als jurist. *t. t.*, cernere hereditatem, **sich für die Annahme der Erbschaft entscheiden** od. **erklären,** u. meton. = **die Erbschaft annehmen** (s. Varr. LL. 6, 80 u. 7, 78. Paul. ex Fest. 53, 8), Cic. agr. 2, 40; ad Att. 11, 2, 1. Liv. 24, 25, 3 (wo hereditatem regni c.): verb. hereditatem cernere adireque (annehmen u. antreten); u. umgek. hereditatem adire cernereque, Plin. ep. 10, 75 (79), 2. Gaius inst. 1, 266. – bildl., amorem alcis erga me cum reliqua hereditate c., Cic. ad Att. 6, 1, 10: hanc quasi falsam hereditatem alienae gloriae, Cic. ep. 9, 14, 4: hanc hereditatem paternam solam, catenas et carcerem, Val. Max. 5, 3. ext. 3. p. 241, 8 H. – Perf. crevi außer in juristischen Formeln auch Plaut. cist. 1. Titin. com. 50. Laev. fr. 6 M. bei Charis. 288, 10 (wo synkop. cresti). Cic. ad Att. 11, 2, 1 u. 11, 12, 14. – Partiz. Perf. Pass. spätlatein. cernitus (gesiebt), Th. Prisc. 4, 1.

cernophorus u. **-ora,** *f.* (κερνοφόρος), die **Priesterin, die den** *cernus* (s. d.) **trägt,** CIL 10, 1803 (-orus) u. 2, 179 (-ora).

cernulo, āre (cernuus), **machen, dass** jmd. **sich nach vornüberschlägt,** jmd. **kopfüberstürzen,** non vertit fortuna, sed cernulat et allidit, Sen. ep. 8, 4; vgl. cernuo.

cernulus, a, um (cernuo), **einen Purzelbaum schlagend,** Apul. met. 9, 38 *extr.* Aetna 495; vgl. Gloss. ›cernulus, πεταυριστής‹.

cernuo, āre (cernuus) = κυβιστάω, **sich nach vorn überschlagen, einen Purzelbaum schlagen, kopfüber stürzen,** Varr. fr., Fronto u. a.: in flumen, Apul. – prägn. m. *Acc.*, c. ora, kopfüber auf das Gesicht stürzen, Prud. c. Symm. 1, 350. – Depon. Nbf. **cernuor,** ātus sum, ārī, Solin. 17, 7; 45, 13.

cernus, ī, *m.* (κέρνος), eine große, irdene Opferschale mit kleinen, bertieften Abteilungen, worin bei den Mysterien Früchte als Opfer dargebracht wurden, CIL 8, 23400, 7.

1. **cernuus,** a, um (vgl. cerebrum), **kopfüber** od. **vornüber (hin-) stürzend, sich nach vorn überschlagend** (κυβιστῶν), **I** im Allg.: equus c., Verg. u. Sil.: super mensam cernuus corruens, Apul.: pronos et cernuos ruere, vorwärts u. kopfüber, Arnob.: cernuus (sich vornüberbeugend) extemplo plantas convestit honestas, Lucil. sat. 3. 57 (mit Anspielung auf 2. cernuus). – **II** insbes. = κυβιστητήρ, **der ein Rad** od. **einen Purzelbaum schlagende Gaukler, -Springer,** Lucil. sat. 27, 34.

2. **cernuus,** ī, *m.*, ein **Schuh ohne Sohle,** die **Gamasche,** Isid. 19, 34, 13. Paul. ex Fest. 55, 6.

cēro, (āvī), ātum, āre (cera), **mit Wachs überziehen, -bestreichen,** dolia, Col. 12, 52, 15. – Öfter im Partiz. Perf. Pass., cerata tabula, Plaut.: cerata tabella, Cic.: ceratae puppes, rates, Ov.

cēroferārius, ī, *m.* (cera u. fero), der **Wachskerzenträger,** ein Diener beim christlichen Gottesdienst, Isid. 7, 12, 29.

cērōma, atis, *n.* (κήρωμα), **I** die **Wachssalbe,** womit sich die Ringer bestrichen, um den Leib schlüpfrig zu machen, Sen. ep. 57, 1. Plin. 28, 51. Mart. 4. 19, 5. Iuven. 6, 246. – meton.: **a der Ringplatz,** Sen. de brev. vit. 12, 2. Plin. 35, 5. Arnob. 3, 23. Hieron. ep. 57, 12. – **b** das **Ringen,** Plin. 29, 66. Mart. 5, 65, 3. – **II** das **Geschwür,** Plin. Val. 1, 25. – Abl. Plur. heteroklit. ceromatis, Plin. 35, 168. – Nbf. ceroma, ae, *f.*, Auct. hist. Apollon. 13: Akk. Plur., ceromas, Arnob. 3, 23.

cērōmaticus, a, um (κηρωματικός), **mit Wachssalbe bestrichen,** collum, Iuven. 3, 68: frictiones, Cass. Fel. 55.

cērōmatītēs, ae, *m.* (κηρωματίτης), nach Mommsen = der **Aufseher der Palästra,** Edict. Diocl. 7, 64.

cerōnia, ae, *f.*, s. ceraunius *no.* I, c.

cērōsus, a, um (cera), **voller Wachs, wachsreich,** mel, Plin. 32, 27.

cērōtārium u. **cērōtum**, i, *n.*, s. cērātum.

Cerretānī, ōrum, *m.*, ein iberisches Volk im tarrakon. Hispanien an u. in den Pyrenäen (*Cerdagne),* später in die Stämme der Augustani u. Iuliani geteilt, Plin. 3, 22. Sil. 3, 357. – Dav. **Cerretānus** u. **Cerritānus**, a, um, **cerretanisch,** perna Cerret., Mart. 13, 54, 1, u. perna Cerrit., Edict. Diocl. 4, 8.

cerreus, a, um (cerrus), **aus Cerreiche, cerreichen,** glans, Nigid. bei Plin. 16, 25. Col. 9, 1, 5: manubria, Hyg. bei Plin. 16, 230.

cerrinus, a, um (cerrus), **aus Cerreiche, cerreichen,** calix, Plin. 30, 92.

Cerritānus, s. Cerretānī.

cerrītulus, a, um (*Demin.* v. cerritus), **verrückt,** Mart. Cap. 8. § 806.

cerrītus, a, um (Ceres, d. h. ›von der Ceres besessen‹), **hirnwütig, verrückt, närrisch im Kopf, mit einem Sparren zu viel,** Plaut. Amph. 776; Men. 890 u. rud. 1006. Hor. sat. 2, 3, 278. Cic. ad Att. 8, 5, 1. Suet. Aug. 87, 2. Mart. Cap. 5. § 509. Paul. ex Fest. 54, 14: *Compar.*, numquam cerritior fuit, quam in hoc negotio, Cic. ad Att. 8, 5, 1: Plur. subst., cerrītī, Firm. math. 8, 20. p. 226, 13.

cerro, ōnis, *m.*, s. gerro.

cerrus, ī, *f.*, die **Cerreiche, Zirneiche,** Vitr. 2, 9, 9. Col. 7, 9, 6. Plin. 16, 17.

certābundus, a, um (2. certo), **hin- und herstreitend,** *cum* Alexandro Magno *de* veritate regni, Apul. apol. 22. p. 31, 9 Kr.

certāmen, minis, *n.* (2. certo), das **Sich-Messen,** der **Streit, Kampf,** um gegenseitig die Kräfte zu messen, **I** das Sich-Messen zweier Nebenbuhler, um einander den Vorrang abzugewinnen, der **Wettkampf, Wettstreit, a** der gymnastische, zirzensische, musikalische (griech. ἀγών), musicum, gymnicum, equestre, Suet.: gladiatorium vitae (um das L.), Cic.: luctandi, Quint.: quadrigarum, Suet.: pedum, cursus, disci, Ov.: in id certamen descendere, Cic.: antequam legitimum certamen inchoent (citharoedi), Quint.: poet., certamen (certamina) ponere = ἀγῶνα προτιθέναι, einen W. anstellen, Verg. georg. 2, 530 u. Aen. 5, 66. – **b** jede andere Art von **Wettkampf, Wettstreit, Wetteifer,** arborum, Lucr.: honestum, Cic.: laboris ac periculi, Liv.: honoris et gloriae, Cic.: conferendi (im Beisteuern), Liv.: venire in certamen, Anteil nehmen am W. (um die Schönheit), Ov.: aber in certamen virtutis venire, sich mit der T. im Streit messen, Cic.: est mihi certamen cum alqo de principatu od. de fortitudine, Nep. u. Curt.: proponere certamen eloquentiae inter iuvenes, Quint. – **2** das Sich-Messen zweier Gegner, damit einer den anderen besiege, **a** der Waffenkampf, der **Kampf,** das **Gefecht,** singulare, Zweikampf, Flor.: c. armorum, das Fechten (zur Übung), Quint.: proelii, Cic.: pugnae, Liv. (vgl. Weißenb. Liv. 23, 45, 7). – dah. **α** = das **Treffen,** die **Schlacht,** c. navale, Liv.: classicum, Vell.: certamen inire od. conserere, Liv.: cruentum c. edere, Liv.: ubi res ad certamen venit, Sall.: vario certamine pugnatum est, Caes. – **β Kampf** = **Krieg** übh., Flor. 1, 20. Eutr. 1, 16. Iustin. 7, 2. § 2 u. 6. – **b** jeder andere feindliche **Streit,** die **Streitigkeit, Rechthaberei (Opposition),** die **Fehde,** die **Händel** (oft mit Anspielung auf den Waffenkampf), illa certamina animorum (Hitze des Parteistreits), Liv.: verborum linguaeque certamina, Liv.: irarum, animi (der Erbitterung), Liv.: iuris (um das R.), Liv.: pravum certamen notarum inter censores, Cic.: imbuere animis certamen, den Geist der Opposition einsaugen, Liv.: in certamen venire cum alqo, Cic.: instituere sibi certamen cum alqo, Cic.: differri adversus nos certamen, Liv.: est mihi tecum pro aris et focis certamen, Cic. – meton., certamen controversiae, quod Graece κρινόμενον dicitur, der eigentliche Streitpunkt, der zur Entscheidung kommen soll, Cic. de or. 126: ideo (Campania) Liberi Cererisque certamen (Zankapfel) dicitur, Flor. 1, 16, 3.

certātim, *Adv.* (certatus v. 2. certo), **um die Wette, wetteifernd,** me c. nutricant et munerant, Plaut.: c. ad hoc opus curretur, Cic.: c. alter alteri obstrepere, Liv.: et velut absentem c. Actaeona clamant, Ov.

certātio, ōnis, *f.* (2. certo), **I der Streit, Kampf,** Ter. adelph. 212. – insbes., **a Waffenkampf,** Sisenn. 4. fr. 70 (bei Non. 196, 1). – **b Wettkampf** bei öffentlichen Spielen, corporum, Cic. de legg. 2, 22 u. 38: xysticorum certationes, Suet. Aug. 45, 4: primum in certationem induci, den W. eröffnen, Vitr. 7. praef. § 6. – **II** übtr.: **1** der **Wettstreit, Kampf** u. **Streit** in Worten u. Werken, **a** übh.: magna inest certatio, Enn. fr.: mihi tecum par certatio non est, Rhet. Her.: relinquitur non mihi cum Torquato, sed virtuti cum voluptate certatio, Cic.: Plur., certationes disputationesque, Gell. praef. § 19. – **b** insbes., der **Streit,** die **Verhandlung, Debatte vor Gericht,** non fuisse Naevio parem certationem cum Alfeno, Cic. Quinct. 68: haec est iniqua certatio, non illa, quā tu contra Alfenum equitabas, *ibid.* 73. – u. als publiz. *t. t.*: c. multae poenae, die **Verhandlung,** Art **Revision** einer Geld- od. sonstigen Strafe vor dem Volk in den Tributkomitien (an die der von einem Magistrat mit einer Strafe Belegte provoziert hat), Cic. de legg. 3, 6: omittere multae certationem, Liv. 25, 4, 8. – **2** der **Wettstreit,** um es einem anderen zuvorzutun, der **Wetteifer,** ambitio certationis, Vitr. 3. pr. § 3: c. honesta inter amicos, Cic. de amic. 32: Plur., ingenia exercere certationibus, Vitr. 2, 1, 3.

certātīve, *Adv.* (2. certo), **um Streit zu erregen,** Cassiod. hist. eccl. 1, 11.

certātor, ōris, *m.* (2. certo), der **Wettstreiter** mit Worten, der **Disputierer,** Gell. 12, 10, 3. Apul. de dogm. Plat. 1, 2.

certātus, ūs, *m.* (2. certo), das **Wettkämpfen;** Plur., nudi virorum certatus, Stat. silv. 3, 1, 152: crebris certatibus exercitus caesus, Jord. Rom. 219.

certē, *Adv.* (certus), **I** vollständig bekräftigend = **mit Gewissheit, gewiss, sicherlich, ohne Zweifel, zuverlässig, a** obj.: molestus certe ei fuero, Ter.: si enim scit, certe illud eveniet, sin certe eveniet, nulla fortuna est, Cic.: addit ea, quae certe vera sunt, Cic.: *Compar.*, si reperire vocas amittere certius, Ov. – In bestätigenden Antworten, estne ipsus an non est? Is est, certe is est, is est profecto, Ter. – u. zur Bestätigung einer vorhergehenden Tatsache, venerat, ut opinor, haec res in iudicium. Certe, allerdings, Cic. – **b** subj.: certe scio, ja gewiss, in der Tat, ich weiß es, Ter. u. Cic. – in Antworten, *Ch.* Ain tu? So. Certe sic erit, Ter. – bei subjektiver Voraussetzung, Vermutung, dass etw. so sei, **gewiss, sicher, sicherlich** (griech. ἴσως), si me tanti facis, quanti certe facis, Cic.: auch in der Frage, certe ... Romulus Proculo Iulio dixerit, se deum esse? Cic.: certe patrem tuum non occidisti, Suet. – **II** einschränkend bekräftigend, **doch sicherlich, doch gewiss, ja doch, doch wenigstens,** mihi c., Cic.: ego c., Quint.: c. ego, Sall.: ipse c., Quint.: c. tamen, Cic.: c. quidem, Cic.: certen(e), Cic.

certifico, āre (certus u. facio), **vergewissern,** alqm, Eccl.

certiōro, āre (certior) = certiorem facio, **benachrichtigen, anzeigen,** ICt. u. Gloss.

certisso (certīsco), ere (certus), **vergewissert werden,** Pacuv. trag. 107. Gloss. IV, 217, 30.

certitās, ātis, *f.* (certus), die **Gewissheit,** Gloss. II, 260, 53 ›certitas, βεβαιότης‹.

certitūdo, inis, *f.* (certus), die **Gewissheit,** Eccl.

1. **certō**, *Adv.* (certus), **mit Gewissheit, gewiss, sicher,** c. comperi, Ter.: nihil ita exspectare quasi c. futurum, Cic.: nos certo certius dedere, quam (als) etc., Apul.: certo certius nosse virum, Eccl. – In bestätigenden Antworten, *Me.* Liberum ego te iussi abire? *Mes.* Certo, Plaut. – bes. in der Formel certo scio, **ich weiß ganz gewiss, ich bin fest überzeugt, ohne allen Zweifel,** Komik. u. Cic.

2. **certo**, āvī, ātum, āre (certus), **kämpfen, streiten** (mit dem Nbbegr. des wetteifernden Bestrebens, den Gegner zu überwinden od. es ihm zuvorzutun), **I** eig.: utrum igitur utilius Fabricio … armis cum hoste certare an venenis? Cic.: proelio, Sall.: de imperio cum populo Romano, Cic.: de principatu armis, Tac.: pro gloria atque imperio, Sall.: cum Gallis pro salute, non pro gloria, Sall. – *Impers.*, die, quo Bedriaci certabatur, Tac.: qua in parte rex pugnae adfuit, ibi aliquamdiu certatum, Sall.: multo mutuoque certatum est sanguine, Vell. – Poet., certatus nobis orbis, Sil. 17, 337. – **II** übtr.: **1** mit Worten usw. **streiten, a** im Allg.: verbis, oratione, Liv.: ob hircum, Hor.: ioco, Hor.: cum usuris fructibus praediorum, mit dem Ertrag der Ländereien, die hohen Zinsen (vergeblich) bestreiten wollen, Cic. – **b** insbes., über etw. vor Gericht **streiten, debattieren, verhandeln,** inter se, Cic.: hanc rem, Vulcatius b. Gell.: foro si res certabitur olim, Hor.: certandae multae dies advenit, die öffentliche Verhandlung über eine zu verhängende Geldbuße, Liv. 25, 3, 14 (vgl. certatio multae). – **2** übh. **wettkämpfen,** um den Vorrang abzugewinnen, **wetteifern,** officiis inter se, Cic.: cum alquo dicacitate, Cic.: cum civibus de virtute, Sall.: poet., certare alci, mit jmd., Verg. ecl. 5, 8 u. a. – mit folg. *Infin.*, etw. zu tun **wetteifern, ernstlich streben, -sich bemühen,** fluctus extollere, Enn. fr.: vincere, Verg.: rapta spargere, Sen.: evadere, Curt. – m. *ut* u. Konj., Liv. 10, 6, 11.

certor, ātus, ārī, Nbf. v. 2. certo, w. vgl., Hyg. fab. 273. Ven. Fort. 3, 12, 8. Vulg. Sirach 11, 9. Itala Luc. 13, 24 (m. *Infin.*) u. a.

certus, a, um, *PAdi.* m. *Compar.* u. *Superl.* (cerno), **geschieden, I** eig., **getrennt,** pondera, Cato r. r. 13, 3. – **II** übtr., **entschieden, A** dem Entschluss nach, **1** v. Entschluss selbst, si istuc ita certum est tibi, Ter.: certum est tibi istuc? *He.* non moriri certius, Plaut.: quando id certum atque obstinatum est, Liv.: certum est mihi consilium u. certa (mihi) res est m. *Infin.*, **es ist beschlossene Sache,** Plaut. u. Ter. (s. Ussing Plaut. Amph. 698. Brix Plaut. trin. 270): ebenso certa est sententia Turno m. *Infin.*, Verg. Aen. 10, 240. – u. (mihi) certum est, **es ist (bei mir) entschieden, es ist fest beschlossen, es ist mein (dein usw.) fester Entschluss, -Wille,** auch verb. certum est deliberatumque, certum atque decretum est m. *Infin.*, omnia experiri certum est prius quam pereo, Ter.: sibi certum esse a iudiciis causisque discedere, Cic.: certum est deliberatumque quae ad causam pertinere arbitror omnia dicere, Cic.: certum atque decretum est non dare signum, Liv.: u. im *Compar.*, mihi autem abiurare certius est quam dependere, Cic.: im *Superl.*, quin certissimumst mepte potius fieri servom, quam te umquam emittam manu, Plaut. Men. 1058. – m. *Acc.* u. *Infin.*, Enn. ann. 206. Turpil. com. 180. – absol., certumne est tibi? Ly. certum, Plaut.: certum est, ibo ad medicum, Plaut. – **2** übtr., v. d. Pers., **entschieden, entschlossen** zu etw. (s. Nipperd. Tac. ann. 12, 66), **a** m. *Infin.*, certus mori, Verg.: Caesar certus procul urbe degere, Tac. – **b** m. *an* u. Konj., nec sat certa diu patriis an cederet armis, Sil. 9, 480. – **c** m. *Genet.*, certus eundi, Verg. (u. so nimium es certus eundi, Ov.): desciscendi, Tac.: relinquendae vitae, Tac.: fugae, Plin. ep. **B** dem äußeren od. inneren Wesen nach **entschieden, feststehend, gewiss** (Ggstz. incertus), **1** der äußeren Beschaffenheit, Zahl, Zeit nach **festgestellt, feststehend, festgesetzt, bestimmt,** certus ac definitus locus, Cic.: c. fines, Cic.: cursus certi et constantes, Cic.: certa verba, Cic.: certum statumque vectigal, Suet.: c. lucrum, merces, Suet.: c. pretium, Phaedr. – c. numerus, c. summa, Suet. – conviva c., ein stehender, täglicher, Hor.: certa dies (Frist), Cic.: certi dies, Cic.: tempus c., Cic.: certum praefinitumque tempus, Suet.: certo tempore anni, Plin. 7, 65; u. subst. bl. certo anni, Tac. hist. 5, 6. – *n. pl.* subst., linguae tam certa loquentes, so deutlich u. bestimmt (wie Menschenstimmen), Ov. met. 5, 296. – zuw. auch, wie das deutsche **gewiss,** von Ggstdn., deren Vorhandensein bloß als bestimmt angegeben, deren Beschaffenheit aber nicht näher bezeichnet wird od. nicht in Betracht kommt, certi homines, Cic.: habet certos sui studiosos, Cic. – m. quidam u. aliquis verb., certa quaedam et definita lex, Cic.: certae quaedam dicendi leges, Quint.: aliqui compositionis certi pedes, Quint.: u. subst., in his certos aliquos docebit, Quint.

2 der inneren Beschaffenheit nach feststehend, **gewiss, sicher, fest, zuverlässig, a** v. Lebl.: ventus c., Auct. b. Afr.: bonā et certā tempestate, Cic.: ire ad mortem certo gradu, Sen.: u. certo iactu tela exhaurire, Tac.: u. so c. hasta, Verg.: c. sagitta, sicher treffender, Hor. – certissima populi Romani vectigalia, ganz sicher eingehende, Cic.: c. sensus, Cic.: c. spes, Plaut. u. Hor.: spes consulatus certissima, Cic. – Plur. subst., certa maris, sichere Seefahrt, Tac. hist. 4, 81. – **b** v. Pers., deren Gesinnung usw., homo certus, Nep., homo certissimus, Cic.: certi homines, Cic. certus amicus, Plaut. u. Nep.: certus paterfamilias, Cic.: c. accusator, Cic.: certis auctoribus comperisse alqd, Cic.: adversus hostem nec spe nec animo certiorem, Liv.: satis animo certo et confirmato posse in hac causa consistere, Cic. – subst., certī, ōrum, *m.*, sichere, zuverlässige Leute, certos apud latera collocare, Sall. fr.: certos praeficere, Nep.

3 der Erkenntnis u. Überzeugung nach **entschieden, ausgemacht, sicher, gewiss, unzweifelhaft, wahr, wirklich** (Ggstz. incertus, dubius), **a** v. dem, in Betreff dessen man entschieden, gewiss ist: **α** v. Lebl.: crimen, Cic.: ius, Quint.: argumentum odii certius, Cic.: postremo certior res, Cic.: ad me, obsecro te, ut omnia certa perscribas, Cic.: qui quae affirmant certiora esse dicunt, quam etc., Cic.: scribas ad me, si quid erit certius, Cic.: *n. pl.* subst., incerta pro certis malle, Sall.: certa amittimus, dum incerta petimus, Plaut.: certa opperiri, Tac. – bes. das *neutr.* certum (adjekt., subst. u. adverb.) in den Verbindungen: **certum est**, z. B. *So.* satin hoc certum est? *Ge.* Certum; hisce oculis egomet vidi, Ter.: m. *de* u. Abl., cum de altero intellectu certum est, de altero dubium, Quint.: m. folg. Fragesatz, id parum certum est solamne an ab omnibus cisalpinorum Gallorum populis adiutam, Liv.: nec quid agam certum est, Ter.: est certum quid respondeam, Cic.: certum est quid e lege censoria debeant (geben müssen), Cic. – hoc certo certius est, Ulp. dig.: nihil invenies magis hoc certo certius, Plaut.: certo certius est m. folg. *Acc.* u. *Infin.*, Ulp. dig. – u. alqd **certi est**, z. B. neque tanto spatio certi quid esset explorari poterat, Caes.: si quicquam humanorum certi est, Liv.: m. folg. indir. Fragesatz, nihil certi est, cuius populi ea classis fuerit, Liv. – u. **certum scio** (Ggstz. certum nescio), ich weiß es als etwas Gewisses, od. ich weiß etwas Gewisses, cesso hinc ire intro ut hoc quam primum, quicquid est, certum sciam, Ter.: cum certum sciam, faciam te paulo ante certiorem, Cic.: *Da.* Quoad exspectatis vostrum? *Ce.* Non certum scio, Ter.: m. *de* u. Abl., ibo intro de cognitione ut certum sciam, Ter.: de Oropo opinor, sed certum nescio, Cic.: m. folg. *Acc.* u. *Infin.*, oculos tuos, certum scio, ingens animi opus intueri nequivisse, Val. Max.: od. m. folg. indir. Fragesatz, qui sermo fuerit et quid actum sit, scribam ad te, cum certum sciam, Cic.: quam diu affutura sint, certum sciri nullo modo potest, Cic. – **certum habeo**, ich habe als ein Gewisses, habe Gewissheit, weiß als gewiss, sed certum non habeo, Cic.: m. *Acc.*, neque tamen id ipsum c. habeo, Cic.: m. folg. *Acc.* u. *Infin.*, certum habeo te imprudentiā labi, Liv.: m. folg. indir. Fragesatz, hiemem credo prohibuisse, quominus *de* te certum haberemus, quid ageres maximeque ubi esses, Cic. – **certum affirmo** m. folg. *Acc.* u. *Infin.*, Liv. 3, 23, 7. – **certum inveniri non potest** m. folg. Fragesatz m. ne (enklit.) … an, Caes. b. c. 1, 25, 3. – **certum cognosco**, Auct. b. Alex. 53, 3. – **certum comperio** m. folg. *Acc.* u. *Infin.*, Auct. b. Hisp. 22, 4. – **non certum traditur** m. folg. Fragesatz, Liv. 2, 8, 8. – **certum respondeo**, Cic. Acad. 2, 29, 92. – **pro certo scio** m. folg. indir. Fragesatz, quid rei esset nemo satis pro certo scire, Liv. – **pro certo habeo**, ich halte für gewiss, m. *Acc.*, illa pro certo habenda, in quibus non dissentiunt, Liv.: m. folg. *Acc.* u. *Infin.*, Mummium fuisse ad Corinthum pro certo habeo, Cic.: pro certo habetote vos de omnibus coniuratis decernere, Sall.: m. *de* u. Abl., quoniam de adventu Caesaris pro certo habebamus, Mat. in Cic. ep. – **pro certo puto**, z. B. hoc pro certo putamus, Mat. in Cic. ep. – **pro certo nego** alqd, z. B. posthac omnia, quae certa non erunt, pro certo negato, Cic. – **pro certo polliceor** m. allg. *Acc. Pro-*

nom. u. folg. *Acc.* u. *Infin.*, pro certo polliceor hoc vobis atque confirmo, me esse perfecturum etc., Cic. – **pro certo dico** m. *Acc.*, nihil, quod pro certo dicere audeam, Cic.: pro certone tu istaec dicis? Ter.: m. folg. *Acc.* u. *Infin.*, nec enim hunc ipsum mundum pro certo rotundum esse dicitis, Cic. - **pro certo affirmo** m. *Acc.*, quis enim rem tam veterem pro certo affirmet? Liv.: m. folg. indir. Fragesatz, Romanorum sociorumque quot caesa in eo proelio milia sint, quis pro certo affirmet? Liv. – **pro certo pono** alqd, Liv. 23, 6, 8. – **pro certo creditur** m. folg. *Nom.* u. *Infin.*, s. Sall. Cat. 15, 2. – **pro certo esse**, z. B. cum id coeperit esse pro certo, Quint. 5, 12, 2. – **ad certum redigere**, zur Gewissheit bringen, m. *Acc.*, et si id ante dubium fuerit, legatorum paulo ante verba ad certum redegisse, Liv.: m. folg. indir. Fragesatz, donec ad certum redigatur, vanusne hic timor noster an verus fuerit, Liv. – **certum** oder **certius facere** alci, jmdm. über etwas Aufklärung geben, m. *Acc.*, Plaut. Men. 242: m. folg. indir. Fragesatz, Plaut. Pseud. 598; Men. 763. – **certum** wie adverb., nondum enim certum constituerat, Cic. Scaur. 34: certum vigilans, wirklich wachend (Ggstz. incertum vigilans), Hor. sat. 2, 5, 100: postmodo quod mi obsit clare certumque locuto, Hor. sat. 2, 6, 27. – **β** v. Pers.: certi patres, deren Vaterschaft unzweifelhaft ist, unzweifelhafte (Ggstz. incerti), Cic.: liberi, die einen bestimmten Vater haben, von namhaftem Vater (Ggstz. incerto patre nati), Cic.: deûm certissima proles, Verg.: nebulo certior, Cic.: certissimus gladiator, parricida, matricida, Cic.

b v. dem, der in Betreff einer Sache Gewissheit hat, **gewiss, sicher** über usw., **fest** in usw., num quid nunc es certior? Plaut.: hoc tamen ipso debueram scripto certior esse tuo, Ov.: iam certo certior contendit ad ipsam praesidis domum, Apul. met. 10, 28. – m. *Genet.*, certus consilii, Sen. u. Tac.: certus eventūs, exitii, spei, Tac.: damnationis, Suet. – m. *de* u. Abl., certus de sua genitura, Suet. Vesp. 25. – m. folg. *Acc.* u. *Infin.*, certi sumus perisse omnia, Cic. ad Att. 2, 19, 5: certi sumus non ignorare te, quid ›vena‹ appelletur, Gell. 18, 10, 5. – dah. **certiorem esse** ex alqo, **sich** durch jmd. **vergewissert haben,** m. folg. indir. Fragesatz, quanta sit in media clementia Caesaris ira, si nescis, ex me certior esse potes, kannst du an mir erkennen, Ov. ex Pont. 3, 6, 8: fac me, ut sim certus, an recte etc., Gell. 19, 13, 2. – dah. **certum facere** alqm, jmd. **vergewissern** = **benachrichtigen** (s. Lorenz Plaut. Pseud. 16), Plaut., Verg. u. Ov.: m. *Genet.*, alqm consilii sui, Ov.: m. folg. indir. Fragesatz, face me certum, quid tibi sit, Plaut. - in klass. Prosa nur in der Verbdg. **certiorem facere** alqm, jmd. **vergewissern, ihm zu wissen tun,** ihn **wissen lassen** = **benachrichtigen,** jmdm. **anzeigen** (ohne od. mit litteris, per litteras, per alqm), facies igitur me certiorem, Cic.: m. *Genet.*, qui certiorem me sui consilii fecit, Cic.: m. *de* u. Abl., nos de Pilia et Attica certiores faciet, Cic.: de Germanorum discessu per exploratores certiores facti, Caes.: gratum tibi esse, quod crebro certior per me fias de omnibus rebus, Cic.: m. folg. *Acc.* u. *Infin.*, certiorem te faciunt P. Africanum Carthagine deletā simulacrum Dianae maioribus suis restituisse, Cic.: certiorem facit Datamem tempus esse maiores exercitus parari, Nep.: interim Romā (von Rom aus) per litteras certior factus, provinciam Numidiam Mario datam, Sall.: m. folg. indir. Fragesatz, si non erit, faciam te certiorem, quid egerim, Cic.: velim me facias certiorem proximis litteris vivone patre suo naufragio perierit an mortuo, Cic.: Philotimus non modo nullus venit, sed ne per litteras quidem aut per nuntium certiorem facit me, quid egerit, Cic.: m. folg. Konj., celeriter milites certiores facit (zeigt an = lässt den Befehl zukommen), paulisper intermitterent proelium ac tantum modo tela missa exciperent, Caes. b. G. 3, 5, 3.: m. folg. *ne* u. Konj., simul visum est, ut te certiorem faceremus, ne quid eius modi, si accidisset, nostro consilio civitates putarent factum, Claud. Quadrig. 3. fr. 41 (bei Gell. 3, 8. § 8). – u. im *Abl. absol.*, non consulibus certioribus factis, Liv. 45, 21, 4.

cerūchus, ī, *m.* (κεροῦχος = κεραιοῦχος, die Segelstange haltend), das **Tau,** Lucan. 8, 177 u. 10, 495. Val. Flacc. 1, 469. Ven. Fort. vit. S. Mart. 4, 408. Ennod. carm. 1, 7, 43.

cērula, ae, *f.* *(Demin.* v. cera), **I** ein **Stückchen Wachs,** cerula miniata, eine Art Rötelstift, mit dem die Alten fehlerhafte Stellen anzustreichen (notare) pflegten, Cic. ad Att. 15, 14, 4: cerulas tuas miniatulas illas extimescebam, deine Ausstellungen, deine Kritik, Cic. ad Att. 16, 11, 1. – **II** meton. = ceriolare, ein **Leuchter für Wachskerzen,** cerulae argenteae, CIL 12, 3100.

Cerus mānus = *creator bonus,* der **gütige Schöpfer,** im Salierlied nach Paul. ex Fest. 3, 22, 5.

cērussa, ae, *f.*, **Bleiweiß,** zum Malen, zum Schminken u. in starker Dosis als Gift gebraucht, Ov. med. fac. 73. Vitr. u. a.: ora depingere cerussa, Hier. ep. 127, 3.

cērussātus, a, um (cerussa), **mit Bleiweiß gemalt, -gefärbt, -geschminkt,** cutis, Mart. 7, 25. 2: Sabella, Mart. 2, 41, 12: tabulae, Cod. Theod. 11, 27, 1.

cerva, ae, *f.* (cervus), die **Hirschkuh, Hindin,** Ter., Liv. u. a. – poet. = Hirsch übh., Verg. u. a. – Dat. Plur. cervabus, CIL 3, 1303 (in übertr. Bedeutung); vgl. Serg. expl. in Donat. (IV) 545, 17.

cervāriolus, a, um (*Demin.* v. cervarius), **zum Hirsch gehörig, Hirsch-,** lupus, Hirschwolf = Luchs (nach a. = Schakal), Schol. Bern. Verg. ecl. 8, 3.

cervārius, a, um (cervus), **zum Hirsch gehörig, Hirsch-,** venenum, eine Pflanze, mit der die Pfeile bestrichen wurden, Plin. 27, 101: lupus, Hirschwolf = Luchs (nach a. = Schakal), Plin. 8, 84. Edict. Diocl. 8, 35: ovis, das in Ermangelung einer Hirschkuh der Diana geopfert wurde, nach Paul. ex Fest. 57, 1 (vgl. *Lobeck* Aglaoph. p. 119).

cervēsa, cervēsia, s. cervīsia.

cervīcal, ālis, *n.* (cervix), das **Kopfkissen,** Cels., Petr., Plin. ep. u. a. – Nbf. cervīcāle, is, *n.*, Cassiod. gramm. VII, 184, 3. Not. Tir. 97, 97; vgl. Gloss. ›cervicale, ἐπαυχένιον‹.

cervīcātus, a, um (cervix), **halsstarrig,** Eccl.

cervīcōsitās, ātis, *f.* (cervicosus), die **Halsstarrigkeit,** Sidon. epist. 7, 9, 11.

cervīcōsus, a, um (cervix), **halsstarrig,** Eccl.; vgl. Gloss. ›cervicosus, αὐχένιος‹.

cervīcula, ae, *f.* *(Demin.* v. cervix), **I** ein **kleiner Nacken,** ein **kleiner Hals,** der Menschen, contracta, Quint. 11, 3, 180: cerviculam iactare, Cic. Verr. 3, 49. – der Tiere, psittaci, Apul. flor. 12. p. 14, 14 K. – bildl. = **Selbstüberhebung,** Augustin. serm. 298, 4 *extr.* Claud. Mam. de stat. anim. 2, 11. – **II** übtr., der **Hals** einer hydraulischen Maschine, Vitr. 10, 8 (13), 2.

cervīnus, a, um (cervus, s. Prisc. 2, 59), **zum Hirsch gehörig, Hirsch-,** cornu, Varr.: pellis, Hor.: femur, Hirschkeule, Apul.: fumus, von gebranntem Hirschhorn, Calp.: senectus, hohes Alter (weil der Hirsch sehr alt werden soll), Iuven. – subst., cervīna, ae, *f.* (sc. caro), **Hirschfleisch, Rotwildbret,** Edict. Diocl. 4, 44 (wo vulgär cerbina).

cervisca, ae, *f.*, eine Birnenart, Cloat. bei Macr. sat. 2, 19, 6 *Ian.*

cervīsia, ae, *f.* (ein gallisches Wort), ein Weizen- od. Gerstengetränk, ähnlich unserem **Bier** (= ζύθος, Gloss.), Plin. 22, 164. Isid. 20, 3, 17. Ulp. dig. 33, 6, 9 *pr.* – Nbf. cervēsia, Edict. Diocl. 2, 11: cervīsa, Marc. Emp. 16. Anthim. 15. Plin. Sec. 3, 6 *extr.*: cervēsa, CIL 13, 10018, 7.

cervīx, īcis, *f.*, der **Nacken,** das **Genick** (der Sing. nach Varr. LL. 8, 14 zuerst von Hortensius gebraucht, aber schon bei Enn. ann. 462 (510 M.) u. Pacuv. tr. 3, 152. Afran. com. 414; b. Cic. u. Sall. immer Plur. cervices. b. Liv. u. Vell. im eig. Sinne der Sing., im übtr. der Plur., s. Fabri Liv. 22, 51, 7), **I** der **Hals** leb. Wesen, **a** gew. der äußere: cervix equi, Liv.: cervicem caedere, Liv.: cervici alcis imponi, sich auf jmds. N. setzen, jmdm. aufhocken, Verg.: alci cervices abscīdere, Auct. b. Afr.: cervices alcis od. alci frangere, Cic.: dare cervices alci, seinen Hals hingeben, sich töten lassen, Cic.: so auch cervicem porrigere, Sen.: praebere immotam cervicem, Sen.: alqm a cervicibus tollere, am Nacken fassen u. aufrütteln, Cael. bei Quint.: dare brachia cervici, umhalsen, Hor.: pendēre in cervice alcis, Prop. u. Ov.: mollitia cervicum (als einen Fehler des Redners), das gezierte Drehen des Halses, Cic.: cervicem reponere, den Hals zurückwerfen (vom selbstgefälligen Redner), Quint. – sextā cervice ferri, von sechs Kraftnacken = von sechs (Sänften-)Trägern, Iuven. 1, 64. – im Bild, laxā cervice legere, mit nachlässig hingelehntem Nacken = in behaglicher Ruhe, Pers. 1, 98: altā cervice vagari, sorglos, Claud. in Rufin. 1, 53. – das Bild vom Tragen eines Joches od. einer Last hergenommen, regnum Macedoniae cervicibus Graeciae velut iugum im ponere, Iustin.: imponere in cervicibus alcis sempiternum dominum, Cic.: sustinere cervicibus suis tanta munia atque rem publicam, auf seinen Schultern haben od. tragen, Cic.: avaritiae poenam collo et cervicibus suis sustinere, auf seine Schultern nehmen, Cic.: ubi pertimuere sublatum in cervices suas, Sall. fr. – dah. in cervicibus (esse, stare, habere, collocare) zur Bezeichnung der unmittelbaren Nähe von Lästigem und Gefährlichem (s. Fabri Liv. 22, 33, 6. Benecke Iustin. 29, 3, 7), in cervicibus esse (v. Feind, Krieg usw.), »auf dem Nacken sein, sitzen« (= ganz nahe sein) od. »auf dem Hals liegen« (= wie eine Last auf uns liegen), Liv. u. a.: so auch alcis in cervicibus stare, Curt.: velut in cervicibus habere hostem, auf dem N. haben, Liv.: hostes in cervicibus iam Italiae agentes, Sall. fr.: legiones in cervicibus nostris collocare, auf den Hals bringen, Cic. – ebenso a cervicibus alcis repellere od. depellere alqm od. alqd, Lästiges od. Gefährliches vom Hals schaffen, Cic. – das Bild von der Fügsamkeit od. Nicht-Fügsamkeit der Stiere unter das Joch, dare cervices crudelitati nefariae, sich fügen od. schmiegen unter usw. (= sich geduldig gefallen lassen), Cic.: alcis iugum rigidā cervice subire, sich nur mit Widerwillen unter jmds. Joch fügen, Curt.: scolastici intueri me, quis essem, qui tam crassas cervices haberem, Sen. exc. contr. 3. pr. § 16. – u. das Bild von der Stärke des Stiernackens zum Tragen des Joches, qui erunt tantis cervicibus recuperatores, qui audeant etc., werden einen so starken Nacken haben = solche Kraft u. solchen kühnen Mut besitzen, Cic. – **b** der innere **Hals** = die Kehle, der Schlund, Apic. 7, 252. – **II** der **Hals** lebl. Ggstd.: amphorae, Petr. u. Mart.: cervices pnigeos (*al.* pnigei), Vitr.: cervices fornicum, die Träger, Pfeiler der Gewölbe (wie der Hals der Träger des Kopfes), Plin.: c. Peloponnesi, v. Isthmus, Plin.; vgl. est sita (Berenice) in cervice longe procurrente, ubi fauces rubri maris VII mil. D passuum ab Arabia distant, Plin. – Genet. Plur. cervicium bei Charis. 124, 28 *sqq.*; aber cervicum bei Cic. or. 59. Plin. 23, 68. Curt. 4, 15 (57), 16 u. a.

cervos, s. cervus.

cervula, ae, *f. (Demin.* v. cerva), die **kleine Hirschkuh**, Ps. Augustin. app. serm. 265, 5.

cervulus, ī, *m. (Demin.* v. cervus *no.* II, a), Plur. cervuli, **spanische Reiter** zur Abwehr der Feinde Frontin. strat. 1, 5, 2.

cervus (arch. cervos), ī, *m.* (κεραϝός, gehörnt, ahd. *hiruz)*, der **Hirsch, I** eig.: cervi candidi, Plin.: cervorum cornua, Varr. LL. u. Plin.: hinnulus cervorum, Ambros.: cervorum greges, Rudel Hirsche, Iustin.: cervorum aprorumque venatores, Veget. mil.: est bos cervi figurā, Caes.: natura cervis et cornicibus vitam diuturnam dedit, Cic.: als Muster der Schnelligkeit, vincere cervom cursu, Plaut. Poen. 530. – als Wildbret, omnis grandis fera, quales sunt caprea, cervus, aper, onager, Cels. 2, 18. § 6. – **II** übtr. (v. den Hirschgeweihen), cervi, **gabelförmige Stämme, a** zur Abwehr der Feinde, **spanische Reiter,** Caes. u. a. – **b Stützen,** des Weinstocks, Tert. de anim. 19: einer Hütte, Serv. Verg. ecl. 2, 29.

cērȳceum (cērīcium), ī, *n.* (κηρύκειον), rein griech. Form für caduceus, der **Heroldsstab,** Marcian. dig. 1, 8, 8. § 1.

cērȳx, ȳcis, *m.* (κῆρυξ), der Herold, rein lat. praeco, Sen. de tranqu. anim. 4, 5.

cēsor, s. cēnsor.

cēspes, cēspitātor etc., s. caespes etc.

cessātio, ōnis, *f.* (cesso), **I** das **Zögern, Säumen,** die **Saumseligkeit,** Plaut. Poen. 925. – furtum cessationis quaerere, absichtlich saumselig sein, um um einen Brief zu betrügen, Q. Cic. in Cic. ep. 16, 26, 2. – als jurist. *t. t.*, die straffällige **Zögerung, Saumseligkeit,** Tryphon. dig. 27, 2, 6. Fragm. Vat. 228. – **II** das **Feiern,** der **Müßiggang,** die **Ruhe** od. **Zurückgezogenheit** (von Geschäften), c. libera atque otiosa, Cic.: nihil cessatione melius existimare, Cic.: cessatione torpere, Cic.: laborandum est, ne nostra nobiscum aut inter nos cessatio vituperetur, unser zurückgezogenes Leben ganz unter uns, Cic. – bes. das **müßige Zusehen** (wo man handeln sollte), Arnob. 2, 44 u. 3, 23. – übtr., v. Lebl., das **Ruhen,** cessatio ista pugnae pacticia (als Umschreibung von indutiae u. ἐκεχειρία), Gell. 1, 25, 8. – v. Acker, das **Brachliegen,** Col. 2, 1, 3.

cessātor, ōris, *m.* (cesso), der **Saumselige, Säumige,** nequam et c. Davus, Hor.: de libris (was die B. betrifft) Tyrannio est c., Cic.: cessatorem esse solere, praesertim in litteris (im Briefschreiben), Cic.

cessātrīx, īcis, *f.* (Femin. zu cessator), die **Saumselige,** Tert. adv. Marc. 1, 24.

cessīcius, a, um (cedo), **zum Überlassen-, zum Zedieren gehörig,** c. tutor, dem die Vormundschaft zediert wird, Gaius inst. 1. § 169. Ulp. fragm. 11. § 7: c. tutela, Gaius inst. 1. § 171.

cessim, *Adv.* (cedo), weichend = **rückwärts, zurück,** ab Ilio reverti, Varr. fr.: ire, unvermerkt zurückbleiben, Iustin.: abire, Mart. Cap.: dehiscens lagoena, schräge, Apul.

cessio, ōnis, *f.* (cedo), **I** das **Abtreten, Übergeben,** ICt. u. Eccl.: in iure cessio, eine römische Erwerbungsart durch Erklärung vor der Justizobrigkeit, Cic. top. 28. u. ICt. – **II** cessio diei, **der Verfalltag,** eines Vermächtnisses usw., Ulp. dig. 36, 2, 7 *pr.*

cesso, āvī, ātum, āre (*Frequ.* v. cedo), **zurückbleiben, I** eig., **zurückbleiben = säumen, sich säumig zeigen, länger dableiben** od. gew. **länger-, über die Zeit ausbleiben, a** übh.: sed cur cessas? so geh doch! Ter.: haud quaquam etiam cessant, sie bleiben bis jetzt noch gar nicht aus, sie können bis jetzt noch gar nicht da sein, Ter.: quodsi cessas aut strenuus anteis, nec tardum opperior nec praecedentibus insto, Hor.: paulum si cessassem, domi non offendissem, Ter.: si tabellarii non cessarint, Cic.: Africanae (die Panther) cessant tempestate detentae (Ggstz. ad praefinitum diem occurrunt), Plin. ep.: rectene omnia, quod iam pridem epistulae tuae cessant? Plin. ep. – cessans Nilus, Plin. pan.: cessans morbus, die säumige, langwierige, Hor. – **b** insbes.: **α** als gerichtl. *t. t.*, **säumig sein, ausbleiben,** = nicht zu rechter Zeit vor Gericht erscheinen (Ggstz. adesse), Ulp. dig. 47, 10, 17. § 20. Callistr. dig. 49, 14, 2. § 4: culpāne quis an aliquā necessitate cessasset, Suet. Claud. 15, 2. – **β ausbleiben,** v. Einkünften = heuer nicht einkommen, quod cessat ex reditu frugalitate suppletur, Plin. ep. 2, 4, 3. – **γ ausbleiben, bis jetzt noch fehlen,** v. geistigen Anlagen, non enim deserendum id bonum, si quod ingenitum est, existimo, sed augendum addendumque quod cessat, Quint. 2, 8, 10.

II übtr., von od. in einer Tätigkeit **zurückbleiben, 1** im Ggstz. zum raschen Handeln = **säumen, sich säumig zeigen** od. **finden lassen, es an sich kommen lassen, es an sich fehlen lassen, a** übh.: et properare loco et cessare, Hor.: si possessores cessarent, Suet.: non timido, non ignavo cessare licuit, Curt.: strenuus homo et numquam cessans, Curt.: u. in der Frage, cur hic cessat cantharus? lasst uns zum B. greifen! Ter.: quid tua fulmina cessant? Ov.: cessat voluntas? säumt dein Wille? (= willst du nicht recht?) Hor.: quid cessarent, Liv., quid cessarent tergiversarenturque, Liv.: quid cunctaris? quid cessas? nisi occupas (diem), fugit, Sen. – m. Ang. **bei wem?** durch *apud* m. Akk., non c. apud rhetorem, beim Rh. nicht aussetzen, Cic. ad Q. fr. 3, 1, 4. § 14. – m. Ang. **wodurch?** (aus welcher Ursache?) durch *Abl.*, neque adhuc ignaviā quādam et insito torpore cessavimus, Plin. pan. – m. Ang. **worin?** durch *in* m. Abl., parate animos dextras, ne quis in eo, quod me viderit facientem, cesset. Qui cunctatus fuerit, sciat etc., Liv.: u. so numquam c. in suo studio atque opere, Cic.: c. in officio (Diensten), Liv.: quam ne nunc quidem aut in ducibus aut in militibus vestris cessat ira deae? bleibt aus, Liv. – m. Ang. **woran?** durch bl. *Abl.*, c. muliebri audaciā, es an w. K. fehlen lassen, Liv.: se nullo usquam cessaturum officio, Liv. – m. Ang. **wozu?** durch *in* m. Akk., in vota precesque, Verg. Aen. 6, 51; od. gew. durch *Infin.*, ego hinc migrare cesso, Plaut.: cessas alloqui? so red ihn doch an, Ter.: quid cessas mori? so stirb doch, Hor.:

dona quid cessant mihi conferre? heran mit den G.! Ter.: nihil cessarunt ilico osculari, gleich ging's an ein Küssen, Plaut.: quid cessatis regis inimicum occīdere, Curt. – im *Pass.* cessatur alqd, **es wird** etw. **versäumt, hintangesetzt, vernachlässigt,** v. dem selbst, worin man säumig ist, quicquid (so viel Zeit) apud durae cessatum est moenia Troiae, solange auch der Kampf um die M. Tr. sich hinzog, Verg.: priorum nostrorum benefactorum cumulus hoc, quod nunc cessatum in officio est, expleat, Liv.: neutra in parte cessato officio, Val. Max.: moram cessataque tempora celeri cursu corrigere, Ov.: cessata arva, Ov. – **b** insbes. (nicht bei Cic.), **es an sich** in Erfüllung seiner Pflicht **fehlen lassen, zurückbleiben,** sic mihi, qui multum cessat, fit Choerilus ille, Hor.: orator perfectus ille, ex nulla parte cessans, Quint. – **2** im Ggstz. zum unablässigen Handeln = **aussetzen, nachlassen, rasten, feiern,** auf einige **Zeit ruhen,** **a** übh.: intus cessas? Turpil. fr.: ne cessaret per hibernorum tempus, Liv.: v. Lebl., cessantibus luminibus, unterblieben, Frontin.: et quia oculorum cessabat usus, Curt. – m. Ang. **wofür?** durch *Dat.*, non umquam c. amori, Prop. 1, 6, 21. – m. Ang. **wodurch?** durch *Abl.*, quod earum (frumentationum publicarum) fiduciā cultura agrorum cessaret, Suet.: repentinā morte consulis cessans honor, frei gewordene, Suet. – m. Ang. **wovon?** durch *ab* m. Abl., od. (selten) durch bl. *Abl. Gerund.*, non nocte, non die umquam cessaverunt ab opere, Liv.: ibi aliquamdiu nec cessatum ab armis est neque naviter pugnatum, Liv.: non cessari a sacrilegiis, Liv.: si a privilegiis parentum cessaretur, Tac.: cessare loquendo, aufhören zu reden, Itala Iudith 5, 26. – u. v. der Zeit, nullum tempus, nullus dies cessat ab alqa re, kein Augenblick, kein Tag ist ganz frei von usw., vergeht ohne usw., Liv. u. Suet. – non cessare m. folg. *Infin.*, **nicht rasten, nicht ruhen zu** usw., ille in Achaia non cessat de nobis detrahere, Cic.: non cessavit criminari, Suet. – u. non cessare m. folg. *quoad,* **nicht ruhen, bis** usw., nec cessasse, quoad omnem regiae stirpis subolem deleret, Iustin. 16, 1, 15: u. so non cessatum m. folg. *quin* u. Konj., Iustin. 3, 7, 12. – **b** prägn., **feiern = Feierabend halten, sich dem Müßiggang oder Nichtstun ergeben, nichts tun,** cur tam multos deos nihil agere et cessare patitur? Cic.: at ipsi tamen pueri, etiam cum cessant, exercitatione aliquā ludicrā delectantur, Cic.: cessabimus unā, wir wollen zusammen feiern (uns dem süßen Nichtstun hingeben), Prop. – v. Lebl., **α** übh., cessatum ducere curam, zur Ruhe einwiegen, Hor. ep. 1, 2, 31. – **β** insbes., v. Ggstdn., die nicht gebraucht, betrieben werden, **feiern, ruhen,** quid ita cessarunt pedes? Phaedr.: grave suspenso vomere cesset opus, Tibull.: cessasse Latoidos aras, Ov.: at nunc desertis cessant sacraria lucis, Prop. – v. Acker = **unbebaut-, brach liegen,** hic ager sive exercetur seu cessat, Col.: alternis cessare novales, Verg.: c. in annum tertium, Plin.: c. anno, ICt. – v. Mündelgeldern = **unbenutzt liegen,** Gaius dig. 26, 7, 13. § 1. – v. Verhältnissen u. Zuständen = **auf sich beruhen, wegfallen, nicht stattfinden** od. **-haben, keine Anwendung leiden,** cessat ergo sacrorum haec ratio (Grund), Arnob. 7, 3: bes. als jurist. *t. t.*, cessat actio, cautio, poena edicti, ICt.: cessat legatum, ICt.: Partiz. subst., cessantium partes, die Vermächtnisanteile wegfallender Legatare, Paul. dig. 35, 3, 7.

cēssor, s. cēnsor.

cesticillus, ī, *m.* (2. cestus) = *arculus no.* a (s. d.), Paul. ex Fest. 45, 1.

cestifer, s. cistifer.

cestos, s. 1. cestus.

1. cestros, ī, *m.* (κέστρος), **der Brennstiel, Brennspatel, Brenngriffel,** bei der enkaustischen Malerei, Plin. 35, 149.

2. cestros, ī, *f.* od. (wohl richtiger) **cestron,** ī, *n.* (κέστρον), die **Betonie** (*Betonica officinalis,* L.), Plin. 25, 84.

cestrosphendonē, ēs, *f.* (κεστροσφενδόνη), eine **Wurfmaschine,** um mit eisernen Spitzen versehene Pfeile fortzuschleudern, Liv. 42, 65, 9.

cestrōtus, a, um (κεστρωτός), **mit dem Griffel** (κέστρος) **gezeichnet,** Plin. 11, 126.

cestrus, s. cestros.

1. cestus u. **-os,** ī, *m.* (κεστός, gestickt, *sc.* ἱμάς), **Riemen, Gürtel, Gurt,** Varr. r. r. 1, 8, 6. – Insbes., **der Gürtel der Venus,** der Liebe erregen soll, Mart. 6, 13, 8; 14, 206 u. 207; vgl. Serv. Verg. Aen. 5, 69. Auson. perioch. Iliad. 14.

2. cēstus, ūs, *m.*, s. 1. caestus.

cēta, s. diaeta ►.

cētārius, a, um (cetus), **zu den See-,** bes. **Thunfischen gehörig, I** *adi.*: ludi cetarii, Fischerspiele, *Tac. ann. 16, 21 N. – **II** *subst.*: **A** cētārius, ī, *m.*, **der See-,** bes. **Thunfischer, der Seefisch-,** bes. **Thunfischhändler,** Ter. eun. 257. Varr. sat. Men. 209. Col. 8, 17, 12. Augustin. c. Iulian. 2, 10, 37. – **B** cētāria, ae, *f.* u. cētārium, ī, *n.* (κητεία), eine Bucht im Meer, Sammelplatz der Seefische (bes. der Thunfische), wo sie von den Fischern in Menge gefangen u. dann eingesalzen wurden, etwa **Thunfischbucht,** *-ia,* Plin. 9, 49 u. 37, 66: *-ium,* Hor. sat. 2, 5, 44: Abl. Plur. cetariis, Pompon. Sec. bei Charis. 125, 23.

cētē, s. cētus.

cētera, cēterō, s. cēterus.

cēterō-quī u. **cēterō-quīn,** *Adv.* = ἄλλως, **übrigens, im Übrigen, sonst, abgesehen davon,** Cic. (z. B. or. 83; de nat. deor. 1, 60) u. Spät.

cēterum, s. cēterus.

cēterus, a, um (*cae [griech. καί] u. ἕτερος), der (die, das) **andere** od. **übrige,** gew. im Plur. (der Sing. nur bei Kollektiven; der *Nom. singul. masc.* kommt gar nicht vor), cēterī, ae, a, **die anderen, übrigen alle, der andere gleichartige Teil,** cum cetero exercitu, Cael. Antip. fr.: ceterum exercitum, Sall.: cetera multitudo, Sall.: ceterum ornatum muliebrem, Cic.: cetera classis, Liv.: omnis cetera praeda, Liv.: ceterum omne incensum est, Liv.: de cetero populo, Liv.: de cetero numero, Suet.: der Plur. sehr häufig b. Cic., Liv. u. a.: omnes ceterae res, Cic.: ceteri omnes caelestes maritimique terrores, Liv.: cetera omnia quasi placentam facias, Cato: ceteraque similia od. ceteraque his similia, und anderes (dem) ähnliches, Quint.: womit zu vergleichen et cetera od. bl. cetera, und so weiter (griech. καὶ τὰ ἑξῆς), Cic. – Dav. abgeleitet sind die *Adverbia:* **A cēterum** (eig. *Acc. respect.),* **was das Andere, Übrige betrifft = 1 im Übrigen, übrigens, von dem allem abgesehen, sei dem, wie ihm wolle,** Ter., Cic. u. a.: zuw. = **in Wahrheit** (eig. übrigens, d. i. wenn man von dem Schein absieht), s. Nipperd. Tac. ann. 1, 44. – bei Übergängen zu einem anderen, neuen Gedanken, **außerdem, übrigens, nun aber,** Ter., Sall. u. a. – mit einschränkender Kraft, gew. gegenüber dem quidem od. einer Negation, im Deutschen oft zu übersetzen durch **aber, doch, dagegen, gleichwohl, sondern,** Liv., Plin. u. a. (s. Fabri u. Weißenb. Liv. 21, 6, 1). – **2** (= alioquin *no.* II) **andernfalls, widrigenfalls, sonst** (griech. ἄλλως), Ter. eun. 452. Liv. 3, 40, 11; häufig bei Spät., bes. Ulp. dig. u. Apul. Vgl. Hildebr. Apul. met. 7, 28. Hand Turs. 2, 39. – **B cētera** = τἄλλα, τὰ λοιπά **im Übrigen, übrigens,** verb. mit *Adii.*, *Advv.* u. (bei Dichtern) mit *Verben,* Liv., Hor., Verg. u. a. – **C ceterō, im Übrigen, übrigens** (auch von der Zeit), bl. b. Plin. – **D de cētero, 1 was das Übrige anlangt, übrigens,** bei Übergängen zu einem neuen Gedanken, Cic. u. a. – **2 im Übrigen, übrigens** übh., Plin. u. a. – **3** in Bezug auf die Folgezeit, **fortan,** Curt. u. a. – **E ad cētera, im Übrigen, sonst,** Liv. 30, 1, 4; 37, 7, 15. – **F in cēterum, für die Folgezeit,** firmitas animi et pax in ceterum parta, Sen. ep. 78, 16.

Cethēgus, ī, *m.*, röm. Beiname in der gens Cornelia, unter dem bes. bekannt sind: M. Cornelius C., von Ennius als Redner ausgezeichnet, Cic. de sen. 50; Brut. 57 (dah., mit Anspielung auf ihn, quae priscis memorata Catonibus atque Cethegis, Hor. ep. 2, 2, 117; vgl. de art. poët. 50). – u. C. Cornelius C., Mitverschworener des Katilina, dem die Ermordung der Senatoren u. bes. die Ciceros zugewiesen war, Cic. Cat. 3, 6 *sq.*; Sull. 53. Sall. Cat. 32, 2; 43, 2 *sq.* (dah. das sprichw. Clodius accuset moechos, Catilina Cethegum, Iuven. 2, 27; vgl. 8, 231; 10, 287).

cētīnus, a, um (cetus), **vom Thunfisch,** pellis, Th. Prisc. 2. chr. 14.

Cētō, ūs, *f.* (Κητώ), **I** Gattin des Phorkus, Mutter der Medusa u. der Gorgonen, Lucan. 9, 646. – **II** eine Nerēide, Plin. 5, 69.

cētos, s. cētus.

cētōsus, a, um (cetus), **zu den Seefischen gehörig,** Avien. Arat. 1299.

cētra, cētrātus, s. caetra, caetratus.

cette, s. 2. cedo.

cētus, ī, *m.* (κῆτος, τό), **I** allgemeiner Name aller walfischartigen Tiere (beluae marinae), als **Walfisch, Hai, Delphin,** Plaut., Varr. fr. u. Cels. – auch griech. (τὸ κῆτος) cetos, Plin.: u. Plur. cete (κήτεα, zsgzg. κήτη), Verg. u. Plin. – **II** übtr., der **Walfisch,** ein Sternbild der südl. Halbkugel, Vitr. u. a.

ceu, *Adv.* (zsgzg. aus *ce-ve, wie neu aus neve), eine Gleichstellungs- u. Vergleichspartikel, **gleichwie, ganz wie, I** im Allg., b. Enn., Catull., Verg., Suet. u. a. – bei dicht. Vergleichen u. Bildern, **gleich,** mit folg. Dativ, **gleichwie,** Verg., Hor. u. a.: ceu cum, **wie wenn,** Verg. u. Sen.: ceu si, **gleichwie wenn,** Verg., Plin. u. a.: ceu vero = *quasi vero,* **gleich als wenn, als ob,** bl. bei Plin. – **II** insbes., zur Bezeichnung einer bedingungsweisen Vergleichung = **als wie, als wäre, gleichsam wie wenn,** per aperta volans, ceu liber habenis, aequora, Verg.: Germanico usque adeo obtrectavit, ut gloriosissimas victorias ceu damnosas rei publicae increparet, Suet. – mit Konj., hic vero ingentem pugnam, ceu cetera nusquam bella forent, … cernimus, Verg.: situs in excelso montium, ceu maria fugeret, Plin.

Cēus, a, um, s. Cēa.

Ceutronēs, um, Akk. as, *m.,* **I** eine Völkerschaft in Gallia provincia, deren Hauptstadt Darantasia (j. *Centron* im Tal *Tarantaise* in Savoyen), Caes. b. G. 1, 10, 3. Plin. 3, 135. CIL 12, 113. – Dav. **Ceutronicae Alpēs, die ceutronischen Alpen,** Plin. 11, 240 M. – **II** eine Völkerschaft im belgischen Gallien, in der Nähe vom j. *Courtray* od. *Brugge* in Westflandern, Caes. b. G. 5, 39, 1.

ceva, ae, *f.* (vgl. das niederdeutsche **Keue),** eine Art **kleiner Kühe,** Col. 6, 24, 5.

cēveo, ēre, **I** beim Beischlaf **den Hintern drehen u. renken,** v. Mann (vgl. crisso), Plaut. fr., Mart. u. Iuven.; vgl. Heinrich Iuven. 6, 322. – **II** übtr., (wie ein wedelnder Hund) **schmeicheln,** Pers. 1, 87.

Cēÿx, ÿcis, Akk. ÿca, *m.* (Κήϋξ), **I** Sohn des Lucifer, König zu Trachin, Gemahl der Alcyone, litt bei Delphi Schiffbruch u. wurde mit seiner Gemahlin in den Eisvogel (er in den männlichen, sie in den weiblichen) verwandelt, Ov. met. 11, 727 u. 739. Hyg. fab. 65. – **II** Plur. appell., cēÿcēs, um, *m.,* die (männlichen) **Eisvögel** (Ggstz. halcyones, die weiblichen), Plin. 32, 86.

chaerephyllum, ī, *n.* (χαιρέφυλλον), **Kerbel** (*Scandix Cerefolium,* L.), Col. 11, 3, 14. – Nbf. **chaerepolum,** ī, *n.,* Col. poët. 10, 110.

Chaerōnēa, ae, *f.* (Χαιρώνεια), Stadt in Böotien, Geburtsort des Plutarch, berühmt durch den Sieg Philipps (von Mazedonien) über die Athener i. J. 338 v. Chr., j. Dorf *Kaprena* od. *Kapurna,* Liv. 35, 46, 4.

chalasticus (calasticus), a, um (χαλαστικός), **zum Lindern (gehörig),** Th. Prisc, 1, 7 u. 15. Plin. Val. 1, 54 u. 2, 29. Marc. Emp. 24. Veget. mul. 1, 28, 6.

chalātōrius, a, um (χαλάω), **zum Nachlassen geeignet,** funes, Veget. mil. 4, 15.

chalaziās, ae, *m.* (χαλαζίας v. χάλαζα, Hagel), ein uns unbekannter Edelstein von Gestalt u. Farbe eines Hagelkorns, Plin. 37, 189. Solin. 37, 17.

chalazius, a, um (χάλαζα, Hagel), **dem Hagel ähnlich,** lapis, ein Edelstein, Plin. 36, 157.

chalazōsis, is, *f.* (*χαλάζωσις, v. χαλαζοῦν), das **Gerstenkorn** (am Auge), CIL 13, 10021, 181 c.

chalbanē, es, *f.,* s. galbanum.

chalcanthum, ī, *n.* (χάλκανθον), **Kupfervitriolwasser,** rein lat. atramentum, Plin. 34, 123. *Calp. ecl. 5, 82.

chalcaspis, pidis (χάλκασπις), **mit ehernem Schild,** Plur. subst., chalcaspides, v. einer mit ehernen Schilden bewaffneten Abteilung des mazedon. Heeres, Liv. 44, 41, 2.

Chalcēdōn, onis, *f.,* s. Calchēdon.

Chalcēdonius, a, um, s. Calchēdon.

chalcēos, ī, *m.* (χάλκειος), eine uns unbekannte **stachelige Pflanze,** Plin. 21, 94.

chalcētum, ī, *n.,* eine uns unbekannte Pflanze, Plin. 26, 40.

chalceus, a, um (χάλκεος), **ehern;** subst. chalcea donanti chrysia qui dederas, Mart. 9, 94, 4.

Chalcidēnsis, s. 2. Chalcis.

chalcidicē, s. 1. chalcis *no.* II.

Chalcidicēnsis, e, s. 2. Chalcis.

Chalcidicus, -um, s. 2. Chalcis.

Chalcioecos, ī, *f.* (Χαλκίοικος, bei den Griechen Beiname der Minerva, bei den Römern) der **Tempel der Athene,** Liv. 35, 36. § 9. Nep. Paus. 5, 2.

Chalciopē, es, *f.* (Χαλκιόπη), Tochter des Äetes, Schwester der Medea, Gemahlin des Phrixus, Hyg. fab. 21. Ov. her. 17, 232. Val. Flacc. 6, 479.

1. **chalcis,** idis, Akk. Plur. idas, *f.* (χαλκίς), **I** ein Fisch aus der Gattung der Heringe, Col. u. Plin. – **II** eine **Eidechsenart** mit kupferfarbigen Flecken auf dem Rücken (*Chamaesaura Chalcis,* Schneid.), Plin. 29, 102 D.; 32, 30.

2. **Chalcis,** idis u. griech. idos, Akk. idem u. (griech.) ida, *f.* (Χαλκίς), eine der ältesten Städte u. später Hauptstadt der Insel Euböa, am Euripus, Aulis gegenüber, durch eine Brücke mit dem Festland verbunden, Geburtsort des griech. Redners Isäus u. der griech. Dichter Lykophron u. Euphorion, j. *Egripo* od. (bei den Franken) *Negroponte,* Nep. Timoth. 3. § 3. Liv. 35, 46, 1. Vell. 1, 4, 1. Lucan. 2, 710 u. 5, 227. – Dav.: **A Chalcidēnsis,** e, **chalcidensisch, aus Chalcis** (Χαλκιδεύς), hospes, Liv.: cum Timagora Chalcidense, Plin.: Plur. subst., Chalcidēnsēs, ium, *m.* (Χαλκιδεῖς), die Einw. von Chalcis, die **Chalcidenser,** Liv.; od. übh. = **chalcidische Ionier** (auf Euböa), Gründer vieler Kolonien (deren älteste Kumä, deren Gründung wieder Nola u. Abella), Iustin. – **B Chalcidicēnsis,** e, **chalcidicensisch,** colonia, von Kumä (s. oben). Gell. 10, 16, 8. – **C Chalcidicus,** a, um, **a chalcidisch,** Cic.: versus, des Dichters Euphorion (s. oben), Verg. – subst., Chalcidicum, ī, *n.,* eine Art Zimmer auf der Ecke einer *basilica* auf jeder Seite des Tribunals, Vitr.: auch ein geräumiges Zimmer in griech. Häusern, Auson. u. Arnob. – **b** poet. (s. Chalcidēnsis) = **kumäisch,** arx, Kumä, Verg.: turres, litora, Stat.: Nola (s. oben), Sil. – **D Chalcidiēnsēs,** ium, *m.,* die Einw. der Stadt Chalcis, die **Chalcidienser,** Solin. 11, 16.

chalcītis, tidis, Akk. tim, *f.* (χαλκῖτις), **I Kupferstein, Kupfererz,** Cels. u. a. – **II** ein erzfarbener Edelstein, Plin. 37, 191.

chalcon, s. chalcus ►.

chalcophōnos, ī, *f.* (χαλκόφωνος), ein wie Erz klingender Edelstein, Plin. 37, 154. Solin. 37, 22.

chalcosmaragdos, ī, *f.* (χαλκοσμάραγδος), ein Smaragd mit ehernen Adern, unser **Malachit,** Plin. 37, 74. Solin. 15, 26.

chalcus, ī, *m.* (χαλκός), eine griech. Kupfermünze, der achte, später der zehnte Teil eines Obolus, Plin. 21, 185. Metrol. scriptt. Lat. p. 143, 6. – Nbf. chalcon, Porph. Hor. sat. 1, 8, 39. – auch calcus geschr., Anthol. Lat. 741, 20.

Chaldaea, ae, *f.* (Χαλδαία), der südwestl. Teil von Babylonien vom Euphrat bis an die arabische Wüste, dessen Einwohner durch Sternkunde u. Wahrsagerei berühmt waren, Plin. 5, 90. – Dav.: **A Chaldaeus,** a, um, **chaldäisch,** regnum, Lucr.: grex, Chaldäer = Wahrsager, Iuven. – subst., Chaldaeī, ōrum, *m.* (Χαλδαῖοι; Genet. Plur. Chaldaeûm, Lucr. 5, 725), die Einw. von Chaldäa, die **Chaldäer,** Gell.: dann für **Astrologen, Wahrsager** übh., Cic. u. a.: Sing. Chaldaeus, ī, *m.,* **der Wahrsager,** Cato. – **B Chaldaeicus,** a, um, **chaldäisch,** disciplina, Vitr. 9, 2 (4), 16 *cod. opt.* – **C Chaldaïcus,** a, um, **chaldäisch,** genus praedicendi, Cic. de div. 2, 88: gentes, Plin. 6, 121: artis Chaldaicae valde peritus, Firm. math. 8, 25.

chalo (calo), ātus, āre (χαλάω), **herablassen,** Vitr. 10, 8 (13), 1 (die Hdschrn. calata). Veget. mil. 4, 23 *in.* (die Hdschrn. calant). CIL 4, 2021 (wenn es dort nicht = calare, rufen).

chalybēius, a, um (*χαλύβειος v. χάλυψ), **stählern,** massa, Ov. fast. 4, 405.

Chalybes, um, *m.* (Χάλυβες), **I** eine Völkerschaft in Pontus, berühmt durch Bergbau u. Verarbeitung des Stahls (dah. der Name; nach anderen umgekehrt, der Stahl, χάλυψ, nach ihnen ben.), Catull. 66, 48 (wo griech. Genet. -ōn). Verg. georg. 1, 58. Mela 1, 19, 9 (1. § 105). – **II** eine Völkerschaft in Keltiberia, die am Fluss Chalybs wohnte, dah. der Name, Iustin. 44, 3, 9.

1. **chalybs**, ybis, *m.* (χάλυψ), **I** der Stahl, Plin.: vulnificus, weil aus ihm Waffen bereitet werden, Verg. Aen. 8, 446: wegen seiner Härte, ferro durior et chalybe, Prop. – **II** meton. für die daraus bereiteten Gegenstände, der **Stahl,** für Schwert, Sen. poët.: Pferdegebiss, Lucan.: Pfeilspitze, Lucan.: eisernes Gefängnis, Val. Flacc.

2. **Chalybs**, ybis, *m.* (Χάλυψ), ein Fluss in Keltiberia (Hispania Tarrac.), dessen Wasser das Eisen zu Stahl härten sollte, Iustin. 44, 3, 9.

Cham, *m. indecl.*, Sohn Noahs, Lact. 2, 13, 5. Vulg. genes. 9, 18 *sqq.* u. Eccl.

1. chama, *n. indecl.*, der **Hirschluchs**, Plin. 8, 70 (wo Akk. Sing. chama); vgl. Plin. 1. ind. ad lib. 8, 28 (wo de chama, also Abl. Sing.).

2. chāma, ae, *f.*, s. chēmē *no.* I.

chamaeactē, ēs, *f.* (χαμαιάκτη), eine Art niedrigen Holunders, **der Attich, Niederholunder** (*Sambucus ebulus,* L.), Plin. 24, 51.

chamaecerasus, ī, *f.* (χαμαικέρασος), der **Zwergkirschbaum** (*Prunus chamaecerasus,* Iacq.), Plin. 15, 104.

chamaecissos, ī, *f.* (χαμαίκισσος), **I der Erdefeu, Gundermann** (*Glechoma hederacea,* L.), Plin. u. Ser. Samm. – **II** eine Art der cyclaminos, Plin. 25, 116.

chamaecyparissos, ī, *f.* (χαμαικυπάρισσος), die **Erdzypresse,** Plin. 34, 136.

chamaedaphnē, es, *f.* (χαμαιδάφνη), der **Zwerglorbeer** (viell. *Ruscus hypophyllum,* L.), Plin. 15, 131 u. a.; nach Ps. Apul. herb. 58 (59) rein lat. laurago, mustellago.

chamaedracōn, ontos, *m.* (χαμαιδράκων), ein nur auf der Erde kriechender Drache in Afrika, Solin. 27, 33.

chamaedrȳs, yis u. yos, *f.* (χαμαίδρυς, v. χαμαί u. δρῦς), **I** eine Eichenart, Plin. 14, 112 (wo Genet. dryis). – **II** eine Pflanze, **Gamanderlein,** rein lat. trixago (*Teucrium chamaedrys,* L.), Plin. 24, 130. Veget. mul. 5, 52, 2 (wo Genet. -drys).

chamaeleōn, ontis, Akk. ontem u. onta (χαμαιλέων), **I** *m.*, die farbenwechselnde Eidechsenart, das **Chamäleon,** Plin. u. a. – **II** *f.*, die Pflanze **Eberwurz,** Cels. u. a.: dies. chamaelea herba, Th. Prisc, 1, 9. – Nur die Hdschrn. des Plin. haben vorherrschend Genet. onis usw., die aller übrigen ontis usw.

chamaeleucē, es, *f.* (χαμαιλεύκη), Huflattich, Plin. 24, 135.

chamaelygos, ī, *f.* (χαμαίλυγος), die sonst verbenaca gen. Pflanze, Ps. Apul. herb. 3.

chamaemēlinus, a, um (χαμαιμήλινος), **von Kamille,** cham. oleum, Th. Prisc. 4, 1. – Nbf. **chamomillinus** (camomillinus), a, um (chamomilla), **von Kamille,** oleum, Plin. Val. 2, 4 u. 3, 2.

chamaemēlon, ī, *n.* (χαμαίμηλον), **die Kamille,** Plin. 22, 53. Pallad. 7, 10. Ps. Apul. herb. 24. – Nbf. **chamomilla** (camomilla), ae, *f.*, Plin. Val. 3, 2.

chamaemyrsīnē, ēs, *f.* (χαμαιμυρσίνη), **Zwergmyrte, Mäusedorn,** rein lat. ruscus (*Ruscus aculeatus,* L.), Plin. 15, 27.

chamaepeucē, es, *f.* (χαμαιπεύκη), **der Zwerglärchenbaum,** Plin. 24, 136.

chamaepitys, yis u. yos, Akk. yn, Abl. y, *f.* (χαμαίπιτυς), die (rein lat. abiga gen.) fruchtabtreibende **Feldzypresse,** Cels. u. a.: rein lat. cucurbitularis, nach Isid. 17, 9, 86.

chamaeplatanus, ī, *f.* (χαμαιπλάτανος), die **Zwergplatane,** Plin. 12, 13.

chamaerepēs (χαμαιρεπεῖς) **palmae**, eine Art niedriger **Palmen,** Plin. 12, 39.

chamaerōps, ōpis, *f.* (χαμαίρωψ) = *chamaedrys* (s. d.), Plin. u. a.

chamaestrōtus, a, um (χαμαίστρωτος), **auf der Erde hingestreckt, -sich hinwindend,** *Fronto de eloqu. 1. p. 148, 6 N.

chamaesȳcē, ēs, *f.* (χαμαισύκη), **die Erdfeige,** eine Art Wolfsmilch (*Euphorbia chamaesyce,* L.), Plin. 24, 134.

chamaezēlon, ī, *n.* (χαμαίζηλον) = *gnaphalion,* Plin. 27, 88.

Chamāvī, ōrum, *m.*, eine germanische Völkerschaft, die früher an dem östlichen Arm des Rheins bis zur Lippe herauf, später von der Weser bis an den Südwestharz wohnte, Tac. ann. 13, 55; Germ. 33 *sq.* – Nbf. Chamāvēs, Auson. Mos. 434.

chamēdyosmos, ī, *f.* (χαμηδύοσμος), **Rosmarin,** Ps. Apul. herb. 79.

chamelaea, ae, *f.* (χαμελαία), **I der Zwergölbaum** (*Cneorum tricoccon,* L.), Plin. 15, 24. – **II** ein **Absud vom Zwergölbaum** zum Klistier, Scrib. 200.

chameunia, ae, *f.* (χαμευνία), das **Liegen (Schlafen) auf der bloßen Erde,** Hieron. epist. 52, 3 (Plur.).

chamomilla, s. chamaemēlon.

chamomillinus, s. chamaemēlinus.

chamūlcus, ī, *m.* (χαμουλκός), eine große **Schleife, Holzschleife,** um große Lasten (einen Obelisk u. dgl.) fortzuschaffen, Amm. 17, 4, 14.

Chanaan u. zsgz **Chanān**, *f. indecl.*, die Landschaft **Kanaan** in Palästina, Lact. 2, 13, 6. Vulg. gen. 9, 22 u. a. Eccl.: Form Canan, Iuvenc. 2, 129. – Dav.: **A Chananaeus**, a, um, **kananäisch, aus Kanaan,** Eccl.: subst., **α** Chananaea, ae, *f.*, **die Kananärin,** Ambros. de fide 5, 3, 48. Oros. 1. prol. 6. p. 2, 14 Z. – **β** Chananaeus, ī, *m.*, **der Kananäer** (kollektiv), Eccl.: Plur. Chananaeī, ōrum, *m.*, die Bewohner von Kanaan, **die Kananäer,** Eccl. – **B Chananītis**, tidis, *f.*, **kananitisch,** lingua, Eccl.: subst., eine **Kananiterin,** Eccl.

channē, ēs, *f.* (χάννη), ein Seefisch (*Perca cabrilla,* L.), ital. *canna,* Ov. hal. 108. Plin. 9, 56 u. 166; 32, 153.

Chāōn, onis, *m.*, s. Chāones.

Chāones, um, *m.* (Χάονες), die nach einem Heros Chāōn, dem Bruder des Helenus (Verg. Aen. 3, 335), benannte Völkerschaft im nordwestl. Epirus, die **Chaonier,** Liv. 43, 23, 6. Claud. bell. Get. 135 (wo Akk. -as). – Dav.: **A** (deren Land) **Chāonia**, ae, *f.* (Χαονία), die Landschaft **Khaonien,** j. *Canina* in Albanien, Cic. ad Att. 6, 3, 2. Liv. 32, 5, 9. Verg. Aen. 3, 335. – **B Chāonis**, idis, *f.*, **chaonisch,** poet. = epirotisch od. insbes. **dodonäisch** (dem dodonäischen Jupiter heilig), ales, die Taube, Ov.: ebenso arbos, die Eiche, Ov. – **C Chāonius**, a, um (Χαόνιος), **chaonisch,** poet. = **epirotisch** übh. u. = insbes. **dodonäisch,** pater (Jupiter), Verg.: columbae, die zu Dodona weissagenden, Verg.: nemus, Eichenwald zu Dodona, Stat.: victus, von Eicheln, Claud.: pes = Molossus, Diom. 479, 5.

chaos, Akk. chaos, Abl. chao (andere Kasus kommen in der klass. Periode nicht vor; Genet. chaï, Serv. Verg. Aen. 1, 664), *n.* (χάος, τό), **I der unendliche leere Raum** als Reich der Finsternis, **die Unterwelt,** Ov. met. 10, 30: personifiziert = Vater der Nacht u. des Erebus, Verg. Aen. 4, 510; 6, 265. – **II** übtr.: **A** das **unermessliche Dunkel,** die **tiefe Finsternis,** Cimmerium, Stat. silv. 3, 2, 92: horridum, Prud. cath. 5, 3. – **B die verworrene, gestaltlose Urmasse,** aus der die Welt gebildet wurde, Ov. met. 1, 7. Lact. 1, 5, 8 u. 2, 8, 8.

chara, ae, *f.*, eine Pflanze, nach einigen = **russischer Meerkohl** (Crambe Tatarica), dessen dicke, süße Wurzel, auf verschiedene Weise zubereitet, hauptsächlich den Tataren zur Nahrung dient, oder = die **Kümmelwurzel** (*Carum Carvi,* L.), Caes. b. c. 3, 48, 1.

characātus, a, um (χάραξ), **mit Pfählen versehen, bepfählt,** vineae, Col. 5, 4, 1 u. 5, 5, 16.

Characēnē, **-cēnī**, s. Charax *no.* I.

characiās, ae, Akk. ān, *m.* (χαρακίας), **I zu Pfählen dienlich, Pfahl-,** calamus, Plin. 16, 168. – **II** Beiname der Wolfsmilch, Plin. 26, 62 u. a.

charactēr (caractēr), ēris, Akk. ēra, *m.* (χαρακτήρ), **I** das **Werkzeug zum Einbrennen, -Einschneiden** usw. (Isid. 20, 16, 7); dah. meton., das (bes. den Tieren) **eingebrannte, eingestochene Zeichen, -Mal,** Col. u. a. – **II** übtr.: **a** die **charakteristischen Züge, Charaktere,** als Zauberschrift usw., Eccl. – **b** das **Charakteristische** in der Darstellung, das eigentümliche **Gepräge,** der jmdm. eigentümliche **Stil,** Varr. r. r. 3, 2, 17. Vopisc. Aurel. 1, 6. Serv. Verg. ecl. 3, 1 (Cic. or. 134 u. Gell. 7, 14, 1 griech. geschr.).

charactērismos od. **-mus**, *m.* (χαρακτηρισμός), die **Hervorhebung der charakteristischen Merkmale,** als rhet. *t. t.* (rein lat. informatio, descriptio, depictio), Diom. 463, 13. Isid. 2, 21, 40. Porphyr. Hor. ep. 1, 18, 7 u. a.

charactērium, ī, *n.* (χαρακτήριον) = *character,* Ps. Aug. hom. de sacril. 6, 19 *ed. Caspari.*

Charadra, ae, *f.* (Χαράδρα), Stadt in Phocis, *Enn. heduph. 3. p. 166 *ed. Vahlen* (aus Apul. apol. 39, wo die Hdschrn. caradrum).

charadrios u. **-us,** ī, *m.* (χαραδριός), ein gelblicher **Vogel,** dem Brachvogel ähnlich, der in Erdspalten u. Klüften wohnt, viell. der **Regenpfeifer,** Vulg. levit. 11, 19; deuter. 14, 18.

Charax, acis, *f.* (χάραξ, Pfahl, Palisade; dah. verschanzter, befestigter Ort, Feste), **I** eine von Alexander dem Gr. gegründete Stadt in Susiana (in der nach ihr benannten Landsch. **Characēne,** Χαρακηνή), Geburtsort des Periegeten Dionysius u. des Geschichtschreibers Isidorus, Plin. 6, 138 *sqq.* – Dav. **Characēnus,** ī, *m.* (Χαρακηνός), **aus Charax,** der **Charazener,** Isidorus Ch.; bes. Plur. Characēni, ōrum, *m.* (Χαρακηνοί), die Einw. von Charax od. von Charazene, die **Charazener,** Plin. – **II** eine Befestigung an der schmalsten Stelle des reizenden Tales Tempe in Thessalien, j. *Carisso,* Liv. 44, 6, 10 (wo griech. Akk. -ca).

charaxo (caraxo), (āvī), ātum, āre (χαράσσω, Inf. Aor. χαράξαι), **ritzen, kratzen, zerkratzen, dah. einkratzen,** auch **malen, schreiben,** Prud. perist. 10, 557. Apic. 6, 228. Verg. gramm. de oct. orat. part. 6. § 22 (in Class. auct. 5, 86) u. a. Spät.

charientismos, ī, *m.* (χαριεντισμός), **Feinheit im Ausdruck** (als rhet. Fig.), rein lat. festiva dictio, Charis. 276, 20. Diom. 462, 25. Pomp. 311, 12.

Charinda, ae, *m.* (Χαρίνδας), Fluss in Hyrkanien an der Grenze von Medien, Amm. 23, 6, 40.

Charibdis, s. Charybdis.

Charis, itos, Akk. ita, *f.* (Χάρις), die **Charitin, Grazie, Huldgöttin** (rein lat. Gratia), deesse illam suam Venerem dicebat, quam Graeci *Charita* vocant, Plin. 35, 79. – gew. Plur. Charites, um, *f.,* die **Charitinnen, Grazien,** gew. drei: Aglaja, Euphrosyne u. Thalia, Ov. fast. 5, 219. Plin. 36, 32.

Charisius, ī, *m.,* **I** Flavius Sosipater Ch., berühmter röm. Grammatiker im 4. Jahrh. n. Chr., aus Kampanien gebürtig. – **II** Aurelius Arcadius Ch., berühmter röm. Jurist im 4. Jahrh. n. Chr.

charisma, atis, *n.* (χάρισμα), das **Geschenk,** Eccl. – Abl. Plur. charismatis, Tert. adv. Iud. 13.

charistia, ōrum, *n.,* s. caristia.

chāritās, s. cāritās.

Charitēsia, ōrum, *n. pl.* (Charis), das **Fest der Charitinnen,** Iren. 1, 25, 3.

charitōn blepharōn, griech. *Genet. Plur.* (χαρίτων βλεφάρων, mit anmutigen Augenlidern), ein Liebe erzeugendes Zauberkraut, Plin. 13, 142.

Charmadās, ae, *m.* (Χαρμάδας), ein Schüler des Karneades u. Anhänger der akademischen Schule, der um 109 v. Chr. zu Athen lehrte, von Cicero oft wegen seines außerordentlichen Talents, wie seiner Beredsamkeit und seines bewundernswürdigen Gedächtnisses gerühmt, Cic. de or. 1, 45; 2, 360; Tusc. 1, 59; vgl. Quint. 11, 2, 26.

Charmel od. **-mēlus, -mēlītēs,** s. Carmēlus.

Charmidēs, Genet. āī u. ī, *m.* (Χαρμίδης), griech. Eigenname, Plaut. trin. 149; Genet. āī, *ibid.* 359; Genet. ī, *ibid.* 744. – Dav. **charmidor,** ātus sum, ārī, **zum Charmides werden** (im Doppelsinne mit χάρμα [die Freude] auch = sich erfreuen), Ggstz. se decharmidare, Plaut. trin. 977.

Charōn, ōnis u. ontis, *m.* (Χάρων), **Charon,** der Fährmann der Unterwelt, Cic. de nat. deor. 3, 43. Apul. met. 6, 18. Verg. Aen. 6, 299. – Caron geschr., Fulg. mitol. 1. praef. p. 9, 16 H. (wo Akk. Caronem). – Dav. **Charōnēa,** ōrum, *n.* (Χαρώνεια), **charonēische** (= mephitische Dünste aushauchende) **Klüfte,** Plin. 2, 208.

Charōndās, ae, *m.* (Χαρώνδας), berühmter Gesetzgeber seiner Vaterstadt Katana u. der anderen chalcidischen Pflanzstädte in Italien u. Sizilien, Zeitgenosse des Zaleukus (um die Mitte des 7. Jahrh. v. Chr.), Cic. de legg. 1, 57. Sen. ep. 90, 5. Val. Max. 6, 5. ext. 4.

charta (nicht carta), ae, *f.* (χάρτης), ein **Blatt** von der ägyptischen Papyrusstaude, **Papier** (dessen Zubereitung u. Arten s. Plin. 13, 68 *sqq.* Isid. 6, 10, 2 *sqq.*), **I** eig. u. meton.: **A** eig.: charta dentata, geglättetes, Cic.: bibula, Löschpapier, Plin. ep.: aversa od. inversa, die (gew. unbeschriebene) Rückseite des Papiers, Mart.: dagegen transversa, ein quer genommener Bogen Papier (in Folio), ein großer Querbogen, Suet.: alii vitrum conflant, ab aliis charta conficitur, andere sind Papiermacher, Vopisc.: calamum et chartas et scrinia posco, Hor.: ante chartarum et membranarum usum, Hieron. – **B** meton.: **a** die **Papyrusstaude** selbst, Plin. 13, 69. – **b** auf Papier geschriebene **Schrift, Brief, Gedicht** usw., ne charta nos prodat, Cic.: chartae obsoleverunt, Cic.: chartae Arpinae, Schriften des Cicero, Mart.: chartae annales, Prud.: versus in hac charta, Ov.: tribus chartis, Büchern, Catull.: tertia et centesima Livi charta (Buch), Ser. Samm. – **II** übtr., ein dünnes Blatt, **Platte, Tafel,** plumbea, Suet. Ner. 20, 1.

chartāceus, a, um (charta), **aus Papier bereitet, Papier-,** codex, Ulp. dig. 32, 52 pr. Cassiod. inst. div. 8. Hieron. epist. 71, 4.

chartārius, a, um (charta), **zum Papier gehörig, Papier-,** officina, Plin.: calamus, Schreibrohr, der Alten Schreibfeder, Apul. – subst., **a chartārius,** ī, *m.,* **α der Papierhändler,** CIL 17, 3284. Diom. 326, 14. – **β der Archivar,** Cassiod. var. 8, 23: chart. publicus, Vita Caes. Arel. 2, 9. – **b chartārium,** ī, *n.,* **das Archiv,** Hier. adv. Rufin. 3, 6.

chartāticum, s. chartiāticum.

charteus, a, um (charta), **zum Papier gehörig, Papier-,** stadium, Varr. sat. Men. 519: supellex vatum piorum, Auson. ep. (X) 40. p. 169 Schenkl: pulvis, Auson. Griphus (XXVI) 1, 2. p. 127 Schenkl.

chartiāticum, ī, *n.* (charta), **Geld zu Papier** als Geschenk, Ulp. dig. 48, 20, 6 (wo viell., wie in der lex Anastasii, chartaticum zu lesen, od. chartinaticum, von chartina).

chartina = charta, Prisc. 4, 31. – Dav. **chartinācius,** a, um = chartaceus, *ibid.* u. **chartināticum,** s. chartiāticum.

chartophylacium, ī, *n.* (χαρτοφυλάκιον), das **Archiv,** Greg. epist. 7, 128 ind. 2.

chartophylax, acis, *m.* (χαρτοφύλαξ), **der Archivar,** CIL 6, 1398*.

chartopōla, ae, *m.* (χαρτοπώλης), **der Papierhändler,** Schol. Iuven. 4, 24 *Buechn.*

chartoprātēs, ae, *m.* (χαρτοπράτης), **der Papierverkäufer,** Rubr. Cod. Iust. 11, 17, 1.

chartula, ae, *f. (Demin.* v. charta), die **kleine Schrift, -Aufzeichnung,** das **Briefchen,** Cic. ep. 7, 18, 2. Gaius inst. 2, 77. Fronto ad amic. 1, 12. Prud. perist. 1, 75 u. 10, 1115. Arnob. 6, 16.

chartulārius, ī, *m.* (chartula), der **Archivar,** Cod. Iust. 3, 26, 10 u. a.

chartus, ī, *m.* = charta, **Schrift,** Socratici charti, Lucil. sat. 27, 46.

Charybdis, dis, Akk. dim u. din (selten dem), Abl. di, *f.* (Χάρυβδις), ein alles verschlingender Strudel in der sizilischen Meerenge, dem Felsen Scylla (w. vgl.) gegenüber, j. *Calofaro* u. *la Rema* genannt, Cic. Phil. 2, 67; Verr. 5, 146. Sall. hist. fr. 4, 22 (37). Catull. 64, 156. Sen. ep. 14, 8: illa fabulosa Ch., Sen. ad Marc. 17, 2: Charybdis voracitate aut Scylleis, ut aiunt, canibus devorari (v. Schiffern), Salv. de gub. dei 5, 11. – zur Bezeichnung der Habgier, Hor. carm. 1, 27, 19. Cic. de or. 3, 163. – Appellat. = **Strudel** übh., Prud. cath. 6, 107 u. c. Symm. 2, 900 (an beiden Stellen Akk. -dem).

chasma, atis, *n.* (χάσμα), die **Öffnung, I** der Erde, der **Erdfall,** Sen. u. ICt. – **II** des Himmels, eine Art **Meteore,** Sen. u. Plin.

chasmatiās, ae, *m.* (χασματίας), ein **Erdbeben** mit Erdfällen verbunden, Apul. de mundo 18. Amm. 17, 7, 13.

chasmo (casmo), griech. χασμᾶσθαι, **gähnen,** Gloss. V, 273, 45 ›chasmavit, oscitavit‹.

Chasuariī, ōrum, *m.,* eine germanische Völkerschaft, die östl. von den Brukteren, wahrsch. im »Hasegau«, wohnte, später an den Niederrhein vordrang u. dort einen Teil des Frankenbundes bildete, Tac. Germ. 34: dies. auch **Attuariī,** Vell. 2, 105, 1. Amm. 20, 10, 2.

Chattī (Catthi, Catti), ōrum, *m.* (Χάττοι), eine germanische Völkerschaft im heutigen Hessen u. Thüringen, Form *Chatti,* Tac. Germ. 29 *sqq.*: Form *Catthi,* Flor. 4, 12, 23. Tac. ann. 2, 88. Suet. Dom. 6,

1. Iuven. 4, 147: Form *Catti,* Frontin. 2, 3, 23. Eutr. 7, 23 H. Stat. silv. 1, 1, 27. Claud. b. Get. 420. – Dav. **Catthus**, a, um, **kattisch,** mulier, Suet. Vit. 14, 5.

Chaucī (Cauchī od. Caucī, Caycī), ōrum, *m.*, eine Völkerschaft in Niedergermanien von der Ems bis zur Elbe, im Süden bis ins Oldenburgische u. Bremische, in maiores u. minores geteilt, Tac. Germ. 35, 2: Cauchi, Vell. 2, 106, 1: Caycī, Lucan. 1, 458. Claud. in Eutr. 1, 379; u. Sing. Caycus, Claud. laud. Stil. 1, 225. – Dav. **Chaucius** (Chauchius), Beiname des Gabinius Secundus als Besieger der Chauken, Suet. Claud. 24, 3.

chēlē, ēs, *f.* (χηλή), die auseinanderklaffende Klaue, die **Schere** der Tiere, **I** eig., Plur. chelae, die **Scheren** des Krebses, Ambros. hexaëm. 5, 8. – **II** übtr.: **A** *t. t.* der Astrol., Plur. Chēlae, ārum, *f.*, eig. die **Scheren** des Skorpions, Hyg. astr. 3, 25; u. (weil diese bis in das Gestirn der Waage hinüberreichen) meton. = die **Waage,** Cic. poët., Verg. u. a. – **B** *t. t.* der Mechanik = der so geformte Teil der Ballista, **der Drücker,** *manicula,* Vitr. 10, 10, 4 u. 10, 7.

1. chelīdōn, onis, *f.* (χελιδών), die **Schwalbe,** Pervig. Ven. 90 B. Anthol. Lat. 199, 55 R.

2. Chelīdōn, onis, *f.*, eine Buhlerin des C. Verres, dessen plebejische Klientin sie war, Cic. II. Verr.. 1 u. 2, 34; vgl. Ps. Ascon. Cic. Verr. II. p. 193 B. Schol. Vatic. ad Cic. Verr. p. 376 B.

chelīdonia, ae, *f.*, s. chelīdonius.

chelīdoniacus, a, um (*χελιδονιακός), **schwalbenschwanzförmig zugespitzt,** gladius, Isid. 18, 6, 7.

Chelīdoniae īnsulae, ārum, *f.* (Χελιδόνεαι od. Χελιδόνιαι νῆσοι), die »Schwalbeninseln«, eine Gruppe von drei (eig. fünf) Felseneilanden an der Küste von Lycien, südlich von Phaselis, Liv. 33, 20, 2. Mela 2, 7, 5 (2. § 102), auch **Chelīdonia scopula** gen., Solin. 38, 10, gegenüber dem **Chelīdoniārum** od. **Chelīdonium prōmunturium**, dem »chelidonischen od. heiligen Vorgebirge« (j. *Chelidoni),* Liv. 33, 41, 6. Plin. 5, 97.

chelīdoniās, ae, Akk. ān, *m.* (χελιδονίας), der nach dem 22. Februar (nach Ankunft der Schwalben) wehende **Westwind,** Plin. 2, 122.

chelīdonius, a, um (χελιδόνιος), **zur Schwalbe gehörig, Schwalben-,** lapillus, Schwalbenstein, Plin.: ficus, eine bes. rötliche Gattung, Col. – subst., chelīdonia, ae, *f.* *(sc.* herba), **Schwalbenwurz, Schellkraut,** Plin. u. a. (vollst. chelid. herba, Marc. Emp. 8, 2).

chelōnia, ae, *f.* (χελωνία), der **Schildkrötenstein,** ein Edelstein, Plin. 37, 155.

chelōnītis, tidis, *f.* (χελωνῖτις), ein schildkrötenähnlicher Edelstein, Plin. 37, 155.

chelōnium, ī, *n.* (χελώνιον, eig. die Schildkrötenschale, dah.) **I** als *t. t.* der Mechanik = die so gestaltete **Schildkrampe** zur Bewegung der Maschinen, Vitr. 10, 2, 2 *sqq.* – **II** eine auch cyclaminos gen. Pflanze, **Saubrot,** Ps. Apul. herb. 17.

chelydros u. **-us**, ī, *m.* (χέλυδρος), die **Schildkrötenschlange,** eine Art giftiger u. stinkender Schlangen, Cels. 5, 27, 8. Verg. georg. 2, 214 u. 3, 415. Lucan. 9, 711. Sil. 8, 496. Prud. c. Symm. 1, 130: chelydri Medusaei, Sil. 3, 316.

chelys, *Acc.* chelym u. chelyn, *Voc.* chely, *f.* (χέλυς), die **Schildkröte, I** eig., rein lat. testudo, Petr. fr. 26, 5. – **II** meton.: **a** wie im Griech. (vgl. *Passow in v.)* die aus der Schildkrötenschale verfertigte **Lyra,** rein lat. testudo, Pompon. tr. 8. Ps. Ov. her. 15, 181. Stat. silv. 1, 5, 1. – u. dav.: **b** das Gestirn **Lyra,** sonst Lyra od. rein lat. Fides gen., Avien. Arat. 617 u. 631.

chēmē, es, *f.* (χήμη), II) die **Gienmuschel,** Plin. 32, 147. – **II** ein Maß für Flüssigkeiten, ein Drittel des mystrum, Auct. carm. de pond. 78. – Nbf.

chēma, ae, *f.*, Exc. ex Isid. de mens. in liquid. 2. p. 140 *ed. Hultsch.*

chēnalōpeces, um, *f.* (χηναλώπεκες), **Fuchsgänse,** eine ägyptische, in Löchern lebende Gattung Gänse u. Enten, Plin. 10, 56.

chēnamychē, es, *f.* (*χηναμύχη), eine Pflanze = *nyctegretos* od. *nyctalops* (s. d.), Plin. 21, 62.

chēnerōtes, um, *f.*, eine Gattung kleiner Gänse, Plin. 10, 56.

chēniscus, ī, *m.* (χηνίσκος, eig. das Gänschen; dah.) eine Verzierung am Schiffshinterdeck in Form eines Gänsehalses, Apul. met. 11, 16.

chēnoboscion, ī, *n.* (χηνοβόσκιον), der **Gänsestall, Gänsehof,** Col. 8, 14, 1.

chēragra, s. chīragra.

chernītēs, ae, *m.* (χερνίτης), ein jetzt unbekannter weißer, dem Elfenbein sehr ähnlicher Marmor, Plin 36, 132.

chērnītis, tidis, *f.* (χείρ), ein Edelstein, auf dem zwei weiße gefaltete Hände zu sehen sind, Plin. *37, 191.

chērolaba, ae, *f.* (χειρολάβη), **die Handhabe,** Vitr. 10, 15, 5. p. 268, 2 R.

Cherronēsus u. **Chersonēsus** u. **-os**, ī, *f.* (χεῤῥόνησος od. χερσόνησος), **I** die **Halbinsel, A** Cherronesus Taurica, die **Krim,** Plin. 19, 95: auch bl. Ch., Cic. ad Att. 6, 1, 19. Varr. fr. p. 363 *ed. Bip.* – **B** Ch. Thracia, gew. bl. Ch., Mela 2, 2, 7 (2. § 25). Plin. 4, 47. Cic. agr. 2, 50; Pis. 86, die **thrazische Halbinsel** am Hellespont, **der Chersones,** Liv. 31, 16, 5. Nep. Milt. 1. § 1 u. 46 (wo lokat. Akk. Chersonesum = nach dem Ch.). Nep. Milt. 2, 4 (wo lokat. Genet. Chersonesi): auch Cherronensus u. Chersonensus geschr., z. B. CIL 14, 3608, 23. Iustin. 9, 1, 7 *ed. Ieep.* (vgl. Lachmann Lucr. 6, 810. Mela 2. § 27. – **II** ein Vorgebirge in Argolis, nicht weit von Trözene, Mela 2, 3, 8 (2. § 49).

chersinus, a, um (χέρσινος), **auf dem festen Land lebend,** testudo, die Landschildkröte (= chersos), Plin. 9, 38.

Chersonēsus, s. Cherronēsus.

chersos, ī, *f.* (v. χέρσος, festes Land), die **Landschildkröte,** feminea, Mart. 14, 88.

chersydrus, ī, *m.* (χέρσυδρος), die **Landhyder,** eine Schlange, die im Wasser u. auf dem Land lebt, Lucan. 9, 711. Serv. Verg. georg. 3, 415.

Cherūbīm u. (in den besten Hdschrn.) **Cherūbīn** (hebr. כרוב u. כרובים), eine höhere Engelgattung nach israelit. Vorstellung, Sing., Vulg. Ezech. 9, 3 u. a.: Plur., Vulg. genes. 3, 25 u. a. Prud. cath. 4, 4. Ven. Fort. 8, 3, 131. Isid. 7, 5, 22 *sqq.*

Cheruscī, ōrum, *m.*, im engeren Sinne die germanische Völkerschaft am Südharz, weit häufiger aber im weiteren Sinne der durch die Römerkriege berühmte germanische Völkerbund, zu beiden Seiten der Weser von der Lippe bis zur Leine, Caes. b. G. 6, 10, 5. Vell. 2, 117 *sqq.* Tac. Germ. 36. Claud. IV. cons. Hon. 452.

cheuma, atis, *n.* (χεῦμα), das **Ausgießen,** der **Ausguss,** Plaut. Poen. 701 G. (wo heterokl. Abl. Plur. cheumatis).

chī, *n. indecl.* (χῖ, τό), der zweiundzwanzigste Buchstabe im griech. Alphabet, Chalcid. Tim. 36 B. u. 52. Paul. Nol. carm. 26, 627.

chiasmus, ī, *m.* (χιασμός), die **Bezeichnung durch das Zeichen** X, chiasmis uti, Gromat. vet. 108, 2.

chīliarchēs, ae, *m.* (χιλιάρχης) u. **chīliarchus**, ī, *m.* (χιλίαρχος), **I** (Form *-es),* der **Vorsteher über** 1000 **Personen,** Cod. Theod. 16, 10, 20. § 4. – bes. der **Kriegshauptmann, Oberste** über 1000 Mann Landtruppen, Curt. 5, 2 (7), 3 (Tac. ann. 15, 51 mit *cod. M* nauarchus). – **II** (Form *-us)* bei den Persern die höchste Staatswürde nächst dem König, **der Staatskanzler,** Nep. Con. 3, 2.

chīliastae, ārum, *m.* (χιλιασταί), die an das tausendjährige Reich glauben, **die Chiliasten,** Augustin. de civ. dei 20, 7.

chīliodynamia, ae, *f.* = χιλιοδύναμις, eine uns unbekannte Heilpflanze, **Tausendkraft,** Plin. 25, 64 D.

chīliophyllon, *n.* (χίλιοι u. φύλλον), eine uns unbekannte Pflanze, **Tausendblatt,** Ps. Apul. herb. 18.

Chīlo u. **Chīlōn**, ōnis, *m.* (Χίλων od. Χείλων), aus Lazedämon, einer der sieben Weisen Griechenlands, Plin. 7, 119. Gell. 1, 3, 1 *sqq.* Auson. lud. sept. sapient. Lydius v. 3. p. 105 Schenkl.

Chimaera, ae, *f.* (χίμαιρα, eig. Ziege), **I** ein fabelhaftes, feuerspeiendes Ungeheuer in Lycien (Mela 1. § 80), vorn Löwe, in der Mitte Ziege, hinten Drache, von Bellerophon erlegt, Lucr. 5, 902 (905). Tibull. 3, 4, 86. Hor. carm. 1, 27, 24. Sen. ep. 113, 9. – in die Unterwelt versetzt, Verg. Aen. 6, 288; vgl. Cic. de nat. deor. 2, 5. – **II** ein feuerspeiender Berg bei Phaselis in Lycien od. nach Strabo eine vulkanische Talschlucht am Ausgang des Kragus, j. Tal u. Dorf *Kullechimari,* Veranlassung der Fabel von der Chimära, Plin. 2, 236. – Dav. **Chimaerēus**, a, um (Χιμαίρειος), **zum Berg Chimära gehörig**, liquor, Ps. Verg. cul. 14. Auct. laud. Herc. 76 (am Claudianus).

Chimaerifer, fera, ferum (Chimaera u. fero), **die Chimära erzeugend**, Lycia, Ov. met. 6, 339.

chīmerinus, a, um (χειμέρινος), **zum Winter gehörig, Winter-**, tropa, Wintersonnenwende, Menol. Colot. Dec. 14 (CIL 1^2, 1. p. 281).

Chionē, es, *f.* (Χιόνη), **I** Tochter des Dädalion, Mutter des Autolykus von Merkur u. des Musikus Philammon von Apollo, von Diana erschossen, Ov. met. 11, 300 *sqq.* – **II** Mutter des Eumolpus von Neptun; dah. **Chīonidēs**, ae, *m.* = Eumolpus, Ov. ex Pont. 3, 3, 41.

Chios od. **Chius**, ī, *f.* (Χίος), Insel im Ägäischen Meer, der ionischen od. klazomenischen Halbinsel gegenüber, reich gesegnet mit den wichtigsten Naturerzeugnissen, berühmtem Wein, Marmor, Feigen, feiner Erde für Kunsttöpferei, j. *Khio* od. *Scio*, türk. *Saki Andassi* (d. i. Mastixinsel), Varr. LL. 9, 67. Cic. Verr. 5, 127. Mela 2, 7, 4 (2. § 101). Hor. ep. 1, 11, 1. – Dav. **Chīus**, a, um (Χιος), **chiisch, von Chios**, ficus, Varr.: vinum Chium, Plaut.: monstrum, der Skorpion am Himmel, Avien.: a puero vitam Chiam gessi, habe herrlich u. in Freuden gelebt, Petr. – subst., **α** Chia, ae, *f.* *(sc.* ficus), die **chiische Feige**, Col. u. Mart. – **β** Chium, ī, *n.*, **Chierwein**, Hor. carm. 1, 10, 24 u. ö. – **γ** Chiī, ōrum, *m.*, die Einw. von Chios, die **Chier**, Cic. u. a. – Lucr. 4, 1122 (1130), jetzt Cīa (Κεῖα), s. Cēa.

chīragra, ae, *f.* (χειράγρα), die **Handgicht**, das **Chiragra**, Cels. 1, 9 *in.* u. a.: podagra et chiragra et omnis vertebrarum dolor nervorumque interquiescit, Sen. ep. 78, 8. – Poet. Nbf. chēragra, Hor. sat. 2, 7, 15; ep. 1, 1, 31. Pers. 5, 58. Mart. 1, 98, 2: podagra cheragraque, Mart. 9, 92, 9.

chīragricus, a, um (*χειραγρικός), **die Chiragra betreffend**, valetudo, Chiragra, Cassian. collat. 24, 15. – u. **mit Chiragra behaftet**, manus, Sidon. ep. 3, 13. – Plur. subst., chīragricī, ōrum, *m.*, **mit Chiragra Behaftete**, Cels. u. a.

chīramaxium, ī, *n.* (χειραμάξιον), ein kleiner, mit der Hand gezogener Wagen, **Handwagen**, Petr. 28, 4 (rein lat. vehiculum manuale, Cael. Aur. chron. 3, 6, 86).

chīridōtus, a, um (χειριδωτός), **mit langen** (bis über die Hände reichenden) **Ärmeln versehen**, tunica, Scip. Afric. b. Gell. 7, 12, 5 (vgl. Gell. *ibid.* § 1 *sqq.*). – subst., chīridōta, ae, *f.*, eine **langärmelige Tunika**, Nov. com. 71. Capit. Pert. 8. § 2.

Chīro (nicht Chīrōn), ōnis, Akk. ōnem u. ōna, *m.* (Χείρων), der durch seine Kenntnisse in der Musik, in der Heilkräuterkunde u. Wahrsagekunst ausgezeichnete Zentaur, Sohn des Saturn und der Phillyra (dah. Phillyrides, Verg. georg. 3, 550. Ov. fast. 5, 383), Erzieher mehrerer Heroen (namentl. des Äskulap, Iason u. Achilles), im Zentaurenkampf von Herkules mit einem giftigen, eine unheilbare Wunde machenden Pfeil getroffen, von Jupiter als Gestirn an den Himmel versetzt, Liv. Andr. tr. 35 (Nom. Chiro). Ov. met. 2, 630; 6, 126 (Akk. -ona). Ov. fast. 5, 379 *sqq.* Plin. 25, 66. Stat. Achill. 1, 106 (Akk. -ona). Hyg. astr. 2, 18 *extr.* (Akk. -ona): als Musiker, Iuven. 3, 205 (kleine Statue): als Gestirn, Lucan. 9, 536. – Dav.: **A** **Chīrōnicus**, a, um, **chironisch**, ars, Sidon. ep. 2, 12. – **B** **Chīrōnēus**, a, um (Χειρώνειος), **chironëisch**, vulnus, unheilbare (s. ob.), Lucil. sat. 29, 86. – **C** **Chīrōnīus**, a, um (Χειρώνειος), **nach Chiron benannt, chironisch**, ulcus, ein großes atonisches u. kalloses G., Cels. 5, 28. *no.* 5: vulnus, unheilbare (s. ob.), Ps. Apul. herb. 23, 1 *lemm.*: subst., Chironia, ae, *f.*, Beiname mehrerer Pflanzen, Plin. – u. Chironion, ī, *n.* = centaureum, s. d., Plin. 25, 66.

chīrocmēta, ōrum, *n.* (χειρόκμητα), **Menschenwerke**, eine Schrift des Demokrit »de Veneficiis«, Plin. 24, 160 (griech. Vitr. 9. praef. § 14. Col. 7, 5, 17). Vgl. Salmas. Exerc. Plin. p. 775.

chīrodytī, ōrum, *m.* (*χειροδύτοι), **Ärmel**, Lucil. 2, 26 M.

chīrographārius (chīrografārius), a, um (chirographum), **handschriftlich**, debitum, worüber eine Handschrift, ein Wechsel usw. ausgestellt worden ist, spät. ICt.: creditores, die eigenhändige Schuldscheine besitzen, ICt.

chīrographum (chīrografum), ī, *n.* (χειρόγραφον), Nbf. **chīrographus**, ī, *m.* (Fulv. b. Quint. 6, 3, 100), das mit eigener Hand Geschriebene, die **Handschrift, eigenhändige Schrift**, falsorum commentariorum et chirographorum officina, Cic.: suo chirographo mittere litteras, Planc. in Cic. ep.: alcis chirographum imitari, Cic.: chirographis credere, fidem habere, Cic.: ad proposita (Schreibvorlagen) reformare chirographum, Sen. – insbes., als *t. t.* der Geschäftsspr. = **eigenhändige Verschreibung, Handschrift, Obligation, Wechsel**, exhibitio chirographi, Gell.: alci chirographum dare, Sen.: per chirographum et cautionem credere, Porphyr.: domesticā cautione et chirographo obligare se alci ad praestandum, ICt.: chirographum debitoris scindere, Ambros. ep. 37, 44. – griech. Form chirographon, Sidon. carm. 16, 56.

Chīrōn, s. Chīro.

chīronomia, ae, *f.* (χειρονομία), der Teil der Orchestik, der bloß in kunstgerechten, malerischen Armbewegungen bestand, die **Pantomimik**, Quint. 1, 11, 17; vgl. Heinrich Iuven. 5, 121. p. 212.

chīronomos, ī, *comm.* u. **chīronomōn**, ūntis (nicht ontis), *m.* (χειρονόμος u. χειρονομῶν), der (die) die Arme malerisch bewegt, der (die) **Pantomime**, Iuven. 5, 121. Sidon. ep. 4, 7.

Chīrūchus, ī, *m.* (χείρ u. ἔξω), **Handfest** oder **Haltefest**, ein erdichteter kom. Name, Plaut. trin. 1021.

chīrūrgia, ae, *f.* (χειρουργία), die **Wundarzneikunst, Chirurgie**, Scrib. u. a.: Ggstz. diaetetica ratio, Cael. Aur. chron. 2, 12, 145. – Bildl., sed ego diaetā curare incipio, chirurgiae taedet, ich will jetzt endlich durch diätetische Mittel (gelinde Maßregeln) geholfen haben, die chirurgischen Operationen (gewaltsamen Maßregeln) habe ich satt, Cic. ad Att. 4, 3, 3.

chīrūrgicus, a, um (χειρουργικός), **chirurgisch**, ars medicina ch., die Chirurgie, Hyg. fab. 274. – Plur. subst. chirurgici = chirurgi, Hieron. epist. 40, 1.

chīrūrgūmena, ōrum, *n.* (χειρουργούμενα), **chirurgische Operationen**, als Büchertitel, Cael. Aur. chron. 2, 12, 146.

chīrūrgus, ī, *m.* (χειρουργός), der **Wundarzt, Chirurg**, rein lat. medicus vulnerarius, Cels. u. a.

Chius u. **Chīus**, s. Chios.

chlaena, ae, *f.* (χλαῖνα), ein griech. Obergewand, ein Mantel, Lucil. sat. 20, 7.

chlamus, udis, *f.*, s. chlamys ►.

chlamyda, ae, *f.*, s. chlamys ►.

chlamydātus, a, um (chlamys), **mit einer Chlamys bekleidet**, Plaut., Cic. u. a.: Plur. subst., chlamydātī, ōrum, *m.*, **Leute mit der Chlamys**, Sen. de vit. beat. 2, 2.

chlamys, mydis, Akk. Plur. mydēs u. mydas, *f.* (χλαμύς), ein weites wollenes, zuw. purpurnes (dah. Punicea, Ov. met. 14, 345) u. mit Gold durchwirktes (dah. Phrygia, Verg. Aen. 3, 484) griech. Oberkleid der Männer, bes. der vornehmen Krieger, ein **griechischer Kriegsmantel, Staatsmantel, die Chlamys** (dah. Gewand der Pallas); aber auch Reisemantel vornehmer Männer und Staatsmantel weiblicher Personen u. Kinder, Gewand der Citharöden u. des Chors in der Tragödie, sowie der Theaterkönige, Pacuv. tr. 186. Plaut. Curc. 611 u. mil. 1423. Caecil. com. 269. Lucil. sat. 9, 71. Rhet. Her. 4, 60. Varr. sat. Men. 212. Cic. Rab. Post. 27. Verg. Aen. 3, 484. Hor. ep. 1, 6, 40. Ov. met. 2, 733. Sen. ep. 76, 31. Suet. Tib. 6 u. Cal. 25. Tac. ann. 12, 56. – ► Nbf. chlamyda, ae, *f.*, Apul. met. 10, 30 u. 11, 24. Mart. Cap. 1. § 3. – Nbf. chlamus, udis, *f.*, u. clamys, ydis, *f.*, u. clamis, idis, *f.*, s. Plaut. Pseud. 735.

Chloē, ēs, *f.* (χλόη, junge Saat, also ›heranreifende Jungfrau‹), Name für junge Mädchen bei Horaz, Hor. carm. 1, 23, 1; 3, 7, 10 u. ö.

chlorās, ae, Akk. ān, *m.*, Beiname eines arabischen Smaragds, Plin. 37, 73.

chlōrēus, eī, *m.* (χλωρεύς), ein grünlicher Vogel, viell. der **Grünspecht**, Plin. 10, 203.

chlōriōn, ōnis, *m.* (χλωρίων), ein gelber Vogel, viell. **Goldamsel**, Plin. 10, 87 u. 18, 292.

Chlōris, ridis, Vok. ri, *f.* (Χλῶρις, die Grünende), **a** = lat. Flora, die Göttin der Blüten u. Blumen, Ov. fast. 5, 195. Lact. 1, 20, 8. – **b** Tochter des Amphion u. der Niobe, Gemahlin des Neleus, Mutter der Vesta, Hyg. fab. 10. – **c** griech. Frauenname, Hor. carm. 2, 5, 18 u. 3, 15, 8.

chlōrītis, tidis, *f.* (χλωρῖτις), ein grasgrüner Edelstein, viell. **Smaragdpraser,** Plin. 37, 156.

choa, ae, *f.*, s. coa.

Choaspēs, is u. ī, Akt. ēn u. em, *m.* (Χοάσπης), **I** ein Fluss in Susiana, berühmt durch sein klares u. rein schmeckendes Wasser, weshalb die persischen Könige immer einen Vorrat davon in silbernen Gefäßen auf ihren Zügen mit sich führten, j. *Karun,* Plin. 6, 130. Solin. 38, 4 (wo Genet. Choaspi). Curt. 5, 2 (8), 9: regia lympha Ch., Tibull. 4, 1, 140. – Nbf. Choaspis, Isid. 13, 21, 15. – **II** ein Fluss in Indien, in der Landschaft der Paropamisaden, j. *Attok,* Curt. 8, 10 (37), 22. – Dav.

choaspītis, tidis, *f.* (*Χοασπῖτις), ein im Choaspes gefundener Edelstein, Plin. 37, 156. – Nbf. **choaspītēs**, ae, *m.*, Isid. 16, 7, 16.

Choatrae (Coatrae), ārum, *m.*, ein durch seine Zauberkünste berüchtigtes Volk am mäotischen See, Lucan. 3, 246. Val. Flacc. 6, 151.

Choatrās, ae, *m.* (Χοάθρας), ein Berg in Medien, Plin. 5, 98.

Choatrēs, ae, *m.* (Χοάτρας), ein Fluss in Parthien, j. *Adschi-Su* (Bitterwasser), Amm. 23, 6, 43.

choenix, nicis, *f.* (χοῖνιξ), ein attisches Getreidemaß, zwei sextarii enthaltend, Anth. Latin. 486, 69 R. Auct. carm. de pond. 69. Metrolog. Scriptt. p. 106, 9 H. – Nbf. **choenica**, ae, *f.*, Pallad. 10, 14, 5 u. 11, 20, 1. Paul. ex Fest. 52, 14.

choeras, adis, *f.* (χοιράς), nur im Plur. choerades, Akk. as, die **angeschwollenen Drüsen,** rein lat. struma, Th. Prisc. 1, 9. Ps. Apul. herb. 3, 10.

Choerilus, ī, *m.* (Χοιρίλος), ein viell. mit Unrecht übel berüchtigter Dichter aus Iassos, der Begleiter Alexanders des Gr. auf seinen Zügen, der ihm für jeden guten Vers ein Goldstück bot, Curt. 8, 5 (17), 8. Hor. ep. 2, 1, 232; de art. poët. 355. – Dieser Choerilus ist nicht zu verwechseln mit dem Tragiker Choer. aus Athen u. nicht mit dem Epiker Choer. aus Samos, von deren einem wohl benannt ist: **Choerilīum** (od. **-ēum) metrum**, das um eine Silbe kürzer ist als der homer. Hexameter, Gramm.

choerogryllus, ī, *m.* (χοιρόγρυλλος), das **Stachelschwein, der Schweinigel,** Vulg. levit. 11, 5; deuter. 14, 7.

choïcus, a, um (χοϊκός), **aus Erde,** Tert. adv. Valent. 24.

cholagōgus, a, um (χολαγωγός), **Galle abführend,** purgationes, Th. Prisc. 2. chr. 14.

cholās, ae, *m.*, s. chlorās.

cholera, ae, *f.* (χολέρα), **I die Galle,** Lampr. Alex. Sev. 17, 2. – **II** der Gallenerguss durch Brechen u. Durchfall, die **Gallenbrechruhr,** Cholera, Cels. u. (auch im Plur.) Plin.

cholericus, a, um (χολερικός), **an der Gallenbrechruhr leidend,** Plin. u. Scrib.

chōliambus, ī, *m.* (χωλίαμβος), **der hinkende Iambus, Choliambus** (auch scazon, σκάζων, gen.), ein vollständiger Trimeter, der aber statt des letzten Iambus einen Spondeus od. Trochäus hat, Diom. 504, 9.

cholicus, a, um (χολικός), **die Gallenbrechruhr betreffend,** passio, die Gallenbrechruhr, Plin. Val. 2, 17. Greg. epist. 2, 33.

chōma, atis, *n.* (χῶμα), **der Damm,** rein lat. agger, Ulp. dig. 47, 11, 10. Cod. Theod. 11, 24, 6. § 7.

chondrilla, ae, *f.* u. **chondri(l)lē**, es, *f.* (χονδρίλλη), **Chondrillenkraut, spanische Wegwarte,** Plin. 21, 89 u. 22, 91 (das. auch condrion gen.).

chondris, is, *f.*, eine Pflanze, **der dostartige Andorn** (*Marrubium Pseudodictamnus,* L.), Plin. 25, 92.

chōra, ae, *f.* (χώρα), **der Distrikt,** inferior, CIL 5, 7870. – dah. Chōra, ae, *f.* (Χώρα), ein Distrikt Unterägyptens bei Alexandrien, Plin. 13, 42; vgl. Plin. 6, 212.

chorāgiārius, ī, *m.* (choragium) = *choragus,* CIL 5, 6795.

chorāgium, ī, *n.* (χοράγιον), **I** das zur Aufführung eines Theaterstückes Nötige an Dekorationen, Maschinerie, Kulissen, Mobilien und Kostümen, die der choragus (s. d.) besorgte, **Requisiten** u. **Kostüme, Bühnenapparat, a** eig.: ch. comicum, Plaut. capt. pr. 61: thymelicum, Apul. apol. 13: tabulae pictae, Attalica vestis, ceterum choragium, Plin. 36, 115: argentata choragia, Val. Max. 2, 4, 6: uti choragia laxamentum habeant ad comparandum, damit (in den porticus hinter dem Theater) genug Raum vorhanden ist, um den Bühnenapparat vorzubereiten, Vitr. 5, 9, 1. – zur Kaiserzeit, summum choragium, **der kaiserliche Bühnenapparat, Theaterapparat** zu den theatralischen u. amphitheatralischen Vorstellungen u. meton. = **die Rüstkammer für den kaiserlichen Bühnenapparat,** deren Verwaltung ein procurator mit seinen Unterbeamten besorgte, procurator summi choragii, CIL 3, 348 u. 6, 297: adiutor procuratoris s. ch., CIL 6, 10083: tabularius s. ch., CIL 6, 776 u. 6, 10086: medicus rationis s. ch., CIL 6, 10085: dispensator s. ch., CIL 6, 10084: contrascriptor rationis s. ch., CIL 6, 8950. – **b** übtr., das **Schaugepränge,** ch. funeris, Apul. met. 2, 20: feralium nuptiarum, Apul. met. 4, 33: ut aliquod fragile choragium gloriae comparetur, Rhet. Her. 4, 63. – **II** (als *t. t.* der Hydraulik) eine **Springfeder,** ein **Federdrücker,** choragia ferrea, Vitr. 10, 8 (13), 4.

chorāgus, ī, *m.* (χορηγός), **I** der das zur Aufführung eines Chors od. eines ganzen Theaterstückes Nötige (an Garderobe, Szenerie usw.), den Bühnenapparat (das choragium, s. d. *no.* I) auf eigene Kosten besorgt, **der Chorag, Chorausrüster, -ausstatter, Bühnenausstatter,** Plaut. Curc. act. 4. scaen. 1 u. trin. 858. – **II** übtr., der für die Ausrüstung einer Feierlichkeit das Nötige auf eigene Kosten besorgt, der **Chorag,** Poëta b. Suet. Aug. 70, 1.

choraula, s. choraulēs.

choraulē, ēs, *f.* (χοραῦλις), **die zum Chortanz die Flöte bläst, die Chorflötistin,** CIL 6, 10122.

choraulēs, ae, Akk. ēn, *m.* u. **choraula**, ae, *m.* (χοραύλης), **der zum Chortanz die Flöte bläst, der Chorflötist,** Form *-es,* Plin. 37, 6 (wo Akk. -en). Mart. 5, 56, 9 u. a. Iuven. 6, 77. Hyg. fab. 273. Diom. 492, 1. CIL 6, 10119: Form *-a,* Gloss. IV, 44, 40. Suet. Ner. 54 (Akk. -am). Serv. Verg. ecl. 5, 89 (Akk. -am). Apul. met. 8, 26: Plur., Petr. 69, 5. Vopisc. Carin. 19, 2.

choraulicus, a, um (choraules), **zum Chorflötisten gehörig,** tibiae, Diom. 492, 11: turba, Comm. instr. 1, 32, 7.

chorda (in Hdschrn. auch corda), ae, *f.* (χορδή), **I** der **Darm,** Petr. 66, 7. – **II** meton., die **Darmsaite,** Cic. u. a.: septem chordae (cordae) citharae, Varr. LL.: non didicit tangere chordas, Ov. – insbes., wie nervus, die Darmsaite als **Fessel,** tibi actutum chorda tenditur, die Saite (der Strick) wird schon längst für dich bereit gehalten, Plaut. Most. 743 zw.

chordapsus, ī, *m.* (χορδαψός), die **Darmverschlingung,** das **Miserere,** rein lat. tormentum, Cael. Aur. acut. 3, 17, 144. Th. Prisc. 4, 8. Cass. Fel. 57.

chordifex, icis, *m.* (chorda u. facio, **einer, der Darmsaiten macht,** Gloss. V, 550, 33.

chordula, ae, *f.* (*Demin.* v. chorda), **der kleine Darm,** Veget. mul. 1, 56, 17.

chordus, a, um, s. cordus.

chorēa, ae, Akk. ān, *f.* (χορεία), gew. im Plur., der **Reigentanz,** mit Gesang verbunden, Verg. u. a.: übtr., von der harmonischen Kreisbewegung der Sterne, Varr. fr. u. Manil.

chōrepiscopus, ī, *m.* (χωρεπίσκοπος), **Land-** od. **Dorfbischof,** Cod. Iust. 1, 3, 42.

chorēus, (chorius) , ī, *m.* (χορεῖος, *sc.* πούς, pes), **I** der später trochaeus genannte Versfuß: –◡, Cic. u. a. – **II** der früher tribrachys genannte Versfuß: ◡◡◡, Diom. 465, 20 (wo choreus) u. 479, 2 (wo chorius).

choriambicus, a, um (χοριαμβικός), **choriambisch,** versus, Sidon.: metrum, Gramm.

choriambus, ī, *m.* (χορίαμβος), der aus einem Chorēus (Trochäus) u.

einem Iambus bestehende Versfuß: –◡◡– (z. B. nobilitas), Gramm.: Akk. choriambon, Auson. epist. 4, 93. p. 162 Schenkl. – Adjektiv., carmen ch., aus Choriamben bestehend, Auson. epist. 10, 37. p. 169 Schenkl.

choricus, a, um (χορικός), **zum Chor gehörig**, tibiae, Diom. 492, 11: metrum, eine Art des anapästischen Verses, bestehend aus einem monometr. hypercatal., Serv. centim. 4, 2. p. 462, 1 K. – Plur. subst., choricī, ōrum, *m.*, die Chorkünstler, Firm. math. 3, 12, 1 Kr. u. Sk.

chorius, s. chorēus *no.* II.

chōrobatēs, ae, *m.* (χωροβάτης), die zum Nivellieren des Wassers gebrauchte **Grundwaage**, Vitr. 8, 5, 1.

chorocitharistēs, ae, *m.* (χοροκιθαριστής), der **den Chor mit dem Saitenspiel begleitende Zitherspieler**, Suet. Dom. 4, 4.

chōrographia, ae, *f.* (χωρογραφία), die **Länderbeschreibung**, Lact. ad Stat. Theb. 2, 44: Plur., Vitr. 8, 2, 6 R. – Insbes. als Titel einer Schrift Ciceros, Prisc. 6, 83; u. eines Gedichtes des P. Terentius Varro Atacinus, s. *Wernsdorf.* Poet. Lat. min. tom. 5. p. 1385 *sqq.*

chorōna, s. 1. corōna ►.

chōrs, s. cohors.

chortinos, on (χόρτινος), **aus Gras**, Plin. 15, 30.

chorus, ī, *m.* (χορός = κύκλος nach Hesych.), **I der Rundtanz, Chortanz, Reigen, Reihen**, Hor., Tibull. u. a. – übtr., die harmonische Bewegung der Gestirne, Tibull. 2, 1, 88. – **II** meton., die **tanzende und singende Schar**, der Chor, **A** eig., Cic. u. a.: Phoebi, die Musen, Vitr.: canentium, Col.: vom Chor in der Tragödie, Hor. u. Gell. – **B** übtr.: **1** die harmonisch sich bewegende **Sternenschar**, Hor. u. a. – **2** im Allg., jede zu einem Zweck zusammenhaltende Menge, **Schar, Haufen, Verein, Reihe**, iuventutis, Cic.: philosophorum, Cic.: Baiana negotia chorusque ille, Cic.: ch. (piscium), Sen. Agam. 475 (452): virtutum, Cic. – **3** (als *t. t.* der Baukunst) chori, die **Lagen** od. **Schichten** der übereinander gelegten Ziegelsteine, quader- od. Kieselsteine (griech. δόμοι πλίνθων, Vitr. 2, 3, 4.

Chremēs, mētis, Akk. ētem, mēta u. mem, *m.*, ein alter Geizhals in mehreren Stücken des Terenz, Nom. bei Cic. de fin. 1, 3. Hor. epod. 1, 33: Akk., -metem, Ter. Andr. 472: Akk. -meta, Hor. sat. 1, 10, 40: Akk. -mem, Plaut. asin. 866. Ter. Andr. 527 u. ö.

chrēsis, Akk. in, *f.* (χρῆσις), **die Benutzung**, *Lucil. sat. 27, 7 (665 L.).

chrēstologus, s. chrīstologus.

chrēston, ī, *n.* (χρηστόν), das **Allnützliche**, Beiname der Pflanze cichorium (wie Plin. sagt, propter singularem salubritatem), Plin. 20, 74.

Chrēstus, ī, *m.* (Χρηστός), **I** Name eines Freigelassenen od. Fremdbürgers, Suet. Claud. 25, 4. – **II** irrtümlich (zur Kaiserzt.) = Christus, s. Suet. Claud. 25, 4. Lact. 4, 7, 5; vgl. Ruperti Tac. ann. 15, 44, 2. – u. dav. **Chrēstiānus**, = Christianus, Tert. apol. 3.

chrīa, ae, *f.* (χρεία), in der Rhetor., eine Sentenz od. ein Gemeinplatz nebst deren weiterer logischer Ausführung, die **Chrie**, Sen. ep. 33, 7. Quint. 1, 9, 4 *sq.* u. a.: Plur., Suet. fr. 3. p. 16. 7 Reiff.

chrīsma, atis, *n.* (χρῖσμα), die **Salbung, Ölung**, Eccl.

chrīsmo, āre (chrisma), **salben, ölen**, Eccl.

Chrīstianē, *Adv.* (Christianus), **christlich**, Augustin. ep. 157, 39.

Chrīstiānismus, ī, *m.* (Χριστιανισμός), das **Christentum**, Eccl.

Chrīstiānitās, ātis, *f.* (Christus), **I** die **christliche Religion**, das **Christentum**, Eccl. u. spät. ICt. – **II** meton.: **1** die ganze **Christenheit**, Cod. Theod. 15, 5, 5. – **2** die christliche **Geistlichkeit**, Cod. Theod. 12, 1, 123.

chrīstiānizo, āre (χριστιανίζω), **sich zum Christentum bekennen**, Tert. adv. Marc. 1, 21.

Chrīstiānus, a, um (Χριστιανός), **christlich**, religio, Eutr. 10, 16. Amm. 21, 16, 18 u. Eccl.: Christianae legis studiosus, Amm.: Christiani ritus presbyter u. Christianae legis antistes, Bischof, Amm.: ritus Christiam cultor, Amm.: Christiani populi vexationes, Sulp. Sev.: adhaerere cultui Christiano, Amm.: Christianos esse passus est, er übte Toleranz gegen die Chr., Lampr. – subst., Chrīstiānus, ī, *m.*, der **Christ**, Amm. u. Eccl.: bes. Plur. Chrīstiānī, ōrum, *m.*, die **Christen**, Tac. u. a. – *Compar.*, Christianiores, ernstere, strengere Christen, Augustin. c. Faust. 30, 3 *in.* – *Superl.*, Christianissimus, allerchristlichster, vir omnium nobilium Christianissime, Hier. epist. 57, 12: Christianissime princeps! Ambros. epist. 1, 1.

Chrīsticola, ae, *m.* (Christus u. colo), der **Verehrer Christi**, der **Christ** (poet.), Prud. cath. 3, 56. Ven. Fort. 2, 20, 1 u. 5, 5, 75: Genet. Plur. Christicolûm, Prud. c. Symm. 2, 1003 u. perist. 3, 72.

Chrīsticolus, a, um (Christus u. colo), **Christus verehrend**, ager, Ven. Fort. 2, 8, 12.

Chrīstifer, fera, ferum (Christus u. fero), **Christus tragend**, praesepe, Augustin. serm. 150, 2.

Chrīstigena, ae, *c.* (Christus u. geno, gigno), **Christus erzeugend**, domus, Prud. ham. 789.

Chrīstipotēns, entis (Christus u. potens), **stark in Christo**, Prud. c. Symm. 2, 709.

chrīstologus (chrēstologus), ī, *m.* (χρηστολόγος), **gütig redend, wie ein guter Mensch sprechend** (aber schlecht handelnd), Spottname des Kaisers Pertinax, Capitol. Pert. 13, 5; vgl. Aur. Vict. epit. 18, 4 (wo das Wort griech.).

1. chrīstus, a, um (χριστός), **gesalbt**, sacerdotes, Vulg. 2. Mach. 1, 10.

2. Chrīstus, ī, *m.* (Χριστός), der Gesalbte, das hebr. מָשִׁיחַ; vgl. Lact. 4, 7, 7, **Christus**, Tac. ann. 15, 44, 2. Plin. ep. 10, 96 (97), 5. Vopisc. Saturn. 8, 4 u. Eccl.: Christus parvulus, das Christuskind, Hieron. epist. 58, 3.

chrōma, atis u. atos, *n.* (χρῶμα), **I** die **Farbe** der Haut, chroma facere, sich Farbe verschaffen (indem man sich der Sonne aussetzt), Porphyr. Hor. ep. 1, 20, 24. – **II** *t. t.* der Musik, die **chromatische Tonleiter** (ein Tongeschlecht, in dem die Töne des Vierklangs, die dritthalb Töne messen, als ein halber, wieder ein halber u. dann anderthalb aufeinander folgten), Vitr. 5, 4, 3. – Dav.: **A chrōmaticē**, ēs, *f.* (χρωματική), die **Wissenschaft der chromatischen Tonleiter**, Vitr. 5, 4, 4. – **B chrōmaticus**, a, um (χρωματικός), dem chromatischen Tongeschlecht entsprechend, nach dessen Gesetzen komponiert, **chromatisch**, chr. genus symphoniae od. musicae (= χρωματικὴ μουσική) = *chroma*, Vitr. 5, 5, 5. Macr. somn. Scip. 2, 4. § 13.

chrōmatiārius, ī, *m.* (chroma *no.* I), der sich (dadurch, dass er sich der Sonne aussetzt) **Farbe zu verschaffen sucht** (auch colorarius gen.), Schol. Pers. 4, 18.

chrōmaticē, ēs, *f.*, s. chrōma.

chrōmaticus, a, um, s. chrōma.

chromis, is, Akk. in, *m.* (χρόμις), ein Seefisch, wahrsch. derselbe, der (nach Hard.) an der ligurischen Küste *castagno*, (nach Cuvier) in Genua *chro* u. in Marseille ebenf. *chro* od. *chrau* gen. wird (*Sciaena scirrhosa*, L.), Ov. hal. 121. Plin. 9, 57. Verg. Aen. 11, 675 (als Personenname).

chronicus, a, um (χρονικός), **zur Zeit gehörig**, canones, Hieron.: libri chron., Gell., u. absol., chronica, ōrum, *n.* (τὰ χρονικά), b. Plin. u. Gell., Geschichtsbücher nach der Zeitfolge, Chronik: morbi chr., chronische = langwierige, rein lat. longi (Ggstz. acuti morbi), Isid. u. Cael. Aur.

chronius, a, um (χρόνιος), **chronisch**, passio (rein lat. tarda passio, Ggstz. celeris et acuta passio), Cael. Aur. acut. 2, 28, 148 u. 3, 16, 135.

chronocratōr, oris (χρονοκράτωρ), astrol. Ausdruck, der **Zeitherrscher**, Firm. math. 2, 26, 1 Kr. u. Sk. u. ö.

chronographia, ae, *f.* (χρονογραφία), die **Geschichtschreibung nach der Zeitordnung, die Chronographie**, Spät.

chronographus, ī, *m.* (χρονογράφος), der Geschichtschreiber nach der Zeitordnung, der **Chronograph, Annalist**, Sidon. epist. 8, 6, 18.

chrotta, ae, *f.* (britannisches Wort), eine Art **Geige**, engl. *crowde*, Ven. Fort. 7, 8, 63.

Chrȳsa, ae, *f.* u. **Chrȳsē**, ēs, *f.* (Χρύση), Stadt in Mysien auf einem Hügel am Meer, in deren Nähe jener Tempel des Apollo Smintheus lag, an dem der Vater der von Achilles geraubten Chrysëis als Priester angestellt war, Form *-a*, Plin. 5, 122: Form *-e*, Ov. met. 13, 174. Sen. Troad. 223.

chrȳsallion, ī, *n.* (*χρυσάλλιον), **Flöhkraut,** Plin. 25, 140.

chrȳsallis, idis, *f.* (χρυσαλλίς), die **goldfarbige Puppe der Schmetterlinge,** Plin. 11, 112 u. 117.

chrȳsanthemon (um), ī, *n.* (χρυσάνθεμον), die **Goldblume,** auch heliochrysos gen., Plin. 21, 168. – Nbf. **chrȳsanthes,** is, *n.* (χρυσανθές), Ps. Verg. cul. 405.

Chrȳsās, ae, *m.*, Fluss auf Sizilien bei der Stadt Asoros (j. *Asaro*), j. *Dittaino,* Cic. Verr. 4, 96 (auch als Flussgott). Sil. 14, 229 (wo Vok. Chrysa).

chrȳsatticum vīnum, ī, *n.*, gew. subst. bl. **chrȳsatticum,** ī, *n.* (χρυσάττικος οἶνος), ein in Attika gewonnener Honigwein von goldheller Farbe, **attischer Goldwein,** chr. vinum, Plin. Val. 5, 9. Coripp. laud. Iustin. 3, 100: bl. chr., Edict. Diocl. 2, 14. Placid. gloss. V, 12, 6 (wo crisatium).

Chrȳsē, s. Chrȳsa.

Chrȳsēida, s. Chrȳsēs.

Chrȳsēis, s. Chrȳsēs.

chrȳsēlectros, ī, *f.* (*χρυσήλεκτρος), ein dunkelgelber Edelstein, viell. **bernsteinfarbiger Hyazinth,** Plin. 37, 127 (wo Plur. chryselectroe).

chrȳsēlectrum, ī, *n.* (χρυσήλεκτρον), **goldgelber Agtstein,** Plin. 37, 51.

chrȳsendetos, a, um (χρυσένδετος), **mit Gold eingelegt,** lances chrys., Mart. 14, 97 *lemm.* – Gew. subst., chrȳsendeta, ōrum, *n.* (*sc.* vasa), **mit Gold eingelegte Gefäße, -Schüsseln,** Mart. 2, 43, 11; 6, 94, 2; 14, 97, 1.

Chrȳsēs, ae, Akk. ēn, *m.* (Χρύσης), Priester des Apollo aus Chryse in Mysien, Vater der Astynome, die von Achilles auf einem Streifzug geraubt u. dem Agamemnon als Beute zugeteilt wurde, aber wegen der von Apollo ins griech. Heer gesandten Pest dem Vater wieder zurückgegeben werden musste, Ov. art. am. 2, 401 (vgl. Hyg. fab. 101): Dat. Chrysi, Hyg. fab. 106 u. 121. – Dah. **Chrȳsēis,** idos u. idis, Akk. ida, *f.* (Χρυσηΐς), die **Chrysēide** (Tochter des Chryses) = Astynome, Ov. trist. 2, 373; rem. am. 469. – Nbf. **Chrȳsēida,** ae, *f.*, Hyg. fab. 121 *in.* (wahrsch. auch 106 *in.*).

chrȳseus, a, um (χρύσεος), **golden,** basiliscus, goldfarbener, Ps. Apul. herb. 128. – Subst., chrȳsea, ōrum, *n.*, **goldene Sachen,** Mart. 9, 94, 4.

Chrȳsippus, ī, *m.* (Χρύσιππος), **I** aus Tarsus od. Soli in Cilicien (dah. ὁ Σολεύς), geb. um 282 v. Chr., ein berühmter stoischer Philosoph, Schüler des Zeno u. Kleanthes, Cic. Acad. 2, 75 u. 87. Sen. ep. 113, 18 *sq.* Lact. 3, 18, 15: Erfinder des Sorites (Haufenschlusses), Pers. 6, 80. – Plur., omnes Zenones et Chrysippi, alle Z. u. Chr. (= alle Anhänger des Z. u. Chr., d. i. alle Stoiker), Sen. ep. 22, 11. – **II** ein gelehrter Freigelassener des Cicero, der sich mehrerer Vergehen schuldig machte, weshalb Cicero seine Freilassung für ungültig erklärte, Cic. ad Q. fr. 3, 4, 5; ad Att. 7, 2, 8 u. 5, 3. – **III** ein Freigelassener des Architekten Cyrus, selbst Architekt, Cic. ep. 7, 14, 1 *sq.*; ad Att. 13, 29, 2; 14, 9, 1. – Dav. **Chrȳsippēus,** a, um, **chrysippēisch, des Chrysippus,** haec Chrysippea sunt, Cic.: sophisma Chr., Hieron. – subst. Chrȳsippēa, ae, *f.* (*sc.* herba), eine nach einem Chrysippus (ihrem Entdecker) benannte Pflanze, Plin. 26, 93.

Chrȳsis, idis, *f.* (Χρυσίς), griech. weibl. Eigenname, z. B. Name des jungen Mädchens aus Andros in der Andria des Terenz (z. B. *v.* 85), Cic. de or. 2, 327, u. in einem Stück des Komikers Trabea, Cic. Tusc. 4, 67 (= Trab. com. 3 R.^{2}).

chrȳsītēs, ae, *m.* (χρυσίτης), ein goldfarbiger Stein, Plin. 36, 157.

chrȳsītis, tidis, Akk. tim, *f.* (χρυσῖτις), **I goldgelbe Silberglätte,** Plin. 33, 106. – **II** eine auch chrȳsocomē (χρυσοκόμη, Goldhaar) gen. Pflanze, Plin. 21, 50. – **III** ein flammiger Edelstein, auch phloginos gen., Plin. 37, 179.

chrȳsius, s. chrȳseus.

chrȳsoaspides, pidum, Akk. pidas, *m.* (χρυσοάσπιδες), ein auserlesenes Korps Fußsoldaten mit goldenen Schilden, die **Goldschildträger,** Lampr. Alex. Sev. 50, 5.

chrȳsobērullus od. **-bēryllus,** ī, *m.* (χρυσοβήρυλλος), der **Goldberyll,** Plin. 37, 76 (chrysoberullus). Solin. 52, 65 (chrysoberyllus).

chrȳsocalis, is, *f.*, eine auch parthenium gen. Pflanze, Ps. Apul. herb. 23.

chrȳsocanthos u. **chrȳsocarpus,** ī, *f.*, eine Art **Efeu,** die goldfarbige Körner trägt, Ps. Apul. herb. 119. Plin. 16, 147.

chrȳsocephalos, ī, *m.* (χρυσοκέφαλος), der **Goldbasilisk,** Ps. Apul. herb. 128.

chrȳsochrūs, ūn (χρυσόχρους, ουν), **goldfarbig** (Ggstz. prasochrus), lapis, Ambros. in psalm. 118. serm. 16. § 41 *sq.*

chrȳsococcus, a, um (χρυσόκοκκος), **mit goldenem Kern,** flos, Ps. Apul. herb. 128.

chrȳsocolla, ae, *f.* (χρυσόκολλα), **I Berggrün, Kupfergrün, Saftgrün, Borax,** natürlicher od. nachgemachter, zum Goldlöten, Vitr. 7, 5, 8 u. a. Plin. 33, 86 *sq.* Suet. Cal. 18, 3. Flor. 4, 12, 60. – **II** ein auch amphitanes gen. Edelstein, Plin. 37, 147.

chrȳsocomē, ēs, *f.*, s. chrȳsītis *no.* II.

chrȳsographātus (chrȳsografātus), a, um (χρυσόγραφος), **mit Gold ausgelegt,** scuta, Valer. imp. bei Treb. Poll. Claud. 14, 5.

chrȳsolachanum, ī, *n.* (χρυσολάχανον), **Melde, Gartenmelde,** rein lat. atriplex (*Atriplex hortensis,* L.), Plin. 27, 66. – Dass. chrȳsolāgo, ginis, *f.*, Plin. Val. 2, 59.

chrȳsolampis, pidis, *f.* (χρυσολαμπίς, goldleuchtend), ein des Nachts blitzender Edelstein, Art unseres Topases, Plin. 37, 156.

chrȳsolithos u. **-thus,** ī, *m.* u. (bei Plin.) *f.* (χρυσόλιθος), der **Chrysolith,** ein Edelstein, der **Topas** der Griechen u. der Neueren, Plin. 37, 101 u. 126 *sq.* Prop. 2, 16, 44. Ov. met. 2, 109. Prud. psych. 854. Isid. 16, 15, 2. – Dav. **chrȳsolithus,** a, um, **aus Chrysolith,** metalla, Ven. Fort. 3, 25, 3: fibula, *ibid.* 8, 4, 272.

chrȳsomallus, ī, *m.* (χρυσόμαλλος), das **Goldvlies,** aries, mit dem goldenen Vlies, Hyg. fab. 188.

chrȳsomēlinum mālum = *chrysomelum,* Col. 5, 10, 19.

chrȳsomēlum, ī, *n.* (χρυσόμηλον, Goldapfel), eine Art **Quitten,** Plin. 15, 37.

chrȳsophrys, Akk. yn, *m.* (χρύσοφρυς), ein Fisch mit einem goldenen Fleck über den Augen (*Sparus aurata,* L.), Ov. hal. 111. Plin. 32, 152.

chrȳsōpis, pidis, *f.* (χρυσῶπις), eine edlere Art unseres **Topases,** Plin. 37, 156.

chrȳsoprasos u. **-sus,** *m.* u. (b. Plin.) *f.* (χρυσόπρασος), der **Chrysopras,** ein durchsichtiger Edelstein von lauchgrüner Farbe, Plin. 37, 77. Solin. 30, 34 u. 52, 62 (65). Prud. psych. 865. Vulg. apoc. 21, 20. Ambros. in psalm. 118. serm. 16. § 42. Isid. 16, 7, 7 u. 16, 14, 8. – Nbf. chrȳsoprasis, Ven. Fort. vit. S. Mart. 3, 468.

chrȳsopteros, ī, *m.* (χρυσόπτερος), eine Art **Jaspis,** Plin. 37, 109. Ambros. in psalm. 118. serm. 16. § 41 *sq.*

Chrȳsorrhoas, ae, *m.* (Χρυσορρόας), der **Goldfluss, I** Beiname des Pactolus, s. d. – **II** = Lycormas, s. d.

chrȳsos, ī, *m.* (χρυσός), **Gold,** Plaut. Bacch. 240. – chrysos melas, schwarzer Efeu, Ps. Apul. herb. 98.

chulleus, s. culleus a. E.

Chūnī, Chūnus, s. Hūnnī.

chūs, *m.* (χοῦς) = *congius,* Auct. carm. de pond. et mens. 70.

chydaeus, a, um (χυδαῖος, überhäuft, dah.) **gemein,** dactyli, Plin. 13, 46 u. 14, 102.

chȳlisma, atis, *n.* (χύλισμα), **ausgezogener Pflanzensaft,** Scrib. 23.

chȳlos, ī, *m.* (χυλός), der **Saft,** bes. der durch Wasseraufguß u. Abkochen **ausgezogene Pflanzensaft,** Pelagon. veterin. 85 u. 188 *Ihm.* Veget. mul. 5, 37; 5, 65, 2.

chȳmiātus, a, um (χυμίον), **saftig, flüssig,** ammoniacum, Plin. Val. 2, 18.

chȳmus, ī, *m.* (χυμός, Saft), die **Flüssigkeit des Magens, der Magensaft,** Ser. Samm. 900.

chytropūs, podis, *m.* (χυτρόπους), ein **Kohlengefäß mit Füßen,** zum Wärmen der Speisen, Vulg. lev. 11, 35.

Chytros, ī, *f.* (Χύτρος), Stadt auf Zypern, Ov. met. 10, 718 R.

Cīa, s. Cēa.

Ciāni, s. Cios.

Cibalae, ārum, *f.*, Stadt in Niederpannonien am Sumpfsee Hiulkas, beim j. *Vinkoucze,* Amm. 30, 7, 2. Eutr. 10, 5 (4). – Dav. **Cibalēnsis,** e, zu Cibala gehörig, **cibalensisch,** Exc. Amm. § 16.

cibālis, e (cibus), **zur Speise gehörig, Speise-,** fistula, die Speiseröhre, Lact. de opif. dei 11, 5.

cibārium, ī, *n.*, s. cibārius.

cibārius, a, um (cibus), **I zur Speise gehörig,** res, Plaut.: leges, d. i. die Schwelgerei beschränkende, Cato fr.: uva, zum Essen, nicht zum Wein, Plin. – subst., cibāria, ōrum, *n.*, **Nahrungs-** od. **Lebensmittel, Futter, Unterhalt** für Menschen u. Vieh, cibaria alci dare, Plaut. u. Liv., od. praebere, Cic.: **Ration** für Soldaten, Caes. u. Nep., für Sklaven, Suet.: **Deputatgetreide** der Provinzialmagistrate, Cic.: **Futter** für das Vieh, Cato, Cic. u. a. – duplicia cibaria (Ration), Varr. LL.: cocta cibaria (der Soldaten), Liv. (vgl. coquo): corvorum cibaria, Rabenaas (als Schimpfwort), Petr. 58, 2. – **II** meton. (nach der den Dienern gegebenen Kost) = **ordinär, gering,** vinum, Varr. fr.: oleum, Edict. Diocl. u. Pelagon.: panis, grobes Gerstenbrot (Ggstz. panis candidus, aus feinem Weizenmehl), Varr. fr., Cic. u. a.: von Menschen, tuus frater cibarius, hausbackener, Varr. sat. Men. 360. – subst., cibārium, ī, *n.*, **grobes Gerstenmehl,** Plin. 18, 87 u. 90.

cibātio, ōnis, *f.* (cibo), das **Essen,** die **Speise,** Solin. 27, 13. Cael. Aur. chron. 1, 1, 12 u. a.

cibātus, ūs, *m.* (cibo), die **Atzung = Nahrung,** Plaut., Varr. u. a.

cibdēlos, on (κίβδηλος), **trügerisch;** subst., Cibdelī, ōrum, *m.* (*sc.* fontes), die **Trügerischen,** v. ungesunden Quellen, Vitr. 8, 3, 6.

cibicīda, ae, *m.* (cibus u. caedo), der **Brotvertilger,** scherzh. v. Sklaven, Lucil. sat. 27, 27.

cibo, āvī, ātum, āre (cibus), **speisen, füttern, Speise od. Futter reichen, a** Tiere, pullos, Col.: draconem manu suā, Suet.: cibari nolle, sich nicht füttern lassen (nicht fressen) wollen, Liv. epit. – **b** Menschen, alqm, Vulg. ep. ad Rom. 12, 20: alqm absinthio, Vulg. Ierem. 9, 15: alqm ex adipe (Kern) frumenti, Vulg. psalm. 80, 17: laute cibatus, Commodian. instr. 2, 19, 19: tempus cibandi, Cael. Aur. acut. 2, 37, 204.

cibor, ārī (cibus), **speisen,** Apul. apol. 26. Liv. epit. 19.

cibōrium, ī, *n.* (κιβώριον), Nbf. **cibōria,** ae, *f.*, **I** das Fruchtgehäuse der ägyptischen Bohne (colocasia), die den Ägyptern als Trinkgeschirr diente, in der Nbf. ciboria bei Ps. Apul. herb. 67. – **II** ein nach dem Fruchtgehäuse der ägypt. Bohne geformter **Trinkbecher** aus Metall, Hor. carm. 2, 7, 22.

cibulla, s. cēpula.

cibus, ī, *m.* (vgl. κίβος), die **Speise** für Menschen u. Tiere, die **Nahrung, Kost,** das **Futter, I** eig.: **1** im Allg.: levis, leichte, Cels.: levis et facilis (einfache), Plin. ep.: gravis, Cic.: acer, mollis, Cels.: agrestis (Ggstz. mitiora, *n. pl.*), Iustin.: silvestris, Wildbret, Capit.: vespertinus, Varr.: cibum sumere, zu sich nehmen, Nep.: multis diebus non cibum sumere, Iustin.: cibum capere cum alqo, Ter.: cibum capere, Cic. ep.: cibum capere nolle (v. einem Hund), Plin.: cibum non accipere (v. Kranken), Cels.: cibos ministrare (auftragen), Tac.: cibum subducere, Cic.: alci (cani, porco) cibum obicere, Sen. u. Plin.: cibi minimi, plurimi, gar kein starker Esser, ein sehr starker Esser, Suet.: non multi cibi hospitem accipies, multi ioci, dem es nicht um vieles Essen zu tun ist, wohl aber um viele Späße, Cic. – **2** insbes.: **a** der **Nahrungsstoff,** animalis, den die Lungen aus der Luft einsaugen, Cic. de nat. deor. 2, 136: esse maioris od. maximi cibi (v. Speisen), Varr. r. r. 1, 23, 2; 2, 11, 3. – im Körper, der von den Speisen sich absondernde **Nahrungssaft, Speisesaft,** Cic. de nat. deor. 2, 137. – u. v. **Nahrungssaft** für die Pflanzen, Lucr. 1, 352. Plin. 17, 12. – **b** die **Lockspeise,** der **Köder** an der Angel, fallax, Ov.: cum tenues hamos abdidit ante cibus, Tibull. – **II** übtr., **Nahrung,** quasi quidam humanitatis cibus, Cic.: causa cibusque mali, Ov.; u. so Ov. met. 6, 480. – Akk. Plur. cibus, Fulgent. mitol. 2, 10. p. 50, 10 *Helm.*

Cibyra, ae, *f.* (Κιβύρα), **I** C. maior, eine sehr große u. alte Stadt im nordwestl. Winkel des phryg. Pisidiens an den Grenzen von Karien u. dem eigentl. Phrygien, reich an Manufakturen, Sitz eines Gerichts, Cic. Verr. 4, 30. Liv. 38, 14 *sq.* – Dav.: **A Cibyrātēs,** ae, *c.* (Κιβυράτης), **aus Cibyra,** Cib. fratres quidam, Cic.: pantherae, Cic.: Plur. subst., Cibyrātae, ārum, *m.*, die Einw. von Cibyra, die **Cibyraten,** Cic. u. a. – **B Cibyrāticus,** a, um, **cibyratisch,** forum Cib. agere, Cic.: canes, die Spürhunde aus Cibyra, Cic.: civitas, Tac. – **C Cibyrēius,** a, um, **cibyrēisch,** incola, Ov. met. 8, 719 M. – **II** eine Stadt in Pamphilien an der cilicischen Grenze, j. *Ibura,* Plin. 5, 92.

cicāda, ae, *f.* (onomatop.), die **Zikade, Baumgrille** (*Cicada orni,* L.), Plin. 11, 92. Lucr. 4, 56. Verg. ecl. 2, 13 u. 5, 77; georg. 3, 328. Ov. art. am. 2, 271: totum diem argutatur quasi cicada, Nov. com. 26: exspectate cicadas (die Z. = den Sommer), Iuven. 9, 69. – Nachbildung als Schmuckstück der griech. Frauen, Ps. Verg. cir. 127. Tert. de vel. virg. 10.

cicaro, ōnis, *m.*, Bezeichnung eines Knaben, je nach dem Zshg. bald **Range,** Petr. 46, 3, bald **Liebling,** Petr. 71, 11.

cicātrīcor, ātus sum, ārī (cicatrix), **vernarben,** Cael. Aur. chron. 4, 8, 118: übtr., Sidon. epist. 6, 1 u. 7.

cicātrīcōsus, a, um (cicatrix), **mit Narben bedeckt, voller Narben, narbig,** tergum, Plaut.: facies, Quint.: miles, Sen. rhet. – *n. pl.* subst., cicātrīcōsa, Flickwerk, Stückwerk (übtr. v. Schriften, an denen zu viel gefeilt worden ist), Quint. 10, 4, 3.

cicātrīcula, ae, *f.* (*Demin.* v. cicatrix), die **kleine Narbe,** Cels. 2, 10 *extr.* u. a.

cicātrīx, trīcis, *f.*, die **Narbe, Schmarre, Schramme,** c. recens, vetus, Cels.: cicatrices vulnerum, recentium vulnerum, Wundmale, Eccl.: factae ex ulceribus cicatrices, Cels.: cicatrices acceptae bello, Liv.: c. adversae od. exceptae corpore adverso, vorn, auf der Brust, Cic.: cicatricem ducere, vernarben, verharschen, Scrib.: dass. cicatricem inducere, Cels. u. Lact.: ad cicatricem tendere, Cels., ad cicatricem venire od. pervenire, Sen. u. Cels.: ad cicatricem perducere, vernarben lassen, Cels. – am Pflanzenkörper, das Zeichen des Einschnitts, die Kerbe, Verg., Plin. u. Quint.: an einer Bildsäule, cicatrices operis, die Schrammen, Plin. 34, 63: am geflickten Schuh, die Naht, Iuven. 3, 151. – bildl., refricare obductam iam rei publicae cicatricem, Cic.: recentem cicatricem rescindere, Petr.: novis vulneribus veteres rumpere cicatrices, die alten W. wieder aufreißen, Curt.: cicatricem inducere (von der Länge der Zeit usw.), Plin. ep.: cicatrix mente signata, Sil. 8, 287. – Genet. Plur. gew. cicatricum, z. B. Hortens. fr. bei Charis. 125, 1. Hor. carm. 1, 35, 33. Liv. 45, 39, 18. Plin. 23, 18 u. 33, 110, doch auch cicatricium, Gaius dig. 9, 3, 7 M. (dagegen Charis. 125, 1 cicatricum, non cicatricium).

ciccum, ī, *n.* (v. griech. κίκκος), das **Kerngehäuse** des Granatapfels, auch übh. der **Griebs** im Obst, Varr. LL. 7, 91; vgl. Paul ex Fest. 42, 10. Gloss. II, 100, 38 (γρῦ, κόκκος). Placid. gloss. V, 54, 21. – dah. non ciccum, wie οὐδὲ γρῦ, nicht einen Deut, nicht das Geringste, ciccum non interduim oder interduo, Plaut. rud. 580 u. Plaut. fr. bei Varr. LL. 7, 91 (auf diese plautin. Wendung spielt Auson. Cento nupt. (XXVIII) 1. p. 140, 5 Schenkl an): quoi neque paratum est ciccum certi consili, Plaut. Pseud. 397.

cicendula, s. cicindēla.

cicer, eris, *n.* (vgl. griech. κιός), die **Kichererbse,** der **Kickerling,** Cato r. r. 37, 1. Plaut. Bacch. 767. Varr. sat. Men. 244. Col. 2, 10, 19. Pers. 5, 177. Mart. 1, 103, 10. Apic. 5, 211. Edict. Diocl. 1, 15: grana ciceris, Quint. 2, 30, 3: cicer viride, Edict. Diocl. 6, 37: frixum, Vulg. 2. regg. 17, 28. – Der Plur. cicera war ungebräuchlich, s. Varr. LL. 8, 48; doch viell. Colum. 2, 11, 1 (= die verschiedenen Arten der K.).

cicera, ae, *f.*, eine Hülsenfrucht, der Kicher ähnlich, die **Platterbse,** ital. *cece* (*Lathyrus Cicera,* L.), Col. 2, 10, 24. Pallad. 4, 6.

cicerārius, ī, *m.* (cicer) = ἐρεβινθοπώλης, der **Kichererbsenverkäufer,** Gloss. III, 307, 58 (518, 14).

cicercula, ae, *f.* (*Demin.* v. cicera), die **kleinere** u. **feinere Platterbse,** Col. 2, 10, 19. Plin. 18, 124. Pallad. 4, 6. Pelagon. veterin. 327 *Ihm.*

cicerculum, ī, *n.* (*Demin.* v. cicer), **I** die kleine **Kichererbse,** Marc. Emp. 16. – **II** die afrikanische Art der Farbe *sinopis,* Plin. 35, 32.

Cicero, ōnis, *m.* (v. cicer, wie Tubero v. tuber), Beiname in der gens

Tullia, unter dem bekannt sind: M. Tullius Cicero, der größte röm. Redner u. Stilist, geb. am 3. Januar 106 v. Chr. zu Arpinum (vgl. Arpinum), ermordet auf Antonius' Befehl im J. 43 v. Chr. Vgl. Marcus u. Tullius. – Q. Tullius Cicero, des vorigen Bruder. – dah. Plur. Cicerōnēs, **a** die wie die Väter genannten Söhne der beiden vorigen, Cic. ad Att. 5, 17, 3: Cicerones pueri, Cic. ep. 2, 17, 1; ad Att. 6, 1, 12. – **b** Männer wie Cicero, Sen. de clem. 1, 10, 1. – Appell., ein **Cicero** = ein großer Redner, Ven. Fort. 7, 2, 3: vgl. Quint. 10, 1, 112. – griech. Akk. Cicerona, Claud. ep. 3, 4. – Dav.: **A** **Ciceromastīx**, īgis, *m.* (Geißel des Cicero, ein dem Ὁμηρομάστιξ nachgebildetes Wort), eine Schmähschrift des Largius Licinius gegen Cicero, Gell. 17, 1, 1. – **B** **Cicerōniānus**, a, um, **ciceronianisch, des Cicero,** simplicitas, Plin.: aquae (in der Villa Ciceros zu Puteoli), Plin. – subst. = ein **Anhänger des Cicero,** Ciceronianus es, non Christianus, Hier. ep. 22. *no.* 30. – Dav. wieder **Cicerōniānē**, *Adv.*, **ciceronianisch,** Gramm. ined. (in cod. biblioth. imperial. [Paris.] *no.* 1180. p. 142).

cichŏrium, ī, *n.* (κιχώριον), die **Zichorie, Endivie,** Plin. 20, 74. – poet. Nbf. **cichorēum**, ī, *n*, (κιχόρειον), Hor. carm. 1, 31, 16 (Plur.).

cici, *n. indecl.* (κίκι), ein Baum in Ägypten, sonst croton gen., der **Wunderbaum** (*Ricinus communis,* L.), aus dessen Frucht das oleum cicinum (ἔλαιον κίκινον), ein abführendes Öl, gepresst wird, der Baum bei Plin. 15, 25, das Öl bei Cels. 5, 19. *no.* 26. Plin. 23, 83.

cicilendrum u. **cicimandrum**, ī, *n.*, fingierte Namen für **Gewürz,** Plaut. Pseud. 831.

cicindēla, ae, *f.* (durch Reduplikation von candeo), **I** der **Leuchtwurm** = das **Johanniswürmchen,** Plin. 18, 250; vgl. Paul. ex Fest. 42, 13. Isid. 12, 8, 6. Placid. gloss. V, 15, 2. – **II** die gläserne **Öllampe,** Isid. 20, 10, 2. Not. Tir. 102, 5: Nbf. **cicindīle**, is, *n.*, Not. Tir. 102, 5: Plur. cicindilia, ium, *n.*, Ps. Augustin. app. serm. 265, 2. Gloss. V, 635, 41. – u. **cicindēlum**, ī, *n.*, Greg. Tur. hist. Franc. 4, 31. – u. **cicendula**, ae, *f.*, Serv. Verg. Aen. 1, 727.

cicinus, a, um, s. cici.

Cicirrus, ī, *m.* (κίκιρρος = ἀλεκτρυών, Hesych.), **Kikeriki,** Spottname eines Messius als zungenfertiger Streiter u. kampflustiger Streithahn, Hor. sat. 1, 5, 52.

cīcis, cidos, Genet. Plur. cidōn, *f.* (κηκίς), der **Gallapfel,** Plin. Val. 2, 28.

Cicones, um, Akk. as, *m.* (Κίκονες, das Land Κικονία), eine thrazische Völkerschaft am Hebrus u. an der Küste bis zum Lissus, Verg. georg. 4, 520. Ps. Verg. culex 330. Mela 2, 2, 8 (2. § 28).

cicōnia, ae, *f.* (cano), **I** der **Storch,** Publ. Syr. mim. 7. Varr. sat. Men. 272. Hor. sat. 2, 2, 49. Ov. met. 6, 97. Phaedr. 1, 26, 3. Plin. 10, 61. Capit. Anton. phil. 13, 6: bei den Pränestinern verstümmelt conea gen., nach Plaut. truc. 691; vgl. Prob. de ult. syll. 18, 5. p. 263, 9 K. (wo vulgär coneas u. ciconeas). – ad ciconias nixas (bei den einander mit dem Schnabel zugekehrten, also einander ansehenden), eine Örtl. auf dem Marsfeld, Not. urb. reg. IX.: de ciconiis, CIL 6, 1785, 4. – **II** meton.: **A** die nachgeahmte Figur des sich auf- u. abbewegenden Storchhalses, um einen dadurch zu verhöhnen, Pers. 1, 58. Hieron. epist. 125, 18 u. prol. in Sophon. – **B** ein **Richtscheit** in Gestalt eines X̄, Col. 3, 13, 11. – **C** bei den Hispaniern = tolleno, der **Wasserheber,** Isid. 20, 15, 3.

cicōnīnus, a, um (ciconia), zum Storch gehörig, **des Storchs (der Störche),** adventus, Sidon. ep. 2, 14.

cicuma, ae, *f.* (κικυμίς), die **Nachteule,** Coroll. b. Festus p. 381, 1 M. – Nbf. caecuma, Gloss. IV, 217, 5 u. ö.

cicur, uris (wohl aus *cecuros = altind. *çakara-ḥ,* zahm), **zahm** (Ggstz. ferus), bestia, Cic.: apis, Varr.: vel ferae vel cicures aves, Capitol.: animales cicures (Ggstz. an. agrestes), Apul. – übtr., **mild,** ingenium, Auct. bei Varr. LL. 7, 91: consilium, Pacuv. tr. 387.

cicuro, āre (cicur), **zahm machen,** Pacuv. tr. 389. Nigid. bei Prisc. 8, 19.

1. cicūta, ae, *f.*, **I** der **Schierling, Landschierling** (*Conium maculatum,* L.), dessen Samen, Blätter u. Saft bei den Alten als kühlende, niederschlagende Mittel galten, Plin. 25, 151 *sqq.* Hor. ep. 2, 2, 53. Pers. 5, 145. – der Saft in größeren Dosen tödlich, dah. als Gift gebraucht, Lucr. 5, 896. Hor. sat. 2, 1, 56: Plur., cicutis allium nocentius, Hor. epod. 3, 3. – der Stengel zu Rohrpfeifen gebraucht, Lucr. 5, 1381. Verg. ecl. 2, 36. – **II** meton.: **A** der **Schierlingssaft** als Gift, der **Schierlingstrank,** sorbitio quem tollit dira cicutae, d. i. Sokrates, Pers. 4, 1 *sq.* – **B** = die aus einem Schierlingsstengel gefertigte **Rohrpfeife,** Verg. ecl. 5, 85 u. Calp. ecl. 7, 12; vgl. Voß Verg. ecl. 2, 36.

2. Cicūta, ae, *m.*, Name eines Wucherers bei Hor. sat. 2, 3, 69 u. 175.

cicūticen, cinis, *m.* (cicuta u. cano), der **Rohrpfeifenbläser,** Sidon. carm. 1, 15.

cidar, cidara, s. cidaris.

cidaris, is, Akk. im, *f.* (κίδαρις; ein persisches Wort, hebr. כֶּתֶר), der niedrige **Turban,** das **Barett** (von der tiara dadurch verschieden, dass diese in die Höhe stand u. oben spitz zulief), als Kopfschmuck, **a** der persischen Könige, Curt. 3, 3 (8), 19: Nbf. cidara, Augustin. quaest. in exod. 123: Nbf. cidar, *n.*, Auct. itin. Alex. M. 26 (64). Ven. Fort. 2, 9, 33. – **b** des jüdischen Hohenpriesters, Eccl.

cieo, cīvī, citum, ciēre (verwandt mit κίω, ich gehe, κινέω, ich setze in Bewegung), **rege machen, wecken,** **I** = in Bewegung setzen od. erhalten, **anregen, erregen, rege erhalten,** **1** Lebl.: **a** übh.: natura omnia ciens et agitans motibus et mutationibus suis, Cic.: inanimum est omne quod pulsu agitatur externo; quod autem est animus, id motu cietur interiore et suo, Cic.: puppes sinistrorsum citae, Hor. – im Bild, ingentem molem irarum ex alto animo, eine gewaltige Macht der Leidenschaft aus der Tiefe der Seele heraufbeschwören, Liv. 9, 7, 3. – So nun bes. **α** als *t. t.* des Schachspiels, calcem ciere, einen Stein ziehen, Plaut. Poen. 908. – **β** als gerichtl. *t. t.*, herctum ciere, die Erbschaft beweglich machen, d. i. teilen, Cic. de or. 1, 237. – **γ** als milit. *t. t.*, pugnam ciere, den Kampf durch eigenes Beispiel rege erhalten, nicht ruhen lassen, immer wieder von neuem entflammen (v. Vorkämpfer, bes. aber v. Feldherrn), Liv. (s. Heräus Tac. hist. 2, 25 u. 4, 78. Müller u. Weißenb. Liv. 1, 12, 2): so auch proelium, Liv.: u. pugnam acerrime, Curt., impigre, Tac., nihilo segnius, Liv.: u. bellum (= pugnam) inter primores duces acerrime, Iustin.: bella cie! Verg. – **b** in unruhige Bewegung setzen, **aufregen, in Aufruhr bringen, erschüttern** u. dgl., mare venti et aurae cient, Liv.: c. imo aequora fundo (v. Meergott), Verg. – absurdo sono fontes et stagna, Poët. b. Cic.: caelum tonitru, Verg. – **2** leb. Wesen, **herbeiziehen,** bes. durch den Ruf der Stimme od. der Signaltöne, **a** übh., **herbeirufen, herbescheiden,** Narcissum, Tac.: lugubri voce Acerbam, Iustin. – bes. Geister, **zitieren,** ab inferis animas, Lact. 4, 27, 18: certis carminibus cieri ab inferis animas, Lact. 7, 37, 7. – **b** zum Kampf **herbeirufen, aufrufen, aufbieten,** non homines tantum, sed foedera et deos, Liv.: vires intimas molemque belli (die ganze Macht des Kr.), Tac. – viros aere, Verg.: veteres illic novosque exercitus, Tac.: ab ultimis subsidiis cietur miles, Liv.: patrio agmen ab oris, Verg.: alqm ad arma, Liv.: alqm ad pugnam, Vell. u. Amm.: ad belli munia militem, Tac.: alqm magno clamore in pugnam, herausfordern, Sil.: Germanos in nos ciet, Tac.: raptu Helenae primores Argivorum viros ad se, gegen sich (v. Troja), Catull. – **c** zu Hilfe, **anrufen, zu Hilfe rufen,** bes. eine Gottheit, nocturnos manes carminibus, Verg.: Alecto dirarum ab sede dearum infernisque tenebris, Verg.: vipereas Stygia de valle sorores (die Furien), Ov. – **II** = zur Erscheinung bringen, **wecken, erwecken, erregen,** **1** durch äußere od. innere Anregung, **a** übh. Erscheinungen u. Zustände, **erregen, aufsteigen machen** od. **lassen, bewirken,** mare acriore vento concitatum fluctus ciere, Curt.: tempestates pluvias largosque imbres, pruinas aut calores (von Gestirnen), Gell.: lacrimas, bei sich erregen, poet. = weinen, Verg. Aen. 6, 468: ex corporis totius natura et figura varios motus (Schwingungen) cieri, tamquam in cantu sonos, Cic. – qui tantas iam nunc procellas proelia atque acies iactando inter togatos ciet (im Bild, deutsch etwa: so viele Gewitter aufsteigen lässt), Liv.: cuius orbis (Kreislauf) semper eodem modo cietur, Cic.: cum eam partem attingit, quā sensus (äußere Sinn) cieri potest, Cic. – **b** als mediz. *t. t.*, körperl. **erregen, befördern, hervortreiben,** alvum, Col. u. Plin. (cita alvus, der Durchfall, Cels. 1, 6): menses, sudores, urinas (v. Heilmitteln), Plin. – **c** kriegerische u. politische

Zustände, **erregen, anregen, veranlassen, beginnen,** bellum, pugnam, Liv.: Martem, Verg.: seditiones, Liv.: vanos tumultus, Liv. – bellum omnibus viribus, Iustin. – **2** durch die Stimme od. durch musikal. Instrumente, **a** Töne übh., **anstimmen, erheben, ertönen lassen, von sich geben,** fletus, Verg.: gemitus, mugitus, murmur, tinnitus, Verg.: voces truces, Apul.: nocturnus aeris sonus, qualis Cerealibus sacris cieri solet, Vell. – singultus ore, Catull.: tinnitus aere, Catull. – **b** Worte, Namen, **hören lassen, ausrufen, rufen, nennen** (vgl. Verg. Aen. 3, 68. Ruhnken Ov. her. 7, 101. Bünem. Lact. 4, 1, 10), alqd od. alqm magnā voce, Lucr. u. Verg.: triumphum nomine! d. i. ihr *io triumphe!* rufen, anstimmen, Liv.: singulos nomine, Tac.: eos veris suis nominibus, Lact.: alqm clamore nominatim, Apul.: hominum vocabulo cieri, Lact.: c. lamentatione flebili maiores suos, Tac.: modo nomina singulorum, modo centuriam, Tac. – dah. als zivil. *t. t.*, ciere patrem, einen Vater angeben, aufweisen (um seine freie Abkunft zu beweisen), Liv. 10, 8, 10: u. so consulem patrem, avum, einen Konsul als V., als Gr., *ibid.* – Nbf. **cio**, īre (in den Kompositis accio, concio u. s. f. allein üblich), selten, wie cio, Mart. 4, 90, 4: cit, Col. 6, 5, 1: cimus, Lucr. 1, 212 u. 5, 211: ciant, Apul. flor. 17. p. 27, 3 Kr.: ciuntur, Apul. de mundo 22 (aber Mart. Cap. 9. § 913 ciere).

Cierium, ī, *n.* (Κιέριον), u. **Cieros,** ī, *f.* (Κίερος), Stadt in Thessalien, beim j. *Mataranga.* Form -ium, Liv. 36, 10, 2 u. 36, 14, 6: Form -os, Catull. 64, 35.

cignus, ī, *m.*, ein Maß = 8 scripula, Plin. Val. 2, 30 u. 31. Metrol. scriptt. p. 140, 15.

cilibantum, ī, *n.* (κιλλίβας; vgl. cilliba), der **runde Schenktisch,** Varr. LL. 5, 121.

Cilices, um, Akk. gew. as, *m.* (Κίλικες), die **Cilicier,** die Bewohner der Landschaft Cilicien, als Seeräuber berüchtigt, Cic. de div. 1, 2. Caes. b. c. 3, 101, 1. Tibull. 1, 2, 67: griech. Akk. Cilicas, Varr. r. r. 2, 11, 12. Tibull. 1, 7, 16. Ov. am. 2, 16, 39 u. a.: Cilices Clitae, ein wilder Stamm im cilicischen Hochland, Tac. ann. 12, 55, 1 (vgl. 6, 41, 1). – Sing. **Cilix,** icis (Κίλιξ), **cilicisch,** crocus, Lucr.: scari, Varr. fr.: Taurus, Ov.: tonsor, Mart.: pirata, Pacat. pan.: u. dazu *fem.* **Cilissa,** ae (Κίλισσα), **cilicisch,** spica, Safran, Ov.; auch Safranöl, Prop. – Dav.: **A Cilicia,** ae, *f.* (Κιλικία), **Cilicien,** eine Küstenlandschaft im südlichen Kleinasien, zwischen Pamphylien u. Syrien, deren Hauptgebirge der Taurus war u. die in das eigentl. od. ebene Cilicien (ἡ ἰδίως Κιλ. od. ἡ πεδιὰς Κιλ., die östl. Hälfte, j. *Adene*) und das raue C. (ἡ τραχεῖα Κιλ., die kleinere westl. Hälfte, j. *Itschil*) zerfiel, reich an Naturprodukten aller Art (bes. an vorzüglichem Safran) u. an Manufakturen aus Ziegenhaaren, Mela 1. § 14. 63; 2. § 102. Plaut. mil. 42. Ter. Phorm. 66. Sall. hist. fr. 2, 41 (50), 7 u. 5, 11 (12). Cic. de imp. Pomp. 64: C. campestris, Curt. 3, 4 (10), 7: das raue, Cic. ep. 15, 1, 2 *sq.* – **B Ciliciēnsis,** e, **ciliciensisch,** praetor, provincia, Cic.: legio, Caes. – **C Cilicius,** a, um (Κιλίκιος), **cilicisch,** mare, Plin.: vela, aus cilic. Ziegenhaaren, Ulp. dig.: so auch tentoria, Solin. 33, 3 M. – subst., **cilicium,** ī, *n.* (κιλίκιον), ein **Haarteppich,** eine **Haardecke** aus cilicischen Ziegenhaaren, Sisenn. 4. fr. 107 (b. Non. 91, 28). Varr. r. r. 2, 11, 12. Cic. II. Verr.. 1, 95. Liv. 38, 7, 10. Suet. Aug. 75. – ein **härenes Gewand,** als Zeichen der Buße, Vulg. genes. 37, 34 u. ö. Sulp. Sev. chron. 1, 44, 2.

ciliciārius, ī, *m.* (cilicium, s. Cilices a. E.), ein **Händler mit Haarteppichen,** CIL 13, 591*.

cilicinus, a, um (*Κιλίκινος), **aus cilicischen Haardecken,** tunica, Hier.: sagum, Vulg.: vestis, Cassian.: vela, Augustin.

ciliciolum, ī, *n.* (*Demin.* v. cilicium, s. Cilices a. E.), eine **kleine cilicische Haardecke,** Hieron. epist. 71, 7 u. 108, 15.

cilicium, s. Cilicius unter Cilices.

cīlio, ōnis, *m.*, im Vulgärlat. = 1. caelum (s. d.), Isid. 20, 4, 7.

Cilissa, s. Cilices.

cilium, ī, *n.* (aus *celiom, das Verhüllende, zu celare), das **Augenlid,** Plin. 11, 227: Plur. Apul. met. 10, 17. – bes. das **untere Augenlid** (Ggstz. supercilium), Plin. 11, 157.

Cilix, s. Cilices.

Cilla, ae, Akk. an, *f.* (Κίλλα), kleine Stadt in Äolis, mit einem berühmten Tempel Apollos, j. *Zeileiti,* Ov. met. 13, 174. Sen. Troad. 236. Plin. 5, 122.

cilliba, ae, *f.* (κιλλίβας, Tischgestell), der **Speisetisch,** Varr. LL. 5, 118: rund nach Paul. ex Fest. 43, 9.

1. cillo, ere, **bewegen,** os, Fest. 194, 9 (wo getrennt zu lesen os cillant), Serv. Verg. georg. 2, 389. Mythogr. Lat. 2, 61 (vgl. 1, 19, wo ebenf. ora cillerentur zu lesen ist). Isid. 20, 14, 11.

2. cillo, ōnis, *m.*, s. 1. cillo.

cillus, ī, *m.* (κίλλος), der **Esel,** Flor. 3, 5, 30 H., viell. auch Petr. fr. 37, 3 u. Iuven. 14, 97.

Cilnius, a, um (etrurisch Cfelne), Name eines mächtigen Geschlechts (Cilnium genus) in der etrurischen Stadt Arretium (Sil. 7, 29), im J. 301 v. Chr. durch Waffengewalt vertrieben, aber durch Hilfe der Römer wieder zurückgeführt, s. Liv. 10, 3, 2 u. 10, 5, 13. – Aus diesem Geschl. stammte von väterl. Seite Mäcenas, der berühmte Freund des Augustus, Cilnius Maecenas, Tac. ann. 6, 11, 2. Macr. sat. 2, 4, 12.

cīlo (cillo), ōnis, *m.*, einer, der an beiden Seiten einen plattgedrückten Kopf mit vorstehender Stirn hat, der **Spitzkopf,** Charis. 102, 1. Paul. ex Fest. 43, 10. Caper (VII) 97, 17 u. a. Gramm. (vgl. Gloss. ›cillo, προκέφαλος, μακροκέφαλος‹). – dah. = cinaedus, Ps. Cic. decl. in Sall. 6, 18.

cilōter, trī, *m.* (χιλωτήρ), der **Futtersack,** der dem Vieh über den Kopf gehängt wird, *Nov. com. 35.

cīlunculus, ī, *m.* (*Demin.* v. cilo), der **kleine Spitzkopf,** Arnob. 3, 14.

Cimbrī, ōrum, *m.* (Κίμβροι), die **Zimbern,** eine nordgermanische Völkerschaft (in Jütland, Holstein u. Schleswig), die bei ihrem Einfall in Italien bekanntlich von Marius besiegt wurde, Caes. b. G. 1, 33, 4. Tac. Germ. 37. Liv. epit. 63 *sqq.* Flor. 3, 31 *sq.* – Sing. **Cimber,** brī, *m.*, der **Zimber,** Quint. 8, 3, 29. Val. Max. 2, 10, 6: kollekt. bei Claud. IV. cons. Hon. 452: als Beiname, L. Tillius Cimber, einer der Mörder Cäsars, Cic. Phil. 2, 27: u. *adi.* = **zimbrisch,** triumphus, Ov, ex Pont. 4, 3, 45. – Dav.: **a Cimbria,** ae, *f.*, das Land der Zimbern, **Zimbrien,** Not. Tir. 85, 54. – **b Cimbricus,** a, um, **zimbrisch,** scutum (als Aushängeschild einer Verkaufshalle am Forum), Cic.: militia, Vell.: bellum, Plin. u. Frontin.: victoria, Flor.: calamitas, Val. Max. – u. *Adv.* **Cimbricē, zimbrisch,** loqui, Ps. Quint. decl. 3, 13.

cīmēliarcha, ae, *m.* (κειμηλιάρχης), der **Schatzaufseher, -bewahrer,** Cod. Iust. 7, 72, 10.

cīmēliarchīum, ī, *n.* (κειμηλιαρχεῖον), der Ort, wo Kleinodien aufbewahrt werden, die **Schatzkammer,** Cod. Iust. 7, 72, 10. § 2 u. a.

cīmēlium (cymīlium, cīmīlium), ī, *n.* (κειμήλιον), das **Kleinod,** der **Schatz,** Gregor. M. u. a.

cīmentum, s. caementum.

cīmex, micis, *m.* (zu altind. *çyāma-ḥ,* schwarzgrau, schwarz), die **Wanze,** Liv. Andr. com. 1. Catull. 32, 2. Varr. r. r. 1, 2, 25. Petr. 98, 1. Mart. 11, 32, 1: als Schimpfwort, **bissige Wanze,** Hor. sat. 1, 10, 78.

cīmīlium, s. cīmēlium.

ciminātum, s. cumīnātus.

ciminum, s. cumīnum.

Ciminus, ī, *m.* u. **Ciminius lacus** (Κιμινία λίμνη), ein See in Etrurien, in der Nähe von Sutrium, j. *Lago di Ronciglione,* Verg. Aen. 7, 697. Sil. 8, 491 (an beiden Stellen poet. Cimini lacus). Col. 8, 16, 2 (-ius lacus), an dem sich ein dichtbewaldetes Gebirge hinzog (j. *Montagna di Viterbo*), bei den Alten bald **Ciminius mōns,** bald **Ciminius saltus,** bald **Ciminiī saltūs,** gew. **Ciminia silva** gen., Liv. 9, 36-38 (alle diese Ausdrücke). Flor. 1, 17, 3 (Ciminius salt.). Frontin. 1, 2, 1 (C. silva) u. bl. Ciminus, Vib. Sequ. p. 29 *ed. Oberl.* – Dah. die ganze Gegend **Ciminia,** ae, *f.*, Amm. 17, 7, 13.

cīmītērium, s. coemētērium.

Cimmeriī, ōrum, *m.* (Κιμμέριοι), **I** eine thrazische Völkerschaft, die die heutige Krim u. kleine Tatarei zu beiden Seiten des Dnjeprs bewohnte, Plin. 6, 35: mit der Hauptst. Cimmerium, Mela 1, 19, 15 (1. § 112). Plin. 6, 18. – Dav. **Cimmerius,** a, um, **cimmerisch,** litus, Ov.: Bosporus, Plin. – **II** ein mythisches Volk im äußersten Westen am Ozean, eingehüllt in Finsternis u. Nebel, dessen Wohnsitz man später in die Höhlen zwischen Bajä u. Kumä verlegte, Cic. Acad. 2, 61. Tibull. 4, 1, 64 (wo griech. Genet. Plur. Cimmeriōn), in deren einer auch der Somnus seinen Sitz hatte, Ov. met. 11, 592 *sq.* – Dav. **Cimmerius,** a, um, **cimmerisch = finster,** Cimmerii lacus, Unterwelt, Tibull.: so auch luci, Verg.: domus, Sil.: tenebrae, Lact. u. Amm.

Cimmerium, ī, *n.,* alte Stadt in Kampanien, in der Nähe des lacus Avernus, Plin. 3, 61. – Dav. **Cimmerius,** a, um, **cimmerisch, aus Cimmerium,** Sibylla, Lact. 1, 6, 9; vgl. epit. 5, 1.

Cimo, s. Cimōn.

Cimōlus, ī, *f.* (Κίμωλος), eine der zykladischen Inseln, berühmt wegen ihrer feinen weißen Siegelerde, die man zum Walken der Tücher, Reinigen der Kleider u. als kosmetisches Mittel gebrauchte, j. *Cimoli* od. *Argentiere,* Ov. met. 7, 463. Plin. 4, 70. – Dav. **Cimōlius,** a, um (Κιμώλιος), **cimolisch,** creta, Cels.: terra, Plin.

Cimōn, ōnis, Akk. ōnem u. ōna, *m.* (Κίμων), der berühmte Feldherr der Athener (gest. 449 v. Chr.), Nep. Cim. 1 *sqq.* Iustin. 2, 15, 18 (Akk. -ona). Cic. de off. 2, 64. Sen. contr. 9, 1 (24), 10 *sqq.* Val. Max. 5, 3. ext. 3 (Akk. -ona). – lat. Nbf. Cimo, Val. Max. 5, 4. ext. 2.

cimussa, ae, *f.* = σειρά, der **Strick,** das **Seil,** Gloss. II, 100, 43.

cimussātio, ōnis, *f.* (cimusso) = ἡ σειρὰ τοῦ βιρροῦ, die **Umgürtung mit dem Stricke,** Dosith. 64, 8 K.

cimussātor, ōris, *m.* = ψιμυθιστής, der **Schminker mit Bleiweiß,** Gloss. II, 481, 7.

cimusso, āre (cimussa) = σειρῶ, **mit dem Strick umgürten,** Dosith. 64, 7 K.

cȳmīlium, s. cīmēlium.

cinaedia, ae, *m.* (κιναιδία), ein uns unbekannter Edelstein, der im Gehirn des Fisches cinaedus gefunden werden soll, Plin. 37, 153.

cinaedicus, a, um (cinaedus), **wollüstig, unzüchtig,** cantio, Plaut. Stich. 760. – subst. = cinaedus (s. d.), Plaut. Stich. 769. Varr. sat. Men. 353.

cinaedologos, ī, *m.* (κιναιδολόγος), der **schmutzige Schriftsteller, Schmutzfink,** *Varr. fr. bei Non. 56, 30.

cinaedulus, ī, *m.* (*Demin.* v. cinaedus), der **unnatürliche Wollüstling** (= scortillum masculum), Scip. Afric. b. Macr. sat. 2, 10, 7.

cinaedus, ī, *m.* (κίναιδος), **I** der **unnatürliche Wollüstling** (= scortum masculum; vgl. Heinrich Iuven. 2, 10), **a** übh., Plaut., Catull. u. a. – dah. *adi.* = **frech, schamlos,** Mart.: Kompar. cinaedior, Catull. 10, 24. – **b** als **Tänzer wollüstiger Tänze, Balletttänzer,** Plaut. Men. 514 u. mil. 668. – **II** Name eines Seefisches, Plin. 32, 146.

1. **cinara** (cynara), ae, *f.* (κινάρα u. κυνάρα), die **Artischocke** (*Cynara Scolymus,* L.), Col. 10, 235; 11, 3, 14 u. 28.

2. **Cinara,** ae, *f.* (Κινάρα), **a** Insel im Ägäischen Meer, Heimat der Artischocke, j. *Zinari,* Mela 2. § 111. Plin. 4, 69. – **b** Geliebte des Horaz, Hor. carm. 4, 1, 4 u. 4, 13, 21; ep. 1, 7, 28 u. 1, 14, 33.

cinaris, is, *f.,* eine uns unbekannte Pflanze, Plin. 8, 101. Solin. 19, 16.

Cincia, s. Cincius a. E.

cincinnālis, e (cincinnus), **gekräuselt,** herba cinc., die auch polytrichon gen. Pflanze, Ps. Apul. herb. 51.

cincinnātulus, a, um (*Demin.* v. cincinnatus), **mit zierlich gekräuseltem Haar, zierlich gelockt,** pueri cincinnatuli et calamistrati, Hieron. epist. 130, 19.

1. **cincinnātus,** a, um (cincinnus), **mit gekräuseltem Haar, gelockt,** der **Lockenkopf,** Plaut., Cic. u. a. – stellae eae, quas Graeci cometas, nostri cincinnatas vocant, Cic. de nat. deor. 2, 14: u. so auch Schol. Iuven. 6, 407.

2. **Cincinnātus,** ī, *m.,* L. Quintius (Quinctius), Vertreter altröm. Einfachheit u. Biederkeit, im J. 460 v. Chr. zum Konsul gewählt, im J. 458 v. Chr. vom Pfluge weg zur Diktatur berufen, Liv. 3, 25 *sq.* Cic. de fin. 2, 12; de sen. 56. – Plur. = Männer wie C., Rutil. Nam. 1, 556. Salv. de gub. dei 1, 2 u. 1, 9.

cincinnulus, ī, *m.* (*Demin.* v. cincinnus), das **Haarlöckchen,** Varr. sat. Men. p. 184, 1 *ed. Riese* (die Hdschrn. *no.* 375 cincinni).

cincinnus, ī, *m.* (κίκιννος), das **gekräuselte Haar,** die (künstliche) **Haarlocke** (versch. von cirrus, der natürlichen Haarlocke), c. capitis, Plaut.: cincinnorum fimbriae, Cic.: altior hic quare cincinnus? Iuven.: colligare cincinnos, Eccl.: feminae cincinnos crispare, Maecen. in Sen. ep. 114, 5. – übtr., zu gekünstelter Schmuck, **Schnörkelei, Ziererei** im Ausdruck, Cic. de or. 3, 100. August. bei Suet. Aug. 86, 2.

Cinciolus, ī, *m.* (*Demin.* v. Cincius *no.* II), der **kleine, liebe Cincius,** Cic. de or. 2, 286.

Cincius, a, um, Name eines röm. Geschlechts, aus dem am bekanntesten: **I** L. Cincius Alimentus, ein berühmter röm. Annalist zur Zeit des zweiten punischen Kriegs, Liv. 21, 38, 3, wahrsch. identisch mit dem Konsul b. Liv. lib. 26 *sqq.* – **II** M. Cincius Alimentus, Volkstribun 205 v. Chr., dessen gesetzliche Verordnung: Lex Cincia (de donis et muneribus), dass kein Anwalt für die Führung eines Prozesses Geschenke nehmen sollte, Cic. de sen. 10: in muneribus conservatis leges Cincias? Arnob. 2, 67. – **III** L. Cincius, Geschäftsführer des Attikus, Cic. ad Q. fr. 2, 2, 1; ad Att. 1, 1, 1 u. a. – Dav. **Cincia** = locus Romae, ubi Cinciorum monumentum fuit, Paul. ex Fest. 57, 5. – dies. Örtl. viell. statuae Cinciae, Fest. 262 (b), 4.

cīncticulus, ī, *m.* (*Demin.* v. cinctus *no.* II), der **kleine Gürtel,** Plaut. Bacch. 432.

cīnctio, ōnis, *f.* (cingo), die **Gürtung,** Augustin. enarr. in psalm. 92, 3.

cīnctōrium, ī, *n.* (cingo), **I** der **Gurt, Gürtel,** bes. der **Lendengürtel** od. **-schurz,** Eccl. – bildl., fides cinctorium renum eius, Vulg. Isai. 11, 5; vgl. Ven. Fort. 8, 7, 100 (wo o kurz gemessen). – **II** der **Säbelgurt,** das **Wehrgehenk,** Mela 2, 1, 13 (2. § 15).

cīnctum, ī, *n.* (cingo), der **Gurt, Gürtel,** Scribon. 163. Porphyr. Hor. de art. poët. 50.

cīnctūra, ae, *f.* (cingo), die **Gürtung** (Art, die Toga zu gürten), Quint. 11, 3, 139. Suet. Caes. 45, 3. Greg. Tur. hist. Franc. 4, 9.

cīnctus, ūs, *m.* (cingo), **I** das **Gürten, Umgürten,** cotidiani cinctus, Plin. 28, 64: c. Gabinus, eine Gürtungsart, bei der die Toga aufgeschürzt, ihr Zipfel über die linke Schulter geschlagen u. unter dem rechten Arm herum bis an die Brust gezogen wurde (bes. bei religiösen Feierlichkeiten üblich; vgl. Isid. 19, 24, 7), Verg. Aen. 7, 612 (dazu Serv.). Liv. 5, 46, 2 u. 8, 9, 9; vgl. Val. Max. 1, 1, 11 (wo Gabino ritu cinctus). – **II** konkr. = der **Gurt, Gürtel, Schurz,** Varr. LL. 5, 114. Plin. 23, 110. Apul. flor. 9. p. 11, 2 Kr. Suet. Ner. 51. Stat. Theb. 6, 77.

cīnctūtus, a, um (cinctus), **nur mit dem Schurz bekleidet,** Luperci, Ov. fast. 5, 101: Cethegi, d. i. die Alten (die noch nicht, wie die verweichlichten Späteren, die Tunika trugen), Hor. de art. poët. 50.

Cīneās, ae, *m.* (Κινέας), ein Thessalier, Freund u. Diener des Pyrrhus, Königs von Epirus, Anhänger der epikureischen Philosophie, Nachahmer des Demosthenes in der Beredsamkeit, auch Schriftsteller über das Kriegswesen, Cic. Tusc. 1, 59; ep. 9, 25, 1.

cinefactus, a, um (cinis u. facio; vgl. Non. 93, 33), **zu Asche geworden,** Lucr. 3, 904.

ciner, s. cinis ►.

cinerāceus, a, um (cinis), **der Asche ähnlich,** terra, Plin. 17, 33: color, aschgraue, Plin. 27, 44.

cinerārius, a, um (cinis), **zur Asche gehörig, I** *adi.* fines, Ackergrenzen, die durch aufgefundene Aschenkrüge bestimmt werden, also an Gräber stoßen, Gromat. vet. 303, 12. – **II** *subst.:* **A** cinerārius, ī, *m.,* ein Sklave, der die zur Kräuselung der Haare nötigen Eisen in glühender Asche heiß macht (s. Varr. LL. 5, 129. Charis. 101, 14), Catull. 61, 138. Sen. de const. sap. 14, 1. Tert. ad uxor. 2, 8. Porphyr. Hor. sat. 1, 2, 98. Vgl. Gloss. ›cinerarius, δοῦλος ἑταίρας‹, wohl als »Kuppler«. – **B** cinerārium, ī, *n.,* in den Grabmälern das Behältnis für die Asche eines Verstorbenen, die **Aschenkammer,** CIL 6, 10241, 8.

cinerēsco, ere (cinis), **zu Asche werden,** Tert. apol. 40. Augustin. serm. 327, 1. Fulg. myth. 15. p. 57, 6 H. Cael. Aur. chron. 5, 1, 20.

cinereus, a, um (cinis), **aschenartig, aschfarbig, aschgrau,** terra, Plin.: uva visu cinerea, Plin.: color, Col. u. Plin.: so auch collyrium, quod quidam *cythion,* quidam a cinereo colore τέφριον appellant, Cels. 6,

6. *no.* 7: collyrium, quod a cinereo colore σποδιακόν appellatur, Scrib. 23: collyrium spodiacum a quibusdam cinereum dicitur, Scrib. 24 *in.*: u. dass. bl. cinereum, Scrib. 37.

cinericius, a, um (cinis), **a der Asche ähnlich,** terra, Varr. r. r. 1, 9, 7. – **b in der Asche gebacken,** panis, Cypr. de op. et eleëm. 17 H. Itala genes. 18, 6. – **c aschfarbig,** color, Cassiod. (?) in cantic. 4, 14: hirci, Itala genes. 31, 12: oves, Placid. gloss. V, 12, 33.

cinerōsus, a, um (cinis), **voller Asche, a mit Asche bestreut,** canities, Apul. met. 7, 27. – **b ganz zu Asche geworden,** iam c. mortui, Apul. met. 4, 18.

cinerulentus, a, um (cinis), **mit Asche bedeckt,** canities (das graue Haupt), Heges. 5, 31, 1. p. 383, 129.

Cinga, ae, *m.*, ein Nebenfluss des Hiberus im Gebiet der Ilergeten (tarrakon. Hispanien), j. *Cinca*, Caes. b. c. 1, 48, 3. Lucan. 1, 432: rapax, Lucan. 4, 21.

Cingetorīx, rīgis, *m.*, **I** ein Fürst der Treverer in Gallien, Caes. b. G. 5, 3, 2 u. a. – **II** ein Fürst in Britannien, Caes. b. G. 5, 22, 1.

cingillum, ī, *n.* (*Demin.* v. cingulum), ein **hübscher Gürtel** der Frauen, Varr. sat. Men. 187. Petr. 67, 4 (wo Abl.). Paul. ex Fest. 63, 6 (*codd.* cingilio). Non. 47, 25 (*codd. optt.*). Not. Tiron. 97, 54. Not. Bern. 18, b. – Nbf. ›cingillus, στρόφιον, ζώνιον‹, Gloss.

cingo, cīnxī, cīnctum, ere (vgl. κιγκλίς, das Gitter), **ringen, umringen** = ring-, gürtelartig **umschließen, I** im engeren Sinne, **a gürten, umgürten, α den Leib gürten,** gew. im *Pass.*, dat teretem zonam, quā modo cincta fuit, Ov.: zonā aureā muliebriter cinctus, Curt.: quasi zonā, liene cinctus ambulo, Plaut. – **β** ein Gewand **gürten, aufgürten,** durch Gürten **aufschürzen,** sinus, Sil. 2, 236: cinctas resolvere vestes, Ov. met. 1, 386. – u. prägn., medial cingi, **sich** (das Gewand) **gürten, -aufgürten, -aufschürzen** (bes. von Geschäftigen, um sich leichter bewegen zu können), cingitur; certe expedit se, Plaut. Amph. 308: ut (latus clavus) sit paulum cinctis submissior, Quint.: cincta coniunx Dialis, Ov. – m. Ang. **wo?** durch *Praepp.*, super latum clavum cingi, Suet.: u. (poet.) zugl. m. griech. *Acc.*, cinctae ad pectora vestes, das Gewand unter der B. gegürtet, Ov. met. 6, 59. – m. Ang. **wie?** durch *Abl.* od. durch *Advv.*, cingi fluxiore cincturā, Suet.: Gabino ritu od. Gabino cinctu cinctus, Liv.: cincta ritu Dianae, Ov.: linteo cinctus, ICt.: alte cinctus puer, Hor. u. Sen.: u. ita cingi, ut etc., Quint.: u. **cincta** flaminica veste velata, Paul. ex Fest. 65, 3. – **γ** mit einer Waffe **umgürten** = bewaffnen, latus ense, Ov. fast. 2, 783: ense latus cinctum erat, Ov. am. 3, 8, 14: contentus ferro cingi latus, Stat. Theb. 4, 41. – gew. medial cingi, **sich umgürten** = sich bewaffnen, m. Ang. **womit?** durch *Abl.*, Hispano cingitur gladio, Liv.: gladio Hispaniensi est cinctus, Liv.: cinctus ferro, Curt.: cinctus cultro venatorio, Suet. – poet. m. *Acc.*, inutile ferrum cingitur, Verg. Aen. 2, 511. – absol., ut cincti discubuerint, mit dem Degen an der Seite, Treb. Poll.: u. cingi in proelia, sich rüsten, Verg. Aen. 11, 486. – dah. in alia militia cinctus, anderswo Soldat geworden (wir: eingekleidet, enroliert), ICt.: u. subst., cincti, Richter im Dienst (Ggstz. discincti), Sidon. ep. 5, 7 (vgl. cingulum). – bildl., cingi alqā re, mit etw. **sich rüsten, sich anschicken,** arcanis venenis, Val. Flacc. 6, 477. – **b** schmückend od. als Abzeichen **umwinden, umschlingen, umkränzen, rings umgeben, α** v. Gewinde (Kranz usw.), v. der Binde usw. selbst: cui tempora circum aurati bis sex radii fulgentia cingunt, Verg.: baculum cingebant spinea vincula (Dornenranken), Ov.: cingebant vittae, tabellae sertaque quercum, Ov.: anuli cingunt lacertos, Mart.: cinxerat Graias barbara vitta comas, Ov.: Gorgonis os cinctum anguibus, Cic. Verr. 4, 124: cincta serpentibus hydra, Verg. – **β** v. der Pers.: duobus oleae conexis ramulis alcis caput, Val. Max.: c. tempora floribus, Catull.: tempora od. comam lauro, Verg. u. Hor.: cincta ara cypresso, Ov.: cinxit (Germanicum) cunctis fortunae principalis insignibus, Tac. hist. 2, 59. – **II** im weiteren Sinne, **1** wie unser **umringen, umzingeln, umschließen** = **einkreisen, eng umgeben, eng einschließen, a** übh.: **α** v. Umringenden usw. selbst: tellus oras maris undique cingens, Lucr.: collem cingit palus, Caes.: colles cingunt oppidum, Caes.: flumen ut circino circumductum paene totum oppidum cingit, Caes.: oppida fossae cingebant, Ov.: cinxerunt aethera nimbi, Verg.: medium diem cinxerunt tenebrae, Sen. poët. – im *Pass.*, urbe portus ipse cingitur, Cic.: latus palude cingitur, Auct. b. Afr.: insula duobus portubus cincta, Cic.: insulae fluctibus Graeciae cinctae, Cic.: regio atque provincia mari cincta, Cic.: insula cingitur tribus milibus passuum, hat einen Umfang von usw., Plin. – als milit. *t. t.*, schützend **decken,** equitatus latera cingebat, Caes.: equites cornua cinxere, Liv. – feindl., Geticis si cingar ab armis, Ov. ex Pont. 2, 8, 69. – im Bild, Sicilia multis undique cincta periculis, Cic. de imp. Pomp. 30. – **β** v. d. Pers., die mit etw. umringt usw.: urbem muro lapideo, Liv.: saepta excelsa porticu, Cic.: saltus od. agros indagine, Verg. u. Ov.: u. im Bild, diligentius urbem religione, quam ipsis moenibus, Cic. de nat. deor. 3, 94. – als milit. *t. t.*, schützend, hiberna vallo pedum IX et fossā pedum XV, Caes.: universas copias plaustris, Frontin.: ultimum agmen validā manu, Curt. – feindl., undique domum, Curt.: u. copias hostium, Frontin.: Decium cingere obsidereque, Frontin.: urbem omnibus copiis, Liv.: urbem coronā, Liv.: urbem obsidione, Verg.: hostem stationibus in modum obsidii, Tac. – **b** insbes.: **α** jmd. als Zuhörer **umringen, umstehen,** non enim coronā consessus vester cinctus est, ut solebat, Cic. Mil. 1. – **β** als Begleiter u. Beschützer jmds. Seite od. jmd. umgeben = jmdm. **zur Seite gehen** (von zweien od. mehreren), c. alci latus, Liv. 32, 39, 8. Ov. ex Pont. 4, 9, 17: alcis latera, Liv. 40, 6, 4: alqm, Tac. ann. 1, 77: u. cinctus m. *Abl.* der Pers., Vell. 2, 14, 1. Ov. met. 12, 216; trist. 1, 5, 30. – **γ** (poet.) eine Örtlichkeit **umgehen, umkreisen,** longa per extremos pomeria fines, Lucan. 1, 398: terrā Syrtim, Lucan. 9, 373: polum coetu, v. Schwänen, Verg. Aen. 1, 398. – **δ** (poet.) **rings um** eine Örtl. **wohnen,** lacum Bycen, Val. Flacc. 6, 68. – **2** = περικόπτειν, Bäume **rings beschälen,** sodass sie eingehen, arbores, Ulp. dig. 47, 7, 7. § 4: silvam, Alfen. dig. 19, 2. 29. – Parag. *Infin. Praes. Pass.* cingier, Catull. 61, 68 H.

cingula, ae, *f.* (cingo), Nbf. v. cingulum (w. vgl.) = ζωστήρ, ζώνη (Gloss.), der **Gurt, Gürtel,** bes. der **Bauchgurt** für Tiere, Ov. rem. am. 236 Calp. ecl. 6, 41.

1. cingulum, ī, *n.* (cingo), der um die Hüften geschlungene **Gurt, Gürtel, a** für Menschen, **α** griech. ζώνη, als Frauen- u. bes. als Brautgürtel, Varr. LL. 5, 114. Verg. Aen. 1, 492 (poet. Plur.). Petr. fr. 80. Val. Flacc. 6, 471 (poet. Plur.) u. a. – **β** der Männer, cingulo succinctus, Petr. 21, 2: der Priester, Hier. ep. 64, 14 u. a. Eccl. – als Geldkatze, cingulorum incisores, Iustin. nov. – als **Degengurt** um den Leib od. **Degengehänge** über die Schulter, Treb. Poll. Gallien. 20, 4. Claud. fesc. 1, 37: poet. im Plur., Verg. Aen. 9, 360; 12, 942: Ehrenzeichen im Kriegs- u. Zivildienst, Cod. Theod. 6, 30, 18. Cod. Iust. 7, 1, 38; 12, 17, 3: dah. meton., **Soldatenstand, -dienst, Zivildienst, Amt,** cingulum deponere, aus dem Soldatenstand treten, Cod. Iust. 3, 21, 2: sine cingulo constitutus, außer Dienst, Cod. Iust. 9, 35, 11: binis aut ternis pluribusve mereri cingulis, Cod. Iust. 12, 34, 5. – bildl., als Symbol der Enthaltsamkeit, erit iustitia cingulum lumborum eius, Vulg. Isai. 11, 5; vgl. Ven. Fort. 8, 7, 99. – **b** für Tiere, der **Gurt, Bauchgurt,** phalerae et cingula, Serv. Verg. Aen. 9, 360: cingula aurata, Apul. de deo Socr. 23: ruptis equorum cingulis, Flor. 2, 18, 14.

2. Cingulum, ī, *n.*, Stadt u. Bergfestung im Picenischen, j. *Cingolo*, Caes. b. c. 1, 15, 2. Cic. ad Att. 7, 11, 1: auch **Cingula saxa** gen., Sil. 10, 34. – Dav. **Cingulānus**, a, um, **cingulanisch,** ager, Frontin.: Cingulānī, ōrum, *m.*, die Einw. von Cingulum, die **Cingulaner,** Plin.

cingulus, ī, *m.* (cingo), **a** der **Gürtel,** Itala Isai. 23, 10. – **b** der **Erdgürtel,** die **Zone** (ζώνη), Cic. de rep. 6, 21. Macr. somn. Scip. 2, 5, 7 *sqq.*

cinifēs (**ciniphēs**), s. scinifes.

ciniflo, ōnis, *m.* (v. cinis u. flo) = cinerarius, Hor. sat. 1, 2, 98 (u. dazu Porphyr.).

Cīnips, s. Cīnyps.

cinis, eris, Abl. ere u. erī, *m.*, selten *f.* (vgl. κόνις), die **Asche** übh. (während favilla die dünne, leicht verfliegende Asche, bes. wenn sie noch glimmt; vgl. Plin. 19, 19 corporis *favillam* ab reliquo separant *cinere;* u. Suet. Tib. 74 *cinis* e *favilla* et *carbonibus* ad calfaciendum triclinium illatis exstinctus et iam diu frigidus exarsit repente), **I** eig.: **A** im Allg.: in lignis si flamma latet fumusque cinisque, Lucr.: c. lixivius, Plin., od. c. lixivia, Col., ausgelaugte Asche, Lauge: in cinerem dilabi, in A. zerfallen, zu A. werden, Hor. u. Lact. – Vom Gebrauch der Asche zum Scheuern der Gefäße ist das Sprichwort hergenommen: huius sermo haud cinerem quaeritat, Asche (Lauge) braucht ihre R. nicht (= sie ist nett, höflich), Plaut. mil. 1000. – **B** insbes.: **1** **Asche** verbrannter Leichname, Sing., c. mortui, Cic.: c. atque ossa alcis, Cic.: Plur., patroni cineres, Quint.: c. matris, Hor. – poet., cedo invidiae, dummodo absolvar cinis, nach meinem Tode, Phaedr.: post cinerem, nach Verbrennung des Leichnams, Ov. – **2** der **Aschenhaufe,** die **Trümmer** eingeäscherter, verwüsteter Städte usw., patria e cinis, Rhet. Her., od. cineres, Verg.: in cinere deflagrati imperii, Cic. Cat. 4, 12: in od. ad cinerem collabi, Val. Max. 5, 3, 2. Arnob. 3, 23. – **II** übtr., als Bild der Zerstörung, Vernichtung: si aurum, si argentumst, omne id ut fiat cinis, zu Asche werde, Plaut. rud. 1257: in cinerem vertere, Tibull. u. Ov., od. in cinerem (cineres) dare, Sen. poët., in Asche verwandeln = zunichtemachen, vernichten: in fumum et cinerem vertere alqd, (Erworbenes) in Rauch u. Asche verwandeln = durchbringen, Hor.: Troia virûm atque virtutum omnium acerba cinis, das Grab, Catull. – Nbf. ciner, nach Prisc. 5, 42 u. 6, 65; u. cinus, *neutr.*, Itala Iudith 9, 1 (Akk. Sing. cinus). Gromm. vet. 308, 3 (Akk. Sing. cinus). – cinis als *fem.*, Calv. fr. bei Charis. 101, 11 (vgl. Non. 198, 11 *sqq.*). Lucr. 4, 924 (926). Catull. 68, 90; 101, 4. Scrib. 216. Ser. Samm. 379. Auson. parent. 29, 3. p. 54 Schenkl. Apul. met. 9, 12. Carm. epigr. 1054, 2 u. (im Plur.) CIL 6, 8431, 8 u. 10, 4142, 3.

cinisculus, ī, *m.* (*Demin.* v. cinis), **ein wenig Asche,** Prud. cath. 10, 143.

Cinna, ae, *m.*, röm. Familienname der Cornelii u. Helvii, unter dem bes. bekannt sind: **I** L. Cornelius Cinna, der Genosse des C. Marius im Bürgerkrieg gegen Sulla, Cic. Tusc. 5, 54 *sq.* Vell. 2, 20 *sq.*: berüchtigt durch seine Grausamkeit gegen die Gegenpartei, dah. appell. **ein Cinna** = ein grausamer Gegner, tyrannum et Cinnam appellans, Sall. hist. fr. 1, 42 (hist. fr. inc. 52). – Dav. **Cinnānus,** a, um, **cinnanisch,** partes, der Anhänger (die Partei) des Cinna, Nep. u. Vell.: tumultus, Nep.: cruor, die blutigen Zeiten Cinnas, Cic. – **II** dessen Sohn L. Corn. Cinna, Anhänger des Lepidus u. später einer der Mörder Cäsars, Suet. Caes. 5 u. 85. Val. Max. 9, 9, 1; vgl. Cic. Phil. 3, 26. – u. **III** dessen Sohn (von der Pompeja, des Pompejus Tochter) L. od. Cn. Cinna Magnus, von Augustus zweimal begnadigt, Sen. de clem. 1, 9, 1. – **IV** C. Helvius Cinna, ein röm. Dichter, Freund des Katull, Catull. 10, 30. Verg. ecl. 1, 35. Plin. ep. 5, 3, 5.

cinnabar, aris, *n.*, eine Art **Haarfrisur,** Isid. 19, 23, 7.

cinnabari, is, *n.* u. gew. **cinnabaris,** is, Akk. im, *f.* (κιννάβαρι u. κιννάβαρις), **I** eine Malerfarbe, **Drachenblut** gen., die aus dem harzigen Saft mehrerer ostindischer Bäume (vorzügl. von *Calamus Draco,* Willd.) bereitet wird, echte u. unechte, Form *-bari,* Solin. 25, 14: Form *-baris,* Plin. 13, 7 u. bes. 33, 115 *sqq.*: Abl., cinnabari infectus, Lucil. sat. fr. inc. 138. – **II** missbräuchlich bei den Griechen auch = **Bergzinnober** (minium), Plin. 33, 115.

cinnameus, a, um (cinnamum), **aus-, von Zimt,** nidus, Auson.: odor, odores, Apul.: crines, nach Zimt duftend, Apul.

cinnamolgus, ī, *m.* (κίνναμον u. λέγω), der **Zimtleser,** Name eines indischen Vogels, der sein Nest aus Zimtreisern bauen soll, Plin. 10, 97. Solin. 33, 15.

cinnamōma, ae, *f.*, der **Zimt,** Augustin. serm. 37, 1 *Mai.*

cinnamōminus, a, um (κινναμώμινος), **aus-, von Zimt,** unguentum, Plin. 13, 15.

cinnamōmum, ī, *n.* (κιννάμωμον), der **Zimt,** Cels. 5, 4 u. a. Plin. 12, 85 *sq.* u. a.

cinnamon, s. cinnamum ►.

cinnamum, ī, *n.* (κίνναμον), der **Zimt** (*Laurus Cinnamomum,* L.), als Staude u. Gewürz, Plin. 10, 97 u. 12, 92. Cels. 3, 21, p. 107, 11 D. Scrib. 70 u. 92. Plin. Val. 4, 2: Plur., cinnamorum frutices, rami, Solin. 33, 15: cinnama rara, Mart. 4, 13, 3: cinnama quassa, zerbröckelter Z., Stückchen Zimtrinde, Ov. met. 15, 399: cinnama fraglans et balsama rorans, Apul. met. 2, 8 *extr.* – als Schmeichelwort, Plaut. Curc. 100. – Griech. Form cinnamon, Prop. 3, 13, 8. Lucan. 10, 167.

Cinnānus, a, um, s. Cinna *no.* I.

cinnus, ī, *m.* (viell. verkürzt aus cincinnus, wohl zusammengefügt), ein **Mischtrank** aus Speltgraupen, Ziegenkäse u. Wein, Arnob. 5, 25; vgl. Non. 59, 30.

cinus, s. cinis ►.

Cinxia, ae, *f.* (cingo, wov. auch cingulum, Brautgürtel), Beiname der Juno, weil unter ihrem Schutz, als Göttin des Ehebundes, der Bräutigam den Knoten des Gürtels aus Schafwolle, mit dem der Leib der Braut umbunden war, lösen sollte, Arnob. 3, 25. Mart. Cap. 2, § 149; vgl. Paul. ex Fest. 63, 9.

Cīnyps, ypis, *m.* (Κῖνυψ, Genet. υπος), **I** Fluss der Syrtenküste in Afrika, berühmt durch die schönhaarigen Ziegen der Umgegend, Wohnsitz der Macae, j. *Cinifo* od. *Wady Quaham,* Mela 1, 7, 5 (1. § 37). Plin. 5, 27. Claud. laud. Stil. 1, 251. – Dav. **Cīnyphius,** a, um (Κινύφιος), **a** **cinyphisch, am Cinyps,** hirci, Verg.: chelydri, Ov.: Maces, Anwohner des Cinyps, Sil. – **b** poet. = **libysch, afrikanisch** übh., Iuba, Ov.: pestes, Schlangen, Lucan. – **II** Name eines Jünglings, Sil. 12, 226.

cinyra, ae, *f.* (κινύρα), ein gew. zehnsaitiges asiatisches **Saiteninstrument,** Vulg. 1. Mach. 4, 54 u. 13, 51.

Cinyrās, ae, Akk. am u. ān, Vok. ā, *m.* (Κινύρας), König in Assyrien, später in Cyprus, Vater der Myrrha u. des Adonis, den er mit jener zeugte, Ov. met. 10, 299 *sqq.* Tac. hist. 2, 3. Hyg. fab. 28. – Dav.: **A** **Cinyrēius,** a, um, **cinyrēisch,** virgo, Myrrha, Ov.: iuvenis, heros, Adonis, Ov. – **B** **Cinyraeus,** a, um, **cinyräisch,** Cyprus, Lucan. 8, 716. – **C** **Cinyrēus,** a, um, **cinyrēisch,** germina, Myrrhen, Stat. silv. 5, 1, 214.

cio, īre, s. cieo ►.

Cios u. **Cius,** ī, *f.* (ἡ Κίος), Stadt in Bithynien, am cianischen Meerbusen, Stapelplatz für den Handel mit Phrygien, j. *Ghio,* auch *Ghemlio, Kemlik,* Liv. 32, 33. § 16 u. 34. § 6. Mela 1, 19, 4 (1. § 100). – **Ciānī,** ōrum, *m.* (Κιανοί), die Einw. von Cios, die **Cianer,** Liv. 31, 31, 4 u. a.

ciosmis, Akk. in, *f.*, eine Art **Salbei,** Ps. Apul. herb. 101.

cipērum, s. cypērος.

cippus, ī, *m.* (viell. zu altind. *çépa-ḥ,* Penis), eine **Spitzsäule** aus Stein od. Holz, **a** als Leichenstein, Nov. com. fr., Lucil. fr., Hor. (u. a. Dicht.) u. Inscr. – **b** als Grenzstein, Varr. LL., Gromat. u. Inscr. – **c** von den Pfählen eines Schanzwerks, Caes. b. G. 7, 73, 4.

Ciprius, s. 1. Cyprius vīcus.

Cīpus, ī, *m.*, ein Römer, dem nach der Volkssage, während er als Prätor aus dem Tor zog, plötzlich Hörner aus dem Kopf wuchsen, Ov. met. 15, 565 *sqq.* Val. Max. 5, 6, 3. Plin. 11, 123.

1. Circa, s. Circē.

2. circā, zsgz. aus circum ea (vgl. antea, postea u. dgl.), eine jüngere, erst seit der august. Periode bes. b. Liv. u. Quint. häufige Nebenf. zu circum, **I** *Adv.* **rings, umher, in der Umgegend, auf der einen oder der anderen Seite, auf** od. **zu beiden Seiten,** gramen erat circa, Ov.: cum circa Paladium implessent, Liv.: fluvius ab tergo; ante circaque velut ripa praeceps oram eius omnem cingebat, Liv.: quattuor legionum aquilae per frontem totidemque circa e legionibus aliis vexilla, Tac.; vgl. Müller Liv. 1, 4, 6. Fabri Liv. 21, 43, 4. – Dah.: **a** circa esse, **in der Gegend-, Umgegend-, in der Nähe sein,** qui c. sunt, Liv.: quod c. muri erat, Liv. – Auch häufig ohne esse attrib. mit Subst. verb., multarum c. civitatum irritatis animis, der umliegenden Städte, Liv.: canum circa mare, Plin. ep.; vgl. Fabri Liv. 21, 7, 5. – **b** circa undique od. undique circa u. circa omnia od. omnia circa, **um und um, alles umher,** Liv. – **II** *Praepos.* m. *Acc.:* **A** im Raum **1** (nicht einen ganzen Umkreis, sondern nur einen Teil, den unser Blick umfasst od. der uns zur Seite, naheliegt, bezeichnend) **um, zu den Seiten von,** c. casam, Nep.: c. flumina et lacus, Sen.: quem c. tigres iacent, Ov. – **2** = **bei ... umher, zu ... umher,** legatos c. vicinas gentes misit, Liv.: litteris c. praefectos dimissis, Liv. – **3** **auf** od. **in ... umher** (s. Weißenb. Liv. 31,

3, 5), c. Lesbum insulam, Vell.: c. multiplices Piraei portus, Vell.: c. omnes non continentis modo urbes, sed etiam insulas, Liv.: circa faciem, circa nares, c. aures, c. labra, Cels. – mit vorherrschendem Begriff des Nachbarlichen = **in der Gegend von, in der Nähe von, nahe bei,** c. forum, Quint.: c. Liternum, c. Caudium, Liv.; vgl. Fabri Liv. 23, 35, 5. – **4** bei Personen, die jmd. (als Begleiter, Freunde, Anhänger usw.) umgeben, **um,** quos c. se haberet, Cic. – dah. auch ohne Verbum, c. alqm (= οἱ περί τινα), omnes c. eum, Suet. – **B** übtr.: **1** in der Zeit, die Nähe bei einem bestimmten Zeitpunkt bezeichnend = **um, gegen,** c. eandem horam, Liv.: c. lucem, Suet.: c. septimum diem, Cels.: c. tempora illa, Quint.: c. quod tempus, Vell.: postea c. pubertatem, Cels.: c. Demetrium Phalerea, um die Zeit des D., Quint. – **2** bei Zahlenbestimmungen, **ungefähr, gegen, an die** (für das gew. circiter; vgl. Duker Flor. 1, 10, 5. Schwarz Plin. pan. 95, 1. Burm. Ps. Quint. decl. 1, 17. p. 37), ea fuere oppida circa septuaginta, Liv.: c. quingentos Romanorum, Liv.: panis c. libram, Cels.: c. singulas heminas, Cels. – **3** zur Bezeichnung des Gegenstandes, um den gleichs. als Mittelpunkt sich eine Handlung bewegt = **um, gegen, in, in Beziehung auf, in Ansehung, in Betreff, bei,** abhängig von Substst., wie c. bonas artes publica socordia, Tac.: von Adjj., wie c. ius nostrum attentior, Quint.: u. von Verben, wie multa c. voces easdem variare, Quint.: c. hoc disputatum est, Quint.: m. *Acc. Gerundivi,* dum circa apprehendendum eum a multitudine contenditur, Flor. 3, 19, 12; u. so Plin. pan. 95, 1. Fronto ad Anton. P. 8. p. 169, 18 N. Val. Prob. de litt. sing. fr. § 1 *in:* u. m. *Acc. Gerundii,* plus eloquentia c. movendum valet, Quint. 4, 5, 6. – Dem *Pronom. relat.* nachgesetzt, quam circa, Cic. Verr. 4, 107: quem circa, Ov. met. 3, 668: dem ersten von zwei *Nom.,* Verg. georg. 3, 146.

circaea, ae, *f.* (κιρκαία), eine Pflanze, **Hexenkraut,** Plin. 27, 60.

circaeon, ī, *n.* (*κιρκαῖον), eine Pflanze = *mandragoras,* Plin. 25, 147.

Circaeus, a, um, s. Circē.

circāmoerium, ī, *n.* (circa u. moerus, altlat. = murus) = *pomoerium* (s. d.), Liv. 1, 44, 4.

Circē, ēs (u. lat. [wie von Circa], ae, Akk. am, Abl. ā), *f.* (Κίρκη), Tochter des Helios u. der Perse, Schwester des Äetes, eine durch ihre Zaubereien berühmte Meernymphe, die von Kolchis entfloh u. ihren Wohnsitz in der Gegend des circejischen Vorgebirges in Latium genommen haben soll, Cic. de nat. deor. 3, 48. Tibull. 2, 4, 55: C. vitrea, Hor. carm. 1, 17, 20: ab Ulixe deaque Circa, Liv. 1, 49, 9. – Dav. **Circaeus,** a, um (Κιρκαῖος), **zur Circe gehörig, circäisch,** campi, Gegend von Kolchis, der Heimat der Circe, Val. Flacc.: iugum, Verg., iuga, Sil., litus, Ov., das circejische Vorgebirge (s. Circēiī): terra, das Circejische, Verg.: moenia, Tuskulum, nach dessen Erbauer Telegonus, dem Sohn der Circe, Hor.: dorsum, der Hügel von Tuskulum, Sil. – poet. = **zauberisch, vergiftend,** poculum, Cic.: gramen, Prop.

circelēnsis, s. circēnsis.

Circēiī, ōrum, *m.,* die Stadt *Circeji* am Vorgebirge gl. N. in Latium, nach dem Mythos von der aus Kolchis dahin geflüchteten Circe ben., berühmt durch vortreffliche Austern, j. Dorf *Circello* u. die Ruinen *Citta vecchia,* das Vorgeb. j. *Monte Circello,* der nicht weit davon gelegene Hafen j. *Porto di Paula,* Cic. ad Att. 15, 10 *extr.* Liv. 1, 56, 3. Hor. sat. 2, 4, 33. – Dav. **Circēiēnsis,** e, **circejensisch,** ostreae, Plin.: Plur. subst., Circeiēnsēs, ium, *m.,* die Einw. von Circeji, die **Circejenser,** Cic.

circellio, ōnis, *m.* = circumcellio, Augustin. in psalm. 132, 3. Gloss. Scal. V, 596, 41.

circellus, ī, *m.* (*Demin.* v. circulus), das **Ringelchen,** Schol. Iuven. 6, 379: circelli isiciati, Knackwürstchen, Apic. 2, 60.

circen, inis, *n.* (= circinus), der **Kreis, Kreislauf,** solis, Jahresumlauf der S., Anthol. Lat. 1373, 3 M.

circēnsis, e (circus, *sc.* maximus), **zum Zirkus gehörig, zirzensisch,** ludi, Schauspiele im Zirkus, die vornehmlich aus Wettrennen bestanden, Sall. fr., Cic. u. a.: dies. ludicrum c., Liv. u. Tac.: pompa c., Suet.: tomentum, s. d. – subst., circēnsēs, ium, *m.* (*sc.* ludi), Sen. u. a.: Megalesiaci circenses, Schol. Iuven. 11, 193. – Andere Form circiēnsis, CIL 1, 206, 64; 11, 1421, 30: circuēnsis, CIL 8, 9052: circeiēnsis, CIL 14, 3625.

circes, itis, *m.* (verwandt mit circus, circinus), der **Kreis,** Varr. LL. 6, 8. Sidon. carm. 15, 15 u. 22, 224: vom Umkreis des Zirkus, Sidon. carm. 23, 381.

circiās, ae, *m.,* s. circius.

circiēnsis, s. circēnsis.

circinātio, ōnis, *f.* (circino, eig. Beschreibung eines Kreises, dah. konkret) die **Kreisbildung,** der **Kreis, Umkreis,** Sing. u. Plur., Vitr.: linea circinationis, Vitr.: ducere circinationem, Vitr.: v. »Kreislauf« der Planeten, Vitr.

circino, āvī, ātum, āre (circinus), **kreisrund-, kreisförmig machen, runden,** ramos in orbem, Plin.: suos arcus per nubila (v. der Iris), Manil.: poet., auras easdem, kreisförmig durchfliegen, durchkreisen, Ov.: Partiz. circinātus, a, um, **gezirkelt, kreisrund, kreisförmig,** rotunditas, Plin.: forma, Plin.

circinus, ī, *m.* (κίρκινος), der **Zirkel,** als Instrument, ratio circini, Plin.: circino circumducere alqd, Caes., dimetiri alqd, Vitr.: ad circinum rotundare, Vitr.: ad circinum fabricatus, Vitr.: in circino tornavit illud, drechselte es kreisrund, Vulg.

circissārius, ī, *m.,* viell. = **Liebhaber des Zirkus (der Rennbahn),** Augustin. in psalm. 39, 8; vgl. Gloss. IV, 318, 31.

circitātor, ōris, *m.* = *circitor,* Gloss. III, 149, 30.

circiter, *Adv.* (v. circus, woher auch circum), **I** v. Ort: **1 ringsumher, auf jeder Seite,** lapis quadratus c. (würfelförmiger), Cass. Hemina b. Plin. 13, 85. – **2 in der Nähe,** als Präpos., ubi (cistella) sit nescio, nisi ea, ut opinor, loca circiter excidit haec mi, hier in der Nähe, Plaut. cist. 677. – **II** übtr.: **A** v. der Zeit, die Nähe bei einem bestimmten Zeitpunkt bezeichnend = **um, ungefähr, α** adv. beim *Abl.,* c. meridie, Plaut.: c. duobus mensibus, Varr.: mediā c. nocte, Caes.: quartā vigiliā c., Caes. – **β** als Präpos. m. *Acc.,* c. meridiem, Caes.: c. Kalendas, Cic.: c. Idus Novembres, Cic.: c. hordeaceam messem, Varr. – **B** v. der Zahl, **ungefähr,** c. quingentae species, Varr. LL.: c. CCXX naves eorum paratissimae, Caes.: c. parte tertiā celatā, Caes.: c. passus sescentos, Caes.

circito, āre (= circuito; vgl. circitor = circuitor), **überall durchwandern,** omnes istae artes, quibus aut circitatur civitas aut strepit, die in der Stadt umher ihr Wesen treiben od. sie mit Geräusch erfüllen, Sen. ep. 90, 19. Vgl. Gloss. ›circito, περινοστῶ, κυκλεύω‹.

circitor u. **circumitor,** ōris, *m.* (circueo = circumeo, der herumgeht; dah.) **I** der **Wächter, a** (gew. circitor) übh., in Gärten u. Fluren, **Gartenhüter, Flurhüter,** Priap. 17, 1. Petr. 53, 10: bei Wasserleitungen, der **Wasserschlosshüter,** Frontin. aqu. 117. CIL 6, 8749; 10, 711; 14, 3649. – **b** als milit. *t. t.,* circumitores, die **Runde,** Veget. mil. 3, 8. p. 84, 6 L.; spät. circitores, als eine bes. Abteilung Reiter, Veget. mil. 3, 8. p. 84, 7 L. Cod. Theod. 6, 27, 3: Sing. circitor, CIL 3, 6292; 5, 4100 u. ö. u. Carm. epigr. 1321, 2 (wo circītor gemessen ist). – **II** (Form circitor) der **Hausierer,** Ulp. dig. 15, 3, 5. § 5; vgl. Prisc. 14, 34: ›circitor, ὁ περιφοράριος‹.

circitōrius, a, um (circitor), **zur Runde gehörig,** dignitas, eines Reiters der Runde, Cod. Theod. 7, 22, 2. § 2.

circius, ī, *m.,* ein bes. dem narbon. Gallien eigener heftiger Wind, den Römern **Nordwest-Drittel-Westwind,** Sen. nat. qu. 5, 17, 5. Plin. 2, 121 u. 17, 21. Suet. Claud. 17, 2. Favor. bei Gell. 2, 22, 20. Apul. de mund. 14 *in.* Ven. Fort. vit. S. Mart. 2, 78: thrascias sive circius, Veget. mil. 4, 38. p. 155, 5 L. – bei Cato origg. 7 fr. 5 (bei Gell. 2, 22, 29 u. Apul. de mund. 14 *extr.*) cercius gen.; bei Vitr. 1, 6, 10 circias (griech. κερκίας).

circlus, s. circulus ►.

circo, āvī, āre (= circumeo), **I rings um etw. herumgehen,** etw. **umkreisen,** montem, Gromat. vet. 326, 17. Vgl. Gloss. ›circat, κυκλεύει‹. – **II überall durchwandern,** totam regionem, Carm. epigr. 484, 3.

circos, ī, *m.* (κίρκος), der **Habicht,** ein uns unbekannter Edelstein von der Farbe des Habichts, Plin. 37, 153.

circuēnsis, s. circēnsis ►.

circueo, s. circum-eo.

circuitio u. **circumitio,** ōnis, *f.* (circueo, circumeo), **I** das **Herumgehen im Kreis, 1** abstrakt, das **Sich-Drehen,** die **Umdrehung, Drehung,** c. tympani plani, Vitr. 10, 9 (14), 7: orbiculorum (der Rollen) circumitiones, Vitr. 10, 2 (5), 10: efficere modicas circumitiones (tympani), Vitr. 10, 9 (14), 7. – übtr., insecuti temporis c., Verlauf, Cod. Iust. 11, 41, 1. – **2** konkret: **a** der **Umlauf,** d. i. die Bahn, die das Umlaufende beschreibt, **α** die **Kreisbahn,** der **Umlauf, Umkreis, Kreis,** liberata c., ein waagerechter Kr., Vitr. 6, 1, 5: praeter parietes et circumitionem, mit Ausschluss des Wandumkreises, Vitr. 4, 8, 2: caeli circumitionem percurrere, Vitr. 9, 1 (4), 5: celeriter consequi iustam circumitionem, die gehörige Stelle in ihrer Kreisbahn erreichen, Vitr. 9, 1 (4) 7: longitudinis et circumitionis decusses, die Durchschnittspunkte der Längenlinie und Kreislinie, Vitr. 10, 6 (11), 2: Iovis (stella) cum inter utriusque (Martis et Saturni) circumitiones (Kreisbahn) habeat cursum, Vitr. 9, 1, 16: circumitiones capitum, die Peripherie der Stirnflächen, Vitr. 10, 6 (11), 1. – **β** die kreisförmige **Biegung,** die eine Örtl. macht, munimentum fluminis circumitione vallatum, Amm. 24, 2, 2: collocanda oppida sunt non quadrata; nec procurrentibus angulis, sed circumitionibus, Vitr. 1, 5, 2: in cursibus et circumitionibus (B. der Wasserleitungen) spiritus naturales aliter atque aliter fiunt, Vitr. 1, 1, 7. – **γ** meton.: **αα** die **Kreisoberfläche,** Vitr. 4, 4, 3. – **ββ** der **Umgang** als Ort, der **Gang,** Vitr. 3, 1 (2), 8: cum haberent singula tabulata circumitionem cubitorum ternûm (von drei E. Breite), Vitr. 10, 13 (19), 5: duo triclinia cum circumitionibus inter se spectantia, Vitr. 6, 3 (6), 10. – **γγ** der **Mantel** um ein Rad, extrema tympani circumitio, der Zylindermantel um die Trommel, Vitr. 10, 4 (9), 1. – **b** der **Umweg,** den etw. macht, **α** eig.: sin autem non longa erit circumitio, Vitr. 8, 6, 5: eius montis iugum oras maris Hadriani pertingit circumitionibus, Vitr. 2, 10, 1. – **β** übtr., der **Umweg, Umschweif,** das **indirekte Verfahren,** ita aperte ipsam rem modo locutus es, nihil circumitione usus es, Ter. Andr. 202: quid opus est circumitione et amfractu, Cic. de div. 2, 127: circumitione quādam (auf einem Umweg, indirekt) deos tollens, Cic. de div. 2, 40: quid sibi volunt ambitus isti et circumitiones? Fronto de orat. p. 161, 11 N. – dah. als rhet. *t. t.* = περίφρασις, die **Umschreibung,** Rhet. Her. 4, 43. – **c** der **Umkreis, Umfang** = der Raum, den ein Gegenstand in seiner Ausdehnung einnimmt, orbis terrae c., Vitr. 1, 6, 9: peristilia ita facienda sunt, ut duorum stadiorum habeant ambitionis circumitionem, Vitr. 5, 11, 1. – **II** das **Überallumhergehen,** als milit. *t. t.,* das **Visitieren der Wachen,** das **Patrouillieren,** die **Runde,** circumitio ac cura aedilium plebei erat, Liv. 3, 6, 9.

circuitor, ōris, *m.*, s. circitor.

1. circuitus (circumitus), a, um, s. circum-eo.

2. circuitus (circumitus), ūs, *m.* (circueo = circumeo, s. d.), **I** das **Herumgehen im Kreis, 1** abstr.: **a** der **Umgang, Umlauf, α** lebender Wesen, ibi complurium iumentorum multivii circuitus intorquebant molas ambage variā, Apul. met. 9, 11 *in.* – **β** der Weltkörper, der **Umlauf, Umschwung, Kreislauf,** circuitus orbis, Cic.: circuitus solis orbium V et LX et CCC, Cic.: irrequietus mundi ipsius circuitus, Plin.: caelestia per certos circuitus verti, Sen.: astra suis itineribus perficiunt cursum, Vitr. – übtr., miri sunt orbes (Perioden) et quasi circuitus (periodische Umläufe) in rebus publicis commutationum et vicissitudinum, Cic. de rep. 1, 45: hoc, quod senectus vocatur, paucissimorum circuitus annorum, Sen. ad Marc. 11, 5. – **b** (als mediz. *t. t.*) der **feste Verlauf,** der **Typus** des Fiebers, eae febres, quae certum habent circuitum, Cels.: cum haec (febris) circuitum certum habet, Scrib.: si circuitum habere ea febris solita est, Cels.: Plur., circuitibus febrium vexari, Scrib. 95. – **2** konkr.: **a** der Umlauf = die Bahn, die der Umlaufende beschreibt, der **Bogen, Umweg, Umschweif,** Caesari circuitu maiore iter erat longius, Caes.: longo od. parvo circuitu petere alqm locum, Caes. u. Liv.: brevi per montes circuitu pervenire ad amnem, Liv.: exiguo circuitu flectere ad montes occupandos, Frontin.: tamquam circuitu maiore hostem aggressurus, Frontin.: pons magnum circuitum habet (macht nötig), Caes.: Asiae Syriaeque circuitu petere Aegyptum, auf einem U. durch A. u. S., Suet. – übtr., **α** der **Umweg, Umschweif** = das indirekte Verfahren, non statim de eo, quod in iudicium venit, (debet) rogare, sed aliquo circuitu ad id pervenire, Quint.: cur circuitu petis gloriam, quae ad manus posita est? Curt.: negavi circuitu agendum, sed plane iure civili dimicandum, Petr.: invadere per circuitum (Ggstz. rectā), Sen. rem. 1, 3 H. – **β** = περίφρασις, die **Umschreibung,** eloquendi, Quint.: alqd circuitu enuntiare, Quint.: alqd circuitu plurium verborum ostendere, Quint.: loqui per circuitus, Mart. – **b** der Umlauf = die sich um etw. herumziehende Krümmung, interior circuitus (gestationis), Bogengang, Plin. ep. 2, 17, 15. – dah. übtr., circuitus orationis od. verborum = περίοδος (vgl. Auct. carm. de fig. 10. p. 63 H. *circuitus, peri* quam dicunt *odos*), die **Periode** der Rede (rhet. *t. t.*), s. bes. Cic. or. 204: im Plur., oratio longiores habet saepe circuitus, Quint. 9, 4, 60. – **c** der **Umkreis, Umfang** = der Raum, den ein Ggstd. in seiner Ausdehnung einnimmt, eius munitionis circuitus XI milia passuum tenebat, Caes.: quod ad circuitum (secundae vertebrae) pertinet, Cels.: collis, quem propter magnitudinem circuitus opere complecti non potuerant nostri, Caes.: interiore spatio minorem circuitum habere, Caes.: vallum in oppidi circuitum ducere, rings um die St. herum, Hirt. b. G. – dah. in circuitu u. bl. circuitu, im Umkreise, ringsherum, qualis esset natura montis et qualis in circuitu ascensus, Caes.: XV milia passuum circuitu amplexus, Caes.: Cephallania circuitu patet XCIII (milia passuum), Plin. – übtr., der **Umfang** des Körpers u. eines schriftl. Werkes, quo circuitus voluminis tui sit ὀγκωδέστατος, sicut est ventriculi tui, Suet. vit. Hor. p. 47, 11 R. – **d** der **Umgang** = der rings um ein Gebäude, eine Mauer usw. gelassene freie Raum, gesetzlich $2^1/_2$ Fuß breit, Varr. LL. 5, 22. Vitr. 6, 3, 9. CIL 6, 13143; 9, 5179. – **e** ein aus einer Masse gebildeter **Ringel, circulus,** quod mixtā farinā et caseo et aquā circuitum aequabiliter fundebant, Varr. LL. 5, 106. – **II** das Umhergehen, **a** in einem Land, das **Durchwandern, Bereisen,** circumitus Siciliae totius, Sen. ep. 79, 1. – **b** = περιπλοῦς, das Herumreisen zu Schiff, die **Herumfahrt,** die **Umschiffung,** Plin. 2, 167. – übtr., circuitus mundi, die Beschreibung der Welt, die Rundschau, Plin. 9, 106.

circulāris, e (circulus), **kreisförmig, kreisrund,** motus (Ggstz. motus rectus), Augustin. de div. quaest. qu. 29. Chalcid. Tim. 104 u. 149: flexus circulares, Mart. Cap. 6, § 660: circulari quādam ratione, Mart. Cap. § 8, 814: numerus, Cassiod. de arithm. p. 555 (b) *ed. Garet.* Vgl. Isid. orig. 3, 7, 5.

circulātim, *Adv.* (circulor), **I kreisförmig,** Cael. Aur. acut. 2, 29, 153; chron. 1, 4, 91. – **II im Gesellschaftskreis, vereint,** Suet. Caes. 84, 5. Petr. 67, 8.

circulātio, ōnis, *f.*, s. circumlātio.

circulātor, ōris, *m.* (circulor), der **Marktschreier, a** = ὀχλαγωγός, ἀγύρτης (Gloss.), **Gaukler,** Cels. 5, 27, 3. Sen. de ben. 6, 11, 2. Petr. 68, 6. Plin. ep. 4, 7, 6. Apul. met. 1, 4. Paul. dig. 47, 11, 11. Prud. perist. 10, 303. Porphyr. Hor. sat. 1, 2, 1. Schol. Iuven. (Prob.) 6, 583: v. marktschreierischen Philosophen u. Rhetoren, Sen. ep. 29, 5: circulatoris ludus, Hier. ep. 53, 7. – **b** als Handelsmann, circul. auctionum, ein Kleinhändler, der in Auktionen seine Waren aufkaufte u. auf der Straße wieder verhandelte, der **Auktionströdler,** Asin. Poll. in Cic. ep. 10, 32, 3.

circulātōrius, a, um (circulator), **marktschreierisch, gauklerisch,** volubilitas, geläufige Zungendrescherei, Quint.: iactatio, Quint.: praestigiae, Tert. – subst., circulātōrium, ī, *n.* (*sc.* artificium) = ἀγυρτία, die **Marktschreierei,** das **Gauklerhandwerk,** Gloss.

circulātrīx, trīcis, *f.* (circulator), die **Marktschreierin, Herumstreicherin,** Priap. 19, 1. Mart. Cap. 4, § 331 u. 423. – attrib., lingua, eines Marktschreiers, Gauklers, Mart. 10, 3, 2.

circulo, āvī, āre (circulus), **I kreisförmig machen** od. **bilden,** Apul. flor. 9. p. 11, 7 Kr. u. apol. 89. Mart. Cap. 7. § 728 u. 8. § 831. – dah. circulātus, a, um, **kreisförmig,** ordinatio, Mart. Cap. 6. § 660: gressus, Cael. Aur. chron. 1, 1, 19: ductus, *ibid.* 1, 1, 20: numerus, Cassiod. de arithm. p. 555 (b) *ed. Garet.* Isid. 3, 6, 65. – **II** = κυκλόω, περικυκλόω, jmd. **umstellen, umzingeln,** alqm, Itala Luc. 19, 43 u. Ioann. 10, 24.

circulor, ārī (circulus), **I eine Gruppe** od. **Gruppen bilden,** Caes. b. c. 1, 64, 3. – **II eine Gruppe** zur Unterhaltung **um sich bilden, mit anderen zur Unterhaltung zusammentreten,** Cic. Brut. 200. – bes. **eine Gruppe** od. **einen Kreis von Zuhörern um sich bilden, Volk um sich versammeln,** von den marktschreierischen Rhetoren, in privato, in Privathäusern (marktschreierische) Vorträge halten, Sen. ep. 52, 8: totā Graeciā, Sen. ep. 88, 4. – dah. circulāns, antis, *m.*, ein marktschreierischer Rhetor, Marktschreier, Sen. ep. 40, 3.

circulus, ī, *m.* (*Demin.* v. circus), die beschriebene **Kreislinie,** der umgebende **Kreis, Ring, I** übh. circulus aut orbis, qui κύκλος Graece dicitur, Cic.: coronae modici circuli, von mäßigem Umkreis, Liv.: c. aurei coloris, Plin.: virgā alqm amplo circulo includere, Iustin.: priusquam hoc circulo excedas, Liv.: egredi finito arenae circulo, Vell.: densa circumstantium corona latissimum iudicium multiplici circulo ambibat, Plin. ep. – am Himmel, circa solem visum coloris varii circulum, Sen. nat. qu. 1, 2, 1.: circulus ad speciem caelestis arcus orbem solis ambiit, Suet. Aug. 95: cernuntur circa solis orbem ... versicolores circuli, Plin. 2, 98. – dah. **a** als astron. *t. t.* (wie orbis), **α** der **Kreis,** caelum dividitur in circulos quinque, qui per mundi cardines eunt; est septentrionalis, est aequinoctialis, est brumalis, est contrarius septentrionali, Sen.: caelum ab aequinoctiali circulo ad solstitialem et hinc ad septentrionalem divisum, Varr. LL.: meridianus circulus, qui horizonta rectis lineis secat, Sen.: horizon sive finiens circulus, Sen.: zodiacus circulus, Hyg.: lacteus circulus, die Milchstraße (bei Cic. lacteus orbis), Plin. u. Hyg.: paralleli circuli, Hyg. – **β** der **Kreis,** den ein Gestirn durchläuft, die **Kreisbahn,** quot Luna circlos annuo in cursu institit, Acc. tr. 100: stellae circulos suos orbesque conficiunt celeritate mirabili, Cic. de rep. 6, 15. – **b** als geogr. *t. t.,* der **Parallelkreis,** Plin. 6, 212. – **II** insbes., **a** ein kreisförmiger Körper, der **Reif, Ring, Ringel,** circuli catenarum. Auson. edyll. 12 (Technop.) praef. 1. p. 132 Schenkl: circuli suspensi, Curt. 6, 5 (16), 16: c. corneus, Suet. Aug. 80: eboreus, Petr. 32, 4: laxi tenui de vimine circli, Verg. georg. 3, 166: flexilis obtorti circulus auri, poet. umschr. = torques aureus, Verg. Aen. 5, 595: molli subnectit (crines) circulus auro, Verg. Aen. 10, 338: circuli ex auro, quibus brachia artantur, Tert. de cult. fem. 1, 2. – bes. der **Reif** eines Fasses, circulus ingens, de cupa grandi excussus, Petr. 60, 3: vasa circulis cingunt, Plin. 14, 132. – u. der **Reif** eines Äquilibristen, circulos ardentes transilire, Petr. 53, 11. – u. der **Ringel** als Backwerk, Varr. LL. 5, 106: dulcia et circuli, Maec. Falc. bei Vopisc. Tac. 6, 5. – **b** der **Ring** einer Mauer, die **Ringmauer,** circulus muri exterior, Liv. 36, 9, 12. – **c** als mediz. *t. t.,* der **Ring,** aspera arteria constat ex circulis quibusdam, Cels. 4, 1. p. 120, 21 D.: cutis nudatur circa pubem velut circulus, Cels. 7, 25, 1. p. 305, 15 D.: c. glandis, der Eichelrand, Cels. 7, 25, 1. p. 305, 20 D.: dass. a pube usque circulum, *ibid.* p. 305, 28 D. – **d** die **Scheibe** des Mondes, lunae, Mart. Cap. 8. § 858. Leo ep. 133, 2 *extr.* – **e** eine runde **Schüssel,** Mart. 14, 138, 2. – **f** in einen Kreis zum Gespräch, zur Geselligkeit zusammengetretene Menschen, die **Gruppe,** der **enge, gesellige Kreis, -Zirkel, -Verein,** der **Privatkreis,** sermones inter se serentium circuli, Liv.: ut in circulis (vor dem Straßenpublikum) mos est, Petr.: circulos aliquos et sessiunculas consectari, Cic.: per fora et circulos loqui, Tac.: de circulo se subducere, Cic.: more hominum invident, in conviviis rodunt, in circulis vellicant, Cic.: primo in circulis conviviisque celebrata sermonibus res est, Liv. – Synkop. circlus, Acc. tr. 100. Verg. georg. 3, 166.

circum (eig. *Acc.* v. circus = κίρκος, in die Runde), *Adv.* u. *Praep.* = **ringsumher, ringsum, herum, um, I** *Adv.:* **A ringsumher, ringsum** usw., furcas c. offigito, Cato: ›adustum‹ quod circum ustum est, Varr. LL.: quae c. essent, Caes.: c. sub moenibus, ringsum an den Mauern, Verg.: c. binos pedes, ringsum, d. i. auf jeder Seite, zwei Fuß, Varr. – Verstärkt circum undique (b. Spät. auch als **ein** Wort circumundique), **von überall, überall umher, von-, an allen Seiten rings-um, um und um,** Lucr., Verg., Gell. u. a. – **B** = **umher, in der Umgebung, zu den Seiten, zu beiden Seiten,** hostilibus c. lictoribus, Tac.: gentibus innumeris c. infraque relictis, Ov.: corpus servans circumque supraque vertitur, Stat.: ara amicitiae effigiesque c. Caesaris ac Seiani, Tac.; vgl. Nipperd. Tac. ann. 4, 74. – **II** *Praep.* m. *Acc.:* **A ringsum, um,** terra c. axem se convertit, Cic.: ligato c. collum sudario, Suet. – **B** = **um, in der Umgebung von** usw., **zu den Seiten von** usw., **auf beiden Seiten von** usw., capillus c. caput reiectus, Ter.: flumina c. fundit humus flores, um die Borde der Bächlein, Verg.: oras et litora c. errantem, Verg. – **C** = **in ... umher, zu ... umher, bei ... umher,** c. villulas nostras errare, in unseren Villen umher, Cic.: c. rura vectari, Hor.: pueros c. amicos dimittere, zu den Freunden umher, Cic.: legatio circum insulas missa, Liv.: c. omnes alias puellas differre, bei allen Mädchen umher, in der Runde, Prop. – **D** = **in der Umgegend von** usw., **in der Nähe von** usw., **bei, 1** im Allg.: c. haec loca commorabor, Cic.: omnia templa, quae circum forum sunt, Cic.: c. Bactra haerere, Curt. – **2** insbes., v. Pers., die jmd. (als Begleiter, Freunde, Anhänger usw.) umgeben, griech. περί od. ἀμφί τινα, qui c. alqm sunt, seine Umgebung, Ter. u. Cic.: omnium flagitiorum atque facinorum c. se tamquam stipatorum catervas habebat, Sall.: c. Hectora pugnas obibat, Verg.: c. pedes (habere) homines formosos, als begleitende Diener, Cic. – ► circum seinem Subst. nachgesetzt bei Lucr., Cic., oft bei Verg. u. a.

circumāctio, ōnis, *f.* (circumago) = περιφέρεια, die **Umdrehung,** der **Umschwung,** Vitr. 9, 8 (9), 15. Mart. Cap. 8. § 885. Chalcid. Tim. 22 D. 42 C. 84 u. ö. – übtr. v. der Rede, Gell. 17, 20, 4.

1. **circumāctus,** a, um, s. circum-ago.

2. **circumāctus,** ūs, *m.* (circumago), **I** die **Herumdrehung** im Kreis, die **Umdrehung,** der **Umschwung,** caeli, Sen.: rotarum, Plin.: rotarum volubilium, Arnob.: totius corporis, Plin. – **II** das **Umwenden,** cum circumactum angustiae non caperent, Plin. 8, 201.

circumadspicio, s. circum-aspicio.

circumadsisto, s. circum-assisto.

circum-aggero, āre, **ringsherum häufeln,** terram, Col.: fimo radices, Plin.

circum-ago, ēgī, āctum, ere, **I im Kreis-, ringsherum führen, -drehen, A** im Allg.: impera suovetaurilia circumagi, Cato: suovetaurilibus circumaguntur verres, aries, taurus, Varr.: fundum meum (um mein Grundstück) suovetaurilia circum agi iussi, Cato: c. totam domum (v. Wirbelwind), Sen.: c. modiolum (den Trepan), Cels.: fasciam saepius, herumwickeln, Cels.: molas, Gell.: in adorando totum corpus, den g. K. wie ein Rad krümmen = sich bis zur Erde verneigen, Plin.: u. circumagi als *t. t.* v. Sklaven, **freigelassen werden** (weil der Sklave auf dem Forum vom Herrn bei der rechten Hand gefasst u. im Kreis herumgeführt wurde, zum Zeichen, dass er frei ist), bildl. in Sen. ep. 8, 7. – Medial, circumagi u. circumagere se, **1 im Kreis sich herumdrehen, -herumgehen,** praecipua cenationum rotunda, quae perpetuo diebus ac noctibus vice mundi circumageretur, Suet. Ner. 31, 2: chamaeleonis oculos ipsos circumagi totos tradunt, Plin. 11, 152: collum circumagit se, dreht sich ganz herum, Plin. 11, 256. – **2** übtr.: **a** v. der Zeit, circumagi od. se circumagere (vgl. Drak. Liv. 9, 33, 4. Fabri Liv. 23, 39, 4), gleichs. den Kreislauf vollenden, **verfließen,** prius circumactus est annus, quam etc., Liv.: nobis in ipso apparatu annus circumagitur, Liv.: prius aestas se circumegit quam etc., Liv.: in ipso conatu rerum circumegit se annus, Liv.: circumactis decem et octo mensibus, Liv.: circumacto tertio anno belli Punici, Liv.: triennio circumacto, Plin.: circumacto anno od. anni tempore, Liv.: circum tribus actis annis (mit *Tmesis*), Lucr. – **b** v. anderen Abstrakten, volubili orbe circumagi, in schnellem Wechsel aufeinander folgen, Plin. ep. 4, 24, 6. – **B** prägn., **1** circumagere alqd, etwas gleichs. umtreiben = **sich um** etw. **rings herumziehen,** Aegaeum pelagus summotas terras hinc ad promunturium, quod Sunium vocatur, magno ambitu mollique circumagit, Mela 2, 2, 8 (2. § 27). – **2** circumag. alqm alqā re, jmd. mit etw. **rings umziehen, -umgeben,** eos muro circumegit, Lact.: erat pallio circumactus, Mart. Cap.: solis augustum caput radiis perfusum circumactumque, Mart. Cap. – 3 circumagere alqd, etw. **rings herumziehen,** iunctis bobus ... aratro circumagebant sulcum, Varr. LL. 5, 143. – II im Bogen herumführen, A **umwenden, -drehen, -kehren, -lenken,** 1 eig.: equos, Liv. u. Curt. (s. Mützell Curt. 3, 11 [27], 14): equos frenis, Liv.: navem in proram, Plin.: hastas in venientem ex transverso hostem, Liv.: corpora unde clamor acciderat, dahin, von wo usw., Tac.: se ad dissonos clamores, Liv.: c. signa (mit den Feldzeichen) od. aciem, mit dem Heer eine Schwenkung machen, Liv.: circumagi in frontem, Front machen, Curt.: circumactā ad litus totā classe, Frontin.: quacumque classis se circumegerat, Liv.: circumagente se vento, umschlug, Liv.: sprichw., circumagetur hic orbis, das Blatt wird sich wenden, Liv. 42, 42, 6. – 2 übtr.: quo te circumagas? wo willst du nun hin? wie willst du dich nun verteidigen? Iuven. 9, 81. – bes. von jeder Art Veränderung, hic paulum circumacta fortuna est, wandte sich, Flor.: u. mit Beziehung auf Denk- u. Handlungsart, unā voce circumagere et flectere alqm, herumbringen, auf andere Gesinnung bringen, Suet.: universum prope genus humanum in se c., auf seine Seite bringen, Plin. – mit dem Nbbgr. der Verschlimmerung, alvum, vesicam, in Unordnung bringen, Plin. – B circumagere se u. circumagi, sich im Bogen **herumziehen,** circumagente se terrarum fronte in occasum ac mare Adriaticum, Plin.: circumacta curvataque litora, Plin. ep.: conchae in orbem circumactae, kreisförmig gewundene, Plin. – III von einem Ort zum anderen **herumtreiben, -führen,** 1 eig.: huc illuc clamoribus hostium circumagi, Tac.: nihil opus est te circumagi, d. i. mit mir herumzuziehen, Hor. – 2 übtr., **sich bald zu diesem, bald zu jenem wenden** od. **verleiten lassen,** alieni momentis animi circumagi, Liv. 39, 5, 3: rumoribus vulgi circumagi, Liv. 44, 34, 4.

circum-ambulo, āre, um etw. **herumgehen,** omnes glebas, Paul. dig. 41, 2, 3. § 1.

circum-amicio, īre, **rings umwerfen,** circumamiciantur sicut pallium duplex, Itala psalm. 108, 29. – gew. Partiz. circumamictus, a, um, **rings umhüllt,** Eccl., z. B. Augustin. ep. 36, 22.

circum-amplector, ī, **rings umfassen,** Verg. ecl. 3, 45 (in der *Tmesis*).

circum-aperio, īre, **ringsum öffnen,** Cels. 6, 19.

circum-aro, āvī, āre, **umpflügen,** agri quantum uno die circumaravit datum, Liv. 2, 10, 12: quantum quis uno die plurimum circumaravisset, Plin. 18, 9.

circum-aspicio (circumadspicio), ere, **sich rings umsehen,** Plin. 8, 121.

circum-assisto (circumadsisto), ere, **rings herumtreten,** Novell. Iustin. 18, 7.

circum-asto (stitī), āre, **ringsherum stehen,** Tac. ann. 14, 34 (in der *Tmesis*).

circum-aufero, abstulī, ferre, **rings-, ganz wegnehmen,** übtr. = **gänzlich aufheben, -verbieten,** Augustin. quaest. in levit. qu. 59, 2 u. quaest. in Iosuē. qu. 29 *in.*

circumcaedo, s. circumcīdo.

circumcaesūra, ae, *f.*, der äußere **Umriss** (eines Körpers), griech. περικοπή, Lucr. 3, 219 u. 4, 645. Arnob. 3, 13.

circum-calco, āre, **ringsum festtreten,** Col. 5, 6. § 8 u. 21. Gromat. vet. 141, 16 (getrennt geschr.).

circumcellio, ōnis, *m.* (circum u. cella), eine Art Ketzer-Mönche, die ohne bestimmten Wohnsitz von einem Kloster zum anderen zogen, ein **Wandermönch,** Cod. Theod. 16, 5, 52. Augustin. in psalm. 132, 3 u. a. Eccl.

circumcelliōnicus, a, um (circumcellio), **den Wandermönchen eigen,** fortitudo, Augustin. c. litt. Petil. 2. § 208.

circumcīdāneus, a, um (circumcido), mustum c., Most, der nachgekeltert wurde, indem man in die bereits ausgepresste Traubenmasse Einschnitte machte, Cato r. r. 23, 4. – Dass. mustum circumcisicium b. Varr. r. r. 1, 54, 3.

circumcīdo, cīdī, cīsum, ere (circum u. caedo; d. h. ohne Umlaut circumcaedo, Paul. ex Fest. 20, 3), **rings umschneiden, -abschneiden, -beschneiden,** I eig.: ars agricolarum, quae circumcidat, amputet etc., Cic.: c. caespitem gladiis, Caes.: ungues, Cels.: genitalia alcis, Tac., od. alqm, Petr., jmd. beschneiden (wie die Juden). – II übtr.: A **einschränken, vermindern, abschneiden,** multitudinem, Cic.: sumptus, Liv.: vinum in totum annum, abschneiden, verbieten, Cels. – B in der Rede **beschneiden, abkürzen,** Varr. r. r. 1, 1, 11. Quint. 10, 1, 104. Gell. 17, 15, 7.

circum-cingo, cīnxi, cīnctum, ere, **rings umschließen,** quā mons Appenninus regiones Italiae Etruriaeque circumcingit, Vitr. 2, 6, 5: porticus circumcingere constituit, CIL 10, 5348: circumcinxit eum zona gloriae, Vulg. Sirach 45, 9: telis circumcingentibus, Sil. 10, 2: circumcinctus est a credentibus in potentatu, Augustin. in psalm. 64, 11.

circum-circā, *Adv.* (vgl. Prisc. 14, 34), **um und um, ringsherum,** Plaut., Cato, Sulpic. in Cic. ep. u. a. – Dav.

circumcirco, āre = circumeo, **allenthalben durchstreifen,** regiones, Amm. 31, 2, 23.

circumcīsē, *Adv.* (circumcisus), **kurz, gedrängt,** Quint. u. a.

circumcīsīcius, s. circumcīdāneus.

circumcīsio, ōnis, *f.* (circumcido), die **Beschneidung,** Eccl.: circ. carnis, Augustin. serm. 210, 3.

circumcīsor, ōris, *m.* (circumcido), der **Beschneider,** Eccl.

circumcīsōrium, ī, *n.* (circumcido), ein chirurg. Instrument, um die Tiere am Fuß zur Ader zu lassen, das **Aderlasseisen,** Veget. mul. 1, 26, 2.

circumcīsūra, ae, *f.* (circumcido), die **Beschneidung der Pflanzen,** Plin. 16, 219.

circumcīsus, a, um, *PAdi.* (v. circumcido), **rings abgeschnitten,** I v. Örtl., **steil,** saxum, Cic.: collis ex omni parte circumcisus, Caes.: (Henna urbs) tota ab omni aditu circumcisa atque directa est, rings steil abgeschnitten, Cic. – II übtr. = σύντομος, a übh., **rings beschnitten, beschränkt,** quid enim tam circumcisum, tam breve, quam hominis vita longissima, Plin. ep. 3, 7, 11. – b v. Ausdruck, **rings zugeschnitten, gedrängt, kurzgefasst,** oratio rotunda et undique circumcisa, Quint.: oratio c. et brevis, Plin. ep.: c. explicatio, Quint.

circum-clāmo, āre, **rings umschreien, -umtosen,** Sidon. carm. 2, 506.

circum-claudo, s. circum-clūdo ►.

circum-clūdo, clūsī, clūsum, ere, **ringsum einschließen,** a übh.: sepulcrum maceriis, Inscr.: cornua argento, rings mit Silber einfassen, Caes.: parietes, qui circumcludunt porticus ambulationes, Vitr.: si nubes solem circumcludent, Plin. – b feindlich **einschließen, umstellen, umzingeln,** cum aliquot cohortibus et equitum turmis Caesaris equites, Auct. b. Hisp.: circumcludi duobus exercitibus, Caes.: equitatu cohortibusque circumcludi, Auct. b. Hisp.: vallo circumcludi, *ibid.*: iniquitate loci circumclusus, Suet. – übtr., Catilina meis praesidiis, meā diligentiā circumclusus, Cic. Cat. 1, 7: Catilina consiliis, laboribus, periculis meis circumclusus ac debilitatus, *ibid.* 2, 14. – ► ohne Umlaut circumclaudo, Cael. Aur. chron. 4, 7, 103.

circumcola, ae, *f.* (circumcolo), **ringsum wohnend,** Tert. adv. gnost. 3 *extr.*

circum-colo, ere, **rings** um einen Ort **wohnen,** ihn **ringsum bewohnen,** sinum maris, Liv. 5, 33, 10: Boeben paludem, Liv. 31, 41, 4. – Partiz. subst., circumcolentēs, ium, *m.*, die Umwohner, ICt.

circum-cordiālis, e, **rings um das Herz befindlich,** Tert. de anim. 15 u. 43.

circum-cumulo, āre, **ringsum aufhäufen,** Stat. Theb. 10, 655.

circum-curro, ere, **rings herumlaufen,** eaeque corsae cum astragalis circumcurrant, Vitr. 4, 6, 3: linea circumcurrens, die Peripherie, der Umkreis, Quint. 1, 10, 41. – übtr., **umherschweifen,** eamque artem circumcurrentem vocaverunt, quod in omni materia diceret, Quint. 2, 21, 7.

circumcursio, ōnis, *f.* (circumcurro), das **Herumlaufen,** Apul. met. 9, 13.

circum-curso, āvī, āre (*Intens.* v. circumcurro), I **im Kreis herumlaufen, sich im Kreis drehen,** circumcursare columnae uti pueris videantur, Lucr. 4, 398. – **II** **herum-** od. **umherlaufen, herum-** od. **umherrennen, herum-** od. **umhersprengen,** absol., Dict. 2, 37. Pacat. pan. 37, 3. Cypr. ep. 58, 14: hāc illāc, Ter. heaut. 512: per omnes portas, Lact. 6, 12. § 12. – m. *Acc.* (in, bei, an), omnia (überall), Plaut. rud. 223: alqam hinc illinc, Catull. 68, 133: castrorum ambitum, Amm. 20, 7, 2: maximas acies, Heges. 3, 24, 32.

circumdatio, ōnis, *f.* (circumdo), das **Umgeben,** finium terrae, Augustin. in psalm. 134, 13: auri (mit G.), Vulg. 1. Petr. 3, 3.

circum-do, dedī, datum, are, **umgeben, I** etw. einem Ggstd. umgeben, **umlegen,** d. i. etw. um etw. **herumlegen, -stellen, -setzen, -wickeln** u. dgl. (s. Drak. Liv. 30, 19, 8. Mützell Curt. 3, 2 [4], 2), **a** übh.: **α** eig.: sarmenta, ligna et sarmenta, Cic.: ignes, Cic.: mit zwei Akk., partes terrae circumdato radices vitis, Cato r. r. 114, 1: tectis ac moenibus subiectos prope iam ignes circumdatosque restinximus, Cic.: umbras, ringsumher bieten (v. einem Baum), Prop. – lectis aulaea, Curt.: capiti diadema, Curt.: laevo brachio togae laciniam, Vell.: loricam umeris, Verg.: fasciam iugulo, Cels.: fasciam circa alvum, Cels.: cataplasma ventri, Cels.: u. *Pass.* poet. mit *Acc.* **was?** virgineos circumdata comptus, Lucr. 1, 87. – u. arma umeris, Verg.: vincula collo, Ov.: (im Bild) muros velut compedes, Liv.: nescio an maiora vincula maioresque necessitates quam captivis vestris fortuna circumdederit, Liv. – brachia collo, Ov.: in der Tmesis, collo dare brachia circum, Verg. – leb. Wesen, c. ministeria principi, Tac.: u. im *Pass.* medial, hinc patre, hinc Catulo lateri circumdatis, indem der V. zur einen, Katulus zur anderen Seite ging, Liv. – **β** übtr. (s. Dräger Tac. ann. 16, 25, 5 u. Agr. 20 *in.*), c. paci egregiam famam, verschaffen, verleihen, Tac.: supremis suis secretum, Tac.: moribus corruptis libidines, zugesellen, Tac.: planctum et lamenta sibi circumdata, habe man um ihn herum entstehen lassen, Tac. – **b** insbes., umfriedigend, umstellend, feindl. umzingelnd (bes. als milit. *t. t.*), **rings erbauen, -aufführen, -errichten, -anlegen, -aufstellen** (s. Drak. Liv. 30, 19, 8. Mützell Curt. 3, 2 [4], 2), murum, Caes. u. Col.: munitionem, Auct. b. Afr.: munitiones toto oppido (rings um die St.), Hirt. b. G.: turres toto opere (auf der ganzen Linie), Caes.: murum silvae od. nemori, Sen. u. Curt.: fossam cubiculari lecto, Cic.: urbi murum latere cocto, Iustin.: u. (im Bild) sibi cancellos, Cic. – leb. Wesen, exercitum, Sall.: stationes, Tac.: equites cornibus, Liv.: satellites armatos contioni, Liv.: exercitum hostium castris, Liv.

II etw. mit etw. **umgeben, umringen, umstellen,** gew. m. Ang. **womit?** durch *Abl.*, **a** übh.: **α** eig.: animum corpore, Liv.: totam arborem flammis, Phaedr. – caput lacernā, Vell.: fauces lanā, Cels.: alqd fasciā, Cels.: se zonā, Suet.: tempora vittis, Ov.: corpus amictu, Ov. – *Pass.*, v. leb. Wesen, ipse agresti duplici amiculo circumdatus, Nep.: senex circumdatus (umkränzt) sertis et delibutus unguento, Sen. rhet.: u. *Pass.* poet. m. *Acc.* **woran?** Sidoniam picto chlamydem circumdata limbo, Verg. Aen. 4, 137. – von Örtl., tertius (sinus) Cauloniam Locrosque circumdat, Mela: regio insulis circumdata, Cic.: ignotis circumdata litora silvis, Prop. – **β** übtr.: totam figuram mundi c. omni levitate (mit einer ganz glatten Außenseite), Cic.: alcis pueritiam robore, Tac. – **b** insbes., umfriedigend, umstellend oder feindl. umzingelnd (bes. als milit. *t. t.*), **α** eig.: collem multo opere, Sall. fr.: portum moenibus, Nep.: nemus triplici muro, Curt.: omnem aciem suam raedis et carris, Caes.: Othonem vexillis, Tac.: accepti in medium Vitelliani, et circumductos Primus Antonius clementer alloquitur, Tac. hist. 3, 63. – feindl., oppidum (urbem, moenia) vallo od. vallo et (atque) fossā od. vallo fossaque, Sall. u. Liv. (s. Korte Sall. Iug. 23, 1. Drak. Liv. 6, 8, 9. Mützell Curt. 3, 2 [4], 2): oppidum coronā, Liv.: oppidum quinis castris, Caes.: multitudine domum alcis, Nep.: villam statione, Tac.: saltus canibus, Verg. – **β** übtr.: exiguis quibusdam finibus totum oratoris munus, Cic.: eminentia cuiusque operis artissimis temporum claustris circumdata, Vell.: minus octoginta annis circumdatum aevum, eingeschlossen, begrenzt, Vell.

circum-doleo, ēre, **von allen Seiten leiden,** Cael. Aur. acut. 2, 14, 92.

circum-dolo, (āvī), ātum, āre, **rings behauen,** latera platani, Plin. 16, 133: im Bild, qui tamquam bonus animi faber vitia nostra circumdolat, Ambros. in Luc. 3, 2 *extr.*

circum-dūco, dūxī, ductum, ere, **I herumführen, -ziehen, A im Kreis-, rings herumführen, -ziehen, a** übh.: exercitum, Plaut.: aratrum (bei Gründung einer Stadt, wo der Umkreis, den sie einnehmen sollte, mit einer tiefen Furche vermittelst eines Pfluges bezeichnet wurde), Cic.: flumen ut circino circumductum, Caes.: c. linum ter vel quater, darumwinden, Ulp. dig.: oculos circumducto nigrore fucare, mit ringsherum aufgetragener schwarzer Schminke, Cypr. de hab. virg. 14. – **b** prägn., **α mit einem Kreis umziehen,** oppida, quae prius erant circumducta aratro, Varr. LL. 5, 143. – u. schriftlich als Zeichen der Ungültigkeit, dah. = **einziehen, kassieren,** edictum, cognitionem, ICt. – **β eine** (runde) **Öffnung bilden,** utro modo vero id circumductum est, Cels. 8, 3. p. 331, 21 D. – **B** im Bogen herumführen, **1** eig.: **a** leb. Wesen, im Bogen, auf Umwegen **herumführen, herumziehen** (milit. *t. t.*), circumductus hostis per proditorem Ephialtem, Frontin.: cohortes quattuor longiore itinere, Caes.: ad eam partem, quam adierant equites, circumducit agmen, Liv.: agmen per invia circa quamvis longo ambitu, Liv.: alas ad latus Samnitium, Liv.: pars devio saltu circumducta, Liv. – absol., praeter castra hostium circumducit (verst. copias u. dgl.), er umging das feindl. L., Liv. 34, 14, 1. – **b** Lebl.: **α** als *t. t.* der Baukunst, ein Bauwerk im Bogen **herumführen,** brachia, Auct. b. Hisp.: portum exstruxit, circumducto dextrā sinistrāque brachio, Suet. – **β** etw. Geschriebenes **mit einem Bogen hinaufziehen,** ab extrema parte versuum abundantes litteras subicere circumducereque, darunter (unter die Zeilen) schreiben u. hinaufziehen, Suet. Aug. 87, 3. – **2** übtr.: **a** jmd. **anführen, hinters Licht führen, bei der Nase herumführen, prellen,** alqm, Plaut. u. ICt. – dah. alqm alqā re, jmd. um etw. **prellen, betrügen,** Plaut. Vgl. Spengel Plaut. truc. 4, 4, 21. – **b** als gramm. u. rhet. *t. t.*, **α** eine Silbe gleichs. im Bogen führen, **dehnen, gedehnt aussprechen,** syllabam flexam circumducere (Ggstz. acutam syllabam excitare), Quint.: syllabam apice circumducere, durch den Apex (s. apex *no.* II, C, 1) als gedehnt bezeichnen, zirkumflektieren, Quint. – **β** einen Ausdruck **erweitern, umschreiben,** cum sensus unus longiore ambitu circumducitur, Quint.: si quid modo longius circumduxerunt, übermäßig weitläufig ausgesponnen haben, Quint.: dah. circumductum, ī, *n.* = περίοδος, die **Periode,** Quint. 9, 4, 22. – **II umherführen, a** leb. Wesen = **in die Runde** von dem zu dem **führen,** alqm vicatim, Suet.: alqm per coetus epulantium, Suet.: asinum in quaestus, Phaedr. – mit dopp. *Acc.*, alqm hasce aedes et conclavia, Plaut. most. 843: alqm omnia sua praesidia c. atque ostentare, Caes. b. c. 3, 61, 1: c. captivos horrea, Frontin. 3, 15, 4. – **b** Lebl.: possessores, e quorum agris aqua circumducitur, umhergeführt wird (auf andere Äcker), Frontin. aqu. 75. – ► Archaist. *Imperat. act.* circumduce, Plaut. asin. 97; mil. 221; most. 843.

circumductio, ōnis, *f.* (circumduco), **I** aktiv = das **Herumführen, A** eig., einer Pers., Cod. Theod. 4, 8, 1: aquarum, Vitr. 8, 6, 5 *sq.* – **B** übtr., das **an der Nase Herumführen,** das **Anführen, Betrügen,** Plaut. capt. 1031. – **II** passiv = die **Umziehung, A** eig.: sphaerae, der Umkreis, Hyg. astr. 1, 2 (u. so absol. Boëth. de art. arithm. 2, 30 u. ö.): corporea, Umkleidung, Mythogr. Lat. 3, 6, 8 (wofür bei Macr. somn. Scip. 1, 11, 12 indumentum testeum). – **B** übtr., die weitläufige Einkleidung eines Gedankens, die **Periode,** Quint. 11, 3, 39: Plur., Quint. 9, 4, 118.

circumductīvus, a, um (circumduco), **den Umkreis bildend,** Boëth. art. geom. 2. p. 423, 19 Fr.

circumductor, ōris, *m.* (circumduco) = μεταγωγεύς, der **Herumführer,** Tert. adv. Valent. 10.

circumductum, ī, *n.*, s. circum-dūco *no.* I a. E.

circumductus, ūs, *m.* (circumduco), **I** der **Umfang,** Quint. 1, 10, 43. – **II** die **kreisförmige Bewegung,** der **Umlauf,** Macr. somn. Scip. 2, 1. § 5.

circum-eo u. **circu-eo,** īvī u. gew. iī, circumitum u. circuitum, īre (nach den besten Grammatikern circumeo geschrieben u. circueo gesprochen, in den besten Handschrn. bald circumeo, bald circueo, s. Spengel Ter. Andr. 202. Oudend. Frontin. strat. 2, 3, 3. p. 199*sq.* Jordan Cic. Caecin. 94. p. 280. Schneider Caes. b.G. 5, 2. § 2), **herum-, umhergehen, umgehen, I** rings um etw. **herumgehen,** etw. rings **umgehen,** absol. od. m. Ang. **um was? was?** durch *Acc.*, **A** im Allg.: **1** im Kreis: **a** v. Pers.: flagrantes aras, Ov.: hostium castra, rings umreiten, Caes.: tantum agri quantum arando uno die circumire posset, rings umpflügen (vgl. circumaro), Sen. – **b** v. Lebl., **herumgehen, -laufen, sich herumziehen,** ut circuit sol, Plin. ep.: utrum mundus terrā stante circumeat, an mundo stante terra vertatur, Sen.: hieme fascia saepius circumire debet, die Tour machen, Cels. – **2** im Bogen: **a** übh., absol., **schwenken,** Curt. 3, 2 (5), 14. – m. *Acc.*, metam ferventi rotā, umfahren, Ov. art. am. 3, 396. – **b** insbes., im Bogen um etw. sich **herumziehen** = um etw. **einen Umweg nehmen,** etw. **umgehen,** absol., si rectum limitem rupti torrentibus pontes incīderint, circumire cogemur, Quint. 2, 13, 16. – m. *Acc.*, locum insidiarum, Curt.: saltum, Curt.: brevi spatio eluvies circumiri poterat, Curt. – übtr.: **α** einen Begriff **umschreiben,** res plurimae carent appellationibus, ut eas necesse sit transferre aut circumire, Quint. 12, 10, 34. – **β** etw. in der Rede **umgehen,** Vespasiani nomen suspensi et vitabundi circumibant, Tac. hist. 3, 37. – **γ** jmd. **hintergehen** = täuschen, facinus indignum, sic circumiri! Ter.: puerum tunc arte dolosā circuit, Mart.

B prägn., im Kreis od. im Bogen herumgehend einen Ggstd. **umgeben, a** übh., **umgeben = einschließen, einfassen** u. dgl., **α** v. dem, was das Umgebende bildet, selbst, absol., quae circumibit linea, eiusdem spatii erit, cuius ea, quae centum continet, Quint. 1, 10, 44. – m. *Acc.*, hoc (regium capitis insigne) caerulea fascia albo distincta circumibat, Curt.: cuius non hederae circuiere caput, Prop.: hippodromus platanis circumitur, Plin. ep. – **β** v. der Pers.: extremas oleis pacalibus oras (v. der webenden Pallas), Ov. met. 6, 101. – **b** insbes., als milit. *t. t.*, **umringen,** rings **einschließen, umzingeln, umflügeln,** oppidi moenia (v. einer Flotte), Curt.: sinistrum cornu, Caes.: ad ordines suos se recipientes circuibant, Caes. – aciem a latere aperto, Caes.: hostem a fronte et a tergo, Curt. – im Passiv, timentes, ne circuirentur, Frontin.: circuiri ab hostibus, Nep., ab hoste, Frontin.: circumiri multitudine, Nep.: u. im Bild, circumiri totius belli fluctibus, Cic.

II ringsum **bei** (od. **an** od. **vor** od. **in**) den u. den Örtl. od. Pers. **umhergehen, reihum gehen, die Runde machen,** m. Ang. **bei (an** usw.) **wem?** durch *Acc.*: **a** übh., absol., quare circumirent, sollten sie (bei ihren Truppen) umhergehen, Nep. Eum. 9, 2: ipse equo circumiens (in den Reihen umherreitend) unum quemque nominans appellat, Sall. Cat. 59, 5. – mit *Acc.*, omnes fores aedificii, Nep.: tentoria, Auson.: Graeciam, in Gr. umherreisen, Liv.: urbem, Liv.: plebem, Liv.: u. mit näherer Ang. **wie?** z. B. rex agmen circuibat pedes (zu Fuß), Curt. 7, 3 (13), 17. – m. Ang. **zu welchem Zweck?** cui orbem terrarum circumire (auf der ganzen Welt herumzureisen) non erit longum meā causā, Plin. ep. 7, 16, 4. – **b** als Besucher, Besichtiger, **besuchen, bereisen, besichtigen,** m. *Acc.*, saucios, der Reihe nach besuchen, Tac.: praedia, bereisen, Cic.: oram maris, bereisen, besichtigen, Cic.: provinciam, Liv.: Marcio et Atilio Epirus, Aetolia et Thessalia circumeundae assignantur, Liv.: c. vigilias (milit. *t. t.*), die Runde machen, Sall. u. Liv. (s. Fabri Liv. 21, 1, 8). – m. Ang. **zu welchem Zweck?** durch *ad* m. Akk. Gerund., quod haud ignarus erat circumitam ab Romanis eam (Hispaniam) legatis ad sollicitandos principum animos, Liv. 21, 22, 1. – **c** als Bittsteller, Ermunterer, absol., circumire ibi (auf dem Forum) et prensare homines coepit, et non orare solum precariam opem sed pro debita petere, Liv. – m. *Acc.*, senatum circumirent, senatui supplicarent, Plin. pan.: c. senatum cum veste sordida, Liv.: c. ordines et hortari, Caes. – mit Ang. des Zweckes durch *ut* m. Konj., c. veteranos, ut acta Caesaris sancirent, Cic. ad Att. 14, 21, 2. – ► Parag. *Infin. Praes. Pass.* circumirier, Plaut. Curc. 451: Fut. Pass. circuietur, Vulg. Amos 3, 11. – In der Vulgärspr. Fut. Akt. circumiet, Itala Isai. 28, 27.

circum-equito, āre, **um** etw. **herumreiten,** moenia, Liv. 10, 34, 7: urbem, Liv. 29, 7, 5.

circum-erro, āre, **herumirren, a** m. *Dat. loci*, um etwas, neque turba (liberorum) lateri circumerrat, umgaukelt, Sen. contr. 2, 1 (9), 7. – **b** m. *Acc. temp.*, tempora, quae Saturnus sublimior XXX spatiis annorum circumerrat, Apul. de mundo 29. – **c** absol., Sil. 13, 604: Partiz. subst. circumerrantes, Oros. 1, 10, 14.

circumfartus, a, um (circum u. farcio), **ringsum angefüllt,** Plin. 17, 98.

circumferentia, ae, *f.* (circumfero), der **Umkreis,** Apul. flor. 18. p. 28, 7 Kr. Gromat. vet. 102, 4*sqq.* u. ö.: Plur., Gromat. vet. 107, 18. Mart. Cap. 8. § 817.

circum-fero, tulī, lātum, ferre, **rings herumtragen, I** im Kreis: **a** übh., medial, sol ut circumferatur, sich umdreht, ihre Kreisbahn zurücklegt, Cic. de or. 3, 178: u. so linea circumferens, Kreislinie, Umkreis, Gromat. vet. 5, 10 u. a. – u. übtr., oratio deducta atque circumlata, entwickelte u. periodisch abgerundete (Ggstz. oratio simplex atque illaborata), Quint. 4, 1, 60 – **b** prägn. (als *t. t.* der Religionsspr.), jmd. od. etw. mit etw. zur Sühnung **umtragen,** mit etw. **sühnen** (vgl. Bücheler Popul. Iguv. lustr. p. 11), purā undā, Verg. Aen. 6, 229: ohne Ang. **womit?** facta omnia, Lucil. sat. 2, 16: alqm ter pro larvato, Plaut. fr. b. Serv. Verg. Aen. 6, 229: u. so alqam pro cerrita, Plaut. Amph. 776. – **II** in einem Umkreis bei dem und jenem **umher-** od. **herumtragen, herumbewegen, a** übh.: **α** eig.: caput alcis praefixum hastae, Suet.: arma, sich im Kampf bald hier-, bald dorthin wenden (vgl. *no.* β, αα), Curt. 6, 1, 4: clamor circumlatus, d. rings ertönende, Liv. – filium suis manibus, Quint.: laevā clipeum ad ictus, herumfahren lassen, den Streichen bald hier, bald dort entgegenhalten, Curt. – alqm per celeberrimos vicos, Suet.: circa ea omnia templa infestos ignes, Liv.: per pectus et clunes certis ductibus eruditam manum, in geschickten Wendungen herumführen (v. Transchierer), Sen. – ad nutum licentium (der Meistbietenden) circumferri, als Parteigänger sich bald dahin, bald dorthin wenden, **umherziehen,** Curt. – **β** übtr.: **αα** handelnd **ringsumher** od. **bald dahin, bald dorthin tragen, -spielen, -verbreiten,** incendia et caedes et terrorem, Tac.: terrorem nominis sui late, Flor. – bes. bellum, arma, Liv.: bellum passim, bellum vicatim, Liv.: arma late per orbem terrarum, Flor.: bellum od. arma ad singulas urbes, Liv.: arma orbe toto, Flor. Vgl. Mützell Curt. 6, 1, 4. – **ββ** im Mund **herumtragen, unter die Leute bringen, verbreiten,** Philippi factum atque dictum, Col.: meritum alcis verā praedicatione, Plin. ep.: cum interim illud quidem ingens fama, haec nulla circumfert, Plin. ep. – m. folg. *Acc.* u. *Infin.*, quae se circumferat esse Corinnam, Ov. am. 2, 17, 29. – **b** ein Glied des Körpers, bes. die Augen, **herumbewegen, herumdrehen, -wenden, herumfahren-, herumschleßen-, herum-** oder **hinschweifen lassen,** tacitos tamquam sua brachia vultus, Ov.: oculos, sich umsehen, umhersehen, Plin. ep.: superbos oculos, Ov.: huc atque huc acies, Verg.: quocumque circumtuli oculos, wohin ich rings meine Augen wendete, Liv.: oculos ad templa deûm, Liv.: dextrā laevāque ad circumstantia agmina oculos manusque, rings hinrichten, Curt.: minaciter truces oculos ad proceres Etruscorum, Liv.: oculos per omnes subiectorum aedificiorum partes, Val. Max.: oculos per totam civitatem, sich im g. St. umsehen, Plin. pan. – **c** wie περιφέρειν, zu anderer An- und Einsicht, Gebrauch, Genuss **herumtragen, herumgeben, herumreichen, herumgehen lassen,** im Passiv = **herumgehen,** zur An- u. Einsicht, cedo codicem, circumfer, ostende, Cic.: circumferuntur tabulae inspiciendi nominis causā, Cic.: circumfertur sub nomine Caesaris tabula (Verzeichnis) ingens rerum venalium, Plin. pan.: SCtum per omnes Peloponnesi urbes, Liv. – zum Gebrauch, lyra circumfertur in conviviis, Quint. – zum Genuss, mulsum, Plaut.: merum largius, Curt.: poculum circumfertur, Liv.: reliquias (cenae) circumferri iubere, Suet.: c. humani corporis sanguinem in pateris, Sall.: hisce (poculis) etiamnunc in publico convivio potio circumfertur, Varr. LL. – übtr., Caesar circumferens terrarum orbi praesentiā suā pacis suae bona, nach allen Seiten der Welt austeilend (spendend), Vell. 2, 92, 2. – prägn., circumferri, **im Publikum**

umhergehen = allgemein (gewöhnlich) im Gebrauch sein, v. Schriften, Quint. 2, 13, 15; 2, 15, 4. – **d** zum eigenen Gebrauch **an** od. **bei** od. **mit sich herumtragen, bei sich führen,** signa Corinthia secum, Plin.: depictum orbem terrarum in membrana contionesque regum ac ducum ex Tito Livio, Suet.: semper et ubique pellem vituli marini, Suet.: pavimenta in expeditionibus, Suet.: capite uniones, gemmas digitis, Plin.: spolia devictarum gentium profundo ventre (v. dem, der den Ertrag der Beute vergeudet hat), Curt. – Parag. *Infin.* circumferrier, Prud. c. Symm. 1, 423.

circumfigo, fixum, ere, **ringsum einschlagen, -anschlagen,** columellam cuneis, Cato r. r. 20, 1: Christo duos scelestos, zu beiden Seiten ans Kreuz schlagen, Tert. adv. Marc. 4, 42: arbores, rings befestigen, Schol. Bern. ad Verg. buc. 5, 40.

circum-fingo, ere, **ringsumher bilden,** Tert. de anim. 23.

circum-firmo, āre, **ringsum befestigen,** Col. 4, 17, 7.

circum-flagro, āre, **ringsum glühen, -brennen,** Avien. Arat. 274.

circum-flecto, flexī, flexum, ere, **umbeugen, umbiegen, I** eig.: arbores, Schol. Bern. ad Verg. buc. 5, 40. – **II** übtr.: **a** im Allg., longos cursus, in längerem Umkreis die Bahn (das Vorgebirge) umlenken, Verg. Aen. 3, 430 u. 5, 131: error circumflexus (v. Labyrinth), in sich zurückkehrend, Prud. apoth. 204: u. so circumflexa saecula, Claud. VI. cons. Hon. 391: quae (maiestas) te circumflexa (umschlingend) tueatur, Nazar. pan. 16, 1. – **b** insbes., als *t. t.* der spät. Gramm., eine Silbe **zirkumflektieren, als lang betonen** (bei Quintil. circumducere), penultimam, Gell.: syllaba circumflexa, Gell.: accentus circumflexus, der Zirkumflex, Gramm.

circumflexē, *Adv.* (circumflexus v. circumflecto), **zirkumflektiert,** promere tertiam syllabam, Gell. 4, 7, 4: syllabam enuntiare, pronuntiare, Porphyr. ad Hor. carm. 4, 9, 1 u. sat. 1, 1, 1.

circumflexibilis, e (circumflecto), **mit dem Zirkumflex versehen,** Macr. exc. gramm. V, 634, 12.

circumflexio, ōnis, *f.* (circumflecto), die **Umbiegung,** Macr. somn. Scip. 1, 12, 1.

circumflexus, ūs, *m.* (circumflecto), die **Umbiegung, Wölbung,** mundi, Plin. 2, 1: zodiaci orbis, Chalcid. Tim. 108.

circum-flo, āre, **rings umwehen,** vom Wind, absol., circumflantibus austris, Stat. Theb. 11, 42: mit *Acc.*, im Bild, sic est hic ordo quasi propositus atque editus in altum, ut ab omnibus ventis invidiae circumflari posse videatur, Cic. Verr. 3, 98.

circumfluentia, ae, *f.* (circumfluo), der **Überfluss,** die **reiche Fülle,** divitiarum, Eccl.: corporalium bonorum, Eccl.

circum-fluo, fluxī, fluxum, ere, **I** etw. **rings umfließen, umströmen, 1** eig., v. Flüssigkeiten: utrumque latus circumfluit aequoris unda, Ov.: cum oceanus omnes terras circumfluat, Gell.: Spartam Eurotas circumfluit, Sen. rhet.: Cariam circumfluunt Maeander et Orsinus, Plin.: cum aliae aquae *subterfluant* terras, aliae *circumfluant,* Sen. nat. qu. 3, 30, 4. – im Passiv, eam (terram) voluit umore circumflui, Lact. 2, 9, 2. – **2** übtr., v. nichtflüssigen Gegenständen, **a** v. Konkr., in wallender Masse od. Menge **rings umgeben, umringen, sich** um etw. **herumdrängen,** mulos circumfluxisse (lupum), Varr.: robora amplexos circumfluxisse dracones, Lucan.: hinc Romana manus circumfluat, Petr. poët.: circumfluentibus quietae felicitatis insignibus, indem umwallten (von golddurchwirkten, weiten Gewändern), Iustin. – **b** v. Abstr., **in Fülle umgeben,** secundis rebus, quae circumfluunt vos, insanire coepistis, Curt. 10, 2 (10), 22: cum me rerum copia circumfluat, Augustin. c. Secund. Manich. 16. – **II** rings zum Rand hin **abströmen** u. so **überfließen, überströmen, A** v. der Flüssigkeit: **1** eig.: meliceridi liquidior umor, ideoque pressus circumfluit, Cels.: in poculis repletis addito umore minimo circumfluere quod supersit, Plin.: u. das Bild v. Fluss, incitata et volubilis, nec ea redundans tamen nec circumfluens oratio, seine Rede war stürmisch u. wogend, aber nicht vor Fülle auf- und abwallend, noch gar rings überströmend, Cic. – **2** übtr., **im Überfluss-, in reicher Fülle-, vollauf da** od. **vorhanden sein,** circumfluentibus undique eloquentiae copiis imperat, Quint. 12, 10, 78. – **B** v. Gefäß, **1** eig., im Bild, insatiabilis avaritiae est adhuc implere velle, quod iam circumfluit, Curt. 8, 8 (27), 12. – **2** übtr., v. Pers., **Überfluss haben, überreich sein** an etw., **in etw. schwelgen,** m. *Abl.*, c. omnibus copiis, Cic.: circumfluens gloriā, Cic.: absol., circumfluere atque abundare (verst. rebus omnibus, was vorhergeht), Cic.

circumfluus, a, um (circumfluo), **I** *act.*, **umfließend, umströmend,** umor, amnis, Ov.: mare, Plin. – **II** *pass.* (s. Hildebr. Apul. met. 3, 25), **a umflossen, umströmt,** circumflua Thybridis alveo insula, Ov.: campi Euphrate et Tigre circumflui, Tac.: Verona Athesi circumflua, Sil. – übtr., von etw. **umwallt,** chlamys circumflua limbo Maeonio, Stat.: femina circumflua gemmis, Claud.: bildl., mens circumflua luxu, Claud. cons. Probr. et Olyb. 40. – **b rings überströmend,** nitidis fallens circumflua copia rebus, Prud. ham. 333.

circum-fodio, fōdī, fossum, ere, **rings umgraben,** truncum, Col.: platanos, Sen.: arborem, Plin. u. Eccl.: mit *Dat.*, arbori, um den B. ringsherum graben, Eccl. – ► *Infin. Praes. Pass.* circumfodiri, Col. 5, 9, 12.

circumforāneus u. **circumforānus,** a, um (circum u. forum), **I am Markt befindlich,** aes, (auf dem Forum von den Wechslern) geborgtes Geld = Schulden, Cic. ad Att. 2, 1, 11. – **II auf Märkten umherziehend,** pharmacopola, Cic.: propola, Lampr.: lanista, Suet. – übtr., hostiae, auf alle Plätze herumgeführt, um die Gottheiten zu versöhnen, Apul.: domus, ein tragbares, ambulatorisches, Apul.

circumforātus, a, um (circum u. foro), **rings umbohrt,** Plin. 17, 252.

circumfossio, ōnis, *f.* (circumfodio), das **Umgraben,** Augustin. serm. 72, 3.

circumfossor, ōris, *m.* (circumfodio), **einer, der ringsherum umgräbt,** Plin. 17, 227.

circumfossūra, ae, *f.* (circumfodio), das **Umgraben ringsherum,** Plin. 17, 247.

circumfrāctus, a, um (circum u. frango), **ringsum abgebrochen,** turbo, Amm. 22, 8, 15: colles, steile, Amm. 29, 4, 5.

circum-fremo, fremuī, ere, mit der Stimme **umbrummen, ummurmeln,** v. wilden Tieren, Prud.: v. Menschen, Amm. u. Eccl.: v. Vögeln, **umgirren,** cum stridore magno inanes nidos (unter gewaltigem Rauschen der Flügel), Sen. ad Marc. 7, 2.

circum-frico, āre, **ringsum reiben, -scheuern,** Cato r. r. 26.

circum-fulcio, īre, **ringsum stützen, -halten,** Tert. de pall. 5.

circum-fulgeo, fulsī, fulsum, ēre, **rings umglänzen, -umstrahlen,** hominum capita, Plin. 2, 101: alqm (v. einem Licht), Vulg. Luc. 2, 9. Vulg. act. apost. 9, 3 u. ö. Isid. quaest. in genes. 30, 24: circumfulsus lumine, Augustin. in psalm. 75, 14. – absol., stellae, quibus caelum undique circumfulget, von allen Seiten her glänzt, Augustin. c. Cresc. 3. § 75 (wo aber wohl zu trennen undique circum [= circum undique] fulget).

circum-fundo, fūdī, fūsum, ere, **I** etw. **rings herumgießen, 1** eig.: amurcam ad oleam, Cato r. r. 93. – gew. Passiv circumfundi od. (selten) refl. se circumfundere, **sich** um etw. **herumgießen** = etw. **umgeben,** u. Partiz. circumfusus, herumgegossen = **umgebend,** mit *Dat.* (um), amnis circumfunditur parvae insulae, Liv.: Tigris urbi circumfunditur, Plin.: m. *ab* u. Abl., unda terrae a lateribus circumfunditur, Sen.: circumfusum mare urbi, Liv.: absol., circumfundit se repente nubes, Verg.: circumfusā nube, Eccl. (s. Bünem. Lact. 4, 21, 1): divino quondam circumfuso igni, Liv.: vis circumfusi aëris, Mela: habere mel circumfusum, Vitr. – **2** übtr.: **a** v. Pers.: **α** v. mehreren, refl. circumfundere se und (selten) bl. circumfundere, gew. medial circumfundi, **sich ringsherum** in Menge **verbreiten,** etw. **rings umgeben,** um etw. **rings heranströmen, sich herandrängen** (bes. auch als milit. *t. t.*), bei Ang. **um wen?** m. *Dat.*, equites Hannoni Afrisque se circumfudere, Liv.: a tergo se circumf., Liv.: u. absol., circumfundit (verst. se) eques, Tac. ann. 3, 46. – medial, bei Ang. **um wen** od. **was?** m. *Dat.* od. (selten) m. *Acc.*, circumfundebantur obviis sciscitantes, Liv.: circumfusa multitudo lateri meo, Liv.: turmas Iulianas circumfundi, Auct. b. Afr. 78, 4: cum circumfusos militum eius totum agmen patronos consalutasset, Liv. 22, 30, 2. – circumfusi vehiculis ab utroque latere, Curt.: circumfunduntur ex reliquis partibus hostes, Caes.: toto muro (auf der g. M.) undique circumfundi, Caes.: u. ganz absol., circumfunditur corona, Tac.: circumfunditur equitatus Caesaris, Caes.: circumfusus satelles, Ov. – **β** von **einer** Pers., medial circumfundi, **sich schmiegen,** m. Ang. **um** od. **an wen?** durch *Dat.* od. *Acc.*, nunc hāc iuveni nunc illāc, Ov.: hunc (Mavortem) tu, Diva, circumfusa super, Lucr. – **b** v. Lebl.: undique circumfusis molestiis od. voluptatibus, Cic. u. Liv.

II etw. **umgießen,** gießend **umgeben, 1** eig.: **a** im *Act.*: **α** v. der Flüssigkeit selbst, **um** etw. **sich ergießen,** quam (terram) crassissimus circumfundit aër, Cic. de nat. deor. 2, 17. – **β** v. d. Pers., mortuum cerā, Nep. Ages. 8, 7. – **b** im *Pass.* v. dem, was umgossen (umflossen, umströmt), umgeben wird, circumfusa Oceano insula, Vell.: omnis terra, quae colitur a vobis ... parva quaedam insula est, circumfusa illo mari, quem Oceanum appellatis, Cic.: circumfusum esse caligine (v. den ersten Erdenbewohnern), Cic.: u. im Bild, eos stultitiā obruit, tenebris circumfundit (v. bösen Geist), Lact. 3, 29, 14: circumfusum esse crassis tenebris, luce (v. Lebl.), Cic. – **2** übtr., **umströmen, umdrängen, umwallen, umwogen, umringen, einschließen, umgeben, a** im *Act.*: **α** v. denen, die jmd. selbst umringen, praefectum castrorum et legionarias cohortes circumfundunt, Tac. ann. 12, 38. – **β** von dem, der mit etw. umringt, X milia Boiorum alio latere quam exspectabatur missis legionibus circumfudit, Frontin. 1, 2, 7. – im Bild, circumfundit alqm multo splendore luxuria, Sen. de tranqu. an. 1, 6 (9). – Gew. **b** im *Pass.*, **α** v. dem, was umringt, omnium civitatium legationes in contionis modum circumfusae, die gleich einer Volksversammlung um ihn herumstanden, Liv. 34, 48, 3. – **β** v. dem, was umringt usw. wird, **αα** übh., v. Pers., neque enim *stipatus* satellitum manu, sed *circumfusus undique* nunc senatus nunc equestris ordinis flore, Plin. pan.: turbā circumfusus, Liv.: illis publicorum praesidiorum copiis circumfusus, Cic.: multis circumfusus Stoicorum libris, Cic.: circumfundi amplexibus alcis, von jmds. Armen umschlossen werden, Vell. – v. Lebl., flammā circumfusus, Sen.: ut circumfusi bonis deteriores (pedes versuum) lateant, Quint.: sermo infinitis rebus personisque circumfusus, Val. Max. – **ββ** feindl., v. Pers., densis circumfundi armis, Verg.: circumfusus hostium concursu, Nep.: simul a fronte, lateribus, tergo circumfusus, Frontin.: undique circumfusi, Curt.

circumfūsio, ōnis, *f.* (circumfundo), **I** die **Umfließung, Umgebung,** maris, Augustin. in psalm. 70. serm. 1, 15: Oceani, Oros. 1, 2: undarum suarum (*sc.* Oceani), Firm. math. 1. praef. 5. – **II** übtr., die **Umdrängung, Umringung, Einschließung** von Seiten einer Menschenmasse, gentium, Augustin. in psalm. 59, 12: hostium, Ambros. de Isaac et vit. beat. 1, 1. § 3.

circum-gelo, āre, **ringsum gefrieren machen,** corpus, Tert. de anim. 23: circumgelātus, a, um, **ringsum gefroren,** cortex, Plin. 13, 120.

circum-gemo, ere, **rings umbrummen,** ovile, v. Bären, Hor. epod. 16, 51.

circumgestātor, ōris, *m.* (circumgesto), der **Herumträger,** CIL 2, 3442.

circum-gesto, āre, **überall herumtragen,** epistulam, Cic. ad Q. fr. 1, 2, 2. § 6: deam, Apul. met. 8, 26.

circumglobātus, a, um (circum u. globo), **um** etw. **zusammengerollt,** animalia circumglobata escae saepe extrahuntur, v. kleinen Insekten, Plin. 9, 154.

circumgredior, gressus sum, gredī (circum u. gradior), **I rings** um etw. **herumgehen,** lacunam, Amm. 16, 12, 59. – **II** insbes., feindlich um etw. **sich herumziehen,** es **umgeben, umringen,** exercitum, Sall. fr.: terga, Tac.: Syriam, Aur. Vict.

circumgressus, ūs, *m.* (circumgredior), **I** das **Herumgehen,** Amm. 22, 2, 3. – **II** meton., der **Umfang,** Amm. 22, 8, 30.

circumgȳro, āre (circum u. gyro), **rings** um etw. **herumgehen,** ungulae solum scalpello, Veget. mul. 1, 26, 2.

circumhabitātōrēs (circum u. habito) = περίοικοι, die **Umwohner, Nachbarn,** Gloss. II, 403, 37.

circumhumātus, a, um (circum und humo), **ringsumher begraben,** Amm. 22, 12, 8.

circum-iaceo, ēre, **rings herumliegen, I** eig.: passim, Cael. b. Quint. 4, 2, 123. – m. *Dat.*, plena artis ornamenta capiti et collo circumiacent, Apul. de deo Socr. 23: omnia quae circumiacent oculis tuis, Augustin. serm. 72, 5. – **II** übtr.: **a** v. Ländern usw., Pisidia omnis et Chersonesus quaeque circumiacent Europae, Liv. 37, 54, 11: circumiacentes populi, die umherwohnenden V., Tac. ann. 2, 72. – **b** (als rhetor. *t. t.*), circumiacentia, ium, *n.*, die **umstehenden Worte,** Quint. 9, 4, 29.

circumicio, iēcī, iectum, ere (circum u. iacio), **I herumstellen, herumwerfen,** vallum, ringsum aufwerfen, Liv.: fossam verticibus, Liv. – Dah. circumiectus, a, um, **umliegend, ringsum befindlich** (v. Örtlichkeiten, Städten, Staaten usw.), absol., lucus, Liv.: campi, Curt.: silvae, Suet.: oppida, nationes, Tac.: m. *Dat.*, aedificia c. muris, Liv.: silvae c. itineri, Liv.: moenia c. regiae, Tac.: m. *Acc.*, quod domi anguis vectem circumiectus fuisset, weil zu Hause eine um den Türriegel geschlungene Schlange gewesen wäre, Cic. de div. 2, 62. – subst., circumiecta, ōrum, *n.*, die **Umgegend,** Tac. ann. 1, 21. – übtr., v. der Rede, **dabeistehend,** circumiectae orationis copia, Quint. 4, 2, 117. – **II** alqd alqā re, mit etw. **umschließen, umgeben,** sic animus extremitatem caeli rotundo ambitu circumiecit, Cic. Tim. 26: planities saltibus (mit W.) circumiecta, Tac. ann. 2, 11.

circumiectio, ōnis, *f.* (circumicio), **I** das **Herumwerfen,** Cael. Aur. acut. 1, 2, 31. – **II** die **Bekleidung,** Arnob. 2, 43.

1. **circumiectus,** a, um, s. circumicio *no.* I.

2. **circumiectus,** ūs, *m.* (circumicio), das **Herumwerfen, -legen, -stellen** (um etw.), **I** das Herumlegen der Arme um jmd., das **Umfassen, Umfangen, Umschlingen,** qui (aether) tenero terram circumiectu amplectitur, der mit zärtlichem Umfahn die Erde fest umschlossen hält, Cic. poët. de nat. deor. 2, 65 (als Übersetzung von Euripides: καὶ γῆν πέριξ ἔχονθ' ὑγραῖς ἐν ἀγκάλαις). – **II** meton.: **A** im Allg., die **Umgebung,** v. Örtl., ut ita munita arx circumiectu arduo et quasi circumciso saxo niteretur, Cic. de rep. 2, 11: vox devoratur rudi parietum circumiectu, durch die umgebenden rauen Wände, Plin. 11, 270. – **B** insbes., der **bekleidende Umwurf,** die **Bekleidung,** Varr. LL. 5, 132. Tert. de pall. 5.

circumincīsio, ōnis, *f.* (circum u. incīdo), der **Kreisschnitt,** Cael. Aur. chron. 2, 1, 11.

circum-inicio, ere, **ringsum aufwerfen,** vallum, Liv. 25, 36, 5.

circum-īnsidior, ārī, **rings umlauern,** Augustin. in psalm. 139, 11.

circum-itio, -itor, -itus, s. circuitio etc.

circum-lābor, lābī, **sich herumwälzen,** Lucan. 6, 484.

circum-lambo, ere, **ringsum belecken,** Plin. 11, 171.

circum-laqueo, āre, **umschlingen,** Gratt. cyn. 29.

circumlaticius, a, um (circumlatus v. circumfero), **herumtragbar,** carcer, Sidon. epist. 2, 2 *extr.*

circumlātio, ōnis, *f.* (circumfero), **I** das **Herumtragen,** arcae, Tert. adv. Marc. 4, 12: victimae, Serv. Verg. Aen. 6, 229. – **II** = περιφορά (s. Hier. in eccles. p. 336), das Sich-Herumbewegen, der **Umlauf, Umschwung,** der **Kreislauf,** Vitr. 9, 1, 8. Chalcid. Tim. 262: cotidiana temporis, Vitr. 9, 1, 15.

circumlātor, ōris, *m.* (circumfero), der **Herumträger,** Tert. adv. Marc. 1, 19 u. 21. Porphyr. Hor. de art. poët. 319.

circumlātrātor, ōris, *m.* (circumlatro), der **Umbeller,** übtr. = der **Umtoser,** v. Ozean, Avien. or. mar. 391 (wo circumlătrātor gemessen ist).

circum-lātrātus, ūs, *m.* (circumlatro), das **Umbellen, Umtoben,** Plur. bei Iuvenc. 4, 536.

circum-lātro, āre, jmd. **umbellen, I** eig.: **a** v. Hunden, leonem (im Bild), Amm. 22, 16, 16. – v. Spürhunden (Angebern), hominem, Sen. ad Marc. 22, 5. – **b** v. der Flut, **umtosen,** Avien. descr. orb. 48. – **II** übtr.: alqm frustra occultis iniuriis, Amm. 22, 12, 14: eum circumlatrantes philosophi, Lact. 2, 8, 50: circumlatrantes et circuminsidiantes maligni homines, Augustin. in psalm. 139, 11: circumlatrantes haeretici, Augustin. ep. 65, 1: illi saeviebant, illi circumlatrabant, Ps. Augustin. app. serm. 382, 2: falsorum philosophorum erroribus illo tempore circumlatrantibus, Augustin. ep. 118, 33: quae (domus nostra) multis circumlatratur iniuriis, Symm. ep. 8, 17: multorum rabie circumlatratus, Augustin. in psalm. 54, 5.

circum-lavo, āre u. ere, **rings umwaschen,** dah. v. Gewässern, **ringsum bespülen,** Aegyptus, quam Nilus circumlavat, Hyg. fab. 276: dubium, an insula sit, quod euri atque Africi superiactis fluctibus circumlavitur, Sall. hist. fr. 2, 83 (81).

circum-lego, ere, zu Schiff **herumfahren, -segeln um** usw., inde circumlegentes devenimus Regium, Vulg. act. apost. 28, 13.

circum-levo, āre, **ringsum aufheben,** tegmina, Cael. Aur. acut. 2, 37, 194.

circum-ligo, āvī, ātum, āre, **I** alqd alci rei, etw. **um** etw. **umbinden,** natam mediae hastae, Verg. Aen. 11, 555: spongias hydropicis, Plin. 31, 128: clavum his, Vulg. iudic. 16, 13: corona tua circumligata sit tibi, Vulg. Ezech. 24, 17. – **II** alqd alqā re, etw. mit etw. **umbinden, umschlingen, umgeben,** stirpem salice, Cato: ferrum stuppā, Liv.: fasciis ventrem strictissime, Gell.: circumligatum esse angui (v. einer Pers.), Cic. de div. 2, 66. – übtr., globum undis, umspülen, Sil. 14, 347: alqm umbrā, umschatten, Stat. Theb. 8, 677.

circum-lino, litum, ere, u. **circumlinio,** liniī, īre, **I** alqd alci rei, etw. **um** etw. **schmieren, kleben,** etwas einer Sache **umschmieren, umkleben,** sulfura taedis, Ov.: alqd vulneribus, Plin. – **II** alqd alqā re, etw. mit etw. **umschmieren, umkleben, 1** übh.: c. oculum pice liquidā, Col.: oculos stibio, Vulg.: papillas suas aliquā amaritudine, Augustin.: circumlitum fictile argillā, Plin.: circumlitus (Midas) auro, überzogen, Ov.: u. so circumlita saxa musco, Hor. – **2** insbes., durch Umstreichen mit Farbe **hervorheben, heben, markieren,** oculum modo dextrum modo sinistrum (ein Kunstgriff der Redner nachaug. Zeit), Plin. ep.: pictura, in qua nihil circumlitum est, Quint.: im Bild, extrinsecus adductis ea rebus circumlinunt, heben sie gleichs. durch starkes Auftragen (v. den Rednern), Quint. 12, 9, 8: simplicem vocis naturam pleniore quodam sono circumliniri, quod Graeci καταπεπλασμένον dicunt (v. Musiker), Quint. 1, 11, 6: nisi (mendacium) ornatu aliunde quaesito circumlitum fuerit ac politum, Lact. 3, 1, 3. – ► Formen v. *circumlinio* Perf. circumlinisti, Vulg. Ezech. 23, 40: Infin. circumliniri, Quint. 1, 11, 6: Partiz. circumliniendus, Col. 6, 17, 9 (doch *cod. Sang.* circumlinendus).

circumlitio, ōnis, *f.* (circumlino), **I** das **Bestreichen ringsum,** oris circumlitiones, Plin. 24, 40. – **II** der **Farbenton,** den man dem Marmor durch Einreiben mit einer aus Wachs u. Öl bereiteten feinen Messe zu geben wusste, Sen. ep. 86, 6. Plin. 35, 133.

circumlocūtio, ōnis, *f.* (circumloquor) = περίφρασις (s. Isid. 1, 36, 15), die **Umschreibung,** Quint. 8, 6, 61. Gell. 3, 1, 5. Apul. apol. 33. Prisc. 18, 74. Auct. carm. de fig. 18 (wo Tmesis circum illa locutio): Plur., Arnob. 6, 27.

circum-loquor, locūtus sum, loquī, **umschreiben,** Auson. ep. (XVI) 2, 8. p. 175 Schenkl u. epigr. 114, 15. p. 226 Schenkl. Augustin. de gen. ad litt. 12, 7, 16: circumloquendo aliquid significare, Augustin. de nupt. et concup. 2. § 17.

circumlūcēns, entis (circum u. luceo), **rings umherleuchtend, -schimmernd,** übtr., fortuna, Sen. ad Marc. 2, 5.

circum-luo, ere, **umspülen,** litora subit ac circumluit pelagus, Mela prooem. 2: Rhenus circumluit tergum ac latera insulae, Tac. hist. 4, 12: quo (mari) in paeninsulae modum pars maior (arcis) circumluitur, Liv. 25, 11. § 1: aquis terram circumlui, Augustin. de gen. ad litt. 8, 9, 17.

circum-lūstro, āvī, ātum, āre, **I ringsum beleuchten,** Lucr. 5, 1435. – **II** übtr., **bereisen, durchwandern,** populos provinciae, Cod. Theod. 4, 8, 5.

circumluvio, ōnis, *f.* (circumluo), als jurist. *t. t.* = **die Umspülung, Zirkumluvion,** d. i. die durch allmähliches Eindringen eines Flusses bewirkte Abtrennung eines Stückes Land in Form einer Insel, alluviones (Landanspülungen), circumluviones (Inselbildungen), Cic. de or. 1, 173.

circumluvium, ī, *n.* (circumluo), **I** die **Umspülung** (s. circumluvio das Nähere), Isid. 14, 8, 42. – **II** das Recht auf die Umspülung, Paul. ex Fest. 64, 14.

circum-meo, āvī, āre, **ringsum begehen,** quantum circummeavit, Tert. de pall. 1.

circum-mētior, īrī, **ringsum messen,** *pass.*, si duae columnae aeque crassae lineis circummetientur, Vitr. 4, 4, 3.

circum-mingo, ere, **um** etw. **herumharnen,** alqm, vestimenta, Petr. 57, 3 u. 62, 6.

circum-mitto, mīsī, missum, ere, **I** im Bogen, auf einem Umweg **sich herumziehen lassen, einen Umweg nehmen lassen,** Perseum filium cum modica manu, Liv. 40, 23, 2: tribuno cum duorum signorum militibus circummisso, Liv. 36, 14, 13: ubi tempus visum est, quo pervenisse iam circummissi videri poterant, Liv. 29, 33, 3: m. Ang. **wo?** *post* montes circummisit, er ließ ein Korps sich hinter dem B. wegziehen, Liv. 4, 18, 4: iugo circummissus Veiens, der den Bergabhang umgehende V., Liv. 2, 50, 10. – **II überall umherschicken,** praecones, Caes. b. G. 5, 51, 3: senatores, Caes. b. c. 1, 12, 3: tribunos militum et praefectos, *ibid.* 1, 21, 4: legationes, *ibid.* 3, 55, 3: scaphas, Liv. 29, 25, 7. – m. Ang. **wohin?** legationes in omnes partes, Caes. b. G. 7, 63, 1.

circum-moenio, moenitus, īre, **rings ummauern,** übtr. = ringsum einschließen, in vinclis custodiisque circummoeniti sumus, Plaut. capt. 254.

circum-moveo, ēre = περικινῶ (Dosith. (VII) 434, 6 K.), **herumbewegen,** ante oculos c. digitos, mit den F. herumfahren, Cael. Aur. acut. 2, 10, 70.

circum-mūgio, īre, **umbrüllen,** alqm, v. Kühen, Hor. carm. 2, 16, 33 *sq.* (in der Tmesis).

circummulcēns, entis (circum und mulceo), **ringsum sanft beleckend,** linguae, Plin. 28, 30.

circum-mūnio, īvī, ītum, īre, **I ummauern** = mit einer Mauer usw. **einschließen, a** mit einer Mauer usw. **umhegen, einfriedigen,** pomarium maceriā aut fossā, Col. de arb. 18 *in.*: modum pomarii maceriis vel saepe vel fossā praecipite, Col. 5, 10, 1: plantas caveis, Col. 5, 9, 11. – **b** wie mit od. hinter einer Mauer **einschließen, α** übh., paene ut ferae circummuniti, eingesperrt, Caes. b. c. 1, 84, 4. – **β** als milit. *t. t.*, durch eine Zirkumvallationslinie **einschließen,** oppidum, Auct. b. Afr. 79, 1: quos circummunitos superius demonstravimus, Auct. b. Hisp. 34, 6. – gew. m. *Abl.* (mit, durch), eos vallo fossāque, Caes. b. c. 1, 81, 5: Uticam vallo, *ibid.* 2, 36, 1: Pompeianas copias opere, *ibid.* 3, 66, 2: montem opere, *ibid.* 3, 97, 2: ohne Akk., opere circummunire instituit, eine Zirkumvallationslinie anzulegen, Auct. b. Hisp. 38, 6. – **II ringsum befestigen,** vites defixis arundinibus circummunitae, Col. 5, 4, 1.

circummūnītio, ōnis, *f.* (circummunio), die **Einschließung der Stadt, Zirkumvallation,** Caes. b. c. 1, 19, 4.

circummūrāle, is, *n.* (circum u. murus), die **Ummauerung,** die Ringmauer, Hieron. in Isai. 8, 26, 1.

circummūrānus, a, um (circum u. murus), **außerhalb der Mauern, auswärtig,** bella, Amm. 14, 6, 4: pericula, Amm. 21, 13, 2.

circum-nāvigo, āvī, āre, in einem Gewässer **umherfahren, ein G. überall befahren,** sinus Oceani, Vell. 2, 106, 3.

circum-necto, nexus, ere, **umschlingen = umgeben,** elephanti flammis coniectis undique circumnexi, Amm. 19, 7. § 7.

circum-noto, ātus, āre, **rings umzeichnen,** Apul. met. 11, 24.

circum-obruo, ere, **ringsum** (mit Erde) **beschütten,** c. folia, Plin. 19, 83.

circumōrnātus, a, um (circum u. orno), **rings geschmückt,** Vulg. psalm. 143, 12.

circumpadānus, a, um, **rings um den Po** (Padus) **befindlich,** campi, Liv. 21, 35, 9: lanae, Plin. 8, 190: musta, Plin. 14, 125.

circumpavītus, a, um (circum u. pavio), **ringsum dicht geschlagen,** area, Plin. 12, 58.

circumpedīles = περισκελίδες, **Schuhe,** Vulg. (Amiat.) Sirach 45, 10.

circum-pendeo, ēre, **rings herumhangen,** Curt. 8, 9 (32), 24 u. 9, 10

(42), 26 (Ov. fast. 2, 529 getrennt geschrieben). – Übtr., circumpendentibus malis, rings umschweben, Augustin. in psalm. 87, 15.

circumpēs, pedis, **um die Füße befindlich,** Plur. circumpedes, Schuhe, Vulg. Sirach 45, 10. Vgl. circumpediles.

circumpetītus, a, um (circum u. peto), **rings umschlungen,** Arnob. 4, 35 *ed. Oehler.*

circum-plaudo, ere, **ringsum mit Händeklatschen empfangen,** alqm, Ov. trist. 4, 2, 49.

circumplector, plexus sum, plectī (circum u. plecto), **umfassen,** übtr. = **umschlingen, umgeben,** domini patrimonium circumplexus quasi thesaurum draco, Cic.: eas (coniunctiones) undique, zusammenfassen, -halten, Cic. – collem opere, umschanzen, Caes.: flamma omnem comitatum circumplexa, Suet. – ► Archaist. aktive Nbf. **circumplecto,** meum collum circumplecte, Plaut. asin. 696: foramina ubi feceris, laminis circumplectito, Cato r. r. 21, 2: cum (turris) ex omni latere circumplexa foret, umringt würde, Gell. 15, 1, 6.

circumplexus, Abl. ū, *m.* (circumplector), die **Umschlingung, Umfassung,** Plin. 8, 32: circumplexu caeli, Plin. 6, 212.

circum-plico, āvī, ātus, āre, **I umwickeln, umschlingen,** tum esset ostentum, si anguem vectis circumplicavisset, Cic.: belua circumplicata serpentibus, Cic. – **II** etw. um etw. **herumwickeln,** lorum surculo compari (Dat.), Gell. 17, 9, 14. – circumplicantur sicut arietis cornua, legen sich um, Lact. de opif. dei 12, 5.

circum-plumbo, āre, **ringsum verlöten,** modiolos, Cato r. r. 20, 2.

circum-pōno, posuī, positum, ere, **I** um etw. **herumsetzen, -stellen, -legen, a** Lebl.: ferulas, Cels.: stramenta, Plin.: diadema, Fronto: m. *Dat.,* collo torquem auream, Vulg.: his (pyramidibus) columnas magnas, Vulg.: id genus speculorum sibi, quod etc., Sen.: sibi velamen, Augustin.: nemus stagno, um den See anlegen, Tac.: m. *circum,* tres fasciculos veratri circumponito circum radicem, Varro: Partiz. subst., circumposita, ōrum, *n.,* die **Umgegend,** Liv. epit. 22. – **b** Pers.: armatos, Suet. Caes. 30, 3: m. *Dat.,* alqos curuli suae, zu beiden Seiten des kur. Sessels Platz nehmen lassen, Tac. hist. 2, 59. – **II hier und da** auf die Tafel usw. setzen, piper catillis (in Schälchen), Hor. sat. 2, 4, 75.

circumpositio, ōnis, *f.* (circumpono), das **Herumstellen, -legen,** Itala numer. 16, 38. Augustin. ep. 262, 9 u. quaest. in num. qu. 30 *in.* Ambros. ep. 38, 1.

circumpōtātio, ōnis, *f.* (circum u. poto), das **Herumtrinken,** das **Trinken in die Runde,** das **Zechen** beim Leichenmahl, Cic. de legg. 2, 60.

circum-pūrgo, āre, **ringsum reinigen,** clavum pedis, Cels. 5, 28, 14: dentem, Cels. 7, 12, 1: außerdem Itala deuter. 30, 6. Ambros. de spir. scto. 1, 10. § 113 *in.*

circum-puto, (āvī), ātum, āre, **ringsum abschätzen, -messen,** Auct. Itin. Alex. M. 50 (114).

circum-quāque, *Adv.* (*sc.* parte od. regione), **überall, ringsumher,** Aur. Vict. de or. gent. Rom. 17, 6. Augustin. conf. 10, 35; ep. 120, 10 u. a. Eccl.

circum-rādo, rāsī, rāsum, ere, **ringsum abschaben, -abkratzen,** dentem, Cels.: sarmenta, Col.: tonsillas digito, Cels.

circumrāsio, ōnis, *f.* (circumrado), das **Abschaben** od. **Abkratzen ringsumher,** Plin. 17, 246.

circum-rētio, īvī, ītum, īre (circum u. rete), **rings umgarnen, -umstricken,** Martem et Venerem Vulcani esse circumretitos arte, Arnob. 5, 41: Hercules pestiferi tegminis irretitus indagine, Arnob. 4, 35 R.: tenuis membrana illa perlucens, quā circumretitur alvus ac tegitur, Lact. de opif. dei 14, 2. – übtr., alqm, Lucr. 5, 1150: alqm fraude, Sidon. ep. 5, 13: te circumretitum frequentiā populi Romani esse video, Cic. Verr. 5, 150.

circum-rōdo, rōsi, ere, **ringsum benagen,** escam, Plin. 32, 12. – übtr., dudum enim circumrodo, quod devorandum est, ich kaue schon lange an dem herum, was herauszusagen ich mich endlich überwinden muss, Cic. ad Att. 4, 5 *in.:* qui dente Theonino cum circumroditur, vom Zahn des Theon benagt (= von Theon geschmäht) wird, Hor. ep. 1, 18, 82.

circumrōrāns, antis (circum u. roro), **ringsum** beträufelnd, Apul. met. 11, 23.

circum-roto, āre, **im Kreis herumdrehen,** caeli orbem, Caes. Germ. fr. 3, 9: machinas, Apul. met. 9, 11.

circum-rumpo, ere = περιρρήσσω, **ich reiße ringsum ab,** Dosith. (VII) 434, 29 K.

circum-saepio, saepsī, saeptum, īre, **umhegen, I** eig. = mit einem Gehege (Zaun) umgeben, semitam meam circumsaepsit et transire non possum, Vulg. Iob 19, 8: alicui circumsaeptae sunt ianuae, Vulg. Baruch 6, 17: silvae circumsaeptae, Paul. dig. 41, 2, 3. § 14. – **II** übtr.: **a** Lebl., **rings einfassen, rings umgeben,** loca circumsaepta parietibus, Col. 1, 6, 4: civitas quaedam pontibus murisque circumsaepta, Vulg. 2. Mach. 12, 13: stagnum circumsaeptum aedificiis, Suet. Ner. 31, 1: solium circumsaeptum lapide Thasio, mit einem Geländer von thas. Marmor umgeben, Suet. Ner. 50. – **b** leb. Wesen, **umringen, umzingeln,** schützend, corpus armatis, Liv. 1, 49, 2: alqm armis suis, Vulg. 2. Mach. 10, 30: circumsaeptus lectis valentissimorum hominum viribus, *Cic. Phil. 12, 24 K. – gew. feindlich, custodiis circumsaepti et in vincula coniecti, Lact. 1, 14, 10: (im Bild) iisdem ignibus circumsaepti, Cic. de har. resp. 45: m. Ang. **wo?** *in* quadam turre circumsaeptus, Frontin. 3, 6, 5.

circum-saevio, īre, **umrasen, umtosen,** circumsaevientibus hostibus, Greg. M. epist. 10, 35.

circumsaltāns, antis (circum u. salto), **im Kreis herumtanzend,** Prud. c. Symm. 1, 135.

circumscalptus, a, um (circum u. scalpo), **rings abgeschabt,** Plin. 20, 32.

circumscarīphātus, a, um (circum u. scaripho), **rings aufgeritzt, umstochert,** dens, Plin.: clavi pedum, Plin.

circum-scindo, ere, jmdm. **rings die Kleider vom Leibe reißen,** quo ferocius clamitabat, eo infestius *circumscindere* et *spoliare* lictor, Liv. 2, 55, 5.

circum-scrībo, scrīpsī, scrīptum, ere, **einen Kreis** (um einen Ggstd.) **beschreiben,** od. einen Ggstd. **mit einem Kreis umschreiben, -einschließen, I** eig.: orbem, Cic.: lineas extremas umbrae, Quint: stantem virgulā, Cic.: lacus est in similitudinem iacentis rotae circumscriptus, hat im Umkreis die Gestalt eines l. R., Plin. ep. 8, 20, 4. – **II** übtr.: **A** gleichs. den Umriss eines Körpers ziehen, d. i. **die Grenzen** eines Ggstds. **bestimmen,** etwas **abgrenzen,** exiguum alci vitae curriculum, Cic.: ante circumscribitur mente sententia, erst denkt od. fasst die Seele den Gedanken bestimmt, Cic.: locum habitandi alci, Cic.: Oceanus undique circumscribit omnes terras et ambit, Gell.: nullis ut terminis circumscribat aut definiat ius suum *quo minus* ei liceat etc., Cic. de or. 1, 70. – **B** (die Grenze, Schranken, als Ggstz. zum Weiten, Laxen gedacht) etwas **in enge Grenzen ziehen, zusammenziehen, beschränken, einschränken** (wie auch περιγράφειν), **a** im Allg.: c. corpus et animo locum laxare, den Umfang des K. beschränken (= ihn nicht zu stark werden lassen) u. dem Geist den Raum erweitern, Sen.: constitui vincere dolorem tuum, non circumscribere (nicht bloß zu beschränken, zu paralysieren), Sen.: c. luxuriam vilitate, Plin.: gulam et ventrem, Sen.: Dionysium sex epitomis, zusammenfassen, Col. – u. als *t. t.* der spät. Medizin, circumscribi = *minui,* aufhören, Cael. Aur. – **b** eine Person in ihrem Benehmen, sowohl übh., alqm, Sen. nat. qu. 5, 1, 3: alqm alqā re, Cic. Phil. 6, 3, 5. – als insbes. einen Magistrat in der Ausübung seiner Amtsgewalt **beschränken** u. (wenn er in seinen Maßregeln zu weit geht) ihn **in die gehörigen Schranken zurückweisen,** ihn **einschränken,** tribunum plebis, Cic.: praetorem, Cic.: Antonium, Cic. – **C** gleichs. mit Worten umziehend **umschreiben,** circuitio est oratio rem simplicem circumscribens elocutione, Rhet. Her. 4, 43. – **D** jmd. gleichs. mit Worten, Fragen usw. einschließen, ihn **umgarnen, bestricken, täuschen, 1** im Allg.: fallacibus et captiosis interrogationibus circumscripti atque decepti, umgarnt u. berückt, Cic.: c. ipsum, Plin. – **2** insbes.: **a** als *t. t.* der Geschäftsspr., jmd. **um sein Geld-, um sein Vermögen bringen,** ihn **übervorteilen** (s. Heusinger Cic. de off. 3, *c.*

15 *in.*), adulescentulos, Cic. (vgl. ne minor [frater] circumscribatur, timet, Sen. rhet.): ab alqo HS IƆƆƆ circumscribi, Cic.: vectigalia, unterschlagen, Ps. Quint. decl. – **b** als *t. t.* der Gerichtsspr., durch Erklärung nach dem Buchstaben den wahren Sinn eines Gesetzes, Testaments usw. **umgehen,** legem, ICt.: testamentum, Plin. ep. – dah. **c** eine Tat durch andere Auslegung **bemänteln,** facetis iocis sacrilegium, Iustin. 39, 2, 5. – **E** eine Streitfrage vor Gericht od. in der Disputation **umgehen,** etw. **aufheben, beseitigen** (wie περιγράφειν), sententias, Cic.: uno genere (durch diesen einen Umstand) genus hoc oratorum, Cic.: hoc omne tempus Sullanum *ex* accusatione, Cic.

circumscrīptē, *Adv.* (circumscriptus), **I scharf umgrenzt,** complecti res singulas, scharf bezeichnet auffassen, Cic. de nat. deor. 2, 147. – dah. in der Rhetor. = **periodisch,** circumscripte numeroseque (u. rhythmisch) dicere, Cic. or. 221. – **II** summarisch, c. et breviter depingere alqd, Lact. 5, 9, 20: c. breviterque ostendere alqd, Lact. 5, 14, 8: breviter, circumscripte monstrare, quantum etc., Amm. 23, 4, 1.

circumscrīptio, ōnis, *f.* (circumscribo), die **Beschreibung eines Kreises** um einen Ggstd., die **Umkreisung, I** eig. (nach circumscribo *no.* I), u. zwar konkret = der beschriebene **Kreis,** Cic. Phil. 8, 23. – **II** übtr.: **A** (nach circumscribo *no.* II, A) = die **Begrenzung,** der **Umriss, Umfang, 1** im Allg.: terrae, Cic.: extima membrorum, Arnob.: temporis, Cic. – **2** als rhet. *t. t.,* die **Periode,** Cic. or. 204 (s. ambitus *no.* I, 2, b); vgl. Cic. Brut. 34 ipsa enim natura verborum quādam circumscriptione comprehendit concluditque sententiam. – **B** (nach circumscribo *no.* II, D) die **Hintergehung,** die **Täuschung,** Plur. bei Sen. ep. 82, 22. – bes. die **Übervorteilung, Betrügerei, Gaunerei,** mulierum aperta c., Cic. Flacc. 74, adulescentium, Cic. de off. 3, 61: alqm circumscriptionis accusare, Sen. contr. exc. 6, 3 *lemm.:* Plur., circumscriptiones furta fraudes, Sen. de ira 2, 9, 4: circumscriptiones adulescentium, Cic. Clu. 46.

circumscrīptor, ōris, *m.* (circumscribo), **I** der **Übervorteiler, Betrüger, Gauner,** Cic. Cat. 2, 7. Sen. exc. contr. 6, 3. p. 285, 4 K. Iuven. 15, 135. Ambros. ep. 32, 2. – **II** der **Beseitiger, Aufheber,** c. sententiae suae, Tert. adv. Marc. 1, 27.

circumscrīptus, a, um, *PAdj.* m. *Compar.* (v. circumscribo), **I scharf begrenzt, bündig,** brevis et circumscripta quaedam explicatio, Cic. de or. 1, 189: c. verborum ambitus, Cic. or. 38. – **II beschränkt,** in contionibus idem qui in orationibus est; pressior tamen et circumscriptior et adductior, Plin. ep. 1, 16, 4.

circum-seco, sectum, āre, **I ringsum beschneiden,** radices vitium, Cato: ungulas, Col.: alqd serrā, ein rundes Loch in etwas sägen, Cic. – **II** insbes., c. alqm, jmd. **beschneiden** (wie die Juden), Suet. Dom. 12, 2.

circum-secus, *Adv.*, **ringsumher, in der Umgegend umher,** c. astantes, Apul. met. 2, 14: venari, *ibid.* 5, 17: navis picturis c. variegata, *ibid.* 11, 16.

circum-sedeo, sēdī, ēre, **rings** um jmd. od. etw. **herumsitzen, I** im Allg.: alqm, Sen.: nares circumsedentium, Sidon. – **II** insbes., feindl. **umlagern, umzingeln, blockieren,** Mutinam, Cic.: Luceriam omnibus copiis, Liv.: alqm (jmds. Wohnung), Cic.: alqm vallo, Cic.: hinc mari hinc terrā arcem, Liv.

circum-sēparo, āre, **rings abtrennen,** gingivas a dentibus ferramento, Cael. Aur. chron. 2, 4, 74.

circumsēpio, s. circum-saepio.

circum-sero, ere, um etw. **herumsäen, herumpflanzen,** genistas alveariis, Plin. 21, 72.

circumsessio, ōnis, *f.* (circumsedeo), die **Umlagerung, Umzingelung,** Cic. II. Verr.. 1, 83.

circum-sīdo, sēdi, sessum, ere, (feindlich) einen Ort od. jmd. **umlagern, umzingeln, in Belagerungszustand setzen,** oppidum, Sall.: cum circumsessuri Capuam viderentur, Liv.: Plistiam, socios Romanorum, Liv.: regem urbemque, Tac. – übtr., a lacrimis omnium circumsessus, bestürmt, Cic. Cat. 4, 3: u. so muliebribus blanditiis circumsessus, Liv. 24, 4, 4.

circum-sīgno, āvī, āre, **ringsum bezeichnen,** spatium Ebusitanā humo, Mela 2, 7, 22 (2. § 126): gemmam duobus digitis quadratis, Col. 5, 11, 9 u. de arb. 26, 8. Pallad. 7, 5, 3.

circum-silio, īre (circum u. salio), **I im Kreis hüpfen,** v. Sperling, Catull. 3, 9. – **II** insbes., **umhüpfen,** poet. = im Chor **umgeben, umringen,** übtr. v. Krankheiten, Iuven. 5, 3.

circum-sisto, stetī od. (seltener) stitī, ere, um jmd. od. etwas **sich stellen, herumtreten,** jmd. od. etwas **umstellen, umringen, I** im Allg.: alqm, Caes.: signa sua, Tac. – im Passiv, fortitudo circumsistitur hinc audaciā inde timiditate, Apul. – absol., circumsistamus, alter hinc, hinc alter appellemus, Plaut.: cum paucis militibus circumsistens, Caes. – v. Lebl., circumsistentia tecta, die umstehenden Häuser, Iul. Val. 3, 42 (24). – **II** insbes., feindlich **umstellen, umringen, rings bedrängen,** plures paucos circumsistebant, Caes.: armati circumsistunt ipsumque domumque, Verg.: naves, Caes.: lectum, Tac.: navem eius tribus quinqueremibus, Liv. – im Passiv, circumsisti ab omnibus civitatibus, Caes. – absol., haec cum maxime loqueretur, sex lictores circumsistunt, Cic.: circumstiterant viatores, Tac. hist. 3, 31. – übtr., anceps proelium Romanos circumsteterat, Liv. 25, 34, 10: at me tum primum saevus circumstetit horror, Verg. Aen. 2, 559: circumsteterat Civilem et alius metus, Tac. hist. 4, 79.

circum-situs, a, um, **ringsum gelegen, -liegend,** populi, gentes, Amm.: terrae, Amm.

circum-solvo, ere = περιλύω, **ich mache ringsum los,** Dosith. (VII) 434, 15 K.

circum-sono, sonuī, sonātum, āre, **a** v. Tönen u. tönenden Pers. = einen Ggstd. **umtönen, umschallen, umrauschen, umlärmen,** circumsonans undique clamor, Liv.: clamor hostes circumsonat, Liv.: me luxuria undique circumsonuit, Sen. de tranqu. an. 1, 9: Rutulus murum circumsonat armis, Verg.: im Passiv, in modum planctus circumsonatus, Flor. 4, 2, 45: Threïcio fere circumsonor ore, Ov.: finitimis quamvis circumsoner armis, Ov. – **b** v. Örtl., **rings ertönen, umtönt werden, rings widerhallen,** loci circumsonantes, qui apud Graecos nominantur περιηχοῦντες, Vitr. 5, 8, 1: locus, qui circumsonat ululatibus cantuque symphoniae, Liv.: Mygdonio buxus circumsonat horrida cantu, Claud.: circumsonat aequor dentibus, Manil.: talibus aures tuas vocibus undique circumsonare, Cic. de off. 3, 5.

circumsonus, a, um (circumsono), **I** aktiv = **umlärmend,** turba canum, Ov. met. 4, 723. – **II** passiv = **umtönt,** Thisbe avibus, Stat. Theb. 7, 261.

circumspargo, s. circum-spergo.

circumspectābilis, e (circumspecto), **beachtenswert,** illustres et circumspectabiles omnibus, Cassian, coll. 7, 32.

circumspectātrīx, trīcis, *f.* (circumspecto), **die überall umherspäht, die Umherspäherin,** Plaut aul. 41: iuvenum (nach den J.), Apul. apol. 76.

circumspectē, *Adv.* m. *Compar.* (circumspectus), **umsichtig,** Gell. u. a.: *Compar.* bei Sen. u. Quint.

circumspectio, ōnis, *f.* (circumspicio), **I** das **Umherblicken,** der **Umblick,** Macr. somn. Scip. 1, 15. § 17. – **II** übtr., die **Umsicht,** das **umsichtige Erwägen,** circumspectio aliqua et accurata consideratio, Cic. Acad. 2, 35: diligens c., Fragm. Vatic. 35, 7: prudentiae insunt ratio, intellectus, circumspectio, Macr. somn. Scip. 1, 8, 7: m. subj. *Genet.*, c. dei, Vulg. Sirach 14, 22.

circum-specto, āvī, ātum, āre (*Frequ.* v. circumspicio), wieder u. wieder **rings umherblicken, I** *v. intr.* u. (altlat.) *v. refl.* sich wieder u. wieder **rings umsehen, rings umherschauen, rundum gehen, -schaffen,** circumspectant (bestiae) in pastu, Cic.: primum circumspectans tergiversari, Liv.: (elephas) vestigio hominis animadverso subsistere (traditur), ab olfactu circumspectare, iras proflare, Plin.: u. (im Bild) itaque dubitans, circumspectans, haesitans, multa adversa reverens tamquam in rate in mari immenso nostra vehitur ratio, Cic. Tusc. 1, 73. – u. (altlat.) refl., dum circumspecto me (mich rings umsehe), Plaut. Bacch. 279: u. so circumspectat sese atque aedes noscitat, Plaut. trin. 863. – m. folg. indir. Fragesatz, circumspectans huc et illuc, si quem reperiat, cui etc., Rhet. Her.: circumspectare atque agitare dux coepit, si quo modo posset vallum circumicere, Liv.: quānam ipse evaderet, circumspectabat, Liv. – **II** *v. tr.*: **A** **auf** die Gegenstände um sich herum **umherblicken, rings (rundum) sehen auf** usw., **rings sich umschauen nach** usw., **rings ansehen, rings (rundum) betrachten** (bes. auch erwartungsvoll od. ängstlich, argwöhnisch, s. Nipperd. Tac. ann. 4, 69. Kritz u. Roth Tac. Agr. 32, 4), aquam, rings auf W. sehen, rundum W. sehen, Liv.: ora principum aliorum alios intuentium, Liv.: patriciorum vultus, Liv.: voltus ac sermones omnium, Tac.: tectum et parietes, argwöhnische Blicke werfen nach usw., Tac.: omnia, nach allem (überall) sich ängstlich umschauen, Cic. u. Sall.: caelum ipsum ac mare, Tac.: inter se attoniti, Tac. – m. folg. Final- od. Fragesatz, alius alium, ut proelium incipiant, circumspectant, Liv.: simul alia circumspecto, satisne explorata sint, Ter. – **B** nach etw. suchend, verlangend **umherblicken,** rings **ausschauen, umherspähen, sich umsehen, 1** eig.: nescio quid circumspectat, Ter.: te circumspectabam, Plaut.: quousque me circumspectabitis? Liv.: circumspectare omnibus fori partibus senatorem raroque usquam noscitare, Liv.: vacuam Romanis vatibus aedem, Hor. – **2** übtr., nach etw. **sich umsehen** = etw. ausfindig zu machen od. aufzutreiben suchen, auf etw. warten, lauern, bellum armaque, Tac.: fugam et fallendi artes, Tac.: defectionis tempus, Liv.: omnes argumentorum locos in agendo, Quint. – m. *Dat.* (**wem? für wen?**) medicamenta quasso imperio, Sil. 15, 8.

circumspector, ōris, *m.* (circumspicio), **einer, das Umschau hält, der Wächter,** Vulg. Sirach 37, 18: deus, der alles sieht, *ibid.* 7, 12.

1. **circumspectus,** a, um, *PAdi.* m. *Compar.* u. *Superl.* (v. circumspicio), **I überlegt, besonnen, a** passiv, v. Lebl.: verba non c., Ov.: interrogatio c., Quint.: iudicium c., Quint.: circumspectiore curā, Oros.: circumspectissima sanctio decreti, Val. Max. – **b** aktiv, **umsichtig,** v. Pers. (Ggstz. inconsultus, temerarius), canes assidui et c., Col.: est circumspecti hominis etc., Cels.: sive aliquis circumspectior est, Sen. – **II beachtenswert, ansehnlich, ausgezeichnet,** honor, Val. Max.: circumspectus genere, Amm.

2. **circumspectus,** ūs, *m.* (circumspicio), **I** das **Umherblicken, Umherspähen,** cervix flexilis ad circumspectum, Plin. 11, 177: natura circumspectum omnium nobis dedit, das U. nach allen Seiten, Sen. de otio sap. 32, 3. – übtr., das **allseitige, umsichtige Erwägen** einer Sache, die **Aufmerksamkeit** auf etw., detinere alqm ab circumspectu rerum aliarum, Liv. 44, 35, 16: malique (mens) in circumspectu stat sine fine sui, Ov. trist. 4, 6, 44. – **II** der **Umblick,** eo se progressos, unde in omnes partes circumspectus esset, Liv. 10, 32, 10. – m. folg. indir. Fragesatz, facilis est circumspectus, unde exeam, quo progrediar, quid ad dextram, quid ad sinistram sit, Cic. Phil. 12, 26.

circum-spergo (circum-spargo), ere, **I rings umhersprengen, -streuen,** arboribus stercoris modios quaternos, Col. 11, 2, 87: impensam talem circumsparges, Apic. 8, 406. – **II** etwas **ringsum besprengen,** sollemniter aquā circumspergi, Plin. 8, 2.

circumspicientia, ae, *f.* (circumspicio), die **Umsicht** = **Überlegung,** Gell. 14, 2, 13.

circum-spicio, spexī, spectum, ere (circum u. specio), **rings umherblicken, I** *v. intr.* u. (altlat.) *v. refl.* **sich rings umsehen, rings umherblicken** od. **-schauen, rundum sehen, -schauen, 1** eig.: circumspicio: nemo (est), Ter.: circumspicio; nusquam (es), Ter.: circumspicit ille atque, ubi sit, quaerit, Ov.: qui in auspicium adhibetur nec *suspicit* nec *circumspicit,* Cic.: pavidum primo nusquam *circumspicientem* aut *respicientem* secutum, Liv.: diversi circumspicimus od. circumspiciunt, Pacuv. fr. u. Verg.: circumspicit (sieht sich [ängstlich] ringsum), aestuat, Cic.: usque eo te diligis et magnifice circumspicis (blickst stolz um dich her), ut etc., Cic.: circumspicere fratrem, Sen. rhet.: late circumspiciendi libertas, eine weite freie Aussicht, Quint. – m. folg. Frage- od. Finalsatz, *Than.* circumspicedum, num quis est, sermonem nostrum qui aucupet. *Theur.* Tutum probest. *Than.* Circumspice etiam (noch einmal). *Theur.* Nemost, Plaut.: atque suus coniunx, ubi sit, circumspicit, Ov.: circumspicedum, ne quis nostro hic auceps sermoni siet, Plaut.: u. (altlat.) reflex., *Call.* Circumspicedum te ne quis adsit arbiter. *Meg.* Non est. *Call.* Sed quaeso identidem circumspice, Plaut. trin. 146 *sq.* – **2** übtr., **sich** (mit dem geistigen Auge) überall **umsehen, Umschau halten,** m. folg. indir. **Fragesatz,** circumspicite celeriter animo, qui sint rerum exitus consecuti, Cic. de legg. 2, 42: vide, quaere, circumspice, si quis est forte ex ea provincia, qui te nolit perisse, Cic. Verr. 3, 180: cum circumspicerent patres, quosnam consules facerent, longe ante alios eminebat C. Claudius Nero, Liv. 27, 34, 1. – **II** *v. tr.*: **A rings umhersehen auf** usw., **rings ansehen, rings betrachten, rings in Augenschein nehmen, rings übersehen, rings überblicken, 1** eig.: urbis situm, Liv.: montibus fluminibusque clausam regionem, Liv.: lucos, Ov.: oculis Phrygia agmina, Verg.: ne *ex* medio quidem cornua sua, Liv.: *de* septem totum orbem montibus, Ov.: sua, Liv.: habitum suum, Plin. ep.: amictus, Ov.: u. so se, sich rings betrachten, Varr. sat. Men. 490. – v. lebl. Subjj., in latus omne patens turris circumspicit undas, Ov. her. 6, 69. – **2** übtr., etw. im Geiste **allseitig betrachten** = **genau (wohl) beachten, -erwägen, -überlegen, genau (wohl) zusehen,** circumspicite paulisper mentibus vestris hosce ipsos homines, Cic.: circumspicite procellas, Cic.: haec et talia circumspicienda sunt in omni officio, Cic.: c. omnia membra rei publicae, Cic.: omnes imperii vires, Liv.: omnia, Cic.: dicta factaque, Liv.: omnia pericula, Cic.: infrequentiam militum, Tac. – u. c. se = einen Blick auf sich werfen, erwägen, wer man sei, Cic. parad. 4, 30; od. = auf sich achten, für sich sorgen, Auct. b. Afr. 47, 2: u. so Romanus sermo magis se circumspicit (achtet mehr auf sich selbst, ist umsichtiger) et aestimat praebetque aestimandum, Sen. ep. 40, 11. – m. folg. indir. Fragesatz, Cic. Mur. 13. Sall. hist. fr. 2, 41 (50) § 10 (= orat. Cottae § 10). Sen. ep. 70, 5. Calp. ecl. 5, 95. – m. folg. *ut* od. *ne* u. Konj. = **darauf achten,** dass od. dass nicht, c. diligenter, ut etc., Cic. ad Q. fr. 1, 1, 3. § 10: c. timidā mente, ut etc., Ov. trist. 1, 1, 87: c. curiose, ne etc., Cels. 5, 26. *no.* 1: circumspice, ne etc., Calp. ecl. 5, 73. – **B** nach einem Ggstd. **umherblicken, umherschauen, rings sich umsehen, 1** eig.: visum ab se Ambiorigem in fuga, Caes.: fragorem, Stat.: Athin, Verg.: saxum ingens, Verg.: regionem, quā evaderet, Frontin. – **2** übtr., **sich nach etw. umsehen** = etw. ausfindig zu machen od. aufzutreiben suchen, alium arietem, Verg.: rhetorem Latinum, praeceptores, Plin. ep.: externa auxilia, Tac.: autumno tecta et recessum, Liv.: occasionem, Sen.: fugam, Tac. u. Iustin.: reliqua eius consilia animo, Caes.: tuta consilia, Iustin. – m. *Dat.* (**wem? für wen?**), diem bello, auf einen für den Kr. günstigen Zeitpunkt lauern, Sall. fr.: locum fugae, Curt.: sedes sibi aptas, Mela: peregrinos sibi reges, Iustin. – ► Synkop. Perf. circumspexti, Ter. adelph. 689: u. Infinit. circumspexe, Varr. sat. Men. 490.

circum-spīro, āre, **rings wehen,** Prisc. de ventis p. 38 R.

circum-spūmo, āre, **umschäumen,** v. den Wogen, Eccl.

circum-stāgno, āre, **ringsumher sich ergießen,** Tert. de pudic. 22.

circumstantia, ae, *f.* (circumsto), als Übersetzung von περίστασις, **I** das **Umherstehen,** die **Umgebung,** hostium, Gell.: aquae, aëris, Sen. u. Oros. – meton., der umgebende **Kreis,** die umgebende **Schar,** angelorum, Tert. de orat. 3. – **II** übtr., **a** der **Umstand,** die **Beschaffenheit,** Gell. u. Eccl.: im Plur. b. Tert. de anim. 47. Boëth. de top. 4 *in.* Serv. Verg. Aen. 2, 384. – u. der **Inbegriff der Umstände,** dicamus ex circumstantia, Quint. 5, 10, 104. – **b** die beengende Umgebung = **Druck, Gefahr, Unglück,** Tert. de ieiun. 9 u. ö.

circumstatio, ōnis, *f.* (circumsto), das **Umstehen, Umringen,** Gell. 7, 4, 4.

circum-stīpo, (āvī), ātum, āre, **rings umgeben, umgebend begleiten,** ducibus circumstipata curia, Claud. VI. cons. Hon. 595.

circum-sto, stetī, stāre, im Kreis **herum-, umherstehen,** u. mit dem *Acc.* **um** jmd. od. etw. **herumstehen,** stehend **umgeben, umringen, I** im Allg.: **a** eig.: circumstant cum ardentibus taedis, Enn. fr.: componi se in lecto et velut exanimem a circumstante familia plangi iussit, Sen.: c. custodiae causā captivorum venalium greges (v. Soldaten), Gell.: c. sellam, Liv.: dah. Partiz. subst., circumstantes, die auf beiden

Seiten Stehenden, die Umstehenden, Liv., Tac. u. a. – **b** übtr., circumsteterat interim Palatium publica exspectatio magni secreti impatiens, Tac. hist. 1, 17. – **II** insbes., feindlich **umgeben, umringen, umlagern, a** eig.: *circumstare* tribunal praetoris urbani, *obsidere* cum gladiis curiam, Cic.: urbem Romanam, Liv.: tecta regis, Verg.: undique muros, Ov. – **b** übtr. (s. Heräus Tac. hist. 4, 79, 12), cum tanti undique terrores circumstarent, Liv.: cum omnia nos undique fata circumstent, Cic.: quae te circumstent pericula, cernis, Verg.: scio acerba meorum circumstare odia, Verg.

circum-strepo, strepuī, strepitum, ere, **I** etw. **umrauschen, geräuschvoll umtönen,** in his, quae me sine avocatione circumstrepunt, essedas transcurrentes pono, Sen. ep. 56, 4 (vgl. *ibid.* § 14): ubi aures superbas assentatorum turba circumstrepit, *Sen. de ira 2, 21, 7 H.: certa cum lege canentem mundus et immenso vatem circumstrepit ore, Manil. 1, 23: pulli tremebundi circumstrepere orareque matrem, ut etc., umzwitschern, Gell. 2, 29, 8: hostiles multae nationes circumstrepunt, Dict. 5, 14: fenestrae canticis circumstrepitae, Apul. apol. 75: legatus clamore seditiosorum circumstrepitur, wird umtobt, Tac. hist. 2, 44. – übtr., umschwirren, quocumque te abdideris mala humana circumstrepent, Sen. ep. 82, 4: undique belli formidine circumstrepente, Iustin. 6, 5, 7: tot humanam vitam circumstrepentibus minis, Sen. de vit. beat. 11, 1: cum circumquaque cotidianam vitam nostram tam multa huius generis rerum circumstrepant, Augustin. conf. 10, 35. – **II ringsumher laut vernehmen lassen,** atrociora, Tac. ann. 3, 36: circumstrepunt *iret in castra* etc., bestürmen ihn mit Zureden, »er möchte« usw., Tac. ann. 11, 31.

circumstrīdēns, entis (circum u. strideo od. strido), **umherschwirrend,** circumstridentes larvae, Amm. 14, 11, 17.

circum-stringo, strictum, ere, **I umbinden, umhängen,** Tert. de pall. 1. – **II umbinden, umschließen,** Tert. de pall. 5 u. de cor. mil. 8. Arnob. iun. de deo trino 2, 11.

circum-struo, structum, ere, **ringsum bebauen, umbauen,** fores alveorum, Plin. 11, 16: circumstructo lacu, Suet. Dom. 4, 2.

circum-stupeo, ēre, **ringsum staunen,** Auct. Aetn. 337.

circum-sūdāns, antis (sudo), **ringsum schwitzend,** Plin. 14, 16.

circum-surgo, ere, **sich ringsum erheben,** Cels. 7, 15. – Bei Tac. ann. 1, 64 getrennt geschrieben.

circum-sūtus, a, um (suo), **rings umnäht,** linamenta molli pelliculā cincta circumsutaque, Cels. 8, 5: navigia corio circumsuta, mit Leder überzogene, Plin. 4, 104 u. 34, 156.

circum-tego, tēctum, ere, **ringsum bedecken,** corpus veste, Dict. 3, 11: musculos buccarum lanā, Cael. Aur. chron. 2, 4, 73: corpus arenā litorariā ignitā, *ibid.* 3, 7, 89: membrana, quae cor od. quae latera od. quae viscera circumtegit, Cael. Aur. acut. 2, 34, 180 u. chron. 5, 10, 95; de sign. diaet. pass. 44: im Partiz., sedens in cella circumtectus tegetibus, Naev. com. 101: arca testamenti circumtecta ex omni parte auro, Vulg. Hebr. 9, 4: Martinus nigro et pendulo pallio circumtectus, Sulp. Sev. dial. 1 (2), 3, 2: quā (ferae pelle) quasi amiculo circumtectus, *ibid.* 1, 15, 7.

circum-tendo, (tendī), tentum, ere, **ringsum bespannen, umspannen,** elephanti corio circumtentust, Plaut. mil. 235: circumtento linteolis vasculo, Cael. Aur. acut. 3, 17, 174.

circum-teneo, tenuī, ēre, **ringsum halten, ringsum innehaben,** Eccl.

circum-tergeo, ēre, **ringsum bestreichen,** Cato r. r. 76, 2.

circum-termino, āre, **rings umgrenzen,** Iren. 4, 36, 2. Augustin. c. Adimant. 28, 2.

circum-tero, ere, **umreiben,** poet. = **dicht umstehen,** Tibull. 1, 2, 97.

circumtextus, a, um, **rings umwebt,** circumtextum croceo velamen acantho, v. der cyclas (s. d.), Verg. Aen. 1, 649. – subst., circumtextum, ī, *n.*, die **Umwebung** = das mit Purpur umwebte, mit einer gewebten Purpurfalbel versehene Gewand, Varr. LL. 5, 132.

circum-tinnio, īre, **ringsumher klingen, -schallen,** Varr. r. r. 3, 16, 30.

circum-tollo, ere, **ringsum abheben,** cepulis exteriorem corticem, Cael. Aur. acut. 3, 4, 42.

circum-tondeo, s. circumtōnsus.

circum-tono, tonuī, āre, **umdonnern,** poet. = geräuschvoll umgeben, umrauschen, hunc circumtonuit gaudens Bellona cruentis, umdonnert u. betäubt die B., Hor. sat. 2, 3, 223: aulam strepitu, Sil.: montem undā, Claud.

circumtōnsus, a, um (tondeo), **ringsum** (an den Haaren) **geschoren, rundgeschoren, rundbeschnitten,** Varr. fr., Suet. u. a. – übtr., **gekünstelt,** oratio, Sen. ep. 115, 2.

circum-torqueo, ēre, **umdrehen,** alqm retrorsum, Apul. met. 6, 30.

circum-traho, ere, **herumziehen, -schleppen,** cucurbitas, Cael. Aur. chron. 2, 1: hostem, Dict. 3, 15 *extr.*

circum-tueor, ērī, **umhersehen,** Apul. flor. 2. p. 2, 18 Kr.

circum-tundo, tūsus, ere, **ringsum bestürmen,** domum lapidibus, Augustin. c. Cresc. 3, 46, 50.

circum-undique, s. circum *no.* I, A.

circumustus, a, um (circum u. uro), **ringsum gebrannt,** Paul. ex Fest. 5, 3 (als Erklärung von ambustus).

circum-ungo, ere, **überall einreiben,** corpus alcis oleo, Cael. Aur. acut. 3, 3, 13.

circum-vādo, vāsi, ere, **ringsum anfallen, umringen, umgeben, I** eig.: immobiles naves, Liv.: alqm clamoribus turbidis, Tac.: redeuntem noctu, von Hunden, Plin.: circumvaditur civitas a quibusdam, Amm. – **II** übtr., **überfallen,** terror circumvadit alqm, Liv. 9, 40, 13; 34, 21, 5 u. 38, 6.

circum-vagor, ārī, **umherschweifen,** Vitr. 5, 8, 2.

circumvagus, a, um, **rings-, im Kreis umherschweifend,** Oceanus, der erdumströmende, Hor. epod. 16, 41: moles aetheriae flammae, v. der Sonne, Auct. paneg. in Pison. 19: arca, Prud. Psych. 812.

circum-vallo, āvī, ātum, āre, **I mit einem Wall und Graben umgeben, blockieren, einschließen,** feindlich **umringen,** oppidum, Caes.: Pompeium, Cic.: hostes, Liv.: eos extra telorum missum, Vitr. – im Bild, tot res repente circumvallant, Ter. adelph. 302. – **II** übtr., übh. **umgeben, umringen,** locum duobus sulcis, Col.: paradisum igni, Lact.: circumvallata senatu Bellona, Claud.

circumvectio, ōnis, *f.* (circumveho), **I** das **Herumführen** der Waren, der **Handelsverkehr im Inneren,** portorium circumvectionis, Transitzoll bei Versendung der Waren im inneren Verkehr, Cic. ad Att. 2, 16, 4. – **II** der **Umlauf,** solis, die Kreisbahn der Sonne, Cic. Tim. 29.

circum-vectitor, ārī (circum u. vectito), **reihum umherfahren, -schiffen,** oppida, in die Städte, Plaut. rud. 933.

circum-vecto, āre (*Intens.* v. circumveho), **I herumtragen** od. **-führen,** errantes penates, von Nomaden, Sil. 3, 291. – **II** medial, **circumvector,** ārī, wieder u. wieder an od. bei einem Ort **umherfahren, -segeln,** vor einem Ort **kreuzen,** Ligurum oram, Liv. 41, 17, 7. Vgl. circumvectitor. – übtr., darstellend, beschreibend **der Reihe nach durchgehen,** singula, Verg. georg. 3, 285.

circum-vehor, vectus sum, vehī, **sich herumtragen lassen, I** im Kreis od. im Bogen, **a** im Kreis, rings **umreiten, umfahren,** rex circumvectus petram, Curt. 7, 11 (42), 14. – **b** im Bogen, auf Umwegen, **herumreiten, herumfahren, herumschiffen,** reitend, fahrend **sich herumziehen, (herum) schwenken** (mit u. ohne navi, navibus, classe, equo u. dgl.), iubet ... circumvectos (equites) ab tergo Gallicam invadere aciem, Liv.: navibus circumvecti, Caes. – m. Ang. **wozu?** *ad* diripienda hostis impedimenta (v. Reiterei), Curt. – m. Ang. **wo?** pars libero spatio circumvecti (v. Reitern), Liv.: circumvectus est eo mari (auf dem M.), quod Africae partis esse dicitur, Auct. b. Alex. – m. Ang. **von wo? u. wohin?** *ab* urbe *ad* aversa insulae (v. Schiffenden), Liv.: classe *ad* Romanum agrum, Liv.: *in* arcem, auf einem Umweg (auf einem Kahn) nach der B. hinüberfahren, Liv. – m. Ang. **wo herum?** circumvecti quidam *per* infima clivi (am Fuße des Abhangs, v. Reiterei), Liv.: collibus, über die H. hin, Caes. – m. Ang. **um was herum?** durch *Acc.*, procul castra (v. Reiterei), Liv.: equo moenia, Liv.: aciem (v. Reiterei), Curt.: classe Pharon, Auct. b. Alex.: navigiis arcem, Curt.: cum classe Corsicae oram, Liv.: arcem (v. der Flotte), Liv.: Peloponnesum (v. Schiffenden), Nep.: Brundisii promunturium (v. Schiffenden), Liv. – übtr., in dicendo latius circumvecti, sich weiter verbreitend (auslassend), Solin. 2, 3: frustra circumvehor omnia verbis, suche ich zu umschreiben, Ps. Verg. cir. 271. – **II überall, reihum umherreiten, -umherfahren, die Runde** (zu Pferd, zu Schiff) **machen,** circumvectus equo, Liv.: c. in terras orasque ultimas (v. Reisenden zu Wasser u. zu Lande), Plaut. – m. Ang. **bei wem umher?** durch *Acc.*, suos (zu Pferd), Iustin.: classem (in einem Boot), Liv. – ► Partiz. Präs. circumvehēns steht Nep. Timoth. 2, 1.

circum-vēlo, āre, **umhüllen,** aurato circumvelatur amictu, Ov. met. 14, 263.

circum-venio, vēnī, ventum, īre, um etw. herumkommen = etw. **umgeben, I** im Allg.: **a** eine Pers., **um** jmd. **herumtreten,** jmd. **umringen,** homines circumventi flammā, Caes. b. G. 6, 16, 4. – **b** Lebl., bes. eine Örtl., **um** etw. **herumgehen, herumlaufen,** etw. **umschließen, umringen,** Cocytos sinu labens circumvenit atro, Verg.: Rhenus modicas insulas circumveniens, Tac.: planities locis paulo superioribus circumventa, Sall.: quos (ramos) comprehensos manus possit circumvenire, umfassen, Col.: circumvenientia fluenta, Amm. – **II** feindl. **umringen, 1** eig.: **a** eine Person **umringen, umzingeln,** umzingelnd überfallen, **aufheben, überwältigen** (s. Fabri Liv. 21, 34, 1), nostros, Caes.: hostes a tergo, Caes.: in medio circumventi hostes, in die Mitte genommen u. umzingelt, Liv.: sic latronibus circumventum defendo, ut tuto transire permittatur, Sen. – **b** eine Örtl. **umzingeln, berennen,** singulas urbes, Sall.: cuncta moenia exercitu, Sall.: armis regiam, Sall.: moenia vallo fossāque, Sall. – **2** übtr.: **a** eine Pers. **umgarnen, hinterlistig umschleichen,** ihr **eine Falle legen,** sie **ins Gedränge (in Gefahr) bringen, bedrängen, gefährden, unterdrücken,** Passiv circumveniri = **in die Falle (ins Gedränge, in Gefahr) geraten, ein Opfer** von etw. werden (bes. vor Gericht od. übh. im öffentl. Leben), innocentes, Sall.: testes, Cic.: alqm per arbitrum, Cic.: rem publicam suimet sanguinis mercede, Sall. fr.: alqm iudicio capitis, Cic.: innocentem pecuniā, Cic.: plebem fenore, Liv.: circumveniri ab alqo per insidias od. bl. insidiis, Caes. u. Sall.: circumveniri potentis alicuius opibus, Cic.: circumventus ancipiti periculo, Iustin.: circumventus falsis criminibus, Sall., falso testimonio, Tac.: circumventi sunt variis criminibus, Tac. – **b** etw. **umgehen, umgehend verletzen,** leges, voluntatem defuncti, ICt.

circumventio, ōnis, *f.* (circumvenio), die **Umgarnung, Hintergehung, Täuschung,** ICt. u. Eccl.

circumventor, ōris, *m.* (circumvenio), der **Hintergeher, Betrüger,** Lampr. Al. Sev. 66, 2. Cassian. conl. 17, 12, 4.

circumventōrius, a, um (circumventor), **trügerisch,** Augustin. conf. 3, 3, 5.

circumversio, ōnis, *f.* (circumverto), das **Umwenden,** das **Umdrehen** im Kreis, manus, Quint. 11, 3, 105: cursus annui, der Umlauf eines Jahres, Amm. 26, 1. § 11.

circum-versor, ārī, **sich herumdrehen,** Lucr. 5, 520 u. a. Avien. Arat. 1530.

circumversūra, ae, *f.* (circumverto), die **Hintergehung, Täuschung,** mundi, Priscill. tract. 10. p. 102, 8.

circumversus, a, um (verro), **ringsum abgekehrt, -abgefegt,** Cato r. r. 143, 2.

circum-verto (vorto), vertī (vortī), versum (vorsum), ere, **I umwenden, umdrehen,** circumvertens se, sich nach der rechten Seite bewegend, Suet. Vit. 2, 5: c. mancipium, für frei erklären (vgl. circumago *no.* I, A zu circumagi), Ps. Quint. decl. 342; vgl. CIL 10, 3147. – Medial, circumverti, **sich herumdrehen,** circumvortor, cado, Plaut. Pseud. 1278[a]: citius ... quam in cursu rotula circumvortitur, Plaut. Pers. 443: m. griech. *Acc.*, rota, perpetuum quā circumvertitur axem, Ov. met. 15, 522 R. – **II** übtr., jmd. **um** etw. **betrügen, prellen,** qui me argento circumvortant, Plaut. Pseud. 541.

circum-vestio, īre, **ringsum bekleiden, -bedecken,** arbores crinibus vitium, Plin. 17, 208: im Bild, alqm amictu prudentiae, Ambros. de virgin. 12, 48. – übtr., se dictis, sich umpanzern = sich schützen, Poët. b. Cic. de or. 3, 158.

circum-vincio, vinctus, īre, rings **umbinden,** Plaut. rud. 732. Avien. descr. orb. 331. Col. 5, 4, 1.

circum-vīso, ere, **ringsumher ansehen,** sed angues oculis omnes circumvisere, Plaut. Amph. 1110.

circum-volito, āvī, ātum, āre, einen Ggstd. **umflattern, I** eig.: **a** von Vögeln, lacus, Verg. georg. 1, 377: eos, Serv. Verg. Aen. 1, 273: absol. circumvolitantes alites, Tac. hist. 2, 50. – **b** v. Lebl.: vitreis circumvolitantibus auris, Mart. Cap. poët. 6. § 584. – **II** übtr., v. Menschen, **a** = etw. **umschwärmen, um** od. **überall an** etw. **herumstreifen, -eilen, hinauf-** u. **hinuntersprengen,** circumvolitant equites, Lucr. 2, 329: m. *Acc.*, cetera circumvolitare Numidis, im Übrigen sprengen N. hin u. her, Sil. 9, 242: potentiorum limina, Col. 1. praef. § 9: m. Ang. des Zweckes durch *ad* m. *Acc.*, ad conquirendas proscriptorum latebras, Sen. de ira 2, 9, 3. – **b** mit dem Blick **überfliegen,** sollicitis oculis amantem, Ven. Fort. 6, 7, 187.

circum-volo, āvī, ātum, āre, etw. **umfliegen, I** eig., v. Vögeln u. a. beflügelten Wesen: alqm, Iustin.: alqm saepius, Suet.: navem, Plin.: c. spem suam (Beute), Ov.: c. sedem illam, Quint.: remos plausis alis, Ov.: c. alqm atris alis, vom Tod, Hor.: nave circumvolatā, Plin. – **II** übtr., etwas **umfliegen** = **um** od. **überall an** etw. **herumstreifen, herumeilen, -sprengen, hinauf-** u. **hinunter sprengen,** c. ordines exercitus sui, Vell. 2, 27, 2: campum iaculo, Sil. 17, 416.

circumvolūtātio, ōnis, *f.* (circumvoluto), die **Umwälzung,** circuli orbiculata, Chalcid. Tim. 43 D.

circum-volūtor, ārī, **sich herumwälzen,** illum pavore coepisse regredi, feram vero circumvolutari, Plin. 8, 59.

circum-volvo, volvī, volūtum, ere, **herumwälzen, -rollen, -wickeln,** nun refl. se circumvolvere u. medial circumvolvi m. *Dat.*, herba se circumvolvens arboribus, Plin.: herbae circumvolutae sibi ipsae, Plin. – m. griech. *Acc.*, rota perpetuum circumvolvitur axem, dreht sich beständig um seine Achse, Ov. met. 15, 522 M. (vgl. circumverto): lanā multā collum cervicesque circumvolutus, Gell. 11, 9, 1: poet., sol magnum circumvolvitur (vollendet im Kreislauf) annum, Verg. Aen. 3, 284.

circumvorto, s. circum-verto.

circus, ī, *m.* (κίρκος), **I** die **Kreislinie,** der **Kreis** in der Astronomie, c. lacteus, die Milchstraße, Macr. somn. Scip. 1, 15, 2: u. dass. c. candens, Cic. Arat. 248: globus et circi zonaeque, Mart. Cap. 6. § 583. – **II** = ἱππόδρομος, die **Rennbahn,** für Ross und Wagen, der **Zirkus, A** in oder bei Rom: **1 circus māximus,** u. gew. κατ' ἐξ. bl. **circus,** die im Tal Murcia zwischen dem Palatin u. Aventin, wo schon in der Königszeit Spiele stattfanden, u. unter den Tarquiniern zeitweilig Schaubühnen, 329 hölzerne carceres errichtet waren, von Cäsar erbaute Rennbahn. Der circus max. fasste höchstens 60000 Zuschauer, selbst nach den Umbauten u. Vergrößerungen durch Trajan u. Konstantin nur 190000, u. wird noch im 6. Jahrhundert n. Chr. erwähnt. Er war von einem auf einer Mauer ruhenden podium für die Zuschauer ersten Ranges (über dem sich noch ein Stockwerk für die Zuschauer zweiten Ranges und darüber ein langer offener Säulengang für das niedere Volk befand) u. einem 3 m breiten Wassergraben (euripus) umgeben. Eine gegen 2 m hohe und gegen 7 m breite Mauer (spina), an deren beiden Enden je drei auf **einem** Fußgestelle ruhende Spitzsäulen (meta) in einer Entfernung von etwa 3 m standen, lief in etwas schiefer Linie in der Mitte des Zirkus der Länge nach hin; um die Mauer, und zwar an den Enden außerhalb der meta, mussten die Wettfahrenden siebenmal herumfahren. Die Breite des c. m. betrug 150 m, die Bahnlänge 590 m, der Gesamtumfang 1480 m, Liv. 1, 35, 8 *sqq.* Cic. II. Verr.. 1, 154. Suet. Ner. 25, 2: bl. circus, Liv. 8, 20, 2. Cic. Mur. 72 u. 73. Iuven. 10, 37 u. s. – **2 circus Flāminius,** zur Abhaltung der ludi plebeii u. Taurii i. J. 221 v. Chr. vom Konsul C. Flaminius am Ausgang der via Flaminia erbaut, Cic. ad Att. 1, 14, 1 u. a. Liv. 27, 21, 1, mit einem Altar des Neptun, Liv. 28, 11, 4: bl. circus gen., Ov. fast. 6, 205 u. 209. – Außerdem noch fünf od. 6 andere circi. – Die röm. **circi,** namentl. der **circus maximus,** waren die besuchtesten u. glänzendsten Sammelplätze der röm. Welt. Im

circus kamen die jungen Römer mit ihren Schönen ungestört zusammen, Ov. art. am. 1, 136*sqq.*; im **circus** und in den an der äußeren Seite des **circus maximus** angebrachten einstöckigen Säulenhallen, die sehr feuergefährlich waren, trieben Wahrsager, Gaukler u. dgl. ihr Wesen, Cic. de div. 1, 132. Suet. Aug. 74; dah. c. fallax, Hor. sat. 1, 6, 113: hatten Verkäufer ihre Buden, dah. c. clamosus, Mart. 10, 53, 1, u. feile Dirnen besondere Räume, Iuven. 3, 65. – **B** in verschiedenen Gegenden Italiens u. der Provinzen, Amm. 14, 5, 1. Augustin. conf. 8, 6. – **circus** auch gebr. von anderen zum feierlichen Wettrennen angelegten Rennbahnen, wie die des Äneas in Sizilien, Verg. Aen. 5, 109; 551: des Önomaus in Pisa (in Elis), Stat. Theb. 6, 247: des Scipio in Hispanien, Sil. 16, 313 u. 323; u. meton., der »Zirkus« = die Zuschauer im Zirkus, Sil. 16, 535.

cīris, is, *f.* (κεῖρις), ein Meervogel, in den Scylla, die Tochter des Nisus, verwandelt worden war, Ov. met. 8, 151. Ps. Verg. cir. 488*sq.*

cirra, s. cirrus ▶.

cirrātus, a, um (cirrus), **I kraushaarig, umlockt, gelockt**, caterva (Schülerschar), Mart. 9, 29, 7: caepa cirrata, haariger Zwiebelkopf, Petr. 58, 2: pueri nigri, Augustin. de civ. dei 22, 8 *no.* 5. p. 571 D^2.: feminae, Amm. 14, 6, 20. – subst., cirrātī, ōrum, *m.*, Lockenköpfe (v. Schulknaben), Pers. 1, 29. – **II** übtr., **a** mit Fransen versehen, vestes, Capit. Pert. 8. § 2. – **b** büschelig, glandibus ilex, Ov. met. 10, 94 M.

Cirrha, ae, *f.* (Κίῤῥα), Stadt an der Mündung des Pleistos, die Hafenstadt von Delphi, dah. dem Apollo geweiht, Liv. 42, 15, 5. Mela 2, 3, 10 (2. § 53): Lucan. 3, 172. Mart. 1, 76, 11: u. meton. = das »delphische Orakel«, Lucan. 5, 137. – Dav. **Cirrhaeus**, a, um (Κιῤῥαῖος), **cirrhäisch**, Plin., poet. = **apollisch** od. **delphisch**, Sen. poët. u. a.

cirris, idis, Akk. Plur. idas, *f.* (κίῤῥις), ein gelblicher Seefisch, Plin. Val. 5, 26.

cirritūdo, cirrus cirritus, Gloss. Scal. V, 596, 29. Not. Tir. 95, 60.

cirrītus, a, um (cirrus), **zu einem Büschel gehörig, Büschel-**, pirum, Cloat. bei Macr. sat. 2, 15, 6.

cirrus, ī, *m.*, **I** krauses, von Natur gelocktes Haar, die natürliche **Haarlocke** (gew. im Plur.), Varr. fr., Mart. u. a.: bei den Germanen cirrus od. cirri, »geringelte Haarbüschel« auf dem Kopf, Iuven. u. Tert.: als Stirnhaare der Pferde, Veget. mul. – **II** übtr., **A** der **Federbüschel** auf den Köpfen der Vögel, Plin. 11, 122. – **B** die **Fangarme** der Polypen, Plin. 25, 58. – **C** die krausen Fasern an den Pflanzen, Plin. 26, 36. – **D** die **Fransen** an den Kleidern, Phaedr. 2, 5, 13. – ▶ Nbf. cirra, μαλλός, Auct. de idiom. gen. (IV) 576, 61 K.

cirsion, ī, *n.* (κίρσιον), eine Art **Disteln**, Plin. 27, 61.

Cirta, ae, *f.* (Κίρτα), Stadt u. Burg der Massylier im Binnenland Numidiens, Residenz des Syphax, Masinissa u. seiner Nachfolger, seit Konstantin Constantina gen., wie noch jetzt *Constantine* (in Algerien), Liv. 29, 32 *extr.* Sall. Iug. 22, 2: deren Einw. **Cirtēnsēs**, ium, *m.*, die **Cirtenser**, Liv. 30, 12, 8.

cis, *Praep. m Acc.* (verwandt mit is u. hic, mit vorgesetztem demonstrat. c), **diesseits** (Ggstz. ultra, trans), **I** eig., im Raum: cis Ariminum, Cato fr.: cis Taurum, Cic.: et uls et cis Tiberim, Varr. LL.: cis Padum ultraque, Liv. – **II** übtr., in der Zeit, **innerhalb, binnen** (vgl. Lorenz Plaut. most. 18), paucos cis menses, Plaut.: cis paucos dies, Sall. fr.: cis mensem decimum, Aur. Vict.

cis-alpīnus, a, um, **diesseits der Alpen gelegen, -wohnend** (Ggstz. transalpinus), Gallia, Caes.: provincia, Suet.: Galli, Liv.: gens, Porphyr.

cisiārium, ī, *n.* (cisium), der **Wagenschuppen für Kabrioletts** (Gigs), CIL 6, 9485.

cisiārius, ī, *m.* (cisium), **I** der **Kabriolettkutscher**, Ulp. dig. 19, 2, 13. CIL 1, 1129. – **II** der **Verfertiger von Kabrioletts**, CIL 11, 6215.

cisium, ī, *n.* (ein gallisches Wort), ein leichter zweirädriger (Reise-)Wagen, das **Kabriolett**, das Gig, Cic. Rosc. Am. 19 u. Phil. 2, 77. Verg. cat. 8, 3 (zsgz. Genet. cisi). Vitr. 10, 1, 6. Auson. epist. 8, 6. p. 166 Schenkl.

cis-montānus, a, um, **diesseits der Gebirge befindlich**, Aufinates, Plin. 3, 106.

cīsōrium, ī, *n.* (caedo), ein **Schneidewerkzeug**, Veget. mul. 3, 22, 1.

Cispius (altlat. Cespius) **mōns**, einer der beiden den mons Esquilinus bildenden Hügel, benannt nach dem Anagniner Cispius Laevus, der, während Tullus Hostilius Veji belagerte, Rom durch Besetzung eines Teils der damals noch unbebauten Esquilien deckte, jetzt Hügel von *St. Maria Maggiore*, Varr. LL. 5, 50. Gell. 15, 1, 2. Paul. ex Fest. 42, 11.

cis-rhēnānus, a, um, **diesseits des Rheins befindlich**, Germani, Caes. b. G. 6, 2, 3.

cissanthemos, ī, *f.* (κισσάνθεμος), eine dem Efeu ähnliche Pflanze, eine Art von cyclaminos, Plin. 25, 116; 26, 156. – Nbf. cissanthemum, ī, *n.*, Ps. Apul. herb. 18.

Cisseūs, eī, Akk. ea, *m.* (Κισσεύς), **I** König von Thrazien, nach einem späteren Mythos Vater der Hekuba (s. Hyg. fab. 91). Enn. tr. nach Serv. Verg. Aen. 7, 320. Scaurus tr. 2 (nach [Serg.] expl. in Donat. 537, 19 K.). – Dav. **Cissēis**, idis, *f.* (Κισσηΐς), die **Cisseïde** = Hekuba (vgl. [Serg.] expl. in Donat. 537, 15), Verg. Aen. 7, 320. – **II** ein Genosse des Turnus, Verg. Aen. 10, 317.

cission, ī, *n.* (κισσίον), **kleiner** od. **schwarzer Efeu**, Ps. Apul. herb. 98.

cissītis, tidis, *f.* (κισσῖτις v. κισσός), ein Edelstein von der Farbe der Efeublätter, Plin. 37, 188.

cissophylon, ī, *n.* (κισσόφυλον) = *cissanthemos*, Ps. Apul. herb. 18 *in.*

cissos, ī, *f.* (κισσός), **Efeu**, rein lat. hedera, Plin. 16, 152.

cissūra, ae, *f.*, vulgär = *scissura*, der **Spalt**, Gromat. vet. 360, 17.

cissybium, ī, *n.* (κισσύβιον), ein **Becher aus Efeuholz**, Macr. sat. 5, 21, 11 *sqq.*

cista, ae, *f.* (κίστη), die **Kiste**, der **Kasten**, zu Kleidern, Büchern, Geld, Obst usw., Varr. LL. 8, 79 u. 9, 74. Cic. Verr. 3, 197. Hor. ep. 1, 17, 54. Ov. met. 2, 554. Iuven. 3, 206. Donat. Ter. adelph. 2, 4, 13: zur Aufbewahrung heiliger Geräte, Catull. 64, 259. Tibull. 1, 7, 48. Ov. art. am. 2, 609. Apul. met. 6, 2 u. 11, 11: als Stimmkasten in den Komitien, Sisenn. 4. fr. 118 (b. Non. 91, 24). Rhet. Her. 1, 21. Plin. 33, 31 (wo cistae suffragiorum), Ps. Ascon. in Cic. div. in Caec. 24.

cistārius, ī, *m.* (cista), der **Kistenbewahrer**, c. a veste forensi, CIL 6, 5193.

cistella, ae, *f.* (*Demin.* v. cista), das **Kistchen, Kästchen**, Komik. u. Rhet. Her.

cistellāria, ae, *f.* (cistella), eine noch erhaltene Komödie des Plautus, in der ein aufgefundenes Kästchen die Lösung gibt, Varr. LL. 7, 64.

cistellātrīx, īcis, *f.* (cistella), die **Schmuckkästchen-Bewahrerin** (eine Sklavin), Plaut. trin. 253.

cistellula, ae, *f.* (*Demin.* v. cistella), ein **kleines Kästchen**, Plaut. rud. 391.

cisterna, ae, *f.*, ein Wasserbehälter unter der Erde, die **Zisterne**, Varr. r. r. 1, 11, 2. Sen. ep. 86, 4. Mart. 3, 56, 1: piscinae cisternaeque servandis imbribus, Tac. hist. 5, 12.

cisternīnus, a, um (cisterna), **zur Zisterne gehörig, Zisternen-**, aqua, Sen. ep. 86, 21. Col. 12, 43, 6. Apic. 2, 45: aqua imbratilis, quam vulgo cisterninam vocant, Cael. Aur. chron. 5, 10, 122.

cisthos, ī, *m.* (κίστος, κίσθος), ein strauchartiges Gewächs mit rosenfarbener Blüte, Plin. 24, 81.

cis-tiber u. **cis-tiberis**, e, **diesseits des Tiber befindlich**, CIL 6, 420 (*a.* 186) u. 6, 32316: quinqueviri, Pomp. dig. 1, 2, 2. § 33: magistratus, Pompon. de orig. iur. § 33 *ed. Osann.*

cistifer, ferī, *m.* (cista u. fero), der **Kastenträger**, Mart. 5, 17, 4 *ed. Schneidew.* (wo aber die besten Handschrn. den Dat. cistibero haben). CIL 8, 10627.

cistophorus, ī, *m.* (κιστοφόρος, Kistenträger), *sc.* nummus, eine asiatische Münze, ursprünglich vier Drachmen an Wert, deren Type auf dem Avers die halbgeöffnete bacchische Cista war, aus der eine Schlange sich hervorwindet, innerhalb eines Efeukranzes, auf dem Revers der von zwei Schlangen gezogene Wagen der Ceres, oft kollekt., c. Pompeianus (aus des Pompejus asiat. Bergwerkskasse), Cic. ad Att. 2, 6, 2: in cistophoro in Asia habeo ad HS bis et vicies, an asiat. Münze habe ich usw., Cic. ad Att. 11, 1, 2: ut in Asia cistophorum flagitaret, Cic. de dom. 52: Genet. Plur. cistophorûm, Liv. 37, 46, 3; 37, 59, 4 H.; 39, 7, 1 H. Fest. 359 (a), 22.

cistula, ae, *f.* (*Demin.* v. cista), das **Kistchen, Kästchen,** Plaut. Amph. 420 u. 773 Fl. Varr. LL. 8, 79 u. 9, 74. Mart. 4, 46, 13. Apul. met. 9, 40: zur Aufbewahrung mystischer Gerätschaften, Arnob. 5, 26 *extr.*

citātim, *Adv.* (citatus), **hurtig, schnell, eilends,** Auct. b. Afr. 80, 4 (b. Cic. ad Att. 14, 20, 5 richtiger summatim). – *Compar.* **citātius,** Quint. 11, 3, 112: *Superl.* **citātissimē,** Quint. 1, 1, 37.

citātio, ōnis, *f.* (cito, āre), das **Aufrufen, a** als jurist. *t. t.,* edictorum sollemnium, Cod. Iust. 1, 12, 6. § 4. – **b** als milit. *t. t.,* der **Aufruf,** das **Kommando,** Hyg. de mun. castr. § 43.

citātōrium, ī, *n.* (citare), die **Vorladung vor Gericht,** Cod. Theod. 6, 28, 5.

citātus, a, um, *PAdi.* m. *Compar.* u. *Superl.* (v. 2. cito), **angetrieben, beschleunigt, schleunig, rasch, geschwind, eilend** (Ggstz. tardus), **a** übh.: citati (eiligen) nautae, Prop.: citatior volatus (avium), Frontin.: imbribus continuis citatior solito amnis, Liv.: Rhenus per fines Trevirorum citatus fertur, Caes.: citatus ambulet milia passuum minime duo, Scrib.: ferunt citati signa, Liv.: penna citatior ibat, Sil.: citatum agmen Tusculum rapit, Liv.: citato agmine invehi, Liv.: citato agmine iter ingredi, Liv.: citatiore quam inde venerat agmine die sexto ad stativa sua atque ad hostem pervenit, Liv.: quam citatissimo poterant agmine sese abripuerunt, Liv. (vgl. Drak. Liv. 3, 23, 3). – citato equo Larissam contendit, Caes.: equo citato ad cohortes avehi, ad urbem revehi, Liv.: inde citato equo Cales percurrere, Liv.: u. equis citatis avolant Romam, Liv.: equis citatis advolant, Liv.: citatis equis nuntium ad patrem perferunt, Liv.: puerum citatis iumentis obtrivit, Suet. (vgl. Drak. Liv. 7, 41, 3). – citato gradu in Graeciam contendere, Iustin.: citato gradu recedere (Ggstz. sensim recedere), Curt. – citato cursu Pydnam venit, Iustin. – citato itinere miserunt, qui eum interficerent, Iustin. – **b** insbes., **α** als mediz. *t. t.,* pulsus arteriarum stabilis aut citatus aut tardus, Plin. 11, 219: alvus citatior, flüssiger Leib, Plin. 7, 63. – **β** rhet. *t. t.,* v. Vortrag u. Redner, **rasch, erregt, lebhaft,** pronuntiatio citata (Ggstz. pressa), Quint.: manus citatior (Ggstz. lenior), Quint.: spatia citatiora (Ggstz. lentiora), Quint.: argumenta acria et citata, Quint.: soni tum placidi tum citati, Gell.: in argumentis citati sumus, Quint.: Roscius citatior, Aesopus gravior fuit, Quint.

citer, tra, trum (cis), **hierherzuliegend, diesseitig, I** *Posit.,* Afran. com. 235[1]: ager, Cato oratt. 62. fr. 1 (bei Prisc. 3, 4 u. 14, 33). – **II** *Compar.* **citerior**, *neutr.* citerius, Genet. iōris, mehr **hierherzuliegend** (Ggstz. ulterior), **a diesseitig,** Gallia, Cic. u. Caes.: Hispania, diesseits des Ebros, Varr. u. Cic.: ripa praedicti fluminis, Vell.: pars, Cels. – **b näher zuliegend, näher, α** im Raum, uno gradu a publico supplicio manuque carnificis citerior, Val. Max. 9, 12, 6. – übtr., ad haec citeriora veniam et notiora nobis, das Näherliegende, Irdische, Cic. de legg. 3, 4: ebenso humana et citeriora considerare, Cic. Tusc. 5, 71: deduc orationem tuam de eo loco ad haec citeriora, Cic. de rep. 1, 34. – **β** in der Zeit, **früher, zeitiger,** cura, Val. Max.: vita, Amm.: ultio delicto citerior, Val. Max.: citeriore die, Ggstz. longiore, ICt.: Africano consulatus citerior legitimo tempore datus est, Val. Max. – subst., in antiquius citeriusve procedere, Vell. – aber nam citeriora nondum audiebamus, das der Zeit nach uns Näherliegende, das später Vorgefallene, Cic. ep. 2, 12, 1. – **γ** im Maße, **kleiner, kürzer,** citerioris aetatis meta, Val. Max. 8, 7. ext. 10. – **δ** im Grade, **geringer,** poena citerior quam scelus, Ps. Quint. decl. 299. – **III** *Superl.* **citimus** od. **citumus**, a, um, **sehr nahe, zunächst** (nach uns zu) **befindlich, der nächste** (Ggstz. ultimus; vgl. Paul. ex Fest. 42, 12. Non. 85, 16. Charis. 156, 36. Prisc. 3, 22; 14, 33), stella ultima a caelo, citima terris, Cic. de rep. 6, 16: c. pars, Cic. Tim. 22: c. lunae helix, Apul. de deo Socr. 8: c. circulus, Mart. Cap. 1. § 28: c. limes, Anthol. Lat. 483, 23 (388, 23). – *n. plur.* subst., citima Persidis, der diesseitige Teil von Persis, Plin. 6, 213. – übtr., aut in eadem sententia aut in citima ei sumus, ihr zunächstliegenden, *Sen. nat. qu. 3, 13, 1.

citerior, ius, s. citer.

citerius, *Adv.*, s. citrā.

Cithaerōn, ōnis, *m.* (Κιθαιρών), ein mächtiges Waldgebirge, das die Nordgrenze von Megaris u. Attika gegen Böotien bildet, der vielbesungene Schauplatz der bacchischen Orgien, j. zum Teil *Kithairon,* zum Teil *Livadostro* und *Elatias,* Verg. georg. 3, 43. Ov. met. 2, 223. Lact. 1, 22, 15. – ► Nbf. Citheron, Auson. Griphus (XXV I) 2, 32. p. 130 Schenkl.

cithara, ae, *f.* (κιθάρα, vom pers. *ciar* = vier, u. *tar* = Saite), die viersaitige **Zither** (verb. cithara fidesque, fides citharaque, zus. poet. = lyra, Verg. u. Hor.), ars citharae, Hyg.: citharae soni, Quint.: citharae cantus, Hor. u. Lact.: citharae et cantus peritus, Tac.: citharam tenens, Rhet. Her.: citharā canere, Tac.: citharā cantare, Censor.: ad citharam canere laudes heroum ac deorum, Quint.: intendere citharam, Censor.: pulsare citharam, Apul. – sprichw., s. citharoedus. – meton., das **Zitherspiel, Saitenspiel,** citharae studium, Hor.: citharam docere alqm, Prop.

citharicen, cinis, *m.* (cithara u. cano), der **Zitherspieler,** ungebr. Wort nach Varr. LL. 8. § 61.

citharista, ae, *m.* (κιθαριστής), der **Zitherspieler,** Cic. II. Verr.. 1, 53 u. a. – Nomin. bei Prisc. 17, 208.

citharistria, ae, *f.* (κιθαρίστρια), die **Zitherspielerin,** Ter. Phorm. 82 u. 144. Sidon. epist. 9, 13, 2. Porphyr. Hor. carm. 1, 17, 18.

citharizo, āre (κιθαρίζω), die **Zither spielen, -schlagen,** Nep. Epam. 2, 1. Vulg. 1. Cor. 14, 7 u. apoc. 14, 2.

citharoeda, ae, *f.* (*fem.* zu citharoedus), die **Zitharöde, Zithersängerin,** Cassiod. in psalt. 4 *extr.* CIL 6, 10125.

citharoedicus, a, um (κιθαρῳδικός), **zum Zitharöden gehörig,** ars, Plin. u. Suet.: carmina, Plin.: habitus, Suet.: status, Apul.: vestis, ICt.

citharoedus, ī, *m.* (κιθαρῳδός), der zur Zither singt, der **Zitharöde, Zithersänger,** Cic. u. a. – Sprichw., non omnes qui habent citharam sunt citharoedi, Varr. r. r. 2, 1, 3.

citharus, ī, *m.* (κίθαρος), ein **Fisch,** eine Art **Scholle,** Plin. 32, 146.

Citherōn, s. Cithaerōn.

Citiēnsis u. **Citiēus**, s. Citium *no.* I.

citimus, s. citer.

citirēmis, e (citus u. remus), **schnell rudernd,** Argo, Varr. sat. Men. 15.

Citium, ī, *n.* (Κίτιον), **I** eine der neun alten Hauptstädte Cyperns, mit einem sehr geschützten Hafen, Geburtsort des Stoikers Zeno, Sterbeort des Cimon, Nep. Cim. 3, 4. Plin. 5, 130. – Dav.: **A Citiēnsis**, e, **aus Cirium,** der **Citienser,** Zeno C., Gell.: Plur. subst., Citiēnsēs, ium, *m.*, die Einw. von Citium, die **Citienser,** ICt. – **B Citiēus**, a, um, **citiëisch, aus Citium,** sal, Plin.: Plur. subst., Citiēī, ōrum, *m.*, die Einw. von Citium, die **Citieer,** Cic. – **C Citiēus**, eī, *m.* (Κιτιεύς), **aus Citium,** Zeno C., Varr. u. Cic. – **II** Stadt in Mazedonien, Liv. 42, 51, 1 *sq.*

citius, *Adv.*, s. 1. citō.

1. citō, *Compar.* **citius**, *Superl.* **citissimē**, *Adv.* (v. citus, a, um), **I schnell, rasch** (Ggstz. tarde), cito tollere alqd, Cato: c. discere alqd, Cic. – aut citius insistere aut longius procedere, Cic.: duobus mensibus citius, Liv.: citius supremā die, Hor.: dicto citius, Hor. u. Verg., dicto prope citius, Liv.: solito citius, Ov.: serius aut citius, früh oder spät, Ov.: tardius an citius, Sen.: vel citius vel tardius, Augustin. – se in currus citissime recipere, Caes.: citissime crescere, Plin. – **II** übtr.: **a** mit einer Negation = non facile, **nicht leicht,** haud cito, Ter.: non tam cito, quam etc., Cic. – **b** Komparat. citius quam, **eher** od. **leichter als, vielmehr als,** Plaut., Cic. u. Liv.: bes. citius diceres, dixerim, quam od. quam ut, Cic. u. Liv.; vgl. Fabri Liv. 24, 3, 12.

2. cito, āvī, ātum, āre (*Frequ.* v. cio = cieo), **rege machen, sich rühren machen, I** = immer od. rasch in Bewegung setzen od. erhalten, **1** Lebl.: alumen fossile in foramen coniectum dentem citat, macht wackeln (locker), Cels.: medicamentum, quod umorem illuc citat, die krankhaften Säfte dorthin ableitet, Cels. – **2** leb. Wesen, u. zwar durch den Ruf der Stimme **herbeirufen, anrufen, aufrufen, a** übh.: rogitare citatos nautas, Prop.: noto quater ore citari, Ov.: reliquique Graeci, qui hoc anapaesto citantur, Cic.: iube istos omnes ad nomen citari, Sen.: citari ex proximo, Frontin. – **b** als *t. t.:* **α** v. Präko u. v. Magistrat durch den Präko, wohin **laden, einladen, vorladen, vorbescheiden, vorfordern,** zu erscheinen, sich zu stellen, **aufrufen,** **αα** den Senat zur Versammlung: patres in curiam, Liv.: senatum in forum, Liv.: patres in curiam per praeconem ad regem Tarquinium citari iussit, Liv.: postquam citati (patres) non conveniebant, dimissi circa domos apparitores, Liv.: lex a sexagesimo anno senatorem non citat, Sen. – u. Feldherren zur Versammlung, cum praeco, exceptis qui nominatim citarentur, adire (regiam) prohiberet, Curt. – **ββ** das Volk zum Votieren, in campo Martio centuriatim populum, Liv. – **γγ** bei od. noch dem Zensus, sowohl die Ritter bei der Musterung, cum praeco cunctaretur citare ipsum censorem »Cita«, inquit Nero, »M. Livium«, Liv.: senio insignibus permisit, praemisso in ordine equo, ad respondendum, quotiens citarentur, pedibus venire, Suet. – als auch die alten u. neuaufgenommenen Senatoren, c. senatum eo ordine, qui ante censores App. Claudium et C. Plautium fuerat, Liv. – **δδ** die kriegspflichtigen Bürger zur Enrollierung u. Ablegung des Fahneneides (Ggstz. respondere, non respondere), iuniores nominatim, Liv.: tribus urbanas ad sacramentum, Suet.: citari nominatim unum ex iis, qui etc., Liv.: primum nomen urnā extractum citari iubet, den ersten, dessen Name aus der Urne gezogen wurde, Val. Max.: nec citatus in tribu civis respondisset, Liv.: citati milites nominatim apud tribunos militum in verba P. Scipionis iuraverunt, Liv. – **εε** vor Gericht (Ggstz. respondere, adesse, excussari), sowohl die Richter, quo quidem die primum, iudices, citati in hunc reum consedistis etc., Cic.: si Lysiades citatus iudex non responderit excuseturque, Cic. – als den Ankläger, den Prozessführer, den Beklagten, in publicis certe iudiciis vox illa praeconis praeter patronos ipsum qui egerit citat, Quint: mane Kal. Decembr., ut edixerat, Sthenium citari iubet, Cic.: citat reum, non respondet; citat accusatorem, citatus accusator, M. Pacilius, nescio quo casu non respondit, non adfuit, Cic.: u. so bes. den Beklagten, tota denique rea citaretur Etruria, Cic.: canes citati non respondent, Phaedr.: citari de tribunali, Cic., od. pro tribunali, Suet.: citare alqm ad tribunal, Flor.: citari ad causam dicendam, Suet.: *Pseud.* At tu cita. *Calid.* Immo ego tacebo; tu istinc ex cera cita, Plaut. Pseud. 31 *sq.* – dies tamen dicta ad quam non adfuerat, absens citatus, Liv.: nec per triduum per singulos dies ter citatus reus damnatur, Papin. dig. – mit Ang. des Verbrechens, **weswegen?** oder der Strafe, **worauf?** man vorlädt (anklagt) im *Genet.*, reus citatur audaciae, Ps. Cic. prid. quam iret in exs. 6: omnes ii … abs te capitis C. Rabirii nomine citantur, Cic. Rab. perd. 31: übtr., ne proditi mysterii reus a philosophis citaretur, Lact. 3, 16, 5. – als auch Zeugen, in hanc rem te, Naevi, testem citabo, Cic.: cum datis testibus alii tamen citarentur, Cic.: cum scorta citari adversus se et audiri pro testimonio videret, Suet.: u. übtr., c. alqm testem rerum a se gestarum, Liv.: falso numina magna Iovis, Ov.: poëtas ad testimonium, Petr.: auctores ipsos ad veri probationem testes, Lact.: magistratuum libros linteos auctores, Liv.: quamvis citetur Salamis clarissimae testis victoriae, Cic. – u. endlich die Verurteilten, praeconis audita vox citantis nomina damnatorum, der die Namen der V. = die Verurteilten beim Namen vorforderte, Liv. – **ζζ** einen Sieger **aufrufen,** damit er den Preis entgegennimmt, victorem Olympiae citari, Nep. praef. § 5. – **β** v. Konsul, die Senatoren zur Abgabe ihrer Meinung **aufrufen, auffordern,** haec illi, quo quisque ordine citabantur, Plin. ep. 9, 13, 18. – **γ** vom Sklavenaufseher, mancipia ergastuli cotidie per nomina, mit Namen aufrufen, verlesen, Col. 11, 1, 22. – **δ** eine Gottheit zur Hilfeleistung **aufrufen, anrufen,** alqm falso, Ov. fast. 5, 683: alqm ad suum munus, Catull. 61, 42. – **II** = etw. rasch zur Erscheinung bringen, **1** übh.: **a** durch äußere od. innere Anregung, körperlich, **erregen, hervortreiben,** teils als mediz. *t. t.*, alvum, Durchfall verursachen (v. Kräutern), Col.: pituitam, Schleimabsonderung bewirken (v. Husten), Cels.: pus, Eiterung erregen (v. Heilmitteln), Cels.: sanguinem, Blutung bewirken, Cels.: urinam, die Absonderung (Sekretion) des Urins befördern (Ggstz. tardare; v. Speisen), Cels. – als *t. t.* des Landbaues, Gewächse, radices, palmitem, Col., virgam e duro, Col.: fructum e duro, Pallad. – **b** durch die Stimme, **immerzu anstimmen, immer hören lassen, immer ausrufen,** paeanem, Cic. de or. 1, 251: ab ovo usque ad mala »io Bacche!« Hor. sat. 1, 3, 7: ithyphallica, Ter. Maur. 1845. – **2** prägn., einen Zustand **erregen, bewirken, hervorrufen,** omnibus risus, Lampr. Heliog. 29, 3: isque (animi) motus aut boni aut mali opinione citatur, Cic. Tusc. 3, 24. – ► Parag. *Infin. Praes. Pass.* citarier, Catull. 61, 42.

citocacium, ī, *n.*, eine Pflanze = *chamelaea* (s. d.), Ps. Apul. herb. 111.

citrā, *Adv.* u. *Praep. m. Acc.* (v. citer, verwandt mit der älteren Form cis), **I diesseits** (Ggstz. ultra), c. est Oglasa, intra vero Planaria, Plin.: nec *citra* mota nec *ultra,* nach dieser oder jener Seite, hin u. her, Ov.: als *Praep.*, qui pars eius *citra* pars *ultra* Taurum est, Liv.: c. Veliam, Cic.: c. Rhenum, Caes.: c. mare u. mare c., Hor.: bei Verben der Bewegung, omnes citra flumen elicere, über den Fl., Caes. b. G. 6, 8, 2: hostem citra flumen pertrahere, Liv. 21, 54, 4. – **II** übtr.: **A** von dem, was noch innerhalb einer gesteckten Grenze geschieht, die gesteckte Grenze nicht erreicht, **vor, innerhalb, unter, 1** im Raum: paucis c. (*sc.* castra) milibus, Liv.: tela hostium c. cadebant, gelangten nicht zu den Römern, Tac.: c. tertiam (syllabam), vor der dritten Silbe, Cic.: saepe etiam c. licet, d. i. auch wenn man nicht höher hinaufsteigt, Cic.: c. iocos se continere, es bei Sch. bewenden lassen, Sen. rhet.: *Compar.*, citerius debito, eher als er sollte, Sen. de ira 1, 17, 7. – melius *ultra* quam *citra* stat oratio, sagt besser mehr als weniger, Quint.: nec virtus c. genus est, bleibt nicht hinter dem Geschlecht zurück, Ov.: c. satietatem, nicht bis zur Sättigung, Col.: c. scelus, nicht bis zum Verbrechen, Ov.: c. quam, nicht so als, weniger als usw., Ov. u. Tert. – **2** in der Zeit, **innerhalb, binnen,** c. Kal. Octobris, Col: citra Troiana tempora, Ov. – **B ohne, außer, ausgenommen, abgerechnet, abgesehen von** (= sine, praeter; vgl. Kritz Tac. Agr. 1, 3), plus usus *sine* doctrina, quam *citra* usum doctrina valet, Quint.: c. fatigationem, c. satietatem, Cels.: c. ulla comitia, Liv. epit: c. aemulum, Quint.: c. vulnus, Plin.: c. commoda emeritorum, Suet.: c. spem, Flor.: c. spectaculorum dies, außer der Zeit der festgesetzten Spiele, Suet.: c. magnitudinem prope Ponto similis, Mela.

citrăgo od. **citreăgo,** inis, *f.* (citrus). **Zitronenkraut, Melisse,** Pallad. 1, 37, 2 u. a.

1. citrātus, a, um (citrus), **mit Citrusblättern bedeckt,** libri, Cass. Hemin. 4. fr. 37 (b. Plin. 13, 86).

2. citrātus, a, um (citra), **diesseitig** (Ggstz. ultratus), Gromat. vet. 247, 7 u. a.

citreăgo, s. citrăgo.

citrētum, ī, *n.* (citrus), der **Zitronengarten,** Pallad. 3, 24, 14.

citreus, a, um (citrus), **I zum Zitronenbaum gehörig,** malus citrea, Oppius b. Macr., u. bl. citrea, Plin., der **Zitronenbaum:** malum citreum, Cloat. b. Macr., u. bl. citreum, Plin., die Zitrone. – **II zum Citrusbaum gehörig,** mensa, aus Citrusholz, Cic.: oleum, Citrusöl, Plin.

citrium, ī, *n.*, die **Zitronengurke,** Apic. 1, 21; 3, 75 u. 4, 175: citrium maximum, Edict. Diocl. 6, 75.

citrō, *Adv.* (citer), **nach diesseits, hierherwärts, herüber,** retro citroque, *Pacuv. tr. 333. – gew. in Vbdg. mit ultro, s. ultrō *no.* I.

citrōsus, a, um (citrus *no.* II) = θυώδης, **nach Citrus duftend,** vestis, Naev. b. Pun. fr. inc. IV (bei Macr. sat. 2, 15, 5 = 3, 19, 5); vgl. Paul. ex Fest. 42, 14. Isid. 19, 22, 10 (wo falsch erklärt).

citrum, ī, *n.* (citrus *no.* II), **Citrusholz,** massiv od. zum Furnieren kostbarer Möbel, bes. Tische verarbeitet, Cato oratt. 36. fr. 1. Varr. r. r. 3, 2, 4. Vell. 2, 56, 2. Plin. 16, 231. Mart. 10, 80, 2 u. 98, 6.

citrus, ī, *f.* (κέδρος), **I** der **Zitronenbaum** (*Citrus medica,* L.), auch der medische od. assyrische Apfelbaum (malus Medica, Assyria) genannt, dessen Frucht zwischen Kleider gelegt, die Würmer abhielt, auch als Gegengift diente, citri arbor, Pallad. 4, 10. § 11 u. 15. Serv. Verg. georg. 2, 126. – **II** ein afrikanischer Baum, von den Griechen θύον oder θυΐα genannt, aus dessen wohlriechendem Holz die prachtliebenden Römer die kostbarsten Möbel verfertigen ließen, die die Stelle unserer Mahagoniarbeiten vertraten, aber nach Umständen noch teurer bezahlt wurden, *Thuia orientalis,* L., **orientalischer Lebensbaum,** Sen. de tranq. an. 9, 6. Plin. 13, 91. Lucan. 9, 428: Libyssa citrus, Varr. sat. Men. 182.

Cittium, Cittiēnsis etc., s. Citium etc.

citus, a, um, *PAdi.* (v. cieo) = **schnell, rasch** (Ggstz. tardus), incessus, Sall.: via, Liv.: pes (v. Jambus), Ov.: vox (Ggstz. vox tarda), Cic.: cito sermone homo, Tac.: c. cursor, Hier.: eques, Eilbote zu Pferde, Liv.: aber citi equites, citi milites, citae legiones, citum agmen, in Eilmärschen ziehend, Curt. u. Tac.: *Compar.,* nullam ego rem citiorem apud homines esse quam famam reor, Plaut. fr. b. Paul. ex Fest. 61, 16. – m. *Abl.,* citus equo (zu R.) Numida, Tac. hist. 2, 40: naves citae remis, Tac. ann. 2, 6. – mit *ad* u. Akk. Gerund., haec (amatoris manus) ad perdundum magis quam ad scribundum cita, gleich bei der Hand, Plaut. Bacch. 738. – nachdrücklicher statt des Adv. (cito), topper citi ad aedes venimus Circae, Naev. fr.: equites parent citi, Plaut.: meo citus haec subscribe libello, Hor.: solvite vela citi, Verg.: citus equo aderat, Tac.

1. Cius, s. Cios.

2. Cius, s. Cēa.

cīvicus, a, um (civis), **zum Bürger gehörig, bürgerlich, Bürger-,** muri, Stadtmauern, Plaut. fr.: iura, den einzelnen Bürger angehende, Hor.: bella, Ov.: c. arma pro trepidis reis, Verteidigungsrede vor Gericht, Ov.: corona civica, ein Eichenkranz, den ein Bürger erhielt, wenn er einem Mitbürger im Treffen durch Niederstrecken des Feindes das Leben rettete, Cic. u. a.: ders. subst. bl. cīvica, ae, *f.,* Sen. rhet. u. Plin. paneg.

1. cīvīlis, e (civis), *Adi.* m. *Compar.* u. *Superl.,* **I** den Bürger (u. insbes. den Mitbürger) betreffend, **bürgerlich, Bürger-,** des **Bürgers, der Bürger, des Mitbürgers, der Mitbürger, 1** eig.: mos, Cic.: clamor, Liv.: furor, Hor.: sanguis, Cic.: cruor, Cic.: bellum, Cic.: victoria, über Mitbürger, Nep. Epam. 10, 3 u. Pelop. 5, 4, im Bürgerkrieg, Sall. Iug. 45, 9: quercus, poet. = corona civica (s. cīvicus), Verg.: ius, entweder (im weit. Sinne) das bürgerliche Staatsrecht (Ggstz. ius naturale), Cic., Hor. u. a., od. (im engeren Sinne) das Zivilrecht, Privatrecht (Ggstz. ius publicum), Cic.: actio, Klage eines Bürgers gegen seinen Mitbürger, Cic.: controversia, Cic.: dies, der bürgerliche Tag (von Mitternacht bis Mitternacht, Ggstz. dies naturalis, vom Aufgang bis zum Untergang der Sonne), Varr.: so auch annus, das aus 365 bürgerlichen Tagen bestehende Jahr, Gell. – **2** übtr.: **a bürgerlich = voll Bürgersinn; populär = gemeinnützig, dem Gemeinwohl zuträglich,** nulli civilis animus, Liv. 45, 32, 5: at hercule sermo est minime c., Liv. 6, 40, 15: neque magistratum continuari satis civile esse, Liv. 27, 6, 4: *neutr.* subst., si quicquam in vobis non dico civilis, sed humani esset, wenn in euch noch ein Funke, nicht etwa von Bürgersinn, aber doch von Menschlichkeit wäre, Liv. 5, 3, 9: quid civilius ordinatione? wodurch kann man sich um Bürger verdienter machen als durch Verleihung einer ordentlichen Verfassung, Plin. ep. 8, 24, 7. – **b populär = leutselig, gewinnend, herablassend, höflich, schonend,** animus, Suet.: ingenium, Tac.: ingressus, Quint.: genus vitae, Suet.: quid civilius illo (patre patriae), Ov.: aequissimum se et civilissimum praebuit, Eutr. – m. *Abl.,* civilis ingressu, Plin. pan. 83, 7. – m. *in* u. Abl., in colloquiis, etiam humilissimorum, civilissimus fuit, Spart. Hadr. 20, 1: civilis in semet augendo, Suet. Claud. 12, 1. – m. *circa* od. *in* u. Akk., civilis circa quosdam amicos, Eutr. 7, 13: civilis in cunctos, Eutr. 10, 16. – civile reabatur mit folg. Infin. Präs. Pass., Tac. ann. 1, 54. – *n. pl.* subst., plus quam civilia agitare, Tac. ann. 1, 12: civilia loqui de se, Tac. hist. 4, 5. – **II** den Staat od. Staatsdienst betreffend, **öffentlich, Staats-, a** übh.: oratio, Cic.: res, Cic.: officia, Quint.: scientia, ratio, Staatswissenschaft, Cic.: rerum civilium cognitio, Staatskunde, Cic.: vir, Staatsmann (ἀνὴρ πολιτικός), Quint.: dass. civilium rerum peritus, Tac.: fluctus, procellae, des Staatslebens, Nep. – **b** den Zivildienst betreffend, **Zivil-** (Ggstz. militaris, bellicus), officia (Ggstz. bellica off.), Cic. de off. 1, 122: non militaria solum sed civilia quoque munera, Liv. 9, 3, 5: civiles res (Ggstz. bella), Liv. 6, 22, 7. – *n. pl.* subst., ut militarium aliquis ad civilia (zum Zivildienst, zur Zivilverwaltung) transiret, Amm. 21, 16, 3.

2. Cīvīlis, is, *m.* (Claudius), Anführer der Bataver in dem Aufstand gegen die Römer (69 u. 70 n. Chr.), Tac. hist. 4, 13 *sqq.*

cīvīlitās, ātis, *f.* (1. civilis), **I** v. civilis *no.* I = **a** der **Stand eines Bürgers,** der **Bürgerstand,** Eutr. 9, 28. Vulg. act. apost. 22, 28. – **b** übtr., **Popularität = Leutseligkeit, Herablassung, Höflichkeit,** das **leutselige, gewinnende Benehmen,** auch die **Schonung** eines Höheren gegen die Untergebenen, Vell. 1, 111, 4 *Halm.* Suet. Aug. 51, 1 u. Claud. 35, 1. Capit. Anton. Pius 6, 4 u. 11, 8. Lampr. Alex. Sev. 20, 3. Eutr. 8, 4: civ. morum, Eutr. 9, 17. – **II** v. civilis *no.* II = ἡ πολιτική, die **Staatskunst,** Quint. 2, 15, 25. Amm. 30, 4, 3.

cīvīliter, *Adv.* (1. civilis), **I bürgerlich, wie ein Bürger, wie es unter Bürgern üblich ist, -sich ziemt,** vivere, Cic. fr.: vim facere, Liv. – **II = leutselig, herablassend, höflich,** plus quam c., härter, als seine Leutseligkeit erwarten ließ, Ov.: *Compar.* civilius, Plin. pan. 29, 2. Apul. met. 9, 39: *Superl.* civilissime, Eutr. 7, 8.

cīvis, is, *c.* (vgl. ahd. *hīwo,* Gatte, *hīwa,* Gattin, altind. *çéva-h,* traut, lieb, wert), **I Bürger, Bürgerin** eines Staates (Ggstz. peregrinus, externus, hostis), civis Romanus, Enn. fr., Cic. u. a. (s. Drak. Liv. 40, 18, 16): civis improbus, perditus, Cic.: c. bonus, Cic.: cives veteres, novi, Liv.: alqm civem asciscere, Cic.: duarum civitatum civem esse, Cic.: esse pro cive, Cic.: facere alqm civem, Nep.: fieri civem Romanum, Cic.: se pro cive Romano ferre (ausgeben), Liv.: se pro cive gerere (verhalten), Cic. – *fem.,* c. femina, Plaut.: c. virgo, Ter.: c. Attica, Bürgerin, Bürgerstochter aus Athen, Ter.: u. so virgo civis Corinthia, Vitr.: civis Carthaginiensis, filia Hasdrubalis, Liv.: cives Romanas uxores ducere, Liv. – übtr., caeli civis, Fulg. myth. 1. p. 3 M. – **II** insbes.: **A Mitbürger, Mitbürgerin,** cives tui, mei, Plaut. u. Cic.: cives eorum, Liv. – *fem.,* defende cives tuas, Plaut. – **B** der **Bürger** = der Untertan, imperare corpori, ut rex civibus suis, Cic. de rep. 3, 37. – ► Abl. gew. cive, doch auch civi, z. B. Plaut. Pers. 475. Cic. ep. 1, 9, 16; ad Att. 7, 3, 4. Cic. Verr. 2, 32. – Nomin. Sing. arch. ceivis, CIL 1, 176, 7 u. ö.: Genet. ceivis, Dat. ceivi, Nomin. u. Akk. Plur. ceiveis auf Inschriften: Akk. Plur. civis, b. den Dichtern der august. Zeit u. auf Münzen.

cīvitās, ātis, *f.* (civis), **I** *abstr.,* der **Zustand-,** die **Rechte eines (röm.) Bürgers,** das **Bürgerrecht,** der **Bürgerverband,** ius civitatis, Cic. u. a.: civitatem petere, Suet.: alqm civitate donare, Cic.: alci civitatem dare, Cic.: civitatem alci negare, Suet.: alqm in civitatem asciscere, Liv., accipere, ascribere, Cic.: in populi Romani civitatem suscipi, Cic.: civitatem adipisci, Cic.: civitatem assequi, Tac.: civitatem consequi beneficio alcis, Cic.: civitatem impetrare, Cic.: civitatem habere, Cic.: civitate carere, Auct. b. Afr.: civitate mutari (Ggstz. in civitate manere), Cic.: civitatem amittere, Cic.: civitatem adimere, Cic.: non adimitur his civitas, sed relinquitur et deponitur, Cic. – übtr., oratio civitate donata, Quint.: verbo civitatem dare, Suet. – **II** *concr.:* **A** die zu einer Gemeinde vereinigte **Bürgerschaft** und, insofern sie den Staat bildet, der **Staat,** die **Gemeinde,** das **Volk** (er bestehe nun aus **einer** Stadt u. deren Gebiete od. aus mehreren Städten, versch. von urbs, d. i. dem Inbegriff der Wohnungen sämtlicher Bürger; nur zuw. meton. = urbs. s. *no.* B), status civitatis, Cic.: civitates aut nationes, Cic.: Tyndaritana nobilissima c., Cic.: c. Helvetia, Caes.: c. Ubiorum, Caes.: c. bene morata et bene constituta, Cic.: c. bellica, Vell.: c. foederata, Cic.: c. maritima, Caes.: civitas potentissima, Nep.: civitates valentiores opibus, Liv.: administratio civitatis, Cic.: civitatem administrare, Cic.: civitates condere novas aut conservare iam conditas, Cic.: civitatem instituere, Cic.: civitatem liberare, Nep.: alqm e civitate eicere, Cic.: civitatem bello persequi, Caes. – übtr., una c. communis deorum atque hominum, Cic.: c. Stoicorum, Tac. – **B** meton. = urbs, die **Stadt, 1** übh. (s. Heräus Tac. hist. 1, 54, 1. Bünem. Lact. 2, 7, 19), Athenae aut alia quieta civitas, Dolabell. in Cic. ep. 9, 9, 3: c. Lingonum, Tac.: muri civitatis, Tac.: munita c., Iustin.: civitatem incendere, Enn. fr.: civitatem expugnare, Quint.: errare per totam civitatem, Petr. – **2** insbes., wie urbs, die

Stadt = Rom u. seine Einwohner, Sen. de ben. 6, 32, 1. Tac. hist. 1, 19, 2; 2, 92, 4; 4, 2, 2. – Der Genet. Plur. gew. civitatium bei Cic. auch ceivitas, CIL 1, 198, 12. 76. 79. 81 (Abl. ceivitate).

cīvitātula, ae, *f.* (*Demin.* v. civitas), **I** das **Bürgerrecht** einer kleinen Stadt, civitatulas vendere, Sen. apoc. 9, 4. – **II die kleine Stadt,** Apul. met. 10, 1. Hier. in Isai. 8, 26. *v.* 5 u. 6.

clābulāre, is, *n.* (clabula = clavula), ein großer offener **Transportwagen, Gesellschaftswagen** (zum Transport von Soldaten), dessen Seiten aus Gitter- u. Flechtwerk gemacht waren, Cod. Theod. 6, 29, 2. § 2. – Dav. **clābulāris** (clāvulāris), e, u. **clābulārius**, a, um, **auf Transportwagen,** cursus, Amm. 20, 4, 11. Cod. Theod. 8, 5, 62.

clacendix u. **claxendix**, icis, *f.*, eine Art **Muschel,** Plaut. Vidul. fr. V II. p. 22 Stud. u. Gloss.; wahrsch. richtiger calc. (von gleicher Wurzel mit κάλχη), Paul. ex Fest. 46, 16.

clādēs (clādis), is, *f.* (stammverwandt mit dem griech. κλαδαρός, zerbrechlich), **I** im engeren Sinne: **a** der Zweige, Pflanzen usw. (durch Hagel, Regen usw.), der **Bruch,** bildl. b. Plaut. capt. 911. – **b** die **Verletzung** eines Gliedes, cl. dextrae manus, Liv. 2, 13, 1. – **II** im weiteren Sinne, übh. **Verlust, Schaden, Unglück, Unheil, 1** im Allg.: cl. civitatis, Cic.: gens integra a cladibus (Plagen) belli, Liv.: eā clade, Verheerung, Liv.: neque ulla praetermissa clades (Untat) est, Liv.: instantes clades, Seuchen, Liv.: meton., von einer Person, die jmdm. Verderben zuzieht, -bereitet, Pest, militum clades, Todesengel des Kriegsheers, Cic. de prov. cons. 13: Scipiadae, clades Libyae, Verg. Aen. 6, 843: haec clades, ein solcher Wüterich (v. Heliogabal), Lampr. Heliog. 34, 1: illa clades, Pest des Staates, verderbliche Menschenklasse (v. Buhldirnen), Lampr. Alex. Sev. 34, 4. – **2** insbes., **Unglück** im Kampf, **Niederlage, Schlappe,** cl. acerbissima Marii, Cic.: suā temeritate contracta clades, Liv.: cladem (pugnae) accipere, Cic. u. Liv.: cladem accipere *ab* hoste Gallo, Liv.: cladem gravem in Britannia accipere, Tac.: cladem hosti afferre, Cic.: cladem inferre, importare, Liv.: cladem facere, bereiten, Sall.: vix instantes clades sustinere, Liv. – ► Nom. Sing. auch cladis, Liv. 2, 22, 4; 10, 35, 3 u. a. Ampel. 46, 5 *cod.* – Genet. Plur. gew. cladium; doch auch cladum, z. B. Sil. 1, 41 u. ö. Amm. 29, 1, 14 u. 31, 2, 1.

clam (altlat. calim, zu cēlāre; vgl. coram, palam), **verhohlen, heimlich, insgeheim** (Ggstz. palam), **I** *Adv.*, clam et palam coeptis obviam ire, Liv.: proficisci clam furtim, Liv.: plura c. removere, Cic.: haud clam tulit iram, verhehlte, Liv. 31, 47, 4: c. esse (auch alci), unbekannt sein, Komik. u. Liv. 5, 36, 6: clam est m. *Acc.* u. *Infin.*, nec tamen Christum clam fuit esse deum, Sedul. 3, 273. – **II** *Praep.*, **heimlich vor** jmd., **hinter** jmds. **Rücken, a** m. *Abl.* c. patre, Acc. tr. 654: c. vobis, Caes. b. c. 2, 32, 8: c. hostibus, Auct. b. Afr. 11: c. istis, Cic. ad Att. 10, 12 litt. b. § 2. – **b** gew. mit *Acc.:* c. patrem, Plaut.: c. uxorem, Plaut.: c. patrem atque omnes, Ter.: c. virum, Plaut.: c. praesidia Pompeiana, Auct. b. Hisp.: c. me, Plaut.: c. me, te, eos, patrem est, es ist mir usw. unbekannt, Komik. u. Ps. Cic. declam. in Sall. § 15. Gell. 2, 23, 16: c. alqm habere, vor jmd. geheimhalten, Komik. u. Hieron. epist. 2, 9. Vgl. übh. Lorenz Plaut. most. 1040.

clāmātio, ōnis, *f.* (clamo), das **Schreien,** Hieron. tract. in psalm. 119. Gloss. ›clamatio, βοή‹.

clāmātor, ōris, *m.* (clamo), der **Schreier,** bes. v. schlechten Rednern, Cic. Brut. 182; de or. 2, 86 u. 3, 81. Gell. 19, 9, 7. Augustin. in psalm. 39, 3: cl. aut rabula, Cic. de or. 1, 202.

clāmātōrius, a, um (clamator), **schreiend, Schrei-,** avis (= prohibitoria, clivia), Ungünstiges verkündender, Plin. 10, 37.

clāmātus, Abl. ū, das **Schreien,** Paul. Nol. carm. 15, 279.

clamis, s. chlamys.

clāmitātio, ōnis, *f.* (clamito), das **heftige Schreien, Lärmen,** Plaut. most. 6.

clāmito, āvī, ātum, āre (*Intens.* v. clamo), **in einem fort-, heftig-, laut schreien, ausrufen, a** absol. od. m. Ang. **was? α** absol. od. m. *Acc.:* quid clamitas? Ter.: cl. Cauneas (kaunische Feigen), Cic. – m. Ang. **gegen wen?** durch *Dat.*, saeva et detestanda Quirino, laut gegen Q. ausstoßen, Tac. ann. 2, 23. – v. Tieren, passer questu vano clamitans, Phaedr. 1, 9, 7. – v. Lebl., nonne ipsum caput et supercilia illa penitus abrasa olere malitiam et clamitare calliditatem videntur, deutlich verraten, Cic. Rosc. com. 20. – **β** m. folg. Ausruf in direkter Rede: *ad arma! clamitans,* Liv.: clamitans, *Indignum facinus!* Ter.: ut *Tiberium in Tiberim!* (mit T. in den T.!) clamitarent, Suet. – m. Ang. **wem?** durch *Dat.*, quod cum imperatore milites redeuntes clamitant per urbem in Capitolium eunti: *Io triumphe!* Varr. LL. 6, 68: Claudius, *quid ergo praecipiti cursu tam longum iter emensi sumus,* clamitans militibus, den S. zurufend, Liv. 27, 48, 12. – **γ** m. folg. Ausruf in indirekter Rede, im *Acc.* m. *Infin.*, horrendum miserandum impium esse clamitant, Tragic. inc. fr.: qui omnes *me bilem atram agitare* clamitantes, Varr. fr.: saepe clamitans *liberum se liberae que civitatis esse,* Caes.: u. unpers., voce magnā sermone patrio *frustra se interrogari* clamitavit, Tac.: identidem, ne quis violaret, *Talassio ferri* clamitatum, Liv. 1, 9, 12. – od. (als Ermahnung) im Konjunkt. clamitabat audiret Octaviae et Britannici matrem, Tac. ann. 11, 34: u. so *ibid.* 11, 36. – **b** mit Ang. **wen?** u. **was?** durch dopp. *Acc.*, **laut nennen,** alqm sycophantam, Ter.: eum modo consulem modo dictatorem, Ascon.: cum se tanti exitii reum clamitaret, sich laut die Schuld eines so großen Unglücks beimaß, Tac. ann. 2, 24.

clāmo, āvī, ātum, āre (vgl. calare, clarus), **I** *v. intr.* **laut rufen, schreien, schreiend klagen** u. dgl., **a** v. Menschen: ne clama, schrei nicht so, Ter.: eo (naso) magnum clamat (von Schnarchenden), Plaut.: clamabat flebatque simul, Ov.: cum diu occulte suspirassent, postea iam gemere, ad extremum vero loqui omnes et clamare coeperunt, Cic.: de te autem, Catilina, cum tacent, clamant, ihr Schweigen gilt so viel, als ob sie schrien, Cic.: clamare et poscere, ut etc., mit Geschrei, lärmend fordern, Liv.: in clamando esse bene robustum et exercitum (v. schlechten Redner [vgl. clamator]: Ggstz. in dicendo aliquid posse), Cic. – mit *de* u. Abl., de suo et de uxoris interitu, sich laut beklagen über usw., Cic. – m. *in* u. Abl., poet. v. personif. Abstr., et non ulla meo clamat in ore fides, keine Beteuerungen der treuen Liebe erschallen lasse, Prop. 1, 18, 18. – **b** v. Tieren: (cicada) rogata est, ut taceret. Multo validius clamare occoepit, Phaedr. 3, 16, 6 *sq.:* anseres, qui tantummodo clamant (laut schnattern), nocere non possunt, Cic. Rosc. Am. 57. – **c** von Lebl.: clamante procellā, Sil.: spumea saxosis clamat convallibus unda, Sil.: clamant amnes, freta, nubila, silvae, Stat. – **II** *v. tr.* **laut rufen, 1** = **anrufen, herbeirufen,** ianitorem, Plaut.: comites, Ov.: matrem saepius ore, Ov.: morientem nomine, Verg.: clamatus verna, Mart.: veniet tibi conviva clamatus prope, der aus der Nachbarschaft herbeigerufene, Mart.: clamata (die Gerufene) refugit, Ov.: Thesea crudelem surdas *ad* undas, Ov.: m. 1. Supin., e somno pueros cum mane expergitum clamo, Lucil. sat. 3, 56. – m. dopp. *Acc.* = **laut bezeichnen, laut nennen,** Dareum adhuc regem, Curt.: alqm furem, Hor.: se deum, Prop.: alqos ingenuos honestosque, Petr.: cotidie felices mortuos, Ps. Quint. decl.: im Passiv m. dopp. *Nom.*, ab eis quos deserit insanus imperitus temerariusque clamabitur, Cic. Acad. fr. inc. p. 89 M. (b. Augustin. c. Acad. 3, 7, 15). – dah. spätlat. = **einladen,** ad se suos parentes, Testam. porc. § 14 (Haase opusc. 2, 180): amicos ad prandium, Anthol. Lat. 326 R. (*lemm.*). – **2** (in Prosa gew.) **laut rufen = ausrufen, laut verkünden, laut bezeugen, laut klagen,** u. m. Ang. **nach wem zu? gegen wen?** (durch *ad* od. *in* m. Akk. u. durch bl. *Dat.*) = **zurufen, α** m. dem Ausruf im *Acc.*, hoc de pecunia, Cic.: meridiem, ausrufen, dass Mittag sei, Aquil. fr.: vicinas aquas, bei den Nachbarinnen Wasser! Wasser! rufen, Prop. 4, 8, 58: in foro olitorio triumphum, Triumph! rufen, Liv. (s. Fabri Liv. 21, 62, 2): u. so per urbem diem ac noctem Saturnalia clamata, Liv.: clamata palma theatris, ausgerufen, verkündet, Ov.: von personif. Abstr., quid enim restipulatio clamat? Cic. – **β** mit dem Ausruf in direkter Rede, infantem in utero matris in Marrucinis *Io triumphe!* clamasse, Liv.: omnes *Prehende furem!* clamant, Petr.: pari voce clamatum est *Ad arma!* Flor.: clamabit enim *Pulchre! Bene! Recte!* Hor.: clamans, *Ista quidem vis est!* Suet.: u. ad me omnes clamant, *Ianua, culpa tua est!* Catull.: clamo mihi ipse, *Numera annos tuos!* Sen. – **γ** mit dem Ausruf in indirekter Rede, im *Acc.* m. *Infin.* (s. Fritzsche Hor. sat. 2, 7, 25), clamare ille, cum raperetur, nihil se miserum fecisse, Cic.: rex ... flens clamare coepit candelabrum factum esse e gemmis, Cic.: u. (v. personif. Lebl.) quae (tabulae) se corruptas esse clamant, Cic.: veritas ipsa clamabat quodam modo, non posse adduci, ut etc., Cic. – **δ** mit dem Ausruf im indir. Fragesatz, quid facto esset opus puerperae ... illis ... clamat de via, Ter. Andr. 490 *sq.* – **ε** mit dem Ausruf im Finalsatz mit *ut* od. *ne* und Konj., clamare coeperunt, sibi *ut* haberet hereditatem, Cic. Verr. 2, 47: clamans in hostem (dem F. zurufend), *ne* rex Croesus occideretur, Gell. 5, 9, 2.

clāmor, ōris, *m.* (clamo), der **laute Ruf,** das **Geschrei, a** der Menschen, cl. magnus, Cic., Caes. u. Sall.: civilis, der Mitbürger, Liv.: ingens, Höllenlärm, Verg. u. Curt.: acer, Rhet. Her.: immodicus insolitusque, Plin. ep.: concitatior, excitatior, Liv.: cl. congruens (Ggstz. dissonae voces), Liv.: varius ac dissonus, Curt.: fremitus et clamor dissonus in diversa vocantium, Sen.: clamor populi infestus atque inimicus, Cic.: inconditus et trux, Curt. – clamores dissoni, Liv.: clamores incerti, Liv.: clamores aperti (unverhohlenes), Liv.: clamores nocturni, Liv. – cl. mulierum, Ter. – clamorem edere, tollere, Cic.: clamorem redintegrare, novare, renovare, saepe iterare, Liv. (s. Drak. Liv. 4, 37, 9): clamorem excitare, Liv.: hoc infiniti clamores commoventur, Plin. ep. – clamor oritur, exoritur, Sall.: fit clamor, Ov.: clamor auditur, exauditur, Caes.: clamor ad caelum fertur, Sall.: clamor perfertur ad alqm, Curt.: perfertur circa collem clamor, Liv.: clamor implet valles, Curt.: resonat clamoribus aether, Verg. – So nun bes. **α** vom lauten, beifälligen Zuruf, lauten Beifall, Beifallsgeschrei, Jubel, clamor militum gaudentium, Tac.: clamor gratulantium (m. folg. Akk. u. Infinit.), Liv.: ille laudantium clamor, Quint.: cl. alacer, Curt.: incerti, ex utra parte maior auribus nostris accidat clamor, Plin. pan.: clamore et plausu fovere alqm, Tac.: clamorem mereri, Quint.: clamores captare, Sen.: Hortensius utroque genere florens clamores faciebat (erregte) adulescens, Cic.: haec sunt, quae clamores et admirationes in bonis oratoribus efficiunt, Cic. – **β** vom lärmenden wilden Geschrei, clamor militum, Suet.: cl. utrimque, undique concursus, Hor.: alqm clamoribus et conviciis et sibilis consectari, Cic.: alqm clamoribus maximis corripere, Cic. – **γ** vom Kriegsgeschrei, cl. militaris strepitusque armorum, Val. Max.: cl. proeliantium, Tac. u. Curt., proelii, Sen.: cl. hostium subitus, Phaedr.: clamor hostes circumsonat; superat inde castra hostium et in castra consulis venit, Liv.: clamor Romanus haudquaquam ignotus ad aures accĭdit, Liv.: clamorem tollere, Caes.: cum clamore ingenti invadere, Liv.: clamore sublato procurrere, Liv.: clamore ingenti provolare, Liv. – **δ** vom Jammergeschrei, clamor aegri, Cels.: clamor supremus (bei einem Sterbenden), Ov.: clamor lugubris, Curt.: pavidus clamor fugientium, Angstgeschrei, Liv.: clamor paventium, Angstgeschrei, Liv.: clamor lamentantium mulierum, Liv.: clamores plorantium sociorum, Liv. – **b** der Tiere, cl. asinorum, das Iahen Hieron.: cl. gruum, Lucr.: mergi clamorem ferunt ad sidera, Verg.: clamores laetissimos edere (v. einem Adler), Suet. – **c** (poet.) lebl. Ggstd., der **laute Hall, Widerhall, das Gebrüll, Getöse,** clamor montium, Hor.: ter scopuli clamorem dedere, Verg. – ► Archaist. Nbf. clāmōs, ōris, *m.*, s. Quint. 1, 4, 13.

clāmōrōsus, a, um = clamosus, Ps. Ambr. serm. 24, 4.

clāmōsē, *Adv.* (clamosus), **laut schreiend, mit Geschrei,** omnia dicere, Quint. 11, 3, 45.

clāmōsitās, ātis, *f.* (clamosus) = clamor, Fulg. de aet. mund. 7. p. 151, 11 *Helm.*

clāmōsus, a, um (clamo), **voll Geschrei,** d. i. **I** aktiv = **in einem fort** od. **laut schreiend, polternd,** altercator, Quint.: pater, Iuven.: mulier, Vulg.: stomachosus, rabiosus, clamosus, v. Zornigen, Sen. – **II** passiv: **A von Geschrei erfüllt,** circus, Mart. u. Iuven.: Subura, Mart. – m. Genet. der näheren Beziehung, undae clamosus Helorus, Sil. 14, 269. – **B mit Geschrei geschehend, -vollzogen, -verbunden,** orationis enuntiandae acceleratio, Rhet. Her.: actio, Quint: clamosissimae mortes boum, Veget. mul. 4. prol. 1 (*Lommatzsch* damnosissimae).

clamys, s. chlamys.

clanculārius, a, um (clanculum), **geheim, verborgen,** Mart. 10, 3, 5. Tert. de pall. 4.

clanculē, *Adv.* (clam), **insgeheim, heimlich,** Gloss.

clanculō, *Adv.* (clam), **insgeheim, heimlich,** Apul. met. 3, 8 u. 16; met. 9, 9; apol. 40 u. 86. Tert. de pall. 4. Solin. 7, 29. Amm. 21, 12, 13. Macr. sat. 5, 18, 1. Augustin. conf. 9, 8 u. serm. 8, 11.

clanculum, *Adv.* (clam), **insgeheim, heimlich,** Plaut. Amph. 523 u. ö. Enn. bei Lact. 1, 14, 5. Atta com. 24. Afran. com. 47. Ter. eun. 310 u. ö. Lucil. sat. 27, 20. Auct. b. Hisp. 32, 8. Gell. 1, 8, 5. – Als *Praep.* m. *Acc.*: cl. patres, heimlich vor den V., Ter. adelph. 52.

clandēstīnō, *Adv.* (clandestinus), **insgeheim, heimlich,** Plaut. mil. 956. Pompon. com. 23. Lucil. sat. 26, 68. Auct. argum. ad Plaut. truc. *v.* 4.

clandēstīnus, a, um (clam u. *dēstus = desitus, abgelegen), **geheim, heimlich, verborgen,** risus, Afran. fr.: introitus, Cic.: foedus, Liv.: scelus, Cic.: colloquia cum hostibus, Cic.

clango, ere (κλάζω) vgl. κλαγγή, **schallen, a** v. leb. Wesen, u. zwar v. Schwänen u. Gänsen, **schreien, schnattern,** Sidon. ep. 2, 2. p. 100 Sav.: v. Raben, **krächzen,** clarissime cl., Apul. de deo Socr. prol. p. 109 H. (p. 3, 29 G.): v. Adler, **schreien,** Suet. fr. 161. p. 250 R. Anthol. Lat. 762, 27 (233, 27): v. Pfau, **schreien,** immaniter cl., Amm. 28, 4, 34. – v. Menschen, v. Tuba- od. Bucinabläser, tubā, bucinā, auf der T., auf dem H. blasen, die T., das H. schmettern lassen, Vulg. num. 10, 4 u. 8 *sq.;* Iosuë 6, 4 u. 8 u. ö.: mit *Acc.*, classicum, Prud. cath. 5, 48: bellicum, Cypr. p. 554, 20 H. – v. Redner, **schmettern,** Fronto de eloqu. 1. p. 146, 12 N. – **b** v. Lebl., **erschallen,** echo crepitu clangente cachinnat, Acc. tr. 573: bes. von der Tuba, **schmettern,** Val. Flacc. 3, 349. Stat. Theb. 4, 342. Vulg. levit. 23, 24; Amos 3, 6: u. so v. der Bucina, Vulg. exod. 19, 13. – ► Perf. clangueris (Variante clanxeris), Vulg. num. 10, 4.

clangor, ōris, *m.* (clango) = κλαγγή, die unartikulierten, kurz hervorgestoßenen Töne, **a** der **Tiere, α** das **Geschrei, Gekreisch** der Vögel, Ov. met. 12, 528; 13, 611. Plin. 18, 363. Claud. b. Get. 444: Plur., avium clangores, Apul. flor. 17. p. 27. 1 Kr. – u. so des Adlers, Cic. poët. Tusc. 2, 24: clangores laetissimos edere, Suet. Dom. 6. – der Kraniche, Claud. b. Gild. 475. Stat. Theb. 12, 517. – der Schwäne, Sidon. ep. 8, 9. – das **Schnattern** der Gänse, Liv. 5, 47, 4. Flor. 1. 13, 15. Col. 8, 13, 2. Plin. 18, 363. – das **Gackern** des Eier legenden Huhns, Apul. met. 9, 33. – **β** das **Gekläff** der Hunde, Gratt. cyn. 186. – **b** der **Klang,** das **Schmettern** der Tuba, Verg. Aen. 2, 313; 8, 526. Lucan. 1, 237. Sil. 2, 19. Stat. Theb. 3, 650. Amm. 27, 10, 12. Vulg. num. 10, 7: u. der Bucina, Vulg. exod. 19, 16, 2. regg. 6, 15 u. ö.

Clanis, is, Akk. im, *m.*, ein Fluss in Etrurien, der aus einem See bei Klusium in den Tiber fließt, j. *la Chiana,* Plin. 3, 53 u. 54 (Glanis geschr.). Tac. ann. 1, 79. Sil. 8, 453.

Clanius, ī, *m.*, Fluss in Kampanien, j. *Clanio Vecchio,* der von Nola kommend die laborinischen (phlegräischen) Gefilde durchströmte u. häufig die anliegenden Ländereien, namentlich auch das Städtchen Acerrä überschwemmte, bei seiner Mündung Liternus (j. *Patria*) gen., Verg. Aen. 2, 225. Sil. 8, 537.

clārē, *Adv.* m. *Compar.* u. *Superl.* (clarus), **hell, klar, deutlich, I** eig.: **A** fürs Gesicht: c. oculis video, Plaut.: c. fulgens caesaries, Catull.: clarius micare, Plin.: clarissime lucere, Vitr. – **B** fürs Gehör, **hell = laut,** dic c., Ter.: c. recitare, plaudere, Plaut.: inter se loqui, Plin. ep.: gemere, Cic.: aliquanto clarius dicere quam etc., Cic.: clarius fabulari, Suet.: clarissime audire alqd, Plin. – **II** übtr.: **a deutlich, klar,** clare atque evidenter ostendere, Quint.: clarius apparet alqd, Cael. in Cic. ep.: clarissime lucet alqd, Quint. – **b** durch Talent **hervorstechend, leuchtend,** clarius exsplendescebat, heller hervorstrahlte, Nep. Att. 1, 3.

clārēdo, dinis, *f.* (clarus) = claritudo (s. d.), Plur., Gloss. Scal. V, 594, 14.

clāreo, ēre (clarus), **I hell sein, glänzen,** Enn. tr. 367: v. Gestirnen, Cic. Arat. 6 u. 107. – **II** übtr.: **a** geistig **einleuchten, klar-, offenbar sein,**

erhellen, Lucr. 6, 937: quod autem nunc liquet et claret, Augustin. conf. 11, 20: hoc inde claret, quod etc., Amm. 24, 3, 13: mihi satis claret m. folg. *Acc.* u. *Infin.*, Spart. Sever. 20, 4. – b durch Taten, Ruhm **hervorstechen, glänzen, ausgezeichnet sein,** Enn. ann. 315. Turpil. com. 152: cuius nomen excellenter clarebat apud servos tuos, Augustin. conf. 8, 6. – ► Perf. clarui, s. clāresco.

clāresco, clāruī, ere (*Inchoat.* v. clareo), I **hell-, klar werden,** a fürs Gesicht **erglänzen,** Tac. u. a. – b fürs Gehör, **hell-, klar ertönen,** Verg. u. Quint. – II übtr.: a geistig **klar-, deutlich werden, erhellen, einleuchten,** Lucr., Quint. u. a.: ut postea satis claruit, Capit. Get. 3, 6. – b durch Taten, Ruhm **hervorstechen, glänzen, sich auszeichnen,** Tac. u. a.: c. facinore, Tac.

clāricito, s. clārigito.

clārico, āre (clarus), **hell schimmern,** ignes pernicitate sui claricantes, Apul. de mundo 15.

clārificātio, ōnis, *f* (clarifico), die **Verklärung,** Eccl.

clārifico, āre (clarus u. facio), **berühmt machen, verherrlichen,** Eccl.

clārificus, a, um (clarus u. facio), a **hell machend,** lumen, Paulin. in Augustin. ep. 25, 1. – b übtr.: α übh.: sermo, Paul. Nol. ep. 4, 1. – β verherrlichend, nomen, Sedul. carm. pasch. 5, 360.

clārigātio, ōnis, *f.* (clarigo), die **laute Forderung** der Auslieferung des Frevlers oder seiner Bestrafung, die **Genugtuungsforderung,** a an einem Feind an der Grenze vom Fetialis vollzogen, Plin. 1. epit. libr. 22, 3. Quint. 7, 3, 13. Arnob. 2, 67; vgl. Serv. Verg. Aen. 9, 43 u. 10, 14. – b an einem, der sich außerhalb des ihm bestimmt angewiesenen Aufenthaltsorts treffen lässt, etwa die **Repressalie,** Liv. 8, 14, 6.

clārigenus, a, um (clarus u. genus), **erlauchten Geschlechts,** Iuvenc. in exod. 1188.

clārigito, āre (*Frequ.* v. clarigo), **immer und immer zurückfordern,** übtr., Lucr. 5, 944 (947).

clārigo, (āvī), ātum, āre (= clare s. clārē voce ago), **laut fordern,** die Auslieferung des Frevlers od. seine Bestrafung, **laut Genugtuung fordern,** vom Fetialen an der Grenze des feindlichen Landes, ad hostes clarigatum mitti, Plin. 22, 5.

clārisonus, a, um (clarus u. sono), **helltönend,** voces, vox, Catull. 64, 125 u. 320: aurae, Cic. Arat. 280.

clārissimātus, ūs, *m.*, die **Würde eines** *clarissimus* (s. clārus *no.* II, B, 1), Amm. 21, 16, 2 u. a. Spät.

clāritās, ātis, *f.* (clarus), das **Hölle, die Helligkeit,** I eig.: A für den Gesichtssinn, c. visus, Plin.: solis, Sen.: matutina, Plin.: ocularia, Solin. – B für den Gehörsinn, c. vocis, Cic.: c. vocalium, heller Klang, Quint. – II übtr.: A die geistige **Klarheit, Deutlichkeit,** Quint. u. Cod. Theod. – B der **Glanz,** die **Erlauchtheit,** der **erlauchte Name,** die **erlauchte Abkunft,** c. hominis, Cic.: c. generis, Quint.: c. nascendi, Quint.: viri claritate praestantes, Nep.: num te claritatis paenituit? Cic.: claritas laus est a bonis bono reddita (erteilt), Sen.: claritas, quae post mortem contingit, zus. = Nachruhm, Sen.: Plur., claritates operum, Plin. 34, 53: ingeniorum, Plin. 37, 201. – meton., v. Pers., claritas tua, Eure Erlaucht, Pelagon. veterin. 14 *in.*

clāritūdo, inis, *f.* (clarus), das **Hellsein,** die **Helle** (Nbf. zu claritas), I eig.: A für den Gesichtssinn, c. deae (*sc.* lunae), Tac.: c. (solis), Macr.: Plur., solis claritudines, Theod. Prisc. 1, 10. p. 293, 18. – B für den Gehörsinn, c. vocis, Gell. 7, 5, 1. – II übtr., der **Glanz,** die **Erlauchtheit,** der **erlauchte Name,** die **erlauchte Abkunft,** Cato fr., Sall. u. a. – ► *Abl. sing.* einmal claritudini, Tac. ann. 4, 13.

clāritus, *Adv.* = clare, altlat. nach Cels. bei Charis. 214, 4.

Clarius, a, um, s. Claros.

clāro, āvī, ātum, āre (clarus), I **hell-, klar machen, erhellen,** Cic. poët. u. Stat. – II übtr.: a geistig **klar-, deutlich machen, erklären, zeigen,** Lucr. u. Apul. – b **verherrlichen,** Hor. carm. 4, 3, 4.

Claros, ī, *f.* (Κλάρος), kleine Stadt in Jonien auf einer Landspitze bei Kolophon, berühmt durch einen Tempel u. ein Orakel des Apollo, j. Ruinen beim Dorf *Zille,* Ov. met. 1, 516. – Dav. **Clarius,** a, um (Κλάριος), **klarisch, von Klaros,** Beiname Apollos, Apollo, Mela: deus, Ov.: u. ders. bl. Clarius, Verg. – poëta, der zu Klaros geborene u. zu Kolophon lebende Dichter Antimachus, Cic. u. Ov.

clārus, a, um, *Adi.* m. *Compar.* u. *Superl.* (calo, clamo; vgl. clarigo), **klar, hell** (Ggstz. obscurus, caecus), I eig.: A für den Gesichtssinn, **hell, glänzend, leuchtend,** locus, Cic.: gemma, Cic.: sol, Quint.: vitrum, Ov.: sidere clarior, Hor.: olore clarior, Auson.: stella clarissima, Cic.: luce od. luci claro, s. lūx. – poet., aquilo c., hellmachend, aufklärend, Verg. georg. 1, 460. – B für den Gehörsinn, **hell, laut, weithinschallend,** clarā voce, Cic. u. a.: clariore voce, Caes.: clara vox (Ggstz. obtusa vox), Quint.: clamor, plausus, Plaut.: plangor, Ov. – II übtr.: A geistig **klar, deutlich, verständlich,** vide ut mi haec certa et clara attuleris, Ter.: ea quae sunt clara ipsa per sese, Cic.: labamus mutamusque sententiam clarioribus etiam in rebus, Cic.: luce clariora, Cic.: Masinissam regem post LXXVI annum generasse filium clarum est, Plin. – B durch einen Vorzug od. Fehler **hervorstechend,** 1 durch einen Vorzug (durch Geburt, Geschlecht, Reichtum, Amt, Talent usw.) **hervorleuchtend, hervorstechend, angesehen, groß, ausgezeichnet, glänzend** u. in diesem Sinne **berühmt,** a v. Pers., vir fortissimus et clarissimus, Cic.: clarus gloriā, Cic.: disciplinā clarissimus, Vell.: clarus in philosophia et nobilis, Cic.: clarus in arte tibiarum, Quint.: ex doctrina nobilis et clarus, Cic.: clarus ob id factum, Hor.: clarus Troiano ab sanguine, Verg.: clarissimus artis eius, Plin. – dah. (zur Kaiserzt.) clarissimus, ähnlich unserem **Erlaucht, Exzellenz,** stehender Titel hoher Staatsbeamten, wie Konsuln, Prokonsuln, Pontifices, Senatoren usw., Plin. ep., ICt. u. a.: u. so clarissimus ordo, ICt. u. Vopisc.: clarissimae feminae, Frauen hoher Staatsbeamten, ICt. – b v. Lebl.: oppidum, Cic.: mortes, Cic.: clarior pax, Liv.: victoria clarissima, Cic.: urbs clara *ob* insignem munimento naturali locum, Liv.: clarum *ad* memoriam imperium, ewig denkwürdige Ausübung der Gewalt, Liv. – 2 im üblen Sinne = **bekannt, berüchtigt,** non enim parum res erat clara, Cic. Verr. 4, 29: illa oppugnatio fani antiquissimi quam clara apud omnes, Cic. II. Verr.. 1, 50: populus luxuriā superbiāque clarus, Liv. 7, 31, 6: Philippus aut Alexander ceterique exitio gentium clari, Sen. nat. qu. 3. praef. § 5.

classeus, a, um (classis), **zur Flotte gehörig, Flotten-,** silva hominum, Cassiod. var. 5, 17.

classiārius, a, um (classis), **zur Flotte gehörig,** I *adi.*: centurio, Marinekapitän (als Soldat), Tac. ann. 14, 8. – II *subst.*, classiāriī, ōrum, *m.*, a (*sc.* milites), **Marinesoldaten, Seetruppen,** Nep. u. a. – b (*sc.* nautae) **Matrosen,** Caes. u. a. – c **Werftarbeiter,** CIL 10, 322*.

classicula, ae, *f.* (*Demin.* v. classis), die **Flottille, kleine Flotte,** Cic. ad Att. 16, 2, 4.

classicum, ī, *n.*, s. classicus *no.* II, 1.

classicus, a, um (classis), I **die** röm. **Bürgerklassen betreffend;** dah. classicus, ī, *m.*, a der die Bürgerklassen durch ein Hornsignal zu den Komitien zusammenruft, Varr. LL. 5, 92. – b ein **Bürger der ersten Klasse,** Gell. 7, 13. 1 *sqq.*: desinite hominem, cum *proletarius* sit, *classicis* ascribere, Arnob. 2, 29 *in.*; u. dav. übtr., classicus scriptor, vom ersten Rang, mustergültiger, Gell. 19, 8, 15. – II **das Heer betreffend,** 1 sowohl **die Land-** als **die Seemacht betreffend,** nur subst., classicum, ī, *n.* (*sc.* signum), das **Zeichen** mit der Trompete, der **Trompetenstoß,** das **Signal,** classicum canere, das S. geben, Caes.: classicum canit, das S. ertönt, Liv.: convocare (absol.) classico ad contionem, Liv.: convocare classico contionem, Sen. – meton. = **Kriegstrompete,** classica inflare, Verg.: classica Martia, Tibull. – 2 insbes., **die Flotte betreffend, Flotten-, See-,** milites, Liv.: centurio, Inscr.: legio, Tac.: bellum, Seekrieg, Prop.: certamen, Seetreffen, Vell.: corona, als Belohnung für den, der zuerst an Bord eines feindlichen Schiffes stieg, Vell. – subst., classici, ōrum, *m.*, a (*sc.* milites) **Seesoldaten,** Tac.: legio classicorum, Tac. – b (*sc.* nautae) **Matrosen,** Curt. 4, 3 (14), 18.

classis, is, *f.* (κλάσις = κλῆσις [v. κλέω, altlat. calo, s. Quint. 1, 6, 33], die Herbeirufung: konkret = »die herbeigerufene od. versammelte Menge«, dah.) I nach der von Servius Tullius eingeführten Einteilung des röm. Volks in sechs (od. die tributpflichtigen Bürger allein gerechnet in fünf) Klassen (s. Arnob. 2, 67), eine solche **Volksklasse,** deren jede aus iuniores u. seniores bestand, **1** eig., Liv. 1, 42, 5 u. 1, 43, 1 *sqq.* Cic. de rep. 2, 39 *sq.;* Phil. 2, 82. – bildl., quintae classis esse, vom niedrigsten Rang, Cic. Acad. 2, 73. – scherzh., tutior at quanto merx est in classe secunda, Libertinarum dico, Gesellschaft vom zweiten Rang, Hor. sat. 1, 2, 47. – **2** übtr., die **Klasse** = die **Abteilung** übh., c. servorum, Petr.: formicarum, ein Volk, eine Menge, Apul.: pueros in classes distribuere, Quint. 1, 2, 23: classem ducere, der erste in der (Schul-)Klasse sein, Quint. 1, 2, 24. – **II** in der Militärspr., das **Heer, A** die **Landmacht,** das **Landheer,** c. procincta, Fab. Pict. fr.: Hortinae classes, Verg. – **B** die **Flotte** nebst den darauf befindlichen Truppen, classem ornare, ausrüsten, Cic.: classem comparare, Cic.: classem facere, Caes.: classem aedificare, Cic.: classe minore navigare, Sall. fr.: classem appellere ad Delum, landen, Cic.: alqm mari exuere classi pulcherrimā, Sall. fr.: cetera classis, quantum quaeque remis valuit, fugerunt, der übrige Teil der Flotte, Liv. 35, 26, 9: classis navium, Gell. 10, 6, 2: classis lemborum, Liv. 45, 10, 1. – dah. classe od. classi, zu Schiff, zur See, z. B. classe proficisci, Nep.: classi pugnare, Liv.: classi felicissime geruntur res, Liv. (vgl. Fabri Liv. 24, 40, 2). – poet. von **einem Schiff,** Hor. carm. 3, 11, 48. Verg. Aen. 6, 334: dah. Plur. classes = *naves,* Fahrzeuge, Verg. Aen. 2, 30. Sall. hist. fr. 4, 6 (19), 14. Tac. ann. 14, 11. – ► *Acc. Sing.* gew. classem; classim nur Auct. b. Afr. 9, 2: *Abl. Sing.* gew. (bei Cicero immer) classe, aber auch classi, s. Drak. Liv. 23, 41, 8. Duker u. Weißenb. Liv. 24, 40, 2. Kreyßig Liv. 32, 8. p. 164. Kritz Vell. 2, 79, 2.

Clastidium, ī, *n.,* ein fester Ort der Ananes unweit des Pos (im cispadan. Gallien), j. *Casteggio* od. *Chiateggio,* Cic. Tusc. 4, 49. Nep. Hann. 4, 1. Liv. 21, 48, 9.

Claterna, ae, *f.,* fester Ort im cispadan. Gallien, in der Gegend des heutigen Maggio, am j. Fluss *Quaderna,* Cic. Phil. 8, 6; ep. 12, 5, 2. Ambros. epist. 39, 3.

clātra, s. clātrī.

clātrātus (nicht clāthrātus), a, um (clatri), **mit Gitterwerk versehen, vergittert,** fenestra, Plaut. mil. 379: faliscae, Cato r. r. 4, 1: fores, CIL 1, 577. col. 2. lin. 9: non fiunt (antepagmenta) clatrata, *Vitr. 4, 6, 6.

clātrī (nicht clāthrī), ōrum, *m.* (κλῆθρα, τά), das **Gitterwerk, Gitter** (bes. an Tierkäfigen), Cato r. r. 4, 1. Hor. de art. poët. 473. Col. 8, 17, 10. Claud. III. cons. Stil. 272. CIL 6, 260 u. ö. – Nbf. clātra, ōrum, *n.,* Prop. 4, 5, 74 (aber Caper (VII) 108, 16: ›clatri non clatra‹).

clātro (nicht clāthro), āre (clatr i), **mit einem Gitter versehen, vergittern,** vacerras seris transversis, Col. 9, 1, 4. – clātrātus, a, um, s. bes.

claudeo, ēre, u. gew. **claudo,** clausūrus, ere (claudus), **lahmen, hinken,** nur übtr. = **auf schwachen Füßen stehen, nicht Stich halten, schlecht bestellt sein, α** Form **claudeo:** an ubi vos sitis, ibi consilium claudeat? Caecil. com. 32. – **β** Form **claudo:** si (beata vita) una ex parte clauderet, Cic.: si alterā parte claudet (Futur.) res publica, Liv.: neque enim ignorantiā res claudit, Sall. fr.: si memoria rebus vetustis claudit, Auson.: quā causā claudat aliquantum amor erga te meus, Fronto. – bes. v. der Rede u. v. Redner, quid est cur claudere aut insistere orationem malint quam cum sententia pariter excurrere, Cic.: nisi tertia syllaba circumflexe promatur, numerus clausurus est, Gell.: in quacumque enim una (parte) plane clauderet, orator esse non posset, Cic.

claudeor, ērī, od. **claudor,** dī (claudus), **hinken,** risus circumstantium eo maxime quod claudebatur excussus, Mart. Cap. 8. § 804.

Claudiālis u. **Claudiānus,** a, um, s. 1. Claudius.

Claudiānus, ī, *m.* (Claudius), geb. in Alexandria in Ägypten, ein röm. Dichter, der zur Zeit Theodosius' des Gr. u. seiner Söhne lebte; von ihm ist noch eine Anzahl panegyrisch-epischer Gedichte erhalten, Symm. ep. 9, 13.

claudicātio, ōnis, *f.* (claudico), das **Hinken,** Cic. u. a.: Plur., Cael. Aur. chron. 2, 1, 28.

claudico (clōdico), āvī, ātum, āre (claudus), **etwas lahmen** (lahm sein od. lahm gehen), **etwas hinken, etwas humpeln,** ut saepe inde claudicaret, Suet: pedibus claudicantes, Firm.: poet., claudicat nisus pennarum, Lucr.: claudicat axis mundi, schwankt, Lucr.: graviter cl. *ex* vulnere ob rem publicam accepto, Cic.: cl. dolore nervorum, Col. – oft im Bild (= auf schwachen Füßen stehen, nicht Stich halten, schlecht bestellt sein), tota res vacillat et claudicat, Cic.: ne tota amicitia quasi claudicare videatur, Cic.: melius est incessu regem, quam imperio regnum claudicare, Iustin.: cum regium claudicasset imperium, Iustin.: m. Ang. **worin?** durch *in* m. Abl., nec in ullo officio claudicare, Cic.: in comoedia claudicamus, lahmt es bei uns, sind wir schlecht bestellt, Quint. – bes. v. der Rede, nihil curtum, nihil claudicans, Cic.: si quid in nostra oratione claudicat, Cic. – v. Versmaß, claudicat hic versus, haec, inquit, syllaba nutat, Claud. epigr. 79, 3: versus claudicat, Terent. Maur. 1738. 2377 u. ö.

claudīgo, inis, *f.* (claudus), das **Hinken,** Veget. mul. 1, 26, 1.

Claudiopolis, is u. eos, Akk. im, Abl. i, *f.,* **I** Stadt in Kataonien (südl. Kappadozien), j. *Erekli* od. *Eraklia,* Plin. 5, 85. Amm. 14, 8, 2. – **II** Stadt in Bithynien, wahrsch. j. *Boli* od. *Borla,* Cod. Theod. 12, 1, 119. – Dav. **Claudiopolītānī,** ōrum, *m.,* die Einw. von Klaudiopolis (in Bithynien), die **Klaudiopolitaner,** Plin. ep. 10, 39 (48), 5 u. Traian. *ibid.* 40 (49), 3.

claudītās, ātis, *f.* (claudus), das **Lahmsein, Hinken,** Plin. u. Apul.: Plur., Plin. 28, 33.

1. **Claudius** u. (andere Schreibart) **Clōdius,** a, um, Name zweier röm. gentes (einer patrizischen u. einer plebejischen, von deren letzterer die Marcelli [s. Mārcellus] die bedeutendste Familie waren): **I** *subst.:* **A** Form **Claudius,** wie die Patrizier: **1** Appius Claudius Regillensis Crassus, der durch seinen Frevel gegen die Virginia bekannte Dezemvir, Liv. 3, 35 *sqq.* – **2** Appius Claudius (Crassus) Caecus, errichtete als Zensor große Bauten (s. Appius), noch spät gerühmt wegen der Rede, durch die er 281 v. Chr. im Senat zu Rom den Abschluss eines Friedens mit Pyrrhus zu hindern wusste, Cic. de sen. 16. Tac. dial. 18. – **3** Tiberius Claudius Drusus Germanicus, der vierte röm. Kaiser (41–54 n. Chr.), Suet. Claud. 1 *sqq.* Tac. ann. lib. 11 *sq.* – Dav.: **a Claudiānus,** a, um, **zu einem Klaudius** (bes. dem Kaiser dieses Namens) **gehörig, klaudianisch,** castra (des Appius Klaudius Pulcher), Liv.: tonitrua (nach dems. benannt), Fest.: tempora (des Kaisers), Tac.: cometes (zur Zeit des Kl. sichtbar), Sen. – **b Claudiālis,** e, **des (K.) Klaudius, klaudialisch,** flaminium, Tac. ann. 13, 2. – **B** Form **Clōdius,** wie P. Clodius Pulcher, der unruhige Volkstribun, Feind Ciceros, von Milo zu Bovillā im J. 52 v. Chr. ermordet, oft in Cic. oratt. u. epp.: Plur. Clodii, Sen. ep. 97, 10 u. de brev. vit. 5, 1. – Dav. **Clōdiānus,** a, um, **klodianisch, des** (gen.) **Klodius,** crimen, seine Ermordung, Cic.: incendia, von ihm veranlasst, Cic.: operae, seine Helfershelfer, Cic. – **II** *adi.* klaudisch, via C., eine Seitenstraße der via Cassia, Ov.: aqua C., eine von Kaligula begonnene, vom Kaiser Klaudius vollendete Wasserleitung, Liv. epit. u. Suet.: tribus C., jenseits des Anios, nach dem Ahnherrn der gens Claudia ben., Liv.: leges Clodiae, vom Volkstribun Klodius herrührend, Cic.; von anderen Klaudiern, Liv.

2. **Q. Claudius Quadrīgārius,** ein röm. Annalist, Zeitgenosse des Sulla u. Sisenna., Vell. 2, 9, 6. Gell. 1, 7, 9: bei Livius gew. bl. Claudius gen., s. Liv. 8, 19, 13; 9, 5, 2.

3. **Claudius Mamertīnus, a** ein sonst unbekannter Redner am Ende des 3. Jahrh. n. Chr., Verf. einer noch erhaltenen panegyrischen Rede auf den Kaiser Maximinianus und dessen Mitregenten Domitianus. – **b** ein Redner in der 2. Hälfte des 4. Jahrh. n. Chr., Verf. einer noch erhaltenen Danksagung für das durch den Kaiser Julianus ihm verliehene Konsulat, Amm. 21, 8, 1 u. 12, 25. Symm. ep. 10, 60.

1. **claudo,** clausī, clausum, ere, in der Volksspr. u. daraus in der Schriftspr. auch **clūdo,** clūsī, clūsum, ere (vgl. κλῄζω, κλείω, ich schließe), **schließen, sperren, I** im Allg. = **zuschließen, zumachen, verschließen, versperren** (**absperren**), **verstopfen, 1** eig.: **a** eine Öffnung, einen offenen Raum (Ggstz. aperire, patefacere, reserare), ianuam, Cic.: ianua clauditur serā firmā, Tibull.: im Bild, omnibus et virtutibus ianuam claudit et delictis aperit, Val. Max. – valvae repa-

gulis clausae, Cic.: valvae clausae subito se aperuerunt, Cic. – cl. forem cubiculi, Cic.: fores carceris adamante clausae, Ov. – clausae fenestrae (Ggstz. apertae fenestrae), Cels.: pars adaperta fuit, pars altera clausa fenestrae, Ov. – cl. portas, Caes.: portas obice firmo, Ov.: portas alci, Caes. u. (Ggstz. alqm suā urbe recipere) Cic.: Ianum (Quirinum od. Quirini), den Janustempel (was dann geschah, wenn im ganzen röm. Reich Ruhe war), Liv., Hor. u. Suet., u. so Ianum geminum, Flor. – cubiculum, Quint.: domum, Verg. u. Tac.: domum alci, Plin., u. (im Bild) alci rei od. contra alqd, Cic. – tabernas, Cic.: claudi tabernas totā urbe iussit, Liv. – oppidum undique, Sall. – cl. curiam, Liv.: u. im Bild, clausa curia pauperibus est, Ov. – nostros ocellos (v. Tode), Prop.: lumina (v. der Nacht), Ov.: in aeternam lumina noctem, Verg. – cl. aures alci rei u. ad alqd (bildl., Ggstz. aures aperire, reserare), Cic., adversus alqd, Sen.: os (den Mund), Tac. – corpore cluso adversus vim veneni, Tac. – donec ex toto plaga claudatur, Cels. – cl. foramina (tibiarum), Plin.: fistulam demisso linteolo, Cels. – neque congesta aut clausa humus, kein Hügel über ihr erhoben, kein Grab geschlossen, Tac. – v. verschließenden Ggstdn. selbst, mille domos clausere serae, Ov.: palpebrae aptissime factae et ad claudendas pupulas et ad aperiendas, Cic.: lingua (ἐπιγλωττίς), quae arteriam claudit, Cels. – im Bild, in ipsius consuetudinem, quam adhuc meus pudor mihi clausit, insinuabo, Cic. ep. 4, 13, 6. – Partiz. subst., clausum, ī, *n.*, **der Verschluss, Schloss und Riegel,** assueta clauso corpora, Sen. exc. contr. 3. pr. § 15. p. 245, 12 K.: ponere in clauso, *Titin. com. 61. Verg. georg. 4, 303: sub clauso habere, Col. 7, 6, 5: clauso custodire fructus, Col. 12. pr. § 3. – Plur., clausa domorum, viarum, Lucr. 1, 354: clausa effringere, Schlösser u. Riegel aufsprengen, Sall. Iug. 12, 5. – **b** einen Weg, Pass, ein Land usw. **verschließen, sperren, versperren** = ungangbar, unbetretbar, unzugänglich machen, iter, Ov.: pollice vocis iter, Ov.: flumina ac terras et quodam modo caelum (durch hohe Bauten), Tac. – omnia litora ac portus custodiā clausos teneri, Caes.: portus obiectā ad ingressum catenā clausus, Frontin.: cl. terrestres aditus opportune positis praesidiis, Liv.: longis navibus versum in Italiam mare, Tac.: omnes aditus custodiis, Tac.: forum saepietur, omnes aditus claudentur, Cic. – v. den Ggstdn. selbst, die eine Örtl. versperren, in ipso exitu ita conferti obstitere Galli, ut clauderent viam, Liv.: si manantia corpuscula iter claudunt, Cels.: clauderet ut Tatio fervidus umor iter, Ov. – clausam Alpibus Italiam, Tac. – **c** etw. schließen = sich unmittelbar an etw. **anschließen, anlehnen,** als geogr. *t. t.* v. Örtl. usw., insula ea sinum ab alto claudit, in quo Carthago sita est, Liv.: dextra laevaque (Akk. Plur.) duo maria (Nom. Plur.) claudunt (nobis) nullam ne ad effugium quidem navem habentibus, Liv.: Angrivarios et Chamavos a tergo Dulgubnii et Chasuarii claudunt, Tac. – u. als milit. *t. t.*, v. Bedeckung, Nachhut usw., agmen claudere, den Zug schließen, Caes. u. a. (vgl. agmen *no.* II, 2, a, α): dextrum, sinistrum latus, decken, Tac. – **2** übtr.: **a** ein Land für den Verkehr **verschließen, sperren,** Britanniam tam diu clausam aperire, Mela: patefactum nostris legionibus Pontum, qui antea populo Romano ex omni aditu clausus fuisset, Cic.: tamquam clausa sit Asia, sic nihil perfertur ad nos praeter rumores de oppresso Dolabella, Cic. – quod clausae hieme Alpes essent, Liv.: rura tum gelu claudit hiems, Verg. – u. bes. cl. mare, das Meer für die Schiffahrt schließen (v. Stürmen, Winter usw.), gew. im Passiv, adhuc clausum fuisse mare scio, Cic.: sociis nostris mare per hos annos clausum fuisse, Cic.: ex die III. Id. Nov. usque in diem VI. Id. Martiis maria clauduntur, Veget. mil. – u. dafür clausum litus, Tac. hist. 4, 38. – **b schließen = beschließen, beendigen, α** übh.: (Ggstz. inchoare, incipere), opus, Ov.: epistulam, Ov. – insigne facinus strenuo ac forti exitu, die Krone aufsetzen, Val. Max. – als nachaug. rhet. *t. t.*, claudit (absol.) optime prima pars versus (des V.), Quint.: cum versus cluditur *Apennino* et *armamentis,* Quint.: cludendi inchoandique sententias ratio, Quint.: disputatio illa contra Gorgian ita clauditur, ›οὐκοῦν‹ etc., Quint.: cum ventum est ad ipsum illud, quo veteres comoediae tragoediaeque clauduntur, ›Plaudite!‹ Quint. – **β** eine Zeit **beschließen,** octavum lustrum, Hor. carm. 2, 4, 24: diem vitae huius extremum, Augustin. de civ. dei 21, 22: octavo anno imperii sui diem ultimum, Capit. Anton. phil. 18, 1. – **c** Partiz. clausus, **verschlossen** dem Charakter nach, Tiberius, Tac. ann. 3, 15.

II prägn.: **A** = *intercludere,* etwas in seinem Lauf, Fortgang **absperren, abschneiden,** rivos, Verg.: fontes (Ggstz. novos fontes emittere, v. der Schöpfung), Ov.: sanguinem, stillen, Plin. u. Iustin. – u. transitum (Durchgang), Liv.: maritimos exitus, Cic.: commeatus, Liv.: longis navibus versum in Italiam mare, Liv.: portā castrorum ducis principumque fuga clausa erat, Liv.: u. v. lebl. Gegenständen, horum ferocia vocem Euandri clausit, Liv. 44, 45, 12: neutra (littera) claudet vocem Latinam, Quint. 1, 5, 31. – **B** = *concludere, includere,* etw. **einschließen, 1** eig.: **a** eine Sache **verschließen,** thesauros, Quint.: vilissima quaeque anulo clausa, Tac.: cui tot consulum vina cluduntur, Sen.: Aeoliis aquilonem in antris, Ov. – od. leb. Wesen **einsperren,** cl. filium, Nep.: fera animalia clausa tenere, Tac.: clausus pavo, Publil. com. fr. – cl. alqm in curiam, Liv., u. alqm in curia, Liv. (s. Drak., Fabri u. Weißenb. Liv. 23, 2, 9): alqm in arca, Hor.: alqm cum cane in cavea, Iustin.: alqm cum alqo harā, Ov.: in carcere claudi, Tac.: carcere claudi, Ov.: claudi cubiculo, Tac.: cl. pecus textis cratibus, einpferchen, Hor. – se Daphnae (zu D.), Iustin. – pictor intra officinam suam clausus, Sen. – **b umzingeln, umstellen, α** als milit. *t. t.:* Numantiam, Sen.: oppidum undique, Sall.: alqm in urbe, Iustin.: adversarios locorum augustiis, Nep.: exercitum Caesaris multitudine suā, Auct. b. Afr.: urbem operibus, obsidione, Nep.: iudicium militibus, Quint.: im Passiv, claudi multitudine, locorum angustiis, Nep.: clausus armis senatus, Tac. – **β** als *t. t.* der Jägerspr.: nemorum saltus, Verg.: colles indagine, Tibull.: valles insidiis, Tibull.: capreas leporemque rete, Ov. – **c** übh. = **umgeben,** quae macerie ad villam venationis causā cluduntur, Varr.: forum porticibus tobernisque, Liv.: non portu illud oppidum clauditur, Cic.: urbs loci naturā terrā marique clauditur, Cic.: quasdam gemmas auro clusit, Plin.: neque congesta aut clusa humus, eingefriedigt, Tac. – **2** übtr.: **a** übh.: aliud clausum in pectore, aliud in lingua promptum habere, Sall.: quod habere clausa non potuerit sua consilia de Verre, Cic. – **b** als rhet. *t. t.*, sententias numeris, Cic.: verba pedibus, Hor.: universa comprehensio et species clausa et terminata est, hat Schluss u. Abrundung, Cic. – ► Parag. Infin. Präs. Pass. claudier, Ter. Andr. 573.

2. claudo, s. claudeo.

claudor, s. claudeor.

claudus (altlat. clūdus, vulgär clōdus), a, um (vgl. litauisch *kliaudà,* ›körperliches Gebrechen‹), **lahm, hinkend, I** eig.: pes, Hor.: sutor, Plaut.: deus, Hor.: claudi ac debiles equi, Liv.: claudus altero pede, Nep.: claudus utroque pede, Vulg.: claudus ex utero matris suae, lahm geboren, Vulg.: cecidit et claudus effectus est, Vulg. – subst. der **Lahme,** der **Krüppel,** claudus u. claudus pedibus, Vulg. prov. 26, 6 u. 7: Plur. claudi u. clodi, Arnob. 1, 63. Cypr. test. 3, 1. p. 109, 3 H. Vulg. 2. regg. 5, 6 u. ö.: claudi ac pedum vitio afflicti, Lahme u. Gebrechliche, Lact. 4, 15, 7. – Sprichw., iste claudus, quemadmodum aiunt, pilam, jener empfing wie ein Lahmer den Ball, ohne dass er sich durch eigene Kräfte hätte danach bemühen können, Cic. Pis. 69. – **II** übtr.: **1** v. Pers., ad mandata claudus, caecus, debilis, Plaut. merc. 630. – **2** v. Lebl.: **a** v. Konkr.: navigia clauda aplustris, Lucr.: claudae mutilaeque naves, schwer beschädigte (= mit auf der einen Seite zerbrochenen Rudern) u. verstümmelte, Liv.; vgl. Ruperti u. Ripperdey Tac. ann. 2, 24. – poet., clauda alterno carmina versu, allemal durch den zweiten V. (den Pentameter) hinkende, d. i. elegische, Ov. trist. 3, 1, 11. – **b** v. Abstr., **lahmend = schwankend, auf schwachen Füßen stehend, schlecht bestellt, unsicher,** fides, Sil. 13, 33: clauda nec officii pars erit ulla tui, Ov. ex Pont. 3, 1, 86. – **3** (wie χωλός) insbes.: **a** als rhet. *t. t.*, **hinkend** = haltlos, clausulae, Quint. 9, 4, 70: *n. pl.* subst., clauda (Ggstz. stabilia), Quint. 9, 4, 116. – **b** als metr. *t. t.*, **lahmend, krüppelhaft** = unrhythmisch u. unmetrisch, metrum clodum, Plot. art. gr. 3, 22. p. 523, 12 u. 20 K.; vgl. Terent.

Maur. 2398. – ► arch. Nbf. clūdus, Plaut. Pseud. 659 zw.: vulg. Nbf. clōdus, Cypr. test. 3, 1. p. 109, 3. Itala Matth. 21, 14. Firm. math. 3, 6. Ven. Fort. 3, 18, 16 u. 10, 17, 37.

clausa, ae, *f.* (claudo), die **Vorratskammer,** die **Klause,** Titin. com. 61. Verg. moret. 15.

clausibilis, e (claudo), **verschließbar,** Not. Tir. 50, 85. Not. Bern. 19, b u. Gloss.

claustellum (clōstellum, clūstellum), *Demin.* v. claustrum, das **kleine Schloss,** der **kleine Riegel,** Petr. 140, 11 (clost.) u. Gloss. (claust. u. clust.)

claustrārius, a, um (claustra), **zu den Schlössern gehörig,** artifex, Schlosser, Lampr. Heliog. 12, 2: Plur. subst., claustrāriī, ōrum, *m.*, **Schlosser,** Lampr. Alex. Sev. 24, 5.

claustritumus, ī, *m.* (von claustrum, wie aeditumus v. aedes), der **Schlosshüter,** Liv. Andr. b. Gell. 12, 10, 5.

claustrum, ī, *n.* (claudo), der **Verschluss,** **I** als Verschließendes, **a** der **Verschluss** an Türen, Toren, Kasten usw., der **Riegel, Sperriegel, Fallriegel,** **α** Sing., Caes. Germ. Arat. 197. Apul. met. 5, 2: claustrum evellere, Apul. met. 4, 10. – **β** Plur., claves cum clostris, Cato: claves, claustra, Varr. fr., claustra et claves, ICt.: claustra ianuae, Catull.: claustra portae, Frontin.: claustra portarum, Verg., Ov. u. Liv.: arcae claustra, Claud.: claustra ferrea, Sen.: claustra laxare, Verg., relaxare, Ov., revellere, Cic., refringere, Val. Flacc., discutere, Petr.: claustra carceris convellere, Val. Max.: rumpere claustra manu, Verg.: arcae claustra remoliri, Claud.: sub signo claustrisque rei publicae positum vectigal, unter Schloss u. Riegel gelegt, Cic. – im Bild, vitai claustra resolvere, Lucr.: obstantia claustra rumpere, Hor.: custodi claustra oris tui, Vulg. Mich. 7, 5. – **b** die **Sperre** eines Hafens, **α** Sing., die **Sperrkette,** claustrum obicere, Curt. 4, 5 (24), 21. – **β** Plur., die **Sperre** = der **gesperrte Eingang,** ad claustra portus succedere, Curt. 4, 5 (24), 19: et eo minoris molimenti ea claustra esse, Liv. 37, 14, 6. – **c** die **Klappe** auf einer Öffnung, quasi claustra quaedam mobilia, coniventia vicissim et resurgentia, zus. = eine Art Ventile, Gell. 17, 11, 4. – **d** der **Schlussnagel** an einer Kriegsmaschine, claustrum reserat malleo forti perculsum, Amm. 23, 4, 6. – **II** als Einschließendes, Einsperrendes, Sperrendes, **a** der **Verschluss,** das **Tor,** die **Mauer, Wand,** die **Schranken,** der **Damm** usw., **α** Sing., intra unum claustrum reservari, Eutr. 10, 1. – **β** Plur., ferrea claustra, Torflügel, Mart.: Thebarum claustra, Stat.: claustra thalami, Claud.: claustra Daedalea, das Labyrinth, Sen. poët.: claustra undae, das sperrende Wasser, Sil.: Lucrino addita claustra, Verg.: venti circum claustra (Bergwände) fremunt, Verg.: suis claustris impeditos turbant, durch ihre Verschanzungen, Tac. – im Bild, die **Schranken,** eminentia cuiusque operis artissimis temporum claustris circumdata, Vell.: retringere claustra pudoris et reverentiae, Plin. ep.: disiectis nequitiae quā obsidebatur claustris, Val. Max. – **b** der **Verschluss,** als Behälter, sowohl für Menschen, der **Gewahrsam,** claustris poenalibus contineri, Solin. 1, 124. – als bes. für Tiere, der **Behälter, Zwinger, Käfig,** diu claustris retentae ferae, Liv.: domitae fractaeque claustris ferae, Plin. pan.: retibus et claustris dilatā morte tenendae ducendaeque ferae, Claud.: leo … abire domo rursusque in claustra reverti solitus, Stat.: fera bestia vincta aut clausa et claustra refringere cupiens, Liv.: ferarum modo, quae claustris aut vinculis teneantur, Liv.: raro unus aut alter de multis milibus claustra patitur, bleibt im Behälter leben, Col. – im Bild, servitutis humana claustra perrumpere, Sen.: enotuerunt quidam tui versus et invito te claustra sua refregerunt, haben ihren Arrest gesprengt, Plin. ep. – **c** der **Verschluss** als Örtlichkeit, die den freien Ein- u. Ausgang hindert, der **Schlüssel,** der **Pass,** claustra montium, die Bergpässe, Tac. hist. 3, 2: claustra maris, der Zugang, Schlüssel zum M., Liv. 37, 15, 1. Sil. 12, 442: u. so angusti claustra Pelori, v. der Meerenge von Sizilien, Verg. Aen. 3, 411. – **d** (bes. als milit. *t. t.*) eine Örtl., die den Zugang zu einer anderen Örtl. beschützt, bes. aber beherrscht, der **Schlüssel,** die **Vormauer,** das **Bollwerk,** die **Grenzfestung,** **α** Sing., ripa Tanais, claustrum et iam perdomitorum et quot deinde adire decreverat, Curt. 7, 6 (26), 13: tunc claustrum pelagi cepit Pharon, Lucan. 10, 509: Byzantiorum civitas, claustrum Ponticum, der Schl. zum Pontus, Treb. Poll. Gallien. 6, 8. – **β** Plur. (vgl. Mützell Curt. 4, 8 [33], 4), claustra loci, locorum, Cic.: claustra Aegypti, Liv.: claustra Nili fluminis, Curt.: Corinthus, claustra Peloponnesi, Vell.: Elephantine ac Syene claustra olim Romani imperii, Tac.: in Alpes, id est claustra Italiae, ferebantur, Flor.: Aegyptus, claustra annonae, das Eingangstor zur Zufuhr, Tac.: quae (duae coloniae) velut claustra ad cohibendos Gallicos tumultus oppositae fuissent, Liv. – im Bild, claustra (Bollwerk) ista nobilitatis refregissem, ut aditus ad consulatum non magis nobilitati quam virtuti pateret, Cic. Mur. 17. – **e** die einschließende Truppenmasse, die **Zirkumvallationslinie,** claustra contrahere, Tac. ann. 4, 49. – ► vulg. **clōstrum,** Cato r. r. 13, 2 u. 135, 2. Sen. de ben. 7, 21, 2; vgl. Diom. 383, 3. – Nbf. **clūstrum,** Not. Tir. 50, 90.

clausula, ae, *f.* (claudo), der **Schluss,** das **Ende,** **a** im Allg.: epistulae, Cic.: bonam clausulam imponere alci rei, Sen. – **b** die **Schlussszene** oder **Schlussworte** in einem Bühnenstück, in quo (mimo) cum clausula non invenitur, Cic. Cael. 65: adiecit et clausulam, Suet. Aug. 99, 1. – **c** der **Schluss, Schlusssatz** einer Periode, bes. der schlagende einer längeren (vgl. Spalding Quint. 2, 2, 12), Cic. u. a. – **d** als *t. t.* der lyr. Metrik, jedesmal der zweite, kürzere Vers, der **Schlussvers,** die **Klausel,** Porphyr. prooem. ad Hor. epod. 1. – **e** als jurist. *t. t.*, eine **Schlussformel** u. übtr. eine **Gesetzesformel, Klausel,** ICt. – **f** der **Schluss** einer Zeit, saeculi, temporum, Eccl.

clausūra (vulg. clūsūra), ae, *f.* (claudo), **I** der **Verschluss,** das **Schloss** an einer Tür, tutari ostia clausuris et seris (Riegel), Vulg. Baruch 6, 17: an einer Halskette (u. zwar Plur. clusurae v. den beiden Teilen des Schlosses), CIL 2, 3386. – **II** das **Fort, Kastell,** Cod. Iust. 1, 27, 2. § 4. Cassiod. var. 2, 5.

clāva, ae, *f.* (clavus), ein mit einem dicken oberen od. unteren Ende versehener Stock, der **Knotenstock, Knüttel, Knüppel,** die **Keule,** Nep. Dat. 3, 2. Plin. 8, 93 u. 25, 75. – speziell: der zylinderförmige Holzstab, dessen sich die Spartaner beim Austausch geheimer Befehle bedienten, dann die ›Geheimschrift‹, ›geheime Depesche‹ selbst (als Übersetzung v. σκυτάλη), Nep. Paus. 3, 4. – Insbes. **a** als Stütze beim Steigen, clavae, quibus in ascensu nitebantur, Front. strat. 3, 9, 3. – **b** als Werkzeug zum Schlagen, **α** als **Prügel,** zum Schlagen der Tiere, clava saligneа, Col. 6, 2, 4: u. der Menschen, male mulcati clavis ac fustibus repelluntur, Cic. Verr. 4, 94. – **β** als **Schlägel** zum Klopfen der Leinwand, clavis textum tundere, Plin. 19, 18. – **c** als Waffe zu Fechtübungen, Cic. de sen. 58. Veget. mil. 1, 11 u. 12; 1, 14 (bei Mart. 7, 32, 8 stipes, b. Iuven. 6, 247 sudis gen.). – **d** als rohe Waffe, die **Keule,** Plaut. rud. 807. Lucr. 5, 967. Ov. fast. 1, 575. Curt. 9, 4 (14), 3. Plin. 8, 93: stehendes Attribut des Herkules (vgl. Paul. ex Fest. 62, 7), Verg. Aen. 10, 318. Liv. 1, 7. § 7. Ov. met. 9, 114 u. 236. Suet. Ner. 53. Apul. flor. 22: clava Herculea, Prop. 4, 9, 39; übtr. = Pflanze nymphaea (s. d.), Marc. Emp. 33. – **e** als (am unteren Ende dickes) Pfropfreis, Pallad. 4, 10, 11 *sqq.*

clāvārium, ī, *n.* (clavus), das **Schuhnagelgeld,** eine Art Geschenk an die Soldaten, Tac. hist. 3, 50.

clāvārius, ī, *m.* (clavus) = ἡλοκόπος (Gloss.), **Nägelverfertiger,** clavarius materiarius, Holznägelverfertiger, CIL 12, 4467.

clāvātor, ōris, *m.* (clava) = κορυνήτης (Gloss.), der **Keulenträger, Knüppelträger,** Plaut. rud. 805; vgl. Paul. ex Fest. 62, 9.

clāvātūra, ae, *f.* (clavo) = σημείωσις, der **Besatz** (an einem Kleid), Gloss. III, 21, 33.

clāvātus, a, um, **a** v. clavus *no.* I = **mit Nägeln beschlagen,** *n. pl.* subst., clavata (*sc.* calceamenta), mit Nägeln beschlagene Schuhe, Paul. ex Fest. 56, 9. – dass. clavati (*sc.* calcei), Isid. 19, 34, 13. – **b** v. clavus *no.* II = **α** **mit Höckern** (wie Nagelkuppen) **besetzt,** alterum (genus concharum) clavatum est, Plin. 9, 130. – **β** **mit eingewebtem Purpur-** od. **Goldstreifen (Goldsaum) besetzt,** mantilia cocco clavata, Lampr. Alex. Sev. 37, 2: tunica auro clavata, Vopisc. Bonos. 15, 8: auro clavatae vestes, Vopisc. Tac. 11, 6. – *n. pl.* subst., clavata, mit Purpurstreifen besetzte Gewänder, Paul. ex Fest. 56, 9.

clāvellus, ī, *m.* (*Demin.* v. clavus), eine **nagelförmige Geschwulst,** Marc. Emp. 34.

clāvēs, s. clāvis.

clāvicārius, ī, *m.* (clavis), der **Schlosser,** Cod. Iust. 10, 64, 1.

clāvicātus, a, um (clavus), **durch** (eingeschlagene) **Nägel bezeichnet,** Gromat. vet. 44, 18 u. a.

clāvicula, ae, *f.* (*Demin.* von clavis), **I** das **Schlüsselchen,** Caes. Germ. Arat. 196. Hier. expos. psalm. prooem. (tom. 2. p. 523 *ed. Migne*). – **II** der **Zapfen,** Vitr. 10, 11, 8. – **III** eine zum Schutz der Tore halbkreisförmig mit kurzem Graben angelegte, nach links offene Brustwehr, eine Art **Vorwerk,** Hyg. de munit. castr. § 55. – **IV** die **schwache Ranke,** das **Gäbelchen,** womit sich der Weinstock um die Pfähle schlingt, Cic. de nat. deor. 2, 120 u. de sen. 52. Col. 4, 6, 2. Plin. 23, 5.

clāviculārius, ī, *m.* (clavicula), der **Schlüsselführer, Schließer,** eine Art Kerkermeister, Ambros. de Ioseph. patr. 5, 27 u. 6, 29. Firm. math. 3, 6. *no.* 7.

clāviculus, ī, *m.* (*Demin.* v. clavus), eine **nagelförmige Geschwulst,** Placit. de medic. 15, 3.

1. clāviger, gera, gerum (clava u. gero), der **Keulenträger,** Epitheton des Herkules, Ov. met. 15, 22 u. 284: auch des Räubers Periphetes, c. proles Vulcani, Ov. met. 7, 437.

2. clāviger, gerī, *m.* (clavis u. gero), der **Schlüsselträger,** Beiwort des Janus, als Gott der Türen, Ov. fast. 1, 228.

clāvis, is, *f.* (κλαΐς, κλαϝίς, κλείς), der **Kloben, I** als **Schlüssel,** cellae claves claustra, Varr. fr.: claves adulterinae portarum, Nachschlüssel, Dietriche, Sall.: dass. c. adultera, Ov.: esse sub clavi, verschlossen sein, Varr.: clavem abducere, Plaut., od. eximere, Petr.: clavem vertere (umdrehen), Iulian. bei Augustin.: claves portarum reposcere, reddere, Liv. u. Frontin.: claves portarum atque custodiam arcis ab alqo accipere, Liv.: claves portarum magistratus (vom M.) poscere, Liv.: servata centum clavibus, Hor.: claves tradere, als Zeichen der Übergabe des Hauswesens (als Eigentum od. zur Aufsicht), ICt.: u. das Ggtl., claves uxori adimere = sich von ihr trennen, Cic. Phil. 2, 69. – bildl., clavis agnitionis, Schlüssel der Erkenntnis, Tertul. adv. Marc. 4, 4, 28. – **II** als **Riegel, a** an Türen, frustra clavis inest foribus, Tibull. 1, 6, 34: alias claves omnibus portis imponere, Liv. 27, 24, 8. – **b** clavis torcularii, Cato r. r. 13, 1. – **III** als Werkzeug, womit der Spielreif der Knaben (s. trochus) in Bewegung gesetzt wird, **Treibkloben,** c. adunca trochi, Prop. 3, 14, 6. – ► *Nom. Sing.* clāvēs, Pomp. gramm. 5, 175, 9 u. Gloss. V, 446, 12: *Acc. Sing.* auch (aber nicht in klass. Prosa) clavim: *Abl.* auch clavi. Vgl. Charis. 126, 4 *sqq.*

clāvo, āvī, ātum, āre (clavus), **I mit Nägeln beschlagen,** ligni robora, Paul. Nol. 21, 103. – **II** = ἡλοκοπῶ, **Nägel machen,** Gloss. II, 324, 15 u. III, 75, 12. – Adj. clāvātus, s. bes.

clāvula od. **clāvola,** ae, *f.* (*Demin.* v. clava), das **Pfropfreis,** Varr. r. r. 1, 40, 4.

clāvulāris, e, s. clābulāre.

clāvulus, ī, *m.* (*Demin.* v. clavus), **I** der **kleine Nagel,** das **Nägelchen,** clavuli capitati, Varr. r. r. 2, 9, 15: imbrices clavulis figere, Cato r. r. 21, 3. – **II** übtr., eine **nagelförmige Geschwulst,** Marc. Emp. 33. Th. Prisc. 4. fol. 312 [a].

clāvus, ī, arch. Akk. om, *m.*, der **Nagel, I** eig.: **a** übh.: ferreus, Caes.: trabalis, Balkennagel, Hor. (dah. sprichw., trabali clavo figere beneficium, recht befestigen, Cic. Verr. 5, 53): minutus, Isid.: clavorum cacumina, Val. Max.: alqd configere clavis, Caes.: clavum adigere in arborem od. arbori, Plin.: religare alqd laminis clavisque, Caes.: figere leges ad parietem clavis ferreis, Plaut.: in digito (Fußzehe) clavus (Schuhnagel) militis haeret, Iuven. – als Bild der Festigkeit Attribut der Necessitas, Hor. carm. 1, 35, 18. – Nach einem tuskischen Gebrauch bezeichneten die älteren Römer mit Nägeln, die der höchste Magistrat jährlich an den Idus des September an der Wand der Jupiterszelle einschlug, die Zahl der Jahre, dah. clavum figere, Liv. 7, 3. § 5 *sqq.* u. a. Auch scheinen die Landleute noch in späterer Zeit auf diese Art die Jahre gezählt zu haben, Petr. 135, 8 u. 9: dah. bildl., ex hoc die clavum anni movebis, den Anfang des Jahres rechnen, Cic. ad Att. 5, 15, 1. – **b** insbes. = ἐπίβολος, der **Pflock** im Ring an der Kette, Plaut. Men. 86: der **Nagel** in der Achse vor dem Rad, damit dieses nicht abfalle, clavos in rotas non coniecit, Hyg. fab. 84. – **II** übtr.: **a** der nagelförmige Griff am Steuer; dah. meton. das **Steuerruder,** Verg.: clavum rectum tenere, das Steuer gerade führen, Enn. ann. 472: bildl., clavum imperii tenere, Cic. – **b** (wie ἧλος) eine **nagelförmige Erhöhung** od. **Geschwulst** an Füßen, Händen usw. = »Warze, Leichdorn, Hühnerauge«, Cels. u. Plin.: im Auge, Cels.: ein Fehler od. eine Krankheit an Ölbäumen, Plin. – **c** eine **Fehlgeburt** der Bienen, Plin. 11, 50. – **d** (wie, nach Salmasius zu den Scriptt. hist. Aug. vol. 2. p. 850 *sqq.*, bei den Griechen ἧλος ein Zierat auf Gewändern) ein eingewebter od. aufgenähter **purpurner** od. **goldener Streif (Saum)** an der tunica der römischen Männer (vgl. patagium), bei den Senatoren u. bei den Kriegstribunen der ersten vier Legionen (s. Orelli Hor. sat. 1, 6, 28) breit (latus), bei den Rittern schmal (angustus), tunicae clavi, Varr. fr.: latum clavum induere, das Senatorengewand anlegen, Plin. ep.: Sexto latum clavum a Caesare impetrare, die Senatorenwürde auswirken, Plin. ep.: u. so iuveni latum clavum adversus patris voluntatem impetrare, Suet.: angusto clavo contentus, mit dem Ritterstand, Vell.: cretus paupere clavo, Stat. – Doch trugen zu den Zeiten der Kaiser auch Söhne altpatrizischer Familien überhaupt, die sich zu Staatsämtern vorbereiteten, den breiten Purpurstreif, Ov. u. Suet. (vgl. Bremi Suet. Ner. 26): sowie auch Präkonen, Plin.: und endlich wurde er auch an Servietten, Tischtüchern usw. angebracht, Mart. – meton., latus clavus = **breit gestreifte Tunika,** Suet. Caes. 45, 3: u. bl. clavus = **breit** od. **schmal gestreifte Tunika,** Hor. sat. 1, 6, 25; 2, 7, 10.

claxendix, s. clacendix.

Clazomenae, ārum, *f.* (Κλαζομεναί), eine der ionischen Zwölfstädte am hermäischen Meerbusen, deren größter Teil später auf einer (von Alexander dem Gr. durch einen Damm mit dem Festland verbundenen) Insel lag, j. der Flecken *Kelisman* u. die Insel *S. Giovanni,* Hor. sat. 1, 7, 5. Mela 1, 17, 3 (1. § 89): Geburtsort des Philosophen Anaxagoras, Cic. Tusc. 1, 104. – Im obszönen Wortspiel mit κλαζόμεναι (v. κλάζεσθαι, v. den nates), Auson. epigr. 131, 4. – Dav. **Clazomenius,** a, um (Κλαζομένιος), **aus Klazomenä, klazomenisch,** Anaxagoras, Cic.: vinum, Plin.: Plur. subst., Clazomeniī, ōrum, *m.* (οἱ Κλαζομένιοι), die Einw. von Klazomenä, die **Klazomenier,** Liv.

Cleanthēs, is, Akk. em u. ēn, *m.* (Κλεάνθης), aus Assos in Kleinasien, der Sage nach erst Wasserschöpfer, dann Schüler u. Nachfolger des Stoikers Zeno, Lehrer des Chrysippus, Cic. Acad. 2, 73. Sen. ep. 44, 3: appellat., Plur. Cleanthae, ārum, *m.*, Anhänger des Kl., Stoiker, Iuven. 2, 7: turba Cleantharum, Ven. Fort. 7, 12, 26. – Dav. **Cleanthēus,** a, um, **kleanthisch = stoisch,** fruge, Lehren des Kl., Pers.: turbae, Schüler des Kl., Claud.

Clēdonius, ī, *m.*, lat. Grammatiker des 5. Jahrh. n. Chr., Verf. der Ars in Grammat. Lat. *ed.* Keil Vol. V. p. 9 *sqq.*

cleinopūs, s. clīnopūs.

clēma, atis, *n.* (κλῆμα), eine Pflanze = *polygonon,* Plin. 27, 113.

clēmatis, tidis, Akk. tida, Akk. Plur. tidas, *f.* (κληματίς), eine rankende Pflanze, ein **Rankengewächs,** Plin. 24, 139 u. 141. – bes. **a Wintergrün, Singrün** (*Vinca minor,* L.), Plin. 24, 84. – **b** eine Art Osterluzei, **gemeine Waldrebe** (*Clematis vitalba,* L.), Plin. 25, 96.

clēmatītis, tidis, *f.* (κληματῖτις) = clematis *no.* b, Ps. Apul. herb. 19.

clēmēns, entis (viell. zu clināre, also ›geneigt‹), *Adi.* m. *Compar.* u. *Superl.*, **mild, gelind** von Charakter u. Benehmen, **I** v. Personen u. persönl. Zuständen, **mild, gelind, glimpflich, schonend, gnädig** (Ggstz. severus, atrox, saevus, crudelis), **a** v. Pers. u. deren Charakter, clemens, placidus, Ter.: cupio me esse clementem, Cic.: c. accolarum ingenia, Liv.: clementes iudices et misericordes, Cic.: c. legis interpres, Liv.: dominus non minus severus quam facilis et clemens, Suet.: clementi animo ignoscere, Plaut.: animo benigno in illam et clementi fui, Ter.: etsi satis clemens sum *in* disputando, tamen interdum soleo subirasci, Cic.: *in* caede principum clementior, Cic.: vir *contra* audaciam audacissimus, *ab* innocentia clementissimus, Cic.

– v. Tieren, **zahm,** clementius genus columbarum, Varr. r. r. 3, 7, 2. – **b** v. Zuständen usw., vita urbana, Ter.: rumor, Sall. – servitus, Ter.: castigatio, Cic.: consilium, Cic.: sententia, Liv. – **c** poet. v. Örtl., quae pars (insulae) ratibus clemens, zugänglich, Claud. bell. Gild. 511. – **II** übtr.: **a** von der Beschaffenheit der Luft u. des Wetters, **mild, gelind,** flamen, Catull.: aër, Amm.: clementior auster, Stat.: clementior dies, hiems (Ggstz. atrocior), Col.: clementiores plagae, Pallad. – **b** v. der kaum merklichen, ruhigen Bewegung des Meeres, der Flüsse, **ruhig, still,** mare, Gell.: alveus, Curt.: clementissimus amnis, Ov. – u. v. der Bewegung übh., **sanft, kaum merklich,** nutus, Apul. flor. 2. p. 2, 15 Kr. – **c** von Örtl., **allmählich aufsteigend** (Ggstz. praeceps), clivulus, Apul. met. 4, 5: clementiore alveo, Curt. 5, 3 (10), 2. – ► Abl. gew. clementi, aber clemente, Laber. com. 105. Liv. 1, 26, 8.

clēmenter, *Adv.* m. *Compar.* u. *Superl.* (von clemens), **I mild, gelind, glimpflich, schonend, gnädig** (Ggstz. severe, atrociter, acriter, saeve, crudeliter), c. facere alqd, Cic.: c. ferre alqd, Cic.: fieri id posse clementissime, Plaut. – c. et moderate ius dicere, Cic.: c. a consule accepti, Liv.: c. ductis militibus, friedlich, ohne Plünderung, Liv.: c. ferre alqd, Cic.: c. tractare alqm, Plin. ep.: alqd clementius aequo accipere, Lucr.: clementissime scribere de alqo, Gell.: victoriā civili clementissime uti, Sen. – v. Tieren, caudam more et ritu adulantium canum c. et blande movere, v. einem Löwen, Gell. 5, 14, 12. – **II** übtr.: **a mild, gelind** = nicht heftig, c. agitant venti oleas, Pallad.: non desiit assidue tremere Campania, clementius quidem, sed ingenti damno, Sen.: insani spirant clementius austri, Stat. – von gelinder, gemäßigter, langsamer Tätigkeit übh., clementer, quaeso, nur gemach, Plaut. merc. 952. – **b allmählich aufsteigend, gemächlich,** c. et molliter assurgens collis, Col.: c. editum iugum, Tac.: iuga clementius adirentur, Tac.

clēmentia, ae, *f.* (clemens), die **Milde, Gelindigkeit, I** die **Milde, Gelindigkeit** des Charakters u. Benehmens, die **Glimpflichkeit, Schonung, Gnade** (Ggstz. severitas, atrocitas, saevitia, crudelitas), häufig verb. facilitas et c., Ter., c. mansuetudoque, Cic.: lenitas et c., Cic.: c. victoris, Ov. u. Quint.: publica cl., die Gnade des Staates, Tac.: iudicis, Tac.: iuris (Ggstz. ius asperius), Quint. – c. *in* devictos, Curt.: c. leonis *in* supplices, Plin.: c. elephanti *contra* minus validos, Plin.: nec dissimilis ibi *adversus* victos, quam *in* priores clementia Caesaris fuit, Vell. – tuae clementiae est m. folg. Infin., Fronto. – clementiam alcis experiri, Liv.: confugere in clementiam alcis, Cic.: clementiā uti, Cic.: suā clementiā et mansuetudine in eos uti, Caes.: in captos clementiā uti, Nep.: sine clementia punire alqm, Plin. – Clementia personifiziert als Gottheit, Plin. 2, 14. – **II** übtr., die **Milde, Gelindigkeit** der Jahreszeit usw., der Witterung (Ggstz. atrocitas), aestatis, Plin. ep.: hiemis, diei, Col.: caeli, Flor.: ventorum, Apul.

Cleobis, is, *m.* (Κλέοβις), s. Biton.

Cleobūlus, ī, *m.* (Κλεόβουλος), aus Lindos, Sohn des Evagoras, einer der sieben griech. Weisen, Auson. sept. sap. Cleob. 1. p. 108 Schenkl: Lindius, *ibid.* 1, 16. p. 106, 9 Schenkl.

Cleombrotus, ī, *m.* (Κλεόμβροτος), **I** Heerführer der Lazedämonier, Cic. de off. 1, 84. – **II** ein akademischer Philosoph aus Ambracia, Cic. pro Scaur. 4; Tusc. 1, 84. Lact. 3, 18, 10. Augustin. de civ. dei 1, 22.

Cleōn, ōnis, *m.* (Κλέων), ein Athener, von Gewerbe ein Gerber, berüchtigt als tollkühner Demagoge in der Zeit nach Perikles, Cic. Brut. 28.

Cleōnae, ārum, *f.* (Κλεωναί), **I** ein Städtchen an der Straße von Korinth nach Argos, im Apesasgebirge, südöstl. von Nemea, in dessen Nähe Herkules den Löwen erlegte, j. Trümmer bei *Klenia,* Liv. 33, 14 *sq.* Ov. met. 6, 417. – Dav. **Cleōnaeus,** a, um (Κλεωναῖος), **kleonäisch,** ager, Liv.: leo, der neměische, Lucan.: sidus = *leo,* Mart.: stirpis, herkulischen, Stat. – **II** eine Stadt in Chalcidice am Athos, Plin. 4, 37: auch **Cleōna,** ae, *f.* gen., Mela 2, 2, 9 (2. § 30).

cleōnia, ae, *f.* (κλεωνία), eine Pflanze = *helenium* (s. d.), Th. Prisc. 4, 1.

Cleopatra, ae, *f.* (Κλεοπάτρα), **I** Tochter Philipps von Mazedonien u. der Olympias, Gemahlin Alexanders I. von Epirus, Liv. 8, 24 extr. Iustin. 9, 6 u. a. – **II** Tochter des Mithridates, Gemahlin des Tigranes, Iustin. 37, 3. – **III** die durch ihren buhlerischen Umgang mit Cäsar u. später mit Antonius berüchtigte letzte Königin von Ägypten, älteste Tochter des Ptolemäus Auletes, Caes. b. c. 3, 103. Vell. 2, 82, 85 u. 87: über ihre Verschwendung s. Plin. 9, 119 *sqq.* – Plur., Cleopatrarum Ptolemaeorumque gens (Geschlecht), Treb. Poll. trig. tyr. 30, 2. – Dav. **Cleopatrānus,** a, um, **von der Kleopatra herrührend, der Kleopatra,** stirps, Treb. Poll. Claud. 1, 1: vasa, uniones, Treb. Poll. trig. tyr. 30, 19 u. 32, 6. – ► Cleopatra bei Dichtern mit langer penultima (pā), s. Iuven. 2, 109. Lucan. 9, 1071; 10, 56.

cleopicēton, ī, *n.*, eine Pflanze = *clinopodion* (s. d.), Plin. 24, 137.

clepo, clepsī, cleptum, ere (gotisch *hlifan,* griech. κλέπτω, vgl. Varr. LL. 7, 94), heimlich **wegstehlen, mausen,** altlat., (alci) alqd, Gesetzformel bei Cic. de legg. 2, 22. Carm. vet. b. Liv. 22, 10, 5 (an beiden Stellen clepsit = clepserit). Plaut. Pseud. 138. Lucil. fr. inc. 114. Prud. psych. 562 (wo verb. rapere et clepere): dolo od. furto alqd, Acc. tr. 535. Manil. 1, 27: agnum e regia, Acc. tr. 212. – übtr., sermonem ex occulto, aufschnappen, *Pacuv. tr. 185: u. so verba auribus, Acc. tr. 292: se opificio, sich von der Arbeit drücken, Varr. sat. Men. 342: u. clepere sese, sich drücken, sich verbergen (v. Schmerz), Sen. Med. 156.

clepsydra, ae, *f.* (κλεψύδρα), ein unseren Sanduhren ähnliches Gefäß mit einem siebartig durchlöcherten Boden, aus dem das Wasser tropfenweise fiel (s. Apul. met. 3. *c.* 3), die **Klepsydra, Wasseruhr,** zuerst von Scipio Nasika von Griechenland nach Rom gebracht (Plin. 7, 215. Censorin. 23, 7), als Zeitmesser bei Gerichtsverhandlungen gebraucht, um die für den Vortrag eines Redners bestimmte Zeit danach abzumessen (2 cleps. etwa = 24 Minuten), Cic. de or. 3, 138. Plin. ep. 2, 11, 14: dah. binas (septem) etc. clepsydras petere, zwei Klepsydren lang reden wollen, u. binas (septem etc.) clepsydras dare, die Erlaubnis geben, so lange zu reden, Plin. ep. 6, 2, 5. Mart. 6, 35 (vgl. aqua *no.* I, B, 5). – dann auch bei rhetor. Übungen, cras ergo ad clepsydram, Cic. Tusc. 2, 67: alqm ad clepsydram latrare docere, Cic. de or. 3, 138. – u. im Lager, zur Einteilung der Nachtwachen, Veget. mil. 3, 8. – später auch in Privathäusern, Sidon. ep. 2, 9 u. 2, 13. Sirmond Sidon. epist. 2, 9. p. 31.

clepsydrārius (klepsydrārius), ī, *m.* (clepsydra), der **Wasseruhrenverfertiger,** CIL 7, 332*.

clepta, ae, *m.* (κλέπτης), der **Dieb,** Plaut. truc. 103, wahrsch. unecht.

clepto, āre (*Intens.* v. clepo), **wegstehlen, mausen,** Iuvenc. in exod. 883 u. 937.

clēricālis, e (clericus), **priesterlich,** Eccl.

clēricātus, ūs, *m.* (clerus), der **geistliche Stand,** Eccl., z.B. Sidon. ep. 7, 9.

clēricus, ī, *m.* (clerus), der **Geistliche, Priester,** Eccl.. Plur. clerici (Ggstz. laici), Cassiod. hist. eccl. 12, 4. p. 349 (a).

Clērūmenoe (κληρούμενοι, die Losenden), Name eines Lustspiels des Diphilus, rein lat. Sortientes, Plaut. Cas. prol. 31.

clērus, ī, *m.* (κληρος), der **Orden der Geistlichkeit,** die **Geistlichen,** Eccl.

clētellae, s. clītellae.

clībanārius, a, um (clibanus), **I zur Backpfanne gehörig,** subst., clībanāriī, ōrum, *m.*, die **Pfannenbrotbäcker,** CIL 4, 677 (wo synk. Nom. clibinari). – **II zum Kürass** (*clibanus) **gehörig, a** v. Pers., **mit dem Kürass gepanzert,** cataphractarii mit u. ohne equites, gepanzerte Reiter, Lampr. Alex. Sev. 56, 5. Amm. 16, 10, 8 u. 16, 12, 21. Nazar. pan. 22, 4. Eutr. 6. 9, Veget. mil. 3, 24. p. 116, 3 L. Notit. dign. orient. 4 u. 5: scutarii c., Cod. Theod. 14, 17, 9. Not. dign. orient. 10: comites c., *ibid.* 4. – **b** v. Lebl., subst., clībanāria, ae, *f.* (*sc.* officina), die **Kürassfabrik,** Not. dign. orient. 10. Not. dign. occ. 8.

clībanicius, a, um (clibanus), **in der Brotpfanne gebacken,** panis, Isid. 20, 2, 15.

clībanītes (clibanus), **in der Brotpfanne gebacken,** panis, Plin. Val. 5, 30.

clībanus, ī, *m.* (κλίβανος), **I** ein tönernes Gefäß mit einem Deckel, unten weiter als oben (s. Col. 5, 10, 4 u. de arb. 19, 2), ringsum mit kleinen Löchern, durch welche die Hitze der heißen Asche, mit der man das Gefäß umgab, eindrang, die **Backpfanne, -form,** bes. gebraucht zum Backen des Brotes, das in ihr heiß aufgetragen wurde, Plin. 18, 105: c. argenteus (bei Reichen), Petr. 35, 6: aber auch zum Schmoren der Speisen, glires farsos in clibano coques, Apic. 8, 408: u. zum Schwitzen, Cels. 2, 17 u. 3, 21. – **II** der **Ofen,** Tert. adv. Marc. 4, 30. Sulp. Sev. dial. 1, 18, 4. Vulg. genes. 15, 17; Matth. 6, 30 u. ö.

clīdion, iī, *n.* (κλείδιον, eig. das Schlüsselbein, dann, wie iugulum), die **Kehle,** Plin. 9, 48.

clīdūchus, ī, *m.* (κλειδοῦχος, Schlüsselträger), Name einer Statue des Phidias, Plin. 34, 54.

cliēns, entis, *m.* (archaist. cluēns), v. cluo, κλύω, hören, gehorchen), der **Hörige,** der **Klient, I** in Rom, der »Schützling, Schutzbefohlene« einer römischen *gens,* von der ein Glied (gew. der älteste Gentilis) als patronus zum Schutz des Klienten (zur Hilfe in der Not, zu rechtlicher Vertretung vor Gericht u. dgl.) verpflichtet war, wogegen der Klient wieder gewisse Pflichten gegen den Patron hatte (wie Beisteuer zur Ausstattung der Töchter, zum Lösegeld aus feindl. Gefangenschaft, zu gerichtl. Strafgeldern u. dgl.); außerdem bestanden gegenseitige Verpflichtungen zwischen Patron u. Klienten (keiner durfte gegen den anderen Klage erheben, gegen ihn od. für die Gegner stimmen od. Zeugnis ablegen), Cato oratt. 41. fr. 1 (bei Gell. 5, 13, 4). Cic. Phil. 2, 107; div. in Caecil. 66. Hor. carm. 3, 5, 53. Liv. 5, 32, 8. Quint. 5, 10, 26. – Die Klienten waren teils Ackerbauer od. Hirten, teils Handwerker, später auch Freigelassene, deren Herren ihre Patrone wurden, Cic. Rosc. Am. 19: auch Auswärtige, Sall. Cat. 19, 5. – **II** übtr.: **1** der **Klient, a** in Gallien u. Germanien, der **Schutzverwandte, Lehnsmann, Vasall, Hofhörige, Dienstmann** (vgl. ambactus u. soldurii) eines Mächtigen, Caes. b. G. 1, 4; 6, 15 u. 19. Tac. ann. 1, 57. – ganze Völkerschaften als **Klienten** eines mächtigeren Volks, **Schutzgenossen,** Caes. b. G. 6, 4 u. 12. – **b** in Numidien, der **Klient** = Untergebene übh., Sall. Iug. 71, 5. – **2 Schützling** einer Gottheit, Bacchi, Hor. ep. 2, 2, 78: Iovis, Mart. 12, 77, 6. – ► Genet. Plur. gew. clientium, z. B. Cic. de rep. 3, 40; aber auch clientum, Hor. carm. 3, 5, 53. Sen. ep. 68, 11. Macr. sat. 1, 2, 1: Akk. Plur. clientis, Plaut. most. 746. – arch. cluēns, wov. Genet. Plur. cluentum, Plaut. Men. 575: Abl. Plur. cluentibus, Plaut. trin. 471.

clienta (archaist. cluenta), ae, *f.* (cliens), die **Klientin, Schutzbefohlene,** Plaut. mil. 789. Afran. com. 239. Hor. carm. 2, 18, 8. Fronto ad M. Caes. 2, 8. Ps. Ascon. Cic. II. Verr.. 1, 46. p. 120 B.

clientēla, ae, *f.* (cliens), **I** das Verhältnis des Klienten zu seinem Patron in Rom, die **Klientschaft, Klientelverbindung, Schutzverwandtschaft, a** eig.: clientelae multae, Sall.: clientelae amplissimae, Cic.: esse in alcis clientela, jmds. Klient sein, Cic.: in alcis clientelam se conferre, Cic., od. se commendare, Ter.: poetae sub clientela Musarum, unter dem Schutz, Suet. – **b** (bes. im Plur.) meton. = die **Klienten** selbst, Cic. ep. 15, 4, 15. Vell. 2, 29, 1. Val. Max. 2, 10, 8 u. 8, 13, 5. Tac. ann. 14, 61. Suet. Tib. 2, 2; Cal. 3, 3. – **II** das Verhältnis eines minder mächtigen Volks zu einem mächtigeren, in Gallien usw., die **Schutzgenossenschaft, a** eig.: magnae eorum erant clientelae, Caes.: dicare se alcui in clientelam, Caes. – **b** meton., die **Schutzgenossen, Schützlinge** eines mächtigeren Volks in Griechenland, sordida paulo ante clientelae pars, Iustin. 8, 4, 8. – eines Großen in Britannien, regiae clientelae, die Hörigen, altd. das »Ingesinde«, Tac. ann. 12, 36.

clientulus, ī, *m.* (*Demin.* v. cliens), ein **ärmlicher Klient,** Tac. dial. 37 *in.*

clīma, atis, *n.* (κλῖμα), **I** (eig. die Neigung der Erde gegen die Pole zu vom Äquator an, Himmelsgegend, lat. inclinatio caeli, griech. b. Vitr. 1, 1, 10; dah.) die sich nach dem Grad dieser Neigung richtende Wärme od. Witterung, das **Klima** (rein lat. caelum), erst im Spätlat. b. Apul. u. a. (im Sing. u. Plur.). – dah. **Gegend** übh., Firm. math. 2, 13 *in.* Tert. de anim. 49. Mart. Cap. 8. § 296 u. a.: auch des Körpers, c. medium ventris, Veget. mul. 1, 43, 2. – **II** ein **Feldmaß** von 20 m ins Gevierte, Col. 5, 1, 5. Gromat. vet. 371, 11 u. ö.

clīmacis, cidos, Akk. cida, *f.* (κλιμακίς), eine **kleine Treppe,** Vitr. 10, 11 (17), 8.

clīmactēr, ēris, Akk. ēra, Akk. Plur. ēras, *m.* (κλιμακτήρ, Stufenleiter), eine **gefahrvolle Epoche** im menschlichen Leben (nach dem Glauben der Alten die Jahre 7, 14, 21, 28 usw.), das **Wechseljahr,** Plin. 7, 161. Gell. 3, 10, 9. Censor. 14. § 11 u. 14; 15, 1. Firm. math. 4, 14.

clīmactēricus, a, um (κλιμακτηρικός), **zur gefährlichen Lebensepoche gehörig, klimakterisch,** tempus, Plin. ep. 2, 20, 4: annus, Stufenjahr als gefahrvolle Lebensepoche, das Wechseljahr (wofür bes. das 9. Stufenjahr, also das 63. Lebensjahr galt), Gell. 15, 7, 2. Censor. 14, 9: Plur. griech., climactericoe anni, Censor. 14, 1.

clīmatiae, ārum, *f.* (κλιματίαι) = *epiclintae,* **Erderschütterungen in spitzen Winkeln nach der Seite hin,** Amm. 17, 7, 13.

clīmax, acis, *f.* (κλῖμαξ, Treppe), als rhet. Figur, die **Steigerung,** die **Klimax** (rein lat. ascensus u. gradatio), Lucil. fr. b. Serv. Verg. Aen. 9, 573. Mart. Cap. 5. § 536. Isid. 2, 21, 4.

clīnāmen, minis, *n.* (clino), die **Neigung** einer Sache, principiorum, Lucr. 2, 292.

clīnātus, ūs, *m.* (clino), die **Abwandlung** (als gramm. *t. t.*), Serg. (IV) 526, 9 u. 21.

clīnē, ēs, *f.* κλίνη), das **Lager, Polster** einer Gottheit, rein lat. pulvinar, CIL 13, 8246.

clingo, ere = cingo od. cludo (claudo), ere, Paul. ex Fest. 56, 13; vgl. Gloss. IV, 319, 9.

clīnicē, ēs, Akk. ēn, *f.* (κλινική, *sc.* τέχνη), die Wissenschaft des Arztes am Krankenbett (κλίνη), die **Klinik,** Plin. 29, 4. Hygin. fab. 274, p. 150, 3 Schm.

clīnicus, ī, *m.* (κλινικός), **I** der Arzt am Krankenbett, der **Kliniker,** cl. Herodes, Mart. 9, 96, 1: cl. medicus, CIL 6, 2532: deus, Äskulap, Prud. apoth. 205. – **II** der **bettlägerige Kranke,** Cypr. ep. 69, 13. p. 762, 9 H. Lact. 3, 8, 10. – **III** der **Leichenbettbereiter, Leichenmann, Totenmann** (wie bei uns »Leichenfrau, Totenfrau«), Mart. 1, 30 (im Wortspiel mit der Bedeutung *no.* I).

***clīno,** āre (vgl. clivus), **biegen, beugen, neigen,** clinat, Not. Tir. 66, 72. Not. Bern. 19, b; u. in den Kompositis acclino, declino, inclino, reclino, u. im Partiz. **clīnātus,** a, um, **geneigt, gesenkt,** Cic. Arat. 53 (287) u. 86 (327).

clīnopalē, ēs, *f.* (κλινοπάλη), das **Ringen im Bett,** der **Bettkampf** (der Beischlaf), Domitian. bei Suet. Dom. 22.

clīnopodium, ī, *n.* (κλινοπόδιον), die Pflanze **Bettfuß** (*Clinopodium,* L.), Plin. 24, 137.

clīnopūs, podis, *m.* (κλινόπους), der **Bettfuß,** Lucil. fr. b. Macr. sat. 6, 4, 18.

Clīō, ūs, *f.* (Κλειώ), **I** die Muse der Geschichte, Hor. carm. 1, 12, 2. Ov. art. am. 1, 27: neben den übrigen Musen, Anthol. Lat. 88, 1 (616, 1): appellat. = die »Muse« übh., Iuven. 7, 7. – **II** eine Nymphe, Tochter des Oceanus, Verg. georg. 4, 341.

clipeo (altlat. clupeo), āvi, ātum, āre (clipeus), **I mit einem Schild versehen,** chlamyde contra astu clupeat brachium, Pacuv. tr. 186. – sonst im Partiz., clipeata agmina, Verg.: seges clipeata virorum, Ov. – subst., clipeātī (clupeātī), ōrum, *m.,* die **Schildträger** (ἀσπισταί), Liv. u. Curt. – **II** (nach clipeus *no.* II, d) clipeata imago, das **Brustbild** (vgl. clipeus), Macr. sat. 2, 3, 4.

clipeolum, ī, *n.* (*Demin.* von clipeum) = ἀσπιδίσκιον (Gloss.), der **kleine Schild,** Hygin. fab. 139. Diom. 478, 18 K.

clipeus (altl. clupeus), ī, *m.* u. **clipeum** (clupeum), ī, *n.* (καλύπτω), der runde, aus Erz hergestellte **Schild** der röm. Soldaten (vgl. scutum), **I** eig.: clipeus Phidiae, Schild der Minerva, von Phidias verfertigt, Cic.: clipeum ingens, Verg.: arma his imperata galea, clipeum, ocreae, lorica, Liv.: ipse clipeus cecidit, Enn. fr.: clipeum in medio fixum est, Pompon. com. fr. – Sprichw., clipeum post vulnera sumere, d. i. etwas zu spät tun, Ov. trist. 1, 3, 35. – Bildl., **Schirm** = Beschützer, Claud. IV. cons. Hon. 433. – **II** übtr., v. schildförmigen Gegenständen: **a** die **Himmelsrundung,** das **Himmelsgewölbe,** Enn. tr. 244. – **b** die **Sonnenscheibe,** Ov. met. 15, 192. – **c** ein **rundes**

Meteor, Sen. nat. qu. 1, 1, 15; 7, 20, 2. Plin. 2, 100. – **d** (gew. clipeum, seltener clipeus) ein auf einer schildförmigen Fläche als Gemälde od. in halberhabener Arbeit bis an die Brust dargestelltes Bild von Göttern u. ausgezeichneten Menschen, das **Brustbild, Relief en Medaillon,** clipeus aureus, clipeum aureum, Treb. Poll.: cl. argenteum, Liv.: cl. Marcium, Liv., Marcius, Plin.: clipea inaurata, Liv.: clipeus auro et magnitudine insignis, Tac. – ► Über die Formen clipeus u. clipeum s. bes. Charis. 77, 14 *sqq.* u. Müller u. Weißenb. Liv. 1, 43, 2.

clistēr, s. clystēr.

Clīsthenēs, is, *m.* (Κλεισθένης), athen. Staatsmann u. Redner, Cic. Brut. 27; de legg. 2, 41.

Clitarchus, ī, *m.* (Κλείταρχος), griech. Geschichtschreiber, Begleiter Alexanders des Gr. auf seinen Zügen, Cic. Brut. 42. Quint. 12, 1, 75. Curt. 9, 5 (21), 21.

Clitae, s. Cilices.

clītellae, ārum, *f.* (*clino) = κανθήλια, **I** der **Saumsattel, Packsattel** für Esel u. Maulesel, an dem die zu beiden Seiten herabhängenden Packkörbe getragen wurden, Plaut. most. 778. Cic. pro Scaur. 45 (b. Quint. 5, 13, 40). Hor. sat. 1, 5, 47 u. ep. 1, 13, 8. Liv. 10, 40, 8 u. 25, 36, 7. Phaedr. 1, 15, 8. – Sprichw., clitellae bovi sunt impositae, der Saumsattel ist einem Ochsen aufgelegt, d. i. man mutet mir etwas zu, dem ich nicht gewachsen bin, Comic. pall. inc. fr. 66 (bei Cic. ad Att. 5, 15, 3 u. Amm. 16, 5, 10), etwas verändert u. ellipt., bos clitellas (*sc.* portabat), Quint. 5, 11, 21. – **II** übtr., **a** als Bezeichnung einer Örtlichkeit, Paul. ex Fest. 59, 15. – **b** Name eines Folterwerkzeugs, *ibid.* – ► Nbf. clētellae, Gregor. Tur. hist. Franc. 7, 37.

clītellārius, a, um (clitellae), **einen Saum-** od. **Packsattel tragend, Saum-, Pack-,** asinus, Cato r. r. 10, 1: mulus, Plaut. most. 780. Cic. top. 36. Phaedr. fab. app. 29, 7. Col. 2, 21, 3: scherzh., homines, Plaut. most. 781.

Cliteminēstra od. **-nīstra,** s. Clytaemnēstra.

Clīternum, ī, *n.* (Κλείτερνον), Stadt der Äquer; wovon **Clīternīnus,** a, um, **kliterninisch,** colei, Cic. ep. 9, 22, 4: u. **Clīternīnī,** ōrum, *m.*, die Einw. von Kliternum, die **Kliterniner,** Plin. 3, 106.

Clītomachus, ī, *m.* (Κλειτόμαχος), geb. in Karthago, akadem. Philosoph, Schüler des Karneades, Cic. de or. 1, 45; Acad. 2, 98.

Clītōr, oris, *m.* (Κλείτωρ, Κλίτωρ) u. latein. **Clītorium,** ī, *n.*, Stadt im nördl. Arkadien, in deren Gebiet sich ein einen See bildender Felsquell befand, dessen Wasser dem Trinker den Geschmack des Weins verleidete, j. Ruinen *Paleopoli* bei *Mazi*, Liv. 39, 35, 8. Vitr. 8, 3, 21: Form *-ium*, Plin. 4, 20 u. 9, 70. – Dav. **Clītorius,** a, um (Κλειτόριος), **klitorisch,** fons, Ov. met. 15, 322: lacus, Plin. 31, 16.

Clītumnus, ī, *m.*, ein bei den Alten sehr berühmtes Flüsschen in Umbrien (dessen Quelle als Iuppiter Clitumnus göttlich verehrt wurde), mit herrlichen Rindertriften an den Ufern, j. *Clitunno*, Plin. ep. 8, 8. Suet. Cal. 43. Verg. georg. 2, 146. Iuven. 12, 13. – Dav. **Clītumnus,** a, um, **klitumnisch,** novalia, Stat. silv. 1, 4, 128.

Clītus, ī, *m.* (Κλεῖτος), einer der Feldherren Alexanders des Gr., der ihn im Jähzorn beim Gastmahl tötete, Curt. 8, 1 (4), 28 *sqq.* Cic. Tusc. 4, 79. Sen. ep. 83, 19.

clīva, ōrum, *n.*, s. clīvus ►.

clīvia (= declivia) loca, **abschüssige Örter,** Gromat. vet. 24, 7 u. a.

Clīvicola, ae, *f.*, die Göttin der Auf- u. Abgänge an den Hügeln Roms, Tert. adv. nat. 2, 15.

clīvius, a, um (wahrsch. aus clu-i-vius, wie solivius, von einem veralteten cluo = κωλύω), etwas zu tun verbietend = **Unheil vorherverkündend,** avis, Plin. 10, 37: auspicia, Paul. ex Fest. 64, 10. – Plur. subst. clīviae (*sc.* aves), die Unheilverkünderinnen, Stat. silv. 4, 3, 59 B.

clīvos, s. clīvus.

clīvōsus, a, um (clivus), **abschüssig, steil** (Ggstz. planus), trames, Verg.: Olympus, Ida, Ov.: loca od. loci, Col.: solum, Plin.: via, ICt.: viae suāpte naturā clivosae, Amm. 16, 11, 8: cl. rus, an einer ziemlich steilen Anhöhe mit vielem Geröll, Verg. georg. 2, 212. – Bildl., clivosus trames vitae, Sil. 6, 120.

clīvulus, ī, *m.* (*Demin.* v. clivus), der **kleine Hügel,** Col. 6, 37, 10. Apul. met. 4, 5.

clīvus (altlat. clīvos), ī, *m.* (vgl. acclivis u. declivis, acclinis u. declinis u. *clino in acclino, declino etc.), die **Lehne, I** einer Örtlichkeit: **a** eines Hügels, Berges, die sanft aufsteigende **Hügel-** oder **Bergwand, Abhang, Hügel, Anhöhe, α** übh.: Ggstz. subiecta (die Tiefen), Col. 2, 17, 7: montes clivique, Ggstz. umida et plana loca, Col. de arb. 3, 7: nec ullus est clivus, sed perpetuus est campus, Vitr. 10, 2 (6), 12: se subducere colles incipiunt mollique iugum demittere clivo, Verg. ecl. 9, 7 *sq.*: calcari quadrupedem agitare advorsum clivom, hügelan, Plaut. asin. 708: ubi eo veneris, clivos deorsum vorsus est; hāc te praecipitabo, Ter. adelph. 574 *sq.*: ex inferiore loco adversum clivum incitati, Caes. b. c. 3, 46, 5: lenis ab tergo clivus erat, Liv. 6, 24, 1: leni clivo ferente ad hostem, Liv. 29, 33, 3: clivum mollire, die Abschüssigkeit der Bergwand mildern (erleichtern), Caes. b. G. 7, 46, 2: u. so clivum mollire anfractibus modicis, Liv. 29, 33, 3. – poet., clivus inertis aquae, eine steile Wand (Ggstz. via prona), Ov. her. 18, 122. – im Bild, duro ad laudem niti clivo, Sil. 4, 604. – Sprichw., lassus tamquam caballus in clivo, Petr. 134, 2: clivo sudamus in imo, wir sind noch nicht über den Berg (= wir haben noch nicht alle Hindernisse überwunden), Ov. her. 18 (19), 41: in medio lautitiarum, quod aiunt, clivo laborare, erst mitten am Berge der Leckereien stehen, Petr. 47, 8: clivum istum uno, si potes, spiritu exsupera, Sen. ep. 31, 4. – **β** ein **berganführender Fahrweg,** clivom silice sternere lapide, CIL 14, 4012. – bes. clivus Capitolinus, zunächst der vom Forum auf das Kapitolium führende Fahrweg, dann auch der kapitolinische Hügel selbst, Liv. 3, 18, 7; 41, 27, 7. Alfen. dig. 9, 2, 52. § 2. Cic. ad Att. 2, 1, 7: ders. cl. sacer, Hor. carm. 4, 2, 35; u. bl. clivus, Petr. 44, 18. – **b** einer Straße in der Stadt, der **Anberg,** Plaut. dig. 8, 2, 20 § 1. – **II** anderer Ggstd.: **a** übh.: c. mensae, der schräge Stand des (seines vierten Beines ermangelnden) Tisches, Ov. met. 8, 662. – **b** als *t. t.* der Baukunst, der **Aufgang,** die **Rampe** im röm. Haus, Vitr. 6, 6 (9), 7. – ► Plur. heterogen. clīva, ōrum, *n.*, Cato oratt. 30. fr. 2. C. Memm. fr. 1. p. 93 M. (beide bei Non. 194 *sq.*).

cloāca (clouāca, clōvāca, cluāca), ae, *f.* (cluo = ich reinige), ein unterirdischer Kanal aus Quadern od. Backsteinen, der das Regenwasser von den Straßen und den Unrat aus den Privatwohnungen ableitete u. in einen benachbarten Fluss führte, der **Abzugskanal,** eine tiefe, bedeckte **Gosse,** die **Kloake, a** übh.: cloacae foramen, Suet. gr. 2: caenum cloacarum, Col. 2, 14 (15), 6: purgationes cloacarum, Traian. in Plin. ep. 10, 32 (41), 2: redemptor cloacarum, Plin. 36, 6: ius cloacae mittendae, Ulp. dig. 8, 1, 7: cloaca foedissima ac pestilens odore teterrimo, Plin. ep. 10, 98 (99), 1: cloaca, quae ex aedibus eius in tuas pertinet, Ulp. dig. 43, 23, 1. § 1: cloacam habere per vicini domum, Nerat. dig. 8, 3, 2 pr.: clouacas facere, CIL 1, 1178: cloacas facere, Liv. 39, 44, 5: cloacas detergere, *ibid.*: cloacam purgare, reficere, Ulp. dig. 43, 23, 1. § 1: cluacas purgare, Fronto de oratt. p. 157, 2 N.: fossas cloacasque exhaurire, Liv. 1, 59, 9: infima urbis loca cloacis fastigio in Tiberim ductis siccare, Liv. 1, 38, 6: alqd iacĕre in cloacam, Hor. sat. 2, 3, 242: corporibus civium cloacas referciri, Cic. Sest. 77: de fossis, de cloacis interdicere (v. Prätor), Cic. Caecin. 36. – Sprichw., s. arx *no.* I, A a. E. – Bildl., iustus non ego sum, de cloaca levatus, aus dem Sündenpfuhl (des Götzendienstes), Commodian. instr. 2, 19, 1. – Übtr., v. den menschl. Gedärmen, clovaca intestini (Nom. Plur.), Varr. sat. Men. 290: v. Bauch eines Gefräßigen, prolue propere cloacam, Plaut. Curc. 121: v. Mutterleib, Christus non per corporis cloacam effusus ad terram, Tert. adv. Marc. 4, 21. p. 214, 2 *ed. Oehl.* – **b** cloaca maxima, die in den Tiber mündende große **Kloake,** ein aus Tuffquadern ausgeführter Riesenbau von 4 Meter Durchmesser, der den Hauptstrang der Kloaken Roms bildete und bes. den Zweck hatte, den quellenreichen u. sumpfigen Boden der Talgründe Roms, namentlich zwischen Aventinus, Palatinus u. Kapitolinus, zu entwässern, cloacam maximam, receptaculum omnium purgamentorum urbis, agere sub terram, Liv. 1, 56, 2; Cloacinae simulacrum in cloaca maxima repertum, Lact. 1, 20, 11.

cloācālis, e (cloaca), **zur Kloake gehörig,** flumen, Cato fr. inc. 22 (b. Paul. ex Fest. 59, 18): faeculentia, Sidon. epist. 3, 13.

cloācārium, ī, *n.* (cloaca), **Abgabe zur Unterhaltung und Reinigung der Kloaken, Schleusenzins,** Ulp. dig. 7, 1, 27. § 3; 30, 1, 39. § 5.

cloācārius, ī, *m.* (cloaca), der **Kloakenreiniger, Gossenkehrer,** Edict. Diocl. 7, 32. – ► Gloss. ›cloacarius, δεσμοφύλαξ (??)‹.

Cloācīna (Cluācīna), ae, *f.* (v. cluo, ich reinige), die **Reinigende,** als Beiname der Venus, weil ihre Bildnisse an dem Ort standen, wo die Römer u. Sabiner nach Beendigung des wegen des Jungfrauenraubes geführten Krieges sich mit Myrtenzweigen reinigten, Plaut. Curc. 471. Lact. 1, 20, 11. Min. Fel. 25, 8: Venus Cluacina, Plin. 15, 119: dea Cloacina, Cypr. quod idol. etc. 4. Prud. apoth. 197: ad Cloacinae (*sc.* aedem), Liv. 3, 48, 5. – Plur., Tert. de pall. 4. p. 940 *ed. Oehl.*

cloācīnus, a, um (cloaca), **aus der Kloake, Kloaken-,** aqua, Augustin. c. Faust. 20, 11.

cloāco, āre (cloaca), **verunreinigen,** Paul. ex Fest. 66, 2.

cloācula, ae, *f.* (*Demin.* v. cloaca), die **kleine Kloake,** Lampr. Heliog. 17, 1 zw.

clocito, āre, Naturlaut der Hirsche, **schreien,** Auct. carm. de Philomela 53 = Suet. fr. p. 310, 53 R. Anthol. Lat. 762, 53 (233, 53).

Clōdiānus, a, um, s. 1. Claudius.

clōdico, āre, s. claudico.

Clōdius, s. 1. Claudius.

clōdo, ere, s. 1. claudo.

clodor, ārī, mit einer gewissen Augenkrankheit behaftet sein, v. Tieren, Plin. 18, 330 zw.

clōdus, a, um, s. claudus ►.

Cloelius (andere Form **Cluīlius,** gr. Κλοίλιος), a, um, Name eines albanischen, später römischen Geschlechts, aus dem bes. bekannt Cluilius od. Cloelius, der letzte König von Alba, der ein Heer ins röm. Gebiet führte u. dieses mit einem Graben (noch später Cluilia fossa, Liv. 1, 23, 3, u. fossae Cluiliae od. Cloeliae, Liv. 2, 39, 5. Paul. ex Fest. 56, 4 gen.) umzog, Liv. 1, 23, 3 *sq.* Paul. ex Fest. 55, 12. – u. **Cloelia,** die röm. Jungfrau, die, mit anderen Jungfrauen dem König Porsenna als Geisel übergeben, an der Spitze ihrer Gefährtinnen den Tiberstrom durchschwamm u. zu den Ihrigen entkam, Liv. 2, 13, 6 *sq.* Verg. Aen. 8, 651. Plin. 34, 28. Sen. ad Marc. 16, 1.

clonos, ī, *f.*, eine Pflanze = *scelerata,* Ps. Apul. herb. 8.

cloo, āre, s. 2. cluo.

clorās, ae, *m.*, s. chlorās.

clōstellum, s. claustellum.

clōstrum, s. claustrum.

Clōthō (Clōtō), ūs, *f.* (Κλωθώ), die **Spinnende,** eine der Parzen, die den Lebensfaden spinnt, Ov. fast. 6, 757. Ov. Ib. 242. Stat. Theb. 3, 556: neben Lachesis, Iuven. 9, 135. Bormann Uned. Inschrn. *no.* 10, 5. p. 9 (wo Cloto): neben Lachesis u. Atropos, Hygin. fab. *in.* Apul. de mund. 38. Mythogr. Lat. 1, 110. Eulog. in Cic. somn. Scip. p. 403, 13 B. Epit. Iliad. 895 *sq.* (wo Atropos, Clotho, Lachesis nebeneinander). – übtr., C. longa, langes Leben, Sil. 5, 404.

clouāca, clōvāca, s. cloāca.

cluāca, s. cloāca.

Cluācīna, s. Cloācīna.

clucidātus, a, um (γλυκίδδειν = γλυκίζειν), **versüßt** = lieblich, angenehm, Naev. bei Varr. LL. 7, 107; vgl. Paul. ex Fest. 55, 11 u. (in der Schreibung glucidatus) 98, 10.

clucio, āre (γλυκίζω), **versüßen,** Apic. 4, 162.

clūden, dinis, *n.*, das **Schwert** des röm. Schauspielers, dessen Klinge beim Aufstoßen in den Griff zurückwich, Apul. apol. 78.

clūdo, ere, s. 1. claudo ►.

clūdus, a, um, s. claudus ►.

cluēns, cluenta, s. cliēns, clienta.

Cluentius, a, um, Name einer röm. *gens,* z. B. A. Cluentius Avitus aus Larinum, von Cicero in einer noch erhaltenen Rede verteidigt, Cic. Brut. 271; Cluent. 1 *sqq.* Quint. 11, 1, 61. – **Cluentiānus,** a, um, **den Kluentius betreffend, des Kluentius,** pecunia, Cic. Clu. 125 (vgl. 124 a Cluentio profecta pecunia): iudicium, Quint. 11, 1, 74.

clueo, ēre (von κλύω, altlat. = audio), **ich werde genannt, heiße, gelte** od. **bin vor der Welt,** dah. auch **ich werde gepriesen, gefeiert** (s. Brix Plaut. trin. 309), **a** Aktiv: **α** m. *Nom.:* ubi mortuus sis, ita sis ut nomen cluet (lautet), Plaut. trin. 496. – **β** m. dopp. *Nom.:* unde ignis cluet mortalibus clam divisus, Acc. fr.: victor victorum cluet, Plaut.: ut meus victor vir belli clueat, Plaut.: cuiā operā Troginu calix per castra cluebat? Lucil. fr.: quae post diu mihi clara clueant, die mir großen u. langen Ruhm verschaffen, Plaut.: corona per gentes hominum quae clara clueret, Lucr.: divûm sacerdos infulis celsus clues, Anthol. Lat. 1315, 38 M. – **γ** m. *Nom.* u. *Infin.:* per gentes esse cluebat omnium miserrimus, Enn. com. fr.: Atridae fratres cluent fecisse facinus maximum, Plaut.: cuiuscumque imago cluet de corpore fusa vagari, Lucr. – **δ** m. *Acc.* u. *Infin.:* ex taurigeno semine ortam fuisse an humano cluam? Acc. tr. 463. – **ε** m. *Abl.* **(wodurch?)**, ut Acherunti clueas gloriā, mit Ruhm genannt werdest, Plaut.: si quod agit cluet victoriā, wenn der Mensch durch seine Tätigkeit den Siegesruhm (Siegespreis) erlangt, Plaut.: oves, quîs Tarentum vel Baetica cluet naturā colorante, Tert. de pall. 3. – **ζ** absol., quaecumque cluent, alles, was Namen hat = existiert, Lucr. 1, 449. – **b** Depon.: sed hi cluentur hospitum infidissimi, Pacuv. tr. 194: Stratioticus homo qui cluear, heiße = bin, Plaut. Pseud. 918: Pompilius clueor, Varr. sat. Men. 356. – ► Nbf. **cluo,** ere, Sen. apoc. 7, 2. *v.* 1. Auson. prof. (XVI) 22, 28. p. 69 Schenkl.; sept. sap. (XX) Cleob. 2. p. 108 Schenkl.; epist. (XVI) 2, 21. p. 175 Schenkl. Prud. cath. 9, 107 u. a. Spät.

Cluīlius, s. Cloelius.

clūnāculum (clūnaclum, clūnābulum), ī, *n.* (clunis), das **kleine Schwert** (der **Dolch**), das man hinten trug, Gell. 10, 25, 2. Paul. ex Fest. 50, 6. Isid. 18, 6, 6. Placid. gloss. V, 14, 28.

clūnālis, e (clunis), **an den Hinterbacken befindlich, Hinter-,** pedes (Ggstz. prima vestigia), Avien. phaen. 362.

clūnicula, ae, *f.* (*Demin.* v. clunis), das **Hinterkeulchen,** Favorin. b. Gell. 15, 8, 2.

clūnis, is, *m.* u. f. (κλόνις), der **Hinterbacken,** die **Hinterkeule,** gew. im Plur. = der **Steiß** (der Menschen u. Tiere), clunes infantis, Cels.: pulchrae clunes (equi), Kruppe, Hor.: cl. tremulus (puellae), Iuven.: clunes apri, Iuven.: pectus et clunes (avis pretiosae), Sen.: clunibus subsidere (v. Elefanten), Liv.: clunes infractos fero, Plaut. fr.

1. cluo, ere, s. clueo.

2. cluo, ere, altlat. = *purgo,* **ich reinige,** Plin. 15, 119. Serv. Verg. Aen. 1, 720 (wo cloare).

cluor, ōris, *m.* (cluo) = δόξα, der **Ruf,** in dem man bei anderen steht, Gloss. II, 510, 5.

1. clupea, ae, *f.*, ein Flussfisch, die **Alose** (*Clupea Alosa,* L.), Plin. 9, 44.

2. Clupea (Clypea), ae, *f.*, u. Plur. **Clupeae** (Clypeae), ārum, *f.* (Übersetzung des griech. Namens Ἀσπίς; auch lat. Aspis, Sil. 3, 244. Solin. 27, 8), Vorgebirge u. Stadt in Byzacium, j. *Kalibia,* Caes. b. c. 2, 23, 3. Liv. 27, 29, 7 *sq.* Flor. 2, 2, 19: Form *-ae,* Caes. b. c. 2, 23, 2. Auct. b. Afr. 3, 1. – Dav. **Clupeānī,** ōrum, *m.*, die Einw. von **Klupea,** die **Klupeaner,** Schol. Gronov. ad Cic. de imp. Pomp. 10, 28. p. 441, 7 B. *Schol. Bob. ad Cic. Sest. 61. p. 307, 23 B.

clupeo, āre, s. clipeo.

clupeus, s. clipeus.

clūra, ae, *f.* = πίθηκος, κερκοπίθηκος, **der Affe, Schwanzaffe,** Gloss.

clūrīnus, a, um (clura), **zum Affen gehörig,** pecus, Affen, Plaut. truc. 269. Arnob. 3, 16.

clūsāris, e (cludo), **I zum Schluss dienend, den Schluss bildend,** lapidis portio, Grom. vet.: angulus, Gromat. vet.: latus, Gromat. vet. – **II absperrend,** aqua, CIL 6, 11535.

clūsilis, e (cludo), **sich leicht schließend,** concha, Plin. 9, 132.

Clūsium, ī, *n.* (urspr. Camars od. Camers gen., s. Liv. 10, 25, 11. Sil. 8, 461), alte Stadt u. eine der zwölf Republiken Etruriens, früher Residenz des Porsenna, auch berühmt durch die Schwefelquellen der Umgegend, j. *Chiusi,* Liv. 5, 33 *sqq.* Varr. b. Plin. 36, 91; vgl. Orelli Hor. ep. 1, 15, 9. – Dav. **Clūsīnus,** a, um (Κλουσῖνος), **klusinisch, aus Klusium,** Aruns, Liv.: fontes, Hor.: far (besonders weiß u. gut), Col.: Plur. subst., Clūsīnī, ōrum, *m.,* die Einw. von Klusium, die **Klusiner,** Liv. u. Plin.

Clūsius, ī, *m.* (cludo), der **Schließer,** ein Beiname des Janus zur Friedenszeit, wo die Türen seines Tempels geschlossen waren (Ggstz. Patulcius, w. vgl.), Ov. fast. 1, 130; vgl. Liv. 1, 19, 2. – Andere Form **Clūsīvius,** ī, *m.,* Macr. sat. 1, 9, 15 *sqq.*

clūsor, ōris, *m.* (cludo), der **Einschließer, Einheger, Umringer,** Sidon. ep. 8, 6. Vulg. 4. regg. 24. *v.* 14 u. 16.

clūstellum, s. claustellum.

clustēr, s. clystēr.

clūstrum, s. claustrum.

clūsūra, ae, s. clausūra.

clūsus, a, um, s. 1. claudo (clūdo).

Clutemēstra, s. Clytaemnēstra.

Clutomēstōridysarchidēs, ae, *m.* (*Κλυτομηστωριδυσαρχίδης), komischer Name bei Plaut. mil. 14.

Cluvia, ae, f., Stadt der Hirpiner in Samnium, j. *Campo di Giore,* Liv. 9, 31, 2. – Dav. **Cluviānus,** a, um, **kluvianisch, von Kluvium,** Liv. 9, 31, 3.

cluvior, ōris (clueo), *Compar.,* **gepriesener,** Gloss. V, 627, 10 ›cluvior, nobilior‹.

Cluvius, a, um, Name eines kampanischen, teilweise nach Rom übergesiedelten Geschlechts, aus dem bes. bekannt: C. Cluvius, röm. Ritter, Cic. Rosc. com. 42: M. Cluvius, aus Puteoli, Bankier, Cic. ep. 13, 56, 1; ad Att. 6, 2, 3: M. Cluvius Rufus, röm. Staatsmann, Redner u. Geschichtschreiber, Zeitgenosse des Kaisers Klaudius, Suet. Ner. 21, 2. Tac. ann. 13, 20. Plin. ep. 9, 19, 5. – eine Cluvia, Iuven. 2, 49.

clybatis, is, *f.* (κλύβατις), die auch heline gen. Pflanze, Ps. Apul. herb. 81.

Clymenē, ēs, *f.* (Κλυμένη), Tochter des Oceanus, Gemahlin des äthiopischen Königs Merops, Mutter des Phaëthon von Sol, Ov. met. 1, 756 u. 765. Consol. ad Liv. 111. – Dav.: **A Clymenēis,** idis, *f.,* die **Klymenēide** (= Tochter der Klymene), Consol. ad Liv. 111. – **B Clymenēius,** a, um, **der Klymene,** proles, Phaëthon, Ov. met. 2, 19.

clymenus, ī (κλύμενος). **I** *f.,* eine Pflanze, viell. **Geißblatt,** Plin. 25, 70. – **II** *m.,* **Clymenus** (wie Κλύμενος), Beiname des Pluto, Ov. fast. 6, 757.

Clypea, s. 2. Clupea.

clypeo, clypeus, clypeum, s. clipeo etc.

clysmus, ī, *m.* (κλυσμός), das **Klistier,** Scrib. 155 u. a.

clystēr, ēris, *m.* (κλυστήρ), **I** das **Klistier,** Plin., Suet. u. a. – **II** die **Klistierspritze,** Plin., Suet. u. a.: oricularius, Ohrenspritze, Cels. – Schreibung cluster, Scrib. 179, clister, Soran. Lat. p. 137, 13.

clystērio, āre (clyster), **ein Klistier geben,** Pelag. vet. 132 *Ihm.*

clystērium, ī, *n.* (κλυστήριον), das **Klistier,** Scrib. 114 u. 118. Pelag. vet. 133 *Ihm.* Paul. ex Fest. 78, 13.

clystērizo, āre (*κλυστηρίζω), ein **Klistier geben,** Cael. Aur. acut. 3, 4, 28. Veget. mul. 2, 15, 5 u. 17, 3.

Clytaemnēstra (Clytemnēstra), ae, *f.* (Κλυταιμνήστρα), Tochter der Leda u. Schwester der Helena, des Kastor u. Pollux, Gemahlin des Agamemnon, Mutter des Orestes, der Elektra u. Iphigenia, mit Hilfe ihres Buhlen Ägisthus Mörderin des von Troja heimkehrenden Gemahls, daher von ihrem Sohn Orestes in Blutrache erschlagen, Rhet. Her. 1, 17. Cic. de inv. 1, 31. Ov. am. 1, 7, 9 u. a.; vgl. Hygin. fab. 117 u. 240: als Gegenstand einer Tragödie des Accius, Cic. de off. 1, 114. – Plur., Serg. expl. in Donat. 1. p. 490, 21 K. – dah. appellat., »eine Klytämnestra« = eine unkeusche Frau, Cael. b. Quint. 8, 6, 53: u. = Gattenmörderin, Iuven. 6, 656. – ► Die Schreibung Clytaemestra od. Clytemestra ist nach den besten Hdschrn. bei Cicero u. a. die einzig richtige latein. Schreibung; vgl. auch (über die Formen Clutemestra, Clytemestra u. Cliteminestra) Ritschl. opusc. 2, 497 f.; 502; 517 f.; Cliteministra auch Not. Tir. 186. – Bei Liv. Andr. tr. fr. 11 u. Auson. epit. her. 1, 4 mit kurzer, bei Iuven. 6, 656 mit langer drittletzter Silbe gemessen.

Clytiē, ēs, *f.* (κλυτίη), eine in die Blume heliotropium verwandelte Oceanide, Apollos Geliebte, Ov. met. 4, 206; 234; 256 *sqq.*

Cnaeus od. **Cnēus,** ī, *m.,* abgekürzt Cn., ein römischer Vorname, gesprochen Gnaeus; vgl. Quint. 1, 7, 28. Dosith. 14, 18 K.

cnāsonās, *i.e. acus, quā mulier scalpit caput,* Gloss. Scal. V, 594, 49.

cnēcos (cnīcos), ī, *f.* (κνῆκος), **Saflor** (*Carthamus tinctorius,* L.), eine Pflanze, die man beim Käsemachen als Lab zum Gerinnen der Milch brauchte, Col. 7, 8, 1. Plin. 21, 90; cneci flores, Apic. 6, 228; 7, 284; 8, 233. – Form cnīcos, Scrib. 135.

cnēmis, mīdis, *f.* (κνημίς), die **Beinschiene,** bildl. v. Versende, Mall. Theod. de metr. 4, 12.

cneōron (κνέωρον) od. **cnēstron** (κνηστρον), ī, *n.,* ein Strauch, sonst thymelaea gen. (*Daphne gnidium,* L.), **Kellerhals,** Plin. 13, 114.

cnephōsum antiqui dicebant tenebricosum; Graeci enim κνέφας appellabant obscurum, Paul. ex Fest. p. 51.

cnēstron, s. cneōron.

cnīcos, s. cnēcos.

cnīdē, ēs, *f.* (κνίδη), die **Meernessel,** rein lat. urtica, ein Pflanzentier im Meer, Plin. 32, 146.

cnīdinus, a, um (κνίδινος), von **Meernesseln, Meernessel-,** Plin. 15, 30.

Cnidus u. **-os** od. **Gnidus** u. **-os,** ī, *f.* (Κνίδος), **Seestadt** an dem Vorgebirge Triopion (in Karien), auf einer Halbinsel, berühmt durch Handel u. den Kultus der Venus u. deren herrliche, im dortigen Tempel befindliche Marmorstatue, das Meisterstück des Praxiteles, j. *Cnido,* Mela 1. § 84. Liv. 37, 16, 2. Cic. de imp. Pomp. 33: als Sitz der Venus, o Venus, regina Gnidi Paphique, Hor. carm. 1, 30, 1: G. piscosa, Ov. met. 10, 531: G. arundinosa, Catull. 36, 13. – Dav. **Cnidius** (Gnidius), a, um (Κνίδιος), **knidisch,** Venus, Plin.: calami, Plin.: granum, coccum, knidische Körner, d. i. Samen von Seidelbast (*Daphne Mezereum,* L.), Cels. u. Plin.: Plur. subst. Cnidiī, ōrum, *m.* (Κνίδιοι), die Einw. von Knidos, die **Knidier,** Cic. u. a.

cnīsa, ae, *f.* (κνῖσα = κνίσσα), der **Opferdampf, Opferduft,** Plur. bei Arnob. 7, 3.

cnōdāx, dācis, *m.* (κνώδαξ), *t. t.* der Mechanik = der **Kegelzapfen,** franz. *pivôt, boulon,* engl. *pivot,* Vitr. 10, 2, 11.

Cnōsus (Cnōssus), s. Gnōsus.

co..., in Zusammensetzungen = com, s. d.

coa (choa), ae, *f.,* in der Stelle: quadrantaria Clytaemnestra, et in triclinio coa, in cubiculo nola, die sich auf ihrem Sofa als eine gemeine Lustdirne jedem Buhler preisgab (coa von coire scherzhaft gebildet), aber gegen ihren Gemahl die Spröde u. Keusche spielte (nola v. nolle), von der Klodia, der Gemahlin des Metellus, Cael. bei Quint. 8, 6, 53.

coacervātim, *Adv.* (coacervo), **haufenweise** (Ggstz. discretim), Apul. flor. 9. p. 12, 6 Kr. Cael. Aur. acut. 2, 9, 50; chron. 1, 4, 9 u. 3, 2, 24. Augustin. c. Iulian. 4, 15.

coacervātio, ōnis, *f.* (coacervo), die **Aufhäufung, I** eig.: aliorum super alios ruentium, Sen. de vit. beat. 1, 3: minorum corpusculorum, Chalcid. Tim. 203: stratae viae, Isid. 15, 16, 7. – **II** übtr.: actionum, Gaius dig. 2, 1, 11: doloris, Ambros. in Luc. 7, 133. – als rhet. *t. t.* die **Aufhäufung** (von Beweisen usw.), Cic. part. or. 122. Quint. 9, 3, 53 Sp.

co-acervo, āvī, ātum, āre, **zusammenhäufen, aufhäufen,** cadavera, Caes.: pecunias, Cic.: agros, durch Ankauf z., haufenweise zusammenkaufen, Cic.: quantum coacervari una in domo potuit, Cic.: hostium coacervatorum cumuli, Liv.: omnibus rebus *eo* (dahin, dort) coacervatis, Auct. b. Afr. – übtr., argumenta, Cic.: luctus, Ov.

co-acēsco, acuī, ere, **durch und durch-, völlig sauer (herb) werden,** si est vinum ex eo genere (uvae), quod mature coacescat, Varr.: secunda mensa in imbecillo stomacho coacescit, Cels.: si coacuit intus cibus aut computruit, Cels. – u. im Gleichnis, ut enim non omne vinum, sic non omnis natura vetustate coacescit, Cic. de sen. 65: im Bild, quam valde eam (gentem Sardorum) putamus tot transfusionibus coacuisse? durch so viele Umgießungen umgeschlagen (= durch so viele Versetzungen verwildert) sei, Cic. Scaur. 43.

coācta, ōrum, *n.*, s. cōgo.

coāctārius, ī, *m.* = coactiliarius, CIL 10, 1916.

coāctē, *Adv.* m. *Compar.* (coactus v. cogo), **I** **in kurzer Zeit, gedrängt,** Cael. Aur. acut. 2, 10, 75: *Compar.* b. Gell. 10, 11, 8. – **II** **genau,** Hier. ep. 69, 4: im *Compar.* b. Gell. 19, 2 *in.* – **III** **gezwungen, mit Gewalt,** Tert. de bapt. 12 u. a.

coāctīcius, a, um (coactus v. cogo), **erzwungen,** Cassian. coen. inst. 4, 24.

coāctiliārius, a, um (coactilis), **zum Filzwalker (Filzmacher) gehörig, Filzwalker- (Filzmacher-),** coactiliariam tabernam exercere, Capit. Pert. 3, 3 Iord. – subst., coāctiliārius, ī, *m.* = πιλοποιός, πιλωτοποιός (Gloss.), der **Filzwalker, Filzmacher,** Marc. Emp. 14: lanarius coact., CIL 6, 9494.

coāctilis (vulgär quoāctilis), e (coactus v. cogo), dicht gemacht, **gefilzt,** griech. πιλητός, centunclum equestre quoactile, Pferdedecke von Filz, Edict. Diocl. 7, 52. – subst., coāctilia, ium, *n.*, eine Art Filz aus Wolle od. Haaren, Ulp. dig. 34, 2, 25. § 1 (auch coacta gen., s. cōgo).

coāctim, *Adv.* (coactus v. cogo), **gedrängt, kurz,** Sidon. ep. 9, 16.

coāctio, ōnis, *f.* (cogo), **I** die **Einkassierung,** coactiones argentarias factitare, die Gelder von Versteigerungen eintreiben, Suet. Vesp. 1, 2. – **II** c. causae in breve, kurze Zusammenfassung, Gaius inst. 4, 15. – **III** eine Art **Krankheit** der Tiere, Veget. mul. 2, 9, 1 u. a.

coācto, āre (*Intens.* v. cogo), **mit aller Gewalt zwingen,** m. folg. *Infin.*, Lucr. 6, 1120 u. 1159.

coāctor, ōris, *m.* (cogo), **I** eig.: **a** der **Beitreiber, Einkassierer** der Einkünfte, Cato r. r. 150, 2; bes. der von den publicani gepachteten vectigalia, Cic. Clu. 180 u. Rab. post. 30, u. der Auktionsgelder für die Makler (argentarii), c. exactionum, Suet. vit. Hor. *in.*: c. argentarius, Scaev. dig. 40, 7, 40. § 8. CIL 6, 1923 u. 8728. Porphyr. Hor. sat. 1, 6, 86. Gloss. V, 595, 49: u. bl. coactor, Hor. sat. 1, 6, 86. CIL 6, 1936. – **b** agminis coactores (= οὐραγοί), der **Nachtrab,** Tac. hist. 2, 68. – **c** coactor lanarius = πιλοποιός, der **Filzwalker, Filzmacher,** CIL 5, 4504, 3. – übtr., der **Antreiber, Nötiger** zu etw., quibus non *duce* tantum opus sit, sed *adiutore* et, ut ita dicam, *coactore*, Sen. ep. 52, 4.

coāctrīx, trīcis, *f.* (Femin. zu coactor), die **Antreiberin, Nötigerin,** Iulian. bei Augustin. op. imperf. c. Iulian. 6, 5 *in.* Fulg. Virg. contin. p. 162 M. (p. 103, 16 H.)

coāctūra, ae, *f.* (cogo), das **Einsammeln,** konkret = das **Eingesammelte** (v. Früchten), Col. 12, 52, 2.

coāctus, Abl. ū, *m.* (cogo), der **Zwang,** die **Nötigung,** magno coactu, Lucr.: neque id *voluntate suā* fecisse, sed *coactu* civitatis, Caes.: coactu atque efflagitatu meo, Cic.: coactu istius, coactu meo, Cic.: coactu diabolico, Ambros.: sine aliquo coactu, Iulian. bei Augustin.

co-addo, ere, **mit dazutun, mit hinzufügen,** Cato r. r. 40, 2.

coadiūtor, ōris, *m.*, der **Mitgehilfe,** Ps. Greg. M. in 1. reg. 4, 5, 26 (Migne 79, 301 C). CIL 3, 1099, 4.

co-adiuvo, āre, **mithelfen,** Hieron. Galat. 6, 5.

co-adolēsco, ere, mit (etw.) **heranwachsen,** Eccl.

co-adōro, āre, **mit anbeten,** Eccl.

coadūnātim, *Adv.* (coaduno), **haufenweise,** Oros. 7, 27, 6.

coadūnātio, ōnis, f. (coaduno), die **Vereinigung,** das **Zusammentreffen,** Cod. Iust. 5, 12, 31 *extr.* Arnob. iun. de deo trin. 2, 14, 19.

co-adūno, āvī, ātum, āre, **vereinigen,** Paul. dig. 2, 14, 9. Ulp. dig. 10, 4, 7. Schol. Gron. in Cic. or. de imp. Pomp. 11. p. 438, 41 B. Dict. 4, 13: alci rei, in unum, in unitatem, Eccl.

coaedificātio, ōnis, *f.* (coaedifico), das **Aufbauen,** übtr., illa c., der sittlich-religiöse Ausbau der Seele, Augustin. de octo dulcit. qu. 4. § 2.

co-aedifico, āvī, ātum, āre, **I** **mit Gebäuden besetzen, bebauen,** campum Martium, Cic. ad Att. 13, 33, 4: quae (pars) quia postrema coaedificata est, Cic. Verr. 4, 119: loci coaedificati an vasti, Cic. part. or. 36. – **II** **aufbauen,** übtr., m. *in* u. Akk., Vulg. Ephes. 2, 22. Augustin. c. ep. Manich. § 33: alios versus, Eulog. in somn. Scip. p. 403, 27 B.

co-aegrōto, āre, **mit krank sein,** Hieron. adv. Iovin. 1, 47.

co-aequālis, e, **I** **gleich,** c. nobiscum fides, Vulg. 2. Petr. 1, 1. – **II** **gleichaltrig, gleichen Alters,** coaequale natalium suorum sinciput, der Schädel, der ihr eigenes Alter hatte, Petr. 136, 1. – v. Pers., erit tibi quasi c., Vulg. Sirach 6, 11. – subst., coaequālēs, ium, *m.*, die **Altersgenossen Gespielen, Spielkameraden,** Iustin. 23, 4, 9 u. 37, 4, 1. Vulg. Matth. 11, 16. – übtr., v. Gänsen, Col. 8, 14, 8.

coaequāliter, *Adv.* (coaequalis), **gleich** mit etw., m. *Dat.*, Boeth. in Porphyr. 5. p. 105. Cassiod. in psalm. 61, 11.

co-aequo, āvī, ātum, āre, **gleichmachen, eben-, gerade machen,** **I** eig.: aream, Cato r. r.: montes, Sall.: glebas, Col.: equitis sui (seines Pferdes) mole hiatum profundae voraginis, Min. Fel. 7, 3. – **II** übtr., an Wert, Würde, Macht usw. **gleichmachen, gleichstellen,** omnia ad libidines suas, überall den Unterschied aufheben, Cic.: gratiam omnium, Ps. Sall.: alqm cum alqo, alqm u. se alci, Eccl.

co-aestimo, āre, **mit** etw. **zugleich schätzen,** Cels. dig. 47, 2, 69.

coaetāneus, a, um (com u. aetas), **von gleichem Alter, Altersgenosse** (klass. aequalis), Apul. met. 8, 7 u. Eccl.

co-aeternitās, ātis, *f.*, die **Gleichewigkeit,** Eccl.

co-aeternus, a, um, **gleich ewig,** Eccl.

co-aeto, āre (com u. aetas), **gleichen Alters sein,** Tert. de res. carn. 45.

coaevitās, ātis, *f.*, die **Gleichaltrigkeit,** Eccl.

co-aevus, a, um (com u. aevum), **gleichen Alters, gleichalt** (klass. aequalis), Eccl.

co-aggero, āre, **I** **zusammenhäufen,** lapides, Serv. Verg. Aen. 5, 273. – **II** **behäufen, hoch bedecken,** ova fabā, Col. 8, 6, 1.

co-agito, āvī, ātum, āre, **zusammenschütteln, rütteln,** Marc. Emp. 8. Apic. 2, 41 u. 4, 173. Vulg. Luc. 6, 38.

coāglo, s. coāgulo.

coāgmentātio, ōnis, *f.* (coagmento), die **Zusammenfügung, Verbindung,** Cic. de nat. deor. 1, 10. Vitr. 10, 7 (12), 1: Plur. b. Vitr. 2, 9, 11. Plin. 36, 172.

coāgmento, āvī, ātum, āre (coagmentum), **zusammenfügen, -kleben, -leimen,** **I** eig.: opus ipsa suum eadem, quae coagmentavit, natura dissolvit, Cic.: nihil concretum, nihil copulatum, nihil coagmentatum, Cic.: fistula coagmentata, zusammen-, eingelötete, Vitr. – **II** übtr., **genau zusammenfügen, -verbinden,** verba verbis quasi c., Cic.: verba compone et quasi coagmenta, Cic. – c. pacem, festen Frieden schließen, Cic. Phil. 7, 21.

coāgmentum, ī, *n.* (cogo), die **Zusammenfügung,** konkret die **Fuge,** gew. im Plur., Plaut., Caes., Sen. u. a. – als astron. *t. t.* coagmenta defectiva, Verfinsterungsknoten (griech. ἐκλειπτικοὶ σύνδεσμοι), Amm. 20, 2, 4. – übtr., coagmenta syllabarum, Gell. 17, 9, 2: verborum, Gell. 17, 21 *lemm.*

coāgulāre, is, *n.* (verst. intestinum; v. coagulum), der **Grimmdarm,** Veget. mul. 2, 16, 1 u. a.

coāgulātio, ōnis, *f.* (coagulo), das **Zusammenlaufen, Gerinnen** einer Flüssigkeit, lactis, Plin. 23, 30 u. a.: Plur., Suet. fr. p. 229, 2 R.

coāgulātor (coagulo), der **Schiedsrichter,** CIL 10, 3910, 8 (wo zsgz. Form quaglator).

coāgulo, āvī, ātum, āre (coagulum), **I** **gerinnen machen,** lac, Plin.: aquam, Plin.: caseum, Pallad.: dah. mons coagulatus, mit Fülle gesegneter, Vulg. psalm. 67, 16 u. 17 (vgl. caseatus u. incaseatus). – **II** übtr., pacem, stiften, Augustin. in psalm. 75, 8: amicos semper coaglavi (synkop. Perf.), zusammengehalten, Carm. epigr. 477, 4.

coāgulum, ī, *n.* (cogo), **I** das **gerinnenmachende Mittel** (die im Magen der säugenden Tiere geronnene Milch, dieser Magen selbst usw.), das **Lab,** **A** eig. u. übtr.: **1** eig., Scriptt. r. r. u. a.: c. leporinum, Hasenlab, Varr.: haedi, Magen, Apic. 8, 369. – **2** übtr., das **Verbindungsmittel,** Varr. fr. u. Gell.: dah. das **Betriebsmittel, die Ursache,** Palladius, c. omnium aerumnarum, Amm. 29, 2, 1. – **B** meton., die **geronnene Milch,** Plin. 28, 158: u. jede verdichtete Flüssigkeit, in utero, Gell. 3, 16, 20. – **II** das **Zusammenlaufen** einer Flüssigkeit, das **Gerinnen, Gefrieren,** Gell. 17, 8, 15.

co-alēsco, coaluī, coalitum, ere (com u. alesco), **zusammenwachsen,** **I** **verwachsen,** **a** v. Körperteilen usw., interdum inter se palpebrae coalescunt, Cels. 7, 7, 6 *in.* – u. v. Steinen, saxa vides solā colescere (= coalescere) calce, durch K. allein sich verbinden, Lucr. 6, 1068:

simul autem aes et ea arena ab ignis vehementia confervescendo coaluerint, sich verbinden (sich amalgamieren), Vitr. 7, 11, 1. – u. im Bild, octingentorum annorum fortunā disciplināque haec compages coaluit, hat sich dieses Fugwerk zu einem Ganzen ineinandergefügt, Tac.: coalescentes conditiones pacis discussit ac rupit, die sich einigenden, Vell. – bes. v. Parteien, noch getrennten Gemütern u. dgl., **verschmelzen, sich einigen,** hi (Troiani et Aborigines) incredibile memoratu est quam facile coaluerint, Sall.: sic brevi spatio novi veteresque (milites) coaluere, Sall. – m. Ang. **womit?** durch *cum* m. Abl., ut cum patribus coalescant plebis animi, Liv. – m. Ang. **in od. zu was?** durch *in* od. (selten) *ad* m. Akk., multitudo coalescit in populi unius corpus, Liv.: nec exercitus linguis moribusque dissonos in hunc consensum potuisse coalescere, Tac.: disiectos ne animo quidem satis ad obsequium coaluisse, Tac. – m. Ang. **wodurch?** durch *Abl.*, brevi tantā concordiā coaluerant omnium animi, ut etc., Liv. – v. Worten, Lauten, compositae (voces) e duobus quasi corporibus coalescunt, ut *maleficus,* Quint. 1, 5, 65. – m. Ang. **in** od. **zu was?** durch *in* m. Akk., quia subiecta sibi vocalis in unum sonum coalescere et confundi nequiret, Quint. 1, 7, 26. – **b** v. Gewächsen (Bäumen, Pfropfreisern, Stecklingen), sowohl mit dem Stamm **verwachsen,** ne prius exarescat surculus quam coalescat, Varr.: id sarmentum sic depressum citius coalescit, Col.: m. Ang. **womit?** durch *Dat.*, ficus coalescit olivae, Col.: m. Ang. **woran?** durch *in* m. Abl., dum novus in viridi coalescit cortice ramus, Ov. – als mit dem Boden **bekleiben, Wurzel fassen, einwurzeln,** palma (translata) coalescit, Suet.: m. Ang. **womit?** durch *cum* m. Abl., arbor coalescit cum terra, ICt.: m. Ang. **wo?** durch bl. *Abl.* od. durch *in* m. Abl., *inter* m. Akk., triticum sicco loco melius coalescit, Col.: plantae, quae terrā coalescunt, ICt.: in eo loco grandis ilex coaluerat inter saxa, Sall. – im Bild, wie **Wurzel fassen, einwurzeln** = Festigkeit gewinnen, sich befestigen, gedeihen, erstarken, in insula tum primum novā pace coalescente, Liv.: dum Galbae auctoritas fluxa, Pisonis nondum coaluisset, Tac.: m. Ang. **wodurch?** durch *Abl.*, ita rem concordiā coalescere posse, Liv.: eloquentia coalescere nequit nisi sociatā tradentis et accipientis concordiā, Quint.: coalitam libertate irreverentiam eo prorupisse, Tac. – **c** v. zerrissenen Gliedern u. Wunden, **sich** wieder **zusammenziehen, -zusammenschließen, verwachsen,** cilium vulnere aliquo diductum non coalescit, Plin.: a partu coalescit vulnus, Plin. – im Bild, coalescentibus rei publicae membris, Vell. 2, 90, 1: vixdum coalescens foventis regnum, dessen Wunden sich kaum zu schließen anfangen, Liv. 29, 31, 3. – **II zusammenwachsen, sich gestalten,** tenerum, modo coalescens corpusculum (v. Embryo), Sen. ep. 124, 10: nihil interesse putat, cuius in corpore cuiusque ex sanguine concretus homo et coalitus sit, Gell. 12, 1, 11: sphaerarum vero ingenium ex igni coalitum et fabricatum, Apul. de dogm. Plat. 1, 11. – ► Partiz. coalitus zuerst bei Tac., s. Nipperd. Tac. ann. 14, 1. – zsgz. colescere, wovon colescat, Varr. r. r. 1, 41, 2: coluerunt, Lucr. 2, 1061: Infin. colescere, Lucr. 6, 1068.

coalitus, Abl. ū, *m.* (coalesco), die **Verbindung, Vereinigung,** Arnob. 4, 33: multorum coalitu, Heges. 4, 4, 1.

co-alo, uī, itus, ere, **zugleich mit nähren,** Eccl.

coalumna, ae, *f.*, die **Miterzogene,** Ps. Augustin. serm. 294, 6.

coamātor, ōris, *m.*, der **Mitliebhaber,** der **Rivale,** Augustin. in psalm. 33. serm. 2, 6 u. Gloss.

co-ambulo, āre, **mitgehen,** Vulg. sap. 19, 2. Claud. Mam. de stat. an. 1, 3. § 3.

coangustātio, ōnis, *f.* (coangusto), das **Zusammendrängen,** Hieron. hom. Orig. in Ezech. 9.

co-angusto, āvī, ātum, āre, **einengen, verengen, a** räumlich, alvos apium, Varr.: fistulam, Cels.: aedium aditum, ICt. – v. Personen, coangustari, zusammengedrängt werden, Auct. b. Hisp. 5, 5. Aur. Vict. epit. 42, 6. – **b** übtr., quantitativ **beschränken,** legem (Ggstz. dilatare legem), Cic. de legg. 3, 32: id interpretatione legum coangustatum est, Pompon. dig. 50, 16, 120.

coapostata, ae, *m.*, der **Mitabtrünnige,** Lucif. Athan. 1, 16. p. 95, 1.

coapostolus, ī, *m.*, der **Mitapostel,** Iren. 3, 12, 5 u. a. Eccl.

1. coaptātio, ōnis, f. (coapto), die **genaue Zusammenfügung,** als Übersetzung von ἁρμονία, Augustin. de civ. dei 22, 24 p. 614, 24 D² u. a.

2. coaptātio, s. cooptātio.

1. co-apto, āvī, ātum, āre, **genau zusammenpassen, -fügen,** Eccl.

2. coapto, s. co-opto.

coarctātio u. **coarcto,** s. coart…

co-arguo, guī, gūtum, aber guitūrus, ere (com u. arguo); **von allen Seiten im hellen Lichte zeigen, I** im Allg., **ganz offen darlegen, ganz deutlich verraten, ganz deutlich kundgeben, -beurkunden, ganz deutlich** od. **unwiderleglich erweisen, -dartun,** v. Pers., errorem alcis, Cic. u. Lact. (s. Bünem. Lact. 3, 23, 8): tyrannidem Lacedaemoniorum, Nep.: perfidiam alcis, Cic. – m. Ang. **wodurch?** durch *Abl.*, certum crimen multis suspicionibus (Verdachtsgründe), Cic.: satisne vobis coarguere his auctoribus dissolutam Graeciae consuetudinem videmur? Cic.: argumentum est, per quod res coarguitur certioribus argumentis et magis firmā suspicione (durch festere Begründung des Verdachts), Rhet. Her. – m. folg. *Acc.* u. *Infin.*, Caesar defensionem eius nullam posse excusationem eius imprudentiae recipere coarguit, Auct. b. Alex.: hoc falsum esse pluribus coarguitur, lässt sich ausführlich klarlegen, Quint. – v. Lebl., sin autem fuga laboris desidiam, repudiatio supplicum superbiam … coarguit, Cic.: leni motus (lucus) ab austro … domini coarguit aures, Ov. – **II** prägn.: **A** als **falsch** ganz offen darlegen, **a** eine Sache **als ganz falsch-, als ganz irrtümlich-, als ganz unhaltbar-, als ganz verwerflich erweisen** od. **dartun,** id quidem coarguere nihil attinere ratus, Liv.: v. lebl. Subjj., quam (legem) aut usus coarguit, aut status aliquis rei publicae inutilem fecit, Liv.: quod fici coarguunt, Plin. – **b** eine Pers. **des Irrtums völlig zeihen, -überführen, völlig widerlegen,** alqm historiae coarguunt, Sen.: quo (decreto) maxime et refelli et coargui potest, Liv. – **B** als **schuldig** dartun, erweisen: **a** eine Pers. einer Schuld **unwiderleglich zeihen, -bezichtigen, überführen** (Ggstz. defendere), alqm, Cic.: alqm coram, Liv. – v. lebl. Subjj., reliquum est, ut iam illum natura ipsius consuetudoque defendat, hunc autem haec eadem coarguat, Cic. – m. Ang. **wodurch?** durch *Abl.*, Lentulum dissimulantem coarguunt sermonibus, quos habere solitus erat, Sall.: criminibus coarguitur, Cic. – m. Ang. **worin?** durch *in* m. Abl., omnibus in rebus coarguitur a me, convincitur a testibus, urgetur confessione suā, Cic. – m. Ang. **wessen?** man jmd. bezichtigt, im *Genet.*, alqm avaritiae, Cic.: alqm commutati indicii, Cic.: alqm facinoris, Tac. – **b** eine Sache als strafbar **rügen,** vitia aperte c., Quint. 2, 6, 3.

coargūtio, ōnis, f. (coarguo), die unumstößliche **Überführung,** Hieron. epist. 41, 4.

coarmius, i, *m.* (com u. arma), der **Waffengefährte,** CIL 10, 7297.

coarmo, āvī, ātus, **bewaffnen,** Cassiod. hist. 5, 45.

coartātio, ōnis, *f.* (coarto), das **enge Zusammenziehen,** das **Zusammenengen, -drängen** (Ggstz. laxatio), v. Dingen u. Menschen, Vitr., Liv. u. a.

co-articulo, āre, **gelenkig machen,** ora mutorum, machen, dass sie vernehmlich reden können, Arnob. 1, 52.

co-arto, āvī, ātum, āre, **zusammenengen, -drängen, verengen, einengen, einpressen** (Ggstz. laxare, dilatare), **I** eig.: vulnus, Petr.: fenum in struem, Col.: viam, ICt.: fauces, sich erdrosseln, Val. Max.: Pompeius adhuc in oppidis coartatus, Cic. – **II** übtr.: **1** in Rede u. Schrift = **zusammendrängen,** ut quae coartavit … dilatet nobis, Cic.: quae per plures dies dixerit, postea recisa ac purgata in unum librum, grandem quidem, unum tamen, coartasse, Plin. ep. – **2** der Zeit nach **verkürzen, abkürzen,** consulatum aliorum, Tac.: nox coartat iter, Ov. – **3** prägn. = cogo, **zwingen,** mit folg. *Infin.*, ICt.: alqm ad solutionem, spät. ICt.

coassāmentum, ī, *n.* (coasso = coaxo), das **Getäfel,** die **Füllung,** coassamenta portarum, Plin. 16, 210 D.

coassātio, coasso, s. coax…

Coātrae, ārum, s. Choatrae.

coauctio, ōnis, *f.* (*coaugeo) = συναύξησις, das **Aufwachsen**, die **Vergrößerung**, Gloss. II, 444, 27.

coaxātio, ōnis, *f.* (1. coaxo), der **bretterne Boden**, das **Getäfel**, Vitr. u. Plin. (b. beiden auch Plur.).

1. co-axo, ātus, āre (com u. axis), **mit einem Bretterboden versehen**, Vitr. 2, 8, 17 u. 7, 1, 5.

2. coaxo, āre (Naturlaut der Frösche), **quaken**, Suet. Aug. 94, 7. Suet. fr. 161. p. 250, 3 R. Spart. Get. 5, 5. Anthol. Lat. 762, 64 (233, 64): vulgär quaxare, Fest. 258 (b), 27.

cōbio, s. gōbio.

cōbion, ī, *n.*, eine Art der Pflanze tithymalus (Wolfsmilch), Plin. 26, 71.

cōbius, s. gōbius.

Cōcalus, ī, *m.* (Κώκαλος), König auf Sizilien, der Dädalus aufnahm, den mit einem Heer nachfolgenden Minos aber tötete od. durch seine Töchter im Bade umbringen ließ, Ov. met. 8, 261; vgl. Hyg. fab. 44. – Dav. **Cōcalides**, um, *f.*, die **Kokaliden**, = Töchter des Kokalus, Sil. 14, 42.

Coccēius, a, um, Name eines ital. Geschlechts, aus dem bes. bekannt: **I** L. Cocceius Nerva, Rechtsgelehrter und Staatsmann, Vermittler zwischen Oktavian u. Antonius im J. 40 u. 37 v. Chr., Hor. sat. 1, 5, 28 u. 50: Plur. = Männer wie C., Sen. de clem. 1, 10, 1. – **II** M. Cocc. Nerva, berühmter Rechtsgelehrter zur Zeit des Tiberius, Tac. ann. 4, 58 u. a. – **III** dessen Enkel M. Cocc. Nerva, Prätor 65 nach Chr., Tac. ann. 15, 72, Konsul 71 nach Chr., CIL 10, 4734, röm. Kaiser vom J. 96–98 n. Chr., Aur. Vict. Caes. 12, 1; epit. 12, 1.

coccinātus, a, um (coccinum), **in Scharlach gekleidet**, Suet. Dom. 4, 2. Mart. 1, 96, 6 u. 5, 35, 2.

coccineus, a, um (coccum), **scharlachrot, scharlachfarben**, pallium, Petr. u. Vulg.: paludamentum, Iustin.: vitta, Vulg.: funiculus, lana, Vulg.

coccinus, a, um (coccum), **scharlachfarben**, acini, Plin.: gausapa, Petr.: laena, Iuven.: pallium, Capit. – subst., **a** coccinum, ī, *n.*, ein **scharlachroter Faden**, ein **scharlachrotes Tuch**, ein **Scharlachgewand**, Tertull. de paenit. 11. Vulg. genes. 38, 27; 2. regg. 1, 24 u. ö. Hieron. in Isai. 1, 8. – **b** coccina, ōrum, *n.*, **scharlachrote Kleider**, Mart. 2, 39 u. a.

coccolobis, bis, Akk. bem u. bin. *f.*, hispanischer Name für die sonst basilica genannte Rebensorte, Col. 3, 2, 19 (wo Akk. -bem). Plin. 14, 30 (wo Akk. -bin).

coccum, ī, *n.* (κόκκος), **I** der **Kern** bei Baumfrüchten, dann die **Beere**, besonders die auf der Scharlacheiche (*Quercus coccifera*, L.) wachsende Beere, die **Scharlachbeere**, der **Kermes** (*Coccus ilicis*, L., eig. eine Art Insekten, Schildläuse), womit scharlachrot gefärbt wird, Plin. 16, 32: offizinell, Plin. 24, 8. – meton., **a** die **Scharlachfarbe**, Hor. u. Plin. – **b** **scharlachroter Faden**, zu Netzseilen, Suet. Ner. 30, 3. – u. = **Scharlachgewand**, Fronto ad Marc. Caes. 1, 5. p. 12, 13 N. Sil. 17, 395. – **II** coccum Cnidium, s. Cnidus. – Nbf. **coccus**, ī, *m.*, Ven. Fort. 2, 9, 33. Th. Prisc. 1, 14: Plur., Ps. Apul. herb. 111.

coccȳgia, ae, *f.* (κοκκυγέα), eine Art **Sumach** (wahrsch. *Rhus cotinus*, L.), Plin. 13, 121.

coccymēlum, ī, *n.* (κοκκύμηλον), wörtl. der **Kuckucksapfel** = die **Pflaume**, Cloat. b. Macr. sat. 2, 15, 2; vgl. Isid. 17, 7, 10.

coccȳx, ȳgis, *m.* (κόκκυξ), der **Kuckuck**, Plin. 10, 25 *sqq.*

cocētum, ī, *n.* (κοκητόν), eine aus Honig u. Mohn bereitete Speise, Paul. ex Fest. 39, 8. Placid. gloss. V, 14, 35: aber Nestoris cocetum, freie Übersetzung von κυκεών (Hom. Il. 11, 624), Tert. c. Valent. 12.

cochlea (coclea), ae, *f.*, **I** (κοχλίας, ὁ), **1** die **Schnecke**, Plaut., Rhet. Her., Cic., Sall. u. a.: cochleae aquatiles terrestresque, Plin.: bes. die eßbare **Weinbergschnecke** (*Helix pomatia*, L.), Varr. r. r. 3, 14, 4. – **2** meton.: **a** das **Schneckenhaus**, Mart. 11, 18, 23: in cochleam, schneckenförmig, Cels. u. a. – **b** die **Schraube**, Vitr. u. Plin. – **c** eine Schöpfmaschine, **Wasserschnecke**, Vitr. 5, 12, 5 u. ö. – **d** eine leicht bewegliche **Tür**, Varr. r. r. 3, 5, 3. – **e** ein **Turm mit einer Wendeltreppe**, ein **Schneckenturm**, Vulg. 3. regg. 6, 8; Ezech. 41, 7. Isid. 15, 2, 38. – **II** cochleae, verderbt aus κόχληκες, **Kieselsteinchen** rein lat. lapides marini vel fluminales, Cael. Aur. chron. 4, 3, 57. – ► Die Schreibung coclea die ältere. – Gedehnte Nbf. coculea (so viell. Plaut. capt. 80 Fl. u. Poen. 3, 1, 29). – Vulgär cuchlia, Edict. Diocl. 6, 46.

cochlear (coclear), āris (Nbf. cochleāre od. cocleāre, is, b. Mart. 8, 33, 24 u. ö. Apic. 2, 48 u. 3, 105), *n.* (cochlea, von der Gestalt des Schneckenhauses), **I** der **Löffel**, Cels., Col. u. a. – **II** übtr., als Maß für Flüssigkeiten, bes. in der Medizin, der **Esslöffel**, Col. u. Plin.

cochleāris (cocleāris), e (cochlear, coclear), **eines Löffels** (als Maß), cocleari mensurā, löffelweise, Plin. 21, 172. – subst., **cochleāris**, is, *m.*, der **Löffel**, Ven. Fort. vit. S. Radeg. 19. – Plur., Gregor. M. epist. 2, 56.

cochleārium (cocleārium), ī, *m.* (cochlea), **I** **Behältnis für Schnecken**, wo sie aufbewahrt u. gefüttert werden, Varr. r. r. 3, 12, 12 u. 3, 14, 1. – **II** Nbf. v. cochlear *no.* II (s. d.), Plin., Scrib. u. a.

cochleātim, *Adv.* (cochlea), **schneckenförmig**, Sidon. epist. 4, 15 *extr.*

cochleātus, a, um (cochlea), **mit Schneckenwindung**, aures, Cassiod. de anim. 9.

cochleola, ae, *f.* (*Demin.* von cochlea), die **kleine Schnecke**, Hieron. epist. 64, 19 u. a.

cochlis, lidis, *f.* (κοχλίς), ein schneckenförmiger Edelstein, Plin. 37, 193. – columna cochlis, Säule mit umlaufender Treppe, Wendeltreppe, P. Victor. reg. U. R. 8 u. 9.

cochlos, ī, Plur. cochloe, ōn, *m.* (κόχλος), die **Muschel mit gewundenem Gehäuse**, die **Schnecke**, Plin. 32, 147.

cocibilis, e (coco = coquo), **leicht kochbar**, caro, Plin. 16, 25.

cocīna, s. coquīnus.

cocīnar... s. coquinar...

cocīnātōrius, a, um, s. coquinātōrius.

cōcio, s. 2. coctio.

cōciōnor, ārī (cocio), **mäkeln**, Ps. Quint. decl. 12, 21 zw.

coclea, **-ar**, **-ārium**, s. cochlea etc.

Cocles, clitis, *m.* (= ocles, Varr. *l. l.*), der (von Geburt) **Einäugige**, Enn. b. Varr. LL. 7, 71 (von den Arimaspen). Plaut. Curc. 393. Plin. 11, 150. – bes. der Römer Horatius Cocles, der die Tiberbrücke gegen das Heer des Porsenna allein verteidigte, Liv. 2, 10. Cic. de legg. 2, 10 u. a., bes. Dichter (s. Thiel Verg. Aen. 8, 650).

1. coco = coquo, Suet. Aug. 87, 1.

2. coco coco, Naturlaut der Hühner, **kikeriki**, Petr. 59, 2.

cocolobis (cocolubis), is, *f.*, s. coccolobis.

coctana, s. cottana.

coctilīcius, a, um (coctilis), **zum rauchfreien Holz gehörig**, taberna, Capit. Pert. 3, 3 P. (aber s. coāctiliārius).

coctilis, e (coquo), **gebrannt**, **I** *adi.*: lateres, gebrannte Steine, Varr.: dass. laterculi, Curt. u. Plin., u. lapides, Sen.: murus, Mauer aus gebrannten Steinen, Ov. – **II** *subst.*, coctilia, ium, *n.* (*sc.* ligna) = ἄκαπνα ξύλα, **ausgetrocknetes Holz**, Holz, das durch die Sonnenhitze od. durch andere Mittel rauchfrei gemacht ist, Val. imp. bei Treb. Poll. Cl. 14, 12 (Ulp. dig. 32, 55. § 7 ligna cocta gen.).

1. coctio, ōnis, *f.* (coquo), **I** die Zubereitung am Feuer, **a** das **Kochen**, vasa aenea coctionibus apta, Paul. ex Fest. 39, 3. – meton., das **Gekochte**, Vulg. genes. 25, 30; 4. regg. 4, 39; Ezech. 24, 5. – **b** das **Brennen**, calcis, Cod. Theod. 4, 6, 2. Cassiod. var. 7, 17. – **II** die **Verarbeitung (= Verdauung)** der Speisen, Plin. 20, 101: coctionis temperatura, die entsprechende V., Vitr. 8. praef. § 2.

2. coctio (cōcio), ōnis, *m.*, der **Mäkler**, Laber. com. 63. Plaut. asin. 203. Petr. 14, 7 u. 15, 4 B. Porphyr. Hor. sat. 2, 5, 25 (wo cocio). Paul. ex Fest. 20, 12 (wo coctio u. cocio).

coctito, āre (*Frequ.* v. coquo), **wieder u. wieder-, tüchtig kochen**, Paul. ex Fest. 61, 18.

coctīvus, a, um (coquo), **was leicht gar-, reif wird**, castanea, Plin.: condimenta, Apic.

coctona, s. cottana.

coctor, ōris, *m.* (coquo), der **Koch**, Petr. 95, 8. CIL 4, 1658: auri, s. auricoctor: calcis, Kalkbrenner, Cod. Theod. 14, 6, 1. Edict. Diocl. 7, 4.

coctūra, ae, *f.* (coquo), **I** das **Kochen, Absieden,** Cels. 5, 27, 12. Col. 11, 3, 23. Apic. 6, 213: Apiciana, Plin. 19, 143: das **Schmelzen,** Sen. ep. 90, 33: die **Erhitzung** (des Erzes), crebrae cocturae, Vitr. 7, 9, 1. – übtr., das **Reifen** der Früchte, Plin. 14, 55. – **II** meton., das **Gekochte, Gesottene,** Col. 12, 18, 7 u. 12, 20, 4: c. lentis, ein Linsengericht, Ambros. in psalm. 118. serm. 20. *no.* 6.

cocturnīx, s. coturnīx.

coculea, s. cochlea ►.

coculum, ī, *n.* (coquo), **I** das **Kochgeschirr,** ahenum, Cato r. r. 11, 2: Plur., Plaut. fr. bei Isid. 20, 8, 1. Varr. de vit. pop. Rom. 1. fr. 41 K. (b. Non. 531, 31). Paul. ex Fest. 39, 3. – **II** = κάγκανα ξύλα, kleines **Kochholz,** nach Paul. ex Fest. 39, 3.

cocus, s. coquus.

Cōcȳtos u. **-us**, ī, *m.* (Κώκυτος, der »Klage- od. Tränenstrom«, von κωκύω, heulen, weinen), mythischer Fluss der Unterwelt, ein Arm des Styx, der in den Acheron fließt, Cic. Tusc. 1, 10. Verg. Aen. 6, 297. Hor. carm. 2, 14, 18. Amm. 14, 11, 29 (wo Ggstz. nunc evehentes quosdam in sidera, nunc ad Cocyti profunda mergentes): poet. für die »Gewässer der Unterwelt« übh., Verg. Aen. 6, 132. – Dav. **Cōcȳtus** u. **Cōcȳtius**, a, um, **kozytisch,** Cocyta aqua, Petr. poët. 120. *v.* 69: Cocytia virgo, v. der Alekto, Verg. Aen. 7, 479: Cocytia aequora, Claud. Ruf. 2, 471.

cōda, ae, *f.*, s. cauda ►.

Codānus sinus, die **Ostsee** mit den dänischen Inseln, Mela 3, 3, 4 u. 3, 6, 7 (3. § 31 u. § 54).

cōdēta, ae, *f.*, ein mit Schaftheu (Kannenkraut) besetztes Feld, Paul. ex Fest. 38, 17. – dah. **a** Codeta (maior), ein mit Kannenkraut bewachsenes Gefilde jenseits des Tibers, Paul. ex Fest. 58, 4, auf dem Curiosum Urb. u. der Notitia Reg. XIV Campus Codetanus gen. – **b** Codeta minor, ein ebensolches Gefilde auf dem Marsfeld, Suet. Caes. 39, 4.

cōdex, dicis, *m.* (ältere Form caudex, w. vgl.), **I** der **Stamm** eines Baumes, Ov. met. 12, 432 M. Col. 4, 8, 2 u. a.: dah. der **Block,** an den die Sklaven geschmiedet wurden usw., nach unserer Art der **Stock,** Plaut. Poen. 1153. Prop. 4, 7, 44. Iuven. 2, 57. – als Schimpfwort, **Klotz,** codex, non mulier, Petr. 74, 13 B. (vgl. caudex). – **II** meton., ein **Buch,** weil die Alten urspr. auf hölzerne Tafeln schrieben, die mit Wachs überzogen waren, **a** im Allg., ein **Buch,** eine **Schrift,** eine **Urkunde,** ein **Verzeichnis,** c. falsus, interlitus, Cic.: multos codices implere earum rerum, in quibus etc., Cic.: ad Iudaeorum codices (alte Testament) provocare, Augustin.: inspicere codices Graecos, Augustin.: sicut in aliis codicibus legitur, Augustin.: ut in Latinis codicibus habemus, Hieron.: nonnulli codices non habent favum, sed plures habent, Augustin.: testamentum duobus codicibus scriptum, aus zwei Büchern bestehend, Suet.: chartacei codices, Hieron.: codices membranei vel chartacei vel etiam eborei, ICt. – **b** insbes., **α** die **heilige Schrift,** tenenti (tibi) codicem somnus obrepat, Hieron. epist. 22, 17. – **β** codex accepti et expensi (im Zshg. bl. codex), das mit einer Einnahme- und Ausgabeseite (Soll u. Haben) versehene **Handbuch,** das jeder Römer über den Stand seines Vermögens regelmäßig führte u. führen musste u. das allein gerichtl. Beweiskraft hatte (nicht die adversaria, die »Strazze«, aus der Einnahme u. Ausgabe monatlich in den codex genau eingetragen wurden), das **Ausgabe-** u. **Einnahmebuch, Hausbuch, Rechnungsbuch,** c. falsus, Cic.: codicem instituere, conscribere, Cic.: codicem obsignare, Cic.: habere hoc nomen (Posten) in codicem acc. et exp. relatum, Cic.: in codicem referre, Cic.: in codicis extrema cera (letzten Tafel), Cic.

cōdia, ae, *f.* (κωδία = κώδεια), der **Mohnkopf,** Plin. Val. 3, 8; vgl. Isid. 4, 9, 9.

cōdicārius (später auch caudicārius), a, um (codex), **aus Holzblöcken bestehend,** naves codic., Blockschiffe, Varr. fr., Sall. fr. u. Sen.: naves caudic., Paul. ex Fest.: patroni caudic., Blockschiffherren, Cod. Theod.: navicularii codic., Blockschiffer, Inscr.: dies. subst. bl. caudicāriī, Cod. Theod. u. Inscr.

cōdicillāris, e (codicilli), **durch des Kaisers Handschreiben ernannt,** pontificatus codicillares, Titular-Pontifizen, die nur Titel u. Rang, nicht das wirkliche Amt hatten, Lampr. Al. Sev. 49. § 2.

cōdicillārius, a, um = codicillaris, Cod. Theod. 6, 22, 7.

cōdicillus, ī, *m.* (*Demin.* v. cōdex), **I** ein **kleiner Stamm,** Cato r. r. 37 u. 130. – **II** meton., Plur. cōdicillī, ōrum, *m.*, **A** die **Schreibtafel,** urspr. aus Holz u. mit Wachs überzogen, dedolati e ligno codicilli, Hieron. epist.: in codicillis exarare, Cic.: referre in codicillos, Cic.: codicillos accipere, Plin. ep. – **B** übtr., das in die Schreibtafel Geschriebene u. so Überschickte, Überreichte od. Aufbewahrte, u. zwar: **1** ein **Handschreiben, Brief,** Cic. u. a.: u. übh. jeder schriftliche **Aufsatz,** Sen. u. a. – **2** insbes.: **a** die **Bittschrift,** Tac. u. Suet. – **b** die Zusätze zu einem Testament, das **Kodizill,** Plin. ep. u. Tac.: Sing., Cod. Theod. – **c** ein **Handschreiben** des Kaisers, die **Kabinettsorder,** die ein Todesurteil enthielt (bei Amm. 14, 1, 3 formula letalis gen.), das franz. *lettres de cachet,* Tac. ann. 1, 6. Suet. Tib. 22, od. andere Aufträge erteilte, Ehrenstellen vergab u. dgl., ein **Patent,** oft b. Tac., Suet. u. a. (s. Ruperti Tac. ann. 1, 6. Lipsius Tac. ann. 13, 20).

cōdiculus (caudiculus), ī, *m.* (*Demin.* v. cōdex, s. Prisc. 3, 32), **1 ein kleiner Block,** Gloss. V, 617, 11 caudiculi sunt ramusculi. – **2** ein **kleines Buch,** Virg. gramm. epist. praef. p. 105, 4.

Codrus, ī, *m.* (Κόδρος), **I** der letzte König in Athen, der sich im Krieg mit den Spartanern freiwillig für den Staat dem Tode weihte, weil er wusste, dass sein Tod den Feinden verderblich sein werde, Cic. Tusc. 1, 116 u. a. – **II** ein dem Vergil befreundeter Dichter, Verg. ecl. 5, 11 u. a.

coeaneus, s. cȳaneus.

coebus, s. cubus.

Coela (ōrum, *n.*) **Euboeae** (Κοῖλα τῆς Εὐβοίας) und **Coela Euboea,** eine tief einschneidende Bucht auf Euböa, Val. Max. 1, 8, 10; vgl. Liv. 31, 47 *in.*

Coelē Syria, ae, *f.* (Κοίλη Συρία), das »hohle Syrien«, eine Landschaft zwischen dem Libanon u. Antilibanon, Liv. 33, 19, 8 (Abl. Coele Syria); 42, 29, 5 (Abl.) u. 7 (Akk. Coelen Syriam); Genet. umgekehrt Syriae Coele(s), CIL 6, 1673; cf. *ibid.* 1450. 1520. 3175: Abl. in Syria Coele, Ulp. dig. 50, 15, 1. § 3: bl. Coele, Mela 1, 11, 1 (1. § 62). Plin. 5, 66.

coelebs, s. caelebs.

co-ēlēctus, a, um (con u. eligo), **zugleich mit erwählt,** Vulg. 1. Petr. 5, 13.

co-elementātus, a, um (con u. elementum), **aus denselben Urstoffen** (Elementen) **zusammengesetzt,** Tert. adv. Valent. 23.

coeles, litis, s. caeles.

coelestis, e, s. caelestis.

coeliacus, a, um (κοιλιακός), **I den Unterleib** od. **Magen betreffend,** dolor, Cato: morbus, verstopfter Leib, Cels.: medicamentum, Plin. – **II unterleibskrank** (rein lat. ventriculosus), apes, Varr. r. r. 3, 16, 22. – Plur. subst., coeliacī, ōrum, *m.*, **Unterleibskranke,** Plin. u. Scrib. – ► spätlat. Nbf. ciliacus, Macer Flor. de herb. 1656 u. 2006.

Coeliānus, s. Caelius a. E.

coelibātus, s. 1. caelibātus.

coelicola, s. caelicola.

Coeliculus, s. Caeliolus.

coelicus, s. caelicus.

coelifer, s. caelifer.

coelifluus, s. caelifluus.

coeligenus, s. caeligenus.

coeliger, s. caeliger.

Coelimont… s. Caelimont…

Coeliolus, s. Caeliolus.

coeliōticus, a, um (κοιλιωτικός), **magenreinigend,** medicamenta, Cael. Aur. chron. 1, 5, 174.

coelipotēns, entis, s. caelipotēns.

coelites, s. caeles.

coelitus, Adv., s. caelitus.

Coelius, s. Caelius.

coelum, s. 2. caelum.

coelus, s. caelus.
co-ēmendātus, a, um (emendo), **zugleich verbessert,** Arnob. 2, 18.
coemētērium, ī, *n.* (κοιμητήριον, Ruhestätte, dah.) der **Kirchhof, Gottesacker,** Eccl. – ► Vulgäre Nbf. cīmītērium (wov. franz. *cimetière*), Cypr. ep. 80, 1.
co-emo, ēmī, ēmptum, ere, **zusammenkaufen, aufkaufen,** multa, Ter.: multos equos, Caes.: frumentum, Apul.: frumentum ex Etruria, Liv.: te quae te delectarint coëmisse, Cic.: fila, Kokons, Amm.
coēmptio, ōnis, *f.* (coëmo), **I** das **Zusammenkaufen,** der **Aufkauf,** c. frumentaria, Cod. Theod. 14, 16, 3: c. curulium equorum, Symm. ep. 4, 6: c. Iudaicorum mancipiorum, Vulg. 2. Mach. 8, 11. – als Monopol, Boëth. cons. phil. 1. pros. 4. p. 9, 2 Obb. – **II** insbes., der **Zusammenkauf** als Art der Eheschließung, u. zwar: **a** eine der drei Formen der strengen römischen Ehe, bei deren Schließung die Frau in Gegenwart von fünf Zeugen u. eines *libripens* sich in die *manus* (s. d.) des Mannes gleichsam verkaufte, die **Kaufehe,** s. Gaius inst. 1, 113. Boëth. in Cic. top. 3, 14. p. 299, 8 *sqq.* Cic. de or. 1, 237. Cic. Flacc. 84; Mur. 27. – **b** eine auf Treu und Glauben mit einem Mann, gew. mit einem kinderlosen Greis, auf Zeit eingegangene Ehe, um sich dadurch der lästigen Vormundschaft der Agnaten u. des Patronus zu entziehen u. selbständig gewisse Rechte ausüben zu können, die **Scheinehe** (c. fiduciaria gen. bei Gaius inst. 1, 115[a]), Gaius inst. 1, 114 *sq.*; 1, 137[a]; 1, 195[a]. Cic. Mur. 27.
coēmptiōnālis, e (coëmptio), **zum Aufkauf gehörig,** senex, ein alter Sklave, den man als Ausschuss mit anderen in Bausch u. Bogen kaufte, ein alter, wertloser, Plaut. Bacch. 976: Plur. = alte, verbrauchte Sklaven, Curius in Cic. ep. 7, 29, 1.
coēmptiōnātor, ōris, *m.* (coëmptio), jurist. *t. t.,* **der die** ***coemptio*** **eingeht,** ICt.
coēmptor, ōris, *m.* (coëmo), der **Aufkäufer,** testium, Apul. apol. 74.
coena, ae, *f.*, s. cēna.
coenāculārius, a, um, s. cēnāculārius.
coenāculātus, a, um, s. cēnāculātus.
coenāculum, s. cēnāculum.
coenāticus, a, um, s. cēnāticus.
coenātio, ōnis, *f.*, s. cēnātio.
coenātiuncula, s. cēnātiuncula.
coenātōrius, s. cēnātōrius.
coenāturio, s. cēnāturio.
coenātus, a, um, s. cēnātus.
coenito, āre, s. cēnito.
coeno, āvī, ātum, āre, s. cēno.
coenobiālis, e (coenobium), **klösterlich, Kloster-,** vita, professio, Eccl.
coenobiolum, ī, *n.* (*Demin.* v. coenobium), das **kleine Kloster,** Gloss.
coenobīta, ae, *m.* (coenobium), der **Klosterbruder, Mönch,** Eccl.
coenobium, ī, *n.* (κοινόβιον), das **Kloster,** Eccl.
coenolexia, ae, *f.* (κοινολεξία), der **gewöhnliche, gemeine Ausdruck,** Serv. Verg. Aen. 8, 31.
coenomyia, ae, *f.* (κοινόμυια), die **gemeine Fliege,** Eccl. (doch s. Rönsch Itala p. 251).
coenon, ī, *n.* (κοινόν), eine Augensalbe, CIL 3, 12032, 2.
coenōnēsis, is, *f.* (κοινώνησις), die **Mitteilung** der Absicht, an die Richter od. Gegner gerichtet, Isid. 2, 21, 28.
coenōsitās, s. caenōsitās.
coenōsus, a, um, s. caenōsus.
coenotēta, ae, *f.* (verderbt aus κοινότης, ητος, ἡ), die **gemeinschaftliche Eigenschaft, Ähnlichkeit,** die **Analogie,** Cael. Aur. acut. 3, 16, 136; chron. 3, 1, 12.
coenula, ae, *f.*, s. cēnula.
coenulentus, a, um, s. caenulentus.
co-eo, coiī (selten coīvī), coitum, coīre (com u. eo), **zusammengehen, zusammentreffen, zusammenkommen, eine Zusammenkunft haben, sich versammeln,** **I** im Allg.: **1** v. leb. Wesen: **a** als Freunde: milia crabronum coeunt, Ov. – mit Ang. **wie?** cum frequentes coissent, Curt.: coivere amicis animis, Curt. – m. Ang. **wohin?** eo (quo), Hor.: in od. ad regiam, Curt.: in porticum Liviae, Plin. ep.: Pharsaliam, Catull.: u. (im *Pass. impers.*) locus, in quem coibatur, Tac. – m. Ang. **wo?** usquam, Liv.: Capuae, Liv.: u. (im *Pass. impers.*) in cuius templo coiretur, Suet. – m. Ang. **wann?** u. **von wo?** coëunt certis diebus, Tac.: Idibus Septembribus magnus e regione tota coit populus, Plin. ep. – m. Ang. **bei wem?** ad Parmenionem, Curt.: placuit occulte interfici ad quod coibatur, Plin. ep. – m. Ang. **mit wem?** cum rege Parthorum in insula, Vell. – m. Ang. **wozu?** ad audiendum pigre coitur, Plin. ep. – **b** als Feinde, **sich (einander) nähern, zusammentreffen,** iam agmina coibant, Curt.: cetera turba coit, Ov.: inter se colisse viros et cernere ferro, Verg. – **2** v. Lebl., u. zwar v. Flüssigkeiten, **sich ansammeln,** coëuntibus aquis ex superiore fastigio in vallem, Curt.: bes. im Körper, umor intus coit, Cels.: si pituita in os eius od. in stomacho coit, Cels.: frigidus Arcadibus in praecordia coit sanguis, dringt nach dem Herzen, Verg. – v. Abstrakten, vix memini nobis verba coisse decem, gewechselt, Prop. 3, 15, 8: qui quidem mos in urbem ut tabes coierit, Sall. hist. fr. 4, 26 (59).
II prägn., **zusammengehen, zusammentreten = sich vereinigen, sich verbinden,** **1** v. leb. Wesen: **a** übh.: c. unā, Caes.: coëat par iungaturque pari, Hor.: Tatium fortemque Quirinum binaque cum populis regna coisse suis, Ov. – m. Ang. **wozu?** (zu welchem Verein?) ut vaga illa multitudo coiret in populos, Quint. – m. Ang. **zu welchem Zweck?** ad iusta praestanda, Curt. – bes. als milit. *t. t.,* **sich sammeln, sich konzentrieren,** c. inter se, Caes.: c. ad sonitum vocis, ut ad signum, Curt. – m. Ang. **wohin?** c. in unum, Liv.: in formam iusti exercitus, Vell.: c. in orbem, u. im Zshg. bl. coire, einen Kreis bilden, Liv. – **b** durch Beischlaf **sich paaren, sich gatten, sich begatten,** absol., od. m. *cum* u. Abl., poet. m. bl. *Dat.*, c. stupro cum alqo, Curt.: c. cum viro, cum aliena uxore, Quint.: coire privigno, Ov.: alieno servo, Gaius inst. – v. Tieren, pecus coit, Ov.: cum pare quaeque suo coëunt volucresque feraeque, Ov. – **c** in eine Verbindung **zusammentreten, sich vereinigen, sich verbinden,** **α** zu gemeinsamem, bes. politischem Handeln gegen einen Dritten (bei Cic. bes. von der Verbindung zweier Amtsbewerber zur Verdrängung der übrigen Bewerber; vgl. coitio), duodecim adulescentuli coierunt, Nep. – m. Ang. **wo?** in Piraeo, Ter. – m. Ang. **mit wem?** cum eo per Arrium, Cic.: cum hoc tu coire ausus es, ut etc., Cic. – se neque *cum* quoquam *de* ea re collocuturum neque coiturum, Nep.: c. cum Graecis, sich verbünden, Iustin. – m. Ang. **gegen wen?** adversus rem publicam, Liv. – m. Ang. **wozu?** in societatem, Tac.: in lites (v. schlechten Anwälten), Plin. ep.: u. ad nullius non foederis societatem, Suet.: in amicitiam coëant et foedera iungant, Verg.: coëant in foedera dextrae, fügt die Hände zum B., Verg. – dah. *tr.*, eine Verbindung **eingehen,** societatem vel periculi vel laboris, Cic.: societatem caritatis, Cic.: societatem *cum* Caesare (Ggstz. societatem dirimere), Cic.: societatem neque sceleris neque praemii *cum* ullo homine, Cic.: societatem *de* municipis cognatique fortunis cum alienissimo, Cic. – im *Pass.*, societas coitur, Cic. – **β** ehelich, sanctissimum coëuntium pignus, Curt.: nihil obstat, quominus iustum matrimonium sit mente coëuntium, etiam si tabulae signatae non fuerint, Quint.: hāc gener atque socer coëant mercede suorum, Verg. – m. Ang. **wodurch?** c. nuptiis, Curt. – m. Ang. **mit wem?** cum captiva, Curt.: conubio cum primoribus suae gentis, Curt.
2 v. Lebl., **zusammengehen, -laufen, -schlagen, sich vereinigen, sich verbinden, sich schließen,** **a** übh., sowohl v. Flüssigem, tenues aquae, quarum fluxus etiamsi ultra paulum coit, aliquid tamen cavi relinquit, Quint.: ubi (Nilus) rursus coit, Mela: coëuntibus aquis, Lact.: flammae coire properantes, Sen.: non coibunt in corpus unum latex vineus et latex aquae, Sen.: amnes *in* artius coëunt, Curt. – als v. Festem (Ggstz. distare), si palpebrae dormientis non coëunt, Cels.: labris coëuntibus, Quint.: his, quae distabant, suā sponte coëuntibus, Sen.: in eo loco *dehisse* terram ...; eo facto locum *coisse* (habe sich geschlossen), Varr. LL.: coëunt cornua, Ov.: litora ex diverso prope coëuntia, Mela: coit structura *in* modum carinae, Curt.: coëunt ripae *in* artum, Curt.: c. *in* unum globum, sich zusammenbal-

len, Lucr. – v. Buchstaben usw., asperrime inter se coëuntibus litteris, Quint.: vocalibus in se ipsas coëundi natura, Quint.: quae (littera) cum quaque optime coëat, Quint. – v. Abstr., perfectum quiddam fieri, cum omnia coierint, necesse est, Quint.: non possunt ullis ista coire modis, Ov.: quaedam ne coire quidem in idem natura patitur, Sen.: alioqui duo contraria in uno coëunt, ut sit idem dare et accipere, Sen.: poet. m. *Dat.*, ut placidis coëant immitia, Hor. de art. poët. 12. – **b** v. getrennten, gebrochenen Körperteilen, v. Wunden usw., **zusammengehen, sich schließen,** arteria incisa neque coit neque sanescit, Cels.: potest os coire et vulnus sanescere, Cels.: cutis vulnerata non coit, Plin.: coxam fregit, quae parum apte collocata reluctante aetate male coiit, Plin. ep.: u. im Bild, vulnera ad sanum nunc coiēre mea, Prop.: neve retractando nondum coëuntia rumpam vulnera, Ov.: male sarta gratia nequiquam coit et rescinditur, Hor.; vgl. coëuntis gratiae recentem cicatricem rescindere, Petr. – **c** v. gemischten Gegenständen, **(zu einer Masse) sich verdicken,** simul coquuntur mel, galbanum; ubi autem coierunt etc., Cels.: ut defrutum et medicamenta coëant, Col. – **d** v. Ggstdn., die in sich zusammenlaufen, **gerinnen,** si lac intus coiit, Cels.: ut (lac) coëat, Varr.: coit formidine sanguis, Verg.: bitumen spissatur et in densitatem coit, Plin. – u. durch Kälte, **gefrieren,** frigore cum premitur porro omnis terra coitque et quasi concrescit, Lucr.: mentiar, an coëat duratus frigore pontus, Ov. – ► Zsgz. Perf. coit, Stat. Ach. 1, 458; Theb. 8, 332. Lampr. Heliog. 10, 5: coimus, Ter. eun. 539 Fl. Ulp. dig. 17, 2, 58 pr.: coierint, Cato r. r. 160. Liv. 39, 14, 8: coisses, Cic. Phil. 2, 24: coisset, Vet. lex b. Cic. Clu. 144: coissent, Flor. 3, 20, 3. Ov. met. 4, 60: Infin. coisse, Varr. LL. 5, 148. Liv. 39, 14, 8. Prop. 3, 15, 8. Ov. fast. 6, 94.

coepio (arch. coipio), coepī, coeptum, coepere (die *tempora praes.* nur in der vorklassischen Periode; die *tempora perf. act.* u. *pass.* sehr häufig in allen Perioden), *v. tr.* u. *intr.* (v. com u. apio), eig. etw. an mehreren Seiten anfassen, -angreifen; dah. **anfangen, beginnen, unternehmen, I** *tr.*: **A** *act.*: **a** *tempp. praes.*, meist m. *Acc.*: mane coepiam, Caecil. com. 90: neque pugnas neque ego litis coepio, Plaut. Men. 960: ubi nil habeat, alium quaestum coepiat, Plaut. truc. 232: lubido extemplo coeperest convivium, Plaut. Pers. 121: ille quicquid coeperet, Ter. adelph. 397: m. *Infin.*, coepiam seditiosa verba loqui, Cato oratt. fr. inc. 17 (b. Paul. ex Fest. 59, 10). – **b** *tempp. perf.*: coepi, coeperam etc., m. *Acc.* od. absol., id quod coepi, Plaut.: coepit cum talia vates, folgendermaßen (zu reden) anhob, Verg.: iter, quod coeperunt percurrunt, Curt.: quae coeperamus, Quint.: si quicquam hodie hic turbae coeperis, Ter.: magnis operibus perfectis obsidium coepit per L. Catilinam legatum, Sall. fr.: obsidium coepit per praesidia, Tac.: huiusmodi orationem coepit, Tac.: u. m. *Infin. act.*, c. orare, Nep.: coepi velle (ich habe mich dem Wunsch hingegeben, es überkam mich die Lust), m. folg. *Infin.*, Cic. ep. 7, 5, 1 u. Spät. (s. Hildebr. Apul. met. 4, 31. p. 292; vgl. Ggstz. coepit nolle quae pepigerat, Apul. flor. 18. p. 30, 7 Kr.): dicere coepi, Cic., u. bl. coepi, Verg., Liv. u. a., ich begann zu reden, ich hob an (vgl. Fabri Sall. Iug. 109, 4): aber ut coepi dicere u. bl. ut coepi, wie gesagt (stehende Formel, um die unterbrochene Rede wieder aufzunehmen), Cic. Rosc. Am. 91 u. ad Att. 13, 28, 2: so auch ut coeperam dicere od. ut dicere coeperam, Petron. 75, 10. Augustin. tract. in Io. 124, 2. Fulg. contin. Virg. p. 149 M.: u. m. *ab* u. Abl., cum ab iis coeperim (*sc.* dicere), quae etc., Cels. 3, 2. p. 16, 15 D. – mit *Infin. pass.*, gew. mit solchen, die reflexive Bedeutung haben (vgl. Dietsch Sall. Cat. 51, 40. p. 236 *sq.*), z. B. si quae rapinae fieri (zu geschehen) coeperunt, Cic.: afflictari lamentarique coepisse (sich dem heftigsten Klagen u. Jammern hingeben), Cic.: paupertas probro haberi (zu gelten) coepit, Sall.: fiducia augeri (sich zu mehren) nostris coepit, Sall. fr. – doch auch mit reinem *Infin. pass.* (s. Nipperd. Quaest. Caes. p. 19), z. B. coepit defricari, Rhet. Her.: Maenius urbanus coepit haberi, Liv. (vgl. Fabri Liv. 21, 58, 10); amphora coepit institui, Hor.: si coepisset audiri, Curt.: corpus ut moveri a Miseno coepit, Suet.: Aeolis ab Aeoliis incoli coepit, Mela. – **c** Partiz. Fut. coepturus, m. *Acc.*, z. B. Romanos omnibus instructiores rebus coepturos bellum, Liv. 42, 47, 3: nemine opinante, quidnam coepturus esset, Suet. Cal. 46: m. *ab* u. Abl., nos rite coepturi ab Homero videmur, Quint. 10, 1, 46. – **B** *pass.*, nur in den *tempp. perf.*: coeptus sum, z. B. ita cum Syphace Romanis amicitia coepta est, Liv.: Ggstz., *coeptum (est)* per eos, qui agi volebant; *desitum est* per hunc, qui decessit, Cic. pro Corn. 1. fr. 37 K. – bes. m. folg. *Infin. pass.*, lapides iaci coepti sunt, Caes.: consuli coepti sumus, Cic.: abici arma ac dedi hostes coepti, Liv.: fuga ex acie duce amisso fieri coepta est, Liv.: postquam armis disceptari coeptum sit de iure publico, Cic.: coeptum est referri de inducendo senatus consulto, Cic.: apud Cadmeam cum Lacedaemoniis pugnari coeptum est, Nep. – selten m. *Infin. act.*, surrexit et de damnatione ferventer loqui est coeptum, Cael. in Cic. ep. 8, 8, 2: cum instructa (erat) acies coeptumque in hostem progredi, Gell. 1, 11, 3. - *Partic.*, coeptum bellum, Sall.: c. opus, Ov.: P. Decii non coeptae modo ante, sed cumulatae novā virtute laudes, Liv.: c. cum Antiocho bellum, Liv. (vgl. Fabri Liv. 24, 48, 13): simulque coeptus dies, Tac.: coeptae in rebus prosperis amicitiae, Fronto: im *Abl. absol.*, coeptā luce, Tac.: nocte coeptā, Tac.: coeptā hieme, Tac. – m. *ab* u. Abl. (zur Angabe des Ursprungs), **herrührend,** templum ab Agrippina coeptum, Suet.: limes a Tiberio coeptus, Tac.: horti a Lucullo coepti, Tac. (vgl. Walther Tac. ann. 1, 50 *in.*). – **II** *intr.* **anfangen, beginnen, den Anfang nehmen** (vgl. Korte u. a. zu Sall. Iug. 31, 4), sic odium coepit glandis, Lucr.: quoniam coepit Graecorum mentio, Iuven.: ubi silentium coepit, Sall.: ubi dies coepit, Sall.: cum ver coepit, Sen.: quando coepisset febris, Cels. – u. m. *Adv.* od. m. *ab* od. *ex* u. Abl. (zur Angabe des Ursprungs) **herrühren,** unde ea coeperint, Cels.: a quo iurgium coepit, Quint.: a Tiberio Graccho seditiones graves coepere, Tac.: quibus ex virtute nobilitas coepit, Sall.: proditio coepit e domo Scaevini, Tac.: m. *cum* u. Abl., artis eius originem cum olympiadum initio coepisse, Plin. 36, 11: pictura aut statuaria, quarum utraque cum Phidia coepit, Plin. 36, 15. – ► coëpit bei Lucr. 4, 619 u. so auch öfters bei Plaut.

coëpiscopātus, ūs, *m.*, das **gemeinschaftliche Bistum,** Augustin. ep. 31, 4; 104, 1; 191, 1.

coëpiscopus, ī, *m.*, der **Mitbischof,** Eccl.

coeptio, ōnis, *f.* (coepi), das **Anfangen, Beginnen,** Charis. 167, 11.

coepto, āvī, ātum, āre (*Intens.* v. coepi), **I** *tr.* **eifrig anfangen, -beginnen, -unternehmen, -ergreifen,** mit *Infin.*, diffidere dictis, Lucr.: appetere ea, Cic.: discedere et abire, Suet.: coërcere seditionem, Tac.: milites alloqui minus faustā oratione, Lampr.: m. *Acc.*, quid hic coeptas? Ter.: c. insidias an proditionem, vel aliquod honestum consilium, Tac.: nova, nach N. streben, Amm. – absol., perge, quā coeptas, Sall. hist. fr. 1, 48, 16 (1, 51, 6). – **II** *intr.* **anfangen, beginnen** = den Anfang nehmen, coeptantem iam coniurationem disiecit, Tac. ann. 4, 27: Olympiade septimā coeptante, Solin. 1, 28: nocte coeptante, Amm. 20, 4, 14: luce coeptante, Amm. 31, 15, 2.

coeptum, ī, *n.* (coeptus, a, um), das **angefangene Werk,** das **Beginnen, Vorhaben, Unternehmen,** Liv. u. a.: Plur. temere coepta, Liv.: bene coepta, Vell.: audacia coepta, Verg.: summa coeptorum, Amm.

coeptus, ūs, *m.* (coepi), der **gemachte Anfang,** das **Vorhaben, Unternehmen,** nefarii coeptus, Cic. Cat. 1, 6 H. u. R. (Kayser coetus): primos suos quasi coeptus appetendi fuisse, ut etc., Cic. de fin. 4, 41: dignae mentes coeptibus, Stat. Theb. 12, 644.

coëpulōnus, ī, *m.* (com u. epulo), der **Mitschmauser,** Plaut. Pers. 100.

co-epulor, ārī, **mitspeisen,** Ambros. ep. 19, 15.

coera, altlat. = cura, s. d.

Coeranus, ī, *m.* (Κοίρανος), griech. stoischer Philosoph, Tac. ann. 14, 59. Plin. ind. libr. 2. p. 10, 15 *ed. Ian* (p. 22, 12 *ed. Detl.*).

coerātor, altlat. = curator, s. d.

co-erceo, cuī, citum, ēre (com u. arceo), etw. **völlig einschließen = zusammenhalten, -schließen, I** im Allg.: quā circum Galli lorica coërcet, wo den Leib rings umschließet der gallische Panzer, Lucr.: coërcet vitta capillos, fibula vestem, Ov.: mundus omnia complexu suo coërcet et continet, Cic. – **II** mit dem Nbbgr. der gehemmten freien

Bewegung = **einschließen, zusammenhalten, einschränken, in Schranken-, in Ordnung halten, A** eig.: **1** im Allg.: quibus (operibus) intra muros coërcetur hostis, Liv.: amnis nullis coërcitus ripis, Liv.: (aqua) iubetur coërceri, einzuhegen, Cic.: frenis ora (equorum) c., Ov.: poet. (v. Dichter), c. numeris verba, Worte ins Metrum bringen = dichten, Ov. ex Pont. 4, 8, 73. – **2** insbes.: **a** als Führer einer Abteilung (wie der Hirt die Herde) **zusammenhalten, in Ordnung halten,** postrema, Verg.: virgā levem aureā turbam, Hor.: examen aeris strepitu, Col. – **b** einen üppig emporwachsenden Baum (bes. Weinstock) **kurz halten, seinen üppigen Wuchs hemmen,** vitem ferro amputans coërcet, Cic.: angustā putatione vitem, Col.: surgentia in altum cacumina oleae ferro, beschneiden, Quint.: u. so sacrum lucum, Cato: dah. poet., carmen, quod non multa dies et multa litura coërcuit, formvollendet gemacht, Hor. de art. poët. 293. – **c** als mediz. *t. t.*, ein Übel im Fortgang **hemmen, beschränken,** supercrescentem carnem, Cels.: fluentem nauseam, Hor. **B** übtr., **1** (wie einen übertretenden Fluss, ein überfließendes Gefäß usw.) **in seine Schranken weisen, einschränken, beschränken,** fenus, Liv.: bes. in Bezug auf Redner u. Rede, quasi extra ripas diffluentes, Cic.: se multa ex iuvenili abundantia coërcuisse, Quint. – **2** (wie ein unbändiges Pferd) **bändigen, zügeln, im Zaum** od. **in Ordnung halten, a** übh.: seditionem, dämpfen, Liv. u. Tac.: cupiditates, Cic.: iras, Liv.: iuventutem, Cic.: milites, Caes.: matrimonia sŭa severius, ihre Ehefrauen streng, kurz halten, Iustin.: exsultantia, Quint. – **b** jmd. durch Strafe **zurecht-, zur Ordnung weisen,** ihn **züchtigen, strafen,** c. alqm verberibus potius quam verbis, Varr.: alqm fame, vinculis, plagis, Cels.: alqm praeceptis, hofmeistern, Tac. – so bes. v. der exekutiven Verpflichtung obrigkeitlicher Personen, magistratus noxium civem multā, vinclis verberibusve coërceto, Cic.; vgl. Benecke Cic. Cat. 1, 3. p. 18*sq.* – ► cohercere geschr. Gloss. II, 456, 1 u. ö. Augustin. de civ. dei 5, 26 u. 17, 9.

coërcitio, ōnis, *f.* (coërceo), **I** die **Einschließung,** Arnob. 6, 17. – **II** übtr., die **Einschränkung, Beschränkung, Bändigung, 1** im Allg.: m. subj. *Genet.*, naturae, Chalcid. Tim. 40 B.: m. obj. *Genet.*, c. ambitus, Vell. 2, 47, 3: num coërcitio (profusarum cupiditatum) plus damni in rem publicam ferret, quam etc., Tac. ann. 3, 52: cum accensas plebis Viennensium dissensiones *coërcitione* magis quam *poenā* mollisset, durch vorbeugende Strenge, Vell. 2, 121, 1. – **2** insbes., die **Inzuchthaltung,** das **Zwangsmittel,** die **Zwangsmaßregel,** die **Züchtigung, Bestrafung,** mit subj. *Genet.* magistratus, Liv. 26, 36, 12: mit obj. *Genet.*, c. errantium sceleratorumque, Sen.: c. servorum, Sen.: c. peccatorum, Lact.: c. capitalis, Lebensstrafe, ICt.: damnum aliamque coërcitionem militiam detrectantibus inhibere, Liv.: Plur., Tac. ann. 3, 26. Augustin. de doct. Chr. 4, 4. § 6: onerare (phreneticos) asperioribus coërcitionibus, Cels. 3, 18. p. 98, 31 D. – als obrigkeitliches Recht = das **Zwangsrecht, Bestrafungsrecht,** modica, ICt.: in histriones, Suet.: adimere coërcitionem, Suet.

coërcitor, ōris, *m.* (coërceo), **der in Schranken-, in Ordnung hält,** diligens tamen coërcitor disciplinae militaris, jedoch hielt er mit strenger Pünktlichkeit auf Kriegszucht, Eutr. 7, 20: parentes coërcitores luxuriae suae, Augustin. de serm. domin. 1, 21, 70.

coero, āre, s. cūro ►.

co-erro, āre, **zusammen umherschweifen, -umhergehen,** Paul. dig. 1, 15, 3. § 3.

coeruleus, coerulus, s. caeruleus.

coëssentiālis, e (con u. essentia), **von gleichem Wesen,** Gennad. vir. ill. 86. Ps. Augustin. serm. 243, 2.

coetus, ūs, *m.* (st. coitus v. coëo), **I** = σύνοδος, συμβολή, das **Zusammenkommen, Zusammentreffen,** die **Zusammenkunft,** primo coetu, Plaut. Amph. 657: omne genus motus et coetus, Lucr. 1, 1026 (vgl. 1, 1017 u. ö.): in coetu osculi, Poët. b. Gell. 19, 11. *v.* 12: amnium coetus, Curt. 9, 4 (15), 9. – insbes., **a** (wie σύνοδος) als astron. *t. t.*, stellarum et discessiones et coetus, Gell. 14, 1, 8: aut coetus stellarum aut circuitus aut transitus, Gell. 14, 1, 14: ne omni quidem coetu, hoc est omni novā lunā solis obscuratio intervenit, Chalcid. Tim. 87 *extr.* – **b** = *concubitus*, die **Begattung,** Iovis et Cereris, Arnob. 5, 43: Plur., Enn. fr. 110 R. (333 M.). Arnob. 4, 22 *in.* Auson. epigr. 107, 5. p. 224 Schenkl: feminarum coetus, Col. 6, 23, 3 *cod. P* (*al.* coitus). – **II** meton., die **Zusammenkunft** = die **Versammlung,** der sich versammelnde od. versammelte **Kreis,** im üblen Sinne = die **Zusammenrottung,** der **Auflauf,** coetus nocturni, Liv.: multitudinis, Cic.: hominum, Cic.: coetus quodam modo hominum deorumque, Liv.: coetus matronarum, Cic.: ludorum, Cic.: coetum od. coetus celebrare, sich zahlreich versammeln, Verg. u. Cic. poët.: coetum concursumque facere, Sen. rhet.: novos coetus recensionis causā movere, Suet.: assiduos *in* domum coetus arcere, sein Haus für die Gesellschaft, die sich da beständig einfand, verschließen, Tac.: fastidiose tamen in coetum recipior, nur mit Widerwillen erkennt man mich an, Phaedr. – Genet. coeti, CIL 6, 9005: Dat. coetu, Catull. 64, 385 u. 66, 37. Apul. met. 6, 23 u. 11, 17. Amm. 26, 7, 1: Dat. coetui, Apul. met. 4, 17 u. 9, 12. Augustin. gen. ad litt. 5, 19.

Coeus, ī, *m.* (Κοιος), ein Titane, Vater der Latona, Ov. met. 6, 185 u. 366. Tac. ann. 12, 61.

coëx, Akk. Plur. coëcas, *f.*, s. coïx.

co-exercito, āvī, ātum, āre, **zugleich einüben,** Hier. Ephes. 2, 6: perceptiones consentientes et coëxercitatae ad finem utilem vitae, griech. ἐγγεγυμνασμέναι προλήψεις, Quint. 2, 17, 41.

co-exsisto, ere, **zugleich vorhanden** sein, Eccl.

cofānus, ī, *m.* = *pelicanus*, der **Pelikan,** die **Kropfgans,** Apul. fr. *no.* 18 (P. 2. p. 638 *ed. Hildebr.* od. tom. 2. p. 609 *ed. Oud.*).

cōgitābilis, e (cogito), **denkbar,** Sen. ep. 58, 16. Apul. apol. 64 *extr.*

cōgitābundus, a, um (cogito) = σύννους (Gloss. II, 446, 57), **sich den Gedanken hingebend, in Gedanken versunken, gedankenvoll,** Gell. 2, 1, 2. Hyg. fab. 220. Firm. math. 5, 5.

cōgitāmen, minis, *n.* (cogito), der **Gedanke,** Tert. de trin. 6. Vulg. 4. Esdr. 7, 22.

cōgitāmentum, ī, *n.* (cogito) = ἐνθύμημα (Gloss. II, 102, 52), der **Gedanke,** mala cogitamenta, Eccl.

cōgitātē, *Adv.* (cogitatus v. cogito), **mit Bedacht, mit Überlegung,** meditari, Plaut. mil. 944: verba facere, Plaut. Poen. 1221: minus caute et c. suam rem tractare, Plaut. trin. 327: quae vero accurate cogitateque scripsisset, Cic. Arch. 18.

cōgitātim, *Adv.* (cogitatus v. cogito), **mit Bedacht, mit Überlegung,** Paul. ex Fest. 61, 9.

cōgitātio, ōnis, *f.* (cogito), das **Denken, I** im Allg.: **1** aktiv: **a** das **Denken = Sich-Vorstellen, der Gedanke, die Vorstellung** als Handlung (auch im Plur.), vis cogitationis, Cic.: cogitatione celer, Vell.: cogitatio in se ipsa vertitur, Cic.: dicebas, speciem dei percipi cogitatione, non sensu, Cic.: quod neque oculis neque auribus neque ullo sensu percipi potest, cogitatione tantum et mente complectimur, fassen wir durchs D. zusammen, fassen wir als Begriff auf, Cic.: u. so oft alqd cogitatione complecti, alqd intellegere et cogitatione comprehendere, Cic., aber cogitatione complecti alqm absentem, jmd. im Gedanken umarmen, Cic.: fingere alqd cogitatione, Cic.: cum mens nostra quidvis videatur cogitatione posse depingere, Cic.: ea, quae cogitatione depingimus, die Bilder unserer Phantasie, Cic. – quoties in eam cogitationem necesse est et tu veneris et nos saepe incĭdimus, Serv. Sulpic. in Cic. ep.: ne in cogitationem quidem cadit, es kann nicht einmal gedacht werden, Cic.: si tantummodo ad cogitationem valent, nur für die Vorstellung möglich sind, Cic. – m. obj. *Genet.* = der **Gedanke** an etw., die **Vorstellung** von usw., sollicitum autem te habebat cogitatio cum officii, tum etiam periculi mei, Cic.: mire quam illius loci non modo usus, sed etiam cogitatio delectat, Cic.: ipsā cogitatione suscepti muneris fatigor, Quint. – m. folg. indir. Fragesatz, occurrit cogitatio, qualis etc., Cic. Tusc. 1, 55: subit cogitatio animum, qui belli casus … sit, Liv. 42, 49, 4: numquam dimittere videtur cogitationem, cuius filius sit, Brut. bei Cic. ad Brut. 2, 3: mit folg. *Acc.* u. *Infin.*, sedet illa cogitatio, quosdam fore, qui etc., Quint. 1, 7, 33: u. so m. folg. *Acc.* u. *Infin.* subit cogitatio animum od. alqm, Liv. 36, 20, 3. Sen. de brev. vit. 19, 3: u. bl. subit cogitatio,

Liv. 25, 24, 14. – **b** das **Denken,** der **Gedanke** = das **Denken** u. **Sinnen,** das **Nachsinnen, Nachdenken,** die **Berechnung, Überlegung** (bei Cic. auch als Vermögen, Kraft = Denkvermögen, Denkkraft, bes. neben ratio, mens, consilium), absol., homo solus ... particeps rationis et cogitationis, Cic.: inquieta cogitatio, unaufhörliches N., Cels.: c. tacita, Cic., fortuita, Quint.: male cohaerens cogitatio, Quint.: in cogitatione defixum esse, Cic.: ad patriam liberandam ferebatur omni cogitatione, Nep.: ad hanc causam non sine aliqua spe et cogitatione venerunt, Berechnung, Cic.: cogitationem in posterum diem differre, Suet.: cogitationem avertere a miseriis, Cic.: avertere alqm in universi belli cogitationem tali oratione, Liv.: cogitationem de alqa re suscipere, über etw. eine Überlegung anstellen, Caes. in Cic. ep.: Plur., haec contentio occupaverat cogitationes hominum, das N., die Aufmerksamkeit, Liv.: abicere cogitationes omnes suas in rem humilem abiectamque, Cic.: avertere cogitationes hominum *a* foro certaminibusque *ad* domum curamque corporum nutriendorum, Liv.: omnes suas curas et cogitationes in eam (rem publicam) conferre, Cic.: ad id unum omnes cogitationes intendere, Liv.: omnes vigilias, curas, cogitationes in rei publicae salute defigere, Cic.: traducere cogitationes alcis ad voluptates, Cic. – m. obj. *Genet.*. ad reliquam cogitationem belli sese recepit, Caes.: Philippus totus in Persea versus cum eo cogitationes eius rei dies ac noctes agitabat, Liv.: so auch cogitationibus suis traditus, Sen. – m. folg. indir. Fragesatz, quaeris, ut suscipiam cogitationem (Überlegung anstelle), quidnam istis agendum putem, Cic. ad Att. 14, 20, 4. – **2** passiv, der **Gedanke,** die **Vorstellung,** quaero a vobis, num ullam cogitationem habuisse videantur ii, qui etc., Cic.: si hanc cogitationem homines habuissent, ut nemo se meliorem fore eo, qui optimus fuisset, arbitraretur, Quint. – bes. im Plur., intimae cogitationes, die innersten Empfindungen, Cic.: cogitationes stultae barbarorum, Hirt. b. G.: alcis malae cogitationes, Cic.: reticere cogitationes suas, Cic.: mandare litteris cogitationes suas, Cic.: discutere alcis tristes cogitationes, Cels.: posteriores enim cogitationes (ut aiunt) sapientiores solent esse (Übersetzung von: αἱ δεύτεραί πως φροντίδες σοφώτεραι), Cic. Phil. 12, 5. – **II** insbes., das **Denken, Sinnen** auf etwas, das **Vorhaben,** **1** aktiv: accusationis c., Cic.: semper versari in rerum novarum cogitatione, Cic.: rerum novarum cogitatione abstinere, Tac. – **2** passiv, der **Gedanke,** das **Vorhaben** = der **Entschluss, Plan,** ipse maestus et magnae cogitationis manifestus, Tac.: vix a tam praecipite cogitatione revocatus, Suet.: minor cogitatio (Nebenplan) intervenit maiori (Hauptplan), Liv.

cōgitātor, ōris, *m.* (cogito) = βουλευτικός (beratend), Gloss. II, 259, 20: u. = λογιστικός (denkend), Gloss. III, 373, 57.

cōgitātōrium, ī, *n.* (cogito), ein **Gedankenbehältnis,** Tert. de anim. 11 u. a.

cōgitātum, ī, *n.*, s. 1. cōgito *no.* I, b, α u. *no.* II, b, α.

cōgitātus, ūs, *m.* (cogito), das **Denken,** der **Gedanke** (Ggstz. actus, factum), Apul. met. 4, 5 *in.* Tert. de idol. 23. Augustin. conf.: Plur., cogitatus pii et benevoli, Tert. de anim. 58. – ► Sen. ep. 11, 9 ist cogitatus Partizipium von cogito.

1. **cōgito,** āvī, ātum, āre (eig. *coigito,* aus co = com u. agito), im Geiste (dah. auch mit dem Zusatz cum animo, in animo, secum) zusammenstellen, **denken,** **I** im Allg., etw. **denken, sich vorstellen,** an etw. **denken,** auf etw. **denken, sinnen,** auf od. für etw. **bedacht sein,** etw. **bedenken, berechnen, erwägen,** über etwas **nachdenken,** **a** absol. (Ggstz. facere, dicere): vis cogitandi, Quint.: cui vivere est cogitare, Cic.: qui cum cogitasset facere auderet et prius cogitare quam conari consuesset, Nep.: duas res non modo agere uno tempore, sed ne cogitando quidem explicare quisquam potest, Cic.: ita sum irritatus, animum ut nequeam ad cogitandum instituere, Ter.: alci (id) cogitandum dare, zu bedenken geben, Cic.: sprichw., non animo, sed auribus cogitant, Apul. de deo Socr. 19. – m. Ang. **wie?** durch *Advv.*, c. acutissime, Cic.: callide, Nep.: stulte (Ggstz. stulte dicere), Quint.: si vere cogitare volumus (als Parenthese), die Sache richtig betrachtet, Cic. – u. sic cogitabam m. folg. Gedankenreihe in direkter Rede, s. Ter. Andr. 110: ebenso coepi egomet mecum sic cogitare, Sulpic. in Cic. ep. 4, 5, 4: u. sic cogitabam mit folg. indirekten Rede, Cic. Quint. 77: quo magis cogito cum meo animo m. direkter Rede (si etc.), Plaut. most. 702. – **b** m. *Acc.*, u. zwar: **α** m. *Acc. rei:* c. nihil abiectum, Cic.: nihil nisi triste, Cael. in Cic. ep.: diu omnia, Curt.: deus nihil aliud quam »Mihi pulchre est« cogitans, Cic.: si quid aliud attentius cogitet, Cic. – c. insulam Britanniam, Cic.: pacem, Cic.: beneficia alcis, Cic.: nihil his in locis nisi saxa et montes, Cic.: ultima, sich das Schrecklichste ausmalen, Amm.: eam rem sibi cogitandam et suscipiendam esse, Caes. – hoc tu facito cum animo cogites, Ter.: id potestis cum animis vestris cogitare, Cic.: quae in animo cogitat irata, Ter.: haec si voles in animo vere cogitare, Ter.: id, quod muliebri cogitabat animo, Liv.: semper secum c. pericula, damna, uxoris mortem, Ter.: sive quid mecum ipse cogito, sive aliquid aut scribo aut lego, Cic.: cogito ad verbum (meditiere Wort für Wort) nunc pauciora, nunc plura, Plin. ep.: animal non videtur, sed cogitatur, wird bloß gedacht, besteht bloß in der Vorstellung, Sen. – Partiz. cogitatus prägn. = **durchdacht, wohl erwogen,** res multum et diu cogitatae, Cic.: sapientis hominis cogitata ratio, Cic. – *neutr. Partic.* subst., das **Gedachte,** quo neque acutius ullius imperatoris cogitatum neque celerius factum usquam legimus, Nep. Dat. 6, 8. – bes. im Plur., das **Gedachte,** die **Gedanken,** optime ab ipso cogitata (Ggstz. male facta collegarum), Vell.: cogitata praeclare eloqui, Cic.: cogitata proloqui non posse, Ter.: u. ex quo et ex ceteris dictis, factis cogitatisque quivis potest intellegere etc., Cic. – **β** m. *Acc. pers.*, teils = **sich** jmd. **denken,** Catonem tantum (nur) c., Tac. dial. 2: Regulum cogita, Plin. ep. 4, 2, 2: matrem, patrem, propinquos tantum cogitasti, Ps. Quint. decl. 6, 22 *extr.*: mit dopp. *Acc.*, quem ultimae gentes castiorem, moderatiorem, sanctiorem non modo viderunt, sed aut sperando umquam aut optando cogitarunt? Cic. Balb. 9. – teils = **an** jmd. **denken,** te vero, M. Scaure, equidem video, video inquam, non cogito solum, Cic. Scaur. 49: c. Scipionem, Laelium, Cic. de fin. 5, 2: et maiores et posteros cogitate, Tac. Agr. 32, 7: si principem cogitares, Plin. ep. 6, 31, 31: cum Persas et Orientem cogitaret, Flor. 2, 8, 2: iuvenis te quietam semper nominatus cogitatusque (indem du ihn oft nennst u. an ihn denkst) faciat, Sen. ad Marc. 3, 4: o felicem illum, qui non *praesens* tantum, sed etiam *cogitatus* (wenn man nur an ihn denkt) emendat, Sen. ep. 11, 9. – **c** m. *Acc.* u. *Infin.:* uxor te amare cogitat, Ter.: cogitat assidue beatum esse se, Cic.: homines ea sibi accĭdere posse non cogitant, Cic.: fac memineris et cum animo tuo cogites G. Caesarem atrocissimo bello Gallico cum alia multa militaria, tum etiam duos de analogia libros scrupulosissimos scripsisse, Fronto de bell. Parth. p. 221, 8 N. – mit vorhergeh. allg. *Acc.*, denique illud cogita: quod offensae fuerit in ista cunctatione, te subisse, Cael. in Cic. ep. – **d** m. *de* u. Abl., u. zwar teils zugl. m. allg. *Acc.*, nihil posse de dis immortalibus cogitare, Cic.: non de pace, sed de me ipso et de meo officio ut aliquid cogitet, Cic.: eadem de profectione cogitans, quae ante senserat, Caes. – teils absol. = denken an usw., nachdenken über usw., de deo, Cic.: de te et de Ser. Sulpicio cogitans, Cic.: cum de tuis cogitas, Cic.: mihi de rationibus tuis cogitanti, Cic. – u. = an etw. denken, auf etw. bedacht sein, de Scapulanis hortis toto pectore cogitemus, Cic.: c. spe atque animo de se et gloria sua, Cic.: toto animo de te ac de tuis commodis c., Cic.: de salute, non de victoria c., Cic. – **e** m. folg. indir. Fragesatz: quid agam cogito, Ter.: cogita, qui sis, quo loco sis, Cic.: fac cogites in quanta calamitate sis, Sall.: nec quibus rationibus superare possent, sed quemadmodum uti victoriā deberent, cogitabant, Caes.: si cogitaverimus, unde et quousque provecta sit orandi facultas, Quint. – Ciceronem secum cogitasse, utrumne Brutum an Cassium peteret, Sen. suas. 6, 19. – cogitate cum animis vestris, si quid vos per laborem recte feceritis, labor ille a vobis cito recedet, Cato oratt. 5. fr. 1. b. Gell. 16, 1, 4: itaque diebus noctibusque cogito, si quā me quoque possim tollere humo, Plin. ep. 5, 8, 3. – **f** mit *ad* u. Akk.: ad haec igitur cogita, vel potius excogita, Cic. ep.: ut ne esset spatium cogitandi ad disturb-

andas nuptias, Ter.: quod ad perniciem suam fuerat cogitatum, id ad salutem convertit, Nep. – **g** m. *ut* od. *ne* u. Konj., darauf denken = darauf od. dafür bedacht sein, das im Auge haben, neque iam, ut aliquid acquireret proelioque hostes lacesseret, sed ut incolumem exercitum Agedincum reduceret, cogitabat, Caes. b. G. 7, 59, 4 (u. so m. *ut* u. Konj. Cic. Tusc. 1, 32. Nep. Dion. 9, 2. Curt. 10, 6 [19], 8): ne quam occasionem rei bene gerendae dimitteret, cogitabat, Caes. b. G. 5, 57, 1. – **h** m. pro u. Abl.: non minus pro adversa parte, quam pro mea cogitabam, Quint. 7, 1, 4. – **i** elliptisch: ut (wie) saepe cogitavissent (verst. fieri), Caes. b. c. 3, 86, 5.

II insbes.: **a** etw. **ausdenken,** quantum ille potuit cogitare commode (geschickt), Ter. heaut. prol. 14: et cogitavi plura quam reliquerat, Phaedr. 3. prol. 39: aliud agendum ac cogitandum, quo modo resistatur patribus, Liv. 2, 55, 2. – **b auf** od. **an etw. denken, auf etw. sinnen,** etw. zu tun **gedenken,** = etw. **beabsichtigen, vorhaben, im Sinne haben, Willens sein, α** m. *Acc.*: nihil cogitant nisi caedes, nisi incendia, Cic.: c. proscriptiones et dictaturas, Cic.: c. accusationem, Cic.: quod iam diu cogito, Cic. – m. Ang. **mit wem?** durch *cum* u. Abl., sunt qui mecum rem pulcherrimam cogitaverunt, Curt. 8, 7 (25), 9. – mit Ang. **gegen wen?** durch *in* od. *adversus* m. Akk., tantum nefas in alqm, Curt. 6, 7 (27), 30 u. 8, 6 (24), 3: si qua aut cogitarentur gravius adversus se aut dicerentur, Suet. Caes. 75, 4. – v. personif. lebl. Subjj., quid cogitet umidus auster, was der f. Au. im Schilde führe (Schlimmes bringe), Verg. georg. 1, 462. – dah. Partiz. cogitatus = **beabsichtigt, gewollt, vorbedacht,** facinus (Ggstz. facinus perfectum), Cic.: furores, Cic.: in noverca commissum stuprum et parricidium cogitatum, Val. Max.: utrum perturbatione aliqua animi, an consulto et cogitata fiat iniuria, Cic.: u. Partiz. *n. pl.* subst., das Gedachte = das **Vorhaben,** die **Absichten,** cogitata patefacere, Nep.: cogitata perficere, Cic. – **β** m. *Infin.*: quid nunc facere cogitas? Ter.: qui nocere alteri cogitat, Cic.: impeditos in agmine adoriri cogitabant, Caes. – **γ** m. *de* u. Abl.: magis de reliqua fuga quam de castrorum defensione, Caes.: de parricidio, de alcis interitu, Cic.: de reditu, Frontin.: de nuptiis, Apul.: de laqueo et suspendio, Val. Max.: de toto senatu trucidando, Sen.: cum de pernicie populi Romani et exitio huius urbis tam acerbe tamque crudeliter cogitarit, Cic. – v. personif. lebl. Subjj.: cum spiritus coepit de exitu cogitare, Sen. nat. qu. 6, 25, 1. – **δ** elliptisch (im Briefstil), m. *in* od. *ad* u. Akk. od. m. bl. *Acc.* der Städtenamen = zu reisen, zu gehen gedenken (verst. iter facere, ire, proficisci), inde cogito in Tusculanum, deinde Arpinum, Romam ad Kal. Iun., Cic.: etiam Lepidus cras cogitabat, Cic.: inde ad Taurum cogitabam, Cic. – m. *in* u. Abl. = wo zu sein gedenken (verst. esse), eo die cogitabam in Anagnino, postero autem in Tusculano, Cic. – **c** so u. so **denken** = so u. so gesinnt sein, m. Ang. **wie?** durch *Advv.*, male c., Cic. u. a. – m. Ang. **gegen wen?** durch *in* u. Akk., si humaniter et sapienter et amabiliter in me cogitare vis, Cic. – m. Ang. **in Betreff wessen?** durch *de* m. Abl., male de alqo c., Cael. in Cic. ep.: si quid amice de Romanis cogitabis, Nep.

2. cōgito, āre (*Intens.* v. cogo), **I zusammenziehen,** milites, Treb. Poll. 14, 7. – u. **einberufen, berufen,** quod iudex alius cogitabatur, Amm. 23, 6, 82 *codd.* **VP** (Gardth. cogebatur). – **II** = ἀναγκάζω, **nötigen,** m. *Infin.*, num praecellit vinum? quis sic cogitat facere, Vulg. 3. Esdr. 3, 24.

cōgnātio, ōnis, *f.* (co und gnascor = nascor), die **Verwandtschaft** durch Geburt, **I** eig. u. meton.: **a** der Menschen, **α** eig.: propinqua c., Cic., Ggstz. longinqua od. longa cognatio, Curt. (s. Mützell Curt. 4, 1 [4], 19): c. artissima, Iustin.: c. materna transalpini sanguinis, Cic.: u. cognatio, quae mihi tecum est, Cic.: cognatione od. propinquā cognatione cum alqo coniunctum esse, Cic. u. Nep.: alqm cognatione attingere, Cic.: cognatione sibi propinquā iuncti, Suet.: an potest cognatio ulla propior esse quam patriae, Cic.: m. Ang. **mit wem?** durch *cum* m. Abl., cum Tyriis, Curt. 4, 4 (19), 15. – od. **wessen?** durch *Genet.*, z. B. cognatione Licinii (des L., mit L.) se excusare, Liv. 6, 39, 4. – Plur., Cic. de fin. 5, 65. Liv. 31, 31, 11: propinquae cognationes, Liv. 26, 33, 3. – **β** meton., die **Verwandtschaft** = die Verwandten, tota cognatio, Cic. fr.: cognationis magnae homo, Caes. – u. Plur., gentes (Gemeinden) cognationesque hominum (Sippschaften), Caes. b. G. 6, 22, 2. – **b** der Tiere, eig. u. meton., Plur. cognationes, Plin. 8, 156 u. 203. – **c** der Pflanzen, porri et ceparum, Plin.: papyri cum calamis, Plin. – **d** a. lebl. Ggstd., siderum, Plin.: bitumini magna c. ignium, Plin. – **II** übtr., die **Verwandtschaft** = Verbindung, Übereinstimmung, Ähnlichkeit, c. studiorum et artium, Cic.: numerus non habebat aliquam necessitudinem aut cognationem cum oratione, Cic.: est quaedam inter hos status cognatio, Quint.

cō-gnātus, a, um (gnatus = natus von nascor), **I** der Geburt nach zusammengehörend, **blutsverwandt,** u. subst. der (die) **Blutsverwandte, Verwandte** (sowohl väterlicher- als mütterlicherseits, also ein weiterer Begr. als agnatus, w. vgl.), Komik., Cic. u. a.: cognatûm (= cognatorum) concordia, Plaut. Amph. 841: mit *Dat.*, is mihi cognatus fuit, Ter.: negat Phanium esse hanc sibi cognatam, Ter.: quaedam regis cognata, Iustin. – poet. auch von den auf Verwandte bezügl. Gegenständen, rogi, Prop.: corpora, Ov. – v. Tieren u. Pflanzen, Plin.: u. poet. v. Lebl., tellus cognati retinebat semina caeli, Ov.: c. moenia Baccho, Stat. – **II** übtr., **verwandt, verbunden, übereinstimmend, ähnlich,** nihil est tam cognatum mentibus nostris, quam numeri, Cic.: deus mundo formam sibi cognatam dedit, Cic.: cognata calci res est gypsum, Plin.: cognata vocabula rebus, Hor.

cōgnitio, ōnis, *f.* (cognosco), **I** das **Kennenlernen, A** durch die Sinne = die **nähere Bekanntschaft** mit einer Sache (Stadt), Cic. de imp. Pomp. 40: od. (öfter) mit einer Person, alqm cognitione atque hospitio dignum habere, Cic.: huic tantummodo aditum ad tuam cognitionem patefacio atque munio, Cic. ep. 13, 78, 2; vgl. Stürenb. Cic. Arch. 3, 5. – **B** das geistige = das **Erkennen,** die **Erkenntnis, Kenntnis,** zuw. deutsch auch = das **Erlernen, 1** im Allg.: iuris, artis, historiarum, Cic.: astrorum, Cic.: deorum, Cic.: veterum oratorum, Suet.: cognitio contemplatioque naturae, Cic.: se totum collocare in cognitione et scientia, Cic.: quorum vita omnis in rerum cognitione versata est, Cic.: res cognitione dignae, Cic.: scriptores non indigni cognitione, Quint.: quorum ego copiam magnitudinemque cognitionis atque artis non modo non contemno, sed etiam vehementer admiror, ihrer Kenntnis u. Wissenschaft, ihrer wissenschaftlichen Bildung, Cic. de or. 1, 219. – Plur. meton., **a** die **Auffassungsweise** einer Sache, die **Vorstellung,** der **Begriff** von etw., usitatas perceptasque cognitiones deorum tollere, Cic.: insitas deorum vel potius innatas cognitiones habemus, Cic. – **b Zweige des Wissens,** studiosus cognitionum omnium, Amm. 21, 1, 7; 25, 4, 7. – **2** als gerichtl. *t. t.* = eine **richterliche Untersuchung,** dies cognitionis, Cic.: causa cognitionis, Lampr.: c. praetoria, Quint.: c. senatus aut principis, Quint.: cognitiones magistratuum, principum et senatus, Quint.: c. inter patrem et filium, Liv.: c. falsi testamenti, Suet.: consulibus cognitionem dare (v. einem Gesetz), Cic.: cognitiones capitalium rerum (wegen der usw.) exercere, Liv.: cognitionem (causae) senatui reservare, Liv.: cognitionem de postulatis Gallorum ad populum reicere, Liv.: cognitionem de existimatione alcis constituere, Cic.: senatum multis cognitionibus iudicem dare, Capit.: cognitionibus magistratuum ut unus e consiliariis frequenter interfuit, Suet.: ut a cognitionibus esset, sein Rechtsbeistand, Sen. apoc. 15, 2. – dah. meton. = der **Termin,** den der Sachwalter abhält, Edict. Diocl. 7, 73. – **II** = agnitio, das Erkennen = Wiedererkennen, indest cognitio facta, wodurch sie (wieder) erkannt worden, Ter. Hec. 831; u. so Ter. eun. 921.

cōgnitiōnālis, e (cognitio), zur gerichtlichen Untersuchung gehörig, Cod. Iust. 7,42, 1 u. a.

cōgnitiōnāliter, *Adv.* (cognitionalis), durch gerichtliche Untersuchung, Cod. Iust. 7, 63, 5 *extr.*

cōgnitiuncula, ae, *f.* (*Demin.* v. cognitio), eine kurze Untersuchung, Gloss. IV, 319, 55.

cōgnitor, ōris, *m.* (cognosco), als gerichtl. *t. t.*, **I** der Kenner, d. i. ein röm. Bürger in einem fremden Land, der einen anderen kennt und ihm seine Identität gerichtl. bezeugt, d. h. dass er röm. Bürger sei u. seinen Namen mit Recht trage, der **Identitätszeuge,** Cic. II. Verr.. 1, 13; 5, 167 u. 168. – **II** der **Rechtsanwalt, a** als **Vertreter** des Klägers od. Beklagten, der in Gegenwart des Gegners für einen Rechtsstreit vor Gericht bestellt wurde und sodann die ganze Prozessführung für den Kläger od. Beklagten übernahm, der **Stellvertreter,** Cic. u. a.: iuris sui, Cic.: fi cognitor ipse, ficht deine Sache vor Gericht selbst durch, Hor. sat. 2, 5, 38. – übtr., der Vertreter in anderen Verhältnissen, huius sententiae, Cic.: harum omnium rerum, Cic.: alienarum simultatium tribunum plebis cognitorem fieri, Liv.: u. so Apollo paeanum auctor, Liber dithyramborum cognitor, Fronto de eloqu. p. 146, 4 N. – **b** als öffentlicher Ankläger, namentlich in Sachen des Fiskus, u. so gleichsam Stellvertreter des Staats (= ἔκδικος), der **Staatsanwalt, Staatsagent,** Ov. am. 1, 12, 24. Manil. 5, 322. – **III** der **Untersuchungsrichter,** Cod. Theod. 9, 27, 5. Symm. ep. 9, 39. Prud. perist. 10, 205. 571 u. 793.

cōgnitōrius, a, um (cognitor), **den Vertreter (Stellvertreter)** vor Gericht **betreffend,** ICt.

cōgnitrīx, īcis, *f.* (Femin. zu cognitor), die **Erkennerin,** anima c. rerum omnium, quae sunt tam intellegibiles quam sensibiles, Chalcid. Tim. 51.

cōgnitūra, ae, *f.*, das Geschäft des *cognitor* (*no.* II, b), die **Staatsanwaltschaft, Staatsagentur,** Suet. Vit. 2, 1 (Plur.) u. ICt.

1. cōgnitus, a, um, *PAdi.* m. *Compar.* u. *Superl.* (cognosco), **bekannt, erkannt,** dah. auch **bewährt, erprobt,** res cognitae, Cic.: homo virtute cognitā, Cic.: multarum rerum experientiā cogniti, Tac.: populo bene cognitus, Treb. Poll. – sed magis hoc, quo sunt cognitiora (mala nostra), gravant, Ov. trist. 4, 6, 28: quanta sit herbarum potentia, nulli quam mihi cognitius, Ov. met. 14, 15: tibi haec fuisse et esse cognitissima ait phaselus, Catull. 4, 14.

2. cōgnitus, Abl. ū, *m.* (cognosco), das **Kennenlernen,** multarum civitatum obitu et variorum populorum cognitu summas adeptus virtutes, Apul. met. 9, 13.

cōgnōbilis, e, *Adi.* mit *Compar.* (cognosco), **verständlich** (griech. συνετός), libri his solis cognobiles erunt, qui etc., Gell. 20, 5, 9: cognobiliorem cognitionem esse arbitror, Cato origg. fr. libr. 6 (bei Gell. 20, 5, 13).

cōgnōmen, minis, *n.* (co und gnomen = nomen), der **Zuname, a** der **Zuname,** der **Familienname,** der zum Geschlechtsnamen (nomen) noch hinzukam (wie Cicero zur gens Tullia), dann auch (wie das spätere agnomen, s. d.) der **Beiname,** den man wegen einer großen Tat, einer besonderen Eigenschaft erlangte (z. B. Africanus, Asiaticus, als Sieger in A., od. Sapiens), c. patris patriae, Suet.: alci cognomen Coriolano od. Capitoni est, Cic. u. Liv.: dare alci cognomen pingui, Hor.: c. id deferre alci, Tiber. bei Suet.: c. addere alci, Liv.: cognomen habere Sapientis, Cic.: Tarquinius, cui Superbo cognomen facta indiderunt, Liv.: inde Salinator Livio inditum cognomen, Liv.: erit c. id tibi per te partum, quod habes adhuc a nobis hereditarium, Cic.: c. imponere alci, Sen. rhet., alci ab alqo, Liv. epit.: unde frequentia Mercuriale imposuere mihi cognomen compita, Hor.: cognomen sumere od. trahere od. sibi arripere ex alqa re, Cic.: cognomen capere ex alqa re, Prisc.: complura cognomina assumere, Suet.: c. invenire torque detracto, Cic.: primum hoc c. accepisse, Plin.: qui cognomen frugalitatis, nisi accepisset, ipse peperisset, Cic.: primum hoc c. sibi vindicavisse, Suet. – Abl. cognomine mit dem Beinamen in gleichem Kasus mit der Person, Pompeium cognomine Maculam, Macr.: Peregrinum illum cognomine Protea, Amm. – **b** die appellative Benennung einer Örtlichkeit, weil bei terra od. urbs od. flumen der eigentliche Name als **Beiname** erscheint, der **spezielle Name** (s. Ladewig Verg. Aen. 3, 702), z. B. Hesperiam Graii cognomine dicunt, Verg. Aen. 3, 163: urbem Ascanius clari condet cognominis Albam, Verg. Aen. 8, 48: sacra diesque canam et cognomina prisca locorum, Prop. 4, 1, 69: pervenit ad fluvium (miri cognominis) Urbem, Claud. b. Get. 555. – **c** = nomen adiectivum, das **Adjektiv,** Charis. 124, 28 K. Varro LL. 8, 17.

cōgnōmentum, ī, *n.*, archaist. Nbf. zu cognomen (von Cicero nicht gebraucht, s. Madvig u. Orelli Cic. de fin. 2, 15), **I** der **Zuname** od. **Beiname,** Plaut., Poëta b. Cic., Sall. fr. u. a. – **II** übtr., übh. = der **Name,** die **Benennung, Bezeichnung,** Tac. u. a. (vgl. Thiel Verg. Aen. 9, 593).

cōgnōminātim, *Adv.* (1. cognominatus), **in gleicher Bedeutung,** Prisc. de nom. et pron. 1, 7. p. 444, 30 K.

cōgnōminātīvus, a, um (cognomino), das *cognomen* **bezeichnend,** Consent. 339, 14 K.

1. cōgnōminātus, a, um (cognominis) = συνώνυμος, **von gleicher Bedeutung,** verba, Synonyme, Cic. part. or. 53.

2. cōgnōminātus, a, um, *Partic.* v. cognomino, s. d.

cōgnōminis, e, Abl. e (cognomen), **I gleichnamig, gleichen Namens,** meretrices, Plaut.: pater, Macr.: filii, Suet.: gaudet cognomine terrā, Verg. – m. *Genet.*, mei, Plaut. fr.: cognomines eorum (Enetorum) Veneti, Plin.: m. *Dat.*, cognomine Insubribus pago, Liv.: cognominem patriae suae Salamina, Vell.: filium cognominem sibi, Suet.: populares suos socero cognomines fecit, Serv. – **II** als gramm. *t. t.* = σύνωνυμος, **gleichnamig, gleichbedeutend,** Gell. 13, 25 (24), 17. – Nom. Sing. steht bl. Plaut. fr. bei Serv. Verg. Aen. 6, 383 (dazu Servius: facit hic et haec cognominis).

1. cōgnōmino, āvī, ātum, āre (cognomen), **mit einem Zu-** od. **Beinamen** od. übh. **mit einem besondern Namen belegen** od. **benennen,** z. B. omnes reges suos hoc cognomine (Arsaces) cognominavere, Iustin. 41, 5, 8: et amaracus quem Phrygium cognominant, Plin. 21, 67: is (ventus eurus) Romanis nauticis ›subsolanus‹ cognominatur, Gell. 2, 22, 8: Ptolemaeus quoque ab exercitu rex cognominatur, Iustin. 15, 2, 11: Diodotus, qui Tryphon cognominabatur, Liv. epit. 55: quo ex facto ipse posterique eius Torquati sunt cognominati, Cl. Quadrig. 1. fr. 10 (bei Gell. 9, 13, 19): duae Carmentes, quarum altera Postverta cognominata est, Prorsa altera, Varr. fr. b. Gell. 16, 16, 4: Q. Occius, qui propter fortitudinem Achilles cognominatus est, Val. Max. 2, 2, 21: Macedonia ante a nomine Emathionis regis Emathia cognominata est, Iustin. 7, 1, 1: legio Pia Fidelis Constans cognominata est, Inscr.: postea Divites cognominati, Plin. 33, 133: Seleucia cognominata Babylonia, Plin. 6, 212.

2. cōgnōmino, āvī, āre (con u. *gnomino = nomino) **zugleich nennen, -angeben,** Apul. met. 2, 30 *codd.* Fφ.

cōgnōscēns, centis, *PAdi.* (v. cognosco), **zur Erkenntnis** von etwas **gelangend,** c. sui, sich selbst erkennend, Rhet. Her. 4, 25.

cōgnōscenter, *Adv.* (cognoscens), **kenntlich, deutlich,** Itala exod. 33, 13 bei Tert. adv. Marc. 4, 22.

cōgnōscentia, ae, *f.* (cognosco), die **Erkenntnis,** Eccl.

cōgnōscibilis, e (cognosco), **erkennbar, erkenntlich,** Boëth. Aristot. analyt. post. 1. p. 541. Itala Iob 18, 19. Augustin. de trin. 14, 8, 11 u. 14, 10, 13: m. *Dat.*, paucis, Augustin. in psalm. 118 prooem. – Dav. **cognoscibiliter,** *Adv.*, Vulg. sap. 13, 5.

cō-gnōsco, gnōvī, gnitum, ere (co und gnōsco = nōsco), einen Ggstd. **kennenlernen, erkennen** (auch = **erproben**), **wahrnehmen, bemerken, vernehmen, erfahren, ersehen, zur Kenntnis** od. **Erkenntnis** einer **Sache gelangen,** von etw. **unterrichtet werden** od. sich **unterrichten,** u. im Perf. auch = **kennen, wissen,** durch sinnliche od. geistige Wahrnehmung, durch Autopsie, Lektüre, Umgang, Erfahrung, Studium, **I** im Allg.: **α** m. *Acc.:* sensus ignem cognoscere vere, Lucr.: c. regiones, Caes.: alcis sepulcrum, Suet.: ephebum Temni, Cic.: infantem, Suet.: multa animalia hoc primum saeculo, Sen.: strepitus pedum, Verg. – miserias sociorum, vernehmen, Cic.: responsum, Nep.: sententiam alcis, Nep.: naturam alcis, Sall.: morem hostium, Sall.: animos omnium facile, Nep.: alqm bene cognovisse, Cic.; vgl. alci bene cognitum esse, Caes. in Cic. ep.: antiquitatem diligenter habere cognitam, Nep. – fidem alcis, Caes.: summam in se voluntatem alcis, Caes. – haec animum cognoscere posse, Lucr.: perspicere cognoscereque naturam rerum, Cic.: ius civile domi, Cic. – m. *Abl.* **wodurch?** corpora tactu, Lucr.: matrem risu, Verg.: amnem assiduo venatu, Verg.: alqd experiendo magis quam discendo, Cic.: ea et litteris multorum et nuntiis cognosse, Cic.: Gallos, novam gentem, pace potius cognosci quam armis, Liv. – m. *per* u. Akk., deditio *per* nuntios cognita, Sall. fr.: homo *per* se cognitus (= homo novus), Cic. – m. *ab* u. *ex* m. Abl. = von jmd. od. aus etw., ab alqo haec dicta, Caes.: certissima putabo, quae ex te cognoro, Cic.: c. iter hostium ex perfugis, Sall.: alqm ex litteris alcis, Cic.: alqd non tam ex re, quam ex alcis factis decretisque, Cic.: illa cognosces *ex* aliis; *a* me pauca et ea summatim, Cic. ep. 10, 28, 3. – m. *ab* u. *ex* m. Abl. = an (aus) etw. (s. Held Caes. b. G. 1, 22, 1), id a Gallicis armis et insignibus, Caes.: alqm sermone ab ipso, Phaedr.: ab eiusdem motu numerorum naturam vimque, Cic.: quaedam magis ex aliorum contentione, quam ipsa per sese, Cic.: ex particula parva scelerum et crudelitatis tuae genus universum, Cic.: alcis adventum ex colore vestitus, Caes. – m. *in* u. Abl. = in od. bei etw., puerum in ludo, Nep.: acerrimi viri praestantem prudentiam in omnibus rebus, Nep.: quae in vivis modo cognosci possunt, Cels. – m. einem zweiten *Acc.* **als was?** c. alqm bonum, Cic.: alqm hominem pudentem et officiosum, Cic.: alqm hominem summā probitate, Cic.: aliter rem publicam se habentem, Cic.: domos atque villas in urbium modum exaedificatas, Sall.: tam praesentes alibi divos, Verg. – m. *Genet.* od. *Abl.* der Eigenschaft, **kennenlernen** = erproben (s. Held Caes. b. G. 1, 28, 4. Nipperd. Tac. ann. 13, 6, 14), alqm magni animi, magnae inter Gallos auctoritatis cognovisse, Caes.: alqm paratissimo animo cognovisse, Cic. – **β** m. *Acc.* u. *Infin.* u. im Passiv m. *Nom.* u. *Infin.*, Attici nostri te valde studiosum esse cognovi, Cic.: signo detracto cognoscit sibi pereundum esse, Nep.: magnam multitudinem convenisse hostium in fines Pictonum litteris nuntiisque Duratii cognoscit, Hirt. b. G.: Metello iam antea experimentis cognitum erat genus Numidarum infidum esse, Sall.: cognitus (erkannt, dabei ertappt) Iphicli surripuisse boves, Prop. 2, 3, 52. – *per* exploratores Caesar cognoscit et montem a suis teneri et Helvetios castra movisse, Caes.: *ab* his cognoscit non longe ex eo loco oppidum Cassivellauni abesse, Caes.: id factum (esse) *ex* suis hospitibus cognoverat, Caes.: *ex* litteris imperatoris ita esse cognovit, Sall. – ecquid ab (an) impressae cognoscis imagine gemmae haec tibi Nasonem scribere verba, Ov.: ut abs te gratissimus esse cognoscerer, Cic. ep. 1, 5. litt. a. § 1. – u. im *Abl. absol.* (vgl. *no.* γ), cognito, **nachdem man erfahren, in Erfahrung gebracht,** cognito vivere Ptolemaeum, Liv.: cognito mandatum sibi auxilium, Aurel. Vict.: *ex* agrestibus cognito hostium naves ad Aethaliam stare, Liv. – Dafür spätlat. cognito mit folg. *quod* (den Umstand, dass usw.), Iustin. 1, 7, 9 u. ö. Treb. Poll. Gallien. 3, 6. Vopisc. Prob. 10, 8. – **γ** m. folg. indir. Fragesatz: tandem cognosti, qui siem, Ter.: cognoscite nunc, quae potestas decemviris et quanta detur, Cic.: cognoscendi quid fieret facultas, Caes.: qualis esset natura montis, qui cognoscerent misit, Caes.: id socordiane an casu factum sit, parum cognovi, Sall.: ibi *per* certos exploratores in singula diei tempora, quae ad Avaricum agerentur, cognoscebat, Caes. – u. im *Abl. absol.* (vgl. *no.* β), **nachdem man erfahren, in Erfahrung gebracht,** Romae nondum cognito, qui fuisset exitus in Illyrico, Tac. – **δ** m. folg. *de* u. Abl. = über etw. **Kunde** od. **Nachricht erhalten (erlangen, sich verschaffen),** von etw. **unterrichtet werden** od. **sich unterrichten** od. **sich unterrichten lassen,** habes consilia nostra; nunc cognosce de Bruto, Cic.: ibi cognoscit de Clodii caede, Caes. – de omnibus rebus, quae ad te pertinent, quid actum, quid constitutum sit, optime *ex* M. Plaetorio cognosces, Cic.: simul consul ex multis de hostium adventu cognovit, Sall.: de meo studio … credo te cognoscere *ex* litteris tuorum, Cic. – **ε** absol.: nobis pleraque digna cognitu obvenere, Tac.: quo res facilior cognitu esset, Rhet. Her.: id quod ei … facile erit cognitu, Cic.: quae res harum aliquam rem consequantur faciles erunt cognitu, Cic.

II insbes.: **a** wie **erkennen,** als allg. Ausdr. auch = **wiedererkennen** (s. Gernh. Cic. Lael. 1, 5. Benecke Cic. Cat. 3, 5, 10 u. Iustin. 2, 6, 20. Kritz u. Fabri Sall. Cat. 47, 3. Fabri Liv. 24, 16, 5), et signum et manum suam, Cic.: pecus, Liv.: suas res, sua, Liv.: Cratippum, Cic.: inimicos suos, Sall.: *inter* ceteras Veturiam, Liv.: alqm facie (am G.), Liv.: cuius erat facies, *in* qua mater paterque cognosci possent, Ov.: alii cives Romani, ne cognoscerentur, involutis e carcere capitibus rapiebantur, Cic. – **b** vor Gericht jmd. als eine bestimmte Pers. **erkennen** u. dadurch jmds. **Identität** (d. i. dass er ein röm. Bürger sei u. seinen Namen mit Recht trage) **bezeugen, bescheinigen,** cum eum Syracusis amplius centum cives Romani cognoscerent, Cic. II. Verr.. 1, 14: u. so Cic. Verr. 5, 72. – **c** (wie ἀναγιγνώσκειν) von einer Schrift **Kenntnis nehmen, sich** mit einer Schrift dem Inhalt nach **bekannt machen,** sie **einsehen,** eine Schrift, einen Schriftsteller **lesen, studieren, α** übh.: litteras, Cic. u. Nep.: libellum, Suet.: librum, Nep.: Servii orationem, Cic.: audire oratores Graecos cognoscereque eorum litteras, Cic.: edicta veterum praetorum legere atque c., Gell.: c. Demosthenem totum, Cic.: auctores, Tac. dial. – absol., quid tam iucundum cognitu atque auditu, quam sapientibus sententiis gravibusque verbis ornata oratio et perpolita? Cic. – **d** wie γιγνώσκειν u. das alttestam. **erkennen,** euphemist. vom fleischlichen Umgang, virum, Ov.: uxorem alcis adulterio, Iustin.: Postumia stupro cognita, Tac.: tacito iam cognita furto Deidamia mihi, Stat. – **e** beurteilend in etw. **Einsicht gewinnen** od. **zu gewinnen suchen,** etw. **prüfen, untersuchen, α** übh.: accipe et cognosce signum, Plaut. Pseud. 988: nam et cognoscendi et ignoscendi dabitur peccati locus, Ter. heaut. 218: u. so prüfen u. dah. unterscheiden, ova, Cic. Acad. 2, 86: numerum tuorum militum reliquiasque, mustern, Cic. Pis. 92. – **β** v. Theaterpublikum, favete, adeste aequo animo et rem cognoscite, Ter.: aequum est vos cognoscere atque ignoscere, si etc., Ter. – **γ** v. Sachwalter, eine zu verteidigende Sache, rem tantam, tot controversiis implicatam, Cic.: causas diligenter penitusque, Cic. – **δ** v. Richter od. einem anderen Magistrat u. dgl. **untersuchen, eine Untersuchung (ein Verhör) anstellen, Gericht halten,** m. *Acc.*, causam od. causas, Cic.: causā cognitā (Ggstz. causā incognitā), Cic. – m. *de* u. Abl., de agro Campano, Cic.: de hereditate, Cic.: cognoscere statuereque de controversiis regum, Liv.: de eorum postulatis, Caes.: c. de actis Caesaris, Cic.: de servo corrupto, ICt. – absol., Verres adesse iubebat, Verres cognoscebat, Verres iudicabat, Cic.: Caesar ut cognosceret, postularunt, Caes.: magistratibus pro tribunali cognoscentibus, Suet. – ► *Perf.* -Formen zsgzg. cognosti, cognostis, cognorim, -ris, -rit, cognoram, cognossem, cognossent, cognoro, cognosse, oft bei Cic. u. a. – cognoscin = *cognoscisne*, Plaut. Amph. 822 *codd.*; Poen. 5, 3, 11 *codd.* – vulg. Partiz. Perf. Pass. cognotus, Itala (Cant.) Luc. 24, 35; Itala (Clar.) 1. Cor. 13, 12.

cōgo, coēgi, coāctum, ere (zsgzg. aus coigo, von co und ago), **zusammentreiben, I** = durch irgendeinen Antrieb **zusammenbringen,** auf **einem** Punkt **vereinigen, 1** eig.: **a** treibend, v. Hirten, pecus, oves, Verg.: oves intro, Plaut.: pecudes stabulis (in d. St.), Verg.

b versammelnd, **zusammenholen, zusammenziehen,** von allen Seiten **beitreiben, auftreiben, versammeln, vereinigen,** publice operas, Cic.: medicos, Serv. Sulp. in Cic. ep. – amici, quos neque armis cogere neque auro parare queas, Sall.: ad iudicium omnem suam familiam undique, Caes.: omnes eodem cogimur, Hor.: c. eorum multitudinem in unum, Sall.: c. socios ad litora, Verg.: turbam ad merces emendas, Hor. – So nun bes. **α** als milit. *t. t.*, Streitkräfte, exercitum, Sall. u. Liv.: exercitum magnasque copias, Caes.: peditatus equitatusque copias, Caes.: magnum equitum numerum, Caes.: quam maximas manus possunt, cogunt, Caes.: XXIV milia iuvenum, Vell.: auxilia undique, Verg.: circiter XX cohortes Albā (aus Alba), ex Marsis et Paelignis, finitimis regionibus, Caes.: multitudinem hominum ex agris, Caes.: equites ex Latio et a sociis, Sall. – maiores eo (dahin) copias, Caes.: exercitum od. omnes copias in unum locum, vereinigen, Cic. u. Caes.: agmen rursus in unum, Liv.: omnes copias Brundisium, Pompei. in Cic. ep.: non amplius XIV cohortes Luceriam, *id. ibid.*: totam Hesperiam sub arma, Verg. – u. Schiffe, ingentem vim navium, Liv.: naves circiter LXXX onerarias cogere contrahereque, Caes.: naves actuarias septem Igili et in Cosano c., Caes.: naves in Venetiam quam plurimas possunt cogunt, Caes.: c. classem ex Asia, Caes. – **β** als publiz. *t. t.*, **zusammenholen, -rufen, einberu-**

fen, berufen, versammeln, sowohl den Senat, senatum, Cic.: senatum in curiam, Liv.: u. einen einzelnen, quis autem umquam tanto damno senatorem coëgit? Cic. Phil. 1, 12. – im Passiv, senatus cogitur, Cic. u.a.: u. v. den Senatoren, cogi in senatum od. in curiam, Caes., Liv. u.a.: u. im Zshg. bl. cogi, z.B. coguntur senatores non pignoribus, sed eorum, de quorum honore agitur, gratiā, Cic. Phil. 1, 12: u. von **einem** Senator, quid tandem erat causae, cur in senatum hesterno die tam acerbe cogerer? Cic. Phil. 1, 11. – als **die Richter** usw., iudices invitos, Cic.: iudicem alium, Amm.: iudicia maiestatis, Suet.: consilium de reo, Quint.: centumviralem hastam, Suet.: legitimum numerum decurionum, ICt. – als auch **eine Versammlung** des Volks usw., concilium, Caes. b.G. 7, 77, 1. Verg. Aen. 11, 304: concilium Hypatam, Liv. 36, 26, 1: bucina cogebat priscos ad verba Quirites, Prop. 4, 1, 13.

c zusammentragend, **zusammenbringen, zusammenhäufen,** arma, tela domi suae, ICt.: aurum, Hor.: plura quam satis est, Hor. – So nun bes. **α** einen Ertrag an Geld od. an Früchten **zusammenbringen, einnehmen, einheimsen, einernten,** talenta ad quindecim, Ter.: oleam, Cato: vinum, Plaut.: fructus, Varr.: mella pressis favis, Verg.: bis gravidos fetus, Verg. – **β** eine Gabe, Abgabe usw. **eintreiben, beitreiben, aufbringen, einkassieren, einsammeln,** pecuniam, Cic., pecunias, Liv.: stipendium, Cic.: stipem, Cic.: statuarum nomine pecuniam per vim, Cic.: pecuniam Postumio (für P.), Cic.: pecuniam ex decumis, Cic.: pecuniam a civitatibus statuarum nomine, Cic.: ut e defunctorum bonis pro semisse dextans ei cogeretur, Suet.: bona Seiani aerario ablata in fiscum cogere, für den F. einziehen, Tac.

d zu **einem** Ganzen vereinigend, **α** übh. **vereinigen,** im Passiv = **sich vereinigen, zusammengehen,** hae duae tunicae in unum coactae, Cels. – coactis cornibus in plenum novies lunaribus orbem, Ov.: u. so unde coactis cornibus in plenum menstrua luna redit, Prop. – Wolken, Sturm usw. **zusammenziehen, aufhäufen, auftürmen,** caelum hoc, in quo nubes, imbres ventique coguntur, Cic.; vgl. tum autem concretus in nubes cogitur aër, Cic.: tempestate coactā, Lucr.: magnum per inane coacta semina, Verg. – **β** mehrere Stoffe durch Versetzung mit einer Flüssigkeit zu **einer** Masse **vereinigen,** etw. mit etw. **versetzen, vermischen,** omnibus (medicamentis) in unum bene coactis, Scrib. – m. Ang. **wodurch? womit?** durch *Abl.* od. *ex* m. Abl., cogi aquā, ex aqua, ex aceto (v. Medikamenten), Cels. – **γ** einen flüssigen od. übh. dünnen Stoff in sich **verdichten, gerinnen,** frigore mella cogit hiems, Verg.: c. lac in duritiem, Plin. – aër nebulosus et coactus, dichter, Solin.: lac coactum, geronnene, Varr. LL. u. Ov.: sanies tenuis, non coacta, Cels.: fel sole coactum ad crassitudinem mellis, Plin. – dah. alvus coacta, harter Stuhl, Cels. – vestis coacta, gewalktes, Plin. 8, 192: u. subst., coacta, orum, *n.*, dicht gewalkte (gefilzte) Wolle od. Haare, Filz, Caes. b.c. 3, 44, 7. – **δ zusammenhalten, geschlossen halten, schließen,** cogere agmen (als milit. *t. t.*), den Zug zusammenhalten (sodass die einzelnen in guter Ordnung beim Zuge bleiben), sowohl von der Truppe selbst, agmen c. cum cura od. neglegentius, Liv.: als von der Nachhut, den Zug schließen u. decken, primae legionariae cohortes ibant, levis armatura et equites agmen cogebant, Liv.: u. v. Schiffen, prima praetoria navis Eudemi erat; cogebat agmen Chariclitus; Pamphilidas mediae classi praeerat, Liv. – u. im Bild = den Rücken decken, der letzte sein, assentior tibi, ut nec duces simus nec agmen cogamus, Cic.: quarum (stellarum) agmina cogit Lucifer, Ov.: itaque sic ordinandus est dies omnis, tamquam cogat agmen (der letzte des Lebens sei), Sen. – so auch cuneis coactis se agglomerare, in geschlossenen Keilen, Verg. Aen. 12, 457: natu maximus (elephantus) ducit agmen, aetate proximus cogit sequentes, Solin. 25, 4.

2 übtr.: **a zusammenstellen, vereinigen, verbinden,** dum haec, quae dispersa sunt, cogantur, Cic. – est enim pollicitus, ius civile, quod nunc diffusum et dissipatum esset, in certa genera coacturum et ad artem facilem redacturum, Cic.: c. verba in alteros pedes, Ov.: quam (syllabam apice circumductam) ex duabus syllabis in unam cogentes, Quint.

b als philos. *t. t.*, logisch **zusammenstellen, folgern, schließen,** m. *Acc.* u. m. *Acc.* u. *Infin.* (doch nur m. esse), aliud enim quam cogebatur illatum est, Cic.: hoc cogere volebat, falsas litteras esse, Cic. – im Pass. m. Ang. **woraus?** durch *ex* u. Abl., ex quibus id, quod volumus, efficitur et cogitur, Cic.: innumerabilia sunt, ex quibus effici cogique possit nihil esse, quod etc., Cic. Acad. 2, 116.

c in sich **zusammendrängen, zusammenfassen,** erant autem de rebus singulis in breve coactae causae, Liv.: urbanitas est virtus quaedam in breve dictum coacta, Quint.: brevitas coacta, gedrungene Kürze, Plin.

II von allen Seiten drängend aus einem weiteren Bereiche in einen engeren **zusammen-** u. **hineintreiben, -drängen, zusammen-** u. **hineinzwängen, hineinnötigen, 1** eig., m. Ang. **woher?** durch *ex* u. Abl., m. Ang. **wohin?** durch ein *Adv.* od. durch *in, intra, ad* u. Akk., m. Ang. **wodurch?** durch *Abl.*, **a** treibend, v. Pers., boves in angustum locum, Nerat. dig. 9, 2, 53. – gew. im Bild, ita hac re in angustum nunc meae coguntur copiae, Ter.: quoniam me ex comparato et constituto spatio defensionis in semihorae curriculum coëgisti, Cic.: qui quinquennalem ante censuram intra sex mensum et anni coëgisset spatium, eingezwängt (= beschränkt) auf usw., Liv.: coactus intra praecordia dolor, Sen. rhet.: qui optabat, ut populus Romanus unam cervicem haberet, ut scelera tot locis ac temporibus diducta in unum ictum et unum diem cogeret, Sen. – v. Winde, vis ventorum invitis nautis Rhodiorum in portum navem coëgit, Cic.: vi et necessario sumus in portum coacti, Cic.: est specus ingens, quo plurima vento cogitur unda, Verg.

b einschlagend, eindrückend usw. **eintreiben, einzwängen,** quercum cuneis coactis scindere, Verg. – u. **eindrücken, einsetzen,** vites in sulcum, Verg.

c v. Örtl. u. Flüssen, beengend **zusammendrängen** od. **-zwängen, einzwängen, einengen,** eum (amnem) ripae in tenuem alvum cogunt, Curt.: torrens rursus angustioribus coërcitus ripis iter cogit, Curt.: bes. im Passiv, ubi in artissimas ripas Aous cogitur amnis, Liv.: saltus in artas coactus fauces, Liv.: omnis Italia coacta in angustias finditur in duo promunturia, Sall. fr.: ceterum structura (tuguriorum) latior ab imo paulatim incremento operis in artius cogitur, ad ultimum in carinae maxime modum coit, Curt.

2 übtr., jmd. wider seinen Willen durch äußere od. innere Nötigung in eine Lage, einen Zustand, zu einem Tun od. Lassen bringen, **a** in eine Lage, einen Zustand **bringen, drängen, nötigen,** Boios in ius iudiciumque populi Romani, Liv.: totam gentem sub ius iudiciumque suum, Liv.: hostes in obsidionem iustam, Liv.: alqm in eam desperationem, ut etc., Suet. – bes., c. alqm in provinciam, jmd. auf seinen Posten weisen (v. Zensor), Liv.: c. alqm in ordinem, in Reih und Glied weisen, bildl. = jmd. in seiner Würde herabsetzen, beeinträchtigen, erniedrigen, hintansetzen, Liv. (s. Drak. Liv. 25, 3, 19): u. so nimium in ordinem se ipsum cogere, übermäßig seiner Würde vergeben, Liv. 3, 35, 6: crudelitatem suam in ordinem coactam putat, Sen. de clem. 1, 26, 4.

b zu einem Tun od. Lassen, jmd. zu etw. **bringen, drängen, nötigen, zwingen** (Ggstz. persuadere, voluntate impetrare u. dgl.), Passiv cogi auch unser **sich genötigt sehen, α** *alqm* (was aber zuw. fehlt), m. Ang. **wozu? αα** durch *ad* od. *in* u. Akk., alqm ad militiam, Sall.: alqm ad bellum, ad defectionem, Liv.: ad confessionem, Sen.: alqm ad mortem, Eutr.: alqm multo auro ad scelus, Tac.: oppida vi atque armis in deditionem, Liv.: utrumque regem in pacem, Iustin.: im Pass., ingratis cogi ad depugnandum, Nep.: in mortem cogi posse, in preces non posse, Sen. suas. 6, 7: cogi in supplicium alcis contra naturam suam, Hirt. b.G. – **ββ** durch *Infin.*, cogunt illi eum iurare, Caes.: invitos consistere cogunt, Caes.: te emere coëgit, Cic.: senatum cogor reprehendere, Cic.: necessario puteos fodere cogebantur, Caes.: ipsi accipere decumas coguntur, Cic.: cogor, quem laudavi semper, reprehendere, Cic.: quod cogerentur facere legibus, Cic.: u. (ohne Ang. **wen?**) durch *Acc.* u. *Infin. Pass.*, quis pactionem fieri, quis adesse istos coëgit? Cic.: etiam si hominum studia deficiant, di ipsi immortales cogant ab his praeclarissimis virtutibus tot et tanta vitia superari? Cic.: quod arma omitti cogebat, Liv. (vgl. Fabri Liv. 21, 8, 12). – **γγ** durch *ut* u. Konj., ne te quivit hodie cogere illam ut duceres, Ter.: cogere incipit eos, ut absentem Heraclium condemnarent, Cic.: vi coacturos, ut per suos finos eos ire paterentur, Caes. – **δδ** durch bl. *Acc.* (in klass. Prosa nur allg. *Acc.* eines *Pron. neutr.* u. dgl.), u. zwar *alqm alqd*, u. im Pass. cogi *alqd* (s. Drak. Liv. 4, 26, 10), z. B. quod vos vis cogit, id voluntate impetret, Ter.: vos id cogendi estis, Liv.: c. cives id omnes imperio legumque poenā, Cic.: cogi aliquid ab tribuno, Liv. – bl. *alqd* (s. Drak. Liv. 4, 26, 10. Weißenb. Liv. 4, 26, 3), zu etwas **zwingen,** etwas **erzwingen,** etiamne id lex coēgit? Ter.: persuadere aliquid, non omnia vi et minis cogere, Cic.: quietos pati quod sors iniqua cogeret iussit, Liv. fr.: cogis adulterium dando tempusque locumque, Ov. – dah. Partiz. coāctus, **erzwungen, mit Zwang herbeigeführt** (s. Nipperd. Tac. ann. 4, 51, 15), auspicium coactum et expressum, Cic.: numeri coacti, gezwungen, gesucht, Quint.: u. so quod absurdum et nimis coactum foret, Gell.: lacrimae coactae, Ov. met. 6, 628: deditio coacta, mors coacta (Ggstz. fortuita), Tac. – **β** *alqm* ohne Ang. **wozu?** Vim hoc quidem est afferre. Quid enim refert, quā me ratione cogatis? cogitis certe, Cic. de amic. 26: alioquin quid proficis invitum cogendo? (zus. = durch Zwang), Ps. Quint. decl. – bes. Partiz. coāctus, **genötigt, gezwungen,** verb. invitus et coactus (Ggstz. volens, voluntate, suā sponte), Cic., Caes. u. a.: ea coacta ingratiis postilla coepit victum vulgo quaerere, Ter.: tum coacti necessario se aperiunt, Ter.: cum ego de me nisi coactus ac necessario dicerem, Cic.: gew. m. Ang. **wodurch?** durch *Abl.*, coactus egestate od. inopiā, Ter.: coactus fame, Cic.: coactus re necessariā od. necessitate, Cic. u. Nep.: coactus metu od. terrore, Cic. – **γ** ganz absol.: invitus feci; lex coēgit, Ter.: si res coget, Cic. – ► Im Bibellatein Perf.-Form coxerunt, Itala (Cant.) Luc. 24, 29.

cōgulo, cōgulum, s. coāgulo, coagulum.

cohabitātio, ōnis, *f.* (cohabito), das **Beisammenwohnen,** Eccl.

cohabitātor, ōris, *m.* (cohabito), der **Zusammenwohner** mit jmd., Eccl.

cohabitātrīx, trīcis, *f.* (Femin. zu cohabitator), die **Zusammenwohnerin** mit jmd., Eccl.

co-habito, āre, **beisammen wohnen,** Eccl.

cohaerēns, entis, *PAdi.* m. *Compar.* (cohaereo), **zusammenhängend,** aptius et cohaerentius putare *furem* a *furvo,* id est nigro, appellari, Gell. 1, 18, 6.

cohaerenter (cohaerens v. cohaereo), *Adv.*, **zusammenhängend, in enger Verbindung** od. **Nähe,** Flor. 2, 17, 5. Amm. 16, 10, 8; 20, 7, 4 u. ö.

cohaerentia, ae, *f.* (cohaereo), der **Zusammenhang,** mundi, Cic. de nat. deor. 2, 155: regionum, Macr. sat. 5, 15, 3: finium mortis et vitae, Gell. 7 (6), 13, 11: diversorum corporum, Chalcid. Tim. 353 *extr.:* vocis, Gell. 15, 3, 6.

co-haereo, haesī, haesum, ēre, **zusammenhängen, I** mit einem anderen Gegenstand **zusammenhängen,** = zusammenkleben, verwachsen sein, unmittelbar zusammenstoßen, unmittelbar od. eng verbunden sein, m. *cum* u. Abl., m. bl. *Dat.*, m. *inter se,* m. *Abl.* **(wodurch?),** absol., **a** eig., äußerlich, sowohl mit etw., cohaerens cum corpore membrum, Cic.: turris muris hostium propemodum cohaerebat, Curt.: nec equo membra mea cohaerent (umschr. = ich bin kein Hippozentaur), Ov.: nec femori committe femur, nec crure cohaere, Ov.: qui cohaerent Mesopotamiae Rhoali vocantur, Plin. – als auch (mit u. ohne *inter se*) miteinander, ossa inter se cohaerent, Cels.: inter se iuga velut serie cohaerentia, Curt. – labra cohaerentia, Mela: rami alius alio implicati et cohaerentes, Curt.: conexa et cohaerentia aedificia, Tac.: duae acies ita cohaerebant, ut armis arma pulsarent, Curt.: dehiscentibus quae cohaerebant, Sen.: libri situ cohaerentes, Sen. – **b** übtr., innerlich, **α** übh., sowohl mit etw., vitiosum est, quod non ex ipsa causa natum videatur, ut proprie cohaereat cum narratione, Rhet. Her.: si (illa, quae prima dicuntur) vehementer velis congruere et cohaerere cum causa, Cic.: collocabuntur igitur verba, ut inter se aptissime cohaereant extrema cum primis, Cic.: quod causae non cohaeret, Quint.: dos cohaeret matrimonio, ICt. – als auch (mit u. ohne *inter se*) miteinander, res (die Ereignisse) inter se cohaerent, Curt.: ut non modo non cohaerentia inter se diceres, sed maxime disiuncta et contraria, Cic.: paululum obsoni; ipsus tristis; de improviso nuptiae; non cohaerent, das reimt sich nicht zusammen, Ter. – **β** insbes., durch irgendein soziales, verwandtschaftliches, geschäftliches usw. Band **zusammenhängen, eng verbunden sein,** v. Pers., tot gentes non sacris, non moribus, non commercio linguae nobiscum cohaerentes, Curt.: etiamsi nobis sanguine cohaereant, Quint. – v. Abstr., haec ratio pecuniarum, quae Romae versatur, implicita est cum illis pecuniis Asiaticis et cohaeret, Cic.: ex invidia potentiae male cohaerens inter Cn. Pompeium et C. Caesarem concordia, Vell. – **II in sich-, organisch zusammenhängen, zusammenhalten,** innerlichen **Halt haben** (s. Schömann Cic. de nat. deor. 2, 82. Kühner u. Tischer Cic. Tusc. 3, 61. Jordan Cic. Caecin. 52), **a** eig.: mundus ita apte cohaeret, ut dissolvi nullo modo queat, Cic.: aliquid eiusmodi nullā cohaerendi naturā, ohne eine darin wirkende Kraft organischen Zusammenhangs, Cic.: u. (im Bild) vix haec, si undique fulciamus, iam labefacta, vix, inquam, nixa in omnium nostrum umeris cohaerebunt, Cic.: u. so v. Pers., omnibus modis fulciendi sunt, qui ruunt nec cohaerere possunt propter magnitudinem aegritudinis, gleichs. (wie ein Bau) nicht zusammenhalten, d. i. sich nicht zusammennehmen, sich nicht fassen können, Cic. – ille (imperator) est vinculum, per quod res publica cohaeret, Sen.: alia, quibus (wodurch) cohaerent (homines), d. i. woraus sie bestehen, Cic. – **b** übtr., v. Reden u. Denken, **einen bündigen Zusammenhang** od. **Halt haben,** vix diserti adulescentis cohaerebat oratio, Cic.: sermo hercle et familiaris et cotidianus non cohaerebit, si verba inter nos aucupabimur, Cic. – male cohaerens cogitatio (Gedankenvorbereitung), Quint. – ► Partiz. cohaesus = *cohaerens,* Gell. 15, 16, 4.

co-haerēsco, haesī, ere (*Inchoat.* v. cohaereo), **zusammenhängen bleiben, verwachsen,** m. *cum* u. Abl. od. bl. *Dat.* od. m. *inter se,* **a** eig., sowohl m. etw., ut palpebrae cum albo oculi cohaerescant, Cels.: dextera ligno cohaesit, Ov. – als (mit u. ohne *inter se*) miteinander, atomi inter se cohaerescentes, Cic.: si digiti cohaeserunt, Cels. – **b** übtr., von Pers., quod viri optimi adeo cohaesistis (zusammenhängt), ut invicem vos obligari putetis, Plin. ep. 7, 7, 1.

coherceo, s. co-erceo ►.

cohērēditās, ātis, *f.* (coheres), die **Miterbschaft,** Hilar. in psalm. 9, 4.

cohērēs, ēdis, *c,* der **Miterbe,** L. Nostius Zoilus est coheres meus, heres autem patroni sui, Cic.: coheredem dare alqm, Plin. ep.: alqm coheredem alci facere, Petr., scribere, Sen. u. Tac., ascribere, Suet.: coheredem alci instituere. Suet.: coheredem esse alci, Cic.: coheredes habere, Quint. – die **Miterbin,** cuius filia nepti coheres data, Papin. dig. 34, 9, 16. § 1. – Übtr., tamquam coheredes gratiae vitae, Vulg. 1. Petr. 3, 7: ut consortes fidei, ut spei coheredes, Min. Fel. 31, 8: u. als *fem.,* caro consors et coheres (*sc.* animae), Tert. de res. carn. 7: gentes esse coheredes promissionis eius, Vulg. ad Ephes. 3, 6.

co-hibeo, buī, bitum, ēre (co und habeo), **zusammenhalten, I** in sich schließend, **umschlossen-, umfasst halten, in sich verschlossen halten, in sich halten** od. **enthalten, in sich begreifen,** v. lebl. Wesen, brachium togā, Cic.: fortes auro (mit einer goldenen Armspange) lacertos, Ov. – v. lebl. Subjj., omnes naturas ipsa (universa natura) cohibet et continet, Cic.: terra id (semen) occaecatum cohibet, Cic.: marem cohibent callosa (ova) vitellum, Hor.: cohibent alqm (mortuum) pulveris exigui parva munera, Hor. – m. *in* u. Abl., sidera in se cohibent clarum purumque colorem, Lucr.: u. v. Abstr., causae cohibentes in se efficientiam naturalem, Cic. – **II** die freie Bewegung hemmend **zusammenhalten, zurückhalten, anhalten, aufhalten, hemmen, eingeschlossen** od. **verschlossen halten, a** eig.: tela, Curt.: alqm in vinculis, Curt.: ventos in antris, Ov.: se intra limen, Plaut.: milites intra castra, Curt.: crinem nodo, Hor.: deos parietibus, in W. bannen, Tac.: cervos arcu, fest bannen, poet. = erlegen, Hor.: ventos carcere, Ov.: sanguinem spongiā, Cels. – v. lebl. Subjj., Pirithoum cohibent catenae, Hor.: claustra cohibentia Ianum, Hor. – im Passiv, tempestatibus cohiberi in portibus (v. Pers.), Auct. b. Afr.: aquilones cohibiti iugis montium, Curt. – **b** übtr., **zurückhalten, hemmen, in Schranken halten** od. **weisen, im Zaum halten, mäßigen, hindern,** **α** *alqd* u. *alqm:* c. diu lacrimas, Plin. ep.: fletum vix cohibere posse, Val. Max.: c. assensus omnes, Cic.: conatus alcis, Cic.: furorem alcis ne Alpium quidem muro cohiberi posse, Cic.: insanos atque indomitos impetus volgi, Cic.: iracundiam, Cic.: motus animi turbatos, Cic.: voces nimias laudantium (v. Liktor), Suet.: bellum, Liv.: c. alqm arte, tüchtig einschränken, Plaut.: c. se, Ter., Serv. Sulp. in Cic. ep. u. a. – im Passiv, quae aliae (provinciae) procuratoribus cohibentur, Tac.: taciturnitate omnia cohibita sunt, Tac. – **β** *alqm* ab *alqa re:* omnes a praeda, Auct. b. Afr.: manum, oculos, animum ab auro gazaque regia, Cic.: a coniugibus vestris numquam effrenatas suas libidines, Cic.: assensum etiam a certis rebus, Cic.: assensionem a rebus incertis, Cic. – **γ** alqd *intra* m. Akk. = **beschränken** auf usw., namque ›multorum hominum‹ appellatio intra modicum quoque numerum cohiberi atque includi potest, Gell. 13, 29 (28), 4. – **δ** *alqm* cohibere non valere mit folg. *ut* u. Konj., quas (feminas) verecundia stolae ut in foro et iudiciis tacerent cohibere non valuit, Val. Max. 8, 3 *in.* – **ε** *alqm* non coh., *alqm* vix coh. mit folg. *quominus* u. Konj., Tac. ann. 2, 24: u. im Passiv, ne flumine quidem interiecto cohiberi, quominus etc., Tac. ann. 2, 10. – **ζ** *alqm* cohibere mit folg. *Infin.*, Calp. ecl. 4, 20. Dict. 3, 4 *extr.* – ▸ arch. cohibessit = cohibuerit, Lucr. 3, 444 *Lachm.* – parag. *Infin. Praes. Pass.* cohiberier, Lucr. 3, 443. – Form coibete b. Plaut. mil. 596 *Brix.*

cohibilis, e (cohibeo), leicht zusammenzuhalten = **kurz und bündig** (griech. συνεχής), oratio, Gell. 16, 19, 1.

cohibiliter, *Adv.* (cohibilis), **kurz und bündig,** griech. συνεσταλμένως, Apul. de deo Socr. prol. p. 111 Oud. (p. 4, 5 G.): *Compar.* cohibilius, Apul. de mag. 36.

cohibitio, ōnis, *f.* (cohibeo), **I** die **Hemmung,** das **Hindernis,** Boëth. art. geom. p. 293, 29 Fr. – **II** die **Bezähmung,** coh. irae suae u. coh. sui, Lact. de ira 18. § 3 u. § 12.

cohibitus, a, um, *PAdi.* m. *Compar.* (cohibeo), **gehalten, gemäßigt,** dicendi genus, Gell. 7, 14, 7: habitudo cohibitior, Auson. grat. act. (VIII) X IV, 64. p. 27, 10 Schenkl.

co-honesto, āvī, ātum, āre, zu **Ehren bringen** od. **verhelfen, Ehre und Ansehen verleihen, verherrlichen,** exsequias, Cic.: statuas, Cic.: victoriam, Liv.: quos cohonestaris (synk. = cohonestaveris) in primisque me, Cic. ep. 13, 11, 3. – funus laudatione pro rostris ceterisque sollemnibus, Tac.: patrem deorum bubulis cornibus (ironisch), Arnob.: quod unum reliquum fortuna fecerit, id cohonestent virtute, Liv. – auch äußerlich, pro se quisque cum corona clarum conestat (synk. = cohonestat) caput, Acc. tr. 445: defluvia capitis semine illito cohonestari, ausgefallene Haare würden durch Pflaster von diesem Samen kunstvoll wiederhergestellt, Plin. 22, 34. – u. zum Schein mit Worten, res turpes, beschönigen, Arnob. 5, 43.

co-horrēsco, horruī, ere, **zusammenschauern** vor Frost usw., ex (infolge) quo (sudore) cum cohoruisset, Cic. – besonders **zusammenschaudern** vor Schrecken, Furcht, **zusammenschrecken,** cohorrui primo, Cic.: cohorruit corpus, Val. Max.: memorante quodam de Cassii Brutique exitu cohorruit, Suet.: quem ut (wie) agnovi, equidem cohorrui, Cic.: attenuatum te esse continuatione laborum cum (wenn) audio, Di me perdant, nisi cohorrescit corpus meum, Aug. b. Suet. – m. folg. *quod* (weil), z. B. cohorruisse me, quod litterae tuae de legionibus Caesaris afferrent, Cic.

cohors (cōrs, chōrs; vgl. Schneider Varr. r. r. 1, 13, 3), tis, *f.* (aus co + indogerm. *ĝhrtí-s* zu Wurzel *ĝher-*, fassen, vgl. hortus u. χόρτος), **I** ein rings eingezäunter Ort, der **Hofraum,** das **Gehege,** bes. fürs Vieh, der **Viehhof,** nach den besten Hdschrn. Form cohors, z. B. Cato origg. 4. fr. 2 (bei Fest. 146 M.). Varr. LL. 5, 88. Varr. r. r. 1, 13, 3 Schn. Ov. fast. 4, 704: Form cors, Glaucia bei Cic. de or. 2, 263. Col. 2, 14, 8 Schn. u. a.: Form chors, Varr. sat. Men. 55 u. 383. Vitr. 6, 6, 1 *codd. optt.* Mart. 7, 54, 7 Schn. u. a. Vopisc. Aurel. 5, 1. Augustin. in psalm. 49, 12. – **II** meton. (gew. in der Form cohors) eig. der eingehegte, eingeschlossene Haufe; dah. **A** der **Haufe,** die **Menge,** die **Schar,** das **Gefolge,** fratrum stipata, Verg.: cuncta, Schiffsmannschaft, Verg.: amicorum, Curt. u. Suet.: oratorum, poëtarum, sectatorum (Aristotelis), Gell.: canum, Plin.: febrium, Hor.: una de cetera cohorte gallina, Apul. – **B** insbes., als milit. *t. t.*, **1** = die **Kohorte,** der 10. Teil einer Legion, 3 manipuli oder 6 centuriae enthaltend, Caes. u. a. – zuw. cohortes (den Legionen entgegengesetzt) = »Hilfstruppen der Bundesgenossen«, Sall. Iug. 46, 7. Vell. 2, 112, 5. Tac. hist. 4, 19. Flor. 3, 21, 18; später auch v. der Reiterei, centurio cohortis sextae equestris, Plin. ep. 10, 106 (107) *sq.* – aber c. equitata, mit Reitern untermischte, CIL 2, 2129. – poet. übtr. = **Heer** übh., Stat. Theb. 5, 672. – Form cors, Cypr. de laps. 2. p. 237, 17 H.: chors, CIL 2, 3272: cho(rs), CIL 2, 432: cohr(s). – **2** cohors praetoria, **a** die **Leibwache** des Feldherrn, Caes.: so auch eines Königs, cohors regia, Liv.: u. spöttisch, c. scortorum, Cic. – **b** das den Prätor in der Provinz umgebende Gefolge, der **Stab,** die **Suite** (s. comes *no.* b, β das Nähere), Cic., Hor. u. a. – ▸ Genet. Plur. immer cohortium, z. B. Caes. b. G. 2, 25, 1. Sall. Iug. 46, 7. Liv. 10, 19, 20, chortium, CIL 2, 3272. Eckel Doctr. num. vet. 6. p. 53.

cohortālīnus (cortal.), a, um (cohortalis), **die kaiserliche Leibwache betreffend, spät.** ICt.

cohortālis, e (cohors), **I zum (Vieh-)Hofe gehörig,** avis, Col. u. Veget. mil.: pullus, Cels.: gallina, Col.: officium, ratio, Col. – **II zur kaiserlichen Leibwache gehörig,** spät. ICt.: coh. equites, CIL 8, 2532, 5.

cohortātio, ōnis, *f.* (cohortor), der ermunternde **Zuspruch,** das **Zusprechen, Zureden, Anfeuern,** c. tua, Cic.: c. inanis et sine causa suscepta, Cic.: m. subj. *Genet.*, illa Hannibalis, Cic.: ducis, Tac.: m. obj. *Genet.*, decimae legionis, Caes.: militum, Nep.: iudicum, Cic.: m. Ang. **wozu?** durch *ad* mit Akk. Gerund., c. quaedam iudicum ad honeste iudicandum, Cic. – cohortationem militum facere, die S. (in einer Rede) anfeuern, Nep. – Plur., Caes. b. c. 2, 42, 1. Cic. de or. 1, 262 u. 2, 64; Phil. 12, 15; de rep. 4, 5.

cohortātiuncula, ae, *f.* (*Demin.* v. cohortatio), der **kurze** (ermunternde) **Zuspruch,** Ps. Ambros. ep. 33. Leo de humil. tract. 1.

cohortātus, ūs, *m.* (cohortor), das **Zusprechen, Zureden,** cohortatibus suis plebem corroboraverunt, Pass. Montan. 13.

cohorticula, ae, *f.* (*Demin.* v. cohors), die **kleine Kohorte,** Cael. in Cic. ep. 8, 6, 4.

co-horto, āre = cohortor, Claud. Quadrig. fr. 54 bei Non. 472, 19: *Perf. pass.*, exercitus cohortatus, Cato origg. 5, 11 (b. Gell. 15, 13, 5).

co-hortor, ātus sum, ārī, mit eindringlicher Rede **ermuntern, Mut einsprechen, ernstlich zureden,** durch Zuspruch **antreiben, anfeuern,** (Ggstz. deterrere, Cic. de or. 1, 258), absol., si nosmet ipsos alloquimur cohortantes, obiurgantes, miserantes, Quint.: hāc (eloquentiā) cohortamur, hac persuademus, Cic.: cohortando suos ad pontem ac munitiones continere, Auct. b. Alex. – m. *inter se* (sich gegenseitig), z. B. inter se cohortati, Caes. b. G. 6, 40, 4 (vgl. unten mit *ne*). – mit Ang. **wen?** durch *Acc.*, Sulpicium et Cottam, Cic.: populum Romanum, Cic.: suos, Caes., Sall. u. Liv.: milites, Caes. u. Liv.: se mutuo, Vulg. – mit Ang. **wozu?** durch *ad* od. (selten) *in* u. Akk., ohne *alqm*, quis *cohortari* ad virtutem *ardentius,* quis a vitiis *acrius revocare* potest? Cic. de or. 2, 35: m. *alqm,* z. B. alqm ad virtutis studium, Cic.: alqm ad pacem, Cic.: multum ad concordiam liberos suos, Suet.: et oratione pulcherrimā et honestissimo exemplo omnes cives ad munificentiam, Plin. ep.: militem ad proelium, Quint.: Aiaces duos in proelium, Auson. perioch. Iliad. 13: exercitum militari more ad pugnam, Caes.: bes. m. *ad* u. Gerund., alqm ad honorandum Serv. Sulpicium, Cic.: vos ad libertatem recuperandam, Cic.: alqm ad patiendam fortiter mortem, Frontin: locupletes ad tollendos liberos ingentia praemia et pares poenae cohortantur, Plin. pan. – m. Ang. **wozu?** durch allg. *Acc. pron. neutr.*, si qua *in* re (bei einer Sache) cohortabimur aliquid (zu etwas), cuius rei etc., Rhet. Her. 3, 4. – m. Ang. **wozu?** durch *Infin.*, Rhet. Her. 3, 4. Tac. ann. 12, 49. Mos. et Rom. legg. collat. 6, 4. § 1. – m. Ang. **in Betreff wessen?** durch *de* m. Abl., numquam de P. Popilio senatum aut populum cohortatum esse, Cic. ad Quir. 11. – m. Ang. **in welcher Absicht?** durch *ut* m.

Konj., bl. coh. ut etc., z. B. Caes. b. G. 7, 27, 2 u. 7, 60, 1: coh. alqm, ut etc., z. B. Cic. Sest. 135; Phil. 7, 24. Caes. b. G. 7, 34, 1; b. c. 3, 82, 1. Sall. Cat. 21, 5. Tac. Agr. 36. Suet. Oth. 10, 2: od. durch *ne* mit Konj., bl. coh. ne etc., Caes. b. G. 7, 86, 3: coh. inter se (sich gegenseitig), ne etc., Caes. b. G. 4, 25, 5 u. 6, 8, 1: coh. invicem, ne etc., Suet. Galb. 10, 5: u. alqm coh., ne etc., Caes. b. c. 2, 43, 1; od. durch bl. Konj., discedentem ex contione universi cohortantur, magno sit animo, Caes. b. c. 2, 33, 2.

co-hospes, pitis, *m.*, der **Mitgastfreund,** Paul. Nol. carm. 24, 438.

co-hūmido, āre, **ganz befeuchten, -benetzen,** Apul. met. 8, 9.

cohus (cous), ī, *m.*, die **Hohle** (cavum), **a** an der Waage des altröm. Pfluges, um die Deichsel einzufügen, Varr. LL. 5, 135 (anders Paul. ex Fest. 39, 4). – **b** des Himmels, Enn. ann. 550; vgl. Varr. LL. 5, 31. Diom. 365, 18. Paul. ex Fest. 39, 5.

coibeo, s. co-hibeo ►.

cōicio, s. con-icio.

cōiector, s. 1. coniector.

cōīllum, ī, *n.* (κοῖλον), das **Innere des Hauses,** wo die Laren verehrt wurden, Inscr. bei Tert. de spect. 5.

co-imbibo, bibī, ere, **zugleich eintrinken, -einsaugen,** Arnob. 5, 30.

coimo, s. co-emo.

coinchuo, s. co-inquio.

Coinquenda, ae, *f.* (coinquo), s. Adolenda.

coinquinābilis, e (coinquino), **befleckbar,** Eccl.

coinquinātio, ōnis, *f.* (coinquino), die **Besudelung, Befleckung,** Vulg. 1. Esdr. 6, 21 u. 9, 11; Iudith 9, 2 u. a. Sulp. Sev. ep. 2. § 9 u. 19: Plur., Augustin. serm. 45, 8. Vulg. 2. Petr. 2, 13 u. 20.

coinquinātus, a, um, *PAdi.* m. *Compar.* (coinquino), **besudelt, befleckt,** quid esse his potest coinquinatius? Arnob. 7, 16.

co-inquino, āvī, ātum, āre, **besudeln, beflecken, I** eig.: plumulae stercore coinquinatae, Col. 8, 5, 19: ne cauda clunesque stercore coinquinentur, Col. 8, 7, 2. – **II** übtr.: **a** physisch **anstecken,** v. ansteckenden Krankheiten, ne totam progeniem coinquinet, Col. 7, 5, 6. – **b** moralisch **beflecken,** matres regias, Acc. fr.: ancillam suam, Vulg.: se scelere, Val. Max.: maximo scelere coinquinari, Val. Max.: homicidio coinquinari, Sen. rhet.: cibis immundis coinquinari, Vulg. – ► Synk. Form conquinari, Acc. tr. 207 R.².

co-inquio, īre, und **co-īnquo** (co-inchuo), ere (wahrsch. Nbf. v. coinquino), mit dem Messer betasten = **beschneiden** (*t. t.* der Religionsspr.), lucos, Trebat. ICt. fr. 5 (bei Serv. Verg. Aen. 11, 316). Acta fratr. Arv. a. 119, 5. 120, 37 u. 213, 1. Vgl. Paul. ex Fest. 64, 3 u. 65, 19.

coipio, s. coepio.

coiro, āvī, s. cūro ►.

coitio, ōnis, *f.* (coëo), das **Zusammenkommen, I** im Allg., das **Zusammentreffen,** u. zwar das feindliche, der **Zusammenstoß,** prima coitio est acerrima, Ter. Phorm. 346. – **II** prägn.: **a** die **fleischliche Vermischung, Begattung,** Solin., Macr. u. a. (s. Bünem. Lact. 1, 8, 6). – **b** das **Zusammentreten** zu einer Verbindung, **α** das Zusammentreten zum Handeln gegen einen Dritten, die politische **Verbindung,** die **Koalition,** das **Komplott** (bes. zweier Amtsbewerber zur Verdrängung der übrigen Mitbewerber), Catilinae et Antonii, Ascon.: suspicio coitionis, Cic.: in candidatorum consularium coitione interesse, Cic.: coitionem facere, Cic.: coitionem dirimere, Cic. – Plur., in coitionibus candidatorum, Cic. parad. 46: coitiones usitatae nobilibus, Liv.: coitiones tribunorum adversus nobilium iuventutem ortae, Liv.: coitiones honorum adipiscendorum causā factae, Liv. – **β** das **Eingehen** einer Verbindung, nulla societatis in aeternum coitio est, Paul. dig. 17, 2, 70.

coitus, ūs, *m.* (coëo), das **Zusammengehen, -kommen, I** im Allg.: **a** das **Zusammentreffen** eines Gestirns mit einem anderen, hoc manufestum fit non illarum (stellarum mobilium) coitu fieri cometen, Sen. nat. qu. 7, 12, 2. – dah. auch der **Vorübergang** eines Gestirns vor einem anderen, lunae (des M. vor der Sonne), Plin. 2, 46 u. 16, 190. – **b** als mediz. *t. t.*, das **Sich-Ansammeln,** die **Ansammlung** von Flüssigkeiten im Körper, puris, Cels.: materiae, Cels.: sordium in auribus, Cels.: umoris coitionem emollire (zerteilen), Cels. – **II** prägn., das **Zusammentreten** = das **Sich-Vereinigen,** die **Vereinigung, a** leb. Wesen, die fleischliche **Vermischung,** das **eheliche Beiwohnen,** die **Begattung,** coitus novi, Ov.: coitus primi, Cels.: ante coitum feminae (mit einem W.), Cels.: ad unum coitum mulier concepit, Vulg.: clandestinos coitus obire, Apul.: coitum patrare, vollziehen, Anthol. Lat. 358, 5 R.: *Venerem* quam *coitum* dicere magis decet, Quint. – übtr., die **Befruchtung** der Pflanzen durch Samen, Plin. 13, 35 u. 17, 11: die **Verbindung** durch Pfropfen, Plin. 17, 103. – **b** lebl. Ggstd.: **α** als gramm. *t. t.*, die **Verschmelzung** von Silben u. Wörtern, syllabarum, Quint. 9, 4, 59: ex his, quibus dixi, vocibus quasi per quendam coitum et copulam nomen indutiarum conexum est, Gell. 1, 25, 16. – **β** als mediz. *t. t.*, die **Vereinigung,** das **Sich-Schließen,** ut recens coitus eius (venae) resolvatur, Cels. 2, 10. p. 55, 7 D.

cōiūnx, cōius, cōiux, s. coniūnx ►.

coïx, icis, *f.* (κόϊξ), eine Art Palmen in Äthiopien, viell. **Sagopalme,** Plin. 13, 47.

cōla, ae, *f.* = colon (s. d.), Ven. Fort. praef. § 1. p. 61, 1 M. u. 5, 1. p. 180 M.

colaepium, s. cōlēfium.

colaphizo, āvī, ātum, āre (κολαφίζω), mit den Knöcheln der geballten Faust schlagen, **ohrfeigen,** alqm, Donat. ad Ter. Andr. 2, 1, 46 u. Eccl.

colaphus, ī, *m.* (κόλαφος), ein Schlag mit den Knöcheln der geballten Faust, der **Faustschlag,** colapho icere od. ferire alqm, Plaut. u. Nepot.: colaphum alci ducere, Quint., dare, Spart.: alci colaphos infringere, Ter.: ab alqo flagris, ferulis, colaphis vapulare, Sen.: colaphis caedi, Sen. u. Augustin.: colapho od. colaphis percussus, Sen. – Colaphus scherzh. Name eines Sklaven, etwa **Schelle,** Plaut. capt. 657.

cōlātūra, ae, *f.* (colare), die Durchseihung = das **Durchgeseihte,** Cael. Aur. chron. 5, 3, 55.

cōlātus, a, um, *PAdi.* m. *Compar.* (1. colo), **geläutert, rein,** nitor beryllorum, Tert. de anim. 9: serenitas, Tert. ad nat. 1, 5. – Plur. subst., certiora et colatiora somniare, Tert. de anim. 48.

Colax, acis, *m.* (κόλαξ), der **Schmeichler, Schmarotzer,** Titel verloren gegangener Stücke des Ennius u. Plautus, Ter. eun. prol. 25 u. 30.

Colchī, ōrum, *m.* (Κόλχοι), die die Landschaft Colchis (s. unten) bewohnenden Völkerstämme, die **Kolchier,** u. meton. = **Kolchis,** Enn. tr. 286 (211). Cic. de nat. deor. 3, 54. Mela 1, 19, 2 (1. § 98). Hor. carm. 4, 4, 63: auratus aries Colchorum, Cic. poët. or. 163. – Sing. Colchus, ī, *m.*, »ein Kolchier«, appell. = ein wilder u. grimmiger Barbar, Hor. de art. poët. 118. – Dav.: **A Colchicus,** a, um (Κολχικός), **kolchisch,** Hor.: terra, Plin. – subst., Colchicon, ī, *n.* (κολχικόν), eine Pflanze mit giftiger Wurzel, **Zeitlose** (*Colchicum autumnale,* L.), Plin. 28, 129. – **B Colchis,** chidis u. chidos, Akk. chidem u. chida, Akk. Plur. chides u. chidas, *f.* (Κολχίς), **a** die durch das goldene Vlies u. durch Medea berühmte Landschaft in Asien, an der östlichen Seite des Schwarzen Meeres, das j. **Mingrelien** u. **Abkhasien** umfassend, Mela 2. § 57. Val. Flacc. 5, 505. Censor. 4, 12. – **b kolchisch,** Val. Flacc.: subst., die **Kolchierin** = Medea, Hor. u. a. Dichter: griech. Akk. -ida, Prop.: Vok. Colchi, Ov. – spät. Nbf. Colchida, ae, *f.*, wov. Abl. Colchida, Capit. Anton. Pius 10, 4 (*codd. BP*). – **C Colchus,** a, um, **kolchisch,** Ov.: venena, von Medea, Ov.: rhombus, magisch, zauberisch, Mart.

cōleātus, a, um (coleus), **gehörig mit Hoden versehen,** eculeus, Pompon. com. 40: cuspis (= penis), *ibid.* 69.

cōlēfium (cōloefium) u. **cōlaepium** (cōlēpium), ī, *n.* (κωλήφιον, κωλήπιον), der **Hüftknochen,** Veget. mul. 5, 17, 5: meton., das Hüftbein mit dem Fleisch, bes. vom Schwein, der **Schinken,** Petr. 70, 2. Consil. schol. bei Haupt opusc. 2, 448, 17. Vgl. colyphia.

cōlēfius, s. acro ►.

colēns, entis, *PAdi.* (colo), **verehrend, Verehrer,** qui sunt religionum colentes (cives), Cic. Planc. 80.

cōles, s. caulis.

cōlesco, cōluī, ere, s. co-alēsco ►.

cōleus, ī, *m.* (= culleus, Sack), der **Hodensack,** die **Hode,** Priap. 13, 8. Mart. 12, 83, 2: si coleos haberemus, wenn wir Männer wären, d. i. wenn wir nur ein bisschen Mut hätten, Petr. 44, 14: im Doppelsinne = Schlauch (culeus, culleus) u. = Hode, Cic. ep. 9, 22, 4.

coliandrum, s. coriandrum.

coliās, ae, *m.* (κολίας), eine Art **Thunfische,** Plin. 32, 146.

cōlīberta, s. collīberta.

cōlicē, ēs, *f.* (κωλική *sc.* σύνθεσις), ein **Mittel-,** ein **Rezept gegen die Kolik,** Cels. 5, 25, 12. Scrib. 120 *sq.*

cōliculus, s. cauliculus.

cōlicus, a, um (κωλικός), **an der Kolik leidend,** Veget. mul. 4 (6), 28, 27 zw.

colīna, ae, *f.*, s. culīna.

cōlīphia, ōrum, *n.*, s. cōlȳphia.

cōlis, s. caulis.

colisatum, ī, *n.*, ein gallischer **Wagen,** Plur., Plin. 34, 163.

colitor, ōris, *m.* = cultor (s. d.).

col-labāsco, ere (con u. labasco), **fallen wollen, wanken,** im Bild, si res laxe labat, itidem amici collabascunt, Plaut. Stich. 522.

col-labefacto, (āvī), ātum, āre (con u. labefacto), **wankend machen, dem Falle nahe bringen,** Ov. fast. 1, 566.

col-labefio, factus sum, fierī (con u. labefacio), **I wankend gemacht-, zum Fallen gebracht werden, zusammensinken,** Lucr. 3, 599. Caes. b. c. 2, 6. § 5. – poet., igni collabefacta, durch F. in sich zusammengesunken, d. i. geschmolzen, Lucr. 4, 695. – **II** übtr., v. Staatsmännern, **gestürzt werden,** Nep. Arist, 1, 2.

col-labello, āre (con u. labellum), **zusammenlippen** = durch Zusammenziehung der Lippen möglich machen, osculum, Laber. com. 2.

col-lābor, lāpsus sum, lābi (con u. labor), **I in sich zusammensinken, -brechen, einsinken, A** eig.: **a** v. Lebl.: **α** v. Gebäuden, Städten, Scheiterhaufen usw., collabi fastigium domus, Suet.: villa vetus sine culpa mea collapsa, ICt.: postquam collapsi cineres (rogi), Verg. – m. Ang. zugleich **mit wem?** durch *cum* u. Abl., cum peristylio domus tota collapsa est, Plin. ep.: area ista cum domo collapsa, Trai. in Plin. ep. – m. Ang. **wodurch?** durch *Abl.*, collapsa quaedam ruinis sunt, Liv.: aedes sacrae vetustate collapsae, verfallene, Suet.: duodecim celebres Asiae urbes collapsae nocturno motu terrae, Tac.: hanc Abderam Olympiade primā et tricesimā senio collapsam, Sen. – mit Ang. **wohin?** durch *in* od. *ad* u. Akk., c. in od. ad cinerem, Val. Max. 5, 3, 2. Arnob. 3, 23. – **β** v. Körperteilen, **einsinken, einfallen,** tempora collapsa, die Schläfe eingefallen (als Zeichen des bevorstehenden Todes), Cels. – m. Ang. **wodurch?** durch *Abl.*, ossa morbo collapsa, Verg.: lurore et illuvie paene collapsa membra, Apul.: quia senectute urinae iter collapsum est, eingesunken, verengert ist, Cels. – **b** von Pers. u. deren Gliedern (bes. bei Ohnmacht od. im Sterben), haec frustra fugiens collabitur, Ov.: subinde collapsus exstinguitur, Curt.: cecĭdit collapsus in artus, sank ohnmächtig in die Knie, Ov.: collapsa membra, Verg.: artus collapsi, Ov.: cervix collapsa, Verg. – mit Ang. **wo?** durch *Praepp.*, c. inter manus alcis, Curt.: ante pedes alcis, Petr. – mit Ang. **wohin?** durch *in* u. Akk., c. in ora sororis, Val. Flacc. 7, 152: collapsus sum pronus in terram, Vulg. Dan. 8, 18: od. durch *super* u. Akk., equo super crus eius collapso, Liv. epit. 142. – m. Ang. **womit?** durch *Abl.*, collapsa corpore toto est, Ov. met. 11, 460. – mit Ang. **wodurch?** durch *Abl.*, c. ferro, Verg. Aen. 4, 664: saxo, Stat. Ach. 1, 195. – Partiz. subst., iniquum est collapsis manum non porrigere, Sen. contr. 1, 1, 14. – **B** übtr.: eorum dignitatem domi collabi, Val. Max. 2, 2, 8: Carbonis ira in se ipsa collapsa est, Val. Max. 6, 2, 10: ne militum animi, si fractam ducis sui mentem viderint, et ipsi collabantur (den Mut sinken lassen), Sen. ad Polyb. 5 (24), 4. – **II hinsinken,** nur übtr., in einen Zustand **versinken, verfallen,** ihm **anheimfallen,** m. Ang. **wohin?** durch *in* u. Akk., nisi si clanculum collapsus est hic in conruptelam suam, Plaut. truc. 670 *sq.*: si prior mulier in fata collapsa fuerit, das Zeitliche gesegnet hat, Cod. Iust. 5, 14, 9.

col-labōro, āre (con u. laboro), **mitarbeiten,** Tert. de paenit. 10 u. a. Eccl.

Collabus, ī, *m.* (con u. λαμβάνω), **Greifezu,** komischer Name bei Plaut. trin. 1021.

collacerātus, a, um (con u. lacero), **völlig zerrissen, zerfleischt,** corpus, Tac. hist. 3, 74.

collacrimātio, ōnis, *f.* (collacrimo), das **Ausbrechen in Tränen,** der **Tränenerguss,** Cic. de or. 2, 190.

col-lacrimo, āvī, āre (con u. lacrimo), **in Tränen ausbrechen, sich in Tränen ergießen,** absol., Plaut. fr. b. Gell. 1, 24, 3. Ter. Andr. 109. Cic. de rep. 6, 9. – m. *Acc.* = über etw., histrio casum meum totiens (an so vielen Stellen [derselben Tragödie]) collacrimavit, Cic. Sest. 123: collacrimantes suum patriaeque casum, Liv. 26, 14, 4. – ► Depon. Nbf. **collacrimor,** ātus sum, ārī, m. folg. *Acc.* u. *Infin.*, cum Xerxes collacrimatus esset neminem ex tot milibus ad centum annos superstitem futurum (esse), Ps. Cic. consol. 59.

collactāneus, a (con u. lacteo) = ὁμογάλακτος (Gloss.), der **Milchbruder,** die **Milchschwester,** *m.* bei Gaius inst. 1, 39. Ulp. dig. 40, 2, 13. CIL 6, 2125. Augustin. conf. 1, 7 u. a. Eccl.: *f.* bei Scaevol. dig. 34, 4, 30. § 1. – Andere Form **collacteus** u. **conlactius,** a, *m.*, CIL 6, 7393. Hyg. fab. 224: *f.* bei Iuven. 6, 307. Vgl. Charis. 82, 12 (nach dem collacteus ungebräuchlich). – u. dass. **collactīcius,** ī, *m.*, CIL 8, 3523.

col-laetor, ārī (con u. laetor), **sich zusammen freuen,** alci, cum alqo u. abs., Eccl.

collaevo, s. col-lēvo.

collāpsio, ōnis, *f.* (collabor), das **gemeinschaftliche Herabstürzen,** fulminum, Firm. de error. prof. rel. 20, 1.

collāre, is, *n.*, s. collāris.

collāris, e (collum), **zum Hals gehörig, I** *adi.*, **vom Halse,** offla, Petr. 56, 8. – **II** *subst.*, **collāre,** is, Abl. ī (altlat. ei), *n.*, das **Halsband,** für Hunde, Lucil. sat. 29, 100. Varr. r. r. 2, 9, 15: u. **Halseisen, Halsfessel,** als Strafe für Sklaven, Plaut. capt. 357.

collārium, ī, *n.* (collum, vgl. collaris), das **Halsband,** Prisc. 2, 51.

col-latero, āre (con u. latus), **zur Seite nehmen,** quod alii sequantur, alii praecedant dominum, alii collaterati sequantur, Verecund. cant. Azar. 15: übtr., C vocales utrimque collaterat, Mart. Cap. 3. § 249.

Collātia, ae, *f.*, uralte Stadt der Sabiner in der Nähe von Rom (vgl. Paul. ex Fest. 37, 10), Cic. agr. 2, 96. Liv. 1, 38, 1. Ov. fast. 2, 77. Plin. 3, 68. – Dav. **Collātīnus,** a, um, **kollatinisch, aus** od. **zu Kollatia,** populus, Liv.: arces, Verg.: porta, ein Tor zu Rom, Paul. ex Fest. 37, 10: Plur. subst., Collātīnī, ōrum, *m.*, die Einw. von Kollatia, die **Kollatiner,** Liv.: u. Collātīnus, Beiname des L. Tarquinius, Gemahl der Lukretia, weil er daselbst ansässig war, Liv.: dah. penetralia Collatina, des Kollatinus, Ov.

collātīcius (conlātīcius), a, um (confero), **zusammengetragen, a** übh. = **gemischt,** murra, Plin. 16, 69. – **b** leihweise od. als Beitrag **zusammengetragen, zusammengebracht, geliehen,** instrumenta, Sen.: stips, Apul. u. Amm.: aes, Tert.: pecunia, CIL 10, 411: praedae, Monum. Anc. 3, 24 M.: sepultura, durch zusammengebrachte Beiträge bewerkstelligt, Ps. Quint. decl.

Collātīna, ae, *f.* (collis), die **Hügelgöttin,** Augustin. de civ. dei 4, 8.

Collātīnus, a, um, s. Collātia.

collātio, ōnis, *f.* (confero), das **Zusammenbringen, I** eig.: **a** das vereinigende, die **Vereinigung, Verbindung,** signorum collationes, das (jedesmalige) Zusammengeraten im Kampf, das Handgemeinwerden (wie συμβολή, συμβολαί), Cic. de or. 1, 210. – c. centuriarum, bei der Abstimmung, Cic. de tog. cand. fr. 5. p. 21 K. (bei Ascon. p. 76, 18 K.). – quod ipsi appellant τὴν διὰ τεσσάρων συμφωνίαν, quae fit collatione quaternarii numeri, Gell. 3, 10, 13: optimae (hyacinthi) sunt, quae in collatione (wenn man sie mit demselben in Verb. bringt) aurum albicare quādam argenti facie cogunt, Plin. 37, 126: bildl., ubi facta erit collatio nostrarum malitiarum, Plaut. mil. 941. – **b** das beitragende, **α** das **Beitragen,** das **Beisteuern** zu einer Abgabe, stipis aut decimae, Liv.: tributo collatio facta, Liv.: nihil de collatione dicere, stipis verius, quam decumae, Liv. – **β** die **Beisteuer,** der

Beitrag zu einem Geldgeschenk an den Kaiser (s. Schwarz Plin. pan. 41, 1. Heß Tac. Germ. 29, 4), omnem collationem palam recusare, Suet.: collationes non recipere modo, verum et efflagitare, Suet.: collationes remittere, Plin. pan.: oneribus et collationibus eximi, Tac. – m. Ang. **wozu?** durch *in* u. Akk., collationes in alimoniam atque dotem puellae recipere, Suet. – **γ** coll. populi, ein Geldbeitrag von Seiten des Volks, gesammeltes Geld, wovon der aerarius missus (s. aerārius *no.* II, A) bestritten wurde, Serv. Verg. georg. 3, 18. – **II** übtr., das vergleichende, die **Zusammenstellung,** die **Vergleichung, α** übh., totius, Sen.: meritorum, temporis, praemii, Quint.: multorum codicum vetustiorum, Augustin. c. Faust. 32, 16 *extr.*: rationum (Vernunftgründe), Cic.: rationis, Verhältnisbestimmung, Analogie, Cic.: in collatione reliquarum (legionum), bei angestellter V. mit den anderen, wenn man die anderen mit ihr verglich, Hirt. b. G.: cultos mores incultae barbariae collatione superari, Iustin.: c. rerum saepe factarum inter se, die analogisierende Z., Sen. ep. 120, 4: quae est in ista collatione similitudo? Cic.: dah. collatione alcis rei, im Vergleich mit etwas, editi montes, quorum altitudo totius mundi collatione consumitur (in ein Nichts verschwindet), Sen. nat. qu. 4, 11, 3. – **β** als philos. *t. t.*, coll. rationis u. bl. collatio, die **Verhältnisbestimmung,** die **Analogie,** Cic. de fin. 3, 33; Tusc. 4, 27. Sen. ep. 120, 4. – **γ** als rhet. *t. t.* = παραβολή, die **Vergleichung,** das **Gleichnis,** Cic. de inv. 1, 49; vgl. Quint. 5, 11, 23. – **δ** als gramm. *t. t.*, der **Vergleichungsgrad,** Cledon. (V) 38, 8 K.: c. secunda, der Komparativ, tertia, der Superlativ, Fest. p. 181 (a), 28.

collātīvus, a, um (collatus), **I** aktiv, was viel zusammentragen od. in sich aufnehmen kann, venter, ein dicker B., ein Rampsack, Plaut. Curc. 231; vgl. Paul. ex Fest. 58, 17. – **II** passiv, **zusammengetragen, a durch Beitrag aufgebracht,** sacrificium, Paul. ex Fest. 37, 13. – subst., collatīvum, ī, *n.*, der **Geldbeitrag,** Cod. Theod. 6, 26, 3. – **b gemeinsam, vereinigt,** favor, Macr. somn. Scip. 1, 6: vis, Nazar. pan. 18, 6: compassionis velut collativa quaedam admistio, Ambros. de paenit. 1, 15, 81.

collātor, ōris, *m.* (confero), **a** der **Beitragszahler, Beisteuerer** (zu einem Essen), symbolarum conlatores, Plaut. Curc. 474. – insbes., der **zu Geldbeiträgen Verpflichtete,** der **Steuerpflichtige,** ICt. – **b** der **Mitteiler, α** der **Verleiher,** vitae aeternae, Greg. lib. sacr. 22 *extr.* – **β** der **Vortragende,** der **Redner,** c. et disputator, Augustin. epist. 33, 3.

col-lātro, āre (con u. latro), **bebellen, bebelfern,** übtr., philosophiam, Sen. de vit. beat. 17, 1.

collātus, Abl. ū, *m.* (confero), das **Zusammentragen, I** das feindliche **Zusammentreffen,** der **Zusammenstoß,** in collatu (*sc.* armorum), Auct. b. Hisp. 31, 2. – **II** übtr., die **Mitteilung,** der **Gedankenaustausch,** Censor. 1. § 8.

collaudābilis, e (collaudo), **lobenswert,** Prud. ham. 694.

collaudātio, ōnis, *f.* (collaudo), das **Loben** u. **Preisen** jmds., scriptoris collaudatione uti, sich lobend über den Schr. äußern, Rhet. Her. 2, 13. Cic. de inv. 2, 125: rectos decet collaudatio (*sc.* domini), Vulg. psalm. 32, 1.

collaudātor, ōris, *m.* (collaudo), der **Belober, Lober und Preiser, Lobredner,** Augustin. conf. 4, 14, 23.

col-laudo, āvī, ātum, āre (con u. laudo), **beloben, belobigen, Lob** (Lobsprüche) **erteilen,** alqm, Komik., Cic. u. a.: alios, sese, Plaut.: alqm multum (sehr), Curt.: alqm eximie, Nep.: alqm quantis laudibus, Plaut.: alqm amplissimis verbis, Suet.: alqm in senatu et apud populum magnifice, Liv.: alqm senatus consulto, proprio senatus consulto, Cic. – mores maiorum, Plaut.: alcis factum, Cic.: virtutem militum, Liv.: eorum benevolentiam erga se diligentiamque, Cic.: fidem eius in se benevolentiamque, Curt.: clementiam alcis per litteras, Cic.: orationem satis multis verbis, Cic.: mores tuos secundum facta et virtutes tuas, Ter.: si Milonis causam accusatoris voce collaudatam probaro, Cic. – m. Ang. **weshalb?** durch *quod* (weil, dass) u. Konj., Cic. de or. 1, 30; de off. 3, 116 (ob eam causam, quod). Suet. Aug. 93 u. Tib. 32, 1; od. durch *qui* (weil, dass er) m. Konj., Frontin. 2, 7, 9.

col-laxo, āre (con u. laxo), **I erweitern, weit machen,** Lucr. 6, 233. – **II zugleich-, mit erweitern,** Cael. Aur. acut. 3, 3, 20; chron. 2, 1, 20.

collēcta, ae, *f.* (collectus v. 2. colligo), **I** (*sc.* pecunia) = συμβολή, der **Beitrag** an Geld, die **Beisteuer** zu einer gemeinschaftl. Mahlzeit (vgl. Varr. LL. 6, 66), quoniam collectam a conviva exigis, weil du eine B. vom Mitesser einforderst (scherzh. = weil du willst, dass auch ich meinen Teil zur Unterhaltung beitrage), Cic. de or. 2, 233. – u. eine zur Unterstützung Bedürftiger veranstaltete **Kollekte, Beisteuer,** Hier. ep. 120, 4. Vulg. 1. Cor. 16, 1. – **II** (*sc.* contio) = die **Betversammlung,** Hier. ep. 108. *no.* 19. Vulg. levit. 23, 36 u. a.

collēctāculum, ī, *n.* (collectus v. 2. colligo), der **Sammelort,** aquae, Gromat. vet.: vesicae, Cassiod.

collēctāneus, a, um (2. colligo), **durch Sammlung zusammengebracht, angesammelt,** aes, Plin. 34, 97: dicta (Sentenzen), Jugendschrift Cäsars, Suet. Caes. 56, 7: hoc collectaneum depascitur, Solin. 4, 5. – subst., collectānea, ōrum, *n.*, **Sammlungen,** als Büchertitel, ein **Sammelwerk,** Solinus in collectaneis, Prisc. 10, 50.

collēctārius, ī, *m.* (2. colligo), der **Kassierer,** spät. ICt. u. Eccl. – bes. der **Beitreiber der Auktionsgelder,** Acro Hor. sat. 1, 6, 86.

collēctē, *Adv.* (2. collectus), **in allgemeiner Fassung,** ponere, Non. 164, 2.

collēctīcius, a, um (2. colligo), **zusammengelesen, auf-** od. **angesammelt,** exercitus, schnell zusammengerafft, Cic. ep. 7, 3, 2: ignis, Sen. nat. qu. 7, 23, 2.

collēctim, *Adv.* (collectus), **gedrängt, kurz,** Claud. Mam. de stat. anim. 3, 14. Prisc. gramm. III. p. 452, 11 K. Gloss. V, 644, 37.

collēctio, ōnis, *f.* (2. colligo), **I** aktiv = das **Zusammenlesen, Aufsammeln, A** eig.: membrorum, Cic. de imp. Pomp. 22: fructuum, ICt.: terrae, Paul. ex Fest.: collectione spiritus plenus, kaum zu atmen wagend, Petr. 98, 4. – **B** übtr.: **1** im Allg.: amicorum (Ggstz. detractio), Sen. ep. 74, 25 zw. – **2** insbes.: **a** als rhet. *t. t.* = die **kurze Wiederholung, Rekapitulation,** Cic. Brut. 302 (Plur.) Quint. 4, 4, 2. – **b** als philos. *t. t.* = die **Schlussfolgerung,** der **Syllogismus, Vernunftschluss, Schluss,** Sen., Quint. u. a.: argumentorum summa c., letzte Schlussfolgerung, Quint.: Plur., collectiones, enthymemata, definitiones, Arnob. 1, 58: argumentorum collectiones, Cassiod. expos. in psalt. 15. p. 6 (a) *ed. Garet.* – **c** die **Zusammenrechnung,** Gell. 1, 1 *lemm.* – **II** passiv, als mediz. *t. t.* = das **Sich-Ansammeln,** die **Ansammlung verdorbener Säfte,** Sen. u. a.: Plur., Plin. 27, 131.

collēctīvus, a, um (collectus, a, um), **I angesammelt,** umor, Sen. nat. qu. 3, 7, 3. – **II** übtr.: **A syllogistisch,** status, Quint.: quaestio, Quint. – **B kollektiv,** nomen, ein Sammelname, Gramm.

collēctor, ōris, *m.* (con u. lego), der **Mitleser** in der Schule, Augustin. conf. 1, 17: verb. condiscipulus et conlector, Euod. in Augustin. ep. 158, 10.

1. collēctus, ūs, *m.* (2. colligo), die **Ansammlung,** aquae, Auct. Aetnae u. Frontin.: lapidum, Lucr.

2. collēctus, a, um, *PAdi.* m. *Compar.* (2. colligo), **eingezogen, beschränkt, gedrängt, konzentriert,** astrictum et collectum dicendi genus, kurzgefasste u. gedrängte (bündige), Tac. dial. 31: collectus habitus est illi, Tert. de anim. 37. – corpora collectiora, Ggstz. effusiora, Calp. Flacc. decl. 2. p. 795 B.: tempus collectius, Tert. de monog. 14: et cupio ad pauciora me coërcere, tanto beatior futurus quanto collectior, Apul. apol. 21. – subst., tempus in collecto est, Itala 1. Cor. 7, 29.

collēga, ae, *m.* (con u. lēgo; also = der mit jmd. Abgeordnete, der Mitabgeordnete), der **Kollege, a** im Magistrat, der **Amtsgehilfe, Amtsgenosse,** concors et consentiens c., Suet.: c. meus, c. eius, Cic.: c. alter (im Tribunat), Suet.: bis unā consules, collegae in censura, Cic.: alci collegam et in tribunatu et in septem consulatibus fuisse, Suet.: alcis collegam in quaestura fuisse, Cic.: assumere alqm sibi collegam in quinto consulatu, Suet.: habere alqm collegam in praetura, Nep.: duo praeterea collegae dati, Nep. – Insbes.: **α** v. Mitsenator, im Plur. = Senat, Symm. ep. 1, 102; 5, 62; 10, 28. Rut. Nam. 1, 15. – **β** collega imperii, Mitregent, Tac. ann. 1, 3: u. so auch alqm asciscere collegam et generum, Tac. ann. 5, 6. – **b** (wie κοινωνός) im öffentl. u. bürgerl. Leben, der **Kollege, Standesgenosse,** u. dgl., v. Korporationsgenossen, Zunftgenossen, Cic. Sull. 7. Hermog. dig. 27, 1, 41. § 1. Paul. dig. 27, 1, 42 u. 46. § 1: v. Mitsklaven, Plaut. asin. 556 u. 576: v. Mitschauspieler, Iuven. 8, 197: v. Mitvormund (contutor), Paul. dig. 26, 7, 14: v. Mitverpflichteten in Schuldsachen, Paul. dig. 46, 3, 101: v. Mitgast bei einem Gastmahl, Petr. 29, 2. – übtr., Metrodorus, qui est Epicuri collega sapientiae, Zunftgenosse, Cic. de nat. deor. 1, 113. – ► In guten Inschrn. auch conlēga, s. Mommsen Ephem. epigr. 1, 79 *sq.* – Metaplast. Abl. Plur. collegibus, CIL 3, 371, 8.

collēgātārius, ī, *m.* (con u. legatarius), der auch ein Legat vermacht erhalten hat, der **Miterbe,** ICt. u. Inscr.

collēgiālis, e, u. **collēgiārius,** a, um (collegium), **kollegialisch,** Test. Sever. (CIL 6520) 7. Tert. de spect. 11.

collēgiātus, ī, *m.* (collegium), der **Zunftgenosse** (bes. der niederen Zünfte; vgl. Isid. 9, 4, 29), Cod. Iust. 11, 17 (Feuerlöscher). Cod. Theod. 6, 30, 16 u. a.: c. in collegio naviculariorum, CIL 5, 4015.

1. collēgium, ī, *n.* (2. colligo), die **Unterstützung,** Fulg. myth. 1. praef. p. 17 M. (= p. 9, 17 H.).

2. collēgium, ī, *n.* (collega), das **Kollegium, I** abstr., die Verbindung der Amtsgenossen, die **Kollegenschaft, Amtsgenossenschaft, Amtsgemeinschaft,** c. concors, Liv.: c. consulatus, Vell.: c. prioris anni, Liv.: Caesaris (eines Cäsaren), Tac.: u. P. Decius consul per tot collegia expertus, Liv. – Bildl., die **Genossenschaft, Gemeinschaft,** c. quoddam naturae, Plin. 10, 39; u. so Manil. 2, 161. Prud. cath. 10, 36. – **II** konkr., die durch gleiche Zwecke vereinigten Personen: **a** im Amt: **α** im Magistrat, das **Kollegium, Gesamtamt,** c. praetorum, tribunorum plebis, Cic.: quaestorum, Suet.: unus e collegio, Suet.: collegium coit (versammelt sich) de alqa re, Cic.: u. appellare collegium (tribunorum plebis), Liv.: pro collegio pronuntiare, Liv.: ex collegii sententia pronuntiare, Liv.: pro collegio decemvirorum imperari, Liv. – **β** im Priesteramt, c. sacerdotum, Cic.: c. pontificum, Cic.: c. augurum, Cic.: sacerdotii amplissimi collegium, Cic.: ex amplissimo collegio decemvirali sacerdotes, Cic.: summorum collegiorum sacerdotes, Suet.: cooptare alqm in collegium, Cic.: pro collegio decernere od. iubere m. Akk. u. Infin., Gell. u. Liv. – **b** im öffentl. u. bürgerl. Leben, eine vom Staat anerkannte **Korporation, α** eine religiöse **Brüderschaft,** c. Capitolinorum, Cic. u. Liv.: Flavialium, Suet.: Arvalium, Augustalium, Silvani, Inscr.: Minervae (Dat.) collegium instituere, Suet. – **β** polit. **Verein, Genossenschaft, Klub,** oft zur Verschleierung polit. Zwecke dienend, collegia, non ea solum, quae senatus sustulerat restituta, sed innumerabilia quaedam nova ex omni faece urbis ac servitio constituta, Cic.: collegia praeter antiqua et legitima dissolvere, Suet.: cuncta collegia praeter antiquitus constituta dissolvere, Suet.: plurimae factiones, titulo collegi novi, ad nullius non facinoris societatem coibant, Suet. – **γ** bürgerl. **Genossenschaft, Zunft, Innung, Gilde,** v. Kaufleuten u. Handwerkern, mercatorum, Liv.: Mercurialium, Cic.: aerariorum, fabrûm, figulorum, Plin.: fabrorum, ICt.: ferrariorum, Inscr.: pictorum et naviculariorum, ICt.: v. Künstlern u. Musikanten, scaenicorum Flavianorum, Inscr.: aëneatorum, Inscr.: tibicinum, symphoniacorum, Inscr. – so auch coll. aquae, die Brunnengenossenschaft der Walker, Inscr. v. Marini act. fratr. arv. p. 70. lin. 3 (CIL 6, 10298, 3). – **δ** übh. der **Verein,** die **Truppe, Bande,** poëtarum, Akademie, Val. Max. 3, 7, 11: collegia ambubaiarum (mit scherzh. Anspielung auf das collegium tibicinum), Hor. sat. 2, 1, 1: latronum, Apul. met. 4, 15. – ► In guten Inschrn. oft Schreibung conlegium, z. B. CIL 1, 1107. – In Inschrn. vulg. Nbf. collegius, z. B. Act. fratr. arv. a. 81. lin. 27. 34. 39. CIL 6, 9316 u. 10418; 8, 1878 u. ö.

collēma, atis, *n.* (κόλλημα), ein aus dem innersten Bast der Papyrusstaude zusammengeleimter **Papierbogen,** Niloticae fruticis collemata, Mart. Cap. 3. § 225.

colleprōsus, ī, *m.* (con u. leprosus), der **Mitaussätzige,** Sidon. ep. 6, 1.

collēsis, Akk. in (κόλλησις), die **Zusammenleimung,** Cass. Fel. 19. p. 29, 19.

collēticus, a, um (κολλητικός), **zum Zusammenleimen-, Zusammenfügen dienlich,** Veget. mul. 2, 18, 2.

collēvīta, ae, *m.,* der **Mitlevit,** Beda (VII) 260, 3 K.

col-lēvo, āre (con u. lēvo), **völlig glätten, abglätten,** Sen. u. a.

collīberta, ae, *f.* (con u. liberta), die **Mitfreigelassene,** CIL 6, 11125 (abgekürzt COLL.). Nbf. coliberta, CIL 3, 801.

collībertus, ī, *m.* (con u. libertus), der **Mitfreigelassene,** Plaut., Cic. u. a.

col-libēscit, libuit (collibet), **es beliebt, es gefällt,** Not. Tir. 22, 2. Gloss. ›placet, complacet, delectatur‹.

col-libet od. **col-lubet,** libuit (lubuit) od. libitum (lubitum) est (v. con u. libet od. lubet), **es beliebt (gefällt), fällt ein, a** Perf. *collibuit,* u. zwar unpers., si collibuisset, Hor. u. Col.: und persönl., si quid collibuit, Ter.: m. *Dat.* **(wem?),** matres familiarum pati, quae victoribus collibuissent, Sall. – **b** Perf. *collibitum* est, u. zwar unpers. mit *Dat.* **(wem?),** simulac mihi collibitum est, Cic.: utcumque animo conlubitumst meo, Plaut.: u. persönl. m. *Dat.* **(wem?),** si lenocinium forte conlubitumst tibi, Plaut. – m. *Infin.,* potare tecum conlubitumst mihi, Plaut. most. 295: simul ac mihi collibitum sit de te cogitare, Cic.

collibista, s. collybista.

collībro, āre (con u. libro), **abmessen,** Cato r. r. 19, 2.

collicellus, ī, *m.* (*Demin.* v. collis), ein **ganz kleiner Hügel,** Gromat. vet. 335, 16 u. a.

colliciae (colliquiae), ārum, *f.* (con u. liquēre), eine **Wasserrinne,** durch die das Wasser abfließt, auf dem Acker od. Dach, im letzteren Falle die **Kehlrinne,** Vitr., Col. u. a.

colliciāris, e (colliciae), **zur Wasserrinne gehörig,** tegula, Kehl-, Hohlziegel, Cato r. r. 14, 4.

col-licio (conlicio), ere (con u. lacio), **verlocken, verleiten,** m. *Infin.,* ne me in breve conlicias tempus gaudio hoc falso frui, *Ter. Hec. 842 Fl.

collicrepida, ae, *m.* (collum u. crepo), **Halsklirrer,** v. Sklaven, weil sie Halseisen trugen, Plaut. trin. 1022, wo man jetzt crurícrepida liest.

colliculus, ī, *m.* (*Demin.* v. collis), das **Hügelchen,** der **kleine Hügel,** Apul. flor. 1. – ► Mart. 12, 25, 4 jetzt coliculis (= cauliculis).

col-līdo, līsī, līsum, ere (con u. laedo), **zusammenschlagen, zusammenstoßen, a** übh.: **α** eig.: lapides, Frontin.: manus, klatschen, Quint.: adversas inter se manus, Sen.: navigia inter se (v. Meer), Curt. – im Passiv medial, **zusammenschlagen, -stoßen, aneinander schlagen, -stoßen,** dentes colliduntur, Sen.: colliduntur inter se naves, Curt.: magno motu amnis uterque colliditur, Curt.: collisa inter se duo rei publicae capita (im Bild = der Kampf zwischen den beiden Häuptern des St.), Vell.: si binae (consonantes) collidantur, stridor est, Quint. – **β** (wie συγκρούειν) übtr., feindlich **zusammenbringen, entzweien,** mille causae nos cotidie collident, Petr.: ambitiosa pios collidit gloria fratres, Stat. – bes. im Passiv, collidi, feindlich **zusammengeraten,** poet. m. *Dat.* **(mit wem?),** Graecia barbariae lento collisa duello (mit dem B. durch unablässige Fehde), Hor. ep. 1, 2, 7. – dah. v. Lebl. (m. *secum,* m. *inter se* od. absol.) = dem Inhalt nach **gegeneinander verstoßen, miteinander kollidieren,** non personae inter se colliduntur, sed ipsae res, Quint.: colliduntur aut pares (leges) inter se aut secum ipsae, Quint. – **b** prägn., **zerstoßen, zerdrücken, zerquetschen,** umor ita mollis est, ut facile comprimi collidique possit, Cic.: anulus ut fiat primum colliditur aurum, Ov.: si aurum factum fractum aut collisum (verbogen) sit, ICt.: u. so eiusdem quaedam vasa argentea collisa, Cic.: collisi scyphi, ICt.: nasus collisus, gequetschte, platte, Sen.: Partiz. subst., collīsa, ōrum, *n.,* zerquetschte, verbogene Sachen (Geräte usw.), Gaius inst. 3, 217. – als mediz. *t. t.,* gew. im Passiv collidi, **zerquetscht-, gequetscht-, verletzt werden, eine Quetschung erleiden,** id quod collisum est, Cels.: ubi interior pars collisa est, Cels.: os colliditur, Cels.: u. os fractum aut collisum, ICt.: collisis corporibus vel per ictus (Stöße) vel ubi ex alto decīderunt, Cels.: Partiz. subst., collīsa, ōrum, *n.,* gequetschte Stellen (der Glieder), Plin. 29, 33.

collifana, ae, *f.,* das **Opfervieh,** Gloss. II, 103, 25.

colliga, ae, *f.* (2. colligo), der **Sammelort,** Plin. 31, 113 *ed. Ian.*

colligāte, *Adv.* (colligatus), **verbunden,** colligatius, Augustin. de doctr. Christ. 1, 28.

colligātio (conligātio), ōnis, *f.* (colligare), die **Verbindung, I** eig.: tota c. operis, Val. Max. 8, 14, 6: inter quattuor vero (elementa) insolubilis colligatio est, Macr. somn. Scip. 1, 6, 28: Plur. bei Cic. Tim. 23. – meton., als *t. t.* der Mechanik, das **Gelenk,** Vitr. 10, 1, 2 (wo Plur.). – **II** übtr.: c. causarum omnium, Cic.: c. artior societatis propinquorum, Cic.

colligentia, ae, *f.* (colligo), die **Folgerung,** Boëth. de syll. hyp. 1. p. 623: Plur., Tullius Marcellus bei Cassiod. inst. saec. litt. p. 539, b (*ed. Garet*).

1. col-ligo, āvī, ātum, āre (con u. ligo, āre), **zusammenbinden,** durch ein Band **zusammenknüpfen** (Ggstz. solvere), **I** das eine mit dem anderen: **1** eig.: manus, Cic.: arte manus, Plaut.: pluribus eorum scutis uno ictu pilorum transfixis et colligatis, aneinander geheftet, Caes.: linum in fasciculos manuales colligatum, Plin.: taurus et ursus inter se colligati, Sen. – **2** übtr.: **a** übh. durch irgendein Band **verknüpfen, verketten** (gew. mit *inter se*), (mens) homines antea dissociatos iucundissimo inter se sermonis vinculo colligavit, Cic. de rep. 3, 2, 3. – gew. im Passiv, res omnes inter se aptae colligataeque, Cic.: quae quattuor (officiorum genera) quamquam inter se colligata atque implicita sunt, tamen etc., Cic.: tenaciter colligari (gefesselt werden) a femina, Augustin. conf. 8, 1. – **b** periodisch **verknüpfen,** id enim aures exspectant, ut verbis colligentur sententiae, Cic. or. 168. – **c** jmd. politisch **verstricken,** se cum multis, Cic. ep. 9, 17, 2. – **d** jmd. wo **binden,** d. i. zu bleiben verpflichten, alqm in Graecia, Cic. Phil. 11, 26. – **II** in seinen Teilen, organisch, **in sich verbinden, 1** eig.: **a** übh. (Ggstz. solvere, dissolvere), omne colligatum solvi potest, Cic.: colligata corpora vinculis animalibus, die mit beseelten Bändern zusammengehaltenen, Cic.: bitumen vulnera colligat (bindet), Plin.: solum conspissatum et herbis colligatum, Col. – **b** mit einer Binde usw. **zusammenbinden, zubinden, verbinden,** crura fracta mox circumdatis ferulis colligata, Col.: colligatis vulneribus, Suet. – **c** ein leb. Wesen mit Banden **binden, fesseln,** colligavit eum miseris modis, Ter.: nimis arte colligor, Plaut.: cur re inquisitā colligor? Plaut. – **2** übtr.: **a** etw. in der Darstellung zu einem Ganzen **zusammenfassen,** septingentorum annorum memoriam uno libro, Cic. or. 120. – **b** etwas in seiner Bewegung **binden, hemmen,** impetum furentis (Antonii) vitae suae periculo, Cic. Phil. 11, 4.

2. col-ligo, lēgī, lēctum, ere (con u. legere), **zusammenlesen, auflesen, sammeln, aufsammeln, I** eig.: **a** mit der Hand usw., sarmenta virgultaque, Caes.: radices palmarum agrestium, Cic.: fructus, Hor.: flores, Ov.: venenatas serpentes, Nep.: ossa (Gebeine), Tibull.: sarcinas, auf **einen** Haufen zusammenbringen, Sall.; dah. sein Bündel schnüren, sich zum Aufbruch rüsten, Varr.: ebenso sarcinulas, seine sieben Sachen zusammenpacken, Petr. u. Iuven.: vasa, das G. zusammenpacken, sich zum Aufbruch rüsten, Liv. (s. Fabri Liv. 21, 47, 2): rei publicae naufragium (im Bild), Cic.: omnes rumorum et contionum ventos (im Bild = jedes G. u. Volksgeschwätz zur Anstiftung von Unruhen benutzen), Cic.: vasa ex tuguriis, Sall.: faces undique ex agris, Liv.: uvas de vitibus, Ov.: apes in vas, Varr.: neta in globum, auf ein Knäuel wickeln, Hieron.: mucrone frusta, einzeln anspießen, Petr.: stipem a tyrannis, Liv. – **b** übh. auf **einen** Punkt **zusammenbringen, α sammeln, zusammenhäufen,** pecuniam, Hor.: aquam uberiorem, Cic.: pluvias aquas, Quint.: curriculo pulverem Olympicum, Hor.: spiritum, Atem schöpfen, Quint. u. Petr.: diu vocem collegi, ich suchte lange meine Worte, Petr.: v. lebl. Subjj., aër umorem colligens, Cic.: pluviam (von der Nacht), Verg.: revertentes ignes (v. Mond), Verg.: rugas (v. Gesicht), Sen. – v. Lebl., einen gewissen Raum **einnehmen, fassen,** rami (ficus) in excelsum emicant ..., ut LX passus plerique orbe colligant, im Umfang einnehmen, Plin.: capitis ambitus per frontem centum duos pedes colligit, Plin. – **β** versammelnd **sammeln, zusammenbringen, -ziehen, -raffen, konzentrieren,** milites, Cic.: copias od. naves in unum, Liv.: omnes copias undique, Cic.: de pagis omnibus bonos viros, Cic.: ex agris ingentem numerum perditorum hominum, Cic.: reliquos ex fuga, Nep.: conquisitum et collectum vulgus, und zu **einem** Haufen vereinigte Menge, Tac.: dah. se coll., **sich sammeln, sich zusammenscharen,** absol., Caes.: se ex regno alcis, Cic.: se in unum od. in orbem, Liv.: se in moenia, Sil.: se ad aciem, Auct. b. Afr.: – **c** in **sich zusammennehmen, in die Höhe nehmen, aufnehmen, aufraffen, aufschürzen, α** übh.: corpus, Iustin.: librum elapsum, Plin. ep.: lapsum de pulvere follem, Mart.: pallium, Plaut.: togam, Mart.: tunicam altius, Petr.: cultum suum (seinen Roquelaure), Petr.: sinus fulvo in nodum auro, Verg. capillos sparsos per colla in nodum, aufnesteln, Ov.: arma od. pedes, die Segel einziehen, Verg.: u. Tibull. – **β** enger **zusammenziehen, zusammendrängen,** vertex in unum apicem collectus, Ov.: bes. leb. Wesen, orbem breviore spatio, enger ziehen, Liv.: testudo, ubi conlecta in suum tegumen est, Liv.: se in spiram (v. einer Schlange), Verg.: se c. od. colligi in arma, sich hinter dem (vorgehaltenen) Speer **zusammenducken,** Verg. u. Sil.: u. so c. in clipeum artus, Stat. (vgl. Thiel Verg. Aen. 12, 191). – **d hemmend zurückziehen, hemmen,** equos, Ov.: hastas (Ggstz. protendere), Tac.: gressum od. gradum, Sil.: acria viscerum, hemmen, Plin. – **e** verdichtend **zusammenziehen, verdichten,** colligi in pilulas, Plin.: alqd pane, Plin.: melle colligitur medicamentum, Scrib.: collecta (*n. pl.*) cum melle, Cels. – **II** übtr.: **1 zusammenlesen, -suchen, sammeln,** facete dicta, Cic.: res undique, Cic.: multa in conventu vitia in alqm, viele Fehler zu jmds. Schaden entdecken, Cic.: quaedam collecta edere, Quint.: veteres ortus cometarum collectos habere, Sen. phil. – **2** ein Gut od. Übel jmdm. **zuziehen,** (bei jmd.) **erregen,** od. gew. **sich zuziehen, sich erwerben, sammeln, erlangen, empfangen, gewinnen, ernten,** sowohl ein physisches, robur, Verg.: frigus, Hor.: sitim, Verg. u. Ov.: sitim ab aestu, Ov.: vires, Liv.: agendo ac moliendo vires ad agendum aliquid, Liv.: als ein geistiges, alci benevolentiam od. odium exercitus (v. Glück od. Unglück), Caes.: benevolentiam, Cic.: odium, Ov.: iram (Ggstz. ponere), Hor.: benevolentiam ab auditorum persona, Rhet. Her.: benevolentiam civium blanditiis et assentationibus, Cic.: ex hoc labore magnam gratiam magnamque dignitatem, Cic.: invidiam crudelitatis ex eo, Cic.: gratia non virtutis spe, sed aetatis flore collecta, Cic.: rabies libidine perditorum collecta, Petr. – **3** coll. se od. animum (animos) od. mentem, **sich zusammennehmen, sich sammeln, wieder zur Besinnung kommen, sich fassen, Mut fassen** (Ggstz. animum confundere od. bl. confundi; vgl. Mützell Curt. 8, 6 [23], 22. p. 761, a), coll. se, Cic. u. a.: se ex timore, Caes.: animum (animos), Liv.: collecto animo, gefasst, Tac.: colligere mentem, Curt.: mentem ab aestu (amoris), Ov. – **4** in Rede u. Gedanken **zusammenstellen, a** mündlich od. schriftlich **aufstellen, aufzählen, beibringen,** singula, Plin. pan.: peccata consulum, Cic.: omnes excusationis causas, Hirt. b. G.: multorum naufragia fortunae, Cic.: omnia bella civilia, Cic.: res Romanas per ordinem temporum strictim, Eutr.: quos tu paulo ante memoriter collegisti, Cic.: u. rekapitulierend **zusammenfassen, rekapitulieren,** sparsa argumenta, Quint.: colligit fortiter, Plin. ep. – **b** denkend, **α** übh. in Gedanken, in der Erinnerung **zusammenfassen, überdenken,** quae si colliges, Cic.: cum et nostrae rei publicae detrimenta considero et maximarum civitatum veteres animo calamitates colligo, Cic. – **β** rechnend **zusammenbringen,** im Passiv = **herauskommen, sich herausstellen** od. **ergeben,** sowohl eine Summe, cum praesertim centum et viginti annos ab interitu Ciceronis in hunc diem effici ratio temporum collegerit, Tac.: ad quos (consules) a regno Numae colliguntur anni DXXXXV, man rechnet od. es kommen (durch Rechnung) zusammen 545 Jahre, Plin.: u. so centum et viginti anni ab interitu Ciceronis in hunc diem colliguntur, Tac.: als auch ein räuml. Maß **ausrechnen, berechnen,** mensuram orbis terrae, Vitr.: intervalla siderum et mensuras solis ac terrae, Quint. – **γ** folgernd **den Schluss ziehen, folgern, schließen, abnehmen, sich ein Urteil bilden,** absol., c. mendose, Pers.: sic collige mecum, Hor.: ita cognitione et ratione, ut etc., Cic. – m. *Acc.*, nonne ista colligunt, Cic.:

inde paucitatem hostium, Liv.: ex alio aliud, Quint.: ex vultu mores hominum, Petr.: consilia ex alienis vocibus, Apul.: quod ex oratione eius colligi potest, Suet.: quā colligitur aliquid per aliud, Quint.: quod res omnis signis colligeretur, Quint. – m. folg. *Acc.* u. *Infin.*, bene etiam colligit haec pueris et mulierculis esse grata, Cic.: os laesum esse ex dolore colligimus, Cels.: ex quo colligi potest et Corvinum ab illis audiri potuisse, Tac.: quod iam nullum esse spatio annorum colligi potest, Vell.: poet. m. *Nom.* u. *Infin.*, colligor ex ipso dominae placuisse sepulchro, Ov. am. 2, 6, 61. – m. folg. indir. Fragesatz, ex co colligere poteris, quantā occupatione distinear, Cic.: quaedam notae sunt, ex quibus quid eventurum sit colligere possimus, Cels.: experimento facile colligitur, utrum … an non etc., Cels. – m. folg. *quod* (dass), quam sit assidua fortunae comes invidia, etiam hoc colligi potest, quod fuere, qui etc., Vell. 1, 9, 6. – Im Vulgärlat. der Eccl. Perf. collexi, s. Rönsch Itala p. 286.

collīminium, s. collīmitium.

collīmitāneus, a, um (con u. limitaneus), **angrenzend,** Phrygia Galatiae collimitanea, Solin. 40, 9: Libya, quae contigua est Africae et omnino collimitanea, Augustin. serm. 46, 41.

collīmitium, ī, *n.* (con u. limes), die **Grenze** zwischen zwei Orten, Amm. 15, 4, 1 u. a.

col-līmito, āre (con u. limito), **angrenzen,** in fronte, Gromat. vet.: m. *Dat.*, Persico mari c., Amm.: Gelonis c., Amm. – dass. *Depon.* **collīmitor,** āri, m. *Dat.*, c. Gelonis, Solin. 15, 3.

collīna, ae, *f.* (collis), das **Hügelland,** Gromat. vet. 314, 12 *sq.*

collīneātē (collīneātē), *Adv.* m. *Superl.* (collineatus v. collineo), richtig zielend, übtr. = **genau,** Iul. Val. 3, 30 u. 36 (3, 19 u. 22).

col-līneo (col-līnio), āvī, ātum, āre (con u. linea), etwas **in gerader Linie richten, in gerader Linie absenden, zielen,** hastam aliquo aut sagittam, Cic.: manum et oculos, Gell.: oculos ad umbram, Apul. – absol., quis est enim, qui totum diem iaculans non aliquando collineet, der nicht wenigstens einmal die wahre Richtung finden, richtig zielen sollte, Cic. de div. 2, 121.

colliniātē, *Adv.*, s. collīneātē.

col-lino, lēvī, litum, ere (con u. lino), **bestreichen beschmieren,** alqd alqā re, Hor., Ov. u. Gell.: übtr. im Gleichnis, pulcrum ornatum turpes mores peius caeno conlinunt, Plaut. most. 291.

collīnus, a, um (collis), **I zum Hügel gehörig, am Hügel befindlich, -wachsend** usw., **hügelig, Hügel-,** genus agrorum (Ggstz. campestre, montanum), Varr.: loca, Col.: aqua, Col.: vineae, Varr.: frumentum, Cels. – **II** insbes., **Collīnus, am quirinalischen** (viminalischen) **Hügel befindlich,** regio Urbis, Varr. LL.: tribus, Cic. – bes. porta C., zwischen diesem u. dem flaminischen Tor hatten die röm. Legionen unter dem Konsul Fabius ein Lager, als Hannibal sich Rom auf 3000 Schritte näherte u. von diesem Tor aus bis zum Herkulestempel vordrang, Liv. 26, 10, 3: in der Nähe dieses Tores war der Tempel der Venus Erycina, Liv. 40, 34, 4. Ov. rem. 549 u. a. – dah. poet. = **am kollinischen Tor befindlich, -wachsend,** turris, Iuven.: herbae, Prop.

col-liquefīo, factus sum, fierī (con u. liquefio), **ganz flüssig werden, völlig schmelzen,** quod (venenum) si totum colliquefactum in potione esset, Cic. Clu. 173: non prius exigunt (hoc pecus), quam pruina evanuit ac colliquefacta est glacies, Varr. r. r. 2, 4, 6.

col-liquēsco, līquī, ere (con u. liquesco), **in Fluss geraten, flüssig werden, zerfließen, schmelzen, a** eig.: ut aurum colliquisset, Varr. fr. bei Non. 334, 27: quod aes fervefactum colliquisset, Varr. fr. bei Non. 334, 29: usque eo, dum ea quae addideris, in pice colliquescant et unitas fiat, Col. 12, 22, 2: cum caro in umorem crassum et spumidum inimico igni colliquescit, Apul. apol. 50 *in.* – prägn. v. Pers., Victorini mei lacrimis tabesco, colliquesco, Fronto de nep. am. 2. p. 232, 17 N. – **b** übtr., **deutlich** u. **sichtbar werden,** exempla subiecimus, quibus facilius id, quod superius docuimus, colliquescat, Boëth. de syll. hyp. 1. p. 623.

colliquiae, s. colliciae.

collis, is, *m.* (vgl. celsus, excello u. griech. κολώνη, κολωνός, Anhöhe), die **Anhöhe,** der **Hügel** (Ggstz. campus), iugum collis, Caes.: c. inops parvusque, Liv.: arduus, Auct. b. Alex., arduus ascensu, Liv.: colles nitidissimi viridissimique, Cic.: c. Capitolinus, Palatinus, Liv.: Quirinalis, Viminalis, s. d.: c. Dianae, der aventinische Hügel (Berg) Mart.: terreni et placide acclives colles, Liv.: colles vitiferi, Rebenhügel, Plin.: colles supini, Verg. u. Vulg.: insbes. die colles Roms, vernacula septem collium plebs, Tert. apol. 35: montani colles, Anhöhen auf dem Gebirge, Plin.: Plur. auch = Gebirge, Sil. 3, 420. Amm. 18, 3, 9: Pyrenaei colles, Amm. 15, 11, 2. – ► Abl. Sing. gew. colle, selten collī, wie Lucr. 2, 317 u. 322. Auct. Aetnae 466.

collīsio, ōnis, *f.* (collido), das **Zusammenstoßen, I** eig.: assidua, Amm. 31, 13, 5: corporalis, Diom. 420, 20: armorum, Vulg. 1. Mach. 6, 41: gravis corporis, Vulg. 2. Mach. 9, 7: nubium, Serv. Verg. Aen. 1, 42: undarum, Firm. math. praef. p. 1: uxorem collisione abiecti partus decessisse, Erschütterung durch die Fehlgeburt, Iustin. 11, 12, 6: Plur., nervorum collisiones, Marc. Emp. 7 u. 35: quae collisiones habet velut quibusdam fluctibus turbulentis, Ps. Cypr. sing. cler. 6. – **II** übtr., als gramm. *t. t.*, das **Zusammenstoßen** zweier Vokale, litterarum vocalium inter se collisio, Mar. Victorin. art. gr. 1, 20, 1. p. 66, 5 K. – insbes., **Ausstoßung** eines Vokals od. einer Silbe, die **Elision,** Macr. de diff. 19. § 17. Serv. Verg. Aen. 3, 151: Plur., Prisc. de metr. Ter. § 8. p. 421, 10 K. Donat. art. gr. 3, 1. p. 393, 1 K.

collīsus, ūs, *m.* (collido), das **Zusammenstoßen,** ex hoc collisu nubium, Sen. nat. qu. 6, 9, 1: collisu ipso margaritarum, Plin. 9, 114: dentium collisus vehementior fit, Cael. Aur. acut. 2, 12, 85.

collocātio, ōnis, *f.* (colloco), **I** aktiv, das **Aufstellen = Errichten, Anlegen** (die **Anlage**), das **Anbringen,** collocatio moenium et communium operum in publicis locis, Vitr.: collocatio fanorum aediumque sacrarum, Vitr.: apta rerum c., das passende räumliche Anbringen, Vitr. – Plur., aedificiorum collocationes, Vitr. 6, 1, 1: collocationes moenium, Vitr. 5, 3, 1. – insbes., das **Anbringen,** die **Verheiratung,** collocatio filiae, Cic. Clu. 190. – **II** passiv, das Aufgestelltsein, die **Stellung, a** übh.: collocatio siderum, Cic. Tim. 30. – **b** als rhet. *t. t.*, die **Stellung, Anordnung, Disposition** der Worte und Gedanken, collocatio verborum, Cic. u. Quint.: argumentorum, Cic.: rerum, Quint.: in rebus et verbis, Quint.: compositi oratoris bene structam collocationem dissolvere permutatione verborum, Cic.

col-loco, āvī, ātum, āre (con u. loco), einem Ggstd. **seinen Platz geben, seinen Platz anweisen, I** im Allg., wo **Platz nehmen lassen,** wo **ausstellen, niederstellen, niedersetzen, niederlegen,** wo **hinstellen, hinsetzen, hinlegen,** im Zshg. auch bl. **stellen, jetzen, legen, 1** eig.: **a** übh.: **α** lebl. Objj.: saxa atque materiam disponere collocareque, Quint. 7. praef. § 1: armamenta, an den Mastbaum hängen, Liv. 33, 48, 8: sidera (am Himmel), Cic. Tim. 30: lecticas, Cic. Phil. 5, 18. – m. dopp. *Acc.*, eam materiam conversam ad hostem collocabat, Caes. b. G. 3, 29, 1. – m. *Advv.* **wie?** columnas neque recte neque e regione, Cic. ad Q. fr. 3, 1, 1. § 2: tabulas et signa propalam, Cic. de or. 1, 160: sellam curulem perverse, Suet. Galb. 18, 3. – m. *Advv.* **wo?** ubi tigna collocentur, Caes. b. c. 2, 10, 3. – m. *in* u. Akk.: in tabernam vasa et servos, Plaut. Men. 986. – m. *in* u. Abl., suo quidque in loco, Cic. de or. 1, 162: magni ponderis saxa et praeacutas trabes in muro, Caes. b. G. 2, 29, 3: trabes directas in solo, *ibid.* 7, 23, 1: tabulas bene pictas in bono lumine, Cic. Brut. 261: u. (im Bild) benefacta in luce, nicht unter den Scheffel stellen, Cic. Tusc. 2, 64: alqd in conspectu quodam modo, Quint. 7, 1, 4. – m. a. *Praepp.*, alqd *ad* ignem, Vitr. 1, 6, 2: onerarias naves ordine duplice *ad* ancoras, Suet. Cal. 19, 1: simulacrum Victoriae *ante* ipsam Minervam, Caes. b. c. 3, 105, 2: fasces stramentorum ac virgultorum *ante* aciem, Hirt. b. G. 8, 15, 5: epistulam *inter* tuniculam ac strofium, Turpil. com. 197: lecticam *pro* tribunali, Suet. Aug. 33, 1: alqd *iuxta* sedentem hominem, Cels. 6, 9: *super* genua sua coxas alcis, Cels. 7, 26. *no.* 2: totas tunicas *extra* scrotum, Cels. 7, 21. *no.* 2: testiculum *super* ventrem cum duabus suis tunicis, Cels. 7, 19. – m. bl. *Abl.*, oculos pennis, auf das Gefieder setzen, Ov. met. 1, 723: similes notas quinto quoque loco, Rhet. Her. 3, 31. – **β** leb. Objj., sowohl **aufstellen,** eos (sie = ihre Statuen) in illo loco atque in rostris, Cic. Sest. 83. – als **setzen, stellen, legen, sich**

setzen (legen, lagern) lassen, sitzen (liegen) lassen, puellulam, Catull. 61, 188: iubeo hominem tolli et conlocari et confoveri, Afran. com. 143 *sq.* – m. dopp. *Acc.*, alqm aut pronum aut supinum, Cels. 8, 20. § 20. – m. *in* u. Akk. od. Abl., se in arborem, Plaut. aul. 706: alqm in ventrem, in latus, Cels. 7, 27; 8, 20: se in locum celsum, Acc. tr. 437: se in sedes regias, Liv. Andr. tr. 10: alqm in lectum, Ter. eun. 593 (gegen *cod. B* mit den übrigen Hdschrn.): alqm in lecto, Cels. 5, 26. *no.* 25: alqm in lecto suo, Cic. de rep. 1, 17: alqm in medio lecto, in imo lecto, Sen. de const. sap. 10, 2: alqm in conclavi, Cels. 7, 29: alqm in cubili, Cic. Tusc. 2, 39: hominem od. corpus in sedili, Cels. 8, 12 u. 15: alqm in loco tepido, Cels. 8, 4: alqm suis manibus in curru, Cic. Rosc. Am. 98: cuius et parentis sui manibus in navi tuta ac fideli collocatus (gebracht), Cic. Planc. 97: corpus (Augusti) in vestibulo domus, niedersetzen (ausstellen), Suet. Aug. 100, 2: u. so reliquias eius in hortis Domitiae, Capit. Anton. Pius 5, 1. – m. a. *Praepp.*, alqm super se, Suet. Aug. 43, 4: alqm super pulpitum, Suet. Cal. 54, 2: alqm infra se, Suet. Cal. 24, 1: alqm iuxta se latere dextro, Suet. Ner. 13, 2: alqm iuxta se in sella, Eutr. 4, 7: alqos circa se, Suet. Tit. 9, 2: u. (zugl. m. dopp. *Acc.*) alqm resupinum super subsellium aut lectum, Cels. 7, 26: alqm super id scamnum aut pronum aut supinum aut in latus, Cels. 8, 20. – m. bl. *Abl.* **wo?** hominem loco calido, Cels. 5, 27. *no.* 3: homo collocatur alto sedili, medicus autem humiliore adversus, Cels. 8, 10, 2. – m. *Abl.* **wie?** corpus alio quo modo collocatum est, Cels. 7, 18: tum is super duorum genua eodem modo collocatur, Cels. 7, 26. *no.* 2: collocari quoque membrum quod ictum est ratione certā debet, Cels. 5, 26. *no.* 28. – **b** als milit. *t. t.*, **aufstellen, α** lebl. Objj.: impedimenta, Liv. 44, 37, 1: currus ita, ut etc., Caes. b. G. 4, 33, 2: impedimenta in tumulo quodam, Caes. b. G. 6, 8, 3: post eas (legiones) totius exercitus impedimenta, Caes. b. G. 2, 19, 3: naves Rhodias in dextro cornu, Auct. b. Alex. 14, 1: tormenta quibusdam locis contra facillimos descensus, aufpflanzen, Hirt. b. G. 8, 40, 4: u. so ballistas scorpionesque ante frontem castrorum contra oppidum, Auct. b. Afr. 56, 2. – **β** leb. Objj.: certa subsidia, Caes. b. G. 2, 22, 1: praesidia, Sall. Cat. 45, 2: aciem triplicem, Auct. b. Afr. 81, 1. – m. *in* u. Abl., praesidia in litore, Nep. Hann. 11, 4, od. in angustiis, Caes. b. c. 1, 65, 4: duas legiones et omnia auxilia in summo iugo, Caes. b. G. 1, 24, 2: equitem in utroque cornu, Frontin. 2, 3, 20: milites in muro custodiae causā, Caes. b. c. 1, 28, 3: insidias bipertito in silvis, Caes. b. G. 5, 32, 1: pedestres copias in convalle in insidiis, Caes. b. G. 3, 20, 4: in cella Concordiae armatos, latrones, sicarios, Cic. Phil. 5, 18. – m. a. *Praepp.*, equitatum omnem ab lateribus extra fossam, Auct. b. Alex. 38, 3: alci insidias ante fundum suum, Cic. Mil. 27: in prima acie ante signa elephantos, Liv. 27, 48, 5: certos apud latera, Sall. hist. fr. inc. 53 (19): legionem in occulto citra flumen, Frontin. 1, 6, 2: copias in statione pro castris, Caes. b. G. 5, 15, 3: pro vallo legiones instructas, Hirt. b. G. 8, 15, 3: post terga peditum equitatum, Frontin. 2, 5, 37: legiones propius Armeniam, Tac. ann. 13, 7. – m. bl. *Abl.*, eos eodem loco in acie (in Schl.), Caes. b. c. 2, 33, 4: armatos in praesidiis (auf milit. Posten) multis locis (an v. O.), Cic. Phil. 1, 25: certis locis cum ferro homines, Cic. Caecin. 41: quod quo loco collocati fuerant, non potuissent videre, Cic. Cael. 65. – m. Ang. **gegen wen?** cohortes legionarias quattuor advorsum pedites hostium, Sall. Iug. 51, 3. – m. Ang. **wozu?** alqm ad hanc rem, Cic. Cael. 64: alqm ad Cn. Pompeium interimendum, Cic. Pis. 28; vgl. Cic. Mil. 18.

2 übtr.: **a** übh. wohin **stellen, setzen, legen,** multa in pectore suo conlocare oportet, er muss viele Dinge im Kopf haben, Plaut. Pers. 8: vide, causam illorum superiore collocarit ne loco, Lucil. sat. 16, 97: res eae, quae agentur aut dicentur, suo loco collocandae, Cic. de off. 1, 142: in animis ego vestris omnes triumphos meos, omnia ornamenta honoris condi et collocari volo, wünsche ich treu bewahrt zu wissen, Cic. Cat. 3, 26: omnium longitudinum et brevitatum in sonis sicut acutarum graviumque vocum iudicium ipsa natura in auribus nostris collocavit, Cic. or. 173. – **b** in einen Zustand, Verhältnis, in eine Lage **bringen, versetzen,** se in opus, Plaut. Vid. fr. 2, 20 St.: in otium, Plaut. merc. 553: alqm in soporem (in den Todesschlaf), Plaut. Amph. 304: rem alcis in tuto, sicher stellen, Ter. heaut. 689 u. 695: famam in tuto, Quint. 12, 11, 7: alqm in tuto, Cic. har. resp. 53. – **c** etw. in etw. od. jmd. setzen, auf etw. od. jmd. **bauen, beruhen lassen,** non modo in causa, verum in aliquo honesto praesidio aut in alicuius eloquentia aut gratia spem aliquam, Cic. I. Verr.. 9: in alqo magnam spem dignitatis suae, Cic. de or. 1, 25: spem salutis in fuga, Auct. b. Alex. 29, 5: omnes bene vivendi rationes in virtute, Rhet. Her. 4, 24: omnia sunt collocata in usu cotidiano, in congressione hominum atque in foro, alles beruht auf usw., Cic. de or. 1, 192. – **d** eine Zeit od. eine Tätigkeit auf etwas **verwenden, gerichtet sein lassen,** adulescentiam suam in amore atque in voluptatibus, Cic. Cael. 39: omne suum studium in doctrina et sapientia, Cic. ad Q. fr. 1, 1, 10. § 29. – refl. se coll. in alqa re, **sich** auf etw. **legen,** einer Sache **sich hingeben,** totum se coll. in alqa re, **sich** in etw. **vertiefen,** palam sese in meretricia vita, Cic. Cael. 49: totum se in cognitione et scientia, Cic. de off. 1, 158: totum se in optimo vitae statu exquirendo, Cic. Tusc. 5, 2. – **e** schriftl. **anbringen, beibringen,** de cuius moderatione atque sapientia in prioribus libris satis collocavi, Tac. ann. 6, 27.

II insbes.: **1** eig.: **a** lebl. Objj.: **α** in einer gewissen Ordnung **aufstellen, aufrichten, errichten, anlegen, aufschlagen,** statuam, Quint. 7. pr. § 2: signum (Iovis), Cic. Cat. 3, 21: tu (Libertam deam) domi meae conlocasti, Cic. de domo 102: aedificia, Hermog. dig. 1, 1, 5: moenia, Vitr. 1, 5, 1: sedes ac domicilium, Cic. Verr. 2, 6. – m. *Adv.* **(wo?),** illa pars litoris, ubi iste castra luxuriae collocarat, Cic. Verr. 5, 96. – m. *in* u. Abl., tabernaculum sibi in campo Martio, Cic. Pis. 61: in ipso aditu atque ore portus tabernacula carbaseis velis intenta, Cic. Verr. 5, 30 u. (im Bild) in una philosophia quasi tabernaculum vitae suae, Cic. de or. 3, 77. – m. a. *Praepp.*, oppidum ad eius regionem et partem castrorum collocatum (gelegen), Auct. b. Afr. 68, 1: tribunal suum iuxta C. Trebonii, praetoris urbani, sellam, Caes. b. c. 3, 20, 1. – m. bl. *Abl.*, castella locis idoneis, Auct. b. Alex. 61, 5. – **β** eine Kleidung **zurechtlegen, ordnen,** chlamydem, ut pendeat apte, Ov. met. 2, 734. – **γ** ein Glied **einrichten,** coxam parum apte, Plin. ep. 2, 1, 5: maxillam in sedem suam, Cels. 8, 7. – **b** leb. Wesen: **α** eine Pers. irgendwo **einsetzen, einlegen, unterbringen, einquartieren, ihren Sitz (Wohnsitz) nehmen lassen** od. **anweisen, ansiedeln,** wohin **verlegen, versetzen, stationieren,** comites eius apud ceteros hospites, Cic. II. Verr.. 1, 63: se Athenis, sich niederlassen, Cic. de fin. 5, 2, 4: regem Ptolemaide aut aliquo propinquo loco, Cic. ep. 1, 7, 4: in eius tetrarchia unum ex Graecis comitibus suis, Cic. Phil. 2, 94: Herculem in concilio caelestium, Cic. de off. 3, 5, 25: alqm inter astra, Schol. Bern. ad Verg. georg. 1, 33. p. 848: inter sidera, Hyg. astr. 2, 4 u. 2, 13. Serv. Verg. Aen. 1, 28: inter astra caprae figurā memoriae causā, Hyg. astr. 2, 13: scherzh., strumae ab ore improbo demigrarunt et aliis iam se locis collocarunt (haben sich einlogiert, festgesetzt), Cic. Vat. 39. – Boios ibi, Caes. b. G. 7, 9, 6: Boios in finibus suis, Caes. b. G. 1, 28, 5: gentem Allobrogum in vestigiis huius urbis atque in cinere deflagrati imperii, Cic. Cat. 4, 12: Suebos in proximis Rheno agris, Suet. Aug. 21: colonias idoneis in locis, Cic. agr. 2, 73: multitudinem in agris, Nep. Milt. 2, 1: Ubios super ipsam Rheni ripam, Tac. Germ. 28 *extr.*: quo bello XL captivorum milia ex Germania transtulit et *supra* Rhenum *in* Gallia collocavit, Eutr. 7, 9: veteranos municipalibus agris, Suet. Aug. 13, 3: im Bild, Socrates philosophiam devocavit e caelo et in urbibus collocavit, Cic. Tusc. 5, 10. – als milit. *t. t.*, wo **stationieren, hinlegen, einquartieren, Quartier nehmen lassen,** ibi praesidium, Caes. b. G. 1, 38, 7: ibi legiones XIV et VI, Hirt. b. G. 8, 4, 3: exercitum in provinciam, quae proxima est Numidiae hiemandi causā, Sall. Iug. 61, 2: quattuor legiones in Belgio, Hirt. b. G. 8, 46, 4: exercitum in hibernis, Caes. b. G. 5, 24, 1: exercitum in (bei) Aulercis Lexoviisque in hibernis, Caes. b. G. 3, 29, 3: legionem non longe a finibus Aeduorum in finibus Biturigum, Hirt. b. G. 8, 2, 1: Gaium Fabium legatum et L. Minucium Basilum cum legionibus duabus in Remis, Caes.

b. G. 7, 70, 5: singulas cohortes Puteolis et Ostiae, Suet. Claud. 25, 2: classem Miseni, Suet. Aug. 49, 1. – **β** jmd. in ein Besitztum **einsetzen, einweisen,** alqm in aedibus suis, Cic. de dom. 100: alqm in patrimonio suo, Cic. Phil. 13, 12: familiam suam in possessione praediorum eius, seine F. von ihren Gütern Besitz ergreifen lassen, Cic. Flacc. 72: alqm in maiorum suorum regno, Cic. de or. 3, 126. – **2** übtr.: **a** in irgendeine Stellung **einsetzen, setzen,** unter eine Klasse u. dgl. **versetzen,** alqm in amplissimo statu, Rhet. Her. 4, 23: alqm hoc in gradu (dignitatis), Cic. Acad. 2, 16: alqm in amplissimo consilio et in altissimo gradu dignitatis, Cic. post red. in sen. 2: alqm in sede ac domo atque in re publica, jmdm. Haus u. Hof u. eine Stellung im Staat geben, Cic. parad. 3, 25: in quibus tuas virtutes consecratas et in deorum numero collocatas vides, in denen du deine Verdienste ganz vergöttert siehst, Cic. ad Q. fr. 1, 1, 10. § 31: m. dopp. *Acc.*, quos centuriones pugnaces et lacertosos (als streitsüchtige u. handfeste Z.) inter militorum et mimarum greges collocavit, Cic. Phil. 8, 26. – **b** ein Mädchen als Frau, in den Ehestand einsetzen, **anbringen, verheiraten,** alqam in matrimonium, Cic. de div. 1, 104. Marc. dig. 23, 2, 19: alqam alci in matrimonium, Gaius inst. 2. § 235 u. 238: alqam in matrimonio, Scaevol. dig. 26, 1, 77 (79). § 1: alqam in matrimonio stabili et certo, Cic. Phil. 2, 44: virgines in amplissimarum familiarum matrimoniis, Cic. de rep. 1, 12: alqam nuptui, Hyg. fab. 257: alqam in dignam se condicionem, Plaut. trin. 159: alqam sine dote nuptum, Plaut. trin. 735: alqam nuptum intra legitimum tempus, Ulp. dig. 3, 2, 11. § 1: alqam alci nuptum, Paul. dig. 23, 2, 59: sororem ex matre et propinquas suas nuptum in alias civitates, Caes. b. G. 1, 18, 7: filiam minorem nuptum (*al.* nuptui) in dimidia parte reliqui agri, Col. 4, 3, 6: u. bl. coll. alcis filio filiam suam, Cic. Brut. 98: alci virginem filiam, Nep. Att. 19, 4: alci filiam, Tac. Agr. 9: alci uxorem suam, Suet. Caes. 21: matrem in Biturigibus homini nobilissimo, Caes. b. G. 1, 18, 6: u. bl. coll. filiam, Tac. ann. 4, 39. Iustin. 9, 6, 2; u. im Passiv, cum virgo amici nubilis propter paupertatem collocari non posset, Nep. Epam. 3, 5: ut filiae eius de communi aerario dotibus datis collocarentur, Nep. Arist. 3, 3. – **c** lebl. Objj.: **α** (als *t. t.*, der Geschäftsspr.) Geld usw. auf etw. (bes. auf Ländereien) **anlegen, anbringen, unterbringen,** in etw. **stecken,** dotem in eo fundo, Cic. Caecin. 11: duas patrimonii partes in solo, Suet. Tib. 48, 1: duas fenoris partes in agris per Italiam, Tac. ann. 6, 17: pecuniam in praediis c., Cic. Caecin. 16: pecunias levioribus usuris mutuatum graviore fenore c., Suet. Aug. 39: pecunias suas in emptiones praediorum, Gaius dig. 17, 1, 2. § 6: pecuniam idoneis nominibus, Marc. dig. 35, 2, 89: pecunias magnas collocatas habere in ea provincia (in dieser Pr.), Cic. de imp. Pomp. 18: nusquam posse eam (pecuniam) melius collocari, Cic. Caecin. 5, 15: u. bl. coll. pecuniam, Cic. de off. 2, 87: pecunias, Cic. de off. 2, 12, 42: pecunias publicas, Trai. in Plin. ep. 10, 55 (63). – dah. im weiteren Sinne übh. auf etw. **anlegen, verwenden,** für etw. **verbrauchen,** miliens sestertium in munificentia (zu freigebigen Zwecken), Tac. ann. 6, 45: patrimonium in rei publicae salute, Cic. Phil. 3, 2, 3: bene apud alqm tam multa pretia ac munera, Cic. Verr. 5, 56: melius apud bonos quam apud fortunatos beneficium collocari puto, Cic. de off. 2, 70: male c. bonas horas, Mart. 1, 113, 3: in me recipio, te ea, quae fecisti Mescinii causā quaeque feceris, ita bene collocaturum, ut ipse iudices etc., Cic. ep. 13, 28, 3: aedilitas recte collocata, an den rechten Mann gebracht, Cic. Verr. 5, 37. – **β** in die gehörige Stellung, Verbindung bringen, **so u. so stellen, zusammenstellen, verbinden, anordnen, αα** als rhet. *t. t.* Worte, verba apte, Quint. 8. prooem. § 26: verba opportune proprieque aut secus, Quint. 10, 2, 13: fortius vero quî incompositum potest esse quam vinctum et bene collocatum? Quint. 9, 4, 6: male collocatum κακοσύνθετον vocant, Quint. 8, 3, 59: propria verba et ordine collocata, Quint. 9, 1, 7: verba diligenter collocata, Cic. or. 227: non modo ut sint ordine collocati (census), sed ut inter se iuncti etc., Quint. 7, 10, 16: est et in nominibus ex diverso collocatis sua gratia, Quint. 9, 3, 86: verba et eligendi et collocandi ratio, Quint. 10, 1, 4: ratio collocandi, Cic. part. or. 11: varii sunt ordines collocandi, Cic. part. or. 12: *C. F.* Quid sequitur igitur? *CP.* Cum inveneris, collocare, Cic. part. or. 9: verba collocata, die Worte in ihrer Verbindung zu Sätzen (Ggstz. verba singula), Cic. or. 81 u. 134. – **ββ** bürgerl. u. polit. Zustände **einrichten, anordnen, Anordnungen treffen** für usw., nuptias, Poëta com. bei Cic. de or. 3, 319: res, Caes. b. G. 3, 4, 1. Auct. b. Alex. 33, 6: rem militarem, Cic. ep. 2, 13, 3: civitatis statum, Cic. ep. ad Brut. 1, 15, 12.

col-locuplēto, āvī, āre (con u. locupleto), **überaus bereichern,** se, Ter. heaut. 258. – übtr., durch die Rede, rei honestandae et collocupletandae causā, Rhet. Her. 2, 28.

collocūtio, ōnis, *f.* (colloquor), die **Besprechung** = die **Unterredung,** das **Geplauder,** absol., Cic. ad Att. 12, 1, 2. Augustin. serm. 23, 8: collocutio hominum aut consessus, Cic. Tusc. 1, 30: venire *cum* hostium ducibus in collocutionem, Rhet. Her. 1, 25. – Plur., nostri sermones collocutionesque, Cic. ep. 1, 9, 4: collocutiones familiarissimae cum alqo, Cic. Phil. 11, 5.

collocūtor, ōris, *m.* (colloquor), der **Unterreder,** Eccl.

colloquium, ī, *n.* (colloquor), die **Unterredung,** das **Gespräch, Geplauder,** colloquii dies, Nep.: colloquii tempus, Caes.: colloquia nocturna, Liv. u. Tac.: c. Nasonis, Ov.: colloquia amicorum absentium, briefliche Unterredung, brieflicher Verkehr, Cic.: colloquia deûm, Ov.: colloquia alitum, Plin.: colloquia cum hostibus, cum civibus, Cic.: clandestina colloquia cum hostibus, Cic.: colloquium petere, Caes.: colloquium alcis petere, Nep.: c. expetere, Caes.: c. dare, Liv.: c. denegare, Caes.: c. tollere, Caes.: colloquio alterius non egēre, Cic.: c. vitare, Caes.: cum rege c. constituere, Liv.: colloquio diem constituere, Caes.: tempus locumque colloquio statuere, Liv.: diem colloquio decernere, Sall.: is datus est locus colloquio, das war der für die U. bestimmte Ort, Liv.: occulta colloquia habere cum alqo, Liv.: crebra colloquia inter se habere, Caes.: colloquia facere, Planc. in Cic. ep.: colloquia serere cum alqo od. per propinquos popularium, Liv.: per colloquia de pace agere, Caes. – alqm ad colloquium evocare, Caes.: alqm ad colloquium adducere (mitbringen), Caes.: alqm ad colloquium suum pellicere, Suet.: ad colloquium congredi, Liv.: in colloquium convenire, Nep.: in od. ad colloquium venire, Nep. u. Caes.: in colloquium de pace venire, Sall.: alqm mittere ad alqm colloquii causā, Caes.: colloquium differre in posterum diem, Liv.: c. dirimere (von einem Umstand), Caes.: colloquia militum interrumpere, Caes.: se immiscere colloquiis montanorum, Liv.: colloquio adesse, Liv.: colloquio excludi, Liv.: ex colloquio se proripere, Liv. – verb. in alcis congressum colloquiumque pervenire, Cic.

col-loquor, locūtus sum, loquī (con u. loquor), mit jmd. **sich besprechen, sich unterhalten, sich unterreden, unterhandeln,** ex equis, Caes.: cum alqo, Cic.: de muro cum alqo, Caes.: cum alqo per litteras, Cic.: familiariter cum alqo, Curt.: inter se, Cic.: inter se multum de alqa re, Cic.: de praesidio expellendo cum idoneis, Liv.: de his rebus, quas (über die) tecum colloqui volo, Nep. Them. 9, 4. – m. *Acc.* der Pers., z. B. te volo conloqui, Plaut. Amph. 898. Vgl. Ussing Plaut. Amph. 339. – m. *Acc.* u. *Infin.* = **sich** dahin **aussprechen,** illi collocuti satis quaesitum videri, Curt. 6, 11 (43), 34. – absol., et obloquare et colloquare velim, Cic.: quasi collocuti essemus, wie verabredet, Cic.

collubet, s. col-libet.

collubus, s. collybus.

col-lūceo, ēre (con u. luceo), **von allen Seiten leuchten, glänzen, völlig erleuchtet-, -hell sein, I** eig.: longe lateque, v. der Sonne, Cic.: collucent faces, ignes, Verg. u. a.: collucent faces per campum Martis, Tac. – m. *Abl.*, fulgore, Cic.: flammis, Liv.: ignibus, Ov. – m. *ab* u. Abl., quā (mare) a sole collucet, Cic. – **II** übtr., **leuchten, lichtvoll hervortreten,** quorum operibus agri, insulae litoraque collucent distincta tectis et urbibus, Cic.: vidi collucere omnia (in foro comitioque) furtis tuis, Cic.: agri collucent floribus, Ov.: horti collucent nitidis fetibus, Col. poët. – ► Nbf. nach der 3. Konj., conlucis, Prud. perist. 5, 10.

collucernātio, s. collurcinātio.

col-lūcēsco, collūxī, ere (con u. lucesco), **aufleuchten,** Oros. 3, 23, 3. übtr., Amm. 16, 1, 4. – unpers., collucescit = **es wird klar, -deutlich,** Boëth. de syll. hyp. 1. p. 623.

col-lūco, āre (con u. lux), **lichten,** lucum, Cato: arborem, Col.

colluctātio, ōnis, *f.* (colluctor), das **Ringen, Kämpfen,** der Menschen, Sen. de const. sap. 19, 1. Ulp. dig. 9, 2, 7. § 4: v. Ringen beim Beischlaf, Lact. 1, 17, 13: Plur. Apul. met. 2, 17 u. 9, 5. – der Stiere, Col. 6, 2, 4. – übtr. v. Zusammenstoß Kämpfender, Amm. 28, 5, 3: v. Todeskampf, Sen. nat. qu. 3, 18, 1. Ps. Quint. decl. 2, 20 *in.*: v. Händeschütteln bei der Begrüßung, c. dextrae, Tert. de virg. vel. 11: v. der schweren Aussprache, das Kauen der Worte, *cum* verbis suis c., Quint. 11, 3, 56: v. moral. Kampf, quoniam nobis non est colluctatio *adversus* carnem et sanguinem, sed *adversus* principes et potestates, Vulg. Ephes. 6, 12.

colluctātor, ōris, *m.* (colluctor), der **Ringer, Kämpfer** als Gegner = der **Widersacher,** griech. ἀντίπαλος, ἀνταγωνιστής, Lact. de opif. dei 1, 7: c. fidei, Augustin. serm. 216, 6.

col-luctor, ātus sum, ārī (con u. luctor), mit jmd. **ringen, kämpfen,** absol., Iustin. 13, 8, 8. Apul. met. 2, 32: m. *Dat.*, his praedonibus, Prud. ham. 521: m. *cum* u. Abl., v. Ringen beim Beischlaf, cum viro, Sen. contr. 1, 2, 6: übtr., cum vagus et incertus spiritus colluctatus est, Sen.: cum corpusculo suo, Sen.: cum calamitate, Sen.: cum agro od. solo, Col. u. Plin.: duabus legibus inter se colluctantibus, einander widersprechend, Augustin. – v. kranken Tieren, **sich winden, sich krümmen,** Pelagon. veterin. 13. p. 59 (= 213 *Ihm*).

collūdium, ī, *n.* (colludo), **I** der **gemeinsame Scherz,** das **Spielen,** die **Schäkerei,** Solin. 9, 17. Symm. ep. 3, 5. – **II** übtr., das **geheime Einverständnis,** Amm. 18, 5, 1 u. 30, 4, 19. Symm. ep. 4, 20 u. spät. ICt.

col-lūdo, lūsī, lūsum, ere (con u. ludo), **spielen mit** jmd., **I** eig.: paribus, Hor. de art. poët. 159: poet., videbis ... summa nantes in aqua plumas colludere, sich spielend bewegen, Verg. georg. 1, 369. – **II** übtr., **ein geheimes Einverständnis** mit jmd. **unterhalten, sich mit** jmd. **verstehen,** mit jmd. **unter einer Decke stecken** (zum Nachteil eines Dritten), cum alqo, Cic. Verr. 2, 58. Sen. contr. 2, 11. § 17 u. ICt.

col-lūgeo, ēre (con u. lugeo), **zusammen trauern,** Cael. Aur. chron. 2, 5, 88 u. Eccl.

collum, ī, *n.* u. (vulgär) **collus,** ī, *m.* (aus **colso-*, ahd. *hals*), **I** der **Hals** von Menschen u. Tieren, c. procerum, fictum levi marmore, Varr. fr.: procerum et tenue c., Cic.: c. flexile, Sen.: c. anseris, Lucil. fr.: c. pavonis, Varr. fr.: c. columbae, Cic.: boum colla, Ps. Quint. decl.: aureum colli monile, Amm.: catena collo inserta, Curt.: pallium od. palliolum in collum conicere, um die Schulter werfen, Plaut.: invadere in collum, mit Ungestüm um den Hals fallen, Cic.: secare alci collum gladio, Q. Cic.: collum obtorquere od. obstringere, Plaut., od. torquere, Liv., einen am Hals anfassen, um ihn vor Gericht zu schleppen: collum dare, sich unterwerfen, Prop. – auch wie im Deutschen (es kostet den Hals usw.) als Bild des Lebens, actumst de collo meo, Plaut.: posuit collum in pulvere, Hor.: ne sic mea colla gerantur, Lucan. – **II** der **Hals** einer Flasche, Cato r. r. 88, 1. Phaedr. 1, 26, 10. Plin. 17, 161 u. 28, 174: des Mohns, Verg. Aen. 9, 436: poet. v. der Mitte des Parnassus, Stat. 9, 644. – ► Vulgäre Nbf. **collus,** ī, *m.*, Naev. com. 115. Caecil. com. 56 u. 215. Plaut. Amph. 445; capt. 357 u. 902; Pers. 691. Lucil. sat. 7, 27. Varr. sat. Men. 500. Gargil. de cur. boum § 10: Akk. Plur. collos, Cato orat. 77. Fronto ad M. Caes. 2, 16. p. 38, 5 N. Calv. bei Quint. 1, 6, 42. – u. **cōlus,** Lucil. sat. 27, 34 M. (Lachmann 621 collus): Abl. colo, Lucil. sat. inc. fr. 164 M. (Lachmann 857 collo).

col-lūmino, āre (con u. lumino), **von allen Seiten-, völlig erleuchten,** Apul. u. a.

col-luo, luī, lūtum, ere (con u. luo), **I tüchtig-, gehörig bespülen, -benetzen, -begießen, abspülen, ausspülen,** os, Plin. u. Fronto: fervens colluitur in disco, Apic. – m. *Abl.* (mit), metretam amurcā, Cato: dentes aquā, Plin.: eos (aegrotantes) aquā calidā, Cael. Aur.: guttur liquido plasmate, Pers.: alqd liquamine, Apic. – poet., ora, den Durst löschen, Ov. met. 5, 447. – **II zusammenspülen,** cum amnis paulatim colluendo lucum eminentem supra alveum fecit, Pomp. dig. 41, 1, 30. § 2. – ► Schreibung **cōluo** bei Plin. 20, 41 D.

collurcinātio, ōnis, *f.* (con u. lurcor), **große Schwelgerei, Völlerei,** Plur., Apul. apol. 75. Cl. Mam. de stat. anim. 2, 9, 4 (*codd.* conlucernationes).

collus, s. collum ►.

collūsio, ōnis, *f.* (colludo), das **geheime Einverständnis,** cum alqo, Cic. Verr. 3, 33: inter raptae patrem et raptorem, Sen. contr. 2, 11. § 22: inter virum et uxorem, Apul. apol. 75: absol., per collusionem, Sen. contr. 5 (10), 31. § 15. Paul. dig. 12, 2, 30. § 3.

collūsor, ōris, *m.* (colludo), **I** der **Spielgenosse, a** der **Gespiele** eines Knaben, delphinus c. puerorum, Plin. ep. 9, 33, 8: infans cum collusore catello, Iuven. 9, 61: attrib., collusores pueruli, die kleinen G., Spart. Sev. 4, 5. – **b** der **Mitspieler** beim Hazardspiel (alea), Cic. Phil. 2, 56 u. 101. Suet. Cal. 41, 2. Ulp. dig. 11, 5, 1. § 1: beim Ballspiel, Sen. de benef. 2, 17, 3. – **c** der Mitteilnehmer am salischen Sang u. Tanz, der **Mitfänger** u. **-tänzer,** Crispo pontif. Salio collusores, CIL 2, 3853. – **II** der mit jmd. (zum Nachteil eines Dritten in einem geheimen Einverständnis steht, der **Truggefährte,** Cod. Theod. 7, 20, 2. – Im Doppelsinn, Cic. Phil. 13, 3.

collūsōriē, *Adv.* (collusor *no.* II), **durch ein geheimes Einverständnis, abgekartetermaßen,** Ulp. dig. 30, 1, 50. § 2.

collūstrium, ī, *n.* (collustro), die Genossenschaft, die die Lustration der Äcker eines Bezirks besorgte, CIL 5, 5005 (*a. 201*).

col-lūstro, āvī, ātum, āre (con u. lustro), **I erhellen, erleuchten,** sol omnia clarissimā luce collustrans, Cic.: (luna) solis lumine collustrari putatur, Cic. – collustrata in picturis, helles, glänzendes Kolorit, Cic. or. 36. – **II** übtr., **in Augenschein nehmen, mit den Augen mustern, betrachten, besichtigen,** omnia, Verg.: omnia oculis, Cic.: cuncta equo, Tac.

collūtio, ōnis, *f.* (colluo), das **Ausspülen,** dentium, Scrib. 53: oris, Cael. Aur. chron. 4, 3, 39.

col-lutulento, āre (con u. lutulento), **wie mit Kot bewerfen, besudeln** = entehren (Ggstz. honestare), alqm, Plaut. trin. 693.

colluviēs, ēī, *f.* (colluo), das **Zusammengespülte, I** eig., das **Spülicht,** der **Unrat,** Col. 1, 5, 6. Plin. 24, 176. Ulp. dig. 43, 23, 1. § 4. Lucan. 4, 311. – **II** übtr., **a** der **Zusammenfluss,** die **zusammengewürfelte Masse,** der **Mischmasch,** das **Gemengsel,** das **Gemisch, Gewirr,** der **Wirrwarr,** das **Chaos,** magna, Tac.: rerum, Tac.: passim collecta populi colluvies, Iustin.: in hac colluvie regnare, Attic. bei Cic. ad Att. 9, 10, 7. – **b** der **Unflat, Pfuhl,** morum pessimorum, Augustin. de civ. dei 2, 18. p. 67, 14 D. – c. fidei detectae, Apul. met. 5, 23.

colluvio, ōnis, *f.* (colluo), das **Zusammengespülte, I** der **Unrat,** impurissimae colluvionis (Samenanhäufung) umores, Cassian. coll. 22, 6: Plur., sentinarum colluviones (bildl.), Arnob. 5, 22. – **II** übtr.: **a** der **Zusammenfluss,** die **zusammengewürfelte Masse,** der **Mischmasch,** das **Gemengsel,** das **Gemisch, Gewirr,** der **Wirrwarr,** das **Chaos** (s. Tischer Cic. de sen. 84), ciborum, Amm. 27, 4, 14: rerum, Liv.: omnium scelerum, Cic.: hominum, Iustin.: exercitu mixto ex colluvione omnium gentium, Liv.: in colluvione Drusi, bei dem Wirrwarr, den Drusus angerichtet hatte, Cic.: civitates ex omni colluvione et confusione in aliquam tolerabilem formam redigere, Liv.: ex hac turba et colluvione (Trubel u. Wirrwarr) discedere, Cic.: – **b** der **Unrat, Pfuhl,** omnia scorta et publicae colluvionis sordes, Hier. ep. 69, 3: colluvione liberatur incesti, Amm. 31, 9, 5.

colluvium, ī, *n.* = colluvies (s. d.), Isid. de diff. verb. *no.* 40.

collybista, ae, *m.* (κολλυβιστής), der **Geldwechsler, Geldmakler,** Hieron. Matth. 21, 12.

collybus (collubus), ī, *m.* (κόλλυβος), **I** das **Aufgeld,** der **Aufschlag** beim Geldwechseln, Cic. Verr. 3, 181. Cass. Parm. bei Suet. Aug. 4, 2. – **II** übtr., das **Geldwechseln,** Cic. ad Att. 12, 6, 1.

1. collȳra, ae, *f.* (κολλύρα), **grobes Brot** von länglich-runder Gestalt, nach Art des westfälischen Pumpernickels, das man in die Brühe einzuschneiden pflegte, Plaut. Pers. 92. Itala levit. 7, 12 u. 8, 26. – Dav. **collȳricus**, a, um (κολλυρικός), **Brot-**, ius, dicke Brotsuppe, Plaut. Pers. 95 u. 97.

2. Collȳra, ae, *f.*, Geliebte des Dichters Lucilius, nach der das 16. Buch der satirae Lucilii benannt war, Porphyr. Hor. carm. 1, 22, 10.

collȳrida, ae, *f.* = collyris (s. d.), Vulg. levit. 7, 12 u. 8, 26. Vulg. 2. regg. 6, 19. Augustin. serm. 51, 24.

collȳris, idis, *f.* (κολλυρίς), **I** ein **Brötchen**, (Übersetzung des hebr. חלה), Eccl. – **II** ein Kopfschmuck der Frauen, Tert. de cult. fem. 7. – **III** die auch malva erratica genannte Pflanze, Ps. Apul. herb. 40. – **IV** (auch collyrus) eine Art Kabeljau, Plin. 9, 61; 32, 146.

collȳrium, ī, *n.* (κολλύριον), eine in Form eines Zäpfchens zubereitete teigartige **Salbe**, bes. **Augensalbe**, Hor., Cels. u. a.

collȳrus, s. collȳris *no.* IV.

Colminiāna (b. Cato) od. **Colminia** (b. Varr.) od. **Culminia** (b. Plin. u. Pallad.) olea, eine uns unbekannte Art Ölbäume.

1. cōlo, āvī, ātum, āre (colum), **durchseihen, reinigen, läutern**, ceram, mel, Col.: aurum, Apul.: poet., amnes, Fischnetze ausstellen, Manil. Vgl. colatus.

2. colo, coluī, cultum, ere (aus *quelō, vgl. inquilinus ›Insasse‹, indogerm. Wz. *quel ›sich drehend herumbewegen‹; griech. πέλομαι, ich bin in Bewegung), **I** im engeren Sinne: **a** (als *t. t.* des Landb.) **pflegen, abwarten = bauen, bebauen, bearbeiten**, **α** m. *Acc.*, einen Acker usw., agrum, agros, den A., die Ä. bebauen, dah. auch = Feldbau treiben, Cic. (dah. agrum colens, der Landmann, Ggstz. negotians, Sen.): arvum, Apul.: agrum in Tusculano, Liv.: agrum manibus suis, Eutr.: praedia studiose, Cic.: hortum exiguā stipe, Curt.: terram subigere et c. ad victum, Lact.: dura cultu (zu bebauen) haec plaga est, Liv.: u. im Pass., quod arari aut coli potest, Cic.: Alpes quidem habitari coli, Liv.: agellus, qui colebatur per unum villicum, Frontin. – Baumpflanzungen, Bäume usw., ne arva simul et vineta et oleas et arbustum colant, Quint.: c. vitem, Cic.: arbusculae manu cultae, künstlich gezogene, Fronto. Vgl. übh. 1. cultus, a, um. – u. (bei Dichtern) Früchte, fructus, Verg.: fruges, poma, Ov. – **β** absol. = **Feldbau treiben, sich mit Feldbau beschäftigen**, duo spectasse colendo, Varr.: colendi haud facilem esse viam, Verg.

b = einen Ort **bewohnen,** wo **wohnen, hausen, sich** bleibend **aufhalten,** einen Ort **häufig besuchen, α** m. *Acc.* des Ortes, v. Menschen, urbem, Cic.: regionem ultra Istrum iacentem, Curt.: Rheni ripam, Tac.: qui (homines) has nobiscum terras ab oriente ad occidentem colunt, Cic.: illi qui insulas colunt, die Inselbewohner, Liv.: Sicani aut Pelasgi, qui primi coluisse Italiam dicuntur, die Urbewohner It. gewesen sein sollen, Gell.: in prima coluisse Helicona iuventa, poet. = schon in früher Jugend gedichtet haben, Prop. – v. Gottheiten (vgl. Drak. Liv. 31, 30, 9), deos deasque veneror, qui hanc urbem colunt, Plaut.: Iuno regina, quae nunc Veios colis, Liv.: di, qui hanc urbem, hos sacratos lacus lucosque colitis, Liv. – v. Tieren, Hystrum cygnus Tanaimque colens, Sen. Agam. 715. – **β** m. *Acc.* der Zeit, defessum vi colere aevom, Lucr. 5, 1143: pertaesum vi colere aevom, Lucr. 5, 1148. – **γ** absol. (s. Drak. Liv. 38, 18, 12), hic, Plaut.: extra urbem et pomoerium, Apul.: circa utramque ripam Rhodani, Liv.: prope Oceanum adversus Gades, Liv.: quā vergit ad occidentem, Curt.: super Bosporum, Curt.: usque ad Albim, Tac.: citra Hiberum, Gell.: ultra Tanaim usque ad Thraciam, Curt.: ganz absol., colunt discreti ac diversi, Tac.: quae gentes colerent, da wohnten, Curt.: Antrona voluntate colentium recepit, der Bewohner, Einwohner, Liv.

II im weiteren Sinne, Ggstz. neglegere, **1** physisch od. geistig **pflegen, a** physisch, **α** durch phys. Nahrung, **verpflegen,** milites arte (knapp), se opulenter, Sall. Iug. 85, 34. – **β** durch phys. Abwartung u. äußeren Schmuck, **αα** Pflanzen, **pflegen,** coli utique non vult (lupinus), verlangt keine besondere Pflege, Plin. 18, 134. – **ββ** eine Wohnung **schön ausstatten,** domos vivo, Petr. 71, 7. – **γγ abwarten, putzen, herausputzen, schmücken,** alter se plus iusto colit, alter plus iusto neglegit; ille et crura, hic ne alas quidem vellit, Sen.: corpora, Ov.: capillos, Tibull.: formam augere colendo, Ov. – brachia et lacertos auro, Curt.: dexter lacertus armillā aureā cultus, Petr.: equis et armis decoribus cultus, Sall. fr.: u. im Bild, ad similitudinem parietum suorum extrinsecus cultus, mit einem schönen äußeren Anstrich, Sen. – **γ** übh. durch mater. Förderung **hegen, beglücken,** bes. v. der Gottheit, terras, Verg.: genus hominum, Plaut.: terras hominumque genus, entrohen, entwildern, Hor.

b geistig **pflegen, ausbilden, veredeln,** genus orationis aequabile et temperatum, Cic. de off. 1, 3: ingenium singulari rerum militarium prudentiā, Vell. 2, 29, 5 *ed. Kritz*: pectus ingenuas per artes, Ov. art. am. 2, 121.

2 übh. tätlich **hegen** u. **pflegen, a** durch **unablässiges** Ausüben, Erstreben, etw. **üben, betreiben, abwarten, sich** mit etw. **beschäftigen,** einer Sache **warten, huldigen,** auf etw. **halten,** etw. **im Auge behalten, aufrecht halten, erhalten** od. **zu erhalten suchen,** nec victum nec vitam illam, Cic., vitam illam inopem, Ter.: brevem vitam, Plaut.: vino et victu vitam, Plaut.: vix vitam colo, Plaut. (s. Lorenz Plaut. most. 731. Wagner Ter. heaut. 136). – munus, officium, Cic.: diligentiam, Cic. – studium philosophiae a prima adulescentia, Cic.: studia vehementer, Cic.: voces Latinas subsicivo aut tumultuario studio, Gell.: artes liberales studiosissime, Suet.: artes pessumas, Sall.: disciplinam, Cic. – amicitiam, pietatem, amorem, Plaut. (s. Brix Plaut. mil. 101): amicitiam populi Romani, Sall.: amicitiam cum fide, Curt.: amicitias utilitatibus, Cic., od. utilitate, non fide, Iustin. – pacem, Liv.: ius religiose, Rhet. Her.: fidem, Cic.: ius ac fas, Liv.: iustitiam et liberalitatem, Cic.: pietatem, Komik. u. Cic. poët. (s. Gronov Ter. Hec. 3, 4, 33): virtutem, Cic.: sapientiam, Cic. – alcis memoriam, Cic.: bonos mores, Sall. – beneficium acceptum, Liv.: aurum, dem G. frönen, ein Sklave des G. sein, Prop.

b durch Achtung u. Verehrung an den Tag legende Dienste, Gaben u. dgl., **α** eine Gottheit usw. durch Gebete, Opfer u. a. Zeremonien, jmd. **verehren,** jmdm. **seine Verehrung bezeigen,** jmd. **anbeten,** jmdm. **opfern, dienen, αα** m. *Acc.* der Gottheit usw., die man verehrt, deos, Cic.: suos deos aut novos aut alienigenas, Cic.: unum deum, Lact.: multos ac falsos deos, Lact.: deûm maxime Mercurium, Caes.: Apollinem eximiā religione, Curt.: Latonam per aras, Ov.: simulacrum menstruis supplicationibus, Suet.: patrem aris, pulvinaribus, flamine, Plin. pan.: regem divinis honoribus, Curt.: alqm ut deum, Cic.: imagines Narcissi et Pallantis inter Lares, Suet.: alqm od. nomen alcis inter deos, Curt.: deos putant quicquid colere coeperunt, arbores maxime, Curt. – im Passiv, cura pii dis sunt, et qui coluere coluntur, Ov.: Sol, qui colitur iuxta aedem Quirini, Quint.: quo cognomine is deus quadam in parte urbis colebatur, Suet.: Vitellia, quae multis locis pro numine coleretur, Suet.: id quod pro deo colitur, der Götze, Curt.: ubi pro deo vates anticus (= antiquus) colitur, Liv.: cum se templis et effigie numinum per flamines et sacerdotes coli vellet (v. Augustus), Tac. – **ββ** m. *Acc.* des Ortes (Altars, Tempels), **heilig halten, heilig verehren,** sanctas aras, Ov.: aram ritu alcis dei, Liv.: Musarum delubra, Cic.: sacellum sanctissime, Nep.: sacrarium summā caerimoniā, Nep.: templum miro honore, Verg.: Bellonae templum tantā religione colitur, ut etc., Auct. b. Alex. – **γγ** mit *Acc.* der Opfer, Zeremonien, Feste usw., die man verehrend, dienend besorgt, **abwarten, abhalten, feiern, begehen, als heilig beachten,** sacra Musarum, Ov.: u. (im Bild) sacra litterarum, Quint.: religiones pie magis, quam magnifice, Liv.: festa caesā sue, Ov.: semper vestros honores, euch die schuldige Ehre erweisen, Verg.: morem sacrum, Verg. – **β** Menschen, jmdm. **dienen, seine Dienste weihen,** durch Dienste, Gefälligkeiten aller Art **seine Aufmerksamkeit,** äußere **Achtung und Verehrung an den Tag legen,** jmd. äußerlich **ehren,** in **Ehren halten,** jmdm. **Ehre erweisen,** jmdm. **seine Huldigung darbringen, huldigen,** jmdm. **den Hof machen,** im üblen Sinne, jmdm. **frönen,** alqm, u. verb. alqm observare et colere, alqm diligenter observare et colere, alqm colere diligentissimeque observare, Cic. u. a. (s. Kritz Sall. Iug. 10, 8): u. mirifice alqm colere et amare, Cic.: alqm colere et diligere, Cic.: inter se colere ac diligere, Cic.: alqm aut ornare aut colere, Cic.: colere externos et adulari, Tac.:

nomen ipsum (regis) colere venerarique, Curt. – alqm patris loco, in parentis loco, Cic.: socios, Liv., u. socios cum fide, Liv.: alqm maxime, Ter.: semper alqm, Cic.: semper domum alcis, Quint. – alqm donis, Liv., litteris, Nep., honoribus muneribusque, Liv.: alqm summā observantiā, Cic.: tantā veneratione pulcherrimum opus colebatur, Plin. ep. – Ggstz., eodem tempore servos despicis et colis, Sen.: amandos timet, quos colit violat, Sen.

cōlobathrārius, ī, *m.* (κωλόβαθρον), der **Stelzengänger,** Non. 115, 20.

cōlobathron, ī, *n.* (κωλόβαθρον), die **Stelze,** Not. Tir. 107, 67.

colobicus, ī, *m.* (κολοβικός), der **Verstümmelte,** *Firm. math. 3, 12, 13.

colobium, ī, *n.* (κολόβιον), eine **Tunika** mit kurzen Ärmeln, die nur den oberen, fleischigen Teil des Arms bedeckten, Cassian. coen. inst. 1, 5. Serv. Verg. Aen. 9, 616. – Nbf. **colobum,** ī, *n.,* Cod. Theod. 14, 10, 1.

colobus (a), um (κολοβός), **verstümmelt, verkürzt,** versus, pes, dem eine Silbe fehlt = *catalectus,* Gramm.: metrum, Gramm.

colocāsia, ae, *f.* u. **colocāsium,** ī, *n.* (κολοκασία u. -άσιον), eig. die Wurzel, dann auch die ganze Pflanze, die die ägyptischen Bohnen (cyami) trägt, die **indische Wasserrose** (*Nymphaea Nelumbo,* L., *Nelumbium speciosum,* Willd.), ein prachtvolles Gewächs in den Seen u. Sümpfen von Ägypten u. Asien, Form *-ia,* Col. 8, 15, 4. Plin. 21, 87: Form *-ium,* Apic. 7, 325; Plur., Verg. ecl. 4, 20. Mart. 8, 33, 13. Apic. 3, 68.

colocynthis (coloquintis), thidis, Akk. thida, Akk. Plur. thidas, *f.* (κολοκυνθίς), die **Koloquinthe, Bittergurke** (*Cucumis Colocynthis,* L.), Plin. 20, 14. Pallad, 1, 35, 9. Vulg. 4. regg. 4, 39. Cael. Aur. chron. 4, 8, 128. Marc. Emp. 30. Isid. 17, 9, 32.

cōloephia, s. cōlȳphia.

cōlon od. **cōlum,** ī, *n.* (κῶλον, ein Glied des Körpers; dah.) **I** der **Grimmdarm,** Plin. u. Scrib. – meton., der **Darmkrampf,** die **Kolik,** Plin. u. a. – Nbf. cōlus, ī, *m.,* Ser. Samm. 579. – **II** übtr., das **Glied** eines Verses, Quint.: eines Gedichts, August. b. Donat.: einer Periode, Ascon.

colōna, ae, *f.* (colonus), die **Bäuerin, Bauersfrau, Pächterin,** Ov. fast. 2, 646. Paul. dig. 19, 2, 54. § 2: ancillae vel colonae mulieris ingenuae, Ps. Augustin. serm. app. 292, 2: auch die Frau eines Pächters, CIL 9, 3675.

colōnārius, a, um (colonus), **zum Landwirt gehörig,** persona, Sidon. epist. 5, 19: condicio, Cod. Iust. 1, 4, 24.

Colōnae, ārum, *f.* (Κολωναί), Stadt in Troas, nach Chandler j. Dorf *Khemali,* Nep. Paus. 3, 3.

colōnātus, ūs, *m.* (colonus), der **Bauernstand,** Cod. Theod. 12, 1, 33 u. a.

Colōnē, ēs, *f.* = Colonae, s. d., Plin. 5, 123.

Colōnēus, a, um, zum attischen Demos Kolonos (Κολωνός) gehörig, **von Kolonos, kolonëisch,** vicus (Demos), Cic. de fin. 5, 3: Oedipus (Οἰδίπους ἐπὶ Κολωνῷ), eine Tragödie des Sophokles, Cic. de sen. 22; dass. Coloneus sua (*fem.*), Apul. apol. 37.

colōnia, ae, *f.* (colonus), **I** die Länderei, die ein colonus zu bearbeiten hat, das **Vorwerk,** die **Meierei,** das **Bauerngut, Pachtgut,** die **Pachtung,** Col. 11, 1, 23. Paul. dig. 19, 2, 24. § 4: villae vel aliae coloniae, Ulp. dig. 43, 8, 2. § 23: aut villa aut colonia vicini pauperis, Ps. Augustin. serm. app. 75, 2. – **II** ein angebauter u. neu bevölkerter Ort, die **Ansiedelung, Pflanzstadt,** der **Pflanzort,** die **Tochterstadt, Niederlassung, Kolonie, A** eig.: constituere coloniam, Cic.: condere, ponere colonias, Vell.: colonos deducere in colonias, Cic.: dah. führen viele Städte den Namen Colonia, wie Colonia Agrippinensis, s. Agrippina a. E.: Colonia Aurelia, das heut. Nassenfels. – scherzh. Pseudolum facere ut det nomen ad Molas (Genet.) coloniam, dass er sich als Kolonist bei der Mühlengöttin einschreiben lassen muss (= dass er zur Strafe in die Mühle geschickt wird), Plaut. Pseud. 1100: ut inportem in coloniam (scherzh. = Wohnung) hunc meo auspicio conmeatum, Plaut. Epid. 343: post hoc quod habeo ut conmutet coloniam (scherzh. = Aufenthalt), Plaut. aul. 576. – **B** meton., die **Kolonie** = die **Ansiedler, Kolonisten, Pflanzer,** coloniam mittere in locum, Cic.: coloniam deducere, Cic. – ► arch. Genet. coloniai, CIL 1, 1246 u. Dat. u. Abl. Plur. colonieis, Lex Iul. (CIL 1², 592) 83. 142. 158. Auf Münzen auch quolonia.

colōniārius, ī, *m.* u. **-āria,** ae, *f.* (colonia), **aus einer Kolonie gebürtig, Ansiedler, Ansiedlerin,** Latini, Gaius inst. 3, 56: Latinae, *ibid.* 1, 29.

colōnicus, a, um (colonus), **I den Ackerbau, die Landwirtschaft betreffend,** leges, Varr. r. r. 1, 17, 2: ovium genus, auf allen Landgütern gezogene, gewöhnliche, Plin. 8, 189: u. so ovis, Plin. 26, 96. – subst., colōnica, ae. *f.,* die **Meierei,** Auson. ep. 4, 7. p. 159 Schenkl. – **II zu den Kolonien gehörig,** cohortes, in röm. Kolonien ausgehoben, Caes. b. c. 2, 19, 4: decurio, in der Kolonie, Suet. Aug. 46.

colōnus, ī, *m.* (colo), **I** der **Bebauer, a** der **Landwirt, Bauer** (Ggstz. pastor, Viehzüchter), Scriptt. r. r., Cic. u. a. – u. ein Bebauer fremden Landes, der **Pächter,** Cic. u. a. – übtr., coloni nemorum, Bewohner, Calp. ecl. 1, 36. – **b** der **Einwohner einer Kolonie, Pflanzer, Pflanzbürger, Ansiedler, Kolonist,** Cic. u. a. – poet. übtr. = **Einwohner, Bewohner,** Verg. ecl. 9, 4; Aen. 1, 12: Ausonii coloni, italische Landleute, Verg. georg. 2, 385. – als scherzh. Schimpfwort, catenarum colonus, Kettenkolonist, Zuchthäusler, Plaut. asin. 298. – **II** = *cultor,* der Verehrer, aequi sapiens iustique colonus, Ps. Cypr. carm. 2 (Sodoma), 31. p. 290 H. – arch. Gen. colonei, CIL 2, 3414 u. ö.: arch. Dat. Plur. coloneis, *ibid.* 1, 1246, 5.

1. **Colophōn,** ōnis, Akk. ōnem u. ōna, *f.* (Κολοφών), eine der bedeutenderen ionischen Zwölfstädte an der Küste Lydiens, deren Einwohner später Lysimachus in Ephesus ansiedelte, mit dem dazu gehörigen (später ebenf. Kolophon gen.) Hafenort Notium u. dem berühmten Tempel u. Orakel des Apollo Clarius in der Nähe, Geburtsort des Mimnermus, ausgezeichnet durch Seemacht u. durch seine stets siegreiche Reiterei, berühmt durch das noch heute Kolophonium genannte Harz, j. Ruinen beim Flecken *Chilli* od. *Zille,* Hor. ep. 1, 11, 3. Liv. 37, 26, 5 *sqq.*: griech. Akk. -ona, Vell. 1, 4, 3. Tac. ann. 2, 54. – spät. Nbf. Colophōna, ae, *f.,* Dict. Cret. 1, 17. p. 13, 28 M. Ven. Fort. vit. S. Mart. 2, 83. – Dav.: **A Colophōniacus,** a, um, **kolophonisch,** Homerus, Ps. Verg. cir. 64: resina (s. *no.* B), Cels. 5, 19, 11 u. 17. – **B Colophōnius,** a, um (Κολοφώνιος), **kolophonisch, aus Kolophon,** oppidum, Liv.: resina C., Cels. u. Plin., u. subst. bl. colophōnia, ae, *f.,* Scrib., Kolophonium, Geigenharz od. -wachs (Κολοφωνία sc. ῥητίνη): Plur. subst., Colophōniī, ōrum, *m.* (Κολοφώνιοι), die Einw. von Kolophon, die **Kolophonier,** Col. u. Liv.

2. **colophōn,** ōnis, *m.* (κολοφών), der **Gipfel,** die **Spitze,** in dem griech. Sprichw. τὸν κολοφῶνα ἐπιθεῖναι, eine Sache vollenden, Paul. ex Fest. 37, 14.

Colophōna, ae, *f.,* s. 1. Colophōn.

colophōnia, ae, *f.,* s. Colophonius unter 1. Colophōn.

coloquintis, s. colocynthis.

color, ōris, *m.* (vgl. occulere, celare), die **Farbe, I** eig.: **A** im Allg., albus, Ggstz. niger, Lucr. u. Cic.: color caerulo albidior, viridi austerior et pressior, Plin. ep.: c. amethystinus, Suet.: ater, Ov. u. Plin.: aureus, Ov. u. Plin.: bonus, Varr., melior, Plin.: caeruleus, Caes.: candidus, Vitr. u. Ov.: coracinus, Vitr.: croceus, Gell.: furvus, Solin.: fuscus, Ov.: herbidus, Plin.: nativus, Plin.: naturalis, ICt.: piceus et niveus, Apul.: porraceus, Plin.: purpureus, Lucr., Vitr. u. a.: rufus, Scrib. u. Gell.: Tyrius, Hor.: viridis, Ov. u. Solin., viridior, Plin. ep.: c. aureus ignis, Lucr.: argenti, Hor. u. Plin.: vestium, Sen.: paenula od. tunica obsoleti coloris, Suet. u. Amm.: Iris mille trahens varios colores, Verg.: colorem ducere (von der Traube), sich färben, Farbe bekommen, Verg. – als Stoff zum Färben (Färbestoff), zum Malen, regionis natura minii et chrysocollae et aliorum colorum ferax, Flor. 4, 12, 60: colorem accipere, bibere, annehmen (v. der Wolle u. Stoffen), Plin.: ebenso colorem (colores) ducere, perbibere, Sen.: colorem inducere picturae, Plin.: navem pretiosis coloribus pingere, Sen.: colores terere, Plin. – **B** insbes.: **1** die natürliche Farbe des Menschen, die **Gesichtsfarbe,** der **Teint, a** im Allg.: verus, Ter., Ggstz. fucatus, Hor.: albus, Ov.: exsanguis, Sall. u. Rut. Lup.: egregius, suavis, Cic.: colorem mutare, Hor., Quint. u. Curt., od. perdere, Ov., die Farbe (vor Scham, Furcht, Schmerz usw.) wechseln, -verlieren (vgl. crebra coloris mutatio, Cic.); aber colorem mutare auch = blass werden (vom vielen Studieren), Sen. rhet.: c. non mansit ei, Verg.: c. excidit, Ov.: tales virgo dabat ore colores, so verfärbte sich ihr Gesicht, Verg.: colorem obtinere (als Ggstz. von mutare), Plaut.: im Bild, ac ne carmen quidem sani coloris enituit, selbst nicht der Poesie blieb eine gesunde Lebensfrische, Petr. 2, 8. – Sprichw., homo nullius coloris, ein unbekannter Mensch, Plaut. Pseud. 1196. – **b** prägn. = **frische-, schöne Gesichtsfarbe, frischer-, schöner Teint, Schönheit,** robur et colos, Liv. 28, 26, 14: nimium ne crede colori, Verg.: abiit corpusque colorque, Ov. – **2** Plur. colores, die **Farbenpracht** der Blumen, meton. = prangende Blumen, Prop. 1, 2, 9. Val. Flacc. 6, 492. – **II** übtr.: **A** im Allg., die **Farbe,** der **äußere Anstrich,** das **Äußere** (= die äußere Beschaffenheit), civitatis, Cic.: vitae, Hor.: omnis Aristippum decuit c., ihn kleidete jede Farbe = er wusste sich in alle Verhältnisse, in jede Lage zu finden, Hor.: novimus quosdam, qui multis apud philosophum annis persederint et ne colorem quidem duxerint, u. nicht einmal den äußeren Anstrich (eines Philosophen) angenommen = gar nichts gelernt haben, Sen.: captivi colore (unter der Maske eines G., scheinbar als G.) transivit, Amm. 26, 9, 6. – **B** insbes.: **1** v. der Rede, Diktion, **Ton und Farbe,** das **Kolorit** (= der allgemeine Charakter, der Zuschnitt), Cic. u. a.: c. urbanitatis, Cic.: c. tragicus, Hor. – **2** prägn.: **a** das **hebende, lebhafte Kolorit,** der **Schmuck,** χρῶμα, Cic.: verb. flos et color pigmentorum, Cic. – **b** der äußere, täuschende **Anstrich** = das **Beschönigen,** dare colorem rebus turpibus, Quint.: dic aliquem colorem, Iuven. – ► Nbf. **colōs,** ōris, *m.*, Plaut. Men. 828 u. mil. 1179. Titin. com. 114. Lucr. 6, 208 u. 1072. Varr. sat. Men. 425. Sall. Cat. 15, 5. Liv. 28, 26, 14. Plin. 9, 149; 13, 98 u. a. Symm. ep. 1, 15; vgl. Serv. Verg. georg. 2, 256.

colōrābilis, e (coloro) = *chromaticus* (s. d.), Mart. Cap. 9. § 94.

colōrārius, ī, *m.* (color) = *chromatiarius* (s. d.), Schol. Pers. 4, 18.

colōrātē, *Adv.* (coloratus), **beschönigend,** Ps. Quint. decl. 285.

colōrātio, ōnis, *f.* (coloro), das **Bräunen,** vultus, Chalcid. Tim. 158.

colōrātor, ōris, *m.* (coloro), der **Färber,** Liviae, CIL 6, 3953.

colōrātus, a, um, *PAdi. m. Compar.* (v. coloro), **farbig, gefärbt, I** im Allg.: **A** eig.: nubes c., Cic. de nat. deor. 3, 51: uvae c., Col. 11, 2, 67. – **B** übtr., **geschminkt** = bloß auf den Schein berechnet, declamatio, Ps. Quint. decl. 307: quae scribis, unde veniant, scio: non sunt ficta nec colorata, Sen. ep. 16, 2. – **II** insbes. v. der Hautfarbe, **rötlich gefärbt, rot, gebräunt,** Silurum vultus, Tac.: corpora, gesunde (frische) Farbe habend, Quint.: valentes, Sen.: Seres, Ov.: si plenior aliquis et speciosior et coloratior factus est, Cels. 2, 2 *in.*

colōrius, a, um (color), naturfarbig, von naturbrauner Wolle (Ggstz. versicolor u. purpureus), lodices coloriae, August. b. Charis. 104, 12: vestis coloria, Paul. dig. 34, 2, 32. § 7: tunicae coloreae, Vopisc. Aurel. 46, 9. – und übh. **braun,** ciminatum colorium facies, Apic. 3, 115.

colōro, āvī, ātum, āre (color), **I** *tr.* **färben, A** eig.: **1** im Allg.: corpora, Cic.: genas, Sen. rhet.: lignum sinopide, Plin.: colorantur (pira Tiberiana) magis sole, Plin.: nubes coloratur, Sen. – **2** insbes., **rötlich-, bräunlich färben, bräunen,** cum in sole ambulem, naturā fit ut colorer, Cic.: sol colorat; non utique, qui est coloratus, a sole est, Quint.: qui in solem venit, colorabitur, Sen.: quîs (ovibus) Tarentum vel Baetica cluet naturā colorante, Tert. – **B** übtr.: **1** im Allg.: haec si animum non coloravit, sed infecit, nicht ganz durchdrungen, sondern nur eine äußere Färbung gegeben hat, Sen. ep. 71, 31: qui magisterio quodam et ductu vitae colorat mores adulescentium et velut murice probitatis inficit, Ambros. de off. 1, 43, 211. – **2** insbes.: **a** der Rede **Kolorit geben,** dah. col. se od. Passiv colorari (v. der Rede), **Kolorit annehmen** od. **erhalten,** Cic. Brut. 170; de or. 2, 60; or. 42. – **b beschönigen, verdecken,** libidinosam liberalitatem debiti nomine, Val. Max. 8, 2, 2: inepta sua vultu serio, Prud. cath. 2, 35. – **II** *intr.* **Farbe annehmen, bräunen,** Apic. 7, 295 u. 8, 461.

colōs, ōris, *m.*, s. color ►.

Colossae, ārum, *f.* (Κολοσσαί), Stadt in Phrygien am Lykus, j. *Khonas,* an deren Einwohner der Apostel Paulus den bekannten Brief an die Kolosser (Κολοσσαεῖς) richtete, Plin. 5, 145. Vulg. Coloss. 1, 2. – Dav.: **A Colossēnsēs,** ium, *m.*, die Einw. von Kolossä, die **Kolosser,** Augustin. retract. 1, 26 *extr.* Ambros. de spir. scto 2, 20. Vulg. ep. ad Coloss. *lemm.* (wo Colosenses). – **B Colossīnus,** a, um (Κολοσσηνός), **kolossinisch,** flos, Plin. 21, 51.

Colosserōs, rōtis, *m.* (Κολοσσέρως, der Anmutig-Große), Benennung eines großen, schönen Mannes, Suet. Cal. 35, 2.

colossēus od. **colossaeus,** a, um (κολοσσαῖος) u. **colossiaeus,** a, um (κολοσσιαιος), **kolossal, in Riesengröße,** statua colossea, Suet. Vesp. 23, 3: statua colossaea, Plin. 34, 39: utraeque (Virtus et Graecia) colossaeae, Plin. 34, 78: Mars colossiaeus, Plin. 36, 26: iusserat colosseum se pingi, Plin. 35, 51.

colossicos, on u. **colossicus,** a, um (κολοσσικός), **kolossal, riesenhaft,** Apollo, Vitr. 10, 2, 3: signum, Plin. 34, 54. Ampel. 8, 19: *Compar.* griech. colossicoteros, on, Vitr. 3, 5, 9 u. 10, 2, 5.

Colossīnus, a, um, s. Colossae.

1. colossus u. **-os,** ī, *m.* (κολοσσός), die **Riesenbildsäule,** der **Koloss,** Sen. ep. 76, 31. Plin. 34, 42 *sqq.* Suet. Ner. 31, 1. Mart. 8, 44, 7 (-os). Stat. silv. 1, 3, 51: insbes. der berühmte, dem Sonnengott geweihte Koloss zu Rhodos, Plin. 34, 41. Suet. Vesp. 18. Paul. ex Fest. 58, 2.

2. colossus, a, um (1. colossus), **riesenhaft, kolossal,** statuae, Spart. Hel. 7, 1.

colostra (colustra), ae, *f.* u. **colostrae,** ārum, *f.* u. **colostra,** ōrum, *n.* u. **colostrum,** ī, *n.*, (vgl. altind. *çáraḥ*, die Haut auf der gekochten Milch u. color, oc-culere, celare), die erste (dicke schwammige) Milch in den Brüsten (od. Eutern) nach der Niederkunft (oder dem Gebären, Werfen), die **Biestmilch,** von Tieren als Leckerbissen, Sing. colostra, Plin. 28, 123. Col. 7, 3, 17. Pallad. 12, 13, 1: Plur. colostrae, Plin. 11, 236 D. u. M.: Sing. colostrum, Mart. 13, 38 *lemm.* Serv. Verg. ecl. 2, 23. Isid. 2, 33, 20. Plur. colostra, Mart. 13, 38, 2. – als Liebkosungswort, Plaut. Poen. 367 u. 390. Laber. com. 95 (wo colustra).

colostrātio, ōnis, *f.* (colostra), die **Krankheit der Säuglinge** (auch der saugenden Tiere) **von der Biestmilch,** Plin. 11, 237.

colostrātī, ōrum, *m.* (colostra), **von der Biestmilch unwohl gewordene Kinder,** Plin. 28, 123.

colostrum, s. colostra.

cōlōtēs, ae, *m.* (κωλώτης), eine **Eidechsenart,** Plin. 9, 87.

colpa, s. culpa.

coluber, brī, *m.* (zu griech. κελλόν), eine (kleinere) **Schlange,** bes. eine **Hausschlange, Unke,** Vitr. u. Ov.: als Attribut in den Haaren der Furien usw., Lucr., Ov. u. a.: in den Auguralbüchern v. Fluss Tiber, Serv. Verg. Aen. 8, 95.

colubra, ae, *f.* (coluber, s. Prisc. 6, 44), das **Schlangenweibchen** und die (kleinere) **Schlange** übh., Varr. fr., Hor. u. a.: als Attribut in den Haaren der Furien usw., Ov. u. a. – Sprichw., colubra restem non parit, der Apfel fällt nicht weit vom Stamm, Petr. 45, 9.

colubrifer, fera, ferum (coluber u. fero), **Schlangen tragend,** poet. Beiwort der Medusa, monstrum, Ov. met. 5, 241: collum, Lucan. 9, 677.

colubrīnus, a, um (coluber), **schlangenartig,** übtr., vos colubrino ingenio ambae estis, listig wie die Schlangen, Plaut. truc. 780. – subst., **colubrina,** ae, *f.*, eine auch dracontea (s. d.) gen. Pflanze, Ps. Apul. herb. 14.

colubrōsus, a, um (coluber), **schlangenartig,** astu colubroso, Tert. adv. Valent. 4.

1. cōlum, ī, *n.*, **I Seihkorb, Seihgefäß, Durchschlag,** Scriptt. r. r. u. a. – **II** poet. übtr., die **Fischreuse,** Auson. epist. 4, 57. p. 161, 8 Schenkl.

2. cōlum, s. cōlon.

columba, ae, *f.* (columbus, s. Varr. LL. 9, 56), die **Taube, Schlagtaube,** Scriptt. r. r., Cic. u. a.: candida, Lact.: agrestis, Feldtaube, Varr.: c. Cythereïades, als der Venus heilig, Ov.: columbae nidus, Suet.: columbae pullus, Cael. Aur.: columbarum caro, Plin.: columbas vendens u. qui columbas vendit, der Taubenhändler, Eccl. – als Liebkosungswort, Plaut. asin. 693: mea c., Plaut. Cas. 138, c. mea, Ambros. de interpr. Iob et David 2, 1, 3. Vulg. cant. 5, 10.

columbar, āris, *n.* (columba), eine Art **Fessel** für die Sklaven (so gen. wegen der Ähnlichkeit mit dem Loch des Taubenschlags), in columbari, gleichs. im Taubenloch, Plaut. rud. 888. Vgl. columbarius *no.* II, B, 2, a, b, c, die auch von columbar abgeleitet sein können.

columbārium, ī, *n.*, s. columbārius *no.* II, B.

columbārius, a, um (columba), **zur Taube gehörig, Tauben-, I** *adi.*: pastor, Taubenwärter, Varr. r. r. 3, 7, 5. – **II** *subst.*: **A columbārius,** ī, *m.*, der **Taubenwärter,** Varr. r. r. 3, 7, 7. – **B columbārium,** ī, *n.*, **1** ein **Taubenfach, -loch** für ein Paar Tauben, **Taubenhaus, -schlag** für mehrere Paare, Varr. u. a. – **2** übtr.: **a** ein **Loch** nahe an der Welle eines Schöpfrades, Plur. columbaria, Vitr. 10, 4 (9), 2. – **b** die Öffnung, wo der Balken in den Wänden der Gebäude liegt, das **Lager,** Plur. columbaria, Vitr. 4, 2, 4. – **c** das **Ruderloch,** durch das das Ruder ins Wasser geht, Plur. columbaria, Isid. 19, 2, 3. Fest. p. 169 a (*in v.* Navalis scriba). – als Schimpfwort: columbarium od. (nach *Scal.*) columbar impudens, Plaut. fr. b. Fest. p. 169 a. – **d** eine unterirdische **Totenkammer,** ein **Begräbnisgewölbe,** an dessen Wänden Nischen für Aschenkrüge angebracht waren, CIL 2, 2002 u. ö.

columbas, adis, *f.*, s. colymbas.

columbātim, *Adv.* (columba), **nach Taubenart,** da c. mitia basia, Anthol. Lat. 989, 14 M.

columbīnāceus, a, um (columbinus), zum **Taubengeschlecht gehörig,** pullus, junge Taube, Cael. Aur. acut. 2, 18, 111.

columbīnus, a, um (columba), **I zur Taube gehörig, Tauben-,** ovum, Hor. u. Cels.: pulli, Varr. u. Cic.: subst., columbini, junge Tauben, Täubchen, Edict. Diocl. 4, 28. – **II taubenartig, -farbig, Tauben-,** terra c., Plin.: cicer c., vitis c., Plin.

columbor, ātus sum, ārī (columba), **nach Taubenart küssen, sich schnäbeln,** c. labris, Maecen. in Sen. ep. 114, 5.

columbulātim, *Adv.* (columbulus), **nach Täubchenart,** c. labra conserens labris, Matius b. Gell. 20, 9, 2.

columbulus, ī, *m.* (*Demin.* v. columbus), das **Täubchen,** Plin. ep. 9, 25, 3.

columbus, ī, *m.*, eig. **das Männchen der Taube,** der **Tauber** (vgl. Varr. LL. 9, 56), Plaut. rud. 887. Catull. 29, 8. – oft **Taube** übh. Hor. ep. 1, 10, 5. Col. 8, 8, 1. Plin. 10, 25. Apic. 6, 226; vgl. Gloss. ›columbus, περιστερός‹.

columella, ae (*Demin.* v. columna; vgl. Prisc. 3, 37 u. 40), **I** *f.* die **kleine Säule,** der **Pfeiler, Pfosten,** Cato, Cic., Caes. u. a.: an der Katapulte das »Fußgestell«, Vitr.: als *t. t.* der Mediz., das **Zäpfchen,** Gloss.: übtr., eine **Säule** = **Stütze,** v. Pers., c. Lucili, Lucil. sat. 22, 2. – **II** *m.* L. Iunius Moderatus Columella, ein aus Kadix gebürtiger röm. Schriftsteller über den Landbau, Zeitgenosse des Celsus u. Philosophen Seneka, dessen Schriften de re rustica u. de arboribus noch erhalten sind.

columellāris, e (columella), **säulenartig,** dentes, die Augenzähne (des Pferdes), Varr. r. r. 2, 7, 2. Plin. 11, 168 (nach Isid. 11, 1, 52 in der Vulgärspr. colomelli gen., wo viell. columellas zu lesen).

columen, minis, *n.* (*cello; eig. das in die Höhe Getriebene, Hervorragende, u. zwar:) **I** die **Höhe,** der **Gipfel, A** eig.: **1** im Allg. poet. vom **Gebirge,** alta Phrygiae columina, Catull. 63, 71. – **2** insbes.: **a** die **Haube** einer Mauer, Cato r. r. 15, 1. – **b** der **Giebel, First** eines Gebäudes, turres et columina villae, Varr.: so des Kapitols, Cic. poët. – **c** vom höchsten Punkt in der Sternenbahn, Nigid. b. Serv. Verg. georg. 1, 218. – **B** übtr., die **Spitze,** der **Gipfel** = das Vornehmste, Höchste usw., c. amicorum Antonii Cotyla Varius, Cic.: c. audaciae, Ausbund von Verwogenheit, Plaut. Amph. 367: aetas Ciceronis et Caesaris doctrinarum multiformium variarumque artium columina (Matadore) habuit M. Varronem et P. Nigidium, Gell.: id quasi caput et c. est impensarum, Col. – **II** die **Säule,** der **Balken** als Pfeiler, **A** eig., Cic. poët. de div. 1, 18. – als *t. t.* der Baukunst, der bis zum First hinaufreichende Ständer, der **Giebelspieß,** die **Giebelsäule, Dachstuhlsäule,** Vitr. 4, 2, 1 u. 4, 7, 5. – **B** übtr., die **Säule,** der **Grundpfeiler** = die **Stütze,** der **Stützpunkt,** bes. v. Pers. (vgl. Ruhnken Ter. Phorm. 2, 1, 57), c. senati, Plaut.: familiae, Ter.: c. rei publicae, Cic.: caput columenque imperii Romani, Liv.: columina iustitiae prisca, Amm.: consulatum superesse plebeiis; eam esse arcem libertatis, id columen, Liv.

columna, ae, *f.* (Nbf. zu columen, v. *cello), **I** die **Säule** als runder **Pfeiler** zur Unterstützung od. Verzierung eines Gebäudes, od. freistehend (bes. als Ehren- od. Schandsäule), **1** eig.: c. Albana, Cic. fr.: lapidea, Varr.: lignea, Liv.: marmorea, Cic.: columnam e regione collocare, Cic.: columnam deicere, demoliri, reponere, Cic.: scherzh., ecce autem aedificat: columnam mento suffigit suo, v. einem, der nachdenklich den Arm unters Kinn stützt, Plaut. mil. 209: sprichw., incurrere amentem in columnas, unser »mit dem Kopf gegen die Wand rennen«, Cic. or. 224. – Insbes., **a** columna Maenia (nicht Menia), u. bl. columna, die »Schandsäule« auf dem forum Rom., an der Sklaven, Diebe und böse Schuldner gerichtet und bestraft wurden, Cic. de div. in Caecil. 50: absol., adhaerescere ad columnam, bei dieser Säule hängen bleiben, ohne Beschimpfung nicht davonkommen, Cic. Sest. 18: ad columnam pervenire, Cic. Clu. 39. – **b** columna rostrata, die dem Besieger der Karthager Duilius zu Ehren errichtete, mit Schiffsschnäbeln verzierte Säule, Quint. 1, 7, 12. – **c** columnae = die Pfeiler (Säulen), an denen die Buchhändler ihre Verkaufsstände hatten, Hor. de art. poët. 373. – **d** als Ortsbezeichnung: Columnae Herculis = die »Säulen des Herkules«, im Südwesten Europas (s. Abyla u. Calpe), Mela 1, 5, 3 (1. § 27). Plin. 3. pr. § 4 (dies. Gaditanae colunmae, Apul. de mund. 6 *extr.*); im Norden, zwischen Dänemark u. Schweden, der **Sund,** Tac. Germ. 34, 3: poet., Columnae Protei, die »Säulen des Proteus« = die Grenzen Ägyptens, Verg. Aen. 11, 262. – **2** bildl., die **Säule** = **Stütze,** von Augustus, Hor. carm. 1, 35, 14: te, columna virtutum, Sidon. ep. 6, 1: esto columna piis tu semper et ancora nobis, Paul. Nol. 30, 109. – **II** übtr.: **a** von säulenförmigen Naturerscheinungen, **Säule, α** übh.: columna ignis, Sen. nat. qu. 7, 20, 2. Hieron. in psalm. 36, 47: columna immensi ignis, eine ungeheuere Feuersäule, Sen. nat. qu. 6, 26, 4: columna nubis, Vulg. deut. 1, 33. Ambros. de sacram. 1, 6, 22: columna ignis et nubis, Vulg. num. 14, 24: columna fumi, Vulg. iudic. 20, 40. – **β** insbesondere, die **Wassersäule, Wasserhose,** Lucr. 4, 425 und 6, 426. Plin. 2, 134. – **b** das **männliche Glied,** Mart. 6, 49, 3 und 11, 51, 1. Priap. 10, 8. – **c** columna narium, das Nasenbein, Isid. 11, 1, 48.

columnar, āris, *n.*, ein **Steinbruch,** in dem Säulen gebrochen werden, ein **Marmorbruch,** CIL 14, 2466, 18.

columnāris (columpnāris), e (columna), **säulenförmig aufsteigend,** lux, Feuersäule, Prud. ham. 476.

columnārius, a, um (columna), **zur Säule gehörig, I** *adi.*, **mit Säulen besetzt,** atria, Säulenhallen, Amm. 22, 16, 12. – **II** *subst.*: **1 columnāriī,** ōrum, *m.*, schlechtes Gesindel, das sich auf dem Forum bei der columna Maenia umhertrieb, Cael. in Cic. ep. 8, 9, 6. – **2 columnārium,** ī, *n.*, eine Abgabe für die Säulen in den Gebäuden, die **Säulensteuer,** Cic. ad Att. 13, 6, 1. Caes. b. c. 3, 32, 2.

columnātio, ōnis, *f.* (columna), die **Stützung durch Säulen,** scaenae, Apul. flor. 18.

columnātus, a, um (columna), **durch Säulen (Pfeiler) getragen** od. **gestützt,** tholus, Varr. r. r. 3, 5, 12: diversoria, Ambros. de Cain et Abel 1, 5, 19: pons, Ampel. 8, 3: porticus, CIL 8, 23208: wehmütig scherzh., os columnatum poetae esse indaudivi barbaro, habe (in Kummer u. Leid) das Kinn mit dem Arm gestützt, Plaut. mil. 211.

columniacus, a, um (columna), **säulenförmig,** lapis, Gromat. vet. 242, 8.

columnifer (columpnifer), fera, ferum (columna u. fero), **eine Säule bildend,** radius, Feuersäule, Prud. perist. 3, 52.

columpnāris, s. columnāris.

cōluo, s. col-luo ►.

colūri, ōrum, *f.* (κόλουροι), zwei Kreise an der Himmelskugel, die durch die Pole gehen u. sich in rechten Winkeln durchschneiden, die **Koluren,** Macr. somn. Scip. 1, 15. § 14.

colurnus, a, um (st. corulnus v. corulus, s. Prisc. 2, 62 u. Schol. Bern. Verg. georg. 2, 396; falsch von cornu, Placid. Gloss. V, 14, 37), **ha-**

seln, aus Haselholz, veru, Verg. georg. 2, 396: hastilia, Paul. ex Fest. 37, 7.

colūrus, a, um (κόλουρος), **verstümmelt,** metrum, um eine Silbe zu kurz, Gramm.

1. **colus,** ūs, *f.*, zu κλώθω, ich spinne (auch heterokl. colus, colī, *f.*, bes. im Abl. Sing. colo u. im Akk. Plur. colos; s. Charis. 21, 19. Prisc. 5, 33 u. 6, 85. Serv. Verg. Aen. 8, 409. – **I** der **Rocken, Spinnrocken,** colus et fusus, Plin.: et colus et fusus, Ov.: colus et lana, Cic.: c. lanā amictus, Catull.: c. gravis lanā, Ov.: c. plena, Tibull.: c. vacuus, Ov.: muliebris coli forma, quo nentur lintea stamina, Amm.: purpuras colo nere, Iustin.: colo vitam tolerare, Verg.: colus vacuare, Sidon. poët.: als Attribut der Parzen, die den Lebensfaden abspinnen, Ov. am. 2, 6, 46. Fronto de nep. am. 2. p. 233, 8 N. Stat. Theb. 3, 224. – **II** meton., der **Faden** Wolle, coli, quas indoctae nevere manus, Sen. Herc. Oet. 672: vom Lebensfaden, rumpere supremas colus, Val. Flacc. 6, 645. – ► *masc.*, Catull. 64, 311. Prop. 4, 1, 72 u. 4, 9, 48. Ov. am. 2, 6, 46. Amm. 23, 4, 14 (aber Tibull. 1, 3, 86 *f.*).

2. **cōlus,** ī, *m.*, s. cōlon.

3. **cōlus,** s. collum ►.

colustra, s. colostra.

colūtea, ōrum, *n.*, **Früchte des Linsenbaums** (*Colutea*, L.), Plaut. Pers. 87.

coluthia, ōrum, *n.*, eine Art **Purpurschnecke,** Plin. 32, 84 u. 147.

cōlȳfia, s. cōlȳphia.

cōlȳma, atis, *n.*, (κώλυμα), das **Hindernis,** Pompei. comment. 15, 3. p. 177, 13 K.

colymbas (columbas), badis, Akk. Plur. badas, *f.* (κολυμβάς), **schwimmend,** oliva, die (in Salzwasser) schwimmende, eingemachte Olive, Col. 12, 49 (47), 8. Plin. 15, 16 u. 23, 73. Apic. 6, 248.

colymbus, ī, *m.* (κόλυμβος), das **Schwimmbassin,** die **Schwimmanstalt,** virens, Prud. perist. 12, 36: marinae aquae, Lampr. Heliog. 23, 7.

cōlȳphia, ōrum, *n.* (κωλύφια, τά), viell. **Hüftenstückchen,** als Athletenkost, Plaut. Pers. 92. Mart. 7, 67, 12. Iuven. 2, 53. Vgl. Schneider Veget. mul. 6, 1, 2. p. 105.

colyx, s. colliga.

com, altlat. = cum. – Im klass. Latein. nur noch in Zusammensetzungen (und dann des Wohlklangs wegen oft bald in con, bald in co verwandelt) = **mit, zusammen, mit sich, bei sich,** od. = **von allen Seiten,** unser bei-, be-, zuw. auch = **angelegentlich, tüchtig, überaus** u. dgl. – Vor f u. s wird com od. con gedehnt gesprochen (nach Cic. or. 159), was auch durch die Art, wie die Griechen lateinische Wörter schrieben (z. B. Κώνσουλ), bestätigt wird.

coma, ae, *f.* (κόμη), **I** das **Haar,** als natürliche Bedeckung des Hauptes, das **Haupthaar, a** der Menschen, **α** Sing.: calamistrata, Cic.: cana, Tibull.: madens, von Salben triefendes, Cic.: regia, der Berenice, Catull.: comam in gradus frangere od. formare, Quint. u. Suet. – **β** Plur. comae rutilae, Tac.: comae promissae et rutilatae, Liv.: comae hirsutae et intonsae, Curt.: comas pectere, Tibull.: comas inustas comere acu, Quint.: comas componere (Ggstz. comas turbare), Quint.: calamistro crispare comas, Hier.: dentibus atque comis uti emptis, falsche Z. u. falsches Haar tragen, Mart. – **b** der Tiere, die Mähne der Löwen, comae cervicum fluctuantes, Gell.: der Pferde, Pallad.: dah. poet. = crista, Helmbusch, Stat. Theb. 8, 389. – **II** übtr.: **a** v. den Blättern od. haarähnlich aufwärts steigenden Gräsern u. Stengeln usw. der Pflanzen (s. Hildebr. Apul. met. 5, 25. p. 369), **Laub, Ähren, Gras, Stengel** usw., b. Dichtern, Col., Plin. u. a. (vgl. Plin. 16, 78 arborum aliis decidunt *folia*, aliae sempiternā *comā* virent): arborum comae vitiumque pampini, Hieron. – **b** die **Wolle** der Schafe, Poëta b. Cic. u. Col.: u. das **Wollige, Haarige** am Pergament, Tibull. 3, 1, 10. – **c** die **Feuer-** u. **Lichtstrahlen, Sonnenstrahlen,** Catull. u. Sen. poët.

cōmacum, ī, *n.* (κώμακον), eine in Syrien wachsende Art **Zimt,** Plin. 12, 135; vgl. Plin. ind. libr. 12. sect. 63.

Comagēnē, -ēnus, s. Commāgēnē.

Comana, ōrum, *n.* (Κόμανα), **I** Com. Pontica (K. τὰ Ποντικά), eine reiche Stadt in Pontus Galatikus, später in Pontus Polemoniacus, berühmt durch einen von Orestes gegründeten Tempel der Artemis Taurica (gemeint Cic. de imp. Pomp. 23), j. Ruinen *Gumenek* (bei »Tokat«), Auct. b. Alex. 34, 5 u. 35, 5. Plin. 6, 10. Iust. nov. 31, 1. – **II** Com. Chrȳsē od. Chrȳsa (K. Χρυσῆ), Stadt in der kappadozischen Präfektur Kataonien, ebenf. berühmt durch einen der Sage nach von Orestes erbauten Tempel der Artemis Taurica (Bellona), j. *el Bostan,* Auct. b. Alex. 66, 4. Plin. 6, 8. Iust. nov. 31, 2. – Dav. **Comanēnsēs,** ium, *m.*, die Einw. von Komana, die **Komaner,** Cod. Iust. 11, 47, 10.

comāns, antis (coma), **behaart,** colla equorum, Verg.: iuba, Gell.: galea, mit einem Haarbusch versehen, Verg.: stella, mit einem strahlenden Haarschweif versehen, Komet, Ov.: narcissus sera, spät belaubt, Verg.: folia, Plin.: silva, Stat.: astro comantes Tyndaridae, die sterngelockten (von dem auf ihrem Haupt befindlichen Flämmchen), Val. Flacc.

cōmarchus, ī, *m.* (κώμαρχος), **Dorfoberhaupt, -vorsteher, Schultheiß,** Plaut. Curc. 286.

comaron, ī, *n.* (κόμαρον), **I** die **Frucht des Erdbeerbaums** (*Arbutus unedo,* L.), Plin. 15, 99. – **II** eine auch fragum gen. Pflanze, Ps. Apul. herb. 37.

comātōrius, a, um (como), **zum Haar gehörig, Haar-,** acus, Haarnadel, Petr. 21, 1.

comātus, a, um (coma), **behaart, a** eig., v. leb. Wesen (Ggstz. calvus), Mart. 1, 72, 8; 10, 83, 11. Val. Flacc. 7, 636: comatus et crispulus, Sen. ep. 66, 25: Aethiopici lupi brumā *comati* sunt, aestate *nudi,* Solin. 30, 27: Gallia c., s. Gallia: Plur. subst., comātī, ōrum, *m.*, non minus molestum est *calvis* quam *comatis* pilos velli, Sen. de tranqu. anim. 8, 3: pulchri et comati, schöne Jünglinge mit vollem Haarwuchs, Suet. Cal. 35, 2. – **b** poet. übtr., silva, belaubt, Catull. 4, 11.

com-bāiulo, āre, **tragen,** Ven. Fort. vit. S. Radeg. 29.

combennōnēs = *eādem bennā sedentes,* Paul. ex Fest. 32, 14.

combibiōnēs, um, *m.*, die **Zechbrüder, Mitzecher,** Gloss. IV, 223, 31. Vgl. 2. combibo.

1. **com-bibo,** bibī, ere, **I** *intr.*, **zusammen-, in anderer Gesellschaft trinken,** Sen. ep. 123, 15. – **II** *tr.*, **eintrinken, einsaugen, in sich saugen** od. **ziehen, verschlucken,** lacrimas, Ov.: venenum corpore, Hor. – v. lebl. Subjj., ii, qui combibi purpuram volunt, Cic. fr.: combibit ara cruorem, Ov.: combibunt scrobes solem pluviamque, Plin.: combibit cupressus flammas, Stat.: combibit os maculas, bekommt Fl., Ov.: u. absol. = anziehen, Cato r. r. 100. 109. Col. 12, 43. Scrib. 20 u. 227. Frontin. aqu. 123. – übtr., quas (artes) si, dum est tener, combiberit, Cic. de fin. 3, 9: c. illapsos per viscera luxus, gleichs. in vollen Zügen trinken, Sil. 11, 400.

2. **com-bibo,** ōnis, *m.*, der **Mittrinker, Zechbruder,** Lucil. sat. 26, 66. Cic. ep. 9, 25, 2.

combīnātio, ōnis, *f.* (combino), die **Vereinigung,** Plur. bei Diom. 504, 5 K.

combīno, āvī, ātum, āre (com u. bini), **vereinigen,** Diom. 504, 5 K. u. a. Spät.

combrētum, ī, *n.* (vgl. litauisch *szveñdrai, plur.*, Schilfart), eine Binsenart, nach Sprengel die **größte Simse,** Plin. 21, 30 u. 133.

com-bullio, īre, **zusammenwallen, völlig durchkochen,** Apic. 8, 397.

Combuteria (Computeria), ae, *f.*, ein kleines Städtchen der Samniter an der südwestl. Grenze Kampaniens, Liv. 23, 39, 6 (Comb.) u. 24, 20, 5 (Comp.). – Nbf. **Cubulteria,** CIL 10, 4620. – Dav. **Cubulterīnus,** a, um, **aus** od. **zu Kubulteria,** marmora, CIL 10, 7574: Plur. subst. Cubulterīnī, Plin. 3, 63.

comb-ūro, ussī, ūstum, ere (aus *co-amburo entstanden), völlig **verbrennen, I** eig.: aedes, Plaut.: naves, Caes.: libros, annales, Cic.: commentarios regios, Liv.: alqm vivum, Cic. – v. Verbrennen der Toten, alqm in foro, Cic.: corpus alcis concisae scaphae lignis, Val. Max. – v. der Sonnenhitze, absol., non ut (sol) tepefaciat solum, sed etiam comburat (versengt), Cic. de nat. deor. 2, 40. – Partiz. subst., combūstum, ī, *n.*, der **Brandschaden** am Körper, Scrib. 221 (wo viell.

zu lesen ad combusta): Plur., Plin. 20, 17 u. 22, 141. Scrib. 219 u. 220. – **II** übtr.: c. alqm iudicio, zugrunde richten, Cic. ad Q. fr. 1, 2, 2. § 6: combustus Semelā, entbrannt, verliebt in usw., Prop. 2, 30, 29: c. diem, gleichs. zu Grabe tragen, totschlagen = schmausend zubringen, Plaut. Men. 155 zw. – ▸ assimiliert commurere, CIL 14, 850.

combūstio, ōnis, *f.* (comburo), das **Verbrennen,** Firm. math. 4, 2 u. Eccl.

combūstūra, ae, *f.* (comburo), das **Verbrennen,** Vulg. levit. 13, 28. Pelagon. veterin. 25. p. 84 (= 319 *Ihm*). Apic. 4, 179.

1. Cōmē, ēs, *f.* (κώμη = vicus, Flecken, Dorf), **I** Hiera Cōmē, Genet. Hierās Comēs, *f.* (Ἱερὰ Κώμη, der heilige Flecken), ein Flecken in Karien, am linken Ufer des Mäanders, südöstlich von Magnesia, mit einem angesehenen Tempel u. Orakel Apollos, Liv. 38, 12, 10. – **II** Xylinē Cōmē (Ξυλίνη Κώμη, Holzendorf), Flecken in Pisidien, Liv. 38, 15, 7. – **III** Acaridos Come, Flecken in Phrygien, Liv. 38, 15, 12.

2. comē, ēs, *f.* (κόμη), eine auch tragopogon gen. Pflanze, Plin. 27, 142.

1. com-edo, ēdī, ēsum (essum) u. estum, ere, **aufessen, auf-** od. **verzehren, I** *tr.*: **1** im Allg.: prandium, Plaut.: panem, Afer bei Quint.: cotidianum panem, Eccl.: panis unciam, Suet.: omne frumentum, Suet.: ficus omnes (v. einem Esel), Val. Max.: pirum, Plaut.: alcis lacertum, Cic.: alqm (v. Mücken), Cic.: semet ipsum, Ps. Quint. decl.: ex se natos (v. Saturn), Cic.: bildl. m. abstr. Obj., quid scientiae comedendum mihi apponeret, mir auftischte, Augustin. conf. 5, 3. – Sprichw., tam facile vinces, quam pirum volpes comest, Plaut. most. 559: cenā comesā venire, zu spät-, *post festum* kommen, Varr. r. r. 1, 2, 11. – übtr., alqm totum, aus Liebe aufessen, Lucil. sat. 4, 42: alqm oculis, mit den Augen verschlingen, pueros molles, Mart. 9, 59, 3: se, sich (vor Schmerz, Gram usw.) aufzehren, -aufreiben, Plaut. truc. 593. Cic. Hortens. fr. 17 K. – **2** prägn., durch Prassen **durchbringen, verprassen,** alcis dotem, Plaut.: argentum, aurum, Plaut.: bona alcis, Cic.: patrimonium, Cic.: cantherium, dessen Geldwert, Preis, Cic.: u. alqm, jmds. Vermögen durchbringen, Plaut. Pseud. 1126 u. a. Varr. sat. Men. 513. Iuven. 1, 34: hunc comedendum et ebibendum vobis propino, ich gebe euch dessen Küche u. Keller preis, Ter. eun. 1087. – **II** *intr.* **zehren, essen,** de caelesti pane, Hier. ep. 78. mans. 42. p. 497 Vall. – Zsgz. Formen (s. 1. edo): comes, comest, comesset, comesse u. s. f., Plaut., Cic. u. a.: comestur, Lact. de mort. pers. 33, 8: Archaist. Formen comedim etc. (= comedam etc.), bei den Komik. u. Cic. ep. 9, 20, 3: comedereis (= comederis), Plaut. Men. 521. – *Partic. Perf. Pass.* comēsus od. comessus, Cato r. r. 58. Varr. r. r. 1, 2, 11 (*cod. P* comessa). Valg. fragm. bei Diom. 387, 7. Iuven. 1, 34. Auct. decl. in Sall. 7, 20: oder comestus, wie Cato r. r. 50. Varr. sat. Men. 523. Didius bei Diom. 387, 6 K. Cic. Clu. 171. Val. Max. 9, 12. ext. 6. Cael. Aur. chron. 2, 1, 9. Placit. de medic. 11, 1. Anthim. 56. p. 87, 2 R.

2. comedo, ōnis, *m.* (1. comedo), der **Fresser, Schlemmer,** Lucil. sat. 5, 41. Varr. sat. Men. 317.

comedus, ī, *m.* = 2. comedo (s. d.), Paul. ex Fest. 58, 6.

Cōmēnsis, e, s. Cōmum.

comes, itis, *c.* (com u. eo; vgl. coëo, comitium), der **Mitgänger,** der **Begleiter,** die **Begleiterin, a** übh.: c. Antonii, Cic.: c. Herculis, Suet.: Cyri, Frontin.: c. tuus, Cic.: comite Agrippā, Suet.: T. Agusius comes meus fuit illo miserrimo tempore, Cic.: age age, absolve me, ne comites morer, Plaut. – comes fugae, Cic.: exsilii, Vell. u. Mart.: c. victoriae, Caes. – in studiis c. et in lusibus, Ps. Quint. decl.: esse comitem alcis, Cic., u. alci, Ov. – dare (alci) comitem, Curt.: alqm od. se comitem alci addere, Liv. u. Verg.: alqm comitem alci adiungere, Cic.: comites de suis adiungere alci, Nep.: se comitem fugae alcis adiungere, Cic.: aggregare alqm alci comitem (v. Zufall), Vell.: alqm comitem habere, Cic.: alqm od. alqam (z. B. uxorem) comitem fugae habere, Sen. poët. u. Vell.: u. alqm rerum omnium socium comitemque habere, Cic.: alqm comitem habere consiliis suis, Plaut.: praebere se alci comitem in inimicis ulciscendis, Cic.: non praebere se comitem illius furoris, sed ducem, Cic.: comitem negare (verst. se), nicht mitgehen wollen, Ov.: si nemo tantae virtutis exstitisset comes, Liv. – v. lebl. Subjj., luna, c. in nostras officiosa vias, Ov.: eloquentia pacis comes otiique socia, Cic.: mortis comes gloria, Cic.: invidia gloriae comes, Nep.: eminentis fortunae comes invidia, Vell.: grammatice dulcis secretorum c., Quint.: ira et metus et reliqui motus animi, comites superiorum, Cic.: hāc igitur conscientiā comite proficiscar, Cic. – **b** insbes.: **α** der **Begleiter** = Führer eines Knaben, gew. verb. custos comesque alcis, Verg.: comes et rector alcis, Suet.: puero (Alexandro) comes et custos salutis datus (v. Arzt Philippus), Curt. – **β** der **Begleiter, einer aus dem Gefolge,** im Plur. die **Begleiter** = das **Gefolge** (vgl. cohors *no.* II, B, 2, b), sowohl der Magistrate, bes. des Prätors in der Provinz (Unterbeamte [Präfekten, Schreiber, Herolde, Ärzte, Haruspices], junge Vornehme, Freunde, Schmarotzer, Klienten, Freigelassene, s. Ernesti Suet. Tib. 46. Ruhnken Suet. Caes. 42), comites omnes magistratuum, Cic.: comites eius (Verris), Cic.: comites et adiutores negotiorum publicorum, Cic.: comites illi tui delecti, Cic.: senatoris filius contubernalis aut comes magistratus, Suet.: comes scribaque Neronis, Hor.: Pompeii libertus et paene omnium expeditionum comes, Suet.: comitum coetus, Catull.: quorum comes in provincia fuit, Suet. – als auch in der august. Zeit vornehmer Privatleute auf Ausflügen u. Reisen (bes. Schmarotzer; vgl. Schmid Hor. ep. 1, 7, 76. Bremi Suet. Tib. 46), ducendus et unus et comes alter, uti ne solus rusve peregreve exirem, Hor.: comites servosque ceteros dimiserat, Suet. – als auch (zur Kaiserzeit) des Kaisers (zuw. in Rangklassen geteilt, s. Suet. Tib. 46), servus Aemilii Pauli comitis eius, Suet.: inter comites Neronis, Suet.: comites a se removere, Suet. – dah. in spät. Kaiserzeit comes als Bezeichnung für den Inhaber irgendeines Hof- od. Staatsamts, z. B. der c. stabuli, Oberstallmeister, Cod. Theod. 11, 18, 1. Greg. Tur. hist. Franc. 3, 32: comes (als General) rei castrensi praefuit per Africam, Amm. 30, 7, 3.

cōmēsātio, -sātor, -or, s. comiss…

cōmēsor u. **cōmestor,** ōris, *m.* (1. comedo), der **Verzehrer, Fresser,** Form *-sor,* Gaius dig. 21, 1, 18 pr. u. Eccl.: Form *-stor,* Vulg. sap. 12, 5.

cōmessātio, -sātor, cōmessātor **-or,** cōmessor s. comiss…

comestibilis, e (1. comedo), **verzehrbar, essbar,** Isid. 17, 7, 9.

comestio, ōnis, *f.* (1. comedo), das **Verzehren,** Anthol. Lat. 396, 7 M. Cassian. coen. inst. 4, 21. Fulg. myth. 1, 5 (Plur.) u. 15. Isid. 20, 2, 21 u. a. Eccl.

comestor, s. cōmēsor.

comestūra, ae, *f.* (1. comedo), das **Aufzehren,** der **Verbrauch,** Augustin. serm. 36, 5 u. 46, 16 u. a. Eccl. (s. Rönsch Itala p. 40).

comēsus, Abl, ū, *m.* (1. comedo), das **Verzehren,** Isid. 20, 1, 1.

comēta, ae, *m.,* s. comētēs.

comētēs, ae, Akk. ēn, *m.* (κομήτης), der **Haarstern, Schwanzstern, Komet** (rein lat. stella crinita od. cincinnata), Verg., Sen. u. a.: sidus c., Tac.: stella c., Iustin.: stellae eae, quas Graeci cometas, nostri cincinnatas vocant, Cic.: crinita sidera cometarum, Amm. – ▸ Spätlat. Akk. Sing. cometem, Serv. Verg. Aen. 10, 272. Schol. Iuven. 6, 407. – Nbf. **comēta,** ae, *m.,* Prud. cath. 12, 21 (Nom.). Ps. Sen. Octav. 237 (Akk.).

cōmicē, *Adv.* (comicus), **nach Art der Komödie, komisch** (Ggstz. tragice), Cic. de or. 3, 30. Sen. ep. 100, 10.

cōmicus, a, um (κωμικός), **zur Komödie gehörig, komisch** (Ggstz. tragicus), **I** *adi.*: **a** übh. poëta, poëma, Cic.: fabula (Ggstz. tragica, satyrica), Acro: gestus, Quint: res, Stoff der Komödie, Hor.: artificium, Cic.: virtus, Caes. fr.: tragica comicaque ingenia, Sen. – **b in der Komödie dargestellt = auftretend wie in der Komödie,** senes, stulti senes, Komik.: adulescens, Cic.: moecha Thais, Prop.: servi, Plaut. – **II** *subst.,* cōmicus, ī, *m.* (Ggstz. tragicus), **a** der **Schauspieler der Komödie, der Komiker,** Plaut. Pers. 465 u. a. CIL 14, 2408. – **b** der **Komödiendichter, Komiker,** Sing. Amm. 14, 6, 6 u. 21, 14, 4: neben lyricus, Symm. ep. 4, 1: Plur., Cic. or. 184. Quint. 1, 7, 22: neben tragici, Quint. 9, 3, 14 u. 11, 1, 38.

comīnum, s. cumīnum.

cominus, *Adv.,* s. comminus.

cōmis (altl. cosmis), e, *Adi. m.* Compar. u. Superl. (viell. zu Wz. **smei̯-,* lächeln, in altind. *smáyatē* ›lächelt‹), **aufgeräumt, launig, munter, frohsinnig,** u. gegen andere = **freundlich, gütig, gutmütig, zuvorkommend, nett, höflich,** u. in diesem Sinne = **menschenfreundlich, human** (Ggstz. severus, asper), **a** v. Pers. u. deren Gesinnung usw., dominus, Cic.: animus, Ter.: ingenium, Nep. – Pylius orator eloquio comis, Apul. de deo Socr. 17 *extr.* – c. in uxorem, Hor.: in amicis tuendis, Cic. – c. erga alqm in ceteris rebus, Cic. – c. alci, Tac. – quis C. Laelio (als L.) comior? Cic.: et super cenam et alias comissimus, Suet.: senex comissimus, Apul. – **b** übtr., v. Lebl.: libelli, nette Komödienbücher, Hor.: sermo, Tac.: comi hospitio accipi, Liv.: c. victus inter hospites, Tac.: voluptates comiores, Auct. itin. Alex.: sermo comissimus, Apul.

cōmisābundus, s. cōmisābundus.

cōmisātio, -sātor, -or, s. comiss...

cōmissābundus (cōmisābundus), a, um (comissor), **einen lustigen Umzug haltend, umherschwärmend, -schwelgend, wie zum Umzug einhergehend,** Liv. 9, 9, 17. Curt. 5, 7 (23), 10 u. 9, 10 [42], 26. Plin. 21, 9. Porphyr. Hor. sat. 2, 3, 254. – ► Über die Orthographie s. cōmissor ►.

cōmissāliter, *Adv.* (*comissalis v. comissor), **wie im schwärmenden Umzug, schwärmend, fröhlich,** cantatas saepe c. nobis Phaëthontiadas, Sidon. epist. 1, 5, 3.

cōmissātio (cōmisātio), ōnis, *f.* (comissor), **der fröhliche Umzug und das damit verbundene Gelage,** gew. im Plur., Varr. LL. 7, 89. Cic. Cat. 2, 10; Mur. 13. Liv. 1, 57, 5. Sen. ep. 51, 4 u. ad Helv. 10, 9. Mart. 5, 16, 9. Suet. Cal. 55, 2. Gell. 1, 9, 9. Iustin. 12, 13, 7.

cōmissātor, ōris, *m.* (comissor), **der einen fröhlichen Umzug hält** od. **mitmacht,** ein **lustiger Zechbruder,** Ter. adelph. 783. Cic. Cael. 67. Liv. 40, 7, 8 u. 9, 1. Mart. 9, 61, 15. Gell. 4, 14, 4. – übtr., comissatores coniurationis, Kumpane von der katilinar. V. her, Cic. ad Att. 1, 16, 11: nunc conviva est comissatorque libellus, Mart. 5, 16, 9. – Über die Orthogr. vgl. comissor ►.

cōmissor, ātus sum, ārī (κωμάζω; vgl. *Passow* u. d. W.), **einen fröhlichen Umzug halten,** meist von jungen Leuten, die zur Nachfeier eines Gastmahls mit Musik u. Tanz lustig umherzogen u. endlich bei einem ihrer Genossen einkehrten, um von neuem zu zechen, **umherschwelgen,** alqm comissatum vocare, Plaut.: comissatum ire ad alqm, Plaut. u. Liv.: c. in domum Pauli, Hor.: comissatum venire ad alqm, Plaut.: alqm comissatum intromittere, Ter.: recipere intra ianuam alqm comissatum, Liv.: alqm comissatum sequi, Liv.: absol., comissantium modo currum sequi, Liv.: eadem felicitas ab Oceano revertentes temulentos comissantesque inter ora hostium texit, Curt. – ► Die Schreibung comissor u. comisor in gleich guten Hdschrn.; die Schreibung comessor u. comesor wohl aus falscher Etymologie (von comedo) entstanden, doch öfter bei Spät. (z. B. in der Vulg. u. [comesationes] Gloss.

comitābilis, e (comitor), **begleitend,** error, Paul. Nol. 10, 298.

cōmitās, ātis, *f.* (comis), das **aufgeräumte Wesen,** der **Frohsinn,** die **Heiterkeit,** die **heitere, gute Laune, Munterkeit,** u. gegen andere = die **Freundlichkeit, Gutmütigkeit, Gefälligkeit, Zuvorkommenheit, Leutseligkeit, Artigkeit, Höflichkeit,** u. in diesem Sinne = die **Humanität** (Ggstz. severitas, gravitas), Plaut., Cic. u. a.: verb. comitas et facilitas (Ggstz. gravitas severitasque), Cic.: c. epulantium, Curt.: c. affabilitasque sermonis, Cic.: c. in socios, mansuetudo in hostes, Tac.: c. curandi (in der Verwaltung), Tac.: mihi ad enarrandum est c., ich bin aufgelegt, Plaut.: per comitatem, aus Gefälligkeit, Plaut.

comitātēnsis, e (comitatus), **zur Würde-, zum Amt der** *comites* **(Hof- u. Militärchargen, Hofleute) gehörig, Hof-,** munus, legio, Cod. Theod.: potestas, Augustin.: fabrica, Hofränke, Amm.

1. comitātus, ūs, *m.* (*comitor*), **I** die **Begleitung, Gesellschaft,** optimorum et clarissimorum civium, Cic.: comitatu equitum, mit od. unter B., Caes. – übtr., pruna hordearia appellata a comitatu frugis eius, weil sie gleichzeitig mit dieser Frucht reifen, Plin.: tanto virtutum comitatu (opus est), Cic. – **II** konkret, die **Begleitung,** das **Gefolge,** die **Umgebung,** praedonis improbissimi societas atque comitatus, Cic.: muliebris ac delicatus ancillarum puerorumque comitatus, Cic.: magno comitatu venire, Verg. – Insbes.: **a** die **Begleitung,** das **Gefolge** eines Reisenden, die **Reisegesellschaft,** u. (bei den Histor.) im weiteren Sinne = die zusammen Reisenden, die **Karawane,** magnus, Cic. u. Liv.: omnis, Suet.: Plur., Allobrogum comitatus, die Allobroger mit ihrer ganzen Reisegesellschaft, Sall. – **b** das **Gefolge** des **Kaisers, der Hofstaat, Hof,** Tac. u. a.

2. comitātus, a, um, s. comito.

cōmiter, *Adv.* (comis), **aufgeräumt, munter, mit heiterer Laune,** mit **Frohsinn,** und in Bezug auf andere = **freundlich, nett,** und in diesem Sinne = **menschenfreundlich, human** (Ggstz. graviter, severe), Cic. u. a.

comitia, s. comitium *no.* II.

comitiacus, a, um (comes), **mit einer Militärcharge bekleidet,** Cassiod. var. 6, 13 *lemm.* Anthol. Lat. 128 *lemm.* (948 *lemm.*).

comitiae, ārum, *f.* = comitia, CIL 6,10213 u. Gloss.

comitiālis, e (comitia), **zu den Komitien gehörig,** dies, an denen Komitien gehalten wurden, Volkstag, Wahltag, Cic.: so auch mensis, Cic.: homines, die sich immer bei den Komitien befinden u. ihre Stimmen verkaufen, Plaut.: morbus, Cels. u. a., od. vitium, Sen., die fallende Sucht, Epilepsie (so genannt, weil ein solcher Krankheitsfall an den Komitialtagen als ominös die Beratung aufhob); dah. comitialis, **mit der Epilepsie behaftet,** ab eo cibo comitiales fieri, Plin. 20, 114. – Plur. subst., comitiālēs, **a** mit der Epilepsie Behaftete, Epileptiker, Plin. 20, 31. – **b** (*sc.* morbi) Epilepsien, contra comitiales sumi, Plin. 32, 29.

comitiāliter, *Adv.* (comitialis), **epileptisch,** accĭdere, Plin. 22, 59.

comitiānus, a, um, **zu dem** *Comes Orientis* **(einem Hofbeamten) gehörig,** Cod. Theod. 8, 4, 18.

comitiātus, ūs, *m.* (comitia), die förmliche **Volksversammlung,** Varr. LL. 5, 91. Cic. de legg. 2, 31 u. 3, 27. Messala bei Gell. 13, 16, 1 (13, 15, 8): u. comitiatus maximus, die höchste V., die Zonturiatkomitien, XII tabb. bei Cic. de legg. 3, 11.

comitio, āvī, ātum, āre, **I das Volk** zur Versammlung **auf das** *comitium* **berufen** (v. rex sacrificulus), quando rex comitiavit fas, Varr. LL. 6, 31: quando rex comitiassit (= comitiaverit) fas, Fest. p. 278 (a), 14: abgek. Q. R. C. F., Fast. ann. Iul. Praen. Mart. 24 (CIL 1^2 p. 234.). – Dep. Nbf. comitior, ἀρχαιρεσιάζω (ich halte eine Wahlversammlung), Dosith. (VII) 430, 20. – **II in den Komitien wählen,** dah. tribuni comitiati, die vom Volk gewählten (Ggstz. rufuli, die vom Feldherrn erwählten), Ps. Ascon. Cic. I. Verr.. 30.

comitior, ārī, s. comitio *no.* I.

comitium, ī, *n.* (comeo = coëo), **I** Sing. comitium, **A** der zur Abhaltung von Volksversammlungen bestimmte Platz am Abhang des Kapitols, anstoßend an die Nordwestseite des Forums, das **Komitium,** Cic. Sest. 75. Liv. 1, 36, 5 u. a. (s. Fabri Liv. 22, 7, 7). – **B** übtr., c. Spartae, das Ephoreum, Nep. Ages. 4, 2. – **II** Plur., comitia, die »förmliche Versammlung des ganzen röm. Volks«, um Gesetze u. Verordnungen zu beschließen, zu verwerfen od. aufzuheben, od. um Ehrenämter zu vergeben, über Kapitalverbrechen abzuurteilen u. dgl., die **Komitien** (u. zwar gen. comitia centuriata, tributa, curiata, je nachdem das Volk nach centuriae, tribus od. curiae abstimmte), consulum, consularia, zur Wahl der Konsuln, Liv.: censorum, Cic.: so auch quaestoria, tribunicia, Cic.: mea, Cic. – edicere comitia consulibus creandis, Liv.: habere comitia populi, Cic.: habere comitia consularia, Liv., od. consulibus subrogandis od. bl. consulibus, Cic.: comitia fiunt regi creando, Liv.: comitia instituere, Cic.: comitia obire, Cic.: comitia dimittere, Cic.: comitia differre, prolatare, Liv.: comitia dirimere (v. einem Umstand), Liv.: comitiis obnuntiare, Cic.: comitiis praeesse, Cic. – Von den comitia centuriata als Gericht über Kapitalverbrechen übtr., Pseudolus mihi centuriata habuit capitis comitia, hat das Todesurteil über mein Dasein ausgesprochen, Plaut. Pseud. 1232: ibo intro ubi de capite meo sunt comitia, wo es sich für mich um Sein od. Nichtsein handelt (wo es um meinen Kopf geht), Plaut. aul. 700; vgl. Plaut. truc. 819.

comitīvus, a, um (comes), **zu einem Oberbeamten gehörig,** sedes, Cod. Theod. 11, 21, 3: dignitas, Würde eines Chefs, Veget. mil. 2, 9. – subst., comitīva, ae, *f.*, eine **Hof-** od. **Militärcharge,** Veget. mil. 2, 9. p. 42, 13 L. Paulin. carm. euchar. 295: primi ordinis, Cassiod. var. 6, 13.

comito, āvī, ātum, āre = comitor, aktiv, Acc. tr. fr., Prop. u. a. Dichter (s. Heinsius Ov. trist. 1, 9, 31): passiv, Lucr., Sen. u. a. (s. Bünem. Lact. 4, 8, 11). – Partiz. comitātus, a, um, **begleitet, α** m. *Abl.*: alienis viris, Cic.: Phrygiis ministris, Tibull.: dolore, Ov. (s. Heinsius Ov. her. 6, 123). – **β** absol.: bene, Cic.: parum, Cic.: puero ut uno esset comitatior, Cic. Tusc. 5, 113.

comitor, ātus sum, ārī (comes), **I** jmds. **Begleiter abgeben, sich** jmdm. **als Begleiter anschließen,** jmd. od. etw. **begleiten, a** von leb. Wesen: alqm, Caes.: alqm in exsilium, Suet: alqm fugā, Verg. – currum alcis triumpho, Suet.: iter alcis, Verg. – absol., comitabantur viginti sociae cohortes, Tac.: lanigerae comitantur oves, Verg.: domino comitante, Ov.: poet., nubere non comitante deo (Hymenäus), ohne Zustimmung des H., Prop.: paucis comitantibus, Ov. u. Tac. – **b** übtr., v. lebl. Subjj.: comitatur artem decor, Quint. – m. *Dat.* = jmdm. (als Begleiter) zur Seite stehen, mit jmd. verbunden sein, illi iniusto domino aliquamdiu in rebus gerendis prospera fortuna comitata est, Cic.: tardis mentibus virtus non facile comitatur, Cic. – absol., etiamsi nulla comitetur infamia, Cic. – **II** insbes., einem Toten **das Geleit geben,** jmd. **zu Grabe geleiten,** alqm, Nep. u. Verg.

comma, atis, *n.* (κόμμα), **I** der **Einschnitt, Abschnitt, a** einer Periode, Quint. u. a. Gramm. – **b** als Teil eines Verses, Terent. Maur. 309; 1731 u. ö. – **II** in der Metrik, die **Zäsur,** Gramm.

commācerātio, ōnis, *f.* (commacero), die **völlige Zerweichung, gänzliche Auflösung,** corporis, Ambros. in psalm. 37. § 59.

com-mācero, ātus, āre, **völlig zerweichen, -auflösen,** Marc. Emp. 36 *extr.*: übtr., Ambros. in Luc. 5, 6: languore commacerati, Heges. 5, 27. p. 339, 82 W.

commaculātio, ōnis, *f.* (commaculo), die **Besudelung, Befleckung,** Eccl.

com-maculo, āvī, ātum, āre, **stark beflecken, besudeln, I** eig.: sanguine manus, Verg.: sanguine suo altaria deûm, Tac. – **II** übtr.: se ambitu, Cic.: se cum Iurgutha miscendo, Sall.: flagitiis commaculatus, Tac.: commaculati satellites, Sall. fr.

com-madeo, ēre, **durch und durch nass sein,** Cato r. r. 156, 5.

Commāgēnē (nicht Comāgēnē), ēs, *f.* (Κομμαγηνή, **I** die nordöstlichste Provinz von Syrien (mit der Hauptstadt Samosata), j. *Camash,* Mela 1, 11, 1 (1. § 62): regio Commagena gen. b. Tac. ann. 15, 12. – Nbf. Commāgēna, ae, *f.*, Amm. 14, 8, 7: u. Commāgēnae, ārum, *f.*, Treb. Poll. Claud. 10, 1 zw. – Dav. **Commāgēnus,** a, um, **aus Kommagene, kommagenisch,** Cic. u. a.: Plur. subst., Commāgēnī, ōrum, *m.*, die Einw. von K., die **Kommagener,** Mela u. Plin. – **II** eine uns unbekannte Pflanze, viell. *Nardus Syriaca,* Plin. 29, 55.

com-malaxo, ātus, āre, **völlig weich machen,** Pelagon. veterin. 12. p. 56 (= 205 *Ihm*). – übtr., **völlig mürbe kriegen,** Varr. sat. Men. 177.

commalleo, āre u. **commalliolo,** āre, **mit in die Flurkarte aufnehmen, zu seinem Eigentum schlagen,** Gromat. vet. 53, 24; 81, 19; 204, 6.

com-mando, mānsus, ere, **zerkauen,** Ser. Samm. 684. Marc. Emp. 8: molaribus, Vulg. prov. 30, 14.

commandūcātio, ōnis, *f.* (commanduco), das **Zerkauen,** Scrib. 53 u. 104.

com-mandūco, āvī, ātum, āre, **zerkauen,** Val. Max. 3, 3. ext. 4. Plin. 24, 11. Scrib. 9 u. 165: übtr., linguas prae dolore, sich auf die Z. beißen, Vulg. apoc. 16, 10. – Nbf. **commandūcor,** ātus sum, ārī, Lucil. sat. 4, 42 u. 15, 20.

com-maneo, ēre, **sich aufhalten, verbleiben,** Macr. sat. 6, 8, 21. Porphyr. Hor. sat. 2, 3, 228. Augustin. de civ. dei 22, 8 u. a. Eccl.

commaniplus, s. commanipulus.

com-manipulāris (conmanipularis), is, *m.*, der **Manipelkamerad,** der Waffenbruder von demselben Manipel, Tac. hist. 4, 46. CIL 6, 2502 u. 2614 u. ö. – Nbf. **commanipulārius,** ī, *m.*, CIL 6, 2625.

commanipulātio, ōnis, *f.* (com u. manipulus), die **Manipelkameradschaft, Waffenbrüderschaft** der Soldaten von **einem** Manipel, Spart. Pesc. Nig. 10, 6.

commanipulo, ōnis, *m.* (com u. manipulus) = commanipularis, Spart. Pesc. Nig. 10, 5.

commanipulus, ī, *m.* (com u. manipulus) = commanipularis, CIL 6, 2424 u. ö. – Nbf. **commaniplus,** CIL 6, 2436 u. 2503 u. **commanuplus,** CIL 6, 2552 u. **commanuplius,** CIL 6, 33010.

com-marceo, ēre, **völlig matt sein,** Amm. 31, 12, 13.

com-marcēsco, marcuī, ere, **völlig** im Eifer **ermatten,** Amm. 17, 10, 1.

com-margino, āre, **ganz mit Rändern versehen,** Amm. 31, 2, 2.

com-marītus, ī, *m.*, der **Mitehemann,** Plaut. Cas. 797.

com-martyr, yris, *m.*, der **Mitmärtyrer,** Tert. de anim. 55.

commasculo, āre (com u. masculus), **männlich, -beherzt machen,** animum suum, Apul. met. 2, 23: frontem, Macr. sat. 7, 11, 2.

commastico, ātus, āre, **zerkauen,** Plin. Val. 1, 2 u. 37; 2, 57. Cael. Aur. de sign. diaet. pass. 62 p. 232, 3 R.

commāter, tris, *f.*, eine Frau, die durch die Taufe gleichs. eine zweite Mutter geworden ist, Greg. M. epist. 4, 40.

commaticē, *Adv.* (commaticus), **in kurzen Abschnitten** od. **Absätzen,** Hier. in Habac. 2. ad 3, 11 *sqq.* Arnob. iun. in psalm. 104.

commaticus, a, um (κομματικός), **a in kurzen Abschnitten (Absätzen) abgefasst,** veteris eloquentiae breves commaticique tractatus, Hier. de vir. illustr. 131: hymnus, Sidon. ep. 4, 3: rhythmi, Sidon. carm. 23, 450. – **b** v. Pers., **in kurzen Absätzen redend** od. **schreibend,** Osee commaticus est et quasi per sententias loquens, Hier. praef. in duod. proph.

com-mātūrēsco, mātūruī, ere, **völlig reifen,** Col. 12, 49, 7.

commeābilis, e (commeo), **I** passiv, **durchgehbar, gangbar,** venae fistulatae et c., Arnob. 2, 59: mit *Dat.*, suspensus imbrex narium spirituali c. tractui, Arnob. 3, 13. – **II** aktiv, **leicht durchgehend,** aurae, Arnob. 7, 28.

commeātālis, e (commeatus), **zum Urlaub gehörig,** formula, Cassiod. var. 7, 36 *lemm.* – subst., commeātālis, is, *m.*, der **Beurlaubte,** Cod. Iust. 1, 27, 2. § 9: so auch commeatales viri, *ibid.* 12, 38,16. § 2 (§ 3 dafür per commeatus dimissi milites).

commeātio, ōnis, *f.* (commeo), das **Wandern,** die **Reise, Fahrt,** Eccl.

commeātor, ōris, *m.* (commeo), der **Hin- u. Hergeher** = **Bote,** superûm et inferûm, als ψυχοπομπός v. Merkur, Apul. apol. 64; v. Anubis (s. Anubis), Apul. met. 11. c. 11.

commeātus, ūs, *m.* (commeo), **I** das ungehinderte **Gehen,** das **Gehen und Kommen, der freie Durchgang, der freie Verkehr,** in eo conclavi ego perfodi parietem, quā commeatus clam esset hinc huc mulieri, Plaut. mil. 142: nimis beat, quod commeatus transtinet trans parietem, *ibid.* 468: per hortum utroque commeatus convenit, Plaut. Stich. 452: medium parietem perfodit servus, commeatus clanculum quā foret amantum, Plaut. mil. argum. II, 10: si viae publicae exemptus commeatus sit, vel via coartata, Ulp. dig. 43, 8, 2. § 25. – v. lebl. Subjj., si fauces commeatum liquidae vocis exercent, die Stimme frei u. ungehindert herauslassen, Pallad. 1, 3. – **II** meton., **a** die Erlaubnis, ungehindert zu gehen, der **Urlaub,** bes. der Militärpers., commeatum petere, Vell.: tridui commeatum petere ab alqo, Hyg.: commeatum accipere, Plin. ep.: commeatum sumere, Liv.: alci commeatum dare, Liv.: alci commeatum indulgere, Plin. ep. u. Hyg. (u. amatoriae militiae brevem commeatum indulgere, Apul.): alqm in commeatum mittere, Liv.: in commeatu esse, Liv.: commeatu abesse, Suet.: ultra commeatum abesse, ICt.: secum eum tum frequentem ad signa sine ullo commeatu (ohne irgend Urlaub zu nehmen) fuisse, Liv.: sine commeatu Italiā excedere, Suet.: ad commeatus diem non venire, non adesse, an dem Tag, wo der U. zu Ende ist, Rhet. Her. u. Quint.: commeatum alci propagare, Suet.: sine commeatibus dilabi, Liv.: cum commeatu Syracusis remanere, Cic.: a commeatu castra repetere, Suet.: satis liberi commeatus erant, primoribus tamen magis quam militibus, U. wurde ziemlich leicht gegeben, jedoch mehr den V. als den S., Liv. 1, 57, 4. – v. lebl. Subjj., im Bild, longum mihi commeatum dederat mala valetudo; repente me invasit, Sen. ep. 54, 1: assidua servitus sine intervallo, sine commeatu, Sen. nat. qu. 3. pr. § 16. – übtr., ut sibi vivendi peteret a domino commeatum, Frist, Paulini vita S. Ambros. 45. – **b** das Einherziehende od. Kommende, **α** die **Karawane,** der **Train,** der **Transport** von Waren u. Menschen, der **Warentransport,** die **Ladung, Sendung** zu Lande u. zu Wasser, frequentia negotiatorum et commeatuum, Sall.: Londinium copiā negotiatorum et commeatuum maxime celebre, Tac.: de novo commeatu Neapolin confluxisse, von der eben angekommenen Handelsflotte, Suet. – v. Menschen, duobus commeatibus exercitum reportare, Caes.: secundum commeatum in Africam mittere ad Caesarem, Auct. b. Afr.: per omnem nostrum commeatum (Karawane) morsibus ambulare (v. Hunden), Apul. – **β** die **Zufuhr** aller Art, bes. **Proviant, Mundvorrat,** c. largus, Curt.: commeatus maritimi, Liv., od. marini, Iustin.: commeatūs inopia, Frontin.: commeatuum penuria, Curt.: commeatus abunde od. affatim, Sall.: c. frumenti, Liv.: frumentum ac commeatus od. commeatusque, res frumentaria commeatusque, und der übrige Pr., Caes. (s. Kraner Caes. b. G. 1, 39, 1): commeatibus abundare, Frontin.: commeatum od. commeatus parare, Liv. u. Sall.: commeatum praeparare, Liv.: commeatus accipere, Liv.: commeatus arcessere, Liv.: commeatum convehere, advehere, Liv.: commeatus eo pervehere, Liv.: commeatus ex montibus invehere, ex Samnio subvehere, Liv.: commeatum portare, Sall.: commeatus ab urbe in castra portare, Liv.: supportare frumentum commeatumque ex Sequanis et Aeduis, Caes.: commeatus exercitui alcis subministrare, Frontin.: petere commeatum, Caes.: alqm commeatu prohibere, Caes.: nostros commeatibus intercludere, Caes.: alqm frumento commeatuque intercludere, Caes.: alqm commeatu et reliquis copiis intercludere, Cic.: alci commeatum intercludere, Plaut.: urbem omni commeatu privare, Nep.: commeatus excipere od. intercipere, Liv. – scherzh., in commeatum argentarium proficisci, auf Gewinn von Geldgeschäften ausgehen, Plaut. Pseud. 424. – **γ** das **Gepäck** des Heeres, Suet. Tib. 18, 1. – **δ** die **Reiseequipage,** commeatus per municipia et colonias disponere, Relais legen, Suet. Tib. 38.

com-meditor, ārī, **I** sich etwas **sorgfältig einprägen,** Rhet. Her. 3, 31. – **II** übtr., von Lebl., **treu ausprägen** od. **wiedergeben,** Lucr. 6, 112.

com-mēio, ere, **beharnen,** lectum, Charis. 294, 14. Dosith. (VII) 425, 14 K.

commeleto, āre (*vox hibrida* v. com u. μελετάω), **fleißig einüben,** Hyg. fab. 165.

commembrum, ī, *n.*, das **Mitglied,** vos, carissima commembra nostra, Augustin. epist. 126, 9.

com-meminī, isse, **sich** einer Person od. Sache **bei sich entsinnen, sie in der Erinnerung haben,** ihrer **eingedenk** (sich **bewusst) sein, I** im Gedächtnis, absol., commemini (als Antwort), Plaut. truc. 114: sic commemineram, Ter. eun. 564: ego si satis commemini, Ter. Phorm. 523. – m. *Acc.*, hoc adeo hoc commemini magis, quia etc., Plaut. Amph. 254: id quod tu recte commeministi, Cic. de or. 3, 85: utrum hoc tu parum commeministi, an ego non satis intellexi? Cic. ad Att. 9, 2: unde haec ferme sunt, quae commeminimus, Gell. 10, 15, 2: ecquid commeministi Punice? Plaut. Poen. 985: quem hominem probe commeminisse se aiebat, Cic. de or. 1, 227: ego autem non commemini, antequam sum natus, me miserum, Cic. Tusc. 1, 13. – m. *Genet.*, commeminit domi, Plaut. trin. 1027. – commemini u. non commemini m. *Infin. Praes.*, Plaut. mil. 645; Curc. 710; Men. 1074. – m. folg. *Acc.* u. *Infin.*, quod de Alexandrino episcopo saepe mihi dictum commemini, Augustin. conf. 10, 33. – m. folg. indir. Fragesatz, commemini, quo quicque pacto sitis confessae, Plaut. truc. 778. – **II** in der Rede, **eingedenk sein, erwähnen,** m. *Genet.*, Plato complurium Socratis sectatorum in sermonibus, quos scripsit, commeminit, Gell. 14, 3, 2.

commemorābilis, e (commemoro), **erwähnenswert, denkwürdig,** pugna, Plaut. Pseud. 525: pietas, Cic. Marc. 10: *n. pl.* subst., multa alia in aliis locis commemorabilia proferre possum, Cic. de nat. deor. 2, 131.

commemorāmentum, ī, *n.* (commemoro), die **Erwähnung,** stupri, Caecil. com. 166: artis suae, Fronto Arion p. 237, 20 N.

commemorātio, ōnis, *f.* (commemoro), die **Zurückführung (Zurückrufung) ins Gedächtnis, die Vergegenwärtigung, I** die **Erinnerung** jmds. an etwas (vgl. Westerh. Ter. Andr. 1, 1, 16), istaec commemoratio quasi exprobratio est immemori beneficii, Ter.: m. obj. *Genet.*, hominum, Cic.: officiorum, Cic.: paterni hospitii, Liv. – **II** die **Erwähnung, Darlegung, Anführung,** qui non in oblivione iacuisset, sed in assidua commemoratione omnibus omnium flagitiorum fuisset, dessen Schandtaten alle von allen beständig erwähnt wurden, Cic. – m. obj. *Genet.*, antiquitatis, Cic.: liberalium artium, Tac. – m. subj. *Genet.*, posteritatis (bei der N.), Cic. – m. *Pron. poss.*, suā commemoratione celebrare alqd, Cic.

commemorātor, ōris, *m.* (commemoro), der **Erwähner,** Eccl.

commemorātōrium, ī, *n.* (commemoro), ein **Erinnerungsbuch, Verzeichnis,** Eccl.

com-memoro, āvī, ātum, āre, etw. »sich oder andere bei sich gedenk sein lassen«, sich od. anderen **ins Gedächtnis zurückführen** od. **zurückrufen, vergegenwärtigen, I** sich = **sich** etw. **ins Gedächtnis zurückrufen, vergegenwärtigen,** einer Sache **bei sich eingedenk sein,** m. folg. *Acc.* u. *Infin.*, cotidie commemorabam te unum in tanto exercitu mihi fuisse assensorem, Cic. ep. 6, 21, 1: vitandi rumoris causā, quo patrem Caesarem vulgo reprehensum commemorabat, Suet. Aug. 45, 1. – m. folg. indir. Fragesatz, exercendae memoriae gratiā, quid quoque die dixerim, audierim, egerim, commemoro vesperi, Cic. de sen. 38. – **II** anderen: **a** jmdm. etwas **ins Gedächtnis zurückrufen, vergegenwärtigen,** bei jmd. etwas **in Erinnerung bringen** (vgl. Gronov Plaut. Pseud. 5, 1, 36), foedus, Plaut.: beneficia, Cic.: gratiam, amicitiam cognationemque, Cic.: m. dopp. *Acc.*, alqm peccatum infantiae suae, Augustin. conf. 1, 7. – **b** einer Sache gedenken machen = **erwähnen,** etw. **darlegen, anführen,** m. *Acc.*, humanam societatem, Cic.: Xenophontis iucunditatem, Quint. – m. folg. *Acc.* u. *Infin.*, Critolaus iste, quem cum Diogene venisse commemoras, Cic.: illa pars equitatus Usipetum, quam supra commemoravi praedandi frumentandique causā Mosam transisse, Caes.: eum induxit commemorantem se pernoctasse cum Socrate, Nep. – m. folg. indir. Fragesatz, cum dem, quam ob rem dem, commemorabo, Ter.: quid ego nunc commemorem singillatim, qualis ego in hunc fuerim? Ter.: quantam curam diligentiamque in valetudine mea tuenda hoc tempore adhibuerim, cum vos testes habeam, nihil necesse est pluribus verbis commemorare, Nep. – m. Ang. **in Betreff wessen?** durch *de* u. Abl. = eines Ggstds. Erwähnung tun, illi, de quibus ante commemoravi, Cic.: de ea regione ut Thessaliā, Vell.: bes. lobend, prahlend, saepe de alqo, Cic.: de alcis virtute, integritate, humanitate, Cic.: plura de alcis pietate, Cic. – im Passiv mit Angabe **an (bei) wem?** od **worunter?** durch *in* u. Abl., quae si in privatis gloriosa sunt, multo magis commemorabuntur *in* regibus, Cic. Deiot. 40: u. so m. folg. *Acc.* u. *Infin.*, cum legent *in* eius virtutibus commemorari saltasse eum commode, Nep. praef. § 1. – ► Depon. Nbf. commemoror, Eccl.

commendābilis, e, *Adi. m. Compar.* (commendo), **empfehlenswert,** multa in eo (rege) et dexteritas et humanitas visa, quae commendabilia apud Africanum erant, die bei Afr. zur Empfehlung gereichten, Liv. – m. Ang. **wodurch?** durch *Abl.*, (Perseus) multis caedibus infamis nec ullo commendabilis merito, Liv.: Pomponius novitate inventi a se operis c., Vell.: aviculae cantu commendabiles, Val. Max.

commendātīcius, a, um (commendatus), **zur Empfehlung geeignet, Empfehlungs-,** litterae, tabellae, Cic.: epistula, Vulg. 2. Cor. 3, 1. – subst., commendātīciae, ārum, *f.* (*sc.* litterae), Empfehlungsschreiben, August. b. Macr. sat. 2, 4, 15.

commendātio, ōnis, *f.* (commendo), **I** die **Empfehlung,** empfehlende **Vermittlung,** c. magna, Cic.: non vulgaris, Cic.: c. in vulgus, Cic.:

egere commendatione, Cic.: commendationem renovare, Cic.: hanc commendationem maximo sibi usui fuisse, Cic. – m. subj,. *Genet.* od. *Pronom. poss.,* c. nostra ceterorumque amicorum, Cic.: c. ac iudicium meorum, Cic.: commendatio mea, tua, Cic.: lebl. Subjj., oculorum (durch die A.), Cic.: naturae, Cic.: fumosarum imaginum, Cic. – m. obj. *Genet.,* c. sui (Ggstz. offensio adversarii), Cic.: ineuntis aetatis, Cic. – m. *ad* (bei) u. Akk., quae ad ceteros contempti cuiusdam hominis c. defuit? Cic. ad Att. 8, 4, 1: tuam a me alienationem commendationem tibi ad impios cives fore putavisti, Cic. Phil. 2, 1: quaerens sibi *commendationem* ad Macedonum gentem et *invidiam* regi, Liv. 36, 8, 4. – Plur., Cic. de fin. 3, 65; ep. 13, 32, 1. Plin. ep. 5, 7, 6. – **II** als Eigenschaft, die einem Gegenstand innewohnende Empfehlung, das **Empfehlende,** oris atque orationis, Nep.: ingenii, Cic.: morum, Quint.: in prima commendatione voluptatem dicere, Cic.

commendātīvus, a, um (commendatus), **zur Empfehlung geeignet,** casus, v. Dativ, Prisc. 5, 72.

commendātor, ōris, *m.* (commendo), der **Empfehler, Gönner,** Plin. ep. 6, 23, 4: laudator commendatorque eius, Porph. Hor. ep. 1, 18, 79.

commendātōrius, a, um (commendo), **zur Empfehlung gehörig, Empfehlungs-,** litterae, Sidon. epist. 9, 10, 2.

commendātrīx, trīcis, *f.* (Femin. zu commendator), die **Empfehlerin,** lex c. virtutum, Cic. de legg. 1, 58: Asia aliave quaelibet miraculorum ferax commendatrixque terra, Plin. ep. 8, 20, 2.

commendātus, a, um, *PAdi. m. Compar.* u. *Superl.* (v. commendo), **I empfohlen, anempfohlen,** dah. auch **empfehlenswert,** commendatum sibi alqm habere, sich empfohlen sein lassen, Treb. in Cic. ep.: alci commendatior, commendatissimus, v. Pers. u. v. Lebl., Cic.: commendatiores epistulae, Empfehlungsbriefe, Hieron. – **II** übtr., **beliebt, angenehm, ausgezeichnet,** homines litterarum honore commendati, Plin.: vultus commendatior, Petr.: adiectis quae ipsum *commendatiorem* et inimicum *invisiorem* factura videbantur, Val. Max. 3, 8. ext. 1.

1. com-mendo, āvī, ātum, āre (com u. mando), **anvertrauen, aufzuheben geben, übergeben, I** eig.: alci rem, Cic.: filios apud hospites, Iustin.: alqm ad Lycomedem regem, Hyg.; vgl. Muncker Hyg. fab. 3. Benecke Iustin. 35, 2, 1. – **II** übtr.: **A** im Allg.: nomen suum immortalitati, Cic.: nomen suum alqā re perpetuae memoriae, Vell.: alqm monumentis (*i.e.* scriptis) suis, Cic.: se alci in clientelam et fidem, Ter.: alqd litteris, d. i. schreiben, Brut. in Cic. ep.: se fugae, Auct. b. Afr. – **B** insbes.: **a empfehlen,** alqm od. rem domumque alcis alci maiorem in modum, Cic.: alqm alci magno opere, Cic.: alqm alci diligenter, diligentissime, studiose, studiosius, Cic.: alqm alci de meliore nota, Cur. in Cic. ep.: alqm alci intime, Cic.: se Caesari, Caes.: se infimo ordini, Cic.: alci omnem rem et causam seque totum, Cic.: absol., commendandi mos, Fronto ad amic. 1, 1 (3) *in.*: istae commendantium litterae, Empfehlungsbriefe, Fronto *ibid.* Vgl. commendatus *no.* I. – **b empfehlen = beliebt-, angenehm machen, auszeichnen, preisen,** iustitiam humanitate, Plin. ep.: nullā re magis commendatur orator, Cic.: marmora commendantur coloribus, Plin. ep.: se numeris et arte, Hor.: se cultu atque ornatu, Quint.: his factis abunde se posteritati, Val. Max.: im Passiv mit *Nom.* u. *Infin.*, Tobias sepeliendo mortuos deum promeruisse commendatur (wird gepriesen), Augustin. de civ. dei 1, 13. p. 21, 13 D. Vgl. commendatus *no.* II.

2. com-mendo, āre (com u. mendum), **besudeln,** Sil. 5, 278.

commēnsūrābilis, e (commetior), **gleich zu bemessen, gleichmäßig,** Boëth. inst. arithm. 1, 18 *in.* u. ö.

commēnsūrātio, ōnis, *f.* (commetior), die **Gleichmäßigkeit,** Boëth. inst. mus. 1, 31 *extr.*

commēnsūrātus, a, um (commetior), **gleich zu bemessen, gleichmäßig,** Boëth. inst. mus. 1, 29 *in.*

commēnsus, ūs, *m.* (commetior), das **gehörige Verhältnis, Ebenmaß,** die **Symmetrie** (als wörtliche Übersetzung von συμμετρία), Vitr. 1, 3. § 2 u. a.

commentāriēnsis, is, *m.* (commentarius), der **Kontrolleur, a** der öffentl. Papiere, der **Sekretär, Registrator,** ICt. u. Hier. in psalm. 93, 9. – **b** der Gefangenenliste, der **Stockkontrolleur,** ICt. – **c** der Soldatenliste, der **Kriegskontrolleur,** Ps. Ascon. Cic. II. Verr.. 1, 71.

commentāriolum, ī, *n.* u. **commentāriolus,** ī, *m.* (*Demin.* v. commentarius), die **flüchtige Aufzeichnung,** der **flüchtige Entwurf, Notizen,** die **Skizze,** das **Heft, α** Sing., hoc c., Q. Cic. de pet. cons. 58: Akk. *-olum,* Hier. ep. 42, 3. – **β** Plur., Akk. *-olos,* Hier. in Augustin. ep. 75, 4 u. Hier. ep. 119, 1 u. vir. ill. 126. Abl. *-olis,* Cic. de or. 1, 5; de fin. 4, 10; Phil. 1, 16. Quint. 1, 5, 7.

commentārius, ī, *m.* (*sc.* liber, was b. Gell. 13, 19 *extr.* auch dabeisteht) u. **commentārium,** ī, *n.* (*sc.* volumen) (commentus v. comminiscor), **I Notizen, Entwurf, Abriss, Skizze, Heft, Denkwürdigkeiten, Memoiren, Nachrichten, Papiere, Tagebuch, Denkbuch** (meist im Plur.), Cic. u. a.: commentarius rerum urbanarum, Stadtchronik, Sulpic. in Cic. ep.: et divisio et commentarii (Flurbuch), Gromat. vet.: in commentarium (sein Heft) referre, Cic.: ex commentario (Heft) sapere, Sen. – commentarii (belli Gallici), die über die Ereignisse im (gallischen) Krieg von Cäsar geführten Tagebücher; vgl. (über ihren stilist. Wert) Cic. Brut. 262. – im Sing. v. einzelnen Buch eines Abrisses usw., superiore commentario (d. i. im 7. Buch), Hirt. b. G. 8, 30, 1: ebenso superiore od. primo commentario (d. i. im 1. Buch), Gaius inst. 2, 23 u. 145. – **II** insbes.: **A** als gerichtl. *t. t.* = das **Protokoll,** Cic. Verr. 5, 54. Tac. ann. 6, 47. – **B** das **Journal** eines Rechnungsbeamten, a commentariis vehiculorum, CIL 6, 8542. – **C** bei den Gramm.: **1 gesammelte Beispiele, Auszüge, Exzerpte** aus dem Gelesenen zur Nachweisung u. Erinnerung, Quint. 1, 8, 19. – od. vom Schüler bei od. nach dem Vortrag des Lehrers (Rhetors) niedergeschriebene **Notizen, Diktate,** Quint. 3, 6, 59. – **2 Kommentar,** Gell.: commentaria in Vergilium componere, Gell.

commentātio, ōnis, *f.* (commentor), die vorbereitende **Betrachtung** einer Sache, die **Bedachtnahme, Vorbereitung** auf etw., **a** übh., m. Ang. **wessen? (worauf?)** durch *Genet.,* tota philosophorum vita commentatio mortis est, Cic.: c. parendi, Cic.: c. ferendi doloris, Cic. – **b** insbes.: **α** die wissenschaftliche **Vorbereitung,** die **Vorübung,** die **Vorstudien** des Redners, quae autem in lustris atque in vino commentatio potuit esse, Cic.: quos locos multā commentatione atque meditatione paratos atque expeditos habere debetis, Cic. – Plur., commendationes cotidianae, Cic.: accuratae et meditatae commentationes, Cic.: in exercitationibus commentationibusque multum operae solitum esse ponere, Cic. – dah. als rhet. Fig. = ἐνθύμημα, Quint. 5, 10, 1. – **β** die gelehrte **Abhandlung** eines Ggstds. mit der Feder in der Hand, die **Schilderung,** der **Entwurf,** tentare Indiae commentationem, Plin. 6, 60: delegare hanc commentationem Aristoteli, Plin. 8, 44. – Plur., m. subj. *Genet.,* commentationes Democriti, Plin. 28, 7: mit obj. *Genet.,* terrae Atticae commentationes, Gell. praef. § 4.

commentātor, ōris, *m.* (commentor), **I** der **Erfinder, Urheber,** euangelii, Verfasser, Tert.: omnium falsorum, Apul. Vgl. 2. commentor. – **II** der **Erklärer, Ausleger,** legum, Cod. Iust.: absol., Sidon.: commentatores (Vergilii), Serv.: legislatores et commentatores, Cod. Iust.

commentīcius, a, um (commentus, a, um), **erdacht, ersonnen, erfunden, a** im Ggstz. zum Vorhandenen, nomina nova et c., Cic.: c. spectacula (Ggstz. usitata), Suet.: fraudes, Gell. – u. im Gegensatz zum Realen, **erdichtet, eingebildet, ideal,** civitas Platonis, Cic.: di c. et ficti, Cic.: ficta et c. fabula, Cic. – **b** im Ggstz. zum Wahren, **erdichtet, erlogen** (Ggstz. verus), res, Cic.: crimen, Cic.

com-mentior, ītus sum, īrī, etwas Unwahres **erdenken, aussinnen,** alqd, Apul.: alterum deum, Interpr. Iren. 3, 3, 3: m. dopp. *Acc.,* se virum bonum, Apul.: m. folg. *Acc.* u. *Infin.,* lignum a me quaesitum, Apul.

commento, āvī, āre = commentor, Rut. Lup. 2, 2 *cod. A.* Apul. apol. 87. Paul. Nol. nat. S. Fel. 11, 131 u. ohne Beleg bei Prisc. 8, 25 (aber Lucil. sat. 30, 65 Müller mit den Hdschrn. commenta viai). – Das

Partiz. Perf. commentatus mit pass. Bedeutung gehört zu commentor, s. d.

1. **commentor**, ātus sum, ārī (*Frequ.* v. comminiscor), **a** etw. **überdenken, bedenken, zu erforschen suchen** = **über** etw. **nachsinnen, Betrachtungen anstellen, Entwürfe machen,** auf etw. **sich vorbereiten,** über etw. **sich vorläufig besprechen,** absol., interea, magister dum tu commentabere, volt illa itidem commentari, Plaut.: ut cito commentatus est, wie schnell hat er sich (auf eine Lüge) besonnen, Plaut. – mit *Acc.*, futuras secum miserias, Cic. poët.: multos annos nihil aliud, Cic.: c. aliquid et discere (v. Kindern), Cic. – m. folg. indir. Fragesatz, ut ante commentemur inter nos, quā ratione nobis traducendum sit hoc tempus, Cic.: discant, dum mihi commentari liceat, ni oblitus siem quod didici, Plaut. – m. folg. *de* u. Abl., consules ... multos menses de populi Romani libertate commentati atque meditati, Cic. – **b** insbes.: **α** im Gedanken zu etw. **Studien, Vorstudien machen,** etw. **vorläufig entwerfen,** in hortos D. Bruti commentandi causā venire (v. Auguren), Cic.: cotidie commentatur (v. Gladiatorenlehrer), Cic.: satisne vobis videor pro meo iure in vestris auribus commentatus? habe ich nun genug mein Recht missbrauchend vor euren Kennerohren meine Studien gemacht? (v. Philosophen), Cic.: u. so itaque videas barbato rostro illum commentari et unum quodque verbum staterā aurariā pendĕre, Varr. fr.: commentabar declamitans saepe cum M. Pisone et cum Q. Pompeio cotidie (v. Redner), Cic.: u. so cum in villa Metelli complures dies commentatus esset, Cic.: u. crebro digitorum labiorumque motu commentari (eine Probe machen), Quint. – m. *Acc.*, auf etw. **studieren, sich vorbereiten,** etw. **einstudieren,** bes. v. Redner, ut quae secum commentatus esset, ea sine scripto redderet eisdem verbis quibus cogitasset, Cic.: c. causam, Cic.: c. orationem in reum, Cic. – Partiz. Perf. passiv, commentata oratio, Q. Cic.: quod quidem secum si sapiens fuisset, commentatum et meditatum habere debuit, Lact.: *n. pl.* subst., sua et commentata et scripta, Cic. – **β** mit der Feder in der Hand od. mündlich, **αα** etw. **entwerfen, verfassen, niederschreiben,** mimos, Cic. Phil. 11, 13: id, Plin. 18, 209: quae audierat, Gell. 1, 9, 4: de militari disciplina, seine Gedanken zu Papier bringen, schreiben, Plin. pr. § 30. – **ββ** etwas **erläutern, erklären, auslegen,** Achillem Aristarchi, Plaut. Poen. pr. 1: carmina, Suet. gr. 2.

2. **commentor**, ōris, *m.* (comminiscor), der **Erdenker, Erfinder, Urheber,** uvae, v. Bacchus, Ov. fast. 3, 785: fraudis (v. Ulixes), Auct. epit. Iliad. Hom. 579: machinarius, Erfinder von Maschinen (v. Archimedes), Solin. 5, 13 M.

commentum, ī, *n.* (commentus, v. comminiscor), etwas **Ausgesonnenes, a** im Ggstz. zum Vorhandenen, die **Erfindung,** der **Einfall,** miraculi, Liv.: opinionum commenta (Hirngespinste), Cic.: commenta mortalium, Liv.: iis commentum placet, Ter.: huius consilii non minus admirabile silentium quam commentum fuit, Iustin.: praemium pro commento (Einfall) non mediocre obtulit, Suet. – dah. **α** der **Anschlag,** die **List,** novum et insigne c., Flor. 1, 11, 2: callidum c., Ulp. dig. 27, 9, 9: commenta nefanda, Iustin. 21, 4, 3. – **β** eine rhet. Figur (auch commentatio gen.) = ἐνθύμημα (s. enthȳmēma), der **Einfall,** Visell. b. Quint. 9, 2, 107. – **b** im Ggstz. zum Wahren, die **Erdichtung, Lüge,** milia rumorum commenta, Ov. met. 12, 54: commenta retexit, *ibid.* 13, 38.

com-meo, āvī, ātum, āre, rasch u. ungehindert **ziehen, wandern, seinen Weg nehmen, seine Straße ziehen, eine Fahrt-, eine Reise machen** od. **unternehmen, gehen und kommen, ab und zugehen,** od. **reisen** od. **fahren, ein und ausgehen, ein und auslaufen, verkehren,** absol., od. m. *Advv.*, *Praepp.* od. bl. Kasus, **a** v. leb. Wesen, **α** v. Menschen, ut tuto ab repentino hostium incursu etiam singuli commeare possent, Caes.: legatos commeare ultro citroque, Liv.: insula Delos, quo omnes undique cum mercibus atque oneribus commeabant, Cic.: illa (via), quā omnes commeabant, Nep.: quā ex oppido sui commeare possent, Liv.: c. praeter hanc (effigiem), Plin. ep.: c. per hunc pontem ultro citroque, Suet.: inter Veios Romamque nuntios commeare, Liv. (vgl. commeantibus invicem nuntiis, Tac.): c. per angustias inter se, Plin. ep.: ex oriente, auf der Urlaubsreise begriffen sein (v. Soldaten), Tac.: e domo sua Megaris Athenas ad Socratem, Gell.: ex Umbria in Sabinos ad culturam agrorum quotannis commeare solere, Suet.: ab Ostia Romam pedibus per vices, Suet.: huc raro in urbem, Ter.: crebro in urbem, Plaut.: ad mulierculam, Ter.: ad meretricem famosissimam, Lact.: minime saepe ad eos (v. Handelsleuten), Caes.: ad spectacula in urbem, Suet.: libero mari, Curt.: illo mari, Tac. – m. *Acc.* der Wegstrecke, c. vias, Reisen machen, Modestin. dig. 48, 10, 27. § 2. – im Passiv unpers., ut eā (viā) publice iretur commearetur, Ulp. dig. 43, 8, 2. § 21: per quod iter ad utramque domum Priami commeabatur, Serv. Verg. Aen. 2, 454. – **β** v. Tieren, commeans ac remeans examen (apium), Pallad.: thynnis non commeantibus, Plin.: per quem (tramitem) armenta commeare consueverant, Iustin.: c. ultro ac citro (von Fischen), Varr.: per maria terrasque (v. Zugvögeln), Plin.: in alienos fines non c. (v. Kirschen), Plin. – **γ** v. personif. Abstr., cuius in hortos, domum, Baias iure suo libidines omnium commearent, Cic. Cael. 38. – **b** v. Schiffen u. Wagen, fossa latitudinis, quā contrariae quinqueremes commearent, Suet.: navis, quae ad ea furta, quae reliquisses, commearet, Cic.: quadrigae inter se occurrentes (auf der Mauer von Babylon) sine periculo commeare dicuntur, aneinander vorbeifahren, Curt. – **c** v. Kriegsmaschinen, nam catapultae illaec ad me crebro commeant, Plaut. Curc. 398. – **d** v. einer Wasserleitung, per quorum praedia ductus (aquae) commeat, läuft, Cod. Theod. 15, 2, 1. – **e** v. Welt-, Himmelskörpern u. dgl., sursum deorsum, Cic.: ultro citro, Cic., ultro citroque, Plin.: vicissim retro, Cic.: ab ortu ad occasum, Cic.: animum esse per naturam rerum omnem intentum et commeantem, Cic. – **f** von Gewächsen, in alienas non c. terras, nicht versetzt werden können, Plin. 14. pr. § 1: virgis etiam turis ad nos commeantibus, durch den Handel zu uns kommen, Plin. 12, 57. – **g** vom Atem u. v. der Stimme, eadem (anima) commeabat recens assidue, Plin. 11, 277: hanc (gulam) per vices operit, cum spiritus tantum aut vox commeat, Plin. 11, 176: per alteram autem fistulam, quae Graece nominatur τραχεῖα ἀρτηρία, spiritum a summo ore in pulmonem atque inde rursus in os et in nares commeare, Gell. 17, 11, 3. – **h** von der Seele, **wandern,** animas in alia nova corpora saepius commeare, Min. Fel. 34, 6: animas de corporibus in aliorum animalium corpora commeare, Lact. 3, 19, 19. – **i** v. Briefen u. Unterhandlungen, crebro enim illius litterae ab aliis ad nos commeant, finden ihren Weg zu uns, Cic.: cum (litterae) per milites commearent, Tac.: posse enim eodem Flacco internuntio sermones commeare, Tac.

commerciālis, e (commercium), **a den Verkehr betreffend**; commerciales tabulae (das Kaufprotokoll) recitentur, Augustin. in euang. Ioann. tract. 13, 14. – **b** übtr., **wechselseitig,** Fulg. myth. 1, 5. p. 44, 19 H.

commercior, ārī (commercium), **Handel treiben,** Cassiod. var. 5, 39.

commercium, ī, *n.* (com u. merx), der kaufmännische **Verkehr, I** eig. u. meton.: **a** eig., der **Waren-, Handels-, Kaufverkehr, Handel,** earum gentium, Liv.: Thraces commercio faciles, Liv.: commercio prohibere alqm, Sall. u. Liv.: diversas gentes commercio miscere, Plin. pan.: si commercio locus est, wenn ein Handel stattfinden soll (bildl.), Cic. ep. ad Brut. – u. Plur., commercia victus gratiā invecta, Plin.: commercia tollere, Flor. – m. Ang. **wessen? (womit?)** durch *Genet.*, c. sericorum (mit seidenen Stoffen), Sen.: primi turis commercium fecere maximeque exercent, Plin.: postquam (gemmae margaritaeque) vitiorum commercium (den Handel mit diesen verderblichen Luxusartikeln) vulgavere in exteras gentes, Curt. 8, 9 (31), 19. – **b** meton.: **α das Erwerbsrecht durch Handel, -durch Kauf, Recht zum Ankauf, -zur Einfuhr, Handelsrecht, Kaufrecht, Marktrecht u. Verkehrsrecht** (Recht, Geschäfte zu machen) übh., non est alci commercium, Cic.: commercium in eo agro nemini est, Cic. – m. Ang. **wessen?** durch obj. *Genet.*, non est alci commercium istarum rerum cum alqo, Cic.: ut denorum equorum iis commercium esset, Liv.: neque conubium neque commercium agrorum aedificiorumque inter se cuiquam extra fines regionis suae esse, Liv.: salis commercium dedit (Ggstz. sale invecto uti vetuit), Liv. – **β** der Handelsartikel, die Ware, bes. im Krieg die **Zufuhr**, der **Proviant**, commercio laborare, Frontin. 2, 5, 14. – m. *Genet.*, commercium annonae impedire, die Zufuhr an Lebensmitteln, Liv. epit. 127: pecuniae commercium de piratica mutuatur, die Geldbedürfnisse, Iustin. 9, 1, 5. – Plur., commercia militaria, Plin. 35, 168: in bellis semper commerciorum curam habere, Plin. 26, 19. – **γ** der **Handelsort, Marktplatz**, commercia ea et litora peragravit, Plin. 37, 45: per Assyriae trahitur commercia ripae, Claud. in Eutr. 1, 58. – **II** übtr., der **Verkehr, Austausch, Umgang,** die **Gemeinschaft, a** übh., m. *Genet. pers.* (mit), plebis, Liv.: aliarum gentium, Curt. – *m. Genet. rei,* iuris praebendi repetendique, Liv.: dandi et accipiendi beneficii, Val. Max.: loquendi audiendique, Tac.: studiorum communium, Suet.: linguae, Liv. (u. so commercia linguae, Ov.): sermonis, Plin.: sermonum, Liv.: epistularum, Vell. u. Sen. – commercium epistularum inter se frequentare, Sen.: commercium sermonum facere, Liv.: non commercio linguae nobiscum cohaerere, Curt.: belli commercia (Kriegsverkehr = Loskaufen der Gefangenen, Schließen eines Waffenstillstandes u. dgl.) tollere, Verg., od. dirimere, Tac.: commercio hominum frui vetuit, Suet.: veto esse tale luminis commercium, Phaedr.: sunt commercia caeli, wir haben Verkehr mit den Göttern, Ov. – mit *cum* u. Abl., est alci c. cum alqo, Plaut.: habere commercium cum alqo (auch bildl. cum virtute), Cic.: quodam cum fluctibus procellisque commercio debellare regem, gleichsam im Bunde mit usw., Flor. – **b** der buhlerische **Umgang,** cum ea quoque etiam mihi fuit commercium, Plaut. truc. 94: libidinis commercium habere cum alqa, Val. Max. 8, 2, 2: quosdam obsides dilexisse commercio mutui stupri, Suet. Cal. 36, 1. – **c** das **geheime Einverständnis, versteckte Spiel,** Cod. Theod. 8, 1, 15; 13, 11, 4. – ► Nbf. commers, Plaut. Stich. 519 G.

com-mercor, ātus sum, ārī, **zusammenkaufen, aufkaufen,** captivos, Plaut.: arma, tela alia, Sall. – Partiz. Perf. passiv, commercata edulia, Afran. com. 259.

com-mereo, meruī, meritum, ēre, **I verdienen,** poenam, Ov.: aestimationem (poenae), Cic.: quid *de* te (an dir) tantum commeruisti? *Ter.: numquam sciens commerui, merito *ut* caperet odium illam mei, Ter. – **II** übtr., **begehen, verschulden,** noxiam, Plaut.: culpam, Ter.: culpam in se, Plaut.: quid commerui aut peccavi? Ter.: videre commeruisse hic me absente *in* te aliquid mali, Plaut.

com-mereor, meritus sum, ērī, **I verdienen,** fidem sedulitatis veritatisque, Gell. 1, 6. §6: cultus et sacrificia, Arnob. 2, 70. – **II** übtr., **verschulden,** culpam, Plaut. aul. 738 G.: quae numquam quicquam erga me commerita est, Ter. Hec. 486.

commers, s. commercium ►.

commessātor, fehlerhafte Schreibung für comissator, s. d.

com-mētior, mēnsus sum, īrī, **I ausmessen,** omnes porticus, Plaut.: siderum ambitus inter se numero, untereinander der Zahl nach messen, Cic. – **II** übtr., **mit-, nach** etw. **messen, vergleichen,** negotium cum tempore, Cic. de inv. 1, 39.

1. **commēto,** āre (*Intens.* v. commeo), **gewöhnlich** wohin **seinen Weg nehmen,** bei jmd. **ab und zugehen, ein und ausgehen,** quo commetas? Afran. com.: ad lupam commetant lupi, Nov. com.: ad mulierculam, Ter.: pisculi ultro ac citro commetantes, Varro: v. Lebl. mit homog. *Acc.*, meus scruposam victus commetat viam, Plaut. Vgl. Bentley Ter. heaut. 3, 1, 35.

2. **com-mēto,** āvī, āre, **durchmessen,** scherzh., nimis bene ora commetavi, ich habe (mit meinen Fäusten) ihre G. nur zu gut durchmessen = ich habe meine Fäuste nur zu gut auf ihren G. herumtanzen lassen, Plaut. Men. 1019.

commi, s. cummis.

commictilis, e (commingo), den man bepissen kann = **verächtlich,** Pompon. com. 138.

commigrātio, ōnis, *f.* (commigro), das **Hinziehen, Wandern,** eius (sideris) aliunde alio, Sen. ad Helv. 6, 6.

com-migro, āvī, ātum, āre, **hinwandern, -ziehen,** huc, Plaut.: istuc, Turpil. fr.: huc habitatum, Ter.: ex Anactorio huc, Plaut.: ex Andro huc viciniam (*al.* viciniae), Ter.: e Germania in Gallias, Tac.: rus ad illas, Turpil. fr.: Romam, Liv.: in Etruriam, Aur. Vict.: in domum suam, Cic.

com-mīles, itis, *m.*, der **Mitsoldat,** CIL 9, 1*.

commīlitium, ī, *n.* (com u. miles), **I** die **Gemeinschaft des Kriegsdienstes, Kriegskameradschaft,** Vell. u. a.: Chaucos in c. asciscere, in die Heeresgemeinschaft aufnehmen, Tac. – **II** übtr., die **Gemeinschaft** übh., Manil. 1, 782: studiorum, Apul. flor. 16. p. 24. 10 Kr.: so auch Ov. ex Pont. 2, 5, 72.

1. **com-mīlito,** āre, **Mitsoldat-, Kriegsgefährte sein,** übtr., luna quasi commilitans cum dea (Fortuna), sich mit dem Glück gleichs. als Kriegsgefährte (Waffenbruder) verbindend, Flor. 3, 5, 23: quoniam et ipse iam nobiscum commilitat, Augustin. ep. 101, 4.

2. **commīlito,** ōnis, *m.* (com u. milito), **der Mitsoldat, Waffenbruder, Kriegsgefährte, Kriegskamerad,** Cic. u. a.: u. übtr., carissimus sibi, Petr.: c. di, Flor.: u. obszön v. einer feilen Dirne, Heliog. b. Lampr. Heliog. 26, 3.

comminā본bundus

comminābundus, a, um (comminor), **sich in Drohungen ergehend,** Tert. adv. Marc. 4, 15.

comminātio, ōnis, *f.* (comminor), die **Androhung, Bedrohung, Demonstration,** absol., Plaut. capt. 796 Br. (Fl. minatio). Sen. nat. qu. 2, 12, 1. Plin. 8, 181. Ulp. dig. 26, 7, 7. §7. Vulg. Ierem. 15, 17. – Plur., Liv. 34, 40, 2. Suet. Tib. 37, 4. – mit obj. *Genet.*, c. belli, Iustin. 12, 2, 9: c. furoris, Vulg. Isai. 30, 30: orationis ipsius tamquam armorum est vel ad usum comminatio et quasi petitio vel etc., dem bloßen Ausdruck gehört an sowohl das ernstlich gemeinte Drohen u. das Schreiten zum Angriff wie mit Waffen, als auch usw., Cic. de or. 3, 206; vgl. Quint. 9, 1, 33: m. subj. *Genet.*, c. eius, Vulg. Ierem. 10, 10: comminationes Hannibalis, Liv. 26, 8, 3.

comminātīvus, a, um (comminor), **bedrohlich,** Tert. adv. Marc. 2, 25.

comininātor, ōris, *m.* (comminor), **einer, der droht,** Eccl.

com-mingo, mīnxī, mictum od. minctum, ere, **I beharnen, bepissen,** comminxit lectum potus, bepisste betrunken das Polster, Hor. sat. 1, 3, 90. – **II** übtr., mit einer ekelhaften Feuchtigkeit übh. **besudeln,** savia comminxit spurca saliva tua, Catull. 77, 8: tamquam commictae spurca saliva lupae, Catull. 99, 10: u. im Schimpfwort, commictum caeno sterculinum publicum, Plaut. Pers. 407 zw. – ► Perf. commixi, Dosith. 425, 14 K.

com-minīscor, mentus sum, minīscī (vgl. memini, mens, μένος), **I sich etwas ins Gedächtnis zurückrufen, sich auf** etw. **(darauf) besinnen,** Plaut. most. 662 u. 668. – **II aussinnen, ersinnen, a** noch nicht Vorhandenes = **erfinden,** monogrammos deos, Cic.: vectigal, Liv. u. Suet.: litteras novas, Suet. – **b** Unwahres = **erdichten, vorgeben,** absol., verb. confingere et c., Rhet. Her.: ingeniosior ad comminiscendum, Rhet. Her. – *m. Acc.* mendacium, Plaut.: tantum scelus, Quint.: crimen ex re fortuita, Liv.: m. folg. indir. Fragesatz, Plaut. aul. 69 u. 76. – Partiz. commentus, a, um, passiv = **ersonnen, erdichtet, erlogen,** amicus, App. Caec. fr.: fraus, ICt.: gemitus *ficti commentaque* funera, Ov. – ► Aktive Nbf. **comminīsco,** ere, Apul. met. 4, 11.

com-mino, āre, **zusammentreiben,** adveniunt illi vinarios utres ferentes et gregatim pecua comminantes, Apul. met. 7, 11.

com-minor, ātus sum, ārī, **a** absol., **Drohungen fallen lassen, -ausstoßen, drohen,** age perge, quantum libet, comminare, Fronto: vox comminantis audita est, Suet.: duo armati procurrebant comminatique *inter se,* Liv. – m. *Dat. pers.*, alci cuspide, Suet. – **b** m. *Acc.*: **α** m. *Acc. sei* = etwas **androhen, mit** etw. **drohen,** bes. als milit. *t. t.* = mit etw. **eine Demonstration machen,** quid conminatu's? Plaut. aul. 417 G.: c. pugnam, Liv.: obsidionem, oppugnationem, Liv.: impetum, Auct. b. Afr.: carcerem et perpetua vincula, mortem denique violentam, Apul.: accusationem, ICt.: alci necem, Suet.: Partiz. Perf. passiv, comminata mihi mors, angedrohter, Apul. met. 6, 26: comminata novercae nex, Apul. met. 10, 6. – **β** mit *Acc. pers.* =

jmd. **bedrohen,** alqm, Paul. dig. 1, 15, 3. § 1: c. et terrere filium, Ulp. dig. 1, 16, 9. § 3.

com-minuo, minuī, minūtum, ere, **in Stücke schlagen, zerbrechen, zerschlagen, zermalmen, zertrümmern, I** eig.: **A** im Allg.: statuam, anulum, Cic.: alci caput, Plaut.: fores et postes securibus, Plaut.: alcis membra atque ossa scipione, Plaut.: utraque da comminuenda molis, zu Mehl zu machen, Ov. – bildl., articulatim diem, in kleine Glieder (Stunden) zerstückeln, Plaut. fr. b. Gell. 3, 3, 5. – **B** Geld usw. durch Ausgeben **zersplittern,** argenti pondus, Hor. sat. 1, 1, 43. – **II** übtr., jmds. Vermögen, Macht usw. **zertrümmern, gänzlich entkräften, herunterbringen, untergraben, a** jmds. Vermögen, Macht usw., opes regni od. civitatis, Sall. u. Cic.: alqm frangere et comminuere, Cic.: hostem, Flor.: re familiari comminutum esse, hinsichtl. des V. heruntergekommen sein (Ggstz. animo vigere), Cic. – **b** geistige Kräfte, vires ingenii, Ov.: ingenia, Quint. – **c** moral. Kräfte, animum, Plin. ep.: officium (Pflicht), Cic.: comminui alcis lacrimis, erweicht werden, Ov.

comminus, *Adv.* (aus com u. manus), **handgemein, Mann gegen Mann** (mit Verben der Ruhe u. der Bewegung, s. Duker Flor. 2, 6, 29), **I** eig., im Kampf: **a** als milit. *t. t.* = **handgemein, im** od. **zum Handgemenge, in der Nähe, mit dem Schwert in der Faust** (Ggstz. eminus [w. vgl.], missilibus, sagittis u. dgl.), miles urgere *eminus comminus,* gladiis hastis, *punctim caesim* ferire, Pacat. pan. 36, 1: u. so c. ense ferire, Ov.: c. acriter instare, Sall.: gladio c. rem gerere, Liv.: c. gladiis uti, Cic.: manum (manus) c. conserere, Liv. u. Fronto: c. pugnare, Caes.: c. experiri, Flor.: c. venire, Flor.: poet., flumina Aemonio c. isse viro, Prop.: u. arma c. habere, kampfbereit, Val. Flacc.: falcati c. enses, für den Kampf in der Nähe, Verg. – **b** auf der Jagd: c. ire in apros, Ov.: c. ire (in) sues, Prop.: c. cervos obtruncare ferro, Verg. – **c** übh., c. agere, Cic.: c. ad alqm accedere, ihm auf den Leib rücken, Cic.: c. arva insequi, mit dem Karst in der Hand bearbeiten, Verg.: c. instare (bedrängen), v. Unglück, Lucan. – **II** übtr., in friedl. Absicht: **a Mann gegen Mann = von Angesicht zu Angesicht, in der Nähe, persönlich, unmittelbar,** c. aspicere alqm, Ov.: imbecilli oculi ad sustinendum comminus solem, Sen.: c. attrectare alqd, Apul.: c. alqd iudicare, in der Nähe, durch den Augenschein, Plin.: res c. noscere, Gell.: c. accipere pecuniam, persönlich, ICt.: c. tendens, ganz nahe (zu ihm) hinrudernd, Suet. – **b** v. der Zeit = **sogleich, unverzüglich,** cuncta haec mihi c. dicito, Iul. Val. 3, 31 (19): vade ad eum sed c., Serv. Verg. georg. 1, 104. – ► Kompar. comminius, Tert. de carn. Chr. 21.

comminūtio, ōnis, *f.* (comminuo), das **Zermalmen,** Claud. Mam. de stat. anim. 1, 7 u. a. Eccl.

commis, is, *f.,* s. cummis.

com-misceo, miscuī, mixtum u. mīstum, ēre, **zusammenmischen, vermischen, vermengen, I** im Allg.: **a** eig.: mulsum, Plaut.: in patina scarorum iocinora, phasianorum et pavonum cerebella, Suet. – u. corpora, fleischlich vermischen, Cic.: dah. Passiv commisceri = sich fleischlich vereinigen, spät. ICt. – m. Ang. **womit?** durch *cum* m. Abl. od. durch *inter se,* ignem Vestae cum communi urbis incendio, Cic.: servos cum ingenuis, Suet.: ventus commiscet se cum igne, Lucr.: inter se omnia pariter, Cato: plura inter se, Lucr. – od. durch bl. *Abl.,* bes. beim Passiv, (crocum, commis) aquā pluviali commiscentur, Scrib.: commixtae salivae melle, Suet.: commixta frusta mero cruento, Verg. – m. Ang. **wohin? wozu?** durch *in* m. Akk., multa in unum, Scrib.: fumus commixtus in auras, Verg.: Chio conmixta nota Falerni, Hor. – **b** übtr., **vermengen** = ineinander auf- od. übergehen lassen, ius accusatoris cum iure testimonii, Rhet. Her.: temeritatem cum sapientia, Cic.: gemitu commixta querela, Lucr.: c. utrasque partes in computatione, ICt.: commixtus clamor, verworrenes, Verg. – **II** prägn.: **1** vermischend beifügen, **beimischen,** mit Ang. **wem?** durch *Dat.,* reliquias (Phyllidis) cineribus Iuliae, Suet.: libellum libellis ceteris, unterstecken unter usw., Suet. – **2** commixtus ex alqa re od. bl. alqā re, **aus** od. **durch Vermischung hervorgegangen,** materiae ex utroque commixtae, Quint.: Silvius Italo commixtus sanguine, Verg. – ► Formen nach der 3. Konj., commiscis, Apic. 4, 181: Futur. commisces, Veget. mul. 1, 34, 5.

commiscibilis, e (commisceo), **vermischbar,** Tert. de anim. 12.

commisculus, a, um (commisceo) = κοινός, Gloss. II, 105, 40.

commiserātio, ōnis, *f.* (commiseror), in der Rhetor., das **Bemitleiden** des Beklagten, um auch bei den Richtern usw. Mitleid zu erregen (als Teil der Rede), Q. Regis, Cic.: absol. (als Art des Ausdrucks), der **Rührton,** die **Rührung,** Cic. u. Quint.

com-misereor, ritus sum, ērī, **Mitleid haben** mit usw., **bemitleiden,** ut Electra comploret commisereaturque interitum eius, Gell. 6 (7), 5, 6: unpers., navitas (nautas) precum eius harum commiseritum esse, Gell. 16, 19, 11.

com-miserēsco, ere, mit jmd. **Mitleid, Erbarmen haben,** (mei) commiserescite, Enn. tr. 222 (159): ipse eius commiseresceret, Pacuv. tr. 391: commiserescas orbitudinis, Turpil. com. 211. – unpers., **es regt sich** bei jmd. **Mitleid** mit einem, ut ted (= te) huius commiserescat mulieris, Plaut. rud. 1090: ut ipsam Bacchidem eius commiseresceret, Ter. Hec. 129.

1. **commisero,** ōnis, *m.* (com u. miser), der **Unglücksgefährte,** Tert. adv. Marc. 4, 9 u. 36.

2. **com-misero,** āre = commiseror, Acc. tr. 355.

com-miseror, ātus sum, ārī, **I bemitleiden, bedauern, beklagen, bejammern,** fortunam, Nep.: in commiseranda re, Rhet. Her.: murmura (leonis) dolorem cruciatumque vulneris commiserantia, kläglich zu erkennen gebend, Gell. – **II** insbes., in der Rhetor., v. Redner, **in den Rührton übergehen,** Cic. u. Quint.

commissātor, falsche Schreibung für comissator, s. d.

commissio, ōnis, *f.* (committo), **I die Vereinigung, Verbindung,** Ambros. hexaëm. 2, 5. § 21. – **II** der **Wettkampf,** öffentliche **Wettstreit,** bes. der Dichter, Redner u. dgl., auch im Plur., Cic., Sen., Plin. ep. u. a. – meton., die zu solchem (gelehrten) Wettkampf abgefasste, also pomphafte Rede, **Preisrede, Prunkrede** (griech. ἀγώνισμα), Suet. Aug. 89, 3 u. Cal. 53, 2. – **III** das **Begehen einer Schuld,** si piaculis dicitur contracta esse commissio, wenn man sagt, dass eine Schuld begangen sei zum Sühnen, Arnob. 4, 31.

commissor, ōris, *m.* (committo), **I** der **Beginner,** pugnae (= συμβαλλόμαχος), Gloss. II, 105, 4. – **II** der **Begeher, Verschulder,** peccatorum, Augustin. in psalm. 85, 4 u. a. Eccl.

comissōrius, a, um (committo), **eine Verwirkung enthaltend,** comm. lex u. subst. bl. commissōria, ae, *f.,* der Nebenvertrag (die Klausel) des Verfalls, ICt. (s. bes. Dig. 18, 3, 1 *sqq.*).

commissum, ī, *n.* (committo), **I** das **Unternommene,** supererat nihil aliud in temere commisso, quam etc., Liv. 44, 6, 14. – Insbes.: **a** der **Verstoß** gegen Pflicht u. Gesetz, das **Vergehen,** die **Schuld,** factum aut c. audacius, Cic.: c. turpe, Hor.: commissa luere, Verg.: cum per ignorantiam scripturae multa commissa fierent (da nun, weil niemand den eigentlichen geschriebenen Wortlaut des Gesetzes kannte, viele Vergehen gegen dasselbe vorkamen), tandem flagitante populo proposuit legem, Suet. Cal. 41, 1. – **b** das Verwirkte = das **Heimfallen** an den Staatsschatz, die **Einziehung, Konfiskation,** bes. wegen Zollhinterziehung, in c. venire, Ps. Quint. decl.: in c., in causam commissi cadere, ICt.: commisso vindicari, tolli, ICt. – **II** das **Anvertraute,** das **Geheimnis,** commissum tegere, Hor. ep. 1, 18, 38. – gew. im Plur., commissa celare, Nep., tacere, Hor.: commissa enuntiare, Cic.

commissūra, ae, *f.* (committo), die **Zusammenfügung, Verbindung,** *concr.* = das **Band,** die **Fuge, I** eig.: ossium, digitorum, Cic.: lapidum, Sen.: colorum, Vermischung, Plin.: piscium, der Knoten im Fischgestirn, Plin. – **II** übtr., die **Verbindung** in der Rede, Quint.: verborum, Quint.

commissūrālis, e (commissura), **aus Bändern bestehend,** loca, Veget. mul. 2, 13, 4.

commistim, -io, -ūra, s. commixt…

com-mītigo, āre, **mürbe klopfen,** alci caput sandalio, Ter. eun. 1028: capita sandaliis muliercularum, Augustin. c. Iulian. Pelag. 3, 5, § 11 (wohl mit Anspielung auf die Stelle des Terenz).

com-mitto, mīsī, missum, ere, **zusammenlassen, zusammenbringen, I** eig.: **a** mater. lebl. Objj. **zusammenlassen, aneinanderlassen** = **zusammenfügen, aneinander-** oder **aufeinanderfügen, verbinden, vereinigen** (Ggstz. dirimere), u. refl. se committere od. Passiv committi medial = **zusammengehen, sich anschließen, dicht anstoßen, sich verbinden, sich vereinigen,** malos (Balken, Ständer), Caes.: opera (Befestigungswerke), Liv.: maria, Curt.: duas noctes, Ov.: plagarum orae committuntur, Cels.: quia vehementer rursus se commiserunt (orae ossis), Cels. – influentem urbi Tiberinum (den Tiber) ponte, Flor. – m. Ang. **wem? womit?** durch *Dat.*, durch *cum* u. Abl., durch *inter se,* z. B. dextram dextrae, Ov.: manum Teucris, poet. = handgemein werden, Verg.: lacum flumini, Plin. ep.: urbem continenti (von einem Damm), Curt.: viam viae, Liv.: ubi se (Syria) Ciliciae committit, Mela: quā naris fronti committitur, Ov.: costae committuntur cum osse pectoris, Cels.: orae scroti suturis inter se committendae, Cels.: nondum commissa inter se munimenta, Liv.: v. der Wortfügung, res in ordinem digestae et inter se commissae, Quint.: vermiculate lexeis inter se c., Quint. – m. Ang. **wohin? wozu?** durch *in* u. Akk., donec se duo capita in priorem partem (nach vorn) committant, Cels.: commissa in unum crura, Ov.: ceterae suturae in unguem committuntur, vereinigen sich aufs genaueste, Cels. – **b** leb. Wesen, **α** zum Kampf u. Wettstreit **aneinanderlassen, aneinanderhetzen,** bei Ang. **mit wem?** konstr. mit *cum* u. Abl., mit bl. *Dat.*, m. *inter se,* zum Kampf, duos canes in conspectu populi, Frontin.: arietes vel boves, ICt. – u. acies commissas solvere, Prop. – bes. in den öffentl. Spielen, quingenos pedites, tricenos equites hinc inde, Suet.: pugiles Latinos cum Graecis, Suet. – zum Wortgezänk, omnes inter se, Suet. – zum Wettstreit mit Worten, aequales inter se, Suet. – **β** zum Vergleich **zusammenstellen,** vates, Iuven. 6, 436: sua scripta antiquae Corinnae, Prop. 2, 3, 21.

II mehr übtr.: **1** etw. **zu Werke-, zur Ausführung-, zur Anwendung bringen, a** im Allg., **beginnen, stattfinden lassen, abhalten, anstellen, veranstalten** (Ggstz. finire), bei Ang. **mit wem?** mit *cum* u. Abl. od. m. *inter se,* z. B. pugnam u. pugnam cum alqo, Cic.: proelium, Caes.: proelium a dextro cornu, Caes.: proelium cum hostium equitatu, Caes.: commissum erat proelium inter Macedones Ariosque, Curt.: modicum certamen, Liv.: leve certamen in alto, Liv.: bellum, Liv., verb. (im Ggstz.) bellum c. et profligare (seinem Ende nahe bringen), Liv. (s. Fabri Liv. 21, 40, 11): bellum ad Chalcidem, Liv.: bellum prospere, Liv., inconsultius, Iustin.: primo tempore *commissum est* Punicum bellum, *profligatum* secundo, tertio vero *confectum est,* Flor. – c. obsidionem, Curt.: c. rixam, Liv. – agona musicum, aufführen, Suet.: u. so spectaculum, Liv.: ludos, Cic. – cenam maturo ovo, Varr. fr. – tribuni sanguine commissa proscriptio, Ciceronis paene finita, Vell. – iudicium inter sicarios committitur, Cic.: fausto committitur omine sermo, Ov. – absol. = **eine Schlacht liefern, kämpfen,** parvā manu cum copiosissimo hoste, Eutr.: contra Sullam, Eutr.: priusquam committeretur, vor Beginn des Kampfes, Suet. – **b** etw. Straffälliges **ins Werk setzen, zur Ausführung kommen lassen, ausüben, begehen, verschulden, α** m. Ang. der Sache, die man begeht, **αα** durch *Acc.,* tantum facinus, Cic.: multa virilis audaciae facinora, Sall.: multa maleficia, Cic.: tantum scelus, Cic.: tantum nefas, Curt.: multas nefarias res, Cic.: delictum maius, Caes.: caedem, caedes, Ov. u. Curt.: parricidium, Quint.: incestum cum filia, Quint.: nihil commisisse, Cic.: si quae culpa commissa est, Cic.: ego etiam quae tu sine Verre commisisti, Verri crimini daturus sum, Cic. – m. Ang. **gegen wen?** durch *in* od. *erga* od. *adversus* u. Akk., multa et in deos et in homines impie nefarieque, Cic.: quod secus a me erga te commissum videretur, Cic.: quae Philippi bello adversus populum Romanum commisissent, Liv. – **ββ** durch folg. *Infin.*, **es dahin kommen lassen,** committit saepe repelli, Ov. met. 9, 632: hoc cum saepius bubulci fieri vident, non committunt scamna facere, Col. 2, 4, 3. – **γγ** durch folg. *ut* u. Konj., **es dahin kommen lassen, es verschulden,** dass usw., id me commissurum, ut patiar fieri ne animum induxeris, Plaut.: sordidum ad famam (est) committere, ut accusator nominere, Cic. – oft m. vorhergeh. Negation, non committet hodie ut vapulet, Ter.: non committam posthac, ut me accusare de epistularum neglegentia possis, Cic.: quā re ne committeret, ut is locus, ubi constitissent, a populi Romani calamitate nomen caperet, Caes. – **δδ** durch folg. *quare* od. *cur,* quod neque commissum a se intellegeret, quare timeret, neque etc., Caes. b. G. 1, 14, 2: Caedicius negare se commissurum, cur sibi quisquam imperium finiret, Liv. 5, 46, 6. – **β** absol., **etwas verüben, es versehen, fehlen, sündigen,** cum verisimile erit, aliquem commisisse, Cic.: nemo enim committeret, Cic. – m. Ang. **gegen was?** durch *contra* od. *in* od. *adversus* u. Akk., contra legem, Cic.: contra leges, ICt.: in legem, ICt.: adversus testamentum, ICt. – m. Ang. **nach welchem Gesetz?** durch *Abl.*, lege censoriā, Varr.: lege de sicariis, Quint. – **c** machen, dass eine Vertrags- od. Rechtsbestimmung od. eine Strafe in Anwendung kommt, in Kraft tritt, d. i. **α** eine Vertragsbestimmung **in Erfüllung gehen-, vor sich gehen lassen,** civitas obligata sponsione commissā, durch die bereits vor sich gegangene (verwirkte) Verbürgung, Liv. 9, 11, 10: hanc ego devotionem capitis mei ... convictam esse et commissam putabo, als verwirkt erwiesen u. der Augenblick der Erfüllung eingetreten sei, Cic. de domo 145. – u. so bei den Juristen, c. edictum, stipulationem, die Erfüllung des Edikts usw. verwirken, ICt.: stipulatio committitur, tritt in Wirkung, ICt.: so auch cautio committitur, ICt.: dies committendi, Verfalltag, ICt. – **β** eine Strafe zur Anwendung kommen lassen, **verwirken,** multam, Cic.: poenam octupli, Cic. – dah. **γ** Partiz. Perf. commissus v. Strafobjekt, **verfallen,** hypothecae commissae, Cic.: hereditas Veneri Erycinae (der V.) commissa, Cic.: hanc fiduciam (Unterpfand, Hypothek) commissam tibi dicis, Cic.

2 jmd. od. etw. in den Bereich, in den Schutz, in die Willkür usw. jmds. od. einer Sache hinlassen, d. i. in einen Ort usw. **sich getrauen** od. **sich wagen lassen** (dah. se committere oft = sich getrauen, sich wagen), jmdm. od. einem Ggstd. **anheimgeben, überlassen, anvertrauen, aussetzen, preisgeben,** m. Ang. **wohin? wem?** durch *in* u. Akk. od. durch bl. *Dat.,* **α** pers. Objj.: se longius a portibus, Caes.: se in conclave, Cic.: se in senatum, Cic.: se in populi Romani conspectum, Cic.: ne duae legiones sine Picentinis cohortibus in conspectum Caesaris committerentur, Cic.: c. duos filios in aleam eius, qui proponitur, casus, Liv.: se non c. in aciem, Liv.: se urbi, Cic.: se theatro populoque Romano, sich ins Th. u. vor die Augen des röm. Volkes wagen, Cic.: se ludis, bei den öffentlichen Spielen zu erscheinen wagen, Cic.: se publico non c., nicht wagen, sich öffentlich sehen zu lassen, Suet.: se non solum populo, sed etiam senatui, Cic.: se itineri tam infesto tamque periculoso, Cic.: se tam longae navigationi et viae, Cic.: se nusquam proelio, Liv.: persecutis hostibus nusquam se aequo certamine, Liv. – alci filiam, Ter., liberos suos, Ter.: ovem lupo (sprichw., griech. καταλείπειν ὄϊν ἐν λύκοισι), Ter. eun. 832: infirmas legiones hostibus committere non audere, Hirt. b. G.: mulierem alci primo partu, Ter.: alqm fidei alcis, Curt.: alqm fidei tutelaeque alcis, Curt.: alqm fidei potestatique alcis, Cic.: ut commissus sit fidei (vestrae), permissus potestati, Cic.: ego me tuae commendo et committo fide (= *fidei*), Ter.: se aut mortis aut servitutis periculo, Cic.: post cibum se neque frigori neque aestui neque labori, Cels. – mit Ang. **als wen?** durch Prädikatsakk., gnatam suam alci uxorem, Ter.: alci alqm alendum, Ov. – **β** leblose Objj.: collum tonsori, Cic.: semen solo, Col.: non protinus aciem (Auge) infirmam improbo lumini, Sen.: c. alci epistulam, Cic.: c. alci alqd legendum, Fronto: alci litteras liberiores, Cic.: alci portam, (zur Bewachung) anvertrauen, Verg.: alci urbem, zur Verteidigung anvertrauen, Frontin.: alci bellum, den Kr. (= die Führung des Kr.), Cic.: u. so alci bellum contra Afros, Eutr.: iudici litem, Petr.: quaedam domestica litteris (einem Brief) non c., Cic. (vgl. sed haec ipsa nescio rectene sit litteris commissa, Cic.): (alci) consilia, Cic.: alci fortunas suas, Ter.: summum imperium potestatemque alci, Nep.: (alci) custodiam pecuniae, Curt.: alci rem publicam, Liv. u. a. (s. Drak. Liv. 25, 7, 3): alci salutem suam, Curt.: salutem navibus, Iustin.: alci vitam, Cic.: rem proelio, es auf ein Tr. ankommen lassen, Caes.: ebenso rem in aciem, Liv.: rem in casum ancipitis eventus, Liv.: ne rem committeret *eo, ubi* duae acies timendae essent, Liv.: c. rem publicam in discrimen, die Sache des Staates dem Risiko preisgeben (auf die Spitze stellen), Liv. – **γ** absol., alci comm., **es** jmdm. **anheimgeben,** jmdm. **die Sache in die Hand geben, es auf** jmd. **ankommen lassen,** auch jmdm. **sich anvertrauen** (s. Zumpt Cic. Verr. 4, 16), sanan es, quae isti committas, Plaut.: eis commisi et credidi, Ter.: commisi Heio, Cic.: cui denique commisit, Cic. – m. Ang. **in Betreff wessen?** durch *de* u. Abl., alci de existimatione sua, Cic. Verr. 3, 137. – m. Ang. **des Zweckes** durch *ut* u. Konj., alci, ut videat, ne quid res publica detrimenti capiat, Cic. Mil. 70. – ► Synkop. Perf. commisti, Ter. eun. 832 *Fl.*

Commius, ī, *m.,* Name des Oberhauptes der Atrebaten bei Cäsar, Caes. b. G. 4, 21, 7; 4, 27, 2; 5, 22, 3 u. ö.

commixtīcius, a, um = *miscellaneus,* Gloss.

commixtim, *Adv.* (commixtus v. commisceo), vermischt = **vereint** (Ggstz. separatim), Eccl.

commixtio, ōnis, *f.* (commisceo), die **Vermischung,** Apul. apol. 32. – konkr., die **Mischung,** Th. Prisc. 1, 5. Marc. Emp. 8.

commixtrīx, trīcis, *f.* (commisceo), die **Vermischerin,** vis illa voluptatis confectrix commixtrixque seminum, Iulian. b. Augustin. op. imperf. 5, 11 *in.*

commixtūra, ae, *f.* (commisceo), die **Vermischung,** Cato r. r. 157, 1 zw.

commōbilis, e (commoveo), **leicht bewegend,** Cael. Aur. acut. 2, 9, 48.

commodātē, *Adv.* m. *Compar.* u. *Superl.* (commodatus v. commodo), **angemessen,** sed usurpatum concinnius aut congruentius aut commodatius, Fronto de oratt. p. 162, 6 N.: si id commodatissime facias, Favor. b. Gell. 2, 5.

commodātio, ōnis, *f.* (commodo), die **Darleihung,** commodationes alternae, Ps. Apul. Asclep. 8.

commodātor, ōris, *m.* (commodo), der **Darleiher,** ICt.

commodātum, ī, *n.* (commodatus, *Partic.* v. commodo), **I** das **Geliehene,** das **Darlehn,** ICt. – **II** der Leihkontrakt, actio commodati, ICt.

commodē, *Adv.* m. *Compar.* u. *Superl.* (commodus), **nach dem rechten Maß, angemessen, der Sachlage entsprechend, zur Sache passend, gehörig, fertig, gewandt, geschickt, recht wohl, gut, trefflich,** componere capillum, Plaut.: c. amictum esse, Plaut. fr.: c. valere, Plin. ep.: saltare, Nep.: multo commodius dicitur apud regem verba fecisse quam ii poterant, qui etc., Nep.: orationem Lysiae c. scriptam esse, gewandt, Cic.: c. facere, gute Wirkung haben (v. Heilmitteln), Cels.: ipse c. facio, quae praecipio, Col. – c. cogitare, Ter.: aliquid facete et c. dicere, treffend, schlagend, Cic.: u. so commode et breviter dictum, Cic.: multa c. et breviter dicta, Cic.: distribuetur tempore eo commodissime, cum etc., Cic.: in Tusculano commodius ero, werde ich mich behaglicher fühlen, Cic.: u. so esse commodissime istic, Cic. – mit a. *Advv.*, tam c. orationes et historias et carmina legere, ut etc., Plin. ep.: res minus c. gerere, Cic.: minus c. audire, in nicht ganz gutem Rufe stehen, Cic.: satis c. laudare alqm, Cic.: his de rebus tantis non satis c. dicere posse, Cic.: satis scite et c. tempus capere ad alqm adeundi, Cic.: parum c. scribere, Plin. ep.: me praedia paterna parum c. tractant, Plin. ep.: ad lumbricos satis c. facit et santonica herba, Scrib. – Insbes.: **a gefällig, gewinnend, verbindlich, zuvorkommend** (s. Lorenz Plaut. most. 840), bene et c. accipi, Plaut.: c. respondere, Plaut.: loqui lepide et commode, Plaut. (vgl. numquam commodius umquam erum audivi loqui, Ter.): facis c., quod etc., es ist mir eine erwünschte Gefälligkeit, dass du usw., Cic.: feceris igitur c. mihique gratum, si etc., Cic.: commodius fecissent, si etc., Cic. – **b bequem** = ohne Schwierigkeit, ohne Störung, navigare, Cic.: commodius quam tu vivo, Hor.: transire vallem commodissime, Caes. – **c gelegen** = **zur gelegenen Zeit,** exire, Titin. com. 64: c. de parte superiore descendere, Sisenn. fr. b. Charis. 196, 15.

Commodiānus, a, um, s. 2. Commodus.

commoditās, ātis, *f.* (commodus), **I** das **gehörige, vollkommene Maß, die Angemessenheit, Zweckmäßigkeit, Annehmlichkeit, Bequemlichkeit, der Vorzug, das Gute,** was eine Sache an sich hat od. gewährt, c. et aequitas membrorum, das Ebenmaß, Suet.: c. corporis, gehörige körperliche Fertigkeit, Cic.: commoditas dignitasque domus, Cic.: vitae commoditas iucunditasque, Cic.: cum commoditas iuvaret, Liv. – v. der Rede, c. orationis, Gewandtheit, Rhet. Her. 1, 1: u. so absol., Cic. de inv. 1, 3; Rosc. Am. 9. – u. im Plur. tantae commoditates corporis, Cic.: commoditates vitae humanae, Apul.: plurimas et maximas commoditates amicitia continet, Cic. – Insbes.: **a** die **Bequemlichkeit** = das Freisein von Schwierigkeiten, die **Erleichterung,** id (Ianiculum) ob commoditatem itineris ponte sublicio … coniungi urbi placuit, Liv. 1, 33, 6. – **b** (wie καιρός) der **gelegene, rechte Zeitpunkt, günstige Umstände,** commoditatis omnes articulos scio, Plaut. Men. 140: satine ut Commoditas (personif.) usque quaque me adiuvat, Plaut. mil. 1134: commoditas ad faciendum idonea, Cic. de inv. 2, 40. – **c** die Annehmlichkeit = das **Vorteilhafte,** der **Vorteil,** qui ex bestiis fructus, quae commoditas percipi potest? Cic.: im Plur., externae commoditates, Cic.: mare vicinum ad commoditates, Liv.: at, si corrigitur, quot commoditates vide, Ter. – **II** die **Gefügigkeit, Zutulichkeit, Umgänglichkeit, Gefälligkeit, Nachsicht,** einer Pers., sua, Ter.: patris, Caecil. com. fr.: ipsius, Ov.

Commodius, a, um, s. 2. Commodus.

1. commodō, *Adv.* (eig. *Abl.* v. commodum), **nach Bequemlichkeit, beliebig,** dictitare, Plaut. fr. b. Charis. 193, 15. – ► Vgl. Sen. ep. 70, 19 nach Senekas Sprachgebrauch ex commodo mori.

2. commodo, āvī, ātum, āre (commodus), **gehörig** od. **angemessen einrichten, I** eig.: **a zurecht machen, herrichten,** trapetum, Cato r. r. 135, 7: fere plurimarum stirpium natura sic se commodat, ut etc., Col. 4, 22, 5. – **b ansetzen,** spongias podici, Cael. Aur. chron. 4, 3, 26. – **II** übtr.: **A** = einer Sache **anbequemen,** mit etwas **in Einklang bringen,** orationi oculos, vocem, manum, Plin. pan. 71, 6. – **B** annehmlich, gefällig machen, **1** v. Pers.: **a** absol. = **sich gefällig erweisen, zu Gefallen handeln, α** ganz absol.: commodabo, Plaut.: at publice (dem Staat) commodasti, Cic. – **β** m. *Dat. pers.:* ut eo libentius iis commodes, Cic. ep. 13, 54: nec enim, cum tuā causā cui commodes, beneficium illud habendum est, Cic. de fin. 2, 117. – m. *Dat. pers.* u. m. Ang. **womit?** durch *Abl.,* caecus claudo (Dat.) pede commodat, Auson. epigr. 133, 3: cui ego, quibuscumque rebus potero, libentissime commodabo, Cic. ep. fr. p. 46 K. (p. 253 Kl.): m. *Dat. pers.* u. m. Ang. **worin?** durch *in* u. Abl., alci omnibus in rebus, Cic. ep. 13, 32, 2 u. 53, 1. – m. *Dat. pers.* u. m. Ang. **in Betreff wessen?** durch *de* u. Abl., alci de habitatione, Cic. ep. 13, 2 M. (*cod. M* accommodes). – **b** mit *Acc. rei* = aus Gefälligkeit auf Zeit etw. **hergeben, gewähren, zukommen** od. **angedeihen lassen, widmen, verleihen, leihen, α** im weiteren Sinne. *Am.* Quor tu aquam *gravare* (vorenthalten) amabo, quam hostis hosti *commodat*? *Sc.* Quor tu operam *gravare* mihi, quam civis civi *commodat*? Plaut.: commoda loquelam tuam, Plaut.: ut quicquid sine detrimento possit commodari, id tribuatur vel ignoto, Cic.: ut haec a fortuna *donata,* cetera a fortuna *commodata* esse videantur, Cic.: commoda manum, leih (mir) die Hand (= töte mich), Petr.: c. manum morituro, Vell.: vocem et manum candidato in senatu, Sen.: alci aurem, Ov., alci aurem patientem, ein ged. Ohr leihen, Hor.: suas vires aliis eas commodando minuere, Liv.: c. alci diplomata, Plin. ep.: veniam parvis peccatis, magnis severitatem, Tac.: rei publicae tempus, dem Staat Zeit (zur Zahlung) gewähren, Liv.: alci operam suam ad turpissimum ministerium, Plin. ep.: nomen suum alci ad translationem criminis, Cic.: se c. singulis, sich widmen (v. Lehrer), Quint. 2, 8, 4: ex illis (iuvenibus) testes signatoresque falsos, stellen, Sall. Cat. 16, 2. – **β** im engeren Sinne = auf Zeit **leihen,** zur zeitweisen Benutzung **überlassen** (u. zwar etwas, was, so wie es war, zurückgegeben wird; vgl. mutuum dare unter mutuus), paenulam, Quint.: alci aurum, Cic.: aedes cuidam amico ad nuptias, Rhet. Her. – **2** von Lebl., jmdm. **gelegen sein** od. **kommen, jmdm. günstig sein, für** jmd. **einträglich sein,** absol., quo (foro) parum commodante, Aur. Vict. Caes. 20, 28. – m. *Dat.*, optamus evenisse, quod nobis commodet, Macr. de diff. etc. 18, 1:

atque ideo vitae nostrae magis commodant, Macr. somn. Scip. 1, 19, 25: agrum rei publicae commodantem facere, Aur. Vict. Caes. 40, 9.

commodulātio, ōnis, *f.* (com u. modulatio), das **zusammenstimmende Verhältnis**, die **Zusammenstimmung,** Vitr. 3, 1. § 1.

commodulē, *Adv.* (*Demin.* v. commode), **nach bester Bequemlichkeit, in schönster Angemessenheit,** ludere, Plaut. rud. 468: provenire, Arnob. 2, 18. Vgl. 2. commodulum.

1. **commodulum**, ī, *n.* (*Demin.* v. 2. commodum), der **kleine Vorteil,** Plur. b. Arnob. 1, 9.

2. **commodulum**, *Adv.* (*Demin.* v. 1. commodum), **nach bester Bequemlichkeit, in schönster Angemessenheit,** Plaut. mil. 750 u. Stich. 690 *Fl.* (*vulg.* commodule).

1. **commodum**, *Adv.* (commodus), **I gerade recht,** Plaut. trin. 400 u. 1136 u. a. – **II gerade, eben, α** absol., ecce autem c. aperitur foris, Plaut.: si istāc ibis, c. obviam venies patri, Plaut.: c. enim volo ad Serapim deferri, Catull.: id cum hoc agebam c., Ter.: c. enim egeram diligentissime, Cic.: sectatoribus c. dimissis, Gell. – **β** m. folg. *cum* od. *postquam* u. Indik., **eben-, gerade ... als,** cum huc respicio ad virginem, illa sese interea c. huc advorterat, Ter.: c. discesseras heri, cum Trebatius venit, Cic.: adducitur a Veneriis atque attrahitur Lollius, c. cum Apronius e palaestra redisset, Cic.: postquam me misisti ad portum, commodum radiosus sese sol superabat ex mari, Plaut. Stich. 364 *sq.* – u. m. folg. *cum* u. Konj., cum iam filiae nostrae dies natalis appeteret, c. aderant, quae muneri miseratis, Symm. ep. 1, 11 *in.* – **γ** (wie ἅμα καί) m. folg. *et*, **eben (gerade) ... und,** c. limen evaserant et fores ad pristinum statum integrae resurgunt, Apul. met. 1, 14 *in.*; u. so *ibid.* 2, 11 u. 16; 4, 8; 9, 20.

2. **commodum**, ī, *n.* (commodus), **a die Zuträglichkeit, Bequemlichkeit, die bequeme, günstige Lage, die mir bequeme, gelegene Zeit, Muße** (Ggstz. incommodum), contra valetudinis commodum laborare, gegen das Beste der G., zum Nachteil der G., Cic.: ne id contra commodum (valetudinis) faceret, Suet.: quod commodo valetudinis tuae fiat, wofern es ohne Schaden deiner G. geschehen kann, Cic.: commodo rei publicae facere alqd, in Übereinstimmung mit der günstigen Lage des Staates, ohne Nachteil für den St., Cic.: u. so si per commodum rei publicae posset, Liv.: commodum alcis exspectare, eine jmdm. gelegene Zeit abwarten, warten, bis es jmdm. gelegen ist, bis jmd. Muße hat, Cic. – so auch cum erit tuum commodum, wenn es dir gelegen sein wird, Cic. – bes. oft commodo meo, tuo, suo, nostro, vestro, nach meiner, deiner, seiner, unserer, euerer Bequemlichkeit, Cic.: quod tuo commodo fiat, wofern es dir nicht unbequem, lästig ist, Cic.: per commodum u. ex commodo u. bl. commodo, nach Bequemlichkeit, zu gelegener Zeit, bei günstiger Gelegenheit, ubi copias per commodum exponere posset, Liv.: melius ratus ex commodo pugnam facere, Sall.: cum (ex) commodo mori non licuisset, Sen. – **b** objektiv, die gewährte Annehmlichkeit, **α** das **Vorteilhafte, der Vorteil, Nutzen, das Interesse, das Gute,** auch (bes. im Plur.) = das **Wohl, Glück** (Ggstz. incommodum, malum), sui commodi causā nocere alteri, Cic.: quaestus et commodi causā istam religionem commentum esse, Lact.: alcis commodum sequi, Ter.: aliquid commodi ex ea re capere, Ter.: amicitias inimicitiasque non ex re, sed ex commodo aestumare, Sall. – Plur., commoda vitae, Cic.: c. mea, Cic.: c. populi, Nep.: plebis, Vell.: c. publica, Hor.: servire od. consulere alcis commodis (Ggstz. officere et obstare alcis commodis, adversari alcis commodis), Cic.: inservire suis commodis, Cic.: tueri alcis commoda, Cic.: detrahere de alcis commodis, Cic.: invidere alcis commodis, Plaut.: stare adversus commoda populi, Nep.: frui illis commodis, Ter.: carere commodis omnibus, Cic.: salutem sociorum suis omnibus commodis et rationibus praeferre, Cic. – **β** Plur. = die vom Staat gewährten **Vergünstigungen, Vorrechte, Privilegien, Rechte,** tribunatus (militum) commoda, Cic.: provincialia ornamenta commodaque, Cic.: commoda emeritae militiae, Suet.: commoda sacerdotum, Suet.: commoda primipili, ICt.: militibus commoda dare, Ov. – **γ** die zeitweilig überlassenen, **geliehenen Gegenstände,** qui forum et basilicas, commodis hospitum, non furtis nocentium ornarent, Cic. Verr. 4, 6: u. so commodum (Darlehn) bei Isid. 5, 25, 16. – **c** katachrest. = die **Messung,** commoda verborum, Fulg. myth. 1, 14: metrica verborum commoda, Fulg. myth. 1. praef. p. 22 M.

1. **commodus**, a, um, *Adi.* m. *Compar.* u. *Superl.* (com u. modus), **angemessen, I** dem Maße, den Verhältnissen, dem Zweck, der Sachlage **angemessen, entsprechend, würdig, zweckmäßig, treffend, zusagend, bequem,** viginti argenti commodae minae, wie sie an Zahl sein müssen, volle, Plaut.: u. so novem cyathi c., Hor.: c. statura, Plaut.: hiberna, Liv.: caelum Neapolitanum, das Klima in N., Fronto: habitatio, ICt.: iter commodius, Liv.: valetudine minus commodā uti, Caes.: cum vellet videri commodioris valetudinis factus, Quint.: quo suturae pauciores sunt, eo capitis valetudo commodior est (desto besser für das Befinden des K.), Cels.: litterae satis c. de Britannicis rebus, Cic.: c. pronuntiandi ratio, Quint.: urbanas res virtute Cn. Pompeii commodiorem in statum pervenisse, Caes. – mit Ang. **wem? für wen?** durch *Dat.*, nulla lex satis c. omnibus est, Liv.: Caesar hanc sibi commodissimam belli rationem iudicavit, uti etc., Caes.: nec pecori *opportuna* seges, nec *commoda* Baccho, Verg. – m. Ang. **wozu?** durch *Dat.*, durch *ad* m. Akk. od. durch 2. *Sup.*, sperans fore in navigatione quam in via curationi omnia commodiora, Liv.: vestis c. ad cursum, Ov.: exornationis genus c. auditu, Rhet. Her. – mit Ang. **wodurch?** durch *Abl.*, vestitu animisque sacris commodi, Vopisc. Aur. 19, 6. – dah. commodum (commodius, commodissimum) est, **es ist bequem, zusagend, genehm, es ist gefällig, es gefällt, scheint zweckmäßig** (Ggstz. molestum est), absol. od. m. allg. Subj. (*Pronom. neutr.*), in den parenthet. proinde ut commodum est et lubet, Plaut.: quando commodum est, Plaut.: cum est commodum, Cic.: dum erit commodum, Ter.: si tibi erit commodum, Cic. – od. m. folg. *Infin.* od. *Acc.* m. *Infin.*, tum commodum est palatum ungere, Cels.: nihil duco esse commodius, quam de his rebus nihil iam amplius scribere, Cic.: ipse commodissimum esse statuit omnes naves subduci, Caes.: u. durch Attraktion, eum iudicem quem commodum erat (verst. dare), dabat, Cic.: so quos ei commodum sit invitet, Cic. – Insbes.: **a** dem körperl. guten Befinden entsprechend = **wohl,** vivere filium atque etiam commodiorem esse simulabat, sei (befinde sich) **wohler,** Plin. ep. 3, 16, 4. – **b** für die Ausführung **bequem** = nicht mit Schwierigkeiten verbunden, aliud longius, ceterum commodius iter ostenditur, Liv.: quo ex portu commodissimum in Britanniam traiectum esse, Caes.: potuisti ad tuum ius faciliore et commodiore iudicio pervenire, Cic. – **c** der Zeit nach **schicklich, gelegen, günstig,** si commodius anni tempus esset, Cic.: commodior adventus, Ter. – **II** sich anderen anbequemend, **gefügig, bescheiden, maßvoll, taktvoll, zutulich, umgänglich, zuvorkommend, gewinnend, gefällig, nachsichtig** (Ggstz. incommodus, inhumanus), v. Pers., Komik. u. Rhet. Her.: multo et iam esse commodiorem mitioremque nuntiant, Cic. – mores c., Cic.: poet. vom jambischen Versmaß, spondeos stabiles in iura paterna recepit commodus et patiens, Hor. – m. Ang. **gegen wen?** mihi commodus uni, Hor.: stella c. homini, günstig (Ggstz. mala), Prop.

2. **Commodus**, ī, *m.*, vollst. L. Aelius Aurelius Commodus Antoninus, gew. bl. L. Commodus Antoninus u. bl. Commodus Antoninus od. bl. Commodus, röm. Kaiser v. J. 186–192 n. Chr., Lampr. Commod. 1 *sq.* Eutr. 8, 15. Aur. Vict. Caes. 17. Oros. 7, 16. – Dav.: **A Commodiānus**, a, um, **kommodianisch, des Kommodus,** horti, Spart.: ministri, Capitol. – **B Commodius** od. **Commodus**, a, um, **des Kommodus,** Nonae Commodiae, Lampr. Comm. 12, 6.

commoenio, īvī, ītum, īre, s. 2. commūnio.

Commolenda, ae, *f.* (commolo), s. Adolenda.

com-mōlior, ītus sum, īrī, **in Bewegung setzen,** cum commoliri tempestas fulmina coeptat, Lucr. 6, 255: im Bild, dolum ad alqm aut machinam, loslassen, Caecil. com. 207. – Übtr., nimis moleste atque odiose confabricatus commolitusque magis est originem vocabuli iste, quam enarravit, hat herumgebaut u. herumgearbeitet an usw., Favorin. b. Gell. 3, 19, 3.

com-mollio, īre, etw. **zerweichen,** Marc. Emp. 8.

com-molo, uī, itum, ere, **zermalmen, zerstampfen,** alqd minutissime, Col. 12, 28, 1: bacam (olivae) u. olivam, Col. 12, 52. § 18 u. 20: arbores (vom Blitz), Acta fr. Arv. *a.* 224, 5 im CIL 6, 2107: facies pauperum, Vulg. Isai. 3, 15: contriverunt eum et commolierunt (so!) ferreis dentibus, Hier. in Amos 1 *c.* 1, 14.

com-mone-facio, fēcī, factum, ere, mit dem Passiv **com-mone-fīo,** factus sum, fierī (commoneo u. facio), jmd. **bei sich denken** oder **bedenken lassen, a** jmd. **an** etw. **denken lassen,** jmd. an etwas **erinnern, mahnen,** etw. bei jmd. **in Erinnerung bringen,** bl. m. *Acc. pers.*, alqm etiam atque etiam, Cic. ep. 13, 72: u. scherzh., alqm monumentis bubulis, jmdm. mit dem Ochsenziemer einen Denkzettel geben, Plaut. Stich. 63. – m. *Acc. pers.* u. *Genet. rei* (an), alqm veteris amicitiae, Rhet. Her. 4, 33: alqm beneficii sui, Sall. Iug. 49, 4: quin tui sceleris et crudelitatis ex illa oratione commonefiat, Cic. Verr. 5, 112: itineris tempestivae viae commonefactus, Apul. met. 8, 21: quo sermone eius commonefactus, *ibid.* 9, 40: nocturni commonefactus oraculi, *ibid.* 11, 13 *in.*: consimili praecepto sacrorum ministrandorum commonefactus, *ibid.* 11, 27. – m. *Acc. rei* (an), istius turpem calamitosamque praeturam, Cic. Verr. 4, 144: mores vetustatis, Vitr. 2, 1, 5. – m. dopp. *Acc.*, vos commonefaciet vias meas, Vulg. 1. Cor. 4, 17. – m. *Infin.*, simul commonefecit … sanxisse Augustum, Tac. ann. 6, 12. – **b** jmdm. **zu bedenken (zu beherzigen) geben, bedeuten,** jmdm. **bemerklich machen, zu Gemüte führen, ans Herz legen, einschärfen,** m. *Acc. rei* u. mit *de* (in Betreff) u. Abl., de illis extraordinariis hoc unum commonefaciam, Sen. ep. 21, 11. – m. *Acc. pers.* u. *de* m. Abl., subditos nostros c. de religione, Cod. Iust. 1, 1, 3. – m. folg. indir. Fragesatz, simul commonefacit, quae ipso praesente in concilio Gallorum de Dumnorige sint dicta, Caes. b. G. 1, 19, 4: de rationibus provinciae quid vellem fieri, ut is vos doceret et commonefaceret, Q. Metell. in Cic. ep. 5, 3, 2: videlicet uti nos commonefacias, quam conversa sit res publica, Ps. Sall. decl. in Cic. 2, 6. – m. folg. *ut* u. Konj., illi eum commonefaciunt, ut si sibi videatur utatur instituto suo, Cic. Verr. 2, 41; u. so m. *ut* u. Konj. auch Vitr. 7, 5, 8. Cod. Iust. 7, 43, 8.

com-moneo, uī, itum, ēre, **bei sich bedenken lassen, a** jmd. **an** etwas **denken lassen,** jmd. **an** etw. **erinnern, mahnen,** etw. **bei** jmd. **in Erinnerung bringen,** quarum (notarum) recordatio commoneat et quasi excitet memoriam, Quint. 11, 2, 28: im Passiv, hoc quî in mentem venerit mi? re ipsā modo commonitus sum, Plaut. trin. 1054: meretricem commoneri quam sane magni referat, nil clamst, Plaut. mil. 881: ut, si calore dicendi vitare id excidisset, offensatione illā commoneretur, Quint. 11, 3, 130. – m. *Acc. pers.* u. *Genet. rei* (an), mearum me absens miseriarum conmones, Plaut. rud. 743: non illae te nuptiales tibiae eius matrimonii commonebant? Rhet. Her. 4, 44: grammaticos officii sui commonemus, Quint. 1, 5, 7. – m. bl. *Genet. rei,* horum tamen utcumque commonet locus, Quint. 11, 2, 24. – m. *Acc. pers.* u. allg. *Acc. rei,* quod (woran) vos lex conmonuit, Cic. Verr. 3, 40. – m. *Acc. pers.* u. *de* (in Betreff) m. Abl., te neque praesens filius de liberûm caritate neque absens pater de indulgentia patria commonebat? Cic. Verr. 5, 109: quis a signo Vortumni in circum maximum venit, quin is uno quoque gradu de avaritia tua commoneretur? Cic. II. Verr.. 1, 154 (vgl. Cic. Font. 47). – m. folg. *Acc.* u. *Infin.*, quae (auctoritates) te *oblivisci* laudis domesticae *non sinant,* quae te noctes diesque *commoneant* fortissimum tibi patrem … fuisse, Cic. I. Verr.. 52 (vgl. Cic. agr. 2, 31). – m. folg. indir. Fragesatz, qui timor bonis omnibus iniectus sit, … nolite a me commoneri velle, Cic. Mur. 50: cum translatus anulus vel alligatus commoneat nos, cur id fecerimus, Quint. 11, 2, 30. – **b** jmdm. etw. **zu bedenken geben, bemerklich machen,** jmd. **erinnern, mahnen, bedeuten, belehren,** jmdm. etw. **zu Gemüte führen,** jmdm. etw. **vorstellen,** jmd. **ermahnen, auffordern,** absol., non enim exprobrandi causā, sed commonendi gratiā dicam, Cic. Rosc. Am. 45: quod frumenti copia commonet (weil der Vorrat an Getreide dazu auffordert), Cic. Verr. 5, 29. – m. *Acc. pers.*, c. populum pro rostris, Suet. Claud. 22: ut commoneri nos satis sit, eine bloße Erinnerung genüge, Cic. de fin. 3, 3. – m. *Acc. rei,* cum amice aliquid commonemus, eine freundliche Erinnerung aussprechen (Vorstellung machen), Quint. 6, 1, 50: postquam praeparata satis, quae commonet usus, Sil. 13, 111. – m. dopp. *Acc.*, alqm officium suum (an seine Pfl. erinnern, mahnen), Plaut. Pseud. 150: ego vos commonui eleëmosynam dandam, Augustin. enchir. 24. – m. *Acc. pers.* u. *de* (in Betreff) m. Abl., animos de periculo, Cic. part. or. 96: de iis te, si qui me forte locus admonuerit, commonebo, will ich dir meine Bemerkungen mitteilen, Cic. de or. 3, 47. – m. folg. *Infin.*, cum quidam ex illis amicis commonerent oportere decerni, den Beschluss als dringend vorstellten, Cic. Verr. 4, 141. – m. folg. indir. Fragesatz, quam id mihi sit facile atque utile, aliorum exempla commonent, belehren (beweisen) anderer B., Ter. Andr. 812. – m. folg. *ut* u. Konj., ut neque me consuetudo neque amor neque pudor commoveat neque commoneat, ut servem fidem, Ter. Andr. 280: qui (orator), ut ordini rerum omnium intendat, etiam commonendus est, Quint. 4, 1, 78. – ► Parag. *Infin.* commonerier, Plaut. Pseud. 150. – Vulg. Fut. commoneam, Vulg. (Amiat.) ep. Ioann. 3, 10.

commonitio, ōnis, *f.* (commoneo), die **Erinnerung,** Quint. 4, 2, 51 u. spät. ICt.

commonitor, ōris, *m.* (commoneo), der **Erinnerer,** Symm. epist. 7, 105 zw.

commonitōriolum, ī, *n.* (*Demin.* v. commonitorium), die **kurze Anweisung,** Hieron. epist. 120 *in.*

commonitōrius, a, um (commoneo), **zur Erinnerung** jmds. **dienlich,** Cod. Iust. 4, 3, 1. § 3. – subst., commonitōrium, ī, *n.*, die Weisung, wonach man sich zu richten hat, die **Verhaltungsmaßregel, Instruktion,** Amm. 28, 1, 20: bildl., ein Erinnerungsmittel, Sidon. epist. 8, 11.

com-mōnstro (archaist. commōstro), āvī, ātum, āre, **genau-, deutlich zeigen,** alci hominem, quem quaeritat, Plaut.: hominem alci, Ter.: aurum alci, Cic.: viam, Cic. – ► conmonstrasso = *commonstravero,* Plaut. Epid. 437 G: parag. Infin. commonstrarier, Ter. Phorm. 305. – Archaist. synk. Form, commostras, Plaut. merc. 894: commostraremus, Plaut. Poen. 602: commostra (Imper.), Plaut. Poen. 1043.

commōram = cōram (co-ōram), Gloss. V, 14, 30 u. 56, 12.

commorātio, ōnis, *f,* (commoror), **I** das **Verweilen, Verzögern,** Cic.: tabellariorum, Cic. – als *t. t.* der Rhetor., das **Verweilen bei einem wichtigen Gegenstand,** Cic. u. Quint. – **II** meton., der **Aufenthaltsort** (auch im Plur.), Vulg. act. apost. 1, 20. 1. Esdr. 1, 21; 3. Esdr. 9, 37.

com-mordeo, ēre, **bebeißen, in** od. **auf** etw. **beißen,** tela (v. wilden Tieren), Sen. contr. 9, 6 (29). § 2. – bildl., v. Schmähsüchtigen, hiscite, commordete, Sen. de vit. beat. 21, 1.

com-morior, mortuus sum, morī, mit jmd. **zugleich sterben, mitsterben, α** absol., Plin., ICt. u. Eccl. – übtr., duo venena commoriuntur, verlieren zugleich ihre Kraft, Plin.: commoritur ea dimicatio, erstirbt zugleich (nimmt zugleich ein Ende), Plin.: verbum commoriatur in te, Vulg. Sirach 19, 10. – Commorientēs, Titel eines verlorengegangenen Lustspiels des Plautus, Ter. adelph. prol. 7. – **β** m. *Dat.:* hostibus, Sall. hist. fr. 1, 89 (91): hostibus suis morte suā, Flor. 1, 18, 17: multa milia (hominum) tibi commorerentur, Sen. ep. 77, 13: simul tibi, Vulg. Marc. 14, 31. – **γ** m. *cum* u. Abl.: cum Arrunte filio, Liv. epit. 2: cum Telesino, Val. Max. 6, 8, 2.

commoro, āvī, āre = commoror (vgl. Prisc. 8, 25), Sen. contr. 2, 6 (14), 10 (commorarent). Isid. 11, 3, 31 (commorasse).

com-moror, ātus sum, ārī, **verweilen, eine Weile bleiben, a** übh., an einem Ort, in einem Zustand, bei einer Handlung, commorandi enim natura deversorium dedit, non habitandi, Cic. – c. paululum, Sall.: paulisper, dum se uxor comparat, Cic.: im Bild, ipsa mihi veritas manum inicit et paulisper consistere et commorari cogit (in der Rede), Cic. – ibi paulisper ante portam, Auct. b. Afr.: ibi diem posterum, Cic.: illic tam diu, Ter.: circum istaec loca, Pompei. in Cic. ep.: Romae, Cic.: biduum Cordubae, Caes.: apud Alyziam unum diem, Cic.: unam noctem ad Helorum, Cic.: apud alqm diutissime, Cic.: paucos dies apud alqm in agro Arretino, Sall.: dies circiter XXV in eo loco, Caes.: diutius in vita misera, Cic.: diutius in armis civilibus, Cic.: in componenda toga paulum, Quint. – v. lebl. Subjj., cum vino eadem (silvestris lens) commorantes menses trahit, das ausbleibende Monatliche, Plin. 22, 147. – **b** als rhet. *t. t.*, in der Rede bei einem Ggstd., hic, Quint.: in eo vitio, Cic.: pluribus verbis in eo, Cic.: una in re haerere in eademque commorari sententia, Cic.

com-morsito, āre, **zerbeißen,** Apul. met. 7, 16 u. 10, 22; vgl. Hildebr. Apul. met. 2, 10. p. 98 *sq.*

com-mortālis, e, **sterblich,** Col. 3, 20, 4.

commōsis, Akk. in, *f.* (κόμμωσις), die erste Grundlage des Honigbaus, der **Gummigrund,** Plin. 11, 16.

commōstro, s. com-mōnstro ►.

commōtiae (lymphae) ad lacum Catiliensem a commotu, quod ibi insula in aqua commovetur, Varr. LL. 5, 71.

commōtio, ōnis, *f.* (commoveo), die **Bewegung, I** eig.: vasorum, Pallad. 11, 14, 5: ventris, Cael. Aur. acut. 1, 13: capitis, Cael. Aur. chron. 1, 1, 41 u. (als Zeichen des Hohns, Schütteln des K.) Vulg. psalm. 43, 15: manus, Vulg. Isai. 19, 16: quadrigarum, Vulg. Ierem. 47, 3: castrorum, das Abbrechen des L., der Aufbruch, Vulg. num. 4, 15. – **II** übtr., das **Erregtsein,** die **Erregung, Aufregung,** c. iucunditatis suavis in corpore (als Definition v. ἡδονή), das durch ein wohltuendes Gefühl herbeigeführte E., Cic. de fin. 2, 13. – c. animi (des Gemütes), Cic.: Plur. commotiones animorum, Cic. Tusc. 4, 61, u. bl. commotiones, Cic. Tusc. 5, 42: commotiones sensuum nostrorum, Ambros. de Cain et Abel 2, 1. § 5 (vgl. § 4).

commōtiuncula, ae, *f.* (*Demin.* v. commotio), die kleine Unpässlichkeit, Cic. ad Att. 12, 11 *extr.*

commōtius, *Adv. compar.* (commotus), **erregter, aufgeregter,** contradicere aliquanto c., Augustin. de dono persev. 53.

commōto, āre (*Frequ.* v. commoveo), **tüchtig bewegen, rütteln** u. **schütteln,** Th. Prisc. 1, 8.

commōtor, ōris, *m.* (commoveo), der **Beweger, Erreger,** Liber et Libera seminum commotores et emissores, Augustin. de civ. dei 7, 3.

1. **commōtus,** a, um, *PAdi.* m. *Compar.* u. *Superl.* (commoveo), **I schwankend, unsicher, unstet,** aes alienum, Tac.: genus (dicendi) in agendo, Cic. – **II** gemütlich **erregt, aufgeregt, aufgebracht, leidenschaftlich,** commoto similis, Suet.: animus commotior, Cic.: Drusus commotior (heftiger, hitziger) animo, Tac.: Septimius irā commotior, Aur. Vict.: commotius ad omnia turbanda consilium, ein aus einer aufgeregten Stimmung hervorgegangener u. alles zu verwirren geeigneter Entschluss, Liv. 6, 14, 9: commotissima et familiaris oratoribus figura, Fronto ad Anton. 2, 6. p. 108, 1 N.

2. **commōtus,** ūs, *m.* (commoveo), die **Bewegung,** Varr. LL. 5, 71. Cael. Aur. chron. 5, 10, 95.

commovēns, entis, *PAdi.* m. *Compar.* (commoveo), **bewegend, ergreifend,** sed hoc castigandi genus commoventius visum, Sen. contr. 2, 6 (14), 11.

com-moveo, mōvī, mōtum, ēre, gleichs. beregen, d. i. **sich regen-, sich rühren machen, in Bewegung-, in Gang bringen** od. **setzen, I** eig.: **a** übh., sowohl auf der Stelle = **rege machen, rühren, rütteln, schütteln, hin und herbewegen,** als von der Stelle = **fortbewegen, von der Stelle rücken, verrücken, fortrücken, α** im Allg.: membra stupentia (v. der Wärme), Curt.: alas (v. Vogel), Verg.: caput, schütteln, Petr.: labra, Petr.: aequora, aufregen (v. Wind), Lucr.: commoveto (id quod coquitur), videto ne aduras, Cato: alci bilem, jmd. die Galle rege machen (bildl. = jmd. erzürnen), Cic.: u. (im Bild) si convellere adoriamur ea, quae non possint commoveri, Cic.: c. columnas, Cic.: saxa, Curt.: terminos, limites, verrücken, Lex vet. u. Tert.: glebam non c. in agro (bildl. = auch nicht das Geringste vornehmen im Ackerbau), Cic.: cuius orbis ruinam timueramus, eum ne commotum quidem sensimus, nicht einmal einen Ruck getan, Vell.: et ais, si una littera commota sit, fore, tota ut labet disciplina; utrum igitur tibi litteram videor an totas paginas commovere? Cic.: c. omnium parricidarum tela, Cic.: ab una muliere commoveri (v. e. Schiff), Lact.: nummus in Gallia nullus sine civium Romanorum tabulis commovetur, kein Heller wird umgewendet, Cic. – c. languentem, auf die Beine bringen (Ggstz. incitare currentem), Cic.: u. so c. alqm commodi sui causā, Cic. – u. *refl.*, caelum se commovet, Lucr.: Lanuvii hastam se commovisse, Liv.: u. v. Pers., quis sese commovere (eine Bewegung machen) potest, cuius ille (Roscius) vitia non videat? Cic.: neque me commovere possum prae formidine, Plaut.: iam se omnis turba commoverat, Plin. pan. – m. Ang. **von wo?** alqm ab Amalthea, Cic.: favos sedibus suis, Col.: u. *refl.*, v. Pers., se istim, Cic.: se ex eo loco, Cic.: Thessalonicā se non c., sich nicht entfernen, Cic.: u. so domo se non c., Cic. – **β** als milit. *t. t.*: aciem, in Schlachtlinie anrücken, Liv.: castra ex eo loco, aufbrechen, ausrücken, Cic. – nondum ipsum Vologesen commotum, sei noch nicht (zum Feldzug) aufgebrochen, ausgerückt, Tac. – **γ** als *t. t.* der Religionsspr.: sacra, die heiligen Gerätschaften (an Festtagen usw.) in Bewegung setzen, Verg. Aen. 4, 301 (u. scherzh. mea si commovi sacra [d. i. List, Betrug usw.], Plaut. Pseud. 109): ancilia (s. d.), Serv. Verg. Aen. 8, 3: struem deo u. bl. struem, Cato r. r. 134, 2 *sqq.*: tripodas, Sen. Med. 788.

b insbes.: **α** ein Wild **aufjagen, auftreiben,** cervum (v. Hunden), Verg. Aen. 7, 494. – **β** einen Gegner **zum Weichen bringen,** hostem, Liv.: hostium aciem, Liv. (vgl. *no.* a): postquam nihil commovebant, Liv.: u. (im Bild) nunc comminus agamus experiamurque, si possimus cornua commovere disputationis tuae, Cic. de div. 2, 26.

II übtr.: **1** etw. in rege körperliche od. geistige Tätigkeit setzen, **a** übh.: **α** Pers. od. personif. Abstr., **sich regen-, sich rühren machen,** dormiunt; ego pol istos commovebo, Ter.: iam te commotum reddam, ich will dir Hände u. Füße machen, Ter. – bes. *refl.*, se comm., bald = **sich regen, sich rühren,** d. i. sich tätig zeigen, etw. unternehmen, bes. im Krieg, commovere se ausi non sunt, Nep.: si se commorit, Liv.: cum se nondum Decimi quidem Bruti divina virtus ita commovisset, ut iam id sentire possemus, Cic. – bald = **sich** geistig **ermuntern,** quis enim, cum sibi fingit aliquid et cogitatione depingit, non simul ac se ipse commovit atque ad se revocavit, sentit etc., Cic. Acad. 2, 51. – **β** Lebl.: commoto simul omnium aere alieno, allen ihr Darlehn gekündigt wurde, Tac. ann. 6, 17.

b auf Körper od. Geist einwirkend **erregen, α** physisch an Körper od. Geist krankhaft **erregen,** perleviter commotum esse, von einer ganz kleinen Unpässlichkeit befallen worden sein, Cic. – mente commotus, Plin.: u. so commotus habebitur, für verrückt, Hor.: mens commota, Verrücktheit, Hor. u. Plin. – **β** sinnlich **erregen,** auf jmd. **Eindruck machen,** jmd. **ergreifen, einnehmen, interessieren,** omnia domo eius abstulit, quae paulo magis animum cuiuspiam aut oculos possent commovere, Cic.: illud ipsum quod honestum decorumque dicimus animos omnium naturā et specie suā commovet, Cic. – commoveri necesse est, dass ein Eindruck (auf jmd.) gemacht werde, Cic.: his omnes, in quibus est virtutis indoles, commoventur, Cic. – commorat (puella) omnes nos, sie hatte auf uns alle Eindruck gemacht, Ter. Phorm. 101. – non sane satis commoveor animo *ad* ea, quae vis, canenda, diese Dinge, die du besungen haben willst, interessieren mich nicht genug, Cic. ad Q. fr. 3, 5, 4. – **γ** gemütlich, leidenschaftlich **erregen,** auf jmd. **Eindruck machen,** jmd. **ergreifen,** iudices, Cic.: theatrum, Quint. – non solum commoveri animo, sed etiam toto corpore perhorrescere, Cic.: parricidae supplicio misericordiā commoveri, wegen Strafvollziehung an einem Mörder von M. ergriffen werden, Cic.: aut libidine aliquā aut metu commotum esse, Cic.: ita animus commotus est metu, spe, gaudio, Ter.: non odio, sed miseratione commotus, Curt. – neque commovetur animus in ea re, Ter. Andr. 937. – Insbes.: **αα beunruhigen, in Unruhe versetzen, besorgt-, betroffen-, bestürzt machen, erschrecken, erschüttern,** si quos adversum proelium et fuga Gallorum commoveret, Caes.: nihil me clamor iste commovet, sed consolatur, Cic. – im Passiv commoveri, **unruhig, besorgt-, betroffen-, bange-, bestürzt werden, erzittern,** commoveri videtur adulescens, Cic.: commotus est Tiberius, Tac.: quidnam ille commotus venit? Ter. – repentino alcis adventu, Caes.: unius litterae liturā, Cic.: litteris alcis vehementer, Cic.: nihil vultu commotus, bestürzt in den Mienen, Quint.: novā atque inusitatā specie commotus, Caes.: quibus rebus vehementer commotus, Caes.: quo (sermone) ille commotus, Nep. – quibus *ex* rebus Caesar vehementer commovebatur, Auct. b. Afr.: cum commoti *ex* tali incommodo essent, Auct. b. Afr. – vidi enim vos *in* hoc nomine commoveri, bei d. N. stutzig werden, Cic.: in hac (virgine) commotus sum, ich wurde bei ihr betroffen, Ter. – barbari commoti, *quod* (weil) oppidum ... expugnatum cognoverant, Caes. – **ββ** jmd. **bewegen, ergreifen, rühren = zum Mitleid bewegen,** jmds. **Teilnahme erregen,** auf jmd. **einen rührenden, tiefen Eindruck machen,** commorat hominem lacrimis, Turpil. fr. – commotus non es, cum tibi mater pedes amplexaretur? commotus non es? Rhet. Her.: eiusdem miseriis ac periculis commovetur, Cic.: commoti patres vice fortunarum humanarum, Liv. – **γγ** jmd. **aufbringen, aufreizen, in Harnisch bringen, empören,** qui me commorit, flebit, Hor.: inclinatam ad misericordiam contionem rursus asperā in Philotam oratione commovit, Curt.: ultimi dedecoris indignitate commotus, empört über usw., Curt.: sensit Neptunus graviter commotus, Verg. – **δδ** politisch **in Unruhe versetzen,** nam cum esset ex aere alieno commota civitas, Cic. de rep. 2, 58. – od. (durch Zwietracht usw.) **erschüttern,** commotā principis domo, Tac. ann. 4, 52 *in.* – **δ** auf jmds. Willen u. Entschluss einwirkend jmd. **anregen, bewegen, antreiben, bestimmen, zu einem Entschluss treiben, veranlassen,** auf jmd. **wirken, einwirken,** commovit me, Cic.: olitorem ipsum commovebis, Cic.: commoveri et amore fraterno et existimatione vulgi, Caes.: his litteris nuntiisque commotus, Caes.: commotus spe quaestus aut gloriā, Rhet. Her. – m. *ad* u. Akk., homines *ad* turpe compendium, Rhet. Her. – m. *ut* u. Konj., primisque ab his historia commota est, ut auderet uberius quam superiores et ornatius dicere, Cic.: tua nos voluntas commovit, ut de ratione dicendi conscriberemus, Rhet. Her.

2 einen Zustand usw. gleichs. in Gang-, zur Erscheinung bringen, bewirken, dass etw. eintritt, vor sich geht, **a** übh. Zustände aller Art **erregen, anregen, ins Leben rufen, hervorrufen, veranlassen,** plures lacrimas, Curt.: risum, Cic.: hoc infiniti clamores commoventur, Plin. ep. – Graecarum disputationum memoriam quodammodo, Cic.: multorum non modo discendi, sed etiam scribendi studia, Cic.: si haec accendi aut commoveri arte possunt, geweckt od. entwickelt werden, Cic. – eine gemütliche Stimmung, magnum et acerbum dolorem, Cic.: alci misericordiam, Cic.: miserationem, Quint.: summum odium in alqm (v. einem Umstand), Cic.: invidiam, Cic.: invidiam in alqm, Cic.: crebras exspectationes, Cic.: omnis suspicio in eos servos commovebatur, Cic.: vehementer autem amor multitudinis commovetur ipsā famā et opinione liberalitatis etc., Cic.: talibus ira feri postquam commota tyranni, nec minus hāc metus est, Ov. – politische Zustände, bellum aut tumultum, Cic.: tantas turbas, Cael. in Cic. ep.: magnos belli aestus, Lucr. – **b** einen Ggstd. der Verhandlung **in Gang-, in Anregung bringen, zur Sprache bringen,** nova quaedam, Cic. Acad. 2, 18. – ► Zsgz. Formen: commorunt, Lucr.: commorit, Cael. in Cic. ep. u. Hor.: commorat, Ter.: commossem, commosset, commosse, Cic.

com-mūgeo, ēre, **zusammenbrüllen, -schreien,** Paul. ex Fest. 65, 17.

com-mulceo, mulsī, mulsum, ēre, **streicheln = liebkosen, I** eig.: alqm, Apul. met. 9, 27. – **II** übtr., einem Sinn **schmeicheln,** Tiro b. Gell. 6 (7), 3, 13. Arnob. 1, 59. p. 40, 10 R. u. 7, 28 *in.*

com-mulco, āre, **abprügeln,** sese multimodis ictibus, Apul. met. 8, 28 u. Gloss.

com-multiplico, ātus, āre, **miteinander multiplizieren,** Boëth. art. geom. p. 410, 20 *Fr.*

commūnālis, e (commune, s. commūnis), **zur ganzen Gemeinde gehörig, Gemeinde-,** loca, Gromat. vet. 48, 23; 55, 22 u. a.

com-mundo, āvī, ātum, āre, **völlig reinigen,** Col. 12, 18, 3. Ulp. dig. 34, 2, 25. § 10. Iul. Obsequ. 55 (115).

commūnicārius, a, um (communico), **allen teilhaftig,** dies, der allgemeine Opfertag für alle Götter, Paul. ex Fest. 220, 19.

commūnicātio, ōnis, *f.* (communico), die **Mitteilung, I** im Allg.: civitatis, Cic.: utilitatum, Cic.: sermonis, Unterredung, Cic.: nominum, gleiche Benennung mehrerer Gegenstände, Plin. – Plur., portus, navigationes, communicationes, Ps. Apul. Ascl. 8. – **II** insbes., als rhet. *t. t.* = ἀνακοίνωσις, die **Mitteilung** (der Gedanke), vermittelst der man sich an die Zuhörer wendet u. sie gleichs. mit zu Rate zieht, Cic. de or. 3, 204. Quint. 9, 1, 30; 9, 2, 20 u. 23.

commūnicātor, ōris, *m.* (communico), **I** der **Teilhaftmacher,** Arnob. 4, 36. – **II** der **Teilhaber, Teilnehmer** an usw., Tert. de pudic. 22: gloriae, Vulg. 1. Petr. 5, 1.

commūnicātōrius, a, um (communico), **allen teilhaftig,** litterae, öffentliche od. amtliche Mitteilungen (Ggstz. litterae privatae), Augustin. ep. 43. no. 1, 7, 8: epistulae, Priscill. tract. 2, 51[a].

commūnicātus, ūs, *m.* (communico), das **Teilhaben,** die **Gemeinschaft,** Apul. de deo Socr. 4.

com-mūniceps, cipis, *m.,* **aus demselben Munizipium,** CIL 3, 3285: c. noster, Augustin. conf. 6, 14.

commūnico, āvī, ātum, āre (communis) = κοινόω, κοινωνέω **I** *tr.:* **1** eig., **gemeinsam-, gemeinschaftlich machen,** alqd u. alqd cum alqo u. alqd inter m. Akk. Plur., **a** übh.: **α** mit jmd. **gemeinsam** od. **gemeinschaftlich machen, -betreiben,** mit jmd. **teilen,** zwischen zwei Parteien **verteilen,** laborem, gemeinsam tragen, Plin.: liberos cum alqo, gemeinschaftlich zeugen, Curt.: rem cum alqo, mit jmd. in Kompanie treten, Cic.: concordiam cum alqo, sich mit jmd. versöhnen, Val. Max.: socii (Kompagnons) putandi, quos inter res communicata est, Cic.: iudicia cum equestri ordine communicata erant, Cic.: c. quaedam ex maximis officiis inter libertinos, Suet.: u. im Pass. neben cum alqo noch m. *Dat. comm.,* z. B. id aut ereptum illis (Graecis) est aut certe nobis cum illis communicatum, müssen es mit uns teilen, Cic.: sibi communicatum cum illo, non ademptum imperium, habe den Oberbefehl mit jenem teilen müssen, Liv.: quae (crimina) cum his civitatibus C. Verri communicata sunt, in die diese St. im Interesse des C. Verres mit verwickelt worden sind, Cic. – bes. v. mündl. u. schriftl. gegenseitiger Mitteilung, etw. **gemeinschaftlich beraten,** über etw. **sich vernehmen,** bei etw. **gemeinschaftlich** zu **Werke gehen,** u. (mit u. ohne inter se) etw. **sich gegenseitig mitteilen** (s. Kraner Caes. b. G. 7, 63, 4), consilium, consilia, Sall. u. Caes.: rationes belli gerendi, Caes.: consilia cum finitimis civitatibus, gemeinschaftliche Sache machen mit usw., Caes.: consilium inter se, Liv.: de societate multa inter se, Cic. ep. – u. ohne Objekt = mit jmd. **sich vernehmen, sich ins Einvernehmen setzen, sich gemeinschaftlich beraten, sich besprechen, Verabredung treffen, verhandeln,** cum collega, Liv. – m. *de* u. Abl. (κοινοῦσθαί τινι περί τινος), cum alqo de maximis rebus, Cic.: cum alqo saepe de alcis mansione aut decessione, Cic.: cum alqo saepissime de alqo, Cic. – **β** mit einem lebl. Ggstd. = mit etw. **zu gleichem Anteil zusammenwerfen, -vereinigen,** zu etw. **zu gleichem Anteil zulegen, -zuschießen,** quantas pecunias ab uxoribus dotis nomine acceperunt, tantas ex suis bonis aestimatione factā cum dotibus communicant, Caes.: modo vestri facti gloriam cum mea laude communicet, auch mir mit zum Lob anrechne, Cic. ep. – **b** gebend mit jmd. gemeinsam machen = jmd. an etw. **teil (Anteil) nehmen lassen,** mit jmd. etw. **teilen,** jmdm. **mitteilen,** laudem, Cic.: rem publicam, Liv.: his omnium domus patent victusque communicatur (*sc.* cum iis), Caes.: neque iis petentibus ius redditur, neque honos ullus communicatur (verst. cum iis), Caes. – praemium cum alqo, Cic.: furta benignissime cum alqo, Cic.: causam civium cum servis fugitivis, Sall.: curam doloris sui cum alqo, Cic. – m. bl. *Abl. rei,* communicabo te semper mensā meā, Plaut. mil. 51. – m. *Dat. pers.,* alci exiguam regionem, Mamert. pan. Maxim. 10, 1. – und bes. mündl. od. schriftl. etwas zur Kenntnisnahme **mitteilen,** omnia cum alqo, Cic.: alqd non cum alio, Caes.: si est causa mihi ignota, cum Hortensio communicata, respondeat, Cic. – **c** empfangend = mit jmd. etw. **gemeinsam haben,** etw. **teilen, an** etw. **teil (Anteil) haben** od. **nehmen,** etw. **mit tragen helfen, mit übernehmen,** res adversas, Cic.: pericula, Cic.: labores modo et discrimina, mox et gloriam, Tac. – inimicitias cum alqo, Cic.: communices hanc mecum meam provinciam, Plaut. – **2** übtr. (wie κοινωνέω) m. *Acc. pers.*, **a** = jmd. **gemeinmachen, erniedrigen,** alqm, Tert. de spect. 17; de pat. 8. Augustin. c. Faust. 16, 31. – **b** se c. alci, sich mit jmd. gemeinmachen = **mit** jmd. **verkehren, umgehen,** se honestiori, Vulg. Sirach 13, 2. – **II** *intr.*, **a** m. *cum* u. Abl. od. (bei Eccl.) m. *Dat. pers.* = **sich** mit jmd. **gemeinmachen,** mit jmd. **verkehren, umgehen,** tecum, Sen. contr. 9, 24, 8: cum peregrinis, Iustin. 36, 2, 15: m. *Dat.*, malis, Augustin.: homini indocto, Vulg.: Ithacio, Sulp. Sev. – **b** m. *Dat. rei* = an etw. **teilhaben** od. **-nehmen,** peccatis alienis, Eccl.: altari, zum Abendmahl gehen, Augustin.

commūnicor, ātus sum, āri = communico, eine Sache **zu einer gemeinschaftlichen** mit jmd. **machen,** cum alqo integram spem, Liv. 4, 24, 2 H. u. N.

1. com-mūnio (commoenio), īvī, ītum, īre, **beschanzen, verschanzen,** castra, Caes.: locum, Liv.: loca castellis idonea, Nep.: os arteriae, Gell. – Übtr., **verwahren befestigen, sicher stellen,** auctoritatem aulae, Cic.: ius, Cic.: causam testimoniis, Cic. – ► synk. Imperf. communibant, Amm. 18, 7, 6: Perf. communit, Caes. b. c. 3, 43, 1: communisset, Caes. b. c. 1, 43, 2: communissent, Liv. 21, 32, 11. Frontin. 1, 3, 9: communisse, Liv. 8, 15, 4: Futur. communibo, Plaut. rud. 934 *codd.*

2. commūnio, ōnis, *f.* (communis), **I** die **Gemeinschaft,** parietum, gemeinschaftliche Wände, Tac.: sanguinis, Cic.: sermonis, Suet.: litterarum et vocum, Cic.: inter quos est c. legis, Cic. – **II** insbes., die **kirchliche Gemeinschaft,** Sulp. Sev.: sancti altaris, das heilige Abendmahl, die Kommunion, Augustin.

commūnis, e (altlat. commoinis; vgl. moenia, munus), **I mehreren** od. **allen gemeinsam, -gemein, gemeinschaftlich, öffentlich, allgemein, gewöhnlich** (Ggstz. proprius, einem eigentümlich), **A** *adi.*: vita, das alltägliche Leben, Cic.: salutatio c., überall üblich, Cic.: mens c., Cic.: mimi c., oft gesehene, gewöhnliche, Cic.: communi monetā, mit gewöhnlichem Stempel, Iuven.: homo vitae communis ignarus, der nicht zu leben weiß, ohne Lebensart, Cic.: sensus c., s. sēnsus: una domus, communia omnia, Gemeinschaft in allem, Cic. – locus c., euphemist. = Unterwelt, Plaut., u. = Bordell, Sen.: loca c., öffentliche Orte, Cic.: dagegen loci c., Gemeinplätze in der Philosophie, Cic. – als rhet. *t. t.*, exordium c., auch auf den entgegengesetzten Teil passend, Cic. – als gramm. *t. t.*, verbum c., das auf or ausgehend sowohl aktive als passive Bedeutung hat, Gell.: syllaba, doppelzeitig (= anceps), Gramm.: genus, sowohl männlichen als weiblichen Geschlechts, Charis. – oft m. einem (jedoch mehr das dabeistehende Nomen ergänzenden) *Genet.*, od. m. einem (oft an das Verbum esse sich anlehnenden) *Dat.*, od. m. *cum* u. Abl. od. m. *inter se*, z. B. c. classis Graeciae, Nep.: hostes c. omnium, Cic.: c. hominum infirmitas, Cic.: praecepta omnium communia et contrita, Cic.: amicorum esse communia omnia, Cic.: communia esse amicorum inter se omnia, Cic.: omnia ei cum amicis fuisse communia, Nep.: mors omni aetati est c., Cic.: paries domui utrique c., Ov.: pernicies (sum) c. adulescentibus, Ter.: multa sunt civibus inter se c., Cic.: alterum nobis cum dis, alterum cum beluis c. est, Sall.: quocum fuit domus et militia c., Cic.: u. so oft alqd cum alqo c. habere, s. Quint. 5, 10, 110. Sen. contr. 1, 1, 25. Sen. ep. 48, 3 u. 74, 17 u. a. Apul. de deo Socr. 13 *extr.* – **B** *subst.*, commūne, is, *n.*, das **gemeinschaftliche Besitz-** od. **Nutzstück,** das **Gemeingut,** das **gemeinschaftliche Vermögen** einer Korporation, privatus illis census erat brevis, commune magnum (Gemeingut, Staatsschatz, griech. τὸ κοινόν), Hor.: haud mediocriter de communi, quicquid poterat, ad se in privatam domum sevocabat, Cic.: quod ius statues communi dividundo, Cic.: de communi alqd consequi, ICt. – Plur., deinde, ut communibus pro communibus utatur, privatis ut suis, Cic.: communia laudas, Hor.: modo ne communia solus occupet, Ov. – Insbes., **a** das **Gemeinwesen,** die **Kommune,** der **Staat** (griech. τὸ κοινόν), Siciliae, Milyadum, Cic.: gentis Pelasgae, Ov. – **b** in commune, *adv.* = **α für alle, zum gemeinschaftlichen Gebrauch, -Nutzen, -Zweck** (s. Heräus Tac. hist. 4, 64, 13. Bünem. Lact. 3, 21, 2 u. 3, 25, 1), in c. conferre, Cic.: in c. congerere, Tac.: in c. consulere, Ter. u. a.: in c. consultare, Tac.: omnia in c. possidēre, Lact.: in c. vocare honores, zum Gemeingut (der Patrizier u. Plebejer) machen, Liv.: so auch in communi ponere libertatem, Tac. – **β im Allgemeinen, überhaupt,** Quint., Plin. u. Tac. – dah. **in Bausch und Bogen** (Ggstz. nominatim), Tac. dial. 26. – **γ halbpart!** Sen. u. Phaedr. – **II** übtr., **1** subjekt., von Pers. (wie κοινός), **a alle** im Staat **gleichstellend, nicht exklusiv verfahrend, demokratisch gesinnt,** Cic. ep. 4, 9, 2. – **b** sich anderen gleichstellend, **umgänglich,** v. höher Gestellten = **leutselig, herablassend** (vgl. Gernh. Cic. de sen. 59. Halm Cic. Mur. 66. Ruhnken Suet. Cl. 21), Cic. u. a.: c. nimis *circa* omnes, Eutr.: Cyrum minorem communem *erga* Lysandrum atque humanum fuisse, Cic.: ut *communis* infimis, *par* principibus videretur, Nep.: quis Laelio communior, Cic. Mur. 66: nec ullo spectaculi genere communior aut remissior erat, Suet. Claud. 21. – **2 gemein, gewöhnlich,** mimi, Cic. ep. 7, 1, 1: communes manus, id est non lotae, Vulg. Marc. 7, 2 u. 5: numquam manducavi commune et immundum, Vulg. act. apost. 10, 14: cum diceret nil esse communius, Treb. Poll. Gallien. 17, 5.

commūnitās, ātis, *f.* (communis), **I** die **Gemeinschaft,** nulla cum deo homini c., Cic.: c. vitae u. vitae atque victus, gleichs. Gemeinsamkeit des Lebens, gemeinsames Zusammenleben, Cic. – **II** übtr., subjekt.: **a** als philos. *t. t.* = der **Sinn für menschliche Gemeinschaft,** der **Trieb nach menschlicher Gemeinschaft,** der **Gemeinsinn** (griech. κοινονοημοσύνη), Cic. de off. 1, 152 *sqq.*; 3, 118. – **b** (= κοινότης) die **Leutseligkeit, Herablassung,** Nep. Milt. 8, 4.

commūniter, *Adv.* (communis), **gemeinschaftlich, insgesamt, im Allgemeinen,** Cic. u. a.: Ggstz. separatim, Cic.: Ggstz. proprie, Liv. u. Quint. Vgl. Stürenb. Cic. Arch. 32. p. 190 *sq.*

commūnītio, ōnis, *f.* (communire), die **Wegbahnung** (griech. ὁδοποίησις), Cic. de or. 2, 320 (bildl.). – u. konkr., die **Befestigung,** Vitr. 10, 13, 1.

commūnitus, *Adv.* (communis), **insgesamt, gemeinschaftlich,** Varr. div. rer. fr. b.Non. 510, 5.

commurmurātio, ōnis, *f.* (commurmuro), das **allgemeine Gemurmel,** Gell. 11, 7, 8.

com-murmuro, āre, **bei sich-** od. **miteinander murmeln,** clauso commurmurat ore m. folg. *Acc.* u. *Infin.*, Sil. 15, 821: inter se commurmurant, Plin. 10, 62.

com-murmuror, ātus sum, ārī, **bei sich murmeln,** commurmurantur αὐτοί, Varr. sat. Men. 380: ut scriba secum ipse commurmuratus sit, mit folg. direkter Rede, Cic. Pis. 61.

commūro, s. comb-ūro ►.

commūtābilis, e (commuto), **veränderlich, der Veränderung unterworfen, wandelbar, a** übh. (Ggstz. incommutabilis), verbi principia, Varr. LL.: ratio vitae, Cic.: res publica, Cic. – **b** als rhet. *t. t.*, exordium c., der wandelbare, umdrehbare Eingang (den der Gegner mit geringer Abänderung zugunsten seiner Partei gebrauchen kann), Cic. de inv. 1, 26. Quint. 4, 1, 71. – *Adv.* **commūtābiliter,** Augustin. de trin. 2, 8, 15.

commūtātē, *Adv.* (commutatus v. commuto), **verändert, auf veränderte Art** (Ggstz. eodem modo), Rhet. Her. 4, 54.

commūtātio, ōnis, *f.* (commuto), **I** die **Umwandlung, Umänderung, Veränderung,** der **Wechsel, a** übh., in der Natur, annuae commutationes et diurnae nocturnaeque vicissitudines, Cic.: vicissitudines dierum ac noctium commutationesque temporum quadripertitae, Cic.: tempestatum conversiones commutationesque caeli, Cic.: crebrae commutationes aestuum, Caes. – in öffentlichen Verhältnissen, c. rerum, Acc. fr.: insperata c. rerum, Cic.: subita c. fortunae, Caes.: u. fortuna parvis momentis magnas rerum commutationes efficit, Caes.: civiles commutationes, Cic. – in den Verhältnissen des Privatlebens, commutationes dominorum, Cic.: c. litterarum, Varr. LL.: ordinis, Quint.: nominis, Lact., nominum, Rhet. Her.: commutatio fit ex vero in falsum, Cic. – in der Gesinnung usw., tanta commutatio voluntatis, Cic.: si aut morum aut studiorum commutatio facta erit,

Cic. – als *t. t.* der Rhet., die **Umwandlung, Veränderung** der Worte, des Vortrags, der Behandlung des Stoffs, s. Rhet. Her. 4, 54 *sq.* – **b** insbes. als rhetor. Figur = ἀντιμεταβολή, die **Umkehrung, umgekehrte** (chiastische) **Gegenüberstellung** zweier Sätze (z. B. esse oportet ut vivas, non vivere ut edas), Rhet. Her. 4, 39. – **II** die **Umwechselung, Umtauschung,** der **Wechsel,** captivorum, Liv. epit.: loci, Frontin.: locorum, Sen. – u. der **Austausch** der Gedanken durch die Rede, die **Unterredung,** inter se commutationes et consilia facere, Claud. Quadrig. bei Gell. 17, 2, 26.

commūtātus, ūs, *m.* (commuto), die **Umwandlung,** in commutatum venire, Lucr. 1, 795.

com-mūto, āvī, ātum, āre, **umbewegen, I** machen, dass etw. anders wird, als es bisher war, etw. **umwandeln, verwandeln, umändern, verändern,** sowohl übh. als im Sinne des Verbesserns od. Verschlechterns, Verfälschens, verba, Varr. LL.: cursum (Fahrt, Kurs), Cic.: iter, Caes.: omnia (v. d. Natur), Lucr.: signa rerum (v. Dieben), Cic.: delubrum, umbauen, Plin. pan.: nihil in tecto, Nep.: multa in re militari, Suet.: se, verderben (v. Früchten), Varr.: tabulas publicas, verfälschen, Cic.: so auch indicium (die Aussage), Cic. – c. alqm in avem, Hyg.: alqm in speciem arboris eam, unde myrrha fluit, Hyg. – commutata fortuna, Caes.: annona commutatur, schlägt um, Cic.: tempus commutatur, Caes.: tempora (Zeitumstände) in horas commutantur, verändern sich mit jeder Stunde, Cic. – c. belli rationem, Caes.: vitae statum, Nep.: rei publicae statum, rem publicam, Cic.: iura omnia et consuetudinem superiorum, Cic. – u. librum legi et annotavi, quae commutanda, quae eximenda arbitrarer, Plin. ep. – u. v. der Veränderung, Umwandlung der Ansicht, Gesinnung usw., c. consilium, Caes.: te tam vehementer sententiam commutasse, Cic.: quo facto commutatā omnium voluntate et opinione, Caes.: c. animos atque omni ratione flectere (v. Redner), Cic.: nihil commutari animo, Cic.: totum commutatum esse et scriptis alcis et assiduitate orationis et praeceptis, Cic.: commutari ex veris in falsa, Cic. – absol. (als rhet. *t. t.*), commutabimus (wir werden den Ausdruck verändern) tripliciter, verbis, pronuntiando, tractando, Rhet. Her. 4, 54. – **II** machen, dass etwas mit einem anderen wechselt, etw. **umwechseln, wechseln, umtauschen, vertauschen,** etw. für etw. im Tausch **hingeben,** gegen etw. **eintauschen, a** übh.: pallium, Plaut.: locum, Ter.: colorem, die F. wechseln, Plaut.: captivos, auswechseln, Cic. u. Liv. epit.: verbum, Cic.: vitam, sterben, Lact. – m. Ang. **mit wem?** durch *cum* m. Abl., m. Ang. **zwischen wem?** durch *inter* m. Akk., loricam cum alqo, Iustin.: inter se vestem ac nomina, Plaut. – m. Ang. **womit?** durch *cum* m. Abl., mortem cum vita, Sulpic. in Cic. ep.: gloriam constantiae cum caritate vitae, Cic. – m. Ang. **womit? wofür? wogegen?** durch *Abl.*, mustum aere, gegen Geld v., verhandeln, Col.: fidem suam et religionem pecuniā, Cic.: studium belli gerendi agri culturā, Caes.: proprium (verbum) proprio, Cic.: leve compendium maximā fraude, einen geringen Vorteil mit dem gr. Betr. erkaufen, Rhet. Her. – m. Ang. **wofür?** durch *pro* m. Abl., vinum pro oleo, ICt. – absol., vin commutemus (wollen wir tauschen)? tuam ego ducam et tu meam? Plaut. trin. 59. – **b** Worte (des Vorwurfs) **wechseln,** numquam hodie tecum commutaturum patrem unum esse verbum, Ter. Andr. 410: ut est ille bonus vir, tria non commutabitis verba hodie inter vos, Ter. Phorm. 638.

1. **como,** āvī, ātum, āre (coma), **I** *v. intr.* **mit Haaren** od. **haarähnlichen Dingen versehen sein,** Paul. Nol. 28, 246. – **II** *v. tr.* **mit Haaren** od. **haarähnlichen Dingen bekleiden,** Tert. de pall. 3. – dah. Passiv medial, sich mit Haaren bekleiden, **den Haarwuchs pflegen,** Augustin. de opere monach. 39. – Vgl. comāns, comātus, a, um.

2. **cōmo,** cōmpsī, cōmptum, ere (zsgzg. aus coemo, wie demo aus de-emo, promo aus pro-emo), **zusammennehmen, -fügen, I** im Allg.: quibus (animai natura) e rebus cum corpore *compta* vigeret, quove modo *distracta* rediret in ordia prima, Lucr. 4, 27 *sq.*: ea quo pacto inter sese *mixta* quibusque *compta* modis vigeant, Lucr. 3, 258 *sq.*: vgl. 1, 950. – **II** prägn., zusammennehmend **ordnen, zurechtlegen, -machen, A** eig.: **1** v. Pers.: **a** das aufgelöste Haar **ordnen,** in Flechten u. Locken **abteilen, frisieren** (vgl. Drak. Sil. 7, 460), seu *solvit* crines ... seu *compsit,* Tibull.: u. so c. capillos, Cic.: comas acu, Quint.: comas hastā recurvā, Ov. – prägn., c. caput, Tibull.: c. caput in gradus atque anulos, Quint.: compta puella comas, Ov.: u. so praecincti recte pueri comptique, Hor. – **b** die Kleidung = **zurechtlegen, -rücken,** vestes et cingula saepe manu, Claud. VI. cons. Hon. 525. – **c** den Körper u. die Körperteile übh. **putzen,** corpora vulsa atque fucata muliebriter, Quint.: colla genasque, putzen, schminken, Stat. – u. prägn., die Pers., dum comit dumque se exornat, Plaut. Stich. 696: comunt se et vestibus et munditiis, Hier. ep. 69, 8. – **d Waffen putzen,** phaleras et lucida arma manu, Stat.: cassidis iubam, Stat. – **e** andere Geräte: colus compta, zurechtgemachter, Plin. 8, 194. – **2** poet. v. Lebl.: alternas comunt praetoria ripas, zieren, Auson.: resultanti non comet malleus ictu saxa, glätten, Sidon. – **B** übtr.: **1** im Allg.: iam venit Augustus, nostros ut comat honores, Auson.: hoc est monile ecclesiae, his illa gemmis comitur, Prud.: Cleopatra simulatum compta dolorem, geschmückt mit usw., Lucan. – **2** insbes., die Rede **zierlich machen, glätten,** comi expolirique non debet (oratio), Quint.: non vitae ornandae, sed linguae orationisque comendae gratiā, Gell. – *PAdi.* cōmptus, a, um, s. bes.

cōmoedia, ae (arch. bei Plaut. ai), *f.* (κωμῳδία), das **Lustspiel,** die **Komödie,** c. vetus, Cic.: veteris comoediae scriptores, Quint.: Philemon, mediae comoediae scriptor (der mittleren, d. i. neueren griech. K., deren Stoff aus dem Kreise des häuslichen bürgerlichen Lebens entlehnt war), Apul.: actores comoediarum, Quint.: comoediam docere, Suet.: comoediam dare, Suet.: dare populo sex comoedias (v. Terenz), Volcat. Sedig. fr.: comoediam agere, Komik.: comoediam scribere, Volcat. Sedig. fr.: comoediam edere, Plaut. Casin. prol. 13. – scherzh. v. einer niedrig gelegenen Villa, im Ggstz. zu einer höher gelegenen, gleichs. auf den Kothurn sich erhebenden (dah. tragoedia genannten), Plin. ep. 9, 7, 3.

cōmoedicē, *Adv.* (comoedicus; vgl. Paul. ex Fest. p. 61, 11), **wie in der Komödie,** Plaut. mil. 213.

cōmoedicus, a, um (κωμῳδικός), **zur Komödie gehörig, Komödien-** (Ggstz. tragicus), ars, Komödiendichtung, Apul. flor. 16. p. 21, 1 Kr.: vernulitas, Fulg. myth. 1. praef. p. 2 M.: fasma, *ibid.* p. 16.

cōmoediographus, ī, *m.* (κωμῳδιογράφος), der **Komödienschreiber** (Ggstz. tragoediographus), Prob. cathol. 38, 17. Victorin. expl. in rhet. Cic. 1, 19. p. 56, 30 B.

cōmoedus, a, um (κωμῳδός), **zur Komödie gehörig, Komödien-,** natio, Iuven. 3, 100. – subst., cōmoedus, ī, *m.*, der **Schauspieler für komische Rollen,** der **Komöde, Komiker** (Ggstz. tragoedus), Cic. or. 109; Rosc. com. 30. Quint. 1, 11, 1. Iuven. 3, 94: histriones atque comoedi, Quint. 6, 2, 35: comoedus sermocinatur, tragoedus vociferatur, Apul. flor. 18. p. 28, 7 Kr.

Comolodūnum, s. Camulodūnum.

cōmopolis, is, *f.* (κωμόπολις), ein stadtähnliches großes Dorf, der **Marktflecken,** Marc. Emp. 4.

comōsus, a, um (coma), **stark behaart** (Ggstz. raripilus), frons, Phaedr.: Phoebus, Priap.: von Gewächsen, comosissimum genus (tithymali), Plin.

com-pacīscor (compecīscor), pactus (pectus) sum, pacīscī (Präsens nach Charis. 197, 8 ungebr.), **durch gegenseitigen Vertrag übereinkommen,** si sumus conpecti, Plaut. Pseud. 543[a]: mecum matrimonio compecta sit, Plaut. cist. fr. 11. p. 17 *Mai.* Vgl. compactum.

compactīcius, a, um (compaciscor), **verabredet,** soter, Tert. adv. Val. 31.

compāctilis, e (compingo), **I zusammengeschlagen, dicht zusammengefügt,** trabes, durch einen Kamm zusammengefügte Balken, Vitr.: postes, Vitr.: operimentum (der Nüsse), Plin. – **II** insbes., **kurz, aber dick** von Statur, **untersetzt,** von Löwen u. Bienen, Plin. 8, 46 u. 11, 59.

compāctio, ōnis, *f.* (compingo), die **Zusammenfügung, I** abstr.: quaedam c. membrorum, Cic. de fin. 5, 33. – **II** konkr., der **Schluss,** Vitr. 10, 14 (20), 2: Plur., Vitr. 10, 15 (21), 3.

compāctīvus, a, um (compingo), **zum Zusammenfügen (Leimen) geeignet,** gummi, Isid. 17, 7, 10.

compactum (conpactum, gew. compectum), ī, *n.*, (compaciscor, -peciscor), die **Übereinkunft,** der **Vertrag,** compacto (compecto), nach gegenseitiger Übereinkunft, verabredetermaßen, Form compacto, Cic. ad Att. 10, 12, 2: Form compecto, Afran. com. 90. Cic. Scaur. 8 K. Liv. 5, 11, 7 H. Suet. Aug. 15 Roth (conpecto); dass. de conpecto, Plaut. capt. 484 u. 489; Pseud. 540: u. ex conpacto, Suet. Caes. 20, 5.

compāctūra, ae, *f.* (compingo), die **Zusammenfügung,** die **Fuge,** Vitr. 4, 7, 4.

compāctus, a, um, *PAdi.* (v. compingo) = **untersetzt, gedrungen, dick,** bos, Col.: membra, Suet.: compacto corpore et robusto, Plin. ep.

compaedagōgīta, ae, *m.* (συμπαιδαγωγίτης), **in demselben Pädagogium erzogen,** v. Sklaven, CIL 6, 9760 (conpedagogit[ae]). – Dass. **compaedagōgius,** ī, *m.*, CIL 6, 9761.

com-pāgānus, ī, *m.*, **Bewohner desselben Gaues** od. **Dorfes,** CIL 2, 4125, 8.

compāgēs, is, *f.* (compingo; vgl. Serv. Verg. Aen. 1, 293), **I** das **Zusammengefüge,** das **Gefüge,** die **Fuge,** der zusammengefügte **Bau,** bes. als *t. t.* der Baukunst (vgl. Mützell Curt. 4, 3 [12], 6), alvei, Pacuv. fr.: saxorum, Curt.: scutorum, Tac.: pinea, Mart.: mundi compaginem facere, Gell. – gew. im Plur., compages saxorum, Lucr. u. Tac.: lapidum, Ov. u. Ps. Quint. decl.: muri, Lucan.: crebris fluctibus compages operum se laxant, Curt.: laxatis sellae curulis compagibus, Suet.: quae (navis vetus) per se ipsa omnibus compagibus aquam acciperet, Liv. 35, 26, 8: erat navigium, sed hoc putre, resolutis compagibus, Sen. contr. 7, 1 (16), 8: ferro et compagibus artis claudi, mit fest zusammengefügtem Eisen = mit eisernen Türen, Verg. Aen. 1, 293. – **II** übtr.: Veneris compages, Umarmungen, Lucr.: corporis, Organismus des Körpers, Cic.: octingentorum annorum fortunā disciplināque c. haec coaluit, Organismus (des Staates), Tac. – ► Genet. Plur. compagium, Plin. 2, 5 D.; compagum, Macr. somn. Scip. 1, 6, 6 *Ian* u. *E.* (Variante compagium). Vulg. Hebr. 4, 12.

compāgina, ae, *f.* (compingo), die **Zusammenstellung,** litterarum, das alphabetische Verzeichnis der in der Ebene gelegenen Grundstücke, Gromat. vet. 331, 6 u. 338, 18.

compāginātio, ōnis, *f.* (compagino), die **Zusammenfügung, -stellung, Verbindung,** Ambros. in psalm. 37. § 29. Cassiod. in psalm. 17. *v.* 6 u. a. Eccl.: ultima c. buccarum, Cael. Aur. de sign. diaet. pass. 70.

compāgino, āvī, ātum, āre (compagina), **zusammenfügen, -legen, -stellen,** Amm. u. a. Spät.

compāgo, inis, *f.* (compingo) = compages (vgl. Serv. Verg. Aen. 1, 293), das **Zusammengefüge,** das **Gefüge,** der **zusammengefügte Bau,** corporis, das äußere Gerippe (Ggstz. viscera), Cels.: c. soli, Sen.: c. cerae, Ov.: ferrea c. laterum, Stat.: c. quadrangula, v. einem Kästchen, Cael. Aur.: volvitur super nos haec caeli siderumque c., Ps. Quint. decl.

com-pāgus, ī, *m.*, der **nächste Gau,** CIL 1, 571, 7 (wo archaist. Genet. compagei).

com-palpo, āre, **streicheln,** u. übtr. = **hätscheln,** Eccl.

com-pār, paris, **I** *adi.*, im Verhältnis zueinander **gleich,** conubium, Liv.: postulatio Latinorum, Liv.: Mars, Liv.: proelium, Auct. b. Hisp. – m. *Dat.*, milites militibus c., Liv.: funus morti c., Liv.: consilium tuum parentis tui consilio c., Liv. – m. *Genet.*, quia tantisper similis et c. eorum fias, Gell. 7 (6), 11, 1. – **II** *subst.*: **A** jeder, der unseresgleichen ist = der **Genosse** (die **Genossin),** der **Gefährte** (die **Gefährtin),** der **Kamerad,** Plaut. Pseud. 1026: u. v. Kampfgenossen, Lact. 6, 18, 19 u. 6, 20, 13; gew. mit erotischem Nebenbegr. die eine von zwei sich liebenden Pers., Plaut. Pseud. 66. Catull. 68, 125. Hor. carm. 2, 5, 2. Ov. am. 3, 5, 38; art. am. 3, 359: bes. Ehehälfte, Gatte, Gattin, CIL 5, 1628. 1642. 2065; vgl. Rönsch Itala S. 308 f. – **B** als Redefigur, die **Silbengleichheit der Satzglieder,** Rhet. Her. 4, 27. – ► Abl. Sing. gew. compare; aber compari, Liv. 36, 44, 7 H. Auct. perv. Ven. 37. Genet. Plur. conparum (subst.), Plaut. Pseud. 66.

comparābilis, e (2. comparo), **vergleichbar,** species, Cic. de inv. 1, 42: mors trium virorum, Liv. 39, 52, 7: comparabile est, quod in rebus diversis similem aliquam rationem continet, Cic. de inv. 1, 49: cum id quod *comparabile* putant, *dissimile* ostenditur, *ibid.* 1, 79.

comparātē, *Adv.* (2. comparo), **vergleichsweise** (Ggstz. simpliciter), Cic. top. 84.

1. **comparātīcius,** a, um (1. comparo), **zum Zusammenkauf (Aufkauf) bestimmt,** aurum, Cod. Theod. 7, 6, 3.

2. **comparātīcius,** a, um (2. comparo), **vergleichbar,** Tert. adv. Val. 13.

1. **comparātio,** ōnis, *f.* (1. comparo), die **Beschaffung, Anschaffung, Bereitung, Stiftung, Instandsetzung, Zurüstung, a** mater. Ggstd.: c. veneni, Liv.: c. anxia divitiarum, Val. Max.: suffragatorum, testium, Cic.: frumentorum od. frumentaria, Anschaffung = Ankauf, Trai. in Plin. ep. u. spät. ICt.: so auch servorum, ICt. – **b** abstr. Ggstd.: comparatio disciplinaque dicendi, Cic.: c. amicitiae novae, Sen.: voluptatis, Cic.: novi belli, Cic.: pugnae, Auct. b. Afr.: criminis, das Beschaffen von allerlei Unterlagen zur Klage, Cic. Clu. 191 (versch. von dem rhet. *t. t.* unter 2. comparatio *no.* II, 2, b, α). – quibus ego ita credo, ut nihil de mea comparatione deminuam, dass ich nichts an der Zurüstung zu meiner Verteidigung fehlen lasse, Cic. ad Q. fr. 1, 2, 5. § 16.

2. **comparātio,** ōnis, *f.* (2. comparo), die **Begleichung, I** eig., die **Verbindung des Gleichen mit Gleichem, a** lebl. Ggstd., u. zwar *pass.*, die **gleiche Stellung,** das **gleiche Verhältnis,** cum solis et lunae et quinque errantium ad eandem inter se comparationem confectis omnium spatiis est facta conversio, zu derselben Stellung gegeneinander, Cic. de nat. deor. 2, 51. – als Übersetzung von ἀναλογία, Cic. Tim. 13 u. 15: Plur., horologiorum ex aqua comparationes (Verhältnisse), Vitr. 9, 8, 4. – **b** leb. Wesen, das **Zusammenpaaren,** item custodiendum est, ne in comparatione (boum) vel staturā vel viribus impar cum valentiore iungatur, Col. 6, 2, 13. – **II** übtr.: **1** die **Ausgleichung** der Amtsgeschäfte (publiz. *t. t.*), provincia sine sorte, sine comparatione, extra ordinem data, Liv. 6, 30, 3. – **2** die **Vergleichung,** der **Vergleich, a** übh. (sowohl *act.* als *pass.*), m. *Genet.*, utilitatum, Cic.: maiorum, minorum, parium, Cic.: similium, Quint.: omnium ante actorum (triumphorum) comparationem amplitudine vincere, Vell.: omnem comparationem feritatis excedere, Quint.: comparatio militum generis armorumque fit, es wird ein V. angestellt, Liv.: in comparatione beneficii, Sen.: ex comparatione regis novi, Curt. (vgl. Bünem. Lact. 7, 15, 7): de maioris periculi ratione, Ps. Quint. decl.: cuius ad comparationem, Ps. Quint. decl.: u. comparatione eius, Plin. (vgl. Mützell Curt. 3, 11 [28], 20). – mit folg. indir. Fragesatz, comparatio, quibus plurimum sit tribuendum, Cic.: comparatio, uter melior uterve utilior (sit), Quint.: eorum autem ipsorum, quae honesta sunt, potest incidere saepe contentio et comparatio, de duobus honestis utrum honestius, Cic. – mit *cum* u. Abl., c. orationis suae cum scriptis alienis, Cic. – absol., aliquam comparationem habere, einigermaßen einen Vergleich zulassen (v. Dingen), Cic.: nullius exempli capere comparationem, keinen V. zulassen (v. Gott), Tert.: non audere in comparationem se demittere, sich in einen V. einlassen (v. einer Pers.), Suet.: magnitudo habet motum incertum; comparatio illam aut tollit aut deprimit, das relative Verhältnis, Sen. ep. 43, 2. – in comparatione, Cic.: sub comparatione, Ps. Quint. decl.: sine comparatione, Cic. u. Sen.: amplificatio, quae fit per comparationem, Quint. – **b** insbes.: **α** (als rhet. *t. t.*) c. criminis, die vergleichsweise Gegenüberstellung eines Verbrechens und einer edlen Handlung, derentwegen das Verbrechen begangen wurde, Rhet. Her. 1, 24 u. 25. Cic. de inv. 1, 15 u. 2, 72 (versch. v. comparatio criminis unter 1. comparatio *no.* b). – **β** (als gramm. *t. t.*) der **Vergleichungsgrad,** der **Komparativ** (Ggstz. superlatio, der Superlativ), im Sing. u. Plur., Quint. 1, 5, 45. Charis. 112, 14 *sqq.*

comparātīvē, *Adv.* (comparativus), **vergleichsweise, mit Komparation,** Gell. 5, 21, 14. Ambros. de fide 5, 9, 71. – dah. **im Komparativ** (Ggstz. superlative), Charis. 113, 1 u. 114, 33.

comparātīvus, a, um (2. comparo), **zur Vergleichung geeignet** od.

dienend, I als rhet. *t. t.*, **auf Vergleichung beruhend, vergleichend, komparativ,** iudicatio, Cic.: genus causae (Ggstz. simplex), Quint.: sententiae, Isid. – II als gramm. *t. t.*: a c. casus, der Ablativ, Gramm. – b c. gradus od. absol. comparativus, der Komparativ, Gramm. u. Eccl.: c. vocabulum neutrum, im Komparativ stehend, Gell.: u. so comparativa, im Komparativ stehende Wörter, Komparative (Ggstz. absoluta), Quint. 9, 3, 19.

1. **comparātor,** ōris, *m.* (1. comparo), der **Aufkäufer, Ankäufer, Käufer,** Paul. sent. 2, 17, 14 (15). CIL 5, 5927.

2. **comparātor,** ōris, *f.* (2. comparo), der **Vergleicher,** litterarum, Iulian. epit. nov. 44. § 177.

comparātus, ūs, *m.* (2. comparo), das **Verhältnis,** Vitr. 7. praef. 17.

com-parco (gew. comperco), parsī, (persī), parsum, ere, **zusammensparen, ersparen,** a eig.: suum, Ter. Phorm. 44: cibum, Fronto laud. negleg. p. 216, 6 N.: arborum fructus in hiemem, Solin. 22, 17: annonam comparcendo laxare, Pacat. pan. 32, 5. – b übtr., Imperat. comperce (vgl. Paul. ex Fest. 60, 5) m. folg. *Infin.*, **erspare dir** (= unterlasse), comperce amabo me attractare, Plaut. Poen. 350 G. u. L.: comperce verbis velitare, Turpil. com. 145.

com-pāreo, pāruī, ēre, **zum Vorschein kommen, sichtbar werden, sich sehen lassen, erscheinen, sich einstellen, sich einfinden,** a übh., bes. mit non od. nusquam = **unsichtbar werden** (vgl. Rönsch Itala p. 349 *sq.*), qui modo nusquam comparebas, nunc cum compares peris, Plaut.: cum subito sole obscurato non comparuisset (Romulus), Cic.: u. so (Romulus) cum ad Caprae paludem exercitum lustraret, nusquam comparuit, Aur. Vict.: cum (Romulus) ortā subito tempestate non comparuisset, Eutr.: socii Diomedis quia nusquam subito comparuerunt, Augustin.: nec tamen ulla comparebat avis, Lucr.: repente comparuit incolumis, Suet. – m. *in* u. Abl., non comparere in caelo Saturni sidus et Martis cum plurimum diebus centum septuaginta, Plin. – b insbes.: α **sich noch vorfinden, noch vorhanden sein,** signa et dona comparere omnia, Cic.: si quid non compareret, vindicaret, Liv.: non comparens pars, der nicht mehr vorhandene, der fehlende, Ov. – β der sinnlichen u. geistigen Beobachtung **klar hervortreten, sich deutlich herausstellen** od. **zeigen, völlig sichtbar werden** od. **sein,** quae ita a natura deformata sunt, ut tamen a natura inchoata compareant, Cic. – m. *in* u. Abl., in Thucydide orbem modo orationis desidero, ornamenta comparent, Cic.: in quibus (libris) multa industria et diligentia comparet, nulla doctrina, Nep.

com-parilis (conparilis), e, **völlig gleich,** Auson. ecl. 2, 38 p. 156, 21 Schenkl. Arnob. 2, 16.

1. **com-paro,** āvī, ātum, āre, **beschaffen,** I durch äußere, meist mater. Anstalten, a lebl. Objj. u. leb. Wesen **anschaffen** (auch durch Kauf = ankaufen), **verschaffen, bereiten, herrichten, zurichten, instand-, in Bereitschaft setzen, ausrüsten, zurüsten,** Menschen = **aufbieten, aufbringen, aufstellen,** α aktiv, navem et mulierem, Plaut.: praedia, ankaufen, Plin. ep.: aurum ac vestem atque alia quae opus sunt, Ter.: imbres nivesque (v. personif. Winter), Hor.: diligentia comparat divitias, neglegentia corrumpit animum, Rhet. Her.: c. discipulum, Cic. – u. (als milit. *t. t.*) arma, Liv.: classem, Cic.: milites, Liv.: copias, Nep.: equitatum, Cic.: exercitum, Cic.: praesidium, Caes.: rem frumentariam, Caes. – m. Ang. **wie?** paulo studiosius tabulas pictas, Cic.: gemmas, signa, tabulas antiqui operis animosissime, Suet. – m. Ang. **wo?** ibi domicilium, Liv. – m. Ang. **woher?** multiplicem undique familiam, Suet.: boves de vicinis, Pallad.: magnas Romae copias ex delectu Italiae, Cic.: ex commodis od. ex incommodis alcis sua commoda, sich jmds. Wohlergehen od. Unglück zunutze machen, Ter. – m. Ang. **wem? für** od. **gegen wen?** durch *Dat.*, alci quadraginta minas, Plaut.: donum huic dono contra, Plaut.: aquam calidam fesso marito, Tibull.: funestas epulas fratri, Cic.: uniones singulos non singulis auribus, Sen.: accusatorem filio suo, aufstellen gegen s. S., Cic. – m. Angabe **von wem?** alci a civitatibus laudationes (lobende Zeugnisse) per vim et metum, Cic. – m. Ang. **gegen wen?** venenum in alqm, Suet.: de perfugis nostris copias comparat is contra nos, Cic. – mit Ang. **wonach?** voltum e voltu, einrichten, Plaut. Amph. 960. – m. Ang. **wozu?** supellectilem non ad usum modo, sed ad ostentationem luxus, Curt.: homines ad lecticam, Catull.: bestias ad munus populi, Suet.: ad hanc rem conficiendam quam plurimos utres atque etiam culleos, Nep.: u. (im Bild) totam hanc fere legem ad eius opes evertendas tamquam machinam comparari, Cic.: c. animum auditoris idonee ad reliquam dictionem, vorbereiten, Cic.: ferrum in tutelam sui, in alterius perniciem, Quint.: sex tribunos ad intercessionem, gewinnen für usw., Liv.: milites ad resistendum, Nep.: manum in ultionem domini, Suet.: illa (animalia), quae vel scindendo solo vel maturando itineri comparamus, Ps. Quint. decl. – mit Ang. **wodurch?** victum labore et industriā, Cic. fr.: magisteria sacerdotii ambitione et licitatione, durch Steigern um die Wette sich zu verschaffen suchen, Suet.: res naturā comparatae (Ggstz. res artificiosae), Rhet. Her. – m. Ang. **wie teuer?** care cibum, Val. Max.: ad saginam ferarum carius pecudes, zu teuer ankaufen, Suet.: quanti quasque (pecunias) ante civile bellum comparassent, Suet. (vgl. *no.* b). – *n. pl.* des Partiz. subst., reddere comparata, die (durch Kauf) erworbenen Gegenstände, Eutr. 8, 13. – β *refl.* se comparare, **sich rüsten, sich in Bereitschaft setzen, sich anschicken, sich gefasst machen** od. **halten,** dum se uxor comparat, Cic.: u. itaque se comparat, homines ex agris arcessit, Cic. – gew. m. Ang. **wozu?** durch *ad* u. Akk., se ad iter in diem posterum, Liv.: se ad respondendum, Cic.: u. (als milit. *t. t.*) se ad eruptionem atque omnes casus, Caes. – γ Passiv comparari medial = **sich anschicken sich rüsten,** m. Ang. **wozu?** durch *ad* od. *in* m. Akk., ita fiet, ut iisdem locis et ad suadendum et ad dissuadendum simus comparati, gerüstet sind, Rhet. Her. 3, 4: ab hoc colloquio legati Romani in Boeotiam comparati sunt, rüsteten sich (schickten sich an) zur Abreise nach B., Liv. 42, 43, 4. – δ mit folg. *Infin.*, si quis urere tecta comparat, sich anschickt, Ov. trist. 2, 267 *sq.*: et in requiem fessos dare comparat artus, Ps. Verg. cul. 205. – ε absol. (bes. als milit. *t. t.*), datur spatium comparandi, Cic.: datur tempus ad comparandum, Nep.: habere tempus ad comparandum, Liv. – *impers.*, ex hac quoque parte diligentissime comparatur, Cic. – b Vorkehrungen u. Zustände aller Art **vorbereiten, zurüsten, veranstalten, bereiten, stiften, veranlassen,** u. dgl., iter ad alqm, Nep.: bellum, Liv.: fugam, Caes.: societates, amicitias, Cic.: tumultus domesticos et intestinos, Rhet. Her.: accusationem c. et constituere, Cic.: nuptias domi, Rhet. Her.: convivium magnifice et ornate, Cic.: bellum omni ratione, Nep.: bellum ita, ut etc., Liv. – m. Ang. **wem?** alci convivium, Val. Max.: crudelissimum et luctuosissimum exitium patriae, Cic.: sibi aditus ad alias res, Cic.: alci insidias, Curt. u. Iustin.: alci insidias per alqm, Cic.: capiti alcis insidias, Curt. – m. Angabe **um welchen Preis?** ludos HS CCC, Cic. – m. Ang. **gegen wen?** bellum contra aras et focos, Cic.: bellum adversus alqm, Caes.: insidias in caput alcis, Curt. – m. Ang. **wozu? wofür?** incendium ad interimendum (eum) vivum, Nep.: subsidia ad omnes casus, Caes.: remedium sibi ad magnitudinem frigorum et tempestatum vim, Cic.: dolum ad capiendos eos, Liv. – m. Ang. **wodurch?** sibi auctoritatem re bene gestā, Caes.

II durch innere Einrichtung, Anordnung so u. so **bestellen, stellen,** (= in die u. die Stellung od. Verfassung-, in das u. das Verhältnis-, in die u. die Lage bringen), so u. so **einrichten, anordnen, bestimmen,** α Pers. u. deren Charakter: sic fuimus semper comparati, ut etc., Cic.: ita comparatam esse hominum naturam, ut etc., Ter. – u. se comp. m. folg. *Infin.*, **sich dazu verstehen,** zu usw., Turpil. com. 99. Titin. com. 57: u. ita se comp. (sich so stellen) m. *Infin.*, Ter. eun. 47. – β menschl. Zustände, Einrichtungen u. dgl. (bes. durch Anordnungen, Gesetze, v. den Vorfahren usw., s. Dietsch u. Fabri Sall. Cat. 51, 8): numquam vidi iniquius certationem comparatam (so übel bestellte Händel), quam hodie inter nos fuit, Ter.: o iura praeclara atque divinitus a nostris maioribus iam inde a principio Romani nominis comparata! Cic. Balb. 31. – gew. (meist mit vorhergeh. allgem. Pronomen beim Aktiv als Objekt, beim Passiv als Subjekt) m. folg. *ut* od. *quod.*, z. B. itaque maiores nostri raro id accidere voluerunt, praetores, ut considerate fieret, comparaverunt, Cic. Quint. 51: bene maiores nostri hoc comparaverunt, ut neminem regem, quem armis cepissent, vitā privarent, Rhet. Her. 4, 23: u. im *Pass.*, quoniam ita ratio comparata est vitae, ut alia aetas oriatur, Cic.: ita quoique in aetate hominum comparatum, voluptatem ut maeror comes consequatur, Plaut.: quam inique comparatum est, ut etc., wie ungerecht ist es in der Welt eingerichtet, Ter.: cum ita a natura comparatum sit, ut etc., Sen.: naturā hoc ita comparatum est, ut etc., Liv.: u. iam hoc prope iniquissime comparatum est, quod (weil, dass usw.) etc., Cic. – ► Archaist. comparassit = *comparaverit,* Plaut. Epid. 122 G.

2. **comparo,** āvī, ātum, āre (compar), gleichs. **begleichen,** d. i. **gleichmachen, gleichstellen, I** eig., **in eine gleiche Stellung-, in ein gleiches Verhältnis bringen, a** Lebl.: labella cum labellis, genau Lippe auf Lippe drücken, Plaut. asin. 668. – ut inter ignem et terram aquam deus animamque poneret eaque inter se compararet et proportione coniungeret, Cic. Tim. 15: comparari postremo, mit dem letzten in Verhältnis stehen, *ibid.* 14. – **b** Pers.: **α** als Kollegen **in gleiche Stellung bringen, zusammenstellen,** priore item consulatu inter se comparati, Liv.: non possumus non vereri, ne male comparati sitis, Liv. – **β** als gewachsenen Gegner jmdm. **gegenüberstellen,** mit jmd. **zusammenbringen, sich messen lassen** (eig. Gladiatoren, dann auch Feldherren, Anwälte), postquam Agesilaum cum ingentibus copiis in Asiam misere, non facile dixerim, quod aliud par ducum tam bene comparatum fuerit, Iustin. – m. Ang. **wem?** alqm Threci, Suet. – gew. m. Ang. **mit wem?** comparari cum Aesernino Samnite, cum patrono disertissimo, Cic. – m. Ang. **gegen wen?** comparari adversus veterem ac perpetuum imperatorem, Liv. – m. Ang. **wozu?** Scipio et Hannibal velut ad extremum certamen comparati duces, Liv.

II übtr., in gleiches Verhältnis bringen, **ausgleichen, a** übh.: senium suum cum dolore alcis coniungere et comparare, Acc. tr. 90. – als publiz. *t. t.,* comparare provincias inter se, od. bl. comparare provincias, od. bl. comparare inter se, die Amtsgeschäfte ausgleichen, in Betreff der Amtsgeschäfte übereinkommen, -eine Übereinkunft treffen (v. höheren Magistraten), Liv. (s. Fabri Liv. 24, 10, 2. Dietsch Sall. Iug. 43, 1). – **b** in der Beurteilung gleichmachen, **α** gleichs. als ebenbürtig **gleichstellen, auf gleichen Fuß stellen** (Ggstz. anteferre, praeferre, anteponere, vorziehen), nullius consilium non modo antelatum, sed ne comparatum quidem est, Nep. – m. Ang. **wem?** quis huic deo compararier ausit? Catull.: neminem tibi profecto hominem ex omnibus anteposuissem, aut etiam comparassem, Cic. fr.: ut, qui aliorum iudicio mihi comparatus erat, suā mox confessione me sibi praeferret, Liv.: utrum exercitus exercitui an dignitas an causa comparari poterat? Liv.: et se mihi comparet Aiax? Ov.: commentarii non comparandi superioribus eius scriptis, Hirt. b. G. – m. Ang. **mit wem?** fuit enim talis dux, ut non solum aetatis suae cum primis compararetur, sed ne de maioribus natu quidem quisquam anteponeretur, Nep.: u. m. Ang. **wodurch?** (deutsch **woran?**) virtute se comp. cum alqo, Caes. – **β** gleichs. als Gegner gegenüberstellen, **vergleichen, vergleichend zusammenstellen, einen Vergleich anstellen** (s. Pabst Tac. dial. 7. p. 29), maiora et minora et paria, Cic.: similitudines, Cic.: comparandi anxietas, Quint. – mit Ang. **wodurch?** (deutsch **wonach?**) res numero, specie, Cic.: imperatores formā ac decore corporis, Cic. – mit Ang. **von wo aus?** (deutsch **wonach?**) si diligenter et *ex* nostrorum et *ex* Graecorum copia comparare voles, Cic. de or. 1, 11. – m. Ang. **wem?** (deutsch **mit wem?**) durch *Dat.,* Attico Lysiae Catonem nostrum, Cic.: equi fortis et victoris senectuti c. suam, Cic.: antiquum sermonem nostro, Quint.: se maiori pauperiorum turbae, Hor.: copias copiis vel numero vel militum genere, Liv.: cur illi vobis comparandi sint? vergleichbar, Liv. (vgl. Weißenb. u. Wölffl. Liv. 21, 43, 12). – m. Ang. **mit wem?** durch *cum* m. Abl. od. (miteinander) durch *inter se,* z. B. Catonem cum Philisto et Thucydide, Cic.: corporis commoda cum externis et externa cum corporis, et ipsa inter se corporis, et externa cum externis, Cic.: cum meum factum cum tuo comparo, Cic.: c. leges inter se, Quint.: m. Ang. **gegen wen?** (= im Verhältnis zu wem?) durch *ad* mit Akk., nec comparandus hic quidem ad illum est, Ter. eun. 681. – m. folg. indir. Fragesatz = vergleichend **zusammenstellen,** durch Vergleichung **abwägen, erwägen, ermessen,** id ego semper sic mecum agito et comparo, quo pacto magnam hanc molem minuam, Acc. fr.: proin tu id cui fiat, non qui faciat compara, Acc. fr.: fuere qui compararent, quae in Drusum honora et magnifica Augustus fecisset, Tac.: deinde comparat, quanto plures deleti sint hominum impetu, ... quam omni reliquā calamitate, Cic.: comparando hinc, quam intestina corporis seditio similis esset irae plebis in patres, flexisse mentes hominum, Liv.: cum compararetur, utrum satius sit populum frumentum accipere, an non accipere, Rhet. Her. – ► Parag. Infin. comparārier, Catull. 61, 65 u. 70 u. 75.

com-particeps, cipis, **mitteilhaftig,** Eccl.

com-partior, īrī, etw. **mit erteilen,** an etw. **mit teilnehmen lassen,** munera decurionatus cum alqo de plano, CIL 5, 532. col. 2. lin. 16: haec, quae impraesentiarum et quasi vobis compartienda sunt, Apul. de deo Socr. prol. p. 103, 7 H. (p. 2, 3 G.): intellectum sapientiae sapientia compartietur, Vulg. Sirach 1, 24. – Passiv compartiri altario, **teilhaftig werden,** Augustin. 2. serm. domin. 54 (?); vgl. Gloss.: ›compartior, συμμετρίζομαι‹; u. ›compartitur (conp.), συμμερίζεται‹.

com-parturio, īre, **mit in Wehen liegen,** Ambros. hexaëm. 4, 8, 31; de fide 1, 14, 87.

com-pāsco, (pāvī), pāstum, ere, **I** *v. intr.,* **zusammen weiden, die gemeinschaftliche Hutung ausüben,** si compascuus ager est, ius est compascere, Cic.: compascendi ius, ICt. – **II** *v. tr.:* **1 zusammen weiden lassen,** Brundisina (ostrea) in Averno compasta, Plin. 32, 61. – **2 abweiden lassen, a** übh.: pabulum in fundo, Varr. r. r. 2. praef. § 5: spicas oportet compasci, Varr. r. r. 1, 53. – **b** prägn., **durch Weidenlassen** od. **Füttern vertreiben,** famem (ostrearum) longae advectionis a Brundisio in Lucrino, Plin. 9, 169.

com-pāscuus (arch. compāscuos), a, um, **zum gemeinschaftlichen Beweiden geeignet, -gehörig,** ager, Gemeindetrift, Cic. u. a. – *neutr.* subst., ius compascui, ICt.: Plur. compāscua, ōrum, *n.,* Gemeindetriften, Gromat. vet. – u. compāscua, ae, *f.,* Gemeindetrift, Gromat. vet. 116, 26.

compassibilis, e (compatior), **mitleidend,** Eccl.

compassio, ōnis, *f.* (compatior), das **Mitdulden,** die **Mitempfindung,** Eccl.: misericordiae, Mitleid, Hier.: sententiarum, Sympathie, Übereinstimmung, Hier.: per compassionem, quam Graeci συμπάθειαν vocant, Prisc. 11, 3.

com-pāstor, ōris, *m.,* der **Mithirt,** Hyg. fab. 187.

compāstōrālis, e (compastor), **den Mithirten betreffend,** officium, Eugipp. epist. ad Probam praef. p. 2, 11 *Knoell.*

compatientia, ae, *f.* (compatior) = *compassio* (s. d.), Th. Prisc. 2, 2, 2. Ruric. ep. 2, 59.

com-patior, passus sum, ī, **I zugleich leiden, mit leiden,** Cael. Aur. acut. 2, 16, 98; chron. 5, 3, 58 u. Eccl. (s. Rönsch Itala p. 184). – **II Mitleid haben,** Eccl.

compatriōta, ae, *m.* (com u. πατριώτης), der **Landsmann, Mitbürger,** Mythogr. Lat. 3, 6, 25. CIL 6, 7658. Vgl. ›compatriota, συμπολίτης‹, Gloss. II, 574, 35.

com-patrōnus, ī, *m.,* der **Mitschutzherr,** Ulp. dig. 26, 4, 3 u. 5 u. a.

com-patruēlis, e, **mit von des Vaters Bruder abstammend,** compatrueli carissimo, CIL 8, 2784.: fratres compatrueles aut consobrini, Augustin. in euang. Ioann. tract. 10, 2, 2.

com-pauper, eris, *c.,* der **Mitarme,** Augustin. serm. 14, 2 u. 339, 3.

com-pavēsco, ere, **zusammenschrecken,** compavescit animus, Gell. 1, 23, 9 H. (*al.* animo, wie Macr. sat. 1, 6, 22 in ders. Erzählung steht).

compavītus, a, um (com u. pavio), **zertreten,** Apul. met. 7, 21.

com-peccātor, ōris, *m.,* der **Mitsündiger,** Eccl.

com-pecco, āvī, āre, **mit fehlen,** Cael. Aur. acut. 2, 12, 84; chron. 3, 1, 12.

compecīscor, s. com-pacīscor.

compectum, ī, *n.,* s. compactum.

compectus, a, um, s. com-pacīscor.

compedio, īvī, ītum, īre (compes), **mit Fußfesseln** od. **Beinschellen fesseln, I** eig.: pedes corrigiis, Varr. sat. Men. 180: in Graecis codicibus non ἐνεπόδισεν, quod est impedivit, sed συνεπόδισεν legimus, quod est compedivit, Augustin. in psalm. 77, 18 *extr.* – gew. im *Partic. Perf.*, servi compediti, Cato r. r. 56: pedes compediti, Min. Fel. 21, 13: u. subst., compediti, Beinschellenträger, v. Sklaven, Sen. de tranqu. 10, 1. Petr. 39, 9: v. Gefangenen, Vulg. psalm. 78, 11. Augustin. de civ. dei 3, 18 u. a. Eccl.: catenati et compediti, Lact. 7, 1, 19. Vgl. Rönsch Itala p. 154 *sq.* – **II** übtr., **verstricken,** rebus mortalibus perniciosissime compediri, Augustin. ep. 26, 2: vinculis tenebrarum compediti, Vulg. sap. 17, 2.

compedus, a, um (compedio), **die Füße zusammenschnürend,** linea, Fußfessel, Varr. sat. Men. 385 *codd.* u. *R.* (andere compedem).

compellātio, ōnis, *f.* (compellare), **I** das **Anreden,** Rhet. Her. 4, 22. – **II** das **harte, scheltende Anreden, Anfahren, Ausschelten,** die **lauten** u. **harten Vorwürfe,** Cic. Phil. 3, 17: Plur., crebrae vel potius cotidianae compellationes, Cic. ep. 12, 25, 2: maledicta compellationesque probrosae, Gell. 1, 5, 2.

compellātor, ōris, *m.* (2. compello), **einer, der** jmd. **schilt,** Porph. Hor. sat. 2, 1, 22.

1. com-pello, pulī, pulsum, ere, **I zusammentreiben,** omne totius provinciae pecus, Cic.: greges in unum, Verg.: qui dispersos homines in agris et in tectis silvestribus abditos ratione quādam compulit unum in locum et congregavit, Cic. – übtr., qui hosce amores nostros dispulsos conpulit, Plaut. asin. 737 *sq.*

II beitreiben, eintreiben, nach einem Punkt **hintreiben,** einem Punkt **zutreiben** (Ggstz. expellere, propellere, auch intercludere), **1** eig.: **a** leb. Wesen u. bewegliche Ggstd.: **α** treibend, non cetera solum ex agris, sed pecus quoque omne in urbem, Liv.: pecoris vim ingentem in saltum avium, Liv.: armentum in speluncam, Liv.: agnos in gregem ovium, Varr.: greges ad fontem, Calp.: pecora atque homines ex agris in silvas, Caes.: poet. m. *Dat.*, haedorum gregem hibisco, nach dem Eibisch hintreiben, Verg.: u. m. Ang. **womit?** virgā horridā imaginem nigro gregi, der schw. H. zutreiben, Hor. – **β** verfolgend, drängend wohin **treiben, jagen, drängen, sprengen,** wohin (zu gehen, zu springen, einzulaufen usw.) **nötigen** (bes. als milit. *t. t.*), alqm in plagas (v. Hunden), Plaut.: consules e foro in curiam, Liv.: Atrebates celeriter ex loco superiore in flumen, Caes.: equites hostium essedariosque in silvas collesque, Caes.: perterritos Pompeianos in mare navesque passim, Auct. b. Afr.: naves reliquas in portum, Caes.: Romanos in castra, Liv.: u. (im Bild) alqm in totam Academiam, Cic.: u. (im Bild) orationem tantas in angustias et in Stoicorum dumeta, Cic. – tyranni militem ad castra, Liv.: effuso cursu ad castra compelli (v. Reitern), Liv. – adversarios intra moenia, Nep.: Romanos intra vallum, Liv.: Helvios intra oppida ac muros, Caes.: – alqm domum suam (Ggstz. alqm domo suā expellere), Cic.: alqm Dyrrhachium (Ggstz. alqm a Dyrrhachio intercludere), Caes. – alqm domum vi et armis, Cic.: u. im Passiv, Caesar eruptione subitā compulsus in scapham, zu springen genötigt, Suet.: noto compulsus eodem, verschlagen, Verg. – von lebl. Subjj., quā (die) nos declive sub antrum caeruleus subitis compulit imber aquis, Ov.: quos sacramenti metus ad eiusmodi latebras compulerat, Suet.

b lebl. Objj.: **α** konkr. Objj.: spiritum (den Luftzug) compellere et in artum agere, Sen.: c. eo lanae paululum, Cels.: utroque mari terram in artas fauces compellente, Curt. – bes. als chirurg. *t. t.*, medicamenta intus, gewaltsam eingeben, Cels.: fistulam in ipsam vesicam, einbringen, Cels.: acum per eam (membranam) in alteram oram, hindurchführen, Cels.: oriculario clystere acetum per plagam in vesicam, einspritzen, Cels.: intestinum intus od. retro, os od. maxillam in sedem suam, zurücktreiben, Cels. – **β** eine äußere Tätigkeit wohin **treiben, drängen, spielen,** omne Auruncum bellum Pometiam compulsum est, Liv.: eodemque (Arbelam) magnae partis amicorum eius ac militum fugam fortuna compulerat, Curt.

2 übtr., jmd. in eine Lage, einen Zustand od. zu einem Vorhaben, Entschluss, Gefühl usw. **drängen, nötigen, a** in eine Lage, in einen Zustand, eo illos compuli, ut neque pedestri itinere neque navibus commeatu iuvari possint, Caes.: hostes eo compulit, ut locorum angustiis clausi plures fame quam ferro interirent, Nep. – dah. prägn., jmd. **bedrängen, in die Enge treiben,** ceteras nationes conterruit, compulit, domuit, Cic. de prov. cons. 33.

b zu einem Entschluss, Vorhaben, Gefühl usw. **treiben, drängen, nötigen, bestimmen, α** bl. alqm, z. B. ut ex magna parte (eum) compellere atque errantem regere posset, Caes. b. c. 3, 57, 3: compulsus a populo regnum suscepit, Iustin.: vocibus consulis, terrore praesentis exercitus, minis amicorum Pompeii plerique compulsi inviti et coacti Scipionis sententiam sequuntur, Caes. – **β** alqm m. Ang. **wohin? wozu? αα** durch *ad* od. *in* mit Akk., alqm ad pacem, Liv.: alqm ad mortem, Quint.: alqm ad mortem voluntariam, Curt.: alqos ad defectionem, Curt.: alqm fame ad deditionem, Suet.: alqm ad confessionem, Suet.: alqm carminibus ad laqueum, Plin.: alqm in eundem metum, Liv.: in hunc sensum et allici beneficiis hominum et compelli iniuriis, Cic. – v. lebl. Subjj., si qua res te ad pacem compellet, Liv.: non nos odium regnive cupido compulit ad bellum, Ov. – **ββ** durch *ut* m. Konj., Athenienses compulit, ut festinarent ad opem urbi ferendam, Frontin.: cuius filiam ut repudiaret, nullo metu compelli potuit, Vell. – **γγ** durch folg. *Infin.*, virum compulit in campestribus locis amoenitatem naturae genere huius operis imitari, Curt.: filias nubere servis suis compellit, Iustin.: et cives et tempus compulerunt regem iussa nefanda pati, Ov.: et ipse Numa hydromantian facere compulsus est, Augustin. de civ. dei 7, 35 *in.* – spätlat. Perf. compulsi, wov. compulseris, Isid. de nat. rer. 30, 1.

2. com-pello, āvī, ātum, āre (*Intens.* v. 1. compello), jmd. mit einem Ton gleichsam berühren = jmd. (freundlich oder ernsthaft) **ansprechen, anreden, I** im Allg.: alqm voce, Enn. fr. u. Verg.: alqm blande, Ov. – u. jmd. beim Namen **nennen, anreden, anrufen** (s. Fabri Liv. 23, 47, 2), alqm nominatim, Rhet. Her., od. nomine, Liv. u. a. – **II** prägn.: **A** jmd. in der Absicht, dass er etw. tue od. bewillige, **ansprechen, angehen,** alqm talibus dictis, Ov. met. 8, 787. – bes. einer Frau unehrbare **Anträge machen,** alqam, Hyg. fab. 57: alqam de stupro, Val. Max. 6, 1, 12. – **B** jmd. **zur Rede setzen** od. **stellen, 1** übh., jmd. **hart anreden, anlassen, laute Vorwürfe machen, ausschelten, schmähen** (s. Duker Liv. 34, 2, 8. Fabri Liv. 22, 12, 12), alqm edicto, Cic.: mulieres, Liv.: ne compellarer inultus, Hor. – dah. (bes. mit dopp. *Acc.*) jmd. mit einem beschimpfenden Namen od. Titel **nennen,** ihn so u. so **schelten, schimpfen,** alqm magnā voce cuculum, Hor.: alqm fratricidam impiumque, Nep.: alqm pro cunctatore segnem, Liv.: gladiatores Samnitium nomine, mit dem Spottnamen »Samniter« belegen, Liv. – **2** insbes., als gerichtl. *t. t.*, jmd. vor Gericht **zur Rede setzen,** ihn **anklagen** (vgl. Drak. Liv. 43, 2, 11. Manut. Cic. ep. 8, 12, 3. Suet. Caes. 17, 2), iudicem, Cic.: alqm eā lege etc., Cael. in Cic. ep.: alqm hoc crimine in contione, Nep.

compendiārius, a, um (compendium), vorteilhaft **kurz,** v. Weg, via quasi c., gleichs. Richtweg, Cic. de off. 2, 43. – Öfter subst., compendiāria, ae, *f.* (*sc.* via), der **kurze Weg, Richtweg,** Varr. fr., Sen. u. a.: dass. compendiārium, ī, *n.* (*sc.* iter), Sen. ep. 73, 12.

compendio, āre (compendium), **I abkürzen,** Tert. adv. Marc. 4, 1 u. 9. – **II** insbes., alci, jmdm. gleichs. den Lebensweg abkürzen, ihn **töten,** Augustin. quaest. in heptat. 7 *extr.*

compendiōsē, *Adv.* (compendiosus), **abgekürzt, kurz,** Th. Prisc. medic. praes. 2, 1 u. chron. 2, 21. Cassiod. var. 8, 29 u. in psalm. 100, 1. – *Compar.*, Th. Prisc. chron. 2, 19. Sidon. ep. 7, 10. – *Superl.*, Cassian. coll. patr. 10, 14.

compendiōsus, a, um (compendium), **I vorteilhaft** (Ggstz. damnosus), Col. 1, 4, 5. – **II abgekürzt, kurz,** c. tramites, Iustin. 38, 9, 6: mortis citae c. exitus, Prud. perist. 2, 335: concepti sermonis c. verba, Apul. met. 11, 22: c. victoria, Nazar. pan. 18, 6: c. sermo, Ambros. de Isaac et anim. 6, 50.

compendium, ī, *n.* (compendo), die **Ersparnis, I** die **Ersparnis** als **Gewinn, Vorteil, Profit** (Ggstz. dispendium), c. ligni, Plin.: c. leve, Rhet.

Her.: facere compendii binos panes in dies, ersparen, Plaut.: compendium facere, sich ein Vermögen erwerben, Suet.: privato compendio servire, Caes.: in re uberrima turpe c. effugere, Cic. – **II** die **Ersparnis** als **Abkürzung** der Arbeit, Zeit, operae, Plin.: temporis, Col.: compendio morari, eine kurze Zeit, Quint.: facere compendium pultandi, abkürzen, nachlassen, Plaut.: misso in compendium bello, Flor. – Insbes.: **a** in Bezug auf die Rede, brevia compendia dicendi, Quint.: conferre verba ad compendium, kurzfassen, Plaut.: facere verba compendi, sie abkürzen, Plaut.: u. fieri dicta compendi volo, spar deine Worte, Plaut.; vgl. Brix Plaut. capt. 962. Ussing Plaut. asin. 305. Lorenz Plaut. mil. 774. Spengel Plaut. truc. 2, 4, 25. – **b** in Bezug auf den Weg, c. itineris, Fronto: c. viae quatridui, Plin.: per compendia itinerum, Frontin. – dah. oft absol., der **abgekürzte Weg, kürzere Weg, Richtweg** (Ggstz. iter, quod est spatii amplioris, s. Quint. 4, 2, 46), c. durum aridumque (im Bild), Quint.: quaedam (maria) ad navigationis commodum per compendium ducere, Iustin.: per compendia maris assequi alqm, Tac.: bildl., quae ad honores compendia paterent, Plin. pan. 95, 5: ad utilium artium contemplationem celeri facilique compendio ducere, Gell. praef. § 12.

com-pendo, ere, **zusammen wägen,** Varr. LL. 5, 183.

compēnsātio, ōnis, *f.* (compenso), **I** die **Ausgleichung, Gegenzahlung des Äquivalents, A** im Allg.: emi singula non *pecuniā*, sed *compensatione mercium* (Tauschhandel) iussit, Iustin. 3, 2, 11. – **B** insbes., als jurist. *t. t.* = die **Tilgung einer Forderung durch eine gleichartige Gegenforderung,** ICt. – **II** übtr., die **Ausgleichung, ausgleichende Gegenüberstellung,** das **Gleichgewicht,** hāc uti compensatione, ut etc., Cic.: incommoda commodorum compensatione lenire, Cic.: per compensationem, durch gütlichen Vergleich, Cic. – als rhet. Fig. = ἀντεισαγωγή, Aquil. Rom. § 14.

compēnsātīvus, a, um (compenso), **zur Ausgleichung dienend, ausgleichend,** Fortunat. art. rhet. 1, 15. p. 93, 20 H. Victorin. explic. in Cic. rhet. 1, 11. p. 191, 3 H u. 2, 17. p. 272, 35 H. u. Eccl.

com-pēnso, āvī, ātum, āre, zwei oder mehrere Dinge **gegeneinander abwägen, I** eig.: triticum cum hordeo compensat, constitit praeponderare triticum, Col. (?). – **II** übtr., mit einem anderen gleichsam aufwägen = **ausgleichen,** gegeneinander **aufrechnen,** es **ersetzen,** bona cum vitiis, ausgleichend gegenüberstellen, Hor. sat. 1, 3, 70: laetitiam cum doloribus, Cic.: vitium vel facultate vel copiā, Cic.: damna fructu aetatis, Cic.: Catonis est dictum: ›Pedibus compensari pecuniam‹, Gehen spart Geld (d. i. ein weit entlegenes Gut kauft man wohlfeiler), Cato bei Cic. Flacc. 72: hāc hāc pergam, quā via longum compensat iter, erspart, Sen. Phaedr. (Hipp.) 89: in quo tamen iudicii nostri errorem laus tibi dati muneris compensabit, Cic. or. 35. – *Abl. absol.* compensato, Tertull. de pall. 2.

comperco, s. com-parco.

com-peregrinus, ī, *m.*, der **Mitfremdling,** Sidon. ep. 7, 17 *extr.*

comperendinātim, *Adv.* (comperendino), »um durch Ausflüchte Zeit zu gewinnen«, Ionas (Migne 87, 1051 D).

comperendinātio, ōnis, *f.* u. **comperendinātus**, ūs, *m.*, der **Aufschub,** die **Vertagung** des richterlichen Spruchs (in bereits klarer Sache) **bis auf den drittnächsten** (Gerichts-) **Tag** (als zweiten u. letzten Termin), Form *-io* (nachaug.) b. Sen. ep. 97, 5. Plin. ep. 5, 21, 1. Tac. dial. 38. Gell. 14, 2, 1 (Plur.): Form *-us* b. Cic. Brut. 87. Cic. II. Verr.. 1, 26. – übtr. = **Aufschub, Verzug** übh., c. poenae, Itin. Alex. 34 V.: sine ulla comperendinatione, Ambros. in Luc. 1. § 8.

comperendino, āvī, ātum, āre (comperendinus), **I** die Parteien in einer bereits klaren Sache **auf den drittnächsten** (Gerichts-) **Tag** (als zweiten u. letzten Termin, wo der richterliche Spruch erfolgen musste) **vorbescheiden, vorladen** (vgl. amplio), alqm (reum u. dgl.), Cic. II. Verr.. 1, 20 u. 26 (dazu Ps. Ascon. p. 162 B.). Cic. Verr. 4, 33: absol., ut ante primos ludos comperendinem, auf Vertagung auf den drittnächsten Tag (s. comperendinātio) antrage (v. Sachwalter), Cic. I. Verr.. 34. – **II als Rest auf eine andere Zeit aufsparen,** Geryones Trimembres aerus (= aeris) senos comperendinarunt, CIL 4, 2440.

comperendinus, a, um (com u. perendinus), **übermorgig,** dies, der bis auf den drittnächsten Tag hinaus verschobene Termin, der Anstandstag, Gaius inst. 4, 15. Macr. sat. 1, 16. § 3 u. 14. Ps. Ascon. in Cic. II. Verr.. 1, 26. p. 164 B.

com-pereo, iī, īre, **mit zugrunde gehen,** Diom. 372, 6.

com-perio, perī, pertum, īre (vgl. peritus, periculum u. reperio, experior), einer Sache od. Person **von allen Seiten beikommen, a** einer Sache = etwas durch Sehen, Hören, Erkundigen usw. **genau innewerden, deutlich ersehen,** etwas **genau, sicher erfahren, in Erfahrung bringen,** von etwas **sichere Nachricht erhalten** (Ggstz. audire, bloß hören), bei Ang. **von wem?** oder **woraus?** m. *ab* oder *ex* u. Abl.; bei Ang. **durch wen?** m. *per* u. Akk., od. m. bl. *Abl.*, **α** m. *Acc.*: hoc, id, Nep.: haec omnia, Cic.: facinus, Caes.: indicia mortis comperisse manifesto et manu tenere, Cic.: haec certis nuntiis, certis auctoribus comperisse, Cic.: nihil testibus, nihil tabulis, nihil gravi aliquo argumento comperisse, Cic.: rem gestam c. ab alqo, Nep.: quod ex multis audivi et comperi, Cic.: huic ille quid ex litteris comperisset aperit, Nep. – im *Pass.*, im *Abl. absol.*, hāc re compertā manifestoque deprehensā, Cic.: u. hoc mulierum errore comperto, Curt. – u. sonst im *Partic. Perf.*, deutsch oft = **gewiss, zuverlässig,** exponam vobis Oppianici facinus manifesto compertum atque deprehensum, Cic.: levem auditionem pro re comperta habere, Caes.: non ego haec incertis iactata rumoribus affero, sed comperta et explorata, Liv.: ea quoque, quae vulgata sermonibus de cultu ac desidia imperatoris, comperta oculis referrent Romam, Liv. – u. alqd compertum habere, z. B. cum ea dicimus quae comperta habemus, quae vidimus, Cic.: id se ab ipsis per eorum nuntios compertum habere, Caes. – u. alqd alci compertum est, parum compertum est, z. B. quae postquam Metello comperta sunt, Sall.: nobis ea res pro magnitudine rerum parum comperta est, Sall.: quae praesentis Deae numine saepe comperta nobis maioribusque nostris referebantur, Liv. – u. *neutr. subst.*, compertum narrare, Sall.: comperta narrare, Curt.: comperta nuntiare, Tac.: res enim indicat nihil ipsos habuisse comperti, nihil cogniti, Cic.: pro comperto polliceri m. folg. Akk. u. Infin., Suet.: u. pro comperto est m. folg. Akk. u. Infin., Curt. – m. dopp. *Acc.*, im Passiv m. dopp. *Nom.*, a quo cum quaereret Pyrrhus, qualem Romam comperisset (gefunden hätte), Eutr. 2, 12: omnia falsa atque insidiose ficta comperta sunt, Cic. Mil. 67. – **β** m. *Acc.* u. *Infin.* od. m. bl. *Infin.*, quae ego cuncta esse fluxa in mea re crepera comperi, Acc. fr.: posteaquam comperit eum posse vivere, Cic.: ubi certis auctoribus comperit minus V et XX milibus longe ab Utica eius copias abesse, Caes.: ex captivo comperit Correum milia sex peditum delegisse, Caes.: postquam per Ubios exploratores comperit Suebos sese in silvas recepisse, Caes.: hanc gentem Clusium Romamque inde venisse comperio, Liv. – *Pass.*, compertum est, z. B. tum demum periculo atque negotiis compertum est in bello plurimum ingenium posse, Sall.: mox compertum a transfugis nongentos Romanorum pugnā in posterum extractā confectos, Tac.: Didymo accidisse compertum est, ut etc., Quint. – u. compertum habeo, z. B. compertum ego habeo verba virtutem non addere, Sall.: certis indiciis compertum se habere nocte totā coetus in urbe factos esse, Liv. – u. *Abl. absol.* comperto, **nachdem man genau erfahren,** satis comperto Eordaeam petituros Romanos, Liv.: comperto Plautum et Sullam maxime timeri, Tac. – **γ** m. folg. indir. Fragesatz, id misericordiāne hospitis an pactione aut casu ita evenerit, parum comperimus, Sall.: an ab ipso id genus exercitationis sit inventum, parum comperi, Quint. – u. compertum habere, z. B. interrogatus a rege auditune an oculis comperta haberet, quae diceret, Liv.: quae se absente acta essent, se quoque famā comperta habere, Liv. – u. *Abl. absol.* conperto, **nachdem man genau erfahren,** nondum conperto, quam regionem hostes petissent, Liv. 31, 39, 4: nondum conperto, quam in regionem venisset, Liv. 33, 5, 4. – **δ** m. bl. Ang. **in Betreff wessen? (worüber?) durch** *de* mit Abl., de amore hoc, Ter.: de scelere filii, Nep.: de rebus Vagae actis, Sall.: nihil de hoc comperi, nihil suspicatus sum, nihil audivi, Cic. – **ε** ganz *absol.*, mit aus dem Zshg. zu ergänzender Ang. **was?**, z. B. quî comperisti? Cic.: atqui certo comperi, Ter.: ubi comperi ex iis, qui fuere ei conscii, Ter.: ut postea ex captivis comperit, Caes. – u. im *Pass.*, si compertum est, wenn die Sache ergründet ist, Caes. b. G. 6, 19, 3: desinant ultra opinari mihique, qui compertum habeo, credant, Caes. bei Suet. Caes. 66. – **b** einer Pers., nur im *Partic.* compertus, **α** = **überführt,** mit *Genet.* **(wessen?)** (vgl. Fabri Liv. 22, 57, 2. Nipperd. u. Otto Tac. ann. 1, 3. Benecke Iustin. 11, 11, 5), incesti, Varr. fr. bei Prisc. 8, 18 (Varr. fr. p. 337 B.): sacrilegii, Liv.: stupri, Liv. u. Iustin.: nullius probri, Liv.: nullius flagitii, Tac.: noxae, Apul. met. 10, 8. – m. *in* (bei) u. Abl., uxor in stupro generi comperta, Suet. Tib. 35, 1. – mit *Nom.* u. *Infin.*, compertus publicam pecuniam avertisse, Tac. hist. 1, 53. – **β** = fleischlich **erkannt,** Bersaben quandam stupro compertam habuit, Sulp. Sev. chron. 1, 38, 1. ► Perf. comperii, Diom. 372, 6: comperui, Gloss. IV, 320, 3.

comperior, pertus sum, īrī, seltene Nbf. von comperio (s. d.), gew. m. folg. *Acc.* u. *Infin.*, Ter. Andr. 902. Sall. Iug. 45, 1 u. 108, 3. Tac. ann. 4, 20. Gell. 3, 3, 1. Apul. met. 2, 21 u. a. *Perf.* compertus sum, b. Tert. adv. Hermog. 28.

compernis, e (com u. perna), **mit zusammengebogenen Knien,** aut varus aut valgus aut c., Fest. p. 375 (a), 20: c. aut vara Alcmena, Lucil. sat. 17, 5: vatia aut c., Varr. LL. 9, 10.

com-perpetuus, a, um, **gleich ewig,** Prud. apoth. 339.

compertē, *Adv.* (compertus v. comperio), **aus guter Quelle,** Gell. 1, 22, 9: *Compar.* b. Gell. 1, 11, 12. 13.

compertūsio, ōnis, *f.* (com u. pertundo), das **Durchstechen,** der **Durchstich,** montis, CIL 8, 2728.

compēs, pedis, *f.* (compedio), **I** die (hölzerne) **Fußfessel,** die **Beinschelle** der Sklaven usw., im Plur., Komik., Cic. u. a.; im Sing. bei Dichtern u. Spät.: compedium tritor, Plaut.: tintinnabant compedes, Naev. com. fr.: compedes imponere od. indere alci, Plaut.: compedibus vincire alqm, Curt.: nervo aut compedibus vincire alqm, Gell.: compedes gerere, Plaut., gestare, Auson.: alci compedes dare, adimere, Plaut.: compedes demere, Iustin.: attrib., linea compes, Varr. sat. Men. 385. – übtr., **Fessel,** aeratae manus compedes, Varr. fr.: qui in compedibus corporis semper fuerunt, Cic.: Telephum tenet puella gratā compede vinctum, Hor.: poet., Hebrus nivali compede vinctus, durch Eis und Schnee gleichs. gefesselt (= im Lauf gehindert), Hor. ep. 1, 3, 3. – **II** eine silberne **Halskette,** als Frauenschmuck, Plin. 33, 151. – ► Genet. Plur. compedium, Plaut. Pers. 420: compedum, Augustin. de civ. dei 12, 27. p. 554, 16. – *masc.*, Lact. de mort. pers. 21, 3. Vulg. thren. 3, 7.

compēsco, pēscuī, ere (verwandt mit comparco), **einzwängen,** eig. u. übtr. = **in Fesseln-, in Schranken-, im Zaum halten, beschränken, bezähmen, unterdrücken,** ter amplum Geryonem Tityonque tristi undā, Hor.: equum celerem artato freno, Tibull.: infantium fletum infuso lacte, Sen.: e diverso crapulā conpesci feritatem nimiam (musti), Plin.: linguam, Plaut.: incendia, Plin. ep.: ramos, Verg.: vitem, beschneiden, Col.: cretam, zertreten, Titin. com. fr. – clamorem, Hor.: (animum) hunc frenis, hunc catenā, Hor.: alcis furorem armis, Vell.: hostilem terrorem, Plin. pan.: tumentes populos, Plin. pan.: c. se ab alqo decipiendo, Augustin. ep. 157, 2: compesce in illum dicere iniuste, höre auf zu usw., Plaut. Bacch. 463. – *Supin.* compescitum ohne Beleg bei Prisc. 10, 19.

competēns, *PAdi.* m. *Compar.* (v. competo), zustehend = **I** eig., **zuständig, kompetent,** iudex, ICt.: tribunal, ICt.: iudicium communium episcoporum, Augustin. c. Iulian. Pelag. 3, 5. – **II** übtr., **passend, geeignet, angemessen, analog,** remedium, ICt.: modus, parilitas, Chalcid. – mit *Dat.*, personae rebus c., Apul.: sententia verecundiae maternae congrua bonique viri arbitrio competens, ICt. – m. *cum* u. Abl., ratio etymologiae cum sententia vocabuli c., Gell. 19, 13, 3. – subst., c. continuum = ἀναλογία συνεχής, Ggstz. c. distans = ἀναλογία διηρημένη, Chalcid. Tim. 16: pro competenti esse, *ibid.* 11. – mit *in* u. Akk., interdicta in hanc rem competentia, ICt. – quid competentius facere potuisti, quam ut etc., Auct. pan. Maxim. et Constant. 7, 2.

competenter, *Adv.* m. *Compar.* u. *Superl.* (competens), **passend, angemessen, wie sich's geziemt,** ICt. u. Spät.

competentia, ae, *f.* (competo), das **Zusammentreffen, a** der Teile unter sich, die **Symmetrie,** Gell. 1, 1, 3; vgl. Macr. somn. Scip. 1, 19, 21. – u. die **Analogie, Proportion,** Chalcid. Tim. 19. – **b** der Gestirne, die **Konstellation,** Gell. 14, 1, 26. Macr. somn. Scip. 1, 6, 24 u. a. – **c** die **Verbindung,** Fulg. myth. 3, 7.

competītio, ōnis, *f.* (competo), **I Übereinkunft,** Sidon. epist. 2, 9, 4. – **II gerichtlicher Anspruch, gerichtliche Forderung,** Cod. Theod. 2, 23, 1. – **III** die **Mitbewerbung,** Ambros. de Elia 21, 79. Itin. Alex. 18 V.

com-petītōr, ōris, *m.*, **Mitbewerber, Konkurrent,** Cic. Brut. 113; Sull. 24; Cat. 1, 11. Liv. 6, 41, 2. Quint. 3, 7, 2. Suet. Caes. 13 u. 19, 1. Ulp. dig. 50, 2, 3. § 2. Augustin. serm. 14, 8: competitores emptionis, Gell. 12, 12, 4: competitorum grex, Spart. Sev. 3. § 3.

competītrīx, trīcis, *f.* (Femin. zu competitor), **Mitbewerberin, Konkurrentin,** Cic. Mur. 40. Ps. Quint. decl. 370 *lemm.*

com-peto, petīvī u. petiī, petītum, ere, **zusammenlangen, I** *intr.* **zusammentreffen, 1** eig.: ubi viae competunt, Varr. LL. 6, 25: ubi recti angulorum competant ictus, Plin. 2, 80: ita ut in patentes (fossas) ora hiantia caecarum (fossarum) competant, Col. 2, 2, 9: si cacumina in unum competunt, Col. 4, 17, 1. – **2** übtr.: **a** der Zeit nach **zusammentreffen, in die Zeit fallen,** messium feriae aestate non competunt, Suet.: tempora cum Othonis exitu competisse, Tac. – **b** der Beschaffenheit nach **treffen, stimmen, zutreffen, entsprechen,** neptis aetas competit, Suet.: ut in unitatem illa competant, Sen.: tanto Othonis animo nequaquam corpus aut habitus competiit, Suet.: unpers., si ita competit, ut etc., wenn sich's trifft, dass usw., Sen. – **c** der Möglichkeit nach **zukommen, zustehen,** actio competit in alqm, Quint.: scientia bonorum et malorum, quae sola philosophiae competit, Sen. – **d** der phys. Kraft nach **ausreichen, seiner mächtig sein,** neque animo neque auribus aut linguā competere, Sall. fr.: neque oculis neque auribus satis competebant, Tac.: ut vix ad arma capienda aptandaque pugnae competeret animus, man kaum bei Besinnung war, Liv. – **II** *tr.:* **a etwas gemeinsam (zugleich) erstreben, -zu erreichen suchen,** unum locum, Iustin. 13, 2, 1: unam speciosam (puellam), sich zugleich bewerben um usw., Aur. Vict. vir. ill. 59, 2. – **b zuständig (gesetzlich) fordern,** Cod. Theod. 10, 10, 27. § 6.

competum, ī, *n.*, s. compitum.

compīlātio, ōnis, *f.* (compilo), die **Plünderung, Kompilation,** spottweise von einer Sammlung von Aktenstücken, Cic. ep. 2, 8, 1.

compīlātor, ōris, *m.* (compilo), der **Plünderer, Ausbeuter,** veterum, Beiname des Vergil (wegen seiner Nachahmung des Homer u. a.), Eccl.

1. **com-pīlo,** āvī, ātum, āre (com u. 1. pilo), **enthaaren,** Dosith. 64, 11 K. Non. 12, 27. – übtr., **a ausplündern, berauben,** alqm, Cic.: aedes, Plaut.: fana, hortos, Cic.: horrea, ICt.: templa omnibus ornamentis compilata, Liv. – **b ausbeuten,** ab ipsis capsis iurisconsultorum sapientiam, Cic. Mur. 25: Crispini scrinia, Hor. sat. 1, 1, 121. – **c** raubend, stehlend **zusammenraffen, rauben, stehlen,** quicquid domist, Plaut. Men. 560: materia inordinata sensu compilataque verbis, Ascon. Hor. poët. pr.

2. **com-pīlo,** āvī, ātum, āre (com u. pīlum), **durchprügeln, durchbleuen,** Apul. met. 7, 18 u. 9, 2: domum fugi tamquam copo compilatus, Petr. 62, 12.

1. **compingo,** pēgī, pāctum, ere (com u. pango), **I zusammenschlagen, -fügen, 1** eig.: aedificia, Sen.: solum axibus roboreis, Col.: dah. compāctus, a, um, **zusammengefügt,** Cic. u. Verg. – prägn., **verfertigen,** sibi pedum tegumenta, Apul. flor. 9: paucis diebus quinquaginta navium classem, ausrüsten, Dict. 2, 9 *extr.* – **2** übtr.: **a zusammenfügen,** ex multitudine et negotio verbum unum, Gell. 11, 16, 4. – **b aussinnen, erdenken,** Graece nescio quid, Fronto ep. Graec. 6. p. 252, 7 N.: falsa de Christo, Arnob. 1, 57 *in.* – **II** wohin **drängen, stoßen, stecken, verstecken,** quo compingam terminum?

Pompon. com. 126: parentes suos in angustum locum, Plaut.: alqm in carcerem, Plaut. u. Fronto: se in Apuliam, sich heimlich entfernen, Cic.: milites in tecta Gallorum, eng zusammenlegen, Hirt. b. G. 8, 5, 2: im Bild, in iudicia et contiunculas tamquam in aliquod pistrinum detrudi et compingi, Cic. de or. 1, 46.

2. com-pingo, pīnxī, ere, **bemalen,** Aristarchi ineptiae, quibus aliena carmina compinxit, spöttisch = bemäkelte, Sen. ep. 88, 39.

com-pinguēsco, ere, **zu Fett werden,** Tert. de anim. 25.

compīsco, s. compēsco.

compitālicius, a, um (compitalis), **zu den Kompitalien gehörig, an den Kompitalien (am Kompitalienfest) gefeiert, -vorgenommen,** ludi, Cic. Pis. 8. Suet. Aug. 31, 4: ambulationes, Cic. ad Att. 2, 3, 4: quoniam IIII. Non. [Ian.] compitalicius dies est, weil auf den 2. Januar das Kompitalienfest fällt, Cic. ad Att. 7, 7, 3.

compitālis, e (compitum), **zum Scheideweg gehörig,** Compitales Lares, auf den Scheidewegen stehende, Varr. LL. 6, 25. Suet. Aug. 31, 4. – subst., **a** compitāles, ium, *m.*, Priesterkollegium für die Kompitalien, **Kompitalpriester,** Augustales, CIL 11, 4815 u. 4818. – **b** Compitālia, ium u. iōrum, *n.*, das zu Ehren der Laren jährlich kurze Zeit nach den Saturnalien (den Tag bestimmte der Prätor) auf den Scheidewegen gefeierte Fest, das **Kompitalienfest,** die **Kompitalien** (vgl. Varr. LL. 6, 25. Plin. 36, 204. Paul. ex Fest. 40, 3), Naev. com. 100. Cato r. r. 5, 3 u. 57, 2 (wo großgeschrieben). Formul. vet. bei Gell. 10, 24, 3. Cic. ad Att. 2, 3 *extr.* – Genet. Plur. ium u. iōrum nach Charis. 42, 26 u. Prisc. 7, 27; Genet. Compitaliorum steht Cic. Pis. 8.

compitum, ī, *n.* (competo; Plur. auch competa geschr., Varr. LL. 6, 25. Isid. 15, 16, 12), der Ort, wo zwei od. mehrere Wege zusammenstoßen, der **Kreuzweg, Scheideweg** (hier lebhafter Verkehr, deshalb Versteigerungen von Trödelwaren); mit bes. Altären, an denen die Kompitalien (s. compitālis) gefeiert wurden, c. Anagninum, wo die *via Lavinicana* u. *Praenestina* zusammentrafen, Liv. 27, 4, 12: pagi et compita, Verg. georg. 2, 382: compita Larum, Plin. 3, 66: compita frequentia, Hor. sat. 2, 3, 25: rem divinam nisi compitalibus in compito aut in foco ne faciat, Cato r. r. 5, 4: in atriis auctionariis potius, quam in triviis aut in compitis auctionari, Cic. agr. 1, 7. – bildl. (mit Anspielung auf den Scheideweg des Herkules), Pers. 5, 35. – übtr., compitum stomachi, Tert. de res. carn. 60. – ► Nbf. **compitus,** ī, *m.*, Caecil. com. 226. Varr. fr. bei Non. 196, 9.

com-placeo, cuī u. citus sum, ēre, **zugleich gefallen, auch gefallen, auch angenehm sein,** bes. in älterer Prosa alci complacuisse, Plaut. rud. 727. Col. 9, 16, 2. Vulg. 2. regg. 22, 20 u. ö.; od. alci complacitum esse, Plaut. Amph. prol. 106; rud. 187. Ter. Andr. 645; heaut. 773 u. a. Gell. 18, 3, 4: später auch andere Formen, complacet, Vulg. prov. 3, 12: complaceat, Vulg. psalm. 39, 14: complacebam, Vulg. psalm. 34, 14: complacebat, Gell. 17, 9, 4: complacebit, Vulg. levit. 26, 43: complacebunt, Vulg. psalm. 48, 14: Partiz. complacitus, **gefallend, gefällig,** Apul. met. 4, 32; apol. 15. Nemes. cyn. 14: *Compar.* complacitior, Vulg. psalm. 76, 8.

com-plāco, āre, **höchst friedlich und geneigt machen,** sibi iudices, Tiro b. Gell. 7, 3, 13.

complānātio, ōnis, *f.* (complano), das **Ebnen,** übtr., resipiscentis animae, Paul. Nol. ep. 29, 2.

complānātor, ōris, *m.* (complano), der **Ebner,** Apul. poët. apol. 6.

com-plāno, āvī, ātum, āre, **abebnen, bodengleich machen,** terram tabulā, manibus, pedibus, Cato: locum, ICt.: viam, Vulg.: lacum replere et c., Suet.: lapis omnifariam complanatus, Apul. – bes. etwas Hohes durch Niederreißen **abtragen,** domum, Cic.: fossuris iuga montium, Suet.: opera, schleifen, Auct. b. Alex. – übtr., c. et mollire aspera, dura, Sen. prov. 5, 9.

complantātio, ōnis, *f.* (complanto) = καταφύτευσις, das **Bepflanzen,** Gloss. II, 345, 5.

com-planto, (āvī), ātum, āre, **bepflanzen,** bildl., Ambros. de Abrah. 2, 11, 80 *extr.*: complantatus virtutibus, Ambros. ep. 42 *extr.*: u. so Vulg. Rom. 6, 5.

Complatōnicus, ī, *m.*, der **Mitanhänger des Plato, Mitplatoniker,** Sidon. epist. 4, 11, 1.

com-plecto, ere, s. com-plector ►.

com-plector, plexus sum, plectī (com u. plecto), einen Gegenstand beflechten, beschlingen, d. i. **umschlingen, umfassen,** konstr. bei Ang. **womit?** m. *Abl.*, **I** eig.: **1** mit den Händen, Armen, mit dem Körper usw. **umschlingen, umfassen, umschlungen-, umfasst halten, α** v. leb. Wesen: eminentia saxa, Curt.: saxa manibus, Curt.: hastam manu, Curt.: caput digitis, Ov.: hamos brachio (v. den Polypen), Plin.: barbas (polyporum) vix utroque brachio, Plin.: aram passis capillis, Ov. – od. bittend um Schutz flehend, dextram alcis, Curt.: genua, Quint.: Caesarem, Caes. – u. zärtlich liebend, **umschlingen, umfasst halten, umarmen,** dextram alcis, Verg.: alqm u. alqm artius, Cic.: alqm absentem cogitatione (im G.), Cic.: alqm medium, Liv.: complexi alter alterum, Arm in Arm, Sen. – u. feindlich festhaltend, beim Ringen usw., alqm, Curt.: inter se, Nep.: complexi alter alterum, Sen.: c. alqm medium, Curt.: u. (absol.) nequeunt complecti satis, sich umarmen, Plaut.: quoad stans complecti posset, Nep. – **β** v. Lebl.: corpuscula complexa inter se, Lucr.: manus inter se complexae, Plin.: claviculis suis quasi manibus quicquid est nacta complectitur (vitis), Cic.: ubi mollis amaracus illum floribus complectitur, Verg.: u. v. personif. Schlaf, me artior somnus complexus est, Cic.: sopor complectitur artus, Verg. – **2** räumlich **umfassen, umschließen, umschlossen halten, im Umfang einnehmen, α** v. Pers.: animum mundi caelo, Cic.: ruris aliquantum depresso aratro, Ov.: alcis effigiem fulvo in auro, einfassen, Ov. – als milit. *t. t.*, loca, Caes.: castris ampliorem locum supra ripam, Frontin.: tantum spatium, Caes.: XIV milia passuum, Caes.: alqm obsidione, Vell.: totius circuitum domus ita custodiis complexi sunt, ut nemo inde elabi posset, mit W. umstellt, Liv. – **β** v. lebl. Subjj.: extimus (orbis caelestis), qui reliquos omnes complectitur, Cic.: mare terram complexum, Ov.: XXXV stadiûm murus urbem complectitur, Curt.: arx ambitu XX stadia complexa, Curt.: mundus quoniam omnia complexus est (neque est quicquam quod non insit in eo) perfectus est undique, umschließt = in sich schließt, Cic.

II übtr.: **1** gleichs. **umfassen** u. **festhalten, a** übh. etw. **erfassen,** einer Sache **habhaft werden, sich bemeistern,** plures provincias complexus sum quam alii urbes ceperunt, Curt.: totum terrarum orbem aut victoriis aut spe complexus (v. Alexander), Val. Max.: quam (facultatem) quoniam complexus es, tene, Cic.: cum est (vis, Wirkung) idoneam complexa naturam, wenn sie eine empfängliche N. trifft, Cic. – **b** einen Gegenstand mit Liebe, Vorliebe, Wärme **umfassen, an** einem Gegenstand **festhalten,** einen Ggstd. **mit besonderer Vorliebe erfassen, sich** eines Ggstds. **annehmen,** für einen Ggstd. **sich interessieren, auf** einen Ggstd. **einen hohen Wert legen,** einen Ggstd. **hegen und pflegen,** quos fortuna complexa est, die Schoßkinder des Glücks, Cic.: c. adulescentem totamque causam manumque veteranorum, Cic.: oratorem (den Redner = die Redekunst) celeriter, Cic.: philosophiam, Cic.: virtutem (Ggstz. virtutem aspernari ac refutare), Cic. – omnes cives caritate, Liv.: alqm omni comitate, Cic.: alqm summā benevolentiā, Cic.: alqm beneficio, Cic.: alqm omnibus studiis suis, laboribus, vitae periculis, Cic. – **c** mit dem Geiste **umfassen, zusammenfassen, in seinem ganzen Umfang übersehen, -erfassen, -auffassen u. begreifen,** gew. m. Abl. animo, cogitatione, mente, cogitatione et mente, scientiā, memoriā, z. B. animo rei magnitudinem c., Cic.: animum corpore liberatum cogitatione complecti posse, Cic.: c. omne caelum totamque cum universo mari terram mente, Cic.: quod neque oculis neque auribus neque ullo sensu percipi potest, cogitatione tantum et mente complectimur, Cic. – scientiā c. quae ad philosophos atque oratores pertinent, Quint. – haec infinita atque nova memoriā c., Cic.; vgl. si longior complectenda memoriā fuerit oratio, einzulernen, zu memorieren, Quint.: u. so (ohne memoriā) in iis quae scripsimus complectendis, Quint.: u. v. Gedächtnis selbst, quae memoria complecteretur, Quint. – selten ohne Abl., ista innumerabilia, Cic.: formam ac figuram animi magis quam corporis, Tac. – **d** mit **einem Begriff,** mit **einer** Benennung **umfassen,** unter **einem Begriff** (Gedanken) od. **einer** Benennung **zusammenfassen,** omnia unā comprehensione, Cic.: utrumque unā appellatione, Quint.: hoc (argumenti) nomine omnia, quae etc., Quint.: honesto (unter dem Anständigen) iustum, pium, religiosum, Quint. – **e** mit Worten **umfassen, definieren, zusammenfassen, vollständig erfassen u. wiedergeben,** gew. m. Abl. oratione, verbis, litteris (durch einen Brief), pluribus libris u. dgl., z. B. nullo modo posse omnia istius facta aut memoriā consequi aut oratione complecti, Cic.: complectitur verbis, quod vult, Cic.: gratulationem quam confirmationem animi tui litteris complecti malui, Cic.: c. praecepta philosophiae carmine, Quint.: eo libro omnium rerum memoriam breviter et perdiligenter, Cic.: artem pluribus libris, Quint.: plura paucis, Quint.: ipsis syllabis verba, Quint. – selten ohne Abl., universam et propriam oratoris vim definire complectique, Cic.: viros amplissimos ad suum scelus, als Teilnehmer seines Verbrechens mit vorführen, Cic.: breviter causas, Quint.: sed nolo pluribus, summam rem complectar, Liv. – u. bes. c. decreto, ut etc., durch ein Dekret beschließen, dass usw., Vell. 2, 121, 1. – u. sententiā c. causas u. bl. sententiā c., (bei Abgabe seiner Meinung im Senat) die Gründe für od. gegen zusammenfassen, -stellen, Cic. Phil. 14, 29 (ohne causas) u. 14, 36 (m. causas). – u. als rhet. od. philos. *t. t.,* den Schluss zusammenstellen, den Schlusssatz (die Konklusion) machen, Rhet. Her. 2, 47. Cic. de inv. 1, 73; vgl. complexio *no.* II, d, α. – **2** gleichs. räumlich **umschließen, a** mit etw. **einschließen,** sententiam numero quodam c. et astricto et soluto, Cic. de or. 3, 175. – **b** in sich **umfassen** = **in sich vereinigen, in sich begreifen, in sich schließen,** populus Romanus orbem terrarum complectens, Liv.: urbs omnia (alles = alles Angenehme od. Widerwärtige) complexa, Sen.: omnium partes corripere atque c., Nep.: omnes omnium caritates patria una complexa est, Cic.: omnes complectitur lex, Quint.: quod (rerum cognitiones) habeant quiddam in se quasi complexum et continens veritatem, Cic.: quo uno maleficio scelera omnia complexa esse videantur, vereinigt zu sein, Cic. Rosc. Am. 37. – ► Aktive Form complectit, Vitr. 10, 2 (6), 11 R.: complectite, Pompon. com. fr. 48. – complector in pass. Bedeutung, Curio bei Prisc. 8, 18 (vgl. Hertz Prisc. vol. 1. p. 35, 13). Gargil. de arb. pomif. 2, 6. Auct. tractat. in Luc. 1 (Scriptt. vet. nov. collect. *ed Mai* tom. 3. p. 191). – Partiz. Perf. passiv, Cic. Rosc. Am. 37 M. Ulp. dig. 49, 1, 3. § 1. – Fut. complectebuntur (st. complectentur), Vulg. (Amiat.) Sirach 4, 13.

complēmentum, ī, *n.* (compleo), das **Ausfüllungsmittel, Ergänzungsmittel,** übtr., inculcata reperias inania quaedam verba quasi complementa numerorum, Cic. or. 230: quod (maiestatis crimen) tum omnium accusationum c. erat, was damals jeder A. erst den Nachdruck gab, Tac. ann. 3, 38: u. so c. accusationis, Cod. Theod. 9, 24, 3.

com-pleo, plēvī, plētum, ēre (vgl. plenus, πίμπλημι), **I** eig., **vollmachen, vollfüllen, anfüllen, zufüllen, ausfüllen, a** übh.: **α** *alqd,* z. B. fossas, Caes.: u. scrobem ad medium, usque ad summum, Col.: paginam, vollschreiben, Cic. – u. v. dem, was die Fülle gibt, selbst, non bene urnam (v. d. Totenasche), Ov.: naves longas (v. der Flut), Caes.: os oculosque (v. Blut), Cic.: vestibulum (v. Bewaffneten), Curt.: aedes (v. Liebhabern), Prop. – metu, ne complerentur navigia, angefüllt (überfüllt) würden, Liv.: cum bene domus completa est matutino tempore, sich gehörig gefüllt hat (mit Aufwartenden), Cic.: ea (aula = olla) saepe deciens complebatur (füllte sich) in dies, Plaut. – **β** *alqd alqā re,* z. B. amphoras plumbo, Nep.: cupas sebo, pice, Hirt. b. G.: statuas aeneas pecuniā, Nep.: fossas sarmentis et virgultis, Caes.: fossam aquā ex flumine derivatā, Caes.: naves serpentibus, Nep.: se conchis, sich vollfressen, Cic.: Dianam (als Bildsäule) coronis et floribus, überschütten, Cic.: caede incendioque cuncta, Liv.: quae res omnium rerum copiā complevit exercitum, versah das H. im Überfluss mit allen Dingen, Caes.: omnia fugā et terrore complet, Liv.: alveus Tiberis completus olim ruderibus, Suet.: multo cibo et potione completi, Cic.: completae onerariae naves taedā et pice et stuppā reliquisque rebus, quae sunt ad incendia, Caes. – totum prope caelum nonne humano genere completum est? Cic.: armis, cadaveribus, cruore atque luctu omnia compleri, Sall.: cuncta fugā complentur, Liv. – **γ** *alqd alcis rei,* z. B. ararum urbes, Lucr.: cum completus iam mercatorum carcer esset, Cic.: convivium vicinorum cotidie compleo, ich sehe täglich eine vollzählige Gesellschaft von Gutsnachbarn bei mir, Cic. – **b** **schwängern,** alqam, Lucr. 4, 1241 (1249) u. 1267 (1275); vgl. propter alqm corpus suum stupri, von jmd. sich schwängern lassen, Plaut. Amph. 1016: de semine Iovis compleri, Arnob. 5, 21. – **c** als milit. *t. t.:* **α** anfüllend eine Örtl., einen Raum **dicht besetzen,** ein Schiff **bemannen,** naves bis denas seu plures, Verg.: turrim militibus, Caes.: scaphas longarum navium militibus, Caes.: naves colonis pastoribusque, Caes.: classem sociis navalibus od. milite armato, Liv. u. Sen. – v. den Besetzenden selbst, ripam equi virique compleverant, Curt.: milites murum celeriter compleverunt, Caes.: totum montem hominibus compleri iussit, Caes. – **β** eine Mannschaft **vollzählig machen, ergänzen,** legiones duas, Caes.: legiones in itinere, Caes.: cohortes pro numero militum, Sall.: horum adventu decem milia armatorum completa sunt, wurde die Zahl von 10 000 B. voll, Nep. – **d** einen Raum usw. mit Licht, Geruch, Hauch, Tönen usw. **erfüllen,** d. i. überall Licht usw. verbreiten, sol cuncta suā luce lustrat et complet, Cic.: sol mundum omnem suā luce complet, Cic.: omnia primo motu ac spiritu suo, vini, unguenti, corporis odore complesset (v. einer Pers.), Cic.: nondum spissa nimis c. sedilia flatu (v. d. Tibia), Hor.: tinnitibus aëra pulsi aeris et inflati murmure buxi (v. Pers.), Ov.: plangore et lamentatione forum (v. Pers.), Cic.: nemus querelis assiduis (v. einem Tier), Lucr.: ululatu atria (v. Pers.), Ov.: magnis clamoribus omnia (v. Pers.), Lucr.: totam urbem luctu ac maerore (v. Pers.), Curt.: cuncta pavore, omnia terrore (v. Pers.), Curt. u. Liv.: is vaniloquus maria terrasque inani sonitu verborum complevit, Liv. – v. dem erfüllenden Hauch, Ton usw. selbst, speluncas venti tempestate coortā complent, Lucr.: vox horrenda Troum Rutulorumque agmina complet, Verg.: quis est, qui complet aures meas tantus et tam dulcis sonus? Cic.: u. im Passiv, arteriae acri clamore complentur, Rhet. Her.: clamore et fletu omnia complentur, Caes.: completi sunt animi auresque vestrae me … commodis vestris obsistere, Cic.

II übtr.: **a** jmd. mit einem Affekt, einer Gesinnung usw. gleichs. anfüllen, d. i. **erfüllen, durchdringen, α** *alqm alqā re:* alqm in posterum bonā spe (v. Pers.), Caes.: civitatem summā spe et voluntate (v. jmds. Ankunft), Caes.: alqm taedio (v. einem Umstand), Quint.: quonam gaudio compleretur, cum etc., Cic.: humanissimā completur animus voluptate, Cic. – **β** *alqm alcis rei:* alqm erroris, dementiae, Plaut.: alqm flagitii et formidinis, Plaut., vgl. Brix Plaut. Men. 901. – **b** etw. voll, d. i. vollzählig, vollständig machen, **α** eine Zeit, **αα** v. leb. Wesen, eine Zeit **erfüllen, ausleben, ausharren,** quinque saecula vitae, Ov.: fata sua, Ov.: tempora Parcae debita, Verg.: u. (v. der Leibesfrucht) tempora materna, tempora sua, Ov. – in klass. Prosa nur m. Akk. annos u. einer Kardinalzahl = **volle … Jahre leben,** centum et septem annos complesse, Cic.: septem et septuaginta annos complesse, Nep. – bei Spät. m. dem Akk. annum u. einer Ordinalzahl, centesimum annum complevisse, Val. Max.: centesimum aetatis complevisse annum, Lact. – **ββ** v. Alter, eine Zeit **vollenden,** nondum bis denos aetas compleverat annos, Inscr. bei Bormann Ungedr. Inschr. S. 9. – u. v. Ereignissen in der Zeit, eine Zeit **ausfüllen** = volle … wegnehmen, semel quadrigis, semel desultore misso vix unius horae tempus utrumque curriculum conplebat, Liv. 44, 9, 4. – **β** eine Summe, ein Zahlenganzes **vollmachen, vollzählig machen,** sowohl in der Rechnung, ut hāc ratione summam mei promissi compleam, die Summe meiner versprochenen Angabe voll (vollzählig) mache, Liv.: sunt auctores ipso complente decimum mensem die (gerade am letzten Tag des Monats) parĕre (boves feminas), Plin. – als in der Wirklichkeit **vollständig liefern,** neque est adhuc tamen ea summa (imperati sumptus) completa, Cic.: bina in Latino iugera, ita ut dodrantem ex Privernati complerent, data, volle $^{3}/_{4}$ aus dem Pr.

noch hinzufügten, Liv. – γ einen Umlauf **vollständig ausführen, völlig vollenden,** sol duabus unius orbis ultimis partibus definiens motum cursus annuos *conficit.* Huius hanc lustrationem eiusdem incensa radiis menstruo spatio luna *complet,* Cic.: annuus exactis completur mensibus orbis, Verg. – completus et perfectus verborum ambitus, Cic. – δ einen Zustand **vollständig machen, vollenden, erfüllen,** illi enim corporis commodis compleri vitam beatam putant, Cic.: complent ea (bona corporis) quidem beatissimam vitam, sed ita, ut etc., Cic.: rerum humanarum sorte completā, Curt.: completur in me (an mir) tritum vulgi sermone proverbium ›oleum perdit et impensas‹, Hier. ep. 57, 12. – ε ein Vorhaben **vollenden,** nocturnum erat sacrum, ita ut ante mediam noctem compleretur, Liv. 23, 35, 15: his rebus completis, Caes. b. c. 3, 46, 3: imperatis sine mora completis (vollzogen), Amm. 18, 7, 4. – ► Zsgzg. Perf.-Formen complerunt, complerint, complerat, complerant, complesse, Cic. u. a. – parag. Infin. Präs. complerier, Anthol. Lat. 21, 129 R.

complētio, ōnis, *f.* (compleo), **I** die **Erfüllung,** Eccl. – **II** die **Vollständigkeit, Vollendung,** ICt. u. Eccl.

complētīvus, a, um (compleo), **I zur Ausfüllung dienend, ausfüllend,** Prisc. 16, 1 u. 18, 172 *sq.* – **II vollendend, erfüllend** (Ggstz. promissorius), Eccl.

complētor, ōris, *m.* (compleo), der **Erfüller,** legum, Iuvenc. in Matth. 2, 12. *v.* 575.

complētōrium, ī, *n.* (compleo), das **letzte Gebet** nach Vollendung des Tagewerks, Eccl.

complētus, a, um, *PAdi.* (v. compleo), **vollkommen, vollständig,** c. et perfectus verborum ambitus, Cic. or. 168. – *Compar.*, completius, Gell. 1, 7, 20.

complex, plicis (com u. plico), **mit** jmd. od. etw. **eng verbunden,** der **Verbündete,** der **Teilnehmer,** auch m. *Genet.*, Eccl. u. spät. ICt. (auch Anonym. Orest. trag. 677): di, einstimmige (= Consentes), Arnob. 3, 40.

complexibilis, e (complector), **begreiflich,** Chalcid. Tim. 168.

complexio, ōnis, *f.* (complector), die **Umschlingung, Umfassung, I** eig.: complexiones et copulationes et adhaesiones atomorum inter se, die Verknüpfungen u. Vereinigungen u. Anschließungen der A. untereinander, Cic. de fin. 1, 19: signifer obliquā complexione circumdatus, Apul. de mund. 2. – **II** übtr.: **a** die **Zusammenfassung** u. **Verknüpfung** der Worte, d. i. α der **Ausspruch, Satz,** mira verborum complexio, Cic. Phil. 2, 95. – β die **Periode,** longissima est igitur complexio verborum, quae volvi uno spiritu potest, Cic. de or. 3, 182: nec acervatim multa frequentans unā complexione devinciet, in **eine** Periode zusammendrängen, zwängen, Cic. or. 85. – **b** die **Zusammenfassung** in Worte, die **Erzählung,** brevis c. totius negotii, Cic. de inv. 1, 37. – **c** die Umfassung mehrerer Begriffe, der **Inbegriff,** cumulata (vollständige) bonorum c., Cic. Tusc. 5, 29. – **d** als philos. *t. t.*: α die **Zusammenfassung** der Teile einer Argumentation, der **Schlusssatz,** Rhet. Her. 2, 28 u. 40. Cic. de inv. 1, 67 u. 73. Quint. 5, 14, 5 u. 9. Ps. Ascon. Cic. div. in Caec. § 45. – β = δίλημμα, das **Dilemma,** Cic. de inv. 1, 44 *sq.* – **e** als rhet. *t. t.* = συμμετοχή, die **Zusammenfassung,** s. Rhet. Her. 4, 20. – **f** als grammat. *t. t.* = συναίρεσις, συναλοιφή, die **Silbenverschlingung, Silbenverschmelzung,** Quint. 1, 5, 17. – **g** die **Beschaffenheit des Körpers,** die **Komplexion,** Firm. math. 5, 9.

complexīvus, a, um (complector), **a** als rhet. *t. t.* = **zusammenfassend,** controversia, Fortunat. art. rhet. 1, 28. p. 101, 26 H. – **b** als gramm. *t. t.*: **zur Verbindung dienend, verbindend,** complexiva coniunctio est *que,* Mart. Cap. 3. § 272; vgl. Gell. 10, 29 *lemm.*

complexo, āre (Nbf. v. complexor) = περιπλέκω (Gloss.), **umfassen, umschließen,** portum, quem geminae complexant brachia ripae, Coripp. Iustin. 1, 104. Vgl. complexor.

complexor, ārī (*Intens.* v. complector), **innig umarmen,** complexans eos, Vulg. Marc. 10, 16.

complexus, ūs, *m.* (complector), das **Umfassen, Umschließen, I** eig.: **a** das **Umfangen,** die **Umschließung,** mit Armen, Körper usw., pedes ad gressum compositi, brachia ad complexum, Col.: conchyliorum conchas complexu crinium frangere (v. den Polypen), Plin.: quercum complexibus ambire, poet. = mit beiden Armen umfasst halten, Ov.: c. corporum, Cic.: in somnis Venereo complexu iungi, Cic. – Insbes., α die **Umschlingung, Umarmung** aus Wohlwollen, Liebe, Zärtlichkeit, complexus, osculatio, Cic.: c. ultimus, Liv.: complexus artiores, Sen., artissimi, Petr.: complexus (Plur.) summae benevolentiae, Cic.: o qui complexus et gaudia quanta fuerunt! Hor.: complexus alci dare, Ov.: ferre matri obviae complexum, der herankommenden Mutter mit ausgebreiteten Armen entgegeneilen, Liv.: accipere complexum, die U. annehmen, gestatten, sich umarmen lassen, Liv.: currere ad alcis complexum, in jmds. Arme (von woher) eilen, Cic.: venire Brundisium, in sinum quidem et complexum mimulae, nach B. kommen, nämlich an den Busen u. in die Arme der M. (= um nämlich an dem B. u. in den A. der M. auszuruhen), Cic. – u. (im Bild vom Liegen des Lieblings am Busen u. in den Armen) de complexu eius ac sinu, seine Lieblinge, Busenfreunde, Cic.: ebenso in sinu semper et complexu alcis esse, ein Gegenstand der zärtlichsten Sorgfalt und Liebe sein, Cic.: u. (im Bild) habere artes in complexu, oculis, auribus, sie liebreich pflegen, gern auf sie sehen, gern auf sie horchen, Plin. pan. – haerere in complexu liberorum, Quint.: tenere alqm suo complexu (v. Vaterland), Cic.: alqm retinere vi et complexu suo, Cic. – alqm dimittere e complexu suo, Cic.: alqm e od. ab complexu alcis abripere, Cic. u. Liv.: alqm od. se e complexu alcis eripere, Cic.: alqm de matris complexu avellere atque abstrahere, Cic.: alqm a complexu suorum distrahere, Cic.: liberos a parentum complexu divellere, Sall.: alqm de complexu parentum suorum ad mortem cruciatumque rapere, Cic. – emori in complexu alcis, Cic.: alqm interficere in complexu matris, Iustin.: alqm trucidare in complexu liberorum coniugisque, Cic. – β die feindliche Umschlingung, luctari complexu, v. Polypen, Plin.: complexum armorum vitare, das Handgemenge, Tac.: in Martis complexu cadere, Ps. Quint. decl. (bei Caes. b. c. 3, 8, 4 jetzt Caesari in conspectum venire). – γ der **Beischlaf,** Scribon. 118. – **b** die räuml. **Umfassung, Umschließung,** qui (mundus) omnia complexu suo coërcet et continet, Cic.: lapides speculares alligati complexu silicis, Plin. – **II** übtr.: **a** das **Umfassen** mit unserem liebevollen Wohlwollen, c. totius gentis humanae, Cic. de fin. 5, 65. – **b** die **Zusammenfassung, Verknüpfung, Verbindung** in der Rede, c. loquendi seriesque, Quint.: c. brevis verborum, Quint.: c. rerum, personarum, temporum, Quint.

complicābilis, e (complico), **zusammenlegbar,** valvae duplices complicabilesque, Isid. 15, 7, 4: faucium intersaeptio c., Eustath. hexaëm. 7, 1.

complicātio, ōnis, *f.* (complico), **I** das **Zusammenwickeln,** folliculi, Cael. Aur. chron. 4, 3, 26. – **II** die **Vervielfältigung,** denaria, Augustin. mus. 1. *no.* 19.

com-plico, āvī, ātum u. uī, itum, āre, **zusammenfalten, -wickeln, -legen, I** eig.: rudentem, Plaut.: epistulam, Cic. u. Sen. ep.: Epicurum (den E. = die Schriften des E.), Sen.: circum eum surculum lorum modicae tenuitatis, fest herumlegen, Gell.: c. in rotundum, zu einem Kloß zusammenrollen, Apic.: se in dolio, sich zusammenkauern, Sen.: complicitus in genua, Apul.: complicitis pedibus, Apul. – **II** übtr.: **a** übh.: animi sui complicatam notionem evolvere, verworrenen, unklaren Begriff, Cic. de off. 3, 76. – **b** als arithm. *t. t.*, **zusammennehmen, multiplizieren,** hunc octies sibi, Chalcid. Tim. 49.

com-plōdo, plōsī, plōsum, ere, **zusammenschlagen,** manus (die H. z., in die H. schlagen), vor Freude, Petr. 18, 7; 20, 5; 24, 4, vor Jammer, Apul. met. 9, 39, vor Verwunderung, Petr. 34, 7, vor Ärger, Zorn, Petr. 137, 1. Sen. de ira 1, 1, 4 (saepius manus), als Gebärde des Redners od. Schauspielers, Quint. 11, 3, 123: v. ruhig Zusehenden, complosas tenere manus, die Hände im Schoß haben, Lucan. 2, 292.

complōrātio, ōnis, *f.* (comploro), das **laute Klagen und Weinen** mehrerer, Liv. u. a. (vgl. Drak. Liv. 23, 42, 5): c. oritur, Liv.: complorationem edere, Iustin.: nullas comploratione edere, Gell. 12, 5, 3. – m. subj. *Genet.*, mulierum c., Liv. – m. obj. *Genet,* das **laute Beklagen,**

Beweinen, mulierum comploratio sui patriaeque, Liv. – Dass. **complōrātus,** ūs, *m.*, oft bei Liv. (s. Drak. Liv. 23, 42, 5).

com-plōro, āvī, ātum, āre, über etw. **laut wehklagen,** etw. **laut beklagen,** mortem, Cic.: vivos mortuosque, Liv.: se, Ov.: complorari ab alqo, Sen.: multum complorari ab alqo, Liv. epit.: complorare commisererique interitum eius, Gell.: c. inutili lamentatione fortunam gentis, Liv.: desperata comploratae res est publica, es ist alle Hoffnung auf R. des Staats aufgegeben, Liv.: unpers., comploratum publice est, es brach alles in Wehklagen aus, Flor.

com-pluo, uī, ūtum, ere, **I** *intr.* **regnend zusammenfließen,** Varr. LL. 5, 161. – **II** *tr.* **beregnen,** exsultet terra, quam compluunt caeli, Augustin. in psalm. 95, 12 (vgl. 98, 2): verbum dei omnes compluit, Augustin. serm. 4, 31: bes. Partiz. Perf. complūtus, **beregnet,** imbre saxatili, Solin. 10, 15; u. so oft bei den Eccl.

com-plūres, *neutr.* **complūra** u. (selten) **complūria,** ium, **mehrere** zusammen, d. h. **ziemlich viele** von **einer** Art, **gar nicht wenige** (Ggstz. perpauci), **I** *Adi.:* **α** v. leb. Wesen: mulieres, Ter.: consules, Cic.: pauperes, Nep.: scriptores, Nep.: complures nostri milites, mehrere unserer S., Caes.: vita excellentium virorum complurium, Nep.: c. corvi, Curt. – **β** v. Lebl.: amphorae, Nep.: scyphorum paria, Cic.: domus, Vell.: sacella publica, Liv.: loca, Liv.: urbes, castella, Nep. – dies, Cic. (complurium dierum cibaria, Frontin.): menses, Ter.: anni, Nep.: virtutes, Quint. – *Superl.* complurima buceta, Gell. 11, 1. § 1 *ed. Hertz* (*al.* compluria). – **II** *subst.*, complūrēs, **mehrere, ziemlich viele,** *neutr.* complūra, **mehreres,** complures Graecis institutionibus eruditi, Cic.: compluribus narrare alqd, Sall.: a compluribus videri, Liv.: multa minui, multa sustuli, complura ne posui quidem, Caecin. in Cic. ep.: alius … alius … complures, Sall.: haec atque eiusdem generis complura, und dergleichen mehr, Caes. – m. *Genet. part.*, complures hostium, Hirt. b. G.: complures suorum, Frontin. – m. *ex* u. Abl., complures ex iis, Caes.: ex eo numero complures, Sall. – ► *neutr. plur.* gew. complura; aber auch compluria, Ter. Phorm. 611. Cato origg. 1. fr. 23. Cic. Protag. fr. 4. Apul. met. 10, 13; vgl. Gell. 5, 21, 6. – arch. Nbf. quomplures, Plaut. Stich. 198.

complūriēns (complūriēs), *Adv.* (complures), **mehrmals, ziemlich oft,** Plaut. Pers. 534. Cato origg. 4. fr. 3; oratt. 64; oratt. fr. inc. 18; vgl. Gell. 5, 21. § 15 *sq.*

complūrimus, s. com-plūres.

complūsculē, *Adv.*, **ziemlich oft,** Gell. 17, 2, 15 H. (*al.* complusculi).

complūsculī, ae, a (complures), **ziemlich viele, nicht wenige,** dies, Plaut. rud. 131. Turpil. com. 183. Ter. Hec. 177. Iul. Val. 1, 14 (1, 22) *in.* u. 3, 56 (3, 31).

com-plūtor, ōris, *m.* (compluo *no.* II), der **Regenspender,** Augustin. serm. 216, 3.

Complūtum, ī, *n.*, Stadt der Karpetaner im tarrak. Hisp., j. *Alcala de Henarez,* Prud. perist. 4, 43. – Dav. **Complūtēnsis,** e, **komplutenisch,** ager, Paul. Nol. carm. 32, 605: Plur. subst. Complūtēnsēs, ium, *m.*, die Einw. von Komplutum, die **Komplutenser,** Plin. 3, 24.

compluviātus, a, um, **in Gestalt des** *compluvium* = **viereckig angebunden,** species iugationis, Varr. r. r. 1, 8, 2: vites, Plin. 17, 164.

compluvium, ī, *n.* (compluo), **I** der viereckige freie Raum im cavaedium (s. d.), u. zwar zunächst die von den Dächern eingeschlossene obere Öffnung, durch die aus den Dachrinnen das Regenwasser in den unteren freien Hofraum (impluvium) fiel, Varr. LL. 5, 161. Vitr. 6, 3. § 1 u. 6; dann auch der untere freie Hofraum selbst, der oft ein Bassin hatte u. mit einigen Bäumen besetzt war, das **Kompluvium,** Varr. r. r. 1, 13, 3. Suet. Aug. 92, 1. – **II** übtr., das **viereckige Joch,** an das der Wein angebunden wurde, Col. 4, 24, 14 u. 26, 3. Vgl. Schneider Varr. r. r. 1, 8, 2.

com-pondero, ātus, āre, **abwägen,** pari lance componderans, Ps. Apul. Ascl. 22: unā longā syllabā contra duas breves componderata, Ps. Verg. de oct. part. or. ep. 6, 1 (Class. auct. 5, 85 *sq.*).

com-pōno, posuī, positum, ere, **zusammenlegen, -setzen, -stellen, I** im Allg.: **1** vereinigend, **a** zerstreute Ggstd. auf **einem** Punkt, **α** lebl. Objj.: i intro et compone, quae tecum simul ferantur, Ter.: in quo (loco) erant ea composita, quibus rex te munerare constituerat, Cic. – m. *in* u. Akk., ligna in caminum, Cato: u. codicillos domino in acervum, Cato. – m. *in* u. Abl., tracta in qualo, Cato: uvas in (auf) tecto in (in) cratibus, Cato: corpus in membra divisum et in cista compositum, Iustin. – m. *pro* u. Abl., leges pro rostris, ICt. – **β** leb. Objj., **zusammenbringen, vereinigen,** is (Saturnus) genus indocile ac dispersum montibus altis composuit, Verg.: et tabula una duos poterit componere amantes, Prop. – **b** an sich getrennte Ggstd. neben-, aneinander od. ineinander fügend, seritur autem pronum et bina iuxta composita semina superque totidem, Plin. – m. *Dat.* od. m. *cum* u. Abl., latus lateri et cum pectore pectus, Lucil. fr.: virgineum latus Mercurio, betten zum M., Prop.: manibus manus atque oribus ora, Verg.

2 gegenüberstellend: **a** eig., als Gegner **zusammenstellen, -bringen, -paaren, gegenüberstellen,** gew. m. *cum* u. Abl. od. m. *inter se* od. (poet.) m. *Dat.*, **α** zum Kampf, bes. Gladiatoren (vgl. Manuzzi Cic. ep. 2, 8 *in.* Scott Sen. contr. 3, 16. p. 612 *sqq.* Bünem. Lact. 3, 28, 7), Samnitem cum Pacideiano, Lucil. fr.: Threcem cum Threce, Sen.: ut non compositum melius (par sit) cum Bitho Bacchius, Hor.: gladiatores sub eodem magistro eruditos inter se, Quint.: se c. alci u. componi alci, sich einem (zum Zweikampf) stellen, Sil.: gladiator compositus ad pugnandum, Gell. 6 (7), 3, 31. – u. im Bild, si quis casus duos inter se bonos viros composuerit, Quint.: ecce par deo dignum, vir fortis cum mala fortuna compositus, im Kampf mit einem bösen Geschick, Sen.: u. cum hac (mala fortuna) se compositos ad proeliandum putant, Lact.: cum Christianus adversum minas et tormenta et supplicia componitur, Min. Fel.: pergis pugnantia secum frontibus adversis componere, Hor.: cum artibus mariti, simulatione filii bene composita, den Künsten des G. usw. wohl gewachsen (v. einer Frau), Tac. – **β** vor Gericht zum Verhör **zusammenstellen, gegenüberstellen, konfrontieren,** Epicharis cum indice composita, Tac.: ubi cognitum reo, seque et libertum pari sorte componi, Tac. – **b** übtr., vergleichend **zusammenstellen, gegenüberstellen,** m. *Dat.*, dignitati alcis suam, Cic.: parva magnis, Verg. u. Ov.: homines divis, Catull. – m. *cum* u. Abl., Metelli dicta cum factis, Sall.: causam cum causa, Quint.

II insbes.: **1** ein Ganzes aus einzelnen Teilen **zusammensetzen, zusammenfügen,** m. *ex* u. Abl., exercitus eius compositus ex variis gentibus, Sall.: genus humanum ex corpore et anima compositum est, Sall. – So nun **α** als mediz. *t. t.:* medicamenta, Cels.: emplastrum, Scrib.: venena, Ov. – m. *ex* u. Abl., narcissinum unguentum ex flore narcisso, Cels.: antidoton ex variis et inter se contrariis effectibus, Quint. – m. *ad* u. Akk., liquidum medicamentum ad idem (malum), Cels. – m. *causā* u. Genet., emplastrum calvariae causā, Cels. – **β** v. Werkmeister, Erbauer usw., qui cuncta composuit (v. Weltschöpfer), Cic.: tu ita compone domum meam, ut etc., Vell.: c. urbem, Verg.: aggerem tumuli, Verg. – m. *Dat.* (wem?), templa deis, Ov. – m. *Abl.* (mit, aus), mensam gramine, Sil. – **γ** v. Wortbildner, vitilitigatores ex vitiis et litigatoribus, Plin.: verba composita (Ggstz. verba simplicia), voces compositae, Quint. – **δ** v. Schriftsteller, mündlich od. (gew.) schriftlich zusammensetzen, **aufsetzen, verfassen, abfassen, entwerfen,** librum, Cic.: libellos, Quint.: tristes libellos, Elegien, Prop.: artes rhetoricas, Cic.: commentarium consulatus sui, Cic.: interdictum, senatus consultum, Cic.: carmen, Hor. u. Suet.: poëma, Cic.: elegos, Hor.: versus, Quint.: orationem, Liv.: rationes familiares, Tac.: stipulationum formulas, Cic.: testimonium, Cic.: argumentum (ein Sujet), Cic. – m. *Adv.*, alquid Latine, Suet.: exordium nimium apparate, Rhet. Her. – c. bene, male, Quint. – m. *Abl.* (mit), blanditias tremulā voce, Tibull.: verba meditata manu trementi, Ov. – m. *Abl.* (wie), verba Aeschyleo cothurno, im äsch. K. (= in ernstem Ton), Prop.: fortia virorum illustrium facta heroicis composita versibus, Amm. – m. *Abl. caus.*, litteras nomine alcis, Liv. – m. *de* u. Abl., carmen de alqa re, Gell.: praecepta de liberorum educatione, Quint.: libellos de Helvidi ultione, Plin. ep.: volumen de tuenda sanitate, Cels.: artificium de iure belli, Cic.: aliquid de ratione dicendi, Quint. – m. *ex* u. Abl., liber ex alienis orationibus compositus, zusammengestoppelt, Cic. – m. *ad* od. *in* u. Akk., carmen ad lyram, Quint.: oratio ad conciliandos plebis animos composita, Liv.: verba ad religionem deorum composita, Cic.: carmina in hunc operis morem, Hor. – m. *Dat.* **(wem?)**, Socrati reo orationem, Quint.: carmen, quale componi victoribus solet, ein Siegeslied, Quint. – m. *Dat.* **(wofür? wozu?)**, c. carmen lyrae, Prop.: scaenae fabulas, Tac.: c. carmen celebrandae Metelli memoriae, Sen. – m. *pro* u. Abl. **(für)** u. *in* u. Akk. **(gegen)**, libri, quos pro te et in illum composuisti, Plin. ep. 9, 1, 1.

2 zusammenlegen = niederlegen, beilegen, a eig.: **α** niederlassend, beiseitelegend, hemmend **beilegen, einziehen, sinken lassen, niederlassen, -senken,** armamenta (Takelwerk, naut. *t. t.*, Ggstz. tollere arm.), Liv.; verb. armamenta complicare et componere (wo compl. auf die Segel, comp. auf den Mast usw. sich bezieht), Plaut.: c. arma, Hor.: altero erecto, altero composito supercilio, Quint.: gradibus compositis, mit langsamen, bedächtigen Schr., Verg. – **β** einsammelnd, aufbewahrend, **αα** Schätze, Vorräte usw. **einbringen, einlegen, einmachen, aufbewahren** (vgl. Thiel Verg. Aen. 8, 317. p. 193), opes, Verg.: composito securus acervo, Tibull. – bes. als *t. t.* der Landw. (Ggstz. depromere), condo et compono, quae mox depromere possim (im Bild), Hor.: tergora suis, Col.: herbas, Col.: ostreas, Apic. – m. *in* u. Abl. od. bl. *Abl.*, cepam in fidelia, Col.: herbam ollā novā, Scrib. – **ββ** die Asche u. Gebeine eines Verstorbenen in eine Urne sammeln u. **beisetzen, bestatten** (vgl. Broukh. Tibull. 3, 2, 26), cinerem, Ov.: ossa alcis, Prop.: cinerem ossaque, Val. Flacc.: u. eine Pers. (= deren Asche u. Gebeine), Pisonem, Tac.: omnes suos, Hor.: sic ego componi versus in ossa velim, Tibull.: compositus prope cineres cognatos, Catull.: iunctos nos arena componet, begraben, Petr. – **γ** auf ein Lager setzend od. legend, **niederlegen, niederstrecken, hinstrecken, hinbetten,** aulaeis se superbis aureā spondā, Verg. Aen. 1, 697 *sq.* – bes.: **αα** einen Ermüdeten **zur Ruhe betten,** se thalamis, Verg.: defessa membra, Verg. – quiete compositi (Ggstz. vigilantes), Quint.: bene compositus somno vinoque, Ov. – dah. im Bild, se c. in villa, sich auf seiner Villa zur Ruhe setzen, Plin. ep.: diem clauso Olympo, betten, Verg. (vgl. Thiel Verg. Aen. 1, 374). – **ββ** einen (mit Gewändern, Bändern u. Kränzen geschmückten) Leichnam auf das Paradebett **hinlegen** (griech. περιστέλλω, vgl. Casaub. Pers. 3, 104), componi in lecto, Sen.: componi lecto, Pers., od. toro, Ov. – **δ** beschwichtigend **beilegen, sich legen machen,** motos fluctus, Verg.: cum mare compositum est, Ov.

b übtr., was unruhig ist, zur Ruhe bringen, **α** Zustände **beilegen, beruhigen, beseitigen, schlichten, ausgleichen, beschwichtigen,** controversias regum, Caes.: negotium (die Sache = den Prozess), Suet.: discordias, Tac.: bellum, Sall.: seditionem, Liv. (versch. von unten *no.* 4, b, β). – controversias per colloquia, Caes.: plura moderatione magis quam vi, Tac.: contentiones sine ullo studio, Auct. b. Alex. – absol., coheredes mei componere et transigere cupiebant, Plin. ep. 5, 1, 7. – unpers., ut componeretur, dass der Streit beigelegt würde, dass eine friedliche Ausgleichung zustande käme, Cic. Rosc. Am. 136. Caes. b.c. 3, 16, 4. – **β** ein Land, eine Völkerschaft, Versammlung **zur Ruhe bringen, beruhigen, beschwichtigen** (Ggstz. commovere), Armeniam, Tac.: rebelles barbarorum animos pace componi, Tac.: c. comitia praetorum, quod acriore ambitu exarserant, Tac.: u. oft compositi, zur Ruhe gebracht (v. Völkern usw.), Tac.; vgl. Walther Tac. ann. 12, 40. p. 108. – **γ** ein aufgeregtes Gemüt, eine gemütlich aufgeregte Pers. **beruhigen, beschwichtigen,** animum, mentem, Cels.: amicos aversos, versöhnen, Hor. Vgl. compositus *no.* 1.

3 etw. in eine gewisse Lage, Richtung, Stellung, Ordnung bringen, **a** eig., **α** übh., bes. als mediz. *t. t.*, ore stamina, Cael. Aur.: si (infans in utero) forte aliter compositus est, eine andere Lage hat, Cels.: ideoque ossa sic se habent, ut aliquis composuit, gelegt, eingerichtet hat, Cels. – **β in die richtige Lage, Stellung bringen,** diductis aedificia angulis vidimus moveri iterumque componi, dass Gebäude, die ihre winkelrechte Stellung verloren haben, erschüttert werden und dadurch wieder in die rechte Lage kommen, Sen. nat. qu. 6, 30, 4: ad ictum militaris gladii compositā cervice, zurechtgelegten, Sen. ad Marc. 26, 2. – u. als mediz. *t. t.*, c. iugulum, das Schlüsselbein einrichten, Cels. 8, 8. *no.* 1. – **γ** in gehörige Ordnung, Reihenfolge **legen, aufstellen, zurechtlegen, zurechtstellen, ordnen,** sidera, Cic.: signa (Bildsäulen), Cic.: aridum lignum, aufschichten, Hor.: quis id lignum ita composuisset? Gell.: c. specula ita, ut corpora possint detorquere in pravum, Sen.: quid in operibus manu factis tam compositum (Regelmäßiges) tamque compactum et coagmentatum inveniri potest? Cic. – u. als milit. *t. t.* = συντάττειν, Truppen taktisch, in Reih u. Glied **aufstellen, ordnen,** c. subsidia, Sall. fr.: insidias, einen Hinterhalt legen (versch. v. unten *no.* 4, b, γ), Tac. u. Eutr.: composito agmine incedere, Tac.: exceptus compositis hostium ordinibus, geordneten, geschlossenen, Tac. – m. *in* u. Abl. u. a. *Praepp.*, in secunda (acie) cohortes festinas, Sall. fr.: legionem pro ripa, Tac.: insidias in montibus, Iustin.: exercitum in hibernaculis, konzentrieren, Sall.: sua quemque apud signa, Tac. – m. *in* u. Akk. od. m. bl. *Abl.*, classiarios in numeros legionis, Tac.: aciem per cuneos, Tac.: numero compositi (equites) in turmas, Verg.: eques compositus per turmas, Tac.: Frisios, Batavos propriis cuneis, Tac.: compositi firmis ordinibus, Tac.: iam acie compositi, Tac.; vgl. compositus *no.* 2, a. – m. *ad* u. Akk. od. bl. *Dat.* (zu), agmen ad iter magis quam ad pugnam compositum, Liv.: agmen ad omnes casus, Liv.: c. exercitum viae pariter et pugnae, Tac.: c. se ad confligendum, Sisenna fr.

b übtr.: **α** als rhet. *t. t.*, die Worte gehörig **stellen, ordnen,** in gehöriger Ordnung **aneinanderfügen,** verba c. et quasi coagmentare, Cic.: c. et struere verba sic, ut etc., Cic.: quam lepide lexeis compostae, ut tesserulae, Lucil. fr.; vgl. compositus *no.* 2, b, α. – **β** als publiz. *t. t.*, was politisch in Unordnung, Verwirrung war, **in Ordnung bringen, ordnen, regulieren,** res, Liv.: res Germanicas, Suet.: Ardeae res seditione turbatas, Liv.: statum Orientis, Suet.

4 in eine gewisse Form bringen, **zurechtlegen, zurechtmachen, ordnen, bilden, a** eig.: capillum satis commode, Plaut.: composito et delibuto capillo, Cic.: c. comas, Ov. u. Quint.: crines, Verg.: neta texenda, Hier. ep. 130, 15: caput reticulo, Lampr. Heliog. 11, 7. – togam, die Toga zusammennehmen, zurechtlegen, ihr den gehörigen Faltenwurf geben, Hor. u. Quint.: ebenso se, sowohl übh. das Gewand als insbes. die Toga zusammennehmen, dem Gewand, der Toga den gehörigen Faltenwurf geben, Ov. u. Plin. ep. – pulvinum facili manu, Ov.: torum bene, Ov. – vultum, die Miene zurechtlegen, bald = eine ernste Miene, eine Amtsmiene annehmen, Plin. ep. u. Suet., bald = eine ruhige Miene annehmen, erkünsteln, Fassung in den Mienen erkünsteln, Quint., Tac. u. Plin. ep.: per ipsum compositum et fictum vultum lacrimae profunduntur, Sen. – m. Ang. **wie?** durch die Wendungen in od. ad modum, ad imaginem alcis rei u. dgl., so u. so **zurechtlegen, einrichten, bilden, formen, gestalten,** linamentum in modum collyrii, Cels.: utramque manum ad modum aliquid portantium, Quint.: circuli compositi ad imaginem earum vertebrarum, quae in spina sunt, Cels.: eodem modo compositum aliquid ex arido penicillo (Schwamm), Cels. – m. *in* od. *ad* u. Akk., cubile in ambitionem compositum, zum Prunk eingerichtet, Sen.: c. vultum ad speculum in terrorem, den Ausdruck des Schreckens geben, Suet.: orationis vultum ad id, quod efficere tendimus, Quint.: veste servili in dissimulationem sui compositus, durch Sklaventracht unkenntlich gemacht, Tac.

b übtr., in ein gewisses Verhältnis, in eine gewisse Verfassung bringen, **α** übh. **einrichten, gestalten, anlegen, anordnen, verordnen, entwerfen, ordnen,** über etw. **disponieren,** itinera sic, ut etc., Cic.: sua rectius, Sall. fr.: quod adest, Hor.: compositā et constitutā re publicā, in einem geordneten u. festgefügten Staatswesen, Cic.: non emendata nec usque ad votum composita civitas, ein nach Wunsch geordneter St., Tac.: in consideranda componendaque causa totum diem ponere, Cic.: salvo iam et composito die, Plin. ep.: necdum compositis maturisve satis consiliis, Liv.: ex sententia omnibus rebus paratis compositisque, Sall.: in senatu cuncta longis aliorum principatibus composita decernuntur, was entworfen war, Tac. – m. *ad* od. *in* u. Akk. = zu etw. **einrichten,** für od. auf etw. **berechnen,** für etw. **geeignet machen,** auf etw. **gefasst machen,** c. cultum victumque non ad nova exempla (nach der Mode), sed ut maiorum mores suadent, Sen.: auspicia ad utilitatem rei publicae composita, Cic.: c. omnia ad voluptatem multitudinis imperitae, Quint.: animum ad omnes casus, Quint.: cunctis ad tristitiam compositis, in allem der Ausdruck der Betrübnis, Tac.: c. animum vultumque ad abstinentiam, Plin. ep.: composita in magnificentiam oratio, eine in hochtrabenden Ausdrücken abgefasste Rede, Tac. – u. eine Person, oratorem ad haec omnia, Quint.: Vitellianos ad modestiam, bekehren, Tac.: se ad imitationem alcis od. veritatis, Quint.: se ad delicias memoriae suae, sich in die Launen seines Gedächtnisses fügen, Sen. rhet.: componi ad reverentiam, Hochachtung erheucheln, Tac.; vgl. compositus *no.* 3, b, β. – **β** etw. mit einem anderen **entwerfen, verabreden,** ab- od. **ausmachen,** über etw. **übereinkommen,** etw. **festsetzen, bestimmen,** im üblen Sinne = **abkarten,** bei Ang. mit **wem?** m. *cum* u. Abl. od. m. *inter se,* z. B. rem c., Ter.: res c., res inter se c., Sall.: nocturnum hoc argumentum fingere et c., Liv.: c. fabulam Volsci belli, Liv.: iam ante adventum legatorum consilium, Liv.: societatem praedarum cum latronibus, Sall. fr.: crimen, Cic.: seditionem (versch. v. oben *no.* 2, b, α), Tac. hist. 4, 14: dolum, Sall.: diem rei gerendae, Liv.: locum beneficii tempusque, Tac. – m. folg. indir. Fragesatz, cum summa concordia, quos dimitterent, quos retinerent, composuerunt, Liv. 40, 40, 14. – m. folg. *Infin.,* ii secretis colloquiis componunt Gallos concire, Tac. ann. 3, 40. – u. *Pass.* unpers., ut domi compositum cum Marcio erat, Liv. 2, 37, 1: u. m. folg. *ut* u. Konj., compositum erat inter ipsos, ut Latiaris strueret dolum, Tac. ann. 4, 68. – composito, Ter., Nep. u. a., u. ex composito, Sall. fr., Liv. u. a., u. de composito, Apul. apol. 1, nach Verabredung, verabredetermaßen (s. Drak. Liv. 1, 9, 10. Mützell Curt. 7, 1, 5). – dah. prägn., c. alqm, jmd. (zu einer Übeltat) **anstiften,** alqm pretio, Sall. hist. fr. 1, 43 (46). – **γ** etw. **erkünsteln** = **ersinnen, aussinnen, anstiften, aushecken, erdichten, erheucheln,** mendacia, Plaut.: crimen et dolum, Tac.: verba et fraudes, Prop.: insidias alci od. in alqm (versch. v. oben *no.* 3, a, γ), Tibull. u. Prop.: risum mendaci ore, Tibull.: rumorem, Tac. – **δ** einen friedlichen Zustand **zuwege bringen, ins Reine bringen, stiften,** pacem, Liv., Prop. u. a.: pacem his condicionibus, Liv.: pacem circa Brundusium, Vell.: pacem cum Philippo, Liv., cum Pyrrho, Iustin.: gratiam inter eas, Ter. – ► Parag. *Infin.* componier, Catull. 68, 141. – Ungew. *Perf. Act.* composivere, Tac. ann. 4, 32: composeiverunt, CIL 5, 7749, 2. – *Partic. Perf.* synkop. compostus, Lucil. fr. inc. 33 (bei Cic. de or. 3, 171). Varr. Atac. bei Sen. contr. 7, 2 (16). § 28 u. bei Sen. ep. 56, 6. Verg. Aen. 1, 249.

comportātio, ōnis, *f.* (comporto), das **Herbeiführen** von Lasten, die **Beförderung,** der **Transport,** quorum comportationes difficiles sunt et sumptuosae, Vitr. 1, 2, 8: cum per portus marinae subvectiones (Zufuhr von der See her) habuerint ad moenia comportationes expeditas, immer leicht zur Stadt hingeführt werden können, Vitr. 1, 5, 1.

comportātrīx, īcis, *f.* (Femin. zu *comportator), die **Trägerin,** Gloss.

comportiōnālēs terminī u. subst. bl. **comportiōnālēs,** ium, *m.* (com u. portio), die **Grenzsteine** der einzelnen Privatäcker, m. *termini,* Gromat. vet. 10, 26 u. a.: ohne *term., ibid.* 347, 22 u. a.

com-porto, āvī, ātum, āre, **zusammentragen, -schaffen, -bringen, einbringen, einliefern,** frumentum, Caes.: vimina materiamque, Caes.: quae in eam rem opus erant, Liv.: caesorum reliquias, Suet.: uvas in squalis, ICt. – m. Ang. **von wo?** u. **wohin?** res undique collectae, arcessitae, comportatae, Cic.: quod, unde agger omnino comportari posset, nihil erat reliquum, Caes.: c. huc frumentum, Sall.: eo (dahin) frumentum ab Asia, Caes.: frumentum ex agris in loca tuta, Cic.: frumentum in hiberna, Caes.: frumentum ad mare, Liv.: aquam in arcem, Caes.: arma in templum od. in aedem Castoris, Cic.: sarcinas in acervum, Auct. b. Afr.: citharas emptas in unum, Hor.: aurum atque argentum domum regiam (in den K.), Sall.: aggerem comportari iubet intra munitiones, Auct. b. Alex. – m. Ang. **wozu?** durch *ad* m. Akk., caespites ad aggerem, Caes.

compos, potis (com u. potis), einer Sache **völlig mächtig, in voller Gewalt, in vollem Gebrauch** od. **Besitz** od. **Genuss** von etw., einer Sache **ganz teilhaftig,** **a** v. Besitz des Bewusstseins, Verstandes, des Körpers u. seiner Glieder, c. mentis od. mentis suae, seiner Sinne (des Bewusstseins) mächtig, bei Sinnen, bei Verstand (Ggstz. mente captus u. dgl.), Cic. u. a. (vgl. Mützell Curt. 6, 3 [9], 16): fervente adhuc et compote mentis pectore, des Bewusstseins mächtig, Tac.: u. so compotes sui, bei sich, bei Sinnen, Cels. (Ggstz. mente lapsi) u. Curt. (Ggstz. lymphatici): u. alienatas discordiā mentes hominum compotes sui facere, zur Besinnung zurückbringen, Liv. – mit vorhergeh. Negation vix sum c. animi (bin fast außer mir); ita ardeo iracundiā, Ter.: u. öfter vix od. non satis mentis suae c. u. ne mentis quidem c., fast besinnungslos, ganz betäubt (von in Ohnmacht Gefallenen od. in einem ähnlichen Zustand der Betäubung Befindlichen), Curt. u. a. (vgl. Mützell Curt. 3, 5 [12], 4); ebenso mit *Abl.,* vix mente c., Ps. Verg. cul.: qui essent animo et scientiā compotes, Cic. de or. 1, 210: corpore atque animo (der Sinne) vix prae gaudio compotes, Liv.: neque animo neque linguā satis compos, Sall.; vgl. Drak. Liv. 4, 40, 3. – absol., vix c. (*sc.* sui) Imilce, Sil. 4, 808. – **b** v. Besitz eines geistigen od. moral. Gutes od. (selten) Übels, scientiae compotem esse, etwas wissen können, Cic.: rationis et consilii c., der Vernunft u. Überlegung fähig, Cic.: certi compotesque consili, Enn. fr.: animus rationis concentionisque compos et particeps, Cic.: c. voti, der seinen Wunsch erreicht, erlangt hat, Hor., Liv. u. a. – probri c., Naev. fr.: culpae compotem esse, Schuld haben, Plaut.: sceleris compotem esse, das Verbrechen wirklich begehen, Quint. – m. *Abl.,* magnis compos et multis malis, heimgesucht von usw., Acc. tr. 36. – absol., nec multitudine compotum (der Teilhaftigen) eius doni vulgari laudem, Liv. 1, 10, 7. – **c** vom moral. od. (selten) vom mater. Besitz äußerer Güter etw. **genießend, im Genuss** od. **Besitz** einer Sache, eiusdem fortunae c., Liv. fr. 49 H. (fr. 50 W.): tum patriae compotem me numquam sinis esse, wollest mir nie wieder den Genuss meines V. verschaffen, Liv.: qui me huius urbis compotem fecerunt, die mir den Genuss des Aufenthalts in dieser Stadt wiederverschafft haben, Cic.: u. so alqm compotem facere libertatis, patriae, Plaut. – m. *Abl.,* praedā ingenti compos exercitus, im Besitz einer ungeh. B., Liv. 3, 70, 13. – ► *Abl. Sing.* immer compote, *Genet. Plur.* immer compotum. – Nbf. v(oti) s(ui) compote(s) factus, CIL 11, 3247.

compositē, *Adv.* m. *Compar.* (compositus), **I** **wohlgeordnet,** **a** in Kleidung u. Haltung: c. indutum et amictum esse, mit dem gehörigen Faltenwurf, Gell.: c. ambulare, mit gemessenem Schritte, Col.: c. sedere, in gehöriger Haltung, Sen. – **b** in der Rede, **in wohlgestellter Rede,** c. et apte dicere, Cic.: c., ornate, copiose eloqui, Cic. – **II** **gelassen, ruhig,** compositius cuncta quam festinantius agere, Tac. ann. 15, 3.

compositīcius, a, um (compositus), **aus Zusammengesetztem bestehend, zusammengesetzt,** Varr. LL. 6, 55 u. 8, 61. Tert. de anim. 9.

compositio, ōnis, *f.* (compono), die **Zusammenstellung,** **I** im Allg. (nach compono *no.* I, 2) = die **Zusammenstellung** des Kämpferpaars, gladiatorum compositiones, Cic. ep. 2, 8, 1. – **II** insbes.: **1** (nach compono *no.* II, 1) = die **Zusammensetzung** aus einzelnen Teilen, **a** aus einzelnen Substanzen, gleucini olei, Col.: pardalii (unguenti), Plin.: eius tractae, Apic.: compositiones unguentorum, Cic., remediorum, Sen., utilium medicamentorum, Sen. – meton., das zusammengesetzte Heilmittel, die **Komposition,** compositio, quae elephantina nominatur, Cels.: ad laterum dolores compositio est Apollophanis, Cels.: valentiores compositiones, Cels. – **b** die **Abfassung** eines Schriftwerks, iuris pontificalis, Cic. de legg. 2, 55. – **2** nach compono *no.* II, 2): **a** eig., die **Niederlegung, Aufbewahrung,** rerum autumnalium compositiones, Col. 12, 46 (44), 1. – **b** übtr., die **Streitbeilegung,** der **Vergleich** der Parteien, die **Aussöhnung** (griech. διαλυσις), pacis, concordiae, compositionis auctor esse non destiti, Cic.: legatos ad Pompeium mittere de compositione, Caes.: de compositione agere, Caes.: de compositione loqui, Caes. – **3** (nach compono *no.* II, 3) die **Stellung Fügung, Anordnung, Anlage, a** eig.: c. sacrarum aedium, Vitr.: c. rerum aptis et accommodatis locis, gehörige Aufstellung, Cic.: c. membrorum, Cic.: sonorum varia c., Cic. – **b** übtr.: **α** die **Anordnung, Gestaltung,** anni, die Anordnung des Jahres nach Feier- und Werktagen, der Kalender, Cic.: magistratuum, Cic.: disciplinae (des Systems), Cic. – **β** als rhet. *t. t.* = die gehörige **Stellung, Fügung, Anordnung** der Worte, Glieder, Perioden, die **Wort-, Satzfügung,** der **Periodenbau,** compositio est verborum constructio, quae facit omnes partes orationis aequabiliter perpolitas, Rhet. Her.: c. apta, Cic.: c. tota servit gravitati vocum aut suavitati, Cic.

compositīvus, a, um (compositus), **zur Verbindung geeignet,** Mart. Cap. 9. § 945.

compositō, s. com-pōno *no.* II, 4, b, β.

compositor, ōris, *m.* (compono), der **Zusammensteller, I** der **Abfasser, Verfasser,** operum, Ov. trist. 2, 356: historiae Cumanae, Fest. 266 (b), 27: iuris, Cod. Iust. 6, 28, 4: melodiae, Cassiod. hist. eccl. 1, 2. – **II** der **Ordner, Anordner** der Rede, inventor aut compositor, Cic. or. 61.

compositūra, ae, *f.* (compono), **I** die **Zusammenfügung, Verbindung,** Capito b. Gell. 5, 20, 2: u. die zsgzg. Form compostura b. Cato r. r. 22, 3. – **II** die Zusammensetzung in gehöriger Form; meton. = das **feine Gewebe,** turbare compositūras (oculorum), Lucr. 4, 326 (303).

compositus, a, um, *PAdi.* m. *Compar.* u. *Superl.* (compono), **zusammengelegt, -gesetzt, gestellt, 1 niedergelegt,** übtr. = **beruhigt, leidenschaftslos, gesetzt,** c. ac probus vultus, ein ruhiger u. ehrlicher Ausdruck des Gesichts, eine ruhige, gesetzte Miene, Sen. ep. 66, 5: composito vultu, ohne eine Miene zu verziehen, Tac. ann. 1, 7. Plin. ep. 3, 16, 5: actio, Quint.: mens, Sen.: affectus mites atque compositi, Quint.: aetas, Tac. – prägn., compositus ore, ohne eine Miene zu verziehen, Tac. ann. 2, 34. – **2 wohlgestellt, wohlgeordnet, a** eig.: nihil videtur mundius nec magis compositum quicquam nec magis elegans, Ter.: incessus tute compositus, ein abgemessener Gang, Petron. – als milit. *t. t.*, magis compositae atque ordinatae stationes, Liv.: acrior impetu atque animis, quam compositior ordine ullo pugna fuit, Liv.: composito agmine legiones ducere, Liv., duces eorum sequi, Liv.: composito agmine ire od. incedere, Curt. u. Tac. – **b** übtr.: **α** v. der Rede, **wohlgestellt, wohlgefügt, geordnet,** verba, Sall. (versch. v. c. verba = zusammengesetzte, s. com-pōno *no.* II, 1, γ), oratio, Cic.: dicendi genus, Cic.: non sunt composita (kunstmäßig gesetzt) verba mea, Sall.: cantus (Plur.), sorgsam ausgearbeitete, Tac.: quare in his quoque libris erunt eadem aliqua, omnia vero compositiora et elaborata, Quint. – **β** v. Redner, **gemessen,** orator c. (Ggstz. or. inconditus), Cic.: fiunt pro compositis exsultantes, Quint. – **3** zurechtgelegt, **a** eig., **gebildet, geformt, gebaut,** equus bene naturā compositus, Rhet. Her. 4, 59: quae (litterulae tuae, deine Schriftzüge) solent compositissimae (ganz regelmäßig geformt, höchst zierlich) et clarissimae esse, Cic. ad Att. 6, 9, 1. – **b** übtr.: **α wohl eingerichtet, geordnet, geregelt, αα** v. Staat (Ggstz. turbatus, seditione turbatus): res publica, Cic. u. Tac., civitas, Flor. u. Tac. (s. Duker Flor. 3, 23, 2. Heß u. Papst Tac. dial. 36). u. neutr. subst., composita, ōrum, *n.*, der **geordnete Zustand** des Staates (Ggstz. turbamenta), pax et composita, Sall.: movet composita, Ps. Sall.: composita turbare, Tac. – **ββ** v. Pers., **geregelt,** compositum ordinatumque fore talem virum, Sen. de vit. beat. 8, 3. – **β** gleichs. zurechtgemacht, **αα gerüstet, geschult, geeignet,** ex accusatione perficiam, ut nemo umquam … paratior, vigilantior, compositior (streitfertiger) ad iudicium venisse videatur, Cic. – m. *ad* od. *in* u. Akk., od. m. bl. *Dat.*, pedes ad gressum compositi, brachia ad complexum, Col.: quia (Attici) sunt maxime ad risum compositi, Quint.: arte quādam in ostentationem virtutum compositus, Liv.: Titus naturā atque arte compositus alliciendis etiam Muciani moribus, Tac. – **ββ** m. *in* u. Akk., zum Schein gleichsam zu etw. zurechtgemacht = **sich den Schein von** etw. **gebend,** in securitatem compositus, sich den Sch. der S. gebend, Tac.: in maestitiam compositus, mit der Miene des Kummers, Tac.: in adulationem compositus, mit schmeichelnder Miene, Curt. – **γ erkünstelt, erdacht, erdichtet, ersonnen** (Ggstz. verus), indignatio, Tac.: litteras compositas pro veris legebat, Gell.: quae ficta atque composita videri volunt, Quint.: dolo composito, unter dem listig ausgedachten Vorwand, Eutr. 10, 3. – ► ex composito od. bl. composito, s. com-pōno *no.* II, 4, b, β.

com-possessor, ōris, *m.* = συγκτήτωρ (Gloss.), der **Mitbesitzer,** Eccl.

compostūra, ae, *f.*, s. compositūra *no.* I.

compōtātio, ōnis, *f.* (com u. poto), die **Trinkgesellschaft,** ciceron. Wort als Übersetzung des griech. συμπόσιον, Cic. de sen. 45; ep. 9, 24, 3 (wo Plur.).

compōtātor, ōris, *m.* (com u. poto), der **Zechbruder,** Ambros. de Iob 3, 5, 17.

com-potēns, entis, **zugleich mächtig,** Diana, CIL 11, 3198.

compotio, īvī, ītum, īre (compos), **teilhaft machen,** m. *Abl.*, alqm piscatu novo uberi, Plaut. rud. 911: m. *Genet.*, alqm voti, *Apul. met. 9, 32: alqm praedae, Apul. de deo Socr. prol. p. 110, 2 H. (p. 4, 7 G.). – Passiv compotīrī = einer Sache **teilhaftig werden, sich bemeistern,** locis, Plaut. rud. 205: visu, auditu eius, Tert. adv. Val. 11.

com-pōtor, ōris, *m.*, der **Mittrinker, Zechbruder,** Cic. Phil. 2, 42 u. 5, 22.

compōtrīx, trīcis, *f.* (Femin. zu compotor), die **Mittrinkerin, Trinkschwester,** Ter. Andr. 232. Sidon. epist. 2, 9, 8.

compotus, ī, *m.*, s. computus.

com-praecīdo, ere, **zusammen durchschneiden,** Gromat. vet. 191, 5.

com-praes, praedis, *m.*, der **Mitbürge,** Paul. ex Fest. 39, 10.

com-prānsor, ōris, *m.*, der **Schmausbruder, Mitschmauser,** Cic. Phil. 2, 101.

comprecātio, ōnis, *f.* (comprecor), das **Anflehen** einer Gottheit, das **Flehen, Beten** zu einer Gottheit, haec sollemnis deorum comprecatio, Liv. 39, 15, 2: Plur., comprecationes deûm immortalium, Gell. 13, 22, 1.

com-precor, ātus sum, ārī, **I** eine Gottheit **anflehen,** zu einer Gottheit **flehen, beten,** mit *Dat.*, prodigiali Iovi aut molā salsā aut ture, Plaut. Amph. 740. – m. *Acc.*, deos, Ter. adelph. 699 u. 704: deos omnes, Apul. met. 4, 1: vulgus silentum, Sen. Med. 742: caelestûm fidem, Catull. 64, 191. – m. *Acc.* u. *Infin.*, ambo ergo igitur simul una enicarier comprecamur, *Pacuv. tr. 365^2 u. 365^3. – absol., abi intro et comprecare, Plaut. mil. 394: u. der im Konj. stehende Wunsch eingeschaltet, Cytherea comprecor ausis assit, Ov. met. 10, 640 (u. so 12, 285; 14, 379): od. der Wunsch vorangestellt, alternis votis ›haec faciat! haec audiat!‹ comprecamur, Plin. pan. 2, 8. – **II** etw. jmdm. **(an)wünschen,** mortem sibi, Sen. ep. 99, 16: alci iratum principem, die Ungnade der Fürsten, Plin. ep. 4, 25, 2: alci errorem similem, Mar. Victorin. art. gr. 3, 15, 25 G. p. 126, 32 K.

com-prehendo (zsgzg. **com-prēndo**), prehendī (prēndī), prehēnsum (prēnsum), ere, **I zusammenfassen, zusammenhalten** = **verbinden, vereinigen, a** übh.: easque ipsas (naves) malis antennisque de nave in navem traiectis ac validis funibus velut uno inter se vinculo illigatis comprendit, Liv. – v. lebl. Subjj., oras vulneris suturae comprehendunt, Cels. 7, 4. *no.* 3. – **b** als mediz. *t. t.* = durch etw. **binden,** medicamentum melle, Scrib. 70 *extr.* u. a. Veget. mul. 6, 27, 1.

II befassen, begreifen, A eig.: **1** = **umfassen, umschließen, a** übh.: vulva non maior (est), quam ut manu comprehendatur, Cels. 4, 1. p. 122, 31 D. – **b** umgebend **umschließen** = **umgeben, α** einen **Körper umschließen, umschlingen, umwickeln,** v. Binden u. dgl., fascia caput umeri comprehendere debet, Cels.: quā (linum) comprehendit alvum, Cels.: multae membranulae venas et arterias comprehendunt, Cels.: articuli validis nervis comprehenduntur, Cels. – filo comprehensae venae, unterbundene, Cels. – **β** einen Raum **umgeben, einschließen,** loca vallo, Frontin. 2, 11, 7. – **c** in einen Raum aufnehmend, **umfassen, begreifen, α** übh.: quas (nuces integras) uno modio comprehendere possis, Varr.: ovis non comprehendatur hieme (*sc.* stabulis), darf man nicht überwintern lassen, Col. – v. Raum selbst, circuitus rupis XXXII stadia comprehendit, Curt. – von der Tragweite eines Geschosses, quantum impulsa valet comprendere lancea nodo, Sil. 4, 102. – u. von der Tragweite eines chirurg. Instrum. usw., si vitium in angusto est, quod comprehendere modiolus (Trepan) possit, Cels.: fascia non vulnus tantum, sed paulum utrimque eius comprehendat, Cels. – **β** v. d. Frau, **empfangen** = schwanger werden (gew. concipere, griech. συλλαμβάνεσθαι), Cels. 5, 21. § 13.

2 befassen = **anfassen, erfassen, fassen, ergreifen, a** übh.: quid manibus (opus est), si nihil comprehendendum est? Cic.: c. ramos, Curt.: aures, Tibull.: supinum eum (puerum) et aversum, Cels.: alcis dextram, Val. Max.: carbonem duplici forcipe, Hier.: lanceam laevā, Curt.: sinistrā manu scrotum, Cels.: tura tribus digitis, Lact.: testam plano situ digitis, Min. Fel.: quantum manu comprehendet, Cels.: quantum tribus digitis comprehendi potest, Cels. – c. alqm faucibus (bei der Kehle), Val. Max.: alqm comā (beim H.), Dict.: guttura morsu, Lucan.: manum (Rüssel) elephantorum mordicus, Plin. – v. lebl. Subjj., **α** v. Instrumenten, saepe enim forceps, cum dentem comprehendere non possit aut frustra comprehendat, os gingivae prehendit et frangit, Cels. 7, 12, 1. p. 287, 24 D. – **β** v. Feuer, ignis robora comprehendit, Verg.: quae (flamma) igni alita oppidanorum sepulcra comprehendit, Curt.: incendium turres et cetera opera comprehendit, Curt. – im Passiv, opera flammā comprehensa, Hirt. b. G.: avidis comprehenditur ignibus agger, Ov.: im Zshg. ohne *igni* od. *flammā,* comprehensa aedificia, comprehensae lautumiae et atrium regium, Liv. 26, 27. § 2 u. 3. – **γ** v. Ggstdn., die Feuer fangen, hae (casae) celeriter ignem comprehenderunt, Caes.: c. longis crinibus ignem (v. einer Pers.), Verg. – im Passiv, flammā ab utroque cornu comprehensā naves sunt combustae quinque, Caes. – **δ** v. Krankheit, comprehendi morbo toto corpore, Iustin.: comprendi pestiferā lue, Iustin. – **ε** als *t. t.* der Gärtnersprache, v. Pflanzen = **Wurzel fassen, bekleiben,** c. terram, ICt.: absol., Col. u. Pallad. – v. Pfropfreis = **einwachsen,** absol., Varr. r. r. 1, 40, 6. – **b** als Bittender jmds. **Hand ergreifen,** jmd. **an der Hand fassen,** comprehendunt utrumque et orant, ne etc., Caes. b. G. 5, 31, 1. – **c** feindlich **ergreifen, α** Pers. **ergreifen, fassen, packen, festnehmen** (Ggstz. dimittere, emittere), fratres Litavicci, Caes.: servos, Liv.: fures, Catull.: interfectores fugientes, Liv.: praesidium Punicum, gefangen nehmen, Liv.: hominem c. et in custodiam Ephesi tradere, Cic.: alqm e navi egressum c. et in vincula conicere, Caes.: belli duces captos et comprehensos tenere, Cic. – mit *Advv.*, propalam Dareus comprehendi non poterat, Curt. – m. Prädikats-*Acc.*, alqm vivum in fuga, Caes., od. m. *pro* u. Abl., alqm pro moecho, Ter. – m. *in* u. Abl., alqm in fuga, Caes.: alqm in furto, Frontin.: alqm in furto aut in latrocinio, Cic. – mit *cum* u. Abl. **(womit?** od. **mit wem?),** alqm cum gladio cruento, Cic.: alqm simul cum Ismenia, Nep. – mit per u. Akk., regem per milites, Curt. – m. folg. *Infin.* = dabei ertappen, dass usw., qui interesse conventibus interdictis fuerint comprehensi, Cod. Theod. 16, 4, 5. – **β** Tiere u. sächl. Ggstd. **aufgreifen, festnehmen, wegnehmen, mit Beschlag (Arrest) belegen,** raedas equosque, Caes.: vehicula, Suet.: naves duas, Nep.: epistulas, Iustin.: venenum manifesto, Cic. – m. *in* u. Abl. od. m. bl. *Genet.* od. *Abl. locat.*, naves in flumine Vulturno, Liv.: alcis signa militaria atque arma Capuae, Caes.: m. *per* u. Akk., Apameae manifesto comprehensum esse … auri pondo centum paulo minus per Sex. Caesium, Cic. – m. *ad* u. Akk. Gerund., vehicula ad deportandum meritoria et pistrinensia iumenta, Suet. – **γ** eine Örtl. **besetzen,** aliis comprehensis collibus, Caes. b. 3, 46. § 6. – **δ** eine verbrecherische Handlungsweise **entdecken,** alcis nefandum adulterium in pulvinaribus sanctissimis nobilissimae feminae, jmd. ertappen bei usw., Cic.: res indicio alcis comprehenditur, Cic.: totius testimonii ficta audacia manifesto comprehensa (auf der Tat ertappt) atque oppressa tenetur, Cic.

B übtr.: **1 umfassen, umschließen, a** mit Liebe, Freundschaft usw. **umschließen, sich verbinden,** adulescentem humanitate suā, Cic.: multos amicitiā, Cic.: totam Atinatem praefecturam omnibus officiis per se, per patrem, per maiores suos, Cic. – **b** in eine od. mit einer Gestalt **einschließen,** spiritum (heiligen Geist) in effigiem c., Lact. 4, 8, 9: elementorum figurae humanā specie comprehensae, Lact. 2, 6, 1. – **c** in eine Formel, einen Begriff usw. **einschließen, mit (ein)begreifen,** in hanc formulam omnia iudicia legitima, omnia officia domestica conclusa et comprehensa sint, Cic.: quae omnia senatus decretis comprehensa et comprobata sunt, Vell.: quae omnia una cum deorum notione comprehendimus, unter dem Begriff Gott mitbegreifen, Cic. – **d** mit Worten od. Zahlen, **begreifen, α** mit Worten u. dgl. begreifen, **in Worte fassen, ausdrücken, beschreiben,** m. *Abl.*, verbis luculentioribus et pluribus rem eandem, Cic.: circumscriptione quādam verborum comprehendere concludereque sententiam, Cic.: alqd paucis verbis c., Cels.: alqd brevi c., Cic.: c. alqd dictis, Ov.: bella viginti voluminibus, Suet. – mit *Advv.*, breviter comprehensa sententia, Cic.: breviter verbis comprehensa enuntiatio, Quint.: breviter paucis c. multa, Lucr.: propriis verbis solute et facile sententiam, Cic.: hanc partem (medicinae) pluribus voluminibus diligentissime, Cic. – ohne weitere Ang., veterum rerum memoriam, Cic.: quae (adversa) si comprendere coner etc., Ov.: quas (curationes) protinus hic comprehendam, Cels.: omnes scelerum comprendere formas possim, Verg.: unpers., ut supra comprehensum est, wie oben gesagt, Cels. – **β** mit Zahlen, in der Berechnung **begreifen,** alqd numero, in oder mit Zahlen ausdrücken, Verg. georg. 2, 104. Ov. art. am. 2, 447: quorum numerum comprendere non est, die man nicht alle zu zählen vermöchte, Ov. trist. 5, 11, 19: cum minores summas et dissidentes computatio una comprehendit, Sen. ep. 84, 7.

2 durch sinnliche Wahrnehmung usw. **begreifen, auffassen, erfassen,** mit u. ohne *Abl.* visu, mit dem Gesichtssinn, alqd visu, Sil. 3, 404: u. (ohne visu) litterarum apices, Gell. 13, 30 (31), 10. – mit *Abl.* sensu od. sensibus, mit dem Sinne, mit den Sinnen, Cic. – m. *Abl.* memoriā, recordatione = im Gedächtniss, in der Erinnerung **festhalten, bewahren,** has quinque dierum disputationes memoriā c., Cic.: hoc recordatione c., Sen. – m. *Abl.* animo, cogitatione, mente, scientiā = mit dem Geist usw. **erfassen, begreifen** = **verstehen, erkennen,** animo intellegentiam alcis rei, Cic.: omnes animo virtutes penitus, Cic.: omnia quae sunt in rerum natura celeriter animo, Cic.: alqd animo c. et tenere, Cic.: animo alqd tenere comprehensum, non sensibus, Cic.: cognitum comprehensumque animis alqd habere, Cic.: habere bene cognitam voluptatem et satis firme conceptam animo atque comprehensam, Cic.: c. omnia suis animis et cogitatione, Cic.: intellegere et cogitatione c., qualis sit animus, Cic.: sed quo magis (mentem ab oculis) sevoco, eo minus id, quod tu vis, possum mente comprehendere, Cic.: si quam opinionem iam vestris mentibus comprehendistis, eine Meinung gefasst habt, Cic.: res penitus perspectae planeque cognitae scientiāque comprehensae, Cic. – mit *Abl.* **wodurch?** = **woran?** alqd certis signis, Col. 6, 24, 3: alqd experimentis assiduis, Pallad. 2, 13, 8. – im Zshg. ohne weitere Ang. = **begreifen, verstehen,** esse aliquid, quod comprehendi et percipi posset, Cic.: non posse vero comprehendi (naturam), Cels. – Die (nach Quint. 1, 5, 21 ursprüngliche, durch Aspiration erst in comprehendo erweiterte) Form comprendo findet sich nicht bloß bei Dichtern, sondern auch in den besten Handschriften der besten Prosaiker und in pros. Inschriften (z. B. comprendit, Liv. 30, 10, 5: comprensa, Caes. b. 3, 101, 5: comprendo, CIL 10, 4842, 64; vgl. Osann Apul. de orthogr. p. 114. Mai Cic. de rep. 4, 5, 5. Heerw. Liv. 21, 58, 6.

comprehēnsibilis, e (comprehendo), **erfassbar, ergreifbar** (Ggstz. incomprehensibilis), **a** eig.: c. et solidum corpus, Lact. 7, 12, 2. – *neutr.* subst., constare ex comprehensibili et incomprehensibili, Tert. apol. 48. – **b** übtr., **auffassbar,** sowohl mit den äußeren Sinnen, tenuia foramina nec oculis comprehensibilia, Sen. nat. qu. 6, 24, 1. – als auch mit dem Geiste (griech. καταληπτός), natura non c., Cic. Acad. 1, 41. Cels. 1. prooem. § 46 (p. 5, 21 D.): m. *Dat.* **(wem?),**

vestra praeclara scientia nulli hominum c., Augustin. op. imp. c. Iulian. 5, 3 *extr.*: vix ullis comprehensibiles causae, Arnob. 1, 61.

comprehēnsio (zsgzg. comprēnsio, Frontin. aqu. 77 *Buech.*), ōnis, *f.* (comprehendo), **I** das **Zusammenfassen,** als Übersetzung von συλλαβή, Charis. 11, 12. – u. fakultativ, consequentium rerum cum primis coniunctio et c., die Fähigkeit (das Vermögen), das Vorhergehende mit dem Folgenden zu verbinden u. zusammenzufassen, Cic. de nat. deor. 2, 147. – **II** das **Befassen, Begreifen, A** eig.: **a** übh.: ingressus, cursus, sessio, comprehensio, Anfassen, Cic. de nat. deor. 1, 94. – **b** das feindliche **Ergreifen, Festnehmen,** das **Arretieren,** sontium, Cic. Phil. 2, 18: comprehensione capieris, Vulg. Ierem. 34, 3. – **B** übtr.: **1** die Umschließung, als rhet. *t. t.* = περίοδος, die periodische **Abschließung** der Rede, dah. die **Periode,** der **Satz, Schluss** (s. Quint. 9, 4, 124), universa c. et species orationis, Cic.: spiritu verborum comprehensio terminatur, Cic.: diligens finitionis comprehensio, Quint.: certa quaedam sententiae comprehensio, Quint.: ut comprehensio numerose et apte cadat, Cic.: verba comprehensione devincire, Cic. Vgl. Jahn Cic. Brut. 34 u. Cic. or. 149. – **2** das Erfassen mit dem Geiste, als philos. *t. t.* = κατάληψις, das **Begreifen,** der **Begriff** (vgl. Cic. Acad. 2, 145), certissima rerum c., Sen.: non potest ulla incerti esse c., Sen.: perceptio et c. tollitur, Cic.: complecti omnia unā comprehensione, Cic. – Plur., cogitationes comprehensionesque rerum, Cic. de fin. 3, 49.

comprehēnsīvus, a, um (comprehendo), **zum Zusammenfassen geeignet, zusammenfassend,** nomina, Collectiva, Prisc. 5, 55.

comprehēnso, āre (*Intens.* v. comprehendo), **umfassen,** Cl. Quadrig. b. Prisc. 8, 26.

com-prēndo, s. com-prehendo.

comprēnsio, s. comprehēnsio.

com-presbyter, erī, *m.*, der **Mitpriester,** Eccl.

compressē, *Adv.* (compressus, zusammengedrängt), **I gedrängt,** compressius loqui (Ggstz. latius), Cic. de fin. 2, 17. – **II dringend, eifrig,** compressius quaerere, Gell. 1, 23, 7.

compressio, ōnis, *f.* (comprimo), **I** das **Zusammendrücken, -pressen,** musculorum, Scrib.: ventris, Gell.: labiorom, Lact. – absol., Vitr. 7, 8, 4. Oros. 7, 6. – Insbes.: **a** die **Umarmung** der Verliebten, compressiones artae amantum conparum, Plaut. Pseud. 66. – **b** der **Beischlaf,** Hyg. u. a. – **II** übtr.: **a** die **Unterdrückung,** bellorum civilium, Oros. 7, 6: corporalium cupiditatum, Ambros. in psalm. 48. serm. 19. § 19: libidinis refrenatio compressioque, Augustin. de mor. Manich. 2, 19, 73. – **b** das **Zusammendrängen** des Inhalts, compressione rerum breves, Cic. Brut. 29.

com-presso, (āvī), ātum, āre (*Intens.* v. comprimo), **zusammenpressen, zerdrücken,** Porphyr. Hor. sat. 2, 3, 273. Tert. Scorp. 3.

compressor, ōris, *m.* (comprimo) = *stuprator,* Argum. 2. ad Plaut. aulul. 7. Mythogr. Lat. 1, 18.

1. **compressus,** a, um, *PAdi.* m. *Compar.* (v. comprimo), **I knapp, eng,** caliculus oris compressioris, Cels.: nucamenta compressiora, Plin. – **II verstopft,** venter, alvus, Cels.: morbi, mit Verstopfung (des Leibes) verbundene, Cels.

2. **compressus,** Abl. ū, *m.* (comprimo), **I** das **Zusammendrücken, -pressen,** Plin. 11, 98. – **II** insbes., die **Umarmung,** der **Beischlaf,** Komik. u. Macr.: u. vom befruchtenden **Umschließen** der Erde, Cic. de sen. 51.

com-primo, pressī, pressum, ere (com u. premo), **zusammen-, niederdrücken, I** zwei Ggstd. vereinigend **zusammendrücken, -pressen, -drängen,** labra, Hor. u. Sen.: dentes, Plaut. u. Sen.: oras (ossis fracti) inter se, Cels.: corpora inter se, Lucr. – m. *in* u. Akk., femina in unum, Cels.: nubes contrudere in unum comprimereque locum, Lucr.

II einen Ggstd. von zwei Seiten oder von oben od. von vorn **zusammendrücken, 1** eig.: **a** schließend **zusammen-, aneinander drücken, zusammenmachen, schließen,** c. duos digitos utrimque, Cels.: digitos c. pugnumque facere (Ggstz. digitos extendere, digitos diducere et manum dilatare), Cic.: pollicem, Fulg.: palmam (Ggstz. palmam porrigere), Plaut.: manum (Ggstz. manum explicare), Quint.: compressis, quod aiunt, manibus sedere, mit zusammengelegten Händen müßig dasitzen (sprichw. wie unser »die Hände in den Schoß legen«), Liv. 7, 13, 7. – c. pugnum arte vehementerque, zusammenkneifen, Cic. – c. os (Mündung) alcis rei, Cels.: c. os (den Mund) digito, Hier. ep. 27, 2: c. oculos, zudrücken, zukneifen (dagegen operire mit den Lidern schließen; beide im Ggstz. zu aperire), Quint.: oculum duobus digitis, Cels.: c. oculos alcis (eines Sterbenden), Ov.: c. florem (Ggstz. aperire florem, v. der Pflanze), Plin.: compressa vulva (Ggstz. hians), Cels. – mit *in* u. Akk., compressa in pugnum manus (Ggstz. manus explicita), Quint. – **b** pressend **zusammendrücken, zusammenpressen, quetschen, zerquetschen, α** übh.: alcis manus (v. einem Baum), Val. Max.: serpentem c. atque illidere, Cic.: umor ita mollis est, ut facile comprimi collidique possit, Cic. – manu spongiam super, darüber den Schw. mit der Hand ausdrücken, Cels.: dorsum boum manibus, Col.: linguam forcipe, Ov.: morsu conchas (von einem Tier), Cic. – **β** obszön = schänden, beschlafen, alqam, alqm, Komik., Solin. 1, 15: alqam vi, Liv. 1, 4, 2: u. v. der Begattung des Pfaus, Col. 8, 11, 5. – **c** einengend **zusammendrücken, zusammendrängen, verengern, enger-, dichter machen,** nares, Lucr.: ordines (milit. *t. t.*, Ggstz. explicare ordines), Liv. – commeantium in utramque partem catervis itinera compressa, Sen.: c. ordinibus versus, Ov. – **d** hemmend zusammendrücken, **einhalten, verhalten, an sich halten, α** übh.: animam (den Atem), Plaut. u. Ter.: sibi manus, seine Hände nicht gebrauchen, -aus dem Spiel lassen (versch. v. c. manum, manus, oben *no.* a), Ter.: habenas, anziehen, Claud. rapt. Pros. 2, 272. Anthol. Lat. 253, 146 (559, 146). – **β** als mediz. *t. t.*, in Bezug auf den Stuhlgang = **verhalten, stopfen, verstopfen** (im guten u. üblen Sinne, v. Arzt, von Heilmitteln, Speisen, Krankheiten), corpus, stomachum (Ggstz. solvere, resolvere), Cels.: ventrem, alvum (Ggstz. movere, solvere), Cels.: alqm (meton. = alcis alvum), Ggstz. alqm fundere, Cels.: absol., verbenae comprimentes, Cels. – in Bezug auf das Harnen, **verhalten,** styptica (cydonia) comprimere urinam magis quam agere, Garg. Mart. de arb. pom. 1, 2. – u. in Bezug auf Geschwüre, **stopfen** = heilen, hoc (aceto sorpto) sine ulla noxa comprimi ulcera, Cels.

2 übtr.: **a zurückhalten, inne behalten, α** (als *t. t.* der Geschäftsspr.) um Teuerung zu bewirken, Lebensmittel **zurückbehalten** = nicht verkaufen, aufspeichern, frumentum, annonam (v. Kornwucherern), Cic. u. Liv. – **β** Verlautbares **für sich behalten, nicht verlauten (laut werden) lassen, verhalten,** bei sich od. bei anderen **unterdrücken,** quod scripserat ille, Cic.: famam captae Carthaginis, Liv.: delicta magna, Cic.: odio compresso et tacito, Cic. – **b** in seinem Gang, in seinem Fortgang **einhalten, α** in seinem äußeren Gang **hemmen,** gressum, Verg.: alci linguam, zum Schweigen bringen (im scherzhaften Doppelsinn m. oben *no.* II, 1, b, α), Plaut.: lacrimas pueri, trocknen (durch Trostworte), Auct. b. Alex.: murmura voce manuque, Ov.: vocem atque orationem, Plaut.: plausus ipse admiratione compressus est et fortasse eo praetermissus, quia etc., Cic. – u. als milit. *t. t.*, cuius adventus Pompeianos compressit, tat dem weiteren Vordringen der P. Einhalt, Caes. b. 3, 65, 2. – **β** in seiner ferneren Tätigkeit, in seinen ferneren Äußerungen, **niederhalten, unterdrücken** = beschwichtigen, bewältigen, dämpfen, im Keim ersticken, nicht zum Ausbruch kommen lassen, in Schranken weisen, mäßigen, zur Ruhe verweisen, sowohl Vorhaben, Zustände u. dgl., furentis hominis conatum atque audaciam, Cic.: alcis conatus nefarios, Cic.: gladiatoribus emptis rei publicae causā omnes P. Clodii conatus furoresque, Cic.: dicendo nonnumquam tribunicios furores, Cic.: alcis impetum, jmds. A. zurückschlagen, Cic.: seditionem, Liv., u. seditiones tribunicias, Liv. (s. Drak. Liv. 26, 10, 10): motus, Liv.: tumultum (Ggstz. tumultum concire), Liv.: coniurationes complures priusquam invalescant indicio detectas, Suet.: intellego hanc rei publicae pestem paulisper reprimi, non in perpetuum comprimi posse, Cic. – animi conscientiam, Cic.: meditare, quibus verbis incensam illius cupiditatem comprimas atque restinguas, Cic.: vitiosam naturam doctrinā edomare et c., Cic.: remittant spiritus, comprimant animos suos, sedent avaritiam, Cic.: voluptates primā aetate c. et constringere, Cic.: oratio tum iracundiam restinguens, tum metum eripiens, tum exsultantem laetitiam comprimens, tum aegritudinem abstergens, Cic. – als auch Pers. in ihrem Vorhaben, in ihren Leidenschaften usw., c. improbum negotiatorem, paulo cupidiorem publicanum, Cic.: hāc (eloquentiā) gestientes comprimimus, hāc cupiditates iracundiasque restinguimus, Cic.: magis e re publica visum comprimi ac sedari exasperatos Ligures, Liv.: quam (multitudinem) corpora (Leichname) coniuratorum eo metu compresserunt, ut etc., brachten durch Furcht so zur Ruhe, dass usw., Liv.: compressus perseveranti interrogatione Laelii, Val. Max.: comprime te, mäßige dich, Plaut.: vix comprimor, quin etc., Plaut.

comprobābilis, e (comprobo), **billigenswert,** Cassiod. inst. div. litt. 30.

comprobātio, ōnis, *f.* (comprobo), die **Anerkennung,** honestatis, Cic. de fin. 5, 62.

comprobātīvē, *Adv.* (comprobo), **billigend, anerkennend,** Prisc. 18, 99.

comprobātor, ōris, *m.* (comprobo), der **Anerkenner,** auctoritatis eius et inventionis comprobatores atque aemuli, Cic. de inv. 1, 43.

com-probo, āvī, ātum, āre, **I** etw. gutheißen = etw. **tüchtig (gut, richtig) befinden, als tüchtig (gut, richtig) anerkennen, für tüchtig (gut, richtig) erklären,** einer Sache **seinen Beifall schenken,** im Passiv auch = **Beifall (Anerkennung) finden** od. **ernten, a** als physisch tüchtig, domum (v. Sachverständigen), Suet. Ner. 31, 2. – **b** als intellektuell, moralisch tüchtig, alcis factum, Liv.: decretum, Cic.: has tabulas, Cic.: et voluntatem et sententiam laudare vehementissimeque c., Cic.: nonnisi ab ipso electum (regem), Suet.: id Carthaginem delatum publice comprobatum est, Nep. – m. Ang. **womit? wodurch?** durch *Abl.*, reditum alcis numine suo (v. der Gottheit), Cic.: iussa alcis sententiā suā, Cic.: versum assensu maximo, Suet.: u. im Passiv, consensu eruditorum comprobari (v. Redner), Quint.: omnium assensu comprobari (v. einer Rede), Liv. – **II** anderen etw. als tüchtig, gut, wahr, beifallswert erscheinen lassen, etw. **bewähren, bewahrheiten, bestätigen,** bei Angabe **wodurch?** konstr. m. *Abl.*, ut beneficium verbis initum dudum nunc re comprobes, Ter.: neque vero hoc oratione solum, sed multo magis vitā et factis et moribus comprobavit, Cic. – gew. v. lebl. Subjj. (Handlungsweisen, Umständen usw.), lepidi mores turpem ornatum facile factis comprobant, Plaut.: patris dictum sapiens temeritas filii comprobavit, Cic.: comprobat hominis consilium fortuna, Caes.: quorum orationem celeriter veritas comprobavit, Auct. b. Afr.: u. im Passiv, vox nimis vero eventu comprobata, Liv.

comprōmissōrius, a, um (compromissum), **das Kompromiss betreffend, durch ein Kompromiss,** iudex, Callistr. dig. 4, 8, 41: arbitri, Iulian. epit. nov. 86. § 335.

comprōmissum, ī, *n.* (compromitto), das gegenseitige Versprechen streitender Parteien, sich der Entscheidung eines selbstgewählten Schiedsrichters zu unterwerfen u. dessen Spruch anzuerkennen od. eine bestimmte, vorher beim Schiedsrichter niedergelegte Summe als Strafe zu verlieren, das **Kompromiss** (gerichtl. *t. t.*), poenis compromissisque interpositis, Cic.: quominus id facerent, compromisso et iureiurando impediri, Cic.: de hac pecunia, de his HS IↃↃↃ, de suarum tabularum fide compromissum facere, Cic.

com-prōmitto, mīsī, missum, ere, **sich ein gegenseitiges Versprechen geben,** bei einer geheimen Verbindung, S.C. de Bacch. im CIL 10, 104, 14 (wo die alte Form compromesise). – insbes. als jurist. *t. t.* bei Rechtsstreitigkeiten = **sich gegenseitig versprechen,** die Entscheidung auf den Ausspruch eines *arbiter* (Schiedsrichters) ankommen zu lassen u. sich dabei zu beruhigen, Cic. ad Q. fr. 2, 14 (15. litt. b.) § 4: c. de controversiis, c. in arbitrum, ICt.

com-provinciālis, e, **aus derselben Provinz,** Sidon. epist. 7, 7, 4. Spicil. Soloesm. 1. p. 9.

Compsa, ae. *f.*, Stadt der Hirpiner im Gebirge von Samnium, unweit der Quellen des Aufidus, j. *Conza*, Liv. 23, 1, 1. Vell. 2, 68, 3. – Dav. **Compsānus**, a, um, **aus** od. **von Kompsa, kompsanisch,** Consanus (= Compsanus) municeps, Cic. Verr. 5, 158: C. Trebius, Liv.: ager, Liv. – Plur. subst., Compsānī, ōrum, *m.*, die Einw. von Kompsa, die **Kompsaner,** Plin. 3, 105.

compsissumē, *Adv.* (v. κομψῶς, listig), **höchst schlau,** lepidissime et compsissume confido confuturum, *Plaut. mil. 941.

comptē, *Adv.* (comptus), **sauber, korrekt,** disserere de alqa re, Sen. ep. 75, 6: distincte nimis atque compte rem agere, Gell. 6 (7), 3, 52.

comptor, ōris, *m.* (como), der **Ausschmücker,** fabricarum, Cassiod. var. 4, 51 *in.*

comptulus, a, um (*Demin.* v. comptus, a, um), **sehr geschmückt,** Hier. epist. 128. *no.* 3.

1. **comptus**, a, um, *PAdi.* m. *Compar.* u. *Superl.* (v. 2. como), **geschmückt, zierlich, gefällig, I** im Allg.: fuit formā comptus, wohlgebildet, Spart. Hadr. 26, 1: comptissima anima, Augustin. de quant. anim. 33. – **II** insbes., v. der Rede u. v. Redner, **gefällig, zierlich, sauber, korrekt, a** v. der Rede: oratio c., Cic.: apud senatum non comptior Galbae, non longior quam apud militem sermo, Tac. – **b** v. Redner: Isocrates in diverso genere dicendi nitidus et c., Quint. 10, 1, 79.

2. **comptus**, ūs, *m.* (comere), **I** das Zusammennehmen, die **Zusammenfügung,** Lucr. 3, 843. – **II** das **Schmücken,** Afran. fr. inc. XXI (bei Paul. ex Fest. 40, 9). – konkret, der Kopfschmuck = die **Frisur,** virginei comptus, Lucr. 1, 87.

compūgnanter, *Adv.* (compugnans v. compugno), **widerstreitend,** Chalcid. Tim. 92.

compūgnantia, ae, *f.* (compugno), das **Miteinanderkämpfen,** inter se contrariorum aërum, Isid. 5, 35, 8. Gennad. vir. ill. 13.

com-pūgno, āre, **I** *v. intr.* **miteinander kämpfen, -streiten,** eig. u. übtr., Gell. 12, 5, 3; 14, 5, 4 u. Eccl. – **II** *v. tr.* **zugleich mitbekämpfen,** amaritudinem, Veget. mul. 1, 13, 6.

compulsāmentum, ī, *n.* (compulso), der **Antrieb,** übtr., die **Ermahnung,** Fulg. myth. 3, 6. p. 69, 19 H.

compulsātio, ōnis, *f.* (compulso), das (feindliche) **Zusammendrängen,** der **Kampf,** Tert. apol. 21 u. 38. Fulg. myth. praef. p. 15, 16 H.

compulsio, ōnis, *f.* (compello), **I** das **Antreiben,** der **Zwang,** ICt. – **II** das **Mahnen,** Cassiod. var. 12, 10.

com-pulso, āre (*Intens.* v. compello), **I heftig drängen, -stoßen,** Apul. met. 7, 21. – **II miteinander kämpfen, -streiten,** Tert. apol. 20.

compulsor, ōris, *m.* (compello), **I** der **Treiber,** des Viehs, Pallad. 7, 2, 3: der aus einer Stadt vertriebenen Menschen, Amm. 25, 9, 5. – **II** der **Eintreiber** von Schuldposten u. Abgaben, der **Zwangsvollstrecker,** der **Exekutor,** Amm. 22, 6, 1. Augustin. in psalm. 45, 3. Cod. Theod. 8, 8, 7.

Compulteria, s. Combuteria.

compūnctio, ōnis, *f.* (compungo) **I** das **Einstich machen,** der **Einstich,** ligni, Ambros. in psalm. 118. serm. 3. § 8; cant. cantic. c. 1. § 46 *extr.* – **II** übtr., die **Gewissensbisse,** Reue, Sulp. Sev. app. ep. 2, 19 u. a. spät. Eccl.

com-pungo, pūnxī, pūnctum, ere, **bestechen, bestochern, überallhin stechen, I** = stechend, bes. schmerzlich, berühren, **α** v. leb. Wesen, pulmones, Apic.: collum dolone (v. der Biene), Phaedr.: alqd acu, Cels.: aculeis urticae compungi, Col. – u. im Bild (dialectici) ipsi se compungunt suis acuminibus, schneiden sich selbst ins Fleisch, Cic. de or. 2, 158. – übtr., compungi, **von Gewissensbissen gequält werden, Reue empfinden,** Lact. 4, 18, 14 u. a. Eccl. – **β** v. Ggstdn., die stechend auf die Sinne wirken, c. oculos (v. Farben), Lucr.: sensus corporis (v. Hitze u. Frost), Lucr. – **II** mit Punkten **bestechen, punktieren, zeichnen,** barbarus compunctus notis Thraeciis, tätowiert, Cic. de off. 2, 25. – ► Perf.-Formen compugit, Sulp. Sev. dial. 1, 2, 5 u. compugerunt, Tert. adv. Marc. 3, 7.

compūrgātio, ōnis, *f.* (compurgo), die **völlige Reinigung,** tres compurgationes (durch Feuer, Wasser u. Luft), Mythogr. Lat. 3, 6, 18.

com-pūrgo, āre, **völlig reinigen,** Plin. 20, 127.

computābilis, e (computo), **berechenbar, zu berechnen,** bis computabili impendio taedioque, verursacht doppelte Kosten u. doppelt saure Mühe, Plin. 19, 139.

computātio, ōnis, *f.* (computo), das **Zusammenrechnen,** die **Berechnung,** **a** übh.: pretii, ICt.: annus prius sine aliqua computatione confusus, Eutr.: minores summas et dissidentes computatio una comprehendit, Sen.: quae mensura Romanā computatione efficit trecenties quindecies centena milia passuum, Plin. – alqd ad computationem vocare, Plin. pan.: in computationem venire, Plin.: habitā per reges computatione, Solin. 52, 5. – Plur., nihil ad rem pertinere istas computationes, Sen. ep. 88, 10: quid sunt istae tabulae, quid computationes et venale tempus (Zinstermine) et sanguinolentae centesimae? Sen. de ben. 7, 10, 4. – **b** insbes., die ängstliche Zusammenrechnung, die **Knauserei,** operarum in latifundiis, Plin. 17, 192: c. sordida, Sen. de ben. 4, 11, 2.

computātor, ōris, *m.* (computo), der **Berechner,** diligentissimi computatores, Sen. ep. 87, 5.

com-putēsco, putuī, ere, **gänzlich faulen, verfaulen,** Hemina b. Plin. 13, 86. Vgl. computresco.

computista, ae, *m.* (computo), der **Berechner,** Mythogr. Lat. 3, 1, 5; 3, 8, 11.

com-puto, āvī, ātum, āre, **zusammenrechnen, ausrechnen, berechnen, überschlagen,** **I** eig.: **1** im Allg.: **α** m. *Acc.*: latitudinem Asiae ab Aethiopico mari, Plin.: mensuram fluminum, Plin.: maritorum suorum annos, Sen.: annos, quibus viximus, Quint.: diurna tantum tempora, Quint.: pluviales dies et feriarum, quibus non aratur, dies XLV, Col.: bona sua, Petr.: rationem perfecti operis, Col.: rationem digitis (an den F.), Plaut. – m. *cum* u. Abl., valetudinem cum somno, Plin. nat. hist. praef. § 18. – v. lebl. Subjj., facies tua computat annos, lässt berechnen (= zeigt an), Iuven. 6, 199. – **β** *m.* folg. indir. Fragesatz, si quantum habeat per se computare cogetur, Sen.: quantum tempus inter Orphea intersit et Homerum, cum fastos non habeam, computabo? Sen.: lector, quid studia referant, computaturus, Quint. – **γ** absol. = **die Rechnung ziehen, einen Überschlag machen, Abrechnung halten, abrechnen,** computarat, pecuniam impetrarat, Cic.: incrementa ipsa, si bene computes, damna sunt, Sen.: computa et tibi; plus duo quam accepi, Petr.: copo, computemus! Wirt, wir wollen zusammenrechnen! Wirt, die Rechnung! CIL 9, 2689, 3. Partiz. subst., digitis computans, der an den Fingern Berechnende (eine Statue des Eubulis), Plin. 34, 88. – **2** prägn.: **a** **seinen Vorteil berechnen** = auf Vorteil (Gewinn) bedacht sein, plures computant, quam oderunt, Sen.: quotusquisque uxoris optimae mortem timet, ut non et computet? Sen.: illa (uxor), quae computat, Iuven. – **b** rechnend zu etw. ziehen, **zu** etw. **rechnen,** mit *Dat.* (zu), fetus pecorum fructibus, ICt.: m. *in* (zu) u. Akk., *in* fructum non computari, ICt. – **II** übtr., **für** (als) etw. **rechnen** = **für** etw. **halten** (s. Bünem. Lact. 1, 18, 17), mit dopp. *Acc.*, eversiones urbium populorumque summam gloriam c., Lact.: m. *pro* u. Abl., hominum sapientiam pro summa stultitia, Lact.: ea pro ludicris, Arnob. – im Passiv mit Subjekts-*Infin.*, cum pro amicitia et fide mori summa gloria computetur, Lact. 5, 17, 24.

com-putrēsco, putruī, ere, **gänzlich faul werden, -verfaulen,** Cels. 4, 12 (5) *extr.* Col. 5, 10, 7. Plin. 32, 67. Cael. Aur. chron. 2, 4, 71. – in der Tmesis, conque putrescunt, Lucr. 3, 343. – Vgl. computesco.

computus, ī, *m.* (computo), die **Berechnung,** Firm. math. 1, 12 *extr.* Gromat. vet. 331, 3 *sqq.* Cassiod. de astron. 14: vulg. Nbf. compotus, Gromat. vet. 309, 24 u. 338, 16.

comtē, comtulus, comtus, s. comptē, comptulus, 1. comptus.

comula, ae, *f.* (*Demin.* v. coma), **kleines, niedliches Haar,** Petr. 58, 5: Plur., Commod. instr. 2, 19, 11.

Cōmum, ī, *n.* (Κῶμον), eine ansehnliche Stadt am lacus Larius (Komersee), im cisalpinischen Gallien, berühmt durch Eisenfabrikate, Geburtsort des älteren u. jüngeren Plinius, j. *Como,* Liv. 33, 36, 14. Plin. ep. 1, 31 u. s.; von Cäsar kolonisiert und dah. Novum Comum (Νεόκωμον) gen., Suet. Caes. 28, 3. – Dav. **Cōmēnsis,** e, **zu Komum gehörig,** ager, Liv.: absol., in Comensi, im Komensischen, auf dem Gebiet von Komum, Plin.: Plur. subst., Comēnsēs, ium, *m.*, die Einw. von Komum, die **Komener,** Liv., nach der späteren Benennung Novocomēnsēs (Νεοκῶμοι) gen., Cic.

con, s. com.

cōnābilis, e (conor), **mit häufigem Ansatz,** c. atque laboriosi vomitus, Cael. Aur. acut. 3, 1, 4.

cōnāmen, minis, *n.* (conor), **I** der **Ansatz** = das **Unterfangen,** die **Bemühung,** der **Versuch,** Lucr., Ov. u. a. – **II** meton., das **Stützmittel,** die **Stütze,** Ov. met. 15, 224.

cōnāmentum, ī, *n.* (conamen), ein Hebewerkzeug zum Herausgraben einer Pflanze, der **Knebel,** conamenta ossea iligneave, Plin. 19, 27.

conamīcus, ī, *m.*, der **Mitfreund,** CIL 6, 11914.

cōnātio, ōnis, *f.* (conor), das **Ansetzen, Sich-Anstrengen,** die körperl. **Bemühung,** **a** übh.: ponderis perferendi, Cael. Aur. chron. 2, 9, 118: cuiusdam ponderis levandi ex inferioribus conatio, *ibid.* 5, 1, 2: Plur., conationes cum rasura, Plin. Val. 2, 27. – **b** das **Drücken** beim Stuhlgang, Plin. Val. 2, 28.

cōnātum, ī, *n.* (conor), der genommene Anlauf, das **Unterfangen** = das **Unternehmen, Wagnis,** cuius ego non modo factum, sed inceptum ullum conatumve contra patriam deprehendero, Cic. Cat. 2, 27: conatum simulare, Quint. 11, 3, 158: conatum efficere, Auct. b. Hisp. 16, 3. – öfter Plur. (u. zwar gew. Nom. u. Akk., s. Drak. Liv. 42, 11, 3. Ruhnken Vell. 2, 35, 5), cōnāta, ōrum, *n.* (Ggstz. consilium od. consilia), conata efficere, Cic., od. perficere, Caes.: Carthaginiensium conata exponere, Liv.: Persei conatis obviam ire, Liv.

cōnātus, ūs, *m.* (conor), der **Ansatz, Anlauf,** **a** als Anstrengung des Körpers oder seiner Glieder, conatus aliquis supra vires, Scrib.: quod in certamine saliendi fieri videmus, ut conatum longius petant (nehmen), Quint.: u. so (im Bild) multos saepe conatus frustra capere, Liv.: primo statim conatu iuxta cubiculum alcis decidere, beim ersten Aufflug, Suet.: u. im Bild, crebris parvisque conatibus se attollere, Quint.: nihil probantes nisi planum et humile et sine conatu, ohne Aufschwung, Quint. – **b** als Anstrengung der Sinne, der **Drang, Trieb,** dedit natura beluis et sensum et appetitum, ut altero conatum haberent ad naturales pastus capessendos, altero secernerent pestifera a salutaribus, Cic. de nat. deor. 2, 122. – **c** als geistige Anstrengung, das **Beginnen,** der **Versuch** (Ggstz. perfectio u. dgl.), nulla est enim ullo in genere laus oratoris, cuius in nostris orationibus non sit aliqua si non perfectio, at conatus tamen atque adumbratio, Cic.: nam in pueris oratio perfecta nec exigi nec sperari potest; melior autem est indoles laeta generosique conatus, Quint. – **d** als milit. u. polit. Anstrengung, und zwar: **α** als **Kraftaufwand, Bemühen, Mühe,** tumultus Gallicus haud magno conatu brevi oppressus est, Liv.: profectus magno conatu ad hostes, Liv.: quo maiore conatu studioque aguntur, eo leviora infirmioraque existimo, Cic. – **β** als **Beginnen, Versuch,** die **Absicht,** die beabsichtigte, versuchte **Unternehmung** (Ggstz. consilium, Plan; u. factum, Tat, effectus, Ausführung), c. furiosus, Val. Max.: irritus, Sen.: conatus tam audax traiiciendarum Alpium et effectus, Liv.: in ipso conatu belli gerendi revocari (vom Konsul), Liv.: urbis amplius temptandae in praesentia (für den Augenblick) conatu absistere, Liv.: a conatu resistendi deterreri, Nep.: hoc conatu desistere, Caes.: de spe conatuque depelli, Cic.: religione ab hoc conatu repelli, Cic.: furentis hominis conatum atque audaciam comprimere, Cic.: parare omnem conatum in perniciem alcis, Cic. – im Plur., vani conatus, Liv.: magni c., Sen.: c. ingentes adversus Britanniam, Tac.: nefarii, Cic.: conatus alcis comprimere, Cic. u. Liv.: conatus adversariorum infringere, Cic.: omnes illorum conatus investigare et consequi, Cic.: conatibus alcis occurrere, Auct. b. Alex.: omnes alcis motus conatusque prohibere, Cic.: alcis conatus reprimere, Cic.: Tib. Gracchi conatus perditos vindicare, Cic.

conaudītum coauditum dicitur, Paul. ex Fest. 65, 8.

conca, s. concha.

con-caco, āvī, ātum, āre, **bestuhlgängeln, bekacken,** regiam, Phaedr. 4, 18 (17), 11: se u. omnia, Sen. apoc. 4 *extr.*: catillus concacatus, Petr. 66, 7.

con-cado, ere, **I zugleich sinken, -fallen,** cum magno comitatu populorum concadentium, Sen. nat. qu. 6, 1, 9. – **II** = concido, **zusammensinken,** concadente dentium iunctione, Cael. Aur. acut, 2, 10, 77.

con-caedēs, is, *f.*, der **Verhau,** Sing. (nur im Abl.), Amm. 16, 12, 15 u. 17, 10, 6: Plur., Veget. mil. 3, 22. Tac. ann. 1, 50. Amm. 16, 11. 8.

con-cale-facio (concalfacio), fēcī, ere, **durch und durch erwärmen,** im Passiv concalefacior, aber gew. **con-cale-fio** (concalfio), factus sum, fierī, **durch und durch warm (erwärmt) werden, sich erhitzen, α** Aktivum: c. brachium, Cic. de or. 2, 316: concalefaciens animam a suspicione, Interpr. Iren. 1, 13, 3. – **β** Passivum: concalefaciuntur trabes, Vitr. 4, 7, 4. – vertat ova, ut aequabiliter concalefiant, Varr. r. r. 3, 9, 11: quemadmodum stans iumentum concalfieri exercerique posset, Nep. Eum. 5, 4: illam individuorum corporum levium et rotundorum … concursionem, quam tamen Democritus concalefactam (wärmehaltig) et spirabilem, id est animalem (luftartig), esse volt, Cic. Tusc. 1, 42.

cancalefactio, ōnis, *f.* (concalefacio), die **Erhitzung,** Augustin. de ordine 1, 8, 24.

con-caleo, ēre, **durch und durch-, ganz warm sein,** Plaut. Pers. 88. – Perf. s. con-calēsco.

con-calēsco, caluī, ere (*Inchoat.* v. concaleo), **durch und durch in Wärme gesetzt werden, sich durch und durch erwärmen, sich erhitzen,** ita frumenta non cito poterunt concalescere, Vitr. 6, 6, 4: corpora nostra … ardore animi concalescunt, Cic. Tusc. 1, 42: si (olea) reposita in tabulatum fuerit, celeriter concalescet, Col. 12, 52, 17: quia (triticum) spissitate suā concalescit, Plin. 18, 304: ne (frumentum) concepto umore vitietur et concalescat, Sen. de brev. vit. 19, 1: prius abis, quam lectus ubi cubuisti concaluit locus, Plaut. Amph. 513: quae sic concaluerunt, Varr. r. r. 3, 16, 38: ac saepe cum (fenum) concaluit, ignem creat et incendium, Col. 2, 18, 1: concaluit cor meum intra me, Vulg. psalm. 38, 4. – übtr., vor Liebe **erglühen,** Ter. heaut. 349.

concalfacio, s. con-cale-facio.

concalfactōrius, a, um (concalfacio), **zum Erwärmen dienlich, erwärmend,** vis, Plin. 21, 141.

con-callēsco, calluī, ere, **harte Haut-, Schwielen bekommen;** dah. übtr.: **I** in Bezug auf den Verstand = **durchtrieben-, gewitzt werden,** callidos (appello), quorum, tamquam manus opere, sic animus usu concalluit, Cic. de nat. deor. 3, 25. – **II** in Bezug auf das Gefühl = **abgestumpft-, gefühllos werden,** Cic. ad Att. 4, 18, 2.

con-calo, āre, **zusammenrufen,** Paul. ex Fest. 38, 2.

concamerātio, ōnis, *f.* (concamero), die **Wölbung,** das **Gewölbe,** alvi, Plin. 11, 22: aedium, Labeo dig. 32, 31: ferrea, CIL 6, 543 (*u. 113 p. Chr.*): Plur., Vitr. 2, 4, 2 u. ö.

con-camero, āvī, ātum, āre, **ringsum wölben, überwölben,** templum, Plin.: intervalla, Vitr.: uvae pensili concameratae nodo, am Gewölbe aufgehängt, Plin.

Concanus, ī, *m.*, der **Konkaner,** Plur. **Concanī,** ōrum, *m.*, die **Konkaner,** eine wilde, der Sage nach von den Massageten abstammende Völkerschaft in Kantabrien (s. Cantabrī unter Cantabri), die das Pferdeblut aus den Fußadern mit Pferdekäse vermischt genoss, Sing. Concanus kollekt. bei Hor. carm. 3, 4, 34. Sil. 3, 361.

con-capio, ere, **dazunehmen,** *Apic. 4, 171.

concapis, is, Abl. ī, *f.*, die **fortlaufende Verbindung,** XII tabb. 6, 7 (b. Fest. 364, 26).

con-captīvus, ī, *m.*, der **Mitgefangene,** Eccl.

concarnātio, ōnis, *f.* (concarno), **a** die **fleischliche Verbindung,** Tert. monog. 9 *extr.* – **b** die **Fleischwerdung** Christi, Cypr. test. 2, 2 *lemm.*

concarno, āre (con u. caro) = συσσαρκοῦν, **mit Fleisch verbinden** od. **bedecken,** Tert. de carne Christ. 20. Veget. mul. 2, 22, 3.

con-castīgo, āre, **mit Nachdruck-, stark züchtigen,** Plaut. Bacch. 497. M. Aurel. b. Fronto ep. Graec. 6. p. 252, 9 N.

concāsus, ūs, *m.* (2. concido), das **Zusammenklappen,** dentium, Cael. Aur. acut. 2, 12, 85.

concatēnātio, ōnis, *f.* (concateno), **I** die **Zusammenkettung,** fixum concatenatione navigium, Cassiod. var. 12, 19. – **II** übtr.: **a** die **Fesselung,** mentis, Cael. Aur. chron. 3, 2, 15. – **b** die **Verkettung, Verbindung** (Ggstz. separatio), quorum omnium nodus concatenatioque, Chalcid. Tim. 203: c. temporum, Tert. apol. 19: causarum, Augustin. de civ. dei 3, 30: criminum, Fortunat. art. rhet. 3, 2. p. 121, 22 H.

con-catēno, āvī, ātum, āre, **I aus Kettchen zusammensetzen,** loricae concatenatae, Kettenpanzer, Vulg. 1. Mach. 6, 35. – **II zusammenketten, a** eig.: hamata (primordia) esse oportet, ut possint invicem concatenari, Lact. 3, 17, 25. – **b** übtr., **verketten, verknüpfen** = verbinden, haec sibi familiaria concatenavit, Schol. Bob. Cic. Mil. 6, 2. p. 282, 27 B.: qui iambus nec concatenatus esse potest cum consequente, Prisc. de metr. Ter. § 25: conexae igitur sibi sunt concatenataeque virtutes, Ambros. in Luc. 5. § 63: cum ita cohaerentia, conexa, concatenata sint, ut etc., da sie in solcher Verbindung, Verknüpfung, Verkettung stehen, dass usw., Min. Fel. 17, 2: concatenantur sibi epistulae nostrae, Ambros. ep. 36, 1.

concatervātus, a, um (con u. caterva), **zusammengehäuft, -gedrängt,** copiae, Amm. 29, 5, 38: manipuli, Amm. 31, 13, 2.

concavitās, ātis, *f.* (concavus), die **Höhlung, Höhle,** Cael. Aur. chron. 2, 1, 14: c. ligni, Augustin. in psalm. 80, 5 u. quaest. in exod. 113: palati, Fulg. myth. 1, 15: dicunt quod terra solida sit et nullam concavitatem possit admittere, ut Cicero, Schol. Lucan. 9, 102.

concavo, āvī, ātum, āre (concavus), **rings** od. **rund hohl machen, rund aushöhlen, hohl rund machen,** manus, Nemes. ecl. 3, 49: caudae curvamen, Fulg. myth. 2, 3: brachia geminos in arcus, krümmen, Ov. met. 2, 195: concavati nidi, Col. 8, 5, 11.

con-cavus, a, um, **rings** od. **rund hohl, -gehöhlt, gewölbt, gekrümmt,** c. altitudines speluncarum, Cic.: saxa, Verg.: vallis, Ov.: concavi vallium sinus, Plin.: c. oculi, Cels.: c. dentes (Ggstz. d. solidi), Plin.: c. speculum, Hohlspiegel, Sen.: calvaria incipit ex interiore parte *concava,* extrinsecus *gibba,* Cels.: scire velle, utrum luna *globosa* sit, an *concava,* Lact.: c. brachia cancri, Ov.: manus c. (Ggstz. manus plana), Sen.: aqua c., aufwallend, Ov. – subst., concavum, ī, *n.*, die **Höhlung,** palati, Lact. de opif. 10, 17. Sidon. ep. 8, 9: cicutae, Lact. de opif. 15, 2: c. inane, Prud. perist. 10, 977: Plur., valles et concava, Claud. III. cons. Hon. 47: concava terrae, Lact. 7, 26.

con-cēdo, cessī, cessum, ere, sich aufmachend, Platz machend treten = **abtreten (abziehen), beiseite treten** od. **gehen, das Feld räumen, sich aus dem Staub machen, davongehen, sich hinwegbegeben, sich zurückziehen, entweichen,** u. mit Beziehung auf das Ziel **hintreten, sich hinbegeben,** wohin **übergehen, I** eig.: **a** übh.: **α** v. leb. Wesen: concedite atque abscedite omnes; de via decedite, geht alle beiseite! macht Platz! geht aus dem Weg! Plaut.: tempus est concedere, Ter. – m. *ab* od. m. *ex* u. Abl., od. m. bl. *Abl.*, ab alqo, Plaut.: a foribus, Plaut.: superis ab oris, von der Oberwelt, Verg.: v. Lebl., iamque dies caelo concesserat, Verg. – m. *Advv.*, m. *ad* u. *in* m. Akk., m. *trans* u. Akk. u. bl. *Abl.* (woher?) u. bl. *Acc. loc.* (wohin?), huc concede aliquantum, Plaut.: huc tandem concede, Verg.: huc concessero, Ter.: hic dum abit huc concessero, Caecil. com. fr.: interea concedite istuc, Plaut.: c. procul, Afran. com. fr.: c. retro, Curt. u. Tac.: ad ianuam concessero, Plaut.: concede ad dexteram! Ter.: c. in turbam, Hor.: c. in Iunonis Laciniae delubrum, Liv.: c. in hiberna, Liv.: Carthaginem novam in hiberna, Liv.: c. in arcem, Liv. u. Curt. (s. Drak. Liv. 5, 39, 9. Mützell Curt. 3, 4 [9], 5): c. trans Rhenum, Tac. – concede hinc a foribus paulum istorsum, Ter.: ab alcis oculis aliquo (irgendwohin), Cic.: c. ab Ethopia in altiorem tumulum, Liv.: c. ex praetorio in tabernaculum suum, Liv.: concedam hinc intro, Ter.: concedere aliquantisper hinc mi intro lubet, Plaut.: concede hinc domum, Ter.: rus concessuram (esse) hinc, Ter.: m. *Dat.* (wohin? wozu?), cenae nuptiali, Apul. met. 6, 10. – m. 1. *Supin.*, c. Argos habitatum (um da zu w.), Nep. Them. 8, 1. – m. *cum* u. Abl., cum coniugibus ac liberis in arcem Capitoliumque, Liv.: cum alqo Neapolim, Gell. – m. *per* u. Akk. der Pers. (durch jmd. = auf jmds. Betrieb), c. ad victorem per Flavium Sabinum, übergehen, Tac. – **β** v. Lebl.: ipsae rursus concedite silvae! fahret hin, ihr W.! Verg.: docet, unde fulmen venerit, quo concesserit, Cic.: vita per auras maesta concessit ad manes, Verg.: neque nox quoquam concedit die (= diei), weicht irgendwohin vor dem T., Plaut. Amph. 276. – **b** insbes.: **α** einem anderen Platz machend aus einem Ort gehen, **ausziehen,** ex aedibus, Ter. Hec. 679. – **β** einen Ort aufgebend **abziehen,** einen Ort usw. **aufgeben, räumen,** gew. im *Pass.* (unpers.), metu concessum (esse) barbarus ratus, Liv. – m. *Abl.* (von wo?), post … cedendo in angulum Bruttium ceterā Italiā concessum, Liv. 28, 12, 6 (wo post conc. subst. = nach der Räumung des übrigen It.). – m. *Dat.* (wem?), Samnium, quo iam tamquam trans Hiberum agro Poenis concessum sit, Liv. – u. c. vitā, aus dem Leben scheiden = sterben, Tac. – mit *Abl.* (durch), concessit vitā Burrus, incertum valetudine, an veneno, Tac.: u. so auch absol., quandoque concessero, Tac. (s. Nipperd. Tac. ann. 2, 71).

II übtr.: **A sich verziehen, dahinschwinden,** tumor omnis et irae concessere deûm, Verg. Aen. 8, 41.

B m. *Advv.* od. m. *in* u. Akk. = wohin **übergehen, a** in ein Verhältnis, einen Zustand **sich begeben, sich fügen, sich zurückziehen,** in deditionem, Liv.: prope in voluntariam deditionem, Liv. (s. Drak. Liv. 39, 2, 4): in matrimonium fratris, Iustin.: in gratiam alcis, Arnob.: in privatam vitam, Eutr. – **b** einer Meinung, Partei usw. **beitreten,** zu ihr **übertreten,** in Attali sententiam, Liv.: u. in hanc sententiam, Liv.: in partes, Tac.: in illos, ihnen beipflichten, Cic. fr. – unpers., ut in sententiam Pisonis concederetur, Tac.: concessum in condiciones, ut etc., Liv. – **c** an od. auf jmd. od. etwas **übergehen = kommen,** jmdm. od. einer Sache **anheimfallen, zuteil werden,** ne omne belli decus illuc concederet, Tac.: mulier coniuncta viro concedit in unum, Lucr.: cum in fatum concederet, bei herannahendem Tode, Modest. dig. 34, 3, 20. – u. so von Staaten, Ländern, Völkern u. von Parteien, c. in alcis dicionem, voluntate in alcis dicionem, Liv.: in alcis ius atque dicionem, Sall.: in alcis ius dicionemque, in alcis imperium, Iustin., in alcis dicionem imperiumque, Liv. (s. Drak. Liv. 38, 16, 9): in paucorum dominationem, Sall. fr.: in paucorum potentium gratiam, Sall. fr.: itaque concessere illuc omnes, at mox, si vostra receperitis, ad vos plerique, gingen alle auf die Gegenseite über, werden aber … zu euch zurückkehren, Sall. fr.: c. in Tyrias leges, sich der karthagischen Herrschaft unterwerfen, Sil. – Edessa et Beroea eodem concesserunt, kamen ebendahin (= wurden zu demselben Landesteil geschlagen), Liv. 45, 29, 9. – **d** in etw. **übergehen** = aufgehen in usw., sich verlieren unter usw., victi omnes in gentem nomenque imperantium concessere, Sall. Iug. 18, 12.

C zurücktreten, abtreten, 1 *v. intr.:* **a** sich fügend, sich unterordnend, gew. m. *Dat.* (wem?), **α** der Übermacht u. den nötigenden Umständen **weichen, das Feld räumen, sich fügen, sich** in etw. **ergeben,** Casina concedit homini nemini, Plaut.: voluptas concedit dignitati, Cic.: cedant arma togae, concedat laurea laudi, Cic. poët.: magnitudini medicinae doloris magnitudo concedit, Cic.: c. obsidioni, der B. weichen = den Belagerten keine Hilfe leisten (Ggstz. prohibere obsidionem), Tac.: c. naturae, euphem. = eines natürlichen Todes sterben, Sall. Iug. 14, 15: ebenso c. fato, Tac. ann. 2, 71. Plin. pan. 11, 3 (vgl. cedere fato, Liv. 26, 13, 17): u. c. magnis fatis, Val. Flacc. 1, 554. – unpers., m. *de* u. Abl., concessum propemodum de victoria, Liv.: aut hostibus aut civibus de victoria concedendum esse, Liv. – **β** dem Willen, der Forderung, dem Urteil, der Behauptung jmds. **sich fügen, sich unterordnen, nachgeben, beipflichten** (Ggstz. repugnare), numquamne hodie concedes mihi? Ter.: c. iurisconsultis, Cic.: alcis postulationi, Cic.: veris, der Wahrheit die Ehre geben (συγχωρεῖν τῇ ἀληθείᾳ), Hor. – u. c. inter se, sich einigen, Tac. ann. 2, 30. – mit *de* u. Abl., de qua (levitate Asiae) nos et libenter et facile concedimus, die wir … zugestehen, Cic.: concessum (unpers.) ab nobilitate plebi de consule plebeio, Liv. – u. absol., dissuadente primo Vercingetorige, post concedente, Caes.: Caesar concedendum non putabat, Caes. – **γ** dem Vorrang, den Vorzügen weichen = jmdm. od. einer Sache **nachstehen, den Vorrang** od. **Vorzug einräumen, -zugestehen, -lassen,** gegen jmd. od. etw. **zurücktreten** (s. Kritz u. Fabri Sall. Iug. 11, 4), a me vero sic diligitur (Servius tuus), ut tibi uni concedam, praeterea nemini, Cic.: sese unis Suebis concedere, Caes.: c. aetati, Sall.: u. (unpers.) Sulla, cuius facundiae, non aetati a Manlio concessum, Sall. – mit *de* u. Abl., vix alci de familiaritate, Cic.: magistro tantulum de arte, Cic.: u. (unpers.) concessum propalam de virtute ac gloria esse, Liv. – mit *in* u. Abl., neque ei quicquam in desperatione concedo, Cic. – mit bl. *Abl.* (in, an), nemini in illa causa studio et cupiditate, Cic.: nec amore in hanc patriam nobis concedunt, Tac. – absol., nec, si muneribus certes, concedat Iollas, Verg.: is, concedentibus omnibus, qui cum Varrone certaverant, collega datur consuli, Liv. – **b** aufgebend, nachlassend, **α** in Bezug auf ein Recht, **zurücktreten, verzichten,** de suo iure paululum, Ter. adelph. 217 (vgl. Cic. de off. 2, 64 paulum nonnumquam de suo iure decedere). – **β** in Bezug auf Ahndung, Strafe, es jmdm. od. einen Fehler jmdm. **hingehen lassen** = gegen jmd. od. etw. **nachsichtig sein,** etw. **nachsehen** = verzeihen, poëtae non ignoscit, nobis concedit, Cic.: alienis peccatis, Cic.: temere dicto, Cic.: vitio, Hor.: multa virtuti eorum concedens, Caes.: id ipsum factum, *propter* quod sibi reus concedit, reus putat oportere, Cic.: num *eāre* (deshalb) concedi reo conveniat, *quod* (weil) alieno inductu fecerit, Rhet. Her.: absol., dat tibi iustam excusationem, prope ut concedendum atque ignoscendum videatur, Cic.

2 *v. tr.:* **a** überlassend, zugestehend **abtreten, einräumen: α** übh., aus freiem Willen, aus Güte, Nachsicht, Gnade **überlassen, zugestehen, erlauben, gestatten** (Ggstz. negare, denegare), alci sedes suas, Cic. (u. im Passiv, sedes habere in Gallia ab ipsis concessas, Caes.): pueris ludum tempestivum, Hor.: praedam militibus, Caes.: alci libertatem in alqa re, Cic.: alci libertatem, Caes. (u. im Passiv, illa dono deûm concessa libertas, Ps. Quint. decl.): alci vitam, Hirt. b. G.: alci impunitatem, Caes.: crimen gratiae, die Anklage der G. gestatten = die Ankl. um der G. willen übernehmen, Cic.: concedendo omnia, durch uneingeschränkte Zugeständnisse (Konzessionen), Liv. – mit Prädik.-*Acc.* des *Partic. Fut. Pass.,* z. B. bona quaedam proscriptorum diripienda, Cic. – m. *ad* od. (selten) *in* u. Akk., oppidum militibus ad diripiendum, Caes.: alteram partem eius vici Gallis ad hiemandum, Caes.: Calydona Dianae in iras, zur Befriedigung ihres Zorns, Verg. – m. folg. *Infin.*, mediocribus esse poëtis c., Hor.: di faciles, peccasse semel concedite tuto (Adv.), Ov.: servis c. pueros huius aetatis verberare, Curt.: klass. nur im Passiv, de re publica nisi per concilium loqui non conceditur, Caes.: conceditur commune quiddam dicere, Cic.: si videre concessum sit, Cic.: ingemiscere non numquam viro concessum est, Cic.: concessum (esse) sibi transire in Asiam, Liv.: quamquam poëtis furere concessum est, Plin. ep.: u. persönl., fatis numquam concessa moveri Camerina, dem es niemals durchs Schicksal vergönnt war, umgewandelt zu werden, Verg. Aen. 3, 700 (vgl. *no.* δ aus. Cic. Caecin. 44). – mit folg. *ut* u. Konj., concessit ei, ut regnaret, Enn. fr.: concedo tibi, ut ea praetereas, quae etc., Cic.: petiisse a matertera, ut sibi concederet, ut in eius sella requiesceret, Cic.: non prius Viridovicem reliquosque duces ex concilio dimittunt, quam ab his sit concessum, arma uti capiant et ad castra contendant, Caes.: u. (mit Ironie) concedant, ut hi viri boni fuerint, mögen (gütigst) erlauben, dass usw., Cic. – m. *qui* u. Konj., nemini concedo, qui (dass er) tibi vetustate necessitudinis potior possit esse, Cic. ep. 10, 3, 2: u. so *ibid.* 4, 3, 1. – mit *ne* u. Konj., unum illud orat, ut timori suo concedatur (nachgelassen werde), ne in conspectum veniat cuiusquam Romani, Hirt. b. G. 8, 48, 9. – mit folg. *si* u. Konj., ut ipsi concedi non oporteret, si in nostros fines impetum faceret, Caes. b. G. 1, 44, 8: ubi id a Caesare negatum et, palam si colloqui vellent, concessum est, Caes. b. 1, 84, 2. – u. scheinbar absol., consules neque concedebant neque valde repugnabant, Cic. ep. 1, 2, 2: Boios petentibus Aeduis … ut in finibus suis collocarent, concessit (näml. ut collocarent), Caes. b. G. 1, 28, 5: u. m. folg. Ang. des Grundes, quod memoriā tenebat L. Cassium consulem occisum ... concedendum non putabat, Caes. b. G. 1, 7, 4: ossa eius clam in Attica ab amicis sepulta, quoniam legibus non concederetur, quod proditionis esset damnatus, Nep. Them. 10, 5. – und parenthet., cetera lascivae faciant, concede, puellae, Ov. art. am. 1, 523: te, dulcis amice, reviset cum Zephyris, si concedes, et hirundine prima, Hor. ep. 1, 7, 13. – *Partic. Perf.* subst., concessa, ōrum, *n.*, das **Erlaubte,** abhorrere a maiorum consuetudine atque concessis, Cic. Cael. 48: concessa petere, Verg. Aen. 5, 798: concessa amare, Ov. met. 9, 454. – **β** der Übermacht od. den nötigenden Umständen weichend etwas **einräumen,** victoriam, Curt.: hosti victoriam, Iustin. – **γ** dem Rang od. Vorzug nach sich unterordnend, Atheniensibus imperii maritimi principatum, Nep.: alci primas in dicendo partes, Cic. – dah. prägn. m. folg. *ut* u. Konj. = **als Vorzug einräumen,** nec vero histrionibus oratoribusque concedendum est, ut iis haec apta sint, nobis dissoluta, Cic. de off. 1, 129. – **δ** eine Behauptung, Meinung **einräumen, zugestehen,** iam istuc (= istoc) coacti a te paulo ante concessimus, Cic. – m. folg. *Acc.* u. *Infin.* (Synon. dare; Ggstz. negare), age, iam concedo, non esse miseros, qui mortui sint, Cic.: cum summos deos esse concedamus, Cic.: *M. Dasne* aut mane animos post mortem aut morte ipsā interire? *A. Do* vero. *M.* Quid si maneant? A. Beatos esse concedo, Cic. – im Passiv, persönl., haec ubi concedentur esse facta, ibi vis facta negabitur? Cic. Caecin. 44. – parenthet. beim einräumenden Konj., concedo, forsitan aliquis aliquando eiusmodi quippiam fecerit, Cic.: quare concedo sit dives, Catull. – scheinbar absol., beatos esse deos sumpsisti. Concedimus (verst. beatos esse deos), Cic.: faciet quod oportet, concedo (nun gut!), Sen. – **b** aufgebend: **α aufgeben = fahrenlassen, opfern,** Siciliam, Liv.: partem octavam pretii, Plin. ep. – m. *Dat.* **(wem zugunsten? wem zuliebe?),** alci auguratus petitionem, Cic.: u. rei publicae dolorem atque amicitias suas, Cic. – dah. alqm alci, jmd. (einen Straffälligen) einem **zuliebe frei-, loslassen, begnadigen,** ut *concessisti* illum senatui, sic *da* hunc populo, Cic.: c. huic sororis filium et Q. Ciceronem, Nep.: falsi damnatum Marcellum senatui rei publicaeque, Cic.: alqm alcis precibus, einen auf jmds. Bitten begnadigen, Tac.: u. im Passiv, Montanus patri concessus est, Tac. – **β** aus Nachsicht, Gnade **hingehen lassen** = verzeihen, haec omnia remitto atque concedo, Cic. – mit *Dat.* **(wem?),** omnibus omnia peccata et maleficia, Cic.: alci delicta maiora, Cic.: u. mit *Dat.* **(wem zuliebe? wem zu Gefallen?),** in iudicando peccata liberûm misericordiae parentum, Cic. Vgl. Ruperti Tac. ann. 1, 7, 8. Duker Flor. 3, 5, 10.

con-celebro, āvī, ātum, āre, etwas von allen Seiten, überaus **belebt machen, beleben, I** eig., eine Örtl.: loca aquarum, Lucr.: mare navigerum, Lucr.: terras (mit Geschöpfen), Lucr.: suavi cantu omnem plateam hymenaeo, mit angenehmem Flötenspiel dem Hochzeitsgott beleben, Plaut. – **II** übtr.: **A** etw. **mit regem Eifer betreiben,** studia per otium, Cic. de inv. 1, 4. – **B** einen Tag, eine Versammlung usw. durch eine Festlichkeit **beleben, festlich begehen, feiern,** diem natalem, Plaut.: spectaculum, Liv.: funus, Liv. – **C** durch Rede u. Schrift **allgemein verbreiten, -bekannt machen, a** übh.: rumorem, Q. Cic. pet. cons. 50. – **b** rühmend, **rühmen, preisen, verherrlichen,** virtutem, Cic.: famā et litteris eius diei victoriam, Caes.: genium ludis et choreis, Tibull.: levia carmina cantu, Lucr.

concellāria, ae, *f.* (con und cella), die **Zellen-, Stubengenossin,** Eccl.

concellīta, ae, *m.* (con und cella), der **Zellen-, Stubengenosse,** Sidon. epist. 8, 14, 2.

con-cēlo, āvī, āre, sorgfältig verhehlen, id, Gell. 11, 9, 2: errores, Gell. 15, 2, 5.

concēna, ae, *m.* = σύνδειπνος, der Tischgenosse, Gloss.

concēnātio, ōnis, *f.* (conceno), die **Speisegesellschaft,** als Übersetzung des griech. συμπόσιον (wie compotatio Übersetzung des griech. ἁρμονία), Cic. de sen. 45; ep. 9, 24, 3 (Plur.).

concentio, ōnis, *f.* (concino), der **Einklang** = der **gemeinschaftliche, harmonische Gesang,** die **harmonische Musik,** die **Konsonanz,** die **Harmonie,** griech. ἁρμονία, Cic. Tim. 8. § 27 M.: clarissima, Cic. Sest. 118: una, Apul. de mundo 29.

concentor, ōris, *m.* (concino), der **Mitsänger** im Chor, der **Chorist,** Isid. 7, 12, 28.

con-centurio, āre, eig. **in Zenturien versammeln,** scherzh. = schockweise zusammenhäufen (vgl. Brix u. Lindem. Plaut. trin. 1002), dum concenturio in corde sycophantias, bis ich im Kopf meine Ränke schockweise aufstellte, Plaut. Pseud. 572: epistulae illae mihi concenturiant metum in corde, wecken neue Befürchtungen schockweise in meiner Brust, Plaut. trin. 1002.

concentus, ūs, *m.* (concino), **I** der **Einklang,** die **harmonische Musik,** der **harmonische Gesang,** die **Konsonanz, Harmonie,** hominum aviumque, Sen.: avium, Cic.: vocis lyraeque, Ov.: tubarum ac cornuum, Liv.: catervae et concentus, zusammensingende Chöre, ganze Sängerchöre (Ggstz. singuli), Cic.: varios aequabiliter concentus efficere (von einem Ton), Cic.: fit concentus ex dissonis, Sen. – insbes., der **einstimmige Beifallsruf** des Volkes im Theater, Plin. pan. 2, 6 u. 46, 2. – **II** übtr.: **a** das **Zusammenwirken** von Wohlgerüchen, tot generum aurae spirante concentu, Plin. 12, 86. – **b** der **Übergang** einer Farbe in die andere, in unum (ineinander) concentus, Plin. 37, 91. – **c** die geistige **Übereinstimmung, Harmonie, Einigkeit, Eintracht** (vgl. Schwarz Plin. pan. 46, 2), melior actionum quam sonorum concentus, Cic.: mirus quidam omnium quasi consensus doctrinae concentusque, Cic.: coniunctio naturae et quasi concentus atque consensus, Cic.: mentium animorumque concentus conspiratusque, Gell.: nunc age, quid nostrum concentum dividat, audi, Hor.: neque a te minore concentu ut tolleres pantomimos exactum est, Plin. pan.

conceptāculum, ī, *n.* (concipio), das **Behältnis,** Plin. u. Gell.

concepte, *Adv.* (concipio), **gedrängt, kurz,** Schol. Cic. or. ad popul. 1, 4 (Class. auct. 2, 43). – Dass. **conceptim,** *Adv.*, Chalcid. Tim. 339.

conceptio, ōnis, *f.* (concipio), **I** das **Zusammenfassen, Auffassen, 1** übh., u. zwar konkret = der **Inbegriff,** mundi conceptio tota, das Weltsystem, Vitr.: ebenso omnium naturae rerum conceptio summa, Vitr. – **2** insbes.: **a** als *t. t.* bei den Wasserleitungen, die **Fassung des Wassers,** u. konkret = das **gefasste Wasser,** mit u. ohne aquae, Frontin.: dah. conceptionis modus, das Fassungsmaß, Frontin. (vgl. Dederich Frontin. aqu. § 67 *extr.*). – **b** die **Empfängnis** des Weibes, Cic. u. a.: imbrium (als die Erde befruchtend), Vitr. – **II** übtr.: **a** das **Abfassen** juristischer Formeln, Cic. u. ICt. – **b** rei, die Fassung der Sache in Worte, der **Ausdruck,** Gell. 11, 13, 9: dah. aliae conceptiones, Ausdrücke, Bezeichnungen, Arnob. 5, 36. – **c** spät. gramm. *t. t.*, die **Silbe,** Plur. bei Charis. 11, 11. – **d** als rhet. Fig. = σύλληψις, das **Zusammenfassen,** wenn ein Prädikat, das nur einem Subjekt zukommt, zweien od. mehreren beigelegt wird, Rufin. de schem. lex. 2.

conceptiōnālis, e (conceptio), **zur Empfängnis gehörig, bei der Empfängnis (eintretend),** fatum, Fulg. myth. 2, 8: sol, Firm. math. 7, 1: hora, Augustin. de civ. dei 5, 5: constellatio, Augustin. lib. de div. quaest. qu. 45, 2.

conceptīvus, a, um (concipio), **I aufgenommen,** Tert. de res. carn. 40. – **II angeordnet,** feriae, die nicht ihren festen Tag jährlich haben, sondern jedesmal angeordnet werden, Varr. LL. 6, 26. Macr. sat. 1, 16, 5 *sq.* Paul. ex Fest. 62, 15.

con-cepto, āre (v. concipio), **I empfangen, schwanger werden,** Arnob. 4, 21. – **II** im Geiste **sich vorsetzen,** Amm. 31, 10, 5.

conceptor, ōris, *m.* (concipio), der **Begeher,** peccati, Arator. II. in act. apost. 16, 437.

conceptōrius, a, um (concipio), **die Empfängnis befördernd,** pessarium, Soran. p. 121, 1.

1. **conceptus, -issimus,** s. con-cipio.

2. **conceptus,** ūs, *m.* (concipio), **I** das **Zusammenfassen, -sammeln,** novenorum conceptu dierum, Plin. 3, 53. – konkret, der Behälter, die Grube, wo sich das Wasser sammelt, der **Wasserfang,** aquarum inertium conceptus vasti, Sen. nat. qu. 5, 15, 1. – **II** das **Fassen, Ergreifen, A** eig.: **1** im Allg.: camini, Feuersbrunst, Suet. Vit. 8, 2. – **2** insbes., die **Empfängnis** der Leibesfrucht, v. Menschen u. Tieren, Cic. u. Plin.: v. Gewächsen, Plin. – meton. = die **Leibesfrucht,** Plin. u. Suet. – **B** übtr., der **Gedanke, Vorsatz,** animi, Firm. math. 5, 12.

concera, ae, *m.*, s. congerra.

con-cerno, ere, mit etw. zusammensieben u. so **vermischen**, carni, Augustin. conf. 5, 10 *extr.*

con-cerpo, cerpsī, cerptum, ere (con u. carpo), **zerpflücken, zerreißen, I** eig.: epistulas, Cic.: librum, Liv.: litteras, Suet.: folia coronae concerpta, Plin.: linteolum concerptum, linteola concerpta, Scharpie, Plin. – **II** übtr., mit Worten **herunterreißen, durchhecheln,** alqm ferventissime, Cael. in Cic. ep. 8, 6, 5.

concertātio, ōnis, *f.* (concerto), der **Kampf, Streit,** die **Fehde** zweier od. mehrerer, **a** übh.: magistratuum, Cic. Sest. 77: facta est longa concertatio inter domum Saul et inter domum David, Vulg. 2. regg. 3, 1. – **b** insbes., der dialektische, der **Wortkampf,** das **Disputieren** (als Handlung), auch im Plur., Ter., Cic. u. a.: concertatio captatioque verborum, Disputiersucht, die ἐριστική der Sophisten, Cic.: sine ieiuna concertatione verborum, Wortschwall, Cic.: inter se magnā concertatione dissident, Lact.

concertātīvus, a, um (concerto), **zum Streit gehörig,** accusatio, Gegenklage, griech. ἀντικατηγορία, Auct. b. Quint. 7, 2, 9: causae, strittige, Sulp. Vict. inst. or. 9 *sqq.*

concertātor, ōris, *m.* (concerto), der **Wetteiferer** nach **einem** Ziele, der **Nacheiferer, a** in polit. Beziehung, der **Nebenbuhler,** Corbulonis, Tac. ann. 14, 29. – **b** in moral. Beziehung, Augustin. serm. 276, 6. Cassiod. hist. eccl. 1, 14.

concertātōrius, a, um (concerto), **zum Wortkampf gehörig,** genus dicendi, die Sprache der Fehden (vor Gericht), Cic. Brut. 287.

con-certo, āvī, ātum, āre, mit jmd. mit allem Eifer **sich messen, einen Wettkampf eingehen, wetteifern,** u. so = **streiten, kämpfen, I** im Allg.: proelio, Caes.: nandi velocitate, Col.: de regno, Suet. – **II** insbes., mit jmd. **einen Kampf-, einen Streit-, eine Fehde** mit Worten **haben, -bestehen, disputieren,** cum alqo uno verbo, Cic.: cum alqo de re, Cic.: im Passiv, quae aut concertata aut diiudicata sunt, Cic.

con-certor, ārī = concerto (s. d.), Ps. Cypr. de spect. 3. Vulg. sap. 15, 9 u. Sirach 38, 29. Itala (Tolet.) ep. Iudae 3.

concessātio, ōnis, *f.* (concesso), das **Säumen, Zaudern,** Plur., Verzögerungen, Col. 11, 1, 16.

concessio, ōnis, *f.* (concedo), **I** das **Herzugehen,** Apul. met. 9, 2. – **II** übtr.: **1** das **Zurücktreten,** legis, Tert. adv. Marc. 5, 13. – **2** das **Zugestehen, Zugeständnis,** das **Einräumen,** die **Bewilligung, Vergünstigung,** mit persönl. *Pron.* od. subj. *Genet.*, nostra, Cic.: competitorum, Cic. fr.: mit obj. *Genet.*, agrorum, Cic. u. Tac.: concessiones praemiorum, Planc. in Cic. ep. – mit folg. *ut* u. Konj., ein V. der Art, dass usw., Varr. r. r. 1, 17, 7. – Insbes., als Redefigur, das **Zugeständnis, a** übh. eines Punktes, Quint. 9, 1, 51. – **b** der Schuld, der **Straferlass,** Rhet. Her., Cic. u. Quint.

concessīvus, a, um (concedo), zum Einräumen geeignet, **einräumend,** modus, species, Gramm.

con-cesso, āvī, āre, **säumen, nachlassen, a** von Pers., Plaut. asin. 290. Fronto ep. ad M. Anton. imp. 1, 2. p. 96, 5 N.: a proposito, Tert. adv. Prax. 1. – m. folg. *Infin.*, lavari, Plaut. Poen. 219. – **b** übtr., v. Lebl.: concessavit praeceptum, Tert. de fug. in persec. 6.

concessor, ōris, *m.* (concedo), der **Erfüller,** desideriorum, Fulg. act. mund. p. 151, 18 H.

concessus, ūs, *m.* (concedo), das **Zugestehen, Einräumen,** das **Zugeständnis,** die **Bewilligung,** si unius numeri concessus accederet, Capit. Macr. 5, 5. – sonst im *Abl.*, concessu illius, Cic.: c. omnium, Cic.: Caesaris c., Caes.: c. patrum, Tac.

concha (arch. conca, z. B. Cato r. r. 66 K.), ae, *f.* (κόγχη), die **Muschel, I** eig. u. meton.: **a** die zweischalige **Muschel,** u. zwar: **α** die volle Muschel, concha hians, Cic.: conchae marinae, Ov.: conchas legere, Cic. u. Suet.: conchas captare, Plaut. – Insbes., margaritarum od. unionum concha, im Zshg. bl. concha, die Perlenmuschel, Plin. – ostrearum conchae, die Austernmuscheln, die Austern mit der Schale, Plin. – **β** die **Muschelschale, Schale** allein, pina (Steckmuschel) duabus grandibus patula conchis, Cic.: squalentes conchae, Verg. – bes. unionum conchae, **Perlmutter,** cuncta distincta gemmis unionumque conchis erant, Suet. Ner. 31, 2. – dah. (poet.) meton. = die **Perle,** c. lucida, Tibull.: conchae teretesque lapilli, Ov. – **b** die Muschelschnecke, **α** die **Purpurschnecke,** Lucr. 2, 501. – dah. (poet.) meton. = der **Purpur,** c. Sidonis, Ov. met. 10, 267. – **β** das **Schneckengehäuse,** Col. poët. 10, 324. – **II** übtr.: **a** ein muschelförmiges **Gefäß,** ein **Fässchen, Schälchen, Fläschchen, Büchschen,** concha salis puri, Hor.: funde capacibus unguenta de conchis, Hor.: conchae maiores duae, Ölflaschen, Cato: cum (Falernum) bibitur conchā, Muschel(schale), Iuven. – **b** das schneckenförmige Blasinstrument, das **Schneckenhorn, Tritonshorn,** conchā canens Triton, Plin.: conchae sonanti inspirare, Ov. – **c** das weibliche Glied, die **Schnecke,** Plaut. rud. 704.

conchātus, a, um (concha), **muschelförmig,** cauda, Plin. 10, 43: rectum vel conchatum parietum spatium, Plin. 11, 270.

concheus, a, um (concha), **zur Muschel gehörig,** baca, Perle, Ps. Verg. cul. 68 R.

conchicla (concicla) u. nicht zsgzg. **conchicula** (concicula), ae, *f. (Demin.* v. conchis), die **Bohne mit der Schale, Schalbohne,** als Speise, Form *-cla,* Apic. 5, 202 *sqq.*: Form *-cula,* Marc. Emp. 33 *in.*

conchis, is, *f.* (κόγχος), die **Bohne mit der Schale, Schalbohne,** als Speise (Ggstz. faba fresa), Mart. 5, 39, 10; 7, 78, 2. Iuven. 2, 293; 14, 131: archaist. cunchis, Akk. in, Prisc. 1, 35.

conchīta, ae, *m.* (κογχίτης), der **Muschelsammler,** Plaut. rud. 310.

conchula (concula, concla), ae, *f. (Demin.* v. concha), die **kleine Muschel,** Plaut., Cels. u. a.

conchȳlegulus, s. conchȳ(li)legulus.

conchȳliārius, ī, *m.* (conchylium), der **Purpurfärber** = πορφυρεύς (Gloss.), CIL 3, 2115 magister conquiliarius.

conchȳliātus, a, um (conchylium), **I mit Purpur gefärbt, purpurfarben,** Plaut., Cic. u. a. – **II in Purpur gekleidet,** subst., conchȳliātī, ōrum, *m.*, Sen. ep. 62, 3.

conchȳ(li)legulus od. **conchȳliolegulus**, ī, *m.* (conchylium u. lego), der **Muschelsammler,** Cod. Theod. 10, 20, 5; 13, 1, 9.

conchȳlium, ī, *n.* (κογχύλιον), das **Muschel-** od. **Schaltier, I** im Allg.: ostreis et conchyliis omnibus contingit, ut cum luna pariter crescant pariterque decrescant, Cic. de div. 2, 33. – **II** insbes.: **1** das **essbare Schaltier,** bes. die **Auster,** Lucrina, Hor.: exstructa mensa, non conchyliis aut piscibus, sed multā carne subrancidā, Cic.: nondum prima verba exprimit (infans), conchylium poscit, Quint. – **2** die **Purpurschnecke** (u. zwar vermutlich eine besondere Art aus dem Geschlecht der »Kinkhörner«, etwa Buccinum Capillus, L., od. der »Kräuselschnecke«, etwa *Turbo inanthinus.* L.), color od. fucus conchylii, Lucr. u. Catull.: sic enim et purpura eodem conchylio non in unum modum exit, Sen. – Meton., der **Purpur,** d. i. **a** die **Purpurfarbe,** vestis conchylio tincta, Cic.: conchylia et purpuras (Muschel- u. Purpurfarben) omnis hora atterit, Plin.: desiderat saturari multo conchylio purpuram intextam auro, Sen. – **b** das **Purpurgewand,** eorum conchylia, Iuven. 3, 81: conchylia Coa, Iuven. 8, 101. – Nbf. **conquilium**, ī, *n.*, Gloss. V, 350, 22.

concibo, ōnis, *m.*, etwa = **zur gleichen Speisesektion gehörig,** CIL 8, 9060.

concicla, -cula, s. conchicla.

concidentia, ae, *f.* (2. concido) = συνέμπτωσις, die **Übereinstimmung** od. **Gleichheit der Form,** Prisc. 17, 155.

1. concīdo, cīdī, cīsum, ere (con u. caedo), **zusammenhauen, I zu Boden schlagen, -hauen, niederhauen, niedermachen: a** eig.: Sevius allisus est, ceteri conciduntur (im Bild = unterliegen, werden verurteilt), Cic. ad Q. fr. 2, 4, 6. – bes. mit dem Schwert, nonnulli ab insciis pro noxiis conciduntur, Nep. – als *t. t.* der Fechtersprache, apparitores cum L. Volteio caede, concide, Cic. Verr. 3, 155 (im obszönen Doppelsinn; vgl. unten *no.* II, a, δ). – als milit. *t. t.*, magnam partem eorum concidit, Caes.: c. adversariorum multa milia, Nep.: concisos equites nostros a barbaris nuntiabant, Cic.: itaque tribus horis concisus exercitus atque ipse interfectus est, Cic. – **b** übtr., durch Gründe, Urteilsspruch od. Handlungsweise **zu Boden schlagen, alles Haltes berauben, über den Haufen werfen, vernichten,** gew. m. Ang. **wodurch?** durch *Abl.*, Timocratem totis voluminibus, widerlegen, Cic.: Antonium decretis suis, Cic.: Vatinium arbitratu suo, Cic.: omnem auctoritatem universi ordinis, Cic. (vgl. concidit auctoritas unter 2. concido *no.* II, A, a). – als jurist. *t. t.*, c. testamentum, Ulp. dig. 28, 4, 1. – **II zerhauen, zerschneiden, a** eig.: **α** mit einem Schlag-, Stoßwerkzeug jmd. **zerhauen** = **wundhauen, zerbleuen, zerfetzen,** gew. m. Ang. **womit?** durch *Abl.*, alqm virgis, Cic.: alqm loris, Iuven.: alqm pugnis, Iuven.: alqm pugnis et calcibus, Cic. – u. im *Pass.* m. Ang. **wodurch?** durch *Abl.*, concisus plurimis vulneribus, Cic. – **β** mit einem Schlag- od. Schneidewerkzeug in kleine Stücke **zerhauen, zerschneiden, zerhacken, kurz und klein hacken, zerstückeln,** ligna, Ov.: naves, Liv.: essedum argenteum, Suet.: nervos, Cic.: infans concisus eximi debet (Ggstz. solidus exit), Cels. – m. Ang. **womit?** durch *Abl.*, suffusionem (Staar) acu c. et in plures partes dissipare, Cels.: leviter summam cutem scalpello, Cels. – m. Ang. **mit wem?** durch *cum* u. Abl., filius cum alia carne concisus, Hyg. astr. 2, 4. – m. Ang. **wie?** durch *Advv.*, alqd minute, Col., minutim, Cato, minutatim, Col.: u. alqm articulatim, scherzh. = jmd. tüchtig hinters Licht führen, Plaut. Epid. 488. – od. durch *in* m. Akk. (der Teile, in welche?), alqd in frusta, in particulas, in minimas partes, Scrib.: corpus in partes, Petr.: uxorem in duodecim partes ac frusta, Vulg. – m. Ang. **bis wohin?** durch *usque ad* m. Akk., quicquid aridum est usque ad corpus c., ausschneiden, Cels. – **γ** mit Gruben, Gräben usw. **zerschneiden, durchschneiden,** m. Ang. **womit? wodurch?** durch *Abl.*, magnos scrobibus montes, Verg.: umidiorem agrum fossis, Plin.: Aegyptus tot fossis concisa, Iustin.: pedestria itinera concisa aestuariis, Caes. – **δ beschlafen,** Pompon. com. 83; vgl. Lampr. Heliogr. 10, 5. – **ε unterbrechen,** spiritum, Plin. 10, 81. – **b** übtr.: **α** als rhet. *t. t.* = die Rede, Redesätze, Gedanken usw. **zerteilen,** eam (orationem) distinguent atque concident, Quint. – im üblen Sinne = **zerstückeln,** nec ... concidat delumbetque sententias, Cic. or. 231: spiritus nec crebro receptus concidat sententiam, Quint. – **β** als philos. *t. t.* = logisch **zerlegen,** haec universa concidunt etiam minutius, Cic.: quae si persequamur, nullus erit ea concidendi modus, Quint. – m. Ang. **wodurch?** durch *per* m. Akk., per tam minutas rerum particulas rationem docendi, Quint.

2. concido, cidī, ere (con u. cado), **zusammenfallen, -sinken, -stürzen, einfallen, einsinken, einstürzen, zu Boden fallen, -stürzen, I** eig.: **A** v. sächl. Subjj.: **a** übh.: concidat caelum omne necesse est, Cic.: concidit conclave, Cic.: repentinā ruinā pars eius turris concidit, Caes.: urbs acerbissimo concidit incendio conflagrata, Rhet. Her. – **b** v. der Flamme, in **sich zusammensinken,** iam illa flamma, quae magna congerie convaluerat, diductis quibus alebatur, concidet, Quint. 5, 13, 13; vgl. im Bild, nonne, ut ignis in aquam coniectus continuo restinguitur et refrigeratur, sic refervens falsum crimen in purissimam et castissimam vitam collatum statim concidit et exstinguitur? zerfällt gänzlich in nichts, Cic. Rosc. com. 17. – **c** vom Wind, **sich legen** (Ggstz. surgere, consurgere), concidunt venti fugiuntque nubes, Hor. carm. 1, 12, 30. – **d** (als mediz. *t. t.*) v. Körperteilen, **zusammenfallen, einfallen, einsinken** (Ggstz. attolli, excitari), palpebra concidit, Cels.: quidquid e cartilagine concidit excitandum leniter est, Cels. – v. Puls, **sinken,** si protinus venae conciderunt, Cels. – **B** v. leb. Wesen: **a** übh.: equus eius ante signum Iovis Statoris sine causa concidit, Cic.: dum cupidius instat, in locum delatus inferiorem concidit, Caes.: Macedonem tam graviter palmā percussit, ut paene concideret, Plin. ep. – v. Ermatteten, c. in cursu, Plaut.: sub onere, Liv. – v. Kraftlosen, Ohnmächtigen, Epileptischen usw., oft bei Cels. – v. Entseelten, Themistoclem aiunt eo (tauri sanguine) poto concidisse, Cic. – v. Kämpfenden, ita pugnans concidit, Caes.: in proelio concidit, Cic.: cum pars quaedam gladiatorum mutuis vulneribus concidisset, Suet. – v. erlegten Wild, per herbas, Ov. her. 4, 93 *sq.* – v. Opfertieren, vitulus propter mactatus concidit aras, Lucr.: ante aras ingens ubi victima taurus concidit, Ov. – v. Menschen als Opfer, Lucr. u. Val. Max. – **b** (wie συμπίπτειν) vor Magerkeit **einfallen** = zusammenschrumpfen, concidimus macie, Ps. Ov. her. 21, 215. – **II** übtr.: **A** v. lebl. Subjj.: **a** übh. v. Zuständen aller Art, **zusammenstürzen, sinken** = **allen Halt-, allen Wert-, alle Geltung-, alles Ansehen verlieren, zugrunde gehen, schwinden, ein Ende nehmen,** concidit vita, es stürzen die Pfeiler des Lebens zusammen, Lucr.: rem publicam *concidere* unius discessu, quam omnium interitu *occidere* malui, Cic.: cum religio, cum pudicitia, cum iudiciorum fides, cum senatus auctoritas concidisset, fore, ut etc., Cic.: scimus Romae solutione impeditā fidem (Kredit) concidisse, Cic.: neque enim tam facile opes Carthaginis tantae concidissent, nisi etc., Cic.: quo prodigio totum id concidit regnum, Plin.: morte Othonis concidisse bellum, habe mit dem Tode Othos von selbst sein Ende erreicht, Tac. – **b** v. geistigen, gemütlichen Zuständen, **sinken, sich legen, schwinden,** si cui simul animus (Mut) cum re concidit, Trag. inc. fr.: tum ferocia omnis concidit, Liv.: mens (Besinnung) debilitata metu concidit, Cic. – **B** v. leb. Wesen: **a** gewaltsam, bes. im polit. Leben, **fallen, sinken, stürzen, gestürzt werden, unterliegen, erliegen,** nullo modo posse video stare illum diutius, quin ipse per se etiam languentibus nobis concidat, Cic.: non tribunicio, sed consulari ictu concidisse, Cic.: malas causas semper obtinuit, in optima concidit (Pompeius), Cic.: Ggstz., atque illas *assumere robora* gentes, *concidere* has, Ov. met. 15, 421 *sq.* – bes. vor Gericht, concidit autem maxime uno crimine, quod etc., Nep.: iudicum vocibus fractus reus et unā patroni omnes conciderunt, Cic.: a. P. Aquilio accusatus populi iudicio concidit, Val. Max. – **b** moralisch durch Verlust der Besonnenheit, des Mutes, der Hoffnung, der Besinnung **allen Halt verlieren,** ne unā plagā acceptā patres conscripti conciderent, ne deficerent, Cic.: hostes concidunt animis, Hirt. b. G. – allato nuntio de legione quarta mente concidit, verlor er die Besinnung, Cic.

conciēns, tis = *inciens*, schwanger, Apul. de mundo 23.

con-cieo, citum, ēre, u. (in Prosa gew.) **con-cio,** īvī, ītum, īre, **anregen, aufregen, I** von wo **in rege Bewegung setzen, 1** im Allg.: **a** Lebl. u. Tiere, **in raschen Lauf setzen,** concita navis, Ov.: concita tela, Auct. b. Afr.: concita flumina, reißend dahinströmende, Ov. – equus calcaribus concitus, Curt.: concitus imbribus amnis, der durch R. reißender gewordene, Ov.: procursu concitus axis, die vorwärtsstürmende, Verg. – concita mors ob cruciatus, beschleunigter, Plin. – **b** Menschen, **auf die Beine (in Auflauf) bringen, herbeiziehen, herbeirufen, aufbieten, aufbringen,** totam urbem, Liv.: miraculo rei novae atque indignitate homines, Liv.: matronas ex domo (v. Schrecken), Liv.: obscuram atque humilem multitudinem ad se (v. Städtegründern), Liv. – als milit. *t. t.*, auxilia miseratione ac donis, Tac.: exercitum ex tota insula, Liv.: aliquantum voluntariorum in itinere, Liv. – **2** in unruhige Bewegung setzen, **a** Lebl., **aufregen, erschüttern,** crebris freta concita terris, Verg.: murali concita tormento saxa, Verg. – **b** Menschen: **α** polit. **aufregen, aufwiegeln, zum Aufstand bewegen** od. **verleiten,** paene totius Italiae frequentiam, Vell.: remotos populos, Tac. – plebem contionibus (Ggstz. detinere contionibus), Liv.: per largitionem veteranos, Tac.: Etruriam in arma, Liv.: per legatos homines ad arma, Liv.: milites aut plebem ad repetendam per secessionem libertatem, Liv. – **β** gemütlich **aufregen, aufbringen, aufreizen,** accusatorem (als A. gegen sich) Fabium Romanum, Tac. – prima est insano concita cursu, Ov.: immani concitus irā, Verg.: (mater) fraude aliquorum concita, Quint.: concita dea, Sil. – **II** zur Erscheinung bringen, **a** übh. äußere od. innere Zustände **erregen, aufsteigen machen** u. dgl., tantum mali, Plaut.: quasi quendam aestum (Wallung, Taumel), Lucr.: varios motus animorum, Tac. – turbas, Ter.: uxori turbas, Plaut.: fortasse unum aliquod verbum inter eas iram hanc conciverit, Ter. – **b** politische u. kriegerische Zustände **erregen, anregen, veranlassen,** seditionem, Tac.: seditionem largitione pessimi exempli, Liv.: non miseriis, sed licentiā tantum concitum turbarum, Liv.: u. simultates sibi caedibus rapinisque, Liv. – bellum in his provinciis, Liv.: bellum toto orbe terrarum, Liv. – ► Imperf. conciebant, Pacuv. tr. 141, concibant, Tac.

hist. 5, 19 *extr.* – Partiz. concītus (gewöhnl. concĭtus), Lucr. 2, 267. Lucan. 5, 597. Val. Flacc. 2, 460 u. 5, 576.

conciliābulum (archaist. conciliābolum), ī, *n.* (concilium, der Versammlungsort, s. Paul. ex Fest. 38, 3), die **Malstätte,** wo die Versammlungen, Volksopfer, Märkte u. Gerichte gehalten wurden, dah. spez. der **Marktplatz, Gerichtsort, -flecken,** Liv. u. a.: conciliabula martyrum, wo ihr Andenken öffentlich begangen wird, Hier.: spectaculorum, öffentliche Schauplätze, Tert.: amoena animarum c., Fronto de nep. am. p. 233, 19 N.: damni conciliabolum = σύλλογος, der Ort mit Gelegenheit zu Spiel, Trunk u. allerhand Liederlichkeit, **des Lasters Herberge,** die **Lasterstätte,** Plaut. trin. 314 u. (ohne damni) Plaut. Bacch. 80.

conciliātio, ōnis, *f.* (concilio), das **Zusammenbringen, I** die **Vereinigung, a** die äußere, die **Verbindung,** quasi civili conciliatione et societate coniuncti (di), Cic.: communem totius generis hominum conciliationem et consociationem colere, Cic. – **b** die innere **Einigung, α** die **Befreundung** der Gemüter mit etw., das **Gewinnen** für etw., quae aut conciliationis causā leniter aut permotionis vehementer aguntur, Cic. – als rhet. *t. t.* = das **Gewinnen** des Richters u. Zuhörers übh. (durch verstecktes Lob usw.), eine Art *captatio benevolentiae* (griech. οἰκείωσις), s. Cic. de or. 3, 205. – **β** (nach concilio *no.* I, B, 2, b, β) die **Hinführung, Hinleitung** der Natur auf einen Ggstd. = die in der Natur begründete **Zuneigung,** das **Sichhingezogenfühlen** zu etw., m. subj. *Genet.*, c. naturae, u. Plur. conciliationes naturae, Cic. – m. obj. *Genet.* u. *ad* m. Akk., prima est enim conciliatio hominis ad ea, quae sunt secundum naturam, Cic. – **II** die **Beschaffung, Erwerbung,** gratiae, Cic. Clu. 84.

conciliātor, ōris, *m.* (concilio), **I** der **Zuführer** von Buhldirnen, der **Kuppler,** Vopisc. Car. 16, 5. – **II** übtr., der **Urheber, Stifter, Veranlasser, Vermittler** usw., suillae carnis, der es schmackhaft zubereitet, Varr.: nuptiarum, Nep.: proditionis, Liv.

conciliātrīcula, ae, *f. (Demin.* u. conciliatrix), die **Vermittlerin,** blanda c., die einnehmende Fürsprecherin, Cic. Sest. 21: außerdem bei Ambros. in psalm. 15, 48. serm. 13. § 48. u. serm. 15. § 18.

conciliātrīx, īcis, *f.* (Femin. zu conciliator), **I** die **Werberin, Kupplerin, Unterhändlerin,** Plaut. u. Cic. – **II** die **Vermittlerin, Fürsprecherin,** opinio virtutis c. amicitiae, Cic.: vis orationis c. humanae societatis, Cic.

conciliātūra, ae, *f.* (concilio), die **Kuppelei,** conciliaturas exercere, Sen. ep. 97, 9.

1. **conciliātus,** a, um, *PAdi.* m. *Compar.* u. *Superl.* (v. concilio), **befreundet, I** bei jmd. **beliebt,** alci, Liv. u. a.: nobis conciliatissimus, Symm. – **II** zu etw. **geneigt,** einer Sache **ergeben,** iudex ad rem accipiendam fiat conciliatior, Cic.: (homo) voluptati a natura conciliatus, Gell.

2. **conciliātus,** Abl. ū, *m.* (concilio), die atomistische **Vereinigung, Verbindung** der Körper, Lucr. 1, 575 u. a.

conciliciātus, a, um (con u. cilicium), **mit einer (cilicischen) Ziegenhaardecke umhüllt,** von Büßenden, Tert. de pudic. 13.

concilio, āvī, ātum, āre (concilium), zusammenbewegen, -bringen, **I** vereinigend = **vereinigen, verbinden, A** materiell: **1** im Allg.: corpora, Lucr.: dispersa, Lucr. – **2** insbes., mit dem Nbbgr. des Verdichtens = cogere, **verdichten, walken,** vestimentum, Varr. LL. 6, 43. – **B** der Neigung, Gesinnung nach **verbinden** = **befreunden, geneigt machen, gewinnen, 1** im Allg.: res publica nos inter nos conciliatura, Cic.: legiones sibi pecuniā, Cic.: civitatem, gentem alci, Caes. u. Liv.: reges, für sich gewinnen, Nep.: u. so iudicem, Quint.: animos hominum, Cic.: pollicitationibus militum animos, Suet.: m. Ang. **wozu?** durch *ad* m. Akk., alqm ad consulatus petitionem, zur Unterstützung der Bewerbung Cäsars um das Konsulat, Hirt. b. G. 8, 52, 2: ganz absol., conciliare, narrare, Quint. 3, 4, 15: nihil est ad conciliandum gratius verecundiā, Quint. 11, 3, 161: ut concilies (*sc.* eum), Plaut. trin. 386. – **2** insbes. **a** eine Sache der Neigung jmds. zuwenden, d. i. jmd. **für** etw. **gewinnen,** dictis artes conciliasse suas (tyranno), Ov. trist. 3, 11, 42. – **b** v. der Natur, instinktmäßig verbinden, **α** die instinktmäßige Neigung, den instinktm. Trieb eines Ggstds. einem Ggstd. **zuwenden,** jmd. od. etw. auf einen Ggstd. instinktmäßig **hinleiten, hinführen, hinweisen,** quas res quosque homines quibus rebus aut quibus hominibus vel conciliasset vel alienasset ipsa natura, Quint. 5, 10, 17. – u. im *Pass.*, omne animal primum constitutioni suae conciliari, werde zuerst seinem natürlichen Zustand zugewendet, d. i. richte sich zuerst nach s. nat. Z., Sen. ep. 121, 14 (vgl. § 15 *sqq.*): u. primum sibi ipsum conciliatur animal, wendet seine erste Sorge sich selbst zu, Sen. ep. 121, 17. – **β** eine Sache der instinktartigen Neigung jmds. **zuwenden,** d. i. jmds. Instinkt **auf** etwas **hinführen,** frui iis rebus, quas primas homini natura conciliet, Cic. Acad. 2, 131 (vgl. conciliatio *no.* I, b, β). – **II** schaffend, bereitend: **A zur Stelle schaffen, herschaffen, verschaffen, anschaffen, 1** im Allg.: si ullo pacto ille (filius) huc conciliari potest, hierher geschafft, Plaut.: HS tricies, pecunias, sich verschaffen, sich zu verschaffen wissen, Cic. – m. dopp. *Acc.*, cum ei dignatio Iuliā genitam Atiam conciliasset uxorem, Vell. 2, 59, 2. – **2** insbes.: **a** jmdm. ein Mädchen (im guten Sinne) durch Werbung um sie, (im üblen Sinne) durch Kuppelei zur Gemahlin od. Buhlin **verschaffen,** um sie **werben,** sie **kuppeln,** alqam, Komik. u. a.: conciliari viro, Catull.: filiam suam alci, verkuppeln, Suet.: ut sese ad eum conciliarem, Plaut. – **b** käuflich **verschaffen, kaufen,** alci peregrinum Spartanum, Plaut.: alqam pulchre (billig), Plaut.: recte conciliatus (Ggstz. male conciliatus), Komik. – **B zustande bringen, erwirken, gewinnen, erwerben, verschaffen, bereiten, erzeugen, vermitteln,** nuptias, Nep. u. Iustin.: alci principatum, Vell.: sibi voluntatem alcis, Cic.: alci amicitiam cum alqo, Cic.: pacem inter cives, Cic.: pacem inter se, Enn. fr.: sibi amorem ab omnibus, Cic.: otium toti insulae, Nep.: otii nomine servitutem, Nep.: alci incommoda, Lucr.: alci invidiam, Vell.: alci odium omnium hominum, Plin.

concilium, ī, *n.* (viell. *con-calion v. calāre, rufen), **I** die **Vereinigung, Verbindung, 1** im Allg.: c. rerum, Lucr.: genitali concilio arcere, am Zeugungsakt hindern, Lucr.: hoc mihi tecum concilium manebit, so will ich vereint mit dir bleiben, Ov. met. 1, 710. – **2** insbes., die fleischliche **Vereinigung, Begattung,** concilia corporalia, Arnob. 2, 16. – dah. meton., die den Begattungstrieb erregende Pflanze iasine, Plin. 22, 82. – **II** das bewirkte **Zusammenkommen,** die **Zusammenkunft,** das **Stelldichein (Rendezvous)** zweier od. mehrerer, **1** eig.: videre ambas si in uno miles concilio volet, sie beide an **einem** Ort zusammensehen will, Plaut.: hic c. fuit, hier standen zwei zusammen, Plaut.: quod earum (Camenarum) ibi concilia cum coniuge sua Egeria essent, Liv. – **2** meton., die Zusammenkunft = die **Versammlung, a** übh. die **Versammlung** = der **Verein, Kreis,** die versammelte **Schar,** in concilium pastorum se recipere, Cic.: mortalium concilium adire, Curt.: (im Bild) tamquam meretricem in matronarum coetum, sic voluptatem in virtutum concilium adducere, Cic.: bes. v. Versammlungen der Götter usw., seclusum a concilio deorum, Cic.: collocare alqm in concilio caelestium, Cic.: modo ex deorum concilio descendisse, Cic.: abigi ab sede piorum coetu concilioque, Liv.: in illud divinum animorum concilium coetumque proficisci, Cic.: alqm deorum concilio adicere, Val. Max. – **b** insbes., die zu einem gemeinschaftlichen Zweck u. unter Leitung eines Vorsitzenden abgehaltene **Versammlung,** bes. die der Vornehmen, Edlen, Vertreter eines Volks, **Landtag, Bundestag,** der versammelte **Bund,** od. die eines ganzen Volks, **Volksversammlung, α** außer Rom, c. amicorum, Nep.: Gallorum, Liv.: Achaeorum, Arcadum, Liv.: commune Belgarum, Caes.: c. totius Graeciae (bei den isthmischen Spielen), Curt.: c. Achaicum, der ach. Bund (griech. συμπολιτεία τῶν Ἀχαιῶν), Liv.: antiquum gentis c., v. dems., Liv.: concilii eorum (ein Mitglied ihres [des achäischen] Bundes) esse recusare, Liv.: constituere diem concilio, Caes.: indicere concilium, Liv.: c. totius Galliae indicere in diem certam, Caes.: indicere c. Elin (nach E.), Liv.: indicere c. Aetolis Heracleam (nach H.), Liv.: belli pacisque causā c. indici vetare, Liv.: cogere c., Caes. u. Verg.: cogere c. Hypatam (nach H.), Liv.: convocare c., Caes.: c. Latinorum advocare, Liv.: habere extemplo c., Liv.:

habere c. amicorum, Nep.: habere c. plebis (zu Athen), Curt.: ibi (in theatro) c. populi (zu Athen) habere, Nep.: colonos passim concilia facere, Liv.: concilia secreta agere, Liv.: differre concilium in posterum diem, Curt.: c. negare (verweigern), Liv.: c. transferre Lutetiam Parisiorum, Caes.: c. dimittere, Caes.: Boeoticum c. discutere, Liv. – vocare od. advocare alqm in concilium deorum (unter Jupiters Vorsitz), Cic.: alqm adhibere ad concilium, Caes.: adire concilium gentis, Liv.: adhiberi in concilia publica, Liv.: ex concilio abire, Liv.: excedere concilio, Liv.: consurgere ac relinquere concilium, Liv.: dare od. praebere concilium legatis, für die G. eine Vers. (einen Landtag) abhalten (um ihnen Audienz zu geben; auch m. Ang. wo? z. B. Aegi, zu Ägium), Liv. – **β** in Rom, c. sanctum patrum, Hor.: nullum futurum fuisse Romae nisi publicum concilium, Liv.: concilia privata principum cogere, Liv.: vocare in concilium multitudinem, Liv. – bes. von den Zenturiat- od. Tributkomitien (mit dem Zusatz plebis immer v. den Tributkomitien, mit dem Zusatz populi gew. v. den Kuriatkomitien, selten von den Tributkomitien), z. B. concilium advocare legemque ferre, Cic.: plebi concilium edicere (v. den Volkstribunen), Liv.: concilium plebis habere, dimittere, Liv.: permixtum senatui esse populi concilium, Liv.: patres ex concilio (aus den Tributkom.) submovere, Liv. – ► Synk. Genet. concili, CIL 4, 2465.

concinenter, *Adv.* (concinens v. concino), **im Einklang, harmonisch,** Iulian. bei Augustin. c. sec. resp. Iul. 1, 77.

concinentia, ae, *f.* (concino), **I** die **musikalische Harmonie,** der **Einklang,** Macr. somn. Scip. 1, 5, 15 u. a. Mythogr. Lat. 3, 8, 19. Cl. Mam. de stat. anim. 1, 21, 2. Chalcid. Tim. 73. – **II** übtr., die **Symmetrie,** Sidon. epist. 8, 4, 1.

concinerātus, a, um (con u. cinis), **mit Asche bestreut,** Tert. de pudic. 13.

con-cingo, ere, **umschlingen,** Th. Prisc. 4, 1.

concinnātīcius, a, um (concinno), **kunstvoll zusammengefügt,** mensula, Apul. met. 2, 11.

concinnātio, ōnis, *f.* (concinno), **I** die **Zurechtmachung, Zubereitung, Herrichtung,** aquae marinae, Cato r. r. 106: aeonum, Tert. adv. Val. 11. – **II** die **Verfertigung, Abfassung,** epistulae, Auson. epist. 17. p. 177, 2 Schenkl: metrorum, Mar. Victorin. art. gr. 3, 1, 1. p. 100, 9 K.

concinnātor, ōris, *m.* (concinno), **I** der **Ordner,** capitum et capillorum, Friseur, Col. 1. prooem. § 5. – **II** übtr.: **a** der **kunstgerechte** Redner, c. Tullius, Auson. epist. 16, 15. p. 175, 20 Schenkl. – **b** der **Urheber, Erfinder, Aushecker,** deformitatum tantarum, Arnob. 4, 32: criminum, Sidon. epist. 3, 13, 2: causarum, Anstifter zu Prozessen, Ulp. dig. 1, 16, 9. § 2.

concinnē, *Adv.* m. *Compar.* (concinnus), **I kunstgerecht, zierlich,** sed vestita, aurata, ornata ut lepide! ut concinne! ut nove! Plaut. Epid. 222: aquae de sipunculis concinnius saliunt quam de imbribus, Fronto de or. p. 158, 22 N. – **II** v. der Rede, **a** recht **fein,** rogare, Cic. Rosc. com. 49: concinne Timaeus, Cic. de nat. deor. 2, 69. – **b kunstgerecht, harmonisch, in harmonischer Form,** c. loqui, Varr. LL. 6, 57: sunt enim c. distributa, Cic. de or. 2, 81: neque ille concinnius eloquetur, qui se Laconicā brevitate collegit, Auson. grat. act. (VIII) IV, 19. p. 22, 10 Schenkl: verbum usurpatum concinnius aut congruentius aut commodatius, Fronto de orat. p. 162, 6 N.

concinnis, e (Nbf. v. concinnus), **zierlich** (Gloss. subtilis), lucerna, Apul. met. 5, 20.

concinnitās, ātis, *f.* (concinnus), **I** die **kunstgerechte Verbindung,** die **Harmonie,** colorum, Gell. 2, 26, 4. – **II** als rhet. *t. t.* = die harmonische, rhythmische Verbindung der Wörter u. Gedanken, die **abgerundete, abgemessene, symmetrische Form, harmonische Gliederung,** die **Kunstform** der Darstellung, mit u. ohne verborum od. sententiarum, Cic. or. 149; 165 u. 167; Brut. 287 u. 325. – im üblen Sinne, das **Gedrechselte, Gesuchte,** non est ornamentum virile concinnitas, Sen. ep. 115, 2: vitare sententiarum ineptias et concinnitatem, Suet. Aug. 86 R.: Plur., Gell. praef. § 9: blanditiarum concinnitates, wohlgedrechselte Schmeicheleien, Amm. 29, 1, 11.

concinniter, *Adv.* (concinnus), **harmonisch, kunstgerecht,** Gell. 18, 2, 7.

concinnitūdo, inis, *f.* (concinnus) = concinnitas (*no.* II), Cic. de inv. 1, 25. Albin. art. rhet. p. 535, 32 H.

concinno, āvī, ātum, āre (concinnus), **I zusammenfügen,** sodass alle Teile zusammenpassen, gehörig **zurecht machen, -legen** (s. Paul. ex Fest. 38, 1. Ussing Plaut. asin. 215. Spengel Plaut. truc. 4, 3, 19), vinum, Cato: lutum, Plaut.: aream (Vogelherd), Plaut.: cadaver, Apul.: vultum, putzen, Petr.: livorem scapulis suis, zurechtbringen, heilen, Plaut.: munusculum alci, Trebon. in Cic. ep. 12, 16, 3. – **II** übtr.: **a** einer Sache die **rechte Fassung geben,** ingenium (dem Gemüt, Charakter), Sen. ep. 7, 6. – **b** gleichs. **herrichten, anrichten, anstiften, bereiten, erzeugen,** aliquid deditā operā controversiae, Afran. fr.: amorem, Lucr.: multum negotii alci, Sen.: alci factionem, gegen jmd. tückische Ränke spinnen, Capit.: alci turpissimam notam, den sch. Makel anhängen, Arnob.: quantum homo bilinguis concinnet mali, Phaedr. – m. dopp. *Acc.* (wie reddere) = zu etw. **machen** (s. Ussing Plaut. Amph. 525. Brix Plaut. capt. 599), suis (den S.) se levem, Plaut.: c. alqm insanum verbis suis, Plaut.: liberis orbas oves, den Sch. die (noch saugenden) Jungen wegnehmen, Plaut.: eos caecos et superbos, Arnob.: c. annonam caram e vili, Plaut. fr.

concinnus, a, um, **gehörig-, wohl zusammengefügt, I** = **durch Ebenmaß und Harmonie gefallend, kunstgerecht, zierlich, nett, elegant** (vgl. εὔρυθμος), **1** im Allg.: sat concinnā est (virgo) facie, Plaut.: tectorium, Cic.: helluo, nach der Mode, elegant, Cic.: oculi (Ggstz. oc. disconcinni), Fronto. – **2** insbes.: **a** (wie εὔρυθμος) v. der Rede u. übtr. v. Redner = in Bezug auf Wortstellung u. Gedankenfolge **wohlgeordnet, abgerundet, abgemessen, harmonisch, symmetrisch, gefällig** (in der Form), oratio, Cic.: sententiae, Cic.: versus concinnior, Hor. – alii in eadem ieiunitate concinniores, haben eine gefälligere Form, Cic.: c. et elegans Aristo, Cic.: c. in brevitate respondendi, treffend in kurzen Antworten, Nep. – **b** v. Maler, **gefällig** in der Manier, Nicophanes elegans et concinnus, Plin. 35, 111. – **II** subj., c. alci, für etwas **passend, geeignet,** von Pers. **sich fügend, gefällig,** et simul ipsa viris Venus ut concinnior esset, Lucr. 4, 1263: concinnus amicis, Hor. sat. 1, 3, 50. – dah. concinnum est, **es ist bequem, es beliebt,** age, age, ut tibi maxume concinnumst! Plaut. mil. 1024.

con-cino, cinuī, centum, ere (cos. u. cano), **I** *v. intr.* **zugleich-, einstimmig-, harmonisch singen** od. **tönen, 1** eig.: **a** v. Tieren m. Ang. **wobei? woran?** durch *ad* u. Akk., intempestā nocte galli gallinacei concinentes, krähend, Sidon. ep. 2, 2. p. 100, 33 *Sav.:* sic ad vada Maeandri concinit albus olor, Ov. her. 7, 2, – **b** v. Menschen, **α** mit der Stimme, **zusammensingen, einstimmen,** ubi (chorus) certis numeris ac pedibus velut factā conspiratione consensit atque concinuit, Col. 12, 2, 4. – **β** m. einem musikal. Instr., m. *Dat.* = jmd. (mit der Flöte usw.) **begleiten,** tragoedo pronuncianti, Suet. Cal. 54, 1. – **c** von milit. Blasinstr., **zusammenblasen,** auf einmal **ertönen, erschallen, einfallen,** concinunt tubae, Liv.: cornua ac tubae concinuēre, Tac.: ubi signa (die Signale zum Angriff) concinuissent, Liv. – **2** übtr.: **a** mit einer Äußerung zusammentönen, d. i. in einer Äußerung **übereinstimmen,** faxo, ne iuvet vox ista »veto«, quā nunc concinentes collegas nostros tam laeti auditis, Liv. 6, 35, 9. – **b** übh. **übereinstimmen, harmonieren** (Ggstz. discrepare), v. Pers., cum Peripateticis re concinere, verbis discrepare, Cic.: cum Aristone verbis concinere, re dissidere, Cic. – v. Lebl., videsne ut haec concinant? Cic.: omnes inter se concinunt mundi partes, Cic.: m. *Dat.*, cui (Pythagorae dogmati) concinere dicit dogma Platonicum, Chalcid. Tim. 295. – **II** *v. tr.* **einstimmig-, harmonisch singen** od. **ertönen lassen, 1** eig.: **a** v. Pers.: haec cum concinuntur, Cic.: undique concinentes SALVA ROMA etc., Suet.: c. carmen cyclopium (v. Flötenbläser), Solin.: carmen ad clausas fores, Ov.: carmina sub densis ramorum umbris, Catull.: carmina nuptialia voce tinnulā, Catull. – **b** v. milit. Blasinstr.: stridor lituûm clangorque tubarum non pia concinuit cum rauco classica cornu, Lucan. 1, 237 *sq.* – **2** übtr.:

a singen, besingen, im Liede preisen, -feiern, -verherrlichen, laetos dies, Hor.: laudes Iovi, Tibull.: Caesarem maiore plectro, Hor. – **b** als Weissagung, Warnung **verkünden,** v. Weissagevögeln, funestum omen, Prop.: tristia amanti omina, Ov.: v. Pers., mit folg. *Acc.* u. *Infin.*, Prud. cath. 9, 4*sq.*

1. concio, īre, s. con-cieo.

2. concio, ōnis, *f.*, s. cōntio.

conciōnābundus, -iōnālis, -iōnārius, s. cōntiōnābundus etc.

conciōnātor, s. cōntiōnātor.

conciōnor, s. cōntiōnor.

con-cipilo, āvī, āre (concipio), **mit aller Begierde ergreifen, an sich reißen,** Plaut. truc. 621. Naev. com. bei Paul. ex Fest. 62, 6: bona eius, *Apul. apol. 96. p. 106, 18 Kr.

con-cipio, cēpī, ceptum, ere (con u. capio), **zusammenfassen, aufnehmen, auffassen, auffangen, I** im Allg.: **1** eig., vermittelst eines Gefäßes u. dgl., **a** übh.: nuces vix sesquimodio, Varr.: aquam trulleo, Varr. LL.: multum ignem trullis ferreis, Liv.: ingrediendo ventum veste, Quint.: auras (verst. ex tibiis), Ov.: in quibus aura illa concipitur, Quint.: quorum nomina nostro ore concipi nequeant, nicht in unseren Mund genommen, d. i. nicht ausgesprochen werden können, Mela. – **b** Wasser in eine Röhre **fassen** (*t. t.),* Alsietinam aquam, Frontin. aqu. 11; u. so *ibid.* 5*sqq.* – Partiz. subst., concepta commentariorum, die in den Kommentarien verzeichneten Fassungsmaße, Frontin. aqu. 67 u. 73. – **c** Pass. concipī, **α sich ansammeln,** v. Flüssigkeiten übh., ut quisque (umor) ibi (in den Ställen) conceptus fuerit, quam celerrime dilabatur, Col. 1, 6, 5. – **β sich fangen, entspringen,** v. Flüssen, torrens velut ex alio fonte conceptus, Curt.: Ganges multis fontibus conceptus, Mela: Indus conceptam pluribus alveis undam trahit, Mela: torrens imbribus conceptus, ein Gießbach, Col. – **γ** sich ansammelnd **entstehen, sich bilden,** in ea parte nivem concipi, Sen. nat. qu. 4, 12, 1. – bes. v. phys. Übeln, is morbus aestate plerumque concipitur, Col. 7, 5, 14: si ex calore et aestu concepta pestis invasit, Col. 7, 5, 2.

2 übtr., Worte **in eine** (bestimmte, gesetzliche, feierliche) **Formel bringen, die Formel** von etw. **abfassen, -aufsetzen** (als *t. t.):* **a** übh.: verba (iurisiurandi), iusiurandum, Liv.: conceptis verbis iurare, einen förmlichen (feierlichen) Eid schwören, Plaut. u. Liv. (vgl. quod EX ANIMI SENTENTIA iuraris, sicut concipitur more nostro, wie es in der bei uns üblichen Formel heißt, Cic.): verbis conceptissimis iurare, den förmlichsten (feierlichsten) Eid schwören, Petr. 113, 13: conceptis verbis peierare, einen förmlichen Meineid schwören, Cic.: dass. conceptis verbis deierare, Nep. fr. XII, 2 *Stav.*: verbis conceptis affirmare m. folg. Akk. u. Infin., Sen. apoc. 1, 3. – c. vadimonium, Cic.: edictum, obligationem, ICt. – dah. prägn., **α** etw. in feierlicher Formel **aus-** od. **nachsprechen** (vgl. Bach Ov. met. 7, 594. Ruperti Tac. hist. 4, 31, 3), preces, Ov.: vota, Ov.: Q. Marcio Philippo praeeunte in foro votum (v. Volk), Liv.: c. cetera iurisiurandi verba, Tac.: sic verba concipito, sprich folgende Gebetsformel aus, Cato r. r. 139, 1 u. 141, 4: verba iurationis concipit (er schwört) m. folg. Akk. u. Infin., Macr. sat. 1, 6, 30. – **β** in feierlicher (offizieller) Formel **schließen, ankündigen, bestimmen, anordnen,** foedus, Verg.: iustum bellum, Varr. LL.: Latinas (ferias) sacrumque in monte Albano rite, Liv.: nova atque integra auspicia, Liv. – **b** eine Summe in Zahlen fassen, **anschlagen, berechnen, bestimmen,** c. summas (der Gefallenen), Liv. 3, 5, 12.

II insbes., **an** od. **in sich nehmen, annehmen, in sich aufnehmen, 1** eig.: **a** als jurist. *t. t.*, eine Sache bei jmd. **abfangen, abfassen,** penes quem res concepta et inventa est, Paul. sent. 2, 31, 5. – insbes., c. furtum, einen Diebstahl in Gegenwart von Zeugen bei jmd. feststellen, Gell. 11, 18, 9*sqq.* Gaius inst. 3, 186. – **b** eine Flüssigkeit **in sich aufnehmen, an sich ziehen, einsaugen,** concipit Iris aquas, Ov.: vinea omnes imbres limumque concipit, Col.: concipiunt (nubes) multum marinum umorem, Lucr.: madefacta terra caducas concepit lacrimas ac venis perbibit imis, Ov.: ne (frumentum) concepto umore vitietur, Sen.: patere (lass zu) medicamentum concipi venis, Curt. – **c** Feuer, **α** v. Gebäuden u. a. brennbaren Ggstdn., c. ignem od. flammam, **Feuer fangen, angehen** (s. Oudend. Caes. b. 2, 14, 2), z. B. materies, quae nisi admoto igni ignem concipere possit, Cic.: turris concipit ignem od. flammam, Curt. u. Caes.: stuppa iacit flammam concepto protinus igni, Lucr.: herba, cuius radix e longinquo concipit ignes, Plin.: conceptum ignem late od. latius fundere, Curt.: ne sacer tot ab ignibus aether conciperet flammas, Ov.: caedatur omnis silva et Oetaeum nemus concipiat ignes, Sen. poët.: ignitis lapidibus igne concepto, Vulg. 2. Mach. 10, 3. – u. im Bild v. Verliebten, quem mens mea concipit ignem? welch Feuer der Liebe ergreift meinen Sinn? Ov.: concipit interea validos Aeëtias ignes, es erfasst die Ä. heftige Glut, Ov.: cuncto concepit pectore flammam, Catull.: excute virgineo conceptas pectore flammas, Ov. – **β** v. Kalk beim Löschen, c. ignem, **sich erhitzen,** Ov. met. 7, 108. – **d** Luft **aufnehmen, fangen, einziehen,** cum magnam vim venti vela conciperent, Curt.: bucina concepit aëra, Ov.: pars (animae) concipitur cordis parte quādam, quem ventriculum cordis appellant, Cic. – **e** in od. an den Körper aufnehmen, **α** übh.: praecordiis conceptam mortem continere, Cic. Tusc. 1, 96. – **β** befruchtenden Samen in sich aufnehmen, v. der Erde u. dgl., omnia quae terra concipiat semina, Cic.: censes, ante coronam herbae exstitisse, quam conceptum esse semen? Cic.: inde occultas vires et pabula terrae pinguia concipiant, Verg. – **γ** v. weibl. Wesen, **empfangen = schwanger-, trächtig werden,** absol., ubi concepit aliqua, Cels.: cum concepit mula, Cic. – m. *Acc.*, ut id quod conceperat servaret, Cic.: phoenix se ipsa concipit, Mela: concepta crimina (die durch Verbrechen empfangene Leibesfrucht, das Sündenkind) portat, Ov.: ita fit ut sola piscium et animal pariant et ova concipiant, Plin. – u. (im Bild) hoc quod conceptum res publica periculum parturit (mit der der Staat gleichs. schwanger geht), Cic. – mit *ex* od. (selten) m. *de* od. *ab* u. Abl., od. m. *Adv.* **(woher?),** ex illo concipit ales, Ov.: quod erat ex fratre conceptum, Cic.: Tiberius ut ex adulterio conceptus, Suet.: u. (mehr im Bild) funestum illud animal ex nefariis stupris, ex civili cruore conceptum, Cic.: de lupo concepta Nape, Ov.: conceptus a captiva servus, Ov.: Apis bos divinitus conceptus, Mela. – m. *Abl.* **womit?** partum od. alqm conceptum utero habere, Val. Max. – m. *Abl.* **wodurch?** quem pluvio Danaë conceperat auro, Ov.: anguis immanis concubitu conceptus, Cic.: puer furto conceptus, ein Kind von geheimer (unehelicher) Geburt, ein Bastard, Ov.: phoenix non coitu concipitur, Mela. – m. *usque in* u. Akk. der Zeit, feminae (canes) concipiunt usque in annos novem, Col. – dah. prägn., concipe = heirate, Ov. met. 11, 222. – u. Partiz. Perf. subst., conceptum, ī, *n.*, die Leibesfrucht, ne praegnanti medicamentum, quo conceptum excutitur, detur, Scrib. ep. ad C. Iul. Callist. p. 3 R.: coacta conceptum a se abigere, Suet. Dom. 22: u. so timeo ne (ova) iam concepti (*sc.* pulli) sint, schon Junge sind (wir: schon besessen sind), Petr. 33, 5. – **f** eine Frucht usw. **an sich erzeugen, ansetzen,** spicam (v. Halm), Plin.: radicem (v. Baum), ICt. – **g** eine physische Eigenschaft od. Beschaffenheit **annehmen, bekommen,** v. Lebl., alias aliasque vires (v. Flüssen u. Seen), Ov. met. 15, 336. – c. acorem, amaritudinem, sauer, bitter werden, Col.: saporem salis, Pallad.: teporem, lauwarm werden, Pallad. – od. ein phys. Gut od. Übel **bekommen, sich zuziehen,** v. leb. Wesen, eo sapore cupidinem bibendi pascendique (v. Schafen), Col.: veram noxam (Schaden am Körper), Col.: aes alienum, Schulden machen, ICt. – **h** mit den Augen auffassen = **wahrnehmen,** qui haec tanta oculis bona (so viel Schönes) concipio? Plaut. Poen. 277.

2 übtr., **a** übh. **an sich** od. **in sich aufnehmen,** ein moral. Übel **sich zuziehen, auf sich laden,** dedecus (Schande), Cic.: vitia, Cic.: dolor a se ipso conceptus, von selbst entstandener (Ggstz. a deo immissus), Cic.: illa macula Mithridatico bello superiore concepta, Cic.: aliquot iam per annos concepta huic ordini turpitudo atque infamia, anhaftende, Cic. – m. *ex* u. Abl., maculam ex paterno sanguine, Cic.: furorem ex maleficiis, Cic. – **b** etw. Straffälliges **auf sich laden, begehen,** tantum scelus, Cic.: malum aut scelus, Cic. – m. *in* u. Akk., non istum (Verres) maius in sese (gegen das röm. Volk) scelus concepisse, Cic. – m. *cum* u. Abl., quod flagitium Lentulus non cum Autronio concepit? Cic. – m. *Abl.* (durch), violandā re publicā fraudes inexpiabiles, Cic. Vgl. Benecke Cic. Cat. 2, 7. – **c** (m. u. ohne animo, mente u. dgl.) etw. in die Seele, in die Gedanken, in das Gefühl aufnehmen = etw. **in sich entstehen** od. **aufkommen lassen,** ihm **Raum geben, Eingang finden lassen, in sich nähren, im Busen hegen, empfinden, fühlen,** tanta flagitia (schmähliche Behauptungen) animo, Cic.: iram intimo animo et corde, Cic.: animo ingentes iras, Ov.: c. mente vaticinos furores (Begeisterung), Ov.: pectore robur, Kraft im Busen fühlen, Verg.: tantum robur intra pectora pro facto spemque metumque suo, Ov.: corde metus, Stat.: auribus tantam cupiditatem, Cic.: pectora concipiunt alios motus, das Herz wird von anderen Regungen ergriffen, Verg. – ohne *animo* u. dgl., spem regni, Liv.: spem suae mortis, Ov.: spem ostentis, Suet.: tantam od. ingentem iram, Curt. u. Iustin.: odium in alqm, Cic.: inimicitiae privatae ex praetura conceptae, Caes.: furor incredibilis biennio ante conceptus, der unbegreifliche u. wahnsinnige Gedanke, der zwei Jahre vorher unter m. K. gefasst war, Cic.: c. curam ducis, die Führung (das Kommando) übernehmen, Verg. – bene concepti affectus, tief empfundene Gefühle, Quint. – dah. (mit [u. poet. ohne] spe, mente) **der Hoffnung auf** etw., **dem Gedanken** an etw. **Raum geben, auf** etw. **hoffen,** nach etw. **streben, trachten, auf** etw. **sinnen,** scelus, Cic.: hoc spe concipere, audacis animi esse, Liv.: concipit aethera mente, Ov.: c. thalamos alieni orbis, Ov. – non servili animo c. m. folg. *Infin.* = den nicht sklavischen Entschluss fassen, zu usw., Tac. ann. 2, 39. – **d** etw. in die Phantasie aufnehmen = etw. **sich vorstellen** (von etw. **sich eine Vorstellung machen), sich einbilden, (sich) denken,** gew. m. *Abl.* animo, mente (s. Drak. Liv. 9, 18, 8), **α** übh.: agedum inaugura, fierine possit, quod nunc ego mente concipio, Liv.: quantalibet magnitudo hominis concipiatur animo, unius tamen ea magnitudo hominis erit, Liv.: quid mirum si in auspiciis … imbecilli animi superstitiosa ista concipiant? Cic.: opulentia (Reichtum), quantam qui oculis non subiecere, animis concipere non possunt, von dessen Größe sich diejenigen, die ihn nicht mit Augen gesehen, keine Vorstellung machen können, Curt.: protinus concepit ›Italiam‹ et ›arma virumque‹, dachte sich I. usw. (= kam auf den Gedanken, die Äneide zu dichten), v. Vergil, Mart. 8, 56, 19. – m. folg. *Acc.* u. *Infin.*, concepit, (Germanos) esse homines, qui etc., Vell. 2, 117, 3: forsitan et lucos illic urbesque deorum concipias animo esse, Ov. met. 2, 77. – m. folg. indir. Fragesatz, concipere animo potes, quam simus fatigati, Plin. ep. 3, 9, 24. – Partiz. Perf. im Plur. subst., mente concepta, ōrum, *n.*, das **Vorgestellte, Gedachte,** die **Gedanken, Einbildungen,** Quint. 5, 10. § 1 u. 4: mente concepta sensus vocamus, Quint. 8, 5, 2. – **β** = etw. **ahnen, argwöhnen,** nec nutrix etiamnum concipit ullum mente nefas, Ov.: nec tantos mente furores concipit, ihr kam in die Seele kein Gedanke von solcher Wut, Verg. – **e** in die Erkenntnis, in das Bewusstsein aufnehmen, **auffassen, erkennen, begreifen,** principio rerum omnium quasi adumbratas intellegentias animo ac mente c., Cic.: habere bene cognitam voluptatem et satis firme conceptam animo atque comprehensam, wohlverstanden u. ziemlich bestimmt aufgefasst u. begriffen haben, Cic.: si qua divinae opis auguria mente concipi possent, Curt. – m. folg. *Acc.* u. *Infin.*, quod enim ita iuratum est, ut mens conciperet fieri oportere, id servandum est, jeden Eid, den man mit dem Bewusstsein geschworen hat, man sei zu seiner Erfüllung verpflichtet, muss man halten, Cic. de off. 3, 107. – ► arch. Infin. Präs. Pass. concipei, CIL 1, 205. col. I, 45 u. 48.

concīsē, *Adv.* (concīsus), **abgebrochen, kurzgefasst,** eā (parte philosophiae) non tam est minute atque concise (bis ins einzelne u. in gedrängter Schlussform) in actionibus utendum quam in disputationibus, Quint. 12, 2, 11: non c. ululabant, Vulg. num. 10, 7.

concīsio, ōnis, *f.* (concīdo), **I** das **Zusammenhauen, Niederhauen, Verderben,** Vulg. Ioël 3, 14 (19) u. a. – **II** übtr.: **a** die **Zerschneidung, Zerteilung,** Hier. Did. de spir. scto 13. Vulg. Philipp. 3, 2. – **b** (rhet. *t. t.*) die **Zerstückelung** der Sätze in kleinere Satzglieder, Cic. part. or. 19. – **c** (gramm. *t. t.*) **1** = *apocope* (s. d.), Prisc. partit. XII vers. Aen. 12. § 212 p. 511, 27 K. – **2** = *syncope,* Prisc. 3, 42 u. 7, 24.

concīsor, ōris, *m.* (concīdo), **a** der **Zerschneider,** absol., od. m. *Genet.*, lignorum, Eccl. – **b** der **Niederhauer, Fäller,** nemorum, Coripp. 4, 22.

concīsōrius, a, um (concīdo), **zum Schneiden dienlich,** Veget. mul. 1, 56, 31 zw.

concīsūra, ae, *f.* (concīdo), **I** die **Zerteilung, Verteilung,** aquarum, Sen. ep. 100, 6. – **II** die **Ritze, Höhlung,** Plin. 34, 63.

concīsus, a, um, *PAdi.* (v. 1. concīdo), **abgebrochen, kurzgefasst, a** v. Ton, insonuerit vox tubae longior atque concisior, Vulg. Ios. 5, 5. – **b** v. der Rede, sententiae, Cic.: concisae et angustae disputationes, Cic.: altera (oratio) perpetua, altera concisa, Quint.: distincte concisa brevitas, in kurzen und doch deutlichen Sätzen, Cic. – subst., brevia illa atque concisa, kurze u. abgebrochene Sätze, Quint. – prägn., v. Redner, Cic. or. 40.

concitāmentum, ī, *n.* (concito), das **Reizungsmittel,** Sen. de ira 3, 9, 2. Fulg. myth. 3. 8. p. 73, 6 H.

concitātē, *Adv.* m. *Compar.* u. *Superl.* (concitatus), **I** in der Bewegung, **schleunig, hastig,** c. agitur pecus, Col. 6, 6, 4: concitatissime rapere alqd, Augustin. de civ. dei 5, 26: ad mortem concitatissime tendunt od. properant, Lact. 5, 1, 9 u. 6, 1, 9. – **II** v. der Rede, **hastig, heftig, im Affekt** (Ggstz. remisse, moderate), c. dicere, Quint. 8, 3, 4; 10, 2, 23 u. ö.: concitatius dicere (Ggstz. lenius d.), Quint. 1, 8, 1; 3, 8, 68: concitatius affectus movere, Quint. 12, 10, 26: si aliquando *concitate* (im Feuer der Aufregung) itur, numquam non *frigide* reditur, Quint. 11, 3, 133.

concitātio, ōnis, *f.* (concito), das **Sich-in-Bewegung-Setzen: 1** die **rührige, schleunige Bewegung,** remorum, der schnelle Ruderschlag, Liv. 44, 28, 10. – **2** die **unruhige Bewegung,** *pass.*, **a** die polit., der **Auflauf** der Volksmenge, plebi contra patres c. et seditio, Cic. Brut. 56: crebrae ex concursu multitudinis concitationes fiebant, Caes. b. 3, 106, 5. – **b** die innere **Aufregung, α** des Gemütes, die **Gemütsaufregung, Leidenschaftlichkeit,** klass. immer mit Genet. animi, z. B. animi c. nimia, ab omni concitatione animi semper vacare, Cic.: concitationem (zornige Aufr.) animorum frangere, Liv. – im Plur., hae tam graves concitationes, Cic.: concitationes, coërcitiones, Augustin.: tuae vehementiores animi concitationes, Cic. – nachaug. absol., quā concitatione consurgat ira, Quint.: aliā modulatione *concitationem* iudicum, aliā *miserationem* petimus, suchen wir die R. in eine aufgeregte …, in eine mitleidige Stimmung zu versetzen, Quint. – **β** des Geistes, die **Geistesaufregung,** das **Leben,** das **Feuer,** klass. immer concitatio animi od. mentis (des Weissagers), Cic. – nachaug. absol. v. Feuer des Redners, tanta in eo vis est, id acumen, ea concitatio, ut illum eodem animo dixisse, quo bellavit, appareat, Quint. 10, 1, 114.

concitātor, ōris, *m.* (concito), **I** der **Aufreger, Aufwiegler,** tabernariorum, Cic. de domo 13: absol., Sen. de ira, 3, 2, 3. – **II** der **Erreger** = Anstifter, seditionis, Cic.: belli, Hirt. b. G.: turbae ac tumultus, Liv.

concitātrīx, trīcis, *f.* (Femin. zu concitator), die **Erregerin, erregend,** eruca c. Veneris, Plin. 19, 154: concitatricem vim habet satyrion, Plin. 26, 96: invidia turbarum acerrima c., Amm. 21, 13, 12.

1. **concitātus,** a, um, *PAdi.* m. *Compar.* u. *Superl.* (concito), **an-, aufgeregt, I** in rührige Bewegung gesetzt, **angetrieben, rührig, beschleunigt, schleunig, hastig** (Ggstz. tardus), **a** übh.: haud paulo concitatiore cursu quam secutus erat fugiens, Liv.: caeli conversio est concitatior, Cic. – v. leb. Wesen, c. sequentium agmen, der andrängende, Curt.: concitato equo ad hostem vehi, auf den Feind lossprengen, Nep.: concitato equo in alqm impetum facere od. in medium hostium agmen irrumpere, Val. Max.: quam concitatissimos equos immittere, im gestrecktesten Lauf-, im Galopp ansprengen, Liv. – **b** v. Gebärde u. Stimme, **erregt, heftig, laut** (Ggstz. remissus), concitatissimus corporis motus, Quint.: modos pronuntiationis plus iusto concitatos revocare (Ggstz. nimis remissos excitare), Val. Max.: erectā et concitatā voce (Ggstz. summissā et contractā

voce), Quint. – accidens concitatior clamor, Liv. – **II** innerlich **aufgeregt, a** gemütlich, **leidenschaftlich, heftig** (Ggstz. remissus, lenis, mitis), animus c. (Ggstz. remissus a.), Quint.: pater c. (Ggstz. lenis p.), Quint.: affectus concitati (Ggstz. remissi, mites atque compositi, flebiles), Quint.: mores (equi), qui sunt ex placido concitati et ex concitato mitissimi, Col.: concitatissima est in mortem rabies, si etc., Sen. rhet. – **b** geistig, v. der Rede u. übtr. v. Redner, **erregt, lebhaft, schwungvoll,** c. semper oratio, Quint.: Lucanus ardens et c., Quint.: Callicles adhuc concitatior, Quint.

2. concitātus, Abl. ū, *m.* (concito), die **Aufregung,** Sidon. carm. 23, 366.

concitē, *Adv.* (concieo), **schleunig** (Ggstz. tardius), Plin. Val. 3, 20. Ven. Fort. 8, 16, 3. Greg. in Iob 15, 19 *extr.*

con-cito, āvī, ātum, āre (*Frequ.* v. concieo, concio), **immer und immer anregen** od. **aufregen, I** nachhaltig in Bewegung setzen od. erhalten, **1 in rasche Bewegung (in raschen Lauf)-, in Schwung setzen, zu rascher Bewegung (zu raschem Lauf) antreiben, a** physisch: **α** lebl. Objj.: naves, Liv.: navem remis, Liv.: classem vehementi remorum ictu, Curt.: telum ex insidiis, Verg.: aber emittere missilia cum procursu, quo plurimum concitantur tela, in Schwung gesetzt werden, Liv. – acrius ob nimiam festinationem concitato spiritu (Atem), Curt. – **β** leb. Wesen: c. equum, c. equum permittereque in hostem, Liv.: equum calcaribus, Liv.: equum contra alqm, Liv., in alqm, Nep.: equos adversos, gegeneinander ansprengen, Liv.: equos in diversum iter, Liv.: turmas in obvios, Curt.: boves in cursum, Col.: accensis cornibus armenta in adversos montes, Liv.: beluam (Elefanten) in fugam, Curt. – aciem, vorwärts treiben, Liv. 2, 64, 6: se in hostem, auf den F. stürzen, Liv.: se alis in Teucros, sich schwingen, Verg.: se in fugam, Liv. – magno cursu concitati, im Sturmlauf, Caes. – bes. durch den Ruf der Stimme zum Kampf **herbeiziehen, herbeirufen, aufbieten,** multis utrimque interfectis maiorem multitudinem armatorum, Caes.: omnem iuventutem suam, Liv.: servos ex omnibus vicis, Cic. – **b** auf Neigung u. Willen einwirkend jmd. **anregen, antreiben, aufstacheln, veranlassen,** iudicem ad fortiter iudicandum, Quint.: colonias ad audendum aliquid, Suet. – im Passiv, concitari alcis cohortatione ad studium cognoscendae percipiendaeque virtutis, Cic.: ad despiciendam vitam exemplo manipularis militis concitatus, Suet. – m. folg. *Infin.*, Ov. met. 13, 226. – **2** nachhaltig in unruhige Bewegung setzen, **aufregen, in Aufruhr bringen, erschüttern, a** physisch: fluctus, Acc. fr.: ventos ac maria carminibus, Mela: mare acriore vento concitatum, Curt.: eversas concitat eurus aquas, Ov. – artus, aufschütteln, erschaudern machen, Lucr. – u. als mediz. *t. t.*, venas, das Blut in Wallungen bringen (Ggstz. resolvere venas, sich beruhigen, von Sonnenhitze, Gemütsbewegungen), Cels.: carcinoma, in einen gereizten Zustand versetzen, Cels. – **b** politisch **aufregen, aufreizen, aufwiegeln, alarmieren,** opifices, Cic.: servitia, Sall.: non modo nationes, sed etiam servitia, Asin. Poll. bei Cic.: suos, Caes.: multitudinem, Nep.: contio concitata, Cic. – familiam seditionibus, Col. – exercitum adversus regem, Liv.: Etruriam omnem adversus Romanos, Liv. – omnem Galliam ad suum auxilium, Caes.: suā sponte iam motos metu poenae haud difficulter ad arma, Curt.: validos Titanas in arma (v. Saturn), Ov. – **c** gemütlich, leidenschaftlich **aufregen,** in **Aufruhr bringen** (Ggstz. mitigare), πάθος concitat, ἦθος solet mitigare, Quint.: u. im Passiv, alterum, quod Graeci παθητικόν nominant, quo perturbantur animi et concitantur, Cic.: mirabile esse videtur hominem totiens irasci, totiens dolere, totiens omni motu animi concitari, Cic.: animi quodam impetu concitatus, Cic. – u. so zur Begeisterung, cum a corpore animus abstractus divino instinctu concitatur, Cic. – zum Mut, Wettstreit, his inter se vocibus concitati inferunt pedem (v. Soldaten), Liv.: modi in certaminibus sacris non eādem ratione concitant animos ac remittunt, Quint. – gew. zum Zorn, zur Wut jmd. **aufregen, aufbringen, aufreizen, aufstacheln, in Harnisch bringen, zum Zorn, zur Wut entflammen** (Ggstz. flectere [umstimmen], lenire, placare, mitigare), iudices, Quint.: tumultuario nuntio milites, Curt.: aliquando frangi aspectu pignorum suorum, saepius concitari, Tac.: iniuriis contumeliisque concitatus, Sall.: concitatus irā Poenus, Liv. – c. animum in iram, Curt.: se in iram, Quint. – is in te non expilatione Asiae, squalore ac lacrimis Siciliae concitetur? Cic.

II aufregend zur Erscheinung bringen, **erregen, hervortreiben, hervorrufen, veranlassen, a** physische Erscheinungen u. Zustände: pronuntiatione C. Gracchum in deflenda fratris nece totius populi Romani lacrimas concitasse, Quint.: c. risum, Cic.: videte subito desiderio fletus concitatos, Sen. rhet. – bes. als mediz. *t. t.*, c. somnum (v. einem Trank), Plin.: pituitam, Absonderung des Schl. bewirken, Cels., od. (Ggstz. pituitam minuere) den Andrang des Schl. vermehren, Cels.: morbum (v. körperl. Übeln usw.), Cels. – **b** politische, kriegerische usw. Zustände: c. tumultum (Ggstz. sedare tumultum), Caes.: seditionem ac discordiam, Cic.: nova quaedam miscere et c. mala, Cic.: Etruscum bellum pro Veiente, Liv.: magnum bellum in Cappadocia, Cic.: per totum simul orbem Romanis bellum, Liv.: nocivum sibi periculum, Phaedr.: sibi pugnam, einen Kampf (der Meinungen) gegen sich, Quint.: pugna atrox concitatur (entspinnt sich), Liv. – **c** Gemütszustände: magnam exspectationem sui, Cic.: populi misericordiam, Cic.: iram, invidiam, odium, Cic. – invidiam in alqm, Cic.: odium in alqd, magnum odium in alqm, Cic.: in rem gravem offensionem, Cic. – **d** geistige Zustände: error vanis concitatus imaginibus, Val. Max. 9, 9 *in.*

concitor, ōris, *m.* (concieo), **I** der **Aufreger, Aufwiegler,** vulgi, Liv. 44, 10. § 10. – **II** der **Erreger** = Anstifter, belli, Liv., Tac. u. a.: auctor et concitor eius belli, Iustin.

conciuncula, ae, *f.*, s. cōntiuncula.

concīvis, is, *m.* = συμπολίτης, der **Mitbürger** (klass. civis), Tert. de resurr. carn. 41; ad Marc. 5, 17 u. spät. Eccl.

concla, ae, *f.*, s. conchula.

conclāmātio, ōnis, *f.* (conclamo), das **laute Rufen, -Geschrei** (bes. mehrerer), u. zwar sowohl **Freudengeschrei,** Caes., als **Klage-** u. **Angstgeschrei,** Sen. u. (auch im Plur.) Tac.

conclāmātus, a, um, *PAdi.* (v. conclamo), **I** beschrien = **bekannt,** conclamatissimus, Sidon. ep. 6, 1 u. a. – bes. als verderblich beschrien, **verderblich,** herbae conclamati frigoris, Macr. sat. 7, 5. § 26. – **II beklagenswert,** res, Serv. Verg. Aen. 2, 233.

conclāmito, āre (*Intens.* v. conclamo), **heftig-, laut rufen, schreien,** conclamitare (*Infin. hist.*) pater totā urbe, Plaut. merc. 47.

con-clāmo, āvī, ātum, āre, **I aufschreien, ausrufen, laut rufen, laut verkünden,** gew. v. mehreren, conclamatur ad arma, es wird zu den W. gerufen = der Befehl gegeben, sich kampfbereit zu machen (milit. *t. t.*), Caes. u. Liv. – m. *Acc.*, Italiam primus conclamat Achates, Italien! ruft zuerst Ach. aus, Verg.: c. latrones, Räuber! Räuber! rufen, Apul.: c. incendium, Feuer! Feuer! rufen, Feuerlärm schlagen, Sen.: ebenso c. ignem, Apul.: c. vasa, das Heergerät ausrufen = den Befehl geben, das H. einzupacken, sich marschfertig zu halten (milit. *t. t.*), Caes.: so auch absol., conclamari iussit, Caes. – m. *Acc.* u. *Infin.* = **laut ausrufen, laut verkünden, laut bezeugen,** conclamant omnes occasionem negotii bene gerendi amittendam non esse, Caes.: cum vos universi unā mente atque voce iterum a me conservatam esse rem publicam conclamastis, Cic.: manu ac voce capta castra (esse) conclamavit, Tac.: u. im *Pass.*, ergo nunc iam vis conclamari auctionem fore, Plaut. – m. folg. *ut* u. Konj. od. m. bl. Konj. = **laut auffordern, laut fordern,** conclamaverunt, uti aliqui ex nostris ad colloquium prodiret, Caes. b. G. 5, 26, 4: id modo a multitudine conclamatum est, ut L. Valerium et M. Horatium ad se mitterent, Liv. 3, 50, 16: conclamantibus omnibus imperaret, quod vellet, Caes. b. c. 3, 6, 2: itaque conclamant, duceret, quo videretur, Curt. 4, 1 (5), 29. – m. folg. indir. Fragesatz, conclamavit, quid ad se venirent, Caes. – m. folg. direkter Rede, ubi abit, conclamo: *Heus quid agis* etc.? Plaut.: Gaio *feliciter!* conclamavit, Petr. – So nun bes.: **a** v. freudigen Ausruf, Zuruf, ad quorum casum cum conclamasset gaudio Albanus exercitus, vor Freude aufgeschrien, ein Freudengeschrei erhoben hatte, Liv.: conclamat omnis multitudo, Caes. – m. *Acc.* = **laut rufen,** c.

victoriam, Sieg! Sieg! rufen, Caes.: laetum paeana, Siegesjubel anstimmen, Verg. – od. = **unter Geschrei genehmigen,** quod Mithridates se velle dixit, id sutores et zonarii conclamaverunt, Cic. – **b** v. Kriegsgeschrei, dato signo ut universi conclamarent, Curt. – **c** v. Klagegeschrei, conclamat vir paterque, Liv. – m. folg. direkter Rede, *hei mihi!* conclamat, Ov. – m. *Acc.*, c. alqm, jmd. an der Bahre od. übh. **als tot bejammern, -beklagen, α** an der Bahre (vgl. Thiel Verg. Aen. 4, 674. Jahn Ov. trist. 3, 3, 43), c. partem tori, Stat: corpora conclamata, Lucan. u. Apul.: c. suprema cum gemitu, die letzte Ehre durch Totenklage erweisen, Amm.: u. so post conclamata suprema, nach Erweisung der letzten Ehre durch Totenklage, Ps. Quint. decl. – **β** übh. (einen in der Schlacht gefallen od. in der Fremde gestorben Geglaubten) **als tot bejammern, den Verlust** jmds. **beklagen,** c. suos, Liv. 4, 40, 3: domi tuae iam defletus et conclamatus es, Apul. met. 1, 6; vgl. 2, 27. – u. c. alqd, etw. als verloren **laut beklagen, verloren geben,** salutarem quendam genium affulsisse conclamatis negotiis, Amm. 15, 8, 21: rerum acerbitates iam conclamatas et perditas, Amm. 20, 8, 17: u. solitis fletibus c. m. folg. Akk. u. Infin., Amm. 19, 1, 11. – u. sprichw., conclamatum est, es ist aus, es ist alles verloren, Ter. eun. 348: u. so actum et conclamatum est ni caverit Graecia, Amm. 18, 6, 18. – **II** mehrere **zusammenrufen,** c. socios, Ov. met. 13, 73: duros agrestes, Verg. Aen. 7, 504. – **III** berufen, beschreien = **anschreien,** immensis conclamata querelis saxa senis, der von unendlichen Klagen des Greises umjammerte Fels, Mart. 9, 45, 5.

conclausus, a, um, s. conclūdo ►.

conclāvātus, a, um (con u. clavis), **unter einem Verschluss befindlich,** Paul. ex Fest. 58, 1.

conclāve, is, *n.* (con u. clavis), ein »Verschluss«, **a** für Menschen, jedes verschließbare **Gemach, Zimmer,** insbes. bald **Speisezimmer,** bald **Schlafgemach** (dagegen cubiculum, **Ruhezimmer**), Cic. u. a.: in conclavi edito recubare, Nep.: cenatum, cubitum in idem conclave cum alqo ire, Cic.: conclave concĭdit, Cic.: huius in sedibus pro cubiculis stabula, pro conclavibus (Speisezimmer) popinae sunt, Cic. – **b** für Tiere, der **Behälter, Stall,** Col. 8, 1, 3. – ► Genet. Plur. conclavium, Vitr. 7, 9, 2. – ► Nbf. **conclāvium,** ī, *n.*, Virg. gramm. epit. 5. p. 46, 11 H., wovon conclaviorum,Vitr. 6, 3, 8.

conclēricus, ī, *m.*, der **Mitkleriker,** Augustin. ep. 88, 6 u. 122 *lemm.* Iulian. epit. nov. 115, 475.

conclūdo, clūsī, clūsum, ere (con u. cludo = claudo), **verschließen** = **beischließen, einschließen, beistecken, einsperren, absperren, I** eig.: **a** leb. Wesen u. lebl. Ggstd., eos, magnam hominum multitudinem, Cic.: bestias delectationis causā, Cic.: conclusa aqua facile corrumpitur, Cic. – m. *Adv.* **wohin?** oder m. *in* u. Akk., ut ab illa excludar, huc concludar (im Bild, scherzh. = dass mir jene genommen wird, diese mich nimmt), Ter. Andr. 386: c. se in cellulam cum illa, Ter.: c. in vincla bestiam nequissimam, Plaut.: cistellulam in vidulum, Plaut.: u. (im Bild) ius civile in parvum quendam et angustum locum, Cic. – m. *intra* u. Akk., amicos intra dentes (hinter den Z.) conclusos habere, Plaut. trin. 909. – im Passiv m. *Adv.* **wo?** oder m. *in* u. Abl., conclusam hic uxorem habeo saevam, Ter.: si forent conclusi in cavea, ut pulli gallinacei, Plaut. (aber Cic. Tim. 10 jetzt mit den besten Hdschrn. animum inclusit in corpore, u. Cic. Verr. 4, 54 apte in scaphiis aureis includebat). – mit *Abl.* **wodurch?** se loco calce arenāque perpolito, Vitr.: aurae follibus conclusae, Hor. – **b** eine Örtl. **einschließen, abschließen, absperren,** v. Pers., maria, abdämmen, Sen.: locum sulco, Verg. – v. anderen Örtl., c. mediam (Mesopotamiam) ab utroque latere (v. Tigris u. Euphrat), Curt. – conclusus locus, Lucr. u. Hor. (u. so im Kompar., locus conclusior, Hyg. astr. 4, 14); conclusum mare, das eingeschlossene, eingeengte, das Binnenmeer (Ggstz. vastissimus atque apertissimus Oceanus), Caes.: piscina porticibus conclusa, Suet. – dah. prägn., jmd. (= jmds. Körper) **verstopfen,** ne pituita eos (phasianos) concludat, Pallad. 1, 29, 3.

II übtr.: **a einschließen, einengen,** in einen engen Raum **zusammenfassen,** angustia conclusae orationis, Cic. – m. *in* u. Akk., tot res tantas tam opportune in unum diem, Ter.: alqm in angustissimam formulam sponsionis c., Cic.: in hanc formulam omnia iudicia legitima conclusa et comprehensa, Cic.: nisi ut equester ordo in huiusce legis periculum concludatur, dass sich die G. dieses Gesetzes nur auf den Ritterstand erstreckt (beschränkt), Cic. – m. *Abl.* **wodurch?** deutsch **in** etw. **umfassen,** quartus dies hoc libro concluditur, Cic.: uno volumine vitam excellentium virorum complurium, Nep.: ea (vis) verbis interdicti non concluditur, Cic.: omnia fere quae sunt conclusa artibus, dispersa ac dissipata quondam fuerunt, Cic. – **b** in ein abgeschlossenes Ganzes bringen, **α** übh. **abschließen, zum Abschluss bringen,** epistulam, Cic.: crimen decumarum (in der Rede), Cic.: aliquando totam huius generis orationem c. atque definire, Cic.: c. tempora, Lucr.: invenietis id facinus *natum* a cupiditate, *auctum* per stuprum, crudelitate *perfectum atque conclusum,* Cic. Verr. 2, 82. – u. als rhet. *t. t.* v. Schluss des Vortrags od. v. Epilog, mit etw. **zum Abschluss kommen,** ut ea ipsa concludamus aliquando, Cic.: perorationem inflammantem restinguentemve c., Cic. – absol., ut concludamus atque ita peroremus, Cic. – **β** (als rhet. *t. t.*) die Rede, Gedanken rhythmisch, periodisch **abschließen,** zu einem Ganzen **abrunden** (s. Ellendt Cic. Brut. 33 *ed.* 1), sententias explere concludereque, Cic.: c. versum, Cic.: horridā oratione neque perfectā neque conclusā (Ggstz. levi et structā, et terminatā), Cic. – m. *Abl.* **womit? wodurch?** verbum gravi od. acuto tenore, Quint.: sensus (nachaug. = sententia) numeris conclusus, Quint. – **γ** (als philos. *t. t.*) syllogistisch (in syllogistischer Form)-, zu einem Schluss **zusammenfassen, zusammenstellen, einen Schluss ziehen, schließen, in Schlussform folgern** (s. Holstein Cic. de fin. 3, 27), argumentum, Cic.: argumenta sententiae, Cic.: rationem hoc modo, Cic.: argumentationem, die Reihe der *argumenta* zum Resultat zusammenstellen, Cic.: satisne hoc conclusum (esse) videtur? scheint dir dieser Schluss genügend? Cic. – mit *ex* u. Abl., commodius arbitror ex rebus concessis concludi quod velis, Cic. – m. folg. *Acc.* u. *Infin.*, deinde concludebas summum malum esse dolorem, Cic.: quattuor sunt capita, quae concludant (zu dem Schluss führen sollen) nihil esse, quod nosci, percipi, comprehendi possit, Cic.: u. so im *Abl. absol.*, perfecto et concluso (wenn es abgemacht u. schlusskräftig [d. i. erwiesen] ist) neque virtutibus neque amicitiis usquam locum esse, nihil praeterea est magno opere dicendum, Cic. – absol. = **einen Schluss ziehen** od. **machen, schließen, in Schlussform folgern,** ille concludit astrictius, hic latius, Quint.: ea sumunt ad concludendum, quorum iis nihil conceditur, Cic.: argumenta ratione concludentia, vernunftgemäße Schlüsse, Cic. – **c abschließen** = begrenzen, luctuosam vitam termino funestiore conclusit, Paul. b. Augustin. serm. 322. – ► Solözist., conclausa semina, Col. 3, 12, 2.

conclūsē, *Adv.* (conclusus, *Partic.* v. concludo), rhythmisch **abgeschlossen, abgerundet,** concluse apteque dicere, Cic. or. 177.

conclūsio, ōnis, *f.* (concludo), die **Verschließung** = die **Einschließung, Abschließung, I** eig., die **Einschließung** einer Örtl. usw., **α** übh.: cuneorum, Vitr.: palpebrarum, Cael.: conclusiones portuum, Vitr. – **β** als milit. *t. t.*, die **Absperrung,** die **Sperre,** die **Blockade,** diutina, Caes.: in hac conclusione, Nep.: in conclusionibus, Vitr. – **II** übtr., der **Abschluss, a** übh. = das Ende, c. muneris ac negotii tui, Cic. – als rhet. *t. t.*, der **Ausgang** der Rede, der **Schluss,** als letzter Teil der Rede (griech. ἐπίλογος, lat. auch peroratio), orationis, Cic.: im Zshg. gew. absol. (auch im Plur.), Cic. – **b** (als rhet. *t. t.*) der rhythm. **Abschluss** der Worte u. Gedanken, die **Abrundung,** u. konkr. die **abgeschlossene, abgerundete Periode** (s. Ellendt Cic. Brut. 33 *ed.* 1), c. verborum, Cic.: verborum quaedam ad numerum c., Cic.: c. sententiarum, Cic. – im Zshg. gew. absol., sermo brevis et unā conclusione finitus, Quint.: post inventa c. est, Cic.: praecisae conclusiones, knappe Perioden, Quint. – **c** (als philos. *t. t.*) die **Bildung** eines Schlusses, die **Schlussfolgerung,** argumenti, Quint.: rationis, ein Vernunftschluss, Cic.: rationis apta c., Cic. fr. – od. absol., c. simplex, Cic.: c. brevis, Cic.: alcis breves et acutulae conclusiones, Cic. – als rhet. Fig., Rhet. Her. 4, 41; vgl. Quint. 9, 3, 98.

conclūsiuncula, ae, *f.* (*Demin.* v. conclusio), die **Schlussfolgerung** (verächtl.), fallaces conclusiunculae (= σοφίσματα), elende Trugschlüsse, Cic. Acad. 2, 75: contortulae quaedam et minutulae conclusiunculae, verschrobene u. kleinliche Schlussfolgerungen, Cic. Tusc. 2, 42.

conclūsūra, ae, *f.* (concludo), die **Verbindung, Fuge,** Plur. b. Vitr. 6, 8 (11), 3.

1. **conclūsus,** Abl. ū, *m.* (concludo), das **Zusammenschließen, Verschließen,** corporis, Cael. Aur. chron. 1, 4, 77.

2. **conclūsus,** a, um (auch *Compar.*), s. conclūdo.

concoctio, ōnis, *f.* (concoquo), das Zerkochen der Speisen im Magen, die **Verdauung,** prägn. = die **gute Verdauung** (Ggstz. cruditas, schlechte Verdauung), c. tarda, deterior, Cels.: concoctio intercidit, Cels.: ne stomachus gravetur et concoctionem impediat, Cels.: calor concoctionem prohibet, Cels.: concoctionem maturare, Plin. – Plur., multum in summo cibo concoctionibus confert, Plin. 20, 37: alqd adiuvat concoctiones, Plin. 27, 48.

concoenātio, s. concēnātio.

concolōna, ae, *f.* (con u. colo), die **Mitbewohnerin,** Augustin. epist. 35, 2.

con-color, ōris, Abl. ōri, **von gleicher Farbe, gleichfarbig,** Verg., Plin. u. a.: m. folg. *Dat.*, Ov., Col. u. a.: effosso c. auro, zus. = blassgelb, blass, Sil. – übtr., **gleich, ähnlich,** error, Prud. c. Symm. 2, 872: fallaciae, Apul. met. 5, 16 *Oud.*: mit *Dat.*, concolor Christo, Ambros. in Luc. 5. § 23.

concolōrāns, antis (con u. color), **gleichfarbig,** Tert. de pudic. 8.

con-comitor, ātus sum, ārī, **mitbegleiten,** Ven. Fort. 8, 6, 158 u. 8, 7, 183: Partiz. Perf. passiv concomitātus = mitbegleitet, Plaut. mil. 1103.

con-coquo, coxī, coctum, ere, **I** mit etwas **zusammen kochen,** mehreres **miteinander kochen,** odores concocti, Lucr. 2, 853: echini, spondyli, mulli perturbati concoctique ponantur, Sen. ep. 95, 28: m. *Dat.* (mit), sal nitrum sulpuri concoctum in lapidem vertitur, Plin. 31, 122. – **II gehörig kochen, abkochen,** im Magen = **verdauen, A** eig.: **1** übh., über dem Feuer, remedia, Macr. sat. 7, 16, 23: partem favore flammae, Acc. tr. 220. – im Magen, cibum, Cic.: conchas, Cic.: cibus facillimus ad concoquendum, Cic.: quamvis non concoxerim, Sen.: hi (boves) melius concoquunt, qui etc., Col.: cum pervenerit in ventrem, aqualiculi fervore concoquitur, Sen. ep. 90, 22: bene c., Mart.: pulchre, Catull. – von lebl. Subjj., omnem sucum in venenum c. (vom boletus), Plin.: u. v. der Erde, terra acceptum umorem concoquens, Plin. – **2** als mediz. *t. t.*, Geschwüre usw. **zur Reife bringen, völlig reif machen,** tumida, Cato: suppurationes, Plin.: tusses et duritias, Plin.: urina non concocta, trüber, Cels. – **B** übtr. **1 verdauen, a** gemütlich **verdauen** = gutwillig ertragen, sich gefallen lassen, sicco ore famem, Petr.: κρίσιν non c., Cic.: eius ista odia (gehässigen Äußerungen) non sorbere solum, sed etiam c., Cic.: alqm senatorem (als S.) non c., Liv.: c. tres plagas Spartanā nobilitate, Petr.: bonum tuum concoquas, genieße dein Glück, Petr. – **b** geistig **verdauen** = (Gehörtes, Gelesenes) gehörig verstehen lernen, völlig sich zu eigen machen, et cum multa percurreris, unum excerpe, quod illo die concoquas, Sen. ep. 2, 4: concoquamus illa; alioquin in memoriam ibunt, non in ingenium, Sen. ep. 84, 7 (s. den ganzen Zshg.). – **2 über** etw. **brüten,** etw. **reiflich überlegen,** c. clandestina consilia, schmieden, Liv. 41, 11, 2: tibi vero diu deliberandum et concoquendum est, utrum potius Chaereae an Manilio credas, Cic. Rosc. com. 45.

concordābilis, e (concordo), **leicht vereinbar,** Censor. 10, 4.

concordanter, *Adv.* (concordans v. concordo), **einmütig, einstimmig,** vestrae sententiae consentire, Greg. Tur. hist. Franc. 9, 41: ad pontificalem gradum eligi, Ven. Fort. vit. Albin. Andeg. 9, 24.

concordātio, ōnis, *f.* (concordo), die **Herstellung der Eintracht,** Vulg. Sirach 22, 22; 27, 23.

concordē, *Adv.* (concordis), **einträchtig,** vivere, CIL 6, 7579 u. 10237 (= Carm. epigr. 371 *ed. Buecheler*).

1. **concordia,** ae, *f.* (concors), die Einherzigkeit (vgl. unser **ein Herz und eine Seele**), deutsch die **Einträchtigkeit, Eintracht,** das **gute Einvernehmen** (Ggstz. discordia, dissensio), **I** eig.: patris patruique perpetua vitae c., Liv.: c. Caesaris et Pompeii, Val. Max.: omnium ordinum, Lentul. in Cic. ep. – c. equestris (des Ritterstandes), Cic.: c. felix, Prop.: c. discors, der gespannten Fürsten Einigkeit, Lucan. (vgl. *no.* II): male cohaerens inter Cn. Pompeium et C. Caesarem, Vell.: interpres pacis et concordiae, Friedensapostel, Cic. – ad concordiam hortari, Quint.: concordiam et quietem suadere, Suet.: mirā concordiā vivere (v. einem Ehepaar), Tac.: concordiae inter se od. in commune consulere, Liv.: ab diutina ira tandem in concordiam redigere ordines, Liv.: multitudinem hominum in quoddam vinculum concordiae redigere, Augustin.: concordiam reconciliare, Liv. (u. reconciliatio concordiae, Cic.): concordiam restituere et conciliare, Gell.: Caesarem et Pompeium perfidiā hominum distractos rursus in pristinam concordiam reducere, Balb. in Cic. ep. – concordiam communicare cum alqo, sich mit jmd. versöhnen, Val. Max.: concordiam confirmare cum alqo, Cic.: concordiam et pacem firmare in perpetuum, Curt.: concordiam conglutinare, Cic.: mediis concordiam copulare, Liv.: concordiam constituere, Cic. – ordinum concordiam disiungere od. turbare, Cic. u. Liv.: alcis concordiam aspernari, Vell. – concordiā parvae res crescunt, discordiā maximae dilabuntur, Sall.: accepta calamitas ... concordiam ordinum maiorem fecit, Liv.: concordiā maxima egit (v. röm. Volk), Sall. fr.: aequabili cum concordia vivere, Inscr. – u. im Gleichnis v. Abstr., (temperantia) pacem animis affert et eos quasi concordiā quādam placat ac lenit, Cic.: rerum agendarum ordo et, ut ita dicam, concordia, Cic. – Meton., et cum Pirithoo felix concordia Theseus, **ein Herz und eine Seele,** Ov. met. 8, 303. – **II** übtr., der **Einklang,** die **Harmonie, Sympathie,** c. rerum ac repugnantia, Plin.: c. discors (näml. in der Wirksamkeit der Kräfte der Wärme u. Feuchtigkeit), Ov.: rerum c. discors (= νεῖκος καὶ φιλία), Hor. (vgl. Lact. 2, 9, 17): rupta rerum, Sen.: c. vocum, Col.: nervorum sociata c., Quint.: concordia, quam magnes cum ferro habet, Plin. – Davon

2. **Concordia,** ae, *f.*, **I** die Göttin der Eintracht, griech. Ὁμόνοια, die in Rom mehrere (gew. nach bürgerlichen Unruhen geweihte) Heiligtümer hatte, deren ältestes das von Kamillus zwischen dem Kapitol u. dem Forum (368 v. Chr.) gegründete war, das Tiberius u. Livia (9 n. Chr.) erneuerten, Ov. fast. 1, 639 *sqq.* Suet. Tib. 20: ein anderes, nach dem Samniterkrieg von Kn. Flavius geweihtes b. Liv. 9, 46, 6. Plin. 33, 19 (auch Liv. 40, 19, 2 gemeint): ein drittes, nach den gracchischen Unruhen vom Konsul Opimius gegründetes b. Augustin. de civ. dei 3, 25; u. noch a. – In einem dieser Tempel (wahrsch. dem erstgenannten) hielt der Senat oft feierliche Sitzungen, s. Cic. Phil. 2, 19. Sall. Cat. 46, 5. – **II** als Personenname: **A** Beiname des Vitellius, Suet. Vit. 15. – **B** Name einer Sklavin, Paul. dig. 40, 5, 40 *in.* – **III** als Städtename, **A** St. in Venetia (Oberitalien) am Fluss Romatinum (Lemene), j. *Concordia,* Mela 2, 4, 3 (2. § 61). Plin. 3, 126. Aur. Vict. epit. 16, 5. Fronto ad amic. 2, 7. p. 193, 9 N.: röm. Kolonie mit dem Beinamen Iulia, CIL 6, 1622: dies. Concordiensis colonia, Fronto ad amic. 2, 7. p. 192, 15 u. 193, 5: deren Einw. Concordiēnsēs, ium, *m.*, *ibid.* – **B** Stadt in Lusitanien, jetzt *Thomar,* oder nach Reich. *La Guarda,* wov. Concordiēnsēs, ium, *m.*, deren Einw., Plin. 4, 118. – **C** Stadt der Tribocker im belgischen Gallien, beim j. Weißenburg, nach Reich. beim j. Lauterburg, Amm. 16, 12, 58.

1. **concordiālis,** e (concordia), **zur Eintracht gehörig,** Firm. math. 6, 32.

2. **Concordiālis,** is, *m.* (2. Concordia), ein **Priester der Konkordia,** CIL 5, 2865.

Concordiēnsis, -ēnsēs, s. 2. Concordia *no.* III, A u. B.

concordis, e = concors, Caecil. com. 109.

concorditās, ātis, *f.* (concors), die **Eintracht,** Pacuv. tr. 188.

concorditer, *Adv.* m. *Compar.* u. *Superl.* (concors), **einträchtig, harmonierend,** aeternum serere diem c., Enn. fr.: c. congruere inter se, Plaut.: c. et amore mutuo vivere cum alqa, Suet. – concordius bellum gerere, Liv. – concordissime vivere cum alqo, Cic., Fronto u. CIL 3, 9526 u. 12990 u. ö.

concordo, āvī, ātum, āre (concors), **I** *v. intr.* **in Eintracht** od. **im Einklang sich befinden** (Ggstz. discordare), **a** von leb. Subjj., **in Eintracht od. einig leben, ein Herz und eine Seele sein,** ne tunc quidem fratres concordare potuerunt, Iustin.: vicinae gentes concordabant, Amm.: concordantibus viro et uxore, ICt.: concordante civitate, Iustin. – m. *cum* u. Abl., cum illa, Ter.: cum Romano, sich völlig mit dem R. verständigen, Amm. – **b** v. lebl. Subjj., **im Einklang stehen, harmonieren, Hand in Hand gehen, übereinstimmen,** et sensit varios, quamvis diversa sonarent, concordare modos, Ov.: concordantia sidera, Sen.: animi dicitur (sanitas), cum eius iudicia opinionesque concordant, Cic. Tusc. 4, 30: tametsi prosperitas simul utilitasque consultorum non ubique concordent, Amm.: concordante sententiā multorum, Amm. – m. *cum* u. Abl., sermo concordat cum vita, Sen.: caput concordat cum gestu, Quint.: od. (poet.) m. *Dat.* (mit), concordant carmina nervis, Ov. met. 1, 518: et huic concordant verba prophetarum, Vulg. act. apost. 15, 15. – m. *inter se,* concordantes inter se iracundia et voluptas, Apul. de dogm. Plat. 1, 18. – **II** *v. tr.* **in Eintracht bringen, versöhnen,** vos, Augustin. ep. 210, 2: discordes, Augustin. serm. 311, 11: litigiosum, Augustin. in psalm. 148, 8: litigantes, Augustin. serm. 362, 28: matrimonium bene concordatum dirimere, Papin. dig. 48, 5, 11. § 11.

con-corporālis, e, **derselben Körperschaft einverleibt,** gentes, Vulg. Ephes. 3, 6. – subst., concorporālēs, ium, *m.,* **Waffenbrüder, Kameraden,** Amm. 21, 12, 15 u. 28, 5, 7.

concorporātio, ōnis, *f.* (concorporo), die **Vereinigung,** Tert. de bapt. 8 u. a.

concorporificātus, a, um (concorporo u. facio), **zu einem Körper verbunden,** Tert. adv. Valent. 23.

con-corporo, (āvī), ātum, āre, **dem Körper gleichmachen, zu einem Körper verbinden, einverleiben,** polyanthemum vitiligines concorporat, macht die Leberflecke dem übrigen Körper gleichfarbig, Plin. 27, 112: mulsum ex vetere vino facillime cum melle concorporatur, Plin. 22, 113. – Partiz. concorporātus, Amm. 22, 8, 15. Tert. de pudic. 15. Marc. Emp. 36.

concors, dis, *Adi.* m. *Compar.* u. *Superl.* (con u. cor), **eines Herzens und eines Sinnes, einträchtig, einig, harmonierend, Hand in Hand gehend** (Ggstz. discors), **a** v. leb. Subjj. u. deren Gemüt: sorores concordes, Naev. fr.: c. animae, Verg.: concordibus animis iuncti, Liv.: concordi et consentiente collegā, Suet. – ut multo fiat civitas concordior, Plaut.: credo eā gratiā concordes magis fore, Ter.: fratres concordissimi, Cic.: concordissima turba, Sen. – m. *cum* u. Abl., adulescentes optimae, bene concordes cum viris, Afran. com. fr.: ne secum ipse quidem c., Liv. – od. m. bl. *Dat.* (mit), c. mihi coniunx, Tac.: sibi concors, Sen. – **b** v. lebl. Subjj.: c. pax, Ov.: discordia, Manil.: mundus ipse se concordi quādam amicitiā atque caritate complectitur, Cic.: possit teneri ille moderatus et c. civitatis status, Cic.: c. regnum duobus regibus est, Liv.: c. censura fuit, Liv. – c. modulatio constat in fidibus, Lact.: isque concentus ex dissimillimarum vocum moderatione concors tamen efficitur et congruens, Cic.: Ursum canite voce concordi senem, Anthol. Lat.: concordi dixere sono, einstimmig, Ov.: frena iugo concordia ferre, Verg. – ► *Abl. Sing.* regelm. concordi (nur Plin. 11, 51 D. u. Prisc. 7, 64 concorde). – *n. pl.* concordia, Verg. Aen. 3, 542 u. a. Dichter.

con-crasso, āre, **verdicken,** liquida, Cael. Aur. chron. 4, 3, 62.

concreātus, a, um (concreo), **zugleich geschaffen, mit anerschaffen,** absol., od. cum alqo, od. mit *Dat.* (**mit wem?**), Eccl.

con-crēbrēsco, bruī, ere, mit etw. **zunehmen,** cum levis alterno zephyrus concrebruit euro, Ps. Verg. cir. 25.

con-crēdo, didī, ditum, ere, **anvertrauen,** alci vidulum, alci aurum, Plaut.: navigia mari, Col.: alci vitam ac fortunas, Lucil. fr.: rem et famam suam commendare et c. alci, Cic.: alqd taciturnitati, fide (= fidei) alcis, Plaut.: alci nugas hoc genus, Hor.

concrēduo, duī, ere, altlat. = concredo, Plaut. aul. 585 G.; Cas. 479.

concremātio, ōnis, *f.* (concremo), die **Verbrennung,** Fulg. myth. 1, 16 u. Eccl.

concrēmentum, ī, *n.* (concresco), die **An-, Zusammenhäufung,** Plur. b. Apul. apol. 49.

con-cremo, āvī, ātum, āre, **niederbrennen, durch Brand vernichten, völlig verbrennen** (b. Cic. comburere), omnia tecta, Liv.: urbes, Sen. ep.: commentarios, epistulas, Suet.: domos super se ipsos, Liv.: arma hostilia subdito igne, Liv.: eos vivos igni, Liv. – im Passiv = **niederbrennen** (*intr.*), **völlig verbrennen** (*intr.*), Puteolis duas naves fulminis ictu concrematas esse, Liv.: Volsinii oppidum Tuscorum opulentissimum totum concrematum est igne, Plin.

con-creo, (āvī), ātum, āre, **mit erschaffen, mit anerschaffen,** Gell. 19, 5 *lemm.*: concreari cum alqo, Vulg. Sirach 1, 16.

concrepantia, ae, *f.* (concrepo), das **Tönen, Plappern,** labiorum, Cassiod. in psalm. 44, 15.

concrepātio, ōnis, *f.* (concrepo), das **Rauschen, Schnarren,** Arnob. 2, 42.

concrepito, āre (*Intens.* von concrepo), **laut rauschen, -ertönen,** Prud. perist. 11, 56.

con-crepo, puī, āre, **I** *v. intr.* **erknarren, erdröhnen, aufschnarren, aufrauschen,** deutsch oft bloß **knarren, schnarren, rasseln, dröhnen, rauschen, a** von knarrenden usw. Ggstdn.: foris, ostium concrepuit, Komik. (s. Klotz u. Spengel Ter. Andr. 682): concrepuēre arma (bes. die zusammengeschlagenen Schwerter u. Schilde), Liv.: scabilla concrepant, Cic.: aeriferae comitum concrepuere manus, Ov.: superducto supercilio et concrepantibus (schnalzenden) digitis, Hier. ep. 57, 3: m. Ang. **für wen?** (wem zu Ehren?) durch *Dat.,* cymbala concrepuere deo, Prop. 3, 18, 6. – **b** v. Pers., armis concrepat multitudo, Caes.: exercitus gladiis ad scuta concrepuit, Liv. – u. c. digitis, **mit den Fingern schnalzen, ein Schnippchen schlagen,** Plaut. mil. 206: bes. als Zeichen, Ruf für die des Befehls ihres Herrn gewärtigen Diener, dah. sprichw., si digitis concrepuerit = auf den ersten Wink, Cic. de off. 3, 71: ebenso simulac decemviri concrepuerint, Cic. agr. 2, 82. – **II** *v. tr.*: **a aufrauschen-, erschallen lassen,** digitos, mit den F. schnalzen, Petr. 27, 5 (vgl. *no.* I, b a. E.): Temesaea aera, die tem. Becken schlagen, Ov. fast. 5, 441. Petr. 22, 6: u. so aera manu, Mart. 11, 16, 4: hastis scuta, mit den Sp. an die Sch. schlagen, dass diese erdröhnen, Petr. 59, 3. – b) **laut schallend ankündigen,** sollemne ieiunium bucinā, Hier. ep. 52, 10.

concrēscentia, ae, *f.* (concresco), das sich **Verdichten,** aquarum, Vitr. 8, 3, 18 zw.

con-crēsco, crēvī, crētum, ere, in sich zusammenwachsen, **I** im Allg.: **a sich verdichten = gerinnen, verhärten, starren** (Ggstz. extenuari, liquescere; Perf. concrevisse, Ggstz. liquere, fluere), cum lac concrevit, Col.: concrescunt subitae currenti in flumine crustae, Verg.: si quid umoris intus concreverit, Cels.: u. im Partiz., concretum lac, Verg. u. Tac.: durata et alte concreta glacies, Liv.: concretus gelu Danuvius, zugefroren, Flor.: concretus sanguis, Cels.: aër concretus (Ggstz. fusus et extenuatus), Cic.: crassum (od. pingue) caelum et concretum (Ggstz. aër purus ac tenuis), Cic.: concreta ossa, verhärtete (ohne Mark), Plin.: u. übtr., concretus dolor, starrer, tränenloser, Ov. ex Pont. 2, 11, 10: vultus, starrer, strenger, Tert. adv. Val. 1: auditus, dickes, Prud. apoth. 486: Kompar., semen concretius aequo, Lucr.: spuma lactis concretior, Plin.: cibatus concretior et grandior (*sc.* liquore), Macr.: *neutr.* subst., nihil concreti habere, nihil solidi, Cic.: concreta quaedam, Cels. – mit Angabe **infolge wessen?** durch *ex* u. Abl., vel ex morbo vel ex ictu concrescit umor sub duabus tunicis (oculi), Cels. – m. Ang. **wodurch?** durch *Abl.,* aqua conglaciat frigoribus et nive pruināque concrescit, Cic.: mare concrescit glacie, Ov.: imbres gelidis concrescunt ventis, Ov.: gelidus concrevit frigore sanguis, Verg.: iam non fluere, sed duritie quādam concrevisse (v. Staar im Auge), Cels.: u. im Partiz., gelu nix concreta, Iustin.: nix concreta pruinā, Lucr.: concreta sanguine barba, zusammenklebend, Ov. – m. Ang. **woraus?** durch *ex* u. Abl., concretum aliquid ex sanguine, Cels. – mit Ang. **wohin? wozu?** (etwas verhärtet) durch *in*

u. Akk., umorem in lapidem concrescere, Plin.: od. (poet.) durch *Dat.*, rigido concrescere rostro ora, Ov. – **b** **sich verdichten** = **sich verdunkeln,** cum claram speciem concreto lumine luna abdidit, mit verdunkeltem Lichtglanz barg, Cic. poet. de div. 1, 18. *v.* 21. – **c** beim Wachsen **sich zusammenziehen,** nanus et ipse suos breviter concretus in artus, verkürzt, Prop. 4, 8, 41. – **II** prägn., sich verdichtend **entstehen, sich ansetzen, sich bilden,** putres concrescere fungos, Verg.: cum cinis in foco concrescit, Plin.: quanto prolixior in pecore concrescit (lana), tanto magis obnoxia est rubis, Col. – m. Ang. **woher? woraus?** durch *Adv.*, durch *ex* u. (selten) *de* m. Abl., unde (sanguis, bilis, ossa etc.) concreta et quomodo facta sint, Cic.: aut simples est natura animantis ...; aut concreta ex pluribus naturis, Cic.: cuius ex sanguine concretus homo et coalitus est, Gell.: de terris terram concrescere parvis, Lucr. – m. Ang. **wodurch?** durch *Abl.*, hoc nebuloso et caliginoso caelo aut sata aut concreta videtur tanta vis memoriae? Cic. – übtr., concreta labes, die anhaftende Verderbnis, Verg. Aen. 6, 746: u. Partiz. subst., multa diu concreta, vieles, was so lange (mit uns) vereint ist (Gebrechen, Laster), *ibid.* 6, 738. – ► *Infin. perf.* synkop. concresse, Ov. met. 7, 416.

concrētio, ōnis, *f.* (concresco), **I** abstr.: **a** das **Zusammenwachsen, die innige Verbindung** (Ggstz. discretio, Chalcid. Tim. 203), c. atque adunatio generum, Chalcid. Tim. 28: c. agri, das Z. von Weizen und Unkraut auf dem Acker, Augustin. serm. 47, 6: utriusque substantiae, Tert. de res. carn. 14: vitiorum, Beimischung, Ambros. in Luc. 7. § 77. – **b** die **Verdichtung,** individuorum corporum, Cic. de nat. deor. 1, 71: prava corporis, Firm. math. 1, 3. – **II** konkr., das **Materielle,** mortalis, vergängliche Stoffe, Cic. Tusc. 1, 66.

1. concrētus, a, um, s. con-crēsco.

2. concrētus, ūs, *m.* (concresco), die **Verdichtung,** albicantis suci, Plin. 12, 70.

con-crīminor, ārī, über jmd. **heftig Klage führen,** alqam (über eine) adversus alqm (jmdm. gegenüber), Plaut. mil. 242.

con-crispo, āre, **I** **kräuseln,** concrispati cincinni, Vitr. 4, 1, 7: umores se concrispantes, Vitr. 8, 1, 1. – **II** übtr., **schwingen, schleudern,** tela, Amm. 16, 12, 36.

con-crispus, a, um, **gekräuselt,** Isid. 19, 22, 20.

con-crucifīgo, fixī, fixum, ere, **zugleich ans Kreuz heften,** alqm alci, Eccl.

con-crucio, āre, **Qual antun,** omni corpore concruciari, Qual erleiden, Lucr. 3, 148.

con-crūstātus, a, um, **mit einer Rinde überzogen,** Amm. 17, 7, 11 u. a.

conctus, s. cūnctus ►.

concuba, ae, *f.* = concubina (s. d.), Isid. 10, 229 u. a. Spät.

concubātio, ōnis, *f.* (concubo), das **Daniederliegen,** dura lecti, Cael. Aur. acut. 2, 37, 193.

concubīna, ae, *f.* (concubinus), die **Zuhälterin, Konkubine,** die mit einem Unverheirateten als Frau lebte, was sie gesetzmäßig nicht sein konnte, z. B. eine Freigelassene (dagegen paelex, das Kebsweib, das ehebrecherischen Umgang mit einem Verheirateten hat; vgl. Dig. 25, 7), euphemist. auch = jede **Beischläferin,** jede **Buhlerin,** Plaut. mil. 140. Cic. de or. 1, 183. M. Cael. bei Quint. 4, 2, 124. CIL 6, 1906. Tac. hist. 1, 72. Suet. Dom. 22. Vulg. genes. 32, 24 u. ö.: übtr., v. Stuten, Apul. met. 7, 16.

concubīnālis, e (concubinus), **buhlerisch,** illecebrae, Sidon. epist. 9, 6, 4.

concubīnātus, ūs, *m.* (concubinus), die gesetzlich erlaubte außereheliche Geschlechtsverbindung solcher Personen, von denen ein Teil mit dem anderen eine streng bürgerliche Ehe nicht eingehen konnte, eine Art **morganatischer Ehe,** das **Konkubinat** (Ggstz. matrimonium einerseits u. adulterium, stuprum andererseits). Plaut. trin. 690. Ulp. dig. 25, 7, 1 u. 48, 5, 14 (13). – übtr., c. nuptarum, unzüchtiger Verkehr mit Ehefrauen, Suet. Ner. 28, 1.

concubīnus, ī, *m.* (concubo), der **Beischläfer** (vgl. concubina), Catull. 61, 130 *sqq.* Sen. exc. contr. 4. pr. § 10. Auct. b. Hisp. 33, 4. Curt. 10, 2 (10), 27. Quint. 1, 2, 8. Tac. ann. 13, 21. Mart. 6, 22, 1.

concubitālis, e (concubitus), **zum Beischlaf gehörig,** Tert. ad nat. 2, 11.

concubitio, ōnis, *f.* = *concubitus,* Hyg. astr. 2, 12 *in.*

concubitor, ōris, *m.* (concumbo), der **Beischläfer,** Iulian. epit. nov. 34. § 118: masculorum concubitores, Ps. Quint. decl. tribun. Marian. 5. Vulg. 1. Cor. 6, 10 (neben fornicarii). Vulg. 1. Tim. 1, 10 (neben molles). Ps. Augustin. serm. app. 288, 2 (neben fornicatores u. molles).

concubitus, ūs, *m.* (concumbo), **I** das **Sich-Niederlegen,** zu Tische, quaeris concubitus? wie wir uns lagerten? Prop. 4, 8, 36: zum Schlaf, Varr. LL. 7, 78. – v. Lebl., dentium, Cael. Aur. acut. 2, 10, 70; 3, 2, 16; 3, 6, 67. – **II** insbes., der eheliche u. außereheliche **Beischlaf,** die **Begattung,** mariti, Suet.: plebis patrumque concubitus (Plur.), Liv.: cum humano genere concubitus (Plur., v. den Göttern), Cic.: alcis concubitum appetere, Suet.: alienarum concubitu abstinent (Iudaei), Tac.: complexus concubitusque permittere, Cic. – virginum concubitum refugere, Sen. rhet.: alcis concubitus petere od. fugere, Ov. – von Tieren, anguis immanis concubitu conceptus, durch die B. einer ungeh. Schl., Liv.: turpes pecudum concubitus sequi, Verg.: aliorum animalium concubitus melius instruxit (natura), Sen.

concubium, ī, *n.* (concubius), **I** c. noctis, die Zeit der Nacht, wo alles im ersten tiefen Schlaf liegt, **tiefe Nacht,** Plaut. trin. 886. Varr. LL. 6, 7 u. 7, 78. Varr. b. Serv. Verg. Aen. 2, 268. Censorin. 24, 6. – **II** (= concubitus) der **Beischlaf,** Enn. tr. 241 (175). Gell. 9, 10, 4. Schol. Iuven. 3, 17.

concubius, a, um (concumbo), zum **Schlafen gehörig,** nox erat concubia, Sen. contr. 7, 1 (16), 27: in der Verb. concubiā nocte = »zur Zeit des ersten tiefen Schlafes«, kurz vor Mitternacht (s. Heräus Tac. hist. 3, 69), Sisenn. 4. fr. 93. Cic. de div. 1, 57. Liv. 25, 9, 8. Val. Max. 1, 7, 7. Tac. hist. 3,69: umgek. nocte concubiā, Val. Max. 1, 5, 4 u. 2, 4, 5. Flor. 4, 2, 37. Plin. 29, 110. Tac. ann. 1, 39: alt noctu concubiā, Enn. ann. 170.

con-cubo, āre = συναναπίπτω (Gloss.), **daniederliegen** (vgl. oben concubatio), Sulpic. bei Schol. Iuven. 6, 538; die Perfektformen s. concumbo.

concula, s. conchula.

conculcātio, ōnis, *f.* (conculco), **I** das **Zusammentreten, -stampfen,** fructuum in area, Cod. Iust. 3, 34, 14. § 1. – **II** übtr., das feindliche **Niedertreten, Mitfüßentreten,** die **Misshandlung,** Vulg. Isai. 5, 5 u. a.

conculcātus, ūs, *m.* (conculco), die **Missachtung,** conculcatui esse alci, Tert. de res. carn. 22.

con-culco, āvī, ātum, āre (con u. calco), **I** eig., **zusammentreten, -stampfen,** vinaceos in dolia picata, Cato r. r. 25: velut plastes (Töpfer) conculcans humum (Ton), Vulg. Isai. 41, 25: equorum ungulae conculcaverunt eam, Vulg. 4. regg. 9, 33: pes conculcet ea (ova), Vulg. Iob 39, 18: pedibus conculcabitur corona, Vulg. Isai. 28, 3. – **II** übtr., feindlich **niedertreten, mit Füßen treten** = durch Tat u. Wort missachten, misshandeln, alqm, Cic.: Macedonicam lauream, Cic.: miseram Italiam, Cic.: quae extrinsecus pendent, Sen.

concultus, a, um (con u. colo), **sorgfältig gepflegt,** Tert. de pall. 2 *extr. ed. Salm.*

con-cumbo, cubuī, cubitum, ere (con u. *cumbo), **sich niederlegen, sich legen,** **I** im Allg., v. Tieren, Prop. 4, 1, 4. – **II** insbes., sich zum Beischlaf niederlegen, **sich zu** jmd. **legen** = jmd. **beschlafen,** cum alqo od. cum alqa, Komik. u. Cic.: alci, Prop. u. Ov.: absol., Iuven. u. Augustin.

concumulātus, a, um (cumulo), **zusammengehäuft, aufgetürmt,** Tert. de virg. vel. 7 *extr.* Isid. 19, 23, 8.

con-cupio, ere, **eifrig-, ernstlich wünschen,** mit folg. *Acc.* u. *Infin.*, et te parem concupis fieri pecuniae tantae, Commodian. instr. 2, 22, 4. – Partiz. concupiēns, entis, **sich** um etw. **beeifernd,** mit *Infin.*, Capitol. Max. 13. § 3.

concupīscēns, entis (concupisco), **nach** etw. **begehrend, begehrlich,** malorum, Vulg. 1. Cor. 10, 6.

concupīscentia, ae, *f.* (concupisco), das **heftige Verlangen,** die **Begierde,** Acro Hor. carm. 1, 36, 20: auch im Plur., Eccl.

concupīscentiālis, e (concupiscentia), **begehrlich, anspruchsvoll,** Eccl.; dazu *Adv.* **concupīscentiāliter**, Eccl.

concupīscentīvus, a, um (concupisco) = ἐπιθυμητικός, **begehrend, begehrlich,** Tert. de anim. 16.

concupīscibilis, e (concupisco), **begehrenswert,** Eccl., z. B. Vict. Vit. 2, 18.

con-cupīsco, pīvī od. piī, pītum, ere (con u. cupio), etw. **erwünschen,** nach etw. **Begehren (Verlangen) tragen, begehrlich sein, sich mit dem Wunsch** nach etw. **tragen,** etw. **zum Ziel seiner Wünsche machen,** auf etw. **Anspruch machen,** etwas **beanspruchen** (Ggstz. spernere, respuere, abnuere, contemnere, pertimescere, dedignari), **α** m. *Acc.*: non pecuniam, non opes, sed caritatem civium et gloriam, Cic.: domum aut villam, Sall.: mortem gloriosam, Cic.: tyrannidem, Nep.: omnia omnium, seiner Begehrlichkeit keine Grenze setzen, Cic.: maiora, Nep.: tribunos plebis, Liv.: saepe stomachus hunc (cibum) respuit, etiamsi mens concupiscit, Cels.: im Passiv, cum est concupita pecunia, Cic.: cum laetitia, ut adepta iam aliquid concupitum, ecferatur ac gestiat, Cic. – mit Ang. **wem?** concupisco nihil mihi, Planc. in Cic. ep. – zugl. m. Ang. **wie?** alqd intemperanter, Nep.: signa, tabulas, supellectilem, vestem infinite, sein Begehren nach Statuen usw. ins Unendliche treiben, Cic.: haec ad insaniam, Cic. – m. Ang. **worin?** in adversa valetudine vinum aut frigidam aquam, Cels.: aquas in flore maxime concupiscit (faba), Plin. – **β** m. *Infin.*: scindere eugium, Laber. fr.: ducere alqam in matrimonium, Cic.: pervertere civitatem, Nep.: concupiit scire, quis aut quid faceret? Petr. – **γ** m. *Acc.* u. *Infin. Pass.*: cum discerpi senatorem concupisset, Suet. Cal. 28. – **δ** *absol.*: fingebat et metum, quo magis concupisceret, Tac.: abiit iam tempus quo posses videri concupisse, Tac.

concupītor, ōris, *m.* (concupisco), der **eifrige Begehrer,** alienarum rerum, Firm. math. 8, 22: huius visionis, ungemein begierig, dieses Gesicht zu schauen, Augustin. epist. 147, 29.

con-cūrātor, ōris, *m.*, der **Mitkurator,** ICt.

con-cūriālis, is, *m.*, **aus derselben Kurie,** CIL 9, 1681 (*a.* 257). Papyr. Marini 79, 24 (a. 557).

con-cūro, āre, **gehörig besorgen,** Plaut. Bacch. 131.

con-curro, currī (selten cucurrī), cursum, ere, **zusammenlaufen, zusammenrennen,** **I** von allen Seiten **herbei-** od. **hineilen, eilig zusammenkommen, eilig sich einstellen** (im Passiv unpers. concurritur, concursum est u. dgl.), **a** v. Pers., Fahrzeugen, Geschossen u. dgl., concurrite, concurrite, cives! Val. Max.: tantus in curia clamor factus est, ut populus concurreret, Cic.: im Bild, verba confestim concurrunt, Cic. – undique ex agris, Nep.: undique ab navibus (v. Booten), Liv.: ex omnibus locis, Liv.: ex proximis castellis eo concursum est, Caes. – alci obviam, von allen Seiten entgegeneilen, Ter.: ad curiam, Cic.: ad arma, unters Gewehr treten, Caes. (und unpers., concurritur ad arma, Caes.): ad hos (druides) disciplinae causā, Caes.: in Capitolium, Suet: in muros, Val. Max.: tela in eosdem concurrentia, Curt. – de contione domum tuam, Cic.: ad spectaculum in portum, Liv.: ad alqm audiendum, Suet.: ad Perdiccam opprimendum, Nep.: ad me restituendum Romam, Cic.: m. *Infin.*, undique concurrunt arcem defendere cives, Claud. gigant. 50: m. 1. *Supin.*, unde hospites atque amici gratulatum Romam concurrerint, Cic. Mur. 89. – im weiteren Sinne = wohin **seine Zuflucht nehmen,** ad Leonidam, Iustin.: nullae vires, nulla sedes, quo concurrant, qui rem publicam defendere velint, Cic. – **b** (als mediz. *t. t.*) v. flüssigen Stoffen, wohin **zusammenfließen,** wo **sich ansammeln, -sich anhäufen,** concurrens eo materia, Cels.: si in stomachum quaedam biliosa concurrunt, Cels.

II von zwei od. mehreren Seiten **zusammentreffen,** **1** sich zugleich einfindend (einstellend), sich vereinigend, **a** v. Pers.: ubi legati concurrerent, certo tempore utrimque dimissi, ibi termini statuerentur, Mela 1. § 38. – **b** v. lebl. Konkr.: si ossa forte recte concurrerint, wenn die Bruchenden zufällig richtig aufeinander passen, Cels. – concurrunt labra, gehen (unwillkürlich) zusammen, schließen sich (unwillkürlich) bei dem, der reden will, der aber vor Furcht oder Scham die Lippen nicht auseinanderbringen kann, Sen. ep. 11, 2: u. so os coit atque concurrit, Quint. 10, 7, 8. – quia si ita diceretur, obscenius concurrerent litterae (nämlich cum nobis wie cunno bis klingen würde), Cic.: ut neve aspere (verba) concurrerent neve vastius diducantur, Cic. – actor in scaena cum stetit, concurrit dextera laevae, vereinigt sich die R. mit der L. (zum Beifallklatschen), Hor. – est quibus Eleae concurrit palma quadrigae, mit denen am Rennziel zusammentrifft = denen zuteil wird, Prop. 3, 9, 17. – **c** v. Abstr., **zusammentreffen, zusammenfallen, zugleich (zu einer Zeit) stattfinden, -eintreten** (s. Spengel Ter. Andr. 511), tot concurrunt veri similia, Ter.: multa concurrunt simul, quî coniecturam hanc nunc facio, Ter.: quae ut concurrant omnia, optabile est, Cic.: nisi ista casu nonnumquam, forte temere concurrerent, Cic. – als *t. t.* der Geschäftsspr., ut non concurrerent nomina (die gegenseitigen Zahlungen), Cic. – als mediz. *t. t.*, accessiones (febrium) modo singulae singulis diebus fiunt, modo binae pluresve concurrunt, Cels.

2 prägn., **zusammenrennen,** hart **zusammentreffen, aufeinanderrennen** od. **-stoßen, zusammenstoßen,** **a** übh.: **α** v. Konkr.: ne prorae concurrerent, Liv.: itaque ancoras, ne inter se concurrerent naves, iecere, Liv.: inter se atomi fortuito concurrentes, Augustin.: concurrentes rami, Curt.: contra Thracium Bosporum duae parvae (insulae) parvoque distantes spatio et aliquando creditae dictaeque concurrere et Cyaneae vocantur et Symplegades, Mela. – **β** v. Abstr.: inter se c., miteinander kollidieren, in Konflikt geraten, Quint. 12, 2, 15. – u. (als jurist. *t. t.*) v. Pers., mit jmd. bei Rechtsansprüchen **konkurrieren,** alci, ICt.: alci in hereditatem, in pignus, ICt. – **b** feindlich **aufeinander rennen,** zum Kampf od. im Kampf **zusammentreffen, zusammenstoßen,** u. mit bloßer Berücksichtigung des Angreifenden = **anrennen, anstürmen, attackieren** (im Passiv unpers. concurritur, concursum, concurrendum est), sine mora concurrit, Galba b. Cic.: cum pedes concurrit, Liv.: hoc spectaculo classis Sicula et Rhodia concurrerunt, Suet.: omnia ventorum concurrere proelia vidi, Verg.: priusquam concurreretur, Liv.: nobis incompositis erat concurrendum, Liv. – utrimque magno clamore concurritur, Sall.: c. maximo clamore cum infestis signis, Sall. – c. infestis cuspidibus, Liv.: infestis pilis, Liv.: ferro, Ov.: rostris (v. Schiffen), Liv. – mutuis vulneribus (v. zweien), Sen. suas. 7, 14. – ex insidiis, aus dem Hinterhalt hervoreilen u. mit dem Feind anbinden, Liv.: priusquam concurrerent acies, Caes.: c. acie, Vell.: cum Arunte in acie, Val. Max.: cum acie legionum rectā fronte, Liv.: mutuis ictibus cum alqo, Vell.: concurrunt hastati cum hastatis, concurrit centurio cum centurione, Liv. – concurrunt equites inter se, Caes.: quae (naves) primae agminis concurrerant inter se, Liv: c. rudibus inter se in modum iustae pugnae, Liv.: rostris inter se (v. Vögeln), Curt. – m. *Dat.*, c. civis civi, Varr.: c. equitibus impigre, Liv. 24, 15, 7 W. et H.: comminus hosti, Ov.: credas montes concurrere montibus, Verg. – m. adversus alqm, Liv. 35, 1, 6: contra alqm, Auct. b. Afr. 6, 2: in alqm, Sall. Iug. 97, 4 u. (v. Meereswogen) Iustin. 4, 1, 10. – dah. übtr., concurrentis belli minae, des anstürmenden (d. i. hereinbrechenden) Kr., Tac. hist. 4, 22 *in.*

concursātio, ōnis, *f.* (concurso), das **Hin- und Herrennen, -laufen, -reisen,** bes. des Geschäftigen, Ängstlichen, **a** lebender Wesen: **α** übh.: c. multa (des Redners auf der Bühne), Cic.: puerorum illa c. nocturna, Cic.: c. formicarum, Plin. – im Plur., quid huius lacrimas et concursationes proferam, Cic. II. Verr.. 1, 75: concursationes ad divitias euntium, Sen. ep. 17, 9. – **β** das **Umherreisen,** c. regis a Demetriade nunc Lamiam in concilium Aetolorum nunc Chalcidem, Liv.: c. decemviralis, der Dezemvirn in den Provinzen, Cic. – **γ** als milit. *t. t.* = das **Plänkeln** leicht bewaffneter Truppen, Liv. 30, 34, 2. Curt. 8, 14 (49), 24. – **b** lebl. Ggstd.: c. somniorum, der Umlauf der Tr., Cic.: c. exagitatae mentis, das ängstliche Hin- u. Herschwanken, Sen.

concursātor, ōris, *m.* (concurso), als milit. *t. t.* = der **Plänkler** (Ggstz. statarius), hostis, der nur ans Plänkeln gewöhnte, Liv. 27, 18, 14: pedes, der nur zum Plänkeln ausgebildete, Liv. 31, 35, 6.

concursātōrius, a, um (coneursator), **zum Plänkler gehörig,** pugna, Scharmützel, Amm. 16, 9, 1; 21, 13, 1; 31, 16, 5.

concursio, ōnis, *f.* (concurro), das **Zusammentreffen, -kommen, -stoßen, I** im Allg.: facta est concursio populi, Vulg. act. apost. 21, 30: atomorum, Cic.: crebra vocum, Cic.: fortuitorum, Cic.: Plur., Cic. de fin. 1, 17. – **II** insbes.: als Redefig., in eadem verba impetus et concursio, das stürmende Zusammentreffen derselben Worte (wenn ein Wort mehrere Sätze anfängt, ein anderes wiederholt dieselben schließt), griech. συμπλοκή, Cic. de or. 3, 206; vgl. Quint. 9, 1, 33.

con-cursito, āre, **hinrennen,** ad coquinam, Ven. Fort. vit. S. Radeg. 24, 58.

con-curso, āvī, ātum, āre, **hin und her rennen, -laufen, -streichen, -ziehen, -reisen, I** *intr.*: **a** v. Pers.: **α** übh.: tum trepidare et concursare, Caes.: aquaticae aves concursantes, Plin.: c. pavidos ultro citroque, Auct. b. Afr.: toto foro, Liv.: dies noctesque, Cic.: quālibet, Varr. fr.: circum tabernas, Cic.: pedibus (zu F.) circum milites, Hirt.: per viam, Liv.: concursare inter se agricolae, Cl. Mam. pan.: coqui inter tot ignes concursantes, Sen. – **β** als milit. *t. t.*, den Feind wiederholt angreifen, **plänkeln, scharmützeln,** Liv. 5, 8, 8: in proelio, Liv. 28, 2, 7: inter saxa rupesque, Liv. 22, 18, 2: modo in (gegen) primum modo in novissimum agmen, Liv. 21, 35, 2. – **γ** allenthalben **umherreisen,** alcis villas obire et cum eo simul lecticulā c., Cic. ep. 7, 1, 5. – bes. v. Magistraten in der Provinz, s. Cic. Verr. 5, 29 u. 80. – **b** von Lebl.: concursantes undae, hin u. her wogende, Acc. tr. fr.: stella concursans, Plin.: nunc hinc nunc illinc abrupti nubibus ignes concursant, Lucr. – **II** *tr.* irgendwo **umherlaufen, -ziehen, -reisen,** c. omnes fere domos omnium, von Haus zu Haus, Cic.: omnium mortalium lectos, Cic.

concursus, ūs, *m.* (concurro), **I** das **Zusammenlaufen,** der **Auflauf,** auch der tumultuarische (vgl. Benecke Cic. Deiot. 28), c. hominum in forum, Cic.: magni domum concursus ad Afranium fiebant, alles strömte zum Haus des A. hin, Caes.: ad curiam concursus fit plebis, Liv.: concursum (hominum) facere, einen Aufl. erregen, verursachen, Cic. u. Liv., od. concursum facere, einen Aufl. machen, Liv.: concursus fiunt ex agris, Cic. – dah. **a** das **Zusammenlaufen, -strömen** mehrerer Gewässer, aquarum, Curt.: torrentium, Curt.: quinque amnium in unum confluens c., Plin. – **b** das Herbeieilen mitwirkender Abstr., die **Mithilfe, Mitwirkung,** honestissimorum studiorum, Cic. de fin. 2, 111. – **II** das **Zusammen-, Aufeinandertreffen, A** das vereinigende, c. quidam fortuitus (corpusculorum, der Atome), Cic.: lunae solisque, Cels. – c. oris, das unwillkürliche Zusammengehen, Sich-Schließen des Mundes, Quint. – c. verborum asper et hiulcus, Cic.: vocalium c., Quint. – **B** prägn., das **Zusammenrennen,** harte **Zusammentreffen,** der **Zusammenstoß, 1** das zufällige, caeli (v. Donner), Ov.; vgl. concursu eodem natus tonitrus, Lucr. – bes. oft navium c. (bei Seesturm, Nebel, in der Schlacht usw.), Caes. u. a. – **2** das absichtliche feindl. **Zusammentreffen,** das **Aufeinanderrennen** zum Kampf, **Zusammentreffen,** der **Angriff, Anlauf,** die **Attacke,** c. utriusque exercitus, Caes.: in concursu proelii, Nep.: im Bild, non posse sustinere concursum omnium philosophorum, Cic. – v. Abstr., ex rationis et firmamenti conflictione et quasi concursu, Cic. – u. vom **An-** od. **Hereinstürmen** von Zuständen über jmd., c. calamitatum, Cic.: c. occupationum, der Sturm, Trubel, Cic. – als jurist. *t. t.*, die **Konkurrenz** zweier Rechtsansprüche, concursu, per concursum, ICt.

concurvo, āvī, āre, **zusammenkrümmen,** alqm flexibilem, Laber. com. 118.

concussibilis, e (concutio), **erschütterlich,** Tert. adv. Marc. 1, 25.

concussio, ōnis, *f.* (concutio), das heftige **Schütteln,** die **Erschütterung, I** eig.: c. crebra facium, Plin. ep.: hastae, Serv.: mundi, Sen.: c. vasta, ungeheuere Erderschütterung, Sen.: vasa sine concussione portare, Col. – Plur., elementorum concussionibus vastatam Asiam, Empörungen der E., Treb. Poll. Gallien. 6, 5. – **II** übtr., die **durch grundloses Ängstigen** od. **Drohen bewirkte Gelderpressung,** ICt. u. Eccl.

concussor, ōris, *m.* (concutio), **einer, der** aus eigennütziger Absicht **ängstigt und droht,** Eccl.

concussūra, ae, *f.* (concutio) = concussio (*no.* II), Eccl.

1. concussus, a, um, *PAdi.* (v. concutio), **aufgeregt, unruhig,** Pallas aliquanto concussior, Mart. Cap. 4. § 332.

2. concussus, Abl. ū, *m.* (concutio), das **Zusammenschütteln,** das heftige **Schütteln,** die **Erschütterung,** Lucr. 6, 290 u. 547. Plin. 12, 62.

con-cūstōdio, īvī, ītum, īre, **überwachen,** aurum, Plaut. aul. 724: suos natos, Carm. epigr. 987, 5 (*ante* 31 *p. Chr.*): poma ab insomni concustodita dracone, Ov. met. 9, 190 M.

concutio, cussī, cussum, ere (con u. quatio), **zusammenschütteln, I** in sich, d. i. **heftig schütteln, A** im Allg.: **a** eig.: caput, Ov.: quercum, Verg.: fritillum, Sen.: denarios subinde, in der Hand klimpern lassen, Sen.: arma manu, schleudern, Ov. – **b** übtr.: c. se, gleichs. sich schüttelnd durchsuchen = **sich untersuchen, sich prüfen,** Hor. sat. 1, 3, 35. – **B** in allen Teilen **erschüttern, a** eig.: aequora caeli, Acc. fr.: caeli templa summa sonitu, Enn. tr. fr. u. (daraus) Ter.: freta, Ov.: terra ingenti concussa motu est, Liv. – **b** übtr.: **α** der Kraft, Macht usw. nach **erschüttern, zerrütten,** concussit sidera mundus, Catull.: rem publicam, Cic.: imperium, Liv.: opes Lacedaemoniorum, Nep.: concussi orbis motus, Welterschütterung, Tac.: concussa fides, erschütterte Treue, Tac., u. ersch. (verminderter) Kredit, Lucan. – **β** im Gemüt **erschüttern** = **in Furcht-, Bestürzung-, Schrecken-, Angst setzen, erschrecken, ängstigen,** *terrorem* metum concutientem definiunt, Cic.: populares coniurationis, Sall.: populum Rom. terrore Numantini belli, Vell.: casu concussus acerbo, Verg.: u. m. griech. *Acc.*, casu concussus animum amici, Verg. – dah. c. alqm, jmd. **durch Drohungen** usw. **in Angst jagen, um von ihm Geld zu erpressen,** ICt. – **γ leidenschaftlich aufregen,** se concussere ambae, gerieten in Wut, Iuven. 10, 328: non leviter se Numidia concussit, geriet in Aufregung, Flor. 3, 1, 2: dah. concuti = **in Affekt geraten,** Sen. de tranqu. an. 2, 3. – **δ aufrütteln** = **zur Tätigkeit treiben,** c. fecundum pectus, seine Erfindsamkeit zusammennehmen, Verg.: plebem, Petr. poët. – **II** zwei Dinge mit Erschütterung, d. i. sodass es klatscht, klingt, dröhnt, **zusammenschlagen,** manus, Sen.: frameas, Tac.

condalium, ī, *n.* (κονδύλιον; dah. lat. condulus, Paul. ex Fest. 38, 14), ein **kleiner** (von Sklaven getragener) **Ring,** Plaut. trin. 1014 u. 1020. – auch Titel der lat. Übersetzung der griech. Komödie des Menander δακτύλιος, von Varr. LL. 7, 77 dem Plautus zugeschrieben, von Attius b. Gell. 3, 3, 9 demselben abgesprochen.

condam, s. quondam ►.

Condātē, is, *f.*, Stadt in Aquitanien, beim j. Libourne am Zusammenfluss der Isle u. Dordogne, j. *Condat,* Auson. ep. 5, 32. p. 163 Schenkl.

condecēns, entis (condecet), **geziemend, passend,** Amm. 16, 10, 17 zw. – *Compar.*, Auson. grat. act. (VIII) XIV, 63. p. 27, 11 Schenkl.

con-decet, es geziemt sich, capies quod te condecet, Plaut. Amph. 722: quod haud Atticam condecet disciplinam, Plaut. Cas. 652: ornatus hic satine me condecet? Plaut. Pseud. 935: sic enim condecet illum, Vulg. Sirach 33, 30. – m. folg. *Infin.*, Plaut. aul. 590; Poen. 305; truc. 227. Turpil. com. 127. Pompon. com. 72. – m. folg. *Acc.* u. *Infin.*, senem severum esse semper condecet, Anthol. epigr. spec. I. *no.* XI. p. 7.

condecibilis, e (condecet), **geziemend,** *neutr. plur.* subst., Greg. Tur. hist. Franc. 5, 39.

condēclīno, āre, **in gleicher Weise abbeugen (deklinieren),** Prisc. 17, 61.

condecōrē, *Adv.* (*condecorus), **sehr passend,** Gell. 14, 4, 1.

con-decoro, āvī, ātum, āre, **sorgfältig zieren, -schmücken,** lepidam lepide schemam (v. der Tiara), Plaut.: ludos scaenicos, Ter.: loca picturis, Auct. epigr. b. Plin.: domos totas (v. der Tugend), Sen.: genus pinnis condecoratum, Enn. fr.: itaque suo me semper condecoret cognomine, Plaut.: disciplina condecorata et abundans eruditionibus, Vitr.

con-decuriālis, is, *m.* = condecurio, Fragm. Vatic. 142.

con-decurio, ōnis, *m.*, der **Mitdekurio, frühere Waffengefährte eines Dekurio,** CIL 8, 1647 u. ö.

condēlectātio, ōnis, *f.* (condelector), die **Mitfreude,** Augustin. nupt. et concup. 1, 30, 33.

con-dēlector, ārī, *v. pass.* = συνήδομαι, an etw. **mit seine Lust haben, sich mit ergötzen,** m. *Dat.* (an), legi dei, Vulg. Rom. 7, 22. Augustin. serm. 30, 3.

con-dēliquēsco, ere, **völlig zerschmelzen,** Cato r. r. 23, 3 *Keil.*

condemnābilis, e (condemno), **verdammenswert, verwerflich,** Pallad. 14, 11.

condemnātio, ōnis, *f.* (condemno), **I** die **Verurteilung** (Ggstz. absolutio), Ascon. u. ICt.: condemnationem facere = verurteilen od. bewirken, dass jmd. verurteilt werde, ICt: cond. pati, verurteilt werden, ICt. – **II** meton., die **Bestrafung, Strafe,** auch das **Strafgeld,** die **Buße,** auch im Plur., ICt. u. Scriptt. hist. Aug.

condemnātor, ōris, *m.* (condemno), **I** der **Verurteiler,** v. Richter, Tert. adv. Marc. 2, 9. – **II** der **Herbeiführer der Verurteilung,** v. Ankläger, Tac. ann. 4, 66.

con-demno, āvī, ātum, āre (con u. damno), eine Buße (damnum) über jmd. verhängen, **I** v. Richter, jmd. **schuldig sprechen, verurteilen, verdammen, 1** eig. (Ggstz. absolvere, liberare): alqm causā incognitā, Cic.: alqm causā indictā, Cic.: condemnari praesentem, Liv.: lex illa vetus, quā vel cito absolvi vel tarde condemnari licebat, Cic. – alqm sibi, die Buße, die jmd. zahlen muss, sich selbst zusprechen, Cic. Verr. 2, 22. – m. dopp. *Acc.*, alqm innocentem, Cic. – m. *Genet.* des Verbrechens, iniuriarum, Cic.: publicae pecuniae (wegen dem Staat schuldiger Gelder), Cic. – u. m. *Genet.* der Strafe, c. capitis, Cic.: oder der Strafsumme, dupli, quadrupli, Cato. – u. m. *Genet.* der Leistung, zu der verurteilt wird, condemnari sponsionis, Cic. – m. *de* u. Abl. des Verbrechens, alqm de alea, Cic., de vi, Cic.: alqm de ambitu, Suet. – m. *Abl.* der Strafe, capite, Suet.: capitali poenā, Suet. (u. so oft b. ICt.). – od. mit *Abl.* der Strafsumme, denis milibus aeris, Liv. – m. *ad* od. *in* u. Akk. der Strafe, ad mortem, Lact. 6, 23, 20: ad pecuniam, in solidum, ICt. – od. des Straforts, ad metalla, in antliam, Suet. – bei den Jurist. auch m. *Acc.* der Leistung, wozu jmd. verurteilt wird, certam pecuniam, usuras usurarum, ICt. – od. m. Ang. der Leistung durch *ut* m. Konj., condemnatus, ut pecuniam solvat, ICt. – condemnari arbitrium pro socio, nach einem Schiedsgericht als Handelskompagnon verurteilt werden, Cic. Quinct. 13. – u. illum libertum illi patrono HS X milia c., jenen Fr. jenem P. zu zahlen verurteilen, Gaius inst. 4, 46. – **2** übtr., übh. **schuldig sprechen, a** eine Pers., **verdammen, bezichtigen,** alqm impudentiae, Cic.: summae iniquitatis, Caes. – **b** eine Sache **verdammen** = missbilligen, über etw. sein **Missfallen zu erkennen geben,** litteras alcis insigni quādam notā atque ignominiā novā, Cic.: silentio suo temeritatem atque audaciam alcis, Cic.: tuum factum non esse condemnatum iudicio amicorum, Cic. – **c** voti condemnatus, der Bezahlung seines Gelübdes schuldig (weil ihm seine Bitte gewährt worden war), Titin. com. 153. Turpil. com. 128. – **II** v. Ankläger, jmds. **Verurteilung durchsetzen,** Cn. Pisonem accusavit condemnavitque, Suet.: Fannium Caepionem reum maiestatis apud iudices fecit et condemnavit, Suet. – u. so c. alqm uno hoc crimine, Cic. – m. *Genet.* des Verbrechens, c. alqm furti, Cic.

condēnsātio, ōnis, *f.* (condenso), die **Verdichtung,** Cael. Aur. acut. 3, 18, 187.

con-dēnseo, ēre = condenso, Lucr. 1, 392.

condēnsitās, ātis, *f.* (condenso), die **Verdichtung,** Greg. Tur. glor. conf. 81.

con-dēnso, āvī, ātum, āre, **ganz dicht machen, verdichten, zusammenpressen,** aciem ita, ut etc., Auct. b. Afr. 13, 1: se congregare ac condensare in unum locum (v. Schafen, Ggstz. se dispergere), Varr. r. r. 2, 3, 9: interruptas non sinunt herbarum radices serpere et condensari, Col. 2, 17, 6: rursusque (caseus) ponderibus condensatur, Col. 7, 8, 4: humus condensata (die sich gesetzt hat) subsidit, Col. 4, 1, 7: pampini condensati camerae modo, Col. 4, 17, 8.

con-dēnsus, a, um, **dicht zusammengedrängt, sehr dicht,** terra, Lucr.: columbae, Verg.: acies, Liv.: agmen, Lucr.: vallis condensa arboribus, dicht besetzt mit usw., Liv.

con-depso, depsuī, ere, **zusammenkneten,** Cato r. r. 40, 2 u. a. Pompon. com. fr. 86.

con-dēscendo, ere, **sich** zu etw. od. jmd. **herablassen,** um zu unterstützen, zu helfen, m. *ad* u. Akk. od. m. bl. *Dat.* (zu), Eccl.

condēscēnsio, ōnis, *f.* (condescendo), die **Herablassung**), Eccl.

condēsertor, ōris, *m.*, der **Mitverlasser,** Tert. de carn. Chr. 1 *extr.*

condiaconus, ī, *m.*, der **Mitdiakonus,** Augustin. epist. 101, 4 u. 110, 1.

condicio, ōnis *f.* (condīco), **A** im weiteren Sinne = die **Bestimmung** einer Pers. od. Sache = die **Stellung,** der **Stand,** die **Lage,** das **Los,** der **Beruf,** die **Aufgabe,** das **Verhältnis,** die **Beschaffenheit,** der **Zustand,** sofern sie von Natur, durch Geburt, Staatsverfassung, Umstände gegeben sind, humana, Cic.: mortalis, Cic.: communis, Hor.: incerta, Suet.: homines miserrimae condicionis, Vell.: c. servilis, Iustin.: condiciones Attalicae, Hor. – c. omnium civium, Cic.: liberorum populorum, Cic.: infimi generis hominum c. atque fortuna, Cic.: c. od. condiciones vitae, Cic.: c. haec vivendi, Hor.: c. servitutis, serviendi, Cic.: c. nascendi, der durch die Geburt gegebene Zustand, das Los der Geburt, Cic. Cat. 3, 2. Sen. de otio sap. 31, 1. Ps. Quint. decl. 308. Lact. 3, 28, 5. – c. imperii et status provinciae, Cic.: certa c. iuris, Cic.: legum, iudiciorum, temporum c., Cic.: c. vel temporum vel locorum, Quint.: c. loci, Ov.: c. agri, Cic.: c. frumenti, Plin.: praedia optimā condicione, Cic. – pro cuiusque condicione, Suet.: pro regionum condicione, Iustin. – longe aliā condicione ego sum ac ceteri imperatores, Vatin. in Cic. ep.: non afflictiore condicione quam ceteri, Cic.: est (senex) eo meliore condicione, quam adulescens, cum etc., Cic.: ut optumā condicione sit is (dass der ein Vorrecht habe), cuia res (sit), cuium periculum, Cic.: hoc ipso melior est tua quam nostra condicio, quod etc., Cic.: tolerabili esse condicione servitutis (v. Sklaven), Cic.: nasci eādem condicione, Cic.: generari mortali condicione, Cic.: mortalis condicio alqd recipit od. non recipit, Vell.: eā condicione nati sumus, ut etc., Cic. – est enim infima fortuna et condicio servorum, Cic.: eos in parem iuris libertatisque condicionem atque ipsi sumus recipere, Caes.: quo (otio) iam ipso frui non est condicio, seid ihr jetzt nicht mehr in der Lage, Sall. fr.: quae condicio belli foret, Sall.: miseriore ac duriore condicione postea cum alqo decertare cogi, Caes.: pari condicione ex muro ac turribus bellandi datā, Caes.: cum esset haec illi proposita condicio, ut aut … aut etc., da ihm die Alternative gestellt war, dass er entweder … oder usw., Cic.: u. so eā od. tali condicione propositā, unter diesen Verhältnissen, Cic. u. Caes. – est uno loco condicio melior externae victoriae quam domesticae, die durch einen auswärtigen od. einheimischen Sieg verliehene Stellung, d. i. die Folgen des usw. Sieges, Cic.: sed tamen ea vicisti, quae et naturam et condicionem, ut vinci possent, habebant, in deren Natur u. Verhältnis die Möglichkeit, besiegt zu werden, lag, Cic.: qui suo iudicio essent illam condicionem vitae (Lebensberuf) secuti, Cic.: parem cum ceteris fortunae condicionem subire, Cic. – eius (morbi) haec condicio est, Cels.: cum ante misera condicio vulneris sit, Cels.

B im engeren Sinne, die **Bestimmung** = die aufgestellte **Bedingung,** der **Vorschlag, Antrag,** das **Anerbieten,** die **Forderung, Zumutung,** u. prägn. (bes. im Plur.) der durch Aufstellung von Bedingungen gemachte **Vertrag, Vergleich,** die unter Festsetzung von Bedingungen zustande gekommene **Übereinkunft, 1** übh., aequa, iniqua, Cic.: tolerabilis, Cic.: certa iuris, Cic.: condiciones tortae (spitzfindige, verfängliche), confragosae (auf Schrauben gestellte), Plaut. – c. deditionis, Liv.: c. od. condiciones pacis, Liv. (s. unten). – aequā lege et condicione venire (verkauft werden), Cic.: optimā condicione locare alci statuas faciendas, Cic.: si condicio valde bona fuerit, fortassis non omittam, Cic. – duas condiciones ponere (aufstellen), Liv.: si condicio ponatur, utrius vitae sortem legant, hesterni laboris an praesentium epularum? Iustin.: ferre condiciones, Cic., pacis condiciones, Liv.: ferre condiciones aequissimas, Cic., tristes (harte), Liv.: ad alcis condiciones pactionesque accedere, Cic.: condicionem accipere, Cic.: condiciones pacis recipere, Vell.: descendere ad alterutram condicionem, Cael. in Cic. ep.: ad alcis venire condicionem, sich fügen in usw., Cic.: alcis condicione uti, Cic.: tam bonā condicione (Anerbieten) uti non posse, Val. Max. – perducere alqm ad condiciones suas, Cic.: condicionem aequissimam repudiare, Cic.: istam condicionem respuere, Cic.: nullas recusare condiciones pacis, Liv.: pacis condiciones dimittere, Caes.: a suis condicionibus fugere (wieder abgehen), Cic.: suis condicionibus stare nolle, Cic.: manere in condicione (v. einer Pers.), Cic.: manere in condicione atque pacto, bleibe in Kraft unter den festgestellten Bedingungen (von einer redemptio), Cic.: ea mihi condicio maneat (verbleibe), quā profectus sum, Cic. – duriorem alci condicionem statuere quam ferre possit, Cic.: aliam condicionem tantummodo aequam petere, Sall. – condiciones pacis postulare, Vell.: condiciones pacis alci dicere, Liv.: legatos cum condicionibus pacis Athenas mittere, Iustin.: pacem nolle nisi durissimis condicionibus dare, Eutr.: condiciones pacis conveniunt, non conveniunt, Caes., Liv. u. Nep. – sub condicione, bedingungsweise, Liv. 6, 40, 8. – hāc od. eā (istā) condicione, his condicionibus, unter der B., unter diesen B., auch m. folg. *ut* od. *ne* u. Konj. (s. Stürenb. Cic. Arch. 25. p. 147 *sqq.*), Cic. u. a.: hāc condicione acceperas, Cic.: his condicionibus compositā pace, Liv. (aber nur Liv. 21, 12, 4 sub condicionibus iis de pace agere: u. Ov. fast. 4, 320 accipe sub certa condicione preces). – erst nachaug., sub hac condicione, ut etc., Eutr.: sub (ea) condicione, ne etc., Plin. ep. u. Suet.: sub condicione, ut etc., Phaedr. – ferner eā condicione, si etc., Caecin. in Cic. ep.: erst nachaug. sub condicione, si etc., Suet. – quā lege et quā condicione pereat, Cic. – u. nullā od. non (nec) ullā condicione, unter keiner B., Cic. – ex qua condicione, infolge welcher B., Liv. 23, 35, 9. – u. in quas condiciones pax fieret, Liv. – u. condicione od. condicionibus, per condicionem, per condiciones, unter Bedingungen, durch einen Vertrag, auf dem Wege des V. (vgl. Liv. 23, 7, 1), armis condicione positis, Cic.: cum alqo de ponendis per condicionem armis agitare, Tac.: condicionibus discordiae sedatae sunt, Liv.: posse condicionibus bellum poni, Sall.: per condiciones ad supplicium tradi, Sall.

2 insbes., in Liebesangelegenheiten: **a** im guten Sinne, die **Heiratspartie,** die **Partie** (meton. auch v. der Pers., s. Ruhnken u. Spengel Ter. Andr. 79. Drak. Liv. 3, 45, 11. Seyffert Cic. de amic. 34. Benecke Iustin. 11, 7, 8), vollst. condicio uxoria (Cic. de amic. 34), gew. bl. condicio, z. B. alqam in dignam se condicionem collocare, Plaut.: condicionem filiae (für die T.) quaerere, Liv.: aliam condicionem quaerere et ante perspicere (sich schon vorher danach umsehen), Cic.: multas ac diu condiciones circumspicere, sich viel und lange nach einer passenden P. (für seine Tochter) umsehen, Suet.: inter altissimas condiciones generum eligere, Plin. ep.: alci condicionem ferre od. deferre, jmdm. ein Mädchen als P. antragen, Ter. u. Suet.: nullius condicionis non habere potestatem, auf jede P. Anspruch machen können, Nep.: in caelibatu remanere neque sollicitari ullā condicione amplius posse, Suet.: inter matronas abominanda condicio est, si quis etc., jemand gilt für eine Partie, die jedes alte Weib verschmähen würde, wenn er usw., Sen. – **b** im üblen Sinne, **Antrag, Gelegenheit** zur Buhlschaft, **Verhältnis** (meton. auch von Buhlen selbst; vgl. Lorenz Plaut. mil. 944), condicionem accipere, Komik.: hinc condiciones legere cotidie, Cic.: quaerere condiciones per amicos, Suet.

condiciōnābilis, e (condicio), mit **Bedingung verbunden,** Tert. adv. gnost. 9.

condiciōnālis, e (condicio), **auf Bedingung beruhend, bedingungsweise angenommen, substituiert,** condemnatio contractus, ICt.: servi, ICt. – subst., *m.* u. *f.*, der **Substitut,** die **Substitutin,** Tert. de idol. 12. Augustin. c. Faust. 22, 55.

condiciōnāliter, *Adv.* (condicionalis), **bedingungsweise,** ICt.

con-dīco, dīxī, dictum, ere, *intr.* u. *tr.*, **I** etw. **gemeinschaftlich verabreden, über** etw. **sich verständigen, in** etw. **übereinkommen,** etw. **bestimmen, festsetzen, A** im Allg.: alcis rei alci (über etw. mit jmd.), alte Formel bei Liv. 1, 32, 11: in diem tertium, Gell. 10, 24, 9: alqd cum alqo, Gell.: diem, Plaut.: indutias, Iustin.: tempus et locum, Iustin.: dum veniat condictum tempus cenae, Sen.: Partiz. subst. condictum, ī, *n.*, die **Verabredung,** pactum atque condictum cum populo Romano rumpere, Gell. 20, 1, 54: ex (gemäß) condicto, Chalcid. Tim. 17 A. – übtr., operam, gleichs. sich zu derselben verpflichten, d. i. sie übernehmen, Plin. nat. hist. praef. § 6. – **B** insbes.: **1** bestimmend **ankündigen,** c. aliquo ad cenam foras, sich irgendwohin auswärts zu Gast bitten, Plaut.: u. so c. cenam apud alqm, Turpil. fr., c. alci cenam, Suet., od. bl. condicere alci, Cic., »sich bei jmd. zu Gast bitten« (hingegen promittere ad cenam, sich auf eine Einladung versprechen, eine Einladung annehmen, zusagen); dah. subita condictaque cenula, ohne weitere Vorbereitungen, Suet. Claud. 21, 4. – c. ad balneas, ankündigen, dass man (mit der Gattin) baden werde, Tert. adv. uxor. 2, 4. – **2** als jurist. *t. t.*, c. (alci) alqd, **kündigen, aufkündigen, zurückfordern,** c. alci pecuniam, ICt. – **II** etw. zugleich sagen, d. i. **einstimmig** mit jmd. etw. **behaupten,** mit jmd. **übereinstimmen,** m. *Dat.* (mit), Tert. adv. Marc. 2, 2: m. allg. *Acc. pronom. neutr.* (worin), Tert. de coron. 11: m. *Acc.* u. *Infin.*, Tert. de anim. 8: absol., Tert. Scorp. 14 u. a.

condictīcius, a, um (condictio *no.* 2), **Zurückforderung bezweckend,** actio, Ulp. 12, 1, 24 u. a.

condictio, ōnis, *f.* (condico), **1** in der Religionsspr., die **Ankündigung** eines Festtags, nach Serv. Verg. Aen. 3, 117; vgl. Paul. ex Fest. 66, 4. – **2** die **Kündigung, Zurückforderung,** ICt.

condīgnātio, ōnis, *f.*, die **Würdigung, Erhöhung,** me indignavit (entwürdigte) condignatio tua, Acta martyr. S. Didymi 4.

condīgnē, *Adv.* (condignus), ganz (dessen) würdig, **ganz entsprechend, ganz ebenso,** Plaut. Men. 906 u. a. Gell. 1, 6, 4 M. Caes. bei Fronto ep. ad M. Caes. 1, 2. p. 3, 7 N.: m. *Abl.*, Plaut. capt. 107 u. a. Apul. met. 7, 9.

con-dīgnus, a, um, **ganz würdig, ganz entsprechend,** donum, Plaut. Amph. 537. – m. *Abl.*, condigna te simia, gleich dir nichtsnutziger, Plaut. mil. 505: facinus Graecarum facundiarum magniloquentiā condignum, Gell. 3, 7, 1. – m. *Genet.*, providentiae divinae condignus exitus, Apul. met. 10, 12. – m. *Dat.*, condigna crimini ultio, Cod. Theod. 9, 28, 1: u. (*n. pl.* subst.) auditui eius condigna, Arnob. 1, 27.

condīmentārius, a, um (condimentum), **zum Gewürz gehörig,** cepae, Plin.: genus, Plin. – subst., **a** condīmentārius, ī, *m.*, der **Gewürzkrämer,** bildl., Tert. de anim. 23. – **b** condīmentāria, ōrum, *n.*, **Küchenkräuter, Würzkräuter,** Schol. Iuven. 3, 293.

condīmentum, ī, *n.* (condio), **I** das Mittel zum Einmachen, corpora medicata condimentis, einbalsamierte, Tert. de res. carn. 27: dah. condimenta facere, Früchte einmachen, Plaut. mil. 692. – **II** das Mittel zum Würzen, die **Würze,** das **Gewürz, a** eig.: cenas condimentis condire, Plaut.: cibi condimentum est fames, potionis sitis, Cic.: u. (im Bild) res velut asperso quodam condimento iucundior erit, Quint. – bes. = **Würzkraut,** condimentorum fascis, Edict. Diocl. 6, 48: condimenta viridia, arida, Col. 12, 8, 1 u. 51, 2: scherzh. domi habet hortum et condimenta ad omnes mores malificos, Plaut. mil. 194. – u. vorzugsw. = Petersilie, oft bei Apic. – **b** übtr., wie unser **Würze,** sowohl von dem, was die Kraft hat, einen Genuss zu erhöhen, haud quaquam mediocre c. amicitiae suavitas sermonum atque morum, Cic.: c. quoddam simplex orationis, Quint.: facetiae omnium sermonum condimenta, Cic. – als auch von dem, was die Kraft hat, eine Strenge zu mildern, animus aequus optimum aerumnae c., Plaut.: severitas alcis multis condimentis humanitatis mitigatur, Cic. – ► Synkop. Genet. Plur. condimentûm, Apic. 5, 197 u. 8, 398.

condio, īvī u. iī, ītum, īre (viell. Nbf. v. condo), **einlegen, ein-, anma-**

chen, **würzen,** I eig.: **a** in Wein, Essig usw. **einlegen, einmachen,** oleas albas, Cato: lactucam, Col.: corna, Col. – dah. **einbalsamieren,** mortuos, Cic. Tusc. 1, 108: corpus differtum odoribus, Tac. ann. 16, 6. – **b** mit Gewürz usw. **anmachen, lecker zubereiten, würzen,** fungos, herbas, Cic.: cenas, Plaut.: cibos, Col.: vinum, ICt.: alqd liquamine et oleo od. ex oleo et liquamine, Apic. Vgl. 4. condītus. – dah. c. unguenta, mit Wohlriechendem **anmachen, wohlriechend machen,** Cic. de or. 3, 99. – **c** mit etw. **pudern,** crinem flavo (mit Goldstaub), Treb. Poll. Gallien. 21, 4. – **II** übtr. (s. Bünem. Lact. 1, 1, 7), **würzen** = ansprechender machen, orationem, Cic.: verborum gratiam, Quint.: si qua extra blandimenta contingunt, non augent summum bonum, sed, ut ita dicam, condiunt et oblectant, Sen. ep. 66, 46. – u. = **mildern, lindern,** tristitiam temporum, Cic.: comitate condita gravitas, Cic. – ► Imperf. condibam (= condiebam), Fulg. myth. 1. praef. p. 16 M.: Perf. condit (= condiit), Treb. Poll. Gallien. 21, 4.

condīscēns, s. con-dīsco a. E.

condīscipula, ae, *f.* (condiscipulus), die **Mitschülerin,** Mart. 10, 35, 15. Apul. met. 9, 17.

condīscipulātus, ūs, *m.* (condiscipulus), die **Mitschülerschaft, Schulfreundschaft,** Nep. Att. 5, 3. Augustin. ep. 31, 9. CIL 13, 2027: condiscipulatu *apud Aristotelem* familiaris, Iustin. 12, 6, 17.

condīscipulus, ī, *m.*, der **Mitschüler, Schulfreund,** Pompon. com. 76. Cic. Sull. 18; Tusc. 1, 41. Nep. Att. 1. 3. Sen. ep. 66, 1. CIL 10, 6544.

con-dīsco, didicī, ere, **I mit** jmd. **zusammen lernen,** alci, Apul. flor. 18 extr. – **II durch Lernen sich aneignen, einlernen, erlernen, sich angewöhnen, a** v. Pers., absol., c. recte, Auct. carm. de fig. 95. p. 67 H. – m. *Acc.*, modos, Hor.: genera plausuum, Suet.: quae omnia *ex* libris linteis condisces, Vopisc. Aurel. 1, 7. – m. folg. *Infin.*, mihi paulo diligentius supplicare, Cic.: pauperiem pati, Hor.: foris pasci, Col.: Ggstz., meditari *condiscere,* loquitari *dediscere,* Apul. flor. 15. p. 19, 13 Kr. – m. folg. indir. Fragesatz, ut in tua pecunia condisceret, qui pecuniae fructus esset, Cic. Quinct. 12. – **b** v. Lebl., m. folg. *Infin.*, paulatim fructum ferre condiscit (planta), Col.: stare condiscat (vitis), Plin. – Partiz. subst. condiscēns = condiscipulus, Virg. gramm. p. 123, 4 H. (condiscens meus).

condītāneus, a, um (condio), **eingelegt, eingemacht,** olea, Varr. r. r. 1, 24, 1. Vgl. Gloss. ›conditaneum, conditum‹.

condītārius, a, um (condio), **zum Würzen gehörig,** coquina, eine Garküche, in der fein gewürzte Speisen verkauft werden, eine Feinküche, feine Restauration, Augustin. de civ. dei 22, 8, 10.

1. **conditio,** ōnis, *f.* (condo), **I** (nach condo *no.* I) die **Zusammentuung** = die **Schöpfung, Erschaffung,** a die conditionis tuae, Vulg. Ezech. 28, 15. – meton., die **Schöpfung** = das **Werk,** Tert. de hab. mul. 8 u. a. – **II** (nach condo *no.* II), die Aufbewahrung = der **Gewahrsam,** Pseud. Ambros. ad ep. ad Ephes. 4.

2. **condītio,** ōnis, *f.* (condio), **I** das **Einlegen** der Früchte, amurcae, Varr. r. r. 1, 61: bacarum conditiones, Cic. de div. 1, 116. – meton., das **Eingemachte,** Tert. de pudic. 8. – **II** das **Würzen, Schmackhaftmachen,** suci, Varr. LL.: vini, Col.: ciborum conditiones, Cic. de nat. deor. 2, 146.

condītius, *Adv. compar.* (condītus, gewürzt), **würzhafter,** Augustin. de mor. Manich. 43.

condītīvus, a, um (condo), **zum Einlegen (Einmachen) geeignet, -bestimmt, Einlege-, Einmach-, eingelegt,** olea, Cato: mala, Varr.: cibaria, Col. – subst., condītīvum, ī, *n.*, das **Grab,** Sen. ep. 60, 4 u. 82, 2: archaist. conditivom, CIL 2, 3444.

1. **condītor,** ōris, *m.* (condio), **der etwas schmackhaft macht,** ciconiarum, Poëta b. Porph. Hor. sat. 2, 2, 49: absol., pistores dulciarii, conditores, Anfertiger von würzhaften Speisen, Firm. math. 8, 11. – ► Vgl. 2. conditor *no.* I, b, α das Wortspiel aus Cic. Clu. 71.

2. **conditor,** ōris, *m.* (condo), **I** der **Anleger, Anordner, Gründer, Begründer, Urheber, Stifter, Schöpfer, a** auf rein mater. Wege: conditor et instructor convivii, Cic.: c. arcis, Verg.: universitatis, Weltschöpfer (v. Gott), Eccl.: u. so c. mundi, Sen. Phoen. 655. – bes. wie κτίστης, der **Gründer** einer Stadt, Pflanzstadt usw., oppidi, Sall.: urbis Romanae, Liv., urbis nostrae, Val. Max.: Aeneae, Liv.: coloniae, Inscr.: insulae, Ansiedler, Suet. – conditor noster (v. Romulus), Liv.: libentius conditoris (ihrer Gründerin, d. i. der Agrippina) nomine vocari, Tac. Germ. 28. – conditores Reatini, die Gr. der Stadt Reate, Suet. – T. Sicinium conditorem Veios sequi, Liv.: exit conditor urbe suā, Ov. – **b** auf nicht rein mater. Wege: **α** übh.: c. legum, Plaut.: eius sacri, Liv.: sacrarum opinionum, Religionsstifter, Sen.: conditores historiae, Solin.: impurae c. historiae, Ov.: Aristoteles c. Peripateticae sectae, Col.: conditores Stoicae sectae, Gell.: Hippocrates c. nostrae professionis (Kunst), Scrib.: u. (v. dems.) maximus ille medicorum et huius scientiae (Wissenszweiges) c., Sen.: Romanae libertatis, Liv.: ipse conditor totius negotii Guttam aspergit huic Bulbo, Cic. Clu. 71 (im Wortspiel mit 1. conditor u. mit Gutta u. gutta, Bulbus u. bulbus). – **β** der **Verfasser, Schilderer, Erzähler,** rerum, v. Geschichtschreiber, Plin.: c. historiae, Quint.: pessimorum carminum, Curt.: Romani anni, v. Dichter der röm. Fasten, Ov.: absol., humilis tantis conditor actis, Tibull. 4, 1, 4. – **II** der **Aufbewahrer,** c. factionis od. gregis, der Aufbewahrer, Verschließer der Vorräte, Geschirre usw. einer Renner-Partei, CIL 6, 10046, 6 u. 10072. – personif., Conditor, ein Feldgott der Römer, der über die Verwahrung des Getreides u. der Früchte gesetzt war, der **Speicherer** (Ggstz. Promitor, der Ausgeber), Serv. Verg. georg. 1, 21.

conditōrium, ī, *n.* (condo), **I** der **Aufbewahrungsort,** Tert. de resurr. carn. 44. Amm. 18, 9, 1. – **II** insbes.: **a** das Begräbnis einer Leiche od. der Totenasche, der **Sarg,** Plin. 37, 19. Suet. Aug. 18, 1 u. Cal. 52. Iul. Val. 3, 57 (3, 32). – **b** das **Grabmal** übh., Petr. 110, 2 u. 112, 3. Plin. ep. 6, 10, 5: Sallustianorum hortorum, Plin. 7, 75.

conditōrius, a, um (condo), **zum Aufbewahren (Einmachen) geeignet, -bestimmt,** cepa, Marc. Emp. 10, 90.

conditrīx, trīcis, *f.* (Femin. zu 2. conditor), **I** die **Gründerin, Stifterin,** c. dea, Chalcid. Tim. 24 C.: c. Romae, Marian. poët. bei Philarg. Verg. ecl. 1, 20: Carthaginis, Tert. apol. 50: Minerva Athenarum c., Eumen. pan. pro inst. schol. 9. § 4: urbium, CIL 7, 759, 3. Serv. Verg. Aen. 2, 319: c. rerum, Augustin. ep. 118, 18: v. Abstr., praestantissima potentia caeli ac terrae c., Lact. 1, 5, 6: paupertas omnium civitatum c., Apul. apol. 18: c. ac moderatrix temporum divina providentia, Augustin. de ver. rel. 22. § 43. – **II** die **Beilegerin, Zuruheführerin,** Macr. somn. Scip. 1, 11, 7.

1. **condītum,** ī, *n.*, s. 4. condītus *no.* I.

2. **conditum,** ī, *n.*, s. con-do *no.* II, B, 1, a, α.

1. **condītūra,** ae, *f.* (condio), **I** das **Einlegen, Einmachen** der Früchte, Col. 12, 48 *sq.* Sen. ep. 84, 4 u. 95, 15: Plur., Col. 12, 11, 2. – **II** die **schmackhafte-, leckere Zubereitung,** Sen. de ira 3, 15, 1. – meton., die zubereitete **Brühe, Sauce,** Pelagon. veterin. 387 *Ihm.*: veneta, Lampr. Heliog. 24, 1: adicitur his cum in foco sunt conditura, Apic. 7, 267.

2. **conditūra,** ae, *f.* (condo), die **Verfertigung, Zubereitung,** vitreorum, Petr. 51, 5: vitrorum, Isid. 16, 16, 6.

1. **conditus,** Abl. ū, *m.* (condo), **I** die **Verfertigung, Stiftung, Gründung,** Apul. apol. 24. Censor. 4, 12. Iul. Val. 1, 23 (30) u. 3, 57 (33). Auct. itin. Alex. 22 (54). – **II** die **Verbergung, Verheimlichung,** consilia altiore conditu texit, verbarg sie besser, Auson. prof. 16, 17. p. 66, 10 Schenkl.

2. **condītus,** ūs, *m.* (condio), das **Einlegen, Einmachen,** uvas conditui legere, Col. 2, 22, 4.

3. **conditus,** a, um, s. con-do.

4. **condītus,** a, um, *PAdi.* m. *Compar.* (condio), **gewürzt, würzhaft, I** eig.: sapor vini, Col.: u. im Bild, sermo bene coctus et c., Lucil. fr.: conditiora haec facit venatio, Cic. – subst., condītum, ī, *n.*, mit Honig u. Pfeffer **gewürzter Wein,** Plin. 14, 108. Lampr. Heliog. 21, 6. Edict. Diocl. 2, 17. Apic. 4, 149. – **II** übtr., **gewürzt, ansprechend,** oratio nimium c., Quint.: oratio lepore et festivitate conditior, Cic. – u. v. Redner, nemo urbanitate, nemo lepore, nemo suavitate conditior, Cic.

con-do, didī, ditum, ere, **I zusammentun = zusammenfügen, anlegen, gründen, erbauen, stiften, a** auf mater. Wege, ein Bauwerk, eine Stadt, Pflanzstadt usw., aram, Liv. (u. im Bild, templa sibi et aras penetralibus initiatorum mentibus [im innersten Herzen] c., Auson.): opus, Liv.: arcem, Verg.: moenia, Verg. u. Iustin. – bes. = κτίζειν, eine Stadt od. Pflanzstadt, oppidum, Varr. LL. u. Hor.: urbem ex nomine alcis, Iustin.: urbem Romam, Cic.: u. (bei Zeitangaben) ante Romam conditam, post Romam conditam, Cic.: ab condita urbe Roma ad captam, Liv.: a condita urbe, Val. Max.: a condita urbe usque ad annum centesimum et quinquagesimum, Val. Max.: a (ab) condito aevo, seit Erschaffung der Welt, Plin. – c. locum, Hor.: colonias, Vell.: insulam ... Gades, ansiedeln, Vell.: u. so Ascensanas Sibosque, Iustin. – Partiz. subst., condentes, ium, *m.*, die **Gründer,** Solin. 25, 17. – **b** auf nicht rein mater. Wege, **α** übh. = **gründen, stiften, schaffen, erschaffen, aufbringen, einrichten, auf-** od. **feststellen, begründen,** civitates c. novas aut conservare conditas, Cic.: imperium, Flor.: regna, Iustin.: Romanam gentem, Verg. (vgl. Romani peste orbis terrarum conditi, deren Macht zum Verderben des E. gegründet ist, Sall. fr.): genus hominum, Iustin.: ex nomine ducis gentes Raetorum, Iustin. – c. collegium ad id novum, Liv.: novam sectam, Plin.: c. militarem disciplinam artemque bellandi, Flor.: aurea saecula, Verg.: mores gentis, Curt.: morem ita, ut etc., Plin.: ius iurandum, Plaut.: potestatem per arma, begründen, Sall. fr.: unpers., naturā rerum conditum est, ut etc., Ulp. dig. 19, 5, 4. – insbes., als *t. t.* der Religionsspr., lustrum c., s. 1. lustrum: c. portenta sua (v. den Göttern), bestätigen, in Erfüllung gehen lassen, Sil. 16, 126. – **β** insbes., schriftlich **abfassen, verfassen,** carmen, Cic.: poëma Graecum, Cic.: satirae genus, Quint.: longas Iliadas, Prop.: historiam, Plin.: librum de alqa re, Plin. – c. carmina Chalcidico versu, in ch. V., Verg.: leges, Liv.: de moribus legibusque Lacedaemoniorum memoriam c., Gell.: memorias (v. Geschichtsschreiber), Gell. – u. prägn. = **darstellen, schildern, beschreiben, besingen,** laudes alcis, Plin.: praecepta medendi, Plin.: bella, Verg.: immania Caesaris acta, Ov.: aliqua in hanc materiam, Quint.: haec Latino sermone, Plin.: festa numeris tuis (in den dir eigenen Rhythmen), Ov.: alqd annalibus (in den A.), Plin. – absol., Homero condente, Plin.

II eintun, wegtun, A im Allg. (in Prosa nachaug.), wohin od. wo **einbringen, einstecken, eindrücken, einstoßen,** m. *Dat.*, m. *in* u. Akk. **(wohin?),** m. *in* od. *sub* u. Abl. od. (poet.) m. bl. *Abl.* **(wo?),** ea lana naturalibus conditur, Cels. 5, 21. – bes. **α** feindlich **eindrücken, einstoßen,** venabulum urso, Mart.: ensem in pectus, Ov.: digitos in lumina, Ov.: alci ensem in pectore (adverso), Verg.: ensem in ore alcis, Verg.: ferrum adverso sub pectore, Verg.: telum iugulo vel pectore meo, Ov.: u. (im Bild) stimulos alci in pectore caecos, Ov. – im Passiv condi = **eindringen,** nihil tam facile in corpus quam sagitta conditur eademque altissime insidit, Cels. 7, 5. *no.* 2. – **β** (mediz. *t. t.*) vorgefallene Eingeweide, vorgetretene Knochen u. dgl. **eintun = zurückbringen, reponieren,** articulum, Cels.: prolapsa intestina, Cels.: plantarum ossa conduntur (Ggstz. prodeunt), Cels. **B** insbes. **1 einbringen, einlegen, einstecken** = in sichere Verwahrung-, in Sicherheit bringen, aufheben, aufbewahren, verwahren, sichern, bergen u. dgl. (Ggstz. promere), gew. m. *Advv.* od. m. *in* u. Akk. od (nicht bei Cic.) m. bl. *Dat.* **(wohin?),** m. *in* u. Abl. (bes. im Passiv u. dann auch m. *Genet. loc.* domi u. dgl.), m. *sub* u. Abl., m. bl. *Abl.*, **a** eig.: aurum intro, Plaut.: eo sortes, Cic.: vidulum intro in arcam, Plaut. fr.: minas viginti in crumenam, Plaut.: venenum in auream pyxidem, Suet.: lateres (Barren) argenti atque auri in aerarium, Varr. fr.: legem in aerarium, Suet.: libros in scriniis, in armariis, ICt.: sacra in doliolis, einpacken, Liv.: alqd in plumbeo vase, Plin.: litteras publicas in sanctiore aerario conditas habere, Cic. (vgl. opes velut sanctiore quodam aerario conditae, Quint.): alqd domi suae conditum iam putare, Cic.: u. im Bild, consulatus iam domi conditus, das K., das man schon ganz sicher zu haben glaubte, Cic.: c. medicamentum vitro, Scrib.: libros Sibyllinos duobus forulis auratis sub Palatini Apollinis basi, Suet.; dah. im Bild, quam ob rem Sibyllam quidem sepositam et conditam habeamus, lassen wir also die S. (= die sibyllin. Bücher) im Geheimfach unberührt liegen, Cic. – c. pecuniam, Cic.: omnem pecuniam mercandis agris, unterbringen, stecken in usw., Tac.: c. opes, Verg. u. Petr.: anulum, Plin.: pocula condita servare, Verg. – So nun bes. **α** Früchte, Wein u. dgl., **eintun, einbringen, einheimsen, bergen, aufheben, aufbewahren, aufspeichern** u. dgl., fructus c. et reponere, Cic.: frumentum, Cic.: condita post frumenta, nach eingebrachter Ernte, Hor.: frugem, Augustin.: fruges, ICt.: messem, Tibull.: pabulum aridum in hiemem, Cato: quae agri efferant condita mandare vetustati, Cic.: proprio horreo quicquid de Libycis verritur areis, Hor.: u. (im Bild) bonum in visceribus medullisque, aufspeichern, Cic. – c. vinum, Varr.: vindemias, Col.: mustum in dolium, Varr.: Sabinum testā levi, Hor.: mella amphoris, Hor. – sal cupis conditus, Frontin.: oleum conditum, aufgehobenes = altes (Ggstz. oleum viride, frisches), Suet. – u. Früchte **einlegen, einmachen,** lentiscum in acetum, Cato: ficus in orcas, Col.: corna condita in liquida faece, Ov. – Partiz. subst., conditum, ī, *n.* u. gew. Plur. condita, ōrum, *n.*, die **eingetragenen Vorräte,** das (gefüllte) **Magazin,** Sing. bei Paul. dig. 32, 1, 97: Plur. bei Spart. Hadr. 11, 1. Veget. mil. 4, 8. p. 132, 20 L. Amm. 2, 5, 10. u. a. Spät. – **β** eine Waffe in der Scheide usw. verwahrend **einstecken,** gladium, Sen. u. Quint.: ensem, Hor.: pugionem rursus, Suet.: ferrum, Phaedr. – **γ** leb. Wesen wohin **eintun, legen, stecken,** puerum in cunas, Plaut.: alqm vivum in arcam, Liv.: alqm in furnum pro rubido pane, Plaut. – bes. gegen Gefahren **in Sicherheit bringen, bergen,** se per omnes portas, Verg.: se in foliis (v. Vögeln), Verg.: se deserto in litore, Verg.: se in cunabula (v. jungen Bienen), Verg.: se portu alto (v. Schiffern), Verg. – examina corticibus cavis (v. Bienen), Verg.: Teucri optato conduntur alveo, bergen sich in usw., Verg. – u. verwahrend, gefangen haltend wohin **einstecken, stecken,** wo **verwahren,** alqm in pistrinum, Plaut.: alqm in carcerem, Cic. u. Liv.: alqm in vincula, in custodiam, Liv. (vgl. Fabri Liv. 23, 38, 7): eodem (ebendahin = in dasselbe Gefängnis) condi, Cic.: u. im Bild, ni teneant rigidae condita bella serae, Ov. – **δ** die Gebeine, Asche eines Toten, einen Leichnam **beisetzen, bestatten,** cineres in urnas, Suet.: reliquias ossaque alcis terrā, Verg.: corpora defunctorum in lapide sarcophago, Plin.: alqm in sepulcro, Cic.: alqm sepulcro, Verg.: alqm tumulo, Ov.: alqm humo (*al.* humi), Verg.: condi terrā (v. Pers.), Plin.: condi Ausoniā humo, Ov., in Tomitana humo, Ov. – u. bl. c. patrem, Phaedr.: mortuos cerā circumlitos, Cic.: corpora condere quam cremare e more Aegyptio, Tac.: rite manes, Plin. ep.: u. im Bild, Alexandrum intemperantia bibendi condidit, brachte unter die Erde, Sen. ep. 83, 23. – Partiz. subst., conditī, ōrum, *m.*, die **Begrabenen,** die **Toten,** prodire ab aggeribus (Gräbern) conditos, Arnob. 1, 46. – **ε** c. fulgura publica, die vom Blitz getroffenen Gegenstände begraben (v. Haruspex), Iuven. 6, 587: Aruns dispersos fulminis ignes colligit et terrae (in die E.) maesto cum murmure condit, Lucan. 1, 606 *sq.* – **b** übtr.: ut in seminibus vis inest earum rerum, quae ex iis progignuntur, sic in causis conditae sunt res futurae, liegen eingeschlossen, Cic. de div. 1, 128. – So nun bes. **α** etw. in die Seele, in die Gedanken eintun, um es zu beherzigen, sich wohl zu merken, **bewahren,** teneo omnia; in pectore condita sunt, Plaut.: condita mente signa teneto, halte fest bewahrt in der Seele, Verg.: ista condenda in animum sunt, zu beherzigen, Sen.: vocem alcis memori aure, Ov.: mandata corde memori, Catull. – **β** etw. v. seiner Tätigkeit **ruhen machen** od. **lassen,** vocem a contentione, Quint.: fera murmura, Prop.

2 wegtun, zurücktun = dem Blick entziehen, verbergen, verstecken, m. *in* od. *sub* u. Akk., od. m. bl. *Dat.* **(wohin?),** m. *in* od. *sub* u. Abl. u. m. bl. *Abl.*, **a** zurückziehend, zurücktreten lassend, entfernend, aliquot Numidarum turmas medio in saltu, Liv.: in silvis armatum militem, Curt.: aliquid vel lucri causā vel metus sub terra, Paul. dig.: caput inter nubila = hineinragen lassen, Verg.: se sub lectum, sich verkriechen (v. Pers.), Suet.: u. se in tenebras (v. Pers.), Sen.: se lacu alto (v. einem Fluss), Verg.: inanium ostrearum testis se c., Plin. – his mensibus pisces iacent speluncis conditi, Plin.: luna condita tenebris, Tac.: venae magis conditae (zurückliegende), venae intus conditae, Cels.: conditi oculi, tiefliegende (Ggstz. oculi prominentes), Plin.: ebenso oculi introrsus conditi, Sen. rhet. – bes. v. der untergehenden Sonne, sol et exoriens et cum se condet in undas, Verg.: cubiculum, in quo sol nascitur conditurque, Plin. ep. – u. dah. poet., sol refert conditque diem, Verg. – u. dav. übtr. v. Menschen, c. diem u. dgl., eine Zeit **zurücklegen, verbringen** (s. Schwarz Plin. pan. 80, 6. Döring Plin. ep. 9, 36, 4), saecula vivendo, Lucr.: diem cito, Plin. ep.: diem collibus in suis, Hor.: longos soles cantando, Verg.: noctem devexo cursu, Sil. – **b** bedeckend, **verdecken, zudecken, verbergen, α** v. bedeckenden Ggstd., **bedecken, umhüllen,** cutis condit glandem, Cels.: lunam condunt nubes, Hor.: condit natantia lumina somnus, Verg. – **β** v. dem, der etw. mit einer Decke verdeckt: scuta latentia (d. i. ita ut lateant), Verg. – labentes oculos od. alcis lumina, zudrücken (im Tode), Ov. u. Prop.: u. so in aeternum conditi oculi, Apul. – membra inter frutices, Lucr.: caelum umbrā (v. Jupiter), Verg.: sub costis condi (v. der Milz), Cels.: volui eodem sub cortice condi, Ov.: arboris in frondes condita Myrrha novae, poet. = verwandelt, Prop.: sol conditus in nubem, Verg. – condere se ferro et aere, Prop. – u. übtr., iram, Tac.: iurgia sub tacita laetitia, Prop.: praecordia condita aperire, das verschlossene (verschwiegene) Herz (v. Bacchus), Hor. – **c** (wie ἀποκρύπτειν γῆν u. abscondere locum) hinter sich lassend, einen Ort **aus dem Gesicht verlieren,** einen Ort **hinter sich lassen** (v. Seefahrern), urbes, litora, Val. Flacc.: locum citā penitus carinā, Val. Flacc.; vgl. Burm. Val. Flacc. 2, 443.

con-doce-facio, fēcī, factum, ere (condoceo u. facio), **zustutzen, abrichten,** beluas, Cic. de nat. deor. 2, 161: elephantos, Auct. b. Afr. 27, 1: tirones gladiatores, Auct. b. Afr. 71, 1. – c. animum, ut etc., dahin anleiten, dass sie usw., Cic. Tusc. 5, 87.

con-doceo, (cuī), ctum, ēre, **I einüben, einexerzieren, abrichten,** *Mi.* Fac modo, ut condocta tibi sint dicta ad hanc fallaciam. *Co.* Quin edepol condoctior sum quam tragoedi et comici, Plaut. Poen. 581. – **II mit unterrichten,** Augustin. serm. 216, 1.

condoctior, s. con-doceo.

con-doctor, ōris, *m.*, der **Mitlehrer,** Eccl.

con-doleo, uī, ēre = συμπάσχω, **Mitgefühl** bei anderer Leid **haben, Mitleid haben,** Tert. de paenit. 10, Vulg. Sirach 37, 16: animo (im G.), Hier. ep. 112, 12: m. *Dat.* (mit), Cypr. ep. 17, 1. Vulg. Sirach 37, 5; Hebr. 5, 2. Vgl. condolesco.

con-dolēsco, doluī, ere (*Inchoat.* zu condoleo), **I schmerzhaft erregt werden, ein Schmerzgefühl bekommen,** gew. im Perf. = **schmerzhaft erregt sein, wehtun, ein Schmerzgefühl haben, a** v. Körpergliedern u. dgl., si pes condoluit, si dens, Cic.: si condoluit tentatum frigore corpus, Hor.: simulat subito condoluisse caput, Tibull.: ulcera ad levem tactum condolescunt, Sen. – m. *Dat.* **(wem?),** nam mihi de vento condoluit caput, Plaut.: latus ei dicenti condoluisse, Cic. – **b** v. Pers., im Gemüt, naturā et condolescere et concupiscere, Cic.: quorum alter ne condoluisse quidem umquam videtur, Cic. – **II mit schmerzhaft bewegt werden, sich mit betrüben,** animus condolescit misericordiā, wird gleichfalls vom Mitleid schmerzhaft ergriffen, Augustin. serm. 348, 3. – m. *Dat.* **(mit wem?**), corpori animus condolescit, Tert. de anim. 5.

con-domo, āre, **völlig bezähmen,** Prud. cath. 7, 98. Rut. Nam. 1, 84.

condōnātio, ōnis, *f.* (condono), die **Verschenkung,** bonorum possessionumque addictio et condonatio, Cic. I. Verr.. 12.

condōnātrīx, īcis, *f.* (Femin. zu *condonator), die **Schenkerin,** Iren. 4, 13, 4.

con-dōno, āvī, ātum, āre, jmdm. etw. **schenken, als Geschenk verleihen, als Geschenk** od. **aus Gnade überlassen, völlig übergeben, I** im Allg.: **a** eig.: pallam non condonavi, sed utendam dedi, Plaut. – alci pateram, Plaut.: alci hereditatem (als Richter) zuerkennen, Cic.: apothecas hominibus nequissimis, Cic.: facultas agrorum (st. agros) suis latronibus condonandi, Cic. Phil. 5, 6. – **b** übtr., **anheimgeben, preisgeben,** m. Ang. **wem?** = in wessen Besitz, Hand, Macht, Gewalt? durch *Dat.*, z. B. consuli totam Achaiam etc., bona civium Romanorum, Cic.: alci hereditatem edicto, zusprechen, Cic. – m. Ang. **wem?** = wem zuliebe (zugunsten), in Rücksicht auf **wen?** durch *Dat.*, **α** jmdm. zu **Gefallen** etw. **leisten, geben,** quod (iudicium) unā sententiā eāque dubiā potentiae alicuius condonatum existimetur, Cic. ep. 5, 18, 2. – **β** etw. **aufgeben, fallen lassen, aufopfern, zum Opfer bringen,** inimicitias rei publicae, Cic.: rei publicae iniuriam et suum dolorem alcis voluntati ac precibus, Cic.: se vitamque suam rei publicae (ihre Person u. ihr Leben dem St.), Sall. – u. etw. od. jmd. **hinopfern,** huius honestissime actam vitam matris crudelitati, Cic.: condonari libidini muliebri (Ggstz. absolvi muliebri gratiā), Cic. – **II** insbes., jmdm. eine Schuld aus Gnade **erlassen, schenken, a** eig.: pecunias creditas debitoribus, Cic.: cum aliis adimuntur, aliis condonantur pecuniae, Cic.: archaist. m. dopp. *Acc.*, id argentum me condonat litteris, Afran. com. 173: argentum quod habes condonamus te, Ter. Phorm. 947: si quam (malam rem) debes, te condono; tibi habe, numquam abs te petam, Plaut. Bacch. 1143. – **b** übtr., ein Vergehen, **schenken, erlassen, ungestraft hingehen lassen,** mit Ang. **wem?** = welcher Pers.? durch *Dat.*, z. B. alci crimen, Cic.: alci scelus, Sall. – m. Ang. **wem?** = wem zuliebe (zugunsten), in Rücksicht auf wen? durch *Dat.*, teils = ein Vergehen **ungestraft (ungeahndet) hingehen lassen, eine Strafe schenken, erlassen,** praeterita alcis fratri, Caes.: malefacta libidini alterius (Ggstz. sibi nullius delicti gratiam facere), Sall.: suam animadversionem et supplicium remittere alci et c., Vatin. in Cic. ep. – teils = den Täter eines Vergehens **ungestraft lassen, begnadigen,** alqm alci ac defensioni suae, Cic.: sibi filium, Liv.: alqm patris lacrimis, Aur. Vict.: alqm rei publicae, Cic. – im Passiv archaist. m. *Nom.* der Pers. u. *Acc.* des Vergehens, habeo alia multa, quae nunc condonabitur, was ihm jetzt geschenkt sein soll, Ter. eun. prol. 17.

con-dormio, īre, **völlig einschlafen, entschlafen,** Hyg. fab. 125: inter aliquas moras, Suet. Aug. 78, 2: in toro convivali, Capit. Ver. 419: condormire non posse, *Curt. 6, 10 (38), 14. Vgl. condormisco.

condormīsco, dormīvī, ere (*Inchoat.* v. condormio), **völlig einschlafen, entschlafen,** Plaut. Curc. 360 u. a.; *Perf.*, Plaut. most. 486.

condrilla, ae, *f.* u. **condrillē,** ēs, *f.* u. **con-drion,** ī, *n.*, s. chondrilla.

Condrūsī, ōrum, *m.*, eine germanische Völkerschaft in Gallia Belgica, wahrscheinl. im h. Archidiakonat *Condros* im Sprengel von Lüttich, an der Maas und Ourthe, Caes. b. G. 2, 4, 10 u. 6, 32, 1. – Dav. **Condrūstis pāgus**, CIL 7, 1073.

condūcenter, *Adv.* (conduco), **schicklich, passend,** Gell. 16, 12, 5.

condūcibilis, e (conduco), **I zusammenziehend,** virtus (Eigenschaft), Cael. Aur. chron. 2, 13, 164. – **II zuträglich, ersprießlich, zweckdienlich,** consilium, Plaut.: m. *Dat.* **(wem?),** non ego istuc mihi facinus conducibile esse arbitror, Plaut.: m. *ad* u. Akk., consilium ad eam rem conducibile, Plaut.: *Compar.* b. Rhet. Her. 2, 21 u. Eccl. – subst., condūcibile, is, *n.*, das **Gemeinnützige,** Plaut. trin. 36.

condūcibiliter, *Adv.* (conducibilis), **ersprießlich,** Augustin. de lib. arb. 3, 8, 23.

con-dūco, dūxī, ductum, ere, **I** *tr.*: **A zusammenführen** od. **-ziehen,** führend-, leitend **zusammenbringen, vereinigen, 1** im Allg.: **a** leb. Wesen (bes. als milit. *t. t.*), copias suas, Caes.: magnam manum, Caes.: omnes clientes obaeratosque eodem, Caes.: eo copias omnes auxiliaque, Caes.: populum in forum, Varr. fr.: virgines unum in locum, Cic.: exercitum od. exercitus in unum locum, Caes. u. Tac.: dispersas per urbem cohortes in una castra, Tac.: festinatim de castellis ad castra maxima pedites, Sisenn. fr. – **b** lebl. Objj.: partes, Lucr.: vineas, Cic.: nubila (Dünste), v. einem Fluss, Ov.: aquam cisternis, Pallad.: cortice ramos, Ov.: molli vulnera cerā, schließen, Val. Flacc.: plures puteos per specus in unum, Vitr.: aquam in unum lacum, ICt. – übtr. auf abstr. Objj., **zusammenfassen,** propositionem et assumptionem in unum, Cic. de inv. 1, 73: omnia probra in (zu) deorum maledicta, Arnob. 4, 27. – **2** insbes.: **a** verkürzend **zusammenziehen,** coria et carnem trahit et conducit in unum, zieht zusammen u. verschrumpft, Lucr. 6, 967: usquedum vulnus conducatur in cicatricem, verharscht, Solin. 32, 31: u. so incisa peritonaei membrana in cicatricem facile conducitur, Cael. Aur. chron. 5, 10, 127. – frigida (kaltes Wasser) densat atque conducit vias, Cael. Aur. acut. 2, 9, 52: interiores (nervi) *conducunt* membra, superiores *revocant* (strecken sie), Plin. 11, 218: *conducitur* musculus aut *laxatur,* Cael. Aur. chron. 2, 1, 8: conducto inferiore palpebro, *ibid.*: cutis conducta (angespannte), Cael. Aur. chron. 4, 3, 20: u. so contortus vel conductus vultus, Cael. Aur. chron. 2, 1, 5: vultus conductus atque concurrentibus superciliis caperatus (gerunzelt), Cael. Aur. acut. 2, 3, 16. – Partiz. v. Pers., subst., contracti atque conducti, Cael. Aur. chron. 5, 1, 4. – **b** **zusammenlaufen-, gerinnen machen,** im Passiv = **zusammenlaufen, gerinnen,** id (lac) plerumque *cogi* agni aut haedi coagulo; quamvis possit et agrestis cardui flore *conduci,* Col. 7, 8, 1.

B um einen Preis **an sich bringen,** **1** durch Lohn, Sold od. Pacht **an sich bringen, mieten, dingen, pachten,** **a** leb. Wesen: coquum, Plaut: praeceptores publice, Plin. ep.: conducta multitudo, Sall.: conductae operae, Cic.: qui conducti plorant in funere, Hor. – alqm mercede, Cic. (u. so mercede conductus, Caecil. com. fr.: u. homo mercede conductus, Curt.): alqm mercede diurnā, Hor.: alqm nummo, Plaut.: pictorem magno pretio, Cic.: saga pretio conducta, Turpil. com. fr. – m. Ang. **wozu?** durch *ad* m. Gerund. od. durch 1. Supin., consulem ad caedem faciendam, Cic. prov. cons. 9: coctum (zum Kochen) ego huc, non vapulatum, dudum conductus fui, Plaut. aul. 457. – durch folg. *ut* u. Konj. = dazu dingen od. übh. dazu bringen, qui ab eis conducebantur, ut aliquem occiderent, Cic. Rosc. Am. 93: frusto panis conduci potest, vel uti taceat vel uti loquatur, Cato orat. 40. fr. 2 (bei Gell. 1, 15, 10). – bei vorhergeh. Negation durch folg. *quin* u. Konj., tribus non conduci possum libertatibus, quin ego illis hodie comparem magnum malum, Plaut. Cas. 504*sq.;* vgl. ellipt. non edepol conduci possum vitā uxoris annuā (*sc.* quin deferam pallam ad te), Plaut. asin. 886. – So nun insbes.: **α** (als milit. *t. t.*) als Söldner **mieten,** homines, Caes.: equites ex Aquitania, Caes.: militem, Curt.: auxilia, Liv.: viginti milia peditum, Liv. – militem ex Peloponneso, Curt.: ex Graecia conductorum tria milia, Curt. – milites Gallos mercede, Liv.: Graeci pedites mercede conducti, Curt. – poet., bella conducta, mit angeworbenen Soldaten geführte, Sil. 5, 196. – **β** eine od. als Buhldirne **dingen,** scortum, Plaut: u. (poet.) torum, Ov.: meretricem totum annum, Plaut. – viduam mercede, Nep.: puellam pretio parvo, Priap. – **b** lebl. Ggstd.: **α** zur Benutzung auf Zeit **mieten, pachten** (Ggstz. locare), navem putridam, Caecil. com. fr.: domum, hortum, Cic.: navem, Komik.: telas, Tibull.: nummos, leihen, Hor.: u. so pecuniam, Iuven. – sibi aedes, Plaut.: alci domum Romae, Val. Max.: alci locum, Cic. – fundum de alqo, Cic., ab alqo, ICt.: domum ab alqo, ICt.: raedam ab alqo, Sen. – domum non magno, Cic.: habitationem in annum, ICt. – bes. (als publiz. *t. t.*) einen Zoll **pachten** (Ggstz. locare), portorium, Cic.: publica vectigalia c. u. verb. publica vectigalia redimere et c., Liv. – so auch im Zshg. absol., Asiani, qui de censoribus conduxerant, questi sunt in senatu se cupiditate prolapsos nimium magno conduxisse, Cic. – *Partic. Perf.* subst., conductum, ī, *n.*, das Gemietete, die **Mietung, Pachtung** (Ggstz. locatum, dah. verb. locatum conductum, Dig. 19, 2 *lemm.*), extra portam aliquid conducti habere, Cic. Clu. 175. – nachaug. bes. die **Mietwohnung, Miete,** das **Logis,** non conductum alcis intrare, Sen.: in conductum accurrere, Petr.: in conducto habitare, ICt.: manere biennio toto in suo conducto, Vulg. – **β** zur Ausführung, zur Lieferung gegen Entgelt **übernehmen, in Entreprise nehmen** (Ggstz. locare), ultro tributa, Liv.: praebenda quae ad exercitum Hispaniensem opus sunt, Liv.: columnam faciendam de alqo, Cic.: alqd molendum, Pompon. com. fr.: tabulas ac statuas in Italiam deportandas, Vell.: servum docendum, ICt. – certo tamen et levi pretio fultura conducitur, Sen. de ben. 6, 15, 7. – m. folg. *ut* u. Konj., Simonides ... victoris laudem cuidam pyctae ut scriberet, certo conductus pretio secretum petit, Phaedr. 4, 15 (25), 4*sqq.* – im Zshg. absol., ad conducendum tres societates aderant, Liv. 23, 49, 1: utroque impetrato conduxerunt, *ibid.* § 3. – **2** etw. durch Kauf **an sich bringen** = erhandeln, kaufen, agnum caedundum (zum Schlachten), Plaut. aul. 567: pretio magno librum, Gell. 18, 5, 11.

II *v. intr.* = συμφέρειν, **beitragen, zuträglich-, ersprießlich sein,** ea maxime conducunt, quae sunt rectissima, Cic.: conducit nihil, Aur. Vict.: u. (m. *Acc.* u. *Infin.* als Subjekt) conducere arbitror talibus aures tuas vocibus undique circumsonare, Cic. – m. Ang. **wem?** durch *Dat.*, huic aetati non conducit latebrosus locus, Plaut.: et virtute (alter Dat.) tuae et caris conducere chartis, Lucil. fr.: non quomodo ambitioni meae conducere arbitrabar, C. Gracch. fr.: neque homini infanti aut impotenti iniuste facta conducunt, Cic.: quae maxime cum mihi tum etiam rei publicae rationibus putem conducere, Cic.: quae saluti tuae conducere arbitror, Cic.: vinum maxime conducit alvo citae, Plin.: u. (m. *Acc.* u. *Infin.* als Subjekt) quod hoc maxime rei publicae conducit Syriam Macedoniamque decerni, Cic.: nostris rationibus maxime conducere videtur Thermum fieri (consulem) cum Caesare, Cic. – m. Ang. **wozu? wofür?** durch *ad* od. *in* u. Akk., alia ad eam rem conducentia, Gell.: quae ad ventris victum conducunt, Plaut.: consultant, ad vitae commoditatem iucunditatemque conducat id necne, Cic.: quod in rem recte conducat tuam, Plaut.: quid in rem publicam suam maxime conducere videretur, Sisenn. fr.: quod in commune conducat loco sententiae proferre, Tac. – ► Parag. Infin. Präs. Pass. conducier, Plaut. merc. 663.

conductēla, ae, *f.* = conductio *no.* II, Interpr. ad Cod. Theod. 4, 13 (12), 1.

conductīcius, a, um (conduco), **gemietet, in Sold genommen, angeworben, Miets-,** domus, Porcius b. Suet.: fidicina, Plaut.: operae, Varr.: exercitus, Nep. u. Vulg.: catervae, Nep.

conductio, ōnis, *f.* (conduco), **I** das Zusammenziehen, **a** eig., als mediz. *t. t.*, das **Sichzusammenziehen** (Ggstz. extentio, s. Cael. Aur. acut. 3, 6, 61), Cael. Aur. chron. 2, 1. § 2 u. 16: cruris, *ibid.* § 14: musculorum, Cael. Aur. acut. 2, 10, 59: vultus, *ibid.* 3, 5, 49: nervorum = σπασμός, *ibid.* 3, 18, 177: praecordiorum ad superiora, *ibid.* 2, 4, 16. – **b** übtr., als rhet. *t. t.* = συναγωγή, ἀνακεφαλαίωσις, die **Zusammenziehung, Rekapitulation,** Plur. bei Cic. de inv. 1, 74: als rhet. Fig. = συναθροισμός (Aufzählung), Auct. carm. de fig. 139. p. 68 H. – **II** das **Mieten,** bes. das **Pachten, die Pacht,** auch der **Miet-, Pachtkontrakt** (Ggstz. locatio), qui colonus habuit conductum de Caesennia fundum, cum idem ex eadem conductione fuerit in fundo, dubium est, quin etc.? Cic.: in conductione remanere, conductionem relinquere, ICt. – bes. (als publiz. *t. t.*) eines Zolls, socius aut affinis eius conductionis, Liv.: totam conductionem renuntiare, Cic.

conductiōnālis, e (conductio), die **Miete-,** den **Pacht betreffend,** instrumentum, Cod. Iust. 11, 48 (47), 22, 2 pr.

conductor, ōris, *m.* (conduco), **I** der **Mieter, Pächter** (Ggstz. locator od. dominus), domus, Augustin. in psalm. 38, 21: ferrariarum, CIL 3, 4788 u. 5036: mercedes habitationum annuas conductoribus donare, Caes.: adeo rarum est invenire idoneos conductores (*sc.* agrorum), Plin. ep.: conductor II menses pastorem praebeat, Col.: res vortat bene gregi huic et domino atque conductoribus, Auct. prol. ad Plaut. asin. *v.* 3. – **II** der **Entrepreneur, Unternehmer,** villae (Ggstz. dominus, der Bauherr), Cato: operis, Cic.: sacrae arae, Val. Max.: publicorum negotiorum, Firm. math. 3, 8, 12: vectigalium, Gloss.: ›publicani‹ appellantur conductores vectigalium fisci vel rerum publicarum, Isid. 9, 4, 32.

conductrīx, trīcis, *f.* (Femin. zu conductor), die **Mieterin, Pächterin** usw., spät. ICt.

conductum, ī, *n.*, s. con-dūco *no.* I, B, b, α.

conductus, Abl. ū, *m.* (conduco), das **Zusammenziehen,** superciliorum, Cael. Aur. acut. 2, 15, 95.

con-dulco, āre, **versüßen,** übtr., Vulg. Sirach 27, 26 u. 40, 18 32.

condulus, ī, *m.*, s. condylus, condalium.

conduplicātio, ōnis, *f.* (conduplico), **I** die **Verdoppelung,** scherzh. =

Umarmung, Plaut. Poen. 1297. – **II** insbes., als Redefigur = ἐπαναδίπλωσις, die **Wiederholung** desselben Wortes zu Anfang des folgenden Satzes, Rhet. Her. 4, 38.

con-duplico, āvī, āre, **verdoppeln,** idem hic tibi, quod boni promeritus fueris, conduplicaverit, Ter. Phorm. 516: primordia rerum, Lucr. 1, 712: divitias, Lucr. 3, 71: tenebrae conduplicantur, Pacuv. tr. 412: eo modo conduplicabitur substantia spiritus, Augustin. ep. 147, 51: P conduplicatur, ›reperio repperi‹, Prisc. 9, 20. – scherzh. corpora = sich umarmen, Plaut. Pseud. 1261. – ► Varr. r. r. 2, 4, 15 ist quod quidam duplicant zu lesen.

condurdum, ī, *n.*, eine Pflanze, nach Sprengel *Saponaria Vaccaria,* L., **Acker-Seifenkraut,** Plin. 26, 26.

con-dūro, āre, **erhärten,** ferrum, Lucr. 6, 968: lac, Cassiod. var. 12, 12, 2.

condus, ī, *m.* (condo), der **Aufheber;** dah. condus promus, der die Speisen aufbewahrt u. herausgibt, der Haushofmeister, Plaut. Pseud. 608: u. so condus promusque, Auson. epist. 22, 20.

condylōma, atis, *n.* (κονδύλωμα), die **Feigwarze,** das **Kondylom** (mediz. *t. t.*), Cels. 6, 18, 8. Plin. 21, 142. Scrib. 224 u. 225.

condylus, ī, *m.* (κόνδυλος), **I** der **mittlere Gelenkknochen** der Finger, complicatis in condylos digitis, mit so geballter Hand, dass die Gelenkknochen der Finger hervorstehen (die so geballte Hand heißt griech. auch κόνδυλος), Mart. Cap. 1. § 88. – **II** übtr.: **A** (Gelenk des Rohrs; dah. meton.) das **Rohr** zur Rohrpfeife, Mart. 5, 78, 30. – **B** ein **Ring,** Paul. ex Fest. 38, 14 (condulus geschr.); vgl. condalium.

conea, s. cicōnia.

cō-necto (in den besten Handschriften statt con-necto), nexuī, nexum, ere, **zusammenknüpfen, verknüpfen, verschlingen,** durch Verknüpfung, Verschlingung, u. dgl. **verbinden, I** im Allg.: **A** eig.: pallium conexum in umero laevo, Plaut.: duobus oleae conexis ramulis alcis cingere caput, Val. Max.: tibi conexos carpere crines, Prop. – u. (bes. im Passiv) m. *Abl.* (durch) od. m. *per* u. Akk., illae (apes) pedibus conexae ad limina pendent, Verg.: quadriremes conexae vinculis, Curt.: naves conexae validis utrimque trabibus, Tac.: triplici serie conexi (v. Pers.), Suet. – m. *cum* u. Abl. od. m. bl. *Dat.* od. m. *inter se* (unter- od. miteinander), id (os iuguli) cum lato osse scapularum nervis et cartilagine conectitur, Cels.: orbes ieiuni intestini per membranulas singuli cum interioribus conectuntur, Cels. – multa conecti terrestria membra marinis, Lucr.: membranulae, per quas inter se tria ista conectuntur, Cels.: ferreae laminae serie inter se conexae, Curt. – **B** übtr.: **1** räumlich **verknüpfen** = unmittelbar **verbinden, -anreihen,** ille (aër) caelum et terram conectit, Sen. – m. *Abl.* (durch), Mosellam atque Ararim factā inter utrumque fossā, Tac. – m. *Dat.* **(wem? = mit wem?),** Adiabenis conectuntur Carduchi, Plin.: conexa cacumina caelo, Sil.: aedificia conexa pomoeriis, Cod. Theod. – m. *inter se* (untereinander), qui tam ratos astrorum ordines tamque inter se omnia conexa et apta viderit, Cic. – **2** zeitlich **anknüpfen,** persequere conexos his funeribus dies, die zunächstfolgenden, Cic. Pis. 11 zw. – **3** durch irgendein inneres Band **verknüpfen, verweben, a** lebl. Objj.: nam cum (virtutes) ita copulatae conexaeque sint, ut omnes omnium participes sint, nec alia ab alia possit separari, tamen proprium suum cuiusque munus est, Cic.: omnes medicinae partes ita conexae sunt, ut ex toto separari non possint, Cels. – m. *cum* u. Abl., idcirco amicitia cum voluptate conectitur, verknüpft sich eng (verschmilzt) mit der Lust, Cic. – So bes.: **α** in der Rede **verknüpfen,** facilius est enim apta *dissolvere,* quam dissipata *conectere,* Cic.: coniungere verba et c., Cic.: res ac verba c., Quint. – oratio conexa (Ggstz. interrupta), Quint. – m. *inter se,* z. B. inter se pleraque conexa et apta, Cic.: ita sunt inter se conexa et indiscreta omnia, ut etc., Quint. – **β** in der Rede an das Vorhergehende **anknüpfen, anreihen, noch weiter anführen,** maiorem insaniam, Plin. 36, 116: eius versus orationesque, Treb. Poll. Gallien. 11, 9. – **γ** als philos. *t. t.*, folgernd mit dem Vordersatz **verknüpfen, anreihen, anfügen,** omne, quod ipsum ex se conexum sit, verum esse, Cic.: si enim est verum, quod ita conectitur: "Si quis etc.", Cic. – u. *Partic. Perf.* subst., cōnexum, ī, *n.*, die logische **Schlussreihe, Schlussfolge,** Cic. Acad. 2, 96; de fat. 14 u. 15. Gell. 16, 8, 9. – **b** Pers.: **α** in eine Gefahr usw. **verwickeln, verflechten,** m. *Dat.* **(wem? = in was?),** discrimini patris filiam, Tac.: criminibus mariti conexa, Tac. – **β** verwandtschaftlich **verknüpfen,** quamvis per Flavii sororem nuptam Licinio conexi inter se erant, Aur. Vict.: alci conexus per affinitatem, od. bl. alci conexus = jmdm. nahe verwandt, Tac. – **II** prägn., aus Teilen bildend **zusammenknüpfen, -fügen,** alvus (ein Schiffsraum) sine vinculo aeris aut ferri conexa, Tac. hist. 3, 47. – bes. einen Knoten **schürzen,** vellera inter se vincire conexis nodis, Ov.: aeternis ex astris cupiens conectere nodum, Cic. poët. – übtr., nam illud non est in uno verbo translato, sed ex pluribus continuatis conectitur, Cic. de or. 3, 166.

cōnesto, s. cohonesto.

cōnexē, *Adv.* (conexus), **in Verbindung, im Zusammenhang,** Mart. Cap. 4. § 387.

cōnexio, ōnis, *f.* (conecto), **I** die **Verknüpfung, enge, genaue Verbindung, Aneinanderreihung,** scutorum, armorum (v. d. testudo), Isid. 18, 12, 6. Serv. Verg. Aen. 9, 517: conexiones monilium, Rufin. or. in cant. 2. p. 416 *Lomm.* – **II** insbes.: **a** die **organische Verbindung,** Paul. ex Fest. 35, 13. Chalcid. Tim. 283 u. 306: animae et corporis nostri, Ambros. in psalm. 118. serm. 7. § 7. – **b** die zeitliche Verbindung, **Aneinanderreihung,** fatum est conexio rerum per aeternitatem, Cic. fr. inc. 19. p. 140 B. (bei Serv. Verg. Aen. 3, 376). – **c** die moralische **Verbindung,** c. caritatis, Augustin. c. Cresc. Donat. 2, 15 *extr.* – unius debiti c., das Gebundensein an die Schuld **einer** Sünde (der Erbsünde), Augustin. ep. 157, 12. – **d** (*t. t.* der philos. Spr.) die **Konklusion, logische Schlussfolge,** Quint. 5, 14, 6 u. a. Augustin. de doctr. Chr. 2, 31. – **e** (*t. t.* der Gramm.) die **Silbe,** Plur. bei Charis. 11, 11.

cōnexīvus, a, um (conecto), **verbindend,** coniunctio, Bindepartikel, Gell. 10, 29, 1.

cōnexum, ī, *n.*, s. cō-necto.

1. cōnexus, ūs, *m.* (conecto), die **Verknüpfung, Verflechtung, enge Verbindung,** Lucr. 3, 555. Vitr. 10, 1, 5: im Plur., Lucr. 1, 633 u. ö.

2. cōnexus, a, um, s. cō-necto.

cōn-fabricor, ārī, **an** etw. **herumbauen,** originem vocabuli, Gell. 3, 19, 3 (vgl. commolior).

cōnfābulātio, ōnis, *f.* (confabulor), das **Gespräch,** die **Unterredung,** Symm. ep. 9, 84 u. a. Eccl.

cōnfābulātor, ōris, *m.* (confabulor), der **Unterreder,** dei (mit G.), Eccl.

cōnfābulātus, ūs, *m.* (confabulor), das **Gespräch,** die **Unterredung,** Sidon. epist. 9, 11, 9.

con-fabulor, atus sum, arī, **I** *intr.* **mit** jmd. **schwatzen, plaudern, kosen,** absol., confabulari atque ausculari, Plaut. merc. 571: ad alqam accedere confabulatum, Ter. Hec. 182. – cum alqo, Plaut. merc. 188. Vulg. Iob 7, 11: de alqa re, Varr. fr. b. Gell. 13, 11, 5. – **II** *tr.* etwas mit jmd. **besprechen,** sed ego rem meam magnam confabulari tecum volo, Plaut. cist. 743.

cōnfaecātus, a, um, *Adi.* m. *Compar.* (con u. faex), **mit Hefe versehen, hefig,** confaecatior spiritus, Chalcid. Tim. 237.

cōnfamulāns, antis (con u. famulor), **zugleich dienend,** Macr. sat. 1, 17, 69.

cōnfamulus, ī, *m.*, der **Mitdiener, Kollege,** Eccl.

cōnfānēnsēs, ium, *m.* (con u. fanum), **zu einem** *fanum* **Gehörige, -Eingepfarrte,** CIL 13, 6378.

cōnfarreātio, ōnis, *f.* (confarreo), die **Konfarreation,** die bindendste und heiligste der drei Arten der strengen röm. Ehe, geschlossen mit dem bedeutungsvollen Opfer eines Kuchens aus far (Spelt), vermischt mit mola salsa (wovon auch die neuen Eheleute aßen), wobei der Pontifex Maximus, der Flamen Dialis u. zehn Bürger (offenbar urspr. als Repräsentanten der zehn Kurien eines Stammes) als Zeugen anwesend waren (Ggstz. diffarreatio), Plin. 18, 10. Gaius inst. 1, 112. Serv. Verg. georg. 1, 31. CIL 10, 6662 (wo Plur.): ius confarreationis, Lampr. Alex. Sev. 22, 3.

cōnfarr(e)o, (āvī), ātum, āre (con u. far), (unter Darbringung von far, s. den vor. Art.) **ehelich verbinden, verheiraten,** absol., assuetudo confarreandi, Tac. ann. 4, 16: dum confarreatur, Serv. Verg. Aen. 4, 374: m. *Acc.*, parentes, Tac. ann. 4, 16 (confarreatis parentibus genitus). – confarraturus matrimonium, eine Konfarreationsehe schließen, Apul. met. 10, 29: u. übtr., scelerata mysteria, quae dicuntur de lactente puero et victuro martyre confarrata, Hieron. epist. 41, 4.

cōnfātālis, e (con u. fatum) = συνειμαρμένος, **mit ans Schicksal (Verhängnis) geknüpft, mitverhängt,** Cic. de fat. 30.

cōnfectio, ōnis, *f.* (conficio), **I** die Fertigmachung, **a** die **Herstellung, Anfertigung, Bereitung, Vollendung,** medicamenti, Cels.: annalium, libri, Cic.: memoriae, Mnemonik, Cic.: belli, Cic. – konkret. das **Verfertigte, Zubereitete,** Pallad. 11, 17, 2. Veget. mul. 3, 11, 1. – **b** die **Aufbringung, Eintreibung,** tributi, Cic. Flacc. 20. – **II** das **Zermalmen,** die **Zerstörung,** escarum, Cic. de nat. deor. 2, 134: valetudinis, die Schwächung, Cic. Hortens. fr. 81. p. 323, 4 M.

cōnfector, ōris, *m.* (conficio), **I** der **Verfertiger, Zubereiter, Beendiger, Vollender,** coriorum, Gerber, Firm.: c. (purpurae), Färber, Vopisc.: librorum, Vict. Vit.: negotiorum, Cic.: totius belli, Cic.; vgl. dux et exercitus tanti belli c., Tac. ann. 14, 39. – **II** der **Zerstörer, Vernichter,** cardinum, Zerbrecher, Lucil. fr.: c. et consumptor omnium ignis, Cic.: c. ferarum, der Abtuer = Töter, Suet.

cōnfectōrārius, ī, *m.* (conficio), der **Abtuer = Schlächter,** CIL 6, 9278: auch confecturarius geschr., CIL 6, 1690.

cōnfectōrium, ī, *n.* = χοιροσφαγεῖον, das **Schlachthaus,** Gloss. II, 477, 48.

cōnfectrīx, trīcis, *f.* (Femin. zu confector), **I** die **Bereiterin,** vis illa voluptatis c. commixtrixque seminum, Iulian. b. Augustin. c. Iul. op. imperf. 5, 11 *in.* – **II** die **Zerstörerin,** c. rerum omnium vetustas, der alles zerstörende Zahn der Zeit, Lact. 7, 11, 5.

cōnfectūra, ae, *f.* (conficio), die **Verfertigung, Zubereitung,** mellis, Col. 9, 14, 5: chartae, Plin. 13, 75: caerulei, Plin. 33, 162.

cōnfectūrārius, s. cōnfectōrārius.

cōnferba, s. cōnferva.

cōnfercio, fersī, fertum, īre (con u. farcio), **zusammenstopfen, dicht zusammendrängen,** myrrham in folles, Plin.: se, Varr.: confertae naves, Liv.: urbanos et agrestem c. in arta tecta, Liv. Vgl. confertus.

cōn-fermento, āre, **durch und durch zur Gärung bringen, -säuern,** Tert. adv. Val. 31.

cōn-fero, contulī, collātum (conlātum), cōnferre, **I zusammentragen, -bringen, 1** übh. von allen Seiten herbeitragend **zusammenbringen, zusammenschaffen,** von allen Seiten **beischaffen, aufhäufen,** auf **einen** Punkt (Haufen) **vereinigen, a** eig.: materiam, Caes.: aggerem, Auct. b. Alex.: frumentum, Caes.: arma, einliefern, Caes.: u. so militaria signa, Caes.: cibos ore suo (v. Vögeln), Quint.: membra undique, Hor.: omnia arma ex oppido, Caes. – uvas in fiscellam, Col.: sarcinas, impedimenta, signa in unum locum, Caes.: ligna circa casam, Nep.: dentes in corpore, Ov. – **b** übtr., **zusammenstellen, zusammenfassen,** malend, plura in unam tabulam opera, Quint. – schriftlich, ex immensa diffusaque legum copia optima quaeque et necessaria in paucissimos libros, Suet.: res Romanas Graeco peregrinoque sermone in historiam, Iustin. – im Ausdruck, rem in pauca, Plaut.: in versus sic verba sua duos, Ov. – u. (mit zu ergänzendem Objekt) conferamus igitur in pauca, Cic.: ut in pauca conferam, testamento facto mulier moritur, Cic.: quam potero in verba conferam paucissima, Plaut.

2 beisteuernd **zusammenbringen, zusammenschießen, aufbringen, entrichten, beitragen, beisteuern, a** eig. (s. Arntzen Aur. Vict. de vir. ill. 19, 7), aes (v. Volk), Ov.: aes certatim (v. Volk), Val. Max.: so bes. collato aere (durch eine Beisteuer an Geld), z. B. alqm funerare, Sen., statuam statuere, Suet.: u. so collatis quadrantibus alqm sepelire, Aur. Vict. – c. pecuniam, pecunias, Cic.: tributi minus, Liv.: ex censu quotannis tributa, Cic.: sextantes in capita (auf den Kopf = pro Person), Liv.: quadragena talenta quotannis Delum, Nep.: pecunias ad honores alcis, Cic.: aurum ad redimendam civitatem a Gallis, Liv.: aurum argentumque in publicum (für den Staat); Liv.: pecuniam in (zu) statuas, Cic.: tributum in militare stipendium, Liv.: pecuniam pro parte in commune Siciliae, Cic.: ex nostro nonnihil in commune, Cic.: stipem Apollini, Liv.: Agrippae Menenio sextantes aeris in funus, Plin. – absol. (ohne Ang. **was?),** nos dabimus, nos conferemus, nostro sumptu, non tuo, Plaut.: date stipes, indulgete, conferte, Ps. Quint. decl.: c. alci ad victum, Quint.: c. in funus, ICt. – **b** übtr., pater Tiberi plurimum ad victoriam contulit, Suet. Tib. 4, 1.

3 zu einem Ganzen vereinigend **zusammenbringen, zusammenziehen, vereinigen, a** eig.: vires in unum, Liv.: collatis viribus proelium capessere, Iustin.: u. (bildl.) utrumne sententiae duae collatis viribus novissimam periment? Plin. ep.: e quibus (fontibus) collatae aquae per prona montis flumen emittunt, Curt.: dissimiles et dispares res in unam potestatem (durch chemische Bindung), Vitr. – **b** übtr.: **α** übh.: post hoc proelium collatum omne bellum est circa Corinthum, zog sich zusammen, Nep.: quae utraque, si in unum conferantur (zusammengezogen [addiert] werden), facile saeculi modum expleverint, Val. Max.: hunc collatis precibus adoramus, mit vereinten B., Arnob. 1, 27. – **β** prägn., schaffend **zusammensetzen,** e singulis non membris, sed frustis collata oratio, Quint.: hominis ortus ex utroque gignentium confertur, Quint.

4 annähernd, nahe hinbringend **zusammenbringen, zusammenstecken, zusammenfügen, ganz nahe bringen, a** eig.: **α** in friedlicher Absicht: capita (um heimlich zu sprechen), Cic. Verr. 3, 31. Liv. 2, 45, 7: ora, Apul.: membra (bei der Umarmung), Lucr.: gradum, sich nähern, näher herangehen, Plaut. u. Verg.: palma cum palma collata plausum facit, Sen. – **β** (bes. als milit. *t. t.*) in feindlicher Absicht, castra propius, Liv.: castra in propinquum, castra oppido, Auct. b. Alex.: castra cum hoste, Liv.: u. castra castris (hostis), Cic., Caes. u. a. (s. Held Caes. b. c. 3, 79, 2. Fabri Liv. 23, 28, 9). – bes. c. arma, manum, gradum, pedem, signa, v. Nahgefecht, Handgemenge, v. der förmlichen Schlacht, z. B. c. arma cum alqo od. inter se, handgemein werden, Caes. u. Liv.: u. so ferrum et manus cum alqo, Cic.: u. manum cum hoste, Liv., u. bl. manum, Liv. – c. gradum cum alqo, Liv.: collato gradu (Fuß an Fuß, Mann gegen Mann) certare, s. Heräus zu Tac. hist. 2, 42, 1. 11. – c. pedem cum pede, u. bl. c. pedem, einander zu Leibe rücken, Liv. (pedem c. auch sprichw. v. streitenden Parteien vor Gericht, Cic.): u. collato pede, Fuß an Fuß, Mann gegen Mann, z. B. ut non missilibus tantum, sed gladiis etiam prope collato pede gereretur res, Liv.: collato pede, quasi singuli inter se decertarent, in eodem vestigio stabant, Curt. – conferre signa, handgemein werden, Cic. (auch bildl., im Wortstreit): c. signa cum Alexandrinis, Cic.: aliquoties comminus c. signa cum Romanis, Liv.: signis collatis (in förmlicher Schlacht) superare exercitus regios, Cic.: u. so signis collatis certare, dimicare, inter se concurrere, Liv.: signis collatis cum hostium legionibus pugnare, Cato fr. – c. arto luctantia nexu pectora pectoribus, Ov.: se viro vir contulit, Mann stellte sich dem Mann (= Mann focht gegen Mann), Verg.: u. absol., mecum confer, ait, mit mir kämpfe, Ov. met. 10, 603. – prägn., collato Marte alqm leto dare, im Handgemenge, Ov.: c. certamina belli inter se, sich miteinander einlassen, Verg.: c. lites, miteinander anbinden, Hor. – **b** übtr., mittelst der Rede jmdm. **mitteilen,** mit jmd. **austauschen, wechseln,** sermonem, Plaut.: sermonem cum alqo u. in via cum alqo, Cic.: sermones familiares cum alqo, Cic.: sermonem cum alqo de modo et forma sacrae arae, Val. Max.: quadam de re sermonem inter se, Val. Max. – c. omnia sua consilia, Ter.: u. consilia de Romano bello, Liv.: cum ullo aut sermones aut consilia contulit saepius? Cic. – c. iniurias, Tac.: c. haec od. sollicitudines inter se, Cic.: seria cum alqo, Ov.: hoc coram c., Cic.: tum, si quid res feret, coram conferemus, Cic. – m. folg. Relativ- od. indir. Fragesatz, ideo sum brevior, quod, ut spero, coram brevi tempore conferre quae volumus licebit, Cic.: ibi conferentibus, quid in cuiusque provinciae regione animorum Hispanis esset, Liv. – absol. = **sich besprechen,** omnes sapientes decet conferre et fabulari, Plaut. rud. 338: c. cum alqo, Augustin. ep. 33, 2: u. nisi contulerimus inter nos, quid finis sit etc., wenn wir nicht untereinander besprochen haben, was usw., Cic. de fin. 2, 4: u. diligentius inter se, Vulg. 2. Mach. 11, 36.

5 gegenüberstellend **zusammenbringen,** **a** im Kampf, **messen,** vires, Liv.: ex propinquo vires, Liv. – **b** zur Beurteilung **zusammenstellen, zusammenhalten, zum Vergleich herbeiziehen, vergleichen,** tesseram hospitalem, Plaut.: exemplum, Komik.: utrorumque facta, Nep.: faciem moresque duarum, Ov.: rationes, die Rechnung vergleichen, Abrechnung halten, Cic. u. (bildl.) Sen.: ebenso accepta et expensa, Sen.: haec omnia summā curā et diligentiā recognita et collata sunt, kollationiert (v. Abschriften), Cic. – Gallicum cum Germanorum agro, Caes.: fortunam Metropolitum cum casu Gomphensium, Caes.: cum illius vita P. Sullae vobis notissimam, Cic.: volumina cum recitatis, Vitr.: conferte Verrem, non ut hominem cum homine comparetis, sed ut pacem cum bello, leges cum vi conferatis, Cic.: quem cum eo conferre possumus non modo ingenii magnitudine, sed etiam animi? Cic. – parva magnis, Cic.: minora maioribus, Auct. b. Alex.: se laudibus alterius, Phaedr.: vitam inter se utriusque, Cic.: bos ad bovem collatus, Varr.

II nach einem Punkt **hintragen,** **1** übh. **hinbringen, hinschaffen, hinführen, hinwenden, hinkehren,** etw. wohin **verlegen, versetzen, setzen, stellen, flüchten,** **a** eig.: parentes et coniuges illuc, Tac.: nihil domum suam, Nep.: pecunias monimentaque ex fano Herculis in privatam domum, Caes. – suas rationes et copias (seine Spekulationen u. Fonds) in illam provinciam, Cic. – Deiotari legiones in mediam aciem, Auct. b. Alex.: u. so tertiam aciem in sinistrum cornu, Auct. b. Afr.: eodem suum omnem equitatum, Auct. b. Afr. – c. signa ad alqm (zu jmd. stoßen), Liv.: aber (feindl.) signa in laevum cornu, sich mit dem Angriff gegen den l. Fl. wenden, Liv. – c. iter eo, den Weg dahin nehmen, Brut. in Cic. ep.: ebenso iter Brundisium versus, Cic. – c. propere pedes in curriculum, Varr. fr. – u. bes. c. se, **sich begeben, sich flüchten,** se alio, Cic.: se continuo c. protinam in pedes, Plaut.: se suaque in naves, Nep.: se in astu, Cic.: se suaque omnia in oppidum, Caes.: se ad hostes, Cic.: se Rhodum, Cic.: se in fanum Veneris, Val. Max.: se ad hospitem (Ggstz. in meritoriam tabernam devertere), Val. Max.: urbs ipsa, quo se fusa contulerat acies, sich geflüchtet hatte, Liv. – m. 1. *Supin.,* se dormitum c., Cic. ep. 9, 26, 1: se eo (dahin) cubitum, Suet. Aug. 6. – v. Lebl., si pituita eo se confert, Cels.: spiritus eodem se contulit, Sen.: c. se in angustum (v. Atomen), Sen. – u. im Passiv, navium pars ex errore eodem conferebatur, wurde ebendahin geführt, Auct. b. Afr.: absol., bene navis agitatur, pulchre haec confertur ratis, wird dahingetragen, Plaut. Bacch. 797. – **b** übtr.: **α** se conf. m. Ang. **wohin?** durch *ad* od. *in* u. Akk. = **sich** zu jmd. od. einer Sache in irgendein Verhältnis **begeben, sich** an jmd. od. etw. **anschließen, sich** ihm **zuwenden, hingeben, widmen,** c. se ad pontificem Scaevolam, Cic.: c. se ad senatus auctoritatem, Cic.: c. se ad amicitiam alcis, Cic.: c. se in amicitiam et fidem (Schutz) alcis, Cic.: c. se in alcis fidem et clientelam, Cic.: c. se ad studium scribendi, ad philosophiae studium, Cic.: ad scribendum se contulit, er wurde Schriftsteller, Hieron.: c. se ad studia litterarum, Cic. – **β** etwas schriftlich od. mündlich irgendwohin **bringen, aufnehmen, eintragen,** irgendwo **anbringen, vorbringen,** ab utrisque ea, quae commode dici videntur, in suas artes c., Cic.: lamentationes suas etiam in testamentum, Tac.: spes votaque non prius ad deos quam ad principum aures, Tac. – cur non confertis (nehmt ihr nicht [in den Antrag] auf, warum tragt ihr nicht zugleich darauf an), ne sit conubium divitibus ac pauperibus? Liv. 4, 4, 9. – **γ** ein Vorhaben, ein Amt u. dgl. auf eine gewisse Zeit **legen, ansetzen, verlegen,** omnia in mensem Martium, Cic.: iter suum in posterum diem, Brut. in Cic. ep.: alqd in longiorem diem (Ggstz. alqd repraesentare), Caes.: eo (verst. in Caesaris adventum) omnem belli rationem, Caes.: alcis tertium consulatum eundem in annum, Plin. pan. – u. ein geschichtl. Ereignis chronologisch in od. auf eine Zeit **setzen, verlegen,** Carthaginis expugnationem in hunc annum, Liv. 27, 7, 5. – **δ** in eine gewisse Abteilung, wissensch. Form **bringen,** totam Academiam ex duobus libris contuli in quattuor, Cic.: ex immensa diffusaque legum copia optima quaeque in paucissimos libros, Suet.: reliquam rusticarum rerum partem in carmen, Col.: res Romanas Graeco peregrinoque sermone in historiam, Iustin. – **ε** in einen Zustand **bringen, übergehen lassen,** seditionem in tranquillum, Plaut.: verba ad rem, Ter. – dah. poet. = **verwandeln,** alqm in saxum, Ov.: corpus in volucrem, Ov.

2 zuwendend, **a** eig., eine Gabe, Kosten u. dgl. **zuwenden, darbringen, hergeben, verwenden, bestimmen,** pecuniam florenti parti (Partei), Nep.: munera alci, Nep.: praemia alci, Suet.: u. puellae L milia nummum, Plin. ep. – fructum alio, Ter.: eam pecuniam in rei publicae magnum aliquod tempus, Cic.: pecuniam ad beneficentiam liberalitatemque, Cic.: impendia in educationem, Cic.: praedas ac manubias in urbis ornamenta, Cic. – **b** übtr.: **α** Gedanken, Neigung, Gesinnung, eine Tätigkeit, Zeit u. dgl. wohin **wenden, richten, zuwenden, angedeihen lassen, erweisen, anwenden, verwenden,** alio animum suum (sein Gelüst), Ter.: animum huc, Ter.: animum ad fodiendos puteos, Auct. b. Alex.: omnes suas curas cogitationesque in rem publicam, Cic.: curam ad philosophiam, Cic.: laudem in commune, jedem für alle Ruhm erwerben (Ggstz. laudem ex communi ad se trahere), Liv.: benignitatis plurimum in alqm, Cic.: benevolentiam erga alqm a pueritia, Cic.: fructum virtutis et ingenii in proximum quemque, Cic.: plurimum ad victoriam, Suet.: plurimum operae, studii, diligentiae, laboris ad conficiendum reditum alcis, Cic.: omne reliquum tempus non ad oblivionem veteris belli, sed ad comparationem novi, Cic. – selten schlimme Dinge, maledicta in alqm, Cic.: legem ad perniciem civitatis, in Anwendung kommen lassen, missbrauchen, Nep. – **β** etw. zur Ausführung in jmds. **Hand legen,** jmdm. **übertragen, überlassen,** rem ad alqm, Cic.: omnem spem salutis ad clementiam victoris, Cic.: de re publica disputationem in Africani personam et Phili et Laelii, Cic.: curam restituendi Capitolii in L. Vestinum, Tac. – **γ** etw. auf jmd. od. etw. **übertragen** = jmdm. **beilegen,** als Besitzer, quis non videt species istas hominum collatas in deos aut consilio quodam sapientium … aut superstitione, Cic. de nat. deor. 1, 77. – od. als Urheber jmdm., als Ursache einer Sache **beilegen,** beimessen, zur Last **legen,** auf jmd. od. etw. **schieben,** verbum falso in alqm, Cic.: permulta in Plancium, quae ab eo dicta non sunt, Cic.: suum timorem in rei frumentariae simulationem angustiasque itineris, Caes. – c. culpam od. causam in alqm, Cic.: crimina in alqm, Cic.: falsum crimen in purissimam et castissimam vitam, Cic.: suspicionem in alqm, Cic.: vitia in senectutem, Cic. – **δ** confert (v. mehreren conferunt), wie συμφέρει, es ist etw. od. jmdm. **zuträglich, förderlich, trägt mit bei, wirkt mit,** gew. m. Ang. **wieviel?** durch aliquid, nihil, multum, plus, plurimum u. dgl., z. B. quin etiam aliquid confert et aetas et corpus, Cels.: senecta nihil confert, Plin.: multum veteres Latini (auctores) conferunt, Quint.: non plus contulerunt lecti Cicero aut Demosthenes? Quint.: plurimum oratori confert lectio poëtarum, Quint.: quod contulisse plurimum videtur, Cels.: m. *Infin.* als Subj., incipiente incremento confert alterna folia circumobruere, Plin. 19, 83. – zugl. m. Ang. wozu? durch *Adv.* eo (dazu), od. durch *ad* od. (selten) *in* u. Akk., od. durch bl. *Dat.* (s. Herbst Quint. 10, 1, 95. Sillig Plin. 35, 67), multum autem eo confert et corporis et nervorum habitus, Cels.: confert etiam aliquid ad somnum silanus iuxta cadens, Cels.: rursus in alia plus prior confert (exercitatio), Quint.: plus scientiae collaturus quam eloquentiae, Quint.: plurimum coeptis contulerunt iactatum exemplar epistulae; … simul rumor dissipatus etc., Suet.: allium voci confert, Plin. – m. Ang. **worin? wobei?** durch *in* u. Abl., in morbis cum multum fortuna conferat, Cels. 7. praef. § 4. – ► Perf. contulĕrunt gemessen, Prop. 2, 3, 25.

cōn-ferrumino (die besten Hdschrn. auch conferumino), āre, **zusammenlöten,** Plin. 27, 69.

cōnfertim, *Adv.* (confertus), **zusammengedrängt, in geschlossenen Gliedern,** se recipere, Sall. Iug. 50, 5: pugnare, Liv. 31, 43, 3: c. magis (zus. = confertius) pugnare, Liv. 21, 8, 9. – *Compar.,* cum manipulis confertius invadere, Amm. 19, 6, 9: confertius resistere, Amm. 24, 7, 7.

cōnfertus, a, um, *PAdi.* m. *Compar.* u. *Superl.* (confercio), **zusammengestopft,** d. i. **a** absol. = **dicht zusammengedrängt,** in **dichter Masse,** dicht (Ggstz. rarus), c. ratis (Schiff), Enn. fr.: c. naves, Liv.: concreti confertique pili, zusammengeballte, Cels. – mensura bona et c., gedrückt volles, Vulg.: confertissima turba, Liv. – bes. als milit. *t. t.* = in **geschlossenen Gliedern** (Ggstz. rarus, s. Fabri Liv. 21, 8, 9), agmen confertum, Verg. u. Sen., confertissimum, Caes.: acies conferta, Auct. b. Afr., confertissima, Caes.: conferti milites, Caes.: confertissimi hostes, Sall.: cum Galli structis ante se scutis conferti starent, Liv.: quod confertiores steterant (Ggstz. raris ordinibus constiterant), Liv.: numquam conferti, sed rari magnisque intervallis proeliantur, Caes.: rari in confertos illati, Liv. – **b** m. *Abl.* = **vollgestopft, gestopft voll** von etw., v. Örtl., ingenti turbā non virorum modo sed etiam feminarum conferta totā urbe deorum immortalium templa, Liv.: Nysa lucis confertissima, Stat. – übtr., otiosa vita, plena et conferta voluptatibus, Cic.: liber c. voluptatibus, Cic.

cōnferumino, āre, s. cōnferumino.

cōnferva, ae, *f.* (conferveo), **Wasserfaden,** eine Gattung von Wassergewächsen (so gen. wegen der zusammenziehenden Heilkraft), Plin. 27, 69. Ps. Apul. herb. 59 (wo conferba; dass. auch consolida gen.).

cōn-fervēfacio, ere, **zusammenhitzen = zum Schmelzen bringen,** Lucr. 6, 353.

cōn-ferveo, buī, ēre, **I zusammensieden, -kochen,** Pallad. 1, 35, 13. – **II zusammenheilen,** v. gebrochenen Knochen, Cels. 8, 10. *no.* 1.

cōnfervēsco, buī, ere (*Inch.* v. conferveo), **I in Glut geraten, zu sieden anfangen, sich erhitzen,** Vitr. u. a.: übtr., mea cum conferbuit ira, wenn einst mein Zorn sich entzündet, Hor. sat. 1, 2, 71. – **II zusammenheilen,** v. gebrochenen Knochen, Cels. 8, 10. no. 7.

cōnfessio, ōnis, *f.* (confiteor), das **Eingeständnis, Zugeständnis, das Geständnis, I** eig.: **a** übh., Cic. u. a.: alqm ad confessionem compellere, Suet.: confessio cruciatu exprimitur, Suet.: ea confessionem faciunt (legen ab), non defensionem, Cato fr. – m. subj. *Genet.* od. *Pron. poss.*, c. illorum, Cic.: c. vultus ac vocis, Quint.: confessione suā urgeri, Cic.: im Plur., Lentulus patefactus indiciis et confessionibus suis, Cic. Cat. 3, 15: se ipsos turpissimis confessionibus produnt, Plin. ep. 8. 18, 3. – m. obj. *Genet.*, c. simplex veritatis, Val. Max.: simplex veri erroris, Cels.: c. inscitiae suae, Quint.: c. errati sui, Cic.: c. facti, Cic.: c. pecuniae captae, Cic.: adducere alqm ad ignorationis confessionem, Cic.: exprimere ab alqo confessionem culpae, Liv.: tormentis exprimere confessionem cogitati facinoris, Suet.: im Plur., ad iudices indicia, litteras, confessiones communis exitii deferre, Cic. Sest. 145. – m. subj. u. obj. *Genet.*, Rhodiensium culpae c., Gell. 6 (7), 3, 24. – m. Ang. **in Betreff wessen?** man eingesteht, durch *de* u. Abl., immo si actionem stultissimasque de se, nefarias de patre confessiones audisses? Cael. in Cic. ep. 8, 8, 2: ipsorum de somno piscium confessio, Plin. 9, 18. – **b** als rhet. Figur, Quint. 9, 2, 17; 12, 1, 33. – **II** übtr., das **Eingeständnis, Geständnis, Bekenntnis** (bes. der Furcht, der Schwäche), das man durch eine Tatsache ablegt, die **Anerkennung** (s. Fabri Liv. 21, 40, 2), tacitā confessione victus, Liv.: c. fidei, Glaubensbekenntnis, Eccl.: timoris confessionem (hosti) exprimere, Liv. – m. folg. *Acc.* u. *Infin.*, ea erat confessio (hierin lag das G.) caput rerum Romam esse, Liv.: confessionem factam (man habe das G. abgelegt, habe eingestanden, anerkannt) populi quam consulis maiestatem vimque maiorem esse, Liv.

cōnfessor, ōris, *m.* (confiteor), der **Bekenner** des Christentums (Ggstz. negator), absol. od. m. Genet. dei od. fidei Christianae, Eccl.

cōnfessōrius, a, um (confiteor), **zum Geständnis gehörig,** ICt.

cōnfessus, a, um, s. cōn-fiteor.

cōnfēstim, *Adv.* (confestino), zuhastend = **stracks, sofort** (Ggstz. ex intervallo, Cic. de inv. 1, 43 u. 2, 42), abi ad thensaurum iam c. clanculum, Plaut.: c. Penios adest, Catull.: c. huc advolare, Cic.: c. venire, Caes.: c. sequi, Sisenn. fr.: c. subsequi alqm, Caes.: c. consequi, Cic.: patres consulere, Liv.: respondere, Liv.: rem administrandam arbitror sine ulla mora (unverzüglich) et confestim (stracks) gerendam censeo, Cic. – verb. postea quam od. cum od. ut (wie, als) … confestim, z. B. postea autem quam appropinquare huius iudicium ei nuntiatum est, confestim huc advolavit, Cic. Clu. 192: hic cum semianimis de templo elatus esset, confestim animam efflavit, Nep. Paus. 5, 4: ut Hostius cecidit, confestim Romana inclinatur acies, Liv. 1, 12, 3; vgl. Suet. Aug. 10, 1.

cōnfēta sus dicebatur, quae cum omni fetu adhibebatur ad sacrificium, Paul. ex Fest. 57, 21. – u. so viell. canis confeta, eine Hündin mit ihren Jungen, Iul. Obs. 55 (115).

cōn-fībula, ae, *f.*, die **Holzklammer,** Cato r. r. 12.

cōnficiēns, entis, *PAdi.* (v. conficio), **zustande bringend, bewirkend,** causae, Cic. part. or. 93. – m. *Genet.*: haec cum corporis bona sint, eorum conficientia certe in bonis numerabis, das, was jene (körperl. Güter) bewirken können, Cic. de fin. 5, 81: cum civitate mihi res est acerrima et conficientissima litterarum, Gemeinde, die alles genau aufschreibt (Vielschreiberei liebt), schreibselige Gemeinde, Cic. Flacc. 44.

cōn-ficio, fēcī, fectum, ere (con u. facio), zusammenmachen, d. i. **I** = **fertig machen, zustande bringen, 1** durch körperliche od. geistige Tätigkeit, **a anfertigen, verfertigen, anlegen, herstellen, vollenden, ausführen, ausfertigen, durchführen, vollziehen, α** übh.: pallium, Plaut.: chartam (Papier), Hadrian. imp. b. Vopisc.: anulum, pallium, soccos suā manu, Cic. – c. dialogos, Cic.: litteras, Cic.: orationes, Nep.: partem orationis perpolire et c., Cic.: c. novissimum imperfectum (commentarium), fertig machen, Hirt. b. G.: librum Graece od. Graeco sermone, Nep.: tabulas litteris Graecis, Caes.: tabulas (das Hausbuch), anlegen, führen, Cic.: u. so diligenter tabulas (Ggstz. neglegenter adversaria scribere), Cic.: rationes, die R. anfertigen, aufstellen, Cic.: senatus consultum, Lampr. – c. aegre delectum, Liv.: ludos, Cic.: rem divinam, Nep.: ad penates hostis sui nuptiale sacrum, Liv.: sacra, Cic.: sacra Orphica Dionyso, Cic.: sacra per mulieres ac virgines confici, Cic.: c. iusta funera, Caes.: legitima quaedam, Nep. – caedem, vollführen, verüben, Nep.: u. so tantum facinus per alqm, Cic. – bellum, Cic.: proelium, Sall. – eo autem omni sermone confecto, Cic.: reliquo sermone confecto, Caes. – quoniam (res) vi manuque confecta est, Cic.: quibus od. his rebus confectis, Sall., Caes. u. a.: omnibus enim rebus magnā curā, multā operā et labore confectis, Cic.: ad eas res conficiendas biennium sibi satis esse ducere, Caes.: id, quod ipsi diebus XX aegerrime confecerant, ut flumen transirent, Caes. – **β** als *t. t.* der Geschäftsspr. = ein Geschäft, einen Auftrag, ein Amt, einen Vertrag usw. **abtun, abmachen, abschließen,** ins **Reine bringen, zustande bringen, vollziehen,** ista confice, Cic.: c. negotium, Caes.: negotium ex sententia, Cic.: totum negotium per alqm, Cic.: mandata, Cic.: legationem et mandata, Cic.: legationis officium, Caes.: munus susceptum, munus annuum, Cic.: iurisdictionem, Cic.: rem sine pugna et sine vulnere, Caes.: de Acutiliano negotio quod mihi mandaras ut primum a tuo digressu Romam veni confeceram, Cic. – c. nuptias, Ter.: pacem in suas leges, Ter.: pactiones, Cic.: pretium, den Pr. bestimmen, Cic. – u. absol. (ohne Ang. was?), c. cum alqo, mit jmd. abschließen, das Geschäft abmachen, cum coheredibus, sich auseinandersetzen, Cic. ep. 7, 2, 1: so auch c. cum alqo de columnis, Cic. ad Att. 12, 19, 1. – **b** einen Gang, Lauf, einen Weg, eine Strecke usw. **vollenden, zurücklegen, α** im Raum, ambulationem in Academia, Cic. – cursum (u. im Bild cursum vitae), Cic.: cursus annuos (v. der Sonne), Cic.: hinc Scyrum inde Delum, utroque citius quam vellemus, cursum confecimus, Cic.: XXX fere diebus cursum suum (v. Gestirn Saturn), Cic. – c. iter ex sententia, Cic.: iter anno vertente, Nep.: celeriter VIII milium iter, Caes.: a Massilia Gesoriacum usque pedestri itinere confecto, Suet.: c. breviora itinera equo, Curt.: tertiam partem itineris, Nep.: longam aliquam viam, Cic.: celeritate incredibili longissimas vias, Suet. – vario sermone sex illa a Dipylo stadia, Cic.: immensum spatiis aequor, Verg.: incredibili celeritate magnum spatium paucis diebus, Caes.: dimidium spatium (verst. itineris), Nep.:

disparibus temporibus eadem spatia (v. den Sternen), Cic.: eundem XII signorum orbem annis XII (v. Gestirn Jupiter), Cic. – β in der Zeit, annos LX confecisse, Cic.: prope centum confecisse annos, Cic.: extremum vitae diem morte, Cic. de fin. 3, 76: reliquam noctis partem ibi, vollends zubringen, Caes. – u. im Passiv, confici = **zu Ende gehen, vorüber (vorbei) od. um sein,** v. Zeitläufen, sic annuum tempus confici, Cic.: biennio iam confecto, Cic.: iam prope hieme confectā, Caes.: nondum hieme confectā, Caes.: confectā brumā, Col.: primā confectā vigiliā, Caes.: ante primam confectam vigiliam, Caes.: confectis aestivis, Cic.: illic solstitium, hic bruma conficitur, Sen.: vergiliarum signo confecto, nach dem Untergang des Siebengestirns, Auct. b. Afr.: u. so sidus confectum, das untergegangene, Plin.

2 durch Veranstaltungen aller Art **zusammenbringen, zuwege bringen,** a **aufbringen, auftreiben, verschaffen,** pauxillulum nummorum, Ter.: pecuniam, innumerabilem pecuniam, Cic.: quantam pecuniam non solum numeratam, verum etiam huiuscemodi in rebus positam conficeret, Cic.: unde eam pecuniam confici posse, nisi tributo populo indicto? Liv.: permagnam ex illa re pecuniam confici posse, Cic.: ex his urbibus quinque et viginti talenta se confecturum, Liv.: frumentum, Liv. – hortos, alci hortos (durch Kauf), Cic.: alci bibliothecam, Cic. – alci virginem, Ter.: obsides, Hirt. b. G.: serpentium magnam multitudinem, Nep. – als milit. *t. t.*, Bewaffnete durch Aushebung, Aufgebot usw. **zusammen-, aufbringen, auf die Beine bringen,** reliquas legiones, quas ex novo delectu confecerat, Caes.: c. regum et tetrarcharum copiis immanem exercitum, Vell.: intentissimā conquisitione ad triginta milia peditum, Liv.: hos posse conficere armata milia centum, Caes.: c. exercitus maximos, Cic.: circiter CCC equites, Caes. – als publiz. *t. t.*, jmd. (= jmds. Stimme) jmdm. od. sich **verschaffen,** tribum suam necessariis suis, Cic.: centurias, Cic. – b **bewirken,** α Zustände usw. aller Art **bewirken, auswirken, erzeugen,** alci reditum, Cic.: alci aliquid mali, Ter.: motus animorum, Cic.: alci sollicitudines, Ter.: bene loquendi famam (v. Eigenschaften), Cic. – absol., sunt aliae (causae), quae ipsae conficiunt (unmittelbar wirken); aliae quae vim aliquam ad conficiendum afferunt, Cic. part. or. 93. – β m. dopp. *Acc.* = **so u. so stimmen,** auditorem benevolum, attentum, docilem, Cic. de inv. 1, 20: animum auditoris mitem et misericordem, *ibid.* 1, 106. – γ als philos. *t. t.*, durch Schlussfolgerung usw. **bewirken** = **dartun,** gew. m. Ang. **woraus?** durch *ex* u. Abl., conclusio est, quae brevi argumentatione ex iis, quae ante dicta sunt aut facta, conficit quod necessario consequatur, Rhet. Her.: ex eo, quod sibi dederat quicum disputabat, conficere malebat, Cic. – im Passiv, conficitur alqd, **es wird** etw. **dargetan, erschlossen, es ergibt sich** etw., **es folgt** etw., ita aut ex contrario conficiatur sententia, hoc modo, Cic.: ex quo conficitur, ut etc., Cic.: cum autem, his concessis, complexio ex his non conficitur, nicht folgerecht gebildet wird, Cic.: irrefutabiliter confectum est, m. folg. *Acc.* u. *Infin.*, Iulian. b. Augustin. op. imperf. c. Iul. 2, 57 *in.*

II gleichs. **zusammenarbeiten,** I durch Zubereitung, **zubereiten, verarbeiten,** Ceres (invenit) molere et conficere (*sc.* frumentum) das Mahlen und Backen, Plin. 7, 191: sinapis confecta, Edict. Diocl. 1, 35: pellis confecta, gegerbtes Leder (Ggstz. infecta), *ibid.* 8. *no.* 18. 20. 22: pili ad funem confecti, zu Stricken gedreht, *ibid.* 11, 3: hibiscum in mellis crassitudinem confectum, Cael. Aur. chron. 5, 1, 12.

2 durch Zerstückelung u. durch Verbrauch übh.: a durch Zerstückelung übh.: ligna ad fornacem, spalten, Cato: molere et c. frumenta, Plin.: molarum et conficiendi frumenti labor, Col. – b durch Kauen oder Verdauen, **verarbeiten,** α durch Kauen, v. den Zähnen, **zerkauen, zermalmen,** escas, Cic.: cibum, Liv. – v. kauenden Tieren, boves in conficiendo cibo lenti, Col. – u. übh. **verarbeiten** = **verzehren,** prandium, Plaut.: plures iam pavones confeci, quam tu pullos columbinos (scherzh.), Cic.: fortius iusta cibariorum (v. Tieren), Col.: ibes maximam vim serpentium conficiunt, Cic. – β durch Verdauen, **zersetzen, verdauen,** von den Verdauungswerkzeugen, alvus cibos non conficit, Plin.: cibus confectus coctusque, Cic.: confectus et consumptus cibus, Cic.: spiritu omnia cocta et confecta in reliquum corpus dividuntur, Cic. – v. dem verdauenden Geschöpf, omnia dentibus frangentes protinusque devorata conficientes ventre, Plin. – im Bild, lectio non cruda, sed multā iteratione mollita et velut confecta, Quint. – c durch Verbrauch usw. **klein machen,** α v. Pers., **vertun** = **verbrauchen,** donec utriusque (vini et myrtei) terni cyathi conficiantur, Cels. – bes. Vermögen, argentum alcis, Ter.: patrimonium suum, Cic.: ornamenta equestris ordinis, Cic.: suam rem non minus strenue quam publicam, Cic. – β von lebl. Subjj., denen verzehrende Kraft beigelegt wird, **vertilgen, verzehren,** conficiunt ignes silvas, Lucr.: confici igni, frigore, Lucr. – v. Abstr., nihil est enim opere et manu factum, quod non aliquando conficiat et consumat vetustas, Cic.: quae vetustas est, quae rem divinam conficere possit, Cic.

2 durch Erlegung od. Überwindung **niedermachen,** a durch Erlegung einzelne leb. Wesen **niederhauen,** niederstoßen, umbringen, jmdm. **den Garaus machen,** Tiere erlegen, alterum Curiatium, Liv.: saucium, Liv.: leones, Sen.: feras, Suet.: eam bestiam, Val. Max.: confice, mache mir vollends den Garaus, Hor.: haec sica nuper ad regiam me paene confecit, Cic. – m. Ang. **womit? wodurch?** durch *Abl.*, duodecim propugnatores totidem sagittarum ictibus, Suet.: alqm triginta vulneribus, Suet.: alqm incendio, Nep. – im Bild, c. alqm omnibus notis ignominiisque, Liv.: superiore ex loco confici et concidi ab alqo (mit Anspielung auf das Erlegen der wilden Tiere), Cic. – b durch Überwindung ein Heer, ein Volk, eine Provinz gleichs. niederwerfen = **aufreiben, zu Paaren treiben, gänzlich unterwerfen, unterjochen,** duos hostium exercitus haud minus pernicioso quam pertinaci certamine (v. Glück), Liv.: Athenienses, Nep.: provinciam, Cic.: Britanniam, Cic.

3 durch allmähliches Schwächen gleichs. fertig machen, **erschöpfen, aufreiben,** a körperlich od. emotional, bei Ang. **wodurch?** m. *Abl.*, cum meus me maeror cotidianus lacerat et conficit, Cic.: vitae cupiditas, quae me conficit angoribus, Cic.: nos in foro, in amicorum negotiis res ipsa ante confecit, quam etc., Cic.: maerore se conficiens, Cic. – Oft im Passiv, confici alqā re, **aufgerieben werden, sich aufreiben, fast vergehen** vor usw., macie (v. Körper), Plin.: fame, frigore, Cic.: siti, Sall.: lacrimis, Cic.: angoribus, curis, Cic.: desiderio alcis rei incendi et c., Cic.: frustra maerore c., sich verg. abgrämen, Cic.: c. dolore, Cic. – u. prägn. conficior m. folg. Akk. u. Infin. = ich vergehe fast vor Schmerz, venisse tempus, cum etc., Cic. ad Att. 10, 18, 3. – u. Partiz. Perf. confectus, **erschöpft, ganz geschwächt, teils mit Ang. wodurch?** durch *Abl.*, mulier aegra et corpore et animo c. (durch = an K. u. G.), Cic. – c. cum corporis morbo tum animi dolore, Cic.: macie et squalore, Cic.: fame, frigore, inopiā omnium rerum, Cic.: siti inopiāque, Auct. b. Afr.: opere, vigiliis, vulneribus, Liv.: multis gravibusque vulneribus, Caes. – cruciatu maximorum dolorum, Cic.: aetate, Caes.: senectute, Cic. – u. im Bild, civitas senio confecta, altersschwacher, Cic. – c. maerore, Cic.: curis, Iustin.: luctu confectum tabescere, Cic. – v. Tieren, macie confectus lupus, ganz abgemagerter (Ggstz. perpastus canis), Phaedr. – teils absol., confectus et saucius gladiator, Cic.: c. filius, Cic.: fessi confectique, Liv. – b politisch **erschöpfen, in seiner Existenz gefährden, aufreiben, zugrunde richten,** praevalentis populi vires se ipsae conficiunt, Liv.: quae (accusandi rabies) omni civili bello gravius togatam civitatem confecit, setzte schwerer zu als usw., Sen.: quid affert, ut tanta civitas, si cadet, a viro tamen confecta videatur? Cic. – ► Passiv auch confio, s. d.

cōnfictio, ōnis, *f.* (confingo), die **Erdichtung,** criminis, Cic. Rosc. Am. 35: personae = προσωποποιία, Personaldichtung, Aquil. Rom. § 3. – confictionis argumentatio, Cael. Aur. acut. 1, 11, 81.

cōnficto, āre (*Intens.* v. confingo), **eifrig erdichten,** Naev. b. Varr. LL. 7, 107.

cōn-fideiussor, ōris, *m.*, der **Mitbürge,** ICt.

cōnfidēlis, is, *m.*, **einer, der denselben Glauben hat,** Cassiod. hist. 9, 3.

cōnfīdēns, dentis, *PAdi.* m. *Compar.* u. *Superl.* (v. confido), **selbstvertrauend, zuversichtlich, dreist,** gew. (vgl. Cic. Tusc. 3, 14 u. Spengel Ter. Andr. 855) im üblen Sinne = **dreist, keck, verwegen, frech, un-**

verschämt, v. Pers., Komik., Cic. u. a.: qui me alter est audacior aut confidentior, Plaut.: quod est nimio confidentius, quam illud etc., Gell.: iuvenum confidentissime, Verg.: confidentissimum mendacium, Apul.

cōnfīdenter, *Adv.* m. *Compar.* u. *Superl.* (v. confidens), **voll Selbstvertrauen (Zuversicht), dreist, a** im guten Sinne = **mutig,** Komik., Cic. u. a. – **b** im üblen Sinne = **keck, verwegen, frech, unverschämt,** Komik, u. Rhet. Her. 1, 8. – Kompar. cōnfīdentius, Plaut. Poen. 62. Cic. de orat. 2, 28 u. Cael. 44: Superl. cōnfīdentissimē, Rhet. Her. 2, 8. Iul. Val. 2, 11. p. 74, 19 K.

cōnfīdentia, ae, *f.* (confidens), die **Zuversicht, I** als augenblicklicher Zustand = das **feste Vertrauen auf** etw., nusquam stabulumst (eine Unterkunft) confidentiae, Plaut. most. 350: confidentiam afferre hominibus, Cael. in Cic. ep. 8, 8, 9. – mit *Genet.* (auf), scapularum, Plaut. asin. 547. – confidentia est (= confido) mit folg. *Acc.* u. *Infin.*, Plaut. mil. 229 u. Pseud. 763. – **II** als inwohnende Eigenschaft, das **Selbstvertrauen,** die **Zuversicht,** die **Dreistigkeit, a** im guten Sinne, Plaut. u. a. vorklass. Dichter (bei Cic. nur de rep. 3, 42 aus Non. 262, 23). – **b** im üblen Sinne (vgl. Tusc. 3, 14) = die Keckheit, Frechheit, **Unverschämtheit** (Ggstz. fiducia od. metus), Komik., Cic. u. a.: verb. eorum audacia atque c., Cato fr.

cōnfīdentiloquus, a, um (confidens u. loquor), **großsprecherisch,** nihil est confidentiloquius neque periurius, quam urbani adsidui cives, Plaut. trin. 201.

cōn-fīdo, fīsus sum, ere, **vertrauen, sich fest verlassen, Vertrauen haben, seiner Sache sicher sein** (Ggstz. diffidere, desperare, metuere), **α** absol.: satis c., Sall.: nimis c., Cic.: non confidit, Plaut.: u. (parenthet.) ut confido, Cic.: neque milites alio duce (unter einem a. F.) plus confidere aut audere, Liv. – **β** m. *Dat.* (**wem?**): sibi, Cic. u. a.: legioni maxime, Caes.: alci timide, Ov.: virtuti alcis, Caes.: virtuti constantiaeque alcis, Cic.: pecuniae confidentes, die Geldstolzen, Vitr. – **γ** m. *Abl.* (durch, deutsch **auf wen** od. **was?**): socio Ulixe eā maxime arte, Cic.: affinitate alcis, Caes.: celeritate navium et scientiā gubernatorum, Caes.: militum virtute non satis, Cic.: multum naturā loci, Caes.: confisus praesidio legionum trium et munitione fossae, Caes.: tam potenti duce confisus, Liv.: principes parum confisi patientiā nostrā, Plin. pan. – u. (ungewiss ob *Dat.* od. *Abl.*) Mario parum, Sall.: dis immortalibus, Sall.: optimatibus nihil, Cic.: confisi viribus, Caes. – **δ** m. *de* u. Abl.: de salute urbis, Caes.: de consuetudine civitatis, ICt. – **ε** m. *in* u. Abl.: sibi in illa re, *Auct. b. Afr. 19, 2. – **ζ** m. *Acc.* u. *Infin.* od. (poet.) mit bl. *Infin.* = **das feste Vertrauen hegen, sicher (mit Zuversicht) glauben od. erwarten, der getrosten Hoffnung leben, die feste Überzeugung haben,** dass usw., confido rem ut volumus esse, Cic.: confido fore, ut tibi pro tuo summo beneficio gratias agamus, Cic.: id ita futurum esse confido, Cic.: spero, immo confido facile me impetraturum, ut etc., Plin. ep.: si confideret Euander innoxium se rei capitalis argui, Liv.: nisi confideret eum consensu populi Romani consulem declaratum iri, Liv.: quod Romanos re frumentariā intercludi posse confiderent, Caes.: quod aliquando se superiorem esse confideret, Val. Max.: siccare prius confidunt (venti et sol) omnia posse, Lucr.: stulte confisus amari, Tibull. – **η** m. allg. *Acc. pron.*, confide omnia (in allen Stücken), Caecil. com. 247. – **θ** m. *ut* u. Konj., Plin. ep. 2, 5, 7 (vgl. Ggstz. diffidere m. *ne* u. Konj., Lucr. 5, 978). – ► confiderunt ist zweifelhafte Lesart (gegen confiderent) bei Liv. 44, 13, 7.

cōn-fīgo, fīxī, fīxum, ere, **I** zusammenstechen = durch Nägel, Stifte **zusammenheften, zusammennageln, a** = zwei Dinge **aneinander heften, aneinander nageln** (mit u. ohne inter se), sublaminas inter se, Cato r. r. 21, 3: transversaria tigna, Vitr. 10, 6, 3. – **b** aus mehreren Stücken durch Nägel zusammenfügen, unser **zusammennageln,** turres ambulatorias, Auct. b. Alex.: transtra pedalibus in altitudinem trabibus confixa clavis ferreis digiti pollicis crassitudine, Caes. – mit *ex* u. Abl., ex tabulis arca compacta et confixa, Vitr. – **II bestechen, a** = mit Nägeln, **Stiften beschlagen,** robustam tabulam aculeis, Col. 7, 3, 5. – **b** = durchbohren, **α** eig., m. *Abl.* womit? filios suos sagittis, Cic.: patruum iaculis, Val. Max.: capras sagittis, Cic.: muscas stilo praeacuto, Suet.: u. (im Bild) confixus fortunae telis iniquis, Ov. – ohne *Abl.* **womit?** z. B. c. cervam, niederschießen, Liv.: c. destinatum, das Ziel treffen, Dict. Cret.: confixi conciderunt, Nep.: confixi a sociis, Verg.: confixum facere (zweideutig), Lucil. sat. fr. inc. 67 (bei Cic. de or. 2, 255): u. sprichw., cornicum oculos c., unser »den Krähen die Augen aushacken«, d. i. selbst die Vorsichtigsten täuschen, Cic. Mur. 25. – **β** übtr., ducentis confixus senatus consultis, von zw. S. durchbohrt (= in seinen Bestrebungen gelähmt), Cic.: meminerant eius sententiis confixum Antonium, Cic.: ubi confixus (festgebannt) desides? Afran. com. fr. – ► Ungew. Partiz. confictus, Scaur. fr. b. Diom. 377,12.

cōnfigūrātio, ōnis, *f.* (configuro), die ähnliche Bildung, Tert. de pudic. 8.

cōn-figūro, āvī, ātum, āre, **gleichförmig bilden** od. **machen,** absol., Tert. de anim. 34: in alqa re, Lact. 1, 17, 5: m. *ex* u. Abl., Gell. 12, 1, 20. Lact. 7, 4, 12: m. *ad* u. Akk., Col. 4, 20, 1. Lact. 2, 12, 1: m. *Dat.*, Vulg. ad Phil. 3, 21.

cōn-fīnālis, e (confinis), **a** die Grenze bildend, Grenz-, lineae, Gromat. vet. 309, 11. – **b** = ὅμορος (Gloss.), **angrenzend** (vgl. Isid. 10, 52), populi, Cassiod. var. 7, 4. – Plur. subst., cōnfīnālēs, ium, *m.*, die **Grenznachbarn,** conregionales (Gebietsnachbarn) et confinales sui, Augustin. de civ. dei 2, 17.

cōn-findo, ere, **zerspalten,** Tibull. 4, 1, 173.

cōn-fingo, finxī, fictum, ere, **bildend zusammensetzen, bilden, verfertigen, I** eig.: nidos, Plin.: favos et ceras, Plin. – **II** übtr., **erdenken, erdichten,** fälschlich **vorgeben, vorspiegeln,** causas falsas ad discordiam, Ter.: crimen incredibile, Cic.: crimina in alqm, Liv.: homicidium in se, sich einen M. andichten, ICt.: lacrimae confictae dolis, Ter. – m. folg. *Acc.* u. *Infin.*, id vos a viro optimo cogitatum esse confingitis, Cic. Deiot. 16; vgl. Iustin. 32, 2, 9.

cōnfīniālis, e (confinium), angrenzend, Gloss. V, 183, 9 u. ö.

cōn-fīnis, e, **zusammengrenzend, angrenzend, benachbart, I** eig.: ager Labicanus, Liv.: gentes, Amm. – mit *Dat.*, ut quisque potentiori confinis erat, Sall.: confines erant hi Senonibus, Caes.: caput c. collo, Ov. – subst., **a** cōnfīnis, is, *m.*, der **Grenznachbar,** Mart., ICt. u. a. – **b** cōnfīne, is, *n.*, **α** die **Grenze,** Nähe, Lucan. u. Val. Flacc. – **β** als rhet. Fig. = homoeoteleuton (ὁμοιοτέλευτον), s. d., Auct. carm. de fig. 100. p. 67 H. – **II** übtr., **anstreifend an** etw., m. *Dat.*, studio confinia carmina vestro, Ov.: virtutibus vitia confinia, Sen.: confinia sunt his celebrata apud Graecos schemata, Quint. – m. *Genet.*, officia virtutum confinia, Gell. 1, 2, 4.

cōnfīnium, ī, *n.* (confinis), **I** die **Grenzscheide, Grenze** zweier Gebiete, zweier Äcker (während vicinitas die Nachbarschaft in Bezug auf Haus u. Hof), Trevirorum, Caes.: Lyciae et Pamphyliae, Liv.: Germaniae, Tac.: arbores in confinio natae, Varr. LL.: conveniet in omni re contrahenda, ... vicinitatibus et confiniis aequum et facilem esse, bei Nachbarschafts- u. Grenzverhältnissen, Cic. de off. 2, 64. – **II** übtr., gleichs. die **Grenzscheide, Grenzlinie, a** der Zeit, mortis, Apul.: mortis ac vitae, Ps. Quint. decl.: quicquid est inter iuvenem et senem medium, in utriusque confinio positum, Sen. ep. 70, 2: Plur., confinia noctis, noctis dubiae, Abenddämmerung, Ov., lucis et noctis, Morgen- u. Abenddämmerung, Ov. (vgl. Bach Ov. met. 4, 401): confinia mortis, Tibull.: confinia mensum, Ov. – **b** anderer Verhältnisse, qui in mediocre genus orationis profecti sunt, si pervenire eo non potuerunt, errantes perveniunt ad confinium eius generis, quod appellamus dissolutum, Rhet. Her. 4, 16: adhuc nemo exstitit, cuius virtutes nullo vitiorum confinio laederentur, durch Berührung mit dem Laster gefährdet werden, Plin. pan.: quoniam (mediocritas) in confinio boni malique (zwischen dem Guten u. Schlechten) posita est, Col.: in quam arto salutis exitiique fuerimus confinio (zwischen Erhaltung u. Untergang), Vell.: mox patuit breve c. artis et falsi (zwischen Wissenschaft u. Irrtum), Tac.

cōn-fīo, fierī, als passive Nbf. zu conficio, **I a zustande gebracht-, zurechtgemacht-, vollendet-, ausgeführt werden, geschehen,** confieri res, Lucr.: curabit, ut panis diligenter confiat, Col.: sal confit ligno, Plin.: per quos ea (consolatio) confieri debet, Sulpic. in Cic. ep.: ut diurna acta confierent, Suet.: in quo maleficia cuncta confierent, Arnob. 2, 43. – hoc confit quod volo, Ter.: quo facilius res tota confieret, Balb. in Cic. ep.: ut res sine sanguine confieret, Balb. in Cic. ep.: postquam id difficilius confieri animadvertit, Caes.: spisse ut videantur omnia ei confieri, Pacuv. fr.: nunc quā ratione, quod instat, confieri possit, paucis, adverte, docebo, Verg. – **b** = **verbraucht werden,** confit cito, schnell ist's fort, Plaut, trin. 408. – **c** = **der Zeit** nach **vergehen,** dum aequinoctium vernum confiat, Col. 11, 3, 51. II) = **zusammengebracht-, aufgetrieben werden,** cum in publico deesset aurum, ex quo summa pactae mercedis Gallis confieret, Liv. 5, 50, 7.

cōnfirmātē, *Adv.* (confirmatus), **befestigt = fest, in fester Haltung,** quod (genus orationis dissolutum) fluctuat huc et illuc nec potest confirmate neque viriliter sese expedire, Rhet. Her. 4, 16.

cōnfirmātio, ōnis, *f.* (confirmo), die **Befestigung,** nur übtr.: **1** übh.: c. perpetuae libertatis, Cic. ep. 12, 8, 1. – **2** insbes.: **a** die Befestigung des Gemüts durch Einsprechen von Mut, Trost, Hoffnung, die **Bestärkung** des Mutes, **Muteinsprechung (Ermutigung), Beruhigung, Tröstung,** c. animi, Caes.: animorum, Sen.: c. Ciceronis, Cic.: confirmatione nostrā egebat, Cic. – **b** die **Bestätigung,** **α** (rhet. *t. t.)* durch Beweisführung, die **Begründung, Bewahrheitung,** als Teil der Rede, s. bes. Cic. de inv. 1, 34; part. or. 27: confirmationem ingredi (antreten), Quint. 4, 4, 9. – **β** durch Worte, Beistimmung, die **Bestätigung, Vergewisserung,** c. gravior, Cic.: m. subj. *Genet.*, perfugae c., Caes.: mit obj. *Genet.*, eius rei, Quint.: adoptionis, ICt.

cōnfirmātīvē, *Adv.* (confirmativus), **versichernd,** Tert. adv. Marc. 4, 41. Prisc. 18. § 99. 101. 114.

cōnfirmātīvus, a, um (confirmo), **zur Versicherung (Bejahung) dienend, versichernd, bejahend, Versicherungs-,** confirmativa coniunctio u. subst. bloß confirmativa (Ggstz. abnutiva, negativa), Diom. 417, 12 u. 455, 13. Prisc. 16, 12. Serv. Verg. Aen. 2, 247: adverbium, Prisc. 15, 32 u. 17, 41: verbum, Ambros. de Abrah. 2, 11. § 89: subst., duo *negativi* od. *negativa* unum *confirmativum* faciunt, Schol. Iuven. 6, 457 u. 14, 127.

cōnfirmātor, ōris, *m.* (confirmo), der **Bestätiger, I** = der **Gewährleister,** pecuniae, Cic. Clu. 72. – **II** = der **Bekräftiger, Bewahrheiter,** c. sententiae, Lact. 1, 2, 2: erroris, Tert. adv. Marc. 4, 36.

cōnfirmātrīx, trīcis, *f.* (Femin. zu confirmator), die **Bestätigerin, Gewährleisterin,** Tert. de cor. mil. 4. Iul. Vict. art. rhet. 4. § 2 (wo die Hdschr. confirmatrix).

cōnfirmātus, a, um, *PAdi.* m. *Compar.* u. *Superl.* (v. confirmo), **I fest bestimmt, gesichert,** fides confirmatissima, Porphyr. Hor. sat. 1, 5, 27: confirmatissima toto orbe Christi ecclesia, Oros. 7, 10, 1. – **II ermutigt, beherzt,** satis certus et confirmatus animus, Cic.: sensus rectus et c., Cic.: confirmatiorem alqm efficere, Caes. – **III bestätigt,** in quibus (litteris allatis) erat confirmatius idem illud, Cic.: quod eo confirmatius erit, si etc., Cic.

cōnfirmitās, ātis, *f.* (confirmo), die **starre Festigkeit** des Willens = die **Halsstarrigkeit,** Plaut. mil. 189[b] *Goetz.*

cōn-firmo, āvī, ātum, āre, **befestigen, I** eig.: **1** übh. mater.: stipites c. et stabilire, Caes. b. G. 7, 73, 7: qui (frontati, die Querriegel) maxime religando confirmant parietum soliditatem, erhöhen vorzugsweise die Festigkeit der Mauern durch ihren Verband, Vitr. 2, 8, 7: als milit. *t. t.*, c. castellum magnis munitionibus multisque tormentis, Auct. b. Alex. 21, 5. – **2** insbes., einen Körperteil usw. od. eine Person am Körper **befestigen, stärken, kräftigen, stählen, erstarken** od. **sich erholen lassen,** u. im Passiv confirmari, **erstarken, sich erholen,** Partiz. confirmatus, **erstarkt, gekräftigt,** dentes, Scrib.: dentes mobiles, Plin.: crus debile, Suet.: vocem et latus, Quint.: nervos, Caes. (u. parum confirmati nervi, Cels.): corpus, Cic.: valetudinem, herstellen, Cic.: se, sich kräftigen, sich erholen, z. B. plane (v. Pers.), Cic.: u. vinea se confirmat, Col.: aetates, quae iam confirmatae sunt, Cic.: satis te mature videro, si plane confirmatum videro, erstarkt, hergestellt, Cic.

II übtr.: **1** im Allg., der numerischen u. intensiven Stärke, der Macht, Dauer, Geltung u. dgl. nach **befestigen, verstärken, dauerhaft machen, sicher-, feststellen, bestärken, bestätigen,** manum suam (Heerschar), Cic.: vires suas, Vell.: regnum Persarum, Nep.: coniurationem, Nep.: opes factionis, Sall.: pacem, Cic.: pacem et amicitiam cum proximis civitatibus, Caes.: bellum, Cic. (u. confirmatum Hispaniae cladibus bellum, Sen.): odium erga Romanos, Nep.: hanc opinionem timoris, Caes., od. opinionem barbaris, Caes.: consilia, kräftig unterstützen, Caes.: eam suspicionem, Suet.: spem reliqui temporis, Cic.: illum diem omnes labores et victorias confirmasse, habe gekrönt, Sall.: oft confirmatis rebus, festgestellt, Caes. (s. Kraner Caes. b. G. 6, 6, 4). – se transmarinis auxiliis, Caes.: societatem datā acceptāque fide, Sall.: in tertium annum profectionem lege, unabänderlich festsetzen, Caes. – m. *ad* u. Akk., animum suum ad virtutem, Rhet. Her. 4, 31. – als publiz. *t. t.* = etw. **bestätigen, für gültig erklären, ratifizieren,** decretum consulum, Cic.: decreta, Nep.: acta Caesaris, Cic.: provincia a Caesare data et per senatum confirmata, Suet.: ea auctoritate suā, Liv.: praeterita omnia beneficia edicto, Suet.: edicto et epistulā beneficia a Domitiano data, Plin. ep.: dic, quod factum non est, ut sit factum, ferri ad populum aut verbis ullis sanciri aut suffragiis confirmari potest? Cic.

2 insbes.: **a** politisch **in der Gesinnung-, in der Treue befestigen od. bestärken,** insulas bene animatas, Nep.: Gallias, Vell.: homines, Caes.: vacillantium cis Rhenum sitarum gentium animos, Vell. – iureiurando inter se, Caes. – **b** moralisch den **Mut befestigen, stählen,** u. jmdm. (od. sich) **Mut** od. **Zuversicht** od. **Trost einflößen (einsprechen),** jmd. **ermutigen,** jmd. **beherzt-, zuversichtlich machen, getrost sein lassen,** (wegen Besorgnissen) **beruhigen,** animos militum (Ggstz. debilitare), Cic. u. a.: milites consolari et c., Caes.: alqm diffidentem rebus suis, Cic.: timentes, Caes.: territos, Sall.: animos Gallorum verbis, Caes.: militum animos hāc persuasione, Frontin.: suos exhortatione, Frontin.: confirmari oratione alcis, Caes.: recta ingenia debilitat verecundia, perversa confirmat audacia, Plin. ep. – u. c. animum (animos) od. c. se, sich ermutigen, sich Mut einflößen, Mut fassen, sich ermannen, sich beruhigen, Caes. u. a.: se animo, Caes.: c. per epistulas se invicem, Iustin.: confirmare animos, Val. Max.: confirmato animo, Sall.: satis animo certo et confirmato, Cic.: confirmatis animis, Curt. – m. *ad* u. Akk., suos ad dimicandum animo, Caes.: se ad confligendum animo, Caes.: animum vel ad mortis vel ad vitae patientiam, Sen. – m. folg. *ut* od. *ne* u. Konj. = **zu dem mutigen Entschluss bringen,** eos multa pollicendo confirmat, uti ... Romam pergerent, Sall. Iug. 23, 2: alius alium confirmare, ne nomina darent, Liv. 2, 24, 2. – **c** eine Behauptung u. dgl. durch Beweise, Gründe **erhärten, als haltbar dartun, bewahrheiten, bestätigen, konstatieren** (Ggstz. refellere, refutare, diluere, infirmare), rem, Cic. u. Caes.: dicta eorum, Ascon.: divinationem, Cic.: locum etiam atque etiam, Cic. – nostra argumentis et rationibus c., contraria refutare, Cic. (vgl. quae neque confirmare argumentis neque refellere in animo est, Tac.): causam auctoritatibus, Cic. – m. *ex* u. Abl., hoc ex ipsis caeli rationibus, Lucr. 2, 179. – u. im Passiv unpers., zugl. m. *de* u. Abl., quorum omnium testimoniis de hac Dionis pecunia confirmatum est, Cic. – mit folg. *Acc.* u. *Infin.*, Homerum Smyrnaei suum esse confirmant, Cic. Arch. 19: hoc idem visum (esse) ex superioribus quibusdam castellis confirmaverunt, Caes. b. c. 3, 67, 1: u. so c. alci m. folg. *Acc.* u. *Infin.*, Lucr. 1, 185. – **d versichern, zusichern, fest zusagen, vergewissern, mit Bestimmtheit erklären, mit Sicherheit behaupten** (vgl. Held Caes. b. G. 6, 6, 2), oft zugleich m. *de* u. Abl. (in Betreff), z. B. hoc cum mihi non modo confirmasset, sed etiam persuasisset, Cic.: ut possum confirmare (als Parenthese), Cic. – zugl. m. *de* u. Abl., difficile est haec de omnibus confirmare, Cic.: (ohne Akk.) de glorioso reditu alcis c., Cic. – m. folg. *Acc.* u. *Infin.*, id omne ego me rei publicae causā suscepisse confirmo, Cic.: medicus plane confirmat propediem te valentem fore, Cic.: se suis copiis suoque exercitu illis regna conciliaturum confirmat, Caes.: de me tibi promitto atque confirmo me

... rogando deprecatoris, laborando propinqui suscepturum officia atque partes, Cic.: illud se polliceri et iureiurando confirmare, tutum iter per fines daturum, Caes. – m. folg. *ne* u. Konj., sanctissimo iureiurando confirmari oportere, ne tecto recipiatur, qui non bis per agmen hostium perequitasset, Caes. b. G. 7, 66, 7.

cōnfiscātio, ōnis, *f.* (confisco), die **Einziehung des Vermögens,** die **Konfiskation,** regis, Flor. 3, 9, 3.

cōnfisco, āvī, ātum, āre (con u. fiscus), **I in der Kasse aufheben,** pecuniam confiscatam habere, in der Kasse bar liegen haben, Suet. Aug. 101, 2. – übtr., alqd in confiscato habere, vorrätig, zur Hand haben, Tert. de fug. in pers. 12. – **II in die kaiserliche Schatzkammer** (fiscus) **einziehen, konfiszieren,** hereditates, Suet.: prägn., alqm, jmds. Vermögen einziehen (u. ihn selbst als Staatsverbrecher behandeln), Suet. Vgl. Ruhnken Suet. Aug. 15.

cōnfīsio, ōnis, *f.* (confido), das **Vertrauen,** fidentia (Zuversicht), id est firma confisio, Cic. Tusc. 4, 80.

cōn-fiteor, fessus sum, ērī (con u. fateor), **eingestehen, zugestehen, gestehen** (Ggstz. infitiari), **I** eig.: **1** im Allg.: ignosce, orat confitetur purgat, Ter.: hic ego non solum confiteor, sed etiam profiteor, Cic. fr.: tacendo loqui, non infitiando confiteri videbantur, Cic.: reus confitens (der geständige), Cic.: confessae manus, die sich durch ihre bittende Haltung für überwunden erklären, Ov. met. 5, 215. – m. Ang. **wem? gegen wen?** durch *Dat.*, Nicomacho confessus, Curt. – mit Ang. was? durch *Acc.*, peccatum suum (Ggstz. celare p. s.), Curt.: facinus, Curt.: hoc crimen, novum crimen, Cic.: quid confitetur, atque ita libenter confitetur, ut non solum fateri (zu bekennen), sed etiam profiteri (frei herauszusagen) videatur? Cic.: u. zugleich mit Ang. **wem?** durch *Dat.*, amorem nutrici, Ov.: amorem patris nutrici, Quint. – od. durch dopp. *Acc.*, se victos, Caes.: se imperitum, Quint.: causam Caesaris meliorem, Quint. – od. durch *Acc.* u. *Infin.*, multa se ignorare, Cic.: me abs te cupisse laudari aperte atque ingenue confitebar, Cic.: cui debere (me) salutem confiteor, Ov.: vinci se confitentur, sie erklären sich für besiegt, Plin. – u. zugl. mit Ang. **in Betreff wessen?** durch *de* u. Abl., aliquid de veneno, Cic.: hoc de statuis, Cic.: summam infirmitatem de se, Quint. – u. bl. m. Ang. **in Betreff wessen?** durch *de* u. Abl., de se, Cic.: de maleficio, Cic.: de patriae parricidio, Cic.: de caede alcis, Tac. – *Partic. Perf.* **confessus,** a, um, **a** aktiv = der sein Verbrechen, seine Schuld eingestanden hat, **geständig,** gladiatores c., Cic.: quinque homines comprehensi atque confessi, Cic.: c. in iudicio reus, ICt.: c. reus, Phaedr. u. Ov.: pro confesso haberi, als g. angesehen werden, ICt.: de confessis (civibus), sicut de manifestis (überführten) rerum capitalium more maiorum supplicium sumere, Sall.: nunc ab nobis et confessio culpae exprimitur, et ut a confessis res extemplo repetuntur, Liv. – **b** passiv = **eingestanden,** aes (Schuld) confessum, XII tabb. b. Gell. 15, 13, 11 u. 20, 1, 45: ut omnes intellegant, quam improbam quam manifestam, quam confessam rem pecuniā redimere conetur, Cic. Verr. 3, 130. – später übh. **allgemein zugestanden, -eingeräumt, anerkannt, ausgemacht, unzweifelhaft** (Ggstz. controversus, controversiosus, dubius; vgl. Burmann Phaedr. 4, 25, 22), quasi confessa nec dubia signa, Col.: c. hostium obsequia, Plin, pan. – u. subst., confessum, ī, *n.*, in den Kasus obliqu., in confessum venire, allgemein zugestanden werden, Plin. ep.: ad liquidum confessumque perducere omnia, Quint.: in confesso esse, unzweifelhaft sein, z. B. horum merita in confesso sunt, Sen.: ebenso quod apud me in confesso est m. folg. *Acc.* u. *Infin.*, Vell., Plin. u. Tac.: ex confesso turpia esse, unzweifelhaft, Sen.: vita cervis in confesso (unzweifelhaft) longa est, Plin.: ab alqo pro confesso et indubitato habitum esse, Lact. – u. im Plur., de confessis disserere, Plin.: adhuc versamur in confessis, Quint.: a confessis transeamus ad dubia, Sen. – **2** insbes. (bei den Eccl.) sich zu jmd. od. etw. bekennen, bes. preisend, lobend, dankend, Christum, Prud. perist. 5, 40: deum summum, Lact. 2, 1, 6: omne euangelium (Ggstz. negare unum euangelium), Tert. de cor. 11. – mit *Dat.*, tibi, domine, Vulg. psalm. 137, 1: nomini tuo, *ibid.* 141, 8. – **II** übtr., durch die Tat **kundgeben, offenbaren, zu erkennen (zu verstehen) geben,** se, Ov.: deam (sich als G.), Verg.: suam inscientiam, Quint.: vultibus iram, Ov.: motum animi lacrimis, Quint.: admirationem suam non acclamatione tantum, sed etiam plausu, Quint. – m. folg. *Acc.* u. *Infin.*, sublatis oculis agitatoque corpore vivere se confitetur, Plin. ep.: praeterito tempore varie formari verba ipsa analogia confitetur, Quint. – ► Parag. *Infin. Praes.* confiterier, Plaut. cist. 170. – Akt. Fut. confitebimus, Itala (Psalt. Ver.) psalm. 78, 3.

cōnfīxilis, e (configo), **zusammengefügt,** machina, Apul. met. 4, 13.

cōnfīxio, ōnis, *f.* (configo), **I** = das **feste Sich-Zusammenfügen,** Cael. Aur. acut. 2, 3, 18 u. a. – **II** das **Durchbohren,** clavorum, das D. mit N., das Annageln, Augustin. de nat. bon. c. Manich. 20 *extr.* – dah. das **Treffen** eines Ziels, Cassian. coen. inst. 5, 15.

cōn-flābello, āre, **zusammenfachen = anfachen,** scintillas libidinum, Tert. de spect. 25.

cōn-flaccēsco, ere, **ganz matt werden, nachlassen,** Gell. 2, 30, 2.

cōnflagēs = *loca in quae undique fluunt venti,* Paul. ex Fest. 40, 10.

cōnflagrātio, ōnis, *f.* (conflagro), das **Auflodern, Aufgehen in Flammen,** die **Verbrennung,** absol., Sen. nat. qu. 3. pr. § 5 u. 3, 29, 1: conflagratione interire, Lact. 2, 9, 16. – m. subj. *Genet.*, c. Vesuvii montis, Suet. Tit. 8, 3: Plur., conflagrationes mundi, Arnob. 1, 8.

cōn-flagro, āvī, ātum, āre, **I** *intr.* **auflodern, ganz in Flammen aufgehen, verbrennen, A** eig., v. Lebl.: classis praedonum incendio conflagrabat, Cic.: iisdem flammis Carthaginem, quibus castra conflagrassent, absumi sineret, Liv.: Tullus Hostilius fulmine ictus cum tota domo conflagravit, Val. Max.: bildl., v. Pers., c. flammā amoris, Cic.: incendio invidiae, Cic.; vgl. *no.* B. – Partiz. medial, urbs acerbissimo incendio conflagrata, Rhet. Her. 4, 12: Orientis regiones Phaëthontis ruinā conflagratae, Apul. de mund. 34. – **B** übtr., v. Pers., c. invidiā, ein Opfer des Hasses werden, Cic. u. a. (s. Fabri Liv. 22, 35, 3): invidiā alcis, ein Opfer des Hasses, den man (das Volk) gegen jmd. hegt, werden, Cic.: invidiā istius furtorum, durch dessen gehässige Räubereien vollends unglücklich werden, Cic.: nocendi acerbitate conflagrans, bis zur Leidenschaft schadenfroh, Amm. – **II** *tr.* **verbrennen,** Semelen (v. Jupiter), Hyg. fab. 179: vestem paelici suae datam unā cum ipsa et tota domo conflagrari fecit, Schol. Hor. epod. 5, 24.

cōn-flammo, āre, **entzünden,** Cael. Aur. chron. 4, 7, 98.

cōnflātilis, e (conflo), **aus Gussarbeit, aus Erz gegossen,** Iuppiter, Prud. perist. 10, 295: vitulus, Vulg. exod. 32, 4: di, *ibid.* 34, 17: statuae, Cassian. de inc. Chr. 2, 3. – subst., cōnflātile, is, *n.*, das aus **Erz gegossene Bild,** Vulg. deut. 27, 15 u. a.: sculptile aut conflatile, Hier. ep. 29, 3: sculptile atque conflatile, Vulg. iudic. 18, 4: sculptilia et conflatilia, Augustin. de civ. dei 18, 31, 2.

cōnflātim, *Adv.* (conflo), verschmolzen = **verbunden** = copulate, contexte, Gloss. IV, 322.

cōnflātio, ōnis, *f.* (conflo), **I** das **Zusammenblasen, A** das **Anfachen, Anschüren,** fornacis, Hier. adv. Iovin. 1. *no.* 1. – übtr., c. fidei, Tert. de fug. in persec. 3: illa malae conspirationis c., Augustin. c. Faust. 22, 93. – **B** das Verfertigen durch Gießen; meton., das **Gegossene,** der **Guss,** Vulg. Ierem. 51, 17. – **II** die **Aufblähung,** Cael. Aur. chron. 5, 2, 36.

cōnflātor, ōris, *m.* (conflo) = χωνευτής (Gloss.), der **Metallschmelzer** u. **-gießer,** Cod. Theod. 11, 21, 1. § 1. Hier. ep. 29, 3. Vulg. Ierem. 6, 29 u. 51, 17.

cōnflātōrium, ī, *n.* (conflo) = χωνευτήριον (Gloss.), der **Schmelzofen,** Salv. de gub. dei 7, 14 u. a. Eccl.

cōnflātūra, ae, *f.* (conflo), das **Schmelzen** der Metalle, Firm. math. 6, 31. p. 180, 52 (wo Plur.).

cōnflexus, a, um (flecto), **zusammengebogen, gekrümmt,** Plin. 2, 115.

cōnflīctātio, ōnis, *f.* (conflicto), **I** das **Zusammenschlagen, A** im Allg.: conflictationibus debilitari, Apul. apol. 43. – **B** insbes.: **1** der **Streit, Kampf** um einen Platz im Theater, Quint. 3, 8, 29. – **2** das feindl. **Zusammenstoßen, -treffen,** der **Streit, Kampf, a** im Feld, Gell. 15, 18, 3. – **b** mit Worten, der **Kampf, Hader,** Augustin. in euang. Ioann. tract. 36, 6: conflictationes hominum, Vulg. 1. Timoth. 6, 4. – **II** die **Heimsuchung, Peinigung,** Cypr. ep. 7. *no.* 5.

cōnflīctātrīx, trīcis, *f.* (Femin. zu *conflictator), die **Peinigerin,** Tert. adv. Marc. 2, 14.

cōnflīctio, ōnis, *f.* (confligo), **I** das **Zusammenschlagen,** duorum inter se corporum, Quint. 3, 6, 6: dentium, Cael. Aur. acut. 2, 3, 18 u. chron. 3, 2, 16. – **II** = σύγκρουσις (Gloss.), das feindliche **Zusammenstoßen, -treffen,** magna totius exercitus c., Gell. 7 (6), 3. – übtr., der **Streit, Konflikt,** causarum, Cic. u. Quint.: rerum contrariarum et dissimilium et inter se pugnantium, Cic.: rationum et firmamenti c. et concursus, Cic.

cōnflīcto, āvī, ātum, āre (*Intens.* v. confligo), eig. »immer u. immer zusammenschlagen«; dah.: **I** medial u. *refl.* mit jmd. **sich herumschlagen,** cornibus (mit den Flügeln des Heeres) conflictatus, Frontin. 2, 3, 5 D. – gew. übtr., mit jmd. od. etwas **sich herumschlagen, im Kampf liegen, Kämpfe haben, zu kämpfen haben** (s. Ter. Andr. 1, 1, 66), **a** (*pass.*) medial: conflictari cum alqo, Ter. u. Cic.: cum adversa fortuna, Nep.: odio inter sese gravi et simultate diutinā, Gell. 12, 8, 5. – **b** *refl.* conflictare malo, Ter. Phorm. 505. – **II** act. **hart mitnehmen, zerrütten,** per scelera rem publicam, Tac. ann. 6, 48. – sese maerore, Plin. 8, 59. – Häufig im Passiv, conflictari alqā re, von etw. od. jmd. **hart mitgenommen-, heimgesucht werden,** von od. an etw. **sehr zu leiden haben,** mit etw. gleichs. zu kämpfen **haben,** durch etw. od. jmd. **sehr ins Gedränge kommen** (vgl. Held Caes. b. c. 2, 22, 1. Korte Cic. ep. 6, 14, 5), magnā inopiā necessariarum rerum (Ggstz. abundare), Caes.: gravi pestilentiā, Caes.: gravi morbo, Nep.: tempestatibus, Tac.: duriore fortunā, Cic.: in his rebus non simplici fortunā, Nep.: ab alqo diuturnis molestiis, Cic. – absol., **sehr ins Gedränge kommen, einen schweren (harten) Stand haben, in einer schlimmen Lage sein,** ii milites tantum conflictati sunt, qui etc., Tac.: plebs inter armatos conflictabatur, Tac.: si non conflictatur, wenn er (der Fieberkranke) nicht unruhig ist, Cels. Vgl. Gell. 10, 6, 2.

cōnflīctor, ōris, *m.* (confligo), der **Peiniger,** Claud. Mam. de anim. p. 189, 2; vgl. conflictatrix.

cōnflīctus, ūs, *m.* (confligo), **I** (nur im *Abl.*) das **Zusammen-, Aneinanderschlagen,** lapidum, Cic.: nubium, Cic.: parmarum, Sil.: corporum (im Kampf), Cic. – übtr., nullo fatalis incommodi conflictu urgeri, Plage, Not, Gell. 7 (6), 2, 8. – **II** insbes., der feindl. **Zusammenstoß,** der **Kampf,** Sing. u. Plur., Pacat. pan. 34. Capit. Macr. 8, 2 u. a.: Plur., Vopisc. Car. 10 u. (übtr.) Mart. Cap. 5. § 467.

cōnflīgium, ī, *n.* (confligo), das **Zusammen-, Aneinanderschlagen,** confligia fluctuum, Solin. 9. § 9: absol., strepente confligio (der Wellen), Firm. math. 1. praef. 4.

cōn-flīgo, flīxī, flīctum, ere, **I** *tr.* **zusammenschlagen, -bringen, bereinigen,** semina, Lucr. 4, 1208 (1216). – übtr., um des Gegensatzes willen **zusammenhalten,** Cic. de inv. 2, 126. – **II** *intr.* als Gegner, feindl. **zusammenstoßen, a** mit vorherrschendem Begriff des **Zusammenstoßes,** illae (naves) adeo graviter inter se incitatae conflixerunt, ut vehementissime utraque ex concursu laborarent, Caes. b. c. 2, 6, 5. – **b** mit vorherrschendem Begriff des Kampfes, **zusammenstoßen, zusammen-, aneinander geraten, sich schlagen, in Kampf geraten,** conflixit et superatus est, Val. Max.: fretus numero copiarum suarum confligere cupiebat, Nep.: statuerunt dimicare et confligere fortiter, Vulg. – c. armis, Cic.: classe, Nep.: acie cum alqo, Liv.: cum apro Erymanthio, Cic.: cum hoste, Cic.: contra od. adversus alqm, Brut. in Cic. ep. u. Nep.: contra alqm multis proeliis, Vopisc. – von lebl. Subjj., venti confligunt, Verg.: confligunt hiemes aestatibus acres, Lucr. – übtr., v. Streit vor Gericht, leviore actione, Cic. Caecin. 8: ordine solito persuasor dissuasorve confligunt, Mart. Cap. 5. § 467: oft v. Streit, Widerstreit der Dinge, leges diversae confligunt, Quint.: copia cum egestate, bona ratio cum perdita confligit, Cic.: causae confligunt inter se, Cic. – unpers., universā illorum ratione cum tota vestra confligendum puto, Cic.

cōn-flo, āvī, ātum, āre, **I zusammenblasen, A** eine Flamme, einen Brand durch Blasen **anfachen, 1** eig.: ignem, Plaut. u. Plin.: u. (im Bild) ignis conflatus amore, Lucr. – quorum operā id conflatum (esse) incendium, Liv.: u. (im Bild) c. tantum incendium (Kriegsflamme), ut etc., Flor. – **2** übtr., polit. Zustände wie einen Brand **anfachen, auflodern lassen, anschüren** = anstiften, erregen, bellum, Cic.: bellum inter Aegyptios et Persas, Nep.: tumultum gladiatorum ac fugitivorum, Cic.: seditionem, Cic.: coniurationem, Suet. – **B** Metall usw. **zusammenschmelzen, 1** eig.: **a zu einer** Masse **zusammenschmelzen, einschmelzen,** aes c. et temperare, Plin.: c. argentum, c. aes et argentum, ICt.: argentum loculis integris conflatur (v. Blitz), Sen.: quo modo in eodem conflatorio res diversae conflantur, Salv. de gub. dei 7, 14. – bes. schon verarbeitetes Metall zu weiterem Gebrauch **einschmelzen, umschmelzen,** argenteas statuas omnes, Suet.: vasa aurea, Suet.: statua conflata a censoribus, auf Befehl der Z., Plin.: u. so conflatur statua, ut pecunia inde fiat, Schol. Iuven. 10, 61. – falces in enses, Verg.: Victorias aureas in usum belli, Quint. – **b** prägn., mit dem Blasebalg usw. blasend, im **Feuer verfertigen, gießen, blasen** (vgl. flo *no.* II, B), alii vitrum conflant (sind Glasmacher, -bläser), aliis charta conficitur, Hadr. imp. b. Vopisc. Saturn. 8, 6: Ephod et Teraphim de hoc argento, quod Micha dedit, fuisse conflatum, Hier. ep. 29, 3. – bes. Geld machen, **münzen, prägen, schlagen,** aut flare aut conflare pecuniam, Geld münzen od. ausmünzen (sarkast. übtr. = auf alle Art sich Geld machen, Geld zusammenraffen), Cic. Sest. 66: lateres (Barren) argentei atque aurei primum conflati atque in aerarium conditi, Varro vit. P. R. 3. fr. 6 (b. Non. 520, 17 sq.). – **2** übtr.: **a** zwei Substanzen **zusammenschmelzen, verschmelzen, in einen Guss bringen,** horum consensus conspirans et paene conflatus, völlige, ja fast unauflösliche Einigkeit, Cic. Lig. 34. – **b einen** Ggstd. aus zwei od. mehreren Bestandteilen gleichs. **zusammenschmelzen, α** innig vereinigend, gew. im Passiv m. Ang. **woraus?** durch *ex* u. Abl., **sich wie aus einem Guss entwickeln** od. bilden, ut una ex duabus naturis conflata videatur, Cic.: quibus ex rebus conflatur et efficitur id quod quaerimus honestum, Cic.: saepe ex huiusmodi re quapiam malo principio magna familiaritas conflata est, ist entstanden, Ter.: monstrum tam ex contrariis diversisque inter se pugnantibus naturae studiis cupiditatibusque conflatum, ein seltsames Wesen, bei dem sich so entgegengesetzte, verschiedene u. sich widersprechende Richtungen des Charakters und der Begierden eng vereint finden, Cic. – **β** auf **einen** Punkt aufsammelnd **zusammenbringen,** meist mit verächtlichem Nbbegr., wie unser **zusammentrommeln, zusammenschlagen, zusammenwürfeln,** magnum exercitum, Cic.: exercitus perditorum civium clandestino scelere conflatus, Cic.: *ex* perditis atque ab omni non modo fortuna, verum etiam spe derelictis conflata improborum manus, Cic.: sive odio conflatos testes sive gratia sive pecunia, Quint. – rem (Vermögen) civili sanguine, Lucr.: aes alienum grande, auflaufen lassen, aufhäufen, Sall. – **γ** (wie συμφυσάω) etw. gleichs. **zusammenschmieden, anstiften, anlegen, bereiten, bewerkstelligen, veranstalten, veranlassen, αα** übh.: accusationem et iudicium, Cic.: crimen, Cic.: suspicionem (v. einem Umstand), Rhet. Her. – iniuria novo scelere conflata, Cic.: conflata insidiis mors (Ggstz. fatalis mors), Vell.: unde hoc totum ductum et conflatum mendacium (Lügenwerk) est? Cic. – alci periculum, Cic.: aliquid negotii alci, Cic.: alci invidiam, Cic. – crimen invidiamque *in* alqm, Cic. – **ββ** erfindend **schmieden, aushecken, ausdenken,** iudicia (Rechtsprüche) domi conflabant, pronuntiabant in foro, Liv. 3, 36, 8: portentum inusitatum conflatum est, Poeta b. Gell. 15, 4, 3: artes meditatione conflatae, zustande gebracht, Arnob. 2, 18. – **II aufblähen,** intestina conflata, Cael. Aur. chron. 3, 2, 18.

cōn-flōreo, ēre, **zugleich blühen,** Augustin. conf. 4, 4, 7.

cōn-flūctuo, āre, **von allen Seiten herunterwallen,** vom Gewand, Apul. met. 11, 3.

cōnfluēns u. **cōnfluentēs,** s. cōn-fluo.

cōnfluentia, ae, *f.* (confluo), der **Zusammenfluss,** Macr. sat. 7, 4, 20.

cōnflugēs (confluo), **zusammenfließende (sich vereinigende) Wassermassen,** Liv. Andr. tr. 18.

cōn-fluo, flūxī, ere, **zusammenfließen, I** mit einem anderen od. an einem Ort **zusammenfließen, zusammenströmen, 1** eig., v. Flüssigkeiten, **a** v. Gewässern: in Macedonia duo rivi confluunt, Plin.: a confluente Rhodano castra movi, vom Zusammenfluss des Rh. (mit dem Arar), Lepid. in Cic. ep. – confluere quo possent undae, Lucr.: c. in unum, Liv., c. cito in unum, Cic.: e diverso in Phasim, Plin.: ad aquaeductus (v. Quellen), ICt.: nisi Lissus in Hebrum confluat, Ov. – ubi confluunt fluvii, Inscr.: in exitu coniungi et confluere (v. Wasser zweier Häfen), Cic. – c. infra Olbiam cum Borysthene, Plin. 4, 83. – *Partic. Praes.* subst., cōnfluēns, entis, *m.* u. Plur. cōnfluentēs, ium, *m.* der **Zusammenfluss** zweier Flüsse (s. Drak. Liv. 4, 17, 12 u. Liv. epit. 137), incipit (Moesia) a confluente supra dicto, Plin.: ubi Anienem transiit, ad confluentes collocat castra, Liv. – m. *Genet.* ad confluentem Mosae et Rheni pervenire, Caes.: ad confluentem Araris et Rhodani, Liv. epit.: confluentes Padi et Adduae fluminum petere, Tac. – dah. vorzugsw. Cōnfluentēs, tium, *m.*, die am Einfluss der Mosel in den Rhein gelegene Stadt **Koblenz,** Suet. Cal. 8, 1. – **b** v. anderen flüssigen Massen, quo sucus confluat, Plin.: is (aër) porro quamvis confluat, Lucr.: si in ventrem sanguis confluxit, ibi in pus vertitur, Cels.: copia materiaï undique confluxit ad imum, Lucr.: umor omnis e tota arbore in ulcus confluit, Plin. – **2** übtr., **zusammenströmen** = zahlreich-, in Masse zusammenkommen od. sich einfinden, zahlreich-, in Masse sich wohin begeben, od. sich einem Ggstd. zuwenden, **a** v. Pers.: multitudo sponte et ultro confluens, Suet. – c. ad omnia spectacula undique, Suet.: ad haec studia, Cic.: Neapolim, Suet.: et Athenas et in hanc urbem ex diversis locis, Cic.: ad alcis triremem, Nep.: ad alqm, Eutr.: ad alqm undique ex toto orbe terrarum, Vell.: ad alqm videndum, Val. Max.: ad commune exstinguendum incendium, Iustin. – **b** v. Abstr.: tot prosperis confluentibus, Suet. – huc licet ex toto sollertia confluat orbe, Ov.: omnium dignissimi, quo cruciatus confluant, Plaut.: per urbem (Romam), quo cuncta undique atrocia aut pudenda confluunt celebranturque, Tac.: hinc ad ipsos laus, honos, dignitas confluit, strömt ihnen zu, Cic.: ut ad nos pleraeque causae (Rechtsfälle) confluant, bei mir zusammenströmen (= alle mir übertragen werden), Cic.: bella, quae velut conspiratione quādam ad opprimendam Macedoniam multarum gentium ex diversis locis uno tempore confluebant (hereinbrachen), Iustin.: et ut haec ab uno capite, ab recto casu, in duo obliquos *discedunt,* sic contra ab duobus capitibus recti casuum *confluunt* in obliquum unum, Varr. LL. 10, 50. – **II** in sich **zusammenfließen** = zerfließen, flüssig werden, corpus confluere manifestum est, Cael. Aur. acut. 1, 17, 180. – ▶ Archaist. *Indicat. Praes.* comfluont u. conflovont, Plaut. Epid. 528. CIL 1, 199, 14 u. 23: synk. *Coni. Plusqu.* confluxet, Lucr. 1, 987.

cōnfluus, a, um (confluo), **zusammenfließend,** Eccl.

cōnfluvium, ī, *n.* (confluo), der **Zusammenfluss,** Varr. sat. Men. 532. Aetna 121 u. 328.

cōn-fodio, fōdī, fossum, ere, **a** *t. t.* der Landwirtschaft, mit dem Spaten **umstechen, umgraben,** terram, Plaut.: hortum hic apud me, Plaut.: terram minute, Cato.: loca palustria alte multifariam, Sisenna fr.: VIII iugera diebus XLV, Varr.: ex Kal. Martiis usque in Octobres trigesimo quoque die novella vineta, Col.: omnibus annis mense Aprili salices, Plin.: tota castra, Frontin. – **b** mit einer Stoßwaffe, mit einem Geschoss, durch eine Stich- od. Schusswunde **durchstechen, durchbohren, α** eig.: iacentem, Liv.: alqm de improviso domi suae imparatum, Sall.: beluas (elephantos), Frontin.: equos, iumenta, Curt.: alqm pugione, Val. Max.: alcis latus sicā od. mucrone, Val. Max. u. Aur. Vict.: alqm lanceis, Curt.: proximum ac dein plures eodem telo, Curt. – im Passiv, ibique pugnans confoditur, Curt.: in gremio uxoris confodi, Suet.: gladiis militum confodi, Vell.: graphio confodi, Suet.: multis vulneribus confodi, Curt. u. Iustin.: aliquot vulneribus od. tribus et triginta vulneribus od. plagis confodi, Eutr. u. Suet.: retiarii manu confodi, Val. Max.: coniectu telorum confossus concidit, Nep.: periit gladio a centurione confossus, Suet.: lectica eius concursu hostium confossa atque lacerata est, Suet. – im Bild, quin potius mala vestra circumspicitis, quae vos ab omni parte confodiunt, alia grassantia extrinsecus, alia in visceribus ipsis ardentia, Sen. de vit. beat. 27, 6. – tot iudiciis confossi praedamnatique, schon geschlagene, schon verlorene Leute, Liv. 5, 11, 12: cuius causa, quamquam gravissimis criminibus erat confossa (schon als verloren anzusehen war), septies ampliata et ad ultimum octavo iudicio absoluta est, Val. Max. 8, 1. absol. *no.* 11. – **β** übtr., einen Vers, eine Stelle zu beiden Seiten mit einem pfeilartigen Querstrich (÷, griech. ὄβελος περιεστιγμένος) als anstößig, unnötig, überflüssig bezeichnen, **getilgt wissen wollen,** exspecto, ut quaedam ex hac epistula, ut illud »gubernacula gemunt« iisdem notis, quibus ea, de quibus scribo, confodias, Plin. ep. 9, 26. § 13. – *Partic. Perf. Pass.* confossus im *Compar.,* te faciam confossiorem (stärker durchbohrt) soricinā neniā, Plaut. Bacch. 889.

cōnfoederātio, ōnis, *f.* (confoedero), das **Bündnis,** Hier. ep. 22, 35. Firm. math. 6, 12: c. animorum, Augustin. c. Faust. 23, 8 *extr.*

cōn-foedero, āre, **durch ein Bündnis vereinigen, verbinden,** Oros. 2, 4, 1 u. Eccl.

cōnfoedītae, *sc.* coniuges (con u. foedus), **durch einen Vertrag** mit dem Gatten **verbundene,** Placid. gloss. V, 14, 31.

cōn-foedo, āvī, āre, **völlig besudeln, -beschmieren,** Apul. met. 7, 28.

cōnfoedustī, ōrum, *m.* (con u. foedus), **Verbündete,** Paul. ex Fest. 41, 2.

cōnforāneus, ī, *m.* (con u. forum) = σύντεχνος der **Marktgenosse, Zunftgenosse,** Gloss. IV, 44, 2 u. ö.

cōnfore, s. cōnfuit.

cōn-forio, iī, īre, **mit flüssigem Kot beflecken,** conforisti me, Diomedes, Pompon. com. 64.

cōnfōrmālis, e (conformo), **gleichförmig, ähnlich,** Tert. de res. carn. 47 u. a.

cōnfōrmātio, ōnis, *f.* (conformo), die **entsprechende Gestaltung (Form, Gestalt)** od. **Bildung, I** eig.: theatri, Vitr.: lineamentorum, Cic.: c. quaedam et figura totius oris et corporis, Cic.: membrorum, Gliederbau, Veget. mil. – **II** übtr.: **1** im Allg., m. obj. *Genet.,* vocis, richtige Tonsetzung, Cic.: verborum, richtige Wortfügung, Cic.: omnium officiorum, Cic. – m. subj. *Genet.,* ratio quaedam conformatioque doctrinae, methodische u. geregelte Bildung, Cic. – **2** insbes.: **a** als philos. *t. t.,* conf. animi, auch bl. conf., ein Gebilde des Verstandes, Geistes, die **Vorstellung,** der **Begriff,** Cic. – **b** als *t. t.* der Rhetor.: **α** mit dem Zusatz sententiarum u. dgl., das rednerische Gebilde der Worte u. Gedanken, die **Redefigur,** conformationes sententiarum, Cic.: conformationes verborum ac sententiarum, Quint.: u. so c. orationis, Quint. – **β** die **Personendichtung, Prosopopöie,** Rhet. Her. 4, 66.

cōnfōrmātor, ōris, *m.* (conformo), der **ordnende Bildner,** Ps. Apul. Ascl. 8.

cōnfōrmis, e (con u. forma), **gleichförmig, ähnlich,** Sidon. ep. 4, 12, 1: m. *Genet.,* conformes (Ebenbilder) fieri imaginis filii sui, Vulg. Rom. 8, 29: m. *Dat.,* imagini c., Vict. b. Augustin. de anim. 4. § 20. – subst., consors et conformis tuus, Ambros. de off. 1, 11, 38.

cōn-fōrmo, āvī, ātum, āre, **entsprechend (harmonisch) formen, -gestalten, -bilden, in die entsprechende Form bringen, I** eig.: mundum a natura conformatum esse, Cic.: c. imaginem rei totius, (im Geiste) in entsprechender Form entwerfen, Rhet. Her.: fetum lambendo c. et fingere, Gell. – *ad* maiora quaedam nos natura genuit et conformavit, Cic. – diebus, quibus animantur ova et *in* volucrum speciem conformantur, Col. – **II** übtr., **entsprechend (schulgerecht) gestalten, gehörig einrichten** od. **anordnen, gehörig ausbilden, -schulen,** orationem non solum electione, sed etiam constructione verborum, Cic.: vocem secundum rationem rerum, de quibus dicimus, Cic. – nonnulla c. et leviter emendare, einige Punkte berichtigen (eig. in eine passendere Form bringen) u. leicht verbessern, Cic. – c. animum et mentem suam cogitatione hominum excellentium, Cic.: animum ad virtutem a pueritia, Rhet. Her.: c. se ad alcis voluntatem, sich jmds. W. anbequemen, Cic.: quā (parte philosophiae) mores conformari putantur, Cic. – mit Ang. **für wen?** durch *Dat.*, liberos parente orbatos sibi et posteris, Tac. ann. 4, 8.

cōnfornicātio, ōnis, *f.* (confornico), die **Überwölbung,** Plur. bei Vitr. 5, 6, 5.

cōn-fornico, āre, **ganz wölben, überwölben,** Vitr. 5, 5, 2 u. a.

cōnfortātor, ōris, *m.* (conforto), **einer, der sehr stärkt,** neben consolator, Augustin. serm. 264, 2.

cōnforto, āre (con u. fortis), **sehr stärken,** manus, Lact.: stomachum, Gargil.: corrobora eum et conforta, Vulg. – ► Nbf. confortiat, συνισχυρίζεται, Gloss. II, 108, 26.

cōnfossus, Kompar. confossior, s. cōn-fodio ►.

cōn-foveo, fōtus, ēre, **eifrig wärmen, -pflegen,** alqm, Afran. fr. u. Cod. Theod.: ova, semina, Augustin.: semen, herbam, Isid.: membra cibo, Apul.: übtr., in sacerdotii ordine confoveor, Augustin. ep. 24, 4: miseriae recreatae et confotae, CIL 6, 1696, 10.

cōn-fracēsco, fracuī, ere, **zusammenwelken, -faulen,** quod (stercus) enim confracuit, quam quod recens, melius, Varr. r. r. 1, 13, 4 .

cōnfrāctio, ōnis, *f.* (confringo), das **Brechen,** der **Bruch,** ossium, Hier. vir. ill. 16: ramorum, Augustin. ep. 140, 50: terrae (das Bersten), Vulg. Isai. 24, 19: panis, Cassiod. in psalt. praef. *med.* – übtr., die **Vernichtung,** Vulg. psalm. 105, 23.

cōnfrāctum, ī, *n.* (confringo), geriebenes geröstetes Brot, **Gereibsel, Gebrösel** (franz. (*brisées*), Apic. 2, 53, wo aber viell. desuper piper confractum zu lesen, wie 7, 320.

cōnfrāctus, Abl. ū, *m.* (confringo) = confractio, Append. ad Prob. in Anal. gramm. *ed. Eichenfeld* p. 437.

cōnfragēs = *loca in quae undique venti currunt ac sese frangunt,* **Windfänge,** Isid. 14, 8, 27.

cōnfragōsē, *Adv.* (confragosus), **holperig, uneben,** Mar. Victorin. 3, 2, 6 = 103, 5 K.

cōn-fragōsus, a, um, **holperig, uneben, I** eig.: ager, fundus, Varr.: loca, via, Liv.: rupes, Frontin.: locus lapidibus confragosus, Col. – *neutr.* subst. = eine **holperige Stelle, unebene Gegend,** creperi aliquid et confragosi, Sen.: fortior miles ex confragoso venit, Sen.: u. Plur. confragosa, Liv. u. Frontin. – **II** übtr.: **a** übh.: argumenta velut horrida et c., Quint.: versus velut c., Quint.: *Compar.*, confragosius quiddam et durius, Mall. Theod. de metr. 7. – **b auf Schrauben gestellt, geschraubt,** condiciones, Plaut. Men. 591: sed ego illud quaero confragosum, das ist mir zu hoch, Plaut. cist. 614.

cōnfragus, a, um (confringo), wörtl. zusammengebrochen = **dicht und fest durcheinandergehend, durchwachsen, verwachsen,** dumeta densis arboribus confraga, Lucan. 6, 126. – *neutr. Plur.* subst., confraga silvae, die verwachsenen, dichten Stellen, Stat. Theb. 4, 494: u. so Val. Flacc. 3, 582.

cōnfrango, s. cōn-fringo.

cōn-fremo, fremui, ere, **gemeinschaftlich murmeln,** von Pers., Ov. met. 1, 199. Stat. silv. 1, 6, 72: von Örtl., Sil. 16, 397. Stat. silv. 1, 4, 14.

cōn-frequento, āre, **oft** od. **zahlreich besuchen,** arenas, Prud.: locum, Inscr.: natale filiae, Inscr. – Viell. auch Col. 9, 13, 13 confrequentatae (vermehrt).

cōnfricāmentum, ī, *n.* (confrico), ein **Mittel zum Reiben,** Cael. Aur. chron. 2, 4, 78.

cōnfricātio, ōnis, *f.* (confrico), das **starke Reiben,** Augustin. conf. 4, 8. – übtr., confricationes hominum, die Reibungen (das Gezänk), Augustin. annot. in Iob 31 *extr.*

cōn-frico, fricātum, āre, **bereiben, abreiben, einreiben,** alqd sale, Varr.: caput atque os suum unguento, Cic. Verr. 3, 62: dentes, Plin.: faciem sibi, Suet.: oculum, wund reiben, Veget. – genua, die Knie heftig bittend berühren, Plaut. asin. 670. – ► Vulg. Perf. confricaverit, Veget. mul. 3, 20, 1. – Partiz. auch confrictus, Enn. ann. 104.

cōnfrictio, s. cōnflīctio.

cōn-frigo, frīxī, frīxum, ere, **gehörig rösten,** in frixorio, od. absol., Augustin. enarr. in psalm. 101. serm. 1. *no.* 4. Arnob. iun. in psalm. 101. Rufin. Orig. in levit. h. 2, 4.

cōn-fringo, frēgī, frāctum, ere (con u. frango), **zerbrechen, entzweibrechen, I** eig.: alci caput, Nov. com.: hirneam, Cato: digitos, Cic.: claustra naturae (bildl.), Lucr.: iuga montium confracta in umeros, schulterförmig gekrümmt (Ggstz. aequa), Plin. – Sprichw., c. tesseram, die Freundschaft, Treue brechen, Plaut. cist. 503. – **II** übtr., **zunichte machen, zuschanden machen,** rem, sein Vermögen dünn machen = vertun, Plaut.: consilia senatoria, Cic.: consilia impia, Vell.: eius superbiam, Titin. com.

cōn-frio, āre, mit etw. **bebröckeln, bestreuen,** alqd sale, Cato r. r. 7, 5. Varr. r. r. 1, 60.

cōn-frixo, āre, **zusammenrösten,** c. cum oleo, Theod. Prisc. 1, 6.

cōnfuga, ae, *c.* (confugio), der **Flüchtling,** spät. ICt.

cōnfugēla, ae, *f.*, altlat. = confugium, nach Paul. ex Fest. 39, 9.

cōn-fugio, fūgī, ere, hinzufliehen, d. i. irgendwohin **seine Zuflucht nehmen, sich flüchten, I** eig.: Alexandria, quo Antonius cum Cleopatra confugerat, Suet.: c. ad alqm, Cic.: ad alqm domum, Ter.: ad od. in aram, Cic.: ad statuam Augusti, ad simulacrum D. Iulii, Suet.: in templum, Curt.: in aedem Minervae, Nep.: in castellum, Nep.: in naves, Caes.: in montes, Caes.: in urbem, Curt.: Phylen, Nep.: Athenas, Val. Max. – **II** übtr.: **a** übh.: haberem quo confugerem, Cic.: c. ad rem publicam, ad philosophiam vitae ducem, Cic.: ad alcis misericordiam, Cic.: ad od. in fidem alcis, Cic. u. Quint.: ad unum doloris levamentum studia, Plin. ep.: ad florentes Etruscorum opes, Liv.: ad opem iudicum, Cic.: ad medicam opem (von Kranken), Ov. – **b** insbes., zu etw. als **Mittel seine Zuflucht nehmen,** zu etw. **greifen,** nunc huc confugit, te atque alios partum ut celaret suum, Ter.: c. patrias ad artes, Ov.: ad vota, Plin. ep.: vom Arzt od. v. Kranken, huc (ad cucurbitulas) potius confugiendum est, Cels.: ut sit quo confugiat (aeger), Cels.: c. ad cucurbitulas, ad vinum, Cels.: ad ea, quae astringunt, Cels. – v. Redner, zu etw. als Verteidigungsmittel, Ausflucht, Entschuldigung usw., neque tu scilicet eo nunc confugies ›Quid mea?‹ Ter.: deinde ubi erubuit, confugit illuc, ut neget, accedere quicquam posse ad voluptatem nihil dolentis, Cic.: is eo confugit, ut diceret etc., Ascon.: c. ad imprudentiam, stultitiam, adulescentiam, Rhet. Her. – ► vulg. Perf. confugivit, Vict. Vit. 3, 29.

cōnfugium, ī, *n.* (confugio), die **Zuflucht,** der **Zufluchtsort,** Ov. trist. 4, 5, 6 u. a. Stat. Theb. 12, 504. Vulg. Iosuē 21, 13 *sqq.*

cōnfuit, futūrum, fore (con u. fuo), **es war zugleich, trat zugleich ein,** confuerit, Cael. Aur. chron. 4, 8, 122. – confuturum, Plaut. mil. 941. – confore, Ter. Andr. 167. Dict. 2, 22. Iulian. b. Augustin. c. sec. resp. Iul. 5, 4. Symm. ep. 4, 68. Amm. 24, 8, 4. Iuvenc. in exod. 1204 u. in Iosuē 1, 2. – conforet, Iuvenc. in exod. 121.

cōn-fulcio, fultus, īre, **gehörig stützen, verwahren,** Lucr. 2, 98.

cōn-fulgeo, sī, ēre, **überaus glänzen,** v. einem Haus, Plaut. Amph. 1067: v. der Spitze des Mastbaums, Cinna b. Isid. 19, 2, 10.

cōn-fundo, fūdī, fūsum, ere, **zusammengießen, zusammenschütten, I** zwei od. mehrere Ggstd. **untereinander gießen, schütten, vermischen, vermengen** (Ggstz. secernere, discernere), **A** eig.: unā multa iura (Brühen), Plaut.: arenti ramo omnia, umrühren, Ov.: mel, mox acetum, item oleum confundere crebroque permiscere (untereinander rühren), Plin.: c. dispares undas (v. der Flut), Curt. – cum venenum ita confusum esset (verst. cum pane), ut secerni nullo modo posset, Cic. – *cum* alcis lacrimis lacrimas c. nostras, Ov.: u. (*refl.*) cum ignis oculorum cum eo igne qui est ob os offusus se confudit et contulit, Cic. – im Passiv mit *Dat.*, **wem? (mit wem?)** hoc (ius) ubi confusum sectis inferbuit herbis, Hor.: aes auro argentoque confusum, Plin.: u. (medial) qui (Alpheus) nunc ore, Arethusa, tuo Siculis confunditur undis, zusammenströmt, sich vermischt, Verg. – *ex* pluribus corporibus *in* unum cruor confusus est, Val. Max.: *in* chaos antiquum confundimur, Ov.

B übtr.: **1** zwei od. mehrere Dinge in **eins** zusammenbringen, deutsch **vereinigen, vermischen, vermengen, verschmelzen, untereinander** od. **durcheinander bringen,** gew. im Passiv confundi = **ineinander laufen, ineinander fallen, sich konzentrieren, in eins verschmelzen, a** übh. (Ggstz. discernere, distinguere, separare u. dgl.), interdum vero accessiones (febrium) confunduntur, Cels.: tantā multitudine confusā, Caes.: duo populi confusi in unum, Liv.: nunc in corpus unum confusi omnes, Liv.: sermones confundi in unum, Liv.: universorum voces confusae in unum, Liv.: multae voces et in unum confusae, Sen. – m. *Dat.* **wem?** (womit?) c. Atticis Dorica dicta, Quint.: u. (im Bild) summa imis, Curt.: mare caelo, Iuven.: confusa panthera camelo, Hor. – auch ideelle Objj., cuperem equidem utrumque (unā diiudicare), si posset; sed est difficile confundere, beides zu vereinigen, Cic.: ut (puncta argumentorum) re distinguantur, verbis confusa esse videantur, Cic.: omnes in oratione esse quasi permixtos et confusos pedes, Cic.: hoc decorum ... totum illud quidem est cum virtute confusum (ist mit der T. untrennbar verbunden, eins mit der T.), sed mente et cogitatione distinguitur, Cic.: u. ea philosophia, quae confundit vera cum falsis, Cic. – **b** prägn., bildend aus mehreren Ggstdn. **einen** Ggstd. gleichs. **zusammengießen, zusammenmischen,** im üblen Sinne etw. **zusammenbrauen, zusammenschweißen, -würfeln,** optime esse constitutam rem publicam, quae ex tribus generibus illis ... confusa modice etc.: Cic.: nec eiusmodi est (ea oratio), ut a pluribus confusa videatur, Cic.: in hac confusa et universa defensione, so verwickelten u. allgemeinen V., Cic. – c. proelia cum Marte, eingehen, bestehen, Hor. **2** an sich getrennte od. geordnete Ggstde. ohne Ordnung **in-** od. **durcheinander bringen** od. **werfen** od. **wirren, verwirren, a** übh.: signa et ordines peditum atque equitum, Liv.: beluas (Elefanten), Curt.: particulas minutas primum confusas, postea in ordinem adductas a mente divina, Cic. – c. fas nefasque, Ov.: iura gentium, Liv.: ordinem militiae, disciplinae, Tac.: ordinem naturae, testamenti, Val. Max.: annum a D. Iulio ordinatum, sed postea neglegentiā conturbatum et confusum (in Unordnung und Verwirrung geratene) rursus ad pristinam rationem redegit, Suet.: c. foedus, stören (wie συγχέειν), Verg. – an tu haec ita confundis et perturbas, ut, quicumque velit, quod velit, quomodo velit, possit dedicare? Cic. (vgl. confusus *no.* a). – novorum interpositione priora c., Quint. – **b** insbes.: **α** die Linien usw. eines Bildes, die Grundzüge des menschlichen Körpers usw. gleichs. ineinander fließen machen, **αα verwischen, unkenntlich machen,** im üblen Sinne = (durch Verletzung usw.) **entstellen,** signo cerae non confuso, verschwommen, Plin.: confuderat oris exsanguis notas pallor, Curt.: si temporis spatio confusa corporum lineamenta essent, Iustin.: c. voltum Lunae, Ov.: fractis in ossibus ora, Ov.: oris decorem vulneribus, Val. Max. – **ββ** jmd. (seine Gesichtszüge) durch Scham, confusa pudore, vor Scham errötend, Ov.: non irā solum, sed etiam pudore confusus, nicht allein vor Zorn, sondern auch vor Scham rot, Curt. – **β** Körper, Geist, Gemüt in Verwirrung bringen, **stören, verstören, αα** den Körper stören, neque apparet, quod corpus confuderit, und kein deutlicher Grund für eine Körperstörung vorhanden ist, Cels. 3, 5. – **ββ** den Geist im Denken **verwirren, irre machen,** confundit plerosque similitudo nominum, Plin.: quod et confundit intellectum, Plin.: nec confundent ex diversis orationem, Quint.: confunditur animus et fatigatur tot disciplinis in diversum tendentibus, Quint. – **γγ** das Gemüt **verwirren, verstört** od. **betreten** od. **bestürzt machen, in Bestürzung versetzen, außer Fassung bringen,** audientium animos (v. einer Rede), Liv.: ipsum quoque dicentem (v. Tränen), Liv.: alqm festis diebus (an F.), Plin. ep. – animum imagine tristi (v. der Erinnerung an etw.), Tac.: alqm dolore (v. einer Nachricht), Plin. ep. – im Passiv (Ggstz. animum od. se colligere), colligit et ipse animum confusum tantae cogitatione rei, Liv.: maerore recenti confusus, Liv.: hoc nomine vehementius confusus et sollicitus, Val. Max.: turbā querelarum confusus adulescens repente obticuit, Iustin.: nec minus Venus confusa est moriente Tibullo, Ov. Vgl. confusus *no.* b. – bes. vor Scham betreten machen, **beschämen,** oft bei den Eccl., s. Rönsch Itala p. 344 f.

II eine flüssige od. trockene Masse in einen Raum sich zusammen ergießen lassen, **eingießen, einschütten,** im Passiv auch = **zusammen einfließen, -einströmen, -sich ergießen,** vinum in vas, Scriptt. r. r.: cruor in fossam confusus, Hor.: per quas (portas iecoris) lapsus cibus in hoc ipso loco in eam venam, quae cava appellatur, confunditur, Cic. – c. frumentum in navem, ICt.: tela per foramina muri, in großer Menge hineinwerfen, Sil. – übtr., est hoc quidem in totam orationem confundendum, nec minime in extremam, über die ganze R. zu verteilen, nicht erst am Ende anzubringen, Cic.: vis quaedam sentiens, quae est toto confusa mundo, über die g. W. ausgegossen (verteilt) ist, Cic.

cōn-fūnero, āre, **begraben, bestatten,** Iuvenc. 4, 95.

cōnfūsāneus, a, um (confusus), **untereinander, zusammengegossen,** varia et miscella et quasi confusanea doctrina, Gell. prooem. § 5.

cōnfūsē, *Adv.* m. *Compar.* (confusus), zusammengegossen d. i. **a verschmolzen,** utraque res coniuncte et confuse comparata est (Ggstz. res ab re separata est), Rhet. Her. 4, 60. – **b durcheinandergeworfen, durcheinandergehend, ungeordnet, verworren,** informis materia c. habens caelum et terram, Augustin.: c. universis municipiis constituere pretium, für alle ohne Ausnahme, ICt.: c. et permixtim dispergere (Ggstz. descripte et electe digerere), Cic. – c. loqui (Ggstz. recte sentire), Cic.: confusius acta res est, Cic.

cōnfūsīcius, a, um (confundo), **untereinander-, zusammengegossen,** ius (Brühe), Plaut. cist. 472.

cōnfūsim, *Adv.* (confusus), **ungeordnet,** Varr. LL. 9, 4.

cōnfūsio, ōnis, *f.* (confundo), die **Zusammengießung, I** eig.: **a** im engeren Sinne, die **Vermischung** durch Zusammengießen, die **Vereinigung** durch Anschweißen, Paul. dig. 6, 1, 23. § 5. Instit. Iustin. 2, 1, 27. – **b** im weiteren Sinne, die **Vermischung** übh., modica (colorum), Apul.: rerum atque elementorum (v. Chaos), Lact.: multi circuli et indecora confusio (hominum), Plin. ep. – Plur., arcum esse multarum imaginum solis confusiones, Sen. nat. qu. 1, 3, 5. – **II** übtr.: **1** die **Zusammenwerfung** in eins, **Vermischung, Vereinigung, Verschmelzung,** haec coniunctio confusioque virtutum, Cic. de fin. 5, 67: c. verbi et nominis, Serv. Verg. Aen. 1, 4: ›synchysis‹, id est hyperbati longa confusio, ibid. 2, 348. – u. die **Zusammenwerfung** des Eigentums, bonorum, dominii, ICt. – **2** das **Durcheinanderwerfen** ohne Ordnung, die regellose **Vermengung,** die **Verwirrung, Regellosigkeit, a** übh.: c. suffragiorum (d. i. Abstimmung nicht nach der gewöhnl. Rangordnung der Zenturien, sondern durch Verlosung der Reihenfolge der Abstimmung), Cic.: religionum, Cic.: rerum, Liv. epit.: temporum, Cic.: perturbatio et c. vitae, Cic. – sine confusione mutari non posse, Quint. – im Staat, quanta turba quantaque c. rerum omnium, Cic.: exsistit ex populo (Demokratie) turba et c., Cic.: civitates ex omni colluvione et confusione in aliquam tolerabilem formam (Verfassung) redigere, Liv. – **b** insbes.: **α** das **Erröten** (vor Zorn od. Scham), crebra oris confusio pro modestia accipiebatur, Tac. hist. 4, 40. – **β** wie σύγχυσις die **Verwirrung** = die **Verlegenheit,** das **Betretensein,** die **Verstörtheit, heftige Aufregung, Bestürzung,** sowohl in den Mienen, c. vultus, Petr.: magnam (tantam) confusionem in vultu gerere, Val. Max. – als auch im Gemüt, c. mea, tua, Plin. ep. u. pan.: maxima, Val. Max. publica (Ggstz. tranquillitas privata), Val. Max. quae senatus trepidatio, quae populi c., Vell.: unde c. et coepti paenitentia, Quint.: causam confusionis quaerens, Tac.: animos militum a confusione retrahere, Frontin.

cōnfūsor, ōris, *m.* (confundo), **einer, der verwirrt,** Augustin. in psalm. 32. serm. 2, 5.

cōnfūsus, a, um, *PAdi.* m. *Compar.* u. *Superl.* (confundo), ineinandergegossen, d. i. **in Verwirrung gebracht, verwirrt, a** übh., **verwirrt, verworren, wirr** = **ungeordnet, ohne Ordnung durcheinandergehend** od. **liegend,** ita c. est oratio, ita perturbata, nihil ut sit primum, nihil secundum, Cic.: verba c., Ov.: vox c., Lucr. u. Val. Max.: os, verworrene (undeutliche) Aussprache, Plin. ep.: clamor, Liv.: homines inconditis vocibus inchoatum quiddam et confusum sonantes, Cic.: c. quaestiones, Miszellen, als Büchertitel bei Gell. praef. § 9. – agmen c., Hirt. b. G.: strages, Verg.: spectandi morem confusissimum ordinavit, Suet. – *neutr. Plur.* subst., onusti cibo et vino perturbata et confusa cernimus, wüste u. verworrene Träume, Cic. – **b** insbes., in Mienen u. Gemüt, **verwirrt, verlegen, betreten, ver-**

stört, bestürzt, vultus, Liv. u. (Plur.) Ov.: ore confuso magnas perturbationis notas prae se ferens, Curt.: confusior facies, Tac.: pavor confusior, Plin. – v. Pers. (poet. v. personif. Lebl.), carmina confusa pudore, vor Scham verlegen, Ov.: so auch rosa ingenuo confusa rubore (Schamröte), Col. poët.: c. et incertus animi, Liv.: confusus animo, Liv.: confusus ex recenti morsu animi, Liv.: ex praetorio in tabernaculum suum confusus concessit, Liv.: m. folg. *Infin.*, confusus de impotentia deque inertia sua quicquam ad quenquam referre popularium, Apul. met. 9, 41. Vgl. confundo *no.* I. a. E.

cōnfūtātio, ōnis, *f.* (confuto), die **Widerlegung** (Ggstz. confirmatio), Rhet. Her. 1, 4 u. 18: c. falsi (Ggstz. veri astructio), Cl. Mam. de stat. anim. 3, 14, 2.

cōnfūtātor, ōris, *m.* (confuto), der **Widerleger,** Hieron. vir. ill. 33.

1. cōn-fūto, āvī, ātum, āre (vgl. refūto, fūtilis), I das Aufwallen einer Flüssikeit durch Umrühren **niederschlagen, dämpfen,** cocus magnum ahenum, quando fervit, paulā confutat truā, Titin. com. 128. – II übtr.: 1 **niederhalten, nicht aufkommen lassen,** a im Allg.: ne quid in consulendo adversi adveniat, quod nostras secundas res confutet, Cato origg. 6, 1 (bei Gell. 7, 3, 14): maximis doloribus adfectus eos ipsos inventorum suorum memoriā et recordatione confutat, Cic. Tusc. 5, 88. – b insbes.: α durch die Rede, durch Beweise **in Schranken halten** od. **weisen, zum Schweigen bringen, den Mund stopfen, nicht aufkommen lassen, bestreiten, in seiner Nichtigkeit (Gehaltlosigkeit) darstellen,** u. so **widerlegen,** alqm, Plaut., Tac. u. Vulg.: an confutabunt nares oculive revincent? Lucr.: c. audaciam alcis, Cic.: opinionis levitatem, Cic.: argumenta Stoicorum, Cic. – m. Ang. **womit? wodurch?** durch *Abl.*, alqm dictis od. verbis, Ter.: alqm suo sibi argumento, Gell.: delicatorum hominum luxuriantem gulam versibus, Gell.: verba magnifica eius rebus (durch Taten), Liv. – β eines Verbrechens **überführen,** m. *Acc. resp.*, si quis exactorum superexactionis crimen confutatus fuerit, Cod. Theod. 11, 8, 1 H. (*al.* crimine). – oft Partiz. Perf. confutatus, **überführt,** nec confessus nec confutatus, Amm. 14, 9, 6: u. confutatus, confutatus aliquoties od. aperte od. apertissime m. folg. *Acc.* u. *Infin.*, Amm. 17, 9, 5; 19, 12, 12; 26, 23, 1; 29, 5, 43, – 2 **verwirrt machen,** physisch, et quae longe longeque etiam meum confutabat obtutum palla nigerrima, blendete, Apul. met. 11, 3. – geistig, harum aedium symmetria confutabat architectones, Varr. sat. Men. 249: patroni sensus eorum (iudicum) ... honorificis verecundisque sententiis commulcere, non iniuriis atque imperiosis minationibus confutare (debent), Tiro bei Gell. 6 (7), 3, 13.

2. cōnfuto, āre (con u. fuo), **öfters sein,** Cato nach Paul. ex Fest. 89, 3.

cōn-futuo, ere, **beschlafen,** Catull. 37, 5.

confuturus, a, um, s. confuit.

con-garrio, īre, **häufig schwatzen,** Fronto ad amic. 1, 12 (14). p. 182, 3 N.

con-gaudeo, ēre, **sich mit freuen,** absol., od. m. *Abl.* (über), Eccl. – ► Perf. congaudi, Alcim. Avit. ep. 41 *extr.*

Congedus, ī, *m.*, Nebenfluss des Iberus (j. *Ebro*) im tarrakon. Hispanien, j. *Codes*, Mart. 1, 49, 9.

con-gelāsco, ere, **völlig gefrieren,** Gell. 17, 8 *lemm.* u. 17, 8. § 8 u. 10. Porph. Hor. ep. 1, 3, 3. Macr. sat. 7, 12, 32. Amm. 22, 15, 5. Ambros. in Luc. 10. § 135. Augustin. de mor. eccl. cath. 1, 27, 54 *in.* u. a.

congelātio, ōnis, *f.* (congelo), das **völlige Gefrieren,** liquoris, Plin. 31, 33: nix (nihil aliud est quam) in pruina pendens congelatio (gefrorene Masse), Sen. nat. qu. 4, 3, 6: Plur., brumae (zu Winters Anfang) congelationes, Col. 4, 8, 2.

con-gelo, āvī, ātum, āre, I *tr.* etwas **völlig gefrieren machen,** A eig.: cadentes pruinas, Plin. 18, 277. – im Passiv = **völlig gefrieren,** congelatur oleum, Col.: mare congelatum, das Eismeer, Varr.: congelati gutta nasi, Mart. – B übtr., **verdichten, verhärten,** lac, stehen-, gerinnen machen, Col.: rictus in lapidem, Ov.: sal congelatus, Vitr.: u. refl., ubi se congelaverit adeps, sich verdickt hat, geronnen ist, Scrib. 271. – II *intr.* **völlig gefrieren,** Ister congelat, Ov. trist. 3, 10, 30. – übtr., sich **verdichten, sich verhärten,** Ov. met. 6, 307; 15, 415. – im Bild, congelasse nostrum amicum laetabar otio, eingefroren, d. i. untätig geworden, Cic. ep. 2, 13, 3.

congeminātio, ōnis, *f.* (congemino), die **Verdoppelung,** scherzh. = **Umarmung,** Plaut. Poen. 1297.

con-gemino, āvī, ātum, āre, I *tr.* **verdoppeln,** crebros ensibus ictus, Verg.: securim (die Beilhiebe) viro, Verg.: numeri et modi congeminati, Apul. – II *intr.* **sich verdoppeln,** Plaut. Amph. 786.

con-gemīsco, ere, **laut aufseufzen,** Cod. Theod. 7, 8, 16. Tert. de spect. 30. Augustin. conf. 6, 7.

con-gemo, gemuī, ere, I *intr.* **laut aufseufzen,** Cic. Mur. 51. Suet. Tib. 23. Vulg. Ierem. 22, 23. – poet. v. gefällten Baum, supremum congemuit, Verg. Aen. 2, 631. – II *tr.* **heftig beseufzen,** mortem, Lucr. 3, 932: alqm, Val. Flacc. 5, 12.

1. congener, eris (con u. genus), **von gleichem Geschlecht,** Plin. 15, 98.

2. con-gener, ī, *m.* = σύγγαμβρος (Gloss.), der **Miteidam,** Symm. ep. 8, 40 (*al.* generi).

congenerātus, a, um (con u. genus), von gleichem Geschlecht = **von gleicher Wurzel,** verbum, Varr. LL. 10, 39.

con-genero, āvī, ātum, āre, I **zusammen zeugen, -gebären,** a eig.: porci congenerati, Zwillinge, Varr. r. r. 2, 4, 19: senium congeneratum, angeboren, Col. 7, 3, 15: simul nati, id est congenerati, Porphyr. Hor. sat. 2, 3, 316. – aber verbum congeneratum, s. congenerātus. – b übtr., **vereinigen, verbinden,** Acc. tr. 580. – II **anerzeugen,** quibusdam etiam dysenteria congeneratur, Cael. Aur. chron. 4, 3, 21.

con-genitus, a, um, **zugleich geboren, gewachsen,** Plin. 11, 230 u. Eccl. – m. *Dat.* (mit), *Plin.* 16, 6 u. 37, 156.

con-gentīlis, e = ὁμόεθνος (Gloss.), **stammverwandt,** populi, Augustin. c. Faust. 13, 15: Plur. subst. = **Stammverwandte, Stammgenossen,** CIL 8, 1321 (*saec. II*).

con-genuclo, āre (geniculo), **in die Knie zusammensinken,** congenuclat percussus, Cael. Antip. hist. 7. fr. 44: multi plagis adversis icti et congenuclati, Sisenn. hist. 3. fr. 33.

conger u. **gonger,** grī, *m.* (γόγγρος), der **Meeraal,** Nom. Form *conger,* Plaut. mil. 760; Pers. 110 u. a. Ov. hal. 115. Plin. 9, 15: Nom. Form *gonger,* Plin. 32, 148: Akk. congrum, Plaut. aul. 399. Ter. adelph. 377: vulg. cungrum, Prisc. 1, 35: Abl. spätlat. grongo (wie noch heute ital. *grongo*), Apic. 10, 453. – ► Nomin. überall conger (gonger), gegen Charis. 24, 8 u. Prisc. 6, 33, die congrus verlangen (wie Not. Tir. 113, 7, wo congrus).

congeria, ae, *f.* = congeries, Gromat. vet. 211, 10; 227, 16 u. a.

congeriēs, ēī, *f.* (1. congero), eine Menge auf einen Platz zusammengetragener u. ohne Ordnung übereinander geworfener Dinge, die **Masse,** der **Haufen,** I eig.: 1 im Allg.: lapidum, Liv. u. Plin.: armorum, Tac.: struis, Plin.: lignorum, Serv. Verg.: silvae, H. Waldbäume, Ov. – 2 insbes.: a = der **Haufen Holz, Holzstoß, Scheiterhaufen,** Ov. met. 14, 576. Quint. 5, 13, 13. Claud. idyll. 1, 93. – b vom Chaos, Ov. met. 1, 33. – c der **aufgehäufte, reiche Vorrat,** rerum suarum, Enn. ann. 241. – II übtr., eine Redefigur, die **Anhäufung** (griech. συναθροισμός), Quint. 8, 4. § 3 u. § 26 *sq.*

congermānēsco, ere (con u. germanus), mit jmd. **zu eins verwachsen, verschmelzen,** cum alqo, Claud. Quadrig. ann. fr. inc. 93 (bei Non. 119, 14). Apul. met. 2, 10.

congermānitās, ātis, *f.* (*congermanus), die **Verschmelzung in eins,** Varr. fr. bei Non. 90, 20 m. *cod. Paris.* (Vulg. congermani = in eins verschmolzen).

con-germānus, a, um, s. congermānitās.

congermināIis, e (congermino), **von gleichem Spross, gleichentsprossen,** Augustin. de civ. dei 5, 7.

con-germino, āre, **Sprossen treiben,** Gell. 20, 8. § 7.

con-gero, gessī, gestum, ere, I eig., **zusammenschaffen, -tragen, -werfen, -häufen,** auf einen Punkt **herbeischaffen** od. **hinschaffen, aufhäufen** u. dgl., a im Allg.: ligna, Auct. b. Afr.: arida virgulta, Suet.: cetera aedificanti utilia, Quint.: congestis in modum tumuli coronis, Tac.: undique saccos, Hor.: undique quod idoneum ad muniendum putamus, Nep.: salis magnam vim ex proximis salinis, Caes.: locum in foro destinant, *quo* pretiosissima rerum suarum congererent, Liv.: c. omnem materiem circa oppidum succisam *intro*, Auct. b. Hisp.: maximam vim auri atque argenti *in* regnum suum, Cic.: patris penum omnem *in* cellulam ad alqm, Ter.: tritici grana *in* os alcis u. alci in os, Cic.: carbones super caput alcis, Vulg.: saxa in infandum caput, Sen. poët.: scuta alci (auf jmd.) pro aureis donis, Liv.: humum corbulae (Dat.), Suet.: saxa *in* (zu) munimentum, Sen.: vim magnam sparti *ad* rem nauticam, Liv.: alci crates materiemque *ad* arietes, Auct. b. Afr. – Bes. drückend, schlagend, werfend auf jmds. Körper od. dessen Teile **zusammenhäufen,** oscula, einander aufdrücken, Ov.: alias plagas mortuo, aufzählen, beibringen, Phaedr. – tela, undique tela, G. von allen Seiten zuschleudern, Tac.: u. tela in alqm, mit G. überschütten, Curt. – **b** prägn., zusammenschaffend zustande bringen, bereiten, **α** eine Geldsumme u. dgl., für jmd. = **zusammenschießen,** alci viaticum, Cic. – od. für sich = **ansammeln, aufhäufen,** sibi divitias fulvo auro, Tibull.: auri pondus, Ov.: opes, Ov. u. Plin.: absol., rape, congere, aufer, Mart. 8, 44, 9. – **β** einen Bau durch Zusammenschaffen von Material **bereiten, errichten, aufbauen,** v. Menschen, aram sepulcri arboribus, Verg.: oppida congesta manu, Verg. – v. Insekten u. Vögeln, ein Nest od. zu einem Nest **eintragen,** wohin **bauen, nisten,** m. *Acc.*, nidum, Ser. Samm. 1030: lucifugis congesta cubilia blattis, Verg. georg. 4, 243: in nervom nidamenta, Plaut. rud. 889: absol., locus, aëriae quo (wohin) congessere palumbes, Verg. ecl. 3, 69: ea cassita in sementes forte congesserat tempestiviores, Gell. 2, 29, 5. – **γ verdauen,** ventris quoque officio parva et congesta reddente, Cael. Aur. chron. 5, 10, 113. **II** übtr.: **a** im Allg., **zusammenhäufen,** si omnia simul congesserit, Brut. in Cic. ep. ad Brut. 1, 16, 7. – bes. in der Rede u. Schrift, **zusammenstellen, zusammenfassen,** operarios omnes, Cic.: argumenta (Ggstz. dissolvere), Quint.: undique nomina plurimorum poëtarum, Quint.: ex diversis orationem, Quint. – turbam patronorum in hunc sermonem, Cic. – **b** prägn., auf jmd. usw. ein Gut od. (selten) ein Übel **zusammenhäufen,** ihm in reichlichem Maße **zufließen lassen,** ingentia beneficia in alqm, Liv.: plus aequo in amicitiam, Cic.: spem omnem in alqm, auf jmd. richten, Ov.: omnia ornamenta ad alqm, Cic.: iuveni consulatus, triumphos, Tac.: ambitiosae maiestati quicquid potuimus titulorum congessimus, Sen.: ex omnibus, quae mihi fortuna terrā marique privatim mala publiceque congessit, ... nihil expertus sum durius quam patrem, Sen. contr. 1, 7, 2. – congerantur in unum omnia, mag auf einen alles hereinbrechen, Cic. – bes. in Rede od. Schrift etw. auf jmd. **häufen,** sowohl Lob u. Dank usw., tantas mortuo gratias agere laudesque c., quantas etc., Suet.: tantas mortuo laudes gratiasque c., quantas etc., Eutr.: praetervehenti fausta omina et eximias laudes, fort u. fort zurufen, Suet.: ζωὴ καὶ ψυχὴ lascivum usque, beständig zurufen, Mart. – auch als Schimpfreden, Beschuldigungen, maledicta in alqm, Cic.: quae (welche Beschuldigungen) postea sunt in eum congesta? Cic. – u. die Schuld, omnes vastati agri periculorumque imminentium causas in alqm, Cic.

congerra (concerra, concera), ae, *m.* = congerro, Lucil. fr. inc. 177 bei Fest. p. 363, 22; vgl. Fest. p. 297 (b), 29.

congerro, ōnis, *m.* (zu. gerro, Maulaffe u. gerrae, Possen), der **Spießgeselle,** Plaut. most. 931 u. 1049; Pers. 89; truc. 1, 2, 6 (101) Sp.; vgl. Varr. LL. 7, 55. – ► Fulg. serm. antiqu. 49. p. 124, 6 H. congerrones falsch (nach Gloss. V, 566, 11) = Diebe.

congestē, *Adv.* (congestus), **gedrängt,** Capit. Antonin. Pius 19. § 12. Schol. Bob. Cic. Flacc. 5, 2. 137, 1 B.

congestīcius, a, um (congero), **zusammengetragen, zusammen-, aufgehäuft,** agger, Caes.: humus, Col.: locus, locker (Ggstz. paluster), Vitr.

congestim, *Adv.* (congero), **aufgehäuft,** Apul. apol. 35.

congestio, ōnis, *f.* (congero), die **Aufhäufung, I** eig., meist konkr., terrae, Vitr.: fossarum, die Ausfüllung, Vitr.: stercorum, Pallad. – **II** übtr.: enumerationis, Macr. sat. 5, 15, 18: consonantium, Augustin. de dial. 5. p. 7, 20 Cr.: testimoniorum, Ambros. de inc. domin. sacr. 10, 115: nova prorsus fuit honorum deferendorum et insperata congestio, Mamert. grat. act. 22, 3.

con-gesto, āre, **zusammentragen, -scharren,** Augustin. de peccat. merit. 1, 28. Commodian. instr. 2, 22, 15.

1. **congestus,** a, um, *PAdi.* (v. congero), **angehäuft, vollgestopft, dick,** congestior alvo, Auson. Mos. 132.

2. **congestus,** ūs, *m.* (congero), die **Zusammentragung,** das **Zusammenhäufen,** die **Anhäufung, I** eig.: **a** im Allg.: magnarum opum, Sen. de ben. 2, 27, 3: municipia congestu copiarum vastabantur, wurden durch Lieferung von Vorräten (durch Lieferungen) gebrandschatzt, Tac. hist. 2, 87. – **b** insbes. (vgl. congero *no.* I, b, β), das Zusammentragen der Vögel, das **Bauen, Nisten,** herbam (exstitisse) congestu avium, Cic. de div. 2, 68. – **II** meton., das Zusammengetragene u. Aufgehäufte, die **Masse,** der **Haufen, a** eig.: culmorum et frondium, Col.: lapidum, Tac. – **b** übtr.: cumulum habere atque congestum, eine massenhafte Anhäufung, Quint.: tantus rerum ex orbe toto coëuntium c., Sen.

congiālis, e (congius), **einen** *congius* **enthaltend, -fassend,** fidelia, Plaut. aul. 622: situli aurei, Vitr. 10, 4, 4.

congiārius, a, um (congius), **zum** *congius* **gehörig, einen** *congius* **enthaltend,** vinum, maßweise ausgeschenkter, Cato or. 2. p. 37, 16 Iord. – Häufig subst., **congiārium,** ī, *n.*, **I** (*sc.* vas) ein **Geschirr, das einen** *congius* **fasst,** Paul. dig. 33, 7, 13. – **II** (*sc.* donum) ein Maß (congius) Öl, Wein, Getreide, Salz in Natura od. später gew. in Geld, den Ärmeren im Volk Mann für Mann vom Magistrat od. einzelnen Großen, später von den Kaisern als Geschenk gegeben (vgl. donativum), auch zuw. an die Soldaten od. einzelne Günstlinge od. Klienten ausgeteilt, die **Spende,** das **Geschenk,** an das Volk, Cic. Phil. 2, 116. Varr. fr. bei Plin. 14, 96. Liv. 25, 2, 8 u. 37, 57, 11. Sen. ep. 73, 8. Plin. 31, 89. Suet. Aug. 41, 2: an die Soldaten, Cic. ad Att. 16, 8, 2. Curt. 6, 2 (5) 10: neben donativum, Tac. ann. 12, 41 u. 14, 11. Plin. pan. 25, 2: an Günstlinge usw., Cic. ad Att. 10, 7, 3. Cael. in Cic. ep. 8, 1, 4. Sen. ep. 29, 5 u. de ben. 2, 16, 2. Tac. dial. 17. Suet. Caes. 27, 1: an Klienten, Sen. ad Marc. 22, 4. Vgl. Abraham Cic. Phil. 2, 45 *extr.* Duker Liv. 37, 57, 11. Ruhnken Suet. Caes. 27.

congius, ī, *m.* (κόγκη, Muschel, Hohlmaß), ein römisches **Hohlmaß für flüssige Dinge,** sechs sextarii (3¹/₄ **l** fassend, Cato, Liv. u. a.

con-glacio, āvī, ātum, āre, **I** *intr.* **zu Eis gefrieren, A** eig.: frigoribus conglaciat aqua, Cic. de nat. deor. 2, 26. – **B** übtr.: Curioni nostro tribunatus conglaciat, friert ein = geht untätig vorüber, Cael. in Cic. ep. 8, 6, 3. – **II** *tr.* **zu Eis gefrieren machen;** dah. conglaciari, **zu Eis gefrieren,** Albin. 2, 101. Plin. 2, 152.

con-glīsco, ere, **entglimmen,** übtr. = emporwachsen, Plaut. trin. 678.

conglobātim, *Adv.* (conglobo), **massenhaft,** Augustin. conf. 7, 7, 11.

conglobātio, ōnis, *f.* (conglobo), **I** das **Zusammenballen,** c. ignium, Sen. nat. qu. 1, 15, 4: c. illa (nubium), *ibid.* 5, 12, 5: congregatio et c. minutissimarum guttarum, Augustin. gen. ad lit. 2, 4, 7: ex flamma surgens tenebrosa c., Cassiod. in psalm. 67, 3: ex anterioribus medicamentis facta c., Cael. Aur. chron. 4, 3, 42. – **II** die **Zusammenrottung,** fortuita (militum), Tac. Germ. 7.

con-globo, āvī, ātum, āre (con u. globus), **zusammenballen, zusammenknäueln, kugelförmig abschließen** od. **abrunden, a** im engeren Sinne: mare, cum supra terram sit, medium tamen terrae locum expetens conglobatur, Cic.: rursum in crassam nubium speciem conglobantur (spiritus), Apul. – meist im Partiz. Perf., corpuscula (vaporis) inter se conglobata, Lucr.: apes ut uvae conglobatae, Varr.: astra nixu suo conglobata, Cic.: terra solida et globosa et undique ipsa in sese nutibus suis conglobata, Cic.: conglobatus homo in semet, Plin.: u. figura conglobata, Cic. – **b** im weiteren Sinne: **α** eine Masse leb. Wesen **zusammenrotten,** in **eine Rotte-,** in **einen** Trupp (Klumpen) –, in **eine** Masse **zusammendrängen, zusammenscharen, zusammenhäufen,** gew. *refl.* se conglobare u. Passiv conglobari medial, **sich zusammenrotten,** sich zusammendrängen, sich zusammenscharen (Ggstz. oft dissipari), u. Partiz. conglobatus, **zusammenge-**

rottet, -gedrängt, -geschart (Ggstz. oft dissipatus), auch m. Ang. **wohin?** durch *in* u. Akk. od. durch bl. *Acc. loc.* (s. Korte Sall. Iug. 97, 4. Drak. Liv. 5, 41, 6), non acie neque ullo more proelii, sed catervatim, utique quosque fors conglobaverat, in nostros incurrunt, Sall.: fors conglobabat et animus suus cuique ante aut post pugnandi ordinem dabat, Liv. – multis itineribus dissipati cum se in unum conglobassent, Vescia urbs eis receptaculum fuit, Liv.: neque se conglobandi et coëundi in unum datur spatium, Liv.: conglobatur promiscua multitudo, Tac. – conglobata inter se pars contionis, Tac.: conglobatae beluae (Elefanten), Liv.: multitudo in unum metu conglobata, Liv.: pulsi et fugā conglobati, Liv.: ducentos equites circa se conglobatos divisosque turmatim in tres partes erumpere iubet, Liv. – u. in ultimam castrorum partem conglobantur, Liv.: in forum ac propinqua foro loca conglobati, Liv.: eos ex variis causis fortuna similis conglobaverat Agathyrnam, Liv. – selten m. Ang. **wo?** durch *Adv.* od. durch *in* u. Abl., ibi proditores conglobati, Liv. 25, 15. § 15: templum, in quo se miles conglobaverat, in dem die (schon darin befindlichen) S. sich usw., Tac. ann. 14, 32. – u. m. Ang. **wozu?** durch *in* u. Akk., in testudinem conglobati, Tac. ann. 13, 39. – **β** übtr., etw. massenweise vorbringen, **häufen,** maxime definitiones valent conglobatae, Cic. part. or. 55.

conglomerātio, ōnis, *f.* (conglomero), die **Zusammenrottung,** vetita, Cod. Iust. 12, 19, 13. § 1.

con-glomero, āvī, ātum, āre, **I zusammenrollen, -winden, -wickeln,** coma conglomerata, Pacuv. tr. 20ª R.²: venae intortae conglomerataeque a superiore parte, geschlängelt u. nach oben zu angehäuft, Cels. 7, 18. p. 297, 11 D.: si possit (animi natura) conglomerari, Lucr. 3, 210. – **II** übtr., **zusammenhäufen, -drängen,** omnia in alqm mala, Enn. tr. 408 (307).

con-glōrifico, āre, **zugleich verherrlichen,** Eccl.

conglūtinātio, ōnis, f. (conglutino), **I** das **Zusammenleimen,** Cic. de sen. 72. – **II** übtr., die **enge Zusammenfügung: a** als mediz. *t. t.*, futura c., Cael. Aur. chron. 2, 12, 140. – **b** als rhet. u. gramm. *t. t.*, c. verborum, Cic. or. 78: ›episynaliphe‹ est c. (das Zusammensprechen) duarum syllabarum, Consent. 389, 18 K.

con-glūtino, āvī, ātum, āre, **zusammenleimen, -kleben, -fügen, I** eig.: libros, ICt.: vulnera, Plin. – absol., calx conglutinat, Vitr. – **II** übtr.: **1** im Allg.: ex his totus conglutinatus est, aus diesen (Lastern) ist er ganz zusammengesetzt, Cic.: hominem eadem optime, quae conglutinavit, natura dissolvit, Cic.: c. rem dissolutam divulsamque, Cic. – affixus et conglutinatus, v. jmd., der einer Person immer zur Seite bleibt, Apul. met. 9, 17. – **2** insbes.: **a eng zusammenknüpfen, eng verbinden, enger verknüpfen** od. **knüpfen,** voluntates, Cic.: amicitias, Cic.: meretricios amores nuptiis, Ter.: animi vitium cum causa peccati, in enge Verbindung bringen (v. Redner), Rhet. Her. – **b** etwas (ein Mittel) **aussinnen,** Plaut. Bacch. 693.

con-glūtinōsus, a, um, sehr klebrig, Veget. mul. 2, 12, 2.

congluviāles diēs, *in quibus quod ante intermissum fuerat gerebatur,* Suet. bei Schol. Lucan. 5, 7.

con-gradus, a, um, **von gleichem Schritt, gleichlaufend,** Avien. Arat. 1239.

congraeco, āre (graecor, ārī), **auf Griechisch** (auf üppige Art) **verprassen,** aurum, Plaut. Bacch. 743.

congrātulātio, ōnis, *f.* (congratulor), die **Beglückwünschung,** victoriae, Val. Max. 9, 3, 5. Donat. vit. Verg. 24.

congrātulor, ātus sum, ārī, **beglückwünschen, seinen Glückwunsch darbringen,** absol., Plaut. Men. 129 (Vulg. u. Brix). Gell. 12, 1, 4. Vulg. 2. Sam. 8, 10. – m. *Dat. pers.* **wem?** Hieron. vir. ill. 38. p. 32, 2 *Herd.* Vulg. Ruth 4, 17 u. a.: alci *ob* alqd, Porc. Latro decl. in Catil. 36: alci *de* alqa, Vulg. Tob. 11, 20. – m. folg. *Acc.*, libertatem concordiamque civitati restitutam, Liv. 3, 54, 7. – congr. cum alqo m. folg. *quod* (dass), Ambros. epist. 7, 2.

con-gredior, gressus sum, gredī, zusammenschreiten, d. i. schreitend **zusammentreten, zusammentreffen,** sich treffend **zusammenkommen, I** im Allg. (Ggstz. digredi), congrediar, Plaut.: congredere actutum, komm geschwind zu mir her, Ter.: deinde (ipso colloquii die) ipsi congressi sunt, Nep.: si ipse coram congredi poteris, Cic. – m. *Abl.* od. m. *in* u. Abl. od. m. *Genet. loc.*, c. eo loco, Liv.: c. eo loco postero die, Liv.: c. in Macedonia, Brut. in Cic. ep.: c. Apameae, Liv. – m. *cum* u. Abl. (mit wem?) od. m. *inter se*, cum eo saepe, Cic.: *ibi* cum Lentulis, Liv.: *ubi* sit congressus cum servis Lucceii, Cic.: c. cum transrhenanis, in Verbindung od. Verkehr treten, Caes.: c. inter se, einander auf der Straße begegnen, Liv.: u. v. personif. Lebl., luna tum congrediens cum sole tum digrediens, Cic. – versch. m. *cum* u. Abl. (wie?), c. cum altercatione, Liv. – m. *ad* od. *in* u. Akk., c. ad colloquium, Liv.: c. in commune, Tac. – **II** feindl. **zusammentreffen, sich in einen Kampf (ein Handgemenge) einlassen, a** im eigentl. Kampf: locus, ubi congressi sunt, Cic.: statuit congredi, Nep.: nusquam acre c., Liv.: c. comminus, Liv.: c. armis, Acc. fr.: tertio proelio, Iustin. (dafür poet. tertia in proelia, Verg.): impari numero, Caes.: pede congressi aequo, die zu Fuße in der Nähe Kämpfenden, sodass der Kampf ein gleicher war (Ggstz. tela ferentes), Verg.: pepulit, quotiescumque congressus est, multo maiores adversariorum copias, Nep. – m. *inter* u. Akk. u. m. *in* u. Abl. (wo?), c. inter Callinicum Carrasque, Aur. Vict.: in Italia (s. unten mit cum), Nep. – m. *cum* u. Abl. od. m. *inter se* (mit wem?), z. B. numquam cum fortiore congressum esse, Nep.: c. suā sponte cum finitimis proelio, Caes.: c. cum Demetrio navali proelio iterato (wiederholt), Iustin.: singulari certamine (Zweikampf) c. cum Arunte, Aur. Vict.: quotiescumque cum eo congressus est in Italia, semper discessit superior, Nep.: ipsi inter se acrioribus proeliis per triennium congressi, Aur. Vict. – poet. u. nachaug. m. bl. *Dat.* (mit wem?), impar congressus Achilli, Verg.: armato c. nudum dementia videbatur, Curt. – m. *contra* od. *adversus* u. Akk., contra ipsum Caesarem, Cic.: adversus Constantinum, Aur. Vict. – m. *Acc.*, in congrediendis hostibus, Gell. 1, 11, 2. – **b** übtr., **α** v. Pers., im Wortkampf, in der philos. Erörterung, c. cum Academico, Cic. – vor Gericht, cum alqo luctari et congredi, Cic.: congredere mecum criminibus ipsis, Cic. – im Leben, mit einem Übel, c. cum dolore, Min. Fel. 37, 1. – m. *Acc.*, hanc congrediar astu, mit List zu Leibe gehen, Plaut. Epid. 546. – **β** v. personif. Abstr., quasi ad repugnandum congressa defensio, Cic.: oratio aequo congressa campo totas vires populariter explicabit, Quint. – ► Nach der 4. Konj. Infin. congrediri, Plaut. aul. 248: Fut. congredibor, Plaut. most. 783.

congregābilis, e (congrego), **a** leicht und gern sich zusammengesellend, **Trieb zur Geselligkeit habend, gesellig,** apium examina congregabilia naturā sunt, Cic. de off. 1, 157: ut omnium genera animantium congregabilia naturā sint, Ambros. de off. 1, 27, 128. – **b sich zusammenhäufend,** numerus est quantitas c., Eulog. in somn. Scip. p. 402, 6 B.

congregālis, e (congrego), **vereinigend,** Terent. Maur. 1317.

congregātim, *Adv.* (congrego), **vereint,** Prud. cath. 7, 143.

congregātio, ōnis, *f.* (congrego), die Zusammenherdung, **I** eig., das **Sich-Zusammenherden,** das **Sich-Zusammengesellen,** das **gesellige Zusammenleben,** die **Geselligkeit, a** der Tiere, c. taurorum, Vulg. psalm. 67, 31: bestiae partim cursu et peragratione laetantur; congregatione aliae coetum quodam modo civitatis imitantur, Cic. de fin. 2, 109. – **b** im weiteren Sinne, der Menschen, nos ad congregationem hominum et ad societatem communitatemque generis humani esse natos, Cic. de fin. 3, 65: eius (populi) prima causa coëundi est non tam imbecillitas, quam naturalis quaedam hominum quasi congregatio (Trieb zum g. Z., Geselligkeitstrieb), Cic. de rep. 1, 39: u. so philosophia promittit sensum communem, humanitatem et congregationem, Sen. ep. 5, 3. – meton., **die versammelte Menge, die Versammlung, Kongregation,** Greg. epist. 7, 12 *in.*: omnis c. filiorum Israël, Vulg. exod. 16, 2. – **II** übtr., die **Zusammenhäufung, Zusammenstellung, Vereinigung, a** v. Konkr.: unius fascis, Vulg. Isai. 24, 22: c. et conglobatio minutissimarum guttarum, Augustin. de genes. ad litt. 2, 4, 7: defit calori c., die Ansammlung der Wärme hört auf, Sen. nat qu. 6, 13, 6 – meton. omnis c. aquarum, alles zusammengelaufene Wasser, Vulg. levit. 11, 36: c. lapidum, aufgehäufte Steinmasse, Hieron. epist. 78. mans. 39. – **b** v. Abstr., c. argumentorum, Quint. 5, 7, 18: criminum (Ggstz. separatio), Quint. 7, 1, 31: personarum, locorum, temporum, Quint. 3, 5, 17: rerum, die Zusammenfassung, Rekapitulation (griech. ἀνακεφαλαίωσις), Quint. 6, 1, 1: u. als rhet. Fig. = συναθροισμός, Auct. carm. de fig. 139. p. 68 H.

congregātīvē, *Adv.* (congregativus), **vereinigungsweise,** Ps. Asper gramm. (V) 552, 14 K.

congregātīvus, a, um (congrego), **zur Vereinigung dienend, Vereinigungs-** (Ggstz. discretivus), adverbia (*simul, una* etc.), Prisc. 15, 36.

congregātor, ōris, *m.* (congrego), der **Vereiniger,** Augustin. serm. 223, 2. Ambros. in psalm. 39. § 22. Arnob. 6, 13.

congregātus, Abl. ū, *m.* (congrego), das **Sichzusammengesellen,** hominum, Iul. Val. 2, 34 (21 *in.*).

con-grego, āvī, ātum, āre (con u. grex), zusammenherden, **a** eig.: **α** Tiere **zu einer Herde vereinigen** (Ggstz. separare, dispergere), oves, Plin.: mustelas, Plin.: cum leonibus vulpes, in demselben Zwinger unterbringen, Mart. – oft refl. se congr. u. Passiv congregari medial (Ggstz. separari, dispergi), **sich herdenweise vereinigen, sich zusammengesellen,** se c. et condensare in locum unum, Varr.: omnes in unum congregatae aves, Sulp. Sev.: c. se ad paucos amnes (v. Wild), Plin.: in quo admirandum est, congressune aliquo inter se, an iam inde ab ortu naturā ipsā congregatae sint (dissimillimae bestiolae), Cic.: apium examina non fingendorum favorum causā congregantur, Cic.: ciconiae abiturae congregantur in certo loco, Plin. – **β** im weiteren Sinne, Menschen gleichsam zusammenherden, **zusammenscharen, zusammengesellen,** bei Cic. bes. = **zum geselligen Zusammenleben (zur Geselligkeit) vereinigen,** u. übh. einem Verein usw. zugesellen (Ggstz. dissipare, dispergere), dissipatos homines c. et ad societatem vitae convocare, Cic. – dispersos homines in unum locum, Cic.: hominem in idem Vettii indicium atque in eundem hunc numerum, Cic. – quicum te aut voluntas congregavit aut fortuna coniunxit, Cic. – quibus (Dativ) me tempus aliquod congregavit, Sen. – oft refl. se congregare u. Passiv congregari medial, **sich zusammengesellen, sich zusammenscharen, sich zum geselligen Zusammenleben vereinigen,** D tantum equites congregaverunt se, Curt.: Antiochus cum paucis fugiens in ipso itinere pluribus congregantibus se, Liv.: familiae congregantur, Cic.: unum se in locum ad curiam, Cic.: unum in locum congregari, Cic.: passim ex dissipata fuga in unum locum congregari, Liv.: congregari undique ad Tatium, Liv.: congregari circa Agamemnonem, Auson. perioch. Odyss. 24: laevum cornu, quo turbam hostium congregari cernebat, Liv.: cuncti ad portam congregantur, Iustin.: rursus in urbe congregari, Tac.: congregari inter se, v. Soldaten, Tac.: congregari in fano commentandi causā, Cic.: in Academia congregati, Cic.: congregati per Asiam artifices, Liv. – se cum aequalibus, Cic.: congregari facile od. facillime cum paribus, Amm. u. Cic. (vgl. par): ut non congregari inter se possent (milites in castris), Tac. – nulli externo congregantur, Plin. – multitudo hominum ex servis, ex conductis, ex egentibus congregata, Cic.: homines naturā congregati, Cic. – **b** übtr., lebl. Ggstd. **zusammenhäufen, α** übh.: signa in unum locum, Tac. – medial, corpora inter se congregantur, Lucr.: ex quo indicare potestis, quanta vis illa fuerit *oriens et congregata* (in ihrem Emporsteigen u. in ihrer Gesamtvereinigung), cum haec Cn. Pompeium terruerit iam *distracta* et *exstincta,* Cic. de domo 67. – **β** in der Darstellung, turbam verborum, Quint.: argumenta infirmiora, Quint.

congregus, a, um (con u. grex), **zur Herde-, zu Scharen vereinigt** (Ggstz. solivagus), aves, Isid. 12, 7, 1.

congressio, ōnis, *f.* (congredior), das **Zusammenschreiten,** d. i. das **Zusammentreffen, I** im Allg. (Ggstz. digressio), das **Zusammentreffen** mit jmd., die **Zusammenkunft,** hoc malum minus acerbum fuit, quam fuisset cum *congressio,* tum vero *digressio* nostra, Cic. ad Q. fr. 1, 3, 4. – **II** insbes.: **a** die gesellige **Zusammenkunft,** der gesellige **Verkehr,** die Gesellschaft, alqm ab alcis non modo familiaritate, sed etiam congressione prohibere, Cic.: nemo eum aditu, nemo congressione, nemo sermone, nemo convivio dignum iudicabat, Cic.: collocatum esse in congressione hominum atque in foro, Cic. – im Plur., sermo in circulis, disputationibus, congressionibus familiarium versetur, vertraulichen Zusammenkünften, Cic. de off. 1, 132. – **b** die fleischliche **Berührung,** der fleischl. **Umgang,** das **Beschlafen,** prima c. maris et feminae, Cic. de rep. 1, 38: ab uxoris congressione se continere, Lact. 6, 20, 25. – **c** das feindl. **Zusammentreffen, der Angriff,** das **Treffen,** prima c., Iustin. 6, 4, 12 u. 8, 1, 12: c. navalis proelii, Iustin. 2, 12, 8: prima c. navalis certaminis, Iustin. 4, 5, 1: prima belli c., Iustin. 15, 1, 16.

congressor, ōris, *m.* (congredior), der Zusammentreffer = **Kämpfer,** Ambros. epist. 27, 16.

congressus, ūs, *m.* (congredior), das **Zusammenschreiten** = das **Zusammentreffen, I** im Allg., der **Zusammentritt,** das **Zusammentreffen,** die **Zusammenkunft** zur Unterredung usw., congressus, Ggstz. digressus, Cic. ep.: conspectus et congressus tanti viri, Val. Max.: optare congressum, Cic.: in alcis congressum colloquiumque venire, Cic.: ad alcis congressum colloquiumque pervenire, Cic.: alqd in congressum nostrum reservare, Cic.: si quis congressus fuerit mihi cum Caesare, Cic. – im Plur., iam milites, iam duces utrimque congressus quaerere ad colloquia, Liv.: simulat sibi cum dea Egeria congressus nocturnos esse, Liv.: congressus pete meos, suche mich auf, Verg. – übtr., esse alios alibi congressus materiai, die innige Vereinigung, Lucr. 2, 1065: vitatur duriorum consonantium inter se congressus, Quint. 11, 3, 35. – **II** insbes.: **a** die gesellige **Zusammenkunft,** das **Sich-Zusammengesellen,** die gesellige **Vereinigung,** der gesellige **Verkehr,** die **Gesellschaft,** c. cotidianus, Cic.: alcis aditum, congressum, sermonem fugere, Cic.: congressum alcis assiduum vitare, Suet.: se a congressu segregare, Quint.: alqm congressu aequalium prohibere, Liv.: abstinere congressu hominum diu prae pudore, Suet.: congressu aliquo inter se aut naturā ipsā congregari (v. Tieren), Cic. – oft im Plur., primi congressus copulationesque, Cic.: congressus hominum fugere atque odisse, Cic.: congressus nostros, consuetudinem victus, doctissimos sermones requiro tuos, Cic. – **b** das In-Berührung-Kommen mit einer Pers. od. Sache, bes. die fleischl. **Berührung,** der fleischl. **Umgang,** das **Beschlafen,** nec ullo congressu feminarum funerumque pollui, sich nicht durch irgendeine Berührung einer Frau od. einer Leiche verunreinigen, Plin. 12, 54: illos mulierum congressibus inquinavit, Lact. 2, 14, 2. – **c** das feindliche **Zusammentreffen,** der **Angriff,** ante congressum, Cic.: Neci tris uno congressu mittere, Verg.: primo congressu terga vertere nostros cogere, Caes.: primo congressu pelli fugarique, Sall.: nostri in primo congressu LXX ceciderunt, Caes.: in congressu magnam cladem facere, Sall.: cum his navibus nostrae classi eiusmodi congressus erat, ut etc., Caes. – übtr., vom Eingehen des gerichtlichen Kampfes, primus causae congressus, Quint. 3, 6, 4.

con-grex, gregis, **I zur Herde vereinigt,** Diomedeae aves congreges (herdenweise, scharenweise) volitant, Solin. 2, 46: m. *Dat.* (mit), equinis armentis c., mit der Pferdeherde vereinigt, Herdengenosse der Pferde, Apul. met. 7, 16. – **II** übtr.: **a zusammengeschart, vereinigt,** vulgus, Auson. epist. 10, 21: catervae, Auct. pervig. Ven. 43: lectorum iuvenum densitas, Auson. perioch. Odyss. 21: congrege ter trino, Auson. edyll. 11, 53: congrege nexu, Prud. c. Symm. 2, 635: apud flumen Granicum congreges locant castra, Auct. itin. Alex. 8 (19). – **b gleichartig, homogen,** Ggstz. dissimilis, Anthol. Lat. 490 R. – **c beteiligt** bei etw., m. *Dat.,* nullis comissationibus congreges, Tert. de paenit. 11. – ► *Nom.* congrex nur Gloss. II, 383, 44 (wo congrex, ὁμόφυλος, stammverwandt).

Congrio, ōnis, *m.* (Γογγρίων v. γόγγρος, Meeraal), Name eines Koches, Plaut. aul. 280 *sqq.*

congruē, *Adv.* (congruus), **übereinstimmend, angemessen,** Porph. Hor. ep. 2, 2, 192. Paul. sent. 2, 3, 1. Cod. Theod. 1, 2, 4. Mart. Cap. 6. § 601. Symm. ep. 10, 72.

congruēns, entis, *PAdi.*, bei Spät. auch m. *Compar.* u. *Superl.* (congruo), **übereinstimmend, I** mit einem anderen **übereinstimmend, im Einklang stehend,** einem Ggstd. **entsprechend, angemessen, a** v. Lebl. (Ggstz. discrepans, repugnans): motus c., Liv.: actio vocis, vultus et gestus c. et apta, Cic.: quod (genus) ego aptum et congruens nomino, Cic.: oratio verbis discrepans, sententiis congruens, Cic.: haec duo pro congruentibus sumere tam vehementer repugnantia, Cic. – m. *cum* u. Abl. od. m. bl. *Dat.* **(wem? mit wem?),** gestus cum sententiis c., Cic.: actiones virtutibus congruentes, Cic.: mors minime c. vitae, Suet.: quid congruentius deo, Lact. 4, 26, 13. – m. *ex* u. Abl., ex prodigiis c. ars, Acc. tr. 419. – congruens est od. videtur m. folg. *Infin.*, Tac. ann. 4, 2; hist. 5, 8: m. folg. *Acc.* u. *Infin.*, Plin. pan. 38, 6: m. folg. *ut* u. Konj., Gell. 17, 8, 13. Ulp. dig. 1, 16, 4. § 3: u. so congruentius videtur m. *Infin.*, Cod. Iust. 8, 47, 4: congruentissimum est m. folg. *Acc.* u. *Infin.*, Tert. de anim. 58. – Plur. subst., congruentia, ium, *n.*, **Übereinstimmendes,** congruentia ad consulem referre, Liv.: u. m. *Dat.*, congruentia his disserere, Tac. – **b** v. Pers., m. *cum* u. Abl., congruens cum ea disciplina, quam colebat, Cic.: Aristotelem et Theophrastum cum illis re congruentes, genere docendi paulum differentes, secuti, Cic. – **II** mit sich selbst **im Einklang stehend, gleichförmig, a** v. Lebl.: is concentus ex dissimillimarum vocum moderatione concors tamen efficitur et congruens, Cic. de rep. 2, 69: clamor c., einstimmiges (Ggstz. voces dissonae), Liv. 30, 34, 1: vox congruentissima, Apul. apol. 73. – **b** v. Pers.: ceteris membris usque ad imos pedes aequalis et c., ebenmäßig u. gleichförmig gebaut, Suet. Tib. 68, 1.

congruenter, *Adv.* (congruens), **übereinstimmend, passend, angemessen,** ad alqd apte congruenterque dicere, Cic.: c. numeros dividere, Lact. – m. *Dat.*, congruenter naturae convenienterque vivere, Cic. – *Compar.* bei Fronto de or. 3 *extr.* p. 162, 6 N. u. Eccl.: *Superl.* bei Eccl.

congruentia, ae, *f.* (congruo), die **Übereinstimmung, Gleichförmigkeit, Harmonie, Symmetrie, Proportion,** congruentia aequalitasque membrorum, Plin. ep. 2, 5, 11: c. morum, Suet. Oth. 2, 2: c. partium, Augustin. de civ. dei 22, 20: c. pronuntiandi, Apul. apol. 15.

congruitās, ātis, *f.* (congruus) = σύμβαμα, das **vollständige Prädikat beim intransitiven Verbum** in der philos. Kunstsprache der Stoiker (Ggstz. ingruitas, ἀσύμβαμα), Plur. bei Prisc. 18, 4: minus quam congruitas (= παρασύμβαμα), das unvollständige Prädikat beim personalen Verbum, Plur. bei Prisc. 18, 5.

con-gruo, gruī, ere (con u. *gruo, verwandt mit ruo), **zusammenlaufen, -treffen, -kommen, I** eig.: **a** v. Lebl.: guttae in vas aquae converruntur et ibi inter se congruunt et unā confunduntur, Vitr.: Zenon congruere iudicat stellas et radios inter se committere, neigten sich zusammen, Sen.: u. so ut vicesimo anno ad metam eandem solis, unde orsi essent, dies congruerent, Liv. – **b** v. leb. Wesen: arcem nata petit, quo iam manus horrida matrum congruerat, Val. Flacc. 2, 306; vgl. 6, 58. – **II** übtr., **zusammentreffen, a** der Zeit nach, **α zu gleicher Zeit eintreten,** quoi tam subito tot congruerint commoda, Ter. eun. 1033. – unpers., forte congruerat (traf es sich zugleich), ut Clodii Macri et Fontei Capitonis caedes nuntiarentur, Tac. hist. 1, 7. – **β** der Zeit nach mit etw. **zusammentreffen, zusammenfallen, zutreffen, stimmen** (Ggstz. discrepare), m. *cum* u. Abl. u. m. *ad* u. Akk., qui suos dies mensesque congruere volunt cum solis lunaeque ratione, Cic.: hoc tempus, quod ad solis modo cursum nec ad lunae congruere videbatur, Censor.: tempus, quo ipse eos sustulisset, ad id ipsum congruere, Liv.: si tempora non congruunt, Quint.: cum temporum ratio vix congruat, Suet.: quo magis in posterum ex Kal. Ian. novis temporum ratio congrueret, Suet. – **b** der Beschaffenheit, dem Wesen, der Gesinnung usw. nach **zusammen-, übereinstimmen,** einem Ggstd. **angemessen sein, entsprechen,** mit ihm **im Einklang stehen, harmonieren, α** v. Lebl. (Ggstz. discrepare, repugnare): res prout congruunt aut repugnant, Quint.: congruere artes honestas, Tac.: sensus nostri ut in pace semper, sic tum etiam in bello congruebant, Cic.: unpers., quemadmodum congruit (reimt es sich zusammen), ut simul et affirmes, te assiduis occupationibus impediri, et scripta nostra desideres? Plin. ep. 7, 2, 1. – m. *cum* u. Abl., sidera cum eius ipsius (caeli) motu congruere, mit dessen eigener Bewegung im Einklang standen, d. i. sich mitbewegten, Cic.: eius sermo cum tuis litteris valde congruit, Cic.: cum percunctatione factā (bei angestelltem Verhör) dicta cum factis congruerent, Liv.: verb. vehementer congruere et cohaerere cum causa, Cic. – m. *Dat.*, oratio ita scripta, ut deorum videretur congruere sententiae, Nep.: ubi responsa haruspicum insidenti iam animo tacitae religioni congruerunt, Liv.: non omni causae nec auditori neque personae neque tempori congruere orationis unum genus, Cic.: unpers., Canidius timidius decessit quam professioni ei, quā semper usus erat, congruebat, Vell. 2, 87, 3. – m. *inter se,* z. B. ut enim corporis temperatio, cum ea congruunt inter se, e quibus constamus, sanitas, sic animi dicitur, cum eius iudicia opinionesque concordant, Cic.: necesse est initia inter se et exitus congruant, Sen.: nullā parte corporis inter se non congruenti, Varr.: quod sermo inter omnes congruebat, Liv. – m. *Adv.*, m. *in* od. *ad* u. Akk., ut iungantur (verba) quo congruant maxime, Quint.: omnium in unum congruerunt sententiae, Liv.: murium iecusculis fibrae ad numerum lunae in mense congruere dicuntur, Plin. – m. *in* u. Abl., in quo scelere … multae causae convenisse unum in locum atque inter se congruere videntur, Cic. – **β** v. Pers., deren Gemüt usw.: Latini linguā, moribus, armorum genere, institutis ante omnia militaribus congruentes, Liv.: omnes congruunt, Ter.: de re una solum dissident, de ceteris mirifice congruunt, Cic. – m. *cum* u. Abl., si aliquem nacti sumus, cuius cum moribus et natura congruamus, Cic. – m. *Dat.*, animi corporis doloribus congruentes, die Schm. des K. mitempfindende (sympathisierende), Cic.: cuius (principis) abditis adhuc vitiis per avaritiam ac prodigentiam mire congruebat, Tac. – m. *inter se,* z. B. illi inter se congruunt concorditer, Plaut.: ne nos inter nos congruere sentiant, Ter. – m. *in* u. Akk., Bruttii non societate magis Punica quam suopte ingenio congruentes in eum morem, diese Sitte annehmend, Liv.

congrus, ī, *m.*, s. conger.

congruus, a, um (congruo), **a übereinstimmend, im Einklang stehend, harmonisch,** m. *cum* u. Abl., nam cum illa sane congruost sermo tibi, du verstehst es, dich recht hübsch mit ihr zu unterhalten, Plaut. mil. 1116. – m. *Dat.*, nuptiae iuri civili congruae, Apul. met. 6, 23: quid tam congruum fidei Romanae, quam etc., Ulp. dig. 2, 14, 1 (u. so m. *Dat.* Papin. dig. 39, 5, 31. § 1. Rut. Nam. 1, 304. Apul. de dogm. Plat. 2, 13. Vulg. genes. 40, 5; exod. 15, 23. Cael. Aur. chron. 4, 9, 135): *n. pl.* subst., qui congrua mundo iudicat, Claud. laud. Stil. 1, 89. a quibus cum audiret aetati congrua, Lampr. Heliog. 11, 5. polliciti victui congrua militibus, Amm. 29, 5, 15. – absol., c. partes, Pallad. 1, 12 *in.*: modus, Pallad. 11, 14, 6: tempora, Claud. in Ruf. 1, 315: colloquium, Vulg. 2. Mach. 14, 22: sententia, Serv. Verg. Aen. 2, 402: latitudo, Cael. Aur. chron. 5, 1, 14. – **b einstimmig,** congruo cunctae multitudinis consensu, Apul. met. 7, 1.

congȳro, āvī, āre (con u. gyrus), **einen Kreis bilden** um jmd., congyraverunt (circa) eam, Vulg. Iudith 13, 16.

con-iaceo, ēre, **zusammenliegen,** Mythogr. Lat. 2, 30: m. *Dat.* (mit), medicus iacentibus coniacens, Petr. Chrysol. serm. 30.

con-icio (cō-icio), iēcī, iectum, ere (con u. iacio), **I** im engeren Sinne, **hinwerfen, hineinwerfen, hinaufwerfen, daraufwerfen, daranwerfen,** deutsch oft bl. werfen, **1** eig.: **a** übh.: arma lecta in acervum, Liv.: sarcinas utrimque in acervum, Liv.: sarcinas in unum, in medium, Liv., u. in medio, Liv. (s. Drak. Liv. 10, 36, 1). – vasa fictilia in naves, Nep.: magnam vim lignorum ardentem in flumen, Liv.: serpentes vivas in vasa fictilia, Nep. – pallium od. palliolum in collum, auf (um) die Schulter werfen, Plaut.: alqm in ignem, Plaut.: alqm vivum in flammam, Auct. b. Afr.: interfectum in plaustrum, Cic.: sortes in hydriam, im Zshg. bl. conicere sortes (Ggstz. educere), Cic.: ebenso c. alcis nomen in urnam, Sen.: u. nomina in urnam, Liv. u. Plin. ep.: dah. alqm in sortem od. alcis sortem, jmd. losen lassen

(z. B. die Prätoren über die Provinzen, die Tribus über die Abstimmung usw.), Cic. – ignem in obiectam saepem, Liv. (vgl. im Bild, cum in me flamma illorum temporum coniciebatur, Cic.): aggerem in munitionem, Caes. – purpureas vestes super (oben darauf), Verg. – u. (poet.) m. *Dat.*, igni galeas, Verg.: vincula collo, Ov. – im Zshg. ohne Ang. **wohin?** Quinti fratris domus inflammata iussu Clodii coniectis ignibus, Cic.: ligna celeriter exstruunt fascesque virgultorum coniciunt, Liv.: quae (tecta) coniectis celeriter stramentis tentoriorum integendorum gratiā erant inaedificata, Hirt. b. G. – **b** Geschosse usw. auf einen Punkt **hinwerfen,** auf einen Ggstd. **einwerfen,** deutsch oft bl. **werfen, schleudern, schießen,** tela, lapides telaque in nostros, Caes.: iacula plurima in equos virosque, Liv.: eminus hastam od. hastas, Verg.: tela undique in unum hostem, Liv.: milia sagittarum circiter XXX in castellum, Caes.: tela intra vallum, Caes.: ex tumulo od. e loco superiore tela in nostros, Caes.: iaculum inter ilia, Ov. – u. bl. venabula manibus, Ov.: telum sine ictu, Verg.: tela, Caes.: iaculum, sagittam, Verg.: hastas, Val. Flacc. – u. im Bild, petitiones ita, ut vitari non possint, Cic.

2 übtr.: **a** im Allg., wohin **werfen, schleudern,** deutsch auch gegen jmd. od. etw. **richten,** auf einen Ggstd. **hinlenken,** c. oculos in alqm, Cic.: coniectis in eum omnium oculis, Tac.: coniectis oculis, mit auf ihn gehefteten Blicken, Cic. – bes. Worte, eine Beschuldigung u. dgl., in disputando vocem, hinschleudern, Cael. *in* Cic. ep.: orationem tam improbam in alqm, Cic.: maledicta in alcis vitam, Cic.: haec omnia crimina in alcis nimiam diligentiam, wälzen, Cic.: in unum vigilem culpam, Liv. – u. (poet.) mit *Dat.*, querelas absenti, Tibull. – **b** prägn., kombinierend gleichs. etw. **treffen, ermitteln, abnehmen, vermuten,** mutmaßlich **schließen, erraten, α** übh.: tu conicito cetera, quid ego ex hac inopia nunc capiam etc., Ter.: ex quo omnes coniecerant eum regnum ei commisisse quoad etc., Nep.: num igitur aut haruspex aut augur aut vates quis aut somnians melius coniecerit, e morbo aegrotum evasurum, quam medicus? Cic.: num igitur aut quae tempestas impendeat, vates melius coniciet, quam gubernator: aut morbi naturam acutius, quam medicus? Cic.: c. callidissime de futuris (Ggstz. iudicare verissime de instantibus), Nep.: de matre savianda ex oraculo acute arguteque, Cic. – annos sexaginta natus es aut plus eo, ut conicio, Ter. – bene qui coniciet, vatem hunc perhibebo optimum (als Übstzg. von μάντις γ' ἄριστος, ὅστις εἰκάζει καλῶς, Eurip.), Cic. poët. – *Partic. Perf.* subst., belle coniecta, nette Vermutungen, Cic.: male coniecta maleque interpretata, ungeschickte V. u. ungeschickte Auslegungen, Cic. – **β** mutmaßlich **auslegen, deuten,** alci somnium, Plaut.: o praeclare coniectum a vulgo in illam provinciam omen communis famae atque sermonis! Cic.

II im weiteren Sinne, **1** eig.: **a** = sich wohin begeben machen od. lassen, wohin **werfen, treiben, stecken,** wohin **nehmen,** wohin **bringen,** wohin **flüchten** u. dgl., etesia flabra aquilonum nubila conicunt in eas tunc omnia partes, Lucr.: cum haec navis invitis nautis vi tempestatis in portum coniecta sit, Cic.: u. (im Bild) id sub legis superbissimae vincula conicitis, Liv. – bes. leb. Wesen, alqm in medium, jmd. (beim Gehen) in die Mitte nehmen (v. zweien), Cic.: novercam in alteram navem, Sen. rhet.: mulieres in eum locum, quo etc., Caes.: auxilia in mediam aciem, Caes.: exercitum in angustias, Curt.: hostes in fugam, Caes. – und zur Strafe, alqm in eculeum, Cic.: alqm in carcerem, Cic.: alqm in carcerem *ob* crimen peculatus, Iustin.: alqm in carcerem, *quod* (weil er) etc., Suet.: alqm in vincula, Cic.: alqm in custodiam, Nep.: alqm in lautumias, Cic.: servos in arcas (Zellengefängnisse), Cic. – u. so auch se conic. = **sich** wohin **werfen, sich stürzen, sich begeben, sich flüchten** u. dgl., se intro, Ter.: se in pedes, Ter.: se in paludem, Liv.: se in portum (von Delphinen), Cic.: se in castra alcis, Cic.: se in scalas tabernae librariae, Cic.: u. (im Bild) se in mirificam latebram (beim Disputieren), Cic.: se in signa manipulosque, Caes.: u. se in fugam, Cic. – **b** vermittelst der Hand usw. wohin **treiben, stoßen, stecken, einbringen, eingießen, aufgießen, beilegen, α** übh.: digitos pollices linteolis involutos in os aegri, Cels.: his (digitis) deinde coniectis, Cels. – filum in acum, einfädeln, Cels.: linamentum ardens in aeneam cucurbitulam, Cels.: acum in ignem, Cels.: medicamentum in calamum scriptorium, Cels.: super eminentem carnem exedentia medicamenta, Cels.: laureum oleum coniecisse (verst. in aurem) abunde est, Cels. – libellum in epistulam, dem Br. beilegen, in den Br. einschließen, Cic.: u. so fasciculus, quo (in das) illam (epistulam) conieceram, Cic. – m. *Dat.*, lupinum frutectoso solo, Plin.: cinerem dentibus exesis, Plin. – selten leb. Wesen, alqm in culleum, Cic. – **β** insbes., eine Waffe wohin **stoßen,** gladium in adversum os, Caes.: cultros in guttura velleris atri, Ov.: u. bl. cultros, Ov.: im Passiv m. *in* u. Abl., coniectum in gutture ferrum, Ov. met. 3, 90.

2 übtr.: **a** wohin **werfen, stecken, bringen** = **versetzen,** teils in eine Zeit, naves coniectae in noctem, in die Nacht hinein verspätete, Caes.: se in noctem, sich in die N. hineinwerfen (= unter dem Schutze der N. eilig abreisen), Cic.: proelium in noctem, hineinziehen, Auct. b. Afr.: u. alqm in breve tempus, auf eine kurze Z. beschränken, Ter.: haec tempora, in quae testis crimen conicit, verlegt, Liv. – teils in eine gewisse Abteilung, forensem turbam in quattuor tribus, Liv.: in unam tribum omnes, qui etc., Liv.: nulli conicientur in ullum ordinem (iudicum), nulli eximentur, Cic. – teils (durch Verwandlung) in eine Gestalt, animus domicilia mutet ad alias animalium formas coniectus, immer wieder in andere Tiergestalten gesteckt, versetzt, Sen. ep. 88, 34 H. – teils in einen äußeren oder inneren Zustand u. dgl., alqm ex tranquillissima re in nuptias, ins Ehejoch stecken, Ter.: alqm ex occultis insidiis ad apertum latrocinium, nötigen, Cic.: rem publicam in perturbationes, Cic.: alqm in laetitiam frustra, Ter.: animos in terrorem, Auct. b. Afr.: hostes in terrorem ac tumultum, Liv. – se in turbam, Cic.: in quod me malum conieci? habe ich mich gestürzt? Ter.: c. se mente ac voluntate in versum, sich auf die Dichtkunst werfen, Cic. – **b** verwendend, verschwendend Geld in etw. **stecken,** tantam pecuniam in propylaea, Cic.: HS milies in culinam, Sen. – **c** schriftlich einfügend wohin **bringen,** wo **anbringen,** wohin **aufnehmen,** legem in decimam tabulam, Cic.: plura in eandem epistulam, Cic.: haec verba in interdictum, Cic. – **d** mündlich **anbringen, vorbringen, verhandeln,** causam in comitio aut in foro ante meridiem, Vet. lex b. Rhet. Her. 2, 20: causam ad alqm, Afran. com. 216: verba inter se acrius, Afran. com. 309: is cum filio coiecerat nescio quid de ratiuncula, Afran. com. 190 *sq.* – Archaist. coniexit = *coniecerit,* Plaut. trin. 722.

coniectānea, ōrum, *n.* (coniectus v. conicio), das **Notizbuch,** als Titel von Schriften vermischten Inhalts, Gell. praef. § 9 u. a.

coniectārius, a, um (coniectus v. conicio), **auf Vermutung beruhend,** argumenta, Gell. 13, 3, 1 H.

coniectātio, ōnis, *f.* (coniecto), **a** die **Vermutung,** die **Mutmaßung,** die vermutliche, wahrscheinliche **Annahme,** der mutmaßliche **Schluss,** absol., incerta c., Plin. 2, 162: non difficilis c., Pacat. pan. 6, 1: certissima, *ibid.* 31, 4: obscura c., Plin. 10, 209: c. quaedam, Gell. 1, 7, 2: lubricā atque ambagiosā coniectatione niti, Gell. 14, 1, 33. – m. *Genet.*, unde c. ingens opum est, woraus man auf seinen ungeheuern Reichtum schließen kann, Plin. 6, 68. – m. *de* u. Abl., quominus etiam plana de deo c. esset, Plin. 2, 22. – **b** insbes., eine Vermutung über die Zukunft, die **Vorhersagung,** Plin. 2, 101.

coniectātor, ōris, *m.* (coniecto), der **Zeichendeuter,** Auct. itin. Alex. 19 (49). Iul. Val. 1, 46. p. 57, 8 K.

coniectio, ōnis, *f.* (conicio), **I** das **Einwerfen** von Geschossen auf einen Gegenstand, telorum, das Beschießen, Cic. Caecin. 13. – **II** übtr.: **1** die **mutmaßliche Deutung,** somniorum, Cic. de div. 2, 130. – dah. übh., die **Annahme, Vermutung,** coniectionem fieri eius quod reliquit ex etc., Ulp. dig. 28, 1, 21. § 1. – **2** die **Zusammenfassung** = übersichtliche Auseinandersetzung eines Rechtsfalles, Paul. dig. 50, 17, 1.

coniecto, āvī, ātum, āre (*Frequ.* v. conicio), **I zusammenwerfen, -bringen, -tragen, 1** eig.: c. ad cenulam non cuppedias ciborum, sed argutias quaestionum, Gell. 7 (6), 13, 2. – **2** übtr., kombinierend **ermitteln, abnehmen, auffassen, mutmaßen, vermuten,** mutmaßlich **schließen, erraten, deuten, a** übh.: **α** m. *Acc.*, neque scio quid dicam aut quid coniectem, Ter.: c. rem vetustate obrutam, Liv.: militares animos altius, Tac.: coniectantes iter, aufs Geratewohl marschierend, Liv.: quantum coniectare licet, Suet.: quantum procul coniectari poterat, Curt. – zugl. m. *Abl.* **(wodurch? = woraus?),** rem eventu, Liv. – zugleich m. *ex* u. Abl., valetudinem ex eo, quod etc., Tac.: ne ceteri ex Paeligno coniectarentur, Tac. – zugl. m. *de* u. Abl., nihil de aetate Galbae, Suet. – **β** m. *Acc.* u. *Infin.*, Caesar coniectans eum Aegyptum iter habere, Caes. b.c. 3, 106, 1: Fabium Valentem profectum ab urbe coniectabat, Tac. ann. 3, 15. – **γ** m. indir. Fragesatz, facile est coniectare, quod perceperis gaudium, cum etc., Plin. pan.: c., utrum sit in re, Quint. – zugleich m. *ex* u. Abl., si ex eo quid sentiant coniectandum sit, Liv.: medicus ex his coniectare (debeat), quando cibus dandus sit, Cels. – **δ** ohne *Acc.* m. *de* u. Abl., proinde socii de imperio utriusque coniectabant, Tac. – **b** als Wahrzeichen **mutmaßen,** mutmaßlich **auslegen, deuten,** de genitura alcis multa et formidolosa, Suet. Ner. 6, 1. – m. *Acc.* u. *Infin.*, laeta per haec et magna portendi, Suet. Aug. 95: altero ostento periculum ostendi, Suet. Cal. 57, 2. – **II mit Gewalt** wohin **werfen, -stoßen,** alqm in carcerem, Vet. decr. b. Gell. 6 (7), 19, 7.

1. **coniector,** ātus sum, ārī (Nbf. v. coniecto), **a vermuten,** id Macedones coniectati, Auct. itin. Alex. 51 (116). – **b deuten,** mit dopp. *Acc.*, qui eum procreatorem coniectantur, Tert. ad nat. 2, 12.

2. **coniector,** ōris, *m.* (conicio), **I** der **Deuter,** Plaut. Poen. 444. – **II** insbes. = ὀνειροκρίτης (Gloss.; vgl. Paul. ex Fest. 60, 4), der **Zeichendeuter, Traumdeuter, Wahrsager,** Plaut. Amph. 1128. Cic. de div. 1, 45. Suet. Caes. 7. Quint. 3, 6, 30: Isiaci coniectores, von den Isispriestern in Rom, Cic. de div. 1, 132.

coniectrīx, trīcis, *f.* (Femin. zu 2. coniector), die **Traumdeuterin,** Plaut. mil. 693.

coniectūra, ae, *f.* (conicio), die **Mutmaßung, Vermutung,** die **mutmaßliche Annahme,** der **mutmaßliche Schluss,** das **mutmaßliche Urteil, I** im Allg.: si coniectura sit mentis divinae, wenn irgendeine V. über göttliche Gedanken gestattet sei, Liv.: coniecturam adhibere, Cic.: aberrare coniecturā, in seiner V. irren, Cic.: coniecturā nihil aberrare, Cic.: aber nunc attendite, num aberret a coniectura suspicio periculi mei, die V. m. G. unwahrscheinlich ist, Cic.: coniecturam facere ex od. de alqa re od. m. folg. indir. Fragesatz, vermuten, mutmaßlich schließen, Cic.: facere de se coniecturam, von sich aus schließen, nach sich beurteilen, Cic.: coniecturam capere ex od. de alqa re, Cic. u. a.: u. so coniecturam alcis rei capere de alqa re, Cic.: coniecturam capere, salubrisne an pestilens annus sit, Cic.: ex diei tempore coniecturam capere in castra perventum, Caes.: coniecturā assequi od. consequi m. folg. indir. Fragesatz, Cic.: afferre coniecturam, mutmaßliche Anzeige, Cic.: alqd argumentari et coniecturā prosequi, Rhet. Her.: ut coniecturā consequi possumus, Auct. b. Alex.: quantum animi mei coniecturā colligere possum, Quint.: quantum coniecturā auguramur, Cic. – **II** insbes.: **1** die mutmaßliche Auslegung von Wahrzeichen, die **Deutung, Wahrsagung,** m. obj. *Genet.*, facilis c. huius somnii, Cic.: si iam fieri possit vera c. somniorum, Cic.: augurium ratio est et c. futuri, Ov. – m. subj. *Genet.*, non fefellit c. eorum, qui etc., Suet. Vit. 18. – absol., coniecturam postulans, Enn. tr. 62 V. (= Trag. fab. inc. 10 R.[2]): nunc quam ad rem dicam hoc attinere somnium, numquam hodie quivi ad coniecturam evadere, Plaut.: potin coniecturam facere, si narrem tibi hāc nocte quod ego somniavi dormiens? Plaut.: haec ostentorum genera ad coniecturam aliquā interpretatione revocantur, Cic. – Plur., fiunt certae divinationum coniecturae a peritis, Cic. de div. 1, 78. – **2** (als rhetor. *t. t.*) der Teil der Beweisführung, der auf Kombination beruht, die **Vermutung,** Cic. de inv. 2, 16; part. or. 33 *sq.*; de div. 2, 55. Quint. 7, 2, 1: in his omnibus coniecturam inducere, die Form der V. anbringen, Cic. de inv. 2, 99.

coniectūrālis, e (coniectura), **auf Vermutung (Mutmaßung) beruhend, von Vermutung (Mutmaßung) ausgehend, mutmaßlich, Konjektural-,** ars medicina, Cels.: in der Rhetorik, controversia, Cic.: causa, Cic.: quaestio, Sen. rhet.: status, Quint.

coniectūrāliter, *Adv.* (coniecturalis), **nach Vermutung (Mutmaßung),** Sidon. epist. 8, 11, 10. Gromat. vet. 26, 25 u. 90, 20 u. 403, 15.

coniectus, ūs, *m.* (conicio), das **Zusammenwerfen, I** eig., das **Einwerfen** auf einen Ggstd., **a** im engeren Sinne, das **Hinwerfen** werfbarer Ggstd., **α** übh., das **Hin-, Hineinwerfen,** der **Wurf,** materiai, Lucr. 5, 416: eam voraginem coniectu terrae explere, Liv. 7, 6, 2. – u. neutral = der **Hinschuss,** das **Hinströmen,** coniectus animai altior (Ggstz. foras eiectus largior, das Ausströmen), Lucr. 4, 956: coniectus eorum (elementorum) confluit, Lucr. 5, 598. – **β** das **Hinwerfen, Abwerfen,** der **Wurf, Schuss** von Geschossen aller Art auf ein bestimmtes Ziel, teli coniectus, die Schussweite, Sall. fr.: ubi coniectus est pugnae, wo man den Kampf vermutet, Plin. 9, 31: ad teli coniectum venire, teils in den Schuss, in die Schussnähe kommen, sich auf Schussweite nähern, teils zum Schuss kommen, Liv.: extra teli coniectum (Schussweite) consistere, Petr.: quod aquatio intra teli coniectum (der Schussw.) erat, Liv.: ne primum quidem coniectum telorum ferre, Liv.: ante coniectum teli terga vertere, Frontin.: sine coniectu teli, Tac.: telorum coniectu confossus, Nep. – m. *ex* u. Abl., Quinti fratris domus fracta coniectu lapidum ex area nostra, Cic. – u. zugl. m. *in* u. Akk., cum undique ex altioribus locis in cavam vallem coniectus esset, es war der Wurf, Schuss, d. i. man konnte werfen, schießen, Liv. – **b** im weiteren Sinne, das **Hin-, Daranstoßen,** pugno brachiique coniectu trudere alqd, Lucr. 6, 435. – **II** übtr.: **a** übh., das **Hinrichten** des Blickes usw., c. oculorum, Cic.: vester in me animorum oculorumque coniectus, Cic.: non modo telorum tuorum, sed etiam oculorum minarumque coniectus, nicht bloß das Schießen der G., sondern auch der drohenden Blicke, Plin. pan. – **b** die **Kombination,** s. Quint. 3, 6, 30. – u. prägn., die auf Kombination beruhende **Vermutung,** progredi coniectu longius, Aur. Vict. Caes. 26, 4. – ► Lucr. 3, 189 u. 4, 412 (414) jetzt collectus.

coniero, s. con-iūro ►.

cōnifer, fera, ferum (conus u. fero), **Zapfen tragend,** Verg. Aen. 3, 680.

cōniger gera, gerum (conus u. gero), **Zapfen tragend,** Catull. 64, 106.

conīla, ae, *f.*, s. cunīla.

conistērium, ī, *n.* κονιστήριον, der **Staubplatz** in der Palästra, wo sich die Ringer nach der Salbung mit Staub bestreuten, Vitr. 5, 11, 2.

cō-nītor (in den besten Handschriften statt con-nitor), nīsus u. nīxus sum, nītī, **mit aller Kraft sich anstemmen** od. **sich aufstemmen, I** eig.: **1** im Allg.: valido conixus corpore taurus, Cic. poët.: conixus dextrā, umeris, Verg.: conisus in hastam, Sil. – **2** prägn., **a** v. am Boden Kriechenden od. Liegenden, sich zum Aufstehen **aufstemmen,** die Hände od. Füße aufstemmend **sich aufraffen,** m. *ad* u. Akk., vis frigoris ita astringebat (corpora), ut rursus ad surgendum coniti non possent, Curt. – absol., ut prolapsa iumenta iactandis gravius in conitendo ungulis penitus perfringebant (glaciem), Liv.: clipeo se allevare conatus est, et, postquam ad conitendum nihil supererat virium, dexterā impendentes ramos complexus tentabat assurgere, Curt. – **b** v. Steigenden, sich aufstemmend **emporklimmen, emporklettern,** m. *in* u. Akk., in summum iugum, Caes.: praealtam in arborem, Tac. – **c** sich aufstemmend **gebären, ausringen** (Voß), coniti gemellos, Verg. ecl. 1, 15 (wegen des Hiatus statt enitor, w. vgl.). – **II** übtr., physisch (mit eigener Kraft, mit Streitkräften u. dgl.) od. geistig **anstreben, sich anstrengen, sich zusammennehmen, sich bestreben,** conixi primo resistunt, Liv.: undique omnes conisi hostem avertunt, Liv.: adversis conixi incurrunt hastis, Verg. – m. *Abl.* **(womit?),** ni equestre proelium conixi omni vi perficerent, Liv.: omnibus copiis conisus (seine ganze Truppenmacht aufbietend) Ancus acie primum vincit, Liv.: omnibus regni viribus conixus (alle Kräfte des Reichs aufbietend) cum ingentes copias comparasset, Liv.: pari virtutis impetu conisi, Val. Max.: quantum animo coniti potes, quantum labore contendere … tantum fac ut efficias, biete, soviel du vermagst, alle Geisteskräfte auf u. strenge dich im Arbeiten an, Cic.: u. (v. Abstr.) praesto est ratio, quae conixa per se et progressa longius fit perfecta virtus, Cic. – m. *in* u. Akk., omni multitudine in unum locum conixi (mit der ganzen Truppenmasse sich auf **einen** Punkt werfend), Liv. – m. *ad* u. Akk., omnibus imperii viribus ad revocandam pristinam disciplinae militiam c., Val. Max.: ad convincendum eum c., sich abmühen, ihn zu überführen, Tac. – m. folg. *Infin.*, c. cornibus in alqm arietare (v. einem Widder), Acc. tr. fr.: uno animo invadere hostem, Liv.: labefactare primos classiariorum, Tac. – m. folg. *ut* u. Konj., infantes conituntur, sese ut erigant, Cic. de fin. 5, 15, 42. – ► Parag. *Infin. Praes.* conitier, Acc. Brut. 23 (bei Cic. de div. 1, 44).

con-iūcundor, ārī, **mit erheitert werden, sich mitfreuen,** amico (mit dem Fr.), Vulg. Sirach 37, 4.

coniuga, ae, *f.*, s. coniūnx ►.

coniugālis, e (coniunx), **ehelich, Ehe-,** sacra, Val. Max.: amor, Tac.: fides, vinculum, Eccl.: pudicitia (Ggstz. virginalis, vidualis), Eccl.: di, Ehebundsgötter, Varr. de vit. pop. Rom. 2, 18 K. Tac. Germ. 18. Sen. Med. 1: v. Tieren, c. grex, die Hennen, Col. 8, 2, 11. – besond. **ehelich treu,** coniunx, CIL 6, 9275 ›coiugi coiugali‹.

coniugāliter, *Adv.* (coniugalis), **ehelich,** Iul. Val. 1, 4. Augustin. ep. 157, 39.

coniugātio, ōnis, *f.* (coniugo), **I** die **Verbindung, Vermischung,** c. quaedam mellis et fellis, Apul. flor. 18. p. 29, 6 Kr.: eae quae sunt de uno coniugationes, Interpret. Iren. 2, 14, 6. – bes. c. corporum, fleischliche Vermischung, Begattung, Arnob. 2. c. 16: u. so uxoria, Arnob. 5. c. 21: u. ursi apti amplexibus mutuis velut humanis coniugationibus copulantur, Solin. 26. § 3. – **II** als *t. t.*, **a** in der Rhetorik, die **etymologische Verwandtschaft, Stammverwandtschaft** der Wörter (griech. συζυγία), Cic. top. 12 u. 38. – **b** in der Logik, die **Schlussfolgerung,** Ps. Apul. de dogm. Plat. 3. p. 269 u. 271 H. – **c** in der Gramm., die **Konjugation** der Verba (früher declinatio gen., s. Anecd. Helv. 208, 18), prima, secunda, tertia, Commin. b. Charis. 175, 29 *sqq.* Diom. 346, 31 *sqq.* u. a. Gramm.: c. tertia, Donat. Ter. eun. 4, 7, 35.

coniugātor, ōris, *m.* (coniugo), der **Verbinder, Vereiniger,** Catull. 61, 45.

coniugiālis, e (coniugium), **ehelich,** festa, Ov. met. 5, 3: iura, *ibid.* 6, 536: foedus, *ibid.* 11, 743: funera, Stat. Theb. 12, 158.

coniugium, ī, *n.* (coniungo), die **Verbindung, Vereinigung, I** im Allg.: corporis atque animae, Lucr. 3, 843 (845) *sq.* (Ggstz. corporis atque animai discidium, Lucr. 836 [838] *sq.*). – inter has (feminas) et Theodorum quasi coniugium animosi spiritus esse potuit, die Keckheit des Th. ähnelte vielleicht dem Benehmen dieser Frauen, Val. Max. 6, 2. ext. 3. – **II** insbes., die physische u. innige Vereinigung des Mannes u. Weibes zu einem Ehepaar, das **eheliche Verhältnis,** die **Ehe,** die **Heirat,** das **Ehebündnis** (vgl. conubium), **a** eig.: maritale c., Col.: c. Tulliae meae, Cic.: coniugii dos, Ov.: huius coniugii cupidus, Nep.: coniugio liberali devinctus, Ter.: c. hoc petere, Ov.: alqam in coniugium petere, ducere, dare, Hyg.: coniugio accipere alcis filiam, Tac.: in eodem coniugio manere (v. einer Frau), Tac.: tota domus coniugio et stirpe coniungitur, Cic.: nova nobis *in* fratrum filias coniugia, mit Bruderstöchtern, Tac. ann. 12, 6. – v. der Ehe der Tiere, coniugii fidem non violant (v. den Tauben), Plin. 10, 104. – poet. v. außerehelicher Verbindung, vom Bund eines Liebespaares, c. ferum, Tibull.: sororis c., Ov.: coniugio, quod fecit, adest dea, Ov. – u. von der Begattung der Tiere, iuvenca operum coniugiique rudis, Ov.: illae (equae) saepe sine ullis coniugiis vento gravidae, Verg. – **b** meton., der **Gemahl,** Prop. 2, 13, 20. Verg. Aen. 2, 579. – u. die **Gemahlin,** Verg. Aen. 3, 296; 7, 433 u. 11, 270. Aur. Vict. Caes. 1, 7 (aber Tac. ann. 12, 65 *cod. Med.* coniugem). – Plur. coniugia, **α** = Gattinnen, Aur. Vict. vir. ill. 2, 1. Sulp. Sev. chron. 1, 40, 4: v. Tieren = Stuten, Pallad. 4, 13, 1. – **β** = Ehepaare, Cod. Theod. 7, 1, 3: v. Tieren = Paare, bina coniugia, je zwei Paare, Plin. 10, 31: vagantur ferme od. fere coniugia, paarweise, Plin. 8, 85 u. 9, 21.

coniuglae = ζευκτῆρες **Jochriemen,** Gloss. III, 443, 30.

con-iugo, āvī, ātum, āre (con u. iugum), **zusammenjochen, zusammenpaaren,** gleichs. zu einem Paar **verbinden,** est ea iucundissima amicitia, quam similitudo morum coniugavit (geknüpft hat), Cic. de off. 1, 58. – Insbes.: **a ehelich verbinden, verheiraten,** alqam sibi nuptiis, Apul. met. 5, 26: iam coniugatus, Augustin. conf. 6, 13. – **b** als rhet. *t. t.*, argumenta coniugata, verknüpfte Begründungen, d. i. aus einer Verknüpfung stammverwandter Ausdrücke bestehende, Cic. top. 11 *sq.*: dah. coniugatum = coniugatio *no.* II, a (s. d.), Quint. 5, 10, 85.

coniugulus, a, um (coniugo), **ehelich verbindend,** myrtus, Cato r. r. 8, 2 u. 133, 2.

coniugus, a, um (coniungo) = σύζυγος (Apoll. de synt. p. 100, 21 B.), **verbindbar,** c. personis pronomina, mit allen Personen verbindbare (Ggstz. verba [personis] inconiuga), Prisc. 17, 60.

cōnīum, ī, *n.* κώνειον, der **Schierling** (rein lat. cicuta), Ambros. hexaëm. 3, 9. § 39.

coniūnctē, *Adv.* m. *Compar.* u. *Superl.* (coniunctus), **verbunden, in Verbindung, vereint, ungetrennt, a** übh.: coniuncte cum reliquis rebus nostra contexere, Cic.: si quando risus coniuncte re verboque moveatur, durch Beides zusammen, durch die Sache und durch den Ausdruck, Cic.: c. de confirmatione et confutatione dicere, Rhet. Her.: c. ferre ab alqo promulgatas rogationes (Ggstz. id, quod cuique privatim opus sit, accipere), Liv. – in der rhet. Kunstspr. Ciceros = **in Verbindung untereinander, bedingt, hypothetisch** (Ggstz. simpliciter, an und für sich, unbedingt, kategorisch), z. B. videre rationem verborum, Cic. de or. 3, 149: efferre alqd, Cic. de or. 2, 158. – **b** durch Neigung **eng verbunden, in enger Verbindung, vertraulich,** cum alqo adeo c. vivere, ut etc., Nep.: hunc a puero sic semper dilexi, nullo ut cum homine coniunctius viverem, Cic.: quem et ipse amo, sed coniunctius tu, Plin. ep.: cum alqo a condiscipulatu vivere coniunctissime, Nep.: cum alqo vivere coniunctissime et amantissime, Cic.

coniūnctim, *Adv.* (coniunctus), **in Gemeinschaft, gemeinschaftlich** (Ggstz. separatim), huius omnis pecuniae c. ratio habetur, Caes. b. G. 6, 19, 2: c. de ea re refertur a consulibus, SC. vet. in Cic. ep. 8, 8, 5: rogationes omnes c. accipere, Liv. 6, 40, 9.

coniūnctio, ōnis, *f.* (coniungo), die **Verbindung,** der **Zusammenhang, 1** die räumliche, c. portuum, Cic. Verr. 4, 117: si (caro) coniunctione corporis fovetur (Ggstz. si caro alienata est, d. i. alle Lebenstätigkeit verloren hat), Cels. 5, 26. *no.* 23. – meton., der **Komplex,** c. tectorum, Cic. de rep. 1, 41. – **2** die äußere od. innere übh.: **a** lebl. Subjj.: **α** im Allg.: c. ignis et umoris, Varr. LL.: coniunctio confusioque naturae, Cic.: quaedam convenientia et coniunctio naturae, quam vocant συμπάθειαν, Cic. – m. Ang. **womit?** durch *cum* m. Abl. od. durch *inter se*, z. B. c. mentis cum externis mentibus, Cic.: inoffensa atque indubitata litterarum inter se c., Quint. – **β** als *t. t.*: **αα** als rhet. *t. t.*, die **Verbindung** der Rede, z. B. Cic. part. or. 21. – als rhet. Fig., die **Konjunktion** (griech. ζεῦγμα), Rhet. Her. 4, 38. – **ββ** als *t. t.* der Logik, die **Begriffsverbindung, Ideenverbindung** (gr. συμπεπλεγμένον bei den Stoikern), c. syllogismi, Gell.: quae coniunctio, quae diiunctio vera est, was folgerecht zu verbinden, was zu trennen sei, Cic.: ergo haec quoque coniunctio est ex repugnantibus, Cic.: im Plur., deinde addunt coniunctionum negantiam, Cic. – **γγ** als gramm. *t. t.*, konkret, das **Bindewort,** die **Verbindungspartikel, Konjunktion,** c. expletiva, Serv.: coniunctiones et praepositiones, Sen.: sequitur coniunctio, Quint.: dissolutum est, quod coniunctionibus verborum e medio sublatis, separatis partibus effertur, Rhet. Her.: quae (figura) quia coniunctionibus caret, dissolutio vocatur, Quint.: cum demptis coniunctionibus dissolute plura dicuntur, Cic.: neque coniunctiones saepius iterare dubitavit, Suet. – u. der Bindestrich (‿), ›hyphen‹, quae coniunctio dicitur, Prisc. de accent. § 6. p. 520, 8 K. – **b** lebender Wesen, die gesellige **Verbindung, Beziehung** in Staat u. Familie, bei Ang. **mit wem?** durch *Genet.* od. durch *cum* m. Abl.; bei Ang. **zwischen wem?** durch *inter* m. Akk., **α** im Allg.: societas coniunctioque humana, Cic.: communitas coniunctioque humana, Cic.: coniunctio inter homines hominum et quasi quaedam societas et communicatio utilitatum, Cic.: nos ad coniunctionem congregationemque hominum et ad naturalem communitatem sumus nati, Cic.: commune autem animantium omnium est coniunctionis appetitus (Geselligkeitstrieb) procreandi causā, Cic. – v. politischen Verhältnis, guten Vernehmen mit jmd., haec nostra c., haec conspiratio in republica bene gerenda, Cic.: citius cum eo veterem coniunctionem dirimere, quam novam conciliare, Cic.: illam Caesaris coniunctionem defugere, Cic.: Pompeium a Caesaris coniunctione avocare, Cic.: ab huius ordinis (mit diesem Stand) coniunctione depulsi, Cic. – v. nachbarlichen, nostra municipia coniunctione etiam vicinitatis moventur, die nachbarliche Verbindung (in der man mit ihnen steht), Cic. – v. kollegialischen, quaesturae c., Cic.: c. tua cum collega concordiaque vestra, Cic. – v. geselligen, freundschaftlichen im Privatleben, summa nostra c. et familiaritas, Cic.: paterna necessitudo et c., Cic.: c. benevolentiae, Cic.: im Plur., novae coniunctiones, Cic.: coniunctiones necessariorum tuorum, Cic. – **β** die **Verbindung** durch Geburt, Heirat, die **Familienverbindung, Verschwägerung, Verwandtschaft,** c. nuptialis, Varr.: coniunctiones fratrum, consobrinorum sobrinorumque, Cic.: c. sanguinis, Cic.: c. affinitatis, Cic. – amicitiae coniunctionisque necessitudo, Cic.: quae coniunctio necessitudinem eorum sanxit, Nep.: spero et opto nobis coniunctionem voluptati fore, Cic.: coniunctione Caesaris dignum credi, V. mit dem C., Tac. ann. 4, 39.

coniūnctīvus, a, um (coniunctus), **verbindend, zur Verbindung dienlich** (spät. gramm. *t. t.*), particula, Tert. adv. Herm. 26: modus, der Konjunktiv, Mart. Cap. 3. § 310 u. Gramm. – subst., coniūnctīvus, ī, *m.* (*sc.* modus), Donat. Ter. Phorm. 2, 2, 27 u. a. Gramm.

coniūnctrīx, īcis, *f.* (Femin. zu *coniunctor), die **Verbinderin** (Ggstz. separatrix), rerum, Augustin. de trin. 11, 10.

1. **coniūnctus,** a, um, *PAdi.* m. *Compar.* u. *Superl.* (v. coniungo), **verbunden, 1** räumlich **verbunden, zusammenhängend,** bubilia, Vitr.: possessiones, ICt.: supercilia c., zusammengewachsene, Suet.: coniunctis digitis nasci, ICt. – m. Angabe **womit?** durch *cum* m. Abl., sublicae cum omni opere coniunctae, Caes.; selten durch bl. *Abl.*, ratis coniuncta crepidine saxi, Verg. – bes. m. *Dat.* v. Örtlichkeiten = **angrenzend, anstoßend** an usw., theatrum coniunctum domui, Caes.: Vari castra muro oppidoque coniuncta, sich anlehnend an usw., Caes.: Paphlagonia coniuncta Cappadociae, Nep.: Gallia Oceano coniuncta, Hirt. b. G. – **2** zeitlich **verbunden, a** v. Ereignissen, **zusammenhängend, unmittelbar folgend,** m. Ang. **wem?** durch *Dat.*, quae proelio apud Arbela coniuncta sunt, ordiar dicere, Curt. 5, 1, 2. – **b** von Pers., der Zeit nach verbunden, **gleichzeitig,** ein **Zeitgenosse,** m. Ang. **wem?** durch *Dat.*, horum aetati prope coniunctus L. Gellius, Cic.: coniunctus igitur Sulpicii aetati P. Antistius fuit, Cic.: cui et dicendi ardore propior et aetate coniunctior, dem ich an Feuer der Rede ähnlicher war und dessen Zeit ich mehr angehörte, Cic. – **3** übh. äußerlich od. innerlich **verbunden, a** von lebl. Subjj., **verbunden, vereint, vereinbart (vereinbarlich), zusammenhängend, in Verbindung (in Zusammenhang, in Verwandtschaft) stehend, verwandt, übereinstimmend,** wohin **gehörend,** passibus coniunctis spatiari, Ov.: c. tela ferre, vereint den Angriff machen, Ov. – u. verba coniuncta (Ggstz. v. singula, separata), Quint.; verb. continuata coniunctaque verba (Ggstz. verba singula), Cic.: ebenso sermo c. (Ggstz. singula verba), Quint. – causae c. (Ggstz. causae simplices), Quint. – quae est inter augures conveniens et coniuncta constantia, einhellige u. gemeinsame, Cic. – etenim, si et sapere expetendum sit et valere, *coniunctum* utrumque magis expetendum sit quam sapere *solum*, neque tamen, si utrumque sit aestimatione dignum, pluris sit *coniunctum*, quam sapere ipsum *separatim*, Cic. de fin. 3, 44. – m. Ang. **mit wem?** durch *cum* m. Abl. od. durch bl. *Abl.* od. durch *inter se*, z. B. vita rustica *disiuncta* a cupiditate et cum officio *coniuncta*, Cic.: ut omittam cetera, quae sunt ei cum collega coniuncta atque communia, Cic.: magna quaedam proponemus aut necessaria aut coniuncta cum ipsis, apud quos res agetur, Cic.: Scipio, quocum mihi coniuncta cura de publica re et de privata fuit, Cic.: fortunae plurimorum civium coniunctae cum re publica, bei dem das Staatsinteresse so innig beteiligt ist, Cic. – mendicitas aviditate coniuncta, Cic.: dicendi vis egregia, summā festivitate et venustate coniuncta, Cic. – animum atque animam coniuncta teneri *inter se*, Lucr. 3, 136. – m. Ang. **wem?** (deutsch auch "mit wem?") durch *Dat.*, talis simulatio vanitati est coniunctior, quam aut liberalitati aut honestati, Cic.: officii praecepta coniuncta naturae, Cic. – selten m. Ang. **woraus?** durch *ex* mit Abl., coniuncta ex pluribus causa, vereint, zusammengesetzt, Quint. 6, 1, 54. – Subst., coniūnctum, ī, *n.*, das **Verbundene, α** Plur., coniuncta, das **Verwandte,** die **verwandten Begriffe,** Cic. de or. 2, 166 u. 167. – **β** als *t. t.* der Physiker, die **kohärierende Eigenschaft** (Ggstz. eventum, das äußerlich Zufällige), Lucr. 1, 451 *sqq.* – **b** v. leb. Wesen, durch irgendein Band im Staats- od. Familienleben **verbunden, α** übh. **verbunden, vertraut, nahestehend, befreundet, verwandt,** gew. m. Ang. **wodurch?** durch *Abl.*, qui eiusdem linguae societate coniunctus est, Cic.: patrimonii possidendi habendaeque scholae communione coniuncti, Val. Max.: homo amantissimus mei, familiarissimus, coniunctissimus officiis, usu, consuetudine, Cic.: homines benevolentiā coniuncti, Cic.: propinquitatibus affinitatibusque coniuncti, Caes. – m. Ang. **mit wem?** od. **wem?** durch *cum* m. Abl., durch *Dat.*, durch *inter se* (sowohl mit als auch ohne Ang. **wodurch?),** Segestani cum populo Romano non solum perpetuā societate atque amicitiā, verum etiam cognatione se coniunctos esse arbitrantur, Cic.: qui est cum illo maximis vinculis et propinquitatis et affinitatis coniunctus, Cic. – equites ordini senatorio dignitate proximos, concordiā coniunctissimos esse cupiunt, Cic.: homo mihi coniunctus fidissimā gratiā, Cic.: alci intimā familiaritate coniunctus, Nep. u. Curt.: affinitate aliquā aut propinquitate sibi coniuncti, Suet.: sanguine sibi coniuncti, Val. Max.: C. Mario sanguine coniunctissimus, Vell. – u. (ohne Ang. **wodurch?**) et cum iis et inter se coniunctissimos fuisse M'. Curium, Ti. Coruncanium, Cic.: quod enim par amicitiae consularis fuit umquam in hac civitate coniunctius, quam fuimus inter nos ego et Cn. Pompeius, Cic.: ut nosmet ipsi inter nos coniunctiores simus, Cic. – u. amitae meae paternum genus cum dis immortalibus coniunctum est, Caes. fr. b. Suet. Caes. 6, 1. – u. (m. *Dat.*) ad omnes casus coniunctiores rei publicae, Cic.: tam coniuncta populo Romano civitas, Caes.: urbs mihi coniunctissima, Cic.: homo sibi coniunctissimus, Hirt. b. G.: quis mihi in re publica potest aut debet esse coniunctior (näher stehen)? Cic. – m. Ang. **wo?** durch *in* m. Abl., quoniam in re publica coniuncti sumus, weil wir politische Freunde sind, **einer** politischen Partei angehören, Cic. Sull. 93. – selten ohne weitere Ang., Pompeius coniunctus, Nep. Att. 7, 2. – Subst., m. Ang. **wodurch?** durch *Abl.*, cognatione propinquā coniunctus, Nep. praef. § 7: sanguine coniuncti (Ggstz. alieni), Sall. Iug. 10, 3: m. *Dat.* **wem?** coniuncti sontibus, Curt. 6, 11 (42), 20: selten absol. (Ggstz. alienus), coniunctus an alienus, Quint. 7, 4, 21. – übtr., v. der Freundschaft usw. selbst, quae fuit umquam amicitia consularium in nostra civitate coniunctior (vertrauter), Cic. ep. 3, 10, 10 (vgl. Cic. de domo 27): civium Romanorum omnium sanguis coniunctus existimandus est, alle röm. Bürger müssen als Blutsverwandte betrachtet werden, Cic. Verr. 5, 172. – **β** ehelich **verbunden, vermählt,** conservae, Varr. r. r. 1, 17, 5: o digno coniuncta viro, Verg. ecl. 8, 32: übtr., v. Weinstock, si forte eadem est ulmo coniuncta marito, Catull. 62, 54.

2. **coniūnctus,** Abl. ū, *m.* (coniungo), die **Verbindung,** Varr. LL. 10, 24. Paul. dig. 32, 1, 91. § 4.

con-iungo, iūnxī, iūnctum, ere, **zusammenknüpfen, zusammenbinden, verbinden,** konstr. mit *Dat.* (**wem? womit?),** m. *cum* u. Abl., m. *inter se*, m. bl. *Abl.* (mit, durch), **I** eig.: **a** Tiere **zusammenspannen** (Ggstz. disiungere), boves, Cato r. r. 138: bis binos (equos), Lucr. 5, 1298. – **b** lebl. Objj. durch irgendein Band (im engeren u. weiteren Sinne) **vereinigen, verbinden,** oras (die Wundränder) suturā, Cels.: calamos plures cerā, Verg.: navi onerariae alteram, Caes. **II** übtr.: **1** räumlich, **verbinden, vereinigen, aneinander** od. **ineinander fügen, a** übh.: **α** lebl. Objj.: dextras, Verg.: dextram dextrae, Ov. – ossa (cruris) infra supraque *coniuncta*, media ut in brachio *dehiscunt*, Cels. – animam cum animo, Lucr.: eam epistulam cum hac epistula, Cic.: cum carne nervisque coniungi (v. Gliedern), Cels. – columellas capreolis c. inter se molli fastigio, Caes. – als gramm. *t. t.*, c. verba, Wörter zusammensetzen, Quint. 8, 3, 36. – bes. ein Gebäude, eine Örtlichkeit mit einer anderen **verbinden, zusammenstoßen lassen,** Passiv coniungi = **zusammenstoßen, zusammenhängen, im Zusammenhang stehen,** teils unmittelbar, teils durch Verbindungsmittel, aedificia (moenibus), Liv.: coniunguntur autem his (porticibus) domus ampliores, Vitr.: qui (portus) cum diversos inter se aditus habeant, in exitu coniunguntur et confluunt, Cic.: hunc montem murus circumdatus arcem efficit et cum oppido coniungit, Caes.: haec insula a superioribus regionibus in longitudinem passuum DCCCC in mare iactis molibus angusto itinere et ponte cum oppido coniungitur, Caes.: Baiarum medium intervallum Puteolanas ad moles ponte coniunxit, überbrückte er (wie ζευγνύναι πόρον, Ἑλλήσποντον), Suet. Vgl. 1. coniunctus *no.* 1. – u. als milit. *t. t.*, castra castris, Lager gegen Lager aufschlagen (auch m. Ang. **wo?** z. B. ad Corbionem, bei K.), Liv. – **β** ein Tier an ein anderes **heranbringen, herandrängen,** equum equo Quadrati, Hirt. b. G. 8, 48, 5. – **b** zu einem Verband **verbinden, vereinigen, zusammenstoßen lassen,** u. *refl.* se coniungere u. Passiv coniungi = **sich verbinden, sich vereinigen, sich anschließen, zusammenstoßen, sich aneinander schließen,** bes. als milit. *t. t.*, eas cohortes cum exercitu suo, Caes.: oppidanos sibi, Hirt. b. G.: arma Sidicinis finitumis, Liv.: ut copias coniungerem (verst. sibi) rogavit, Planc. in Cic. ep. – u. ut paulatim sese legiones coniungerent, Caes.: pauci ordinis senatorii, qui se cum iis coniunxerant, Caes.: cum se Libo cum Bibulo coniunxisset, Caes.: si nova manus Sueborum cum veteribus copiis Ariovisti sese coniunxisset, Caes. – c. se Hannibali, c. se Rhodiae classi, Liv.: c. se Barzaënti, Curt. – u. medial, ne tantae nationes coniungantur, Caes.: cum aeque coniungi (verst. sibi) possent, Liv.: ita regebat cursum, ut primi coniungi ultimis possent, Curt.

2 zeitlich: **a** eine Zeit (mit) einer anderen gleichs. **verbinden,** noctem diei, die N. zum T. hinzunehmen, in die N. hineinreisen, Caes. b. c. 3, 13. – **b** etw. einer Sache **verbinden** = **unmittelbar folgen lassen,** consultis facta, Vell.: tristibus dictis atrocia facta, Tac. – od. etw. **ununterbrochen fortsetzen, -fortführen,** abstinentiam cibi, Tac.: consulatus, Suet.

3 übh. äußerlich od. innerlich in **Verbindung, in Zusammenhang bringen, verbinden, vereinigen, a** lebl. Obj.: **α** Buchstaben in der Aussprache **verbinden, zusammensprechen,** vocales, Cic. or. 150. – **β** Schriftliches **anfügen, anknüpfen,** pauca scribere coniungereque huic commentario, Hirt. b. G. 8, 48, 11. – u. (im Passiv) m. *Abl.*, opere ipso coniungi, Curt. 5, 1, 2. – **γ** Data im Gedächtnis **anreihen,** prioribus sequentia, Quint. 11, 2, 20. – **δ** irgendein Verhältnis, irgendeinen Zustand usw. mit etw. od. jmd. in **Verbindung bringen, verbinden, vereinigen, verknüpfen, verwickeln,** somnos cum alqa (poet. = mit jmd. zusammen schlafen), Catull. 64, 331. – causam alcis (od. salutem alcis) cum communi salute, Cic.: iudicium suum cum illius auctoritate, Quint.: sententiam hanc cum Aristippi vetere sententia, Cic.: cum probro privato imperii dedecus (mit persönlicher Schande die Entehrung des Staates), Cic.: cum his testibus suam religionem, auf diese Zeugen die Erfüllung seiner Religionspflichten gründen, Cic. – u. mit *Dat.*, facultati instrumentum, Quint.: laudem oratori, Quint. – u. m. *ad* u. Akk., laudem alcis ad utilitatem nostrae causae, Quint. – m. Ang. **worin?** durch *in* m. Abl., quorum in doctrina atque praeceptis disserendi ratio coniungitur cum suavitate dicendi et copia, geht Hand in Hand mit usw., Cic. – selten = aus zwei Teilen vereinigen, **zusammensetzen,** quod (Epicurus) e duplici genere voluptatis coniunctus est, weil Epikur (d. i. das höchste Gut des E.) aus einer doppelten Art von Lust zusammengesetzt ist, Cic. de fin. 2, 44. – **ε** prägn., etw. verbinden, **αα** = etw. **gemeinsam unternehmen,** c. bellum, Cic. de imp. Pomp. 26: cum amicis aut bene meritis consociare aut coniungere iniuriam, zu einem Unrecht sich verbrüdern od. verbinden, Cic. de fin. 3, 71. – **ββ** = eine Verbindung (Ehe, Freundschaft) **schließen,** c. Sabinorum conubia, Cic.: nuptiae non genere ac nobilitate coniunctae, sed electā corporum specie, Curt.: c. societatem amicitiamque, Sall.: amicitias, Cic.: necessitudinem, Cic.: benevolentiam, Cic. – **b** Pers.: **α** übh. **verbinden, mit einschließen,** dedecus est nostrum, nostrum inquam, te coniungens, Cic.: quem ego civem cum deorum immortalium laude coniungo, verschwistere, Cic. – **β** durch irgendein Band im Staats- od. Familienleben **verbinden, αα** im Allg.: inter nos naturā ad civilem communitatem coniuncti et consociati sumus, zu einer staatlichen Gemeinschaft verbunden u. verbrüdert, Cic. – politisch, res publica nos inter nos conciliatura coniuncturaque est, Cic.: Milonem sibi, Caes.: coniungi Macedonibus, Liv. – u. m. Ang. **wozu?** durch *ad* m. Akk., Lepido coniuncto (verst. mihi) ad rem publicam defendendam, Planc. in Cic. ep. – geschäftlich, socium fallere, qui se in negotio coniunxit, Cic. – gesellig, freundschaftlich, optimum quemque hospitio atque amicitiā, Cic.: his rebus sibi multos ex Romanis familiari amicitiā, Cic.: me tibi studia communia coniungunt, Cic. – verwandtschaftlich, cum tota domus coniugio et stirpe coniungitur, Cic.: se tecum affinitate coniungi cupit, Nep. – **ββ** ehelich, **verbinden, vereinigen,** filias suas alcis filiis matrimonio, Liv.: alqam secum matrimonio, Curt.: alqam sibi iusto matrimonio, Suet.: u. bl. sibi alqam, Suet.: se cum alqo (v. der Frau), Ov.: coniungi Poppaeae, Tac. – **γγ** in Liebe **vereinigen, versöhnen,** diversos iterum c. amantes, Prop. 1, 10, 15.

coniūnx (coniūx), iugis, c. (coniungo), der **Verbundene, I** der ehelich Verbundene, **1** der Gatte, Plaut. Amph. 475. Catull. 61, 32. Verg. Aen. 3, 317. Ov. met. 1, 605. Cic. Cael. 78 (Cic. Tusc. 4, 69 aus einem Dichter). Val. Max. 2, 6, 14. Sen. ad. Helv. 17, 4 (19, 5). Tac. ann. 2, 34 3, 34 u. 13, 44. Aur. Vict. de vir. ill. 7, 19. Iustin. 2, 4, 8. Hyg. fab. 23. – **2** die **Gattin** (als der eine Teil eines Ehepaars; dagegen uxor die »Gemahlin«, als dem Mann anvermählte Hausfrau), **a** eig.: c. mea, tua, Cic.: c. fidelissima, Cic.: c. Artabazi, Curt.: Lollia Paulina Gaii principis c., Solin.: principum coniuges, Tac.: coniunx liberique, Frontin.: coniuges liberique od. liberi coniugesque, Liv., coniuges et (ac) liberi od. liberi et (ac) coniuges, Cic., Liv. u. a.: liberos, coniuges in servitutem abstrahi, Caes.: coniuges ducere, heiraten, Iustin.: coniugem viro reddere, Curt. – Plur. coniuges, **α** v. den Gattinnen eines orient. Fürsten, ubi ipse domicilium coniuges liberosque habebat, Auct. b. Afr. 91, 2. – **β** das **Gattenpaar, Ehepaar,** Catull. 61, 233 u. 66, 80. Val. Max. 4, 6 *in.* – **b** übtr., wie γυνή, **α** für **Verlobte, Braut,** Verg. Aen. 3, 331; 9, 138. Tibull. 3, 2, 8. Ov. her. 8, 18. – **β** für **Geliebte, Konkubine,** Prop. 2, 8, 29. Val. Flacc. 2, 208. – **c** v. Tieren, das **Weibchen** (Ggstz. mas), Ov. fast. 1, 451. Plin. 10, 161. – Plur., das **Paar,** non temere nisi coniuges (paarweise) vagantur (v. Schlangen), Solin. 27, 34. – **II** im Spätlat., **a** v. Tieren, der Jochkamerad, Apul. met. 7, 3 *extr.* – **b** attrib. v. Lebl., coniuges copulae, verbundene, Apul. de mund. 5. – ► Die Schreibung coniunx (auch in Inschriften) findet sich in den besten Handschriften. – vulg. Nbf. coiux, CIL 6, 9275; coius, CIL 6, 3436; 10, 7841 u. ö.; vulg. Dat. coiuge, CIL 8, 2210; ferner als Gattin, Nbf. coniuga, Apul. met. 6, 4; 8, 22; 9, 4. Carm. epigr. 112, 2. Rossi inscr. Chr. 1, 17. – Doch haben die Inschriften auch nicht selten coniux, z. B. CIL 3, 3297 u. 3960; auch findet sich coiunx, CIL 5, 237 u. 1360.

coniūrātio, ōnis, *f.* (coniuro), die **Zusammenschwörung, I** das Zusammenschwören der bei einem plötzlichen Krieg aufgebotenen Mannschaft, das **allgemeine Aufgebot,** das **Aufgebot in Masse,** s. Serv. Verg. Aen. 7, 614 u. 8, 5. – **II** die **eidliche Verbindung, -Verbrüderung, -Verbündung** zu irgendeinem Zweck, **a** übh.: **α** eig.: c. Acarnanica, Liv.: coniurationem nobilitatis facere, Caes.: coniurationes circa Campaniam passim factae, Liv. – m. *de* u. Abl., Etruriae principum ex omnibus populis coniurationem de bello ad fanum Voltumnae factam, Liv. – **β** übtr., die innige **Vereinigung** zu einem Zweck, quae haec est coniuratio (verst. mulierum), Ter. Hec. 198: c. urbana, Partei der Bürger, Plin. pan. 70, 9. – **b** insbes., die eidliche **Verbindung** zu einer strafbaren Handlung, die **Verschwörung,** der **Anschlag,** das **Komplott, α** eig.: c. Catilinae, Sall.: servorum, Liv. – conscius coniurationis, Sall.: princeps (principes) coniurationis, Cic. u. Sall.: caput (capita) coniurationis, Curt. u. Liv.: auctores coniurationis, Vell.: vindex coniurationis, Cic. – c. clandestina, Liv.: c. impia, Liv. – conscium coniurationis esse, Sall.: a coniuratione integrum esse, Tac. – in ea coniuratione esse (beteiligt sein), Sall.: extra coniurationem esse, an der V. nicht beteiligt sein, Sall. – coniurationem facere, Caes.: coniurationem facere contra rem publicam, Cic., contra Caesarem, Hirt. b. G., in caput alcis, Liv.: de coniuratione indicare (Ggstz. de coniuratione dissimulare), Sall.: coniuratio in caput alcis facta indicatur per alqm, Liv.: coniurationem patefacere, aperire, Sall., detegere, Suet., alci prodere, Tac.: coniurationem opprimere, quaerere opprimereque, Liv.: magnas pastorum coniurationes vindicare, Liv.: haec coniuratio manifesto inventa atque deprehensa est, Cic.: Cethegus aliique ex coniuratione deprehensi, Sall. – m. *adversus* (gegen) u. Akk., convicti adversum se coniurationis, Eutr. 7, 21. – m. *in* (zu) u. Akk., coniuratio nefanda in omne facinus ac libidinem, Liv. 39, 38, 3. – m. *Genet. Gerund.*, coniuratio deserendae Italiae ad Cannas facta, Liv. 24, 43, 3. – **β** meton., die **Verschwörung** = die Verschworenen, ista c. perditorum hominum, Cic.: voces coniurationis tuae, Besprechungen deiner Mitverschworenen, Cic.: si coniuratio valuisset, Sall.

coniūrātor, ōris, *m.* (coniuro), **einer, der sich eidlich verbindet, -verbrüdert,** Paul. ex Fest. 59, 7.

con-iūro, āvī, ātum, āre, **zusammen schwören, I** im Allg. = **zugleich schwören, mitschwören, a** übh.: quae iurat, mens est: nil coniuravimus illā, Ps. Ov. her. 21, 135. – **b** als milit. *t. t.*, **zusammen-, in Masse den Fahneneid leisten,** ut omnes Italiae iuniores coniurarent, Caes. b. G. 7, 1. § 1. – *Partic. Perf.* medial, ut consul quos coniuratos haberet dimitteret, die den Fahneneid in Masse geleistet hatten, das Aufgebot in Masse, Liv. 45, 2. § 1. – **II** = **sich eidlich verbinden** od. **gegenseitig verbindlich machen, sich eidlich verbrüdern, sich eidlich verbünden** zu irgendeinem Zweck, **a** übh.: simul omne tumultu trepido coniurat Latium, Verg.: barbari coniurare, obsides inter se dare coeperunt, Caes. – u. (poet.) v. personif. Lebl., arena coniurans, Claud. – m. *cum* u. Abl. od. m. *inter se* (s. unten), m. *pro* u. Abl., cum tota Italia c. pro partibus alcis, Suet. – m. *in* (gegen) u. Akk., in Troiam (v. d. Griechen), Mela 2, 3, 6 (2. § 45). – m. *in* (zu) u. Akk., si ab omnibus in legem dei coniuraretur, wenn alle sich innig vereinigten, die Gebote Gottes zu halten, Lact. 5, 8, 8. – m. folg. *Acc.* u. *Infin.* (s. Fabri Liv. 22, 38, 3), per suos principes inter se coniurant nihil nisi communi consilio acturos, Caes.: ab quindecim ad sexaginta annos coniurant, nisi victores se non redituros, Liv. – m. *ut* u. Konj., equites Romanos coniurasse omnes, ut transitionem facerent, Auct. b. Hisp. 26, 3. – m. folg. bl. Konj., inter nos coniuravimus, nisi cum illo ego et ille mecum, neuter stupri causa caput limaret, Plaut. merc. 536 *sq.* – *Partic. Perf.* coniūrātus medial, **eidlich verbunden (verbrüdert, verbündet),** v. Pers. u. personif. Lebl., coniurata agmina, Ov.: coniuratae mille rates, Schiffe der verbündeten Griechen, Ov.: c. Hister, Verg.: coniurati veniunt ad classica venti, Claud.: u. m. folg. *Infin.*, Graecia coniurata tuas rumpere nuptias, Hor. carm. 1, 15, 5. – poet. übtr., v. Abstr., alterius sic altera poscit opem res et coniurat amice, und verbrüdert sich fr. (= stimmt fr. zusammen), Hor. de art. poët. 411. – **b** insbes., zu einer strafbaren Handlung **sich eidlich verbinden, sich verschwören,** coniurasse supra septem milia virorum ac mulierum, Liv.: cupere coniurare, Cic. – m. *cum* u. Abl. od. m. *inter se,* z. B. ii, quibuscum coniurasti, deine Mitverschworenen, Cic.: principes inter se coniurant, Sall. – m. *contra* od. *adversus* od. *in* (gegen) u. Akk., contra populum Romanum, Caes.: contra rem publicam, Cic.: adversus rem publicam, Liv.: adversus patriam, Liv.: adversus cives suos patriamque, Lact.: u. (unpers.) numquam sic contra virtutes coniurabitur, Sen.: coniuratum est in eum (*sc.* Caesarem) a sexaginta vel amplius senatoribus equitibusque Romanis, Eutr. 6, 25. – m. *de* u. Abl., c. de interficiendo Pompeio, Cic.: c. de recipiendis regibus, Liv. epit. – m. *in* (zu) u. Akk., in mortem patris, Quint.: in Philippi caedem, Curt.: cum alqo in omne flagitium et facinus, Liv.: u. (unpers.) spes Campanae defectionis, in quam coniuratum est, Liv. – m. *ad* u. Akk. Gerund., ad caedem senatus faciendam, Ascon. in Cic. Mil. p. 82, 29 K.: cum alqo ad delendam patriam, Eutr. 6, 15. – m. folg. *Infin.*, patriam incendere, Sall. Cat. 52, 24: haec (tecta) incendere, Liv. 27, 3, 4. – m. folg. *ut* u. Konj., urbem ut incenderent, Liv. 4, 51, 1. – m. folg. indir. Fragesatz, ut quaestio de iis habeatur, qui coierint coniurarintve, quo stuprum flagitiumve inferretur, Liv. 39, 14, 8. – *Partic. Perf.* coniūrātus medial, **verschworen,** testes c., Cic.: arma c. (poet. = die W. der Verschworenen), Ov.: m. *in* (zu) u. Akk., in proditionem urbium suarum coniurati, Liv. – oft subst., coniūrātī, ōrum, *m.*, die **Verschworenen,** manus coniuratorum, Cic.: consilia coniuratorum detegere, Suet.: de omnibus coniuratis decernere, Sall.: duos de coniuratis interficere, Iustin. – ► Nbf. **coniero,** Gloss. IV, 322, 33.

coniūx, s. coniūnx.

cōnīventia, ae, *f.* (coniveo), die **Nachsicht,** Ps. Ascon. Cic. Verr. 1 *extr.* p. 152 B. Lampr. Alex. Sev. 54, 7. Augustin. ep. 182, 1. Ambros. de off. 3, 19, 116. Cod. Theod. 2, 14, 1. Donat. Ter. Phorm. 2, 3, 79. Schol. Iuven. 1, 56.

cō-nīveo (in den besten Handschriften statt con-niveo), nīvī od. nīxī, ēre, (vgl. nictare, nictus), sich zusammenneigen = **sich schließen, I** im Allg.: claustra mobilia *coniventia* vicissim et *resurgentia,* Gell. 17, 11, 4: quae (cava intus ventris ac stomachi vacua et hiantia) ubi aut cibo complentur aut inanitate diutinā *contrahuntur* et *conivent,* Gell. 16, 3. § 3: coniventibus ad regulam lineis, Apul. de deo Socr. prol. p. 105 H. (p. 2, 17 G.). – **II** insbes., v. den Augen, **sich schließen,** u. prägn. v. den Menschen, die Augen (im Schlaf, vor dem Lichte, aus Furcht) **schließen, -zudrücken, -zumachen, -zutun** (s. Ruhnken Suet. Caes. 67), **A** eig.: **a** v. den Augen, oculis somno coniventibus, Cic.: cum gravis ingenti conivere pupula somno, Calv. fr. – coniventes (erblindeten) illi oculi abavi tui (Appii Claudii), Cic. de har. resp. 18, 38. – **b** v. Menschen, absol., Plaut., Cic. u. a. (u. so coniventem somno consopiri sempiterno, Cic.): c. paululum, Apul.: contra comminationem aliquam, Plin.: ad minima tonitrua et fulgura, Suet. – m. *Abl.*, altero oculo, Cic.: somno, Turpil. fr. u. Cic.: zugl. m. *Acc. resp.*, nam non conivi oculos ego deinde sopore, Ninn. Crass. fr. b. Prisc. 9, 42: ciliis alterna (abwechselnd) conivens, Apul. met. 10, 17. – u. von Kurzsichtigen, die **Augen etwas zudrücken, blinzeln** (um schärfer zu sehen), Plin. 11, 144. – poet. v. Sonne u. Mond, wenn sie sich verfinstern, quasi conivent, Lucr. 5, 775. – **B** übtr.: **1** im Allg.: animus atque mens viri prudentis in sollicitis numquam conivens, Gell.: certa sunt pleraque et, nisi coniveamus (wenn wir nur nicht schlummern, unsere Augen dafür verschließen), in oculos incurrunt, Quint.: iura interquiescere paululum et conivere (schlafen ein), Gell. – **2** insbes., bei Versehen od. Vergehen **ein Auge zudrücken** = **Nachsicht haben** od. **üben, durch die Finger sehen, nachsehen,** consulibus si non adiuvantibus, at coniventibus certe, Cic.: multa nobis blandimenta natura ipsa genuit, quibus sopita virtus coniveret interdum, Cic.: vae, nisi conives …, an prohibes, Pers. – m. *in* (bei) u. Abl., sed haec ipsa concedo; quibusdam etiam in rebus coniveo, Cic.: cur interdum in hominum sceleribus maximis conivetis? Cic.: qui in tot tantisque sceleribus conivebant, Cic.: desertorum ac seditiosorum et inquisitor et punitor acerrimus, conivebat in ceteris (delictis), Suet. – ► Infin. Präs. nach der 3. Konjug., conivĕre, Calv. fr. 11 M. (bei Prisc. 9, 43). – Perf. conivi, Ninn. Crass. fr. bei Prisc. 9, 23. Apul. met. 4, 25 u. 11, 3 E.: conixi, Turpil. com. 173.

conl… u. **conm…,** s. coll… u. comm…

con-nāscor, nātus sum, nāscī, **zugleich entstehen,** laus nobilitatis connascitur, Cassiod. var. 3, 6: vitia connata in corpore, Tert. adv. Val. 9.

connecto, connexē, connexio, connexīvus, connexus, s. cō-necto, cōnexē, cōnexīvus, cōnexio, 1. cōnexus.

connītor, s. cō-nītor.

connīventia, connīveo, s. cōnīventia, coniveo.

connub… s. conub…

connumerātio, ōnis, *f.* (connumero), die **Mitzählung,** Prisc. 18, 70.

con-numero, āvī, ātum, āre, **mitzählen, beizählen,** alqm in nobis, Vulg.: alqm inter liberos, ICt.: alqm heroicis ingeniis, Amm. – absol., Gaius inst. u. a.

connus, s. cunnus.

Conōn, ōnis, *m.* (Κόνων), **I** ein bes. als Flottenführer berühmter athen. Feldherr, Nep. Con. 1 *sqq.* Iustin. 5, 5 *sq.*; 6, 1 *sqq.* (wo öfter griech. Akk. -ona). – **II** aus Samos, ein berühmter Astronom u. Mathematiker zur Zeit des Ptolemäus Philadelphus, Catull. 66, 7. Verg. ecl. 3, 40. Sen. nat. qu. 7, 3, 2.

cōnōpēum, ī, *n.* (κωνωπεῖον) od. **cōnōpium,** ī, *n.*, ein feinmaschiges **Mückennetz** u. die mit einem Mückennetz umzogene Lagerstätte, das **Himmelbett** (im Mittelalter canapeum), Hor. epod. 9, 16. Prop. 3, 11, 45. Iuven. 6, 80: in Liburnien, Varr. r. r. 2, 10, 8.

cōnōps, pis, *f.* (κώνωψ), die **Mücke,** Fulgent. serm. ant. 52 *Helm.*

cōnor, ātus sum, ārī, **I den Ansatz-, den Anlauf nehmen, sich körperlich anstrengen,** dum moliuntur (mulieres), dum conantur, annus est, Ter. heaut. 240: conari manibus pedibus noctesque et dies, Ter. Andr. 676: c. alci obviam, jmdm. entgegengehen wollen, Ter. Phorm. 52. – m. *contra* u. Akk. = **sich stemmen** gegen usw., c. contra fluminis tractum od. contra ictum fluvii, wir »gegen den Strom schwimmen wollen«, Augustin. epist. 73, 3 *in.* Vulg. Sirach 4, 32. Vgl. Gloss. IV, 496, 49: ›connixi, conantes‹; u. Isid. 10, 198: ›obnixus, connisus, conabundus‹. – **II** übtr., zu einer Unternehmung **den Anlauf nehmen, zur Unternehmung schreiten, unternehmen, sich beigehen lassen, den Versuch machen, versuchen, sich entschließen** (Synon. audere [wagen, sich unterfangen]; Ggstz. bald cogitare, bald efficere, perficere, bald cunctari), **α** absol.: ut conare, Plaut.: qui, cum cogitasset, facere auderet et prius *cogitare* quam *conari* consuesset, Nep.: a *conantibus* priusquam id *effici* posset, adesse Romanos nuntiatur, Caes.: Atheniensium populum celerem et supra vires audacem esse ad conandum, Liv. – **β** m. *Acc.*: id ne fieret omnia et *conanda* et *audenda* Magnetibus esse, Liv.: vides profecto illum (Demosthenem) multa *perficere,* nos multa *conari,* Cic.: quod igitur et *conari* occultius et *efficere* cautius potuit, id etc., Cic.: ut desperent se id quod *conantur* (ihre Zwecke) *consequi* posse, Cic.: magnum opus et arduum conamur, Cic.: sceleris conandi consilia inierat, Vell. – **γ** m. *Infin.*: conantur id, quod constituerant, facere, Caes.: ii qui haec delere conati sunt, Cic.: quod planum facere non modo non possis, verum ne coneris quidem, Cic.: quare a vobis peto, ne frustra dehortando impedire (consilium meum) conemini, Nep. – **δ** m. folg. indir. Fragesatz m. *si* u. Konj., nonnumquam interdiu, saepius noctu, si (ob) perrumpere possent, conati, Caes. b. G. 1, 8, 4. – ► Partiz. cōnātum, bes. Plur. cōnāta, subst., s. bes.

con-p..., s. comp...

con-quadro, āvī, ātum, āre, **I** *tr.* **ganz viereckig machen,** Varr. sat. Men. 96. Col. 8, 3, 7. Augustin. in psalm. 86, 3 u. 121, 4. – **II** *intr.* mit etw. **ganz proportioniert sein, -übereinkommen,** Sidon. epist. 2, 2, 4 u. a. Eccl.

con-quadruplo, āre, **vervierfachen,** conquadruplatur poena, Nov. 63, 1.

con-quaero, s. conquīro ►.

conquaestor, s. conquīsītor.

conquassātio, ōnis, *f.* (conquasso), die **Erschütterung** = die physische **Zerrüttung,** totius valetudinis corporis, Cic. Tusc. 4, 29: conquassatio aut diruptio, Cass. Fel. 1. p. 132, 6.

con-quasso, āvī, ātum, āre, **zusammenschütteln, I** = in seinen Grundfesten **erschüttern, 1** eig.: cum Apulia maximis terrae motibus conquassata esset, Cic. de div. 1, 97. – **2** übtr.: **a** physisch Körper od. Geist **erschüttern, zerrütten,** conquassatum corpus (quasi vas animae) ex alqa re, Lucr.: conquassatur mens animaeque potestas, Lucr. – **b** politisch der Macht, dem Wohlstand nach **erschüttern, zerrütten,** conquassatas exteras nationes illius anni furore, Cic.: omnes provinciae conquassatae sunt, Sulpic. in Cic. ep. – **II** prägn., **zertrümmern, zerschlagen,** calicem, Cato r. r. 52, 2.

con-queror, questus sum, querī, über etw. **sich beklagen, sich beschweren, a** aus Schmerz usw. **in Klagen ausbrechen, wehklagen,** conqueri fortunam adversam, non lamentari decet, Pacuv. fr.: suum fatum aut fortunam, Rhet. Her.: fortunas suas cum alqo (gegen jmd.), Plaut.: sed quid ego ignaris nequiquam conqueror auris? Catull. – **b** aus Unmut, Unwillen über Unrecht **sich beklagen, sich beschweren, Klage** od. **Beschwerde erheben,** conquerar an sileam? Ov.: nihil tecum de tui fratris iniuria, Cic.: de ea re apud alqm per epistulas, Suet. Aug. 51, 3: apud alqm de collegarum suorum iudicio, Augustin. ep. 53, 5. – m. *Acc.*, patris in se saevitiam intolerabilem, Liv.: iniqua iudicia, contumelias, Cic.: inopiam inter se, Liv.: haec non ad cives Romanos, non ad aliquos amicos nostrae civitatis ... ad saxa et ad scopulos haec conqueri ac deplorare, Cic.: apud patres vim atque iniuriam dictatoris, Liv.: u. nihil ab eo praetermissum est, quod pro re publica conquerendum fuit, Cic. – m. folg. *Acc.* u. *Infin.*, se deseri c., Suet.: pretia in immensum exarsisse graviter conquestus, Suet. – m. folg. *cur* od. *quod* (weil), Tac. ann. 15, 60 u. 61.

conquestio, ōnis, *f.* (conqueror), das **Sich-Beklagen, a** aus Schmerz über Unglück usw., das **Wehklagen,** die **Klage, α** der Menschen, longa de bellis civilibus, Quint.: praeteritorum dolorum (über die usw.) conquestiones, Sen. – als rhetor. *t. t.*, der Teil der Rede, der den Zuhörer zum Mitleid stimmen soll, die **Klage,** Rhet. Her. u. Cic. – **β** der **Klageton** der Tiere, c. coturnicum volantium labore expressa, Plin. 10, 66. – **b** aus Unwillen über Unrecht, die **Klage-** od. **Beschwerde-Erhebung,** die **Beschwerde,** ubi nullum auxilium est, nulla conquestio (gegen die Obrigkeit usw.), Cic.: conquestio adversus omnes, Quint.

conquestus, Abl. ū, *m.* (conqueror), das **Sich-Beklagen,** die **Klage** = die **Wehklage,** Liv. 8, 7, 21 u. spät. Dichter.

con-quiēsco, quiēvī, quiētum, ere, **der Ruhe pflegen, -sich hingeben, I** im engeren Sinne, körperlich **sich ruhig verhalten, Ruhe halten, der Ruhe pflegen** (Ggstz. aliquid agere, Cic. de fin. 5, 55, od. neque labori se neque exercitationi neque negotiis credere, Cels. 1, 2), videmus, ut conquiescere ne infantes quidem possint, Cic.: oportet conquiescere, cubare molliter (weich liegen), Cels.: qui non concoxit, ex toto conquiescere debet, Cels. – So nun **α** liegend, **ruhig liegen,** necessarium autem est, donec cicatrix sit, conquiescere; nam ambulatio etc., Cels.: alvus fluens conquiescere hominem in cubili non patitur, Cels.: u. so c. in lecto, Cels. – bes. schlafend **Ruhe halten, der Ruhe pflegen** (Ggstz. vigilare), meridie, Caes.: post cibum, Cels.: post cibum meridianum paulisper, Suet.: per hiemem totis noctibus, Cels.: interdiu vigilare, noctu conquiescere, Cels.: cum conquiescit aliquis aut iacet, schläft oder (nur) ruhig liegt, Cels.: sprichw., de hac re in oculum utrum vis conquiescito, schlafe (sei) ganz unbesorgt, Plaut. Pseud. 123. – **β** (als milit. *t. t.*) vom Marsch **rasten, Rasttag halten,** haec (impedimenta) conquiescere ante iter confectum vetuit, Caes. – od. übh. von Strapazen **ausruhen,** ibi sub armis proximā nocte conquiescit, Caes.: consul respirare et conquiescere paulisper militem iubet, Liv. – **γ** v. lebl. Subjj., **sich beruhigen, sich legen,** cum iam bene venae conquieverunt, Cels.: ubi bene sanguis conquievit, Cels.: fluctus, qui maximi ferebantur, conquiescere iussit, Lact.: plurimis dolor cito conquiescit, Cael. Aur. – **II** im weiteren Sinne: **a** beim Vortrag mit der Stimme **ausruhen, pausieren,** Cic. de or. 3, 191. – **b Ruhe halten, ruhen, α** v. Pers. u. personif. Lebl. = nichts, bes. nichts Feindseliges unternehmen, **sich ruhig verhalten, Ruhe-, Frieden halten,** his aliisque increpando iuvenem instigat, nec conquiescere ipsa potest (v. d. Tullia), Liv.: non manes, non stirpem eius conquiescere viri (des Hannibal), Liv.: u. (v. lebl. Subjj.) quando illius postea sica illa conquievit? Cic. – u. non conqu., **nicht ruhen,** m. Ang. **bis wann?** durch *donec* (bis), z. B. nec illam furiam pestemque conquiesse, donec ipsa manibus suis nefaria sibi arma adversus hospitem atque amicum induerit, Liv. 30, 13, 12. – **β** v. lebl. Subjj., **ruhen, sich legen** = aufhören, unterbleiben, antequam sudor et calor domi conquierint, Cels.: ubi febris conquieverit, Cels.: imbre conquiescente, Liv. – ne umquam possit conquiescere fletus bonorum, Cic.: conquiescent litterae (Briefwechsel), nisi quid novi exstiterit, Cic.: conquiescit mercatorum navigatio, gerät ins Stocken, Cic.: his ipsis diebus, cum omnia bella iure gentium conquiescant, Cic. – **c** von körperl. od. geistigen Anstrengungen, Störungen, Belästigungen **zur Ruhe kommen, Ruhe-, Frieden finden, in Ruhe-, in Frieden bleiben,** pergunt turbare usque ut ne quid possit conquiescere, Plaut.: ita postremo eiciuntur, ut ne ad saxa quidem mortui conquiescant, Cic.: nec nocte nec interdiu virum conquiescere pati, in Ruhe lassen, Liv. – u. (v. lebl. Subjj.) ubi et animus ex hoc forensi strepitu reficiatur et aures convicio fessae conquiescant, Cic.: postquam satiatus caede animus conquievit, Iustin. – m. Ang. **in Betreff wessen?** durch *de* u. Abl., quia tu nisi perfectā re de me non conquiesti, Cic. ep. 1, 1, 1. – m. Ang. **wovon?** durch *ab* od. *ex* u. Abl., c. a continuis bellis et victoriis, Cic.: si Italia a delectu, urbs ab armis sine clade Milonis numquam esset conquietura, Cic.: nullum esse tempus, quo funestorum principum manes a posterorum exsecrationibus conquiescant, Plin. pan.: nam nos ex omnibus molestiis et laboribus uno illo loco (im Tuskulanum) conquiescimus, Cic. – u. non conqu., **nicht zur Ruhe kommen, keine Ruhe finden,** m. Ang. **bis wann?** durch *quoad* od. *ante quam,* graviorem multo Asiae, quam Antiochus fuerit, Eumenem esse; conquiescere socios vestros non posse, quoad regia Pergami sit, Liv. 42, 42, 6: profecto numquam conquiescam neque defatigabor ante, quam illorum ancipites vias rationesque et pro omnibus et contra omnia disputandi percepero, ich werde nicht ruhen und müde werden (weder ruhen noch rasten), bis ich usw., Cic. de or. 3, 145. – **d** geistig zur Ruhe kommen, **α** im Gemüt **Ruhe gewinnen, Trost** u. **Ruhe finden,** habebam quo confugerem, ubi conquiescerem, Cic. – m. Ang. **worin? wobei?** durch *in* u. Abl., in nostris studiis libentissime conquiescimus, Cic.: u. (v. persönl. Zuständen) ut aetas nostra iam ingravescens in amore atque in adulescentia tua conquiescat, Cic.: qui potest esse vita vitalis, ut ait Ennius, quae non in amici mutua benevolentia conquiescat, Cic. – **β** mit seinen Wünschen zur Ruhe **kommen** = bei etw. **sich befriedigt fühlen, sich begnügen,** m. Ang. **wobei?** durch *in* u. Abl., aeque ambitio non patitur quemquam in ea mensura honorum conquiescere, quae quondam eius fuit impudens votum, Sen. de ben. 2, 27, 4. – ► Synkop. Perf.-Formen, conquiesti, Cic. ep. 1, 1, 1: conquierint, Cels. 6, 6. no. 34: conquiesse, Afran. com. 341. Liv. 30, 13, 12.

conquīliārius, s. conchȳliārius.

conquīlium, s. conchȳlium.

conquinīsco, quexī, ere (vgl. coxim, hockend, incoxare, niederhocken), **sich niederbücken** (s. Prisc. 10, 17), Plaut. cist. 657; Pseud. 864: ad eum conquexi, Pompon. com. 117.

conquino, s. co-inquino.

conquīro, quīsīvī, quīsītum, ere (con u. quaero), von verschiedenen Seiten **aufsuchen, auf-** od. **einsammeln, aufzubringen** oder **beizubringen** oder **sich zu verschaffen suchen,** bes. nach Verlorenem, Verborgenem **nachsuchen,** ihm **nachspüren, nachhaschen, I** auf mater. Wege: **a** übh.: pecuniam, Cic.: urorum cornua studiose, Caes.: litteras (Dokumente, schriftliche Beweise), Cic.: vaticinos libros conquirere comburereque, Liv.: c. impedimenta, Tac., sacra (abhanden gekommene), Liv.: si quid ablatum est id conquirendi, cognoscendi, repetendi ius esto, Liv.: Proserpinam investigare et conquirere velle (v. der Ceres), Cic.: desertores de exercitu volonum, Liv.: perfugas, Liv. – consulem conquisitum (auf dem Schlachtfeld) sepultumque, Liv.: roganti tempus aliquod ad conquirendum (zum Aufsuchen, näml. des Vermissten) non dedit, Sen. – pueros minutos *undique,* Suet.: virgines alci *undique,* Suet.: iumenta *undique,* Caes.: *ex* agris quam plurimum domiti pecoris, Sall.: u. Lisso (von L.) Parthinisque et omnibus castellis quod esset frumenti conquiri iussit, Caes. b. c. 3, 42, 4. – testam (ossis) specillo, Cels. – alqm terrā marique, Vatin. in Cic. ep.: naves toto flumine, Caes.: alqm totā provinciā, Cic. – dona ac pecunias *per* omnia municipia, Tac.: quieti animi cives *per* nomenclatorem, Val. Max. – socios *ad* alqm interficiendum, Nep.: alqm *ad* mortem, *ad* necem, Vell. – **b** insbes., Kolonisten od. Soldaten **ausheben, werben, pressen,** colonos, Cic. (vgl. conquisivit quos potuit, primum Siculos, Nep.). – sagittarios omnes, Caes.: magnum numerum eorum, qui equo merere deberent, Liv. – **II** auf nicht mater. Wege: piacula irae deûm, Liv.: suffragia, Tac.: voluptates, Caes.: voluptatem c. et comparare, Cic.: solacia, Tac.: aliquid sceleris et flagitii, aufsuchen (= zu begehen suchen), Cic. – vetera exempla (Ggstz. uti praesentibus exemplis atque vivis), Cic.: intellegentis sapientisque naturae primas causas c., deinde secundas earum rerum, quae etc., Cic.: omnium factorum historiam, Cic.: vitia ficta conquisitaque, Cic.: figurae conquisitae, weithergeholte (Ggstz. obviae dicenti), Cic. – c. *undique* suavitates, Cic. – argumenta *in* eo, quod sapientioribus deliberatum est, Tac. – non causidicum nescio quem neque proclamatorem aut rabulam hoc sermone nostro conquirimus, Cic.: neque enim, quotiens verbum aliquod est scribendum notis, totiens eius verbi litterae sunt cogitatione conquirendae, Cic. – omnes artes *ad* alqm opprimendum, Tac. – omnia studiose *contra* sensus, Cic. – solebat *mecum* interdum eiusmodi aliquid conquirere, Cic. – ► Zsgz. Perf.-Form conquisierunt, Rhet. Her. 1, 1: conquisierit, Cic. Verr. 4, 1; Rabir. perd. 15: conquisisset, Cic. Verr. 3, 22. – arch. Nbf. conquaero, wovon conquaesivei, CIL 10, 6950, 11: conquaesiverit, *ibid.* 1, 198, 34: conquaeri, *ibid.* 1, 198, 31.

conquīsītē, *Adv.* (conquisitus), **mit strenger Auswahl,** c. commercatis eduliis, Afran. com. fr.: c. haec conscripsisse, Rhet. Her.: haec admodum c. scripsisse de alqa re, Gell.

conquīsītio, ōnis, *f.* (conquiro), die **Beisuchung, Aufsuchung, Beitreibung** von etw., die **Nachsuchung, Nachspürung** nach etw., **a** auf mater. Wege: **α** übh.: pecuniarum, Tac.: cum conquisitio priore anno ex senatus consulto talium librorum fieret, Liv.: u. absol., diligentissimā conquisitione fecit, ut etc., Tac. – **β** als milit. *t. t.,* eine strengere Art **Aushebung, Werbung,** eine Art **Pressen** der Soldaten (vgl. Drak. Liv. 29, 35, 10), edixit, ut conquisitio volonum fieret, Liv.: conquisitionem ingenuorum per agros habere, Liv.: in Piceno agro conquisitionem militum habere, Liv. – u. absol., per conquisitionem numerum equitum augere, Liv.: intentissimā conquisitione triginta milia peditum conficere, Liv.: exercitus durissimā conquisitione confectus, Cic. – **b** auf nicht mater. Wege: piaculorum, Liv. 7, 3. § 3.

conquīsītor, ōris, *m.* (conquiro), **a** der **Nachspürer, Aufspürer** einer Pers., **α** übh., der verbotenen Klaqueurs im Theater, Plaut. Amph. prol. 65 u. 82: eines entlaufenen Mädchens, Plaut. merc. 665 (an den drei Stellen vielleicht conquaestores zu lesen). – **β** als milit. *t. t.,* der gewaltsame **Werber** von Soldaten, der **Rekrutierungskommissar,** Cic. Mil. 67; ad Att. 7, 21, 1. Auct. b. Alex. 2, 1. Liv. 21, 11, 13. – **b** der **Erforscher,** ubi conquisitor huius mundi? Vulg. 1. Cor. 1, 20. – ► conquaestor, Varr. LL. 6, 79.

conquīsītus, a, um, *PAdi.* m. *Superl.* (conquiro), durch strenge Auswahl ermittelt, **ausgesucht,** peregrina et conquisita et composita medicamina, Cels.: mensas conquisitissimis epulis exstruere, Cic. Tusc. 5, 62. – v. Abstr., conquisiti omnis generis honores, Val. Max. 4, 6. ext. 1.

con-r…, s. cor -r…

Consabrum, ī, n., Stadt im tarrakon. Hispanien, südl. von Toletum an der von Laminium dahin führenden Straße, j. *Consuegra,* Itin. Anton. 446, 6. – Dav. **Consaburēnsis,** e, **aus Konsabrum, konsaburensisch,** CIL 2, 2166 u. 4211. – Plur. subst., Consaburēnsēs, ium, *m.,* die Einw. von Konsabrum, die **Konsaburenser,** Plin. 3, 15. Frontin. 4, 5, 19.

cōn-sacerdōs, dōtis, *c.,* **Mitpriester, -erin,** Eccl.

cōnsacro, cōnsacrātus, s. cōnsecro.

cōn-saepio, saepsī, saeptum, īre, **umzäunen, einfriedigen,** bustum, Suet. Ner. 33, 1. – Häufiger Partiz. **cōnsaeptus,** a, um, **umzäunt, eingehegt,** ager, Cic.: locus cratibus pluteisque consaeptus, Liv.: locus saxo consaeptus, Liv.: subst., consaeptum, ī, *n.,* die **Umzäunung,** das **Gehege,** Liv. u. a.: c. fori, Schranken, Quint. – ► Archaist. consīptum (s. Paul. ex Fest. 62, 10 u. 64, 5), Enn. tr. 335 (366).

cōnsaepto, āre (*Intens.* v. consaepio), **völlig umzäunen,** animalia in sacro luco, Solin. 32. § 37.

cōnsaeptus, a, um, s. cōn-saepio.

cōnsalūtātio, ōnis, *f.* (consaluto), die öffentliche **Begrüßung** von Seiten der Menge, forensis, Cic. ad Att. 2, 18, 1: bes. die militärische, Suet. Oth. 9, 2. Tac. ann. 15, 16: nulla *inter* coëuntes exercitus c., Tac. hist. 4, 72.

cōn-salūto, āvī, ātum, āre, jmd. **laut begrüßen, a** von einer Menge u. auch = **begrüßend anreden als** usw. od. = **begrüßend** so u. so **nennen** (vgl. Fabri Liv. 22, 29, 11), alqm, Curt. u. Liv. epit.: inter se, Cic.: alqm nomine, Plin.: m. dopp. *Acc.*, alqm regem, alqm dictatorem, Liv.: alqm patrem patriae, Suet.: eam Volumniam, Cic.: uxorem Augustam, Suet.: im Passiv m. dopp. *Nom.*, cum deus undique consalutabor, Sen. de vit. beat. 25, 4: Pompeius Magnus e tota contione consalutatus est, Liv. epit. 103. – absol., exercitus consalutant, die Heere begrüßen sich, Flor. 4, 3, 6. – v. Vögeln, oscines corvi voce triplicatā puniceam surgentis aurorae facem consalutantes, Sidon. ep. 2, 2. p. 100, 34 *Sav.* – **b** v. einem, alqm, Petr. 7, 5 u. a.

cōn-sānesco, sānuī, ere, **gesunden,** d. i. **zur Heilung gelangen, heilen, a** von Wunden, Geschwüren (Ggstz. recrudescere), nunc autem hoc tam gravi vulnere etiam illa, quae consanuisse videbantur, recrudescunt (im Bild), Cic. ep. 4, 6, 2: facta ulcera, dum consanescant, figulari cretā linuntur, Col. 8, 2, 3; vgl. 4, 27, 3. – **b** v. den Pers., deren Wunden heil werden, plerique, ubi consanuerunt, loquuntur, Cels. 7, 12. *no.* 4.

cōn-sanguineus, a, um, **blutsverwandt,** v. Geschwistern = **geschwisterlich,** turba, Ov.: populus, verschwistertes, Tac.: v. Tieren, arietes, Acc. tr. Brut. 21: angues, ihr angeboren, Stat. Theb. 11, 61. – subst., cōnsanguineus, ī, *m.*, der **Blutsverwandte, -freund,** insbes. = der Bruder, Cic. ad Att. 2, 23, 3. Aur. Vict. epit. 41, 20; 42, 2; 45, 4: cōnsanguinea, ae, *f.*, die **Blutsverwandte,** insbes. = die Schwester, Catull. 64, 118: oft Plur., cōnsanguineī, ōrum, *m.*, **Blutsverwandte, Verwandte,** Cic.: Aedui Ambarri necessarii et consanguinei Aeduorum, Caes.: fratres consanguineosque saepenumero a senatu appellatos, Caes. – übtr., c. Leti Sopor, Verg. – res rustica proxima et quasi c. (Schwester) sapientiae, Col.: humanitas et pietas, quas sapientes consanguineas (Geschwister) virtutum esse definiunt bonas, Amm.

cōnsanguinitās, ātis, *f.* (consanguineus), die **Blutsfreundschaft, -verwandtschaft, Verwandtschaft,** Verg., Liv. u. a.: zwischen Geschwistern, die **Geschwisterschaft,** ICt. – übtr., c. doctrinae, Tert. adv. haeret. 32 *extr.*

cōn-sāno, āvī, ātum, āre, **völlig gesund machen, -heilen,** Col. 4, 24, 22 u. a.

Cōnsānus, a, um, s. Compsa unter Compsa.

cōn-sarcino, āvī, ātum, āre, **zusammennähen, -flicken,** chlamydem huius coloris sibi, Amm. 22, 9, 11: indumenta ex pellibus silvestrium murium, Amm. 31, 2, 5. – übtr., verbum, Gell. 13, 25 (24), 19: multa crimina, Amm. 14, 5, 6: insidias graves, Amm. 14, 9, 2: mendacia, schmieden, Amm. 16, 8, 4. Vgl. consarcio.

cōn-sarcio, īre, **zusammenflicken,** quasi centonem ex multis et pessimis panniculis consarcientes, Interpr. Iren. 2, 14, 2: übtr., consarciens verba tragici tumoris, Gell. 2, 23, 21 H. (Vulg. consarcinans).

cōn-sario, īre, **zerhacken,** Cato u. Col.

cōnsatus, a, um, s. 1. cōn-sero.

cōn-saucio, āvī, ātum, āre, **stark-, tief verletzen,** caput praetoris, Suet. Ner. 26, 2: im Passiv, crebro et celeri vulnere consauciari, Rhet. Her. 4, 26: crus et utrumque brachium ruinā pontis consauciatus, am Bein usw. gequetscht, Suet. Aug. 20. – übtr., ex odoribus morbidis regiones consauciare vicinas, verpesten, Arnob. 7, 17. p. 251, 21 R.: ea, quorum sono caeditur animus noster et mens consauciatur, Ambros. de off. 1, 2, 6.

cōnsāvio (cōnsuāvio), āre, u. **cōnsāvior** (cōnsuāvior), ātus sum, ārī, **abküssen = herzlich küssen,** Apul. met. 6, 22: Form *-or,* Apul. met. 2, 13.

cōnscelerātus, a, um, *PAdi.* m. *Superl.* (von conscelero), durch Lastertaten befleckt, **frevelhaft, verrucht,** v. Pers., Cic., Liv. u. a.: consceleratissimi filii, Cic. – übtr., v. Lebl., mens, Cic.: vultus, impetus, Cic.: consceleratissimum bellum, Cic.: vita contaminatissima et consceleratissima, Augustin. de civ. dei 1, 9.

cōn-scelero, āvī, ātum, āre, **frevelhaft beflecken, -verunreinigen,** Catull., Liv. u. a.

cōn-scendo, scendī, scēnsum, ere (con u. scando), **in** od. **auf** etw. **steigen,** etw. **besteigen,** m. Ang. **wohin?** durch *in* m. Akk.; mit Ang. **was?** durch bl. *Acc.,* **I** eig.: **a** im Allg.: **α** (in Prosa nachaug.) m. *in* u. Akk.: c. in equos, Ov.: in Maenianum, Val. Max.: in montem, Petr.: in aedem, Gell. – **β** m. *Acc.:* aethera, Ov.: Capitolium, Eutr.: inter quietem opinione suā caelum, Val. Max.: cubiculum superius, Apul.: currum, Lucr. u. Curt.: vehiculum, Fronto: equum (equos), zu Pf. steigen, aufsitzen, Liv.: moenia, Val. Max.: montes, Catull. u. Prop.: munimenta, Frontin.: rogum, Verg. u. Val. Max.: rostra, Val. Max.: scopulum, Verg.: tribunal, Suet.: vallum, Caes. – zugl. m. Ang. **wodurch?** (worauf?) durch *Abl.,* mulierum corporibus velut gradibus constructis currus, Val. Max.: u. (poet.) c. aequor navibus, befahren, Verg. Aen. 1, 381. – **b** insbes., als naut. *t. t.,* **zu Schiffe steigen, das Schiff (die Schiffe) besteigen,** sich **einschiffen, α** m. *in* u. Akk. des Fahrzeugs: in navem, in naves, Caes. u. a. (s. Schneider Caes. b. G. 5, 7, 4 *not. crit.*): in ratem, Hyg.: sacram in Argo, Ov. – zugl. m. Ang. **von wo aus?** (deutsch **wo?**) durch *ab* m. Abl., ab hortis Cluvianis in phaselum, Cic. (vgl. *no.* β u. γ). – m. Ang. **wo?** durch *Adv.,* zugl. m. Ang. **mit wem?** durch *cum* m. Abl., proficiscitur ad portum ibique classem sub vesperum cum ea copia conscendit, Auct. b. Afr. 10, 2. – **β** m. bl. *Acc.* des Fahrzeugs usw.: cumbam piscatoriam, Afran. fr.: navem, naves, Plaut., Caes. u. a. (s. Schneider Caes. b. G. 5, 7, 4 *not. crit.*): naviculam, Val. Max.: naviculam parvulam, Caes.: navigium, navigium parvum, Curt.: classem, Verg. u. Liv.: cavatum ex materia alveum, Vell.: puppim, Ov. – zugl. m. Ang. **von wo aus?** (deutsch **wo?**) durch *ab* m. Abl. od. durch bl. *Abl. loc.,* a Caieta navem, Liv. fr.: ab Herculis portu c. navem, Val. Max.: Ostiis navem, Iustin. – **γ** prägn., absol. = **einsteigen,** sich **einschiffen, zu Schiffe gehen** (s. Fabri Liv. 21, 49, 8), tu, si ita expedit, velim quam primum bonā et certā tempestate conscendas ad meque venias, Cic.: tanta erat completis litoribus contentio, qui potissimum ex magno numero conscenderent, ut etc., Caes. – mit Ang. **mit wem?** durch *cum* m. Abl., u. m. Ang. **an welcher Schiffsseite?** durch *ad* mit Akk., conscende nobiscum, et quidem ad puppim, besteige mit uns das Staatsschiff u. zwar am Hinterdeck (wo das Steuerruder), d. i. als Mitlenker, Cic. ep. 12, 25, 5. – m. Ang. **von wo aus?** (deutsch **wo?**) durch *Adv.* od. durch *ab* m. Abl. od. durch bl. *Abl.* od. *Genet. loc.,* reiectus austro sum in eum ipsum locum, unde conscenderam, Cic.: ab eo loco conscendi, ut transmitterem, Cic.: c. a Brundisio, Cic.: c. Epheso, Cic.: c. aut Labrone aut Pisis, Cic.: c. Thessalonicae, Liv. 44, 23, 9. – m. Ang. **wohin?** durch *Adv.,* anguis eo conscendit, ubi Q. Ogulni legati tabernaculum erat, stieg (kroch) die Schl. auf den Teil des Schiffes, wo usw., Val. Max. 1, 8, 2 (aber nirgends durch *in* mit Akk., denn Liv. 31, 29, 6 wird mit *cod. Bamb.* in Siciliam transcenderunt gelesen). – **II** übtr.: **α** m. *ad* u. Akk. = sich **versteigen,** c. ad ultimum nefas, Ps. Quint. decl. 377. – u. = zu einer Ehrenstufe **aufsteigen, sich emporschwingen** zu usw., miro gradu ad consulatum ex macellaria patris taberna, Val. Max. 3, 4, 4: usque ad praefecturae praetorianae potentiam, Aur. Vict. epit. 45, 3: ad summa fastigia dignitatum, Cod. Theod. 7, 8, 14 (vgl. 6, 24, 10). – **β** m. bl. *Acc.* = gleichs. **besteigen,** laudis carmen, sich aufschwingen zum Lobgedicht, Prop. 2, 10, 23.

cōnscēnsio, ōnis, *f.* (conscendo), das **Einsteigen,** in naves, Cic. de div. 1, 68.

cōnscēnsus, ūs, *m.* (conscendo), das **Aufsteigen,** negato in astra conscensu, Sulp. Sev. ep. 2, 17 H.

cōnscientia, ae, *f.* (conscio), das **Bewusstsein, I** mit einem anderen = das **Mitwissen** um etw., die **Mitwissenschaft, Mitkenntnis** von etw., das **Einverständnis, α** m. subj. *Genet.:* omnium horum, Cic.: liberti unius, Tac. – **β** m. obj. *Genet.:* coniurationis, Tac.: facinoris, Tac. –

im Plur., consilia conscientiaeque eiusmodi facinorum, Cic. Clu. 56. – **γ** im Zshg. *absol.:* conscientiae contagio, Cic.: alqm in conscientiam assumere, jmd. zu seinem Vertrauten machen, Tac.: purgare publicam conscientiam (das Einverständnis des Staates), Iustin.: simulatā conscientiā, als seien sie im Einverständnis, Tac. – **II** bei sich selbst, das **Bewusstsein,** die **volle Kenntnis** od. **Erinnerung,** die **Überzeugung,** das **Gefühl,** **A** im Allg.: **α** mit obj. *Genet.:* virium nostrarum et suarum, Liv.: infirmitatis suae, Quint.: contracti culpā periculi, Liv. – **β** m. folg. indir. Fragesatz, conscientiā, quid abesset virium, Liv. – **γ** im Zusammenhg. *absol.:* nostra stabilis conscientia (Selbstbewusstsein), Cic.: in veris quoque sufficit conscientia (Selbstgefühl), Quint.: illud se tacere conscientiam suam (seine Überzeugung) non pati, quod etc., Liv.: salvā conscientiā, unbeschadet meiner Überzeugung, Sen. ep. 117, 1 (vgl. unten *no.* B, 2, β). – **B** das **Bewusstsein** moral. Eigenschaften, des moral. Wollens u. Handelns, **1** übh.: **α** m. obj. *Genet.*, im Deutschen mit dem Genet. zus. oft = »gutes, böses Gewissen«, c. virtutis et vitiorum, Cic.: c. bene actae vitae, Cic.: officii mei benevolentiaeque, Cic.: rectae voluntatis, Cic.: pulcherrimi facti, Cic.: c. honeste recteque factorum, das B., tugendhaft u. recht gehandelt zu haben, Amm.: sui conscientiā subnixus, Gell. – v. üblen Bewusstsein (bösen Gewissen), c. facti, Hirt. b. G.: factorum, Cic.: c. peccatorum, Cic.: delictorum, Cic.: recentis maleficii, Cic.: scelerum et fraudum suarum, Cic.: violatae per sociorum iniurias Romanae amicitiae, Vell. – u. im Plur., te conscientiae stimulant maleficiorum tuorum, Gewissensbisse, Cic. parad. 2, 18. – **β** m. *de* u. Abl.: ex nulla conscientia de culpa, im Bewusstsein meiner Schuldlosigkeit, Sall. Cat. 35, 2. – **γ** mit folg. *Acc.* u. *Infin.*, inerat conscientia (musste er sich doch dabei bewusst sein) derisui fuisse nuper falsum e Germania triumphum, Tac. Agric. 39. – **δ** m. folg. *ne* u. Konj. = die **schuldbewusste Furcht,** dass usw., Tac. Agr. 42. – **2** insbes., das **Bewusstsein** des gewollten od. getanen Rechts od. Unrechts, das **Gewissen,** **α** mit subj. *Genet.:* mentis suae, Cic.: optimae mentis, Cic.: animi (gew. v. bösen Gewissen), z. B. animi conscientiam non curare, Cic.: animi conscientiā excruciari, Cic.: u. Plur., conscientiae animi, Regungen des bösen Gewissens, Gewissensbisse, Cic. Rosc. Am. 67. – **β** mit *Adii.:* praeclara, Cic.: recta, Cic.: bona, optima, Sen., Quint. u. a.: mala, Sall., Sen. u. Quint.: ex conscientiā sua, seinem Bewusstsein gemäß, d. i. je nachdem er ein gutes od. böses Gewissen hatte, Liv. – illi, quibus integra erat conscientia, Frontin. 1, 9, 3: si quis ad sacrificium non integrā conscientiā venerit, Lact. 5, 19, 32: quod non salvā bonā conscientiā procederet, Sen. nat. qu. 4. praef. § 15 (vgl. oben *no.* II, A, γ). – **γ** absol., bald v. guten Gewissen, magna vis est conscientiae, Cic.: conscientia fretus, Curt.: mea mihi conscientia pluris est quam omnium sermo, Cic.: u. (sprichw.) conscientia mille testes, Quint. 5, 11, 41. – bald vom Schuldbewusstsein, vom bösen Gewissen, angor conscientiae, Cic.: erubuisse, expalluisse ... signa conscientiae sunt, Rhet. Her.: aliquas conscientiae notas in ipso ore posse deprehendere, Curt.: conscientiā morderi, Cic.: stimulante conscientiā, Curt.: conscientiā ictus aperit litteras, Liv.: ad fatendum conscientiā impelli, Quint.: modestiam in conscientiam ducere, als böses Bewusstsein (Gewissen) auslegen, Sall.

cōn-scindo, scidī, scissum, ere, bespalten, d. i. in Stücke (Fetzen) **zerreißen, zerfetzen,** **I** eig.: epistulam, Cic.: alqm capillo (= alcis capillum), einem die Haare zerzausen, Ter. – **II** übtr.: conscindi sibilis, jämmerlich ausgezischt werden, Cic. ad Att. 2, 19, 3: ab optimatibus conscindi, heruntergerissen werden, Cic. ad Att. 8, 16, 1.

cōn-scio, īre, **I** sich eines Unrechts **bewusst sein,** nil sibi c., Hor. ep. 1, 1, 61: conscientes ante latroni, Mitschuldige, Genossen des Teufels, Comodian. apol. 685. – **II** **wohl wissen,** Tert. de carn. Chr. 3.

cōn-scīsco, scīvī u. sciī, scītum, ere, **zum förmlichen Beschluss erheben, förmlich beschließen, für sich** etw. **entscheiden,** **I** im Allg., als publiz. *t. t.*, Cic. de legg. 3, 3, 10: c. bellum, Liv. 10, 18, 2: m. folg. *ut* m. Konj., ut bellum cum priscis Latinis fieret, Formul. vet. bei Liv. 1, 32, 13. – **II** insbes., sich für ein Übel **entscheiden,** sich zu etwas **entschließen,** d. i. ein Übel mit freiem Entschluss **wählen, ergreifen, sich zufügen,** c. sibi letum, Lucr., od. bl. letum, Plaut.: c. sibi mortem od. bl. mortem, necem, Cic. u. a.: c. sibi voluntariam mortem, Oros. 7, 35, 10: c. sibi exsilium u. sibi exsilium ac fugam, Liv.: turpem fugam, Tac.: c. caecitatem, sich blind machen, Gell.: c. facinus in se ac suos foedum ac ferum, Liv. 28, 22, 5. – ► Synkop. Perf.-Formen conscisse, Liv. 4, 51, 3 u. a.: conscisset, Cic. Clu. 171.

cōnscissio, ōnis, *f.* (conscindo), die **Zerreißung,** Augustin. mor. eccl. cath. 1, 34. § 74 u. ep. 51, 3.

cōnscius, a, um (con u. scio), **I** mit einem anderen um etw. **wissend, mitbewusst,** u. subst. der **Mitwisser,** die **Mitwisserin,** der **Zeuge,** die **Zeugin,** der, die **Vertraute,** der **Teilnehmer,** die **Teilnehmerin** usw., **α** m. *Genet.:* homo meorum in te studiorum et officiorum maxime conscius, Cic.: c. arcanorum, ein Vertrauter, Amm.: c. coniurationis, ein Mitverschworener, Sall.: c. necis (Ggstz. auctor), Suet.: poet., c. fati sidera, Verg.: u. m. *Dat. pers.*, alci conscium esse tanti facinoris, tanti sceleris, um die Tat jmds. wissen, Ter., Sall. u. a. (vgl. Fabri u. Dietsch Sall. Cat. 22, 2. Mützell Curt. 6, 6 [24], 36. Nipp. Tac. ann. 1, 43). – **β** m. *Dat.* = **wissend** um usw. (s. Heinsius u. Burm. Ov. met. 6, 588. Ruhnken Ov. her. 15, 138. Oudend. Lucan. 1, 20): c. facinori, Cic.: coeptis, Ov.: tot mysteriis, Apul.: poet., c. sacris nox, Ov.: c. conubiis aether, Verg. – **γ** m. *in* u. Abl.: c. in privatis rebus, Cic. – **δ** m. *de* u. Abl.: his de rebus conscium esse Pisonem, Cic. ad Att. 2, 24, 3. – **ε** m. folg. *Acc.* u. *Infin.*, parturire eam nec gravidam esse ex te solus conscius es (darum weißt du allein), Ter. Hec. 392. – **ζ** m. folg. indir. Fragesatz: res, multis consciis quae gereretur, elata, Nep. Dion. 8, 4. – **η** absol. (s. Heß Tac. Germ. 10, 8), fac me consciam, Plaut.: nec mihi conscius est ullus homo, Plaut.: sine ullo conscio, Cic.: conscios celare, Liv.: consciis loca tradit, den Mitverschworenen, Nep.: se ministros deorum, illos conscios (Vertraute), Tac.: von Vertrauten in Liebessachen, conscia cum possit scriptas portare tabellas, Ov.: miseram se conscia clamet, Hor.: poet. v. Lebl., nox, silva, Ov. – **II** bei sich selbst etw. wissend, **selbstbewusst,** sich bewusst (mit u. ohne sibi), **A** im Allg.: **α** m. *Genet.:* si alicuius iniuriae sibi c. fuisset, Caes.: c. sibi recti (mens), Verg. – **β** m. *Dat.:* c. factis mens, Lucr. – **γ** m. *in* u. Abl.: nulla c. sibi turpi in re, Lucr. – **δ** m. folg. *Acc.* u. *Infin.:* etsi mihi sum c. numquam me nimis cupidum fuisse vitae, Cic.: conscius mihi sum nihil me scientem deliquisse, Liv. – **ε** m. folg. indir. Fragesatz: cum sibi c. esset, quam inimicum deberet Caesarem habere, Hirt. b. G. – **ζ** m. *Adv.:* mulieres male sibi consciae, sich nichts Guten bewusst, schuldbewusst, Iustin. 2, 5, 7. – **η** absol.: conscii sibi, Sall.: ego pol quae mihi sum conscia, certo scio etc., Ter.: poet., virtus c., Verg. – **B** insbes., **des Unrechts** sich **bewusst, schuldbewusst** (vgl. Fabri u. Dietsch Sall. Cat. 14, 3), animus, Plaut., Sall. u. a.: poet. übtr., vultus, Sen. poët.

cōnscreor, ārī (con u. screo), **sich tüchtig räuspern,** Plaut. Pers. 308.

cōnscrībillo, āvī, āre (*Demin.* v. conscribo), **bekritzeln,** eas (tabulas) Herculis athlis, Varr. sat. Men. 76: figmentis caelum, *ibid.* 280: scherzh. übtr., ne manus mollicellas inusta turpiter tibi flagella conscribillent, mit Striemen bedecken, Catull. 25, 11.

cōn-scrībo, scrīpsī, scrīptum, ere, **I** = συγγράφω, **verzeichnen, aufzeichnen,** **A** in eine Liste (Rolle) **verzeichnen, einzeichnen, aufzeichnen, einschreiben, eintragen, aufschreiben,** **a** als milit. *t. t.*, Soldaten bei der Aushebung, Anwerbung **enrollieren,** dah. deutsch auch **ausheben, anwerben,** duas legiones civium Romanorum novas, Liv.: militem legere exercitumque c., Iustin.: c. omnes qui arma ferre possunt, Liv.: voluntarios paucos milites, Liv.: veteranos celeriter, Cic.: duae legiones, quas proxime conscripserat, Caes.: urbanae legiones, quae priore anno conscriptae erant, Liv.: exercitus se ipse conscripsit, Val. Max. – mit *Adv.* (**wo?**), m. *Genet.* (od. *Abl.*) *loc.*, m. *in* u. Abl., ibi (in Italia) duas legiones conscribit, Caes.: dum conscribitur Romae exercitus, Liv.: duae legiones, quas proxime in citeriore Gallia conscripserat, Caes.: servorum exercitus illum in urbe conscripturum fuisse, Cic. – m. *ex* u. Abl., milites circiter XXX, quos Dolabella ex Asia conscripserat, Lentul. in Cic. ep.: ala equitum conscripta e Treviris, Tac.: conscripta ex transalpinis legio, Suet.: e plebe provinciae legiones et auxilia conscripsit, Suet.: e quorum (novorum civium) delectu trecentas amplius cohortes conscripserat, Vell. – m. *in* u. Akk., conscriptae in Ciliciam legiones, Suet. Caes. 8. – m. *inter* u. Akk., inter septimanos conscribi, Tac. hist. 3, 25: inter nostros conscribi, Vulg. 1. Mach. 13, 40. – m. *adversum* u. Akk., c. exercitum adversum alqm, Val. Max. 5, 4, 5. – m. *causā* u. Genet., cohortes veteranas tumulti causā, Sall. Cat. 59, 5. – m. *Dat.* **(wem? für wen?)**, alci latrones cogere et c., Plaut. mil. 76. – **b** als publiz. *t. t.*: **α** zu einer Bürgerklasse **einzeichnen, enrollieren,** eodem tempore et centuriae tres equitum conscriptae sunt, wurden errichtet, Liv. 1, 13, 8. – u. so zu Umtrieben aller Art (bes. zu Wahlumtrieben) geworbene Bürger u. Nichtbürger in gewisse Klassen **verzeichnen, verteilen,** Collinam (tribum) novam delectu perditissimorum civium conscribebat, Cic.: cum vicatim homines conscriberentur, decuriarentur, Cic.: decuriasse Plancium, conscripsisse, Cic. – **β** in die Senatorenliste **einzeichnen, eintragen;** dah. der stehende Ausdr. patres, conscripti, **Väter** und **Beigeordnete** (weil nach Vertreibung des Tarquinius, der viele Senatoren hatte ermorden lassen, ein Teil des Senats durch Brutus aus dem Ritterstand ergänzt war), s. Liv. 2, 1. § 11; vgl. Paul. ex Fest. 7, 6: dann zus. patres conscripti, **beigeordnete Väter,** s. Cic. Cat. 1, 27. Cic. Planc. 87. Nep. Hann. 12, 2. Liv. 3, 52, 6; vgl. Drak. Liv. 6, 26, 4. – im Sing., pater conscriptus repente factus est, Senator, Cic. Phil. 13, 28; u. so poet. absol., quod sit conscripti, quod iudicis officium, Hor. de art. poët. 314. – **γ** als Kolonisten **einzeichnen, einschreiben,** decrevit senatus, uti C. Lentulus consul sex milia familiarum conscriberet, quae in eas colonias dividerentur, Liv. 37, 46, 10.

B aufzeichnen, 1 schreibend, verfassend **aufzeichnen, aufsetzen, niederschreiben = abfassen, verfassen, entwerfen, ausfertigen, a** übh.: m. *Acc.*, condiciones, Liv.: foedus, Liv. (vgl. haec convenerunt conscriptaque in Capitolio posita sunt, Liv.: in eas condiciones cum pax conveniret ab rege foederi ascripti Achaei, Boeotii etc. Haec conscripta consignataque sunt, Liv.): legem (ein Gesetz, v. Konsul), Cic.: leges (v. den Dezemvirn), Flor.: legem (einen Baukontrakt), Cic.: edicta (v. Kaiser), Suet.: edictum communiter cum poena atque iudicio (v. den Prätoren), Cic.: testamentum, Cic.: artem et praecepta, Cic.: singularum rerum laudes vituperationesque, Cic.: tabellas (einen Brief), Liv.: topica Aristotelia, Cic.: volumen, Cic.: quae promissa multis, quae conscripta (fuerint), welche mündliche Versprechungen, welche schriftliche Zusicherungen vielen gegeben worden sind, Cic. – m. *Acc.* u. m. *Abl.* (mit), scelera stilo impudico, Cic.: librum grandem verbis multis, Nep.: epistula Graecis litteris conscripta, Caes.: conscriptum lacrimis epistolium, Catull.: tabellae lepidā conscriptae manu, Plaut. – m. *in* (in) u. Abl., carmina, in quibus hortamenta virtutis conscripserat, Iustin. 3, 5, 9. – m. *inter* u. Akk., istum ostende quem conscripsti syngraphum (Kontrakt) inter me et amicam et lenam, Plaut. asin. 746 *sq.* – m. *Acc.* u. *de* u. Abl., librum de consulatu, Cic.: epistulam de his ipsis libris Caesari, Cic. – m. folg. *Acc.* u. *Infin.*, ut in ordinem se coactum conscriberet, die Notiz niederschrieb (beifügte), er sei usw., Suet. Claud. 38, 1: omni personae quam dotem suscepisse cum marito conscribitur, wird niedergeschrieben, Cod. Iust. 5, 15, 3. – absol., m. *de* u. Abl., einen Brief, eine Schrift aufzeichnen über usw. = **schreiben** über usw., de Antonio quoque Balbus ad me cum Oppio conscripsit, Cic. ep.: de quibus (viris) audivi et legi et ipse conscripsi, Cic.: c. de ratione dicendi, Rhet. Her.: de artibus, Quint. – **b** insbes., v. Arzt, **verschreiben, verordnen,** pro salutaribus mortifera, Cic. de legg. 2, 13. – **2** zeichnend **aufzeichnen, entwerfen,** imaginem (einen Bauriss), Stat. silv. 3, 1, 117.

II = ἐπιγράφω, **A auf** etw. **schreiben, zeichnen,** signum sanguinis in sua fronte, Lact. 4, 26, 39. – **B beschreiben = vollschreiben,** m. *Acc.* u. *Abl.* (mit), mensam vino, Ov.: parietes incendiorum deprecationibus, Plin.: tabula aenea conscripta litteris verbisque Graecis, eine eherne Tafel mit einer mit griechischen Buchstaben geschriebenen u. in griech. Sprache abgefassten Inschrift, Suet. – scherzh., stilis me totum usque ulmeis conscribito, schreibe mich voll, d. i. bedecke mich mit Striemen, Plaut. Pseud. 545. – ► Synkop. Perf. conscripsti, Plaut. asin. 746.

cōnscrīptio, ōnis, *f.* (conscribo), das **Verfassen, Abfassen,** die **Abfassung, Darstellung, I** eig.: c. librorum quorundam, Augustin. ep. 37. 2: c. libelli, Sidon. ep. 7,18, 1: c. de superis talis, Arnob. 5, 44: Plur., falsae conscriptiones quaestionum, falsche Aufzeichnungen, Fälschung der Untersuchungsprotokolle, Cic. Cluent. 191: omnium generum sensus conscriptionibus (fleißige Aufzeichnung) memoriae tradere, Vitr. 7. praef. § 1. – **II** meton. = die **Darstellung, Beschreibung** = das **Schriftstück, Schriftwerk,** die **Denkschrift, Verschreibung,** c. coniugii, Eheverschreibung, Ehevertrag, Vulg. Tob. 7, 16: eosque non plus tres in una conscriptione oportere esse, Vitr. 5. praef. § 3: Plur., auctorum conscriptiones, Arnob. 6, 6: architecturae conscriptiones, Vitr. 5. praef. 2: conscriptiones indecorae, Arnob. 4, 24: rerum gestarum u. bl. rerum conscriptiones, Arnob. 5, 39 *in.* u. 7, 49: in annalium conscriptionibus legere, Arnob. 7, 38: bibliothecam omnium hominum dignis conscriptionibus ornare, Iren. 3, 21, 2.

cōnscrīptor, ōris, *m.* (conscribo), der **Verfasser, Schriftsteller, Autor,** conditor conscriptorque legis, Ps. Quint. decl. 277: c. psalmi, Psalmist, Augustin. in psalm. 87, 3: talium calumniarum iste c., Augustin. serm. 12, 2: conscriptores scripturarum canonicarum, Augustin. ep. 82, 24: absol., conscriptores nostri, Arnob. 1, 56 u. 57. – insbes. (wie συγγραφεύς), der **prosaische Schriftsteller,** der **Prosaiker** (Ggstz. poëta), poëtae et conscriptores affirmant, Iren. 2, 14, 4.

cōn-seco, secuī, sectum, āre, **I in kleine Stücke zerschneiden,** brassicam, Cato: rapa, Varr.: membra fratris, Ov.: genas, zerfleischen, Anthol. Lat. 475, 2 R. – **II** von allen Seiten **beschneiden, abschneiden,** surculos, Plin.: truncum arboris, Plin.

cōnsecrāneus, ī, *m.* (con u. sacer), **durch dieselben** *sacra* **verbunden, a** der **Religionsgenosse,** Tert. apol. 16. – **b** v. Soldaten, der zu derselben Fahne geschworen hat, der **Fahneneidsgenosse,** Capit. Gord. 14, 1.

cōnsecrātio, ōnis, *f.* (consecro), die **Heiligmachung, I** eig.: **1** im Allg., das **religiöse Weihen,** die **Weihe, Heiligung,** wodurch etwas sacer (den Göttern geweiht, dah. unverletzlich, unverbrüchlich) wird, domus, aedium, Cic. de domo 106 u. 128: bonorum, *ibid.* 125: sollemnis familiae suae, Flor. 1, 17, 7: legis aut poenae, Unverbrüchlichkeitserklärung, Cic. Balb. 33 zw. – meton., das **Geweihte,** Vulg. levit. 27, 29 u. ö. – **2** insbes.: **a** die **Priesterweihe,** Vulg. exod. 29, 22 u. Eccl. – **b** die Weihung unter Anrufung der unterirdischen Götter zur Rache, **α** die **Verfluchung,** capitis, Cic. Balb. 33. – **β** die **magische Besprechung,** Tert. de idol. 15; meton. = das **geweihte Mittel gegen Bezauberung,** das **Amulett,** Lampr. Heliog. 9, 1. – **II** die **Heiligung, Vergötterung, Konsekration,** falsae consecrationes, Lact. 1, 20, 24. – insbes., die **Vergötterung** der Kaiser, die **Apotheose,** Suet. Dom. 2, 3. Tac. ann. 13, 2.

cōnsecrātor, ōris, *m.* (consecro), der **Heiliger, Weiher,** Firm. math. 4, 7 u. Eccl.

cōnsecrātrīx, trīcis, *f.* (Femin. zu consecrator), die **Heiligerin,** bovis, Vergötterin, Tert. adv. gnost. 3.

cōnsecro, āvī, ātum, āre (con u. sacer), **heilig machen, heilig sprechen, I dem heiligen (religiösen) Gebrauch anheimgeben, für Eigentum** einer Gottheit od. der Götter **erklären,** einer Gottheit oder den Göttern **weihen, 1** im Allg.: **a** eig.: aedem, Cic.: lucos et nemora, Tac.: Fortunae muliebris simulacrum cum aede sua, Val. Max.: simulacra, Cic. – domum, aedes alcis, Cic.: bona alcis, Cic. u. Liv. – diem adventus alcis, heiligen, zu einem den Göttern geweihten Tag, zu einem Festtag machen, Liv. – m. *Abl.* (durch), ossa pristini corporis memorando funere (v. Vogel Phönix), Mela. – m. *ad* u. Akk., P. Africanus veterem Carthaginem nudatam tectis atque moenibus ad testificandam nostram victoriam, ad aeternam hominum memoriam consecravit (sodass es nicht wieder aufgebaut werden durfte), Cic. – m. *Adv.* **(wo?)** od. m. *in* (in, an) u. *Abl.*, Trallibus in templo Victoriae, ubi Caesaris statuam consecraverant, Caes.: c. aram in litore, Cic.: aram fortunae salutaris pro reditu meo in urbem senatus consecravit, Monum. Ancyr. tab. 2. lin. 27*sq.* – m. *in* (bei) u. Abl., locum in condendis urbibus certis circa terminis c., Liv.: equorum greges in traiiciendo Rubicone, Suet. – mit *Dat.* **(wem?)**, aedem tonanti Iovi, Suet.: Dianae templum, Mela: delubra Menti et Virtuti et Fidei, Cic.: sedem deo, Curt.: totam Siciliam Cereri et Liberae, Cic.: Marti insulam, Mela: hunc lucum tibi *dedico consecroque,* Priape, Catull.: c. Martis manubias Musis, Cic.: spolia Iovi Feretrio, Val. Max.: tres gladios Marti Ultori, Suet.: in eo loco Philaenis fratribus aras, Sall.: verb. candelabrum dare, donare, dicare, consecrare Iovi optumo maxumo, Cic. – *Partic. Perf. Pass.* m. *Dat. comm.* statt *ab* m. Abl., ara Octavio (von Okt.) consecrata, Suet.: Campus Stellatis maioribus (von den V.) consecratus, Suet. – u. bl. *Partic. Perf. Pass.* cōnsecrātus, **geheiligt, geweiht, heilig** (Ggstz. profanus), locus, Cic.: termini, Liv.: Cupido (als Statue), Cic.: consecratis (verbis) utendum est, Quint. – m. Prädik.-Akkus. im *Partic. Fut. Pass.*, Christo se consecrare regendos, Prud. c. Symm. 1, 565. – **b** übtr., **weihen,** in qua (patria) nostra omnia ponere et quasi consecrare debemus, auf dessen Altar als Opfer legen, Cic. de legg. 2, 5. – m. *Dat.* **(wem?)**, qui certis quibusdam destinatisque sententiis quasi addicti et consecrati sunt, gleichs. sklavisch zugetan u. zu eigen gegeben sind, Cic. Tusc. 2, 5. – **2 den unterirdischen Göttern weihen, der Strafe (Rache) der Götter anheimgeben** od. **preisgeben, a** eig., auch m. *Abl.* (durch) u. m. *Dat.* **(wem?)**, bei strafbarer Übertretung eines Gesetzes, cum caput eius, qui contra fecerit, consecratur, verflucht wird, Cic. Balb. 33. – bei Gelübden, te tuumque caput sanguine hoc consecro, Liv. 3, 48, 5. – bei Schwüren, quibus (verbis) caput suum, domum suam, si scienter fefellisset, deorum irae consecraret, Plin. pan. 64, 3. – bei Kriegserklärungen, Dis pater Veiovis manes … uti vos eas urbes agrosque capita aetatesque eorum devotas consecratasque habeatis, alte Formel bei Macr. sat. 3, 9. § 10. – **b** übtr., **der Rache** jmds. als Opfer **weihen** od. **preisgeben,** esse (se) iam consecratum Miloni, Cic. de har. resp. 7.

II heilig sprechen = leb. Wesen u. lebl. Ggstd. **für göttlich** od. **heilig erklären, zur Gottheit erheben, vergöttern, heiligen, die göttliche Weihe geben** u. dgl., **1** im Allg.: **a** eig.: Liberum cum Cerere Liberaque, Cic.: Romulum, Liv. epit.: aëra Iunonis nomine, Cic.: apud Memphim bovem Apim, Suet.: nullam beluam nisi ob aliquam utilitatem, Cic.: beluas propter beneficium, Cic. – mentem, fidem, virtutem, concordiam c. et publice dedicare, Cic.: alcis virtutes c. et in deorum numero collocare, Cic.: c. origines suas et ad deos referre auctores, Liv.: honos hominis deorum religione consecratus, Cic.: marito consecratissimo, CIL 6, 3331. – besonders von der Vergötterung (Apotheose) der römischen Kaiser und ihrer Familienglieder, c. Claudium, Suet.: defunctam (matrem) prohibuit consecrari, Suet.: consecrati principes, Suet. – **b** übtr.: **α heiligen** = unverletzlich-, unantastbar machen, hanc opinionem in illo sanctissimo Hercule consecratam videmus, Cic.: vetera iam ista et religione omnium consecrata, Cic. – **β** dem Ruhme nach heiligen = **unsterblich machen, verewigen,** gew. mit *Abl.* (durch), amplissimis monumentis memoriam nominis sui, Cic.; vgl. virorum fortium memoriam honore deorum immortalium consecratam, Cic.: (Socratis) ratio disputandi Platonis memoriā et litteris consecrata, Cic. – m. *ad* od. *in* (bis zu) u. Akk., (ii viri) prope ad immortalitatis et religionem et memoriam consecrantur, Cic.: reges maximi et potentissimi ob merita virtutum suarum in memoriam sunt consecrati, Curt. – **2** prägn.: **a** ein leb. Wesen **als Gottheit zuteilen, -zuweisen,** m. *Dat.* **(wem?)**, cuiusque generis beluas numero consecratas deorum, Cic. de rep. 3, 14: u. Olympiada immortalitati, Curt. 9, 6 (26), 26; 10, 5 (18), 30. – **b** jmdm. etw. **als** etw. **Göttliches zuweisen, -zuschreiben,** cur … corporis curandi tuendique causā quaesita sit ars atque eius utilitas deorum immortalium inventioni consecrata, ihr Nutzen, d. i. sie (die Kunst) wegen ihres Nutzens der Erfindung der unst. G. als etwas Göttliches zugeschrieben wird, Cic. Tusc. 3, 1: Herculem modo et Patrem Liberum consecratae immortalitatis exempla referebas, führtest als Beispiel der Erhebung unter die Unsterblichen an, Curt. 8, 5 (19), 16. – übtr., beneficium elegantissimo carmine aeternitati c., der Ewigkeit zuweisen = verewigen, Val. Max. 1, 7. ext. 3. – **c** als heilig erkennen u. bekennen, **heiligen,** sit deus nobis non in templis, sed in corde consecratus, Lact. de ira dei 23, 28: secum habeat deum semper in corde consecratum, quoniam ipse est dei templum, Lact. 6, 25, 15: nonne deus melius in nostra dedicandus est mente, in nostro immo consecrandus est pectore? Min. Fel. Oct. 32, 2.

cōnsecror, ātus sum, ārī (Nbf. v. consecro), **heiligsprechen, vergöttern,** quos (Antoninos) sapientia bonitas pietas consecrata sit, Lampr. Anton. Diad. 7, 4.

cōnsectāneus, a, um (consector), **a** *adi.* = **folgerecht,** consectaneum est credere, Arnob. 7, 5. – **b** *subst.* = der **Anhänger,** tuus, Augustin. de civ. dei 10, 27 *in.*

cōnsectārius, a, um (consector), **folgerecht,** illud vero minime consectarium, sed in primis hebes, gloriatione dignam esse beatam vitam, Cic. de fin. 4, 50. – subst., cōnsectāria, ōrum, *n.*, die **Schlussfolgen,** die **Folgesätze,** Cic. de fin. 3, 26 u. 4, 48.

cōnsectātio, ōnis, *f.* (consector), das **Streben und Trachten,** das **bewusste Streben** nach etwas, concinnitatis, Cic. or. 165: generum (vini) in numerum, das Verfolgen (in der Rede) nach der Reihe, Plin. 14, 70.

cōnsectātor, ōris, *m.* (consector), der **eifrige Anhänger,** spät. Eccl.

cōnsectātrīx, trīcis, *f.* (Femin. zu consectator), die **eifrige Anhängerin, Freundin** (Ggstz. inimica), voluptatis, Cic. de off. 3, 117.

cōnsectio, ōnis, *f.* (conseco), das **Zerschneiden,** arborum, Cic. de nat. deor. 2, 151: consectionis eius (materiae) fabricam habere, die Kunst es zu zimmern haben, Cic. de div. 1, 116.

cōnsector, ātus sum, ārī (*Frequ.* v. consequor), **immer u. immer-, eifrig verfolgen,** einer Person od. Sache **nachgehen, I** im guten Sinne: **a** eig.: **α** ein leb. Wesen: hos consector, Ter. eun. 249. – **β** einer Örtl. **nachgehen,** haec angiporta c., sich durch diese G. drücken, Plaut. Pseud. 1235: u. (im Bild) tardi ingenii est rivulos consectari, fontes rerum non videre, Cic. de or. 2, 117. – **b** übtr., etwas **eifrig verfolgen,** einer Sache **nachgehen, nachziehen, nachhängen,** etw. **suchen, zu erlangen (erhalten) trachten,** nach etw. **streben** u. **trachten,** omnes umbras falsae gloriae, Cic.: umbram virtutis, Val. Max.: opes aut potentiam, Cic.: verba, sich nur an die W. halten (Ggstz. rem considerare), Cic.: neque quisquam est, qui dolorem ipsum, quia dolor sit, amet, consectetur, adipisci velit (Ggstz. nemo ipsam voluptatem, quia voluptas sit, aspernatur aut odit aut fugit), Cic.: non debita c. (Ggstz. quod debeatur remittere), Cic. – m. Ang. **wodurch?** durch *Abl.*, largitione benevolentiam Macedonum c., Cic. – m. folg. *Infin.*, dum passerem consectatur arripere, Apul. met. 8, 20. – So nun bes.: **α** erörternd **verfolgen** = einer weiteren Erörterung unterwerfen, ne plura, quae sunt innumerabilia, consecter, comprehendam brevi, Cic.: sed quid singula consector et colligo (zähle auf, führe auf), Plin. pan.: u. so Aratus minutissima sidera consectatur et colligit, Plin. ep.: c. singulorum munificentiam, Val. Max. – **β** etw. forschend **verfolgen,** einer Sache **nachgehen, nachforschen,** deorum monita (v. Haruspex), Val. Max. 8, 11, 2: subtilius ista consectati, nach gründlichem Nachdenken darüber, Plin. 2, 139. – **γ** darstellend, nachahmend etw. **erstreben,** einer Sache **nachjagen,** nach etw. **haschen,** ubertatem orationis, Cic.: in historia puerile quiddam, Cic.: vitium de industria, Cic. – m. Ang. **wodurch?** durch *Abl.*, illa quae insignia ac paene vitiosa imitando c., Cic. – **II** im üblen Sinne: **1** v. brünstigen männl. Tieren, dem Weibchen **nachlaufen,** senectam ovium (Ggstz. fastidire agnas), Plin. 8, 188: u. (mit Anspielung darauf) v. Pers., mares, feminas, Plaut. mil. 1113. – **2** feindl. **verfolgen, nachsetzen,** auch m. Ang. **womit?** durch *Abl.*, **a** eig.: hos petere, hos consectari (v. Amor), Plaut.: alqm stricto gladio, Iustin.: alqm clamoribus et conviciis et sibilis, Cic.: u. passiv, meam novercam consectari (verfolgt wird) lapidibus a populo video,

Laber. com. 142. – als milit. *t. t.*, c. hostes, Caes.: quosdam c. et conficere, Cic.: c. maritimos praedones, Nep.: pueros mulieresque, Caes.: c. fessos, Liv.: c. singulas naves, Caes.: naves Caesarianas, Auct. b. Afr.: c. per urbem victos implacabili odio, Tac.: eos equitatu, Caes. b. G. 6, 8, 7. – als *t. t.* der Jägerspr., c. silvestria saecla ferarum, Lucr.: c. pecora, Liv.: Partiz. Präs. subst., lupus magno consectantium (Verfolger) tumultu evasit, Liv. – **b** übtr.: alqm per hanc speciem simultatis, Cael. in Cic. ep. 8, 12, 2: cives nefarie, Auct. b. Afr. 44, 3. – v. lebl. Subjj., omnia me mala consectantur, Plaut. Bacch. 1093. – ► Parag. Infin. consectarier, Plaut. Pseud. 1235.

cōnsecuē (cōnsequē), *Adv.* (consecuus), **folgend,** Lucr. 5, 677 (679).

cōnsecūtio, ōnis, *f.* (consequor), **I** die **Folge, A** *t. t.* der philos. Sprache: **a** die **Folge,** als Wirkung, Rhet. Her. 2, 3 u. 8. Cic. de or. 3, 113; top. 53: consecutionem alcis rei afferre, d. i. etwas zur Folge haben, Cic. de fin. 1, 37: Plur., causas rerum et consecutiones videre, *ibid.* 2, 45. – **b** die **Folgerung, Schlussfolge,** Cic. de inv. 1, 45. – **B** rhetor. *t. t.*, die **gehörige Aufeinanderfolge, Ordnung, Verbindung,** verborum, Cic. part. or. 18. – **II** die **Erreichung, Erlangung,** Tert. de bapt. 18 u. a.: consecutiones lucrorum, Arnob. 4, 9.

cōnsecuus (cōnsequus), a, um (consequor), **folgend,** Sidon. epist. 7, 14, 9. Cl. Mam. de stat. anim. 2, 9. Vgl. Lachm. Lucr. 5, 679. p. 304.

cōn-sedeo, sēdī, ēre, **I beisammensitzen,** foro, Anecd. Helv. 169, 17. – **II mitsitzen,** Vulg. Ephes. 2, 6 u. a. Eccl.

1. cōn-sēdo, āvī, āre, **gänzlich stillen,** maximos tumultus maturissime disieci atque consedavi, Cato oratt. 1. fr. 21.

2. cōnsedo, ōnis, *m.* (con u. sedeo), der **Zusammensitzer** mit jmd., Cass. Hemina bei Non. 62, 25.

cōn-sēminālis, e, in vermischten Gattungen **zusammengesät,** Col. 12, 45, 6.

cōnsēmineus, a, um (con u. semen), in vermischten Gattungen **zusammengesät, von allerhand Gewächs,** vineae, Col. 3, 21, 7: silva, Col. 11, 2, 83.

cōnsēminus, a, um (con u. semen), **aus verschiedenen Samengattungen erzeugt,** vitis, Plin. 14, 36.

cōn-senēsco, senuī, ere, ergreisen, vergreisen, **I ergreisen** = **ins Greisenalter (ins hohe Alter) gelangen, ein hohes Alter erreichen,** von Pers., ibi (Tusculi) per quattuordecim annos cum uxore, Eutr.: in agris amoenissimis, Eutr.: hāc casā (v. Baucis u. Philemon), Ov.: Smyrnae, Suet.: apud Parthos ignobili servitute, Eutr.: in Puteolano praedio usque ad centesimum annum, Suet. fr. 105. p. 135. 17 R. – v. lebl. Subjj., haud ulla carina consenuit, Prop. 3, 7, 36. – **II** im üblen Sinne, **vergreisen, a** eig., **zum alten Mann werden,** bes. vor der Zeit, **alt und grau werden, alt und stumpf werden, alt und schwach werden, die Jugendfrische** od. **die Jugendkraft verlieren, verkommen, sich verliegen, α** v. leb. Wesen: Alexandro alieno in agro bellanti exercitus consenuisset, Liv.: sin inclusae consenescunt (columbae), Varr.: propter pedes (Läusen) consenescunt pulli, Varr. – insontem, indemnatum in exsilio c., Liv.: in ultimo ac remotissimo terrarum orbis angulo, Vell.: in manibus alcis et gremio maerore et lacrimis, Cic.: iuventus ad Veios consenescit, Liv.: c. circa Casilinum Cumasque et Nolam (v. Hannibal), Liv.: insulam petere ab Romanis, ubi in contemptu atque inopia consenescat, Liv.: in umbra c., Quint.: in commentariis rhetorum c., Quint.: c. in Sicilia sub armis, Liv.: denis vicenisque annis inter bella iuventus consenuit, Sen. rhet. – **β** von den Kräften des Körpers u. Geistes, **alt und stumpf werden,** consenescunt vires atque deficiunt, Cic.: animum quoque patris consenuisse in affecte corpore, Liv. – **γ** v. Lebl., **alt werden, an Frische verlieren, verkommen,** quam ob rem ova aut inaequaliter maturescunt aut consenescunt, Varr.: consenuit haec tabula carie, Plin.: consenuit vitis vitio soli, Col. – **b** übtr.: **α** übh. an innerer Kraft, Stärke gleichs. **alt und stumpf werden, erlahmen,** quid attinere cum mortali corpore uno civitatis, quam immortalem esse deceat, pati consenescere vires? Liv.: invidia habet repentinos impetus, interposito spatio et cognitā causā consenescit, Cic.: tumor consenuit militum, Amm.: oratio, quae ferri debet et fluere, dimetiendis pedibus ac perpendendis syllabis consenescit, Quint. – **β an** polit. **Geltung, an** polit. **Ansehen verlieren, veraltern, nicht mehr aufkommen können,** v. Pers., omnes illius partis auctores ac socios nullo adversario consenescere, Cic.: otio et tranquillitate rei publicae c., Cic. – von Abstr., consenuisse iam secum et rogationes promulgatas et vim omnem tribuniciae potestatis, Liv.: veteres leges aut ipsā vetustate consenuisse aut novis legibus esse sublatas, Cic.: noster Magnus, cuius cognomen unā cum Crassi Divitis cognomine consenescit, Cic.

cōn-senior, ōris, *m.* = συμπρεσβύτερος, der **Mitälteste, Mitpresbyter,** Vulg. 1. Petr. 5, 1.

cōnsēnsio, ōnis, *f.* (consentio), die **Übereinstimmung, I** im Allg.: **a** v. Pers., die **Übereinstimmung, Einhelligkeit** (Ggstz. dissensio), zuw. auch deutsch das **übereinstimmende (einhellige) Zeugnis,** der **übereinstimmende (einhellige) Beschluss,** c. omnium gentium, Cic.: omnium firma c., Cic.: tantā consensione Italiae, Cic. – m. obj. *Genet.*, tanta universae Galliae consensio fuit libertatis vindicandae et pristinae belli laudis recuperandae, ut etc., Caes. – m. *in* u. Abl., quo in discrimine cum mirifica senatus, incredibilis Italiae totius, singularis omnium bonorum consensio in me tuendo exstitisset, Cic. – m. *de* **(in Betreff)** u. Abl., nulla de illis magistratuum consensio, Cic. – **b** von lebl. Subjj., die **Übereinstimmung,** die **Sympathie, Harmonie,** id in quo est omnis vis amicitiae, voluntatum, studiorum, sententiarum summa consensio, Cic.: c. naturae, Cic. – **II** im üblen Sinne, die **Verabredung,** das **geheime Einverständnis,** das **Komplott,** bes. gegen den Staat, consensio magistratuum, quae honeste sodalitas nominatur, Cic.: globus consensionis, Nep.: c. scelerata, Cic.: magna multorum, Nep.: aperta civitatum, Tac. – im Plur., nullaene consensiones factae esse dicuntur? Cic. Verr. 5, 9.

cōnsēnsus, ūs, *m.* (consentio), die **Übereinstimmung, I** im Allg.: **a** v. Pers., die **Übereinstimmung, Einstimmigkeit, Einhelligkeit,** zuw. auch deutsch das **übereinstimmende (einhellige) Urteil, Zeugnis,** der **übereinstimmende (einhellige) Beschluss,** die **übereinstimmende (einhellige) Verabredung,** der **einstimmige (allgemeine) Wunsch,** das **einstimmige Verlangen,** die **Einwilligung** (Ggstz. dissensus, Pompon. dig. 46, 3, 80. Claud. b. Gild. 300 *sq.*), omnium, Cic.: populi, Cic.: populi Romani, Liv. (s. Drak. Liv. 8, 35, 1): omnium ordinum, Cic.: bonorum, Cic.: c. consilii totius Galliae, Caes.: deorum hominumque, Tac. u. Val. Max.: grammaticorum, Quint.: eruditorum, Quint.: c. ille theatri, jener einstimmige Zuruf, Cic.: c. gentium omnium tacitus, Plin.: c. tantus senatus, Cic.: c. universi senatus populique Romani, Vell.: c. senatorum, Liv.: fratrum c. conspirans et paene conflatus, Cic. – consensu nobilium adulescentium, Liv.: consensu civitatis, nach allgemeinem Wunsch des St., Liv. – consensu omnium, einstimmig, z. B. consensu omnium ad alqm imperium od. summa imperii defertur, Caes. u. Liv.: consensu omnium victus est, Liv. – mit *in* u. Abl. **(worin?),** consensus gentium in observatione horarum, Plin.: aber versch. numquam maior consensus vester in ulla causa fuit, Cic. – mit *ad* od. *in* u. Akk., faciliore inter malos consensu ad bellum quam in pace ad concordiam, Tac.: legionis Martiae quartaeque mirabilis consensus ad rem publicam recuperandam, Cic.: promptus in rem subitam consensus, Tac.: versch. summum studium optimus in rem publicam consensus, für den St., Cic. – m. *adversus* u. Akk., c. filiorum adversus patres, Sen. contr. 2, 1 (9), 22. – m. obj. *Genet.*, c. temptatae defectionis, Üb. (mit dem Volk) in usw., Liv. 23, 15, 7. – absol., alqd apud Chattos in consensum vertit, hat sich zur allgemeinen Sitte gestaltet, Tac. Germ. 31 *in.* – und Abl. consensu = einstimmig, resistere, Liv.: munus iniungere, Liv.: avaritiam aut crudelitatem obiectare, Tac. – **b** von Lebl., die **Übereinstimmung,** die **Sympathie, Harmonie,** convenientia consensusque naturae, Cic.: cognatio naturae et quasi concentus atque consensus, quam συμπάθειαν Graeci appellant, Cic.: quae (natura) ut uno consensu iuncta sit et continens, Cic. – mirus quidam omnium quasi consensus doctrinarum concentusque, Cic.: omnis haec conspiratio consensusque virtutum, Cic.: tertium adici potest velut ex consensu duorum antecedentium, Quint. – **II** im üblen Sinne, die **Verabredung,** das **geheime Einverständnis,** das **Komplott,** bes. gegen den Staat, c. audacium (von Bösewichtern), Cic. Sest. 86. – mit obj. *Genet.*, consensum coniurationis (zur V.) exstinguere, Ps. Cic. prid. quam iret in exs. 4, 9.

cōnsentāneē, *Adv.* (consentaneus), **übereinstimmend,** alia Platonicis dogmatibus c. dicta, Chalcid. Tim. 225: c. ad parsimoniam vetustatis prodire, Garg. Mart. de persic. 13: c. cum natura vivere, Lact. 3, 8, 20: c. narrare alqd, der Wahrheit gemäß, Hier. in Rufin. 3, 1 *extr.*

cōnsentāneus, a, um (consentio), mit etwas **übereinstimmend,** im **Einklang stehend,** einer Sache **entsprechend** (Ggstz. dissentaneus, repugnans), quod quidem erat consentaneum cum iis litteris, quas ego Romae acceperam, Cic. ep. 3, 6, 2. – gew. m. *Dat.*, cuiusque naturae, Rhet. Her.: tempori, Cic.: alci, Cic.: absol., c. vir vitā et morte, sich gleich, Vell. – dah. consentaneum est, es ist **vereinbar, reimt sich zusammen, es ist die natürliche, vernunftgemäße Folge, es ist natürlich, vernunftgemäß, es ist in der Ordnung, es passt,** m. folg. *Infin.*, Cic. de fin. 2, 70 u. 35; de fat. 33: m. folg. *Acc.* u. *Infin.*, Cic. Acad. 2, 28; de nat. deor. 2, 42; de off. 1, 68: mit folg. *ut* u. Konj., Plaut. Bacch. 139. Cic. de fin. 3, 68. – subst., cōnsentānea, ōrum, *n.*, übereinstimmende Umstände (Ggstz. repugnantia), Cic. de or. 2, 170.

Cōnsentēs dī, die **Ratgebenden,** von den zwölf obersten Göttern, weil sie den großen Götterrat bildeten, auch di complices gen. (*Iuppiter, Iuno, Vesta, Ceres, Diana, Minerva, Venus, Mars, Mercurius, Neptunus, Vulcanus, Apollo*), Varr. LL. 8, 70 *sq.* Varr. r. r. 1, 1, 4. Arnob. 3, 40.

Consentia, ae, *f.*, Stadt der Bruttier in Unteritalien, j. *Cosenza,* Mela 2, 4, 8 (2. § 68). – arch. synk. Nbf. Cosentia, CIL 1, 551, Iord. Getic. 30. – Dav. **Consentīnus,** a, um, **konsentinisch,** ager, das Gebiet von Konsentia, Varr. u. Plin.: u. Plur. subst., **Consentīnī,** ōrum, *m.*, die Einw. von Konsentia, die Konsentiner, Cic.

cōn-sēntio, sensī, sēnsum, īre, **zusammenstimmen, übereinstimmen, I** eig., v. Pers. **a** im Allg., **zusammen-, übereinstimmen, einverstanden sein, übereinkommen, sympathisieren** (Ggstz. dissentire, differre), im Passiv auch unpers., consentitur = **man stimmt überein, ist einverstanden** u. dgl., **α** absol.: puro pioque bello quaerendas (verst. res) censeo, itaque consentio consciscoque, alte Formel bei Liv.: proinde consentite, conspirate, fasst also einen einmütigen Beschluss, Plin. ep.: animi consentientes, Cic.: concordi et consentiente collegā, Suet. – **β** m. *Abl.* (durch, nach u. dgl.), magnā amoris conspiratione consentientes amicorum greges, Cic.: nec refert quod inter se specie differant, cum genere (der Gattung nach, in der G.) consentiant, Tac. dial.: re (in der S.) consentientes vocabulis differebant, Cic. – qui naturā consentit, Cic. – **γ** m. *Dat. pers.* od. *rei.* od. mit *cum* u. Abl. der Pers. od. Sache, hic si sibi ipse consentiat (folgerichtig handelt), Cic.: consensisse illis superioribus videri potest etiam Cornelius Celsus, Quint.: c. superioribus iudiciis, Cic.: c. suis studiis, Geschmack finden an usw., Hor. – cum his (oratoribus) philosophi consentiunt, Quiat.: ut vestrae mentes atque sententiae cum populi Romani voluntatibus suffragiisque consentiant, Cic. – **δ** m. *de* u. Abl., de cuius (amicitiae) utilitate omnes uno ore consentiunt, Cic.: omnes iam cives de rei publicae salute unā et mente et voce consentiunt, Cic.: de quo docti indoctique consentiunt, Augustin.: neque tamen Aristippus *cum* Cyrenaicis *de* ipsa voluptate consentiens, Cic. – Passiv unpers., de prioribus consentitur, Tac. – **ε** m. *in* u. Abl. (s. Bünem. Lact. 5, 7, 3), in qua (causa) omnes honestates civitatis, omnes aetates, omnes ordines unā consentiunt, Cic.: in quibus (quaestiunculis) ego nec dissentire a vobis salvā gratiā nec consentire salvā conscientiā possum, Sen.: cum omni provincia c. in odio Cassii, Auct. b. Alex. – **ζ** m. *ad* u. Akk., exercitus parvus, sed ad benevolentiam erga nos consentiens, Cic.: non solum homines, sed etiam deos immortales ad rem publicam conservandam consensisse, Cic. – od. m. *in* u. Akk. (s. Drak. Liv. 4, 35, 4. Benecke Iustin. 13, 4, 2. Bünem. Lact. 5, 7, 3), equites in Aridaeum regem consentiunt, stimmen einhellig für den usw., Iustin. – u. Passiv unpers., extemplo sine publica auctoritate consensum in omnem formam luctus est, Liv. – **η** m. *adversus* u. Akk., adversus maleficium omne consensimus, Sen.: ad alia discordes in uno adversus patrum voluntatem consensisse, Liv.: universis adversus hostem consentientibus, Frontin. – **θ** mit *Acc.*, od. mit *Acc.* u. *Infin.*, od. mit bl. *Infin.*, od. m. Folgesatz m. *ut* u. Konj. = in etwas **übereinstimmen, sich einigen,** etw. **einstimmig beschließen** od. **festsetzen,** m. *Acc.* u. zwar mit bestimmtem *Acc.*, c. bellum, Liv. 8, 6, 8: u. im Passiv, bellum erat consensum, Liv. 1, 32, 12: consensa in posterum diem contio, Liv. 24, 37, 11. – mit allg. *Acc. pron.*, idem (eben darin) socios consensisse omnes, Liv. – m. allg. *Acc. pron.* u. folg. *Acc.* u. *Infin.*, id (darin) consensisse *de* Collatino plurimas gentes arbitramur, primarium populi fuisse, Cic. – m. bl. *Acc.* u. *Infin.*, omnes mortales unā mente consentiunt omnia arma contra illam partem esse capienda, Cic. – Passiv unpers., omnium fluminum maximum esse Nilum consentitur, Gell. 10, 7, 1. – m. bl. *Infin.*, si consenserint possessores non vendere, quid futurum est? Cic.: und Partiz. Fut. Passiv., non qui acervos turis dat concremandos igni, numina consentiendus est colere, muss man einstimmig für passend halten, Arnob. 4, 30. – m. *ut* u. Konj., senatus censuit, consensit, conscivit, ut bellum cum Priscis Latinis fieret, Liv. 1, 32, 13.

b insbes., **gemeinschaftliche Sache machen, im Einverständnis sein, einverstanden sein, übereinkommen, sich verabreden, ein Komplott machen, eine Verschwörung anzetteln, sich verschwören, α** absol.: consentire omnem citeriorem provinciam, Caes. b. c. 2, 17, 4. – **β** m. *pro* u. Abl., pro Romanis tota Italia consensit, Eutr. 3, 5. – **γ** m. *cum* u. Abl., si Gallia omnis cum Germanis consentiret, Caes. – **δ** m. *de* u. Abl., cum Demade de urbe tradenda Antipatro, Nep. – od. m. *causā* u. Genet., belli faciendi causā, Cic. – **ε** mit *ad* u. Akk., ad prodendam Hannibali urbem Romam, Liv. – **ζ** m. *adversus* u. Akk., adversus patrem suum cum amicis, Val. Max. 9, 11. ext. 3. – **η** mit *Infin.*, delere rem publicam consensisse, Cic.: quod consensisset cum Hispanis quibusdam eum comprehendere ad Caesaremque deducere, Cic. – **θ** m. folg. *ut* u. Konj., consensisse Gaditanos principes cum tribunis cohortium … ut Gallonium ex oppido expellerent, Caes. b. c. 2, 20, 2: u. so Liv. 4, 11, 4. Tac. ann. 13, 23.

II übtr., v. lebl. Subjj., **übereinstimmen, im Einklang stehen, sympathisieren, harmonieren, entsprechen, korrespondieren** u. dgl. (Ggstz. pugnare), **α** absol.: ratio nostra consentit, pugnat oratio, Cic. – oft im Partiz. Präs., cōnsentiēns, tis, **übereinstimmend, einstimmig, einhellig, sympathisierend, harmonierend,** c. populi Romani universi voluntas, Cic.: hominum c. auctoritas, Cic.: consilium omnis vitae c. et paene conspirans, Cic.: tanta rerum consentiens, conspirans, continuata cognatio, Cic.: pars orbis, quae coniunctum aliquid habeat aut consentiens, Cic.: consentiente capite, Scrib. – u. v. Äußerungen der Einhelligkeit, clamore consentienti pugnam poscunt, Liv.: consentiente voce reliquam partem rettulerunt, Suet. – **β** m. *Dat.*, ut principiis (mit den A.) consentiant exitus, Cic. – od. m. *cum* u. Abl., cum vultus Domitii cum oratione non consentiret, Caes.: cuius (iuguli) ea ratio est, quod per se non movetur, sed cum umeri motu consentit, von der B. der Sch. abhängt, Cels. – m. *inter se* (untereinander), quod inter se omnes partes (corporis) cum quodam lepore consentiunt, Cic. – **γ** m. *de* u. Abl., cuius de laudibus omnium esset fama consentiens, Cic.

cōnsentium, ī, *n.* = συνέδριον, die **Ratsversammlung,** deorum, CIL 3, 1935.

cōnsentīvus, a, um (consentio), **zustimmend = bejahend,** subst., cōnsentīva, ae, *f.*, die **Bejahungspartikel** (Ggstz. negativa), Donat. Ter. Andr. 1, 2, 34.

cōn-sepelio, sepultus, īre, **mitbegraben,** consepeliri cum alqo, Ambros. in Luc. 6, 7. § 30 u. 34: corporis morti consepeliri in baptismo, Hilar. de trin. 1. p. 3. – Perf. Pass. consepultus sum u. Partiz. consepultus oft bei den Eccl.

cōnsēpio, cōnsēptum, s. cōn-saepio.

cōnsēpto, s. cōnsaepto.

cōnsequē, *Adv.*, s. cōnsecuē.

cōnsequēns, quentis, *PAdi.* (consequor), **in richtiger Folge stehend, a** (als gramm. *t. t.*) **folgerecht** = **richtig konstruiert,** in coniunctis (verbis), quod non est consequens (das Konstruktionswidrige), vituperandum est, Cic. part. or. 18. – im *Superl.*, consequentissima ratio est m. folg. Akk. u. Infin., Rufin. interpr. Orig. in num. hom. 12. p. 72 *Lomm.* – **b** (als philos. *t. t.*) = ἀκόλουθος, **folgerecht, α** übh. = vernunftgemäß, angemessen, consequens est m. folg. *ut* u. Konj., quoniam scriptum est a te de optimo rei publicae statu, consequens esse videtur, ut scribas tu idem de legibus, Cic. de legg. 1, 15: u. quid consequentius, quam ut ipse sit caritas, qui etc., Augustin. de trin. 15, 19 *extr.* – m. folg. *Acc.* u. *Infin.*, consequens est eos invitos non potuisse retineri, Quint. 5, 10, 77. – m. folg. *Infin.*, atque quidem consequens fuerat sic dicere, Gell. 1, 4, 7; vgl. Ulp. dig. 43, 24, 15. § 12. – **β folgerecht** = **notwendig** logisch **folgend,** Cic. de or. 2, 215: nihil tam est consequens (folgt so notwendig aufeinander) quam narrationi probatio, Quint. 4, 3, 5. – u. consequens est m. folg. *ut* u. Konj., **es ist folgerecht, die (notwendige) Folge, folgt** (notwendig), et quomodo hoc sit consequens illi, sic illud huic, ut etc., Cic. Tusc. 5, 18 (u. so oft bei Lact., s. Bünem. 1, 3, 9). – m. folg. *Acc.* u. *Infin.*, hoc probato consequens est beatam vitam virtute esse contentam, *ibid.* – u. subst., cōnsequēns, quentis, *n.*, die **Folge, Folgerung,** der **Folgesatz** (Ggstz. antecedens), Cic. de fin. 4, 68: Plur., Cic. Tusc. 5, 24 u. a. Quint. 5, 10, 2.

cōnsequenter, *Adv.* (consequens), a) = ἑπομένως, **auf übereinstimmende, angemessene Weise, passend, gemäß,** alci rei, ICt. u. Spät.: absol., **der Sache gemäß,** Hieron. ep. 22, 13. – **b folgerecht,** Apul. met. 10, 2. Chalcid. Tim. 29 E. u. ö.: *Compar.*, Iulian. b. Augustin. c. sec. resp. Iul. 1, 108.

cōnsequentia, ae, *f.* (consequor), die **Aufeinanderfolge, Folge,** eventorum, Cic.: naturae, rerum, Gell. (u. so Plur. consequentiae rerum, Arnob. 2, 30): per consequentiam, Rhet. Her. u. ICt., per consequentias, ICt.: consequentiae regulam servare, Frontin.

cōnsequius, a, um (consequor), **nachfolgend,** Apul. met. 5, 24; 10, 18; vgl. Lachmann Lucr. 5, 679. p. 304 *sq.*

cōn-sequor, secūtus sum, sequī, beifolgen, d. i. **mitfolgen, nachfolgen, nachgehen, nachkommen, I** im Allg.: **1** eig.: **a** im guten Sinne: una earum interea propere praecucurrit nuntians nunc me venisse; ego eius videndi cupidus rectā consequor, Ter.: comitibus non consecutis, Cic. – m. *Acc.*, alqm vestigiis (auf dem Fuße), Cic.: alqm continuo, strenue, Plaut.: alqm clanculum usque ad fores, Plaut. – u. (im Bild) v. Lebl., hominem consequitur aliquando, numquam comitatur divinitas, folgt nach (= wird ihm nachmals zuteil), Curt. 8, 5 (19), 16. – **b** als Verfolger **nachfolgen, nachsetzen,** consequuntur equites nostri, ut erat praeceptum, invaduntque, Hirt. b. G.: consecutis hostibus strenue, Curt. – m. *Acc.*, c. statim Hasdrubalem, Liv.

2 übtr.: **a** der Zeit nach unmittelbar **folgen, erfolgen, eintreten,** v. Zeitabschnitten usw., tempus praeteritum, instans, consequens, Rhet. Her.: is annus, qui consequitur, Cic.: omnes anni consequentes, Cic.: proximo, altero, tertio, denique reliquis consecutis diebus, Cic.: in illo tempore civitatis, quod post mortem Caesaris consecutum est, Cic.: tamen afficior summo dolore eiusmodi tempora post tuam profectionem consecuta esse, ut etc., Cic. – v. Ereignissen, Zuständen, haec cum dixisset silentium est consecutum, Cic.: vere ei mortem eam est auguratus, quae brevi consecuta est, Cic.: quodsi non est mors consecuta (bei Krankheit), Cels. – m. *Acc.*, quia libertatem pax consequebatur, Cic.: has tam prosperas res consecuta est subita commutatio, Nep.: quam crudelitatem sera paenitentia consecuta est, Curt. – v. Pers., et consecutus Sallustium Livius Tibullusque et Naso, Vell.: hunc Cethegum consecutus est aetate (der Zeit nach) Cato, Cic.: ille me in tribunatu liberorum iure *praecessit*, ego illum in praetura *sum consecutus*, Plin. ep. – **b** einer vorhergehenden Ursache als Wirkung unmittelbar **folgen,** auf etw. unmittelbar **erfolgen,** von etw. **die** unmittelbare **Folge sein,** aus etw. unmittelbar **entspringen,** von etw. **die Ursache (Quelle) sein, α** übh., necesse est consilia consequi consimilia, Ter. – m. *ab* od. *ex* u. Abl., rebus ab ipsis consequitur sensus, Lucr.: ex quo illud naturā consequi, ut communem utilitatem nostrae anteponamus, Cic. – m. *Acc.* dessen, worauf etw. folgt od. erfolgt usw., quam eorum opinionem magni errores consecuti sunt, Cic.: quod dictum magna invidia consecuta est, Nep.: ex quo fit, ut pudorem rubor, terrorem pallor et tremor et dentium crepitus consequatur, Cic. – **β** logisch **folgen, die** logische **Folge sein,** si igitur, quod primum in conexo est, necessarium est, fit etiam, quod consequitur, necessarium, Cic. – m. *Acc.* dessen, worauf etw. folgt usw., qui autem ex eo cogi putat, ne ut sedeamus quidem aut ambulemus voluntatis esse, is non videt, quae quamque rem res consequatur, was von jedem die Folge sei, Cic. – **c** einem sich vorgesetzten Weg od. Ziel (einer Ansicht, einer Vorschrift, einem Vorbild) gleichs. nachgeben, etw. **streng verfolgen, streng einhalten, sich streng** od. **getreulich** an etw. **halten,** etw. **streng befolgen,** einer Sache **sich streng befleißigen,** c. mediam consilii viam, Liv.: c. suum quoddam institutum, Cic.: exilitatem de industria, Cic. – quem (Chrysippum) Diogenes Babylonium consequens partum Iovis disiungit a fabula, Cic.

II prägn., **nachkommen** = jmd. od. etw. **einholen, ereilen, erreichen, 1** eig.: **a** im guten Sinne (s. Fabri Liv. 24, 20, 2): interim reliqui legati sunt consecuti, Nep.: Aureliā viā profectus est; si accelerare volent, ad vesperam consequentur, Cic. – m. *Acc.*, tu nihilo minus, si properaris, nos consequere, Cic.: alcis litteras prope consecutum esse, Liv.: c. in itinere proficiscentem ad mercatum quendam, Cic.: c. Ephesi regem, Liv.: si statim navigas, nos Leucade consequere, Cic. – v. Lebl., Scipionem litterae consecutae sunt, Caes.: animalia minuta, quae non possunt oculi consequi, Varr. – **b** als Verfolger (bes. als milit. *t. t.*), priusquam alter, qui nec procul aberat, consequi posset, Liv. – m. *Acc.*, c. fugientem, Liv.: longe progressum equitem (v. Tiger), Mela: reliquas copias Helvetiorum, Caes.: reliquos omnes equitatu, Caes.: hos in Algido, Liv. – columbam pennis (v. Geier), Verg.: alqm pedibus, Ov. – u. (im Bild) habeo certam viam atque rationem, quā omnes eorum conatus investigare et consequi possim, aufspüren u. hinter sie (ihnen auf die Sprünge) kommen kann, Cic. I. Verr.. 48.

2 übtr.: **a** übh. etw. **erreichen, α** v. Pers. als Besitz, Erfolg usw., mit od. ohne Zutun (Streben) etw. **erreichen, erzielen, erlangen, gewinnen, davon haben,** sich **aneignen, sich zu eigen machen,** gew. etw. Erwünschtes, cuius rei tantae tamque difficilis facultatem *consecutum esse* me (erstrebt od. erzielt zu haben) non profiteor; *secutum esse* (danach gestrebt oder gezielt zu haben) prae me fero, Cic.: nos ea, quae *consecuti sumus,* his studiis et artibus *adeptos esse,* quae etc., Cic.: facere omnia voluptatis causā, etiam si eam non *consequare,* aut non dolendi, etiam si id *assequi* nequeas, aut eorum, quae secundum naturam sunt, *adipiscendi,* etiam si nihil consequare, Cic.: ut brevi consecutus (sich zu eigen gemacht, gelernt) quae insinuaverat grammaticus, Treb. Poll. XXX tyr. 28, 2. – u. so c. quaestum, Cic.: opes quam maximas, Cic.: potentiam, Cic.: laudem egregiam, Cic.: amplissimum nomen, Cic.: honores amplissimos, Cic.: eum magistratum (verst. consulatum), Cic.: eloquentiam, Cic.: meritum cognomen Pii, Vell. – m. *ab* u. Abl., quasi ab eo (a populo Romano) facilius ob eam causam dignitatem quam volunt consequantur, Cic. – m. *ex* u. Abl., aliquid ex ea (verst. exercitatione corporis laboriosa) commodi c., Cic.: fructum amplissimum ex rei publicae causa, Cic.: ex rei publicae causa mihi quidem molestam, sibi gloriosam victoriam consecutus est, Cic. – m. *per* u. Akk., omnia per senatum (neben assequi per populum), Cic.: per haec et per eos cibos, qui extenuant, idem se consequi dicunt, Cels. – m. *Abl.* (durch), dominationem non vi c., sed suorum voluntate, Nep.: c. tantam gloriam duabus victoriis, Nep.: nemo, qui fortitudinis gloriam consecutus est insidiis et malitiā, laudem est adeptus, Cic.: magnam laudem et a summo viro et ab exercitu consequebare equitando, iaculando, omni militari labore tolerando, Cic.: quantum notando consequi poterant (pueri), durch Abkürzungen (im Schreiben) sich aneignen konnten, Quint.: nihil adeo arduum sibi esse, quod non virtute consequi possent, Caes.: ut reiciendis voluptatibus maiores alias consequantur, Cic.: hoc (diesen Punkt, so viel) illo initio consecutus, Cic. – m. *in* u. Abl., si quid in dicendo consequi possum, Cic.: c. gloriam in rebus bellicis, Quint.: multum in eo (dabei), Nep. – m. *ut* od. *ne* u. Konj., mit u. ohne vorhergeh. allgemeines Objekt (hoc, id), z. B. hoc c., ut ne etc., Cic. ep. 1, 2, 4: u. c., ut etc., Liv. 4, 51, 3. Vell. 2, 124, 4: quo consequebatur, ut etc., Cels. 7, 26. *no.* 3: vix per matrem consecutus, ut etc., Suet. Tib. 12, 1: per quae si consequi potuimus, ut etc., Cels. 3, 19: non consecutus esset docendo, ut etc., Quint. 8, 3, 3: hic Cicero consequitur, ne etc., Quint. 9, 2, 62. – absol. m. *ex* u. Abl., quibus ex rebus largiter erat consecutus, hatte er reichlichen Nutzen erreicht, sah er sich reichlich belohnt, Auct. b. Afr. 72, 6: od. m. *Abl.* (durch), non quod minore numero militum consequi difficile factu putaret, sed ut etc., das Gelingen des Handstreichs, Auct. b. Alex. 30, 3. – selten (wie auch ἀπολαύειν) etwas Unerwünschtes, einen Nachteil **erzielen, davon haben, zu genießen haben,** c. sinisteritatis atque malignitatis famam, Plin. ep.: perverse dicere homines perverse dicendo facillime consequi, Cic.: u. m. *ut* u. Konj., ita consequi medicum, ut hominem crudeliter iugulet, Cels. 1. praef. p. 7, 36 D. – **β** v. glücklichen u. unglücklichen Zuständen, jmd. **erreichen, treffen, ereilen,** tanta prosperitas Caesarem est consecuta, ut etc., Cic.: quia consequuntur magni dolores eos, qui ratione voluptatem sequi nesciunt, Cic.: cuius facti merita eum poena intra biennium consecute est, Vell. – m. *in* u. Abl., qua in re summa felicitas celeritasque (ein glücklicher u. schneller Erfolg) in recipiendis civitatibus Fabium consequitur, Hirt. b. G. – m. *ex* (infolge) u. Abl., ex bellica victoria non fere quemquam est invidia civium consecuta, Cic.: matrem ipsam ex aegritudine hac mors est consecuta, Ter. – **b** einen Ggstd., der uns in irgendeiner Hinsicht voraus war, **erreichen,** **α** nacheifernd einen Gegenstand **einholen, erreichen,** ihm **nachkommen** = ihm **gleichkommen,** etw. **treffen** u. dgl., non est turpe non consequi, dummodo sequaris, Sen. de ben. 5, 5, 3. – m. *Acc.*, nec maiorem consequi poterat (Sisenna) et minori necesse erat cedere, Cic.: ad consequendos quos priores ducimus accendimur, Vell.: turpe etiam illud est, contentum esse id consequi, quod imiteris, Quint.: c. vitia magnorum, Quint. – m. *Abl.* (durch, mit), **aufwiegen,** nullam partem alcis meritorum gratiā consequi posse, Cic.: verborum prope numerum sententiarum numero, Cic.: immortalem illam Sallustii velocitatem diversis virtutibus, Quint. – u. bes. durch Worte **aufwiegen** = **vollständig** ausdrücken, alcis laudes verbis, Cic.: omnia verbis, Ov. – **β** mit dem Verstand od. Gedächtnis erreichen = vollständig **begreifen, auffassen, umfassen,** similitudinem veri, Cic. – gew. m. *Abl.* (mit, durch), tantam causam et diligentiā consequi et memoriā complecti et oratione expromere, Cic.: nullo modo possum omnia istius facta aut memoriā consequi aut oratione complecti, Cic.: quantum coniecturā consequebar, Caes. in Cic. ep.: quid copiarum haberes, cum ipse coniecturā consequi poteram, tum ex tuis litteris cognovi, Cic. – **c** Versäumtes **einholen, nachholen,** his diebus, quae praeterita erant superioribus, opera consequi debebit, Col. 11, 2, 90. – ► consequi passiv = ἀνύεσθαι, **erreicht werden,** quae vix ab hominibus consequi possunt, Orbil. bei Prisc. 8, 16: ebenso Part. Perf. consecuta, Varr. bei Prisc. 8, 18.

cōnsequus, s. cōnsecuus.

cōn-sermōnor, ārī, sich **unterreden, plaudern,** cum alqo, Quadrig. b. Gell. 17, 2, 17.

1. cōn-sero, sēvī, situm (selten satum), ere, **I besäen, bepflanzen, bestecken,** **a** eig.: agrum, agros, Cato, Cic. u. a.: locus consitus (Ggstz. incultus), Quint.: ager diligenter consitus, Cic. – c. arva frumento, Curt.: agrum lupino vel fabā, Col.: agrum oliveto, Varr.: hortum omni genere ligni arborumque, Lact.: quae mitiora sunt frumento conseruntur, Curt.: ager arbustis consitus, Sall.: insula palmis frequentibus consita, Curt.: regio consita pomis, Salv.: poet., aera (= rostra) columnis consita, besetzt, Claud. – im Bild, c. muliebria arva (v. der Venus), Lucr. 4, 1099: cum se coitu draconis consatam (befruchtet, geschwängert) affirmaret, Solin. 9, 18 M.: di conserentes, die der Schwängerung vorstehenden, Arnob. 5, 18. – **b** poet. übtr.: lumine arva, bestreuen, bedecken (v. der Sonne), Lucr.: caecā mentem caligine consitus, beschwert, belästigt, Catull.: consitus sum senectute, beladen, Plaut. – **II einsäen, einpflanzen, einsetzen,** arbusta, Varro: arborem, Liv.: pomus consita, Tibull.: in eodem fundo suum quicquid, Cato: vineam in agro, Cato: nemora manu consita, Curt. – stili caeci mirabilem in modum consiti, Auct. b. Afr. 31, 7. – absol., c. in alieno fundo u. in alienum fundum, eine Saat od. Pflanzung machen, ICt.: u. Partiz. subst., cōnsita, ōrum, *n.*, das Gesäte, Gepflanzte, ICt. – ► Wegen der Verwechslung von consevi u. conserui s. 2. cōn-sero a. E.

2. cōn-sero, seruī, sertum, ere, **zusammen-** od. **aneinander reihen, zusammen-** od. **aneinander ketten, -knüpfen,** eins ans andere **anreihen, anknüpfen,** eins mit dem anderen reihend **verknüpfen,** oft m. *inter se* od. m. bl. *Dat.*, **I** im Allg.: **a** zwei oder mehrere Dinge miteinander, **α** eig.: avium plumas in usum vestis, Sen.: ille consertis manibus (mit verschlungenen Händen) in se redeuntium (Gratiarum) chorus, Sen.: navigia, Curt.: scuta super capita, Curt.: rudis arbos conseritur (zu Schiffen), Lucan. – m. *Abl.*, vehicula vinculis, Curt.: pellis aënis squamis auro conserta, mit ehernen Schuppen verziert und goldenen Spangen befestigt, Verg. Aen. 11, 771. – m. *inter se,* z. B. extremae partes corporis, quae articulis inter se conseruntur, Cels.: transverberatis scutis plerique inter se conserti (aneinandergeheftet) haerebant, Liv. – m. *Dat.*, alium (truncum) alii quasi nexu c., Curt.: vir viro, armis arma conserta sunt (v. der Phalanx), Curt. – **β** übtr.: c. sermonem, gegenseitig anknüpfen, Curt.: libenter sermonem, Fronto: cantus et verba medentia, Stat. – virtutes consertae et inter se cohaerentes, Sen. – m. *Dat.*, exodia c. fabellis potissimum Atellanis, Liv.: c. noctem diei, Ov. – **b einen** Ggstd. in seinen Teilen, gew. im Partiz. Perf. m. *Abl.* (mit, aus), **α** eig., teils übh. = **zusammenheften,** tegumen omnibus sagum fibulā aut, si desit, spinā consertum, Tac. – bes. zerrissene, zerlumpte Gewänder, consertum tegumen spinis, Verg.: spinis conserto tegmine nullis, Ov. – teils prägn., neu aus einzelnen Teilen od. Gliedern usw. **zusammenfügen, zusammenketten,** ex vimine silvestri catenas conseruit, Frontin.: id tegumen (cataphracta) ferreis laminis aut praeduro corio consertum, Tac.: lorica conserta hamis auroque trilix, Kettenpanzer aus dreifachem Golddraht, Verg. (vgl. Nep. Iph. 1, 4 loricae sertae atque aeneae): monile consertum margaritis gemmisque, Suet. – **β** übtr.: ordo rerum tribus momentis consertus, Quint. 5, 10, 71.

II insbes.: **1** die Glieder liebend **anschmiegen, anschließen,** sinus teneros, Tibull. – m. *Dat.*, femur femori, Tibull.: latus lateri, Ov. – **2** feindl. **zusammen-, aneinander bringen,** **a** als milit. *t. t.*, zunächst in der Verbindung c. manum od. manus, handgemein werden, den Kampf od. das Treffen beginnen, sich in einen Kampf od. in ein Treffen einlassen, v. Zweikampf u. v. der Schlacht, Cic., Caes. u. Liv.: u. so c. manum od. manus cum alqo, Cic. u. Liv.: manus inter se, Sall. fr. u. Liv.: manus comminus, Liv. (vgl. übh. Drak. Liv. 6, 42, 5 u. 25, 34, 8. Fabri Liv. 21, 39, 3): manus comminus conserta, Zweikampf, Fronto de fer. Als. 3. p. 226 N.: poet., c. dextras, Stat. silv. 1, 6, 60. – u. dem analog c. pugnam, Liv.: u. so pugnam cum alqo od. inter se, Liv.: pugnam alci, Plaut.: pugnam comminus, Curt., ex propinquo, Liv. (vgl. übh. Drak. Liv. 21, 8, 7). – c. certamen, Liv. 35, 4, 2. – c. proelium, Liv.: ibi levia proelia, Curt.: multa proelia, Verg.: proelium comminus, Liv.: proelium in sinistro cornu, Liv.: proelium simul pluribus locis conseritur, Liv. (vgl. übh. Drak. Liv. 21, 8, 7). – c. bella, Val. Flacc. 3, 31: bella bellis, Lucan. 2, 442. – c. acies, Sil. 1, 339: dah. acies conserta, ein förmliches Gefecht in der Nähe, Nahgefecht, Tac. ann. 6, 35. – u. navis conseritur, lässt sich in ein Gefecht ein, Liv. 21, 50, 3. – u. so duo acerrimā pugnā conserti exercitus, Val. Max. 3, 2, 1. – u. absol., conserere cum levi armatura, Liv. 44, 4, 6. – übtr., haud ignotas belli artes inter sese c., gegeneinander auftreten mit usw., Liv. 21, 1, 2. – **b** als gerichtl. *t. t.*, in iure od. ex iure manum c., einen Eigentumsprozess durch Handanlegung an die strittige Sache von Seiten beider Parteien eröffnen, XII tabb. bei Gell. 20, 10, 8. Enn. ann. 276. – u. so alqm ex iure manum consertum vocare, zur Eröffnung eines Eigentumsprozesses durch Handanlegung usw. vorladen, alte Formel bei Cic. Mur. 26; de or. 1, 41. Varr. LL. 6, 64. – Liv. 10, 24, 5 wird statt des handschriftlichen conseruisti jetzt consevisti gelesen; doch Col. 3, 4, 2 steht noch conseruerit statt conseverit; Aur. Vict. epit. 37, 3 noch vineis conseruit st. consevit: Cels. dig. 6, 1, 38 *ed. Momms.* noch conseruisti st. consevisti; dagegen steht umgekehrt bei Fronto ep. ad Ver. 2, 8. p. 136, 24 N. consevisti statt conseruisti.

cōnsertē, *Adv.* (consertus v. 2. consero), **verkettet,** conserte contexteque, verkettet und verflochten (= im innigen Zusammenhang), Cic. de fat. 32: c. fabulari, Sulp. Sev. dial. 1, 1, 5.

cōnsertim, *Adv.* (consertus v. 2. consero), **verkettet** (übtr.), Eulog. in Cic. somn. Scip. p. 411, 21 B.

cōnsertio, ōnis, *f.* (consero), die **Zusammenfügung,** Arnob. 3, 13.

cōn-serva (in Inschr. synk. cōserva), ae, *f.*, die **Mitsklavin, Dienstgenossin,** Plaut. Casin. 108; mil. 1340 u. ö. Ter. eun. 366. Varr. r. r. 1, 17, 5. Sen. contr. 7, 6 (21), 8. Apul. met. 8, 22 u. 31. CIL 2, 4569; 3, 2137 u. ö. – übtr., c. fores, in gleichen Dienstverhältnissen stehende, Plaut. asin. 386. Ov. am. 1, 6, 74. – Dat. Plur. conservabus, Scaev. dig. 33, 7, 27. § 1.

cōnservābilis, e (conservo), **erhaltbar,** bonum, Tert. adv. Marc. 2, 13.

cōnservāns, antis, *PAdi.* (conservo), **erhaltend, bewahrend,** m. *Genet.*, ea, quae conservantia sunt eius status, das, was das Mittel zur Erhaltung dieses Bestandes ist, was erhaltende Kraft (Wirkung) hat, Cic. de fin. 3, 16: perfecta omnia faciens et integritatis suae conservantia, Arnob. 2, 46.

cōnservātio, ōnis, *f.* (conservo), die **Bewahrung, a** konkr. Ggstd., die Bewahrung vor dem Untergang, Verderben, **α** leb. Wesen, die **Erhaltung** am Leben, die **Rettung,** Marii, Val. Max. 2, 10, 6. – **β** lebl. Ggstd., die **Aufbewahrung,** frugum ceterorumque fructuum perceptio et c., Cic. de off. 2, 13. – **b** abstr. Ggstd., die **Erhaltung** im Bestehen, **Aufrechterhaltung, Beibehaltung,** fernere **Beobachtung,** officiorum, Cic.: accurata c. suorum (des Seinigen), Rhet. Her.: bonorum adeptio, conservatio (Ggstz. malorum liberatio, Quint. – c. naturae, Cic.: aequabilitatis, Cic.: decoris, Cic.: illa est εὐταξία, in qua intellegitur ordinis conservatio, Cic.

cōnservātor, ōris, *m.* (conservo), **I** der **Bewahrer** vor dem Untergang, Verderben, der **Erhalter, Retter** (dah. oft für das griech. σωτήρ; Ggstz. perditor), **α** leb. Wesen: inimicorum, Cic. ad Att. 8, 9, 3. – **β** lebl. Ggstd.: urbis, civitatis, Cic.: rei publicae, Cic.: nominis Romani, Vell.: patriae, Cic.: verb. c. et custos rei publicae (Ggstz. perditor et vexator rei publicae), Cic.: di custodes et conservatores huius urbis atque imperii, Cic. – absol., conservatoris sibi nomen, Graeco eius rei vocabulo (σωτῆρος), assumpsit, Tac. ann. 15, 71: u. als Beiname Apollos, CIL 3, 875; Jupiters, sehr oft in Inschr. – **II** der **Verehrer** Gottes, Tert. ad nat. 1, 7.

cōnservātrīx, trīcis, *f.* (Femin. zu conservator), die **Erhalterin, Bewahrerin,** c. sua, Erretterin (des Theseus), v. der Ariadne, Tert. ad nat. 2, 14 *extr.*: Terra mater dea pia et c. mea, CIL 6, 3731: Minerva conservatrix et antistes splendidissimi corporis stuppatorum, CIL 14, 44: castae virgines, perpetui nutrices et conservatrices ignis, von den Vestalinnen, Arnob. 4, 35: Fortuna, CIL 6, 236: Iuno, *ibid.* 3, 9806: v. lebl. Konkr., mechanicae lucernae conservatrices illuminantium flammarum, Cassiod. inst. div. litt. 30: v. Abstr., bonorum principum clementia conservatrix thensaurorum, Treb. Poll. trig. tyr. 30, 16. – Cic. de fin. 5, 26 wird jetzt servatricem gelesen.

cōn-servitium, ī, *n.*, die **Mitknechtschaft,** als gemeinschaftlicher Zustand zweier Sklaven, die **Dienstgenossenschaft,** Plaut. capt. 246. Tert. de cult. fem. 2, 1 *in.* – meton. = die **Mitsklaven,** Ambros. epist. 85, 1.

cōn-servo, āvī, ātum, āre, **bewahren,** im Bestehen **erhalten, a** konkr. Objj. vor dem Untergang **bewahren** = unversehrt **erhalten** (Ggstz. perdere), Passiv conservari (Ggstz. perire), **α** leb. Wesen = am Leben **erhalten** od. **lassen, retten,** bes. oft = **begnadigen** (v. Sieger), cives suos, Cic.: omnes, Caes.: reliquias legionum, Vell.: Metropolitas diligentissime, Caes.: se, Cic.: se atque illam, Ter.: ii dies, quibus conservamur, Cic.: magister equitum Minucius subsidio Fabii conservatus, Val. Max. – m. Prädik.-*Acc.*, omnes salvos, Cic.: homines miseros incolumes, Cic.: M.' Curium sartum et tectum, ut aiunt, ab omnique incommodo, detrimento, molestia sincerum integrumque conserves, Cic. – **β** lebl. Objj., vom Untergang, Verderben, vor dem Verfall usw. **bewahren, erhalten, aufbewahren, instand erhalten, retten,** umerus facilius conservatur, Cels.: c. vires, Cels.: c. res suas, Nep. – iis rebus (die Tempelschätze) tuendis conservandisque praeesse, Cic.: c. summā religione omnia simulacra arasque, Nep.: pecuniam (Ggstz. in ventre auferre, scherzh. doppelsinnig = verschlemmen), Cic.: arborem, Suet.: chirographum, Suet.: agrum Campanum, Cic.: rem publicam, Cic.: patriam, Cic. – rem familiarem diligentiā et parsimoniā, Cic.: urbem suis laboribus ac periculis, Cic. – m. *Dat. rei* (für), praedia c. successioni suae (Ggstz. abalienare), Scaevol. dig. 32, 1, 38. § 7. – m. Prädik.-*Acc.*, rectam c. stirpem, Col. 4, 20, 1. – absol., conserva, quaere, parce; Ter. adelph. 813. – **b** abstr. Objj. im Bestehen, in Geltung **erhalten** = **aufrecht erhalten, beibehalten, beobachten, halten, α** übh. äußere od. innere Zustände (Ggstz. violare, conturbare, minuere u. dgl.), ordines (Reih u. Glied), Caes.: ordinem (Reihenfolge, Ordnung), Cic.: ordinem temporum, tempora (chronologische Ordnung), Cic.: rerum vicissitudines ordinesque, Cic.: neque ex portu neque ex decumis vectigal conservari (fortbezogen werden) potest, Cic. – libertatem et salutem populi Romani, Cic.: c. maiestatem populi Romani (Ggstz. minuere), Cic.: leges, Nep.: indutias, Nep.: alia hospitalia comiter, Liv.: ius augurum, Cic.: iusiurandum (Ggstz. violare), Cic.: religionem, Nep.: fidem, Nep.: fidem erga imperatorem suum, Caes.: patroni mortui voluntatem, Cic.: considerata iudicia mentis, Cic.: ne hoc quidem propositum, Cels. – m. *Dat. pers.* **(wem?),** privilegia athletis, Suet. Aug. 45, 3. – m. Prädik.-*Acc.*, incorrupta mei conserva foedera lecti, Prop. 4 (5), 3, 69. – **β** eine Gesinnung usw.: a se certo iudicio susceptam benevolentiam, Cic.: pristinum animum erga populum Rom., Liv.: pristinam suam erga alqm voluntatem, Cic.

cōn-servulus, ī, *m.*, der **Mitsklave, Mitknecht,** Paul. Nol. 22, 2.

cōn-servus, ī, *m.*, der **Mitsklave** (Ggstz. exterus, ein nicht zum Hause gehöriger), Komik., Cic. u. a. – übtr., servi sunt, immo conservi, Mitsklaven = gleich uns Abhängige, Sen. ep. 47, 1. – ► Synk. coservus, CIL 6, 7532; 9, 1445: vulg. quoservus, CIL 4, 1241: arch. Nomin. conservos, CIL 5, 4157.

cōnsessor, ōris, *m.* (consido), der Mitsitzer = der **Nachbar** (beim Gastmahl, Schauspiel), Cic. u. a.; u. = der **Beisitzer** (im Gericht), Cic.

cōnsessus, ūs, *m.* (consido), **I** abstr., das **Zusammen-, Beisammensitzen,** cum amicis tam familiariter vixit, ut communis esset ei saepe consessus, öfter vertraulich mit ihnen zusammensaß, Lampr. Alex. Sev. 4, 3. – dah. fakultativ = das **Recht** od. die **Erlaubnis, bei jmd. (bei sich) zu sitzen,** liberum consessum habere, Cod. Theod. 6, 26, 16: consessum offerre alci, Lampr. Alex. Sev. 18, 2: u. alci consessum dare, das Recht, bei festlichen Gelegenheiten unter den Dekurionen Platz zu nehmen, CIL 13, 1954: consessu dei dignandus, Hilar. in psalm. 2, 25. – **II** konkr., die zusammensitzende **Versammlung,** die **Sitzung** (griech. συνέδριον), praeconum, Cic.: senatorum (verächtl.), Cic.: non umquam turpior *in* ludo talario consessus fuit, Cic. – Insbes., **a** bei öffentlichen Spielen (im Theater, im Zirkus usw.): spectantium, Val. Max.: caveae, Lucr., Verg. u. Tac.: ludorum gladiatorumque, Cic.: consessu frequenti, Suet.: u. Plur., consessus theatrales gladiatoriique, Cic. – **b** vor Gericht, die **Gerichtssitzung,** non coronā consessus vester cinctus est, ut solebat, Cic.: conspectus et consessus iste reficit et recreat mentem meam, Cic. – ► Verg. Aen. 5, 290 consessu exstructo resedit (nach Servius = er ließ sich auf einem erhöhten Sitzplatz nieder) ist wahrsch. verdorben.

cōnsīderanter, *Adv.* (v. considerans, dem Partiz. v. considero), **be-**

dächtig, besonnen, c. et mansuete agere, Val. Max. 8, 1. amb. 2: c. cuneum deponere, Pallad. 3, 17, 2. – *Compar.* considerantius bei Fulg. de diff. V II, 522, 11 (ohne Beleg).

cōnsīderantia, ae, *f.* (considero), die **Überlegtheit, Bedächtigkeit,** Vitr. 6, 1, 10.

cōnsīderātē, *Adv.* m. *Compar.* u. *Superl.* (consideratus), **bedächtig, mit Überlegung, besonnen** (Ggstz. inconsiderate, temere), c. agere, Cic.: consideratius alqd facere, Caes.: c. fit alqd, Cic.: consideratius concordiusque bellum gerere, Liv.: consideratissime alqd facere, Cic.

cōnsīderātio, ōnis, *f.* (considero), die prüfende **Beschauung, Betrachtung,** **a** eig.: c. oculorum, Vitr. 3. praef. § 1. – **b** übtr., die **geistige Inbetrachtnahme, Betrachtung, Erwägung,** circumspectio aliqua et accurata c., Cic. Acad. 2, 35: consideratio contemplatioque naturae, Cic. Acad. 2, 127: c. subtilior huiusmodi verborum, Gell. 13, 29 (28), 6: considerationem intendere in alqd, seine Aufmerksamkeit auf etw. richten, Cic. de inv. 2, 103: nimia ira est, quae pietatis considerationem non habet, keine Rücksicht nimmt auf usw., Serv. Verg. Aen. 1, 11.

cōnsīderātor, ōris, *m.* (considero), der **Überleger, Erwäger,** als Übersetzung von σκηπτικός, Gell. 11, 5, 2 u. Spät.

cōnsīderātus, a, um, *PAdi.* m. *Compar.* u. *Superl.* (considero), **reiflich überlegt** od. (akt.) **überlegend, besonnen, bedächtig** (Ggstz. inconsideratus, temerarius), **a** passiv, v. Tätigkeiten, Zuständen, Eigenschaften u. dgl.: ratio bene c., Cic.: c. tarditas, c. atque provisa via vivendi, Cic.: considerata iudicia mentis (Ansichten), Cic.: quod (factum) cuiquam paulo minus consideratum videtur, Cic.: consideratius consilium dare, Cic.: illud verbum consideratissimum nostrae consuetudinis ARBITROR, Cic. – **b** aktiv, v. Pers., **überlegsam, besonnen, bedächtig** (s. Jordan Cic. Caecin. 1. p. 140), parum c. homo, Val. Max.: iudex lentus et c., Cic.: tu, homo sapiens et considerate, quid dicis? Cic.: quis consideratior illo? Cic.: ob has causas Caesar tardior et consideratior erat factus, Auct. b. Afr. – m. *in* u. Abl., C. Quinctius fuit ... una in re paulo minus consideratus, Cic. Quinct. 11.

cōnsīdero, āvī, ātum, āre (con u. sidus, wie contemplor von con u. templum), **beaugenscheinigen, in Augenschein nehmen, beschauen, besichtigen** = mit kritischem, prüfendem Blick etw. sich betrachten, sich ansehen, sich besehen, bes. um sich ein Urteil über den betrachteten Ggstd. zu bilden, **a** eig.: **α** m. *Acc.*, haec aspecta ... contempla ... considera, Plaut.: accessit ad argentum; contemplari unumquidque otiose et considerare coepit, Cic.: iste ait se velle illud (candelabrum) etiam atque etiam considerare; nequaquam se esse satiatum, Cic.: trullam gemmeam diligentius c., Cic.: c. opus pictoris, Cic.: arma, Auct. b. Afr.: caelum, Val. Max.: lucentia sidera (bei astronom. Erörterungen), Gell.: pallium diligentius (v. Käufer), Petr.: u. so feminas diligenter ac lente mercantium more, Suet. – cum vos considero, milites, Sall. – **β** m. folg. *Acc.* u. *Infin.*, cum pampinos et folia decidere considerassent (wahrgenommen hatten), Col. 11, 2, 67. – **γ** m. folg. indir. Fragesatz: num tamen exciderit ferrum, considerat, hastae, Ov. met. 12, 105. – **b** übtr., mit geistigem Blick **in (Betracht) Betrachtung** od. **in Überlegung ziehen, reiflich überlegen, wohl erwägen** od. **beachten, beherzigen,** auch m. dem Zus. secum, cum animo suo, secum in animo, **α** m. *Acc.:* cum egomet nunc mecum in animo vitam tuam considero, Ter.: c. secum eos casus, in quibus etc., Cic.: res atque pericula nostra, Sall.: tempus anni, Cels.: c. se, einen prüfenden Blick auf sich werfen, Phaedr. – m. *ex* u. Abl. (nach), age nunc ex ipsius Chrysogoni iudicio Rosciorum factum consideremus, Cic.: alqd ex se et ex sua natura, Cic. – **β** m. folg. indir. Fragesatz: considerate cum animis vestris vosmet ipsi, ecquem putetis, Cic.: Cretam ad Gortynios venit, ut ibi, quo se conferret, consideraret, Nep.: videas etiam atque etiam et consideres, quid agas, quo progrediare, quem hominem et quā ratione defendas, Cic.: equidem primum considerare soleo, postuletne causa, Cic.: non quando coepisset febris, sed quando desisset, considerabat, Cels.: finitimos hostes an amicos esse velis considera, Curt.: considerandum autem est, maiorne eius modus, an exiguus sit, Cels.: nunc quaeso considera, nobis oppressis utrum firmiorem te ad resistendum, an finem belli futurum putes, Sall. fr. – **γ** m. *ut* od. *ne* u. Konj., s. Col. 2, 2, 17; 8, 5, 9. Cic. de off. 1, 21, 73. – **δ** m. *de* u. Abl. = über etw. seine Betrachtung anstellen, cum de me ipso ac de meis te considerare velim, Cic.: considerabis etiam de Tusculano, Cic.: nunc de praemiis consideremus, Cic.: his *de* rebus velim *cum* Pomponio consideretis, Cic. – u. (unpers.) id, de quo consideratur, Cic. – **ε** absol., quom considero, Plaut. trin. 404: ille (ait) se considerare velle, Cic. ep. 10, 16, 1.

cōn-sīdo, sēdī, sessum, ere, **sich niedersetzen,** absol., od. m. Ang. **wo?** durch *Advv.* od. *Praepp.*, od. durch *Genet.* od. *Abl. loc.*, **1** eig.: **a** v. leb. Wesen (Ggstz. surgere, consurgere, excitari, d. i. aufstehen, sich erheben, od. ambulare, umhergehen; u. Perf. consedisse, Ggstz. stare, stehen), leniter ambulare, hinc considere opus est, Cels.: pastor nec recubet nec considat, Col.: legati considere iussi, Curt. – gew. m. Ang. **wo?** cur non hic corulis mixtas inter considimus ulmos? Verg.: in ara, Nep.: in arbore od. in foro (v. Bienenschwarm), Liv.: apud Sigillaria in libraria, Gell.: in atrio, Val. Max.: in molli herba, Verg.: in conspectu (Angesicht gegen Angesicht = einander gegenüber), Cic.: in lecto alcis, Val. Max.: in sede alcis, Liv.: in sedili alto, Cels.: in aurea sella, in curuli sella, Aur. Vict.: in turre (v. einem Vogel), Curt.: sub arguta ilice, Verg.: super eum cumulum, Cic.: propius ipsum, Curt. – positis sedibus, Liv.: ante foros longis scamnis, Ov.: tergo tauri, Ov. – zugl. m. *Dat. pers.*, dormienti in labellis (v. Bienen), Cic.: ei ius dicenti in capite (v. einem Specht), Val. Max.: Romano repente in galea (v. einem Raben), Liv.: ingredienti cum fascibus forum dexteriore umero (v. einem Adler), Suet. – zugl. m. *cum* u. Abl., hoc poteras mecum considere saxo, Ov. – So nun bes.: **α** zu gelehrter Unterhaltung **sich** wo **niederlassen,** si videtur, hic considamus in umbra, Cic.: c. eodem in spatio, Cic.: in propatulo propter Platonis statuam, Cic. – Passiv unpers., in silvam venitur et ibi magna cum audiendi exspectatione considitur, Cic. – **β** im Theater usw. als Zuschauer **sich niederlassen,** in orchestra, Suet. Aug. 44, 1: inter patres, Tac. ann. 13, 54. – **γ** zur Beratung-, zu Gericht **sich niederlassen, Sitzung halten,** v. der Volksversammlung in Athen, in theatro c., Cic. – v. den Senatoren in Rom, priusquam consideret quisque, Suet. – bes. v. den Richtern, ut primum iudices consederunt, Cic.: eos tres recuperatores considere iussit, Liv.: Argolicos duces mediis considere castris iussit et arbitrium litis traiecit in omnes, Ov.: c. certo anni tempore in finibus Carnutum in loco consecrato (v. den Druiden), Caes. – v. Jupiter als König u. Richter, consedit genitor tum deorum maximus, Phaedr. – m. *ad* u. Akk., ad ius dicendum (v. den Suffeten in Karthago), Liv.: ad causam cognoscendam (v. Diktator), Liv. – m. *in* (gegen, über) u. Akk., in hunc reum, Cic. – selten v. Beklagten, introductum in tabernaculum (Persea regem) adversus advocatos in consilium considere iussit, den zum Kriegsrat Berufenen gegenüber Platz zu nehmen, Liv. 45, 7. § 5. – **δ** als milit. *t. t.*, teils = in der Schlachtlinie **sich in Anschlag niederlassen, sich in Anschlag legen,** triarii sub vexillis considebant sinistro crure porrecto etc., Liv. 8, 8, 10. – teils = **sich in Hinterhalt legen,** Gabiniā viā occultum considere iubet, Liv.: in insidiis, Liv.: cum cohorte sua in insidiis loco obscuro, Liv.: cum parte (militum) occultum loco ad insidias opportuno, Liv.: inter virgulta, Sall.: in silva, Curt. – teils übh. = nach einem Marsch, auf der Flucht u. dgl. irgendwo **sich lagern, sich festsetzen, Aufstellung nehmen,** totam noctem itinere facto consedit, Sall.: hic consedit, Caes.: c. non longius mille passibus ab nostris munitionibus, Caes.: haud procul, Curt.: haud procul oppido stativisque hostium, Liv.: haud longe a mari prope Cirtam oppidum, Sall.: circiter duum milium intervallo ante eos, Sall.: contra eum duum milium spatio, Caes.: ad ripas Rheni, Caes.: proiectā palude ad ripas Sequanae e regione Lutetiae contra Labieni castra, Caes.: haud procul inde ad confluentes in ripis utriusque amnis, Liv.: sine centurione ullo apud Philomelium, Cic.: in eo colle, Sall.: propter Hannibalis copias, Enn. fr.: utrimque pro castris (v. zwei

Heeren), Liv.: sub monte, Caes.: sub ipsis radicibus montium, Sall.: trans id flumen, Caes.: superioribus locis, Sall.: plebs in colle, qui sacer appellatur, armata consedit, Val. Max. – **ε** auf eine kürzere od. längere Zeit an einem Ort **sich niederlassen, sich festsetzen,** wo **seinen Aufenthalt nehmen,** v. Seefahrern auch = wo **anlegen, landen,** hic an Antii, Cic.: Tarquiniis, Liv.: Cretae, Verg.: in Ubiorum finibus, Caes.: in hoc campo, Curt.: Atraciis in oris, Prop.: Latio, Verg.: Ausonio portu, Verg. – m. *in* u. Akk., in novam urbem, Curt. 7, 3 (14), 23. – insbes., v. Buhldirnen, tabernae, unde tabernariae, quod ibi soleant considere, Isid. 15, 2, 43.

b v. lebl. Subjj., **sich niedersetzen, niedersinken, in sich zusammensinken, zu Boden sinken, einsinken,** deutsch auch bl. **sich setzen, sich legen, sinken, sich senken,** quae (Alpes) iam licet considant, Cic.: Ilion ardebat neque adhuc consederat ignis, Ov.: donec consideret pulvis, Curt.: ne considat (cutis), Cels. – m. *in* u. Abl., in Veliterno agro terra ingentibus cavernis consedit, Liv.: quo fit, ut per se singula intestina in suas sedes reducantur et in his considant, Cels.: cum omnia sacra profanaque in ignem considerent, Tac. – m. *in* od. *intra* u. Akk., Arpini terra campestri agro in ingentem sinum consedit, Liv.: omne mihi visum considere in ignes Ilium, Verg.: quae excesserunt intra uterum considunt, Cels.

II übtr.: **a** v. leb. Wesen: **α** gleichs. **sich niederlassen,** wo **Platz nehmen,** c. in otio, sich der Muße hingeben, Cic.: secedere et in alia parte considere, auf eine andere Seite (mit seiner Meinung) treten, Sen. – **β** (συνιζάνειν) gleichs. durch Verlust des moral. Haltes zu Boden sinken, totam videmus consedisse urbem luctu, durch Trauer niedergeschlagen, in Trauer versunken ist, Verg. Aen. 11, 350.

b v. lebl., bes. abstr. Subjj.: **α** gleichs. sich **niederlassen,** wo **Platz nehmen** od. **greifen, eine bleibende Stätte finden, sich festsetzen, sich einnisten,** quorum (ludorum) religio tanta est, ut ex ultimis terris arcessita in hac urbe consederit, Cic.: improbitas, si cuius in mente consedit, Cic. – **β** gleichs. **sinken,** teils durch Abnahme der intensiven Stärke, **sich legen,** motus (Aufruhr) consedit, Liv. epit.: quia praesentia satis consederant, da für jetzt die Ruhe hinlänglich gesichert war, Tac. – ardor animi consedit, Cic.: cum iam consedisset ferocia ab re bene gesta, Liv.: ubi primus terror ab necopinato visu consedit, Liv.: alcis furor consedit, Cic.: omnis quae me urgebat de re publica cura consedit, Cic. – teils durch Abnahme der Geltung, **in Vergessenheit sinken,** consedit utriusque nomen in quaestura, Cic. Mur. 18. – **γ** gleichs. sich senken, v. der Rede, **abfallen, sich verlaufen, sich zu Ende neigen,** ut eorum verborum iunctio ... varie distincteque considat, Cic. de or. 3, 191. – ► Perfekt-Form considerat, Enn. sat. 14: considerant, Tac. ann. 1, 30: consideramus, Plin. ep. 6, 20, 14. Gell. 5, 4, 1. Vgl. Wagner Verg. ecl. 7, 1 *not. crit.*

cōnsīgnatē, *Adv.* (consignatus v. consigno), **deutlich ausgeprägt,** consignatius, Gell. 1, 25, 8: consignatissime, Gell. 1, 15, 12.

cōnsīgnātio, ōnis, *f.* (consigno), die **Verbriefung,** konkr. = der **Brief,** d. i. die (mit Siegel u. Unterschrift versehene) **Urkunde,** das **Dokument,** Sing. (mit u. ohne litterarum), ICt.: Plur. b. Quint. 12, 8, 11.

cōnsīgnātor, ōris, *m.* (consigno), der **Besiegeler,** Beglaubiger einer Urkunde, Porphyr. Hor. sat. 2, 3, 69.

cōnsīgnificāns, antis (con u. significo), **nur in Verbindung mit anderen** (Worten od. Begriffen) von einer Person od. Sache **aussagend** (wie totus, nullus, quis, die nur in Verbindung mit anderen Worten od. Begriffen etw. aussagen od. einen vollständigen Begriff geben), alias (orationis) partes *syncategoremata,* hoc est *consignificantia,* appellabant, Prisc. 2, 15.

cōn-sīgno, āvī, ātum, āre, mit dem Merkzeichen (signum) versehen, **I** urkundlich **besiegeln, versiegeln,** mit dem Siegel **unterfertigen, urkundlich bescheinigen (beglaubigen),** tabulas signis, Cic.: decretum, Liv.: testamentum, ICt.: tabellas dotis od. bl. dotem, eine Heiratsurkunde besiegeln = abfassen, Suet. – **II** durch ein Merkzeichen festhalten, **schriftlich, authentisch, urkundlich niederlegen, -beglaubigen, -bestätigen, -verbürgen, verbriefen,** alqd litteris, publicis litteris, Cic.: fundos publicis commentariis, Cic.: auctoritates nostras, Cic. – übtr., antiquitas clarissimis monumentis testata consignataque, Cic.: insitae et quasi consignatae in animis notiones, Cic.: c. causam, de qua etc., Gell.

cōn-silēsco, siluī, ere, **völlig schweigen, verstummen,** Enn. ann. 575. Plaut. mil. 583. Gell. 12, 1, 22. Hieron. in Isai. 5, 14, 7.

cōnsiliāris, is, *m.* (consilium), der **Beisitzer** bei Gericht, Plur. bei Schol. Iuven. 3, 46.

cōnsiliārius, a, um (consilium), **beratend, Rat erteilend, I** *adi.:* c. senatus, Plaut. Epid. 159: amicus (Ggstz. auxiliarius), Plaut. truc. 216. Fronto de eloqu. 3. p. 150, 15 N.: homines, Gell. 18, 3, 5: anima, Apul. de dogm. Plat. 2, 15: fulgur u. fulmen, bei einem Vorhaben abod. zuratender, Sen. nat. qu. 2, 39, 1. Amm. 23, 5, 13. – **II** *subst.,* cōnsiliārius, ī, *m.,* der **Ratgeber, Berater,** dah. auch der **Beisitzer** im Rat od. vor Gericht, hoc consiliario, Cic.: consiliario et auctore Vestorio, Cic.: unus e consiliariis, Suet.: alci se offerre consiliarium, Suet.: dari alci consiliarium atque administrum, Cic.: me consiliario fortasse non imperitissimo, fideli quidem et benevolo certe usus esses, Cic.: comite et consiliario eodem ad bellum uti posse, Liv. – m. subj. *Genet.,* c. Augusti, Inscr.: consiliarii mei, Cic.: consiliarii regis, Cic.: Verris amici et consiliarii, Cic.: consiliarii iudicum, ICt. – m. obj. *Genet.,* c. caedis, Vell. 2, 56, 3. – m. *in* u. Abl., viginti sibi depoposcerat velut consiliarios in negotiis publicis, Suet. Tib. 55.

cōnsiliātio, ōnis, *f.* (consilior), die **Raterteilung,** die **Beratung,** Boëth. in Aristot. de interpr. ed. pr. p. 247 u. 379. Iul. Vict. art. rhet. 14. p. 242, 8 *ed. Bait.* (aber *ed. Halm* p. 421, 11 conciliatione).

cōnsiliātor, ōris, *m.* (consilior), der **Berater, Ratgeber,** maleficus, Phaedr. fab. 2, 7, 2: rabidus, Avian. fab. 26, 12: bonus, Apul. met. 1, 12. – m. *Genet.* **wessen?** c. deorum, ein Mitglied des Götterrates (v. einem Astrologen), Petron. 76, 10: consiliatores eorum od. eius, Vulg. 1. Esdr. 4, 9 u. 5, 6. – m. *in* u. Abl. (in, bei), ille in gerendis honoribus c. et rector, Plin. ep. 4, 17, 6.

cōnsiliātrīx, trīcis, *f.* (Femin. zu consiliator), die **Ratgeberin,** Apul. met. 5, 24. Hier. in Iob 1.

cōnsilīgo, inis, *f.,* **Lungenkraut** (*Pulmonaria officinalis,* L.), Col. 6, 5, 3 u. ö. Plin. 25, 86 u. 26, 38. Pelagon. veterin. 12. p. 56 (= 205 *Ihm*). Veget. mul. 1, 12, 2 u. ö.

Cōnsilīnum, ī, *n.,* feste Stadt in Bruttium, j. *Consignano,* Plin. 3, 95. – Dav. **Cōnsilīnās,** ātis, **konsilinatisch,** civitas, Cassiod. var. 8, 33: praefectura, Gromat. vet. 209, 6 (nach meiner Vermutung; die Handschr. u. Lachm. Consiline, Gösius [S. 109] **Cōnsilīnēnsis**).

cōnsilior, ātus sum, ārī (consilium), **Beratung halten, Rat pflegen, sich beraten, sich beratschlagen,** difficilis ad consiliandum legatio, Cic.: multum cum suis consiliandi causā secreto loqui, Caes.: bonis amice, der guten Partei mit freundschaftlichem Ratschlag zur Seite stehen, Hor. de art. poët. 196: haec (darüber) consiliantibus eis, Caes. Vgl. Oudend. Caes. b. c. 1, 19, 2. Walther Tac. hist. 2, 53.

cōnsiliōsus, a, um (consilium), **einsichtsvoll,** Cato fr. inc. 41 (bei Gell. 4, 9, 12). Fronto ep. ad Ver. 1. p. 128, 9 N.: *Compar.,* Sidon. epist. 7, 9, 18: *Superl.,* Sidon. epist. 1, 1, 1.

cōnsilium, ī, *n.* (consulo), der **Rat, I** aktiv: **A** der **Rat** = die **Beratung, Beratschlagung, Beschlussnahme, 1** eig.: consilium u. consilia principum, Liv.: consilia arcana, consilia nocturna, Sall. – adhibere alqm consilio u. alqm od. (bildl.) alqd in consilium, zu Rate, zur Beratung ziehen, Caes. u. Cic.: ire in consilium, sich beraten, Cic.: mittere in consilium, sich beraten lassen, Cic.: habere consilia principum domi, Liv.: consilium habere od. habere coepisse, utrum ... an etc., Curt. u. Sen.: alqm od. alqd habere in consilio, jmd. od. etw. zu R. ziehen, seinen Entschluss abhängig machen von jmd. od. etw., Liv., Curt. u. a. (s. Mützell Curt. 3, 5 [13], 12): vestris od. arcanis consiliis interesse, Cic. u. Liv.: non interesse consiliis, Liv. – consilium est de alqa re Carthagini, man hält über etw. B. zu K., Liv.: est res sane magni consilii, Cic.: nihil mihi adhuc accidit, quod maioris consilii esset, Cic.: quasi vero consilii sit res, als ob die Sache eine B. erlaubte, Caes.: ergo haec consilii fuerunt, war Gegenstand der Beratung (= hätte man beraten, wohl überlegen müssen), Cic.: quod in eo genere efficere possis tui consilii est, Cic.: id arbitrium negavit sui consilii esse, Nep.: vestrum iam consilium est, non solum meum, quid sit vobis faciendum, Cic. – Insbes., die **Beratung, Sitzung** einer Behörde, **a** des Senates, gew. consilium publicum (Staatsrat) gen., z. B. ad c. publicum convenire, Liv.: c. publicum habere, Cic.: consilii publici participem fieri, Cic. – **b** eines Richterkollegiums, viros primarios civitatis multos in consilium advocare, zu einer B. berufen, Cic.: venire in consilium publicae quaestionis, Cic.: adesse in consilio, Cic.: mittere iudices in consilium, die R. zur B. schreiten lassen, Cael. in Cic. ep.: ire in consilium, zur B. schreiten, Cic.: consurgitur in consilium, Cic. – **c** eines Magistrates u. seiner Beistände, eines Feldherrn u. seiner Unterbefehlshaber (»der Kriegsrat«), consilium habere, Cic., Caes. u. a.: consilium habere de Histrico bello, Liv.: consilium habere, omnibusne … an, etc., Liv.: esse, adesse alci in consilio, Cic.: dare alqm alci in consilium, zur B. = als Berater, Nep. **2** meton., der **Rat** = die Versammlung der beratenden Personen, c. bonorum atque sapientium, Quint.: advocari in consilia amicorum, Quint.: consilium amicorum habere, Nep.: consilium propinquorum (Familienrat) adhibere, Liv.: amicos in consilium rogare, Sen. – bei Dichtern auch v. **einer** Pers., der **Berater, Ratgeber,** ille ferox hortator pugnae consiliumque fuit, Ov. trist. 4, 2, 32: v. weibl. Pers., Clymene Aethraque, quae mihi sunt comites consiliumque duae, Ov. her. 17, 268; u. so auch Ov. fast. 3, 276. – Insbes.: **a eine beratende Behörde,** ein **beratendes Kollegium,** ein **beratender Ausschuss.** So v. **Senat** = das Ratskollegium, die Ratsversammlung (griech. βουλή), gew. c. publicum, Staatsrat, Cic., od. summum c. orbis terrae, u. erklärend, senatus, id est, orbis terrae c., Reichsrat, Cic.: orbis terrae sanctissimum gravissimumque consilium, Cic.: unum liberae civitatis c., senatus, Cic. – c. sanctius, ein engerer Ausschuss des Senates zu Karthago, Liv., u. (= ἀπόκλητοι) der engere Rat der Ätolier, Liv. – consilia sortiri semestria, engere Ausschüsse des Senates, Kommissionen, Suet. – v. **Richterkollegium,** c. publicum, Staatsrat, Cic.: c. sanctissimum, v. Areopag, Val. Max.: ex senatu in hoc consilium delecti estis, Cic.: quaesitore consilioque delecto, Cic.: de uno reo consilium cogitur, Quint.: alterna consilia reicere, Cic.: consilium dimittere, Cic. – v. einem engeren Rat, Ausschuss der Zentumvirn (da das Richterkollegium der Zentumvirn in vier solcher Ausschüsse zerfiel, die entweder einzeln verschiedene Prozesse od. in Plenarsitzung **einen** wichtigen Prozess entschieden), sedebant centum et octoginta iudices; tot enim quattuor consiliis colliguntur, Plin. ep. 6, 33, 3: omnibus non solum consiliis sed etiam sententiis superior discessit, Val. Max. 7, 7, 1. – **b** die beratenden Beistände, der **Beirat, Rat,** des römischen Königs (als Richter), des Prätors (als Einzelrichter), des röm. Feldherrn, des Statthalters, ausländischer Feldherren u. Fürsten, bes. oft **Kriegsrat, Kriegsgericht,** c. militare, Liv.: c. castrense (Ggstz. patres, der Senat), Liv.: consilii bellici auctores, die Stimmführer im Kriegsrat, Cic. – cum Tatio in regium consilium delegit principes (v. Romulus), Liv.: cognitiones capitalium rerum sine consiliis per se solus exercebat (v. König Tarquinius), Liv.: cum consilio causam Mamertinorum cognoscere (v. Prätor), Cic. – consilium convocare, Caes., od. advocare, Liv.: eorum consilium habere, Sall.: consilium dimittere, dimittere atque ablegare, Cic.: rem ad consilium deferre, Caes., od. referre, Nep.: ex consilii sententia in custodiam coniectus, Nep.

B der **Rat** = das Vermögen, eine Sache zu überlegen, die **Überlegung,** besonnene **Klugheit, Einsicht** (bes. oft die staatsmännische), u. in Tätigkeit = die **besonnene, kluge Berechnung,** die **Absicht** (vgl. Ruhnken Ter. Andr. 3, 5, 2), magnitudo cum animi tum etiam ingenii atque consilii, Cic.: vir magni, maximi consilii, Caes. u. Nep.: homo minimi consilii, Cic.: mulier imbecilli consilii, Cic.: consilii plenus, Plaut. u. Nep.: tam iners, tam nulli consili sum, Ter. Andr. 608 (vgl. Cic. Rosc. com. 48): animal hoc plenum rationis et consilii (vom Menschen), Cic.: barbaris consilium non defuit, Caes.: simul consilium cum re amisisti? hast mit dem Geld auch den Kopf verloren? Ter.: consilio valere, Cic.: aetate et consilio ceteros anteire, Sall. fr.: acta illa res est animo virili, consilio puerili, Cic.: ratio bono consilio a dis immortalibus data, mit reiflicher Überlegung, aus gutem Grund, Cic.: u. so id fecisse bono consilio, Cic. – in Bezug auf lebl. Subjj., vis consilii expers, Hor.: quae res in se neque consilium neque modum habet ullum, Ter.

II passiv, der **Rat,** der gefasst wird u. der jmdm. gegeben wird, **a** der Rat, der gefasst wird, der **Ratschluss, Beschluss, Entschluss** (die **Entschließung),** die **Maßnahme, Maßregel, Bestrebung,** die vorgefasste **Absicht,** der gefasste **Gedanke,** der **Anschlag,** der leitende **Grundsatz** od. die leitenden **Grundsätze,** der leitende **Geist,** das leitende **Prinzip,** das leitende **Interesse,** auch die getroffene **Vorkehrung,** das beabsichtigte **Beginnen** (Ggstz. conatus, factum, u. im Plur. Ggstz. conatus, conata, eventa, acta, facta), **α** übh.: consilii auctor, consilii socius, Liv.: administer consiliorum tuorum, Cic. – certus consilii (fest im E.), Sen. de brev. vit. 3, 3. Tac. hist. 2, 46; Ggstz. incertus consilii, Ter. Phorm. 578. Curt. 8, 10 (37), 27, od. dubius consilii, Iustin. 2, 13, 1. – c. amentissimum alcis, Cic.: audax, Liv.: calidum, calidius, Liv. (s. Fabri Liv. 22, 24, 2): u. so consilia calida (Ggstz. quieta et cogitata), Cic.: c. callidum, Ter.: consilia certa (Ggstz. incerta), Ter.: clandestinum (Intrige), Caes.: c. crudele, Cic.: consilia domestica (Kabinettsbefehle), Liv.: c. fidele, aus Treue (Anhänglichkeit) hervorgegangen, Liv.: c. infelix (unseliger Gedanke), Liv.: c. immaturum, Liv.: consilia mala, Sen.: consilia mediocria, gewöhnliche, nicht sonderlich gefährliche, Cic.: c. periculosum, Val. Max.: consilia perniciosa rei publicae, Cic.: c. plenum sceleris et audaciae, Cic.: consilia prava, krumme Wege (Ggstz. recta), Liv.: c. stultum, Cic.: consilia subita et repentina, Caes.: c. temerarium, Vell.: c. urbanum, der Beschluss innerer Politik, Cic. – c. aedificationis od. aedificandi, Bauplan, Cic.: regni consilia, Absichten auf Alleinherrschaft, Liv.: belli pacisque consilia, äußere u. innere Politik, Liv.: consilia caedis (Mordanschläge) *adversum* (gegen) imperatorem, Tac. ann. 6, 8: consilia eorum *de* tyrannicidio, Plin. 34, 72. – abicere consilium profectionis, Cic., od. aedificandi, Cic., od. mittendi Hannibalis, Liv.: afferre (erteilen) consilium, Liv. u. Curt. – capere consilium, Cic., u. consilium ex tempore od. ex re et ex tempore, Cic.: capere sibi consilium, Caes., u. sibi separatim a reliquis, Caes.: u. bes. capere consilium m. folg. Genet. Gerundii od. Gerundivi, z. B. migrandi, Liv.: belli renovandi legionisque opprimendae, Caes.; od. m. folg. *Infin.,* z. B. non adesse, Cic.: ex oppido profugere, Caes.; od. m. folg. *ut* u. Konj., z. B. subito consilium cepi, ut antequam luceret exirem, Cic.: temerarium capit consilium, ut nocte Indebili obviam iret, Liv. (s. Weißenb. Liv. 25, 34, 7). – consilium consistit (steht fest), Cic.: coquere secreto ab aliis consilia, Liv.: concoquere clandestina consilia (Ränke schmieden), Liv.: credere alci consilia omnia, Ter. – denudare alci consilium suum, Liv.: detegere consilium, Liv.: deponere adeundae Syriae consilium, Caes.: desistere consilio, Caes.: deterreri ab eo consilio iniquitate loci, Liv.: in quinquagesimum et sexagesimum annum differre sana consilia, Sen. – enuntiare sociorum consilia adversariis, Cic. – est consilium, non est consilium m. folg. Infin. (s. Fabri Sall. Cat. 4, 1 u. Liv. 21, 63, 2), z. B. ibi Pomptinium exspectare, Cic.: consilium erat hiemando continuare bellum, Liv.: quos silentio praeterire non fuit consilium, Sall.: m. folg. *ut* u. Konj., ut filius cum illa habitet apud te, hoc vostrum consilium fuit, Ter. Phorm. 934: ea uti acceptā mercede deseram, non est consilium, Sall. Iug. 85, 8: consilium esse rati, ut se militibus committerent, Liv. 24, 30, 12. – quid sui consilii sit (was sein Plan sei) proponit od. ostendit, Caes. (s. Caes. b. G. 1, 21, 2): quibus id consilii fuisse, ut etc., Caes. – haesitare inter revertendi fugiendique consilium, Curt.: ipse Romam venirem, si satis consilium quadam de re haberem, hinlänglich mit mir im Reinen wäre, Cic. – impedire aedificationis consilium, Cic.: inire consilium multae calliditatis, Ov.: inire consilia occulta, Liv.: inire consilium de morte ac de bonis alcis, Cic.: inire consilia clam de bello, Caes.: inire consilium contra alqm od. contra alcis vitam, Cic.: inire consilium *ad* eius interfectionem, Lampr. Commod. 4, 1: inire consilium m. folg.

Genet. Gerundii od. Gerundivi, z. B. occidendi te consilium inivimus, Curt.: inire c. senatus interficiendi, Cic.: inire cum alqo consilia interficiendi Caesaris, Vell.: selten m. folg. Infin., iniit consilia reges Lacedaemoniorum tollere, Nep. Lys. 3, 1: od. m. folg. indir. Fragesatz, consilia inibat, quemadmodum etc., Caes. b. G. 7, 43, 5. – scito labare meum consilium, Cic. – minuere consilium suum, von seinem Pl. abgehen, seinen Pl. ändern, Ter.: mutare consilium, Cic. – omnibus alcis consiliis occurrere atque obsistere, Cic.: perimere alcis consilium, gänzlich vereiteln (v. Umständen), Cic.: patefacere consilia, Caes.: patēre consilia tua sentis? Cic.: perficere consilium, Suet. Cal. 56, 1: non paenitet consilii nostri, Cic. – regere omnem rem publicam consilio quodam (nach gewissen Grundsätzen, nach einem gewissen Prinzip), Cic. – omnia utriusque consilia ad concordiam spectaverunt, Cic.: vel suscipere vel ponere vitae necisque consilium, Plin. ep. – his consiliis uti iisdem, von denselben Grundsätzen sich leiten lassen, Cic. – u. sive casu sive consilio (nach dem Ratschluss) deorum immortalium, Caes. – u. so oft *Abl.* consilio = **mit Absicht, absichtlich,** si consilio id fecisset, Cic.: bes. m. Ggstz. casu (zufällig), z. B. qui casu peccat ... qui consilio est nocens, Phaedr.: qui me in consulatu non casu potius existimaret quam consilio fortem fuisse, Cic.; od. m. Ggstz. forte (von ungefähr), z. B. pars forte, pars consilio oblati, Liv. (vgl. Fabri Liv. 22, 49, 14); od. mit Ggstz. suā sponte (aus freien Stücken, von selbst), z. B. secutum suā sponte est, velut consilio petitum esset, ut vilior ob ea regi Hannibal esset, Liv. – ebenso oft privato consilio, privatis consiliis = im **Privatinteresse, aus Sonderinteressen, durch selbstgetroffene Maßregeln, auf eigene Hand** (Ggstz. publico consilio, publicis consiliis), z. B. navis privato consilio aministrabatur, Caes.: privato consilio exercitus comparaverunt, Cic.: id suo privato, non publico fecit consilio, Nep.: non publicis magis consiliis quam privatis munire opes, Liv. – nullo publico consilio, durch keinen Beschluss einer gesetzlichen Staatsgewalt, Cic. – **β** als milit. *t. t.*, der **listige Kriegsplan,** die **Kriegslist** (vollst. consilium imperatorium, Cic., od. consilium imperatoriae artis, Val. Max., griech. στρατήγημα), c. fallax, Liv.: tali consilio proditores perculit, Nep.: singulari nostrorum militum virtuti consilia cuiusque modi Gallorum occurrebant, Caes.

b der **Rat,** der erteilt, die **Ansicht,** die mitgeteilt wird, die **Maßregel,** die angeraten wird, der **Ratschlag,** die **Eingebung,** inops consilii, Liv.: orba consilio auxilioque (rat- u. hilflos) res Gabina, Liv. – c. bonum, utile, Sen.: fidele, Curt.: minus fidele, Cic.: vetus ac familiare consilium (ein alter R., ein Familienvermächtnis), Liv. – alci consilium dare, Cic.: bonum consilium dare, Sen.: dare alci minus fidele consilium, Cic.: dare alci consilia recta, Ter., Ggstz. prava, Phaedr.: qui dedit mihi consilium *ut facerem,* Ter. eun. 1045: non deesse alci consilio, Cic.: egere consilii od. consilio (Ggstz. abundare consilio), Cic.: impertire alci aliquid sui consilii, Cic.: iuvare alqm consilio, Cic.: iuvare alqm operā et consilio, operā consilioque, aut opera aut consilio bono, aut consilio aut re, mit Rat u. Tat, Plaut. u. Ter. (s. Brix Plaut. mil. 137); vgl. consilio atque opibus alcis adiuvatur res publica, Cic.: neglegere alcis salutare consilium, Val. Max.: parēre alcis fidelissimis atque amantissimis consiliis, Cic.: petere ab alqo consilium, Cic.: alcis consilia sequi (befolgen), Liv.: spernere alcis consilium, Curt.: alcis consilio uti, Cic.: arbitrio consilioque auris uti, sein Ohr befragen, Gell.: suo consilio uti, seinem Sinn, Kopf folgen, Caes.

cōn-similis, e, einem anderen **in allen Stücken-, völlig-, ganz ähnlich** (Ggstz. dissimilis), **α** m. *Genet.*, Komik. u. Lucr.: causa consimilis earum causarum, quae etc., Cic. de or. 1, 149. – **β** m. *Dat.* (vgl. Schneider Caes. b. G. 2, 11. § 1), Silvani melo c. cantus, Acc. fr.: cui homini erus est c., Plaut.: res c. rebus iis, quae etc., Cic. Phil. 2, 28: c. fugae profectio, Caes.: aedificia fere Gallicis c., Caes.: Euboea c. arcui, Hyg. – **γ** mit *inter se,* virtutes inter se consimiles, Gell. 14, 3, 8. – **δ** m. *quasi* u. Konj., gerade so als wenn usw., Plaut. mil. 820. – ebenso mit *atque* (ac), Plaut. Amph. 443. Fronto de or. 1. p. 158, 15 N.: m. *et,* Lucr. 3, 8: m. *que,* Lucr. 4, 231. – **ε** absol.: ludus, Ter.: consilia, Ter.: carmen, Ov.: consimili studio, Tac.: res, Rhet. Her.: laus, Cic. de or. 3, 25: consimili viā, Afran. fr.: consimili ratione, Lucr. u. Vitr. – Plur. subst., cōnsimilia, ium, *n.*, omnia consimilia, Gell. 2, 17, 6: plura alia consimilia (dergleichen), Gell. 15, 9, 9: saga, tunicae, paenulae et consimilia (und dergleichen), Ulp. dig. 34, 2, 23. § 2: und in der Rede, ähnlicher Wortklang, Quint. 9, 3, 102.

cōnsimiliter, *Adv.* (consimilis), **auf ganz ähnliche Art,** Gell. 6, 16, 12 u. a.

cōnsimilo, āre (consimilis), **ganz ähnlich machen, gleichstellen,** mit *Dat.* **(wem?),** Fulg. myth. 3, 5. Augustin. de civ. dei 2, 10 u. a. Eccl.

cōn-sipio, ere (con u. sapio), **bei Besinnung sein** od. **bleiben,** non satis c., Gell. 7, 3, 12. Sen. dial. 2 (de const. sap.), 16, 3 jetzt consipiente; Sen. dial. 5 (= de ira 3), 13, 4 jetzt consipimus; u. nat. qu. 6, 29, 2 jetzt consipere.

cōnsīptum, s. cōn-saepio ►.

cōnsistio, ōnis, *f.* (consisto), das **Stehenbleiben, Stillstehen,** loci, an einem Ort, Gell. 16, 5, 10. Macr. sat. 6, 8, 20.

cōn-sisto, stitī, ere, sich beistellen, d. i. **sich hinstellen, I** im Allg., **sich hinstellen, hintreten, auftreten, 1** eig.: **a** v. Fuß u. v. leb. Wesen, ubi (crus) consistit, calx quoque terram non contingit, Cels. – is qui proxime constiterat, der Zunächststehende, Val. Max.: qui constitit intus, Ov.: c. ex diverso, Quint.: eo loci, ubi etc., Val. Max. – c. ad mensam, Cic.: ad aras, Ov.: ad fores Capitolii, Suet.: ante vestibulum regiae, Curt.: ante oculos (auch bildl.), Ov.: apud ripam, Suet.: circa alqm (von mehreren), Curt.: iuxta alqm, Eutr.: in caelo iuxta solium Iovis, Suet.: inter aves albas (v. Raben), Ov.: post (hinter) alqm, Quint.: supra ripam stagni (v. Vögeln), Ov. – in vinea media, Cic.: in limine domus suae, Curt.: in extrema parte theatri, Val. Max.: pontibus crebris (v. Bienen), Verg.: c. in pedes, auf die F. zu stehen kommen, Sen. ep. 121, 8. – calce aliquem super ipsum os debere consistere, mit dem Hacken müsse einer auf den (ausgetretenen) Knochen treten, Cels. 8, 14. – mit Ang. **wie?** durch *Advv.*, recte et in loco, Cic.; od. **(als wer?)** durch *Adii.*, hi proximi constitere, Liv.: ne quem paterentur in circo forove nisi positis lacernis togatum consistere, Suet.: consistens inter fratres medius, Suet. – So nun bes.: **α** als Betrachter **sich hinstellen, hinzutreten,** fert animus propius consistere (bildl. = die Sache näher zu besprechen), Ov. art. am. 3, 467. – **β** als Zuhörer in einer Versammlung **sich einfinden,** tota in illa contione Italia constitit, Cic. Sest. 107. – **γ** zu einer Leistung, bes. zum Kampf **sich hinstellen, auftreten, sich aufstellen,** vom Kitharöden, ut constitit, Suet. Ner. 21 2: v. einem Possenreißer, in scaena vero postquam solus constitit, Phaedr. 5, 5, 13. – v. Redner, c. in communibus suggestis, Cic. Tusc. 5, 29. – Aesopus media subito in turba constitit, Phaedr. 4, 5, 29. – v. Schützen (beim Wettschießen), post acer Mnestheus adducto constitit arcu, Verg. Aen. 5, 507. – vom Faustkämpfer, Athleten, Verg. Aen. 5, 426. Plin. 7, 83: v. Zweikämpfern, c. inter duas acies, Liv. 7, 10, 9: vom Gladiator, cum alqo, Petr. 19, 5 (übtr.). – v. Wächter, Schützer, Verteidiger einer Örtl., **sich aufstellen, sich postieren,** ante fores curiae, Val. Max.: in porta, Caes.: in ponte sublicio, Val. Max.: pari intervallo, Caes. – bes. als milit. *t. t.*, **sich aufstellen** zum Kampf, **Stellung nehmen, antreten,** ne saucio quidem eius loci, ubi constiterat, relinquendi facultas dabatur, Caes.: c. iuxta, Caes.: contra, Caes. – c. ad Alliam, Liv.: circa alqm, Liv.: inter primos, Curt.: sub muro, Caes.: pro castris, Sall.: in sinistro cornu propius montes, Liv.: cum equitibus contra pedites, Curt.: in foro cuneatim, Liv.: in sinistra parte acie (in Schlachtordnung), Caes. – m. *in* u. Akk., in orbem (in einem Kreis, im Kr.), Caes.: acies quadratum consistit in agmen (in einer viereckigen Marschkolonne), Tibull. – sine ducis opera copiae sic ordinatae consistunt, ut etc., Nep.: proximi cornibus constiterunt regii equites, Liv.: naves profectae ex portu nostris adversae constiterunt, Caes. – **δ** als gerichtl. *t. t.*, **vor Gericht treten, -erscheinen,** als Zeuge, loco testis, Val. Max. 8, 5, 6. – gew. als Kläger = **seine Sache vor Gericht führen, rechten, prozessieren,** ad horam, Quint.: in iure, ICt.: cum matre, Sen.: cum debitoribus, ICt.: adversus dominos, ICt.; vgl. Oehler Tert. de idol. 13 *in.*

b v. lebl. Subjj., und zwar als *t. t.* des Würfelspiels, v. Wurf, zu stehen kommen = **fallen,** quadringentis talis centum Venerios non posse casu consistere, Cic. de div. 2, 48.
2 übtr.: **a** **sich** auf jmds. **Seite** mit seiner Ansicht **stellen,** jmdm. **beitreten,** mit jmd. **übereinstimmen** (Ggstz. dissidere), videsne igitur Zenonem tuum cum Aristone verbis consistere, re dissidere; cum Aristotele et illis re consentire, verbis discrepare, Cic. de fin. 4, 72 zw. – **b** mit jmd. **sich in Erörterung** über etwas **einlassen,** mit jmd. **disputieren,** de alqa re, cum alqo de alqa re, adversus alqd, Eccl.; vgl. Oehler Tert. de idol. 13 *in.*
II insbes., von der Bewegung aus **sich hinstellen** = **stillstehen, stehen bleiben,** **A** übh., **stillstehen, stehen bleiben, haltmachen** (Ggstz. ire, progredi, inambulare, moveri u. dgl.), **1** eig.: **a** v. leb. Wesen: consistite! Ov.: ubi ad ipsum veni diverticulum, constiti, Ter.: egressi tecta consistimus, Plin. ep.: ire modo ocius, modo consistere, Hor. – constitit hic, Verg.: c. procul, Ov.: c. non eodem loci prae ardore (v. Redner), Suet. – u. im Bild, in hoc igitur campo cum liceat oratori vagari libere atque ubicumque constiterit, consistere in suo, Cic.: ipsa mihi veritas manum iniecit et paulisper consistere et commorari cogit, Cic. – c. ante domum, Ov.: c. citra limen foresque, Ov.: neque is consistens in loco (auf der Stelle), sed inambulans atque ascensu ingrediens arduo, Cic.: iumenta, quae Dareum vehebant, in quadam valle constiterant, Curt.: quocumque constiti loco (wo ich gehe und stehe), ibi cogitationes meas tracto, Sen.: c. limine, Ov. – So nun bes.: **α** der Unterhaltung wegen **stehen bleiben,** consistimus, Hor.: viatores etiam invitos consistere cogunt, Caes. – cum hoc consistit, hunc amplexatur, Cic.: in hoc loco cum altero constitit, Plaut. – **β** neugierig, betrachtend, bewundernd, staunend usw. **stehen bleiben,** prohibitis per militem obviis ac viatoribus respicere usquam vel consistere, Suet.: hanc effigiem eius subinde respicere, sub hac consistere, praeter hanc commeare, Plin. ep.: bestiae saepe immanes cantu flectuntur et consistunt, Cic.: Hypsipyle vacuo consistit in thalamo (vor Verwunderung und Schmerz), Prop. – im Passiv unpers., ista quae spectantur, ad quae consistitur, Sen. – **γ** mitten im Tanz **stillhalten,** si ludius constitit aut tibicen repente conticuit, Cic. de har. resp. 23 – **δ** als milit. *t. t.,* **stillstehen, haltmachen, Rast machen, standhalten, sich setzen,** sowohl für kurze Zeit, im Kampf, auf dem Marsch, auf der Flucht, agmen nec progredi nec consistere audet, Curt.: agmen od. signa consistere iubet, Curt. u. Liv.: nemo consistere audet, Caes.: is locus ubi constitissent, ihr jetziger Lagerplatz, Caes.: constitit nusquam prius, quam ad Vada venit, Brut. in Cic. ep. – c. ad medium fere spatium, Caes.: c. paulum ad Rubiconem, Suet.: ad bivia, Liv.: ante oppidum, Hirt. b. Afr.: prope hostem, Caes.: sub castris Afranii, Caes.: signa consistunt in radicibus collium, Liv.: c. in hac urbe diutius quam usquam, Curt.: in locis superioribus u. bl. locis superioribus, Caes.: consistit a fuga Romana acies, Liv. – als auch auf die Dauer, **eine feste Stellung einnehmen, sich festsetzen,** cum (Pompeius) constiterit et timere desierit, Balb. in Cic. ep.: ego, ne consistere possit in Italia Antonius, dabo operam, Brut. in Cic. ep.: (Antonius) non mehercules horam constitisset, Planc. in Cic. ep. – **ε** als Reisender, Flüchtling an einem Ort **haltmachen, anhalten, sich aufhalten,** v. Seefahrern auch = wo **sich vor Anker legen, wo anlegen,** sowohl augenblicklich, plura scribam ad te cum constitero; nunc eram plane in medio mari, Cic.: in quibus (oppidis) consistere praetores et conventum agere solebant, Cic.: c. unum diem Veliae, Cic.: Romae vix triduum, Cic.: ad ancoram unā nocte, Cic.: contra Lissum in ancoris (v. Schiffen), Caes.: in portu (v. Schiffen), Liv. – als auch auf die Dauer **sich** wo **aufhalten, sich niederlassen, sich ansässig machen,** hic, Sen.: in agris Cadurcorum, Hirt. b. G.: in Aonia, Ov.: in ea sede, Curt.: nec tamen hāc profugum consistere Pelea terrā fata sinunt, Ov. – v. den in einer Provinz sich aufhaltenden, ansässigen röm. Bürgern, ibi negotiandi causā, Caes.: Uticae, Val. Max. – **ζ** als Verkäufer wo **seinen Stand haben, ausstehen, feilhaben,** ede, ubi consistas, Iuven. 3, 296: c. in taberna, Varr. LL. 5, 5; in schola, sub theatro Aug. Pompeiano, CIL 6, 9404. – **η** als Kollegium wo **zusammentreten,** in Palatio, CIL 6, 8750: Arelicae, *ibid.* 5, 4017: Clastidi, *ibid.* 5, 7357.
b von lebl. Subjj.: vel concĭdat omne caelum omnisque natura (N. = Schöpfung) consistat necesse est, Cic.: oculus consistit (Ggstz. huc illucve sine ratione movetur), Cels.: Ixionii vento (durch den W. = durch den Stillstand des W.) rota constitit orbis, Verg.: inanes nuces in summo umore consistere (sich halten, verbleiben) et plenas integro fructu ad ima deferri, Petr.: illic et nebulas, illic consistere nubes iussit, sich lagern, Ov. – So nun bes.: **α** v. Flüssigkeiten, **stillstehen** (Ggstz. fluere, profluere, manare), ut, si pluerit, non consistat aqua, Varr.: quin rapidum placidis etiam mare constitit undis, Tibull.: ter frigore constitit Ister, Ov.: v. Blut usw., tandem constitit sanguis, Curt.: neque sanguis ullo potis est pacto profluens consistere, Enn. tr. fr. – v. Most, **sich setzen,** cum iam perfecte mustum deferbuit et constitit, Col. 12, 21, 3. – u. als mediz. *t. t.,* **Konsistenz gewinnen,** album ex ovo cum rosa (Rosenöl) mixtum, adiecto, quo facilius consistat, contritae rosae pulvere, Cels. 4, 27 (20), 1. p. 154, 2 D. – **β** v. Magen, Unterleib, **von der Ausleerung** nach oben od. unten (vom Erbrechen od. Durchfall **nachlassen, sich beruhigen, stehen** (als mediz. *t. t.*), stomachus od. ventriculus consistit, Cels.: alvus consistit, Cels. – u. v. den Absonderungen nach oben u. unten selbst, **stehen,** pituitae cursus (Schleimabsonderung) consistit, Cels.: tanta me διάρροια arripuit, ut hodie primum videatur posse consistere, Cic.
2 übtr.: **a** v. Pers. u. personif. Lebl., **α** **stehen bleiben,** **αα** in der Rede bei einem Punkt **stehenbleiben, verweilen,** um ihn näher zu besprechen, quoniam ille hic constitit paulisper, mihi quoque necesse est paulum commorari, Cic.: ipsa mihi veritas manum iniecit et paulisper consistere et commorari coēgit, Cic. – m. *in* u. Abl., in uno nomine, Cic.: in singulis, Cic. – **ββ** innerhalb der Grenzen eines Faches, einer Methode **stehen bleiben, sich halten,** m. *intra* u. Akk., intra professionem suam, Cels.: u. Passiv unpers., intra quietem et unctionem et cibum consistendum est, Cels. – u. übh. innerhalb einer Grenze **bei etw. stehen bleiben, es bei** etw. **bewenden lassen,** maledictum, quod intra verba constitit, Ps. Quint. decl. 279. – u. in einem Stand **verbleiben,** m. *in* u. Abl., seu fortunā seu voluntate in equestri ordine usque ad Augusti patrem, Suet. Aug. 2, 2. – **β** **bestehen** = existieren, sine agri cultoribus nec consistere mortales nec ali posse manifestum est, Col. 1. praef. 6.
b von Zuständen, **α** **stillstehen** übh., teils = weder zu-, noch abnehmen, **einen Stillstand eintreten lassen, im Stillstand begriffen sein** (Ggstz. augeri, increscere od. decedere, minui), cum febris augeatur, consistat, decedat, Cels.: morbus increscit, consistit, minuitur, Cels. – teils = **zum Stillstand kommen, stocken, nachlassen, aufhören,** si infinitus forensium rerum labor … aetatis flexu constitisset, Cic.: quā novā re oblatā omnis administratio belli consistit, Caes.: cum ad Trebiam terrestre constitisset bellum, Liv. (vgl. Drak. Liv. 35, 4, 1. Fabri Liv. 21, 49, 1): consistere usura debuit, quae erat in edicto meo, die in m. E. erlaubte Verzinsung musste aufhören, Cic.: infracta constitit ira, Ov. (s. Bach Ov. met. 6, 627). – **β** wo **seinen Sitz nehmen, Platz greifen,** **αα** v. körperl. Übeln, teils übh. wo **seinen Sitz nehmen** od. **haben,** morbus consistit in toto corpore od. intra intestina, Cels.: maximi dolores in macerrimis consistunt corporis partibus, Sen.: si (erysipelas) circa cervicem aut caput constitit, Cels. – teils (wie καθίστημι) **anhalten, fortdauern, Konsistenz gewinnen, sich festsetzen,** si nihilo magis malum constitit, Cels.: dolor constitit cum furore, Scrib. – **ββ** v. anderen Zuständen, wo **Platz greifen, stattfinden,** teils = wo **zur Anwendung und Geltung kommen,** ut unde culpa orta esset, ibi poena consisteret, Liv.: in quo (viro) non modo culpa nulla, sed ne suspicio quidem potuit consistere, Cic.: non in te quoque constitit idem exitus, Ov.: si putabit posse omnia penes unum consistere (könne in der Hand einer Person in Anwendung kommen = sei in einer Person vereinbar), Rhet. Her.: omni tempore summa studia officii inter nos constiterunt, Cic.: quaestio consistit inter utile atque honestum od. circa res personasque, Quint.:

sunt certi denique fines, quos ultra citraque nequit consistere rectum, Hor. – teils = auf etw. **beruhen,** in etw. **bestehen,** in etw. **seinen Grund haben,** auf etw. **sich gründen,** maior pars victus eorum in lacte, caseo, carne consistit, Caes.: vita omnis in venationibus atque in studiis rei militaris consistit, Caes.: omnium superiorum dimicationum fructum in eo die atque hora consistere, Caes.: cum omnibus Gallicis navibus spes in velis armamentisque consisteret, Caes.: in interitu tuo salus et vita optimi cuiusque, libertas populi Romani dignitasque consistit, Cic.: causa perniciosissimi belli in persona tua constitit, Cic.: ea, in quibus vita beata consistit, Cic. – m. bl. *Abl.,* ita exiguo tempore magnoque casu totius exercitus salus constitit, Caes. – mit *ex* u. Abl., reliquae (legiones) ex fugitivis consistebant, Auct. b. Hisp.

B prägn., **zum festen Stand kommen, festen Fuß fassen, sich auf den Füßen halten** (Ggstz. cadere u. dgl.), **1** eig.: **a** v. Pers., si prohibent consistere vires, Ov. met. 7, 573. – ita alte, ut consistere homo ipse non possit, Cels. 8, 15. p. 356, 16 D. – im Kampf, **α** v. Faustkämpfer, Ringer (Ggstz. de gradu deici, cadere), minimeque in lubrico versabitur et, si semel constiterit, numquam cadet (im Bild v. Redner), Cic.: nec tamen tradidisti te, sed subsiluisti et acrior constitisti (im Bild von dem, der mit dem Geschick kämpft), Sen.: attolle animum, adversus formidata consiste, Sen. – **β** als milit. *t. t.* v. Soldaten, in muro, Caes.: in fluctibus, in arido, Caes.: pro opere, Sall. – u. im Bild (vom Redner), confiteor ... me consistere in meo praesidio sic, ut non fugiendi hostis, sed capiendi loci causā cessisse videar, Cic. de or. 2, 294.

b v. lebl. Subjj. **Halt gewinnen,** quales cum vertice celso aëriae quercus ... constiterunt, festgewurzelt dastehen, Verg. Aen. 3, 681. – und (im Bild), nullo in loco, nulla in persona stabilibus nixa radicibus consistunt, fesseln sich bleibend an keinen Ort, an keine Person, Val. Max. 6, 9. ext. 7.

2 übtr., gleichs. **festen Fuß fassen,** certa aliqua in sententia, einen bestimmten, festen Entschluss fassen, Cic.: consistit consilium, der Entschluss steht fest, Cic. – So nun bes.: **a** im gerichtl. Kampf, **festen** od. **sicheren Stand gewinnen, seinen Platz** od. **sich behaupten, sich halten, bestehen** (Ggstz. cadere, concĭdere, de gradu deici), vom Redner, in hac causa, Cic.: in forensibus causis praeclare, Cic.: contra vos in contione, Cic.: c. in dicendo (seine Rede durchführen), Cic.: Passiv unpers., aut ita consistendum est, ut etc., man muss sich so festsetzen (darauf bestehen), dass usw., Cic. – v. Beklagten, spes est et hunc miserum ... aliquando tandem posse consistere, Cic.: verbo quidem me superabis ipso iudice, re autem ne consistes quidem ullo iudice, Cic.: Pisonem consulem nulla in re consistere umquam sum passus, Cic. – v. Prozess selbst, quia magistratus aliquis reperiebatur, apud quem Alfeni causa consisteret, Cic. Quinct. 71. – **b** in Stimme, Gesicht od. Gemüt **Fassung (Ruhe) gewinnen** od. **behalten, sich fassen, sich sammeln,** v. Pers., neque mente nec linguā neque ore c., Cic.: u. so c. mente, Cic.: tranquillo animo, quietā mente, Fassung u. Ruhe des Gemüts, des Geistes gewinnen, Cic. – v. der Stimme usw. selbst, neque mens neque vox neque lingua consistit, Cic.: religiones violatae ... consistere eius animum sine furore atque amentia non sinunt, Cic.: neque enim patrius consistere mentem passus amor, ihm lässt Vaterliebe nicht ruhig das Herz, Verg. – **c** in der öffentlichen Meinung **festen Fuß fassen, sich behaupten, Geltung gewinnen,** vix singulis aetatibus binos oratores laudabiles constitisse, Cic. Brut. 333. – ▶ consistere mit Akk. ist überall unsichere Lesart; vgl. Lachm. Lucr. 6, 11. Gronov Liv. 27, 17, 11.

cōnsistōriānus, ī, *m.* (consistorium), der **Beisitzer, Gehilfe** im kaiserl. Kabinett, Spät.

cōnsistōrium, ī, *n.* (consisto), der **Versammlungsort, I** im Allg., bildl., c. libidinum lupanar, Tert. ad uxor. 2, 6. – **II** insbes.: **A** die **Erde** als Wohnort der Menschen, Tert. de res. carn. 26. – **B** das **Bedientenzimmer,** Sidon. epist. 2, 2, 13. – **C** der Ort zur Beratschlagung für die Räte des Kaisers, das **kaiserliche Kabinett,** Spät.

cōnsitio, ōnis, *f.* (consero), das **Besäen, Bepflanzen,** Col. 4, 3, 5; 4, 15, 1; 5, 5, 4: Plur. consitiones = die mannigfaltigen Arten des B., Cic. de sen. 54.

cōnsitīvus, a, um (1. consero), **zum Bepflanzen geeignet,** ager, Serv. Verg. georg. 1. praef. p. 169 L.; vgl. Not. Tir. 57, 46.

cōnsitor, ōris, *m.* (consero), der **Pflanzer,** uvae, v. Bacchus, Tibull. 2, 3, 63. Ov. met. 4, 14.

cōnsitūra, ae, *f.* (consero), das **Besäen, Bepflanzen,** agri, Cic. de rep. 1, 29.

Cōnsīva u. **Cōnsīvia,** ae, *f.* (consero), die **Besäerin, Bepflanzerin,** ein Beiname der Göttin Ops, Form *-va* bei Fest. 186, 26: Form *-via* bei Varr. LL. 6, 21. Macr. sat. 3, 9, 4.

Cōnsīvius, ī, *m.* (consero), der **Besäer, Bepflanzer,** Ianus, Macr. sat. 1, 9, 15 *sq.*

cōnsobrīnus, ī, *m.* u. **cōnsobrīna,** ae, *f.* (vgl. sobrīnus, sobrīna), das **Geschwisterkind** von mütterlicher Seite, consobrini, Cic. de or. 2, 2: consobrini consobrinaeque, Gaius dig. 28, 10, 1. § 6: fratres compatrueles aut consobrini, Augustin. in euang. Ioann. tract. 14, 2, 2. – gew. **a** = **Geschwisterkind** übh. (vgl. Paul. dig. 38, 10, 10. § 15), **α** consobrinus, Ter. Hec. 459. Cic. de off. 1, 54. Caes. b. G. 7, 76, 6. CIL 13, 6884 (wo synk. Form cosobrinus) u. a. – **β** consobrina, Cic. Quinct. 16. Nep. Att. 2, 1. Eutr. 8, 10. CIL 2, 1678 u. ö. – **b** = Geschwisterkind im dritten usw. Glied, **α** consobrinus, **Vetter,** Suet. Claud. 26 u. Calig. 26. Eutr. 7, 23. – **β** consobrina, **Muhme,** Eutr. 8, 6. – Nbf. **cōnsubrīnus,** CIL 5, 6313 u. ö. Greg. hist. Franc. 10, 8. p. 415, 12 *Arndt.*

cōn-socer, cerī, *m.,* der **Mitschwiegervater,** Suet. Cl. 29, 1. Mart. 10, 33, 3. Ulp. dig. 24, 1, 32. § 16 u. 21. CIL 10, 4861: Plur., duo consoceri od. bl. consoceri, die beiderseitigen **Schwiegereltern** eines Ehepaars, Ulp. dig. 24, 1, 32. § 20. Auson. parent. (XV) 32, 12.

cōnsociābilis, e (consocio), **vereinbar, passend,** Ambros. epist. 7. § 1.

cōnsociātim, *Adv.* (consocio), **vereint,** Amm. 15, 11, 3.

cōnsociātio, ōnis, *f.* (consocio), die soziale **Vereinigung,** die soziale od. politische **enge Verbindung, a** übh., c. hominum, Cic. de off. 1, 100: communis totius generis hominum conciliatio et consociatio, *ibid.* 1, 149: communitas consociatioque humana, *ibid.* 1, 157: c. gentis eius, Liv. 40, 5, 10. – übtr., v. Lebl., c. sinistra siderum, Firm. math. 6, 12. – **b** verbotene akademische **Verbindung, Verbrüderung,** Cod. Theod. 14, 9, 1 (Plur.).

cōnsociātus, a, um, *PAdi.* (v. consocio), **innig verbunden,** consociatissima voluntas, vollkommene Übereinstimmung unserer Gesinnung, Cic. ep. 3, 3, 1.

cōnsocietās, ātis, *f.* (consocio), die **enge Verbindung,** Augustin. mus. 5, 7, 15.

cōnsocio, āvī, ātum, āre, vergesellschaften, sozial, politisch **vereinigen, eng** od. **innig verbinden (befreunden),** Ggstz. dissociare; dah. auch **gemeinschaftlich machen** od. **verabreden, mit** jmd. **teilen,** jmd. **mit** in etw. **hineinziehen,** m. *cum* u. Abl., m. *inter se,* **a** v. leb. Wesen: **α** leb. Objj.: audaces, Tac.: animos eorum, Liv.: consociati di, die gemeinschaftlichen Bundesgottheiten, Liv. – numquam tam vehementer cum senatu consociati fuistis, Cic. – m. *in* od *ad* u. Akk., se in omnia belli pacisque consilia, sich ganz an seine Politik anschließen, Liv.: inter nos naturā ad civilem communitatem coniuncti et consociati sumus, Cic. – **β** lebl. Objj.: regnum, imperium, Liv.: vocem, sich durch Sprechen gemein machen, Tac. ann. 13, 23. – arma cum Gallis, Liv.: consilia cum A. Gabinio, mit in s. Pl. hineinziehen, Cic.: u. so furorem cum alqo, mit in sein wütiges Gebaren h., Liv.: non cum malefico usum ullius rei, Phaedr.: cum iis, qui ad se tuendos venissent, omnia sibi esse consociata, Liv. – cum Themisto consociata res, Liv.: delecta *ex* iis et consociata forma, eine aus diesen Elementen mit Auswahl zusammengesetzte Staatsform, Tac. ann. 4, 33 *in.* – c. rem inter se, Liv. – mit *Dat.* **(wem? = mit wem?),** soporem morti consocians defecit et mortuus est, Vulg. iudic. 4, 21. – **γ** absol.: vel consociare mihi quidem tecum licet, gute Brüderschaft machen, Plaut. rud. 551. – **b** v. lebl. Subjj.: pinus et populus umbram consociare amant, Hor. carm. 2, 3, 10: m. *Dat.* **(wem? = mit**

wem?), c. se pelago (von einem Fluss), Mela 2, 7, 16 (2. § 117): als gramm. *t. t.*, aliis consociari verbis, Prisc. 18, 2: indicativo consociari, Prisc. 18, 90.

cōn-socius, a, um, **vereinigt, verbunden,** elementa sibi valde c., Fulg. myth. 1, 2. – subst., **a** cōnsocius, ī, *m.*, der **Teilnehmer, Gehilfe, Genosse,** Firm. u. Cod. Iust. – **b** cōnsocia, ae, *f.*, die **Genossin,** consors totius vitae et c. (von der Gattin), Ambros. epist. 9, 70.

cōn-socrus, ūs, *f.*, die **Mitschwiegermutter** (vgl. consocer), Auson. parent. (XV) 32 *lemm.*

cōnsol, s. cōnsul.

cōnsōlābilis, e (consolor), **zum Trösten gehörig, tröstlich, I** passiv, **tröstbar,** est omnino vix c. dolor, ist kaum zu beschwichtigen, Cic. ep. 4, 3, 2: *Compar.* bei Ambros. ep. 39, 3. – **II** aktiv, **trostbringend, Trost-,** m. *Genet.*, canere carmen casus illius sui consolabile, Gell. 16, 19, 12.

cōnsōlāmen, minis, *n.* (consolor), der **Trost,** Ps. Hieron. epist. 5, 1.

cōnsōlātio, ōnis, *f.* (consolor), die **Tröstung,** der **Trost,** die **Trost-, Muteinsprechung, Ermutigung, I** im Allg.: c. levis, gravior, Cic.: maxima, Cic.: efficacissima, Sen.: pervulgata, usitata, Cic. – m. subj. *Genet.*, Epicuri, Cic.: litterarum tuarum, Cic. – mit obj. *Genet.* (bei, in), communium malorum, Cic.: timoris, Cic. – verebar ne haec non consolatio esset, sed exulceratio, Sen.: levis est consolatio ex miseriis aliorum, Cic.: conscientia rectae voluntatis maxima consolatio est rerum incommodarum, Cic.: hoc genus consolationis miserum atque acerbum est, Cic. – adhibere aliquam modicam consolationem, Cic.: adhibere alci consolationem suis suavissimis litteris, Cic.: afferre huic malo consolationem, Cic.: afferre alci non mediocrem consolationem, Sulpic. in Cic. ep.: debere consolationis officium alci, Sidon.: egere od. non egere consolatione, Cic.: indigere aliorum consolatione, Sulpic. in Cic. ep.: invenire consolationem nullam communium malorum, Cic.: lenire se consolatione, Cic.: minuere suorum timorem consolatione et ratione, Auct. b. Alex.: in multis et variis molestiis haec una consolatio occurrebat, quod (dass) etc., Cic.: stultam permulcere potest senectutem praeterita aetas nullā consolatione, Cic.: prodest haec consolatio quidem, sed nec semper nec omnibus, Cic.: respuere consolationem (v. Pers.), Cic.: sanare consolatione timentes omnium animos, Hirt. b. G.: nunc me una consolatio sustentat, quod (dass) etc., Cic.: eā consolatione sustentor, quam etc., Cic.: omni consolatione omnes me absente meos sublevavit, Cic.: uti hāc consolatione alcis m. folg. Akk. u. Infin., Cic.: omnem consolationem vincit dolor, Cic. – Plur., Cic. de or. 2, 64. Sen. ep. 94, 21 u. 95, 34: consolationes reicere ac refugere, mox desiderare et clementer admotis acquiescere, Plin. ep. 5, 16, 11: huic malo afferre consolationes, Cic. ad Att. 10, 4, 6: consolationibus nihil levari, Cic. Tusc. 3, 73. – **II** insbes.: **a** die **Trostschrift,** als Büchertitel, Ciceronis, Cic.: Crantoris, Cic.: u. so die drei consolationes des Seneka ad Polybium, ad Marciam, ad Helviam. – **b** die **Trostrede,** als Rede- od. Schriftgattung, aliud dicendi genus consolatio, aliud obiurgatio desiderat, Cic.: ut de consolationibus taceam, Quint.

cōnsōlātīvus, a, um (consolor), **zur Tröstung geeignet, tröstend,** responsio, Cassiod. in psalm. 13, 15: sententiae, Isid. 2, 21, 25.

cōnsōlātor, ōris, *m.* (consolor), der **Tröster,** Cic. Tusc. 3, 73; ep. 6, 4, 3. Sen. ad Helv. 1, 4. Isid. 10, 38 u. Eccl.

cōnsōlātōriē, *Adv.* (consolatorius), **auf tröstliche Art,** Augustin. in Iob 1, 1. Sidon. epist. 6, 9, 1.

cōnsōlātōrius, a, um (consolator), **tröstend, Trost-,** litterae, Cic. ad Att. 13, 20, 1. Augustin. ep. 208, 1: epistula, Augustin. ep. 259, 1. Cassiod. hist. eccl. 7, 40 *extr.*: codicilli, Suet. Oth. 10, 2: libri, Augustin. de gest. Pelag. § 19 *in.*: sermo, Augustin. serm. 157, 1 *in.*: verba, Vulg. Zach. 1, 13: principis ingenium, Cassiod. var. 10, 18.

cōnsōlātrīx, trīcis, *f.* (Femin. zu consolator), die **Trösterin,** Eccl.

cōnsolida, ae, *f.*, eine Pflanze, **gemeine Schwarzwurz, offizinelle Beinwell** (*Symphytum officinale,* L.), Ps. Apul. herb. 59.

cōnsolidātio, ōnis, *f.* (consolido), die **Teststellung, Sicherung** des Eigentumsrechts, ICt.

cōnsolidātor, ōris, *m.* (consolido), der **Befestiger,** domus, Ven. Fort. carm. 1, 20, 22.

cōn-solido, āvī, ātum, āre, **fest machen, I** eig.: quod infirmum fuit non consolidastis, Vulg. Ezech. 34, 4: c. clavos suos, fest einschlagen, Vulg. Isai. 54, 2: c. rite opus, Ven. Fort. carm. 1, 11, 24: parietem in unam crassitudinem, verdichten, Vitr. 2, 8, 7. – **II** übtr., als jurist. *t. t.*, den Nießbrauch oder das Eigentumsrecht einer Sache **sichern, feststellen, konsolidieren,** ICt.

cōn-sōlo, āre = *consolor,* Varr. sat. Men. 347; vgl. Prisc. 8, 25. – Passiv, **a** = **getröstet werden** (vgl. Prisc. 8, 15), a quibus viatores consolari solent, Augustin. conf. 6, 1, 1: u. Partiz. consōlātus = ermutigt, Iustin. 22, 6, 4. – **b** medial, **sich trösten, Trost empfinden,** Q. Metell. bei Gell. 15, 13, 6. Asin. Poll. b. Prisc. 8, 18.

cōn-sōlor, ātus sum, ārī, **a** leb. Wesen, jmdm. **Trost** od. **Mut einsprechen,** jmd. tröstend, ermutigend **aufrichten, ermutigen, beschwichtigen,** auch jmdm. **sein Beileid bezeigen,** Indutiomarum, Caes.: sapientem, Cic.: parentem, Ov.: trepidantem, Plin. ep.: pauperes, Val. Max.: suos, Sen.: etsi egomet, qui te consolari cupio, consolandus ipse sum, Cic.: non egeo medicinā, ipse me consolor, ich weiß mich selbst zu trösten, Cic.: u. (v. lebl. Subjj.) vehementer alqm consolatur conscientia factorum et consiliorum suorum, Cic.: te consolata est spes brevi tempore congrediendi, Cic. – mit *Abl.* **(womit? wodurch?),** c. pueros crustulo, Sen.: se inani et tenui spe, Cic.: se conscientiā optimae mentis, Cic.: se illo solacio, quod (dass) etc., Cic.: alqm verbis alcis (in jmds. Namen), Cic.: u. (prägn.) se, quod (dass) etc., od. se his m. folg. Akk. u. Infin. = sich trösten mit dem Gedanken, dass usw., consolare te, quod (dass usw.), Cic. Sull. 29: his me consolor victurum suavius, ac si etc., Hor. sat. 1, 6, 130. – mit *per* u. Akk., se per litteras (in der Schriftstellerei Trost suchen), Cic. – m. *in* u. Abl., spes sola homines in miseriis consolari solet, Cic. – m. *de* u. Abl., Telamonem de Aiacis morte, Cic.: alqm de communibus miseriis, Cic. – ganz absol., cum querimur, consolamur, Quint.: gew. im *Gerund.* u. *Partic.*, haec omnia genera consolandi, Cic.: etsi unus ex omnibus minime sum ad te consolandum accommodatus, Cic.: illa oratio ex commemoratione alienorum malorum ad malevolos consolandos est accommodata, Cic.: consolando levare dolorem, Cic.: officia consolantium, Cic.: verba consolantia, Ov.: Caesar consolatus rogat (eum), finem orandi faciat, Caes.: in me consolando non mediocrem ipse animi dolorem adhibuisti, Cic.: caput est in consolando detrahere illam opinionem maerenti, Cic.: ire ad aliquem locum consolandi causā, um sein Beileid zu bezeigen (einen Kondolenzbesuch zu machen), Varr. LL. 6, 57. – **b** lebl. Objj., **über** etw. **trösten,** etw. **durch Trost mildern, lindern, beschwichtigen, erträglich machen, entschädigen, vergessen machen** (s. Cic. Tusc. 3, 88), gratulari magis virtuti debeo, quam consolari dolorem tuum, Cic.: mit *Abl.*, ego desiderium tui spe tuorum commodorum consolabor, Cic. – v. lebl. Subjj. (s. Nipperd. Tac. ann. 3, 24), consolatur honestas egestatem, Cic.: luctum alcis consolatur dignitas, quam etc., Cic.: hanc cladem domus meae vestra felicitas et secunda fortuna publica consolatur, Liv. – m. *Abl.*, esse hanc (gloriam) unam, quae brevitatem vitae posteritatis memoriā consolaretur, Cic. – Vgl. consolo.

cōnsolvo, ūtum, ere, **zusammen auflösen,** Cael. Aur. chron. 4, 3, 39; 4, 7, 95; 5, 1, 10; in uno cons., Cass. Fel. 17, 28.

cōn-somnio, āvī, āre, etw. **träumend aussinnen, austräumen,** Plaut. most. 757.

cōnsonāns, antis (consono), **I** eig., als gramm. *t. t.*, **mitlautend,** subst. (verst. littera, dah. *gen. fem.*), der **Mitlauter, Konsonant,** Quint. u. a. Gramm. – **II** übtr., **übereinstimmend, passend,** ICt.

cōnsonanter, *Adv.* (consonans), **übereinstimmend, harmonisch,** *Superl.* consonantissime, Vitr. 6, 1, 6.

cōnsonantia, ae, *f.* (consono), der **Zusammenklang, Einklang,** die **Konsonanz, Harmonie, I** eig. (vgl. Censor. fr. 11, 1: harmonia est consonantia), absol., Vitr. 5, 5, 3 *sqq.* Boëth. inst. arithm. 2, 48 u. ö.: verb. concentus et c., Chalcid. Tim. 44: mit *Genet.*, c. vocis, Vitr. 5, 5, 7. – Plur., Vitr. 5, 4, 9. Boëth. inst. arithm. 2, 18 u. ö. – **II** übtr. = die

Übereinstimmung, vocum proximarum, Gell. 13, 21 (20), 5: litterarum, Gell. 6 (7), 20 *lemm.*: scripturarum, Tert. adv. Iud. 11 u. 14: elementorum, Prisc. 8, 2.

cōnsonātio, ōnis, *f.* (consono), der **Einklang,** die **Harmonie,** Metrol. p. 129, 8: übtr., die **Eintracht,** Iren. 1, 15, 2.

cōnsonē, *Adv.* (consonus), **einstimmig,** Apul. met. 1, 10.

cōn-sono, sonuī, āre, **zusammentönen** od. **-schallen, im Einklang ertönen, erschallen, I** eig.: **a** v. leb. Wesen: apes consonant vehementer, Varr. r. r. 3, 16, 30: consonuere cornicines funebri strepitu, die Hornisten stimmten einen Trauermarsch an, Petr. 78, 6. – **b** v. lebl. Subjj.: **α** v. musikal. Instrum. u. menschlichen Lauten, cum ex pulpito omne tibiarum genus organorumque consonuit (mit einem Male einstimmt, *a tempo* einfällt), fit concentus ex dissonis, Sen.: doces me, quo modo inter se acutae ac graves voces consonent, Sen.: consonante clamore (mit einstimmigem G.) nominatim Quinctium orare, ut etc., Liv. – dah. als rhet. *t. t.*, v. der Rede = **im Einklang stehen,** initia et clausulae inter se consonant, Quint.: u. v. Worten = **gleich ablauten,** extremis syllabis, Quint. – **β** von Örtl., **widerhallen,** tubae utrimque contra canunt; consonat terra, Plaut.: consonantes loci, quos appellant συνηχοῦντας, Vitr. – m. *Abl.* (von), consonuisse ululatibus theatrum, Tac.: plausu fremituque virûm ... consonat omne nemus, Verg. – **II** übtr., **im Einklang, stehen, harmonieren, übereinstimmen, stimmen** (Ggstz. dissonare), numeri universitas (Hauptsumme) consonat, Augustin. – m. *Dat.* (mit) od. mit *cum* u. Abl., ut omnis oratio moribus consonet, Ps. Cic. in Sall.: hoc enim contractui bonae fidei consonat, ICt.: aequalitas ac tenor vitae per omnia consonans sibi, Sen.: fac potius quo modo animus secum meus *consonet* nec consilia mea *discrepent,* Sen. – m. *in* u. Abl. Gerund., sibi in faciendis ac non faciendis, Quint. 2, 20, 5.

cōn-sonus, a, um, **zusammen-, harmonisch lautend, harmonisch, I** eig.: clangor, Ov. met. 13, 610: fila lyrae, Ov. am. 1, 8, 60: vox, Sil. 17, 448 u. Vulg. 2. paral. 20, 21: quod si videtur auribus consonum aliquid canere, Boëth. inst. mus. 3, 1. – subst., cōnsona, ae, *f.* = consonans, der **Konsonant, Mitlauter** (Ggstz. vocalis), Ter. Maur. 555; vgl. consona elementa, die Konsonanten (Ggstz. vocalia el.), Ter. Maur. 86 u. ö. – **II** übtr., **übereinstimmend, harmonierend, passend, schicklich,** credo Platonem vix putasse satis consonum fore, si etc., Cic. ad Att. 4, 16, 3: u. bei Spät., wie fila teli consona, Claud. rapt. Pros. 2, 42: totius orbis consono ore celebrari, Apul. met. 2, 1: *n. pl.* subst., secernis consona regno, Claud. laud. Stil. 2, 69.

cōn-sōpio, īvī, ītum, īre, **völlig bewusstlos machen, I** eig.: **a** = **völlig betäuben,** lumen exstinctum ... consopit ibidem concīdere, betäubt so die Sinne, dass man niedersinkt, Lucr. 6, 792: inter initia (veneni) consopitus, Suet. Claud. 44, 3. – **b in tiefen Schlaf versetzen, völlig einschläfern,** Passiv consopiri = **in tiefen Schlaf verfallen, fest einschlafen,** bibe tu quoque et consopire, Vulg. Habac. 2, 16: Endymion a luna consopitus, Cic. Tusc. 1, 92: agitatores consopiti sunt, Vulg. Nah. 2, 3: somno est consopitus, Cic. de div. 2, 135: quid melius quam in mediis vitae laboribus *obdormiscere* et ita coniventem *somno consopiri sempiterno?* in einen ewigen Schlaf verfallen, Cic. Tusc. 1, 117. – **II** übtr., Passiv consopiri = **außer Kraft treten,** cum omnis illa XII tabularum antiquitas lege Aebutiā latā consopita sit, Gell. 16, 10, 8.

cōnsororīnus, a, um, als Erklärung von consobrinus, Gaius dig. 38, 1, 10. § 6.

cōn-sors, sortis, Abl. sorti u. (subst.) sorte, **gleichen Loses (Anteils) teilhaftig, I** im weiteren Sinne, an etw. **gleichen Anteil habend,** der **Teilhaber, Mitgenosse** zu gleichen Teilen (Ggstz. exsors, expers), **a** v. Pers., m. *Genet. rei* **(wessen? = woran?),** socius et consors gloriosi laboris, Cic.: c. periculorum, Plin. pan.: c. mendicitatis, Cic.: c. studiorum, Sen.: c. vitiorum fratris sui (Ggstz. virtutum expers), Vell.: c. tori, thalami, Ov.: uxor, socia tori, vitae c., Ps. Quint. decl.: c. imperii, Mitregent, Vell. u. Suet.: consilii publici, Plin. ep.: tribuniciae potestatis, Tac.: consortes urbis, Landsleute, Ov.: ut consortes fidei, ut spei coheredes, Min. Fel. 31, 8. – mit *Genet. pers.*, T. Tatius c. Romuli, Mitregent, Suet. – mit *in* u. Abl., c. in lucris atque furtis, Cic. – m. *cum* u. Abl., consors mecum temporum illorum, Cic. – **b** von lebl. Subjj., **gemeinsam,** vita, Lucr.: tecta, Verg.: casus, Prop.: caro c. et coheres (*sc.* animae), Tert. de res. carn. 7: mit *Dat.*, studiis c. puerilibus aetas, Lucan. 4, 178. – **II** im engeren Sinne, am **Vermögen** (Kapital) **gleichen Anteil habend, a** v. Geschwistern u. Verwandten, die eine gemeinschaftlich angetretene Erbschaft noch nicht geteilt haben, **ein ungeteiltes Erbe gemeinsam besitzend, in Gütergemeinschaft lebend** (vgl. Döring Plin. ep. 8, 18, 4), tres fratres consortes, Cic.: frater consors censoris, Liv. – dah. poet. = **Bruder** od. **Schwester,** c. Remus, Tibull.: c. magni Iovis, von der Juno, Ov. – u. *adi.* = **geschwisterlich, schwesterlich, brüderlich,** c. pectora, Ov.: c. sanguis, Ov. – m. *Dat.*, c. Ledaea gemellis, Ov. her. 13, 61. – **b gleichen Anteil habend am Geschäftskapital,** c. socius, Geschäftsteilhaber (Kompagnon) mit gleichem Anteil, Hor. carm. 3, 24, 60.

cōnsortio, ōnis, *f.* (consors), die **Teilhaberschaft, Mitgenossenschaft** zu gleichen Teilen, die **Gemeinschaft, a** v. Pers., quaenam ista societas, quaenam consortio est? Liv.: c. humana, Cic.: redire in consortionem, Lucil. fr. – mit *Genet.* **(wessen? woran?),** tribuniciae potestatis, Vell.: fati, Val. Max.: hominum, mit den M., Plin. – m. *inter* u. Akk., sociabilis consortio inter binos Lacedaemoniorum reges, Liv. 40, 8, 12. – **b** v. Lebl., m. *cum* u. Abl., stomachus, cui cum vesica quaedam consortio est, Sympathie (συμπάθεια), Cels. 7, 27. p. 315, 1 D.

cōnsortium, ī, *n.* (consors), die **Teilhaberschaft, Mitgenossenschaft** zu gleichen Teilen, die **Gemeinschaft, I** im weiteren Sinne, hoc consortium solum inter sapientes est, Sen.: alqm in consortium admittere, Sen. – m. *Genet.*, si in consortio, si in societate rei publicae esse licet, Liv.: rerum omnium, Sen.: c. regni, Mitregentschaft, Tac., Iustin. u. Treb. Poll.: honestorum turpiumque, ein Gemisch von Tugenden u. Lastern, Quint. – im Plur., consortia rerum secundarum adversarumque, alle ihre Genossinnen in Leid u. Freud, Tac. ann. 3, 34. – **II** im engeren Sinne, die **Gütergemeinschaft,** ab alqo in consortium recipi, Suet. Claud. 28: si inter fratres voluntarium consortium initum fuerit, Ulp. dig. 17, 2, 52. § 8.

cōnspargo, consparsio, consparsus, s. cōn-spergo, cōnspersio, cōnspersus.

cōn-spatior, ārī, **zusammen spazieren,** Petr. 7, 3.

cōnspectio, ōnis, *f.* (conspicio) = conspectus, Iul. Epit. nov. 57. § 201.

cōn-spector, ōris, *m.* (conspicio), **der auf etw. sieht,** Eccl.: cordis (auf das H.), Tert. de cult. fem. 2, 13.

1. cōnspectus, a, um, *PAdi.* (v. conspicio), **in die Augen fallend, I** im Allg., **sichtbar,** tumulus, Liv.: conspecti inter se, Liv.: agmina ex pluribus collibus inter se satis c., Liv.: tumulus hosti c., Liv.; vgl. Fabri Liv. 22, 4, 6. – **II** (m. *Compar.*) prägn., **in die Augen fallend** = **auffallend, Aufsehen erregend, hervorstechend, hervorstrahlend, a** v. Pers.: conspectus elatusque supra modum hominis, Liv.: conspecta iuventus, die Neliden, Ov.: turba conspectior, Liv.: Galatea platano conspectior altā, stattlicher als usw., Ov.: patris avique fama conspectum eum efficiebat, Liv. – **b** v. Lebl.: conspecta mors eius fuit, quia publico funere est elatus, Liv.: supplicium conspectius eo, quod etc., Liv.: ne in ipsa urbe conspectior mors foret, Tac.

2. cōnspectus, ūs, *m.* (conspicio), das **Erblicken,** od. **Gewahrwerden, I** aktiv = das **Erblicken, Schauen von Angesicht zu Angesicht,** meist fakultativ, deutsch oft das **Angesicht,** der **Anblick,** der **Blick,** die **Blicke,** der **Gesichtskreis, 1** eig.: **a** im Allg.: **α** v. Pers.: conspectus oculorum, Varr. LL. u. Curt.: m. obj. *Genet.*, c. patriae, Caes.: conspectus et congressus tanti viri, Val. Max. – ex conspectu abire, v. Menschen u. Tieren, Caes., Sall. u. Val. Max., v. Schiffen, Caes.: abducere alqm e conspectu, Plaut.: adducere alqm in conspectum alcis, Hirt. b. G.: adimere conspectum oculorum (v. der Dunkelheit) od. conspectum terrae (v. Nebel), Liv.: adimere in omnes partes conspectum (v. der Dunkelheit), Liv.: amittere alqm e conspectu suo, Ter.: amotus a conspectu locus, ein Ort, wo man ungesehen ist, Liv.: in publico assistere in conspectu patris, Caes.: densus nimbus conspectum regis contioni aufert, Liv.: cadere in conspectum, Cic.: consistere in medio conspectu (im schauenden Kreise), Verg.: dare regiam sellam in conspectum vulgi, öffentlich ausstellen, Curt.: dare se alci in conspectum, Cic. Verr. 5, 86: se dare in conspectum oppidi, vor der Stadt erscheinen, Auct. b. Hisp. 4, 1 (u. so im Passiv, dari alci in conspectum, jmdm. zu Gesicht kommen, Ter. Phorm. 261. Liv. 30, 12, 8): conspectus est in Capitolium, man hat die Aussicht auf das K., Liv.: ut primum rex in conspectu fuit, gesehen werden konnte, Curt.: ut in conspectu terra fuit, Liv.: est alqs in conspectu civium, Cic.: tu, cuius prope in conspectu Aegyptus est, Cic.: sex pulvinaria in conspectu fuerunt (waren zur Schau = waren öffentlich ausgestellt), Liv.: u. (bildl.) quia bellum ei maius in conspectu erat (in Aussicht stand), Liv.: corvus ex conspectu elatus orientem petit, Liv.: evolarat iam e conspectu fere fugiens quadriremis, Cic.: quo longissime oculi conspectum ferebant, Liv.: conspectum alcis fugere, Caes.: aditum huius loci conspectumque vestrum magno opere fugere (Ggstz. vehementer sequi), Cic.: fugere e conspectu ilico, Ter.: ut intrantium exeuntiumque conspectum habeat, damit er die Ein- u. Ausgehenden sehen könne, Col.: ponere in conspectu poculum, vor Augen (offen) hinstellen, Liv.: u. (bildl.) ponere beneficium extra conspectum suum, Sen.: privare alqm omnium suorum consuetudine conspectuque, Cic.: prodire in conspectum alcis, Komik. u. Suet.: proferre liberos in conspectum, Caes.: removere omnium equos ex conspectu, Caes.: stare in conspectu alcis (v. Pers.), Cic.: statuere alqm procul in conspectu, Liv.: velut e conspectu tolleretur libertas, den Augen entrückt würde, Tac.: venire in conspectum, sich offen (deutlich) zeigen, sich offen (deutlich) sehen lassen, zum Vorschein kommen, in die Nähe kommen, rücken u. dgl. (v. Pers. u. lebl. Subjj.), Cic. u. a.: so auch in conspectum alcis venire, sich vor jmd. zeigen, vor jmd. erscheinen, Cic.: vitare alcis conspectum, Quint. – oft in conspectu alcis u. bl. in conspectu, angesichts jmds., z. B. in conspectu imperatoris operam navare, Caes.: in conspectu (verst. eorum) crebri cecidere caelo lapides, Liv. – primo conspectu tam foeda res, Liv. (vgl. *no.* II, 1). – **β** v. lebl. Subjj., die gleichs. auf uns sehen, celeriter e conspectu terrae ablati sunt (v. Seefahrern), Liv.: bes. oft in conspectu alcis loci od. rei, angesichts eines Orts od. einer Sache, z. B. fundi villaeque, Cic.: locorum, Liv.: quercus, quae est in oppidi conspectu, Varr.: u. bildl., in conspectu legum libertatisque mori, Cic.: in conspectu senectutis esse, sich dem Gr. nähern, Sen.: ebenso bildl., haec, quae procul erant a conspectu imperii, diese Orte, die dem Gesichtskreis unseres Staates fern lagen, Cic. – **b** prägn., das **Aufsehen,** das bei einem besonderen Ereignis entsteht, subito consilium cepi, ut antequam luceret exirem, ne qui conspectus fieret aut sermo, Cic. ad Att. 7, 10 *in.*

2 übtr., die geistige **Anschauung, Betrachtung,** in hoc conspectu et cognitione naturae, Cic.: alqd ponere paene in conspectu animi (deutlich zur Anschauung bringen), Cic.: ne in conspectu quidem relinqui, gar nicht in Betracht kommen, Cic.: explicatis ordinibus temporum uno in conspectu omnia videre, alles (in einer Schrift) auf **einen** Blick übersehen, Cic.

II passiv = das **Sichtbarwerden,** die **Erscheinung,** **1** eig.: primo statim conspectu (sogleich bei seiner ersten E. = sowie er zum ersten Mal sich öffentlich zeigte) omnia quam disparia essent ostendit, Liv.: elephantorum aciem conspectu ipso debellaturam, Liv.: conspectu suo proelium restituit, Liv.

2 meton., **a** die Art, wie etwas erblickt wird, sich zeigt, der **Anblick,** die **Erscheinung,** tuus iucundissimus conspectus, Cic.: conspectus vestri venerabilis, Curt.: scio eis meum conspectum invisum fore hodie, Ter.: animi partes, quarum est conspectus illustrior, Cic. – **b** die **Erscheinung,** der **Anblick** = die sich unserem Blick darbietende Versammlung (s. Halm Cic. de imp. Pomp. 1. *ed. mai.*), frequens conspectus vester, Cic.: vester, iudices, conspectus et consessus, Cic. – **c** konkret, wie σύνοψις, die **kurze Übersicht,** der **Abriss,** Gell. 17, 21, 1. – ► Dat. conspectu, Amm. 25, 10, 3.

cōn-spergo (con u. spargo), spersī, spersum, ere, **I hinspritzen, -streuen, -sprengen,** vinum, Col. 12, 39, 3: m. *Dat.* (auf), albas (weiße Perlen) invicem piperis piscibus et tuberibus, Lampr. Heliog. 21, 4. – **II besprengen, bespritzen, benetzen, bestreuen,** **A** eig.: humum ante aedes, Plaut.: vias propter pulverem, Suet.: fores vino, Plaut.: vini cyatos sapā, Cato: geniali balsamo guttatim excusso plateas, Apul.: radices candenti aquā, Col.: alqm lacrimis, Cic.: terram rore, Plin.: carnem sale, Col.: humum aestuantem alveolo ligneo (aus einer hölzernen Wanne), Phaedr.: furfuribus ignem, mit Kl. untermengen, Phaedr. – **B** übtr., **bestreuen,** gleichs. **übergießen,** c. herbas floribus, Lucr.: caput Tauri stellis conspersum est, Cic. – im Bild, ut oratio conspersa sit quasi verborum sententiarumque floribus, Cic.: quae quādam hilaritate conspersimus, einen humoristischen Anstrich gegeben haben, Cic. – ► Solözist. conspargere, Apul. met. 11, 9. Plin. Val. 1, 1. Marc. Emp. 35 u. 36: conspargitur, Vitr. 7, 11, 1.

cōnspersio (consparsio), ōnis, *f.* (conspergo, conspargo), **I** abstr., das **Hinstreuen,** Pallad. 12, 13, 3. – **II** konkr., der mit Wasser eingemengte **Teig,** Eccl.: Plur. Nbf. consparsiones, Tert. adv. Marc. 4, 24.

cōnspersus, a, um (conspergo), **besprengt, bestreut,** Caput Tauri stellis c., Cic.: caro sale, Colum.: aceto, Plin.

cōnspicābilis, e (conspicor), **I leibhaftig sichtbar,** Eccl. – **II ansehnlich, sehenswert,** thermae, Sidon. epist. 8, 4, 1.

cōnspicābundus, a, um (conspicor), **in Betrachtung** von etw. **versunken,** m. *Acc.,* nupturam virginem saepius, Mart. Cap. 8. § 803.

cōnspiciendus, a, um, *PAdi.* (v. conspicio), **sehenswert, bemerkenswert, ansehnlich,** opus, Liv.: templum, Ov.: v. Pers., Tibull. u. a.

cōnspicientia, ae, *f.* (conspicio), die **Fähigkeit zu überschauen,** rerum tantam conspicientiam habere, Cassiod. de anim. 3.

cōnspicilium, ī, *n.,* od. (nach and. Lesart) **cōnspicillum,** ī, *n.* (conspicio), der Ausschauort = die **Warte,** Plaut. cist. 91. Plaut. fr. b. Non. 81, 7.

1. cōn-spicio, spēxī, spectum, ere (con u. specio), **I** *v. intr.* **hinschauen, seinen Blick hinrichten,** quid nunc supina susum in caelum conspicis? Plaut. cist. 622: inter eas regiones, quā oculi conspiciant, Varr. LL. 7, 9: numquam in tabernam conspexerat, er hatte niemals seine Nase in ein Wirtshaus gesteckt (= er hatte niemals ein W. besucht), Petr. 140, 14.

II *v. tr.* **ins Gesicht fassen,** **A** = **zu Gesicht bekommen, ansichtig werden, gewahr werden, von Angesicht zu Angesicht schauen** od. **schauen können, erblicken** od. **erblicken können,** im Allg.: **a** eig.: **α** m. einfachem *Acc.:* quas (aedes) quotiescumque conspicio, fleo, Plaut.: ostium ubi conspexi, exinde me ilico protinam dedi, Plaut.: c. lumina crebra, Liv.: c. tabellas demereque et legere, Liv.: c. nostros equites, Caes.: alqm cum egregia stirpe, Liv.: conspici inter se, einander erblicken od. erkennen können, einander sichtbar werden, Liv. 37, 41, 4 (vgl. 1. conspectus *no.* I). – m. *Abl.* **(womit?),** hunc simulac cupido conspexit lumine virgo, Catull.: ut conspiciatis eum mentibus, quem oculis non potestis, Cic.: carere me aspectu civium quam infestis oculis omnium conspici mallem, Cic. – m. *Adv.* **(von wo aus?)** od m. *ex* u. Abl., tabernaculum, unde ab omnibus conspici posset, Curt.: pertica, quae undique conspici posset, Curt.: c. procul divinum vehiculum Argonautarum e monte, Cic.: lucus, qui ex insula conspiciebatur, Nep. – m. *in* (in, auf) u. Abl., m. *apud* u. Akk., m. *Genet.* od. *Abl. loc.,* c. rugas in speculo, Ov.: milites in summo colle, Caes.: sidus per septem dies in regione caeli, Aug. bei Plin.: alqm apud se in castris, Caes.: aquila numquam antea Rhodi conspecta, Suet. – im Passiv m. *Dat. comm.* statt *ab* m. Abl., quae mihi tunc primum, tunc est conspecta supremum, Ov. met. 12, 526. – **β** m. dopp. *Acc.,* alqd od. alqm m. Ang. **als was?** od. **wie?** durch Prädik.-*Acc.* (gew. eines Partizips), c. imaginem clarissimi viri laureatam, Cic.: omnia fere superiora loca multitudine armatorum completa, Caes.: alqm humi iacentem, Liv.: procul Ambiorigem suos cohortantem, Caes.: aratorem quendam operantem, Liv.: alqm spoliatum omni dignitate, Cic.: u. (im Passiv m. Prädik.-*Nom.*) non alius flectere equum sciens conspicitur aeque, Hor.: togam velut tragicam vestem in foro trahens maximo cum hominum risu conspectus est,

Val. Max.: terribilior niger (canis) conspicitur, Col. – m. *ex* (von ... aus) u. Abl., c. ex litore aliquos singulares ex navi egredientes, Caes. – m. *Adv.* **(wo?)** u. m. *in* (auf) u. Abl., c. ibi in omnibus collibus expositas hostium copias armatas, Caes. – **γ** m. folg. *Acc.* u. *Infin.*, calones, qui ab decumana porta ac summo iugo collis nostros victores flumen transisse conspexerant, Caes.: conspexit terrā centum procumbere tauros, Catull. – **b** übtr., mit geistigem Blick **schauen, gewahren, gewahr werden,** nullus error talis in (an, bei) L. Aemilio Paulo conspectus est, Val. Max. 7, 5, 3. – m. folg. indir. Fragesatz = **begreifen, einsehen,** satis, in rem quae sint meam, ego conspicio mihi, Plaut. trin. 636: quantum ego nunc corde conspicio meo, Plaut. Pseud. 769.

B ins Auge fassen, in Augenschein nehmen, anschauen, ansehen, **1** im Allg.: **α** m. einfachem *Acc.:* quae cum omnes conspicerent propter novitatem ornatus ignotamque formam etc., Nep. Dat. 3, 3: u. (v. lebl., personif. Subjj.) si illud signum, solis ortum et forum curiamque conspiceret, Cic. Cat. 3, 20. – m. *Dat.* **(wozu?),** locum insidiis, Verg. Aen. 9, 237. – **β** m. dopp. *Acc.*, alqm m. Ang. **als wen?** durch Prädik.-*Acc.* m. u. ohne *ut* (wie, als), Demetrium ut pacis auctorem cum ingenti favore conspiciebant, Liv. 39, 53, 2: u. (v. lebl., personif. Subjj.), cum bene notum porticus Agrippae te conspexerit, Hor. ep. 1, 6, 26. – **2** im Passiv prägn., conspici, mit Bewunderung od. Befremden wahrgenommen werden = **sich sehen lassen** od. **lassen können, in die Augen fallen** od. **stechen, die Augen** od. **Blicke (der Leute) auf sich ziehen, Aufsehen machen** od. **erregen, auffallen,** v. Pers., vehi per urbem, conspici velle, Cic.: sic se quisque conspici, dum tale facinus faceret, properabat, Sall.: maxime conspectus est ipse curru equis albis iuncto urbem invectus, Liv. – v. Tieren u. Lebl., arma et equi conspiciebantur, Liv.: supellex modica, non multa, ut in neutram partem conspici posset, nach keiner Seite hin auffallen, Nep. (vgl. unde sit in neutrum conspiciendus eques, wo auf keiner Seite der Ritter durchsieht, Ov.): ne quid faciat, quod conspici et derideri possit, Suet.

2. cōnspicio, ōnis, *f.* (1. conspicio), das **Hinschauen,** das **Überschauen,** der **überschauende Blick** des Auguren bei der Abgrenzung des templum, Varr. LL. 7, 9.

cōnspico, s. cōn-spicor ►.

cōn-spicor, ātus sum, ārī (1. conspicio), **I** *v. intr.* **hinschauen,** *contempla* et *conspicare* idem esse apparet, Varr. LL. 7, 9. – **II** *v. tr.* **zu Gesicht bekommen, ansichtig werden, gewahr werden, erblicken,** **a** m. *Acc.:* ignes, Nep.: agmen Aeduorum, Caes.: hunc conspicatae naves, Caes. – m. *ex* u. Abl., ex oppido caedem et fugam suorum, Caes.: ex arce Alesiae suos (so auch *no.* d), Caes. – m. *in* u. Abl., m. *trans* u. *ante* u. Akk., m. bl. *Abl.* (wo?), multis in civitatibus harum rerum exstructos tumulos locis consecratis conspicari licet, Caes.: c. alqm in via, Plaut.: c. alqm in his regionibus, Ter.: c. trans vallem et rivum multitudinem hostium, Caes.: c. earum cohortium milites postero die ante oppidum, Caes. – **b** m. dopp. *Acc.*, alqm od. alqd m. Ang. **als was?** od. **wie?** durch Prädik.-*Acc.* (meist eines Partizips): c. vacua castra hostium, Caes.: perterritos hostes, Caes.: ferocem iuvenem Tarquinium ostentantem se in prima exsulum acie, Liv.: c. Aiacem occisum, Rhet. Her. – **c** m. folg. *Acc.* u. *Infin.:* illam geminos filios pueros peperisse conspicor, Plaut.: alqm in fundo fodere, Ter.: mergos in flumine piscium praedam sequi, Sulp. Sev. ep. 3, 7. – **d** m. folg. indir. Fragesatz: ex loco superiore, quae res in nostris castris gererentur, conspicatus, Caes. b. G. 2, 26, 4. – conspicari als Passiv = **erblickt-, sichtbar werden,** Varr. fr. inc. p. 337 B. (bei Prisc. 8, 18). Plaut. Epid. 70 G. Sall. Iug. 49, 4. Vell. 2, 27, 2. Apul. flor. 9. p. 10, 19 Kr. – aktive Nbf. cōnspico, wovon conspicasset, Greg. Tur. de glor. mart. 1, 35. p. 762 B.

cōnspicuus, a, um (conspicio), **in die Augen fallend, sichtbar,** **1** im Allg.: conspicuus polus (Ggstz. occultus polus), Ov. trist. 4, 10, 108: ut omnia vasa c. sint, Cels. 7, 30: luna deficiens et in defectu tamen conspicua, Plin. 2, 42. – m. *Dat.* **(wem?),** conspicui hostibus, Frontin.: signum pariter omnibus c., Curt. – m. *Adv.* **(von wo aus?)** od. m. *ex* u. Abl., undique c. tabernaculum, Curt.: sidus crinitum omnibus e terris c., Aug. bei Plin. – m. *in* u. Abl., signum c. in proelio, Phaedr.: luna in defectu c., Plin. – *neutr.* subst. m. Präpos., habere mortem in conspicuo, vor Augen, Sen. de brev. vit. 20, 5. – **2** prägn., vor anderen **in die Augen fallend, auffallend, die Aufmerksamkeit erregend, hervorstechend, hervorstrahlend, sich auszeichnend,** c. arma, insignes equi, Tac.: c. loca, prächtiger Platz, Ov.: c. late vertex, Hor.: c. et eminens locus (Stellung im Staat), Tac.: c. feminae, Tac.: alqm demonstrare digito conspicuumque facere, Suet.: ut luna suis illustrem et conspicuum praeberet hostem, Frontin.: Romanis conspicuum eum novitas divitiaeque faciebant, Liv. – m. *Abl.* **(wodurch?),** conspicuus formā, Tac.: conspicui fulgore galearum, Frontin.: pater et patruus illustri laude c., Plin. ep.: mensa non varietate macularum conspicua, Sen.: aedes neque laxitate neque cultu conspicuae, Suet.

cōnspīrātē, s. cōnspīrātius.

cōnspīrātio, ōnis, *f.* (1. conspiro), wörtl. das Zusammenhauchen = der **Einklang,** übtr., **I** im guten Sinne, der **Einklang** der Gemüter, in Gefühl u. Ansicht = die **Einmütigkeit, Einhelligkeit,** völlige **Übereinstimmung,** u. im Wollen u. Streben = das **Einverständnis,** das **Hand-in-Hand-Gehen,** die **innige Vereinigung,** **a** v. Pers.: c. hominum atque consensus, Cic.: omnium gentium consensus et incredibilis c., Cic.: tanta c. bonorum omnium, Cic.: c. optimatium, Suet.: c. universarum civitatium, Iustin. – m. *in* u. Abl., haec nostra coniunctio, haec c. in re publica bene gerenda, Cic. – m. *ad* u. Akk., haec concordia et c. omnium ordinum ad defendendam libertatem, Lentul. in Cic. ep. – **b** v. lebl. (abstr.) Subjj., conspiratio consensusque virtutum, Cic.: magnā amoris conspiratione consentientes amicorum greges, Cic. – **II** im üblen Sinne, das üble **Einverständnis,** die **Meuterei,** das **Komplott,** bes. gegen den Staat, die **Verschwörung,** **a** eig.: principes conspirationis, Suet.: sceleratissima c. hostium, Brut. in Cic. ep.: c. militaris, Tac.: conspirationem detegere, Suet.: erupturas in rem publicam conspirationes inultas pati, Quint. – m. *contra* od. *adversus* u. Akk., c. certorum hominum contra dignitatem tuam, Cic.: adversus rem publicam Lacedaemoniorum c. orta, Val. Max. – **b** meton. = die Verschworenen, der **Anhang,** cum tota eius conspiratio late quaereretur, Val. Max. 4, 7, 2.

cōnspīrātius, *Adv. compar.* (conspiratus v. 1. conspiro, s. d.), **einmütiger,** Iustin. 3, 5, 3.

1. cōnspīrātus, a, um, s. 1. cōnspīro.

2. cōnspīrātus, Abl. ū, *m.* (1. conspiro), die **enge Vereinigung, Harmonie,** mentium animorumque concentu conspiratuque tacito, Gell. 1, 11, 8.

1. cōnspīro, āvī, ātum, āre (v. con u. spiro), **zusammen hauchen** = **im Einklang stehen,** übtr.: **I** im guten Sinne, **im Einklang stehen,** in Gefühl u. Ansicht = **einmütig sein, übereinstimmen,** u. im Wollen u. Streben = **im Einklang-, im Einverständnis handeln, Hand in Hand gehen** od. **wirken, zusammenwirken,** **a** v. Pers.: proinde consentite, conspirate, Plin. ep.: milites legionis nonae subito conspirati (einmütig) pila coniecerunt, Caes. – c. cum alqo, Cic.: ad liberandam rem publicam, Cic. – **b** v. personif. lebl. Subjj.: **α** v. Konkr.: aereaque assensu conspirant cornua rauco, ertönen zugleich mit dumpfem Widerhall, Verg. Aen. 7, 615. – **β** v. Abstr.: naturam quasi cognatione continuatā conspirare, Cic.: in iis operibus, in quibus plurium conatus conspirant, taktmäßig zusammenwirken, Quint. – oft Partiz. Präs. cōnspīrāns = **einmütig, übereinstimmend, Hand in Hand gehend, zusammenwirkend,** tanta rerum consentiens, conspirans, continuata cognatio, Cic.: consilium omnis vitae consentiens et paene conspirans (wie aus **einer** Seele kommender), Cic. – Partiz. Pers. cōnspīrātus medial = **sich harmonisch verschmelzend,** in unum, Sen. ep. 84, 10. – **II** im üblen Sinne, **eine Meuterei, ein Komplott stiften, sich verschwören,** absol., priusquam plures civitates conspirarent, Caes.: cum alqo, Suet.: in alqm, Suet.: contra alqm, ICt.: cum alqo in alqm, Suet.: ad res novas, Suet.: ad defectionem, Frontin.: ad transfugiendum ad Romanos, Frontin.: in appellationem, in praesentis temporis iniuriam, Liv.: m. folg. *ut* u. Konj., Suet. Caes. 9. Vulg. Ioann. 9, 22: m. folg. *Infin.*, Suet. Claud. 37, 2. Sulp. Sev. chron. 2, 37, 2. – Abl. absol., conspiratis factionum partibus (die getrennten Parteien), Phaedr. 1, 2, 4: conspirato inter se, Dict. Cret. – Partiz. Pers. subst., cōnspīrātī, ōrum, *m.*, die **Verschworenen,** Suet. (s. Bremi Suet. Caes. 82).

2. cōnspīro, āvī, āre (con u. spira), **zusammenwinden,** se in Ogulnii tabernaculo (v. einer Schlange), Aur. Vict. vir. ill. 22, 2.

cōnspissātio, ōnis, *f.* (conspisso), die **dichte Ansammlung,** sordium, Theod. Prisc. 1, 18.

cōn-spisso, ātum, āre, **gehörig verdichten, verdicken,** pastillos, Auct. de div. fabr. archit. 30. p. 312, 33 R.: solum conspissatum, Col. 2, 17 (18), 5: vinacea conspissata, Col. 12, 45, 3: creta conspissata, Plin. 35, 36.

cōn-splendēsco, ere, **überaus glänzen,** Iul. Val. 3, 42. p. 150, 3 K.

cōn-spolio, āre, **berauben,** Hier. ep. 98, 21 *extr.*

cōnspolium, ī, *n.*, eine Art **Opferkuchen,** nach Arnob. 7, 24.

cōn-spondeo, spondī, spōnsum, ēre, **sich gegenseitig feierlich angeloben,** conspondisse, SC. de Bacch.: consponsi, Naev. com. fr.: consponsa factio, Apul.: foedus consponsum, Auson. – Partiz. subst., cōnspōnsa, ae, *f.*, die **Verlobte,** Vulg. Ruth 1, 15 (auch angeführt bei Ambros. in Luc. 3. § 31). – ► Archaist. cōnspōsi = consponsores, Paul. ex Fest. 41, 14.

cōnspōnsor, ōris, *m.*, **a der feierlich mit angelobt,** Paul. ex Fest. 59, 7: Plur., Gloss. IV, 333, 44 u. 60. – **b** der **Mitbürge,** Cic. ep. 6, 18, 3; ad Att. 12, 17.

cōnspōsi, s. cōn-spondeo ►.

cōn-spuo, spuī, spūtum, ere, **I** *tr.* **bespucken, begeifern, mit Speichel verunreinigen,** alqm immundissimo basio, Petron. 23, 4: beim Sprechen, **besprudeln,** sinum, Iuven. 7, 112: faciem alcis, Apul. apol. 44 *extr.* – als Zeichen der höchsten Verachtung, jmd. **anspucken, ins Gesicht spucken,** alqm, Plaut. Curc. 503. Petr. 132, 3. Hier. ep. 50, 4. Vulg. Iob 30, 10 u. ö.: faciem alcis, Lact. 4, 18, 8 u. epit. 45, 8. – dah. poet. übtr., aber unedel = conspergere, **bestreuen, bedecken,** Iuppiter hibernas canā nive conspuit Alpes, Furius Bibac. b. Quint. 8, 6, 17, was Horaz parodiert, indem er Furius statt Iuppiter setzt, Hor. sat. 2, 5, 41. – **II** *intr.* **hineinspucken, hinspucken,** in sinum suum, Petr. 74, 13: in alqm, Vulg. Isai. 50, 6.

cōn-spurco, āvī, ātum, āre, **besudeln, verunreinigen,** Lucr., Suet. u. a.

cōn-spūto, (āvī), ātum, āre (*Inchoat.* v. conspuo), jmd. **anspucken,** als Zeichen der höchsten Verachtung (wie καταπτύειν τινός), alqm, Cic. ad Q. fr. 2, 3, 2. Tert. de idol. 1.

cōn-stabilio, īvī, ītum, īre, **befestigen, fest gründen,** rem suam, Plaut. capt. 453. Ter. adelph. 771: außerdem bei Tert. adv. Val. 39 u. a. Eccl. – ► Vulg. Fut. constabilibo, Assumpt. Mos. 2, 46.

cōn-stāgno, āre, **zum Stehen** od. **Gerinnen kommen,** Fronto de differ. (VII) 526, 8 K.

cōnstāns, antis, *Adi.* m. *Compar.* u. *Superl.* (consto), **in fester Stellung verbleibend,** der Haltung, Bewegung, Richtung nach **sich gleichbleibend, a** in gleicher körperlicher Haltung verbleibend, **fest, nicht wankend, ruhig,** mellis constantior est natura, Lucr. 3, 191: petra constantissimae duritiae, Tert. de patient. 8: visulla contra tenorem unum algoris aestusve constans, dauert in anhaltender Kälte od. Hitze aus, Plin. 14, 28. – cuius in indomito constantior inguine nervus, quam etc., Hor.: eādem revertens similiter constanti vultu graduque, Liv.: poculum constanti dextrā arripuit, Val. Max.: constanti vultu potionem veneni e manu carnificis accepit, Val. Max.: constantissimo vultu inquit, Val. Max. – so auch v. Alter, **fest, ruhig, gesetzt,** constans iam aetas, quae media dicitur, v. Mannesalter, Cic.: aetate nondum constanti, Suet. – **b** in gleicher Bewegung od. Richtung verbleibend, **beständig, sich gleichbleibend, gleichmäßig (regelmäßig), unwandelbar,** omnia quae cursus certos et constantes habent, Cic.: stellarum conveniens constansque conversio, Cic.: constantissimus motus lunae, Cic.: tertianae febres et quartanae, quarum reversione et motu quid esse potest constantius? Cic. – m. *Abl.* (durch), nihil (mundo) ornatius aspectu motuque constantius, Cic. – m. *in* u. Abl., quid Chalcidico Euripo in motu identidem reciprocando putas fieri posse constantius? Cic. – **c** in gleichem Fortbestand verbleibend, **beständig, ununterbrochen,** c. pax, Liv. 6, 25. § 6 u. 11. – **d** in gleicher Willensrichtung verbleibend, **α** in der Denk- u. Handlungsweise, **fest, sich gleichbleibend, beständig, ausdauernd, unverändert, unwandelbar, standhaft,** testis, Quint.: inimicus, Nep.: fides, Hor. u. Val. Max.: pietas, Ov.: animus, mens, Cic.: iudicium erga amicum, Val. Max.: ratio (Plan), Cic.: c. et moderata vitae ratio, Cic.: familiae gravis et constans disciplina, Cic. – m. *Genet.* (in Hinsicht), neque fidei c. neque strenuus in perfidia, Tac. hist. 3, 57. – m. *adversus* u. Akk., c. adversus metus, Tac. hist. 4, 5. – m. *contra* u. Akk., utinam (ventus) constans contra mea vela fuisset! Ov. her. 21, 75. – u. m. *ad* u. Akk., ut eorum (sociorum) animi ad imperium Romanum tuendum constantiores essent, Val. Max. 6, 4, 1: ad retinendas amicitias constantissimus, Aur. Vict. epit. 1, 16. – **β** in seinen Grundsätzen, **sich gleichbleibend, fest (charakterfest), gesetzt, entschieden** (Ggstz. mobilis, varius, amens), homo, Cic.: sunt igitur firmi et stabiles et constantes (amici) eligendi, Cic.: fuit omnium constantissimus, Cic.: an ire comminus … constantius foret, größere Festigkeit verriete, Tac. – m. *in* u. Abl., civis in rebus optimis constantissimus, Cic. Brut. 95: quanto constantior idem in vitiis, Hor. sat. 2, 7, 18. – **e** dem Inhalt, Gehalt nach **sich gleichbleibend, α** v. der Rede, **gleichförmig, gleichmäßig (konsequent) ausgeführt,** oratio, Cic. de off. 1, 144. – **β** v. Angaben, Gerüchten, ausgesprochener Meinung u. dgl., **sich gleichbleibend, im Einklang stehend, übereinstimmend, einstimmig,** unā atque constanti haruspicum voce vehementer commoveri, Cic.: constanti famā atque omnium sermone celebrari, Cic.: constanti et opinione et sermone paene omnium, Suet.: huius anni parum constans memoria est, Liv.: cum in exercitu tum Romae constans omnium fama erat adversae pugnae fugaeque in L. Furio culpam esse, Liv.: nihil perfertur ad nos praeter rumores de oppresso Dolabella, satis illos quidem constantes, sed adhuc sine auctore, Cic. – *neutr. Plur.* subst., an credibilia dixerit (tortus), an inter se constantia, Quint. 5, 4, 2.

cōnstanter, *Adv.* m. *Compar.* u. *Superl.* (constans), **in gleicher Stellung,** in gleicher Haltung, Richtung, Lage usw., **sich gleichbleibend, a** in gleicher Haltung, **fest, ohne Schwanken,** im Bild, aequaliter constanterque ingrediens oratio (Ggstz. claudicans et quasi fluctuans), Cic. or. 198. – **b** in gleicher Richtung, Lage, **gleichmäßig (regelmäßig), unabänderlich, einmal wie immer,** stellae eosdem cursus constantissime servantes paribus inter se motibus, Cic.: c. in suo manere statu, Cic. – **c** in gleichem Fortbestand, **von gleichem Bestand,** aequabilius et constantius sese res humanae haberent, würden einen gleichmäßigeren Gang u. mehr Bestand haben, Sall. Cat. 2, 3. – **d** in gleicher Willensrichtung, **α** in Bezug auf die Denk- u. Handlungsweise, **ohne Wanken, ohne Schwanken, gleichmäßig, mit Ausdauer,** c. ac non timide pugnare, Caes.: aequabilius atque constantius provinciae regerentur, Tac.: alqam ardentius et constantius amare, Suet.: constantissime retinere amicitias, Suet. – constantius foret, es verriete größere Festigkeit, m. folg. *Infin.*, Tac. – **β** in Bezug auf den moral. Charakter, **mit Festigkeit, standhaft, mit Fassung,** c. acta, mit Festigkeit gehaltene Vorträge, Cic.: c. et sedate ferre dolorem, Cic.: c. exordiri carmen, Tac. – **e** mit gleichem Inhalt, Gehalt, **sich gleichbleibend, im Einklang stehend, übereinstimmend, konsequent,** c. omnes nuntia verunt manus cogi, Caes. – bes. in Bezug auf Ansichten, Behauptungen, c. sibi dicere, Cic.: dici posse constantius, Cic.: quamquam haec non constantissime dici mihi videntur, Cic.: satisne c. facere videamur, qui etc., Cic.: c. quidem certe (verst. fecit), wenigstens blieb er seinem System treu, Cic.

cōnstantia, ae, *f.* (constans), das **Verbleiben in fester Stellung,** die **feste, gleichmäßige Haltung, -Richtung, -Lage, a** die **feste Haltung,** tantā constantiā vocis atque vultus, ut etc., Nep. Att. 22, 1. – **b** die gleiche Richtung od. Lage, die **Beständigkeit, Gleichmäßigkeit (Regelmäßigkeit), Unwandelbarkeit,** der **gleichmäßige (regelmäßige)**

Gang od. **Wechsel,** die **unveränderliche Ordnung,** astrorum ordo atque constantia, Cic.: nihil est tam contrarium rationi et constantiae quam fortuna, Cic. – u. = εὐπάθεια (in der Sprache der Stoiker), der **behagliche Seelenzustand** (Ggstz. perturbatio), Plur. bei Cic. Tusc. 4, 14; vgl. Augustin. de civ. dei 14, 8. – **c** der unwandelbare Fortbestand, das **feste Bestehen,** die **Unwandelbarkeit,** dictorum conventorumque c., Cic.: c. promissi et fides mira, Cic. – **d** die **feste Haltung** der Willensrichtung, **α** der Denk- u. Handlungsweise, die **Beständigkeit, Beharrlichkeit, Konsequenz, Ausdauer,** das **stets gleiche Verhalten,** pertinacia aut constantia intercessoris, Cic.: stabilitas et constantia benevolentiae, Cic.: perseverantia constantiaque oppugnandi, Auct. b. Alex.: in omni re gerenda consilioque capiendo servare constantiam, Cic.: si Paeto aut in suis aut in alienis consiliis constantia fuisset, Tac. – **β** die **feste Haltung, Festigkeit, Standhaftigkeit** des Charakters, die **festen Grundsätze,** die **Unerschrockenheit,** der **unerschrockene Mut,** die **Beherztheit,** c. soceri Scauri, Cic.: c. mea, meine festen Grundsätze, meine Festigkeit, Cic. u. Tac.: c. morum, Tac.: c. exitus od. mortis (im T.), Tac.: c. sumendae mortis (sich den T. zu geben), Tac. – hinc constantia, illinc furor, Cic. – **e** die **Übereinstimmung** in Ansichten u. Angaben, die **Konsequenz,** testimoniorum c., Cic.: in quibus (orationibus) forsitan magis requiratur constantia, Cic.: quae est inter augures conveniens et coniuncta constantia? Cic.: philosophi spectandi sunt ex perpetuitate et constantia, Cic.: constantiae causā (um konsequent zu bleiben) defendere alqd, Cic.

Cōnstantiacus, -tiānus, s. Cōnstantius.

Cōnstantīna, ae, *f.*, **I** Tochter Konstantins des Gr., Amm. 14, 7, 4. – **II** Städtename: **a** Stadt in Mesopotamien, Amm. 18, 7, 9. – **b** späterer Name der ehemaligen Residenzstadt Cirta in Numidien, j. *Constantine,* Aur. Vict. Caes. 40, 28. Augustin. ep. 34, 5 u. 38, 3. – Dav. **Cōnstantīnēnsis** u. **Cōnstantīniēnsis,** e, **von Konstantina** (in Numidien), **konstantinisch,** civitas, Cod. Iust. 1, 17, 2. § 1: pugna, Sext. Ruf. brev. 27 *in.*

Cōnstantīniānus, s. Cōnstantīnus.

Cōnstantīnopolis, is u. eos, Akk. im, Abl. ī, *f.* (Κωνσταντίνου πόλις Konstantinsstadt), späterer Name von Byzantium, als Residenz Konstantins des Gr., das jetzige **Konstantinopel** od. (türkisch) **Istanbul,** Eutr. 6, 6. Aur. Vict. epit. 35, 8. Amm. 22, 8, 8. – Dav. **Cōnstantīnopolitānus,** a, um, **konstantinopolitanisch, aus, von, zu Konstantinopel,** cives, urbs, spät. ICt.

Cōnstantīnus, ī, *m.*, vollst. Flavius Valerius Constantinus, römischer Kaiser mit dem Beinamen der Große, geb. 274, gest. 323 n. Chr., Eutr. 10, 2 *sqq.* Lact. de mort. pers. 18 *sqq.* Amm. 21, 10, 8. – Dav. **Cōnstantīniānus,** a, um, **konstantinianisch, des Konstantinus,** genus, Amm.: praetura, Cod. Theod.

Cōnstantius, i, *m.*, vollst. Flavius Valerius Constantius Chlorus, röm. Kaiser von 292 bis 306 n. Chr., Eutr. 10, 6 *sqq.* Lact. de mort. pers. 15, 6. Aur. Vict. Caes. 40. – Dav.: **a Cōnstantiacus,** a, um, **des Konstantius,** legiones, Amm. 21, 11, 2. – **b Cōnstantiānus,** a, um, **konstantianisch, des Konstantius,** thalamus, Amm.: praetura, Cod. Theod.

cōnstellātio, ōnis, *f.* (con u. stella), **a** die auf die Schicksale der Menschen einwirkende Stellung der Gestirne, die **Konstellation,** Firm. math. 1, 1, u. 4, 2. Sidon. ep. 8, 11, 9: fatalis c., Amm. 20, 11, 32: alcis constellationem colligere, jmdm. die Nativität stellen, Amm. 29, 2, 27. – Plur., Augustin. de civ. dei 5, 5 u. 5, 7. – **b** prägn. = horoscopica, die **Nativitätsstellerei,** Mythogr. Lat. 3, 13.

cōnstellātor, mathematicus, der **Konstellator,** Gloss. III, 499, 67.

cōnstellātus, a, um (con u. stella), **unter gleicher Konstellation,** constellatus sibi sidus, Chalcid. Tim. 65.

cōnsternātio, ōnis, *f.* (2. consterno), das **Verlieren der Fassung, a** die **Bestürzung, α** der Tiere, das **Scheuwerden, Scheuen,** pavor et c. quadrigarum, Liv. 37, 42, 1. – **β** der Menschen, die **Verblüffung,** die **Bestürzung,** das **Entsetzen,** pavor et c. mentis, Tac.: subita animi c., Val. Max.: ira consternatioque subita, Liv.: consternationem augere, Tac. – **b** die **wilde Aufregung,** namentl. einer Menge, der **Auflauf, Wirrwarr,** das **leidenschaftliche, verblendete, rasende Benehmen** od. **Beginnen,** die **Empörung, Meuterei** (s. Mützell Curt. 5, 10 [28], 8. Heräus Tac. hist. 1. 49 u. 2, 89), populi, Val. Max.: vulgi, Tac.: creditorum, Val. Max. – c. muliebris, Liv.: c. publica (Ggstz. privata consilia), Sen.

1. cōn-sterno, strāvī, strātum, ere, **I überbreiten, a** = einen Gegenstand mit etw., was man darüberhin ausbreitet od. ausstreut, **bedecken, bestreuen,** gewöhnlich mit Angabe **womit?** durch *Abl.*, Ossaeis aethera saxis, Ps. Verg. Cir. 33: u. im Partiz., constrata omnia telis, armis, cadaveribus, Sall.: forum corporibus civium constratum caede nocturnā, Cic. – So nun bes.: **α** mit etw. Weichem als Lager, Decke, Schmuck usw. **überbreiten, belegen, bestreuen,** cubile purpureā veste, Catull.: cubilia gallinarum paleis, Col.: nidum mollibus plumis, Plin. – totum iter floribus coronisque, Curt.: viam rosis, Tac.: circum minio et chrysocollā, Suet. – **β** mit etw. Verdeckendem, Befestigendem, Schützendem **bedecken, überdecken, belegen,** sulcos lapide od. perticis saligneis od. sarmentis colligatis, Cato: contabulationem summam lateribus lutoque, Caes.: haec longuriis cratibusque, Caes.: tabernacula caespitibus, Caes. – u. v. Chaussieren, Bedielen des Bodens usw., aream silice, Col.: civitatem silicibus e montibus excisis, Inscr.: u. ohne *Abl.*, semitam constratam recte habere, Tab. Heracl.: ratem pontis in modum humo iniectā, Liv.: pontes, mit Brettern belegen, Hirt. b. G. – u. v. Überbrücken eines Gewässers, paludem pontibus, Hirt. b. G. – dah. cōnstrātus, a, um, **bedeckt, verdeckt, mit einem Verdeck versehen,** navis c. (griech. πλοῖον κατάφρακτον, Ggstz. navis aperta, griech. πλοῖον ἄφρακτον), Cic. u. a.: vehiculum c., Curt. – u. subst., cōnstrātum, ī, *n.*, die **Bedeckung,** teils im Plur., constrata pontium, der Bretterbelag der Brücken, Liv. 30, 10, 14. – teils im Sing., constratum navis od. puppis, das Verdeck (griech. κατάστρωμα), Petr. 100. § 3 u. 6. – **γ** hyperbolisch, eine Ebene mit etw. **bedecken** od. (mit einem anderen Bild) **besäen** = mit etw. in großer Zahl besetzen (s. Drak. Liv. 35, 49, 5), maria classibus, Liv.: totus amnis navigiis constratus, Curt.: Aetolos late consterni milite campos, Sil. – **b** selbst einen Ggstd. **bedecken,** ex horreis direptum effusumque frumentum vias omnes angiportusque constraverat, Cic.: alte consternunt terram concusso stipite frondes, Verg. – u. (poet.) v. leb. Wesen u. zwar v. Gefallenen, concīdere atque gravi terram consternere casu, Lucr.: c. late terram tergo, Verg.: c. terram gravi corpore, Cic. poët. – **II hinbreiten, A** im Allg.: culcitae humi constratae, Iul. epit. nov. 4. § 15. – **B** prägn.: **1 ebnen,** montes erigat, campos tendat, maria consternat, Lact. 3, 24, 8. – übtr., gleichs. wie ein wogendes Meer **beruhigen, besänftigen** (vgl. καταστορέννυμι), constrata ira, Stat. silv. 2, 5, 1. – **2 niederstrecken,** der Länge nach **niederwerfen,** eadem tempestas in Capitolio aliquot signa constravit, Liv. 40, 45, 3: Ephesus et Nicomedia constratae terrae motu, zerstört, Aur. Vict. Caes. 16, 12. – ► Synk. Perf.-Form constrarunt, Varr. LL. 9, 9.

2. cōn-sterno, āvī, ātum, āre (vgl. ahd. *stornēn,* betäubt sein), **außer Fassung bringen, außer sich bringen, I** = **bestürzt machen,** gew. m. Ang. **wodurch?** durch *Abl.*, **a** Tiere, **scheu machen, stutzig machen,** haec velut procella partim vulneribus missilium undique coniectorum, partim clamoribus dissonis ita consternavit equos, ut etc., Liv. – bes. im Passiv, equi consternantur et saltu in contraria facto colla iugo eripiunt, Ov.: equi sine rectoribus exterriti aut saucii consternantur, Sall. hist. fr. 1, 96 (98; wo es Prisc. 8, 83 als Depon. nimmt). – oft im Partiz., elephanti consternati subito clangore, Flor.: taurus securis ictu consternatus, Suet.: cerva festinatione ac tumultu consternata, Gell.: u. bl. equi consternati, Liv. u. a. – **b** Menschen **verblüffen, stutzig machen, bestürzt machen, in Bestürzung setzen, außer sich bringen, entsetzen,** flammis in castra tendentibus ita consternavit hostes, ut etc., Liv. – oft im Passiv = **verblüfft-, stutzig,- bestürzt werden, in Bestürzung (Verwirrung) geraten, außer sich geraten,** bes. im Partiz., consternatis et quasi omine adverso anxiis omnibus, Suet.: consternatus transcursu fulminis, Suet.:

pavida et consternata multitudo, Liv.: consternato agmine abeuntes, Liv.: consternati fugiunt, Hirt. b. G. – prägn., wie **scheuchen, aufscheuchen** = durch Scheumachen forttreiben, ex eo tempore per ducentos iam annos pecorum in modum consternatos (Gallos) caedunt fugantque, Liv.: foedā fugā consternari, Tac. – m. *in* u. Akk., in fugam consternari, Liv. 38, 46, 4. – m. *ab* u. Abl., Coriolanus prope ut amens consternatus ab sede sua, aufgescheucht von s. S., bestürzt von s. S. aufspringend, Liv. 2, 40, 5. – **II** **außer Fassung bringen, die Besinnung rauben** = leidenschaftlich **aufregen, aufbringen, erbittern, empören,** tumultu etiam sanos consternante decernitur, ut etc., Liv. – oft im Passiv, bes. im Partiz., duo populi delectus acerbitate consternati, Liv.: sic sunt animo consternati homines insueti laboris, ut etc., Caes. – prägn., consternari *ad* m. Akk., **in der Aufregung (Hitze)** zu etw. **getrieben werden,** multitudinem coniuratorum ad arma consternatam esse, Liv.: Galli … metu servitutis ad arma consternati, Liv. Vgl. übh. Fabri Liv. 21, 11, 13.

cōnstimulātor, ōris, *m.* (*constimulo), der **Anreizer,** Auson. rhop. 34. p. 32, 11 Schenkl.

cōnstīpātio, ōnis, *f.* (constipo), das **Zusammendrängen,** pass. das **Zusammengedrängtsein,** das **Gedränge,** **a** lebl. Objj.: c. confusi et superfusi aëris, Verdichtung, Augustin. de genes. ad litt. 2, 3, 6. – **b** leb. Wesen: c. vestra, Augustin. in psalm. 32. serm. 2, 9: c. densa, Amm. 24, 8, 5: c. illa, Zusammenrottung, Augustin. ep. 126, 2: c. vendibilium militum, Amm. 26, 6, 14: aliqua c. et coartatio hominum, dichtes Gedränge, Augustin. serm. 137, 2: c. (aciei), Nazar. pan. 28, 5: factā exercitus sui constipatione, nachdem er seine Truppen auf **einen** Punkt zusammengezogen (konzentriert) hatte, Vopisc. Aurel. 21, 1.

cōn-stīpo, āvī, ātum, āre, zusammenstopfen, **I** = **dicht zusammendrängen,** **a** lebl. Objj.: acervi constipati sunt mortuorum, Amm. 19, 1, 14. – **b** leb. Objj.: c. se sub ipso vallo, Caes. b. G. 5, 43, 5: tantum numerum hominum in agrum Campanum, Cic. de lege agr. 2, 79. – **II** prägn., mit etw. **vollstopfen,** caelum multitudine numinum, Augustin. de civ. dei 18, 24 *extr.*

cōnstitio, ōnis, *f.* (consisto), das **Stehenbleiben, Stillstehen,** Non. p. 53, 15 (bei Gell. u. Macr. consistio, s. d.).

cōn-stituo, stituī, stitūtum, ere (con u. statuo), beistellen = **hinstellen, hinsetzen, aufstellen,** **I** im engeren Sinne: omnes currus triumphales, Val. Max. – m. *Adv.* (wo?) od. *Praepp.* (*ante* u. *circum* u. Akk., *in* m. Abl.), ferales cupressos ante (vornhin), Verg.: mendacem ante ipsam aciem, Val. Max.: hominem ante pedes Q. Manilii, Cic.: bovem in Aventino ante aram Dianae, Val. Max.: in litore taurum ante aras, Verg.: circum bovem alias hostias, Varr. LL.: duos equos in conspectu eorum, Val. Max.: u. (im Bild) velut in aliqua sublimi specula constitutus, Lact. 2, 2, 18: c. ante oculos huius miseri senectutem, sich (im Geiste) vor Augen stellen, Cic. Cael. 79. – So nun als milit. *t. t.,* **a** **aufstellen, aufpflanzen,** bes. in Reih u. Glied, **formieren** od. **sich formieren lassen,** gew. m. *Praepp.* (bes. m. *in* u. Abl., m. *ante, ad, pro, sub, intra*) od. m. bl. *Abl.,* impedimenta, Liv.: aciem, legionem, Caes.: arma in templo Castoris, Bewaffnete aufstellen, Cic.: signa ante tribunal, aufpflanzen, Liv.: impedimenta cum captivis haud procul acie in edito colle, Curt.: octo cohortes in fronte, Sall.: naves in alto, Caes.: omnes alarios in conspectu hostium pro castris, Caes.: reliquas sex legiones pro castris in acie, Caes.: cohortes sub infimo colle ab dextro latere hostium, Caes.: intra silvas aciem ordinesque, Caes.: in secundo ordine, Auct. b. Afr.: naves longas ad latus apertum hostium, Caes.: classem apud Aegos flumen, apud Salamina exadversum Athenas, Nep.: naves aperto ac plano litore, Caes. – m. *Abl.* der Entfernung, legionem CC passibus ab eo tumulo, Caes. – m. *contra* u. Akk., reliquas legiones in armis expeditas contra hostem, Caes. – m. dopp. *Acc.,* in fronte collocant XXII (naves), reliquas subsidiarias (als Reserve) in secundo ordine, Auct. b. Alex. 14, 3. – v. einem einzelnen, se constituere, sich aufstellen, zum Zweikampf Stellung nehmen, Cl. Quadr. bei Gell. 9, 13, 17. – **b** von der Bewegung aus **aufstellen, haltmachen lassen** (vgl. Drak. Liv. 27, 11, 6 u. Sall. Iug. 49, 5), agmen, signa paulisper, Sall. u. Liv.: signa legionis, Caes.: signa haud procul portā, Liv.: convertisse agmen, quo loco constituerat, Liv. – m. *Acc.* der Entfernung, signa quadringentos ferme inde passus, Liv. – dah. viell. übtr., si (narratio) constituitur aliquando, haltmacht, Cic. de or. 2, 328.

II im weiteren Sinne: **1** eine bestimmte Stelle anweisend irgendwo **hinsetzen, einsetzen,** **a** jmd. **anweisen,** wo seinen Wohnsitz zu nehmen, ibi futuros Helvetios, ubi eos Caesar constituisset atque esse voluisset, Caes.: reliquias praedonum contractas in urbibus remotoque mari loco in certa sede c., feste Wohnsitze geben, Vell. – als milit. *t. t.,* jmdm. wo **seine Stellung anweisen,** ihn wohin **stellen, legen,** neque se praesidium, ubi constitutus esset, tenere posse, Caes.: praesidia in Tolosatibus circumque Narbonem, Caes. – **b** jmd. in etw. als Besitztum **einsetzen, einweisen** (Ggstz. exturbare, expellere), plebem in agris publicis, Cic.: si Campanus ager dividatur, exturbari et expelli plebem ex agris, non constitui et collocari, eingewiesen u. angesiedelt, Cic. – **c** jmd. in einen Posten, ein Amt **einsetzen, setzen,** ihn **anstellen,** auch m. *in* u. Abl., regem, Cic.: praefectos, Caes.: unum aliquem lectorem, Quint.: princeps (Fürst) divinitus constitutus, Plin. pan. – reges in civitate, Cic.: alqm sibi quaestoris in loco, Cic.: alqm in hoc munere, Q. Cic.: alqm supra bibliothecam, Vitr. – m. dopp. *Acc.,* a quo regem et se et filium suum constitutos esse, Cic.: Commium regem ibi, Caes.: Cavarinum apud eos regem, Caes.: im Passiv m. dopp. *Nom.,* rex (als K.) constituitur Arbactus, Iustin.: Alcibiades dux classi constituitur, Iustin. – **d** bei jmd. in ein Verhältnis **einsetzen,** m. *in* u. Abl. des Verhältnisses, Athenaeum in maxima apud regem auctoritate gratiaque, veranlassen, dass der König dem Ath. wieder sein ganzes Vertrauen schenkt u. vollen Einfluss gestattet, Cic. ep. 15, 4, 6.

2 errichtend, gründend, veranstaltend **aufstellen,** **a** lebl. Objj., mit *Adv.,* od. m. *Praepp.,* od. m. *Genet.* od. *Abl. loc.;* od. m. *Dat.* (wem zu Ehren? wem zum Nutzen?), **α** ein Bauwerk u. dgl. **aufstellen, errichten,** eine Stadt, Örtlichkeit u. dgl. **anlegen, herrichten,** turres, Caes.: vineas ac testudines, Nep.: triplicem Piraei portum, Nep.: templa arasque, Suet.: aedem Iovis Feretrii, Nep.: laterarias (Ziegelhütten) ac domum, Plin.: urbem, Nep. u. a. (s. Ruhnken Vell. 1, 2, 6): oppidum, Caes.: oppidum c. suāque pecuniā exaedificare, Caes.: publice statuas, Quint.: effingere et constituere (herrichten) nidos, Cic.: asylum, Lact.: tectum antiquitus constitutum, Nep.: c. aream, Col.: c. crucem, s. crux. – c. castella ad extremas fossas, Caes.: pyras curvo in litore, Verg.: tropaea in Pyrenaeis iugis, Sall. fr. – alci publice in foro statuam, Nep.: aedem in foro geminis fratribus, Suet.: horrea certis locis, Caes.: domi suae quintanam, Suet.: domi suae sacellum Automatias, Nep.: domos Athenis, Plin.: in Getis Graias domos, Ov. – domicilium sibi Magnesiae, Nep. – als milit. *t. t.,* Romae castra (aufschlagen), Suet.: u. so hiberna omnium legionum in Belgis, Caes. – als mathem. *t. t.,* in data linea triangula aequis lateribus c., errichten (konstruieren), Quint. 1, 10, 3. – **β** eine Anstalt u. vgl. **errichten, einrichten, einsetzen,** ludos illic quinquennales, Suet.: nova portoria, Vell.: vectigal in monte Antilibano, Cic.: aerarium interfectoribus Caesaris, Nep.: collegia antiquitus constituta, Suet. – u. als publiz. *t. t.,* eine Machtstellung **errichten, schaffen, einsetzen,** decemviralem potestatem in omnibus urbibus, Nep.: magistratus per singulas civitates, Iustin.: senatum centum senatorum, Iustin.: novi generis imperia in (gegen) alqm, Caes.: quae (potestates, imperia, curationes) constituuntur ad populi fructum aliquem aut commodum, Cic. – **γ** ein Reich **errichten, bilden,** ex multis gentibus nationibusque unum regnum populumque, Iustin. 8, 6, 2. – **δ** eine Vornahme **anstellen,** auctionem, Cic.: sermonem, Varr. LL.: sponsalia, ICt. – als gerichtl. *t. t.,* c. actionem (eine Klage), Cic.: actionem adversus ingratos, Val. Max. – crimen in alqo, Klage gegen jmd. erheben, Cic.: reperietis idcirco haec in uno homine pecunioso tot constituta, ut etc., gegen diesen einen g. M. so viele Maßregeln ergriffen, Cic. – c. quaestionem (Untersuchung), Cic. u. Quint. – **ε** Zustände **zustande bringen, begründen, feststellen,** amicitiam (Ggstz. tollere, v. Nutzen), Cic.: amicitiam cum alqo, Q. Cic.: concordiam, Cic.: pacem, Cic.: pacem his legibus, Nep.: victoriam, Cic.: magnam sibi auctoritatem pugnā illā navali, Nep.: videte, quod ius nobis, quam condicionem vobismet ipsis, quam denique civitati legem constituere (einführen) velitis, Cic. – ζ zur Nachachtung **aufstellen,** documentum more militari, Auct. b. Afr.: maximum exemplum iustitiae in hostem, Cic. – **b** leb. Objj.: **α** übh. schaffend **hinstellen,** m. dopp. *Acc.*, di primum homines humo excitatos celsos et erectos constituerunt, Cic. de nat. deor. 2, 140. – **β** als milit. *t. t.*, eine Legion usw. **errichten, bilden,** tres legiones, Caes. – m. *ex* u. Abl., legio septima constituta ex veteranis, Cic.

3 eine feste Stellung (Halt, Verfassung, Stimmung usw.) gebend, **eine feste Haltung geben, in eine gute Verfassung (Stimmung) versetzen, eine feste Einrichtung geben, disponieren (stimmen), regulieren (ordnen), fest bestimmen, befestigen (stählen), sicher begründen, konsolidieren, a** den Körper usw., is cui corpus bene constitutum sit, dessen Körper sich in guter Verfassung od. Stimmung (griech. σαρκὸς εὐσταθὲς κατάστημα od. σαρκὸς εὐστάθεια) befindet, Cic. – iam confirmata et constituta vox, Quint.: iam perfectis constitutisque viribus, Quint. – **b** Geist u. Gemüt (Charakter), exordium est principium orationis, per quod animus auditoris constituitur (gestimmt wird) ad audiendum, Rhet. Her.: animus bene constitutus, Cic. – übtr. auf die Pers., viri sapientes et bene naturā constituti, Cic. Sest. 137: quotus quisque philosophorum invenitur, qui sit ita moratus, ita animo ac vitā constitutus, ut ratio postulat, dessen Denk- u. Handlungsweise in einer solchen Verfassung ist, wie usw., Cic. Tusc. 2, 11. – **c** Zustände, senectus, quae fundamentis adulescentiae constituta est, das durch den in der Jugend gelegten Grund einen festen Halt bekommen hat, Cic.: ineuntis aetatis inscitia senum constituenda et regenda prudentiā est, muss in der Klugheit der Greise Halt u. Leitung suchen, Cic. – **d** menschliche Verhältnisse, Angelegenheiten, Einrichtungen, **α** einzelne Verhältnisse usw., rem familiarem, Cic.: rem nummariam de communi sententia, Cic. – übtr. auf die Pers., qui integri sunt et sani et bene constituti de rebus domesticis, deren Hauswesen sich in guter Verfassung befindet, gute Haushalter, gute Hausväter, Cic. Sest. 97. – Passiv unpers., non tam sinistre constitutum est, ut non etc., es steht nicht so schlimm mit uns, dass wir nicht usw., Plin. pan. 45, 5. – **β** das Staatswesen usw., rem publicam c., componere et c., Cic.: bene morata et bene constituta civitas, Cic.: c. plures rei publicae partes, Cic.: c. civitatem, Suet., civitates, Cic.: res summā aequitate, Nep. – eae res, quas ipse Athenis constituerat, seine Einrichtungen zu Athen, Nep.: c. Chersonesum, Nep.: c. alci regnum, Nep.

4 bestimmend **feststellen, festsetzen, bestimmen, a** übh. abgrenzend, **α** lebl. Objj., **feststellen, festsetzen, ansetzen, bestimmen, anordnen, anberaumen,** u. im Einverständnis mit einem anderen = **verabreden, übereinkommen, zusagen,** im üblen Sinne = **abkarten,** m. *Acc.*, c. iter ad Cirtam oppidum, Sall. (u. so ex itinere proposito et constituto reverti, Cic.): c. locum, Ter.: tempus, diem, Cic., Caes. u. a.: constitutā die causae dictionis (an dem bestimmten Tage der Verteidigung), Caes.: c. Olympiada, Cic.: primam Olympiada, Vell. – c. vadimonium (gerichtl. *t. t.*), Cic. – u. (im Bild) fines, qui sint in amicitia, Cic.: modum credendi, Cic.: mercedem funeris, Cic.: summum pretium, Cic.: certa pretia, Cic. – poenas capitis, Cic. – m. *Dat.* **(wem?** für wen? wozu?), diem concilio, Caes.: diem nuptiis, Plaut.: proximum diem ei negotio, Sall.: posterum diem pugnae, Caes.: pretium frumento, Cic.: aera (Sold) militibus, Liv.: singulis fines imperii, Sall.: certos mihi fines terminosque constituam, extra quos egredi non possim, Cic.: gravissimum ei rei supplicium cum cruciatu, Caes.: poenam alci, Cic. u. Quint.: capitis poenam iis, qui non paruerint, Caes. – m. *ad* u. Akk., grandiorem aetatem ad consulatum, Cic.: certam pecuniam proconsulibus ad mulos et tabernacula, Suet. – m. *in* u. Akk. der Zeit, in posterum diem tempus locumque, Liv.: nuptias in hunc diem, Ter. – m. *cum* u. Abl. od. (s. unten mit *ut*) *inter se*, diem cum alqo c., pacisci et c., Caes. u. Cic.: colloquium cum rege, Liv. – m. *in* (gegen) u. Akk. der Pers., in impios et consceleratos poenas certissimas, Cic. – m. folg. indir. Fragesatz, armorum quantum quaeque civitas domi quodque ante tempus efficiat constituit, Caes.: quid in annos singulos vectigalis populo Romano Britannia penderet constituit, Caes.: quantum quaeque civitas daret Aristides delectus est qui constitueret, Nep.: constitui cum hominibus, quo die mihi Messanae praesto essent, Cic. – m. folg. *Acc.* u. *Infin.*, nam constitui cum quodam hospite me esse illum conventuram, Ter.: et is hodie venturum ad me constituit domum, Ter.: vellem non constituissem in Tusculanum me hodie venturum esse L. Aelio, Cic.: si constitueris cuipiam te advocatum in rem praesentem esse venturum, Cic. – m. folg. *ut* u. Konj., Lentulus cum ceteris ... constituerant, ut L. Bestia ... quereretur de actionibus Ciceronis, Cic.: constituimus inter nos, ut ambulationem conficeremus in Academia, Cic. – m. *de* (über) u. Abl., de numero pastorum alii angustius, alii laxius constituere solent; ego in (auf) octogenas hirtas oves singulos pastores constitui, Atticus in centenas, Varr. r. r. 2, 10, 10 *Keil.* – absol. m. *Dat.* (wem?), hic ubi nocturnae Numa constituebat amicae, ein Stelldichein zu geben pflegte, Iuven. 3, 16. – absol. m. *in* u. Akk., in diem tertium constituunt, Sall. Iug. 66, 2. – ganz absol., sic constituunt (setzen sie die Zeit fest), sic condicunt, Tac. Germ. 11, 2. – Passiv unpers., Avillius, ut erat constitutum, simulat se aegrotare, Cic. Clu. 37. – **β** leb. Wesen, zu einem Zweck **bestimmen, bestellen, stellen,** accusatorem, Cic.: testes, Cic.: iudices de alqa re, Cic.: publice patronum huic causae, Cic.: curatores legibus agrariis, Cic.: tutores pupillis, ICt.: debitorem sibi, ICt.: m. dopp. Akk., alqm reum pro se, ICt. – **b** erklärend, urteilend, entscheidend **feststellen, α** übh., m. folg. *Acc.* u. *Infin.* = **die Erklärung abgeben, den Satz aufstellen,** consuetudo ... eo deducta est, ut et constitueret, honestum esse aliquid, quod utile non esset, et utile, quod non honestum, Cic.: bona possessa non esse constitui, Cic. – m. folg. indir. Fragesatz = **sich ein festes Urteil bilden, sich entscheiden,** nondum satis constitui, molestiaene plus an voluptatis attulerit Trebatius noster, Cic.: constituere apud se debet, utrum contra tabulas bonorum possessionem petat, an vero legatum persequatur? Ulp. dig. – **β** als jurist. *t. t.*, **αα** gesetzlich **feststellen,** disceptationem (Streitpunkt), Cic.: controversiam (Streitpunkt), Cic. – bes. iudicium, für zu Recht bestehend erklären (durch ein Gesetz, ein Edikt od. durch Bestellung eines Richters von Seiten des Prätors), Cic.: u. iudicium de rebus repetundis, Cic.: iudicium capitis in alqm, Cic.: iudicio damni iniuriā (über Ersatz des widerrechtlich erlittenen Schadens) constituto, Cic. – nuper apud (vor dem Richterstuhl) C. Orchivium collegam meum locus ab iudicibus Fausto Sullae de pecuniis residuis non est constitutus, wurde von den R. gegen F. S. wegen der r. G. nicht auf Prozess erkannt, Cic. Clu. 94. – u. v. Gesetz, ius melius Sullanis praediis quam paternis, zuerkennen, Cic. agr. 3, 10. – **ββ** gesetzlich **entscheiden, einen Beschluss fassen, verordnen,** v. Richter, litem, Petr. 18, 5: quid ageres? quid constitueres? Ps. Quint. decl. 3, 14. – absol. m. *de* u. Abl., de certo, de perspicuo iure, Cic.: alio modo aut de religiono aut de re publica, Cic.: de hoc (verst. Eumene) Antigonus cum solus constituere non auderet, ad consilium rettulit, Nep. – m. folg. *ut* u. Konj., ut debeatur, Plin. pan. 40, 5. – **c** beschließend **festsetzen, beschließen, sich entschließen, den Entschluss fassen, α** übh.: m. *Acc.*, haec ex re et ex tempore constitues, Cic.: nihil ante *de* profectione constituam, quam etc., Cic. – m. folg. *Infin.*, bellum cum Germanis gerere, Caes.: desciscere a rege, Nep.: cum mihi deliberatum ac constitutum sit, ita gerere consulatum, ut etc., Cic. – m. folg. *ut* u. Konj., constitueram, ut V. Idus Aquini manerem, Cic. – **β** v. Senat, m. folg. indir. Fragesatz, ut celeriter quod opus esset constitueretur, Rutil. Lup. 1, 17: u. so *ibid.* 2, 17. – ► Archaist. Plusquamperf. constitiveram, Plaut. Pseud. 549 R. u. Fl. (Götz u. Lorenz besser mecum statueram).

cōnstitūtio, ōnis, *f.* (constituo), die **Hinstellung,** passiv, **I** die **feste Einrichtung, Verfassung, a** die physische **Einrichtung, Verfassung,** die **Beschaffenheit,** der **Zustand,** prima c. naturae, Cic.: firma c.

corporis, Cic.: quaerebamus ›An esset omnibus animalibus constitutionis suae sensus?‹ Sen.: constitutionem rerum suarum facere, seine Angelegenheiten ordnen, ICt.: de tota constitutione (Lage) huius belli scribere, Cic.: Plur., constitutiones mundi, Arnob. 1, 59. p. 40, 21 R. – **b** die gesetzliche, politische **Einrichtung, Verfassung,** ista c. religionum (der Religionsgebräuche), Cic. – bes. v. der Staatsverfassung, rei publicae, Cic.: publicae rei, Vitr.: omnis civitas, quae est constitutio populi, Cic.: illa praeclara constitutio Romuli, Cic. – **II** die **Festellung, Bestimmung,** **a** die erklärende (definierende), die **Begriffsbestimmung,** ea constitutio summi boni, quae est proposita, Cic. de fin. 5, 45. – u. die begründende **Beweisführung,** die **Begründung,** Ps. Apul. de dogm. Plat. 3. p. 275 H. – **b** die begründende, als rhet. *t. t.* die **Feststellung, Begründung** des Streitobjektes (griech. στάσις), Cic. de inv. 1, 10. – dah. die **Begründungsform,** c. causae, u. Plur. constitutiones causarum, Rhet. Her. 1, 18. – **c** die verordnende **Bestimmung,** die **Verfügung, Anordnung, Verordnung,** **α** einer Behörde: egregia C. Calpurnii Pisonis praetoris urb. constitutio, Val. Max.: c. civilis, ICt.: lex vel similis iuris c., ICt.: aeterna, Curt.: cogebatur alia aut ex decreto priorum legatorum aut ex nova constitutione senatus facere, Liv.: an auctor constitutionis fieret, Tac. – Plur., saluberrimae constitutiones, Frontin. aqu.: tabulae aereae, in quibus publicae constitutiones incīduntur, Plin.: quae sint in litibus constitutiones, Arnob. – **β** des Kaisers, c. nostra, ICt.: c. sancta, ICt.: constitutiones sacrae, ICt. – **γ** einer Pers. übh., hoc totum ex domini constitutione pendeat, ICt.

cōnstitūtor, ōris, *m.* (constituo), der **Aufsteller,** legis, Quint. 3, 6, 43: rerum omnium deus, Lact. 3, 9, 10: deus machinator constitutorque rerum, Lact. 4, 6, 1: pater rerum ac dominus, constitutor moderatorque cunctorum (v. Gott), Arnob. 3, 2: c. sacri certaminis, CIL 10, 515: c. collegii numinis dominorum (näml. Vespasiani et Titi), CIL 6, 10251 a.

cōnstitūtōrius, a, um (constitutum), die übernommene Zahlungsleistung einer schon bestehenden eigenen od. fremden Schuld betreffend, **konstitutorisch,** actio, Paul. dig. 13, 5, 20.

cōnstitūtum, ī, *n.* (constitutus, Partiz. v. constituo), das **Festgesetzte, Bestimmte,** **a** = die **Abrede** in Bezug auf Ort od. Zeit, Ort u. Zeit, der **verabredete, bestimmte Ort,** die **verabredete, bestimmte Zeit,** die **verabredete Zusammenkunft,** das **Stelldichein,** **α** übh.: apparatus, colloquia, locus, constitutum, convivium, Cic.: cum alicuius alterius vel spectaculi vel voluptatis exspectatur constitutum, Sen.: V. Kal. igitur ad constitutum, Cic.: constitutum factum esse cum servis, ut venirent ad balneas Senias, Cic.: tam sero ad constitutum venire, Varr. – v. lebl. Subjj., videmus enim ventos per complures dies ad constitutum redire, Sen. nat. qu. 7, 6, 2. – **β** die **Abrede** der streitenden Parteien, sich zu stellen (vgl. Cic. Caecin. 33), ad constitutum experiundi gratiā venire, Cic.: numquam ne congressu quidem et constituto coepisse de tantis iniuriis experiri, Cic.: dah. scherzh. übtr., si quod constitutum habes cum podagra, fac in alium diem differas, wenn du einen Termin mit dem P. hast, Cic. – **γ** die Abrede, das Versprechen, eine schon bestehende eigene od. fremde Schuld zu bezahlen, die **übernommene Zahlungsleistung** dies constituti, ICt.: constituta ex consensu facta, ICt. – **b** das durch Verfügung Bestimmte, nur im Plur., **α** im Allg.: per constituta procedere, einen bestimmten Gang nehmen, Sen. nat. qu. 3, 16, 3. – **β** die verordnende **Bestimmung, Verordnung, Verfügung,** ex more vetere et constitutis maiorum, ICt.: Magnetes L. Scipionis et L. Sullae constitutis nitebantur, Tac. – **c** der **Vorsatz** Cic. ad Att. 11, 16, 2.

cōn-sto, stitī, stātūrus, āre, wörtl. beihinstehen = **still (da-)stehen,** **I** eig.: **a** v. Pers.: constant, conserunt sermones inter sese, Plaut. Curc. 290. – u. v. Soldaten = **haltmachen,** multitudinem procul hostium constare viderunt, Sisenn. hist. 4. fr. 58 (bei Non. 273, 4). – **b** v. Wasser, in fossis sicubi aqua constat aut aliquid aquae obstat, id emittere oportet, Cato r.r. 155 (156), 2. – **II** übtr.: **A** im Allg.: **1** **Platz gegriffen haben,** d.i. **bestehen,** teils = **eingetreten sein, stattfinden, vorhanden sein,** unde omnis rerum nunc constet summa creata, Lucr.: severa silentia noctis undique cum constent, Lucr.: inter se quia nexus principiorum dissimiles constant, Lucr. – teils = aus etw. **bestehen,** m. *ex* u. (nur bei Lucr.) *de* u. Abl., auch m. bl. *Abl.*, ex animo constamus et corpore, Cic.: simplex (ius) e dulci constat olivo, Hor.: ea tanta est urbs, ut ex quattuor urbibus maximis constare dicatur, Cic.: muri ex sacellis sepulcrisque constant, Nep.: illa phalanx immobilior et *unius generis,* Romana acies distinctior, *ex pluribus partibus constans,* Liv.: u. (v. Abstr.) eloquentia ex bene dicendi scientia constat, Cic.: eloquentia constat ex verbis et ex sententiis, Cic.: quattuor partibus constat argumentatio, Cic.: virtus, quae constat ex hominibus tuendis, Cic. – semper partus duplici de semine constat, Lucr. – quicquid auro argentoque constaret, Suet.: non vides quam multorum vocibus chorus constet? Sen. – teils = in etw. seine Grundlage haben, d.i. in etw. **bestehen,** auf etw. **sich gründen, beruhen,** m. *in* u. Abl. u. m. bl. *Abl.*, omnis eius pecuniae reditus constabat in Epiroticis et urbanis possessionibus, Nep.: u. (v. Abstr.) monuit eius diei victoriam in earum cohortium virtute constare, Caes.: paene in eo (darauf) summam victoriae constare, Caes.: omnium ordinum partes (Benehmen) in misericordia constitisse, Caes.: domus amoenitas non aedificio, sed silvā constabat, Nep.: exiguo tempore magnoque casu totius exercitus salus constitit, Caes. **2** als *t. t.* der Geschäftsspr., **zu stehen kommen** = **kosten** (in der höheren Prosa gew. stare), bei Ang. **wem?** m. *Dat.;* **immer** m. Ang. **um welchen Preis?** **α** durch Abl.: parvo constat fames, magno fastidium, Sen.: magno tibi constat, Plin. ep.: tanto tibi deliciae et feminae constant, Plin.: nihil aliud nullo impendio constat, Plin.: unae quadrigae Romae constiterunt sestertiis quadringentis milibus, Varr.: c. sestertio centiens, Suet.: turris octingentis talentis constitit, Plin.: centenis milibus sibi constare singulos servos, Sen.: uni mitellita quadragies sestertio constitit, alteri pluris aliquanto rosaria, Suet. – u. im Bild, odia constantia magno, Ov.: edocet quanto detrimento et quot virorum fortium morte necesse sit constare victoriam, Caes. – **β** durch *Genet.:* ambulatiuncula prope dimidio minoris constabit isto loco, Cic.: eo pervenit luxuria, ut etiam fictilia pluris constent, quam murrina, Plin.: interrogare, quanti funus et pompa constet, Suet.: u. (im Bild) quanti mihi constitit, ne malus filius viderer, Ps. Quint. decl.: tanti constat, ut sis disertissimus, Plin. ep.: ne pluris remedium quam periculum constet, Sen.: liber mihi constat decussis, Stat. – **γ** durch *super* m. Akk.: fori area super sestertium milies constitit, Suet. Caes. 26, 2. – **δ** durch *Advv.:* c. carius, Lucil. fr. u. Sen.: carissime, Sen.: vilissime, Col.: gratis, Sen. ep. 104, 34. Augustin. serm. 385, 6: u. (im Bild) cave, ne gratis hic tibi constet amor, Ov. am. 1, 8, 72.

B prägn., **in fester Stellung verbleiben,** der Haltung, Bewegung, Richtung (Lage) nach, **a** **in gleicher** phys. **Haltung verbleiben, eine feste-, unveränderte Haltung behalten** od. **gewinnen, nicht wanken noch weichen, fest-, unverändert bleiben,** **α** als milit. *t. t.*, v. Schlachtlinie u. Kampf, priusquam totis viribus fulta constaret hostium acies, Liv.: postquam nullo loco constabat acies, als ihre Linie allenthalben ins Wanken kam, Liv.: nec pugna illis constare nec fuga explicari sine magna caede potuit, Liv. – **β** v. Sprache, Miene, Gesichtsfarbe, Besinnung, Fassung (Mut), si tentantur pedes, lingua non constat (die Z. lallt), quid est etc., Sen.: primo adeo perturbavit ea vox regem, ut non color, non vultus ei constaret, sich ihm F. u. M. verwandelten, Liv.: non animus nobis, non color constat, verlieren die Fassung u. verfärben uns, Liv.: Vitruvio nec sana constare mens (V. behielt weder volle Besinnung genug), nec etc., Liv.: mens non constitit mihi, Sen. rhet. – m. *in* u. Abl., constitit in nulla qui fuit ante color, Ov. art. am. 1, 120. – v. d. Pers. selbst, **eine feste Haltung bewahren, Fassung behalten,** m. *Abl.*, non mentibus solum concipere, sed ne auribus quidem atque oculis satis constare poterant, sie konnten es nicht nur nicht begreifen, sondern sie trauten nicht einmal mehr recht ihren eigenen Augen u. Ohren, Liv. 5, 42, 3. – u. (Ggstz. iacēre) nec malum (esse), quo aut oppressus iaceas aut, ne opprimare, mente vix constes, kaum Besinnung od. Fassung genug behältst, Cic.

b in gleichmäßigem Gang verbleiben, in guter Ordnung sich befinden, postquam cuncta videt caelo constare sereno, Verg.: neque suppletis constabat flamma lucernis, Prop. – v. phys. Zuständen, dum constabit sanitas, Phaedr.: valetudo ei neque corporis neque animi constitit, Suet.: si sibi pudicitia constaret, wenn sie ihre K. bewahrt hätte, Suet. – v. zeitl. u. abstr. Zuständen, si spatia temporum, si personarum dignitates, consiliorum rationes, locorum opportunitates constabunt, gehörig beobachtet werden, Rhet. Her. 1, 16. – u. insbes. als *t. t.* der Geschäftsspr., ratio constat, die Rechnung ist in Ordnung, sie stimmt, auri ratio constat, Cic.: quibus ratio impensarum constaret, Suet. – oft im Bild (s. Döring Plin. ep. 1, 5, 16. Korte Plin. ep. 2, 4, 4. Schwarz Plin. pan. 38, 4), eam consuetudinem esse imperandi, ut non aliter ratio constet, quam si uni reddatur, Tac.: scietis constare nobis silentii nostri rationem, dass ich zu schweigen alle Ursache habe, Plin. ep.: mihi et tentandi aliquid et quiescendi illo auctore ratio constabit, ich werde mit Sicherheit einen Schritt in der Sache tun oder nicht tun, Plin. ep.: m. *in* u. Abl., in te vero facile ratio constabit (verst. liberalitati), etiamsi modum excesserit, bei dir hat sie (die Freigebigkeit) einen vernünftigen Grund, wenn sie auch usw., Val. Max.

c im unveränderten Fortgang verbleiben, (unverändert, unversehrt) **fortbestehen, bestehen,** nullum est genus rerum, quod avulsum a ceteris *per* se ipsum constare possit, Cic.: quae *per* constructionem lapidum et marmoreas moles constant (noch besteht, errichtet steht), non propagant longam diem, Sen. ad Polyb. 18 (37), 2: si ipsa mens constare potest corpore vacans, Cic.: u. m. Ang. **wie?** durch *Adi.*, sic ut usque ad alterum R litterae constarent integrae (unverändert, unversehrt), reliquae omnes essent in litura, Cic.: cum sint huc forsitan illa, haec translata illuc, summā tamen omnia constant, Ov. – bes. v. Zahl u. Maß, uti numerus legionum constare videretur, Caes.: ego postulabam, ut tribus sententiis constaret suus numerus, Plin. ep.: nostrae autem cenae ut apparatus et impendii, sic temporis modus constet, Plin. ep.

d in gleicher Willens- oder Meinungsrichtung verbleiben, **α** v. der Denk- u. Handlungsweise, **sich gleich (treu) bleiben, fest-, unwandelbar-, standhaft sein,** nec animum (Gesinnung) eius satis constare visum, Liv.: utrimque constitit fides, Liv.: unius legionis eam seditionem, ceteris exercitibus constare fidem, Tac. – m. *in* u. Abl., ut ei fides sua in coniuge proscripto constaret, um ihre Treue gegen den geächteten Gatten standhaft zu bewahren, Val. Max.: u. m. *in* (gegen) u. Akk., quorum semper in rem publicam singulare constiterat officium, Auct. b. Afr. – u. constare sibi od. alci rei, in seinen Äußerungen, Ansichten, Urteilen, Grundsätzen **fest bleiben, sich gleich-, sich treu bleiben, konsequent bleiben** (Ggstz. titubare, claudicare u. dgl.), sic fit, ut aut constent sibi (testes) aut etc., Quint.: reliqui sibi constiterunt, Cic.: me constare mihi scis, Hor.: c. sibi et rei iudicatae, Cic.: c. humanitati suae, Cic. – m. *in* u. Abl., qui in rebus contrariis parum sibi constent, Cic.: ut constare in vitae perpetuitate possimus nobismet ipsis nec in ullo officio claudicare, Cic.: in Oppianico sibi (iudices) constare et superioribus consentire iudiciis debuerunt, Cic.: u. (ohne sibi) qua in sententia si constare voluissent, Cic. ep. 1, 9, 14. – **β** v. Entschluss, **feststehen,** animo constat sententia, Verg. Aen. 5, 748: cum constitit consilium, als ich zu einem festen Entschluss gekommen war, Cic. ad Att. 8, 11, 1. – alci constat, **es steht** jmdm. **fest = es ist** jmd. **fest entschlossen,** m. folg. *Infin.*, mihi quidem constat nec meam contumeliam nec meorum ferre, Anton. bei Cic. Phil. 13, 42. – od. m. folg. indir. Fragesatz, neque satis Bruto vel tribunis militum constabat, quid agerent aut quam rationem pugnae insisterent, Caes. b. G. 3, 14, 3. – **γ** v. der Ansicht, Überzeugung, **feststehen, gewiss sein, αα** bei einzelnen od. bei einer bestimmten Klasse, m. *Dat. pers.* od. m. *inter* u. Akk. Plur. od. m. Dativ animo (animis) od. m. apud animum, z. B. quae cum constent, Cic. Tusc. 1, 40: eorum, *quae constant,* exempla ponemus, horum, *quae dubia sunt,* exempla afferemus, Cic. de inv. 1, 68: quod nihil nobis constat, Caes. b. G. 7, 5, 6. – m. folg. *Infin.* od. *Acc.* u. *Infin.*, quod omnibus constabat hiemari in Gallia oportere, Caes.: ac mihi multa agitanti constabat paucorum civium virtutem cuncta patravisse, Sall.: cum inter augures constet imparem numerum esse debere, Liv.: inter Hasdrubalem alterum et Magonem constabat beneficiis Scipionis occupatos omnium animos publice privatimque esse, H. u. M. stimmten ganz darin überein, dass usw., Liv.: constat inter omnes, qui de eo memoriae prodiderunt, nihil eo fuisse excellentius, Nep. – m. folg. indir. Fragesatz quod, cur per eos dies a Fidenis afuissent, parum constabat, Liv.: nam neque quo signo coirent inter se, neque utrum castra peterent an longiorem intenderent fugam, territis constare poterat, Liv.: probarentne tantum flagitium, an decretum consulis subverterent, parum constabat (verst. patribus), Sall.: etsi non satis mihi constiterat, cum aliquane animi mei molestia an potius libenter te Athenis visurus essem, Cic.: mihi plane non satis constat, utrum sit melius, Cic.: ut nihil ei constet, quid agas, Cic.: neque satis constabat animis, … laudarent vituperarentne, Liv.: nec satis certum apud animum constare poterat, utrum … an etc., Liv. – u. parenthet. ohne Ang. dessen, was feststeht, ut saepe inter homines sapientissimos constare vidi, Cic. – **ββ** bei allen, in der allgem. Annahme, in der öffentl. Meinung (in der Tradition, Volkssage) **feststehen, gewiss sein, allgemein bekannt sein, sich (allgemeine) Anerkennung** od. **Geltung erworben haben** (s. M. Müller Liv. 1, 1. § 1), oft m. dem Zusatz *inter omnes,* z. B. antiquissimi fere sunt, quorum quidem scripta constent, Pericles atque Alcibiades, Cic.: constare res incipit ex illo tempore, quo etc., es trat erst völlige Gewissheit ein, Liv.: circumspiciendus rhetor Latinus, cuius scholae severitas, pudor, in primis castitas constet, Plin. ep.: haec propositio indiget approbationis; non enim perspicua est neque constat inter omnes, Cic. – m. folg. *Acc.* u. *Infin.*, sane moleste Pompeium id ferre constabat, Cic.: illa maleficia, quae in illo constat esse, Cic.: servi, quos ab iis dilectos constabat, Caes.: satis constat Troiā captā in ceteros saevitum esse Troianos, Liv.: perspicuum sit constetque inter omnes, eos esse deos, quos etc., Cic. – m. folg. *quod* (dass), apud omnes constat, quod, si rerum potitus fuisset, omnia correcturus fuerit, quae etc., Spart. Pesc. Nig. 12, 2. – m. *de* u. Abl., cum de Magio constet, Cic.: si prius de innocentia nostra constiterit, Quint. (vgl. Bünem. Lact. 5, 1, 5): de *facto* constat, de *animo* (Absicht) quaeri potest, Quint.: u. zugl. m. *in* u. Abl., omnia, in quibus de facto constat, Quint. – ganz absol., quid porro quaerendum est? factumne sit? at constat, Cic.: Nympho, antequam plane constitit, condemnatur, Cic.

e dem Inhalt nach **feststehen, sich gleichbleiben, übereinstimmen,** constat idem omnibus sermo, alle führen die gleiche Rede, Liv. 9, 2, 3. – m. *cum* u. Abl., contrariam sententiam aut nullam esse, aut non constare cum superioribus et inferioribus sententiis, Rhet. Her.: adhuc quae dicta sunt arbitror mihi constare cum ceteris artis scriptoribus, Rhet. Her.: considerabit, constetne oratio aut cum re aut ipsa secum, Cic. – ► Partiz. Fut. constātūrus, Sen. de clem. 1, 19, 2. Plin. 18, 30. Lucan. 2, 17. Mart. 10, 41, 5. Lact. de opif. dei 7. § 11.

cōnstrātor, ōris, *m.* (consterno), der **Beruhiger,** aequoris, Auson. Techn. (XXVII) 7, 12. p. 135 Schenkl.

cōnstrātum, ī, *n.*, s. 1. cōn-sterno *no.* I, a, β.

cōn-strepo, puī, pitum, ere, **I** *intr.* **laut rauschen, laut tönen, a** v. leb. Wesen: absonis ululatibus constrepentes, Apul. met. 8, 27: v. Redner, horum omnium et testimoniis et exemplis constrepebat, machte einen Heidenlärm, Gell. 4, 1, 4. – **b** v. Tönen, gannitu constrepente lasciviunt passeres, Apul. met. 6, 6. – **II** *tr.* **laut ertönen lassen,** hymenaeum, Apul. met. 4, 26: aureis sistris tinnitum, *ibid.* 11, 10.

cōnstrictē, *Adv.* (constrictus), **eng, knapp,** *Compar.* b. Augustin. de doctr. Christ. 1, 28.

cōnstrictio, ōnis, *f.* (constringo), das **Zusammenschnüren, Zusammenziehen, I** eig.: **a** übh.: Scribon. 84. Pallad. 4, 1, 3. – **b** das verengernde, **Zusammenziehen,** das **Konstringieren,** c. et condensatio, Cael. Aur. acut. 3, 18, 187. – **II** übtr.: **a** die **Bezähmung,** fervoris,

Mythogr. Lat. 2, 30 extr. – **b** die **Verschärfung** (Ggstz. relaxatio), ieiunii, Augustin. ep. 36, 25. – **c** die **Zusammenfassung** in Rede u. Schrift, sermonis, Augustin. in Cresc. Donat. 1. § 20 *extr.*

cōnstrictīvē, *Adv.* (constrictivus), **zusammenziehend,** Cael. Aur. acut. 3, 4, 38.

cōnstrictīvus, a, um (constringo), **zusammenziehend, konstringierend** (Ggstz. districtivus), res, cibi, Cael. Aur.: mespila, Gargil. Mart.: constrictivae virtutis esse, Cael. Aur.

cōn-stricto, āre (*Intens.* v. constringo), **zusammenziehen,** Tert. adv. Marc. 2, 16.

cōnstrictūra, ae, *f.* (constringo), die **Zusammenziehung,** Cael. Aur. acut. 1, 9, 69.

cōnstrictus, a, um, **I** *Partic.* v. constringo, s. d. – **II** *Adi.* m. *Compar.*, **eng zusammengezogen, a verkürzt,** arbor, beschnitten, Plin.: folium constrictius, Plin. – **b verdichtet, kompakt,** pulticula constrictior, Cael. Aur. acut. 2, 18, 108.

cōn-stringo, strīnxī, strictum, ere, **zusammenschnüren, zusammenziehen, I** eig.: **a** im Sinne des Festmachens, **fest zu-** od. **anbinden, festbinden, befestigen,** sarcinam, Plaut.: galeam, Val. Flacc.: artus, Scrib.: vineam alligato recte, dum ne nimium constringas, Cato: cervicalia capitibus imposita linteis constringunt, Plin. ep.: vivorum corpora cadaveribus adversa adversis alligata atque constricta, die Körper Lebender mit Leichnamen Gesicht gegen Gesicht gekehrt fest zusammengebunden, Val. Max.: ibi (ossa scapularum) validis musculis nervisque constricta sunt, Cels. – **b** im Sinne des Festhaltens, in Schranken Haltens, **zusammenschnüren, festschnüren, festbinden,** membra (infantium) in rectum exitura, Sen.: alci manus, Plaut. – leb. Wesen (bes. Wahnsinnige, Verbrecher usw.) an Händen, Füßen usw., alqm, Ter. u. Cic.: alqm laqueis, vinculis, Cic. u. Val. Max.: corpora constricta vinculis, Cic.: constrictus catenā, Rutil. Lup.: u. (im Bild) belua constricta legum sacratarum catenis, Cic.: Italiam omnibus vinclis devinctam et constrictam tenere, Cic. – m. Ang. **woran?** durch *ad* m. *Acc.*, alqm ad carnarium, Plaut. Pseud. 200. – m. Ang. **wie?** durch Prädik.-*Acc.*, alqm quadrupedem, jmdm. Hände u. Füße, Ter. Andr. 865. – **c** im Sinne des Zurückhaltens, **hemmen,** prosperos sudores, Cael. Aur. acut. 2, 36, 188. – **d** im Sinne des Verengerns, Verdichtens, **α** v. Pers., einen Körperteil **zusammenziehen, -falten,** supercilia constricta, eng zusammenstehende (Ggstz. supercilia dissidentia), Quint.: frons constricta, Petr. – **β** v. der Kälte, dicht **zusammenfrieren machen,** im Passiv constringi = zu **einer** Masse **zusammenfrieren, kompakt werden,** bruma nivali cuncta constrinxit gelu, Sen. poët.: nives gelu et perpetuo paene rigore constrictae, Curt. – **γ** von Heilmitteln u. Speisen, **zusammenziehen, konstringieren** (Ggstz. relaxare), Plin. u. Cael. Aur.: constringens vis, Plin.: Partiz. subst., erunt magis constringentia (konstringierende Mittel) procuranda, Cael. Aur. chron. 2, 13, 180. – **δ** v. a. Ggstdn., constringi = **einlaufen,** charta iterum constricta erugatur atque extenditur malleo, Plin. 13, 82. – **II** übtr.: **a** im Sinne des Befestigens, **befestigen, fest begründen, fest-, unauflöslich machen,** bes. politisch od. moralisch, Caesaris et Pompeii concordia communis sanguinis vinculo constricta, Val. Max.: c. fidem religione potius quam veritate, Cic.: psephismata iureiurando constricta, Cic. – **b** im Sinne des Beschränkens, **α binden, fesseln, beschränken, in Schranken weisen, im Zaum halten,** in seiner Tätigkeit **lähmen,** politisch u. moralisch, constrictam iam omnium horum conscientiā teneri coniurationem tuam non vides? Cic.: cum multis fenebribus legibus constricta avaritia esset, Liv.: mulieres Oppiis quondam legibus constrictae nunc vinculis exsolutis domos, fora regunt, Tac.: c. alqm lege, Sen. rhet.: c. regnum (Herrscherbefugnisse) legitimis vinculis, Val. Max.: orbem terrarum novis legibus, Cic.: voluptates inclusae diutius et primā aetate compressae et constrictae subito se non numquam profundunt atque eiciunt universae, Cic. – dah. moralisch **binden** = verbindlich machen, m. folg. *ut* od. *ne* u. Konj., nec ullā religione, ut scelus tegat, se posse constringi, Curt. 6, 7 (25), 8: iureiurando se constrinxit, ne quem adscriptum haberet, Lampr. Alex. Sev. 15, 3. – **β** in Schrift u. Rede eng **zusammenfassen,** rem dissolutam divulsamque conglutinare et ratione quādam c., Cic.: sententiam aptis verbis c., Cic.

cōnstrūctio, ōnis, *f.* (construo), die **Zusammenschichtung, I** im Allg.: **1** = die schichtweise **Zusammenfügung** einzelner Werkstücke zu einem Bau (Ggstz. destructio), **a** eig.: c. lapidum, Sen. ad Polyb. 18 (37), 2. – **b** übtr.: **α** (als rhetor. *t. t.*) die **Verbindung** und **Gliederung** der einzelnen Wörter zu einem Satz, der **Periodenbau,** aut concinnitas aut c. verborum, Cic.: verborum apta et quasi rotunda c., Cic.: im Zshg. absol., tam minuta haec c., Cic.: gravis et decora c., Plin. ep. – **β** (als gramm. *t. t.*) die **Verbindung** der Wörter, die **Konstruktion,** Prisc. 17, 52 u. a. – **2** die systematische **Aufstellung** der Bücher in einer Bibliothek, Cic. ad Att. 4, 5, 3. – **II** prägn., der durch Zusammenfügung der einzelnen Werkstücke bewirkte **Bau,** hominis, Cic.: theatri, Traian. in Plin. ep.: murorum, Veget. mil.: viarum, pontium, ICt.

cōn-struo, strūxī, strūctum, ere, **I zusammenschichten, A** im Allg., **zusammen-** od. **aufschichten, a** übh.: fenum, Plin.: ligna concisa arte (mit Kunst), Ov.: dentes in ore constructi, zusammengereiht, in Reihen geordnet, Cic. – **b** aufsammelnd, divitias, Hor.: constructa et coacervata pecunia, Cic.: copia ornamentorum constructa uno in loco, Cic. – **c** übtr., als gramm. *t. t.*, **verbinden, konstruieren,** Prisc. 17, 156 u. a. spät. Gramm. – **B** prägn.: **1** Schicht auf Schicht, Lage auf Lage fügend **zusammensetzen, zusammenfügen, a** bauend **zusammen-** od. **aufschichten = bauen, aufbauen, erbauen, errichten** (Ggstz. destruere), favos (v. Bienen), Plin.: navem, aedificium, Cic.: rogum, Plin.: aggeres, Plin.: cubilia sibi nidosque (v. Tieren), Cic. – fabrica illa tanti operis, quā construi a deo atque aedificari mundum facit (Plato), Cic. – c. nidum luto od. turis surculis (v. Vögeln), Plin.: casas luto pennisque, Plin.: horrea saxeo muro, Suet.: alci sepulcrum saxo quadrato, Liv.: lignis congestis pyram, Auct. b. Afr. – **b** aufhäufend **aufschichten, auftürmen,** acervum, Hor.: tanti acervi nummorum apud istum construuntur, ut etc., Cic. – **2 hoch besetzen,** large multiplici constructae sunt dape mensae, Catull. 64, 305. – ► Vulg. Fut. Akt. construiturus, Ven. Fort. 2, 9, 64 u. 3, 9, 25.

cōn-stupēsco, uī, ēre, **sehr staunen,** Iuvenc. 1, 179.

cōnstuprātio, ōnis, *f.* (constupro), die **Schändung,** m. subj. *Genet.*, Manichaeorum, Iul. Pelag. b. Augustin. c. Iul. Pelag. 3, 17, 31: m. obj. *Genet.*, sororum vel affinium, Firm. math. 8, 30: übtr., animae, Sulp. Sev. ep. dub. 2, 11.

cōnstuprātor, ōris, *m.* (constupro), der **Schänder,** Liv. 39, 15, 9.

cōn-stupro, āvī, ātum, āre, **notzüchtigen, schänden,** matronas, virgines, Liv. 29, 17. § 15: nobilem virginem, Curt. 10, 1, 5: prope in parentum gremiis praetextatos liberos, Q. Cic. de pet. 10. adulescentulus mutuā libidine constupratus, Suet. Vit. 12: constupratis vi plerisque, Aur. Vict. Caes. 33, 12. – prägn., iudicium emptum constupratumque, durch Unzucht bestochen, Cic. ad Att. 1, 18, 3.

cōn-suādeo, sī, sum, ēre, **nachdrücklich raten, -anraten,** sin, saluti quod tibi esse censeo, id consuadeo? Plaut. merc. 143: picus et cornix ab laeva, corvus parra ab dextera consuadent, geben günstige Wahrzeichen, Plaut. asin. 261: mit *Dat.* **(wem?),** consuadet homini, credo, ich glaube gar, er will ihn beschwatzen, Plaut. trin. 527.

Cōnsuālia, ium, *n.*, s. Cōnsus.

cōnsuāsor, ōris, *m.* (consuadeo), der **Anrater,** auctore et consuasore Naevio, Cic. Quinct. 18.

cōn-suāvio(or) s. cōnsāvio(or).

cōn-subigo, zusammenkneten, cineris lixiviae cyathos VIII, olei cyathos VI, Gargil. cur. boum § 22.

cōnsubrīnus, s. cōnsobrīnus.

cōn-subsīdo, ere, **zurückbleiben,** übtr., etiamnunc tamen aliqua consubsidunt, Min. Fel. 40, 2 H.

cōn-substantiālis, e, **von gleichem Wesen, gleich beschaffen,** Eccl. – Dav. *Adv.* **cōnsubstantiāliter,** Eccl.

cōnsubstantīvus, a, um, **gleich beschaffen,** Eccl.

cōnsūcidus, a, um, **sehr vollsaftig, üppig gebaut,** Plaut. mil. 787 G.

cōnsūdāsco, ere (*Inch.* von consudo), **stark in Schweiß geraten, -schwitzen,** Col. 12, 48, 2.

cōn-sūdo, āvī, āre, **stark-, heftig schwitzen,** v. Menschen, Plaut. Pseud. 666: v. Tieren, biduum aut triduum, Cato r. r. 96, 1: v. Pflanzen, Col. 12, 7, 2.

cōnsuēfacio, fēcī, facere (*consueo u. facio), Passiv **cōnsuēfīo,** fierī, jmd. **an etw. gewöhnen, a** Aktiv: **α** absol.: nil praetermitto: consuefacio, Ter. adelph. 414. – **β** alqm m. folg. *Infin.*, Ter. adelph. 74. Sall. Iug. 80, 2. – **γ** alqm m. folg. *ut* u. Konj., Varr. r. r. 2, 9, 13 (wo Tmesis consue quoque faciunt); 3, 9, 15: u. m. folg. *ne* u. Konj., Ter. adelph. 44. – **b** Passiv, m. *Dat.*, his diversoriis, Iul. Val. 3, 11 (3, 6).

cōn-sueo, ēre, **gewohnt sein, pflegen,** eine bloß nach Analogie angenommene Wortform (s. Charis. 253, 1. Prisc. 10, 15); denn Prop. 1, 7, 5 ist consuemus zsgz. für consuevimus.

cōn-suēsco, suēvī, suētum, ere, beigewöhnen, **I** *v. intr.* sich beigewöhnen, **A** an eine Sache = **die Gewohnheit annehmen, gewohnt werden, sich daran gewöhnen,** oft im Perf. consuevi = **ich habe die Gewohnheit, ich bin gewohnt** Partiz. Perf. cōnsuētus, an etwas **gewöhnt,** einer Sache **gewohnt,** mit etw. **vertraut,** absol., dum (boves) consuescant, Cato r. r. 103: bene salutando consuescunt, werden sie kirre, Plaut. asin. 222: si (populus) perperam est consuetus, Varr. LL. 9, 5: capelli consueti unā, die aneinander gewöhnten, Varr. r. r. 2, 3, 2: adeo in teneris consuescere multum est, Verg. georg. 2, 272. – m. folg. *Infin.*, ne id consuescant facere, Varr.: paulatim Germanos consuescere Rhenum transire, Caes.: ut extremo vitae tempore homines facere consuerunt, Caes.: quod (stipendium) pendere consuesset, Caes.: consuescamus mori, Cic.: qui mentiri solet, peierare consuevit, Cic.: nominis eius honorem pro magnis erga se meritis dare populum Romanum consuesse, Liv.: qui consuetus in armis aevum agere, Pacuv. fr.: datare consuetus, Plaut. aul. 637: consuetus (gallus) auroram vocare, Lucr.: copiae bellare consuetae locis campestribus, Auct. b. Afr.: piscem Paschae diebus edere consuetus, Sulp. Sev. – v. lebl. Subjj., naves, quae praesidii causā Alexandriae esse consuerant, Caes.: timor novarum tabularum, qui fere bella et civiles dissensiones sequi consuevit, Caes.: quod plerumque iis accidere consuevit, qui etc., Caes.: aliquid, quo non consuevimus uti, etwas Ungewohntes, Lucr. – u. m. *Infin. Pass.*, quam rem pro magnis hominum officiis consuesse tribui docebat, Caes.: cui vulneri multiplex medicina consuevit opponi, Veget. mil.: pars magna terrarum mergi repararique amne consueta, Plin. pan.: unpers., sicut in solemnibus sacris fieri consueverat, Sall. – m. zu ergänzendem *Infin.*, sowohl eines allgem. (wie facere) in den parenthet. Verbindgg. ut consuevi, Caes. in Cic. ep.: ut consuesti, Cic.: ut consuemus (= ut consuevimus), Prop.: quemadmodum consuerunt, Cic.: sicut consuerat, Suet. – als eines besonderen, vom Verbum des Nebensatzes, nemo est qui non eo (equo), quo (verst. uti) consuevit, libentius utatur quam intractato et novo, Cic.: eo die quo (verst. sequi) consuerat intervallo hostes sequitur, Caes.: cum scribas aut agas aliquid eorum, quorum (verst. aliquid agere) consuesti, gaudeo, Luccei. in Cic. ep.: od. aus dem Zshg., qui consuerunt (verst. accipere), Cic. de off. 2, 55. – m. *ad* u. Akk. od. m. bl. *Dat.* **(woran?),** quibusdam pugnae simulacris ad verum discrimen, Quint.: gravissimo dolori tempore, Plin. ep.: genus mancipiorum otiis, campo, circo, aleae, popinae consuetum, Col. – **B** an eine Person = mit jmd. (verliebten) **Umgang pflegen, in einem vertrauten Verhältnis** (als Liebhaber) **stehen,** cum alqo, cum alqa, Komik., Cic. u. a. – **II** *v. tr.* etw. od. jmd. **gewöhnen,** brachia, Lucr. 6, 397. – m. *Dat.* **(woran?),** iuvencum plostro aut aratro, Col.: vitem largo umori, Col.: m. folg. *Infin.*, rusticos c. circa larem domini semper epulari, Col.: semina c. falcem pati, Plin. – ► Perf. oft zsgz. consuesti, consuestis, consuemus, consuerunt, consueram, consuerim, consuesse.

cōnsuētē, *Adv.* (consuetus), **wie gewöhnlich,** Amm. 23, 2, 8. Cass. Fel. 1 u. 36.

cōnsuētio, ōnis, *f.* (consuesco), der **vertraute Umgang,** clandestina, Plaut. Amph. 490: huius hospitae, *Ter. Andr. 439.

cōnsuētūdināriē, *Adv.* (consuetudinarius), **auf gewöhnliche Weise,** Cassiod. var. 12, 2, 6.

cōnsuētūdinārius, a, um (consuetudo), **gewöhnlich,** Ps. Sen. de mor. *no.* 122. Sulp. Sev. dial. 1, 14, 2. Sidon. epist. 7, 11, 1 u. a. Spät.

cōnsuētūdo, inis, *f.* (consuesco), die Beigewöhnung, **I** an eine Sache, die **Gewöhnung,** angenommene **Gewohnheit,** das **gewohnte, herkömmliche Verfahren,** das **Herkommen,** der **Brauch (Gebrauch),** die **Observanz,** sowohl im Privatleben als im öffentlichen Leben (vgl. mos), **a** übh. (oft verb. c. et exercitatio od. exercitatioque u. c. ac mos, mos consuetudoque, c. institutumque, c. et disciplina), absol., od. m. Ang. dessen, der die Gewohnheit hat, im *Genet.* od. durch *Adi.*, od. m. Ang. der Sache, bei der die G. herrscht, im Genet. *subst.* od. *Gerundii,* consuetudo exercitatioque facilitatem maxime parit, Quint.: haec consuetudo iam naturae vim obtinet propter vetustatem, Cic.: mihi bene facere iam ex consuetudine in naturam vertit, Sall.: depravatio consuetudinis, Sall.: ius consuetudinis, das Recht der Observanz, das Gewohnheitsrecht, Cic. – m. *Genet.*, c. populi Romani, Caes.: c. Graecorum, Cic.: c. maiorum, Cic.: c. medicorum, Cic.: c. vitae, teils = Herkommen des L. übh., teils = Lebensweise, Cic. (vgl. cotidianae vitae c., Ter., u. unten *no.* b, α): c. victus, Lebensweise, Cic. (vgl. *no.* II, a): c. sermonis nostri, unser Sprachgebrauch, Cic. (vgl. unten *no.* b, β): c. fori et pristinus mos iudiciorum, Cic. – c. oculorum, gewohnter, wiederholter Anblick, Cic. – una pars et c. earum epistularum, quibus secundis rebus uti solebamus, die eine gewohnte (scherzh.) Art, Cic. – c. incommodorum, G. an usw., Cic. – c. vivendi, Lebensweise, Quint.: male vivendi, Lact.: peccandi, Cic.: dicendi, scribendi, loquendi, Cic. u. Quint. – c. antiqua, Suet.: assidua, Quint.: quaedam barbara c., Caes.: c. bona (Ggstz. c. mala), Cic. u. (Ggstz. melior) Varr. LL. – mos consuetudoque civilis, die Sitte u. die herkömmlichen bürgerlichen Formen, Cic. – vita hominum consuetudoque communis, allgemeine Observanz, Cic.: communis vitae c., das gewöhnliche, gemeine Leben (vgl. communis vita et vulgaris hominum c.), Cic.: communis c. sermonis od. loquendi, der gewöhnliche, gemeine Sprachgebrauch, Cic. u. Quint.: c. diuturna, Cic.: illa immanis ac barbara c. hominum immolandorum, Cic.: c. longa, Quint.: c. regia, Brauch (Verwaltung) unter den Königen, Eutr.: mea vitae perpetua c., Cic.: c. pessuma, Quint.: c. usitata, Gewohnheitsrecht, Quint.: c. vetus, Cic.: c. vulgaris, Cic. – abhorrere a consuetudine communis sensus (v. der herkömmlichen Denkweise), Cic.: adducere alqm od. se in eam consuetudinem, ut etc., jmd. od. sich so gewöhnen, dass usw., Nep. u. Caes. (vgl. ad quam nos consuetudinem a familiaribus nostris adducti, Cic.): sic alitur c. perditarum contionum, Cic.: hanc consuetudinem libenter ascivimus, Cic.: assimulare castrorum consuetudinem, Nep. – ab omnium Siculorum consuetudine discedere, Cic.: plerumque autem parentum praeceptis imbuti ad eorum consuetudinem moremque deducimur, Cic. – est consuetudo Siculorum ceterorumque Graecorum, ut etc., Cic.: doctorum est ista consuetudo eaque Graecorum, ut etc., Cic.: populi Romani hanc esse consuetudinem, ut etc., Caes.: est hoc Gallicae consuetudinis, ut etc., Caes.: non est meae consuetudinis rationem reddere, qua de causa etc., Cic.: non esse consuetudinem populi Romani accipere ab hoste armato condicionem, Caes.: quod antea in consuetudine fuerit bonorum, Cic.: ut est c., wie es Gebrauch (Rechtsgebrauch, Observanz) ist, Cic.: ut barbarorum fere consuetudo est, Hirt. b. G.: ut fert Gallica c., Caes.: maiore strepitu et tumultu, quam populi Romani fert c., castra moveri iubet, Caes. – sin consuetudinem meam, quam in re publica habui, tenuero, Cic. – haec consuetudo, quae increbruit, Cic.: alqm in suam rationem consuetudinemque inducere, Cic.: in adeundis periculis consuetudinem imitari medicorum, Cic.: consuetudinem aestimationis introducere, Cic.: hanc consuetudinem inveterascere nolle, Caes.: sensim hanc consuetudinem et disciplinam minuere (abnehmen lassen), post vero Sullae victoriam penitus amittere (gänzlich verloren gehen lassen od. aufgeben), Cic.: mutare consuetudinem dicendi, Cic.: eius rei nonnullam consuetudinem nancisci, Cic.: obdurescere alcis rei consuetudine, Cic.: recedere a consuetudine vulgari, ab usitata consuetudine, a iucundissima consuetudine, Quint. u. Cic.: longo intervallo veterem consuetudinem referre, Cic.: longo intervallo hanc consuetudinem maiorum repetere ac referre, Cic.: consuetudinem suam in civibus conservandis retinere, Lentul. in Cic. ep.: cenarum rectarum consuetudinem revocare, Suet.: senatum ad pristinam virtutem consuetudinemque revocare, Cic.: consuetudinem sequens, gewohnheitsmäßig, Gell.: si paulatim haec consuetudo serpere ac prodire coeperit, Cic.: suam consuetudinem in patrociniis tuendis servare, Vatin. in Cic. ep.: in iudicio non morem consuetudinemque servare, Cic.: tenere consuetudinem suam od. consuetudinem a Socrate traditam, Cic.: consuetudine eā inter se quam saepissime uti, Cic.: vetere in nova (fabula) uti consuetudine, Ter. – tenuit (erhält sich) consuetudo, ut etc., Quint. 2, 1, 1: vetus consuetudo tenuit, ut etc., Veget. mil. 2, 8, 8. – in consuetudinem venire, teils v. Dingen = zur Gew. werden, z. B. quod iam in c. venit, Cic.: quod a nostris hominibus saepissime usurpatum iam in proverbii c. venit, Cic.; teils v. Pers. = die Gew. annehmen, z. B. in c. Alexandrinae vitae licentiaeque v., Caes.: in eam iam benignitatis c. venisse, ut etc., Cic.: paulatim in c. eius regni occupandi venisse, Auct. b. Alex. – frequens et assidua nobis contentio iam prope in consuetudinem vertit, wurde uns zur G., Tac. dial.: in consuetudinem vertit (es wurde Gebrauch), ut consules suo quoque nomine quantum principi debeant profiteantur, Plin. pan. – m. *Praepp.* od. im bl. *Abl.* als Adverbial-Ausdr., ad consuetudinem Graecorum, nach der G. der Gr. (z. B. disputare), Cic.: ad nostram consuetudinem, Nep.: ex consuetudine, Sall.: ex consuetudine sua, Caes.: u. bl. consuetudine, Cic.: consuetudine suā, Caes.: consuetudine populi Romani, Caes.: quādam barbarā consuetudine, Caes.: vetere ac iam pridem receptā populi Rom. consuetudine, Tac.: consuetudine peccandi liberā, Cic.: pro mea consuetudine, Cic.: praeter consuetudinem, Cic.: praeter consuetudinem ac morem maiorum, Suet.: extra consuetudinem, Caes.: contra consuetudinem, Hirt. b. G. u. Sen. (vgl. si quid contra morem consuetudinemque civilem fecerint, Cic.): supra consuetudinem, Cels.

b insbes.: **α** die Gewöhnung = die **(gewohnte) Lebensweise** (vollst. c. vitae, victus u. dgl., s. oben *no.* a), imago consuetudinis atque vitae (öffentl. Wirksamkeit) Epaminondae, Nep.: deflectere a pristina consuetudine, Phaedr.: ad superiorem consuetudinem reverti, Cic.: longinquā malā consuetudine aegrum traducere in meliorem, Varr. LL.: neque vino neque consuetudine reliquā abstinere, Suet.: imitari Persarum consuetudinem, Nep. – **β** die **gewöhnliche Ausdrucksweise,** der (herrschende) **Sprachgebrauch** (vollst. c. sermonis, loquendi, s. oben *no.* a), c. recta (Ggstz. c., quae depravata est), Varr. LL.: c. indocta, der Spr. ohne gelehrte Bildung, Cic.: c. saeculi, Sen.: consuetudinem vitiosam et corruptam purā et incorruptā consuetudine emendare, Cic.: consuetudinem imitari, Cic.: uti pravissimā consuetudinis regulā, Cic.: in consuetudinem nostram non caderet, würde mit unserem Spr. nicht übereinstimmen, Cic. – dah. meton., eine bestimmte **Sprache,** c. Latina, nostra, Col.: c. Graeca, Col. – **γ** die **gewöhnliche Annahme,** omnia quae in consuetudine probantur, nach der gew. Annahme (im gewöhnlichen Leben) als ausgemacht gilt, Cic. Acad. 2, 75: ideo (aquilam) armigeram Iovis consuetudo iudicat, Plin. 10, 15.

II die Beigewöhnung an eine Person od. ein persönl. Verhältnis, der gesellige **Umgang,** der gesellige **Verhältnis,** die **Geselligheit,** **a** übh. (vollst. c. victus; verb. consuetudo ac familiaritas, domesticus usus et c. u. dgl.), c. multa et iucunda, Cic.: c. iucundissima, Cic.: longinqua, Caes.: c. paucorum dierum, Cic.: c. superiorum annorum, Caes.: c. nutrimentorum (der ersten Jugendjahre), Suet.: c. legationis (des Legaten mit dem Feldherrn), Hirt. b. G.: mihi non ignota in consuetudine et familiaritate suavitas tua, Cic.: inductus consuetudine ac familiaritate, Cic. – dare se in consuetudinem sic prorsus, ut etc., Cic.: devincire alqm consuetudine suā sic, ut etc., Nep.: cum Metellis erat ei non modo hospitium, verum etiam domesticus usus et consuetudo, Cic.: Atticus noster maiorem mihi cum Cassinio consuetudinem fecit, Cic.: insinuare in consuetudinem alcis, Cic.: immergere se blanditiis et assentationibus penitus in consuetudinem alcis, Cic.: intermittere consuetudinem, Cic.: permanere in eadem amicitiae consuetudine, Cic.: revocare alqm in consuetudinem pristinam, Cic.: postea prorsus ab instituta nostra paucorum dierum consuetudine longe refugit, seitdem hat er den zwischen uns in den wenigen Tagen eingeleiteten Verkehr völlig abgebrochen, Cic.: ut eos consuetudine adhibitā (bei fortgesetztem Umgang) facile internosceremus, Cic. – im Plur., nostri amores mores consuetudines, Plaut.: amicitiae, consuetudines, vicinitates, clientelae, Cic.: consuetudines victus non possunt esse cum multis, Cic.: consuetudines, amicitias, res rationesque iungere cum alqo, Cic. – **b** insbes., der **zärtliche, vertraute Umgang** der Eheleute, Octaviae consuetudinem cito aspernari, Suet. Ner. 35, 1: Agrippinae consuetudine teneri, sehr an der A. hängen, Suet. Tib. 7, 2. – u. das **zärtliche Verhältnis** der Liebenden, gew. im unedlen Sinne = das **Liebesverhältnis,** c. parva, Ter.: c. eius, Ter.: turpis dominae consuetudo cum servo, turpis domino cum ancilla, Quint.: huic (libertinae) consuetudo cum Aebutio fuit, Liv.: erat ei cum Fulvia stupri vetus consuetudo, Sall.: stupri consuetudinem facere cum alqo, Suet.: consuetudinem habere cum fratris uxore, Suet.

cōnsuētus, a, um, **I** *Partic.* v. consuesco, s. d. – **II** *PAdi.,* **gewohnt, gewöhnlich,** amor, Ter.: lubido, Sall.: numerus laterum, Vulg.: omnes labores, pericula consueta habere, Sall.: m. *Dat.,* c. tibi finis, Ov.: consuetissima cuique verba, Ov. met. 11, 637.

cōnsul, sulis, *m.* (arch. consol, CIL 1, 30. 32. 40 u. ö. od. cosol, CIL 1, 31; v. CONS-o, wov. auch consulo; also der Befrager des Volks od. Senates), der **Konsul,** im Plur. cōnsulēs, die **Konsuln** (Sing. abgekürzt COS., Plur. COSS.), **I** eig., die beiden nach Vertreibung der Könige in Rom eingesetzten und jedes Mal auf die Dauer eines Jahres (in den Zenturiatkomitien anfangs bloß aus den Patriziern, seit 367 v. Chr. auch aus den Plebejern) gewählten höchsten (d. h. bei den Griechen ὕπατοι) Magistratspersonen mit ursprünglich königlicher Gewalt, während der Dauer ihres Amtes mit dem imperium betraut, die Volk und Senat berufen, in den Volks- u. Senatsversammlungen präsidieren und für pünktliche Ausführung der Volks- und Senatsbeschlüsse sorgen. Das gesetzliche Alter eines Konsuls war das 43. Lebensjahr. Ihr Amt traten die Konsuln früher gesetzmäßig (doch nicht ohne Ausnahmen) an den Kalenden des Sextilis, seit dem Jahre 153 v. Chr. aber regelmäßig an den Kalenden des Januar an. – Die Konsuln waren die Leiter des Staates im Frieden u. die Feldherren im Krieg u., solange es keine Prätoren gab, auch Oberrichter (zuw. [auch bei Cic.] der Sing. consul, wo man den Plur. consules erwartet, wo er dann als oberste Behörde ohne Rücksicht auf die Individuen zu fassen ist, s. Fabri Sall. Cat. 29, 3 u. Heerw. Liv. 21, 52, 6), sella consulis, Plin. pan., sellae consulum, Liv. – c. imperiosus, Cic.: popularis, Cic. – c. ordinarius, der ordentliche (d. i. der am Anfang des Jahres sein Amt antretende), Liv. u. a. (Ggstz. suffectus, der nachgewählte, Liv.). – c. designatus, der erklärte, designierte (d. i. der auf das nächste Jahr in den Komitien gewählte u. öffentlich als gewählter ausgerufene Konsul bis zu seinem Amtsantritt), Cic. u. a. – novi consules, die neuen = diesjährigen (Ggstz. prioris anni consules), Liv. – consul maior, der Konsul, der die monatlich wechselnden fasces, also die Wahrnehmung des imperium (der souveränen Herrschergewalt im Namen des Volks), sowie den Vorsitz im Senat und in den Komitien hatte, ursprünglich der ältere von beiden, später der, der die meisten Stimmen bei der Wahl hatte, nach der lex Iulia der, der die meisten Kinder hatte, s. Fest. p. 161, 31 [a]. Gell. 2, 15. – C. Flaminius consul iterum, Cic.: T. Quinctio quartum consule, Liv.: C. Marius septimum consul, Cic.: tertio consules esse, Plin. pan. – M. Aemilius Lepidus, qui bis consul augurque fuerat, Liv.: Papum Aemilium C. Luscino familiarem fuisse, bis unā consules, Cic.: M. Marcellus ille quinquies consul, Cic. – creare consules, alqm creare consulem, s. 1. creo. – alqm dicere consulem u. dicere alqm cum alqo consulem (beide v. Volk, v. den Zenturien), Liv. – alqm facere consulem, auch m. dem Zustz. suffragio suo (v. einzelnen = für jmds. Wahl zum K. stimmen), Cic., Liv., Vell. u. Quint. (vgl. Henrichsen u. Ellendt Cic. de or. 2, 268): alqm facere consulem ordinarium, Sen.: alium facere consulem, Cic.: ii, qui sine repulsa consules facti sunt, Cic.: Marius consul absens factus, Sall. – sufficere consules, Liv.: alqm sufficere consulem in locum alcis, Liv.: alqm consulem (als K.) sibi substituere, Vell.: consulem rogare, subrogare, zur Wahl vorschlagen (v. Vorsitzenden der Komitien; subr. zur Nachwahl), Cic. u. Liv.: alqm consulem (zum K.) designare, Amm. 21, 12, 25 (vgl. oben c. designatus). – alqm declarare consulem, Cic.: comitiis habitis consules declarantur M. Tullius et C. Antonius, Sall. – alqm renuntiare consulem, Cic. – Romae consulem esse, Cic.: consules eos eo anno fuisse, Liv. – Die Namen der beiden consules ordinarii (s. oben) od. auch (bes. bei Dichtern) nur eines derselben dienten zur Bezeichnung des Jahres (selbst noch unter den Kaisern, vgl. Apul. apol. 89 consules legat, annos computet), L. Pisone, A. Gabinio coss. (d. i. im Jahre 85 v. Chr.), Caes.: consule Tullo, Hor.: u. allg., quibus consulibus, in welchem Jahr (der röm. Zeitrechnung), Nep.: so auch quo consule, Mart.: proximis consulibus, im nächstvorhergehenden Jahr, Cic.: sequentibus consulibus, im folgenden Jahr, Suet.: in destinatos consules, für das nächste Jahr, Cic.: multos consules (viele Jahre) inter magna bona numerare, Sen.: adiecto od. edito die et consule, mit Angabe des Datums, Ggstz. sine die et consule, ohne Datum, ICt.: bis tibi consul trigesimus instat, du bist fast sechzig Jahre alt, Mart. – dah. die Konsuln auch zur Bezeichnung des Jahrganges u. des Alters des Weins, Bibuli consulis amphora, Hor.: amphora centeno consule facta minor, hundertjährige, Mart.: tot consulum regionumque vina, so viele Jahrgänge und Sorten Wein, Sen. – Diejenigen, die an Stelle des Konsuls als Statthalter oder Befehlshaber tätig waren, bezeichnete man durch pro consule (dann **ein** Wort proconsul, w. vgl.), z. B. Furius Camillus pro consule Africae, Tac.: pro consule in Ciliciam proficisci, Cic.: pro consule esse, Cic.: pro consule ad Veios esse, Liv.: L. Cornelius Lentulus pro consule ex Hispania rediit, Liv.: ipsum consulem Romae manere ... pro consule T. Quinctium subsidio castris cum sociali exercitu mitti, Liv. – **II** übtr.: **A** bei den Histor. zuw. statt proconsul, z. B. Nep. Cat. 1, 3. Liv. 26, 33. § 4 u. 7; Liv. 31, 49, 4. Aur. Vict. vir. ill. 63, 2. Flor. 2, 14, 5. Eutr. 3, 14. – **B** als höchste Behörde in Munizipalstädten, Plin. 7, 136. Auson. ordo urb. nobil. (XVIIII) 168. p. 103 Schenkl. CIL 2, 1475. – **C** als Übersetzung von βουλαῖος, der **Berater,** Beiname Jupiters, Vopisc. Firm. 3. § 4. Apul. de mundo 25: u. v. a. Wesen, consules vitae, Testam. porcell. lin. 22 H. = Haupt. opusc. 2, 182, 20 = p. 232, 12 *ed. Buecheler.*

cōnsulāris (arch. cōsulāris), e (consul), zum Konsul gehörig, **konsularisch, des Konsuls** od. **der Konsuln, eines Konsuls** (prägn. = eines Konsuls würdig, sich für einen Konsul geziemend), **Konsul-,** zuw. **eines gewesenen Konsuls, eines Konsularen, I** *adi.*: aetas, das zum Konsulamt gesetzliche Alter (von 43 Jahren), Cic.: animus, animi (Mut), Liv. u. Plin. ep.: arma, Vell.: auctoritas, Cic.: candidatus, ein Bewerber um das Konsulat, Cic.: comitia, zur Konsulwahl abgehaltene, Cic.: cura et sollicitudo, mit dem Konsulamt verbundene, Plin. pan.: exercitus, Liv.: familia, in der ein Glied Konsul gewesen ist, Cic. u. Suet.: ebenso domus, Plin.: femina, Gattin eines Konsularen, Suet.: impedimenta, die Konsuln aufhaltende, Liv.: imperium, Cic.: insignia, Tac.: legati (s. unten *no.* II, A), Suet.: leges, von den Konsuln gegebene, Liv.: libido, Cic.: lictor, Hor.: locus, Platz, Rangplatz der Konsularen (im Senat), Cic.: c. munera (z. B. obire), Liv.: officium, Cic., officia, Plin. pan.: oratio, die Rede eines Konsuls (= die eines Konsuls würdige Rede), Liv.: ornamenta, eines K. (unter den Kaisern auch an Nichtkonsuln verliehen), Suet.: consulari patre genitus, der Sohn eines Konsularen, Plin. pan.: tribuni militum consulari potestate, Liv.: provincia, Caes.: res operosa ac minime c., für die K. gar nicht geeignet, Liv.: senex, ein greiser Konsular, Tac.: vindicta, Vell.: vinum, nach dem Konsul benannt, unter dem er gekeltert worden, Mart.: vir (s. unten *no.* II, A), Plin. pan. u. Suet. – quam consulare, dem konsular. Gebrauch gemäß, Plin. pan. – **II** *subst.*, cōnsulāris, is, *m.* **A** (vollst. consularis vir) einer der Konsul gewesen war, der **Konsular,** Cic. u. a. – so auch filius, frater c., Vell. – In der Kaiserzeit steht consularis besonders für diejenigen Statthalter der kaiserlichen Provinzen, die Konsuln gewesen waren, eig. legatus consularis, Tac. – **B** in der Kaiserzeit auch Titel für höhere Staatsbeamte, die, ohne Konsuln gewesen zu sein, die Erlaubnis erhielten, die konsular. Insignien zu tragen, Tac. u. Suet. – Dav. *adi.*, adoptio c., A. durch einen Konsularen, Quint. 6. prooem. 13.

cōnsulāritās, ātis, *f.* (consularis), die **Konsulwürde,** Cod. Theod. 6, 27, 10 u. ö. Paulin. vit. Ambros. 5 *extr.* u. a. Eccl.

cōnsulāriter, *Adv.* (consularis), **eines Konsuls würdig, mit konsularischer Haltung,** vita omnis c. acta, Liv. 4, 10, 9.

cōnsulātus, ūs, *m.* (consul), die **Konsulwürde,** das **Konsulamt,** das **Konsulat, I** eig., in Rom: candidatus consulatus, Vell.: consulatus competitores, Suet. – c. ordinarius (s. cōnsul ordinarius unter consul), Suet. – c. continuus, Suet.: c. primus, secundus, Gell. u. Suet.: c. alter, Sall. u. Suet.: tertius, Plin. pan.: quinque consulatus, Liv.: consulatus septem, octo, Suet. – in consulatu, extra consulatum, Suet.: in primo consulatu, Suet.: in priore consulatu, Nep.: superiore consulatu, Caes.: in hoc praeclaro consulatu, Cic.: proximo suo consulatu, Suet.: suo toto consulatu (z. B. somnum non vidisse, v. jmd., der nur einen Tag Konsul war), Cic. ep. 7, 30, 1. – tuus videlicet salutaris consulatus, perniciosus meus, Cic.: in exitu iam est c. meus, Cic. – consulatus honos, Suet.: petitio consulatus, Caes. u. Suet.: repulsa consulatus, Suet. – designatio consulatus, Suet.: initium consulatus, Vell. – abdicare se consulatu, Cic.: abdicare consulatum, Liv.: abire consulatu, Cic.: abrogare consulatum, Vell.: accipere consulatum, Suet.: adipisci consulatum, Cic.: administrare quinque consulatus salutariter rei publicae (für die R.), Val. Max.: afferre consulatum in eam familiam, Cic.: appetere consulatum, Sall.: supra tribunatus et praeturas et consulatus ascendere, Tac. dial.: dare alci consulatum, Suet.: deferre alci consulatum, Val. Max.: delatum ab Augusto consulatum accipere, Tac.: deponere consulatum, Val. Max.: designare alci primum consulatum cum alqo, Gell.: evehi alqm ad consulatum, Tac.: evehi alqm usque in tertium consulatum, Vell.: exacto consulatu, Suet.: functus consulatu, Suet.: consulatum gerere, z. B. industrie, Val. Max., od. cum alqo, Sall.: quinque consulatus eodem tenore gesti, Liv.: inferre consulatum in familiam suam, Val. Max.: inire consulatum, Caes. u. Liv.: ingredi consulatum pridie ante Kal. Ian., Quint.: mandare alci consulatum, Sall.: negare alci consulatum, Val. Max.: obtinere consulatum una cum salute, Cic.: peracto consulatu, Caes.: peractis quinque consulatibus summa cum gloria, Val. Max.: petere consulatum (auch m. einem Zusatz wie in proximum annum), Cic. u. Sall.: succedere alci in consulatu, Suet. – **II** übtr.: **A** das **Prokonsulat** (vgl. pro consule unter consul *no.* I), Apul. apol. 94. – **B** als oberste Magistratswürde in Munizipalstädten, CIL 2, 4547. – ► Dat. Sing. consulatu, Val. Max. 6, 9, 10.

cōnsuleo, s. cōnsulo ►.

cōnsulo, suluī, sultum, ere (vgl. cōnsul, cōnsilium), **I zu Rate gehen, Rat pflegen, beratschlagen, sich beraten, überlegen, a** im Allg.: **α** ganz absol. (s. Fabri Sall. Cat. 51, 4. Drak. u. Fabri Liv. 21, 16, 2), od. m. Ang. **was? = worüber?** durch allg. od. homogenen *Acc.*, consulam, ich will mir's überlegen, Plaut.: etiam consulis? du überlegst dir's (besinnst dich) noch? Plaut.: post consulam, Ter.: et prius quam incipias consulto et ubi consulueris mature facto opus est, Sall.: facto non consulto in tali periculo opus esse, Handeln, nicht Überlegen tue in s. G. not, Sall.: u. so ubi facto magis quam consulto opus esset, Tac.: quia consulendi res non dabat spatium, Liv.: trepidare magis quam consulere, Liv.: in rebus secundis sapere et consulere meminisse, Liv.: consulens curia, Hor. – m. allg. od. homogenem *Acc.* = etwas beraten, über etw. sich beraten, rem delatam consulere, Liv.: rem nulli obscuram consulis, Verg.: consulta sunt consilia, Plaut.: re consultā et exploratā, Cic. – **β** absol. od. m. allg. *Acc.* u. m. Ang. **wie?** u. dgl. durch *Advv.* u. dgl. od. durch *Praepp.*, c. male, Sall.: c. bene, perverse, Sall.: de integro, Liv.: tamquam integrā re *cum* suis, Liv.: vestram omnium vicem (statt eurer aller), Liv.: in longitudinem, an die Zukunft denken, Ter.: in rem sapienter, Iustin.: in medium, in commune (für das allgemeine Beste), Verg., Liv. u. a. (s. Ruhnk. Ter. Andr. 3, 3, 16. Drak. u. Fabri Liv. 24, 22, 15. Mützell Curt. 5, 9 [27], 14): so auch in publicum, Plin. ep.: in unum, Tac. – m. allg. *Acc.*, neque parari neque consuli quicquam occulte potest, Sall.: nihil salutare in medium consulebatur, Liv.: quae reges atque populi male consuluerint, worin sich schlimm beraten haben, Sall. – **γ** m. Ang. **in Betreff wessen? worüber?** durch *de* u. Abl., de communibus negotiis, Sall.: omnibus de rebus, Tac.: u. (Passiv unpers.) postquam bello confecto de Rhodiis consultum est, Sall. – od. durch indir. Fragesatz, quid agant, consulunt, Caes.: si Hannibal consulat, an in Italia remaneat, an domum redeat, Rhet. Her.: consulite, utrum praesens deditio eorum fieri possit, an in diem differatur, Liv.: consulere, bellumne sit cum Romanis an pax habenda, Iustin. – **δ** Partiz. consulens, als Übersetzung von βουλαῖος, der **Beratende,** als Beiname Jupiters, Vopisc. Firm. 3. § 4.

b (prägn.) **einen Beschluss fassen, beschließen, Maßregeln ergreifen, verfahren,** **α** ganz absol., si od. quod si dominus non consuluerit (Maßregeln ergreift), Sulp. Sev. chron. 1, 18. § 4 u. 5. – **β** m. allg. *Acc.*, tun consulis quicquam, Ter. – zugl. m. *ut* u. Konj., ut id consulerem, interea vita ut in tuto foret, Ter. – **γ** absol. od. m. allg. *Acc.* u. m. Ang. **wie?** durch *Advv.* od. durch *Praepp.*, libere c. ad summam rerum, mit Rücksicht auf das allgemeine Beste (Ggstz. omnia agere ad praescriptum), Caes.: nullis certis mandatis ex re (nach den Umständen), Tac.: sapienter in rem, mit Weisheit sachdienliche Maßregeln ergreifen, Iustin.: bene c. decreto memoriam alcis abolendo, Val. Max. – m. allg. *Acc.*, quae reges atque populi male consuluerint, Sall. – **δ** absol. od. m. allg. *Acc.* u. m. Ang. **in Betreff wessen?** durch *de* m. Abl., gew. zugl. m. Ang. **wie?** durch *Advv.* od. *Abl. modi* (s. Dietsch Sall. Iug. 95, 3), aliter mihi de illis ac de me ipso consulendum est, Cic.: c. de uxore honestius (anständiger) Sall.: de perfugis gravius quam de fugitivis, Liv.: de vita atque tergo (plebei) regio more, Sall. fr. – m. allg. *Acc.*, per fortunas tuas, Cicero, per liberos te oro et obsecro, ne quid gravius de salute et incolumitate tua consulas, Cael. in Cic. ep. – **ε** absol. od. m. allg. *Acc.* u. m. Ang. **gegen wen?** durch *in* od. (selten) *adversus* od. *advorsum* m. Akk. u. zugl. m. Ang. **wie?** durch *Advv.* (s. Benecke Iustin. 1, 7, 10), c. adversus futuram famem, Sulp. Sev.: crudeliter in plebem, Iustin., od. in deditos victosque, Liv.: u. (Passiv unpers.) in humiliores libidinose crudeliterque consulebatur, Liv.: nec in deditos gravius consultum, Curt. – m. allg. *Acc.*, nihil in quemquam superbe ac violenter, Liv.: quia pessume (schlimmer als schlimm) istuc (= istoc) in te atque in illum consulis, si etc., Ter.: si quid in Croesum crudelius consuluisset, Iustin.: qui nil aliud nisi quod sibi soli placet consulit advorsum filium, nugas agit, Plaut.

c (prägn.) für jmd. od. etw. **Rat schaffen, sorgen, Sorge tragen,** auf etw. **bedacht sein,** jmdm. **helfen,** einer Sache **abhelfen,** für etw. **arbeiten,** zuw. auch = auf jmd. od. etw. **schonende Rücksicht nehmen,** jmd. od. etw. **schonen, verschonen** (oft verb. consulere ac prospicere, prospicere et consulere, consulere ac providere; Ggstz. neglegere alqm od. alqd), **α** m. *Dat.:* parti civium consulere, partem neglegere, Cic.: c. multis civibus, Cic.: miseris civibus, Sall.: sibi, sich selbst helfen, auf seine Rettung bedacht sein, Cic. u. Caes.: c. militibus, Liv.: pupillo, Cic.: fugientibus, Tac.: non populo, non senatui, ne templis quidem ac delubris deorum, Tac.: alcis commodis et utilitati et saluti, Cic.: dignitati alcis, Cic.: concordiae, Liv.: irae magis quam famae, Suet.: securitati magis quam potentiae, Tac.: timori magis quam religioni, Caes.: fortunis alcis od. suis, Liv. u. Caes.: rebus suis, Nep.: saluti suorum, Cic.: suae ac militum saluti, Caes.: alcis vitae schonen, Caes.: valetudini suae, Cic.: vitae et fortunis suis, Cic.: voci laterique, Stimme u. Lunge schonen (v. Redner), Plin. ep. – m. Ang. **wie?** durch *Advv.*, alci male, bene, Plaut.: alci optime, Cic.: patriae male in eo (dabei), Nep.: sibi minus commode, Caes. in Cic. ep.: suae vitae durius (euphemist. = Hand an sich legen, sich entleiben), Caes. – m. *Abl.* (durch), manu (durch Kampf) militibus, Sall.: etiam atque etiam quaeso et peto, ut quibuscumque rebus poteris, prospicias et consulas rationibus meis, Cic. ep.: timori alcis cotidie singulis vel etiam binis epistulis, Plin. ep.: sumptibus aliquanto rectius suā continentiā, quam alienā contumeliā, Plin. ep. – **β** m. allg. *Acc.:* sed tamen aliquid consuli et prospici poterit, Cic. ad Att. 11, 14, 2. – **γ** m. folg. *ut* od. *ne* u. Konj.: consulere ac prospicere od. consulere atque providere, ut etc., Cic. II. Verr.. 1, 153; Cat. 2, 26: custodire et c. longe, ne etc., Verg. Aen. 9, 322: u. so ne deficerent, consulendum esse, Cels. 3, 4. p. 80, 13 D. – **δ** bei vorherg. Negation m. folg. *quo minus* u. Konj., ne pupillo tutores propinqui consulerent quo minus fortunis omnibus everteretur, Cic. Verr. 3, 16. – **ε** m. folg. *si* u. Konj., qui vomere bis in mense vult, melius consulet (*sc.* sibi), si biduo continuarit, der wird besser tun, Cels. 1, 3. p. 19, 33 D.

d in der Formel alqd boni consulere, etw. **für** gut **achten, gut aufnehmen,** mit etw. **vorlieb nehmen, zufrieden sein, sich zufrieden geben,** hoc munus, Sen.: eum libellum, August. fr. (bei Suet.): nostrum laborem, Quint.: haec missa, Ov. – m. folg. *Infin.*, ea fieri bonis, Cato fr.: minium invenisse, Plin.: m. folg. indir. Fragesatz, Varr. LL., Sen. u. a.: m. folg. *si*, Sen. u. a.

II jmd. sein Gutachten, seinen gutachtlichen Rat abgeben lassen, jmd. Bescheid geben lassen, jmd. **um Rat** od. **seine Meinung befragen,** jmd. **zu Rate ziehen,** jmd. **befragen,** bei jmd. **sich befragen, Bescheid** oder **sich Rat holen anfragen,** **a** übh.: **α** *alqm,* z. B. quid ergo faciam? te consulo, qui philosophum audis, angar? excruciemne me? Cic.: m. lebl. Objj., speculum suum, Ov.: in suscipiendo onere vires suas, Quint. – u. *alqm* m. Ang. **worüber?** durch allg. *Acc.* od. durch *de* u. Abl., nec te id consulo, Cic.: quod me de Antonio consulis, puto etc., Cic.: c. alqm cotidie de se, Sen.: m. lebl. Objj., diem de gemmis, Ov. – u. *alqm* m. folg. indir. Fragesatz, alqm od. alqm per litteras quid mihi faciendum sit od. quid mihi faciendum esse censeat, Cic.: Alexandrum, cui relinqueret regnum, Curt.: rectorem ratis de cunctis consulit astris, unde notet terras, quae sit mensura secandi aequoris, Lucan.: alqm, uter illi maior videatur, Suet. – u. c. alqm, utrum … an etc., Liv. u. Val. Max.: c. alqm, regnare se interim vellet, an etc., Curt. – **β** ohne *alqm* (das aus dem Zshg. zu ergänzen ist), bl. m. Ang. **worüber?** durch allg. *Acc.* od. durch *de* u. Abl., rem nulli obscuram, Verg.: semper aliquid de studiis aut de officiis vitae, Plin. ep.: de hoc quoque, Suet. – m. folg. indir. Fragesatz m. *num* od. (nachaug.) m. *an* u. Konj., ad alqm litteras et nuntios mittere consultum (verst. eum), utrum in Macedoniam veniret, Nep.: consuluit deinde, an totius orbis imperium fatis sibi destinaretur, Curt.: consulis, an existimem te in tribunatu causas agere decere, Plin. ep.

b einen Höheren, eine Behörde usw. **Bescheid geben lassen,** bei jmd. **Bescheid holen, anfragen,** **α** den König od. Kaiser, m. Ang. **worüber?** durch *de* u. Abl., c. regem de aliis (= aliis rebus), Liv.: nihil decernendum putavi, donec te consulerem de eo, quod etc., Plin. ep. – m. folg. indir. Fragesatz, per quod effectum est, ut te consulerem, reddendum eum poenae suae an gravius aliquid constituendum putes, Plin. ep. – **β** den Senat **befragen** = den Senat über etw. **sich besprechen lassen** u. = die einzelnen Senatoren **um ihre Ansicht fragen, ihre Ansicht ausprechen lassen,** bei den Senatoren **Umfrage halten, umfragen,** entw. bl. senatum, z. B. senatus statim consulitur, Sall.: cum senator postulat, ut singuli consulantur, Fest. – od. zugl. m. Ang. **worüber?** durch *de* u. Abl., senatum de foedere, Sall. – od. m. folg. indir. Fragesatz, senatus a Bestia consultus est, placeretne legatos Iugurthae recipi moenibus, Sall.: de istis rebus in patria maiores natu consulemus, quo pacto ius nostrum adipiscamur, Liv.: consulit vos (den Senat zu Karthago), an cum eo confligere debeat, Val. Max. – bl. m. Ang. **worüber?** durch allg. *Acc.*, eam rem consules ad senatum deferunt, sed delatam consulere ordine non licuit, Liv.: u. im Passiv m. allg. *Nom.*, cum ea, quae consulebantur (worüber mündliches Gutachten eingeholt wurde), ad exitum non pervenirent, Cic.: curandum autem (hic) hactenus, ne quid ad senatum ›consule‹ aut ›numera‹! sonst könnte es etwa im Senat heißen: »Umgefragt«

oder »Abgezählt«! Cic. ad Att. 5, 4, 2. – absol., consulente Cicerone senatus frequens censuit etc., Sall. – γ das Volk **befragen,** etw. vor das Volk **zur Beratung bringen,** beim Volk auf etw. **antragen,** populum (plebem etc.) m. Ang. **was?** durch allg. *Acc.* u. m. Ang. **worüber?** durch *de* u. Abl., nihil de eius morte populus consultus, Cic.: rogatio est, cum populus consulitur de uno pluribusve hominibus, Fest.: u. (ohne populum etc.) nec plus quam de singulis rebus semel consulunto, Cic.: seniores de tribus consulendum dixerunt esse, Liv. – m. folg. indir. Fragesatz, c. Quirites, utrum ... an etc., Liv. – m. Ang. **worauf?** durch *in* u. Akk., plebem in omnia simul, Liv.
c einen Rechtskundigen **befragen,** bei jmd. **sich Bescheid** oder **Rat holen** (Ggstz. respondere), consuli quidem te a Caesare scribis; sed ego tibi ab illo consuli mallem (im Wortspiel mit *no.* I, b), Cic. ep. 7, 11, 2: cum consuleretur plurimum, Cic.: ii, qui consuluntur, die Rechtsgelehrten, Cic. – m. Ang. **worüber?** durch *de* u. Abl., qui de iure civili consuli solent, Cic.: de iure consulentibus respondere, Cic.: quotiescumque de iure praediatorio consulebatur, ad Furium consultores reiciebat, Val. Max.: selten durch *Acc.,* si ius consuleres, peritissimus, Liv. 39, 40, 6 (vgl. den Ggstz. ius respondere, Cic. de or. 1, 198): durch folg. indir. Fragesatz, c. eum, an seni iam testato suaderet ordinare suprema iudicia, Quint. 6, 3, 92. – m. Ang. **für wen?** durch *pro* u. Abl., **in welcher Sache?** durch *in* u. Abl., pro te nunc hos consulo, post tempus, et in aliena re, Cic. – absol., licet consulere? (Höflichkeitsformel, mit der man sich an den Rechtsgelehrten wendete), Cic.: eodem tempore et discentibus satisfacere et consulentibus, Cic.: ad alqm consulendi causā venire, Val. Max.
d eine Gottheit od. deren Willensverkündiger, α einen Orakelgott, Weissager usw. **befragen,** Hammonem, Iovem, Curt.: Delphis Apollinem, Suet.: ipsos deos, Ov.: antistites oraculi, Mela: haruspicem, Cic.: augurem, hariolum, Chaldaeos, Cato: mathematicos, Suet.: prodigiorum interpretem, Val. Max.: anum Cumaeam, Ov.: visam primum avem (v. Augur), Ov.: manes ut oracula, Mela: oraculum dei Carmeli, Suet.: Phoebi oracula, Ov.: sacras sortes, Ov.: spirantia od. trepidantia exta, Verg. u. Ov. – m. Ang. **wie?** durch *Adv.,* Etrusci haruspices male consulentes, Gell. 4, 5. § 5. – od. **wodurch?** durch *Abl.* od. durch *per* u. Akk., deos hominum fibris, Tac.: numen publice privatimque nunc extis nunc per aves consultum, Liv. – m. Ang. **worüber?** durch *de* u. Abl., qua de re consulti magi monuerunt, ut etc., Val. Max.: u. (Passiv unpers.) se praesente de se ter sortibus consultum, utrum ... an, Caes. – m. folg. indir. Fragesatz, c. Apollinem Pythium, quas potissimum regiones tenerent, Cic., quo potissimum duce uterentur, Nep.: Apollinem, quisnam ex ipsis Romae regnaturus videretur, Val. Max.: Tiresiam coniectorem, quid faciundum censeat, Plaut.: deum auguriis, quae suscipienda essent, Liv.: u. (ohne Ang. **wen?**) id possetne fieri, consuluit, Cic.: cum consuleret, quam cito HS sescenties impleturus esset, invenisse se exta duplicia, Plin. ep. – β ein Priesterkollegium **befragen,** bei ihm **anfragen,** m. folg. indir. Fragesatz, senatus pontificum collegium consuli iussit, num omne id aurum in ludos consumi necessum esset, Liv. 39, 5, 9: consulti per ludibrium pontifices, an concepto necdum edito partu rite nuberet, Tac. ann. 1, 10. – ▶ Vulg. Nbf. consuleo, Ven. Fort. 9, 2, 89 u. 96. – Partiz. Fut. Akt. consuliturus (dem Sinn nach = consolaturus), Ven. Fort. 8, 3, 254. – Depon. Nbf. consulor, wov. sunt consulti, Commod. instr. 1, 22, 5.

cōnsulta, ae, *f.* (consulo), der **Ratschlag, Rat,** consultā Valeriani fratris sui, auf den Rat usw., Treb. Poll. Gallien. 12, 1.

cōnsultātio, ōnis, *f.* (2. consulto), die **Begutachtung,** I die begutachtende **Beratung, Beratschlagung,** a übh. (auch verb. deliberatio et c.): nulla tibi hic iam c. est, hast jetzt gar nicht mit zu beraten (mit zu sprechen), Ter.: circa hanc consultationem disceptatio omnis verteretur, Liv.: consultationem raptim transigere, Liv.: consultationes prolatare, Sall.: coetus et concilia et secretas consultationes esse sinere, Liv.: venit alqd in consultationem, Cic., in deliberationem et consultationem, Rhet. Her.: nec rei publicae ad consultationem defuit, Capit. – m. Ang. **worüber?** durch *de* u. Abl., de tribus (consulibus) consultatione datā, Liv.: de pace dilata consultatio est in concilium Achaeorum, Liv.: consultatio de Macedonico bello integra ad consules ... reiecta est, Liv. – od. durch folg. indir. Fragesatz, reliqua consultatio est, quonam modo perpetuā pace quietos obtineamus, Liv.: ea modo, quā irent, consultatio fuit, Liv.: utra societas sit utilior, eam longe minorem ac levioris momenti consultationem esse, Liv.: an omnino mittendus esset consultatio mota est, Liv. – u. mit prägn. Kürze durch folg. Finalsatz m. *ne* u. Konj., per aliquot dies ea consultatio tenuit (dauerte), ne non reddita bona belli causa ... essent, darüber, dass nicht usw., Liv. 2, 3, 5. – b insbes., als rhet. u. philos. *t. t.,* die **Konsultation, Untersuchungsfrage** = ein **Satz in abstrakto,** ein **Gemeinplatz** als zu erörterndes Thema (als Übersetzungsversuch des griech. θέσις neben propositum, quaestio infinita; Ggstz. causa, quaestio finita, ein Satz in konkreto, ein bestimmter Fall), im Sing. u. Plur., s. Cic. de or. 3, 109 u. 111; part. or. 4; de off. 3, 33; ad Att. 9, 4, 3 (Plur.): consultationem proponere, Quint. 3, 8, 59: cum apud C. Caesarem consultatio de poena Theodoti ponitur, Quint. 3, 8, 55. – II die an jmd. gestellte **Anfrage,** a übh.: consultationi alcis respondere, Cic. ad Att. 8, 4, 3: ventitare ad eum nuntios et consultationes, Tac. ann. 16, 14. – b die **Anfrage** bei einer höheren Behörde, z. B. des Prätors beim Kaiser, Plin. ep. 10, 96 (97), 9. Ulp. dig. 4, 4, 11 u. a. – c die an einen Rechtsgelehrten gestellte **Anfrage,** im Sing. u. Plur., honesta consultatio, non expedita sententia, Plin. ep. 7, 18, 1: illae consultationes, Plin. ep. 8, 23, 6: licebit ... iuris peritis copiose de consultationibus suis disputare, über die an sie gestellten Anfragen (= Rechtsfälle, über die sie befragt worden, Cic. top. 66. – d die an ein Orakel gestellte **Anfrage,** oraculorum (als Übersetzung von πεῦσις), Macr. sat. 1, 17, 50: Plur. bei Suet. Tib. 14, 3.

cōnsultātor, ōris, *m.* (consulto), der **Anfrager** bei einem Rechtsgelehrten, ein **Sich-Befragender,** Quint. 6, 3, 87. Pompon. dig. 1, 2, 2.

cōnsultātōrius, a, um (consulto), **sich Rat holend, anfragend,** c. hostiae, Macr. sat. 3, 5, 5: c. quaedam disputatio, Augustin. ep. 169, 13.

cōnsultē (arch. cōnsoltē), *Adv.* m. *Compar.* u. *Superl.* (consultus), **mit Überlegung, mit Bedacht, mit Vorbedacht** (Ggstz. inconsulte), c., docte atque astute cavere, Plaut.: caute ac c. gerere alqd, Liv.: ferocius quam consultius rem gerere, Liv.: reciperare gloriam avidius quam consultius properabat, Tac.: consultissime annonae providere, Capit.

1. **cōnsultō,** *Adv.* (eig. *Abl.* v. consultum), nach Beratung = **mit Absicht, absichtlich** (Ggstz. casu, temere, fortuito), seu c. seu temere vulgata opinio, Liv.: c. lenius agere, Sall.: c. cedere (weichen), Caes.: c. fecisse alqd (Ggstz. inscitiā plane loquendi), Cic.: c. hoc factum est, mihi ut fierent insidiae, Plaut.: c. et cogitata fit iniuria (Ggstz. perturbatione aliquā animi), Cic.: non c., sed casu in eorum mentionem incidere, Cic.: bellum c. trahere (in die Länge ziehen), Sall.: c. vitare alqd, Tac.

2. **cōnsulto,** āvī, ātum, āre (*Frequ.* v. consulo), **immer** u. **immer-, reiflich begutachten,** d. i. I mit reiflicher Überlegung **zu Rate gehen, -Rat pflegen, -beratschlagen, -sich beraten, reiflich überlegen** od. **erwägen,** a im Allg., bei Ang. **mit wem?** m. *cum* u. Abl., α ganz absol. od. m. allg. od. homogen. *Acc.,* c. nimium diu, Plaut.: si publice consultetur, ... sin privatim, Tac.: adhibitis, cum quibus consultare erat solitus, Curt.: tempus ad consultandum petere, Suet.: spatium sumere ad consultandum ab alqo, Liv.: sumere consultandi spatium, Tac.: noctem unam aegre ad consultandum sumere, Liv.: triduum ad consultandum dare, Liv.: alci ad consultandum tempus dare, Liv.: stricto super capita consultantium gladio, Liv.: fuisse eum *in consultando* temerarium, *in exsequendo* virum, Vell. – m. allg. *Acc.,* quid illaec illic in consilio duae secreto consultant, Plaut. – m. homog. *Acc.,* deliberationes partim ipsae per se consultandae sunt, ... partim etc., die Beratungen müssen teils um ihrer selbst willen vorgenommen werden, Rhet. Her. 3, 2. – β m. Ang. **wie?** durch *Advv.* u. dgl., male corde c. (Ggstz. bene linguā loqui), Plaut.: c. in longius, für die Zukunft sorgen, Tac.: in medium (zum allgemeinen Besten), Sall. fr. – m. allg. *Acc.,* nihil in commune (zum allgem. Bes-

ten), Mela. – γ m. Ang. **worüber?** od. **weshalb?** durch *Praep.* (de, super, propter) od. durch folg. indir. Fragesatz, de bello, Caes.: ibi (Larissae) de summa belli, Liv.: de exitu suarum fortunarum, Caes.: verb. in tribus generibus (Fällen) deliberare et consultare de officio, Cic.: cum amicis ducibusque copiarum inter epulas de bello c., Curt.: u. (v. der beratenden Rede) pars deliberativa, quae de tempore futuro consultat, Quint. – u. Passiv unpers., consultandum super re magna et atroci, Tac.: propter ipsam rem ... consultabitur, Quint. – m. folg. indir. Fragesatz, consultabat, utrum Romam proficisceretur, an Capuam teneret, Cic.: aut anquirunt aut consultant, conducat id necne, Cic.: in commune (vgl. *no.* β) consultant, intra tecta subsistant, an in aperto vagentur, Plin. ep.: omnes, quid opus facto sit, consultant, Liv.: consultans cum iisdem, quonam modo flumen transirent, Curt. – b (prägn.) **einen Beschluss fassen,** dah. Partiz. subst., cōnsultāta, ōrum, *n.*, die **Beschlüsse,** Christi, Tert. de pudic. 18: senatus, Sil. 6, 455. – c (prägn.) für jmd. od. etw. **Rat schaffen, Sorge tragen,** m. *Dat.* (für), rei publicae, Sall. Cat. 6, 6: filiae viro (durch den Schwiegersohn) rei publicae, Aur. Vict. Caes. 15, 6: absol., ex re sua c., für sein Bestes Sorge tragen, Plaut. asin. 539.
II jmd. **um Rat fragen,** jmd. **zu Rate ziehen,** jmd. **befragen,** bei jmd. **sich befragen, sich Bescheid** oder **Rat holen, anfragen,** a übh., alqm, Tibull. 1, 4, 77. – m. folg. indir. Fragesatz, quid me consultas quid agas, Plaut. mil. 1097. – absol., senes ab domo ad consultandum accersunt, Liv. 9, 9, 12. – b einen Rechtsgelehrten (Ggstz. respondere), Partiz. consultantes subst. = die um Bescheid od. um Rat Fragenden, Liv. epit. 54. – c die Verkündiger des göttl. Willens, astrologos, Tert. apol. 35: aves, Plin. pan. 76, 7. – m. Ang. **worüber?** durch allg. *Acc.*, ad haec consultanda procurandaque, Liv. 1, 21, 1 (vgl. c. 20 *extr.* deum consuluit auguriis, quae etc.): vates ad eam rem consultandam ex Etruria accire, Liv. 1, 55, 6. – absol., consultantes, Plin. 32, 17.

1. **cōnsultor,** ātus sum, ārī (depon. Nbf. zu consulto), jmd. **zu Rate ziehen,** alqm, Itala Isai. 40, 14 bei Tert. adv. Hermog. 17.

2. **cōnsultor,** ōris, *m.* (consulo), I der **Ratpfleger,** a für sich, Afran. com. 332. – b für andere, der **Angeber, Urheber eines Rats, -einer Maßregel, Anstifter eines Plans,** mehr unser **Berater** als unser **Ratgeber** (s. Dietsch Sall. Iug. 64, 5. Nipperd. Tac. ann. 6, 10 *extr.*), gravis ille consultor utilitatis alienae, Lact.: malum consilium consultori est pessimum (nach Hesiods: ἡ δὲ κακὴ βουλὴ τῷ βουλεύσαντι κακίστης), Poët. bei Varr.: Iovem aut alium quem deum consultorem exspectare, Sall.: egomet in agmine, in proelio consultor idem et socius periculi vobiscum adero, Sall.: prava incepta consultoribus noxae esse, Sall. fr.: quo laetius acceptum sua exempla in consultores recidisse, Tac. – v. personif. Abstr., u. zwar in Apposition zu *fem.*, cupido atque ira, pessimi consultores, Sall. Iug. 64, 5. – II der **Rat Suchende, Befrager,** a eines Rechtsgelehrten, consultor ubi ostia pulsat, Hor.: consultoribus suis respondere, Cic.: alcis domus a consultoribus compleri solet, Cic.: quotiescumque de iure praediatorio consulebatur, ad Furium consultores reiciebat, Val. Max. – b einer Orakelgottheit, dei, Lucan. 5, 187.

cōnsultrīx, īcis, *f.* (Femin. zu consultor), die **Ratschafferin, Fürsorgerin,** natura ... consultrix et provida utilitatum opportunitatumque omnium, Cic. de nat. deor. 2, 58.

cōnsultum, ī, *n.* (consultus v. consulo), das **Beratene,** das **Beschlossene,** der **Ratschluss,** Beschluss, die **Maßregel,** der **Plan,** a übh. (s. Drak. Liv. 25, 16, 4), selten noch m. Partiz.-Kraft, bene c., Plaut.: civitas ... perinde ut evenisset res, ita communicatos honores pro bene aut secus consulto habitura, Liv.: Plur. male consulta, bene consulta, Vell. – rein subst., consulto collegae, virtute militum victoria parta est, Liv.: ex consulto (absichtlich) factum (vgl. consulto *Adv.*), Rhet. Her.: gew. Plur. (Ggstz. facta), z. B. facta et consulta fortium et sapientium, Cic.: facta consultaque Alexandri, Sall. fr.: mollia consulta (Maßregeln), Tac.: mala consulta, Tac.: oportere quinquennii consulta omnia et decreta rescindi, Sall.: approbare consulta, Liv.: magnis consultis annuere (v. der Gottheit), Tac. – b einer beratenden Behörde, α in Rom **des Senates,** senatus (archaist. senati) consultum (abgekürzt SC.), ein Senatsbeschluss als Beschlossenes, bes. ein vollgültiger, ohne Formfehler zustande gekommener, namentl. durch Beitritt der Volkstribunen sanktionierter (dagegen senatus auctoritas, ein Senatsbeschluss als Willensmeinung; dah. im engeren Sinne = ein der vollen Gültigkeit ermangelnder, aber dennoch niedergeschriebener), vetus SC. de rhetoribus, Suet.: novissimum illud SC., Suet.: c. senatus, Tac. u. Flor., od. consulta senatus, Sil. (s. Drak. Liv. 3, 62, 2): senatus consultum perficere, Liv.: senatus consultum facere, Cic. (mit näheren Bestimmungen, SC. facere de ambitu in Afranii sententiam, Cic.: SC. f. in alqm, Liv.: SC. facere contra rem publicam, Cic., contra illum pro religione, Cic.: SC. facere, ut neve ... neve etc., Cic.: SC. facere, ne etc., Tac.): SC. habere in alqm vehemens et grave, Cic.: SC. scribere, perscribere (niederschreiben, abfassen), Cic.: alicui senatus consulto scribendo adesse, Cic.: SC. in aedem Cereris ad aediles plebis deferre, Liv.: senatus consulto cavere, ut etc., od. interdicere, ne etc., Suet.: per senatus consultum sancire, ut etc., Suet.: simulacrum Felicitatis ex senatus consulto publicatum, Suet.: L. Volumnio ex senatus consulto et scito plebis prorogatum in annum imperium est, Liv.: senatus c. intercedit (steht entgegen), Cic. – Selten vetus c. patrum, Plin.: consulta patrum, Hor.: omnia illius ordinis (verst. senatus) consulta, Cic.: sententiae nostrae consultaque, Cic.: inde agitant consulta patres, Sil. – β in Sizilien der **Bule** (βουλή), Cic. Verr. 4, 146. – c eines Orakels, der **Orakelschluss,** dum consulta petis, Verg. Aen. 6, 151. – ► arch. consoltum, wov. Abl. consolto, CIL 5, 2492.

1. **cōnsultus,** a, um, *PAdi.* m. *Compar.* u. *Superl.* (consulo), **beraten** (Ggstz. inconsultus), a v. lebl. Subjj., **beraten = überlegt, reiflich erwogen,** bene c. consilium, Plaut.: c. consilium, Gell. u. ICt.: c. ictus, Gell.: consultā elegantiā, Gell.: omnia consulta ad nos et exquisita deferunt, Cic.: consultius est m. folg. *Infin.*, ICt.: consultius (für geratener) iudico m. *Infin.*, Ambros. de off. 1, 24, 107: lex consultissima, spät. ICt. – b v. Pers., **beraten = erfahren** in etw., einer Sache **kundig,** bes. des Rechts, m. *Genet.* (wessen? = worin?), iuris c. (adj. u. subst.), Cic. (vgl. consulto sui iuris Amore vafer, unter der Anwaltschaft des A., Ov.): iuris magis quam iustitiae c., Cic.: iuris atque eloquentiae c., Liv.: consultissimus vir omnis divini et humani iuris, Liv.: c. insanientis sapientiae, Jünger, Hor. – m. *Abl.* (durch in), ita iustus et bonus vir est, ut naturā, non disciplinā consultus (verst. iuris) esse videatur, Cic.: iure c., Cic.: iuris scientiā consultissimus, Aur. Vict. – ganz absol., consultiores sibimet videntur deo, Tert. adv. Marc. 2, 2. – subst., cōnsultus, ī, *m.*, der **Rechtskundige, Rechtsgelehrte,** consultus, modo rusticus, Hor.: in consultorum atrio, Sen.: scripti et voluntatis frequentissima inter consultos quaestio est, Quint.

2. **cōnsultus,** ūs, *m.* (consulo) = consultum, der **Beschluss,** senatus, Isid. 9, 4, 9. – Sonst Abl. consultu überall falsche Lesart statt consulto, wie jetzt nach den besten Hdschrn. bei Cic. Verr. 2, 40. Sall. Cat. 42, 3. Liv. 3, 62, 2 u. a. hergestellt ist.

cōn-sum, s. cōnfuit.

cōnsummābilis, e (consummo), **der Vollendung (Vollkommenheit) fähig, vervollkommnungsfähig,** ratio, Sen. ep. 92, 27: aevum, Prud. psych. 846.

cōnsummāte, *Adv.* (consummatus), **vollendet** (Ggstz. inchoate), Porph. Hor. sat. 1, 10, 46 u. Eccl.

cōnsummātio, ōnis, *f.* (consummo), I das Auf-Eine-Summe-Bringen, das **Summieren,** die **Zusammenrechnung,** c. operarum, Col. 12, 13, 7: singulorum mancipiorum, Pompon. dig. 21, 1, 36: c. argumentorum, das Zusammenfassen der Beweismittel (rhet. *t. t.*), Quint. 9, 2, 103: peracto ambitu Europae reddenda consummatio est, müssen wir einen Gesamtüberblick geben, Plin. 4. 121: u. so quoties magni alicuius (viri) mors ab historicis narrata est, toties fere consummatio totius vitae et quasi funebris laudatio redditur, Sen. suas. 6, 21. – II das Bringen einer Sache auf den Höhepunkt, a der Quantität, die **Steigerung bis auf die höchste Quantität,** consummatio omnium (ciborum) nocet, sehr große Quantität, Cels. 1, 3 *extr.* p. 21, 29 D.: huius regis c. annorum, sehr hohe Alter, Val. Max. 8, 13. ext. 5. – **b** der extensiven Ausdehnung, die Hinausführung bis zum Ziel, die **Vollendung, Vollziehung, Ausführung,** ut initium novae liberalitatis esset c. prioris, Plin. ep.: c. evectae in altissimum paternumque fastigium imaginis, Vell.: c. maximarum rerum, Sen.: c. susceptae professionis, Col.: operis, Quint.: coeptorum, ICt.: testamenti, ICt.: pacti mei, Sen. rhet.: consummationis foeditas, das Ekelhafte seiner (des Unterleibs) Verrichtung, Plin.: c. gladiatorum, die Hauptprobe, Plin.: primi pili, die vollendete Dienstzeit, CIL 6, 3580ª, 11.

cōnsummātor, ōris, *m.* (consummo), der **Vollender** (Ggstz. initiator), Eccl.

cōnsummātrīx, īcis, *f.* (Femin. zu consummator), die **Vollenderin,** Eccl.

cōnsummātus, a, um, *PAdi.* m. *Superl.* (consummo), **auf den Höhepunkt gebracht = zur höchsten Vollendung gebracht, vollendet, vollkommen, völlig ausgebildet, a** v. Lebl.: vita c., perfecta, Sen.: c. sapientia, Sen.: eloquentia, Quint.: ars, Plin. – **b** v. Pers.: c. orator, Quint.: patroni, Quint.: Cato, Mart.: consummatissimus iuvenis, Plin. ep. 2, 7, 6.

cōn-summo, āvī, ātum, āre (con u. summa), **I auf eine Summe bringen, summieren, zusammenrechnen, a** eig.: eodem modo numerum, Col. 5, 3, 4 (vgl. 5, 2, 10): sumptus aedificiorum, Vitr. 1, 1, 4: pretium in assem, Col. 3, 3, 8. – u. v. der Zahl usw. selbst, die u. die **Gesamtsumme ergeben,** is numerus consummat per totum iugerum milia tria et ducenta, Col. 3, 5, 4 (vgl. 3, 3, 10). – **b** übtr., auf ein Ganzes zusammenbringen, quae consummatur partibus, una dies, v. Schalttage, Ov.: in suum decus nomenque velut consummata eius belli gloria, zur Verherrlichung seines Namens (auf sein Haupt) gesammelter Ruhm, Liv. – **II** eine Sache auf den Höhepunkt bringen, **a** übh.: **α** extensiv, eine Zeit **vollenden,** c. vitam, Sen. suas. 6, 10: vitam c. atque explere, Sen. ep. 12, 8: consummato anno, Ulp. dig. 2, 15, 8. § 6. – dah. absol. = seine Dienstzeit (als Soldat) vollenden, Suet. Cal. 44, 1: dah. milites consummati, ausgediente, Frontin. 4, 3, 2. – u. = sein Leben **vollenden,** CIL 6, 17540. – **β** eine Tätigkeit **zum äußersten Ziel bringen, vollführen, ausführen, vollziehen, vollständig durchführen, vollenden** (Ggstz. cogitare u. inchoare, instituere), eam rem, Liv.: c. opera, ut inchoata sunt, Plin. ep.: non cogitato modo, sed etiam consummato parricidio, Curt.: quod neque opera consummare (posset), quae instituerat, neque etc., Suet. – **b zur höchsten Vollendung bringen, vollenden, vollkommen machen, völlig ausbilden,** refl. cons. se u. Passiv consummari = **zur höchsten Vollendung gelangen, sich völlig ausbilden, α** extensiv: annuo spatio et radice et caule consummantibus sese, sich völlig ausbilden = völlig heranwachsen, Plin. 19, 45. – **β** intensiv (vgl. Frotscher Quint. 10, 5, 14): vitam ante mortem, Sen.: artem, Quint.: nihil felicitate consummari potest, quod non Augustus ... repraesentaverit, Vell. – Passiv consummari, v. Redner, Quint. 10, 1, 89 u. 10, 2, 28.

cōn-sūmo, sūmpsī, sūmptum, ere, **I** verwendend, verbrauchend wegnehmen, **A** benutzend = **verwenden, aufwenden, a** m. Ang. **wohin? = wozu? wofür?** durch *Adv.* od. durch *in* u. Akk., gew. mater. Objj., non debuit is, qui dabat (verst. pecuniam), quo ille, qui accipiebat, consumeret, quaerere, Cic.: c. eam pecuniam in monumentum, ICt.: c. omne id aurum in ludos, Liv.: c. in id opus ingentem pecuniam, Val. Max.: c. bona paterna in opera publica, Quint.: c. pharetrae pondus in arcus, des Köchers Last für den Bogen aufw., poet. = die Pfeile verschießen, Prop.: tota ubera in dulces natos, Verg. – selten nicht mater. Objj., inventio in sex partes consumitur, wird in sechs T. verwendet = in sechs T. eingeteilt, Rhet. Her. 1, 4. – **b** m. Ang. **worin? wobei?** durch *in* (in, bei, auf) u. Abl., teils mater. Objj., c. aurum in monumento, Cic.: pecuniam in agrorum coëmptionibus, Cic.: in Samo oppugnanda mille et ducenta talenta, Nep. – c. manus suas non in defendenda re publica, sed in plaudendo, Cic. – teils eine Zeit, eine Tätigkeit u. dgl., c. omne tempus in litteris, Cic.: id tempus omne in reliquiis Amani delendis agrisque vastandis, Cic.: totum diem in uno (discipulo), Quint.: dies in ea re novem, Caes.: diem in apparando, Ter.: noctem totam in exinanienda nave, Cic.: aetatem in eo studio, Cic.; vgl. tempus aetatis omne in lustris, popinis, alea, vino, Cic.: adulescentiam in forensi opera, Cic.: otium suum in historia scribenda, Cic. – totum iter et navigationem partim in percontando a peritis partim in rebus gestis legendis, Cic. – ingenium in musicis, Cic.; vgl. omnem vim ingenii in populari levitate, Cic.: non mediocrem a primo tempore aetatis in eo studio operam curamque, Cic.: in praediis colendis operae plurimum studiique, Cic.: omnem laborem, operam, curam, studium in salute alcis, Cic.: omne studium suum in Plancii honore, Cic.: curam omnem in dialecticis, Cic.: omnes curas in alqo, Cic. – u. plura verba in castigandis matronis, quam in rogatione dissuadenda, Liv.

B aufbrauchend, vertilgend, **a** auf dem Wege des Verbrauchs = **aufbrauchen, verbrauchen, verwenden, α** übh.: c. omnia tela, verschießen, Caes. b. c. 1, 46, 1: consumptis lacrimis (sind auch meine Tr. versiegt) tamen infixus haeret animo dolor, Cic. Phil. 2, 64. – poet., c. omnem materiam ficti languoris, Ov. met. 9, 768: cum mare, cum terras consumpserit, aëra tentet, zum M. usw. (vergebens) seine Zuflucht genommen, Ov. her. 6, 161. – **β** Nahrung verzehrend **aufbrauchen, aufzehren, verzehren,** omne frumentum, Caes.: pabulum, Caes.: aprum vitiatum, Hor.: cibum conficere et c., Cic.: angues interficere atque c. (v. Ibis), Cic.: draconem (v. Ameisen), Suet.: omnem materiam (v. der Gefräßigkeit), Ov.: vel statim consumi vel mandari condita vetustati (v. den Erdfrüchten), Cic. – mit Ang. **wodurch?** corpora parentum laniata epulando, Mela. – m. Ang. **weshalb?** murem captum leniendae famis gratiā, Val. Max. – **γ** Hab und Gut verschwendend **verbrauchen, verprassen,** omnes fortunas sociorum, Caes.: patrimonia, Cic.: rem familiarem, Sall. fr.: u. (m. aus dem Zshg. zu ergänzendem Objekt) sumat, consumat, perdat (verst. rem meam), Ter.: rapere, consumere (verst. divitias), Sall. – m. Ang. **auf welchem Wege?** durch *per* u. Akk., quod adeptus est per scelus, id per luxuriam effundere atque c., Cic. Rosc. Am. 6. – **δ** eine Zeit **verbringen, hinbringen, zubringen, verstreichen lassen,** Passiv consumi = **verstreichen** (s. Drak. Liv. 29, 33, 9), ohne nähere Ang., annos suos, Ov.: u. magnā diei parte consumptā, Caes.: nocte consumptā, Verg.: lascivae consumpto tempore noctis, Ov.: de his rebus consumendi otii causā disserere, Cic. – m. Angabe **wo?** durch *Adv.* od. *Praepp.*, diem ibi, ut etc., Cic.: aestatem in Treviris, Caes.: inter Punica emporia gentemque Garamantum omne inde tempus usque ad C. Laelii classisque Romanae adventum in Africam, Liv.: omne tempus circa Medeam, bei der Bearbeitung der (Tragödie) Medea, Tac. dial. 3. – m. Ang. **mit wem?** durch *cum* u. Abl., ita sum ab omnibus destitutus, ut tantum requietis habeam, quantum cum uxore et filiola consumitur, Cic. ad Att. 1, 18, 1. – m. Ang. **wie?** durch *Advv.* od. *Praepp.* od. durch *Abl.* (mit, durch, unter usw.), haud segne id tempus, Liv.: multos dies per dubitationem, Sall.: per ludum iocumque paene totum diem, Curt.: diem inter metum laboremque, Curt.: totam eam noctem inter vigilias adhortationesque, Curt. – precando tempora cum blandis inania verbis, Ov.: matutina tempora lectiunculis, Cic.: horas multas saepe suavissimo sermone, Cic.: reliquum diei expediendis od. apparandis armis, Liv. (vgl. Fabri Liv. 24, 14, 10): biduum et tres noctes navigatione, Caes.: u. dies pariter noctesque intempestivis conviviis, Curt.: totum prope annum Cremonensibus Placentinisque cogendis redire in colonias, Liv. – zugl. m. Ang. **mit wem?** cum Pomponio Flacco et L. Pisone noctem continuumque biduum epulando potandoque, Suet. Tib. 42, 1. – mit Ang. **wozu?** durch *ad* u. Akk., decem dies maxime ad confirmandum pudorem apud Maracanda, Curt. 8, 2 (7), 13. – **ε** ein Mittel, eine Tätigkeit u. dgl. **aufwenden, aufbrauchen, verbrauchen, erschöpfen,** auch vergeblich, ohne Erfolg usw., c. omnia remedia, Sen.: multis diebus laboribusque consumptis, Sall.: consumptā multā oratione, Sall.: precibus consumptis violentam transit in iram, Ov.: quin etiam ante quam ad me veniatur risus omnis paene consumitur, lacht man sich fast satt, Cic.: omnes opes et spes privatas suas consumpsisse, Sall. fr.: consumpsisse misericordiam, das Maß des M. erschöpft haben, Curt.: ignominiam consumpsisse, bis auf die Hefe ausgekostet haben, Tac.: c. consilium, das Plänchen verpuffen, Ter. – m. Ang. **wie?** durch *Advv.* od. durch *Abl.* (durch), multam operam frustra, Cic.: frustra verba, Curt.: vires ipsā subtilitate, Quint.: si (actio) esset consumpta superiore motu et exhausta, Cic.: pudor consumptus peccando, die Sch. durch Gewohnheit zu sündigen verlieren, Sil. – m. Ang. **wobei?** durch *Abl.*, quantum docendo (beim Vortrag) consumitur, tantum ex ultimo prorogetur, Quint. 10, 7, 10. **b** auf dem Wege des Vernichtens, meist v. personif. lebl. Subjj., **α** lebl. Objj., v. gleichs. nagenden usw. Subjj., **zerfressen, zerreiben, ganz abreiben, zernagen, zerstören** u. dgl., consumit rubigo ferrum, Curt.: consumitur anulus usu, Ov.: nihil est operā factum, quod aliquando non conficiat aut consumat vetustas, Cic.: cum eam (quercum) tempestas vetustasve consumpserit, Cic.: consumit vocem metus instans, erstickt die St., Tac. – vom Feuer, **verzehren,** consumpturae viscera mea flammae, Quint. 6. pr. § 3. – od. v. Pers., durch Feuer **vernichten, zerstören,** c. classem hostium incendio, Frontin. 4, 7, 14. – gew. im Passiv consumi incendio, flammā u. dgl. = durch Feuer verzehrt, vernichtet, zerstört werden, quae (aedes Fortunae et matris Matutae) priore anno incendio consumptae erant, Liv.: donec ipsa domus incendio consumpta sit, Suet.: ut uno tempore agger, turris ... flammam conciperent et prius haec omnia consumerentur, quam etc., Caes. – **β** (wie ἀναλίσκω) leb. Wesen **aufreiben, hinwegraffen, umbringen, vertilgen,** jmdm. **den Garaus machen,** von lebl. Subjj., si me vis aliqua morbi aut natura ipsa consumpsisset, Cic.: multos autumni pestilentia consumpsit, Caes.: duo milia militum pestis illa consumpsit, Curt.: si omnes adversum proelium consumpsisset, Iustin.: illae provinciae Scipiones consumpserunt, Vell. – nachaug. u. poet. v. Pers., gew. m. Ang. **womit? wodurch?** durch *Abl.*, alqm miserabili morte, Curt.: se veneno, Val. Max.: se suspendio, Val. Max.: alqm ferro, Auct. b. Afr.: totidem plagis hostem, Hor.: scherzh., garrulus hunc consumet, wird ihm den Garaus machen, Hor. sat. 1, 9, 33. – gew. Passiv consumi m. Ang. **wodurch?** durch *Abl.*, **aufgerieben-** od. **fast aufgerieben werden, auf-** od. **abgezehrt werden, hingerafft werden, umkommen,** fame, Caes.: siti, Hirt. b. G.: inediā et purgationibus et vi ipsius morbi, Cic.: morbo, Nep.: morte per formidinem voluntariā, Aur. Vict.: senio et maerore, Liv.: beluarum impetu, Cic.: acie, Vell.: lacrimis, fast vor Tr. vergehen, Ov.

c auf dem Wege der einfachen Entfernung, **verschwinden machen** od. **lassen,** editi montes, quorum altitudo totius mundi collatione (im Vergleich mit der ganzen Welt) consumitur, in ein Nichts verschwindet, gar nicht in Betracht kommt, Sen. nat. qu. 4, 11, 3. – **II** etw. **an sich nehmen, aufnehmen,** tela omnia solus pectore consumo, Sil. 5, 642: consumit tela clipeo, Sil. 10, 129: viden ut iugulo consumpserit ensem, Stat. Theb. 10, 813. – v. Lebl., terga consumunt pelagus, nehmen weg, decken ganz, Manil. 5, 586. – ► Synkop. Perf.-Formen, consumpsti, Prop. 1, 3, 37: consumpse (*Infin.*), Lucr. 1, 233.

cōnsūmptio, ōnis, *f.* (consumo), **I** das **Anwenden** auf etwas, der **Aufwand,** operae, Rhet. Her. 4, 32 Kl. – **II** die **Aufzehrung, Vernichtung,** se ipse consumptione et senio alebat sui, Cic. Tim. 18: non ad consumptionem eorum emittis manum tuam, Vulg. Iob 30, 24: percussisse Syriam usque ad consumptionem (Untergang), Vulg. 4. regg. 13, 19: prägn., c. intolerabilis, die aufreibende, unerträgliche Plage, Augustin. quaest. in genes, 2. qu. 60 *in.*

cōnsūmptor, ōris, *m.* (consumo), der **Verzehrer,** (ignis) confector et c. omnium, Cic. de nat. deor. 2, 41: u. so (v. Feuer) Ambros. in Luc. 7. § 132. – v. Pers., c. apothecarum, Vergeuder, Augustin. ep. 185, 15: absol., consumptores veterani, Verschwender ihres Vermögens, Sen. exc. contr. 3, 1. § 3.

cōnsūmptrīx, trīcis, *f.* (Fem. zu consumptor), die **Verzehrerin,** terra c. omnium corporum, Serv. Verg. Aen. 6, 395 u. (daher) Mythogr. Lat. 1, 57; 2, 149: frugum consumptrices, Eugipp. vit. Severin. 20.

cōn-suo, suī, sūtum, ere, **zusammennähen, -flicken, I** zwei Dinge **zusammennähen,** an- od. **aufeinander nähen,** lumbulos, Apic. 7, 292: coria duplicia consuta, Vitr. 10, 14 (20), 3: membranae nondum consutae, Ulp. dig. 32, 52. § 5: etsi non sunt clavi vestimentis consuti, aufgenäht auf usw., Ulp. dig. 34, 2, 19. § 5. – **II** etw. in seinen Teilen **zusammennähen, a** übh.: sumen, Apic. 7, 262: porcellum, Apic. 8, 384: alcis os, unser »jmdm. den Mund versiegeln«, d. i. zu reden verbieten, Sen. ep. 47, 4. – **b** prägn., aus zwei od. mehreren Teilen **zusammennähen,** si quis tunicam in usu ita consuit, ut altera plagula (Blatt) sit angustis clavis, altera latis, Varr. LL. 9, 79: consuunt tunicas, qui inconsutam desursum tunicam perdiderunt, Hier. ep. 22, 19: tunicae consutae, mit Nähten verzierte, Plaut. Amph. 368: übtr., doli consuti, angezettelte Ränke, Plaut. Amph. 367; Pseud. 540 (518). – verächtlich, **zusammenstoppeln** = ohne Wahl und Geschmack anlegen, c. pinacothecas veteribus tabulis, Plin. 35, 4.

cōnsupplicātrīx, trīcis, *f.* (con u. supplico; vgl. supplicator), die **Mitflehende,** Claud. b. Varr. LL. 7, 66. CIL 1, 1155.

cōn-surgo, surrēxī, surrēctum, ere, den ganzen Körper zusammennehmend **sich aufrichten, sich emporrichten, sich erheben, aufstehen, I** eig.: **1** v. leb. Wesen: **a** v. Liegenden, am Boden, consolatus (ad terram proiectos) consurgere iussit, Caes.: auf dem Lager, auf dem Krankenlager, semilacer toro tentat consurgere, Ov.: inde graves multi nequeunt consurgere, Ov.: auf dem Speisesofa, senatum eo die forte in Capitolio cenantem consurrexisse et petisse, ut etc., Liv.: consurgens e convivio Caesaris, Tac. – **b** von Sitzenden (Ggstz. sedēre, residēre), consurgite, iuvenes! Catull.: senatus cunctus consurgit, Cic.: v. einem, consurrexit consul, Liv.: m. *ex* u. Abl., Passiv unpers., consurgitur ex consilio, Caes. – Insbes., **α** v. Redner, Vortragenden im Senat, consurgit P. Scaptius de plebe, et ... inquit, Liv.: c. ad censendum (im Senat), Plin. ep. – **β** v. aus Ehrerbietung sich Erhebenden, consurrexisse omnes et senem sessum recepisse, Cic.: Passiv unpers., honorifice consurgitur, Cic.: m. *in* u. Akk., c. in venerationem alcis, Plin. pan.: Passiv unpers., in plausus consurrectum est, Phaedr. – **c** v. Knienden, bes. v. den Triariern, paulisper addubitavit, an consurgendi iam triariis tempus esset, Liv.: subito ex insidiis, Caes.: consurgite nunc integri adversus fessos! Liv. – **d** v. Kämpfenden, beim Hieb, Stoß, um sich mehr Kraft zu geben, mit dem Körper **sich emporrecken, sich emporheben,** sublatum alte c. *in* ensem, Verg.: c. *ad* iterandum ictum, Liv. – **e** v. Toten, medio visi consurgere campo tristia Sullani cecinere oracula manes, Lucan. 1, 580 *sq.* – **2** v. lebl. Subjj., **sich erheben, auf-, emporsteigen, sich auftürmen, a** v. Luft, Wind, Fluten usw., unde consurgeret aër, Lucr.: vespere ab atro consurgunt venti, Verg.: mare imo consurgit ad aethera fundo, Verg. – **b** v. Örtl., villa leniter et sensim clivo fallente consurgit, Plin. ep.: cautes ut gradus subinde consurgunt, Mela. – **c** v. Bauten, moenia pulchrioribus operibus consurgunt, Val. Max.: scandentis Asisi consurgit vertice murus, Prop. – **d** v. naturwüchsigen Ggstdn., consurgunt geminae quercus, ragen in die Höhe, Verg.: non presso tellus consurgit aratro, erhebt sich in Furchen, Tibull. – **II** übtr.: **a** gleichs. aus der Ruhe zu einer Tätigkeit **sich erheben, α** v. Pers., in nostri curam tuendi, Ov.: in aemulationem, Iustin.: bes. feindlich zu Aufruhr, Kampf **sich erheben, aufstehen,** a tergo, Tac.: ad novas res, Suet.: in arma, Verg.: magno tumultu ad bellum, Liv. – **β** v. Zuständen, **sich erheben, ausbrechen,** bellum in media pace consurgit, Sen.: subito novum c. bellum Romulidis, Verg.: v. Affekten, debet docere comoedus, quā concitatione consurgat ira, Quint. – **b** zu einer Ehre usw. **sich erheben, emporstreben, sich aufschwingen,** ad alcis gloriam, Liv.: ad summam dignitatem, Val. Max. – **c** geistig **sich erheben, sich** im Liede **aufschwingen,** Maeonio carmine, Ov. ex Pont. 3, 3, 31.

cōnsurrēctio, ōnis, *f.* (consurgo), das **Sich-Erheben,** das **Aufstehen,** iudicum, Cic. ad Att. 1, 16, 4: omnium vestrum, Cic. har. resp. 2.

Cōnsus, ī, *m.* (v. condo; vgl. abs-cōnsus), der Berger, eine altröm. Gottheit, wahrsch. zu den Göttern des unterirdischen Reiches gehörig, deren Verehrung aus der Zeit stammt, wo Romulus das Gerücht verbreiten ließ, er habe den Altar eines unbekannten Gottes unter der Erde verborgen gefunden, zu Ehren dieses Gottes (nach Liv. 1, 9, 6 dem Neptunus equester) ein Fest mit feierlichen Spielen veranstaltete, die Nachbarn dazu einlud u. ihre Töchter rauben ließ. Dieses Fest, **Cōnsuālia**, ium, *n.* gen., wurde in der Folge jährlich am 21. August und 15. Dezember gefeiert, wobei Wettrennen mit Pferden u. Mauleseln gehalten, auch diese Tiere an dem Tag besonders gepflegt und bekränzt wurden, s. bes. Varr. LL. 6, 20. Liv. 1, 9, 6. Ov. fast. 3, 199. Fast. ann. Iul. Maff. fragm. 15. dec. im CIL 1, 1^2, p. 226.; verb. ludi Consualia, Aur. vict. vir. ill. 2, 2. – Für Consus als Gott der Ratschläge (abgel. v. consulo), Consus consilio, Mars duello, Lares compito potentes, Inscr. bei Tert. de spect. 5: salutaria et fida consilia nostris suggerit cogitationibus Consus, Arnob. 3, 23. p. 127, 13 R.; vgl. Augustin. de civ. dei 4, 11. Paul. ex Fest. 41, 15. Serv. Verg. Aen. 8, 636.

cōn-susurro, āre, mit jmd. **zusammen zischeln,** cum alqo, Ter. heaut. 473.

cōnsūtilis, e (consuo), **zusammengenäht,** Augustin. serm. 265, 7. Cassiod. var. 5, 42.

cōnsūtio, ōnis, *f.* (consuo), das **Zusammennähen,** die **Naht,** Ps. Soran. quaest. medic. 245.

cōnsūtor, ōris, *m.* (consuo) = *sarcinator*, der **Flickschneider,** Gloss. II, 591, 56.

cōnsūtum, ī *n.* (consuo), ein **Kleid mit Nähten,** Gaius inst. 3, 193.

con-tābēfacio, ere, **nach und nach hinschwinden lassen, abmergeln,** Plaut. Pseud. 21.

con-tābēsco, tābuī, ere, **zusammenzehren, -schwinden, sich aufzehren,** vom Herzen (vor Gram), Plaut. merc. 205. – v. Menschen, Cic. Tusc. 3, 75. Vulg. 2. regg. 13, 20 u. ö.: c. inter delicias, Augustin. serm. 38, 7: c. animo, Boëth. cons. phil. 2. pros. 2 *extr.* – v. einer Stadt, **dahinsinken,** o perfidiosae Fregellae, quam facile scelere vestro contabuistis, Rhet. Her. 4, 22. – v. der Freundschaft, **dahinschwinden,** si quidem illorum amicitia in consortione deliciarum et luxuriae contabuit, Val. Max. 7, 4 *in.* p. 202, 15 H.

contabulātio, ōnis, *f.* (contabulo), **I** die **Balkenlage,** die **Dielenverschalung,** der **Dielenboden,** Caes. b. c. 2, 9, 1 *sqq.* Vitr. 10, 15. § 3 u. 4: proscaenii c., Apul. flor. 18. p. 34, 5 *Helm.* – **II** übtr., die **Faltenlagen** im Kleid, die **Stufen,** Apul. met. 11, 3.

con-tabulo, āvī, ātum, āre, **mit Brettern belegen, I mit Bretterböden belegen = mit Stockwerken versehen,** turrem, Caes.: murum turribus, mit Türmen, die mit Stockwerken versehen sind, besetzen, Caes. – **II** mit einem Dielenboden versehen, **a bedielen, beschalen,** pomaria, Plin.: pavimentum quernis axibus, Plin.: contabulatae crates, Solin. – **b** übtr., **bebrücken, überbrücken,** mare molibus, Curt.: Hellespontum, Suet.

cōntābundus, a, um, s. cunctabundus.

contāctus, ūs, *m.* (contingo), die **Berührung, I** im Allg.: c. manuum (mit den H.), Cael. Aur.: c. mulieris (von Seiten eines W.), Col.: sanguinis, Ov.: solis atque lunae (des Sonnen- und Mondscheins), Plin.: et visui et contactui et recordatui tuo ereptus, Tert.: c. foedus (des Henkers), Plin. ep.: c. mutuus, Col.: contactu alqd foedare, Verg.: contactus viriles refugere, Ov.: videndum est, num sub primo contactu aquae calidae summa cutis inhorrescat, Cels. – **II** im üblen Sinne, die ansteckende **Berührung,** die **Ansteckung, α** die physische, vulgati contactu in homines morbi, Liv.: postea curatio ipsa et contactus aegrorum vulgabat morbos, Liv.: pollui omnia sanie, odore, contactu, Tac. – **β** die moralische ansteckende **Berührung,** dah. auch der verderbliche **Einfluss,** valentiorum, Tac.: neu patiamini licentiam scelerum, quasi tabem, ad integros contactu procedere, Sall. fr.: oculos quoque a contactu dominationis in violatos habemus, Tac.: vitia contactu nocent, Sen.: non vitiorum natura exposita contactibus, Prud. apoth. 935.

contāgēs, is, *f.* (contingo), die **Berührung,** Lucr. 4, 334 (311). Arnob. 7, 40. Plur. Lucr. 3, 732 (734).

contāgio, ōnis, *f.* (contingo), die **Berührung,** bes. die einwirkende, die **Einwirkung,** der **Einfluss, I** im Allg., gew. lebl. Ggstd., cum est somno sevocatus animus a societate et contagione corporis, Cic.: anima ... calescit contagione pulmonum, Cic.: quae potest igitur contagio ex infinito intervallo pertinere ad lunam vel potius ad terram, Cic.: contagio naturae valet, Cic. – selten der Pers., die gesellschaftl. **Berührung, Annäherung,** ne quid ex contagione incommodi accipiant, Caes. b. G. 6, 13, 7: ab omni mentione et contagione Romanorum abstinere, Liv. 40, 20, 6. – **II** im üblen Sinne, die ansteckende **Berührung,** die **Ansteckung, a** die physische, c. pestifera, Liv.: ministeria invicem et contagio ipsa vulgabant morbos, Liv.: contagionem luis importare, Plin.: contagione morbosi pecoris perire (v. Vieh), ICt. – **b** die moralische = der **üble, verderbliche Einfluss,** das **ansteckende, üble, verderbliche Beispiel,** die **Mitbefleckung** u. dgl., ubi contagio quasi pestilentia invasit, Sall.: Tusci consciverant bellum; traxerat contagio proximos Umbriae populos, Liv. – m. *Genet.*, c. imitandi belli, ansteckende Sucht, Cic.: latius patet illius sceleris contagio, quam quisquam putat; ad plures pertinet, Cic.: ne serpat latius contagio eius mali, Liv.: extemplo hinc domum abire in animo est, ne cuius facti dictive contagione praesens violer, Liv.: belli Fidenatis contagione irritati animi, Liv.: contagionem aspectus fugere, Cic.: se ab omni contagione vitiorum reprimere ac revocare, Plin. pan.: pectus purum ab omni sceleris contagione praestare, Lact. – Plur., contagiones malorum, quae a Lacedaemoniis profectae manaverunt latius, Übel, die von den Lazedämoniern ausgegangen wie eine ansteckende Seuche weiter um sich griffen, Cic. de off. 2, 80.

contāgiōsus, a, um (contagium *no.* II), **ansteckend,** Veget. mul. 1, 14, 2 u. a.

contāgium, ī, *n.* (contingo), bei Dichtern (gew. im Plur.) u. in nachaug. Prosa übliche Nbf. v. contagio (s. Mar. Victorin. (VI) 25, 10), die **Berührung,** bes. die einwirkende, die **Einwirkung,** der **Einfluss, I** im Allg.: contagia mutua corporis atque animai, Lucr.: nimii umoris, Plin.: feminei generis, Mart. – **II** im üblen Sinne, die ansteckende **Berührung,** die **Ansteckung, a** die physische, c. morbi, Curt.: contagia morbi, Lucr.: mala vicini pecoris contagia, Verg.: agere contagia late, Ov. – **b** die moralische = der **üble, verderbliche Einfluss,** das **ansteckende, üble, verderbliche Beispiel,** Macedonici belli c., Flor.: quodam contagio, quasi quodam contagio, Flor.: contagia lucri, Hor.

contāmen, minis, *n.* (= contagmen zu contingo, wie exagmen = exāmen zu exigo), die **Berührung,** bes. die befleckende, ansteckende, die **Ansteckung,** Tert. poët. adv. Marc. 1, 1 u. a. Mart. Cap. 1. § 10.

contāmĭnābilis, e (contamino), **befleckbar** (Ggstz. incontaminabilis), Eccl.

contāmĭnātio, ōnis, *f.* (contamino), **I** die **Befleckung,** ICt. u. Arnob. – **II** die **Verderbnis,** Iul. Obs. de prodig 89.

contāmĭnātor, ōris, *m.* (contamino), der **Beflecker, Entehrer,** honorum, Lampr. Alex. Sev. 6, 5: paterni tori, Tert. de pudic. 13.

cōntāmĭnātus, a, um, s. con-tāmino.

con-tāmino, āvī, ātum, āre (con u. *tagmino zu tango), **in Berührung bringen, berühren, I** im Allg.: manus, quibus contaminatur, Tert. apol. 17. Vgl. Gloss. IV, 42, 12 ›contaminare, contingere‹. – **II** insbes.: **A** mit Fremdartigem in Berührung bringen, m. *Acc.* = **verderben, verhunzen,** m. Ang. **wodurch?** durch *Abl.*, ne hoc gaudium contaminet vita aegritudine aliquā, Ter. eun. 552. – fabulas, verächtl. vom Verarbeiten u. Verschmelzen zweier griechischer Originale in **ein** lateinisches Stück, Ter. Andr. prol. 16 u. heaut. prol. 17. – u. gentes, durch Übertritt in den Plebejerstand (von einem Patrizier, der von einem Plebejer an Kindes Statt angenommen wird), Cic. de domo 35. – **B** mit Unreinem in Berührung bringen u. so **beflecken, besudeln, entweihen, entehren, a** physisch, c. deam Syriam urinā, Suet.: fistulas, lacus, ICt. – bes. unkeusch **betasten,** durch unnatürliche Lüste **beflecken, schänden,** ingenuos, Petr. 108, 3. – gew. Partiz. Perf. contāmĭnātus mit *Superl.* = durch Unkeuschheit, durch unnatürliche Lüste **befleckt, lustbefleckt, α** v. Pers.: c. grex turpium morbo virorum (= *spadones*), Hor.: homo contaminatissimus, Cic. – Plur. subst., contāmĭnātī, ōrum, m., lustbefleckte Knaben, Buhlknaben (= *exoleti*), Tac. ann. 15, 37. – **β** von Lebl.: collegae tui c.

spiritus (Atem), Cic.: c. flos aetatis, Suet.: c. membra, Suet. – **b** moralisch, personam culpā, Rhet. Her.: veritatem aliquo mendacio, Cic.: se sanguine alcis, Cic.: se scelere, sese maleficio, Cic.: se humanis vitiis (mit den gewöhnlichen Lastern der Menschen), Cic.: se ipsos ac domos suas nefandā praedā, Liv. – im Passiv, quā lege sanguinem suum contaminari, Liv.: selten ohne Abl., ne qua religio deûm impune contaminaretur, Suet. – **c** geistig, cuius significationis multo assiduoque usu totum id verbum ita contaminatum est, ut etc., hat einen so schmutzigen Sinn bekommen, Gell. 2, 6, 25. – Partiz. Perf. contāminātus m. *Superl.*, **befleckt, entweiht, entehrt** (Ggstz. integer), gew. mit Ang. **wodurch?** durch *Abl.*, **α** v. Pers.: facinore, Caes.: tot parricidiis, Cic.: homo sceleribus flagitiisque contaminatissimus, Cic. de domo 23. – absol. = schuldbefleckt, unrein, se ut consceleratos contaminatosque ab ludis ... abactos esse, Liv. – **β** v. der Gesinnung usw., contaminata omni scelere mens, Liv. – absol., c. superstitio (Ggstz. pietas et religio), Cic. – **γ** v. Vornahmen, Zuständen, iudicia corrupta et contaminata paucorum vitio ac turpitudine, Cic.: vita contaminatissima (höchst schuldbeflecktes) et conscleratissima, Augustin. de civ. dei 1, 9. – Neutr. Plur. subst., ut anteponantur integra contaminatis, Cic. top. 69.

contāriī, ōrum, *m.* (contus), **Pikenträger**, eine Truppengattung, CIL 3, 4361 u. 4362.

cōntātio, s. cunctātio.

1. **contātus**, ī, *m.* (contus) = κοντοφόρος, der **Pikenträger**, Veget. mil. 3, 6 *extr.*

2. **cōntātus**, a, um, s. cunctātus.

con-technor, ātus sum, ārī (con u. techna), **Ränke schmieden**, vide modo, ne illic sit contechnatus quippiam, Plaut. Pseud. 1096.

con-tego, tēxī, tēctum, ere, **bedecken**, **I** eig.: **a** bekleidend, verwahrend, schützend **bedecken, überdecken**, bedeckend **überziehen**, **α** übh., v. Pers., alqm veste suā, Nep.: crura veste, Iustin.: caput amictu, Verg.: capita scutis, Auct. b. Afr.: tantarum beluarum (der Elefanten) tota corpora auro, Curt.: coria centonibus, Caes.: musculum lateribus lutoque, Caes.: locum linteis, Liv.: mala operculis arcularum, Col.: cum arma omnia reposita contectaque essent, mit einer Decke (mit einem Überzug) verwahrt waren, Caes.: piscatorias naves contexerant, hatten mit einem Verdeck versehen, Caes. – u. im Partiz., non contecta (Ariadna) levi pectus amictu, Catull.: ferae pelle contectus, Suet.: spoliis contectum iuvenis corpus, Liv.: contecti Attalicis aulaeis parietes, Val. Max.: contecta stramine casa, Ov.: parva casula cannulis temere contecta, Apul.: vehiculum pellibus undique contectum, Curt. – v. dem selbst, was bedeckt, arborum stipites hedera contexerat, Curt.: platani et populi contegunt ripas, Curt.: u. im Passiv, opus, quod vineis contectum erat, Liv.: sedes consecrata deo undique ambientibus ramis contecta est, Curt.: omnia contegi frondibus, Curt. – mit *in* u. Abl., in aliquo ramorum nexu contegi, verwahrt (geborgen) werden (v. kleinen Kindern), Tac. Germ. 46, 4. – **β** schützend, cautius contectus, durch den Schild gedeckt, Dict. 3, 7. – **γ** begrabend (s. Deder. Dict. 3, 14), v. Pers. eos uno tumulo, Liv.: corpus od. ossa tumulo, Val. Max. u. Curt.: membra sepulcro, Val. Flacc.: alqm arenosā humo, Apul.: unā eādemque sepulturā contegi, Dict.: *humatus* intellegitur humo contectus, Plin. – m. *in* u. Abl., corpus Galbae humili sepulturā (nach dürftiger Bestattung) in privatis eius hortis, Tac. hist. 1, 49: donec uno contegar in tumulo, Bormann Uned. Inschr. *no* 11. p. 10. – von dem selbst, was bedeckt, tumulus, qui corpus eius contexerat, Cic. Arch. 24: u. im Passiv, Taenariā contegi humo, Ov. – **b** verhüllend **bedecken, verdecken, verhüllen**, v. Pers. usw., caput glauco amictu, Verg.: messoriā se corbe, Cic.: corporis partes, quae aspectum sint deformem habiturae, c. atque abdere (Ggstz. in promptu ponere, den Augen bloßstellen, v. der Natur), Cic. – v. dem selbst, was verdeckt (verhüllt), sine munere vestro contegat inductus morientia lumina cortex, Ov.: u. im Passiv, omnia contecta nebulā, Liv. – **II** übtr.: **a** wie unser **decken** = schützen, quidam servili habitu, alii fide clientium contecti et inter sarcinas abditi, Tac. hist. 3, 73. – **b** wie **verdecken, verhüllen** = verbergen, verheimlichen, libidines fronte et supercilio, non pudore et temperantiā, Cic.: impium pectoris vulnus (unerlaubte Liebe) piā dissimulatione, Val. Max.: factam iniuriam illi miserae, Ter.: contecta victricium partium vulnera, Tac.

con-temero, āvī, āre, **beflecken, entweihen**, torum, Ov. am. 2, 7, 18: manus, Mart. epigr. 10, 2.

contemnenter, *Adv.* (contemno), **verächtlich**, Non. 515, 33 (als Erklärung von contemptim).

contemnificus, a, um (contemno u. facio), **verächtlich tuend**, Lucil. sat. 26, 41.

con-temno, tempsī, temptum, ere (in Hdschrn. auch contempno geschr., s. Osann Cic. de rep. 1, 31. p. 75), einen Ggstd. als für uns wertlos od. unbedeutend **gleichgültig** od. **geringschätzig behandeln = nicht beachten, zurücksetzen, hintansetzen, gleichgültig beiseitesetzen** oder **liegen lassen**, etwas **gleichgültig hinnehmen, gleichgültig** über etw. **hinwegsehen** od. **hinweggehen, sich** über etw. **hinwegsetzen**, sich aus etw. od. jmd. **nichts machen**, zuw. auch = jmdm. od. einer Sache (einer Gefahr usw.) **trotzen**, Trotz od. **die Stirn bieten** (s. Thiel Verg. Aen. 3, 77. Heinrich Iuven. 5, 102), u. nur in diesem Sinne = **verachten** (Ggstz. cupidissime petere, vehementer expetere; admirari, revereri, suspicere; timere, metuere, pertimescere; auch laudare, efferre, extollere laudibus; oft verb. contemnere et [od. ac] despicere, despicere contemnereque, despicere et contemnere, contemnere et pro nihilo ducere), **I** im Allg.: **α** m. *Acc.*: **αα** v. Pers., teils lebl. Objj., casus humanos, Cic.: consilium suum, Ter.: dolorem, Sen., u. verb. c. et despicere dolores, Cic.: fortunam, Sen.: Catilinae gladios, Cic.: Antoni gladios, Iuven.: iussa vestra, Sall.: Lycurgi leges, Cic.: metuenda, Cic.: morbum initio, Nep.: mortem, Cic. u. Sen.: pro patria mortem, Cic.: paucitatem eorum, Liv.: paucitatem hostis, Curt.: paupertatem, Sen.: tantam pecuniam, Val. Max.: religiones (Ggstz. timere religiones), Cic.: verba, Sall.: vitam, Mart. u. Val. Max.: voluptatem c. et reicere, Cic. – teils leb. Wesen, hanc familiam, Anton. in Cic. ep.: multitudinem, plebem, Liv.: Othonem, Hor.: omnia audentem c. (Ggstz. nihil temere agentem metuere), Liv.: istos omnes deridere atque c., qui etc., Cic.: non omnes eos contemnunt, de quibus male existimant, Cic.: im Passiv, contemni se (sich zurückgesetzt) putant, despici, illudi (von den Greisen), Cic.: contemnēre (d. i. contemneris), miser, Hor. sat. 2, 3, 14. – m. Ang. **wie?** durch *Advv.* od. durch *Abl.*, praeclare res humanas, Cic.: mortem tantopere, ut etc., Cic.: non usque eo rem publicam despicere atque c., ut etc., Cic.: c. magno animo iacturam, Curt. – c. sic nostros, ut etc., Caes.: alqm valde c., Cic.: deos tantopere, ut etc., Suet. – m. *in* (an, bei) u. *Abl.*, paucitatem in hoste, Curt. 3, 3 (8), 28. – m. *Abl.* (mit, durch), nullas aras fletibus suis, für seine Tränen zu gering halten, Prop. 1, 4, 23: nec (Batavi) tributis contemnuntur, werden durch keinen Zins erniedrigt, Tac. Germ. 29, 2. – m. *ex* (infolge) u. Abl., reliqua ex collatione (im Vergleich [mit der Tugend]) facile est conterere atque contemnere, Cic. Tusc. 5, 85: ebenso m. bl. *Abl.* (infolge, nach), Isocrates videtur testimonio (nach dem Z.) Platonis aliorum iudicia contemnere debere, Cic. or. 41; so auch Cic. Cat. 2, 5. – mit *prae* (vor = im Vergleich mit) u. Abl., Romam ... prae sua Capua irridere atque c., Cic.: hic ego illum contempsi prae me, Ter.: c. cantus Apollineos prae se, Ov. – **ββ** von personif. lebl. Subjj.: contemnere ventos assuescant (arbores), Verg.: nondum caeruleas pinus contempserat undas, Tibull. – **β** m. folg. *Infin.*: c. coronari, Hor.: augeri triumpho, Flor.: mori, Sen. poët.: ad illum venire, Spart.: respondere, Apul. – **γ** mit folg. *Acc.* u. *Infin.*, ut ipsum vinci contemnerent, sich nichts daraus machten, dass usw., Cic. ep. 15, 15, 2. – **δ** absol.: primo contemnere et neglegere coepit, Cic.: iudex contemnat, admiretur, Cic.: tua transibit contemnens (gleichgültig) ossa viator, Prop. – **II** insbes.: **a** **sich verächtlich** über etwas **äußern**, etw. **verächtlich machen, verspotten**, Adherbalis dicta (Ggstz. Iugurthae virtutem laudibus extollere), Sall. Iug. 15, 2: L. Murenae genus (Ggstz. efferre suum genus), Cic. Mur. 15: non ullam artem doctrinamve, Cic. de or. 1, 79 (vgl. 3, 59): ut quidam memoratur populi contemnere voces sic solitus, Hor. sat. 1, 1, 65: neque enim refutanda tantum, quae ex contrario dicuntur, sed contemnenda, elevanda etc., Quint. 6, 4, 10. – **b** c. se, sich gering (bescheiden) anschlagen (Ggstz. sibi satis placere), Plaut. mil. 1236; trin. 323. – gew. se non c., von sich nicht gering denken, sich nicht wegwerfen, Selbstgefühl besitzen, Granius autem non c. se et reges odisse superbos, Lucil. fr.: neminem se plebeium contempturum, si contemni desissent, Liv.: tamen senatus ipse se non contemnit, Cic. – **c** Partiz. Fut. Pass. contemnendus, a, um, **mit Gleichgültigkeit** od. **Geringschätzung zu behandeln, nicht beachtenswert, der Beachtung unwert,** gew. in negativen Sätzen, v. lebl. Subjj., haec sunt levia et potius contemnenda, Nep.: defensiones non contemnendae saneque tolerabiles, Cic.: m. *Dat.* **(wem?),** crimen haud c. philosopho, Apul. apol. 7. p. 10, 16 Kr. – v. Pers., Asiaticorum rhetorum principes minime meā sententiā contemnendi, Cic.: manus non c., Suet. – mit *Abl.* (deutsch = von Seiten), copiae neque numero ... neque usu rei militaris c., Caes.: Asiatici oratores non c. nec celeritate nec copiā, Cic. – ► *PAdi.*, contemptus, a, um, s. bes.

contemperātio, ōnis, *f.* (contempero), die **gehörige Mischung,** Augustin. de doctr. Chr. 2, 30 u. ö.

con-tempero, (āvī), ātum, āre, **I** in dem gehörigen Verhältnis **zurechtmischen, zurechtmachen,** omnia, Veget. mul. 6, 9, 7: in se, Apic. 4, 166: prägn., cantharum mulso, Apul. met. 10, 16. – **II** übtr.: **a** nach etw. **einrichten,** num dubitari potest, quin omnia se ad disponentis nutum veluti convenientia contemperataque rectori sponte convertant? Boëth. cons. phil. 3. pros. 12. p. 68, 6 *Obb.* – **b mäßigen, mildern,** febres (v. einem Heilmittel), Anthim. 56: pro regione plagae contemperat unda vaporem, Dracont. hexaëm. 1, 183. – **c** in ganz gleiches Verhältnis bringen, ganz **gleich machen,** im Passiv = **ganz gleich werden, verwachsen,** alci od. alci rei, Augustin. serm. 190, 2; conf. 7, 19.

contemplābilis, e (contemplor), **a** passiv = **sichtbar,** Cl. Mam. de stat. anim. 1, 14; 2, 4, 2. Chalcid. Tim. 135 u. 237. – **b** aktiv = **zielend,** artifex, Amm. 23, 4, 2: dextera, Amm. 30, 5, 16.

contemplābiliter, *Adv.* (contemplabilis), **a zielend,** Amm. 20, 7, 9. – **b betrachtend,** ipsam veritatem c. intueri, Isid. quaest. in genes. 1, 14.

contemplābundus, a, um (contemplor), **sich der Betrachtung hingebend,** Tert. adv. Marc. 4, 40.

contemplātim (contemplor), *Adv.* **betrachtend,** Not. Tir. 82, 12.

contemplātio, ōnis, *f.* (contemplor), das **Hinrichten des Blickes** nach etw., **I** im engeren Sinne, das Richten des Blickes auf ein Ziel, das **Zielen,** Plin. 6, 194. – **II** im weiteren Sinne, die **Anschauung,** die **Betrachtung, a** eig. u. meton.: **α** eig.: c. caeli, Cic.: c. curiosior (amiculi), Val. Max. – **β** meton., das **Bild,** ita eius contemplatio quantum subtracta est oculis, tantum etc., Min. Fel. 1, 2. – **b** übtr.: **α** die geistige **Betrachtung,** consideratio contemplatioque naturae, Cic.: c. rerum naturae, Sen.: virtutum alcis, Tac.: summa vis infinitatis magnā ac diligenti contemplatione dignissima est, Cic.: totus animus in hac una contemplatione defixus est, Plin. ep. – Plur., contemplationes rerum caelestium, Cic. de fin. 5, 51: naturae, Gell. 20, 5, 3. – **β** der **Anbetracht,** die **Berücksichtigung** eines Ggstds., die **Rücksicht** auf etw. (s. Deder. Introd. ad Dict. p. XLIX), liberorum, Iustin.: contemplatione (in A.) mitissimae nostrae clementiae, Lact., meritorum, Inscr.: dotis contemplatione, ICt.: contemplationem alcis rei habere, ICt.

contemplātīvus, a, um (contemplor) = θεωρητικός, **betrachtend, beschaulich, theoretisch** (Ggstz. activus, griech. πρακτικός), philosophia, Sen. ep. 95, 10: sapientiae pars, Augustin. de civ. dei 8, 4: vita, Fulg. myth. 2, 1. Mythogr. Lat. 3, 11, 22.

contemplātor, ōris, *m.* (contemplor), **I** der **Zieler,** Amm. 19, 1, 7. – **II** der **Betrachter,** c. caeli, Cic.: astrorum peritissimus c. (v. Thales), Apul.: animus c. admiratorque mundi, Sen.

contemplātōrius, a, um (contemplor), **zum Betrachten gehörig, betrachtend,** artes (Ggstz. factrices, negotiales), Eustath. hex. 1, 7.

contemplātrīx, īcis, *f.* (Femin. zu contemplator), die **Beobachterin,** medicinam eorum, quae in morbis communia sunt, contemplatricem esse contendunt, Cels. 1. prooem. p. 10, 6 D.: una (pars rhetoricae) est disciplina contemplatrix bonorum, Apul. de dogm. Plat. 2, 8.

contemplātus, Abl. ū, *m.* (contemplor), die **Betrachtung,** Ov. trist. 5, 7, 66. – insbes., die **Berücksichtigung, Rücksicht,** pro contemplatu alcis rei, Macr. somn. Scip. 1, 1. § 5.

contemplo, s. con-templor ►.

con-templor, ātus sum, ārī (con u. templum), etwas in seinen Gesichtskreis ziehen = **sein Augenmerk** auf etw. **richten, seine Blicke** über etw. **schweifen lassen,** etw. **sich** in der Nähe **betrachten, I** eig.: accessit ad argentum; contemplari unum quidque otiose et considerare coepit, Cic.: cum intueor et contemplor unum quemque vestrûm, Cic.: ea (ornamenta) contemplari cum cuperem, vix aspiciendi potestas fuit, Cic. – u. so caelum suspicere caelestiaque contemplari, Cic.: c. lituras codicis, Cic.: situm Carthaginis, Liv.: ab omni parte naturam loci, Liv.: terras et maria (v. der Gottheit), Cic. – im Zshg. absol., at satis ut contemplata modo sis, hast du dir ihn recht betrachtet, Ter.: contemplator, cum etc. betrachte genau, wann usw., Lucr. 2, 114 u. a. Verg. georg. 1, 187 u. a. – **II** übtr.: **a** mit geistigem Blick **betrachten,** propone tibi duos reges et id animo contemplare, quod oculis non potes, Cic.: ut totam causam quam maxime intentis oculis, ut aiunt, acerrime contemplemini, Cic.: ut omnia, quae cognitione digna sunt, summo otio secum ipse consideret et contempletur, Cic. – im Zshg. absol., (omnes artis loci) anquirentibus nobis omnique acie ingenii contemplantibus ostendunt se et occurrunt, Cic. – **b** insbes., **berücksichtigen, bedenken,** m. folg. *Acc.* u. *Infin.*, cum iurgando contra potentes se magis magisque iniustitiā frangi contemplaretur, Amm. 18, 5, 1. – parag. *Infin.* contemplarier, Plaut. Poen. 1129. – ► Aktive Nbf. **contemplo,** āvī, ātum, āre, **α** im Aktiv (vgl. Prisc. 8, 25. Non. 469 *sq.*), Enn. tr. 325 (243). Naev. tr. 4. Acc. tr. 557. Titin. com. 21. Plaut. mil. 1029 u. a. Apul. flor. 7. p. 8, 7 Kr.: m. folg. *Infin.*, Nemes. de auc. 3. p. 49 *ed. Stern.* – **β** Partiz. Perf. contemplatus passiv (im Abl. absol.), Amm. 16, 8, 6; 31, 5, 9; 31, 15, 6.

contempno, s. con-temno.

contemporālis, e, **gleichzeitig,** subst. der **Zeitgenosse,** Tert. adv. Herm. 6.

contemporāneus, a, um (con u. tempus), **gleichzeitig,** subst. der **Zeitgenosse,** Gell. 19, 14 *lemm.*

con-temporo, āre (con u. tempus), **gleichzeitig-, zu gleicher Zeit sein,** Tert. de res. carn. 45.

contemptibilis, *Adi.* m. *Compar.* (contemno), **verächtlich,** Porph. Hor. carm. 1, 25, 10. ICt. u. Eccl.: *Compar.* b. Lampr. u. a.

contemptibilitās, ātis, *f.* (contemptibilis), die **Verächtlichkeit,** Cael. Aur. chron. 1, 5, 158.

contemptibiliter, *Adv.* (contemno), **verächtlich, mit Verachtung,** accipere, Augustin. serm. 227 *extr.*

contemptim, *Adv.* m. *Compar.* contemptius (1. contemptus, a, um), **geringschätzig, mit Geringschätzung, gleichgültig,** ne nos tam c. conteras, Plaut.: c. de Romanis loqui (Ggstz. magnifice de se loqui), Liv.: c. audire minas tribunicias, Liv.: c. vagari, Tac. – quos aut in sua vides turba speciosius elidi aut in aliena contemptius, Sen. de brev. vit. 12, 1 (11, 3): quo contemptius uteretur patientiā hominum, Suet. Dom. 11, 2.

contemptio, ōnis, *f.* (contemno), die **Geringschätzung** eines Ggstds., die **Gleichgültigkeit** gegen etwas, u. nur in diesem Sinne = die **Verachtung,** c. pecuniae, Cic.: perpetua c. mortis, Curt.: c. magna mortis dolorisque, Cic.: u. verb. omnium rerum humanarum c. ac despicientia, Cic. – c. tanta nostri, Caes.: c. deorum immortalium, Cic. – adversarios in contemptionem adducere, Rhet. Her. u. Cic.: hostibus in contemptionem od. in summam contemptionem venire, Caes.: adversariorum causam per contemptionem deprimere (Ggstz. nostram causam laudando tollere od. extollere), Rhet. Her. u. Cic.

contemptius, *Adv.* im *Compar.*, s. contemptim.

contemptor, ōris, *m.* (contemno), der **Geringschätzer** eines Ggstds., der **Gleichgültige** gegen etw., u. nur in diesem Sinne = der **Verächter,** **a** v. leb. Wesen: divitiarum, Liv.: litterarum (v. Marius), Val. Max.: religionum, Suet.: gratiae, Liv.: mortis, Sen.: omnis periculi, Curt.: vulnerum (v. Löwen), Plin.: sui, Geringschätzer eigenen Besitzes (Ggstz. prodigus alieni), Tac. – magistratuum ac regum, Sen.: nostri, Ov.: divûm od. superûm, Verg. u. Ov. – attrib., nemo tam c. famae est, Liv. 44, 22, 7. – minime sui c., gar kein Geringschätzer seiner selbst, gar nicht gering von sich denkend (vgl. contemno *no.* II, b), Quint. 12, 1, 20. – absol., Vulg. prov. 13, 15 u. a. – **b** v. Lebl., sed dum sit (adamas) invictus ferri ignisque c., Isid. 16, 13, 2. – **c** v. Abstr.: c. lucis animus, ein das Leben nicht achtender Mut, Verg. Aen. 9, 205: c. ambitionis animus, ein Geist, der Ehrsucht verschmäht, Plin. pan. 55, 9. – absol., c. animus, ein alles (alle Menschen) geringschätzender Geist, Geringschätzung aller Menschen, Sall. Iug. 64, 1.

contemptrīx, īcis, *f.* (Femin. zu contemptor), die **Geringschätzerin,** u. nur in diesem Sinne = die **Verächterin,** **a** v. leb. Wesen: illa c. mea, Plaut.: c. propago superûm, Ov.: turba c. pericli, Sil.: eruca frigorum c., Plin. – **b** v. Lebl.: ferri ignisque c. vis adamantis, Plin. – **c** v. Abstr., fortitudo c. timendorum est, Sen. ep. 88, 29.

1. contemptus, a, um, *PAdi.* m. *Compar.* u. *Superl.* (contemno), **geringschätzig, nicht beachtenswert, der Beachtung unwert,** dah. **unbedeutend, ärmlich,** u. nur in diesem Sinne = verächtlich, **a** v. lebl. Subjj.: vita c. ac sordida, Cic.: abiecta atque c. condicio, Val. Max.: res tam humilis tamque c., Cic.: o quam res est contempta homo! Sen. – quae vox potest esse contemptior, quam Milonis Crotoniatae? Cic.: nihil contemptius neque infirmius, si sint, qui contemnant, Liv. – contemptissimae escae et potiones, Cic.: contemptissima inopia, Val. Max.: contemptissima inertia, Suet. – **b** v. Pers.: homo c. et abiectus, Cic.: orator non c., Cic.: e contemptis metuendi, Tac.: alqm pro contempto habere, Suet.: se ex contempto metuendum efficere, Sall. fr. – contemptior in dies et invisior, Suet. – contemptissimi consules, Cic. – m. *Abl.* (durch), quo contemptior paucitate ipsā ordo (patrum) esset, Liv. – mit *per* u. Akk., zugl. m. *Dat.* (wem?), per avaritiam ac sordem contemptus exercitui invisusque, Tac. – mit *ob* u. Akk., ob quae non contemptior omnibus quam invisior fuit, Iustin. – m. *Adv.* (wo?), imperiosus intra limen atque impotens, humilis foris et tam contemptus quam contemnens, Sen.

2. contemptus, ūs, *m.* (contemno), die **Geringschätzung** eines Ggstds., **Gleichgültigkeit** gegen etwas u. nur in diesem Sinne die **Verachtung,** **a** passiv = das Nichtgeachtetsein, non odio solum apud hostes, sed contemptu etiam inter socios nomen Romanum laborare, Liv. – m. *prae* (vor = im Vergleich zu) u. Abl., plerumque hominibus Gallis prae magnitudine corporum suorum brevitas nostra contemptui est, Caes. – Plur., Lucr. 5, 830 u. 1276. – **b** aktiv = das Nichtachten, pecuniae, Quint. u. Aur. Vict.: doloris, Quint.: mortis, Sen.: moriendi, Tac.: sui alienique, Tac.: deorum (Ggstz. cultus), Lact.: vitae contemptum prae se ferre, Sen.: offendet te superbus contemptu, Sen. – Plur., contemptus omnium hominum, Liv. 24, 5, 5. – ► Metaplast. Dat. contempto, Lampr. Commod. 3, 9 (wo fieret contempto).

con-tendo, tendī, tentum, ere, **anspannen,** **I** eig.: **a** übh.: muscipula, aufstellen, Lucil. fr.: tenacia vincla, Verg.: arcum, spannen, Verg. u. a.: ballistas lapidum et reliqua tormenta telorum c. atque adducere vehementer, Cic. – c. oculos, Comic. inc. fr.: sua perpetuo c. ilia risu, ausdehnen, Ov.: u. so membrum in diversa (nach verschiedenen Richtungen hin), Cels. – **b** prägn.: **α** ein Saiteninstrument anspannend **stimmen,** ut in fidibus plurimis si nulla earum ita contenta nervis sit, ut concentum servare possit, omnes aeque incontentae sint, sic etc., Cic. de fin. 4, 75. – **β** ein Geschoss mit straff angezogenem Bogen od. Arm auf den Gegner **hinrichten, zielen,** arcu contenta parato tela tenens, Verg.: contenta tela (Ggstz. languida), Lucan.: sagittas c. nervo, Sil.: nervo equino c. telum, Verg. – aërias telum (Pfeil) c. in auras, Verg.: Mago (auf M.) procul infensam c. hastam, Verg. – **γ** eine Brücke **schlagen,** Hellesponto pontem in alto, Enn. ann. 371.

II übtr.: **A** im Allg.: seine körperl. od. geistigen Kräfte od. sich anspannen, d. i. **anstrengen** **1** die Körperkräfte, **a** übh.: **α** *tr.*: c. summas vires de palma (um den Siegespreis, v. Ross), Lucr.: c. se (v. den Augen), Lucr. – **β** *intr.* contendere = **sich anstrengen, seine Kräfte aufbieten,** gew. m. *Abl.* (mit), voce, Cels.: lateribus aut clamore, Cic.: multis funibus, Caes.: vi, Gewalt anwenden, es (den Übergang) erzwingen, Caes.: u. m. allg. *Acc.*, quantum coniti animo potes, quantum labore contendere, si discendi labor (eine körperliche Anstrengung) est potius, quam voluptas, tantum fac ut efficias, Cic. – mit folg. *ut* u. Konj., qui stadium currit, eniti et contendere debet quam maxime possit, ut vincat, Cic.: quantum potero voce contendam, ut populus hoc Romanus exaudiat, Cic.: remis contendit, ut eam partem insulae caperet, quā etc., Caes. – m. folg. *Infin.*, fugā salutem petere contenderunt, Caes.: hunc (locum) duabus ex partibus oppugnare contendit, Caes.: vide ne, dum ad cacumen pervenire contendis, cum ipsis ramis, quos comprehenderis, decĭdas, Curt.

b sich anstrengen, einen Weg, Marsch wohin auszuführen, m. allg. *Acc.* der Wegstrecke, nocte unā tantum itineris, Cic. Rosc. Am. 97: tandem, si operae est, contendite viam, macht euch auf den Weg, Symm. ep. 1, 8 *in.* – m. *Acc.* der Tätigkeit, rectā plateā c. cursum huc suom, Plaut. cist. 534. – m. Ang. des Ziels der Tätigkeit im *Infin.*, **sich beeilen,** Bibracte ire contendit, Caes.: in Britanniam proficisci contendit, Caes.: proxima litora cursu contendunt petere, Verg.: iter a Vibone Brundisium terrā (zu L.) petere contendi, Cic. – m. Ang. des Ortszieles **wohin?** durch *Advv.*, od. durch *Praepp.*, od. durch bl. *Acc. loc.*, wohin **schleunigst aufbrechen, -reisen, -marschieren, -rücken (vorrücken),** wohin **eilen,** quo contenderat, pervenit, Nep.: u. (im Bild) si potuissemus, quo contendimus, pervenire, Cic.: huc magno cursu contenderunt, Caes.: in Italiam magnis itineribus, Caes.: ad Rhenum finesque Germanorum, Caes.: inde ad Amanum, Cic.: ad hostes, ad hostium castra, Caes.: per Armeniam in hostes, Aur. Vict.: per fines Haeduorum in Lingones, Caes.: Lacedaemonem, Nep.: equo admisso Teanum, Val. Max.: Tarentum ad Heraclidem Ponticum, Varr. fr.: domum, Caes.

2 die Geisteskräfte usw. **anstrengen,** **a** übh.: **α** *tr.*: quo se contendit dira lubido, Lucr.: c. animum tales in curas, Ov. – m. *in* u. Abl., onus dignum, in quo omnes nervos aetatis industriaeque meae contenderem, Cic. – mit folg. *ut* od. *ne* u. Konj., contendit omnes nervos Chrysippus, ut persuadeat etc., Cic.: ut omnes tuos nervos in eo contendas, ne quid mihi ad hanc provinciam ... temporis prorogetur, Cic. – **β** *intr.* contendere, **sich anstrengen, Anstrengungen machen, seine Kräfte aufbieten,** etw. **erstreben,** auf etw. **hinarbeiten,** nach etw. **ringen,** absol., et illos quidem contendere, eniti; hos quiescere, remitti, Plin. ep.: c. dolis et fallaciis (Ggstz. verā viā niti), Sall. – m. allg. *Acc.*, id sibi contendendum ... existimabat, Caes.: quod plurimis locis perorationes nostrae voluisse nos atque animo contendisse declarant, Cic.: tantum contendere in re publica, quantum probare civibus tuis possis, Cic.: eadem c. (gleiche Anstr. machen) in tribunatu, Cic. – m. folg. *ut* od. *ne* u. Konj., **seine Kräfte aufbieten, dahin streben, darauf hinarbeiten,** ob eam causam contendi, ut plura dicerem, Cic.: contende quaeso atque elabora, non modo ut ... sed etiam ut etc., Cic.: cupidissime c., ut etc., Cic.: contendebat, ne a rebus gestis eius decederet, Iustin. – durch *Infin.*, omnibus precibus petere contendit, ut etc., Caes. – m. *ad* u. Akk., **losstreben** auf usw., **eifrig streben, -ringen** nach usw., ad salutem, Caes.: ad victoriam, Auct. b. Hisp.: maximis laboribus et periculis ad summam laudem gloriamque, Cic.: ad ultimum animo, Cic.: ad ea rectis studiis, Cic.

b sich anstrengen, etw. zu erlangen, **auf** etw. **bestehen, auf** etw. **dringen,** etwas **dringend verlangen, dringend** um etw. **anliegen,** **α** absol.: a quo facile, si contenderis, impetrare possis, ut etc., Q. Cic.: cum illi pertinaciter contenderent (darauf bestanden), Suet. – **β** mit *Acc.*: c. honores, Varr. fr.: neque ego nunc hoc contendo ...;

sed te illud admoneo, ut etc., Cic. – hoc a te ita contendo, ut in eo fortunas meas positas putem, ich dringe in dieser Beziehung so ernstlich in dich, weil ich glaube, dass usw., Cic.: non erat causa, cur hoc tempore aliquid a te contenderem, Cic.: nihil ab ipso invito contendere, Cic. – propter magnitudinem potestatis hic magistratus a populo summā ambitione contenditur etc., Cic. – **γ** mit *de* u. Abl.: ab alqo valde de reditu in gratiam, Cic.: a magistris de proferendo die, Cic.: unum instare de indutiis vehementissimeque contendere, Caes. – **δ** m. folg. *ut* od. *ne* u. Konj., m. vorhergeh. allg. *Acc. Pron.* u. ohne diesen: non minus se id contendere et laborare, ne ea, quae dixissent, enuntiarentur, quam uti ea, quae vellent, impetrarent, Caes.: contendunt, ut ipsis summa imperii tradatur, Caes.: gratiā contendimus et rogando, ut istis te molestiis laxes, Luccei. in Cic. ep.: contendit a Pythio ut venderet, dringt in P., Cic.: vehementer ab alqo c., ut etc., Cic.: plurimis verbis ab alqo c., ut etc., Cic.: omni studio ab aliquo c., ut etc., Cic.: ab alqo petere et summe c., ut etc., Cic.: omni opere c., ut etc., Suet.: a militibus c., ne etc., Caes.: magno opere, ne etc., Suet. – **ε** mit folg. *Infin.* nach vorhergeh. allg. *Acc. Pron.*: neque ego nunc hoc contendo, quod fortasse … iam in nostra aetate difficile est, mutare animum, sed etc., Cic. ad Q. fr. 1, 1, 13. § 38. – **ζ** m. folg. *Acc.* u. *Infin.*: qui a Caesare dimittendos (esse) exercitus contendebant, Vell. 2, 48, 1.

c sich anstrengen, eine Behauptung durchzusetzen, **auf** etw. **bestehen,** etw. **fest behaupten, fest versichern, fest erklären,** m. folg. *Acc.* u. *Infin.*, bei vorhergeh. allg. *Acc.* u. ohne diesen, sic ego hoc contendo, me tibi ipsi adversario cuiuscumque tribus rationem poposceris redditurum, Cic.: vociferarer et quantum maxime possem contenderem … totius testimonii fictam audaciam manifesto comprehensam atque oppressam esse, Cic.: contendentes numquam eam urbem fuisse ex Triphylia, Liv.: cum M. Cato moriendum ante, quam ullam condicionem civis accipiendam rei publicae contenderet, Vell.: ausim contendere nullum te melius, aeque bene vix unum aut alterum collocasse, Plin. ep. – m. *apud* u. Akk., apud eos contendit falsa esse delata, Nep. Them. 7, 2. – m. *pro* u. Abl., illud alterum pro me maioribusque meis contendere ausim, nihil nos, quod incommodum plebi esset, scientes fecisse, Liv. 6, 40, 5. – in der Parenthese ganz absol., ut Asclepiades contendit, Cels. 1. praef. p. 3, 28 D.

3 (als v. *intr.*) **sich ausdehnen, sich erstrecken,** von Örtl. usw., haec patulum vallis contendit in orbem, Calp. ecl. 7, 30 (*al.* concedit): Cappadocum gens usque ad Cyrresticam eius regionem parte suā, quae vocatur Cataonia, contendit, Plin. 6, 24.

B insbes., einem anderen gegenüber sich anstrengen, **1** *intr.* od. mit allg. *Acc.* = als Gegner sich jmdm. gegenüber anstrengen obzusiegen, mit jmd. **sich messen, sich in einen Streit (Wettstreit) einlassen, anbinden, streiten (sich herumstreiten), kämpfen,** gegen jmd. od. etw. **ankämpfen,** bei Ang. **womit?** mit *Abl.;* bei Ang. **mit wem?** m. *cum* u. Abl., od. m. *inter* u. Akk., od. poet. m. bl. *Dat.;* bei Ang. **gegen wen?** mit *contra* od. *adversus* u. Akk.; bei Ang. **wofür?** m. *pro* u. Abl.; bei Ang. **worüber?** m. *de* u. Abl.; bei Ang. **weswegen?** m. *propter* u. Akk., **a** v. eig. Kampf, inimicā mente, Nep.: magis virtute quam dolo, Caes.: proelio, Caes. – cum barbaro, Nep.: cum victore, Hor. u. Caes., v. Gladiator, Plin. ep.: proelio uno cum Latino Volscoque, Liv.: parvulis proeliis cum nostris, Caes.: semel atque iterum armis cum alqo, Caes.: summis copiis cum alqo, Caes.: cum magnis legionibus parvā manu, Sall.: cum Sequanis bello, Caes.: u. (unpers.) proelio equestri inter duas acies contendebatur, Caes. – c. contra alcis copias, Auct. b. Afr.: contra Paridem, Verg.: contra populum Rom. armis, Caes.: contra saevum monstrum, Catull. – se didicisse adversus vires hostium, non adversus calamitates contendere, Iustin. – c. pro vitulis contra leones (v. Stieren), Cic. – c. de regno aequo Marte, Curt. – **b** v. Wettkampf im Ringen, Laufen usw., quoad stans complecti posset atque contendere, Nep. – inter coaequales c. aut equo aut cursu aut viribus, Iustin. – c. rapido cursu, Verg.: cum alqo c. pedibus, Ov. – poet. m. *Dat.* (s. Passerat. Prop. 1, 7, 3), quid enim contendat hirundo cygnis? Lucr.: c. Homero, Prop.: c. Latio, Claud. – **c** v. polit. Wettkampf, Kampf, c. cum alqo od. inter se de principatu, Nep. u. Caes.: cum alqo de honore regni, Nep.: de potentatu inter se multos annos, Caes.: gratiā cum libenter *pro* homine sibi coniunctissimo, tum acriter *contra* factionem et potentiam paucorum, Hirt. b. G. – **d** v. Kampf mit Worten usw., **sich messen, sich streiten, sich herumstreiten, rechten, es durchzusetzen suchen,** cum Libone de mittendis legatis contendisse, Caes.: quodsi duriorem te eius miserae et afflictae fortunae praebes, non contendam ego adversus te, Anton. in Cic. ep.: m. allg. *Acc.* zur Ang. **worüber?** nec cum Appio, transactā re, quod contenderent (worüber sie Streit anfangen konnten) fuit, Liv. – bes. gerichtlich, c. inimicissime atque infestissime, Cic.: vulgari et pervagatā declamatione, Cic.: u. (unpers.) si contra verbis et litteris et, ut dici solet, summo iure contenditur, Cic. – c. cum alqo iurgio, Cic.: cum alqo interdicto, Cic.: cum alqo sacramento, s. sacrāmentum. – translatio non habet quaestionem, *de* qua contendit orator, sed *propter* quam contendit, Quint. – c. de bonis alcis, Val. Max.: u. (unpers.) de his lite contenditur, Quint. – *cum* improbissimis heredibus *de* paternis bonis c. *apud* centum viros, Val. Max. – m. allg. *Acc.* zur Ang. **worin?** tamenne vereris, ut possis haec contra Hortensium contendere? dich auch darin mit H. messen? Cic. Quinct. 78. – **e** v. Wetteifer im Bieten, **wetteifern, um die Wette bieten,** is liceri non destitit; illi, quoad videbatur ferri aliquo modo posse, contenderunt, Cic. Verr. 3, 99. – **f** von jedem Sich-Messen mit phys. od. geistigen Kräften, neque inter se contendant viribus (animae), Lucr.: c. contra vim gravitatemque morbi, Cic.: patĕre igitur rationem meam cum tua ratione contendere (sich messen), Cic.: quis enim erat qui non videret humilitatem cum dignitate et amplitudine contendere? Cic. – m. allg. *Acc.*, sic enim est faciendum, ut contra universam naturam nihil contendamus, in keiner Sache ankämpfen, Cic.

2 zwei Dinge miteinander od. eine Sache mit einer anderen zur Vergleichung **sich messen lassen, vergleichen,** ipsas causas, quae inter se confligunt, Cic.: leges, Cic.: vetera et praesentia, Tac. – m. *cum* u. Abl., quicquid tu contra dixeris, id cum defensione nostra *contendito;* ita facillime causa Sex. Roscii cum tua *conferetur,* Cic.: vitam suam Atticam cum istac rusticana, Caecil. com. fr.: annales nostros cum scriptura eorum, qui etc., Tac. – mit *ad* (an, gegen) u. Akk., vim suam ad maiestatem viri, Acc. tr. 648. – poet. m. bl. *Dat.* (wem? = mit), Aquinatem fucum Sidonio ostro, Hor.: se Frontoni, Auson.

contenebrāsco, brāvī, ere (v. con u. tenebrae), **stockfinster werden,** Varr, r. r. 2, 2, 11.

contenebrātio, ōnis, *f.* (contenebro), die **Verfinsterung,** Eccl.

contenebrēsco, ere (con und tenebrae), **stockfinster werden,** Vulg. Ierem. 13, 16.

con-tenebro, āre, **ganz finster machen, verfinstern,** Tert. apol. 2 u. a. Eccl.

1. contentē, *Adv.* m. *Compar.* u. *Superl.* (1. contentus), **angestrengt,** mit **angestrengten Kräften, a** physisch: c. pro se dicere, Cic.: usque ad vesperum contentius ambulare, Cic.: cum (plaga) est missa contentius, Cic.: contentissime clamitare, Apul. flor. 9. p. 10, 3 Kr. – **b** geistig, **eifrig** (Ggstz. summisse), ornamentis iisdem uti, alias contentius, alias summissius, Cic. de or. 3, 212.

2. contentē, *Adv.* (2. contentus), **eingezogen, knapp, kurz,** alqm arte contenteque habere, Plaut. asin. 78: restricte contenteque vivere, Nazar. pan. 9, 3: parce contenteque vivere, Pacat. pan. 13, 3.

contentio, ōnis, *f.* (contendo), **I** das **Bespannen,** die **Bespannung** (der Katapulte u. Ballisten) mit Strängen, Plur. bei Vitr. 10, 11 (17), 9 u. 10, 12 (18), 1. – **II** übtr., die **Anspannung** = die **Anstrengung,** u. zwar passiv = das Angespannt-, Angestrengtsein, **A** im Allg.: **1** die physische, sowohl des Körpers als des Geistes, **a** übh., absol., ut enim membra nullā contentione moveantur, sic etc., Cic.: aliquamdiu summā contentione dimicare, Hirt. b. G.: superioris temporis contentionem omnem remittere, Caes. – m. subj,. *Genet.*, c. totius corporis, Cic.: laterum, Cic.: vocis, Cic.: vocis et lateris contentiones,

Plin. – c. animi (Ggstz. relaxatio animi), Cic.: labor corporis atque c. animi, Cic.: vehementissima c. animi, ingenii, virium, Cic. – m. obj. *Genet.*, ab hac contentione disputationis animos nostros relaxemus, Cic.: senior iam et infirmior, quam ut contentionem dicendi sustineret, Liv. – tanta adhibebatur a nobis contentio, es wurde von meiner Seite alles aufgeboten, Cic. – **b** insbes.: **α** die allmähliche **Hebung** der Stimme bis zum stärksten Ton (Ggstz. remissio, die Senkung; griech. ἄρσις, Ggstz. θέσις, vgl. Ellendt u. Sorof Cic. de or. 1, 261), vocis c., Cic.: contentiones vocis et remissiones, Cic. – **β** die **Steigerung, Heftigkeit,** das **Feuer** des Redetons, der **heftige, eifrige Ton** (Ggstz. remissio od. summissio), vocis, Cic.: so animi magna, vocis parva contentio, Cic. – als Art der Rede, der **Ton des Eifers,** die **heftige, eifrige, leidenschaftliche, emphatische, pathetische Rede** (griech. τρόπος παθητικός, Ggstz. sermo, der ruhige Gesprächston; vgl. bes. Rhet. Her. 3, 23), quoniam magna vis orationis est eaque duplex, altera contentionis, altera sermonis, Cic. de off. 1, 132; vgl. 2, 48. – **γ** das **Streben** zu einem Punkt, c. gravitatis et ponderum, das Streben der Schwerkraft zum Mittelpunkt, Cic. de nat. deor. 2, 116.
2 die geistige Anspannung, **Anstrengung,** das **Streben,** die **Bemühung,** der **Eifer** um od. bei etwas, **a** übh.: maximā ex omnibus contentione petere alqm honorem, Liv.: summā contentione impetrare alqd, Plin. ep. – antea trina loca cum contentione summa patricios explere solitos, Liv. – mit obj. *Genet.* (= um), c. rei publicae, Cic.: c. vel uxoriae condicionis vel commodi alicuius, Cic. – **b** insbes., das **leidenschaftliche Streben,** der **leidenschaftliche Eifer,** die **Leidenschaftlichkeit, heftige Erbitterung,** der **Geist des Widersachers,** animi pravā contentione provectus, Curt.: brevis altercatio inde ex iracundia muliebri in contentionem animorum exarsit, Liv.: positā contentione, quā paulo ante egisti, Liv.: contentione animorum depositā concordes revertebantur, Val. Max.
B insbes.: **1** das **Sich-Messen,** die **Reibung** mit einem Gegner, der **Streit, Wettstreit, Kampf** in Wort und Tat (als Bestreben, sein Recht, seine Meinung geltend zu machen), **a** v. eig. Kampf, equi propter crebras contentiones proeliorum (Kampfgetümmel) exsultantes, Cic.: Antiochus Magnus magnā belli contentione superatus, Cic.: contentiones habere *cum* alqo, Caes.: omni depositā spe contentionis, Hoffnung auf einen Kampf (= H., in einer Schlacht zu siegen), Caes. – **b** v. Wettstreit, Rangstreit, audax haec, non tamen improba, quia secreta contentio, Plin. ep.: c. fraterna (um den Thron), Iustin.: de diutina contentione Rangstreit um die Hegemonie) desistere, Nep.: *de* regno cum alqo contentionem habere, Nep.: *inter* duces illa c., Quint. – m. obj. *Genet.* (um), c. dicendi (im R.), Cic. u. Plin. ep.: c. honoris od. honorum, Cic.: ingens palmae c., Quint.: decertare cum alqo contentione dicendi, Cic.: in contentionem honoris incidere, Cic.: inter quem et Caesarem dignitatis fuerit c., Quint. – **c** übh. vom **Streit** in Wort und Tat, sowohl im öffentlichen als Privatleben, **Streitigkeit, Kampf, Reibung, Handel,** c. magna, Cic. u. Plin. ep.: c. forensis, Debatte vor Gericht, Cic. u. Quint.: meae illae vehementes contentiones, geharnischte Reden, Kampfreden vor Gericht (die philippischen gegen Antonius), Cic.: inimicitiae, contentiones, aemulationes, Augustin. de civ. dei 14, 3, 3.: semper in litibus contentionibusque versari, Firm. math. 8, 21. p. 228, 9. – estne haec vera contentio? ein ehrlicher Kampf, Cic.: hāc sedatā contentione alia subinde C. Decii morte exorta est, Liv.: tamquam mihi *cum* M. Crasso contentio esset, quocum multae et magnae fuerunt, Cic.: iniectā contentione, Liv.: iteratā contentione, Liv.: contentionem *pro* salute alcis non defugere, Cic.: contentionem od. contentiones excitare (v. einem Umstand), Liv. u. Plin. ep.: contentionem *de* plebeiis consulibus totam deponere, Liv.: est *inter* eos non *de* terminis, sed *de* tota possessione contentio, Cic. – contentio (Streitsucht) *adversus* procuratores, Tac. Agr. 9, 5. – m. subj. *Genet.*, verborum contentiones armis finiuntur, Ps. Quint. decl. 379. – mit obj. *Genet.*, c. rei privatae (in einer Privatsache), Liv.: c. libertatis dignitatisque (um Fr. usw.), Liv. – mit *in* u. Abl., nulla in re pecuniaria c., Cic. Flacc. 7. – m. folg. indir. Fragesatz, inter quos magna fuit contentio, utrum moenibus se defenderent, an obviam irent hostibus, Nep.: contentio, consulesne an tribuni militum crearentur, Liv.: orta est inter advocatos levis contentio, togatumne an palliatum dicere causam oporteret, Suet.: tanta contentio erat, qui potissimum ex magno numero conscenderent, ut etc., Caes.
2 das Sich-Messen-Lassen = **a** die vergleichende **Zusammenhaltung, Vergleichung,** per contentionem, Cic. – hominum ipsorum od. fortunarum contentionem facere, Cic.: magis ex aliorum (mit a.) contentione quam ipsum per sese cognosci atque intellegi posse, Cic. – mit *cum* u. Abl., facti aut intentionis adversariorum *cum* ipso scripto contentio, Cic.: eorum *cum* factis suis c., Cic. – mit folg. indir. Fragesatz, si contentio quaedam et comparatio fiat, quibus plurimum tribuendum sit officii etc., Cic.: potest incĭdere saepe contentio et comparatio, de duobus honestis utrum (sit) honestius, Cic. – **b** als rhetor. *t. t.*, die **Gegeneinanderstellung** entgegengesetzter Gedanken, die **Antithese** (griech. ἀντίθεσις), Rhet. Her. 4, 21. Quint. 9, 1, 31. – **c** als gramm. *t. t.*, die **Steigerung, Komparation,** Varro LL. 8, 75. – **d** das geschlechtliche **Zusammenpaaren,** gregum, Censorin. 5, 3.

contentiōsē, *Adv.* m. *Compar.* u. *Superl.* (contentiosus), **streitsüchtig, polemisch,** Ps. Quint. decl. 18, 6 u. Eccl.

contentiōsus, a, um, *Adi.* m. *Compar.* (contentio), **I streitsüchtig, polemisch, a** v. Lebl.: oratio, de qua loquor, pugnax et contentiosa est, Plin. ep. 2, 19, 5: iurisdictio, Marcian. dig. 1, 16, 2: disputatio, Augustin. de civ. dei 21, 10, 1: funis, Tert. de pudic. 2 u. ö.: quid est contentiosius quam ubi de re constat, certare de nomine? Augustin. ep. 238. § 4 *extr.* – **b** von Pers. (s. Isid. 10, 46), litigiosos, contentiosos et qui semper in litibus contentionibusque versentur, Firm. math. 8, 21. p. 228, 8: si quis autem videtur contentiosus esse, Vulg. 1. Cor. 11, 16. – **II** übtr., **hartnäckig,** pernicies, Apul. met. 2, 3: mendicitas, Ps. Quint. decl. 5, 1.

contentiuncula, ae, *f.* (*Demin.* v. contentio), der **kleine Streit,** die **kleine Reibung,** Apul. met. 10, 14 *extr.*

con-tento, āre (*Intens.* v. contendo), zu einer Anstrengung, d. i. **zu einem Botenweg zwingen,** Übersetzung des griech. ἀγγαρεύω, Vulg. Matth. 5, 41.

1. **contentus,** a, um, *PAdi.* (contendo), angespannt, **I** eig., **angespannt, straff angezogen** (Ggstz. laxus, remissus), funis c. (Ggstz. funis laxus), Hor.: contento poplite, Hor. – **II** übtr., **gespannt, angestrengt, a** physisch (Ggstz. remissus, summissus), onera contentis corporibus facilius feruntur, remissis opprimunt, Cic.: (boves) montes per altos contentā cervice trahunt stridentia plaustra, Verg.: contentis oculis persequi alqm, mit unverwandten, Suet.: et contentā voce atrociter dicere et summissā leniter, Cic.: contentissimā voce clamitans, Apul. met. 4, 10. – **b** geistig **gespannt, eifrig hingerichtet, eifrig,** ad tribunatum contento studio cursuque veniamus, Cic. – in ea ratione fuit contenta magis mens, Lucr. – m. *Dat.*, mens … exsiliis contenta suis, mit seiner V. eifrig beschäftigt, Ov.

2. **contentus,** a, um, *PAdi.* m. *Compar.* (contineo), beschränkt, **sich beschränkend auf** etw., **sich begnügend** mit etw., u. nur in diesem Sinne = **zufrieden** mit etw., **a** m. *Abl.*, v. Pers., suo contentus, Enn. fr.: contentus minimo, Cic., paucis, Hor.: eā victoriā contentus, Cic.: contentus nomine modico tutoris, Liv.: c. modicis aedibus, Suet.: contenta uno matrimonio, Val. Max.: contentus dictaturae potestate, Suet.: v. Lebl., mercatura satiata quaestu vel contenta potius, Cic. de off. 1, 151. – contentum esse suis rebus, Cic.: c. esse suo, Plin. ep.: c. esse parvo, Cic.: c. esse parvulo, Ter.: uxor contenta est, quae bona est, uno viro, Plaut.: (animus tuus) satiatus est aut contentus pecuniā? Cic.: eo utrique quod statuit (Caesar) contenti fuerunt, Caes.: nec mihi concederet, ut imitarer Volcatium aut Senium, quibus tu es contentus, Cic.: nec hoc commentario contentus erat, Sen. rhet.: u. (mit *Abl. Gerund.*) ut contentus sim referendo paucarum morem regionum, Macr. sat. 1, 12, 2: nec iam possidendis agris publicis contentos esse, Liv. 6, 14, 11: illā (sorte) contentus vivat, Hor.: v. Lebl., quae tua nequitia est, non his contenta fuisset, Ov.

her. 16 (17), 29. – m. Ang. **wie lange?** hoc fore contentam *multos* iurabit *in annos,* Ov. art. am. 1, 425. – m. Ang. **von welcher Seite?** quibus ego *a* tali viro (bei einem Manne von solchem Ansehen) contentus eram, Cic. ep. 3, 13, 1. – m. Ang. **wozu?** virtutem *ad* beate vivendum se ipsā contentam esse, Cic. Tusc. 5, 1. – **b** m. *Genet.:* contentus victoriae, Tert. adv. Marc. 5, 11: haud contentus eorum, quae gesserat, Dict. 2, 17 *in:* ut contentus esset partis dimidiae dotis, Scaevol. dig. 32, 37. § 4 M. – **c** mit folg. *quod* (weil, dass), z. B. non fuit eo (damit) contentus, quod etc., Cic. de imp. Pomp. 25: contentus eo, quod etc., Vopisc. Firm. 1, 1: quasi ego non contentus sim, quod mihi quinque et XX iudices crediderunt, Cic. Clod. 6. § 2: rex contentus eo, quod per hostem moram pugnae fieri scirent, Liv. 44, 37, 4. – od. m. folg. *ne* u. Konj., ne intersimus armis, contentus ait se esse, Liv. 32, 21, 5. – m. vorhergeh. allg. Pron. auch mit folg. *ut* u. Konj., contentus hoc erat, ut ... manus iactaret, Suet. Aug. 82, 2. – contentus eo od. non contentus mit folg. *si* u. Konj., Cic. II. Verr.. 1, 3. Liv. 28, 27, 14. – **d** m. folg. *Infin.* u. zwar teils m. *Infin. Praes. act.,* Ov. met. 1, 461. Sen. contr. 9 (4), 25. § 23. Vell. 2, 49, 4. Val. Max. 3, 2, 23 u. 4, 3, 11. Cels. 1. prooem. p. 8, 30 D. Sen. de otio 5, 6; apoc. 2, 4. Curt. 4, 10 (40), 13. Plin. 23. pr. § 1. Sil. 15, 91. Quint. 1, 5, 17; 2, 4, 23 u. ö. Iuven. 3, 277. Plin. ep. 8, 14, 20 u. 9, 13, 14. Suet. Caes. 28, 3. Flor. 2, 17, 15. Apul. met. 7, 15 u. flor. 18. p. 30, 7 Kr. Macr. somn. Scip. 1, 13, 2; 2, 14, 24; od. m. *Infin. Praes. pass.,* Ov. her. 16 (17), 125. Sen. de ben. 1, 1, 5. Curt. 4, 12 (46), 15; teils m. *Infin. Perf. act.,* Vell. 2, 103, 5; 2, 112, 6; 2, 120, 6. Cels. 7, 15 *extr.* Curt. 8, 1 (5), 38; 8, 11 (40), 18. Plin. 17, 112 u. 19, 115. Quint. 3, 1, 22 u. ö. Plin. ep. 6, 31, 5; pan. 15, 2 u. ö. Suet. Caes. 49, 3. Flor. 1, 13, 19 u. 2, 8, 8. Apul. met. 8, 22. Pacat. pan. 13, 1. Macr. sat. 1, 11, 29; 5, 13, 19; 7, 4, 4; 7, 12, 15. – **e** m. folg. *Acc.* u. *Infin.,* Quint. 5, 14, 24. Sen. ep. 58, 6. Iustin. 6, 1, 1. – **f** im Zshg. absol., Cic. Brut. 134. Plin. ep. 1, 5, 8. Quint. 2, 3, 3. Vopisc. Car. 21, 3: u. im *Compar.,* di deaeque contentiores (genügsamer) mage erunt atque avidi minus, Plaut. Poen. 460 *sq.*

con-terebro, āre, **völlig durchbohren, -hohl machen,** ossa, Cael. Aur. chron. 2, 3, 65.

Conterebromius, a, um (contero u. Bromius), scherzhaft fingiertes Beiwort für das von Bacchus durchwanderte Libyen, gleichs. **weindurchkeltert,** Libua (Libya), Plaut. Curc. 446.

con-termino, āre (conterminus), **angrenzen** an usw., alci, Amm. 14, 2, 5; 14, 8, 5; 23, 6, 45.

con-terminus, a, um, **zusammengrenzend, angrenzend, benachbart,** m. *Dat.,* c. stabula ripae, Ov.: Alexandria Africae c., Mela: übtr., virtus morti c., Stat. – m. *Genet.,* c. loci iugi, Apul.: aesculus c. caedis, Sil. – mit *Abl.,* lacu aliquo c. locus, Apul. met. 4, 17. – absol., ager c., Plin. 18, 35. – subst., **a** conterminus, ī, *m.,* der **Nachbar,** Col. 1, 3, 7. – **b** conterminum, ī, *n.,* die **benachbarte Gegend,** Arabiae, Plin.: contermina Scythiae, Tac.

conternātio, ōnis, *f.* (conterno), das **Zusammennehmen von je dreien** beim Verlosen der Kolonistenäcker, Gromat. vet. 205.

con-terno, ātus, āre (con u. terni), **I** *tr.* **je drei zusammennehmen,** beim Verlosen der Kolonistenäcker, Gromat. vet. 200, 3. – **II** *intr.* **drei Jahre haben,** vitula conternans, dreijähriges K., Vulg. Isai. 15, 4.

con-tero, trīvī, trītum, ere, **zusammenreiben = zerreiben, I** im engeren Sinne, in kleine Teile **zerreiben, zerbröckeln, zerrühren, zerdrücken,** cornua cervi, Ov.: pabula (poetisch = Kräuter), Ov.: alqd coquere et deinde conterere, Cels.: multa (viele harte Körper) duorum digitorum allisione c., Treb. Poll. – m. *cum* u. Abl., ruta contrita cum melle, Cels. – m. *in* od. *ex* u. Abl., c. araneum in oleo vetere, Plin.: ruta cum caseo in vino contrita, Plin.: ruta ex aceto contrita, Cels. – mit *in* od. *ad* u. Akk., radicem aridam in pulverem, Plin.: alqd cum aqua ad mellis crassitudinem, Varro. – **II** im weiteren Sinne, **zerreiben = abreiben,** nach u. nach **aufreiben, 1** im Allg.: **a** nach u. nach **austilgen,** eius omnes gravissimas iniurias voluntariā quādam oblivione freiwillig aus dem Gedächtnis tilgen, Cic. ep. 1, 9, 20. – **b** als ganz wertlos gleichsam **mit Füßen-, in den Staub treten** = geringschätzig behandeln, **α** Lebl.: reliqua c. et contemnere (Ggstz. virtutem ad caelum efferre), Cic. Tusc. 5, 85: praeter hoc (praemium), quod iam contritum et contemptum putatur, für ganz wertlos u. der Beachtung unwert gilt, Cic. Sest. 86. – **β** leb. Wesen, **schmählich bloßstellen,** alqm contemptim, Plaut. u. Naev. fr.: alqm suā oratione, Plaut.: alqm indigno quaestu, Plaut. – **2** insbes., durch häufigen, allzu häufigen Gebrauch physisch od. geistig **abreiben, zuschanden reiben,** nach u. nach **aufreiben, erschöpfen, a** übh.: **α** Lebl.: ferrum, Ov.: viam sacram, abtreten (= oft betreten), Prop. – m. *Abl.* (durch), παιδείαν Κύρου legendo, Cic.: u. (im Bild) memoriam, infelicem supellectilem pluribus et diversis officiis, Quint. – Sprichw., Herculi (= Herculis) c. quaestum, des H. Gewinn vertun (= die größten Reichtümer durchbringen), Plaut. most. 984. – **β** leb. Wesen, deren Körper und Kräfte, boves et vires agricolarum, Lucr.: corpora ipsa ac manus silvis ac paludibus emuniendis, Tac. – dah. se conterere u. Passiv conteri medial, **sich** (geistig) **abmühen,** contritus ad regiam, der sich bei der Basilika in Prozessen abgemüht (herumgeschlagen) hat, Cic. Caecin. 14. – gew. m. *in* u. Abl., se in musicis, geometria, astris, Cic.: conteri in causis et in negotiis et in foro, Cic.: conteri in foro amicorum litibus, Plin. ep. – **b** eine Zeit **zubringen, hinbringen, verbringen,** im üblen Sinne = **verstreichen lassen** (vgl. Sall. Cat. 4, 1), frustra tempus, Cic. – m. cum u. Abl., cum alqo diem, Cic. – mit *in* u. Abl., omne otiosum tempus in studiis, Cic.: aetatem in litibus, Cic.: aetatem in syllabis, Sen.: vitam atque aetatem suam in quaerendo, Ter.: in multis bellis et asperis aetatem sine fructu, ohne Aussicht auf Lohn sein Leben opfern, Amm. – mit bl. *Abl.* (mit, durch), tempus audiendis fabulis, Plin. ep.: diei brevitatem conviviis, longitudinem noctis stupris et flagitiis, Cic.: diem abaco et latrunculis, Macr.: bonum otium socordiā atque desidiā, Sall. – **c** Mühe **verwenden, aufwenden,** operam, Plaut. most. 581: operam frustra, Ter. Phorm. 209. – **d** in Rede u. schriftl. Darstellung **abnutzen, erschöpfen,** im üblen Sinne **abdreschen,** quae autem sunt horum temporum, ea iam contrivimus, Cic. – u. im Partiz., proverbium vetustate contritum, Cic.: communia et contrita praecepta, Cic. – ► Ungew. Perf. conterui, Apul. met. 8, 23. Itala psalm. 104, 33 u. a.; vgl. Charis. 48, 4.

conterrāneus, ī, *m.* (con u. terra), der **Landsmann,** Plin. nat. hist. praef. § 1.

con-terreo, terruī, territum, ēre, **in Schrecken jagen, einschüchtern,** jmdm. **Angst und Bange machen** (zuw. Ggstz. accendere, irritare), **a** v. leb. Wesen: praeter Nioben unam omnes, Ov.: insolitos eius tumultus Romanorum equos, Liv.: atrox ingenium accendere eo facto magis quam c., Liv.: hāc re irritare magis quam c. animos barbarorum, Liv.: c. latratu advenientem (v. Hunde), Col.: alqm seditioso clamore, Liv.: c. loquacitatem alcis vultu ipso aspectuque, Cic. – im Partiz., conterrita surgo, Ov.: conterritos refugisse, Suet. – conterritus atrocitate poenae, Suet.: aspectu conterritus, Verg.: his nuntiis senatus conterritus, Liv. – **b** von lebl. Subjj.: proelium cientes novum pugnae conterruit genus, Liv.: quos aliqua fabula sine auctore sparsa conterruit, Sen. – m. folg. *ne* u. Konj. hic maior solito apparatus praecipue conterruit Campanos, ne ab obsidione Capuae bellum eius anni Romani inciperent, Liv. 24, 12, 1.

con-territo, āre, **in Schrecken setzen,** alqm, Coripp. Ioann. 2, 54 u. 88.

contesserātio, ōnis, *f.* (contessero), die **Freundschaft,** Tert. adv. haer. 20.

contessero, āre (con u. tessera), durch tesserae mit Fremden **Freundschaft schließen,** Tert. adv. haer. 36.

contēstātē, *Adv.* m. *Superl.* (contestatus von contestor), **bewährtermaßen, sicher,** quod esset incredibile, nisi contestatissime probaretur, Augustin. de civ. dei 4, 10 *extr.*

contēstātio, ōnis, *f.* (contestor), **I** das **feierliche Anrufen zum Zeugen,** prägn. = die unter Anrufung von Zeugen **aufgestellte Behauptung,** mentis, Gell. 7 (6), 12, 2: misera iniuriae publicae, Gell. 10, 3, 4: publica, Schol. Iuven. 9, 83. – od. **getroffene Bestimmung,** suprema, letztwillige Bestimmung (eines Testators), ICt. – od. ausgesprochene **inständige Bitte, Beschwörung,** Cic. orat. 1. pro Cornel. fr. 5 (Müller fr. 10 contentione). – **II** insbes., c. litis, die förmliche Einleitung des Prozesses durch Herbeirufung der Zeugen, Gaius inst. 3, 180 u. a. ICt.

contēstātiuncula, ae, *f.* (*Demin.* v. contestatio), die **kleine Bitte,** als Rede, Sidon. ep. 7, 3, 1.

contēstātō, contēstātus, s. con-tēstor.

con-tēstificor, ārī, **zugleich bezeugen,** Tert. de testim. anim. 1.

con-tēstor, ātus sum, ārī, **I zum Zeugen nehmen, anrufen,** deos hominesque, Cic.: caelum noctemque, Cic. – prägn., cont. deos, ut etc., unter Anrufung der Götter inständig bitten, die Götter beschwören, dass usw., Caes. b. G. 4, 25, 3. – **II** insbes.: **a** als gerichtl. *t. t.*: c. litem, einen Prozess durch Herbeirufung der Zeugen **völlig einleiten, anhängig machen, in Gang bringen,** litem, Cic.: litem cum alqo, Gell. u. ICt.: passiv, cum lis contestatur, Aufid. Bass. fr. b. Prisc. 8, 18: oft contestata lis u. contestatā lite, Cic., Sen. u. ICt.: Abl. absol., contestato, durch Hilfe von Zeugen, ICt. – **b** übtr.: contestata virtus, beglaubigte, bewährte, erprobte, Cic. Flacc. 25.

con-texo, texuī, textum, ere, **zusammenweben, -flechten, I** eig.: **1** im Allg.: villos ovium, Cic.: arundines scopasque, Auct. b. Afr.: amarantis lilia alba, Tibull. – **2** prägn., webend oder flechtend bilden, **zusammenweben, zusammenflechten,** webend, vitam (die Lebensfäden), von der Parze (Ggstz. ordiri u. rumpere), Lact. 2, 10, 20: totus et argento contextus, totus et auro, Tibull. 1, 2, 69. – flechtend, membra viminibus, reliquum corpus navium viminibus, Caes.: sucum tenui vimine, Col. – **II** übtr., im weiteren Sinne, übh. Lage an Lage, Schicht an Schicht, Reihe an Reihe fügend **zusammensetzen, 1** im Allg. = **aneinanderreihen, in einer Reihe fortlaufen lassen, -fortführen, a** mater. Ggstd.: haec circum sedes late contexta locavit, Catull.: c. fossam loricamque, Tac. – **b** geistige u. abstr. Ggstd.: **α** übh., mit etw. **verflechten, eng verknüpfen,** omnes partes, zu einem Ganzen vereinigen, Quint.: memoriam rerum cum superiorum aetate, Cic.: extrema cum primis, Cic.: coniuncte cum reliquis rebus nostra, meine Geschichte in das übrige Ganze verweben, Cic. – **β** in der Rede etw. **anknüpfen** = unmittelbar **anfügen,** epilogum defensioni, Sen. rhet.: his plasticen, Plin.: absol., conteximus de Sili, wir haben das, was über den Silis zu bemerken ist, hier sogleich angefügt, Plin. – **γ** in der Rede gleichs. anknüpfend **fortweben, fortsetzen,** carmen longius, Cic.: commentarios Caesaris, Hirt. b. G.: interrupta, wieder anknüpfen, Cic.: omnibus ad hoc provocantibus ille contexuit (fuhr jener fort) mit folg. dir. Rede, Macr. sat. 7, 3, 1. – **δ** einen Zustand, eine Handlung gleichsam **fortweben, ununterbrochen fortsetzen,** imperfectis adhuc interscinditur laetitia, sapientis vero contexitur gaudium, geht ohne Unterbrechung fort, Sen. ep. 72, 4: c. sceleribus scelera, Schandtaten an Schandtaten reihen, Sen. de ira 1, 16, 2. – **2** ein Ganzes aus Lagen usw. **zusammensetzen, a** mater. Ggstd.: sic deinceps omne opus contexitur, Caes.: c. equum trabibus acernis, Verg.: u. als *t. t.* der Kochkunst, **in eine Form bringen,** Apic. 6, 232 u. 7, 293. – v. lebl. Subjj., vineae unam faciem longe lateque contexunt, geben dadurch, dass sie Reihe an Reihe stehen, der Gegend ein gleichförmiges Ansehen, Plin. ep. 5, 6, 9. – **b** geistige u. abstr. Ggstd. **zusammensetzen, -fügen, α** übh.: verba copulat totamque ita contexit orationem (beim Meditieren), ut etc., Quint. 10, 6, 2: reliquas litteras usuali sermone contexo, verfasse ich, Sidon. ep. 4, 10: totus his contexitur liber, zusammengestoppelt, Sen. ep. 114, 17. – **β** (wie ὑφαίνειν) **anzetteln** = listig anstiften, at quam festive crimen contexitur! Cic. Deiot. 19. – ► *PAdi.* **contextus,** a, um, s. bes.

contextē, *Adv.* (contextus), **verwebt, verflochten,** übtr., omnia necesse est colligatione naturali conserte contexteque fieri, verkettet und verflochten (= im innigen Zusammenhang), Cic. de fat. 31.

contextim, *Adv.* (1. contextus), **zusammenhängend,** luto nidificantes paene c., nistend mit Kot fast Nest an Nest, Plin. 10, 147: außerdem Augustin. ep. 147, 37; consens. euang. 3, 1 u. a.

contextio, ōnis, *f.* (contexo), **I** die **Zusammenfügung, -setzung** (Ggstz. resolutio), Macr. somn. Scip. 1, 5. § 18: verborum ipsa c., Augustin. in euang. Ioann. tract. 89, 1: c. pedum, Verbindung der Versfüße, Augustin. de music. 3, 7, 15: haec c., Verwebung (der Reiter u. des Fußvolks) in **einen** Körper, Veget. mil. 2, 21 *extr.* – **II** die **Bereitung, Verfertigung,** narrationis, Macr. somn. Scip. 1, 2, 11: unius libri, Augustin. de civ. dei 7, 2 *in.*

contextor, ōris, *m.* (contexo), der **Verfertiger, Verfasser,** codicis, Cod. Theod. 1, 1, 6. § 2.

1. **contextus,** a, um, *PAdi.* (v. contexo), in sich selbst **zusammenhängend, ununterbrochen, a** von mater. Ggstdn.: contexta condensaque corpora (Ggstz. diffusa), Lucr. 4, 55. – **b** v. abstr. Ggstdn.: **α** übh.: perpetuae et contextae voluptates, eine ununterbrochene Reihenfolge (Kette) von V., Cic. Tusc. 5, 96. – **β** v. der Rede: c. historia eorum temporum, fortlaufende, Nep. Att. 16, 3: oratio vincta atque c. (Ggstz. soluta), Quint. 9, 4, 19. – Plur. subst., contexta, ōrum, *n.* (Ggstz. carptim dicta), Plin. ep. 8, 4, 7.

2. **contextus,** ūs, *m.* (contexo), **I** aktiv = die **Zusammenfügung, -setzung,** ratis temere properatae, Auson. perioch. Odyss. 5. – **II** passiv = die **enge Verknüpfung** od. **Verbindung,** der **Zusammenhang, a** mater. Ggstd.: c. aedificiorum, Ulp. dig. 39, 2, 15. § 13: totus hic rerum omnium c., Sen. ep. 71, 12: contextum corporum dissolvere, Lucr. 1, 243. – **b** abstr. Ggstd.: **α** übh.: mirabilis c. rerum Cic. de fin. 5, 83: litterarum nomina et c., Reihenfolge, Quint. 1, 1, 24: c. querelarum, Reihe von Kl., Val. Max. 7, 2, 1 *extr.*: c. rerum asperarum, Zusammenstellung, *ibid.* – **β** der Rede, totus quasi c. orationis, Cic. part. or. 82: u. nachaug., c. unius orationis, Plin. ep.: c. sermonis, verborum, rerum et verborum, Quint.: c. dicendi, Quint.: in contextu operis, im Verfolg, Tac.

conthēroleta, s. contīroleta.

con-ticeo, cuī, ēre (con u. taceo) **I** *intr.* das verstärkte taceo, **schweigen, a** Präs.-Formen, Calp. ecl. 4, 98. Lact. 5, 2, 9. Hier. in Isai. 1, 1 u. 17, 64. Vgl Gloss. ›conticeo, σιωπῶ‹. – **b** Perf.-Formen, s. conticēsco. – **II** *tr.* **verschweigen,** tantum nefas conticuit, Val. Flacc. 3, 302. – ► Das ganze Passivum conticeor durch alle Tempora u. Modi bei Prisc. partit. XII vers. Aen. 2, 44 *sqq.* p. 469 K.

con-ticēsco (con-ticīsco), ticuī, ere (*Inch.* von conticeo) **Schweigen eintreten lassen, schweigen, still werden,** weil man nicht weiterreden mag oder zu reden wagt, und in diesem Sinne = **verstummen** (vgl. obmutesco), selten = **Schweigen beobachten, schweigen,** weil man vor Staunen usw. nicht reden kann (s. unten aus Liv. 30, 30, 2), **I** eig.: **a** von Menschen: conticiscam u. sed conticiscam, Plaut.: inter se clare loquebantur; intravi, conticuerunt, Plin. ep.: conticuit adulescens, Liv.: haec cum Crassus dixisset, parumper et ipse conticuit et ceteris silentium fuit, Cic.: cum obmutuisset senatus, iudicia (meton. = iudices) conticuissent, Cic.: conscientiā convictus repente conticuit, Cic.: non ausa ›parente‹ dicere conticuit, Ov.: paullisper alter alterius conspectu, admiratione mutuā prope attoniti, conticuere, Liv. 30, 30, 2. – mit *ad* u. Akk., ad hos casus, Quint.: ad quod ille quidem conticescit, sed sermonem suscipit Polus, Quint. – **b** v. Tieren: sequitur gallicinium, cum galli canere incipiunt, dein conticinium, cum conticescunt, Censor. 24, 2. – **c** v. personif. Lebl.: numquam de vobis (hominum) gratissimus sermo conticescet, Cic.: neque ulla aetas de tuis laudibus conticescet, Cic. – donec conticuit lyra, Hor. – conticuere undae, vacuae molae, Ov. – iube conticescere gemitus et exclamationes, Sen. ep. 24, 14. – **II** übtr., v. Tätigkeiten u. Zuständen, **schweigen, still werden, verstummen, austoben, sich legen,** conticuit subito et obmutuit hoc studium nostrum, Cic.: illae scilicet litterae (wissenschaftliche Beschäftigungen) conticuerunt forenses et senatoriae, Cic.: ut inter strepitum tot bellorum conticescerent actiones tribuniciae, Liv.: conticuerat magis quam elanguerat militaris favor, Curt.: ubi conticuerit tumultus, Liv.: iam hic, quo nunc omnia ardent, conticiscet furor, Liv. – ► Die Form conticisco in den besten Hdschrn. bei Plaut. (z. B. Bacch. 798 u. mil. 410), Varro LL. 7, 79 u. Liv. (z. B. 2, 29, 11), auch anerkannt von Prisc. partit. XII vers. Aen. 2, 52.

conticinium, ī, *n.* (conticeo), nach Varro u. Nonius der Teil der Nacht, wo alles schweigt, die **Zeit vor und nach Mitternacht,** nach Späteren genauer die **Zeit nach dem** *gallicinium,* das **düstere Morgengrauen,** Plaut. asin. 685. Fronto ep. ad M. Caes. 2, 6 (9). p. 31, 17 N. Vgl. Varro LL. 6. § 7 u. 7, 79. Prisc. partit. XII vers. Aen. 2, 57. p. 472, 9 K. Serv. Verg. Aen. 2, 268. Isid. 5, 31, 8. Non. 62, 25. – Andere Form **conticium** od. **conticuum,** ī, *n.,* Censor. 24, 2 *codd.* Macr. sat. 1, 3, 12.

con-ticīsco, s. con-ticēsco.

conticitor, ōris, *m.* u. **conticitrīx,** īcis, *f.* (conticeo), der **Schweiger,** die **Schweigerin,** als ungebr. b. Prisc. partit. XII vers. Aen. 2, 57. p. 472, 7 K.

contiger, erī, *m.* = *qui contum gerit,* Paul. Nol. carm. 23, 188.

contīgnātio, ōnis, *f.* (contigno), die **Bebälkung** = **Überbälkung,** d. i. konkr. = das **Dachgebälk,** das **Sparrwerk** u. das **überbälkte Stockwerk,** Caes. u. a.: in tertiam contignationem escendere (v. einem Stier), Liv. – Plur., templorum veterum contignationes (Sparrwerk, griech. ὀροφαί), Plin. 13, 101.

con-tīgno, (āvī), ātum, āre (con u. tignum), **bebälken** = **überbälken, mit Balken belegen, -überdecken,** quidquid est contignatum, cratibus consternitur, Caes. b. c. 2, 15, 3: ut itinera sint contignata, Vitr. 1, 5, 4: c. tecta ossibus, Plin. 9, 7.

contiguē, *Adv.* (contiguus), **ganz nahe,** c. sequi alqm, auf dem Fuße, Mart. Cap. 9. § 909.

contiguo, āre = *contiguum esse,* Ven. Fort. 7, 9, 8.

contiguus, a, um (contingo), **I** aktiv = **berührend, 1 berührend, treffend,** ut contigui magis directioresque ictus fiant, dass ein Schuss mit mehr Treffähigkeit abgegeben werde und geradeaus gehe, Gell. 9, 1, 2. – **2 berührend, anstoßend, angrenzend, benachbart, a** räumlich: **α** v. Lebl.: domus, Ov. met. 4, 57: ortus (Plur.), Auson. ecl. 2, 14: aspectus, die nächste Aussicht, Amm. 26, 2, 10. – m. *Dat.,* horti muris contigui, Augustin. conf. 8, 6: pars circi, quae Aventino contigua, Tac. ann. 6, 45: ea pars circi, quae Palatino Caelioque montibus contigua est, Tac. ann. 15, 38 *in.:* luna alias admota caelo alias contigua montibus, bald sich dem Scheitelpunkt nähernd, bald die Berge berührend, Plin. 2, 43: im Bild, eorum fortunam caelo contiguam facere, zu den Wolken erheben, Amm. 28, 2, 7. – *n. pl.* subst., nec contigua nec apposita cernebantur, die vor und neben sich liegenden Gegenstände, Amm. 17, 7, 2. – **β** v. Pers.: Cappadoces, Tac. ann. 2, 60: ubi vicissim contiguae se cernerent partes, einander von Angesicht zu Angesicht sahen, Amm. 24, 6, 10. – mit *Dat.,* proximus nobis Italus et contiguus Hispanus, Pacat. pan. 24, 5: dux parti nostrae contiguus, zunächst an unserer Grenze (als Befehlshaber) stehend, Amm. 16, 9, 3: iam telo contiguus, in die Schussweite gekommen, Amm. 19, 1, 7: litoribus Cypriis contigui navigabant, sich dicht an die cypr. Gestade haltend, Amm. 14, 2, 3. – **b** in der Reihenfolge, **ununterbrochen, wiederholt,** eo usque provecti, ut instanter mortem contiguis assultibus intentarent, Amm. 20, 8, 10. – **c** der Zeit nach, **nahestehend an** usw., centenario iam contiguus, Amm. 24, 1, 10: quinquagesimo anno contiguus, Amm. 31, 14, 1. – **d** der Beschaffenheit usw. nach, **α** von Lebl.: contigua morti tormenta, beinahe den Tod bringende F., Amm. 28, 1, 56: suspiciones veritati contiguae, die fast zur Gewissheit erhobenen Verdachtsgründe, Amm. 21, 6, 2: pericula veritati saepe contigua, die oft mit der Wahrheit verbunden sind, Amm. 26, 1, 1. – **β** v. Pers.: ut iam caelo contiguus, schon an die Himmlischen reichend, schon fast ein Gott, Amm. 15, 5, 3: Ennius emeruit … contiguus poni tibi, ist würdig, dir an die Seite gestellt zu werden, Ov. art. am. 3, 410. – **II** passiv = ἁπτός, **berührbar, begreifbar,** gew. mit visibilis verb., Chalcid. Tim. 31 B. 32 C. 308. 345. – mit *Dat.* = **erreichbar** für usw., contiguus missae hastae, Verg. Aen. 10, 457.

continēns, entis, *PAdi.* m. *Compar.* (contineo), **I zusammenhängend, 1** mit einem anderen Gegenstand = **anstoßend, unmittelbar angrenzend,** m. *Dat.* od. m. *cum* u. Abl., **a** eig.: **α** im Raum: aër est c. mari, Cic.: c. ripae collis, Caes.: huic fundo uxoris continentia quaedam praedia atque adiuncta, Cic.: Cappadociae pars ea, quae cum Cilicia continens est, Cic. – absol., c. tecta, an das Nachbarhaus anstoßende Dächer, Liv. – *neutr. plur.* subst., continentia urbis, die Vorstädte, ICt.: c. usque Atho montem, die angrenzenden Landstriche, Plin. – **β** in der Zeit, **unmittelbar darauf folgend,** continentibus diebus, Caes. b. c. 3, 84, 2. – **b** übtr.: motus sensui iunctus et c., Cic.: timori perpetuo ipsum malum c. fuit, folgte auf dem Fuße, Liv.: videre igitur primum oportebit, quae sint continentia (im wesentlichen Zusammenhang stehen) cum ipso negotio, hoc est, quae ab re separari non possint, Cic. – **2** in sich **zusammenhängend, ununterbrochen, fortlaufend, a** eig.: **α** im Raum, agmen migrantium, Liv.: grex elephantorum, Liv.: flamma, Hirt. b. G.: continentes ruinae (murorum), der ununterbrochene Einsturz, Liv. – v. Örtl., paludes, Caes.: silvae ac paludes, Caes.: iugum, Liv.: aedificia, ICt.: litus, die Küste des Festlandes, Liv.: so auch ripa c., Hor. – terra c., das Festland, Cic. fr. u. Nep.: u. so c. Gallia, das Festland G., Caes. – subst., continēns, entis, Abl. gew. enti, *f.* (verst. terra), das **Festland,** der **Kontinent** (Ggstz. insula), continentis regio, Liv.: c. proxima, Plin.: in continentem legatos mittere, Caes.: ex continenti traicere (*sc.* in insulam), Curt.: a continenti, vom F. aus (Ggstz. a mari), Liv. – **β** in der Zeit, **ununterbrochen, anhaltend,** biduo continenti, Suet. – c. spiritus (Ggstz. sp. intermissus), Cic.: somnus, Cels.: totius diei c. labor, Caes.: itinera, Liv.: bella, Caes.: c. febres sine intermissione, Cels.: c. die ac nocte proelium, Liv.: imber c., Liv.: continenti cursu, in **einem** Lauf, Liv.: so auch continenti impetu, in **einem** Anlauf, unaufhaltsam, Caes.: e continenti genere, in ununterbrochener Geschlechtsfolge, Cic. – subst., ex continenti, unverzüglich, sofort, Iustin. 1, 9, 19 u. a.: so auch in continenti, ICt. – **b** übtr.: continentia tua scripta, deine zusammenhängenden historischen Hauptwerke, Cic.: sed nihil te interpellabo; continentem orationem audire malo, Cic.: quod quidem continens memoria (Geschichte) sit, Liv.: subactis iis gentibus, quae inter nos vosque sunt, continens imperium *usque ad* nos habebitis, Liv. – **II** (m. *Compar.* u. *Superl.*) bei Leidenschaften u. Begierden **an sich haltend** = **Herr** od. **Meister seiner Leidenschaften und Begierden, voll Selbstbeherrschung, enthaltsam-, mäßig in Genüssen** (griech. ἐγκρατής; Ggstz. intemperans, libidinosus), puer, Cic.: reges, Cic.: Epaminondas, Nep. – ne continentior *in* vita hominum, quam *in* pecunia fuisse videatur, Caes. – C. Laelius, L. Furius, moderatissimi homines et continentissimi, Cic. – **III** subst., continēns, entis, *n.* = τὸ συνέχον, als rhetor. *t. t.,* der Punkt, der die Verteidigung wesentlich enthält, auf den sich die Verteidigung wesentlich stützt, der **Haltpunkt,** der **Hauptpunkt,** die **Hauptsache,** Sing., Quint. 3, 6, 104; 3, 11, 9: Plur., continentia causarum, Cic. part. or. 103: ea continentia vocentur, quasi firmamenta (Stützpunkte) defensionis, Cic. top. 95.

continenter, *Adv.* (continens), **I zusammenhängend, a** im Raum, **in ununterbrochener Reihe,** c. sedetis insulsi, Catull. 37, 6: montes c. et quasi de industria per ordinem expositi, Mela 1, 5, 5 (1. § 29). – **b** in der Zeit, **in einem fort, unablässig, ohne Unterlass,** c. ferri, Cic.: uno spiritu c. multa dicere, Rhet. Her.: totā nocte c. ire, Caes.: cum iam amplius horis sex c. pugnaretur, Caes.: in Albano monte *biduum* c. lapidibus pluit, Liv.: ante rem gestam quae facta sint, c. *usque ad* ipsum negotium, Cic. – **II** an sich haltend = **enthaltsam, mäßig** in Genüssen, parce, continenter, severe, sobrie vivere (Ggstz. diffluere et delicate ac molliter vivere), Cic. de off. 1, 106. – *Superl.,* continentissime vivere, Augustin. conf. 6, 12 u. ep. 262, 3.

continentia, ae, *f.* (contineo), **I** das **Ansichhalten, a** das physische, Suet. Claud. 32. – **b** das moral., das Ansichhalten bei Leidenschaften u. Begierden, die **Selbstbeherrschung,** die **Enthaltsamkeit, Mäßigung, Uneigennützigkeit** u. dgl. (griech. ἐγκράτεια; Ggstz. libido, libidines, lascivia, insolentia [Übertreibung im Aufwand, Verschwendung]; verb. abstinentia et continentia, Ggstz. avaritia), continentia principum (Ggstz. cupiditates principum), Cic.: hinc continentia, illinc libido, Cic.: conferte huius libidines cum illius continentia, Cic.: in milite modestiam et continentiam desiderare, Caes.: aequitate et continentiā tueri socios, Cic. – m. *in* u. Abl., continentia in omni victu cultuque corporis, Cic. de off. 2, 86. – **II** die **Verfassung,** mundi, Chalcid. Tim. 32 C.: oculi, *ibid.* 246. – **III** der **wesentliche**

Bestand, orationis, Chalcid. Tim. 44: corporis, *ibid.* 304. – dah. der **Hauptinhalt,** Macr. somn. Scip. 2, 12. § 2. Hier. in Isai. 5, 20 *in.* u. 5, 3, 11: u. de expositione Vergilianae continentiae, Titel einer Schrift des Fulgentius am Hygin. *ed. Muncker* u. *ed. Staver.* – IV. die **Grenznachbarschaft, Grenznähe,** Solin. 7, 26. Macr. sat. 5, 15. § 5.

con-tineo, tinuī, tentum, ēre (con u. teneo), **I zusammenhalten, 1** verbindend, **a** fest aneinanderhaltend **zusammenhalten, α** eig., v. Pers., fracturam manu, Cels. – v. Lebl., sutura, si nimis rara est, non continet (verst. vulnus), Cels. – im Passiv, contineri, zusammengehalten werden = **zusammenhalten** (intrans.), in sich **festhalten** (intrans.), cum agger altiore aquā contineri non posset, Caes.: quas membranas natura firmas fecit, ut continerentur (zusammenhielten = nicht auseinander gingen od. sich nicht verschöben), Cic. – so auch im Aktiv intrans., per hortum utroque commeatus continet, hängt zusammen, Plaut. Stich. 452 R. – **β** übtr., **zusammenhalten** = **im Bestehen (im Gange) erhalten, aufrechterhalten,** haec quae vitam continent omnem, Cic.: sed haec ipsa virtus amicitiam et gignit et continet, Cic.: nec enim ulla res vehementius rem publicam continet quam fides, Cic. (u. so im Passiv id hominum genus, a quo uno et summa res publica et illa provincia maxime continetur, Cic.): c. Romanis (den R.) militarem disciplinam, Liv.: hostium imminens metus disciplinam veterem continebat, Flor. – im Passiv, ut ceterae naturae suis seminibus gignuntur, augescunt, continentur, sic etc., Cic.: vis multā exercitatione continenda est, Quint.

b ungetrennt beieinander behaltend, **zusammenhalten, zusammen-** od. **beieinander behalten,** merces (Ggstz. partiri) Cic.: milites, Caes.: exercitum (Ggstz. in civitates dividere), Liv. 28, 2, 16 (versch. v. unten *no.* II, 3, b, β, αα aus Cic. de imp. Pomp. 38): c. gregem voce (v. Kranichen), Plin.: maximos ferarum greges linea pennis distincta continet, Cic.: aqua in devexo fluit, in plano continetur et stagnat, Sen. – m. *Advv.* od. *Praepp.* (wo?), naves frumentumque ibi, Caes.: manipulos ad signa, Caes.: ceteros in armis, Liv.: legiones uno loco, Caes.

c übh. in Verbindung, in Zusammenhang bringend **zusammenhalten, verbinden, α** eig.: quod oppidum Cenabum pons fluminis Ligeris continebat, mit dem jenseitigen Ufer verband, Caes. b. G. 7, 11, 6. – gew. im Passiv, omnium legionum hiberna milibus passuum centum continebantur, standen auf einer Strecke von 100000 Schr. miteinander in Verbindung, Caes.: eorum (portuum) coniunctione pars oppidi, quae appellatur Insula, mari disiuncta angusto, ponte rursus adiungitur et continetur, Cic. – m. *cum* u. Abl. od. mit *inter se,* z. B. eadem magni refert primordia cum quibus contineantur, in Verbindung stehen, Lucr.: si mundus globosus est ob eamque causam omnes eius partes undique aequabiles ipsae per se atque inter se continentur etc., zusammenhängen, Cic. – **β** übtr.: omnes artes, quae ad humanitatem pertinent, habent quoddam commune et quasi cognatione quādam inter se continentur, Cic.: alcis hospitio contineri, durch G. mit jmd. verbunden sein, Nep.: ut non beneficiis mutuis, sed communi odio, quod erga regem susceperant, contineri viderentur, Nep.

2 umgebend, umschließend, **a zusammenhalten = umschlossen** od. **eingeschlossen halten, α** übh.: orbis extumus, arcens et continens ceteros, Cic.: ut (caro mollis) intestina non satis contineat, Cels.: vis caloris ... hieme fit densior eamque ob causam calorem insitum in terris continet artius, Cic.: mundus, qui omnia complexu suo coërcet et continet, Cic.: Oceanus ponto quā continet orbem, Tibull. – im Passiv, contineri m. *Abl.* = v. einer Örtl. **umschlossen-, eingeschlossen-, umgrenzt werden,** eorum una pars continetur Garumnā flumine, Oceano, finibus Belgarum, Caes.: Gallia, quae saltu Pyrenaeo Alpibusque et monte Cebennā, fluminibus Rheno et Rhodano continetur, Suet.: qui vicus positus in valle altissimis montibus undique continetur, Caes.: ita angustis montibus (eng aneinanderstoßenden Bergen) mare continebatur, ut etc., Caes.: mare ripis contentum insularum non longe distantibus, Mela. – **β** hemmend, feindl. **umschlossen halten, eingeschlossen halten, einschließen, gefangen halten,** v. lebl. Subjj., quos vincula continuerant, non castra, Iustin. – v. Pers., beluas immanes saeptis, Cic.: ventos carcere (Ggstz. ventos emittere), Ov.: alqm vinculis Romae (Ggstz. solvere), Suet.: catulos per diem catenis (Ggstz. noctibus solvere), Col.: quam illum ut honorate sic secure continet! wie ehrenvoll u. wie sorglos hält er ihn gefangen! Vell.: claustris poenalibus contineri, Solin. 1, 124. – als milit. *t. t.*, umlagernd, umstellend **eingeschlossen halten, einschließen,** Pompeium quam angustissime, Caes.: hostes proelio superatos, Caes.: equitatum Pompeianum ad Dyrrhachium, Caes.: contineri munitionibus, Caes.

b umschließend in sich **enthalten, in sich tragen** od. **haben, in sich begreifen,** m. *in* u. Abl. od. m. bl. *Abl.,* **α** v. Pers.: spes illa, quam in alvo continebat, unter dem Herzen trug (v. einer Schwangeren), Cic.: so auch cum praegnans hunc ipsum Dionysum alvo contineret, Cic. – übtr., odium in omnes bonos conceptum iam diu c., Cic.: c. a deo immissum dolorem, non a se conceptum, Cic. – omnium rerum, quae ad dicendum pertinent, fontes animo ac memoriā c., Cic. – **β** v. Lebl.: linea, quae centum continet pedes, Quint.: quattuor aeterna genitalia mundus continet, Ov.: si membranae eum (umorem) continuerunt, Cels.: gelum, quod (umor) continet in se, Lucr.: ut omnia, quae alantur et crescant, contineant in se vim caloris, Cic.: calor, qui aquis continetur, im W. enthalten ist, Cic. – übtr., **αα** übh., **enthalten, umfassen,** tales res, quales hic liber continet, Cic.: primus liber (historiarum) continet res gestas regum populi Romani, Nep.: nonus liber, quo missa ad Achillem legatio continetur, Quint.: litterae tuae partim laeta partim tristia continent, Plin. ep.: quod tabulae continent, Quint.: tabellae senatus consultum continentes, Val. Max.: liber secreta civilium sacrorum continens, Val. Max.: Idus Martiae magnum mendum continent, Cic.: simplex causa est, quae absolutam in se continet unam quaestionem, Cic. – und mit folg. *Acc.* u. *Infin.* od. indir. Fragesatz, tertia epistula continebat esse tibi redditam orationem pro Clario, Plin. ep.: tabulae, quibus centum talenta dedisse Thebanos continebatur, Quint.: quando ipsos loqui deceat, quartus liber continet, Quint. – im Passiv, is liber, quo acceptae et expensae summae continebantur, Val. Max.: earum ipsarum rerum, de quibus agimus, prima institutio et quasi disciplina illo libro continetur, Cic.: epistulae ei redduntur, quibus bellum Agidis in Graecia, bellum Alexandri in Italia continebatur, Iustin.: facinus, in quo omnia nefaria contineri mihi atque inesse (begriffen u. enthalten zu sein) videntur, Cic.: diei brevitas conviviis, noctis longitudo stupris et flagitiis continebatur, wurde ausgefüllt mit usw., Cic. – **ββ** etw. **wesentlich in sich enthalten,** etw. **wesentlich bedingen, das Wesen** einer Sache **ausmachen, der wesentliche Inbegriff-, der Hauptpunkt (die Hauptsache) sein** von od. bei etw. (s. Kühner Cic. Tusc. 3, 58. Giese Cic. de div. 1, 117. Matthiä Cic. Rosc. Am. 34), quod rem continet, quae rem continent, das, worauf es ankommt, das Wesentliche, Cic.: quod maxime rem causamque continet, Cic.: quae maxime rem continerent erant, die etwa die Hauptpunkte waren, Liv.: quod hunc locum continet, de quo agimus, Cic.: videamus de summo bono, quod continet philosophiam, welches der Hauptpunkt der Ph. ist, Cic.: haec quae vitam continent omnem, wesentlich bedingen, Cic. – im Passiv contineri alqā re od. in alqa re = **wesentlich** in etw. **enthalten-,** in od. unter etw. **begriffen sein, wesentlich** in etw. **bestehen,** durch etw. **wesentlich bedingt sein, das Wesen einer Sache ausmachen,** auf etw. **sich wesentlich stützen,** um etw. **sich wesentlich drehen,** non enim venis et nervis et ossibus continentur (di), Cic.: vita corpore et spiritu continetur, Cic.: status rei publicae maxime iudicatis rebus continetur, Cic.: exemplis continetur Aesopi genus, Phaedr.: artis pars magna continetur imitatione, Quint.: quo more caerimonia continetur, Caes.: Romanum foedus, quo nostra omnia continentur, Liv.: dolus malus in simulatione continetur, Cic. – v. Pers., bei etw. **wesentlich beteiligt sein,** qui viri hoc sermone continentur, Cic. de or. 3, 9.

II behalten, 1 umfassend, umschließend **halten, umfasst halten, festhalten, a** im Allg.: **α** v. der Hand u. v. d. Pers., die mit der Hand umfasst: acus ea veniat in sinistram, quam dextra continuit, Cels. – v. der Pers., c. dextram obambulantis, Suet.: alcis caput, Plaut. u. Cels.: alcis caput a posteriore parte (von hinten), Cels.: colem masculi sinistrā manu (bei einer Operation), Cels.: alqm (bei einer Operation), Cels., Auct. b. Afr. u. Curt.: u. so se continendum praebere, sich halten lassen, Curt. – **β** v. Lebl., **festhalten, in seiner Lage** od. **Stellung halten,** quadratas regulas defigunt, quae lateres contineant, Caes.: naves minus commode copulis continebantur, Caes. – u. als mediz. *t. t.,* ut (fascia) impositum medicamentum contineat, Cels.: nisi utrimque recti valentesque nervi collum contineant, Cels.: ferulae circumpositae ossa in sede sua contineant, Cels.

b Empfangenes bei sich **festhalten, behalten, α** v. der Hand: expeditius manus rapiunt, quam continent, Curt. – u. v. der Pers., mit der Hand, difficile est continere, quod capere non possis, Curt. – **β** v. Magen: alvus arcet et continet, quod recipit, Cic.: alvus alias cibos non transmittit, alias non continet, Plin.: u. ohne Objekt, stomachus non od. parum continet, Cels. – im Passiv, si cibus non continetur od. non contineri potest (verst. alvo), Cels. – u. im üblen Sinne, quia quod infusum est (das Klistier) alvo continetur, Cels. – v. der Pers., im Magen, onerati mero non continent cibum vino redundante, Sen. – **γ** v. Gedächtnis: velox mihi memoria erat ad continenda, quae acceperam, Sen. rhet.: nec disci audiendo possunt omnia nec memoriā contineri, Lact. – **δ** v. anderen Ggstdn.: mollis lana, quae umorem intus contineat, Cels.: lapides rotundi, qui et contineant umorem et transmittant, Plin.: ut scrobes quam maxime accipiant aquam contineantque, Plin.: arida continent odorem diutius, Plin.

2 wo **behalten** = wo **bleiben lassen, a** übh.: digitum ibi continere, donec etc., Cels.: aeger manus sub multa veste continere debet, Cels.: contineat sub lingua salem, donec liquescat, Plin.: semper manum intra pallium, Quint.: c. manus paenulis, Suet.: brachium veste, Quint.: aquam calidam ore, Cels.: oleum in ore, Plin. – übtr., jmd. in einer Tätigkeit, in einem Zustand **bleiben lassen,** in od. bei etw. **erhalten,** alqm in ea exercitatione, Cic.: se in suis perennibus studiis, Cic.: haud aequo animo se in secundo gradu, sich begnügen mit usw., Curt.: alqm in officio suo, Rhet. Her.: Belgas in officio (Gehorsam), Caes.: civitates in amicitia, Hirt. b. G.: Galliam in pace, Hirt. b. G.: Hispanias in summa quiete, Vell.: alqm sub tutela sua, bevormunden, Sen. – u. als mediz. *t. t.,* alqm in ieiunio, Cels.: quā ratione aeger continendus sit, wie zu halten, Cels.

b wo **verweilen lassen, sich aufhalten lassen, sich aufzuhalten nötigen,** wie unser **behalten, innen halten** u. bl. **halten,** milites sub pellibus, Caes.: pecudem sub tecto, Col.: aegrum lucido loco od. obscuro loco, Cels.: exercitum castris, Caes.: partem iuniorum domi, Liv.: alqm domi atque intra privatos parietes, Quint.: deos parietibus inclusos, Cic.: indignationes domi, verbergen, Liv. 1, 10, 1. – v. lebl. Subjj., rogo ut veniat, quia me recens adhuc luctus limine contineret, Plin. ep.: u. (im Bild) neque privata domus parietibus continere voces coniurationis tuae potest, Cic.: si sui iuris finibus matronas contineret pudor, Liv. – bes. oft se continere u. Passiv contineri, **sich halten, sich aufhalten, sich innen halten,** se in lectulo, Cels.: se in villa, Val. Max.: se in Italia, Vell.: se intra coloniam suam, Sen. rhet.: sese intra silvas in occulto, sich in den W. verborgen halten, Caes.: se hoc colle, Caes.: se tectis od. se alvo (v. Bienen), Plin.: se vallo adversus validiorem hostem, Liv.: se portis muroque, Liv.: se suo loco (Stellung), Caes.: sese ad hoc tempus his sedibus, Caes.: se ruri, Ter.: se consulto domi, Cic.: u. (im Bild) se suarum rerum finibus, Cic.: u. (m. Ang. **wie?**) si Poenus sub angulo Alpium quietus se contineat, sich ruhig verhalte, Liv. 29, 5, 9. – im Passiv, contineri intra suum limen, sich auf das Haus beschränken, Liv.: contineri tecto ac parietibus, Cic., tectis ac tenebris, Cic.: absol., acies ad solis occasum continentur, bleiben stehen, bleiben in ihrer Stellung, Caes. b. c. 1, 83, 3. – dah. prägn., **α** alqm continere, jmd. **innen halten** = im Hause zu bleiben nötigen, frigidus agricolam si quando continet imber, Verg. georg. 1, 259. – u. so bes. nachaug. oft se continere, **sich innen halten** (Ggstz. progredi), gew. = zu Hause bleiben, Cels. u. Suet.; selten = sich im Lager halten, z. B. Iustin. 42, 4, 8. – **β** alqd continere, etw. **innen behalten** = nicht mitteilen, teils Geschriebenes nicht herausgeben, reliquos libros, Cic. ad Att. 13, 21, 4. – teils Gewusstes **bei sich** od. **für sich behalten, verschwiegen halten** (Ggstz. proferre), quae vera audivi taceo atque contineo optime, Ter.: petimus ab Antonio, ut ea, quae continet neque adhuc protulit, explicet nobis, Cic. – teils einen Affekt **zurückhalten, unterdrücken, verbergen** = nicht äußern, nicht laut werden lassen m. dopp. *Acc.,* alqd (gaudium, dolorem) tacitum c. od. c. non posse, Liv. 30, 17, 5 u. 40, 3, 5. **c** wo **aufbewahrt halten, aufbewahren,** *lacus* (est) lacuna magna, ubi aqua contineri potest, Varro LL.: c. murenas ingentes in piscina, Sen.: privatā custodiā (Obhut) contineri (v. Schriften), Cic.: ebenso Vestae custodiā contineri (v. Palladium), Cic.: gens Aegyptiorum, quae plurimorum saeculorum et eventorum memoriam litteris continet, Cic.

3 innen halten, einhalten = anhalten, aufhalten, an sich halten, hemmen, deutsch auch bl. **halten, a** eig.: **α** Lebl.: aquam, Caes.: ora frenis spumantibus, Phaedr. – animam in dicendo, Cic.: spiritum, Cels.: spiritum diutius, Cels.: spiritum in natando, Plin.: gradum, Verg.: c. vocem, den Mund halten, Cic.: c. risum, Cic.: vix od. non c. lacrimas, Plaut. u. Aur. Vict.: non c. bilem, Sen. rhet.: diligentissime c. linguam, im Zaum halten, Cic.: so petulans non linguam, non manum continet, Sen.: unde manum iuventus metu deorum continuit? Hor. – **β** leb. Wesen: suos continuit silentio (in St.), Liv.: artis frenis continet equos, Sen. poët. – v. leb. Subjj., an te tempestas continet? Plaut.: hos omnes flumina continebant, Caes.

b übtr.: **α** jmd. **aufhalten, abhalten, enthalten,** m. *ab* u. Abl., suos a proelio, Caes.: omni ope milites ab seditione, Liv.: de omnibus rebus c. se ab assentiendo, Cic.: contineo me ab exemplis, Cic. – m. folg. *ne* od. (bei vorhergeh. Negation) m. *quin* od. *quominus* u. Konj., contineo igitur me, ne incognito assentiar, Cic.: ut contineant milites, ne studio pugnandi longius progrediantur, Caes.: nec contineri Macedones poterant, quin cursu quoque ad hostem contenderent, Curt.: ut vix ab amicis, quominus occideret eum, contineretur, Curt. – **β im Zaum-, in Schranken halten, αα** politisch od. militärisch **im Zaum-, im Gehorsam (in der Treue) halten** od. **erhalten, in der Zucht halten** (s. Fabri Liv. 22, 22, 11), reliquos Macedonas, Liv.: nauticos in navibus, Liv.: exercitum (v. Feldherrn), Cic. de imp. Pomp. 38 (versch. von Liv. 28, 2, 16 oben *no.* I, 1, b). – v. lebl. Subjj., severitas imperii eos continuit, Liv.: metum continuisse ad eam diem Hispanorum animos, Liv. – m. *Abl.* (durch), c. Asiam modico exercitu, Curt.: proprio bello Tiburtes, Liv.: Etruscos non tam armis, quam iudiciorum terrore, Liv.: c. aequitate animi plebem, durch Zufriedenheit im Gehorsam halten = zufrieden erhalten, Caes.: c. fide populares, durch Tr. im G. h. = in der Tr. erhalten, Curt.: quae pauca (oppida) magis metu quam fide continebantur, Liv. – bei vorhergeh. Negation m. folg. *quin* u. Konj., qui (Bituriges) unius legionis hibernis contineri (abgehalten werden) non poterant, quin bellum pararent, Hirt. b. G. 8, 2. § 2. – **ββ** moralisch **im Zaum halten, bezähmen, zügeln, mäßigen,** u. *refl.* continere se od. Passiv contineri medial = **an sich halten, sich mäßigen, sich beherrschen,** omnes cupiditates, Cic.: appetitiones od. appetitus animi (Ggstz. remittere, freien Lauf lassen), Cic.: se, Cic.: insolentiam suam modeste, Cic.: u. (v. lebl. Subjj.) quosdam continet metus, Quint.: ut metu contineatur audacia, Cic. – m. *in* u. Abl., in Scaevola c. dicta, Cic.: c. se in aliqua libidine (Ggstz. se in aliqua libidine effundere), Cic.: im Passiv, in illa cupiditate contineri, sich mäßigen (Ggstz. flagrare amentiā, inflammatā ferri libidine), Cic. – m. *ab* u. Abl., temeritatem ab omni lapsu, Cic.: a praesenti supplicio tuo continuit populus Romanus se et repressit, Cic. – bei vorhergeh. Negation m. folg. *quin* u. Konj., te non potuisse continere iracundiam tuam, quin nobis de morte Caesaris obiceres, Brut. et Cass. in Cic. ep.: non continentes (verst. se), quin protinus adicerent, Vell.: non posse milites contineri, quin etc., Caes.: vix me contineo, quin involem in capillum, Ter.: male me, quin vera faterer, continui, male, quin, ut oportuit, oscula ferrem, Ov.: im Passiv, contineri, quin complectar, non queo, Plaut. – im Passiv im Zshg. absol., equidem cupio (*sc.* reducere) et vix contineor (*sc.* quin reducam), Ter. Hec. 615.

contingentia, ae, *f.*, die **Möglichkeit,** Boëth. in Aristot. herm. sec. 5, 12.

1. contingo, tigī, tāctum, ere (con u. tango), **I** *v. tr.* **berühren, anrühren, A** eig.: **a** übh., bei Ang. **womit?** m. *Abl.*, v. leb. Wesen, crus alcis calce, Suet.: mento humum, Curt.: alqm digito, s. digitus: summas pede undas, Ov.: exstinctos ore suo focos, Ov.: terram osculo, m. einem Kuss b. = einen K. auf die Erde drücken, Liv. – summa sidera plantis, auf Sternen wandeln (poet. zur Bezeichnung der höchsten Glückseligkeit), Prop. – v. lebl. Subjj., c. montes suo igni (v. der Sonne), Lucr.: paene terram (v. Mond), Cic.: caules nulla ex parte (v. Weinstock), Cic.: ne arbusculae inter se contingant, Col.: curalium, quo primum contigit auras tempore, durescit, mit der Luft in Berührung gekommen ist, Ov. – im Passiv, paene ut radiis (solis) prius quam terra contingeretur, Suet.: fenestrae sic editae, ne manu contingi (berührt = erreicht werden) possint, Col.

b fassend, anfassend, umfassend, **berühren,** dah. deutsch zuw. **fassen, erfassen, umfassen, ergreifen,** funem manu, Verg.: alterā manu orientem, alterā occidentem, Curt.: datas habenas manibus, Ov.: (alcis) manum, Vell.: (alcis) dextram, Liv. u. Val. Max.: alcis genua, Apul. u. Dict. – taurum, quamvis mitem, metuit contingere primo, Ov.: contigit et glebam; contactu gleba potenti massa fit, Ov. – v. Vögeln, facile cibum terrestrem rostris, Cic. – prägn., etw. **anrühren** = sich aneignen, an etw. sich vergreifen, ideoque nec sua custodiunt, nec aliena contingunt, Mela 2, 1, 11 (2. § 11).

c kostend, speisend **berühren, anrühren,** deutsch auch von etw. **kosten,** cibos ore, Ov.: granum, Hor.: aquas, fontem, Ov. – feindl., v. Vögeln = anfressen, asservarent corpus, ut ne aves quidem contingerent, Curt. 7, 5 (24), 40.

d bestreichend, bestreuend, benetzend **berühren, bestreichen, bestreuen,** ora nati sacro medicamine, Ov.: cibos sale modice, Cels.: caseum torrido sale, Col.: lac parco sale, Verg.

e befleckend, entehrend **berühren,** corpus corpore, Plaut. Amph. 834.

f ansteckend **berühren, anstecken,** morsu serpentis contingitur, Dict. 2, 14: venenatis morsibus contacta nonnulla iumenta, Apul. met. 9, 2: quaedam in contactos corporis vitia transiliunt, Sen. de ira 3, 8, 1.

g auf od. an etw. anstoßend **berühren,** **α** seiner Höhe, Länge nach bis zu etw. **hinauf-** od. **hinabreichen,** nubes aërio vertice (v. einem hohen Berg), Tibull.: sidera comā (v. einem hohen Baum), Ov.: nullas profecto terras caelum contingere, Liv.: u. (im Bild) dum corporis aut externa (bona) iaceant humi ...; alia autem illa divina longe lateque se pandant caelumque contingant, sich bis zum H. erheben, Cic. – cum pedes imum gradum (sellae regiae) non contingerent, mensam subdidit pedibus, Curt. – **β** seiner Ausdehnung in die Breite nach bis zu etw. **hinreichen, reichen,** an etw. **unmittelbar stoßen,** milites disponit non certis spatiis intermissis, sed perpetuis vigiliis stationibusque, ut contingant inter se, Caes. – v. Lebl., turris contingens vallum, Caes.: agger murum hostium paene contingit, Caes.: trabes non inter se contingunt, Caes. – bes. als geogr. *t. t.*, **unmittelbar stoßen, -liegen, -angrenzen** an usw., quorum agri non contingunt mare, Cic.: Helvii, qui fines Arvernorum contingunt, Caes.: saltus Vescinus Falernum contingens agrum, Liv.: sinum parva oppida contingunt, Mela: contingentes Illyricum coloniae, Suet.: Aegyptus dorso Aethiopiam contingit, Mela. – m. *ex* od. *ab* u. Abl., radices montis ex utraque parte ripae fluminis contingunt, Caes.: Atlanticus Oceanus terras ab occidente contingit, Mela.

h ein Ziel erreichend berühren, etw. **erreichen,** **α** ein Ziel mit einem Geschoss treffend **erreichen, treffen,** ex tanta altitudine contingere hostem posse, Liv. – ipsam avem contingere ferro non valuit, Verg.: da mihi quod petitur certo contingere ferro, Ov. – **β** ein Ziel infolge der Bewegung **erreichen,** sowohl v. Pers. = wohin **gelangen,** einen Ort **betreten,** optatam cursu metam, Hor.: Ephyren pennis, Ov.: Italiam, Verg.: Coronen, Dict.: Cadmeïda arcem, Ov.: terram od. litora, das Land, das Ufer betreten (v. Seefahrern), Ov., Dict. u. a. (s. Deder. Dict. 2, 1). – als v. Lebl. = etw. **erreichen, treffen,** quam regionem cum superavit animus naturamque sui similem contigit atque agnovit, Cic. Tusc. 1, 43 (vgl. *ibid.* cum ad sui simile penetravit). – **γ** **bis zu** jmd. od. jmds. Ohren **dringen,** v. Tönen, v. Gerüchten usw., inde deos hominesque voco; nec contigit ullum vox mea mortalem, Ov.: contigerat nostras infamia temporis aures, Ov.: u. fando contigit aures m. folg. *Acc.* u. *Infin.* = es drang das Gerücht zu Ohren, das usw., Ov. met. 15, 497 *sqq.*

B übtr.: **a** jmd. od. etw. **berühren** = mit jmd. od. etw. **in Berührung (Beziehung) stehen,** **α** übh., v. Umständen, jmd. od. etw. **angehen,** jmdm. **zustehen, zuständig sein,** haec consultatio tota de re pertinente ad vos est; Romanos nihil contingit, nisi quatenus etc., Liv.: meam causam, quae nihil eo facto contingitur, ne miscueris, Liv.: absol., cognitio de suspectis tutoribus contingit (ist zuständig), Macer dig. 1, 21, 4. – **β** mit jmd. durch irgendein Verhältnis (Verwandtschaft, Freundschaft, Umgang usw.) **in Berührung (Beziehung) stehen,** alqm sanguine, Sen.: alqm sanguine ac genere, Liv.: alqos aut propinquitate aut amicitiā, Liv.: regiam aut propinquitate aut affinitate aut ministeriis, Liv.: alqm longinquā od. propinquā cognatione, Curt.: alqm a matre artissimo gradu, Suet.: Caesarum domum nullo gradu, Suet.: Claudiorum familiam artissimo sanguinis vinculo, Val. Max.: alqm modico usu (Umgang), Tac.: deos propius, mit den Göttern (= mit den Größen der Erde) im näheren Umgang stehen, Hor.

b jmd. ergreifend berühren, sowohl v. angenehmen u. unangenehmen Eindrücken, jmd. **berühren, ergreifen, treffen,** numine contactae suo, begeistert, Ov.: quam me manifesta libido contigit, Ov.: quos in aliqua sua fortuna publica quoque contingebat cura, Liv.: contactus nullis ante cupidinibus, Prop. – als v. Schicksalen, jmd. **betreffen,** nec umquam contacti simili sorte rogetis opem, Ov. trist. 3, 4, 78.

c moralisch befleckend, entweihend **berühren = antasten, anstecken, beflecken, entweihen** (s. Drak. Liv. 2, 5, 2 u. 4, 15, 8), contacturum (sese) funebribus diris signa tela arma hostium, mit dem Fluch der Vernichtung beladen, Liv.: quae (auspicia) ut primum contacta sint ab eo, a quo nec ius nec fas fuerit, Liv. – gew. im Partiz. Perf., dies contactus religione, mit Fluch beladen, Liv.: bona contacta pretiis regni mercandi, Liv.: equi nullo mortali opere contacti, Tac.: casta et nullis contacta vitiis pectora, Tac. – bes. durch Teilnahme, plebs contacta regiā praedā, Liv.: milites contacti sacrilegio, Liv.: ut omnia contacta societate peculatus viderentur, Liv.: omnes contacti eā violatione templi, Liv.: velut contactā civitate rabie duorum iuvenum, Liv.: hic contactus ensis deserat castum latus, Sen. poët.

d teilhaftig werdend berühren, **α** v. dem, der etw. erlangt, etw. **erlangen, zu etw. kommen,** aevi c. florem, Lucr. 1, 564: prius periere, quam quod petierant contingerent, Phaedr. 1, 20 (22), 6. – **β** v. dem, was jmdm. zuteil wird, jmdm. **zufallen,** palma frugum indubitata Italiam contigit, Plin. 18, 109: sors Tyrrhenum contigit, Vell. 1, 1. § 4: ut quemque sors contigerat, Dict. 5, 13 *extr.* – v. Übeln, jmd. **treffen,** auf jmd. **fallen,** quos aliquā parte suspicio favoris in regem contigerat, Liv. 45, 31, 3.

e teilhaftig werden lassend mit etw. berühren = von etw. **treffen** od. **ergreifen lassen,** ignotā animum (virginis) contingere curā (v. der Venus), Val. Flacc. 7, 173.

f darstellend **berühren,** alqd strictim, Lact. 2, 10, 15 (bei Cic. ad Att. 2, 1. § 1 strictim attingere).

II *v. intr.* **zutreffen, eintreffen, sich treffen, sich fügen, eintreten,** v. Ereignissen, die infolge günstiger od. ungünstiger Verhältnisse **sich zutragen, begegnen,** v. glücklichen Ereignissen zuw. = **glücken, gelingen,** m. *Dat.* (wem?) auch = **zuteil werden** (vgl. Otto Cic. de rep. 1, 14. p. 38 *ed. Osann.* Heusinger Cic. de off. 2, 14, 12), **α** ganz absol.: hanc mihi expetivi; contigit, Ter.: si contingit od. si continget, Quint.: forsitan si contigerit, wenn ich etwa das Glück haben sollte (als Parenthese), Amm. – **β** m. Ang. **was?** im *Nom.*: id cum contigit, Cic.: si qua pugnandi occasio esset, postquam ea nulla contigerat, Liv.: neque prius cursus contingere potest (kann ein Wettlauf vor sich gehen) quam scierimus, quo sit et quā perveniendum, Quint.: ubi quid melius contingit et unctius, Hor.: ambulas inter nos, non quasi contingas, nicht als ob es ein Glück für uns wäre, Plin. pan.: id quod in hoc contigit bello, Auct. b. Hisp.: quantulumcumque temporis contigit, Sen.: animus supra omnia quae *contingunt acciduntque* eminens, über alle Begegnisse und Zufälle, Sen. ep. 66, 6. – mit *Abl.* (durch), magis adeo id facilitate quam aliā ullā culpā meā contigit, Cic.: quae (examina apium) dono vel aucupio contingunt, man geschenkt bekommt oder selbst einfängt, Col. 9, 8, 5. – m. *ex* (infolge) u. Abl., contingit eadem claritas etiam ex accidentibus, Quint.: ex nidore hilaritas contingit, Mela. – m. *Dat.* (wem?), quoniam tantum habemus otii, quantum iam diu nobis non contigit, Cic.: quam rem paucis contigisse docebat, Caes.: contigit tibi magnifica res, Val. Max.: si mihi vita contigerit, Planc. in Cic. ep.: mihi omnia, quae opto, contingant, Cic.: an est quicquam, quod Veientibus optatum aeque contingere possit, quam ut etc., Liv.: ne quid iis, quos amasti, mali putes contigisse, Cic.: contingent oculis videnda crura, Ov.: qualis (dux) si qui nunc esset, tibi idem, quod illis *accidit, contigisset,* Cic. Phil. 2, 17: m. *Abl.* (durch), hoc si tibi felicitate quādam contigisset, Cic. – zugl. m. *Dat.* des Prädikats, ut tamen id per M. Agrippam securo ei posse contingere non existimarent, Vell. – **γ** mit Angabe **was?** im *Infin.*: celeriter antecellere omnibus ingenii gloriā contigit, Cic. Arch. 4: fingere cinctutis non exaudita Cethegis continget, Hor.: ita mihi contingat aut honeste degere aut mori, Sen. rhet.: contingat modo te filiamque tuam fortes invenire, Plin. ep. – m. *Dat.* (wem?), non cuivis homini contingit adire Corinthum, Hor.: nec tamen scio quem reum illi defendere nisi se contigerit, Sen. rhet.: contigit nobis bene componere animum, Sen.: ita mihi contingat herede filio mori, Quint.: contigit ei ter triumphare, Val. Max. – zugl. m. *Dat.* des Prädikats, Iovis esse nepoti contigit haud uni, Ov.: quo tempore mihi fratrique meo destinari praetoribus contigit, Vell.: ita mihi libero et vivere contingat et mori, Sen. rhet. – **δ** m. Ang. **was?** durch einen Satz m. *ut* u. Konj., quoniam autem, tecum ut essem, non contigit, Cic.: vix mehercle contingere potest, ut hilares ab hac impatientia laetique discedant, quos pudor dimittit, Ps. Quint. decl. – m. *Dat.* (wem?), huic contigit (diesem glückte es, dieser hatte das Glück, war so glücklich), ut patriam e servitute in libertatem vindicaret, Nep.: nec ulli alii contigisse scio, ut discipuli non audiri desiderarent, sed contenti essent audire, Sen. rhet. – gew. m. vorhergeh. (allg.) Ang. des **was?** im *Nom.*, nec ullo casu arbitror hoc constanti homini posse contingere, ut ulla intermissio fiat officii, Cic.: soli hoc contingit sapienti, ut nihil faciat invitus, Cic.: qui honos huic uni ante id tempus contigit, ut, cum patri populus statuam posuisset, filio quoque daret, Nep.

2. **con-tingo** (-tinguo), ere, **benetzen,** colore semina rerum, Lucr. 2, 755: u. so Lucr. 1, 938. – übtr., musaeo cuncta lepore, würzen, Lucr. 1, 934. – ► Andere Beispiele zu 1. contingo *no.* I, d, s. d.

continor (-uor), ātus sum, ārī (contus), I eig. **mit dem** contus **werfen,** Itin. Alex. 6. p. 4, 6 *Volckm.* – 2 übtr., jmd. **treffen, antreffen,** alqm od. alqd, Sisenn. 4. fr. 125 (bei Non. 93, 32). Apul. met. 1, 24; 5, 31; 6, 18; 11, 22. Eumen. pan. Const. 8, 5. Symm. epist. 1, 53; 4, 44.

continuanter, *Adv.* (2. continuo), **in ununterbrochener Reihe** (Ggstz. carptim), Augustin. retract. 1, 24 u. a. Eccl.

continuātē, *Adv.* (2. continuo), **in ununterbrochener Reihe, hintereinander,** Schol. Iuven. 14, 27. Paul. ex Fest. 315, 5.

continuātim, *Adv.* (2. continuo), **sogleich darauf,** Augustin. de doctr. Chr. 4, 7, 20 u. a. Charis. 209, 5. Serg. in Donat. 560, 10.

continuātio, ōnis, *f.* (continuo), I aktiv = die **ununterbrochene Fortführung, -Fortsetzung,** lignariae negotiationis, Capit. Pertin. 1. § 1. – bes. die ununterbrochene **Fortführung (Beibehaltung)** eines Amtes, tribunatus, Liv. 3, 24, 9: magistratus, Liv. 3, 64, 4. – II passiv, A die **unmittelbare Aufeinanderfolge,** der **ununterbrochene Fortgang,** der **stete Zusammenhang,** c. seriesque rerum, Cic.: c. coniunctioque naturae, quam vocant συμπάθειαν, Cic.: c. causarum, Cic.: contextus et c. sermonis, Quint.: brevium verborum ac nominum c., Quint.: interrumpi tenorem rerum, in quibus peragendis c. ipsa efficacissima esset, non convenire, Liv. – als rhetor. *t. t.,* a (mit u. ohne verborum) die **stetige Folge,** der **Zusammenhang** der Worte, quasi nodi continuationis, Cic.: non est enim in verbo modus hic, sed in oratione, id est in continuatione verborum, Cic. – dah. die fortlaufende **Periode** (vgl. Cic. or. 204. Quint. 9, 4, 22), z. B. nimis longa c. verborum, Cic. – b der **ununterbrochene Vortrag,** Ggstz. distributio, Rhet. Her. 3, 23: Ggstz. intercapedo et quasi remissio, Plin. ep. 4, 9, 11. – B die **ununterbrochene Fortdauer** in der Zeit (Ggstz. intervallum, Serv. Verg. Aen. 1, 47), c. imbrium, Caes.: c. laborum, Vell. u. Suet.: bellorum, Vell.: nimia prosperorum od. prosperitatis, allzu anhaltendes Glück, Flor. u. Ps. Quint. decl.

continuātīvus, a, um (continuare), **zur Verbindung** od. **Fortsetzung dienend,** coniunctiones, Prisc. 16, 2.

continuātus, a, um, m. *Superl.,* s. 2. continuo.

continuē, *Adv.* (continuus), **zusammenhängend, in einem fort, fortwährend,** Varro LL. 5, 27. Ter. Maur. 1964. Symm. ep. 9, 23. Mart. Cap. 5. § 517. Cassiod. in psalm. 69, 5 u. 118, 31 u. a. Eccl.; vgl. Non. 376, 26.

continuitās, ātis, *f.* (continuus), die **ununterbrochene-, unmittelbare Fortdauer** in der Zeit, Varro LL. 7, 107.

1. **continuō,** *Adv.* (continuus), I **ununterbrochen, in einem fort, nacheinander, fortwährend,** Varro LL. 7, 13. Quint. 2, 20, 3 u. 9, 1, 11. – II **unmittelbar darauf,** a im Raum: Lycia continuo (verst. sequitur), Mela 1, 15, 1 (1. § 80). – b in der Zeit, **gleich darauf, sogleich,** mit u. ohne entsprechende Zeitpartikel (wie ubi, cum, postquam, ut, simulac), Cic. u. a.: verb. c. protinam, Plaut. Bacch. 374. – c zur Angabe der logischen unmittelbaren, notwendigen Folgerung, doch nur in Verbindung mit einer Negation od. einer diese voraussetzenden Frage, **nicht sofort, nicht alsbald, nicht gleich, darum nicht sofort, -nicht gleich,** in der Frage **etwa gleich? darum gleich?** Ter., Varro, Cic. u. a.

2. **continuo,** āvī, ātum, āre (continuus), **zusammenhängend machen,** d. i. **ohne Unterbrechung fortführen,** I im Raum, a mit einem anderen Ggstd.: **α** zwei usw. Ggstd. **unmittelbar aneinander reihen, ununterbrochen fortlaufen lassen, unmittelbar verbinden** od. **in Verbindung setzen** (Ggstz. intermittere), binas aut amplius domos, Sall.: scuta inter se, Liv.: domus, quā Palatium et Maecenatis hortos continuaverat, Tac. – Passiv medial = **ununterbrochen fortlaufen,** atomi cohaerescunt inter se et aliae alias apprehendentes continuantur, Cic.: priusquam continuarentur hostium opera, sich rings schlössen, Liv.: tribunalia continuata, Cic.: tauri solent diversi assistere clunibus continuati, mit den Lenden sich dicht aneinander stellend, Varro. – übtr., c. verba, Quint.: verba verbis aut nomina nominibus, Quint.: continuata coniunctaque verba (Ggstz. singula verba), Cic.: plura continuata verba (Ggstz. unum verbum), Cic.: verbis continuandis vocem quoque iungere oportet, Rhet. Her. – **β** einen Ggstd. an einen anderen **unmittelbar anreihen, -anfügen, -sich anschließen lassen, anstoßen lassen,** m. *Dat.* (wem = an wen?), aedificia moenibus, Liv.: Mygdoniis regnum Alyattei campis, Hor.: latus lateri, Ov. – Passiv medial, **sich unmittelbar anreihen, -anschließen,** itaque (aër) et mari continuatus et iunctus est, Cic.: alci montibus continuata videntur nemora riparum, Curt.: Suionibus Sitonum gentes continuantur, Tac. – b in sich: **α** denselben Ggstd. **ohne Unterbrechung fortführen, ununterbrochen fortlaufen lassen, -fortsetzen, weiter ausdehnen,** agros (durch Ankauf der Nachbargrundstücke) weiter ausdehnen, zusammenlegen, Liv. u. Hor.: so auch agrum latissime, Cic., u. fundos, Cic., ista dena iugera, Cic.: pontem, ununterbrochen bis zu Ende fortsetzen = vollenden, Tac.: tellus hinc ardua celsos continuat colles, Lucan. – Passiv medial = **ohne Unterbrechung fortlaufen, zusammenhängen, ein zusammenhängendes Ganzes bilden, lückenlos-, ungeteilt sein,** omni naturā cohaerente

et continuatā, Cic.: divinus et continuatus spiritus (v. der Weltseele), Cic. – **β** einen u. denselben Ggstd. ununterbrochen wiederholen, **fortsetzen,** dochmius iteratus aut continuatus (Ggstz. semel positus), Cic. or. 218.
II in der Zeit: **a** mit einem anderen Ggstd.: **α** zwei Ggstd. usw. in der Zeitfolge **unmittelbar aneinander reihen, aufeinander folgen lassen,** funera, Leichenbeg. an Leichenbeg. reihen (= fast unmittelbar hintereinander zu Grabe getragen werden), Liv.: dapes, einen Leckerbissen nach dem anderen bringen, Hor.: tres siseres edendo, nacheinander essen, Plin.: diem noctemque potando, in einem fort Tag u. Nacht trinken, Tac.: segnem Nomium fortemque Mimanta continuat ferro, erlegt er nacheinander mit dem Schwert, Stat. – **β** an einen anderen Ggstd. **unmittelbar anreihen,** auf einen anderen Ggstd. **unmittelbar (sofort) folgen lassen,** mit *Dat.* (an wen? od. auf wen?), transscendendo media summa (die obersten Stellen) imis, Liv.: ei (verst. aedilitati) praeturam, Vell. – Passiv medial, **unmittelbar (sofort) sich anreihen, -sich anschließen, -folgen,** hiemi continuatur hiems, Ov.: paci externae continuatur discordia domi, Liv.: cum damna damnis continuarentur, Tac.: aliis somno mors continuata est, Liv.: alterius mors continuata somno est, Sen. – **b** denselben Gegenstand **ohne Unterbrechung fortführen, -fortsetzen,** mit demselben Ggstd. **ohne Unterbrechung fortfahren, α** übh.: c. militiam, Liv.: c. hiemando bellum, Liv.: c. pacem, Tac.: modo c. unum quodque (praenomen) per trinas personas, modo alternare per singulas, Suet.: c. multos post annos imperium et scelera, fortregieren und weiterfreveln, Tac.: ubi tantum luctus continuatur, bei dem sich fort und fort so viel Trauer häuft, Cic.: si febris continuatur od. (aktiv. neutr.) continuat, fortdauert, Cels.: quasi quaedam continuata (ununterbrochene) motio et perennis (als Übersetzung von ἐνδελέχεια), Cic.: rerum gestarum gloria continuata, Cic.: labor continuatus, Curt.: continuatissimae curae, die ununterbrochensten, Sidon. epist. 8, 3, 4: tempora miseriis continuatissima, Oros, 2, 3, 4. – m. *Acc.* od. *Abl.* der Zeit, c. diem noctemque opus, Caes.: c. iter die ac nocte, Caes.: nocte ac die continuatum incendium fuit, Liv.: somnus ereptus continuataque nocte et die vigilia, Cels.: quae libertas usque ad hoc tempus continuata permansit, Cic. – **β** c. magistratum, sowohl vom Amtsinhaber selbst = ein Amt **auch das folgende Jahr fortführen, weiterbehalten,** magistratum, Sall.: consulatum, Liv.: alterum od. undecimum consulatum, Vell.: tribunatum, Vell. – als auch v. Amtserteiler (v. Volk, v. Herrscher) = ein Amt **auch das folgende Jahr fortführen lassen, belassen, noch ein Jahr verlängern,** alcis honorem, Val. Max.: alci consulatum, tribunatum, Liv.: (alci) magistratum, Liv. – u. im Passiv, dantur imperia et ea continuantur, Cic.: ne maximum imperium in una familia continuaretur, von Jahr zu Jahr verbliebe, Val. Max.

continuor, s. continor.

continuus, a, um (contineo), **zusammenhaftend, -hängend, I** im Raum, **a** mit einem anderen Ggstd., **α** von zwei oder mehreren Ggstdn., **aneinander hängend, unmittelbar aneinander liegend, -stoßend, ununterbrochen fortlaufend** (Ggstz. intermissus), agri, Suet.: montes, Hor. u. Plin.: rupes, Mela: tecta (Ggstz. tecta intermissa), Plin. ep.: tela, fort u. fort abgeschossene, Stat. – *neutr. Plur.* subst., continua, ōrum, *n.* = die aneinanderstoßenden Örtlichkeiten, Liv. 30, 5. §7. u. 6. §5. – **β** von **einem** Ggstd., der unmittelbar an einen anderen stößt, **sich unmittelbar anreihend, -anschließend, unmittelbar anstoßend,** Leucada continuam veteres habuere coloni, mit dem Festland zusammenhängend, als Halbinsel, Ov. met. 15, 289: m. *Dat.* (wem? an wen?), aër continuus terrae est, Sen. nat qu. 2, 6, 1. – übtr., v. der Pers., jmdm. **zunächststehend,** Nerva, continuus principi, Tac. ann. 6, 26 *in.* – **b** in sich **zusammenhängend, ununterbrochen fortlaufend, ununterbrochen, ungetrennt, ungeteilt,** humus (die Masse des Landes), Ov.: alveus, Plin.: mare, Tac.: flumen Tiberis, Val. Max.: litus, litora, Mela: Pyrenaeus trahit perpetua latera continuus, Mela: Rhenus uno alveo continuus, Tac. – mons aequali dorso continuus *usque ad* proximum castellum, Tac. – übtr., translationes, Cic. or. 94: narratio (Ggstz. divisa), Quint.: expositio (Ggstz. partita), Quint.: oratio, Tac. u. (Ggstz. oratio inter respondentem et interrogantem discissa) Sen. u. (Ggstz. sermo) Suet.: quae apud Sallustium rara fuerunt, apud hunc crebra sunt et paene continua, Sen. – **II** in der Zeit: **a** mit einem anderen Ggstd., **α** von zwei oder mehreren Ggstdn., **unmittelbar aufeinander folgend,** secutae sunt continuos complures dies tempestates, Caes.: quaerebant ex eo palam, tot dies continuos quid egisset? Plaut.: stella crinita per septem dies continuos fulsit, Suet.: duabus continuis noctibus somnia vit, Suet.: per continuos menses (Monate nacheinander) caput interdum foribus illisit, Suet.: superiora continuorum annorum decreta, Cic.: aliquot annos continuos ante legem Gabiniam, Cic.: equester ordo iudicavit annos prope quadraginta continuos, Cic.: *ex* eo die dies continuos quinque Caesar pro castris suas copias produxit, Caes. – von Kollektiven, biduum, Suet.: triduum, Plaut. u. Suet.: biennium, Suet.: triennium, Plaut. u. Suet. – von Ereignissen usw. in der Zeit, triumphi ex Hispania duo continui (unmittelbar nacheinander) acti, Liv.: duo continua regna viro ac deinceps genero dedit, Liv.: post Cassandri regis filiique eius continuas mortes, Iustin. – **β** von **einem** Ggstd., **darauffolgend,** continuā die, Ov.: continuā nocte, Ov. – **b** in sich zusammenhängend, **ununterbrochen, unausgesetzt, unaufhörlich, unablässig,** sex mensibus dies, et totidem aliis nox usque continua est, Mela. – c. iter, Curt., itinera, Lepid. in Cic. ep. u. Val. Max.: navigatio, Plin. ep.: obsidio, oppugnatio, Liv.: labor, Quint. u. a.: fragor, Curt.: clamor, Rhet. Her.: incommoda, Caes.: sterilitates, Plin. ep.: c. vitia (Ggstz. vitia ex intervallis redeuntia), Sen.: felicitas, Iustin. – als publiz. *t. t.,* c. consulatus, zwei oder mehrere Jahre ohne Unterbrechung fortgeführtes, auch auf das zweite Jahr oder immer wieder auf das folgende Jahr verlängertes, Plin. pan., Suet. u. Val. Max. – übtr., postulandis reis tam continuus annus fuit, ut etc., in diesem Jahre hörte die Vorladung von Angeschuldigten gar nicht auf, sodass usw., Tac.: continuus inde et saevus accusandis reis Suillius, ließ nicht ab, mit wahrer Wut Beschuldigte anzuklagen, Tac.

cōntio, ōnis, *f.* (zsgz. aus *coventio; S. C. de Bacch. noch coventionid), die **Zusammenkunft** = die **Versammlung** der Gemeinde, sowohl der durch Heroldsruf von einem Magistrat berufenen Stadtgemeinde, um einen Vortrag anzuhören (in Rom z. B. Empfehlung oder Widerratung eines Gesetzvorschlags [über den dann in den nächsten Komitien nach Tribus oder Zenturien abgestimmt wurde], Verlesung eingegangener Kriegsberichte u. dgl.), die **Volksversammlung,** als auch der durch ein Signal mit der Tuba vom Feldherrn entbotenen Soldatengemeinde im Lager, um eine Rede an sie zu halten, Belobigungen, Belohnungen u. Strafen zu erteilen u. dgl., die **Soldatenversammlung, I** eig.: contio populi, Nep.: c. conventusque civium, Cic. – c. universa, Curt.: extrema, die ganz hinten in der Vers. Stehenden (Ggstz. qui proximi tribunali steterant), Liv. u. Suet. – diurna (Ggstz. c. nocturna), Liv.: legitima, Cic., od. legitime ab consule vocata, Liv.: togata et urbana, Liv.: turbulenta, Cic.: contiones civium seditiosae, Val. Max.: contiones seditiose concitatae, Cic. – clamor contionis, Cic. (vgl. clamor est totā contione ortus, Liv.): fremitus contionum od. concitatarum contionum, Quint. u. Val. Max.: illi fluctus contionum, Quint. – contionem vocare, Tac., od. advocare, Cic. u. Liv.: classico contionem advocare, Liv.: advocare contionem populi od. militum, Sall. u. Caes.: vocare od. advocare ad contionem (absol.), Liv.: vocare plebem od. exercitum ad contionem, Liv. u. Curt.: advocare populum in contionem, Liv.: convocare milites ad contionem, Suet.: convocare classico contionem, Sen.: convocare classico ad contionem (absol.), Liv.: me in vestram contionem convocaverunt, Cic. – contionem indicere subito, Val. Max. – contionem habere, Cic.: contionem Locrensium habere, Liv.: contionem habere maximam, Cic.: contionem habere de alqo, Cic. – contionem dimittere, Liv.: contionem summovere, Cic. – contionem differre, Liv.: contionem remittere (erlassen, auf sie verzichten), Liv.: novis semper certaminibus contiones turbare, Liv. – dare alci contionem, gewähren, verschaffen (vom Magistrat, der für jmd. eine V. veranstaltet), Cic. – producere alqm in contionem, jmd. in die V. einführen (damit er vor dem Volk seine Meinung abgebe od. ein Zeugnis ablege), Cic. u. Liv.: subducere in contionem alqm (v. Angeklagten), Liv.: procedere in contionem (v. den Konsuln), Liv.: prodire in contionem, Liv., in contionem populi, Nep.; vgl. in meam contionem (in die von mir berufene V.) prodeant, Cic.: ire od. adire ad contionem, Liv. u. Cic.: ex curia in contionem itur, Liv.: in contionem prosilire, Liv. – in contionem ascendere od. escendere, in die V. und zwar auf die Rednerbühne treten, in der V. (als Redner) auftreten, Liv. – contiones suas frequentare legibus agrariis, zu ihren V. viele Menschen herbeiziehen durch Ankündigung von A., Liv. – alqd in contione dicere, Cic.: litteras in contione recitare, Cic.: vel in contione legi posse (in einer öffentlichen V., öffentlich, vor jedermann), Cic.: in contione indicare m. folg. Akk. u. Infin., Curt.: in contione donare alqm, Cic.: in contione militum civitate donare alqm, Val. Max. – pro contione (vor der V., vor dem versammelten Volk od. vor dem versammelten Heer, s. Heräus Tac. hist. 4, 24, 16), z. B. pro contione dicere, Auct. b. Afr.: so auch pro contione suadere ac dissuadere, Quint.: litteras od. epistulas pro contione recitare, Curt. u. Tac.: alqm pro contione donare atque laudare, Sall. – dagegen stabant pro contione (in der Weise einer V., als V.) legiones destrictis gladiis, Tac. ann. 1, 44. – legationes in contionis modum circumfusae, Liv.: cum circumfusa turba esset prope in contionis modum, ... ait, Liv. **II** meton., der vor dem versammelten Volk oder Heer gehaltene **Vortrag,** der **Vortrag-,** die **Rede-,** die **Anrede (Ansprache) ans Volk** od. **ans Heer,** contio libera et moderata, Liv.: c. saeva atque acerba, Liv.: contiones turbulentae Metelli, temerariae Appii, furiosissimae Publii, Cic.: c. funebris, Leichenrede, Cic. u. Quint.: contiones directae (Ggstz. oratio obliqua), Iustin. – m. *contra* u. Akk., haec contra Antonium c., Cic. ad Att. 14, 20, 4: in contione contra Catilinam, Quint. 5, 11, 42. – primae contioni alcis interesse, Val. Max.: alcis contionem legisse, Cic.: contionem habere, Cic.: contionem (od. contionem saevam atque acerbam) apud milites habere, Caes. u. Liv.: habere contiones *in* Caesarem graves, Caes.: contionem habere *super* ea re, Suet.: *de* mea salute principum civitatis celeberrimae et gratissimae contiones fuerunt, Cic.: dicere contra contionem Metelli, Quint. – u. (im Ggstz.) in *contionibus* eadem, quae in *orationibus* (gerichtl. Reden) vis est, Plin. ep.: ille *contionibus* (Volksreden), hic *sermonibus* (Gesprächen) melior, Quint. – contio, nicht concio ist die Schreibung der Inschriften u. der besten Handschriften.

cōntiōnābundus, a, um (contionor), **in einer Ansprache an das Volk** od. **an die Soldaten sich ergehend,** omnes portas c. circumiit, Liv.: postremo velut c. interrogabat cur etc., Tac.: *de* caprifici arbore *in* campo Martio c., Capit. – m. *Acc.* = **in öffentlicher Rede (Ansprache) äußernd** od. **erklärend,** haec propalam c., Liv.: haec prope c., Liv.

cōntiōnābilis, e (contionor), **in der Volksversammlung auftretend,** Chalcid. Tim. 223.

cōntiōnālis, e (contio), **zur Volksversammlung gehörig, a** v. Lebl.: c. prope clamor senatus, beinahe so arges wie in der Volksversammlung, Cic. ad Q. fr. 2, 5, 1: c. genus (dicendi), die Volksrede (als Gattung), Ggstz. genus iudiciale, die Gerichtsrede, Quint. 9, 4, 130: oratio, Rede in der V., Quint. 3, 4, 1: officium, auf die V. beschränkte Tätigkeit, Quint. 3, 8, 14. – **b** v. Leb.: illa c. hirudo aerarii, misera ac ieiuna plebecula, jene Staatsblutsauger, der elende und hungrige Pöbel, der die Volksversammlungen füllt, Cic. ad Att. 1, 16, 11: c. senex, der alte Wühler in den Volksversammlungen, Liv. 4, 72, 4.

cōntiōnārius, a, um (contio), **zur Volks-** od. **Soldatenversammlung gehörig,** c. ille populus, der Pöbel, der in den V. die Masse bildet, Cic. ad Q. fr. 2, 3, 4: Gracchi fistula, die dem Volksredner den richtigen Ton angebende, Gell. 1, 11 *lemm.* Amm. 30, 4, 19: so auch tibia, Gell. 1, 11, 10: oratio, eine R., wie sie vor dem Heer gehalten wird, Amm. 27, 6, 5.

cōntiōnātor, ōris, *m.* (contionor), **I** der **Volksredner,** im üblen Sinne der **Wühler,** Cic. Cat. 4, 9. Cic. fr. in Hier. ep. 52, 8: c. Cato, Fronto ep. ad Ver. 1. p. 114, 5 N. Augustin. de civ. dei 3, 26. Vgl. Isid. 10, 38 ›contionator, allocutor multitudinis‹. – **II** der **Prediger,** Ven. Fort. vit. S. Mart. 2, 404 u. a. Eccl.

cōntiōnor, ātus sum, ārī (contio), **in der Volksversammlung auftreten, a** von den Teilnehmern der Versammlung = **eine Volksversammlung bilden,** nunc illi vos singuli universos contionantes timent, Liv. 39, 16, 4. – **b** v. Sprecher in der Versammlung = **einen öffentlichen Vortrag-, eine öffentliche Ansprache** an das Volk od. an die Soldaten **halten, sich öffentlich hören** oder **vernehmen lassen,** absol., cum Lepidus contionaretur, Asin. Poll. in Cic. ep.: contionatus signa constituit, Caes. – m. Ang. **wie?** contionatur autem Cato infeste, Gracchus turbulente, Tullius copiose, Fronto. – m. Ang. **von wo aus?** od. **wo?** *ex* turri alta, Cic.: velut loco *e* superiore, Cic.: *pro* tribunali, Tac. – m. Ang. **bei** od. **vor wem?** od. **an wen?** apud milites, Caes.: ad populum, Suet. – m. Ang. **gegen wen?** *adversus* alqm Athenis libere, Liv.: *de* summa cruce veluti *de* tribunali *in* scelera Poenorum, Iustin. – m. Ang. **worüber?** *de* religionibus sacris et caerimoniis, Cic.: *de* te c., nec impune, Cic.: *de* Caesare, Sall. – selten m. Ang. **was?** = **in der Volksversammlung** od. übh. **vor dem versammelten Volk äußern, -erklären, -verkünden,** bald durch allg. *Acc. pronom. neutr.,* haec velut contionanti Minucio circumfundebatur tribunorum multitudo, Liv. 22, 14, 15. – bald durch *Acc.* u. *Infin.,* C. Cato contionatus est se comitia haberi non siturum, si etc., Cic. ad Q. fr. 2, 4. § 6. (2, 6. § 6). – bald durch direkte Rede, caterva tota clarissima concentione ... contionata est: ›Huic vitae tuae‹, Cic. Sest. 118.

contīro, ōnis, *m.,* der **Mitrekrut,** CIL 3, 1172. Mythogr. Lat. 1, 232 (= Mitjäger). Augustin. serm. 216, 2 (Kamerad).

contīroleta, ae, *m.* (con u. θηρολέτης), der **Mitjäger, Jagdgefährte,** Mythogr. Lat. 2, 130. – Andere Form conthēroleta, Fulg. myth. 3, 2.

cōntiuncula, ae, *f.* (*Demin.* v. contio), **I** eine **unbedeutende Volksversammlung,** Plur. bei Cic. de or. 1, 46. – **II** eine **die Sache nur leise andeutende Rede** ans Volk, Cic. ad Att. 2, 16, 1.

con-togātus, ī, *m.,* **der an demselben Tage mit der Toga virilis Bekleidete,** Amm. 29, 2, 22.

con-tollo, ere, alte Form für confero, **hintragen,** gradum, sich hinbegeben, Plaut. aul. 814 G.; Bacch. 535 G.

contomonobolon, ī, *n.* (κοντός, μόνος u. βόλος), das **Springen mit der Stange,** ein Spiel (Ggstz. monobolon), Cod. Iust. 3, 43, 3.

con-tonat, *v. impers.,* **es donnert gewaltig,** ibi contonat sonitu maximo, Plaut. Amph. 1094.

contor, ārī, s. cunctor.

con-torqueo, torsī, tortum, ēre, in die Runde **herumdrehen, -wenden, -schwingen, I** im Allg.: navem quolibet, herumlenken, Lucr.: membra quocumque vult contorquet, reckt, Cic.: amnes in alium cursum contortos et deflexos, Cic.: proram laevas ad undas, Verg.: ut (deus rotundus) eā celeritate contorqueatur, sich herumbewegt, Cic.: silvas insano vortice, Verg. – übtr., auditorem tamquam machinatione aliquā tum ad severitatem, tum ad remissionem animi, herumbringen zu usw., Cic. – deinde contorquent et ita concludunt, geben sie der Sache eine erzwungene Wendung, machen sie eine Seitenwendung und usw., Cic. – **II** insbes.: **A schwingen,** brachium, Rhet. Her. 4, 68. – prägn., **schwingen = schleudern,** c. hastam in latus, Verg.: c. telum in eum, Curt.: hasta viribus contorta, Ov.: hasta speciosissime contorta, Quint. – übtr., von der schwung-, kraftvollen Rede, (fulmina illa, *sc.* verborum) numeris contorta ferrentur, einen so kraftvollen Schwung hätten, Cic.: quae verba contorquet, wie schwungvoll ist seine Rede, Cic. – **B winden,** contorta toga, um den Arm gewundene, Rhet. Her. 4, 68. – cornua rugarum ambitu contorta, runzelig gewundene, Plin.: arbor magna ex parte contorta, krumm gewunden, Plin.: crinis contortus, Sen. poët.: contortus vel conductus vultus, verzerrtes od. verzogenes, Cael. Aur. chron. 2, 1, 5. – ► Ungew. Supin. contorsum bei Prisc. 9, 52.

con-torreo, torruī, ēre, **ausdörren, austrocknen,** v. Feuer, Amm. 18, 7, 4.

contortē, *Adv.* m. *Compar.* (contortus), **gezwungen, geschraubt, verschroben,** griech. ὑπερβατῶς, ne quid contorte dicatur, Cic. de inv. 1, 29: contortius eloqui, Auson. grat. act. (VIII) IV, 18. p. 22, 10 Schenkl. – contortius concludi, in allzu geschraubter Schlussfolge ausgedrückt werden, Cic. Tusc. 3, 22.

contortio, ōnis, *f.* (contorqueo), **I** das **Schwingen,** dexterae, Rhet. Her. 4, 26. – **II** die **Verschrobenheit, Geschraubtheit,** contortiones orationis, verschrobene Ausdrücke, Cic. de fat. 17: c. ratiocinationum, Augustin. retr. 1, 5. § 1.

contortiplicātus, a, um (contortus u. plico), **verdreht und verwickelt,** Plaut. Pers. 708.

contortor, ōris, *m.* (contorqueo), der **Verdreher,** bonorum extortor (Beutelschneider), legum contortor (Gesetzzuschneider), Ter. Phorm. 374.

contortulus, a, um (*Demin.* v. contortus), **etwas geschraubt,** conclusiunculae, Cic. Tusc. 2, 42.

contortus, a, um, *PAdi.* (v. contorqueo), **I verschlungen, verwickelt,** c. et difficiles res, Cic. – von Gedanken u. Reden usw. = **geschraubt, gekünstelt, gezwungen,** c. et aculeata quaedam σοφίσματα, Cic.: verba c. et fidicularia, Fronto. – **II schwungvoll, kraftvoll,** oratio, Cic.: vis orationis, Quint.: subst., contorta, ōrum, *n.* (Ggstz. lenia), Quint.

contrā (v. con, d. i. κατά, »gen«, wie extra v. ex), **I** *Adv.*: **A** räumlich = **gegenüber, auf der entgegengesetzten Seite** (s. Brix Plaut. mil. 3), c. aggrediar, Plaut.: ulmus erat c., Ov.: omnia contra circaque plena hostium erant, Liv.: bes. alqm c. aspicere, c. intueri, von Angesicht zu Angesicht sehen, Plaut. u. Liv. (s. Drak. Liv. 1, 16, 6; 9, 6, 8); dah. prägn., c. aspicere alqm, jmdm. mutig ins Auge sehen, Verg. Aen. 11, 372. – **B** übtr., von Handlungen: **1** die anderen entsprechen = **andererseits, dagegen, entgegen,** mihi quoque edepol, cum hic nugatur, contra nugari lubet, Plaut.: si laudabit haec illius formam; tu huius contra, Ter. – **2** die ihnen entgegengesetzt sind, **a dagegen, entgegen, im Gegenteil, umgekehrt,** utrumque contra accidit, Cic.: at tibi contra evenit, Hor.: quod contra fit a plerisque, die Mehrzahl macht dieses anders, Cic.: alqm c. amare, zu jmd. Gegenliebe hegen, Plaut. (s. Brix Plaut. mil. 101): u. so c. deperire, Plaut. – verb. mit atque (ac) od. quam, ganz anders als (s. Bünem. Lact. 3, 29, 13. Süpfle Cic. ep. sel. 2, 2. Weißenb. Liv. 30, 19, 9), z. B. simulacrum Iovis contra, atque antea fuerat, ad orientem convertere, Cic.: vides omnia fere contra, ac dicta sint, evenisse, Cic.: ubi videt Catilinam contra ac ratus erat magnā vi tendere, Sall.: cum contra fecerint, quam polliciti sint, Cic.: contra quam sanctum legibus erat, Liv.: c. quam supra dictum est, Gell. – auro c., gegen Gold gehalten, gewogen, dem Gold gleich, Plaut. u. Ter.: so auch aurichalco c., Plaut.: non carust auro c., ist nicht mit Gold zu bezahlen, Plaut. – c. vero, hingegen aber, Vitr. 1, 6, 3. – e contra od. in einem Wort econtra, Acro Hor. sat. 1, 1, 10, Aur. Vict. u. Hieron. – ► Oft kann contra übersetzt werden durch »das Entgegengesetzte«, Umgekehrte, »das Gegenteil«, illi dicere melius quam praecipere: nos c. fortasse possumus, Cic.: ego c. puto, Plin. ep. (vgl. Fabri Sall. Iug. 85, 1). – **b** vom feindlichen Entgegenstreben, **entgegen, dawider,** c. facere, Ter.: c. pugnare, Lucr.: contra omni ratione pugnare, sich als Gegner zeigen, Cic.: c. consistere, sich entgegensetzen, Widerstand leisten, Caes.: c. dicere, widersprechen, Cic. Tusc. 1, 77. Caes. b. c. 1, 32, 3 (vgl. contradico); od. anklagen, κατηγορεῖν, Cic. Clu. 134; vgl. Quint. 5, 11, 13: c. disputare, Cic.: c. oppugnare sagittis, Prop.: c. ire, sich widersetzen, Tac.: de corruptis litteris c. venire, entgegenhandeln, Cic.: aber venire contra se alqm audire, entgegenrücken, Liv.

II *Praep.* m. *Acc.*: **A** räumlich = **gegenüber, gegen, nach ... hinwärts,** insula, quae c. Brundisinum portum est, Caes.: castellum c. arcem obiecit, Liv. – **B** übtr. auf Handlungen: **1** v. Entgegenstreben gegen etwas: **a** v. Entgegenstreben übh., **wider, gegen** (Ggstz. secundum u. a.), c. ventum, Col.: c. aquam remigare, stromaufwärts, Sen.: c. scalas ferre, treppauf, Plin. – et (vinum) tunc erat contra aurum, war goldwert, Petron. 76, 3. – dah. **gegen = im Widerspruch mit** usw., quod aut *secundum* naturam esset aut *contra* (*sc.* eam), Cic.: contra ius gentium, Liv.: c. spem, Sall.: c. spem votaque, Liv.: c. spem omnium, Caes.: c. opinionem, Caes.: c. opinionem omnium, Cic.: c. spem exspectationemque, Sen.: c. exspectationem omnium, Hirt. b. G.: c. consuetudinem, Hirt. b. G.: c. omnium consuetudinem, Cic. – c. ea, »dagegen, im Gegenteil, umgekehrt«, Caes.: mihi c. ea videtur, mir gefällt das Entgegengesetzte, ich billige die entgegengesetzte Weise, Sall. Vgl. Drak. Liv. 3, 57, 1. Staveren Nep. praef. 6. – **b** v. feindl. Entgegenstreben, der feindl. Willensrichtung = **gegen, wider** (Ggstz. pro), c. alqm coniurare, armis contendere, pugnare, Caes.: c. deos disputare, Cic.: nuntios c. postulata mittere, durch B. Einwendungen machen lassen, protestieren gegen usw., Sall.: quem c. veneris, gegen den du aufgetreten bist, Cic.: num possit aut *contra* imperatorem aut *pro* imperatore dici, Cic.: hoc non *pro* me sed *contra* me est, Cic.: quare hoc non modo non *pro* me, sed *contra* me est potius, Sall.: sive illud *pro* plebe sive *contra* plebem est, Liv.: quae *pro* patria ... quae *contra* (*sc.* patriam) gesserit, Iustin.: c. pericula et insidias firmissimus, Sall. – dah. in der mediz. Spr., von Heilmitteln, **gegen** etwas, quibus hominibus c. serpentes inest venenum, Plin.: c. haec proderit, Pallad. – **2** v. der freundlichen Willensrichtung (= *erga, in*) = **gegen,** clementia c. minus validos, Plin. 8, 23. – contra als Präp. dem Subst. nachgesetzt, Verg. u. Tac.: u. dem *Pronom. relat.*, quem contra, quos contra, Cic. – Im Vers auch contră gemessen, s. Wagner Plaut. aul. p. XXIII (*ed.* 1). (auch noch Manil. 2, 253).

contrabium, iī, *n.* (con u. trabs), das **Balkenlager,** Cassiod. var. 12, 18.

contractē, *Adv.* (contractus), **beschränkt,** habitare contractius, Sen. de tranqu. anim. 9, 3.

contractio, ōnis, *f.* (contraho), die **Zusammenziehung, I** eig.: c. et porrectio digitorum, Cic.: brachii (Ggstz. proiectio), Cic.: linguae, Plin.: superciliorum (Ggstz. remissio), Cic.: frontis, Cic.: umerorum (Ggstz. allevatio), Quint.: longa nervorum (bei der Tortur), Sen.; aber (passiv) c. nervorum, das Kontraktsein, Scrib. – **II** übtr.: **1** die verkürzende **Zusammenziehung,** die **Verkürzung** in Schrift u. Rede, huius paginae, das enge Schreiben am Ende einer Seite, Cic. ad Att. 5, 4. § 4. – syllabae, Kontraktion in der Aussprache (Ggstz. productio), Cic. – passiv, die **Gedrängtheit,** orationis (Ggstz. longitudo, die Gedehntheit), Cic. – **2** die **Beengung** des Gemütes od. Geistes: **a** des Gemütes, das **Gedrückt-** od. **Gepresstsein,** die **Beklommenheit** des Herzens, c. animi (Ggstz. animi effusio in laetitia u. animi elatio), Cic.: fortissimorum animorum c., Sen. – **b** des Geistes, die **krankhafte Spannung,** utraque res detestabilis, et contractio et torpor (krankhafte Abspannung, Erlahmen), Sen. ep. 82, 3.

contractiuncula, ae, *f.* (*Demin.* v. contractio *no.* II), die **leichte Beklommenheit,** contractiunculae quaedam animi, Cic. Tusc. 3, 83.

contracto, s. contrecto ►.

contractor, ōris, *m.* (contraho), der **Eingeher, Kontrahent,** spät. ICt.

contractūra, ae, *f.* (contraho), als *t. t.* der Baukunst = die **Verjüngung** (der Säulen), Vitr. 3, 3, 12 u. a.

1. contractus, a, um, *PAdi.* m. *Compar.* (contraho *no.* II), **zusammengezogen = eingezogen, I** eig.: tanto contractioribus ultimis digitis, quanto priores descenderunt, Quint. 11, 3, 95. – **II** übtr., **eingezogen = beengt, beschränkt, eng, schmal, knapp, a** v. Örtl. usw.: locus exiguus atque c., Verg.: c. vestigia vatum, der schmale (u. dah. schwierige) Pfad, Hor.: introitus contractiores, Cic.: Nilus contractior et exilior, Plin. pan.: ignis contractior, Lucr. – **b** v. der Zeit, **beschränkt** = kürzer geworden, his iam contractioribus noctibus, Cic. parad. prooem. § 5. – **c** v. der Stimme, v. Ton, **gepresst,** summissā atque contractā voce (Ggstz. erectā et concitatā voce), Quint.: contractum genus vocis (Ggstz. diffusum, gedehnte), Cic. – **d** v. der Rede, **gedrängt, knapp zugeschnitten** (Ggstz. latus, dilatatus), dialectica quasi c. et astricta eloquentia putanda est (Ggstz. eloquentia dialectica dilatata est), Cic.: haec ratio dicendi (ars rhetorica) latior est, illa loquendi (dialectica) contractior, Cic.: ut Stoicorum astrictior est oratio aliquantoque contractior, quam aures populi requirunt, sic illorum (Academicorum) liberior et latior, quam patitur consuetudo iudiciorum et fori, Cic. – **e** v. Zuständen, sowohl äußeren als inneren, **knapp, beschränkt,** c. paupertas, Hor. ep. 1, 5, 20. – quae studia (Neigungen) in his iam aetatibus nostris contractiora esse debent, sich mehr beschränken müssen, Cic. Cael. 76. – u. insbes., **knickerig,** parcissimum tamen hominem vocamus pusilli animi et contracti, Sen. de ben. 2, 34, 4. – **f** v. Pers.: **α eingezogen** = still, ruhig, durch nichts gestört, contractus leget, Hor. ep. 1, 7, 12. – **β eingeschränkt, sich einschränkend** im Haushalt, quis enim contractior illo est? Ps. Verg. mor. 79 (77).

2. contractus, ūs, *m.* (contraho), **I** eig., das **Zusammenziehen,** c. acinorum, Varro r. r. 1, 68. – **II** übtr., das **Eingehen** eines Geschäfts, rei, Quint. 4, 2, 49. – dah. der **Vertrag, Kontrakt** (griech. συνάλλαγμα), Ulp. dig. 50, 16, 19. Gaius inst. 3, 88 *sqq.* Papin. 24, 3, 23: c. stipulationum sponsionumque, Serv. Sulp. bei Gell. 4, 4, 2: maior est c. fidei quam pecuniae, Ambros. in Luc. 9. § 36 (vgl. 10. § 94): iustitiae contractus, Chalcid. Tim. 164: Plur., negotiorum contractus, Gell. 20, 1, 41.

contrādīcibilis, e (contradico), **widersprechbar,** Tert. de carn. Chr. 23 *in.*

contrā-dīco, dīxī, dictum, ere, **widersprechen, a** m. *Dat.* der Pers. od. der Sache, c. alci, Quint. u. a.: c. legibus, Quint.: sententiis aliorum, Tac. – **b** m. folg. *ne* u. Konj., ne Fabius solus ad bellum mitteretur, contradixit, Aur. Vict. de vir. ill. 34, 5. – **c** bei vorhergeh. Negation m. folg. *quin* u. Konj., nec contradici, quin amicitia de integro reconcilietur, der Widerspruch sei nicht der Art, dass nicht doch usw., Liv. 8, 2, 2. – ► Absolut getrennt geschr. (s. contrā *no.* I, B, 2, b), obwohl Caes. b. c. 1, 32, 3 die Ausgg. contradicentibus inimicis; vgl. Bremi Suet. Aug. 54.

contrādictio, ōnis, *f.* (contradico), die **Gegenrede, Widerrede,** der **Widerspruch,** Sen. contr. 4. praef. 11 u. a. (auch im Plur.): contradictionem sumere, den Widerspruch des Gegners antizipieren, Quint.

contrādictiuncula, ae, *f.* (*Demin.* v. contradictio), der **geringe Widerspruch,** Eccl. (auch im Plur.).

contrādictor, ōris, *m.* (contradico), der **Widersprecher, a** übh., der **Widersprecher, Absprecher, Leugner,** Ps. Cypr. de sing. cler. 23. Augustin. ep. 29, 3; in psalm. 79, 7. Hilar. in Augustin. ep. 226, 8: attrib., sermo c. libidinis, Augustin. in psalm. 128, 4. – **b** der **Widerpart** = der Gegner vor Gericht, Ulp. dig. 40, 11, 27. § 2. Amm. 31, 14, 3. Mart. Cap. 5. § 459.

contrādictōrius, a, um (contradico), **Widerspruch enthaltend,** libellus, Gegenschrift, Cod. Theod. 2, 14, 1. Ps. Cypr. de sing. eccl. 36: u. so liber, Cassiod. hist. eccl. 8, 1. Cael. Aur. acut. 2, 33, 173.

con-trādo, didī, ditum, ere, **förmlich übergeben,** alqd, alqm od. se alci, Eccl.

contra-eo, iī, itum, īre, **sich entgegenstellen, sich widersetzen,** alci, Eccl. (Tac. ann. 14, 45 *in.* getrennt contra ire).

contrā-facio, s. contrā.

con-traho, trāxī, tractum, ere, **zusammenziehen, beiziehen, I** vereinigend: **1** eig.: **a zusammen-, beiziehen** = ziehend vereinigen, von lebl. Subjj., pituitam, semen, Cels. – mit *in* u. Akk., umorem in caput, Cels.: aquam intus in uterum, Cels.: in se caliginem, Plin.

b zusammenziehen, beiziehen = versammeln, sammeln, vereinigen, gew. leb. Wesen (Ggstz. dissipare, dispergere), captivos, Liv.: agrestes, Ov.: serpentes, Plin.: muscas, Plin.: undique fontes, Ov.: iumenta et camelos a Susis, Curt. – dispersos cives in unam urbem, Val. Max. – v. lebl. Subjj., contraxit eos non officii modo cura, sed etiam studium spectaculi, Liv. – Insbes.: **α** (als milit. *t. t.*) Truppen, Schiffe usw. **beiziehen, an sich ziehen,** u. (mit u. ohne in unum locum, in unum) auf **einen** Punkt **zusammenziehen, vereinigen, konzentrieren,** auxilia, Suet. u. Iustin.: exercitum, Vell.: copias, Nep.: equitum et peditum copias, Pompei. in Cic. ep.: praesidia, quae in Umbria sunt, Pompei. in Cic. ep.: naves circiter LXXX cogere contrahereque, Caes.: magnam classem, Nep. – copias subito, Nep., celeriter, Nep. – undique exercitum, Liv., omnes copias, Curt., naves, Liv., od. auxilia a finitimis, Iustin.: ex omnibus oppidis copias, Pompei. in Cic. ep.: ex finitimis regionibus cohortes ex delectibus Pompeianis, Caes. – auxilia in Graecia, Iustin.: copias ad Bononiam, Suet. – illuc od. eo suas copias, Nep.: onerarias naves ex omni Graeciae ora eodem, Liv.: Luceriam omnes copias, Cic.: Veios ingentem exercitum, Liv.: in una castra decem legiones, Vell.: exercitum od. impedimenta in unum locum, Caes. u. Liv.: omnes od. omnia in unum, Liv. u. Cic.: dispersos milites in unum, Sall. – veteranos in suum auxilium, Suet.: naves ad exercitum traiciendum, Liv. – **β** zur Unterredung, zur Beratung, zur Versammlung **zusammenbringen, versammeln, kommen lassen,** Scipionem et Hasdrubalem ad colloquium dirimendarum simultatium causā, Liv. – domum fidissimos amicorum, Iustin.: praefectos copiarum in praetorium, Curt.: in unum omnes copias ducesque, Liv. – bes. den Senat (b. Cic. cogere), pauci tantum patrum, quos casus obtulerat, contracti a consulibus, Liv.: senatus (Romanus) edicto contrahitur, Val. Max.: c. senatum (= βουλήν) in gymnasio, Iustin.: decuriones, Plin. ep. – **γ zu einer** Korporation **vereinigen, verbinden,** ii, qui in idem contracti fuerint, Traian. in Plin. ep. 10, 34 (43), 1.

c einsammelnd **zusammenbringen, zusammentragen, sammeln,** omnis generis commeatum, Suet.: aurum, Plin.: exemplaria, Suet.: haec vetera (diese alten Schriftstücke), Tac. dial.: undique libros, Suet.: plures domos emptionibus per procuratores, Vell. – Insbes.: **α** Früchte usw. **zusammen-, einbringen, einheimsen,** apes mella contrahunt, Plin.: venenum aliud ex radicibus herbarum contrahitur (vegetabilisches), aliud ex animalibus mortiferis reservatur (animalisches), Ps. Quint. decl. – **β** Geld **zusammenbringen, aufbringen, einnehmen,** bes. als Erlös, c. pecuniam (Ggstz. erogare), Val. Max. – m. *ex* u. Abl., pecunia per quaestorem populi Romani ex praeda vendita contracta, Gell.: pecuniam ex viatico amicorum ipsiusque Caesaris, Tac.: ex pretio viridis olei plus quam multitudine mali nummorum contrahitur, Col. – m. *Dat.* (wozu?), pecuniam, quam tuae saluti contraxeram, Sen.

2 übtr.: **a** Gemüter **zusammenbringen,** in der Zuneigung **vereinigen,** contrahit celeriter similitudo eos, Liv.: illa (Venus) rudes animos hominum contraxit in unum, Ov.

b eines Verbindung **zusammenbringen, herbeiführen, α** eine freundschaftliche od. verwandtschaftliche **knüpfen, eingehen,** v. lebl. Subjj., c. amicitiam, Cic. de amic. 48 u. (mit Ggstz. dissipare discordiam) Cic. de amic. 24: vinculum amicitiae, Val. Max. 4, 7 *in.* – v. Pers., c. matrimonium (Ggstz. matrimonium solvere, dimittere), Iustin. u. Suet.: affinitas inter Caesarem et Pompeium contracta nuptiis, Vell. – **β** eine geschäftliche Verbindung **eingehen, abschliesen, in** etw. **sich einlassen,** rem, rationem, negotium, Cic.: emptionem ac venditionem, ICt.: res contractae, Verträge, Cic.: male contractae res, missliche Umstände, in die wir verfangen sind, Cic. – m. *cum* u. Abl. od. m. *inter se,* cum multis res rationesque contractae, Geschäfts- u. Handelsverbindungen, Cic.: c. magnam rationem cum Mauritaniae rege, Cic.: c. nihil cum alqo, sich mit jmd. nichts zu schaffen machen, Cic.: res inter se c. emendo, vendendo, mutuum dando, Liv. – u. ohne Objekt, is qui od. ii quibuscum contrahebat, sich (in ein Geschäft) einließ, Cic.: neque si tecum agas aliquid neque si cum altero contrahas, vacare officio potes, Cic.

c einen Zustand jmdm. od. sich **zuziehen, herbeiführen, verwirken, α** übh.: aes alienum u. aes alienum novum, Cic.: aes alienum in popina, Cic., od. luxu, Curt.: aes alienum cum creditore, Sen. – a nostra persona benevolentiam, von Seiten unserer Person W. gewinnen, Rhet. Her.: bellum, Liv.: alci od. sibi bellum cum alqo, Liv.: causas bellorum et bella, Mela. – causam certaminis cum alqo, Liv.: mortis sibi causam, Plin.: contracto iam inter Aetolos et Trallos certamine, sich entsponnen hatte, Liv.: clades suā temeritate contracta, Liv.: c. culpam, ICt. (u. so ea est contracta a nobis culpa, ut etc., Cic. ad Att. 11, 24, 1). – in maximis lucris paulum aliquid damni (v. Kaufhandel), Cic. – inimicitias domui, Quint.: plurimum invidiae alqā re, Suet.: numinis iram sibi, Ov. – aliquid litigii inter hos duos, Plaut.: lites, Plaut. u. Cic. – malum culpā, Cic.: molestias liberalitate suā, Cic. – necessitates ad bellum cum Romanis, Liv.: contrahitur mihi negotium, ich werde in Verlegenheit gebracht, Cic.: c. nefas celanda effando, Liv.: c. noxam, Schaden nehmen, Col. u. Apul.: odium hoc facinore, Vell.: tantum odium immoderati imperii crudelitate, Iustin. – incerti, morando an veniendo plus periculi contraherent, Liv.: conscientia contracti culpā periculi, Liv.: c. peregre habitando in singulas noctes tantum sibi reique publicae piaculi, verwirken, Liv.: c. sibi poenam, Hirt. b. G.: c. porcam, als Strafe verwirken, Cic. – c. rixam ex occursu, Vell. – v. lebl. Subjj., si mercatura quaestuosa in maximis rebus aliquid damni contraxerit, Cic.: apud Lacedaemonios virtus Alcibiadis plus invidiae quam gratiae contraxit, Iustin.: eiusmodi res et invidiam contrahunt in vita et odium in oratione, si inconsiderate tractes, Rhet. Her.: si causae turpitudo contrahet offensionem, Cic.: illa, quae rabie contracta toleravimus, Sall. fr. – β physische Übel **zuziehen, herbeiführen,** αα an anderen, v. lebl. Subjj., multorum dierum inopia contraxerat pestem, Iustin.: tristitia, quam videtur bilis atra contrahere, Cels. – ββ an sich, **sich zuziehen,** v. Pers., stranguriae morbum, Plin.: cruditatem illic (dort = beim Mahl), Quint.: valetudinem adversam ferventissimis aestibus, Plin. ep.: dolor capitis vel vino vel cruditate contrahitur, Cels.: tussis multis modis contrahitur, Cels. – c. morbum ex aegritudine od. ex dolore, Iustin.: causam valetudinis ex profluvio alvi, Suet.: saginam corporis et valetudinem oculorum ex nimia luxuria, Iustin. – v. Lebl., situm aut mucorem (v. Essig), Col.: ne situ penora mucorem contrahant, Col.

II nach innen, verkürzend, verengernd, verdichtend **zusammenziehen, 1** eig.: **a** verkürzend **zusammenziehen, einziehen,** α die Gliedmaßen usw. am Körper, αα übh.: c. membrum (Ggstz. porrigere, extendere, Cic. u. Cels.: collum, cerviculam (Ggstz. tendere, extendere), Cic. u. Quint.: supercilia (Ggstz. remittere), Quint.: manum celeri motu (Ggstz. explicare), Quint.: tres digitos (Ggstz. explicare), Quint.: medium digitum in pollicem explicitis tribus, Quint.: digitos in pugnum, Plin.: crura, Ov.: brachia alci, für jmd. (um ihm Platz zu machen), Verg.: labra nimium, Cels.: rictum, Lact.: frontem, in Falten ziehen, vor Unwillen, Kummer usw. (Ggstz. frontem exporrigere, explicare, remittere; zuw. auch Ggstz. gaudere), Plaut., Cic., Quint. u. Plin. ep.: u. so vultum, Ov. – bina cornua, v. den Schnecken (Ggstz. protendere), Plin.: pinnarum oculos in acervum, v. Pfau (Ggstz. expandere colores), Plin.: habiliora sunt corpora, quae in arma (Rüstung) sua contrahi possunt (sich einschnüren lassen), quam quae superfunduntur (darüber hinausgehen), Sen. – u. se contrahere, **sich zusammenziehen, sich verengern,** z. B. contrahit se millepeda tactu, Plin.: u. (Ggstz. se dilatare) tum pulmones se contrahunt aspirantes tum respiratu dilatant, Cic. – u. Passiv contrahi medial, **sich zusammenziehen, sich verengern,** nervi musculique contrahuntur (Ggstz. in suum locum veniunt), Cels.: contrahitur rictus, Ov.: cum spiritus (Atem) timore contrahitur, Sen.: u. Ggstz. dilatari, z. B. stomachi partes eae, quae sunt infra id quod devoratur, dilatantur; quae autem supra, contrahuntur, Cic.: u. Ggstz. diffundi, z. B. tumor frigore omni contrahitur, calore diffunditur, Cels.: und Ggstz. distendi (aufgetrieben werden), ovis sanguinariam herbam pasta toto ventre distenditur contrahiturque, Col. – contractum aliquo morbo bovis cor, Cic. de div. 2, 37. – contractum genibus tangas caput, sodass du zusammengekauert mit den Knien den K. berührst, Hor. sat. 2, 7, 61: und so gravissimo frigore solus atque contractus vigilabit in lectulo, Hieron. epist. 53 (dagegen Hor. ep. 1, 7, 12 contractus leget, eingezogen, ungestört). – ββ (besond. als mediz. *t. t.*) krampfhaft **zusammenziehen, einziehen,** bes. Passiv contrahi medial = **sich zusammenziehen, sich einziehen, sich** vor Krampf **krümmen,** sowohl momentan, saepe crura manusque contrahuntur, Cels.: ubi aegro crura contrahuntur, Cels.: contractis membris clamitans se vivere, Suet. – als dauernd, nervi qui contrahuntur, gelähmte Sehnen, Cels.: contracti aliquo morbo nervi, Cels.: recenti cicatrice contracti articuli, Cels.: contracti cruris aridi nervi, Sen. – Partiz. subst., contractī, ōrum, *m.*, Gelähmte, Arnob. 1, 48. – β andere Ggstd.: αα übh.: appropinquante manu folia (v. einem Kraut), Plin.: arcum, spannen, Iuven. – ββ als naut. *t. t.*, c. vela, die S. einziehen, reffen, bildl. = sich im Glück mäßigen, s. Cic. ad Att. 1, 16, 2. Quint. 12. prooem. § 4. Hor. carm. 2, 10, 23. – γγ als *t. t.* der Baukunst, **zusammenziehen, verjüngen,** columnam, Vitr. 4, 3, 4 (vgl. 3, 3, 12 u. 4, 7, 2): pyramis XXIV gradibus in metae cacumen se contrahens, Plin. 36, 31.

b verdichtend **zusammenziehen,** α Wunden usw., vulnera, cicatrices, Plin.: fibulae oras vulneris paulatim contrahunt, Cels. – β den Stuhlgang **hart machen, verstopfen** (Ggstz. solvere), alvum, ventrem, Cels.: in senectute alvus contrahitur, tritt Verstopfung ein, Cels. – γ Gliedmaßen **starr-, steif machen,** v. Frost, Todeskälte, gew. Partiz. contractus = **starr, steif,** digitus torpens contractusque frigore, taub u. steif durch Fr., Suet.: vermes rigore contracti decidunt, Col.: mori contractam cum te cogunt frigora (die Mücke im Winter), Phaedr. – u. v. Frost selbst, contracto frigore pigrae, träge von starrender Kälte (von den Bienen), Verg. georg. 4, 259; vgl. pigrum est enim contractumque frigus, Sen. de ira 2, 19, 2. – δ eine Flüssigkeit **zusammenziehen, gerinnen machen,** lac, Plin.: sanguinem, v. der Furcht (Ggstz. diffundere), Gell.

2 übtr.: **a** räumlich **zusammenziehen, verkürzen, verengern,** *diffunditur* mare latissimum iterumque *contrahitur,* Mart. Cap.: c. castra (milit. *t. t.*, auch mit dem Zusatz in exiguum orbem), Caes. u. Liv.: lacum, Plin. ep.: spatia orae magis magisque (v. Hispanien), Mela: contracta aequora iactis in altum molibus, Hor.: c. lucis iter (v. der Sonne), Prop.: orbem (v. Mond), Ov.: umbras (v. Tag), Ov.: horrida tempestas contraxit caelum, verengte (für den Augenschein) den Horizont, d. i. umhüllte, umnachtete den H., Hor. epod. 13, 1.

b der Zeitdauer nach **verkürzen, abkürzen** (Ggstz. extendere), tempus epulandi, Plin. pan.: tempora dicendi, Quint.

c Rede u. Schrift **zusammenziehen, zusammenfassen, verkürzen, kürzer sprechen, kurz ausdrücken, kurz fassen** (Ggstz. extendere, dilatare), poëta inusitatius contraxerat *meûm factûm* pro *meorum factorum,* Cic.: orationem aut ex verbo dilatare aut in verbum contrahere, Cic.: sit nonnumquam summittenda et contrahenda oratio, Quint.: c. nomina, verba, Cic.: mollia vocabula et Graeca ad lenitatem versus contrahere, extendere, inflectere (v. Homer), Plin. ep.: ut breviter contraham summam, Quint.: rerum notitia in artum contracta, Vell.: c. praecepta in unum, Ov.: quaelibet ex iis artibus in paucos libros, Quint.: opus in minores gyros, Stat.

d dem numerischen usw. Umfang nach in die Enge **zusammenziehen, einschränken, beschränken, ermäßigen,** α übh.: c. universitatem generis humani eamque gradatim ad pauciores, postremo deducere ad singulos, Cic.: ea contrahere in angustumque deducere, Cic. – u. scherzh., res tuae ita contractae, ut ›nec caput nec pedes‹, zusammengewickelt (= verwickelt), Cic. ep. 7, 31, 2. – β Affekte: appetitus omnes contrahere sedareque, Cic.: cupidinem, Hor.

e Gemüt, Herz, Mut **einengen, beengen, beklommen machen, pressen,** c. animum (Ggstz. remittere), Cic.: animum c. ac demittere, Cic.: cui non animus formidine divûm contrahitur? Lucr.: cuius non contractum sollicitudine animum illius argutiae (kluge Einfälle) solvant? Sen. – u. übtr. auf die Pers., tum (sol) quasi tristitiā quādam contrahit terram tum vicissim laetificat, Cic.: ut et bonis amici (des Fr.) quasi diffundantur et incommodis contrahantur, dass man sich (das Herz) sowohl durch das Glück des Freundes erweitert als durch seine Unannehmlichkeiten beengt fühlt, Cic.

contrā-pōno, posuī, positum, ere, **entgegensetzen,** Quint. 9, 3, 84. Tert. ad martyr. 4. – Perf. Passiv. subst., contrāpositum, ī, *n.*, der **Gegensatz,** Quint. 9, 3, 32.

contrāriē, *Adv.* (contrarius), **entgegengesetzt, I** eig.: sidera c. procedentia (bald langsam, bald schnell), Cic. Tim. 31. – **II** übtr.: **a im entgegengesetzten Sinn,** alqd dicere, scribere, Cic.: verba relata c., gegensätzlich, in Gegensätzen, Cic. – **b zweckwidrig,** c. dicere aliquid, Tac. dial. 34.

contrārietās, ātis, *f.* (contrarius), die **Gegensätzlichkeit,** der **Gegen-**

satz, dah. auch der **Widerspruch,** Plot. Sacerd. de metr. 3, 11. § 11. p. 546, 1 K. Prisc. 14, 24. Macr. somn. Scip. 2, 14. § 26 u. 15. § 30. Serv. Verg. Aen. 1, 4 u. oft bei a. Spät.

contrāriō, *Adv.*, falsche Lesart für e contrario, s. Haase Sen. op. tom. 2. praef. p. VI.

contrārior, ārī (contrarius), **entgegen sein, nachteilig sein,** Th. Prisc. 2. chr. 1.

contrārius, a, um (contra), **I gegenüber (auf der anderen Seite) befindlich, -liegend, -stehend,** contraria litora Asiae, Mela: contraria auris, Plin.: collis nascebatur adversus huic (diesem gegenüber) et contrarius (auf der anderen Seite, auf dem anderen Ufer des Flusses), Caes.: c. vulnera, vorn auf der Brust (gew. adversa vulnera), Tac. hist. 3, 84: c. aes grave, was dagegen in die (andere) Waagschale gelegt wird, Paul. ex Fest. 64, 12. – m. *Dat.*, Carmaniis c. pars, Mela: soli c. gemma, Plin. – od. m. *inter se*, z. B. c. inter se urbes, Plin.: binae partes terrae contrariae inter se diversaeque (v. Orient u. Okzident), Lact.

II ganz entgegengesetzt, auf der ganz entgegengesetzten Seite befindlich, von der ganz entgegengesetzten Seite kommend, nach der ganz entgegengesetzten Seite gehend, A eig.: tellus c., Ov.: c. quadriremes, einander entgegenkommende, sich begegnende, Suet.: c. ictus, vom Gegner kommender (geführter) Stoß, Cic.: c. fluctus (Woge), Val. Max.: c. ventus, Gegenwind, Lact. u. Ps. Quint. decl.: in contrarias partes fluere (v. Flüssen), Cic.: in contrariam partem revinciri (v. Balken), Caes.: u. (Ggstz.) copulari contrariāque regione (Richtung) labi, Cic.: contrario amne (gegen den Str., stromaufwärts) subvehere alqd, Plin. – m. *Dat.*, tigna iis c. bina, Caes.: vento c. aestus, dem W. entgegenströmende, Ov.: classi c. flamina, gerade entgegenwehende, Ov. – in der Vergleichung mit folg. *atque* (als), qui versantur retro contrario motu atque caelum, Cic. de rep. 6, 17: u. so auch m. folg. *ac* (als) bei Val. Max. 1, 6, 11. – subst., contrārium, iī, *n.*, die **entgegengesetzte Seite,** in contrarium cadere umbras, Plin.: pilum in contr. vertere (ganz umkehren), Plin.: in contr. nare (stromaufwärts), Plin.

B übtr.: **1** im Allg., **entgegengesetzt, schnurstracks zuwiderlaufend, kollidierend, kontrastierend** usw., **a** *adi.*: c. quaedam vis, Cic.: aut bono casu aut contrario, Cic.: c. epistulae, Widersprüche enthaltende, Cic.: c. leges, Quint.: sententiae, Val. Max.: contraria diversaque inter se pugnantia naturae studia cupiditatesque, Cic.: c. pars causae, Cic.: in contrarias partes disputare od. disserere de alqa re, für u. gegen (*pro* u. *contra*) sprechen, Cic. – m. *Genet.*, huius virtutis contraria est vitiositas, das Gegenteil dieser T. ist die L., Cic. – m. *Dat.* od. *inter se* (einander), z. B. qui color fuit albus, nunc est contrarius albo, Ov.: dementia res est sanitati contraria, Sen. rhet.: clementiae contrariam imperiti putant severitatem, Sen.: nihil malum esse, nisi quod virtuti contrarium esset, Cic.: illi virtuti contrarium vitium est inaequalitas, Quint.: omnis voluptas honestati est c., Cic. – orationes inter se c., Aeschini et Demostheni (die eine *pro*, die andere *contra*), Cic.: opiniones inter se c., Quint. (neben diversae opiniones): ›non ambulare‹ enim et ›non stare‹ et ›non currere‹ contraria inter sese non sunt, quoniam ›contraria‹ ea dicuntur, quae simul vera esse non queunt, Gell. – **b** *subst.*, contrārium, iī, *n.*, und Plur. contrāria, ōrum, *n.*, das **Entgegengesetzte,** das **Gegenteil,** der **Kontrast, α** *Sing.*: **αα** übh.: in contrarium disputare, Tac. dial.: optimum ex contrario (Kontrast) nitet, Sen. – m. folg. *atque* od. *ac* (als), contrarium decernebat, ac paulo ante decreverat, Cic. II. Verr.. 1, 120 (vgl. *no.* II, A aus Cic. de rep. 6, 17). – ex contrario (bei Nep. u. nachaug. e contrario) adv. = **im Gegenteil, im Gegensatz, dagegen,** at ego hoc ex contrario contendo, Cic.: ut reliquorum imperatorum res adversae auctoritatem minuunt, sic huius ex contrario dignitas incommodo accepto in dies augebatur, Caes.: apud illos e contrario nemo ad id officium admittitur, nisi honesto loco, Nep. Eum. 1, 5: potest ergo aliquid moveri et non fluere, et e contrario non potest fluere, nisi in unam partem, Sen. – so auch per contrarium, Ulp. dig. 2, 4, 8. § 1 u. a. – **ββ** als rhet. Fig., der **Gegensatz,** die **Antithese,** der **Kontrast,** Rhet. Her. 4, 27. Cic. de inv. 1, 42. Iul. Rufin. de schem. lex. § 11. – **β** *Plur.*: **αα** übh., conferre pugnantia et comparare contraria, Cic.: tota in oratione sua secum ipsum pugnare, non modo non cohaerentia inter se dicere, sed maxime disiuncta atque contraria, Cic.: adversa contrariis od. contraria contrariis referre, Cic.: diversae vocant animum in contraria curae, Verg. – m. *Genet.*, earum (artium) contraria, Cic. de fin. 4, 67. – m. *Dat.*, quis non diversa praesentibus contrariaque exspectatis aut speret aut timeat? Vell. 2, 75, 2: qui contraria deo (das G. wie G.) faciat, Lact. de ira 3, 3. – m. folg. *quam* (als), qui contraria faciat, quam deus, Lact. 3, 29, 13: u. so Augustin. de civ. dei 8, 24. Claud. in Eutr. 2, 267. – **ββ** die Behauptungen der Gegenpartei, die **Gegengründe,** Cic. de or. 2, 331.

2 insbes.: **a feindlich entgegenstehend, widerstrebend, ungünstig, abgeneigt,** arma, Ov.: exta, Tac. – m. *Dat.*, quodsi forte tuis non est contraria votis (v. einem Mädchen), Phaedr.: alqs mihi invenitur maxime c., als Widersacher, Feind, Phaedr.: litora litoribus contraria, Verg. – subst., contrāriī, ōrum, *m.*, die **Gegner,** Vitr. 3. praef. § 2. Capit. Maximin. 10, 2. – **b zweckwidrig, unzweckmäßig, nachteilig, verderblich** (Ggstz. utilis), otium maxime c. esse, Caes.: quod maxime contrarium fuit, As. Poll. in Cic. ep.: ipsae exercitationes magna ex parte contrariae (sunt), Tac. dial. – m. *Dat.*, loca ... Averna (vogellose) vocantur, quia sunt avibus contraria cunctis, Lucr.: monens philosophiam imperaturo contrariam esse, Suet. – contrarium est m. folg. *Infin.*, hoc facere contrarium est, Col.: ne carmine quidem ludere contrarium fuerit, Quint.

contrā-scrība, ae, *m.* = ἀντιγραφεύς, der **Gegenschreiber, Kontrolleur,** CIL 13, 5698.

contrā-scrībo, ere = ἀντιγράφω, **gegenzeichnen, kontrollieren,** contrascribente Aemiliano, unter Kontrolle des Äm., Apul. apol. 78.

contrā-scrīptor, ōris, *m.* = ἀντιγραφεύς, der **Gegenschreiber, Kontrolleur,** rationis summi choragi, CIL 6, 8950: pistorum, CIL 6, 8999.

contrā-sisto, ere, **im Gegensatz-, im Widerspruch stehen,** Eccl.

contrā-venio, īre, polemisierend **entgegentreten,** absol., Arnob. iun. de deo trin. et un. 1, 2: mit *Dat.*, Augustin. de civ. dei 20, 1. § 1 u. a.

contrāversia, s. controversia a. E. ►.

contrāversim, dagegen, Apul. apol. 16. p. 18, 9 *Helm.*

contrā-versus, a, um (verto), **entgegengekehrt, gegenüberliegend,** v. Örtl., m. *Dat.*, Solin. 27, 1 M. Amm. 18, 9, 2 G. – Vgl. controversus. – *Adv.* contrāversum, **im Gegenteil, dagegen,** Solin. 10. § 3.

Contrebia, ae, *f.*, Hauptstadt der Keltiberer, südöstl. von Saragossa, Liv. 40, 53, 4 u. 9. Val. Max. 2, 7, 10 u. 7, 4, 5. Flor. 2, 17, 10 u. a. – Dav. **Contrebiēnsēs,** ium, *m.*, die Einw. von Kontrebia, die **Kontrebienser,** Liv. fr. lib. 91.

contrectābilis, e (contrecto), **betastbar,** Eccl.

contrectābiliter, *Adv.* (contrectabilis), **berührungsweise = mit sanfter Berührung,** Lucr. 4, 658.

contrectātio, ōnis, *f.* (contrecto), das **Betasten,** die **Berührung, a** die unzüchtige, geschlechtliche, quod ni ita esset, cur non gestiret taurus equae contrectatione, equus vaccae, Cic. de nat. deor. 1, 77: Plur. absol., quam contrectationes et amores soluti et liberi! Cic. de rep. 4, 4. – **b** die widerrechtliche **Antastung,** die **Entwendung,** ICt.

contrectātor, ōris, *m.* (contrecto), der **Antaster** fremden Eigentums, der **Entwender** (Dieb), Ulp. dig. 47, 2, 36. § 2.

contrecto, āvī, ātum, āre (con u. tracto), **betasten, befühlen,** betastend **berühren, I** im Allg.: **α** eig.: c. vulnus, Ov.: non c. pocula vel cibos, Col.: contrectandae pecuniae libido, im Geld zu wühlen, Suet. – liber contrectatus manibus vulgi, abgegriffen, Hor. – v. personif. lebl. Subjj., sol nudum contractans corpus aquaï, Lucr. 6, 854. – **β** übtr., geistig sich mit etwas **befassen,** conspicere totāque mente c. varias voluptates, Cic.: qui, quae complecti tota nequeunt, haec facilius divulsa et quasi discerpta contrectant, handhaben, beherrschen, Cic.: c. studia et disciplinas philosophiae, Gell. – **II** insbes.: **a** streichend od. streichelnd **betasten, streicheln,** capillum (als Mittel gegen Kopfweh), Plin.: leonem (um ihn zu besänftigen), Sen. –

b prüfend, untersuchend **betasten, befühlen,** membra (matris mortuae), Suet.: omnes partes corporis (captivae venalis) et inspicere et c., Sen.: obscena, ventrem (vom Arzt), Sen. u. Cels. – u. durchsuchend, **durchsuchen, visitieren,** ne feminae praetextatique pueri puellaeque contrectarentur, Suet. Claud. 35, 2. – **c** unzüchtig **betasten** (s. Benecke Iustin. 7, 3, 4. Hildebr. Arnob. 5, 26): **α** eig.: alqam, Plaut.: multorum uxores, Suet.: petulantius alcis uxorem, Iustin.: sinus, Ov.: utrique sexui genitalia vultu, Aur. Vict.: contrectari manu, osculo, amplexu alcis (v. einer Frau), Sen. rhet.: quod membra nullo contrectantur attactu, Augustin. de civ. dei 1, 18, 2. – **β** übtr.: nudare corpus et oculis vulgi contrectandum permittere, zur Schau überlassen, Tac. ann. 3, 12: captiva contrectata oculis omnium, Sen. contr. 1, 2, 13 B. – prägn., contrectata filiarum pudicitia, durch Betasten ihrer Körper geschändete, Tac. ann. 14, 35. – **d** widerrechtlich **antasten** zum Zweck des Diebstahls, **entwenden, sich aneignen,** ICt. – **e** **sich** mit etw. im Verkehr **befassen,** etw. im Verkehr **annehmen,** pecunias vetitas, Cod. Theod. 9, 23, 1. § 2. – ► Ohne Umlaut contracto, wov. contractare, Plaut. mil. 1052 *cod. B;* Poen. 1311 G.: contractans, Lucr. 2, 853: contractantes, Fronto b. Parth. p. 219, 15 N.: contractatus, Suet. Dom. 1, 3.

contremebundus, a, um (con u. tremo), **fort und fort erzitternd,** contremebunda est facta terra, erzitterte fort und fort, Augustin. in psalm. 76, 20 *extr.*

con-tremēsco (con-tremīsco), tremuī, ere, **heftig erzittern, erbeben,** **a** von Lebl.: tellus et aequora contremuerunt, Catull.: contremuit quercus, Ov.: quā (voce) protenus omne contremuit nemus, Verg. – **b** v. Pers., gew. vor Furcht usw., **α** absol.: me contremuisse timore perterritum, Cic. – c. totā mente atque artubus omnibus, Cic.: toto corpore (am g. K.), non poenae metu (aus F. vor der Str.), sed illius iudicii, Caecin. in Cic. ep. – provinciam Narbonensem incursu classis et adverso proelio contremuisse, sei in Schrecken geraten, Tac. – übtr. v. personif. Abstr., cuius in mea causa numquam fides virtusque contremuit, ist wankend gemacht worden, Cic. Sest. 68: quid contremescis senectus? Sen. contr. 2, 3 (11), 1. – **β** m. *Acc.*, vor etw. **erzittern, erbeben,** periculum, Hor.: non c. iniurias, non vulnera, non vincula, non egestatem, Sen.: c. Hannibalem Romano tonantem bello (v. Italien), Iustin.: quem daemones contremiscunt, Augustin. ep. 138, 18.

con-tremo, ere, **erzittern, erbeben,** caelum tonitru contremit, Pacuv. tr. 413: fulminis horribili cum plaga torrida tellus contremit, Lucr. 5, 1219. – ► Die Perf.-Formen s. con-tremēsco.

con-tremulus, a, um, **erzitternd, erbebend,** Varro sat. Men. 400.

contrībulātio, ōnis, *f.* (contribulo) = συντριβή, θλῖψις, die **Ängstigung,** Eccl.

con-tribūlis, is, *m.*, **I** **aus derselben** *tribus,* der **Tribusgenosse,** CIL 2, 2250. – dah. bei den Juden = der **Stammgenosse,** Vulg. levit. 25, 17 u. ö. Hier. Galat. 2, 10. Ambros. ep. 6, 14 *extr.* – **II** übtr., der **Glaubensgenosse,** Sidon. ep. 8, 13, 3.

con-trībulo, āvī, ātum, āre, **zermalmen, zertreten, zerstoßen,** Schol. German. Arat. 146. p. 392, 9 E. Vulg. psalm. 73, 13; Sirach 35, 22. – übtr., **zerknirschen, sehr ängstigen, quälen,** Eccl.

con-tribuo, tribuī, tribūtum, ere, seiner Bedeutung nach unser »mit etw. **zusammenschlagen** « = zu etw. **schlagen,** einem Ggstd. **einverleiben, zuteilen,** zuteilend **verbinden, vereinigen,** **a** etw. als Teil mit einem Ganzen, **α** im Allg.: nec non Peneae nec Spercheides undae contribuere aliquid, steuerten bei, Ov.: ubi simul plura contribuuntur, Plin.: contributa remedia, Plin. – m. *cum* u. Abl., proprios cum alqo annos, Tibull. 1, 6, 64. – gew. m. *Dat.*, novum examen apibus vetustate corruptis, Col.: alterum alteri, eins zum anderen schlagen, werfen (Ggstz. velut duobus nominibus separatim respondere), Sen.: suos annos alci, Sen. – **β** als publiz. *t. t.*, teils einem Gebiet, einem Volk, einem Statthalter, einem König als zu dessen Jurisdiktion od. Oberhoheit gehörig, m. *cum* u. Abl., Calagurritani, qui erant cum Oscensibus contributi, Caes. b. c. 1, 60, 1. – m. bl. *Dat.*, ager Gallicus, qui nunc Piceno contribuitur, Col.: Thessalos Xynias Aetolicum oppidum sibi contribuisse, Liv.: Locrenses c. Aetolis, Liv.: Ambracia, quae tum contribuerat se Aetolis, Liv.: c. Corinthum Achaeis in antiquum gentis concilium (Bund), Liv. – c. Uxiorum gentem subactam Susianorum satrapae, Curt.: regna alienigenis (Fremden = fremden Königen), Suet. – teils einem Bund als Mitglied (s. Weißenb. Liv. 32, 19, 4), Elei per se ipsi quam per Romanos maluerunt Achaico contribui concilio, Liv.: Elei nuper in Achaicum contributi concilium, Liv. – teils einer Heeresabteilung, contributus ex legione III. Gallicae (*sc.* legioni), CIL 8, 3157. – **b** mehrere einzelne Ggstd. auf **einen Punkt, zu einem Ganzen,** gew. als publiz. *t. t.*, m. *in* u. Akk., in unam urbem contributi (Ggstz. pagatim habitantes), Liv.: duas vel tres alvorum plebes in unum, zusammenstoßen, Col.: novos cives in octo tribus, acht (neuen) Tribus einverleiben, in acht (neue) Tr. vereinigen (Ggstz. in omnibus tribubus distribuere), Vell.: so auch in unam cohortem eos, qui de rege durius opinati fuerant (Ggstz. eos in colonias distribuere), Iustin. – m. *ad* u. Akk., c. urbes ad condendam Megalen polin, Liv. 32, 5, 5.

contribūtio, ōnis, *f.* (contribuo), **a** die **gleichmäßige Zuteilung,** der **gleichmäßige Beitrag,** ICt.

contrīstātio, ōnis, *f.* (contristo), die **Betrübung, Betrübnis,** Eccl.

con-trīsto, āvī, ātum, āre (con u. tristis), **betrüben, verdüstern,** (Ggstz. exhilarare), **a** dem äußeren Aussehen nach, inversum annum (v. Wassermann), Hor.: pluvio frigore caelum (v. Auster), Verg.: caelum laevo lumine (v. Sirius), Verg.: colores sulphure, Plin.: vites caloribus contristantur, bekommen ein schlechtes Aussehen, Col. – **b** moralisch = trübe, düster, traurig stimmen, v. lebl. Subjj., contristat haec sententia Balbum Cornelium, Cael. in Cic. ep.: sequetur pars, quae solet non immerito contristare et in sollicitudinem adducere, Sen. – Passiv contristari medial = sich betrüben, trübe (düster) gestimmt werden, v. Menschen, numquam c., Sen. rhet.: c. ob scelera, Sen. – von Tieren, apes saepius iniuriā contristatae, Col.

contrītio, ōnis, *f.* (contero), **I** die **Abreibung, Abdrehung,** lagoena contritione figuli pervalida, Hier. in Isai. 9, 30. *v.* 12. – **II** die **Zerreibung,** übtr. **a** die **Zerstörung,** der **Untergang,** Eccl. – **b** **Hilflosigkeit, Elend,** Eccl. – **c** = θλῖψις, die **Zerknirschung, Unruhe,** der **Kummer,** Eccl.

contrītus, a, um, *PAdj.* (v. contero), **abgenutzt, abgedroschen = allbekannt,** proverbium vetustate contritum, Cic.: communia et contrita praecepta, Cic.

contrōversia, ae, *f.* (controversus), **I** die **entgegengesetzte Richtung,** aquae, Ulp. dig. 39, 2, 24. § 5. – **II** übtr., die **Streitigkeit,** insofern zwei Parteien gegeneinander gerichtet sind, deren jede Recht zu haben glaubt, der **Streit,** in dem das *pro* u. *contra* erörtert wird, die **Streitfrage,** der **Streitpunkt, strittige Punkt,** **a** der wirkliche: c. hereditaria, Cic.: magna, perparva, Cic.: legitima, Cic.: controversiae forenses, Cic.: controversiae verae (Ggstz. fictae, s. *no.* b), Quint. – m. Ang. **worüber?** durch obj. *Genet.*, hereditatis, Cic.: iuris, iniuriarum, Quint.: verbi, Wortgezänke, Cic. – adducere rem in controversiam, Cic.: alere diutius controversiam, Caes.: avocare controversiam a propriis personis et temporibus, Cic. – cognoscere statuereque de controversiis regum, Liv.: publicas controversias cognoscere, Hirt. b. G.: pro (als) amico atque arbitro componere controversias regum, Caes.: componere controversias per colloquia, Caes.: constituere controversiam, Cic. – deducere rem in controversiam, Caes.: controversias suas litesque ad alqm deferre, Eutr. (u. so controversiae secreto deferebantur, Cic.): diligenter diiudicare eam controversiam, Cic.: diiudicare controversiam verbis, non aequitate, Cic.: dirimere controversiam, Cic.: disceptare eorum controversias, Cic.: disceptare inter se controversias iure ac iudicio aut bello, Liv.: ius dicere disceptareque controversias minimarum rerum, Liv.: distrahere controversias, Cic.: ducere (hinziehen) controversiam usque ad noctem, Cic. – est c. de hereditate, de finibus, Caes.: u. (Ggstz.) de verbo *controversia est,* de re quidem *convenit,* Cic.: est alci nulla controversia cum alqo, Plaut.: est alci c. cum alqo de annona, Cic.: sunt alci magnae rei familiaris controversiae cum alqo, Cic.: est c.

inter alqos, Caes.: est inter scriptores de numero annorum c., Cic.: u. (Ggstz.) *controversia* autem *inter* hominum sententias aut *est in* illo, utrum sit utilius; aut etiam, *cum id convenit,* certatur, utrum ... an etc., Cic.: c. *non* erat, *quin* verum dicerent, Cic.; vgl. nihil controversiae fuit, *quin* consules crearentur M. Geganius Macerinus et L. Sergius Fidenas, Liv.: agrum, qui in controversia erat, obtinebat, Liv. – controversia est m. folg. *Acc.* u. *Inf.,* Gell. 12, 7, 3. – id est in controversia m. folg. indir. Fragesatz, z. B. iurene fecerit et licueritne id facere, id est in controversia, Rhet. Her.: perinde quasi id fuisset in controversia, quo illi nomine appellarentur, Rhet. Her. – explicare controversias forenses dicendi genere apto ad dicendum, ad delectandum, ad permovendum, Cic.: exsistunt controversiae ex scripti interpretatione, Rhet. Her. – nihil ambigi potest, in quo non aut res controversiam faciat aut verba, Cic. – facit alqs controversiam m. folg. indir. Fragesatz, z. B. iustine magistratus summae rerum praesint, Liv. – aut alteri aut invicem utrique de iure fit controversia, Quint. – *non* facere se controversiam, *quin* priores partes consulis essent futurae, Val. Max. – habere controversiam de hereditate, Cic.: habere cum alqo controversiam hereditariam, Cic.: habere cum alqo controversiam de fundo, Cic.: habere controversias inter se, Caes.: habere inter se controversias de senatu cooptando, Cic.: u. (m. folg. indir. Fragesatz) perpetuas inter se controversias habere, quinam anteferatur, Caes. – disceptando finire controversias (Ggstz. ferro decernere), Liv.: finire controversias inter Achaeos ac Lacedaemonios, Liv. – infertur de loco et tempore eius rei c., Caes.: intendere controversiam propter nominum mutationem, Rhet. Her.: hic dies de nostris controversiis iudicabit, Caes. – minuere controversias, Caes.: movere controversiam nominis, Tac. dial. 25: neque de re, sed de verbo controversiam movent, Cels. 3, 3. p. 78, 11 D. – oblivisci controversiarum ac dissensionis, Caes.: omittere controversiam, Cic.: oritur quaedam in callibus controversia pastorum, Cic.: orta est inter eos de principatu c., Caes. – omnis est contentio inter homines doctos in verbi controversia posita, Cic. – alqd nullam controversiam recipit, Cels.: alqd relinquitur in controversia (Ggstz. alqd nobis convenit cum adversariis), Rhet. Her. – sedare controversias, Cic.: de nomine et vocabulo controversiam struere, Rhet. Her. – tollere controversias, Cic.: torquet verbi c. iam diu Graeculos homines, Cic.: posse de controversiis colloquio transigi, Tac. – venit alqd in controversiam, Cic., od. aut in controversiam aut in contentionem, Quint.: *ne illud quidem* in controversiam venit, *quin* etc., Cels. – versatur alqd aut in controversia aut in contentione, Cic.: vocatur res in aliquam controversiam, Cic.: vocatur res in dicendi disceptationem aut controversiam, Cic. – sine controversia, **ohne Streit, ohne Händel, ohne Widerspruch,** z. B. sine c. solvere (bezahlen), Cic.: sine c. rem conficere, Cic.: hunc ... sine c. vicimus, ohne W., unzweifelhaft, Cic.: audivi sine c. magnos oratores, Cic.: so auch sine ulla c. fundum quadriennium possidere, Cic. (aber Flor. 1, 18, 13 ist victoria sine controversia, ein Sieg ohne Kampf, ein unblutiger). – **b** der erdichtete, als Thema in den Rhetorenschulen usw. aufgestellte u. erörterte **Rechtsfall,** die **Kontroverse,** vollst. c. ficta (Ggstz. c. vera), c. scholastica (griech. σύνταξις), Quint.: controversiarum sententiae, Sen. rhet.: controversiae ex historiis compositae, Quint.: unam de schola controversiam, non illam sane difficillimam aut novam, proponam in exemplum, Quint.: poscit controversias plures; electionem auditoribus permittit, saepe etiam partes, Plin. ep.: controversiam od. controversias declamare, Sen. rhet. u. Spart. – ► Abl. Plur. synk. controversis, CIL 1, 199, 45. – arch. controvorsia (controvosia), wov. Akk. Plur. controvorsias, CIL 1, 199, 42. controvosias, *ibid.* lin. 2: Abl. Plur. controversieis, *ibid.* lin. 1. – Die Form contraversia, Tab. cerat. X II. col. 2, 5 im CIL 3. p. 949 a. E.

contrōversiālis, e (controversia), **zum Streit gehörig, Streit-,** Sidon. ep. 7, 9, 2 u. a.

contrōversiola, ae, *f.* (*Demin.* v. controversia), der **kleine Streit,** Hier. in Ruf. 1, 30. Diom. 326, 22.

contrōversiōsus, a, um (controversia), **noch sehr streitig,** res, Liv. 3, 72, 5. Sen. ep. 85, 24.

contrō-versor, ārī, (controversus), **eine Erörterung** *pro* **und** *contra* **anstellen, das** *pro* **und** *contra* **erörtern, rechten,** inter se de huiuscemodi rebus controversari, non concertare, Cic. Protag. fr. 2 (b. Prisc. 8, 35): qui nascuntur ex fratribus, nihil invicem controversantur, Sidon. ep. 4, 1, 1.

contrōversum, *Adv.,* s. contrō-versus.

contrō-versus, a, um (contra u. versus), **entgegengewandt,** d. i. **I** eig., **a gegenüberliegend** (s. Wagner Amm. 14, 2, 3), spatium, Amm.: mons Athos et Caphareus longo spatio controversi, weit in entgegengesetzter Richtung auseinanderliegend, Amm. – **b in entgegengesetzter Richtung anstrebend,** spiritus (Luftzug), Amm. 22, 15, 7: spiritus (Luftzüge), Solin. 32, 10. – **II** übtr.: **a** aktiv, **feindllich entgegenstehend, feindlich,** partes, Amm.: manus, Amm. – controversa sibi ac repugnantia, mit sich selbst im Streit, im Widerspruch, Macr. somn. Scip. 1, 6, 24. – **b** passiv, noch der Erörterung *pro* und *contra* unterworfen, **streitig** (Ggstz. confessus; verb. dubius controversusque, Ggstz. certus), argumentum, Quint.: auspicium, Liv.: ius, Cic.: res c. et plena dissensionis inter doctissimos, Cic. – *neutr. plur.* subst., controversa confessis probare, Quint. 5, 14, 14. – controversum, *Adv.,* **dagegen,** Apul. apol. 15.

con-trucīdo, āvī, ātum, āre, **abschlachten, abstechen, niederstechen, a** im engeren Sinne, taurorum opima corpora, Sen.: bestias, Suet.: iugulum sibi multis ictibus, Apul. met. 9, 38. – **b** im weiteren Sinne, Menschen ähnlich wie das Vieh **niederstechen, niederstoßen, niedermetzeln, zusammenhauen,** septem milia civium Romanorum, Sen.: universos exules, Suet.: plebem immisso milite, Sen.: alqm septem vulneribus, Suet.: debilitato corpore et contrucidato, Cic. Sest. 79: u. (im Bild) rem publicam, hinschlachten, Cic. Sest. 24.

con-trūdo, trūsi, trūsum, ere, **I zusammenstoßen,** Lucr.: contrusa corpora, zusammengedrängte, Lucr. – **II hineinstoßen, hineinstecken,** uvam in dolia, Varr.: equi corpus in adversum flumen raptim, Lucr.: alqos in balneas, Cic.: alqm in insulam, verstoßen, Amm.

con-trunco, āvī, ātum, āre, **zusammenhauen, zerhauen,** Plaut. u. Spät.: c. cibum, aufzehren, Plaut.

contubernālis, is, *c.* (con u. taberna), der **Mitbenutzer derselben** *taberna,* **I** der **Zeltgenosse, Zeltkamerad, a** im engeren Sinne v. Soldaten übh., von denen gew. zehn in **einem** Zelt unter einem Aufsichtführenden zusammenlagen, Torquatus, meus familiaris et c., Cic.: domi unā eruditi, militiae contubernales, Cic.: milites contubernales appellare, Tac. – **b** im weiteren Sinne: **α** vom jungen vornehmen Römer, der zu seiner eigenen höheren militär. Ausbildung sich einem Prätor (Statthalter) als Begleiter u. Freund anschloss und sich immer in seiner unmittelbaren Nähe befand (vgl. comes *no.* b, β u. cohors *no.* II, B, 2, b), c. aut comes magistratus, Suet.: Q. Pompeio pro consule c., Cic.: fuit in Creta postea c. Saturnini, Cic.: filium contubernalem habere perpetuum, Frontin. – Ironisch, contubernales praeclarae, v. Buhlerinnen im Zelt des Antonius, Cael. bei Quint. 4, 2, 123. – dah. **β** der **Genosse, Gefährte, Schildträger** in der höheren Staatsverwaltung, L. ille Torquatus, cum esset meus c. in consulatu, Cic.: alci contubernalem in consulatu fuisse, Cic. – **II** der **Haus-** od. **Wohnungsgenosse, Haus-** u. **Tischfreund** u. übh. der **fortwährende Gesellschafter, a** übh.: C. Arrius proximus est vicinus (Gutsnachbar); immo ille quidem iam contubernalis, Cic.: municeps tu meus et condiscipulus et ab ineunte aetate c., Plin. ep.: ille meus in urbe, ille in secessu c., Plin. ep.: habuisses non hospitem, sed contubernalem, Cic. – Ironisch, c. Quirini, von Cäsar, dessen Statue im Tempel des Quirinus stand, Cic. ad Att. 13, 28, 3. – **b** der geschlechtliche **Wohnungsgenosse,** die geschlechtliche **Wohnungsgenossin,** v. als Mann u. Frau in wilder Ehe Zusammenlebenden, bes. von Sklaven u. Sklavinnen, der **Zuhälter,** die **Zuhälterin,** Plin. u. a. – scherzh., crucibus contubernales dari, mit dem Kreuz vermählt werden, Plaut. mil. 184. – ► Abl. Sing. contubernale, Pompon. com. 73; contubernali, Macr. sat. 2, 4, 29. Gaius dig. 40, 7, 31. § 1. Callistr. dig. 50, 16, 220. § 1.

contubernium, iī, *n.* (con u. taberna), **I** *abstr.* die **Gemeinschaft** einer *taberna,* **1** die **Zeltgenossenschaft, Zeltkameradschaft** der Soldaten, **a** im engeren Sinne: erant decani decem militibus propositi, qui nunc caput contubernii (Korporal) vocantur, Veget. mil. 2, 8; vgl. 2, 13. – **b** im weiteren Sinne: **α** vom Zusammenleben mit Soldaten übh., legionum (mit den L.), Tac. ann. 1, 41: militum (mit den S.), Tac. hist. 2, 80. – **β** v. näheren Umgang des jungen vornehmen Römers mit dem Prätor (s. contubernālis *no.* I, b, α), contubernii necessitudo, Cic.: patris contubernio (im militärischen Gefolge des V.) ibidem militare, Sall. – Ironisch, c. muliebris militiae, vom Zusammenleben, vom vertrauten Umgang mit einer Buhlerin, Cic. Verr. 5, 104. – **2** die **Wohnungsgemeinschaft, Haus- und Tischfreundschaft** u. übh. der **nähere Umgang, a** übh., mit Verwandten, Freunden, Schülern usw., arto contubernio intime iunctus, Apul.: primum in matris, deinde Liviae Augustae proaviae suae contubernio mansit, Suet.: ut tot tantisque dotibus villulae nostrae maxima commendatio ex tuo contubernio accedat, Plin. ep.: Metrodorum et Polyaenum magnos viros non schola Epicuri, sed contubernium fecit, Sen. – Übtr.: **α** von der Wohnungsgemeinschaft der Tiere mit Menschen, si hominis contubernium passa est (bestia immanis), Sen. de ira 3, 8, 2: u. der Tiere mit Tieren, fortuitum c., Phaedr. 2, 4, 4. – **β** im Bild, v. Abstr., adeo felicitatis et moderationis dividuum contubernium est, so selten wohnen G. u. M. unter **einem** Dach zusammen, Val. Max.: necesse est assidua sit in tam magno vitiorum contubernio rixa, in einer so großen Gesellschaft von Lastern, Sen. – **b** die geschlechtliche **Wohnungsgemeinschaft** = die **wilde Ehe, Zuhälterschaft,** das **Konkubinat,** sowohl des Sklaven mit einer Sklavin (die in Rom allein mögliche Art der Ehe zwischen Sklaven), Col. u. a., als auch (im Ggstz. zu conubium) des Freien mit einer Buhlerin usw., Curt. u. a. (vgl. Mützell Curt. 5, 5 [19], 20): u. = Ehe übh., Ambros. de off. 3, 19, 110. – **II** *concr.* die **gemeinschaftliche** *taberna,* **1** das **gemeinschaftliche Zelt,** deponere in contubernio arma, Caes.: milites progrediuntur contuberniis, Tac.: non capit idem contubernium virum fortem et victum, Sen. – **2** die **gemeinschaftliche Wohnung,** insbes. eines in wilder Ehe lebenden Sklavenpaares, contubernio servi publici abditus, Tac. hist. 1, 43. – übtr., der Bienen, Plin. 11, 26.

con-tueor, tuitus sum, ērī, **I erblicken, ansichtig-, gewahr werden,** c. longinqua, weitsichtig sein (Ggstz. nisi prope admota non cernere, kurzsichtig sein), Plin. 11, 142; vgl. *ibid.* 143. – mit dopp. *Acc.,* id novum Agesilaus contuens, dies als etwas Neues erblickend = da dies dem Ag. ein neuer Anblick war, Nep. Chabr. 1, 2. – **II ins Auge fassen, in Augenschein nehmen, überblicken, überschauen, beschauen, betrachten, 1** eig.: aspicite ipsum, contuemini os, Cic.: quod tandem spectaculum fore putamus, cum totam terram contueri licebit, Cic.: c. inter se, einander ins Angesicht sehen (Ggstz. aversos iacēre), von Tieren, Plin. – c. in adversum (geradeaus), Solin. – alqm acrius, Suet.: alqm non sine admiratione, Suet.: alqm altero oculo, duobus oculis, Cic.: solem oculis immobilibus, Plin. – v. personif. Örtl., Acrocorinthus maria utraque contuens, Mela 2, 3, 7 (2. § 48); vgl. Cic. de domo 146. – **2** übtr.: **a** übh.: geistig, bene propositum plane c. ac videre plane, Lucr. 6, 653: cum (revocatio illa) a contuendis nos malis avocat, Cic. Tusc. 3, 35. – **b** prägn., ins Auge fassend **auf** etw. **Bedacht nehmen,** in alimoniis armenticium pecus sic contuendum, lactentes cum matribus *ne* cubent, Varro r. r. 2, 5, 16. – ► Archaist. Nbf. **contuor,** tuī (doch nur die Formen contuor, contuimur, contui),Pompon. com. 69. Plaut. asin. 403 u. a. (s. Brix Plaut. trin. 708). Lucr. 4, 35. Stat. Ach. 1, 131. – Aktive Nbf. **contuo,** wov. contuit, Pacuv. tr. 6.

contuitus, Abl. ū, *m.* (contueor), **I** das **Betrachten, Anblicken,** der **Anblick,** absol., Plin. 11, 145; 37, 63. Amm. 16, 10, 4; 22, 2, 4: esse iam in contuitu, in Sicht sein, Amm. 18, 8, 4; 24, 2, 5: m. obj. *Genet.,* contuitu scarabaeorum, Plin. 29, 132: contuitu parricidarum, Curt. 5, 12 (34), 18. – **II** übtr.: **a** die geistige **Anschauung,** Augustin. conf. 12, 15 *in.* – **b** die **Bedachtnahme, Rücksicht,** contuitu alcis rei, in Anbetracht einer Sache, im Hinblick-, in Rücksicht auf etw., c. vigilantiae et iustitiae eius, CIL 6, 1715: c. utilitatis, Ambros. in Luc. 10. § 51: c. honorum, quos gesserant, Heges. 1, 12, 4. – ► Synk. contutus, der Anblick, Plaut. trin. 262.

contumācia, ae, *f.* (contumax), der edle u. unedle **Trotz,** die **Unbeugsamkeit,** die **Widerspenstigkeit, Störrigkeit,** der **Eigensinn** (Ggstz. obsequium), **a** v. Menschen: **α** übh.: insolentia, superbia, contumacia, Cic.: c. et arrogantia, Cic.: c. et ferocitas, Suet.: c. et dedignatio parendi, Plin. pan. 18, 1. – oris oculorumque c. ac superbia, Cic.; vgl. idem habitus oris, eadem c. in vultu (eines Angeklagten), Liv.: c. responsi tui, Cic. – libera c., edler Tr. (des Sokrates, seinen Richtern gegenüber), Cic.: abrupta c. (Radikalismus; Ggstz. deforme obsequium, Servilismus), Tac. – m. Ang. **gegen wen?** c. adversus principem, Tac. hist. 4, 3. – **β** insbes., die **Widerspenstigkeit,** gegen den Richterspruch oder gegen die Ladung vor Gericht, Traian. in Plin. ep. 10, 57 (65), 2 u. ICt. – **b** der Tiere: pervicax c. (bovis), Col.: contumaciam pecorum vincere (vom Schmerz der Strafe), Sen.: necessitate contumaciam deponit bos, Col.

contumāciter, *Adv.* m. *Compar.* (contumax), **trotzig, unbeugsam** (im guten u. üblen Sinne), **widerspenstig, störrig, eigensinnig,** scribere, Cic.: adesse, Plin. pan.: omnia agere, Liv.: repudiare alqd, Cic.: contumacius gerere se, Nep.: contumacius parēre, Suet.

contumāx, mācis, *Adi.* m. *Compar.* u. *Superl.* (zu tumeo), jeder fremden Macht, jedem fremden Willen, jeder fremden Zumutung aus Selbstgefühl od. Hochmut die Stirn bietend, **trotzig, Trotz bietend, unbeugsam, störrig, widerspenstig, eigensinnig, a** v. Pers. u. pers. Vornahmen od. Zuständen: **α** übh.: si (reus) contumax, arrogans, securus sit, Quint.: arrogantia oris et c. animus, Tac.: quis contumacior? quis inhumanior? quis superbior? Cic.: ebrietas contumacissimos et iugum recusantes in alienum egit arbitrium, Sen. – preces, Tac.: voces c. et inconsultae, Tac.: ille non interrito modo, sed contumaci quoque vultu intuens regem, Curt. – m. Ang. **gegen wen** od. **was?** in superiores c., in aequos et pares fastidiosus, Rhet. Her.: c. adversus plebem, Suet.: animus contra calamitates fortis et c., Sen.: c. etiam adversus tormenta servorum fides, Tac.: m. *Genet.,* omnium c., Apul. de dogm. Plat. 2, 21: m. *Dat.* (= gegen), populus c. regibus suis, Sen. poët.: c. Homero, dem H. zum Trotz, Sidon. poët.: Hispanis c. capillis, Mart. – **β** insbes., **widerspenstig** gegen den Richterspruch od. gegen die Ladung vor Gericht, Plin. pan. 40, 5 u. ICt. – **b** v. Tieren: c. boves, Col. – m. Ang. **wobei?** durch *ad* u. Akk., gallina c. ad concubitum, Col. – m. Ang. **wogegen?** durch *Dat.,* asinus c. servitio, Col.: ubi iidem equi obsequentes alteri equiti, alteri contumaces sunt, Sen. – **c** v. Lebl., **ungefügig, spröde,** lima, Phaedr.: syllaba, sich nicht ins Metrum fügend, Mart. – v. Pflanzen, laserpicium res fera et c., schwer zu ziehen, Plin.: m. *Dat.* (= gegen), cardamum c. frianti, Plin.

contumēlia, ae, *f.* (contemno), jede jmds. sittliches Gefühl, Ehre u. Würde herabwürdigende Handlung od. Rede, die **Ehrenkränkung,** die entehrende, entwürdigende **Beschimpfung,** der entehrende, entwürdigende **Schimpf,** die **Schmach,** in Worten auch = die **Schmähung,** die **Schmährede, Verunglimpfung,** der **beleidigende, ehrenrührige Ausdruck** od. **Ausfall** (vollst. verborum c.), in Taten = die **entehrende, entwürdigende, empörende Misshandlung,** der **beleidigende** usw. **Übermut** (vollst. rerum c.), **I** eig., einer Pers.: **a** übh.: contumeliae acerbiores principibus solent esse, quam iniuriae, Sen.: maledictio nihil habet propositi praeter contumeliam; quae si petulantius iactatur, convicium, si facetius, urbanitas vocatur, Cic.: alterum genus (facetiarum), in quo nulli aculei contumeliarum insunt, Cic. – contumeliā dignus, Cic.: contumeliis obnoxius, Suet. u. Plin. ep.: contumeliae plenum ludibrium, Val. Max. – c. mea (meine, gegen mich), Cic.: contumeliae graves od. gravissimae, Vell. u. Cic.: insignis despecti senatus c., Suet.: an esse ulla maior aut insignitior c. potest, quam etc., Liv. – accipere tantam contumeliam, Caes.: accipere alqd ad od. in contumeliam, etw. für eine Schm. halten, sich durch etw. in seiner Ehre gekränkt fühlen, Ter. u. Curt.: addere contumeliam iniuriae Phaedr.: nullam adhibere memoriam contumeliae, kein Gedächtnis haben für eine B., Nep.: adicere verborum contumelias, Sen. rhet.: afficere alqm contumeliā, Sen., pari contumeliā, Lentul. in Cic. ep., contumeliis, Sen. rhet.: contumeliā appellare alqm perfugam, jmd. Üb. schimpfen, Caes.: arcere ferro eam contumeliam, Liv. – demere (jmdm. abnehmen, zurücknehmen) contumeliam, Liv.: depellere omni vi contumeliam iniuriamque, Liv.: descendere palam ad gravissimas verborum contumelias, Caes.: dicere alci contumeliam od. contumelias, Plaut. u. Ter.: dicere contumelias in Caesarem, Tac.: ultro dicere contumelias, Liv. – istaec quidem contumelia est, Ter.: quid est, si hoc non contumelia est? Ter. – contumelia est m. *Inf.*, Sen. de const. sap. 16, 4. – edere in corpora ipsorum, in liberos, in coniuges infandas contumelias, Liv.: effundere contumelias et invidiam in populum Rom. (in einer Rede), Tac.: exsequi (bestrafen) contumelias suas nullā crudelitate, Sen.: exstingui non posse eam contumeliam, Plin. ep. – facere (alci) contumeliam, eine B., eine Schm. antun, Cato, Komik., Liv. u. Sen. (nur Anton. b. Cic. Phil. 3, 22 cont. facere = eine B. erleiden): ferre aequo animo contumeliam, Iustin.: quae contumelia eum non fregit, sed erexit, Nep. – imponere alci tantam contumeliam, Sall., u. alci contumelias, Gracch. fr., u. alci privatim plurimas iniurias contumeliasque, Cic.: inferre alci contumeliam, Vell.: interrogare alqm verborum contumeliā, Caes.: alternis versibus intorquentur inter fratres contumeliae gravissimae, Cic.: natus ad contumelias omnium ingeniis inurendas, Sen. rhet. – iacere contumeliam in alqm, Cic.: iactare contumeliam petulantius, facetius, Cic. – lacerare alqm incesto ore verborum contumeliis, Cic.: leniuntur alcis erga me officiis hominis importunissimi contumeliae, Metell. in Cic. ep. – meritum esse eam contumeliam omnibus morum vitiis, Vell. – offendet te dicax contumeliā, Tac.: offerre os contumeliis, Tac.: onerare alqm contumeliis od. omnibus contumeliis, Metell. (in Cic. ep.) u. Cic. – parcere nullis verborum contumeliis de viro ad fratrem, Liv.: pati contumelias, Brut. in Cic. ep.: perpeti alcis contumelias, Ter.: perferre omnes indignitates contumeliasque, Caes.: praebere ad contumeliam os od. praebere os contumeliis, Liv.: propulsare a se contumeliam, Cic. – nihil defuit contumeliarum, quin subiret, Suet. – trahere in contumeliam suam, si etc., Suet. – vacat animadversio et castigatio contumeliā, Cic.: vertere alqd in contumeliam suam, etw. als persönlichen Schimpf ansehen, Caes.: vexare alqm omnibus contumeliis, Cic.: vindicare suam contumeliam, Plin. ep.: vindicare alqm a contumeliis alcis, Vell. – contumeliae causā, z. B. c. causā alqm describere, Cic.: c. causā alqm nominare dominum (»Herr« schimpfen), Suet., u. c. causā alqos vocare auditores (»Zuhörer« schimpfen), Sen. rhet.: u. (Ggstz. honoris causā) alqm honoris potius, quam contumeliae causā nominatum velle, Cic. – ad contumeliam, z. B. praesidium per cruciatum et ad c. necare, Liv. – in contumeliam, z. B. nisi in contumeliam ignominiamque nostram certare iuvat, Liv. – per contumeliam, z. B. saepe Thurinum appellari, Suet.: per contumeliam beneficium populi Rom. alci extorquere, Caes. – cum contumelia, z. B. magna cum contumelia verborum nostros ad pugnam evocare, Caes.: in arma cum gravibus in Romanos contumeliis instigare, Vell.: cum contumelia nostra omnia prius experiri velle, Lentul. in Cic. ep. – defensionem Gabinii sine ulla mea contumelia suscepit, Cic.: non sine verborum contumelia in alqm saevire, Suet. – sine contumelia nominari, ohne bloßgestellt zu werden, Cic. – **b** insbes., die **Ehrenkränkung,** entehrende **Misshandlung** durch Unzucht, die **Schändung** (vollst. c. stupri, ICt.), piratarum contumelias perpeti, Cic.: ad libidinem et contumeliam animum accendere, Liv.: quos post transacta convivia aliae cubiculi contumeliae exspectant, Sen.: ita ei lecti sui contumelia vectigalis est, Apul. – **II** übtr., lebl. Ggstd., die **Misshandlung,** das **Ungemach,** quamvis vim et contumeliam perferre (von Schiffen), Caes. b. G. 3, 13, 3: lignum inquinare omni contumeliā, Phaedr. 1, 2, 21. – ► Synk. Form **contumia**, Mart. Cap. 4. § 424 u. Gloss.

contumēlio, āre (contumelia), **beschimpfen, entehren, schänden,** alqm, CIL 10, 3030, 5: genus suum, Act. mart. S. Didymi 1: ancillam dei, *ibid.* 3.

contumēlior, ārī (contumelia) = ἀντιμάζω, ὑβρίζω, **beschimpfen, entehren,** Gloss. u. spät. Eccl.

contumēliōsē, *Adv.* m. *Compar.* u. *Superl.* (contumeliosus), **herabwürdigend, entehrend, ehrenrührig, schmählich, schmachvoll** (Ggstz. honorate), c. et aspere dicere in alqm, Quint.: studiose de absentibus detrahendi causā maledice contumelioseque dicere, Cic.: c. dimittere alqm, Cic.: c. laedere alqm in contionibus, Cic. – non contumeliosius quam verius compedes eas (urbes) Graeciae appellare, Liv.: certant secum ipsi, utrum *contumeliosius* eum expulerint, an revocaverint *honoratius,* Iustin. – contumeliosissime maledicere alci, Cic. Vatin. 29.

contumēliōsus, a, um, *Adi.* m. *Compar.* u. *Superl.* (contumelia), voll Ehrenkränkung, voller Schmach, voller Schmähung, **a** v. Pers., **herabwürdigend** od. **ehrenrührig** od. **schmachvoll verfahrend, schmähend, schmähsüchtig,** partim te superbum esse dicunt, quod nihil respondeas, partim contumeliosum, quod male respondeas, Cic. – m. *in* od. *adversus* u. Akk., tam contumeliosos in se ridet invicem eloquentia, Quint.: contumeliosus est adversus artem orandi, Quint. – in servos superbissimi, crudelissimi, contumeliosissimi sumus, Sen. – m. *in* u. Abl., quam contumeliosus in edictis! Cic.: in emendando non acerbus minimeque c., Quint. – **b** v. Lebl., **herabwürdigend, ehrenrührig, schmachvoll, schmählich, Schmach-,** dicta, Sall.: edicta, Suet.: libelli, Pasquille, Sen. rhet.: epistula, Suet.: oratio, Cic.: genus dicendi, Quint.: verba, Sen.: voces, Caes. – u. contumeliosior παρεγχείρησις, Cic.: contumeliosissimum verbum, Quint. – m. *in* u. Akk., epistulae in aliquem c., Cic.: quod contumeliosum in eos foret, Sall.: in socios iniuriosum et contumeliosum est m. folg. *Acc.* u. *Infin.*, Cic. – m. *Dat.* (**wem? für wen?),** contumeliosum id (est) militibus, Tac.: quod ceteris agentibus contumeliosissimum fuit, Quint.: id contumeliosum est plebi m. folg. *Acc.* u. *Infin.*, Liv.

con-tumēsco, ere, **stark aufschwellen,** Cael. Aur. chron. 2, 4, 71.

contumia, s. contumēlia ►.

con-tumulo, āvī, ātum, āre, **I hügelförmig anhäufen,** Plin. 10, 100. – **II mit einem Grabhügel bedecken, bestatten,** fragmenta aggestā humo, Mart. 8, 57, 4: im Passiv, contumulari patriā humo od. ingestā humo, Ov. trist. 3, 3, 32 u. Ib. 462 *Ehw.*

con-tundo, tudī, tūsum, ere, **zusammen-** od. **einstoßen** = **zerstoßen,** **I** im engeren Sinne: **a** mit einem Stößel in kleine Teile **zerstoßen, zerklopfen, zermalmen,** teneras arundinum radices, Caes.: ficum aridam, Cels. – m. *Dat.* (wem? für wen?), messoribus allia serpyllumque, Verg. – m. *Abl.* (mit), albae spinae radices ferreis pilis, Col. – m. *cum* u. Abl., contusae cum testis suis cochleae, Cels.: piper cum ficu contusum, Cels. – m. *in* u. Abl., c. thymum in pila, Varr. – m. *ex* (von aus = in) u. Abl., sinapis, cardamomi, resinae, singulorum p. X. VIII., quae ex leni vino contunduntur, Cels. – m. *in ... usque* u. Akk., caro magnorum piscium in sole siccata et in pollinem usque contusa, Mela. – **b** mit der Hand breitdrücken, **einquetschen,** nares a fronte resimas contudit, Ov. met. 14, 96.

II im weiteren Sinne = durch häufige Stöße, Schläge beschädigen usw., wie unser **zerstoßen (zuschanden stoßen), zerklopfen, zerbleuen, zerschlagen, zerquetschen, zerschellen, 1** eig.: alcis manus, Cic.: pedes, Plin.: faciem, Cels.: verenda, Plin. ep.: collum (v. Stier), Col.: so auch collum in opere, Col.: contusae aures, gequetschte, Plin. – si quis contusus est, eine Quetschung erhalten hat, Cels.: contusi ac debilitati inter saxa rupesque, Liv. – alqm fustibus, pugnis, Plaut.: anum saxis, Hor.: planā palmā faciem (sich das G.), Iuven. – v. lebl. Subjj., grando contudit vites, Hor.: hasta hebeti pectus tantummodo contudit ictu, Ov.: im Passiv, classis victa, fusa, contusa (zerschellt) fugataque est, Inscr. bei Liv.: pugiles caestibus contusi, Cic.: flos nullo contusus aratro, Catull. – poet. m. *Acc.* der näheren Best. (= an), asper equus duris ora contunditur lupatis, Ov.: contusus ora saxi pondere, Val. Max. – Partiz. subst., **α** contūsī, ōrum, *m.*, **Gequetschte** (mediz. *t. t.*) Plin. 25, 98. – **β** contūsum, ī, *n.*, die **Quetschung,** die **Kontusion** (mediz. *t. t.*), Cels. 5, 28, 14 p. 217, 21 D. Scrib. 209: Plur., Plin. 29, 141.

2 übtr.: **a** übh., an physischer Kraft **mürbe machen, lähmen, der Spannkraft berauben,** v. lebl. Subjj., postquam illi iusta cheragra contudit articulos, Hor.: corpora magno contusa labore, Lucr. – **b** an milit., polit., geistiger u. moral. Kraft **lähmen, dämpfen, niederdrücken, brechen, zuschanden (zunichte) machen** od. **werden lassen,** ferocem victoriā Hannibalem, abklopfen, Liv.: populos feroces, Verg.: Romanorum vires proelio, Val. Max.: victoriis opes Carthaginis, Val. Max.; vgl. in Numidia nostrae opes contusae hostiumque auctae erant, Sall. – u. c. incendium belli Punici secundi, Cic.: Pacori manus contudit impetus nostros, Hor. – u. c. animum, sich bezwingen, Cic.: prius animos hostium quam arma, Val. Max.: animos feros placidā arte, Ov.: ferociam hostis, Liv.: audaciam alcis c. et frangere, Cic.: calumniam stultitiamque alcis obterere ac c., Cic.: c. insolentiam hominum, Sen.: facta Talthybii, Plaut.: minas, Hor. – v. lebl. Subjj., contudit ingenium longa patientia laborum, Ov.: eadem mala, quibus ingenia nostra hebetata, fracta, contusa sunt, Plin. ep.: is labor urbano militi insolitus contundit animos, Tac.: maeror contundit mentes, abicit, contrahit, Sen. – ► Perf. contŭdit gemessen bei Enn. ann. 449; vgl. Prisc. 10, 26. – Partiz. Perf. gew. contusus; aber auch contunsus, Plin. 21, 174 u. ö. Spart. Carac. 11, 3.

con-tuo, con-tuor, s. con-tueor.

conturbātio, ōnis, *f.* (conturbo), die **Verwirrung, Verstörung, a** die physische, oculorum, Getrübtheit (griech. ταράξις), Scrib. 19: mentis (des Wahnsinnigen), Cic. Tusc. 4, 30. – **b** die gemütliche = die Bestürzung, conturbatio est metus excutiens cogitata, Cic. Tusc. 4, 19: post rem rubor, pallor, titubatio et alia signa conturbationis et conscientiae, Cic. top. 52.

conturbātor, ōris, *m.* (conturbo), **a** der **Verwirrer, Irreleiter,** exercitus, Ps. Quint. decl. tribun. Marian. 6 *extr.* – **b zum Bankrott führend,** poet. für **kostspielig,** aper, Mart. 7, 27, 10: macellus, Mart. 10, 96, 9; vgl. Gronov Ter. eun. 5, 2, 29.

conturbātus, a, um, *PAdi.* m. *Compar.* (conturbo), physisch od. geistig **verwirrt, verworren, wirr, a** v. Auge u. Geist, quemadmodum oculus conturbatus (wirres, getrübtes) non est probe affectus ad suum munus fungendum ...: sic conturbatus (verstörter) animus non est aptus ad exsequendum munus suum, Cic. Tusc. 3, 15. – **b** v. Pers.: **α** im Denken **verwirrt,** et mehercule eram in scribendo conturbatior, Cic. ad Att. 1, 21, 4. – **β** im Gemüt **verwirrt, verstört** = bestürzt, verlegen, ubi me conturbatum vident, Cic.: se tristem et conturbatum domum revertisse, Cic.

con-turbo, āvī, ātum, āre, **verwirren,** in **Verwirrung (Unordnung) bringen, a** mater. Ggstd.: **α** übh.: basia, bunt durcheinander wechseln, Catull.: pedes, durcheinanderwerfen (v. zweien), Plaut. – als milit. *t. t.*, hostes, Sall.: omnibus locis Romanorum ordines, Sall.: equites tormentis, Curt. – **β verwirren, verstören, trüben** = undeutlich od. unkenntlich machen, confundi verba et conturbari vocem, Lucr.: c. et infirmare imaginum notas (Ggstz. conservare integrā vi), Rhet. Her.: c. signa (Zeichen, Unterscheidungszeichen), Cic. – **b** öffentliche u. häusliche Verhältnisse, rem publicam, Sall.: fortunam alcis, zerrütten, Cael. in Cic. ep.: rem, den ganzen Handel verrücken, Sall.: publicos mores, Sen.: annum a. D. Iulio ordinatum, sed postea neglegentiā conturbatum et confusum (in Unordnung u. Verwirrung geraten) rursus ad pristinam rationem redegit, Suet. – als *t. t.* der Geschäftsspr., c. alci rationes suas, seine Rechnung in Unordnung bringen, brouillieren, übtr. = jmdm. das Konzept verrücken, Ter. eun. 868 *sq.* – u. so absol., conturbare, in missliche Geld- od. Vermögensverhältnisse (Verlegenheit) geraten, **die Zahlungen einstellen** (Ggstz. nomen dissolvere, s. Wunder Cic. Planc. 28, 68. Gronov Ter. eun. 5, 2, 29), conturbare putat sibi licere, Cic.: posthac arcae (Schatulle) nostrae fiduciā conturbavit, Cic.: conturbabit Atlas, Mart.: si (servus pistoris) conturbaverit, ICt. – **c** Geist u. Gemüt, **α** den Geist im Denken **verwirren, verstören, irre machen,** violentia vini conturbare animum consuevit, Lucr.: vis animi atque animai conturbatur, Lucr.: si qui multa intercolumnia sumpserit, conturbabitur similitudine, ut ignoret, quid in quoque loco collocarit, Rhet. Her. – **β** die Sinne, das Gemüt **verwirren, verstören** = in Verlegenheit bringen od. setzen, bange od. bestürzt machen, conturbari Graecam nationem, Cic.: quid est? num conturbo te? Cic. – v. lebl. Subjj., valetudo sua me valde conturbat, Cic.: incidunt saepe multae causae, quae conturbent animos utilitatis specie, Cic.: haec sunt, quae conturbant in deliberatione nonnumquam, Cic.

con-turmālis, is, *m.*, von derselben *turma*, der **Schwadronskamerad, Waffenbruder,** Amm. 16, 12, 45 u. a.: übtr., c. omnis operae, Genosse, Teilnehmer bei usw., Amm. 17, 1, 2.

con-turmo, āre, **schwadronsweise aufstellen,** c. se fortiter, Amm. 16, 12, 37.

contus, ī, *m.* (κοντός), **I** die **Stange, a** als Schiffsgerät, bes. zum Fortstoßen kleinerer Fahrzeuge, die **Ruderstange** (versch. von remus, das Ruder), conti bini a prora prominentes, Liv.: acutā cuspide contos expediunt, Verg.: quosdam contis remisque detrusit in mare, Suet.: Clitumnus fons aegerrime contis remisque superatur adversus, Plin. ep. – Sprichw., non contis et remulco (rymulco) ferri, ut aiunt, sed velificatione plenā, Amm. 18, 5, 6. – **b** als Waffe, der **lange Wurfspieß, die Pike,** praefixa contis capita, Tac.: lanceis contisque pugnare, Flor.: conto percuti, Aur. Vict. – **II** übtr., das **männliche Glied,** pedalis, Auct. Priap. 10, 3.

contūsio, ōnis, *f.* (contundo), **I** das **Zerstoßen, Zerdrücken, Zerquetschen,** falcis hebetioris, Plin. 17, 227: olivarum, Col. 12, 49, 3. – **II** als mediz. *t. t.*, die **Quetschung, Kontusion,** Scrib. 101 u. a. Vgl. Gloss. ›contusio, θλάσμα‹.

contūsum, ī, *n.*, s. con-tundo *no.* II, 1, β.

1. con-tūtor, ōris, *m.* der **Mitvormund,** ICt.

2. con-tūtor, ātus sum, ārī, **in Sicherheit bringen, versteckt halten,** alqm in puteo, Vulg. 2. Mach. 1, 19.

contūtus, s. contuitus ►.

cōnūbiālis, e (conubium), **ehelich,** Ov. her. 6, 41 u. spät. Dichter. – Bei Dichtern gew. viersilbig, od. (wie Claud. epist. 2, 18) cōnŭbĭālis gemessen.

cōnūbiāliter, *Adv.* (conubialis), **ehelich,** Mart. Cap. 6. § 576.

cōnūbium (connubium), ī, *n.* (con u. nubo), die Eingehung eines matrimonium iustum, d. i. einer mit allen rechtlichen Folgen gültigen Ehe in bestimmter Form zwischen Gleichberechtigten (in Rom anfangs nur zwischen Bürgern desselben Standes, dann auch zwischen Patriziern u. Plebejern), die förmliche **Vermählung, I** als gesetzmäßige, streng bürgerliche **Eheverbindung, a** eig.: conubii societas, Liv.: conubia promiscua, Liv.: conubium dirimere, Liv.: Sabinorum conubia coniungere, Cic.: per conubia Gaetulos secum miscere, Sall.: sequuntur conubia et affinitates, Cic. – Bei Dichtern im Plur. v. einer Eheverbindung, conubia nostra (mit mir), Ov.: Pyrrhi conubia servare, Verg.: conubiis ambire Latinum, mit Heiratsanträgen umwerben (= die Tochter des L. zur Ehe begehren), Verg. – **b** übtr.: **α** (poet.) der **Beischlaf,** ad conubia Veneris praesto esse, Lucr.: cupere conubia Daphnes, Ov.: Veneris conubia inire, Ov. – **β** von Bäumen, illae (pomiferae arbores) ultro ab homine didicere blandos sapores adoptione et conubio, durch Pfropfen u. anderweitige Verbindung, Okulieren, Plin. 16, 1. – **II** als Recht, ein matrimonium iustum einzugehen, das **Eherecht,** compar conubium, Liv.: societatem conubiumque novo populo petere, Liv.: conubium finitumis negare, Liv.: mulier, cum fuisset nupta cum eo, quicum conubium non esset, Liv.: quibus conubia cum finitumis non essent, Liv.: etiam disiunctis populis conubia tribuere, Cic.: conubia ut ne plebei cum patribus essent sancire, Cic.: Samnites foedere primum, deinde conubio, atque inde cognationibus, postremo civitate sibi coniunxisse, Liv.: Persas et Macedones conubio iungi, Curt. – ► Bei Dichtern aus prosodischen Gründen oft dreisilbig, z. B. conubio, Verg. Aen. 1, 73. Ov. met. 6, 428: conubiis, Verg. Aen. 7, 96.

conula, ae, *f.*, eine Pflanze = *polion* (s. d.), Ps. Apul. herb. 58.

cōnus, ī, *m.* (κῶνος), der **Kegel, I** eig.: coni acumen, Lucr.: coni forma, Cic. – **II** übtr.: **A** (= φάλος, später κῶνος) ein kegelförmiger Bügel am Helm, an dessen Spitze der Helmbusch eingelassen war (vgl. Isid. 18, 14, 2), der **Kegel,** Verg. u. Plin. – **B** als Frucht, der **Zapfen,** cupressinus, Col. 6, 7, 2. – **C** eine Art **Sonnenuhr,** Vitr. 9, 8 (9), 1.

con-vador, ātus sum, ārī, jmd. **zum Termin fordern,** scherzh., ubi tu es, qui me convadatust Veneriis vadimoniis? der zum Termin vor der Venus (= zu einem Stelldichein) mich bestellt, Plaut. Curc. 162.

convalēscentia, ae, *f.* (convalesco), die **Genesung,** Symm. ep. 3, 11, 4.

con-valēsco, valuī, ere, **erstarken, I** im Allg.: **A** eig., **erstarken, stark-, kräftig werden, zu Kräften kommen, kräftig heranwachsen, a** v. leb. Wesen: dum infans convalescit, Iustin.: quoad convaluerunt agni recens nati, Varro: quem anguem ad immensam molem ferunt convalescere, Solin. 2, 33. – **b** v. Setzlingen, **zu Kräften kommen, aufkommen,** cum convaluerunt arbores, Varr.: non convalescit planta, quae saepe transfertur, Sen.: semina non ante convalescunt ac prosiliunt (schießen auf), quam etc., Col.: atrum olus qualicumque convalescit loco, Col. – **c** v. Feuer, **hoch auflodern,** postquam pestifer ignis convaluit, Ov.: illa flamma, quae magnā congerie convaluerat, Quint. – **B** übtr.: **a** v. Zuständen, **erstarken = an Kraft und Stärke gewinnen** od. **zunehmen, gedeihen, sich befestigen, überhandnehmen, sich steigern,** sero medicina paratur, cum mala per longas convaluere moras, Ov. – m. *Abl.* (durch), quā lege suffragiorum vis potestasque convaluit, Cic. – m. *in* u. Abl. (in, bei), Romulus amorem eis et otii et pacis iniecit, in quibus facillime iustitia et fides convalescit, Cic. – m. *in* od. *ad* u. Akk., in furorem caritas convalescit, Ps. Quint. decl.: ne malum in perniciem convalescat, Solin.: hoc incommodum impune ad omnium perniciem convalescet, Ps. Cic. prid. quam ir. in exs. 17. – m. *in* u. Akk. (gegen), ne rei crudelitas in vos convalescat, Ps. Cic. prid. quam ir. in exs. 14. – **b** v. Gerüchten u. Meinungen = **Bestand gewinnen, feste Wurzel fassen,** cum audisset convaluisse apud barbaros famam mortis suae, Curt.: inveterata longo iam tempore opinio de alqa re convaluit, Curt.: opinio vetus falsa occupavit (hat Platz gegriffen) et convaluit (mit folg. Akk. u. Infin.), Gell. 4, 11, 1. – **c** v. gesetzlichen Bestimmungen, **in Kraft treten, Geltung erhalten,** donatio, testamentum convalescit, ICt. – **d** v. Pers., Staaten usw., **erstarken = an Macht gewinnen** od. **zunehmen** od. **steigen, aufkommen,** v. einzelnen Pers., hic (Milo) magis in dies convalescebat, Cic.: his ille (Caesar) rebus ita convaluit, ut etc., Cic. – v. Staaten, nimis vicinas prope se convalescere opes rati, Cic.: hoc modo Tyrii parsimoniā et labore quaerendi cito convaluere, Iustin.: his moribus ita brevi civitas convaluit, ut etc., Iustin. – **II** insbes., **erstarken** = von einer Schwächung **sich erholen, A** eig.: **a** v. Kranken, **wieder zu Kräften kommen, sich erholen, genesen,** non aegri omnes convalescunt, Cic.: non omnes, qui curari se passi sunt, convalescunt, Cic.: ubi convaluit aliquis, Cels.: si reliquum corpus convaluit, Cels.: u. (im Bild) ut convalescere aliquando et sanari civitas posset, Cic. – m. *Advv.* od. *Abl.* der Zeit, c. ilico, Cic.: extemplo, Liv.: qui hoc spatio dierum convaluerant, Caes. – m. *Advv.* der Art u. Weise, c. tarde, Curt.: ex toto, Cels.: in caprilibus optime, Plin. – m. *Dat.* (**wem?**), non magis sibi quam rei publicae convaluisse, Cic. – m. *ex* u. Abl., ex morbo, Cic.: ex vulnere, Iustin.: alcis (medici) operā ex ancipiti morbo c., Suet. – Plur. des *Partic. Praes.* subst., convalēscentēs, ium, *m.*, die **Genesenden,** die **Rekonvaleszenten,** Plin. 20, 34 u. ö. – **b** v. welken Zweigen, **sich erholen,** veterrimae ilicis demissos iam ad terram languentesque ramos convaluisse adventu suo, Suet. Aug. 92, 2. – **B** übtr., **sich** von einem Zustand **erholen,** vom Staunen, ut tandem sensus convaluere mei, Ov. trist, 1, 3, 14. – von der Not, spatium dare convalescendi augendarumque eius opum (v. Pers.), Auct. b. Afr. 25, 1. – von niederem Stand (v. Preis), ut tandem annona convaluit, sich erholte, sich besserte, Suet. Aug. 42, 3. – ► convaliscit geschr., Not. Tir. 64, 13.

convallātio, ōnis, *f.* (convallo), die **Verschanzung,** Tert. adv. Iud. 8.

con-vallis, is, *f.*, die hohle **Talniederung,** der hohle **Talkessel,** zuw. auch die hohen **Talwände, Talhänge,** Cic., Caes. u. a. – ► Abl. gew. convalle, selten convalli, wie Varro r. r. 1, 12, 4. Apul. met. 1, 7. – Heterokl. Plur. convallia, ium, Prud. perist. 10, 331. Acro Hor. ep. 1, 16. Grom. vet. 320, 19 u. 342, 25.

con-vallo, āvī, ātum, āre, **verschanzen, umschanzen,** übtr., **a** physisch, undarum illius (oceani) ambitu terris omnibus circumvallatis, Gell. 12, 13, 20: praesertim undique fluminibus convallantibus (*sc.* civitatem), Iul. Val. 1, 34. p. 45, 2 K.: convallant (ministri) deum cum maiestate superna, umringen, Ps. Tert. poët. de iudic. domin. 142. – **b** geistig, alqd multis modis praefulcire multisque aliis argumentis convallare, *Gell. 6 (7), 3, 44: alqd validis rationibus c., Amm. 30, 4, 20.

con-vario, āre, **ganz bunt machen,** cutim omnimodis maculationibus, Apul. apol. 50: absol., Cael. Aur. chron. 1, 1, 7.

con-vāso, āvī, ātum, āre (con u. vasa), **zusammenpacken, einpacken,** bes. zur Reise, aliquid, Ter. Phorm. 190. – übtr., Sidon. epist. 1, 9, 8.

convectio, ōnis, *f.* (conveho), das **Zusammenfahren, -bringen,** annonae, Amm. 14, 10, 4.

con-vecto, ātus, āre (*Intens.* von conveho), wieder u. wieder **zusammenfahren, -bringen,** praedam per herbas calle angusto, Verg. Aen. 4, 405: maiorem praedam totius Indiae, Iul. Val. 3, 23 (37). p. 131, 16 K: praedas, Verg. Aen. 7, 749: ligones, dolabras, falces scalasque ex proximis agris, Tac. hist. 3, 27: paleas, Cod. Theod. 7, 4, 9: idonea necessitatibus ligna, *ibid.* 13, 5, 10: convectatum in castella frumentum, Heges. 4, 13.

convector, ōris, *m.* (conveho), **I der zusammenfährt, einfährt,** dah. Convector, die dem Einbringen der Getreideernte vorstehende Gottheit, Fab. Pict. b. Serv. Verg. georg. 1, 21. – **II** der **Mitreisende, Reisegefährte,** zu Schiff, Cic. ad Att. 10, 17, 1: zu Lande, Apul. met. 1, 15.

convegetātio (convigetatio), ōnis, *f.* (convegeto, -gito), die **Belebung,** Chalcid. Tim. 93.

con-vegeto, āvī, āre, **belebt machen, beleben,** Chalcid. Tim. 40 A. 104. 297.

con-veho, vēxī, vectum, ere, **zusammen-** (od. **ein-** od. **bei-) fahren, zusammen-** (od. **bei-** od. **ein-) tragen, -schaffen, -bringen, -schleppen, a** v. Menschen: c. frumentum, Caes.: frumentum copiasque alias ante, Liv.: messes vindemiasque, Plin.: materiem, ICt.: omnes arbores longe lateque in finibus Massiliensium excīdere et c., Caes.: Partiz. subst., ex ante convecto (zufolge der früheren Zufuhr) sufficere od. suppetere (v. Vorräten), Liv. 4, 22, 3 u. 5, 26, 9. – m. Angabe **woher?** frumentum undique ex populatis circa agris, Liv.: commeatum ex proximis et fertilibus Etruriae arvis, Liv. – m. Angabe **wohin?** quo fructus convehebantur, villae (dictae sunt), Varro LL.: quo frumentum commeatusque alios convexerat, Liv.: frumentum et commeatus alios in castra c., Liv.: commentarios in forum c., Suet.: gladiorum ingentem numerum ad eum, Liv.: frumentum Casilinum, Liv.: lintribus in eam insulam materiem, calcem, caementa, arma c., Cic.: aes grave plaustris ad aerarium, Liv.: tus collectum Sabotam camelis, Plin. – m. Ang. **woher?** u. **wohin?** undique frumentum in urbes munitas, Liv.: in ea duo maritima castella frumentum ab Ostia, Liv.: frumentum ex finitimis regionibus atque ex omnibus castellis in urbem, Caes.: praedam ex castris raptim Antium, Liv. – das Perf. des Passivs auch mit Ang. **wo?** ubi frumenti magna vis commeatusque omnis generis convecti erant Romanis, Liv. – m. Ang. **wann?** mel silvestre convehitur post primos autumni imbres, Plin. – **b** v. Bienen, **eintragen,** flores, Plin. 11, 58: cibos, Plin. 11, 64: u. absol., undique c., Plin. 16, 35.

con-vehor, vexus sum, vehī, **fahren,** (dea) caeli convexa per auras, Verg. Aen. 7, 543 *Ribbeck.*

con-vello, vellī u. (selten) vulsī, vulsum, ere, durch Zerren u. Stoßen aus seiner Lage, aus seinen Fugen reißen, deutsch je nach dem Zusammenhang = **losreißen, abreißen, heraus-, ausreißen, aufreißen, auseinander-, einreißen, umreißen, niederreißen,** zuw. auch = **herumzerren, -zausen, zerzerren, zerzausen, I** eig.: **1** im Allg.: c. universam caudam equi (Ggstz. caudam paulatim carpere), Val. Max.: claustra ianuae, carceris, Val. Max.: effigiem alcis (clypeo Minervae inclusam), Val. Max.: gradus Castoris, Cic.: nullam partem munitionum convellere posse, Hirt. b. G.: pedem mensae, Ov.: c. repagula, effringere fores, Cic.: c. spolia hostium affixa templis, Val. Max.: alterius (arboris) lentum vimen, Verg. – selten leb. Wesen, convulsi laniatique centuriones, herumgerissenen (nach Nipperdey = vom Boden aufgerissenen), Tac. ann. 1, 32: teneros c. fetus, aus dem Leibe reißen, abortieren, Ov. am. 2, 14, 5. – u. (v. lebl. Subjj.) non hiemes illam (aesculum), non flabra neque imbres convellunt, Verg.: ne torrens fundamenta (villae) convellat, Col.: bildl., c. fundamenta fidei, Leo epist. 47, 2: u. im Passiv, Iuppiter (Jupiterstatue) nullis convellitur procellis, Plin.: vix septem naves convulsae undis Euroque supersunt, aus den Fugen gerissen, leck geworden, Verg.: convulsum remis rostrisque aequor, zerwühlt, Verg. – m. Ang. **wo-mit?** vectibus infima saxa turris, Caes.: radices sarculo od. aratro, Plin.: glebam vomere, Catull.: auricomos arboris fetus duro ferro (Ggstz. manu carpere), Verg.: dapes avido dente, zerzausen (poet. = verzehren), Ov. – m. Ang. **von wo?** Herculem ex suis sedibus c. atque auferre, Cic.: simulacrum Cereris e sacrario convellere auferreque, Cic.: u. (im Bild) alqm ex suis paene hortulis convellere deducereque in Academiam perpauculis passibus, Cic. – viridem ab humo silvam, grünes Gesträuch ausraufen, ausziehen, Verg.: ab terra funem, ablösen, Verg. – suā robora terrā, Ov.: turrim altis sedibus, Verg.: mihi domus ipsa nutare convulsaque suis sedibus ruitura supra videtur, Plin. ep.: Roma prope convulsa sedibus suis, Cic. – **2** insbes.: **a** als milit. *t. t.,* c. signum, das Feldzeichen (aus dem Boden) herausreißen (als Zeichen des Aufbruchs), Val. Max. 3, 2, 20: gew. c. signa, Cic. de div. 1, 77. Liv. 3, 7, 3; 3, 54, 10 u. ö. Val. Max. 1, 6, 6. Suet. Claud. 13, 2: so auch c. vexilla, Tac. ann. 1, 20: c. aquilam, Val. Max. 1, 6, 11. – **b** Gliedmaßen aus den Fugen reißen, **verrenken,** **α** durch Fallen usw., **verstauchen,** artus, Lucr.: armos, Col. – dah. Plur. des *Partic. Perf.* subst., convulsī, ōrum, *m.* **Verrenkte, Verstauchte,** Plin. 25, 98: u. convulsa, ōrum, *n.*, **Verrenkungen, Verstauchungen,** Plin. 20, 36. – **β** auf der Folter, **ausrenken,** omnia (membra) laniata, omnes partes convulsae sunt, Sen. contr. 2. 13. § 5: convolsis laceratisque membris, *ibid.* § 6. – **c** convelli, **Zuckungen-, den Krampf bekommen,** v. Gliedmaßen, convulso latere, da er den Krampf in die Seite bekam, Suet.: fauces convulsae (am Krampf leidende) fractis sunt organis similes, Quint. – **d** die Worte im Munde **verzerren,** verba, Sen. ep. 40, 2.

II übtr., gleichs. **aus seinen Fugen, aus seiner Bahn reißen,** in seinen Grundpfeilern, in seinem Bestand **erschüttern, untergraben,** **a** physisch: vires aegri, Cels. 3, 4. p. 79, 6 D.: vires aegri luce, vigiliā, siti ingenti, Cels. 3, 4. p. 78, 33 D. – **b** politisch, moralisch, geistig: c. priscae consuetudinis auctoritatem, Val. Max.: cuncta auxilia rei publicae labefactare convellereque, Cic.: c. castrorum decus (Ehre), Tac.: domus eorum convulsa, gestürzt (Ggstz. integra), Tac.: c. gratiam alcis, Hirt. b. G.: testamentum iudicio, Val. Max.: nuntiis et promissis fidem legionum, Tac.: desine molle, precor, verbis convellere pectus, mein fühlendes Herz zu bestürmen, Ov. – v. lebl. Subjj., si eam opinionem ratio convellet, si oratio labefactabit, si denique veritas extorquebit, ne repugnetis, Cic.: u. im Passiv, cogitatio penitus insederat; vi tamen tempestatum erat aliquantum labefactata atque convulsa, Cic.: quo iudicio convulsam penitus scimus esse rem publicam, Cic.: novercae insidiis domum omnem convelli, Tac.: eā discordiā nepotes suos convelli, aus der ruhigen Bahn der Eintracht gerissen, Tac.: Tiberius vi dominationis convulsus et mutatus est, aus der Bahn der Tugend gerissen, verdorben, Tac. – m. Ang. **von wo?** durch *de* m. Abl., quae (epistulae) me convellerunt de pristino statu, iam tamen, ut ante ad te scripsi, labantem, Cic. – ► Perf. gew. convelli, z. B. Cic. de domo 54; de legg. 1, 54; aber auch convulsi, Sen. nat. qu. 2, 6, 4. – Partiz. Fut. Akt. auch convolsurus, z. B. Cic. Pis. 4 u. Partiz. Perf. Pass. auch convolsus, z. B. Cic. Verr. 4, 94. Verg. Aen. 3, 414.

con-vēlo, vēlātus, āre, **ganz verhüllen,** convelato capite, Gell. 19, 9, 10. – übtr., Gell. 7, 3, 44 *Hertz.* Sulp. Sev. ep. dub. 6, 3.

convena, ae, *c.* (convenio), **zusammenkommend, -treffend, sich zusammenfindend,** qui amantes unā inter se facerem convenas, mache, dass das liebende Paar zusammenkommt, sich trifft Plaut.: c. undique multitudo, Amm.: serpentes c., Solin.: aquae c., zusammenfliessend, sich vereinigend, Solin. – im Plur. subst. = **zusammengelaufenes Volk, zusammengelaufene Fremdlinge,** Romani convenae olim sine patria parentibus, Sall. fr.: maiores nostri, convenae pastoresque, Liv.: illa pastorum convenarumque plebs, transfuga ex suis populis, Liv.: pastores et convenas congregare, Cic.: eodem convenae complures ex agro accessitavere, Cato fr.

conveniēns, entis, *PAdi.*, nachaug. auch m. *Compar.* u. *Superl.* (convenio), **zusammentreffend,** **I** eig., **anschließend, passend,** bene c. toga, Ov. art. am. 1, 514. – **II** übtr., **übereinkommend, zusammentreffend, übereintreffend, übereinstimmend, harmonierend,** **a** = **entsprechend, passend, angemessen, zusagend, schicklich,** m. *cum* u. Abl. od. m. *inter se,* z. B. cum populi vultu c. dies, Ov.: ut quemadmodum in oratione constanti, sic in vita omnia apta sint inter se et convenientia, Cic.: minime inter se convenientes orationes, Liv.: motus inter se c., Lucr. – m. *Dat.,* nihil in hac praeclara epistula scriptum ab Epicuro congruens et c. decretis eius, Cic.: c. hostia rebus suis, Cic.: oratio tempori conveniens, zeitgemäße, Liv.: maiora nec feminae c. negotia, Suet.: probus vultus et c. prudenti viro gestus, Sen.: *Compar.* (in der Vergleichung, m. Ang. des Verglichenen durch *Abl.*), quin hāc prudentiā illa imprudentia decori publico fuerit convenientior, Vell.: quid enim his, quae suprarettuli, facto Mucii convenientius? Val. Max. – nihil convenientius ducens quam necem avunculi vindicare, Suet.: u. *Superl.*, disciplina convenientissima viris, Vell.: vox convenientissima conscientiae suae, Vell.: u. *neutr. Plur.* subst., reddere personae convenientia cuique, Hor.: sibi convenientia finge, Hor. – m. *ad* od. *in* u. Akk., nihil est enim tam naturae aptum, tam conveniens ad res vel secundas vel adversas, Cic. de amic. 17: ad formam tauri c. sonus, Ov. Ib. 436 (438): forma in illam c. amplitudinem, Vell. 2, 29, 2. – m. *in* u. Abl., gratulatio c. in ea victoria, Liv. 45, 19, 3. – im Zshg. absol., hunc tam superbum apparatum convenientes sequebantur contemptus hominum omnium, Liv.: oculi convenientes, ansprechende (?), Fronto de oratt. p. 159 N.: u. *neutr. Plur.* subst., recta et convenientia et constantia natura desiderat, Cic. – convenientius od. convenientissimum est m. folg. *Acc.* u. *Infin.*, s. Plin. 34, 35; zugl. m. *Dat.*, Plin. ep. 3, 18, 1; 10, 3 (20), 2. Plin. pan. 87, 1. – nihil convenientius ducens, quam m. folg. Infin., Suet. Aug. 10, 1. – **b** bene c., **gut harmonierend** = im guten Vernehmen stehend, uxor bene c., Suet.: bene c. propinqui, Cic.: proximi cognatique optime c., Cic.

convenienter, *Adv.* (conveniens), **zusammen-, übereinstimmend, entsprechend, angemessen,** m. *cum* u. Abl., c. cum natura vivere, Cic. – m. *Dat.*, congruenter naturae convenienterque vivere, Cic.: constanter convenienterque sibi dicere, Cic. – m. *ad* u. Akk., morem magis loquendi cum sociis servastis, quam c. ad praesentem fortunae nostrae statum locuti estis, Liv. 23, 5, 4. – absol., non enim potest c. dici nihil comprehendi posse, si etc., Cic. Acad. 2, 109: *Compar.*, convenientius licere voluerunt, Augustin. de civ. dei 2, 9: *Superl.*, propter quod utroque numero significari convenientissime potuit, Augustin. de civ. dei 18, 44. p. 324, 29 D².

convenientia, ae, *f.* (conveniens), die **Zusammen-, Übereinstimmung,** die **Harmonie,** die **Sympathie,** id quod ὁμολογίαν Stoici, nos appellemus convenientiam, si placet, Cic. – m. *Genet.*, quaedam c. et coniunctio naturae, quam vocant συμπάθειαν, Cic.: in ea (in virtute) est c. rerum (Üb. in allen Dingen, d. i. völlige Harmonie), Cic.: c. partium, völlige Symmetrie, Cic. – m. *cum* u. Abl., c. naturae cum extis, Zusammenhang, Cic.

con-venio, vēnī, ventum, īre, beikommen = **eintreffen, sich einfinden,** bes. v. mehreren = auf **einem** Punkte = **zusammenkommen, zusammentreffen, sich zusammenfinden, sich versammeln** (Ggstz. abire, discedere), **I** im Allg.: **A** *v. intr.*: **a** übh.: **α** v. leb. Wesen u. Schiffen: convenerant duces, waren (in derselben Gegend) eingetroffen, Liv.:

conveniunt duces, kommen zusammen (versammeln sich); quaeritur, quid opus sit facto, Nep.: cum maiores manus hostium adiunctis Germanis convenissent, Caes.: cum omnes in verba iuraverint conventuros se iussu consulis nec iniussu abituros, Liv. – diem ad conveniendum edicere, Liv.: nunc enim ita convenimus, ut etc., ist unsere Zusammenkunft von der Art, dass wir usw., Cic. – boni (als G.) quoniam convenimus ambo, Verg.: Eporedorix Aeduus et unā Viridomarus in equitum numero convenerant nominatim ab eo evocati, Caes.: Tyrii per (über) limina laeta frequentes convenere, Verg.: v. einem, qui ex iis novissimus convenit, wer zuletzt eintrifft, Caes. b. G. 5, 56, 2. – m. Ang. **wann?** ante lucem, Plin. ep. (vgl. unten »m. Ang. **wohin?**«). – m. Ang. **woher?** durch *Advv.* od. durch *Praepp.*, huc undique, Caes.: undique ex Gallia, Caes.: ad certam diem frequentes undique, Liv. – ex diversis regionibus, Liv.: ex provincia, Caes.: interea et ex proximis hibernis et a Caesare conventura auxilia, Caes.: naves, quas ex Pictonibus et Santonis convenire iusserat, Caes. – m. Ang. **wohin?** durch *Advv.*, od. durch *Praepp.* (gew. *in* od. *ad* m. Akk.), od. durch *Acc. loc.*, c. huc, Cic.: illuc, Ov.: quo (wohin) lege communi omnes puberes armati convenire consuerant, Caes.: colloquendi tempus sumitur locusque, quo (wohin) conveniretur, Nep.: omnes etiam gravioris aetatis eo (dahin) convenerant, Caes.: eo omnes cotidie convenire (iussit), Nep. – proximā nocte in oppidum, Caes.: quem in locum convenire possimus, rescribite, Brut. in Cic. ep.: c. in eum locum, Cic.: in unum locum, Pompei. in Cic. ep.: unum in locum, Cic. u. Caes.: od. bl. in unum, Liv.: in una moenia (Ggstz. incertis sedibus vagari), Sall.: in Remos, Tac.: c. Idibus Maiis in senatum, Cic.: c. in contionem, Cic.: c. in colloquium, Nep.: mane in consilium frequentes, Cic.: in coetus scholarum laeti et alacres conveniunt (discipuli), Quint.: v. einem, in mediam praeceps convenit ursa viam, Avian. fab. 9, 6: neque quam in partem quisque conveniat, provident, Caes. b. G. 6, 37, 6. – c. ad ripam Rhodani, Caes.: ad aedes alcis noctu, Cic.: ad signa (sich bei den F. einfinden), Caes.: ad Isthmicum spectaculum, Val. Max.: ad hoc iudicium, Cic.: ad regem, Liv.: omnem senatum ad se c. iussit, Liv.: armati cum silentio ad se convenirent, Liv.: c. luce primā in Achradinam ad curiam, Liv.: esse homines, qui novum genus disciplinae instituerunt, ad quos iuventus in ludos conveniat, Vet. edict. – c. Romam, Liv.: Cales, Liv.: qui Romam frequentissimi convenerant, Cic. – m. Ang. **woher?** u. **wohin?** zugl. durch *Advv.* od. *Praepp.*, huc undique, Caes.: undique frequentes, Caes.: ex fuga in oppidum, Caes.: eodem et ab Selymbria L. Cornelius et ex Thracia paucos post dies Antiochus convenerunt, Liv. – m. Ang. **wo?** (wenn die sich Versammelnden sich schon an dem Ort befinden) durch *Advv.*, durch *Praepp.* od. durch *Genet.* od. *Abl. loc.*, z. B. quanta illic multitudo convenisse dicebatur, Cic.: c. in colonia Agrippinensi in domum privatam, Tac.: Cyrri apud hiberna decumae legionis, Tac. – m. Ang. **wobei? worauf?** = infolge wessen? durch *ad* m. Akk., celeriter ad clamorem hominum circiter milia sex convenerunt, Caes.: ad nomen quoque barbari conveniunt, Curt.: ad bucinam inflatam certo tempore apros et capreas convenire ad pastum, Varro r. r. – m. Ang. **zu welchem Zweck?** durch *de* (wegen, über), durch *causā* u. *gratiā* m. Genet. (wegen), durch *ad* od. *in* (zu) u. Akk., durch 1. *Supin.* (um zu), durch einen Finalsatz m. *ut* u. Konj., c. de communi officio (v. zwei Feldherren), Cic.: ad alqm de civitate impetranda (v. den Gesandten der Latiner), Val. Max. – uno tempore undique comitiorum ludorum censendique causā, Cic.: ex oppidis finitimis visendi causā, Cic.: visendi eius gratiā ad alqm, Vell.: spectandorum ludorum gratiā Romam, Val. Max.: ad decuriatum aut centuriatum, Liv.: in domum Calvini ad officium, Val. Max.: ad delectationem (v. Zuhörern), Quint.: c. ad auxilium, Caes.: ad eum defendendum, Nep.: ad eos defendendos, Caes.: ad prosequendum Scipionem officii causā, Liv.: funus, quo amici non conveniunt ad exsequias cohonestandas, sed etc., Cic.: c. in obsequium funeris, Sulp. Sev.: c. undique Romam gratulatum, Liv.: c. ad Caesarem gratulatum, Caes.: iussit eo omnes cotidie convenire, ut ibi de summis rebus consilia caperentur, Nep.: reguli in unum convenere, ut inter se de cunctis negotiis disceptarent, Sall. – **β** v. lebl. Subjj.: conveniunt mihi munera multa huc ab amatoribus, kommen ein, Plaut.: huc convenit utrumque bivium, trifft zusammen, Plin. – v. Abstr., multa convenerunt, quae mentem exturbarent meam, Cic.: cum multae causae convenisse unum in locum atque inter se congruere videntur, Cic.: quae (bellum intestinum et externum) si in unum conveniant, vix deorum opibus, quin obruatur Romana res, resisti posse, Liv.

b insbes.: **α** als publiz. *t. t.*: c. alqo, zu irgendeinem Gerichtsbezirk der Provinz gehören, civitates, quae in id forum conveniunt, in diese Kreisstadt gehören, Cic. Verr. 2, 38: Carthaginem conveniunt populi LXV, Plin. 3, 25; vgl. Plin. 5, 105. – **β** als jurist. *t. t.*, v. der Frau, c. in manum, durch Heirat (usus, coëmptio, confarreatio, w. vgl.) in die Gewalt des Mannes kommen, absol., Cic. top. 14: Flacc. 84. Quint. 5, 10, 62. Gaius inst. 3, 84: viro in manum, Cic. top. 23: in manum flaminis, Tac. ann. 4, 16. – u. übh. v. der Verheiratung, c. in matrimonium alcis, Papin. dig. 45, 1, 121. § 1; od. cum alqo, Gell. 18, 6, 8: c. in nuptias, Cod. Theod. 3, 7, 11.

B *v. tr.* gleichs. an od. zu jmd. beikommen = jmd. **treffen,** zufällig oder absichtlich mit jmd. **zusammentreffen,** jmd. **aufsuchen, besuchen, sprechen, a** übh.: **α** m. Acc.: hominem, fratrem, Plaut.: c. equites, Caes.: cotidie plurimos, Cic.: Epaminondam, Nep.: adversarios eius, Nep.: conveniri nolle, Cic.: nocte conveniri et interdiu ab omnibus mortalibus posse, Sen.: nunc conveniundus Phormio est, Ter.: conveniundi patris tempus capere, Ter.: alcis conveniendi habere potestatem, Nep.: in conveniendis magistratibus et senatoribus, Cic.: sunt qui volunt te conventam, Plaut.: quod esse ambas conventas volo, Plaut.: prius P. Scipione convento, Liv.: conventis proceribus, Symm.: opus esse sibi domino eius convento, er müsse den H. sprechen, Liv.: edit nomina eorum, quibus conventis opus esset, Liv. – m. Ang. **wie?** (= als wen? in welchem Zustande?) durch Prädik.-*Acc.* od. im Passiv durch Prädik.-*Nom.* eines Partiz., c. Atilium spargentem semen, Cic.: cum quo forte Romam rediens ab nuntio uxoris erat conventus, auf der Rückkehr nach R. begriffen getroffen worden war, Liv. – m. Ang. **durch wen?** (= wessen Vermittlung) durch *per* u. Akk., per Gabinium ceteros, Sall.: qui antea per tres consacerdotes nostros fuerat ex multorum auctoritate conventus, Symm. ep. 10, 74. – m. Ang. **wo?** durch *Advv.*, durch *Praepp.* od. durch *Genet.* od. *Abl. loc.*, ubi eos convenit? Cic.: dic, ubi te conveniam? Mart.: Ariminum cum ea legione proficiscitur ibique tribunos plebis, qui ad eum confugerant, convenit, Caes.: cum legati eum in itinere convenissent, Caes.: ad Tempe Thessalica Philippus est conventus, Liv.: Bruti pueri Laodiceae me convenerunt, Cic.: convento Cn. Octavio Demetriade, Cic.: ubi (verst. Megarae) cum Theodorum domi convenire vellet, Val. Max.: non uno est omnis convenienda loco, Ov. art. am. 2, 394. – **β** m. *inter se* (einander): tribuni plebis non desistebant clam inter se convenire, Cic. agr. 2, 12: nequeunt homines armenta feraeque inter sese ullam rem gignere conveniundo, Lucr. 2, 922 *sq.* – **γ** absol. (wobei die Ang. **wen?** leicht aus dem Zshg. zu ergänzen): post convenero (verst. eum), Plaut.: die convenisse (verst. me), Ter.: aditum petentibus conveniundi non dabat, Nep. – **b** als jurist. *t. t.*, jmd. **gerichtlich angehen, belangen,** alqm, ICt. (u. so conventus debitor, Chalcid. Tim. 159): alqm de od. pro alqa re, ICt.: dah. alqd (nomen, culpam u. dgl.), wegen etw. **klagbar werden,** ICt.

II prägn.: **A** beikommend-, sich anschließend in etw. **hineingehen,** an etw. **darangehen,** in od. an etw. **passen,** mit etw. **zusammenpassen, 1** eig., m. *in* od. *ad* u. Akk., conveniebatne in vaginam tuam machaera militis? Plaut.: fistula ferrea, quae in columellam convenit et in cupam, Cato: si cothurni laus illa esset ad pedem apte convenire, Cic.: m. *Dat.* (wem?), dicitur Afrani toga convenisse Menandro (bildl.), Hor. – absol., noli mirari, si (corona) non convenit; caput enim magnum est, Cic.

2 übtr., **hinpassen, zusammenpassen,** d. i. deutsch je nach dem Zusammenhang und nach der Konstruktion bald = **passen, überein-**

stimmen, stimmen, zutreffen, bald = **sich passen (sich reimen, sich schicken), passend-, geeignet-, anwendbar sein, zukommen, entsprechen, zusagen** (vgl. Fronto de oratt. p. 159, 13 N. nam *convenire* et *decere* et *aptum esse* et *congruere* Graeci ἡρμόσθαι appellant), **α** m. Subj.-*Nom.*: mores conveniunt, Ter.: atque ita cum et vultus similitudo et expositionis tempora et pastoris confessio convenirent, nepotem agnovit, Iustin.: nomen non convenit, Ter.: conveniet numerus quantum debui, Ter.: conveniet etiam ambulatio quaedam, Quint. – m. *cum* u. Abl., haec tua deliberatio non convenit cum oratione Largi, Cic.: quod quidem somnium Sisenna cum disputavisset mirifice ad verbum cum re convenisse, Cic.: qua ex coniunctione naturae … convenire potest aut fissum iecoris cum lucello meo aut meus quaesticulus cum caelo, terra rerumque natura? Cic. – m. *in* od. *ad* u. Akk., v. mater. Subjj., ceterae vites in quemvis agrum conveniunt, Cato: emplastrum viride ad podagram satis convenit, Scrib.: v. abstr. Subjj., non in omnes omnia convenire, Cic.: nec hoc in te convenit, Cic.: erat nemo, in quem ea suspicio conveniret, Cic.: quae vitia videntur in quemvis potius quam in istum convenire, Cic.: hoc maxime in Alcibiadem convenire videbatur, Nep.: poteram ego, verbum (πάθη) ipsum interpretans, *morbos* appellare, sed non conveniret ad omnia, Cic. – m. *Dat.* (wem?), v. leb. Wesen u. mater. Subjj., mulier mulieri magis convenit, Ter.: nihil autem minus perfecto duci quam festinationem temeritatemque convenire arbitrabatur, Suet. Aug. 25, 4: nervis et articulis convenit plantago trita cum sale, Plin.: v. abstr. Subjj., negavit id suae virtuti convenire, Nep.: munditias mulieribus, viris laborem convenire, Sall.: qui nihil rectum nisi quod ipsorum moribus conveniat putabunt, Nep.: quid posterius priori non convenit? Cic.: non enim hoc convenire Antigoni prudentiae, ut sic deuteretur victo, Nep. – poet. m. *Acc.* u. *Infin.* (zur Ang. **wozu?),** Prop. 2, 1, 41. – **β** m. *Infin.* od. *Acc.* u. *Infin.* (s. Benecke Cic. Cat. 1, 4), quo sidere ulmis adiungere vites conveniat, Verg.: ilicone ad praetorem ire convenit? Cic.: quî convenit in minore negotio legem timere, cum eam in maiore neglexeris, Sall.: ubi sementem paraveris, glandem parari legique convenit, Cato: haud convenit unā ire cum amica imperatorem in via, Ter.: quibus de rebus nos dicere oporteat et quid vos sequi conveniat, Cic.: quo ex (infolge) senatus consulto confestim te interfectum esse convenit, Cic. – m. *Dat.*, fundo suburbano arbustum maxime habere convenit, Cato: neque enim debet aut convenit nobis periculo ulli submittere animum nostrum, Brut. et Cass. in Cic. ep.: respondebam non convenire moribus meis aliud palam, aliud agere secreto, Plin. ep. – **γ** unpers.: ad nummum convenit, es trifft auf den Heller, Cic. – videte nunc illum primum egredientem e villa, subito; cur? vesperi; quid necesse est? tarde; qui convenit, praesertim id temporis? Cic. – m. *Dat.*, minime miror caelum et terras vim suam, si tibi ita conveniat (zusagt), dimittere, Cic.: in quam cuique feminae convenisset domum nuberet, Liv.: quam sibi conveniat, ipse viderit, Hor.: si tibi curae (est), quantae conveniat, Munatius, ob dir M. so lieb ist, wie er es verdient, Hor. – convenit, es sagt mir zu! Plaut. Cas. 272.

B zusammenkommend ein Ganzes bilden, **sich vereinigen, sich verbinden, 1** eig., v. Atomen, Lucr. 5, 429. – v. leb. Wesen = sich begatten, inter se, Lucr. 2, 923: clunibus, Plin. 11, 85: m. Ang. **wozu?** in voluptatem veneriam, Apul. met. 4, 27: gignendis liberis, Arnob. 7, 9.

2 übtr., der Ansicht, Meinung nach **sich einigen,** u. zwar klassisch nur res convenit od. unpers. bl. convenit, **man einigt sich, wird** od. ist **einig (eins), man vereinbart (verständigt) sich** über etw., **man kommt** über etw. **überein, es kommt** etw. **durch Übereinkunft zustande, man beschließt** etw. **gemeinschaftlich, man behauptet** etw. **einstimmig (allgemein),** erst bei Spät. homines conveniunt, die Leute **einigen sich, a** übh. (s. auch Benecke Cic. Lig. 18 u. Iustin. 9, 5, 3. Held Caes. b. c. 1, 28, 2. Dietsch Sall. Iug. 83, 2), **α** *res convenit:* tempus et locus convenit, Liv.: id convenerat signum, Liv.: Marcellus posse rem convenire ratus, Liv.: addebant praeterea rem conventuram, Cic. (vgl. Drak. Liv. 30, 3, 7): ubi ratio agendae rei (Operationsplan) et tempus convenit, Liv.: eo signo, quod convenerat, revocantur, Caes. – pax convenit, Sall. u. Liv., non convenit, Iustin.: si condiciones pacis non convenissent, Liv.: pax ita convenerat, ut Etruscis Latinisque fluvius Albula finis esset, Liv.: in eas condiciones cum pax conveniret, Liv.: Corinthus, ut ibi deponerentur obsides, convenit, Liv.: saepe pacem conventam frustra fuisse, Sall. Iug. 112, 2: quibus conventis, Liv. 30. 43, 7. – mit *Dat.*, omnibus amicis idem convenit, Plaut.: saepius ultro citroque agitantibus rem conventuram, Liv.: pax, quae non ipsis civitatibus conveniret, Iustin. – m. *cum* u. Abl., cum his mihi nec locus nec sermo convenit, Plaut.: haec fratri mecum non conveniunt neque placent, Ter.: pax, quae cum T. Quinctio convenisset, ut rata esset petierunt, Liv.: quid nobis conveniat cum adversariis (Ggstz. quid in controversia relinquatur), Rhet. Her.: ut notam apponam eam, quae mihi tecum convenit, Cic. – m. *inter* u. Akk., ratio inter nos convenit, Plaut.: si quid inter quos convenit, Rhet. Her.: illud unum inter nos non convenit, Sen.: *pactum* est, quod inter aliquos convenit, Cic.: ea quae inter regem Pausaniamque convenerant, Nep.: quod tempus inter eos committendi proelii convenerat, Caes.: iudex inter adversarios convenit, Cic.: u. (m. dopp. Nom.) iudex (als R.) inter eos convenit Atilius Calatinus, Val. Max. – m. folg. *quod* (dass), id modo non conveniebat, quod senatus consulesque nusquam alibi spem quam in armis ponebant, plebes omnia quam bellum malebat, darin war man nicht einig, dass usw., Liv. 2, 39, 8. – **β** *convenit* m. *Acc.* u. *Infin.*, m. *ut* od. *ne* u. Konj., m. bl. *Coni.*, m. indir. Fragesatz, Ggstz. discrepat, gew. m. *Dat.* od. m. *cum* u. Abl. od. m. *inter* u. Akk., interfectum esse a Clytaemnestra Agamemnonem convenit, Cic.: signum, quod ab eo dari convenerat, Suet.: convenit iam inde per consules reliqua belli perfecta (esse), Liv.: veneno quidem occisum (Claudium) *convenit;* ubi autem aut per quem dato *discrepat,* Suet.: inter omnes convenit Sibyllam tres libros attulisse, Plin. – convenisse, ut ne quid dotis mea ad te afferret filia, Plaut.: miles ea quae acta erant quaeque ut agerentur convenerat ad consulem refert, Liv.: pacto convenit, ut Himera amnis finis regni Syracusani ac Punici imperii esset, Liv.: mihi cum Deiotaro convenit, ut ille in meis castris esset cum suis copiis, Cic.: ita sibi cum Dolabella convenisse, ut etc., Cic.: convenit inter eos, cuius cornu prius laborare coepisset, ut is capite suo fata patriae lueret, Val. Max. – convenerat, ne interloquereris, Sen. de clem. 1, 9, 9. – u. (m. bl. *Coni.*) pro argento si aurum dare vellent, darent convenit, Liv. – u. (m. indir. Fragesatz) quibus consulibus interierit (Hannibal), non convenit, Nep.: cum eo sine ullo intertrimento convenerat iam, quemadmodum traderetur, Cic. – **γ** *convenit* absol.: ita ut convenerat factum est, Liv.: ut od. uti convenerat, Hirt. b. G. u. Sall.: ita enim convenerat, Liv.: si ita conventum est, Cod. Iust. 5, 3, 7. – m. *Dat.* od. m. *cum* u. Abl., se dare operam, ut Lacedaemoniis cum rege conveniret, Nep.: sic sibi cum Caecina convenisse, Cic.: non modo inter patres, sed ne inter consules quidem satis conveniebat, Liv. – m. *de* u. Abl. (Ggstz. discrepat, controversia est), cum de facto conveniret, Cic.: cum de legibus conveniret, de latore tantum discreparet, Liv.: de verbo controversia est, de re quidem convenit, Sen.: mitterent ad eum, quibuscum sibi de pace conveniret, Iustin.: cum de pretio inter ementem vendentemque convenerit, Sen.: de qua (annona) inter licentem vendentemque conveniat, Plin. pan.: ea de quibus inter creditorem et debitorem conventum est, Cod. Iust. 8, 34, 3. § 1. – **δ** *homines conveniunt,* die Leute **einigen sich,** cum de praeda non convenirent, Iustin. 15, 4, 23: de rebus litigiosis et convenire et transigere possumus, Paul. sent. 1, 1. § 5: quos negant inter se convenisse, Hyg. astr. 2, 4: ideo plerumque artifices convenire solent m. folg. *Acc.* u. *Infin.*, Ulp. dig. 9, 2, 27. § 29.

b insbes., bene (optime) convenit (alci) cum alqo, **es steht** jmd. **auf gutem Fuße-, in gutem Verhältnis** od. **Vernehmen** mit jmd., **es steht sich** jmd. **gut** mit jmd. (Ggstz. animus alcis ab alqo alienus est), cui cum paupertate bene convenit, dives est, Sen.: sororis vir, quīcum optime convenisset, Cic.: pulchre convenit improbis cinaedis, Catull. – u. ebenso bene convenit od. bl. convenit inter aliquos, **es besteht ein gutes Verhältnis** zwischen usw., primo hos dies compluscúlos bene conveniebat sane inter eas, Ter.: nec conventurum inter nos posthac arbitror, Ter. Vgl. conveniens *no.* II, b. – ▶ Archaist. synk. Präs. coveniatis, Cato oratt. 40. fr. 1: Futur. convenibo, Plaut. Cas. 548.

conventīcius, a, um (convenio), **zum Zusammenkommen gehörig, I** *adi.*, v. unkeuschem Zusammenkommen, patres, Besuchsväter, Plaut. cist. 1, 1, 42 zw. (Gronov u. Bothe ex patribus commentis). – **II** *subst.*, conventīcium, iī, *n.* (*sc.* aes), die Vergütung an Geld für das Sich-Einfinden bei den amtlichen Sitzungen, die eine griech. Magistratsperson als Ersatz für den Zeitverlust aus der Staatskasse erhielt, das **Sitzungsgeld,** die **Tagegelder,** die **Diäten,** Cic. de rep. 3, 48.

conventiculum, ī, n. (*Demin.* v. conventus), **a** die **kleine-, unbedeutende Zusammenkunft,** der **kleine-, unbedeutende Verein,** conventicula (die ersten Anfänge von Vereinen) hominum, quae postea civitates nominatae sunt, Cic. Sest. 91. – plebei quoque urbanae maiores nostri conventicula et quasi consilia quaedam esse voluerunt, Cic. de domo 74. – **b** meton., der **Versammlungsort,** conventicula et cauponae, Tac.: conventicula (Gesellschaftsräume) exstruere, Tac.: conventicula immaniter diruere, Arnob.: populum cum ipso conventiculo cremare, Lact.

conventio, ōnis, *f.* (convenio), **I** eig., die **Zusammenkunft, 1** im Allg., Boëth. Aristot. top. 6, 3. p. 713: in geschäftl. Beziehung, Cod. Theod. 8, 8, 3 u. a. – **2** insbes.: **a** = contio, die **Versammlung** des Volks, die **Volksversammlung** (vgl. Paul. ex Fest. 113, 10), ad conventionem vocare Quirites huc ad me, ad conventionem ire huc ad iudices, Comment. consul. bei Varro LL. 6, 88: conventionem habere, Tabb. cons. bei Varro LL. 6, 87. – **b** in manum c., das **Gelangen in die Gewalt** des Mannes, bei der Verheiratung nach streng römischer Ehe, Gaius inst. 3, 24 u. a. ICt. – **c** die **Belangung** vor Gericht, Cod. Iust. 3, 6, 3 u. a. – **II** übtr., die **Übereinkunft,** die **Abrede,** der **Vertrag,** primum c. tacita, Plin. ep.: questi sunt quaedam parva contra fidem conventionis tempore indutiarum facta, Liv.: si conventionis paeniteat, Tac.

conventiōnālis, e (conventio), **den Vertrag betreffend, Vertrags-,** stipulatio, Pomp. u. Ulp. dig. 45, 1, 5 u. 52.

conventiuncula, ae, *f.* (*Demin.* v. conventio), die **kleine Versammlung,** Augustin. ep. 118, 32.

con-vento, āvī, āre (*Intens.* v. convenio), **wieder und wieder zusammenkommen,** externos in ea plurimos conventasse, Solin. 27. § 7.

conventum, ī, *n.* (convenio), die **Übereinkunft, Abmachung,** die **Abrede,** der **Vertrag,** conventa hominum, Cic.: dictorum conventorumque constantia, Cic.: potest accĭdere promissum aliquod et c., Cic.: erat conventum inter eos clandestinum, Gell.: facere promissa, stare conventis, Cic.: ex convento, Rhet. Her. – verb. pactum, conventum, stipulatio, Cic.: pacti et conventi formula, Cic.: od. Plur. pacta, conventa, stipulationes, Cic.: pacti et conventi formula, Cic.: ex pacto et convento, Cic.: pacta conventaque, Sen.; vgl. Jordan Cic. Caecin. 51.

conventus, ūs, *m.* (convenio), das **Zusammenkommen** als Zustand, **I** eig.: **A** die **Zusammenkunft,** der **Zusammentritt,** gew. meton. = die zu erlaubtem od. unerlaubtem Zweck zusammengekommene Menge, die **Versammlung,** der **Verein, Kreis,** die **Gesellschaft, a** übh.: Roma est civitas ex conventu nationum constituta, Q. Cic.: c. comitum, Ter.: contio conventusque civium, Cic.: c. matronarum, Suet. – c. virorum mulierumque celeberrimus, Cic.: c. celeberrimus omnium populorum atque gentium, Augustin.: c. magnus, maximus, Cic.: honestissimus, Quint.: meretricius, Cic.: Plur., concilia conventusque, Caes.: conventus scholarum, Quint. – erat conventus hominum maximus, Cic.: agitari Romae per omnes locos et conventus de facto consulis, Sall.: hominem in tanto conventu Syracusis vidi neminem, qui etc., bei einer so zahlreichen Einwohnerschaft (Bevölkerung), Cic.: in conventu maximo (vor einer sehr großen G., vor allen Leuten) cogi a magistratu furtum reddere, Cic.: a conventu (Festversammlung) se remotum domi tenere, Nep.: scio, quid ille conventus (Zuhörerkreis) postulet, Cic.: ebenso dico extra conventum, Cic. – m. *ad* u. Akk., conventus ad Laida ditiorum hominum ex omni Graecia celebres erant, Gell.: quorum (negotiatorum Siciliae) quanti conventus ad Marcellos ... fieri soliti sint, quis ignorat? Cic. – **b** die unter Leitung eines Vorsitzenden usw. abgehaltene **Versammlung,** im üblen Sinne ein **Konventikel,** senatus sive potius conventus senatorum, Cic.: conventus nocturni coniurationesque, Suet.: in nocturno conventu fuisse apud M. Laecam, Cic.: conventus, qui initio celebrabantur, iam diu fieri desierunt, Cic.: conventum dimittere, Sall. – So nun insbes.: **α** der **Zusammentritt** mehrerer Staaten (eines Bundes) od. deren Abgeordneter zu gemeinsamer Beratung, die **Bundesversammlung,** der **Bundestag,** die **Tagesatzung,** der **Konvent, Kongress,** Arcadum, Nep.: Achaici concilii, Liv.: frequentissimus legationum, Nep.: edicere in certam diem conventum omnium sociarum civitatium legationibus, Liv.: edicere Argos conventum, Liv.: Aegium conventum gentis indicere, Liv.: ibi habere conventum Euboicarum civitatium, Liv.: in omnibus civitatibus, quae Achaici concilii sunt, invicem conventus agere, Liv.: veluti conventum terrarum orbis (einen Weltkongress) agere, Iustin. – m. *ad* u. Akk., rarus duabus tribusve civitatibus ad propulsandum commune periculum conventus, Tac. Agr. 12, 2. – **β** der Zusammentritt, die Versammlung der Bewohner eines Provinzialbezirks, vom Prätor od. dessen Legaten veranlasst, bes. der Gerichtspflege wegen, die **Bezirks-** od. **Kreisversammlung,** der **Bezirks-** od. **Kreislandtag,** der **Kreistag,** iisdem diebus meus conventus erat Apameae, Philomelii, tuus Tarsi, Cic.: conventum agere, die B., den Kr. abhalten, Cic. u. a.: conventum agere Carthagine novā, Suet.: mandatu praetoris iure dicundo conventus circumire, Suet.: celeriter omnes conventus percurrere, Hirt. b. G.: conventibus Galliae citerioris peractis in Illyricum proficisci, Caes. – dah. auch die ganze zu einer Kreisversammlung gehörende Gegend, der **Provinzialbezirk, Gerichtsbezirk, Gerichtssprengel,** die **Diözese,** gew. nach der Hauptstadt genannt, iuridici conventus Baeticae quattuor, Gaditanus, Cordubensis, Astigitanus, Hispalensis, Plin.: conventus mercatusque Graeciae, Plin.: homo omnium ex illo conventu quadruplatorum deterrimus, Cic. – **c** (vollst. conventus civium Romanorum) der geschlossene Verein röm. Bürger, die in einer Provinz leben, eine Korporation bilden und einen gemeinsamen Mittelpunkt haben, nach dem gewöhnlich der Verein auch genannt wird, die **Gemeinde (Korporation) der röm. Bürger,** c. Syracusanus, Cic.: Campaniae, Caes.: conventus firmi atque magni, Cic.: cives Romani, qui eius conventus erant, Caes.: ipse Cordubae conventus per se portas Varroni clausit, Caes. – **B** das vereinigende **Zusammentreffen,** die **Vereinigung, a** leb. Wesen, v. der Begattung, ex conventu Iovis inseminati, Arnob. 2, 70. – **b** lebl. Ggstd., Ggstz. digressio, duarum stellarum, Sen. qu. nat. 7, 12, 4: dentium, Solin. 13, 2: der Atome, Lucr. 1, 611. – **II** übtr., die **Übereinkunft, Abmachung,** ex conventu, Cic. Caecin. 22.

con-venusto, āre, **verschönern, ausschmücken,** Spät.

con-verbero, āvī, ātum, āre, **zerschlagen,** faciem, Plin.: os suum, Curt.: caput (suum), Suet. – übtr., vitia, züchtigen, Sen. ep. 121, 4.

con-vergo, ere, **sich hinneigen,** punctus, quo cuncta convergunt, Isid. 3, 12, 1; 19, 19, 10.

converritor, ōris, *m.* (converro), der **Zusammenkehrer,** Apul. poët. apol. 6.

con-verro (vorro), verrī (vorrī), versum (vorsum), ere, **I zusammenkehren,** cape scopas ... hoc convorre, Plaut.: revorram hoc, quod convorri modo, Plaut.: c. quidquid sabuli in campis iacet, Curt.: quidquid ovilibus stabulisque conversum progesserunt, Col. – übtr., c. hereditates omnium, zusammenscharren, Cic. de off. 3, 78. – **II auskehren** (= kehrend reinigen), c. villam, Cato: c. stabulum, Col. – scherzh., convorret iam hic me totum cum pulvisculo, bis aufs Stäubchen durchkehren, -ausklopfen = tüchtig durchprügeln, Plaut. rud. 845.

1. conversātio, ōnis, *f.* (converso), der **Umschlag**, die **Wandelbarkeit**, c. humana (der menschl. Dinge), Aur. Vict. epit. 18, 3.

2. conversātio, ōnis, *f.* (conversor), das **Verkehren**, **I** im engeren Sinne, das **Verkehren, Sich-Aufhalten** an einem Ort, frequentior, Plin. 10, 100: ne sepulchrum aliae conversationis usum accipiat, Ulp. dig. 11, 7, 12. § 1. – **II** im weiteren Sinne, der **Verkehr, Umgang** mit jmd., der **Aufenthalt** bei jmd., mit *Genet.*, hominum, Vell.: amicorum, Tac.: nutricis (der Hirschkuh), Iustin.: Parthicae crudelitatis, Iustin. – m. *cum* u. Abl., u. m. *inter* u. Akk., c. cum viris licentiosior Sen. rhet.: c. inter servos, Quint. – absol., omnem conversationem tollere et generi humano renuntiare, Sen.: extra conversationem iacēre, außer Gebrauch (v. Lebl.), Sen.

conversibilis, e (converto), **umdrehbar** (Ggstz. inconversibilis), silva, Chalcid. Tim. 308: partitio, Augustin. de music. 5, 4, 8: semipedes, *ibid.* 5, 13, 27: propositiones, Ps. Apul. de dogm. Plat. 3. p. 267 H.

conversim, *Adv.* (converto), **umgekehrt**, Spät.

conversio, ōnis, *f.* (converto), die Bewendung, **I** = das **Sich-Hinwenden**, übtr., ad verum deum, die Bekehrung, Augustin. de civ. dei 7, 33: ebenso ad unum verum deum sanctumque, *ibid.* 8, 24, 2. – dah. der **Übertritt** zum Mönchtum, Cassiod. de orthogr. in Gramm. Lat. ed. Keil V II, 144, 2. Iordan. get. p. 265 Mommsen. – **II** = die **Umwendung, Umkehrung, Umdrehung**, u. zwar gew. passiv, **A** eig.: **a** die **Umdrehung**, der **Umlauf** der Himmelskörper, c. mundi, totius mundi, Cic.: conversiones caeli, Cic.: perpetui cursus conversionesque caelestes, Cic.: astrorum errantium conversiones omnesque motus, Cic. – circuitus enim solis orbium V et LX et CCC, quartā fere diei parte additā, conversionem conficiunt annuam, Jahresumlauf, Cic.: alterum (genus siderum) continuas conversiones duas iisdem spatiis (Bahnen) cursibusque conficit, Cic. – mensium annorumque conversiones, die Monats- u. Jahresumläufe = die periodische Wiederkehr der Monate u. Jahre, Cic. – **b** das **Sich-Umkehren**, vesicae, Plin.: conversiones vulvae, Plin. – **B** übtr., **1** die **Umdrehung, Umkehrung**, nur als rhet. *t. t.*, **a** der **Umlauf** = die **periodische Abrundung** der Rede, perpetuitas et quasi c. verborum, Cic. de or. 3, 190: sic enim has orationis conversiones Graeci nominant, Cic. de or. 3, 186: ut (oratio) conversiones habeat absolutas, ihre Perioden vollkommen rhythmisch abrunde, Cic. de or. 3, 190. – **b** als rhet. Fig.: **α** c. in extremum, die **Umkehrung** = die Wiederholung desselben Wortes am Ende des Satzes (griech. ἀντιστροφή od. ἐπιφορά), Cic. de or. 3, 206. Rhet. Her. 4, 19. – **β** die **Umkehrung, Umdrehung, Umstellung** = die **umgekehrte** (chiastische) **Gegenüberstellung** derselben Worte (griech. ἀντιμεταβολή, z. B. esse oportet ut vivas, non vivere ut edas), Cic. de or. 3, 207. – **2** prägn., die **Umwandlung, Verwandlung** = Veränderung, **a** die physische, die Umwandlung, der Übergang einer Geschwulst in Eiter, die **Eitergeschwulst**, conversionem resecare, Col. 6, 17, 6. – **b** die politische, tempestatum c. et moderatio, Cic.: c. status et inclinatio communium temporum, Cic.: videtis quo in motu temporum, quanta in conversione rerum ac perturbatione versemur, Cic.: a Platone didiceram naturales esse quasdam conversiones rerum publicarum, Cic. – **c** die stilistische, die **Umwandlung, Übertragung** aus einer Redegattung in die andere, ex Latinis conversio, Quint. 10, 5, 4. – **d** die **Umwandlung**, der **Umschlag** der Ansicht, tanta conversio consecuta est, Plin. ep. 9, 13, 18.

conversiuncula, ae, *f.* (*Demin.* v. conversio), die **unbedeutende Bekehrung**, c. nostra, Salv. ep. 4. p. 161 D. (*ed. Migne*).

con-verso, āre (*Intens.* v. converto), **um und um drehen**, animus se ipse conversans, Cic. Tim. 27. – übtr., aliquid in animo salutare converso, erwäge hin u. her, Sen. ep. 62, 1.

con-versor, ātus sum, ārī, **verkehren**, **I** im engeren Sinne, an einem Ort **verkehren, sich aufhalten**, in montibus (v. Adler), Plin. 10, 6. – **II** im weiteren Sinne, **a** mit jmd. od. an einem Ort **verkehren, Verkehr haben**, mit jmd. **Umgang haben, zusammenleben**, an od. in einem Ort verkehrend **sich aufhalten**, m. *cum* u. Abl., c. nobiscum, Sen.: sine discordia cum parentibus suis (v. den jungen Bienen) Col. – m. *Dat.* (mit), cruentis et humano sanguine delibutis, Sen. rhet.: non libenter tristi, Sen.: equis a tenero (v. Esel), Col. – m. *in* u. Abl. (in od. an einem Ort), in regia, Curt.: in quo alio loco agere, sedere, conversari, ICt. – absol., dum conversari consuescant (v. den jungen Bienen), Col.: *Partic. Praes.* subst., philosophia non studentes, sed etiam conversantes (die mit Philosophen nur Umgehenden) iuvat, Sen.: sumuntur a conversantibus mores, man nimmt den Charakter derer an, mit denen man umgeht, Sen. – **b** irgendwie verkehren = **sich aufführen, wirtschaften**, male, ICt.: non ut oportet, ICt.

conversus, Abl. ū, *m.* (converto), die **Umdrehung**, Macr. sat. 7, 9, 4. Ps. Cypr. de Sina et Sion 12.

convertibilis, e (converto), **veränderlich**, Eccl.

convertibilitās, ātis, *f.* (convertibilis), die **Veränderlichkeit**, Augustin. ep. 169, 11.

convertibiliter, *Adv.* (convertibilis), **veränderlich**, Augustin. epist. 169, 7.

con-verto (vorto), vertī (vortī), versum (vorsum), ere, **umkehren, umwenden, umdrehen**, od. m. Bezug auf das Ziel, **hinkehren, hinwenden, hindrehen**, refl. se convertere od. bl. convertere u. Passiv converti medial = **sich um-** od. **hinkehren** usw., **I** eig.: **1** nach der anderen Seite (nach vorn od. nach hinten, nach oben od. nach unten) od. zu irgendeiner Seite **um-** od. **hinkehren**, **a** übh.: aculeum (im Bild, aculeum testimonii sui), Cic.: arcum, Verg.: baculum (z. B. converso baculo alci oculos tundere), Cic.: cardinem, Verg.: cuspidem, Verg.: manum, Quint.: fenum, umwenden, wenden, Col.: vulvas conversas corrigere, die Umstülpung der Gebärmutter, Plin. – u. refl., cum se convertit (v. Pers.), Suet. – u. Passiv medial, si facile convertitur (aeger), Cels.: in delubris deûm suā sponte signa conversa, Val. Max. – m. Ang. **wohin?** durch *Advv.* od. *Praepp.*, corpus huc illucve, Cels.: uncos deorsum, Cels.: corpus in nullam partem, Cels.: gladium in se, Val. Max.: infantem in caput, in pedes, Cels.: naves in eam partem, quo ventus fert, Caes.: colla ad freta, Ov.: palam anuli ad palmam, Cic.: poet. m. *Dat.*, luna potest ... id lumen convertere nobis (nach uns), Lucr. 5, 704. – tigna duo contra vim atque impetum fluminis conversa, Caes.: omnem eam materiam, quae erat caesa, conversam ad hostem collocabat, Caes.: calix ad latus praetereuntis aquae conversus, Frontin. – refl., simulacrum Victoriae, quod ante ad simulacrum Minervae spectavisset, ad valvas se templi limenque convertisse, Caes. – Passiv medial, ima pars pedis in exteriorem partem convertitur (dreht sich), Cels.: manus ad pollicem aut minimum digitum convertitur (neigt sich), Cels.: ore conversus in terram (v. einem Tier), Mela: conversi oculos inter se atque ora tenebant, Verg.: poet. m. *Dat.*, zephyro (nach Westen) convertitur ales, Lucan. 9, 689. – So nun bes. **α** in den milit. *t. t.*: c. signa, mit den Feldzeichen kehrtmachen, eine Schwenkung machen, schwenken (s. Schneider Caes. b. G. 2, 26, 1. Drak. Liv. 3, 54, 10), z. B. conversis signis retro in urbem reditur, Liv.: Romani conversa signa bipertito intulerunt, machten eine Frontveränderung und drangen in zwei Kolonnen vor, Caes.: signa ad hostem converti (dem F. die Spitze bieten) aciemque dirigi iubet, Caes. – so auch nostri rursus conversi, kehrt-, Front machend, dem Feind die Stirn bietend, Caes. – c. terga, c. se, kehrtmachen = fliehen, Caes. – c. aciem, die (feindl.) Schlachtordnung werfen, Liv.: u. so paucos nostros c. et insequi (v. Feind), Hirt. b. G.: fugatae alae, conversae cohortes sunt, Vell.: cum hostium acies a sinistro cornu (auf dem l. Fl.) pulsa atque in fugam conversa esset, Caes. – **β** als rhet. *t. t.*, die Worte **umstellen, versetzen**, non modo mutare quaedam verba, sed extendere, corripere, convertere, dividere cogitur (poësis), Quint. 10, 1, 29. – **γ** refl., convertere se od. bl. convertere od. Passiv medial converti ad alqm, in der Unterhaltung, in der Rede **sich** zu od. an jmd. **wenden**, rursus ad illum te converte et quaere etc., Cic.: ad eum convertit et ... inquit, Gell.: itaque modo ad eum conversus quaerebat etc., Liv.: conversus ad suos ... inquit, Val. Max.: deinde conversus ad nos, ›ἐπιστήσατε quid facere debeamus‹, Plin. ep.

b in der Bewegung, im Gang **umkehren, umwenden, hinkehren, hinwenden**, c. iter, Val. Max. (vgl. unten *no.* α): vias, Verg.: fugam, von der Fl. umkehren (= die Fl. einstellen), Verg. – vox boum Herculem convertit, bewog den H. umzukehren, Liv. – refl., c. se, umkehren, umwenden, Plin. ep. u. Suet.: se in porticu, Cic. – m. Ang. **von wo?** u. **wohin:** ex hoc cursu sceleris iter c. ad fugam atque in exsilium, Cic.: cursum ad septentrionem (v. einem Fluss), Mela. – refl., se convertere u. Passiv converti medial, **sich hinwenden,** c. se od. converti domum, Komik.; vgl. conversa domum lintea dare, Hor.: imago convertitur eodem, Lucr.: hinc se in Asiam c., Cic. – So nun bes.: **α** als milit. *t. t.:* c. iter, umwenden, Caes. – c. iter in provinciam, Caes.: iter ad urbem, Lucan.: iter ad depopulandam Acarnaniam, Liv.: omnem multitudinem ad alqm, Caes.: hostem in se ab alqo, Curt. – u. refl., teils conv. se, z. B. c. se in Phrygiam, Nep.: c. se ad montes, Caes.: subito se c. ad Cassium in Thessaliam, Caes.: ad hunc se a Pulione omnis multitudo (hostium) convertit, Caes. – teils ohne se, z. B. convertit cum paucis ad equites, Sall.: convertit cum omni multitudine in regnum suum, Sall. – u. medial, omnis vis Romana Veios conversa est, Liv.: omnis Volscorum in se conversus impetus, Val. Max. – **β** als *t. t.* der Wasserbaukunst, **hinleiten,** inchoabat piscinam a Miseno ad Avernum lacum, quo quidquid totis Baiis calidarum esset converteretur, Suet.: ut ex totis regionibus in quam (regionem) necessitas incubuerit converti possit praesidium aquarum abundantius, Frontin. – **γ** etw. heimlich wo **hinwenden,** c. pecuniam publicam domum suam, unterschlagen, Cic. Verr. 3, 176.

c (bes. als geogr. *t. t.*) Passiv converti medial od. conversum esse, der örtl. Richtung od. Lage nach **sich hinwenden, sich hinziehen, hinliegen, hingehen,** m. Ang. **wohin?** durch *ad* od. *in* u. Akk. auch zugl. m. Ang. **von wo?** durch *ab* u. Abl., inde ad meridiem iter convertitur usque ad Megaram, Mela: deinde ad septentriones toto latere terra convertitur a Celtico promunturio ad Scythicum usque, Mela. – spelunca conversa ad aquilonem, Cic.: stabula ad medium conversa diem, Verg.: alter conversus in contrariam partem erat vallus, Caes.: Pyrenaeus in terras fronte conversus, Mela: conversis inter se pedibus stare, Gegenfüßler sein, Plin.

2 im Kreis **umdrehen, herumdrehen,** refl. se convertere u. Passiv converti medial = **sich umdrehen, sich herumdrehen, a** übh.: is (modiolus) habenā quasi terebra convertitur, Cels.: axes ut in torcularibus conversi, Cels. – **b** einen Weltkörper, quae (terra) circum axem se summā celeritate convertit et torquet, Cic.: in infimo orbe luna solis radiis accensa convertitur, Cic.: invenies supero convertier orbe quinque (sidera) pari spatio, Cic. poët. – einen Kreisumlauf der Zeit umdrehen = erfüllen, vollenden, cum aetas tua septenos octiens solis anfractus reditusque converterit, Cic.: huius quidem anni nondum vigesimam partem scito esse conversam, Cic. – **c** die Haare **kräuseln,** crines calamistro, Petron. 102, 15.

II übtr.: **1** im Allg., nach od. zu einem Ggstd., gegen einen Ggstd. **hinkehren, hinwenden, hinrichten,** ihm **zuwenden,** auf einen Ggstd. **übertragen** u. dgl., refl. se convertere od. bl. convertere u. Passiv converti medial = **sich hinwenden, sich zuwenden,** m. Ang. **wohin?** durch *in* od. *ad* u. Akk., **a** übh.: quas (duas legiones) ab itinere Asiae Syriaeque ad suam potestatem dominatumque converterat, Caes.: c. in se unum omnium vires, Liv.: ad equestrem ordinem atque in ceteros ordines easdem vitae condiciones, übertragen auf usw., Cic.: Iovem O. M. precatus sum, ut, si quid adversi populo Romano immineret, totum in domum meam converteretur, Val. Max. – c. orationem ad Aeschinem in prooemio, an Ä. richten, Quint.: tum omnem orationem traduxi et converti in increpandam Caepionis fugam, in deplorandum interitum exercitus, habe gerichtet auf usw., Cic. – *refl.* (ohne se) od. Passiv medial, ad uxorem Liviam convertere, sich wenden an usw., Tac. ann. 4, 3: sine advocatis in amicitiam atque in gratiam convortimus, Plaut.: (v. Redner, Schriftsteller) ab ea sententia, quam proposuimus, convertimus (wenden wir uns) ad aliquam personam aut rem, Rutil. Lup.; vgl. medial gratulabor tibi prius, deinde ad me convertar, will ich mich zu mir (zur Besprechung meiner Angelegenheiten) wenden, Cic. – omnis est risus in iudicem conversus, wendete sich gegen den R., Cic.

b den Blick, die Aufmerksamkeit, die Gedanken **hinwenden, hinrichten, hinlenken,** gew. m. Ang. **wohin?** durch *Advv.* od. durch *ad* od. *in* u. Akk., **α** den eigenen Blick usw., omnes convertere oculos Itali, wendeten dahin den Blick, Verg.: ut (oculi) aspectum quo vellent facile converterent, Cic.: c. ad tribunum militum centurionesque ora (v. den Soldaten), Caes.: video in me omnium vestrûm ora atque oculos esse conversos, Cic.: illud intellego omnium ora in me conversa esse, Sall. – **β** eines anderen Blick usw. od. jmd. mit seinem Blick usw. **auf sich hinlenken, αα** jmds. Blick usw., teils m. *ad* od. *in se,* z. B. finitimis ad se gentibus ora, Lucr.: omnium oculos ad od. in se, Nep. u. Curt.: omnium oculos animosque in semet, Curt.: certamine ac studiis in se animum adulescentis, Liv. – teils ohne *ad* od. *in se,* z. B. oculos hominum, Liv.: vulgi ora, Hor.: animos, Liv.: hominum oculos fulgore purpureae abollae, Suet. – **ββ** jmd. mit seinem Blick, teils mit *in se,* z. B. omnem exercitum in se, Liv.: totum terrarum orbem in se, Verg.: omnium mentes in se, Flor. – teils ohne *in se,* z. B. civitatem (v. fremden Gesandten), Liv.: omnes, Liv.

c Geist, Sinn, Gemüt, Neigung, Eifer, Sorge, Hoffnung auf einen Ggstd. **hinwenden, hinrichten,** ihm **zuwenden,** m. Ang. **wohin? worauf?** durch *ad* od. *in* u. Akk.; m. Ang. **von wo?** durch *Advv.* od. durch *ab* u. Abl. od. durch bl. Abl., **α** den eigenen Geist usw.: omne ingenium ac studium suum ad causas agendas, Tac.: animum ad urbana negotia, Liv.: animos ad agrum colendum, Liv.: animum ad publicam a privata curam, Liv. – omne studium curamque ad hanc scribendi operam, Cic.: omnem spem melioris status ad eorum fidem, Cic.: omnia in bellum consilia, Curt. – *refl.* se convertere od. bl. convertere u. Passiv converti medial, **sich hinwenden, sich hinrichten, sich zuwenden,** c. se ad philosophos, Cic.: se ad otium pacemque, Cic.: totum se ad alcis voluntatem nutumque, Cic.; vgl. (medial) animus alcis ad alterius non modo sensum ac voluntatem, sed etiam vultum atque nutum convertitur, Cic.: ceteri ad sapientiora convertere, Tac. ann. 3, 55. – omni civitate in eam curam conversā, Liv.: ad haec consultanda a vi atque armis converti (v. Volk), Liv.: conversus hinc ad ordinandum rei publicae statum, Suet.: quo facilius virginum mulierumque mens a libidine ad pudicitiam converteretur, Val. Max. – convertere ad nostros (amicos), wende dich nun zu unseren Fr. (= gedenke nun bei Beförderungen unserer Fr.), Plin. ep. 2, 13, 3. – u. so bes. conv. se od. bl. conv. ad od. in alqm, als Verehrer od. Anhänger im Staat jmdm. **sich zuwenden, zufallen,** conv. se ad alqm, Nep. Att. 8, 1: bl. conv. ad alqm, Cic. Planc. 50. Tac. ann. 12, 18: conv. se in alqm, Cic. de rep. 6, 12. Sen. de clem. 1, 4, 3: ebenso Passiv medial, cuncta ad victoris opes conversa, Tac. hist. 3, 44. – **β** jmds. Geist (geistige Aufmerksamkeit) usw. od. jmd.: ut ab eo, quod agitur, avertat animos; ut saepe in hilaritatem risumque convertat, Cic.: c. animos imperitorum ad deorum cultum a vitae pravitate, Cic.: alqm ad fidem Christi, zum christlichen Glauben bekehren, Hier. in Philem. 5, 10 u. 11: in bellum Etruscum intentam civitatem c. ad Volscos, Liv.: homines a consuetudine subito c. et ad diversas rationes vitae traducere, Cic. – bl. c. alqm, jmd. auf andere Gedanken bringen, Suet. Dom. 16, 2. – v. lebl. Subjj., (res) totos ad se convertit et rapit, Cic. de off. 2, 37. – u. insbes., jmd. einem als polit. Anhänger **zuwenden,** fama huius rei convertit ad Masinissam Numidas, Liv. 29, 30, 7.

d etw. einer Bestimmung, einem Zweck **zuwenden,** zu etw. **verwenden, α** lebl. Objj.: in suam rem aliena, Cic.: reditum in Domitiani loculos (Schatulle), Frontin.: pecuniam ad usus suos, ICt.: rationem in fraudem malitiamque, Cic.: tempora ad quietem refectionemque data in acerrimum laborem, Quint.: mandatum ad suum commodum, Cic.: copias eas ad patriae periculum, Brut. in Cic. ep.: scribendi facultatem ad alia opera, Quint. – **β** leb. Wesen: ad continendas custodias plures commilitones, Traian. in Plin. ep. 10, 20 (31) *in.*

e etw. nach **der** u. **der** Seite **wenden, verkehren,** m. Ang. **wohin?** durch *in* od. *ad* m. Akk., **α** in der Beurteilung: si quid per iocum dixi, nolito in serium convertere, Plaut.: nolite fortunam convertere in culpam (zur Sch. anrechnen), neque regis iniuriam huius crimen putare, Cic. – **β** in der Ausführung, quod ad perniciem suam fuerat cogitatum, id ad salutem convertit (v. Datames), Nep.: alterum (auxilium) ad perniciem meam erat a vobis consulibus conversum, Cic.: non posse iam ad salutem converti hoc malum, Ter. – oft refl. convertere od. Passiv converti medial, **sich verkehren, sich wenden, ausschlagen, umschlagen,** sed hoc vitium huic in bonum convertebat, Cic.: ne ista vobis mansuetudo et misericordia, si illi arma ceperint, in miseriam convortat, Sall. – in quartanam conversa vis est morbi, Cic.: quod crimen esse voluisti, id totum vides in laudem conversum esse, Cic.: istius poena omnis oculorum ad caecitatem mentis est conversa, Cic.

2 prägn., etw. so wenden, dass ein Wechsel, eine Änderung eintritt, etw. **umkehren, umändern, umwandeln,** bei Ang. **wohin?** m. *in* u. Akk., **a** übh.: **α** physisch, si antequam tumor discutiatur in suppurationem convertitur, in Eiter umgesetzt wird, übergeht, Col. 6, 17, 6. – **β** jmds. Gemüt, **umwandeln, umstimmen,** animos permovere et c., Cic.: v. lebl. Subjj., nova religio iurandi mentes militum convertit, Caes. – *Pass.*, **umgestimmt werden, umschlagen, einen Umschlag erleiden,** animus aeger avaritiā facile conversus est, Sall.: hāc oratione habitā mirum in modum conversae sunt omnium mentes, Caes.: quid est tam potens tamque magnificum, populi motus, iudicum religiones, senatus gravitatem unius oratione converti? Cic. de or. 1, 31: conversi animum vultumque, Tac. hist. 1, 85. – **γ** Zustände, rem publicam, Cic.: hunc ordinem, Quint.: praemia Metelli in pestem, Sall.: omne beneficium in iniuriam, Sen.: v. lebl. Subjj., non fas nefasque, non humanam vicem convertere valere (v. einem Zaubertrank), Hor.: tot opes, tot gaudia dies unus in adversa convertit, Plin. ep.: odium c. in amorem (v. der Freundschaft), Val. Max.: possitne eloquentia commutatione aliquā converti in infantiam, Cic. – refl., se conv. u. bl. conv., **sich verkehren, sich umändern, umschlagen,** (s. Piderit Cic. Brut. 141), cavendum, ne in graves inimicitias convertant se amicitiae, Cic.: ubi regium imperium in superbiam dominationemque se convertit, Sall.: num virtus in vitium possit convertere, Cic.: hoc vitium huic uni in bonum convertebat, Cic.: nec in falsum e vero praeterita possunt convertere, Cic. – ebenso Passiv converti medial, vide, quam conversa res sit, Cic.: conversa subito fortuna est, Nep.: non posse iam ad salutem converti hoc malum, Ter.: indigne ferunt illam clementiam mansuetudinemque nostri imperii tantam in crudelitatem inhumanitatemque esse conversam, Cic. – **δ** als rhet. *t. t.*, den Ausdruck mit einem anderen vertauschend künstlich **umwandeln,** conversa oratio atque mutata, Cic.: convertendi genus, Cic. – **ε** als gramm. *t. t.*, casus conversi = *casus obliqui*, die abgewandelten Kasusformen, Cic. de nat. deor. 2, 64. – **ζ** als milit. *t. t.*, castra castris c., Lager mit Lager vertauschen = fortrückend immer neue Lager aufschlagen, Caes. b. c. 1, 81, 3.

b seinem ganzen Wesen, seiner Gestalt nach **verwandeln, umgestalten,** refl. se convertere od. Passiv converti medial = **sich verwandeln,** tellus induit ignotas hominum conversa figuras, Ov. met. 1, 86 *sq.* – gew. m. *in* u. Akk., terras in freti formam, Ov.: in bovem Io, Inachi filiam, Lact.: Hecubam putant propter animi acerbitatem fingi in canem esse conversam, Cic.: figura canis, in quam Hecuba conversa traditur, Mela: mater in ursae speciem conversa, Hyg.: mugitu bovis in sermonem humanum converso, Val. Max.: hominum simulacra ferarumque in silicem ex ipsis visā conversa Medusā, Ov.: in cinerem favillasque converti, Firm. math. – refl., teils conv. se, z. B. se in hominem (v. einer Gottheit), Ter.: se in anum (alte Frau), Hyg.: se in taurum, Hyg.: se ex homine in beluam, Cic.: si omnium pecudum exta eodem tempore in eundem habitum se coloremque converterent, Cic. – teils bl. conv., z. B. c. in mulierem, Rutil. Lup. – u. Passiv medial, deo converso in pretium (v. Jupiter), Hor.

c aus einer Sprache in eine andere umwandeln = **übertragen, übersetzen, verdolmetschen,** gew. m. *de* od. *ex* u. Abl. u. m. *in* u. Akk., aliqua de Graecis, Cic.: orationes e Graeco, Cic.: ex Atticis duorum eloquentissimorum nobilissimas orationes, Cic.: illa in Latinum, Cic.: librum e Graeco in Latinum, Cic. – im Zshg. auch ohne Angabe **woraus** od. **wohin?** Electra (Sophoclis) male conversa, Cic.: carmina Arati ea, quae a te admodum adulescentulo conversa ita me delectant, quia Latina sunt, ut etc., Cic. – ► Parag. *Infin.* convertier, Lucr. 1, 796. Cic. Arat. 269 (515).

con-vertor (con-vortor), vertī (con u. verto), **sich hinwenden,** in fugam se tamen nemo convortitur, Plaut. Amph. 238; vgl. Non. 480, 21.

con-vescor, vescī, mit jmd. **zusammen speisen,** Eccl.

con-vestio, īvī, ītum, īre, **bekleiden, I** eig.: corpora, Enn. scen. 131: cernuus extemplo plantas convestit honestas, Lucil. 129 *Marx.* – **II** übtr., **bekleiden = bedecken, umgeben u.** dgl., c. omnia hederā, Cic.: faciem, Sen. rhet.: omnia suā luce (v. der Sonne), Lucr.: domus duobus lucis convestita, Cic. – ► Parag. *Infin.* convestirier, Enn. scen. 155 (= Trag. inc. fab. 137 R.) Arnob. 5, 41.

con-veterānus, ī, *m.*, der **Mitveteran,** CIL 6, 3864 u. ö. u. spät. ICt.

convexio, ōnis, *f.* (convexus), die **Wölbung, gewölbartige Rundung,** caeli, Arnob. 1, 12: mundi convexiones, Gell. 14, 1, 8.

convexitās, ātis, *f.* (convexus), **I** die **Wölbung, gewölbeartige Rundung, Konvexität,** sphaeralis, Macr. somn. Scip. 1, 16, 4: mundi, circuli, Plin. 18, 210 u. 217: in quacumque convexitate, unter jedem Himmelskreis, Plin. 18, 283. – **II** die **Wölbung = Höhlung, Konkavität,** Plin. 6, 202.

con-vexo, āvī, āre, **zusammen-** od. **heftig drücken, -pressen,** Filia Appii Caeci b. Gell. 10, 6, 2. Veget. mul. 4, 25, 1 u. a. – übtr., **bedrängen, plagen,** Augustin. cons. euang. 2, 28, 66.

convexus, a, um (conveho), nach oben oder nach unten zusammenstoßend, **I** nach oben, **sich zuwölbend, gewölbt,** caelum, Verg.: mundus, Plin.: pondus (mundi), Verg.: foramina terrae, Ov.: orbis lunae, Cic. – subst., convexum, ī, *n.*, u. häufiger im Plur. convexa, ōrum, *n.*, die **Wölbung,** in convexo nemorum, Verg. Aen. 1, 310: convexa caeli, Verg. Aen. 4, 451. Ambros. de spir. scto 2, 4, 35: u. dass. supera convexa, Verg. Aen. 6, 241; 10, 251. – Übtr., ἐνθύμημα c., völlig abgerundet, Gell. 17, 20, 4. – **II** nach unten = **steil herablaufend, rings sich vertiefend, kesselförmig,** iter, Ov.: vallis, Plin.: trames silvae, bewaldeter Hohlweg, Verg.: c. in aequora vertex, Ov. – subst., convexa vallium, Talkessel, Iustin. 2, 10, 24: u. so bl. convexa, Bergabhänge, Verg. Aen. 1, 608.

con-vibro, āvī, āre, **I** *tr.* **in zitternde Bewegung versetzen,** dum tenera lingua, uti convibretur (trillere), Apul. flor. 12: qui (venti) eas partes soli convibrant, quas subrepserint umidi, Amm. 17, 7, 11. – **II** *intr.* **in zitternde Bewegung kommen, sich zitternd bewegen,** pedibus, Poëta b. Fest. 206, 12: v. Feuer, Apul. de mundo 15.

con-vīcānus, ī, *m.*, **aus demselben Dorf gebürtig, Dorfnachbar,** CIL 3, 12336 u. ö. Cod. Theod. 11, 24, 6. § 1.

convīciātor, ōris, *m.* (convicior), der **Schelter, Schmäher, Lästerer** Cic. u. a.

convīciolum, ī, *n.* (*Demin.* v. convicium), die **erbärmliche Schmährede,** conviciolis alqm lacessere, Lampr. Al. Sev. 28, 7.

convīcior, ātus sum, ārī (convicium), jmdm. **laute Vorwürfe machen,** jmd. **schelten, schmähen, lästern,** Varro, Liv. u. a.: alci, Quint.

convīcium, iī, *n.* (= convocium, aus con u. vox), **die laute Stimmerhebung, I** im Allg., der durch lautes Sprechen, bes. Zanken, Streiten, Keifen entstandene **Lärm,** das **Geschrei, Gezänk, Zankgeschrei, Gekeife,** der laute **Zank** u. **Streit,** c. mulierum, Cic. fr.: cantorum, Cic.: aures convicio defessae, Cic.: ante aedes facere convicium, Ter. – v. Tieren, c. ranarum, Phaedr.: querulae convicia ranae, Col. poët. – **II** insbes., das gegen eine bestimmte Person gerichtete, die **Schelte,** die **Scheltrede, a** die tadelnde, missbilligende **Schelte,** der laute **Tadel,** die **Strafrede, Strafpredigt,** die laute **Zurechtweisung,** der laute **Vorwurf,** der laute **Widerspruch,** (Ggstz. plausus), convicium acerbum, Phaedr.: grave, Cic.: hesternum Icilii, Liv.: cotidianum, Quint. – alqm conviciis agitare (zusetzen), quod (weil, dass usw.), Iustin.: clamore et conviciis et sibilis consectari, Cic.: convicio alcis corripi, Caes.: reprehensoris convicia (Vorwürfe = Ausstellungen) diluere, Cic. – alci convicium facere, jmdm. Vorwürfe machen, eine Str. halten, ihn ausschelten, Plaut., Cic. u. a.: u. so alci c. magnum, mirificum, grave facere, Cic.: noctuae c. acerbum facere (v. der Zikade), Phaedr.: alci c. facere, quoties etc., Plin. ep.: alci c. maximum facere, ut ne m. Konj. (um zu bewirken, dass nicht usw.), Cic.: alci magnum c. fit cuncto a senatu, Cic.: non modo acclamatione, sed convicio et maledictis impediri (am Reden gehindert werden), Cic.: urgebor iam omnium vestrum convicio, gleich werdet ihr alle mit Vorwürfen mir zu Leibe gehen, Cic. – v. lebl. Subjj., epistulam hanc convicio efflagitarunt codicilli tui, Cic.: cum convicio aurium extorta mihi veritas esset, Cic.: verberavi te cogitationis tacito dumtaxat convicio, Cic.: quae quidem misericors continentia plebis tacitum crudelium victorum convicium est, Val. Max. – Meton., von dem, was einem zum Vorwurf, Tadel gereicht, convicium tot me annos iam se pascere, einen lauten Vorwurf (v. einem ungeratenen Sohn), Plaut. merc. 59. – **b** die schimpfende, spottende **Schelte,** das **Schelt-, Schimpfwort,** das **Lästerwort,** die **Schimpf-, Lästerrede,** das **Stichelwort,** die **Stichelrede,** der **Spott-, Hohnruf** (Ggstz. blanditiae), c. foedissimum, Suet.: c. ioculare, Sen.: c. petulans, Vell.: convicia festa, Spottlieder (der Soldaten beim Triumph), Mart., u. der Knaben bei Hochzeiten, Lucan. u. Sen. poët.: convicia rustica, Ov. – concitari ad convicia, Suet.: dicere alci convicium, Plaut. u. Ov.: facere alci convicium, jmd. schelten, schmähen, Sen. (vgl. *no.* a): ferre patienter maledicta et convicia hominum, Suet.: incessere alqm conviciis, Suet.: ingerere alci convicia, Hor.: consectari alqm conviciis et sibilis, Cic.: insectari alqm conviciis, Lact.: Caligulam convicium et probrum iudicare, den Beinamen K. für ein Schimpfwort u. eine Schmach erklären, Sen.: lacerare alqm diurnis conviciis, Val. Max., od. probrosis conviciis, Amm.: lacessere alqm conviciis, Amm.: proscindere alqm convicio od. conviciis, Suet. u. Plin.: regerere (zurückgeben) convicia, Hor.: transire a conviciis ac probris ad tela et manus, Tac. – v. lebl. Subjj., cave ne eosdem illos libellos, quos tibi hendecasyllabi nostri blanditiis elicere non possunt, convicio scazontes extorqueant, Plin. ep. 5, 10 (11), 2. – Meton., nemorum convicia, picae, die Schmäher, Lästerer, Spottvögel, Ov. met. 5, 676. – Die. Schreibung convicium (nicht convitium) ist die allein richtige, s. Paul. ex Fest. 41, 20.

1. **convictio,** ōnis, *f.* (convinco), die **Überzeugung** von etw., der **unwiderlegbare Beweis,** rerum, Augustin. de trin. 13, 1 u. in euang. Ioann. tract. 95, 2 *extr.*

2. **convīctio,** ōnis, *f.* (convivo), das **Zusammenleben,** der **beständige gesellige Umgang** mit jmd., Cic. fil. in Cic. ep. 16, 21, 4. – meton., convictiones domesticae, Personen, die zu deinem täglichen häuslichen Umgang gehören, Cic. ad Q. fr. 1, 1, 4. § 12.

convīctor, ōris, *m.* (convivo), der tägliche **Gesellschafter, Tischgenosse,** der **Hausfreund,** delicatus, Sen.: amici et convictores, Inscr.: uti alqo convictore, Hor.: alqo convictore cotidiano, Cic. fil. in Cic. ep.: convictorem esse alci, Hor.: convictores enim tunc, non libertos duco, Plin. ep.: sume tibi aliquid iuris apud me, tamquam convictor mihi fueris, August. fr.

convīctus, ūs, *m.* (convivo), das **Zusammenleben, a** das **gesellige Zusammenleben** mit jmd., der **gesellige Umgang,** c. humanus et societas, c. hominum ac societas, Cic.: alqm non solum principem consilii habere, sed etiam in convictu, Nep.: redire ad convictum nostrum atque ad consuetudinem nostram, Luccei. in Cic. ep.: Plur., longi convictus aevi (langjähriger U.), Ov. ex Pont. 2, 10, 8. – **b** insbes., das **Zusammenspeisen,** die **Tischgesellschaft,** die **Bewirtung,** Lucullus profusae in aedificiis convictibusque et apparatibus luxuriae primus auctor fuit, Vell.: in convictibus et cotidiano sermone, Quint.: suavitas simplicitasque convictus, Plin. ep.: convictus sobrii, temulenti, Tac.: ipsa loca gratulationum et convictuum, Sen.: trahere convictum in longum, Tac.: adhibere alqm convictibus, Tac.: convictibus sese abstinere, CIL 11, 1421, 24: cum alqo rationem convictus sui cotidiani facere, Abrechnung über seine Bewirtung halten, Vopisc. Numer. 14, 2.

convigetātio, -vigeto, s. convegetātio, con-vegeto.

con-vinco, vīcī, victum, ere, gleichs. ersiegen, d. i. **I** eine Pers. eines Irrtums od. einer Schuld siegreich **überführen,** sodass sie der Sache geständig wird, **a** eines Irrtums **überführen,** siegreich **widerlegen,** verum enim invenire volumus, non tamquam adversarium aliquem convincere, Cic. de fin. 1, 13: Aristonis iam fracta et convicta secta, Cic. de legg. 1, 38. – **b** einer Schuld (vor Gericht od. im Privatleben) **überführen, überweisen** (Ggstz. absolvere), alqm mores ipsius ac vita convincunt, Cic.: reprehensus, convictus fractusque discessit, Cic.: mox Corneliam maximam virginem absolutam olim, deinde longo intervallo repetitam (wieder angeklagt) atque convictam defodi iussit, Suet.: ad convincendum eum conisi, Tac. – mit *Abl.* (durch), quo teste me convincas? an chirographo? Cic.: quā lege multi semel accusati, semel dictā causā, semel auditis testibus condemnati sunt, nequaquam tam manifestis neque tantis criminibus, quantis tu convinceris, Cic.: convictus multis avaritiae criminibus, Cic.: nec ullo umquam crimine convictus, Val. Max.: conscientiā convictus, Cic.: convictus veris (durch die Wahrheit, d. i. durch Darlegung, Nachweisung der W.), Liv.: iudicio turpi convictus, Cic.: scelere (durch das V., d. i. auf Grund des V.) convictus, Suet. Ner. 31, 3. Lact. de ira 17, 6: so auch istius vita tot vitiis flagitiisque convicta, belastetes, Cic. I. Verr.. 10. – m. *in* u. Abl., si quo in pari ante peccato convictus sit, Cic.: convictus in hoc scelere, Cic., in aliquo scelere servus, Sen.: convinci in crimine incendii, Tac.: homo convictus vulgo in mendaciis, Erzgauner, Gell. – m. *Genet.,* homines tanti facinoris convicti, Sall.: alter latrocinii, alter caedis convictus est, Suet.: convicti maleficii servi, Cic.: coniurationis adversum se convictus, Eutr.: haec duo levitatis et infirmitatis plerosque convincunt, Cic.: convinci summae neglegentiae alcis iudicio, Cic.: simplici iudicio multorum maleficiorum convictus, Rhet. Her.: eius devotionis esse convictum iudicio deorum immortalium, testimonio senatus, Cic.: te in isto ipse convinco non inhumanitatis solum, sed etiam amentiae, Cic. – m. *Infin.* od. *Acc.* u. *Infin.,* decretum (est), ut, qui pro Perseo adversos Romanos dixisse quid aut fecisse convincerentur, capitis condemnarentur, Liv.: multa avare ac superbe fecisse convictus, Curt.: indicio T. Volturci convicti confessique sunt caedem ... in cives paravisse, Sall.

II eine Sache **siegreich, unwiderleglich dartun, -erweisen, a** etw. **als nichtig erweisen, in seiner Blöße darstellen, siegreich widerlegen,** (vor Gericht u. im Privatleben), c. falsa, Cic.: c. errores Epicuri, Cic.: c. haec poëtarum et pictorum portenta, Cic.: oratio talis sit, qualis illa, quae neque redargui neque convinci potest, Cic.: male convicti memor furoris (κακῶς ἐλεγχθείσης μανίας), Ov.: voluptas superiore libro (im v. B.) convicta, Cic. – m. *Abl.,* falsum veris rebus c., Lucr. 4, 762. – **b** als wahr, **unwiderlegbar beweisen, siegreich begründen,** von etw. **überzeugen, α** m. *Acc.:* mitto, quod possessa (praedia) per vim, quod convicta ab Apollonidensibus, dass dies (diese gewaltsame Besitzergreifung) von den A. unwiderlegbar erwiesen worden ist, Cic.: convictis virorum bonorum testimoniis, Cic.: quod (welcher Anklagepunkt) neque *convictum* noxae reo, neque *defensum* absolutioni erat, Tac. – m. *apud* u. Akk., quod apud patres convictum, Tac. ann. 14, 40. – m. *Abl.,* c. factum congregatione argumentorum, Quint.: volo inauditum facinus ipsius, qui commisit, voce convinci, Cic.: argumentis peccata convinci, Cic.: aliquo facinore comperto avaritiam esse convictam, Caes. – **β** m. *Acc.* u. *Infin.:* Stoicos nihil de dis explicare convincit, Cic.: u. (von lebl. Subjj.) eum ne liberum quidem esse ratio et veritas convincit, Cic.

convinctio, ōnis, *f.* (*convincio) = σύνδεσμος, das **Bindewort,** die **Konjunktion,** Quint. 1, 4, 18 *sq.*

con-violo, āre, **verletzen, entweihen,** Eccl.

convīperīnus (con u. viperinus), a, um, **zur Schlange gehörend,** übtr., subst. Plur., recedendum censuimus a te atque a conviperinis tuis (v. deiner Schlangengesellschaft), Lucif. Cal. de non conv. c. haeret. p. 787 B. (Migue XIII).

con-virēsco, ere, **völlig grünen,** convirescit litus insertis arboribus, Iul. Val. 3, 36. p. 144, 17 K.

con-vīscero, āre (con u. viscera), **vermischen, vereinigen,** Tert. de carne Chr. 20.

con-vīso, ere, **aufmerksam beschauen, durchforschen,** Lucr. u. Acc. fr.: poet. (v. der Sonne usw.) = einen Ort **bescheinen, bestrahlen,** Lucr. u. Cic. poët.

convītiātor, s. convīciātor.

con-vitio, ātus, āre, **zugleich** od. **dabei noch angreifen,** si sternutamento fuerint convitiati (v. den Epileptischen), Cael. Aur. chron. 1, 4, 22.

convītiolum, s. convīciolum.

convītior, s. convīcior.

convītium, s. convīcium.

convīva, ae, *c.* (con u. vivo), der **Tischgenosse, Gast,** avidus, Hor.: comis, Hor.: ebrius, Ov.: frequens, Ov.: hilarus et bene acceptus, Cic.: laetus, Hor.: c. dantis epulum, Sen.: testes accusatoris consessores, convivae, contubernales, Cic. – abducere alqm sibi convivam, Ter.: agere convivam laetum, Hor.: convivae calicem fictilem apponere, Suet.: convivae cenare incipiunt, Suet.: triclinium supra convivas corruit, Quint.: non minus animo quam ventre convivae delectantur, Nep.: vocare convivam neminem, Plaut.: convivas suos narrare (aufzählen), Sen. rhet. – Femin., convivae meae, Pompon. com. 16.

convīvālis, e (convivo), **zum Gastmahl gehörig, Tafel-, Tisch-,** carmen, Prud.: fabulae, Tac.: ioci, Sen. rhet.: lectus od. torus, Tac. u. Capit.: c. ludi, Curt.: ludionum oblectamenta, Liv.: sermones, Macr.: vestis, Sen. rhet.: vasa, Curt.

convīvātio, ōnis, *f.* (convivor) = συμπόσιον (Gloss. II, 116, 10), die **Gasterei,** Cassiod. in psalm. 22, 6: Plur., Ps. Cypr. de sing. cler. 26.

convīvātor, ōris, *m.* (convivor), der **Ausrichter des Gastmahls,** der **Gastgeber,** Hor. sat. 2, 8, 73. Liv. 35, 49, 6. Sen. de ira 3, 37, 4 (neben vocator).

convīviālis, e (convivium), unsichere Nbf. v. convivalis.

con-vīvifico, āvī, āre, **zusammen lebendig machen,** Eccl.

convīviōnēs, die **Teilnehmer an einem Gelage,** Gloss. V, 650, 7 ›convivionis a convivendo‹.

convīvium, iī, *n.* (con u. vivo), das gesellige **Zusammenleben** = die **Gesellschaft** geladener Gäste (convivae), gew. mit einem gemeinsamen Mahl (cena, epulae) verbunden, die **Tischgesellschaft,** das **Gastmahl,** der **Schmaus, I** eig.: circuli conviviaque, convivia et circuli, Liv. (s. Drak. Liv. 34, 61, 4): convivia, comissationes, cantus, symphoniae, Cic.: c. et comissationes, convivia comissationesque, Liv.: convivia et epulae, Gastgebot u. Tafel, Tac. – apparatus convivii, Eutr.: dominus convivii (der Veranstalter der G., der Gastgeber, Wirt), Gell.: conditores instructoresque convivii, Cic. – quasi aliquod Lapitharum aut Centaurorum c., Cic.: convivia magistratuum, Cic. – c. amplum, Suet.: c. nimis artum, Hor.: c. delicatum, Cic.: domesticum, Suet.: familiare, Suet. u. Gell.: frequens, Suet.: grande, Quint.: hesternum, Cic.: omnibus rebus instructum et paratum, Cic.: intempestivum, Curt.: iucundum et gratum, Cic.: lautum od. lautius, Plin. u. Suet.: luxuriosum, Quint.: moderatum atque honestum, Cic.: nocturnum, Cic.: plenum, Suet.: publicum, Cic.: convivia publica et privata, Plin.: c. pudicum et sobrium, Cic.: sollemne, Suet.: sumptuosum, Mart.: sumptuosius, Vopisc.: tempestivum, Cic. u. Suet.: sollemne et tempestivum, Curt.: turpe, Cic. – abducere alqam statim e convivio, Suet., extra convivium, Sen. rhet. – accipere alqm convivio, Cic.: accipere se mutuis conviviis, Auct. itin. Alex.: iam accubare in convivio, Nep.: adhibere alqm convivio od. in convivium, Caes. u. Cic.: agitare convivium sine talis domi, Plaut.: agitare hoc convivium vino et sermone suavi, Plaut.: agitare convivia et ampla et assidua, Suet.: antiquā ut consuetudine agitarem inter vos libere convivium, Ter.: agitare convivium regium conchis omnium generum etc., Fronto de fer. Als. 3. p. 224, 16 N.: convivium apparare opipare, Cic., de die, Curt., semel toto in anno, Mart.: arcessere alqam in convivium, Ter.: mihi carendum est conviviis, Cic.: celebrare convivium, s. celebro *no.* a, β: cenare pleno convivio, Sen. rhet.: comparare alci convivium, Val. Max.: comparare convivium magnifice et ornate, Cic.: concelebrare convivia et passim et tributim, Q. Cic.: deserere repente convivium, Suet.: dimittere convivium, Liv.: discedere de convivio, Cic.: ducere uxorem in convivium, Nep.: egredi ex convivio, Liv.: in convivio esse, Ter.: exornare parum scite convivium, Sall.: exstruitur magnifico apparatu convivium, Sen. rhet.: facere sumptuose lauta convivia, Catull.: convivia coetusque fieri vetabant, Val. Max.: habere convivium in foro, Sen. rhet., od. natali die suo, Plin.: habere inter se iucunda convivia, Iustin.: inire convivium publicum, Cic., idem convivium, Liv.: instruere convivium non sumptuose, Lact., od. barbarā opulentiā, Curt.: interesse in convivio, Cic.: invitare alqm ad convivium, Ambros.: mittere (aufheben) convivium, Liv.: ornare magnifice splendideque convivium, Cic.: ornare et apparare convivium, Cic.: parare convivium, Verg.: praebere convivia sumptuosiora, Vopisc.: producere convivium vario sermone ad multam noctem, Cic.: protrahere saepe cum alqo convivia in primam lucem, Cic.: reddere se convivio, Liv.: redire in convivium, Curt.: reducere alqm rursus in convivium (Ggstz. abducere alqm e triclinio in cubiculum), Suet.: relinquere convivium, Liv.: renuere nullum convivium, Cic.: rogare alqm ad convivium, Iustin.: solvere convivium, Liv.: sordet convivium inopiā, ist ärmlich, Favorin. fr.: subtrahere se convivio maturius propter metum, Val. Max.: trahere convivium tantā comitate, Plin. ep.: tollere convivium, Plaut.: post transacta convivia, Sen.: protinus eversae turbant convivia mensae, Ov.: venire in convivium, Cic.: versari in conviviis, Cic. – **II** meton., die **Tischgesellschaft** = die Tischgäste, Gäste (convivae), nequitiam vinosa tuam convivia narrant, Ov.: tota convivia interemere (fungi suilli), Plin.: c. nuptiale, die Hochzeitsgäste, Apul. u. Amm. – ► Cic. Vat. 31. Hor. ep. 1, 5, 29. Prop. 4, 6, 71. Tac. ann. 3, 9 u. 15, 30 gehören bei richtiger Erklärung zu *no.* I.

1. **con-vīvo**, vīxī, vīctum, ere, **I** mit jmd. **zusammen-, zugleich leben** (Ggstz. commori), absol., Sen. contr. 9, 6 (29), 15; de ben. 1, 12, 2; ep. 104, 21. Vulg. 2. Cor. 7, 3 u. 2. Tim. 2, 11: cum alqo, Iustin. 36, 2. 15. CIL 3, 2525 (qui convixxit (so!) mecum): alci (mit jmd.), Sen. ep. 104, 20. Lampr. Commod. 2, 9. Cael. Aur. acut. 3, 15, 120. – **II zusammen-, miteinander speisen** (Ggstz. combibere), absol., Sen. ep. 123, 15. Quint. 1, 6, 44 u. 7, 3, 31: cum alqo, Quint. 5, 9, 14. Vulg. Sirach 13, 6.

2. **convīvo**, āre, akt. Nbf. v. convivor, Enn. sat. 1. Titin. com. 89. Pompon. com. 85. Petron. 57, 2. Auct. itin. Alex. 53 (118).

convīvor, ātus sum, ārī (conviva), **I** *intr.* **eine Gasterei halten, in Gesellschaft-, zusammen speisen,** candidati ne conviventur, Plin. ep.: c. publice (auf Staatskosten), Iustin.: c. sic, Sen. rhet.: c. crebro, Ter.: frequenter ac large, sed paene raptim, Suet.: assidue duobus tricliniis, Suet.: cotidie solitum esse non solum in publico, sed etiam de publico convivari, Cic.: c. non ultra solis occasum, Suet. – **II** tr. **verspeisen, verschlingen,** accepta, Cael. Aur. chron. 1, 1, 8. – ► Parag. Infin. convivarier, Ter. heaut. 206.

convocātio, ōnis, *f.* (convoco), die **Zusammenberufung,** populi Romani ad rem publicam defendendam, Cic. post red. in sen. 38.

convocātor, ōris, (convoco) der **Zusammenberufer,** Augustin. serm. 95, 6.

convōcium, ī, *n.* (con u. vox), der **Zusammenklang mehrerer Stimmen,** als Erklärung v. convicium b. Ulp. dig. 47, 10, 15. § 4. Paul. ex Fest. 41, 20.

con-voco, āvī, ātum, āre, mehrere **zusammen-** od. **heranrufen, herbeirufen,** durch mündliche Aufforderung **versammeln** (vgl. Mützell Curt. 9, 1, 23), senatum, concilium, Cic.: dissipatos homines in societatem vitae, Cic.: piscatores ad se, Cic.: praefectos equitum ad concilium, Caes.: milites ad contionem, Suet.: classico contionem, Sen., u. ad contionem, Liv.: pullos sollicite (von der Henne), Plin.: apes tinnitu aeris, Plin.

con-volnero, s. con-vulnero.

con-volo, āvī, ātum, āre, **herbei-, heranfliegen, -eilen** (v. mehreren), **I** eig.: populus convolat, Ter.: statim c., Cic.: ex aliis alii partibus convolant, Rhet. Her.: cuncta ex Italia ad alqm revocandum, Cic. – mit Angabe des *term. ad quem* = **hinfliegen, -eilen,** ad rostra, Cic.:

ad sellas consulum, Liv.: in amplexum alcis, Cod. Theod. – **II** übtr., **eilends** zu etw. **schreiten,** c. ad secundum legatum, Paul. dig.: c. ad secundas nuptias, Cod. Iust.: ad baptismum, Sulp. Sev.

convolsio, s. convulsio.

convolsus = convulsus, s. con-vello.

con-volūtor, ārī, **sich herumwälzen, -treiben,** cum omni exoletorum turba, Sen. ep. 114, 25; nat. qu. 7, 9, 2.

con-volvo, volvī, volūtum, ere, **I fortwälzen, fortrollen, fortwickeln,** u. im Kreis **herumrollen, umrollen, a** übh.: turbines rapta convolvunt, Sen.: sol se convolvens, Cic.: quem propter convolvitur Ales (Schwan als Gestirn), Cic. fr.: mare convolvit gentes, reißt fort, schwemmt fort, Lucan.: onera inaequaliter convoluta, unordentlich durcheinander gewälzte, Sen. – m. *ex* u. Abl., ignis semina e nubibus c. (v. den Winden), Lucr.: m. *in* u. Akk., in lucem (ans Tageslicht) lubrica terga (von der Schlange), Verg.: convoluta cornua arietum in anfractum, ganz gekrümmt, Plin. – übtr., Gallograeciam quoque Syriaci belli ruina convolvit, reißt mit sich od. nach sich, Flor. 2, 11, 1. – **b** insbes., eine Schriftrolle **fortrollen, weiterrollen,** magnam partem libri, überschlagen, Sen. contr. 10. prooem. § 8. – **II bewickeln** = **umwickeln,** testudo convoluta omnibus rebus, quibus ignis iactus et lapides defendi possent, Caes. b. c. 2, 2, 4: spartum convolutum osseis iligneisve conamentis, Plin. 19, 27. – **III zusammenrollen, -wickeln,** culmum siccatum in manipulos c., Plin. 18, 300. – u. Passiv convolvi medial, **sich zusammenwickeln, -winden,** in multiplicem orbem (v. einer Schlange), Val. Max.: in formam pilae (v. Igel), Plin.: dracones in semet convoluti, Plin.: crines convoluti ad verticem capitis, Varro LL. 7, 44.

convolvulus (convolvolus), ī, *m.* (convolvo), **I** die **Wickelraupe,** griech. ἴψ, Cato r. r. 95. § 1 u. 2. Plin. 17, 264. – **II** die **Winde,** eine Pflanze (*Conv. sepium.* L.), Plin. 21, 24.

con-vomo, ere, **bespeien,** mensas hospitum, Cic. Phil. 2, 75: maritum, Iuven. 6, 101.

con-voro, āre, **verschlingen, verzehren,** Tert. adv. Marc. 1, 1.

con-vorro, s. con-verro.

con-vorto, s. con-verto.

con-voveo, vōvī, vōtum, ēre, **sich durch ein gemeinschaftliches Gelübde verbinden,** convovisse, SC. de Bacch. (CIL 10, 104) 13: convoti, Paul. ex Fest. 42, 8.

con-vulnero (convolnero), āvī, ātum, āre, überall, stark **verwunden, -verletzen,** alqm, Auct. b. Afr., u. verb. alqm c. et confodere, Sen.: iumenta, Curt.: os (v. Bienen), Plin.: fistulas, anbohren, Frontin.: uncus oram vulneris convulnerat, Cels.: multos iaculis, Auct. b. Afr.: alqm falce, Iustin.: frontem punctis, brandmarken, Plin. pan. – übtr., maledicta mores et vitam convulnerantia, Sen. de const. sap. 17, 1: convulneratus libidinibus, Sen. contr. 2, 9. § 6.

convulsio (convolsio), ōnis, *f.* (convello), als mediz. *t. t.* = der **Krampf,** die **Konvulsion,** Plur. bei Scrib. 165. Plin. 20, 168 u. 29, 55. – bildl., imperio Romano tandem ex diutina convulsione solidato, Auct. inc. pan. Constant. 1, 3.

conyza, ae, *f.* (κόνυζα), eine Pflanze von zwei Arten: die männliche, der **klebrige Alant** (*Inula viscosa,* Ait.), die weibliche, das **Flöhkraut** (*Inula pulicaria.* L.), Plin. 21, 58.

coodibilis, e, **überaus hassenswert,** Eccl.

co-olēsco, s. co-alēsco.

coomnipotēns, entis, **gleich allmächtig,** Eccl.

cooperārius, a, um (cooperor), **mitwirkend,** m. *Dat.,* Eccl. – subst., cooperārius, iī, *m.,* der **Mitwirker, Mitarbeiter,** alcis, Eccl.

cooperātio, ōnis, *f.* (cooperor), die **Mitwirkung,** Ps. Quint. decl. 16 *extr.* u. Eccl.

cooperātor, ōris, *m.* (cooperor), der **Mitwirker, Mitarbeiter,** Eccl.

cooperculum, (cōperculum), ī, *n.* (cooperio) = πωμάτιον, πῶμα (Gloss.), der **Deckel,** c. ollae, Plin.: pyxidis, Apul.: cooperculo capuli remoto, Apul.

cooperīmentum, ī, *n.* (cooperio), die **Bedeckung,** der **Überzug,** die **Decke,** der **Deckel,** m. subj. *Genet.,* personae, Bass. b. Gell. 5, 7, 2: mit obj. *Genet.,* amphorae, Porphyr. Hor. carm. 3, 8, 10: absol., Cael. Aur. acut. 1, 3, 37; 2, 37, 193 u. oft bei Eccl. (s. Rönsch Itala p. 22).

co-operio (cōperio), peruī, pertum, īre (con u. operio), von allen Seiten **bedecken, überdecken, überschütten,** gew. m. Ang. **womit?** durch *Abl.,* **a** eig.: **α** v. Pers., die mit etw. bedecken: c. alqm lapidibus, steinigen (als Strafe), Cic. u. a.: alqm vestimento, umhüllen, Lact. – **β** v. dem, was selbst die Decke usw. abgibt, exisse rapaces per terras amnes atque oppida coperuisse, Lucr.: ita ut quindecim phasiana ova nutrix una cooperiat, Pallad. – oft im Passiv, terrae diluvio cooperiuntur, Aur. Vict.: membra pannis coperta, Lucr.: acta cooperta algā, Turpil. fr.: humus spinis cooperta piscium, Cic. fr.: Decii corpus coopertum telis, Liv.: suismet tentoriis cooperti, Tac.: Pomptinum omne velut nube locustarum coopertum, Liv.: quod moenibus cingebatur repente ita atrā nube coopertum fulguribusque discretum, ut etc., Tac. – **b** übtr., Partiz. coopertus, mit etwas **überschüttet,** in etw. **versunken,** fenoribus copertus est, Cato fr.: coopertus famosis versibus, Hor.: flagitiis atque facinoribus, Sall.: stupris suis alienisque, Liv.: miseriis, Sall. – ► Über die zsgzg. Form cōperio uss. d. Lachm. Lucr. 2, 1061. Schuch Apic. 3, 63 p. 54, b.

co-operor, ātus sum, ārī, **mitwirken, mitarbeiten,** absol. od. m. *Dat.,* Eccl.

coopertōrium, iī, *n.* (cooperio), die **Decke,** ICt. u. a.

cooptātio (cōptatio), ōnis, *f.* (coopto), die **Wahl zur Ergänzung** einer Korporation, z. B. eines Priesterkollegiums usw., die **Ergänzungswahl,** meist von den Mitgliedern der Korporation selbst vollzogen, die **Selbstergänzung** (durch Wahl), collegiorum, Cic.: tribunorum, Liv.: Iuliae gentis, durch Adoption, Flor. – c. censoria, die Ergänzung des Senates durch die Zensoren, Cic. – mit Ang. **wohin?** c. in patres, Liv. 4, 4, 7. – ► coaptatio *cod. P* u. *C* bei Cic. de amic. 96. p. 637, 21 Or.[2].

co-opto (cōpto), āvī, ātum, āre (con u. opto), beiwählen = ein neues Mitglied **zur Ergänzung** einer Korporation usw. **wählen,** meist v. den Mitgliedern einer Korporation selbst, collegas, sibi collegam, Liv. (s. Drak. Liv. 2, 33, 2): tres sibi collegas, Liv.: sacerdotem, Suet.: senatores, Cic.: veterem senatum tollere et novum c., Liv. – m. Ang. **woher?** durch *ex* u. Abl., ex singulis tribubus singulos augures, Cic. – m. Ang. **wohin?** durch *in* u. Akk., alqm in suum locum, Plin. ep.: alqm in patris locum, Suet.: alqm in paternum auguratus locum, Cic.: patricios in loca vacua, Liv.: alqm in collegium (augurum), Cic.: gentem Claudiam in patricios, Suet. – m. Ang. **als wen?** durch Prädik.-*Acc.,* im Passiv m. Ang. **als wer?** durch Prädik.-*Nom.,* alqm magistrum equitum (vom Diktator), Liv.: alqm tribunum plebei (plebi), Liv.: alqm patronum, Plin. ep.: in eius locum virum fortem ac strenuum novum senatorem, Liv.: pontifex in locum eius a collegio cooptatus est Q. Fulvius Flaccus, Liv.: Q. Fulvius in locum eius triumvir (epulo) cooptatus est, Liv. – ► cooptassint = cooptaverint, alte Formel bei Liv. 3, 64, 10. – synk. Nbf. cōpto, wov. coptamus, CIL 1, 532, 5: coptaverunt, *ibid.* 8, 68, 5: coptato (Partiz.), *ibid.* 1. 206, 106.

co-orior, ortus sum, īrī, **sich** ins Dasein od. zu einer Tätigkeit **erheben, I** ins Dasein: **a** (bei Lucr.) v. Naturkörpern, **ins Dasein treten, ins Leben treten, erstehen,** cooriuntur portenta mira facie membrisque, Lucr.: coortus umor, Lucr.: ubi material *ex* infinito sunt corpora plura coorta, Lucr. – **b** v. Erscheinungen im Natur- u. Menschenleben, **sich erheben, ausbrechen, losbrechen, aufsteigen, aufgehen, α** vom Unwetter, Sturm, Wind, Regen usw.: tum subito tempestates sunt coortae maximae, Cic.: subito coorta tempestas cum magno fragore tonitribusque, Liv.: atrox cum vento tempestas coorta, Liv.: tempestatibus procellisque subito coortis, Curt.: si cooriatur procella, Plin.: tanta violentia ventorum coorta est, ut etc., Flor.: ventus coortus arenam humo excitavit, Sall.: maximo coorto vento, Caes.: magno coorto imbre, Caes.: subito coortus imber, Val. Max.: ut *ex* ea parte truces venti cooriantur, Plin. – **β** v. Feuer u. Rauch: quod pluribus simul locis ignes coorti essent, Liv.: fumi *e* ture coorti, Ov. – **γ** v. Schiffbruch, **entstehen,** quasi naufragiis magnis multisque coortis, Lucr. 2, 552. – **δ** v. Krankheit u. dgl., pestilentia coorta, minacior quam periculosior, Liv.: ubi cui febris bili superante coorta est, Lucr.: ubi quis malā tangit (vomicam) manu, dolores cooriuntur, Plaut.: in ea cena dicitur venenum datum; et mox coortis doloribus etc., Liv. – **ε** v. polit. Ereignissen, wie Krieg, Kampf, Aufruhr usw.: his rebus gestis subitum bellum in Gallia coortum est, Caes.: acrius de integro coortum est bellum, Liv. (vgl. Drak. u. Fabri Liv. 21, 8, 2). – inde foedum certamen coortum a satis miti principio, Liv.: est statim vis (Gewalttätigkeit) coorta, Liv. – seditio tum inter Antiates Latinosque coorta, Liv.: seditio intestina maiore mole coorta, Liv.: magno in populo cum saepe coorta est seditio, Verg. (vgl. Drak. Liv. 5, 12, 7). – **ζ** v. Tönen der Freude u. Klage: haec cum dixisset, risus omnium cum hilaritate coortus est, Nep.: libero conquestu coortae voces sunt, ut neque lamentis neque exsecrationibus parceretur, Liv. – **II** zu einer Tätigkeit **sich erheben, auftreten, hervor-** od. **losbrechen, a** zum polit. Handeln: sed adeo infensa erat coorta plebs, ut etc., Liv.: ferociores iterum coorti Valerius Curiatiusque vociferari, Liv. – mit *in* (gegen) u. Akk., omnibus in eum tribunis plebis coortis, Liv.: quod adeo atroces in has rogationes nostras coorti sunt (patres), Liv. – mit *ad* u. Akk., coortis ad perferendam legem tribunis, Liv. – **b** zum Waffenkampf: coorti pugnam integram ediderunt, Liv.: coorti et undique effusi trudunt adversos, Tac.: donec insidiae coorerentur, Tac. – m. *Adv.*, *hinc* legionum agmen, *hinc* equites coortos, Tac. – m. *in* (gegen) od. *adversus* u. Akk., coortae in nos Sarmatarum ac Sueborum gentes, Tac.: adversus quos infestior coorta optimatium acies, Liv. – mit *ad* u. Akk., montani coorti ad pugnam repente, Liv.: Volscos summā vi ad bellum coortos, Liv. – ► *Imperf. coni.* 3. *coniug.* coorerentur, Tac. hist. 2, 24; vgl. orior a. E.

coortus, ūs, *m.* (coorior), die **Erhebung, Entstehung,** der **Ausbruch,** Lucr. 2, 1106 u. 6, 671.

Coos (Cous), ī, *f.* u. **Cōs**, ō, *f.* (Κόως u. Κῶς), kleine, zu den Sporaden gehörige Insel im Ägäischen Meer an der Küste von Karien, berühmt durch Weinbau, durch Weberei leichter u. durchsichtiger Gewebe u. durch den Äskulaptempel in der Vorstadt der Stadt Kos (mit der berühmten Venus Anadyomene des Apelles, der dah. selbst Cous genannt wird, vgl. Apelles), Geburtsort des Hippokrates u. Philetas, j. *Stanco* (nach Plin. 5, 134 von den Alten auch Cea gen.), Mela 2, 7, 4 (2. § 101). Cic. ad Att. 9, 9, 2. Liv. 37, 16, 2. Stat. silv. 1, 2, 152. – Dav. **Cōus**, a, um (Κῷος), **koisch,** insula, Varr.: vestis, ein koisches Gewand (d. i. eine Tunika aus Seidenflor, häufig auch mit Stickerei aus Goldfäden versehen), Tibull.: faecula, Hor.: poëta, Philetas, Ov.: artifex, Appeles, Ov.: senior, Hippokrates, Marc. Emp.: Venus, die V. Anadyomene des Apelles (s. vorher), Cic. – subst., **a** Coum, ī, *n.* (*sc.* vinum, wie vollst. Plaut. Poen. 699), **koischer Wein, Koer,** Pers. 5, 135: album C. = leucocoum (s. d.), Hor. sat. 2, 4, 29. – **b** Cōī, ōrum, *m.*, die Einw. von Kos, die **Koer,** Cic. Verr. 4, 135. – **c** Coa, ōrum, *n.*, **koische Gewänder** (vgl. oben zu Coa vestis), Hor. u. Ov.

cōpa, ae, *f.* (copo = caupo), die **Schankwirtin, Wirtin,** Syrisca, Ps. Verg. cop. 1 (vgl. caupona Syra, Lucil. 128): matronae copas imitantes (indem die Wirtinnen, die geschmückt vor der Tür standen, durch zärtliche Blicke, Worte, Gebärden u. durch üppigen Tanz die Vorübergehenden in ihre Schenke zu locken suchten), Suet. Ner. 27, 3.

copadīum, ī, *n.* (κοπάδιον), **gehacktes Fleisch,** Spät. (s. Du-Cange in v.); gew. Plur. copadia, ōrum, *n.*, c. pulpae, Apic. 2, 59: c. porcina sive pullina, Apic. 4, 120.

Cōpae, ārum, *f.* (Κῶπαι), alte böotische Bundesstadt, nördl. von dem nach ihr benannten See Kopais, beim j. *Topoglia*, Plin. 4, 26. – Dav. **Cōpāis**, idis, *f.* (Κωπαΐς), **kopaisch,** palus, der kopaische See oder See Kopais, ein weiter Kesselsee in Böotien, der durch den Kephissus gebildet und im Spätsommer so ausgetrocknet war, dass sein Bett eine grasreiche Ebene bildete, reich an Flötenrohr, Federwild und Aalen, Liv. 33, 29, 26.

cōperculum, s. cooperculum.

cōperio, peruī, pertum, īre, s. co-operio.

cophinus, ī, *m.* (κόφινος), der große **Korb, Tragkorb** (s. Isid. 20, 9, 9), zu ländl. Gebrauch, als Mistkorb, Col. 11, 3, 51. Iuven. 3, 18; 6, 542. Ambros. de Isaac et vit. beat. 1, 1. § 2 (wo coph. stercoris); als Erdkorb, Veget. mul. 2, 28, 38; dah. als Schanzkorb, Veget. mil. 2, 25: als Brotkorb, Lact. 4, 15, 17. Vulg. Matth. 14, 20.

1. **cōpia**, ae, *f.* (aus *co-opia zu ops, vgl. in-opia), der hinlängliche, mehr od. minder reichliche **Vorrat,** die hinlänglichen, reichlichen **Mittel,** die **Fülle,** die **Hülle und Fülle** (Ggstz. inopia, zuw. auch penuria, egestas), **I** eig.: **1** mater. Ggstd. u. leb. Wesen: **a** mater. Ggstd.: **α** im *Sing.*, teils m. obj. *Genet.*, agri, vectigalium, pecuniae, Cic.: ferramentorum, Caes.: frugum (Ggstz. inopia), Cic.: frumenti, Caes.: rei frumentariae, Caes.: lactis pressi, Verg.: festiva librorum, Cic.: rerum omnium, quas natura desiderat, abundantia et c., Cic.: aliarum rerum copiā abundare, Curt.: erat eius rei (verst. pabuli) minor c., Caes. – teils (selten) mit subj. *Genet.*, omnis c. narium, für die N., Hor. carm. 2, 15, 6. – teils im Zshg. absol., locum domicilio ex magna copia (verst. locorum) deligere, Caes.: mala copia, die leidige Fülle (v. Überladung des Magens), Hor. – bes. prägn., die mehr od. minder ausreichenden Geld- und Subsistenzmittel, die **Vorräte, Mittel,** das **Vermögen,** der **Wohlstand,** die **Wohlhabenheit** (Ggstz. inopia, egestas), avaritia semper infinita, insatiabilis est, neque copiā neque inopiā minuitur, Sall.: postremo copia cum egestate confligit, Cic.: bonam copiam eiurare, schwören, dass man nicht zahlungsfähig sei, sich ins Armenrecht schwören (gerichtl. *t. t.*), Cic. ep. 9, 16, 7. – oft pro copia = nach Maßgabe der Mittel, des Vermögens, der Wohlhabenheit, z. B. pro ea copia, quae Athenis erat, Sulpic. in Cic. ep.: pro temporis illius copia, Liv.: pro copia cuiusque, Curt. – **β** im *Plur.*, die **Mittel, großen Vorräte,** die **Fülle,** meist prägn. = die Geld- u. Subsistenzmittel, die **Mittel, Hilfsquellen,** das **Vermögen,** der **Wohlstand,** die **Wohlhabenheit,** copiae frumenti, Tac.: omnium rerum affluentes copiae, Cic.: copiis rei familiaris locupletes et pecuniosi, Cic.: moritur copiis familiaribus tam exiguis, ut funeri sumptus deesset, Liv. – rex genere, famā atque copiis potens (Ggstz. inops), Sall.: genere copiisque amplissimus, Caes.: pauci opibus (polit. Einfluss, Macht) et copiis affluentes, Cic.: cuius tenues opes, nullae facultates, exiguae amicorum copiae sunt, Cic.: copias Gallorum adamasse, Caes.: suas rationes et copias in illam provinciam conferre, Cic.: circumfluere omnibus copiis et in omnium rerum abundantia vivere, Cic.: florere omnibus copiis, Cic.: cotidianis sumptibus copiae suppetunt, Cic. – speziell = **Vorräte** an Lebensmitteln, **Mundvorräte, Lebensmittel, Unterhalt** (Ggstz. inopia u. nachaug. ciborum egestas), c. domesticae, Liv.: c. tam urbanae quam rusticae, Plin. ep.: copiae urbis, maris, Plin. ep.: Tusculanus ager opimus copiis, Liv.: alere se eorum copiis, Caes.: alcis exercitum suis tectis et copiis sustentare, beherbergen u. verpflegen, Cic. – u. als milit. *t. t.* = **Kriegsvorräte,** namentl. **Mundvorräte, Proviant, Zufuhr,** inops copiarum hostis, Vell.: copias Dyrrhachii comparare, Caes.: copias in castra convehere, Tac.: peditem copiis onerare, Tac.: cum frumentum copiaeque aliae ex ante convecto largius obsessis quam obsidentibus suppeterent, Liv.

b leb. Wesen, gleichs. der **Vorrat,** die **Auswahl,** die **Masse,** die **Anzahl,** sociorum atque civium copia, Sall.: latronum c. magna, Sall.: copia honestorum, Suet.: virorum fortium atque innocentium tanta copia, Cic.: remigum gubernatorumque magna c., Caes.: minima c. poëtarum egregiorum, Cic. – im Zshg. absol., est tibi ex iis qui adsunt bella copia, eine hübsche Auswahl (verständiger Leute), Cic. So insbes., als milit. *t. t.*, die **Truppenmasse, α** *Sing.*, der **Trupp,** die **Schar,** die **Mannschaft** (s. Kraner Caes. b. G. 1, 48, 5), sociûm, Acc. fr.: omnis armatorum c., Cic.: c. navalis, Seemacht, Cic., od. classiariorum c., Tac.: augebatur illis copia, sie erhielten Verstärkung, Caes.: cum ea copia, quam Capuae et circa Capuam comparastis, Cic.: ut ipse cum omni copia ad nos veniret, Cn. Pomp. in Cic. ep. – **β** *Plur.*, die **Truppen,** copiae armatorum, Hirt. b. G.: copiae militares, Suet.: omnes copiae equitum, Liv.: magnae copiae peditum, Caes.: copiae peditum equitumque od. equitum peditumque, Liv. u. Caes.: c. equitatus peditatusque, Caes.: c. equestres, Curt.: c. pedestres, Fußtruppen, Curt., Ggstz. equestres, dah. verb. c. equestres pedestresque,

od. Landtruppen, Ggstz. c. navales, dah. verb. c. navales pedestresque, Liv.: c. terrestres, Ggstz. c. maritimae, Curt., Ggstz. c. navales, dah. verb. c. terrestres navalesque, Liv.: magnae c. hostium, Cic.: c. exiguae, Cic.: parvae, Hirt. b. G. – abundare omni genere copiarum, Nep.: magnas copias secum adducere, Ter.: copias armare, Sall.: copias magnas cogere, Caes.: copias cogere Brundisium, Cn. Pomp. in Cic. ep.: copias comparare Romae ex delectu Italiae, Cic., od. de perfugis nostris contra nos, Cic.: copias omnes contrahere Luceriam, Cic.: deducere suas copias in campum Marathona, Nep.: tam exiguis copiis adversus alqm dimicare, Nep.: dimittere omnes suas terrestres urbiumque copias (seine Landtruppen u. die Besatzungen der Städte), Caes.: copias educere castris, e castris, Caes., ex urbe, Nep.: habere copias exiguas, Cic.: parare copias, Sall.: copias hostium profligare, occīdere (zus.), Cic.: copias eā traducere, Nep.: copias secum transportare, Nep.: copiis pedestribus plus valere quam navalibus, Nep.: im Bild, copias eloquentiae ponere in medio, Quint. 7, 10, 15.
2 abstr. Ggstd., die **Menge, Anzahl, Fülle,** der reiche **Stoff,** c. argumentorum, Lucr.: in magna copia rerum, Sall.: abundare exemplorum, legum, responsorum copiā (v. Redner), Quint. – bes. als Eigenschaft des Schriftstellers, Redners u. der Rede, die **Fülle,** der **Reichtum,** teils m. *Genet.*, rerum copia verborum copiam gignit, Gedankenfülle erzeugt Wortfülle, Cic.: copia verborum sic paratur, Quint. – c. dicendi od. orationis, (innewohnende) Redefülle, Cic. u. Quint.: facultas dicendi et c., Geschicklichkeit des Vortrags (Rednertalent) u. Redefülle, Cic.: u. so summa copia facultasque dicendi, Cic.: alcis in dicendo ubertas et c. (Ggstz. exilitas), Cic.: c. sermonis optimi, Quint.: c. inveniendi od. inventionis, Quint.: c. litterarum, reiche wissenschaftl. Kenntnisse, Val. Max. – teils absol., bald = **Fülle der Rede, Redefülle,** c. Platonis, Quint.: Periclis ubertas et c., Cic.: materies digna facultate et copiā tuā, Cic. – bald = (reiche) **Kenntnisse,** Aristoteles, vir summo ingenio, scientiā (Einsicht), copiā, Cic.: nec ipse Aristoteles admirabili quādam scientiā et copiā ceterorum studia restinxit, Cic.
II übtr., das **Vermögen,** d. i. die ausreichende **Gelegenheit, Möglichkeit, Macht,** etwas zu erlangen, zu tun usw., si eadem illi copia fieret, Sall.: at populo Romano numquam ea copia fuit, das r. V. hatte nie das Glück, dies zu erlangen, Sall.: aliam copiam quaerere, eine andere G. (zum Lieben) suchen, Ter.: si modo copia detur, wenn ich ihn nur in meine Gewalt bekäme, Ov. – mit *Genet.* (der bisweilen aus dem Zshg. zu ergänzen ist), u. zwar bald m. subj. *Genet.*, pro rei copia od. ex copia rerum, nach Vermögen, d. i. nach Maßgabe der Umstände, Sall.: loca ex copia (verst. loci) idonea, nach Gelegenheit, die der Ort bot, d. i. nach Beschaffenheit des Ortes, Sall. – bald m. obj. *Genet.*, dare senatus copiam, vor den Senat lassen, Tac.: dare copiam crescendi, Ter.: quoniam data copia pugnae, Verg. – est alci copia somni, es kann jmd. schlafen, Liv.: quia tui videndi copia est, Plaut.: copia placandi sit modo parva tui, Ov.: ab Hispanis materiam emundi aut mutandi copia non est, Sall.: est alci copia dimicandi cum hoste, Liv.: ab hoste copia pugnandi fit, Sall.: fit (verst. ab hoste) copia pugnae (Ggstz. detrectat pugnam hostis), Liv.: Adherbalis appellandi copia non fuit, Sall.: postero die Pharnabazi copiam fore, werde Ph. zu sprechen sein, Curt. – facere alci copiam frumenti, jmdm. G. zukommen lassen, Caes.: facere alci consilii sui copiam, für jmd., der meinen Rat sucht, zugänglich sein, Cic.: facere copiam pugnandi, Sall.: novarum (*sc.* fabularum) spectandi facere copiam, Ter. heaut. prol. 29: facere alci copiam alcis, jmdm. ein Mädchen zukommen lassen, Ter.: habere magnam copiam societatis amicitiaeque coniungendae, Sall.: habere copiam alcis, jmd. in seiner Gewalt (in Händen) haben, Sall. – endlich dare copiam m. folg. *Infin.*, Catull. u. Verg.: est alci copia mit folg. *Infin.*, Sall.: copia est m. folg. *ut* u. Konj., Ter. – ► Nbf. cōpiēs, Char. 118, 19 (ohne Beleg).

2. Cōpia, ae, *f.* (1. copia), personif., wie Abundantia, die **Göttin des Überflusses,** Plaut. Pseud. 736: bona, Ov. met. 9, 88.

cōpiārius, iī, *m.* (copia), der **Lieferant** (griech. πάροχος, s. parochus), Porphyr. Hor. sat. 1, 5, 46.

copiāta, ae, *m.* (κοπιάτης), der **Totengräber,** Cod. Theod. 7, 20, 12. § 2 u. a.

cōpiēs, s. 1. cōpia ►.

cōpiolae, ārum, *f.* (*Demin.* v. copia *no.* I, 1, b, α), **Truppenhäuflein,** Brut. in Cic. ep. 11, 13, 2.

cōpior, ārī (copia), **sich** mit etw. **reichlich versehen,** Claud. Quadrig. b. Gell. 17, 2, 9; vgl. Non. 87, 8.

cōpiōsē, *Adv.* m. *Compar.* u. *Superl.* (copiosus), mit **reichlichem Vorrat, in reichlichem Maße, in Fülle, reichlich, mit** od. **in großer Anzahl** od. **Masse, I** in Bezug auf mater. Ggstd. od. Pers.: frigidam aquam c. praestare, Cels.: exit sanguis ex ore interdum etiam c., Cels.: large et c. comparare pastum, Cic.: tribus tricliniis accepti oἱ περὶ αὐτὸν c., Cic. – senatorum urna copiose (mit großer Majorität) absolvit, Cic. – copiosius vinum bibere od. vino uti, Cels.: sponte nascuntur (bulbi) copiosissime in Balearibus insulis, Plin. – **II** in Bezug auf die Rede, **reich** an Gedanken od. Worten, **mit Gedankenfülle, mit Redefülle, mit großem Aufwand von Worten** od. **Gedanken, wortreich, gedankenreich, gehaltreich, ausführlich,** defendere causas reorum, Cic.: dicere de alqa re, Cic.: laudare alqd, Cic.: loqui, Cic.: tractare alqd, Quint.: exsequi omnia copiosius, Quint.

cōpiōsitās, ātis, *f.* (copiosus), die **weite Ausdehnung,** septentrionis, Oros. 5, 2. § 3 *Zangem.*

cōpiōsus, a, um, *Adi.* m. *Compar.* u. *Superl.* (copia), **voller Vorrat** = **reich an Vorrat** od. **Vorräten, reichlich ausgestattet** od. **versehen, reichlich, reich** (Ggstz. inops, tenuis), **I** in Bezug auf mater. Ggstd.: **a** v. lebl. Ggstdn.: aqua (W. einer Wasserleitung) bona et c., Plin. ep.: cibus, Cels.: domus, Phaedr. (vgl. *no.* b): cornu, Füllhorn, Petron.: patrimonium amplum et c. od. lautum et c., Cic.: urbs celebris et c., Cic.: c. et omnium rerum abundans via, Nep.: victus c. (Ggstz. victus tenuis), Cic. – provincia copiosior, Auct. b. Alex. – agri copiosissimi, Hirt. b. G.: oppidum copiosissimum, Caes.: copiosissimum genus venandi, sehr reiche Jagd, Plin. ep. – m. Ang. **wozu?** durch *ad* u. Akk., quamquam erat provincia minime c. ad alendos exercitus, Auct. b. Alex. 42, 2. – m. Ang. **von Seiten wessen?** durch *ab* u. Abl., c. a frumento locus, Cic. ad Att. 5, 18, 2. – m. Angabe **womit? woran?** durch *Abl.*, oppidum c. re cibariā, Gell.: vinea compluviata copiosior vino, Plin. – selten mit *Genet.*, ager Creticus silvestrium caprarum copiosus est, Solin. 11. § 11. – **b** v. Pers.: **α reich** an Geldmitteln, **wohl bemittelt, sehr wohlhabend,** opulenti homines et copiosi, Cic.: mulier c. plane et locuples, Cic.: domus (Haus = Familie) c., Plin. ep. (vgl. oben *no.* a): fuit tam c., ut etc., Plin. ep.: ut erat in primis inter suos c., Cic.: rebus omnibus ornatum et copiosum esse, mit allem wohlversehen und reich an Geld (wohlbemittelt) sein, Cic. – m. Ang. **womit? woran?** durch *Abl.*, Arion grandi pecuniā et re bonā multā c., Gell. 16, 19, 7. – **β reich an Mundvorräten, reichlich mit Proviant versehen,** hostis copiosissimus, Suet. Caes. 35, 1. Eutr. 9, 24. – **II** in Bezug auf abstr. Ggstd.: **a** an Gedanken od. Worten **reichhaltig, α** v. der Darstellung, v. Ausdruck u. v. Redner = **gedankenreich, voll Fülle, wortreich, ausführlich, umständlich, αα** v. der Darstellung usw.: disputatio c., Cic.: oratio multa et varia et c., Cic.: sermo alcis est c. et varius, Plin. ep.: aber est apud alqm de versiculis meis multus copiosusque sermo, ausführliches, Plin. ep.: u. so senatus consultum c. et effusum, Plin. ep. – **ββ** v. Redner, homo od. vir c., Cic. u. Liv.: orator c. (Ggstz. orator brevis), Cic.: se copiosos et disertos putant, Cic. – vir c. in dicendo, Cic. u. Plin. ep.: densior ille, hic copiosior in eloquendo, Quint. – c. homo ad dicendum, Cic. – **β** von der Sprache, **reich** (an Wörtern), lingua c. (Ggstz. lingua inops), Cic. de fin. 3, 51. – **γ** vom Stoff zur Darstellung, **gehaltreich,** c. materia (v. dazischen Krieg), Plin. ep.: c. rerum varietas, Phaedr. – **b** an Fähigkeiten od. Kenntnissen od. an Bildung reich, **reich begabt, reich ausgestattet,** ingenium facile et c., Quint.: ingenium facile, copiosum, suave, Lact.: ingenium copiosissimum, Plin. ep. – Bruttedius artibus honestis copiosus, Tac. ann. 3, 66.

1. copis, pidis, Akk. Plur. pidas, *f.* (κοπίς), der kurze, sichelförmige Säbei der Perser, der **Jatagan,** Curt. 8, 14 (49), 29 (Apul. met. 11, 8 alle Hdschrn. crepides).

2. cōpis (cōps), pis, Akk. Plur. pidas, *Adi.* (zsgz. aus coops), vorklass. für das klass. copiosus, mit etw. **reichlich versehen,** an etw. **Fülle habend, reich,** einer Sache **mächtig,** copi pectore, Plaut. Pseud. 674: ut amantem erilem copem facerem filium, Plaut. Bacch. 351: m. *Genet.*, o prosperûm copem diem! Pacuv. tr. 307: te quidem omnium pater iam copem causarum facit, Titin. com. 61. – ► Nom. copis b. Varro LL. 5, 92: Nom. cops b. Prisc. 7, 41.

cōpla, s. cōpula ►.

cōplātus, s. cōpulo ►.

cōpo, ōnis, *m.* = caupo, s. d.

cōpōn... s. caupon...

Cōpōnius, a, um, Name eines aus Tibur stammenden plebej. Geschlechtes zu Rom, aus dem bes. bekannt T. et C. Coponii, zwei Brüder von höherer Bildung, Cic. Cael. 24 u. a. – Dav. **Cōpōniānus,** a, um, **koponianisch, des Koponius,** villa, Cic. ad Att. 12, 31, 2.

coprea u. **copria,** ae, *m.* (κοπρίας), der schmutzige **Possenreißer,** Suet. Tib. 61, 6, Claud. 8: übtr., **Tagedieb,** als Schimpfwort der nur betenden Christen, Commodian. apol. 607 (wo Form copria). – Dav. als Schimpfname des Cyprian **Copreānus,** Lact. 5, 1, 27.

cōps, s. 2. cōpis ►.

copta, ae, *f.* (κόπτη), eine Art sehr harter Kuchen aus gestoßenen Stoffen, **Stoßkuchen,** Mart. 14, 68. Dieselbe od. eine ähnliche Art coptoplacenta gen., Petron. 40, 4. Anthol. Lat. 199, 47 R. Vgl. Schuch Apic. 7, 300. p. 148, b.

cōptātio, s. cooptātio.

Coptē, Coptis etc., s. Coptos.

cōpto, s. co-opto.

coptoplacenta, ae, *f.*, s. copta.

Coptos, ī, *f.* (Κοπτός u. Κοπτώ), Stadt in Oberägypten (Thebais), auf der Ostseite des Nils, Hauptstapelplatz für die indischen u. arabischen Waren, später Iustinianopolis gen., jetzt Dorf *Coft,* Plin. 5, 60. Iuven. 15, 26. Amm. 22, 16, 2. Itin. Anton. 165, 6 u. 171, 5. Vopisc. Prob. 17, § 3 u. 6 [*ed. Peter* Akk. Copten). – Dav. **A Coptis,** tidis, *f.* (Κοπτίς), koptisch, Plin. 36, 52. – **B Coptītēs,** ae, *m.* (Κοπτίτης), **koptisch,** nomos (dessen Hauptstadt Koptos war), Plin. 5, 49. – **C Coptīticus,** a, um, koptitisch = ägyptisch, Apul. met. 2, 28.

cōpula, ae, *f.* (con u. apio), das **Verknüpfende, Verkettende,** **I** eig.: **a** der **Strick,** das **Seil,** copulae tortae, v. Schiffsseilen, Acc. tr. 577. – gew. die **Koppel, Leine** zum Führen der Tiere, bes. der Hunde, der **Fangstrick,** die **Fangleine,** copulā vinctum ante se Thyum agere, Nep.: copulas in manibus gestare, Plaut.: copula detrahitur canibus, Ov. – u. die **Zugleine** am Geschirr, pectora copulae sparteae tritura continuā exulcerati (muli), Apul. met. 9, 13. – **b** das **Schloss** an einem Armband, Capitol. Maximin. iun. 1. § 8. – **c** Plur. copulae, die **Verknüpfungsmittel, Bindemittel,** als allg. Bezeichnung für die verschiedenen Arten von Enterhaken (harpagones, manus ferreae), Caes. b. G. 3, 13, 8. – **II** übtr.: **a** übh.: de trinis copulis (Beziehungen) discernere, Varro LL. 9, 4: non video quomodo ista tam diversa in eandem copulam coniciantur, in eins zusammengeworfen werden, Sen.: difficile erat illi in copulam coniecto rixam eius cum quo haerebat effugere, Zusammengekoppelten (zur Gesellschaft), Sen. – **b** v. der Wortverbindung, Nigid. b. Gell. 10, 5, 1. – **c** das moralisch verknüpfende Band, quos irrupta tenet copula (δεσμὸς ἄῤῥηκτος), Hor.: ut esset (Atticus) talium virorum copula, Nep.: copulae nuptiales, Apul.; u. so v. der Ehe, spät. ICt.: u. meton., **Gattin, Gatte,** Cassiod. var. 1, 37 (der Tiere): iugalis copula, *ibid.* 2, 10. – ► Synkop. Form cōpla, Licent. ad August. 103 (Poët. Lat. min. tom. IV, 2. p. 535 *ed. Wernsd.*): vulg. Form cūpla, Isid. 19, 19, 6. – Nbf. Nomin. Plur. copula, ōrum, *n.*, Mart. Cap. poët. 1. § 1. *v.* 2.

cōpulātē, *Adv.* (copulatus), **verbunden,** Gell. 10, 24, 1. Macr. sat. 1, 4, 20.

cōpulātim, *Adv.* (copulatus), **verbunden,** Diom. 407, 4.

cōpulātio, ōnis, *f.* (copulo), die **Verknüpfung, Verkettung, engere Verbindung, a** lebl. Ggstd.: haec c. rerum, Cic.: complexiones et copulationes et adhaesiones atomorum inter se, Cic. – als rhet. *t. t.*, c. vocum, Quint.: syllabarum, verborum inter se, Quint. – **b** leb. Wesen: primi congressus copulationesque, das erste Sich-Nähern und die Anknüpfung der Menschen zum Zusammenleben), Cic. de fin. 1, 69.

cōpulātīvus, a, um (copulo), **zur Verbindung gehörig, Verbindungs-** (Ggstz. disiunctivus), coniunctio, Augustin. enarr. in psalm. 118. serm. 14. § 1 u. Gramm.

cōpulātor, ōris, *m.* (copulo), der **Verknüpfer, Verbinder,** Iul. Val. 1. 15 p. 26, 3 K.: c. coniugum, Augustin. de nupt. et concup. 2, 9 u. a.

cōpulātrīx, trīcis, *f.* (Femin. zu copulator), die **Verbinderin,** Auct. perv. Ven. 5. Augustin. de trin. 11, 7. § 12 u. a. Leo de humil. 6.

1. cōpulātus, a, um, *PAdi.* m. *Compar.* u. *Superl.* (v. copulo), **verknüpft, verkettet, eng verbunden, a** übh.: quaedam sunt in rebus simplicia, quaedam copulata, Cic.: haec, quae dico, cogitatione (in der Theorie) inter se differunt, re (in der Praxis) quidem copulata sunt, Cic. – als rhet. *t. t.*, verba copulata (Ggstz. simplicia), Cic. – subst., cōpulātum, ī, *n.* = συμπεπλεγμένον, ein **verbundener Ausspruch,** Gell. 16, 8, 10. – **b** moralisch, nihil est amabilius nec copulatius, quam morum similitudo, nichts ist geeigneter, Liebe zu erwecken u. eine innigere Verbindung hervorzurufen, Cic. de off. 1, 56: ab ineunte aetate condiscipulatu et omnibus artibus copulatissimus amicus, CIL 13, 2027.

2. cōpulātus, Abl. ū, *m.* (copulo), die **Verknüpfung,** Arnob. adv. nat. 1, 2.

cōpulo, āvī, ātum, āre (copula), als Band oder durch ein Band **verknüpfen, I** eig.: **zusammenkoppeln, zusammenschließen, -binden,** eadem catena et custodiam (Verhaftete) et militem copulat, Sen. – m. cum u. Abl., c. alci cum alqo caput et corpus, Plaut.: c. hominem cum belua, Cic.: und (im Bild) omnes cum fortuna copulati sumus; aliorum aurea catena est, aliorum laxa, aliorum arte et sordida, Sen. – m. *ad* u. Akk., caput animalis ad pedem, Veget. mul.: im Passiv mit *Dat.*, altera ratis huic copulata est, Liv. – **II** übtr.: **1** räumlich, **eng verbinden, eng vereinigen, a** lebl. Objj.: hedera truncum et ramos pererrat vicinasque platanos transitu suo copulat, Plin. ep.: interdum insulae iunctae copulataeque et continenti similes sunt, Plin. ep. – m. *Dat.* od. *inter se,* z. B. non auro res aurum copulat una, Lucr.: est etiam, quasi ut anellis hamisque plicata inter se quaedam possint coplata teneri, Lucr. – im Passiv, v. Örtl. utrimque Armeniae maiori Sophene copulatur, Plin. – **b** Pers., **zusammenbringen, vereinen,** copulati in ius pervenimus, Cic. – m. *cum* u. Abl., cave siris cum filia mea copulari hanc, zusammenkomme, -treffe, Plaut. Epid. 401. – **2** durch irgendein inneres Band **verketten, verknüpfen, in Zusammenhang bringen** (Ggstz. separare, divellere, distrahere, relaxare), **a** lebl. Objj.: res a natura copulatas errore divellere, Cic.: cum (virtutes) ita copulatae conexaeque sint (verknüpft u. verwebt sind, ut omnes omnium participes sint nec alia ab alia possit separari, tamen proprium suum cuiusque munus est, Cic. – m. *cum* u. Abl., od. m. *inter se,* z. B. honestatem cum voluptate, tamquam hominem cum belua, copulabis? Cic.: ut facetis quoque argumentis societas haec cum deo copuletur, Plin.: neque (orator) exquirat oratione, an haec (diese Meinungen) inter se iungi copularique possint, Cic. – So nun bes. **α** als rhet. *t. t.*, Wörter zu einem Satz **verbinden,** verba, Quint. 10, 6, 2; vgl. copulatus, *no.* a. – od. den Periodenbau eng **verknüpfen, zusammenfügen,** constructio verborum tum coniunctionibus copuletur tum dissolutionibus relaxetur, Cic. – od. zwei Wörter **zu einem verschlingen** = zusammenziehen, libenter etiam copulando verba iungebant, ut *sodes* pro *si audes, sis* pro *si vis,* Cic. – **β** Angaben in Gedanken **verknüpfen, vereinigen,** mens (hominum), quae disiuncta coniungat et cum praesentibus futura copulet, Cic.: ne dividatis saeculum, et antiquos et veteres vocitetis oratores, quos eorundem hominum aures agnoscere ac velut coniungere et copulare potuerunt, Tac. dial. – **γ** moral. Zustände eng **verknüpfen, fester knüpfen, befestigen,** collegii coniunctio non mediocre vinculum mihi quidem attulisse videtur ad voluntates nostras copulandas, Cic. – quin illi remittendo de summa quisque iuris mediis copularent concordiam, Liv. – **b** Pers. durch irgendein Band im Staats- oder Familienleben **verknüpfen, eng-, innig verbinden,** L. Sullam copulatum sibi quaestorem habere, Vell.: ita quodam uno vinculo copulavit eos (milites), ut nulla nec inter eos nec adversus ducem seditio exstiterit, Liv.: copulati matrimonio, ICt.: feminae plebeiis nuptiis copulatae, ICt. – m. *cum* u. Abl., equester ordo, qui tum cum senatu copulatus fuit, Cic.: ille sic se cum inimico meo copularat, ut etc., Cic.: secundae adversaeque res tuae copulavere nos tecum, Curt. – m. dopp. *Acc.*, alcis filiam alci c. coniugem (als G.), Amm. 20, 11, 3. – ► Synkop. Form coplata bei Lucr. 6, 1086 (1088). – Parag. *Infin.* copularier, Arnob. 6, 22.

cōpulor, ārī (Nbf. v. copulo), **verbinden, vereinigen** (s. **Prisc.** 8, 26), copulantur dexteras, sie reichen sich die Rechte, Plaut. aul. 116.

cōpulum, ī, *n.* = copula, Mart. Cap. poët. 1. § 1. *v.* 2.

coqua, ae, *f.* (coquus), die Köchin, Plaut. Poen. 248.

coquibilis, s. cocibilis.

coquīna, ae, *f.*, s. coquīnus.

coquīnāris, e (coquina), **zur Küche gehörig, Küchen-,** culter, Varro sat. Men. 197. Vgl. coquinarius.

coquīnārius, a, um (coquina), **zur Küche gehörig, Küchen-,** vasa, Plin. 33, 140. Isid. 20, 8 *lemm.;* u. in dem Titel de re coquinaria, Schrift des Cälius Apicius.

coquinātor, ōris, *m.* (coquino), der **Koch,** Gloss. II, 574, 11.

coquinātōrius (cocinātōrius), a, um (coquinator), **zum Kochen gehörig, Koch-, Küchen-,** instrumentum, Ulp. dig. 34, 2, 19. § 12. – subst., coquinātōrium (cocinātōrium), iī, *n.*, die **Küche,** CIL 6, 2273: Plur., Itala (frgm. Weing.) Ezech. 46, 23.

coquino, āvī, ātum, āre (von coquo, wie rumino von rumo), **kochen,** absol., Plaut. aul. 408; Pseud. 853. – *tr.*, Plaut. Pseud. 875.

coquīnus (cocīnus), a, um (coquo), **zum Kochen gehörig, Koch-, I** *adi.*: forum, Plaut. Pseud. 790 *sq.* – **II** *subst.*, coquīna, ae, *f.*, **a** die Küche (vgl. Non. 55, 18), Arnob. 4, 6. Pallad. 1, 37, 4. Pelagon. veterin. 457 *Ihm.* Auct. Testam. porc. lin. 6 (7) H. u. B.: c. conditaria, Augustin. de civ. dei 22, 8, 10. p. 503, 7 D.[2]: atratum coquinae ministerium, Küchenpersonal, Amm. 14, 6, 17: bildl., quod erat totum caminum sceleris, coquina malitiae, Augustin. serm. 2, 1 b. Mai Nov. patr. biblioth. tom. 1. p. 4. – Vulg. Nbf., cucīna, μαγειρεῖον, Gloss. II, 363, 51. – **b** die **Kochkunst,** Apul. de dogm. Plat. 2, 9. Donat. Ter. Andr. 1, 1, 3: coquinae magister, Isid. 20, 2, 32.

coquitātio, ōnis, *f.* (coquito), das **fortgesetzte Kochen,** Apul. met. 4, 22.

coquito, āre (*Frequ.* v. coquo), **wieder und wieder** od. **tüchtig kochen,** Plaut. nach Paul. ex Fest. 61, 18. Vgl. coquino.

coquo, coxī, coctum, ere (aus *quequo, altind. *pácati,* kocht, bäckt, brät; vgl. griech. πέσσω, koche, verdaue; πέπων reif, πόπανον, Gebäck), **kochen** = durch Feuer zubereiten, unser **kochen, sieden, backen, brennen, dörren, schmelzen, zeitigen, reifen, I** eig.: **A** *tr.*: **1 kochen, sieden, backen,** is, qui illa coxerat, Cic.: c. cibaria (Brot), Liv. (so auch cibaria cocta, cibaria in quinque dies cocta, quindecim dierum cibaria cocta, Liv.; vgl. Drak. Liv. 44, 32, 11): cibum, Varro (so auch cibus coctus, Sall.): vasa coquendis cibis utilia, Plin.: cochleam od. cochleas, Cels. u. Varro: cenam, Komik.: alci cenam, Plaut. u. Nep. (vgl. die quinti in Capitolio tibi cena cocta erit, Cato fr.): humana exta, Hor.: medicamenta, Liv.: alcis obsonia, gar kochen (scherzh. = faul machen, vom heißen Schirokko), Hor.: ova columbina, Cels.: panem, Varro fr. u. Plin.: pavonem, Hor.: venena, Liv.: caro cocta (Ggstz. caro salsa), Apic. 1. § 8 u. 10: lupinus coctus (Ggstz. crudus), Edict. Diocl. – c. alqd bene, leniter, leviter, modice, recte, Cels.: alqd sic, ut etc., Cels.: simul coquuntur mel, galbanum, resina etc., Cels.: alqd eodem modo, Cels.: alqd pluribus modis, Plin.: alqd ad carbones leniter paulułum, Veget. mul.: alqd clementer, Ser. Samm.: alqd lente, Plin.: alqd igni leni od. lento, Cato u. Plin.: alqd lentis vaporibus, Hier.: c. alqd bis, Cels.: denuo, Cato: de integro, Col.: c. cibos turis ligno, Plin. – c. alqd in tecto, sub dio, Cato: c. liba in subito foco, Ov.: alqd carbonibus, Plin.: alqd in olla od. in aeneo vase, Plin. u. Cels.: multifariam in patellis cepe, Varro fr.: vitulus aëno coctus, Petron. – m. Angabe **womit?** (= mit welchem Stoff zusammen?) durch *cum* u. Abl., od. m. Ang. **worin?** (= in welchem Stoff?) durch *in* od. *ex* u. Abl., alqd cum aqua, in od. ex aqua, Cels.: alqd ex oleo, ex lacte, Cels.: gemmam in lacte, Plin.: alqd cum vino, in od. ex vino, Cels. – m. Angabe **woraus?** durch *ex* u. Abl. od. durch bl. *Abl.*, picem liquidam e taeda, Plin.: alqd tostā polentā, Ov. – m. Ang. **bis zu welchem Grade?** alqd usque ad mellis crassitudinem, Plin.: tres heminas ad unam, Cels.: c. alqd usque eo, donec etc., Cels.: c. alqd, donec etc., Cels. – absol., ire coctum, Plaut.: coquendo sit faxo, Ter.: difficilis in coquendo cyma, Plin.: vas ad coquendum, ICt. – *Partic. Perf.* subst., **a** coctum, ī, *n.* u. Plur. cocta, ōrum, *n.*, **Gekochtes,** = gekochte Speisen (Ggstz. crudum, cruda), quid tu, malum, curas utrum crudumque an coctum edim, Plaut. aul. 430: ne quid in popinis cocti praeter legumina aut olera veniret, Suet. Ner. 16, 2: cocta vendere, Suet. Claud. 38, 2. – **b** cocta, ae, *f.*, **α** ein **abgekochter Trank,** ein **Kräutertrank,** Mart. 2, 85, 1. – **β gekochtes Fleisch,** Apic. 1, 9. – **2 kochen** = kochend machen, zum höchsten Hitzegrad bringen, v. der Sonne, iam non solum *calet* unda, sed coquitur, Sidon. ep. 2, 2, 1. – **3 auf dem Rost braten, rösten,** als Marter, Lact. de mort. pers. 13, 3; vgl. (zur Sache) 21. § 7 u. 8. – **4 brennen, dörren, schmelzen,** calcem, Cato u. Vitr.: carbones, Cato: laterculos, Cato: coctus later, gebrannter Ziegelstein, Backstein (Ggstz. crudus later), Vitr. u. Iustin.; vgl. agger coctus, aus ausgebrannten Ziegelsteinen, Prop. – c. robur, durch Feuer härten, Verg.: ligna cocta (= coctilia u. acapna, w. vgl.), ausgetrocknetes Holz, das keinen Rauch gibt, ICt.: coctus pulvis, Puzzolanerde, Stat. – c. aurum cum plumbo, schmelzen, Plin.: so aera fornacibus, Lucan.: rastra et sarcula, schmieden, Iuven. – u. v. Ausdörren, Austrocknen der Sonne u. des Windes, locus is melior, quem non coquit sol, Varro: coquit glebas aestas matutinis solibus, Verg.: rosaria cocta matutino noto, Prop. – **5** (wie πεπαίνω) **zur Reife bringen, reifen, zeitigen,** von der Sonne usw., eas (arbores) aequabiliter ex omnibus partibus sol ac luna coquunt; quo fit, ut uvae et oleae plures nascantur et ut celerius coquantur, Varro: cum frumentum aestas et debita maturitas coxit, Sen.: fructus (fici) solibus coctus, Plin.: et alte mitis in apricis coquitur vindemia saxis, Verg.: poma matura et cocta, Cic. – **6 in Gährung bringen, zersetzen,** v. äußerer Wärme, balineae ardentes, quibus persuasere in corporibus cibos coqui, Plin. 29, 26. – von der organischen Wärme des Körpers, calore et spiritu omnia cocta et confecta, Cic. de nat. deor. 2, 136; vgl. 2, 137. Lact. de opif. dei 14, 5. – **B** *intr.* **kochen** = gekocht werden, aqua, ubi radix eius coxerit, Dynamid. 1, 21; u. so *ibid.* 1, 49; 2, 90 u. 106. – **II** übtr.: **1** gleichsam etw. **brauen,** etw., **ersinnen,** über etw. **brüten,** auf etw. **sinnen,** consilia secreto ab aliis, Liv.: bellum, Liv. – **2** jmd. (jmds. Herz, Busen) **schmerzlich ängstigen, abhärmen,** quae (cura) nunc te coquit et versat in pectore fixa, Enn. ann. 336: femineae ardentem curaeque iraeque coquebant, Verg. Aen. 7, 345: nec (sollicitudo) oratorem macerat et coquit, Quint. 12, 10, 77. – egomet me coquo (mache mir den Kopf warm) et macero et defetigo, Plaut. trin. 225. – **3** Partiz. Perf. im Kompar. m. *Genet.*, hodie iuris coctiores (im R. geriebener) non sunt, quam qui lites creant, Plaut. Poen. 586 *sq.* – ► in guten Handschriften auch quoquo, z. B. quoquat, Hor. de art. poët. 186 K. u. M. – coco, wov. cocuntur, Suet. Aug. 87, 1.

coquus (cocus), ī, *m.* (coquo), der **Koch,** c. meus, Cic.: c. improbus, Plaut.: c. inutilis, Plaut.: coquus vilissimum antiquis mancipium et aestimatione et usu, Liv. – coquorum ars od. artificium, Quint. – coquum conducere (mieten), Plaut.: equos carius quam coquos emere, Cato fr.: pluris pretii (einen teureren) coquum quam villicum habere, Sall.: suspensi sunt, quomodo aper a coquo exeat, Sen. – Vokat. coque im Wortspiel mit quoque, Cic. bei Quint. 6, 3, 47. – In älterer Zeit der coquus auch zugleich **Bäcker,** s. Paul. ex Fest. 58, 14. Plin. 18, 108. – ► Archaist. Nom. Plur. coques, CIL 14, 2875.

cor, cordis, *n.* (griech. καρδία, κῆρ gotisch *haírtō*), **I** das **Herz, 1** eig.: pulsus cordis, Herzschlag, Mart. Cap.: cor pilis refertum, dicht behaartes Val. Max.: pulmoni cor annexum est, naturā musculosum, in pectore sub sinisteriore mamma situm; duosque quasi ventriculos habet, Cels.: num igitur censes ullum animal, quod sanguinem habeat, sine corde esse posse? Cic.: bina corda habere, Gell.: cor percutere, vulnerare, Cels.: ipse cor suum edens, Cic.: cor (alci) salit, s. 1. salio: cor exsilit (klopft), Sen.: cor palpitat, Cic. u. a. – Bes. u. oft im Bild, **a** als Sitz der Gefühle, Gemütsbewegungen, Triebe, deutsch bald **Herz,** bald **Seele, Gemüt,** bald **Gefühl, Stimmung, Gesinnung,** bald **mutige Stimmung, Mut** (s. Thiel Verg. Aen. 8, 265 u. 9, 55), cor timidum, furchtsames Herz, Hasenherz, Plaut.: cor plumbeum, gefühlloses H., Suet.: exsultantia corda, Verg.: hoc facinus meum cor corpusque (Seele u. Leib) cruciat, Plaut.: nullum est ingenium tantum neque cor tam ferum, quod non labascat linguā, Acc. fr.: isto verbo animus mi rediit et cura ex corde excessit, Ter.: corde suo trepidat, Enn. fr.: et corde et genibus tremit, Hor.: neque meo cordi est quisquam carior, Ter.: si curat cor spectantis tetigisse querelā, Hor.: illi sedato respondere corde, Verg.: forti corde ferre mala, Ov.: facile vobis apparet non laeti sed prope amentis malis cordis hunc risum esse, Liv.: ferocia corda ponunt, Verg.: u. (Plur. v. **einer** Pers.) sed pectus anhelum et rabie fera corda tument, Verg. Aen. 6, 49. – oft corde, **von Herzen, herzlich, aus Herzensgrund,** corde cupitus, Enn. fr.: corde amare inter se, Plaut. – u. cordi est alqs od. alqd, **es liegt** jmd. od. etw. **am Herzen, es ist** jmd. od. etw. **dem Herzen teuer,** es ist etw. **eine Herzenssache, -Herzenslust, -ein Herzenswunsch,** gew. m. Ang. **wem?** oder **für wen?** durch *Dat.*, uterque utrique est cordi, Ter.: cum audirem eam (sponsam) tibi cordi esse, Liv.: idque eo mihi magis est cordi, quod etc., Cic.: quod vivis cordi fuisse arbitrantur, Caes.: evenit facile quod dis cordi est, Liv. – u. mit folg. *Infin.* od. *Acc.* u. *Infin.* (s. Drak. Liv. 6, 9, 3 u. 30, 17, 12), adeo vestigia quoque urbis exstinguere ac delere memoriam hostium sedis cordi est, Liv.: si tibi facere cordist, licet, Plaut. most. 323: si tibi magis cordi est nos ea tibi dare potius quam Mezentio, Cato fr.: credo rem Antiatem diuturniorem manere dis cordi fuisse, Liv. – **b** (nach der Volksmeinung der Alten, s. Cic. Tusc. 1, 18) als Sitz des Denkvermögens, der Einsicht u. Überlegung, deutsch **Geist, Sinn, Verstand, Einsicht** (s. Brix Plaut. mil. 203 u. Lorenz Plaut. mil. 335 u. 779. Voß Verg. georg. 1, 123. p. 85. Mützell Curt. 5, 9 [26], 1. Bünem. Lact. 3, 20, 9), quantum ego nunc corde conspicio meo, Plaut.: iam instructa sunt mi in corde consilia omnia, Ter.: nec enim sequitur, ut cui cor sapiat, ei non sapiat palatus, Cic.; vgl. hoc est non modo cor non habere, sed ne palatum quidem, Cic.: qui propter haesitantiam linguae stuporemque cordis cognomen ex contumelia traxerit, Cic.: obtusi od. hebetis atque obtusi cordis esse, Val. Max.: en cor Zenodoti, en iecur Cratetis! Fur. Bibac. fr. bei Suet.: u. im Wortspiel mit cor (Herz) u. cor (Verstand) bei Suet. Caes. 77. – **2** (poet.) meton. = das ganze Individuum, Mensch od. Tier, deutsch **Seele** (s. Thiel Verg. Aen. 9, 55), corda aspera, Verg.: lecti iuvenes, fortissima corda, Verg.: levisomna canum corda, Lucr. – und als Liebkosungswort, meum cor, Plaut. Poen. 367. – **II** übtr., der in der Nähe der Herzgrube befindliche **Magenmund** u. übh. der **Magen,** Lucr. 6, 1150. Hor. sat. 2, 3, 28. – ► Genet. Plur. cordium, Vulg. Ierem. 4, 4 u. 1. Corinth. 4, 5 (wogegen Fragm. Bob. de nom. 559, 35 K. cordum gebildet wird); Abl. Plur. cordibus, Enn. ann. 367. Vulg. levit. 26, 36 u. ö.

1. **cora,** ae, *f.* (κόρη), **I** das **Mädchen,** die **Jungfrau,** als Beiname (Κόρη) der Proserpina, CIL 6, 1780. – **II** die **Sehe** im Auge, **Pupille,** Auson. ep. 16, 2, 60. p. 176 Schenkl; vgl. bicoris pupilla, Chalcid. Tim. 243.

2. **Cora,** ae, *f.* (Κόρα), eine alte Stadt in Latium, im Gebiet der Volsker, j. *Core* od. *Cori,* Liv. 2, 16, 8. Verg. Aen. 6, 775: Cora rustica, Symm. ep. 1, 8. – Dav. **Corānus,** a, um, **aus** od. **zu Kora, koranisch,** populus, Cato fr.: ager, Liv.: lapis, Isid. – Plur. subst., Corānī, ōrum, *m.*, die Einw. von Kora, die **Koraner,** Plin. 3, 63.

coracēsia, ae, *f.*, ein unbekanntes Kraut, Plin. 24, 156 D.

coracicus, a, um (corax), die Raben betreffend, **Raben-,** subst., coracica, ōrum, *n.* (*sc.* sacra), die Mysterien des Mithras, CIL 6, 751.

coracino, āre (corax), **krächzen** (κράζειν), vom Raben, Isid. 12, 7, 43.

1. **coracinus,** a, um (κοράκινος), **rabenschwarz,** coracino colore, Vitr. 8, 3, 14. – subst., coracinum, ī, *n.*, das **Rabenschwarz** = die rabenschwarze Farbe, Paul. dig. 32, 1, 78. § 5.

2. **coracīnus,** ī, *m.* (κορακῖνος), eine Gattung Flussfische, bes. im Nil, Plin. u. Mart.

coralium, s. corallium.

Corallī, ōrum, *m.* (Κόραλλοι), eine Völkerschaft in Niedermösien, am Schwarzen Meer, Ov. ex Pont. 4, 2, 37 u. 4, 8, 83.

corallinus, a, um (κοράλλιον), **korallenrot,** Anth. Lat. 989, 13 M. (= I, 2. p. XLI R.).

corallis, idis, *f.* (κοραλλίς), ein uns unbekannter Edelstein, Plin. 37, 153.

corallium u. **cūrallium** (cūralium), iī, *n.* (κοράλλιον, κουράλιον), die **rote Koralle,** Plin. 32, 21 *sqq.* Lucr. 2, 805. Ov. met. 4, 750 (749); 15, 416. Cels. 5, 8. Gratt. cyn. 405. Ser. Samm. 951 u. a. – Nbf. **corallum,** ī, *n.*, Avien. descr. orb. 1303. Sidon. carm. 11, 110: u. **corallius,** iī, *f.*, Isid. 16, 8, 1. – ► Die Schreibung curalium (auch curhalium) meist in den besten Handschrn.; bei Cels. aber corallium.

coralloachātēs, ae, *m.* (κοραλλοαχάτης), der **Korallachat,** Plin. 37, 139 u. a.

corallum, s. corallium.

cōram, *Adv.* u. *Praep.* (aus con u. ōs, ōris, wie cōgo aus coigo), **I** objektiv (d. i. in Bezug auf die Person, in deren Nähe etwas sich befindet oder vorgeht), im **Angesicht, angesichts, in Gegenwart, vor, A** *Adv.:* **1** im Allg.: commodius fecissent, si quae apud vos de me deferunt, ea coram potius me praesente dixissent, Cic.: ad restituendam aciem se ipse coram offert, d. i. vor die Soldaten, Liv.: ut veni c., Hor.: illum huc coram adducam, Ter.: non imperabat coram quid opus facto esset, Ter. – **2** prägn., **angesichts aller, vor aller Augen, offen,** lenissimum genus admonitionum fuit traditio coram pugillarium, Suet.: c. confodi, Suet.: c. convinci, Tac. – **B** *Praep.* m. *Abl.:* c. genero meo, Cic.: c. deorum matre spectante et audiente, Augustin.: Germanico c., Tac. – coram m. folg. *Genet.*, coram noxae, auf frischer Tat, Apul. met. 9, 21. – in coram, s. in-cōram. – coram dem regierten Wort nachgesetzt, Hor. sat. 1, 4, 95. Tac. ann. 3, 14. Suet. Ner. 33, 2. Lact. 5, 9, 8. – **II** subjektiv (d. i. in Bezug auf den Gegenstand, der sich bei etwas befindet od. statthat), **gegenwärtig, in eigener Person, persönlich, mit eigenen Augen, mündlich, selbst** (vgl. Drak. Liv. 28, 17, 8), c. loquerer, Cic.: cum c. sumus, persönlich beisammen, Cic.: c. adesse, in Person dasein, Caes.: perspicere (Ggstz. ex nuntiis litterisque cognoscere), Caes.: agere (Ggstz. litteris agere), Cic.: disceptare (Ggstz. per alios condiciones ferre), Caes.: intueri alqd, Cic.: cernere alqd, Caes. u. Verg.: audire, Hor.: quod c. ex ipso audiebamus, Cic.

coramblē, ēs, *f.* (κοράμβλη), eine Art **Kohl,** der die Augen stumpf macht, Col. poët. 10. § 178.

Corānus, s. 2. Cora.

corārius, s. corārius.

1. **corax,** racis, *m.* (κόραξ), **I** der **Rabe,** Solin. 40, 24. Isid. 12, 7, 43; vgl. 2. Corax *no.* I. – **II** meton. (milit. *t. t.*) = ein hakenartiger Mauerbrecher, der **Rabe,** Vitr. 10, 13 (19), 8 (§ 3 rein lat. corvus).

2. **Corax,** racis, Akk. racem u. raca, *m.* (Κόραξ), **I** ein Syrakusaner, wegen seiner Beredsamkeit und als einer der ersten Schriftsteller über Beredsamkeit gepriesen, Cic. Brut. 45. Quint. 2, 17, 7 (wo Akk. Coraca). – im Wortspiel mit κόραξ (der Rabe), quare Coracem istum vestrum patiamur nos quidem pullos suos excludere in nido, Cic. de or. 3, 81. – **II** ein scherzh. Sklavenname = **Klopfer,** Plaut. capt. 657.

corbicula, ae, *f.* (*Demin.* v. corbis), das **Körbchen,** Pallad. 3, 10, 6.

Corbio, ōnis, *f.*, **I** Stadt der Äquer bei Vitellia, an der Nordseite des Bergrückens Algidus, Liv. 2, 39, 4. – **II** Stadt im tarrakon. Hispanien, beim heutigen *Berga,* Liv. 39, 42, 1.

corbis, is, *m.* u. *f.* (vgl. altisl. *hrip,* hölzernes Gefäß u. ahd. *ref,* Gestell zum Tragen auf dem Rücken), der **Korb** (vgl. Varro LL. 5, 139), messoria, Cic.: pabulatorius, Col.: lapidibus corbes pleni, Auct. b. Hisp.: corbes bis seni, Prud.: desectam cum stramento segetem corbibus fundere in Tiberim, Liv.

corbīta, ae, *f.* (corbis), ein langsam fahrendes Transport- od. Lastschiff, die **Korvette,** Lucil. sat. 15, 4. Cic. ad Att. 16, 6, 1. Gell. 10, 25, 5: corbita cibi, ein Lastschiff voll Speise, Plaut. Cas. 778. – als Bild der Langsamkeit, (homines) tardiores, quam corbitae sunt in tranquillo mari, Plaut. Poen. 507: operam celocem hanc mihi, ne corbitam date, helft mir wie ein Schnellschiff, wie ein Lastschiff nicht (= helft mir schnell, nicht langsam), Plaut. Poen. 543.

corbona, ae, *f.* (hebr. od. syr. Wort), die **Schatzkammer,** Eccl.

corbula, ae, *f.* (*Demin.* v. corbis), das **Körbchen,** Plaut. aul. 366. Caecil. com. 142. Cato r. r. 11, 5. Varro LL. 5, 139; r. r. 1, 15 u. 1, 22, 1. Col. 12, 52, 8. Suet. Ner. 19, 2.

Corbulo, ōnis, *m.*, ein röm. Beiname, s. 1. Domitius.

Corchēra, ae, *f.*, spätlat. = Corcyra (s. d.), Not. Tir. 84, 94.

corchorus, ī, *m.* u. **corchorum,** ī, *n.* (κόρχορος), eine wild wachsende schlechte Gemüseart, **Gauchheil** (*Corchoros olitorius,* L.), Plin. 21, 89 u. 183.

corcillum, ī, *m.* (*Demin.* v. cor), das **gute Herz,** corcillum est quod hominem facit, Petron. 75, 8.

corcinor, ārī, (corcus), **Kollern im Körper bekommen,** v. Rindvieh, Gargil. Mart. de cura boum § 18.

corcodīlus, s. crocodīlus ►.

corculum, ī, *n.* (*Demin.* v. cor), das **Herzchen,** Plaut. most. 986; Cas. 361. Solin. 40, 23. Apul. apol. 40 *extr.* – als Liebkosungswort, meum c., Plaut. Cas. 837. – Corculum Beiname des Scipio Nasica = der Verständige, der Mann von Klugheit u. Einsicht, Cic. Brut. 79 u. Tusc. 1, 18. Aur. Vict. de vir. ill. 44, 6; vgl. Paul. ex Fest. 61, 5.

Corculus, ī, *m.* (cor), als Beiname = der **Verständige,** Plin. 7, 118.

corcus, ī, *m.* (κορκορυγή), das **Kollern im Körper** der Menschen u. Tiere, Marc. Emp. 21; vgl. Schuch Gargil. Mart. de cura boum § 18.

Corcȳra, ae, *f.* (Κέρκυρα, von den Einwohnern Κόρκυρα genannt), **I** Insel des ionischen Meeres auf der Westseite von Epirus, das homer. Σχερίη (Scheria, Sitz des Phäakenkönigs Alkinous mit den herrlichen Gärten), später von Korinth kolonisiert, mit den Hauptstädten Corcyra (am Vorgeb. Phalakrum) u. Cassiope (s. 2. Cassiope), j. *Corfu,* Cic. ep. 16, 7 u. 9 *in.* Caes. b. c. 3, 3, 1; 3, 15, 4. – Dav. **Corcȳraeus,** a, um (Κορκυραῖος), **korzyräisch,** epistula, in Korfu geschrieben, Cic.: rex, Alkinous, Mart.: hortus, des Alkinous, Mart.: bellum, Nep. – Plur. subst., Corcȳraeī, ōrum, *m.*, die Einw. von Korzyra, die **Korzyräer,** Cic. u. Nep. – **II** kleine Insel an der illyrischen Küste, wegen ihrer dichten Waldungen Nigra od. Melaena (Μέλαινα) zubenannt, j. *Corzola,* Mela 2, 7, 13 (2. § 114). – ► Corcȳra gemessen bei Avien. descr. orb. 663 *sq.*

corda, s. chorda.

cordăcista, ae, *m.* (corda), der **Saitenspieler,** Mart. Cap. 9. § 924.

cordăcitus, *Adv.* (cor), **tief im Herzen,** Sidon. ep. 4, 6, 1 (einige *codd.* cordicitus).

cordalēns, entis, *Adi.*, **Herzeleid empfindend, betrübt,** Schol. Iuven. 5, 32.

Cordalio, ōnis, *m.*, scherzh. Sklavenname = **Schmeißer,** Plaut. capt. 657.

cordātē, *Adv.* (cordatus), **sinnig, verständig,** sapienter (weise), docte et cordate et cate, Plaut. Poen. 131: docte et cordate, Plaut. mil. 1088: cordate ac saniter, *Afran. com. 220 R.[2]

cordātus, a, um (cor), **mit Sinn-, mit Verstand begabt, sinnig, verständig, a** v. Pers., von dem, der den Kopf auf dem rechten Fleck hat, egregie cordatus homo catus Aelius Sextus, Enn. ann. 331 (vgl. Cic. de rep. 1, 30): pulchre cordatus homo, Sen. apoc. 12: vir cordate, Augustin. ep. 244, 1: cordati homines od. viri, Augustin. de civ. dei 1, 3. Vulg. Iob 34, 10: im *Compar.*, non infitior fuisse illum paulo cordatiorem quam ceteros, qui etc., Lact. 3, 20, 2.: im *Superl.* erunt sane cordatissimi, Firm. math. 5, 3. p. 126, 37. – **b** v. Lebl.: nam (fratris tui oratio) et ornata fuit et cordata, Fronto ad M. Caes. 5, 38. p. 87 N.

cordăx, dăcis, *m.* (κόρδαξ), der ausgelassene Tanz des Chores der alten griech. Komödie, mit raschen lebhaften Bewegungen und unanständigen Gebärden, bei dem ein Seil durch die Hände der Tanzenden lief, den aber außer der Komödie zu tanzen als ein Zeichen von Trunkenheit oder gänzlicher Sittenlosigkeit galt, der **Kordax,** cordacem ducere (κόρδακα ἕλκειν), den K. aufführen, Petron. 52, 9 (dafür Ter. adelph. 752: tu inter eas restim ductans saltabis). Vgl. Aristoph. Nub. 540. – übtr., v. lebhaften trochäischen Rhythmus, nach flüchtiger Übersetzung des Aristoteles (der bloß sagt: ὁ δὲ τροχαῖος κορδακικώτερος), der **Taumler,** Cic. or. 193. Quint. 9, 4, 88. – cordaces sententiae, taumelnde = haltlose, Fronto de or. 1. p. 156, 9 N. zw.

cordiacus, cordialus, cordiatus, s. cardiacus ►.

cordĭcitus, *Adv.*, s. cordăcitus.

cordolium, iī, *n.* (cor u. dolor), das **Herzeleid,** Plaut. cist. 65 u. Poen. 299. Apul. met. 9, 21. Anthol. Lat. 1282, 10 M.

Corduba, ae, *f.*, große und berühmte Handelsstadt in Hisp. Baetica, Geburtsort der beiden Seneka und des Dichters Lukan, jetzt *Cordova,* Caes. b. c. 2, 19, 2. Mart. 1, 62, 7 *sq.* – Dav. **Cordubēnsis,** e, **kordubisch,** Auct. b. Alex. u. Plin.: Plur. subst., Cordubēnsēs, ium, *m.*, die Einw. von Korduba, die **Korduber,** Auct. b. Alex. 59 *sqq.*

Corduēna, ae, *f.* (Γορδυηνή), eine Landschaft Großarmeniens, das h. **Kurdistan,** Amm. 18, 6, 20 u. a. – deren Einw. **Corduēnī,** ōrum, *m.* (Γορδουηνοί), die **Korduener,** die heutigen **Kurden,** Sall. hist. fr. 4, 60 (18). Plin. 6, 44. Sext. Ruf. brev. 20. – dies. **Gordyaeī,** ōrum, *m.* (Γορδυαῖοι), Curt. 5, 1 (2), 14. – und das Gebirge dieser Landschaft **Gordyaeī montes** (τὰ Γορδυαῖα ὄρη), noch j. das **kurdische Gebirge,** Curt. 4, 10 (40), 8.

cordūla, s. cordȳla.

cordus (nicht chordus), a, um, **spät geboren, -gewachsen,** agni, Varro: fenum, Grummet, Cato: olus, Col.

cordȳla, ae, *f.* (κορδύλη), die **junge Brut der Thunfische,** der **Thunheuerling,** Plin. 9, 47. Mart. 3, 2, 4: Form cordula, Apic. 9, 435.

Corfīnium, iī, *n.*, die alte, stark befestigte Hauptstadt der Päligner unweit des Flusses Aternus in Samnium, j. nur wenige Trümmer neben der Kirche *St. Pelino* (in *Abruzzo citeriore,* offenbar ein Rest des Pälignernamens), Caes. b. c. 1, 15 *sqq.* Cic. ad Att. 3, 3, 7. Lucan. 8, 478. – Dav. **A Corfīniēnsis,** e, **korfiniensisch,** clementia, von Cäsar an dieser Stadt geübt, Cic.: exspectatio, der dortigen Ereignisse, Cic. – subst., Corfīniēnsēs, ium, *m.*, die Einw. von Korf., die **Korfinier,** Caes. u. Plin. – **B Corfīnius,** a, um, **korfinisch,** ager, Gromat. vet. 228, 18 u. a.

corgo, s. 2. gorgō.

Coria, ae, *f.* (Κορία), Beiname der Minerva bei den Arkadiern, Cic. de nat. deor. 3, 59.

coriāceus, a, um (corium), aus **Leder, ledern,** naves, Amm. 24, 3, 11: pannus, Placit. de medic. 17, 20.

coriāginōsus, a, um, s. coriāgo.

coriāgo, ginis, *f.* (corium), eine **Hautkrankheit** des Rindviehs, bei der das Fell so fest an dem Rücken hängt, dass es mit der Hand sich nicht von den Rippen schieben lässt, Col. u. Veget. – Dav. **coriāginōsus,** a, um, mit **der** *coriago* **behaftet,** Pelagon. veterin. 2. p. 20 (= 26 *Ihm*). Veget. mul. 2, 10, 2 u. a.

coriandrātus, a, um (coriandrum), **mit Koriander angemacht, -gefüllt,** porcellus, Apic. 8, 388. – subst., coriandrātum, ī, *n.*, **Koriandersaft, -essenz,** Apic. 9, 410.

coriandrum, ī, *n.* (κορίανδρον), **Koriander** (*Coriandrum sativum,* L.), Plaut. Pseud. 814. Varro LL. 5, 103. Cels. 2, 27. Scrib. 245: semen coriandri, Vulg. exod. 16, 31: (Plur. coriandra, Col. poët. 10, 244. – Nbf. **coriandrus,** ī, *f.*, Cato r. r. 157, 6 (wo Akk. coriandrum sectam). Veget. mul. 2, 35 (wo Akk. coriandrum viridem; aber Apic. 3, 83 u. 109 sonst überall coriandrum viride): Vulg. **coliandrum,** ī, *n.* (κολίανδρον), Plin. Sec. de medic. 1, 6. Gargil. Mart. de medic. 4.

coriārius, a, um (corium), **zum Leder gehörig,** frutex, der Gerberstrauch, Plin. 24, 91: lex (Tarif), CIL 8, 4508, 17 (*a.* 202 *p. Chr.*). – subst., coriārius, iī, *m.*, der **Lederbereiter, Gerber,** Plin. 17, 51 u. 258. Scrib. 41 u. 47. Vulg. act. apost. 9, 43. Firm. math. 4, 14, 13: c. aut scordiscarius, Hieron. epist. 51, 5: c. coactarius, CIL 10, 1916. – Synk. Form corārius, CIL 6, 1682.

cōricēum, ī, s. cōrycēum.

corigia, s. corrigia.

Corinna, ae, *f.* (Κόριννα), **I** aus Tanagra in Böotien gebürtig, eine durch Schönheit ausgezeichnete griech. Dichterin, Zeitgenossin des Pindar, Prop. 2, 3, 21. Stat. silv. 5, 3, 158. – **II** fingierter Name einer der Geliebten Ovids, Ov. am. 3, 1, 49. Mart. 8, 73. Vgl. Jahn Ov. trist. 4, 10, 60.

Corinthus (archaist. Corintus) u. **Corinthos,** ī, *f.* (Κόρινθος), **Korinth,** berühmte Handelsstadt im Peloponnes, mitten auf dem Isthmus (dah. bimaris C., Hor. carm. 1, 7, 2. Ov. met. 5, 407), von Mummius (146 v. Chr.) zerstört, ein Jahrh. nachher wieder aufgebaut, j. *Corinto* od. (türkisch) *Gereme,* Form *-us,* z. B. Plaut. merc. 646. Rhet. Her. 4, 66. Cic. de nat. deor. 3, 91. Serv. Sulpic. in Cic. ep. 4, 5, 4. Liv. 33, 34, 9. Flor. 2, 16, 1 u. 2, 17, 1: Form *-os* z. B. Ov. met. 6, 416 u. fast. 4, 501. Mela 2, 3, 7 (2. § 48). Liv. epit. 52: als *neutr.*, Corinto deleto, CIL 1. no. 541. p. 150. – Sprichw., non cuivis homini contingit adire Corinthum (nach dem Griech. οὐ παντὸς ἀνδρὸς ἐς Κόρινθον ἔσθ᾽ ὁ πλοῦς, Gell. 1, 8, 4), »eine Lustreise nach Korinth ist nicht jedermanns Sache«, zur Bezeichnung von etw., was nicht jeder tun kann od. nicht jedem wegen der damit verbundenen Schwierigkeiten gelingt, Hor. ep. 1, 17, 36. – meton., captiva Corinthus, die Beute (an ehernen Statuen) von ganz Korinth, Hor. ep. 2, 1, 193. – Dav.: **A Corinthius,** a, um (Κορίνθιος), **korinthisch,** ager, Cic.: civis, Vitr.: bellum, Nep.: sinus, j. *Golfo di Lepanto,* Liv.: columnae, im korinth. Stil gebaute, Vitr. -aes, »korinthisches Erz« (eine bei den Alten sehr geschätzte Metallmischung aus Gold, Silber u. Kupfer), woraus Gefäße, Statuen usw. gemacht wurden, Cic.: dah. vasa Corinthia, korinth. Gefäße, Cic.; so auch supellex, opus, Cic. – subst., **a** Corinthia, ae, *f.*, eine uns unbekannte Pflanze, Plin. 4, 157. – **b** Corinthiī, ōrum, *m.*, die Einw., von Korinth, die **Korinther,** Cic. u. a. – **c** Corinthia, ōrum, *n.*, **korinthische Gefäße** (s. vorh.), Cic. u. a. – Vulg. Nbf. **Corintheus,** a, um, **korinthisch,** Isid. 15, 1, 45; 16, 5, 14 (auch Variante Isid. 13, 16, 6 u. 16, 20, 4): subst. Corinthea, ōrum, *n.*, **korinthische Gefäße,** Petron. 50, 2. – **B Corinthiacus,** a, um (Κορινθιακός), **korinthiazisch,** sinus, Liv.: pontus, Ov. – **C Corinthiēnsis,** e, **korinthiensisch,** fons Pirena, Plaut.: litus, Tac.: subst., Corinthiēnsēs, ium, *m.*, des Handels wegen zu Korinth ansässige Geschäftsleute, Apul. met. 10, 35. Paul. ex Fest. 60, 11. – **D Corinthiārius,** ī, *m.*, **α** ein **Arbeiter in korinthischem Erz,** Spottname des Augustus wegen seiner Vorliebe für Werke aus korinthischem Erz, Auct. incert. b. Suet. Aug. 70, 2. – **β** ein **Aufseher über korinthische Gefäße,** CIL 6, 5900.

Coriolī, ōrum, *m.*, Stadt der Volsker in Latium, schon von Gaius Marcius (dah. Coriolanus zubenannt) zerstört, Liv. 2, 33, 5 *sqq.*; 3, 71, 6 *sq.* – Dav. **Coriolānus,** a, um, **koriolanisch,** res, Liv.: subst., Coriolānī, ōrum, *m.*, die Einw. von Korioli, die **Koriolaner,** Liv. u. Plin.

Coriosvelītes, s. Curiosolitēs.

corissum, ī, *n.* = *chamaepitys,* Plin. 26, 85.

cōrītus, s. cōrȳtus.

corium, iī, *n.* (κόριον), die dickere, festere **Haut, I** eig.: **1** tierischer Körper, die **Haut,** das dicke **Fell,** der dicke **Balg,** u. gegerbt = das dicke **Leder** (zu Schuhsohlen, Wagendecken, Schilden u. dgl.), **a** eig.: animantium aliae coriis tectae sunt (die sogen. Dickhäuter, Pachydermen, wie der Elefant, das Nashorn, das Rind, das Schwein usw.), aliae villis vestitae, aliae spinis hirsutae, Cic.: c. elephanti, Plaut.: c. hyaenae, Scrib.: c. bovis, Tac.: c. piscis, Plin.: c. serpentis, Gell.: pecudum ferarumque coria, Mela. – c. bubulum, Varro: c. caprinum, Plin. – c. crudum, ungegerbte, Varro LL. u. Vitr.: u. so c. bubulum infectum, Edict. Diocl. – c. depstum, gegerbte, Cato. – corium formā publicā percussum, v. Ledergeld der Lazedämonier, Sen. – c. ex vetere calceamento, Plin.: plaustra coriis tecta, Iustin.: scuta Numidica ex coriis, Sall. – occisis feminis coria detrahere, Mela: super lateres coria inducere, Caes.: coriis integere turres, Caes.: coriis crudis involvi, Vitr.: obvolutus et obligatus corio (v. Vatermörder), Rhet. Her.: coria perficere, gar machen, Plin.: apro corium tollere (abziehen), Apic. – Scherzh. in der Vulgärsprache, von körperlicher Züchtigung, si in una peccavisses sullaba fieret corium tam maculosum quam est nutricis pallium, Plaut.: alci corium concīdere, das Leder vollhauen, das Leder ausgerben, Plaut.: perdere corium, Plaut.: periit meum c., Plaut.: huc afferam meum corium et flagra, ich will meine H. zu Markte bringen u. die Peitsche dazu, Varro: petere corium, jmdm. (mit der Peitsche) aufs Leder rücken, Cic. pro Tull. § 54. Sen. de const. sap. 14, 2: satisfacere alci de corio alcis, einem das Leder vollhauen lassen als Genugtuung für jmd., Sen. suas. 7. § 13: debuit de corio eius nobis satis fieri? Sen. contr. 10. praef. 10. – Sprichw., canis a corio numquam absterrebitur uncto, wie das griech. χαλεπὸν χορίων κύνα γεῦσαι u. unser »an Riemen lernt der Hund Leder fressen«, Hor. sat. 2, 5, 83. – corio suo od. de corio suo ludere, seine eigene Haut zu Markte tragen, Mart. 3, 16, 4 u. Tert. de pall. 3; Ggstz. ludere de alieno corio, Apul. met. 7, 11. – **b** meton., die **Riemenpeitsche,** Plaut. Poen. 139. – **2** Pflanzenkörper, die **Haut,** dicke **Schale,** dicke **Hülse,** mali, Scrib.: mali granati, Scrib.: pomi, Augustin.: castaneae, Plin.: amygdalae, Pallad. – **II** übtr., der harte, dicke, krustige **Überzug,** der **Auftrag,** die **Schicht, Lage,** die **Kruste,** c. pavimenti, Cato: c. parietum, Vitr.: summum c. laterum (der Ziegelsteine), Vitr.: tenuissmum caespitum c., Rasendecke, Plin.: c. papyri, Plin.: per singula coria substernere diploidem, Apic.: se coriis luti loricare (v. einem Wassertier), Plin. – ► Nbf. **corius,** iī, *m.*, Plaut. fr. bei Paul. ex Fest. 60, 7. Plaut. Poen. 139. Varr. sat. Men. 135.

Cornēlius, a, um, Name eines der wichtigsten röm. Geschlechter, bekannt durch die große Anzahl der dazu gehörigen Familien (außer den patrizischen Dolabellae, Maluginenses, Scipiones, Rufini, Sullae, Lentuli auch die plebejischen Balbi, Mammulae, Merulae etc.). – Bes. bekannt sind unter den Männern: P. Cornelius Scipio Africanus maior, Sieger über die Karthager in Spanien u. Afrika (Schlacht bei Zama 202 v. Chr.), berühmt durch wissenschaftliche Bildung u. Rednergabe (dah. Africani = Leute wie Korn. Scipio Afr. major, Cic. de or. 1, 210 u. 2, 290). – P. Cornel. Scipio Aemilianus Africanus minor, Sohn des L. Ämilius Paulus, Adoptivsohn des P. Kornel. Scipio (des Sohnes des Afrikanus major), einer der edelsten Römer der Republik, hochgebildet in Wissenschaft u. Kunst, tapferer Feldherr u. als solcher Zerstörer Karthagos (146 v. Chr.): Plur. Scipiones, Cic. Pis. 58 u. Sest. 143; de amic. 21. – unter den Frauen: Cornelia, die jüngste Tochter des Afrikanus major, Gemahlin des Tib. Sempronius Gracchus, die edle Mutter der beiden Gracchen. – u. Cornelia, die Tochter des Q. Metellus Scipio, zuerst Gemahlin des P. Licin. Krassus, dann des Pompejus. – *Adi.* **kornelisch,** leges C., die von verschiedenen Cornelii, bes. aber von L. Cornelius Sulla gegebenen kornelischen Gesetze in großer Anzahl (gegen Meuchelmörder u. Giftmischer usw.), Cic. u. a.: Forum Cornelium od. Cornelii, von Kornel. Sulla gegründete Stadt der Lingoner im cispadan. Gallien, j. *Imola,* Cic. u. Plin. – Dav. **Cornēliānus,** a, um, **kornelianisch,** subst., Corneliāna, ae, *f.*, die von Cicero für einen gewissen C. Kornelius gehaltene Rede (die Cicero später bearbeitete u. als zwei Reden herausgab), nostra in Corneliana, Cic. or. 232: in Corneliana prima, Mart. Cap. 5. § 492: in Corneliana secunda, Cic. or. 225. – Castra Corneliana od. Cornelia, s. castrum *no.* II, A, 2, c.

corneolus, a, um (*Demin.* v. 1. corneus) = κερατοειδής **hornartig,** Cic. de nat. deor. 2, 144. – übtr., **hart –, fest wie Horn,** bacillum, Afran. com. 224: corneolus fuit, bene aetatem ferebat, Petron. 43, 7.

cornēsco, ere (cornu), **zu Horn-, hornartig werden,** Plin. 11, 261.

cornētum, ī, *n.* (cornus), das **Gebüsch** (die **Gruppe**) **von Kornelkirschbäumen,** Varro LL. 5, 146 u. 152.

1. corneus, a, um (v. cornu), **I aus Horn, hörnern,** rostrum, Cic.: ora (*n. plur.*), Ov.: lanterna, Mart. – **II** hornartig, **A** = **trocken-, fest**

wie **Horn,** corpora c., Plin.: cornea fibra, bildl. = hartes Herz, Gefühllosigkeit, Pers. 1, 47. – **B** der Farbe nach, **hornähnlich, hornfarbig,** color, Plin.: in sardonyche hoc c. invenitur, Plin.

2. **corneus,** a, um (cornus), **vom Kornelkirschbaume, Kornelkirschen-,** virgulta, Verg.: clavi, Cato: arcus, Ov.

cornicen, cinis, *m.* (cornu u. cano), **I** der **Hornbläser, Hornist,** auch **Flötist** (Bläser der phryg. Flöte = κεραταύλης), Cic. de rep. 2, 40. Sall. Iug. 93, 8; hist. fr. 1, 71 (69). Liv. 1, 43, 7 u. 2, 64, 10. Iuven. 2, 118. CIL 6, 2627 u. 33999. – Nbf. cornucen, Dosith. art. gramm. (VII) 389, 5. – **II** Beiname mehrerer Personen der gens Oppia, Liv. 3, 35, 11; auch in der Nbf. Cornicinus, Cic. ad Att. 4, 2, 4.

corniclārius, s. corniculārius ►.

cornīcor, ārī (cornix; vgl. Prisc. 8, 79), **wie eine Krähe kreischen, krächzen,** nescio quid tecum grave cornicaris inepte, Pers. 5, 12: u. so alqd intra se, Hieron. epist. 125, 16.

cornīcula, ae, *f.* (*Demin.* v. cornix), die **kleine Krähe,** verächtl. = die alberne, törichte Krähe, Hor. ep. 1, 3, 19. Vulg. Baruch 6, 53. Hieron. praef. ad Didym. de spir. scto. (vol. 2. p. 108 M.).

corniculāns, antis (corniculum), **in Horngestalt erscheinend, gehörnt,** luna, der Neumond, Solin. 32, 17. Amm. 20, 3, 1 u. a.

Corniculānus, s. 2. Corniculum.

corniculārius, iī, *m.* (1. corniculum), ein mit einem Ehrenhörnchen beschenkter u. dadurch vom gew. Dienst befreiter u. als Gehilfe einem höheren Offizier beigegebener Soldat, der **Gefreite,** Val. Max. 6, 1, 11. Frontin. 3, 14, 1. Suet. Dom. 17, 2. Ps. Ascon. Cic. II. Verr.. 1, 71. p. 179, 19 B. CIL 2, 4159; 3, 385 u. ö. – dann auch im Zivildienst, eine Art Gehilfen der Magistrate, der **Hilfsarbeiter, Assistent, Sekretär** usw., Firm. math. 3, 6. Cod. Theod. 1, 15, 11 u. a. – ► Synk. corniclarius, CIL 5, 7897: Nbf. cornuclarius, CIL 3, 644 u. ö.

corniculātus, a, um (1. corniculum), **horngestaltet, gehörnt,** luna, der Neumond, Apul. de deo Socr. 1. Augustin. in psalm. 10, 3: c. lumen lunae, Augustin. epist. 55, 6; de genes. ad litt. 2, 15, 31: c. forma lunae, quam μηνοειδῆ Graeci vocant, Mart. Cap. 7. § 738.

1. **corniculum,** ī, *n.* (*Demin.* v. cornu), das **Hörnchen, I** eig.: **1** Plur., cornicula = die **scherenartigen Spitzen** am Kopf der rana marina, Plin. 9, 143. – u. die Fühlhörner der Schmetterlinge, Plin. 11, 100. – **2** ein **kleiner Trichter** aus Horn, Holz usw., Col. 7, 5, 15 u. 20. – **II** übtr.: **1** ein hornförmiger Zierat am Helm als Geschenk an Soldaten für bewiesenes Wohlverhalten, das **Ehrenhörnchen,** Liv. 10, 44, 5. Fronto princ. hist. p. 205, 19 N.: corniculum merere, Aur. Vict. de vir. ill 72, 3: corniculo merere, als Gefreiter (s. corniculārius) dienen, Suet. gr. 9. – **2** Plur. cornicula, wahrsch. = cornua cristae od. galeae (s. cornū), Plin. 10, 124. – **3** Plur. cornicula = die beiden Enden des groma (Diopterlineals), Gromat. vet. 32, 19 u. 288, 5.

2. **Corniculum,** ī, *n.*, alte Stadt der Latiner auf den kornikulanischen Bergen, nördlich von Tivoli, Wohnort der Eltern des Servius Tullius, Liv. 1, 38, 4. – Dav. **Corniculānus,** a, um, **aus Kornikulum,** captiva, Liv.: Tullius, Aur. Vict.: Ocresia mater Corniculana fuit, war aus K., war eine Kornikulanerin, Ov.

corniculus, ī, *m.*, das **Amt eines** *cornicularius,* Cod. Theod. 8, 7, 8.

cornifer, fera, ferum (cornu u. fero), **Hörner tragend, gehörnt,** cervi, Poëta in Auct. class. tom. 5. p. 456 *ed. Mai:* matres, Lucr. b. Macr. sat. 6, 5, 3 (Lukrez selbst aber 2, 368 cornigeras).

Cornificius, a, um, Name eines plebejischen Geschlechts in Rom; am bekanntesten auch in literarhistorischer Hinsicht Q. Cornificius, Freund Ciceros und Verfasser rhetor. u. grammat. Schriften, Cic. ep. 12, 17, 2 u. ö. Catull. 38, 1 u. Ov. trist. 2, 436. – ► Urspr. Schreibung Cornuficius, Numm. vet. bei Eckhel Doctr. num. 5, 196: so auch Cornuficia, CIL 1, 1087.

cornifrōns, frontis (cornu u. frons), **an der Stirn mit Hörnern versehen,** tu cornifrontes pascere armentas soles, Pacuv. tr. 349.

corniger, gera, gerum (cornu u. gero), **Hörner (Geweihe) tragend, gehörnt,** Lucr., Cic. poët. u. a. Dichter. – subst., **a** cornigera, ae, *f.*, die **Gehörn-, Geweihträgerin,** v. der Hirschkuh, Carm. epigr. 1800, 2. – **b** cornigera, ōrum, *n.* (*sc.* animalia), **Hornvieh,** Plin. 11, 212 u. a.

cornipedus, a, um (cornu u. pes), **hornfüßig,** cornipedo volatu, Dracont. carm. 7, 81.

cornipēs, pedis (cornu u. pes), **hornfüßig, behuft,** Catull. u. a. Dichter. – subst., der **Hornfüßige, Huffüßige,** v. Pferde, Sil. 11, 361. Claud. fesc. 11, 11: v. Zentauren Chiron, Claud. in Rufin. 2, 180.

cornipeta, s. cornupeta.

Corniscae dīvae, ārum, *f.* (cornix), die **göttlichen** (der Juno heiligen) **Krähen,** CIL 1, 814 (wo devas Corniscas archaist. = divis Corniscis); vgl. Paul. ex Fest. 64, 7.

cornīx, īcis, *f.* (griech. κορώνη, verwandt mit corvus, κόραξ), die **Krähe,** schon im Altertum bekannt durch ihre Geschwätzigkeit u. Gelehrigkeit in Nachahmung menschlicher Laute, dah. c. garrula, c. loquax, Ov.: c. colore mire admodum nigro, plura context verba exprimens et alia atque alia crebro addiscens, Plin. – sowie durch ihr oft sehr hohes Alter, dah. c. annosa, c. vetula, Hor.: c. novem saecula passa, Ov.: natura cervis et cornicibus vitam diuturnam dedit, Cic. – bei den Alten Weissagevogel, s. Suet. Dom. 23, 2: dah. Augurienvogel, dessen Flug u. Geschrei zur Linken ein günstiges Anzeichen gab, (datum) augurium corvo, laeva cornici omina, Phaedr.: quid (habet) augur cur a dextra corvus, a sinistra cornix faciat ratum? Cic. – u. durch ihr Geschrei Vorbotin des Regens, tum cornix plenā pluviam vocat improba (die gottlose Hexe) voce, Verg.: u. aquae nisi fallit augur annosa cornix, Hor. – Wegen ihrer Scharfsichtigkeit als sympathet. Mittel, cornicum eruere genas, »den Krähen die Augen ausreißen«, um den besorgten Gatten blind bei dem Treiben seiner buhlerischen Frau zu machen, Prop. 4, 5, 15 *sq.* – u. sprichw., cornicum oculos configere, den Krähen die Augen aushacken = selbst die Vorsichtigsten täuschen, Cic. Mur. 25: u. dass. ellipt., qui cornici oculum, ut dicitur, Cic. Flacc. 46 (u. dazu Schol. Bob. in Cic. orat. pro Flacc. 20. *no.* 2. p. 242 B.; vgl. Quint. 8, 3, 22).

cornū, ūs u. (selten) ū, *n.*, selten **cornum,** ī, *n.* u. **cornus,** ūs, *m.* (altind. *çṛnga -m,* keltisch *karn,* griech. κέρας, gotisch *haúrn*), das **Horn, I** eig.: **A** am tierischen Körper: **1** das **Horn** am Kopf vierfüßiger Tiere, im Plur. deutsch auch das **Gehörn,** bei Hirschen usw. das **Geweih,** cornua boum, Caes.: cornua tauri, Varro u. (des Stiergestirns) Ov.: torta cornua arietis, Varro u. (des Widdergestirns) Cic. poët.: cornu hirci, Verg.: cornua cervi, Varro LL. u. a.: cornua alcina, Geweih des Elentiers, Elches, CIL 13, 5708: c. arietinum, Plin. u. Mart. Cap., cornua arietina, Solin.: c. bubulum Plin.: alias (animantes) esse cornibus armatas, alias habere effugia pennarum, Cic.: cornua amittere, das Geweih abwerfen (v. Hirsch), Plin.; vgl. non decidunt castratis cervis cornua nec nascuntur, die kastrierten Hirsche werfen (das Geweih) nicht ab und setzen auch nicht auf, Plin.: irasci in cornu, seine Wut gleichs. in die Hörner drängen (vgl. ταῦροι εἰς κέρας θυμούμενοι), Verg.: surgere in cornua, das G. hochheben (v. Hirsch), Verg. – als Sinnbild der Fruchtbarkeit u. des Überflusses (mit Rücksicht auf Cornu Copiae, s. im Folg.), sowie der Kraft u. Stärke Attribut des Bacchus, s. Tibull. 2, 1, 3 u. Hor. carm. 2, 19, 30. – ebenso als Sinnbild des Ungestümen Attribut der Flussgötter, Verg. georg. 4, 371. Mart. 10, 7, 6. – Cornu Copiae (später als ein Wort Cornucopia, ae, *f.*), das unter die Sterne versetzte Horn der Ziege Amalthea (Κέρας Ἀμαλθείας s. Amalthēa), aus dem Nektar geflossen sein soll, das Sinnbild der Fruchtbarkeit u. des Überflusses, das Füllhorn, Plaut. Pseud. 671. Gell. 14, 6, 2. Hor. carm. 1, 17, 16. Ov. met. 9, 88: als **ein** Wort, Amm. 22, 9, 1; 25, 2, 3. Lact. Placid. 9. fab. 1 extr.: dass. cornu copiosum, Petron. 29, 6. – poet. zur Bezeichnung des kräftigen, mutigen Widerstandes (wie der der Stiere mit ihren Hörnern) u. des Mutes, cornua obvertere alci u. cornua in alqm vertere, gegen jmd. die Hörner kehren, jmdm. die Hörner zeigen (bildl.), Plaut. u. Apul.: so auch tollere cornua in alqm, Hor.: cornua sumere, Mut gewinnen, Ov.: cornua addere alci, Mut machen, Hor.: coeperunt mihi hinc inde cornua increscere, der Mut zu wachsen, Hieron. epist. 69, 2. – **2** cornua, die **Scheren** (brachia) der Insekten, Plin. 9, 95 u. 99. – **3** cornua elephanti, die Elefantenzähne, Varro LL. u. Plin.: dah. cornu Indicum, Elfenbein, Mart. –

4 das **Horn** am Schnabel der Vögel, Ov. met. 14, 502. – **5** das **Horn** am Huf vierfüßiger Tiere, Cato r. r. 72. Verg. georg. 3, 88. – **6** das Horn = die Hornhaut im Auge, Plin. 11, 148. – **B** das Horn vom tier. Körper als verwendbares, verarbeitetes Material: **1** als Räucher- u. Arzneimittel: cornu bubulum combustum, Cels.: cornu cervinum incendere, Varro: cornu cervinum purgat, Cels. – **2** das **Horn** als Instrument, Gefäß usw., **a** als musikal. Blasinstrument, **α** das eig. **Blashorn,** bes. im Heer, das **Heerhorn,** in der Schweiz **Harschhorn,** womit man das Zeichen bei den Feldzügen gab (urspr. ein Ochsen-, bes. ein Auerochsenhorn, mit Silber eingefasst; vgl. Veget. mil. 3, 6), Cic., Verg. u. a. – **β** das unten an die phrygische Schalmei (κερασφόρος αὐλός) zur Verstärkung des Tons angesetzte Horn u. dann die »phrygische Flöte« selbst (unserer Blasklarinette ähnlich), Ov. u. Iuven. (vgl. Heinr. Iuven. 6, 314 *sq.*). – **b** die aus Horn gearbeiteten Bogenteile, dah. (im Sing. u. Plur.) = der **Bogen,** Verg. u. a. Dichter. – **c** die **Laterne,** Plaut.: cornu lanternae, Plin. – **d** ein **Ölgefäß,** Hor. sat. 2, 2, 61. – **e** ein **Trichter,** Verg. u. Col. – **f** die beiden urspr. aus zwei Hörnern bestehenden, nach außen massiven, nach innen hohlen, also Resonanz gebenden Seiten des Saitenspiels, die unten und oben durch einen Steg verbunden waren, etwa die **Resonanzseiten,** Cic. de nat. deor. 2, 144 u. 149.

II übtr.: **A** das **Horn** = die Spitze, das Ende, die äußerste Ecke, **1** cornua, die horn- od. trichterförmigen Spitzen des Helmkegels (conus), in die der in mehrere Büschel geteilte Helmbusch eingelassen war, die **Hörner,** cornua cristae, Verg. Aen. 12, 89: alterum cornu galeae, Liv. 27, 33, 2. – **2** die äußerste krumme **Spitze** der Segelstange u. meton. = die **Segelstange,** Verg. u. a.: cornua huc torquere, Hor. – **3** der elfenbeinerne od. goldene u. bemalte **Knopf (Knauf)** am oberen u. unteren Ende des runden Stabes (Zylinders), um den das Buch gerollt wurde, dah. gew. Plur. cornua, Tibull. 3, 3, 13. Ov. trist. 1, 1, 8: explicitum nobis usque ad sua cornua librum, d. i. bis zum Ende (da der Zylinder am Ende der Buchrolle saß), Mart. 11, 107, 1. – **4** cornua, lunae, die Enden der Mondsichel, die **Hörner,** Cic. fr. u. a.: luna nova curvata in cornua, Plin.: ad cornua redire (v. Mond), Augustin. in psalm. 10, 3. – **5** der Arm eines Flusses, Ov. met. 9, 774. – **6** die Spitze, der Flügel einer Örtl., **a** die **Spitze** eines Berges, das **Horn,** cornua Parnasi, Stat. Theb. 5, 532. – **b** eine in ein Gewässer, bes. ins Meer hinauslaufende Landspitze, die **Landzunge,** das **Horn** (vgl. unser »Argerhorn, Kippenhorn« am Bodensee), Ambracii sinus cornua, Flor.: Cnidus in cornu paene insulae posita, Mela: ubi Italia longe abit, in duo cornua scinditur, Mela: frons Italiae in duo se cornua scindit, Mela: ubi (Italia) longius abiit, in cornua duo scinditur, Solin.: promunturia, quae cornibus obiectis ab alto portum faciunt, Liv.: ab utroque portus cornu moles iacimus, Caes. in Cic. ep. – **c** der **Flügel,** das **äußerste Ende,** die **äußerste Ecke** einer Örtl., in duobus velut cornibus Graeciae (dem Peloponnes u. Mazedonien), Liv.: in cornu porticus amplissimum cubiculum a triclinio occurrit, Plin. ep.: cornibus in se coëuntibus faciebat amphitheatrum, Plin.: in cornu tribunalis assidere, Tac.: in cornu (subsellii) sedere, Liv.: iacēre cornu sinistro (stibadii), Sidon.: u. so cornibus in summis ponere membra, Iuven.: in cornibus comitii positae statuae, Plin. – **7** der **Flügel** eines Heeres od. einer Flotte in Schlachtordnung (Ggstz. media acies, medii), dextrum, sinistrum, Caes.: dexterius, sinisterius, Galba in Cic. ep.: laevum, Liv.: dextrum, laevum navium, Vell.: nostrum cornu circumire, Galba b. Cic.: circuire hostem a cornibus, Liv.: facere cornua, sich als vorgeschobener Flügel (an die zurückgewichenen Gallier u. Hispanier) anschließen, Liv.: cornua facere, extendere, diducere, producere, Liv.: vincere dextro cornu, Frontin.: im Bild, cornua commovere disputationis tuae, zum Weichen bringen, Cic. de div. 2, 26. – **B** das **Horn** = der hornartige Auswuchs, **1** ein hornartiges Gewächs am Kopf (eine große Warze), das **Horn,** Hor. sat. 1, 5, 58. – **2** **cornua** = der hornartig auf dem Kopf emporstehende Haarbüschel der Germanen, die **Hörner,** Iuven. 13, 165. – ► Genet. von cornu gew. ūs; Genet. cornuis angef. bei Mart. Cap. 3. § 293. – Nom. cornum bei Varro r. r. 3, 9, 14. Scrib. 141: Akk. cornum, Ter. eun. 775. Lucr. 2, 388. Ov. met. 2, 874 u. 5, 383. Gell. 14, 6, 2. Pelagon. veterin. 256 *Ihm.* Veget. mil. 2, 15 *in.* Gargil. Mart. de cura boum 24. – Nomin. cornuum, Isid. 16, 25, 10, u. Abl. Plur. cornuis, Treb. Poll. Gallien. 8, 2. – der Nom. cornus bei Varr. sat. Men. 131: Genet. Plur. cornorum, Scrib. 60: Abl. cornibus (m. folg. qui), Cic. de nat. deor. 2, 149.

cornuālis, e (cornu), **a** die **Hörner betreffend,** concertatio, mit den Hörnern, Cassiod. var. 1, 37. – **b** **halbmondförmig,** linea, Gromat. vet. 103, 11.

cornuārius, iī, *m.* (cornu *no.* I, B, 2, a, α), der **Hornverfertiger,** Tarrunt. dig. 50, 6, 6.

cornuātus, a, um (cornu), **gehörnt,** taura, *Trag. inc. fr. 222 R.[2]

cornucen, s. cornicen.

cornuclārius, s. corniculārius ►.

Cornūcōpia, ae, s. cornū *no.* I, A, 1.

Cornuficius, s. Cornificius ►.

cornulum, ī, *n.* (*Demin.* v. cornu), im Spätlat. für corniculum, **a** das **Hörnchen,** bovis, Porphyr. Hor. sat. 1, 4, 34 H. – **b** das **Trichterchen,** der **kleine Trichter,** Apic. 8, 339.

1. **cornum,** ī, *n.*, s. cornū ►.

2. **cornum,** ī, *n.* (2. cornus), **I** die **Kornelkirsche,** Verg. georg. 2, 31. Hor. ep. 1, 16, 9. Ov. met. 1, 105. Col. 12, 10, 3. – **II** das Kornelkirschholz, meton. = der **Lanzenschaft,** die **Lanze** aus Kornelkirschholz, Ov. met. 8, 408 u. 12, 451.

cornupēs, s. cornipēs.

cornupeta, ae, *m.* (cornu u. peto), **mit dem Horn stoßend, stößig,** taurus, Augustin. in psalm. 54, 22: bos, Vulg. excd. 21, 29. Schol. Cruq. Hor. sat. 1, 4, 34. – cornipeta geschr., Gloss. Placid. V, 59, 6.

1. **cornus,** ūs, *m.* s. cornū.

2. **cornus,** ī, *f.* (κράνον, κράνεια), **I** der (mit hornhartem Holz versehene) **Kornelkirschbaum** (*Cornus mascula,* L.), Verg. georg. 2, 448. Col. 5, 7, 1. Plin. 16, 103 u. 105. – Nbf. cornus, ūs, *f.*, Abl. cornu, Varro r. r. 3, 16, 22. Plin. 16, 228 u. 17, 201. Ov. her. 10, 107. Serv. Verg. Aen. 9, 698. – **II** das **Kornelkirschholz,** Ov. met. 7, 678. – meton. der **Lanzenschaft,** die **Lanze** aus Kornelkirschholz, Verg. Aen. 9, 698; 12, 267. Ov. her. 10, 107. Stat. Theb. 7, 647 u. spät. Dichter: Plur. cornus, Sil. 4, 550.

cornūtus, a, um (cornu), **I** **gehörnt,** aries, Col. u. Vulg.: aves, Ov.: quadrupedes (= *elephanti*), Varro LL.: luna, Amm. – subst., **a** cornūtī, ōrum, *m.* insbes. = **Stiere,** Acc. tr. 494 u. cornūtae, ārum, *f.*, das **Hornvieh,** Varro r. r. 2, 7, 2 *Keil.* – **b** cornūta, ae, *f.* der **Hornfisch,** Plin. 32, 145. Apic. 10, 454. – **II** übtr.: syllogismus c. (= ceratina), der **Hornschluss,** ein sophistischer Trugschluss, Hieron. epist. 69, 2. u. so interrogatio c., Hieron. in Helvid. 16.

cōro, āre, s. cūro .

corocottās, ae, *m.* (κοροκόττας), ein unbekanntes wildes Tier in Äthiopien, vielleicht die **Hyäne,** Plin. 8, 107. Capit. Anton. Pius 10. § 9: auch **crocottas** (κροκόττας) geschr., Plin. 8, 72: u. Corocotta als scherzh. Beiname eines Schweins, Testam. porcell. *in.*

Coroebus, ī, *m.* (Κόροιβος), ein Phrygier, Sohn des Mygdon, Verg. Aen. 2, 341 u. 424.

corōlla, ae, *f.* (*Demin.* v. corona), der **kleine Kranz,** Enn. frgm. var. 25. Plaut. Bacch. 70. Catull. 63, 66. Petron. 70, 8: quaedam corollas vendens, eine Kranzhändlerin, Plin. 8, 13.

corōllāria, ae, *f.* (corolla), die **Kranzhändlerin** (sonst coronaria), CIL 6, 3486*. – als Titel einer Komödie des Nävius, Varro LL. 7, 60.

corōllārium, iī, *n.* (corolla), das **Kränzchen,** Gell. 4, 14, 6. – bes. ein urspr. aus natürlichen, später aus von vergoldetem od. versilbertem Kupferblech, ja von Gold u. Silber selbst verfertigten Blumen bestehendes Kränzchen, als Geschenk an gute Schauspieler und andere Künstler (vgl. Plin. 21, 5), wofür später Geld oder andere Dinge von Wert gegeben wurden; dah. **I** übtr. = **Geschenk, Trinkgeld, Zulage,** (vgl. Varro LL. 5, 178), Cic. u. a.: corollarium accipere, Petron. – **II** übtr. = **Zusatz,** angehängter **Folgesatz,** Boëth. de cons. phil. 3. pros. 10 u. 4. pros. 3.

1. corōna, ae, *f.* (κορώνη), der **Kranz, I** eig., der **Kranz,** die **Krone** aus Blumen (natürlichen od. künstlichen), Zweigen u. dgl. (als Schmuck der Menschen bei fröhlichen u. ernsten, feierlichen Gelegenheiten, wie der Gäste beim Mahl um Kopf und Hals, der Opfernden [s. Fabri Liv. 23, 11, 5], der Toten, der Mischkessel u. Becher bei Trinkgelagen [s. Voß Verg. georg. 2, 528. p. 454. Wagner Verg. Aen. 1, 724], sowie der Götterbilder, der Gebäude, der Schiffe [s. Mützell Curt. 4, 4, 5] u. der Opfertiere; als Geschenk für Geliebte, Freunde usw. [goldene, als Geschenk für Könige u. Feldherren, s. Mützell Curt. 4, 2, 2. p. 190. Drak. Liv. 7, 37, 1; 38, 14, 5] usw., c. aurea, Rhet. Her., Liv. u. a.: laurea, Cic.: myrtea, Val. Max.: pinea, Plin.: quercea, Tac.: quernea, Suet.: spicea, Inscr.: spinea, Dornenkrone (Christi), Lact.: facta duabus virgulis oleaginis, Nep.: lemniscata, Serv.: corona modici circuli (von geringem Umfang od. Durchmesser), Liv. – als Kampfpreis, Belohnung, bes. tapferer Krieger, c. castrensis, civica, muralis, navalis, obsidionalis etc., Plaut., Cic. u. a.: c. aurea muralis, vallaris, Inscr. – corona virtute parta, Cic.: corona victoriae, Greg. in Iob 22, 45: corona victrix, Lact. de mort. pers. 16, 11. – coronam imponere alci, Cic. u. Liv., statuae, Suet.: redimire frontem coronā, Mart. (u. so redimitus coronis, bei Gelagen, Cic.): coronam (capite) gerere oder gestare, Suet.: decernere alci coronam lauream, Cic.: dare alci honoris coronam, Nep.: alqm coronā donare, Cic.: coronam habere unam in capite, alteram in collo, Cic.: coronam ponere, Cic.: deponere, Liv.: coronam capiti detrahere, Liv.: ludis circensibus coronā laureā uti, Vell.: coronas venditare, Plin.: sternere vicos floribus coronisque, Curt.: totum iter floribus coronisque consternere, Curt.: complere alqm floribus coronisque, Cic. – coronas bibere, aus den Kränzen die Blätter in die Becher pflücken u. sie mittrinken, Plin. 21, 12. – poet., corona perenni fronde, d. i. unsterblicher Dichterruhm, Lucr. 1, 118: u. so v. Dichterruhm, alci Delphicā lauro cingere comam, Hor.: insignem suo capiti petere coronam, Lucr. – nectere alci coronam, jmdm. einen Kranz flechten = jmd. durch ein Gedicht verherrlichen, Hor., od. = jmd. wegen eines Gedichtes verherrlichen, preisen, Hor.; vgl. Mitscherl. Hor. carm. 1, 26, 8. Schmid Hor. ep. 2, 2, 96. – sub corona vendere, einen Kriegsgefangenen **als Sklaven verkaufen** (weil die Gefangenen bekränzt wurden, vgl. Cael. Sabinus b. Gell. 7, 4, 3), Caes. u. Liv.: ebenso sub corona venire od. venundari, Liv.: sub corona emere, Varr. – poet., regni corona = diadema, Verg. Aen. 8, 505. – corona fidei, Märtyrerkrone, Cypr. ep. 58 u. 60. Lact. epit. 72, 23 (dies. auch bl. corona, Lact. 4, 25, 10). – **II** übtr.: **1** in der Baukunst = **Kranzleiste, Einfassung, Gesims,** Vitr. u. Plin. – **2** in der Kriegskunst = **Rand, Einfassung** einer Mauer, angusta muri corona erat, Curt. 9, 4 (18), 30. Vgl. Held Hirt. b. G. 8, 9, 3 (wo einige Hdschrn. auch coronis haben). – **3** bei den Agrim. = oberster **Rand** der Äcker als Abgrenzungslinie, Cato r. r. 6, 3. Gromat. vet. 217, 1 u. 218, 3. – **4** cor. montium, kreisförmige **Gebirgskette,** Plin. 6, 73. – **5** haarige **Krone** über dem Pferdehuf, Col. u. Veget. mul. – **6 Hof** um die Sonne, für das griech. ἅλως, Sen. nat. qu. 1, 2. – **7** gew. = **Kreis** von Menschen, **Zuschauer, Zuhörer, Versammlung, Menge,** Cic. u. a. (s. Schmid Hor. ep. 1, 18, 53). – dah. als milit. *t. t.* = die einen Ort feindlich od. als Schutz rings umgebende (einfache, zweifache, ja dreifache) Truppenlinie, **Belagerungslinie, Befestigungslinie** (s. Fabri Liv. 23, 18, 5. Mützell Curt. 4, 6, 10. p. 250), (urbem etc.) coronā cingere, Caes. u. Liv., circumdare od. oppugnare, Liv. u. a. – zum Schutz, coronā vallum defendere, Liv. 4, 19, 8. – **8** corona bubula = cunila bubula, **großer Saturei,** so genannt wegen seiner Vortrefflichkeit, Apul. Apic. 4, 144 u. 145. – ► chorona geschr., CIL 6, 22102 = Carm. epigr. 92 *ed. Buecheler;* vgl. Quint. 1, 5, 20. Ter. Scaur. de orthogr. (VII) 14, 11.

2. Corōna, ae, *f.*, als Gestirn: **A** die nördliche **Krone,** Cic. Arat. 351. Ov. met. 8, 181. Col. 11, 2, 74; dem Mythos zufolge die an den Himmel versetzte Krone der Ariadne (vgl. Ariadna), dah. auch Gnosia stella Corona gen., Verg. georg. 1, 222, od. Cressa Corona, Ov. art. am. 1, 558, od. Ariadnea Corona, Manil. 5, 21. – **B** die südliche **Krone,** Caes. German. Arat. 391.

Corōnaeī, s. Corōnēa.

Corōnaeus, a, um, s. Corōnē.

corōnālis, e (corona), **zum Kranz gehörig,** flammae, aus dem Kranz hervorbrechende, Apul. met. 1, 10.

corōnāmen, minis, *n.* (corona), die **Bekränzung,** Apul. met. 11, 9.

corōnāmentum, ī, *n.* (corona), **I** die **Kranzblumen,** Cato u. Plin. – **II** = στεφάνωμα, die **Bekränzung,** der **Kranz,** Tert. de cor. mil. 1 u. 7.

corōnārius, a, um (corona), **zum Kranz gehörig, Kranz-, Kronen-, I** *adi.:* anemonae, zu Kränzen bestimmte, Plin.: so aes (Cyprium), dünngeschlagenes Kupfererz, Kupferblech, Plin.: lusus naturae, kranzartige Gewächse erzeugend, Plin.: opus, Verfertigung einer goldenen Krone, Vitr. 9. praef. 10; dagegen Stukkaturarbeit, Vitr. 7, 4, 4. – aurum c., das (statt der urspr. gegebenen goldenen Krone) für einen siegreichen Feldherrn von den Provinzen zusammengebrachte Geldgeschenk, Kronengold, Cic. agr. 1, 12; 2, 59 u. a. (vgl. Drak. Liv. 38, 14, 5); unter den Kaisern eine gelegentliche (z. B. bei Thronbesteigungen) allgemein entrichtete Abgabe an die Krone, Spart. Hadr. 6, 5. – **II** *subst.:* **A** corōnārius, iī, *m.*, der **Kranzbinder, -flechter,** CIL 11, 30. Plin. 21, 54. Fronto ep. ad M. Caes. 1, 7. p. 19, 2 N. – **B** corōnāria, ae, *f.*, die **Kranzbinderin, -flechterin,** Plin. 21, 4.

corōnātio, ōnis, *f.* (corono), die **Bekränzung,** virilium pudendorum (des Phallus), Augustin. de civ. dei 7, 27, 2.

corōnātor, ōris, *m.* (corono), der **Bekränzer, Kröner,** Augustin. serm. 165, 4.

Corōnē, ēs, *f.* (Κορώνη), (Stadt in Messenien, an der Westküste des messen. Meerbusens, am Fuße des Berges Timathias, noch j. *Coron,* Liv. 39, 49, 1. Plin. 4, 15. – Dav. **Corōnaeus,** a, um (Κορωναῖος), **koronäisch,** sinus, der koronäische Meerbusen, noch j. *Golfo di Coron,* Plin. 4, 15.

Corōnēa, ae, *f.* (Κορώνεια), Stadt in Böotien, an der Westseite des Gebirges Tilphossion, in der Nähe des j. *Camari,* berühmt durch den Sieg des Agesilaus über die Böotier, Athener u. a. Griechen i. J. 394 v. Chr., Nep. Ages. 4, 5. Liv. 33, 29, 6 u. 9. – Dav. **A Corōnaeī,** ōrum, *m.* (Κορωναῖοι), die Einw. von Koronea, die **Koronäer,** Liv. – **B Corōnēnsis,** e, **koronensisch,** Liv.

Corōneus, eī, *m.*, König in Phokis, Vater der in eine Krähe verwandelten Korone, Ov. met. 2, 569.

corōniola, ae, *f.* (corona), die **Herbstrose,** Plin. 21, 19.

Corōnīdēs, ae, s. 2. Corōnis.

1. corōnis, idis, *f.* (κορωνίς), ein gewundener od. verschlungener Federzug, den die Schriftsteller od. Abschreiber am Ende eines Buchs od. eines Abschnitts zu setzen pflegten, zum Zeichen des Schlusses des Buchs od. Abschnitts, der **Schlussschnörkel,** Mart. 10, 1, 1. Suet. de vir. ill. 108. p. 137, 12 Reiff.

2. Corōnis, nidis, Akk. nida, *f.* (Κορωνίς), Tochter des Thessaliers Phlegyas, Mutter des Äskulap von Apollo, Ov. met. 2, 542 u. 599. – Dav. **Corōnīdēs,** ae, *m.* Κορωνείδης), der **Koronide,** d. i. Äskulap, Ov. met. 15, 624.

corōno, āvī, ātum, āre (corona), **bekränzen, umkränzen,** bei Ang. **womit?** m. *Abl.*, **I** eig.: **a** übh.: cratera od. vina, den Mischkessel mit Laubgewinden umkränzen, Hor. u. Verg.: templa, Ov.: locum fronde funereā, Verg.: marino rore deos fragilique myrto, Hor.: Terminum diversa pro parte, Ov.: victimas, Plin.: ille qui spinis coronatus est (v. Christus), Augustin. – Oft im *Partic. Perf.*, **α** v. lebl. Subjj.: coronatae arae, Prop.: c. canistra, Ov.: c. capilli, Ov.: coronatum solito more caput, Val. Max.: c. frons, Ov.: c. carinae, Prop.: c. puppis, Ov.: c. lintres, Ov.: c. phaselus, Prop.: postes lauro coronati, Quint. – **β** v. leb. Wesen: coronati aselli, equi, iuvenci, Prop. u. Ov. – u. (v. Pers.) populus coronatus spectavit, Liv.: sedebat in rostris collega tuus, amictus togā purpureā, in sella aurea, coronatus, Liv.: coronati ad omnia pulvinaria supplicaverunt, Liv.: sequebantur epulae, quas inibant propinqui coronati, Cic.: anus hederā coronatae, Varro LL.: decemviri coronati laureā, Liv.: coronatus laureā coronā, Liv.: coronatus spinis, mit einer Dornenkrone, Lact. – m. Ang. **woran?** poet. durch *Acc.*, coronatus nitentes malobathro Syrio capillos, Hor. –

Passiv medial = **sich bekränzen,** hederā coronantur Bacchico ritu, Macr. sat. 1, 18, 2. – Partiz. subst., corōnātī, ōrum, *m.*, **Leute mit Kränzen (Kronen),** volgum autem tam chlamydatos (Leute mit der Chlamys) quam coronatos voco, Sen. de vit. beat. 2, 2. – **b** einen Sieger im Wettkampf **bekränzen, krönen,** victores oleā od. oleastro Olympiae, Plin.: victores lauro Delphis, Plin.: coronari utroque certamine, Quint.: sunt eo modo multi coronati (poëtae), Quint.: coronatus pugil, Quint.: Homerus laudatus et coronatus, Min. Fel. – u. m. *Acc.* **worin?** magna coronari Olympia (nach dem griech. στεφανοῦσθαι Ὀλύμπια μεγάλα), in den großen olymp. Spielen den Kranz (vom wilden Ölbaum) als Sieger erhalten, Hor.: coronatus de oratoribus, aus dem Kreise der Redner, im Wettkampf mit den Rednern, Suet. Dom. 13, 1. – c. comoediam de sententia iudicum, die K. krönen, der K. den Preis zuerkennen, Suet. Claud. 11, 2: coronari novo nomine, mit einem n. N. als Siegespreis geziert werden, Plin. 22, 10. – **c** einen Kriegsgefangenen beim Ausstellen zum Verkauf als Sklaven **bekränzen,** venire (verkauft werden) coronatum (= sub corona venire, s. 1. corōna), Cato de re mil. fr. 2. – **II** übtr., **umkränzen** = kranzartig umgeben, umschließen (s. Bünem. Lact. inst. 4, 26, 23 u. zu de opif. dei 10, 27), **a** v. dem selbst, was umgibt: pluma columbarum cervices collumque coronat, Lucr.: silva coronat aquas cingens latus omne, Ov.: coronant myrteta summum lacum, krönen oben den Rand des Sees, Ov.: solem itineribus (mit ihrer Laufbahn), v. Gestirnen, Vitr.: simplex aetheris dorsum sacratā amoenitate lucis (v. Gestirnen), Apul.: cervicula psittaci circulo mineo velut aureā torqui pari fulgoris circumactu cingitur et coronatur, Apul.: sol circa domum patris eius fulgido ambitu coronatus, Lampr.: papillae parvis orbibus coronata, Lact. – v. Menschen, regem illum mundi coronamus, umgeben (umstehen) im Kreis, Lact. – **b** v. Pers., die mit etw. umgeben: c. castra suggestā humo, Prop.: c. omnem abitum custode, umstellen, Verg. – ► Parag. *Infin. Praes.* coronarier, Arnob. 5, 7.

corōnopūs, podis, *m.* (κορωνόπους), **Krähenfuß** (*Plantago coronopus,* L.), Plin. 21, 99 (wo Akk. coronopum); 22, 48 (wo Nom.).

corōnula, ae, *f.* (*Demin.* v. corona), **I** die **Wulst** um die Mitra (mitra), Vulg. exod. 39, 26. – **II** der ein Fußgestell (basis) umgebende **Rand,** Vulg. 3. regg. 7, 29. – **III** die **kleine Krone** über dem Huf der Pferde, Veget. mul. (2), 3, 55, 2.

corporālis, e (corpus), **I** dem Wesen u. der Beschaffenheit nach **zum Körper gehörig, körperhaft** (Ggstz. incorporalis, corporis expers), **a** übh., Sen. u. a. – subst., corporāle, is, *n.* das **Körperliche** (Ggstz. corporis expers), Lact.: Plur. corporalia (Ggstz. incorporalia), Sen. – **b** als gramm. *t. t.,* **konkret** (Ggstz. incorporalis, abstrakt), Prisc. 2, 26. – **II** in dem Wesen des Körpers begründet, **körperlich, Körper,** vitia, Sen.: voluptates (Ggstz. voluptates animi), Sen.

corporālitās, ātis, *f.* (corporalis), die **Körperlichkeit,** Eccl.

corporāliter, *Adv.* (corporalis), **körperlich,** Petron. 61, 7 u. Spät.

corporāsco, ere (corpus), **zum Körper werden,** Eccl.

corporātio, ōnis, *f.* (corporo), die **Körperlichkeit,** Eccl. u. a. Spät.

corporātīvus, a, um (corporo), **einen Körper bildend, substantiell, kräftigend,** Cael. Aur. chron. 1, 6, 183.

corporātus, a, um, s. corporo.

corporātūra, ae, *f.* (corporo), die **Leibesbeschaffenheit, der Körperbau,** pecoris, Col. 6, 2, 15: Plur., ampliores corporaturae, Vitr. 6, 1, 3.

corporeus, a, um (corpus), **körperlich, I** mit einem Körper versehen, **körperhaft, a** übh.: natura, Lucr.: vox, Lucr.: corporeum autem et aspectabile itemque tractabile omne necesse est esse, quod natum est, Cic. Tim. 4. § 13: Ggstz. incorporeus, Mart. Cap. 6. § 607. – **b** insbes., aus Fleisch bestehend, **fleischern,** umerus, Ov.: cornua, Plin. – **II** am od. im Körper haftend, **körperlich,** ille corporeus (ignis), Cic. de nat. deor. 2, 41: res c., körperl. Güter (wie Gesundheit, Schönheit), Cic. de fin. 3, 45.

corporo, āvī, ātum, āre (corpus), **I zum Körper machen, -bilden, mit einem Körper versehen,** im Passiv corporari, **zum Körper werden** (Ggstz. animari, s. Bünem. Lact. 2, 9, 21), semen tempore ipso animatur corporaturque, Plin.: ipsum animal ex albo liquore ovi corporatur, Plin.: quod fetus animantium colore et umore corporentur atque animentur ad vitam, Lact.: quae (pictura) priusquam coloribus corporatur (koloriert wird), umbra fingitur, Non. 37, 13. – Partiz. Perf. corporātus = **zum Körper geworden, verkörpert,** Christus c. et veste carnis indutus, Lact.: mundus corporatus, körperhaft, Cic. Tim. 2. § 5. – **II** zu einem bloßen Körper (ohne Seele) machen, **entleiben, töten,** Enn. scen. 114. Acc. tr. 604.

corporōsus, a, um (corpus), **wohlbeleibt, dick,** Cael. Aur. acut. 3, 17, 148.

corpulēns, entis (corpus), **wohlbeleibt, fett,** Gloss. V, 185, 37. Not. Tir. 22, 21. Vgl. corpulentus.

corpulentia, ae, *f.* (corpulentus), **I** die **Wohlbeleibtheit, Korpulenz,** Plin. 11, 283. Solin. 27, 32. – **II** die **Körperlichkeit,** Tert. de carn. Chr. 3 u. a. – u. die **Leibesbeschaffenheit,** siccior, Augustin. de civ. dei 21, 4, 1.

corpulentus, a, um, *Adi.* m. *Compar.* (corpus), **I wohlbeleibt, korpulent, dick und fett,** von Menschen, Plaut., Quint. u. a.: belle corpulentus est, Hier.: v. Vieh, Col. 6, 3, 5. – **II körperlich,** Tert. adv. Herm. 19. Chalcid. Tim. 31 B u. 297: *Compar.* corpulentior videre, Plaut. Epid. 10: corpulentior imago, Chalc. Tim. 46 C.

corpus, oris, *n.* (altind. *kṛ́p-*, Gestalt, Schönheit, persisch *karp,* Körper), der **Körper,** die materielle **Substanz,** Ggstz. anima u. animus (vgl. die jurist. Definition b. Pompon. dig. 41, 3, 30), **I** eig.: **A** im Allg., **1** als tierischer **Körper, Leib,** Acherusia templa, quo neque permanent animae, neque corpora nostra, Enn. b. Lucr.: animi voluptates et dolores nasci e corporis voluptatibus et doloribus, Cic.: corpore albo, mit weißem Teint, Plaut. – dah. umschr. für das **lebende Wesen selbst,** bes. das menschliche **Individuum,** die **Person** selbst (wie σῶμα), wenn bloß die materielle Substanz, das rein Körperliche gedacht wird (dgl. Thiel Verg. Aen. 2, 18 u. 365. Fabri Liv. 22, 22, 7), corpora ferarum, volantum, Lucr.: corpora amantum, Lucr.: delecta virûm corpora, Verg.: unum vile atque infame corpus, Liv. – bes. da, wo es äußere (bürgerliche) Freiheit, Leben u. Tod gilt, c. liberum, captivum, Sall. u. Liv.: pro tribus corporibus triginta milia talentûm auri accipias, Curt. Vgl. Mützell Curt. 4, 11 (43), 6. – **2** als leblose **Substanz, Masse,** individua corpora, Atome, Cic.: c. ferri, Lucr.: Neptuni, Meerwasser, Lucr.: aquae, Lucr.: piceae, Plin.: umschr. für den lebl. Stoff selbst, c. materiai, Lucr. – quot haberet corpora pulvis, wieviel Körner, Ov.: genitalia corpora, Elemente, Ov.

B insbes.: **1** das **Fleisch** am tierischen Körper, ossa subiecta corpori, Cic.: c. subducere, mager machen, Ov.: c. amittere, mager werden, (Fleisch) ablegen, Cic. (vgl. abiit corpusque colorque, Ov.), Ggstz. c. facere, Fleisch ansetzen, »sich einen Bauch zulegen, korpulent, dick u. fett werden« (griech. σωματοποιεῖν), Phaedr.; vgl. Phaedr. 3, 7, 5. – dah. **a** das **Holz** unter der Rinde des Baumes, Plin. 17, 234. – **b** bildl., in der Rhetor., das **Markige, Kernige, Strotzende,** das Mark im Ausdruck (vgl. Spalding Quint. 2. 4, 5. Meyer Quint. 2, 10, 5), Quint.: orationis, Petron.: eloquentiae, das Materielle, der Kern, das Wesentlichste, Quint. – **2** der **leblose Körper, Leichnam,** Caes. u. a.: locus vacans corporum, leer von L., Sidon. – dah. poet. v. den Schatten od. Seelen der Verstorbenen, Verg. Aen. 6, 303 u. 306. – **3** im Ggstz. zum Kopf, der **Rumpf,** Ov. met. 11, 794. – **4** im obszönen Sinne, **a** der **Körper,** insofern er der sinnlichen Lust preisgegeben wird, c. suum publicare vulgo, Plaut.: c. vulgare, sich preisgeben, jedem hingeben, Liv.: ex vulgato corpore genitum, *i.e. ex prostibulo,* Liv.: corpore quaestum facere, Plaut. – **b** meton., die **Hoden** (wie σῶμα, δέμας; vgl. Schwabe Phaedr. 3, 11, 3), damnum amissi corporis, Phaedr.: dedit hic pro corpore nummos, Hor.

II übtr., wie σῶμα = jedes wie ein Körper gegliederte **Ganze,** auch deutsch zuw. ein **Körper, 1** der Körper eines Schiffes, das **Gerippe,** Caes. b. c. 1, 54, 2. – **2** der **Körper,** das **Gebäude** des Staates, totum c. rei publicae, Cic.: perturbatum imperii c., Flor. – **3** das wohlgeordnete, eng verbundene **Ganze,** die **Gesamtmasse,** die **Gesamtheit, a** die **Gesamtheit,** der **Komplex** der Befestigungswerke, Caes.

b. G. 7, 72, 2. – u. eines Landes, Sicilia dirempta velut a corpore maiore, Iustin. 4, 1, 1. – **b** das **Ganze** der Welt (griech. τὸ τοῦ κόσμου σῶμα), rerum naturae corpus, Vell.: universitatis c., Cic. – **c** von Schriftwerken, das **Werk,** das **Gesamtwerk,** die **Sammlung** (s. Gräve u. Korte Cic. ep. 5, 12, 4), Cic. u. a.: c. architecturae, Vitr.: c. omnis iuris Romani, Liv.; dah. Corpus iuris, als Titel der röm. Gesetzsammlung, Cod. Iust. 5, 13. – **d** übh., **Gesamtheit** von Dingen, die **Masse, Gesamtmasse, Summe,** c. rationum, c. patrimonii, ICt.: corpora omnia maternae hereditatis, ICt. – **e** der **Körper** = ein **Komplex,** Verein von Menschen, **α eines** Staates, **eines** Gemeinwesens, der **Verband,** die **Gemeinde,** die **Gesamtmasse,** corpus nullum civitatis nec senatus nec plebis concilium nec magistratus esse, Liv.: nunc in corpus unum confusi omnes (von den verschiedenen Einwohnern einer Stadt), Liv.: commixti corpore (mit der Gesamtmasse der Latiner) tantum subsident Teucri, Verg.: toto certatum est corpore regni, Verg.: fiunt de uno populo duo corpora, Iustin. Vgl. Walther Tac. Germ. 39. p. 88. Fittbogen Iustin. 3, 2, 2. – **β eines** Ursprungs, **einer** Beschäftigung, der **Stand,** die **Korporation,** die **Kaste,** die **Innung,** eiusdem corporis, Liv.: sui corporis rex, Liv.: c. militum, Iustin.: c. fabrorum, ICt.: late fusum id corpus, Volksklasse, Stand, Tac. Vgl. Drak. Liv. 1, 17, 2.

corpusculum, ī, *n.* (*Demin.* v. corpus), das **Körperchen, I** eig.: **1** ein kleiner menschl. Körper, das **Körperchen, Leibchen,** Sen. u. a.: vom Kind im Mutterleib, Cels. u. Sen. – scherzh., vom Körper eines Wohlbeleibten, das **Bäuchelchen,** corpusculum facere, sich ein B. zulegen, Sen.: cuperem sine querela corpusculi tui pervenire in Bithyniam potuisses, Traian. in Plin. ep. – u. als Schmeichelwort, c. melliculum, Plaut. – **2** ein kleiner gestalteter Stoff, ein **Körperchen,** von den Atomen, Cic. u. a. – **II** übtr., ein aus verschiedenen Schriften zusammengetragenes literar. **Werkchen,** Solin.: velut florum corpusculum feci, eine Art von Blumenlese, Iustin.

cor-rādo, rāsī, rāsum, ere (con u. rado), **zusammenkratzen, -scharren, I** eig.: corpora od. semina ex aëre, v. Wind, Lucr. 6, 304 u. 444. – **II** übtr. = mühsam, von allen Enden zusammenbringen, -nehmen, **a** mater. Objj.: trecentos Philippos (Philippdor), Plaut.: si ea summa corradi possit, ICt.: c. omnia, ancillas, servos, zum Verkauf zusammenraffen, Ter. – minas decem corradet alicunde, Ter.: ei munus hoc corraditur, Ter. – **b** abstr. Objj.: multa tibi possum commemorando argumenta fidem dictis corradere nostris, aufbringen für usw., Lucr. 1, 400 *sq.*

corratiōnālitās, ātis, *f.* (con u. rationalitas) = *analogia,* Augustin. de music. 6, 17.

corrēctio, ōnis, *f.* (corrigo), die **Berichtigung, a** lebl. Ggstd. = die **Verbesserung,** c. veteris Academiae, Cic.: c. philosophiae veteris et emendatio, Cic.: correctione quādam adhibitā, mit einiger Berichtigung, Cic. – in moral. Beziehung, c. morum, Suet. – u. als rhet. Fig., die **Berichtigung** des vorher Gesagten durch etwas Passenderes od. Stärkeres (griech. ἐπανόρθωσις), s. Rhet. Her. 4, 36. Cic. de or. 3, 203. Quint. 9, 1, 30. – **b** einer Pers. = die **Zurechtweisung,** delicto dolere, correctione gaudere, Cic. de amic. 90.

corrēctor, ōris, *m.* (corrigo), **I** der **Berichtiger, Verbesserer, a** lebl. Ggstd.: c. atque emendator nostrae civitatis, Cic.: u. (v. lebl. Subjj.) usus, qui unus est legum c., Liv.: u. absol., *MI.* illud quod cecĭdit forte id arte ut corrigas (ausgleichest). *DE.* corrector, Ausgleicher! Ter. – in moral. Beziehung, disciplinae castrorum corrector emendatorque, Plin. pan.: disciplinae militaris et morum magna ex parte corrector, Eutr.: c. pravitatis humanae, Lact.: asperitatis et invidiae c., Umwandler des störrigen Sinnes usw., Hor. – **b** einer Pers., der tadelnde **Zurechtweiser,** im üblen Sinne der **Splitterrichter, Hofmeister,** hic c., Cic.: emendator et c. noster, Cic. – in moral. Beziehung, c. peccantium, Sen.: correctorem asperrime pati, Sen. – **II** ein kaiserl. **Landvogt** in den kleineren Provinzen, bes. in Italien, der auf Ordnung zu sehen u. die kaiserl. Gebäude zu beaufsichtigen hatte, Lucaniae, Eutr.: Italiae, Inscr.: correctoris (Tusciae) potestas, Amm.: correctores et praesides provinciarum, ICt.

corrēctūra, ae, *f.*, das **Amt** des *corrector* (s. dort *no.* II), Aur. Vict. de Caes. 35, 5 u. 39, 10.

corrēctus, a, um, *PAdi.* m. *Compar.* (v. corrigo), **gebessert, verbessert,** nihil officiunt peccata vetera correcto (dem Gebesserten), Lact. 6, 24, 5. – attentior fiat correctiorque, Gell. 6, 14, 2: correctior disciplina, *Frontin. 4, 2, 2 D.

cor-recumbo, ere (con u. recumbo), **sich mit niederlegen,** Tert. de testim. anim. 4.

corregio (conregio), ōnis, *f.* (con u. rego), die Bestimmung der 4 Beobachtungsregionen durch den decumanus u. cardo (was Cic. de div. 1, 31 mit regionum per lituum descriptio u. Liv. 1, 18, 7 mit determinare regiones bezeichnet), etwa die **Begrenzung,** Varro LL. 7, 2.

corregiōnālēs (conregiōnāles), ium, *m.* (con u. regio), die **Gebietsnachbarn,** conregionales et confiniales (Grenznachbarn), Augustin. de civ. dei 2, 17.

cor-rēgno, āre (con u. regno), **mit-, zugleich regieren,** Eccl.

cor-rēpo, rēpsī, ere (con und repo), **I zusammenkriechen,** correpunt membra pavore, fahren zusammen vor Schreck, schrecken zusammen, Lucr. 5, 1217. – **II beikriechen, hineinkriechen,** sich verkriechen, in nervum (Gefängnis), Plaut.: in ventrem filio, Plaut.: in onerariam (navem), Cic.: in ganeas, Apul.: intra murum, Varro u. Col.: in dumeta, sich ins Dickicht (wie das Wild) verkr., bildl. = zu undurchdringlichen (d. i. unverständlichen u. daher schwer zu widerlegenden) Behauptungen seine Zuflucht nehmen, Cic. de nat. deor. 1, 68.

correptē, *Adv.* m. *Compar.* (correptus v. corripio *no.* II, 2), **kurz, geschärft,** c. dicere verbum (Ggstz. producte pronuntiare), Gell. 9, 6, 3: correptius exit syllaba (Ggstz. producitur), Ov. ex Pont. 4, 12, 13.

correptio, ōnis, *f.* (corripio), **I** das **Anpacken, Anfassen,** c. manus, Gell. 20, 10, 8. – als mediz. *t. t.,* der **Anfall** einer Krankheit, Scrib. 171. – übtr., das **Herunterreißen, Tadeln, Schelten,** der **Tadel,** Eccl. (auch im Plur.). – **II** das **Verkürzen,** die **Verkürzung,** correptiones dierum, das Abnehmen der Tage (Ggstz. crescentiae), Vitr. 9, 9 (8), 7. – als gramm. *t. t.* = die **Verkürzung, Schärfung** in der Aussprache (Ggstz. productio), syllabae, Varro LL. u. Quint.: vocum, Quint.

correptīve, *Adv.* (correptivus) = συνεσταλμένως, **abgekürzt,** Donat. Ter. adelph. 4, 2, 32.

correptīvus, a, um (corripio) = συνεσταλμένος, **abgekürzt,** Gloss. II, 117, 18.

cor-rēpto, āre (*Intens.* v. correpo), **beikriechen, hineinkriechen,** rursus matris in alvum, Iuvenc. 2, 192.

correptor, ōris, *m.* (corripio), der **Tadler, Schelter,** Eccl.

corresupīnātus, a, um (con u. resupinatus), **zugleich hinterwärts gebeugt,** Tert. de anim. 48.

cor-resuscito, āre (con u. resuscito), **zugleich wieder aufwecken,** Tert. de resurr. 23. Leo M. serm. 50, 1.

correus, ī, *m.* (con u. reus), der **Mitschuldige,** Ulp. dig. 34, 3, 3. § 3.

cor-rīdeo, ēre (con u. rideo), **I auflachen,** Lucr. 1. 81. – **II mitlachen,** Augustin. conf. 4, 8: alci, Vulg. genes. 21, 6 u. Sirach 30, 10.

corrigia (corigia), ae, *f.* (vgl. altirisch *con-riug,* binde zusammen, *cuimrech,* Fessel), **I** der **Riemen, a** übh.: c. Parthica, Schol. Iuven. 5, 165: c. iugi vitulae, Jochriemen, Itala Isai. 5, 18 (bei Hieron. in Ezech. 44, 6): dass. c. iugalis, Gromat. vet. 321, 16: corigia (so!) aurigalis, der lederne Schlagriemen des Wagenlenkers, die Peitsche, Edict. Diocl. 10, 19. – **b** der **Schuhriemen,** Varro sat. Men. 180 u. 267. Cic. de div. 2, 84. Plin. 30, 35: vollst. corr. calceamenti, Vulg. Isai. 5, 27 u. a. Ambros. de fide 5, 19 (8), 229: c. caligae, Vulg. genes. 14, 23. – **II** = corium, die **Haut,** Greg. dial. 3, 13.

corrigium, iī, *n.* = corrigia, der **Riemen,** Marc. Emp. 10 u. 15. Plin. Sec. de medic. 1, 11 u. 16. Isid. 19, 34, 8 *cod. Gud.* 1 u. 2.

cor-rigo, rēxī, rēctum, ere (con u. rego), **zurecht** od. **gerade richten, gerade machen, in gerade Richtung** od. **in das richtige Geleise bringen, I** im Allg.: alci digitum corrigere non posse, Plin.: c. pedamenta declinata, Col.: detorta hastilia, Sen.: pampinos teneros, uti recte spectent, Cato: lectum triclinii, quem imparem posuerunt, Varro: aciem nostram a Volscis inclinatam, Val. Max.: inde aegre cursum, in die richtige Bahn einlenken (v. Schiffer), Liv.: torsere se fluminum aut correxere flexus, Plin. – Sprichw., c. curva, alle Berge eben zu machen wissen, Sen. apoc. 8, 3. Plin. ep. 5, 21, 6.

II insbes., verbessernd **zurechtrichten, gerade richten, zurechtbringen, A** eig., den Körper, Körperteile: corpus informe gibbo, August. fr.: puerorum depravata crura, Varro LL.: malas labentes, Suet.: cutem in facie, Plin.: cerae correctae, wieder geglättet, Ov. – u. prägn., alqm, jmd. (d. i. jmds. Glieder) **gerade bringen,** Varro LL. 9, 10.

B übtr.: **1** übh. mit Fehlern behaftetes, Fehlerhaftes **berichtigen, in Ordnung bringen, verbessern, abändern** (Ggstz. depravare, corrumpere), **a** übh.: quae (Bauwerke) videntur emendanda corrigere, Plin. ep.: c. phialam bene, Petron.: fastos, Suet.: legem, Cic. fr.: appellatione collegae reddita ab se iura, Liv.: alcis sententiam, Cic.: dicta factaque alcis, Suet.: gestum histrionis (Ggstz. laudare), Suet.: sua vota, bessere Wünsche tun, Ov.: secunda regere, adversa corrigere, Apul. – in moral. Beziehung, emendare vitia corrigereque mores, Quint.: vel corrumpere mores civitatis vel corrigere, Cic.: c. disciplinam castrorum, Suet.: c. suam consuetudinem, si mala est, Varro LL.: soles emendari cupere, quae iam corrigere difficile est, Plin. ep. – prägn., c. alqm, jmd. **auf den richtigen Weg führen, zur Ordnung weisen** od. **bringen, zurechtweisen,** bes. in moral. Beziehung, **bessern,** malevolum, anxium, timidum, Cic.: alci gnatum, Ter.: alqm (corruptum) ad frugem, Plaut.: eam partem exercitus (Ggstz. corrumpere), Liv.: mavult pater (filium) corrigere quam abdicare, Quint. – im Passiv, obiurgatione corrigi, Quint.: corrigi et emendari castigatione hāc, Liv.: re ipsā corrigi, Sall.: pueri facillime corriguntur in discendo, cum vitia imitantur emendandi causā magistri, Cic. – u. c. se, **sich bessern,** bes. in moral. Beziehung, si populus perperam est consuetus (in Bezug auf den Sprachgebrauch), corrigere se ipsum (debet), Varro LL.: non modo superiores, sed etiam se ipse correxerat (in Bezug auf den Numerus der Rede), Cic.: moral., tu ut umquam te corrigas? Cic.: lapsus aetatis tirocinio postea se correxit, Ps. Cic. in Sall.: iam te ipse monuisti, iam correxisti? Sen. – **b** Geschriebenes od. Gesprochenes seinem Inhalt nach **berichtigen, verbessern, abändern,** eas epistulas ego oportet perspiciam, corrigam; tum denique edentur, Cic.: laudationem Porciae tibi correctam misi, Cic.: c. fabulas Aeschyli, Quint. – prägn., c. alqm, jmd., der falsch spricht, **zurechtweisen, verbessern,** quod a Graecis summis doctoribus, nisi Graece dicerem, neque corrigi possem neque doceri, Cic.: quod discipuli, si quid erraverint, statim corrigentur, Quint. – u. se c., v. Redner, der die Figur correctio (s. dort *no.* a) gebraucht, cum corrigimus nosmet ipsos quasi reprehendentes, Cic. or. 135.

2 Gebrechen, Fehler usw. **berichtigen, verbessern, beseitigen, heben, ausgleichen, wieder einbringen, wieder gut machen, a** übh.: maciem corporis, Plin.: delicta, Sall.: errorem, Suet.: flagitium, Liv.: acceptam in Illyrico ignominiam, Liv.: alcis peccatum, Ps. Quint. decl. u. Ov. (u. so quod peccatum a nobis ortum est corrigo, Ter.): vitium, Quint.: legis vitium, Cic.: corrigeres haec (diese Gewalttätigkeit) postea, Cic.: cursu tarditatem tum equis tum quadrigis poëticis, Cic.: moram celeri cursu, Ov.: veterem patris offensam novis meritis, Iustin.: errorem paenitendo, Cic. fr.: si quid est peccatum a nobis, profer; aut ea refellendo aut purgando vobis corrigemus, Ter. – **b** Schreibfehler, grammatische u. stilistische Fehler **berichtigen, verbessern,** Castricianum mendum, Cic.: mendum liturā, Cic. – quia (soloecismus) unius emendatione verbi corrigi possit, Quint.: hoc continuo correximus, Cic.: corrigetur palam, si quid in declamando discipulus erraverit, Quint.

cor-ripio, ripuī, reptum, ere (con u. rapio), **I anpacken,** derb **anfassen,** in Haft, Eile **ergreifen, 1** eig.: **a** übh.: **α** v. leb. Wesen: ferrum (Schwert), Verg.: magnam hastam, Verg.: arma, Vell.: arma adversus exteros pro libertate, Flor.: sacram effigiem, Verg. – Cacum corripit in nodum complexus (Alcides), Verg.: quas (volucres) corripuit serpens, Ov.: correptam Graeco verbo monuit, packt sie (an der Hand) und usw., Tac.: lora manu, Ov.: singulos manu, Curt.: manu arma virumque (v. Elefanten), Curt.: caput alcis morsu, Plin.: aurem alcis morsu, Val. Max.: sinistrā c. alqm dextrāque ferire bis pugione, Auct. b. Alex. – c. ambustum torrem ab ara, Verg. – **β** von lebl. Subjj., **ergreifen,** v. Feuer, postquam ignis (rogi) corpus eius corripuit, Val. Max.: ignis inferiora aliquando corripit, Sen.: ignes terrā editi villas arva vicos passim corripiebant, Tac.: ipsas ignes corripuere casas, Ov.: quae (flamma) plurima vento corripuit tabulas, Verg.: correpti flammā alii sunt, alii ambusti afflatu vaporis (Gluthauch), Liv.: improviso igne correptae naves conflagraverunt, Macr.: turbine caelesti subito correptus et igni (Blitze), Verg. – vom Wasser, quod flumen, ubi appositae crepidinis fastigium excesserit, urbis tecta corriperet, nisi essent specus lacusque, qui exciperent, Curt. – **b auf-** u. **zusammenraffen, α** wegnehmend, **αα** im guten Sinne, omnes suas res, Auct. b. Alex.: naves, quae forte paratae (sunt), Verg. – **ββ** im üblen Sinne, einer Sache **sich bemeistern,** etw. **in Beschlag nehmen,** summa cum licentia naves, Val. Max. – u. eine Pers. zur Gefangennahme, zur Haft **aufgreifen, überfallen, aufheben,** iis, qui longius a castris processerant, correptis, Caes.: ipsi (magi) corripiuntur a pluribus, Iustin.: quos corripi atque interfici iussit, Caes.: hominem corripi ac suspendi in oleastro iussit, Cic. – **β** erhebend **aufraffen, eilends erheben,** corpus de terra, Lucr., e stratis, Verg., ex somno, Lucr. – c. se, sich eilends aufmachen (s. Ruhnk. Ter. Hec. 3, 3, 5. Heinse Verg. Aen. 6, 472), absol., corripuit se repente et abiit, Plaut.: tandem corripuit sese, atque inimica refugit in nemus umbriferum, Verg. – m. Ang. **von wo?** od. **wohin?** c. se inde, sich eilends fortmachen, Ter.: se intro, sich hurtig hineinbegeben, hurtig eintreten, Ter.: se ad filiam, Plaut.

2 übtr.: **a** ein Besitztum **zusammenraffen, an sich raffen** od. **reißen,** etw. **in Beschlag nehmen, erpressen,** einer Sache **sich bemächtigen,** pecuniam, Cic.: pecunias, Cic. u. Tac.: aliena, Plin. ep.: bona vivorum et mortuorum usque quaeque, Suet.: fasces (Abzeichen der konsul. Gewalt), Sall.: u. so fasces atque insignia consulis, Vell.: communis victoriae praemia, Iustin.: omnium partes c. atque complecti, an sich reißen und in sich vereinigen, Nep.: anxiis sordibus magnas opes, Val. Max.: undique pecunias quasi in subsidium, Tac. – **b** als Ankläger über jmd. **herfallen,** jmd. **angreifen** (vgl. Ruperti Tac. ann. 4, 3, 1), Priscum … corripuit delator, obiectans etc.,Tac.: statim corripit reum, Tac.: accusatione corripi, Tac. – m. Ang. **weswegen?** Aemilia Lepida a delatoribus corripitur ob servum adulterum, Tac. – m. Ang. **wozu?** passim delationes, et locupletissimus quisque in praedam correpti, Tac. – **c** mit tadelnden, scheltenden Worten über jmd. od. etw. **herfallen,** jmd. od. etw. **herunterreißen, mitnehmen, scharf tadeln,** c. consules, Liv.: alcis securitatem, Plin. ep.: heus tu, numquamne fecisti, quod a patre corripi posset? Plin. ep. – alqm non inimice corripere, sed paene patrie monere, Quint.: alqm graviter, Suet.: alqm acrius severiusque, Plin. ep.: alqm c. quasi nimis fortiter incauteque progressum, jmdm. den gleichs. allzu kühnen und unvorsichtigen Schritt verweisen, Plin. ep. – alqm dictis, Ov.: adulationes gravissimo edicto, Suet.: oft im Passiv, clamoribus maximis corripi, Cael. in Cic. ep.: voce magistri corripi, Hor.: corripi convicio alcis, Caes.: corripi iurgio, Suet. – m. Ang. **weshalb?** durch *ob* u. Akk., ob haec correptus, Suet. – oder durch einen Satz m. *quod* u. Konj., corripuit consulares, quod non de rebus gestis senatui scriberent, Suet.: populum quam potuit gravissimā oratione corripuit, quod eam potestatem bis sibi detulisset, Val. Max. – od. durch einen Satz m. *cur* u. Konj., ab eo correptus (zur Rede gestellt), cur ambularem, Plin. ep. 3, 5, 16. – **d** jmd. krankhaft, verderblich **ergreifen, befallen,** v. Hitze u. Regen, modo (segetes) sol nimius, nimius modo corripit imber, Ov. – v. Gifthauch des Wassers, caeco corripi veneno, Lucr. – v. Rost, ferrum robigo corripiet, Solin. 1, 55. – von Krankheit u. dgl., nec singula morbi corpora corripiunt, Verg. georg. 3, 472: oft im Passiv, corripi febre, Plin.: corripi adversā valetudine, Iustin.: corripi morbo comitiali, Suet., od. vitio comitiali, Sen. u. Plin.: corripi morbo gravi, Val. Max.: corripi subito et gravissimo morbo, Cels.: corripi exitiabili morbo, Tac.: corripi subitā vi morbi, Val. Max.: corripi bis morbo inter res agendas, Suet.: corripi hoc malo (Epilepsie), Scrib.: corripi capitis dolore, Scrib., oculorum dolore, Eutr.: pedum dolore, Plin. ep.: stomachi dolore, Scrib. – od. **hinraffen,** quo celerius eiusmodi tempestates (epidemische Zeiten, Stürme) corripiunt (verst. homines), eo maturius etc., Cels.: im Passiv, corripi subitā morte, Curt.: absol., si (paralytici) correpti non sunt, diutius quidem vivunt, sed etc., Cels. 3, 27, 1. – **e** jmd. leidenschaftlich **ergreifen, hinreißen, übermannen,** hunc plausus plebisque patrumque corripuit, Verg. georg. 2, 508 *sqq.* – gew. im Passiv, correptus misericordiā, Suet.: pueruli sui nimio amore correptus, Val. Max.: novercae Stratonices infinito amore correptus, Val. Max.: duplici ardore (näml. amoris et vini) correptus, Prop.: visae correptus imagine formae, hingerissen, bezaubert, Ov.

II in sich **zusammenraffen, zusammennehmen, 1** im Gang beschleunigen, **a** übh.: pedes, Sen. poët.: u. (im Bild) tarda necessitas leti corripuit gradum, Hor. – **b** einen Weg **schleunig antreten** od. **zurücklegen** und einen Raum **schleunig zurücklegen,** viam, Verg., Ov. u. Plin. ep.: iter, Val. Max.: campum, spatia, Verg.

2 in sich zusammennehmend **verkürzen, a** (als gramm. *t. t.*) in der Aussprache **verkürzen, schärfen** (Ggstz. producere, extendere), syllabam, verba, Quint.: correptae litterae syllabaeve, Quint.: singularis rectus casus correptus (wie *trabs* aus *trabes*), Varro LL.: illis mos erat (*fulgĕre*) correptā syllabā uti, ut dicerent *fulgĕre,* Sen. – **b** in der Ausdehnung **verkürzen, beschränken, α** der Zahl, Menge nach: c. nimium omnia (in der Rede), Quint.: singulos missus a septenis spatiis ad quina, Suet.: c. ludorum ac munerum impensas, Suet. – **β** der Zeitdauer nach: numina corripiant moras, mögen kürzen die Frist, Ov. met. 9, 282: ut difficiles puerperiorum tricas Iuno mulceat corripiatque Lucina? Arnob. 3, 21. – ► Vulg. Plusqu.-Perf. corrupuerat, Gran. Licin. p. 27, 9 *Bonn.* – Partiz. Perf.-Pass. corruptus vulgär = correptus, Paul. sent. 5, 4, 13.

corrīvālis, is, *m.* (con u. rivalis), der **Mitrival,** Gloss. IV, 42, 30.

corrīvātio, ōnis, *f.* (corrivo), das **Zusammenleiten** des Wassers in **ein** Becken usw., aquae pluviae, Plin. 31, 44: aquarum, Plin. 36, 124: absol. Plin. 33, 74.

corrīvium, iī, *n.* (con u. rivus), das **Zusammenströmen mehrerer Bäche,** Plur. konkr., Idaea corrivia, vom Ida zusammenströmende Bäche, Auct. itin. Alex. 8 (19).

cor-rīvo, āvī, ātum, āre (con u. rivus), **in ein Gerinne (Bett) zusammenleiten,** venas aquarum, Sen. nat. qu. 3, 19, 4: aquam, Ulp. dig. 39, 3, 3 pr.: Tiberim piscinis. Plin. 3, 53: interfluente Margo, qui corrivatur in Zothale, Plin. 6, 47.

cor-rīxor (con-rīxor), ārī, **miteinander hadern, -streiten,** corrixandi materiam saepius dant definitiones, Varro sent. *no.* 47 *ed. Chapp.* (aber ed. De-Vit. *no.* 51 conversandi).

corrōborāmentum, ī, *n.* (corroboro), das **Kräftigungsmittel, Stählungsmittel,** labores miseriaeque, quae sunt corroboramenta virtutis, Lact. 3, 12, 35.

corrōborātio, ōnis, *f.* (corroboro), das **Erstarken,** Eccl.

cor-rōboro, āvī, ātum, āre (con u. roboro), in allen seinen Teilen **kernfest machen, erstarken machen** od. **lassen, stärken, stählen,** im Passiv corroborari = **kernfest werden, erstarken, I** eig.: **a** übh.: absinthium corroborat stomachum, Plin.: cerebrum non corroboratur ante primum sermonis exordium, Plin.: priusquam (focaneus palmes) corroboretur, Col. – veteranum ac tironem militem opere assiduo, Suet.: adsunt Lacedaemonii, cuius civitatis spectata ac nobilitata virtus non solum naturā corroborata, verum etiam disciplinā putatur, Cic. – mit *ad* u. Akk., ut ad antiquae virtutis imitationem facile corroborare possit exercitum, Veget. mil. 1, 28 *in.* – **b** insbes., u. zwar c. se u. Passiv medial corroborari, zu männl. Kernhaftigkeit **erstarken, zu männl. Stärke gelangen,** cum (puerilis tua vox) se corroborarit, Cic.: cum is iam se corroboravisset et vir inter viros esset, Cic.: corroboratis his (näml. Gaio Lucioque), Suet.: corroboratis iam confirmatisque et ingeniis et aetatibus, Cic.: quā non modo haec aetas (die erste Jugend), sed etiam iam corroborata caperetur, Cic. – **II** übtr.: mens hominis philosophiam ipsam corroborat, Cic.: coniurationem nascentem non credendo corroboraverunt, Cic.: admonitio corroborabit rectam de bonis malisque sententiam, Sen. – im Passiv, illud malum urbanum corroboratur cotidie, Cic.: ingenia obtundi nolui, corroborari impudentiam, Cic.: eloquentiae famam ibi fidelius corroborari, Tac.

corroco, ōnis, *m.,* ein uns unbekannter Fisch, Auson. ep. 4, 60. p. 161, 11 Schenkl.

cor-rōdo, rōsī, rōsum, ere (con u. rodo), **zernagen,** v. Mäusen, aliquid, Cic.: scuta, cribra, Cic.: Platonis Politian, Cic. – v. Menschen, nares et aures (alcis), Val. Max.: digitos propter alqd, Sidon. – von der (personif.) Feile, ferrum, Phaedr. 4, 8, 7.

corrogātio, ōnis, *f.* (corrogo), die zusammengeholte **Versammlung,** Vulg. Sirach 32, 3.

cor-rogo, āvī, ātum, āre (con u. rogo), **zusammenholen, -bringen, -leihen,** bes. bittweise, **zusammenbitten, -betteln** (s. Drak. Liv. 33, 48, 5), **a** übh.: vela cum antennis ex navibus, Liv.: vasa, vestimenta, pueros, Rhet. Her.: a vicinis carbunculos, Rhet. Her.: auxilia ab sociis, Liv.: pecuniam ad necessarios sumptus, Caes.: nummulos de nepotum donis, Cic. – **b** durch Einladung zusammenbitten, **zusammenladen,** auditores, Plin. ep.: suos necessarios ab atriis Liciniis et a faucibus macelli, Cic. – *Partic. Perf.* subst., corrogati, die Zusammengeladenen, -gebetenen, v. Zuhörern, Quint. u. Plin. ep.

cor-rotundo, āvī, ātum, āre (con u. rotundo), **I abrunden,** im Passiv medial = **sich abrunden,** sic cometarum corpus ipsum corrotundatur, Sen. nat. qu. 7, 26, 2: terra mater est in medio quasi ovum corrotundata, rund wie ein Ei (eirund), Petron. 39, 15: scuta de vimine in modum cratium corrotundata texebant, Veget. mil. 1, 11 *in.* – **II** übtr.: **a** rhythmisch **abrunden,** enthymemata sua gestu corrotundant velut caesim (vom Redner), Quint. 11, 3, 102. – **b** der Zahl nach **abrunden** = vollmachen, centies sestertium, Petron. 76, 8.

corrūda (cōrūda), ae, *f.,* **wilder Spargel,** Cato r. r. 6, 3. Varro r. r. 1, 24, 4. Plin. 19, 145.

corrūgis, e (con u. ruga), **runzelig, faltig,** Nemes. cyn. 92.

cor-rūgo, āvī, ātum, āre (con u. rugo), **runzelig machen,** oliva corrugatur, wird runzelig, Col. 12, 52, 19: ne sordida mappa corruget nares, macht, dass du (vor Ekel) die Nase rümpfst, Hor. ep. 1, 5, 23.

corrūgus, ī, *m.,* der **Wasserstollen** (im Bergbau), Plin. 33, 74.

cor-rumpo, rūpī, ruptum, ere (con u. rumpo), **I** der Existenz nach **verderben, zuschanden machen,** bis zur Unbrauchbarkeit **beschädigen, zunichte machen, vernichten, a** mater. Objj.: **α** übh.: sua frumenta c. aedificiaque incendere, Caes.: c. alimenta, Curt. – m. Ang. **wodurch? womit?** reliquum frumentum flumine atque incendio, Caes.: vineas igni et lapidibus, Sall.: coria igni ac lapidibus, Caes.: illa (aurum atque argentum) et domum et semet igni, Sall.: se suosque cum omnibus copiis suis ferro et igni, Flor.: alia opera disicere, alia igni c., Liv. (u. so oft c. igni, s. Fabri Sall. Iug. 76, 7. Duker Flor. 2, 6, 6). – v. lebl. Subjj., pituitae cursus acerrimus sequitur exulceratisque vehementer oculis aciem quoque ipsam corrumpit, Cels.: corrumpente (frumentum) umore, Plin. – **β** das Vermögen **zugrunde richten, ruinieren,** res familiares, Sall.: saevius aut lenius agendo rem domini, Col.

b Zustände usw., etwas **verderben, zunichte machen = untergraben, zuschanden machen, vereiteln, verscherzen, verspielen, sich** od. jmd. um etw. **bringen,** gratiam (die Gunst), Phaedr.: dei beneficia, Sen.: fidem artis (den Glauben an die Kunst), Tac.: corrupta totiens victoria, Tac.: c. libertatem, Tac.: ob rem corruptam domi poenas metuere, Sall.: se suasque spes c., Sall. – mit Ang. **wem?** durch *Dat.,* ille mihi hodie corrupit diem, Plaut. – m. Ang. **wodurch? womit?** durch *Abl.,* tot meritorum gratiam (den Dank für so viele V.) maiore culpā, quam causa culpae est, Liv.: dubitando et prolatando magnas opportunitates, Sall.: his factis magnifice gestarum rerum gloriam, Val. Max.: multo dolore corrupta voluptas, ein zunichte gemachtes, zu Wasser gewordenes, Hor.: quodcumque addebatur subsidio, id corruptum timore fugientium, wurde vereitelt, Caes.

II seiner guten Beschaffenheit nach zum Schlechteren verändern, **verderben, verschlechtern, verfälschen, verhunzen, herunterbringen,** im Passiv corrumpi = **verderben** (*intr.*), **in Verderbnis übergehen, herunterkommen,** **a** physisch: **α** übh.: pabulum et aquarum fontes, Sall.: vinum, oleum ceterasque res, quae ad victum parari solent, Auct. b. Afr.: Aeschinus odiose cessat; prandium corrumpitur, Ter.: assa caro danda est et valens, quae non facile corrumpitur, Cels.: conclusa aqua facile corrumpitur, Cic. – von lebl. Subjj., morbo caeli coorta tempestas corrupit lacus, verpestete, Verg.: aqua amara, quae corrumpit dulcem, Curt.: hoc medicamentum stomachum non corrumpit, Scrib. – mit Ang. **wodurch?** durch *Abl.*, nec casiā liquidi corrumpitur usus olivi, Verg.: Ceres corrupta undis, Verg.: animadvertit rura neglegentiā villici corrupta et perdita, Val. Max.: vino forma perit, vino corrumpitur aetas, Prop. – m. Ang. **wohin? wozu?** durch *in* u. Akk., umor ex hordeo aut frumento in quandam similitudinem vini corruptus, Tac. Germ. 23, 1: vinum in acorem corrumpitur, Macr. sat. 7, 12, 11. – **β** den Körper und dessen Teile **verderben, zuschanden machen, entstellen,** bei Angabe **wodurch? womit?** m. *Abl.*, ne plora; oculos corrumpis tales, Plaut.: quid fles et madidos lacrimis corrumpis ocellos, Ov.: teneros c. febribus artus, Ov.: dentibus ungues, zernagen, zerbeißen, Prop.: forma ne illā quidem sorte corrupta, Curt.: corpus exanimum nulla tabe, ne minimo quidem livore corruptum, Curt. – u. leb. Wesen, den Kräften nach **herunterbringen, abmergeln,** im Passiv = **herunterkommen, abfallen,** corrumpi equos in insula inclusos, Liv.; vgl. corrupti equi macie, Caes.: quia corruptos nuper viderat boves, Phaedr.

b dem Laut, der Aussprache nach **verderben, verhunzen, verdrehen, entstellen,** Chloris eram, quae Flora vocor; corrupta Latino nominis est nostri littera Graeca sono, Ov. – nomen eorum paulatim Libyes corrupere, barbarā linguā Mauros pro Medis appellantes, Sall.: videri potest (Nilus) non alio nomine appellari, sed a barbaro ore corruptus, Mela. – m. Ang. **wohin? wozu?** durch *in* u. Akk., os in peregrinum sonum corruptum, Quint.: littera continuata cum insequente in naturam eius corrumpitur, Quint.

c dem Sinn, Inhalt nach verderben, **verfälschen, entstellen, interpolieren,** Schriften, Urkunden, c. litteras od. tabulas publicas, Cic.: u. so bl. c. litteras (Urkunden), Cic. – u. m. Ang. **womit?** durch *Abl.*, tabulas publicas municipii manu suā c., Cic.: actorum eiusdem (Caesaris) insertis falsis regnis civitatibusque corrupti commentarii, Vell. – u. die Rede (Ggstz. ornare), totidem generibus corrumpitur oratio, quot ornatur, Quint. – m. Ang. **wohin? wozu?** durch *in* u. Akk., corruptae in adulationem causae, zur Schmeichelei entstellte Gründe, Tac. – von lebl. Subjj., illa temeraria laudatrix, fama popularis, simulatione honestatis formam eius (gloriae) pulchritudinemque corrumpit, entstellt, gibt ein Zerrbild (eine Karikatur) von usw., Cic. Tusc. 3, 4.

d moralisch **verderben,** teils Zustände u. dgl., **entweihen, entehren, herabwürdigen, schänden, zerrütten** (Ggstz. corrigere), mores civitatis, Nep. u. (Ggstz. corrigere) Cic.; vgl. corrumpi mores (puerorum) in scholis, Quint.: c. disciplinam castrorum od. bl. disciplinam (Mannszucht), Plin. pan. u. Tac.: huius urbis iura et exempla corrumpere domesticāque immanitate nostrae civitatis humanitatem inquinare, Cic.: c. acceptam nobilitatem, Sall.: cubicula principum feminarum, Tac. – non est opus fide, quam neque cupiditas corrumpat, nec gratia avertat, nec metus frangat? Quint.: me non ullae poterunt corrumpere taedae, keine andere Liebesflamme wird mich entweihen, Prop. – m. Ang. **wodurch?** durch *Abl.*, humilibus per omnes tribus divisis forum et campum c., Liv.: inter tanta vitia aetas (meine schwache Jugend) ambitione corrupta tenebatur, Sall.: corrupti mores depravatique sunt admiratione divitiarum, Cic.: longā consuetudine corruptos depravatosque mores principatus reformare et corrigere, Plin. pan. – mit Ang. **wohin? wozu?** durch *in* u. Akk., omnium partium decus in mercedem corruptum erat, Sall. hist. fr. 1, 13 D. u. Kr.: non corrumpi ea in deterius, quae aliquando a malis fiunt, Plin. ep. 5, 3, 6. – teils Personen u. dgl. = **verderben,** corrumpere iuventutem (z. B. von Sokrates), Quint.: tu illum corrumpi sinis, Ter.: non se luxu (luxui) neque inertiae corrumpendum dare, Sall.: u. v. lebl. Subjj., ne otium corrumperet militem, Vell.: milites soluto imperio licentia atque lascivia corruperat, Sall.: invidia vulgi vanum ingenium dictatoris corrupit, Liv.: haec (natura, natürlicher Gang) Curionem, haec Hortensii filium, non patrum culpa, corrupit, Cic.: quae manus obscenas depinxit prima tabellas, illa puellarum ingenuos corrupit ocellos, hat vergiftet den Blick, Prop. – m. Ang. **wodurch?** durch *Abl.*, c. alqm pecuniā (vgl. unten *no.* α), Cic.: c. exercitum largiendo, Quint.: populus largitione magistratuum corruptus est, Nep.: corrumpi felicitate, vom Glück verdorben (verwöhnt) werden, Ps. Quint. decl.: corruptus largitionibus animus, Cic.: postquam luxu atque desidiā civitas corrupta est, Sall.: genus hominum ad honestatem natum malo cultu pravisque opinionibus corruptum, Cic.: iudicia corrupta et contaminata paucorum vitio ac turpitudine, Cic.

Insbes.: **α** durch irgendein Mittel zu einer unrechten Handlung **verführen, verleiten,** durch Geld usw. = **bestechen,** corrumpere et corrumpi (sich verführen lassen), Tac.: erilem filium, Plaut.: adulescentulus corruptus, Cic. – c. sacerdotes fani, Nep.: oraculum Delphicum, Nep.: scribae servum, Plin. ep.: iudicem, Cic.: nutricis fidem, Ov. – gew. m. Ang. **wodurch? womit?** durch *Abl.*, c. alqm pecuniā, Sall.: alqm auro, Sall.: alqm donis, Sall.: tribum turpi largitione, Cic.: corrumpi regiā mercede, Val. Max.: ne pretio quidem corrumpi iudex in eiusmodi causa potest, Cic.: sibi quisque opes aut patrimonia quaerendo consilium publicum corruperunt, haben die öffentliche Meinung irregeleitet, Sall. fr.: addidi alios (elegos), facilitate corruptus, verführt, verleitet, Plin. ep. – m. Ang. **durch wen** (wessen Vermittlung)? durch *per* u. Akk., u. m. Ang. **vermittelst wessen?** durch *Abl.*, tu doce, per quem sequestrem, quo divisore tribus corrupta sit, Cic. – m. Ang. **wozu?** durch *ad* od. *in* m. Akk., alqm ad scelus, Tac.: alqm ad societatem, Tac.: alqm in spem rapinarum, Tac. – m. Ang. **in welcher Absicht?** durch *ut* u. Konj., centuriones ducesque turmarum, uti transfugerent, c., Sall.: Sp. Tarpeii filiam auro c., ut armatos in arcem accipiat, Liv.: u. so pretio corruptus fuerat, ut etc., Val. Max. – **β** zur Unzucht **verführen, entehren, schänden,** mulierem, Ter.: puerum praetextatum et ingenuam virginem, Val. Max.: plurimas et illustres feminas, Suet.: fratris filiam, Suet.: uxorem quondam magni Minois, ut aiunt, corrupit torvi candida forma bovis, Prop. – ► Parag. *Infin.* corrumpier, Lucr. 6, 18.

corrumptor, s. corruptor ►.

corrumptus, s. 1. corruptus ►.

cor-ruo, rui, ruiturus, ere (con u. ruo), **I** *v. intr.* **zusammenstürzen, einstürzen, umstürzen,** bei Angabe **wo?** m. *Advv.* oder m. *Praepp.* (*in*, *sub* m. Abl.) od. m. bl. *Abl.*, u. bei Ang. **wodurch?** m. *Abl.*, **1** eig.: **a** v. sächl. Subjj.: arbor repente corruit, Suet.: labefacta tandem ictibus innumeris adductaque funibus arbor corruit, Ov.: statuae eius equestres fractis repente cruribus corruerunt, Suet. – bes. v. Bauwerken, sowohl v. einzelnen, Memnonis arduus alto corruit igne rogus, Ov.: tabernae mihi duae corruerunt, reliquae rimas agunt, Cic.: si aedes eae corruerunt vitiumve fecerunt … heres restituere non debet nec reficere, Cic.: u. (im Bild) corruit haec … sub uno, sed non exiguo crimine domus, Ov.: u. (im Bild) quae (eloquentia) nisi oratoris futuri fundamenta feliciter iecerit, quicquid superstruxeris corruet, Quint.: conclave illud … proximā nocte corruit, Cic.: triclinium illud supra convivas (über den Köpfen der G.) corruit, Quint. – als v. ganzen Städten, bes. bei (Erdbeben, tota urbs eorum corruit, Plin.: tantos terrae motus tota in Italia factos esse, ut multa oppida corruerint, Cic. **b** v. leb. Wesen, longe violentius ex necessitate, quam ex virtute corruitur, weit gewaltsamer stürzt man immer nieder, wenn man nicht anders kann, als wenn man sich mutig darein gefügt hat, Sen. – vor Furcht usw. (in Ohnmacht fallen), paene ille timore, ego risu corrui, Cic. – vor Entkräftung, Schwäche, quo (wohin) cum corruit (ales caeco correpta veneno), Lucr. – durch Epilepsie, corruens morbo comitiali, Plin. – durch einen Stoß, Schlag, adverso parieti caput ingenti impetu impegit et corruit, Plin. ep.: detractum eum lecto rex praecipitat in terram. Et cum is pronus corruisset … inquit etc., Curt. – bes. durch einen Schwertstreich usw. tödlich verwundet, namentlich im Kampf, quo loco icta corruerat (Horatia), Liv.: ubi vero corruit telis obrutus, Liv.: duo Romani super alium alius vulneratis tribus Albanis corruerant, Liv.: super ingentem stragem, quam ipse fecerat, corruit, Val. Max. – corruit in vulnus (auf die W. = vorwärts), Verg. – corruit equus, Sil.: elephanti duo in ipsa porta corruerant, Liv. – durch eigene Hand, quid? non Antigones tumulo Boeotius Haemon corruit ipse suo saucius ense latus, Prop. – durch die Hand des Opferschlächters, von Opfertieren, haedus ubi agrestis corruet ante focos, Prop. – und von Menschen als Opfer, Iuppiter, haec hodie tibi victima corruet Acron, Prop.

2 übtr.: **a** v. Zuständen usw.: **α** v. politischen, noch im Bild, quae (nostrae contentiones) in medio spatio (Bahn) franguntur et corruunt, Cic.: illa plaga pestifera, quā, cum Cleombrotus invidiam timens temere cum Epaminonda conflixisset, Lacedaemoniorum opes corruerunt, Cic. – rein übtr., quoniam consul id agit, ut cum omnibus legibus Romanum imperium corruat, Val. Max. – **β** v. geistigen Zuständen, iam explicatā totā Carneadis sententiā Antiochea ista corruent universa, wird das ganze System des Antiochus zusammenstürzen (über den Haufen fallen), Cic. Acad. 2, 98.

b v. leb. Wesen, **stürzen, ins Verderben stürzen, zugrunde gehen,** im polit. Leben, non statuendo felicitati modum nec cohibendo efferentem se fortunam, quo altius elatus erat, eo foedius corruit, Liv.: amabo te, mi frater, ne, si uno meo fato et tu et omnes mei corruistis, improbitati et sceleri meo potius, quam imprudentiae miseriaeque assignes, Cic. – im Geschäftsleben, **stürzen, fallen** (= bankrott werden), qui homines, si stare (stehen = sich halten) non possunt, corruant, Cic.: equitem Romanum … non libidine, non turpibus impensis cupiditatum atque iacturis, sed experientiā patrimonii amplificandi labentem excepit, corruere non sivit, fulsit et sustinuit re, fortunā, fide, Cic. – auf der Bühne, **durchfallen, abfallen,** im Bild, ii mihi videntur fabulam aetatis peregisse nec tamquam inexercitati histriones in extremo actu corruisse, Cic. de sen. 64. – vor Gericht, **fallen** = verurteilt werden, quod accusator eius praevaricationis crimine corruisset, Plin. ep. 3, 9, 34.

II *v. tr.* etw. **zusammenstürzen, zusammenwerfen, A** im Allg.: **1** eig.: hanc rerum summam, Lucr.: corpus, Apul.: eo spicas, Varro LL. – **2** übtr.: in quo me corruerit genere (Amathusia), ins Verderben stürzte, Catull. 68, 52. – **B** insbes., **eilig zusammenscharren,** ditias, Plaut. rud. 542.

corruptē, *Adv.* m. *Compar.* u. *Superl.* (corruptus), **verderbt, verdorben, a** in der Aussprache **verhunzt,** et sententias intercīdere et verba c. pronuntiare, Gell. 13, 30, 9. – **b** im Ausdruck u. Gedanken **verkehrt, verschroben** = geschmacklos, non minus multa magnifice dicere, quam c., Sen.: multa facunde explicuit, corruptius quam Fabianus, sed dulcius, Sen. rhet.: non illi peius dicunt, sed hi corruptius iudicant, Sen. rhet.: Damas corruptissime (dixit), Sen. contr. 10, 5 (34), 21. – **c** im Urteil **verkehrt, verschroben,** de alqa re neque depravate iudicare neque c., Cic. de fin. 1, 71. – **d** moralisch verderbt, verdorben = **schlaff,** intimi libertorum servorumque corruptius quam in privata domo habiti, Tac. hist. 1, 22; vgl. *ibid.* 2, 12 H.

corruptēla, ae, *f.* (corrumpo), das **Verderben, 1** das physische, c. ventris, Anthim. praef. p. 7, 16 u. 25; u. *c.* 25 u. 66. – **2** das moralische, der **Verderb** (s. Drak. Liv. 39, 9, 3), **a** übh.: largitionem corruptelam esse dixit, Cic.: tantam esse corruptelam malae consuetudinis (Genet. subj.), ut etc., Cic.: via una corruptelae Bacchanalia erant, der einzige Weg zum V. (den Jüngling zu verderben), Liv.: collabi in corruptelam suam, Plaut.: mores hāc dulcedine (cantus) corruptelāque depravati, verführerischen Reiz, Cic. – **b** insbes.: **α** die **Verführung** zum Schlechten, namentl. durch Geschenke usw., die **Bestechung,** ista c. servi, Cic.: c. hominum, Cic.: pecuniosi rei corruptelam iudicii molientes, Cic. – mit Ang. **von Seiten wessen?** durch *ab* m. Abl., iudicii od. accusatoris c. ab reo, Cic. – **β** die **Verführung** zur Unzucht, die **Schändung, Entehrung,** seditionem in populo fore, corruptelam et adulterium domi, Cic. – gew. im Plur., hominum, Plaut.: corruptelae mulierum, Cic.: famosus illecebris corruptelisque, Suet.: stupra dico et corruptelas et adulteria, incesta denique, Cic.: corruptelae omnis generis fieri coeptae, Liv.: scire corruptelarum omnis generis eam officinam esse, Liv.: adulescentulum corruptelarum illecebris irretire, Cic. – meton. **αα** = der Verführer, eine Pest, communis c. nostrûm liberûm, Ter. adelph. 793. – **ββ** der Ort der Verführung, ein **liederliches Haus,** Frontin. aqu. 76.

corruptibilis, e, *Adi.* m. *Compar.* (corrumpo), **zerstörbar, vergänglich** (Ggstz. incorruptibilis), Eccl.

corruptibilitās, ātis, *f.* (corruptibilis), die **Zerstörbarkeit, Vergänglichkeit,** Eccl.: naturae, Virg. gramm. 14. p. 85, 20 K.

corruptilis, e (corrumpo), **zerstörbar vergänglich,** Not. Tir. 46, 72 u. Eccl.

corruptio, ōnis, *f.* (corrumpo), das **Verderben, I** aktiv = die **Verführung,** namentlich durch Geschenke, die **Bestechung,** militum, Tac. ann. 11, 2: iudicii, Ps. Ascon. ad Cic. I. Verr.. 15. p. 131 B.: absol., eo usque corruptionis provectus est, ut etc., Tac. ann. 2, 55. – **II** passiv = das Verdorbensein, der **verdorbene Zustand,** der physische, corporis, Cic. Tusc. 4, 28: Plur., corruptiones corporum mortuorum, Augustin. de civ. dei 22, 12. p. 559, 15 D.[2] – der geistige, die **Verkehrtheit,** c. opinionum, Cic. Tusc. 4, 29.

corruptīvus, a, um (corrumpo), **zerstörbar, vergänglich,** Eccl. (s. Rönsch Itala p. 129).

corruptor, ōris, *m.* (corrumpo), der **Verderber, I** eig., in phys. Beziehung: c. scripturarum (heiliger Schriften), Hieron. prol. septem epist. canon. – **II** übtr., in moralischer Beziehung, **a** übh.: proditor corruptorque (und Schänder od. Mörder) amicitiae, Tac.: c. sanctitatis, Val. Max.: c. civium, die Pest der B., Plaut. – **b** insbes.: **α** der **Verführer** zum Schlechten, bes. durch Geschenke usw., der **Bestecher,** c. exercitus, Liv.: corruptores nostri causam dicunt; nos, qui corrupti sumus, non dicimus? Cic.: cuius tu tribus venditorem et corruptorem et sequestrem Plancium fuisse clamitas, Cic.: adeo animosus c., ut etc., so keck drauflosbestechend, dass er usw., Tac.: attrib., corruptore auro, Anthol. Lat. 649, 8 (543, 8). – **β** der **Verführer** zur Unzucht, der **Schänder,** iuvenis c., ein junger V., Prop.: alienarum uxorum, Sen.: virginum Vestalium, Suet.: meretrices, adulatores, corruptores (Knabenverführer), Quint.: quis adulter, quae mulier infamis, quis corruptor iuventutis, quis corruptus (= *cinaedus*) inveniri potest, qui etc., Cic.: in corruptorem (Verführer = Ehebrecher) vel iustior (marito potestas est), Hor.: corruptor insidiatur nuptae, Plin. – ► Altlat. corrumptor, Plaut. trin. 240.

corruptōrius, a, um (corrumpo), **zerstörbar, vergänglich,** Tert. adv. Marc. 2, 16.

corruptrīx, trīcis, *f.* (Femin. zu corruptor), die **Verderberin, Verführerin,** attrib. = **verführerisch,** tam depravatis moribus, tam corruptrice provinciā, Cic. ad Q. fr. 1, 1, 6. § 19: licentia, rerum c. et morum, Amm. 25, 3, 18.

1. corruptus, a, um, *PAdi,* m. *Compar.* u. *Superl.* (v. corrumpo), **verdorben, verderbt, I** eig., physisch (Ggstz. incorruptus, integer): caeli tractus, Verg.: aqua, Cels.: umor, Quint.: corpus, Cels.: dens, Cels.: hordeum, Caes.: coria, Caes.: lacus sapore corruptior, Tac.: iter factum corruptius imbri, Hor.: corruptissimum genus (unguentorum), Plin. – Plur. subst., corrupta, ōrum, *n.*, die **verderbten Teile** (des Körpers), Cels. praef. p. 5, 11 D. – **II** übtr.: **a** in der Aussprache oder Schrift **unvollständig** (Ggstz. integer), Quint. 1, 5, 68. – **b** im Audruck und Gedanken **verderbt, verschroben** = geschmacklos, consuetudo (Sprachgebrauch) vitiosa et c. (Ggstz. pura et incorrupta), Cic.: vitiosum et c. dicendi genus, Quint.: multo corruptior sententia, Sen. rhet.: corruptissima res omnium, quae umquam dictae sunt, Sen. rhet.: Plur. subst., corrupta, ōrum, *n.*, verschrobene Gedanken (Ggstz. sana), Sen. rhet. – v. Redner, Dichter usw., ingenio corruptus, Quint.: tumidi et corrupti, Quint.: corrupti (Ggstz. culte dicentes od. laeti, die geschmackvollen Redner), Sen. – **c** moralisch **verderbt, verdorben, ruchlos,** civitas, Sall.: Baiae, Prop.: civitatis corrupti mores, Sall.: Sardanapalus vir muliere corruptior, Iustin.: nihil urbis eius corruptius moribus, Curt.: homines omnium ordinum corruptissimi, Sall. fr.: corruptissimum saeculum, Tac.: corruptissima res publica, Tac. – Insbes.: **α verführt,** bes. durch Geschenke **bestochen,** iudex, Hor.: iudicia, Cic.: adversarius, Suet.: iudices corruptissimi, Ps. Ascon. – c. indicium, eine durch Bestechung erwirkte Anzeige, Cic. – **β** durch Unzucht **verführt, geschändet,** adulescentulus, Cic.: virgo, Val. Max.: quis corruptor iuventutis, quis corruptus, quis perditus inveniri potest, qui etc., Cic. – ► Altlat. Form corrumptus, Plaut. trin. 114.

2. corruptus, a, um, s. cor-ripio ►.

cor-ruspor, ārī (con u. ruspor), **durchforschen,** Plaut. fr. inc. 9, 23. Paul. ex Fest. 62, 2.

cōrs, s. cohors.

corsa, ae, *f.* (κόρση), der äußerste Streifen an Türeinfassungen, die **Binde,** Vitr. 4, 6, 3 *sq.*

Corsica, ae, *f.* (bei den Griechen Κύρνος, auch Κορσίς [Dionys. perieg. 459], dah. auch lat. **Corsis,** idis, *f.*, Prisc. perieg. 471), die Insel **Korsika** im Mittelmeer, bekannt durch den bitteren Honig der dort in Menge hausenden wilden Bienen, Verbannungsort des Philos. Seneka, Liv. epit. 17. Sen. ad Helv. 6, 2. Tac. hist. 2, 16. CIL 1, 32. *lin.* 5 (wo Corsica = Corsicam); vgl. Voß Verg. ecl. 9, 30. – Dav.: **A Corsus,** a, um, **korsisch,** aquae, das um Korsika gelegene Meer, Ov.: Plur. subst., Corsī, ōrum, *m.*, die Bewohner von Korsika, die **Korsen,** Liv. u. a. – vulg. Cursi, CIL 3, 1151 u. 1153. – **B Corsicus,** a, um, **korsisch,** Ov. u. a. – **C Corsicānus,** a, um, **korsisch,** Solin. u. a.: Nbf., natione Cursicanus, CIL 2, 4063.

Corsis, idis, s. Corsica.

corsoīdēs, is, *m.* (κορσοειδής, haarähnlich), ein uns unbekannter Stein, Plin. 37, 153.

Corsus, a, um, s. Corsica.

cortex, ticis, *m.* u. *f.* (urspr. »abgeschälte, abgeschnittene Rinde« zu Wurzel **(s)qer-t-* »schneiden«), die äußere feste **Rinde, Schale, Borke, Hülle, I** eig.: **A** im Allg., die Rinde der Bäume (Ggstz. liber, die innere Rinde, der Bast), obducuntur libro aut cortice trunci, Cic.: cortices arborum (als Schreibmaterial), Hieron. – der Früchte, glandis, Plin.: nucum, Nussschale, Plin. – anderer Gegenstände, ovi, Vitr. – der Tiere, testudinis, Plin. u. Phaedr.: phalangiorum, Haut, Plin. – **B** insbes., die Rinde des Pantoffelbaumes, das **Pantoffelholz,** der **Kork,** gebraucht zu Stöpseln, Cato, Hor. u. a.: wegen seiner Leichtigkeit zum Schwimmen, Liv.: dah. sprichw., nare sine cortice, keiner Aufsicht mehr bedürfen, Hor. sat. 1, 4, 120: u. von einem flatterhaften Menschen, levior cortice, Hor. carm. 3, 9, 22. – **II** übtr., die **Hülle, Decke,** corporeus, Varro sat. Men. 547. – ► cortex als *fem.* oft bei Dichtern u. bei Scrib. 60. Cael. Aur. chron. 2, 4, 78. Gargil. Mart. de cura boum 9. Vgl. Quint. 1, 5, 35. Prob. de nom. (IV) 209, 19. Diom. 453, 36.

corticātus, a, um (cortex), **mit Rinde versehen,** pars (surculi), Pallad. 4, 1, 2: pix, Harz, das mit einem Teil der Rinde vom Baum abgenommen ist, Col. 12, 23, 1.

corticeus (corticius), a, um (cortex), **aus Rinde** od. **Kork,** pila parva, Varro r. r. 1, 40, 1: alvi apium, *ibid.* 3, 16, 17: gluten, Prud. cath. 3, 43: signa, Auson. Mos. 246.

corticōsus, a, um (cortex), **voller Rinde,** tus, Plin. 12, 58: radix, Plin. 20, 205: sucinum, Solin. 20, 12.

corticulus, ī, *m.* (*Demin.* v. cortex), die **kleine Rinde** od. **Schale,** Col. 12, 49 (47), 10 u. 50 (52), 10.

1. cortīna, ae, *f.* (zu curvus, krumm), ein **rundes Gefäß, Kessel, I** eig.: **A** im Allg., als Wasserbehälter zum Sprengen, Plaut. Poen. 1291: zum Klären des Öls, Cato r. r. 66, 1. Plin. 15, 22: zum Kochen, Feldkessel, Plin. 36, 191. – **B** insbes., der kesselförmige **Dreifuß** des Apollo, auf dem die Pythia Orakel gab, Verg. Aen. 3, 92. Ov. met. 15, 635 (u. meton., cort. Phoebi = das Orakel des Apollo, Verg. Aen. 6, 347): c. Delphica, Plin. 34, 14 (dah. meton. v. delphischen Orakel, antistes Delphicae cortinae, Val. Max. 1, 8, 10): c. Pythica, Val. Max. 8, 15. ext. 3 (neben ahenum Dodonae): dah. auch der Dreifuß als Weihgeschenk, Suet. Aug. 52. – **II** übtr.: jede kesselförmige **Rundung, Kreis,** von der Himmelswölbung, Enn. ann. 9: theatri, Aetn. 295: vom Kreis der Zuhörer, Tac. dial. 19, 4.

2. cortīna (cors od. cohors), der **Vorhang,** Isid. 19, 26, 9. Schol. Vind. Hor. de art. poët. 156. Vulg. exod. 26, 1 u. a. Eccl.

cortīnāle, is, *n.* (1. cortina), der »Aufbewahrungsort für Kessel u. sonstige Kochgeräte«, Col. 1, 6, 19.

cortīnipotēns, potentis (cortina), der **Dreifußmächtige,** Beiname Apollos, Lucil. 276.

cortīnula, ae, *f.* (*Demin.* v. 1. cortina), das **Kesselchen,** Amm. 29, 1, 31.

cortizonēs (Fisteln, Geschwüre), quos Graeci efelcidas vocant, Cass. Fel. 20 *in.* p. 30, 9.

Cortōna, ae, *f.* (Κόρτωνα), Stadt in Etrurien, nordwestl. vom trasimenischen See, jetzt Ruinen von *Cortona,* Liv. 9, 37, 12; 22, 4, 1. – Dav. **Cortōnēnsis,** e, **kortonensisch,** montes, eine Bergkette in der Nähe des trasimenischen Sees, jetzt *Gualandra* gen., Liv.: Plur. subst., Cortōnēnsēs, ium, *m.*, die Einw. von Kortona, die **Kortonenser,** Liv. u. Plin.

cortumio, ōnis, *f.* (viell. v. cor u. tueor), die **innere Betrachtung** = die im Gedanken vorgenommene Bestimmung (Fixierung) eines äußersten Beobachtungspunktes im Osten, um den Dekumanus festzuhalten (bei Liv. 1, 18, 8 signum finire animo), Varro LL. 7, 9.

cōrūda, ae, *f.*, s. corrūda.

corulus = corylus, s. d.

Coruncānius, a, Name eines plebej. Geschlechts, aus dem bes. bekannt Ti. Coruncanius, aus Kamerium, erster pontifex maximus aus plebej. Geschlecht, Cic. Planc. 20. Liv. epit. 18. Sen. ep. 114, 13; de vit. beat. 21, 3. Tac. ann. 11, 24: Plur. = Männer wie K., Sen. contr. 2, 1 (9), 18.

1. cōrus, s. caurus.

2. corus = chorus, s. d.

3. corus, ī, *m.* (כור, κόρος, χόρ), ein hebr. **Maß,** enthaltend 30 modii), Hieron. in Ezech. 4, 10 u. Vulg.

coruscābilis, e (corusco), **schimmernd,** vestis, Cassiod. in psalm. 118, 18.

coruscālis, e (corusco), **blitzend,** flammae, Orest. trag. 244.

coruscāmen, minis, *n.* (corusco), der **Schimmer,** Apul. de deo Socr. 3. p. 8, 4 G. Augustin. de civ. dei 9, 16. Fulg. myth. 1. p. 25 M.

coruscātio, ōnis, *f.* (corusco), das **Blitzen,** der **Blitz,** c. fulgurum (neben tonitruum crepor), Iul. Val. 1, 6 (12): c. luminis, Firm. math. 1, 4, 7: absol., Solin. 53, 25. Vopisc. Carin. 8, 3. Itala Matth. 24, 27 (wo Form scoriscatio). Vulg. psalm. 143, 6 u. (bildl.) Sirach. 32, 14: Plur., Vopisc. Carin. 8, 5. Heges. 4, 9, 1. Vulg. psalm. 76, 19 u. (bildl.) Sirach. 43, 14.

coruscifer, fera, ferum (coruscus und fero), **Blitze tragend,** Mart. Cap. 8. § 808.

corusco, āre (verwandt mit κορύσσω), **I mit den Hörnern stoßen, sich stutzen** (griechisch κερατίζειν; vgl. Ruperti Iuven. 12, 6), satiati agni ludunt blandeque coruscant, Lucr. 2, 320: caput opponis cum eo coruscans, Cic. fr. b. Quint. 8, 3, 21. – **II** von stoßartiger, blitzartiger, zuckender Bewegung: **A** *tr.* = **schnell hin- und herbewegen, schwingen** (vgl. Heinse Ov. met. 4, 494), linguas (v. Schlangen), Ov.: hastam, telum, Verg.: frontem (= *cornua vibrare*), Iuven.: alternos apices abruptā luce, Stat. – **B** *intr.* stoßweise, blitzartig, zitternd sich bewegen: **a** übh.: coruscat abies, schwankt zitternd hin und her, Iuven.: coruscant (apes) pennis, flattern, Verg. – **b** v. leuchtenden Ggstdn., **zucken, blinken, schillern, schimmern,** apes fulgore coruscant, Verg.: optimus (smaragdus), si caerulo coruscabit, Solin.: corona aurea adamantibus coruscans, Iul. Val. – bes. v. Zucken des Blitzes, **zucken, blitzen,** flamma inter nubes coruscat, Pacuv. fr.: prius coruscare caelum creditur et mox tonare, Apul.: altā cum Iuppiter arce coruscat, Val. Flacc.: fulgor coruscans, Vulg. – unpers., **es blitzt,** coruscabit (neben tonabit), Vulg. 4. Esdr. 16, 10: hoc dicitur coruscare et ordine quidem tonare prius oportet quam coruscare, Apul. de mund. 15, *in.* – ▶ Im Vulgärlat. scorusco, scorisco (wie scoriscatio, scoriscus, w. vgl.), s. Rönsch Itala p. 468.

coruscus, a, um (corusco *no.* II), **I** in schwingender Bewegung **schwankend, zitternd,** silvae, ilices, Verg.: m. *Abl.*, corusci cristis capita alta, Verg.: scherzh., omnia corusca prae tremore fabulor, Plaut. rud. 526. – übtr., ἐνθύμημα c., schwankend, Gell. 17, 20, 4. – **II zuckend, blinkend, schillernd, schimmernd,** imber, Varro sat. Men. 557: sol, Verg.: ensis, mucro, Verg.: m. *Abl.*, Pyrrhus telis et luce c. aënā, Verg.: iuvenes auro corusci, Verg.: ferroque auroque corusci viri, Stat. – bes. v. Blitz, lumina, fulgura, Lucr.: ignis, Hor.: dextra dei, blitzende, Prud. perist. 4, 9. – subst., coruscus, ī, *m.* (*sc.* ignis), der **Blitz,** Itala Luc. 17, 24 (wo Form scoruscus). Ven. Fort. 3, 4. p. 120 M. (neben tonitruum): Akk. Plur., nubes inter se collisae tonitrua et coruscos (die Hdschr. coruscus) faciunt, Schol. Iuven. 13, 223. – ▶ vulg. scoruscus, Itala (Cant.) Luc. 17, 24.

corva, ae, *f.*, s. corvus a. A.

corvīnus, a, um (corvus), **I zum Raben gehörig, Raben-,** ovum, Plin. 10, 32: nigredo, Apul. met. 2, 9: genus, Vulg. levit. 11, 15; deut. 14, 14. – **II** Beiname der gens Valeria, s. bes. Messalla.

corvus (arch. corvos), ī, *m.* (κόραξ; Fem. corva als ungebr. bei Varro LL. 9, 55 *sq.*), der **Rabe, I** eig. u. meton.: **A** eig.: niger tamquam corvus, Petron.: c. loquax, Ov.: c. oscen, Hor.: corvi cantus, Krächzen, Gekrächze, Cic.: miluis est quoddam bellum quasi naturale cum corvis, Cic. – als weissagender Vogel dem Apollo geweiht, Ov. met. 5, 329: sein Flug od. Gekrächze (corvi cantus) bedeutete zur Rechten Glück, zur Linken Unglück, Plaut. asin. 260; aulul. 624. Cic. de div. 1, 85. – Sprichw., in cruce pascere corvos, eine Speise der Raben sein (v. Gehängten), Hor. ep. 1, 16, 48. – **B** meton.: **1** v. der Ähnlichkeit mit dem Rabenschnabel: **a** eine lange Stange vorn mit einem Widerhaken (uncus) als Kriegswerkzeug, um Mauern usw. einzureißen, eine Art **Mauerbrecher,** corvus demolitor gen. b. Vitr. 10, 13, 3, od. feindliche Belagerungswerke zu zerstören, Curt. 4, 2 (9), 12 (im Ggstz. zu den manus ferreae, die vorn falces hatten). – **b** ein chirurgisches hakenförmiges Schneidewerkzeug, der **Rabenschnabel,** Cels. 7, 19. p. 299, 28 D. – **2** im Doppelsinn = *vir spurcus, fellator* (weil nach einer alten Volkssage *corvi ore coëunt*), Iuven. 2, 63; vgl. Corve salutator, quare fellator haberis? Mart. 14, 74. – **II** übtr.: **1** Corvus, ī, *m.*, das **Rabengestirn,** Vitr. 9, 7 (5), 1. Hyg. astr. 3, 39. – **2** der **Rabe,** ein Seefisch, nach Oken die **Seeschwalbe** (*Trigla hirundo,* L.), Cels. 2, 18. Plin. 32, 146. Auson. ep. 4, 62. p. 161, 13 Schenkl. – **3** Corvus, ein Beiname der gens Valeria.

Corybās, antis, Akk. anta, *m.* (Κορύβας), **I** gew. im Plur. **Corybantes,** ium, *m.*, Priester der Cybele, deren Gottesdienst sie mit lärmender Musik u. wilden Waffentänzen in wütender Begeisterung begingen, später mit den Curetes (s. d.) identifiziert, Hor. carm. 1, 16, 8. Lact. 1, 13, 5: neben Curetes, Ov. fast. 4, 210. Sen. Herc. Oet. 1877. Serv. Verg. Aen. 3, 104; vgl. Hyg. fab. 139. – Sing., Iuven. 5, 25. Mart. 1, 70, 10. Claud. IV. cons. Hon. 150; rapt. Pros. 1, 208. – Dav. **Corybantius,** a, um (Κορυβάντιος), **korybantisch,** aera, Verg. Aen. 3, 111: sacra, Arnob. 5, 19. – **II** Sohn der Cybele, Vater Apollos, Cic. de nat. deor. 3, 57.

cōrycēum, ī, *n.* (κωρυκεῖον), der Ort in der Palästra, wo die Übung mit dem Sack (s. cōrycus) vorgenommen wurde, Vitr. 5, 11, 2.

1. Cōrycius, a, um (Κωρύκιος), zu der am südl. Abhang des Parnassgebirges befindlichen, den Nymphen u. dem Pan geweihten Grotte (Κωρύκιον ἄντρον) gehörig, **koryzisch,** poet. = **parnassisch,** nemus, Stat. Theb. 3, 347: umbra, Stat. silv. 5, 3, 5: nymphae, Ov. her. 19 (20), 221: specus eas Corycias vocant, *Plin. 31, 113 D. – Dav. **Cōrycides nymphae** (Κωρυκίδες), Töchter des Plistus, Ov. met. 1, 320 (wo Akk. -idas).

2. Cōrycius, a, um, s. Cōrycos *no.* I.

cōrycomachia, ae, *f.* (κωρυκομαχία), die **Übungen am** *corycus* (s. d.), Cael. Aur. chron. 5, 11, 133.

Cōrycos od. **-us,** ī (Κώρυκος), **I** *f.*, Hafenstadt in Cilicien, zwischen den Mündungen des Lamus u. Kalykadnus, in deren Nähe ein gleichn. Vorgebirge u. ein tiefes, von schauerlichen Felsen umschlossenes Tal (specus Corycius), wo der beste Safran wuchs, mit einer Felsenhöhle (antrum Corycium), die im Mythos des Typhon eine Rolle spielt, j. *Kurku* od. *Korghos,* Cic. ep. 12, 13, 3. Liv. 33, 20, 4: Corycus mons, Sen. nat. qu. 3, 11, 2: über das Tal bes. Mela 1, 13, 2 (1. § 71) *sqq.* Vgl. Mützell Curt. 3, 4 (10), 10. Voß Verg. georg. 4, 127. p. 773 *sqq.* – Dav. **Cōrycius,** a, um (Κωρύκιος), **koryzisch,** specus, Mela: Typhonis specus et C. nemus, Curt.: antra, Plin.: crocum, Hor.: u. so nimbus, Safran, Mart. – poet. = **cilicisch,** senex, Verg.: puppis, Iuven.: olus, Vet. Poët. – **II** *m.*, hohes Vorgebirge der Küste Ioniens, an der südwestlichen Spitze der erythräischen Halbinsel, noch jetzt *Kóraka* od. *Kurko,* auch Corycum od. Coryceon promunturium gen., Liv. 37, 12, 10. Plin. 5, 116, am Fuße mit einem gleichnamigen Hafen (Corycus), Liv. 36, 43, 13; 37, 8, 1; 37, 13, 5. – **III** *f.*, Stadt in Pamphylien, nicht weit von Phaselis u. dem Berg Olympus, Eutr. 6, 31. Ps. Ascon. Cic. II. Verr.. 1, 56. p. 173, 27 B. – ▶ Cōrȳcus gemessen bei Prisc. perieg. 805.

cōrycus, ī, *m.* (κώρυκος), ein mit Feigenkörnern, Mehl u. Sand gefüllter großer lederner Sack, der, von der Decke herabhängend, von den Athleten mit Händen gefasst und zur Übung der Kräfte hin- u. hergeschwungen wurde, der **Kraftübungssack, Athletensack,** bildl., corycus laterum et vocis meae, Bestia, Bestia, an dem meine Brust u. Stimme wie an einem Kr. sich erprobt hat, Cic. Phil. 13, 26.

corydalus, ī, *m.* (κορυδαλός), die **Haubenlerche,** Serv. Verg. ecl. 2, 1 (Thilo corydalis).

Corydōn, ōnis, *m.* (Κορύδων), Name eines sangeskundigen Hirten, Verg. ecl. 7, 70.

corylētum, ī, *n.* (corylus), das **Haselgebüsch,** Ov. fast. 2, 587; vgl. Prisc. 4, 12.

corylus (corulus), ī, *f.* (altirisch *coll,* Hasel, ahd. *hasal*), die **Haselstaude,** Cato r. r. 18, 9. Verg. ecl. 1, 14. Ov. met. 10, 93. Col. 7, 9, 6. Plin. 16, 74; vgl. Prisc. 2, 62.

corymbiās, ae, *f.* (κορυμβίας), eine Gattung der Pflanze ferula mit Blütentrauben, Plin. 19, 175.

corymbiātus, a, um (corymbion), **mit Efeuranken geziert,** discus, Gallien. b. Treb. Poll. Cl. 17, 5.

corymbifer, fera, ferum (corymbus u. fero), **Efeutrauben tragend,** Bacchus, Ov. fast. 1, 393.

corymbion, iī, *n.* (*κορύμβιον), eine **Haartracht,** in Gestalt einer Efeutraube od. spiralförmig aufgewickelt, rein lat. nodus, das **Nest,** Petron. 110, 1 u. 5.

corymbītēs, ae, *m.* (*κορυμβίτης), eine Art der Pflanze *tithymalus,* Plin. 26, 70.

corymbus, ī, *m.* (κόρυμβος, das Oberste, Äußerste eines Körpers, dah.) **I** im Plur. corymbi, die äußersten Spitzen des Vorder- und Hinterteils des Schiffes, die **Schiffsknäufe** (oft vergoldet u. mit Zieraten versehen), τὰ κόρυμβα (vgl. Passows griech. Handwb. unter κόρυμβος), Val. Flacc. 1, 273; 4, 691. – **II** der traubenförmige **Fruchtbüschel,** die **Blütentraube** des Efeus, Verg. u. Plin.: u. ähnlicher Stauden u. Gewächse, cinarae, Col.: ferulae, Plin. – übtr., die **Brustwarze,** Ser. Samm. 356.

coryphaeus, ī, *m.* (κορυφαῖος), der **Koryphäe** = das Oberhaupt, der Stimmführer einer Partei (rein lat. princeps), Cic. de nat. deor. 1, 59.

Coryphasium, iī, *n.* (Κορυφάσιον), Vorgebirge u. gleichnamige feste Stadt an der Südostküste Messeniens, zwischen Heraklea u. Adramyttium, j. »Altnavarin«, Plin. 4, 18. – Dav. **Coryphasia,** ae, *f.* (Κορυφασία), Beiname der Minerva, Arnob. 4, 16.

coryphia, iōrum, *n.*, eine Art Purpurschnecke, Plin. 32, 84 u. 147.

Corythus, ī (Κόρυθος), **I** *f.*, Stadt in Etrurien, später Cortona (s. d.) gen., Verg. Aen. 3, 170. – **II** *m.*, der mythische Gründer dieser Stadt, Verg. Aen. 7, 209 u. a.

cōrȳtus od. **-os,** s. gōrȳtus od. -os.

coryza, ae, *f.* (κόρυζα), der **Schnupfen,** Cael. Aur. acut. 2, 17, 101. – Bei Celsus griechisch.

1. cōs, cōtis, *f.* (vgl. griech. κῶνος), der **Wetzstein, Schleifstein,** novaculā cotem discindere, Cic. u. Liv.: acuere sagittas cote, Hor.: im Bild, ipsam iracundiam fortitudinis quasi cotem esse, Cic.: cote virtutis suae ferrum acuere, Flor. – vulg. Nbf. **cōtis,** is, *f.*, Ven. Fort. 2, 9, 9. Cassiod. var. 5, 1. Isid. 16, 3, 6. – ► Versch. ist Plur. cotes = cautes, s. cautēs.

2. Cōs, eine Insel, s. Coos.

Cosa, ae, *f.* (Κόσσα) u. **Cosae,** ārum, *f.* (Κόσσαι), **I** alte etrurische, von Rom kolonisierte Stadt auf einem hohen Hügel hinter einem Vorgebirge, mit einem guten Hafen (portus Cosanus), j. Ruinen bei *Orbitello* (in Toskana), das Vorgeb. j. *Monte Argentario,* der Hafen j. *Porto Ercole,* Liv. epit. 14. Vell. 1, 14, 7: im Plur. bei Verg. Aen. 10, 168: das Vorgeb. bei Tac. ann. 2, 39: der Hafen, Liv. 22, 11, 6. – Dav. **Cosānus,** a, um, **aus Kosa, kosanisch,** Cic. u. a.: subst., in Cosano, im Kosanischen, Cic. u. Caes.: Plur. Cosānī, ōrum, *m.*, Bürger von Kosa, die **Kosaner,** Cic. u. Liv. – **II** Stadt in Lukanien, im thurinischen Gebiet, Caes. b. c. 3, 22, 2.

Cōsentia, s. Consentia.

cōservus, s. cōn-servus ►.

cosmētēs, ae, *m.* (κοσμήτης), der Aufseher der Garderobe u. des Schmucks einer Römerin, etwa **Garderobier,** Iuven. 6, 477.

cosmētōrium, iī, *n.* (= κοσμητήριον), ein **kosmetisches Mittel,** Sex. Placit. de med. 31, 11.

Cosmiānus, a, um, s. Cosmus.

cosmicus, a, um (κοσμικός), **zur Welt gehörig,** subst. cosmicus, ī, *m.*, der **Weltbürger,** u. cosmica, ōrum, *n.*, das **Weltliche, die Welt,** beide Mart. 7, 41.

cosmocratōr, oris, *m.* (κοσμοκράτωρ), der **Weltordner, Weltbeherrscher,** Iren. 1, 5, 4.

cosmoe, ōrum, *m.* (κόσμοι), die **Kosmoi,** eine aus zehn Mitgliedern bestehende hohe Staatsbehörde der Kreter, den Archonten zu vergleichen, Cic. de rep. 2, 58.

cosmographia, ae, *f.* (κοσμογραφία), die **Weltbeschreibung,** Schol. Stat. Theb. 2, 32. Isid. orig. 6, 2, 1.

cosmographus, ī, *m.* (κοσμογράφος), der **Weltbeschreiber, Kosmograph,** Auct. de progen. Aug. 2. Mythogr. Lat. 3, 6, 35.

cosmos, ī, *m.* (κόσμος), die **Welt,** Paulin. adv. pagan. 194 u. 196.

Cosmus, ī, *m.*, ein berühmter Parfümeriefabrikant in Rom, Mart. 3, 55, 1. Iuven. 8, 86. – Dav. **Cosmiānus,** a, um, **kosmianisch,** ampullae, Mart. – subst., Cosmiānum, ī, *n.* (*sc.* unguentum), kosmianische Parfümeriesalbe, Mart.

cōsobrīnus, s. cōnsobrīnus.

cōsol, s. cōnsul.

cōspīsso, s. cōn-spīsso.

cossigero, āre (coxa), **rippenweise auseinander teilen,** porcas, Acc. parerg. fr. bei Non. 61, 24; vgl. Hand Turs. 2, 31.

cossim u. **coxim,** *Adv.* (coxa), **auf die Hüfte gestützt, zusammenkauernd,** qui cossim cacant, Pompon. com. 129: coxim insidens, Apul. met. 3, 1. Vgl. Hand Turs. 2, 31 u. Hildebr. Apul. met. 2, 17. p. 115 (a).

cossis, s. 1. cossus.

Cossūra (Cosūra), ae, *f.* u. **Cossȳra** (Cosȳra), (Κόσσυρα), kleine Insel zwischen Sizilien u. Afrika, j. *Pantalaria,* Ov. fast. 3, 567. Sil. 14, 272, Mela 2, 7, 18 (2. § 120).

1. cossus, ī, *m.*, eine Art Larven unter der Rinde der Bäume, von den Römern mit Mehl gefüttert, nach Billerbeck der **Weidenbohrer,** Plin. 11, 113. Veget. mul. 1, 44, 5. Paul. ex Fest. 41, 9. – Nbf. **cossis,** is, *m.*, b. Plin. 17, 220; 30, 115. Plin. Val. 3, 22.

2. Cossus, ī, *m.*, Beiname der gens Cornelia, unter dem bes. bekannt: A. Cornelius Cossus Maluginensis, der den Anführer der Fidenaten mit eigener Hand umbrachte, Val. Max. 3, 2, 4. Liv. 4, 19, 5 *sqq.* – Plur. Cossi, Sen. de clem. 1, 9, 10.

cossyphus, ī, *m.* (κόσσυφος), die **Amsel,** rein lateinisch merula, Plin. Val. 5, 26 (wohl irrtümlich als Fisch).

Cossȳra, s. Cossūra.

costa, ae, *f.* (viell. zu altbulgar. *kostī*), **I** die **Rippe,** c. ima, media, summa, Cels.: costae breves tenuioresque, Cels.: costae aselli, Verg.: costā diffractā, Amm.: ita plagis costae callent, Plaut.: quem Manlius ab iugulo, ita ut per costas ferrum emineret, terrae affixit, Liv.: quod esurigo findebat costas, Varro fr.: recorrexit costas illius prima vindemia, die erste W. half ihm auf die Beine, Petron. 43, 3. – **II** übtr., costae, die **Rippen** = die rippenartigen Seitenwände, aëni, Verg.: navium, Plin.

costamōmum, ī, *n.* (κόστος u. ἄμωμον), eine dem costum u. amomum ähnliche Gewürzpflanze, Martian. dig. 39, 4, 16. § 7.

costātus, a, um (costa), **mit Rippen versehen, berippt,** boves bene c., Varro r. r. 2, 5, 8.

costilātus, a, um (costula), **mit Perlen besetzt,** Treb. Poll. Gallien. 20, 3 (andere bullatos); vgl. Du Cange *in v.*

costula, ae, *f.* (*Demin.* v. costa), ein **Rippchen** = eine kleine **Garnitur** von Perlen, Treb. Poll. Maximin. duor. 27, 8.

costum, ī, *n.* u. (selten) **costus** (griech. κόστος, indogerm. *kúṣṭhạ*), ī, *m.* ein indischer Strauch, aus dessen Wurzel man eine kostbare Salbe verfertigte, **Kostwurz** (*Costus arabicus,* L.), Plin. 12, 41. Cels. 3, 21. Hor. carm. 3, 1, 44. Prop. 4, 6, 5: Form costos, Lucan. 9, 917.

cōsulāris = consularis, s. d.

Cosūra od. **Cosȳra,** s. Cossȳra.

cotana, s. cottana.

cōtāria (cōtōria), ae, *f.* (cos), die **Wetzsteingrube, Schleifsteingrube,** Alfen. dig. 39, 4, 15 *in.*

cōthōn, ōnis, *m.* (semit. Wort, von den Griechen mit κώθων in Verbindung gebracht), ein durch Menschenhand gebildeter **innerer Hafen** (s. Paul. ex Fest. 37, 9), **a** bei Adrumetum in Byzacena, Auct. b. Afr. 62, 5 u. 63, 5. – **b** bei Karthago, Serv. Verg. Aen. 1, 427.

cothurnātē, *Adv.* m. *Compar.* (cothurnatus), **tragisch,** cum cothurnatius stilus lacrimosus procederet, zu hoch hinaufgeschraubt war, Amm. 28, 1, 4.

cothurnātio, ōnis, *f.* (cothurnus), die **tragische Vorstellung,** Tert. adv. Valent. 13.

cothurnātus, a, um (cothurnus), **mit Kothurnen versehen, auf Kothurnen gehend, I** eig., v. tragischen Schauspielern, Sen. ep. 76, 23 (31). – subst., cothurnātī, ōrum, *m.*, die tragischen Schauspieler (Ggstz. excalceati), Sen. ep. 8, 8. – **II** übtr., **tragisch, erhaben, hochtrabend,** versus, Suet. fr.: Maronis opus, Mart.: sermo, Macr.: deae, Ov.: Lycophron, Ov.: scelera, Lact.

cothurnōsus, a, um (cothurnus), **stolz, wild,** tauri, Greg. Tur. Iul. 31.

cothurnus (coturnus), ī, *m.* (κόθορνος), eine mit dicken Sohlen versehene griech. Fußbekleidung, die den ganzen Fuß bedeckte, hinten bis in die Mitte des Beins hinaufreichte, vorn mit (gew. roten) Riemen zugeschnürt wurde, der **Kothurn, I** als Fußbekleidung der Jäger, der **Jagdkothurn, Jagdstiefel,** Verg. ecl. 7, 32; Aen. 1, 337. Iuven. 6, 505. – **II** als Fußbekleidung der tragischen Schauspieler (in männl. u. weibl. Rollen) und anderer im tragischen Kostüm öffentlich auftretender Personen, der **Hochschuh, Kothurn** (Ggstz. soccus, die Fußbekleidung der komischen Schauspieler), **1** eig.: c. tragicus, Hor. u. Amm. (s. unten): c. maior, minor, Cic.: Tragoedia pictis innixa cothurnis, Ov.: cothurnus ad pedem apte convenit, Cic.: personam Herculis et cothurnos aptare infantibus, Quint.: nil illi larvā aut tragicis opus esse cothurnis, Hor.: risit Amor pallamque meam pictosque cothurnos sceptraque, Ov.: in cothurnis prodit Aesopus novis, er tritt in neuen K. auf (bildl. = er tritt mit tragischen Versen auf, die an ihm neu sind), Phaedr.: videtur de cothurno strepere tragico, vom trag. K. herabzudonnern (= hochtrabend zu reden), Ggstz. omni humilior est socco, Amm.: redimitus hederis coronāque velatus aureā et thyrsum tenens cothurnisque succinctus (*al.* subnixus) velut Liber Pater vectus est Alexandriae, Vell.: veste purpureā et cothurnis regum tragicorum et coronā aureā utebatur, Iustin.: Tuditanus ille, qui cum palla et cothurnis nummos populo de rostris spargere solebat, Cic. – **2** übtr.: **a** die **Tragödie,** Hor. de art. poët. 80. – **b** das **tragische Sujet,** Iuven. 15, 29. – **c** der **tragische, erhabene Stil**

(Ggstz. soccus, der niedrige **Stil der Komödie**), **α** in der Dichtung: c. facundiae, Apul.: cothurnus et sonus Sophoclis sublimior, Quint.: sola Sophocleo tua carmina digna cothurno, Verg.: ioca non infra soccum, seria non usque ad cothurnum, Apul.: Aeschyleo desine componere verba cothurno, Prop.: nec comoedia cothurnis assurgit nec contra tragoedia socculo ingreditur, Quint.: a socco ad cothurnum ascendere, Apul. – **β** in der Malerei, Plin. 35, 111. – **d** **erhabene Würde,** imperatoriae auctoritatis (kaiserl. Majestät), Ggstz. popularitas, Amm. 21, 16, 1. – ► Über die Schreibung coturnus s. Fritzsche Hor. sat. 1, 5, 64.

1. cōticula, ae, *f.* (*Demin.* v. cos), der kleine **Wetzstein, I** als **Probierstein, Prüfstein,** βάσανος, Plin. 33, 126. – **II** als Mörserchen zu mediz. Gebrauch, ein **kleiner Hand-, Reibmörser,** Plin. 31, 100 u. a.; vgl. Isid. 4, 11, 7.

2. cōticula, ae, *f.* (eig. costicula, *Demin.* v. costa), das **Rippenstückchen,** das **Kotelett,** Apic. 2, 259.

cotīdiānō (cottīdiānō), *Adv.* (cotidianus), **alltäglich, täglich,** Afran. com. 369. Plaut. capt. 725. Cic. de rep. 6, 2; Verr. 4, 18. Plin. 11, 154. Rutil. Lup. 1, 2. Fronto ad M. Caes. bei Charis. 197, 4.

cotīdiānus (cottīdiānus), a, um (cotidie), **I alltäglich, täglich,** aspectus, Cic.: assuetudo, Liv.: bella, Hirt. b. G.: cibus, Plaut. u. Plin.: contentio, Caes.: epistulae, Cic.: conviva, Afran. fr.: convictus, Vopisc.: cubiculum, Cels.: cultus atque victus, Cic.: exercitatio, Caes.: experimenta, Quint.: hostis, Flor.: interpretes, Caes.: itinera, Caes.: labor, labores, Caes.: mensa (Ggstz. epulatio), Col.: opera (Sing.), Caes.: panis, Hieron.: proelia, Caes.: querelae, Luccei. in Cic. ep.: res (Plur.), Rhet. Her. u. Quint.: sanguis (Blutvergießen), Cic.: sedes magistratuum, Liv.: sermo, Cic.: usus (Umgang), Cic.: usus cot. et exercitatio, Caes.: victus, Cic.: vita, Cic. – poet. = cotidie, z. B. ni cotidianus confeceris, Plaut. – **II** übtr., **alltäglich, Alltags-, gemein, gewöhnlich,** victus, Alltagskost, Plaut.: formae, Ter.: verbum, Sen. rhet.: verba, Cic.: interdictum, Cic.: vis, Cic.: ex cotidiano usu repetita, Sen. rhet.

cotīdiē (cottīdiē), *Adv.* (quot u. dies), **täglich,** Plaut., Cic. u. a.: attrib., illa cotidie tua Lorium ventio, Fronto ad M. Caes. 2, 15. – übtr., von der Nacht, **alle Nächte,** Ps. Quint. decl. 10, 14.

cotīdiō, *Adv.* (*cotidius), **täglich,** Q. Caepio bei Charis. 196, 8 K., während in derselben Stelle bei Charis. 193, 2 Keil cotidie liest.

cotila, s. cotula.

Cotiliae, s. Cutiliae.

cotilla, s. cotula.

cotinus, ī, *m.*, ein Strauch, der eine dem Purpur ähnl. Farbe liefert, **Färberbaum, Gelbholz** (*Rhus cotinus,* L.), Plin. 16, 73.

cōtio, s. cōcio.

1. cōtis, s. 1. cōs.

2. cotis, s. cutis.

cotonea, ae, *f.*, eine Pflanze, **Wallwurz, Schwarzwurz,** Plin. 26, 42.

cotōneus u. **-nius,** s. Cydōnēa a. E.

cōtōria, s. cōtāria.

cottabius, a, um (κοττάβιον), **in der Kachel zubereitet,** sala (= salsa) cottabia, Kachelsülze, Apic. 4, 116; 4, 117 *sq.*

cottabus, ī, *m.* (κότταβος, eig. ein Gesellschaftsspiel mit dem Anklatschen der Weinneige aus dem Becher an ein metallenes Gefäß; dah. scherzh. für) klatschender **Schlag,** ne bubuli in te cottabi crebri crepent, dass es bei dir mit dem Ochsenziemer nicht klatsch! klatsch! gehe, Plaut. trin. 1011.

Cotta, ae, *m.*, Beiname der gens Aurelia.

cottana (auch coctona, coctana, cotana, cotona, cottona geschr.), ōrum, *n.* (κόττανα), eine Art **kleiner, trockener Feigen,** noch j. in Italien *cotogna,* Plin. 13, 51. Mart. 7, 53, 7. Iuven. 3, 83. Vgl. Schneider Pallad. 3, 25, 24. p. 97. Schuch Apic. 2, 51. p. 45 *sq.*

cottīd... s. cotid...

Cottius, iī, *m.*, Name zweier über verschiedene ligurische Völkerschaften in den nach ihnen benannten kottischen Alpen herrschender Könige, nämlich nach Kottius des Vaters eines Zeitgenossen u. Freundes des Augustus (Amm. 15, 10, 2 u. 7), u. des Sohnes, nach dessen Tode das Land von Nero in eine röm. Provinz verwandelt wurde, Suet. Ner. 18. Aur. Vict. de Caes. 5, 2; epit. 5, 4. – Dav. **Cottiānus,** a, um, **kottianisch,** civitates, das Land des Kottius, Plin. 3, 138: Cottianae (u. Cottiae) Alpes, die kottischen Alpen (von Eborodunum [j. *Embrun*] bis Segusio), Tac. hist. 1, 61 u. 87.

cottona, s. cottana.

cotula od. **cotyla** (cotila od. cotyle od. cotilla), ae, *f.* (κοτύλη), ein kleines Gefäß od. Maß von einem halben sextarius, Cato r. r. 146, 1. Mart. 8, 71, 8. Pelagon. veterin. 204 *Ihm.* Cael. Aur. chron. 4, 3, 68. Auct. carm. de pond. 67 u. 73.

coturnātus, a, um, s. cothurnātus.

coturnīx, nīcis, Genet. Plur. nīcum, *f.*, die **Wachtel,** Plaut. capt. 1003. Lucr. 4, 639 (wo *cod. archet.* cocturnicibus), Varro r. r. 3, 5, 7. Ov. am. 2, 6, 27. Quint. 5, 9, 13. Lact. 4, 10, 10. Vulg. exod. 16, 13 u. ö. Edict. Diocl. 4, 41. – als Liebkosungswort, Plaut. asin. 666.

coturnus, s. cothurnus.

Cotus, s. Cotys.

cotus, s. quotus.

cotuscumque, s. quotus-cumque.

cotyla od. **cotyle,** s. cotula.

cotylēdōn, donis, *f.* (κοτυληδών), **Nabelkraut, Frauennabel** (*Cotyledon umbilicus,* L.), Plin. 25, 159.

Cotys, tyis, Akk. tyn u. (selten) tym, Vok. ty, Abl. ty, *m.* (Κότυς), u. (selten) latein **Cotus,** ī, *m.*, Name thrazischer Fürsten, **I** C. I., Beherrscher der thrazischen Küstengegenden (382–356 v. Chr.), erst Freund, dann Feind der Athener, Schwiegersohn des Iphikrates (seit 364 v. Chr.), Nep. Iph. 3, 4 (Genet. Coti) u. Timoth. 1, 2 (Akk. Cotum). Val. Max. 3, 7. ext. 7. – **II** Cotus II., Sohn des Seuthes, König der Odrysen, Verbündeter der Römer im Krieg gegen Perseus, Liv. 42, 29, 12; 42, 51, 10; 42, 67. § 4 u. 5. Eutr. 4, 6. – **III** Cotus III., König der Odrysen, der den Kalp. Piso Prokonsul von Mazedonien, bestach u. von ihm die Hinrichtung des Rabocentus, Häuptlings des thraz. Stammes der Bessier, sowie der anderen Gesandten, die mit ihm bei Piso erschienen waren, erlangte, Cic. Pis. 84. – Derselbe K. schickte im Bürgerkrieg Pompejus 500 Reiter unter seinem Sohn Sadala od. Sadales zu Hilfe, Caes. b. c. 3, 4, 3; 3, 36, 4. Lucan. 5, 54. – **IV** Cotys V., Sohn des Rhömetalkes, Urenkel von Cotys III.; seine Schicksale s. Tac. ann. 2, 64 *sqq.* u. 4, 5; vgl. Ov. ex Pont. 2, 9, 1 *sqq.* – **V** Cotys, Bruder des Mithridates, Fürsten des Bosporus, Tac. ann. 12, 15 u. 18.

Cotytto, Akk. ō, *f.* (Κοτυττώ), eine urspr. thrazische Gottheit, deren sowohl in Griechenland (namentlich in Athen u. Korinth) als in Rom einheimisch gewordener Dienst, dem der Cybele ähnlich, zu den unsittlichsten Ausschweifungen Veranlassung gab, Iuven. 2, 92. – Dav. **Cotyttia,** ōrum, *n.* (Κοττύτια), der **Dienst** od. das **Fest der Kotytto,** Hor. epod. 17, 56.

couro, s. cūro ►.

1. Cous, ī, *f.* u. **Cōus,** a, um, s. Coos.

2. cous, ī, *m.*, s. cohus.

co-ūtor, ūtī, mit jmd. **Umgang haben** (für das griech. συγχρῆσθαι), Vulg. Ioann. 4, 9.

cōvenio, s. con-venio ►.

covinnārius (covīnārius), iī, *m.* (covinnus), der **Sichelwagenkämpfer,** Tac. Agr. 35, 2 u. 36, 3.

covinnus (covīnus), ī, *m.* (ein keltisches Wort), **I der Sichelwagen,** als Streitwagen der Belgier u. Britannier, Mela 3, 6, 5 (3. § 52). Lucan. 1, 426. Sil. 17, 417. – **II** übtr., ein röm. **Reisewagen** (einem Planwagen ähnlich, von drei Seiten verschlossen, nur nach vorn offen, ohne Kutschersitz, von dem im Wagen Sitzenden selbst gelenkt), Mart. 12, 24, 1.

coxa, ae (altind. *kákšā,* Achselgrube, ahd. *hahsa,* Kniebug des Hinterbeins, nhd. *Hachse,* bayr. *Haxn*), **I** die **Hüfte,** Cels. u. Plin. ep.: leporis, ein Hasen(hüft)bein mit dem Fleisch, Mart. – Plur. coxae, **Hüftgelenke,** Cels. 4, 22. Cael. Aur. chron. 4, 3, 38 (vgl. 5, 1, 2). –

II übtr.: c. agrorum, die **Einbiegung,** neben angulus, Gromat. vet. 139, 16 u. a.

coxendicus, a, um (coxendix), **hinkend,** Sex. Placit. de medic. 5, 13.

coxendix, dicis, Genet. Plur. dicum, *f.* (coxa), das **Hüftbein,** der **Hüftknochen,** das **Hüftblatt** u. übh. die **Hüfte,** Plaut., Cels. u. a.: coxendicis dolor, coxendicum dolores, Plin.

coxigo, āre (coxa), **lahmen, hinken,** Gloss. III, 468, 36 coxigat, χωλαίνει.

coxim, s. cossim.

coxo, ōnis, *m.* (coxa), **hinkend,** Non. 25, 18. Gloss. V, 649, 41.

Crabra od. **aqua Crabra,** ein kleiner Fluss, j. *la Maranna* od. *la Maranella,* der in dem Gebiet von Tuskulum entspringt u. sich in zwei Arme teilt, wovon sich der größere in den Anio, der kleinere durch Rom in den Tiber ergießt, Cic. ep. 16, 8, 3; de lege agr. 3, 2, 9. Frontin. aqu. 9.

crābro, ōnis, *m.,* die **Hornisse** (*Vespa crabro,* L.), Verg. georg. 4, 245. Ov. met. 11, 335. Plin. 11, 61 u. 71. – Sprichw., irritare crabrones, ins Wespennest stechen od. stören, Plaut. Amph. 707.

cracca, ae, *f.,* eine Art Hülsenfrüchte, vermutlich **Vogelwicke,** Plin. 18, 142.

cracēns, centis (zu altind. *kṛçá-ḥ,* mager), **schlank, niedlich,** Enn. ann. 505; vgl. Paul. ex Fest. p. 537.

Cragus, ī, *m.* (Κράγος), ein Gebirge Lyciens, das vom Taurus aus sich nach Südwesten erstreckt u. in dem gleichnam. südwestl. Vorgebirge ins Meer ausläuft, im Altertum berühmt durch die dorthin verlegte Felsenschlucht Chimära, j. *Efta Kávi* (die sieben Kaps), Mela 1. § 8. Hor. carm. 1, 21, 8.

crambē, ēs, *f.* (κράμβη), der schmalblätterige **Kohl,** Plin. 20, 79. – Sprichw., occīdit miseros crambe repetita magistros (δὶς κράμβη θάνατος, vet. schol.), aufgewärmter Kohl (= etwas oft Vorgebrachtes, Wiederholtes), Iuven. 7, 154.

crāmum, ī, *n.,* **Sahne, Creme,** Ven. Fort. carm. 11, 14, 2.

Cranii, iōrum, *m.* (Κράνιοι), kleine Stadt auf der Insel Cephalenia (an einer Landenge, j. *Granea* b. Argastoli) u. dessen Einwohner, Liv. 38, 28, 6.

Crānōn (Crannōn), ōnis, Akk. ōnem u. ōna, *f.* (Κρανών, gew. Κραννών), Stadt in Pelasgiotis in der sogen. thessalischen Ebene, östl. od. nach a. südwestl. von Larissa, j. *Sarliki,* nach a. j. *Tzeres,* Cic. de or. 2, 352. Val. Max. 1, 8. ext. 7. Liv. 36, 10, 1 (Akk. -ōnem) u. 42, 64, 7 (Akk. -ōna).

Crantōr, oris, *m.* (Κράντωρ), **I** (nach der Mythe) Waffenträger des Peleus, Ov. met. 12, 367. – **II** einer der ausgezeichnetsten Philosophen der älteren Akademie, die mit ihm hauptsächlich endigte, Cic. Acad. 1, 34; vgl. Schmid Hor. ep. 1, 2, 4.

crapula, ae, *f.* (κραιπάλη), **I** der **Weinrausch** mit seinen Folgen, der **Taumel, Schwindel,** das **Übelbefinden,** crapulae plenus, Liv., od. crapulā plenus, Rutil. Lup.: septem dierum crapulā graves, Curt.: crapulam potare, Plaut.: crapulam edormiscere, Plaut.: crapulam edormire et exhalare, Cic.: nondum Apronianii convivii crapulam exhalasse, Cic.: crapulam amovere, Plaut.: crapulam excutere, Liv.: crapulam discutere, v. Mitteln, Plin., v. Pers., Apul.: crapulam arcere, v. Mitteln, Plin.: crapulā plenum expergisci, Rutil. Lup.: ex somno plenum crapulae surgere, Liv. – **II** meton., das Rausch erzeugende **Harz,** womit der Wein zuw. gemischt wurde, Plin. 14, 124 u. a.

crāpulānus, a, um (crapula), **den Weinrausch vertreibend,** pix, Plin. 14, 120 D.

crāpulārius, a, um (crapula), **zum Weinrausch gehörig,** unctio, Plaut. Stich. 230.

crāpulātio, ōnis, *f.* (crapulor), die **Berauschung,** Cassiod. de anim. 11 u. a. Eccl.

crāpulātus, a, um, s. crāpulor.

crāpulentus, a, um (crapula), **stark berauscht,** Amm. 29, 5, 54.

crāpulor, ātus sum, ārī (crapula), **einen Rausch haben, berauscht sein,** Eccl. – gew. *Partic. Perf.* crāpulātus, **berauscht,** a vino, Vulg. psalm. 77, 65. Gregor. hist. Franc. 2, 7 u. a.: crepulatus et ebrius, Rufin. orig. in levit. 16, 2.

crāpulōsus, a, um (crapula), **rauschsüchtig,** Firm. math. 8, 20.

crās, *Adv.,* **morgen** (viell. zu altind. *çvaḥ,* morgen), Ggstz. hodie, **I** eig., cr. mane, m. früh, Ter. u. Cic. ep.: cr. cum prima luce, Ter.: cras alqm vocare (= in crastinum diem), auf m., Mart.: qui non est hodie, cr. minus aptus erit, Ov.: scies igitur fortasse cr., summum perendie, Cic. – subst., cras istud, Mart. 5, 58, 2: cr. hesternum, der gestrige Tag, von dem es hieß »morgen«, Pers. 5, 68: secundum cras, übermorgen, Vulg. Tob. 8, 3. – **II** übtr., im Allg = künftig, quid sit futurum cras, fuge quaerere, Hor.: nec quod fuimusve sumusve, cras erimus, Ov.

crāsis, is, *f.* (κρᾶσις), die **Krasis,** Gramm.

crassāmen, inis, *n.* (crasso), der **dicke Bodensatz** einer Flüssigkeit, Col. 12, 25, 2 u. a. Not. Tir. 71, 60.

crassāmentum, ī, n. (crasso), **I der dicke Bodensatz** einer Flüssigkeit, Col. 12, 12, 1. – **II die Dicke** eines Gegenstandes, surculi, Gell. 17, 9, 7.

crassātio, ōnis, *f.* (crasso), **das Dickwerden, die Verdickung,** nervorum, Pelagon. veterin. 16. p. 69 (= 262 *Ihm*).

crassātor, s. grassātor ►.

crassē, *Adv.* m. *Compar.* (crassus), **dick, dicht, grob, I** eig.: cr. picari vasa, Col.: cr. oblinere, Scrib.: crassius nitent gemmae, unschimmer, Plin. – **II** übtr., **grob, weniger sein,** poëma cr. compositum, gleichs. grob gewebt, Hor. ep. 2, 1, 76: cr. intellegere alqd, nur im Groben (= ohne näheres Verständnis), Sen. ep. 121, 12.

crassēdo, inis, *f.* (crassus), **die Dicke,** adipata cr. ingenii, Stumpfheit, Fulg. Verg. cont. p. 143 M.

crassēsco, ere (crassus), **dick-, stark-, fett werden,** haec (terra) quicquid efflavit, crassescit protinus, Sen.: turtures crassescunt milio, Col.: vinum vetustate crassescit, Plin.: crassescente limo usque in duritiem pumicis, Plin.

Crassiānus, a, um, s. 2. Crassus.

crassificātio, ōnis, *f.* (crassifico), **das Sich-Dickmachen, die Verdickung,** Cael. Aur. acut. 1, 14, 115; chron. 5, 3, 56.

crassifico, āre (crassus u. facio), **dick machen, verdicken, fett machen,** Cael. Aur. chron. 2, 14, 208; 5, 2, 39 u. a. – im Passiv, crassificārī, **dick werden,** v. Pers., *ibid.* 2, 13, 180.

crassitās, ātis, *f.* (crassus), das **Dicksein,** die **Dicke,** Apul. de mundo 17.

crāssitiēs, ēī, *f.* (crassus) = crassitas, Apul. met. 7, 5. p. 120, 11. Cael. Aur. chron. 5, 10, 123. Oribas. syn. 5, 43.

crassitūdo, dinis, *f.* (crassus), **I das Dicksein, die Dicke,** aëris, Cic.: mellis, Plin. – bes. zur Ang. der Ausdehnung (Ggstz. latitudo u. longitudo), quantā firmitate facti (postes) et quantā crassitudine, Plaut.: teretes stipites feminis crassitudine (von Schenkeldicke), Caes.: transtra confixa clavis ferreis digiti pollicis crassitudine, Caes.: patebat parietum crassitudo pedes quinque, Caes.: bipalme spiculum hastili semicubitali infixum erat crassitudine digiti, Liv.: Plur., crassitudines columnarum, Vitr. – **II** meton., **die dicke Materie, das Dicke,** Cato u. Plin.

crassivēnius, a, um (crassus u. vena), **dickaderig,** acer, Plin. 16, 66.

crasso, āvī, ātum, āre (crassus), **verdicken, verdichten,** Passiv = **sich verdichten,** pili mei crassantur in setas, Apul. met. 3, 24: terrarum halitu densiore crassatus aër, Amm. 19, 4, 6: concretus spiritus et crassatus, *ibid.* § 8: crassatus aër, Amm. 20, 3, 5.

crassundia, iōrum, *n.* (crassus), **die Dickdärme,** Varro LL. 5, 111.

1. **crassus,** a, um, *Adi.* m. *Compar.,* **dick, I** indifferent, zur Bezeichnung der mathemat. Dimension, **dick, stark** (Ggstz. latus, longus), nucleus crassus sex digitos, Plin.: arbores crassiores digitis quinque, Cato: pollex crassior digitis ceteris, Plin. – **II** im Ggstz. zum Dünnen, Feinen, Mageren, **dick, dicht, fett, grob** (Ggstz. tenuis, rarus, liquidus u. a.), **A** eig. **a** von sächl. Subjj.: aër, caelum, Cic.: tenebrae, Cic.: pulvis, Enn. fr.: aquae, verdickte, schlammige, Ov.; aber imber crassae aquae, in dicken Tropfen fallend, Mart.: crassior arbor, Plin.: filum, Cic.: toga, grobfädig, grob, Hor.: u. so vestitus, Laber. com. fr.: restis, Plaut.: ager, fetter, fruchtbarer Boden, Cic.: medicamen-

tum crassius (Ggstz. aquatius), Sen. – *neutr.* subst., nocturnā, si quid crassi (in vinis) est, tenuabitur aurā, Hor. sat. 2, 4, 52. – **b** v. Pers., **dick, stark,** homo crispus, crassus, caesius, Ter. Hec. 440. – **B** übtr.: infortunium, derbe, tüchtige Prügel, Plaut.: senes, stumpfsinnige, Varro fr.: crassā Minervā, von derbem, schlichtem Hausverstand, Hor.: u. so crassiore Musā, Quint. – turba, ungebildeter, Mart.: neglegentia, plumpe, dumme, ICt.: crassiora nomina, rauere, barbarischere, Mart. – Davon.

2. Crassus, ī, *m.* ein Familienname der gens Licinia, s. Licinius. – Dav. **Crassiānus,** a, um, **krassianisch,** des (Triumvirn) **Krassus,** Crassiani exercitus clades, Vell., u. Crassiana clades (im Partherkrieg), Flor. u. Plin.

crāstinātio, ōnis, *f.* (crastinus) = ἀναβολή, ὑπέρθεσις, **das Aufschieben, der Aufschub,** Gloss. II, 117, 29.

crāstinō, *Adv.* (crastinus), **am morgenden Tage, morgen,** Gell. 2, 29, 9. Min. Fel. 40, 2. Apul. met. 2, 11; 6, 31; 7, 26. Augustin. serm. 97, 2 u. 147, 2.

crāstinus, a, um (cras), **morgend, morgig** (Ggstz. hodiernus), **I** eig.: dies crastinus, Cic.: dies crastina, Prop.: nox, Liv.: Aurora cr., Verg.: die crastinā, am morgenden Tage, morgen (Ggstz. hodie), Liv. u. Ambros.: dass. die crastini (Lokativ), Plaut. most. 881. Gell. 2, 29, 7. Macr. sat. 1, 3, 16. – subst., crāstinum, ī, *n.,* **der morgende Tag,** crastini neglegens (unbekümmert), Sen.: cenant tamquam crastinum desperent, Sen. rhet.: ex crastino pendēre, Sen.: in crastinum (auf morgen) vocare alqm, Plaut., differre alqd, Cic.: de crastino non cogitabat, Sulp. Sev. – **II** übtr., im Allg. = künftig, Plin. u. Stat.

crataegis, idis, Akk. in, *f.* ein zur Liebe reizendes **Kraut,** Plin. 26, 99.

crataegos (-us), ī, *f.* u. **crataegōn,** onis, Akk. ona, *f.* (κράταιγος, κραταιγών), **die Stechpalme,** rein lat. aquifolia, nach Plin. 27, 63: nach Neueren der **Elzbeerenbaum** (*Crataegus torminalis,* L.).

crataegum, ī, *n.,* der Kern der Buchsbaumfrucht, Plin. 16, 120.

Crataeis, idis, *f.* (Κραταιίς), die Mutter der Scylla, eine Nymphe, Ov. met. 13, 749. Ps. Verg. Cir. 65.

crataeogonon, ī, *n.* (κραταιόγονον), **gemeines Flöhkraut** (*Polygonum Persicaria,* L.), Plin. 27, 62 *sq.* – eine Abart **crataegonos,** ī, *f., ibid.*

crātella, ae, *f.* (*Demin.* v. cratis) = ξυλοκανθήλιον, **der hölzerne Packsattel,** Auct. de idiom. p. 581 (a), 33 K.

crāter, tēris, Akk. Sing. tēra, Akk. Plur. tēras, *m.* u. latinisierte, in Prosa fast regelm. Form **crātēra,** ae, *f.* (κρατήρ), **I** ein großes, vertieftes Gefäß, worin die Alten den Wein mit Wasser mischten und daraus in die Gläser schöpften, der **Mischkessel, Krater,** Enn. fr., Verg. u. a.: Form cratera, Cic. u. a.; vgl. Serv. Verg. Aen. 1, 724. – Nbf. **crēterrae,** ārum, *f.,* Varro u. Cic. ep. – **II** übtr.: **1** ein Schöpfgefäß, der **Wassereimer,** Naev. b. Non. 547, 30. – **2** das **Ölgefäß,** Verg. u. Mart. – **3** das **Wasserbecken, Bassin,** Plin. ep. 5, 6, 23. – **4** eine vulkanische Erdöffnung, **der Erdschlund, Abgrund,** Ov. u. Plin. – bes. **der Kessel, Krater** eines feuerspeienden Berges, Lucr. u. Plin. – **5** Crater, ein Meerbusen bei *Baiae,* Cic. ad Att. 2, 8, 2. – **6** Crater u. Cratera, ein Gestirn, der **Becher,** Ov. fast. 2, 266. Cic. Arat. 219 (de nat. deor. 2, 114). Vitr. 9, 5 (7), 1.

craterītis, tidis, *f.,* ein Edelstein, viell. unser **bernsteinfarbiger Hyazinth,** Plin. 37, 154.

Craterus (os), ī, *m.* (Κρατερός), **I** einer von Alexanders des Gr. Heerführern, Nep. Eum. 2, 2. Curt. 6, 6 (24), 33. – **II** ein berühmter Arzt zur Zeit Ciceros, Cic. ad Att. 12, 13, 1 u. 14, 4. – appellat. »ein Kraterus« = ein großer Arzt, Hor. sat. 2, 3, 161. Pers. 3, 35.

crātēs, is, *f.,* s. crātis a. E.

Crāthis, thidis, Akk. thim, *m.* (Κρᾶθις), ein Fluss bei Thurii, der zwischen Lukanien u. Bruttium die Grenze bildete, und dessen Wasser die Haare hellblond färben sollte, j. *Crati,* Ov. met. 15, 315. Plin. 31, 13.

crātīcius, a, um (cratis), **aus Flechtwerk bestehend, geflochten,** paries, Fachwerk, Vitr. 2, 8, 20 u. 7, 3, 11. Ulp. dig. 17, 2, 52. § 13: podia, Pallad, 1, 19, 2.

crātīcula, ae, *f.* (*Demin.* v. cratis), **die kleine Flechte, der kleine Rost,** Cato r. r. 13, 1. Mart. 14, 221, 1. Petron. 31, 11 u. 70, 7. Vulg. exod. 27, 4 u. 5 u. ö. Augustin. quaest. in exod. 113: in craticula assare, Apic. 7, 264 u. 8, 362. – Nbf. crātīculum, Paul. ex. Fest. 53, 11.

crātīculātim, *Adv.* (craticula), **in Rostform,** Veget. mul. 2, 67, 6 L.

crātīculum, ī, *n.,* s. crātīcula.

Cratīnus, ī, *m.* (Κρατῖνος), einer der ersten Dichter der alten attischen Komödie, Zeitgenosse des Eupolis u. Aristophanes, besonderer Verehrer des Weins, Hor. ep. 1, 19, 1; sat. 1, 4, 1. Quint. 10, 1, 65.

crātio, īre (cratis), **eggen,** Plin. 18, 258.

Cratippus, ī, *m.* (Κράτιππος), ein peripatetischer Philosoph zu Athen, Lehrer des Sohnes Ciceros, Cic. de off. 1, 1. Cic. fil. in Cic. ep. 16, 21, 3.

crātis, is, *f.* (viell. zu altind. *çrtáti,* er bindet, u. griech. κάρταλος, Korb), **Flechtwerk, Geflecht, Hürde, Rost, Faschinen, I** eig.: cr. stercoraria, Cato u. Varro: cr. pastorales, Col.: bubulis utribus contabulatae crates (als Fahrzeuge), Solin.: als Egge, cr. dentatae, Plin.: cr. vimineae, Verg.: inductā crate coaequare, Col. – im Kriegsw., zur Beschalung beim Brückenbau, longuriis cratibusque consterni, Caes.: zur Ausfüllung und Planierung, wie unsere »Faschinen«, crates vimineae, Amm.: cratibus atque aggere paludem explere, Caes.: haec levibus cratibus terrāque inaequare, Caes.: zu Turm- u. Mauerzinnen, Brustwehren, Bollwerken gegen den Feind, Caes., Tac. u. a. – zur Strafe den Missetätern über den Kopf gedeckt u. mit Steinen überworfen, crate superne iniectā saxisque congestis mergi, Liv. 1, 51, 9: necari sub crate, Liv. 4, 50, 4: sub cratim uti iubeas sese supponi, Plaut. Poen. 1025: iniecta insuper crate, Tac. Germ. 12, 2. – **II** übtr.: cr. favorum, Honigwaben, Verg.: cr. spinae, das Gefüge des Rückgrats, Ov.: cr. pectoris, Verg. – ► Akk. Sing. gew. cratem, aber cratim, Plaut. Poen. 1025. – Der Nom. cratis steht Veget. mul. 1, 56, 5: ein Nom. crates ist nirgends nachgewiesen.

craxo, s. charaxo.

creābilis, e (creo), **erschaffbar,** Ps. Apul. Ascl. 15 u. Eccl.

creagra, ae, *f.* (κρεάγρα), **die Fleischgabel,** Mart. Cap. poët. 9. § 997. Vulg. 2. par. 4, 11 u. Ierem. 52, 18.

creāmen, minis, *n.* (creo), **das Geschaffene,** Prud. ham. 505.

creātio, ōnis, *f.* (creo), **I das Erschaffen, Erzeugen,** liberorum, Ulp. dig. 1, 7, 15. § 2. – **II die Erwählung, Wahl** zu einem Amt, magistratuum, Cic. de legg. 3, 10: tutoris, Papin. dig. 26, 7, 39. § 6.

creātor, ōris, *f.* (creo), **I der Hervorbringer, Erzeuger, Schöpfer, Urheber,** Cic. u. a.: caeli et terrae cr., spät. Eccl. – **II der Ernenner, Erwähler,** Cod. Iust. 10, 31, 59.

creātrīx, trīcis, *f.* (Fem. zu creator, s. Charis. 44, 7), **die Hervorbringerin, Urheberin, Mutter,** natura cr. rerum, Lucr.: patria o mea cr.! Catull.: cr. diva, Verg.: bellorum cr. tellus, Sil.: Olympias Alexandri Magni cr., Aur. vict. epit. 40, 17: außerdem Augustin. de ver. rel. 7, 13 u. a. Eccl.

creātūra, ae, *f.* (creo), **I die Schöpfung,** Eccl. – **II das Geschöpf,** Eccl.

crēber, bra, brum, *Adi.* m. *Compar.* u. *Superl.* (cresco), v. Dichtaneinandersein in Raum u. Zeit (Ggstz. rarus), **I** im Raum u. dgl., **dicht** od. **dick nebeneinander (aneinander) stehend, dicht, gedrängt** (dah. verb. creber et continnus od. et paene continuus), **a** übh.: **α** attributiv: creberrima aedificia, Caes.: cr. arbores, Caes.: cr. castella, praesidia, stationes, Caes.: crebra ἐνθυμήματα, Plin. ep.: cr. fontes, Curt.: cr. foramina, Loch an Loch, Val. Max.: delectari crebro funali et tibicine, an vielen Fackeln hintereinander, Cic.: creberrima grando, Liv.: cr. ignes, Feuer an Feuer, Sall.: cr. insulae, Curt.: lapides crebris intervallis positi, Curt.: cr. lumina, Liv. u. (im Bild) Quint.: crebro pilo, dichtbehaart (Ggstz. glaber), Varro: cr. rami, Caes.: crebrae venustaeque sententiae, Cic., od. aptae crebraeque sententiae, Quint.: nimis cr. sutura (Ggstz. nimis rara sutura), Cels.: vigilias crebras ponere, Sall.: volitare crebras per urbes, von Stadt zu Stadt, Tibull. – **β** mehr prädikativ im engeren Anschluss an das Verbum: hostes crebri cadunt, Mann für Mann, in dichten Scharen, Plaut.: haud aliter quam cum grandinem venti glomeratam in terras agunt, crebri cecīdere caelo lapides, Liv.: u. semen serito crebrum tamquam linum, Cato.

b prägn., v. dem, an, in od. bei dem etw. in dichter Menge sich findet,

dicht voll, gedrängt voll, gew. m. Ang. **wodurch?** durch *Abl.*, creber arundinibus lucus, dicht bewachsen mit R., Ov. met. 11, 190: Tiberis creber ac subitus incrementis, stark u. plötzlich angeschwollen, Plin. 3, 55. – v. der Rede, oratio similis nivibus hibernis, id est crebra (reich an Gedankenfülle) et assidua et larga, Plin. ep. 1, 21, 22. – v. Schriftsteller, **reich-, fruchtbar** an usw., qui (Thucydides) ita creber est rerum frequentiā, ut etc., Cic.: creber sententiis, Quint.: quis sententiis aut acutior aut crebrior? Cic. fr.

II in der Zeit, **in kürzen Zwischenräumen-, kurz nacheinander-, alle Augenblicke sich wiederholend, immer** od. **häufig wiederholt, immer wiederkehrend, fortgesetzt, häufig** (Ggstz. rarus), **a** übh.: **α** attributiv: crebri amplexus, Ov.: cr. anhelitus, Quint.: labat ariete crebro ianua, durch immer wiederholte Stöße, Verg.: vgl. iam crebris arietibus saxorum compage laxatā, Curt. – crebra inter se colloquia habere, Caes.: crebras vel potius cotidianas compellationes meas non tulit, Cic.: cr. dolor, Cels.: cr. excursiones, Caes.: crebris confecti vulneribus, Caes.: crebros exploratores in Suebos mittere, Caes.: crebros edere od. (poet.) dare gemitus, Curt. u. Ov.: crebri ictus (Schläge, Hiebe, Stöße), Verg. u. Suet.: ictus (Pulsschlag) creber aut languidus, Plin.: crebris micat ignibus aether, von Schlag auf Schlag erfolgenden (versch. v. crebri ignes *no.* I, a, α), Verg.: cr. iteratio, Quint.: cr. iactatio cervicum, Curt.: crebrae, crebriores, creberrimae litterae, Cic.: cr. mortes, Tac.: cr. nuntii, Nep.: crebriores litterae nuntiique, Caes.: crebra proelia fiebant, Caes.: vulgi cr. rumor, Tac.: cr. rumores, Caes.: per hos dies creberrimus fuit sermo m. Akk. u. Inf., Cic.: crebris totius contionis sibilis vexari, Val. Max.: pedis supplosio cr., Quint.: crebrae voces militum audiebantur, Caes.: crebriore vomitu uti, Cels. – **β** prädikativ: quae apud Sallustium rara fuerunt, apud hunc crebra sunt et paene continua, Sen. ep. 114, 18. – **γ** *neutr. pl.* crebra adverb., **wiederholt,** Lucr. 2, 359. Verg. georg. 3, 500.

b prägn., v. dem, der wiederholt sich durch (mit) od. in etw. tätig zeigt, creber pulsat, klopft wiederholt, Verg.: errat aures et tempora circum crebra manus, Verg.: Africus creber procellis, der wiederholt, häufig Stürme erzeugt, Verg. – m. 2. *Supin.*, creber egressu, Pacat. pan. 21, 2 (Ggstz. rarus egressu, Tac. ann. 15, 53). – m. Ang. **worin?** durch *in* m. Abl., si mihi tantum esset otii, quantum est tibi … in scribendo multo essem crebrior quam tu, Cic.: sed haec nescio quomodo frequenter in me congessisti saneque in eo creber fuisti (hast dich wiederholt, immer wieder darüber ausgelassen), te idcirco in ludos causam conicere noluisse, ne ego etc., Cic.

crēberrimē, *Adv.*, s. crēbrē u. crebro.

crēbēsco, s. crēbrēsco.

crēbrātus, a, um (*crebro, āre), **dicht gemacht, dicht,** tela, Plin. 11, 81: furnus, Alcim. epist. 78.

crēbrē, *Adv.* m. *Superl.* (creber), **dicht,** alnus cr. fixa, Vitr. 2, 9, 10: crates ex tenuibus virgis creberrime textae, Vitr. 10, 14 (20), 3. – Auch Variante von 1. crebro, w. vgl.

crēbrēsco (crēbēsco), bruī (buī), ere (creber), **in kurzen Zwischenräumen-, kurz nacheinander-, alle Augenblicke sich wiederholen** od. **wiederkehren, immer wieder sich zeigen, -auftauchen, immer häufiger werden, sich immer mehr (im weiteren Kreise) verbreiten,** crebrescunt optatae aurae, Verg.: tum crebrescere fragor, Plin. ep.: donec motum a Vespasiano bellum crebresceret, Tac.: iamque rumor publice crebruerat, quo etc., Apul.: iam multa bella ubique crebruerunt, Augustin.: crebrescens seditio, Tac.: fama Germanicae cladis crebrescens, Tac.: famā crebrescente, Augustin.: sermonem crebrescere vidit, Verg.: Ggstz., ita etenim iustitia *rarescet*, ita impietas et avaritia *crebrescent*, Lact. 7, 15, 8. – m. Ang. **wo?** durch *Abl.*, saevus campis magis ae magis horror crebrescit, Verg. Aen. 12, 407. – m. Ang. **auf welchem Wege?** durch *per* m. Akk., crebrescebat Graecas per urbes licentia et impunitas asyla statuendi, Tac. ann. 3, 60. – m. Ang. **zugleich womit?** durch *cum* m. Abl., gestus cum ipsa orationis celeritate crebrescet, Quint. 11, 3, 111. – m. Ang. **durch wen?** durch *per* m. Akk., m. folg. *Acc.* u. *Infin.*, tum per idoneos et secreti eius socios crebrescit vivere Agrippam, Tac. ann. 2, 39.

crēbrinōdus, a, um (creber u. nodus), **dicht beknotet,** arundo, Varro sat. Men. 578.

crēbrisūrum, ī, *n.* (creber u. surus, Pfahl), *sc.* vallum, **ein dicht mit Pfählen besetzter Wall,** Enn. b. Paul. ex. Fest. 59, 3.

crēbritās, ātis, *f.* (creber), das **Dichtaneinandersein, I** im Raum, die **Dichtheit, Gedrängtheit,** fluctuum, Sall. fr.: caeli, aëris, Vitr.: sententiarum, gedrängte Fülle der G., Cic.: Plur., venarum crebritates, Vitr. 2, 10, 2: densae crebritatibus arbores, *ibid.* 2, 1, 1. – **II** in der Zeit, die **Häufigkeit, häufige Wiederkehr,** litterarum, Cic.: epistularum, Symm.: officiorum, Cic.: periculorum, Tac.

crēbriter, *Adv.* (creber), **wiederholentlich, wiederholt, sehr oft** (in der Zeit), Vitr. 2, 8, 2; 7, 3, 1 u. a. Apul. met. 1, 21; 3, 15 u. a.

crēbritūdo, dinis, *f.* (creber) vorkl. = crebritas, Non. 91, 30 (wo aber wohl celeritudinem zu lesen).

1. crēbrō, *Adv.* m. *Compar.* crebrius, *Superl.* creberrime (creber), **in kürzen Zwischenräumen, wiederholentlich, wiederkehrend, alle Augenblicke, immer wieder** (Ggstz. interdum), quod cum crebrius accideret, Suet.: creberrime acclamare, Suet.: cr. od. creberrime commemorare alqd, Suet. u. Cic.: quod Thrasea cr. dicere solebat, Plin. ep.: is qui cr. dicat m. folg. Akk. u. Infin., Cic.: crebrius hostias immolare, Cic.: cr. insistens, interdum acquiescens, Cic.: cr. dicentem interpellare, Caes.: cr. alci litteras obviam mittere, Cic.: ad alqm crebrius litteras mittere, Cic.: cr. magnā voce pronuntiare, liceretne etc., Caes.: crebrius quatere alas, Plin.: cr. respicere Romam, Ov.: vehementer et cr. spirare (v. Kranken), Cels.: transferre verba cum crebrius tum etiam audacius, Cic.: cr. tussire et exspuere, Quint.: nomen cr. usurpare, Plin.: cr. ventitare, Tac. – wechselnd mit *saepe,* z. B. crebro Catulum, saepe me, saepissime rem publicam nominabat, Cic. Cael. 59.

2. *crēbro, āre, s. crēbrātus.

crēdibilis, e, *Adi.* m. *Compar.* (credo), **glaublich, glaubhaft** (Ggstz. incredibilis), vix credibili celeritate, Plin.: vix credibili modo, Plin.: cr. ratio (Grund), Quint.: sit tibi cr. sermo consuetaque verba, Ov. – alqd credibile facere, z. B. quae credibilem faciunt expositionem, Quint.: ita quod exponebat ratione fecit credibile, Quint.: maxime animo tyranni credibile indicium Thraso nominatus fecit, Liv.: omnia enim credibilia *in* Alcibiade vigor ingenii et morum luxuria faciebat, Iustin. – nihil his credibilius fingi potest, Quint. – alqd pro credibili sumere, als glaublich annehmen, Cic. – credibile aliquid habere, etwas Glaubwürdiges haben, Cic. – est alqd credibile, z. B. quid ea commemorem, quae nisi iis qui videre nemini credibilia sunt, Sall.: narrationes credibiles sint, Cic.: credibilis erit narratio ante omnia, si etc., Quint.: an credibile sit veneficium *in* noverca, Quint.: neque idem credibile est *in* dite et paupere, Quint. – credibile est (fit, videtur) m. folg. *Acc.* u. *Infin.*, credibile erat neminem hoc ausum sine auctore, Plin. ep.: ita fit credibile deorum et hominum causā factum esse mundum, Cic.: credibile videbatur voluisse exire de vita, cum defendi non posset, Plin. ep.: eo sit credibilius illa ab oratore non ficta, Quint. – credibile est m. folg. *ut* u. Konj., hocine est credibile aut memorabile, tanta vecordia innata cuiquam ut siet, ut malis gaudeant, Ter. Andr. 625: non esse credibile, ut quem tantopere amaret ab eo invicem non diligeretur, Val. Max. 4, 1. ext. 2. – credibile est m. folg. indir. Fragesatz, non est credibile quid interesse mihi sit visum inter eum, qui tum erat et qui anno ante fuerat, Cic. de or. 2, 89. – vix credibile est, z. B. magnum narras, vix credibile, Hor.: quod credibile vix esset (parenthetisch), Cic.: u. m. folg. 2. *Supin.*, z. B. vix credibile dictu (parenthetisch), Curt.: vix credibile memoratu est, quantum superbiae socordiaeque Vitellio adoleverit, Tac. hist. 2, 73. – *neutr.* subst., credibili fortior illa fuit, als man glauben sollte, Ov.: u. so multa credibili tulimus maiora, Ov.: in Prosa im Plur., credibilium genera sunt tria, Quint.: veris credibilia praeferre, Quint.: utri magis credibilia dixerint, Quint.

crēdibiliter, *Adv.* m. *Compar.* (credibilis), **glaublich, auf glaubliche Art,** Cic. Deiot. 17. Quint. 2, 15, 36 u. a. – *Compar.*, Augustin. de civ. dei 9, 15; 13, 18 u. ö.

crēditārius, iī, *m.* (credo), **der Vertraute, der Kämmerer,** Ven. Fort. vit. S. Radeg. 8, 20.

crēdito, āre (*Intens.* v. credo), etwas **fest glauben,** defecatam silentio vitam agere creditabam, Fulg. myth. 1. praef. p. 4, 16 H.

crēditor, ōris, *m.* (credo), **der Gläubiger** (Ggstz. debitor, der Schuldner), cr. acerbus, Sen.: cr. lentus (geduldiger) et sapiens (vernünftiger), Sen.: cr. onerosus (lästiger), ICt.: u. (im Bild) venter non molestus est creditor; parvo dimittitur, Plin. – Damasippi cr., Hor.: quidam creditores Salaminiorum, Cic.: cr. totius summae, Quint. – causa (Rechtssache) creditorum, Cic.: tabulae creditoris, Cic. – accipere pecuniam a creditore, Sen.: privilegio anteponi ceteris creditoribus, Traian. in Plin. ep.: appellari a creditoribus, Quint.: nihil referre, ab hoste in acie, an in foro sub creditoribus caderet, Suet.: postquam Tusculana villa creditoribus cesserat, Suet.: decoquere creditori od. creditoribus suis, Sen. u. Plin.: qui solus creditor exstiterim, Plin. ep.: fraudare creditores, Cic.: alqs instat ut creditor et saepius die appellat (bildl. v. Bauch), Plin.: respondere creditoribus, Sen. fr.: creditoribus satisfacere, Suet.: quadrantem creditoribus solvere, Vell.: non solvere creditori suo pecuniam od. nomina, Sen.: illic stat acerbus super caput creditor, Sen.: tradere possessiones creditoribus, Caes.

crēditrīx, trīcis, *f.* (Femin. zu creditor), **die Gläubigerin,** Ulp. dig. 16, 1, 8 pr. u. a.

crēditum, ī, *n.*, s. crēdo *no.* II, 1, c.

crēdo, didī, ditum, ere (vgl. altind. *çrad-dhā*, das Vertrauen), **vertrauen, I** jmd. oder einer Sache **vertrauen, trauen, sein Vertrauen (Zutrauen) schenken, a** in Beziehung auf die Zuverlässigkeit, Treue usw.: post amicitiam credendum est, ante amicitiam iudicandum, Sen.: perditissimi hominis est fallere eum, qui laesus non esset, nisi credidisset, Sen. – m. *Dat.* einer Pers., cr. eorum nemini, Cic.: utrumque vitium est, et omnibus credere et nemini, Sen.: neque quisquam credit nisi ei, quem fidelem putat, Cic.: alci parum od. nimium cr., Caes. u. Rhet. Her.: alci tantum cr., ut etc., Auct. b. Alex.: consules magis non confidere quam non credere suis militibus, misstrauten mehr dem Mut als der Treue ihrer Soldaten, Liv. – mit *Dat.* einer Sache, ante actis veluti male (nicht recht) crederet, Ov. met. 12, 115 (dagegen male creditis hosti, zu seinem Unglück, Ov. fast. 2, 225): non cr. caelo adventantibus Euris, Verg.: o formose puer, nimium ne crede colori, Verg.: equo ne credite, Teucri, Verg.: cr. alcis fidei, Curt.: cr. non amicorum fidei, non liberorum pietati, Sen.: praesenti fortunae non cr., Liv.: neque loco neque homini cuiquam satis cr., Sall.: neque mortali cuiquam neque tempori satis cr., Sall.: virtuti suorum magis cr., Sall.: credere desine ventis, Ov.: dubitare, virtuti an fide (Dat.) popularium minus crederet, Sall. – m. *de* u. Abl., nec de te credam nostris ingrata serenis, Val. Flacc. 1, 332.

b in Beziehung auf die Aufrichtigkeit, Wahrhaftigkeit, Glaubwürdigkeit, jmdm. od. einer Sache **trauen, Glauben beimessen oder schenken, glauben, α** einer anderen Pers. oder Sache, m. *Dat.* einer Pers., meliori (einem Weiseren) credere non vis? Hor.: ego potissimum Thucydidi credo, Nep.: si Vergilio quidem credimus, Plin.: si tradenti Caecilio credimus, Quint.: ei negabit credi oportere, cui ipse crediderit, Cic.: his auctoribus temere credens, Caes.: si diceret iuratus, crederes (verst. ei), Cic.: ubi quis semel peieraverit, ei credi postea, etiam si per plures deos iuret, non potest, Cic.: u. so oft parenth. mihi crede od. crede mihi, glaube mir, glaube meinem Wort, folge meinem Rat, auf meine Versicherung hin, griech. ἐμοὶ πιθοῦ u. πιθοῦ μοι (ein eingeschalteter Ausdruck der Beteuerung), z. B. illustrabit, mihi crede, tuam amplitudinem hominum iniuria, Cic.: venies, mihi crede, exspectatus, Cic.: mihi crede, non audebis, Cic.: crede mihi, est properandum, Cael. in Cic. ep.: sed, crede mihi, perire satius est, quam hos videre, Cael. in Cic. ep.: sed, crede mihi, nihil minus putaram ego, Cic.: muta iam istam mentem, mihi crede, Cic.: carpe viam, mihi crede, comes, Hor.: u. so im Plur., haec est una via, mihi credite, et laudis et dignitatis et honoris, a bonis viris laudari et diligi, Cic.: sed, mihi credite, inchoata vestra gloria nondum perfecta est, Liv.: credite mihi, non est turpe misereri, Sen. rhet.: so auch iurato mihi crede, Cic.: crede experto, Sil.: experto credite, Verg. u. Ov.: crede fidei meae, Sen. rhet. (vgl. Stürenb. Cic. Arch. 1. p. 19 *ed.* 2. Benecke Cic. Cat. 1, 3, 6. Kühner Tusc. 1, 75. Beier Cic. de off. 3, 75. p. 324. Ochsner Cic. ecl. p. 294. Mützell Curt. 6, 11, 35. p. 590 und bes. die reichhaltige Stellensammlung in *Mahne* Miscell. Latinit. 1. p. 41 *sqq.*). – m. *Dat.* einer Sache, cr. carunculae vitulinae (sarkastisch = extis), Cic.: chirographis eius, Planc. in Cic. ep.: fabulis, Cic.: lacrimis, Ov.: Q. Fufium ut cogerem mihi potius credere quam litteris tuis, Cic.: nos non minimo potissimum numero credidimus, haben nicht der kl. Z. Glauben geschenkt (= nicht die kl. Z. für die richtige gehalten), Liv.: cr. oculis magis quam auribus, Liv.: cr. oculis amplius (mehr noch) quam auribus, Sen.; vgl. pro se quisque, nisi ipse oculis suis credidisset, vix pro comperta tantam rem habiturus videretur, Liv.: cr. talia suadentibus oraculis, Curt.: cr. u. non cr. famae, Curt. u. Ov.: quasi minus tali rumori crederent, Suet.: cr. blandis verbis, Ov.: falsis visis non cr., Cic.: somniantium visis cr., Cic.: cr. somniis, Cic.: quam vim habeat offensus crede ei quam in amore habet, davon überzeuge dich durch die, welche er usw., Plin. ep. – archaist. m. *Genet.* der Sache od. des Grundes, nam mihi divini numquam quisquam creduat, Plaut. Bacch. 504; vgl. Plaut. Amph. 672; truc. 307. – m. *in* u. Abl., tibi vero, Piso, diu deliberandum et concoquendum est, utrum potius Chaereae iniurato in sua lite an Manilio et Luscio iuratis in alieno iudicio credas, Cic. Q. Rosc. 45 (vgl. unten Passiv unpers.). – m. *de* u. Abl., maluit avunculo et Caesari de se quam vitrico credere, Vell.: cr. oratori maximo de nomine suae artis, Quint.: Dinon historicus, cui nos plurimum de Persicis rebus credimus, Nep.: de his famae cr., Curt.: leniter te accusans in eo, quod de me cito credidisses, den Gerüchten über mich Glauben geschenkt, Cic.: u. so recte non credis de numero militum, Cic. – Passiv unpers., *in* quo scelere etiam cum multae causae convenisse unum in locum atque inter se congruere videntur, tamen non temere creditur, Cic. Rosc. Am. 62. – pers. credor = *mihi creditur,* z. B. certe credemur, ait, si verba sequatur exitus, Ov.: creditus accepit cantatas protinus herbas, Ov. – **β** sich selbst, sibi cr., **sich selbst (seiner eigenen Überzeugung) glauben, bei sich selbst überzeugt sein,** crede nobis, crede tibi, Plin. pan. 74, 2: fieri malunt alieni erroris accessio, quam sibi credere, Min. Fel. 24, 2: non satis sibi ipsi credebant, Auct. b. Alex. 6, 3.

II in Bezug auf etwas **vertrauen, 1** = etwas **anvertrauen, auf Treu und Glauben übergeben, -überlassen,** gew. m. Ang. **wem?** durch *Dat.*, **a** übh.: **α** lebl. Objj.: cr. arma militi, Liv.: alci id aurum, Plaut.: aurum terrae, Iustin.; vgl. ea (den Samen), quae terrae credimus, Col.: alci caput suum cr., Curt.: alci illam custodiam (pontis), Nep.: alci custodiam corporis, Iustin.: loco potius quam homini cuiquam custodiam alcis, Liv.: filiarum dotes Iunoni Samiae, Cic.: alci omnem exercitum, Ter.: suas fortunas alcis fidei, Nep.: sibi illum honorem non solum datum, sed etiam creditum et commissum putare, Cic.: alci imperium cr., bene cr., Liv.: latus suum omnibus, Plin. pan.: puero muros, Verg.: alci omnes res od. res tantas, Cic.: alci salutem suam, Curt.: alci tutelam, Plaut.: vela Ionio mari, Claud. – **β** leb. Wesen: cr. alci aegrum, Ps. Quint. decl.: aciem campo, Verg.: alqos alcis fidei potestatique, Cic.: cuinam praesidio pecua credemus? Rhet. Her.: poet., alqm solo oder terrae, zu Boden strecken, Lucan. – bes. oft cr. se, **sich anvertrauen,** teils mit Ang. **wem?** durch *Dat.*, sowohl einer Pers., se suaque omnia alienissimis, Caes.: simpliciter se amicis, Plin. ep.: se perfidis hostibus, Ov.: se Neptuno (poet. = mari), Plaut.: se victori, Cic.: alci venienti se sine dubitatione cr. atque offere, Auct. b. Alex. – als einer Sache, se caelo Iovique, Ov.: se caelo praepetibus pennis (mit usw.), Verg.: temere se colloquio, Vell.: se fidei medici, Iustin.: se publico (der offenen Straße), Sen.: se nocti, Ov.: se pedibus (von Fliehenden), Sil.: se ponto, Ov.: se templi religioni, Vell.: se alcis tectis, Cic.: se ventis, Quint. – teils mit Ang. **wohin?** durch *in* m. Akk., in novos soles audent se germina tuto credere, Verg. georg. 2, 332 *sq.*

b der Verschwiegenheit **anvertrauen** (Ggstz. celare alqm de alqa re), mit Ang. **wem?** durch *Dat.*, sowohl einer Pers., id tibi non credidit, Cic.: alci cr. consilia sua omnia, Ter.: alci arcanos sensus, Verg.: alci tantundem quam sibi, Sen.: alci verba, Ter. – als einer Sache, quid igitur, postquam recitasti quod erat cerae creditum, iam mihi credis? Plaut.: cr. libris arcana, Hor.: facinus magnum timido pectori, Plaut. **c** der Ehrlichkeit im Zurückzahlen ein Darlehn **anvertrauen,** etwas **darleihen** (Ggstz. bald debere = etwas schulden, bald exigere = etwas einkassieren), gew. mit *Dat.* **(wem?),** quod credidisti reddo, Plaut.: exegit quod crediderat, Cic.: ne quod crediderat perderet, Cic.: cr. alci nummûm mille Philippûm, Plaut.: alci nummum numquam plumbeum, Plaut.: cr. alci pecuniam, grandem pecuniam, Cic.: alci aut pecuniam aut beneficia, Sen.: im Bild, quam bonā fide (terra) creditum fenus reddit, Plin. – pecuniam sine fenore sineque ulla stipulatione, Nep.: alci numquam quicquam, nisi si accepto pignore, Plaut.: per chirographum et cautionem, Porphyr. Hor.: alci alqd per syngrapham, Cic.: pecuniam alcis fide (auf jmds. Wort), Cic. – si rex amicis suis, qui *per* provinciam atque imperium tuum pecunias ei credidissent, fidem suam praestitisset, Cic. – cr. nemini, Cato: alci male cr., Plaut.: cr. populis, Cic. – ganz absol., emam, aedificabo, credam, exigam, honores geram, Sen.: cum credebat inductus usuris, Cic.: credendi modum constituere, Cic.: in dando et credendo procedere longius, Cic. – oft im *Partic. Perf.*, pecunia credita, pecuniae creditae, argentum creditum, z. B. pecuniam creditam od. argentum creditum solvere, Liv.: pecunias creditas non solvere, Caes.: pecuniae male creditae exactio, Sen. – res creditae, anvertrautes, geliehenes Gut = Geld, z. B. solutio rerum creditarum, Cic.: iustitia in rebus creditis fides nominatur, Cic.: u. ellipt. certa credita (verst. pecunia), Quint. 4, 2, 61 u. a. – und subst., **crēditum**, ī, *n.*, das leihweise **Anvertraute,** das **Dargeliehene,** das **Darlehn,** cr. insolubile, Sen.: cr. iustum, Liv.: cr. publicum, Quint.: crediti et depositi quaestiones, Quint.: abiurare creditum, Sall.: exigere creditum, Quint. u. Suet. (u. crediti exactio, Mela): u. (im Bild) ex beneficio creditum u. beneficium creditum (zum D.) facere, Sen.: pensatum est creditum damno, Sen.: etiam maso (einem Schurken) reddere creditum, Sen.: solvere creditum sorte (mit dem Kapital nach Abzug der Zinsen), Liv., od. fide incolumi ex thesauris Gallicis, Liv.: iusti debiti solutionem in decem annorum pensiones distribuere, Liv.

2 etwas **glauben**, **a** = für wahr halten, von etwas (= von der Wahrheit einer Sache) überzeugt sein, gew., mit Ang. **wem?** durch *Dat.*, **α** mit *Acc.*, quid iam credas? aut cui credas? Ter.: ille lacrimans orare, ne ea crederet, Sall.: non impulit me, haec nunc omnino ut crederem, Ter.: primus est deorum cultus deos credere, Sen.: falsum est, quod vulgo creditur, testamenta hominum speculum esse morum, Plin. ep.: saepe, quod falso creditum est, veri vicem obtinuit, Curt.: cr. haec cupidius, Liv.: quod fere libenter homines id quod volunt credunt, Caes. – hoc nolo mihi credas, sed fideli Vergilio, Sen. – u. die (meist parenthet.) Formeln, quod quidem magis credo (und dies ist mir das Glaublichere, Wahrscheinlichere), Cic.: quod equidem non temere crediderim, Suet.: quod nisi expertus vix credat, Vell.: crede hoc meae fidei (meinem Worte), Ter.: quod et non praedicanti facile equidem crediderim, Cic.: quod mihi credas velim, Cic.: od. hoc mihi velim credas, Cic., od. bl. credas mihi velim, Cic., od. velim mihi credas, Cic. (s. Stürenberg Cic. Arch. 1). – m. *de* u. Abl., voce supplici postulare a patribus coepit, ne quid de se temere crederent, Sall.: licet Thrasymachus quoque idem de actione crediderit, Quint. – m. *pro* u. Abl., potest alio tempore … falsum aliquid pro vero credi, Sall. Cat. 51, 31. – Im *Partic. Perf.*, Euander venerabilior divinitate creditā Carmentae matris, Liv. 1, 7, 8. – **β** mit *Acc.* u. *Infin.*, mit vorhergeh. allg. Pron., credone tibi hoc nunc, peperisse hanc e Pamphilo? Ter. – unmittelbar, utinam Indi quoque deum esse me credant, Curt.: ego ut credam esse (phantasmata) eo ducor, quod etc., Plin. ep.: ita prius coruscare caelum creditur, tum tonare, Apul.: quod vix credendum sit (zu glauben sein sollte) tantas res tam breviter potuisse declarari, Nep.: quod civitatem ignobilem atque humilem Eburonum suā sponte populo Romano bellum facere ausam vix erat credendum, Caes.: imperii hoc verbum, non adulationis esse, obsequio crede tuo, davon überzeuge dich durch deinen Gehorsam, Plin. pan.: illi non amari se credebant sibi, waren bei sich selbst überzeugt, Plin. pan. – und in der Formel credas mihi velim, z. B. credas mihi velim magis me iudicio hoc, quam morte amici laetatum, Cic.: mihi affirmanti credas velim me huic mancipio debere plurimum, Cic. (vgl. oben *no.* α). – **γ** mit folg. (indir.) Fragesatz: credis huic quod dicit? Ter.: tarde quae credita laedunt credimus, Ov.: de quibus quod inimici detulerunt neque credendum neque neglegendum putavit, Nep. – vix credere possis, quam sibi non sit amicus, Hor.: quam trepide anxieque certaverit, quantā adversariorum aemulatione, quo metu iudicum, vix credi potest, Suet.: in obsequium funeris credi non potest (es ist unglaublich), quanta hominum multitudo convenerit, Sulp. Sev.: creditum famā obiectumque mox in senatu Caecilio Simplici, quod eum honorem pecuniā mercari voluisset, Tac. – **δ** bl. mit *de* (in Betreff = an) u. Abl.: Vitellius credidit de perfidia, Tac.: sanctius ac reverentius visum de actis deorum credere quam scire, Tac.: facilius de odio creditur, Tac. – **ε** absol., bei aus dem Zshg. zu ergänzendem Objekt, audivi et credo (als Antwort), Ter.: credo, satis credo, glaub's schon, glaub's schon hinlänglich (als Antwort auf jmds. Wunsch für uns u. dgl.), Ter. (so bes. nach gaudeo, s. Spengel Ter. Andr. 939. p. 140, a): credas mihi velim (parenth.), Cic. (s. oben *no.* α): vidit, si quo esset iter facturus palam pronuntiasset, hostes non credituros, Nep.: neque caede vulgatā statim creditum est, Suet.: ita me ad credendum ducit tua oratio, solche Überzeugung flößt mir deine R. ein, Cic.: neque id mirandum, si non facile ad credendum adducebatur, Nep.: imperiti facile ad credendum impelluntur, Cic.: me non solum ratio ac disputatio impulit, ut ita crederem, sed etiam etc., Cic.: audivi equidem de maioribus natu, sed numquam sum adductus, ut crederem, Cic.

b **glauben** = des Glaubens leben, dafür halten, der Meinung sein, meinen, sich einbilden, **α** m. *Acc.:* at ego haud credo, sed certo scio, Plaut.: timeo ne aliud credam, atque aliud nunties, Ter. – zugl. mit Präd.-*Acc.* = etwas halten für usw., cr. se Iovis filium, Curt.: Scipionem Hannibal eo ipso quod adversus se dux potissimum lectus esset praestantem virum credebat, Liv.: quoscunque moribus aut fortunā novis rebus idoneos credebat, Sall.: quid eam credis? was hältst du von ihr? Plaut. – im *Pass.* mit Prädik.-*Nom.*, et male credebar sanguinis auctor ego, Ov.: origo animi caelestis creditur, Quint.: u. so *Partic. Perf.* im *Vocat.* mit Prädik.-*Vocat.*, Rufe, mihi frustra ac nequicquam credite amice, Catull. 77, 1 (*al.* credite amico). – **β** m. *Infin.* od. *Acc.* u. *Infin.* (im *Pass.* auch m. *Nom.* u. *Infin.*): credit de suo adventu esse auditum, Nep.: in rem fore credens universos appellare et cohortari, Sall.: credas pluisse (lapidibus), adeo multi passim et late iacent, Mela. – credo ego vos, iudices, mirari, quod ego potissimum surrexerim, Cic.: fratrem credo a te esse conventum, Cic.: cum reliquum exercitum subsequi crederet, Caes.: ceterum credere illum nihil palam ausurum, Sall.: Poeno cepisse iam se urbem credente, Liv.: illa deditionis signa ostentui (esse) cr., seien nur zum Schein, Sall.: fabulam ab eo casu, quem supra diximus, ortam esse crediderim, Curt.: iurando gratiam Scythas sancire ne credideris, glaube ja nicht, Curt. – u. die Formel crederes, du würdest oder man würde (wärest du oder man zugegen gewesen) geglaubt haben, oder du würdest (wenn du es zufällig sähest) glauben (s. Mützell Curt. 4, 10 [43], 23), z. B. crederes Alexandrum inter suas necessitudines flere, Curt.: maesti (crederes victos) redeunt in castra, Liv. – im *Pass.* m. *Nom.* u. *Infin.* (s. Nipperd. Tac. ann. 6, 50), quae manet in statione, ea praeter creditur ire, Lucr. 4, 386: causa mortis fuisse ei per Cn. Pisonem creditur, Suet.: pro certo creditur necato filio vacuam domum scelestis nuptiis fecisse, Sall.: in Graecia primum humanitas, litterae, etiam fruges inventae creduntur, Plin. ep.: illic voluntariā morte interisse creditus, Tac.: aries creditus vexisse Phrixum, Tac.: aliquando creditae dictaeque concurrere (Symplegades), Mela: fontes salubritatem aegris corporibus afferre credentur, Frontin. – im *Pass.* m. *Acc.* u. *Infin.* (s. Fabri Liv. 21, 22, 4, Nipperd. Tac. ann. 2, 69), creditur Pythagorae auditorem fuisse Numam, Liv.: satis credebatur obsidione domitos hostes in fidem venisse, Liv.: quorum neminem nisi iuvante deo talem fuisse credendum est, Cic.: creditum est ceteros veneno aut fame exstinctos (esse), Tac. – u. *Abl. absol.* m. folg. *Acc.* u. *Infin.*, numquam satis credito sine fraude Germanicum interisse, Tac. ann. 3, 14. – **γ** mit folg. Konj. st. des Akk. u. *Infin.*, credebam … fluxisset oratio spiris intertexta, Ven. Fort. 3, 4, 3. – **δ** mit folg. Kausalsatz m. *quod, quia, quoniam* od. m. folg. Finalsatz m. *ut* od. *ne* u. Konj., nam is post consulatum (credo quod videret ex consularibus neminem esse secum comparandum, neglegeret autem eos, qui consules non fuissent) summum illud suum studium remisit, Cic.: et quod ad te de decem legatis scripsi, parum intellexti, credo, quia διὰ σημείων scripseram, Cic.: credo, quoniam ita exterorum honestissimi intellegebantur, Plin.: credo, ut in eodem homine duplicis ac diversissimi animi conspiceretur exemplum, Vell.: attigit quoque poëticen, credimus, ne eius expers esset suavitatis, Nep. – **ε** absol.: ut Athenaeus credit (parenth.), Quint.: oppidum adiacet Cherronesus, a Diana (sic creditur) conditum, Mela. – credin? glaubst du? meinst du? (zweifelnd), z. B. *GN.* Quin redimus iam haec tibi aderit supplicans. *THR.* Credin? *GN.* Immo certe, Ter. – credo, bes. parenth., um die subjektive Meinung des Sprechenden anzudeuten, wie οἶμαι, meist ironisch, wie ὡς ἔοικεν, **ich glaube, glaub' ich, ich denke, denk' ich, sollt' ich glauben** od. **meinen, vermutlich, doch wohl** (s. Prix Plaut. trin. 115 u. mil. 368. Lorenz Plaut. mil. 309. Ruhnken Ter. Andr. 2, 13. Benecke Cic. Cat. 1, 2, 5. Drak. Liv. 4, 17, 7. Schwarz Plin. pan. 53, 4), credo, misericors est, Plaut.: credo iam, ut solet, iurgabit, Ter.: credo, falsa existimans ea, quae de inferis memorantur, Sall.: credo, aut illos mortis timor terret aut hos religionis, Cic. – parenth., ille quidem aut iam aderit, credo hercle, aut iam adest, Plaut.: male, credo, mererer de meis civibus, si etc., Cic.: erit, credo, periculum, ne improbum negotiatorem comprimere non possis, Cic.: amoenitas eum, credo, locorum retinet, Cic.: an illius vicem, credo, doles? Cic. – ► Vulg. credent = credunt, Commod. instr. 1, 25 *lemm.* – Archaist. *Coni. Praes.* creduam, as, at, Plaut. Poen. 747. Bacch. 476 u. 504; od. creduis, it, Plaut. Amph. 672; capt. 605; truc. 307. – Parag. *Infin.* credier, Plaut. Pseud. 631. Lucr. 4, 849. – credin = credisne, Plaut. capt. 962; Poen. 441.

crēdulē, *Adv.* (credulus), **leichtgläubig,** Chalcid. Tim. 127.

crēdulitās, ātis, *f.* (credulus), **Leichtgläubigkeit,** Planc. in Cic. ep. 10, 21, 1 u. a.

crēdulus, a, um (credo), **I** aktiv, **leichttrauend, leichtgläubig, arglos,** stultus et cr. auditor, Cic.: me libenter credulum praebeo, Cic.: piscis, Ov.: armenta, Hor.: cr. alci, der einem leicht glaubt, Verg. u. Hor.: cr. in rem, Ov. – v. Lebl., aures, Curt.: rates, Sen. poët.: convivia, von Misstrauen freie, Iustin. – **II** passiv, **leicht geglaubt,** fama, Tac. hist. 1, 34.

crēduo, s. crēdo ►.

cremātio, ōnis, *f.* (cremo), das **Verbrennen,** die **Verbrennung,** Plin. 23, 64. Prud. perist. 6, 88.

cremātor, ōris, *m.* (cremo), der **Verbrenner,** Tert. adv. Marc. 5, 16.

crēmento, āre (crementum), **wachsen machen,** im Passiv = **an Wachstum zunehmen,** Fulg. myth. 3, 8 u. Eccl.

crēmentum, ī, *n.* (cresco), **I** das **Wachstum,** die **Zunahme** (Ggstz. deminutio), absol., Varro sat. Men. 199. Boëth. art. arithm. 1, 6 u. a.: m. *Genet.*, cr. fellis, Augustin. ep. 9, 4: crementa unguinum et comarum, Tert de anim. 5: crementa vigoris, Ps. Cypr. carm. 6, 24. – **II** meton.: **a** das **Mittel zum Wachsen (Entstehen),** v. männl. Samen, Isid. 9, 5, 5; 11, 1, 15. – **b** das **Wesen,** der **Zustand,** collorum, Cael. Aur. acut. 3, 6, 65.

Cremera, ae, *m.*, kleiner Fluss in Etrurien, der bei Fidenā nördlich von Rom in den Tiber mündet (jetzt ein unbedeutender Bach), bekannt durch den Untergang der 300 Fabier, Liv. 2, 49, 8. Ov. fast. 2, 205 *sq.*: Cremerae legio, die Fabier, Iuven. 2, 155. – Dav. **Cremerēnsis,** e, **kremerensisch,** dies, der Unglückstag der Fabier am Kremera, Tac. hist. 2, 91.

cremia, iōrum, *n.* (cremo), **dürres, zerkleinertes Brennholz, Reisholz, Reisig,** Col. 12, 19, 3. Ulp. dig. 32, 55, 4 (wo Mommsen gremia): cremia lignorum, Gromat. vet. p. 55, 4 u. 86, 4. – Sing. **cremium,** iī, *n.*, Gromat. vet. p. 131, 2. Vulg. psalm. 102, 4.

cremiālis (gremiālis), e (cremium), **verbrennbar,** arbores, Ulp. dig. 24, 3, 7. § 12 (wo Mommsen gremiales): oleum, Brennöl, Th. Prisc. 1, 19. Marc. Emp. 19. Plin. Val. 3, 26.

cremium, iī, *n.*, s. cremia.

Cremmyōn, s. Cromyōn.

cremo, āvī, ātum, āre (viell. zu carbo), **verbrennen,** oft m. Abl. igni, incendio, flammis u. dgl., **a** übh.: **α** v. Feuer, cremantia fulmina, Plin. – u. teils m. sächl. Objj., ut (wie) rapax ignis innumeras trabes cremat, Ov., ignis ubi ingentes silvas ardore cremarat montibus in altis, Lucr.: im Passiv, omnem ornatum flammā crepitante cremari, Verg.: quae (spinosae herbae) leni tepore cremantur, Ov.: ardenti lucernae admotum digitum cremandum praebuit, Val. Max. – teils m. pers. Objj., num incensa cremavit Troia viros? Verg.: incensa super (über ihnen) villa omnes cremavit, Tac. – **β** v. Menschen, teils m. sächl. Objj., cr. vetera arma, Curt.: frontem positasque faenilibus herbas, Ov.: libellos, Suet.: Graecos libros, Val. Max.: libros in comitio igne facto in conspectu populi, Liv.: naves, quae inutiles videntur, Curt.: purgamenta ceparum in cinerem, Plin.: robur (z. B. cremati roboris cinis), Plin.: devecta sarmenta, Verg.: spolia de hostibus incendio, Curt.: tabulam (ein Gemälde), Plin.: interiorem tunicam, Val. Max. – teils mit pers. Objj., se ac liberos coniugesque incendio cr., Curt.: cremati cimices (als Heilmittel), Plin. – mit Prädik.-*Acc.*, cr. alqm vivum, Curt. u. Val. Max.: vivos se cremari iubent, Curt.: Alcibiades vivus in cubiculo, in quo dormiebat, crematus est, Iustin.: cochleae vivae crematae, Plin.

b v. Niederbrennen eines Gebäudes, einer Stadt usw., **in Brand stecken, verbrennen, einäschern,** cr. templum, Plin.: caelestia tecta, terras (v. Phaëthon), Ov.: urbem cr. et diruere, Liv.: cremata patria (v. Troja), Liv.: cremata Ilios, Hor. – facibus cr. regalia tecta, Ov.: Neronis principis incendia, quibus urbem cremaverat, Plin.: equites praemisit, ut … ignem, quo barbari cremaverant vicos, exstinguerent, Curt.

c vom Verbrennen als Todesstrafe, damnatum poenam sequi oportebat, ut igni cremaretur, Caes.: m. *ob* u. Akk., Atellanae poëtam ob ambigui ioci versiculum mediā Amphitheatri arenā igni cremavit, Suet.

d v. Verbrennen der Leiche u. anderer Gegenstände bei der Leichenfeier, **α** v. Feuer: rogus iste cremet mea viscera, Ov.: des tua succensae membra cremanda pyrae, Ov.: qui scimus, an hāc flammā Cn. Pompeius cremetur? Val. Max.: alii ut eodem rogo cremarentur manserunt, Liv.: se super corpus fratris prostratum communibus flammis (rogi) cremandum tradidit, Val. Max. – **β** v. Menschen: corpus alcis, Cic. u. a.: cadaver alcis, Suet.: mortuos cremare aut fodere, Mela: corpora condere (potius) quam cremare e more Aegyptio, Tac.: mortuorum corpora cremare potius quam terrā obruere, Iustin.: servos et clientes iustis funeribus confectis unā cr., Caes.: vestem, odores aliaque funerum sollemnia, Tac. – m. Ang. **wo?** lectum defuncti in Capitolini Iovis cella, Suet.: corpus interfectoris super reliquias mariti, Iustin. – m. Ang. **womit? wodurch?** aedificii incendio mortuum (Alcibiadem), Nep.: Sulla primus e patriciis Corneliis igni voluit cremari, Cic.: cr. caput (occisi Cn. Pompeii) plurimis et pretiosissimis odoribus, Val. Max.: corpora clarorum virorum certis lignis, Tac.: iuxta rogum sarmentis aliis nudus crematus est, Plin. – m. Ang. **wie?** z. B. cr. alqm haud pretiose, Curt.: alqm honorate (z. B. quo honoratius cremaretur, inici ei suum paludamentum iussit), Val. Max.: cr. corpus alcis publico funere, Suet.: alqm humili sepulturā, Cic.: cetera (corpora) nec numero nec honore, ungezählt und ohne Ehre, Verg. – m. Ang. **mit wem?** cum mortuis cremare ac defodere apta viventibus, Mela: cremari cum coniuge

(Gatten), Val. Max.: unā cum liberis, coniugibus cunctāque gazā regiā cremari, Auct. b. Afr.

e v. Verbrennen des Opfers, cr. igni vitulos, Ov.: caesarum boum fibras de more cr., Ov.: congesta cr. turea dona, dapes, fuso crateres olivo, Verg. – m. *Dat.* (**wem?** = wem zu Ehren?), spolia hostium coniecta in acervum Iovi Victori cremavit, Liv.: postero die arma lecta conici in acervum iussit, sacrumque id Vulcano cremavit, Liv. – ► Parag. *Infin.* cremarier, *Enn. scen. 291 *Bothe.*

Cremōna, ae, *f.*, röm. Pflanzstadt in Oberitalien am Nordufer des Po, noch j. *Cremona,* Caes. b.c. 1, 24, 4. Liv. 21, 25, 2. Tac. hist. 2, 17. Verg. ecl. 9, 28. – Dav. **Cremōnēnsis,** e, **aus** od. **zu Kremona, kremonisch,** Liv. u. a.: Plur. subst., Cremōnēnsēs, ium, *m.*, die Einw. von Kremona, die **Kremoner,** Tac.

Cremōnis iugum, ein Teil der penninischen Alpen, gew. für den *Gramont* in der Nähe des kl. Bernhard gehalten, nach a. die **Grimsel,** Liv. 21, 38, 7.

cremor, ōris, *m.*, der aus Pflanzenstoff gewonnene **dicke Saft, Schleim,** cr. crassus, Plaut. u. Cato: cr. alicae, Cels.: cr. furfurum, Cels.: cr. fici, Cels.: hordea quem faciunt, illis affunde cremorem, Gerstenschleim, Ov.

Cremūtius, iī, *m.*, vollst. A. Cremutius Cordus, latein. Historiker, Zeitgenosse des Kaisers Tiberius, bekannt durch seine Freimütigkeit, Sen. suas. 6, 19. Sen. ad Marc. 1, 2. Tac. ann. 4, 34*sq.*

1. creo, āvī, ātum, āre (vgl. cresco, creber), **schaffen, erschaffen** = erzeugen, **I** im Allg.: **a** übh.: **α** mater. Objj.: censet (Zeno) artis maxime proprium esse creare et gignere, Cic.: omnes res, quas et creat natura et tuetur, Cic.: terra, quae neglecta sentes ac dumos, culta fructus creat, Quint.: aliud fimum herbas creat, Plin.: ut plaga (die Wunde) plus carnis creare possit, Cels. – cr. genus humanum (v. der Erde), Lucr.: cr. vix animalia parva (v. der Erde), Lucr. – m. dopp. *Acc.*, primordia cr. ignes et lignum, Lucr.: natura fingit homines et creat imitatores et narratores facetos, Cic. – mit *Advv.* **wo?** neque creatur ibi corpus (die fehlende Substanz), Cels.: vermes intus (im menschl. Körper) creantur, Lucr.: od. mit *Abl.* **wo?** quos (flores) Thessala magnis montibus ora creat, Catull. – m. *Advv.* (woher?) od. m. *ex* od. *de* u. Abl., unde omnes natura creet res, Lucr.: terram creari ex igni, Lucr.: nec principium exstinctum ex se aliud creabit, Cic.: res non posse creari de nilo, Lucr. – im Passiv mit *Abl.* **wodurch?** seminibus quia certis quaeque creantur, Lucr. – m. *ad* u. Akk., ut placet Stoicis, quae in terris gignantur, ad usum hominum creari, Cic. – *Partic. Perf.* subst., creata servare, Lucr. 2, 572. – **β** Zustände, teils physische, torporem et dolorem, Cels.: mel fastidium creat, Plin.: si ex quattuor principiis vel superans aliquod vel deficiens adversam valetudinem creat, Cels.: lepus marinus vomitum dissolutionemque stomachi statim creat, Plin. – teils geistige, moral., polit. usw., venter creat omnes has aerumnas, Plaut.: nonnumquam etiam errorem creat similitudo, Cic.: in urbe luxuries creatur, Cic.: notitiam veri quae res falsique crearit, Lucr. – cr. magnum (maius) odium (v. einer Abgabe), Auct. b. Afr.: familiaritate Romanā odium sibi apud regem, Iustin.: alci periculum, Cic.: seditionem (v. Pers.), Vell.: id (versificandi genus) taedium ex similitudine ac satietatem creat, Quint.

b ein Kind **erzeugen** (bei Cic. gew. procreare), v. beiden Gatten, prolem ex se videre creatam, Lucr. – v. Vater, patria est antiquior parens, quam qui creavit, Cic.: si di creare possent, Min. Fel.: cr. liberos, Phaedr. u. Val. Max.: is (Silvius) Aeneam Silvium creat, Liv.: me creat ... Babylonius Horos, Prop. – v. der Mutter, Dryope quem nympha crearat, Verg.: gnatos tuos creavit, Inscr.: pueris beata creandis uxor, Hor.: m. *Dat.* **wem?** quos (fratres) fida crearat una tot Arcadio coniunx Tyrrhena Gylippo, Verg.: m. *Abl.* **wodurch?** tum partu Terra nefando Coeumque Iapetumque creat, Verg. – im Passiv, m. *Abl.* **wo?** Sulmone creati quattuor iuvenes, Verg.: o caeruleo creata ponto, Meergezeugte (ποντογενής), v. der Venus, Catull. – mit Prädik.-*Nom.*, cum crearer masculus, Phaedr. – m. *Abl.* (durch = von), fortes creantur fortibus et bonis, Phaedr.: u. so oft creatus mit *Abl.* des Vaters u. der Mutter = Tochter, Sohn, Sprössling von usw., Erebo creata Nox, Enn. fr.: Saturno sancte create, Enn. fr.: Telamone creatus, Ov.: Maiā creatus, Ov.: Vulcani stirpe creatus, Verg.: matre servā creatus, Flor. – dah. subst., creati = Kinder, Ov. met. 6, 206.

II als publiz. *t. t.*: **a** eine Staatsgewalt **schaffen, ins Leben rufen,** tribuniciam potestatem, Liv.: nova Romae dignitas est creata, quae dictatura appellatur, Liv.

b einen Beamten, Priester u. dgl. **schaffen,** bes. durch Wahl, sowohl vom Volk od. Herrscher = **wählen, erwählen,** als auch vom Leiter der Wahl = **wählen (erwählen) lassen, α** mit einf. *Acc.*: magistratus, Cic.: sibi tres collegas, Liv.: censores, Cic.: consules, Cic.: consules plebeios, Liv.: dictatorem, Liv.: ducem, Val. Max.: ephoros, Val. Max.: Caesares duos (vom Kaiser), Eutr.: cr. imperatorem, verb. eligere creareque imperatorem, einen Kaiser (z.B. v. den Soldaten), Suet.: cr. interregem, Liv.: pontifices, augures, sacrificulum regem, Liv.: pontifices, flamines, Salios, augures, Lact.: decem praetores (Feldherren, in Griechenl.), Nep.: praetores (in Rom), Cic.: regem, sui corporis regem, Liv.: Carthagine quotannis annuos binos reges (die Suffeten), Nep.: sacerdotes (v. Volk), Vell.: centum senatores (v. Romulus), Liv.: tribunos plebis duos, Cic.: tribunos militum tres, Liv.: tres viros, qui etc., Val. Max. – mit *Advv.* **wie?** mit *per* u. Akk. od. mit bl. *Abl.* **wodurch?** comitiatu consules rite cr., Cic.: magistratus od. censores od. consules vitio (durch einen Fehler der Augurien) creati, Varro LL., Liv. u. Cic.: plebeius magistratus nullus auspicato creatur, Liv.: lege, non suffragio creatum esse, Liv.: optimā lege creari, Cic.: decem tribuni plebis comitiis curiatis creati sunt, Cic.: consules per vim ac tumultum creantur, Plin. pan. – mit *per* u. Akk. (durch wen?), si per praetorem consules creantur, Cic. – mit *ex* u. Abl. (aus welchem Stand usw.?), consules ex plebe, Liv.: tribunos plebis ex equitibus Romanis (v. Augustus), Suet. – m. *Adi.* od. m. *in* u. Akk. (auf welche Zeit?), summus magistratus, quem vergobretum appellant Aedui, qui creatur annuus, Caes.: archontes coeperunt in denos annos creari, Vell.: creatis in annum magistratibus, Liv. – mit *inter* u. Akk. od. mit *in* u. Abl. (worunter?), creari inter quinque viros, Plin. ep.: creari in eo numero, Sall. – m. *in* u. Akk. (in welche Stelle?), neve quis flamen aut augur in locum Germanici nisi gentis Iuliae crearetur, Tac. ann. 2, 83: prior consulatus eius, in quem creatus est anno octavo et tricesimo, Vell. 2, 4, 7. – m. *Acc. loc.* **wohin?** praefecti Capuam creari coepti sunt, Liv. – m. *Dat.* **wofür? wozu?** decemviros legibus scribendis, Liv. – **β** m. dopp. *Acc.*, im Passiv m. dopp. *Nom.*, T. Quinctius Barbatus interrex creat L. Papirium Mugilanum L. Sempronium Atratinum consules, Liv.: dictator primo comitiali die creavit consulem Q. Fulvium Flaccum magistrum equitum et Ap. Claudium Pulchrum, Liv.: Ancum Marcium regem populus creavit, Liv.: dictatorem Albani Mettium Fufetium creant, Liv.: exercitus Diocletianum imperatorem creavit, Eutr. – augur creatus (est) L. Quinctius Flaminius, decemvir sacrorum L. Cornelius Lentulus, Liv.: consules creati (sunt) Q. Fabius et P. Decius, Liv.: T. Lartium dictatorem primum, Sp. Cassium magistrum equitum creatos invenio, Liv.: Constantinus in Britannia creatus est imperator (zum Kaiser), Eutr.: dictatore P. Cornelio dicto ipse ab eo magister equitum creatus est, Liv.; vgl. (im Abl. absol.) magistro equitum creato filio suo, Liv.: quia solum centum essent, qui patres creari possent, Liv.: praetores (in Rom) creati sunt C. Fulvius Flaccus C. Claudius Nero etc., Liv.: decem qui postea praetores (zu Regenten, in Athen) creati sunt, Nep.: defuncto Traiano Aelius Hadrianus creatus est princeps (zum Fürsten, d.i. zum Kaiser), Eutr.: postea Numa Pompilius rex creatus est, Eutr. – m. *puer* u. *senex,* z.B. Caesar paene puer a Mario Cinnaque flamen dialis creatus, Vell.: Metellus senex admodum pontifex maximus creatus, Val. Max. – m. *Advv.* **zum wievielten Male?** alqm consulem iterum, Val. Max., tertium, Liv., tertio, Plin. pan.: alqm dictatorem quartum, Liv. – mit *Advv.* od. *Abl.* **wie? wodurch?** u. dgl., P. Clodius, qui non rite creatus tribunus arguebatur, Quint.: C. Flaminius inauspicato consul creatus, Val Max.: an hunc non ut qui optimo iure censor creatus esset populus creavit? Liv.: collegam sibi comitiis centuriatis creavit P. Valerium, Liv.: Palicanus suffragiis populi consul creatus, Val. Max.: cunctis populi suffragiis rex est creatus L. Tarquinius, Cic.: Tullum Hostilium populus regem interrege rogante comitiis curiatis creavit, Cic. – m. *ex* u. Abl. (aus wem?), cum leges duo ex una familia vivo utroque magistratus creari vetarent, Caes. – mit *cum* u. Abl. (mit wem?), ut Cn. Flavius aedilis curulis crearetur cum Anicio Praenestino, Plin. – m. *in* u. Akk. (an wessen Stelle?), M. Lepidus pontifex maximus in C. Caesaris locum furto creatus, Vell. – m. *Dat.* (wozu?), me Albani gerendo bello ducem creavere, Liv. – mit *in* u. Akk. (auf welche Zeit?), ille Appius, qui decemvir in annum creatus altero anno se ipse creavit, Liv. – ► Archaist. creassit = *creaverit*, Cic. de legg. 3, 9.

2. **Creo,** ōnis, *m.* u. gew. **Creōn,** ontis, Akk. ontem u. onta, *m.* (Κρέων), **I** König von Korinth, der seine Tochter Krëusa dem Jason verlobte, Hor. epod. 5, 64. Hyg. fab. 25. – **II** Bruder der Jokaste, zu Theben, Stat. Theb. 12, 174 u. 477 (Akk. onta). Hyg. fab. 72. – **III** der in Amphitruos Abwesenheit zu Theben herrschende Reichsverweser, rex Creo, Plaut. Amph. 351.

crepāculum, ī, *n.* (crepo), die **Klapper,** mit der man Vögel schreckt u. vertreibt, Gloss. V, 282, 28.

crepātio, ōnis, *f.* (crepo *no.* I, 2), das **Knacken = Bersten, Platzen,** meton. **der Knack = der Riss, die Spalte,** Th. Prisc. 2. chr. 9.

crepātūra, ae, *f.* (crepo *no.* I, 2), **der Knack = der Riss, die Spalte,** crepaturae parietum, Schol. Iuven. 3, 196.

crepāx, pācis (crepo), **knisternd,** mola (salsa), Maecen. in Sen. ep. 114, 5.

creper, pera, perum (vgl. crepusculum), **dämmerig, dunkel, I** eig., nur subst., creperum, ī, *n.*, die **Dunkelheit,** noctis, Symm. ep. 1, 13: u. bl. creperum, Zwielicht, Mart. Cap. poët. 2. § 116. Isid. de nat. rer. 2, 2: u. so vincamus creperum, Amm. 16, 8, 9 im Doppelsinn mit *no.* II. – **II** übtr., **ungewiss, zweifelhaft, misslich,** res creperae, Varro LL.: in re crepera, in mea re crepera, Pacuv. fr. u. Acc. fr.: creperi certamina belli, Lucr.: oracla cr., Varro fr.: cr. vox, Avien. Arat. 325 M. – ► Nomin. creper nicht nachweisbar.

crepiculum, s. crepitulum.

crepida, ae, *f.* (das latinisierte κρηπίς), die aus einer dicken Sohle bestehende, bloß am Rand mit einem Stück Leder versehene, mit einem breiten Riemen (amentum), der durch Ösen (ansae) gezogen wurde, am Fuß befestigte Fußbekleidung der Griechen, der griech. **Halbschuh** (versch. von der solea, griech. ὑπόδημα, die bloß den Fuß bedeckende Sandale; vgl. Gell. 13, 21, 5), gegen das Ende der Republik auch in Rom gebräuchlich, ansae od. ansulae crepidarum, Plin. u. Val. Max.: clavi crepidarum (an den Soldatenhalbschuhen der Griechen), Plin.: crepidae militis, Treb. Poll.: crepidae carbatinae, Bauernschuhe aus rohem Leder (καρβατῖναι), Catull. – astricti crepidis pedes, Curt.: pallio et crepidis uti, Val. Max.: in publicum procedere in crepidis vel cothurnis, Suet.: cum pallio crepidisque inambulare in gymnasio, Liv.: aureis clavis crepidas suffigere, Plin.: L. Scipionis non solum cum chlamyde, sed etiam cum crepidis in Capitolio statuam videtis (u. im Ggstz. dazu als röm. Tracht ille P. Rutilius soccos habuit et pallium), Cic. – Sprichw., ne sutor supra crepidam (verst. iudicet), Schuster, bleib bei deinem Leisten, nach Plin. 35, 85. Val. Max. 8, 12. ext. 3.

crepidārius, a, um (crepida), **zur Sohle-, Sandale gehörig,** sutor, Sandalenmacher, cultellus, Schusterkneif, beide Sempr. Asell. bei Gell. 13, 22 (21) 8. – subst. crepidārius, iī, *m.*, der **Sandalenverfertiger,** CIL 6, 9284.

crepidātus, a, um (crepida), **mit Sandalen bekleidet,** Cic. u. Suet. – fabula, die griechisch-römische Tragödie, Donat. Ter. adelph. prol. 7 u. so crepidata tragoedia, Ggstz. praetextata, Lydus de magistr. 1, 40 ἡ τραγῳδία τέμνεται εἰς κρηπιδάταν καὶ πραιτεξτάταν; vgl. praetextatus.

crepīdo, dinis, *f.* (κρηπίς), **I** der gemauerte **Unterbau,** der **Sockel,** das **Postament,** crepidines obelisci, Plin. 36, 66: cr. aeterna, Stat. silv. 1, 1, 59. – im Bild, deinde omnia tamquam crepidine quādam comprehensione longiore sustinentur, stützt sich auf eine längere Periode als auf seine Grundlage, Cic. or. 224. – **II** der **Rand** als hervorragende feste **Einfassung** zum Schutz u. zur Zierde, ein gemauerter **Vorsprung, A** im Allg.: vastae altitudinis, Sen.: altaris, Vulg.: semitae, Trottoir, Petr.: crepidines marginum, die Vorsprünge der Ränder, Plin. – **B** insbes.: **1** der gemauerte Uferdamm, der **Kai,** wo die Schiffe landen (Aufenthaltsort von Müßiggängern u. Bettlern), omnes urbis crepidines, Cic.: cr. ripae, Stat.: ad crepidinem dirutae Carthaginis accedere, Firm. math. – m. *Genet.* des **Stoffs,** saxi, Verg.: magnae molis, Curt. – absol., altera cr., Liv.: nulla crepido vacat? Iuven. – **2** als *t. t.* der Architektur, crepidines, der **Vorsprung,** die **Ausladung,** der **Auslauf,** Vitr.; vgl. Schneider Vitr. 4, 6, 3. – ► Über das gramm. Geschlecht s. Prob. de nom. exc. § 36. p. 211, 33 K.

crepidula, ae, *f.* (*Demin.* v. crepida), die **kleine Sandale,** Plaut. Pers. 464; vgl. Gell. 13, 21, 5.

crepidulum, ī, *n.*, s. crepitulum.

crēpis, idis, *f.* (κρηπίς), **I** = crepida (s. d.), Apul. met. 11, 8. – **II** eine uns unbekannte Pflanze, Plin. 21, 99.

crepitācillum, ī, *n.* (*Demin.* v. crepitaculum), die **kleine Klapper,** Lucr. 5, 229. Tert. adv. Marc. 3, 8.

crepitāculum, ī, *n.* (crepito), die **Klapper,** zum Schrecken der Bienen, crepitaculis aereis terreatur fugiens iuventus (apium), Col. – zum Beschwichtigen der Kinder, sonus crepitaculorum puerilium, Quint.: tunc crepitacula tinnitusque quis (= quibus) infanti somnum induceret adhibebat quiescenti, Mart. Cap.: crepitaculis obticuit auditis (v. kleinen Jupiter), Arnob.

crepitātio, ōnis, *f.* (crepito), das **Knarren,** ostii, Fulg. myth. praef. 25.

crepito, āvī, ātum, āre (*Frequ.* v. crepo), v. jedem kurz abgebrochenen Schall, deutsch je nach dem Zusammenhang **klappern, knattern, knarren, knurren, knallen, klatschen; knistern, knittern, knirschen, klirren, schwirren; knacken, krachen, dröhnen; rasseln, prasseln; rauschen, sausen, brausen; plätschern; schmatzen, schnalzen,** v. metallenen Ggstdn., crepitantia arma, Ov.: necdum impositos duris crepitare (dröhnen) incudibus enses, Verg.: sic leni crepitabat bractea vento, knisterte, Verg.: u. von dem, was von Metall rauscht usw., fulvo rami crepitantes auro, Ov.: cum vaginae catellis, baltea laminis crepitent, Plin. – v. musikal. Instrum., Curetum aera crepitantia, Verg.: sonitus cymbalorum magno fragore crepitantium, Mela: sistrum crepitans, Prop. – von Blättern, folia inter se crepitantia, Plin. – vom Feuer u. v. Ggstdn. im Feuer, flamma crepitans, Lucr.: ardentes stipulae crepitantis acervi, Ov.; vgl. ex flagrante ligno carbo cum crepitu exspuitur (wird ausgesprüht), Plin.: Agrigentinum salem, cum (fuerit admotus) ipsi aquae, velut in igne crepitare, Augustin. de civ. dei 21, 5, 1; vgl. 21, 7, 1. – v. Wind, Hagel, Hagelwetter, grando sine ullo habitatoris incommodo crepitat ac solvitur, Sen.: multa in tectis crepitans salit horrida grando, Verg.: lenis crepitans auster, Verg.: multā grandine nimbi culminibus crepitant, Verg. – vom Wasser, crepitantes undae, Verg.: lymphae leviter crepitantes, Prop. – von Teilen des menschl. u. tier. Körpers, ubi satur sum, nulla (intestina) crepitant, knurren, Plaut.: pluribus osculis collisa labra crepitabant, Petron.: duro crepitant sub vulnere malae, Verg.: maesto similem ora dedere sonum tenui crepitantia rostro, Ov.: ipsa sibi plaudat crepitante (klappernden) ciconia rostro, Ov.: squamae crepitantes (der Schlange), Ov. – v. Menschen, mit den Zähnen, quia clare crepito dentibus, klappere (v. Kauenden), Plaut.: u. von personif. Lebl., crepitans dentibus algor, Lucr.

crepitulum (crepidulum od. -culum), ī, *n.* (crepo), ein **rauschender Kopfputz,** Tert. de pall. 4; vgl. Paul. ex Fest. 52, 19.

crepitus, ūs, *m.* (crepo), v. jedem kurz abgebrochenen Schall, deutsch, je nach dem Zusammenhang, das **Klappern** (Geklapper), das **Knattern** (Geknatter), das **Knarren** (Geknarr), **Knurren** (Geknurr), **Knallen** (Geknall), **Klatschen** (Geklatsch); das **Knistern** (Geknister), **Knittern** (Geknitter), **Knirschen** (Geknirsch), **Klirren** (Geklirr); das **Schwirren** (Geschwirr); das **Knacken** (Geknack), **Krachen** (Gekrach), **Dröhnen** (Gedröhn); das **Rasseln** (Gerassel), das **Prasseln** (Geprassel); das **Rauschen, Sausen, Brausen;** das **Plätschern;** das **Schmatzen, Schnalzen,** cr. creber (in Städten u. Dörfern), Varro: echo crepitu clangente cachinnat, Acc. fr.: num qui strepitus, clamor, crepitus exauditus est? Rhet. Her.: quemadmodum aves etiam inanis fundae sonitus (Sausen) territat, ita nos non ad ictum (Schlag) tantum exagitamur, sed ad crepitum (Krachen), Sen.: magis mihi vox avocare (stören) videtur, quam crepitus, Sen. – u. so von Waffen, cr. armorum, Liv.: cr. gladiorum, Auct. b. Hisp.: quatientium scuta in patrium quendam modum horrendus armorum cr., Liv.: ad crepitum primum missilium avolare (v. Vögeln), Liv.: ancilia cum crepitu suā sponte mota, Iul. Obs. – v. metallenen, irdenen usw. Geräten, crepitus (Plur.) frenorum, Varro: cr. calicis, Vitr.: si trulla inverso crepitum dedit aurea fundo, Iuven. – der Türangeln u. Türriegel, sonitum prohibe forium et crepitum cardinum, Plaut.: sonitum et crepitum claustrorum audio, Plaut. – der Mühle, molae crepitum faciebant, Naev. com. 114. – v. einem Plantuch, das der Wind aufpeitscht, carbasus ut quondam magnis intenta theatris dat crepitum (rauscht), Lucr. – von musikal. Instrum., crepitus musicus, Pacuv. fr.: crepitus ac tinnitus aeris, Solin.: cum aeris crepitu (unter Beckenschall), Liv.: ebenso crepitus (Beckengeklirr, -gerassel) ululatusque nocturni (bei den Bacchanalien), Liv.: cr. testarum (Kastagnetten aus Ton), Iuven.: crepitu dissono auxilians (bei Mondfinsternis), Plin.: magno tibiarum et scabellorum crepitu, Suet. – v. berstenden, brechenden usw. Ggstdn., cr. arboris, Plin.: crispans cr. aedificiorum, das wirbelnde Krachen, Plin.: montes duo inter se concurrerunt crepitu maximo, Plin. – v. Feuer u. v. brennenden Ggstdn., cr. ignis od. ignium, Plin. u. Amm.: cr. viridis materiae flagrantis, Liv. – v. Regen, imbrium per folia cr., Plin. – v. Donner u. Dröhnen in der Luft, nec fulmine tanti dissultant crepitus, Verg.: u. (beim Erscheinen einer Gottheit) strepitus (Lärm), crepitus (Prasseln), sonitus (Krachen), tonitrus (Donnern), Plaut. – v. Teilen des menschl. u. tier. Körpers, cr. alarum, Liv.: cr. articulorum, cum se ipsae manus frangunt, Sen.: cr. dentium, Zähneklappern, Cic.: cr. digitorum, Schnalzen der F., Schnippchenschlagen (als Zeichen für den Sklaven, zum Dienst des Herrn zu erscheinen), Mart.: cr. illisae manus umeris, Sen.: pedum crepitus (schallende, knarrende Fußtritte), strepitus hominum, Cic. – von auf den Körper fallenden Schlägen, cr. plagarum, Cic. – v. lauten Blähungen, cr. polentarius, Plaut.: cr. ventris, im Zshg. auch bl. crepitus, der Knall (griech. πορδή, hingegen flatus, der Wind, die lautlose Blähung, griech. βδέσμα), ventre redditi crepitus, Sen.: veniam dare flatum crepitumque ventris in convivio emittendi, Suet.: reddere crepitus (auch vom Esel usw.), Sen. u. Plin.: sed illi (Stoici) crepitus aiunt aeque liberos ac ructus esse oportere, Cic. – v. artikul. Tönen, crepitus vocum, laut schallende Töne, Sen.: virtus et philosophia et iustitia verborum inanium crepitus est, sind ein leerer Schall, Amm.

crepo, puī, pitum, āre (zu altind. *kŕ̥patē*, Aorist *akrapišṭa* »jammern«), v. jedem kurz abgebrochenen Schall, deutsch, je nach dem Zusammenhang, **klappern, knattern, knurren, knallen, klatschen; knistern, knittern, knirschen, klirren, klimpern, schwirren; knacken, krachen, dröhnen; rasseln, prasseln; rauschen, sausen, brausen; plätschern; schmatzen, schnalzen,** **I** *v. intr.:* **1** eig., von metall. Ggstdn., arma civilis crepuere belli, Sen. poët.: quid crepuit quasi ferrum modo? Plaut.: cum primum crepuerit catena, discedet (amicus), Sen.: aureolos (Goldstückchen) manu crepantes amico donas, Mart.: sinus crepantes, die (von dem eingewebten Gold) rauschenden, Verg.: o si sub rastro crepet argenti mihi seria (Topf, Tonne), Pers. – von der Tür (die nach der Straße aufgeht, weshalb der sie Öffnende klopft, um die Leute auf der Straße aufmerksam zu machen, damit sie nicht gestoßen werden), crepuit ostium, Plaut. Cas. 813: ostium lenonis crepuit, Plaut. Pseud. 131: crepuit a Glycerio ostium, Ter. Andr. 682 (*al.* concrepuit): adhuc loquebatur, cum crepuit ostium impulsum, Petron. 99, 5: crepuit foris, Plaut.: quidnam foris crepuit? mane, mane, ipse exit foras, Ter.: sed crepuerunt fores hinc a me? quisnam egreditur? Ter. – von musikal. Instrum. u. musikal. tönenden Ggstdn., crepant cymbala et tympana audiunturque tibiae, Mela: crepuit sonabile sistrum, Ov.: lapidem (Memnonis statuae dicatum) cotidiano solis ortu contactum radiis crepare tradunt, Plin.: u. v. Bläser eines musikal. Instrum., nec crepuit fissā me propter arundine custos (der Wächter des Leichnams, der zuw. auf einer Rohrpfeife blasen musste, um den etwa Scheintoten aufzuwecken), Prop. – v. reifen Getreide, messes area cum teret crepantes, Mart. – vom Geräusch des herabfallenden Hagels, crepat aurea grandine multā palla, Stat. – v. brechenden, berstenden Ggstdn., ubi tecta crepuerunt (beim Erdbeben), Sen.: crepant aedificia, antequam corruant, Sen.: acuto in murice remi obnixi crepuere (knackten), Verg.: si crepant poma (am Baum platzen), Pallad. – v. brennenden Ggstdn., crepit in mediis laurus adusta focis, Ov.: crepat ad veteres herba Sabina focos, Prop. – v. Schlägen, verberum crepuit sonus, Sen. poët.: verbera crepantia, Prud. – v. Küssen, circum cathedras basia crepant, Mart. – v. Teilen des menschl. u. tier. Körpers, intestina mihi, quando esurio, crepant, knurrt der Magen, Plaut.: dentes crepuere retecti, klapperten (vor Schrecken), Pers.: ille cuius dentes crepuere sub pugno, unter den Faustschlägen (des Gegners) knackten, Sen.: digiti crepantis signa, die Zeichen des schnalzenden F., die Schnippchen (damit der Diener zum Dienst erscheinen soll), Mart.: crepuere malae, knirschten (v. der hungrigen Sphinx), Sen. poët.: u. (im Bild) levis crepante desilit pede, mit rauschendem F., Hor. – vom Menschen, der laute Blähungen fahren lässt, **knallen,** Cato fr., Plaut. u. Mart. – v. menschl. Lauten, vox generosa, quae non composita nec alienis auribus sed subito data crepuit, laut geworden ist, Sen. de clem. 2, 1, 1. – **2** meton., knacken = **bersten, platzen** (vgl. franz. *crever* u. unser »krepieren«), v. Gefäßen, Augustin. serm. 275, 2 u. 276, 3: v. Gewächsen, Fulg. myth. 3, 8: v. einer Person, crepuit medius, ist mitten entzwei geborsten, Vulg. act. apost. 1, 18.

II *v. tr.* **erschallen lassen, erklingen lassen** (poet.), **a** mit *Acc.* des Instrum. usw., das den Schall gibt: cr. aera (Becken, bei Mondfinsternis), Stat. Theb. 6, 687: aureolos, Goldstückchen (aufzählen) klimpern lassen, Mart. 5, 19, 14. – **b** m. *Acc.* des Tons usw., den man hören lässt: **α** übh.: manibus faustos ter crepuere sonos (Musae), ließen dreimal Beifallklatschen erschallen, Prop. 3, 10, 4: ebenso cum (*al.* cui) populus frequens laetum theatris ter crepuit sonum, Hor. carm. 2, 17, 26. – **β** aus dem Mund etwas **erschallen lassen,** etw. **immer im Munde führen, mit etw. um sich werfen, -lärmen,** etw. **laut verkündigen, predigen,** immunda ignominiosaque dicta, Hor.: si quid Stertinius veri crepat, Hor.: cr. sulcos et vineta mera, Hor.: post vina gravem militiam aut pauperiem, Hor.: crepat, ut etc., ist voll Lobes, wie usw., Lucr. Vgl. Heindorf u. Fritzsche Hor. sat. 2, 3, 33. Schmid u. Obbarius Hor. ep. 1, 7, 84.

crepor, ōris, *m.* (crepo), das **Rauschen, Tosen, Krachen,** c. tonitruum, Iul. Val. 1, 6 (12) *extr.*

crepulus, a, um (crepo), **rauschend, tosend,** fragor, Sidon. ep. 4, 15, 3: buccae, *ibid.* 9, 13, 5. *v.* 80: imber, Placid. gloss. V, 59, 21: vestrorum crepula ruina verborum, Augustin. op. imperf. c. Iulian. 1, 119.

crepundia, ōrum, *n.* (crepo), das **Klapperzeug, Klapperwerk,** **a** das metallene **Schmuck-** u. **Spielzeug** kleiner Kinder (z. B. kleine goldene Schwerter, silberne Schweinchen u. dgl.), cr. puerilia, Val. Max.: pueri crepundia parvi, Prud.: semestris (als halbjähriges Kind) locutus est Croesi filius et in crepundiis, Plin.: cui a crepundiis par virtutis et eloquentiae cura, CIL 6, 1724 (*a.* 435). – als Erkennungszeichen ausgesetzten Kindern an den Hals gebunden, naevo aliquo aut crepundiis alqm cognoscere, Cic.: ea quae olim parva gestavit crepundia istic in ista cistula insunt, Plaut. – Später auch = σπάργανα, **Kinderzeug** = **Windeln,** ex palliolo purpureo sacerdos mulier crepundia fecisse perhibetur, Vopisc. Aurel. 4, 5. – übtr., wie unser **Wiege,** inter ipsa oriundi crepundia, Amm. 14, 6, 17. – **b** = κρόταλα, klappernde musikal. Instrumente, eine Art **Kastagnetten,** tympana et crepundia, Iustin. 30, 1, 9. – **c** das **Amulett,** quaedam sacrorum crepundia, Apul. apol. 56 *in*.

crepusculāscēns, entis (crepusculum), **dämmernd,** hora, Sidon. epist. 8, 3, 2.

crepusculum, ī, *n.* (creper), die **Dämmerung, I** im Allg. (vgl. Varro LL. 6, 5 u. 7, 77. Serv. Verg. Aen. 2, 268. Isid. de nat. rer. 2, 2), dubiae crepuscula lucis, die D. des Zwielichts, Ov. met. 11, 596: opaca crepuscula (in der Unterwelt), *ibid.* 14, 122: cr. solis, Morgendämmerung, Fulg. myth. 1. praef. p. 7 M. – **II** insbes., die **Abenddämmerung,** das **Zwielicht** (Ggstz. diluculum), primo crepusculo, Plaut.: post crepusculum statim, Suet.: mane vel crepusculo, Plin.: et primo mane prodeundum et crepusculo redeundum, Col.: crepusculo (in der A.) solutus vagor (vom Hofhund), Phaedr.: inducunt obscura crepuscula noctem, Ov.

Crēs, ētis, *m.*, s. 1. Crēta *no.* A.

crēscentia, ae, *f.* (cresco), das **Wachsen, Zunehmen,** correptiones dierum aut crescentiae, Vitr. 9, 8 (9), 7: brevitates et crescentiae horarum, *ibid.*

crēsco, crēvī, crētum, ere (*Inchoat.* zu creo), **anfangen hervorzukommen,** nach u. nach **hervorkommen, wachsen, I** von noch nicht Vorhandenem: **1** im engeren Sinne, v. eig. Wachstum in der Natur, **wachsen, hervorwachsen = entstehen,** crescentes segetes, Ov.: qui postea creverunt, die Nachkommen, Varro. – hic et acanthus et rosa crescit, Verg.: in exitu paludis saxum crescit, Plin.: crescit barba pilique per omnia membra, Lucr. – m. *Dat.* **wem?** tibi, mors, crescit omne, Sen. poët. – mit *ex* od. *de* u. Abl., quaecumque e terra corpora crescunt, Lucr.: quos (liberos) utriusque figurae esse vides, corpore de patrio et materno sanguine crescunt, Lucr. – m. *inter* u. Akk., avenam lolium crescere inter triticum, Enn. fr. var. 31. – bei Dichtern Partiz. crētus, a, um, **entsprungen, entsprossen, entstanden,** m. *ab* od. (selten) *de* u. Abl. od. m. bl. *Abl.*, cretus Troiano a sanguine, Verg.: cretus ab origine eadem, Ov.: leo Chimaerea cretus de gente, Auct. carm. de laud. Herc.: tali de sidere cretus, Manil.: cretus Semiramio sanguine, Ov.: cretus Amyntore, Ov.

2 im weiteren Sinne, **a** v. mater. Subjj., **entstehen,** haec villa inter manus meas crevit, Sen. ep. 12, 1. – **b** v. Zuständen, **erwachsen,** ingens hic terris crescit labor, Sil. 3, 75.

II von schon Vorhandenem, **wachsen = an Wachstum zunehmen** (Ggstz. decrescere, minui), **1** im engeren Sinne, v. eig. Wachstum in der Natur, **a** übh.: crescere posse imperfectae rei signum est, Sen.: crescere non possint fruges, arbusta, animantes, Lucr.: quibus articuli in pueritia excĭderunt neque repositi sunt, minus quam ceteri crescunt, Cels. – m. *Advv.* **wie?** cr. male (v. Getreide), Ov.: cr. moderatim, paulatim, Lucr.: cr. celerrime, Plin.: cr. tarde (Ggstz. cito occĭdere), Plin., tardius, Veget. mul.: quid? tu ignoras arbores magnas diu crescere, unā horā exstirpari? Curt. – m. *in* u. Abl., poet. m. bl. *Abl.* **wo?** in lecticis crescunt (infantes), Quint.: pili viris crescunt maxume in capillo, mox in barba, Plin.: cr. matris in alvo, Ov.: ut pennas clivo (an einem Hügel) crevisse putes, Ov. – m. *in* u. Abl. **wann?** pili crescunt et in quibusdam morbis, Plin. – m. *cum* u. Abl., ostreis conchyliisque omnibus contingere, ut cum luna pariter crescant pariterque decrescant, Cic.: vis animi pariter crescit cum corpore toto, Lucr. – m. *Abl.* **womit? woran?** pulchro corpore creti, Lucr.: cr. corpore (v. Pers.), Petron. – m. *Abl.* **wodurch?** crassā magnum farragine corpus crescere iam domitis (equis) sinito, Verg. – m. *Advv.* od. *Praepp.* **wohin?** sursum nitidae fruges arbustaeque crescunt, Lucr.: homo crescit in longitudinem usque ad ter septenos annos, tum deinde ad plenitudinem, Plin.: ut (olea) spatium in latitudinem crescendi habeat, Col.: iecur fartilibus in immensam amplitudinem crescit, Plin.: postquam super ora caputque crevit onus, Ov. – m. *in* u. Akk. **worein? wozu?** = in etw. **hineinwachsen,** zu etw. **verwachsen, anwachsen,** zu etw. **werden,** cr. in caput potius quam in semen (v. der Zwiebel), Pallad.: cr. in ventrem (v. der Gurke), Verg.: similis lunae macula crescens in orbes, Plin.: u. bei Verwandlungen, in caput crescit, Ov.: coeperunt curvari manus et aduncos crescere in ungues, Ov.: in frondem crines, in ramos brachia crescunt, Ov. – **b** insbes.: **α** v. Knaben, zum Jüngling **heranwachsen, aufwachsen, groß werden** (bei Cic. adolescere), hortatus est, ut cresceret, Suet. – m. *in* u. Abl. **wo?** in cuius domo creverat, Suet. – m. *Dat.* **für wen? wem zum Heil?** toti salutifer orbi cresce puer, Ov.: ut crescerent de tuo qui crescerent tibi, Plin. pan.: u. (m. dopp. *Nom.*) etiam tibi discipulus (als Sch.) crescit cicaro meus, Petron. – m. *sub* u. Abl. **unter wessen Leitung?** crevisti sub noverca, Sen.: exactā pueritiā per quinquennium sub Aristotele crevit (v. Alexander dem Gr.), Iustin. – m. *ad* od. *in* u. Akk. **wozu?** lacte fero crescens ad fulmina vimque tonandi (v. jungen Jupiter), Manil. 1, 368: cito crescit in iuvenem, Hieron. epist. 66, 10. – **β** v. jungen Tieren, **aufwachsen,** ille (canis) tibi pecudum multo cum sanguine crescet, Gratt. cyn. 168.

2 im weiteren Sinne, der Größe, der Höhe, dem Umfang, der Menge, Zahl, Stärke, dem Grad nach **wachsen, steigen, aufsteigen, zunehmen, sich vermehren, sich vergrößern, sich steigern** (Ggstz. decrescere, minui u. dgl.), **a** der Größe, Höhe, dem Umfang nach, oft m. *Abl.* **wodurch?** od. m. *in* u. Akk. **bis wohin?** u. m. *ab* u. Abl. **von wo?** v. Boden, v. Bergen usw., surgit humus; crescunt loca (seine Flächen) decrescentibus undis, Ov.: hieme creverant Alpes, hoch lag in den A. der Schnee, Flor.: crescere altitudo petrae videbatur, Curt.: tum partes in omnes auctus crescit in immensum (Atlas), Ov.: petra non modicis ac mollibus clivis in sublime fastigium crescit, sed in metae maxime modum erecta est, Curt. – v. Bauten, cognata moenia laetor crescere, Ov.: iam aliquantum altitudinis opus creverat, Curt.: iam a fundo maris in altitudinem modicam opus creverat, Curt.: Caesaris naves a binis remigum in senos nec amplius ordines creverant, Flor. – v. ganzen Städten, die an Umfang u. Einwohnerzahl zunehmen, vix crediderim tam mature tantam urbem crevisse, floruisse, concĭdisse, resurrexisse, Vell.: Roma interim crescit Albae ruinis; duplicatur civium numerus, Caelius additur urbi mons, Liv.: in aeternum urbe conditā, in immensum crescente, Liv. – v. Örtlichkeiten, die, wenn man sich ihnen nähert, immer größer werden, admoto crescebant culmina gressu, Sil. 15, 216. – v. Quellen, Gewässern, **steigen, schwellen, anschwellen,** fons ter in die statis auctibus ac deminutionibus crescit decrescitque, Plin. ep.: fontes calidi, qui pariter cum aestu maris crescunt minuunturque, Plin.: cum Albanus lacus praeter modum crevisset, Cic.: cava flumina crescunt cum sonitu, Verg.: aestate incipit crescere (Ggstz. minuitur, v. einem Fluss), Sen.: Liger ex nivibus creverat, Caes.: forsitan Aethiopum penitus de montibus altis crescat (v. Nil), Lucr. – v. der Flut, **steigen,** ad mensuram enim crescit iterumque decrescit (fällt), Sen. – v. Feuer, im Bild, sed memoriā rerum gestarum eam flammam egregiis viris in pectore crescere, nec prius sedari, quam etc., Sall.: crescente deinde et amoris in Cleopatram incendio et vitiorum magnitudine, Vell. – v. Mond, **zunehmen** (Ggstz. decrescere, minui, senescere), cum luna triduum recessit a sole crescit et plus illuminatur, Vitr.: lunae luminum varietas tum crescentis tum senescentis, Cic.: crescens minuensque sidus, Plin.: luna crescens (Ggstz. senescens), Varro u. Cic.: crescente lunā, Ggstz. decrescente lunā, Varro, Ggstz. senescente lunā, Varro, Ggstz. minuente lunā, Pallad., Ggstz. deficiente lunā, Gell.: lunā vel iam plenā vel adhuc crescente, Macr.: nunc de crescenti lumine lunae deminutioneque dicam, Varr. – v. Tag, **zunehmen** (Ggstz. decrescere), crescere dies licet et tabescere noctes, Lucr.: umbra, ut dies crevit decrevitve, modo brevior modo longior hāc vel illā cadit, Plin. ep. – v. den Jahren, crescentibus annis, Ov. u. Mart. – v. Speisen, die im Mund **quellen, schwellen,** non in ore crevit cibus, non haesit faucibus, Sen.: crescit et invito in ore cibus, Ov. – v. Geschwülsten, tumor omni frigore minuitur; non solum sub omni calore, sed etiam retento spiritu crescit, Cels. – u. v. Gliedern, laetum opere corpus et crescentia laboribus membra, vor Kraft schwellenden, strotzenden, Plin. pan.: creverunt artus (beim Foltern), Sil.: u. so (v. Gefolterten) crescit et suspensus ipse vinculis latentibus, Prud. – v. Holz, **quellen,** contignationes umore crescentes aut siccitate decrescentes (schwindend), Vitr. – v. Hülsenfrüchten, **quellen,** coquendo cr., Plin. – v. Schriften, liber crevit,

Plin. ep.: quoniam satis huius voluminis magnitudo crevit, Rhet. Her. – v. Versen, iambi a brevibus in longas (syllabas) nituntur et crescunt, Quint.

b der Zahl, Menge, Summe nach **wachsen, steigen, zunehmen, immer größer werden, sich mehren, sich häufen** (Ggstz. minui), crescit in dies singulos hostium numerus, Cic.: turba infantium augetur cotidie et crescit, Plin. ep.: crescens in dies multitudo hostium, Liv.: crescebat in dies Sullae exercitus, Vell.: ex quo intellectum est non mihi absenti crevisse amicos, Cic.: cr. malo od. per damnum (v. der Hydra, der für einen abgeschlagenen Kopf immer zwei andere wuchsen), Ov. – plagae (Schläge) crescunt, Ter.: crescit mihi materies, der Stoff (zum Schreiben) wächst mir unter den Händen, Cic. – crescentibus iam provinciis (Geschäfte), Liv. – rapi crescentibus annis, in der Blüte der Jahre, Mart.: crescentes abstulit annos, poet. = raffte sie (die Gattin) in der Blüte der Jahre dahin, Ov. – aber capi (gefesselt werden) primis et adhuc crescentibus annis (von immer mehr aufblühender Jugend), Ov. – crescentem sequitur cura pecuniam, Hor.: minori dicere, per quae crescere res (Vermögen) posset, minui damnosa libido, Hor.: opes (Reichtum) genti ex vectigalibus opobalsami crevere, Iustin.: eorum aes alienum multiplicandis usuris crescere, Nep.: crescentibus multiplicari usuris (v. einem ausgeliehenen Kapital), Ambros.: reliqua (die Rückstände der Zinsen) creverunt, Plin. ep.: crescit pretium alcis rei, Plin.: his tamen omnibus annona (Getreidepreis) crevit, Caes.

c der intensiven Stärke, dem Grad nach **wachsen, steigen, sich steigern, zunehmen,** v. Ton der Stimme od. Rede, in foro sic illius vox crescebat, tamquam tuba, Petron.: crescit oratio minus aperte, Quint.: maxime in hac parte crescere debet oratio, Quint. – v. Hitze, Wind, Sturm usw., crescente aestu, Curt.: crescente vento, Catull. – proximus dies non sine minis crescentis mali praeteriit, Curt. – v. Krankheit, Schmerz, advenientes crescentesque morbi, Cic.: crescentes morbi (Ggstz. remissiones), Cels.: si febris non decrescit, sed crescere desiit, wenn das F. nicht aufhört, sondern nur zu steigen nachlässt, Cels.: si etiam vehementius dolor crevit, Cels.: crescunt ignisque dolorque languescuntque iterum, Ov.: fruendis voluptatibus crescit carendi dolor, Plin. ep. – v. anderen phys. od. äußeren Zuständen, crescit mobilitas eundo, Lucr.: crescente certamine, Liv.: crescente certamine et clamore, Liv.: inter epulas ebrietate crescente, Iustin.: fama e minimo sua per mendacia crescit, Ov.: simul crescit inopia omnium (an allem), Liv.: non crescet, sed dividetur labor, Quint.: unde crevit nobis labor, Plin.: cuius originem moris a mitiore crevisse principio, quam etc., Liv.: cum periculum cresceret, Plin. ep. – v. geistigen Zuständen, quod ex his studiis quoque crescit oratio et facultas, durch diese Studien auch die Befähigung zur rednerischen Darstellung (das Rednertalent) gefördert wird, Cic.: cum robore dicendi crescet etiam eruditio, Quint.: rerum cognitio cotidie crescit, Quint.: nihil crescit (kommt weiter) solā imitatione, Quint. – v. Gemütszuständen, ideoque crescit animus laude et impetu augetur, Quint.: u. so oft crescit animus alcis od. crescit animus alci, z. B. crevit ex eo hostium animus, Liv.: morte Africani crevere inimicorum animi, Liv.: itaque et Romanis crevit animus, Liv.: plebi creverant animi, Liv.: hostibus quoque crevere animi, Iustin.: hāc virium accessione animus crevit praetori, ut Cassandream oppugnaret, Liv.: hinc animus crevit obsessis, Curt. – ad extremam aetatem eorum amicitia crevit, Nep.: atrocitas crescit ex his, Quint.: crescit ardor animorum, Curt.: Tuscis crevit audacia, Liv.: multo successu Fabiis audaciam crescere, Liv.: crescit audacia experimento, Plin. ep. – crevit postea caritas ipsa mutuae vetustate amicitiae, Plin. ep.: primo pecuniae, deinde imperii cupido crevit, Sall. – ne desperatio suis cresceret, Iustin. – exspectatio muneris et rumore nonnullo et studiis sermonibusque competitorum creverat, Cic. – crescente formidine, Plin. ep.: fuga atque formido crescit, Sall.: in dies crescit foeditas (Niederträchtigkeit) utrāque linguā notata, Plin. ep. – crescit invidia, Quint. u. Suet. – laetitia ipsa cum ingressu tuo crevit ac prope in singulos gradus adaucta est, Plin. pan.: ubi paulatim licentia crevit, Sall. – cotidie metus crescit, Quint.: sic urbium captarum crescit miseratio, Quint. – crescit simul et neglegentia cum audacia hosti, Liv. – crescebat in eos odium, Cic.: inter naturaliter dissimillimos ac diversa volentes crescebat odium, Vell. – inter haec simul spes simul cura in dies crescebat, Liv. – unde illis terror, inde Romanis animus crevit, Liv.: vitium in dies crescit, Cic.: crescentibus in dies vitiis (Agrippae), Vell.: vitia, quae nobiscum creverunt, mit uns groß geworden sind, Sen. – v. polit. Zuständen, causa belli coepit a foedere Philippi, postea crevit implorantibus Athenis auxilium contra regis iniurias, Flor.: socordiā Darei crevisse hostium famam, Curt.: crescente in dies et classe et famā Pompeii, Vell. – Camillo gloria crevit in Faliscis, Liv.: facti mei gratia periculo crevit, Plin. ep. – tantum opes (Albae Longae) creverant, ut etc., Liv.: cum hostium opes animique crevissent, Cic.: cum Atheniensium male gestis in Sicilia rebus opes *senescere,* contra Lacedaemoniorum *crescere* videret, Nep. – plebis opes *imminutae,* paucorum potentia *crevit,* Sall.: cuius rei praemium sit in civitate, eam maximis semper auctibus crescere, Liv. – statim et seditio crevit, ubi caput et consilium habere coepit, Iustin.: crescit favore turbida seditio, Ov. – Veiis (zu V.) non tantum animi in dies, sed etiam vires crescebant, Liv.

d dem Vermögen nach wachsen, **zunehmen, emporkommen, reich werden,** crescam patrimonio, non corpore, Petron. – m. Ang. **von wo aus?** durch *Praepp.*, ut rei publicae, ex qua crevissent, tempus accommodarent, Liv.: ex parvo crevit, Petron.: ab asse crevit, Petron.: de nihilo crevit, Petron.

e dem Ruhm, dem Ansehen, der Macht nach **wachsen, sich entwickeln, sich heben, steigen, sich emporschwingen, emporkommen, groß werden** (Ggstz. minui), **α** v. Staaten (Völkern) u. Königen, crescens regnum, Iustin.: sic fortis Etruria crevit, Verg.: hinc iam coepit Romana res crescere, Eutr.: sed civitas, incredibile memoratu est, quantum creverit, Sall.: si nostram rem publicum vobis et nascentem (in seinem Entstehen) et crescentem (in seinem Wachstum) et adultam (in seiner entwickelten Blüte) et iam firmam et robustam (in seiner festbegründeten Kraft) ostendero, Cic.: atqui non tantum interest nostrā Aetolorum opes ac vires *minui,* quantum non supra modum Philippum *crescere,* Liv. – m. *Abl.* **wodurch?** ubi labore atque iustitiā res publica crevit, Sall.: Rhodiorum civitas, quae populi Romani opibus creverat, Sall. – concordiā parvae res crescunt, discordiā maximae dilabuntur, Sall. – m. *per* u. Akk. **auf welchem Wege?** non pati cuiusquam regnum per scelus crescere, Sall. – m. *Advv.* od. *Praepp.* **von wo?** u. **bis zu?** o quam de tenui Romanus origine crevit, Ov.: eo magnitudinis crescere, ut etc. (v. röm. Volk), Flor.: quia Athenienses non, ut ceterae gentes, a sordidis initiis ad summa crevere, Iustin.: ceterum Saguntini in tantas brevi creverant opes seu maritimis seu terrestribus fructibus seu multitudinis incremento seu disciplinae sanctitate, ut etc., Liv. – **β** v. einzelnen Pers.: date crescendi copiam, lasst wachsen u. gedeihen (= an Ansehen gewinnen), Ter.: postquam hominem adulescentem magis magisque crescere intellegit, Sall.: crescendi in curia sibi occasionem datam ratus, Liv. – m. *Abl.* **wodurch? woran?** cr. malo rei publicae, Sall.: cr. optivo cognomine, Hor.: cum de se ingentia pollicendo tum regis criminibus omnibus locis cr., Liv.: non minus dignitate, quam gratiā fortunāque cr., steigen an Ansehen usw., sein A. usw. steigen sehen, Nep.: quoad vixit virtutum laude crevit, sah er den Ruhm seiner Verdienste steigen, Nep. – m. *per* u. Akk. **auf welchem Wege?** cr. per summam gloriam, auf die rühmlichste Weise, Liv. – m. *per* u. Akk. der Pers. **durch wen?** frater per se (durch ihn) crevisset, Caes. – m. Ang. **bei wem?** durch *apud* u. Akk., si quibus tuorum meis criminibus apud te crescere libet, Liv. – m. *ex* u. *de* u. Abl. **woher? infolge wessen? auf wessen Kosten?** qua ex re creverat cum famā tum opibus, Nep.: timentes, ne crescendi ex se inimico collegae potestas fieret, Liv.: crescendi ex iis ratus esse occasionem, Liv.: nam si mihi liberet accusare, accusarem alios potius, ex quibus possem crescere, Cic.: oblatam sibi facultatem putavit, ut ex invidia senatoria posset crescere, quod (weil) etc., Cic.: denique, si videor hic ... de uno isto voluisse crescere, isto absoluto de multis mihi crescere licebit, Cic. **f** an Mut wachsen, **Mut bekommen, sich gehoben-, sich groß fühlen,** cresco et exsulto et discussā senectute recalesco, quotiens etc., Sen. ep. 34, 1: *ex* (infolge) nostro maerore crescit Charaxus, Ps. Ov. her. 15, 117. – ► Synkop. Perf.-Formen cresti, Laev. erotop. fr. 6 (bei Charis. 288, 10) u. cresse, Lucr. 3, 681.

Cresphontēs, ae, *m.* (Κρεσφόντης), ein Heraklide, Sohn des Aristomachus, Eroberer Messeniens, der bei einer Verschwörung der Vornehmen mit seinen beiden Söhnen umgebracht wurde; sein Schicksal Gegenstand einer Tragödie des Ennius, s. Gell. 6, 16, 10.

1. Crēta, ae, *f.* u. **Crētē,** ēs, *f.* (Κρήτη), die im Altertum durch frühe Gesetzgebung u. Kultur, sowie durch Fruchtbarkeit des Bodens u. die Menge seiner Erzeugnisse (offizinelle Pflanzen, trefflichen Honig, Waldbäume usw.) berühmte Insel **Kreta** im Mittelmeer, Sitz vieler Mythen, j. *Candia,* Cic. Phil. 2, 97. Vell. 2, 34, 1. Verg. Aen. 3, 104: Form Crete, Mela 2, 7, 12 (2. § 112). Hor. carm. 3, 27, 34. Ov. am. 3, 10, 20 u. her. 10, 67. – Dav.: **A Crēs,** ētis, *m.* (Κρής), **kretisch,** subst., **a** der **Kreter,** Cic. u. a. (kollektiv, Auson. Technop. (XXVII) 9, 20. p. 137, 2 Schenkl: Plur. Crētēs, um, Akk. as, *m.*, die **Kreter** (als treffliche Bogenschützen bekannt), Caes. u. a. – **b** = Creticus pes, Terent. Maur. 2290. – **B Crēssa,** ae, *f.* (Κρῆσσα) **kretisch,** subst. die **Kreterin,** pharetra, Verg.: herbae (s. oben), Prop.: nota, mit kretischer Erde gemacht, Hor.: bos, Pasiphaē, Prop.: corona, die Krone der Ariadne, ein Gestirn (vgl. Ariadna), Ov.: subst. für Ariadne, Ov. am. 1, 7, 16; für Aërope, Ov. art. am. 1, 327. – **C Crēsius** (Cressius), a, um (Κρήσιος), **kretisch,** nemora, Verg.: prodigia, *i.e. taurus* (s. *no.* D), Verg. – **D Crētaeus,** a, um (Κρηταῖος), **kretäisch,** Verg. u. Ov.: taurus, der Stier, den Neptun dem Minos schenkte u. der später nach Attika kam u. die Gegend bei Marathon verwüstete, Ov.: subst., Crētaeus, ī, *m.*, der **Kreter,** v. Epimenides, Prop. 2, 34, 29. – **E Crētānī,** ōrum, *m.*, die **Kretaner** = **Kreter,** Plaut. Curc. 443. – **F Crētēnsis,** e, **kretisch,** Cic. u. Liv.: Plur. subst., Cr tēnsēs, ium, *m.*, die **Kretenser,** Nep. u. Liv. – **G Crēticus,** a, um (Κρητικός), **kretisch,** Hor. u. Plin.: pes, der Amphimacer, Gramm.: versus, aus Amphimacris bestehend, Gramm. – subst., **α** Crēticus, ī, *m.*, Beiname des Q. Metellus, der Kreta unterwarf (vgl. Cic. Flacc. 30), Cic. u. a. – **β** Crētica, ae, *f.*, das sonst clematis gen. Rankengewächs, »gemeine Waldrebe« (*Clematis vitalba,* L.), Plin. 25, 96. – **γ** in der griech. Form Crēticē, ēs, *f.*, die Pflanze »Eibisch« (sonst hibiscus gen.), Ps. Apul. herb. 38 u. 62. – **H Crētis,** tidis, *f.*, **kretisch,** nymphae, Ov. fast. 3, 444.

2. crēta, ae, *f.* (urspr. *Adi.* v. 1. Creta), die **kretische Erde,** worunter die Alten teils unsere **Kreide,** teils verschiedene **Tonarten** verstanden, Plin. 35, 195 *sqq.*: fossicia, Mergel, Varro r. r. 1, 7, 8: argentaria, Plin. 17, 45. Apic. 2, 53. – Die Alten gebrauchten gewisse Tonarten (creta Cimolia, Umbrica, Sarda, im Allg. fullonia) zum Walken der Kleider, Plaut. aul. 719. Plin. 35, 196 *sq.* (dah. bildl., cretast profecto haec horunc hominum oratio, d. i. entfernt aus dem Gemüt allen Trübsinn, Plaut. Poen. 969): zum Schminken, Hor.: zum Siegeln, Cic.: irdene Geschirre daraus zu machen (creta figularis, Töpferton), Plin.: das Ziel in der Rennbahn damit zu bezeichnen, Plin.: in der Arzneikunst, Plin. – bildl., zur Bezeichnung von etwas Günstigem (Ggstz. carbo), Hor. sat. 2, 3, 246; vgl. Pers. 5, 108. – poet. = lutum, **Schlamm,** rapidus cretae Oaxes, Verg. ecl. 1, 65: cr. Promethea, Col. poët. 10. § 59 (wofür Mart. 10, 39, 4 Prometheum lutum).

crētāceus, a, um (2. creta), **kreideartig,** siligo, Plin. 18, 86.

Crētaeus, a, um, s. 1. Crēta *no.* D.

Crētānī, ōrum, *m.*, s. 1. Crēta *no.* E.

crētārius, a, um, **zur Kreide gehörig,** ars, CIL 3, 5833. – subst., crētāria, ae, *f.* (*sc.* taberna), der **Kreideladen,** Varro LL. 8, 55.

crētātus, a, um (creta), **mit Kreide bestrichen,** fascia, Cic.: pedes, der zum Verkauf aufgestellten Sklaven, Plin.: Fabulla, geschminkt, Mart.: bos (als Opfer geschmückt), Lucil. fr. u. Iuven. – übtr., ambitio, der weißgekleideten Amtsbewerber (*candidatorum*) Pers. 5, 117.

Crētē, s. 1. Crēta.

Crētēnsis, e, s. 1. Crēta *no.* F.

crēterrae, s. crāter.

crēteus, a, um (creta), **tönern,** persona, Terrakotte, Lucr. 4, 295 (297).

Crēthēus, eos, Akk. ea, *m.* (Κρηθεύς), nach dem Mythos Sohn des Äolus u. der Enarete, Bruder des Athamas (Vater des Phrixus u. der Helle), Vater des Äson (Vaters des Jason), Val. Flacc. 1, 42; 5, 478. Hyg. astr. 2, 20. – Dav.: **A Crēthēius,** a, um (Κρηθήϊος), **krethëisch,** virgo, Helle, Val. Flacc.: proles, Jason, Val. Flacc. – **B Crēthīdēs,** ae, *m.* (Κρηθείδης), der **Krethide,** v. Jason, Val. Flacc. 6, 609.

crēthmos, ī, *f.* (κρῆθμος), **Meerfenchel** (*Crithmum maritimum,* L.), Plin. 26, 82. – cr. agrios, Plin. 25, 155.

Crēticus, a, um, s. 1. Crēta *no.* G.

crētifodīnae, ārum, *f.* (creta und fodina), die **Kreide-** od. **Tongruben,** ICt.

crētio, ōnis, *f.* (cerno *no.* II, B, 4, b), die urspr. mit einigen Förmlichkeiten verbundene u. in Gegenwart von Zeugen in Person abgegebene **Willenserklärung, die Erbschaft antreten zu wollen,** die feierliche **Übernahme der Erbschaft,** die binnen einer vom Testator im Testament od. vom Prätor bestimmten Frist (gew. 100, aber auch 60 Tagen) erfolgen musste, u. meton. = die anberaumte **Deliberationsfrist,** s. Gaius inst. 2, 164 *sqq.* Ulp. fr. 22. § 25 *sqq.* Varro LL. 6, 81: cr. perfecta, wenn im Testament Enterbung über den, der die cr. nicht zur rechten Zeit vornehmen würde, verhängt war (Ggstz. cr. imperfecta, ohne Enterbung), Gaius u. Ulp. *l. l.*: cr. simplex, eine unnütze, d. h. wo nichts zu zernieren da ist, Cic. ad Att. 11, 12, 4: cr. libera, ohne genaue Bestimmung des Testators über die Art der Übernahme, Cic. ad Att. 13, 46, 3. – cr. vulgaris, die gewöhnlich anberaumte Überlegungsfrist von dem Tage an gerechnet, an dem der Erbe die Nachricht erhalten hat, dass er zernieren solle (mit der Formel quibus diebus scies poterisque, s. die Anspielung bei Cic. de or. 1, 101), Ggstz. cr. continua, von dem Todestage des Testators an, wenn der Erbe auch nichts davon wusste, Gaius inst. 2, 171–173. Ulp. fr. 22. § 31. – eam cretionem capere, diese Erbschaft antreten, Plin. 2, 95.

Crētis, tidis, *f.*, s. 1. Crēta *no.* H.

crētōsus, a, um (creta), **kreide-** od. **tonreich,** locus, Scriptt. r. r.: rura Cimoli, Ov.: limus, Hyg.

crētula, ae, *f.* (*Demin.* v. creta), die **weiße Siegelerde,** als Färbestoff, Plin. 35, 49. – bei den Griechen zum Siegeln gebraucht, cum Valentio eius interpreti epistula Agrigento allata esset, casu signum iste animadvertit in cretula, Cic. Verr. 4, 58.

crētūra, ae, *f.* (cerno), das **Ausgesiebte,** die **Spreu,** das **Kaff,** Pallad. 1, 24, 3.

crētus, a, um, s. cerno u. cresco.

Creūsa, ae, *f.* (Κρέουσα), **I** die auch Glauke genannte Tochter des Königs Kreon zu Korinth, Gemahlin Jasons nach Verstoßung der Medea, wurde von Medea durch ein brennbares Geschenk (nach älterer Sage ein Gewand, nach späterer eine Krone) getötet, Sen. Med. 498. Hyg. fab. 25; vgl. Hor. epod. 5, 65 (u. dazu den Schol.). – **II** die Tochter des Priamus, Gemahlin des Äneas, Verg. Aen. 2, 738. – **III** Hafenstadt der Thespier in Böotien, j. *Kreisa,* Liv. 36, 21, 5; auch **Creusis,** sidis, *f.* (Κρεῦσις) gen., Mela 2, 3, 10 (2. § 53).

crībello, (āvī), ātum, āre (cribellum), **durchsieben,** Pallad. 1, 41, 3. Th. Prisc. 1, 17.

crībellum, ī, n. (*Demin.* v. cribrum), das **kleine Sieb,** der **kleine Durchschlag,** Pallad. 3, 24, 6. Th. Prisc. 4. fol. 313b. Marc. Emp. 20.

crībrārius, a, um (cribrum), **zum Sieb gehörig,** alica, durchgesiebt, Plin. 18, 115. – subst., crībrārius, iī, *m.* = κοσκινοποιός, der **Siebmacher,** Gloss. II, 353, 58 u. ö.

crībro, āvī, ātum, āre (cribrum) = κοσκινίζω (Gloss.), **durchsieben, durchbeuteln,** Col. 12, 51, 1. Plin. 20, 264. Scrib. 82 u. Eccl.: cribro minuto cr., Pelagon. veterin. 5 *Ihm.*

crībrum, ī, *n.* (v. cerno = *crino), das **Sieb,** der **Durchschlag** (aus Fell, Leinwand, von Haaren usw.), Lucil. 681: novum, Varro fr.: farinarium, Cato u. Plin.: pollinarium, Plaut. u. Plin.: per cribrum cernere, Cato: tenui od. artiore cribro cernere, Plin.: cribro minuto cribrare,

Pelag.: pollinario od. farinario cribro subcernere, Plaut. u. Plin.: cribra (Mehlsiebe) rodere (v. Mäusen), Cic. – Sprichw., imbrem in cribrum ingerere, Regen in ein Sieb tragen (= etwas Vergebliches unternehmen), Plaut. Pseud. 102.

Cricolabus, ī, *m.* (λαμβάνων κρίκον), **Ringfreund,** scherzh. Name bei Plaut. trin. 1021.

crīmen, minis, *n.* (v. cerno = *crino, wie griech. κρῖμα v. κρίνω), der Gegenstand richterlicher Entscheidung, die **Beschuldigung, Anschuldigung, Anklage,** der **Beschuldigungs-, Anklagepunkt** u. übh. der anklagende **Vorwurf** u. (sofern der Vorwurf unbegründet ist) die **Verleumdung, I** subjektiv: **1** eig.: auctor criminis, Cic.: crimen sine accusatore, sententia sine consilio, damnatio sine defensore, Cic.: cr. ambitus, Cic.: cr. maiestatis, Beschuldigung des Majestätsverbrechens, Cic.: cr. proditionis, Nep.: cr. avaritiae (Ggstz. liberalitatis laus), Cic. – cr. regis, gegen den K., Liv.: aber (m. subj. Genet.) crimina Persei, Liv.: crimina *in* patres, Liv. – sermones pleni criminum in patres, Liv.: omnia (erant) criminum inter ipsos plena (voller gegenseitiger Beschuldigungen), Liv. – reliquum est crimen de veneno, Cic. – cr. atrox, Liv.: cr. acerbum, Quint.: cr. caecum erat, lag im Dunkel, Liv.: cr. falsum, Ggstz. verum, Cic.: er. magnum, Cic.: cr. meum (tuum, suum), bald = von mir (vorgebrachte), bald = gegen mich, Cic.: cr. navale, in Betreff der Schiffsleute, Cic. – cr. merere, einen Vorwurf auf sich laden, Tac.: cr. propulsare, defendere, Cic., Ggstz. cr. obicere, Quint.: cr. purgare, Cic.: facere sibi cr., Cic., od. afferre cr., Cic., zuziehen: in cr. vocare, Cic., od. adducere, Plin., anschuldigen, anklagen: in cr. vocari, Nep., od. venire, Ter., angeschuldigt, angeklagt werden: in crimina attrahi (hineingezogen werden), Tac.: fingere alci alcis rei cr., einen fälschlich anklagen, -anschuldigen, Prop.: dare alci alqd crimini, zum Vorwurf machen, Cic.: esse crimini, zum Vorwurf gereichen, Cic.: esse in crimine, angeschuldigt werden, Cic.: ubi est crimen (ein Beschuldigungsgrund)? Cic.: qui crimine eo damnaretur, deshalb, Cic.: invidiae crimine accusari, gehässigerweise angeklagt werden, Nep.: alqm arcessere crimine ambitus, anklagen wegen A., Cic.: quae te mihi crimina mutant? Verleumdungen, Verunglimpfungen, Prop. – **2** meton., die **Anklage** = der Gegenstand des Vorwurfs, perpetuae cr. posteritatis eris, wirst von ihr geschmäht werden, Ov. trist. 4, 9, 26; vgl. Ov. am. 3, 7, 4. – **II** objektiv, die **angeklagte Schuld,** das **Vergehen, Verbrechen, 1** eig.: **a** im Allg. (s. Weißenb. Liv. 40, 12, 10 u. 45, 24, 4): crimen meum, Liv.: crimen ultro fateri, Suet.: hoc si crimen erit, crimen amoris erit, Prop.: tam formosa tuum mortua crimen erit, deine Schuld, Prop.: qui nos poenā, non crimine liberant, Liv. – crimen est m. folg. *Infin.*, cum crimen meum sit vicisse, Sen. contr. 10, 2 (31), 1; vgl. Apul. de apol. 25. – v. lebl. Subjj., brassicae crimina, Fehler, Plin. 20, 91. – **b** insbes. das Verbrechen der **Buhlerei,** der **Ehebruch,** Ov. met. 9, 24. Sil. 6, 634. – u. **c** poet., crimina belli, Krieg erregender Hader, Verg. Aen. 7, 339. – **2** meton.: **a** der ein Laster darstellende Gegenstand, das **Laster,** das **Verbrechen,** et rupit pictas, caelestia crimina (der Götter Ehebruch), vestes, Ov.: concepta crimina, das verbrecherisch empfangene Kind, Ov.: tum paries nullo crimine pictus erat, war mit keiner Darstellung des Lasters bemalt, Prop.: impressā signat sua crimina gemmā, den das Vergehen enthaltenden Brief, Ov. – **b** der ein Vergehen veranlassende Gegenstand, die **Schuld,** se causam clamat crimenque caputque malorum, Verg.: at pereant Baiae crimen amoris aquae, die Schuld der Untreue, Prop. – ► crimen als *masc.*, illic duplicem ac geminum crimen admittunt, Ps. Cypr. de aleat. 6 *extr.*

crīminālis, e (crimen), **ein Verbrechen betreffend, kriminell, Kriminal-,** ICt.

crīmināliter, *Adv.* (criminalis), **kriminell,** ICt. u. Eccl.

crīminātio, ōnis, *f.* (criminor), die **Beschuldigung, Anklage,** bes. im üblen Sinne = die **Anschwärzung, Verunglimpfung, Verdächtigung, Verleumdung,** cr. inaudita, Cic.: cr. falsa, Val. Max.: criminationes falsae, Vell.: criminationes foedissimae, Tac. – Appii criminationes *de* Fabio absente *ad* populum, Liv.: novissima cr. *de* dote, Apul. – illa criminatio, quā in me absentem usus est, Cic.: alcis criminationem adiuvare (v. Umständen), Curt.: ab alqo allatas (angebrachten) criminationes repellere, Cic.: ab alqo vexari variis criminationibus, Iustin. – m. folg. *Acc.* u. *Infin.*, criminatio tua quae est? Roscium cum Flavio pro societate decīdisse, Cic. Rosc. com. 37.

crīminātor, ōris, *m.* (criminor), der **Anschuldiger** (vgl. Prob. App. 201, 1), bes. im üblen Sinne = der **Anschwärzer, Verunglimpfer, Verleumder,** cr. meus, Plaut. Bacch. 826. – sui obtegens, *in* alios criminator, gegen andere als A. (V.) auftretend, Tac. ann. 4, 1. – v. Teufel, Lact. 2, 8, 6 u. 6, 4, 2.

crīminātrīx, trīcis, *f.* (Femin. zu criminator), die **Beschuldigerin,** Vulg. ad Tit. 2, 3.

crīmino, āre, s. crīminor ►.

crīminor, ātus sum, ārī (crimen), **anschuldigen, a** jmd. **anschuldigen, anklagen, verklagen,** jmdm. **Vorwürfe machen,** bes. im üblen Sinne = jmd. **anschwärzen, verunglimpfen, verleumden,** senatum, Sall.: patres, Liv.: regem, Curt. – ne me criminaretur tibi (bei dir), Ter.: u. so alium alii, Suet.: patres *apud* populum od. *apud* plebem, Liv.: Caesarem *apud* veteranos, Vell. – m. Ang. **in Bezug auf was?** teils durch allg. *Acc.*, nihil Sestium, Cic. – teils durch *Acc.* u. *Infin.*, Q. Metellum apud populum Romanum criminatus est bellum illum ducere, Cic. – teils durch einen Satz m. *quod* u. Konj., magnā invidiā criminatur filium, vir natus quod rem feminarum tetigerit, Phaedr. – **b** etwas **anschuldigen, zur Last legen, zum Vorwurf machen,** über od. wegen etw. **Klage führen, sich beklagen, sich beschweren, Vorwürfe machen,** m. Ang. **was?** durch *Acc.*, iam enim non libet omnia criminari, Cic.: tribuni plebis illae intermortuae contiones (Ansprachen ans Volk), quibus cotidie meam potentiam invidiose criminabatur, Cic.: libet enim tibi nescio quid etiam *de* illa tribu criminari, Cic.: Agrippinae amicitiam *in* eo cr., an ihm, Tac.: *per* publicanos cr. Metelli lentitudinem, Vell.: senatus consultum cr. absenti principi (bei dem abw. F.), Plin. ep.: cr. hanc rem *apud* regem, Iustin. – od. durch *Genet.*, mutuo se rapinae turpissimae criminabantur, Apul. met. 10, 14. – od. durch *Acc.* u. *Infin.*, venenum eiusdem Clodiae necandae causā parasse Caelium criminantur, Cic.: me esse gratum (dankbar) criminaris, Cic.: extrahi rem criminantes, Liv.: nunc *apud* mercennarios milites, nunc *apud* transfugas prodi Romano Syracusas criminabatur, Liv. – od. durch einen Satz m. *quod* u. Konj., criminabatur (machte zum Vorwurf) etiam, quod Titum filium ab hominibus relegasset et ruri habitare iussisset, Cic. – m. Ang. **in Betreff?** durch *de* u. Abl., illae res, de quibus criminamur, Rhet. Her. – **c** absol., (wo die Pers. od. Sache, die man anschuldigt, aus dem Zshg. zu ergänzen ist) = **Klage führen, vorwerfen, als Beschuldiger** (Ankläger) **auftreten,** ut illi criminantur, Sall. fr.: argumentando criminari crimenve dissolvere, für Beschuldigungen als Beweisführer oder gegen Beschuldigungen als Widerleger auftreten, Cic.: quo gravior criminantis auctoritas esset, Curt. – ► Aktive Nbf. crimino, āre, Enn. sat. 8. Plaut. Pseud. 493. – criminor passiv (vgl. Charis. 165, 11. Diom. 337, 18. Prisc. 8, 14), Cic. de leg. agr. 3, 13: criminantur, Augustin. de civ. dei 8, 21: criminatum esse ab alqo, Hyg. astr. 2, 18: criminatus, Apul. met. 7, 23.

crīminōsē, *Adv.* m. *Compar.* u. *Superl.* (criminosus), **I mit** od. **unter Anschuldigungen,** im üblen Sinne = **anschwärzend, verunglimpfend, verleumderisch, gehässig,** agere, Liv.: argumentari, Liv.: qui suspiciosius aut criminosius diceret, audivi neminem, Cic.: criminosissime insectari alqm, Suet. – **II verbrecherischer-, sündhafterweise,** Aur. Vict. de Caes. 7, 1. Commodian. apol. 7.

crīminōsus, a, um, *Adi.* m. *Compar.* u. *Superl.* (crimen), **I Anschuldigungen vorbringend** od. **enthaltend** od. **begründend,** im üblen Sinne = **anschwärzend, verunglimpfend, verleumderisch, gehässig, a** v. Pers.: Cn. Pomponius (orator) acer, acerbus, criminosus, Cic.: ille autem acerbus, criminosus, popularis homo ac turbulentus, Cic. – **b** v. Lebl.: cr. nomen, Cic.: iambi, Hor.: quo gravior aut acrior aut criminosior oratio sit, Rhet. Her.: criminosissimus liber, Suet.: orationes *in* patres criminosae, Liv. – oft alqd criminosum est od. fit od. habetur, z. B. quod si est criminosum, necessitatis crimen est, non voluntatis, Cic.: capram nominare criminosum et exitiale habebatur, Suet.: ille hoc putabat Verri (für Verres) criminosum fore, si statuae essent deiectae, Cic.: si respondisset idem sentire et secum facere Sullam, tamen mihi non videretur *in* hunc id criminosum esse debere, Cic. – **II** passiv (vgl. Prob. App. 201, **1** = **mit Verbrechen befleckt, verbrecherisch,** v. Pers., Vulc. Gallic. Cass. 4, 5. Lampr. Commod. 3, 8. Tert. de idol. 14: v. Lebl., consensio cr., Cypr. de hab. virg. 17: nihil enim, quod salutis ferendae gratiā fit, criminosum est, Apul. apol. 40. – subst., crīminōsus, ī, *m.*, der **Verbrecher,** Cassiod. var. 3, 57.

crīnālis, e (crinis), **zum Haar gehörig, Haar-,** vitta, Ov.: aurum, goldenes Haarband, Verg.: acus, Haarnadel, Apul.: dentes, des Haarkammes, Claud.: crinali corpore polypus, d. i. mit haarähnlichen Fangarmen versehen, Ov. – subst., crīnāle, is, *n.*, die **Haarbinde,** das **Haarband,** curvum, Diadem, Ov. met. 5, 52.

crīniculus, ī, *m.* (*Demin.* v. crinis), **I** das **Härchen,** Ambros. Luc. 6, 7. § 19. – **II** der **Strick,** peccatorum (als Übersetzung von proverb. 5, 22), Augustin. in psalm. 57, 4 u. a. Ambros. ep. 31, 10.

crīniger, gera, gerum (crinis u. gero), **langhaarig, langgelockt,** Lucan. 1, 463. Sil. 14, 585 (Nomin.). Sidon. carm. 12, 3. Iuvenc. sel. fr. in levit. etc. 825 u. 1001.

crīnio, īre (crinis), **mit Haaren versehen, behaaren,** nur übtr. vom Laub, Stat. silv. 4, 5, 10 u. Theb. 4, 217. – ► *Adi.* crīnītus, a, um, s. bes.

crīnis, is, *m.* (aus *crisnis, vgl. crispus, crista), der **Haarwuchs,** das **Haar** (als Bedeckung der menschlichen Haut), bes. das **Haupthaar** (Ggstz. barba), **I** eig.: **a** gew., Sing. u. Plur., kollektiv, cr. canus, Ov., crines cani, Catull.: crines passi, aufgelöstes Haar (bes. Leidtragender u. Flehender), Liv.: crines resoluti, Liv., soluti, Tibull.: crines sparsi, zerstreutes Haar (bes. Verzweifelnder, Rasender), Liv.: crines abscīdere, Tac.: promittere crinem barbamque, Tac.: crines convertere calamistro, Petron.: crinibus templa verrere, Liv.: crinibus passis aras verrere, Liv.: haec civitas mulieri in redimiculum praebeat, haec in crines (für den Haarputz), Cic. Verr. 3, 76. – apponere alienos crines (Perücke), Firm. – **b** Plur. crines, **Haarflechten,** Plaut. mil. 792: seni crines, Fest. 339 (a), 23: crines capere, sich H. zulegen = sich verheiraten, Plaut. most. 226. – **c** das einzelne **Haar,** uxor rufa crinibus septem, Mart. 12, 32, 4. – **II** übtr., v. »Schweif« der Kometen, Verg. (u. a. Dichter) u. Plin. – v. den »Strahlen« des Feuers, Val. Flacc. 1, 205. Augustin. serm. 234, 3. – v. den »Fangarmen« der Polypen, Plin. 9, 86. – ► crinis Femin., Plaut. most. 226. Atta epigr. fr. bei Non. 202, 29. Vgl. Prisc. 5, 42.

Crinisus (Crinissus), ī, *m.*, Fluss an der Südwestküste Siziliens, an dessen Ufern Timoleon die Karthager schlug, j. *Belice destro,* Nep. Timol. 2, 4. Verg. Aen. 5, 38. Claud. rapt. Pros. 2, 57.

crīnītus, a, um (crinis), **behaart,** bes. **langhaarig, langgelockt, I** eig.: Apollo, Verg.: puella, Ov.: quispiam u. quidam crinitus, Gell. u. Amm. – **II** übtr.: cr. galea triplici iubā, Verg.: stella cr., Cic. u. Suet., od. sidus cr., August. b. Plin., Haarstern, Komet: multā crinitum missile flammā, Stat.: regio crinita messibus, Salv. de gub. dei 7, 2. – *Compar.* crinitior, Gloss. IV, 218, 27.

crinon, ī, *n.* (κρίνον), die **Lilie,** bes. die rote, nach Plin. 21, 24. – Plur. crina, **Lilienöl,** Pompon. dig. 34, 2, 21 M.

criobolium, iī, *n.* (κριοβόλιον), das **Widderopfer,** CIL 9, 1538; 12, 1745 u. ö.

cripta, s. crypta.

Crīsa, ae, *f.* (Κρῖσα), eine uralte Stadt in Phocis am Meer, j. *Crisso,* Plin. 4, 8. – Dav. **sinus Crīsaeus** (κόλπος Κρισαῖος), j. »Meerbusen von Salona«, Plin. 4, 7.

crisatium, s. chrȳsatticum vīnum.

crisimos, Akk. on, Nom. Plur. oe, Akk. ōs (κρίσιμος), **entscheidend, kritisch,** stati dies, quos crisimos appellant, Tage der Krisis in den Krankheiten, Cael. Aur. acut. 1, 14, 108: ut in morbis dies septimi suspecti sunt et crisimoe dicuntur, Censor. 14, 9; *cf.* Cels. 3, 4. p. 80, 26 D.

crisis, Akk. im, *f.* (κρίσις), die **Entscheidung, entscheidende Wendung, Krisis,** eandem crisim habere, Sen. ep. 83, 4 H.

crīso (crisso), āvī, āre, **mit den Schenkeln** (beim Beischlaf) **wackeln** (v. der Frau, wie ceveo v. Mann), absol. od. alci, Lucil. 330. Mart. 14, 203. Iuven. 6, 322. Priap. 19, 4. Charis. 293, 32. Diom. 313, 7. Dosith. 53, 17. Vgl. Gloss. ›crisat, κεληтίζει‹.

crīspāns, antis (crispo), **sich kräuselnd, kraus, I** eig.: buxus, Plin. 16, 70. – **II** übtr.: **A** hässlich **gerümpft,** nasus, Pers. 3, 87. – **B zitternd,** aedificiorum crepitus, Plin. 2, 198.

crīspicapillus = οὐλόθριξ, **kraushaarig,** Gloss. III, 444, 39; 501, 20.

crīspicāns, cantis (*Partic.* des ungebr. crispico v. crispus), **kräuselnd, kraus machend,** cr. mare ventus, Gell. 18, 11, 3.

crispio, īre, Naturlaut der Henne, **gackern,** Suet. fr. p. 253, 3 R. ›gallinae est crispire‹.

crīspisulcāns, antis (crispus u. sulco), **kraus durchfurchend, sich schlängelnd,** igneum fulmen, Poët. b. Cic. top. 61.

crīspitūdo, inis, *f.* (crispus), die **zitternde Bewegung,** lumborum, Arnob. 2, 42.

crīspo, āvī, ātum, āre (crispus), **kräuseln, kraus machen, kraus-, wellenförmig erscheinen lassen, I** in der Lage: **a** das Haar: capillum, Plin. 29, 82: feminae cincinnos, Maecen. in Sen. ep. 114, 5: calamistro comas, Hieron. ep. 52, 5: crispatus capillus, Apul. apol. 63. – **b** andere Ggstd.: pelagus, Val. Flacc.: tellurem apio viridi, Col. poët.: quādam rugatione crispari corpora, Cael. Aur. chron. 2, 1, 17. – **II** in der Bewegung, **in zitternde Bewegung setzen, a** im Allg.: clunes, Arnob. 7, 33. – **b** insbes.: **α** schwingend bewegen, **schwingen,** bina hastilia manu, Verg. Aen. 1, 313 u. 12, 165: tela, Amm. 14, 2, 7: missilia, Amm. 20, 4, 21: tergeminos iactus, vom Arm, Apul. met. 11, 4. – **β ruckweise ausstoßen,** cachinnum, Sedul. carm. 1, 316. – ► *PAdi.* crispāns, antis, s. bes.

crīspulus, a, um (Demin. v. crispus), **kraus,** subst., **der Krauskopf** (Ggstz. cui rectior est coma), Sen. u. a. – übtr., v. der Rede, **gekünstelt,** Fronto de or. p. 159, 19 N. (vgl. crispus *no.* I, a).

1. crīspus, a, um, *Adi.* m. *Compar.* u. *Superl.* (vgl. crīnis aus *crisnis, crista), **kraus, I** in der Lage: **a** v. Haar, cincinni, Plaut.: coma, Sil.: iubae crispiores, Plin. – v. Pers., **krausköpfig,** subst., der **Krauskopf,** Komik. u. Petron. – übtr., v. der Rede, **gekünstelt,** agmen orationis, Gell. 1, 4, 4; vgl. crispulus. – **b** v. anderen Ggstdn.: brassica, Cato: folium crispius, Plin., crispissimum, Col.: parietes abiete crispā, Enn. – v. Holz, **maserig,** materies, Plin.: acer non crispum, Plin.: crispo macularum discursu, Plin. – **II** in der Bewegung, **sich kräuselnd, wellenförmig erzitternd,** iactus, Pacuv. fr.: latus crispum movere, die S. zierlich bewegen, Ps. Verg. cop. 2: crispo pectine numerantur chordae, Iuven.

2. Crīspus, ī, *m.*, Beiname des bekannten röm. Historikers C. Sallustius.

crisso, āre, s. crīso.

crista, ae, *f.* (vgl. crīnis aus *crisnis, crispus), **I** der kammartige Auswuchs am Kopf der Tiere, der **Kamm,** die **Raupe,** bes. des Haushahns, Varro: des Wiedehopfs, Ov. u. Plin.: der Schlange, Plin. – Sprichw., cristae alci surgunt, ihm schwillt der Kamm, Iuven. 4, 70. – **II** der **Kamm** (= gezackte Rand) des Blattes, foliorum, Plin. 22, 86. – **III** der **Helmbusch,** die **Helmraupe,** Verg., Liv. u. a. – **IV** der **Kitzler** in der weibl. Scham, Iuven. 6, 422. – **V** der **Kamm** des Gebirges, cristae sunt montium altiores, Cypr. de spect. 9.

cristall…, s. crystall…

cristātus, a, um (crista), **I mit einem Kamm versehen,** v. Tieren, Ov. u. Plin.: pullus insigniter cristatus, Suet.: aves, Hähne, Mart. – **II mit einem Helmbusch-, mit einer Raupe versehen, -geschmückt,** v. Helm, Ov. u. Liv.: v. der Person, Verg.

cristiger, gera, gerum (crista u. gero), **einen Kamm (eine Raupe) tragend,** Anecd. Helv. 164, 16.

cristula, ae, *f.* (*Demin.* v. crista), der **kleine Federbüschel,** Col. 8, 2, 8.

critae, ārum, *m.* (κριταί), die Richter bei den Hebräern, Tert. adv. gnost. 3.

critērium, iī, *n.* (κριτήριον), das **Urteil,** Leo M. epist. 43.

crīthologia, ae, *f.* (κριθολογία), das **Einsammeln der Gerste,** als Amt, Cod. Theod. 14, 26, 1.

Crithōte, ēs, *f.* (Κριθώτη), Stadt an der Ostküste des thrazischen Chersoneses, Nep. Thimoth. 1, 3. Plin. 4, 48.

Critiās, ae, *m.* (Κριτίας), einer der dreißig Tyrannen zu Athen, auch als Redner bekannt, Nep. Thras. 2, 7. Cic. de or. 2, 93.

criticus, a, um (κριτικός), **zum Entscheiden-, Beurteilen gehörig, I** *adi.*, **entscheidend, kritisch,** morbi accessio cr., Augustin. conf. 6, 1 *extr.* – **II** *subst.*, criticus, ī, *m.*, der **Kritiker, Kunstrichter,** Cic. ep. 9, 10, 1 u. a.

Crito, ōnis, *m.* (Κρίτων), **I** Schüler u. Freund des Sokrates, Cic. Tusc. 1, 103. – **II** griech. Arzt zu Trajans Zeit, Mart. 11, 60, 6.

Critobūlus, ī, *m.* (Κριτόβουλος), **I** Schüler des Sokrates, Cic. de sen. 59. – **II** griech. Arzt zur Zeit Philipps und seines Sohnes Alexanders des Gr., Curt. 9, 5 (22), 25. Plin. 7, 124.

Critolāus, ī, *m.* (Κριτόλαος), **I** ein peripatet. Philosoph, zugleich mit dem Akademiker Karneades u. dem Stoiker Diogenes im J. 155 v. Chr. von den Athenern als Gesandter nach Rom geschickt, Cic. de or. 1, 45; 2, 155. Gell. 7, 14, 9. Tert. de anim. 5. – **II** ein Feldherr der Achäer, der die Römer reizte u. so den letzten, entscheidenden Kampf gegen den achäischen Bund herbeiführte (147 v. Chr.), Cic. de nat. deor. 3, 91. Flor. 2, 16, 2.

Crītōnia, ae, *m.* (*Κριτωνίας), Name eines tragischen Schauspielers, Varro sat. Men. 570.

Crixus, ī, *m.*, Anführer des Sklavenaufstandes unter Spartakus, Sall. hist. fr. 3, 67. col. IV. lin. 16 (3, 77, 11 *ed. Kritz*). Liv. epit. 66.

crōbylos, ī, *m.* (κρωβύλος), ein mitten auf dem Scheitel emporstehender u. durch eine Spange zusammengehaltener Haarwulst, **Haarschopf,** Tert. de virg. vel. 10.

crocallis, idis, *f.*, ein uns unbekannter Edelstein, Plin. 37, 154.

crōcātio, ōnis, *f.* (croco), das **Krächzen** des Raben, Paul. ex Fest. 53, 3 (wo viell. crocitio zu lesen ist).

crocātus, a, um (crocus), **safrangelb,** semen, Plin. 16, 147: vestis, Fronto ad M. Caes. 2, 8. p. 22, 6 N.

croceus, a, um (crocus), **I zum Safran gehörig, Safran-,** odores, Verg.: tinctus, Safranbrühe, Plin. – **II** übtr., **safranfarbig, -gelb, goldgelb, hochgelb,** Verg. u. Ov.: color, Plin. u. Ambros. – subst., crocea, ōrum, *n.* (*sc.* vestimenta), safrangelbe **Seidenkleider,** Vulg. thren. 4, 5.

crociās, ae, *m.* (κροκίας), ein uns unbekannter safranfarbiger Edelstein, Plin. 37, 191.

crocidismus, ī, *m.* (κροκιδισμός), das **Flockenlesen der Kranken,** Cael. Aur. acut. 1, 3, 34 u. 1, 6, 48.

crocinus, a, um (κρόκινος), **I zum Safran gehörig, Safran-,** unguentum, Cels.: semen, Plin. – subst., crocinum, ī, *n.*, **a** das **Safrangelb,** Paul. dig. 32, 1, 78. § 5. – **b** (*sc.* oleum) **Safranöl,** Prop. 3, 10, 22: als Schmeichelwort, Plaut. Curc. 101. – **II** übtr., **safrangelb,** tunica, Catull. 68, 134.

crōcio, īre (κρώζω), schreien wie ein Rabe, **krächzen,** Plaut. aul. 625 (wo synk. Imperf. crocibat). Apul. de deo Socr. p. 4, 6 G.

crocis, cidis, Akk. cida, *f.* (κροκίς), eine uns unbekannte Pflanze, Plin. 24, 167.

crōcītio, s. crōcātio.

crōcito, āre (*Intens.* v. crocio), **laut krächzen,** v. Raben, Suet. fr. 161. p. 250, 4 R. Boëth. in Porphyr. 5, p. 103. Greg. dial. 2, 8. Anthol. Lat. 762, 28 (233, 28).

crōcītus, ūs, *m.* (crocio), das **Krächzen** des Raben, Non. 45, 18.

1. crōco, āre (κρώζω), **krächzen,** v. Raben, Apul. de deo Socr. p. 110 H. Vgl. Burm. Anthol. Lat. tom. 2. p. 427 (b).

2. croco, āre (crocus), **safrangelb färben,** Isid. 6, 11, 4. Vgl. crocatus.

crocōdes (sc. collyrium), is, *n.* (κροκῶδες), das **Safranähnliche,** eine Augensalbe, CIL 3, 12032, 2 u. ö.

crocodīlēa, (*sc.* merda), ae, *f.* (κροκοδειλεία), **Krokodilkot,** als Hausmittel, Plin. 1, 28, 28 u. 28, 108.

crocodīlēon, ī, *n.* (*κροκοδείλιον), eine nach der rauen Oberfläche der Stengel benannte Pflanze (viell. *Centaurea crocodilium,* L.), Plin. 27, 64.

crocodīlinus, a, um (κροκοδείλινος), **vom Krokodil,** cr. ambiguitas, ein verfänglicher Trugschluss vom Krokodil, der Krokodilschluss (griech. κροκοδείλινος λόγος, κροκοδειλίτης), Quint. 1, 10, 5.

crocodīlōnius, a, um (crocodilus), **Krokodils-,** campi, *Plaut. mil. 13 *Lorenz.*

crocodīlus, ī, *m.* (κροκόδειλος), das **Krokodil,** Cic. de nat. deor. 1, 82. Plin. 8, 89. Sen. nat. qu. 4, 2, 13 *sqq.* Hor. epod. 12, 11. – ▶ Durch Metathesis corcodīlus, Phaedr. 1, 25 (27), 4 u. 6. Mart. 3, 93, 7. Macr. sat. 2, 2, 7 E. – Bei Spät. auch crocodillus geschr., z. B. Capit. Anton. Pius 10, 9 *ed. Peter;* u. corcodillus, Pelagon. veterin. 30. p. 101 = 416–419 *Ihm* u. corcodrillus, Not. Tir. 113, 23a.

crocofantia, s. crocyfantia.

crocomagma, atis, *n.* (κροκόμαγμα), der **holzige Überrest des Safrans** nach der Bereitung des Safranöls, Cels. 5, 18, 9. Plin. 21, 139. Pallad. 14, 14, 7. Apic. 10, 460. Isid. 17, 9, 5: Genet. auch heterokl. crocomagmae, Veget. mul. 6 (4), 28, 30.

Crocos, s. crocum *no.* I.

crocōta, ae, *f.* (*sc.* vestis, griech. ὁ κροκωτός, *sc.* χιτών), das **safranfarbige Prachtgewand** der Frauen, Naev. tr. 46. Plaut. fr. bei Non. 538, 13. Nov. com. 71. Cic. har. resp. 44: der Priester der Cybele, Apul. met. 8, 27: auch eines als Frau angezogenen Affen, *ibid.* 11, 8.

crocōtārius, a, um, **zur Bereitung der** *crocota* **gehörig,** infector, Färber von Safrankleidern, Plaut. aul. 521 u. Non. 549, 27 *Merc.*

crocotillus, a, um, **sehr schmächtig,** cruscula, Plaut. fr. bei Paul. ex Fest. 52, 20.

crocotinum, genus operis pistorii, Paul. ex Fest. 53, 5.

crocottās, ae, *m.*, s. corocottās.

crocōtula, ae, *f.* (*Demin.* v. crocota), das niedliche, **safranfarbige Prachtgewand** für Frauen, Plaut. Epid. 231.

crocum, ī, *n.* u. **crocus**, ī, *m.* (κρόκον u. κρόκος), **I** der **Safran** (*Crocus sativus,* L.), Sall. hist. fr. 1, 80 (80). Cels. 3, 21; 4, 5. Plin. 21, 31 *sqq.* Curt. 3, 4 (10), 10: crocus, Ps. Verg. cir. 97. Ps. Verg. cul. 401: Plur. croci, Prop. 4, 1, 16. Ov. met. 4, 393. Iuven. 7, 208. Arnob. 1, 59. – Der Safran wurde bei den Alten nicht bloß zum Würzen der Speisen u. in der Medizin angewandt, sondern man löste ihn auch in Wasser od. Wein auf u. bereitete daraus eine wohlriechende Essenz, mit der nicht nur Salben angemacht, sondern auch die Triklinia der Vornehmen, zuweilen auch die Straßen, bes. aber die Schaubühnen besprengt wurden, Lucr. 2, 416. Sall. hist. fr. 2, 23 (29), 2. Sen. ep. 90, 15. Spart. Hadr. 19, 5: dah. poet., crocum floresque perambulet Attae fabula, über die von Blumen u. Safranessenz duftende Bühne wandeln dürfe, Hor. ep. 2, 1, 79. – Crocus u. Crocos, ī, *m.*, personifiziert, der in eine Safranstaude verwandelte Jüngling, Plin. 16, 154 (Genet. Croci). Ov. met. 4, 283 u. fast. 5, 227 (Akk. Crocon). – **II** meton.: **A** die **Safranfarbe,** vestis picta croco, Verg. Aen. 9, 614. – **B** Plur. croci = die gelblichen Staubfäden in verschiedenen Blumen, Plin. 21, 24. – ▶ crocus, *gen. fem.*, Apul. met. 10, 34.

crocyfantia, ae, *f.* (κρόκος u. ὑφαίνειν) = *crocota* (s. d.), Ulp. dig. 34, 2, 25. § 10 M.

Croesius, a, um, s. Croesus a. E.

Croesus, ī, *m.* (Κροῖσος), der durch seinen Reichtum u. den Spruch Solons (»Niemand ist vor seinem Ende glücklich zu preisen«) bekannte König von Lydien, Iustin. 1, 7, 2 *sqq.* Prop. 2, 26, 23. Iuven. 10, 274; 14, 328: Croesi opes et Darii divitias se vicisse iactabat, Hieron. epist. 60, 11. – Appell., »ein Krösus« = ein reicher Mann (Ggstz. Irus, s. d.), Ov. trist. 3, 7, 42; vgl. Prop. 3, 5, 17: Plur., cum tot Croesos viceris, Mart. 11, 5, 4. – Dav. **Croesius**, a, um, **krösisch,** opes, Mart. Cap. 6. § 578.

Crommyoacris (Crommyuacris), idis, *f.* (Κρομμύου ἄκρα), ein Vorgebirge an der Nordküste von Cypern, j. *Cormachiti,* Cass. in Cic. ep. 12, 13, 4.

Cromyōn, ōnis, *f.* (Κρομυών), ein Flecken in Megaris an der Grenze von Korinth, jetzt *Castro Teichos,* Ov. met. 7, 435. – Späterer Name Cremmyōn, ōnis, *m.* (Κρεμμύων, Steph.), Plin. 4, 23.

Crommyuacris, s. Crommyoacris.

Cronia, ōrum, *n.* (τὰ Κρόνια), das in Griechenland, bes. zu Athen gefeierte **Kronosfest,** L. Acc. b. Macr. sat. 1, 7, 37.

Cronium mare (Κρόνιος πόντος), das **Eismeer** (noch jetzt im Irländischen *muir chroinn,* d. i. die geronnene See), Plin. 4, 94 u. 104.

Cronos, ī, *m.* (Κρόνος), **Kronos,** der Gott der Zeit bei den Griechen (entsprechend dem lat. Saturnus), Sidon. carm. 15, 61; vgl. (griech.) Arnob. 3, 29.

crotalia, iōrum, *n.* (κροτάλια), das aus mehreren Perlen bestehende klappernde **Ohrgehänge,** Petron. 67, 9 u. Plin. 9, 114.

crotalisso, āre (κροταλίζω), **mit den Kastagnetten klappern,** Macr. de diff. 21, 8. p. 626, 24 K. Macr. exc. Bob. 41. p. 651, 23 K.

crotalistria, ae, *f.* (κροταλίζω), **I** die **Kastagnettentänzerin,** Prop. 4, 8, 39. – **II** poet. übtr., der **klappernde Storch,** P. Syrus inc. fab. 8. p. 304 R.[2] (bei Petron. 55, 6).

crotalum, ī, *n.* (κρόταλον), die **Klapper, Kastagnette,** zur Begleitung wollüstiger Tänze verwendet, Scipio bei Macr. sat. 2, 10, 7. Ps. Verg. cop. 2 (Cic. Pis. 20 unechtes Einschiebsel).

crotaphus, ī, Genet. Plur. ōn, *m.* (κρόταφος), der **Schmerz an der Schläfe,** Cael. Aur. chron. 1, 1, 4.

Croto (Crotōn), ōnis, Akk. ōnem u. ōna, *c.* (Κρότων), Stadt an der Ostküste von Bruttium, am Äsarus (j. Esaro), eine der reichsten und blühendsten griech. Pflanzstädte in Italien, Geburtsort des Athleten Milo, Aufenthaltsort des Pythagoras u. seiner Schüler, j. *Crotone,* Liv. 24, 2 *sq.* Cic. ad Att. 9, 19, 3. Frontin. 3, 6, 4 (Akk. Crotona): Nbf. Crotōna, ae, *f.,* Not. Tir. 88, 86. Itin. Anton. 489, 8 u. 490, 1 (wo a Crotona). – Dav. **A Crotōniātēs,** ae, *m.* (Κροτωνιάτης), der **Krotoniate,** Sing. u. Plur. b. Cic. u. a.: Genet. Plur. Crotoniatum, Liv. 24, 3, 9. – **B Crotōniēnsis,** e, **aus Kroton, krotonisch,** Sall. u. Liv.: Plur. subst., Crotōniēnsēs, ium, *m.,* die Einw. von Kroton, die **Krotonier,** Liv. u. a. – Nbf. Crotōnēnsis, CIL 6, 15592 u. 15593.

crotolo, āre (onomatop.), **klappern,** Suet. fr. p. 251 R. ›ciconiarum est crotolare‹.

Crotōniātēs, -iēnsis, s. Croto.

Crotōpiadēs, ae, *m.* (Κροτωπιάδης), der **Krotopiade,** d. i. Linus (dessen Mutter Psamathe die Tochter des argivischen Königs Krotopus war), Ov. Ib. 482.

Crotos, ī, *m.* (κρότος), der **Schütze,** ein Gestirn, rein lateinisch Sagittarius, Col. poët. 10, 57. Hyg. fab. 224 Schm.

cruciābilis, e (crucio), **I martervoll, qualvoll, peinlich, jämmerlich,** Gell. 3, 9, 7. Apul. met. 10, 3. Amm. 14, 11, 24; 20, 7, 18 u. ö. Prud. psych. 446. – **II marterbar, quälbar,** animae, Lact. 7, 20, 9.

cruciābilitās, ātis, *f.* (cruciabilis), die **Marter, Qual,** cruciabilitates animi, Plaut. cist. 205.

cruciābiliter, *Adv.* (cruciabilis), **martervoll, qualvoll,** Plaut. Pseud. 950. Auct. b. Afr. 46, 2. Amm. 26, 6, 3 u. 30, 5, 19.

cruciābundus, a, um (crucio), **sich in Martern-, Qualen ergehend,** Cypr. epist. 59, 3.

cruciāmen, minis, *n.* (crucio), die **Marter, Qual,** Prud. cath. 10, 90 (Plur.).

cruciāmentum, ī, *n.* (crucio), die **Marter, Qual,** vidi ego multa saepe picta quae Acherunti fierent cruciamenta, Plaut. capt. 998 *sq.*: nec vero graviora sunt carnificum cruciamenta quam interdum tormenta morborum, Cic. Phil. 11, 8: übtr., ut orbitatis cruciamenta sentiret, Arnob. 7, 43.

cruciārius, a, um (crux), **zum Kreuz gehörig, I** *adi.*: **am Kreuz erlitten,** passio, Alcim. Avit. fr. p. 176. – dah. übtr., **qualvoll,** exitus cr., Tert. de praescr. haeret. 2 *ed. Oehler.* (*al.* cruciatorios). – **II** *subst.*: **1** cruciārius, iī, *m.,* **a** der **Gekreuzigte,** Sen. contr. 7, 6 (21), 2. Petron. 112, 5. – **b** als Schimpfwort, **Galgenstrick, Galgenvogel,** Apul. met. 10, 7. Amm. 29, 2, 9. – **2** cruciārium, iī, *n.* (*sc.* supplicium), der **Kreuzestod,** Commodian. instr. 1, 32, 8.

cruciātio, ōnis, *f.* (crucio), die **Kreuzigung,** Eccl.; übtr., **Qual, Plage, Heimsuchung,** Eccl.

cruciātor, ōris, *m.* (crucio), der **Quäler, Peiniger,** Arnob. 1, 40 *extr.* Firm. math. 3, 11, 8. p. 177, 28 Kr. u. Sk.

cruciātōrius, a, um, s. cruciārius *no.* I.

cruciātus, ūs, *m.* (crucio), **I** die **Marter, Qual, qualvolle Hinrichtung,** omnes animi cruciatus et corporis, Cic.: cruciatus (das Brennen) vulnerum non ferre, Amm.: omnium dignissumi quo cruciatus confluant, Plaut.: per cruciatum (marter-, qualvoll) interficere, Caes.: in cruciatum summum venire, den größten Martern entgegengehen, Caes.: maximum in malum cruciatumque insiliamus, ins größte Verderben, Plaut.: cum cruciatu tuo isthaec hodie verba funditas, dir zum Verderben, Unglück, Plaut.: quin tu abis in malam pestem malumque cruciatum? warum scherst du dich nicht lieber zum Geier u. zum Henker? Cic. Phil. 13, 48. – **II** meton., Plur. cruciatus, die Folterwerkzeuge, Cic. Verr. 5, 163.

crucifer, ferī, *m.* (crux u. fero), der **Kreuzträger,** v. Christus, Prud. cath. 3, 1 (Nominativ).

crucifigo, fīxī, fīxum, ere (crux u. figo), **ans Kreuz schlagen, kreuzigen,** Sen. exc. contr. 3, 9 (= 255, 17 K.) u. Eccl.

crucifīxio, ōnis, *f.* (crucifigo), die **Kreuzigung,** Eccl.

crucifīxor, ōris, *m.* (crucifigo), der **Kreuziger,** Eccl.

crucio, āvī, ātum, āre (crux), **I** urspr. **ans Marterholz-, ans Kreuz schlagen, kreuzigen,** nur noch im Kirchenlat. (für das klass. cruci affigere), s. Bünem. Lact. de mort. pers. 2. § 1. – **II** übtr., im Allg., **grausam martern, -quälen, -peinigen,** sowohl körperlich als geistig, alqm, Cic. u. a. – im Passiv, cruciari alienae uxoris amore, Sen.: necati omnes cruciati (unter Martern) sunt, Liv. – und medial, crucior = ich quäle mich ab, härme mich ab, ärgere mich ab, crucior miser, Ter.: quod (in Betreff dessen, was) male feci, crucior, Plaut.: cruciatur cor mi (mihi), Plaut.: m. folg. *Acc.* u. *Infin.,* crucior lapidem non habere me, Plaut.: crucior bolum mihi tantum ereptum, Ter. – Partiz. cruciāns refl. = **sich abquälend, Qual** od. **Marter empfindend,** cr. cantherius, Plaut. capt. 813. Auson. ep. 21, 2, 39. p. 183, 16 Schenkl: membris cruciantibus, Fronto ad amic. 1, 15. p. 184, 16 N.: Polycrates captus in crucem sublatus est; ita ei crucianti somnium expeditum, Fronto b. Parth. p. 220, 6 N.

Crucisalus, ī, *m.* (crux u. salio), ein scherzh. nach Chrysalus gebildeter Name, gleichs. **Kreuzträger,** Plaut. Bacch. 362.

crucistultitia, ae, *f.* = crucis stultitia, die **Kreuzestorheit,** Commod. instr. 1, 36 *lemm.* u. acrost.

crucius, a, um (crux), **marternd,** vinum, Marterwein = sehr herber, sehr saurer Wein, Lucil. b. Paul. ex Fest. 53, 4.

crūdārius, a, um (crudus), **frisch** (*t. t.* des Bergb.), argenti vena in summo (Oberfläche) reperta crudaria appellatur, Plin. 33, 97.

crūdaster, trī (crudus), **noch etwas roh,** Anthim. 21.

crūdēle, *Adv.,* s. crūdēlis ►.

crūdēlēsco, ere (crudelis), **grausam werden, zur Grausamkeit hinneigen,** Ps. Augustin. serm. app. 55, 1.

crūdēlis, e (crudus), **roh** von Charakter und im Benehmen u. dah. **gefühllos, herzlos, grausam, unbarmherzig, schonungslos** (Ggstz. mitis, clemens, lenis, misericors), **I** v. leb. Wesen, deren Gemüt, Benehmen usw.: Amor, Verg.: Castor, Cic.: cr. atque importuna mulier, Cic.: istius animus ferus, crudelis atque inhumanus, Rhet. Her.: cr. mens (Ggstz. clementia), Catull.: truces atque crudeles mores (Ggstz. mores mitissimi, des Jagdhundes), Col. – crudelior ipso sit mihi mens pelago, Ov.: aliquanto crudelior esse coepit, Nep.: ut post victoriam audito fuerit crudelior, Vell.: qui crudelior? Cic.: crudelissimus tyrannus Dionysius, Cic.: anus crudelissima, Petr. – mit näheren Angaben, non voluntate aut naturā non esse crudelem, Cic.: *ob* eamque rem crudelis (fuit), Nep.: Lepidus cr. *in* liberos (Kinder), Cic.: in superiores contumax est, *in* inferiores crudelis, Rhet. Her.: sed non Neptunus tanto cr. amori, Prop.: seditiosus civis et in hominis consularis calamitate crudelis, Cic. – **II** v. lebl. Subjj.: **a** v. personif. lebl. Ggstdn., denen Grausamkeit beigelegt wird: amor tauri, grausame, quälende, Verg.: ferrum, Prop.: funus, herzzerreißende, Verg.: manus, Petr.: instrumenta necis, Ov.: ianua vel dominā crudelior ipsā, Prop. – **b** übtr., von Vornahmen und Zuständen, die von einer grausamen Gesinnung herrühren, mit denen der Begriff der Grausamkeit verbunden ist, bellum cr. et exitiosum, Cic.: dominatio crudelis superbaque, Cic.: poena, Ov.: sententia eius mihi non crudelis videtur, Sall.: in tam crudelem necessitatem incīdere, Cic. – id ipsum et multo alia crudeliora nobis omnibus Lepidus, Antonius et reliqui hostes denuntiant, Cic.: consilia crudelissima, Cic.: crudelissimum nomen tyranni, der Ruf der Grausamkeit, in dem der Tyrann stand, Nep. – m. näheren Angaben, poena in cives crudelis, Cic. Phil. 11, 1. – m. 2. *Supin.*, o rem cum auditu crudelem tum visu nefariam! Cic. Planc. 99. – crudele est m. folg. *Infin.*, incīdere vivorum corpora et crudele et supervacuum est, Cels. 1. prooem. *extr.* p. 12, 36 D. – ► *Adv.* crūdēle (= *crudeliter*), Stat. Theb. 3, 211. Claud. in Eutr. 2, 108; rapt. Pros. 1, 282 u. 3, 340.

crūdēlitās, ātis, *f.* (crudelis), die **Grausamkeit, Unbarmherzigkeit, Schonungslosigkeit, schonungslose Härte** (Ggstz. clementia, lenitas, misericordia), Dionysii, Nep.: naturae (des Charakters, Ggstz. lenitas), Hirt. b. G.: insatiabilis, Cic.: stolida militum, Liv. fr.: Sullana, Sen.: ultima (äußerste, ärgste), Liv. – importuna in me cr., Cic.: ista in nostros homines cr., Cic.: immoderata civium suorum licentia crudelitasque erga nobiles, Nep. – cr. in supplicio, Caes. – exercere suam insatiabilem crudelitatem non solum in vivo, sed etiam in mortuo, Cic.: necari excogitatā (ausgesuchter) crudelitate, Cic. fr.

crūdēliter, *Adv.* m. *Compar.* u. *Superl.* (crudelis), **gefühllos, grausam, unbarmherzig, schonungslos, mit Grausamkeit, mit schonungsloser Härte** (Ggstz. clementer, leniter, remisse), alqm excruciare, Caes.: imperare, Caes.: in bello multa crudeliter avareque facere, viele Handlungen der Grausamkeit u. Habsucht begehen, Nep.: multi, si in hunc animadvertissem, cr. et regie factum esse dicerent, Cic. – ecquis crudelius amavit? hat die Grausamkeit (grausame Qual) der Liebe mehr empfunden? Ov.: Capua relicta crudelius (mit mehr Grausamkeit für die Bewohner) habitanda, quam si deleta foret, Liv. – alqm crudelissime interficere, Cic.: ibi crudelissime se gerere, Nep.

crūdēsco, duī, ere (crudus), **1** eig. **unverdaut werden**, Heges. 5, 24, 2. – **2** übtr., **hart-, heftig-, stark werden**, crudescit morbus, Verg.: morbus crudescere incipiens, Claud.: crudescit pugna, Verg.: cr. pugnae opus, Val. Flacc.: cr. seditio, Tac.: cr. poena, Auson. – **erstarken, an Kräften zunehmen**, Stat. 11, 323.

crūditās, ātis, *f.* (crudus), die **Unverdaulichkeit**, die **Überladung des Magens**, Cic., Cels. u. a. – Plur. cruditates, Col. 6, 25. Cels. 3, 23; 4, 21. Plin. 20, 175 u. 189 u. 196; 26, 41. – übtr., **a** auf Pflanzen, der **Überfluss an Nahrungssäften**, Plin. 17, 219. – **b** auf Abstr., cr. odiorum, Augustin. conf. 9, 9.

crūditātio, ōnis, *f.* (crudito) = cruditas, die **Überladung des Magens**, das **Magenverderben**, Cael. Aur. chron. 5, 2, 29.

crūdito, āre (crudus), **an Überladung des Magens leiden, Magenbeschwerden haben**, Tert. apol. 9 u. a.

crūdīvus, a, um (crudus), **roh**, Anthim. 66 u. 74.

crūdus, a, um, *Adi.* m. *Compar.* u. *Superl.* (zu cruor), noch im rohen Zustand befindlich, **roh**, **I** eig.: **1** noch nicht durch Feuer bereitet, **a** **roh** = ungekocht, ungebraten, ungesotten, griech. ὠμός (Ggstz. coctus, assus), caro, Mela: olerum crudi caules, Cels.: exta cruda victimae, Liv.: columbae iecur recens et cr., Cels.: ius (Brühe) cr., Apic.: cr. ovum, Cels.: album ex ovis, Cels.: vitellus, Cels.: cocus omnia cruda attulit, Mart.: alqd estur crudum coctumve, Plin. – subst., quid tu curas utrum coctum an crudum edim, Gekochtes oder Rohes, Plaut. – **b** **roh** = ungebrannt (Ggstz. coctus), coctus later sive crudus, Vitr.: crudo latere struere alqd, Curt. – **2** noch nicht von der Sonnenwärme zur Reife entwickelt, **roh = ungezeitigt, unreif** (Ggstz. coctus, maturus, coctus et maturus), poma, Cic.: pruna, Col. – **3** noch nicht auf organischem Wege zur Reife, zur Gärung gebracht: **a** **unverdaut** oder **nicht verdaut habend,** **α** **unverdaut** (Ggstz. concoctus), pavo, Iuven, 1, 143: qui crudum ructat, dem es unverdaut aufstößt, Cels. – **β** **nicht verdaut habend,** teils von dem, der momentan noch nicht verdaut hat, dessen Verdauung noch nicht vollendet ist, **mit** od. **bei noch vollem Magen,** teils von dem, der nicht verdauen kann, an **schlechter Verdauung (Krudität) leidend, mit** od. **bei verdorbenem Magen,** est minime crudo sanguis mittendus, Cels.: ne (aeger) crudus sumat medicamentum, Scrib.: namque pila lippis inimicum et ludere (Ballspiel u. dgl.) crudis, Hor.: qui de conviviis auferantur crudique postridie se rursus ingurgitent, Cic.: cum ad illud prandium crudior venisset, Cic.: Roscius crudior fuit, Cic.: quantulum ex ista fera periculose capta dominus crudus aut nauseans gustat? Sen.: u. so bos cr., die Kuh, die das Futter nicht verdaut u. daher nicht bei sich behält = die Durchfall hat (griech. πολύχεσος), Hor. ep. 8, 6: alvus cr., schlecht verdauender, Cato r. r. 125. – **b** noch nicht zersetzt, **trübe** (Ggstz. concoctus), urina tenuis et cr., Cels. 2, 7. p. 43, 29 D. – od. **noch nicht gehörig gesättigt** (Ggstz. maturus), muria (Lake), Col. 12, 6, 2. – **c** (als mediz. *t. t.*) noch nicht in Eiterung übergegangen, **unreif** (Ggstz. maturus), crudum est, si etc., ein Abszess ist noch nicht reif, wenn usw., Cels. 5, 28. *no.* 11. – **4** **roh** = noch nicht geheilt, noch nicht verharscht, cr. adhuc vulnus, Plin. ep.: cr. vulnera, Ov.: cruda vulnera retractare, noch nicht verharschte Wunden wieder aufreißen, bildl. = die alten Schmerzen erneuern, Ov. – **5** **roh** = noch nicht durch Kunst bearbeitet, **unbearbeitet, rau,** corium, Varro LL. u. Vitr.: cortice crudo hasta, Verg.: u. prägn., caestus cr., aus rohem Rindsleder gearbeiteter, Verg. – **II** übtr.: **1** **roh** = nicht verarbeitet, ut cibos mansos ac prope liquefactos demittimus, quo facilius digerantur, ita lectio non cruda, sed multā iteratione mollita et velut confecta memoriae imitationique tradatur, Quint. 10, 1, 19 (das Bild also vom »Kauen u. Erweichen der Speisen im Mund«, nicht vom »Verdauen« hergenommen). – **2**) **noch frisch,** **a** **unreif, noch nicht reif** (Ggstz. maturus), cruda viro virgo, Mart.: equa protervo adhuc cruda marito, Hor. – crudus partus, eine unreife Geburt, Soran. – und noch frisch = **zu neu, zu frisch,** servitium, Tac.: funera nepotis, Stat. – **b** **noch frisch** = noch rüstig, senectus cruda viridisque, Verg. Aen. 6, 304: senectus cr. ac viridis, Tac. Agr. 29: misera insania crudae senectutis, Apul. apol. 53. – **3** **roh** von Gemüt oder von Geist, **a** **roh** von Charakter, **rau, gefühllos, mitleidlos, grausam,** Diomedes, Ov.: Getae, Ov.: dicentem defodit altā crudus humo, Ov. – v. personif. Lebl., ensis, Verg.: bella, Ov. – **b** geistig **roh** = ungebildet, ungeschliffen, cr. rusticitas, Hier. epist. 8: crudissimum pistrinum, Cassius bei Suet. Aug. 4, 2. – **4** **rau** der Beschaffenheit nach, hieme crudā, Amm. 20, 5, 4.

cruentātio, ōnis, *f.* (cruento), das **Blutigmachen,** altaris, Tert. adv. Marc. 4, 39.

cruentē, *Adv.* m. *Compar.* u. *Superl.* (cruentus), **blutig, grausam,** Iustin. 23, 2, 7 u. 39, 3, 8. *Compar.*, Sen. de ben. 5, 16, 5. Flor. 3, 19, 2, 3, 21, 4, 4, 12, 36. Oros. 4, 6, 9: Ggstz. mollius (glimpflicher), Vopisc. Aurel. 21, 5: *Superl.*, Oros. 1, 17, 2 u. ö. – Nbf. **cruenter**, Apul. met. 3, 3.

cruento, āvī, ātum, āre (cruentus), **blutig machen,** **I** im Allg., **blutig** od. **bluten machen,** Passiv cruentari = **blutig werden, bluten, mit Blut unterlaufen,** θύμιον (Leichdorn u. dgl.) facile finditur et cruentatur, Cels.: oculi cruentati, ictu cruentati, Plin. – **II** im üblen Sinne, **mit Blut beflecken, -bespritzen, -besudeln,** **a** übh.: ex omni rupe conchylium trahitur, quo vestis cruentetur, mit Blut besudelt (verächtl. = blutrot gefärbt) werde, Sen. rhet.: u. so cr. purpuram maculis liventibus, Stat. – **b** durch Verwundung, durch Mord, **α** sächl. Objj.: gladium, Cic.: tela sua, Ov. templum (Castoris), mit seinem Bl. bespr., Cic.: so alcis vestem (v. einem Opfertier), Lampr.: gladium in pugna satis impigre occiso pedite nostro cruentavisse, Sall.: hospitalem mensam hospitis sanguine, Liv.: sacra mensae deosque hospitales caede principis, durch das Blut des ermordeten Kaisers entweihen, Tac.: secures suas cruentari scelere noluit, Cic. – **β** pers. Objj.: cr. vigiles repente, Enn. fr.: u. (im Bild) haec te lacerat, haec cruentat (verwundet blutig) oratio, Cic.: cr. digitos, blutig schinden, Petron.: dextras od. manus, Ov.: fore ut Luna se in Aquario cruentaret, dass Luna sich mit Blut beflecke im (Gestirn) Wassermann = dass der Mond zur Zeit des Wassermanns blutbefleckt erscheine, Suet. – cr. manus od. se sanguine alcis, Nep. u. Tac.: collum morsu, blutig beißen, Prop.: se caede nefariā, Cic. fr.

cruentus, a, um, *Adi.* m. *Compar.* u. *Superl.* (cruor), **blutig, I** im Allg.: **a** dem Stoff nach, **blutend,** von Flüssigkeiten = **mit Blut vermischt,** caro, Cels.: guttae imbrium quasi cruentae, Cic.: vomica, quo cruentior, eo melior est, Cels. – **b** der Farbe nach, **blutrot,** myrta, Verg. georg. 1, 306. – **II** im üblen Sinne, durch Verwundung, durch Mord **blutig, 1** eig.: **a** übh., **blutig = mit Blut befleckt** od. **bespritzt,** od. **besudelt, blutbefleckt, blutbespritzt,** gladius, Cic.: vestis, Quint.: castra cr. et maculata, blutbefleckte u. mordbesudelte, Tac.: cos (durch die damit zu neuem Gebrauch geschärften blutigen Geschosse), Hor. – cr. hostis, der blutbespritzte, Hor. carm. 1, 2, 39 (vgl. unten *no.* 2): hostia, Lampr.: P. Clodii cadaver, Cic.: cruentus sanguine civium Romanorum, Cic.: Adon cruentus cecĭdit olim, Varro fr. – **b** prägn., **blutig** = mit Verwundung, mit Blutvergießen, mit Mord verbunden, Blut kostend, Blutvergießen herbeiführend, victoria, Sall.: annus, Sall.: epistula, Blutbrief, Blutbefehl, Tac.: adulatio, zu Blutvergießen verführende, Plin. ep.: non aliud bellum cruentius caede clarissimorum virorum fuit, Vell.: ille dies cruentissimus Romano nomini, Vell. – *neutr. plur.* subst., gaudens Bellona cruentis (blutige Auftritte), Hor. sat. 2, 3, 223. – **2** übtr.: **a verwundend,** dens (Zahn des Neides), Hor. ep. 2, 1, 150. – **b blutbegierig, blutdürstig, grausam,** hostis, Sen. ad Marc. 20, 3 (vgl. oben *no.* 1): Achilles cruentior bello, Ov.: ira, Hor.

crumēna, s. crumīna.

crumīlla, ae, *f. (Demin.* v. crumina, zsgz. aus cruminula), das **kleine Geldbeutelchen** (s. crumīna), Plaut. Pers. 687.

crumīna (nicht crumēna), ae, *f.*, das (gew. am Hals auf die Brust herabhängend getragene) **Geldbeutelchen, Geldsäckchen** für kleines Geld zum Ausgeben, die **Börse, I** eig.: cruminam sibi de collo detrahit, Plaut.: servus ferens cruminam plenam assium, Gell. – **II** übtr., der **Beutel,** die **Kasse** = das Geld, Hor. ep. 1, 4, 11. – ► Die Schreibung crumena findet sich nur als schlechte Variante von crumina.

crumīno, āre, **anfüllen,** Ven. Fort. vita S. Mart. 2, 349.

cruor, ōris, *m.* (altind. *krūrá-ḥ*, wund, roh, blutig; vgl. griech. κρέας, Fleisch und ahd. *[h]rō*, roh), der rohe Blutsaft = das rohe dicke **Blut** (während sanguis = der dünne, die Glieder durchströmende und lebenerhaltende Blutsaft, vgl. Tac. ann. 12, 47), cruor concretus, Cels.: cr. captivus, der Gefangenen, Tac.: cr. inimici recentissimus, Cic.: cruorem ore eiectare, Verg.: si oculi suffunduntur cruore, mit Blut unterlaufen, Plin.: oblitus (beschmiert) faciem (im G.) suo cruore, Tac. – zur Bezeichnung des Blutvergießens, Mordes, cr. Cinnanus, die blutigen Zeiten, Cic.: lupus cupidus cruoris, Ov.: castus a cruore civili (Bürgerblut, Bürgermord), Cic.: adde cruorem stultitiae, füge zur Narrheit noch Blut (Mord) hinzu = nimm an, dass aus dieser Narrheit noch ein Mord entstehe, Hor. – neben caedes u. dgl., hinc cruor, hinc caedes, Tibull.: e gremio et complexu matrum ad caedem et cruorem abstrahi, Cic. – im Plur., **Blutmassen,** hostiarum cruores, Apul.: atros siccare veste cruores (Blutstropfen), Verg.: arma uncta cruoribus (wiederholtem Blutvergießen), Hor.

crupellārius, iī, *m.* (ein keltisches Wort), ein **von Kopf bis zu Fuß geharnischter Fechter** bei den Äduern, Tac. ann. 3, 43.

crupta, s. crypta.

Cruptorigis vīlla, Ort bei den Friesen im Norden des freien Germanien, für das h. »Gem-Ryk« im Osterland gehalten, Tac. ann. 4, 73.

crūrālis, e (crus), **zum Schienbein gehörig, Schienbein-,** fasciae, Petron. 40, 5. Ulp. dig. 34, 2, 25. § 4.

crūricrepida, ae, *m.* (crus u. crepo), **einer, dem die Schienbeine von Schlägen klatschen,** Plaut. trin. 1021.

crūrifragius, iī, *m.* (crus u. frango), **einer, dem die Schienbeine zerbrochen worden sind,** Plaut. Poen. 886.

crūs, crūris, *n.* (vgl. armenisch *srun-k'*, »Schienbeine«), **I** der **Unterschenkel,** gew. vorzugsweise das **Bein** (Ggstz. femur, der Oberschenkel, das Dickbein, gew. bl. vorzugsweise »der Schenkel«), bestehend aus zwei Knochen, aus dem Wadenbein (sura) und dem Schienbein (tibia), s. Cels. 8, 1 *extr.* p. 328, 24 *sqq.* (D.), **a** von Menschen, oft verb. crus femurque, crura femoraque, pes et crus, crura pedesque, pedes cruraque, crura brachiaque, crura manusque, Cels. u. a. – exilitas crurum, Sen.: gracilitas crurum, Sen. – crura carnosa, Plin.: crure debili, Suet.: crus dextrum (Ggstz. crus sinistrum), Cels.: crura gracillima, Suet.: media, Quint.: homo simis naribus et cruribus repandis (von Sokrates), Sen. fr.: cr. saucium, Curt.: homines singulis cruribus (einbeinige), Plin. – alligare (verbinden) crus, Sen.; vgl. fasciā candidā alligatum crus, Val. Max.: contrahuntur (ziehen sich [krampfhaft] zusammen) crura od. crura manusque alcis, Cels.: deducere sinistrā manu sinum ad ima crura, Suet.: diducere in diversa pedem et crus, Cels.: extendere crus, crura, Cels.: cadere et crus frangere, ICt.: u. so (durch einen Fall) crus frangere, Suet.: u. fracta hominum crura, Col.: dagegen frangere alci crus, crura (einem Missetäter als Strafe, einem Gekreuzigten, bevor er vom Kreuz abgenommen wird), Cic., Sen. u. a.: gerere cruribus compedes, manibus catenas, Plin. ep.: insistere crure uno, Plin.: interponere cruribus suis arundinem, ein Steckenpferd zwischen seine Beine stecken, Val. Max.: pendet crus saucium, Curt.: praefringere alci crura (als Strafe), Sen.: reponere (wieder einrichten) brachia et crura, Cels.: sanare fracta crura, Col: suffringere alci crura (bei der Kreuzigung), Aur. Vict. (vgl. *no.* b): ille et crura, hic ne alas quidem vellit, Sen.: fasciae, quibus crura vestiuntur, Quint. – **b** v. Tieren: altitudo crurum, Plin.: brevitas crurum, Plin.: longa internodia crurum, Ov. (vgl. alces crura habent sine nodis articulisque, Caes.). – brevia crura (Ggstz. longa), Plin.: obliqua crura, Plin.: praelonga crura, Plin.: recta crura, Plin.: rigida crura, Cic.: crura porcina = ἀκροκώλια, Schweinsklauen, Cael. Aur. acut. 1, 11, 94. – crura frangere (z. B. von einem Pferd), ICt.: succīdere crura equo (im Gefecht, neben suffodere ilia), Liv. – alci crura frangere od. suffringere (als Strafe), Iuven. u. Cic. – **II** übtr.: **a** an Bäumen, der untere Teil des Stammes, der **Schenkel,** Col. u. Pallad. – **b** Plur. crura, die **Stützen** od. **Pfeiler** an Brücken, inepta crura ponticuli, der wackelbeinige Unterbau, Catull. 17, 3. – ► Genet. Plur. immer crurum, nicht crurium.

crūsculum, ī, *n. (Demin.* v. crus), das **Unterschenkelchen, Beinchen,** Plaut. fr. b. Paul. ex Fest. 52, 20; vgl. Paul. ex Fest. 53, 1. – ► Bei Mart. 3, 93, 2 steht jetzt crus colorque formicae.

crūsma, matis, *n.* (κροῦσμα), das auf einem Schlaginstrument (Zither, Tamburin oder Handpauke) gespielte **Tonstück,** Censor. fr. 11, 1: crusmata Baetica, die Töne des bät. Tamburins, Mart. 6, 71, 1.

crūsmaticus, a, um (κρουσματικός), **zum Spielen auf Schlaginstrumenten gehörig,** pars musicae, Schlag-Instrumentalmusik, Ps. Censor. fr. 11.

crūsta, ae, *f.* (verwandt mit crūdus, cruor), die **Kruste,** d. i. die harte, trockene Oberfläche eines sonst weichen Körpers, deutsch zuweilen auch **Borke, Rinde, Schale, Schicht, a** übh.: **α** an lebl. Ggstdn.: aquae decoctae crassis obducunt vasa crustis, Plin.: crustae si occupent intus vasa, Plin. – mollis luti concrescere crustas, Lucr.: limus interdum in crustam indurescit, Frontin.: ita suscitantur in ea structura crustae, duae frontium (der Futtermauern) et una media farturae (der Füllung), Vitr. – crustā teguntur glandes, cute uvae, Plin.: caryotae (Datteln) assiduo vapore torrente crustam verius quam cutem inducunt, Plin.: concrescunt subitae currenti in flumine crustae (Eiskrusten, Eisrinden), Verg.: crustis pruinarum diffractis, Eisdecke, Amm. – v. Diamant, friari in parvas crustas, Plin. – v. Marienglas (*lapis specularis*), findi in tenues crustas (Lagen), Plin. – **β** an Tieren: sunt autem tria genera piscium, primum quae mollia appellantur, dein contecta crustis tenuibus, postremo testis conclusa duris, Plin.: locustae crustā fragili muniuntur, Plin. – **b** die **Erdkruste,** härtere obere **Erdschicht,** omnis umor intra primam crustam (terrae) consumitur, Sen.: si ex fundo tuo crusta lapsa est in meum fundum, ICt.: si crusta iam cum terra mea coaluit, ICt. – **c** die **Kruste, Rinde** des Backwerks, cr. pultis, Varro LL.: cr. panis (Ggstz. mollia panis), Plin.: cr. panis rustici, Plin.: cr. inferior, Plin. – **d** (als mediz. *t. t.)* die verhärtete Oberfläche der Geschwüre, der

Schorf (griech. ἐσχάρα), cr. alba, Scrib.: cr. matura, Cels. – crustae cadunt, decĭdunt, Cels.: ubi crusta ex auricula procidit, Cels. – si crusta est, Cels.: sin ea ulcera plures crustas habent, Cels.: inducere crustam (von Heilmitteln), Cels.: crusta qualis super ulcera innascitur, Cels.: sive ex medicamentis sive ex ferro crustae occalluerint, Cels.: resolvere crustas od. crustas a vivo (von Mitteln), Cels.: donec resolvuntur (sich ablösen) crustae, Cels. – **e** (als *t. t.* der Kunst) die eingelegte Arbeit, **α** die **Stukkaturarbeit (Stuckarbeit)** und **Musivarbeit** an Wänden und Fußböden, auch die einzelne **Musivtafel, -platte,** crustae parietum, Plin.: crustae marmoreae, Vitr. u. ICt.: tenues crustae, et ipsā quā secantur laminā graciliores, Sen.: vermiculatae ad effigies rerum et animalium crustae, Plin.: crustae Numidicae (aus numidischem [weißem und purpurrotem] Marmor, z. B. Alexandrina marmora Numidicis crustis distincta sunt), Sen. de ben. 4, 6, 2. – secare marmor in crustas, Plin.: parietes crustā marmoris operire totos domus suae, Plin.: excīdere crustas parietum od. crustas veteribus parietibus, Plin. u. Vitr. – **β** die dünnen furnierartigen Platten oder Steifen mit und ohne zälierte Arbeit, die an Gefäße von Gold oder Silber an- und herumgelegt wurden, **halberhabene Arbeit, halberhabener Zierat, Basrelief** (ital. *riporto di basso relievo,* verschieden von emblema, s. d.), cymbia argentea aureis crustis illigata, Paul. dig. 34, 2, 32. § 1: omnia (vasa, argentum caelatum) deferuntur; quae probarant, iis crustae aut emblemata detrahebantur, Cic. Verr. 4, 52: meton., capaces Heliadum crustae, Becher mit Basreliefs aus Bernstein, Iuven. 5, 38. – bildl., non est ista solida et sincera felicitas; crusta est et quidem tenuis, ist Außenwerk, äußerlicher Schein, Sen. de prov. 6, 4.

crustallus, s. crystallus.

crūstārius, a, um (crusta *no.* e, β), **zum Überzug von zälierter Arbeit gehörig,** Paul. ex Fest. 53, 6. – subst., crūstārius, iī, *m.,* der **Verfertiger von** *crustae,* **Arbeiter** *en basrelief,* Plin. 33, 157.

crūstlum, s. crūstulum.

crūsto, āvī, ātum, āre (crusta), **wie mit einer Rinde, Schale, Kruste** u. dgl., auch **mit dünnen Platten von ziselierter Arbeit überziehen,** mala gypso vel cerā, Plin. – Gew. im *Partic.,* crustata domus marmoribus, Lucan.: vasa potoria crustata, mit Überzug von ziselierter Arbeit, Paul. ex Fest. 53, 6: crustata crassities pectoris et ventris, mit Fett gleichsam wie mit einer Kruste überzogen, Apul. – subst., crūstāta, ōrum, *n.* (*sc.* animalia), **Schaltiere,** Plin. 11, 165.

crūstōsus, a, um (crusta), **mit einer harten Schale überzogen, rindig,** bdellium crustosius, Plin. 12, 36.

crūstula, ae, *f.* (*Demin.* v. crusta), **I** die **kleine Rinde** od. **Schale** od. **Schicht,** plumeae crustulae, Flocken, Arnob. 3, 58. – **II Kuchen,** Vulg. exod. 29, 2 u. a. Hieron. in Isai. 16, 57, 6.

crūstulārius, iī, *m.* (crustulum), der **Zuckerbäcker,** der **Zuckerplätzler** = der Zuckerplätzchenbäcker, Sen. ep. 56, 2.

crūstulum, ī, *n.* (*Demin.* v. crustum), **Zuckerwerk, Zuckerplätzchen,** Varro LL. 5, 107. Hor. sat. 1, 1, 25. Sen. ep. 99, 27. Iuven. 9, 5. Apul. met. 10, 13 p. 907 H. CIL 6, 29738 u. ö.: synk. crūstlum, CIL 10, 333 u. 11, 3303: Nbf. clustrum, CIL 9, 4957 u. 4970.

crūstum, ī, *n.* (Nbf. zu crusta), mit einer Kruste überzogenes feines Backwerk, **Zuckerwerk,** Hor. ep. 1, 1, 78. Verg. Aen. 7, 115. CIL 10, 4727 u. ö.

Crustumeria, ae, *f.* (Κρουστομερία) od. **Crustumerium,** iī, *n.,* **Crustumerii,** iōrum, *m.* u. **Crustumium,** iī, *n.,* eine uralte Stadt der Sabiner, im Gebirge an den Quellen der Allia gelegen, auf deren Feldmark der Aufstand der röm. Truppen gegen die Patrizier war, Form -meria, Liv. 2, 19, 2 u. a.: -merium, Liv. 1, 38, 4: -merii, Verg. Aen. 7, 631: -mium, Sil. 8, 367. – Dav.: **A Crustumerīnus,** a, um, **krustumerinisch,** secessio Cr. (s. oben), Varro LL. – **B Crustumīnus,** a, um, **krustuminisch,** Varro, Liv. u. a.: pira, Cael. Aur. acut. 2, 37, 206: subst., in Crustuminum, in das Krustuminische (Gebiet), Liv.: u. Crustumīnī, ōrum, *m.,* die Einw. von Krustumeria, die **Krustuminer,** Liv. – **C Crustumius,** a, um, **krustumisch,** pira, Verg. georg. 2, 88. Plin. 15, 53.

1. **Crustumium,** iī, *n.,* ein Fluss in Umbrien, zwischen Rimini u. Pesaro, j. *Creca,* Plin. 3, 115. Lucan. 2, 406.

2. **Crustumium,** s. Crustumeria.

Crustumius, s. Crustumeria *no.* C.

crux, crucis, *f.* (vgl. altind. *krúñcati* »krümmt sich«, ahd. *hrukki* »Rücken«), **I** das **Marterholz,** sowohl zum Anpfählen (s. Sen. de prov. 3, 9), als zum Hängen (s. Cic. pro C. Rab. 10 *sqq.*), als zum Spießen, bes. aber zum Kreuzigen (s. Sen. ad Marc. 20, 3), und dann deutsch das **Kreuz** (sowohl in Gestalt eines T als eines +), crucis terror, Cic.: ultimum crucis supplicium, Flor.: cruce dignus, v. Pers., cruce dignissimi fugitivi, Val. Max., und v. Vergehen, peccat uterque nostrum cruce dignius? Hor. – cr. acuta, Sen.: cr. alta, Plin., altissima, Iustin.: cr. praeter ceteras multo altior et dealbata, Suet.: cr. summa, Catull. u. Iustin. – afficere alqm cruce, Suet. u. Lact.: afficere cives Romanos morte, cruciatu, cruce, Cic.: agere alqm in crucem, Cic., in illum cruciatum et crucem, Cic.: affigere alqm cruci, Liv. u. Val. Max.: constituere crucem sibi ipsum (bildl.), Cic.: contionari de summa cruce, Iustin.: defigere crucem in foro, in comitio, in campo Martio, Cic. (vgl. crucem ad supplicium defigi et constitui iubes, Cic.): detrahere (abnehmen) alqm ex cruce, Cic.: fabricare crucem, Sen.: figere crucem damnatis servis, Cic., od. post urbem in via Pompeia, Cic., od. illo in loco, Cic.: figere alqm in ea parte crucis, quae ad fretum spectat, Cic.: figere corpus verberibus lacerum in crucem, Iustin.: figere alqm od. corpus alcis cruci, Quint. u. Plin.: luere supplicia crucibus, Iustin.: mereri crucem, Ter. Andr. 521: merere crucem, Sen. contr. 7, 6 (21), 3: minari alci crucem, Cic.: minitari omnibus bonis cruces ac tormenta, Cic.: pendēre in cruce, Iustin., merito in tam alta cruce, Plin. (vgl. crucibus affixi per ingens litoris spatium pependerunt, Curt.): pascere in cruce corvos, Hor.: ponere alci crucem, Iuven.: propositā cruce aut saxo, da das Kr. oder der tarpejische Fels (als Strafe) darauf gesetzt war (darauf stand), Cic.: multas cruces propositas effugere cupere (bildl. = vielen Quälereien), Cic.: rapere alqm in crucem, Cic.: refigere se crucibus (im Bild), Sen. – sedere acutā cruce, Sen.: suffigere alqm cruci, Cic. u. Vell., od. in cruce, Hor. u. Auct. b. Afr., od. in crucem u. in crucem altissimam, Iustin.: multo praeter ceteras altiorem et dealbatam statui crucem iussit, ließ errichten, Suet.: tollere (fortnehmen) crucem de campo, Cic.: tollere alqm in crucem, Cic., mit folg. quod (weil er usw.), Quint. – bildl., summum ius antiqui putabant summam crucem (Qual), Col. – bei den Komik. in den Formeln, quaerere in malo crucem, in den Nöten sich zu einem Kreuz (zu qualvoller Strafe) verhelfen, Ter.: quae te mala crux agitat? plagt dich der Henker? Plaut.: ire od. abire in malam crucem u. bl. malam crucem, zum Henker gehen, Plaut. (s. Brix Plaut. capt. 166 u. Men. 849): u. so i od. abi in malam crucem! Plaut. u. Ter.: abi in crucem! Plaut.: i in crucem! Plaut.: ebenso ellipt., in malam crucem! zum Henker! Plaut. – u. v. der Buhldirne, die junge Leute plagt, **Marterholz, Quälgeist,** aliqua mala crux, Plaut.: illae cruces, Ter. – als Schimpfwort, **Galgenvogel, Galgenstrick,** Plaut. Pers. 795. – **II** poet., das **Kreuz** = die Deichsel, cr. pendula, Stat. silv. 4, 3, 28. – ► arch. auch *masc.,* malo cruce, Enn. ann. 360. Gracch. bei Fest. 150 (b), 30: Genet. Plur. crucum, Tert. apol. 16 (zweimal); ad nat. 1, 12 (zweimal); vgl. Charis. 141, 18.

Cryphiolathronia, ae, *f.* (κρύφιος u. λάθρα), **Utopien,** ein erdichtetes Land bei Plaut. mil. 43 (nach Ritschls Vermutung; dagegen Brix nach Gepperts Vermutung Scytholatronia, Szythensöldnerland).

crypta, ae, *f.* (κρύπτη), **a** eine lange, enge Galerie zu ebener Erde, die von beiden Seiten durch Mauern eingeschlossen war und die das Licht durch Fensterreihen erhielt, die entweder in der einen od. in beiden Seitenwänden angebracht waren, als angenehmer Zufluchtsort bei der Hitze des Tages oder Ungunst des Wetters, etwa der **Kreuzgang, Korridor,** in den Villen der Vornehmen, gew. als Seitenbau großer Häuser oder der Tempel, Varro sat. Men. 536 (neben xystus), CIL 1, 1147; 2, 3428 u. ö.: an Theatern, Suet. Cal. 58, 1. CIL 5, 1008[a]: an den Kasernen der Prätorianer, Spart. Hadr. 10, 4 (neben porticus). –

b ein geschlossener Gang rings um die inneren Hofräume der röm. Villen, der zur Aufbewahrung von Vorräten diente, das **Gewölbe,** Vitr. 6, 5 (8), 2 (neben horrea u. apothecae). – **c** ein langes, enges unterirdisches Gewölbe, die **Grotte, Gruft,** Prud. perist. 11, 154. Vulg. Ierem. 43, 9: cr. Suburae, der Hauptkanal, der unter der Subura hinlief, als eine Fortsetzung der cloaca maxima, Iuven. 5, 106: cr. Neapolitana, der Tunnel unter den Felsen zwischen Neapel und Posilippo, jetzt Grotte von Posilippo, Sen. ep. 57. § 1 u. 2. Petron. fr. 16 B., wohl auch gemeint Petron. 16, 3. – **d** ein langer **Stall** für die Pferde im Zirkus, Sidon. carm. 23, 319. – ► arch. Nbf. crupta, CIL 1, 1147 u. 9, 51, 59: cripta, Inscr. Notiz. degli scavi 1900. p. 231 u. oft in Handschriften: chrypta, CIL 6, 10005.

cryptārius, iī, *m.* (crypta), der **Kryptenaufseher,** CIL 6, 631.

crypticus, a, um (κρυπτικός), **bedeckt, verborgen,** arcus, Sidon. ep. 1, 5, 3.

cryptoporticus, ūs, *f.* (*vox hybr.* von κρυπτός u. porticus), ein mit Wänden umgebener und mit Fenstern versehener Gang, die **Galerie,** die **Flur,** Plin. ep. 2, 17, 17; 5, 6, 27 *sqq.*; 7, 21, 2. Sidon. epist. 2, 2, 10.

crystallicus, a, um (crystallus) **durchsichtig wie Kristall,** Ps. Fulg. Rusp. serm. 61. p. 931[D]: bildl., Augustin. serm. 152, 7 *Mai.*

crystallinus (cristallinus), a, um (κρυστάλλινος), **aus Kristallglas bereitet, kristallen,** calix, Plin. u. Capit.: poculum, Sen.: pocula, Aur. Vict. u. Eutr.: pila (vgl. crystallus *no.* II, B, 2), Plin.: simpuvia, Plin.: crystallinā specie, Plin. – subst., crystallinum, ī, *n.*, das **Kristallgefäß,** der **Kristallbecher,** Sen. de ira 3, 40, 2: bes. Plur., crystallina, ōrum, *n.*, Kristallgefäße, Sen. u. a.: crystallina et murrina, Sen.: murrina et crystallina, Plin.: praepositus a cristallinis, CIL 3, 536.

crystallion, iī, *n.* (κρυστάλλιον), **Flöhkraut,** Plin. 25, 140 Sill.

crystalloīdēs, es, Genet. is (κρυσταλλοειδής), **kristallähnlich,** Th. Prisc. 4, 2.

crystallum, s. crystallus.

crystallus, ī, *f.* u. (selten) *m.* (κρύσταλλος), **I** das **Eis,** Priap. 63, 6. Vulg. Sirach 43, 22 u. (= Eisstücke, Hagel) psalm. 147, 6. – **II** der **Kristall, Bergkristall, A** eig., Sen. nat. qu. 3, 25, 12. Plin. 36, 192 u. a. Solin. 33, 20. Curt. 3, 3 (7), 8. Helv. Cinna bei Schol. Iuven. 6, 155: als *masc.* bei Solin. 15. § 29 *sq.* u. Isid. 16, 13, 1. – Plur. heterokl. crystalla, Kristallstücke, Stat. silv. 1, 2, 126. – **B** meton.: **1** das **Kristallgefäß** zum Trinken, Plur., crystalla, Mart. 8, 77, 5 u. ö. Claud. epigr. 11, 1. – **2** crystallus, ī, *f.*, die **Kristallkugel,** aquosa, Prop. 4, 3, 52. – Die Form **crystallum** als Nom. Sing. (vgl. **Gramm. inc. de dub. nom. 576, 6)** vermag ich nur aus **Vulg. apoc. 21, 11** nachzuweisen; in den oben angeführten Stellen steht teils Nomin. **crystallus,** teils ein Kasus obliquus. – Nbf. **crustallus, Apul. met. 6, 13 crustallo dedolatum vasculum.**

Ctēsiās, ae, *m.* (Κτησίας), aus Knidus in Karien, Zeitgenosse des Xenophon, Leibarzt des pers. Königs Artaxerxes Mnemon (etwa um 416 v. Chr.), Verf. einer Geschichte des Orients in 23 Büchern, Plin. 2, 238. Augustin. de civ. dei 18, 2.

Ctēsipho, ōnis, Akk. ōnem, *m.*, Männername in den Adelphoe des Terenz, Ter. adelph. 2, 252 u. ö.

1. **Ctēsiphōn,** phōntis, *m.* (Κτησιφῶν), ein Staatsmann in Athen und Freund des Demosthenes, der den Vorschlag machte, dem Demosthenes für seine Verdienste um den Staat einen goldenen Kranz zu geben, deshalb von Äschines angeklagt, aber von Demosthenes siegreich verteidigt wurde (in der Rede ὑπὲρ Κτησιφῶντος περὶ τοῦ στεφάνου), Cic. de or. 3, 213. – dah. meton., die **Rede für Ktesiphon** (gew. pro corona gen.), Sidon. epist. 2, 9, 5 (wo Akk. -phontem).

2. **Ctēsiphōn,** phōntis, Akk. phōntem u. phōnta, *f.* (Κτησιφῶν), Stadt am östlichen **Ufer** des Tigris, Winterresidenz der parthischen Könige, später Hauptstadt Assyriens, ja des ganzen parthischen Reichs, seit Trajan mehrmals von den Römern erobert, j. *el Madaien,* namentlich die Ruinen *Tak-Kesre,* Tac. ann. 6, 42. Amm. 23, 6, 23: Akk. -phontem, Spart. Sev. 16, 1. Eutr. 8, 3: Akk. -phonta, Treb. Poll. XXX tyr. 15, 4 u. 30, 6. Amm. 24, 2, 7 u. 24, 8, 6.

ctēticos, on (κτητικός), **den Besitz anzeigend** (rein lat. possessivus), nomen, Pomp. comment. art. Donat. 9. § 11. p. 147, 7 K. Consent. art. 341, 2 *sqq.*

cuamos, s. cyamos.

cuathus, s. cyathus.

Cuba, ae, *f.* (cubo), die »das Liegen der Kinder beschützende Göttin«, Varro b. Donat. Ter. Phorm. 1, 1, 15.

cubātio, ōnis, *f.* (cubo), das **Liegen,** Varro LL. 8, 54: cub. terrena (auf der Erde), Cael. Aur. chron. 5, 1, 1.

cubātor, ōris, *m.* (cubo), der **Lieger,** Paul. Nol. 21, 4.

cubi, *Adv.* (archaist = ubi), **a** *relat.* = **wo,** Liv. Andr. tr. 18 R.[2] Plaut. trin. 934: nescio cube (= cubi), Prob. App. 199, 16 K.; Brix Plaut. trin. 158. – **b** *indefin.* = **irgendwo,** s. nēcubi, nuncubi, sīcubi.

cubiclārius, s. cubiculārius ►.

cubiclum, s. cubiculum ►.

cubiculāris, e (cubiculum), **zum Wohn- u. Schlafzimmer gehörig,** lectus, Cic. de div. 2, 134; Tusc. 5, 59. Val. Max. 9, 13. ext. 4: culcita, Macr. sat. 2, 4, 17: stragula, Plin. 8, 226: lucerna, Mart. 14, 39 *lemm.*: gausapina, Mart. 14, 147.

cubiculārius, a, um (cubiculum), **zum Wohn- u. Schlafzimmer gehörig,** fores, Fulg. myth. 1. praef. p. 25 M.; vgl. cubicularis. – subst., cubiculārius, iī, *m.*, der **Kammerdiener,** Cic. Verr. 3, 8. Petron. 53, 10. Suet. Caes. 4, 1. Amm. 16, 6, 3: decurio cubiculariorum, der Oberkammerdiener, Suet. Dom. 17, 2. – ► Nbf. cubuculārius, CIL 6662 u. 9308: synk. cubīclārius, CIL 6, 6615: cubūclārius, CIL 3, 7152.

cubiculātus, a, um (cubiculum), **mit Zimmern versehen,** dah. subst., cubiculātae, ārum, *f.* (*sc.* naves) = θαλαμηγοί, ägypt. **Zimmerschiffe, Hausboote, Gondeln,** Sen. de ben. 7, 20, 3.

cubiculum, ī, *n.* (cubo; vgl. Varro LL. 8, 54 a cubatione cubiculum), das **Gemach zum Liegen,** mit einem Ruhelager (cubile od. lectus), **I** als **Wohn-** od. **Schlafgemach,** das **Zimmer,** limen cubiculi, Cic.: paries cubiculi, Plin. ep.: tectum cubiculi, Val. Max.: foris od. fores cubiculi, Cic. u. Tac. – c. praegnantium, Wöchnerinnenstube, Plin.: cubicula principum feminarum, Tac.: c. noctis et somni, Plin. ep.: custodes cubiculi, Suet.: minister cubiculi sui, der Diener (Versorger) seines Schlafgemachs, Liv.: cubiculi praepositus, Kammerdiener (griech. πρόκοιτος), Suet.: dass. procurans cubiculum, Aur. Vict. – c. altum, Cic.: altitudine aestivum, munimentis hibernum, Plin. ep.: amplum, amplissimum, Plin. ep.: clausum, Quint.: in absida curvatum, Plin. ep.: cubicula diurna nocturnaque, Plin.: c. dormitorium, Plin. ep.; od. umschr. cubiculum, in quo dormit alqs, Iustin.: hibernum altum, Cic.: lucidum (Ggstz. obscurissimum), Sen.: obvium soli, Plin. ep.: perparvum et obscurum, Suet.: regium, Suet.: subgrande, Cic.: superius (im oberen Stock), Apul.: umbrosum, Plin. ep.: cubiculum, in quo sol nascitur conditurque, Plin. ep.: cubicula obductis velis opaca nec tamen obscura facio, Plin. ep. – abditus inter cameram et tectum cubiculi, Val. Max.: abducere alqam e triclinio viro coram in cubiculum, Suet.: admittere legatos in cubiculum, Cic.: claudere cubiculum, Quint.: cenare in cubiculo cum alqo, Sen.: committere (als Geheimnis anvertrauen) alqd cubiculo, Quint.: se conferre in cubiculum, Sen.: conscendere cubiculum superius, Apul.: demittere alqm in subterraneum cubiculum, Plin. ep.: c. aliis fenestris xystum aliis despicit pratum, Plin. ep.: dimittere omnes e cubiculo, Sen.: discedere in cubiculum, Cic.: dormire in cubiculo, Iustin.: edere (essen) in cubiculo, Sen.: egredi ex cubiculo, Cic., od. bl. cubiculo, Tac.: excedere cubiculo, Val. Max.: exire de cubiculo, Cic.: explorare cubiculum, Suet.: ferre alqm od. alqd in cubiculum, Curt. u. Auct. b. Afr.: ferri a cena in c. (v. einer Pers.), Sen.: cubiculo modicum lumen inerat, das Z. war nur schwach erleuchtet, Tac.: inferre alqd in cubiculum alcis, Plin.: introduci in cubiculum alcis, Cic.: intrare od. introire cubiculum alcis, Curt. u. Suet.: primum alqm intromitti in cubiculum iubere, jmd. zuerst vorlassen (v. Fürsten), Fronto: irrumpere alcis cubiculum, Plin. ep.: iacēre in cubiculo, Sen.: huic cubiculo aliud et procoeton communi pariete iunguntur, Plin. ep.: mansit per annos amplius quadraginta eodem cubiculo hieme et aestate, Suet.: mori noctu in cubiculo suo, Cic.: obiit (starb) in cubiculo, Suet.: alci venienti de cubiculo occurrere, aus dem Z. (bis vor das Z.), Spart.: ostendere alqd in cubiculo (Ggstz. in publico), Sen.: patet c. in serum usque, Suet.: cubiculum, quod in lacum prominet, Plin. ep.: cubiculum valvis cryptoporticum, fenestrā prospicit mare, Plin. ep.: quiescere in cubiculo, Val. Max.: recedere e cubiculo alcis, Plin. ep.: se recipere in cubiculum, Liv.: recumbere in cubiculo, Cic.: redire in cubiculum, Suet.: clamore ancillarum revocari in cubiculum, Val. Max.: his (viris) circumdatus in cubiculo meo sedi, Plin. ep.: vaporarium subiectum est cubiculis, Cic.: cubiculum est subductum omnibus ventis, Plin. ep.: ad coniugem ex epulis in cubiculum venire, Val. Max. – **II** die **Schlafstätte** der Toten, Rossi inscr. Chr. 45. – **III** der in den Zirkus hervorragende Sitzplatz (suggestus) des Kaisers, oft rings verschlossen, sodass der Kaiser von den übrigen Zuschauern nicht gesehen werden konnte, die **Loge,** principis, Plin. pan. 51, 4: eius (Neronis), Suet. Ner. 12, 2. – ► Nbf. cubuculum, CIL 14, 671: cuviculum, CIL 14, 3323: synk. Nbf. cubīclum, Mart. 10, 30, 17: Nbf. cubiculus, CIL 6, 18423.

cubicus, a, um (κυβικός), **kubisch** (als mathem. *t. t.*), rationes (Verhältnisse), Vitr. 5. praef. 3: soliditas, Mart. Cap. 2. § 102: figura, Chalcid. Tim. 20: numerus, *ibid.* 114.

cubīle, is, Abl. ī, *n.* (cubo), **I** die **Lagerstatt,** das **Lager** im Allg. (während lectus, lectulus = das künstlich bereitete Lager für Menschen, das Sofa, Bett), **a** der Menschen: **α** übh.: mihi od. alci cubile terra est, Cic. u. Sen.: fatigatis humus c. erat, Curt.: victui herba, vestitui pelles, cubili humus, Tac.; vgl. Mützell Curt. 5, 2 (5), 15. – c. Typhonis, Mela: c. filiae, Cic. – c. durum (Ggstz. c. molle), Cels.: c. insolitum (Ggstz. c. cotidianum), Cels.: c. humi positum, Sen.: nulli sunt, qui non cubile et lectulum (Lotterbettlein) suum salvum esse velint, Cic. – collocare alqm in cubili, vulnus obligare, Cic.: alvus inter febres fluens conquiescere hominem in cubili non patitur, Cels.: rapti e publico plerique, plures in tabernis et cubilibus intercepti (bei der Überschwemmung des Tiber), Tac.: inter torpidos somno et inermes in cubilibus suis oppressos illa caedes edatur, Liv. – poet., ad ortus solis ab Hesperio cubili, vom hesp. Lager, d. i. vom Untergang (weil die Sonne im Westen gleichs. zur Küste geht), Hor. carm. 4, 15, 16; u. so solis cubile auch Pacat. pan. 23, 1: dass. c. noctis, Sen. Herc. Oet. 1444. – **β** das **Ehebett,** c. viduum, Ov.: ascendere alcis cubile, Verg.: inire cubile alcis (v. Ehebrecher), Cic.: castum servare cubile coniugis, Verg.: non tangere cubile alcis, Verg.: temerare patrium cubile, Ov.: sociare cubilia cum alqo, Ov.: venerat (Faunus adulter) ad strati captata cubilia lecti, Ov. – **γ** die **Lagerstatt** = der **Schlafraum** (cubiculum), Curt. 9, 3 (13), 19: cubili praepositus, Amm. 18, 4, 3 *codd. opt.* – **b** der Tiere: c. canis, Phaedr.: c. setosae suis, Phaedr.: c. vulpis, Kessel, Phaedr.: cubilia bestiarum, Sen.: ferarum c., Firm.: cubilia gallinarum, Varro. – c. mollius catulorum (jungen Hunde), Varro: rimosa cubilia (apium), Verg. – congerere cubilia (v. Schaben, blattae), Verg.: construere sibi cubilia nidosque (v. Vögeln), Cic.: delitescere in cubilibus, Cic.: alcibus sunt arbores pro cubilibus, Caes.: excutere (aufscheuchen) cubilibus feras, Plin. pan.: fodere cubile (v. Fuchs, v. Maulwurf usw.), Phaedr. u. Verg.: indagare bestiarum cubilia, Sen.: ad cubilia et catulos ferarum bestiarum ire, Liv.: in cubile concito properare gradu, Phaedr.: prosilire e cubili, Sen.: redire ad cubilia expilata (v. wilden Tieren), Sen.: referre catulos ad cubilia sua (v. Tigern), Mela: substernere fronde cubilia catulorum (jungen Hunde), Varro. – im Bild = der **eigentliche Sitz** eines Übels usw., quid? Albiana pecunia vestigiisne nobis odoranda est an ad ipsum cubile vobis ducibus venire possumus? Cic.: ut omnes mortales istius avaritiae non iam vestigia, sed ipsa cubilia videre possint, Cic.: an vero tu parum putas investigatas esse a nobis labes imperii tui stragesque provinciae? quas quidem nos non vestigiis odorantes ingressus tuos, sed totis volutationibus corporis et cubilibus persecuti sumus, Cic.: in ipsum veritatis descendere cubile, Ambros. de off. 2, 16, 84: ad ipsa cubilia pervenire causarum, Amm. 30, 4, 8. – **II** übtr., als *t. t.* der Baukunst, die Fuge, in der Steine, Balken usw. ruhen od. eingezapft sind, das **Lager,** Vitr. 2, 8, 1 u. a. Plin. 36, 96. – ► Akk. Sing. cubilem, Vict. Vit. 3, 44. Itala (Weing.) Daniel 2, 28 u. 29.

cubital, ālis, *n.* (cubitum), das Polster für den Ellenbogen, das **Armpolster,** Hor. sat. 2, 3, 255.

cubitālis, e (cubitum), **eine Elle lang, Ellen-,** c. fere cava (Löcher), Liv.: c. ovium caudae, Plin.: simulacrum cubitali maius, Suet. – c. mensura (Ellenlänge), Pallad.: longitudo, magnitudo, Plin.

cubitio, ōnis, *f.* (cubo), das **Liegen,** Augustin. epist. 3, 1.

cubito, āvī, āre (*Frequ.* v. cubo), **oft liegen, zu liegen pflegen,** gew. v. Schlafenden, cum maiore sorore, Cic.: in cunis, Plaut.: in dolio, Sen.: hic, Plaut.: super pedes cubitantis (Agrippinae) reclinis, Tac. – bl. **liegen,** Tac. ann. 14, 5. – v. Beischlaf, cum alqa od. cum alqo, Plaut., Cic. fr. u. a. – v. Soldaten, **lagern,** pro muris Iliacis, Amm. 19, 6, 11.

cubitor, ōris, *m.* (cubo), **einer, der gern liegt,** bos, der sich beim Ackern gern hinlegt, Col. 6, 2, 11.

cubitōrius, a, um (cubo), **zum Liegen** bei Tisch **gehörig,** vestimenta, Festkleider, Petron. 30, 11.

cubitum, ī, *n.* u. **cubitus,** ī, *m.* (κύβιτον, cubo), **I** (gew. Nom. cubitus), der **Ellbogen, Ellenbogen,** gew. im engeren Sinne bald = das **Ellenbogengelenk,** bald = der **Ellenbogenknochen** (Ggstz. umerus, das Oberarmbein) u. die untere größere **Ellenbogenröhre** (Ggstz. radius, die obere, kürzere, die Speiche), im weiteren Sinne auch der ganze **Unterarm, Vorderarm,** Plaut., Cels. u. a.: presso remanere cubito, ruhig liegen bleiben mit (in das Polster des Speisesofas) eingedrücktem Ellb., Hor.: cubitum ponere (in der Volksspr. = *accumbere*) apud alqm, Petron.: cubito (am E.) se emungere, Rhet. Her.: alqm cubito tangere, Hor. u. Pers. – **II** meton.: **A** die **Krümmung, Biegung,** orae, Plin. 3, 111. – **B** (Nom. gew. cubitum) als Längenmaß, die **Elle,** cubitum longae litterae, Plaut.: gladii tenues longi quaterna cubita, Liv.: columella tribus cubitis altior, Cic. – Sprichw. (aus dem Griechischen) v. einem Zauderer, assiduo cursu cubitum nullum procedere, Cic. ad Att. 13, 12, 3: cursitare ac ne cubiti quidem mensuram progredi, Suet. Tib. 38.

cubitūra, ae, *f.* (cubo), das **Liegen,** Plaut. Cist. 379 (vgl. Non. 198, 25).

1. cubitus, ī, *m.*, s. cubitum.

2. cubitus, ūs, *m.* (cubo), **I** das **Liegen,** c. in fimo, Plin.: supini cubitus, Plin. – v. Schlafenliegen, Cato r. r. 5, 5. – v. Beischlaf, Plaut. Amph. 1122 (Plur.). – **II** meton., das **Lager,** die **Lagerstatt,** Plin. 24, 59.

cubo, buī, bitum, āre, auf ein Lager gelehnt-, gelagert sein, ruhend **liegen,** auf einem Lager **ruhen,** **a** übh.: **α** v. Menschen: cubans legere quaedam solebat, Suet.: ut etiam legationes audiret cubans, Suet. – supinum (auf dem Rücken), caelum intuentem, stupidum cubuisse, Suet.: c. molliter, Cels. (vgl. senis Anchisae molliter ossa cubent! Ov.): c. in latus dextrum aut sinistrum cruribus paulum reductis, Cels.: c. in ventrem, Cels. – c. in pallio et humi, Capit.: c. in lectica, Cic.: in lecto, Plaut., Rhet. Her. u. a.: od. bl. lecticā, Suet.: argenteis lectis, Curt. – **β** v. Tieren, admonitus (canis) ostiarii calce, ut cubaret (sich zu kuschen), Petron. 64, 7. – pisces cubantes, gewöhnlich in der Tiefe der Gewässer ruhig liegende »Plattfische, Halbfische«, Col. 8, 17, 9. – **γ** poet. übtr. v. Örtl., quā cubat unda freti, Mart. 5, 1, 4. – bes. v. Örtl., der Lage nach sanft **sich senken, sich lehnen,** cubantia tecta, Lucr. 4, 515: Ustica cubans, Hor carm. 1, 17, 11. – **b zu Tisch liegen,** dah. prägn. = **speisen, Tafel halten,** cubantem cenare, Iustin. – qui proximi ei cubuerant, Curt.: iuxta c., Suet.: c. supra, infra alqm, Val. Max. u. Curt.: c. in arbore, sub arbore, Plin.: quod meminisset, quo eorum loco quisque cubuisset, Cic. – Partiz. subst., cubantēs = die Speisenden, Plin. ep. 5, 6, 36. – **c zu Bett liegen,** **α schlafen,** hic fuit, hic cubuit, Ov.: cubantem puerum detonderunt, Plin. ep. – cubitum ire, Cato u. Cic., abire, Plaut., discedere, Cic. (vgl. villicus primus cubitu surgat, postremus cubitum eat, Cato): cubitum se eo conferre, Suet. – propter (dicht daneben) c., Cic.: humi sub divo, Suet.: in eo conclavi, Cic.: toro humili et instrato, Suet.: altero lecto, Val. Max. – c. aestate apertis cubiculi foribus,

Suet. – dah. v. Beischlaf, cum alqa od. cum alqo, Komik. u. Catull., od. absol., z. B. cubat complexus, Plaut. – **β** krank **zu Bett liegen,** krank **daniederliegen, krank liegen,** auch bl. **liegen** (s. Hor. sat. 1, 1, 78), haec cubat, illa valet, Ov.: cubantem disputare de alqa re, Cic.: cubans aeger, Cels. – in domo Maecenatis, Suet.: trans Tiberim prope Caesaris hortos, Hor. – plebeia in veste, Lucr. – in morbo, Plaut.: ex (infolge) duritie alvi, Suet.: puerperio, Plaut. – Partiz. subst., cubāns = der krank Liegende, der Kranke, Cels. 3, 4. p. 79, 2 D. u. ö. – ► Perf. cubavit, Vulg. 2. regg. 13, 14; Isai. 34, 14; Ezech. 19, 2: cubaverint, Cael. Aur. chron. 3, 8, 148: synkop., cubaris = *cubaveris,* Prop. 2, 15, 17: cubasse = *cubavisse,* Quint. 8, 2, 20.

cubuclārius, cubuculārius, s. cubiculārius ►.

cubuculum, s. cubiculum.

Cubulteria, Cubulterinus, s. Combuteria.

cubus, ī, *m.* (κύβος), **I** der **Würfel, Kubus,** Vitr. 5. praef. 4. Chalcid. Tim. 222. – als Maß, Ov. medic. fac. 88; u. Form cybus, Auct. inc. de ponder. 62 u. 195 H. (Vulg. cubus); u. coebus, Auson. Griphus (XXVI) 2, 3 u. 57. p. 129 u. 131 Schenkl. – **II** die **Kubikzahl,** Gell. 1, 20, 6.

cuccubio, s. cucubio.

cuccuma, s. cucuma.

cuchlia, s. cochlea a. E.

cuci, *indecl.*, ein palmenähnlicher Baum, nach Sprengel *Hyphaene coriacea Gaertn.*, Plin. 13, 62.

Cucinus, s. cycnus a. E.

cucubalus, ī, *m.* (κουκουβάλος), eine Pflanze = strychnos, *Plin. 27, 68. Sill. (Detl. cuculli).

cucubio, īre, Naturlaut der Nachteule, Anthol. Lat. 762, 40 (233, 40). Suet. fr. 161. p. 252, 1 R. (wo cuccubire geschr.).

cucūlio, s. cucullio.

cuculla, ae, *f.* = cucullus (s. d.), Hieron. vit. Hil. *no.* 46 u. a. Eccl.

cucullātus, a, um (cucullus), **mit einer Kapuze versehen,** vestis, Isid. 19, 24, 17.

cucullio (cucūlio), ōnis, *m.* = cucullus, die am Kleid befestigte Kappe, die **Kapuze,** Form cuculio, Cato r. r. 2, 3 K.: Form cucullio, Capit. Ver. 4, 6. Lampr. Heliog. 32, 9.

cucullum, ī, *n.*, s. 1. cucullus ►.

1. cucullus, ī, *m.*, die **Hülle, a** des Kopfes, die am Kleid befestigte Kappe, die **Kapuze,** Col. 1, 8, 9. Mart. 11, 98. Iuven. 3, 170. Capit. Pert. 8, 2. – **b** einer Ware, die **Tüte,** piperis, Mart. 3, 2, 5. – ► Nbf. cucullum, s. Schopen Unedierte Scholien zu Juvenal 3, 170.

2. cucullus, s. cucūlus a. E.

cucūlo, āre (cuculus), **Kuckuck rufen,** v. Kuckuck, Suet. fr. 161. p. 252, 2 R. Anthol. Lat. 762, 35 R. = 233, 35 M. (wo die Messung cŭcūlant).

cucūlus, ī, *m.* (vom Naturlaut cucu, vgl. κόκκυξ), der **Kuckuck,** Plin. 18, 249. – als Schimpfwort, **Gimpel,** Plaut. Pers. 382; Pseud. 96; trin. 245; aber cano capite cuculus, der alte Ehekrüppel, Plaut. asin. 934: und als höhnender Zuruf an träge Landleute, die mit dem Schneiteln bis zum Kuckucksruf (d. i. bis nach der Frühlingsgleiche) warteten, Hor. sat. 1, 7, 31; vgl. Plin. 18, 249. – ► Die Messung cūcūlus, Plaut. trin. 245: dagegen cŭcūlus, Anthol. Lat. 762, 35 (233, 35). – Die Schreibung cucullus, Hor. sat. 1, 7, 31 *codd. optt.* u. Porphyr. Hor. sat. 1, 7, 28 M. (zweimal).

cucuma (cuccuma), ae, *f.* (aus *cocuma zu coquo), **I** das Kochgeschirr, der **Kochtopf** (noch j. ital. *la cucuma*), Petron. 135, 4. Marcian. dig. 48, 8, 1. § 3. – **II** der einfache **Badekessel** (Ggstz. thermae), Mart. 10, 79, 4.

cucumella, ae, *f.* (*Demin.* v. cucuma), der **kleine Kochtopf,** Alfen. dig. 8, 5, 17. § 1. – Nbf. **cucumellum,** Optat. app. 1. p. 187, 5.

cucumer, s. cucumis.

cucumerācius, a, um (cucumis), **vom Gurkenkern,** oleum, Th. Prisc. 2, 3 u. 3, 13.

cucumerārium, iī, *n.* (cucumis), das **Gurkenfeld,** Hieron. in Isai. 1, 8 u. a. Eccl.

cucumis, meris, *m.* (vgl. griech. κύκιον), **I** die **Gurke,** Varro LL. 5, 104. Cels. 2, 18 u. 20. Col. 11, 3, 48. Plin. 19, 61 u. ö. Vulg. num. 5, 11: c. anguinus od. anguineus, Varro r. r. 1, 2, 25. Col. 2, 9, 10 u. 7, 10, 5: cucumeres primi, erste Sorte G., Edict. Diocl. 6, 28. – **II** eine an Farbe u. Geruch der Gurke ähnliche Seepflanze, Plin. 9, 3. – ► *Nom.* cucumer verworfen von Caper de verb. dub. 7, 109, 4: *Genet.* cucumis, Plin. 37, 55 u. 57: *Dat.* cucumi, Plin. 19, 181: *Acc.* cucumin, Plin. 9, 2 u. 20, 7, cucumim, Plin. 20, 8: *Abl.* cucumi, Plin. 19, 118 u. 20, 103: *Acc. plur.* cucumis, Plin. 19, 69.

cucumula, ae, *f.* (*Demin.* v. cucuma), der **kleine Kochtopf,** Petron. 136, 2. Not. Tir. 101, 66.

cucurbita, ae, *f.* (vgl. altindisch *carbhaṭaḥ*), **I** der **Kürbis,** Sen. contr. 7. praef. § 8. Cels. 2, 18 u. 20. Col. 11, 3, 48. Plin. 19, 61 u. 69 *sqq.*: cucurbitae primae, sequentes, erste, zweite Sorte K., Edict. Diocl. 26 u. 27: c. medicinalis, Isid. de nat. rer. 33, 1 (= Suet. fr. p. 226, 7 R.): cucurbitā calvior od. glabrior, Apul. met. 5, 9 *extr.* Fulg. expos. 563, 16 Merc. – Sprichw., cucurbitae caput habere, ein Dummkopf sein, Apul. met. 1, 15. – **II** übtr., der **Schröpfkopf,** Scrib. Larg. 46 u. 67. Iuven. 14, 58: cucurbitae medicinales, Plin. 32, 123.

cucurbitārius, iī, *m.* (cucurbita), der **Kürbispflanzer,** Hieron. epist. 112. *no.* 22.

cucurbitātio, ōnis, *f.* (cucurbita *no.* II.), das **Schröpfen,** Cael. Aur. chron. 2, 1, 32.

cucurbitella, ae, *f.* (*Demin.* v. cucurbita), agrestis, die Koloquintenpflanze, Plin. Val. 2, 30.

cucurbitīnus u. **cucurbitīvus,** a, um (cucurbita), **kürbisartig, kürbisförmig,** cucurbitinum pirum, wahrsch. unsere »Schweizerbergamotte«, Plin. 15, 55: cucurbitivum pirum, Cato r. r. 7, 4 K. Cloat. bei Macr. sat. 2, 15, 6: cucurbitiva ficus, Cloat. bei Macr. sat. 2, 16, 1.

cucurbitula, ae, *f.* (*Demin.* v. cucurbita), **I** c. silvestris, die Koloquintenpflanze, Scrib. 106. – **II** der **Schröpfkopf,** os cucurbitulae, Cels.: c. aenea, conea, Cels.: cucurbitulam adhibere, Cels.: cucurbitulam admovere occipitio inciso, Cels.: cucurbitulas admovere plurimis locis, Cels.

cucurbitulāris, is, *f.* (cucurbitula) = *chamaepitys* (s. d.), Isid. 17, 9, 86.

cūcurrio, īre, **kollern,** vom Haushahn, Suet. fr. 161. p. 251, 4 R. Anthol. Lat. 762, 25 (233, 25).

cūcurru, *Interi.*, Afran. com. 22.

cucutia, ae, *f.*, eine unbekannte Frucht, Plin. Val. 5, 42.

cucutium, iī, *n.*, eine Art cucullus (s. d.), Treb. Poll. Claud. 17, 6.

1. cūdo, ere (vgl. ahd. *houwan,* angels. *hēawan,* nhd. hauen), **I schlagen, klopfen, stampfen,** Lucr. 1, 1044; 4, 185: spicas fustibus, Col. 2, 20, 4: fabam, Donat. Ter. eun. 2, 3, 89: Partiz. subst., cudentēs, ium, *m.*, die Klopfenden, Col. 2, 10, 14. – Sprichw., istaec in me cudetur faba, das werde ich ausbaden müssen, Ter. eun. 381. – **II** prägn., (ein Metall) schlagend bereiten, **schlagen, verfertigen, prägen,** plumbeos nummos, Plaut. most. 892: alcis nummos aereos, aureos et argenteos, Treb. Poll. XXX tyr. 31, 3: argentum, Ter. heaut. 740: monetam, Treb. Poll. XXX tyr. 26, 2: anulum, Quint. 9, 2, 61: absol., qui cudebat (schmiedete) tunc temporis, Vulg. Isai. 41, 7. – ► Perf. cūdī, nach Charis. exc. art. gramm. 565, 16 u. Phocas (V) 433, 24, cūsī, nach Diom. 369, 3. Für cudi spricht auch das Perf. excudit, Verg. Aen. 1, 174. – Das Supin. cūsum u. Partiz. cūsus anzunehmen nach incusus bei Verg. georg. 1, 275 u. Pers. 2, 52.

2. cūdo, ōnis, *m.* (verwandt mit κεύθω), ein **Helm** aus Fellen, Sil. 8, 495; 16, 59.

cuferion, iī, *n.*, der **Nasenblutfluss,** eine Krankheit der Pferde, Veget. mul. 3, 37.

Cugernī (Gugernī), ōrum, *m.*, eine germanische Völkerschaft im heutigen Kleve, Tac. hist. 4, 26 u. a.

cūiās, ātis, od. nicht zsgz. **cūiātis** (archaist. quōiātis), is (aus cuius v. qui), **woher** (gebürtig, stammend)? **was für ein Landsmann?** Nom. cuias, Liv. 27, 19, 8: quoiatis, Plaut. Bacch. 23; Curc. 407; Men. 341: cuiatis, Acc. tr. 625. Apul. met. 1, 5 u. a.: Genet. cuiatis, Acc. tr. 22: Akk. cuiatem, Cic. Tusc. 5, 108: Nom. Plur. quoiates, Plaut. Poen. 993.

cuicuimodī, archaist. **quoiquoimodī** (= *cuius-cuiusmodi,* v. quisquis u. modus), **von welcher Beschaffenheit immer, wie immer beschaffen,** malus, bonus qu., Plaut. Bacch. 400: c. est, Cic.: c. sunt, Cic. Vgl. Madvig Cic. de fin. 3, 30. Lion Gell. 2, 8, 6.

cuimodī (= *cuiusmodi*), **wie beschaffen,** Gell. 9, 13, 4 *ed. Hertz* u. öfter, aber überall mit der Variante cuiusmodi od. cuicuimodi; vgl. Madvig Cic. de fin. 3, 30. Lion Gell. 2, 8, 6.

cūius (altlat. quōius), a, um (aus cuius v. qui), **I** *Pronom. relat.* = **welchem (dem) angehörend, wessen (dessen)**, argentum pro istis ambabus quoiae erant domino dedi, Plaut.: is, cuia ea uxor fuerat, Plin. fr.: is, cuia res sit, Cic.: ei, cuiā nihil interfuit, Cic. fr. – **II** *Pronom. interr.* = **wem angehörend? wessen?** quoius nostri? Ter.: virgo quoia est? Ter.: quoium puerum? Ter.: cuium pecus? Verg.: quoia hic vox prope me sonat? Plaut. – mit angehängtem *nam,* quoianam vox prope me sonat? Plaut. rud. 229. S.a. Verg. ecl. 3, 1 u. Arnob. 1, 30.

cūiuscemodī (v. qui, ce u. modus), **von welcher Beschaffenheit nur, wie nur immer beschaffen,** Spät. (bei Cic. de inv. 2, 134 steht jetzt cuicuimodi). Vgl. Hildebr. Apul. met. 8, 17. p. 700.

cūiusdam-modī od. richtiger getrennt **cūiusdam modī**, **auf eine gewisse-, von einer gewissen Art,** Cic. de fin. 5, 36 u. a.

cūiusmodī od. getrennt **cūius modī** (quis u. modus), **von welcher Art? wie beschaffen?** Cic. u. a.

cūius-nam, s. cūius a. E.

cūiusquemodī, od. getrennt **cūiusque modī**, (quisque u. modus), **von jeder Beschaffenheit, von jeder Art,** c. voluptates, Cic.: tot homines c., Cic.: neque solum cives, sed c. hominum genus, Sall.

cūiusvīs, cūiavīs, cūiumvīs (v. quivis), **wem immer angehörend, wessen immer, eines jeden,** cuiavis oratio, Apul. apol. 82.

cūiusvīsmodī; arch. quoiusvismodi, **wessen immer,** Plaut. Bacch. 400 *codd.* u. Pseud. 741; Pers. 386 *Luchs.*

Culcides, alte Schreibweise für Colchides, s. d.

culcita, ae, *f.* (altind. *kurcá-ḥ*), (in Hdschrn. auch culcitra geschr., s. Orelli Cic. Tusc. 3, 46. Oudend. Suet. Tib. 54. – nach Varro LL. 5, 167 u. Paul. ex Fest. 50, 8 von calco = inculco), der mit Federn, Wolle, Haaren usw. fest ausgestopfte Sack als Lager, das **Kissen,** die **Matratze,** das **Polster,** cubicularis, Macr.: plumea, Varro fr. u. Cic.: modica, Suet.: culcita, quae resistit corpori, Sen.: institae (Gurte), quibus sponda (Bettstelle) culcitam ferebat, Petron: alqm collocare in culcita plumea, Cic.: culcita in terra iacet, ego in culcita, Sen.: vom Lager in Vogelbehältern, Varro. – scherzh., gladium faciam culcitam eumque incumbam, werde das Schwert zum Kopfkissen nehmen, d. h. mich entleiben, Plaut. Cas. 307.

culcitārius, iī, *m.* (culcita), der **Polsterverfertiger,** nach Diom. 236, 14 K. (313 P. culcitrarius).

culcitella, ae, *f. (Demin.* v. culcita), das **kleine Kissen,** die **kleine Matratze,** im obszönen Sinne gleichsam die **Unterlage,** Plaut. most. 894 (Schöll culcitula).

culcitōsus, a, um (culcita), **polsterartig,** Diom. 326, 18 K. (313 P. culcitrosus).

culcitra, -ārius, s. culcita, -arius.

culcitula, ae, *f. (Demin.* v. culcita), das **kleine Kissen,** die **kleine Matratze,** Lucil. 1061. Diom. 326, 20. – Vgl. culcitella.

cūleāris, e, s. culleāris.

cūleum, s. culleus ►.

cūleus, s. cōleus u. culleus.

culex, licis, *m.,* **I** die **Mücke, Schnake,** Plaut. Curc. 500. Lucr. 3, 390. Hor. sat. 1, 5, 14. Col. 11, 3, 60. Plin. 9, 160 u. a.: muscarum et culicum multitudo, Amm. 24, 8, 3. – bei Plin. auch von verschiedenen geflügelten Käferarten, wie die Gallwespe, die die Feigen befruchtet (*Cynips Psenes,* L.), Plin. 17, 255. – *fem.* als Scheltwort v. einem lästigen alten Liebhaber, cana c., Plaut. Cas. 239. – Culex, Titel eines Gedichts, das dem Vergil zugeschrieben wird, Mart. 8, 56, 20 u. 14, 185, 1. Stat. silv. 1. praef. *in.:* culex Maronianus, Stat. silv. 2, 7, 74. – **II** übtr. = ψύλλιον, **Flöhkraut,** Pallad. 4, 9, 8: culix geschr. b. Plin. 19, 68.

culicāre, is, *n.* (culex), das **Mückennetz** (vgl. conopeum), Schol. Iuven. 6, 80.

culicellus, ī, *m. (Demin.* v. culex), die **kleine Mücke,** c. amasio Tullae, d. i. sie umschwärmend, Seren. b. Diom. 514, 8.

culiculāre, is, *n.* = culicare, Itala Iudith 16, 23 u. Gloss.

culigna, ae, *f.* (κυλίχνη), der **kleine Kelch, Becher,** Cato r. r. 132, 1; vgl. Paul. ex Fest. 65, 2.

culilla (cululla), ae, *f. (Demin.* v. κύλυξ, κύλη), ein tönernes Trinkgefäß für die Dienerinnen der Vesta beim Opfern, Porphyr. Hor. carm. 1, 31, 10; übh. der größere **Becher,** der **Pokal,** Hor. carm. 1, 31, 11 u. de art. poët. 434.

culīna (archaist. colīna), ae, *f.* (aus *coxlina zu coquo), **I** die **Küche, a** eig.: c. magna et alta, Col.: senex in colina clamat, hortatur coquos, Plaut.: quibus modulus vitae est in colina, Varro fr.: tua (philosophia) in culina, mea in palaestra est, Cic.: hic (fumus), qui erumpere ex lautorum culinis solet, Sen.: non possunt bene olere qui in culina habitant, die immer in der K. stecken, Petron. – übtr., die **tragbare Küche** = der **tragbare Herd,** Sen. ep. 78, 23. Iuven. 3, 250. – **b** meton., die **Küche** = **Speise, Kost, Bewirtung,** Hor. u. Iuven. – u. = **Feinschmeckerei, Schwelgerei, Gastronomie,** culinis infusae arcae, Val. Max.: sestertium millies in culinam coniecisse, Sen. – **II** übtr.: **a** der Ort, wo das Leichenmahl verbrannt wird, Paul. ex Fest. 65, 12, nach Skaliger gemeint Verg. catal. 5, 27 (= Anthol. Lat. 125, 27 M.). – **b** die **Grabstätte** der Armen, Gromat. vet. 21, 15; 55, 9; 86, 9. – **c** der **Abort, Abtritt,** Gloss. V, 594, 67 u. IV, 326, 34 (wo culna).

culīnārius, a, um (culina), **zur Küche gehörig, Küchen-, I** *adi.:* piscem ab operis culinariis apponi iussit, Fronto bell. Parth. p. 219, 15 N. – **II** subst., culīnārius, iī, *m. (sc.* servus), der **Küchendiener,** Scrib. Larg. 230.

culix, s. culex *no.* II.

culleāris, e (culleus), **vom Gehalt eines** *culleus* (= 20 Amphoren), labrum, Cato r. r. 154: dolia, Vitr. 6, 6 (9), 3.

culleum, ī, *n.,* s. culleus ►.

culleus (cūleus), ī, *m.* (κολεός), **I** der **lederne Sack, Ledersack,** der größere **Schlauch,** zur Aufbewahrung und zum Fortschaffen von Flüssigkeiten, Früchten, Getreide usw. (während uter = der kleine Schlauch für Flüssigkeiten), vehicula cum culleis onusta, Plin.: quam plurimos utres atque etiam culleos comparare, Nep.: oleum culleis deportare, Plaut. – zum Einsäcken u. Ersäufen der Elternmörder (dah. c. parricidalis, Augustin. c. Faust. 22, 22), alqm insuere in culleum, Cic., od. bl. culleo (Dat.), Sen. rhet. u. Quint.: insui in culleo, Plaut. fr.: alqm in culleum insuere vivum, Cic.: conicere alqm in culleum, Cic.: in culleo mori, Sen. rhet.: pessimo loco pietas (kindliche Liebe) est, postquam saepius culleos (für Elternmörder) vidimus, quam cruces (für andere Verbrecher), Sen. – culleus ligneus scherzh. v. einem Schiff ohne Takelwerk, Sen. contr. 7. praef. § 9. – **II** übtr., das größte Maß für Flüssigkeiten, 20 amphorae enthaltend, der **Kulleus,** Cato r. r. 148, 1. Varro r. r. 1, 2, 7. Auct. de ponder. 87. Metrol. scriptt. p. 142, 10 H. (wo chulleus). – ► Nbf. culleum, Isid. 5, 27, 66. Fulgent. serm. ant. 53. Not. Tir. 110, 16: Plur. cullea Cato orig. 2. fr. 10 (bei Varro r. r. 1, 2, 7): Genet. Plur. synk. culleûm, Cato r. r. 11, 1.

culliola, *n. pl. (Demin.* v. culleum, s. culleus a. E.), die grünen Schalen der Wallnüsse, Paul. ex Fest. 50, 12.

culmen, minis, *n.* (st. columen v. cello), **I** der **höchste Punkt,** der **Gipfel,** die **Kuppe** eines hohen Gegenstandes (als Scheitelpunkt), **A** eig.: **1** im Allg.: c. Alpium, Caes.: c. montium, Plin.: v. der »Kuppel« des Himmels, Cic. Arat.: v. »Scheitel« des Menschen, c. summum hominis, Liv. – **2** insbes., als *t. t.* der Baukunst = der **First** des Daches, c. tecti, Verg. u. Curt.: c. domus, Suet.: c. aedis Iovis, Liv. – dah. die **Strohhütte,** Sen. ep. 8, 5. – poet. = das **Haus,** Val. Flacc. u. Sen. poët. – **B** übtr., der **Gipfel, Höhepunkt, Zenith,** summum c. fortunae, Liv. 45, 9, 7 (vgl. Lucan. 8, 8 u. 8, 702): honoris mei, Apul. flor. 16. p. 24, 20 Kr.: auctoritatis, Augustin. de util. cred. § 35: regale, fürstliche Hoheit, Claud. VI. cons. Hon. 64: v. Pers., c. et urbis apex, v. Hektor, Dracont. carm. 8, 93. – **II** (poet.) = culmus, der **Halm** der Bohne, Ov. fast. 4, 734.

culmeus, a, um (culmus), **strohern, von Stroh,** culmea (tecti) culmina, Paul. Nol. carm. 21, 384. Oros. 6, 10, 4 Z.

Culminea od. **Culminia,** s. Colminiāna.

culmino, āre (culmen), **begipfeln,** senatum deûm verendo vertice, Mart. Cap. poët. 9. § 914.

culmus, ī, *m.* (v. cello, wie culmen), der **Halm, a** des Getreides, Cic. de sen. 51. Verg. georg. 1, 111 u. a.: Cerealis, die Ähre, Verg. georg. 2, 517: dah. **Stroh, Strohdach,** Sidon. epist. 7, 17, 2: Romuleo recens horrebat regia culmo, Verg. Aen. 8, 654. – **b** der **Stengel** anderer Pflanzen, fabae, Col. 12, 15, 3: milii et panici, Plin. 18, 52: liliae, Stat. silv. 3, 3, 128. – ► Nbf. culmum, ī, *n.*, Nep. nach Auct. inc. de dub. nom. 576, 12.

culna, s. culīna *no.* II, c.

cūlo, āvī, ātum, āre (culus), **zur Zeugung zulassen,** arietes a Tarento emit et eos culavit in gregem, Petron. 38, 2.

culpa (altlat. colpa), ae, *f.*, das **Verschulden,** die **Verschuldung,** die **Schuld, I** eig. u. meton.: **1** eig.: **a** übh. (Ggstz. laus): c. belli, Liv.: c. delicti, Cic.: c. neglegentiae, Q. Cic. – correctio huius culpae, Cic.: liberatio culpae, Cic.: satisfactio culpae, Quint. – nulla conscientia *de* culpa, Sall. Cat. 35, 2. – affinis culpae, Cic.: sibi nullius conscius culpae, Plin. ep.; vgl. istius nescius culpae, Verg.: expers culpae, Suet.: a culpa vacuus, Sall.: culpae reus, Cic. – c. aliena, Cic.: magna, maxima, Cic.: minor, Cic.: turpis, Cic. – Abl. culpā, durch (eigenes) V., z. B. nihil mihi mali casus attulit; omnia culpā contracta sunt, Cic.: nusquam culpā male rem gessit, Nep.: culpā amittere alqd, Liv.: ebenso meā culpā, tuā culpā, suā culpā u. dgl., z. B. non meā culpā saepe ad vos oratum mitto, es ist nicht meine Sch., dass ich usw., Sall.: magis adeo id facilitate, quam aliā ullā culpā meā contigit, Cic.: nemo, nisi suā culpā, diu dolet, Quint.: summā meā culpā, Cic. – culpā alcis, z. B. accusatorum culpā, Val. Max.: nullā ducis culpā, Tac.: bes. oft accĭdit alqd culpā alcis, operā et culpā alcis, culpā senectutis, Cic.: ea molestissime ferre homines debent, quae ipsorum culpā contracta sunt, Cic. – abesse a culpa, sowohl v. Pers., z. B. innocens est quispiam, verum tamen, quamquam abest a culpa, suspicione tamen non caret, Cic.; als v. Lebl., ferre fortunam praesertim quae absit a culpa, Cic. – abest culpa ab alqo od. ab alqa re, z. B. a filio, Quint.: quicquid accĭderit, a quo mea culpa absit, animo forti feram, Cic. – non abhorrere a tali culpa (v. Pers.), Cic.: absolvere alqm culpā niveis lapillis (Ggstz. damnare nigris), Ov. – accusare populi culpam, non accusatoris, Cic. – admittere in se culpam, Ter.: enixe amovere ab se culpam, Liv.: arguere alqm culpae (Ggstz. liberare culpae), Liv.: ea culpa, quam arguo, Liv.: assignare culpae alcis imprudentiaeque, quod (dass) etc., Cic.: assignare culpae fortunam (zur persönl. Sch. anrechnen) Auct. b. Afr.: uni culpam attribuere, Cic.: augere culpam, culpam alcis rei, Cic., culpam suam, Plin. ep.: avertere omnem culpam in fraudem Carthaginiensium, Liv. – carere culpā, Plaut., Cic. u. a.: coarguere suam culpam, Cic.: commereri culpam, Plaut.: commerere culpam, Ter., culpam in se, Plaut.: committere culpam, Cic.: communicare culpam suam cum altero, Cic. – conferre culpam suam in senectutem, Cic., culpam omnem in Domitium, Cic., in me omnem illorum temporum culpam, Cic., huius circumsessionis tuae causam et culpam in alios, Cic.: ut in eo ipso, in quo reprehendatur, culpam in adversarium conferat, Cic. – in quo non modo culpa nulla, sed ne suspicio quidem potuit consistere (Platz greifen), Cic.: cum in homine nulla culpa inveniretur, Cic. – culpā contaminare personam (seinen Charakter), Rhet. Her.: contrahere culpam (v. Pers.), Cic.: fortunam in culpam convertere, jmdm. sein Schicksal als Schuld beimessen, Cic.: corrigere virtute culpam suam, Liv. – dare alci summam laudem vitio et culpae, Cic.: dare veniam culpae, Ov.: demovere culpam ab aliis, Cic.: derivare culpam suam in alqm, Cic. – non potes effugere huius culpae poenam, Cic. – est culpa mea, tua etc., est culpa alcis, z. B. sed haec mea culpa est, Cic.: tua summa culpa est, si etc., du bist am meisten schuld, Cic.: tua tamen non nulla culpa est, Cic.: nostra nulla culpa est, Cic.: de reliquo iam nostra culpa erit, si etc., Cic.: multorum est enim et varia culpa, Cic.: hominum esse istam culpam, non deorum, Cic. – est culpa in alqo od. in alqa re, z. B. ego culpam non in nauarchis, sed in te fuisse demonstro, Cic.: illa modo in ducibus culpa, quod ut odio essent civibus fecerant, alia omnis penes milites noxia erat, Liv.: in hominum vitiis ais esse culpam, Cic.: dav. verschieden scit culpam in facto, non scelus esse meo, Ov. trist. 4, 1, 24. – est culpa penes alqm, z. B. ego etiam illorum esse hanc culpam credidi, quae te est penes, Ter.: ne penes ipsos culpa esset cladis forte Gallico bello acceptae, Liv.: si vicarii dati, penes eos culpa est, qui etc., Traian. in Plin. ep. – esse in culpa, v. Pers. u. Lebl., z. B. nos in culpa sumus, Cic.: simili sunt in culpa, qui etc., Cic.: medicus magna est in culpa, si etc., Cic.: malo Tironis verecundiam in culpa esse, quam illiberalitatem Curii, Cic.: Ggstz. extra culpam esse, z. B. dico aut omnes extra culpam fuisse, aut, si uni culpa attribuenda sit, in eo maximam fuisse, qui summum imperium obtineret, aut, si omnes in culpa fuerint, oportuisse etc., Cic.: extra culpam belli esse, Liv. – excludere culpam, unmöglich machen, z. B. eam dedisses hominibus rationem, quae vitia culpamque excluderet, Cic. – fateri culpam suam, Quint. – haeret omnis culpa sola in alqo, Ter.: haeret in alqo culpa crimenque, Cic. – ignoscere culpae minori, Petron.: incĭdere in hoc culpae genus non fraude, Cic.: inclinare omnem culpam in collegam, Liv.: invenire alqm in culpa, Ter. – liberare alqm culpā, Cic.: liberare alqm culpae (Ggstz. arguere alqm culpae), Liv.: luere culpam maiorum (von den Nachkommen), Curt.: sanguine liberûm suorum culpam defectionis luere, Liv. – merere culpam in alqa re, Ter., od. alqā re, z. B. prave quid imperando, Mela: videndum est an minui culpa possit, Quint. – piare miserorum morte culpam hanc, Verg.: plectere culpam, Cic.: ponere se extra omnem culpam causamque, Cic.: non omnes, qui Oppianicum condemnarunt, in culpa sunt ac suspicione ponendi, als Schuld habend u. verdächtig anzusehen, Cic.: praestare culpam, für die Sch. Bürgschaft leisten, Cic.: purgare (rechtfertigen) culpam, Liv. – redimere praeteritam culpam, ausgleichen, gut machen, Planc. in Cic. ep. (vgl. redimere nullam congiario culpam, nullam alimentis crudelitatem, Plin. pan.): regerere communem culpam in alqm, Plin. ep.: remittere culpam, Val. Flacc.: a se removere culpam, Liv.: remotum esse a culpa (v. Pers.), Cic.: reprehendere alcis culpam, Cic.: residet culpa alcis rei in alqo, Cic. – subest nulla culpa, Cic. fr.: suscipere culpam, culpam alcis rei, aliquid culpae recusando, Cic.: in se suscipere istius culpam crimenque, Cic.: sustinere culpam alcis rei, die Sch. von etw. tragen, v. Pers., Cic.; u. v. Lebl., z. B. horum malorum omnium culpam fortuna sustinet, Cic.; u. (v. Pers.) m. folg. *quod* (dass usw.), ut iam ne istius quidem rei culpam sustineam, quod minus diu fuerim in provincia, quam fortasse fuerit utile, Cic. – teneri aliquā culpā erroris humani, Cic.: transferre culpam (omnem culpam) in alios od. in se, Cic.: transferre suam culpam ad negotia, Sall.: tribuere alqd culpae alcis, Rhet. Her., Caes. u. a. – vacare culpā, omni culpā (v. Pers.), Cic.: vacare culpā in alqa re (v. Pers.), Cic.: versari in simili culpa (v. Pers.), Cic.: vertere culpam alcis rei in gloriam alqā re, Plin. ep.: vitare culpam, Hor. – im Plur., ut hoc iam ante confirmem, in hoc uno genere omnes inesse culpas istius maximas avaritiae, maiestatis, dementiae, libidinis, crudelitatis, Cic. Verr., 5, 42: seraque fata, quae manent culpas etiam sub Orco, Hor. carm. 3, 22, 29: u. so Plur. noch Hor. carm. 4, 4, 36; 4, 15, 11. Vitr. 3, 1, 4. Apul. de dogm. Plat. 2, 27. Arnob. 1, 27 u. a. Auson. lud. sept. sap. praef. 14 u. a. – **b** insbes.: **α** die **Schuld** der Unkeuschheit, der **Fall,** culpa inter viros ac feminas vulgata, Tac.: celare culpam falsa sub imagine, Ov. – **β** die **Schuld** der Nachlässigkeit, die **Nachlässigkeit,** die man verschuldet, si neque maiorem feci ratione malā rem, nec sum facturus vitio culpāve (durch Verschwendung oder N.) minorem, Hor. sat. 2, 6, 6 *sq.*: u. so Gaius dig. 17, 2, 72. Ulp. dig. 42, 5, 8. § 3. – **2** meton., die **Schuld** = der schuldige Gegenstand, continuo culpam (die Ursache der Seuche, das kranke

Schaf) ferro compesce, Verg. georg. 3, 468. – **II** übtr., das **Gebrechen** einer Sache (Ggstz. laus, Vollkommenheit), operum et laudes et culpae, Vitr. 3, 1, 4.

culpābilis, e, *Adi.* m. *Compar.* (culpo), **tadelnswert, strafbar** (Ggstz. laudabilis), Spät.

culpābiliter, *Compar.* culpābilius, *Adv.* (culpabilis) **tadelnswert, strafbar,** Cael. Aur. acut. 3, 17, 172 u. Eccl.

culpātio, ōnis, *f.* (culpo), die **Beschuldigung,** Plur. bei Gell. 10, 22, 2.

culpātus, a, um, *PAdi.* (v. culpo), **tadelnswert,** vinum, verdorbener, Macr. sat. 7, 6, 12: *Compar.*, culpatius esse arbitror, Gell. 11, 7, 1.

culpito, āre (*Intens.* v. culpo), **stark-, hart tadeln,** Plaut. cist. 495.

culpo, āvī, ātum, āre (culpa), **zur Schuld machen, I** = jmd. od. etw. als schuld **tadeln, schelten, missbilligen** (Ggstz. laudare, probare), **α** persönl. Objj.: falsone an vero laudent, culpent quem velint, Plaut.: c. Homerum, Lucil. fr.: Neronem, Suet.: im Passiv, laudatur ab his, culpatur ab illis, Hor.: culpantur frustra calami, Hor. – m. *ob* u. Akk., cum ob id culparetur, Suet. – m. *in* u. Abl., in quo merito culpetur, Suet. – m. folg. *Infin.*, ut illum culparet haec tradidisse, Quint. – absol., qui (amicum absentem) non defendet culpante alio, Hor. – **β** sächl. Objj.: deorum consilia, Plaut.: sua laudare, culpare, Lucil. fr.: faciem deae, Ov.: quod qui rescierint, culpent, Ter. – m. *in* u. Abl., in tantis vitiis hominum plura culpanda sunt quam laudanda, Plin. ep. – absol., culpetne probetne, Ov. – Partiz. subst., culpanda, ōrum, *n.*, das **Tadelnswerte** (Ggstz. probanda), Quint. 5, 11, 7. – **II** = jmd. od. etw. als Urheber der Schuld bezeichnen, **auf** jmd. od. etw. **die Schuld schieben,** jmd. od. etw. **beschuldigen,** tibi (von dir) culpatus Paris, Verg.: c. infecundiam agrorum et caeli intemperiem, Col.: arbore nunc aquas culpante nunc etc., Hor.

cultē, *Adv.* m. *Compar.* (1. cultus), **geschmückt, I** im Allg., **aufgeputzt, geschmückt,** lectulus cotidianā consuetudine cultius stratus, Val. Max.: cultius progredi, Iustin. – **II** insbes., v. der **Rede, zierlich, gewählt,** c. dicere, Sen. rhet. u. Quint.: c. loqui, Ov.: cultius, sublimius et cultius dicere, Sen. rhet. u. Tac. dial.

cultellārius, iī, *m.* (cultellus) = μαχαιροποιός, der **Messerschmied,** Gloss. II, 365, 37 u. ö.

cultello, āvī, ātum, āre (cultellus), **messerförmig machen, I** im Allg., nur im Partiz. Perf. cultellatus, **messerförmig** (griech. μαχαιροειδής), dorsi pinna od. spina (im Rücken), Plin. 8, 91 u. 32, 14. – **II** insbes., als *t. t.* der Feldm. = ein Stück Land **aus der schiefen in die horizontale Fläche reduzieren,** Gromat. vet. 26, 11 u. a.: cultellatus ager, *ibid.* 247, 10: cultellatus limes *ibid.* 248, 7.

cultellulus, ī, *m.* (*Demin.* v. cultellus), das **ganz kleine Messer,** osseus, Solin. 35, 6 M.

cultellum, ī, *n.*, s. cultellus ►.

cultellus, ī, *m.* (*Demin.* v. culter), das **kleine Messer, Messerchen,** Varro u. a.: tonsorius, Val. Max.: tonsoris, ICt.: ligneus, hölzerner Pflock, Vitr.: osseus, Plin.: cultello aperire, Apic.: cultello (mit einem elenden Messer) percussus, Vell. – ► Nbf. cultellum, Prob. app. (IV) 197, 24 u. Gloss.

culter, trī, *m.* (aus **qer-tro-s*, v. Wurzel **(s)qer-*, schneiden), das **Messer,** osseus, Col.: lapideus, Vulg.: insbes. das »Winzermesser«, Col.: das »Schlachtmesser«, Plaut. u. Liv.: so bovem ad cultrum emere, zum Schlachten, Varro: das »Küchenmesser«, c. coquinaris, Varro fr.: das »Jagdmesser«, c. venatorius, Petron. u. Suet.: cultri tonsorii, im Zshg. bl. cultri, die Messer, mit denen der Tonsor den Bart zwickte, die Bartschere, Cic. u. a.: cultros admovere capiti, Plin.: cultri tonsorum, Plin. – u. das »Pflugmesser«, die »Pflugschar«, Plin. – in cultro od. in cultrum collocare, auf die hohe Kante, auf die schmale Seite legen (Ggstz. planum collocare), Vitr. – Sprichw., me sub cultro linquit, lässt mich unter dem M. = in den Händen des Plagegeistes, Hor. sat. 1, 9, 74.

cultio, ōnis, *f.* (colo), **I** die **Abwartung, Bearbeitung, Bebauung,** agri, Ackerbau, Cic. de sen. 56; Verr. 3, 226: cultionis labor, Ambros. de fug. saecul. 8, 49. – **II** die **Verehrung,** Arnob. 4, 27; 5, 30.

cultor, ōris, *m.* (colo), der **Bearbeiter, Pfleger, Pflanzer, I** eig.: **A** im Allg.: agri, Liv.: terrae, Cic.: vitis, Cic.: vineae, der Weinbauer, Vulg.: pecoris, Viehzüchter, Sall. – **B** prägn.: **1** absol., der **Landbebauer, Landmann, Pflanzer,** Sall., Liv. u. a. – **2** m. *Genet.*, der **Bewohner, Anwohner** eines Orts, eius terrae, Sall.: collis eius, Liv.: insulae, Liv.: insulae cultorum egentes, unbewohnte, Liv.: caeli (Iuppiter), Plaut. – **II** übtr.: **A** der **Pfleger, Bildner,** iuvenum, Erzieher, Lehrer, Pers. 5, 63. – **B** der **Verehrer, 1** im Allg., der **Verehrer** = der **Freund, Liebhaber** von jmd. od. etwas (s. Fabri Sall. Iug. 54, 3), sui, Sall. fr.: bonorum (der Optimaten), Liv.: Academiae veteris recentiorisque, Arnob.: frigidae, Sen.: veritatis (Ggstz. fraudis inimicus), Cic. – **2** insbes., der **Verehrer, Anbeter** der Gottheit, deorum, Hor.: diligentissimus religionum, Liv.: idolorum od. simulacrorum cultores, Götzendiener, Eccl.: cultores omnium pecudum bestiarumque, Tert. – dah. der Priester einer Gottheit, cultores deûm matris (Priester der Cybele, auch Galli gen.), Suet. Oth. 8, 3.

cultrārius, iī, *m.* (culter), der **Opferstecher** (dagegen popa = der Opferschläger), Suet. Cal. 32, 3. CIL 10, 3984.

cultrātus, a, um (culter), **messerförmig** (griech. μαχαιροειδής), folia cultrato mucrone, Plin. 13, 30.

cultrīx, trīcis, *f.* (Femin. zu cultor), die **Pflegerin, I** eig., Catull. 64, 300. Cic. de fin. 5, 39: per deam sanctam Lavernam, quae (mei) cultrix quaestuist, die Beförderin, Nov. com. 105. – **II** übtr., **a** die **Bewohnerin,** v. leb. Wesen, nemorum (v. Diana), Verg.: Cybelae (montis), v. der Cybele, Verg.: nemoris (v. der Wildsau), Phaedr.: v. einer Sache, c. foci secura patella, Pers. – **b** die **Verehrerin,** deorum montium (der Berggötter), Lact. de mort. pers. 11, 1: magnae Dianae, Vulg. act. apost. 19, 35: idolorum, Augustin. serm. 121, 3.

cultūra, ae, *f.* (colo), die **Pflege, Abwartung, I** im engeren Sinne, die **Pflege, Abwartung** des Ackers usw., die **Bearbeitung, Bebauung, Bestellung,** der **Anbau,** die **Kultur, 1** im Allg.: agelli, agri cultura, Cic.: vitis cultura, Cic. – im Plur., agri culturae, Lucr. 5, 1446 – meton., der **Anbau,** hortorum cultura, Hieron. epist. 52, 12: Plur., regio distincta culturis, durch Kulturen, Saatfelder, Salv. de gub. dei 7, 2. – **2** prägn., das **Kulturverfahren,** der **Landbau,** die **Landwirtschaft** im weitesten Sinne, Varro, Quint. u. Hor.: im Plur. von den einzelnen Teilen der Landwirtschaft, Col. 11, 1, 30 u. 11, 2, 3. – **II** im weiteren Sinne: **1** die physische u. geistige **Pflege, Abwartung, a** die physische, dah. **Kleiderputz,** Commodian. instr. 2, 17, 22. – **b** die geistige **Pflege, Ausbildung,** animi, Cic. Tusc. 2, 13: absol. = sittliche Veredelung, Hor. ep. 1, 1, 40. – **2** die tätige **Pflege** übh., **a** einer Gottheit, die geistige **Verehrung, Anbetung,** der **Kultus** (s. Bünem. Lact. 2, 16, 9), Min. Fel. 23, 12: c. vana, Tert. apol. 16: dei unici pia et religiosa c., Lact. 5, 7, 2: Plur., ritus sacrorum et culturae, Lact. epit. 23, 1: omnium culturarum sacerdotium, Lampr. Heliog. 3, 5: culturae impiae, Sulp. Sev. chron. 1, 51, 4: templorum culturae, Commodian. instr. 1, 35, 19. – **b** die huldigende **Verehrung,** die jmdm. **dargebrachte Huldigung,** potentis amici, Hor. ep. 1, 18, 86.

1. cultus, a, um, *PAdi.* m. *Compar.* u. *Superl.* (v. colo), **gepflegt, abgewartet, I** im engeren Sinne, **gepflegt, abgewartet, bearbeitet, bebaut, angebaut, kultiviert** (Ggstz. incultus, silvester, neglectus), materia c. (Ggstz. materia silvestris), Cic.: res rustica bene c. et fructuosa, Cic.: ager c. (Ggstz. ager silvester), Col.: terra c. (Ggstz. terra neglecta), Quint.: loci c. (Ggstz. inculti), Cic.: horti c., Ov.: fundus c., Hor. – fundus cultior, Quint.: loca cultiora, Curt. – ager cultissimus (Ggstz. incultus), Cic.: rus cultissimum, Col.: hortus odoratis cultissimus herbis, Ov. – Subst., culta, ōrum, *n.*, **bebaute** od. **bestellte Felder, angebautes Land, angebaute (kultivierte) Fluren** od. **Gegenden,** culta et dumeta, Col.: an culta ex silvestribus facere potui? Liv.: agrum non coluit, et culta evastata sunt bello, Liv.: si Democriti pecus edit agellos cultaque, Hor.: paucis circa ipsum oppidum obiacentibus cultis, Frontin. – **II** im weiteren Sinne, **a** physisch gepflegt, **α** durch Nahrung **gepflegt, genährt,** bene c., August. b. Macr. sat. 2, 4. § 14. – **β** mit Kleidern usw. **herausgeputzt, geschmückt, geziert,** milites c., Suet.: adulter c., Ov.: sacerdos veste candidā cultus, Plin.: matrona culta purpurā, Suet.:

minister quo nec filia cultior nec uxor, Mart.: femina cultissima, Ov.: forsitan ex horum numero cultissimus ille fur sit, Ov. – m. Angabe **wie?** durch *Advv.*, turba muliebriter c., Curt.: non formosa est, non bene c. puella, Ov. – **b** durch Kunst, Unterricht **gepflegt, ausgebildet, gebildet, verfeinert, veredelt** (bei Cic. nur im Gleichnis mit der Pflege des Ackers, s. Cic. Tusc. 2, 13), sonum linguae et corporum habitum et nitorem cultiora quam pastoralia esse, Liv.: cultiora tempora et ingenia, Curt.: c. carmina, Ov.: terrae cultiores, wo mehr Bildung herrscht, Gell.: vita cultior, Iustin. – v. Pers., Tibullus c., Ov.: turba cultior, das gebildetere Publikum (Ggstz. corona sordidior), Sen.: redire fere cultiores doctioresque, Gell.: hic fuit sermone cultissimus, Aur. Vict. – subst., cultiores, die Gebildeteren, Frontin, aqu. 3.

2. cultus, ūs, *m.* (colo), die **Pflege, Abwartung, I** im engeren Sinne, die **Pflege, Abwartung** des Ackers, der Bäume usw., die **Bearbeitung, Bebauung,** der **Anbau, die Anpflanzung, Kultivierung, Kultur,** m. objekt. *Genet.*, c. hortorum, Col.: viridium, Sen. rhet.: c. agri, Flor.: c. agrorum, Liv.: Plur., cultus agrorum, Cic. u. Lact.: cultus et agitationes agrorum, Col.: genus hominum suetum rapinis magis quam agri cultibus, Sall. fr.: tum patitur cultus ager, Ov. – m. subj. *Genet.*, nullius agricolae od. agricolarum, Cic.: insulam Gyarum immitem et sine cultu hominum esse, Tac. – m. Adjj., mons vastus ab natura et humano cultu, Sall.: sine ullo humani cultus vestigio, Curt.: humani cultus rara vestigia, Curt.: regiones omni cultu propter vim frigoris aut caloris vacantes (Ggstz. reg. habitabiles), Cic. – absol., Talge sine cultu fertilis, Mela: frigida haec omnis duraque cultu et aspera plaga est, Liv. – im Plur. meton., **Anbaue, Anpflanzungen** = angebaute, angepflanzte Felder, omnes cultus fructusque Cereris in iis locis interisse, Cic. Verr. 4, 114.

II im weiteren Sinne: **1** die physische u. geistige **Pflege, Abwartung, a** die physische Pflege, **α** die **Pflege und Abwartung,** der **Unterhalt,** die **Nährung,** m. obj. *Genet.*, c. et curatio corporis, vestitus cultusque corporis, Cic.: victus cultusque corporis, Caes. – m. subj. *Genet.*, oves neque ali neque sustentari neque ullum fructum edere ex se sine cultu hominum et curatione possunt, Cic. – absol., copia ex inopia, cultus ex illuvie tabeque, Liv. – **β** die verschönernde **Pflege** des Körpers, das **Schmücken, Putzen,** nunc cultus corporum nimius et formae cura prae se ferens animi deformitatem, Sen.: circa capitis sui cultum occupata (Semiramis), Frisieren, Val. Max.: eripi feminis cura cultusque sui non potest, Sorge für die verschönernde Körperpflege, für die Verschönerung des Teints (durch Entfernung der Finnen, Sommersprossen usw.), Cels.: omne studium ad curiosiorem sui cultum conferre, auf eine sorgfältigere Herausputzung ihrer Person richten (v. Frauen), Val. Max. – **γ** die auf das ganze äußere Leben gerichtete Pflege, die **Lebensweise,** die **Lebenseinrichtung** (vollst. cultus vitae, Cic.), u. in Bezug auf noch nicht Erwachsene auch die physische **Erziehung,** oft verb. cultus victusque, victus atque cultus, Cic. u. a.: ebenso cultus vestitusque, Nep. – c. Gallorum, Caes.: cultus humanitasque provinciae, Caes.: c. magnae fortunae, einer hohen Stellung angemessene, Liv.: c. delicatus, delicatior, mit allem Komfort und Luxus ausgestattete, Val. Max. u. Suet.: filiam omni liberali cultu habere, Liv.: alqm eodem cultu quo liberos suos domi habere, Sall.: alqm humili cultu educare, Liv.: ultra Aethiopiam cultu Persarum agere, Sall. fr. – prägn. = die **üppige Lebensweise,** die **Üppigkeit,** cultus ac desidia imperatoris, Liv.: lubido stupri, ganeae ceterique cultus non minor incesserat, Sall. – **δ** die auf den äußeren Schmuck der Kleidung, Bewaffnung usw. gerichtete Pflege und die dazu verwendeten Dinge, die **Ausstattung,** der **Anputz, Aufputz,** der **Aufzug,** der **Putz, Staat,** die **Kleidung, Garderobe,** munditiae et ornatus et cultus, haec feminarum insignia sunt; ... hunc mundum muliebrem appellarunt maiores nostri, Liv.: suus equorumque c., Curt.: c. Punicus habitusque, Liv.: c. amoenior, Liv.: militaris, Liv.: c. miserabilis, Sall.: c. muliebris, Quint.: c. iusto mundior, Liv.: c. pastoralis, Vell.: c. rusticus, Liv.: induere cultum famularem, Val. Max.: colligere cultum suum, seinen Roquelaure aufnehmen, Petron.: ornare alqm optimā veste ceteroque regio cultu, Nep.: Persarum cultum imitari, Iustin.: omni cultu triumphantium uti, Vell. – etiam Veneris cultu (im Schmuck der Venus, als Venus) conspectus est, Suet.: Plur., cultus dotales, Brautschmuck, Tac. ann. 16, 31: non his instrui cultus suos, Tac. ann. 13, 13. – v. lebl. Ggstdn., c. triumphi, Vell.: aedes neque laxitate neque cultu conspicuae, Suet.: vehiculum cultu haud sane a vilioribus abhorrens, Curt.: arma quoque ad pristinum refecta sunt cultum, Curt. – übtr., der **Schmuck** der Rede, scribere non sine cultu et nitore, Quint.: carere cultu ac sententiis Atticis, Quint.: locus exquisite et poëtico cultu enituit, Tac. dial. – **b** die **Pflege, Behandlung** durch Kunst, Unterweisung, Unterricht usw., die **Ausbildung, Bildung,** dah. auch die geistige **Erziehung,** animorum corporumque c., Liv.: c. ingenii, Gell.: doctrina rectique cultus, Hor. – absol., quid tam dignum cultu atque labore ducamus, quam etc., Quint.: aspera sano levare cultu, Hor.: genus hominum ad honestatem natum malo cultu corruptum, Cic.: de natura cultuque eius pauca dicere, Sall.: homines a fera agrestique vita ad hunc humanum cultum civilemque deducere, zu diesem Zustand menschlicher u. staatlicher Kultur, Cic.: cultui est hoc legisse, Gell.: cultum liberorum procurare, Gell. – **c** die **Gewöhnung,** gens aspera cultu, Verg.: mit mos verb., Sitte und Zucht, Verg.

2 die tätliche **Pflege** übh., **a** durch unablässiges Üben, die **Pflege, Übung, Beschäftigung** mit usw., animi, geistige Übung, geistige Beschäftigung, Cic. de fin. 5, 54: studiorum liberalium, Sen. de brev. vit. 18, 4: cultus et studium philosophiae, Gell. 10, 22, 2: litterarum, Iustin. 9, 8, 18. Gell. 14, 6, 1: quos (barbaros reges) nulla eruditio, nullus litterarum cultus imbuerat, Sen. de ira 3, 17, 1. – **b** durch Verehrung, **α** einer Gottheit, die **Verehrung, Anbetung,** der **Kultus,** der **Dienst** (Ggstz. contemptus, Lact. 5, 19, 11), c. deorum, Cic.: c. numinum, Tac.: religio veri dei cultus est, superstitio falsi, Lact.: alqm ad deorum cultum erudire, Cic.: animos hominum a cultu deorum avocare, Val. Max.: institutum deorum cultum omittere, Val. Max.: deficere a cultu idolorum, Lact.: cultui Christiano adhaerere, Amm.: primus est deorum cultus deos credere, Sen. – im Plur., deorum cultus religionumque sanctitates, Cic.: cultus iusti ac pii, Lact. – u. die verehrende **Ausübung,** c. religionis, Augustin. de divin. daem. *no.* 3 *in.*: exquisitus religionis c., Val. Max. 5, 2, 1: exquisitus et novus religionis c., Val. Max. 2, 4, 4. – **β** eines Menschen, die **Verehrung,** die **Achtungsbezeigung,** die jmdm. **dargebrachte Huldigung,** c. meus, die mir dargebr. H., Tac.: c. sui, Tac. – benevolis officium et diligens tribuitur cultus, Cic.: observantia, per quam homines aliquā dignitate antecedentes cultu quodam et honore dignantur, Cic.

3. cultus, a, um (*culo, wov. occulo) = occultus, **ganz unbemerkt,** Vopisc. Aurel. 24, 1.

cululla, ae, *f.*, s. culilla.

cūlus, ī, *m.* (viell. zsgz. aus cusillus, *Demin.* v. κυσός), die Mündung des Mastdarms, der **Hintere,** als obszöner Ausdruck, das **Loch,** Catull. 23, 19 u. ö. Cic. Pis. 8. Mart. 3, 98, 1.

1. cum (altl. **quom**), *Coni.* (ein alter *Acc. gen. neutr.* von qui), **I** zu Angabe der Zeit, **A** im Allg.: **1 wenn, als,** is qui non defendit iniuriam, cum potest, iniuste facit, Cic.: bes. mit vorausgehendem *tum, tunc, nunc, iam,* od. einem die Zeit bestimmenden Substant., wie *tempus, annus, mensis* u. a., fructus ingenii tum maxime capitur, cum in proximum quemque confertur, Cic.: cum primum, sobald als, Cic. – m. *Praes. hist.* od. aorist. *Perf.* od. *Imperf.*, auch mit *Infin. hist.*, wenn in der lebhaften Darstellung das Verhältnis der Sätze umgekehrt wird, dies haud multi intercesserant, cum legati venerunt, Liv.: dies nondum decem intercesserant, cum ille necatur, Cic.: caedebatur, cum nullus gemitus audiebatur, Liv.: iam dies consumptus erat, cum tamen barbari nihil remittere atque acrius instare, Sall.: häufig mit *repente, subito, interim, interea* u. a. verb., cum repente iubetur dicere, Cic. – **2 so oft als, so oft etwa, wenn etwa,** cum ad aliquod oppidum venerat, in cubiculum deferebatur, Cic. – mit *Coniunctiv,* veniebat in theatrum, cum ibi concilium populi haberetur, Nep. – **3 seit,** multi anni sunt, cum Fabius in aere meo est, Cic.

B insbes., mit dem Nbbegr. **1** einer relativen Bestimmung, bes. nach Subst. wie *tempus, dies* u. a., **als, wo,** fuit quoddam tempus, cum homines vagabantur, Cic.: fuit, cum hoc dici poterat, Liv. – m. *Coniunctiv,* wenn der Zeitbegriff nach seiner Beschaffenheit näher erklärt werden soll, fuit tempus, cum rura colerent homines, Varro: fuit, cum arbitrarer, Cic.: saepe audivi, cum diceret, Cic. – **2** eines kausalen Zusammenhangs, **wenn,** cum imperium abrogabat, poterat videri facere id iniuste, Cic.: tibi maximas gratias ago, cum tantum litterae meae potuerunt, Cic. – **3** eines hypothetischen Zusammenhangs, **wenn,** nulla est haec amicitia, cum alter verum audire non vult, alter ad mentiendum paratus est, Cic.: in hominem dicendum est, cum oratio argumentationem non habet, Cic.: praeclare facis, cum puerum diligis, Cic.: dah. auch in konzessivem Zusammenhang, **wenn, wenn auch,** pauci potentes cum tabulas ... emunt, tamen divitias vincere nequeunt, Sall. – Bes. in der Verbindung cum ... tum, die zwei Sätze aneinanderreiht. Steht in beiden Sätzen nur **ein** Verbum, so ist der *Indicat.* regelmäßig; hat jeder einzelne aber sein eigenes Verbum, so findet sich in dem mit cum eingeleiteten gewöhnlich der *Coniunctiv.* Im ersten Fall übersetzen wir cum ... tum durch **sowohl ... als auch, nicht nur ... sondern auch,** im zweiten Fall durch **wenn auch ... so doch, sowohl ... als auch ganz besonders,** te cum semper valere cupio, tum certe, dum hic sumus, Cic.: cum plurimas commoditates amicitia contineat, tum illa praestat omnibus, Cic.: das zweite Glied auch noch durch *etiam, vero, maxime, praecipue, imprimis* u. a. verstärkt, Cic.: auch können sowohl die mit cum gebildeten Sätze (Cic. ep. 6, 4, 1) als auch die mit tum gebildeten (Cic. ep. 9, 13, 2) gehäuft werden; bisweilen wird das zweite Glied auch durch simul angereiht, Liv. 3, 50, 10. – dah. steht cum maxime ellipt., **gerade, besonders, vorzüglich, auch noch,** cum maxime volo, Ter.: nunc cum maxime, Cic.: hanc amabat, ut cum maxime, Ter.: paret cum maxime mortuo, er gehorcht ihm auch noch, wenn er tot ist, Cic.: quae fiunt cum maxime, was häufig noch geschieht, Cic.

II zur Angabe der Ursache, mit *Coniunctiv,* **A** im Allg., **da,** cum valetudo et vita sine amicis insidiarum et metus plena sit, ratio ipsa monet amicitias comparare, Cic.: cum in communibus suggestis consistere non auderet, contionari ex turri alta solebat, Cic.: cum interemisset Clitum, vix a se manus continuit, Cic.: dah. quippe cum, utpote cum, zum Ausdruck einer subjektiven Ansicht des Redenden, Cic.

B insbes., mit dem Nbbgr. **1** des zeitlichen Zusammenhangs, bes. in der Erzählung, wo im Nebensatz das Imperf. od. Plusquamperf. steht, **als, da,** Zenonem, cum Athenis essem, audiebam frequenter, Cic.: Antigonus cum pugnaret, occisus est, Nep.: Epaminondas cum vicisset Lacedaemonios, quaesivit, Cic. – **2** eines konzessiven Zusammenhangs, **da doch, obgleich,** Druentiae flumen, cum aquae vim vehat ingentem, non tamen navium patiens est, Liv.: cum rho dicere nequiret, exercitatione fecisse, ut etc., Cic.: Socratis ingenium immortalitati Plato scriptis suis tradidit, cum ipse litteram Socrates nullam reliquisset, Cic. – ► Im Plaut. schreibt man quom, in allen übrigen Schriftstellern cum, bisweilen quum.

2. cum, *Praep.* m. *Abl.* (auf Inschrn. auch cun u. con u. quom, in Hdschrn. auch quom geschr.) = ξύν od. σύν, **mit, samt, nebst, nicht ohne** (Ggstz. sine), zuw. verb. unā cum, simul cum (s. unā u. simul), **zusammen mit, zugleich mit, I** im Raum: **a** zur Ang. des Zusammenseins, der Gesellschaft, der Begleitung, semper ille antea *cum* uxore, tum *sine* ea, Cic. Mil. 55. – u. so esse, vivere, agitare, habitare, cenare, dormire cum alqo, s. d.: ire, abire, redire cum alqo, s. d.: mittere, dimittere, praemittere cum alqo, s. d.: alqm secum habere, secum ducere und ähnliche Verba, wo das Nähere zu finden sein wird. – m. Lebl., cum omnibus suis carris sequi, Caes.: cum impedimentis venire, Caes.: alqm cum litteris dimittere, Sall.: in tabernaculo sellam auream cum sceptro ac diademate iussit poni, Nep.: semper aliquid secum afferunt tuae litterae, Cic.: quidquid vides currit cum tempore, Sen. – u. im Unwillen (s. Fabri Sall. orat. Licin. § 18. p. 436), abi hinc cum donis tuis tam lepidis, Ter.: abi hinc cum tribunatibus et rogationibus tuis, Liv.: abi hinc cum immaturo amore ad sponsum, Liv. – Auch in Verbindungen wie Liber pater et cum Castore Pollux, Hor., oder negaretis hoc mihi cum dis, Liv., od. dux cum principibus capiuntur, Liv., od. Demosthenes cum ceteris erant expulsi, Nep. ist der Begriff der Begleitung festzuhalten.

So nun bes.: **α** bei Ang. der Begleitung eines Befehlshabers od. Untergebenen, eines Wächters od. Schützers, **mit** = in Begleitung, im Geleit von usw., eā (auf diesem Wege) cum Magone equites Hispanorum praemissos, Liv.: duumviros navales cum classe Pisas ire, Liv.: rex Hellespontum cum exercitu transiit, Liv.: consul iam cum legionibus mare traiecit, Liv.: reliquos cum custodibus in aedem Concordiae venire iubet, mit (unter) Bedeckung, Sall.: in hanc opimam mercedem, agite, cum dis bene iuvantibus arma capite, im Geleit der h. G., Liv.: so auch cum dis volentibus, Cato. – **β** bei Ang. des gemeinschaftl. Besitzes **mit** jmd., unum imperium unumque magistratum habere cum ipsis, Liv.: alia omnia sibi cum collega (esse) ratus, alle anderen Obliegenheiten habe er mit dem K. gemeinschaftlich, Liv. – **γ** bei Ang. des gemeinschaftlichen Wirkens mit jmd., **mit** = in Gemeinschaft mit, in Verbindung mit, im Verein mit, unter Mitwirkung von, verbunden mit, praedas bellicas imperatores cum paucis diripiebant, Sall.: Varro cum iis quas habebat legionibus ulteriorem Hispaniam tueatur, Caes.: in postremo C. Marius cum equitibus curabat, Sall.: Bocchus cum peditibus invadunt, Sall.: bellum gerere cum Aegyptiis ad versus regem, Nep.: cum alqo contra alqm arma ferre, Nep. – ebenso facere, stare cum alqo, s. d. – **δ** bei Ang. des Verkehrs, **mit** = im Verkehr, im Umgang mit, in Verbindung mit, cum alqo se delectare od. se oblectare, Cic.: is quicum (= quocum) familiaritas fuerat, societas erat, Cic. (so auch 1. pāx, foedus cum alqo, s. pax, foedus): nihil cum potentiore iuris humani relinquitur inopi, Liv.: cum patrono Epicureo mihi omnia sunt, Cic.: mihi ante aedilitatem nihil erat cum Cornificio, Cic.: u. (mit Lebl.) quid mihi, inquit, cum ista summa sanctimonia ac diligentia? Cic. – orationem habere cum multitudine, Cic.: agere cum alqo, s. d.: reputare cum animo, secum und dgl., s. d. – und v. feindl. Verkehr, **mit,** pugnare, dimicare, certare, confligere, contendere cum alqo, s. d.: queri cum alqo, querelae cum alqo, s. d. – **ε** bei Ang. der Vereinigung, Verknüpfung, der Übereinstimmung, sowie der Trennung, Abweichung u. dgl., z. B. iungere, coniungere, conectere cum alqo u. dgl., s. d. – sentire, consentire, congruere cum alqo u. dgl., s. d. – distractum esse, dissidere, discrepare, dissentire, differre cum alqo u. dgl., s. d.

b zur Ang. des Versehenseins mit etw., **mit, in** = versehen, bekleidet, ausgerüstet, ausgestattet, bewaffnet, begabt, behaftet mit usw., **α** v. leb. Wesen: cursitare cum Sicyoniis (in siz. Schuhen), Rhet. Her.: cum pallio purpureo versabatur in conviviis, Cic.: cum tunica pulla sedere solebat et pallio, Cic.: cives Romanos cum mitella saepe vidimus, Cic.: cum purpurea veste processit, Cic.: cum ramis oleae ingressi curiam, Liv.: quaestores cum fascibus mihi praesto fuerunt, Cic.: illum dicis cum armis aureis, mit der g. Rüstung (= der die g. Rüstung trägt, anhat), Plaut.: alqm pingere cum clipeo, Plin.: esse cum libro (ein Buch in der Hand haben), Cic.: esse cum catenis, K. tragen, Plaut.: esse cum telo, eine Waffe bei sich führen (was in Rom verboten war), Cic.: domi Caesaris deprehensum esse cum sica, Cic.: cum gladio cruento comprehensum esse in illo ipso loco, Cic.: in alqm cum ferro invadere, Cic.: cum telis impetum facere in alqm, Cic.: collocari cum gladiis, Cic. – porcus cum capite humano natus, Liv.: agnus biceps cum quinque pedibus natus, Liv.: Auximi nata puella cum dentibus, Liv. – iste adulescens cum hac dis irata fronte, Cic.: cum febri domum redire, Cic.: cum gravi vulnere ferri ex proelio, referri in castra, Liv. – legatos cum auctoritate (Vollmacht) mittere, Cic.: esse cum imperio, unumschränkte Gewalt-, den Oberbefehl haben (dagegen esse in imperio = ein höheres Staatsamt bekleiden), Cic.: ebenso nemine cum imperio aut magistratu tendente quoquam quin deverteret Rhodum, Suet: alqm cum imperio habere apud exercitum, Nep.: privatus sit an cum potestate, Cic. (vgl. Korte Cic. ep. 1, 1, 7.

Zumpt Cic. Verr. 3, 74. p. 890). – erat T. Iuventius non indoctus et magna cum iuris civilis intellegentia, Cic.: abire cum gloria poterant, si etc., Curt. – **β** v. Lebl.: salinum cum sale, Plaut.: olla cum aqua, Cato: fisci complures cum pecunia Siciliensi, Cic.: scrinium cum litteris, Sall.: duo pocula non magna, verum tamen cum emblemate, Cic.: currus cum falcibus et elephanti cum turribus, Gell. – bei Ang. des Ertrags, ager efficit cum octavo, cum decimo, bringt das achte, zehnte Korn, achtfältig, zehnfältig, Cic.: ut ex eodem semine aliubi cum decimo redeat, aliubi cum quinto decimo, Varro: cum centesima fruge agris fenus reddente terrā, Plin. – v. Zuständen, gloria est frequens de aliquo fama cum laude, Cic.: ut viginti annorum militiam cum illa virtute, cum illa fortuna taceam, Liv.

c bei Ang. des Mittels u. Werkzeugs, **mit,** z. B. ista cum lingua culos lingere, Catull.: extemplo silentio facto cum voce maxima conclamat, Claud. Quadrig. fr.: caede caudam cum tabula aliqua non ponderosa, Veget. mul. – u. so der gramm. *t. t.*, scribi cum littera quadam, z. B. terra in augurum libris scripta cum R uno, Varro LL. 5, 21.

II in der Zeit, **a** übh. bei Ang. des Gleichzeitigen, **mit, bei, gleichzeitig mit, unmittelbar nach** (zuw. auch verb. pariter cum, simul cum; s. Ter. adelph. 5, 3, 55. Korte Sall. Iug. 68, 2 u. Lucan. 5, 678), abs te abii hinc hodie cum diluculo, Plaut.: cum prima luce Pomponii domum venire, Cic.: cum primo mane Leptim vehi, Auct. b. Afr.: so cum primo lumine solis, Verg.: u. bei den Dichtern oft cum sidere, Catull., cum luce, Ov., cum sole, Verg. – pariter cum ortu solis castra metari, Sall.: pariter cum occasu solis expeditos educere, Sall.: simul cum sole expergisci, Cic.: simul cum occasu solis egredi, Sall. – exiit cum nuntio Crassus, Caes.: cum his nuntius Romam ad consulendum redit, Liv.: simul cum domo designavit templo Iovis fines, Liv. – Ggstz., ut quaeratur, quid *ante* rem, quid *cum* re, quid *post* rem evenerit, Cic. top. 51.

b bei Ang. gleichzeitiger Nebenumstände (sowohl äußerer Umstände als Gemütszustände), **mit, unter, nicht ohne** (Ggstz. sine, s. Suet. Cal. 16, 3 legata ex testamento Iuliae Augustae *cum* fide ac *sine* calumnia repraesentata persolvit), alqm cum cruciatu necare, Caes.: risus omnium cum hilaritate coortus est, Nep.: cum clamore in forum curritur, Liv.: cum silentio (in der Stille, lautlos, geräuschlos) audiri, ad alqm convenire, Liv. – obsides summa cum contumelia extorquere, Caes.: magno cum periculo suo (für sie) in eam turbam incīderunt, Liv.: summa cum celeritate ad exercitum redire, Hirt. b. G.: multis cum lacrimis obsecrare, Caes.: alqd magno cum gemitu civitatis auferre, Cic.: cum gratulatione et ingenti favore populi domum reduci, Liv.: semper magno cum metu incipio dicere, Cic. – so oft in den Verbindungen cum (magna) cura, cum (bona) gratia, cum (bona) pace, cum (bona) venia, s. cūra, grātia, 1. pāx, venia. – zuw. auch bei Ang. von unmittelbar aus einer Handlung hervorgehenden Wirkungen u. Folgen, **zu, zur, zum,** quo die ad Alliam cum exitio urbis foede pugnatum, Liv.: illo itinere venit Lampsacum cum magna calamitate et prope pernicie civitatis, Cic.: magno cum periculo provinciae futurum, ut etc., Caes.: magna cum offensione civium suorum redire, Nep.: maxima cum offensione patrum abire consulatu, Liv.: summa cum offensione Pompeii domi remanere, Cic. – endlich auch bei Ang. eines gleichzeitig als Bedingung od. Beschränkung eintretenden Nebenumstandes, **nur mit, doch nur mit** (s. Fabri Sall. Iug. 86, 3), z. B. liberalitas si cum mercede (benigna est), conducta est, Cic.: quibus videmus optabiles mortes fuisse cum gloria, Cic.: omnia cum pretio honesta videntur, wenn es nur Geld einträgt, Sall. – so bes. cum eo, quod od. ut od. ne, **unter der Bedingung (Beschränkung), dass** od. **dass nicht** usw., **dergestalt-, doch so-, außerdem dass** od. **dass nicht** usw. (griech. ἐπὶ τούτῳ, ἐφ' ᾧτε u. bl. ἐφ' ᾧτε m. folg. Infin.), sit sane, quoniam ita tu vis, sed tamen cum eo, credo, quod sine peccato meo fiat, Cic.: Antium nova colonia missa cum eo, ut Antiatibus permitteretur, Liv.: obsequar voluntati tuae cum eo, ne dubites id opus geometrarum magis esse quam rusticorum, Col.: cum eo tamen, ne quis, qui valere et sanescere volet, hoc cotidianum habeat, Cels. – u. cum eo, quod = **außerdem dass,** hoc cum eo quod candidos facit dentes, tum etiam confirmat, Scrib. 60: u. cum eo, ut = **mit dem Umstand, dass** usw., **sodass zugleich,** Liv. 8, 14, 2; 30, 10, 21; 36, 35, 3. – ► cum wird dem *Abl.* der Personalpron. immer (s. Cic. or. 154), dem *Abl.* des Relativpron. häufig angehängt, also mecum, tecum, secum, nobiscum, vobiscum, quocum (quîcum), quācum, quocum, quibuscum; nicht selten aber auch (bei Livius, Vellejus u. Curtius immer) cum quo, cum qua, cum quibus. – Spätlat. mit *Acc.*, cum uxorem suam, Rossi inscr. Chr. 144.

cūma, s. cȳma.

Cūmae, ārum, *f.* (Κύμη, dah. auch lat. **Cȳmē,** ēs, *f.*, Sil. 13, 494. Stat. silv. 4, 3, 65), uralte griech. Kolonie an der Küste von Kampanien, in der Nähe von Bajä, gegründet von Kyme in Äolis in Verbindung mit Chalcis und Eretria auf Euböa, blühend durch Handel u. Manufaktur (Linnen, Töpferwaren von roter Erde), Vell. 1, 4, 1 (vgl. Liv. 8, 22, 6). Verg. Aen. 6, 2. Hor. ep. 1, 16, 11. Cael. in Cic. ep. 8, 1, 2: zu Juvenals Zeit ein menschenleerer Ort, dah. vacuae Cumae, Iuven. 3, 2. – Dav.: **A Cūmaeus** (Cȳmaeus), a, um (Κυμαῖος), **kumäisch,** urbs, Kumä, Verg.: antrum, Sil.: Sibylla, Verg. u. Ov.: u. dies. vates, Prop. u. Val. Flacc., anus, Ov.: virgo, Ov.: dux (*sc.* Aeneae), Ov.: carmen, der Sibylle, Verg.: Cumaeos in annos vivant, sehr lange (wie die Sibylle), Ov. – **B Cūmānus,** a, um, kumanisch, Cic. u. a.: calices (s. oben), Varro fr.; vgl. fictaque Cumanā lubrica terra rotā, kumanische irdene Gefäße, Tibull.: u. so Cumano orbe patinae tortae, Stat.: Cumano pulvere rubicunda testa, Mart.: Apollo, der in Kumä verehrte, Flor.: Sibylla, Varro fr.: vates, die Sibylle, Lucan.: Aquae Cumanae, das späterhin unter dem Namen Baiae (s. d.) so berühmte Bad, Liv. 41, 16, 3. – subst., **a** Cūmānī, ōrum, *m.*, die Einw. von Kumä, die **Kumaner,** Liv. u. Vell. – **b** Cūmāna, ae, *f.*, ein **kumanisches** (irdenes) **Gefäß,** Apic. 5, 203 u. 205. – **c** Cūmānum, ī, *n.*, **α** das kumanische Gebiet, das **Kumanische,** in Cumano, Plin. – **β** ein dem Cicero gehöriges Landgut in der Nähe von Kumä, Cic.

cūmātilis, e (v. κῦμα, die Welle, s. Non. 548, 8), **meerfarben, wasserblau,** colos, Titin. com. 114. – subst., cūmātile, is, *n.*, ein **Kleid von wasserblauer Farbe,** Plaut. Epid. 233.

cūmatium, s. cȳmatium.

cumba, s. cymba.

***cumbo,** ere, das Stammwort zu accumbo u. a.

cumbula, s. cymbula.

cumera, ae, *f.* u. **cumerum,** ī, *n.*, ein **Behältnis** aus Weidenflechtwerk, **I** (Form -a) zur Aufbewahrung des **Getreides, Getreide-, Kornbehälter,** noch heute in Sizilien *cannicci* gen., Hor. sat. 1, 1, 53 (dazu Acro); ep. 1, 7, 30; vgl. Paul. ex Fest. 50, 7. – **II** (Form -um) für die Utensilien der Braut, Varro LL. 7, 34. Paul. ex Fest. 50, 7, der auch p. 63, 11 in dieser Bedeutung die Form -a hat.

cumīnātus (cymīnātus), a, um (cuminum), **mit Kümmel versehen, -gemischt,** sal, Pallad. 12, 22, 5. – subst., cumīnātum (cimīnātum), ī, *n.*, **Kümmelbrühe** (bestehend aus Kümmel u. anderen Gewürzen, Essig u. Honig), Apic. 1, 30.

cumīnīnus, a, um (cuminum), **aus Kümmel, Kümmel-,** oleum, Ps. Apul. herb. 74, 4.

cumīnum (cymīnum, -on, spätlat. cimīnum u. comīnum), ī, *n.* (κύμινον), der (bleichmachende) **Kümmel** (*Carum Carvi,* L.), Varro LL. 5, 103. Hor. ep. 1, 19, 18. Plin. 19. § 153. 161. 176. Petron. 49, 5. Arnob. 7, 16. Apic. 1, 30 u. 33: c. mundum, Edict. Diocl. 1, 32. Apic. 4, 137. – meton. = **Kümmelöl,** Apic. 7, 269 u. 270.

cumma (gumma), *n.* (spät. Nbf. von cummi, gummi), **Gummi,** Pallad. 11, 12, 6 zw. (*al.* gummi).

cummātus (gummātus), a, um (cummi, gummi), **Gummi enthaltend,** in omnibus cummatis (verst. arboribus), Pallad. 11, 12, 6.

cum-māximē, s. 1. cum *no.* I, B, 3.

cummi (commi, gummi), *n. indecl.* (κόμμι, τὸ) u. **cummis** (commis, gummis), is, Akk. im, Abl. ī u. (selten) e, Genet. Plur. ium, *f.*, **Gummi** (nicht **Harz),** cummi Alexandrinum, Scrib.: cummis optima, pura, Plin.: cummis Alpina, Cinna fr.: cummis Alexandrina, Scrib.: cummim indito, Cato: dolia crassā gummi linere, Col. – ► griech. Genet. gummeos, Mart. Cap. 3. § 225. – spät. Nbf. gumen, Pallad. 12, 7, 5 u. Isid. 17, 7, 70: Nbf. gummus, Gargil. Mart. de pom. 16.

cummino (gummino), āre (cummi, gummi), **Gummi ausschwitzen,** prunus inserenda est antequam cumminet, Pallad. 2, 15, 20.

cumminōsus (gumminosus), a, um (cummi), **gummireich,** bdellium, Plin. 12, 36: umor, Plin. 16, 181: folia, Plin. 22, 24.

cummis (gummis), is, *f.*, s. cummi.

cummītio (gummītio), ōnis, *f.* (cummi, gummi), das **Bestreichen** od. **Verschmieren mit Gummi,** Col. 12, 52, (50) 17.

cum-prīmē, *Adv.* = *cumprimis,* Cic. de div. 1, 68 M. Claud. Quadrig. b. Gell. 17, 2, 14.

cum-prīmīs (auch cum primis), mit den ersten, **vornehmlich, besonders,** Plaut., Cic. u. a.

cumquam = umquam, Plaut. mil. 648 Br.; vgl. Brix Plaut. trin. 158.

1. cumque (cunque, quomque), *Adv.* (cum u. que), dient zur Verallgemeinerung irgendeines Falles, einer Zeit usw., **wie-, wann auch, wie-, wann auch immer, a** gew. mit relat. Pronominen u. Pronominaladverbien verb. quicumque, qualiscumque etc., ubicumque, quotiescumque etc., s. d. – **b** selten allein (vgl. Lübker Hor. carm. 1, 32, 15), quae demant quomque dolorem, was Schmerz überhaupt benehme, Lucr.: cum solis lumina cumque inserti fundunt radii, auf welche Weise immer, Lucr.: mihi cumque salve rite vocanti, ich mag rufen, wann ich will, Hor.

2. cumque = et cum, Plaut. merc. 794.

cumulanter, *Adv.* = cumulate (s. d.), Eccl.

cumulāre, is, *n.*, die **Verbindung der Nieren,** Veget. mul. 6, 1, 2 u. 2, 2.

cumulātē, *Adv.* m. *Compar.* u. *Superl.* (cumulatus), **in gehäuftem, reichlichem Maße, zur vollen Genüge, reichlich,** si pro vestris in me meritis parum vobis cumulate gratias egero, Cic.: cumulate publicanis satis factum (est), Cic. ep.: quod prolixe tibi cumulateque contigit, Plin. pan.: quoniam coepi cumulatius hoc munus augere, quam a te postulatum est, Cic.: nec enim tu mihi habuisti gratiam, verum etiam cumulatissime rettulisti, Cic.: cumulatissime pars reddita est, Augustin. epist. 20, 1.

cumulātim, *Adv.* (cumulatus), **haufenweise, in Menge,** Varro r. r. 3, 15, 2. Prud. apoth. 717 u. 739.

cumulātio, ōnis, *f.* (cumulo), die **Vermehrung,** der **Zuwachs,** buccarum, Arnob. adv. nat. 1, 14: annua, Cassiod. var. 11, 38.

cumulātor, ōris, *m.* (cumulo), der **Häufer,** c. donorum suorum *in* homines, Iul. bei Augustin. c. Iul. Pelag. 5, 1, 2.

cumulātus, a, um, *PAdi.* m. *Compar.* u. *Superl.* (cumulo), **gehäuft,** übtr., **a** v. Lebl. = **vermehrt, vergrößert, erhöht, gesteigert** (Ggstz. imminutus), Hesiodus eādem mensurā reddere iubet, quā acceperis, aut etiam cumulatiore, si possis, Cic.: cum modus intercalandi interdum cumulatior, interdum fieret imminutior, Solin.: id efficiebat multiplex gaudium cumulatioremque gratiam rei, steigerte das Dankgefühl, Liv.: spreta in tempore gloria interdum cumulatior rediit, hat höhere Zinsen eingebracht, Liv.: u. poet. quam (veniam) mihi cum dederis, cumulatam morte remittam, will ich durch m. T (bei m. T.) in gehäuftem Maße vergelten, Verg. – u. = **das volle Maß erreicht habend, zur vollen Genüge erreicht, auf den Gipfel (der Vollendung) gebracht, voll, vollständig,** anulorum aureorum tres modios cumulatos Carthaginem misit, Fronto: tamen Idibus Martiis tantum accessit ad amorem, ut mirarer locum fuisse augendi in eo, quod mihi iam pridem cumulatum etiam videbatur, Cic.: hoc sentire et facere perfectae cumulataeque virtutis est, ist der Gipfel der vollkommenen Tugend, Cic.: neque ulla alia huic verbo, cum beatum dicimus, subiecta notio est nisi secretis malis omnibus cumulata bonorum complexio, der vollständige Inbegriff, Cic. – **b** v. Pers., m. *Genet.* = **überhäuft** mit etw., homo ineptitudinis cumulatus, Caecil. com. 61: scelerum cumulatissume, Plaut. aul. 825.

cumulo, āvī, ātum, āre (cumulus), **häufen, I** in einen Haufen bringen, **häufen, aufhäufen, aufschichten, auftürmen, 1** eig.: **α** sächl. Objj.: stipites, Curt.: sabulum, Curt.: cumulatae subinde arenae, Curt.: nix cumulata vento, Curt.: c. sarcinas in aquas, Liv.: cetera omnis generis arma in ingentem acervum, Liv.: super (obendarauf) aliā strue saxorum arborumque cumulatā, Curt. – bes. sammelnd **aufhäufen,** aurum argentumque, Curt.: opes, Curt.: tantas opes longā aetate liberis posterisque (seinen K. u. N.), Curt. – **β** pers. Objj., bes. im Kampf, cumulatur et concĭdit adversariorum multitudo, fällt haufenweise, Auct. b. Hisp. 31, 3: agmina sua improvide subinde, Curt.: tot fortissimi viri, qui circa eum cumulati iacent, Liv.: in fossam compulsos ruinā cumulant, stürzen sie haufenweise übereinander, Liv. – **2** übtr.: **a häufen** übh.: ut aliud super aliud cumularetur nostrae familiae funus (Leiche, Sterbefall), Liv.: cum aliae super alias clades cumularentur, Liv. – **b** insbes., **häufen** = gleichs. in Haufen vorbringen, -antun, c. omnia principatus vocabula, Tac.: omnes in alqm honores, Tac.: tantum honorum atque opum in alqm, ut etc., Tac.: probra in legatum, Tac. (vgl. Walch Tac. Agr. p. 337).
II mit einem Haufen versehen, **1** (in Prosa seit Liv.) eig., **gehäuft** od. **hoch bedecken, gehäuft** od. **hoch anfüllen, α** sächl. Objj., gew. m. Ang. **womit?** altos fervida musta lacus cumulant, Ov.: locus, qui strage semiruti muri cumulatus erat, Liv.: cumulatae corporibus fossae, Tac. – c. altaria non ture modo, sed omnibus odoribus, Curt.: is, propter quem arae sacrificiis fument, honore (Weihrauch), donis cumulentur, Liv.: u. poet., c. viscera mensis Thyestēis, überladen, Ov. met. 15, 462. – *Partic. Perf.* ohne Ang. womit? cumulata ligula salis cocti, Col.: cumulatum cochlear musti, Col.: sumere ex cornibus (vom Hirschhorn) cochlearia tria cumulata, Scrib. – **β** m. pers. Objj.: cumulatae flore ministrae, Ov. fast. 4, 451. – **2** übtr.: **a** mit etw. **überhäufen, überschütten, α** sächl. Objj.: nunc meum cor cumulatur irā, meine Brust ist übervoll von Grimm, Caecil. com. fr.: c. eloquentiam magnis praemiis, Tac. dial. – **β** pers. Objj.: c. alqm muneribus magnis, Verg.: alqm omni laude, Cic., certatim laude, Plin. ep.: alqm apud alqm tantis laudibus, Plin. ep.: ponere (aufstellen) cumulatum aliquem plurimis et maximis voluptatibus, Cic.: etsi contentus eram tuā gloriā atque ex ea magnam laetitiam voluptatemque capiebam, tamen non possum non confiteri, cumulari me maximo gaudio (ich mit der größten Fr. erfüllt, meiner Fr. die Krone aufgesetzt werde), quod vulgo hominum opinio socium me ascribat tuis laudibus, Cic. – **b** gehäufter machen, **häufen = mehren, vergrößern, erhöhen, steigern,** iniurias, Liv.: invidiam, Liv.: gratiam (Dank) in remunerando, Cic.: haec propria ac vernacula vitia, quae natos statim excipiunt et per singulos aetatis gradus cumulantur (sich häufen), Tac. dial.: accesserunt, quae cumularent religiones animis (den G.), Liv.: aes alienum cumulatum usuris, höher aufgelaufene, Liv.: cumulare funere funus, Leiche auf Leiche häufen, Lucr. – c. eloquentiā bellicam gloriam, Cic.: c. antiquiora beneficia posterioribus, Plin. ep.: alio incredibili scelere hoc scelus, Cic.: P. Decii non coeptas solum ante sed cumulatas novā virtute laudes peragit, Liv. – **c** gehäuft voll machen = **das Maß von etw. vollmachen,** etw. **vollständig-, vollkommen machen,** etw. **krönen,** einer Sache **die Krone aufsetzen,** etw. **auf den Gipfel (der Vollkommenheit** od. **Vollendung) bringen,** c. benefacta, Plaut.: c. gaudium, die Freude vollkommen machen, Cic. ep.: atque hoc tibi vere affirmo, in maxima laetitia atque exploratissima gratulatione unum ad cumulandum gaudium conspectum atque complexum mihi tuum defuisse, Cic.: cumulata erant officia vitae, im vollen Maße erfüllt, Cic.: ii, quorum studiis ea, quae natura desiderat, expleta atque cumulata habemus, in vollem Maße befriedigt sehen, Cic.: illustrare orationem ac totam eloquentiam c., zum Gipfel der Kunst erheben, Cic. – Litorium quendam trecentesimum annum cumulasse, habe die Höhe von 300 Jahren erreicht, Val. Max. 8, 13 ext. 6. – quod (summum bonum) cumulatur *ex* (aus, infolge) integritate corporis et ex mentis ratione perfecta, das volle Maß (die volle Höhe, seinen Gipfel) erreicht, Cic. de fin. 5, 40.

cumulus, ī, *n.* (verwandt mit culmen, culmus), der **Haufen** als Spitze, der pyramidenförmig **aufgetürmte Haufen,** die **aufgetürmte Masse, I** eig.: hostium coacervatorum, Liv. (vgl. übtr. in hoc immenso aliarum super alias coacervatarum legum cumulo, Liv.): partarum rerum caelo cumulus aequatus, Val. Max.: Gallorum cumuli, Leichenhaufen, Liv.: armorum cumulos coacervare, Liv.: c. aquarum, Schwall, Ov.: c. arenae, Verg.: insequitur cumulo praeruptus aquae mons, folgt mit seiner Masse, Verg.: ebenso (amnis) … furens cumulo, Verg. – **II** übtr., das über das gewöhnliche, gehörige Maß Hinzukommende, das Maß gleichsam übervoll Machende, das **erhöhte Maß,** der **erhöhte (gesteigerte) Grad,** das **Übermaß,** der **Überschuss,** der **Zuwachs,** die **Spitze,** der **Gipfel,** die **Krone,** der **Höhepunkt** usw., dierum, Cic.: mercedis, Cic.: accedit ad alqd od. alci rei cumulus, Cic.: alqd accedit in cumulum, Cic.: magnum beneficium tuum magno cumulo auxeris, Cic.: alci afferre cumulum gaudii, jmds. Fr. die Krone aufsetzen, Cic.: u. so afferre cumulum illorum artibus, Cic. – als rhet. *t. t.*, peroratio, quam *cumulum* (Schlussstein) quidam, alii *conclusionem* (Abschluss) vocant, Quint. 6, 1, 1.

cun, s. 2. cum.

cūna, ae, *f.*, s. cūnae ►.

cūnābula, ōrum, *n.* (cunae), die Lagerstätte der kleinen Kinder u. jungen Tiere als Bett, **I** eig.: **a** der kleinen Kinder, das **Wiegenbett,** die **Wiege,** esse in cunabulis, Cic.: a primis cunabulis, von frühester Kindheit an, Col.: qui non in cunabulis, sed in campo consules sunt facti, nicht durch ihre Abstammung, Cic. – **b** die Lagerstätte der jungen Bienen, Verg.: u. der Vögel, das **Nest,** cunabula in terra facere, nisten, Plin. – **II** meton.: **1 Wiege, Wiegenort** = Geburtsort, frühester Aufenthalt, -Wohnsitz, Iovis, Prop.: gentis, Verg. – **2 Wiege** = erste Anfänge, Ursprung, urbis, Apul.: quasi cunabula quaedam et elementa virtutis, Val. Max.

cūnābulum, ī, *n.* (cunae), das **wiegenartige Gestell,** an dem die Kinder laufen lernen, nach Schol. Bern. Verg. ecl. 4, 23.

cūnae, ārum, *f.* (vgl. κοίτη, κεῖσθαι), die Lagerstätte kleiner Kinder u. Tiere, **a** der kleinen Kinder, die **Wiege,** fasciis opus est, pulvinis, cunis, incunabulis, Plaut.: regem adhuc infantem in cunis locare post aciem, Amm.: in cunis dormire, vagire, Cic.: cunarum fueras motor mearum, Mart.: cunarum labor est angues superare mearum, war schon in der W. meine Arbeit (v. Herkules), Ov. – primis cunis, in der ersten W., bildl. = in der frühesten Kindheit, noch als Wiegenkind, Ov. – **b** die **Lagerstätte,** junger Vögel, das **Nest,** sub trabibus cunas facere, nisten, Ov. trist. 3, 12, 10. – eines Toten unter der Erde, der **Schoß,** hic conquiescit cunis terrae mollibus, Anthol. Lat. 1536, 4 M. – ► Sing. cuna, ae, *f.*, Varro sat. Men. 222. Prud. dipt. 112.

cūnāria, ae, *f.* (cunae), die **Kinderwärterin,** CIL 6, 27134.

cunchis, s. conchis.

cunctābundus, a, um (cunctor), **sich dem Zögern** od. **Zaudern hingebend, zaudernd** (Ggstz. properans), v. Pers., Claud. Quadrig. ann. 1. fr. 10 b (b. Gell. 9, 13, 16). Liv. 6, 7, 2. Tac. ann. 1, 7, 3: v. Lebl., vestigium, Apul. met. 11, 27: segnis et c. amnis, Eumen. Constant. 18, 3: c. atque titubantia verba, Mamert. Iulian. 18, 6.

cūnctālis, e (cunctus), **allgemein,** Neptune, Lar onmium c. (= δαίμων πάγκοινος), Mart. Cap. 1. § 54.

cunctāmen, minis, *n.* (cunctor), das **Zögern, Zaudern,** Paul. Nol. 24, 416.

cunctāmentum, ī, *n.* (cunctor), das **Zögern,** c. longae deliberationis, Mart. Cap. 1. § 6.

cunctāns, antis, *PAdi.* m. *Compar.* (v. cunctor), **zögernd, langsam, I** in der Bewegung, alternos aegro cunctans poplite gressus, Val. Flacc. 2, 93. – v. Lebl., **nicht gleich nachgebend, langsam, zäh,** glebae, ilex, Verg.: cunctantior actus, Lucr. – **II** im Handeln, **zögernd, zaudernd,** sowohl v. Langsamen od. Unentschlossenen als v. Bedächtigen, **zurückhaltend,** cunctantior et cautior, cunctantior cautiorque, Plin. ep.: Tampius Flavianus naturā ac senectā cunctantior, Tac. – familia cunctans ad opera, Col.: ad dimicandum cunctantior (*al.* cunctatior) factus est, Suet. – v. Lebl., corda viri, Val. Flacc.: ira, Stat.

cunctanter, *Adv.* m. *Compar.* (cunctans), **zögernd, zaudernd,** sowohl v. Langsamen od. Unentschlossenen als v. Bedächtigen, **a** in der Bewegung: c. ab ruinis vici pecus propellere, Liv.: manum c. et pigre proferre, Plin. pan. – **b** im Handeln: genituram suam vix et c. edere, Suet.: haud c. discidere cotem, Liv.: cunctantius confirmare acta Caesaris, Suet.

cunctātio, ōnis, *f.* (cunctor), das **Zögern** oder **Zaudern,** sowohl des Langsamen od. Unentschlossenen als des Bedächtigen, die **Zurückhaltung,** das **Bedenken** (Ggstz. temeritas; oft verb. cunctatio et mora, c. aut mora, c. et tarditas, cunctatio tarditasque), superiorum dierum Sabini c., Caes.: insita ingenio meo c., Liv.: quanta in sermone c., Plin. ep.: callidā cunctatione, Suet. – studium semper adsit, cunctatio absit, Cic.: sum et ipse in edendo haesitator; tu tamen meam quoque cunctationem tarditatemque vicisti, Plin. ep.: habes cunctationis meae causas, Plin. ep.: magno illi ea c. stetit, Liv.: ut hāc eam cunctatione liberarem, Augustin. – iis, abiectā omni cunctatione, adipiscendi magistratus et gerenda res publica est, Cic.: si pullus (equinus) sine cunctatione fossam transsilit, Col.: deditio sine cunctatione est facta, Liv.: dicam sine cunctatione quod sentio, Cic. – m. Ang. **was für ein?** durch *Genet. Gerund.*, inter cunctationem ingrediendi (flumen) oppressi sunt, Liv.: eos maior prope c. tenebat operta quam clausa invadendi, Liv.: et ne qua forte nasceretur veniendi c., Apul. – Plur., Tac. ann. 4, 71. Quint. 9, 2, 71.

cunctātīvē, *Adv.* (*cunctativus von cunctor), **zögernd,** mit **Bedenken,** Donat. Ter. eun. 5, 1, 7.

cunctātor, ōris, *m.* (cunctor), der **Zögerer, Zauderer,** sowohl v. Langsamen od. Unschlüssigen als v. Bedachtsamen, nosti Marcellum, quam tardus et parum efficax sit; itemque Servius quam cunctator, Cael. in Cic. ep.: cunctatorem ex acerrimo bellatore factum, Liv.: (Fabium) pro cunctatore segnem, pro cauto timidum compellabat, Liv.: cunctator naturā (von N.), et cui cauta potius consilia cum ratione quam prospera ex casu placerent, Tac. – attrib., Atheniensium populum *celerem* et supra vires *audacem* esse ad conandum, Lacedaemoniorum *cunctatorem* (zum Zaudern geneigt), Liv. 45, 23, 15. – Cunctator Beiname des gegen Hannibal den Oberbefehl führenden Q. Fabius Maximus; vgl. Liv. 30, 26, 9.

cunctātrīx, trīcis, *f.* (Femin. zu cunctator), die **Zauderin, Zögerin,** lenta virtus omnis et diuturna c., Ambros. epist. 67, 5.

conctātus (contātus), a, um, *PAdi.* (von cunctor), **langsam, bedächtig,** abweichende Lesart v. cunctans, s. d.

cūncticinus, a, um (cunctus u. cano), **ganz tönend,** voluptas, Mart. Cap. 9. § 905.

cūnctim, *Adv.* (cunctus), **sämtlich, zusammen** (Ggstz. singulatim), Apul. flor. 9. p. 12, 6 Kr.; de deo Socr. 4. Sidon. epist. 8, 6, 10.

cūnctiparēns, entis, *c.* (cunctus und parens), **Allvater, Allmutter,** Prud. perist. 14, 128.

cūnctipotēns, entis, *c.* (cunctus u. potens), **allvermögend, allmächtig,** Eccl.

cuncto, āre, s. cunctor ►.

cunctor (in vielen Hdschrn. auch contor), ātus sum, ārī (vgl. altind. *çankate*, schwankt, zweifelt, *çankā*, Zweifel), **an sich halten, zögern, zaudern, I** eig., in der Bewegung = nicht vorwärts gehen wollen, zu langsam gehen, zurückbleiben, verweilen, verziehen, huic quoque ›Vade procul‹ … ait; vimque minis addit, manibusque expellere tentat cunctantem, Ov.: ut custos neque tardiores (oves), dum cunctantur, neque agiles, dum procurrunt, separari a ceteris sinat, Col. – c. in vita et haerere, Lucr.: c. diutius in vita, Cic.: regina thalamo (im G.) cunctans, Verg. – cunctans ad ascensum miles, Flor. 4, 12, 7: ad medium cunctamur iter, Val. Flacc. 3, 656. – v. lebl Subjj., cunctatur et amnis rauca sonans revocatque pedem Tiberinus ab alto, Verg. Aen. 9, 124 *sq.*: tardum cunctatur olivum, tröpfelt nur langsam, Lucr. 2, 392.

II im Handeln **zögern, zaudern,** sowohl v. Langsamen od. Unschlüssigen als von Bedächtigen, dah. zuw. = **anstehen, Anstand nehmen** (Ggstz. properare, conari, exsultare u. dgl.), assequor omnia, si propero; si cunctor, amitto, Cic.: alterum exsultantem verborum audaciā (wortkühnen Sprudelgeist) reprimebat, alterum cunctantem et quasi verecundantem (blöden Zauderer) incitabat, Cic.: sed imperium quam consilium segnius fuit; dum cunctantur, iam praeda militum erat, Liv.: an cuncter et tergiverser? Cic.: tantum non cessandum nec cunctandum, Liv.: quid cunctaris? quid cessas? nisi occupas (diem), fugit, Sen.: cur ego cunctor? Plin. ep.: unus homo nobis cunctando restituit rem, Enn.: sedendo et cunctando bellum gerebat, Liv.: cunctando extraxerat diem, Liv.: ceterum dolo an vere cunctatus (sit), parum comperimus, Sall.: cunctatus paulum ... inquam, Plin. ep.: nihil cunctatus, ohne Zaudern, Suet. – m. *inter* u. Akk., inter metum et iram od. inter pudorem et iram cunctatus, schwankend, Tac. ann. 12, 66 u. 14, 49. – m. *ad* u. Akk., cunctante ad ea Mithridate ... Casperius interim ad Pharasmanen pervadit, Tac. ann. 12, 46: ut ad laborem capessendum nihil cunctentur, sich ungesäumt einer A. unterzögen, Gell. 2, 29, 12. – m. *in* u. Abl. Gerund., cunctarer in proferendo ex his remedio, ni etc., Plin. 29, 65. – m. *super* u. Abl., cunctans super tanta re Flavius Sabinus, Tac. hist. 2, 63. – m. folg. *Infin.*, quam ob causam non est cunctandum profiteri hunc mundum animal esse, Cic.: in urbe parata esse, quae iusserit, ne cunctetur ipse propius accedere, Sall.: cunctantes arma capere increpabat, quid cessarent tergiversarenturque, Liv. – m. folg. indir. Fragesatz, cunctantibus conspiratis, quando et quomodo, id est lavantemne an cenantem aggrederentur, Suet.: vos cunctamini etiam nunc et dubitatis, quid intra moenia deprehensis hostibus (mit den ergr. F.) faciatis? Sall.: diu cunctati, utrum illum ponte deicerent ... an in sacra via adorirentur, Suet.: cunctatus paulo, an retro flecteret, Plin. ep. – u. non cunctor m. folg. *quin* u. Konj., non cunctandum existimavit, quin pugnā decertaret, Caes.: neque cunctatur, quin primas praefecturas corripiat, Tac.: consuli nihil cunctandum visum, quin Lilybaeum classe peteret, Liv. – ► cunctor passiv u. zwar unpers., nec cunctatum apud latera, auch auf den Flanken zauderte man nicht (mit dem Angriff), Tac. ann. 3, 46. – Aktive Nbf. cuncto, āvī, āre, Enn. scen. 179 u. 368 (Ggstz. festino) Plaut. Casin. 793: m. folg. *Infin.*, Acc. tr. 72. Apul. de deo Socr. 2. – Parag. *Infin.* cunctarier, Lucr. 3, 67.

cūnctus, a, um (zsgz. aus coniunctus), **alles** irgendwo **zu einem Ganzen vereinigt, -versammelt, alles zusammen, gesamt, insgesamt, ganz** (einzelne Teile verbunden, in ihrer Gesamtheit gedacht), **a** im Sing., meist nur b. Kollektiven: populus, Cic.: Aegyptus, Cic.: Gallia, Caes.: cuncta res, das All, Chalcid.: fac istam cunctam gratiam, ganz vollständig, vollkommen, Plaut.: cuncta hominum mens, Lucan.: cunctus favor, Val. Flacc.: cuncta cogitatio cordis, Vulg. – **b** im Plur., cunctī, ae, a, **alle insgesamt, sämtlich, in Masse, einer für alle, alle für einen, alle einstimmig** (Ggstz. singuli), cives, Cic.: oppida, Caes.: cuncti (*sc.* aulici), Nep.: cuncta simul agere, Sall. – poet. u. nachaug. mit *Genet.*, u. zwar sowohl im Geschlecht desselben als auch im *Neutr. plur.* (s. Nipperd. Tac. ann. 14, 60), cuncti deorum, Catull.: cuncti hominum, Ov.: cunctae provinciarum, Plin.: cuncta scelerum suorum, Tac.: cuncta terrarum, Hor.: cuncta camporum, Tac.: cuncta mortalium, alle menschlichen Dinge, Tac. – ► arch. Nbf. cōnctus, CIL 1, 28.

cuneātim, *Adv.* (cuneo), **keilförmig = in enggeschlossenen Haufen (Kolonnen),** Caes. b. G. 7, 28, 1. Apul. met. 8, 15. Serv. Verg. Aen. 12, 457. Amm. 16, 12, 8 u. ö.

cuneātio, ōnis, *f.* (cuneo), die **keilförmige Zuspitzung,** narium c. quaedam, Scrib. Larg. 47.

cuneātus, a, um, *PAdi.* m. *Compar.* (v. cuneo), **keilförmig zugespitzt, keilförmig, a** eig.: ager, Col.: prominet in pontum cuneatus acumine longo collis, Ov.: iugum *in* angustum dorsum cuneatum, Liv.: forma scuti *ad* imum (nach unten zu) cuneatior, Liv. 9, 40, 2. – **b** (nach cuneus *no.* II, B) übtr., **terrassenförmig aufsteigend,** crepitantis Athenaei subsellia cuneata, Sidon.: theatrum, Auson.

cunebula, s. cunīla.

cunēla, s. cunīla.

cuneo, āvī, ātum, āre (cuneus), **I verkeilen,** si quid cuneandum sit in ligno, Plin.: unus lapis fecit fornicem, ille qui latera inclinata cuneavit et interventu suo vinxit, Sen. – übtr., v. der Rede, si (oratio) *cohaeret* et sequitur, non, si per vim *cuneatur,* Quint. 4, 3, 4. – **II keilförmig machen,** dah. cun. se u. Passiv cuneari, v. Örtl. = **keilförmig werden** od. **zulaufen,** (Britannia) iterum se in diversos angulos cuneat triquetra, Mela: cuneatur (Hispania) angustiis inter duo maria, Plin. Vgl. cuneatus.

cuneolus, ī, *m.* (*Demin.* v. cuneus), der **kleine Keil, Zwickel,** Cic. Tim. 47. Col. 4, 29, 10. Pallad. 3, 17, 3. Boëth. inst. arithm. 2, 29 *extr.*

1. cuneus, ī, *m.*, der **Keil, I** eig.: **A** der **Keil** zum Einstecken (griech. ἔμβολον) od. zum Spalten (griech. σφήν), Cato u. a.: cuneum figere, adigere, Plin.: cuneo traiecto, Niete, Vitr.: cuneis scindere fissile lignum, Verg.: alte finditur in solidum cuneis via, Verg.: iamque labant cunei, die Keile, Pflöcke (mit denen das Gebälk des Schiffs zusammengefügt wird), Ov. met. 11, 514. – im Bild, hoc cuneo veritatis, Tert. adv. Marc. 1, 21. – **B** der **Keil** als eckige Figur, der **Zwickel,** Britannia velut in cuneum tenuatur, spitzt sich ab in einen Zwickel, Tac.: coit murus ex utraque parte in artiorem velut cuneum, Liv. – **II** übtr.: **A** ein keilförmig aufgestellter usw. Haufen lebender Wesen, s. Liv. 25, 3, 18: von in der Luft ziehenden Gänsen, Plin. 10, 63. – als milit. *t. t.*, die **keilförmige Schlachtordnung,** der **Keil,** griech. ἔμβολος od. -ον (vgl. Kraner Caes. b. G. 6, 40, 2), Caes., Liv. u. a.: cuneum facere, Caes.: od. (poet.) dare, Verg., machen, bilden. – v. der mazedon. **Phalanx,** cohortes invicem sub signis, quae cuneum Macedonum (phalangem ipsi vocant), si possent, vi perrumperent, emittebat, Liv. 32, 17, 11. – **B** ein Segment der terrassenförmig, aufsteigenden Sitzreihen im Theater, gebildet durch die Treppen, die von unten nach oben laufend die Halbkreise der Sitze gleichsam wie Radien teilen, die keilförmige **Sitzabteilung,** die **Loge,** Verg., Suet. u. a.: u. im Athenäum zu Rom, Sidon. – Plur. cunei meton. = die Zuschauerplätze, ut vero cuneis notuit res omnibus, allen Logen, Phaedr. 5, 7, 35. – **C** der keilförmige Raum zwischen den einzelnen gemalten u. eingelegten Feldern der Wände, der **Streifen** usw., Vitr. 7, 4, 4 u. 5, 1.

2. Cuneus, ī, *m.*, ein Vorgebirge in Lusitanien, j. *Cabo St. Maria,* die südlichste Spitze von Portugal, Mela 3, 1, 6. (3. § 7). Plin. 4, 116.

cunger, s. conger.

Cunicē, *Adv.*, s. 2. Cynicē.

cunīculāris, e (cuniculus), **zum Kaninchen gehörig, Kaninchen-,** herba, Marc. Emp. 14, 57.

cunīculārius, iī, *m.* (cuniculus), **der Minierer,** Veget. mil. 2, 11. Amm. 24, 4, 22.

cunīculātim, *Adv.* (cuniculus), **gerieft,** Plin. 9, 103 (Detl. u. Mayh. canaliculatim).

cunīculātor, ōris, *m.* (cuniculus), der **Minierer,** Lact. ad Stat. Theb. 2, 418.

cunīculātus, a, um (cuniculus), **röhrenartig,** Plin. 9, 130.

cunīculōsus, a, um (cuniculus), **kaninchenreich,** Catull. 37, 18.

cunīculum, ī, *n.* = cuniculus *no.* II, Cassiod. hist. trip. 6, 12. Paul. ex Fest. 50, 4 u. Gloss. (wo ›cuniculum, διορυγή‹).

cunīculus, ī, *m.* (iberisches Wort), **I** das **Kaninchen,** Varro r. r. 3, 12, 6. Plin. 8, 217: mollior cuniculi capillo, Catull. 25, 1: gaudet in effossis habitare cuniculus antris, Mart. 13, 60. – **II** der niedrige **unterirdische Gang,** omne genus cuniculorum apud eos notum atque usitatum est, Caes.: agere (führen, anlegen) cuniculos ad aerarium, Cic.: cuniculi latebris evadere conari, Val. Max.: cuniculos in altum defodere, Cod. Theod.: cuniculos sub terra facere (v. Kaninchen), Varro: perpetuus cuniculus iter praebet in campos (in eine Höhle), Curt. – So nun insbes.: **α** im Wasserbau = der **verdeckte Wassergraben, -Wassergang, -Kanal,** aqua per secretos cuniculos reddita, Sen.: C et LXXX cuniculis divisus alveus (amnis), Sen.: si aqua cuniculo veniet, Plin.: rivos (aquae marinae) cuniculis perducere, Col. – **β** im Bergbau = der **Gang,** die **Grube,** der **Stollen, Schacht,** cuniculi longissimi, Sen.: e cuniculis effossum sulphur, Plin.: propter hoc (aurum) cuniculos egit, Sen. – **γ** in der Kriegsbaukunst = die **Mine,** solum infimum cuniculi, Liv.: c. occultus, Liv.: cuniculi tecti, Hirt. b. G.: cuniculi transversi, Liv.: c. delectis militibus eo tempore plenus, Liv.: – u. agere cuniculum (auch m. Ang. »von wo aus ?« durch *ab* u. Abl., u. »wohin?« durch *ad* od. *in* m. Akk.), Caes. u. Liv. (vgl.

Drak. Liv. 5, 19, 10): aperire, adaperire cuniculum, Caes. u. Liv.: aperire rectam in cuniculum viam, Liv.: cuniculi moenibus appropinquant, Caes.: per cuniculum Gallorum ascendere in templum, Cic.: capere urbem cuniculo, Curt.: egredi per cuniculum, Veget. mil.: erumpere per cuniculos, Vell.: esse in cuniculo, Liv.: transversis cuniculis hostium cuniculos excipere, Liv.: fodere cuniculos, Ps. Quint. decl.: intersaepire cuniculum nunc ciliciis praetentis nunc foribus raptim obiectis, Liv.: cuniculis venas fontis intercīdere atque avertere, Hirt. b. G.: cuniculos maximi ponderis saxis morari, die Fortführung der M. aufhalten, Caes.: quae res aperte petebatur, ea nunc occulte cuniculis oppugnatur (bildl.), Cic.: cum e fossa in cuniculum pateret iter, Liv.: cum ad interiorem raptim oppositum murum cuniculis iam perventum esset, Liv.: subruere cuniculo murum od. muros, Liv. u. Curt.: suffodere cuniculo moenia, Liv. – δ ein gemauerter **Kanal,** eine **Röhre in Öfen,** Wänden u. dgl., longinquae fornacis c., Plin. 9, 133: cuniculus, per quem vapor trahitur (in Bädern), Ulp. dig. 43, 3, 21. § 6. – ► Synkop. Abl. Plur. cuniclis, Apic. 2, 49.

cūnifer = κωνοφόρος, vulg. = conifer, **Zapfen tragend,** Gloss. II, 357, 46.

cunīla (cunēla), ae, *f.* u. **conīla**, ae, *f.* (κονίλη), eine Art der Pflanze origanum, Form cunila bei Plaut. trin. 935 (wo cunīla zu messen). Col. 6, 13, 1. Plin. 20, 169: Form conila, Arnob. 7, 16 *extr.*: beide Formen, Ps. Apul. herb. 122: Form cunela, Col. 6, 8, 2 u. 7, 5, 18. Arnob. 4, 10: Nbf. cunebula, Gloss. (wo, cunebula, κόνυζα βοτάνη).

cunīlāgo, ginis, *f.*, eine Art der Pflanze cunila (s. d.), Plin. 19, 165.

Cūnīna, ae, *f.* (cunae), die die Wiegenkinder beschützende Göttin, die **Wiegengöttin,** Varro b. Non. 167, 32. Lact. 1, 20, 36. Augustin. de civ. dei 4, 11.

cunio, īre (stammverwandt mit coenum u. inquino), **misten,** Paul. ex Fest. 50, 16.

cunnilingus, ī, *m.* = *lingens cunnum,* Mart. 12, 59, 10. Priap. 78, 2.

cunnio, ōnis, *m.* = *lingens cunnum,* CIL 9, 6089, 2.

cunnus (connus), ī, *m.* **I** die **weibliche Scham,** Hor. sat. 1, 2, 36. Mart. 1, 90, 8. Priap. 68, 28. Anthol. Lat. 302, 12 R. (*cod. A* connos): v. Tieren, mulae, Catull. 97, 8 (*cod. Ox.* connus). – meton., die **feile Dirne,** die **Metze,** Hor. sat. 1, 3, 107. Priap. 68, 9. – **II** übtr., Name einer Brotform, **Schnecke,** c. siligneus, Mart. 9, 2, 3. – cunus geschr., CIL 4, 1261. 3902. 4264. 5070.

cunque, s. 1. cumque.

cūnulae, ārum, *f. (Demin.* v. cunae), die **kleine Wiege,** Prud. cath. 7, 164 u. 11, 98.

cunus, ī, *m.*, s. cunnus ►.

1. cūpa (cuppa), ae, *f.* (κύπη), **I** die **Küpe, Kufe, Tonne,** für flüssige u. trockene Gegenstände, bes. für Wein u. Getreide, doliorum cuparumque factores, Pallad.: c. inanis, Veget. mil.: c. vinaria, Varro fr.: c. acris aceti, Varro fr.: vinum a propola atque de cupa (vom Fass geschenkter, junger), Cic.: cupae taedā ac pice refertae, Caes.: sal cupis conditus, Frontin.: de cuppa vinum depromere submisso poculo, Augustin. conf. 9, 8, 18. – **II** das **Grabgewölbe,** CIL 6, 12202. 14017 u. ö.

2. cūpa, ae, *f.* (= κώπη), der **Griff** an der Ölmühle, die **Kurbel,** Cato r. r. 12 u. 21.

3. cūpa = copa, nach Charis. 63, 11.

cūpārius, iī, *m.* (1. cupa), der **Küfer,** CIL 10, 7040 u. 13, 3700.

1. cupēdia, ae, *f.*, s. 1. cuppēdia.

2. cupēdia, ōrum, *n.*, s. cuppēdium.

cupēdinārius, s. cuppēdinārius.

cupēdium, s. cuppēdium.

cupēdo, dinis, *f.*, s. cuppēdo.

cūpella, ae, *f. (Demin.* v. 1. cupa), die **kleine Kufe, Tonne,** Pallad. 3, 25, 12. Apic. 1, 2.

Cupencus, ī, *m.*, ein Rutuler, von Äneas getötet, Verg. Aen. 12, 539, wozu Servius bemerkt, dass cupencus bei den Sabinern sacerdos, beziehungsweise sacerdos Herculis.

cupēs, pēdis, *m.*, s. cuppēs.

cupidē, *Adv.* m. *Compar.* u. *Superl.* (cupidus), **begierig, mit Begierde (Begier),** im üblen Sinne = **leidenschaftlich, mit Leidenschaft, hitzig** (dah. auch **übereilt, voreilig** u. dgl.), c. accipere (annehmen, zugreifen), Ter.: amare alqm, Plaut.: c. od. cupidissime appetere alqd, Cic. u. Caes.: c. apprehendere alcis dextram, Val. Max.: arripere calicem, hastig, Val. Max.: ne cupide quid agerent, ne appetenter, Cic. – c. elaborare, ut etc., Nep.: praedium ne cupide (hitzig) emas, Cato: hoc si cupidius (aus übertriebener Neugierde) factum existimas Caesari tribues, Cic.: c. od. cupidius alqm insequi, Auct. b. Afr. u. Caes.: cupidius instare, Caes.: libros alcis cupidissime legere, Sen.: cupidissime alqd petere, Caes.: c. proficisci, Cic.: c. spectare alqd, Catull. – So nun bes.: **a leidenschaftlich** = **ehrsüchtig, ehrgeizig,** agere nihil c., Cic. ep. 16, 11, 3 (Ggstz. omnia agere modice, Cic. ep. 16, 9, 3). – **b leidenschaftlich** = **parteiisch** (Ggstz. integre), c. condemnare alqm, Suet.: ob aliquod emolumentum cupidius aliquid dicere, Cic.: quid cupide a senatu, quid temere fiebat, cum etc.? Cic. – **c begierig** = **mit Freuden, mit Vergnügen, mit Lust und Liebe, gern** (s. Korte Sall. Cat. 40, 4. Benecke Iustin. 11, 3, 2), ego vero c. et libenter mentiar tuā causā, Cic.: c. haec audire, Iustin.: c. parēre, Iustin.: quae imperaverit, se cupidissime facturos pollicentur, Caes.: domum ad se hospitio alqm cupidissime recipere, Caes.

cupīdināriī, nach Hauthal = *nebulones,* Acro Hor. sat. 2, 3, 134.

Cupīdineus, a, um (Cupido), **zu Kupido gehörig, Liebes-,** tela, Ov.: sagittae, Ov. – übtr.: **a lieblich, reizend,** Labyca, Mart. 7, 87, 9. – **b geil,** sanguis, Prud. psych. 61.

cupiditās, ātis, *f.* (cupidus), die **Begierde,** das **Verlangen,** die **Lust,** im üblen Sinne = die **Sucht,** der **Hang,** die **Leidenschaft** (auch wie ἐπιθυμία, als affektvolle Stimmung), **I** im Allg.: **a** eig. (oft verb. libido vel. c., vel libido vel c., libido cupiditasve, s. Baiter Cic. Tusc. 4, 44. p. 317, 24), de voluntate tua, ut simul simus, vel potius studio et cupiditate non dubito, Cic.: eādem levitate cupiditas est in appetendo, quā laetitia in fruendo, Cic.: ardens in cupiditatibus, Sall.: intemperans sum in eius rei cupiditate, quam nosti, Cic.: quam diu in his annis sumus cupiditatum, in der Sturm- und Drangperiode, Ps. Quint. decl. – c. acrior, acerrima, Cic.: c. tam caeca, Cic.: c. alcis effrenata et furiosa, Cic.: c. flagrans, flagrantissima, Cic. u. Val. Max.: cupiditates immodicae, Curt.: c. inexplebilis, Cic.: c. incredibilis, Cic.: cupiditates indomitae atque effrenatae, Cic.: cupiditates infinitae, Cic.: c. insana, Cic.: cupiditates insatiabiles, Cic.: c. nimis magna, Cic., maior, Nep., maxima, Val. Max.: c. mala, Ter.: mira, Tac., mirabilis, Nep.: nimia, Cic.: cupiditates naturales, necessariae, Cic.: cupiditates turpissimae, Nep. – m. subj. *Genet.,* temeritas cupiditasque militum, Hitze, Caes.: cupiditates principum (Ggstz. continentia plebis), Cic.: administer istius cupiditatum erat, Cic. – m. obj. *Genet.,* c. argenti caelati, Cic.: pecuniae, Cic.: praedae, Caes., praedae ac rapinarum, Cic. – c. cognitionis et scientiae, Cic.: gloriae, maioris gloriae, Cic.: c. gloriae nimia, Cic.: honorum, Cic.: c. honestatis et dignitatis nimis magna, Cic.: c. imperii, Nep., imperiorum, Cic., regni, Caes.: potentiae, Suet.: ultionis, Tac. – vitae, Lust, Liebe zum Leben, Val. Max.: dass. c. lucis (Lebenslicht), Quint. – infinita quaedam c. aedificandi, Lact.: c. audiendi, Plin. ep., Platonis audiendi, Nep.: c. discendi, Cic. u. Sen.: bellandi, Nep., belli gerendi, Caes.: ignota cognoscendi, Sen.: dominandi, Cic.: edendi, bibendi, Fest.: habendi, Rutil. Lup.: imitandi, Cic.: laedendi, Quint.: mercandi, Sen.: pugnandi, Nep.: gratiae referendae, Cic.: ulciscendi, Liv.: c. summa videndi mei, Cic.: vincendi, Cic.: vivendi, Lust, Liebe zum Leben, Amm. (vgl. vorher c. vitae). – m. *ad* u. Akk., tanta c. ad reditum, Cic. Phil. 1, 4, 9: tanta c. ad venandum, Curt. 9, 1 (6), 33. – tantum abesse a cupiditate pecuniae, ut etc. (v. Pers.), Nep.: cum spe vincendi simul abicere certandi cupiditatem, Cic.: accendi (accensus) regni cupiditate, Curt.: ardere cupiditate, Cic., cupiditate inimicos ulciscendi, Liv. – coërcere cupiditates, Cic.: meditare, quibus verbis incensam illius cupiditatem comprimas atque restinguas, Cic. – ubi animus semel se cupiditate devinxit malā, Ter.: duci (ductus) cupiditate pecuniae vel gloriae, Scrib. – efferri gloriae cupiditate, Cic. – explere cupiditates (suas), Cic.; vgl. neque expletur umquam nec satiatur cupiditatis sitis, Cic.: an potest cupiditas finiri? tollenda est atque extrahenda radicitus, Cic. – ferri (sich fortreißen lassen) cupiditate pecuniae, Cic.: flagrare cupiditate (absol.), Cic.: flagrare aedium (alcis) cupiditate, Cic.: flagrare mirabili pugnandi cupiditate, Nep.: flagrare cupiditate discendi, Sen.: frangere cupiditates Cic.: frangi cupiditate, Cic.: fugienda est pecuniae cupiditas, Cic. – honestatis et dignitatis habere nimis magnam cupiditatem, Cic.: quam multas cupiditates, quam varias, quam infinitas habuerit, Cic. – turpissimis imbui cupiditatibus, Nep.: alqm in od. ad regni cupiditatem impellere, Brut. in Cic. ep. u. Curt.: cuius rei cupiditas impellit me interdum, ut te hortari velim, Cic.: imperare cupiditatibus (Ggstz. servire cupiditatibus), Cic.: cum incendisses cupiditatem meam consuetudinis augendae nostrae, Cic.: illa me incendit c. festinationis, Cic.: hunc tantā cupiditate incendit bellandi, ut etc., Nep.: philosophia cognitionis cupiditate incensa, Cic.: incĭdere in imperiorum, honorum, gloriae cupiditatem, Cic.: incitare alqm cupiditate imitandi, Cic.: omnem suam mentem, curam, cogitationem ad alcis rei cupiditatem incitare, Cic.: cupiditati suae indulgere alqā re, Val. Max.: cupiditatibus principum et vitiis infici solet tota civitas, Cic.: inflammare cupiditates (Ggstz. minuere), Cic.: inflammari solere corporis facibus ad omnes fere cupiditates, Cic.: inflammari (inflammatus) incredibili cupiditate, Cic.: inflammari (inflammatum esse) cupiditate honorum od. vincendi, Cic.: cupiditatum incendiis inflammatus, Cic.: summa alacritas et cupiditas belli gerendi innata est, Caes.: nimia cupiditas principatus innascitur, Cic. – cupiditates minuere (Ggstz. inflammare), Cic.: illae leges cupiditates nostras libidinesque moderantur, Plin. pan.: sapientis animus numquam cupiditate movetur, Cic. – ne qua oriatur pecuniae cupiditas, Caes. – parēre alcis libidini cupiditatique, Cic.: prolabi (sich verleiten lassen) cupiditate regni, Liv.; vgl. se cupiditate (Pachtlust) prolapsos nimium magno conduxisse, Cic. – praedae ac rapinarum cupiditas caeca rapit alqm, Cic.: eorum studio cupiditatique resistere, Auct. b. Afr.: respiravit cupiditas atque avaritia paululum, Cic.: restinguere cupiditates eloquentiā, Cic. – servire cupiditatibus (Ggstz. imperare cupiditatibus), Cic. – alqm tanta cupiditas tenet dimicandi cum alqo, ut etc., Liv.: tenere (im Zaum halten) cupiditates suas, Cic.: consuetudine ad imperii cupiditatem trahi, Nep.: omnes trahimur et ducimur (werden unwillkürlich, unwiderstehlich hingezogen) ad cognitionis et scientiae cupiditatem, Cic.: vincere alqm cupiditate (Eifer) in alqa re, Cic. – **b** meton., wie ἐπιθυμία, der Gegenstand der Begierde, das **Gelüste,** alcis ex impurissimis faucibus inhonestissimam cupiditatem eripere, Cic. ad Q. fr. 1, 1, 6. § 19.

II insbes.: **a** die phys. **Begierde, Lust,** der **Drang** nach etw., **α** übh.: c. cibi (Appetit), z. B. si cibi c. est od. non est, Cels.: cibi cupiditatem excitare, Cels.: quodsi c. cibi reverterit, Cels.: cibi cupiditate redditā, Cels. – c. deiectionis, deiciendi, Drang zum Stuhlgang, Cels.: c. tussiendi, Cels.: crebra c. urinae, cels. – **β** insbes., der **Begattungstrieb,** die **Brunst** eines Menschen, Plin. 36, 21: eines Tieres, Col. 6, 27, 4. – **b** die **Leidenschaft** = die Liebe, cupiditatis ardor, Curt. 8, 4 (16), 27: summa, Val. Max. 5, 7 ext. 1: c. insana, Val. Max. 7, 3, 10: reliquas sorores nec cupiditate tantā nec dignatione dilexit, ut etc., Suet. Cal. 24, 3. – **c** das **ehrsüchtige (ehrgeizige) Streben,** die **Ehrsucht,** der **Ehrgeiz,** Plur. = **ehrgeizige Absichten, Bestrebungen** od. **Gelüste,** bes. nach einem Amt od. nach Verlängerung eines Amtes, Tib. Claudii, Liv.: collegarum, Liv.: popularis, der blinde Ehrgeiz, die Neuerungssucht der Demagogen (Ggstz. consilium principum, besonnene Überzeugung der usw.), Cic.: P. Naso ommi carens cupiditate, Cic.: quanto modestior illius cupiditas fuit, quam tua, Appi? Liv.: cupiditatem et arrogantiam incendere, Cic.: illius cupiditatem refutare, Cic.: alcis cupiditati suffragari, Cic. – nachaug. auch = die **Herrschsucht,** das **Herrschergelüst,** non te propria cupiditas, sed aliena utilitas principem fecit, Plin. pan. 7, 1. – **d** der **Hang zu wüsten Begierden,** vita maxime disiuncta a cupiditate, Cic. Rosc. Am. 39. – insbes. der **Hang zu üppigem Leben,** die **Genusssucht,** cum propinquitas et celebritas loci suspicionem desidiae tollat aut cupiditatis, Cic. pro Scauro 45. – **e** die **Begehrlichkeit** nach fremdem Gut, der **Eigennutz,** das **Interesse,** allg. Ausdruck für das spez. **Habsucht, Geldgier,** Plur. = **habsüchtige, eigennützige Gelüste** (Ggstz. abstinentia, integritas et innocentia, contemptus pecuniae; zuw. verb. cupiditas atque avaritia, avaritia et cupiditas, s. Bünem. Lact. 1, 20, 25): c. immodica, Liv.: c. immensa, Suet.: c. proiecta quaedam et effrenata, Cic.: c. pristina, Suet. – Sex. Naevi cupiditas crudelitasque, Cic. – homo a cupiditate omni remotissimus, Cic.: quanto ab eiusmodi cupiditatibus remotior eius animus esset, tanto etc., Plin. ep.: ita caecum cupiditate et avaritiā fuisse, ut etc., Quint. – cupiditas causa sceleris fuit, Quint.: vicinus dives cupiditatem irritat, Sen.: alcis cupiditati morem gerere, obtemperare, Cic.: sine cupiditate vixisse, Cic.; vgl. etiamtum vita hominum sine cupiditate agitabatur, sua cuique satis placebant, Sall. – **f** die **Leidenschaft** für jmd. (Ggstz. invidia), **α** im guten Sinne, die leidenschaftliche **Hingebung, Ergebenheit,** der **Enthusiasmus,** tanta erat magnificentia apud opulentiores, cupiditas apud humiliores, Hirt. b. G. 8, 51, 3. – **β** im üblen Sinne, die **Leidenschaftlichkeit** des Redners, Richters, Zeugen usw., mit der er wider Recht und Pflicht nur nach persönlicher Neigung spricht, richtet, zeugt usw., das **parteiische Interesse,** die **Parteilichkeit** (vgl. Benecke Cic. Lig. 3. p. 11 *sq.* Drak. Liv. 24, 28, 8. Gräve u. Ruhnken Suet. Caes. 12), c. inconsiderata, Cic.: cupiditatis atque inimicitiarum suspicio, Cic.: quo minus cupiditatis et studii (Parteilichkeit u. Vorliebe) visa est oratio habere, eo plus auctoritatis habuit, Liv.: et sine amore et sine cupiditate et rursus sine odio et sine invidia iudicabunt, Cic.: qui (testes) aut sine ullo studio dicebant aut dissimulatione aliquā cupiditatis, Cic.: his utitur laudatoribus Flaccus, his innocentiae testibus, ut Graecorum cupiditati Graecorum auxilio resistamus, Cic. – ► Genet. Plur. gew. cupiditatum; doch auch cupiditatium, z. B. Cic. Sest. 138. Sen. ep. 5, 7 u. 117, 25; de tranqu. anim. 12, 1.

cupīdo, inis, *f.,* selten u. nur bei Dichtern, z. B. Plaut. Amph. 840 u. Hor. ep. 1, 1, 33, *m.* (cupio), das **Begehren,** die **Begierde,** im üblen Sinne = die **Sucht,** der **Hang,** die **Leidenschaft,** **I** im Allg.: animus cupidine caecus, Sall.: c. immodica, Liv.: ingens, Sall.: cupidines pravae, Sall.: accensis egestate longā cupidinibus, Tac. – m. subj. *Genet.,* c. animi, Sall.: c. avaritiae, Aur. Vict.: cunctae malae dominationis cupidines, Tac. – m. obj. *Genet.,* c. auri, Tac.: divitiarum, Iustin.: opum furiosa, Ov.: pecuniae, Sall.: vini, Curt.: voluptatum, Tac.: c. aeternitatis perpetuaeque famae, Suet.: c. gloriae, Sall.: c. gloriae laudisque iusto maior, Curt.: avaritia gloriae et insatiabilis c. famae, Curt.: c. honoris, Sall.: c. lucis, Liebe zum Leben, Lebenslust, Quint.: c. regni, imperii, Sall. – c. habendi, Plin. ep.: imperitandi, Mela: nocendi, Val. Max.: placendi, Quint.: proferendi imperii, Tac.: humani ingenii c. difficilia faciundi, Sall. – accendi cupidine auri ad bellum, Tac.: cupidine regis visendi accensus, Curt. – capit alqm cupido in his locis urbis condendae od. cupido in verticem Haemi montis ascendendi, Liv.: captus pravis cupidinibus, Sall.: coërcere tam profusas cupidines, Tac.: igitur primo pecuniae, deinde imperii cupido crevit, Sall. – multos trans Hiberum populos ad cupidinem novae fortunae erigere, Liv.: explere animi cupidinem, Sall. – flagrare cupidine regni, Liv.: flagrare cunctis malae dominationis cupidinibus, Tac. – contrectandae pecuniae cupidine incensus, Suet.: tanta cupido gloriae incesserat, Sall.: Hannibalem ingens cupido incesserat Tarenti potiundi, Liv.: ea invasit homines habendi c., ut etc., Plin. ep. – omnium cupido languescit, cum facilis occasio, Plin. ep. – alcis cupido non minuitur, Sall.: cupidinem sui movere, das Verlangen nach sich erwecken (v. Lebl.), Tac. – cupido alcis rei me sollicitat, Plin. ep.: cupidinibus statuat natura modum quem, Hor.: cupido ingens animum stimulabat adeundi Iovem, Curt. – me honoris cupido vexat, Sall. – captus cupidine m. folg. *Infin.,* Iustin. 12, 7, 13.

II insbes.: **a** die phys. **Begierde,** der tierische **Trieb,** die **Lust,** m. obj. *Genet.,* c. somni, Sall.: c. coëundi, der Begattungstrieb, Col.: u. so c.

concubitus, Veneris, Ov. – absol. = der **Begattungstrieb,** die **Brunst,** equina, Col. 6, 27, 3: equi cupidine sollicitati, *ibid.* § 8. – u. Plur. absol. = die **Lüste,** eo provectas Romanorum cupidines, ut non corpora, ne senectam quidem aut virginitatem impollutam relinquant, Tac. ann. 14, 35. – **b** die **Leidenschaft** = das **Liebesverlangen,** die **Liebe,** c. visae virginis, Ov.: c. femineus, zu einer Frau, Ov.: ebenso muliebris, Tac.: differor cupidine eius, Plaut. – dah. personifiz. Cupīdo, inis, *m.*, der Liebesgott **Kupido,** Sohn der Venus, griech. Ἔρως, Plaut. trin. 673; merc. 854. Cic. de nat. deor. 3, 58 *sqq.* Prop. 2, 18, 21. Hor. carm. 1, 2, 34 u. a. – im Plur. Cupīdinēs, **Liebesgötter, Amoretten,** Prop. 1, 1, 2. Hor. carm. 1, 19, 1. – **c** die **Begehrlichkeit,** der **Eigennutz** (das **Interesse**), der allg. Ausdr. für das spez. **Habsucht, Geldgier,** c. sordidus, Hor.: Narcissum incusat cupidinis ac rapinarum, Tac. – **d** das **ehrsüchtige Streben,** die **Ehrsucht,** ita cupidine atque irā, pessumis consultoribus, grassari, Sall. Iug. 64, 5.

cupidus, a, um, *Adi.* m. *Compar.* u. *Superl.* (cupio), **begierig** im guten u. üblen Sinne, dah. auch = **lüstern, gelüstend** nach etw., u. = **leidenschaftlich, in Leidenschaft gesetzt** (Ggstz. moderatus), **I** im Allg.: **a** v. Pers.: **α** absol.: consul non c., Cic.: emit homo cupidus et locuples tanti, quanti Pythius voluit, Cic.: ut omnium cupidissimorum insanias expleret, Cic. – **β** m. obj. *Genet.:* c. auri, Plaut., auri et argenti, Curt.: c. pecuniae, Cic.: c. artificii (Kunstwerk), Cic.: liberorum od. liberûm, Kinder wünschend, Quint. u. Cic.: c. huius coniugii, Nep.: gloriae, Val. Max.: imperii, Caes.: nullius rei cupidus nisi singularis perpetuique imperii, Nep.: c. litterarum (Gelehrter), Cels.: pacis, friedliebend, Hor.: rerum novarum, Caes., od. novarum rerum, Cic.: cupidi litium et rixae animi (Gemüter), Hor.: c. ultionis, Val. Max. – utinam minus vitae cupidi fuissemus, Cic. – c. te audiendi, Cic., od. ulteriora audiendi, Plin. ep.: bellandi, Caes., od. bellorum gerendorum, Cic.: laedendi, Quint.: male dicendi, schmähsüchtig, Quint.: pugnandi, Cic.: redeundi domum, Ter.: eius videndi, Ter. – *Compar.*, contentionis cupidiores quam veritatis (denen es mehr um Streit als um Wahrheit zu tun ist), Cic.: neque salutis quam fidei fuit cupidior (eifriger bedacht auf usw.), Nep.: ceteri propter liberos pecuniae cupidiores solent esse, Cic.: qui cupidiores eius subtilitatis erunt, die sich mehr für solche Künsteleien interessieren, Vitr. – *Superl.*, avicularum cupidissimus, Fronto: litterarum cupidissimus fuit (interessierte sich sehr für usw.), Nep.: magno pecoris numero, cuius sunt cupidissimi barbari, potiuntur, Caes. – **γ** m. *Infin.*, Tibull. 4, 1, 35. Prop. 1, 19, 9. Ov. met. 14, 215. Lucan. 7, 266. – **δ** m. *in* u. Abl.: quis est tam cupidus (eifrig) in perspicienda cognoscendaque rerum natura, ut etc., Cic. de off. 1, 154. – **b** v. Lebl.: equorum vis c., Lucr.: c. manus (Plur.), Ov.: c. livor, Prop.: c. haustus, Val. Max.: c. profectio, Val. Max.

II insbes.: **a in Leidenschaft gesetzt, nach Liebe schmachtend** (vgl. Broukh. Tibull. 1, 10, 58. Ruhnk. Ov. her. 3, 26), animus alcis c., Ter.: maritus, Catull.: amans, Catull., amantes, Verg.: mens, Catull.: hymenaei cupidi, Inscr. – neu me cupidum eo impulisset, quod mihi principiumst mali, Ter. Phorm. 158: pateat cupidis semper aperta domus, Tibull.: cupidis amplectitur ulnis, Ov. – **b begehrlich, eigennützig, interessiert,** der allg. Ausdr. für das spez. **habsüchtig** (Ggstz. liberalis; vgl. Hildebr. Apul. 4, 24. p. 271), homo castus ac non c., Cic.: homo non cupidus (interessiert) neque appetens, Cic.: mater eius avara et c., Lampr.: c. milites, Quint.: non loquor de integris, de innocentibus, de religiosis; tot cupidi, tot improbi, tot audaces, Cic.: hoc consilium Aquilio et talibus viris tam cupidum, tam audax, tam temerarium probabitur? Cic.: da cupidum, avarum, tenacem, iam tibi eum liberalem dabo, Lact. – *Compar.*, paulo cupidior publicanus, Cic. – *Superl.*, naturā cupidissimus, Suet. – m. *in* u. Abl., non esse mirandum, qui in illa re turpis aut cupidus aut petulans fuerit, hac quoque in re eum deliquisse, Cic. de inv. 2, 33. – **c leidenschaftlich** für eine Person **strebend, α** im guten Sinne, **von Enthusiasmus** für jmd. **beseelt,** jmdm. **enthusiastisch ergeben,** jmdm. **gewogen,** homo tui cupidus, nostri amantissimus, Cic.: tales viros, tam cupidos sui … crudelissime perire voluit, Cic.: homo nostri cupidissimus, Cic. – absol. subst., sive apud infestos (feindl. Gesinnte) sive apud cupidos (günstig Gesinnte) sive apud invidentes dicendum habuerit, Tac. dial. 31. – **β** im üblen Sinne, jmdm. od. einer Partei **leidenschaftlich ergeben, parteiisch,** quaestores vehementer istius (Verris) cupidi, Cic. Verr. 2, 12. – gew. absol., iudex c., Cic.: testis c., Cic.: tum enim forsitan improbis nimis cupidus videretur, si qua de re iudex fuisset testis esset, Cic. – *Compar.*, tamen is cupidior esse videatur, quam sapientem iudicem esse aequum est, Cic.: tantum donis datis muneribusque perfecerat, ut eo fautore uteretur cupidiore, quam fides iudicis postulabat, Cic.

Cupiennius, iī, *m.* (cupio), erdichteter Name = der **Lüsterne,** Hor. sat. 1, 2, 36.

cupiēns, entis (cupio), **I** *Partic. Praes.*, s. cupio *no.* I a. E. – **II** *PAdi.* m. *Compar.* u. *Superl.* = **begehrend, begierig,** einer Sache **nachstrebend,** im üblen Sinne nach etw. **gelüstend, lüstern,** gew. m. obj. *Genet.:* nuptiarum, Plaut.: tui, Plaut.: huius corporis, Plaut.: regni, Enn.: liberorum, sich Kinder wünschend, Tac.: bonarum artium, guten Eigenschaften nachstrebend, Tac.: novarum rerum, Tac.: erogandae per honesta pecuniae c., indem er gern auf ehrenvolle Art Geld ausgab, Tac.: Euathlus eloquentiae discendae causarumque orandi cupiens fuit, Gell. 5, 10, 5. – *Compar.*, dominandi suis quam subigendi externos cupientiores, Aur. Vict. de Caes. 24, 9. – *Superl.*, cupientissimus legis, Sall. hist. fr. inc. 32 (5, 15): naturam hominis deus veri adipiscendi cupientissimam fecit, Lact. 3, 1, 7: u. absol., Marius cupientissimā plebe (auf dringendes Begehren des V.) consul factus, Sall. Iug. 84, 1: u. so cupientissimo vulgo imperium capit, Aur. Vict. de Caes. 29, 3.

cupienter, *Adv.* (cupiens), **begierig,** c. membra alcis discerpere malis suis, Acc. tr. 543: cupere alqd, Enn. scen. 298: dari alqd nobis c. petere, Plaut. Pseud. 683.

cupio, īvī od. iī, ītum, ere (vgl. altind. *kúpyati* »wallt auf, zürnt«), etw. **begehren,** nach etw. **verlangen (das Verlangen hegen** od. **tragen,** nach etw. **gelüsten,** etw. **gern (haben) wollen,** u. in diesem Sinne = **wünschen, wünschenswert finden** (sodass cupere das natürliche, unwillkürliche, dah. auch ungeregelte, leidenschaftliche Verlangen, optare den wohlerwogenen Wunsch, velle den ruhigen, aber tatkräftigen Willen bezeichnet, s. Sen. ep. 116, 2 nam cum tibi *cupere* interdixero, *velle* permittam), Ggstz. fugere, abhorrere, non velle u. dgl., oft m. Ang. **wie sehr?** durch *Advv.* (wie ardenter, ardentissime, flagranter, flagrantissime, mire, mirabiliter, magno opere, summe), **I** im Allg.: **α** m. *Acc.:* is quem cupimus optamusque vestitus, Cic.: qui multum habet plus cupit, Sen.: Caesarem id summe sciebant cupere, Caes.: neque ardentius tu pronepotes, quam ego liberos cupio, Plin. ep.: c. domum, agros, Sall.: pacem, Liv.: novas res, Sall. – im Passiv, adeoque is cupiebatur, ut etc., Apul.: cum fortuna, quā quidquid cupitum foret, potentioris esset, Liv.: non omnia omnibus cupiunda esse, Sall. – u. so die Höflichkeitsformeln: *LE.* Sed amabo, oculus meus, quin lectis nos actutum commendamus? *IO.* Omnia quae tu vis, ea cupio, ganz zu deinen Diensten, Plaut. Pers. 765 *sq.:* cupio omnia quae vis, ich wünsche (dir), was du selbst willst = ich wünsche auch dir das Beste, Hor. sat. 1, 9, 5: quid vis cupio dum ne etc., alles soll mir erwünscht sein (lasse ich mir gefallen), wenn nur nicht usw., Ter. Andr. 902. – u. im Partiz. Perf., res cupita, Liv.: cupitum regnum, Vell.: diu cupita captivitatis ultio, Iustin.: u. *neutr.* subst., huic cupitum contigit, Plaut.: im Plur., das Gewünschte, die Wünsche, ut mox cupitis ministram haberet, Sall. fr.: scit optimum modum esse cupitorum non quantum velis, sed quantum debeas sumere, Sen.: iuvenis filius, nepotes adulti moram cupitis adferebant, Tac. – Partiz. Fut. Pass., magistratus et imperia, postremo omnis cura rerum publicarum minume mihi hāc tempestate cupiunda videntur, Sall.: non invidiosa nefandis nec cupienda bonis regna, Ov. – **β** m. *Genet.:* quamquam domi cupio, mich nach Hause sehne, Plaut. trin. 841; vgl. *no.* II, a. – **γ** m. *Infin.:* cupit te videre, Plaut.: me cupis concīdere, Pompon. com. fr.: cupiens ad suos redire, Cic.: cupio ex te potissimum audire, erraverim necne, Plin. ep.:

cupiebat mutare testamentum, Plin. ep. – quam cupiunt laudari! Cic.: Claudius Polio amari a te cupit, Plin. ep. – cupio et tibi probatum et cohaeredibus meis excusatum esse, quod etc. (dass ich usw.), Plin. ep. – u. so oft die iron. Ausdrücke cupio audire, cupio discere, cupio videre (s. Jordan Cic. Caecin. 33. p. 196), Quae potest esse turpitudinis tantae defensio? Cupio audire, Cic.: Quid igitur est? inquit. Audire enim cupio, quid non probes, Cic.: alia si forte est, quae nos fugerit, dic, quae sit; cupio discere, Cic.: Mihi pecuniam tribuit. Cupio videre qui id audeat dicere, Cic. – **δ** m. *Acc.* u. *Infin.*, cupis me esse nequam, Plaut.: equidem cupio Antonium haec quam primum audire, Cic.: si quando, nunc praecipue cuperem esse te Romae, Plin. ep.: nam ei (consules) Bibuli sententiam valere cupierunt, Cic. – assectari se omnes cupiunt, Enn. fr.: Pausanias se tecum affinitate coniungi cupit, Nep.: ego me cupio non mendacem putari, Cic.: Gaium et Lucium destinari consules flagrantissime (sehnlichst) cupiverat, Tac. – **ε** m. *Nom.* u. *Infin.*: nimium cupit formosa videri, Ov.: nasutus nimium cupis videri, Mart. – **ζ** m. folg. (indir.) Fragesatz: ostende modo te velle, nec deerunt, qui quod tu velis cupiant, Plin. ep.: inveniebantur tamen honesto loco nati, qui peterent cuperentque, quod dari liberto, promitti servis volebant, Plin. ep. – **η** m. *Acc.* u. *Partic.* od. *Adi.* als Prädikat: cupis me esse nequam, Plaut.: cupio me esse clementem, Cic.: patriam exstinctam c., Cic.: commutata omnia, Plin. ep.: alqm servatum magno opere, Suet.: alqm incolumem tanto opere, Suet. – **θ** m. *ut* od. *ne* u. Konj. od. m. bl. *Coni.*: quod quidem ego nimis quam cupio fieri ut inpetret, Plaut. capt. 102: responsum est mihi, cupere quidem universos, ut a me rationes coloniae legerentur; numquam autem etc., Plin. ep. 10, 47 (56), 1: u. (verb. m. optare) quin etiam necesse erit cupere et optare, ut quam saepissime peccet amicus, das Verlangen und den Wunsch zu hegen, dass usw., Cic. de amic. 59. – mire cupio, ne nobiles nostri nihil in domibus suis pulchrum nisi imagines habeant, Plin. ep. 5, 17, 6: u. so m. *ne* u. Konj. bei Ov. her. 6, 5 *sq.* – m. folg. bl. *Coni.*, cupio te quoque sub idem tempus Campania tua remittat, Plin. ep. 5, 15, 9. – **ι** absol. (sodass ein Akk. od. Infin. aus dem Zusammenhang zu ergänzen ist): quae (ratio orationis) alio quodam genere mentes iudicum permovet impellitque, ut metuant aut sperent aut cupiant aut abhorreant, Cic.: vocatum enim interrogat, velletne ad Masinissam reverti? cum effusis gaudio lacrimis cupere vero (verst. reverti) diceret, tum etc., Liv.: ex Livia nihil liberorum tulit, cum maxime cuperet, Suet. – bes. im Partiz., cohortatus suos omnibus cupientibus ad hostium castra contendit, Caes.: cupienti animo nihil satis festinatur, Sall.: ut quibus bellum invitis aut cupientibus erat, wie gerade einem jeden der Krieg zuwider oder erwünscht war, Tac. – u. im Gerundium, qui appetitus … sive *cupiendo* sive *fugiendo* non satis a ratione retinentur, Cic.

II insbes.: **a** alqm = (wie ἐπιθυμέω τινός) jmd. mit sinnl. Liebe **begehren, seine Begier** auf jmd. **richten,** quae te cupit, eam ne spernas, Plaut.: Mars videt hanc visamque cupit potiturque cupitā, Ov.: puellam efflicte cupere, Apul. – m. *Genet.*, quae (puellae) cupiunt tui, Plaut. mil. 964: iam dudum vestri cupiunt Lucrina tacita, Symm. ep. 1, 8 *in.* – **b** alci od. alcis causā = für jmd. od. im Interesse jmds. Verlangen (Wünsche) hegen, d. i. an jmd. **Interesse nehmen, sich** für jmd. **interessieren,** jmdm. **zugetan-, gewogen sein** (Dumnorigem) favere et cupere Helvetiis propter eam affinitatem, odisse etiam suo nomine Caesarem et Romanos, Caes.: quid? ego Fundanio non cupio? non amicus sum? Cic.: tibi, cui maxime cupio, et omnibus viris bonis satisfaciam, Planc. in Cic. ep. – eius causā et cupio et debeo (bin verpflichtet), Cic.: vehementer eius causā cupere eum intellexi, Cic. – u. so auch cupio omnia rei publicae causā, Cic.: tamen obsequor homini familiarissimo C. Avianio Flacco, cuius causā omnia cum cupio, tum mehercule etiam debeo, Cic. – ► Synkop. Perf.-Formen, cupisti, cupisset, cupisse, oft bei Cic. – Formen nach der 4. Konjug., cupiret, Lucr. 1, 71: cupire, Commod. instr. 2, 7, 15: cupiri, Augustin. ep. 3, 5.

cupīsco, ere (*Inch.* v. cupio), **den Wunsch** nach etw. **in sich aufkommen lassen,** etw. **wünschen,** m. *Infin.*, deum videre, Augustin. music. 4, 4. Vgl. Prisc. 8, 72.

cupītor, ōris, *m.* (cupio), der **Begehrer,** incredibilium, Tac.: matrimonii, Tac.: amicitiae, Apul.: avaritiae c. acer, Aur. Vict.: magicae noscendae ardentissimus c., Apul.

cūpla, ae, *f.* = copula (s. d.), Isid. 19, 19, 6.

cūpo = copo (caupo), nach Charis. 63, 10.

cuppa, s. 1. cūpa.

1. cuppēdia, ae, *f.* (cuppes), die **Naschhaftigkeit,** Cic. Tusc. 4, 26. – Plur. cuppēdiae, ārum, *f.*, meton. = **Näschereien, Leckerbissen,** Gell. 6 (7), 16, 6 u. 7 (6), 13, 2. Amm. 26, 7, 1.

2. cuppēdia, ōrum, *n.*, s. cuppēdium.

cuppēdinārius, a, um (cuppedo), **zu den Näschereien gehörig,** forum, der Naschmarkt, ein Platz in Rom, Symm. ep. 8, 19 (vgl. cuppedo). – subst., cuppēdinārius, iī, *m.*, einer, der Näschereien, Leckerbissen herstellt, Ter. eun. 256. Apul. apol. 28.

cuppēdium, iī, *n.* (cuppes), die **Näscherei,** der **Leckerbissen,** Varro LL. 5, 146. – Plur. cuppedia, Plaut. Stich. 712; vgl. Paul. ex Fest. 48, 15.

cuppēdo, dinis, *f.* (vgl. cuppes), **I** = cuppediae, **Näschereien, Leckerbissen,** forum cuppedinis, der Naschmarkt, ein Platz in Rom, Varro LL. 5, 146: in einer anderen Stadt, Apul. met. 1, 24. – **II** = cupido (s. d.), Lucr. 1, 1082 u. a.

cuppēs, pēdis, *m.* (cupio), das **Naschmaul,** Plaut. trin. 239.

cuppula, s. 1. cūpula.

cupressētum, ī, *n.* (cupressus), der **Zypressenwald,** der **Zypressenhain,** Cato r. r. 151, 1. Cic. de legg. 1, 15.

cupresseus, a, um (cupressus), **aus Zypressenholz, Zypressen-,** signa Iunonis, Liv. 27, 37, 12: foliatura, Vitr. 2, 9, 13: asseres, Vitr. 7, 3, 1.

cupressifer, fera, ferum (cupressus u. fero), **Zypressen tragend,** Ov. her. 9, 87. Sidon. carm. 23, 417.

cupressinus, a, um (cupressus), **von** od. **aus Zypressen, Zypressen-,** frondes, Col.: asseres, Vitr.: oleum, Plin. – Nbf. **cypressinus,** Vulg. cant. 1, 16 (laquearia cypr.).

cupressus, ī, *f.* u. ūs, *m.* (κυπάρισσος), **I** die **Zypresse** (*Cupressus sempervirens,* L.), bei Leichenfeiern benutzt, dah. auch dem Pluto heilig, Form cupressus, ī, *f.*, durch alle Kasus im Sing. u. Plur., Cato, Vitr., Verg. u. a.: Form cupressus, ūs, *f.* Genet. bei Apul. met. 6, 30 u. 8, 10 (vgl. Varro LL. 9, 80): Abl. bei Vitr., Catull. u. a.: Nom. Plur. bei Petron. poët. 131, 8. *v.* 2. Claud. rapt. Pros. 3, 370: Akk. Plur. bei Claud. rapt. Pros. 3, 393. – Plur. als *masc.*, longi cupressi, Enn. ann. 262: rectos cupressos, *ibid.* 490. – Spätlat. Nbf. cypressus, ī, *f.*, Vulg. Sirach 24, 17. Charis. 21, 13. Isid. 17, 7, 34. – Dem griech. κυπάρισσος gleiche Nbf. im Plur., cyparissi coniferae, Verg. Aen. 3, 684. – Personifiziert Cyparissus, ī, *m.*, der »in eine Zypresse verwandelte Jüngling«, Ov. met. 10, 121 *sq.* – **II** meton., ein **Kästchen aus Zypressenholz,** Hor. de art. poët. 332.

cupreus, a, um, s. cypreus.

cuprinus, a, um, s. 1. cyprīnus.

cuprum, ī, *n.*, s. cyprum.

1. cūpula (cuppula), ae, *f.* (*Demin.* v. 1. cupa), **I** die **kleine Kufe, Tonne,** Ulp. dig. 33, 6, 3. § 1. – **II** der **steinerne Sarg** od. das **kleine Grabgewölbe,** CIL 6, 2734; 8, 2110 u. ö. Not. Tir. 96, 23.

2. cūpula, ae, *f.* (*Demin.* v. 2. cupa), die **kleine Kurbel,** Cato r. r. 21, 3.

3. cūpula, s. cōpula ►.

cūr, *Adv.* (gotisch *hwar,* ahd. *hwār,* wo?; vgl. altind. *kar-hi,* wann?), **wozu = weshalb, warum, I** relativ: duae sunt causae, cur etc., Cic.: causa non est, cur, Cic.: afferre rationem, cur, Cic.: argumenta, cur, Cic.: est vero, cur, Ov.: neque est, cur, Plaut.: quid est, cur, Cic.: ne mirere, cur, Cic.: multa quidem dixi, cur, Hor. – **II** interrogativ: quid agis? cur te is perditum? Ter.: cur non assum? Cic.: cur senatum cogor reprehendere? Cic.: *Ch.* Apud me sis volo, *Me.* Non possum. *Ch.* Cur non? Ter.: in rhetor. Frage der indir. Rede mit folg. Akk. u. Infin. Liv. 5, 24, 5. – bei Dichtern zuw. nach einem od. mehreren Wörtern des Satzes gestellt, noster cur hic cessat cantharus? Plaut.: obsequium ventris mihi perniciosius est cur? Hor. – ► arch. quōr

(s. Vel. Long. [VII] 71, 2 u. 77, 10) Plaut. Amph. 409; asin. 591 u. ö. – auch qūr geschr., Plaut. merc. 471 u. 504. CIL 1, 1454 u. quūr, Anthol. Lat. 483 v. 16. 17. 45. 53 (R.) *codd.;* vgl. Prisc. 1, 48.

cūra, ae, *f.* (arch. coira aus *coisa; vgl. pälign. *coisatens* »curaverunt«), das Sichangelegenseinlassen = die **Sorge, I** = ἐπιμέλεια, die **Sorge, Fürsorge, 1** im Allg., die angelegentliche **Bemühung,** das angelegentliche **Bestreben,** die **Sorgfalt,** das **Interesse,** die **Teilnahme,** die **Beachtung, Rücksichtnahme,** die **Aufmerksamkeit,** das **Augenmerk,** die **Achtsamkeit** (Ggstz. neglegentia; oft verb. cura et diligentia, cura ac diligentia, cura diligentiaque, tutela atque cura, opera curaque, cura atque opera, studium curaque, cura et cogitatio, cogitatio curaque, cura et od. ac labor), cura acris, Quint., acris cura diligentiaque, Cic.: intenta (intentior, intentissima), Liv.: magna (maior, maxima), Quint.: non mediocris, Planc. in Cic. ep.: minor, Quint.: nimia, Quint.: c. publica (die S. für das allgemeine Wohl), Ggstz. c. privata, Liv. – cum cura, z. B. saucios reficere, Liv.: omnes milites sepelire, Curt.: omnia speculari, Liv.: so auch cum magna cura, z. B. parare omnia, Sall.: magna cum cura atque diligentia, z. B. scribere alqd, Cic.: cum maxima cura, z. B. ultum ire iniurias, Sall.: summa cum cura, z. B. exsequi alqd, Liv.: non sine cura, z. B. rem administrant, Sall.: finis vitae extraneis non sine cura fuit, fand Teilnahme bei den Ausw., Tac. – u. sine cura deûm evenire (sich ereignen), Tac. – u. bl. magnā curā, z. B. alere equum, Suet.: ea non maiore curā praecepta ab ducibus sunt quam ab militibus observata, Liv. - m. obj. *Genet.*, agrorum nimia c. (allzu großes Interesse am Landbau) et sollicitior rei familiaris diligentia, Quint.: c. sui, für sich, für die Selbsterhaltung, Sen.: cura rei publicae, Interesse am St., Cic. u. Sall.: legum, Beachtung, Beobachtung der G., Quint.: c. rerum, verborum, sorgfältige Wahl, Quint.: c. bonarum rerum, c. humanarum rerum, Interesse, Teilnahme an usw., Sall.: rerum alienarum cura (z. B. difficilis est), Cic.: assidua et perpetua c. salutis tuae, Cic. – cura habendi, Habsucht (πλεονεξία), Phaedr.: cura diversa sciscitandi, Tac.: cura colendi, S. in der Pflege, sorgfältige Pflege (des Gartens), Verg.: singularis cura (Schonung) frugum, agrorum, hominum, urbium, Vell. – m. *de* (in Betreff) u. Abl., studium tuum curaque de salute mea nullā me novā voluptate affecit, Brut. in Cic. ep.: gratissima est mihi tua cura de illo meo primo et maximo mandato, Cic. – m. *pro* u. Abl., divina pro nobis cura, Augustin. conf. 7, 19 *in.* (vgl. unten curam agere pro etc. u. est cura pro etc.). – m. Verben, abicere curam (Interesse an) rei publicae, Cic., od. omnem suam curam de re publica, Cic. – adhibere curam in capris et ovibus parandis (Ggstz. neglegentem esse in amicis eligendis), Cic.: adhibere magnam curam diligentiamque in valetudine sua tuenda, Nep.: de sacerdotio tuo quantum curam adhibuerim, cognosce ex iis litteris, quas etc., Cic.: non mediocris adhibenda mihi est cura, ut etc., Planc. in Cic. ep. – agere curam alcis rei od. alcis u. de alqa re od. de alqo od. pro alqo, für etw. od. jmd. Sorge od. Fürsorge tragen, an etw, od. jmd. Interesse nehmen, sich um etw. od. jmd. bekümmern, sich etw. angelegen sein lassen (s. Burm. u. Ruhnk. Ov. her. 12, 302), z. B. curam corporis diligentissime, Sen.: curam libertatis, Sall.: curam humanarum rerum (v. den Göttern), Plin. u. Quint.: curam sui, Sen.: curam civium, Liv.: curam pro nobis hospitis, uxor, agas, Ov.: curam de Samnitibus, non de se, Liv. – avocare curam alcis, die Aufm. jmds. abziehen, jmd. zerstreuen, Col. – capit alcis animum cura sacrorum et caerimoniarum, Liv. – conferre magnam curam in alcis salutem diligentiamque, Cic.: conferre omnem suam curam atque operam ad philosophiam, Cic. – consumere in alcis salute omnem suum laborem, omnem operam, curam, studium, Cic.: istorum in dialecticis omnis cura consumitur, Cic. – defungi (loswerden) eā curā, Liv. – desiderare (erfordern) acrem curam diligentiamque, Cic. – curam hanc dimittere, Ov.: non dimittere istam curam, Cic.: dimittere omnem curam suorum, sich um die Seinigen gar nicht weiter bekümmern, Suet. – distendere alcis curam, jmds. Sorgfalt nach allen Seiten in Anspruch nehmen, jmd. gehörig beschäftigen, Col. 8, 2, 7 u. 12, 46, 1 (versch. von curas distendere, s. *no.* II, 1). – est cura alcis, m. *pro* u. Abl., publica cura est pro moenibus istis, Ov.: m. *ut* u. Konj., medici cura esse debet, ut etc., Cels.: m. *ne* u. Konj., haec mea cura est, ne quid tu perdas, Hor.: una erat cura, ne inultus occīderet, nur darauf war sein Augenmerk gerichtet, dass er nicht usw., Curt. – est alqs cura alci od. alcis, cura pii dis sunt (Riese cura deûm di sunt) et qui coluere, coluntur, Ov. met. 8, 724 (715). – est alci cura alcis rei od. alcis, es trägt jmd. Sorge für etw. od. einen, nimmt Interesse an etw., richtet sein Augenmerk auf etw., bekümmert sich um etw. od. jmd., z. B. Romanis interim arcis Tarentinae praesidiique, quod ibi obsideretur, cura est, Liv.: quodsi hominibus bonarum rerum tanta cura esset, quanto studio aliena petunt, Sall.: artium ingenuarum tibi maxima cura est, Ov.: cura tibi non est hospitis ulla tui, Ov. – cura est od. alci cura est m. folg. *Infin.*, cura comere capillum fuit, Sen.: cura finitimos vincere maior erat, Ov.: praeverti ad Armenios instantior cura fuit, Tac.: ingens cura est mis cordibus aequiperare, Enn. fr.: nulli cura fuit externos quaerere divos, Prop.: nec sit mihi cura mederi, Verg. – alci cura est m. folg. *ne* u. Konj., haec mea cura est, ne quid tu perdas neu sis iocus, Hor.: inter quae maxima erat cura duci (war das Hauptaugenmerk des F. darauf gerichtet), *ne* qua exprobratio cuiquam veteris fortunae discordiam inter ordines sereret, Liv.: u. cura est alcis m. folg. indir. Fragesatz, neque senatus in eo cura, an imperii extrema dehonestarentur,Tac. ann. 4, 74. – est alqd intentioris curae, z. B. custodiae vigiliaeque et ordo stationum intentioris curae erant, Liv. – est alci alqd od. alqs curae od. est alci curae de alqa re, es ist jmdm. eine Sache od. Pers. zur Sorge, d. i. ein Gegenstand der Sorge, Fürsorge, es lässt sich jmd. eine Sache od. Pers. zur Sorge sein, angelegen sein, z. B. tibi erit eidem, cui salus mea fuit, etiam dignitas curae, Cic.: Caesar pollicitus est sibi eam rem curae futuram, Caes.: propinqui, quibus est puella curae, Catull.: rati sese dis immortalibus curae esse, Sall.: ergo illi curae contigit esse tuae, Ov.: de ceteris senatui curae fore, Sall.: de Tirone mihi curae est, Cic. ep.: mihi magnae curae tua vita et dignitas est, Anton. in Cic. ep.: salutem eius regis senatui populoque Romano magnae curae esse, Cic.: ei permagnum et perhonorificum videbatur senatui populoque Romano tantae curae esse salutem suam, Cic.: non enim tibi ea res maiori curae aut est aut erit quam mihi, Cic.: ceterum *magis* vis morbi ingravescens curae erat terroresque *ac* prodigia, Liv. 4, 21, 5: ceterum eo tempore *minus* ea bella quae gerebantur curae patribus erant, *quam* exspectatio nondum coepti cum Antiocho belli, Liv. 35, 23, 1: in eorum periculis *non secus* absentes *quam* praesentes amicos Attico esse curae, Nep. Att. 12, 5: so auch alci curae est m. folg. *ut* od. *ne* u. Konj., z. B. velim tibi curae sit, ut aliquid istinc bestiarum habeamus, Cael. in Cic. ep.: magis curae est magisque adformido, ne is pereat aut corrumpatur, Plaut.: in primis tibi curae sit, ne mihi tempus prorogetur, Cic.: patribus aeque curae fuisse, ne qua iniuria in eos oreretur, Liv.: alci curae est m. folg. indir. Fragesatz, z. B. quo magis quae agas curae sunt mihi, Ter.: omnibus civitatibus Graeciae et Asiae curae erat, quid Eumenes in senatu egisset, Liv.: mihi maiori curae est, quemadmodum vobis gratiam referam, quam etc., Cic.: mihi non minori curae est, qualis res publica post mortem meam futura sit, quam qualis hodie sit, Cic.: quin id erat curae, quo pacto cuncta tenerem, Hor.: nisi sane curae sit (von Interesse für mich ist), quorsum eventurum hoc siet, Ter. – alci curae est m. *Infin.*, z. B. erit mihi curae explorare provinciae voluntatem, Traian. in Plin. ep.: magnae veteribus curae fuit gratiam dicendi et paribus et contrariis acquirere, Quint.: eligere modo curae sit (nur sei man in der Auswahl vorsichtig), Quint. – u. alci curae est m. *Acc.* u. *Infin.*, tibi curae est sentire cives tuos, quanto per te onere leventur, Liv. 30, 31, 3. – plus exigere (erfordern) laboris et curae, Quint. – habere curam alcis rei od. alcis, für etw. Sorge tragen, auf etw. Sorgfalt verwenden, an etw. od. jmd. Interesse nehmen, sich um jmd. od. etw. bekümmern, sich etw. angelegen sein lassen, z. B. libertatis, Sall.: rerum divinarum, Liv.: in primis pacis tuendae, Suet.: serendi (arborem turis), Plin.: Ausoniae gentis, v. den Göttern, Ov.: delectus multo intentiorem quam alias curam habebat, Liv. – so auch habere curam de od. in alqa re, z. B. de vita communi omnium curam publicaeque rei constitutione habere, Vitr. 1. praef. § 2: in ea (re publicā) cognoscenda multam magnamque curam habui, Ps. Sall. de rep. 2, 1, 3. – u. habere alqm od. alqd curae od. sibi curae, z. B. petitionem alcis c. h., Sall.: nec aliter universos quam membra partesque imperii c. h., Suet.: me ut id mihi habeam curae rogas, Varro: eos tibi et rem, de qua misi, velim curae habeas, Cael. in Cic. ep.: u. so curae sibi habere m. *Infin.*, z. B. ut ille ex ultimis terris, quid ageret, curae sibi haberet certiorem facere Atticum, Nep. Att. 20, 4: curae habere m. folg. *ut* u. Konj., habebo itaque curae, ut te meliorem tibi reddam quam accepi, Sen. de ben. 1, 8, 2: curae habere m. folg. Relativsatz, sapienter habeatis curae, quae imperavi atque impero, Plaut. Men. 991: u. absol. curas habere, alle mögliche Sorgfalt anwenden, nichts vernachlässigen, Iustin. 43, 4, 11. – impendere curam alci rei, z. B. rei domesticae, Phaedr.: u. so acrem quam maxime curam spei futuri oratoris, Quint. – incumbere omni cogitatione curāque in rem publicam, Cic.: dagegen incumbe in eam curam od. totā mente incumbe in hanc curam, lass das deine angelegentliche Sorge sein, Cic. – at mihi cura non mediocris inest, fontes *ut* adire remotos queam, Hor. sat. 2, 4, 93 *sq.* – intendere curam alcis, jmds. Aufmerksamkeit spannen, z. B. gens bellicosa ... curam regis intenderat, ließ den K. auf seiner Hut sein, Curt.; dagegen curam intendere in alqd, die Aufmerksamkeit, sein Augenmerk auf etw. richten, z. B. in quem omnes intenderat curas, Curt.: dum omnium cura in Veiens bellum intenta est, Liv.: u. m. folg. indir. Fragesatz, non intenta cuiusquam cura, quae firmitudo (coriorum), quae mensura, ohne dass jemand genau darauf geachtet hätte, Tac. – ne Syphacis quidem reconciliandi curam ex animo mittere, den Gedanken nicht aufgeben, Liv. – ponere curam et aegritudinem, Cic.: ponere curam alcis rei, die S. für etw. beiseite lassen, sich nicht weiter um etw. bekümmern, z. B. positis omnium aliarum rerum curis, mit Hintansetzung aller anderen Geschäfte, Liv. – aber ponere curam in alqa re, Sorgfalt, Aufmerksamkeit richten, verwenden, z. B. omnem curam in siderum cognitione, Cic.: omnis mihi cura et opera posita est in hominum periculis defendendis, Cic. – postulare (erfordern) minorem curam, Quint. – remittere curam diligentiamque, nachlassen in usw., Caes.: omnem curam belli remittere, Liv.: omnes curas referre ad alqm et in eo consumere, Cic. – stimulare curam, z. B. ne fames quidem, quae mutas accenderet bestias, curam stimulare posset, Liv. – suscipere curam, es sich eine Sorge sein lassen, darauf sein Augenmerk richten, m. folg. *ut* od. *ne* u. Konj. od. folg. indir. Fragesatz, z. B. suscipe curam et cogitationem dignissimam tuae virtutis, ut Caesarem et Pompeium perfidiā hominum distractos in pristinam concordiam reducas, Balb. in Cic. ep.: quod magnam curam suscipiebat (weil er sich wohl hütete), ne quo temere progrederetur, Auct. b. Alex.: hanc quoque suscipe curam, quemadmodum experiamur, Cic. – sustinere maximam curam belli, die schweren u. sorgenvollen Kriegslasten zu tragen haben, Cic. – omni mente in ea cogitatione curaque versari, ut etc., Cic.: omnis cura mea solet in hoc versari semper, si possim, ut boni efficiam aliquid dicendo, Cic.: vincere omnes curā, vigilantiā, patientiā, Nep. – So nun insbes.: **α** das Interesse für etw. **Neues,** die **Neugierde,** cura ingenii humani, die dem Menschen angeborene Neugierde, Liv. 21, 22, 7 (u. dazu Fabri): inerat cura insita mortalibus videndi congredientes nobilem regem et ... legatos, Liv. 42, 39, 3. – **β** das wissenschaftliche Streben, das **Studium,** die **Forschung,** cura et meditatio (Nachdenken), Tac. dial. 16; vgl. Tac. Agr. 10. – Plur., sapientis animus cum his habitans pernoctansque curis, Cic. Tusc. 5, 69. – dah. meton. = die ausstudierte Schrift, die **Ausarbeitung, Arbeit,** c. recens, Ov., nova et recens, Tac.: ii, quorum in manus cura nostra venerit, Tac.: essent et iuvenes, quorum inedita cura est, Ov.; dimissā priore curā novae cogitationi toto pectore incumbam, Tac.: Plur.: condere victuras temptem per saecula curas, Mart. 1, 107, 5.

2 die **Fürsorge** = die **Besorgung, Behandlung, Abwartung, Wartung, Pflege, Aufsicht,** **a** die landwirtsch. **Pflege, Zucht,** Pelusiacae lentis, Verg. georg. 1, 228: quae cura boum, qui cultus habendo sit pecori, Verg. georg. 1, 3. – **b** die physische **Pflege** des Körpers, bes. auch die verschönernde, das **Ordnen, Schmücken,** der **Putz,** wie θεραπεία (s. Broukh. Prop. 2, 12 [14], 28), m. subj. *Genet.*, cura mulierum, Phaedr. – m. obj. *Genet.*, c. corporis, Quint.: formae, Sen.: comae, Prop.: capillorum, Suet.: cura cultusque feminarum, Liv. – **c** die Krankenpflege, **α** des Wärters usw., die **Pflege,** saucios sustentare curā, Tac. ann. 4, 63. – **β** des Arztes, die **Behandlung, Heilung, Kur** (griech. θεραπεία) c. morbi, Iustin.: c. aquae, quae inter cutem est, Cels.: si quid cura levarit, Cels.: cum omnem curam fata vincerent, Vell.: Plur., curae aegrescentium, Macr. sat. 7, 4, 6. – übtr., relinquebatur simplex illa iam cura doloris tui, Cic. ep. 5, 16, 5: illa fuit lacrimis ultima cura meis (v. Schlaf), Prop. 1, 3, 46. – **d** die **Besorgung** einer Leiche (griech. κήδευσις), quibus ea (mater) funeris sui curam demandarat, Suet. Tib. 51, 2; vgl. Tac. hist. 5, 5. – **e** die **Besorgung** der Götter, cura deorum, der Gottesdienst (griech. θεραπεία θεῶν), Liv. 6, 41, 9. Iustin. 41, 3, 6. – **f** die **Fürsorge** für jmd. od. etw. = die **Aufsicht** über jmd. od. etw., die **Hut, Obhut,** **α** über jmd.: c. dominae, Ov.; vgl. vollst. dominam servandi cura, Ov.: filium regis non sub hospitum modo privatorum custodia, sed publicae etiam curae ac velut tutelae esse velle, Liv. – bes. des Erziehers, der Erzieherin, c. susceptorum semel adulescentium, Quint.: suum sororisque filios in eadem cura habere, Liv.: alci sororis suae nepotum curam delegare, Quint. – **β** über etw.: omnes, quibus vivaria, armenta, alvearia, piscinae, aviaria in cura erant, alle Tierwärter, Hirten, Bienen-, Fisch-, Vogelwärter, Plin. 8, 44. – **g** meton.: **α** der **Pfleger, Wärter, Aufseher,** immundae cura fidelis harae (v. Schweinehirten Eumäus), Ov. her. 1, 104 (vgl. *no.* 3, a, β, ββ). – **β** der Gegenstand der Fürsorge, der **Schützling, Pflegling, Liebling,** c. deûm (v. Anchises), Verg.: ipse Veneris iustissima cura, Dardanius puer, Verg.: tua cura, palumbes, Verg.: absunt, mea cura, sodales, Ov.: Roscia te salutat, cura communis, Sidon.: Lydia (ein Gedicht des P. Val. Kato) doctorum maxima cura liber, Ticida poët. bei Suet.

3 die **Fürsorge** = die verwaltende, leitende **Besorgung, Pflege,** die **Verwaltung, Leitung** (das **Kommando**), die **Aufsicht,** **a** übh.: **α** eig.: c. rerum domesticarum, die Verwaltung des Hauswesens, die Hauswirtschaft (οἰκονομία), Quint. 3, 3, 9: patrimonii sui curam mandare alci, Sen. de ben. 4, 27, 5. – bes. als Staatsamt, magistratus et imperia et omnis cura rerum publicarum, Sall.: u. so cura rei publicae, Liv., u. cura rerum, Tac.: u. speziell c. urbis, Liv.: aerarii, annonae, Suet.: tabularum publicarum, die V. des öffentl. Schuldbuchs, V. des Staatsärars, Tac.: operum publicorum, Suet.: c. viarum, aquarum, alvei Tiberis, frumenti populo dividendi, Suet.: c. navium, Flottenverwaltung, Tac.: c. legionis armandae, Tac. – alqm ad curam rei publicae admovere, Suet., Ggstz. alqm curā rerum demovere, Tac.: provincias ad suam curam transferre, Suet.: aspernari curam urbis (Stadtpflege, Leitung der städtischen Angelegenheiten) ut ingratam ignobilemque, Liv.: curam ordinandarum bibliothecarum in porticu Octaviae suscipere, Suet.: alci delegare curam providendae tempestatis, die Gewitterwache übertragen, Sen.: curam atque onus Germanici belli Druso delegare, Vell.: obsidionem demandare in curam collegae, Liv.: alci arcis curam mandare, Curt.: curam peditum Paulinus, equitum Celsus sumpsere, Tac.: Equitius, cui tunc erat cura palatii credita, der damalige Hausmarschall, Amm. – **β** meton., **αα** die **Besorgung** = die **Mühwaltung, Obliegenheit,** das **Geschäft,** hi (delecti) vel aetate vel similitudine curae patres appellabantur, Sall.: hanc curam tibi iniungo, Plin. ep.: in bello in aliqua maiuscula cura negotiove versari, Cic.: est minutioris curae m. folg. *Infin.*, es ist ein allzu kleinliches Geschäft, Quint. 8, 6, 28. – bes. im Plur. (Ggstz. remissiones u. dgl.), nondum ad curas intentus, Tac.: cum sumus necessariis negotiis curisque vacui, Cic.: iam vero tempora curarum remissionumque divisa, Tac.: divisae inter Tutorem et Classicum curae, Tac.: tam humiles et sordidas curas alii mandare, Plin. ep. – **ββ** der **Aufseher,** cura praetorii unus, Haushofmeister, Treb. Poll.

Claud. 14, 11: Saturninus ex cura palatii, gewesener Hausmarschall, Amm. 22, 3, 7. – **b** die **Vormundschaft, Kuratel,** curam gerere, administrare, ICt.

II wie φροντίς, die **Sorge** = die **Besorgnis, besorgte Teilnahme** (Ggstz. gaudium, laetitia; Synon. u. stärkerer Begriff sollicitudo, **Kummer, Bekümmernis,** s. Plin. ep. 2, 11, 15: dah. oft verb. cura et sollicitudo, sollicitudo et cura, cura et angor, cura et angor animi mei), **1** im Allg.: domitor curarum (v. Schlaf), Sen. poët.: curarum milia, Prop. – expers curae od. omnis curae, Liv.: erant illa castra plena curae, Cic. – liber curā et angore animus, Cic.: animus liber sensibus et curis od. omni impeditione curarum (z. B. per somnum od. in somnis), Cic.: vacuus hāc curā, Cic.: vacua metu, curā, sollicitudine, periculo vita bonorum virorum est, Cic. – sine cura, ohne S., sorglos, Sall.: u. so auch sine cura esse, Cic. – m. obj. *Genet.*, curā impensarum populi Romani, aus Bes. für usw., Liv. – m. *de* u. Abl., cura de minore filio, Liv. 44, 44, 1. – m. *pro* u. Abl., cura pro alqo, Liv. 27, 30, 5. Verg. Aen. 12, 48. – m. *in* u. Akk., nullā in posterum curā, Tac. hist. 3, 55. – m. attrib. Adjj., curae amarae, Ov.: curae anxiae (bange), Liv.: curae atrae, Hor.: curae edaces, Hor.: c. gravis, gravior, Liv., gravissima, Cic.: c. ingens, Sall.: curae inanes, Lucr.: c. magna, maior, maxima, Cic.: c. materna, Plin.: c. minor, Cic.: curae mordaces, Lucan.: curae novae, Cic. (vgl. haec nova c., Hernici, diese neue Bes. [= Gegenstand der Bes.], Liv. 6, 6, 13): c. parva, Cic.: c. multiplex, Curt.: curae perpetuae, Ov.: c. cotidiana, Ter.: c. summa (z. B. summā curā alcis adventum exspectare), Cic.: curae tristes, Verg.: curae vigilantes, Sorgen bei wachendem Auge (S. am Tage), Cic.: so auch curae vigiles, Val. Max. – m. Verben, abigere curas, die S. verscheuchen (v. Lebl.), Hor.: abstinere curis, sich der S. entschlagen, Cels.: accumulat curas filia parva meas, Ov. – adimere alci curam, Ter. (u. so auch quot curas ademi! Ter.). – afferre (alci) curam, curas, S. verursachen, z. B. nonnullas curas et molestias (v. Umständen), Cic.: u. m. folg. *Acc.* u. *Infin.*, Piliam in idem genus morbi delapsam curam tibi afferre maiorem sentio, Cic.: u. m. folg. *quod*, z. B. quod negavit te potuisse ad me scribere, curam mihi attulit, Cic. – afficere alqm aliquā curā, Cic., magnā curā et sollicitudine, Ter. (sowohl v. Pers. als auch v. Umständen): u. so auch afficior curā, Plin. ep. – curam de coniuge agere, Sorge tragen um d. G. (Ggstz. intrepidum esse pro se), Ov. met. 9, 107. – agitare alqm dies noctesque curis insomniisque, Liv. – cotidiana cura angit animum, Ter.: angi tot curis vigiliisque, Cic. – quod ipsum curam augebat, Liv. – aegritudines, molestiae, maerores, qui exedunt animos hominum conficiuntque curis, Cic.: u. bes. confici curis, Cic., confectus curis, Iustin.: animus curā confectus, Ter. – ut eorum aspectu omnis quae me angebat de re publica cura consederit, Cic. – cur eam rem tam studiose curas, quae tibi multas dabit curas, Rhet. Her. 4, 21: at tibi curarum milia quanta dabit, Prop. 1, 5, 10. – decedit alci cura u. alci cura de alqa re (s. Drak. Liv. 4, 52, 8. Burm. Suet. Caes. 24), z. B. priusquam ea cura decederet patribus Romanis, Liv.: de domesticarum rerum eventu nec patribus nec plebi cura decesserat, Liv.: donec cura de Antiocho decessisset, Liv. – demere animis curas, Varro. – deducere animo curas, Hor. – curas depellere vino, Tibull. – deponere curam pro alqo, Verg.: deponere tristes animo curas, Verg.: in alcis sermone et suavitate omnes curas doloresque deponere, Cic. – dimittere curam hanc, Ov. met. 1, 209. – velut in duo pariter bella distenderant curas hominum, hatten die Besorgnisse gleichs. zwischen zwei Kriegen in gleicher Weise geteilt, Liv. 27,40, 1 (versch. v. curam alcis distendere oben *no.* I, 1). – omnium tamen non tanta *pro* Aetolis cura erat, quam *ne* Philippus regnumque eius grave libertati futurum rebus Graeciae immisceretur, Liv. 27, 30, 5. – mihi maximae curae est non *de* mea quidem vita, sed me patria sollicitat, Cic.: Pompeius *de* Clodio iubet nos esse sine cura, Cic. – fuit intactis quoque cura condicione *super* communi, Hor. ep. 2, 1, 152. – parte curae exonerarunt senatum consulis litterae, Liv. – me his exsolvite curis, Verg.: extenuat corpus cura, Cels. – alqd curam facit m. folg. *ne* u. Konj., lässt besorgen, dass usw., Tac. ann. 3, 52. – fugere curam, Cic. – quam pro me curam geris, hanc precor, optime, pro me deponas, Verg. Aen. 12, 48 *sq.* – pectus alcis anxiis implere curis (v. einem Ereignis), Liv.: imponere finem curis, Verg.: primo gravis cura patres incessit, Liv.: affirmatio Pori multiplicem animo regis iniecerat curam, Curt.: u. inicere (alci) curam m. folg. *ne* u. Konj., Ter. adelph. 708. Curt. 3, 1 (2), 17: inicere alci curam metumque, *ne* etc., Liv. 5, 7, 4. – cum curis laxati sumus, Cic.: saepissime curam et angorem animi mei sermone et consilio levasti tuo, Cic.: levare (abnehmen) alqm curā od. magnā curā, Cic.: liberare alqm curā, istā curā, magnā curā et sollicitudine, Cic.: ut quoquo modo aut *liberarem* te istā curā aut certe *levarem*, Cic. – non tamen invictum animum curae obruunt (erdrücken), Curt.: illum ingens cura atque laetitia simul occupavere, Sall. – partiri curas cum alqo, Verg.: pellere curas vino, Hor., curas e pectore, Sil. – illa restabat cura, *ne* etc., Liv. – ea me cura vehementissime sollicitat, Cic.: me illa cura sollicitat angitque vehementer, *quod* (dass) etc., Cic. – solvere alqm curis ceteris, Ter.: curas et corpora somnus solverat, Ov. – videris gravem curam suscepisse vehementerque esse de nobis sollicitus, Cass. in Cic. ep.: maximam hic sollicitudinem curamque sustineo, *ne* m. folg. Konj., Cic. – traducere animos a minore cura ad summum timorem (v. einem Vorfall), Cic. – et curā vacare et negotio, Cic.: maternā vacare curā, Plin.: vitare curam domesticorum, sich der S. um den Haushalt entschlagen, Cels.: multiplices animo volvere curas, Catull.

2 die **Liebessorge, Liebesqual,** die **Liebe** (vgl. Lachmann Prop. 1, 11 [10], 17), c. mea, tua, die Liebe zu mir, zu dir, Ov. u. Prop.: iuvenum curae, Hor.: possum alterius curas sanare recentes, Prop. – meton. (wie μέλημα) = die **Geliebte,** die **Flamme,** tua cura, Lycoris, Verg.: Lynceu, tune meam potuisti tangere curam? Prop. – ► Arch. Dat. curai, Elog. clar. vir. 24 im CIL 1^2. p. 285.

cūrābilis, e (cura), **I Sorge schaffend,** Iuven. 16, 21. – **II heilbar,** Cael. Aur. chron. 4, 7, 93.

cūragendārius, iī, *m.* (cura u. ago), der **Verwalter, Aufseher,** Cod. Theod. 6, 29, 1.

cūragulus, ī, *m.* (cura u. ago) = curiosus (s. d.), Prisc. part. XII vers. Aen. 4, 92. p. 480, 9 K.

cūralium, s. corallium.

cūrātē, *Adv.* (curatus), **sorgfältig, eifrig,** Amm. 19, 1, 10. – *Compar.* curatius, Plin. ep. 1, 1, 1. Tac. ann. 2, 27 u. a.: u. so curatius (aufmerksamer) legi, Tac. ann. 16, 22.

cūrātio, ōnis, *f.* (curo), das Sichangelegenseinlassen, **I** im Allg., das **Sichbekümmern** um etw., quid tibi c. hanc est rem? Plaut. Amph. 519: quid tibi malum me, aut quid agam, c. est? Plaut. most. 34. – **II** insbes., die **Besorgung, 1** die **Besorgung = Abwartung, Wartung, Verpflegung,** physische **Pflege, a** übh., m. subj. *Genet.*, cultus et curatio hominum, Cic. – m. obj. *Genet.*, c. corporis od. corporum, Cels. u. Liv.: omnis cultus et curatio corporis erit eadem adhibenda deo, quae adhibetur homini, Cic. – **b** die Krankheitspflege, die **Behandlung, Kur** (auch = Kurart-, methode), **Heilung** (auch = Heilart-, methode), auch die **Operation,** ut (aeger) aptus tali curationi sit, Cels.: idonei huic curationi non sunt, Cels.: opportunissimum curationi tempus vernum est, Cels.: esse ibi lac istiusmodi curationibus accomodatissimum, Plin. ep. – m. subj. *Genet.*, c. medici, Cic.: c. Afrorum, Cels.: c. Heraclidis Tarentini, Cels.: c. scalpelli (mit dem Messer, z.B. scalpelli c. brevior est), Cels. – m. obj. *Genet.*, c. morbi, curationes morborum, Cels.: c. valetudinis, Cic.: c. febrium, Cels.: c. aurium, dentium, oculorum, Plin.: c. ulceris, Cels.: c. vulneris, Cels. u. Iustin.: c. regis, Liv.: c. adustorum, vulneratorum, Cels. – m. attrib. Adjj., c. acris (durchgreifende), Cels. u. Scrib.: c. austera (strenge), Plin.: c. difficilis, Cels.: c. dura, Cels.: c. facilis, c. felix, Cels.: c. longior, Cels.: c. mala, Cels.: c. matura (zeitige), Cels.: c. nova, Cels.: c. periculosa et difficilis, Cels.: periculosae curationes et ancipites, Cic.: c. parum prospera, Curt.: c. simplicissima, Cic.: perturbationum curationes variae, mannigf. Kuren, Heilarten, Cic. – m. Verben, curationem non accipere (nicht zulassen), Cels.: ebenso curationem admittere, non admittere, Cels.: adhibere curationem, Cic.: admovere curationem (absol.), Cels., curationem ad alqm, Cic.: commutare (ändern) curationem, Cael. Aur.: desiderare (erfordern) curationem diversam, maturam, Cels.: exspirare inter primam curationem, Liv.: obire curationes, Kuren unternehmen (v. Arzt), Sen.: praeesse curationi (v. Arzt), Liv.: per somnium praescribere curationem valetudinis (v. einer Gottheit), Cic.: procedente curatione, im Verlauf der Beh., der Kur, Cels. u. Plin.: procedit recte curatio, nimmt ihren gehörigen Verlauf, geht glücklich vonstatten, Cels.: recipit (lässt zu) hanc curationem puerilis aetas, Cels.: recusare omnem curationem austeram (v. einem Kranken), Plin.: transire ad curationes, zu den Kur- od. Heilmethoden übergehen (in einer medizin. Schrift), Cels.: ubi ventum fuerit ad curationem, man zur B. od. K. geschritten ist, Cels.: aliquot menses transeunt ad sanitatem dum venit curatio, Phaedr.: curatio ipsa et contactus aegrorum vulgabat morbos, Liv. **2** die **Besorgung** = Betreibung einer Sache, **a** übh., **Besorgung** = die **Herrichtung, Beschaffung,** de curatione aliqua munerum regiorum cum Oppio locutus sum, Cic. ep. 6, 19, 2: u. ut odoratior sit vini c., Col. 12, 25, 4: c. funeris, Augustin. de civ. dei 1, 12: c. (sepulchri) mariti et natorum, die Herrichtung haben G. u. K. besorgt, CIL 2, 2900. – **b** die **Besorgung** des Vorstehers, Leiters usw., **α** die **Verwaltung, Leitung, Aufsicht** u. dgl., im öffentlichen Leben, besonders die auf Zeit übertragene **Kommission,** das **Geschäft,** c. bonorum patris, Quint.: c. Nemeorum (nemëischen Spiele), Liv.: c. sacrorum, Liv.: c. ministerii sui (als praefectus annonae), Liv.: negotii publici c., Cic.: regni, Caes.: Asiatica c. frumenti, die asiat. Getreidekommission (= die Kommission, Getreide in Asien aufzukaufen und nach Rom zu schaffen), Cic.: c. agraria, Ackerverteilungskommission (Amt eines Kommissärs für die Ackerverteilung), Cic.: curatio et quasi dispensatio regia, Verw. u. gleichs. Vertrieb der königl. Einkünfte, Cic. – absol., ea potestas curatiove, Cic.: magistratus, potestas, curatio, legatio, ICt. – vacare omni curatione et administratione rerum (v. den Göttern), Cic.: curationem bonorum patris postulare (v. Sohn), Quint.: magistratibus sacrorum curatione interdicere, Liv.: curationem Nemeorum suffragiis populi ad alqm deferunt, Liv.: qui propter aetatem regis in curatione erant regni, Reichsverweser waren, Caes.: curationem et quasi dispensationem regiam suscipere, Cic.: aedes Telluris est curationis meae, Cic.: cui curatio (die dedicatio aedis) altior fastigio suo data esset, Liv.: Minucius eandem rei publicae curationem agens, quam Maelius privatim (im eigenen Interesse) agendam susceperat, Liv.: ne eis ea potestas curatiove mandetur, Cic.: curationem eam (die refectio Capitolii) in alium transferre, Suet. – im Plur., omnes potestates, imperia, curationes ab universo populo Romano proficisci convenit, Cic.: hoc idem transfero in magistratus, curationes, sacerdotia, Cic. – **β** die **Vormundschaft** über einen Mündigen, die **Kuratel,** vel in tutela esse vel in curatione, ICt.: curationem suscipere, administrare, ICt.

cūrātor (altlat. coerātor), ōris, *m.* (curo, altl. coero), der **Fürsorger, Besorger** (ἐπιμελητής), **I** (als *t. t.* der Landw.) der **Besorger** als **Pfleger, Wärter,** aviarii, Varr.: apiarii, im Zshg. gew. bl. curator, Col.: gallinarum (= gallinarius), Varro: pavonum, Col. – **II** der **Besorger** als Beauftragter, **a** der **Ausführer, Vorsteher, Leiter, Aufseher,** der **Bevollmächtigte, Vertreter, Kommissär,** Numida quidam negotiorum c. (Geschäftsträger), Sall. Iug. 71, 3. – bes. der von Seiten des Staats beauftragte, sunto aediles curatores urbis annonae ludorumque sollemnium, Cic.: c. ludorum, Plaut.: c. tabularum publicarum, V. des öffentlichen Schuldbuchs, dah. auch des Staatsärars, CIL 10, 5182 u. 11, 6163: munerum ac venationum, Suet.: c. viae Flaminiae, Cic.: curatores aquarum, Frontin.: curatores riparum od. riparum et alvei Tiberis, Art Strompolizei am Tiber, CIL 6, 31540 u. 31544 *sqq.:* curatores (Vorsteher) omnium tribuum, Censor. tab. bei Varro LL.: curatores restituendae Campaniae, Suet. – esse curatorem reficiendis muris (in Athen), Cic.: legibus agrariis curatores constituere, Cic.: aliquem curatorem praeficere, qui statuis faciendis praesit, Cic.: rei publicae curatorem huc missum esse, Sall. – **b** der **Vormund** eines Mündigen, insbes. eines Wahnsinnigen, Blödsinnigen, eines Verschwenders usw. (vgl. Ulp. dig. 26, 7, 5. § 5 u. 6), der **Kurator,** alci curatorem petere, Sen. rhet. u. Quint.: alci curatorem (curatores) dare (v. Prätor), Hor., Sen. rhet. u. ICt.: curatorem accipere, ICt.: non egere curatoris a praetore dati, keines V. bedürfen (euphem. = nicht wahnsinnig oder blödsinnig sein), Hor.

cūrātōria, ae, *f.* (curator), die **Vormundschaft, Kuratel,** Modest. dig. 27, 1, 1 u. 2 (mit griech. Schrift).

cūrātōricius, a, um (curator *no.* I) **zum Aufseher gehörig,** equi, der Provinzialkommissäre, Cod. Theod. 11, 1, 29. – subst., von Pers. = ein **gewesener** *curator* (w. vgl.), CIL 13, 7918 (*a.* 352).

cūrātōrius, a, um (curator), **zum Kurator gehörig, eines Kurators, a** zum Kommissär, CIL 13, 7556. – **b** zum Vormund, c. nomen, eines Vormundes, Gaius inst. 4. § 82.

cūrātrīx, trīcis, *f.* (Femin. zu curator, w. vgl.), Non. 150, 29 (wo aber cursrix zu lesen).

cūrātūra, ae, *f.* (curo), die **Besorgung, Wartung, Pflege,** Ter. eun. 316. Prisc. part. XII vers. Aen. 4, 92. p. 480, 10 K.

cūrātus, a, um, *PAdi.* m. *Compar.* u. *Superl.* (curo), **I** mit Sorgfalt **gepflegt, abgewartet,** boves bene c., Cato: familia bene c. ac vestita, Plin.: nitida et c. vox, Quint.: ut tu sis, quam equus, curatior, Masur. Sab. fr.: boves corpore curatiores erunt, wohlbeleibter, Cato. – **II** mit Sorgfalt betrieben, **sorgfältig, angelegentlich,** sermo, Plin. ep. 9, 13, 10: curatissimae preces, Tac. ann. 1, 13.

1. **curculio,** s. 1. gurgulio. – dah. Curculio, **Gurgelmensch, Gurgler** = (Schlemmer), Name eines Parasiten in dem gleichnamigen Stück des Plautus.

2. **curculio** (gurgulio), ōnis, *m.,* **I** der **Kornwurm,** Cato r. r. 92 *in.* Varro r. r. 1, 57, 2 u. 1, 63, 1. Col. 1, 6, 15 *sq.* Pallad. 1, 19, 2 u. 7, 3, 2 (fast überall mit der Variante gurgulio). – **II** übtr., das **männliche Glied,** gurg. b. Pers. 4, 38.

curculiōnius, s. gurguliōnius.

curculiunculus, ī, *m.* (*Demin.* v. curculio), das **Kornwürmchen,** curculiunculos minutos (= eine winzig kleine Summe) fabulare, Plaut. rud. 1325.

Curēs, ium, *f.,* die uralte Hauptstadt der Sabiner, Heimat des Titus Tatius und des Numa, von der die Quiriten den Namen haben sollen, j. Dorf *Correse,* Liv. 1, 13, 5; 1, 18, 1, Verg. Aen. 6, 811. Flor. 1, 2, 1. Cic. ep. 15, 20, 1. – meton. = »die Einwohner von Kures«, Ov. fast. 3, 201; 6, 216. – Dav. **A Curēnsis,** e, **kurensisch,** turba, Ov. fast. 3, 94: Plur. subst., Curēnsēs, ium, *m.,* die Einwohner von Kures, die **Kurenser,** Varro LL. u. Plin. – **B Curēs,** ētis, *m.,* von od. aus Kures, der **Kurete,** Iuppiter, v. Tatius, dem König der Sabiner, Prop. 4, 4, 9. Vgl. Quirites.

Cūrētes, um, Akk. ēs u. as, *m.* (Κουρῆτες), die alten Jupiterpriester auf Kreta, die bei den orgiastischen Festen des kretischen Jupiter (wie die später mit ihnen identifizierten Korybanten bei denen der Cybele) Waffentänze unter lärmender Musik aufführten, neben Corybantes b. Hyg. fab. 139. Mythogr. Lat. 1, 104 u. 2, 16. Ov. fast. 4, 210. Sen. Herc. Oet. 1877 Leo: allein Verg. georg. 4, 151. Ov. met. 4, 282. Hyg. fab. 20. Val. Max. 2, 4, 4. Lact. 1, 11, 46: Phrygii C. = *Corybantes,* Lucr. 2, 629: Dictaei C., *ibid.* 633. – Dav. **A Cūrēticus,** a, um (Κουρητικός), **kuretisch,** poet. für **kretisch,** carmina, Calp. ecl. 4, 96. – **B Cūrētis,** tidis, *f.* (Κουρῆτις), **kuretisch,** poet. für **kretisch,** terra, Kreta, Ov. met. 8, 153.

cūrhālium, s. corallium.

cūria, ae, *f.* (wohl aus *co-viria zu vir), die **Kurie, I** eig., eine der 30 Abteilungen der patrizischen Geschlechter, die Romulus anordnete, indem er jede von den 3 Tribus der röm. freien Urbürgerschaft (Patrizier) in 10 Kurien teilte. Jede Kurie (als großer Geschlechterkomplex) zerfiel wieder in 10 Geschlechter (gentes), Liv. 1, 13, 6 *sq.* Aur. Vict. de vir. ill. 2, 12. Vgl. 1. curio *no.* I. – **II** meton.: **A** zunächst der Versammlungsort einer Kurie, das **Kuriengebäude,** die **Kurie,** worin die Kurien zusammenkamen, um die heiligen Gebräuche zu beobachten, sich über gemeinschaftliche Angelegenheiten zu besprechen und feierliche Mahlzeiten zu halten, curiae veteres, die alten, ursprünglichen, an der Ostspitze des palatinischen Hügels, Varro LL. 5, 155. Tac. ann. 12, 24. Ov. fast. 3, 140 (curia prisca), im Ggstz. zu den später in der Nähe des compitum Fabricium (in der 1. Region Roms) angelegten curiae novae, Fest. p. 174 (b), 6. – **B** übtr., von Versammlungshäusern ähnlicher Art: **1** ein Gebäude für Senatssitzungen, die **Kurie,** **a** curia Hostilia, später auch curia vetus gen. (in der 10. Region auf dem palatinischen Berge), bei der Bestattung des Klodius abgebrannt, Varro LL. 5, 155. Liv. 1, 30, 2. Plin. 35, 22: gew. bl. curia, Cic. de rep. 2, 31; Cat. 4, 2. – dah. **α** curia als Zeichen und Unterpfand des Rechts u. der Gesetze, pro curia inversique mores! Hor. carm. 3, 5, 7: stante urbe et curiā, Cic. Planc. 71. – **β** als Ort ernster Beratung, lectus in curiam, Varro sat. Men. 453: ut dies inter eos curiae fuisse videretur, convivium Tusculani, als hätte in ihrem Zirkel der Tag der Kurie, das Mahl dem Tuskulanum angehört, Cic. de or. 1, 27. – **γ** als Versammlungsort der Senatoren und hohen Staatsbeamten, curia pauperibus clausa est, d. i. die Armen können nicht zur Senatorenwürde (od. einer hohen Staatswürde übh.) gelangen, Ov. am. 3, 8, 55. – **δ** als Ort für Senatssitzung = Senatsversammlung, Senat, Liv. 2, 23, 14 u. 2, 24, 3. Suet. Caes. 22, 2: alqm in curiam introducere, Liv. 22, 1, 14: a curia nulla me res divellet, Cic. ad Att. 1, 20, 3. – **b** curia Iulia, auf dem Komitium, von J. Cäsar angefangen, von den Triumvirn beendigt und ihm zu Ehren benannt, Sitz des Senates (nachdem die curia Hostilia abgebrannt war), Suet. Cal. 60. – **c** curia Pompeia od. Pompeii, von Pompejus erbaut, Sitz des Senates, seit der dort vorgefallenen Ermordung Cäsars für immer geschlossen, Cic. de div. 2, 23. Suet. Caes. 80 *sqq.* – **2** curia Calabra, eine Kurie auf dem Kapitol, so gen. nach dem Ausrufen (calare) der Kalenderdaten an dieser Stelle, Varro LL. 5, 13. Macr. sat. 1, 15. § 10 *sq.* u. § 19. Verg. Aen. 8, 654. Paul. ex Fest. 49, 1. – **3** curia Saliorum, das **Amtsgebäude der Salier** auf dem palatinischen Berg, dem Mars geweiht, worin der heilige Lituus seit der Stadtgründung aufbewahrt wurde, Cic. de div. 1, 30. – **4** = βουλευτήριον, der Versammlungsort nichtröm. hoher Behörden, wie in Salamis, Cic. ad Att. 6, 1, 6: in Syrakus, Cic. Verr. 2, 50: in Troja, Ov. met. 13, 197: in Athen, curia Martis, der Areopag, Iuven. 9, 101: nemo de curia (kein Senator), Apul. 10, 12 *in.*

cūriālis, e (curia), **I** **zur Kurie gehörig,** d. i. **A** **zu derselben Kurie gehörig,** der **Kuriengenosse, Gemeindegenosse,** zur Bezeichnung des griech. δημότης, Plaut., Ter. u. Cic. – **B** **zum Kuriengottesdienst gehörig,** flamen c. (vgl. 1. curio *no.* I), Paul. ex Fest. 64, 1. – **II** (im Spätlat.) **zum kaiserlichen Hof gehörig,** subst., cūriālēs, ium, *m.* = *aulici,* Amm. u. Symm.

cūriāliter, *Adv.* = *facete,* Avian. fab. apol. 30.

Curiānus, a, um, s. Curius.

Cūriātiī, iōrum, *m.*, eine später nach Rom verpflanzte albanische gens, aus deren Mitte die Drillinge stammten, die im Kampf gegen die Horatii fielen, Liv. 1, 24 *sq.*

cūriātim, *Adv.* (curia), **kurienweise, nach Kurien,** Cic. de rep. 2, 31.

cūriātius, s. cūriātus.

cūriātus, a, um (curia), **zur Kurie gehörig,** comitia curiata, die Kom., in denen das Volk nach Kurien stimmte, die Kuriatkomitien (urspr. die allein herrschenden, später durch die comitia centuriata auf die Arrogation, Priesterwahl, Übertragung des Oberbefehls beschränkt), Cic. u. a.: lex, in den Kuriatkomitien beschlossen, Cic. u. a.: lictor, der die Kuriatkomitien zusammenrufende Liktor, Gell. 15, 27, 2. Nach Inschriften auch die Form curiatius.

Curicta, ae, *f.*, Insel an der illyrischen Küste, j. *Veglia,* Caes. b. c. 3, 10, 5. – Dav.: **a** **Curictae,** ārum, *m.*, die Bewohner der Insel K., die **Kurikten,** Plin. 3, 139. – **b** **Curicticus,** a, um, **kuriktisch, der Insel Kurikta,** litus, Flor. 4, 2, 31.

1. cūrio, ōnis, *m.* (curia), **I** der geistliche Vorsteher einer Kurie, der deren heilige Gebräuche besorgte, wobei ihm ein priesterlicher Gehilfe (flamen curialis) zur Seite stand, der **Kurio,** Varro LL. 5, 83 u. 6, 46: curio maximus, der »Oberkurio«, der in den Kuriatkomitien gewählte geistliche Vorsteher aller Kurien, dem die Beaufsichtigung der geistlichen Angelegenheiten aller 30 Kurien oblag, Liv. 27, 8, 1. – **II** der **Ausrufer, Herold** (*praeco),* Treb. Poll. Gallien. 12, 5: epigrammata curione non egent, Mart. 2. praef.

2. Cūrio, ōnis, *m.*, Beiname der gens Scribonia (s. 1. Scribonius). – Curionum familia, Solin. 1. § 116.

3. cūrio, ōnis, *m.* (cura), ein scherzh. gebildetes Wort, etwa **Kummermensch, Kummer** (im Deutschen auch Eigenname) = von Kummer abgezehrt, Plaut. aul. 562.

cūriōnātus, ūs, *m.* (1. curio *no.* I), das Amt eines geistlichen Kurienvorstehers, das **Kurionat,** Paul. ex Fest. 49, 9.

cūriōnius, a, um (1. curio *no.* I), zum Kurienvorsteher gehörig, sacra, in den Kurien, Paul. ex Fest. 62, 11. – subst., cūriōnium, iī, *n.* (*sc.* aes), der **Gehalt für den Kurienvorsteher,** Paul. ex Fest. 49, 9.

cūriōnus, ī, *m.* = 1. curio, Paul. ex Fest. 49, 16.

cūriōsē, *Adv.* m. *Compar.* u. *Superl.* (curiosus), **mit großer Sorgfalt, mit großem Interesse, mit allem Bedacht, mit großer Aufmerksamkeit,** **I** im Allg.: alqm vestimentis c. involvere, Cels.: c. (auf interessante Weise) ac facunde referre alqd, Val. Max.: c. cavere de alqa re, Suet.: c. prospicere, ne etc., Cels.: satis c. inquirere, Suet. – curiosius scriptae litterae, Plin. ep.: curiosius alqm observare, Val. Max.: conquirere ista curiosius, Cic.: animadvertere ea, quae domi fiunt, curiosius (mit größerem Interesse), Cic. – curiosissime pangere alqd, Col. 11, 2, 18. – **II** insbes.: **a** **neugierig,** qui autem requirunt, quid quaque de re ipsi sentiamus, curiosius id faciunt, quam necesse est, Cic. de nat. deor. 1, 10. – **b** **pedantisch** im Ausdruck, **überfein,** curiose potius loqui, quam Latine, Quint. 8, 1, 2.

cūriōsitās, ātis, *f.* (curiosus), die **Wissbegierde, Neugierde,** der **Vorwitz,** Cic. ad Att. 2, 12, 2. Oros. 1, 10, 17. Tert. apol. 25. Apul. met. 1, 12. Spart. Pesc. 8, 3. Vopisc. Aurel. 10, 1. Macr. sat. 1, 11, 45. Vulg. num. 4, 20: Plur., non est lapsus ad curiositates sacrilegas atque inlicitas, Augustin. de civ. dei 5, 26 *in.*

Curiosolitēs (Coriosolitēs), um, Akk. as, *m.*, ein aremorisches Volk in der Gegend des h. *Corseult* in der Nähe von *St. Malo,* Nom., Caes. b. G. 7, 75, 4: Akk., *ibid.* 2, 34; 3, 7, 4; 3, 11, 4. – Dies. **Curiosvelitēs** (Coriosvelitēs) bei Plin. 4, 107.

cūriōsulus, a, um (*Demin.* v. curiosus), **etwas neugierig,** Apul. met. 10, 31.

cūriōsus, a, um, *Adi.* m. *Compar.* u. *Superl.* (cura), **I** (v. cura *no.* I) **voll Sorge** oder **Sorgfalt, voll Interesse,** **A** im Allg.: **a** aktiv = **mit großer Sorgfalt-, mit großem Interesse- (mit großer Teilnahme-), mit großer Aufmerksamkeit verfahrend, sorgfältig, es genau nehmend, aufmerksam,** **α** absol.: pastor, Varro: pictor, manus, Petron.: quidam curiosior, gar teilnehmend, Phaedr.: curiosis (mit forschenden) oculis perspici non posse, Cic.: curiosis oculis speculari alqd, Val. Max.: auribus erectis curiosisque audire alqd, Sen. – **β** mit *Genet.* = **Sorge tragend für** usw., **sich kümmernd um** usw., **sich interessierend für** usw., medicinae peculiariter c., Plin.: memoriae curiosi, Geschichtschreiber, Aur. Vict.: iuvenis cito omnis officii curiosus, Sen.: deus non exaudiens vota nec nostri curiosus, Sen.: famae suae curiosissimus, Capit. – **γ** mit *in* u. Abl.: permulta alia colligit Chrysippus, ut est in omni historia (in allem Geschichtlichen) curiosus, Cic. Tusc. 1, 108. – **δ** m. *ad* u. Akk.: quo minus familiaris sum, hoc sum ad investigandum curiosior, desto angelegener lasse ich es mir sein, ihn auszuforschen, Cic. ep. 4, 13, 5. – **ε** m. *circa* u. Akk.: circa uxoris pudicitiam minus curiosus fuit, Capit. Pert. 13, 8. – **b** passiv = **mit großer Sorgfalt (Aufmerksamkeit) betrieben, sorgfältig, aufmerksam,** victus, Cels.: consilia, Quint.: curiosior sui cultus, Val. Max.: curiosior observatio, Cels. u. Val. Max. – m. *ad* (in Bezug auf) u. Akk.: fuit vestitu ad munditiem curioso, Macr. sat. 2, 9 (3, 13), 4: oculis ad libidinem curiosis, Cypr. de habit. virg. 19. – **B** insbes.: **a** **wissbegierig, neugierig, vorwitzig,** isti curiosi, Cic.: sunt homines naturā curiosi, Plin. ep.: ut ipse nosti curiosus, Hor.: primum patēre me esse curiosum, Cic.: nihil curiosius otiosis, Plin. ep.: ne curiosissimi quidem homines exquirendo audire tam multa possunt, quam etc., Cic. – m. *in* u. Abl., si me nihilo minus nosti curiosum in re publica quam te, Cic. ad Att. 5, 14, 3. – dah. zur Kaiserzeit, curiosum ac speculatorem ratus, für einen Aufpasser u. Späher, Suet. Aug. 27, 3: später eine bes. Klasse **geheimer Aufpasser, Polizeispitzel, Angeber, Denunzianten,** Cod. Theod. 12. tit. 23. – **b** **pedantisch** im Ausdruck, **überfein,** Quint. 8, 3, 55. – **II** (v. cura *no.* II) »kummervoll«; dah. **vor Kummer abgezehrt,** Afran. com. 250.

curis, is, *f.* (sabin. Wort) = hasta, der **Wurfspieß,** Ov. fast. 2, 477. Macr. sat. 1, 9. § 16. Paul. ex Fest. 59, 10. – Dav. **Curītis** (Currītis, Quirītis), is, Akk. im, *f.*, Beiname der Juno als Beschützerin des wehrhaften Mannes, Mart. Cap. 2. § 149. CIL 11, 3126 (wo periit ad lacum Iunon(is) Curritis). Fast. ann. Iul. Arv. Oct. 7 = CIL 1^2. p. 214 (wo [I] unoni Curriti).

cūrito, āre (*Frequ.* v. curo), **fort und fort** mit Speise und Trank **pflegen, -erquicken, gütlich tun,** alqm prolixe, Apul. met. 7, 14.

Curius, a, um, **a** Name einer röm. plebej. gens, aus der am bekanntesten: M'. Curius Dentatus, Besieger der Samniter u. Sabiner, sowie des Pyrrhus, bekannt wegen seiner großen Mäßigkeit, Cic. de sen. 55. Apul. apol. 17. Val. Max. 4, 3, 5 u. 6. – Plur., Curiī, Männer wie Kurius, Cic. Pis. 58 u. Sest. 143. Hor. ep. 1, 1, 64. Lucan. 10, 152. – **b** appellat. »ein Kurius« = ein tapferer u. mäßiger Mann, Plur. b. Hor. ep. 1, 1, 64. Iuven. 2, 3. – Dav. abgeleitet: **Curiānus,** a, um, **kurianisch, des Kurius,** Cic. u. Quint.

curmi, *n. indecl.* (gallisches Wort), eine Art **Getränk aus Getreide,** Marc. Emp. 16. p. 312 F.

cūro (altlat. coiro u. coero), āvī, ātum, āre (cura), etw. **sich angelegen sein lassen, I** im Allg., etw. **sich angelegen sein lassen, sich** um etw. od. jmd. **bekümmern,** für etw. od. jmd. **Sorge (Fürsorge) tragen, sorgen,** etw. **besorgen** (Ggstz. neglegere), **α** m. *Acc.*, u. zwar teils m. *Acc.* **einer Sache,** c. haec, Ter.: istaec non c., Cic.: sic enim decet, te mea curare, tua me, Cic.: c. domi forisque omnia, Sall.: negat quicquam deos nec alieni curare nec sui, Cic.: c. aliena, Ter.: negotia aliena, Cic.: mandatum, vollziehen, Cic.: sociorum iniurias, Sall.: non c. animi conscientiam, Cic.: c. preces alcis, Hor.: nihil omnino c., ganz indifferent (gegen alles gleichgültig) sein, Cic.: alia od. aliud cura, darum kümmere dich nicht, darum sei außer Sorge, Plaut. u. Ter. (s. Ussing Plaut. asin. 106): neben potin aliam rem ut cures, Plaut. – praeter animum nihil c., alles andere unbeachtet lassen, Cic.: periuria nihil c., sich nichts machen aus usw., Catull.: c. haec diligenter, Cic.: praeceptum diligenter c., einer Vorschrift pünktlich nachkommen, Nep.: eam rem studiose c., Rhet. Her.: studiosissime omnia diligentissimeque c., Cic.: huic mandes, si quid recte curatum velis, Ter. – rem alienam periculo suo c., Sall. – duabus his artibus ... se remque publicam curabant, wahrten sie das eigene u. des Staates Interesse, Sall. Cat. 9, 3. – teils m. *Acc.* **einer Person,** quis enim potest, cum existimet, se curari a deo, non et dies et noctes divinum numen horrere? Cic.: etiam hic mihi curandus est? auch um diesen soll ich mich bekümmern? Cic.: curate istam diligenter virginem, nehmt die J. gut in Acht, Ter. – **β** m. *Acc.* u. dem *Gerundivum,* **besorgen lassen,** in Sicilia frumentum emendum et ad urbem mittendum c., Cic.: epistulam alci referendam c., fasciculum ad alqm perferendum c., Cic.: ex eo auro buculam c. faciendam, Cic.: ex ea pecunia ... basilicam faciendam c., Liv.: pontem in Arare faciendum c., Caes.: longis navibus exercitum transportandum c., Caes.: c. alqm docendum equo armisque, Liv.: eum per simulationem colloquii c. interficiendum, Hirt. b. G. – **γ** m. *Acc.* u. *Partic. Perf. Pass.*, inventum tibi curabo et mecum adductum tuum Pamphilum, ich will schon machen, dass ich finde usw., Ter. Andr. 684. – **δ** m. *Infin.* = **es sich angelegen sein lassen, dafür sorgen, sich ein Geschäft daraus machen, darauf denken** od. **bedachtsein, suchen,** nihil Romae geritur, quod te putem scire curare, Cic. ep. 9, 10, 1: mando tibi, uti cures lustrare, Cato r. r. 141: tu recte vivis, si curas esse quod audis, Hor.: multa exemplaria contracta emendare curavit, Suet.: curavi equidem abolere orationem, Fronto. – bes. oft non (nec) curare = sich nicht die Mühe nehmen, nicht mögen, sich weigern, in Siciliam ire non curat, Cic.: neque sane redire curavit, Cic.: id ad me referre non curat, Cic.: itaque ea nolui scribere, quae nec indocti intellegere possent nec docti legere curarent, Cic.: qui ista nec didicissent nec omnino scire curassent, Cic.: nec revocare situs aut iungere carmina curat, Verg.: in negativem Sinn, quis ignorat, qui modo umquam mediocriter res istas scire curavit, Cic. Flacc. 64. – tantum abest, ut Antonii suspicionem fugere nunc curem, ... ut mihi causa ea sit, cur Romam venire nolim ne illum videam, Cic. – **ε** mit *Acc.* u. *Infin. Act.*, Persium non curo legere (mir liegt nichts daran, dass mich P. liest), Laelium Decumum volo, Lucil. 593 (bei Cic. de or. 2, 25). – gew. im *Acc.* u. *Infin. Pass.*, neque vero haec inter se congruere possent, ut natura et procreari vellet et diligi procreatos non curaret, Cic. de fin. 3, 62: symbolos proponi et saxis proscribi curat, Iustin. 2, 12, 2 (u. so auch Iustin. 3, 5, 12). – **ζ** m. *Nom.* u. *Infin.*, ego capitis mei periculo patriam liberavi, vos liberi sine periculo esse non curatis, Rhet. Her. 4, 66. – **η** m. folg. *ut* od. *ne* od. *ut ne* u. Konj. od. m. bl. Konj. (s. Lachm. Lucr. 6, 231), adhuc curavi unum hoc quidem, ut mihi esset fides, Ter.: ex coriis utres uti fierent, curavit, Sall.: pollicitus sum curaturum me Bruti causā, ut ei Salaminii pecuniam solverent, Cic.: curare et perficere, ut etc., Cic.: sic tibi persuade, me dies et noctes nihil aliud agere, nihil curare, nisi ut mei cives salvi liberique sint, Cic.: u. so in Briefen, cura, ut valeas, Cic.: tu velim in primis cures, ut valeas, Cic.: tu etiam atque etiam cura, ut valeas, Cic.: cura ergo potissimum, ut valeas, Cic.: cura igitur nihil aliud, nisi ut valeas; cetera ego curabo, Cic.: nec quicquam cures, nisi ut valeas, Cic.: cura igitur, ut quam primum venias, Cic.: cura et effice, ut ab omnibus et laudemur et amemur, Cic. – senatus nobis, qui pro consulibus sumus, negotium dederat, ut curaremus, ne quid res publica detrimenti caperet, Cic.: curavi, ne quis metueret, Cic.: amari iucundum est, si curetur, ne quid insit amari, Rhet. Her.: praetor curavit, ut Romae ne essent, Suet. – m. bl. *Coni.*, curare domi sint gerdius, ancillae, pueri, zonarius, textor, Lucil. 1056 *sq.*: ne illa quidem curo mihi scribas, quae etc., Cic. ep. 2, 8, 1: imprimat his, cura, Maecenas signa tabellis, Hor. sat. 2, 6, 38 (vgl. Hor. carm. 1, 38, 5): iam curabo sentiat, quos attentarit, Phaedr. 5, 2, 6: curabo, iam tibi Iovis iratus sit, Petron. 58, 2: u. so Petr. 58, 7; 69, 1; 74, 17. Fronto de eloqu. 1. p. 145, 1 N. – **θ** m. folg. *quod* (dass) u. Indikativ, nam quod strabonus est, non curo, Petron. 68, 8. – **ι** m. folg. Relativsatz od. Fragesatz, cura quae iussi atque abi, Plaut.: ego quae ad tuam dignitatem pertinere arbitror summo studio diligentiāque curabo, Cic.: non curo, an isti suspicionibus relinquantur, Plin. ep. 6, 31, 11. – **κ** m. *Dat.* (s. Brix Plaut. trin. 1057. Dehler Tert. apol. 46 u. Apul. de deo Socr. 2), rebus publicis, rebus alienis, Plaut.: otio hominum, Fronto: rebus eius absentis, Gell.: saluti suae, Tert.: rebus meis, Apul. – **λ** m. (gräzisierendem) *Genet.*, corporis curata (Psyche), Apul. 5, 2: virginitatis, Apul. met. 5, 4. – **μ** m. *pro* u. Abl., ego pro me et pro te curabo, Plaut.: non te pro his curasse rebus, ne quid aegre esset mihi? Ter. – **ν** m. *de* u. Abl., Quintus de emendo nihil curat hoc tempore, denkt nicht an das K., Cic.: omnino de tota re, ut mihi videtur, sapientius faceres, si non curares, Cic.: vides, quanto hoc diligentius curem quam aut de rumore aut de Pollione, Cic.: quasi vero curent divina (die Gottheit) de servis, Macr. sat. 1, 11, 1: noli curare de palea, Augustin. serm. 5, 3. – **ο** absol., in Briefen, sed amabo te, cura et cogita, tecum loquere etc., Cic.: quia sum Romae et quia curo attendoque, Cic. – und bei den Komik. (s. Spengel Ter. Andr. 171), *D.* omnia apparata iam sunt intus. *S.* curasti bene, Ter.: bene curassis, sei ohne Sorge, Plaut.: curabo, Ter.: curabitur, es wird besorgt werden, Ter.: quemadmodum adstitit severā fronte curans (sorgend), cogitans, Plaut.

II insbes.: **1** die Pflege von etw. besorgen = etw. mit Sorgfalt **behandeln, -ziehen, abwarten, warten, pflegen, putzen (abputzen),** griech. θεραπεύειν, **a** übh.: c. domos, herausputzen, Petron. 71, 7: vestimenta c. et polire (v. Walker), Ulp. dig. 47, 2, 12 *pr.* – als *t. t.* der Landw., vineam, Col.: vitem falce, ausputzen, Plin.: apes, Col. – als mediz. *t. t.*, **reinigen,** bes. im Partiz. curatus (wie τεθεραπευμένος und noch heute italien. *curato*), z. B. sevum vitulinum curatum, Cels.: cadmia curata, Cels. – u. als *t. t.* der Kochkunst, **putzen, säubern,** ante curatae rapae, Apic. 1, 24. – **b** den Körper usw. durch Kämmen, Waschen, Baden, durch Speise u. Trank **warten und pflegen, erquicken, bewirten,** c. corpus, Lucr. u. a., oft als milit. *t. t.* mit u. ohne cibo, vino et cibo, cibo somnoque, Liv. u. Curt. (s. Drak. u. Fabri Liv. 21, 54, 2. Mützell Curt. 3, 8 [21], 22): c. membra, cutem, pelliculam, seine Gl., seine H. pflegen = sich gütlich tun, sich's wohl sein lassen, Hor. u. a. (s. Schmid Hor. ep. 1, 2, 29): c. alqm (z. B. einen Gast), Tibull. u. a. (s. Dissen Tibull. 1, 5, 33): parentem suum (von Töchtern), Plaut.: dominum, aufmerksam bedienen, Plaut.: amicos suos, bewirten, Plaut.: c. se, nos,Ter. u. Cic.: verb. reficere se et c., Cic.: c. se molliter, Ter.: c. se suamque aetatem, Plaut.: c. genium, s. genius. – Passiv, curari mollius, Komik.: curati cibo, cibo vinoque, Liv.: ut ante lucem viri equique curati pransi essent, Liv.: sic (pulli anserini) curati circiter duobus mensibus pingues fiunt, Varro. – Partiz. Präs. im Zshg. absol., z. B. iumentum e manibus curantium (seiner Wärter) elapsum, Liv. – bes. von der Haarpflege, curatus inaequali tonsore capillos, schief geschnitten das Haar, Hor. ep. 1, 1, 94. – **c** einen Kranken, ein Übel, eine Krankheit usw. **warten, abwarten, pflegen,** v. Arzt = **behandeln, heilen** (kurieren), **operieren** (s. Mützell Curt. 3, 5 [13], 12), c. corpora, Cic.: c. alqm, Cic. u. a.: regis filiam, Sen.: ipsi se curare non possunt, Sulpic. in Cic. ep.: curari non posse, Caes.: is, qui curatur, der Patient, Cels. – c. reduviam, Cic.: ulcus, Cels. u. Sen.: vulnus, Liv.: morbum, febrem, Cels.: curari se pati, Cic.: obligari curarique se pati, Suet.: qui ferrum medici prius quam curetur (operiert wird) aspexit, Cels.: c. alqm od. se diligenter, Cic.: alqm graviter aegrum c. diligentissime, Ter. u. Cic.: alqm magna cum cura, Plaut.: c. alqm leniter, Cic.: curari aegre, aliter, celeriter, commodissime, facile, difficilius, difficillime (v. Übeln), Cels.: curari recte, perperam (v. Pers.), Cels.: curari se fortiter pati (v. Pers.), Liv.: ictus parum bene curatus, Cels.: adulescentes gravius aegrotant, tristius curantur, Cic.: curari arbitrio suo (v. Pers.), Curt.: curari neque manu (durch chirurgische Hilfe) neque medicamentis posse (v. einem Übel), Cels.: curari scalpello, ferro, mit dem Messer operiert werden (von Pers.), Cels.: vinolentis quibusdam medicaminibus solere curari (v. Pers.), Cic.: frigidis (mit kalten Umschlägen) curari se pati (v. Pers.), Suet.: c. morbos victu (durch Diät), Cels.: c. morbos remediis, Cels.: c. graviores morbos asperis remediis, Curt.: c. oculos sanguinis detractione, oculos vino, Cels.: c. alcis valetudinem, Apul.: c. vulnus suturā, Cels. – absol., c. tuto, celeriter, iucunde (v. einem Arzt), Cels.: tertiam esse medicinae partem, quae manu (durch Manualhilfe) curet, Cels.: medicus, qui curandi finem fecerit, Quint. – Partiz. subst., cūrāns, antis, *m.*, der **Behandelnde** = der Arzt, z. B. plurimi sub alterutro curantis errore moriuntur, Cels. 3, 8. – **d** jmdm. **seine Achtung und Verehrung an den Tag legen,** jmd. **ehren, verehren,** jmdm. **huldigen, den Hof machen** (griech. θεραπεύειν), c. delicatos, Spart. Hadr. 4, 5: curatur a multis, timetur a pluribus, Plin. ep. 1, 5, 15. – eum ultra Romanorum ac mortalium etiam morem curabant exornatis aedibus per aulaea et signa scaenisque ad ostentationem histrionum fabricatis, Sall. hist. fr. 2, 23, 2 (2, 29, 2).

2 die Herrichtung von etwas **besorgen,** etw. **herrichten, herrichten lassen, a** als *t. t.* der Wirtschaftsspr.: c. cibum (v. Koch), Varro LL.: c. cenam, obsonium (v. Hausherrn), Plaut.: cenulam omnibus, Gell.: ludis Martialibus c. triclinium sacerdotum (vom Anordner), Suet. – absol., wie unser **schaffen,** curate istic vos, Plaut.: bene curasti, Ter. – **b** als publiz. *t. t.*, IIII vir viarum curandarum, des Wegebaues, CIL 5, 1874. – **c** als *t. t.* der Religionsspr., sacra (griech. θεραπεύειν τὰ ἱερά), Cic.: non rite id sacrum, Liv.: sacra Cereris per Graecas semper curata sunt sacerdotes, Cic. – c. prodigia, nach den gesetzlichen Vorschriften (durch Anordnung von Hühnopfern usw.), Liv. 1, 20, 7. – **d** wie κηδεύειν = eine Leiche (deren Waschung, Einbalsamierung, Bestattung) **besorgen,** funus, Ter.: corpus exanimum, Curt.: corpus Alexandri suo more (von den Chaldäern), Curt.: cadaver, Suet. Vgl. Ruhnken Ter. Andr. 1, 1, 83.

3 die Herbeischaffung von etw. **besorgen, a** etw. durch Kauf **besorgen,** signa, quae nobis curasti, ea sunt ad Caietam exposita. Te multum amamus, quod ea abs te diligenter parvoque curata sunt, Cic. ad Att. 1, 3, 2. – **b** eine Geldsumme **besorgen, (herbei)schaffen, auszahlen, auszahlen lassen,** iube sodes nummos curari, Cic.: Minucium XII sola (nur 12000 Sesterze) curasse scripsi ad te antea; quod superest, velim videas, ut curetur, Cic. – m. *Dat.* (wem?), Oviae C. Lollii curanda sunt HS C (100000 Sesterze), Cic.: redemptori tuo dimidium pecuniae curavit, Cic.: me, cui iussisset, curaturum, ich würde auf seine Anweisung Zahlung leisten lassen, Cic.: cum aeris alieni aliquantum esset relictum, quibus nominibus (für welche Schuldposten) pecuniam Romae curari oporteret, auctionem se in Gallia facturum esse proscribit earum rerum, quae ipsius erant privatae, Cic. – m. *nomine* u. Genet., erat enim curata nobis pecunia Valerii mancipis nomine, Cic. – m. *pro* u. Abl., L. Cincio HS CCIↃↃ CCIↃↃ CCC pro signis Megaricis curavi, Cic.: ut pro eo frumento pecunia Romae legatis eorum curaretur, Liv.

4 die Verwaltung, Leitung von etwas besorgen, **a** übh.: res rationesque eri, Plaut. Pseud. 626 *sq.*: c. pensa ac domos (vgl. κομίζειν δῶμα, Hom.), v. den Hausfrauen, Mela 1. § 57. – dah. poet., c. alqm, jmd. besorgen = abgeben, machen, pastorem ad baculum possum curare, Prop. 4, 2, 39. – **b** als publiz. u. milit. *t. t.*, einen Zivil- od. Militärposten **verwalten, leiten, befehligen (kommandieren;** vgl. Heräus Tac. hist. 2, 24, 11), res Romae, Liv.: Asiam, Achaiam, Tac.: bellum maritimum, Liv.: superioris Germaniae legiones, Tac. – absol. = die **Leitung haben, befehligen (kommandieren), operieren,** c. Romae, Tac.: c. in ea parte, in postremo, Sall.: apud dextumos, Sall.: comitate quādam curandi provinciam tenuit, Tac.: ubi quisque legatus aut tribunus curabat, Sall. Vgl. Sall. Cat. 59, 3. – ► Archaist. *Coni. Perf.* curassis, Plaut. most. 526 u. a.: curassint, Plaut. Poen. prol. 27. – Paragog. *Infin. Praes. Pass.* curarier, Plaut. capt. 737 u. Poen. prol. 80. Hor. ep. 2, 2, 151. Ser. Samm. 98. – arch. Nbf. **a** couro, wov. couraverunt, CIL 1, 1419. – **b** coero, wov. coeret, Cic. de legg. 3, 10: coeravit, CIL 1, 600. 604 u. 605: coeraverunt, CIL 1, 570 u. 8, 68: coerare, CIL 3, 2. p. 1187: coerari, coerandi, Cic. de legg. 3, 10. – **c** coiro, wov. coiravit, CIL 1, 801 u. 1166: coiraverunt, CIL 1, 565 u. 1116: coiravere, CIL 1, 566 u. 567, synk. coirarunt, CIL 1, 1478. – **d** coro, wov. coraveront, CIL 1, 73.

cūropalātēs, ae, *m.*, **Marschall des Palastes, Hausmarschall,** Coripp. 1, 135.

cūrotrophos, on (κουροτρόφος), **Kinder nährend,** curotrophoe Nymphae, Serv. Verg. ecl. 10, 62.

currāx, ācis (curro), **schnell laufend, schnell,** servus, Gaius Dig. 21, 1, 18 pr.: equi, Cassiod. hist. eccl. 1, 20 *extr.*: poet., laquei, die am Fuß der laufenden Tiere angebunden sind, Gratt. cyn. 89.

curriculum, ī, *n.* (curro), **I** aktiv: **1** abstr. = der **Lauf, a** übh., nur bei den Komik. und zwar im Abl. curriculo = eilends u. jagends (s. Brix Plaut. mil. 522. Lorenz Plaut. most. 349. Wagner u. Westerh. Ter. heaut. 733), z. B. abi ad litus curriculo, Plaut.: curriculo percurrere, Ter. – **b** insbes.: **α** der **Wettlauf** zu Fuß, zu Pferd u. zu Wagen, das **Wettrennen** (griech. δρόμος), ludis publicis, quod sine curriculo et sine certatione corporum fiat (insofern bei ihnen nicht Wettrennen u. Wettkampf stattfindet), popularem laetitiam in cantu et fidibus et tibiis moderanto, Cic.: nam semel quadrigis semel desultore misso vix unius horae tempus utrumque curriculum complebat, Liv.: spectaculo fuit ei quae venerat turbae non scaenicum magis ludicrum, non certamina hominum aut curricula equorum, quam praeda Macedonica omnis, Liv., u. der einzelne **Umlauf,** curricula ludorum circensium sollemnia septem esse, Gell.: ovum, quod ludis circensibus novissimi curriculi finem facit quadrigis, Varro: curricula numerare, Liv. – **β** der **Lauf, Umlauf, Kreislauf** der Weltkörper usw., c. solis et lunae, Cic.: c. lunae, lunare, Gell. – medio noctis abactae curriculo, Verg.: curriculum numquam sedare, Cic. poët. –

2 konkr. = der **Wagen, a** übh.: Mettium Fufetium equis ad curriculum ex utraque parte deligatum distraxit, Varro vit. P. R. 1. fr. 6 K. (bei Non. 287, 22). – **b** insbes.: **α** der **Rennwagen** zum Wettrennen im Zirkus, c. biiuge famosorum equorum, Suet.: c. quadrigarum, Cic.: insistere curriculo quadrigarum, Tac.: in curriculum quadrigarum incurrere (anrennen), Cic.: curriculo pulverem Olympicum colligere, Hor.: excussi a reda vel curriculo, Scrib. Larg. – **β** der **Streitwagen, Kampfwagen,** equi turbati in amnem praecipitavere curricula, Curt. 8, 14 (47), 8. – **II** passiv = die **Laufbahn, Rennbahn,** athletae se in curriculo exercentes, Cic. – oft im Bild, in artis curriculum descendere (neben in stadium artis rhetoricae prodire), Rhet. Her.: hae sunt exercitationes ingenii, haec curricula mentis, Cic.: deflexit iam aliquantum de spatio curriculoque (aus der Bahn u. aus dem Geleise) consuetudo maiorum, Cic.: me ex constituto spatio defensionis in semihorae curriculum coëgisti, Cic. – bes. von der Laufbahn des Lebens usw., exiguum vitae curriculum natura circumscripsit, immensum gloriae, Cic.: recte et honeste curriculum vivendi a natura datum conficere, Cic.: versari in suo vetere curriculo, Cic. – ► Nbf. curriculus, Charis. 77, 11 (*Demin.* v. currus, kleines Fahrzeug); vgl. Caper (VII) 109, 4*sq.* Non. 263, 1. Gramm. inc. de dub. nom. (V) 576, 4 (nach dem Cicero curriculos u. curricula gebraucht haben soll).

curriculus, ī, *m.*, s. curriculum ►.

currīlis, e (currus), zum **Wagen-** od. **Wagenrennen gehörig, Wagen-,** equi (Ggstz. equi equestres, Reitpferde), Vulg. 3. regg. 4, 26 (*cod. Amiat.* currules): certamina (Wettrennen), Ambros. cant. cantic. 7. § 12. Vgl. curulis u. Gloss. ›currilis equus, σὺν ἅρματι ἀγωνιζόμενος ἵππος‹.

currīlitās, s. cursilitās.

Currītis, s. curis.

curro, cucurrī, cursum, ere (currus, vgl. mhd. *hurren,* sich rasch bewegen), **laufen, rennen, rennen u. jagen,** im Lauf (auch zu Pferd, Wagen, Schiff) **eilen,** u. im Passiv curritur unpers. = **man läuft, rennt, eilt** (Ggstz. stare, ingredi, ire, ambulare, reptare u. vgl.), currens (miles), Ggstz. is qui stat, Veget. mil.: si stas, ingredere; si ingrederis, curre; si curris, advola, Cic.: neque currentem se nec cognoscit euntem (weder im Laufen erkennt er sich [= seine alte Kraft] wieder, noch im Gehen); genua labant etc., Verg.: multum ambulandum est, currendum aliquando, Cels.: senex infirmi corporis est, qui cum ambulare vult currit, Sen.: aves, quae magis currunt, quam volant, Cels.: frequentior currentibus quam reptantibus lapsus, Plin. ep.: exercitatio ambulandi currendique necessaria est, Cels.: claudis non modo gradiendi, sed etiam currendi facultatem dare, Lact.: currendo se rumpere alcis causa, Plaut.: superare currendo omnes (v. einem Hund), Ov. – c. propere, Ter.: c. solito velocius, Ov.: c. spiritu retento, Cels.: c. rigidā cervice et extento capite (von Pferden), Fronto: singulis cruribus saltatim, Gell.: catervatim (noch immer in einzelnen Haufen), Liv.: recte (aufrecht), v. Affen, Plin.: u. (im Bild) incomposito dixi pede currere versus, Hor. – dicta erat aegra mihi; praeceps amensque cucurri, Ov.: ne qua periret redemptionis hora, praeceps cucurrit, Ps. Quint. decl. – per invia saxa, Curt.: per totum conclave pavidi currunt (v. Mäusen), Hor.: c. per flammam, auch sprichw., wie unser »für jmd. durchs Feuer laufen« = sich jeder Mühe u. Gefahr unterziehen, s. Cic. Tusc. 2, 62. – c. tenuissimis et adversis funibus, Sen.: u. (im Bild) non datur ad Musas currere latā viā, Prop.: ebenso latā viā, Cic.: im Bild, proclivi currit oratio, venit ad extremum, haeret in salebra, Cic. de fin. 5, 84. – c. circum loculos, Hor.: ad alcis vehiculum vel equum, Eutr.: ad essedum alcis per aliquot passuum milia, Suet.: unde (= a quo) uxor media currit de nocte vocata, Hor.: nunc huc, nunc illuc, et utroque sine ordine curro, Ov.: cogito, quonam ego curram illum quaeritatum, Plaut.: tu pueris curre obviam, Ter.: intro huc curro, Plaut.: quo celeriter curratur, Plaut.: c. in Palatium, Suet.: in ordines suos, Curt.: raptim in eam sententiam, Cic. – ad litus, Ov.: ad muros, Liv.: protinus ad regem, Curt.: cursim ad Numisium, Afran. fr.: c. ad me et volare, Fronto: c. titulo officii ad exsequias, Iustin.: ad necem (v. Hirsch), Phaedr.: ad complexum meae Tulliae, ad osculum Atticae, in die Arme, an den Hals fliegen, Cic.: ad complectendum eum, Curt.: ad consulendos hariolos, Phaedr.: usque sub Orchomenon, Ov. – canis currens post cervum, hinter dem H. herlaufend, Augustin. – c. domum, Plaut.: c. Puteolos, Cic.: ad matrem Neapolim, Cic.: im Passiv unpers., curritur ad me, Ter., ad praetorium, Cic.: curritur certatim ad hoc opus, Cic.: curritur ex omnibus locis urbis in forum, Liv. – c. alci subsidio (zu H.), Cic. u. Prop.: pro se quisque currere ad sua tutanda, Liv. – ad vocem praeceps amensque cucurri, ich stürzte sinnlos der Stimme nach, Ov. met. 7, 844. – m. *Acc.* der Strecke, uno die MCCCV stadia (v. einem Läufer), Plin. 7, 84: eosdem cursus c. (im Bild = denselben Weg einschlagen), Cic. agr. 2, 44: beim Passiv mit *Nom.*, campus curritur, s. Quint. 1, 4, 28. – Imperat. curre mit volg. *Imperat.*, curre, nuntia venire, Afran. fr.: curre, obstetricem arcesse, Ter. – curro m. *Infin.* = **laufen,** um zu usw., **eilen, sich beeilen,** zu usw., ecquid currit pollinctorem arcessere? Plaut. asin. 910: quis illam (dexteram) osculari non curreret? Val. Max. 5, 1. ext. 1. – Sprichw., currentem hortari, incitare od. instigare, od. addere calcaria sponte currenti, einen an sich schon Eifrigen zu noch größerem Eifer aufmuntern, antreiben (griech. σπεύδοντα ὀτρύνειν; vgl. unser »dem Vogel noch Flügel ansetzen«), s. Cic. ad Att. 5, 9, 1; 6, 7, 1. Cic. ad Q. fr. 1, 1, 16. § 45. Plin. ep. 3, 7, 15; 1, 8, 1: auch mit dem Zusatz ut dicitur, ut aiunt, z. B. currentem, ut dicitur, incitavi, Cic. Phil. 3, 19: facilius est currentem, ut aiunt, incitare quam commovere languentem, Cic. de or. 2, 186: alqm ad pacem currentem, ut aiunt, incitare, Cic. ep. 15, 15, 3.

So nun bes.: **a** v. Wettlaufen, Wettrennen, **laufen, rennen,** qui currere coeperint, Rhet. Her.: currentes equi, Plin. ep.: exerceri plurimum currendo et luctando, Nep.: c. bene, male (v. Rennpferden), Ov.: c. in sacro certamine, Lampr.: ›circus maximus‹ dictus, quod ibi circum metas equi currunt, Varro LL. – bildl., per hunc circulum curritur, darum dreht sich alles, Sen. ep. 77, 6. – m. *Acc.* der Strecke, qui Stadium currit, Cic. de off. 3, 42. – **b** v. der Schiffahrt, **fahren, segeln,** iniecto ter pulvere curras (magst du weiterfahren), Hor.: c. bene minimam ad auram (v. Fahrzeug), Ov.: c. per placidas aquas (v. Fahrz.), Ov.: per omne mare (v. Pers.), Hor.: Colchā aquā (v. Fahrz.), Ov.: in immensum salum (v. Fahrz.), Ov.: extremos ad Indos (v. Kaufmann), Hor.: c. trans mare (v. Pers.), Hor. – m. *Acc.* des Wegs usw., c. Caphaream aquam (v. Fahrzeug), Ov.: c. cavā trabe vastum aequor (v. Pers.), Verg.: currit iter tutum non secius aequore classis, Verg. – **c** v. Lauf, Umlauf des Rades, si mea sincero curreret axe rota, Ov.: u. (v. Töpferrad) currente rotā urceus exit, Hor. – **d** v. Lauf des Wassers, bes. eines Flusses, **laufen, rinnen,** aqua currens, Prop. u. (Ggstz. aqua stans) Pallad.: currentes aquae, Ov.: prope currens flumen, Ov.: rivus palustri et voraginoso solo currens, Auct. b. Hisp.: c. per ultima Indiae (v. einem Fl.), Curt.: in aequora, in mare vastum (v. Fl.), Verg. u. Ov. – m. *Acc.* der Strecke, et sciat indociles currere lympha vias, wie unlenksam die Quelle die Wege sich bahnt, Prop. – ex Aetnae verticibus quondam effusis crateribus per declivia incendio divino torrentis vice flammarum flumina cucurrerunt, Apul. – **e** v. Flug, medio ut limite curras, Icare, moneo, Ov. met. 8, 203. – **f** v. Lauf der Himmelskörper, **umlaufen, den Umlauf halten,** quae (loca) proxima sol currendo deflagrat, Vitr.: quaecumque vides supra nos currere, Sen.: libera currebant et inobservata per annum sidera, Ov. – **g** v. Dingen, die sich in einer Richtung um od. über od. durch etwas hinziehen, non quo multa parum communis littera currat, sich hinzieht, erscheint, Lucr.: chlamys aurata, quam plurima circum purpura Maeandro duplici Meliboea cucurrit, um den sich ein meliböischer Purpurstreifen in doppelten mäandrischen Krümmungen herumzog, Verg.: infula currit per crines, Stat.: linea transversa currat per medium, Plin.: limes currit per agrum, Plin.: supercilia usque ad malarum scripturam currentia, Petron.: privatis generum funiculis in orbem, in obliquum, in ambitum (sich schlängelnd) quaedam coronae per coronas currunt, Plin. – v. Tönen, vox currit conchato parietum spatio, Plin. 11, 270: varius per ora cucurrit Ausonidum turbata fremor (Gemurr), Verg. Aen. 11, 296 *sq.*: carmina dulci modulatione currentia, Lact. 5, 1, 10. – von körperlichen Zuständen, frigus per ossa cucurrit, Ov. – rubor calefacta per ora cucurrit, Verg. – **h** v. den Augen, **rollen,** oculi currentes, huc illucque directi et furiose respicientes, Cassiod. hist. eccl. 7, 2. p. 281 (a) *ed. Garet.* – **i** v. der Zeit u. v. Zeitereignissen, **schnell dahineilen, enteilen, schnell verlaufen,** currit ferox aetas, Hor.: hic tibi bisque aestas bisque cucurrit hiems, Ov.: nox inter pocula currat, Prop.: quasi saeculum illud eversionibus urbium (unter Z. von St.) curreret, Flor.: currentes ex voto prosperitates, Amm. 20, 8, 6: facile est, ubi omnia quadrata currunt, alles am Schnürchen läuft, Petron. 43, 7. – u. v. Pers., eine Zeit **dahinrollen lassen, durchlaufen,** talia saecula currite, Verg. ecl. 4, 16. – **k** (im Bild s. oben aus Cic. de fin. 5, 84), v. raschen Gang der Rede usw., **rasch fortschreiten, fortlaufen,** perfacile currens oratio, Cic.: historia currere debet et ferri, Quint.: acria currere, delicata fluere, Quint.: trochaeum ut nimis currentem damnat, Quint.: est brevitate opus, ut currat sententia, Hor.: modulatus aliquis currentis facundiae sonitus, Gell.: illi (rhythmi) currunt usque ad μεταβολήν, Quint. – ► Perf. bei Spät. auch curri, z. B. currissem, Verus bei Fronto ep. ad Ver. 1, 3. p. 116, 19 N.: curristi, Tert. de fuga in pers. 12: currēre, Arnob. 4, 4 *cod. P.*

currūca, ae, *f.*, wahrsch. die **singende Grasmücke** (*Motacilla modularis,* L.), die die ihr vom Kuckuck ins Nest gelegten Eier ausbrütet, dah. übtr. der **Hahnrei,** Iuven. 6, 276 *ed. Heinr.* (*ed. Iahn* et *Hermann* Uruca).

currūlis, e (currus), **zum Wagen** od. **Wagenrennen gehörig,** equi, Lampr. Comm. 2, 4. Vulg. 3. regg. 4, 26 (*cod. Amiat.*): strepitus (Ggstz. equester fremitus), Fronto de fer. Als. 3. p. 229, 21 N.: rabies equorum, Apul. met. 9, 9. Vgl. currilis u. Gloss. ›currulis equus, δρομεὺς ἵππος‹.

currus, ūs, *m.* (curro), das Rennzeug (Fahrzeug), **I** der **Wagen,** vorzugsw. im Zshg. der **Triumphwagen** od. der **Rennwagen** od. der **Streitwagen** (essedum), **a** eig.: equi currusque (Sing.), Verg.: c. quadrigarum, Liv.: c. elephantorum, Suet.: c. atrorum equorum (Plutos, des Gottes der Unterwelt), Ov. – c. regis, Curt.: c. Solis, Hor. u. a. Dichter. – rector currus, Curt. (od. umschr. is, a quo currus regitur, Curt., oder is, qui currum agit, Curt.). – utrumque currus latus (Seite), Curt. – curru sublimis, Liv., od. eminens, Curt. – c. altus, Ov.: arcuatus, Liv.: auratus, Cic.: aureus, argenteus, Plin.: biiugus, Lucr.: currus diurni (Sonnenwagen), Ov.: c. eburnus, Tibull.: c. falcatus, Sichelwagen (mit Sicheln zu beiden Seiten versehener Streitwagen, b. Livius quadrigae falcatae), Curt.: dafür poet., c. falcifer, Lucr., od. c. ferreus Martis, Claud.: igneus c. Eliae, Hieron.: c. quinque liberis onustus (beim Triumphzug), Tac.: c. quadriiugus, Verg. u. Plin. pan.: currus quadriiuges et seiuges, Apul.: c. regius, Sen. – currum agere, Ov. u. Curt., agitare, Verg.: alqm vinctum ante currum (Triumphw.) agere, Sen.: anteire alcis currum (z. B. v. Trabanten), Curt.: ascendere simul currum, Suet.: cedere (abtreten) alci currum, Liv.: comitari alcis currum (Triumphwagen), Suet.: conscendere currum, Lucr., Curt. u. a.: ita currus (Streitw.) collocare (aufstellen), ut etc., Caes.: collocare (setzen) alqm in curru suis manibus, Cic.: descendere e curru, Suet.: desilire curru, Curt., od. e curru, Ov., od. ab alto curru, Ov.: detrahere alqm de curru, Cic.: ducere alqm ante currum (Triumphw.), Liv.: escendere in currum, Cic.: evertere currum, Curt.: excutere alqm curru (v. den Pferden), Curt.: curru excuti, Suet.: excussus curru ac rursus repositus, Suet.: flectere currum (Triumphw.) de foro in Capitolium, Cic.: illigare alqm distentum in currum quadrigarum, Liv.: imponere alqm od. alqd in currum, Cic.: curru urbem ingredi (v. Triumphator), Suet. (vgl. Romam eo curru, quo Augustus olim triumphaverat, introire, Suet.): in currum inscendere, Plaut.: invehi curru Capitolium, Cic., od. curru equis albis iuncto urbem, Liv. (beide v. Triumphator): insistere currui (v. Wettrenner), Plin. ep.: alqm portat niveis currus eburnus equis, Tibull.: prosequi currum alcis (den Triumphw. jmds., z. B. v. Soldaten), Suet.: praecedere alcis currum (Triumphw.), Eutr.: proeliari curru (Streitw.), Tac.: pugnare curribus (Streitw.), Mela: regere currum, Curt.: ruunt effusi carcere currus (v. Rennw.), Verg.: se in currus (Streitw.) citissime recipere, Caes.: sequi alcis currum carpento (v. einer Frau), Curt.: sustinere currum, im Lauf anhalten, zum Stehen bringen, Cic.: trahere regium currum (v. weißen Pferden), Sen. de ira 3, 21, 2: vertere currum suum in fugam, Curt.: vehere currum, vehere alqm curru, vehi curru, s. veho. – Plur. currus v. **einem** Wagen, Verg. Aen. 1, 486; 6, 485 u. ö. Val. Flacc. 2, 411; 3, 415 u. ö.: biiuges currus, v. Wagen der Venus, Apul. met. 4, 31. – **b** meton.: **α** wie das griech. ἅρμα, das **Gespann** am Wagen, neque audit currus habenas, Verg.: infrenant alii currus, Verg. – **β** der **Triumphwagen** = der Triumph (s. Drak. Sil. 6, 545), quem ego currum aut quam lauream cum tua laudatione conferrem? Cic.: digna res lauro, digna curru senatui visa est, Flor.: prosequar et currus utroque ab litore ovantes, Prop. – **II** der kleine zweiräderige **Pflugwagen;** dah. currus imi, die Räder am Pflugwagen, Verg. georg. 1, 174. – **III** das **Fahrzeug** = das Schiff, Catull. 64, 9. – ► Dat. curru, Verg. ecl. 5, 29; Aen. 1, 156; 3, 541; 12, 511: metaplast. Abl. curro, Lamp. Commod. 3, 6 P. (*cod. M* curru): synkop. Genet. Plur. currum, Verg. Aen. 6, 653.

cursātio, ōnis, *f.* (curso), das **Hin- und Herlaufen,** Donat. Ter. Hec. 3, 1, 35.

Cursī, ōrum, *m.*, s. Corsi unter Corsica.

Cursicānus, a, um, s. Corsica.

cursilitās, ātis, *f.* (curso), das **Hin- und Herlaufen,** Fulg. myth. 3, 2. Mythogr. Lat. 1, 232 (mit der Variante currilitas); 2, 130.

cursim, *Adv.* (curro), **laufweise, I** eig., **in vollem Lauf, im vollen Rennen, im Eilschritt (Eilmarsch), im Sturmschritt, eilends,** c. currere, Plaut.: c. ambulare (Ggstz. sensim ambulare), Ambros.: c. agmen agere, Liv.: c. impetum facere, Rhet. Her.: c. pergere ad alqd (bildl., Cic.: c. alqm persequi, Petron. – **II** übtr., **wie im Fluge, flüchtig,** c. dicere aliena (Ggstz. sensim dicere quod causae prosit), Cic.: c. arripere alqd (etw. sich durch Lernen aneignen, Ggstz. summo studio) Cic.: cursim et breviter attingere alqd (in der Rede), Plin. ep.: librum, rationes c. legere, Plin. ep.: percensere c. numerum legionum,Tac.

cursio, ōnis, *f.* (curro), das **Laufen,** Varro LL. 5, 11.

cursitātio, ōnis, *f.* (cursito), das **Hin- und Herlaufen,** Solin. 42. § 2.

cursito, āvī, āre (*Intens.* v. curso), **oft-, hin u. her laufen, -rennen,** sursum deorsum, Ter.: huc et illuc, Hor.: modo ad Celsum modo ad Nepotem, Plin. ep.: cursitare et ne cubiti quidem mensuram progredi, Suet. – So nun insbes.: **a** v. Wettlaufen: quomodo Ladas aut Boius Sicyonius cursitarint, Rhet. Her. 4, 4. – **b** v. Lauf der Atome: huc et illuc casu et temere, Cic. de nat. deor. 2, 115.

curso, āre (*Frequ.* v. curro), **I** *v. intr.* **fort und fort laufen, rennen, umherrennen, rennend eilen,** absol., cursant, frequentant, Plin. ep 4, 2, 4. – m. näherer Ang., per urbem, Tac.: per litora (v. einer Krähe), Cic. poët.: per foros, durch die Schiffsgänge (v. den Matrosen), Cic. – c. ultro et citro, Cic.: huc illuc, Tac.: huc illuc viā deterrimā, Cic.: modo huc modo illuc (v. Geschäftigen), Sen.: clam *a* milite *ad* istam, Ter.: *circum* patronos atque hospites, Cic.: toto die cursantes *inter se* teneri (agni), Varro r. r. 2, 2, 16. – Passiv unpers., trepidari sentio et cursari rursum prorsum, Ter. Hec. 315. – **II** *v. tr.* **durchlaufen,** übtr., nunc iam compactis cursanda syllaba est formis, Mart. Cap. poët. 3. § 262.

cursor, ōris, *m.* (curro), der **Läufer, Schnelläufer, I** eig.: **a** als Wettläufer: cursor ad Olympia proficisci cogitans, Cic.: cursor cretam prior contingit, Sen.: quomodo palaestricus ille (magister) cursorem faciet, Quint.: grex cursorum cum magistro se exercens, Petron.: in stadio cursores exclamant quam maxime possunt, Cic.: quasi cursores vitae lampada tradunt, Lucr. (s. lampas *no.* I, 1 das Nähere). – **b** als Eilbote, Postbote, citus cursor, Hieron. comment. in eccles. p. 420 *Vall.*: cursor eius generis, qui hemerodromoe (ἡμεροδρόμοι, Tagläufer) vocantur, Nep.: perlati a cursore Phaontis codicilli, Suet.: cursorem mittere ad alqm, qui nuntiet alqd, Suet.: datā operā cursorem dimittere, einen besonderen Boten, einen Eilboten absenden, Plin. ep.: momenta ipsa deficientis per dispositos cursores nuntiata constabat, Tac. – **c** als Vorläufer vor dem Wagen od. vor der Sänfte (oft neben den Numidae, numidischen Vorreitern, gen.), armillata et phalerata Mazacum (mauretan. Vorreiter) turba et cursorum, Suet.: omnes iam sic peregrinantur, ut illos Numidarum praecurrat equitatus, ut agmen cursorum antecedat, Sen.: in via cursores et Numidas ante se agere, Sen.: lecticae impositus est praecedentibus phaleratis cursoribus quattuor, Petron. – **II** übtr., Beiname des L. Papirius, Liv. 9, 15, 9 u. a.

cursōrius (cursūrius), a, um (curro), **zum Laufen gehörig, Läufer-,** Gallicae cursuriae (Art Schuhe), Edict. Diocl. 9, 14: c. spatula, Gromat. vet. 341, 13: terminus, *ibid.* 241, 9 u. ö. – subst., **a** cursōria, ae, *f.* (*sc.* navis), das **Jachtschiff, Postschiff,** Sidon. epist. 1, 5, 3. – **b** cursōrium, ī, *n.*, der an der Grenze hinlaufende Weg, Gromat. vet. 342, 1 u. a.

curs(t)rix, icis, *f.* (Femin. zu cursor), die **Läuferin,** nach Charis. 44, 12. Non. 150, 29; vgl. dagegen Prisc. 8, 4 u. partit. XII vers. Aen. 1, 16.

cursuālis, e (cursus), **zum Lauf gehörig,** equi, Postpferde, Kurierpferde, Theod. 6, 29, 9 u. ö. Cassiod. var. 4, 47 u. 5, 5: reda, Kurierkutsche, Cod. Theod. 12, 12, 9: tractus, Cassiod. var. 4, 47: ministerium, Cassiod. var. 5, 5: statio, Amm. 27, 4, 8 G.: sollicitudo, Schnelligkeit im Laufen, Cod. Theod. 6, 29, 7: cursualium praepositorum avaritia, Symm. ep. 2, 46.

cursūra, ae, *f.* (curro), das **Laufen,** Plaut. asin. 327 u. ö. Varro r. r. 2, 7, 15: equus ad cursuram vegetus, Apul. de deo Socr. 23: auxiliares ad cursuram levissimi, Amm. 24, 2, 8: ad cursuram meditabor ad ludos Olympios, Plaut. Stich. 306.

cursūrius, a, um, s. cursōrius.

cursus, ūs, *m.* (curro), der **Lauf,** zu Wagen = die **Fahrt,** zu Pferde = der **Ritt,** u. die **Fahrt** durch die Luft = **Flug** usw., im engeren Sinne bes. der **rasche, volle Lauf,** der **Eilschritt** (**Sturmschritt**), der **Eilmarsch,** der **Eilritt, I** eig.: ingressus, cursus, accubitio, inclinatio, sessio etc., Cic.: c. cervorum, Verg. u. Ambros.: c. equorum, Verg.: vulpeculae, Ambros.: c. longarum navium, Caes.: omnis omnium cursus est ad vos, alle kommen zu euch gelaufen (= alle nehmen ihre Zuflucht zu euch), Cic. – c. aërius, Flug durch die Luft, Ov.: c. celer, Ov.: c. effusus, Liv.: c. nimius, Cels.: praeceps (sich überstürzender), Sturmlauf, Sturm (bildl.), Vell.: vagi per omnes vias cursus, Liv.: c. vehemens, Cels.: c. volucer (v. der personif. Zeit), Phaedr. – Volsci cursu et clamore fessi, Liv.: fessum cursu trahens corpus, Liv. – raptim agmen *cursus* magis quam *itineris* modo ducere, Curt. – adaequare cursum equorum od. longarum navium, Caes.: concitare boves in cursum, Col.: flectere cursum ad puerilem vagitum (v. einer Wölfin), Liv.: deflectere cursum ad Gallos, Liv.: descendere (ex lectica) et capere cursum, zu laufen anfangen, den Weg eilig zu Fuß fortsetzen, Suet.: duplicare cursum, noch einmal so weit laufen, eine noch einmal so weite Strecke durchlaufen, Caes.: iungere cursum equis, mit den Pferden gleichen Lauf halten (v. Fußsoldaten), Liv.: inhibere paulisper cursum (v. Reiter), Curt.: cursu et lassitudine exanimari, Caes.: fatigare iaculo cursuque cervos, Verg.: cursu fatigari, Petron.: cursu et spatio pugnae defatigari, Caes.: cursu superare canem, Hor.: vincere cervum cursu, Plaut.: emetiri cursu uno die ingens spatium (v. einem Läufer), Liv.: incerto cursu ferri (v. Pferden), Liv. – cursu ire od. ferri in hostem (im Sturmschritt, griech. δρόμῳ), Curt. u. Liv.: cursu tendere ad alqm od. ad locum, Liv. u. Sall.: lustrare terras disiunctissimas non cursibus (eiligen Durchzügen), sed victoriis (Siegesbahnen), Cic.: ingenti cursu refugere (v. Reiterei), Curt. – vix ab impetu et cursu teneri, sich kaum vom Angriff im Sturmschritt abhalten lassen, Liv. – eo cursu, in solchem Lauf, in solcher Eile, so eilig, z. B. vix spatium instruendi (aciem) fuit; eo cursu hostes in proelium venerunt, Liv.: u. m. folg. *ut* u. Konj., ad fretum eo cursu contendit, ut prope repentino adventu incautos oppresserit, Liv. – in cursu esse, im vollen Lauf sein, v. Pers. = in voller Eile reisen, Cic. ad Att. 5, 16, 1; poet. übtr. von lebl. Ggstdn. = in vollem Gange, im vollen od. im besten Zuge sein, dah. auch = noch fortdauern (s. Heinse u. Bach Ov. met. 10, 401), vox erat in cursu, Ov.: dum furor in cursu est, currenti cede furori, Ov.: sex ubi, quae restant, luces Aprilis habebit, in medio cursu tempora veris erunt, Ov. – im Bild, v. raschen Gang der Rede, v. Redefluss, interdum cursus in oratione est incitatior, interdum moderata ingressio, Cic.: tantus cursus verborum fuit et sic evolavit oratio, ut etc., Cic.: dicebat citato et effuso cursu, sed praeparato, Sen. rhet.

So nun bes.: **a** der **Lauf** zu einem bestimmten Ziel zur Übung und um die Wette, der **Wettlauf,** zu Wagen od. zu Pferde = das **Wettrennen,** im Gymnasium, im griech. Stadium, im röm. Zirkus, cursus certamen, Ov.: c. bigarum quadrigarumque, Suet.: c. Olympiacus, Rhet. Her.: c. equester, Pferderennen, Verg. – cursu invictus Echion, Ov.: nobiles equos cursus et spatia probant, Tac. dial.: cursu cum aequalibus certare, Sall.: cursu certare in stadio, Suet.: ibi (in gymnasio) cursu, luctando, hastā, disco se exercere (v. Jünglingen), Plaut.: cursu vincere alqm, Ov.: studere optatam cursu contingere metam, Hor. – im Bild, der **Lauf,** das **Rennen, Ringen** nach dem Ziel, bes. nach dem Ziel der Ehre, **Laufbahn, Karriere,** illa iactatio cursusque popularis, jenes unruhige Treiben (Drängen) u. Rennen nach der Volksgunst, Cic.: non habet satis magnum campum ille tibi non ignotus cursus animi (meine dir wohlbekannte entschiedene Geistesrichtung), Cic.: honorum tuorum cursus cui suspectus umquam fuit? Cic.: cum numquam sit aut illius a me cursus impeditus aut ab illo meus, Cic.: iam pridem esse in cursu (Ggstz. stadium ingredi), Cic.: in eodem cursu fuisse a Sulla dictatore ad eosdem fere consules, dieselbe Laufbahn gemacht haben vom D. S. an bis zu usw., Cic.: vides in quo cursu simus, in welchem Rennen (nach den höchsten Würden) ich begriffen bin, Cic.: transcurrere cursum suum, rasch, ohne Aufenthalt zu machen, wie mit einem Sprung seine L. durcheilen (durchmachen), Cic.

b der **Lauf** als in bestimmter Richtung unternommener Weg, die **Route,** der **Kurs,** der **Marsch,** die **Reise,** die **Fahrt,** bes. zur See, cursus navigationum tuarum, die Routen deiner Fahrten, Cic.: c. diei totius, Mela: insidiosus rector cursus (v. einem Steuermann), Val. Max. – c. brevis, Curt.: c. maritimus, Cic.: c. prosper, Plin.: c. rectus, Plin. ep.: secundus, Caes.: longi non falsa pericula cursus (Fahrt durch die Luft, Flug), Ov.: unde (ab ora Italiae) in Epirum brevis cursus est, Curt.: in hoc medio cursu est insula, quae appellatur Mona, Caes.: in medio Achaico cursu (mitten auf meiner Fahrt nach A.) te vidi Veliae, Cic.: mihi cursus in Graeciam per tuam provinciam est, Cic.: huc rectus ex Africa c. est, direkte Fahrt, Liv.: quo cursus navibus tutus ex Africa esset, Liv. – commutare cursum (Ggstz. tenere cursum, s. unten), Cic.: imprudentiā aut tempestate paulum suo cursu decedere (abweichen), Caes.: im Bild, quem neque periculi tempestas neque honoris aura potuit umquam de suo cursu aut spe aut metu demovere, kein Sturm der Gefahr, kein lockender Hauch der Ehre von seiner Bahn abbringen, Cic.: c. dirigere, m. Ang. **wohin?** durch *Advv.* od. durch *Praepp.* od. durch bl. *Acc. loc.*, z. B. alio (anderswohin), Val. Max.: eo (dahin), Liv.: quo tendo, Nep.: in Africam, Vell.: ad litora Apolloniatium, Caes.: ad Antiochum, Iustin.: Gades (nach G.), Iustin.: cuius classis cursum esse directum columbae antecendentis volatu, Vell.: ad nocturnos ignes cursum dirigere, Suet.: cursum dirigere per auras in lucos (v. Flug der Tauben), Verg. – cursum exspectare, günstige Fahrt (auch im Bild), Cic.: cursum secundum habere (v. Schiffen), Caes.: repentina tranquillitas intermittit cursum, Petron.: impedire alcis cursum (v. Winden), Mela: petere alium cursum, eine andere Route, einen anderen Kurs nehmen (v. Reisenden zur See), Cic.: unde et quo tenderent cursum, Liv. – cursum tenere, Kurs halten (= den rechten, geraden Weg verfolgen), u. cursum non tenere od. tenere non posse, den Kurs nicht halten od. nicht halten können, v. Seefahrern u. Schiffen, Caes. u. a. (vgl. Schneider Caes. b. G. 4, 26, 4): u. so secundis ventis od. secundissimo vento cursum tenere, Cic.: cursum non tenere et longius deferri, Caes.: rectum cursum, recta gubernacula in periculum tenere, Plin. ep.: im Bild, e quibus quoniam tamquam e scopulosis cotibus enavigavit oratio, reliquae disputationis cursum teneamus, in der übrigen Erörterung den geraden Lauf halten (unser vulg. »bei der Stange bleiben«), Cic.: ut te ad istum cursum tenendum, quem a prima aetate suscepisti, cohortentur, die Lebensbahn, Cic.: Polycratis felicitas semper plenis velis prosperum cursum tenuit, Val. Max. – im Bild, der **Weg,** der **Verlauf,** die **Bahn** des Lebens, totus vitae cursus, Hieron.: reliquus vitae cursus, Cic.: vitae brevis est cursus, gloriae sempiternus, Cic.: aliquod certum genus cursusque vivendi, Cic. (vgl. auch oben demovere de cursu u. tenere cursum): omnem vitae suae cursum in labore corporis atque in animi contentione conficere, Cic.: medium agens cursum aetatis (im mittleren Lebensalter) placidā morte decessit, Amm. 23, 6, 4. – u. der **Verlauf, Gang** der Begebenheiten u. Zeiten, perspicis qui cursus rerum, qui exitus futurus sit, Cic.: di eodem cursu, quo fluxere adhuc res, ire patiantur, denselben Fortgang nehmen, Curt.: ea natura rerum est et is temporum cursus, ut non possit ista aut tibi aut ceteris fortuna esse diuturna, Cic.: cursum irrevocabilem ingressa ex destinato fluunt, was einmal seinen unveränderlichen Gang genommen hat, verläuft nach Vorherbestimmung, Sen.: inveniendum tandem Britanniae terminum continuo proeliorum cursu, durch eine fortlaufende Reihe von Schlachten, Tac.: temporum vices, volumina saeculorum, cursus annorum, Augustin. serm. 29, 1.

c der **Lauf** der Flüssigkeiten, **α** des Wassers, der Gewässer, c. aquae, Plin. ep.: in hac (terra) cursus amnium non torrentes rapidique, sed lenes et vineis campisque irrigui, Iustin.: ex Oceano amnium fontiumque cursus initium capiunt, Quint.: spatio alvei segnis cursus (fluminis) est, Curt.: vehementior fluminum cursus est prono alveo, Quint.: quosdam exaruisse amnes aut in alium cursum contortos et deflexos videmus, Cic.: si lacus emissus lapsu et cursu suo ad mare profluxisset, Cic.: nec adire poterat ad iusti cursum amnis, Liv.: licet prospicere maris novos cursus, Sen.: Ggstz., maris cursus alterni et recursus, wechselnde Ebbe u. Flut, Sen. ad Helv. 20, 2. – **β** (als mediz. *t. t.*) die Flüssigkeiten des Körpers, c. materiae, Cels.: c. pituitae (Schleimfluss) acer, acerrimus, c. pituitae tenuis, Cels.: leves pituitae cursus, sed assidui, Cels. – c. menstrui, Plin.: c. sanguinis ex naribus, Cels.: ne in inferiores partes factus cursus pedes repleret, Cels.

d der **Lauf, Umlauf** der Himmelskörper, Weltkörper, c. solis, lunae, siderum, stellarum, Cic. u. a.: c. Veneris, Mercurii, Cic.: siderum modus cursusque stellarum (Plur.), Val. Max. – solis cursus annalis, Varro: annui cursus solis, Cic.: stellarum perennes cursus, Cic.: perpetui cursus conversionesque caelestes, Cic.: stellarum cursus sempiterni, Cic.: summus ille caeli stellifer cursus, Cic.: hic lunaris atque infimus c., Cic.: novem lunae cursus, Cic.: illi octo cursus, Cic.: properantis mundi volubilis c., Sen.: solis exortus, cursus, occasus nemo admiratur, Rhet. Her.: cursus annuos conficere (v. der Sonne), Cic.: cursum suum anno od. XXX fere annis conficere (v. einem Planeten), Cic.: nullum umquam cursus sui vestigium inflectere (v. den Fixsternen), Cic. – annum ad cursum solis accommodare, Suet.: ad cursus lunae in duodecim menses describere annum, Liv.: ad siderum cursum iter dirigere, Curt. – siderum cursus numerosque cognoscere, Quint.: siderum certos constitutosque cursus numeris docere, Quint.: lunae cursu notare tempora, Curt.

e der **Lauf** anderer lebl. Ggstd. nach einer bestimmten Richtung, sowohl in der Bewegung als in der Lage, hic per omnes sonos vocis cursus, das Auf- u. Absteigen durch alle Töne, Cic. de or. 3, 227. – cursus hic et sonus rotundae volubilisque sententiae, Gell. 11, 13, 4. – communia his (larici et abieti) pinoque, ut quadripertitos venarum cursus (Aderngänge) bifidosve habeant vel omnino simplices, Plin. 16, 195.

II meton., cursus publicus, der öffentliche, vom Staat eingerichtete **Postenlauf,** die stationsweise verteilten **Posten, Fahrposten,** zur Beförderung von Staatsangelegenheiten u. Staatspersonen, praepositus cursus publici, Oberpostmeister, Inscr.: animalia cursus publici, Inscr. u. Cod. Theod.: publici cursus usu permisso, Amm.: vectus mutatione celeri cursus publici, Amm. – dass. c. vehicularius, Capitol. Antonin. Pius 12, 3, od. c. vehicularis, Arcad. dig. 50, 4, 18. § 4. – c. fiscalis (dem Fiskus obliegender), Spart. Hadr. 7, 5.

Curtius, a, um, Name einer röm. gens, aus der am bekanntesten: Curtius Mettius, ein vornehmer u. tapferer Sabiner, der sich bei der Vereinigung der Römer mit den Sabinern mit seinem ganzen Geschlecht in Rom niederließ, Liv. 1, 12 *sq.*; vgl. Liv. 7, 6, 5. – M. Curtius, ein mutiger röm. Jüngling, der sich in die wahrsch. durch ein Erdbeben entstandene Kluft stürzte, um die erzürnten Götter zu versöhnen, worauf sich die Kluft wieder schloss, Liv. 7, 6, 3 *sq.*: dah. Plur. Curtii, Männer wie Curtius, Augustin. de civ. dei 5, 14. – C. Curtius Postumus, von Cicero dem Cäsar zu einer Kriegstribunenstelle empfohlen, seit dem Ausbruch des Bürgerkriegs eifriger Cäsarianer, Cic. ad Q. fr. 2, 5, 3; ad Att. 9, 2. litt. a. § 3 u. a. – Curtius Montanus, s. 1. Montānus. – Curtius Nicia, geb. auf der Insel Kos, Freigelassener eines Curtius, Zeitgenosse des Pompejus u. mit diesem u. anderen Vornehmen Roms befreundet, gelehrter Ausleger des Dichters Lucilius, Suet. gr. 14. Cic. ep. 9, 10, 1 *sq.* – Quintus Curtius Rufus, der Verf. der größtenteils noch erhaltenen Kriegsgeschichte über die Feldzüge Alexanders des Gr., lebte wahrscheinlich unter Klaudius. – Dav. Curtius lacus, ein in alter Zeit einen Teil des Forums bedeckender See, der von dem Opfertod eines Curtius (s. Liv. 7, 6, 5) den Namen erhielt. Mit der Zeit wurde er abgeleitet u. ausgefüllt, später aber senkte sich die Ausfüllung, u. es entstand ein Abgrund, in dessen Tiefe ein Opfer gestürzt wurde. Die Stelle, auf die der Name Curtius lacus überging, wurde mit einem Altar (wahrsch. eine Art bidental mit einer Öffnung in die Tiefe) bedeckt, s. bes. Varro LL. 5, 148 *sqq.* Liv. 7, 6. § 1 *sqq.* Ov. fast. 6, 403. Aur. Vict. de Caes. 6, 3 u. epit. 6. 4: Curtii lacus gen., Suet. Aug. 57, 1; Galb. 20, 2. Paul. ex Fest. 49, 8. – Curtius fons, vierzig Meilen von Rom, von Kaligula nach Rom geleitet, ein Teil der aqua Claudia, Plin. 36, 122. Frontin. aqu. 15 *sq.* Suet. Claud. 20, 1.

curto, āvī, ātum, āre (curtus), **verkürzen, verstümmeln, vermindern, schmälern, a** der Länge nach, radices, Pallad. 3, 10, 2: si quis curtetur pede od. uno pede vel ambobus, Boëth. in Porphyr. 5. p. 106: curta (Imperat.), Cledon. art. praef. p. 9, 15 K. – **b** der Menge nach, rem (das Vermögen), Pers. 6, 34: quantulum enim summae curtabit quisque dierum, Hor. sat. 2, 3, 124.

curtus, a, um (vgl. altind. *kūṭá-ḥ*, ungehörnt), **verkürzt, verstümmelt,** dolia, Scherben (Nachttöpfe), Lucr.: ebenso vasa, Iuven.: tegula, Prop.: res (Vermögen), Hor.: bes. (in Prosa nur) v. verstümmelten Gliedmaßen, cum curta pars aliqua est, Cels.: id quod curtum est, die (von Natur) verstümmelten Teile (des Körpers), Cels.: u. *neutr.*, si quid ibi curti est, sarcire, wenn daselbst (an den Ohren) etwas an Substanz verloren ist, Cels.: curta in his tribus curari possunt, verstümmelte Teile, Substanzverlust (griech. κολόβωμα), Cels. – prägn. v. leb. Wesen, equus, gestutztes, Prop.: so auch mulus, Hor.: Iudaeus, beschnittener, Hor.: ficetulae, in Stücken, Apic. 4, 125. – übtr., alcis quasi curta sententia, gleichs. hinkende (einseitige) Ansicht (Ggstz. perfecta atque plena sententia), Cic.: c. fides, Iuven. – u. v. der Redeperiode, die das rhythmische Maß nicht ausfüllt, **verstümmelt** = unvollständig, mangelhaft, nihil inconditum, nihil curtum, nihil claudicans, Cic.: curta sentiunt nec amant redundantia, Cic.

curūlis, e (v. currus, wie mamilla v. mamma), **zum Wagen gehörig,** equi, das für die zirzensischen Spiele aus der Staatskasse angeschaffte Viergespann, Liv.: triumphus, d. i. zu Wagen (Ggstz. ovatio, der kleinere Triumph zu Pferde od. zu Fuß), Suet. u. Monum. Ancyr.: ludi, die zirzensischen, Min. Fel. – insbes. sella c., der von den Etruskern entlehnte, mit Elfenbein ausgelegte (wie unsere Feldstühle gestaltete u. zusammenlegbare) Amtssessel des Konsuls, Prätors u. der danach benannten Kuruládilen, Cic. u. a.: ders. (weil von Elfenbein) ebur c., einem kurulischen ähnlicher Ehrensitz, Tac.: u. v. kurul. Amtssessel, cur. aedilis, der kurulische Ädil, Kuruládil (s. aedīlis), Liv. u. a.: aedilitas, die Kuruládilität (die Würde u. Amtsführung des kur. Ädilen), Cic. u. a.: magistratus, das kurul. Amt (Ädilität, Prätur, Konsulat), Gab. Bass. fr. – subst., curūlis, is, **a** *f.* = *sella curulis,* Tac. u. a. – **b** *m.* = *aedilis curulis,* Plin. 18, 42: curulis maior = *consul,* Stat. silv. 1, 4, 82: dah. Plur. curules = die Kurulbehörden, Stat. silv. 4, 1, 5.

curvābilis, e (curvo), **was sich krümmen lässt, biegsam,** Pallad. 12, 15, 2.

curvāmen, minis, *n.* (curvo), die **Krümmung, Wölbung,** Ov. met. 2, 130 u. ö. Plin. ep. 9, 7, 4. Sil. 13, 29. Amm. 20, 3, 8. Mythogr. Lat. 3, 1, 6: sub alio atque alio caeli curvamine, unter den verschiedenen Himmelsgegenden, Gell. 14, 1, 10.

curvāmentum, ī, *n.* (curvo), die **Krümmung,** *buris* curvamentum aratri est, Schol. Bern. Verg. georg. 1, 170.

curvātio, ōnis, *f.* (curvo), die **Krümmung,** Col. 4, 12, 2: Plur., Mart. Cap. 6. § 593.

curvātūra, ae, *f.* (curva), **I** die **Krümmung, Rundung,** theatri, Vitr.: lapidum paulatim inclinatorum, Sen.: absidum, Plin.: curvaturae maris, Sen. – **II** konkret, die **Rundung, Wölbung,** camerarum, Gewölbebogen, Vitr.: rotae, die Felgen, Ov.

curvēdo, inis, *f.* (curvus), die **Krümmung, Wölbung,** matricis, Soran. p. 81, 14.

curvēsco, ere (curvus), **sich krümmen, eine Krümmung (Biegung) machen,** Ambros. de Isaac et anim. 7, 60; in psalm. 118. *no.* 26: v. Meer, Amm. 22, 8, 5.

curvitās, ātis, *f.* (curvus), die **Krümmung,** Macr. somn. Scip. 1, 15. § 7. Non. 30, 9.

curvo, āvī, ātum, āre (curvus), **krümmen, biegen (beugen), runden, wölben,** refl. se curvare u. im Passiv medial curvari, **sich krümmen** usw., Partiz. curvātus, **gekrümmt** usw., acies (Schneide) curvatur, Col.: arbor curvatur, der Mastbaum biegt sich (beim Sturm), Plin. ep.: aber adoptatis curvetur frugibus arbos, Col. poët.: pondere serpentis curvatur arbor, Ov.: c. brachia longo circuitu (v. Skorpion), Ov.: c. brachia aliter (v. Krebs), Ov.: crura pinnigero curvata novissima pisce, die Schenkel ganz unten gekrümmt am flossigen Fisch = in einen flossigen Fischschwanz gekrümmt, Ov.: cuspis curvata (s. cuspis *no.* I, b), Ov.: curvata glandibus ilex, durch die Last der Eicheln, Ov.: v. Pers., curvati (= onusti) pabulo, Frontin. 2, 5, 31: rotundas curvat aper lances, macht unter seiner Last sich biegen, Hor.: c. laminam, Plin.: curvari manus (coeperunt) et aduncos crescere in ungues, Ov.: plerique rami instar ingentium stipitum *flexi* in humum, rursus, *quā se curvaverant,* erigebantur, Curt.: cum nux plurima curvabit ramos, durch ihre Last sich biegen machen, Verg.: c. trabes (Baumstämme, v. Räuber Sinis), Ov.: ubi supra terram iuxta suum adminiculum vitis curvatur, Col. – m. *Advv.* (wie?), copidas vocabant gladios leviter curvatos, falcibus similes, Curt.: orbis (Kreis, Ring) curvatus aequaliter, Vell. – m. *Advv.* od. m. *in* u. Akk. (wohinwärts?), crocodilo priora genua post curvantur, posteriora in priorem partem, Plin.: insectorum quorundam pedes externi longiores foris curvantur, Plin.: aves alas in priora curvant, suffraginem in posteriora, Plin.: os paululum in interiora curvatum, Cels.: palma in diversum curvatur, Plin.: rami imi ficus in terram curvantur, Plin. – m. *in* u. Akk. (wohin? = in welche Gestalt?), cucumeres in hamos curvati, Plin.: digiti curvantur in ungues, Ov.: cubiculum in absida curvatum, ein Z. von elliptischer Form, Plin. ep. – m. *in* u. Akk. (wozu?), curvatae in sua fata trabes, die zu seinem Untergang (Mord) gekrümmten Baumstämme (des Räubers Sinis), Prop. 3, 22, 38.

So nun bes.: **a** v. gekrümmten Lauf der Gebirge, Küsten, Meerbusen, Gewässer, curvare se od. curvari, **sich krümmen,** iugum montis ... velut sinu quodam flexuque curvatum, Curt.: ora ipsa Bospori utrimque ex Asia atque Europa curvatur in Maeotim, Plin.: Codanus ingens sinus ... curvans se subinde, Mela: pontus Euxinus ... magno litorum flexu retro curvatus in cornua ab his utrimque porrigitur, ut sit plane arcus Scythici forma, Plin.: Etymandrus crebris flexibus subinde curvatus, Curt. – **b** v. wogenden Wassermassen, curvari, **sich krümmen** = sich aufwölben, curvātus, **gekrümmt, gewölbt** (vgl. κυρτὸν κῦμα), cumulus immanis aquarum in montis speciem curvatur, Ov.: illum curvata in montis faciem circumstetit unda, Verb.: tollimur in caelum curvato gurgite, Verg. – **c** vom Krümmen, Bücken des Körpers, des Rückens, Beugen des Nackens, der Knie, c. cervicem alcis, Vulg.: c. collum, Verg.: c. genua sua, Verg.: c. genu deo (vor G.), Vulg.: pacem curvatis genibus orare, Amm.: homo ad necessaria opera curvatur, bückt sich (Ggstz. rectus insistit), Cels.: toto curvatus corpore (beim Tragen einer Last), Stat.: quid autem non intellegit nefas esse rectum animal (der Mensch) curvari, ut adoret terram, Lact.: primo curvatus (sich tief verneigend, tief gebückt), deinde humi suppliciter fusus, Amm. – bes. durchs Alter, nec nostrum seri curvarent Aeacon anni, Ov.: anus quaedam curvata gravi senio, Apul.: curvata senio membra, Tac. – u. übtr., quamvis neque te munera nec preces ... nec vir Pieriā paelice saucius curvat, dir den Nacken beugt, Hor. carm. 3, 10, 13 *sqq.* – **d** v. Mond usw., se curvare in cornua, Curt.: luna curvata in cornua falcis, Plin.: vitulus fronte curvatos imitatus ignes (die gekr. Flammen = die flammende Sichel) tertium lunae referentes ortum, Hor. – **e** prägn.: **α** **krümmen** = krümmend spannen, arcum manu, Stat.: cornu (Bogen aus Horn), Ov.: u. so opposito genu flexile cornu, Ov. – **β** etw. **krümmen** = etw., was gekrümmt, bogenförmig ist, bilden, schaffen, bimulus bima curvans iam cornua fronte (an der St.), Verg.: cornua nec valuit curvare in paelice Iuno, an dem Kebsweib H. kr. = das K. durch H. entstellen, Prop.: in quocumque frutice (aspalathi) curvatur arcus caelestis, Plin. – Hadria (adriat. Meer) curvans Calabros sinus, Hor.: portus ab Euroo fluctu in arcum curvatus, bogenförmig ausgehöhlt, Verg. – u. vom Kreisen in der Bewegung, (deus ales) iter non agit in rectum (geradeaus), sed in orbem curvat eundem, gibt seinem Flug immer dieselbe Kreisbewegung, kreist in derselben Krümmung, Ov.: turbo (Kreisel) actus habenā curvatis fertur spatiis, fährt in kreisenden Bahnen umher, Verg.

curvor, ōris, *m.* (curvus), die **Krümmung** = das Gekrümmtsein, Varro LL. 5, 10, 4 u. 7, 3, 25.

curvus, a, um (vgl. κυρτός, gekrümmt), **krumm, gekrümmt, gebogen, gewölbt** (Ggstz. rectus), **I** eig.: c. Olympus, Val. Flacc.: c. ungues, Varro: spina neque eminula neque curva, Varro: c. lignum, Vulg.: c. arbor, gebogen von der Last des Obstes, Ov.: de nostro curvum pondere gramen erat, Ov.: si cubitus in priorem partem prolapsus est, extentum brachium est, neque recurvatur: si in posteriorem, brachium curvum est, neque extenditur, breviusque altero est, Cels.: cicatrix curvum digitum reddit, Cels.: recti dentis recta etiam radix, curvi flexa est, Cels.: cornua a curvore dicta, quod pleraque curva, Varro LL. – subst., curvum, i, *n.*, das **Krumme** (Ggstz. rectum), sprichw., curvo dignoscere rectum, Hor. ep. 2, 2, 44: curva corrigere, Krummes gerade machen, alle Berge eben zu machen wissen = überall das strengste Recht verfolgen, Sen. apoc. 8, 3. Plin. ep. 5, 9 (21), 6. – So nun bes.: **a** v. Werkzeugen u. dgl., die ganz od. am Ende gekrümmt sind: aratrum, Lucr. u. Verg. (vgl. unten *no.* c): arcus, Ov.: calamus (Rohrflöte), Catull.: culter, Sen. poët.: dens (Pflugschar), Ov.: aber curvus Saturni dens, die Hippe der Gärtner u. Pflanzer (von Saturn als Gott der Anpflanzung als Symbol getragen), Verg.: falx, Verg.: forceps (Feuerzange), Ov.: iuga (Zugjoch), Ov.: lyra, Hor.: raster, Catull.: securis, Verg.: tibia, Verg.: ungues, Hor.: vomer, Ov. – **b** v. Örtlichkeiten u. Bauten, die nach oben od. unten, v. Gefäßen usw., die nach unten gewölbt sind, **gewölbt, bauchig, vertieft, ausgehöhlt, hohl,** cavernae (Aetnae), Verg.: latebrae, Verg.: vallis, Verg. – carinae, Verg.: naves, Ov.: puppes, Verg.: rates, Prop.: feri (des trojan. Pferdes) alvus, Verg. – theatrum, tholus, Ov.: lebetes, Ov. – **c** v. Ggstdn., Örtl., Gewässern, die sich in Krümmungen hinziehen, **krumm, gekrümmt, sich schlängelnd, sich windend,** c. plaga (Ggstz. plaga recta), Cels.: vena, Cels. – limes, Ov.: litus, Mela, Hor. u. a. Dichter: via, Sen. poët.: ut autem (medium spatium) curvum sit, facit natura humilioris et mollioris Italiae, Sall. fr. – aquae, Ov.: flumen, Ov., flumina, Verg. alqm curvo flumine implicare (v. einem Flussgott), Ov. – quadrigae, von der geraden Bahn abbiegend, Manil.: aratrum, im Kreis geführt, Manil. (vgl. oben *no.* a). – **d** v. wogenden Gewässern, **gewölbt, sich aufwölbend, sich auftürmend**

(wie κυρτός), c. aequor, Ov., aequora, Stat.: aquae, Stat.: freta, Val. Flacc. – **e** v. menschl. Körper, **gekrümmt, gebückt,** c. arator (bei der Arbeit), Verg. u. Plin.: venient ad te curvi filii eorum, qui etc., gebückt (als bittende), Vulg.: anima incedit curva (gebeugt) et infirma, Vulg.: alqm curvum facere, sich bücken lassen, Plaut. – bes. durch Alter, anus c., Prop.: curva trementi membra tulit passu (v. einer alten Frau), Ov.: iam veniet tacito curva senecta pede, Ov. – u. v. krumm Gewachsenen, vel gibberosi vel curvi, Gaius dig. 21, 1, 3. – **II** übtr.: c. mores, verkehrte, böse, Pers. 3, 52.

cuscolium, iī, *n.*, die **Scharlachbeere** an den Stecheichen, Plin. 16, 32 zw.

cuscus = quisque, CIL 4, 3199.

cūsio, ōnis, *f.* (cudo), das **Schlagen, Prägen,** c. monetalis, Cod. Theod. 11, 16, 18.

cūso, āre, *Frequ.* v. cudo, Prisc. 10, 24.

cūsor, ōris, *m.* (cudo), der **Schläger** des Geldes, der **Präger,** Cod. Iust. 10, 64, 1.

cuspiam, *Adv.*, archaist. = uspiam; s. Brix Plaut. trin. 158.

cuspidātim, *Adv.* (cuspidatus), **spitz,** c. decisus calamus, Plin. 17, 102.

cuspido (āvī), ātum, āre (cuspis), **mit einer Spitze versehen, zuspitzen,** Plin. 11, 126 u. 18, 179.

cuspis, idis, *f.*, die **Spitze,** als Werkzeug zum Stechen, der **Stachel,** **I** eig.: **a** der künstliche, gew. eiserne: exigua, Plin.: aerea, ferrea, Plin.: oben an Stangen usw., asseres pedum XII cuspidibus praefixi, Caes.: acutā cuspide contos expedire, Verg. – oben am Speer, aeratae od. acutae od. praeacutae cuspidis hasta, Ov.: alqm hastae cuspide in fronte vulnerare, Iustin. – v. der unteren Schaftspitze des Speeres, Legionsadlers, griech. στύραξ, σαυρωτήρ, alternos longā nitens cuspide gressus, Verg.: aquilifer moranti se cuspide est comminatus, Suet. – v. dem unteren spitzen Ende des Hirtenstabes, baculi c., Plin. – u. v. dem spitzen Pflugeisen an einigen Pflügen der Alten (statt der Pflugschar), cuspis (vomeris) effigiem palae habet, Plin. – **b** der natürliche **Stachel,** als Teil des tierischen Körpers, curvata (scorpionis), der gekrümmte St., in den der Schwanz endigt, Ov.: natura apibus cuspides dederat, et quidem venenatas, Plin. – **II** meton., der mit einer Spitze (Stachel) versehene Gegenstand: **a** der **Spieß, Wurfspieß, die Lanze,** cuspidem alte gerens, Liv.: cuspidem erectam quatere, Liv.: infestis cuspidibus concurrere, Liv.: cuspide uti, Liv. – am Streitwagen, falcatae quadrigae cuspides circa temonem ab iugo decem cubita exstantes velut cornua habebant, Liv. – **b** der **Dreizack** des Neptun, vollst. cuspis triplex, Ov.: deus aequoreas qui cuspide temperat undas, Ov. – **c** der **Bratspieß,** Mart. 14, 221. – **d** eine irdene Röhre ohne Boden, eine **Spitze,** Varro r. r. 1, 8, 4. – **e** das **männliche** Glied, coleata cuspis, Pompon. com. 69.

cusquam, *Adv.*, archaist. = usquam, s. Brix Plaut. trin. 158.

cusque, *Adv.*, archaist. = usque; s. Brix Plaut. trin. 158.

cussilīrem pro ignavo dicebant antiqui, Paul. ex Fest. 50, 13.

cūstōdēla, ae, *f.* (custos), altlat. = custodia (s. Paul. ex Fest. 51, 5), Plaut. merc. 233; most. 406; rud. 625 u. a. Formul. vet. bei Gaius inst. 4, 104. Apul. met. 2, 22 *in.* u. a.

cūstōdia, ae, *f.* (custos), die **Wache, Hut,** **I** im Allg., die **Wache, Bewachung, Überwachung (Kontrolle),** die **Hut, Obhut,** der **Schirm,** die **Beschirmung,** die **Bewahrung,** die **Aufsicht, Beaufsichtigung,** die **achtsame Fürsorge,** auch die **Sicherheitsmaßregel** (hingegen tutela = der Schutz, die schützende Aufsicht) **1** eig.: **a** übh., m. subj. *Genet.*, hospitum privatorum, Liv.: pastoris, Col.: canum, Cic.: materni corporis, Cic.: templi, Liv.: tenebrarum ac parietum custodiae, Cic. – m. obj. *Genet.*, mei capitis, Cic.: corporis, Cic. (vgl. unten *no.* d): ignis (Vestae), Cic.: regis, Beschirmung des Königs = Schonung des Lebens des Königs, Iustin. 2, 6, 18: rei publicae, Cic.: sui, Achtsamkeit auf sich selbst, Cels.: conservandi sui, Cic.: urbis, Obhut, Verwaltung der Stadt (z. B. vom Präfektus Urbi), Vell. (vgl. unten *no.* d): c. diligens, Curt.: dura matrum, Hor.: fida canum, Cic.: fida iustitiae (subj. Genet.), Cic.: una c. fidelis memoriae rerum gestarum, die einzige zuverlässige Art der Aufbewahrung, Liv.: intentior, Liv.: frugum et pecudum c. sollers, Verg.: summa rei publicae, Cic. – alqm diligenti od. intentiore custodiā asservare, Liv. u. Curt.: sacra fideli custodiā asservare (v. einem Ort), Liv.: committere alci custodiam pecuniae, Curt.: continere tabulas privatā custodiā, Cic.: decipere custodiam pastoris (v. Tieren), Col.: dimittere (aufgeben) custodiam mei capitis, provinciae, Cic.: facere salutis custodiam, Scrib.: non sine tacita custodia haberi, heimlich überwacht (kontrolliert) werden, Frontin.: regis filium non sub hospitum modo privatorum custodia, sed publicae etiam curae ac velut tutelae esse velle, Liv.: eloquentiam orbam (gleichs. verwaiste Jungfrau) domi tenere saeptam liberali custodiā, Cic.: omnibus custodiis (jeder Art von Kontrolle) subiectus, Cic.: fratris liberos ne materni quidem corporis custodia tegere potuit, Cic. – **b** die **Aufsicht** des Knabenführers, c. paedagogorum, Quint. 1, 2, 25. – **c** die **Aufsicht, Wache** des Frauenwächters, tristis c., Prop. 2, 6, 39: tristis c. servi, Ov. art. am. 3, 601. – **d** die **Wache, Bewachung** des Wächters (Nachtwächters, milit. Postens), das **Wachehalten, Wachestehen, Schildwachestehen,** verb. excubiae et custodiae, Cic. – m. subj. *Genet.*, c. militum, Suet.: custodiae classium, Caes. – m. obj. *Genet.*, c. arcis, Liv.: corporis, Cic.: portae, Suet.: portus, Liv.: urbis, Liv. – custodiae maritimae, Caes.: custodiae nocturnae praefectus, Nachtwachtmeister, Apul. – custodiae od. suae custodiae causā (als Leibwache), z. B. Gallos equites suae custodiae causa circum se habere, Caes.: u. petere turmam equitum Romanorum, Sall. – agere urbis custodiam, Liv.: agitare hic custodiam, Plaut.: committere custodiam corporis feris barbaris, Cic.: credere alci custodiam illam od. custodiam alcis, Nep.: inde intentioris utrimque custodiae esse, Liv.: ponere navem ad custodiam, Caes.: ponere militem ad custodiam aditus, Liv.: polliceri excubias et custodias (Posten- u. Schildwachestehen), Cic.: praeesse custodiae portus, Liv.: remittere de custodiis maritimis, Caes.: saepire alqm custodiā militum, Suet.: neglegenter servare custodias, Liv.: tradere III cohortibus custodiam navium longarum, Caes. – haec a custodiis classium loca maxime vacabant, Caes.

2 meton.: **a** die **Wache** = die Wache stehenden Personen, der **Wachtposten,** die **Schildwache, Leibwache,** die **Bedeckung, Besatzung,** **α** im *Sing.*, in Prosa nur kollektiv, custodiam ex suis ac praesidium sex milia hominum unā reliquerunt, Caes. b. G. 2, 29, 4: pauci de custodia (Leibwache) Germani, Suet. Cal. 45, 1. – bei Dichtern v. **einer** Pers., cernis, custodia qualis vestibulo sedeat (v. der Tisiphone), Verg.: unicus anser erat, minimae custodia villae, Ov.: v. mehreren, abest custodia regis, Leibwache, Ov.: vigil Phrygios servat custodia muros, Ov. – **β** im *Plur.* (oft verb. custodiae stationesque od. stationes custodiaeque, custodiae vigiliaeque od. ac vigiliae, praesidia custodiaeque), frequens custodiis locus, ein stark mit W. besetzter, Liv.: nocte dieque iuxta parata instructaque omnia custodiis ac vigiliis erant, Liv. – m. subj. *Genet.*, custodiae hostium, Liv.: c. munitionum, Auct. b. Alex.: propter custodias Menapiorum (z. B. clam transire non posse), Caes. – custodiae artae, Liv.: horribiles, Cic.: c. laxatae, Liv. – custodiis circumsaepire alqm, Lact.: vinclis custodiisque circummoenitum esse, Plaut.: circumdare horribiles custodias, Cic.: deducere custodias munitionum, Auct. b. Alex.: defendere sua tecta custodiis vigiliisque, Cic.: disponere custodias diligentius, Caes., paulo incautius in muro, Caes., u. verb. praesidia custodiasque ad ripas Ligeris, Caes.: custodias in portis, vigilias vicatim exigere (aufbieten), Liv.: alias custodias fallere, Liv.: eo (dadurch) custodias hostium fallere, Liv.: intentissimas custodias fallere (v. Sklaven), Sen.: inclusus nostris custodiis exercitus (feindl. Heer), Vell.: coloniam munire praesidiis, custodiis, vigiliis, Cic.: ponere custodias circa portas, Liv.: saepire domum custodiis, Nep.: saepire domum et vias acribus custodiis, Tac.: custodias tollere, die Zollwachtposten, Mautposten aufheben, Cic. de prov. cons. 10. – **b** der Standort der Wache, der **Wachtposten, Posten,** haec mea sedes est, haec vigilia (Wache), haec custodia (Posten), hoc praesidium stativum (Standlager), Cic.: in hac custodia et tamquam specula (Warte) collocati sumus, Cic. – familias maximas in portubus

atque custodiis habere (Zollwacht-, Mautposten), Cic. de imp. Pomp. 16.
3 übtr., die **Bewahrung, Beobachtung,** decoris, Quint.: suae religionis (seines Eides), Quint.: summa pudoris, Sen.: diligentior ritus patrii, Vell.
II insbes., die **Verwahrung,** der **Gewahrsam,** die **Haft,** sowohl abstr. = Gefangenhaltung jmds., als auch konkret = das Gefängnis, bes. im Plur., **1** eig., m. subj. *Genet.*, custodiae hominis privati, Cic.: custodiae amicorum propinquorumque, Cic. – c. artissima, Mela: publica, Cic.: regia, Cic.: nimis soluta, Liv.: tutissima, Cic. u. Liv. – bes. oft c. libera, im Zshg. auch bl. custodia, die freie Überwachung, Haft, der freie, weite Arrest (griech. φυλακὴ ἐλευθέρα, indem einem Staatsgefangenen ein bestimmtes Gebiet als Aufenthalt angewiesen wird, das er nicht überschreiten darf), Liv. u. a., im Plur. v. mehreren, Sall. – attinere alqm publicā custodiā, Tac.: asservari privati hominis custodiis, Cic.: alqm huic optimae atque tutissimae custodiae non audere committere, Cic.: alqm in custodiam condere, conicere, Liv.: dare alqm in custodiam, Cic., alqm alci in custodiam, Suet.: dare se in custodiam (freie H.), Cic.: in libera custodia Albae decedere (sterben), Vell.: alqm ex custodia dimittere, Liv.: Romanos in custodiam civitatium dividere, Liv.: oppidanorum turbam per finitimos populos in custodiam dividere, Liv.: multitudo in custodias divisa, Liv.: alqm Albam in custodiam (freie H.) ducere, Liv.: alqm e custodia educere, Cic.: elabi (entrinnen) custodiae, Tac. u. Flor.: emittere alqm e custodia et levare vinculis, Cic.: eripere alqm e custodia, Cic.: esse in custodia publica od. regia, Cic.: esse apud alqm in lignea custodia, Plaut.: habere alqm in custodia, Tac., seorsus in custodia, Liv.: habere ipsos per municipia in custodiis, Sall.: haberi in liberis custodiis (v. mehreren), Sall.: habere alqm in custodia, Tac. hist. 1, 58 u. habere alqm prope in custodiam, wie in Haft Befindliche behandeln, Liv.: includere in praedonum hostiumque custodias tantum numerum civium Romanorum, Cic.; vgl. alqm velut custodiae causā balneis includere, Liv.: tali modo custodiā liberari, Nep. (vgl. im Bild alqm istis corporis custodiis liberare, Cic.): mittere alqm alci in custodiam, Liv.: mittere alqm cum obsidibus in custodiam Carseolos (nach K.), Liv.: necari in custodia, Caes.: perire a morbo in alcis custodia, Nep., u. perire morbo in eadem custodia, Suet.: praeesse custodiae (z. B. is, qui custodiae praeerat, der Kerkermeister), Val. Max.: servare alqm liberā custodiā haud procul a castris, Liv.: tenere alqm vinculis et artissimā custodiā, Mela: teneri eādem custodiā, Nep.: teneri in custodiis (v. mehreren), Sall.: tradere alqm in custodiam, Cic. (u. so tr. alqm in cust. Rheginis [den Rh. = bei den Rh.]), Liv., od. Ephesi, Cic.: traditi incustoditi in custodiam omnes sunt, seorsum cives sociique, Liv.: tradere alqm custodiae, Suet.
2 meton., der **Eingekerkerte, Verhaftete,** der **Arrestant,** unus ex custodiarum agmine, Sen. ep. 77, 18: custodiarum series, Suet. – eadem catena et custodiam et militem copulat, Sen. ep. 5, 7. – custodias asservare per milites, Plin. ep.: seriem custodiarum od. custodias recognoscere, Suet.: quod ubique esset custodiae (alle Eingekerkerten, die sich irgendwo befanden), in Italiam deportari praeceperat, Suet. – ► Alter *Genet.* custodias von den Gramm. (Charis. 107, 12. Serv. Verg. Aen. 11, 801) fälschlich angenommen bei Sall. hist. fr. 3, 35 (42).

cūstōdiārium, iī, *n.* (custodia), die **Wachhütte,** das **Wachhaus,** für den Tempelhüter, CIL 9, 5197: für den Gefangenhüter, Tert. ad mart. 2: für den Feldhüter, Tert. adv. Iud. 3: c. pomorum, Cassiod. hist. eccl. 2, 18.

cūstōdiārius, iī, *m.* (custodia), der **Gefangenwärter,** CIL 6, 327.

cūstōdio, īvī od. iī, ītum, īre (custos), **bewachen, bewahren, überwachen, über** etw. **wachen,** etw. **hüten, unter seine Obhut nehmen, schirmen, beaufsichtigen, I** im Allg.: **1** eig.: **a** übh.: **α** leb. Wesen: quod (Plancius) me vel vi pulsum vel ratione cedentem receperit, iuverit, custodierit, Cic. Planc. 26: ubi me non solum amicorum fidelitas, sed etiam universae civitatis oculi custodiunt, Cic. Phil. 12, 22: sine dominam custodiat, Sen. contr. 7, 6 (21). § 1: hic stilus ... me veluti custodiet ensis vaginā tectus, Hor. sat. 2, 1, 39 *sqq.* – c. se, auf seiner Hut sein, für den Schutz seiner eigenen Person sorgen, se diligentissime, Cic. ep. 9, 14, 8 u. (ders. Brief) Cic. ad Att. 14, 17. litt. A. § 8: neque enim se usquam custodit magis iudex, Quint. 4, 2, 126: v. Tieren, iam vero illa etiam notiora, quanto se opere custodiant bestiae, ut in pastu circumspectent, ut in cubilibus delitescant, Cic. de nat. deor. 2, 126. – **β** lebl. Objj.: c. sua, Mela; vgl. ni tua custodis, avidus iam haec auferet heres, Hor.: c. res illatas (v. der Hausfrau), Col.: hanc insulam incolere custodireque (v. der Ceres), Cic.: provinciam Macedoniam tueri, defendere, custodire (v. Prokonsul), Cic.: custodire, servare, protegere hunc statum, hanc pacem (v. einer Gottheit), Vell.: tam fortiter et fideliter pudicitiam, Sen. rhet.: c. salutem alcis, Cic. u. Val. Max.: regnum, quod a patruo tuo tutelā eius custoditum et auctum etiam accepi, Liv. – hic paries, laevum marinae qui Veneris (als Standbild) latus custodit, Hor. – m. *ab* (vor) u. Abl., tenuiores annos ab iniuria, Quint.: cutem a vitiis, Plin. – **b** als Wächter, Schildwache usw. **bewachen,** aurum mire (v. den Greifen), Mela: aurum cum summa pernicie attingentium (v. Hunden), Mela: poma (v. einer Schlange), Ov.: corpus domumque alcis, Cic.: urbes, Quint. – locum intentius, Liv.: eam maritimam oram viginti navibus longis, Liv. – m. *ab* u. Abl., templum ab Hannibale, ne ille inscientibus his (amphoras) tolleret, Nep. Hann. 9, 4.
2 übtr., etw. **bewahren, aufrechterhalten, beachten, beobachten, auf** etw. **halten,** etw. **beibehalten,** mire decorem, regulam loquendi, Quint.: praecepta, Col.: ordinem, morem, Plin.: testamenta ut legitima, Plin. ep.: defunctorum voluntatem, Plin. ep.: nemini religiosius quod iuraverit custodiendum, quam cuius maxime intersit non peierari, Plin. pan. – m. folg. *ut* od. *ne* u. Konj., s. Quint. 11, 1, 66 u. 8, 3, 73. – m. *in* (bei) u. Abl., quod illi in suis civibus custodiunt, Sen. de ben. 5, 3, 2.
II insbes.: **a** als Aufpasser **überwachen (kontrollieren), im Auge behalten, beaufsichtigen, α** eine Pers.: fac se abs te custodiri atque observari sciant (competitores), Q. Cic.: multorum te oculi atque aures non sentientem ... speculabuntur atque custodient, Cic.: hi (piratae) qui oculis tantummodo eum (Caesarem captum) custodiebant, Vell.: m. *donec* u. Konj., P. Carvilium mitteret, qui (legatos), donec navem conscendissent, custodiret, Liv.: m. *ne* u. Konj., lugentem timentemque custodire solemus, ne solitudine male utatur, Sen.: u. so alqm c., ne quid auferat, Cic. – **β** lebl. Ggstd.: A. Terentius Varro ad custodiendum iter eorum (legatorum) missus, Liv.: nec verba custodiebat, Sen. rhet. – m. *ne* u. Konj., castra sunt circumsessa et nocte custodita, ne quis elabi posset, Liv. – **b bewahren = aufbewahren, aufheben, α** sächl. Objj.: eius (orationis) custodiendae et proferendae arbitrium tuum (est), Cic.: liber tuus a me custoditur diligentissime, Cic.: ornamenta triumphi Caesaris retinenda et custodienda curarat, Auct. b. Afr.: codicilli tam diu custoditi, Suet. – v. lebl. Subjj., faces ignem assiduā concussione custodiunt, Plin. ep. – insbes., vor dem Verderben **bewahren, konservieren,** poma in melle, Col.: leporis pulmones sale, Plin.: v. lebl. Subjj., ladanum custodit nigritiam capillorum, Plin. – et quaerendi et custodiendi scientia, die Kunst (Vermögen) zu erwerben u. zu erhalten, Sen. ep. 101, 2. – **β** abstr. Objj.: alqd percipere animo et memoriā c., s. Cic. de or. 1, 127: c. alqd litteris, s. Cic. de or. 2, 7: u. v. lebl. Subjj., ita a natura comparatum est, ut altius iniuriae quam merita descendant et illa cito defluant, has tenax memoria custodiat, Sen. de ben. 1, 1, 8: herba loci nomen custodiens, Plin. 37, 102. – **c** gefänglich **verwahren, in Haft halten, gefangen halten,** Domitium, Caes.: ducem praedonum, Cic.: obsides Aeduis custodiendos tradere, Caes. – alqm honorate, in ehrenvoller Haft halten, Tac.: alqm publice, Cic.: legatos separatim, Liv. – neque in proximam noctem *ubi* satis tuto custodiretur, expediebant, Liv.: custodiri in carcere, Suet.: custodiri domibus magistratuum, Tac.: custodiri Syracusis, Cic.: per municipia custodiri, Vell.; vgl. per Latinos populos custodiendos dari, Liv. – noctu nervo vinctum custodiri, Plaut. – m. Ang. des Grundes durch *quasi* u. Konj., Pansae quidem adeo su-

specta mors fuit, ut Glyco medicus custoditus sit, quasi venenum vulneri indidisset, Suet.: Arionem quasi falleret, custodiri iussit, Gell. – ► Synk. Imperf. custodibat, Porphyr. Hor. carm. 3, 16, 5 u. custodibant, Catull. 64, 319. – vulg. Fut. Akt. custodibo, Itala (psalt. Veron.) psalm. 118, 17; 118, 134; 118, 136: custodibit, Itala (Germ.) 4 Esdr. 13, 23: custodibunt, Itala (Vindob.) prov. 4, 8. – arch. Fut. Pass. custodibitur, Plaut. capt. 729.

cūstōdītē, *Adv.* m. *Compar.* (custoditus), **behutsam, gemessen,** parce custoditeque ludere, Plin. ep. 5, 16, 3: custoditius pressiusque dicta, Plin. ep. 9, 26, 12.

cūstōdītio, ōnis, *f.* (custodio), die **Bewachung,** Paul. ex Fest. 61, 15. Vulg. sap. 6, 19.

cūstōs, ōdis, *c.* (wahrscheinl. zu ἀκούω), der **Wächter, Hüter,** die **Wächterin, Hüterin,** **I** im Allg., der **Wächter, Bewacher, Bewahrer, Aufrechterhalter, Schirmer, Hüter, Aufseher,** die **Wächterin, Bewacherin, Bewahrerin** usw., **a** übh.: c. aedicularum, Türhüterin, Petron.: arcis, Curt.: assiduus c. auctoritatis, Plin.: capitis mei, Cic.: casae, Sen.: istius domicilii, Sen.: vigiles fanique custodes, Cic.: c. gazae regiae, pecuniae regiae, Schatzbewahrer, Schatzmeister (γαζοφύλαξ), Nep. u. Curt.: hortorum (κηποφύλαξ), Suet.: custodes legum (νομοφύλακες), Col.: pecuniae quam regni melior, Liv.: c. pecuniae immensae (v. Geizhals), Sen. rhet.: c. portae, Liv.: c. defensorque provinciae, Cic.: domus Herculei c. Pinaria sacri, Verg.: sacerdos (Priesterin) c. Hesperidum templi, Verg.: suorum (deorum) templorum c. ac praeses (v. einem Pontifex), Cic.: c. urbis, z. B. custosne urbis an direptor et vaxator esset Antonius, Cic.; nachaug. bes. v. Präfektus Urbi, L. Piso urbis custos, Schirmvogt, Sen.; vgl. v. dems. securitatis urbanae custos, Vell. – v. Gottheiten, **Schirmer, Schutzgeist,** di custodes conservatoresque huius urbis, Cic.: c. Tarenti (v. Neptun als πολιοῦχος), Hor.: custos urbis, Minerva, Cic.: montium custos nemorumque Virgo (v. der Diana), Hor.: perpetuorum custos Vesta ignium, Vell.: Priape, custos es pauperis horti, Verg. – v. Aufseher, Hüter, Wärter der Tiere, equi c., Iustin.: c. armenti (v. Pan), Ov.: boum, Ov.: c. ovium, Hor. (vgl. das sprichw. o praeclarum custodem ovium, ut aiunt, lupum! Cic. Phil. 3, 27): caprigeni pecoris c., Cic. poët.: formosi pecoris c., Verg. – v. Hund, als Hüter, Wächter, c. mutus, Col.: c. liminis, Phaedr.: villae, Col.: dah. c. Tartareus, v. Zerberus, Verg. – v. Lebl., teils v. personif. Abstr., corporis c. natura, Lucr.: sapientia c. et procuratrix totius hominis, Cic.: fortitudo c. dignitatis, Cic.: malus est c. diuturnitatis metus, eine schlechte Gewähr dauernden Besitzes, Cic.: leges diligentissimae pudoris custodes, Quint.: teils (aber nur bei Dichtern) v. personif. Konkr., eburnea telorum c. (v. Köcher), Ov.: c. turis acerra, Ov. – severum custodem pudicitiae (Ehrenwächter) agere, Val. Max.: custodem religionum, comitiorum, rerum omnium urbanarum facere alqm, Cic.: in hortis custodem imponere fructus servandi causā, Nep.: serpentem custodem ibi ponere, Hyg.: custodem in frumento publico ponere alqm, Cic. – **b** der **Aufseher, Hüter** eines jungen Menschen, der **Mentor** (griech. παιδοφύλαξ), bone c., Ter.: c. famulusque dei Silenus alumni, Hor.: discipuli c., Iuven.: c. incorruptissimus, Hor.: dare his discipulis privos custodes, Plaut.: custodis egere, Hor.: custodem removere, Hor.: vincere cautos custodes suos, Plaut.: cui (adulescenti) in lubrico aetatis non praeceptor modo, sed custos etiam rectorque quaerendus est, Plin. ep.: custodem nobis et paedagogum dedit, Sen.: als *fem.*, natarum altrix eadem et fidissima custos, Stat. Theb. 1, 530. – **c** der **Wächter, Hüter, hütende Begleiter** einer Frau (gewöhnl. ein Eunuch), meist vom Ehemann bestellt (s. Burm. Prop. 2, 18, 70), vigil c., Ov.: c. otiosus puellae, Ov.: virginis abditae c. pavidus, Hor.: nimium servat custos Iunonius (von der Juno bestellte) Io, Ov.: dure vir, imposito tenerae custode puellae nihil agis, Ov.: alqm custodem (als W.) concubinae addere, Plaut. (vgl. Brix Plaut. mil. 146): custodem assiduum Ioni apponere virgini, Acc. tr. fr.: custode amoto, Ov. – u. im Plur., multae tibi tum officient res, custodes, lectica, ciniflones, Hor.: quos tibi custodes ponam? Prop. – **d** der **Aufseher** bei der Abgabe der Stimmtäfelchen, custodes tabellarum, Cic.: alqm suis comitiis praerogativae primum custodem praeficere, Cic.: quis tribus quas voluit evocavit nullo custode sortitus? Cic.: quando illā dignitate rogatores, diribitores custodesque vidisti? Cic. – **e** der milit. **Wächter,** **α** custos corporis, im Zshg. zuw. bl. custos, der **Leibwächter, Trabant,** qui corporis custos fuerat Alexandri, Nep.: Germani, corporis custodes, Suet.: inter corporis custodes iter facere, Nep.: qui externorum corpori custodes aderant, Tac.: rediit in cubiculum, unde iam et custodes diffugerant, Suet. – **β** der **Wachtposten,** die **Wache, Schildwache, Schutzwache,** die **Bedeckung,** auch die **Besatzung** eines Ortes, nullus est portis custos, nullus insidiator viae, Cic.: custodes dare (eine Sch. od. Bed. geben), Cic. u. Nep. fr.: custodes disponere in vallo, Caes., in urbe, Suet.: custodes (Schutzwachen) dividere per domos eorum, Liv.: custodes fallere (von der Wache unbemerkt bleiben), Liv.: interficere paucos custodes arcis, Liv.; vgl. interfectis Novioduni (zu N.) custodibus, Caes.: custodes amovere, Tac., removere, Val. Max.: imber ab nocte media coortus custodes vigilesque dilapsos e stationibus suffugere in tecta coëgit, Liv.: quartā vigiliā circiter Lentulus Spinther de muro cum vigiliis custodibusque nostris colloquitur, Caes. – **f** c. armorum (abgek. CA.), der **Waffenwart, Wehrwart, Waffenmeister** (franz. *capitaine d'armes*), ein milit. Dienstgrad beim Heer u. bei der Flotte, Paul. dig. 49, 16, 14. § 1. CIL 6, 3304 u. 10, 3410 u. 11, 54. – **g** als *t. t.* der Astron., Custos = Ἀρκτοφύλαξ, der **Bärenhüter,** ein Gestirn, Vitr. 9, 4 (6), 1. – **h** als *t. t.* des Landbaues, die **Reserveranke** am Weinstock, die **Sparrebe,** die das künftige Tragholz liefert, wenn die Hauptrebe sich erschöpft hat, Cato r. r. 33, 1. Col. 4, 21, 3 u. a. Plin. 17, 181.

II insbes.: **a** der **Überwacher** jmds., der **Aufpasser, Aufseher,** Bessus custos verius quam comes, Curt.: custos ac vindex (Bestrafer) cupiditatum, Cic.: custos furum atque avium, d. Überwacher d. D. u. V. = der Beschützer von usw., Verg. – custodem od. custodes alci apponere (beigeben), Cic. u. Tac.: alium custodem dare, qui attendat, zusammen = einen Kontrolleur, Plin.: disponere circa macellum custodes, qui obsonia contra vetitum retineant, Suet.: efflagitare aliquem, cuiuslibet ordinis, custodem factis atque dictis suis, Suet.: inditi custodes, Tac.: Dumnorigi custodes ponit, ut quae agat, quibuscum loquatur scire possit, Caes.: Commium Atrebatem cum equitatu custodis loco relinquit, Caes.: numnam hic relictus (es) custos, ne etc., Ter. – **b** der Überwacher eines Gefangenen, der **Wächter,** die **Wache, Gefangenenwache** (bes. im Plur.), praefectus custodum, Nep.: carceris c., Manil.: carcerum custodes, Firm.: custodes puerorum, obsidum, Liv.: custodes corrumpere, Tac.: iugulari a custodibus, Nep.: clam se ab custodibus subducere, Nep.: tradi custodibus, Auct. b. Afr.

Cusus, ī, *m.*, ein Fluss auf der germanischen Seite der Donau, wahrsch. j. die **Waag,** Tac. ann. 2, 63.

cutīcula, ae, *f.* (*Demin.* v. cutis), die **Haut,** Pers. 4, 18. Iuven. 11, 203.

Cutilia, ae, *f.*, s. Cutiliae.

Cutiliae (Cotiliae), ārum, *f.*, alte Stadt im Sabinerland, Liv. 26, 11, 10. Suet. Vesp. 24. Sen. nat. qu. 3, 25, 6. Itin. Anton. 307. 1. – bes. bekannt durch einen danebenliegenden See, Cutiliae lacus, j. *Lago di Contigliano,* Varro b. Plin. 3, 109. Paul. ex Fest. 51, 8. – Dav.: **a** **Cutiliēnsis,** e, **kutiliensisch,** lacus (s. vorh.), Varro LL. 5, 71. Macr. sat. 1, 7, 28 *sq.* – **b** **Cutilius,** a, um, **kutilisch,** aquae, heilkräftige Quellen bei Kutiliā, Plin. 2, 209. Cael. Aur. chron. 3, 2, 45 u. 5, 2, 40 (wo Cotiliae): dies. subst. bl. Cutiliae, ārum, *f.*, Cels. 4, 5 (12). p. 137, 7 D.

cutio, ōnis, *f.*, der **Tausendfüßer,** ein kleines Insekt, Marc. Emp. 8 u. a.

cutis, is, *f.* (κύτος, ahd. *hūt*), die weichere, geschmeidigere **Haut,** **I** eig.: **1** animalischer Körper: **a** der Menschen; color cutis, Cels.: vulnus cutis, Cels., od. umschr. vulnus, quod in cute est, Cels. (vgl. si quid intra cutem subest vulneris, Planc. in Cic. ep.). – c. capitis, Cels. u. Cael. Aur.: oris (Gesichtshaut), Curt.: c. palpebrae, Cels. – c. aegra, Pers.: aeruginosa, Cels.: crassa (Ggstz. tenuis), Cels.: dura (Ggstz. c. mollis), Cels.: integra, Cels.: summa (Oberfläche der Haut), Sen.:

tenera, Sen. – cutem adducere, attrahere, Cels.: cutem circumcīdere, Cels.: detrahere alci cutem, Sen.: cutis farta distenditur, Hieron. epist. 22, 16: cutem acu pungere, Cels.: cutem secare, subsecare, Cels.: summam cutem stringere, Sen.: hostium cutibus equos seque velare, illos reliqui corporis, se capitum, Mela 2. § 14. – Sprichw., cutem curare, seine Haut pflegen, Hor. ep. 1, 2. 29: intra suam cutem cogere alqm, sich auf sich zu beschränken nötigen, Sen. ep. 9, 13: ego te intus et in cute novi, ich kenne dich inwendig u. auswendig (durch u. durch), Pers. 3, 30: cute perditus, geistig ganz heruntergekommen, Pers. 1, 23. – **b** der Tiere: cutis, quam relinquunt angues, Plin.: cutis piscium, Mela: cutes cervorum, Plin. – quod solidior sit cutis beluis, decentior dammis, densior ursis, mollior fibris, Sen.: corpus chamaeleontis asperum squamosā cute, Solin.: piscium cute se velare, Mela. – u. die gegerbte Haut der Tiere, das **Leder,** calceus est sartā terque quaterque cute, Mart. 1, 103, 6. – **2** nicht animalischer Körper: cutis nucleorum, uvarum, Plin.: summa c. terrae, Plin.: obductā nubium cute, Plin. – **II** übtr., die **Oberfläche, Hülle,** tenera quaedam elocutionis c., Quint.: sufficiat imaginem virtutis effingere et solam, ut sic dixerim, cutem, Quint. – ► Ungew. Akk. Sing. cutim, Apul. apol. 50. – vulg. Nbf. cotis, Theod. Prisc. 4. fol. 314 (b), 4.

cūturnium, s. gutturnium.

cuviculum, ī, *n.*, s. cubiculum►.

cyamiās, ae, *m.*, der **Bohnenstein,** ein uns unbekannter Edelstein, Plin. 37, 188.

cyamos, ī, *m.* (vgl. κύαμος), die **ägyptische Bohne** (gew. colocasia, s. d.), Plin. 21, 87: Form cuamos bei Plaut. vidul. 1. fr. 20.

Cyanē, ēs, *f.* (Κυάνη), eine Quelle bei Syrakus, Plin. 3, 89. – nach dem Mythos die aus Kummer über die Entführung der Proserpina in diese Quelle sich auflösende Nymphe, Geliebte des Anapus, Ov. met. 5, 409 *sqq.* Ov. fast. 4, 469. Sil. 14, 515. Claud. rapt. Pros. 3, 245.

Cȳaneae, ārum, s. cȳaneus *no.* II.

Cȳaneē, ēs, *f.* (Κυανέη), eine Nymphe, Tochter des Mäander, Mutter des Kaunus u. der Byblis, Ov. met. 9, 452.

cȳaneus, a, um (κυάνεος), **I** *adi.*, **meerblau, dunkelblau,** cyaneo colore avis, Plin.: c. smaragdus, Solin.: nymphae, stagna, Prud. – **II** *subst.*, **Cȳaneae,** ārum, *f.* (Κυάνεαι), zwei kleine Felseninseln in der Mündung des thrazischen Bosporus in den Pontus Euxinus, die Symplegades der Mythe (s. symplēgas das Nähere), j. *Urek-Iaki,* Mela 2, 7, 3 (2. § 99). Ov. Trist. 1, 10, 34: errantes, Val. Flacc. 4, 561 *sq.* – Dav. **Cȳaneus,** a, um, **cyanēisch,** cautes, Lucan.: rupes, montes, Val. Flacc.

cȳanus (od. **-os**), ī, *m.* (κύανος), **I** die **blaue Kornblume** (*Centaurea Cyanus,* L.), Plin. 21, 48 u. 68. – **II** ein Edelstein, eine Art des *Lapis Lazuli,* Plin. 37, 119.

cyathisso, āre (κυαθίζω), **mit dem** *cyathus* (s. d. *no.* I, b) **die Becher füllen, den Mundschenk machen,** Plaut. Men. 305. Macr. de diff. c. 41. § 8 u. Auct. de verb. c. 8. § 41 *ed Ian.*

cyathus (cyatus, cuathus), ī, *m.* (κύαθος), **I** der **Becher, a** als Trinkgefäß, der **kleine Tummler,** den die Römer gew. gebrauchten, Plaut. Pers. 794; Pseud. 957 (neben cantharus). Ter. adelph. 591. Varro LL. 5, 124. Hor. carm. 3, 19, 12; sat. 1, 1, 55. Mart. 8, 51, 21. – **b** als Schöpfgefäß, um den Wein aus dem Mischkessel (crater) in die Becher (pocula) zu füllen, Hor. u. a.: puer dignus cyatho caeloque, würdig des Mundschenkenamts bei den Göttern (= ein zweiter Ganymed), Iuven.: statui ad cyathum, Mundschenk werden, Hor.: alci stare ad cyathum et vinum, bei jmd. den Mundschenk machen, Suet.: Caesaris a cyatho, Mundschenk, CIL 6, 3963. – **II** ein Hohlmaß, sowohl für flüssige als trockene Dinge, der zwölfte Teil eines *sextarius* (nach Auct. de pond. 80) od. 10 Drachmen griech. Gewicht (nach Plin. 21, 185), für flüssige Dinge, Plin. 20, 227; u. (ohne bestimmtes Maß = ein Spitzglas) Cels. 1, 8. Scrib. 101: für trockene, Col. 8, 4, 5. Plin. 14, 85. – ► Die Schreibung cyatus oft in den besten Hdschrn. des Plautus: ferner Cato r. r. 114, 2 K. u. ö. Varro LL. 5, 124 *cod. Goth.*, u. oft bei Hultsch Metr. scriptt. 1. vol. 2. p. XII u. p. 237. In der Volkssprache quiatus, Soran. Lat. app. § 56. p. 128, 5, u. in mehreren Handschriften bei Pallad. 1, 27, 1; 1, 28, 2; 5, 1, 2; 11, 14, 5 quiatus od. quatus.

cybaea, ae, *f.*, s. cybaeus, a, um.

cybaeus, a, um (κύπη, κύβη, cupa), viell. **einer Tonne ähnlich, bauchig,** cybaea navis od. absol. cybaea, ae, *f.*, eine Art »Transportschiff«, Cic. Verr. 5, 44; 4, 17.

Cybelē (Cybela), u. (bei Dichtern gew.) **Cybēbē,** ēs u. ae, *f.* (Κυβέλη u. Κυβήβη), **I** eine phrygische, von den Griechen mit der Rhea, der Mutter des kretischen Zeus, von den Römern mit der Ops, der Gemahlin des italischen Saturn, identifizierte Göttin, deren Priester Galli hießen (vgl. Lübker Hor. carm. 1, 16, 5 *sqq.* Heinrich Iuven. 6, 511 *sqq.*), Form -ele, Mart. 1, 71, 10. Tert. apol. 12 (wo griech. Dat. Cybele): Form -ela, Tert. ad nat. 1, 10: Form -ēbe, Verg. Aen. 10, 220. Prop. 3, 17, 35. Phaedr. 3, 17, 4. Sil. 8, 365; 17, 8. – Dav. **Cybelēius,** a, um (Κυβεληΐος), **zur Cybele gehörig,** Attis (s. d.), Ov.: mater dea, Cybele, Ov.: frena, der Löwen am Wagen der Cybele, Ov. – **II** ein (wahrsch. nur mythischer) Berg in Phrygien, angeblich in der Gegend von Celänä, Form -ele, Ov. fast. 4, 249 u. 363: Form -ēbe, Catull. 63, 9 u. 12. – ders. Berg **Cybelus,** ī, *m.*, Verg. Aen. 3, 111 (Haupt u. Ladewig Cybelae).

Cybelista, ae, *m.* (Κυβελιστής), **Priester der Cybele,** Verg. cop. 25 (die Hdschrn. Calybita).

cybindis, didis, *m.* (vgl. κύμινδις), der **Nachthabicht** (accipiter nocturnus), Plin. 10, 24.

cybiosactēs, ae, Akk. ēn, *m.* (κυβιοσάκτης), der **Salzfischhändler,** Spottname des Kaisers Vespasian, Suet. Vesp. 19, 2.

Cybistra, ōrum, *n.* (τὰ Κύβιστρα), Stadt in Kataonien (später zu Cappadocia secunda gehörig), südlich von Tyana, am Fuße des Taurus, Cic. ep. 15, 2, 2 u. 5 a.

cybium, iī, *n.* (κύβιον), **I** der **Thunfisch,** Varro LL. 5, 77. Mart. 11, 27, 3. – **II** meton., das aus eingesalzenen u. gehackten Stücken des Thunfisches bereitete Gericht, Plin. 9, 48 u. 32, 47. Mart. 5, 78, 5.

1. cybus, s. cibus.

2. cybus, s. cubus.

cyceōn, ōnis, *m.* (κυκεών), ein **Mischtrank** aus Gerstengraupen, geriebenem Ziegenkäse und Wein, rein lat. cinnus, Arnob. 5, 25 *sq.* u. 5, 35.

cychramus, ī, *m.* (κύχραμος), ein mit den Wachteln fortziehender Zugvogel, wahrsch. eine Art **Ortolan,** Plin. 10, 68.

cycladātus, a, um (cyclas), **mit einer Zyklas angetan,** Suet. Cal. 52.

Cyclades, um, s. cyclas.

cyclamen, inis, *n.* u. **cyclamīnos,** ī, *f.* u. **cyclamīnum,** ī, *n.* (κυκλάμινος u. -ον), eine Pflanze, **Saubrot** (*Cyclamen Europaeum,* L.), Form *-men,* Pelagon. veterin. 199 *Ihm.* Ps. Apul. herb. 18. Cael. Aurel. chron. 1, 1, 38 u. a.: Form *-os,* Plin. 25, 114 *sq.*: Form *-um,* Plin. 21, 51 u. 64: cyclamini sucus, Scrib. 7 *sq.* u. 71.

cyclas, adis, *f.* (κυκλάς, kreisförmig, dah.) **I** (*sc.* vestis) der **Rundrock,** das **Rundkleid,** die franz. *robe ronde,* das feine weiße, mit geschlitzten Halbärmeln versehene Staatskleid der röm. Damen, eig. die gewöhnliche bis über das Knie gehende Tunika, aber durch eine purpurne, auch wohl mit Gold od. Perlen gestickte Falbel od. Garnierung bis zu den Knöcheln verlängert, sodass man nur die Fußspitzen zu sehen bekam (benannt nach dem Kreis [κύκλος], den es um die ganze Gestalt bildete, da es nicht aufgeschlitzt od. in Flügel geteilt war), Prop. 4, 7, 40. Iuven. 6, 259. Lampr. Al. Sev. 41, 1. Serv. Verg. Aen. 1, 649 (wo Akk. -adem). – spätere Nbf. cycladis, Ven. Fort. vita S. Mart. 3, 467. – **II** Cyclas, adis, Akk. ada. *f.* (*sc.* insula), die **Zyklade,** gew. im Plur. Cyclades, um, Akk. gew. as, *f.* (Κυκλάδες), die **Zykladen,** eine Gruppe von Inseln im Ägäischen Meer, die in einem Kreis um Delos herum liegen, Sing. bei Vitr. 7, 7, 3. Sil. 4, 247. Iuven. 6, 563: Plur. bei Verg. Aen. 3, 127. Ov. met. 2, 264. Liv. 34, 26, 11. Mela 2, 7, 11 (2. § 111). Scyros insula, una de Cycladibus, Serv. Verg. Aen. 2, 477.

cyclicus, a, um (κυκλικός), **kreisförmig, kreisrund,** dah. übtr., **a** scriptor cyclicus, ein **zyklischer Dichter** (d. i. einer aus der Klasse jener epischen Dichter, die von der Zeit der Entstehung der homerischen Gedichte an bis zur Mitte des 6. Jahrhunderts v. Chr. hin Stoffe der Heroensage in ähnlicher Weise wie Homer, oft im Anschluss an dessen Gedichte, in vollständiger u. zusammenhängender Weise behandelten, griech. κυκλικοί), Hor. de art. poët. 136: u. so cyclica carmina, diesen Sagenkreis behandelnde, Isid. 6, 17, 4. – **b** **enzyklopädisch,** disciplinae, Mart. Cap. 9. § 998.

Cyclōps, clōpis, Akk. clōpem u. clōpa, *m.* (Κύκλωψ, rundäugig), der **Zyklop,** im Plur. Cyclōpes, clōpum, Akk. clōpes u. (gew.) clōpas, *m.*, die **Zyklopen,** ein mythisches, riesenhaftes, gesetzloses, menschenfressendes Hirtenvolk, angeblich Erbauer der nach ihnen benannten zyklopischen Mauern, Erfinder der Schmiedekunst, dah. Schmiedegesellen des Vulkan (u. als solche Verfertiger der Blitze des Jupiter), alle nur mit einem Auge mitten auf der Stirn versehen, Hor. carm. 1, 4, 9. Verg. Aen. 6, 630. Plin. 7, 198. – Sing., der **Zyklop,** κατ' ἐξοχ. = Polyphem, Hor. de art. poët. 145 (vgl. Hom. Od. 12, 201–259.) Ov. met. 13, 744 *sqq.* Mythogr. Lat. 1, 5: u. meton., der **Zyklop,** ein den Polyphem in seiner Liebe zur Galatea darstellender Pantomimus, Hor. sat. 1, 5, 63; ep. 2, 2, 125. – Dav.: **A** **Cyclōpēus,** a, um (Κυκλώπειος), **zyklopëisch,** nur subst., Cyclōpēa, ōrum, *n.*, die in dem Pantomimus Zyklops dargestellte Mythe vom Zyklopen Polyphem, Cyclopea ludere, Treb. Poll. Gall. 8, 3. Vopisc. Carin. 19, 3. – **B** **Cyclōpius,** a, um (Κυκλώπιος, vgl. Verg. Aen. 1, 201), **zyklopisch,** saxa, auf Sizilien, Verg. u. Sil.; zu Mycenä, Sen. poët.: regna, libido, Sil.: tela, Blitze, Claud.: carmen, Solin.

cyclus, ī, *m.* (κύκλος), der **Kreis,** **I** eig.: cycli axium, die Walzen, Isid. 3, 36. – **II** übtr.: **a** als astron. *t. t.*, der Zeitkreis, **Zyklus,** cyclus paschalis (Osterzyklus, eine Reihe von 95 Jahren), lunae (Mondzyklus, eine Reihe von 19 Jahren), Isid. 6, 17. § 1 u. 5. – **b** als mediz. *t. t.*, die **Perioden,** der **periodische Wechsel** der Kurmittel, resumptivus, Cael. Aur. chron. 1, 1, 21: metasyncriticus, *ibid.* § 24: u. so cyclo curare, Veget. mul. 5, 5, 3 u. 3, 6, 1.

Cycnēius, a, um, **zum** Böotier **Cyknus** (dem Sohn der Hyrie) **gehörig,** Tempe, das in Böotien gelegene, Ov. met. 7, 371.

cycnēus (cygnēus), a, um (κύκνειος), **zum Schwan gehörig, Schwanen-,** ovum, Verg. cat. 11, 27: plumae, Ov. trist. 4, 8, 1: cycneo canore vox dulcior, Hieron. epist. 60, 1: tamquam cycnea fuit divini hominis vox et oratio, sein Schwanengesang, Cic. de or. 3, 6: u. so qui (Homerus, Hesiodus) grandes natu cycneum nescio quid et solito dulcius vicinā morte cecinerunt, Hieron. epist. 52, 3.

cycnus u. **cygnus,** ī, *m.* (κύκνος), **I** der durch seinen Gesang, bes. durch sein Sterbelied berühmte, dem Apollo geheiligte **Schwan** (rein lat. olor, w. vgl.), Cic. Tusc. 1, 73. Lucr. 4, 179. Verg. ecl. 9, 29. Hor. carm. 4, 3, 20. Ov. met. 5, 387: an den Wagen der Venus gespannt, Ov. met. 10, 708: als Sternbild, Hyg. astr. 3, 7. – Sprichw., quid tandem contendat hirundo cycnis? Lucr. 3, 7; u. ähnlich certent cycnis ululae, Verg. ecl. 8, 55. – meton. = Dichter, Dircaeus, d. i. Pindar, Hor. carm. 4, 2, 25. – **II** **Cycnus,** ī, *m.*, **A** der in einen Schwan verwandelte u. unter die Gestirne versetzte König von Ligurien, Sohn des Sthenelus, Verwandter des Phaëthon, Ov. met. 2, 367. Verg. Aen. 10, 189; vgl. Hyg. fab. 154. – **B** der in einen Schwan verwandelte Sohn des Neptun von der Calyce, Vater des Tenes, Ov. met. 12, 72 *sqq.*; vgl. Hyg. fab. 157. – **III** Cycnus περὶ ταφῆς, Titel einer Satire des Varro, Varro sat. Men. 79 *sqq.* – ▶ Archaist. Cucinus, Plaut. Men. 854 Br. – Über die Schreibung cygnus s. Lachm. Lucr. 3, 7. Tzschucke Mela tom. II, 1. p. 621.

cydarum, ī, *n.* (κύδαρος), eine Art **Fahrzeug** (Schiff), nach Gell. 10, 25. § 5.

Cydnos od. **-us,** ī, *m.* (Κύδνος), Fluss in Cilicien bei Tarsus, berühmt wegen seines klaren u. kalten Wassers, für Nervenkranke u. Podagristen heilsam, j. *Tersustschai,* Vitr. 8, 3, 6. Curt. 3, 4 (10), 7 *sq.*: auch bekannt durch das Bad, das Alexander der Gr. in ihm nahm, Curt. 3, 5 (12), 1 *sqq.*

Cydōnēa (Cydōnia), ae, *f.* (Κυδωνία), eine uralte u. berühmte Stadt an der Nordküste von Kreta, in der Gegend des heutigen *Kanea* (nach einigen j. *Paleocastro,* nach a. *Platania*), Heimat der Quitten, Mela 2, 7, 12. (2. § 113). Plin. 4, 59 u. 61. Flor. 3, 7. § 4 u. 6 (wo jedoch überall Form Cydonia [Κυδωνία] Variante ist; vgl. Tzschucke Mela vol. 2. part. 2. p. 548 *sqq.*). – Dav.: **A** **Cydōn,** ōnis, *m.* (Κύδων), der **Cydonier,** Verg.: im Plur., Lucan. – **B** **Cydōniātae,** ārum, *m.* (κυδωνιᾶται), die Einw. von Cydonia, die **Cydoniaten,** Liv. – **C** **Cydōnītēs,** ae, *m.* (Κυδωνίτης, *sc.* οἶνος), **Quittenwein,** Col. u. Pallad. – **D** **Cydōnius,** a, um (Κυδώνιος), **cydonisch,** poet. für **kretisch,** arcus, Hor.: specula, Verg. – bes. mala Cydonia od. bl. cydonia, Quitten, Quittenäpfel, Scrib., Col. u. Prop. – u. Cydonia arbor od. absol. cydonia, ae, *f.*, od. cydonius, ī, *f.*, der Quittenbaum, Pallad.: auch arbores Cydonii, Pallad. – lana Cydonia, an der Quitte, Mart. 10, 42, 3. – Nbf. **a** **Cydōnēus,** a, um (*Κυδώνειος), **cydonëisch,** poet. für **kretisch,** Ov.: subst., cydōnēum, ēī, *n.*, der **Quittensaft, Quittenwein,** Ulp. dig. 33, 6, 9 pr. – **b** **cotōneus,** a, um, **cydonisch,** C. malum, die Quitte (als Baum u. als Frucht), Cato, Varro, Plin. u. Gromat. vet. (vgl. Macr. sat. 7, 6, 13: mala cydonia, quae cotonia Cato vocat): dass. melum (μῆλον) cotoneum, Gromat. vet. 321, 12: u. dass. subst., cotōneum, eī, *n.*, Plin. u. Gromat. vet. – **c** vulg. qudenaea mala, Quitten, Edict. Diocl. 6, 73.

cyferion, s. cuferion.

cygn..., s. cycn...

cyītis, *f.* (κυιτίς), ein uns unbekannter Edelstein, Plin. 37, 154.

cylindrātus, a, um (cylindrus), **zylinder-, walzenförmig,** Plin. 18, 125.

cylindroīdēs (κυλινδροειδής), **zylinderförmig,** umbra, Chalcid. Tim. 90.

cylindrus, ī, *m.* (κύλινδρος), der **Zylinder,** die **Walze,** **a** als geom. Figur, Cic. de nat. deor. 1, 24. Apul. de mund. 28. – **b** ein walzenförmiger Stein zum Ebenen des Bodens usw., die **Walze,** Cato r. r. 129. Vitr. 10, 2, 12. Verg. georg. 1, 178. – **c** ein zylinderförmig geschliffener Edelstein, gew. als mit einer Perle wechselndes Glied eines Halsgeschmeides od. Ohrgehänges, der **Zylinder,** Plin. 37, 78 u. 113. Solin. 52, 64. Iuven. 2, 61. Paul. dig. 34, 2, 32. § 9. CIL 2, 2060 u. 3386.

Cylla, s. Cilla.

Cyllaros u. **-us,** ī, *m.* (Κύλλαρος), **I** ein Zentaur von vorzüglicher Gestalt, Ov. met. 12, 393 u. 408. – **II** ein edles Ross des Kastor oder Pollux, Verg. georg. 3, 89. Stat. Theb. 6, 328: unter die Sterne versetzt, Mart. 8, 21, 5: pius, Mart. 8, 28, 8.

Cyllēnē, ēs u. ae, *f.* (Κυλλήνη), **I** das höchste Hochgebirge im Peloponnes, im Nordosten Arkadiens, auf dem nach dem Mythos Merkur geboren u. erzogen wurde, dah. ihm heilig, j. *Zyria,* Plin. 4, 21. Verg. Aen. 8, 139: Cyllenius mons gen. bei Mela 2, 3, 5. (2. § 43). – Dav.: **A** **Cyllēnidēs,** ae, *m.*, der vom Gebirge Cyllene Entsprossene, der **Cyllenide,** v. Merkur, Mart. Cap. 9. § 899. – **B** **Cyllēnius,** a, um (Κυλλήνιος), **α** **cyllenisch,** mons, Mela: bes. v. Merkur, C. proles, Verg. u. Ov.: C. ales, Val. Flacc. u. Claud.: caduceator ille C., Arnob.: infas (= infans) C., CIL 6, 520 = carm. epigr. 1528 *Buecheler:* subst., Cyllēnius, iī, *m.*, der **Cyllenier** = Merkur, Verg. u. a. – **β** **merkurisch,** proles, Cephalus, Sohn Merkurs von der Krëusa, Ov.: ignis, der Stern Merkur, Verg. – u. dazu die poet. Nbf. **Cyllēnēus,** a, um (*κυλλήνειος), **α** **cyllenisch,** vertex, Ov. – **β** **merkurisch,** fides C., die Lyra, Hor.: testudo, eine lyraförmige Haarfrisur der Frauen, Ov. – **C** **Cyllēnis,** nidis, Akk. nida, *f.* (Κυλληνίς), **cyllenisch** od. **merkurisch,** harpe, von Merkur erhalten, Ov.: planta, Merkurs, Sil. – **II** Stadt im nördl. Elis od. eigentl. Elea, Seehafen der Eleer, j. *Chiarenza,* Liv. 27, 32, 2. Mela 2, 3, 9 (2. § 52).

Cylōnium scelus (Κυλώνιον od. Κυλώνειον ἄγος), der **an den Anhängern des Atheners Cylon verübte Frevel.** Diese wurden, nachdem Cylons Plan, eine Tyrannis in Athen (um 612 v. Chr.) zu errichten, misslungen u. er selbst geflüchtet war, an dem Altar der Athene, an dem sie Schutz gesucht, trotz des Versprechens eines freien Abzugs ruchlos ermordet. Zur Sühnung dieser Blutschuld rief man den Epimenides, den berühmtesten der damaligen Wahrsager, herbei, Cic. de legg. 2, 28.

cȳma (cūma), ae, *f.* (κῦμα), der junge **Spross** am Kohl, der **Kohlspross,** Cels. 2, 21. Col. 11, 3, 24. Plin. 19, 137: cumae optimae, Edict. Diocl.

6, 11. – poet. Nbf. **cȳma**, atis, *n.*, viride, Lucil. 945 (bei Non. 195, 5): cymata mittere, Col. poët. 10, 129.

Cȳmaeus, a, um, s. Cūmae u. Cyme.

cȳmatium od. **-ion**, iī, *n.* (κυμάτιον, eine kleine Welle), *t. t.* der Baukunst, **a** die **Wulst** der ionischen Säule, Vitr. 3, 5, 7 (3, 3, 12); 4, 1, 7. – **b** die **Kehlleiste, der Kehlstoß,** rein lat. unda, Vitr. 4, 3, 6. Tert. de idol. 8: c. epistylii, Vitr. 3, 5, 10 (3, 3, 15): c. Doricum, Vitr. 4, 3, 8; 4, 6, 2: c. Lesbium, Vitr. 4, 6, 2. – ► Form cumatium, CIL 10, 1781.

cymba (cumba), ae, *f.* (κύμβη), der **Kahn, Nachen,** die **Gondel, I** eig., Cic. de off. 3, 58 u. 59. Verg. georg. 4, 195. Ov. met. 1, 293 u. am. 3, 6, 4. Auson. Mos. 216: cumba piscatoria, Afran. com. 138: cumbae leves, Liv. 26, 45, 7. – bes. des Charon, in dem er die Schatten überfährt, Verg. Aen. 6, 303. Hor. carm. 2, 3, 28. Prop. 3, 18, 24. Petron. poët. 121. *v.* 118. Apul. met. 6, 18. Carm. epigr. 1549, 3. – **II** übtr.: c. ingenii, Prop. 3, 3, 22; vgl. Ov. art. am. 3, 26. Quint. 12, 10, 37. – ► Die Schreibung cumba fast überall in den besten Hdschrn. Vgl. Hildebr. Apul. met. 6, 18. p. 457 a.

cymbalāris, is, *f.* = *cotyledon* (s. d.), Ps. Apul. herb. 43.

cymbalisso, āre (κυμβαλίζω), die **Zimbeln schlagen,** Cassius Hemina b. Non. 90, 25.

cymbalista, ae, *m.* (κυμβαλιστής), der **Zimbelschläger,** Apul. de deo Socr. 14.

cymbalistria, ae, *f.* (κυμβαλίστρια), die **Zimbelschlägerin,** Petron. 22, 6. CIL 5, 519 u. 6, 2254.

cymbalītis, tidis, *f.* (κυμβαλῖτις) = cotyledon (s. d.), Marc. Emp. 14.

cymbalum, ī, *n.* (κύμβαλον), die **Zimbel,** das **Schallbecken, I** als musikal. Instrument (gew. im Plur., weil immer je zwei aneinander geschlagen wurden), verwendet bei Lustgelagen, bes. bei den Festen der Cybele u. bei den Bacchanalien, collegae tui cymbala ac crotala, Cic.: cymbalorum et tympanorum pulsus, Liv.: tympanorum et cymbalorum strepitus, Liv.: quatiens cymbala, Lampr.: tympana et cymbala sonant, Sen.: cymbala et tympana crepant, Mela: cymbala Thebano concrepuere deo, Prop.: quem saltare nudum ante concubinas suas iussit quatientem cymbala, Lampr.: Matris (Cybeles) quate cymbala circum, um die Flucht der Bienen zu verhindern, Verg.: tundet ad Idaeos cymbala rauca choros, Prop.: cymbala pulsans amicus, Iuven. – sarkastisch übtr., (Apion) cymbalum mundi, d. i. der alle Welt mit seinen gelehrten Erörterungen erfüllt, Plin. nat. hist. praef. § 25. – **II** in der Hydraulik, das **Schallbecken,** die **Glocke,** Vitr. 10, 8 (13), 5. – ► Synk. Genet. Plur. cymbalûm, Catull. 63, 21. – griech. Form cymbalon, Verg. cat. 7, 5.

cymbium, iī, *n.* (κυμβίον), **I** ein kleines nachenförmiges Trinkgefäß, eine **Schale,** ein **Napf** (vgl. Macr. sat. 5, 21, 7 *sqq.* Paul. ex Fest. 51, 10). Varro vit. P. R. 1. fr. 46 (bei Non. 545, 28). Paul. dig. 34, 2, 32. § 1. Apul. met. 11, 4. Verg. Aen. 5, 267. Prop. 3, 8, 4; zum Weiheguss bei Opfern, Verg. Aen. 3, 66. – **II** eine nachenförmige **Lampe,** Apul. met. 11, 10.

cymbula (cumbula), ae, *f.* (*Demin.* v. cymba od. cumba), der **kleine Kahn,** Plin. ep. 8, 20, 7 (Keil cumbula).

Cȳmē, ēs, *f.* (Κύμη), **I** Stadt in Äolis, Vaterstadt des Hesiod u. Ephorus, Mutterstadt von Kumä in Kampanien, j. Ruinen bei *Sandakli,* Vell. 1, 4, 4. Liv. 37, 11 *extr.*: bes. bekannt durch den misslungenen Angriff des Alcibiades, Nep. Alc. 7, 1 *sq.*: später von Erdbeben heimgesucht, Tac. ann. 2, 47. – Dav. **Cȳmaeus,** a, um (Κυμαῖος), **aus Cyme, cymäisch,** Antigonus, Varro r. r. 1, 1, 8. Col. 1, 1, 9: Athenagoras, Cic. Flacc. 17: fundus, Cic. Flacc. 46. – Plur. subst., Cȳmaeī, ōrum, *m.*, die Einw. von Cyme, die **Cymäer,** Liv. 38, 39, 8. – **II** = Cumae, s. d.

cymīnum, -nātus, s. cumin…

cymindis, s. cybindis.

cȳmōsus, a, um (cyma), **voller Sprossen,** stirps, Col. poët. 10, 137.

cȳmula, ae, *f.* (*Demin.* v. cyma), der **ganz junge Spross,** coriandri, Plin. Val. 1, 44.

cyna, ae, *f.*, ein Baumwolle tragender Baum in Arabien, nach Forster *Bombax Ceiba* (L.), eine Art des Wollbaums, Plin. 12, 39.

cynacantha, ae, *f.* (κυνάκανθα), vielleicht die **Hundsrose,** (*Rosa canina,* L.), Plin. 11, 118.

Cynaegīrus (Cynegīrus), ī, *m.* (Κυναίγειρος, Κυνέγειρος), Name eines Atheners, der in der Schlacht bei Marathon, als sich die Perser auf ihre Schiffe flüchteten, ins Meer sprang, ein Lastschiff mit der rechten Hand ergriff, um es am Fortsegeln zu hindern, als ihm diese abgehauen wurde, mit der linken zufasste und, als er auch diese verlor, mit den Zähnen das Schiff zurückzuhalten suchte, Iustin. 2, 9, 16 *sqq.*: dah. Cynaegiri exemplum imitans, Suet. Caes. 68, 4. – ► Die Schreibung fast aller Hdschrn. ist Cynegyrus.

Cynamolgī, ōrum, *m.* (κυναμολγοί), die **Hundemelker,** ein wilder äthiopischer Volksstamm, der haupts. von Hundemilch lebte, Plin. 6, 195.

cynanchē, ēs, *f.* (κυνάγχη), die **Hundebräune,** eine Entzündung der Atemwerkzeuge, wobei der Kranke die Zunge herausstreckt, Cael. Aur. acut. 3, 1, 3.

Cynapsēs, *m.*, Fluss in Asien, der ins Schwarze Meer fließt, Ov. ex Pont. 4, 10, 49.

1. cynara, is, s. 1. cinara.

2. cynara, ae, *f.* = cinyra (s. d.), Ps. Cypr. de spect. 2 u. 3.

cynaris, s. cinaris.

cynēgetica, Genet. ōn, *n.* (τὰ κυνηγετικά), **ein Gedicht über die Jagd,** wie das des Grattius Faliskus u. des Nemesianus im Lateinischen u. des Oppianus im Griechischen.

Cynegīrus, s. Cynaegīrus.

Cynēus, a, um (Κύνειος), **zum Hund gehörig, Hunde-, Hunds-,** mare, v. Hellespont, Hyg. fab. 111 u. 243: astrum = canicula, Chalcid. Tim. 125.

1. Cynicē, ēs, *f.* (κυνική), die **zynische Sekte,** Auson. epigr. 28, 1. p. 203 Schenkl.

2. Cynicē (Cunicē), *Adv.* (Cynicus), **nach Art der Zyniker, zynisch,** Plaut. Stich. 699.

1. cynicus, a, um (κυνικός), **hündisch, Hunds-,** annus, Chalcid. Tim. 125.

2. Cynicus, ī, *m.* (κυνικός, hündisch), der **zynische Philosoph,** der **Zyniker,** im Plur. Cynicī, die **Zyniker,** die **zynische Sekte,** Cic., Hor. u. a.: Cynici nudi dolia, des Diogenes, Iuven. – dah. *adi.* **Cynicus,** a, um, **zynisch,** gens, die zynische Sekte, Plaut.: Cynicae institutionis doctor, ein Lehrer der zyn. Philosophie, Tac.: cena, eine zynische Mahlzeit = eine ärmliche M., wo Schmalhans Küchenmeister ist (weil die Zyniker sehr bescheiden lebten), Petron.

cynismus, ī, *m.* (κυνισμός), die **zynische Denk- und Handlungsweise,** Cassiod. hist. eccl. 7, 2.

cynocardamon, ī, *n.* (κυνοκάρδαμον), **Hundekresse,** Ps. Apul. herb. 20.

cynocauma, atis, *n.* (κυνόκαυμα), die **Hitze der Hundstage,** Ruric. ep. 1, 17: Plur. = Hundstage, Plin. Val. 3, 14. Petr. Chrysol. serm. 51.

cynocephalia herba, Hundskopf, eine Pflanze, Plin. 30, 18 (wo griech. Akk. -alian). – Nbf. cynocephalion, iī, *n.* (κυνοκεφάλιον), Ps. Apul. herb. 87.

cynocephalus, ī, *m.* (κυνοκέφαλος), **I** ein **hundsköpfiger Affe** (in Asien), **Hundsaffe** (*Simia Inuus,* L.), Plin. 6, 184. Cic. ad Att. 6, 1, 25. – **II** der **hundsköpfige Anubis,** Cypr. ad Demetr. 12. Tert. apol. 6.

cynodūs, dontis, *c.* (κυνόδους), **hundszähnig, mit Raffzähnen versehen,** Solin, 1, 71. Isid. 11, 3, 7.

cynoglōssus, ī, *f.* (κυνόγλωσσον), **Hundszunge,** eine Pflanze, rein lat. lingua canina (s. lingua), Plin. 25, 81. Ps. Apul. herb. 96.

cynoīdēs, is, *n.*, s. cynomyia.

cynomazon, ī, *n.*, **Hundebrot,** eine Pflanze, Ps. Apul. herb. 109.

cynomorion, iī, *n.* (κυνομόριον) = *orobanche,* Plin. 22, 162.

cynomyia, ae, *f.* (κυνόμυια) = *psyllion,* **Flöhkraut,** Plin. 25, 140, wo es nach anderen auch **cynoīdēs,** is, *n.* (κυνοειδές) heißt.

cynōps, ōpis, *f.* (κύνωψ), **Hundsauge, a** eine Pflanze, Plin. 21, 101. – **b** ein Meerpolyp, Plin. 32, 147.

cynorrhoda (cynorroda), ae, *f.* u. **cynorrhodon** (cynorrodon), ī, *n.* (κυνόρροδον), **I** die **Hundsrose** (*Rosa canina,* L.), Form *-da,* Plin.

8, 152; 24, 121: Form *-don*, Plin. 25, 17 u. 29, 94. – **II** die **Blume der roten Lilie,** Form *-don*, Plin. 21, 24.

Cȳnos u. **-us**, ī, *f.* (Κῦνος), Vorgebirge u. gleichnam. opuntische Hafenstadt im Lokris an der Nordspitze des *Sinus Opuntius*, Liv. 28, 6, 12. Mela 2, 3, 4 (2. § 40).

Cynosarges, is, *n.* (Κυνόσαργες, τό), ein dem Herakles geweihtes Gymnasium außerhalb Athens, an der Nordostseite auf einem Hügel gleichen Namens, wo sich die unehelichen Kinder übten, Liv. 31, 24 *extr.*

cynosbatos, ī, *f.* (κυνόσβατος), **I** die **Hagerose** (*Rosa canina*, L.), rein lat. sentis canis od. rubus caninus, Plin. 16, 179. Ps. Apul. herb. 87. – **II** die **Gichtbeere** (*Ribes nigrum*, L.), Plin. 24, 121. – **III** die **Kaperstaude** (*Capparis spinosa*, L.), Plin. 13, 127.

Cynoscephalae, ārum, *f.* (Κυνὸς κεφαλαί), die »Hundsköpfe«, zwei Hügel bei Skotussa in Thessalien, wo der Konsul Flamininus den König Philipp II. von Mazedonien i. J. 197 v. Chr. schlug, Liv. 33, 7, 3 u. 16, 1; 36, 8, 3.

cynosdexia, ae, *f.* (κυνὸς δεξία), ein Meerpolyp, Plin. 32, 147.

cynosorchis, Akk. im, *f.* (κυνὸς ὄρχις), **Hundshödlein, Knabenkraut,** Plin. 27, 65.

cynospastos, s. cynosbatos.

Cynos sēma, *n.* (Κυνὸς σῆμα, τὸ), das **Hundedenkmal,** östliche Spitze des thrazischen Chersones, Ilium gegenüber, wo die in einen Hund verwandelte Hekuba begraben war, Mela 2, 2, 7 (2. § 40). Plin. 4, 49. Solin. 10, 22. Mart. Cap. 6. § 658.

1. **Cynosūra**, ae, *f.* (κυνόσουρα, Hundeschwanz), **I** das Nordpolgestirn, der **kleine Bär,** Cic. Acad. 2, 66. Ov. fast. 3, 107. Manil. 1, 299. Caes. Germ. Arat. 45 u. 187. Lucan. 3, 219. Val. Flacc. 1, 17. – Dav. **Cynosūris**, idos, Akk. ida, *f.* (κυνοσουρίς), **zur Cynosura gehörig,** ursa C., der kleine Bär, Ov. trist. 5, 3, 7: cauda C., German. Arat. 189. – **II** eine Stadt in Arkadien, Stat. Theb. 4, 295.

2. **cynosūra ova** (= κυνόσουρα ᾠά), **Windeier,** Plin. 10, 167 (*ibid.* § 158 u. 160 rein lat. urina od. irrita ova gen.).

Cynosūrae, ārum, *f.* (Κυνόσουρα), ein Vorgebirge in Attika, westlich von Marathon, Cic. de nat. deor. 3, 57. Lact. 1, 10, 2.

Cynosūris, idos, *f.*, s. 1. Cynosūra *no.* I.

cynozolon, ī, *n.* (κυνόζολον), **schwarze Eberwurzel,** Plin. 22, 47.

Cynthus, ī, *m.* (Κύνθος), der als Geburtsort des Apollo und der Diana berühmte Berg auf Delos, Ov. met. 2, 221. Plin. 4, 66. – Dav. **Cynthius**, a (Κύνθιος, Κυνθία), der, die **Cynthische,** Beinamen des Apollo u. der Diana, Hor. u. a.: Beiname der Luna, Sil.: u. **Cynthia** als Mädchenname, Prop. u. Ov.

Cȳnus, s. Cȳnos.

cyparissiās, ae, Akk. ān, *m.* (κυπαρισσίας), **I** eine Art des tithymalus, Plin. 26, 70 (wo Detl. cyparittian). – **II** ein feuriges Meteor, Sen. nat. qu. 1, 15, 4. Paul. ex Fest. 51, 13 (vgl. Paul. ex Fest. 64, 2, wo cyparissiae zu lesen ist).

cyparissifer, fera, ferum (cyparissus u. fero), **Zypressen tragend,** Sidon. carm. 23, 418.

1. **Cyparissus**, ī, *m.* u. *f.* (Κυπάρισσος), **I** *m.*, ein geliebter **Knabe** des Apollo od. Silvanus, in einen Zypressenbaum verwandelt, Ov. met. 10, 121 *sqq.*; vgl. Serv. Verg. georg. 1, 20 u. Aen. 3, 680. – **II** *f.*, Stadt in Phocis am Parnassus, in der Nähe von Delphi, Stat. Theb. 7, 344.

2. **cyparissus**, ī, *f.*, s. cupressus.

Cypassis, idis, *f.*, Geliebte des Dichters Ovid, Ov. art. am. 3, 7, 17: Vok. Cypassi, *ibid.* 2, 8, 2.

cyparittiās, s. cyparissiās *no.* I.

cypēris, idis, Akk. ida, *f.*, die Wurzel der Pflanze cyperos, Plin. 21, 117.

cypēros, ī, *m.* (κύπειρος), **Zypergras,** eine Art **Binsen,** Plin. 21, 117. – Andere Form **cypēron**, ī, *n.*, Petron. poët. 127, 9. *v.* 4; u. **cypērum**, ī, *n.* (κύπειρον), Varro r. r. 3, 16, 13. Col. 12, 20, 5; u. **cipērum**, ī, *n.*, Apic. 1, 5.

cȳphi, is, *n.* (κῦφι), ägypt. Räucherpulver, Scrib. Larg. 70. Hieron. in Iovin. 2, 8.

cypīra, ae, *f.* (*κύπειρα), eine indische, dem Ingwer ähnliche Pflanze, Plin. 21, 117.

cypīrus, ī, *m.* (κύπειρος), eine Pflanze, rein lat. gladiolus, **Schwertel,** Plin. 21, 107 u. 115.

cypressinus, a, um, s. cupressinus.

cypressus, s. cupressus.

cypreus, a, um (cyprum), **kupfern,** Treb. Poll. Claud. 14, 5. Pallad. 8, 5.

Cypriacus u. **Cypricus**, s. 1. Cypros.

Cypriānus, ī, *m.*, vollst. Thascius Caecilius Cyprianus, ein berühmter latein. Kirchenvater, um 200 n. Chr. zu Karthago geb., 258 das. enthauptet, Lact. 5, 1, 24 u. 5, 4, 3. C. Martyr. Sulp. Sev. dial. 1, 3.

Cypriarchēs, ae, *m.* (Κυπριάρχης), der **Statthalter von Zypern,** Vulg. 2. Mach. 12, 2.

cyprinum, ī, *n.* (κύπρινον), ein aus der Blüte des Baumes cypros bereitetes wohlriechendes Öl, **Zyprusöl,** Cels. 2, 33. Plin. 13, 5: oleum cyprinum, Cael. Aur. acut. 3, 3, 24 u. chron. 5, 1, 12.

1. **cyprīnus**, ī, *m.* (κυπρῖνος), eine **Karpfenart,** Plin. 9, 58 u. 162.

2. **cyprīnus**, a, um (cyprum), **kupfern,** Gromat. vet. 322, 1. – Nbf. **cuprīnus**, Pallad. 2, 15, 18. Veget. mul. 1, 14, 3 u. a.

cyprios, iī, *m.*, in der Metrik der Versfuß, ⏑–⏑⏑– Diom. 482, 4.

Cypris, idis, *f.*, s. 1. Cypros.

1. **Cyprius vīcus**, ī, *m.*, eine unter der Höhe der Carinae (s. d.) hinlaufende Straße in Rom, Varro LL. 5, 159 (vicus Ciprius). Liv. 1, 48, 6.

2. **Cyprius**, a, um, s. 1. Cypros.

1. **Cypros** u. (in Prosa gew.) **Cyprus**, ī, *f.* (Κύπρος), bedeutende Insel am Ostende des Mittelmeeres, den Küsten von Cilicien u. Syrien gegenüber, Hauptsitz des Aphroditekultus, berühmt durch seine große Fruchtbarkeit (Wein, Feigen, Datteln usw.), durch reiche Metall-, bes. Kupfergruben, durch Manufakturen in Metall u. Geweben (besonders Tischzeug u. Teppichen), j. *Kebris*, Cic. ep. 15, 4, 15; ad Att. 9, 9, 2. Mela 2. § 102. Hor. carm. 1, 3, 1; 1, 19, 10. Ov. met. 10, 270. – Dav.: **A Cyprius**, a, um (Κύπριος), **a zyprisch,** merces, Hor.: tellus, Zypern, Ov.: bes. Cyprium aes od. absol. cyprium, ī (spätlat. cyprum, cuprum, woraus unser) »Kupfer«, Vitr. u. Plin.: subst., Cypria, ae, *f.*, die **Zyprierin,** Beiname der Venus, Tibull.: Plur. Cypriī, ōrum, *m.*, die **Zyprier,** Plin. u. Curt. – **b kupfern,** mortaria, vasa, Plin.: spät. Nbf. cypreus, s. bes. – **B Cyprīnus**, a, um, **zyprisch,** oleum, Ps. Apul. herb. 22, 1. – **C Cypriacus**, a, um (Κυπριακός), **zyprisch,** expeditio, Val. Max.: tauri, Capit. – **D Cypris**, idos, Akk. ida, *f.* (Κύπρις), die **Zyprierin,** Beiname der Venus, Auson. epigr. 55, 1. p. 211, 1 Schenkl. Mart. Cap. 1. § 1 u. 5 34. Prud. perist. 10, 230. Anthol. Lat. 129, 3 (949, 3).

2. **cypros**, ī, *f.* (κύπρος), ein Baum in Zypern, Ägypten usw., aus dessen Blüte man ein wohlriechendes Öl bereitete, *Lawsonia inermis*, L., **Henna** od. **Hanna** bei den Arabern, Plin. 12, 109 u. 23, 90. Vulg. cant. 1, 13 u. 4, 13: das **Hennaöl,** Plin. 12, 109.

cyprum, ī, *n.* (Cypros), **Kupfer,** Solin. 52, 55 *sq.* Spart. Carac. 9, 5 *ed. Peter.* (*vulg.* cuprum). – Nbf. cuprum, ī, *n.*, Edict. Diocl. 7, 25.

Cyprus, s. 1. Cypros.

1. **Cypselus**, ī, *m.* (Κύψελος), ein berühmter Tyrann zu Korinth, Cic. Tusc. 4, 109. – Davon **Cypselidēs**, ae, *m.* (Κυψελίδης), der Nachkomme des Cypselus, d. i. Periander, Ps. Verg. Cir. 463 (464).

2. **cypselus**, ī, *m.* (κύψελος), eine Art **Schwalben,** Plin. 10, 114.

Cȳra, ae, *f.* = Cyrene, Ov. Ib. 537.

Cyrās, Akk. ān, *m.*, ein Berg in Afrika, Iustin. 13, 7, 5.

Cȳrēa, s. Cȳrus *no.* III.

Cȳrēnaeicus u. **-naicus**, s. Cȳrēnē.

Cȳrēnē, *ēs*, u. **Cȳrēnae**, ārum, *f.* (Κυρήνη), **I** die Hauptstadt von Cyrenaïka in Libyen, von Battos aus Thera erbaut, Geburtsort des Kallimachus (Solin. 27. § 44), Eratosthenes u. Aristippus, berühmt durch Handel, j. Ruinen von *Grenneh*, Form *-ēne*, Sall. Iug. 19, 3. Mela 1, 8, 2 (1. § 40). Iustin. 13, 7, 1. Sil. 8, 57. Augustin. serm. 46, 41: Form *-ēnae*, Cic. Planc. 13. Sall. hist. fr. 2, 39 (47). Solin. 27, 44. Catull. 7, 4. – Dav.: **A Cȳrēnaicus**, a, um (Κυρηναϊκός), **cyrenisch,** Cyrenaica provincia od. Africa, od. bl. Cyrenaica, die Provinz Cyrenaïka in Libyen, Mela u. Plin.; Cyr. philosophia, die von Aristippus gegründete Philosophenschule, Cic. (so auch disciplina, Lact. epit. 39, 7); deren

Anhänger Cyrenaici, Cic.: lacrima C., *i.e.* laser, Scrib. – Nbf. **Cȳrēnaeicus** (nicht Cȳrēnēicus), a, um, **cyrenäisch,** provincia (s. vorh.), Mela 1, 8, 1 (1. § 39); subst., Cȳrēnaeicī, ōrum, *m.*, die Einw. der Provinz Cyrenaïka, Mela 1, 7, 6 (1. § 38). – **B Cȳrēnaeus,** a, um (Κυρηναῖος), **cyrenäisch, aus Cyrene,** urbs, Cyrene, Sil.: aquae, das von Kallimachus getrunkene, Prop.: subst., Cȳrēnaeus, ī, *m.*, der **Cyrenäer,** Augustin. serm. 46, 41. – Cȳrēnaeī, ōrum, *m.*, die Anhänger der cyrenäischen Philosophie, die **Cyrenäer,** Cic. – **C Cȳrēnēnsis,** e, **cyrenensisch,** Plaut. u. Cic.: subst., Cȳrēnēnsis, is, *m.*, ein Einw. von Cyrene, ein **Cyrenenser,** Augustin. serm. 46, 41: Plur. Cȳrēnēnsēs, ium, *m.*, die Einw. von Cyrene, die **Cyrenenser,** Sall. Iug. 79. § 3 u. 5. – **II** Cȳrēnē, ēs, *f.*, die Tochter des Hypseus, Sohnes des Peneios, Mutter des Aristäos von Apollo, Verg. georg. 4, 321 u. 354; vgl. Hyg. fab. 161.

Cȳrēus, a, um, s. Cȳrus *no.* III.

Cyrnos (Cyrnus), ī, *f.* (Κύρνος), die Insel **Korsika,** Plin. 3, 80. Sen. epigr. 1, 2. – Dav.: **A Cyrnēus** (viell. richtiger Cyrnaeus), a, um (griech. Κυρναῖος, Κύρνιος), **cyrnëisch, korsisch,** taxos, Verg. ecl. 9, 30: iuga, Claud. laud. Stil. 3, 314. – **B Cyrniacus,** a, um (Κυρνιακός), **cyrnisch, korsisch,** Rutil. itin. 1, 516.

Cyrtaeī od. **Cyrtiī,** ōrum, *m.* (Κύρτιοι), ein kriegerisches, größtenteils von Raub lebendes Volk in Persis u. Medien, Liv. 37, 40, 9; 42, 58, 13.

Cȳrus, ī, *m.* (Κῦρος), **I** der bekannte Stifter des persischen Reichs, Cic. de div. 1, 46. Hor. carm. 2. 2, 17 u. a.: C. maior, Lact. 4, 5, 7. Apul. apol. 23. – **II** Cyrus minor, zweiter Sohn des Dareus Ochus, Statthalter von Lydien, Großphrygien und Kappodozien, Freund der Lazedämonier, suchte seinen Bruder Artaxerxes Mnemon vom Thron zu stoßen, fiel aber in der Schlacht bei Kunaxa, Cic. de div. 1, 52; de sen. 17, 59. Nep. Alc. 9, 5. – **III** ein zu Ciceros Zeit in Rom lebender Architekt, Cic. ep. 7, 14, 1. – Dav. **Cȳrēus,** a, um (Κύρειος), **von Cyrus herrührend,** ea, quae Cyrea sunt, die sonstigen Bauten des Cyrus, Cic. ad Att. 4, 10, 2. – **IV** Name eines Jünglings b. Hor. carm. 1, 17, 25 u. 1, 33, 6.

Cyssūs, ūntis, *f.* (Κυσσοῦς), Hafen von Erythrä in Ionien, wahrsch. j. *Latzata,* Liv. 36, 43, 10 u. 13.

Cytae, ārum, *f.* (Κύται, Κύταια), Stadt in Kolchis, Geburtsort der Medea, Plin. 4, 86. – Dav.: **A Cytaeis,** idis, *f.* (Κυταιΐς), die **Cytäerin,** d. i. Medea (die Zauberin), Prob. 2, 4, 7. – **B Cȳtaeus,** a, um (Κυταῖος), **cytäisch,** poet. = **kolchisch,** terrae, Kolchis, Val. Flacc.: Cytaei proceres od. bl. Cytaei, die Kolcher, Val. Flacc.: Cithaea virgo, d. i. Medea, Val. Flacc. – **C Cytāīnē,** ēs, *f.* (*Κυταΐνη), die **Cythäerin,** d. i. Medea, Prop. 1, 1, 24.

Cythaerē, s. Cythērē.

Cythēra, ōrum, *n.* (Κύθηρα), Insel an der Südspitze von Lakonien, südwestl. vom Vorgebirge Malea, berühmt durch die Sage und den Kultus der Aphrodite (Venus), die hier aus dem Schaum des Meeres ans Land stieg, j. *Cerigo,* Mela 2. § 110. Verg. Aen. 1, 680. – Dav.: **A Cythēriacus,** a, um (*Κυθηριακός), zu Cythera gehörig, **cytheriacisch,** u. poet. = **der Venus heilig,** aquae, Ov.: nectar, Mart.: myrtus, Ov.: columbae, Poët. b. Sen. – **B Cytherēa,** ae, *f.* (Κυθέρεια), die **Cytherische,** Beiname der Venus, Ov. u. Hor.: verb. C. Venus, Hor. – u. davon wieder abgel.: **a Cytherēias,** adis, Akk. Plur. adas, *f.* (Κυθερηϊάς), **cytherisch** = **der Venus heilig,** columbae, Ov. met. 15, 386. – **b Cytherēis,** idis, *f.* (Κυθερηΐς), die **Cytherische,** als Beiname der Venus, Ov. met. 4, 288. – **c Cytherēius,** a, um (Κυθερήϊος), **cytherëisch** = der **Venus heilig,** litora, Ov.: mensis, der April, Ov.: heros, Äneas, Ov.: subst., Cythereïa, ae, *f.*, die **Cytherëische,** als Beiname der Venus, Ov.

Cythērē, ēs, *f.* (Κυθήρη), Beiname der Venus, Auson. epigr. 36, 5; 55, 5; 103, 1 Schenkl. Anthol. Lat. 585, 4 M. u. 926, 3 M. Sidon. ep. 4, 8, 5. carm. *v.* 1. Mart. Cap. poët. 9. § 915.

Cythēris, idis, *f.*, eine Buhlerin des (Triumvirn) Antonius, Cic. ep. 9, 26, 2, der deshalb sarkastisch **Cythērius** gen. wird, Cic. ad Att. 15, 22 *extr.*

Cythnos (Cythnus), ī, *f.* (Κύθνος), Insel im Ägäischen Meer, eine der Zykladen, mit warmen Quellen, j. *Thermia,* Liv. 31, 15, 8 u. 31, 45, 9. Mela 2, 7, 11 (2. § 111). Ps. Verg. Cir. 475. Ov. met. 5, 252 u. 7, 264. Tac. ann. 3, 69; hist. 2, 8.

cytinus, ī, *m.* (κύτινος), der Kelch der Granatblüte, Plin. 23, 110.

cytisum, ī, *n.* u. **cytisus,** ī, *c.* (κύτισος), eine bei den Alten sehr geschätzte Kleeart, vielleicht unser **baumartiger Schneckenklee** (*Medicago arborea,* L.), Form *-um,* Varro r. r. 2, 1, 17 u. 2, 2, 19. Col. de arb. 28, 1: Form *-us,* Verg. ecl. 1, 78. Col. 2, 11, 1. Plin. 13, 130: Plur. cytisi, Verg. georg. 2, 431.

Cytōrus, ī, *m.* (Κύτωρος), Berg in Paphlagonien, reich an Buchsbaum, Catull. 4, 13. Verg. georg. 2, 437; nebst einer gleichn. Stadt, j. *Kidros,* Mela 1, 19, 8 (1. § 104). – Dav.: **A Cytōriacus,** a, um, **cytorisch,** mons, Ov.: pecten, aus Buchsbaumholz gearbeitet, Ov. – **B Cytōrius,** a, um, **cytorisch,** iugum, Catull.: montes, Plin.

Cyzicus u. **-os,** Cyzicos ī, *f.* (Κύζικος) u. **Cyzicum,** ī, *n.*, Stadt an der Propontis, im Land der Dolionen, u. zwar am nördl. Ende eines Isthmus, der die Halbinsel (od. eig. Insel) Cyzikus mit dem Festland verbindet, der Sage nach von einem König der Dolionen Cyzicus, Sohn des Äneus, gegründet und benannt (dah. Aenidae urbs = Cyzicus, Val. Flacc. 3, 3 *sq.*), im Altertum berühmt durch Handel und die Fruchtbarkeit ihres Gebietes, auch bekannt durch den in der Nähe von Alcibiades über die Lazedämonier erfochtenen Sieg (410 v. Chr.), j. *Aidindschik* od. *Temaschalik,* Form *-us,* Prop. 3, 22, 1. Flor. 3, 5, 15: Form *-os,* Priap. 75 (76), 13. Ov. trist. 1, 10, 29 *sq.* (wo Akk. *-on*): Form *-um,* Mela 1. § 98. Plin. 5, 132 u. 6, 216: Genet., Sall. hist. fr. 3, 29 (30): Akk. *-um,* Sall. hist. fr. 3, 17 u. 4, 61 (19). § 14. Cic. Verr. 5, 127. Nep. Timoth. 1, 3. Vell. 2, 7, 7. u. 2, 33, 1. Liv. epit. 95. Eutr. 6, 6, 3. Oros. 6, 2, 19. – Dav. **Cyzicēnus,** a, um (Κυζικηνός), **aus Cyzikum, cyzizenisch,** Vitr. u. Plin.: Adrastus C., Varro fr.: Plur. subst., Cyzicēnī, ōrum, *m.*, die Einw. von Cyzikum, die **Cyzizener,** Cic. u. a.

D.

1. D, d, vierter Buchstabe des lateinischen Alphabets, **I** als Abkürzung gew. = Vorname Decimus, seltener auch = Deus, Divus, Dominus, Decurio etc. – D. M. = Dis Manibus. – D. O. M. = Deo Optimo Maxumo. – D. D. = dono od. donum dedit: D. D. D. = dat, donat, dedicat. – D. P. S. = de pecunia sua: D. S. = de suo. – von den Kaisern, D. N. = dominus noster: u. DD. NN. = domini nostri: DD. = domus divina (das Kaiserhaus). – bei Briefdaten D = dabam (unser »gegeben«), od. = dies, dah. a. d. = ante diem. – **II** *d* wechselt in Wörtern, **1** mit *t:* quadraginta, quadra aus *quatuor.* – **2** mit *r: ar* neben *ad, apor* neben *apud.* – **3** mit *l: lacrima* aus δάκρυμα. – **4** mit *s: Claudius* aus dem sabin. *Clausus, medius* neben μέσος u. umgekehrt *rosa* neben ῥόδον.

2. D als Zahlzeichen (entstanden aus dem zusammengeflossenen IↃ) = 500.

Daae, s. Dahae.

dabla, ae, Akk. ān, *f.* (arab. Wort), eine Art sehr wohlschmeckender Palmen od. Datteln in Arabien, Plin. 13, 34.

Dācī, ōrum, *m.*, die **Dazier**, die die Landschaft *Dacia* (s. unten) bewohnenden kriegerischen Völkerschaften, Stammverwandte der Geten (vgl. Voß Verg. georg. 2, 497), Caes. b. G. 6, 25, 2. Hor. sat. 2, 6, 53. – Sing. (meist kollektiv) Dacus, ī, *m.*, der **Dazier**, Verg. georg. 2, 497. Hor. carm. 1, 35, 6. Lucan. 2, 54. Sidon. carm. 5, 481: Nbf. Daca, Ven. Fort. 6, 5, 218. Inscr. bei Eckhel doctr. numm. 7, 330. – Dav.: **A Dācia**, ae, *f.*, die Landschaft **Dazien** (= Ungarn östl. der Theiß, Siebenbürgen, Bukowina, der nördl. Teil von Rumänien u. ein Teil des Walachei), mit ergiebigen Goldbergwerken, Tac. hist. 3, 53 u. Agr. 41. Plin. ep. 6, 31, 8. Flor. 3, 4, 6. Eutr. 8. 2. CIL 11, 1836: Plur. Daciae, CIL 3, 993. 995 *sq.* 1153 u. ö.: aurariae Daciarum, CIL 3, 1297. – **B Dācicus**, a, um, **dazisch**, bellum, Plin. ep. 8, 4, 1. Spart. Hadr. 3, 2: arma, Claud. VI. cons. Hon. 335: rura, Sidon. carm. 1, 272: als Beiname der Kaiser als Besieger der Dazier, CIL 2, 1640 u. 2054. – subst., Dācicus, ī, *m.* (*sc.* nummus), eine unter Domitian, dem Besieger der Dazier (Suet. Dom. 6), geprägte Goldmünze, Iuven. 6, 203. – **C Dāciscus**, a, um, **dazisch**, imperium, Lact. de mort. pers. 27, 8: Plur. subst. Daciscī, die **Dazisker**, Aurel bei Vopisc. Aurel. 38, 4. – Dav. **Dāciscānus**, a, um, **daziskanisch**, milites, Gallien, b. Treb. Poll. Claud. 17, 3. – **D Dācius**, a, um, **dazisch**, Albin. cons. ad Liv. 387. – **E Dācus**, a, um, **dazisch**, Stat. silv. 4, 2, 66.

dacrima (dacruma), s. lacrima.

dactilus (dactulus), s. dactylus.

dactylicus, a, um (δακτυλικός), **daktylisch**, numerus, Cic.: pes, versus, Gramm.

dactyliothēca, ae, *f.* (δακτυλιοθήκη), **I** ein Behältnis für Ringe, **Ringkästchen**, Mart. 11, 59, 4. – **II** eine Sammlung von Siegelringen u. geschnittenen Steinen, die **Daktyliothek**, Plin. 37, 11.

dactylis, idis, *f.* (δακτυλίς, einem Finger ähnlich), eine Weintraubengattung, ›digitali gracilitate‹, Plin. 14, 40: dieselbe dactylus gen., Col. 3, 2, 1.

dactylōsa, ae, *f.* (dactylus), etwa **Fingerling**, anderer *Name* der paeonia, Isid. 17, 9, 48.

dactylus, ī, *m.* (δάκτυλος, eig. der »Finger«, dah. meton.), **I** die **Dattel**, Plin. 13, 46. Pallad. 11, 12, 1: Form dactilus, Apic. 6, 230 (wo synkop. Genet. Plur. dactilûm): dactilorum ossa (Kerne), Apic. 1, 1: Form dactulus, wie dactuli Nicolai, Edict. Diocl. 6, 81 u. 82: u. dactulus = der Dattelbaum, Gromat. vet. 352, 2. – **II** eine Art Weintrauben, s. dactylis. – **III** eine **Muschelart**, Plin. 9, 184. – **IV** eine Grasart (*Panicum dactylon*, L.), Plin. 24, 182. – **V** ein **Edelstein**, Plin. 37, 170. – **VI** in der Metrik der Versfuß –⏑⏑ (so gen. nach den drei Fingergliedern), Cic. u. a. – **VII Dactylī Idaei** (Δάκτυλοι Ἰδαῖοι), uralte phrygische Dämonen, Priester der Cybele, mit deren Dienst nach Kreta versetzt u. mit den Corybantes identifiziert, Plin. 7, 197. Diom. 478, 16; rein lat. Idaei Digiti gen. Cic. de nat. deor. 3, 42.

Dācus, ī, *m.* u. **Dācus**, a, um, s. Dācī.

dādūchus, ī, *m.* (δαδοῦχος), der **Fackelträger**, Plur. daduchi, Priester der eleusinischen Demeter, die am fünften Tag der eleusinischen Mysterien die Eingeweihten mit einer Fackel in der Hand zum Demetertempel führten, zum Andenken an das Umherirren der Demeter, die mit einer brennenden Fackel ihre Tochter Persephone suchte, Fronto ep. ad Ver. 2, 1. p. 122, 6 N. CIL 6, 2251.

Daedala, ōrum, *n.* (Δαίδαλα), ein fester Ort in Peräa Rhodiorum (dem rhodischen Gebiet auf dem Festland) in Karien, Liv. 37, 22, 3. Plin. 5, 103.

daedalē, *Adv.* (daedalus), **kunstvoll,** aquila aurea adeo effigiata daedale, ut etc., Iul. Val. 3, 53 (29).

Daedalēus, -icus, s. 2. Daedalus.

1. daedalus, a, um (δαίδαλος), **kunstvoll, I** *act.* **kunstreich, kunstfertig,** Minerva, Enn. fr. inc. 46 bei Paul. ex Fest. 68, 6: Circe, die listige, Verg. Aen. 7, 282. – m. *Genet.*, natura d. rerum, Lucr.: verborum d. lingua, Lucr. – **II** *pass.* **kunstvoll** = mit Kunst gearbeitet od. verziert, tellus, Lucr.: tecta, Verg.: daedala carmina chordis, kunstvoll wechselnd auf Saiten, Lucr.

2. Daedalus und (bei Dicht.) **Daedalos**, ī, *m.* (Δαίδαλος), **I** der berühmte Baukünstler des griech. Mythos, aus dem Geschlecht der athenischen Erechthiden, Zeitgenosse des Theseus u. Minos, Erbauer des kretischen Labyrinths, Ov. met. 8, 159 *sqq.* Verg. Aen. 6, 14. Hor. carm. 1, 3, 34. Mart. 4, 49, 5. Sil. 12, 89 *sqq.* Cic. Brut. 71. – Dav.: **A Daedalēus**, a, um (Δαιδάλειος), **zu Dädalus gehörig, dädalisch,** Icarus, Hor.: ope Daedaleā, Hor. – poet. Nbf. **Daedaleus**, a, um (Δαιδάλεος), **dädalisch,** iter, durchs Labyrinth, Prop. 2, 14, 8. – **B Daedalicus**, a, um, **kunstreich,** manus, Ven. Fort. 11, 11, 17. – **II** ein späterer Bildhauer aus Sikyon, Sohn und Schüler der Patrokles, Plin. 34, 76.

daemōn, onis, Akk. onem od. ona, Akk. Plur. ones u. onas, *m.* (δαίμων), **I** = *genius,* ein **Geist,** Apul. de deo Socr. 13. – **II** insbes., ein **böser Geist, Dämon,** Eccl.: correptus daemone, vom Teufel besessen, Eccl.

daemoniacus, a, um (*δαιμονιακός), **dämonisch, teuflisch,** Eccl. – subst., daemoniacus, ī, *m.*, ein **vom bösen Geist Besessener,** Eccl.

daemonicola, ae, *c.* (daemon u. colo), **den bösen Geist (den Teufel) verehrend,** ein **Heide,** Eccl.

daemonicus, a, um (δαιμονικός), **dämonisch, teuflisch,** Eccl. (vgl. Bünem. Lact. 4, 13, 16).

daemoniē, ēs, *f.* (δαιμονία) = daemonium (*no.* I), Manil. 2, 897 *ed. Iacob.*

daemoniōsus, a, um (daemon), **dämonisch, teuflisch,** Acta Thomae p. 159, 10 *Bonnet.*

daemonium, iī, *n.* (δαιμόνιον), **I** eine **Gottheit,** ein **Dämon (Geist),** Manil. 2, 938. Tert. apol. 32. – **II** ein **böser Geist, Dämon,** Tert. apol. 21 u. a.

Dafn…, s. Daphn…

Dahae (nicht Daae), ārum, *m.* (Δάαι), eine szythische Völkerschaft am Südabhang des Kaukasus, deren Hauptsitz das heutige *Daghestan* war, Verg. Aen. 8, 728. Curt. 8, 3, 1 u. 16. Liv. 35, 48, 6. Tac. ann. 2, 3. – Sing. **Daha**, ae, *m.*, der **Daher,** Prud. c. Symm. 2, 808.

daīmōn, onis (δαήμων), **kundig, erfahren,** als Erklärung von daemon (δαίμων), bei Chalcid. Tim. 132.

dalīvus (›δαλίς, μωρός‹, Hesych.) = *stultus,* Paul. ex Fest. 68, 1.

Dalmatae (Delmatae), ārum, *m.* (Δαλμάται), **a** die **Dalmatier,** die Bewohner der Landschaft *Dalmatia* (s. unten), Cic. ep. 5, 11, 3. Vell. 2, 39, 3. Flor. 4, 12, 3 u. 10: im Sing. attrib., Delmata princeps, CIL 3, 1322: kollektiv, Albinov. cons. ad Liv. 389. – Plur. attrib., Dalmatae montes, die dalmatischen Gebirge, Stat. silv. 4, 7, 14. – **b** **dalmatische Rosse,** Veget. mul. 6, 6, 3. – Dav.: **A** **Dalmatēnsis,** e, **dalmatensisch,** Gallien. b. Treb. Poll. Claud. 17, 6. – **B** **Dalmatia** (Delmatia), ae, *f.* (Δαλματία), die Landschaft **Dalmatien,** am östl. Gestade des Adriatischen Meeres, ein Teil von *Illyris barbara,* mit der Hauptstadt Delminium (Δελμίνιον, Flor. 4, 12, 11), etwa das heutige *Dalmatien,* mit ergiebigen Gold- und Silberbergwerken, Vatin. in Cic. ep. 5, 10. litt. a. § 3. Ov. ex Pont. 2, 2, 78. Vell. 2, 90, 1. Suet. Aug. 21, 1. Tac. hist. 2, 32. – **C** **Dalmaticus,** (Delmaticus), a, um (Δαλματικός), **dalmatisch,** Vatin. b. Cic., Tac. u. a.: bellum, Vell. u. Suet.: triumphus, des Asinius Pollio (als Besieger der Parthiner, einer dalmat. Völkerschaft), Hor. – Dah. subst., **a** **Dalmaticus,** ī, *m.,* Beiname des Metellus, als Besieger der Dalmatier, Ps. Ascon. Cic. II. Verr.. 1. 59, 154. p. 199, 19 B. CIL 1. p. 460. *no.* 637. – **b** **Dalmatica,** ae, *f.* *(sc.* vestis), ein langes Unterkleid od. Hemd mit kurzen Ärmeln (an der Stelle der ehemaligen tunica), von weißer dalmatischer Wolle, noch heute Messgewand der kathol. Priester, die **Dalmatika,** Edict. Diocl. 16, 4 u. 17, 1. Cypr. act. proc. 5 (vol. 3. p. CXIII H.). Isid. 19, 22, 9: dav. **Dalmaticātus,** a, um, **mit einer Dalmatika angetan,** Lampr. Comm. 8. § 8 u. a. – **D** **Dalmatīnus,** a, um, **dalmatinisch, von Dalmatien,** litus, Paulin. vit. S. Ambros. 52. – **E** **Dalmatius,** a, um, **dalmatisch,** argentariae, CIL 3, 6575. – ► Die Schreibung Delmatae, Delmatia usw. ist bei Cic. selbst, bei Vell., Flor., Suet. u. Tac. die der besten Handschriften (s. Kritz Vell. 2, 39, 3. Ritter Tac. hist. 2, 32. Oudend. Suet. Aug. 20); ebenso der Inschriften, z. B. CIL 3, 4013; 11, 85 u. 13, 8007.

1. dāma, ae, *f.,* s. damma.

2. Dāma, ae, *m.,* ein Sklavenname, Hor. sat. 1, 6, 38. CIL 1, 602.

damalio, ōnis, *m.* (δάμαλις), das **junge Rind, Kalb,** Lampr. Alex. Sev. 22, 8.

Dāmarātus, s. Dēmarātus.

Damascus, ī, *f.* (Δαμασκός), die uralte, durch Obstbau (Pflaumen, Terebinthen), seit Diokletian durch ihre Waffenfabriken berühmte Hauptstadt von Cölesyrien, am Chrysorrhoas (j. Barbines od. Barrada), j. *Damaschk* od. *Dameschk,* Curt. 3, 12 *sq.* Flor. 3, 5, 29. Vulg. gen. 14, 15. Stat. silv. 1, 6, 14 (wo griech. Form Damascos). – Dav. **Damascēnus,** a, um (Δαμασκηνός), **damaszenisch, aus Damaskus,** pruna, Plin. u. a.: negotiator, Vulg.: Syrus D., Vulg.: Plur. subst., Damascēnī, ōrum, *m.,* die Einw. von Damaskus, die **Damaszener,** civitas Damascenorum = Damascus, Vulg. 2. Cor. 11, 32. – subst., **a** **Damascēnus,** ī, *m.,* Beiname Jupiters, Inscr. – **b** **Damascēna,** ae, *f.* (*sc.* regio), die **Gegend von Damaskus,** Plin.: dieselbe **Damascēnē,** ēs, *f.,* Mela. – **c** **damascēna,** ōrum, *n.* (*sc.* pruna), **Pflaumen aus Damaskus,** Edict. Diocl. 6, 86. Apic. 4, 181; 7, 280 u. ö.

damasōnium, iī, *n.* (δαμασώνιον), die auch alisma (s. d.) gen. Pflanze, Plin. 25, 124.

dāmium, iī, *n.,* das Opfer zu Ehren der Bona Dea, das bei dem pontifex maximus von Matronen im Dezember unter freiem Himmel gebracht wurde, Paul. ex Fest. 68, 8; vgl. Gloss. ›damium, θυσίαι; θυσίαι ὑπαίθριοι γινόμεναι‹.

dāmiūrgus, s. dēmiūrgus.

damma (nicht dāma), ae, *f.,* wahrsch. allgemeiner Ausdruck für ein Tier aus dem Rehgeschlecht, wie unser **Geiß,** dah. bald = »Gemse«, Hor. carm. 1, 2, 12. Verg. ecl. 8, 28; georg. 1, 308 u. 3, 410; Ov. met. 13, 832: capreae et dammae, Sidon. epist. 8, 6, 11. – bald = »Hirschgeiß, Hirschkalb, Reh« (νεβρός), Iuven. 11, 121. Edict. Diocl. 4, 45: dammae et hinnulei, Solin. 5, 12. – bald = »Antilope, Gazelle«, Plin. 8, 214; 11, 124. – Als *masc.* nur bei Verg. ecl. 8, 28. Stat. Ach. 2, 408. – ► Die Schreibung damma in den besten Handschrn.

dammula (nicht dāmula), ae, *f.* (*Demin.* v. damma), das **Rehkälbchen,** das **kleine Reh,** Apul. met. 8, 4. Vulg. prov. 6, 5 u. Isai. 13, 14. – Nbf. dāmulus, Not. Tir. 108, 74 u. Gloss. III, 513, 51.

damnābilis, e, *Adi.* m. *Compar.* (damno), **verdammenswert,** Treb. Poll. trig. tyr. 17. § 1 u. Eccl.

damnābiliter, *Adv.* (damnabilis), **auf verdammenswerte Weise** (Ggstz. venialiter), Eccl.: *Compar.* damnabilius, Sen. fr. 40 H. (bei Augustin, de civ. dei 6, 10 *extr.*).

damnās, *Indecl.* (entst. aus damnat(u)s v. damno), zu irgendeiner Leistung (bes. einer Geldzahlung) **verurteilt, verpflichtet,** si quis maiorem pecuum numerum habere voluerit, tantum damnas esto, Cato origg. 5. fr. 5 (b. Gell. 6 [7], 3, 37): tantum aes dare damnas esto, Gaius dig. 9, 2, 2 pr.: heres meus dare illi damnas esto omnia sua, Quint. 7, 9, 12: decem dare damnas sunto, Paul. dig. 30, 122. § 1.

damnātīcius, a, um (damnatus v. damno), **zu den Verurteilten gehörig, verurteilt,** Tert. de praescr. haeret. 34 *extr.*

damnātio, ōnis, *f.* (damno), **I** die **Schuldigsprechung, Verdammung, Verurteilung,** auch im Plur. (Ggstz. absolutio, liberatio, vacatio), crimen sine accusatore, sententia sine consilio, damnatio sine defensione, Cic.: dignus damnatione ignominiāque, Cic.: certus damnationis, Suet.: tutus a damnatione, Val. Max. – d. Sex. Roscii, Cic.: absentis, Cic. – causa (Ursache) damnationis, Nep.: poena damnationis, Cic. – d. iniusta, iniquissima, Val. Max.: invidiosa, Cic.: acerbissimae damnationes (Ggstz. libidinosissimae liberationes), Cic. – damnationem anteire veneno, Tac.: damnationem voluntariā morte praevertere, Tac.: damnationem remorari, Rhet. Her.: damnatio ingruit, Tac. – mit *Genet.* des Vergehens, ista d. ambitus, Cic. Cluent. 98. – m. *Genet.* der Leistung (Strafe), tantae pecuniae, Cic. Verr. 2, 42. – mit *ad* u. Akk. der Strafe, ad furcam, Callistr. dig. 48, 19, 28 *pr.*: hominis damnatio ad carnificinam, dei vero ad poenam sempiternam, Lact. 5, 11, 8: mors est animarum pro meritis ad aeterna supplicia damnatio, Lact. 2, 12, 9. – **II** übtr.: **a** die Verpflichtung eines Erben, zu zahlen, die **Zahlpflicht,** ICt. – **b** die **Verwerfung** einer Sache, apiastrum in confessa damnatione est venenatum, ist bekanntermaßen ein verworfenes giftiges Kraut, Plin. 20, 116.

damnātor, ōris, *m.* (damno), der **Verurteiler, Verdammer,** Tert. ad nat. 1, 3 u. a. Eccl.

damnātōrius, a, um (damno), **zur Verurteilung gehörig, verurteilend,** tabella (Ggstz. tabella absolutoria), Suet. Aug. 33, 2: iudicium, Cic. Verr. 3, 55: ferro damnatorio iugulari, mit dem Schwert hingerichtet werden, Amm. 28, 1, 57.

damnātus, a, um, *PAdi.* m. *Compar.* (v. damno), **I** **verdammt,** quis te miserior? quis te damnatior? entschiedener verurteilt, Cic. Pis. 97. – **II** **verdammenswert, verbrecherisch, verworfen,** mulier, Petron.: manus, Prop. u. Petron.: visus, Sil.

damnicupidus, a, um (damnum u. cupidus), **schadensüchtig** = verschwenderisch (Ggstz. lucrifuga), Plaut. Pseud. 1132a.

damnifico, āre (damnum u. facio), **zu Schaden bringen, schädigen,** alqm detrimento militum eius, Augustin. in psalm. 118. serm. 31. § 2. – gew. um etw. **schädigen** = strafen, alqm pecuniā, alqm centum siclis, alqm decem libris auri, Eccl.

damnificus, a, um (damnum u. facio), **Schaden machend, schädlich,** Plaut. cist. 728. – damnificum est m. folg. *Infin.,* Pallad. 3, 9, 12.

damnigerulus, a, um (damnum u. gerulus), **Schaden bringend, schädlich,** Plaut. truc. 551.

damno, āvī, ātum, āre (damnum), **büßen, büßen lassen,** **I** v. Richter, **1** eig., als gerichtl. *t. t.* = einer Buße od. eines Vergehens **schuldig sprechen, verdammen, verurteilen** (Ggstz. absolvere, liberare, dimittere), m. *Acc.* der Pers. (der zuw. zu ergänzen ist), pecuarios, Liv.: alcis ministros sociosque, Cic.: ego accusavi, vos damnastis, Domit. Afer b. Quint.: si uno iudice minus damnarent, wenn die Zahl der verurteilenden Richter einen weniger betrüge, Cic.: matronae ad centum septuaginta damnatae sunt, Liv.: oft Partiz. damnatus, z. B. servi damnati (Ggstz. domini indemnati), Cic.: damnatus reus, Cic.: cum iam pro damnato mortuoque esset, so gut als verurteilt u. tot war, Cic.: u. Plur. subst., plenus carcer damnatis, Sen. rhet.: damnatos in integrum restituere, Cic.: damnatos relegatosque restituere, Suet. – m. *Acc.* der Sache = als ungerecht verwerfen, causam suam,

Liv.; vgl. causa iudicata atque damnata, Cic.: istius vita, quae damnata est, Cic.: u. Partiz. Fut. Pass. subst., quem non puduisset damnanda committere, Plin. ep. 3, 9, 5. – m. dopp. *Acc.* der Pers., d. alqm inauditum, Iustin.: alqm inauditum et indefensum, Tac.: im Passiv m. dopp. *Nom.*, alqs absens damnatur, Liv.: ut mihi innocens damnatus esse videatur, Cic. – m. *inter* u. Akk. der Klasse, damnari inter sicarios (als M.), Cic. – m. *pro* (statt, als, wie) u. Abl., alqm pro malo ac noxio, Liv.: alqm pro socio, Cic. – m. *per* u. Akk. (durch jmd. = auf jmds. Betrieb), damnari per arbitrum, Cic., per indicem (einen Angeber), Liv., per senatum, Eutr. – m. *Advv.* od. adverb. Ausdrücken, zur Ang. **wie?** inique damnari a suis civibus, Cic.: damnari merito, Sen., iure, Cic., publice, Cic.: d. alqm sine ullo argumento ac sine teste, Cic. – m. *ob* od. *propter* u. Akk., damnari nullam aliam ob causam, nisi propter dicendi inscientiam, Cic.: damnari ob provinciam avare habitam, Tac.: damnari ob haec facinora, ob latrocinia, Lact.: damnari propter haec facinora, Liv.: propter eam vim iure damnari, Cic. – m. *eo nomine* (unter diesem Titel = um deswillen), Milo Clodio interfecto eo nomine erat damnatus, Caes. b. c. 3, 21, 4. – m. *quibus de causis* (aus welchen Gründen), nunc recordemur invidiā laborantes quibus de causis aut absoluti sint aut damnati, Val. Max. 8, 1 *in.* – m. folg. *Infin.*, damnatus vivere paci, Sil. 3, 331. – m. folg. *Infin. Perf. act.*, aut dabis aut contra edictum fecisse damnabere, Cic. Verr. 3, 25: pecuniam ex aerario clam egessisse damnati sunt, Liv. 30, 39, 7: damnati terga vertisse, Sil. 10, 655. – m. folg. *quod* (weil) u. Indikat. od. Konjunktv., Athenienses Socratem damnaverunt, quod novam religionem introducere videbatur, Val. Max. 1, 1. ext. 7: A. Baebius unus est damnatus, quod milites Romanos praebuisset ad ministerium caedis, Liv. 45, 31, 2 (vgl. unten mit *Abl.* der Strafe aus Liv. 10, 1, 3). – m. folg. *cur* (weil) u. Konj., damnabantur plerique cur iocati essent, alii cur tacuissent, alii cur pleraque figurate dixissent, Spart. Sev. 14, 13. – m. *Abl.* der Veranlassung, ob eundem timorem, quo (aus der) damnatus erat Miltiades, Nep.: inutili pudore causam suam d., Liv.: ea causa, quae ipsā opinione hominum tacitā prope convicta atque damnata sit, durch die öffentliche Meinung stillschweigend überführt und gerichtet sei, Cic.: ebenso Asclepiades existimatione damnatus, durch die öffentliche Meinung gerichtet, Cic. – m. *Abl.* der Beschuldigung, alqm d. falso crimine, Ov.: damnari capitali crimine, zum Tode verurteilt werden, Val. Max.: damnari eo crimine, Cic.: nunc iam summatim exponam, quibus criminibus Oppianicus damnatus sit, Cic.: u. so m. crimine u. Genet. des Verbrechens, d. alqm crimine affectati regni, Val. Max.: damnari crimine regni, Ov., crimine adulterii, Val. Max.: interfectae sororis crimine a Tullo rege damnari, Val. Max. – m. *Abl.* des Gesetzes, der Rechtsformel, d. Aquiliam adulterii delatam lege Iuliā, Tac.: damnari lege Corneliā (de falsis), Tac.: damnari lege repetundarum, Tac. u. Plin. ep.: damnari suā lege, Cic.: eādem formulā et damnari et absolvi, Val. Max. 8, 2, 2. – m. *Abl.* des Gerichtes, Spruches, Zeugen usw. damnari iudicio, Cic., hoc iudicio, Nep., publico iudicio, Vell. u. Tac., populi iudicio, Cic.: damnari capitali iudicio, zum Tode verurteilt werden, Val. Max.: damnari iuratorum iudicum sententiis, Cic. (u. so ut damnatus meā sententiā videar, mir selbst mein Urteil gesprochen, mich selbst verurteilt zu haben scheine, Curt.): damnari quattuordecim tribuum suffragiis, Val. Max.: d. reum atris lapillis (Ggstz. liberare niveis lapillis), Ov.: damnari uno teste, Val. Max.: damnari falso testimonio, Phaedr. – m. *Abl.* der Strafe, wodurch (wozu?) jmd. verurteilt wird, pecunia, quā feneratores ob annonam compressam damnarunt, Liv.: damnari tantā pecuniā, quanta exsolvi non potest, Iustin.: d. alqm summā totius dotis, Val. Max.: ab alqo (auf jmds. Betrieb) suā lege decem milibus (gravis) aeris damnari, Liv.: d. Frusinates tertiā parte agri, quod (weil) etc., Liv. 10, 1, 3: d. alqm exsilio, Sen. u. Tac.: d. alqm capite, zu einer Kapitalstrafe (Verlust der bürgerl. Rechte, Einkerkerung, Verbannung, Tod), Rhet. Her. u. Cic.: capite aut multatione bonorum aut insulari solitudine damnari, Amm.: d. alqm latā fugā, an einen bestimmten Verbannungsort verweisen, Amm.: alqm morte, Flor. 3, 21, 28. Sen. Herc. Oet. 892. (vgl. *no.* 2, a, β u. *no.* 2, d). – mit *Genet.* des Vergehens, damnari veneficii, Rhet. Her.: ambitus, peculatus, proditionis, Cic.: damnari maiestatis (wegen Majestätsbeleidigung), Cic. u. Sen. rhet.: damnari furti, Val. Max., furti et pro (als) socio, Cic.: damnari negotiorum gestorum (wegen schlechter Geschäftsführung), Sen.: damnari ambitus Pompeiā lege, Caes.: damnari Sacerdote praetore iniuriarum, Cic.: damnari falsi (wegen Fälschung), Tac., falsi Areo iudicio, Tac. – m. *Genet.* der Strafe od. Strafleistung, damnari octupli, Cic.: minoris HS triciens praetorium hominem honeste non posse damnari, Cic.: se collaturos quanti damnatus esset, Liv.: d. alqm capitis (s. oben zu d. capite), Caes., Nep. u. Liv.: d. alqm absentem capitalis poenae, Liv. 42, 43, 9: crimine falso damnari mortis, Verg. Aen. 6, 430: damnatus longi Sisyphus Aeolides laboris, Hor. carm. 2, 14, 19 *sq.* – m. *de* (wegen) u. Abl. des Vergehens, damnari de vi, Cic., de vi publica, Tac., de vi et maiestatis, Cic.: damnari de pecuniis repetundis, Cic. – m. *ex* (infolge) u. Abl., damnari ex Sardinia (wegen der in S. verübten Erpressungen), Cic. pro Scaur. § 2: damnari repetundarum ex Macedonia, Vell. 2, 8, 1. – m. *in* (in Bezug auf) u. Akk., Midas partem damnatur in unam, Ov. met. 11, 178. – m. *in* (bei) u. Abl., magis vero Valerius in Cosconii absolutione damnatus, quam Cosconius in sua causa liberatus est, Val. Max. 8, 1. absol. 8. – mit *ad* od. *in* u. Akk. des Straforts oder der Strafleistung oder Strafe od. (selten) m. *Dat.* der Strafe, d. alqm ad opus, ad bestias, Suet., in opus vel in ludum, in opus publicum vel ad bestias, ICt.: damnari in metallum, Plin. ep.: crimine falsi in metallum, Plin. ep.: damnari ad poenam, Trai. in Plin. ep. u. Lact., in poenam, in supplicia, Lact.: damnari sententiā dei ad aeternam poenam, Lact.: damnari ad mortem, s. Nipp. Tac. ann. 16, 21: lege eādem ad extremum supplicium damnari, Tac. ann. 6, 38 *extr.*: ad gladium, Hadrian. imp. b. Ulp. dig. 47, 14, 1 *pr.*, gladio, Sulp. Sev. chron. 2, 51, 4: bestiis esse damnatum, Apul. met. 10, 34. – m. *Dat.* (zum Besten, zum Vorteil, zugunsten) der Pers. (s. Gertz Sen. de ben. 6, 8, 3), illum Calpurnio damnavit, Val. Max. 8, 2, 1: debitori suo creditor saepe damnatur, der Gl. steht dem Sch. gegenüber oft als schuldig da, Sen. de ben. 6, 4, 4: Antonius Flamma damnatur lege repetundarum et exsilio (zur Verbannung) ob saevitiam, Tac. hist. 4, 45. – m. Zahl-*Adv.* (wie oft?), semel od. bis iniuriarum damnari, Ps. Quint. decl. 331.

2 übtr. (wobei das Subjekt immer gleichs. als Richter zu denken ist): **a** jmd. zu etw. **verurteilen,** **α** etw. gleichs. als Strafe zu leisten, **αα** übh., mit Ang. der Leistung im *Abl.*, pro quibus optatis sacro me carmine damno, Prop. 2, 28, 43. – **ββ** v. der Gottheit, damnare alqm voti od. (selten) voto, jmd. zur Erfüllung des Gelübdes (durch Gewährung des dabei ausgesprochenen Wunsches) verurteilen = jmdm. **seinen Wunsch gewähren,** jmd. **seinen Wunsch erreichen lassen,** ut Baccho Cererique, tibi sic vota quotannis agricolae facient; damnabis tu quoque votis, Verg. ecl. 5, 79 *sq.*; gew. im Passiv, damnari voti od. (selten) voto, **seines Wunsches teilhaftig werden, seinen Wunsch erreichen** (s. Drak. Liv. 7, 28, 2), damnarentur ipsi votorum, quae pro iis suscepissent, Liv.: nunc demum se voti damnatum esse, Nep.: voti damnatus, cuius voti damnatus, Liv.: bis eiusdem voti damnata res publica, Liv.: voto damnatus, Sisenn. 4. fr. 100 (b. Non. 277, 12). Hyg. astr. 2, 24. Lact. fab. 10, 8. p. 260 M. – **γγ** v. Testator, den Erben testamentl. **verpflichten** (vgl. Heindorf u. Fritzsche Hor. sat. 2, 3, 86) m. folg. *Infin.*, Hor. sat. 2, 3, 85 *sq.* u. ICt.: m. folg. *ut* od. *ne* u. Konj., ICt. – **β** etwas gleichs. als Strafe zu erdulden = **zu** etw. **bestimmen,** m. *Genet.* od. *Abl.* **wozu?** neque nos tarditatis natura damnavit, Quint.: d. aeternā lumina nocte, Ov.: omnia mortalium opera mortalitate damnata sunt, Sen.: omne humanum genus, quodque est quodque erit, morte damnatum est, ist zum T. bestimmt, Sen. ep. 71, 15. – **b** jmd. wegen einer Sache verdammen = einer Sache **bezichtigen,** mit *Genet.* **wessen?** alqm summae stultitiae, Cic.: se stultitiae, Lucr.: alqm dementiae, Sen. rhet.: alqm rusticitatis, Sen.: nostra tempora huius infelicitatis (dieser unglücklichen Schwäche), Quint. – mit *crimine* u. Genet., sceleris crimine avos, Ov. – **c** etw. **verdammen** = als tadelnswert, untauglich usw. **verwerfen, verwerflich finden, missbilligen** (Ggstz. probare), dah. auch = **aufgeben** (vgl. Korte Lucan. 4, 270 u. 338), Passiv damnari (Ggstz. probari, placere), **α** übh., eine Pers., Senecam (als Schriftsteller), Quint.: nec mihi mens dubia est, quin te tua numina damnent, Ov.: magnopere damnandi sunt, qui etc., Quint.: d. boves nigri coloris ad laborem, zur A. verwerfen (für untauglich erklären), Plin.: facto damnandus *in* uno, Ov. – eine Sache, aliquos suos libros iam editos (v. Cicero), Quint.: angustias Romanas (= linguae Romanae), Sen.: tabellas, Ov.: fidem medici, die Tr. des A. verw. = dem A. nicht trauen, Curt.: id consilium, Curt.: spem salutis, Curt.: omnia privata officia damnata (verpönt), Iustin. – m. *Abl.* = gegen, Lycios hastilibus arcus, gegen die Speere verwerfen = das Speerwerfen dem Bogenschießen vorziehen, Sil.: ebenso Eoas iaculo sagittas, Stat. – m. *Genet.* (wegen), damnandus facti, recht unklug, Sil. 6, 191. – m. *Infin.*, ales damnavit vesci, verschmähte zu usw., Sil. 5, 62. – m. *Acc.* u. *Infin.*, Plin. u. Sil. – **β** Passiv damnari v. Amtsbewerber, Cic. Sest. 79 (im Doppelsinn mit *no.* I, 1). – **d** jmdm. od. einer Sache eine Pers. od. Sache zum Verderben, zur Vernichtung gleichs. **zusprechen, anheimgeben,** damnatum esse, der Vernichtung **anheimgegeben sein, anheimfallen,** gew. m. *Dat.*, Stygio caput Orco, Verg.: morti damnatum esse, Lucr.: Teucro damnatum esse Quirino (v. einer Flotte), Prop.: Ilion, mihi castaeque damnatum Minervae, Hor.: m. *Acc. resp.*, et numquam somno damnatus lumina (an den Aug.) serpens, der niemals Schlaf in die Augen kam, Lucan. 9, 363. – ohne *Dat.*, quem damnet (*sc.* leto) labor, wen die Kriegsarbeit dem Tode zuspräche (= wen der Kampf dem Tode weihe), Verg. Aen. 12, 727.

II v. Kläger, jmds. **Verurteilung betreiben, -bewirken, -durchsetzen, -zu bewirken** od. **durchzusetzen suchen** (s. Drak. Liv. 7, 16, 9), reum, Val. Max.: Verrem (v. Cicero), Plin. – m. *Abl.* der Beschuldigung, hoc uno crimine illum, Cic. – m. *Abl.* des Beschlusses, nec mea decreto damnasti facta senatus, Ov. – m. *Genet.* der Strafe, d. alqm capitis, Vet. lex b. Ps. Quint. decl. – m. *Genet.* des Vergehens, C. Verrem repetundarum (v. Cicero), Aur. Vict. – mit *ex* (infolge, auf Grund) u. Abl. od. mit bl. *Abl.*, illum ex empto vendito (v. Käufer), Varro: alqm lege Iuliā, Tac. – m. *apud* u. Akk. od. m. *sub* u. Abl. des Richters, alqm apud recuperatores, Plaut.: sub iudice alqm fraudis, Tac.: crudelis et diri facti crimine sub magno iudice damnari, Val. Max.

damnōsē, *Adv.* (damnosus), **zum Schaden,** d. bibere, dem Wirt zum Sch., d. i. tüchtig, Hor. sat. 2, 8, 34.

amnōsus, a, um, *Adi.* m. *Compar.* u. *Superl.* (damnum), **voll Schaden, I** aktiv = Schaden (Verlust, Einbuße) bringend, **schädlich, verderblich, a** v. Pers.: homines, Plaut.: Venus, Hor.: di damnosissimi, Plaut. – **b** v. Lebl. = **mit Schaden, (Verlust, Einbuße) verknüpft** od. **verbunden, schädlich, nachteilig, verderblich,** alea, Mart.: canes (übtr. = Hundswurf, s. canis), Ggstz. Venus, Prop. u. Ov.: Veneris voluptas, Ov.: libido, Hor.: damnosissimae mortes boum, Veget. mul. – faciet, etiam si damnosum erit, Sen. – m. *Dat. pers.* **wem?** od. **für wen?** bellum sumptuosum et damnosum Romanis, Liv.: ne discordia tribunorum damnosior rei publicae esset, Liv.: res damnosissima etiam divitibus, selbst die R. völlig zugrunde richtende, Liv.: damnosum est mit *Infin.*, nihil vero tam damnosum bonis moribus quam in aliquo spectaculo desidēre, Sen. ep. 7, 2. – **II** passiv, von großem Schaden (großer Einbuße) heimgesucht, v. jmd., der viel Aufwand gehabt hat, **ganz ausgeschält,** senex, Plaut. Epid. 319. – **III** (= δαπανηρός) medial = sich selbst Schaden verursachend, **verschwenderisch,** subst. der **Verschwender, Vertuer** (vgl. Ruhnk. Suet. Ner. 31, 1), Komik.: non in alia re damnosior quam in aedificando, Suet.: diceris damnosus et forte etiam toto capite sanandus, Augustin. serm. 21, 4.

damnum, ī, *n.* (altlat. dampnum, vgl. griech. δαπάνη; dagegen nach Mommsen u. Ritschl eine Partizipialbildung von dare, eig. da-menum = was [als Buße, Strafe] gegeben wird), die **Einbuße** = der **Verlust, Schaden, Nachteil** (Ggstz. lucrum), **I** im Allg., **1** eig., verb. haec iactura atque damnum, Cic.: damna ac detrimenta, Cic.: libidinis lucra damnaque, Sen.: damnum aut od. et malum (Unheil, bes. körperl. Züchtigung), Komik. (s. Westerh. n. Spengel Ter. Andr. 1, 1, 116 = 143). – d. magnum, maximum, Cic.: d. novum, Cic.: d. infectum, künftiger Sch., Cic. u. Plin.: damna aleatoria, Cic. – m. subj. *Genet.* od. *Pron. poss.*, d. capitis, V. des Kopfes = V. des einen Horns am Kopf, Ov.: damnum naturae, Naturgebrechen, Naturfehler, Liv.: sine damno alcis, Plin.: maiore hominum damno quam suo (zum gr. Sch. usw.), Suet.: cum damno meo magno, zu meinem gr. Sch., Plaut.: stomachum suum damno (zum Sch.) Tulli explere, Cic. pro Tull. 15: fortuita damna civium, Vell.: incendiorum damna, Brandverluste, -schäden, Suet.: damna lunae, V. des M. = Abnahme des M., Ggstz. accessiones, Sen., augmenta, Gell., incrementa, Sidon. (vgl. Köler Sen. nat. qu. 6, 8, 1. p. 587): u. so damna caelestia (am Himmel) lunae, Hor.: damnum finium, Schmälerung des Gebietes, Tac. – mit obj. *Genet.*, d. sarcinarum, Curt.: damnum voluntarium unius gemmae, Plin.: d. amissi corporis, Phaedr. – damnum accipere, Hor. u. ICt.: maximis damnis affici (betroffen werden), Cic.: damno augeri (heimgesucht werden), Ter.; aber aucta luctibus damna, zu den V. kamen auch noch Trauerfälle hinzu, Plin. ep.: damnum capere (nehmen, erleiden), ICt.: in maximis lucris paulum aliquid damni contraxisse, Cic.: dare (zufügen) damnum, Cic. pro Tull. § 5. 34 u. 39 u. ICt.: dare (zufügen) alci damnum aut malum, Komik., furtum sive damnum, ICt.: alci damno esse, Plin., Ggstz. alci lucro od. usui esse, Plaut., od. Ggstz. alci lucrosum esse, Ov.: damni nihil erit ex tempestate, Cato: explere (ersetzen) damna sua, Liv.: damnum facere (erleiden, nehmen), Ggstz. lucrum od. aliquid lucri facere, Cic. u. a. (dagegen = Sch. zufügen, Paul. dig. 9, 2, 30. § 3): quod declamationibus nostris cares, damni nihil facis, daran verlierst du nichts, Cic.: magnum damnum factum est in Servio (an S.), Cic.: unius verbi damna grandia ferre, für **ein** Wort schwer büßen müssen, Ov.: u. so ridendo maxima damna ferre, sich sehr schaden, Ov.: habere (ansehen) alqd in damno (Ggstz. pro munere), Liv.: damnum pati, teils = einen V. geduldig hinnehmen, sich gefallen lassen, Liv. 22, 41, 4; Lucan. 8, 750; teils = einen V. (Sch.) erleiden, Sen. de ira 1, 2, 3. Ulp. dig. 9, 2, 29. § 1: damnum perferre, Cic.: damnum praestare emptori, dem K. für den Sch. haften, Cic.: damna sua sarcire, Cic.: damna vestra, milites, omnium circa qui defecerunt populorum praedā sarcientur, Liv.: damnum in se suscipere, Suet. – **2** meton.: **a** der mit Verlust verbundene Aufwand, das **Opfer,** Plin. pan. 12, 2. – **b** Plur. damna, die **Verluste** = die eingebüßten Gegenstände (Vieh, Kinder), Ov. met. 11, 381; 12, 16. – **c** das Verlustbringende, **α** die ums Geld bringende Buhldirne, Plaut. Men. 133. – **β** das Verlust (Entbehrung) bringende Übel, speciosum damnum, Ov. met. 11, 133.

II insbes.: **1** der Verlust an Menschen, bes. im Krieg, dah. auch (wie detrimentum) = **Niederlage, Schlappe,** m. subj. *Genet.*, immane rei publicae (v. Verlust zweier Heere), Vell.: militiae, Iustin.: maiore cum periculo quam damno Romani exercitus, Vell. – m. obj. *Genet.*, utile imperatoris damnum salvo exercitu fuisset rei publicae, Vell. – absol., damna ditia (nach denen das röm. Volk mächtiger wurde), Rutil. Nam.: damna Romano accepta bello, Liv.: carpi parvis cotidie damnis, Liv.: id damnum haud aegerrime pati, Liv.: quae iactura (Einbuße) abundante multitudine inter damna (Verluste) numerata non est, Iustin. – **2** die von einem Magistrat als Strafe verhängte Einbuße, die **Buße, Strafe,** gew. am Vermögen, der **Verlust am Vermögen,** die **Geldbuße, Geldstrafe,** Plaut. trin. 219. Cic. Phil. 1, 12; de off. 3, 23. Liv. 4, 53, 7; 7, 4, 2. Gell. 20, 1, 32. – doch auch im Allg., Plin. pan. 35, 3 (wo Ggstz. praemium). Ps. Quint. decl. 331.

Dāmoclēs, is, *m.* (Δαμοκλῆς), Höfling u. Vertrauter des älteren Dionysius von Sizilien, der das von ihm gepriesene Glück des Tyrannen kosten durfte, aber gern darauf verzichtete, als er das über seinem Haupt an einem Pferdehaar hängende Schwert bemerkte, s. Cic. Tusc. 5, 61 (wo auch Vok. Damocle). Sidon. epist. 2, 13, 5 u. 6; vgl. Macr. somn. Scip. 1, 10 *extr.* u. die Anspielungen bei Hor. carm. 3, 1, 17. Pers. 3, 40.

Dāmōn, mōnis, *m.* (Δάμων), I ein Pythagoreer, berühmt durch sein Freundschaftsverhältnis zu Phintias, Cic. de off. 3, 45. Val. Max. 4, 7. ext. 1. Pacat. pan. 17, 1 (wo Akk. Damona); vgl. Cic. Tusc. 5, 63. – II ein berühmter Musiker aus Athen, Lehrer des Sokrates, Cic. de or. 3, 132. Nep. Epam. 2, 1.

dampno, s. damno.

dampnum, s. damnum.

dāmula, richtiger dammula, s. d.

dāmulus, s. dammula.

Danaē, ēs, *f.* (Δανάη), Tochter des Akrisius, Mutter des Perseus von Jupiter, der der vom Vater in einem Turm Eingesperrten als goldener Regen in den Schoß fiel, Hor. carm. 3, 16, 1 *sqq.* Ov. met. 4, 608 *sqq.* Hyg. fab. 63. Lact. 1, 11, 18: Perseus, Iovis filius et Danaēs, Amm. 14, 8, 3. – Nbf. a Danaa, nach Prisc. inst. 5, 3 u. de accent. § 17. p. 522, 21. – b Danais, idis, Tert. apol. 21. p. 198, 1 *Oehl.* – Nach italischer Sage kam Danaë nach Italien, baute Ardea, vermählte sich mit Pilumnus u. gebar ihm den Daunus, den Stammvater des Turnus, Verg. Aen. 7, 410 (vgl. 372). – Dav. **Danaëius,** a, um, **danaëisch,** heros, Perseus, Ov.: Persis (so gen. nach Perses, dem Sohn des Perseus und Stammvater der Perser), Ov.

Danaus, ī, *m.* (Δαναός), Sohn des Belus, Zwillingsbruder des Ägyptus, Vater von fünfzig Töchtern, floh aus Ägypten nach Griechenland, wo er das Reich Argos gründete, Cic. parad. 6, 44; vgl. Hyg. fab. 168 u. 170: agmen Danai = *Danaides,* Ov. am. 2, 2, 4: ebenso Danai genus infame, Hor. carm. 2, 14, 18: Danai puellae, Hor. carm. 3, 11, 23: Danai proles, Tibull. 1, 3, 79: Danai femina turba, Prop. 2, 31, 4. – Dav.: A **Danaidae,** ārum, *m.* (Δαναΐδαι), die **Danaër** = **Argiver** od. **Griechen,** Sen. Troad. 616 u. 767. – B **Danaides,** um, *f.* (Δαναΐδες), die **Danaiden,** die fünfzig Töchter des Danaus, die, mit den fünfzig Söhnen des Ägyptus vermählt, auf Geheiß ihres Vaters in der ersten Nacht ihre Männer umbrachten, mit Ausnahme der Hypermnestra, die ihren Gatten Lynceus am Leben ließ, Sen. Herc. fur. 761. Hyg. fab. 170 u. 255. – C **Danaus,** a, um, zu Danaus gehörig, dah. bei Dichtern meton. = **argivisch** od. **griechisch,** Prop., Ov. u. a.: bes. Plur. subst., Danaī, ōrum, *m.*, die **Danaër** = Griechen (vorz. die vor Troja), Verg. u. Prop.: Genet. Plur. Danaûm, *ibid.*

Dandaridae, ārum, *m.*, eine szythische Völkerschaft an den Küsten des mäotischen Sees und des Pontus Euxinus (nach anderen in Sarmatien, am Tanais), Tac. ann. 12, 15, deren Land **Dandarica,** ae, *f.*, Tac. ann. 12, 16.

Dānī, ōrum, *m.*, die **Dänen,** Serv. Verg. Aen. 8, 728: Sing. Danus kollektiv, Ven. Fort. 7, 7, 50 u. 9, 1, 75.

Daniēl (Danihēl), ēlis, *m.* (hebr. דניאל), der Prophet **Daniel,** Eccl. – ► Der Nomin. Danielus, Prud. cath. 4, 70.

danīsta, ae, *m.* (δανειστής), der **Geldverleiher, Wucherer** (= *fenerator*), Plaut. Epid. 55; most. 537 u. a. – Dav. **danīsticus,** a, um (δανειστικός), **zum Wucherer gehörig, Wucherer-,** genus, Plaut. most. 658.

Dānubinus, a, um (Danubius), **der Donau,** limes, Sidon. epist. 8, 12, 3.

Dānubius (Dānuvius), iī, *m.* (Δανούβιος, Strabo), die **Donau** (u. zwar die obere Hälfte ihres Laufes [von der Quelle bis zum Wasserfall bei Orsova]; die untere [bis zum Ausfluss] Hister [Ἴστρος] gen., bei Dichtern ohne Untersch. gebraucht), Sall. hist. fr. 3, 9 (55). Caes. b. G. 6, 25, 2. Vell. 2, 110, 1. Mela 2, 1, 8; 2, 3, 13; 3, 3, 3 = 2. § 8 u. § 57 u. 3. § 30). Sen. de brev. vit. 4, 5; nat. qu. 1. prol. § 8. Plin. 3, 149; 4, 79. Plin. pan. 12, 3. Tac. ann. 2, 63; Germ. 1. Flor. 3, 4, 5. Ampel. 6, 10. Gell. 14, 1, 9. Solin. 20, 2. Amm. 17, 13, 4. Hor. carm. 4, 15, 21. Ov. trist. 2, 192; ex Pont. 4, 10, 58. Val. Flacc. 8, 293. CIL 3, 3416 u. 5863.

danunt, s. 1. dō►.

Dānus, s. Dāni.

Dānuvius, s. Dānubius.

dapālis, e (daps), **zum Religions-, Opfermahl gehörig, Opfer-,** cena, Titin. com. 136. Auson. ep. 9, 13. p. 166 Schenkl: Iuppiter, dem ein Opfermahl dargebracht wird, Cato r. r. 132.

dapāticē (v. daps) se acceptos dicebant antiqui, significantes magnifice, u. **dapāticum** negotium amplum ac magnificum, Paul. ex Fest. 68, 4 u. 5.

Daphnaeus, a, um, s. daphnē *no.* II.

daphnē, ēs, f. (δάφνη), I der **Lorbeerbaum,** Petron. 131, 8. – II als *nom. propr.*, **Daphnē,** ēs, *f.*, A die in einen Lorbeerbaum verwandelte Tochter des Flussgottes Peneus, Ov. met. 1, 452 u. a. Hyg. fab. 203: Akk. Plur. Daphnas, Mädchen wie Daphne, Arnob. 4, 26. – B (bei Spät. auch Dafne) der mit einem Lorbeerhain und Tempel des Apollo und der Diana gezierte Flecken ganz nahe bei Antiochia in Syrien (dah. Ἀντιόχεια ἡ ἐπὶ Δάφνης oder ἡ πρὸς Δάφνην), wahrsch. j. *Babyla* (in der Nähe von Antakia), Liv. 33, 49, 6. Hieron. in Ezech. 47, 18: oft apud Daphnen (Dafnen) = ἐπὶ Δάφνης (s. oben), Vulcat. Gallic. Avid. Cass. 6, 1. Capit. Ver. 7, 3. Capit. Anton. phil. 8, 12 (wo apud Antiochiam et Daphnen). Amm. 19, 12, 19 (wo apud Daphnen, amoenum illud et ambitiosum Antiochiae suburbanum): apud Daphnem, Vopisc. Aurel. 25, 1. Lampr. Alex. Sev. 54, 7: Antiochiae secus Daphnem, Vulg. 2. Machab. 4, 33. – Dav.: a **Daphnaeus,** a, um, **daphnäisch, zu Daphne,** Apollo, Amm. 22, 13, 1. – b **Daphnēnsis,** e, zum Flecken Daphne gehörig, **daphnensisch,** lucus, Sex. Ruf. brev. 16 *extr.* Cod. Iust. 11, 77, 1 u. 2: palatium, Cod. Theod. 15, 2, 2: Plur. subst., Daphnēnsēs, ium, *m.*, die Einw. von Daphne, die **Daphnenser,** Eutr. 6, 14. – c **Daphnicus,** a, um, **daphnisch,** mores, Vulcat. Gallic. Avid. Cass. 5. § 5.

daphnea, ae, Akk. ān, *f.*, ein uns unbekannter Edelstein, Plin. 37, 157.

Daphnēnsis, Daphnicus, s. daphnē *no.* II.

Daphnis, nidis, Akk. nidem, nim u. nin, Vok. ni, *m.* (Δάφνις), I Sohn des Merkur, ein schöner Hirtenjüngling in Sizilien, Erfinder der bukolischen Poesie, dah. Liebling des Pan, Ov. met. 4, 277. Verg. ecl. 2, 26; 3, 12 (wo Genet. Daphnidis im Text, aber Ps. Prob. de ult. syll. 4, 12. p. 228, 23 K. Daphnidos); 5, 52 (wo Akk. Daphnin). Treb. Poll. trig. tyr. 18, 12 (wo Akk. Daphnidem). Prop. 2, 34, 68 (wo Akk. Daphnin): casia quam Daphnidis vocant, Plin. 12, 98. – II = Daphne, s. daphnē *no.* II, B.

daphnoīdēs, dis, *f.* (δαφνοειδής, lorbeerähnlich), I **Kellerhals, Seidelbast** (*Daphne Mezereum,* L.), Plin. 15, 132 u. 23, 158. – II eine Pflanze = Clematis Aegyptia, Plin. 24, 141.

daphnōn, ōnis, Akk. ōna, Akk. Plur. ōnas, *m.* (δαφνών), das **Lorbeerwäldchen,** der **Lorbeergarten,** Petron. 126, 12. Mart. 10, 79 u. 12, 50, 1 (wo Akk. Plur. daphnonas).

dapifer, feri, *m.* (daps u. fero), das **Opfermahl tragend,** Anecd. Helv. 101, 4: discus (die Platte) mit dem Opfermahl, Gloss. V, 618, 21.

dapino, āre (daps), **als Mahl auftragen, auftischen,** Plaut. capt. 897.

dapis, is, *f.*, s. daps ►.

daps, dapis, *f.* (vgl. δάπτω, δαπάνη, δαψιλής, ahd. *zebar,* Opfertier, nhd. **Ungeziefer,** eigentl. »unreines, nicht zum Opfern geeignetes Tier«), die **Speise** als **Mahl,** der **Schmaus,** a als *t. t.* der Religionsspr., der **Festschmaus** zu religiösem Zweck, der **Opferschmaus,** α Sing.: dapem pro bubus piro florente facito, Cato: sacrum Herculi adhibitis ad ministerium dapemque Potitiis ac Pinariis factum, Liv.: ergo obligatam redde Iovi dapem, Hor. – β Plur.: Saliaribus (prächtigen) ornare pulvinar deorum dapibus, Hor.: dapes et tristia dona libare cineri (Hectoris), Verg. – b übtr., übh. die **Speise** als Gegenstand des Schmauses, der **Schmaus,** das **Mahl,** α Sing.: amor dapis, Hor.: ad usum nefariae dapis, Val. Max.: humanā dape (mit Menschenfleisch) pascere equas, Ov.: v. tierischer Nahrung, sed tacitus pasci si posset corvus, haberet plus dapis et rixae multo minus invidiaeque, Hor. ep. 1, 17, 50 *sq.* – β Plur.: dapes inemptae (ein ungekauftes = selbsterzeugtes), Hor.: dapes largae, Val. Max.: dapes opimae, Verg.: exstructae dapibus mensae, Ov.: onerare mensas dapibus, Verg.: dapibus epulari opimis, Verg.: humanorum corporum dapibus uti (Menschenfleisch essen), Val. Max.: ictae (fulmine) dapes mensaque disiecta est, Tac. – v. einem ärmlichen Mahl, veniam dapibus orant, Ov. met. 6, 684. – meton., dapes humanae, Menschenkot, Plin. 17, 51. – ► Nbf. dapis, is, *f.*, Iuvenc. b. Auct. de gener. nomin.

p. 78, 3 *ed. Haupt.* – Nom. daps ist veraltet (s. Paul. ex Fest. 68, 3); Dat. Sing. dapi steht Cato r. r. 132, 1; aber Genet. Plur. dapum ohne Beleg im Frgm. Bob. de nom. 562, 10.

dapsile u. **dapsiliter,** *Adv.* (δαψιλῶς), **reichlich,** dapsile, Pompon. com. 161. Suet. Vesp. 19, 1: dapsiliter, Naev. com. 39: dapsilius, Lucil. 1074.

dapsilis, e (δαψιλής), **reichlich,** mit allem **reichlich versehen,** dotes, Plaut. aul. 167: sumptus, Plaut. most. 982: lubentiae, Plaut. Pseud. 396: corollae, *ibid.* 1266: cena, Titin. com. 136: proventus, Col. 4, 27, 6: copia facundiae, Apul. met. 11, 3: lascivia, Iul. Val. 1, 4 (10) p. 9, 7 K.: convivium, Iul. Val. 1, 39. p. 49, 16 K.: stagnum, Iul. Val. 3, 18 (30). p. 127, 28 K. – m. *Abl.*, spionia (vitis) dapsilis musto, Col. 3, 2, 27. – ► Superl. dapsilissimus, Not. Tir. 41, 28a.

dapsilitās, ātis, *f.* (dapsilis), die **Reichlichkeit,** Paul. Nol. ep. 23, 32. Not. Tir. 41, 28.

dapsiliter, s. dapsile.

dardanārius, iī, *m.* (viell. zu griech. δάνος), der **Getreidespekulant, Kornwucherer,** Ulp. dig. 47, 11, 6 pr. Paul. dig. 48, 19, 37.

Dardanus, ī, *m.* (Δάρδανος), Sohn Jupiters u. der Elektra aus Arkadien, Gründer der Stadt Dardania in Troas, Ahnherr des trojanischen Herrscherstammes, dah. auch der (von Äneas abstammenden) Römer, Verg. Aen. 3, 167. Lact. 1, 23, 3: Akk. Dardanon, Ov. fast. 4, 31. – Dav.: **A** **Dardanidēs,** ae, Vok. a, Genet. Plur. ûm, *m.* (Δαρδανίδης), der **Dardanide,** Iulus, Ov.; absol. = Äneas, Verg., u. = der Römer Scipio Afrikanus, Sil.: im Plur. **trojanisch,** pastores Dardanidae, Verg.: absol. = Trojaner, Verg. – **B** **Dardanis,** nidis, Akk. Plur. nidas, *f.* (Δαρδανίς), die **Dardanide,** poet. = **Trojanerin, trojanisch,** Ov.: Creusa (von Trojanern gegründet), Mart.: absol. = Krëusa, Verg. – **C** **Dardanius,** a, um (Δαρδάνιος), **dardanisch,** poet. = **trojanisch,** gens, Verg.: advena, Paris, Ov.: senex, Priamus, Ov.: dux, Äneas, Ov.: carinae, Verg., od. pinus, Ov., Schiffe des Äneas: vates, Helenus, Ov.: Iulus (Sohn des Äneas), Ov.: Roma, Ov. u. Sil.: minister, Ganymedes, Mart. – subst., **Dardania,** ae, *f.* (Δαρδανία), **α** die von Dardanus gegründete Stadt **Dardania** am Hellespont, südwestl. von Abydus, Ov. trist. 1, 10, 25. – **β** poet. = **Troja,** Verg., Ov. u. a. – **γ** die Landschaft **Dardania** in Obermösien, Sitz der Dardaner (s. unten Dardani), Varro r. r. 2, 1, 5. – **D** **Dardanus,** a, um, **dardanisch,** poet. = **trojanisch,** puppis, des Äneas, Verg.: gens, Hor. – od. = **römisch,** ductor, der Römer Scipio Afrikanus, Sil. – subst., **Dardanī,** ōrum, *m.* (Δάρδανοι), eine Völkerschaft in Obermösien, dem heutigen Serbien, Caes. u. a.

Darēs, ētis, *m.* (Δάρης), **I** ein Gefährte des Äneas, der sich im Kampf mit dem Zästus auszeichnete, Verg. Aen. 5, 369: Akk. Darēta, *ibid.* 5, 460, und Darēn, *ibid.* 5, 456. – **II** Dares Phrygius, Pers. der Schrift »vom trojanischen Krieg«, Isidor. 1, 41, 1 u. (Akk. Daretem) 2, deren latein. Übersetzung wahrsch. in die 2. Hälfte des 6. Jahrh. n. Chr. fällt.

Dārēus u. **Dārīus,** ī, *m.* (Δαρεῖος; beide Formen sind handschriftlich gut beglaubigt) Name mehrerer persischer Könige: **A** D. Hystaspis, bekannt durch die von den Griechen erlittene Niederlage bei Marathon (490 v. Chr.), gest. 485 v. Chr., Cic. de fin. 5, 92. Nep. Milt. 3, 3 *sq.* Iustin. 1, 10, 6. Sulp. Sev. chron. 2, 9, 6. Sidon. carm. 9, 51 (wo Dărīī gemessen): Croesi opes et Darii divitias se vicisse iactabat, Hieron. epist. 60, 11. – **B** Sohn des Xerxes, Iustin. 3, 1, 3 *sq.*: Dareus secundus, Ov. Ib. 314 (317). Claud. epist. 1, 17. – **C** D. Ochus od. Nothus, Vater des Artaxerxes u. Cyrus des Jüng., gest. 404 v. Chr., Iustin. 5, 1, 7. Sulp. Sev. chron. 2, 9, 9; 2, 10, 1. – **D** D. Codomannus, der letzte persische König, von Alexander dem Gr. besiegt, gest. im Juli 330 v. Chr., Plaut. aul. 86. Cic. Tusc. 5, 97; ad Att. 5, 20, 3 u. a. Liv. 9, 17, 16. Mela 2, 13, 1 (Parthey Darii). Curt. 3, 1, 8. Iustin. 10, 3, 3 *sqq.* Sulp. Sev. chron. 2, 16, 8: Vok. Darie, Iul. Val. 2, 32 (35). p. 104, 12 K. – **II** meton. = Δαρεικός (στατήρ), der von den persischen Königen aus dem feinsten Gold ausgeprägte Goldstater, zwei attische Drachmen an Gewicht, der **Dareikos,** in der Form Dārīos, Auson. ep. 5, 23 p. 163, 13 Schenkl. – Dav. (spätlat.) **Dārīus,** a, um, **darisch,** opes, Mart. Cap. 6. § 578.

dasīa, Akk. ān, *f.* (δασεῖα, *sc.* προσῳδία, v. δασύς), der **Spiritus asper,** Gramm.

dasios, in der Metrik der Versfuß ◡◡◡– –, Diom. 481, 31.

dasypūs, podis, *m.* (δασύπους, Rauchfuß), der **rauchfüßige Hase,** Plin. 8, 219 u. a.

dasys, īa, y (δασύς, εῖα, ύ), **rau, rauhauchend,** linea, das Zeichen ⊢ zur Bezeichnung des spiritus asper, Prisc. de accent. 7. p. 520, 14 K.

Datamēs, is, Akk. ēn, *m.*, ein persischer Satrap, Nep. Dat. 1 *sqq.* Frontin. 2, 7, 9.

datārius, a, um (do), **zum Vergeben gehörig, vergebbar,** lingua, Plaut. Stich. 258: nullast mihi salus dataria, habe ich so ohne weiteres zu vergeben, Plaut. Pseud. 969.

datātim, *Adv.* (dato), **wechselseitig gebend, -zuwerfend,** ludere (pilā), so Ball spielen, dass man ihn sich wechselseitig zuwirft, Nov. com. 23. Plaut. Curc. 296: obszön, datatim dat se, Naev. com. 75: datatim uxorem ut ludas, Afran. com. 222: cum datatim in lecto tecum lusi, Pompon. com. 1.

dathiathum, ī, *n.*, eine rötliche Art **Weihrauch,** Plin. 12, 60.

datio, ōnis, *f.* (do), **I** das **Geben, Reichen, Zuteilen,** signi (Signals zum Kampf), Plin.: legum, Cic.: iudicis, Lex. Mamil.: legati, partis, ICt.: hereditatis, Eccl.: remittere in datione (cibi) pro portione, kleinere Portionen geben, Varro. – **II** das **Entäußerungsrecht,** Liv. 39, 19, 5.

Dātis, tidis, Akk. tim, *m.* (Δᾶτις), ein Meder, Feldherr des pers. Königs Dareus Hystaspis, mit Artaphernes von den Athenern in der Ebene von Marathon i. J. 490 v. Chr. geschlagen, Nep. Milt. 4, 1; 5, 4.

datīvus, a, um, **zum Geben gehörig, I** tutor, der namentlich im Testament bestimmt wird (Ggstz. tutor optativus), Gaius inst. 1, 154. – **II** dat. casus od. absol. dativus, ī, *m.*, der **Dativ,** Quint. u. Gell. (casus dandi gen. b. Varro LL.).

dato, āvī, āre (*Intens.* v. do), gewöhnl. **geben, abgeben, vergeben, eingeben,** faenore argentum, Plaut. most. 602: frumentum populo in modios assibus, Plin. 18, 15: binas non amplius drachmas (v. Arzt), Plin. 25, 58: evectionem, Cato bei Fronto ad Anton. 1, 2. p. 100, 13 N.: fabulas cum Menandro in scaenam, Apul. flor. 16. p. 20, 13; vgl. Diom. 490, 16.

dator, ōris, *m.* (do), der **Geber,** der **Spender,** absol., Plaut. u. Eccl.: m. *Genet.*, bellissimi negotioli, Plaut. fr.: laetitiae (v. Bacchus), Verg.: salutis (v. Äskulap), Arnob.: vitae (v. Gott), Iul. Firm.: legis (v. Moses), Eccl.: Ggstz., non *dator* vitae, sed *ademptor,* Augustin. tract. in Ioann. 116, 1: fidelis *promissor,* benignus *dator,* Augustin. serm. 378: nusquam apparet neque *datori* neque *factrici,* Plaut. truc. 571. – Beim Ballspiel dator, der den Ball zuwirft (Ggstz. factor, der ihn weiter schlägt od. wirft), Plaut. Curc. 297.

datrīx, īcis, *f.* (Femin. zu dator), die **Geberin,** Eccl.

datum, ī, *n.*, s. 1. dō.

datus, Abl. ū, *m.* (do), **I** das **Geben,** meo datu, Plaut. trin. 1140. – **II** die **Gabe,** gratia datus, Vulg. Sirach 7, 37.

daucum, ī, *n.* u. **daucos,** ī, *m.* (δαῦκος), eine pastinakartige Pflanze, die wilde u. zahme **Mohrrübe,** die **Karotte** (*Daucus Carota sativa* u. *fera*, L.), Plin. 19, 89; 25, 110 u. 112: d. creticum, kretischer Möhrenkümmel (*Athamanta Cretensis,* L.), Cels. 5, 23, 3. – auch daucion (δαυκεῖον) u. daucides gen. b. Ps. Apul. herb. 80.

Daulis, lidis, Akk. lida, *f.* (Δαυλίς), eine durch den Mythos des Tereus, der Prokne u. Philomele berühmte Stadt in Phocis, auf einer Anhöhe gelegen und gut befestigt, j. *Daulia,* Liv. 32, 18, 7: Akk., Ov. met. 5, 276. – Dav. **A** **Daulias,** adis, *f.*, (Δαυλιάς), **daulisch,** ales D., Prokne, Ov.: dies. absol. Daulias, die Daulierin, Catull.: Dauliades puellae, Prokne u. Philomele, Ps. Verg. Ciris 200. – **B** **Daulis,** lidis, *f.* (Δαυλίς), **daulich,** Sen. Thy. 275.

Daunī, s. Daunus.

Dauniacus, -ias, s. Daunus.

Dauniī, s. Daunus.

Daunius, s. Daunus.

Daunus, ī, *m.*, ein mythischer König in einem Teil Apuliens (der deshalb Apulia Daunia hieß), Vater (od. Ahnherr) des Turnus (eines Königs der Rutuler), Schwiegervater des Diomedes, Verg. Aen. 10, 616. Hor. carm. 3, 30, 11. Ov. met. 14, 458. – Dav.: **A** **Daunius**, a, um, **daunisch,** heros, Turnus, Verg.: gens, die Rutuler, Verg.: tellus, Sil.: dea, Iuturna, die Schwester des Turnus, Verg.: caedes, d. i. der Römer, Hor.: ebenso Camena, römische, Hor. – subst., Dauniī u. Daunī, ōrum, *m.* (Δαύνιοι), die Einwohner in Apulia Daunia, Plin. 3, 103. Mela 2 § 59 u. 65 Fr. – **B** **Dauniacus**, a, um, **daunisch = apulisch,** Sil. 12, 429. – **C** **Daunias**, adis, *f.*, die Landschaft **Daunia,** poet. für **Apulien,** Hor. carm. 1, 22, 14.

dautia, ōrum, *n.* = *lautia*, s. d., Paul. ex Fest. 68, 10.

Dāvīd, *m. indecl.* u. **Dāvīd**, vīdis, Akk. vīda, *m.* (hebr. דוד), zweiter König der Juden, Prophet u. Verfasser vieler Psalmen, Tert. adv. Iud. 9 u. 12 a. Eccl.: Genet. David, Auson. ephem. 3, 84 u. Eccl.; Genet. Davidis, Iuvenc. 1, 151 u. 4, 47: Akk. Davida, Iuvenc. 1, 149, u. 2, 577. – Dav. **Dāvīdicus**, a, um, **davidisch, des David,** cognatio, Faust. bei Augustin. c. Faust. 23, 4: urbs, Sedul. carm. 4, 42: cantus (Plur.), *ibid.* 1, 7: flos, Prud. cath., 12, 49: carmen, Ven. Fort. 8, 3, 3.

Dāvus (Dāvos), ī, *m.*, ein röm. Sklavenname, z. B. in Ter. Andr., s. bes. *v.* 194 u. a.

dē, *Praep.* m. *Abl.*, bezeichnet eine Abtrennung, Abschließung von einem Gegenstand, an dem sich etwas befunden hat, deutsch = **von ... weg** (während ex den inneren Bereich andeutet, aus dem etwas hervorgeht, deutsch = »von ... aus«), **I** im Raum: **1** **von ... weg, von ... ab, von ... her, von ... herab, von,** zuw. auch deutsch **aus,** de digito anulum detrahere, vom Finger (weg), Ter. u. Cic.: de manibus effugere, Cic.: de civitate alqm eicere, Cic.: de castris processisse, Sall.: de sella exsilire, Cic.: de muro se deicere, Caes.: de lecto decīdere, Plaut. – dah. bei den Verben, die ein »Entnehmen« usw. bezeichnen, wie capere, sumere, petere etc. – ebenso emere de alqo, Cato: mercari de alqo, Cic.: quaerere de alqo, Cic.: audire de alqo, von jmd. (aus jmds. Munde), Cic.: discere de alqo, Cic. u. a.

2 zur Bezeichnung des Punktes, von dem (als an ihm noch haftend) etwas gleichs. sich loslöst, unmittelbar ausgeht, **von ... aus, an ... herab, an,** nova de gravido palmite gemma tumet, Ov.: pendēre de collo, de camera, Ov. u. Petron.: de clunibus pinnas habere, Col.: de qua pariens arbore nixa dea est, Ov.

3 zur Bezeichnung der Richtung, Seite, von der aus etwas geschieht, **von ... her, von ... heraus, von ... herab,** palam de sella ac tribunali pronuntiare, Cic.: nihil ex occulto, nihil de insidiis agere, Cic.: de paupere mensa dona, Tibull.: de scripto dicere, de epistula recitare, Cic.: de tergo, vom Rücken her, von hinten (dagegen a tergo, im Rücken), Plaut. (vgl. unten *no.* II, B, 3 a. E.): de plano (= χαμόθεν), auf ebener Erde, unten (Ggstz. de tribunali, ἀπὸ βήματος), cognoscere, discutere u. dgl., ICt.

II übtr.: **A** in der Zeit, **1** zur Angabe, dass etwas noch während der Dauer eines bestimmten Zeitpunktes (wie Nacht, Nachtwache, Tag usw.) seinen Anfang genommen habe, **noch im Laufe des (der)** usw., **noch mit, noch in** od. **an** (vgl. Matthiä Cic. Mur. 22. Bremi Suet. Aug. 97), de nocte venire, Cic., rus ire, Ter., surgere, Hor. (vgl. Drak. Liv. 8, 23, 15. Oud. Suet. Vesp. 21). – multa de nocte (noch tief in der Nacht) profectum esse, Cic. – de media nocte (noch mitten in der Nacht) mittere complures turmas eo, Caes. – de die, noch am (hellen) Tage, Komik., Hor. u. a. (auch zuw. nach dem griech. ἀφ᾽ ἡμέρας = »mit dem Beginn des Tages«, nach Mützell Curt. 5, 7 [22], 2). – media de luce u. de medio die, vom hellen Mittag an, Hor. – de tertia (quarta) vigilia, noch im Laufe der dr. N., mit der dr. N., Caes., Liv. u. a. (s. Drak. Liv. 9, 44, 10). – de mense Decembri (noch im Laufe des D.) navigare, Cic. – aber de tempore (= bl. *tempore*), zur gewöhnlichen Zeit, cenare, Auct. b. Hisp. 33, 5.

2 zur Bezeichnung der unmittelbaren Folge in der Zeit, **von ... weg, unmittelbar nach** (s. Lorenz Plaut. most. 682. Brix Plaut. trin. 215), non bonus somnus de prandio, Plaut.: statim de auctione venire, Cic.: oft diem de die, von Tag zu Tag, differre, proferre u. dgl., Liv. u. Iustin.

B in anderen Verhältnissen, **1** zur Angabe der Herkunft, Abstammung, **a** (wie ἀπὸ) zur Bezeichnung des Ortes, von dem (als seinem gewöhnl. Aufenthaltsort) jmd. od. etwas ist, -stammt, **von,** copo de via Latina, Cic.: rabula de foro (= *forensis*), Cic.: aliquis de ponte, einer von der Brücke, ein Brückensteher = Bettler, Iuven.: nauta de navi Alexandrina, Suet.: Libyca de rupe leones (poet. = *Libyci leones,* Ov.: nostro de rure corona, Tibull. – **b** des Standes, de summo adulescens loco, Plaut.: de summo loco summoque genere eques, Plaut. – **c** des etymologischen Ursprungs, **von, nach,** dicere alqm de alcis nomine, Ov.: dicta suo de nomine, Ov. **2** zur Angabe des Ganzen, von dem ein Teil, od. der Menge, aus der ein einzelnes Individuum genommen od. gekommen ist, **von, aus, unter,** partem solido demere de die, Hor.: de praeda mea teruncium nec attigit nec tacturus est quisquam, Cic.: exempta spinis de pluribus una, Hor.: hominem certum misi de comitibus meis, Cic.: illos emi de praeda a quaestoribus, Plaut. – So insbes., **a** zur Angabe des Geschlechts, der Klasse, Gesellschaft, Schule, aus der ein Individuum ist, genetrix Priami de gente, Verg.: homo de plebe = aus dem Bürgerstand od. = aus dem gemeinen Volk, ein gemeiner Bürger, Cic., Liv. u. a. (vgl. Drak. Liv. epit. 2. Burm. Ov. am. 1, 7, 29): malus poëta de populo, Cic.: hic de grege illo est, Ter.: homo de schola, Cic. – **b** sehr häufig zur Umschreibung des partitiven Genetivs, ut partem aliquam de istius impudentia reticere possim, Cic.: aliquis de dis, Ov.: de duobus honestis utrum honestius, Cic.: quemvis de iis, Cic. – bei Zahlw., nemo de nobis unus excellat, Cic.: unus (una) de multis, de tot milibus, Hor. u. Ov. – bei Superlat., de tribus et decem fundis tres nobilissimos fundos possidere, Cic.: minimus de stirpe virili, Ov.

3 zur Bezeichnung des Stoffs, woraus od. wovon etwas bereitet wird od. ist, **von, aus,** niveo factum de marmore signum, Ov.: de eodem oleo et opera exarare alqd, Cic.: verno de flore corona, Ov. – dah. **a** zur Bezeichnung eines Gegenstandes, aus dem ein anderer entstanden ist, aus, garum de sucis piscis Hiberi, Hor.: alipedis de stirpe dei versuta propago nascitur Autolycus, Ov.: de nave carcerem facere, Petr.: de templo carcerem fieri, Cic.: captivum de rege facere, Iustin.: in deum de bove verti, Ov. – **b** zur Angabe dessen, von dem der Aufwand für etw. bestritten wird, de praeda manubiis spoliisque honorem habetote, Liv. – bes. zur Angabe des Vermögens, von dem die Kosten zu etwas bestritten werden, de meo, de tuo, de suo, de nostro, de vestro, de alieno, von dem Meinigen, Deinigen usw., Komik., Cic., Liv. u. a. (vgl. Drak. Liv. 4, 60, 4. Schwarz Plin. pan. 26, 3. p. 83. Scheffer Phaedr. 4, 19, 26): de publico, aus der Staatskasse, Cic. u. a.: so auch de te, von dir = aus deinem Beutel, de te largitor, Ter. adelph. 940. – **c** zur Angabe des Körperteils usw., **mit** dem man Strafe abbüßt (vgl. Korte Lucan. 4, 805), de tergo (vgl. oben *no.* I, 3), de visceribus satisfacere, Liv. u. Cic.: de tergo od. (meton.) de se supplicium dare, Plaut.

4 (spätlat.) zur Angabe des Mittels u. Werkzeugs, **mit** (s. Rönsch Itala p. 392 *sqq.*), descobinata de limis, runcinarum levigata de planis, Arnob.: comperies de velamine arcam testimonii, Itala exod. 26, 34: cumque significasset eis de manu, Itala act. apost. 12, 17: de afflatu suo animat, Tert. adv. Valent. 24: de cauda nocere, Tert. scorp. 1.

5 zur Bezeichnung der veranlassenden Ursache od. des Grundes, **von wegen, wegen, um ... willen, aus, durch,** gravi de causa, Cic.: qua de causa, qua de re, aus dem Grund, weswegen, deshalb, Cic. u. Nep.: so auch quo de facto, Auct. b. Hisp.: flebat uterque non de suo supplicio, sed etc., Cic.: senatui parendum de salute rei publicae fuit, Cic.: de labore pectus tundit, vor Schmerz, Plaut.: quod erat de me feliciter Ilia mater, durch mich, Ov.: notior est factus Capaneus de fulminis ictu, Ov.

6 zur Bezeichnung der Gemäßheit, nach der etwas wie nach einer Norm, Richtschnur geschieht, **nach, zufolge, gemäß** (s. Lorenz Plaut. most. 760. Brix Plaut. Men. 934), de exemplo meo ipse aedificato, Plaut.: de illis verbis cave tibi, Plaut.: de suorum propinquorum sententia atque auctoritate fecisse, Cic.: de eius consilio velle sese facere, Ter.: vix de mea sententia concessum est, Cic.

7 (wie περί), zur Bezeichnung der Rücksicht oder Hinsicht, **in Betreff (was betrifft), in Hinsicht, anlangend (was anlangt), hinsichtlich,** de cena facio gratiam, Plaut.: recte non credis de numero militum, Cic.: de fratre confido, Cic.: diffidens de numero dierum Caesarem fidem servaturum, Caes.: neque id, quod fecerit de oppugnatione castrorum, aut iudicio aut voluntate suā fecisse, Caes.: solem de virgine rapta consule, Ov.: de cetero (am Ende einer Rede), was das Übrige (Weitere) anlangt, Sen. u. Curt.: so auch de ceteris, Sall.; s. Fabri Sall. Iug. 26, 1. Mützell Curt. 4, 1 (2), 14. – nach Subst., triumphus de alqo, victoria de alqo, s. triumphus, victoria. – u. so häufig nach *verbis sentiendi* u. *declarandi* zur Angabe des Objekts, auf das die Betrachtung, Verhandlung usw. sich beschränkt, deutsch **über,** s. accipio, ago, audio, 1. dico, doceo, ē-doceo, cō-gnōsco, iūdico u. dgl.
8 bei Adjektiven zur Bildung von Adverbialausdrücken, wie: de improviso, unversehens, unvermutet, Ter., Cic. u. a.: de integro, von neuem, *ibid.*
9 (spätlat.) beim Komparat. statt des bloßen *Abl.*, **als,** si plus de triginta pedibus patuerit, Gromat. vet. 11, 19.
10) bei subst. gebrauchten *Advv.*, z. B. de intus, s. de-intus: de longe, s. dē-longē: de magis, s. dē-magis.
► In der Zusammensetzung bezeichnet *de:* **a** Entfernung, Trennung, im materiellen und moralischen Sinne = **ab-, weg-, fort-,** decedere, deferre; übtr., denuntiare. – od. von der Höhe in die Tiefe = **nieder-, herab-, hinab-,** decĭdere, deicere. – **b** ein Abgehen od. Fehlen, deunx, desum, deficio, destituo, demens, deformis u. dgl. – **c** eine Vollendung, einen hohen Grad, dient daher auch zur Verstärkung des im einfachen Verbum liegenden Begriffs, **völlig, gänzlich, sehr, heftig,** defungi, depugnare, devincere. – deamare, demirari u. dgl.
de wird gern zwischen dem Adjektivum od. dem Pronomen u. dem Substantivum eingeschaltet, vgl. oben multa de nocte, gravi de causa, qua de re. – auch dem bloßen Relativum nachgesetzt, bes. in der jurist. Spr., z. B. illud, quo de agitur, id negotium, quo de agitur, worum es sich handelt, Cic. de or. 1, 209 u. de inv. 1, 27: u. so illae oves, qua de re agitur, Varro r. r. 2, 2, 6.

dea, ae, *f.* (deus), die **Göttin,** Cic. u. a.: pastoralis, Hirtengöttin, Solin.: bellica, Minerva, Ov.: dea marina, Serv.: venatrix od. silvarum, Diana, Ov.: Vesta, dea ignis, Serv.: siderea, die Nacht, Prop.: deae novem, die Musen, Ov.: d. triplices, die Parzen, Ov. – ► Dat. u. Abl. Plur. dis od. deis, Varro r. r. 3, 16, 7. CIL 7, 221.; u. deabus, Cn. Gell. fr. bei Charis. 54, 13. Varro fr. bei Augustin. de civ. dei 7, 24. Apul. met. 4, 30. Augustin. de civ. dei 3, 3 (auch diabus, CIL 13, 8208), u. in der Verbindung dis (diis) deabusque, Cic. Rabir. perd. 5. Cic. Cornel. 1. fr. 30 K. (bei Prisc. 7, 11). Prob. imp. bei Vopisc. Prob. 15, 4. CIL 3, 987.

deacinātus, a, um (de u. acinus), **von den Weinbeeren gereinigt,** Cato r. r. 26.

deāctio = peractio, Paul. ex Fest. 74, 11.

de-acuo, ūtus, ere, **stumpfmachen,** Virg. gramm. 5. p. 34, 18 H.

dealbāmentum, ī, *n.* (dealbo), die **Übertünchung,** CIL 8, 20252.

dealbātio, ōnis, *f.* (dealbo), die **Übertünchung,** übtr., **a** übh., dealb. peccatorum, Weißwaschung, (= Reinigung) von S., Augustin. c. Faust. 23, 53. – **b** = gleißender Schein, Augustin. de civ. dei 3, 14 u. a. Eccl.

dealbātor, ōris, *m.* (dealbo), der **Tüncher,** CIL 4, 222. Cod. Iust. 10, 66 (64), 1.

de-albo, āvī, ātum, āre, **abweißen, abtünchen** = übergipsen, überweißen, übertünchen, columnas, Cic.: parietem calce, Vitr.: parietes, Pallad.: paries dealbatus, Augustin.: crux dealbata, Suet.: scripsit Secundus dealbante (*sc.* parietem) Victore, CIL 4, 1190. Vgl. fidelia (sprichw.). – übtr., **weiß waschen,** palliare se volunt nomine pietatis et dealbare, Augustin. conf. 9, 20: u. so si fuerint peccata vestra coccinum, quasi nix dealbabuntur, werden sie weißgewaschen wie Schnee, Hieron. in Isai. 1, 1, 18. p. 36 M. – Dav. **dealbātior,** *PAdi.* im *Compar.*, **überweißter, übertünchter,** Augustin. conf. 7, 6.

deambulācrum, ī, *n.* (deambulo), der **Spazierort, Spaziergang,** Mamert. Grat. act. 9, 4. Vulg. 3. regg. 7, 2 u. a. Eccl.

deambulātio, ōnis, *f.* (deambulo), das **Sich-Ergehen, Spazierengehen,** der **Spaziergang,** Ter. heaut. 806. Hier. in psalm. 84, 15. Vulg. Ezech. 42, 4. Augustin. serm. 385, 7. Cael. Aur. chron. 2, 1, 46; 3, 8, 141 u. 149: frequens d. (equi), Pelagon. veterin. 27. p. 91 = 363 *Ihm.*

deambulātōrium, iī, *n.* (deambulo), das **zum Spazierengehen geeignete Dach,** Capit. Gord. 32, 6.

de-ambulo, āvī, ātum, āre, **sich** (gleichs. bis zur Ermüdung) **ergehen, spazieren gehen,** aegrotus saliat deciens et deambulet, Cato: eamus deambulatum, Cato: abi deambulatum, Ter.: exiisse deambulatum in hortos, Augustin.: d. in solario, Vulg.: deambulans in litore, Suet.: laxandi levandique animi gratiā in Agrippae campo, Gell.: cum alqo per alias horti partes, Augustin.: solus secreto deambulabat, Suet. – ► Cic. de legg. 1, 14 jetzt cum satis erit ambulatum u. *ibid.* 2, 1 quia satis iam ambulatum est.

de-amo, āvī, ātum, āre, **I** in jmd. **sterblich verliebt sein,** jmd. **heftig lieben,** alqm, Plaut. Epid. 219. Afran. com. 357. *Laber. com. 41. – dah. an einer Sache **großes Gefallen finden,** sie **willkommen heißen,** munera, Plaut. Poen. 1176 (wo arch. Pers. deamavei); truc. 703. – **II** jmdm. (für etwas) **sehr verpflichtet sein,** ihm **herzlichen Dank wissen,** deamo te, Syre, Ter. heaut. 825.

Deāna, s. Diāna.

de-ardeo, arsī, ēre, **abbrennen,** Itala apoc. 8, 7.

de-argento, āvī, ātum, āre (de u. argentum), **I ums Geld bringen,** Lucil. 682 (wo alter Infinit. Fut. Akt. deargentassere). – **II versilbern, übersilbern,** idola, Hieron.: arma et vestes, Oros.: columbae deargentatae, Hieron.

de-armo, āvī, ātum, āre, **I entwaffnen,** quibus dearmatus exercitus hostium, Liv. 4, 10, 7. – **II** eine Waffe **hinwegnehmen, rauben,** sagittas, Apul. met. 5, 30.

de-artuo, āvī, ātum, āre (de u. artus), eig. gliederweise zerreißen, dah. übtr., durch Betrug **zugrunde richten, ruinieren,** deartuatus sum miser, Plaut. capt. 640: deartuavisti opes, *ibid.* 672.

de-ascio, āvī, ātum, āre, **I mit der Axt behauen, glätten,** deasciatus stipes, Prud. perist. 10, 381. – **II mit der Mauerkelle abreiben, -vernichten,** quisquis hunc titulum (monumenti) deasciaverit, CIL 14, 1153. – scherzh. übtr., jmd. um sein Geld **beschummeln, prellen,** Plaut. mil. 884.

deaurātio, ōnis, *f.* (deauro), das **Vergolden,** Greg. M. in 1. reg. 3, 4, 5. p. 185[3].

deaurātor, ōris, *m.* (deauro), der **Vergolder,** Cod. Iust. 10, 64, 1.

de-auro, āvī, ātum, āre (de u. *auro), **vergolden, übergolden,** Cod. Theod. 10, 22, 1. Tert. de idol. 8. Augustin. serm. 24, 6.

dēbacchātio, ōnis, *f.* (debacchor), das **Sich-Abtoben,** Salv. de gub. dei 7, 4. § 18 H.

dē-baccho, s. dē-bacchor ►.

dē-bacchor, ātus sum, ārī, **tüchtig schwelgen,** in ea villa multos dies ingenti luxuriā cum libertis suis et amicis paribus, Capit. Ver. 8, 8: in omnem d. luxuriam, Hieron. epist. 123, 9. – übtr., **sich abtoben** = **sich ereifern, lärmen** u. **toben,** Ter. adelph. 185: contra alqm, Hieron. in Isai. 11, 37, 26: poet., quā parte debacchantur ignes, Hor. carm. 3, 3, 55. – alt. Nbf. **debaccho,** wov. debaccharat, Ven. Fort. praef. § 5: debacchasset, Greg. Tur. de mir. S. Mart. 2, 20.

dē-battuo, ere, **tüchtig stoßen,** obszön = gehörig bedienen, dominam, Petron. 69, 3.

dēbellātio, ōnis, *f.* (debello), die **Besiegung, Überwindung,** Augustin. c. Iul. 3, 21, 44.

dēbellātor, ōris, *m.* (debello), der **Besieger, Überwinder,** eig. u. übtr., Verg. Aen. 7, 651. Stat. Theb. 9, 545. Claud. IV. cons. Hon. 28. Tert. apol. 5. Vulg. sap. 18, 15: deb. erroris, Cassiod. in psalm. 1. p. 11, b (*ed. Garet*).

dēbellātrix, trīcis, *f.* (Femin. zu debellator), die **Besiegerin,** eig. u. übtr., Eccl.

dē-bello, āvī, ātum, āre, **I** *intr.* **den Krieg zu Ende führen, den Krieg beendigen,** im Passiv unpersönl. debellatur oder debellatum est, **der Krieg wird** oder ist **zu Ende geführt,** absol., neque priusquam debellavero absistam, Liv.: eodem impetu capta castra debellatumque est, Liv.: quasi debellatum foret, Tac. – m. *Abl.* (durch), elephantorum aciem conspectu ipso debellaturam, Liv.: proelio uno debellatum est, Liv.: ne se absente debellaretur, Liv. – m. *cum* (mit = gegen) u. Abl. (s. Drak. Liv. epit. 33), cum Ferentanis uno secundo proelio debellavit, Liv.: debellari eo die cum Volscis potuisse, Liv.: nondum debellatum cum Volscis esse, Liv. – m. Ang. **wo?** durch *Praepp.*, in Sicilia cum fugitivis debellavit, Liv. epit.: cum Samnitibus ante portam Collatinam debellavit, Liv. epit.: debellatum apud Actium, Vell. – *Partic. perf.* im Abl. absol., **nach beendigtem Krieg** (s. Drak. Liv. 26, 21, 4), eum quasi debellato triumphare, Liv. – **II** *tr.*: **1** einen Kampf (Streit) **auskämpfen, auf Leben und Tod kämpfen,** Centaurea cum Lapithis rixa super mero debellata, Hor. carm. 1, 18, 9. – **2** = καταπολεμέω, **niederkriegen, niederkämpfen,** im Krieg (Kampf) **völlig überwinden, -besiegen, -bezwingen,** gentem, Verg.: Darium, Plin.: regem, Flor.: Indiam, Ov.: Gallias, Illyricum, Suet.: hostem clamore, Tac.: post debellata arma civilia, Sen. – übtr., olim fugissemus ex Asia, si nos fabulae debellare potuissent, Curt.: cetera eius (fortunae) tela, quibus genus humanum debellatur, Sen.: fame atque inopiā debellari posse, Curt.: debellandae sunt in primis voluptates, Sen.: debellat eos (fungos) et aceti natura contraria iis, hebt ihren schädlichen Einfluss auf, Plin. 22, 99.

dēbeo, buī, bitum, ēre (de u. habeo), von jmd. etwas herhaben, folglich gehalten sein, es ihm wiederzugeben) = **zu entrichten-, zu bezahlen haben, schuldig sein, schulden** (griech. ὀφείλω), **I** eig. (Ggstz. reddere, solvere, dissolvere, persolvere): **α** *alqd* od. *alci alqd:* talenta CC, Cic.: grandem pecuniam, Sall.: duplum, Quint.: decumas, zehntpflichtig sein, Cic.: quod debetur remittere (erlassen), Cic.: debita biennii pecunia, Caes.: pecuniam iam diu debitam alci solvere, Cic.: alci omne quod debeo dissolvo, Cic.: stipendia retro debita (den rückständigen Sold) exsolvere, Lampr. – d. alci pecuniam, Cic.: alci grandem pecuniam ad (gegen) HS octogiens, Cic.: nummum nemini, Cic. – d. pecuniam pro domo, pro hortis, Cic.: hoc quod satis dato debeo, was mir durch eine gestellte Bürgschaft kreditiert worden ist, Cic.: quadringentiens HS Idibus Mart. d., Cic.: alci mille drachmas de ratione (laut Rechnung) d., Cic.: pecunia quae ex (laut) publica permutatione od. quae ex societate (Handelskompanie) debetur, Cic. – d. pecuniam per syngrapham, Amm. – alci privatim haud quicquam debere, Cic. – multum enim differt in arcane positum sit argentum an in tabulis debeatur, Cic. – Sprichw., animam debere, das Haar auf dem Kopf schuldig sein (nach dem griech. καὶ αυτὴν τὴν ψυχὴν ὀφείλειν), Ter. Phorm. 661. – **β** bl. *alci:* illi, quibus debeo, meine Gläubiger, Cic.: ut illi quam plurimi deberent, Sall.: non inveniuntur, qui velint debere rei publicae, praesertim duodenis assibus (gegen 12 Prozent [monatlich]), Plin. ep. – isti tibi quid homines debent (was hast du bei den M. zu suchen) quos quaeritas? Plaut. trin. 893: so auch quid tibi istic hisce in aedibus debetur? Plaut. mil. 421. – **γ** absol.: ii, qui debent, die Schuldner, Cic.: qui se debere fatentur, Caes.: debebat? immo in suis nummis versabatur, Cic.: Kal. Ianuariis debuit (hatte zu zahlen); adhuc non solvit, Cic.: ut non longius quam dictum esset debere eos passus sit, Nep.: desinet debere, wird nicht mehr sch. s., Sen.: *ex* ista syngrapha deberi (bestehe eine Schuld) *pro* iis rebus, quae erant ante syngrapham reciperatae, Cic. – *Partic.* subst., **αα** dēbentēs, ium, *m.*, die **Schuldenden,** die **Schuldner,** Liv. 6, 27, 3. – **ββ** dēbitum, ī, *n.*, das **Schuldige,** die **Schuld,** debitum exigere, Sen. poët. (bidl.): molestius (dringend) flagitare debitum, Amm.: u. so instantius debitum petere, Schol. Iuven.: acerbius debitum reposcere, Suet.: debita consectari (Ggstz. quod debeatur remittere), Cic.: debitum alci solvere, Cic., u. (bildl.) persolvere, Col.: alci debitum reddere (bildl.), Col.: debito fraudari, Cic.: alqd solvere in debitum, mit etwas seine Sch. entrichten (bildl.), Sen. ep. 7, 8. – **II** übtr.: **A** etw. **schuldig bleiben** = vorenthalten, in der Verbindung: non posse alci alqd debere, jmdm. etwas **nicht schuldig bleiben** (nicht vorenthalten) **können,** z. B. quod praesenti tibi prope subnegaram, non tribueram certe, id absenti debere non potui, Cic.: u. so im Passiv, itaque oratio iuventuti nostrae deberi non potest, Cic.; vgl. Kühner Cic. Tusc. 2, 67. – **B** etwas **schuldig sein, schulden** = sowohl **zu** als **für** etwas **verbunden sein, 1** durch Pflicht **zu** etwas **verbunden sein, zu** etwas moralisch **verpflichtet sein, die Verpflichtung-, Verbindlichkeit haben** usw., im Allg.: **a** *act.*: **α** m. *Acc.*: alci gratiam, Cic.: alci mutua officia, Plin. ep.: iuvenis nil iam caelestibus ullis debens, Verg.: navis, quae tibi creditum debes Vergilium, finibus Atticis reddas, Hor. – **β** m. *Infin.*, etw. zu tun od. zu leiden durch Pflicht **verbunden sein, verpflichtet sein,** etwas tun od. leiden (geschehen lassen) **sollen, müssen, brauchen, dürfen** (von moralischer Nötigung, nur bei Dichtern auch für *necesse est*), homines, qui te et maxime *debuerunt* et plurimum iuvare *potuerunt,* Cic.: Africam forte Tubero obtinere debebat, Caes.: ea tibi ego non debeo (brauche nicht) commendare, Cic.: debueram loqui, Ov.: oppida expugnari non debuerint, Caes.: ut iam nunc dicat iam nunc debentia dici, was einmal gesagt werden muss, Hor. – **b** *pass.*: cui (patriae) ipsa vita debetur, für das man das Leben aufzuopfern verpflichtet ist, Iustin.: quanta his (dis) gratia debeatur, Cic.: misericordia, quae tibi nulla debetur, Cic. – m. *Infin. Perf.*, tametsi statim vicisse debeo, gesiegt haben sollte, Cic. Rosc. Am. 73: quin etiam in testamentis debes (musst du) annotasse, Plin. ep. 7, 20, 6: tuum promissum immutasse non debes, darfst du damit nicht rückgängig gemacht haben, Tac. dial. 24. – Partiz. dēbitus, a, um, **geschuldet, schuldig, gebührend,** debitae lacrimae, laudes, Liv.: debitae poenae, Cic.: oscula sibi debita, Prop.: praemia reddant debita, Verg. – subst., dēbitum, ī, *n.*, das **Schuldige,** die **Verpflichtung,** nepotum nutriendorum, Val. Max.: velut omni vitae debito liberatus, Curt.: minus debito facere (Ggstz. plus debito solitoque facere), Sen. de ben. 3, 22, 2: si crevit super debitum (über Gebühr), nocuit, Sen nat. qu. 4, 2, 9. – **2** wie ὀφείλω u. ὀφλισκάνω, nach dem Verhängnis (fatum) od. Naturgesetz (natura) zu etwas **verpflichtet-, bestimmt-, auserkoren sein, α** *act.*: urbem, zu gründen bestimmt sein, Ov.: debet multas hic legibus aevi (*i.e.* fato) ante suam mortes, Lucan. – tu, nisi ventis debes ludibrium, cave, wenn du nicht (gleichsam nach Schicksalsschluss) ein Sp. den W. darbieten musst = ein Sp. der W. werden willst (wie ὀφείλεις μέλπηθρα = μέλλεις μέλπηθρα γενέσθαι), Hor. carm. 1, 14, 16. – **β** *pass.*, **bestimmt, geweiht, verfallen sein, anheimfallen,** cui regnum Italiae Romanaque tellus debentur, Verg.: vita, quae fato od. necessitati debetur, Rhet. Her. u. Cic.: animae, quibus altera fato corpora debentur, Verg.: fatis debitus Aruns, dem Tode geweiht, Verg.; vgl. debitus destinatusque morti, unfehlbar dem Tode geweiht, Liv.: debemur morti nos nostraque, Hor.: Pergama debita, dem Untergang geweiht, Verg.: debitus (debita) coniunx, durchs Schicksal bestimmt, beschert, Ov.: o fortunata mors, quae naturae debita pro patria est potissimum reddita, die Bestimmung der Natur erfüllend, Cic. – Partiz. subst., naturae debitum, der der Natur schuldige Tribut, mortem naturae debitum pronuntiamus, Tert. de anim. 50: debitum naturae reddere, euphem. = sterben, Hyg. astr. 2, 20. Augustin. in psalm. 38, 9: morbo naturae debitum reddere, Nep. regg. 1, 5; ebenso debitum naturae solvere, Hyg. fab. 56, persolvere, Hyg. fab. 26. CIL 6, 3580. – **3** jmdm. **für** etw. **verpflichtet sein** od. **sich verpflichtet fühlen,** ihm etw. **zu verdanken haben,** alci beneficium, Cic.: quantum cuique deberet, Nep.: alci salutem, vitam, Ov.: se, sich = sein Dasein, seine Existenz, Ov.: im Bösen, hoc quoque Tarquinio debebimus, Ov. fast. 2, 825. – alcis (meā, tuā) causā minus od. omnia debere, jmdm. weniger od. in allen Stücken sich verpflichtet fühlen, weniger od. alle Rücksicht schuldig sein, Cic. I. Verr.. 23. Cic. ep. 3, 7, 6; 4, 8, 1; 13, 75, 1. – m. folg. *quod* (dass), tibi nos debere fatemur, quod datus est verbis ad amicas transitus aures, Ov. met. 4, 76 *sq.* – absol., jmdm. **verpflichtet sein,** gegen ihn **Verpflichtungen, Verbindlichkeiten haben,** bonis omnibus, Cic.: tibi, Ov.: dah. Partiz. subst., dēbentēs, ium, *m.*, die **Verpflichteten,** die **Schuldner** (Ggstz. obligantes), Sen. de ben. 1, 4, 5. – ► synk. debtur = debetur, CIL 11, 1950.

dē-bibo, ere, **davon trinken,** quorum (fluminum) alterum si ovillum pecus debibat, Solin. 7, 27.

dēbil, archaist. = debilis, Enn. ann. 324 (wo die *codd.* debilo homo).

dēbilis, e, *Adi.* m. *Compar.* (urspr. dehibilis, aus de u. habilis), **ungelenk** durch Schwächung, Lähmung oder Verstümmelung, **geschwächt, entnervt, entkräftet** (invalid), **schwächlich, gebrechlich, gelähmt, verkrüppelt** (Ggstz. integer, firmus, validus), **I** eig.: **a** v. Gliedern des Körpers, v. Körper u. v. leb. Wesen selbst: crus, Suet.: lingua, Mart.: manus, Ov.: membra, Sen.: pennae (Amoris), Ov.: corpus (Ggstz. corpus firmum), Cic.; u. (im Bild) corpus rei publicae, Cic. – pater, Sen. rhet.: Burrus, Tac.: familia (Sklaven) debilis, caeca, manca, Sen. rhet.: senex d., imbecillus senex aut d., Cic.: Q. Scaevola confectus senectute, praepeditus morbo, mancus et omnibus membris captus ac debilis, Cic.: claudi ac debiles equi, Liv.: canterii debiles, Apul.: pueri pusilli numquam debiles fient, si etc., Cato: turn etiam illum debilem factum, Cic.: liberos, si debiles monstrosique editi sunt, mergimus, Sen. – m. *Abl.* **wodurch?** membra metu debilia sunt, Ter.: plurimis stipendiis d. miles, Plin.: mustela annis et senectā d., Phaedr. – m. *Abl.* **woran?** ille umero, hic lumbis, hic coxā d., Iuven.: hic fuit d. pedibus manibusque articulorum dolore, Aur. Vict.: amisso filio debilis pedibus factus, Liv. epit.: debilem facito manu, debilem pede, coxā, Maecen. bei Sen. – m. *ad* (zu, für) u. Akk., ad mandata claudus, caecus, debilis, Plaut. merc. 630: exercitus ille ad ea, quae sequebantur, discrimina haud dubie debilior (zu entnervt) futurus fuit, si hostem habuisset, Curt. 3, 1 (6), 39. – Subst., dēbilis, is, *m.*, der **Gebrechliche,** der **Krüppel,** debilis aut luscus (Ggstz. integer omnibus membris et illaesus), Sen.: delicati et formosi debiles (Verschnittene), Sen. rhet.: aegri ac debiles, Lact.: integris debiles implicabantur, Curt.: debilibus integritatem reddere, Lact. – **b** v. a. Ggstdn.: ferrum, kraftloses, Verg.: umbra, haltloses, nichtiges Schattenbild, Ov.: debile carpit iter (poet. st. debilis carpit iter), Stat. – **II** übtr., **geschwächt, schwach, gelähmt, haltlos,** equites Romani, quorum vires erant debiles, Cic.: mancam ac debilem praeturam futuram suam, Cic.: ita est utraque res sine altera debilis (einseitig, ein Stückwerk), Cic.: u. so manus, sine quibus trunca esset actio ac debilis, Quint.: u. tamen sine rerum naturae cognitione trunca ac debilis medicina esset, Cels.: ut teneat vetitos inscitia debilis actus, Pers. – v. Pers., tum, cum illum (Catilinam) exterminari volebam ... eos qui restitissent infirmos sine illo ac debiles (ohnmächtig u. in ihren Unternehmungen gelähmt) fore putabam, Cic. – m. *Abl.* **woran?** qui hāc parte animi (= memoriā) tam debilis esset, ut ne in scripto quidem meminisset, quid paulo ante posuisset, Cic.: Claudius Sanctus dirus ore, ingenio debilior (noch mehr verwahrlost), Tac. – ▶ Superl. debilissimus, Not. Tir. 7, 67^b.

dēbilitās, ātis, *f.* (debilis), die **Geschwächtheit** (**Schwäche, Nervenschwäche**), **Gebrechlichkeit, Lähmung** (**Glieder-, Nervenlähmung**), **Verkrüppelung, I** eig.: **α** absol.: caecitas ac d., Tac.: d. foeda, Cels.: subita, Liv.: bonum integritas corporis, misera d., Cic. – Plur., Gell. 7 (6), 1, 7: debilitates et corporum passiones, Arnob. 1, 47: debilitatibus variisque morbis vexati, Arnob. 1, 46: morbos dico, funera, debilitates, Sen. de vit. beat. 15, 6: a se dolores, morbos, debilitates repellere, Cic. de fin. 4, 20. – **β** m. *Genet.:* linguae, Cic.: membrorum, Liv.: pedis, Gell.: vel pedum vel alarum (eines Vogels), Solin.: insignes aliquā debilitate corporis, Suet.: senectā et debilitate pedum (Zipperlein) invalidus, Tac. – **II** übtr.: d. animi, **Haltlosigkeit,** Cic. de fin. 1, 49: mollis debilitate galliambos, Mart. 2, 86, 5.

dēbilitātē, *Adv.* (debilitatus v. debilito), **gelähmt,** Non. 98, 18.

dēbilitātio, ōnis, *f.* (debilito), die **Lähmung, Verkrüppelung,** Apul. met. 2, 30. Th. Prisc. 1, 21. – übtr., debilitatio atque abiectio animi, Gedrücktheit und Niedergeschlagenheit, Cic. Pis. 88.

dēbiliter, *Adv.* (debilis), **gelähmt,** Pacuv. tr. 355.

dēbilito, āvī, ātum, āre (debilis), **geschwächt-, gelähmt-, gebrechlich-, verkrüppelt machen, schwächen, lähmen, verkrüppeln, I** eig.: **a** die Glieder usw., membrum (v. Schmerz, Krankheit), Cels.: membra (v. Schrecken), Auct. b. Alex.: hominem (v. Schmerz), Cels. – m. *Abl.* **wodurch?** membra alcis lapidibus, fustibus, Cic. – m. *ut* u. Konj., qui filium debilitavit, ut inhabilis militiae sit, ICt. – Gew. im Passiv, bes. im Partiz. Perf., ignominiā affici, debilitari, Sen.: debilitatum corpus et contrucidatum, Cic.: contusi ac debilitati inter saxa rupesque, Liv. – u. im Bild, quod nervis omnibus urbe exsectis urbem ipsam solutam ac debilitatam reliquerunt, Cic.: versus debilitatur (wird lahm), in quacumque est parte titubatum, Cic. – m. *Abl.* **wodurch?** debilitari lapsu, Suet., morbo aliquo, Cels.: quinquaginta hominum milia eo casu (Unglücksfall) debilitata vel obtrita sunt, waren zu Schaden gekommen oder usw., Tac.: multi eiusmodi casibus debilitati, obruti, obtriti, Plin. ep.: debilitatus vulnere, Curt.: debilitati stupris, Cic. – m. *Abl.* **woran?** saucii saepe homines, cum corpore debilitantur, animo tamen non cedunt, Cic. Caecin. 42. – **b** andere Ggstd., der phys. Kraft nach **schwächen, brechen,** m. *Abl.* **wodurch?** quae (hiems) nunc oppositis debilitat pumicibus mare Tyrrhenum, die Wellen des t. M. bricht, Hor. carm. 1, 11, 5: cibum etiam saepe subtrahunt, ut fame debilitetur eculeorum nimis effrenata vis, Cic. Hortens. fr. 85 M. (bei Non. 105, 11). – **II** übtr., **schwächen, lähmen, lahmlegen, in seiner Tätigkeit hemmen, unschädlich machen, entwaffnen, aller Kraft-, aller Energie-, alles Haltes berauben, die Fassung benehmen, entmutigen, verzagt machen** (Ggstz. confirmare), im Passiv oft = **alle Kraft-, alle Festigteit** (**Energie**)-, **allen Halt-, alle Fassung verlieren** (oft verb. frangere et debilitare, frangere debilitareque, imminuere ac debilitare), horum ego cotidie consiliis occurro, audaciam debilito, sceleri resisto, Cic.: quorum ego ferrum et audaciam reieci in campo, debilitavi in foro, compressi etiam domi meae saepe, Cic.: quae leges saepenumero tribunicios furores debilitarunt et represserunt, Cic.: tua profectio spem meam debilitat, Cic.: quosdam continet metus, quosdam debilitat, Quint.: sin aestivorum timor te debilitat, Cic.: utrum hoc est *confirmare* militum animos an *debilitare* virtutem? Cic.: nam quid est quod animum meum frangere aut debilitare possit, Cic.: si vicerunt, efferunt se laetitiā; victi debilitantur animosque demittunt, Cic.: nonne, si prima quaeque improbari putas, debilitaris et concīdis? Plin. ep.: amicitia debilitari animos aut cadere non patitur, Cic.: hunc cum afflictum, debilitatum, maerentem, in summum discrimen adductum viderem, Cic. – m. *Abl.* **wodurch?** sed enim haec facta illius clarissimi ac fortissimi viri mentio et vocem meam fletu debilitavit et mentem dolore impedivit, Cic.: nolite animum meum debilitare cum luctu tum metu commutatae voluntatis vestrae erga me, Cic.: so metu deb. nostros, Varro fr.: alqm fractum ac debilitatum metu videre, Cic.: viri non est debilitari dolore, frangi, succumbere, Cic.: cum eo facto opes adversariorum debilitatae viderentur, Nep.: nisi (Hannibal) domi civium suorum invidiā debilitatus esset, Romanos videtur superare potuisse, Nep.: ne cognitā filii morte animi debilitarentur militum, Nep.: debilitor lacrimis, die Tr. übermannen mich, Cic.: recitatis litteris debilitatus atque abiectus (halt- u. mutlos geworden) conscientiā repente conticuit, Cic.: satius visum esse tyrannum debilitatum ac totis prope viribus ad nocendum ademptis (lahmgelegt u. fast unschädlich gemacht) relinqui, quam etc., Liv. – m. *ab* u. Abl., debilitati a iure cognoscendo, vom Studium des Rechts abgeschreckt, Cic. de or. 2, 142.

dēbilo, s. dēbil.

dēbitio, ōnis, *f.* (debeo), das **Schuldigsein,** das **Schulden,** pecuniae, gratiae, Cic. Planc. 68: dotis, Cic. ad Att. 14, 13, 5. – meton. = die **Schuld** (Ggstz. fenus), Ambros. de Tobia 7. § 25.

dēbitor, ōris, *m.* (debeo), der **Schuldner, I** eig. (Ggstz. creditor, der Gläubiger, fenerator, der Kapitalist, Wucherer), m. subj. *Genet.,* d. illius, Sen.: veteres debitores aerarii, Suet. – m. obj. *Genet.,* aeris, Hor. sat. 1, 3, 86. – gew. absol., d. publicus, Plin. ep.: meus, ICt.: idoneus (zahlungsfähiger), Plin. ep. u. ICt.: gratus, ingratus, Plin. pan.: pessimus, Sen.: numerosus, vielfältiger Schuldner, Mart. – addicere (preisgeben) Fufidium creditorem debitoribus suis, Cic. Pis. 86: appellare debitorem u. appellare debitorem ad diem, Sen.: debitor decoxit, Sen.: instare debitoribus, Sen. fr.: suscipere causam debitorum, Caes. u. Val. Max.: debitores creditoribus satisfaciunt, Suet. – II übtr., a von dem, der zur Erfüllung von etw. verbunden ist, mercede solutā non manet officio debitor ille tuo, Ov. am. 1, 10, 45: fassus huius se spectaculi debitorem, Sen. contr. 1, 1. § 11: d. voti, verpflichtet zur Erfüllung des Gelübdes u. dah. seines Wunsches teilhaftig, Mart. 9, 42, 8. – b v. dem, der jmdm. für etw. verpflichtet ist, ihm etw. verdankt, huius officii, Sen.: maximorum meritorum, Iustin.: animae huius, Ov.: animi amici, Ov.: vitae, Ov. – absol., habebis ipsum gratissimum debitorem, Plin. ep.: obligabis ipsum non minus idoneum debitorem quam nos putas, Plin. ep.

dēbitrīx, trīcis, *f.* (Femin. zu debitor), die **Schuldnerin,** ICt. – übtr., Eccl.

dēbitum, ī, *n.*, s. dēbeo *no.* I, ββ u. *no.* II, B, 1, b u. 2, β.

dē-blatero, āvī, āre, **herplappern, herplärren** (s. Paul. ex Fest. 72, 3. Non. 96, 9), absol., Lucil. 1063: theorematis nugalibus, Gell. 1, 2, 6. – m. *Acc.*, deblateratis versuum multis milibus, Gell. 9, 15, 10. – m. *Dat. pers.* u. *Acc.* m. *Infin.*, jmd. **vorplärren, vorschwatzen,** Plaut. aul. 268.

dē-brachiolo, āre (de u. brachiolum), einem Tier **an den Schenkelmuskeln eine Ader öffnen,** Pelagon. veterin. 21. p. 78 = 291 *Ihm.*

dēbrio, āvī, ātum, āre (de u. ebrio), **stark berauschen,** alqm od. sese alqā re, Eccl. – dah. dēbriātus, a, um, **berauscht, stark betrunken,** Anthol. Lat. 297 *lemm.* u. *v.* 2 *cod. A.* – übtr., spiritus sancti gratiā debriatus, Augustin. serm. 169, 5 *ed. Mai.*

debuccellātus, a, um (de u. buccellatum), **aus gestoßenem Zwieback bereitet,** penicilli, Plin. Val. 1, 6.

de-būcino, āre, **ausposaunen,** bildl., Tert. de virg. vel. 13.

dē-cachinno, āre, **ausspotten, verspotten,** Tert. ad nat. 1, 19 u. apol. 47.

decac(h)ordus, a, um (δεκάχορδος), **zehnsaitig,** Fulg. myth. 1, 15. p. 25, 5 H. Vulg. psalm. 91, 4 u. 143, 9. Paul. Nol. carm. 21, 274.

dēcacūminātio, ōnis, *f.* (decacumino), das **Köpfen** (eines Baumes), Plin. 17, 236.

dē-cacūmino, āre (de u. cacumen), einen Baum **köpfen,** Col. 4, 7, 3 u. a.

decada, ae, *f.* = decas (s. d.), Eccl.

decagōnus, ī, *m.* (*δεκάγωνος), das **Zehneck,** Boëth. de art. geom. p. 422, 9–17 Fr.

dē-calautico, āre (de u. calautica), des **Schleiers berauben, entschleiern,** Lucil. 683.

decalogus, ī, *m.* (δεκάλογος), die **zehn Gebote,** Tert. de anim. 37.

dēcalvātio, ōnis, *f.* (decalvo), die **Kahlmachung,** Hieron. epist. 122, 1.

dē-calvo, āvī, ātum, āre, **kahl machen,** Veget. mul. 3, 48, 3 u. Eccl. (s. Rönsch Itala p. 188).

1. **decānia**, ae, *f.*, **zehn Mönche** unter einem Vorsteher, die **Dekanie,** Cassian. coenob. inst. 4, 10.

2. **decānia**, iōrum, *n.*, eine Gruppe von zehn Zeichen (von den dreißig) im Tierkreis, Manil. 4, 298.

decānicum, ī, *n.* (decanus *no.* I, b), die Wohnung usw. für je zehn Mönche, der **Mönchhof,** Cod. Theod. 16, 5, 30.

dē-cano, ere, **besingen,** Cererem, Prob. cathol. (IV) 4, 5. p. 42, 23 K.

dēcantātio, ōnis, *f.* (decanto), das **Absingen, Hersingen,** Cassian. coll. 10, 10: psalmorum, Cassiod. rhet. *extr.* – übtr., die **Schwatzhaftigkeit,** für das griech. ἀδολεσχία, Hieron. epist. 106, 49.

dē-canto, āvī, ātum, āre, **absingen,** I *v. tr.*: A = **hersingen,** 1 im Allg.: miserabiles elegos, Hor.: Ἅλωσιν Ilii in illo suo scaenico habitu, Suet.: Oreadas (v. der Echo), Nemes.: tribus, aufrufen, Lucan.: statim compositiones decantantur, werden vorgepredigt, hergeplappert, Plin. – 2 verächtl., **ableiern, abdreschen** = bis zum Überdruss vorbringen, augurium, Cic.: causas, Cic.: haec decantata erat fabula, Cic. – m. *Dat.*, nec mihi opus est Graeco aliquo doctore, qui mihi pervulgata praecepta decantet, Cic. – m. *in* u. Abl., decantatae in omnibus scholis fabulae istae sunt, Sen. – m. *de* u. Abl., isdem de rebus semper quasi dictata decantare, über dieselben Sachen immer die alte Leier singen, Cic. – B **beschreien, bezaubern,** gewöhnlich m. *Abl.*, nullo decantatus carmine, Apul. met. 3, 22 *in.*: his verbis et amplexibus mollibus decantatus maritus, *ibid.* 5, 13: ohne *Abl.*, decantatis spirantibus fibris, *ibid.* 3, 18. – II *v. intr.*: 1 **absingen** = mit dem Gesang aufhören, sed iam decantaverant fortasse, vielleicht waren sie mit ihrem Trauerlied schon am Ende, Cic. Tusc. 3, 53. – 2 **abblasen** = ein Tonstück vortragen, Appius Claudius epulandi decantandique ius tibicinibus in publico ademit, Aur. Vict. de vir. ill. 34, 1.

decānus, ī, *m.* (decem), der **Vorgesetzte von zehn Mann,** I eig.: a von zehn Soldaten, Veget. mil. 2, 8. – b von zehn Mönchen, Eccl. – c der **Oberste der Leichenträger,** Cod. Iust. 1, 2, 4 u. a. – II übtr., als *t. t.* der Astrologie, das Haupt von zehn Teilen (aus den dreißig) eines Tierkreiszeichens, Firm. math. 2, 4, 1.

dē-capito, āvī, ātum, āre (de u. caput), **enthaupten, köpfen,** Ps. Rufin. in psalm. 41, 1.

Decapolis, eos, *f.* (Δεκάπολις), der Distrikt von zehn Städten in Palästina od. Syrien, die **Dekapolis,** Plin. 15, 15. Mart. Cap. 6. § 679. Vulg. Matth. 4, 25; Marc. 5, 20 u. 7, 31. – Dav. **Decapolitānus**, a, um, zur Dekapolis gehörig, **der Dekapolis,** regio, Plin. 5, 74, u. 77.

decaprōti, ōrum, *m.* (δεκάπρωτοι), die **zehn obersten** (vornehmsten) **Senatoren** in den Munizipien u. Kolonien (rein lat. decem primi), ICt. – deren Würde **decaprōtīa**, ae, *f.* (δεκαπρωτεία), ICt.

decargyrus, a, um (δέκα u. ἄργυρος), **zehn Silberdenare ausmachend,** nummus (Ggstz. centenionalis nummus), Cod. Theod. 9, 23, 2.

dē-carno, āre (de u. caro), **das Fleisch ablösen,** Veget. mul. 2, 27, 2. Apic. 7, 295.

decas, adis, Akk. Plur. adas, *f.* (δεκάς), ein **Zehnt,** eine **Anzahl von zehn,** Mart. Cap. 7. § 734, 742, 746 u. Eccl.

decasēmus, a, um (δεκάσημος), als metr. *t. t.*, **zehn Zeitmoren habend, zehnzeitig,** Mar. Vict. 49, 14.

decastȳlos, on (δεκάστυλος), **zehnsäulig,** Vitr. 3, 2, 8 (3, 1, 17).

decasyllabus, a, um (δεκασύλλαβος), **zehnsilbig,** Mar. Vict. 3, 5, 9. p. 111, 31 K.

dē-caulēsco, ere (de u. caulis), **einen Stengel bekommen,** Plin. 19, 122.

dē-cēdo, cessī, cessum, ere, wegtreten = **abgehen, fortgehen, abziehen, fortziehen** (Ggstz. accedere, herzugehen, manēre, bleiben), absol., od. m. Ang. **von wo?** durch *Advv.*, durch *de* od. *ex* m. Abl., od. durch bl. *Abl.*, m. Ang. **wohin?** durch *Praepp.* od. durch bl. *Acc.*, I eig.: 1 im Allg.: a übh.: α v. Pers.: decedamus, Plaut.: postulo ut mihi respondeat, iste Verrutius in Sicilia sit an iam decesserit, Cic. – aut decedere nos alicunde cogit aut prohibet accedere, Cic.: dec. de altera parte tertia (agri), das zweite Drittel des G. räumen, Caes.: dec. ex agris Cn. Pompeii decreto, Cic.: relinquere domos ac sedes suas et dec. ex Sicilia, Cic.: dec. ex urbis aestu, Gell.: ex ingratorum hominum conspectu morte decedere, Nep. – dec. Italiā, Sall. – dec. domum (aus der Kurie in Rom), Liv.: dec. ex Gallia Romam, Cic. – dec. ad somnum, Apul. – mit 1. *Supin.*, decedo cacatum, Pompon. com. 130. – m. *cum* u. Abl., dec. cum eodem Lucullo ex ea provincia, Cic.: dec. cum parte multitudinis patriā, Vell.: dec. cum alqo Romam cupere, Cic. – mit *Abl.* **binnen wann?** voce clarā denuntiasse sibi, ut triduo regni sui finibus decederent, Liv. – β v. Tieren: dec. e pastu u. e pastu campis, Verg. georg. 1, 381, u. 4, 186. – pantherae constituisse dicuntur in Cariam ex nostra provincia decedere, Cic. ep. 2, 11, 2. – γ vom Fuhrwerk: non ullo ex aequore cernes plura domum tardis decedere plaustra iuvencis, Verg. georg. 2, 205 *sq.* – b v. dem, der vom od. aus dem Wege geht, α vom Wege **abgehen,** de via dec., Cic. Clu. 163 (s. unten). – u. bes. unabsichtlich, **abkommen,** cum luminibus exstinctis decessisset viā, Suet. – v. Tieren, iumenta, quae Dareum vehebant, decesserant militari viā et errore delata per quattuor stadia in quadam valle constiterant, Curt. – von Schiffen, naves imprudentiā aut tempestate paulum suo cursu decesserunt, Caes. – im Bild, se nullā cupiditate inductum de via decessisse, Cic. Cael. 38: si (Ambivius, copo de via Latina) invitaverit, id quod solet, sic hominem accipiemus, ut moleste ferat se de via decessisse, auf Nebenwege gegangen zu sein (eig. [weil die Wirte auf dem Land auch auf Seitenstraßen Gäste zu sich einzuladen pflegten] u. bildl. [weil Ambivius sich zu falschem Zeugnis hatte gebrauchen lassen]), Cic. Clu. 163: memoriae id maximum est auxilium viā dicendi non decedere, Quint. 4, 5, 3: poëma … si paulum summo decessit, vergit ad imum, wenn es vom Höchsten abweicht, sinkt sehr tief, Hor. de art. poët. 378. – **β** aus dem Wege, sowohl um Platz zu machen, **beiseite treten, Platz machen, ausweichen,** bes. einer Respektsperson aus Achtung, concedite atque abscedite omnes, de via decedite, beiseite! macht alle Platz! weicht auf der Straße aus! Plaut. Amph. 984: si quispiam viso potentissimi nominis atque auctoritatis viro viā decedat, assurgat, caput revelet vehiculoque desiliat, Arnob. 7, 13. – m. *Dat.* **(wem = vor wem?),** sanctis divis, Platz machen, Catull.: alci de via, Plaut.: alci viā, Suet. – m. *in* u. Abl., alci in via, Ter. heaut. prol. 32. – u. im Passiv. v. der Pers., salutari, appeti, decedi, dass man uns grüßt, uns aufsucht, uns ausweicht, Cic. de sen. 63. – als auch ausweichend, jmdm. **aus dem Wege gehen, ausweichen,** m. *Dat.*, dec. canibus de via, Cic. de rep. 1, 67: aus Abscheu, his omnes decedunt, Caes. b. G. 6, 13, 7. – und einer Sache **aus dem Wege gehen, ausweichen** = sie vermeiden, sich ihr entziehen, dec. serae nocti (der späten Nacht = der nächtlichen Kälte), Varius bei Macr. sat. 6, 2, 20. Verg. ecl. 8, 88 u. georg. 3, 467: ebenso calori, Verg. georg. 4, 23: tribunicio furori (durch das Exil), Ps. Cic. prid. cum iret in exs. 13. – **c** als milit. *t. t.*, v. Feldherrn, v. Soldaten, von einem Ort, von einem Posten usw. **abziehen, abmarschieren,** einen Ort, ein Land **räumen,** decedere atque exercitum deducere ex his regionibus, Caes.: inde dec., Caes. – dec. de colle, de vallo, Caes.: ex matutina statione, Liv.: ex stationibus, Liv. (im Bild, de praesidio et statione vitae, Cic,): ex Italia, Liv.: ex Cypro ante certam diem, Cic.: praesidio, Liv., iniussu praesidio, Liv.: pugnā, Liv.: dec. agro sociorum ac deducere exercitum finibus Lucanis, Liv.: armis relictis Siciliā dec., Nep. – m. *ad* u. Akk., legionem sextam decedere ad praemia atque honores accipiendos in Italiam iubet, Auct. b. Alex. 77, 2. – im üblen Sinne, **von seinem Posten gehen, seinen Standort verlassen, desertieren,** si quos equites decedentes nactus sum, supplicio affeci, Asin. Poll. in Cic. ep. 10, 32, 5. – **d** als publiz. *t. t.*, **α** v. Magistraten in der Provinz, nach vollendeter Amtsverwaltung von seinem Posten, aus seiner Provinz **abgehen,** de od. ex (e) provincia, Cic.: provinciā, Cic.: ex provincia Hispania, Liv.: de Sicilia, Cic.: ex Africa, Nep., ex Asia, Cic.: Macedoniā, Suet. – dec. Romam, Sall.: dec. ad consulatum Romam, Liv., ad triumphum Romam, Liv. – dec. ex provincia non ad triumphum, sed ad iudicium, Cic.: dec. ante tempus, Suet.: dec. eā causā maturius, Suet.: te antea quam tibi successum esset decessurum fuisse, Cic. – **β** v. Staatsmännern, **sich** aus dem öffentl. Leben **zurückziehen,** dec. de foro (dem Mittelpunkt des öffentl. Lebens), Nep. Att. 10, 2. – **e** v. Schauspielern, dec. de scaena, **von der Bühne abtreten** (= für immer scheiden), Ggstz. in scaenam redire, Cic. ep. 7, 1, 2.

2 prägn.: **a** v. Sterbenden, aus dem Leben **scheiden,** dec. de vita, Cic. Rab. perd. 30: dec. vitā, Papin. dig. 7, 1, 57. § 1 u. a.: cum maritus homine decesserit, aus der Welt schied, Solin. 52, 32. – gew. absol., wie unser **mit Tode abgehen, scheiden, verscheiden,** pater familiae decessit, Caes.: quidam decedens (bei seinem Tode) tres reliquit filias, Phaedr.: si animal od. fetus decesserit, ICt., v. Tieren, decesserat (war krepiert) autem catellus, quem puella in deliciis habuerat, Val. Max. 1, 5, 3. – m. Ang. **wie?** durch *Particc.* od. *Adii.* (als wer?), is qui regnans decessit, Nep.: maior annos sexaginta natus decessit florente regno, Nep.: in morbum implicitus decessit, Nep.: felix decessit, Quint.: admodum pauper decessit, Suet.: puer (als Kn.) decessit, Sen.: alter adulescens (als J.) decessit, alter senex (als Gr.), Sen.: immemor in testando nepotis decessit, Liv.: intestatus decessit, Quint. – od. durch *Praepp.*, decessit sine liberis, Quint. – m. Ang. in **welcher Lage?** usw. durch *in* m. Abl., dec. in summa paupertate, Frontin.: in tanta paupertate, ut etc., Nep.: in ipso apparatu belli, Iustin.: in praetura, Capitol.: in incremento rerum, Liv.: od. durch *Abl. absol.*, gravissime ferens, quod decedebat populo Romano superstite, Sen.: hic decessit relictis duobus filiis, Iustin. – m. Ang. **wo?** durch *Adv.*, od. durch *in* m. Abl., od. durch *Genet.* od. *Abl. loc.*, si infans intus (im Mutterleib) decessit, Cels.: decessit in publicis vinculis, Nep.: decessit Eboraci admodum senex, Eutr. – m. Ang. **wodurch? woran?** durch *Abl.*, dec. voluntariā morte, Iustin.: morbo, Eutr.: Pyrgis (zu P.) morbo aquae intercutis, Suet. – m. Ang. **infolge wessen?** durch *ab* od. *ex* m. *Abl.*, utraque a partu decessit, Plin. ep. 4, 21, 1: u. illa ex partu decessit, Ascon. in Cic. Pis. p. 4, 22 K. – m. Ang. **wann?** durch *Advv.*, durch *Praepp.* od. durch *Abl. temp.*, pater mature decessit, Nep.: cultello percussus intra paucas horas decessit, Vell.: plures post proelium saucii decesserunt, quam ceciderant in acie, Liv.: die quinto postquam id consilium inierat pridie kal. Apriles Cn. Domitio C. Sosio consulibus decessit, Nep.: decessit paralysi altero die quam correptus est duobus filiis superstitibus, Nep.: decessit vitio stomachi anno aetatis duodetricesimo, Suet. – m. Ang. **wem?** durch *Dat.*, pater nobis decessit a. d. III. Kal. Decembres, Cic. – **b** v. Lebl.: **α** v. Wasser, **ablaufen, zurücktreten, sich verlieren,** ei nuntiatum est aestum decedere, Liv.: Lyco amne decedente ovis relictis in limo generari pisces, qui etc., Plin.: decedentibus fluviis in cavernis aquam habentibus remanere quosdam pisces, Plin.: Nilus si immodicus superfluxit tardeque decessit, Sen. – cum decessisse inde aquam nuntiatum esset, Liv. – **β** v. Sonne, Mond, Gestirnen usw., **scheiden,** sol decedens, Verg.: cum sol decesserit, Lact.: solis lumine decedente, Lact.: Gnossia ardentis decedat stella coronae, Verg.: te veniente die, te decedente canebat, Verg.: decedentia certis tempora momentis, Hor.: im Passiv pers., necdum decessis pelago permittimur umbris, Rutil. Namat. 1, 313. – u. **abnehmen,** luna decedens (Ggstz. adolescens), Gell. 20, 8, 7. – **γ** als mediz. *t. t.*, v. Krankheiten, Schmerz usw., **entweichen, sich verlieren, abnehmen, aufhören** (Ggstz. incipere, accedere, reverti), decedentis morbi notae, Cels.: subito febris decessit, Nep.: aliae febres cum decedunt sudorem movent, Cels.: intermissio est, cum febris instet, incipiat, augeatur, consistat, decedat, Cels.: alteram quartanam mihi dixit decessisse, alteram leviorem accedere, Cic.: dolor modo decedit, modo revertitur, Cels.: nec calidae citius decedunt corpore febres, Lucr. – **δ** v. Geruch, **sich verziehen, verduften,** et decedet odor nervis inimicus, Hor. serm. 2, 3, 53. – **ε** v. Örtlichk., die allmählich, je weiter man sich von ihnen entfernt, **zurücktreten,** et longo Scyros decedit ponto, Stat. Ach. 2, 308 *ed. Queck.*

II übtr.: **1** im Allg.: **a** aufgebend, von etw. **abgehen, α** von einem Besitz, Recht = etw. **abtreten, aufgeben,** auf etw. **verzichten,** de possessione, Cic.: de suis bonis omnibus, Cic.: de hypothecis, Cic.: de iure suo, Cic.: ex iure suo, Liv. 3, 33, 10. – **β** von einer Meinung, einem Beschluss **abgehen,** de sententia, Cic.: bl. sententiā, Tac.: instituto suo, Liv.: nihil *a* superioribus continuorum annorum decretis, Cic. Flacc. 27. – **γ** von einer Pflicht usw. **abgehen, abweichen,** de officio et dignitate, Cic.: propter hominem perditissimum de officio, Cic.: u. (Passiv unpers.), quā stultitiā et temeritate de officio decessum, Liv. – u. bl. officio (Ggstz. in fide atque officio pristino esse), Liv.: fide, Liv.: ne obsidionis quidem metu fide decessisse, Liv. – **δ** v. der Art **abweichen,** de generis nobilitate, ausarten, Pallad. 3, 25, 2. – **b** nacheifernd noch abgehen von etw. = **zurückbleiben, zurückstehen** hinter etw., contendebat, ne a rebus gestis eius et gloriae splendore decederet, Iustin. 6, 3, 8. – **c** den Vorrang, Vorzug einräumend **weichen = Platz machen, das Feld räumen,** m. *Dat.* **wem?** vivere si recte nescis, decede peritis, Hor. ep. 2, 2, 213: ubi non Hymetto mella decedunt, Hor. carm. 2, 6, 15.

2 prägn.: **a** vermindernd **abgehen** (Ggstz. accedere alci rei od. ad alqd), decima pars decedet Col.: de summa nihil decedet, Ter.: an ut *de* causa periculi nihil *decederet, ad* causam novum crimen *accederet,* Cic.: m. bl. *Abl.*, quidquid libertati plebis caveretur, id suis decedere opibus credebant, Liv. 3, 55, 2. – m. *Dat.* **wem?** quantum virium Antiocho *decessisset,* suo id *accessurum* regno ducebat, Liv. – **b** nachlassend, aufhörend, **α** v. Zuständen, **weichen = sich verlieren, vergehen, verschwinden,** decedet iam ira haec, Ter.: postquam ira mente decesserat, Curt.: postquam invidia decesserat, Sall.: cum obtrectationis invidia decesserit, Iustin.: donec cura de Antiocho decessisset, Liv.: non ope humanā, non largitionibus principum decedebat infamia, quin iussum incendium crederetur, Tac. – m. *Dat.* **wem?** priusquam ea cura decederet patribus, Liv.: nobis opinio decedat (von uns weiche die M. = die M. halte uns nicht mehr befangen), qualis quisque habeatur, alibi in civium iudicio esse, Tac.: nobis prius decedat timor, quam ultro aliis inferatur, Liv.: adeo repente decessit animis pavor, ut etc., Liv.: nec tibi Vespero surgente decedunt amores, Hor.: audieras illi decedere pravam stultitiam, Hor. – **γ** v. Stoff zu etw. = **ausgehen,** quaestioni Campanae materia decessit, Liv. 9, 26, 8. – **c** so u. so abgehend, v. Ereignissen = **ablaufen, vonstattengehen,** den u. den **Erfolg haben,** prospere decedentibus rebus, Suet. Caes. 24, 3. – ► *Infin. Perf. act.* synkop. decesse, Ter. heaut. prol. 32. Cic. ep. 7, 1, 2 (Wesenberg decessisse). – *Partic. Perf. Pass.* decessus bei Rutil. Namat. 1, 313 (s. oben *no.* I, 2, b, β).

Decelēa, od. -īa ae, *f.* (Δεκέλεια), ein in Attika an der böotischen Grenze gelegener Flecken, Nep. Alc. 4, 7. Frontin. strat. 1, 3, 9.

dē-cello, ere, **abneigen,** Lucr. 2, 219 (nach Lachmanns Vermutung; Bringer depellere).

decem (altind. *dáça,* griech. δέκα, gotisch *taíhun,* ahd. *zehan*), **I zehn,** decem minae, Ter.: hominum milia decem, Caes.: exsilium decem annorum, Nep.: decem annorum peccata, Cic.: fundi decem et tres od. tres et decem, Cic.: ducenta decem quattuor milia hominum, Liv.: anni septem et decem, Plaut.: stipendium annorum decem septemque, Nep.: decem septem milia equitum, Liv.: septem decem anni, Liv.: dies decem et octo, Caes.: decem octo milia, Liv.: sociûm et Latini nominis mille decem et novem, Liv.: milia passuum decem novem, Caes.: nostri decem (die Zehn) fecerunt antiquum numerum, Vitr. – decem dies, unser »acht Tage«, Plaut. (s. Brix Plaut. trin. 402). – decem primi s. bes. – **II** meton., für eine unbestimmte runde Zahl, si decem habeas linguas, Plaut. Bacch. 128: animi decem in pectore incerti certant, Plaut. merc. 345: dives amicus, saepe decem vitiis instructior, odit et horret, Hor. ep. 1, 18, 25.

December, bris, bre, Abl. bri (decem), **zur Zehn gehörig, Dezember-, I** appell.: **a** mensis December, der zehnte, dann (wie bei uns) der zwölfte Monat des röm. Jahres, der **Dezember,** Cic. u. a.: gelidus od. fumosus m. D., Ov.: D. est mensis, es ist M. D. (= wir stehen im M. D.), Sen.: anni eius aestiva in mensem Decembrem producta, Vell.: fac, si me amas, ut considerate diligenterque naviges de mense Decembri, noch im M. D., Cic. – auch subst. bl. December, bris, *m.,* z. B. acceptus geniis December (wegen der im Dez. gefeierten Saturnalien), Ov. – Geburtsmonat des Horaz, dah. hic tertius December (das ist der dritte D. = das dritte Jahr), ex quo destiti Inachia furere, Hor. epod. 11, 5: u. so Plur., me quater undenos implevisse Decembres (= Jahre), Hor. ep. 1, 20, 27. – **b zum Monat Dezember gehörig, des Dezember,** Kalendae Decembres, Nonae Decembres, Idus Decembres, der erste Dezember usw., Cic.: libertate Decembri, Dezemberfreiheit (= Saturnalienfreiheit), Hor. – **II** December, bris, *m.,* als Beiname (*cognomen*), CIL 3, 6150, 1, 51: Genet. Decembris, CIL 6, 28668: Dat. heteroklit. Decembro, CIL 3, 2307; 9, 4684 u. 10, 1220.

decemiugis, e (decem u. iugum), **zehnspännig,** subst. (*sc.* currus), der **Zehnspänner,** Suet. Ner. 24, 2.

decemmēstris, e (decem u. mensis), **zehnmonatlich,** annus, Censor.: partus, Censor.

decemmodius, a, um, **zehn Maß enthaltend,** corbulae, Col. 12, 50, 9; dass. subst., decemmodiae, Col. 12, 18, 2.

decemnovennālis, s. decennovennālis.

Decemnovium, s. decennovium.

decempeda, ae, *f.* (decem u. pes), eine **Messrute, Messstange von zehn Fuß,** d. quadrata, Quadratrute, Pallad.: decempedis metata porticus, Hor.: urbem decempedā dividere, Cic.: etiam si quid decempedam effugit, Cic.

decempedālis, e (decempeda), **zehn Fuß lang,** Cod. Iust. 11, 42, 46.

decempedātor, ōris, *m.,* (decempeda), der **Vermesser** der Ländereien, aequissimus agri privati et publici d., Cic. Phil. 13, 37.

decemplex, plicis (decem u. plex v. plico), **zehnfältig, zehnfach,** Varro LL. 10, 43. Nep. Milt. 5, 5. Tert. adv. Marc. 2, 14: d. sexies, Prud. perist. 14, 121.

decemplicātus, a, um (decemplex), **verzehnfältigt, verzehnfacht,** Varro LL. 6, 38.

decemprīmātus, ūs, *m.* (decemprimi), die **Würde der** *decem primi* (s. d.), ICt.

decem prīmī, ōrum, *m.* (decem u. primus), die **zehn Ersten** (Obersten), d. i. die zehn Vorsteher der zehn Dekurien, in die der gewöhnlich aus 100 Mitgliedern bestehende Senat in Munizipien u. Kolonien eingeteilt war, oft als Gesandte in öffentlichen Angelegenheiten erwähnt, Cic. Rosc. Am. 25; Verr. 2, 162.

decemrēmis, e (decem u. remus), mit zehn Reihen von Ruderbänken versehen, **zehnruderig,** navis, Plin. 7, 208.

decemscalmus, a, um (decem u. scalmus), auf jeder Seite **mit zehn Ruderhölzern versehen,** actuariolae, Cic. ad Att. 16, 3, 6.

decem-vir, ī, *m.,* gew. im Plur. decem viri, ōrum, u. ûm *m.* (gew. Xvir, Xviri geschr., s. Zumpt Cic. de lege agr. 2, 7, 16), eine römische Behörde von 10 Personen, die **Dezemvirn, Zehner, I** decem viri legibus scribendis, eine nach Aufhebung aller Magistrate jährlich (zuerst 451 v. Chr.) gewählte oberste Staatsbehörde mit unumschränkter Macht, von der ein einzelnes Mitglied jedesmal 1 Tag die Obergewalt u. die fasces hatte, sodass die Reihe alle 10 Tage herumkam. Ihre Aufgabe, durch Aufstellung von Gesetzen das Privat- u. Staatsrecht zu regeln, lösten die Dezemvirn zwar durch Abfassung der Zwölftafelgesetze, aber Appius Klaudius u. seine durch seinen Einfluss gewählten Kollegen machten sich durch ihr tyrannisches Verfahren so verhasst, dass die Dezemviral-Verfassung wieder aufgehoben wurde, 449 v. Chr., s. bes. Liv. 3, 33. Cic. de rep. 2, 61 *sqq.* – Sing., Liv. 3, 33, 10 u. a. Cic. de rep. 2, 61. – **II** decem viri sacrorum od. sacris faciundis, ein Priesterkollegium, Aufseher u. Ausleger der sibyllinischen Bücher (urspr. aus zwei, dann aus zehn [5 Patriziern u. 5 Plebeiern], seit Sulla aus fünfzehn u. unter den Kaisern sogar aus sechzig Mitgliedern bestehend), Liv. 6, 37, 12 (d. s. fac.); 6, 42, 2 (d. sacrorum); 10, 8, 2 (d. s. fac., das. auch als Besorger der apollinischen Spiele gen.) u. a. – Sing., decemvir sacrorum, Liv. 25, 2. § 1 u. 2: Xvir sacr. fac., CIL 1, 2^2, 15. – **III** decem viri stlitibus (= litibus) iudicandis, eine (289 v. Chr.) eingesetzte ständige Gerichtsbehörde, deren amtliche Wirksamkeit sehr in Dunkel gehüllt ist, indem wir nur so viel wissen, dass sie in Prozessen über Freiheit u. Bürgerrecht zu richten hatte, Cic. or. 156 (d. s. i.); Caecin. 97 bl. d); pro domo 78 (bl. d.): iudicium decemvirûm, Varro LL. 9, 85. – Sing., Xvir stlit. iudic., CIL 2, 113 u. ö. – Augustus machte diese D. zu Vorstehern des Zentumviralgerichts, Suet. Aug. 36. – **IV** decem viri agris metiendis dividendisque (od. in einem einzelnen Falle agro metiendo dividendoque), eine urspr. aus drei, dann aus fünf, zuletzt aus zehn Mitgliedern bestehende Behörde, die die Ausmessung u. Verteilung der dem Staat zugefallenen Ländereien an die Kolonisten zu besorgen hatte, Liv. 31, 4, 2; 43, 4, 2. Cic. agr. 1, 17 *sq.;* 2, 16 *sqq.* – Dass. XVIR A. D. A. (d. i. decemvir agris dandis assignandis), CIL 1, 200, 77 u. 6, 1312 (*a.* 91 *a. Chr.*).

decemvirālis, e (decemvir), **zu den Dezemvirn (Zehnern) gehörig, Dezemviral-, Zehner-, der Dezemvirn (Zehner), a** zu *decemvir no.* I gehörig: regnum, Claud. or. fr.: annus, Cic.: leges, der Zwölftafeln, Liv.: certamina, Liv.: invidia, Cic.: odium (gegen die Dezemvirn), Liv.: potestas, Liv. u. Tac.: scita, Arnob. – **b** zu *decemvir no.* II gehörig: collegium, Cic. Verr. 4, 108. – **c** zu *decemvir no.* IV gehörig: auctio, Cic.: benignitas, Cic.: emptio, Cic.: pecunia, der Dezemvirn (zum Ankauf von Äckern), Cic.

decemvirāliter, *Adv.* (decemviralis), **nach Art der** *decemviri* (stlitibus iudicandis), Sidon. epist. 8, 6, 7.

decemvirātus, ūs, *m.* (decemvir), die **Zehnerwürde,** das **Zehneramt,** das **Dezemvirat, a** als Würde (Amt) des *decemvir no.* I: perpetuus, Liv.: decemviratus libido, Flor.: decemviratum accusare, non Appium, Quint.: decemviratum petere, sich um das D. bewerben, Liv. –

Plur., Liv. 4, 15, 5. – **b** als Würde (Amt) des *decemvir no.* IV: honore decemviratus excludi, Cic.: odorari istum decemviratum, Cic.

decēnārius, iī, *m.* (decenus) = *denarius,* Hieron. in Ezech. 13, 45.

decēni = deni, Akk. decenos, Cassiod. hist. eccl. 3, 12. – Sing. decēnus, Boëth. art. geom. p. 395, 10; 398, 13 Fr.

decennālis, e (decem u. annus), **zehnjährig,** bellum, d. i. Cäsars in Gallien, Amm. 15, 12, 6; od. der Griechen vor Troja, Hieron. adv. Iovin. 1, 48. Serv. Verg. Aen. 2, 331: dec. totius Africae gemitus, August. c. ep. Parm. 2, 2, 4. – subst., decennālia, ium, *n.,* **das zehnjährige Regierungsfest** eines Kaisers, Treb. Poll. Gallien. 21, 5. CIL 2, 483 u. 6, 1203: Genet. Plur. decennalium u. decennaliorum, nach Prob. app. 196, 10.

decennis, e (decem u. annus), **zehnjährig,** bellum, der Griechen vor Troja, Quint.: ebenso proelium, Petron.: obsidio, Aur. Vict. – subst., decennia, ium, *n.* = decennalia (s. decennālis), Treb. Poll. Gallien. 7, 4.

decennium, iī, *n.,* ein **Zeitraum von zehn Jahren,** Apul. de deo Socr. 18. Nazar. pan. 2, 3 u. 38, 2.

decennovennālis, e (decem novem u. annus), **neunzehnjährig,** Isid. 6, 17, 5 u. a. Spät.

decennovium, ī, n. (decem u. novem), eine **Strecke von 1900 Fuß,** CIL 10, 6850 u. 6851: decennovii palus od. paludes, die pontinischen Sümpfe, Cassiod. var. 2, 32, 2 u. 2, 33, 1 (wo Decemnovium).

decēns, entis, *PAdi.* m. *Compar.* u. *Superl.* (deceo), **zierend, I** im Allg., **zierend** = **schicklich, anständig, geziemend,** sowohl dem äußeren Anstand entsprechend, amictus, Ov.: motus corporis, Quint.: ornatus, Quint.: ut amictus sit decentior, Quint.: sinus decentissimus, si aliquanto supra imam togam fuerit, Quint. – als der Moral entsprechend, quid verum atque decens curo et rogo, Hor.: decentissimum genus, Sen. rhet.: decens est m. folg. *Infin.* (griech. εὐπρεπές ἐστι), decentius erit servare pudorem, Quint. – **II** insbes., durch Ebenmaß **zierlich, grazienhaft (graziös), anmutig, wohlgestaltet,** facies, forma, Ov.: malae, Hor.: quod solidior sit cutis beluis, decentior dammis, Sen.: habitus (Agricolae) decentior quam sublimior (hochgestaltet) fuit, Tac.: et ordo et gradus decentissimus, Lact.: aiebat interim decentiorem faciem esse, in qua aliquis naevus inesset, Albinov. bei Sen. rhet. – prägn. v. leb. Wesen, decentes Gratiae, decens Venus, Hor.: Paulus et nobilis et decens, Hor.: decentior equus, cuius astricta ilia, Quint.: pulcher et decens toto corpore exceptis pedibus (v. Domitian), Suet.

decenter, *Adv.* m. *Compar.* (decens), **schicklich, anständig (mit Anstand), geziemend,** d. maesta, Ov.: d. lacrimare, Ov.: altilia d. secare, Sen.: fictis nominibus d., veris usus est apte, Plin. ep.: decentius lasciva aetas, die Jugend, der noch der Leichtsinn leidlicher steht, Hor.: quaedam decentius indicare, Quint.: ut ab eo decentius ad externa transeam, Val. Max.

decentia, ae, *f.* (deceo), der **Anstand,** die **Wohlanständigkeit, Schicklichkeit,** Cic. de or. 3, 200 zw.: figurarum venustas atque ordo, et ut ita dicam, decentia, Cic. de nat. deor. 2, 145 (als Übersetzungsversuch von εὐπρέπεια): dec. speciei, Ps. Fronto de diff. vocab. 2202 P. (= p. 359, 4 *ed.* Rom. 1823): Ggstz. turpitudo, Chalcid. Tim. 226.

decēnus, s. decēni.

deceo, uī, ēre (zu decor, decus), zieren, ziemen, **I** eig., **a** v. Lebl., äußerlich **zieren, kleiden, wohl** od. **gutstehen, wohl** od. **gutlassen** (Ggstz. dedecere; vgl. Fronto de oratt. p. 159, 13 N.: nam *convenire* et *decere* et *aptum esse* et *congruere* Graeci ἡρμόσθαι appellant), m. Ang. **wen** (wem)? im *Acc.,* quin me aspice et contempla, ut haec (vestis) me deceat, Plaut.: quem decet muliebris ornatus, quem incessus psaltriae, Cic.: neminem decet intertexta pluribus notis vestis, Quint.: te toga picta decet, Prop.: quem tenues decuere togae nitidique capilli, Hor.: habitus triumphalis feminas non decet, Quint.: forma viros neglecta decet, Ov.: neglecta decet multas (virgines) coma, Ov.: decet alba quidem pudor ora, Ov.: alba (weiße Tracht) decent Cererem; vestes Cerealibus albas sumite, Ov.: hic illum mire pudor decuit, Sen. – ohne Ang. **wen** (wem)? rarus in publicum egressus idque velatā parte oris, ne satiaret aspectum, vel quia sic decebat (weil es ihr so gut stand), Tac. ann. 13, 45. – **b** v. Pers., **prangen,** Macrobii praecipuā decent pulchritudine, Solin. 30, 10. – **II** übtr., den Verhältnissen nach **zieren** = **stehen, wohl anstehen, wohlanständig sein, sich ziemen** od. **geziemen, sich schicken, schicklich sein, in der Ordnung sein** (Ggstz. dedecere), wobei zu bemerken, dass decet oft durch **es würde sich geziemen,** decebat u. decuit durch **es hätte sich geziemt, würde sich geziemt haben,** übersetzt werden muss, **α** m. Subjekts-*Nom.,* teils m. Ang. **wen** (wem)? im *Acc.,* arta decet sanum comitem toga, Hor.: illa ornamenta decere me et convenire eis rebus, quas gesseram, non putabam, Cic.: non velle experiri quam se aliena deceant; id enim maxime quemque decet, quod est cuiusque maxime suum, Cic. – teils (archaist.) m. Ang. **wen (wem)? für wen?** im *Dat.,* istuc facinus nostro generi non decet, Plaut. Amph. 820 (vgl. unten *no.* β u. γ). – teils ohne Ang. **wen?** servare id, quod deceat (v. Dichter), Cic.: et quod decet honestum est et quod honestum est decet, Cic.: ita fere officia reperientur, cum quaeretur, quid deceat et quid aptum sit personis, temporibus, aetatibus, Cic. – m. Ang. **worin?** durch *in* m. Abl., ut in vita, sic in oratione nihil est difficilius quam quid deceat videre, Cic. – m. Ang. **bei wem?** durch *apud* m. Akk., u. **wobei?** durch *Abl.,* neque eadem in voce, gestu, incessu apud principem, senatum, populum, magistratus, privato publico iudicio, postulatione, actione decent, Quint. 11, 3, 150. – **β** m. Subjekts-*Infin.,* u. zwar teils m. *Acc.* u. *Infin. Act.* u. *Pass.,* oratorem irasci minime decet, simulare non dedecet, Cic.: omnes hommes ab odio, amicitia, ira atque misericordia vacuos esse decet, Sall.: omnes bonos rei publicae subvenire decebat, Sall.: non quidquid patrum plebisque est, consules, tribunos, deos, hominesque omnes armatos opem ferre, in Capitolium currere decuit? Liv.: m. *Acc.* u. *Infin. Pass.,* atque in eo disputant, contaminari non decere fabulas, Ter.: num dubitas, quin specimen naturae capi deceat ex optima quaque natura? Cic.: sicut aut sola aut prima pensari decet … tanto regi (= a tanto rege), Liv. 34, 58, 8. – teils (archaist.) m. *Dat.* u. *Infin.,* ita uti liberali esse ingenio decuit, Ter. Hec. 164: decet tantae maiestati eas servare leges, quibus etc., Paul. dig. 32, 1, 23: certa est enim ratio, quā deceat philosopho ob decretam sibi publice statuam gratias agere, Apul. flor. 16. p. 23, 4 Kr. – teils m. bl. *Infin.,* iniusta impetrare non decet, Plaut.: exemplis grandioribus decuit uti, Cic. – m. vorhergeh. allgem. Pronom.-*Nom.,* nihil est quod tam deceat, quam in omni re gerenda consilioque servare constantiam, Cic. – **γ** ohne Subjekt, teils m. Ang. **wen** (wem)? durch *Acc.,* facis, ut te decet, Ter.: ita uti fortes decet milites, Ter.: illum decet, Quint. – teils (archaist.) m. Ang. **wem?** od. **für wen?** durch *Dat.* (s. Ussing Plaut. Amph. 813. Hildebr. Apul. de mund. 1. p. 336), ut decet lenonis familiae, Plaut.: ita nobis decet, Ter.: haec primum ut fiant, deos quaeso, ut vobis decet, Ter.: locum editiorem, quam victoribus decebat, capit, Sall. hist. fr. 1, 98 (100). – teils (archaist.) m. Ang. **wem?** od. **für wen?** im *Abl.,* ut meque teque maxume atque ingenio nostro decuit (= *dignum erat*), Plaut. asin. 577. – teils ganz absol., fecisti ut decuerat, Ter.: perge, decet, Verg.: res … paulo ante confecta est; minus quidem illa severe quam decuit, non tamen omnino dissolute, Cic.: quo maiorem spem habeo nihil fore aliter ac deceat, Cic.: cuius a me corpus crematum est, quod contra decuit ab illo meum (*sc.* cremari), wogegen es sich geschickt hätte, dass der meinige von jenem verbrannt würde, Cic.

dēceptio, ōnis, *f.* (decipio), die **Hintergehung, Täuschung,** der **Trug, Betrug,** Cod. Iust. 11, 42, 6. Cod. theod. 14, 4, 3. Mart. Cap. poët. 4. § 423. Vulg. sap. 14, 21 u. ö. – Plur., Augustin. conf. 8, 2 u. de civ. dei 22, 22, 3. p. 605, 20 D^2. Vulg. 2. Petr. 3, 3. Cael. Aur. acut. 2, 38, 218.

dēceptiōsus, a, um (deceptio), **voll von Trug, trügerisch,** Eccl.

dēceptīvus, a, um (decipio), **zum Trug (zur Täuschung) geeignet,** Prisc. 18, 142. Firm. math. 5, 3 u. a. Spät.

dēcepto, āre (*Intens.* von decipio), **täuschen,** Gloss. II, 38, 17.

dēceptor, ōris, *m.* (decipio), der **Hintergeher, Betrüger,** Sen. Thyest. 140. Auson. epist. 16, 1. p. 175, 4 Schenkl. Lact. de ira 4, 8 u. a. Eccl.

dēceptōrius, a, um (deceptor), **trügerisch, täuschend,** Augustin. de doct. Chr. 2, 23; de civ. dei 10, 27 u. a. Eccl.

dēceptrīx, trīcis, *f.* (Femin. zu deceptor), die **Betrügerin, trügerisch,** Lact. epit. 64, 17. Augustin. serm. 182, 7. Alcim. Avit. 3, 112.

dēceptus, Dativ ui, *m.* (decipio), die **Täuschung,** der **Trug, Betrug,** deceptui faciles, Tert. de anim. 18: deceptui obnoxia, Tert. adv. Marc. 3, 6.

decēris, is, *f.* (δεκήρης), ein auf jeder Seite mit zehn Reihen Ruderbänken versehenes Schiff, ein **Zehnruderer,** Suet. Cal 37, 2.

dēcermina, um, *n.* (decerpo), **abgepflücktes Laubwerk** (zur Reinigung), Paul. ex Fest. 72, 7.

dē-cerno, crēvī, crētum, ere, entscheiden, **I** etwas Streitiges, Zweifelhaftes, **1** gütlich **entscheiden, ausmachen, entscheidend bestimmen, beschließen, für** etw. **stimmen, sich erklären, sich aussprechen, a** übh., m. *Acc.*, rem dubiam decrevit vox opportune emissa, Liv.: iustum existimant in denos pedes quadratos tres modios: id quidem soli natura decernet, Plin. – m. *de* u. Abl., de his Catonis praecepta decernent, Plin. – m. folg. indir. Fragesatz, cum prae imbri non satis decernere possent, quā suis opem ferrent, nicht mit Gewissheit bestimmen konnten, Liv.: zuw. ist der indir. Fragesatz zu ergänzen, quid hoc malum infelicitatis? nequeo satis decernere, ich kann's nicht recht klarkriegen (= ich kann's nicht recht begreifen), Ter. adelph. 544. – m. folg. *Acc.* u. *Infin.*, **sich dafür entscheiden** od. **erklären, dafür stimmen, die feste Ansicht gewinnen** od. **aussprechen, als Grundsatz aufstellen,** dass usw., Perf. decrevi oft = **ich habe die feste Ansicht gewonnen, ich bin** od. **lebe der festen Meinung,** zuw. adv. durch **in jedem Falle,** omnes tibi illi delirare visi sunt, qui sine manibus et pedibus constare deum posse decreverunt, Cic.: si id summum malum esse decreverit, Cic.: quod in me ipso satis esse consilii decreras, Cic.: in quo omnia mea posita esse decrevi, Cic.: duo talenta pro re nostra ego esse decrevi satis, dächt' ich, seien genug, Ter.: ubi mihi reliquam aetatem a re publica procul habendam decrevi, ich die Ansicht gewann, dass ich ... müsse, Sall. – m. **dopp.** *Acc.*, illum decrerunt dignum, suos cui liberos committerent, erklärten ihn entschieden für würdig, Ter. Hec. 212.

b insbes.: **α** als gerichtl. *t. t.*, schiedsrichterlich **entscheiden,** absol., ita (ja!), verum (aber) praetor decernebat, Cic. – m. *Acc.* od. m. *de* u. Abl., Servius alia decernit, de aliis consulturum se regem dicit, Liv.: si caedes facta, si de hereditate, de finibus controversia est, iidem decernunt (v. den Druiden), Caes.: qui te forum Tarsi agere, statuere multa, decernere, iudicare dicerent, Cic. – m. *Adv.* od. *Praep.* od. *neutr. Adi.* **wie?** quod iste (Verres) aliter, atque ut edixerat, decrevisset, Cic.: Verres contra illud ipsum edictum suum sine ulla religione decernebat, Cic.: praetor decernit; quam aequum, nihil dico; unum hoc dico, novum, Cic.: et fit, ut de eadem re saepe alius aliud decreverit aut iudicaverit, Rhet. Her. – m. *inter* (zwischen) u. Akk. od. m. *Dat.* für wen? alias revocabat eos, inter quos iam decreverat, decretumque mutabat; alias inter aliquos sine ulla religione decernebat ac proximis paulo ante decreverat, Cic. II. Verr.. 1, 120. – m. *in* u. Abl., in eius controversiis quid decernas non a te peto, Cic. ep. 13, 59: in iure dicundo ita decrevit, ut etc., Suet. Galb. 7, 2. – prägn., entscheidend, durch Spruch **zuerkennen,** dec. vindicias secundum servitutem, den Anspruch zuerkennen zugunsten der Skl. = dem Kläger das Recht auf seine Sklavin zuerkennen, Liv. 3, 47, 5. β) als publiz. *t. t.*, v. Senat, v. Volk, v. Priesterkollegien u. v. einzelnen aus dem Senat usw., **αα** übh., m. *Acc.* u. durch *de* u. Abl., oft zugl. m. *Advv.* (wie?), tu, miles, quid de imperatore Paulo senatus decrerit potius quam quid Ser. Galba fabuletur, audi, Liv.: quod vult renovari honores eosdem ... nihil decernendum censeo, in Betreff seines Gesuchs, die alten Ehren ihm aufs Neue zuzuerkennen, trage ich auf Tagesordnung an (trage ich darauf an, zur Tagesordnung überzugehen), Cic.: sustinere in rebus statuendis decernendisque (bei Beschlüssen u. Entscheidungen) eam severitatem, quā etc., Cic. – decernendi ratio, die Entscheidung durch Vernunftgründe (Ggstz. decertandi fortitudo, die Entscheidung durch Waffengewalt), Cic. – de summa salute vestra populique Romani, de vestris coniugibus liberisque, de aris ac focis decernite diligenter, ut instituistis, ac fortiter, Cic.: et de imperio Caesaris et de amplissimis viris gravissime acerbissimeque decernitur, Caes.: quare, cum de P. Lentulo ceterisque statuetis, pro certo habetote, vos simul de exercitu Catilinae et de omnibus coniuratis decernere, Sall. – sed ne id quod placebat decerneret (senatus) *in* (bei) tantae nobilitatis viris, ambitio obstabat, Liv. 5, 36, 9; vgl. Liv. 26, 2, 15. – id quod XIII. Kal. Ian. senatus *me auctore* (auf meinen Antrag) decrevit, Cic. Phil. 6, 1. – m. folg. indir. Fragesatz, quo praesidio tuto et libere senatus quae vellet decernere auderet, Caes. b. c. 1, 2, 2. – m. folg. *Acc.* u. *Infin.*, si hic ordo (der Senat) placere decreverit te ire in exsilium, obtemperaturum te esse dicis, Cic.: tumultum esse (dass der Staat im Kriegszustand sei) decrevi, Cic.: *ob* eas res tumultum esse decrevit senatus, Liv.: ad unum omnes Numae Pompilio regnum deferendum decernunt, Liv.: Lacedaemonii ad patriae subsidium revocandum ab Asia Agesilaum decernunt, Iustin.: D. Iunius Silanus, primus sententiam rogatus supplicium sumendum decreverat, Sall. – absol., ea Sullae et plerisque placuere, pauci ferocius decernunt, Sall.: neque, cum consul decresset, quisquam obtemperabat, Liv.: cum pontifices decressent ita, Cic.: plerisque (senatoribus) libere decernendi potestas eripitur, Caes.: m. *secundum* (zugunsten) u. Akk., nuntiat inani populo pontifices secundum se decrevisse, Cic.: consules de consilii sententia decreverunt *secundum* Buthrotios, Cic.: m. **dopp.** *Nom.*, qui ordo decrevit invitus, zu dem Beschluss gezwungen wurde, Cic. Phil. 1, 13. – **ββ** prägn., etwas **dekretieren, beschließen** = durch Beschluss etw. **bestimmen, erklären, anordnen, anberaumen (festsetzen), anweisen, ansetzen, verhängen, übertragen,** u. v. einzelnen, **dafür stimmen, darauf antragen, dass** etw. **erklärt, angeordnet** usw. **werde,** mit *Acc.*, od. mit folg. indir. Fragesatz, od. m. folg. *ut* u. Konj. u. m. bl. Konj., pecunias ad ludos, Cic.: pecunias ad templum monumentumque alcis, Cic.: tempus ad utramque rem, Sall.: diem colloquio (zum G.), Sall.: classem ingentem, die Ausrüstung einer gewaltigen Flotte beschließen, Iustin.: tres legatos, für die Absendung dr. G. stimmen, Cic.: una de pace legatos ad Scipionem, Liv.: legatos mittendos, Suet.: tertiam legationem ad res Saguntinis reddendas, Liv.: delectum, Liv.: supplicationem ob recitationem, Suet., od. quindecim dierum, Caes.: tumultum, den T. erklären = den Staat in Kriegszustand erklären, Cic.: quaestionem de bonis direptis, Caes., od. de morte alcis, Cic., de morte alcis per senatum, Liv.: genus poenae novum, Sall.: id bellum, Liv.: provinciam desponsam, non decretam habere, Cic. – decretum, uti supplicatio per triduum ad omnia pulvinaria haberetur, Liv.: senatus Romae decrevit, ut P. Cornelius praetor litteras Capuam ad consules mitteret, Liv.: de quo (Postumio) nominatim decrevit senatus, ut statim in Siciliam iret, Cic.: m. folg. Konj., senatus decrevit, darent operam consules, ne quid res publica detrimenti caperet, Sall. Cat. 29, 2: qui Indiae quique Bactris praeerant, quibus quisque finibus habuisset, imperium obtinerent decretum est, Curt. 10, 10 (30), 4. – *Abl. absol.* m. dopp. *Acc.*, Dolabellā hesterno die hoste decreto (zum F. erklärt), Cic. Phil. 11, 16. – m. Ang. **wem?** durch *Dat.* = jmdm. etw. **zuerkennen,** durch Beschluss etw. jmdm. **erweisen, anweisen, verleihen, übertragen,** jmdm. zu Ehren etw. **anordnen, aufzustellen (zu errichten) beschließen,** alci annuum sumptum, Cic.: alci praemium, Sall.: alci omnes honores, Nep.: alcis trecentas statuas, Nep.: alci supplicationem (s. supplicātio das Nähere), Cic.: alci triumphum, Cic.: alci triumphum *ob* captas Syracusas, Val. Max.: alci imperium (v. d. Tribus), Liv.: alci bellum u. alci bellum adversus alqm (die Führung des Kr.), Iustin.: provincias privatis, Caes., od. futuris consulibus, Suet., od. alci Numidiam (als Geschäftskreis, Provinz), Sall.: u. so consulibus Numidiam atque Italiam, Sall.: ambobus consulibus Ligures, Liv.: m. dopp. *Acc.*, praemium (als B.) servo libertatem et sestertia centum, Sall.: provincias (als Pr.) consulibus Hispaniam atque Africam, Liv. – Hortensii et mea et Luculli sententia ex illo senatus consulto, quod te referente factum est, tibi decernit, ut regem reducas, trägt darauf an, dass dir der Auftrag gegeben werde, den König zurückzuführen, Cic. ep. 1, 1, 3. – m. *in* (gegen) u. Akk., at enim quis reprehendet, quod in parricidas rei publicae decretum erit (verhängt werden wird)? Sall. Cat. 51, 25.

2 feindlich, durch Kampf **entscheiden,** bis zur Entscheidung **kämpfen, streiten,** **a** mit Waffen u. dgl., bes. als milit. *t. t.,* itaque haud magni certaminis fuit; primus clamor atque impetus rem decrevit, Liv. 25, 41, 6: nostra certamina non verba legatorum nec hominum quisquam disceptator, sed campus Campanus, in quo concurrendum est, et arma et communis Mars belli *decernet;* proinde inter Capuam Suessulamque castra castris conferamus et Samnis Romanusne imperio Italiam regant *decernamus,* Liv. 8, 23, 8*sq.*: m. folg. indir. Fragesatz, ineamus aliquam viam, quā, utri utris imperent, sine magna clade, sine multo sanguine utriusque populi decerni possit, Liv. 1, 23, 9. – dec. pugnam, Liv., proelium, Cic.: in ipso gladiatorio vitae certamine, quod ferro decernitur, Cic. – m. *de* u. Abl., de summa rerum dec., Liv.: armatos in acie stare et summis de rebus decernere et ad victoriam niti, Quint.: de salute rei publicae decernitur, Cic. – absol. mit *Abl.* **womit? wodurch?** dec. armis, ferro, Cic. dec. lapidibus et subselliorum fragminibus, Suet.: cursibus et crudo caestu, wettkämpfen, Verg.: Marte, Curt.: acie, Nep., Liv. u. a., navali acie, Mela, navali certamine, Liv. (vgl. Drak. Liv. 40, 8, 19): equestri proelio, Curt.: ibi diem unum opperitur … quo integriore exercitu decerneret, Nep. – m. *cum* u. Abl. (feindl. u. freundl.), cum alqo ferro, Enn. fr.: cum alqo vel pacisci vel decernere, Mela: dec. proelio cum proditore, Iustin.: od. m. *inter se* u. Akk., Auct. b. Hisp.: cornibus inter se (von Stieren), Verg. – m. *contra* u. Akk., cum suorum paucitate contra magnam vim hostium artificio magis quam viribus, Auct. b. Afr. 14, 1. – m. *pro* u. Abl., solus in Boeotia pro omnibus nobis cum dispendio sanguinis sui decernens, Amm. 16, 12, 41. – mit *Advv., Praepp.* od. *Genet.* u. *Abl. loc.* **wo?** diem locumque constituunt, ubi secum armis decernerent, Liv.: omnibus viribus in Sicilia, Iustin.: cum P. Cornelio Scipione Clastidii apud Padum, Nep. – m. *Advv.* od. *Abl.* **wann?** consilium habitum, utrum extemplo decernerent, an Rhodiam exspectarent classem, Liv.: crastino die bene iuvantibus dis acie decernamus, Liv.: primo quoque tempore decernendum est, Auct. b. Hisp.: classe paucis diebus erant decreturi, Nep. – absol., si decerni placet, Liv.: hostem lacessere ac trahere ad decernendum, Liv.: decernendi potestatem Pompeio fecit, Caes.

b mit Worten, bes. als gerichtl. *t. t.,* m. *Abl.* **womit? wodurch?** decernite criminibus, mox ferro decreturi, Liv.: qui iudicio decernent, die Prozessführenden, Quint.: utinam meo solum capite decernerem, Cic. – m. *de* (über) u. Abl., de capite, Cic.: de vita et ornamentis suis omnibus, Cic.: uno iudicio de fortunis omnibus, Cic. – m. *pro* (für) u. Abl., pro suo sodali et pro sua omni fama prope fortunisque, Cic. – m. *ad* u. Akk., quod ne ad extrema quidem decretis timendum sit, den zum letzten Schicksal Bestimmten = den zum Tode Verurteilten, Sen. ep. 18, 11.

II seinen Willen bestimmen, **beschließen, sich entschließen, den Vorsatz** od. **Entschluss fassen, sich vornehmen,** gew. m. folg. *Infin.,* quicquid peperisset, decreverunt tollere, Ter.: nam si tu fluctus undasque e gurgite salso tollere decreris, Lucil. 40: ibidem manere decrevit, Nep.: Caesar his de causis Rhenum transire decreverat, Caes.: decreram cum eo valde familiariter vivere, Cic.: duas res simul nunc agere decretum est mihi, Plaut.: sumat consumat perdat, decretum est pati, Ter.: certum atque decretum est non dare signum, Liv. – mit folg. *Acc.* u. *Infin.,* uxorem decrerat dare sese mihi hodie, Ter. Andr. 238: im Passiv mit folg. *Nom.* u. *Infin.,* candida Tartareo nuptum Proserpina regi iam dudum decreta dari, Claud. rapt. Pros. 216. – m. folg. *ut* u. Konj., hic decernit, ut miser sit, Cic. Tusc. 3, 65. – mit folg. bl. *Coniunctiv,* profestos festos (dies) habeam decretumst mihi, Plaut. Poen. 501. – ► Synkop. Perf.: Formen decrerim, decreram, decrero, decresset, decresse öfter bei den Komik., bei Lucil., Cic., Liv. u. a.

dē-cerpo, cerpsī, cerptum, ere (de u. carpo), **abrupfen,** rupfend **abbrechen,** **I** eig.: **a** mit der Hand, **abrupfen, abpflücken, rupfend,** pflückend **abbrechen, abreißen,** aristas, Ov.: ficum, Iuven.: flores, Lucr., Ov. u. Plin. (auch im Bild, flores modo rerum, Plin.): folia hederae ac vitium, Curt.: omnia folia (ramulorum), Col.: herbas, Ov.: malum, Plin.: uvam, Hor., Plin. u. Plin. ep.: pira, Hor.: tertium ante diem scitote pomum decerptum Carthagine, Cato fr. – mit *Abl.* **womit?** aurea poma manu suā, Ov.: laureae ramulos festinabundā manu (im Bild, v. Ehrgeizigen), Val. Max. 2, 8, 5: haerentem florem pollice, Ov.: lilia tenero ungui, Prop. – m. *Advv.,* m. *de* od. *ex* u. Abl., od. m. bl. *Abl.* **von wo?** inde (aus dem Lorbeerhain) laureas, Suet.: undique olivam, Hor.: acina de uvis, Cato: mala de arboribus, Hygin.: ex abiete praetenuia fila, Plin.: pomum arbore, Ov., od. adducto ramo, Ov. – **b** mit dem Mund usw.: **α** einen Teil vom Ganzen **abrupfen,** atque ita decerpens aequabat semper opus dens, Catull. 64, 315: oscula mordenti rostro, Catull. 68, 127. – **β** ein Ganzes in Teilen **abfressen, aussaugen,** thymum (v. Bienen), Plin. 21, 56: ora puellae, benaschen, Ps.. Verg. cop. 33. – **II** übtr.: **1** im Sinne des Entnehmens: **a** übh., m. *ex* u. Abl., humanus animus decerptus ex mente divina, ein Ausfluss aus dem göttlichen Geist, Cic. Tusc. 5, 38: nihil sibi ex ista laude centurio, nihil praefectus, nihil cohors, nihil turma decerpit, eignet sich an, Cic. Marc. 7. – **b** insbes.: **α** auswählend **herausnehmen, entnehmen, auswählen,** habent tamen alii quoque comici, si cum venia leguntur, quaedam quae possis decerpere, enthalten manche Ausbeute, Quint.: *ex* hac (materia) aliquid *in* usum principii, Quint. – **β** **pflücken = einernten, genießen,** fructus ex re, Hor.: decus primae pugnae, Sil.: primas noctes tecum epulis, Pers.: illibatam virginitatem, Sen. rhet. – **2** im Sinne des Wegnehmens, **a** vermindernd **abbrechen, Abbruch tun,** m. *de* od. *ex* u. Abl., haberi dixisti rationem oportere hominum, rei, temporis, ne quid iocus de gravitate decerperet, Cic.: nihil ex cuiusquam dignitate, nihil ex libertate decerpseris, kränke keinen an usw., Plin. ep.: nec hāc re de principatu quidquam decerpsit, Val. Max. – **b** vernichtend, vereitelnd, zerstörend **entblättern,** quae (invidia) spes tantas decerpat, Quint. 6. prooem. § 10.

decerptio, ōnis, *f.* (decerpo), das **Abpflücken, Abbrechen,** pomorum, Iulian. b. Augustin. op. imperf. c. Iul. 6, 23: virgarum, Non. 187, 9.

dēcertātio, ōnis, *f.* (decerto), die **Kampfentscheidung,** harum rerum omnium, der entscheidende Kampf um alles dieses, Cic. Phil. 11, 21: Plur., eorum decertationes, Cod. Theod. 7, 20, 2. § 2.

dēcertātor, ōris, *m.* (decerto), der **Kämpfer im Kampf auf Leben u. Tod,** Cassiod. hist. eccl. 3, 16 u. 34.

dē-certo, āvī, ātum, āre, **I** *v. intr.* **sich bis zur Entscheidung messen, einen Streit, Kampf durchführen, einen Kampf bis zur Entscheidung bestehen, einen Entscheidungskampf wagen od. bestehen, auf Leben u. Tod kämpfen od. streiten,** **a** von zwei Nebenbuhlern, die einander den Vorrang abzugewinnen suchen = ἀγωνίζομαι, m. *cum* u. Abl. od. m. *inter se,* **α** im gymnastischen Wettkampf, ludicra virginum inter se decertantium, Mela 1, 7, 4 (1. § 36). – **β** im rhet. Wettkampf, is locus, ubi Demosthenes et Aeschines inter se decertare soliti sunt, Cic.: an decertare mecum voluit contentione dicendi? Cic. – **b** von zwei Gegnern, die einander zu besiegen suchen, **α** mit Waffen u. dgl., bes. als milit. *t. t.,* si iterum experiri velint, se iterum paratum esse decertare, Caes.: quam primum decertare statuit, Suet.: animi in spe ultima obstinati ad decertandum fuerant, Liv.: Otho pronus ad decertandum, Tac.: decertandi fortitudo, die Entscheidung durch Waffengewalt (Ggstz. decernendi ratio, die Entscheidung durch Vernunftgründe), Cic. – mit *Abl.* **womit? wodurch?** missilibus telis, Tac.: manu, Cic.: acie, Frontin.: navali acie, Frontin.: proelio, Caes.: fortunatissimo proelio, Vell.: navali proelio, Frontin.: pugnā, Caes. – m. *cum* (mit = gegen) u. Abl., cum toto exercitu (Caesaris), Hirt. b. G.: id agerent, ne cives cum civibus armis decertarent, Caes.: dec. cornu cum mare (v. einem Widder), Ov. – m. *Dat.* (mit = gegen) decertandum hosti, Sil. 15, 14. – m. *contra* od. *adversus* u. Akk., vi et armis contra vim, Cic.: adversus Corcyraeos navali proelio, Frontin. – m. *Advv.* od. *Abl.* **wie?** dec. impigre, Aur. Vict.: cum acerrimis nationibus et maximis Germanorum et Helvetiorum proeliis felicissime, Cic.: pari condicione belli dec. cum alqo, Caes.: hoc animo (mit solchem Mut) est decertatum, ut etc., Auct. b. Alex. – m. *de* u. Abl., cum duobus ducibus de imperio in Italia decertatum est, Cic. – m. *pro* u. Abl., pro libertate vitae periculo (mit L.), Cic. – m. *in* (bis zu) u. Akk., dec. ferro in ultima (bis zum Äußersten), Ov. met. 14, 804. – poet. v. lebl. Subjj., praeceps Africus (Südwestwind) decertans aquilonibus, Hor. carm. 1, 3, 13 *sq.* – **β** mit Worten usw., bes. durch öffentliche Verhandlung (im Senat usw.), sunt duo genera decertandi, alterum per disceptationem, alterum per vim, Cic.: qua de re iure decertari oporteret, armis non contendere, Cic.: erat non iure, non legibus, non disceptando decertandum … armis fuit, armis, inquam, fuit dimicandum, Cic. – m. *cum* (mit = gegen) u. Abl., et cum consulibus et cum multis consularibus tantā contentione decertavi, quantā numquam antea ulla in causa, Cic. – **II** *v. tr.* (doch nur in den Partizz.): **a** im Wettkampf **durchkämpfen,** ad eas laudes decertandas venisse, um diesen Wettkampf in Lobreden anzustellen, Gell. 10, 18, 6. – **b durch** feindl. **Kampf, durch Krieg erschöpfen,** ventis ut decertata residunt aequora, Stat.: fraternae acies alternaque regna profanis decertata odiis, Stat.: decertati labores, Claud. – ► Dep. Form **decertor**, ārī, Ven. Fort. 6, 1, 109.

dēcervīcātus, a, um (de u. cervix), **enthauptet**, Sidon. epist. 3, 3, 7.

dēcessio, ōnis, *f.* (decedo), der **Abgang, I** eig.: **A** im Allg., das **Weggehen, Fortgehen,** der **Fortgang** eines Menschen (Ggstz. adventus od. mansio), tua, Cic.: tarda, Cic. – **B** insbes.: **1** der **Abgang** einer Magistratsperson aus der Provinz, Cic. – **2** prägn., der **Abgang** = der **Abzug,** die **Abnahme,** das **Schwinden** (Ggstz. accessio), bonorum, Cic.: decessionem de summa facere, Cic.: decessio capitis aut accessio, Cic.: aliae febres diem noctemque accessione et decessione implent, Cels.: non enim tam cumulus bonorum iucundus esse potest quam molesta decessio, Cic. – **II** übtr.: d. verborum, der **Übergang** der Wörter von der ursprünglichen zu einer abgeleiteten Bedeutung, Gell. 13, 29, 1.

dēcessor, ōris, *m.* (decedo), der **Amtsvorgänger,** Cic. Scaur. fr. 33. Tac. Agr. 7. Ulp. dig. 1, 16, 4. § 4. Spart. Pesc. 4, 1. Symm. relat. 34, 3. p. 47, 17 M. Amm. 18, 6, 1.

dēcessus, ūs, *m.* (decedo), das **Fortgehen, Weggehen,** der **Abgang, I** im Allg., der **Abzug,** Dionysii, Nep. Timol. 2, 3: Gallorum ex urbe, Varro LL. 6, 18. – **II** insbes.: **A der Abgang** einer Magistratsperson aus der Provinz, der **Rücktritt,** dec. tuus, Cael. in Cic. ep. 8, 10, 5: post M. Bruti decessum, Cic. Phil. 2, 97. – **B** prägn., **1** der **Hingang aus dem Leben,** das **Scheiden,** amicorum, Cic. de amic. 10. – **2** das **Ablaufen, Zurücktreten** eines Gewässers, aestus, Caes. b. G. 3, 13, 1: Nili, Plin. 18, 168. – **3** die **Abnahme** einer Krankheit (Ggstz. accessus), febris, Cels. 3, 12. § 4: morbi, Gell. 4, 2, 13.

decet, s. deceo.

Decetia, ae, *f.*, Stadt der Äduer am Liger, j. *Decize*, Caes. b. G. 7, 33, 2.

Deciānus, a, um, s. Decius.

decibilis, e, *Adi.* m. *Compar.* (deceo), **geziemend, schicklich,** auch alci, Isid. 10, 68 u. Eccl. – u. dazu *Adv.* **decibiliter**, Eccl.

1. **dē-cīdo**, cīdī, cīsum, ere (de u. caedo), **I abhauen, abschneiden, wegschneiden, A** eig., Glieder des tier. (bes. menschl.) Körpers, aures, Tac.: caput (alcis), Sen. rhet. u. Vell.: collum, Plaut.: nasum auresque, Liv.: aliquid ex iuba, Sen.: pennas, beschneiden, Hor.: superiorem partem tunicae (des Sackes einer Geschwulst), Cels. – oder Zweige usw., malleolum, Plin.: taleas oleagineas, Cato: decisa frondibus folia, Mela: d. folia arboribus, Plin.: falce filicem, Plin.: vitem ad terram (an od. über der E.), Col.: silvas, abtreiben, Plin.: quercus biennio tardius quam castanea deciditur, Col. – im Bild, ego pol istam aliquo vorsum tragulam decidero, dieses (auf mich abgesendete) Geschoss will ich schon irgendwo loswerden, d. i. mit diesem Angriff (diesen Ränken) will ich schon fertig werden, Plaut. Casin. 297. – **B** übtr., einen vorliegenden Gegenstand kurz **abtun, abmachen, a** ein obliegendes Geschäft u. dgl., post decisa negotia, Hor.: post decisa quae obvenissent negotia, Suet.: hoc loco praeter nomen cetera propriis decisa sunt verbis, mit eig. W. abgetan = kurz u. bündig ausgedrückt, Quint. 8, 6, 47 (vgl. 7, 1, 44: in ceteris defunctus est propriis verbis). – **b** eine schwebende, noch nicht ausgemachte Sache **kurz abtun, fest abmachen, zum Abschluss bringen, ausgleichen,** durch ein Abkommen ohne Weiteres **entscheiden, α** m. *Acc.*, rem, z. B. res ad istum defertur et istius more deciditur, Cic.: quibus omnibus rebus actis atque decisis producuntur e carcere, Cic.: res transactione decisa, ICt. – m. *cum* u. Abl., improbissimis recuperatoribus conflictari malle, quam quidquam cum isto suā voluntate decidere, irgendein Abkommen treffen, Cic. – m. *Abl.* des Preises, magno tu tuam partem decidisti, hast für deinen Anteil ein Abkommen um od. gegen einen hohen Preis getroffen, Cic. – **β** mit folg. indir. Fragesatz od. Absichtssatz, decidis statuisque tu, quid iis ad denarium solveretur, Cic. – m. *per* u. Akk., per te, C. Aquili, decidit P. Quinctius, quid liberis eius dissolveret, Cic. – m. *cum* u. Abl., cum propinquis suis decidit, ne reos facerent, Cic. – m. *Abl.* des Preises, quod, si quid adversi rei publicae imminebat, suā esset calamitate decisum, dass es damit durch das Unglück in seinem Hause abgetan wäre, es dabei mit dem U. s. H. sein Bewenden gehabt hätte, Aur. Vict. de vir. ill. 56, 4. – **γ** absol. = **die Sache (den Handel) abmachen, abtun, abschließen, nicht weiter verfolgen, ohne Weiteres entscheiden, ein Abkommen (eine Abkunft) treffen, sich abfinden,** mit *de* u. Abl., de rebus rationibusque societatis omnibus, Cic.: de sua parte, Cic.: de iure patriae, Iustin. – m. *cum* od. *sine* u. Abl., cum reo transigere, post cum accusatore decidere, Cic.: cum Chrysogono transigere atque decidere, Cic.: sine me cum Flavio decidisti, Cic.: Flavium cum Fannio *de* Panurgo decidisse, qui nihil transegit, Cic.: inde ad Taurum cogitabam, ut *cum* Moraegene signis collatis, si possem, *de* servo tuo deciderem, um gegen M. (einen Räuberhauptmann) in offener Feldschlacht womöglich einen entscheidenden Schlag wegen deines (entlaufenen) Sklaven zu tun, Cic. – mit *pro* u. Abl., pro se, Cic.: cum Flavio pro societate, Cic.: ne pro libertate decidat (Chamade schlage), sed omnia experiatur, Sen. – m. *Abl.* des Preises, cum civitatibus pretio, Cic.: cum patrono pecuniā, ICt.: in iugera singula ternis medimnis, Cic. – mit *apud se* u. folg. *ut* u. Konj., apud me ipse decidi (ich bin mit mir ins Reine gekommen); ut soloecismis non erubescerem, Sulp. Sev. vit. S. Mart. praef. § 5. – **II abprügeln,** alqm verberibus, Hadrian. imp. bei Callistr. dig. 47, 21, 2 *extr.* – ► Vulg. Perf.-Form decisimus, Gromat. vet. 362, 13.

2. **dē-cido**, cidī, ere (de u. cado), **herab-, herunterfallen, niederfallen, zu Boden fallen,** absol., od. m. *ex* (*e*) od. m. *ab* od. m. *de* u. Abl., od. m. bl. *Abl.* (von wo?), m. *in* od. *ad* od. *intra* u. Akk. u. dgl., m. *per* u. Akk., m. *cum* u. Abl., **I** eig.: **a** v. lebl. Subjj.: subito ac nullo propellente lumen decidit et exstinguitur, Suet.: vaginā gladius eius elapsus decidit, Val. Max. – caelo (v. einem Meteorstein), Plin.: e superiore caelo, Plin.: u. (im Bild) occasio quasi decidit de caelo, kam ganz ungesucht, Plaut.: Victoria vento icta (durch einen Windstoß) de podio decidit, Spart.: pars maior missilium (der ausgeworfenen Geschenke) *intra* popularia deciderat, Suet.: e basi statuae triumphalis titulus excussus vi procellae in monumentum proximum decidit, Suet.: gladius e manu elapsus in mediam cohortem hostium decidit, Iustin.: metentibus (den M.) cruentas spicas in corbem decidisse, Val. Max. So nun bes.: **α** v. Blitz, **niederfallen, einschlagen,** fulmen decidens, Spart.: ab ipso (Iove) decidunt fulmina, Arnob.: decidit fulmen in lacum, Suet., in castra alcis, Frontin. – **β** v. Gewand, von der Schulter **herabfallen,** si paulum progressis decidat toga, Quint.: sumenti virilem togam tunica lati clavi resuta ex utraque parte ad pedes decidit, Suet. – **γ** v. Flüssigkeiten (Regen, Tau- od. Wassertropfen, Gewässern, Tränen), si decidit imber, Hor.: decidentium aquarum sonus, Frontin. – vidi guttas e flore cruentas decidere, Ov.: decidens ab Alpibus Rhenus, Mela: amnis *per* uberrima arva decidens, Mela. – lacrimae in ora decidunt, Auct. consol. ad Liv.: fluvii, qui in nostrum mare decidunt, Mela: fons in Larium lacum decidit, Plin. ep.: *ex* quo (dorso) Asiae omnia fere flumina

alia *in* Rubrum, alia *in* Caspium mare, alia *in* Hyrcanium et Ponticum decidunt, Curt.: Euphrates vaste decidit, Mela. – **δ** von dem, was auf natürlichem Wege, von selbst od. künstlich sich trennt, sich loslöst u. abfällt, **abfallen, ausfallen,** si arundo (sagittae in vulnere haerentis) decidit solumque ferrum intus est, Cels. – v. Bäumen od. Pflanzen, decidunt sorbo universa folia, ceteris paulatim, Plin.: poma ex arboribus, cruda si sunt, vix evelluntur, si matura et cocta, decidunt, Cic.: arborum aliis decidunt folia, aliae sempiternā comā virent, Plin.: decidunt arbore glandes, Ov.: exspectatur, ut decidat oliva, Plin.: im Bild, vera gloria radices agit atque etiam propagatur; ficta omnia celeriter tamquam flosculi decidunt, Cic. de off. 2, 43. – v. tier. Körper, cataplasma decidit, Cels.: crustae decidunt, Cels.: comae decidunt (im Alter), Hor.: dens decidit, dentes postremi decidunt, Plin.: pedes decidunt, fallen od. sterben ab, Cels.: capita omnibus simul statuis deciderunt, Suet.: equo dentes decidunt, Plin.: pennae, pavoni quae deciderant, Phaedr.: omnis fructus (= lana) iam illis (ovibus) decidit, Plaut. – **ε** v. Bergen, Gebäuden, **niederfallen, niederstürzen, einfallen,** montium decidentium moles, Plin. ep. 8, 17, 3: celsae graviore casu decidunt turres, Hor. carm. 2, 10, 10*sq.*

b v. leb. Wesen: **α** übh.: decidente equo, indem das Pf. niederstürzte, Frontin.: Camillus subito lapsu decidit, Val. Max.: u. (im Bild) consistes aegre, nictu citius decidas, Laber. com. fr.: vide ne, dum ad cacumen pervenire contendis, *cum* ipsis ramis, quos comprehenderis, decidas, Curt.: dec. iuxta cubiculum eius, Suet.: dec. equo, Caes. u. Mart. od. ex equo, Plin. (vgl. unten m. *in*): ex superiore parte od. ex superiore loco, Cels.: ex alto, Cels.: u. bl. alto (v. Vögeln), Dict.: e summo toro, Ov.: *per* impluvium de tegulis, Ter. – dec. in casses, Ov.: in dolium, Iuven.: in fossam, Frontin.: in foveam, Phaedr., u. (bildl.) in hanc foveam, Lact.: in laqueos, Ov., u. (bildl.) suā sponte in hos laqueos, Lact.: in mare, Ov.: in puteum foveamque, Hor.: in praeceps, Ov.: in terram (von einem Vogel), Ov.: ex equo in terram, Nep.: acrem praedonum in turbam, Hor.: *cum* ponte *in* Tiberim, Aur. Vict. – m. Prädik.-*Adi.*, columba decidit exanimis, Verg.: aves attonitae paventesque decidunt, Val. Max.: decido de lecto praeceps, Plaut.: vulnerato equo cum praeceps ad terram decidisset, Iustin.: vulpes inscia in puteum deciderat, Phaedr.: qui ab equo praeceps in Aleïa decidit arva, Ov. – im Bild, ex astris dec., aus seinem Himmel fallen (= von der Höhe seiner Vergötterung herabsinken), Cic. ad Att. 2, 21, 4. – **β** prägn., tot **niedersinken, hinsinken,** sowohl gewaltsam durch fremde Hand usw., decidit percussus ab apro, Hygin.: si decidat hostis, Stat.: Phoebeo domitus Python cum decidit arcu, Claud. – als durch Krankheit, Schicksalsfügung, **in den Tod-, ins Grab sinken, hinabsinken,** scriptor abhinc annos centum qui decidit, Hor.: cuncti solstitiali morbo decidunt, Plaut.: nos ubi decidimus, quo pater Aeneas, Hor.: decidit in flore iuvent(a)e, CIL 6, 6270.

II übtr.: **a herabfallen, herab-** od. **hinabsinken, α** von etw. sich entfernend, decido toto pectore, ich entschwinde ganz aus dem Herzen (jmds.), Tibull. 3, 1, 20 (vgl. ἐκ θυμοῦ πεσέειν, Hom. Il. 23, 595). – decido spe, de od. ab spe, es schlägt mir eine Hoffnung fehl, es fällt mir eine H. in den Brunnen, postquam spe decidit, Suet. Oth. 5, 1: quanta de spe decidi! um welche H. bin ich ärmer! Ter. heaut. 250: postquam (Antiochus) a spe societatis Prusiae decidit, Liv. 37, 26, 1. – **β** in etw. geratend, in einen Zustand **verfallen, αα** in einen physischen (mediz. *t. t.*): ne in malum habitum corpus eius decidat, metus est, Cels.: qui ex atra bile huc (in diese Krankheit) deciderunt, Cels.: is, qui ex quartana in hydropa (Wassersucht) deciderat, Cels. – **ββ** (wie καταπίπτειν) in einen moralischen: ne oculis quidem captus in hanc fraudem tuam tam scelestam ac tam nefariam decidisti, Cic. Verr. 4, 101: fortuna, in quam deciderat (Hecuba) humili nomine accepto, Mela 2, 2, 7 (= 2. § 26).

b gleichs. tief **hinabsinken, α** übh. durch Verfall des Vermögens, Ansehens wohin **versinken,** huc decidisse cuncta, ut etc., so weit sei es mit dem allgemeinen Verfall gekommen, dass usw., Tac. ann. 3, 59: nunc eo decidit (ist er so tief gesunken), ut exsul de senatore, rhetor de oratore fieret, Plin. ep. 4, 11, 1: ad eas rei familiaris angustias (in so traurige Vermögensumstände) decidit, ut etc., Suet. Claud. 9, 2: in maximis necessitatibus, ad quas libidine luxurieque deciderat, Schol. Iuven. 5, 3. – **β** prägn., aus Mangel an Erfolg **fallen, durchfallen, Misserfolg haben,** vom Redner, saepe illi bene cessit, saepe decidit, Sen. contr. 7. praef. § 5. – vom nachahmenden Schriftsteller, ego ab archetypo labor et decido, Plin. ep. 5, 10 (15), 1. – vom Feldherrn, non enim virtute hostium, sed perfidiā amicorum decidi, Nep. Eum. 11, 5. – ► vulg. Perf.-Form decisimus, Grom. vet. 362, 13.

dēciduus, a, um (decido), **abfallend,** cornua, dentes, Plin.: folia, Laber. com. u. Plin.: folia decidua a populo quernaque, Plin.: sidera, Sternschnuppen, Plin.: imber, Prud.

deciēns u. **deciēs,** *Adv.* (decem), **zehnmal, I** eig.: d. et octies, Pallad.: d. centum milia, Liv.: HS d. centena milia, eine Million Sesterze, Cic.: dafür bl. d. solidum, Hor.: HS d. et octingenta, 1 800 000 Sesterze, Cic.: deciens aeris, eine Million Asse, Liv. – bis d., poet. = *vicies,* Mart.: d. decemviri, poet. = *centumviri,* Ov. – **II** meton. für eine unbestimmte größere Zahl od. Summe, d. dixi, zehnmal = oft, Plaut.: d. centena dedisses huic parco, wie unser »Hunderttausende«, Hor.

1. **decima,** s. 1. decimus.

2. **Decima** (Decuma), ae, *f.* (decimus), eine der drei Parzen, als Göttin des die Geburt entscheidenden zehnten Monats, Varro u. Caesell. b. Gell. 3, 16, 10. Tert. de anim. 37.

decimānus od. gew. **decumānus,** a, um (decimus, decumus), **zum Zehnten gehörig, I** eig.: **A** im Allg.: dec. numerus, die Zehnzahl, Chalcid. Tim. 35 u. 36. – **B** insbes.: **1** als publiz. *t. t.*, zum Zehnten als Abgabe, ager, von dem der Zehnte gegeben wird, Zehntacker, Cic.: frumentum, der zehnte Scheffel vom Getreide, der Zehnte, Cic.: oleum, der Z. vom Öl, Lucil. fr. – subst., decumānus, ī, *m.*, der den Zehnten gepachtet hat, der **Zehntpächter,** Cic.: so auch mulier decumana, od. bl. decumana, ae, *f.*, die Frau od. Kebsfrau eines Zehntpächters, Zehntpächterfrau od. -dirne, Cic. – **2** als milit. *t. t.*: **a zur zehnten Legion gehörig,** miles decumanus, Auct. b. Afr. 16, 3: im Plur. gew. bl. decumani, Auct. b. Afr., Tac. u. a.: tricensimani decimanique Fortenses, Amm. 18, 9, 3. – **b zur zehnten Kohorte gehörig,** porta decumana, das »Haupttor« des röm. Lagers (weil daselbst die zehnten Kohorten der Legionen lagen), gegenüber der *porta praetoria,* Caes. u. a. – **3** als *t. t.* der Agrikult., decumanus limes od. bl. decumanus, eine durch den Acker od. Weinberg von Osten nach Westen gezogene Grenzlinie (Ggstz. cardo, s. d.), Col. u. Plin. – **II** meton. = **ansehnlich, groß, ungeheuer** (vgl. 1. decimus, decem etc.), acipenser (weil die Zehnteinnehmer das Größte nahmen), Lucil. sat. 1240: ova, *ibid.* 1151: Albesia scuta, *ibid.* 1150: fluctus (τρικυμία), *ibid.* 3, 38; vgl. Paul. ex Fest. 4, 7 u. 71, 15.

decimāria, ae, *f.* (decima), eine **Bestimmung über den Zehnten,** Cod. Iust. 8, 58 (in rubr.).

decimārius, a, um (decima), **zehntpflichtig,** Ambros. in psalm. 128. serm. 8. § 4; cant. cantic. lib. 2. § 61.

decimātio, ōnis, *f.* (decimo), **I** das **Dezimieren** als milit. Strafe, Capit. Macr. 12, 2. – **II** die **Darbringung des Zehnten** im Tempel, das **Opfer des Zehnten,** der **Zehnte** als Opfer, Vulg. Tob. 1, 7 u. Isai. 6, 13. Cassian. coll. 21, 18.

decimātor, ōris, *m.* (decimo), **der den Zehnten** (als Abgabe) **eintreibt,** Clotar. Migne 72. p. 1120.

decimātrūs, uum, *f.*, ein Festtag der Falisker, 10 Tage nach den Idus, Fest. 257 (a), 6.

decimātus, s. 1. decimo.

1. **decimo** (decumo), āvī, ātum, āre (decimus), zehnten, **I** = den zehnten Mann zur Bestrafung herausheben, **dezimieren,** legiones, cohortes, Suet.: deditos, Tac.: saepius milites, Capit.: cohortium militem, Frontin. Vgl. decimus quisque unter decimus. – **II** = **den zehnten Teil zum Opfer auswählen,** Fest. p. 237 (a), 25. – Dah. Partiz. decimatus übtr., **ausgewählt, erlesen,** honestas, Symm. ep. 3, 49 u. 51. – **III** etw. od. (prägn.) jmd. **mit dem Zehnten (als Abgabe) belegen,** etwas od. jmd. **verzehnten,** mentham, Vulg. Matth. 23, 23 u. Luc. 11, 42: alqm, Vulg. Hebr. 7, 9.

2. decimō, *Adv.*, s. 1. decimus.

1. decimus (decumus), a, um, der **zehnte, I** eig.: **A** *adi.*: legio, Caes.: pars, Zehntel, Cic.: hora diei, Cic.: dies, Cels.: mensis, Komik.: annus, Verg., Cels. u. Tac., annus aetatis, Quint.: decimus quisque, jedesmal der Zehnte (der zehnte Mann), Plaut. (dah. beim Dezimieren der Soldaten sorte decimum quemque ad supplicium legere, Liv.: decimum quemque sortiri, Sen.: decimum quemque sorte ductos fusti necare od. bl. decimum quemque fusti ferire, Tac.): tertius decimus, quartus decimus locus, Cic.: tertius decimus dies, Cels.: mensis sextus ac decimus, Aur. Vict.: septima dies post decimam, poet. = der siebzehnte, Verg. – **B** *subst.*: **1 decimus,** ī, *m.*, **a** (*sc.* liber) das **zehnte** Buch einer Schrift, in tertio decimo annalium, Gell. 18, 2, 16. – **b** (*sc.* dies) der **zehnte Tag,** der **Zehnte,** decimo Kalendas Maias, Col. 11, 2, 36: tertio decimo Kalendas Augustas, *ibid.* § 52. – **2 decima** od. gew. **decuma,** ae, *f.*, **a** (*sc.* hora) die **zehnte Stunde** des Tages (= 4 Uhr nachmittags), quem nulla res ultra decumam retinuit, Sen. de tranqu. anim. 17, 7. – **b** (*sc.* pars) der **zehnte Teil, α** das einer Gottheit gelobte **Zehntel** der Beute, der Einkünfte (vgl. Varro LL. 6, 54), vovere Apollini decumas praedae, Iustin. 20, 3, 3; decimam praedae Apollini consecrare, Macr. sat. 1, 7, 30: decumas Herculi ferre ex praeda Siciliensi, Iustin. 18, 7, 7: bene re gestā decimam Herculi profanare (dem H. weihen), Massur. Sabin. bei Macr. sat. 3, 6, 11: decimam Herculi vovere, Macr. sat. 3, 12, 2: cum de decima Herculis nec tertiam partem in aram eius imponitis, Tert. apol. 14. – Da zu solchen Opfern aus den Einkünften das Volk eingeladen wurde, um am Opferschmaus teilzunehmen, so erwarb sich der Darbringer beim Volk große Ehre od. großen Dank; dah. Oresti nuper prandia in semitis decumae nomine magno honori fuerunt, Cic. de off. 2, 58: decimas maturius dabat, Suet. Cal. 26, 4. – **β** das **Zehntel** als Erbteil, placet ergo decumas uxoribus dari, quartas meretricibus? Trachal. b. Quint. 8, 5, 19. – **γ** der zehnte Teil des Jahresertrags als Abgabe der Grundeigentümer, der **Zehnte,** das **Zehent,** decuma hordei, Cic.: decima fructuum, Aur. Vict.: unae decumae, unae unius agri decumae, Cic.: Sardiniae binae eo anno decumae frumenti imperatae, Liv.: alteras decumas Siculis imperare, Liv.: duas decumas frumenti exigere, Liv.: neminem minus tribus decumis dedisse, Cic.: ut pro singulis decumis ternas decumas dare liceret, Cic. – **3 decumum,** ī, *n.*, das **Zehnfache,** das **zehnte Korn** als Ertrag, ager efficit od. effert cum decumo, trägt zehnfach, Cic. Verr. 3, 112 *sq.*: concedes ut cum decumo fructus arationis perceptus sit, Cic. Verr. 3, 114. – **C** *adv.*: **1 decimum, zum zehnten Male,** nos reficietis decimum tribunos, Liv. 6, 40, 8. – **2 decimō, zehntens,** Cassian. instit. 4, 39. Cassiod. de anim. 12. – **II** meton. (wie decem, decimanus etc.) = **ansehnlich, groß, ungeheuer,** unda, Ov.: fluctus, Lucan. (vgl. decumanus fluctus u. im Griech. τρικυμία).

2. Decimus, ī, *m.*, ein röm. Vorname, z. B. D. Brutus.

dēcinerātus, a, um (de u. cinis), **ganz in Asche verwandelt,** Tert. adv. Valent. 32.

dē-cinerēsco, ere, **ganz zu Asche werden,** Tert. apol. 48, 15.

dē-cipio, cēpī, ceptum, ere (de u. capio), eig. wegfangen; dah. übtr. = **berücken, betören, blenden,** durch Vorspiegelungen **hintergehen,** durch den Schein **betrügen, täuschen, irreleiten, I** im Allg.: **a** v. pers. Subjj.: **α** pers. Objj.: novem homines honestissimos induxit, decepit, destituit, Cic.: quid nos decipimus? Sen.: d. ianitores, Suet.: d. alqm probe, Plaut.: labi, errare, nescire, decipi et malum et turpe ducimus, Cic.: decipi non posse, Nep. – m. *Abl.* **wodurch?** lenonem foveā, Plaut.: alqm inanibus promissis, Iustin. – m. *per* u. Akk., per dolum decipisti, Paul. ex Fest. 107, 10: bes. im Passiv (s. Drak. Liv. 1, 9, 13), per fidem sum deceptus, Plaut.: deceptus per colloquium, Caes., per auctoritatem alcis, Caes., per fas ac fidem, Liv. – m. *in* u. Abl., in quibus, ut erraverim, legentes tamen non decepi, Quint.: neque deceptus est in eo (darin), Plaut.: iam semel in prima spe decepti, Liv. – **β** unpers. Objj.: exspectationes, Cic. u. Quint.: custodiam pastoris facile, Col. – m. *Abl.* **wodurch?** oculos hāc aegide (v. Amor), Ov.: quo opinio decipitur, Quint. – **b** v. unpers. Subjj.: **α** pers. Objj.: illa ἀμφιβολία, quae Croesum decepit, vel Chrysippum potuisset fallere, Cic.: nisi forte me communis φιλαυτία decipit, Cic.: ut nos fortuna decipere non possit, adiuvare possit, Quint.: at ego (scio) qui speraverint spem decepisse multos, Plaut. – im Passiv m. *Abl.* des unpers. Subj., deceptus ordine atque vestitu, Nep.: deceptus nocte, Quint.: decipi viā, den Weg verfehlen, Liv.: decipi amore, Plin. ep.: deceptus dolo, Cic.: decipi u. deceptus fraude, Eutr. u. Suet.: deceptus insidiis Hannibalis, Aur. Vict.: deceptus spe affinitatis, Suet.: postquam primus amor deceptam morte fefellit, seit mich die erste Liebe täuschte (in meiner Erwartung auf eine dauernde Verbindung), indem ich durch den Tod (des Sychäus) betrogen und beraubt wurde, Verg. Aen. 4, 17: eo deceptum, quod etc., er habe sich dadurch irreleiten lassen, dass er usw., Caes. b. G. 1, 14, 2. – m. *in* u. Abl., cogitata dicebat ita, ut in nullo umquam verbo eum memoria deceperit, Sen. contr. 1. praef. § 18. – **β** unpers. Objj.: atque oculos idem, qui decipit, incitat error, Ov.: iudicium tamen hic nostrum non decipit error, Ov. – m. *Abl.* **wodurch?** me cum ingenita caritas liberûm, tum specimen istud virtutis deceptum vanā imagine decoris in te movet, Liv. – **II** insbes.: **1** jmds. Anblick od. Kenntnis täuschen = jmdm. **entgehen,** von unpers. Subjj., id tantum hostium, quod ex adverso erat, conspexit; ab tergo et super caput decepere insidiae, Liv. 22, 4. § 4: amatorem quod amicae turpia decipiunt caecum vitia, Hor. sat. 1, 3, 38 *sq.* – **2** eine Zeit od. eine Beschwerde täuschen = **sich vertreiben, unbemerkt hinbringen, vergessen machen,** sic tamen absumo decipioque diem, Ov.: sic ubi deceptae pars est mihi maxima noctis acta, Ov.: cantantis pariter, pariter data pensa trahentis fallitur ancillae decipiturque labor, Ov. – im Passiv m. *Abl.* **wodurch?** u. m. *Genet.* **wessen?** dulci laborum decipi sono, seine Plagen vergessen (griech. ἐπιλανθάνεσθαι πόνων), Hor. carm. 2, 13, 38.

dēcipula, ae, *f.* u. **dēcipulum,** ī, *n.* (decipio), die **Falle, Schlinge, a** eig.: Form *-a*, Vulg. Iob 18, 10: sicut decipula plena avibus, Vulg. Ierem. 5, 27. – **b** bildl., Form *-a*, Mart. Cap. 4. § 423. Hieron. epist. 84, 5 u. Hieron. Did. de spir. scto 59. Sidon. epist. 18, 10, 4 u. a. Eccl.: Form *-um*, Apul. met. 8, 5; 10, 24 u. flor. 18. p. 30, 6 Kr.: Plur. decipula, Laev. bei Fronto ep. ad M. Caes. 1, 5 (4). p. 13, 2 N.

dē-circino, āre, **abzirkeln, abrunden,** arcum, Manil. 1, 296: terram in orbem, Manil. 3, 326.

dēcīsio, ōnis, *f.* (decīdo), **I** (eig. das Abhauen, Abnehmen, dah.) die **Verminderung,** Apul. de mundo 29. – **II** das **Abkommen,** der durch ein Abkommen abgeschlossene **Vergleich,** die durch ein Abkommen herbeigeführte **Entscheidung,** decisionis arbiter, Cic.: dec. nostra, Cic.: haec dec. Roscii, Cic.: decisio pacis, Oros.: decisionem facere, ein Abkommen treffen, Cic. – **III** meton. = ἀποτομή, der **Abschnitt,** Boëth. inst. mus. 2, 30.

dē-cito, āre, **schnell herabgleiten lassen,** instabile vestigium plantis roscidis, Apul. met. 2, 4 zw.

Decius, a, um, Name einer röm. *gens*, aus der am berühmtesten die beiden Decii (P. Decius Mus, Vater u. Sohn), die sich als Konsuln zur Rettung des Vaterlandes (der Vater im Latinerkrieg, i. J. 340 v. Chr., der Sohn im Samniterkrieg, i. J. 295 v. Chr.) freiwillig dem Tode weihten, Liv. 8, 9, 1 *sqq.*; 10, 28, 6 *sqq.* Cic. Tusc. 1, 89: devotio P. Decii consulis, Liv. 9, 10, 3: Deciorum devotio, Min. Fel. 7, 3: Deciorum devotiones, Cic. de nat. deor. 3, 16: u. so Plur. Decii außerdem bei Cic. Sest. 143. Verg. georg. 2, 169. Sen. contr. 9, 25, 9. Claud. Probr. et Olybr. cons. 147. Augustin. de civ. dei 5, 14. – Dav. **Deciānus,** a, um, **decisch,** exercitus, des Decius (des Sohnes), Liv. 10, 31, 3.

dēclāmātio, ōnis, *f.* (declamo), das laute Hersagen, **I** im Allg., das **laute Eifern, Poltern,** non placet mihi declamatio (candidati) potius quam persalutatio, Cic. Mur. 44. – **II** insbes., der nach den Regeln der Kunst gehaltene **Vortrag,** die **Deklamation,** als Unterhaltung = der **Lehrvortrag,** als Übung zu Hause od. in der Rhetorenschule = die **Übung im Vortrag,** die **Redeübung, a** eig.: ratio u. moderatio declamationis, Rhet. Her.: senilis, Cic.: cotidiana, Cic. – zuw. emphat. =

die **leere, hohle Deklamation,** Cic. Planc. 47. Tac. dial. 35. – **b** meton., das zur Redeübung gewählte **Thema,** der **Vorwurf,** der **Vortrag, Kunstvortrag, Schulvortrag,** die **Schulrede,** Sen. rhet. u. a.: declamationes edere, Suet. u. Val. Max.: v. einer als Thema dienenden Person, Iuven. 10, 167.

dēclāmātiuncula, ae, *f.* (*Demin.* v. declamatio), die **kleine Redeübung,** die **kleine Deklamation,** Gell. 6, 8, 4. Sidon. epist. 1, 4, 3.

dēclāmātor, ōris, *m.* (declamo), ein Lehrer der Beredsamkeit, der in einer Schule Redeübungen hält, der **Redekünstler, Deklamator, Schulredner, Rhetor nach der Schule,** Cic. u. a.

dēclāmātōriē, *Adv.* (declamatorius), **schulrednerisch, deklamatorisch,** Greg. Tur. hist. Franc. 2, 24. Anecd. Helv. 55, 15.

dēclāmātōrius, a, um (declamator), **schulrednerisch, deklamatorisch,** Cic. u. a.

dē-clāmito, āvī, ātum, āre (*Frequ.* v. declamo), laut aufsagen = **sich im lauten Vortrag ergehen,** od. **üben, eine Redeübung abhalten, a** *v. intr.:* Graece, Suet.: Graece apud Cassium, Cic.: cum alqo cotidie, Cic.: in scholis, Quint.: XVII dies de alqo in Tiburtino, Cic. – **b** *v. tr.* etw. als Redeübung vortragen = **über** etw. **zur Übung Vorträge halten,** Sen. suas. 6, 14: causas (über Rechtsfälle), Cic. Tusc. 1, 7.

dē-clāmo, āvī, ātum, āre, **I** laut aufsagen, **1** im Allg., laut u. heftig reden, **sich laut auslassen,** bes. im üblen Sinne = **eifern, keifen, poltern, a** übh.: quis, nisi mentis inops, tenerae declamat amicae? schreit (poltert) los auf usw., Ov. art. am. 1, 465. – **b** v. Redner, ille insanus, qui pro isto vehementissime contra me declamasset, Cic.: Sulla voluit, ne in quemvis impune declamari liceret, Cic. – **2** insbes., zur Übung in der Schule od. zur häuslichen Einübung einer öffentlichen Rede **laut vortragen, zur Übung einen Vortrag halten, sich im Vortrag üben, deklamieren, a** *v. intr.:* declamantis habitus, declamandi magister, Quint.: declamare doces? Iuven.: ad fluctum aiunt declamare solitum Demosthenem, Cic.: d. Romae, Hor.: tot dies in villa aliena, Cic.: alternis diebus declamare, alternis disputare, Suet.: d. cotidie, Suet.: publice, Suet.: vini exhalandi, non ingenii acuendi causā, Cic.: mit *Dat.* (wem?), declamavit non quidem populo (vor dem Publikum), sed egregie, Sen. contr. 10. praef. § 4. – im Passiv unpers., in eo, quo modo declamatur, positum est etiam, quo modo agatur, Quint. 9, 2, 81. – **b** *v. tr.* als Redeübung **laut aufsagen, vortragen, deklamieren,** controversiam, Sen. rhet.: suasorias, Quint.: orationes declamatae, Lampr. – quae mihi iste visus est ex aliqua oratione declamare, quam in alium reum commentaretur, Cic. Rosc. Am. 82. – Partiz. subst., dēclāmātae, ārum, *f.* = declamationes (s. dēclāmātio *no.* II, b), Lampr. Alex. Sev. 3, 3. – **II laut anrufen, anschreien,** alqm, Commodian. instr. 2, 19, 19.

declaratio, onis, *f.* (declaro), die **Kundgebung, Offenbarung,** animi tui, Cic. ep. 10, 5, 2: liber iste, quantam habet declarationem amoris tui, wie sehr spricht sich deine Liebe in ihm aus, Cic. ep. 15, 21, 3. – u. die **Erklärung** eines Begriffs, Ps. Apul. de dogm. Plat. 3. p. 265 H.

dēclārātivē, *Adv.* (declarativus), **erklärend,** Mart. Cap. 4. § 393.

dēclārātīvus, a, um (declaro), **erklärend,** Ps. Apul. de dogm. Plat. 3. p. 264 H. Mart. Cap. 4. § 341.

dēclārātor, ōris, *m.* (declaro), der **Verkündiger der Wahl** eines Magistrates, honoribus alcis suffragatorem in curia, in campo declaratorem exsistere, Plin. pan. 92, 3.

dē-clāro, āvī, ātum, āre = ἀποφαίνω, **deutlich an den Tag geben, deutlich kundgeben** od. **-tun, deutlich offenbaren, I** eig.: **a** durch ein Zeichen usw.: praesentiam saepe divi suam declarant; ut et apud Regillum bello Latinorum … in nostra acie Castor et Pollux ex equis pugnare visi sunt, Cic. de nat. deor. 2, 6. – m. *Dat.* **wem?** tabellarius ducis nave declaratā suis eodem, unde erat egressus, se recepit, Nep. Hann. 11, 2. – mit *Abl.* **wodurch?** nec potest aetas (cervorum) discerni, sed dentibus senecta declaratur, Plin. 8, 116. – **b** durch Worte **kund- und zu wissen tun, öffentlich erklären, öffentlich verkündigen, α** jmd. als einen, bes. als einen Magistrat (einen Konsul usw.) **öffentlich erklären** (von der die Wahl leitenden Magistratsperson und von den Wählenden selbst); dann aber auch, wie renuntiare, nach der Erklärung durch den Präko als gewählt **öffentlich verkünden** od. **ausrufen lassen,** m. dopp. *Acc.,* alqm consulem, Cic.: me unā voce universus populus Romanus consulem declaravit, Cic.: quos populus proximis comitiis ingenti consensu alterum consulem alterum praetorem declaravit, Liv.: victorem magnā praeconis voce Cloanthum declarat, Verg. – im Passiv m. dopp. *Nom.,* eiusdem hominis voce et declaratus consul et defensus, Cic.: consules declarati P. Scipio Nasica, L. Bestia, Sall.: tanto consensu, quanto haud quisquam alius ante, rex est declaratus, Liv.: ex quo die est dux declaratus, Liv. – **β** eine Feierlichkeit dem Volk als bevorstehend, Rupae studium non defuit declarandorum munerum tuo nomine, Cic. ep. 2, 3, 1.
II übtr., **deutlich zu erkennen (zu verstehen) geben, deutlich angeben, deutlich zeigen** od. **anzeigen** od. **bezeichnen, klar darlegen, motivieren, klar** od. **deutlich ausdrücken, deutlich offenbaren, a** übh.: **α** m. *Acc.:* hoc saepius dicendum tibique non significandum solum, sed etiam declarandum arbitror, Cic.: ipsa consolatio litterarum tuarum declarat summam benevolentiam, Cic.: non manus solum, sed nutus quoque declarant nostram voluntatem, Quint. – m. *Abl.* **wodurch?** Cilicum et Pisidarum gens volatibus avium cantibusque ut certissimis signis declarari res futuras putant, Cic.: declarant gaudia vultu, Catull. – mit *in* (in, bei) u. Abl., fuit (Iphicrates) bonus civis fideque magnā; quod cum in aliis rebus declaravit, tum maxime in Amyntae Macedonis liberis tuendis, Nep. – mit dopp. *Acc.,* se fortibus factis dignum tantae maiestatis infulis declaravit, Treb. Poll. Gallien. 10, 1. – **β** m. folg. *Acc.* u. *Infin.:* hominem catum eum esse declaramus, erklären ihn für usw., Plaut.: quae (vox) declarat illum et in solitudine secum loqui solitum, Cic.: quod plurimis locis perorationes nostrae voluisse nos atque animo contendisse declarant, Cic. – **γ** mit folg. indir. Fragesatz: quae (consuetudo cotidianae vitae) cuiusque ingenium ut sit declarat maxime, Ter.: totum id, quod quaerimus, quid et quale sit verbi vis ipsa declarat, Cic.: qui declaravit, quanti me faceret, Cic. – m. *Abl.* **wodurch?** ut matres familiae eorum (Germanorum) sortibus et vaticinationibus declararent, utrum proelium committi ex usu esset necne, Caes. – **δ** absol. (vgl. Garatoni Cic. Mil. 5, 14), res declarat, Cic.: ut ratio declarat eorum, qui etc., Lucr.: declarant huius ambusti tribuni plebis illae intermortuae contiones, Cic. – **b** einen Wortbegriff **deutlich ausdrücken, -bezeichnen,** nullum (verbum) inveniri potest, quod magis idem declaret Latine, quod Graece ἡδονή, quam declarat voluptas, Cic.: ›oportere‹ enim perfectionem declarat officii, quo et semper utendum est et omnibus, Cic.: propter cuius syllabae sonum declarandum nova reperta est littera, Gell.: quae (littera C) inversa mulierem declarat (nämlich Ɔ = Caia), Quint.: verba quam maxime apta, id est, rem declarantia, Cic.: verba idem declarantia, gleichbedeutende W., Synonyma, Cic. – **c** durch die Darstellung **in ein helles Licht setzen, aufhellen, klar darlegen,** cum autem exprimere imaginem consuetudinis atque vitae velimus Epaminondae, nihil videmur debere praetermittere, quod pertineat ad eam declarandam, Nep.: quod vix credendum sit tantas res tam breviter potuisse declarari, Nep.

dēclīnābilis, e (declino), **deklinierbar** (Ggstz. indeclinabilis), Prisc. 5, 71.

dēclīnātio, ōnis, *f.* (declino), **I** *intr.* die **Abbiegung, 1** eig.: **a** die Neigung der Erde gegen die Pole, dah. die **Weltgegend, Himmelsgegend,** d. caeli, Vitr. 9, 7 (8), 1: positio caeli et d., Col. 1, 6, 18: declinationes caeli, Col. 4, 24, 2: d. mundi, Col. 3, 1, 3: u. declinationes mundi, Col. 1. prooem. 22. – **b** gew. das **Abbiegen, Ausbiegen, α** übh. als *t. t.* der Baukunst, die **Abbiegung, Biegung,** declinationes libramenti ventris, die Biegungen an den Enden der Bauchfläche, Vitr. 8, 6 (7), 8. – **β** als *t. t.* der Fechtkunst, die **ausbiegende Körperbewegung,** alcis petitiones quādam declinatione et, ut aiunt, corpore effugere, Cic.: lanceam exiguā corporis declinatione vitare, Curt. – **γ** als philos. *t. t.*, die **Abweichung** der Atome von der Bahn, d. atomi, Cic.: ipsam declinationem (atomorum) ad libidinem fingere, Cic. – **2** übtr.: **a** als philos. *t. t.*, die **Abneigung,** der **Widerwille** (Ggstz.

appetitio), appetitio et declinatio naturalis, ein natürliches Begehrungs- u. Abneigungsvermögen, Cic.: quae declinatio, si cum ratione fiet, *cautio* appelletur, Cic.: Plur., hominum arbitrariae et variae voluntates appetitionesque (Wünsche u. Triebe) et declinationes, Gell. 14, 1, 23. – **b** als rhet. *t. t.*, **α** = παρατροπή, παρέκβασις, die **Abschweifung** vom Thema, Quint. 9, 1, 34: Plur., Cic. part. or. 52: bes. d. brevis a proposito, eine kurz abschweifende Bemerkung, Cic. de or. 3, 205. Quint. 9, 1, 32. – **β** = μετάκλισις, eine **kleine Abbiegung,** d. i. Abänderung eines Wortes (z. B. rectum in recte), Auct. carm. de fig. 94. p. 67 H. – **c** als *t. t.* der Gramm., die **Biegung, Abänderung, α** in der älteren Gramm., jede mit der Form eines Wortes vorgenommene Abänderung, sowohl **Deklination** im engeren Sinne als auch **Konjugation, Komparation, Derivation** usw., Varro LL. u. Quint. – **β** in der spät. Gramm., die **Deklination** im engeren Sinne, Donat. u. a. – **d** als mediz. *t. t.*, das **Nachlassen, Abnehmen** eines Leidens (Ggstz. accentus, Marc. Emp. 36), Th. Prisc. 2, 5. Cael. Aur. acut. 2, 19, 124; chron. 2, 5, 87 u. 89 ö. – **II** *tr.* prägn. = die **Vermeidung** einer Sache, neque haec tua recusatio confessio sit captae pecuniae, sed laboris et periculi non legitimi declinatio, Cic. Clu. 148.

dēclīnātīvē, *Adv.* (declino), **durch Abbeugung,** Ps. Asper (V) 552, 14 K.

dēclīnātus, ūs, *m.* (declino), die **Biegung, Abänderung** der Wörter, Varro LL. 9, 34 u. a. – ▶ Cic. de fin. 5, 17 ist declinatum das Neutrum des Partizips.

dēclīnis, e (vgl. declinare u. acclinis), **sich wegneigend,** iuga, Stat. Theb. 5, 297.

dē-clīno, āvi, ātum, āre (vgl. acclino), abneigen = von der geraden Bahn **abbiegen, ablenken, abwenden,** u. m. bes. Beziehung auf das **wohin? hinneigen, hinlenken, hinwenden, I** im Allg.: **1** eig.: **a** *v. tr.*: non statim decl. undam, sed etc. (v. einem Fluss), Curt.: laqueis exceptos decl. ictus (des Sturmbocks), Liv.: pedamenta declinata (schiefstehende) corrigere, Col.: decl. atomum, Cic. de fat. 46. – m. *Advv.*, m. *de* od. *ab* od. *ex* u. Abl., m. *in* od. *extra* u. Akk., si quo ego inde agmen declinare voluissem, Liv.: si quā declinarent qui agebant ictum, Liv.: decl. se a terris, Poët. b. Suet.: sese rectā regione viai, Lucr.: non prius ex illo flagrantia lumina, Catull.: u. so non se ab illo, keinen Blick von ihm wenden, Ov.: nares in alteram partem declinantur, Cels.: decl. paulum se extra viam, Plaut. – poet., nec dulci declinat lumina somno, neigt dem s. Schl. zu, Verg. Aen. 4, 185. – **b** *v. intr.* = **abbiegen, ausbiegen, abweichen, ausweichen,** se, etiamsi in acie occurrerit, declinaturum, Liv.: Cumanae cohortes, arte adversus vim usae, declinavere paululum, zogen sich ein wenig seitwärts, Liv. – m. *de* od. *ab* u. Abl. od. m. bl. *Abl.*, m. *ad* u. Akk., decl. de via (bes. im Bild = vom Wege der Pflicht, des Rechts), Cic. u. Gell.: paulum ad dexteram de via, Cic.: a Capua, Cic.: a recto itinere (im Bild von der Rede), Quint.: rectā viā (im Bild), Quint.: Manlium iussit obliquo monte ad se declinare, Liv. – v. Lebl., vetus via regia nusquam ad mare declinans, Liv. – bes. v. Atomen, **abweichen** von der geraden, senkrechten Linie (Ggstz. e regione moveri), declinare dixit atomum perpaulum, Cic.: ut, cum duo individua per inanitatem ferantur, alterum e regione moveatur, alterum declinet, Cic.: atomi errantes et de via declinantes, Cic. – v. Tage, **sich neigen,** die iam in vesperum declinante (Ggstz. die incipiente), Col. – **2** übtr.: **a** *v. tr.*: **α** übh.: decl. suspicionem quaerentium, die Suchenden von d. Spur ablenken, Petron.: aetate iam declinatā, im hohen Alter, Quint.: milites stupentis animi et naturali habitu declinati, von stumpfsinniger u. wankender Gemütsart, Gell. – m. *ab* u. Abl., m. *in* u. Akk., ut declinet a proposito deflectatque sententiam, führe u. lenke ab, Cic.: neque (mulierem) declinatam quidquam ab aliarum ingenio ullam reperias, die von der Denkungsart der anderen abweicht, Ter. – rumoribus advorsa in pravitatem, secunda in casum, fortunam in temeritatem decl., zuschieben, zuschreiben, beimessen, Sall. hist. fr. 2, 30 (36): u. so adversa in inscitiam Paeti declinans, Tac. ann. 15, 26 *extr.* – **β** als gramm. *t. t.*, einen Redeteil **abändern, beugen,** in der älteren Gramm. von jeder Art Abänderung (Deklination, Konjugation, Komparation, Derivation), Varro LL. u. Quint.: in casus declinari, dekliniert werden, Varro LL.: verba declinata (Ggstz. primigenita, Stammverba), Varro LL. – in der spät. Gramm. bl. von der Deklination, Charis., Donat. u. a. – **γ** als rhet. *t. t.*, hoc oratio recta, illud figurā declinata commendat, dieses empfiehlt sich durch einfache (schlichte) Redeweise, jenes durch künstlich figürliche, Quint. 10, 5, 8. – **b** *v. intr.*, m. *de* od. *ab* u. Abl., m. *Advv.* od. m. *in* od. *ad* u. Akk., **α** übh.: de statu suo, Cic.: a religione officii, Cic.: a malis, den Übeln ausweichen (Ggstz. appetere bona), Cic.: a parvis delictis diligentius, Cic. – decl. in peius, zum Schlechteren sich hinneigen (herabsinken), Quint.: in asperam Pholoën, Hor.: cum transitu Hannibalis, quantum in Italiam declinaverat belli, tantum levatae Hispaniae viderentur, Liv.: gemma paulum declinans a topazio in aurum, Plin.: coacti ab auctoribus iniuriae ad vindices futuros declinant, Liv.: plerique desperatā facultate agendi ad discendum ius declinaverunt, Quint. – absol., paulatim declinat amor, neigt sich die L. hin (zum Bruder), Ov.: magnā rerum permutatione impendente declinasse me paulum, sei ich ein wenig ausgewichen, Cic. – m. *in* u. Abl., si qua in parte lubricum adulescentiae nostrae declinat (abirrt, sich verirrt), revocas, Tac. ann. 14, 56. – **β** v. Redner, Geschichtsschreiber usw., von der Rede, vom Thema usw., **abweichen, abschweifen,** aliquantum a proposito, Cic.: plus iusto ab rerum ordine, Cic.: at ego huc declinabam, nec invitus, Cic.: ut eo revocetur unde huc declinavit oratio, Cic.: in hoc genus plerique cum declinavissent, ab eo, unde profecti sunt, aberrarunt, Rhet. Her. – **γ** als mediz. *t. t.*, **eine andere** (bes. bessere) **Wendung nehmen, abnehmen, nachlassen,** ubi ea (inflammatio) declinavit, Cels.: declinante morbo, Plin.: declinantibus doloribus, Th. Prisc.

II prägn., abbiegend, ausweichend etw. **meiden, vermeiden (zu meiden** od. **zu vermeiden suchen**), einer Sache **aus dem Wege gehen,** etw. **abweisen, sich** von etw. **lossagen, 1** eig.: urbem unam mihi amoenissimam, Cic.: victorem hostium exercitum, Iustin.: non satis recte impetum (als *t. t.* der Fechterspr.), Cic.: so auch im Bild, invidiae impetum, Iustin.: iudicii laqueos, Cic. – **2** übtr.: aliquid (Ggstz. persequi), Cic.: periculum, Iustin.: fatorum pericula, Iustin.: vitia, Cic.: scelus, Iustin.: ea, quae nocitura videantur, Cic.: minas Clodii contentionesque nulla cum molestia (Ggstz. subire summa cum dignitate), Cic.: impudicitiam uxoris, Tac.: ea maxime declinans, quorum recens flagrabat invidia, Tac. – m. *Abl.* **wodurch?** societate culpae invidiam, Tac.

dēclīvis, e (de u. clivus), **bergabwärts gehend, abfallend, abschüssig** (Ggstz. acclivis), **I** eig.: locus declivis ac praeceps, Liv.: collis ab summo aequaliter d., Caes.: locus iniquus et leniter d., Caes.: latitudo, Sall.: arvum Aesulae, Hor.: ripa, Ov. – *neutr.* subst., per declive (am Abhang hin) se recipere, Caes.: per declive viasque praecipites spatio terrae propiore feruntur, Ov.: sopitus ex semita proclivi ruit in declive, Liv.: haec declivia et devexa, diese abfallenden u. abschüssigen Partien (der Gegend), Caes. – **II** übtr.: **A** der Zeit nach **sich neigend,** mulier aetate declivis, mit der es bergab geht, die schon in den Jahren ist, Plin. ep.: sol, Calp.: aestas, Calp. – m. *Dat.*, quod sol iam occasui declivis est, sich dem U. zuneigt, Min. Fel. 40, 2. – m. *ad* u. Akk., considera, quod dies ad occasum declivior sit, Vulg. iudic. 19, 9. – **B** der Gesinnung nach **sich neigend,** animae in vitia *labiles,* in peccatorum genera universa *declives,* Arnob. 2, 45.

dēclīvitās, ātis, (declivis), die **bergabwärts gehende Lage,** die **Abschüssigkeit,** Caes. b. G. 7, 85, 4. Amm. 23, 6, 65. Chalcid. Tim. 44 D (Ggstz. proclivitas). – meton., der **Gebirgsabhang,** emensā declivitate Succorum, Amm. 22, 2, 2.

dēclīvius, *Adv. compar.* (declivis), **abschüssiger,** Cassiod. hist. eccl. 12, 9.

dēclīvus, a, um (Nbf. v. declivis), **bergabwärts gehen, abschüssig,** iter declivum, Cassiod. in psalm. 16, 6. – subst., dēclīvum, ī, *n.*, der **Abhang** (Ggstz. ascensio), in verticis declivo, Boëth. art. geom. p. 425, 8 Fr.

dēcoco, s. dē-coquo.

dēcoctio, ōnis, *f.* (decoquo), **I** die **Abkochung,** u. zwar konkr. = das

Dekokt (als mediz. Tränkchen), myrti (von M.), Cael. Aur. acut. 3, 3, 17: palmularum Thebaicarum, Cael. Aur. chron. 2, 7, 104: eiusdem hibisci, *ibid.* 5, 1, 12: harum (herbarum) decoctio potui data, Ps. Apul. herb. 77: decoctio cotidie sumptui data, Plin. Val. 1, 61: decoctio, quam supra diximus, Cael. Aur. chron. 2, 13, 165. – **II** übtr.: **a** die **Zersetzung, Verdauung,** Cassiod. de anim. 6: cibi et corporis, Isid. 11, 1, 139. – **b** das **Sich-Verflüchtigen, Hinschwinden,** die **Abminderung,** Cod. Iust. 11, 9, 5, Cod. Theod. 4, 9, 3. Cassiod. var. 4, 30, 2 u. 10, 29, 4.

dēcoctior, *PAdi. compar.* (v. decoquo *no.* I, B), zu größerer Reife gebracht, übtr. = **gediegener,** aliquid decoctius, Pers. 1, 125.

dēcoctor, ōris, *m.* (decoquo), der **Verschwender, Bankrottierer,** absol., Cic. Cat. 2, 5; Phil. 2, 44. Sen. ep. 81, 2 u. de ben. 4, 26, 3: m. *Genet.*, bonorum suorum, Spart. Hadr. 18, 9: pecuniae publicae, Cod. Theod. 12, 1, 117.

dēcoctus, Abl. ū, *m.* (decoquo), das **Abkochen, Absieden,** Plin. 37, 194.

dēcollātio, ōnis, *f.* (decollo), die **Enthauptung,** Paul. sent. 5, 17, 3 (bei Ulp. dig. 48, 19, 28 pr. capitis amputatio); vgl. Gloss. ›decollatio, τραχηλοκοπία, κεφαλῆς ἀποτομή‹.

dē-collo, āvī, ātum, āre (de u. collum), **I vom Hals herabnehmen,** Caecil. com. 116. – **II köpfen, enthaupten,** alqm, Sen. apoc. 6, 2; de rem. fort. 3, 1. Petron. 51, 6. Fenestell. bei Diom. 365, 9. Aur. Vict. epit. 19, 3. Vopisc. Aurel. 6, 5. Schol. Iuven. 13, 178: alqm ad lucernam, Sen. de ira 3, 18, 4: capita decollatorum, Scrib. 194. – absol., nisi forte facilius in honorem eius decollas quam iudicas, Sen. contr. 9, 25, 4: miles decollandi artifex, Suet. Cal. 32: unpers., deinde descripsit quanto aliter in foro decolletur, Sen. contr. 9, 25, 10.

dē-cōlo, āvī, āre (de u. colum), **durchsickern,** dah. übtr., gleichsam **durchfallen, ausfallen** = zu Wasser werden, fehlschlagen, fehlen, si ea (spes) decolabit, Plaut. capt. 497: si sors decolassit (archaist. = *decolaverit*), Plaut. Cas. 307: si alterutrum decolat, Varro r. r. 1, 2, 8.

dē-color, ōris, *Adi.*, was die natürliche Farbe verloren hat, **entfärbt, verfärbt, verdunkelt (gebräunt), getrübt, a** eig.: sanguis, Cic. poët.: cutis, Plin.: unio, Plin.: India, Ov.: heres, ein Mohr als Erbe, Iuven.: dies, Amm.: alga, Auson. – m. *Abl.*, decolor ipse suo sanguine Rhenus, Ov. – **b** übtr.: deterior paulatim ac decolor aetas, das entartete (durch Verschlechterung in das eiserne Zeitalter aus dem goldenen), Verg. Aen. 8, 326: fama decolor et factis infitianda tuis, ein entstelltes, hässliches Gerücht, Ov. her. 9, 4: v. Pers., entartet, ausgeartet, Sil. 11, 424: m. *Genet.*, decolor et degener patris, Augustin. serm. app. 70, 2.

dēcolōrātio, ōnis, *f.* (decoloro), **I** eig., die **Verfärbung, Verbleichung der Farbe,** Cic. de div. 2, 58. – **II** übtr. u. bildl., Eccl.

dēcolōrātus, a, um, m. *Compar.*, s. dēcolōro.

dēcolōro, āvī, ātum, āre (decolor), etw. seiner natürlichen Farbe berauben, **entfärben, verfärben, entstellen,** wenn rot = **erblassen machen,** wenn weiß usw. = **röten, bräunen, schwärzen, a** eig.: si idem pallor labra et nares decolorat, Cels.: quae suppurationes … exteriorem quoque cutem decolorant, Cels.: quod mare Dauniae non decoloravere caedes? Hor.: quod fusca sum, quia decoloravit me sol, Vulg. cant. 1, 5. – m. *Abl.* (durch), manus collybo decoloratae (geschwärzte, beschmutzte), Cass. Parm. bei Suet.: si tumore et livore decoloratum est corpus mortui, significat eum veneno necatum, Rhet. Her. – m. *ex* u. Abl., oliva pausea cum primum ex albo decoloratur (ihre weiße Farbe verliert) fitque luteola, Col. 12, 49, 9. – **b** übtr., **entstellen, entarten,** famam, Augustin. ep. 77, 1: mores, Augustin. ep. 138, 10 *extr.;* de civ. dei 2, 22 *extr.:* Partiz. Perf. im *Compar.*, cognitio creaturae in se ipsa decoloratior (getrübter, unkenntlicher) est, ut ita dicam, quam etc., Augustin. de civ. dei 11, 7. p. 470, 14 D.^{2}: *neutr.* decoloratius, Augustin. ep. 120, 4, 20.

dēcolōrus, a, um = decolor, Prud. perist. 1, 113. Ambros. epist. 19, 31; de Elia et ieiun. 19. § 72.

dēcompositus, a, um (de u. compono) = παρασύνθετος, **von einem zusammengesetzten Wort abgeleitet (gebildet),** Prisc. 5, 56 *sq.;* 15, 27.

dē-concilio, āre, jmdm. etw. **entziehen,** Plaut. fr. b. Fest. p. 217 (a), 28.

dē-condo, ere, gleichs. **tief begraben** = **verbergen,** alqm in ventrem alicuius immensae beluae, Sen. ad Marc. 10, 6.

dē-contor, s. dē-cunctor.

dē-coquo (dēcoco, dēquoquo), coxī, coctum, ere, **I ab-, gar kochen, A** eig.: olus, Hor.: obsonia, Paul. ex Fest.: lentem in aqua marina, Plin.: alqd in patina od. patella, Plin.: ex vino, Plin.: muliebre lac cum feniculo, Plin.: sarkastisch, decoquere corpus atque exinanire, den Körper (im Schwitzbad) abkochen u. (durch Schwitzen) erschöpfen, Sen.: sentinam illam inferni sanguinis dec. *in* materiam lactis laetiorem, Tert. de carn. Chr. 20. – *Partic.* subst., **a** dēcocta, ae, *f.* (*sc.* aqua), ein von Nero erfundener abgekochter eiskalter Trank, ein **Dekokt,** Suet. u. Iuven.: auch vollst. decocta aqua, Mart. 14, 116. – **b** dēcoctum, ī, *n.*, die **Abkochung,** das **Dekokt** von etw. (als mediz. Trank), z. B. dec. balani, Plin. 22, 49. – **B** übtr., **völlig dörren, -reifen,** Plin. 17, 226. Pallad. 1, 34, 7. – bildl., consilia nefarii facinoris, zur Reife bringen, schmieden, Porc. Latro declam. in Catil. 4. – **II einkochen lassen, A** eig.: vinum decoctum (ἑφθὸς οἶνος, ἕψημα οἴνου), dick gekochter Most, Edict. Diocl. 2, 15: alqd usque ad tertiam partem, Varro: acetum ad tertias, Plin., ad quartas, Col.: alqd in dimidiam partem, Col. – u. beim Schmelzen, pars quarta argenti decocta erat, hatte sich beim Einschmelzen verflüchtigt, Liv. – bildl., suavitas decocta, eine fade, wässrige (Ggstz. suavitas solida, eine gediegene), Cic. de or. 3, 103. – **B** übtr.: **1 abschmelzen, sich verflüchtigen lassen,** iram, Claud.: multum inde decoquent anni, Quint. – u. refl. = **sich verflüchtigen, hinschwinden,** res ipsa (das Vermögen selbst) iam domino decoxit, Col. 11, 1, 28: quibus (annis) inertiā Caesarum quasi consenuit atque decoxit, v. röm. Volk, Flor. prooem. § 8: templorum vectigalia cotidie decoquunt, Tert. apol. 42. – **2** insbes., das Vermögen jmds. hinschwinden machen, jmd. **ruinieren, bankrott machen,** hunc alea decoquit, Pers. 5, 57. – gew. = sein Vermögen durchbringen, **sich ruinieren, bankrottieren,** in foro medio luci claro dec., Varro sat. Men. 512: tenesne memoriā praetextatum te decoxisse? Cic.: quaerens, quom ododecoquat, Sen.: oft decoqu. creditori od. creditoribus (zum Nachteil des Gl. od. der Gl.), Sen. u. Plin.: u. so minus turpe est creditori quam bonae spei decoquere, nicht zu befriedigen, Sen. – **III** = **verdauen,** ubi mansa et vorata decoquat viscera, Arnob. 7, 45. p. 279, 19 R.: cibus naturali calore decoctus, Veget. mul. 1, 40, 1. – ▶ dequoquo, wov. dequoqueretur, Hor. sat. 2, 1, 74 *Holder.* – Nbf. decoqueo, wov. decoquet, Arnob. 1, 10 *cod. P:* decoquent, Firm. Mat. de err. 8, 2 *cod. P.*

1. **decor,** ōris, *m.* (deceo), die **Angemessenheit,** der **Anstand,** die **Schicklichkeit** (das **Schickliche**), die **Zierde, I** im Allg.: mobilibus decor, maturis dandus et annis, Hor.: sua cuique proposita lex, suus cuique decor est, Quint.: cuncta ad decorem imperii composita, Tac.: u. (in der Rede) mire custoditur decor, Quint.: in personis decor, angemessene Behandlung der Charaktere, Quint. – Plur., scenaique simul varios splendere decores, Lucr. 4, 980. – **II** insbes., der körperl. **Anstand,** die **Anmut,** der **Liebreiz,** die **Holdseligkeit,** das **stattliche Aussehen,** te decor iste, quod optas, esse vetat, Ov.: pueritiae maximus in exitu decor est, Sen.: filia eius eximiā corporis specie et decore habitus in barbaris raro, Curt.: decor oris cum quadam maiestate, Tac.: incertum ob decorem an quid aliud vitro corpora infecti, Mela. – v. Lebl., palmetis (est) proceritas et decor, Tac. hist. 5, 6. – personif., Hor. carm. 2, 11, 6.

2. **decor,** oris (v. decus, wie bicorpor v. bis u. corpus, s. Prisc. 6, 47), *Adi.*, **zierlich,** magnam domum decoremque, Naev. bell. Pun. fr. inc. II. p. 17 V.: equis et armis decoribus cultus, Sall. hist. fr. 3, 14 (11): decori toro, Apul. de deo Socr. 2.

decorāmen, inis, *n.* (decoro), die **Zierde,** der **Schmuck,** Sil. 16, 269: Plur. Auson. Mosell. 320.

decorāmentum, ī, *n.* (decoro) = στεφάνωμα, die **Zierde,** der **Schmuck,** Tert. de cult. fem. 2, 12. Sidon. epist. 5, 10, 2.

decōrē, *Adv.* (decorus), **I geziemend, mit Anstand, würdig, ehrenhaft** (Ggstz. indecore), ea facere, Cic.: ad rerum dignitatem apte et quasi decore loqui, Cic.: res publica bene et decore gesta, Sall. – **II anmutig, stattlich,** formata decore sancta Iovis species, Cic. poët. de div. 1, 20.

dē-corio, āvī, ātum, āre (de u. corium), **des Fells-, der Haut berauben,** alqm, Eccl.: pellem eius, Eccl.: amygdala, abziehen, Pallad.

decoriter, *Adv.* (2. decor), **zierlich, schön,** Apul. met. 5, 22 u. 11, 3. Iul. Val. 1, 24. p. 33, 24 K.

decoro, āvī, ātum, āre (decus), **zieren, schmücken, verherrlichen, I** eig.: utrumque currus latus deorum simulacra ex auro argentoque expressa decorabant, Curt.: quem modo decoratum ovantemque victoriā incedentem vidistis, Liv. – m. *Abl.* **womit?** qui oppidum non maximum maximis ex pecunia sua locis communibus monumentisque decoravit? Cic.: Rhodios parte praedae et spoliis navalibus decoratos domum redire iubet, Liv.: Iovis optimi maximi ornatu decoratus, Liv.: his insignibus decoratus, Liv.: designatorem decorat (umgibt mit) lictoribus atris (scherzh. v. der ungesunden Jahreszeit, die den L. mit seinen schwarzen Dienern nötig macht), Hor. – **II** übtr.: quam (rem publicam) ipse decorarat et auxerat, Cic.: haec omnia vitae decorabat dignitas et integritas, Cic. – m. *Abl.* **womit?** alqm lacrumis, Enn. fr. var. 17: egregias animas supremis muneribus, Verg.: alqm singularibus honoribus od. amplissimis honoribus et praemiis, Cic.: deorum delubra pietate, domos suas gloriā, Cic.: o clementiam admirabilem atque omni laude, praedicatione, litteris monumentisque decorandam! Cic.: ut omne, quod honestum nos et laudabile esse dicimus, id illi cassum quiddam et inani vocis sono decoratum esse dicant, für ein nichtiges u. mit leerem Wortgeklingel herausstaffiertes Ding erklären, Cic. Tusc. 5, 119.

decorōsus, a, um (decus), **zierlich, schön,** Ps. Augustin. serm. 51, 1. Ambros. de Tob. 7 u. a.

dēcorticātio, ōnis, *f.* (decortico), das **Abschälen der Rinde,** Plin. 17, 236.

dē-cortico, āvī, ātum, āre (de u. cortex), einen Baum usw. **der Rinde berauben, abschälen,** Plin. 16, 188. Vulg. gen. 30, 37; Ioël. 1, 7. Ps. Ascon. Cic. div. in Caec. 3. p. 101, 16 B.

decōrus, a, um (decor) = εὐπρεπής, **I geziemend, wohlanständig, schicklich, ehrenhaft** (Ggstz. indecorus, turpis), **a** *adi.*: vox, actio, Quint.: decorus est senis sermo, Cic.: neque autem idem ubique aut licet aut decorum est, Quint.: cum persuasum sit nihil hominem nisi quod honestum decorumque sit aut admirari aut optare aut expetere oportere, Cic.: contra ea pleraque nostris moribus sunt decora, quae apud illos turpia putantur, Nep.: decorum est m. folg. *Infin.* od. *Acc.* u. *Infin.*, actuariis autem minutis Patras accedere sine his impedimentis non satis visum est decorum, Cic.: ut vix satis decorum videretur eum plures dies esse in Crassi Tusculano, Cic.: dulce et decorum est pro patria mori, Hor.: nec tam turpe fuit vinci, quam contendisse decorum est, Ov. – m. *Dat.* (für wen?), color albus praecipue decorus deo est cum in ceteris tum maxime in textili, Cic.: alci decorum est m. folg. *Infin.*, z. B. decorum erat tum ipsis capessere pugnam ducibus, Liv.: *Compar.*, id agebat decorius militi, quam si deflueret (coma), Auct. itin. Alex. 6 (13). – m. *ad* u. Akk., nos aeris, argenti, auri venas penitus abditas invenimus et ad usum aptas et ad ornatum decoras, Cic. de nat. deor. 2, 151. – m. *Abl.* (nach der Analogie von dignus), facinora puerilia ... neque te decora neque tuis virtutibus, Plaut. mil. 619. – m. pro u. Abl., decorum pro causa ratus, si etc., Tac. hist. 3, 7. – **b** *subst.*, decōrum, ī, *n.*, das **Geziemende, Schickliche, Anständige** (griech. τὸ πρέπον), ut in vita, sic in oratione nihil est difficilius, quam quid deceat videre; πρέπον appellant hoc Graeci, nos dicamus sane decorum, Cic.: haec ita intellegi possumus existimare ex eo decoro, quod poëtae sequuntur, Cic.: Plur., Tac. ann. 3, 5 u. 3, 47. – **II** in der äußeren Erscheinung usw., **anständig, anmutig, zierlich, graziös, glänzend, stattlich, edel,** delubra deûm, Lucr.: aedes, Hor.: arma, Sall.: arma habilia magis quam decora, Liv.: arma, quae maxime decora erant, Curt.: dec. corpus, Tac.: facies, palaestra, Hor. – v. Abstr., genus (Abkunft), Tac.: verba, anständige, Hor.: ingenia, edle, schöne Talente, Tac.: quae ... poëticis magis decora fabulis quam incorruptis rerum gestarum monumentis traduntur, mehr im Schmuck dichterischer Sagen als nach unverfälschten Geschichtsdenkmalen, Liv. praef. § 6. – v. leb. Wesen, m. *Abl.* **wodurch?** fuit staturā elevatā (gerader) decorus, Capit.: Phoebus decorus fulgente arcu, Hor.: dea decora formāque armisque, Ov.: satis decorus etiam Graecā facundiā, Tac. – m. *ab* (von Seiten) u. Abl., boves ab aspectu decori, Col. 6, 1, 2. – absol., im *Compar.* u. *Superl.*, quo decorior Ganymedes aut carior suo amatori? Tert. ad nat. 2, 10 *extr.*: eum (Zenonem) longe decorissimum fuisse, Apul. apol. 4.

dēcrēmentum, ī, *n.* (decresco), die **Abnahme, Verminderung,** Gell. 3, 10, 11. Apul. met. 11, 1. Ggstz., decrementa incrementaque lunaria, Augustin. enarr. in psalm. 71, 8.

dē-cremo, āre, **gänzlich verbrennen,** Ps. Tert. poët. adv. Marc. 2, 101.

dēcrepitus, a, um (de u. crepo), **altersschwach, abgelebt,** senex, Komik. u. Eccl.: anus, ein abgeklappertes, Ter.: leo, Prud.: aetas, Cic.: senectus, Eccl.: m. *Abl.* (durch), decrepitus luxu, Commodian. instr. 1, 24, 2: Plur. subst., inter decrepitos me numera, Sen. ep. 26, 1.

dēcrēscentia, ae, *f.* (decresco), die **Abnahme,** lunae, Vitr. 9, 2, 2.

dē-crēsco, crēvī, crētum, ere, **im Wachstum abnehmen, I** im engeren Sinne, v. eigentlichen Wachstum in der Natur (Ggstz. crescere), ostreis et conchyliis omnibus contingere, ut cum luna pariter crescant pariterque decrescant, Cic. de div. 2, 33. – **II** im weiteren Sinne, der Größe, der Höhe, dem Umfang, der Menge, Zahl usw. nach **abnehmen, wieder** od. **immer kleiner werden, von seiner Größe** usw. **verlieren, sich vermindern, entschwinden, fallen, a** im Sinne des Wiederkleinerwerdens (Ggstz. crescere, augeri), v. Holz, contignationes umore crescentes aut siccitate decrescentes, Vitr.: v. Quellen, Gewässern, fons ter in die statis auctibus ac deminutionibus crescit decrescitque, Plin. ep.: fons eodem quo Nilus modo ac pariter cum eo decrescit augeturque, Plin.: decrescit fons multum ex nocturno calore, Curt.: decrescunt aestus, Varro LL.: aestus ad mensuram crescit iterumque decrescit, Sen.: decrescentia flumina, nicht weiter übergetretene, Hor. – v. Feuer, globus (ignis) paulatim decrescens, Mela. – v. Mond, si modo luna decrescit, Col.: decrescente lunā (Ggstz. crescente lunā), Col. – v. Tage, ut dies crevit decrevitque, Plin. ep. – v. Krankheiten, donec morbus decrescere incipiat, Cels.: si febris non decrescit, sed crescere desiit, Cels. – **b** im Sinne des Immerkleinerwerdens, **α** der Größe, dem Umfang, dem Grad nach, uncus aratri ferreus occulte decrescit in arvis, Lucr.: surgit humus; crescunt loca decrescentibus undis, Ov.: fugiunt e corpore setae; cornua decrescunt, werden kleiner u. kleiner (sodass sie endlich ganz verschwinden), Ov.: accidit ut corpora quamlibet ardua et excelsa procerioribus admota decrescant, Plin. pan. – poet. v. Örtl., die durch die Entfernung von ihnen unserem Auge immer kleiner vorkommen, iam linquitur Aetna totaque decrescit refugo Trinacria visu, Claud. rapt. Pros. 1, 189 *sq.* – v. Abstr., valetudo decrescit, accrescit labor, Plaut.: tantum animorum nobis in dies decrescit, Liv.: ut possitis aestimare, in quantum cotidie ingenia decrescant, Sen. rhet.: admiratio decrescit, Quint.: ne a potentissimis ad levissima decrescat oratio, Quint. – **β** der Menge, Summe nach, semper pudici decrescet mihi turba chori? Stat. silv. 2, 3, 26: decrescente reditu (agelli) etiam pretium minuit, Plin. ep. 6, 3, 1. – ► Passiv, nocte dieque decretum et auctum, Laev. erotop. fr. 3 (bei Prisc. 9, 49).

dēcrētālis, e (decretum), **I ein Dekret enthaltend,** Sidon. epist. 7, 9, 6. – **II durch ein Dekret bewilligt,** Ulp. dig. 38, 9, 1. § 7.

dēcrētio, ōnis, *f.* (decerno), die **Entscheidung,** der **Beschluss** (klass. decretum), Mart. Cap. poët. 1. § 32.

dēcrētōrius, a, um (decerno), zur Entscheidung gehörig, **entscheidend, den Ausschlag gebend,** dies, Plin.: hora illa decr., v. der Sterbestunde, Sen.: arma (Ggstz. arma lusoria), Sen.: pugna, Quint.: non accedit ad decretorium stilum, zum entscheidenden Ausspruch (zum Verhängen des Äußersten), Sen.

dēcrētum, ī, *n.* (decerno), **I** die **Entscheidung,** der **Beschluss,** das **Dekret,** der **Bescheid** irgendeiner Staats- od. Gerichtsbehörde, consulis, Liv.: decreta senatus, Cic., patrum, Tac., decurionum, Cic.: decreta facere, Cic.: decreto stare, dem Beschluss nachkommen, Caes. u. Liv.: druidum decretis iudiciisque parēre, Caes.: decretum mutare, Cic.: decretum interponere, Caes.: sua decreta confirmare, Nep.: in decreto perstatur, es hat bei dem B. sein Bewenden, Liv. epit. – **II** (als philos. *t. t.*) = δόγμα, das **Prinzip,** der **Grundsatz, Lehrsatz,** Cic. Acad. 2, 27 *sq.;* Tusc. 2, 11. Sen. ep. 94, 2 *sqq.;* 95, 9 *sqq.;* vgl. Bünem. Lact. 3, 15, 3 u. 5, 17, 9.

dē-cubo, āre, **I außerhalb liegen,** Fab. Pict. bei Gell. 10, 15, 14. – **II auf die Erde werfen, werfen,** Greg. Tur. hist. Franc. 5, 14. Ven. Fort. carm. 3, 4, 1. – **III krank liegen,** Greg. Tur. hist. Franc. 4, 20.

dē-culco, āre (de u. calco), **niedertreten,** Plin. 17, 61. Tert. apol. 46: übtr., **niederschlagen,** Stat. Theb. 1, 623.

dēculpātus, a, um (de u. culpo), **bescholten, tadelnswert,** Gell. 19, 10, 10.

dē-culto, āre (de u. (oc)culto) = *valde occultare,* Paul. ex Fest. 75, 12.

1. decuma, s. 1. decimus.

2. Decuma, s. 2. Decima.

decumānus, a, um, s. decimānus.

decumātēs, ium (decimus), **zum Zehnten gehörig,** d. agri, von denen der Zehnte als Tribut bezahlt wurde, »Zehntland«, Tac. Germ. 29.

dē-cumbo, cubuī, ere (de u. *cumbo), **sich niederlegen, sich lagern,** absol., si quem mater (die Mutterhenne) decumbens oppresserit, cubanti subtrahat, Col.: d. tenera in herba, Col. poët.: super lectum modicā culcitā, Suet.: in partem sanam, Cels.: decubuisse aliter, Cels. – Insbes.: **a** zu Tisch, ad cenam vocat; venio, decumbo, Plaut.: prior bibas, prior decumbas, Ter.: tertiā iam falce decubuit Ceres, Sen. poët. – **b** zu Bett, v. Kranken, ubi lubido veniet nauseae eumque apprehendet, decumbat purgetque se, Cato r. r. 156, 4: apud Appios … aliquam multis diebus decumbo, Apul. apol. 72: dah. decubuisse, **krank daniederliegen,** familia decubuit, Sen. ep. 96, 1: ibi alvo mihi citā et accedente febri rapidā decubueram, Gell. 18, 10, 2: decubuit febribus, infolge von Fieberanfällen, Augustin. conf. 9, 11. – **c** zum Beischlaf, in aureo lecto, Suet. Caes. 49, 3. – **d** getroffen **auf den Boden niedersinken,** v. Gladiator = **sich niederstrecken lassen, unterliegen,** turpiter, Cic. Tusc. 2, 41: honeste, Cic. Phil. 3, 35. – **e** als Untugend, v. Pflugstier, **sich niederlegen, sich legen,** Col.: in sulco, Col.

decumo, decumus, s. 1. decimo, decimus.

dē-cunctor, ārī, **mit Bedacht überlegen, wohl erwägen,** Apul. met. 7, 24 u. 10, 3.

decūnx, ūncis, *m.* (decem u. uncia), ein **Maß** od. **Gewicht von 10 Unzen,** peragant avido sudore decunces, Pers. 5, 149 *Buecheler* (die *codd.* deunces), s. Prisc. de fig. num. 10. p. 408, 24. Auct. de pond. 46. Auct. carm. de libr. 3. p. 99, 3 H.

decuplo, āvī, ātum, āre (decuplus), **verzehnfachen,** Donat. Ter. eun. 1, 2, 103 u. oft bei Eccl.

decuplus, a, um (decem u. plus), **zehnfach,** Spät. – subst., decuplum, ī, *n.*, das **Zehnfache,** Vulg. Dan. 1, 20.

decurēs = decuriones, Paul. ex Fest. 71, 19.

decuria, ae, *f.* (decem), eine **Abteilung** od. **Anzahl von** urspr. **zehn,** das **Zehent,** die **Dekurie,** griech. δεκάς (s. Varro LL. 9, 86), **I** im Allg.: d. hominum, Vitr. 7, 1, 3: der Sklaven, Sen. ep. 47, 9. Col. 1, 9, 7: v. Dingen, unser ein **Dutzend,** Valerian. b. Treb. Poll. Claud. 14, 3. – **II** insbes.: **a** als milit. *t. t.,* eine Unterabteilung einer Reiterturme (Schwadron), die **Dekurie, Rotte,** Varro LL. 5, 91. – **b** als publiz. *t. t.,* die **Klasse,** die **Dekurie,** bes. der Richter, iudicum, Cic.: senatoria, Klasse der Richter aus dem Senatorenstand, Cic.: so auch equitum, eine D. Richter aus dem Ritterstand, Suet. u. Tac. (s. Nipp. Tac. ann. 3, 30). – dann d. scribarum, Cic.: d. viatoria (der Staatsboten), CIL 14, 373: d. pullaria (der Hühnerwärter), CIL 6, 1897: decuriae duae, viatoria et lictoria, CIL 6, 1877. – scherzh. von einer Zechgesellschaft, **Kollegium,** Caecil. com. 15. Plaut. Pers. 143.

decuriālis, e (decuria), **I zur Zehnzahl gehörig,** Tert. de anim. 37. – **II zu einer Dekurie gehörig,** leges, Cod. Iust. 11, 13, 2. – subst., **Mitglied einer Dekurie,** Fragm. Vatic. § 142. CIL 2, 4227: d. decuriae pullariae, CIL 6, 1897: decuriales pullari, CIL 6, 1008.

decuriātim, *Adv.* (decuria), **dekurienweise,** nach Charis. 185, 27.

decuriātio, ōnis, *f.* (decuriare), die **Abteilung nach Dekurien,** tribulium, Cic. Planc. 45.

decuriātus, ūs, *m.* (decuriare), die **Einteilung** (der Legionssoldaten) **in Dekurien,** ad decuriatum aut centuriatum convenire, Liv. 22, 38, 3.

1. decurio, āvī, ātum, āre (decuria), **nach Dekurien (Rotten von zehn Mann) abteilen,** in **Dekurien einteilen, a** als milit. *t. t.:* suā voluntate ipsi inter se equites decuriati, centuriati pedites coniurabant etc., Liv. 22, 38, 3. – **b** als. publiz. *t. t.,* das Volk, um es in einzelnen Abteilungen zu bestechen, aufzuwiegeln usw., homines vicatim, Cic.: tribules, Cic.: rursus improbos, Cic.: ut sodalitates decuriatique discederent, Cic.: absol., decuriasse Plancium, Cic.

2. decurio, ōnis, *m.* (decuria), der **Vorsteher einer Dekurie,** der **Dekurio, a** als Führer einer Reiterdekurie (Rotte), der **Rottmeister** (s. Varro LL. 5, 19. Veget. mil. 2, 14), d. equitum Gallorum, Caes. b. G. 1, 23, 2: d. equitum, Auct. b. Afr. 29, 4. Tac. ann. 13, 40; hist. 2, 29. – **b** als **Senator** in Munizipien u. Kolonien, **Ratsherr,** Plur. = **Senat,** Cic. u. a.: decurionem (zum D.) facere alqm, Fronto: decuriones, quibus est ius dicendae sententiae, Stadtrichter, Apul. de mund. 35. – **c** (= *praefectus*) als Vorsteher des Personals einer Hofscharge, cubiculariorum, Kammerherr, Suet. Dom. 17, 2.

decuriōnālis, e (decurio), **den Dekurio (Ratsherrn) betreffend,** ornamenta, CIL 11, 5965. Vgl. Gloss. ›decurionalis, βουλευτικός, δεκαρχικός‹.

decuriōnātus, ūs, *m.* (2. decurio), die **Dekurionenwürde, a** als milit. *t. t.,* bei der Reiterei, Plur. bei Cato oratt. 2. fr. 5. – **b** als publiz. *t. t.,* in Munizipien u. Kolonien, **Senatoren-, Ratsherrnwürde,** honorarium decurionatus, Traian. in Plin. ep.: commoda decurionatus, Fronto: decurionatum alci expedire (verschaffen), Mart.

decuriōnus, ī, *m.* = 2. decurio, Paul. ex Fest. 49, 16.

dē-curro, currī u. (selten) cucurrī, cursum, ere, von einem höheren od. oberen Punkt zu einem niederen od. unteren Punkt **herab-** (od. **herunter-** od. **hinab-) laufen, -rennen (-stürmen), -eilen, hinlaufen, -rennen, -eilen,** u. Passiv decurritur unpers. = **man läuft (rennt) herab** usw., **I** eig., m. *de* od. *ab* u. Abl. od. m. bl. *Abl.* **von wo?** de tribunali, Liv.: summa ab arce, Verg.: ab agro Lanuvino (v. einer Wölfin), Hor.: clivo Capitolino (v. Pers.), Vell.: iugis (v. Ziegen), Verg.: cito (Adv.) tramite, herabschweben (v. der Isis), Verg. – m. *Adv.* **wohin?** sursum deorsum cum sono haedi (v. einem Käfer), Plin.: od. m. *Acc. loc.* **wohin?** decurro rus (ich mache einen Ausflug aufs Land), Cic.: od. m. *ad* u. Akk. **wohin?** pauci armati, maior pars inermes ad mare decurrunt, Liv.: dec. ad hamum (v. Fisch), Ov.: notis itineribus (auf b. W.) ad naves, Caes.: Baccharum habitu crinibus sparsis cum ardentibus facibus ad Tiberim (v. röm. Matronen), Liv. – m. *per* od. *super* od. *inter* u. Akk., cerva fugiens lupum e montibus exacta per campos inter duas acies decurrit, Liv.: eques Romanus elephanto supersedens per catadromum decucurrit, lief auf dem schräg gespannten Seil herab, Suet.: u. (im Bild) dec. per vestigia paternae virtutis, in die F. der vät. T. treten, Iustin.: pedibus siccis super aequora, einherwallen, Ov. – m. *ad* u. Akk. des Zweckes, Caesar ad cohortandos milites, quam in partem fors obtulit, decucurrit, Caes. b. G. 2, 21, 1.

So nun bes.: **a** als milit. *t. t.,* zu einem niederen Punkt **eine Evolution machen,** sowohl **α** zur Übung od. zu einer Feier, **manövrieren, defilieren, einen Waffenlauf halten** (s. Fabri Liv. 23, 35, 6), simulacrum decurrentis exercitus, Liv.: miles sine gladio decurrens, Quint.: pedites ordinatos instruendo et decurrendo signa sequi et servare ordines docuit, Liv.: crebro milites decurrere cogebat, Liv.: primo die legiones in armis quattuor milium spatio decurrerunt, Liv.: quinto die iterum in armis decursum est, Liv. – zu einer Feier (bes. zu einer Totenfeier), mos erat lustrationis sacro peracto decurrere exercitum, Liv.: armatum exercitum decurrisse cum tripudiis Hispanorum motibusque armorum et corporum suae cuique genti assuetis, Liv.: ter circa accensos cincti fulgentibus armis decurrēre rogos, Verg.: circa quem (honorarium tumulum) deinceps stato die quotannis miles decurreret, Suet.: honori patris princeps ipse cum legionibus decucurrit, Tac. – **β** feindl. **herabstürmen,** im eiligen Lauf **herabrücken, -sich herabziehen,** decurrunt omnes, Frontin.: barbari catervis (in Schwadronen) decurrentes, Tac. – m. *Advv.* od. m. *ab* od. *ex* u. Abl. od. m. bl. *Abl.* **von wo herab?** inde dec. ab arce, Liv.: ex superiore loco, Liv.; u. bl. loco superiore, Hirt. b. G.: ex omnibus partibus, Caes.: ex arce Capitolioque clivo Publicio in equis, aus der B. usw. am publ. H. herabsprengen, Liv. – m. *in* od. *ad* u. Akk. **wohin?** od. **gegen wen?** in eum locum, Auct. b. Alex.: ad flumen, Caes.: ad conspecta procul a Cremera pecora, Liv.: ex montibus in vallem, Caes.: in hostes, Quint.: ex colle in terga hostium, Frontin.: ex Capitolio in hostem, Liv. – m. *pro* u. Abl. **wo?** pro fronte aciei, Frontin. 2, 2, 12.

b v. Herablaufen, -rennen auf einer bestimmten Bahn (Rennbahn usw.), iam quadrigae meae decucurrerunt, ex quo podagricus factus sum (sprichw. wie unser »bei mir ist Spiel u. Tanz vorbei« = mein früherer Frohsinn ist dahin), Petron. 64, 3. – m. *in* u. Abl. **wo?** in spatio (Rennbahn), v. Pferden, Nep.: in spatio trium milium (*sc.* passuum) equo (zu Pf.) od. curru biiugo (auf einem Zweigespann), Aur. Vict.: in extremis spatiis subsultim dec., in kleinen Sprüngen einherhüpfen, Suet. – m. *ad* u. Akk., nunc video calcem, ad quam cum sit decursum, nihil sit praeterea extimescendum (im Bild), Cic. Tusc. 1, 15. – m. *extra* u. Akk., ne extra calcem, quod dicitur, sermo decurrens (über das Ziel hinausschießend) lecturo fastidium ferat, ad explicanda prospecta revertamur, Amm. 21, 1, 14. – m. *Acc.* u. beim Passiv m. *Nom.* der Bahn, quasi decurso spatio ad carceres a calce revocari (im Bild), Cic. de sen. 83: u. so im Bild dec. aetatis od. vitae spatium, Plaut. u. Ov.: spatium amoris, Lucr.: decursā novissimā metā, ist das letzte Ziel im Wettlauf erreicht, Ov.: exorto iubare, noctis decurso itinere, Pacuv. tr. 347.

c v. der Schiffahrt, **herab-** od. **hinabfahren (-segeln), hinfahren,** wohin (wo) **einlaufen,** uti naves, quae frumentum Tiberi subvectassent, onustae rudere decurrerent, hinab-, stromabwärts fahren sollten, Tac.: ego puto te bellissime *cum* quaestore Mescinio decursurum, hinüberfahren (von Griechenland nach Italien), Cic. – dec. celeri cymbā, Ov.: pelago aperto, Verg.: tuto mari, auf sicherem Meer dem Ziel zusteuern (im Bild), Ov. – eo (dahin) classis decurrit, Liv.: nullum portum terrae Africae, quo (wohin) classes decurrerent, pro certo tutum ab hostium praesidio fore suspicabatur, Auct. b. Afr.: naves longae LV Carthaginiensium cum Bomilcare classis praefecto in magnum portum Syracusas ex alto decurrēre, Liv. – m. *Acc.* (welche Bahn?), vada salsa citā puppi, Catull. 64, 6.

d v. Lauf einer Flüssigkeit, **α** des Wassers, bes. eines Flusses, **herab-** od. **hinablaufen (-rinnen, -strömen), hinlaufen (-rinnen, -strömen),** Tanais incitatus semper decurrit, Mela: Baetis uno amne decurrit, Mela: lenius aut modico strepitu (v. einem Gießbach), Ov. – m. *ab* od. *ex* u. Abl. od. m. bl. *Abl.* **von wo?** e summo monte (v. einem Fluss), Stat.: monte decurrens velut amnis, Hor.: m. *in* od. *ad* u. Akk. **wohin?** rivi decurrentes in prata et hortos et salicta, Col.: dec. pluribus ostiis (in m. M.) in mare (v. einem Fluss), Liv.: in diversa (v. einem Fluss), Mela: a te decurrit ad meos haustus liquor, Phaedr.: quidam salubri temperamento ad nos quoque velut rivi ex benignissimo fonte decurrunt (im Bild), Plin. ep. – m. *Advv.* od. m. *per* od. *inter* u. Akk. od. m. bl. *Abl.* **auf welchem Wege** od. **wo?** quā (wo) omisso alveo Euphrates decurrit, Frontin.: per saxa (v. einer Quelle), Plin. ep.: inter Elaeam et Pitanen (v. einem Fluss), Mela: saxosas inter valles (v. einem Fluss), Verg.: inter oppida (v. einem Fluss), Plin. – m. *Abl.* **wo?** mediā urbe (v. einem Fluss), Liv. – **β** v. Flüssigkeiten des Körpers, **herabrinnen, -fließen,** multa pituita decurrit, Cels. – m. *in* u. Akk., pituita in oculos decurrens, Cels.

e v. der Sonne u. a. Gestirnen, quā (wo) sol decurrit meridies (nuncupatur), ab adversa parte septentrio, Mela 1. § 3: toto semper decurrere mundo, Manil. 1, 505 (512). – m. *Acc.* (welche Bahn?), seu celer (sol) hibernas properat decurrere luces, Tibull. 4, 1, 160.

f v. Ländern u. Völkerschaften, der geogr. Lage nach **sich herabziehen, laufen,** a quibus (montibus) India tota decurrit in planitiem immensam, Plin.: Moesia ad Pontum usque cum Danuvio decurrens, Plin.: populi cum Indo flumine decurrentes, Plin.: gens Isaurica decurrit ad mare, Plin.

g v. Ggstdn., die rasch über eine Fläche herabgleiten, **rasch dahingleiten,** est usus quidam irrationalis, quem Graeci ἄλογον τριβήν (regellose Routine) vocant, quā manus in scribendo decurrit, Quint. 10, 7, 11; vgl. decurrere per materiam stilo quam velocissimo volunt, mit möglichst rascher Feder über den Stoff hinwegeilen, Quint. 10, 3, 17.

II übtr., m. *ad* od. *in* u. Akk., quin proclivius hic iras decurrat ad acres, Lucr. 3, 311: posse haec liquefacta calore quamlibet in formam et faciem decurrere rerum, Lucr. 5, 1260 *sq.* So nun bes.: **a** zu etw. **übergehen, schreiten,** bes. als Auskunftsmittel, zu etw. od. jmd. **seine Zuflucht nehmen,** die und die **Auskunft treffen, α** zu etw., m. *Advv.* od. m. *ad* u. Akk., omnium eo sententiae decurrerunt, ut pax, si posset, aequis, si minus, tolerandis condicionibus peteretur, Liv.: postremum eo decursum est, ut populus proconsuli creando in Hispaniam comitia haberet, Liv.: ideo se non illuc decurrere, quod promptum rescriptu, Tac.: decurritur ad leniorem verbis sententiam, vim tamen eandem habentem, Liv.: dec. ad istam cohortationem, Cic.: ad medicamenta, Cels.: ad tacita suffragia quasi ad remedium, Plin. ep.: alcis rei taedio ad mortem irrevocabili constantiā, Plin. ep.: ad oraculum, Iustin.: ad miseras preces, Hor.: ad duo ultima auxilia, summum imperium summumque ad civem, Liv.: decurritur ad illud extremum atque ultimum senatus consultum ›dent operam consules etc.‹, Caes. – **β** zu einer Pers., m. *ad* u. Akk., dec. ad Philotam, Curt. 7, 1 (4), 28: ad Alexandri exercitum, Iustin. 14, 2, 6: ad Ptolemaeum hostem, Iustin. 27, 3, 9: ad regem Macedoniae Demetrium, Iustin. 28, 1, 2: ad consulendum te, Plin. ep. 10, 96 (97).

b in der Rede, Darstellung **fortschreiten, sich fortbewegen,** sed mox plura de hoc, cum membratim historia decurret, Plin.: quibus generibus per totas quaestiones decurrimus, Quint.: in hac (rerum repetitione) decurrendum per capita, Quint. – bes. v. der rhythmischen Bewegung des Verses, versus semper similis est sibi et unā ratione decurrit, Quint.: rhythmi, quā coeperunt sublatione ac positione, ad finem usque decurrunt, Quint.

c in der Zeit **fortlaufen,** origo domini decurrens ab Abraham usque ad Mariam, Tert. de carne Chr. 20.

d etw. wie eine Bahn **ablaufen, durchlaufen, durchmachen, α** übh.: inceptum unā decurre laborem, Verg.: rursus mihi videor omnium (alles dessen = aller Ehren), quae decucurri, candidatus, Plin. ep. – **β** eine Zeit (vgl. oben *no.* I, b a. E.): decurso iam gravissimo tempore, Cels.: prope actā iam aetate decursāque, Cic.: decurso lumine vitae, Lucr.: talem (qualem) vitam, Prop.: tristem vitam, Phaedr.: decursam vitam resignasse, Lact. – **γ** einen Ggstd. der Rede = **abhandeln,** ista, quae abs te breviter de arte decursa sunt, audire cupimus, Cic. de or. 1, 148: equos pugnasque virûm decurrere versu, besingen, Stat. silv. 5, 3, 149: sed prius emenso Titan versetur Olympo, quam mea tot laudes decurrere carmina possint, Auct. pan. in Pis. 197 (209) *sq.*

dēcursio, ōnis, *f.* (decurro), das **Herablaufen, I** im Allg.: aquae, Arnob. 2, 59: globosa, Chalcid. Tim. 235. – **II** insbes. als milit. *t. t.*, die **Evolution, a** zur Übung od. zu einer Feier, das **Manöver,** die **Revue,** d. campi, Veget. mil., od. dec. campestris, Suet.: d. Troiae, Suet.: indicere decursionem praetorianis, Suet. – **b** feindlich, das **Herabstürmen,** der **Überfall,** barbarorum, Hirt. b. G.: decursiones facere, Auct. b. Alex.: decursionibus per equites vastet ea loca, in quae incurrerit, Brutus in Cic. ep.

dēcursōrius, a, um (decurro), **zum Laufen gehörig, Lauf-,** termini, Gromat. vet. 313, 8 (vgl. cursorius).

dēcursus, ūs, *m.* (decurro), das **Herablaufen, -rollen, Daherlaufen, -rennen,** der **abwärtsgehende Lauf, I** eig.: prono decursu, Catull.: decursus praeceps, Petron.: σοφιστεύω enim simul ut rus decurro, atque in decursu (Ausflug) θέσεις meas commentari non desino, Cic.

– So nun bes.: **a** als milit. *t. t.*, **α** als Übung od. zu einer Feier, das **Manöver,** dec. iustus, Liv.: dec. legionum, Tac.: decursus ludicri aut simulacra proeliorum, Gell.: alios decursu edere motus, Liv.: decursibus cohortium interesse, Tac.: hesterno die in lustratione et decursu et simulacro ludicro pugnae funestum prope proelium fecisti, Liv.: qui prior es, cur me in decursu lampada poscis? Pers. (vgl. lampas). – **β** als feindl. **Herabstürmen,** der **Überfall,** facile ipso decursu superare alqm, Frontin. – m. *ex* u. Abl., subitus ex collibus dec., Liv.: m. *in* u. Akk., dec. in litora aut urbem, Tac. – **b** das **Durchlaufen** einer Bahn (Rennbahn) bis ans Ziel, desistere ante decursum, vorm Erreichen des Ziels, Suet. Ner. 24, 2. – **c** das **Einlaufen, Eindringen** der Schiffe in einen Hafen usw., in ore portus insula assurgit, quae illatum vento mare obiacens frangat tutumque ab utroque latere decursum navibus praestet, Plin. ep.: in quas (proras) versum pondus decursum super catenam dedit navibus, Frontin. – **d** das **Herablaufen, -strömen,** der **Ablauf, Absturz** des Wassers, dec. aquarum, Ov.: fluminum, Sen. rhet.: fronde congestā et in proclive dispositā decursus imbribus quamvis magnis erat, Sen.: aversi suis decursibus amnes, Stat. – m. *de* od. *ex* u. Abl., decursus (amnium) rapidus de montibus altis, Verg.: montibus ex altis magnus decursus aquai, Lucr. – m. *per* u. Akk., dec. aquae per semitas, Val. Max. – **e** die **Senkung,** einer Örtlichkeit, dec. planitiei, Auct. b. Hisp. 29, 2. – **II** übtr.: **a** der rhythm. **Fortgang** des Verses, Quint. 9, 4, 115. – **b** das **Durchlaufen** eines Amtes wie einer Bahn, dec. honorum, die Bekleidung aller Ämter, Cic. de or. 1, 1: facilior erit mihi quasi decursus mei temporis, si etc., ich werde um so leichter die Bahn meiner Amtszeit durchlaufen, wenn usw., Cic. ep. 3, 2. § 2. – ► Dat. decursu, Tac. ann. 3, 33.

dēcurtātio, ōnis, *f.* (decurto), das **Stutzen,** caudae, Mar. Victorin. art. gr. 1, 21, 4. p. 67, 25 K.

dē-curto, (āvī), ātum, āre, **verkürzen, stutzen, verstümmeln,** peniculamenta cantheriorum, Arnob. 5, 11. – Sonst nur im Partiz. Perf. dēcurtātus, a, um, **verkürzt, gestutzt, verstümmelt,** radices breves ac velut decurtatae, Plin. 25, 53: amicum suum undique decurtatum, cum aures illi nasumque abscidisses, Sen. de ira 3, 17, 3: curtos Iudaeos dixit, quia virile membrum velut decurtatum habent recisā inde pelliculā, Porphyr. Hor. sat. 1, 9, 70. – übtr., v. der Rede, (animus) mutila sentit quaedam et quasi decurtata, Cic. or. 178.

dēcurvātus, a, um (de u. curvo), **nach unten gekrümmt,** Non. 80, 20.

decus, oris, *n.* (deceo), die **Zierde, I** im Allg., die **Zierde,** sowohl konkret = der **Zierat,** der körperl. **Reiz,** die **reizende Schönheit,** als abstrakt = der **Anstand,** die **Auszeichnung,** der **Glanz,** die **Herrlichkeit,** die äußere **Würde,** die **Ehre, 1** eig., **α** v. sächl. Subjj.: decora atque ornamenta fanorum, Cic.: decus ornamentumque senectutis, Cic.: decus et ornamentum triumphi, Cic.: superimpositum capiti decus, Liv.: decus naturae, natürliche Reize, Prop.: decus oris, Ov.: immemor decoris (Körperreizes), Ov.: decus muliebre od. matronale, weibl. Ehre, Liv.: decus regale, Ov.: contra decus regium (königl. Anstand), Sall.: decus omne virtutis, Cic.: decus et flagitium (Ehre u. Schande), Tac.: decus publicum (die Ehre des Staates), Tac.: decus enitet ore, Verg.: equi, Pilumno quos ipsa decus dedit Orithyia, als eine Auszeichnung (als Ehrengeschenk, ἄγαλμα), Verg. Aen. 12, 83. – decori esse (alci), zur Zierde, zu höherem Glanze dienen, zur Ehre gereichen, Sall. u. a.: nec minimum meruere decus, erwarben sich eben nicht die kleinste Ehre, Hor.: civitatis dignitatem et decus sustinere, Cic.: quando decus belli penes alios esset, die Ehre im Felde, Liv. – **β** v. Pers., die **Zierde,** der **Stolz,** splendor ordinis, decus atque ornamentum iudiciorum, Cic.: tantum Romanae militiae decus, Val. Max.: imperii Romani decus ac lumen (v. Pompejus), Cic.: decus equitum Maecenas, Hor.: u. v. dems. o et praesidium et dulce decus meum, Hor.: aber e Iudaeorum exercitu lecta decora, anserlesene Männer in ihrem Kriegerschmuck, Tac. hist. 2, 81. – **2** meton.: **a** eine **Ehrentat,** tanti decoris testis, Tac. ann. 15, 50. – bes. Plur. decora, vollst. belli od. militiae decora, **herrliche Kriegstaten, glänzende Waffentaten** (Ggstz. belli dedecora), Liv. u. a.; vgl. Weißenb. Liv. 3, 12, 2. Mützell Curt. 6, 1, 8. – **b** Plur. decora, **ruhmvolle Ahnen,** Sulpiciae et Lutatiae, Tac. hist. 1, 15: longa decora praeferentes, eine lange Reihe ruhmvoller Ahnen aufweisend, Tac. ann. 14, 53. – **II** (als philos. *t. t.*) insbes., wie τὸ καλόν, das **Sittlichschöne,** die **sittliche Würde** = die Tugend (Ggstz. dedecus), Cic. de legg. 1, 55; de fin. 2, 35.

decusātio, -sātim, s. decuss...

decusis, s. decussis ►.

decuso, s. decusso.

decussātim (in den Handschrn. gew. decusātim), *Adv.* (decusso), in Form einer röm. Zehn (X), **kreuzweise,** dec. describere, Vitr. 1, 6. § 7 u. 12: ab M ad O perducere lineas dec., *ibid.* § 13: rapam dec. ferramento lunato incīdere, Col. 12, 54 (56), 1: surclas dec., Apic. 7, 265: rosae dec. vinctae, Mart. Cap. 1. § 88.

decussātio (die Handschrn. decusātio), ōnis, *f.* (decusso), der **kreuzweise gemachte Durchschnitt zweier Linien,** Vitr. 1, 6 § 7 u. 12: Plur., Vitr. 10, 6 (11). § 1 u. 2.

dēcussio, ōnis, *f.* (decutio), das **Abschütteln, Abwerfen,** übtr., Tert. de cult. fem. 2, 9.

decussis (in Handschrn. gew. decusis), is, *m.* (decem u. as), **I** (nach as *no.* I, A) die Zahl **zehn,** ein **Zehent** (bezeichnet mit X), **A** eig., Vitr. 3, 1, 5 *sq.*: decussis sexis od. in **einem** Wort decussissexis, ein »Sechszehent«, Vitr. 3, 1, 8. – **B** übtr., **a** = der **kreuzweise gemachte Durchschnitt zweier Linien** (X), Vitr. u. Plin. – **b** der **kreuzweise gemachte Schnitt** (X), Pelagon. veterin. 236 *Ihm.* – **II** (nach as *no.* I, B, 1) **zehn Asse** als röm. Münze, ein **Zehnasstück** (s. Varro LL. 5, 170), Lucil. 1153: decussibus aestimari, Fest. p. 237 (a), 20: alci decussis constare, Stat. silv. 4, 9, 9.

decussissexis, s. decussis *no.* I, A.

decusso (in Handschrn. gew. decuso), āvī, ātum, āre (decussis), **in Gestalt eines X** oder **kreuzweise abteilen,** Cic. Tim. 24. Col. 4, 24, 8. Mart. Cap. 2. § 208 u. 8. § 823.

1. dē-cutio, cussī, cussum, ere (de u. quatio), **herab-, abschütteln,** schüttelnd, erschütternd **herabstoßen, herab-, abschlagen, I** eig.: **a** übh.: **α** sächl. Objj.: lilia, Ov.: rorem, Verg.: fructum (v. Hagel), Sen.: pollicem (große Fußzehe), ausrenken, Iul. Obsequ.: pars tegulae decussa, Val. Max.: muri pinnae aliquot locis decussae erant (vom Blitz), Liv. – mit *Dat.* (wem?), hordeum virentibus spicis, Plin.: mella foliis, Verg.: digitus (Zehe) alci decutitur, ausgerenkt, Val. Max. – m. *Abl.* **womit?** summa papaverum capita baculo, Liv.: eminentia papaverum capita virgā, Frontin.: olivas perticis, Plin.: nidos plumbatis sagittis, herabschießen, Plin. – im Passiv mit *Abl.* **wodurch?** in aede Concordiae Victoria, quae in culmine erat, fulmine icta decussaque, Liv.: murus turresque quaedam Cumis non ictae modo fulminibus, sed etiam decussae, Liv. – m. *ex* u. Abl., ex occluso atque obsignato armario decutio argentum tantum, quantum mihi lubet, Plaut. Epid. 308 *sq.* – m. bl. *Abl.* (von), tergo hastas, Verg. Aen. 10, 718. – **β** leb. Wesen, **herabstoßen,** Ti. Gracchus a Scipione Nasica decussus Capitolio (vom K.), Val. Max. 1, 4, 2. – **b** als milit. *t. t.*, **α** sächl. Objj., **herab-, abschießen,** pinnas moenium decussas reponit, Liv.: ariete decussi ruebant muri, Liv.: parte muri arietibus decussā, Liv. – **β** leb. Wesen, **herabschlagen** = herabtreiben, collem decusso Labieni praesidio celeriter occupaverunt, Auct. b. Afr. 50, 4. – **II** übtr.: cetera aetate iam sunt decussa, abgeschüttelt (= beseitigt), Cael. in Cic. ep. 8, 13, 1: ad id non accedes, ex quo tibi aliquid decuti doles, du wirst dich nicht auf das einlassen wollen, wovon du dir nicht ohne Schmerz etwas nehmen ließest, Sen. ad Marc. 18, 8.

2. dē-cutio, īre (de u. cutis), **enthäuten,** Tert. ad nat. 1, 14.

dē-damno, āre, **für unschuldig erklären, lossprechen,** Tert. de pudic. 15.

dē-deceo, decuī, ēre, **verunzieren, I** eig., äußerlich **verunzieren, übel kleiden** (Ggstz. decere), gew. m. vorhergeh. Negation, **α** mit Subjekts-*Nom.* u. m. *Acc.* **wen?** neque te ministrum dedecet myrtus neque me etc., Hor.: nec dominam motae dedecuere comae, Ov. –

β m. Subjekts-*Infin.*, m. od. ohne *Acc.* **wen?** nec te Maeoniā lascivae more puellae incingi zonā dedecuisse putes? Ov.: tum sinus (togae) iniciendus umero, cuius extremam oram reiecisse non dedecet, Quint. – **II** übtr., den Verhältnissen nach **verunzieren, a** v. Lebl., **nicht geziemen, übel** od. **nicht wohl anstehen, nicht in Ordnung sein, zur Unehre gereichen, schänden** (Ggstz. decere), **α** m. Subjekts-*Nom.*, m. u. ohne *Acc.* **wen?** admovi preces, quarum me dedecet usus, Ov.: nec me deliciae dedecuere meae, Ov.: ubi vox (Äußerung) vel inter dentes expressa non dedecet ›Quid nunc agam? Quid facias?‹ Quint. – unpers., ut iis, quae habent, modice et scienter utantur, et ut ne dedeceat, dass der Anstand nicht verletzt werde, Cic. – **β** m. Subjekts-*Infin.*, mit u. ohne *Acc.* **wen?** oratorem irasci minime decet, simulare non dedecet, Cic.: quam nec ferre pedem dedecuit choreis nec certare ioco, Hor.: falli, errare, labi, decipi tam dedecet quam delirare et mente esse captum, Cic. – **b** v. Pers., **verunehren, zur Unehre (nicht gerade zur Ehre) gereichen,** Pomponius Atticus Claudiorum imagines dedecere videbatur, Tac. ann. 2, 43: si non dedecui tua iussa, Stat. Theb. 10, 340: ibi degeneres nascuntur frequenter, qui dedeceant patrem, Ambros. de off. 1, 6, 24.

dē-decor, coris, **verunzierend, verunehrend, entehrend, schändend,** v. Pers., Sall. hist. fr. 3, 74 (91): alga, Auson. ep. 9, 5: vita, Stat. Theb. 11, 760.

dēdecorāmentum, ī, *n.* (dedecoro), die **Verunehrung,** C. Grach. or. fr. inc. bei Isid. 1, 21, 4 (Orat. Rom. fr. p. 238 *ed. Duebn.).*

dēdecorātio, ōnis, *f.* (dedecoro), die **Verunehrung, Schändung,** Tert. de anim. 34 u. a.

dēdecorātor, ōris, *m.* (dececoro), der **Verunehrer, Schänder,** Tert. apol. 14.

dē-decoro, āvī, ātum, āre (dedecus), **verunehren, entstellen, entehren, schänden,** me et te et familiam, Ter.: et urbis auctoritatem et magistri, Ter. – m. *Abl.* (durch) faciem turpi bove, Prop.: alqm od. se flagitiis, Plaut. u. Sall.: sese moribus turbidis, Plaut.: dedecoratus flagitiis omnibus, Suet.

dēdecorōsē, *Adv.* (dedecorosus), **verunehrend, entehrend,** Aur. Vict. epit. 5, 8. Vet. schol. ad Hor. sat. 1, 3, 45.

dēdecorōsus, a, um, *Adi.* m. *Compar.* u. *Superl.* (dedecus), **entehrend,** Firm. math. 3, 7, 10. Aur. Vict. epit. 39, 7 u. Eccl.: *Compar.*, Hieron. in Isai. 58, 10. Augustin. serm. 215, 5: *Superl.*, Oros. 3, 23, 28.

dē-decōrus, a, um, **verunehrend, entehrend, schändend,** m. *Dat.* (für jmd.), ac compede, quod dedecorum barbaris, trahebatur, Tac. ann. 12, 47. – v. Pers., Marcum Lepidum ut inopem et maioribus suis dedecorum incusavit, Tac. ann. 3, 32.

dē-decus, oris, *n.*, die **Unzierde = Unehre, Schande, I** im Allg.: **1** eig., oft verb. ignominia atque dedecus, dedecus atque infamia, flagitium atque dedecus, probrum atque dedecus, Cic.: dedecori esse od. fieri, zur Schande gereichen, Plaut. u. Cic.: dedecus concipere (auf sich laden), Cic.: vitam miseram per dedecus amittere, schmachvoll hingeben, Sall.: per dedecora (auf schimpflichen Wegen) patrimonia amittere, Sall. – **2** meton.: **a** eine verunehrende, entwürdigende Handlung od. Eigenschaft, ein **entehrender Streich,** eine **Schändlichkeit,** ein **entehrendes Laster,** dedecus admittere, Caes.: nullo dedecore se abstinere, Cic.: dedecora, quae aetas (Jugend) ipsius pertulit, Cic.: dedecora militiae alci obicere, unehrenhaftes Benehmen im Krieg, Liv.: postremo in scelera simul ac dedecora (ekelhafte Laster) prorupit, Tac.: nullum profecto dedecus reperire posset, quod in hoc non inesset, Cic. – **b** der **Schandfleck,** v. natürlichen Gebrechen, die schänden, propter dedecus adulescentis filii nondum loquentis (der noch nicht sprechen konnte), Iustin.: cum nec prodere visum dedecus (die Eselsohren) auderet (v. Midas), Ov.: nasi dedecus (die abgeschnittene Nase), Apul. – **c** v. leb. Wesen, als Schimpfwort, naturae dedecus, Schandgeburt der Natur, Phaedr. 1, 23, 11: v. Pers., tu, vitae dedecus primum, Apul. met. 4, 7: alqm purgamentum (Unflat) dedecusque (Schandkerl, Unhold) praedicare, Petron. 74, 9. – **II** insbes., als philos. *t. t.*, wie τὸ κακόν, das sittlich **Schlechte,** das **Laster** (Ggstz. decus), Cic. de legg. 1, 55; Tusc. 2, 14.

dēdeorsum, *Adv.*, **von unten her,** Eccl.

dēdicātio, ōnis, *f.* (dedico), die **Weihung, Einweihung,** aedis, templi, Liv.: patinae, Suet. – dedicationis dies, Einweihungstag, Einweihungsfest, Plin. ep.

dēdicātissimus, a, um, *PAdi. superl.* (dedico), **ganz geweiht, ganz ergeben,** CIL 2, 2071.

dēdicātīvē, *Adv.* (dedicativus), **bejahend** (Ggstz. abdicative), Mart. Cap. 4. § 409.

dēdicātīvus, a, um (dedico), **bejahend** (Ggstz. abdicativus), Ps. Apul. de dogm. Plat. 3. p. 268 *H.*

dēdicātor, ōris, *m.* (dedico), der Einweiher, dah. der **Urheber,** Tert. apol. 5 u. a. Eccl.

dē-dico, āvī, ātum, āre, überliefernd **kundgeben, I** im Allg.: legati dedicant mandata, Cael. Antip. bei Non. 280, 6. – **II** insbes.: **A** beweisend **kundgeben, dartun, beweisen, erklären,** naturam eius, Lucr. 3, 208: mit folg. *Acc.* u. *Infin.*, Acc. tr. 78. Lucr. 1, 422. Vitr. 1, 7, 1. – als spät. philos. *t. t.*, **zugeben, bejahen,** v. Qualitäten, alqd, Ps. Apul. de dogm. Plat. 3. p. 263 *H.*: mit folg. *Acc.* u. *Infin.*, *ibid.* – **B** als publiz. *t. t.*, im Zensus **angeben,** in censu praedia, Cic. Flacc. 79: tu in uno scorto maiorem pecuniam absumpsisti, quam *quanti* omne instrumentum fundi Sabini in censum dedicavisti, Scip. Afric. bei Gell. 6 (7), 11, 9. – **C** als *t. t.* der Religionsspr., der Gottheit etwas als Heiligtum namentlich u. förmlich **übergeben, widmen, weihen, einweihen, 1** eig.: templum alci, Cic.: delubrum, simulacrum, aedem alcis, den Tempel usw. eines Gottes einweihen, Cic. u. Liv. (vgl. Benecke Cic. Arch. 19). – mit *Acc.* der Gottheit = ihr **ein Heiligtum weihen,** sie durch ein Heiligtum **ehren** (vgl. Orelli Hor. carm. 1, 31, 1), Iunonem, Liv.: Apollinem, Hor.: Concordiam aede, Ov. – **2** übtr.: **a** jmdm. eine Schrift **widmen, zueignen, dedizieren,** librum alci, Phaedr., Plin. u. Quint. – **b** etwas einem Zweck **weihen, widmen,** für irgendeinen Zweck **bestimmen, einrichten, aufstellen,** equi memoriae et nomini urbem, Curt.: vitam alcis litteris atque memoriae, Capit.: libros huic operi, Quint.: scripta eorum (poëtarum) publicis bibliothecis, Suet.: Parrhasii tabulam in cubiculo, Suet.: regio ad populi otium dedicata, Sen. – **c** zum ersten Gebrauch **weihen, einweihen,** domum, theatrum, Suet.

dēdier, s. dē-do ►.

dēdīgnātio, ōnis, *f.* (dedignor), die **Verschmähung, Verweigerung,** quaedam tacita, Quint. 1, 2, 31. – m. *Genet.*, parendi, Plin. pan. 18, 1.

dē-dīgno, āre, Nbf. v. dedignor (s. d.), tumulos aut ossibus urnas dedignant animae, Dracont. carm. 9, 28.

dē-dīgnor, ātus sum, ārī, **als unwürdig abschlagen, verschmähen, verweigern,** ded. maritum, Ov.: honorem (Ggstz. concupiscere), Plin. pan.: honores non ded., Plin. pan.: ded. conubia, Iustin. – mit dopp. *Acc.*, Philippum patrem (als V.), Curt.: Nomades maritos (als G.), Verg.: me nec comitem (als B.) nec amicum (als Fr.), Ov. – m. *Infin.*, sollicitare, Ov.: praedia nostra colere, Col.: venire, Tac.: cibos attingere, Plin. pan.: aegrorum obscena contrectare non ded., Sen. – m. *Acc.* u. *Infin.*, dedignatus est subolem sui pignoris nuncupari, Arnob. 5, 13. – absol., accendebat dedignantes, Tac. ann. 2, 2.

dē-dīsco, didicī, ere = ἀπομανθάνω, **verlernen, sich abgewöhnen** (Ggstz. discere), **a** im Allg.: haec verba, Cic.: nomen disciplinamque populi Romani, Caes.: qui quod didicit, id dediscit, Plaut.: in quo nihil discitur aut omnino dediscitur, Lact.: dediscendae tibi sunt sportellae et artolagani tui, Cic. – m. *Abl.* **wodurch?** alqd dediscere paene discendo, Cic.: intrat amor mentes usu; dediscitur usu, Ov. – mit folg. *Infin.*, eloquentia loqui paene dedidicit, Cic.: dedidici Latine loqui, Ov.: qui mori didicit, servire dedidicit, Sen.: aegre dediscis amare, Ov.: Ggstz. meditari *condiscere*, loquitari dediscere, Apul. flor. 15. p. 19, 13 Kr. – **b** insbes. = **vergessen,** dedidicit iam pace (im Fr.) ducem, Lucan. 1, 131: dedisce captam, Sen. Tro. 894.

dēditīcius, a, um (deditio), **der sich auf Gnade und Ungnade ergibt** od. **ergeben hat, der kapituliert** od. **kapituliert hat,** Plur. dediticii oft = die **Untertanen** der Römer in Italien, im Gegensatz zu den »Verbündeten (socii)«, qui (Iugurtha) si dediticius est (wenn er sich ergibt), profecto iussis vestris oboediens erit, Sall.: dediticii Belgae, Caes.: dediticii populi Romani, Caes.: dediticii vestri, Liv.: in tanta multitudine dediticiorum (Gefangenen), Caes. – Holofernem cupido incessit dediticiae (der Gefangenen) corpore abuti, Sulp. Sev. chron. 2, 16, 3.

dēditim, *Adv.* (dedo) **in Ergebung,** Charis. 187, 17. Diom. 407, 6.

dēditio, ōnis, *f.* (dedo), **a** aktiv, die **Übergabe, Auslieferung,** ded. ipsius corporis (des Sklaven selbst), Gaius dig. 9, 4, 1: periculum deditionis eloquentiae gratiā effugere, Aur. Vict. de vir. ill. 64, 2: in deditionem petere alqm, jmds. Ausl. verlangen, *ibid.* 23, 7. – **b** medial = das **Sich-Ergeben,** die **Übergabe, Unterwerfung, Kapitulation,** Mancini civitatis deditio, Vell.: deditionis condicio, Liv.: deditionis formula, Liv.: ded. voluntaria, Liv.: necessaria, Caes. – huius deditionis suasorem et auctorem esse, Cic.: agere de deditione, Caes.: in deditionem accipere alqm od. alqd (z. B. castellum), jmds. usw. Kapitulation annehmen, Caes., Sall., Liv. u. a.: in deditionem accipere urbes (Ggstz. expugnare), Liv.: deditionis spem alci non adimere, Cic.: deditionem approbare, Sall. fr.: oppidum vi atque armis cogere in deditionem, Liv.: compellere in deditionem, Liv., u. ad deditionem (auch mit fame, metu), Curt. u. Suet.: concedere in deditionem od. in voluntariam deditionem, Liv.: a deditione deterreri, Nep.: facere deditionem, Caes., od. veram deditionem, Sall.: mittere legatos de deditione ad alqm, Caes.: mittere deditionem suam ad alqm, die Anzeige, sich ergeben zu wollen, Flor. 3, 7, 5: omittere deditionem, Sall.: alqm eo metu perpellere ad deditionem, Liv.: urbe potiri per deditionem (ohne Schwertstreich, Ggstz. potiri per vim), Liv.: recipere urbem per deditionem, Liv.: recipere alqm od. oppidum in deditionem (Ggstz. vi capere), Caes. u. Liv.: redigere alqm in deditionem, Flor. 3, 10, 25: significare (zu erkennen geben) deditionem, Caes.: simulare deditionem, Nep.: subigere ad od. in deditionem (z. B. fame, metu), Liv. u. Curt.: exercitum acceptum Cyro per deditionem (ohne Schwertstreich) tradere, Iustin.: necessariam subire deditionem, Caes.: in deditionem venire, sich ergeben, Caes. u. Liv.: in deditionem vocare, Liv. – mit subj. *Genet.*, deditio sui, Curt. 5, 1 (3), 18: Plur., deditiones cohortium, Tac. hist. 3, 70: urbium deditiones, Liv. epit. 99. – mit *Dat.* od. gew. m. *ad* u. Akk. **an wen?** qui, quos ad mortem devovissent, eorum deditionem vivorum hosti fecissent, Liv. 31, 18, 6: levissimum malorum deditio ad Romanos visa est, Liv.: quia nec deditio tuta ad tam infestos videbatur, Liv.: si obsessi de facienda ad hostem deditione deliberent, Quint.: fit ad Poenos deditio, Liv.

dēditītius, a, um, s. dēditīcius.

dēditus, a, um, *PAdi.* m. *Compar.* u. *Superl.* (dedo), einer Person od. Sache **ergeben, hingegeben, sich hingebend,** einer Sache **beflissen, frönend,** auf etwas **bedacht, α** mit *Dat.*: Caepio nimis equestri ordini deditus, Cic.: imperator Samnitibus deditus, Cic.: eloquentissimi viri et dediti Ennio, Sen. fr.: Epaminondas Lysidi Tarentino Pythagoreo sic fuit deditus, ut etc., Nep.: quem si nobis, si suis, si rei publicae conservatis, addictum, deditum, obstrictum vobis ac liberis vestris habebitis, Cic. – iis artibus a pueris deditos fuisse, Cic.: soli huic cognitioni adeo per totos dies deditus et intentus, ut etc., Suet.: prasinae factioni ita addictus et deditus, ut etc., Suet.: corporis gaudiis deditus, Sall.: lanae (Wollarbeit) dedita (v. der Lukretia), Liv.: animus libidini deditus, Cic.: deditus litteris, Cic.: litteris omnibus a pueritia deditus, Cic.: deditus litteris ac studio doctrinae, Cic.: huic ludicro, Liv.: luxuriae saevitiaeque, Suet.: religionibus, Cic., Caes. u. Liv.: studio litterarum, Cic.: nec studio citharae nec Musae ulli, Hor.: his studiis deditus, mirifice deditus, Cic.: liberalibus studiis deditus, Suet.: studiis ac litteris deditus, Sen.: eo profusius omnibus modis quaestui atque sumptui deditus erat, Sall.: homines vinolenti rebusque veneriis dediti, Nep.: somno ciboque deditus, Tac.: ventri atque somno deditus, Sall.: vino epulisque deditus, Nep.: ultra modum vino deditum esse, Sen.: vita vitiis flagitiisque omnibus dedita, Cic.: nimis voluptatibus esse deditum, Cic. – Kompar., uxoribus deditior, Eutr. 10, 15. – Superl., optimus animus ac deditissimus tibi, Dolab. in Cic. ep. 9, 9, 1. – **β** mit *Adv.* **wohin?** ubi spectaculi tempus venit deditaeque eo mentes cum oculis erant, darauf Auge u. Sinn mit Aufmerksamkeit gerichtet waren, Liv. 1, 9, 10. – **γ** mit *in* (bei) u. Abl., Lucr. 3, 647 (645); 4, 812 (815). Catull. 61, 102.

dē-do, didī, ditum, ere, hingeben = zu jmds. Verfügung, in jmds. Besitz oder Gewalt **übergeben, I** eig.: **a** auf dem Wege der Übergabe, Auslieferung, Preisgebung = **überantworten, überliefern, ausliefern, preisgeben,** ancillas, Ter.: auctores belli, Liv., auctores discordiae, Curt.: Vercingetorigem, Caes.: Hannibalem concitorem belli, Eutr.: verens, ne dederetur (v. Hannibal), Nep.: senatum paenituit dediti principis, die Auslieferung des usw., Liv. – eodem tempore Ti. Numicius Q. Maelius, qui tum tribuni plebis erant, *quod* eorum auctoritate pax erat facta, dediti sunt, *ut* pax Samnitium repudiaretur, Cic. – mit dopp. *Acc.*, multos mortales obsides (als G.), Sall. – mit *in* u. Akk., in pistrinum usque ad necem, Ter.: eos pueros in potestatem, Liv. – m. *Dat* **wem?** dedita haec mihi est habitatio, das ist meine mir eigene Wohnung, Plaut.: si ego iniuste impieque illos homines illasque res dedier mihi exposco, tum etc., Formul. vet. bei Liv.: eius rei auctores affinesque Achaeis, Liv.: noxios exposcentibus hostibus, Liv.: alci infamem iuvencum, Hor.: quem reum sententiis iudicum tradidisset, eum telis militum dedere, Cic. – m. dopp. *Acc.*, alqm trucidandum populo Romano, Liv.: alqm vinctum od. nudum hostibus, Cic. u. Vell. – m. *ad* od. *in* u. Akk. od. durch bl. *Dat.* **wozu?** alqm ad necem (Ggstz. alqm servare), Liv.: alqm alci ad supplicium, Caes. u. Liv.: alqm hostibus in cruciatum, Caes.: alqm alci noxae, Ov., Sen. u. a.: alqm neci, Ov., alqm neci, ne prodigus sit, Verg. – **b** auf dem Wege der Unterwerfung **übergeben, überantworten, unterwerfen,** urbem, agros, aras, focos seque, Formul. vet. bei Liv.: Cirtam, Liv.: regnum, Sall.: manus (bildl. = sich ergeben, sich fügen), Lucr. 2, 1043. – m. *in* u. Akk., populum Campanum urbemque Capuam, agros, delubra deûm, divina humanaque omnia in vestram, patres conscripti, populique Romani dicionem dedimus, Liv. – bes. dedere se u. im Passiv dedi medial = **sich ergeben, kapitulieren,** se dedere, Caes., Liv. u. a.: sese dedere sine fraude, Caes.: se suaque omnia dediderunt sine mora, Caes.: bellum se cum iis, ni dederentur, gesturum, Liv.: Helorumque atque Herbesum dedentibus ipsis (indem sich dieselben Städte selbst ergaben) recipit, Liv. 24, 35, 1: u. Partiz. Perf., si statim deditus (als einer, der sich sogleich ergeben) traherer, Tac.: u. Plur. subst., dediti, die sich ergeben haben, die Unterworfenen, Caes.; auch verb. dediti victique, Liv. u. a. – m. *Dat.* **wem?** dedere se populo Romano, Caes., od. se hostibus, Liv., od. velut hostibus se praetoribus, Sall.: se suaque omnia od. se atque oppidum Caesari, Caes.: omnes unius huius se imperio ac potestati, Cic. – m. *in* u. Akk., se in arbitrium dicionemque populi Romani, Liv.: se, urbem et liberos in dicionem atque in arbitrium Thebano poplo, Plaut.: se prius in fidem quam in potestatem populi Romani, Liv. – m. *ad* u. Akk., ad Quintum Fulvium Hirpini et Lucani et Volcientes dediderunt sese, Liv. 27, 15, 2.

II übtr.: **a hingeben, übergeben, widmen, weihen,** im üblen Sinne = **preisgeben, in die Hände liefern, opfern,** gew. m. *Dat.* **wem?** Davo istuc iam negotii, Ter.: membra molli somno, Lucr.: aures suas poëtis, sein Ohr leihen, Cic.: animum sacris, Liv.: cum bonis famā fortunisque omnibus alcis cupiditati crudelitatique dedi, Cic.: filiam suā manu occīdere potius, quam ea Ap. Claudii libidini dederetur, Cic.: ded. alqm omnibus periculis, Cic. fr.: collegam liberto, Tac. – bes. oft dedere se, **sich hingeben, sich ergeben, sich unterwerfen, sich fügen,** im üblen Sinne = einer Sache **frönen,** se alci, Komik. (s. Spengel Ter. Andr. 63. Wagner Ter. heaut. 681): se amicitiae eorum, Caes.: se patrum auctoritati, Liv.: se desidiae aut maestitiae potius quam litteris, Cic.: se non otiosis disputationibus, sed administrationibus rei publicae, Quint.: se doctrinae, Cic., penitus se doctrinae, Lact. (s. Bünem. Lact. 1, 1. § 1): se duritiae (strengen Lebensart), Nep.: se litteris, Cic.: se altioribus studiis artibusque, Plin. ep.: se ei studio, Cic.: se lamentis muliebriter lacrimisque, Cic.: se voluptatibus, Cic. – mit dopp. *Acc.*, se totum ab adulescentia Catoni, Cic.: se totum patriae od. rei publicae, Cic. u. Nep.: se totum aegritudini, Cic. – m. *pro* u. Abl., voveo dedoque me pro re publica, Sall. hist. fr. 2, 50 (41), 10. – **b** in der Verbindung deditā operā (selten operā deditā), **mit Fleiß, geflissentlich, absichtlich,** quasi deditā operā quae ego volo tu non vis, Naev. com. fr.: deinde aliquid deditā operā controversiae concinno, Afran. com. fr.: nam ego deditā operā huc ad te venio, Plaut.: deditā operā passim ad illecebras propulsa pecora, Liv.: itaque epistulam misi deditā operā (durch einen Expressen), Cic.: ne nos id, quod faciemus, operā deditā facere videamur, Cic. – ► Parag. Infin. Präs. Pass. dedier, Formula vetus bei Liv. 1, 32, 7.

dē-doceo, ēre, jmd. etwas **verlernen** od. **sich abgewöhnen lassen,** einer Sache **entwöhnen,** jmd. **durch Belehrung von seiner** (irrigen) **Ansicht abbringen,** jmd. **eines Besseren belehren** u. dgl. (Ggstz. docere u. discere), onus dedocendi gravius ac prius quam docendi, Quint. 2, 3, 2. – m. *Acc.*, im Passiv mit *Nom.*, si a Polyaeno geometrica discere maluisset, quam illum etiam ipsum dedocere, Cic.: cum aut docendus is (iudex) est aut dedocendus, Cic.: ut coërcendi magis quam dedocendi esse videantur, Cic. – m. dopp. *Acc.*, moneo, regnorum gaudia temet dedoceas, Stat. Theb. 2, 408 *sq.*: quem cum illa femina rogasset, ut dignaretur dedocere me mala, Augustin. conf. 3, 12. – mit folg. *Infin.*, virtus populum falsis dedocet uti vocibus, Hor. carm. 2, 2, 20: u. im Passiv mit folg. *Nom.* u. *Infin.*, cum a Zenone fortis esse didicisset, a dolore dedoctus est, Cic. Tusc. 2, 60.

dē-doleo, doluī, ēre, **seinen Schmerz-, seinen Kummer enden,** Ov. fast. 3, 480; rem. 294.

dē-dolo, āvī, ātum, āre, **abhauen, I herunter-, heraushauen, a** übh.: osse fini dedolabo assulatim viscera, ich will ihm bis auf den Knochen fetzenweise das Fleisch vom Leibe hauen, Plaut. Men. 859. – **b** prägn., **aus** etw. hauend **verfertigen, aus** etw. **hauen, zimmern, meißeln,** dedolati e ligno codicilli, Hieron. epist. 8: vasculum crystallo dedolatum, Apul. met. 6, 13. – **II behauen, zuhauen, zurechthauen** od. **-zimmern, glatt hauen, glatt zimmern** od. **meißeln, glätten, a** eig.: partes pedamentorum putres, Col. 4, 26, 1: ridicas querneas, Col. 11, 2, 12: arborem, zu Bauholz zuhauen, Plin. 16, 188: ossa fracta fabrili manu, Mart. 11, 84, 6. – **b** übtr.: **α** übh.: fidem, Tert. adv. Marc. 2, 19. – **β** beprügeln = **durchprügeln,** alqm crebris ictibus, Apul. met. 7, 17: obszön, *ibid.* 9, 7.

dē-domo, ātus, āre, **gehörig zähmen,** equa primum dedomata, Commodian. instr. 1, 34, 4.

dē-dūco, dūxī, ductum, ere, **I** von einem höheren Punkt zu einem niederen **herabführen,** leitend **herab-** od. **hinabziehen,** konstr. bei Ang. **von wo hinab?** m. *de* od. *ab* od. *ex* u. Abl. od. m. bl. *Abl.*; bei Ang. **wohin? bis wohin?** m. *ad* od. *in* m. Akk. od. m. bl. *Acc. loc.*, **1** eig.: **a** übh.: **α** leb. Wesen: imbres nivesque deducunt Iovem, in Regen u. Schnee steigt Jupiter vom Himmel herab, Hor.: molliunt anfractibus modicis clivos, ut non iumenta solum, sed elephanti etiam deduci possent, Liv. – ded. alqm *ad* terram, Suet.: alqm contionari conantem *de* rostris, Caes.: *per* eos multitudinem aliam *in* subiectum viae campum, Liv.: alqm in quattuordecim, Sen., od. in quattuordecim sessum (um da seinen Sitz zu nehmen), Asin. Poll. in Cic. ep.: non iniquo nec perdifficili aditu *super* caput hostium eos ded., Liv. – v. lebl. Subjj., in praecipitia iste cursus deducit, Sen. – **β** lebl. Objj.: tiaram, vom Haupte herabnehmen, Suet.: pectine crines, herabkämmen, Ov.: caesariem barbae dextrā, herabstreichen, Ov.: molli gestu brachia, herabführen, = bewegen, Prop.: ramos pondere suo (v. Obst), Ov. – vestem summa *ab* ora (Saum), herabstreifen, Ov.: ebenso suas a pectore vestes, Ov.: clam pedes *de* lecto, Plaut. – montes in planum, herabversetzen, Iustin. (bildl., ded. alqm in planum, widerlegen, Schol. Bob. ad Cic. Flacc. 2. *no.* 2): eluvie mons est deductus in aequor, Ov.: manum ded. *ad* imum ventrem, Quint.: sinum ad ima crura, Suet.: deduc orationem tuam *de* caelo ad haec citeriora (bildl.), Sen.: ebenso ded. philosophiam *e* fastigio *in* planum (bildl.), Sen.: tunicam summā orā ad mediam, herabstreifen, Ov.

b als milit. *t. t.*, **herab-** od. **hinabführen, sich herabziehen lassen, herab-, hinabsteigen lassen,** aciem in planum, Sall.: Poenos in plana, Frontin.: Albanum exercitum in campos, Liv.: instructos ordines in locum aequum, Sall.: paulatim suos in aequum locum, Sall.: imprudentiā suorum deductus in inferiorem collem, Frontin.: copias ex locis superioribus in campum, Caes.: equitatum od. equites ad pedes, die Reiterei absitzen lassen, Liv.

c als naut. *t. t.*, **α** die Segel **herabziehen, herablassen, entrollen, aufspannen,** vela, Ov.: carbasa, Ov.: tota carbasa malo (am M.), Ov. – **β** (wie καθέλκειν) ein Schiff vom Land ins Meer ziehen, **vom Stapel laufen lassen, in See gehen** (**stechen**) **lassen** (Ggstz. subducere, griech. ἀνέλκειν; vgl. Fabri Liv. 21, 17, 3), navem, naves, Verg. u. Liv.: navigia, Sen.: quadriremes, Plin. ep.: classem, Liv.: puppim, Prop.: carinas, Ov. – naves litore (vom U.), Verg.: naves in aquam, Liv. Vgl. unten *no.* II, A, 1, f.

d als *t. t.* der Zaubersprache, durch Zaubersprüche **herabziehen,** lunam, Ov.: lunam e curru, Tibull.: lunam cursu, Ov.: Iovem caelo, Ov.: cantando rigidas montibus ornos, Verg.

2 übtr., vermindernd **herabführen,** auf etw. **zurückführen,** licet enim contrahere universitatem generis humani eamque gradatim ad pauciores, postremo deducere ad singulos, Cic. de nat. deor. 2, 164.

II von einem Anfangspunkt zu einem Zielpunkt **fortführen, ab-, weg-, hinführen,** geleitend **fortbringen, hinbringen, herbeibringen, A** im Allg.: **1** eig.: **a** übh.: **α** leb. Wesen: pecora, Caes.: inde boves, Ov.: animalia quamlibet longo itinere deducta ad assuetas sibi sedes revertuntur, Quint.: ded. alqm a recta via (bildl.), Rhet. Her.: alqm *ex* ea via (bildl.), Cic. fr.: suos ex agris, Caes.: dominam Ditis thalamo (aus dem G.), Verg.: ipsa vestigia quaerentem dominum *eo* (dahin) deductura erant, Liv.: Cicerones Rhodum, Cic.: alqm *in* aedem Proserpinae, Nep.: alqm in arcem, Liv.: alqm de suis convellere hortulis deducereque in Academiam perpauculis passibus (bildl.), Cic.: alqm in tutum (bildl.), Sen.: alqm in mare Helles, Ov.: *ad* eum agnum non casu sed duce deo deducitur, Cic.: ded. iuvenem ad altos currus, Ov.: silvestres capras manibus suis ad salutare auxilium herbae dictamni (bildl. v. der Natur), Val. Max. – **β** lebl. Objj.: et si qua asportari possent, sibi quemque deducere (es mit sich nehmen), Tac. ann. 16, 11. – ded. atomos *de* via, Cic.: amnes deducunt undas *in* mare, Ov.: u. (im Bild) ded. Aeolium carmen *ad* Italos modos, das äol. Lied zu ital. Weisen führen = die äol. u. sapphische Lyrik auf röm. Boden verpflanzen, Hor. carm. 3, 30, 13 *sq.*

b (als milit. *t. t.*) eine Mannschaft von irgendwo od. irgendwohin **abführen, wegziehen** (**einziehen**), **abziehen** (**abmarschieren**) **lassen, ausrücken lassen, verlegen,** exercitum, Caes. u. Liv.: consularem exercitum, Liv.: classem exercitumque, Liv.: praesidium, Liv.: praesidia, Caes. u. Liv. (vgl. Drak. Liv. 25, 25, 10) u. (Ggstz. imponere) Sall. fr.: custodias, Auct. b. Alex.: militari more vigilias, die Wachen auf ihre Posten abführen, aufziehen lassen, Sall. Iug. 44, 3. – ded. *inde* Romanum exercitum, Liv.: *undique* praesidia, Frontin.: exercitum *a* Sicilia, Iustin.: praesidia ab urbibus, Liv. u. Iustin.: quinque legiones ab opere, Caes.: praesidia *de* iis oppidis, quae etc., Cic.: nostros de vallo, Caes.: praesidia Macedonum *ex* iis urbibus, Liv.: exercitum ex his regionibus, Caes.: Apameā (von A.) praesidium, Cic.: Orico (von O.) legionem, Caes.: praesidia arce (von, aus der B.), Aur. Vict.: civitatibus omnibus (aus a. St.) omnia praesidia, Liv.: praesidia *eo* (dahin), Caes.: exercitum *in* aciem, Liv.: classem in proelium, Nep.: propere in cornua leves armaturas, Liv.: legiones duas in ulteriorem Galliam, Caes.: impedimenta in proximum collem, Caes.: legiones in hiberna, Caes.: novos milites in hiberna, Liv.: exercitum mature in hiberna Lunam et Pisas (nach L. u. P.), Liv.: exercitum in hiberna in Sequanos, Caes.: milites eductos hibernis ad Ciceronem, Caes. – m. *Dat.* (wozu?), tres in arcem oppidi cohortes praesidio, zur Besatzung in die B. legen, Caes. b. c. 3, 19, 5.

c begleitend, als Führer od. Begleiter mitnehmend zu jmd. od an einen Ort **abführen, hinführen, fortbringen, hinbringen, herbringen, mitbringen, mitnehmen, geleiten,** jmdm. **zuführen,** wo **einführen, α** zur Besprechung, zur Audienz, cito hunc deduce ad militem, Ter.:

deduci ad regem, Iustin.: deduci ad Eumenem, Nep.: deduci in conspectum Caesaris, Caes.: transfuga duci se ad consulem iubet deductusque traditurum urbem promittit, Liv. – **β** aus der Provinz nach Rom (vollst. secum deducere, s. unten die Beisp.), Ennium poëtam, Cic.: Atticum, Nep.: non deduxi, inquit, Sextilium, Cic.: eos deduxi testes et eas litteras deportavi, ut etc., Cic.: hominem secum ded., Cic. – alqm ded. *ex* ultimis gentibus, Cic.: alqm Romam, Eutr.: alqm secum Romam, Liv.: primus ego in patriam mecum, modo vita supersit, Aonio rediens deducam vertice Musas (poet. für »die griechischen Dichter auf heimatlichen [römischen] Boden verpflanzen«), Verg. georg. 3, 10 *sq.* – **γ** als Gast in ein Haus usw., hospites domum, Rhet. Her.: alqm in hospitale cubiculum, Liv.: alqm ad Ianitorem quendam hospitem, Cic. – **δ** einen jungen Mann zu einem Staatsmann zur weiteren Ausbildung, alqm ad alqm, Cic. de amic. 1. Cic. Cael. 9. Tac. dial. 34. Quint. 12, 11, 6. – od. in eine Schule, ephebum in gymnasium (v. Mentor), Petron. 85, 3. – **ε** beschützend od. bewachend **fortführen, abführen, fortbringen,** igitur inditus lecticae et a tribuno praetoriae cohortis deductus est, vario rumore, custos saluti an mortis exactor sequeretur, Tac. ann. 3, 14: a quo cum quaesisset, *quo* (wohin) deduci vellet, et ille Athenas dixisset, praesidium dedit, ut tuto perveniret, Nep.: Pydnam eum deduci iussit et quod satis esset praesidii dedit, Nep. – als Gefangenen, ex consilii sententia in custodiam coniectus Athenas deductus est, Nep.: ded. Lentulum in carcerem, Sall.: Iugurtham ad Marium, Sall.: alqm vinctum ad Caesarem, Hirt. b. G.: alqm comprehendere et custodibus publice datis deducere ad Hannibalem, Liv. – auf den Kampfplatz, alqm e spectaculis detrahere et in arenam deducere, Suet. Cal. 35, 2. – **ζ** jmd. ehrenhalber **geleiten,** jmdm. **das Ehrengeleit geben, αα** jmd., bes. einen Staatsmann vom Haus auf das Forum od. zur Kurie (Ggstz. reducere) od. umgekehrt von da nach Hause, magnam affert opinionem, magnam dignitatem cotidiana in deducendo frequentia, Cic.: haec ipsa sunt honorabilia assurgi, deduci, reduci, Cic.: ne deducendi sui causā populum de foro abduceret, Liv.: plebes consules ambo sacrā viā deductos cum magno tumultu invadit, Sall. fr.: cum magna multitudo optimorum virorum me de domo deduceret, Cic. – alqm ad forum, Cic., in forum, Quint.: alqm ex patribus conscriptis aut propinquum aut paternum amicum ad curiam, Val. Max.: frequentes eum domum deduxerunt, Liv.: absol., deducam, ich will ihn nach Hause (bis an sein Haus) geleiten, Hor. sat. 1, 9, 59. – **ββ** einen jungen Römer vom Haus auf das Forum, um sein Tirocinium abzulegen (v. Vater u. v. Verwandten), filios suo quemque tirocinio in forum, Suet.: filium Drusum in forum, Suet.: deductus in forum tiro, Suet.: pueros puberes non in forum, sed in agrum deduci praecepit, Iustin. – **γγ** eine Braut aus dem Elternhaus in das Haus der Bräutigams **geleiten,** v. Vater u. v. den Verwandten = dem Bräutigam **zuführen,** velut auspicibus nobilissimis populis deductas esse, Liv.: eorum habentur liberi, quo (wohin = zu denen) primum virgo quaeque deducta est, Caes.: ded. virginem in domum alcis, Tac., od. ad alqm, Liv.: virginem iuveni marito, Tibull.: illa mihi dextrā deducta paternā, Catull.: quae mihi deductae fax omen praetulit, Prop.: rapi solet fax, quā praelucente nova nupta deducta est, ab utrisque † amicis, Fest. p. 289 (a), 7 *sq.* – v. Bräutigam selbst = eine Gattin **heimführen,** uxorem domum, Ter.: illam domum in cubiculum, Ter. Vgl. übh. Gronov Plaut. Cas. 2, 8, 36. Ter. Hec. 1, 2, 60; Caes. b. G. 5, 14, 5; Liv. 10, 23, 5. – euphemist. = jmdm. eine Konkubine **zuführen,** sine prius deduci, Plaut.: so Tertia deducta est, Suet. Caes. 50, 2 (im Doppelsinn mit *no.* II, B, a, β): ded. ad Docimum Tertiam Isidori mimi filiam, Cic.: Liviam ad se deduci imperavit, Suet. – **δδ** eine in die Provinz abgehende Magistratsperson **geleiten,** ut provincias cum imperio petituri hinc deducerentur, Suet. Aug. 29, 2. – einen Triumphierenden zu den Tempeln, unde populo consalutato circum templa deductus est, Suet. Tib. 17, 2. – einen vertriebenen Herrscher wieder in sein Reich **einführen,** alqm in regnum, Tac.: hunc in possessionem Armeniae, Tac. – **εε** jmd. an einen Ehrenplatz **führen,** m. 2. *Supin.*, Herennium Gallum histrionem summo ludorum die in XIIII sessum deduxit, wies er einen Platz auf einer der vierzehn Ritterbänke (in der Ritterloge) an, Asin. Poll. in Cic. ep. 10, 32, 2. – **ζζ** jmd. in ein Heiligtum **einführen,** decimo die cenatum, deinde pure lautum in sacrarium deducturam, Liv. 39, 9, 4. – **ηη** jmd. **zu Grabe geleiten,** jmdm. **das Grabgeleit geben,** alqm, Augustin. serm. 17, 7 (zweimal). – **η** etw. od. jmd. in einem Festzug **aufführen** od. wohin **abführen,** tensas, Suet.: mulierem (eine Gefangene) triumpho, Hor.: elephantos Romam ingenti pompā, Eutr.: corpus Alexandri in Hammonis templum, Iustin.

d (als publiz. *t. t.*) Kolonisten, eine Kolonie irgendwohin **abführen, übersiedeln, verpflanzen,** Kolonisten irgendwo **ansiedeln, ansässig machen,** eine Kolonie irgendwo **anlegen,** colonos, Vell.: coloniam, colonias, Cic. u. a.: ut hic conditor urbium earum, non illi qui initio deduxerant (die ursprünglichen Koloniefürer), videretur, Nep. Timol. 3, 2; vgl. Cic. agr. 2, 92: im Passiv, deductis olim (für die vor Zeiten angesiedelten) et nobiscum per conubium sociatis haec patria est, Tac. hist. 4, 65. – m. *Advv.* (wohin? wo?) u. m. *in* u. Akk. (s. Drak. Liv. 10, 13, 1 u. 39, 44, 10) u. mit bl. *Acc. loc.*, huc IↃↃ colonorum ex lege Rulli, Cic.: emere agros a privatis, quo (wohin) plebs publice deducatur, Cic.: ded. eo (dahin) coloniam novam, Cic.: illo (dorthin) coloniam, Cic.: deducentur, inquit, coloniae. Quo? quorum hominum? in quae loca? Cic.: tu non definias, quo colonias, in quae loca, quo numero colonorum deduci velis? Cic.: ded. colonos lege Iuliā Capuam, Caes.: coloniam Casilinum, quo Caesar ante deduxerat, Cic.: colonos in omnes colonias totius Italiae, Cic.: colonias in eos agros, quos emerint, Cic.: coloniam in Asiam, Cic.: in eum locum coloniam, Cic.: negavi in eam coloniam, quae esset auspicato deducta, dum esset incolumis, coloniam no vam iure deduci, Cic.: ded. Carseolos coloniam in agrum Aequiculorum, Liv.: specie deductarum *per* (über) orbem terrae legionum, Tac. ann. 11, 24. – mit *in* u. Abl. (s. Drak. Liv. 10, 13, 1), Ostiam coloniam in ostio Tiberis deduxit, Aur. Vict.: in colonia Capua deducti lege Iuliā coloni, Suet. – im Passiv m. Prädik.-*Nom.* (als wer? vgl. Drak. Liv. 39, 44, 10), coloniae deductae Ariminum in Piceno, Beneventum in Samnio, Liv. epit.: eodem anno Cales deducta colonia (als K.), Vell.: post triennium Tarracina deducta colonia (als K.) ac deinde interiecto triennio Suessa Aurunca et Saticula, Vell.: Aquileia colonia Latina (als lat. K.) eo anno in agrum Gallorum est deducta, Liv.

e als gerichtl. *t. t.*, vor einem Gericht als Zeugen usw. **hinbringen, beiziehen,** alqm (als Zeugen) ad hoc iudicium, Cic. Flacc. 9. – übtr., lis ad forum deducta est, der Streit wurde vor Gericht gebracht, es kam zum Prozess, Phaedr. 3, 13, 3.

f als milit. *t. t.*: **α** ein Schiff aus den Werften **ziehen,** navem ex navalibus, Caes. b. c. 2, 3, 2. – u. übh. **in See stechen lassen,** classem in altum properiter, Pacuv. tr. 322. – feindl. = aus den Werften **fortführen,** unam (navem) ex navalibus eorum, Caes. b. c. 2, 3, 2: ebenso naves a Meloduno, Caes. b. G. 7, 60, 1 (vgl. 7, 58. § 2 u. 4). – **β** (wie κατάγειν) ein Schiff in den Hafen **führen, einlaufen lassen,** persuade gubernatori, ut in aliquem portum navem deducat, Petron. 101, 8. – feindlich = ein Schiff wohin **schleppen,** onerarias naves, quas ubique possunt, deprehendunt et in portum deducunt, Caes. b. c. 1, 36, 2. Vgl. oben *no.* I, 1, c, β.

g als *t. t.* der Wasserbaukunst, Wasser von irgendwo **ableiten,** irgendwo **hinleiten,** rivos (auf die Äcker), Verg.: aquam in vias, Cato: Padum in flumina et fossas, Plin.: aquam Albanam ad utilitatem agri suburbani, Cic.

h jmd. aus einer Besitzung gewaltsam **hinwegführen,** ex ea possessione Antiochum, Liv. 34, 58, 6: Arsinoën ex regno, Auct. b. Alex. 33, 3. – bes. als jurist. *t. t.*, jmd. aus einer streitigen Besitzung in Gegenwart von Zeugen scheinbar gewaltsam **hinwegführen** (moribus deducere, im Ggstz. zu vi armatā deducere), um ihm das Recht der Vindikationsklage zu verschaffen (eine der Klage vorausgehende symbolische Handlung), alqm de fundo (mit u. ohne moribus), Cic. Caecin. 20; de lege agr. 2, 68; pro Tullio 20.

i unversehens jmd. an einen Ort hinführen, wohin **locken,** pedester exercitus, quod in ea loca erat deductus, ut in vito Eumene elabi non posset, pacem ab eo petiit, Nep.: ab alqo consilio od. ex industria in iniqua loca deducti, Frontin.: sequentem Lucullum in insidias deduxerunt, Frontin.: Hamilcar in insidias deductus occiditur, Iustin.
k ein phys. Übel vom Körper **wegziehen, entfernen,** brassica de capite et de oculis omnia deducet et sanum faciet, Cato r. r. 157, 6: non aeris acervus et auri aegroto domini deduxit corpore febres, non animo curas, Hor. ep. 1, 2, 47 *sqq.*: quoniam haec deducuntur, weil man Derartiges (derartige Fehler) vom Körper zu entfernen sucht, Cic. de fin. 5, 47.
2 übtr.: **a** übh.: **α** leb. Wesen = jmd. von wo **abführen, abziehen, abbringen, abwendig machen,** impellere voluntates quo velit, unde autem velit deducere, Cic.: ded. alqm a pristino victu, Nep.: alqm ab humanitate (menschlichen Würde), a pietate, a religione, Cic.: quod instituit referre de religione et saepe iam rettulit, ab eo deduci non potest, Cic.: magnā pecuniā a vera accusatione esse deductum, Cic.: ded. eloquentiā perterritos a timore, Cic.: alqm a tristitia acute et hilare dicto, Cic.: alqm de fide (v. Reichtum), Cic.: alqm de illa animi pravitate, Q. Cic.: alqm de hac animi lenitate, Cic.: alqm de sententia, Cic. u. Liv.: alqm prope de vitae suae statu dolore ac lacrimis suis, Cic.: ded. alqm vero (von der Wahrheit), Lucr. 1, 370. – u. jmd. wohin ohne sein Zutun **bringen, versetzen,** si eo (dahin) me deduxit error, Ps. Quint. decl.: cuius errore eo (dahin) deducta esset multitudo, ut omnes de salute pertimescerent, Nep.: eo deductus periculi, ut etc., so gefährdet, dass usw., Amm.: si in eum casum deducerentur, wenn es mit ihnen so weit käme, Caes.: ded. alqm in periculum, Caes.: quam in fortunam quamque in amplitudinem deduxisset (Aeduos), Caes.: deduci (geraten) in egestatem, Sen.: deduci in fraudem, ins Netz gelockt werden, Planc. in Cic. ep.: ded. alqm ad fletum misericordiamque, Cic.: deduci ad iniquam pugnandi condicionem, Caes. – **β** lebl. Objj., von etw. **abbringen,** zu etw. **hinführen, hinbringen,** antiquissimum sollemne ab nobilissimis antistitibus eius sacri ad servorum ministerium deduxisti, hast das älteste Opfer von den vornehmsten Priestern dieses Gottesdienstes weggenommen und zu einer Verrichtung der Sklaven erniedrigt, Liv. 9, 34, 18. – audi, quo rem deducam, wohin ich am Ende kommen, wo ich hinaus will (in der Darstellung), Hor. sat. 1, 1, 15. – ded. rem huc, ut etc., es dahin zu bringen suchen, dass usw., Cic.: u. so rem in eum locum, ut etc., Caes.: ergo huc universa causa deducitur, utrum ... an etc., Cic.: ded. rem ad arma, Caes.: rem ad otium, Caes.: rem in summum periculum, Caes.: rem in controversiam, Caes.
b jmd. von seiner Partei **abwendig machen, verleiten, verführen,** a quibus deductum ac depravatum Pompeium queritur, Caes. b. c. 1, 7, 1: adulescentes et oratione magistratus et praemio deducti, Caes. b. G. 7, 37, 6.
c jmd. zu etw. **bringen** = **bestimmen, gewinnen,** im üblen Sinne = **verleiten, α** übh.: alqm ad eam sententiam, Caes.: Pompeium ad turpissima foedera, Vell.: quae tandem est ea disciplina, ad quam me deducas, si ab hac abstraxeris? Cic. – mit folg. *Infin.*, inde deducimur etiam imaginem mortis iam tunc eum (somnum) recensere, Tert. de anim. 43. – bei vorhergeh. Negation m. folg. *quominus* u. Konj., neque legis improbissimae poenā deductus est, quominus hospitii et amicitiae ius officiumque praestaret, Cic. ep. 14, 4, 2. – **β** jmd. zu einer polit. Sache od. Partei **bringen,** für sie **gewinnen,** in sie **verflechten,** Philippum et Macedonas in societatem belli, Liv.: Macedonas in bellum civile, Iustin.: quasdam civitates dissentientes in causam, Liv.: petebant, ne se temere in causam deduceret, Liv.
d den Ursprung von etw. **ableiten, herleiten,** mos unde deductus, Hor.: originem ab ea (femina), Plin.: genus ab Anchise ac Venere, Vell.: genus ab Achille, Curt. – u. den Namen von etw. **entlehnen, entnehmen,** nomen ab Anco, Ov. fast. 6, 803: u. so nomen ab alqa re u. ab alqo, Lact. 4, 28, 12. Tert. adv. Marc. 4, 14; apol. 3: nomen ex ea significatione, Tert. de virg. vel. 5.
B prägn.: **a** vermindernd **abziehen, α** als *t. t.* der Athletik = dem Kämpfer die Speise **entziehen,** damit er schmächtiger werde, cibum, Ter. eun. 315. – **β** als *t. t.* der Geschäftsspr. = von einer Summe **abziehen** (Ggstz. addere), addendo deducendoque videre, quae reliqua summa fiat, Cic.: ded. centum nummos, Cic.: Tertia (ein Drittel) deducta est, Suet. Caes. 50, 2 (im Doppelsinn auch = »die Tertia ist zugeführt worden«, s. oben *no.* II, A, 1, c, ζ, γγ): id viri boni arbitratu (nach der Taxierung) deducetur, Cato. – m. *in* u. Akk., in singulas deportationes (auf od. für jede entwendete Tracht) SS. N. II (= 2 Sesterze) deducentur, Cato. – mit *de* u. Abl., de capite deducite quod usuris pernumeratum est, Liv. – m. *Dat.* (welcher Summe?), deducto summae aeris alieni, si quid usurae nomine numeratum aut perscriptum fuisset, Suet. – mit *Dat.* (für wen?), de his divitiis sibi drachumam ded., Enn. scen. 323. – absol. prägn. = jmdm. **einen Abzug machen,** arbitratu deducetur, Cato r. r. 144, 2 zw. – Partiz. subst., dēducta, ae, *f.* (verst. pecunia od. pars), der **Abzug,** den der Legatar an dem ihm ausgesetzten Legat machen durfte, um dadurch der lästigen Verpflichtung der auf dem Vermögen des Testators haftenden sacra zu entgehen, si in testamento deducta scripta non sit, Cic. de legg. 2, 50.
b fortführend, fortziehend bilden, **α** einen Bau **fortführen,** latum sulcum, Iuven. 1, 157: fossam superiori parte post castra, Frontin. 1, 5, 4: vallum per triginta duo milia passuum a mari ad mare, Eutr. 8, 19. – **β** schreibend, zeichnend **ziehen, entwerfen,** litteram mero, Ov. her. 16 (17), 88: tamquam linea uno calamo deducta, Cassiod. de instit. div. lit. 1. p. 510 (a) *ed. Garet.* – im Bild, ded. formam bonorum virorum et lineamenta, Sen. ep. 95, 72. – **γ** spinnend, webend **fortführen, fortspinnen, abspinnen, fortweben, abweben,** harum (Parcarum) una loquitur, altera scribit, tertia deducit, Serv. Verg. Aen. 1, 22. – m. *Abl.* **womit?** dexterā leviter ded. fila, Catull.: levi pollice filum, Ov.: staminis pollice fila, Hieron.: tereti filo et aequali stamina (v. der Spinne), Plin.: habiles gladios filo gracilento, poet. = schmieden, Enn. ann. 253. – m. *Abl.* **wovon?** plenā stamina longa colo, Tibull. – m. *in* u. Akk., argumentum in tela, einweben, Ov. met. 6, 90. – übtr., ein Schriftwerk **fein ausspinnen** (= kunstvoll ausarbeiten), deducta atque circumlata oratio, eine entwickelte u. kunstvoll abgerundete (Ggstz. oratio simplex atque illaborata), Quint.: carmina proveniunt animo deducta sereno, Ov.: tenui deducta poëmata filo, Hor.: subtilis deductā oratione Menelaus, Auson.: ded. commentarios, Quint.: mille die versus, Hor.: triduo non ultra tres versus maximo impenso labore deducere posse, Val. Max. – m. *Dat.* **wem?** tibi saepe novo deduxi carmina versu, Prop. – m. *in* u. Akk., carmen Iliacum in actus, Hor. de art. poët. 129. – m. *ab* u. Abl. u. *ad* od. *in* u. Akk. der Zeit, von einer Zeit bis zu einer Zeit **fortführen,** prima ab origine mundi ad mea perpetuum deducite tempora carmen, Ov. met. 1, 3 *sq.*: pauca, quibus surgens ab origine mundi, in tua deduxi tempora, Caesar, opus, Ov. trist. 2. 559 *sq.* – u. fortspinnend **abschwächen,** übtr., vocem, Pompon. com. 57 u. 60: Ὀδυσσεύς ad Ulixem deductus est, Quint. 1, 4, 16; vgl. *PAdi.* deductus *no.* II. – ► *Imperat.* deduc, Cic. de rep. 1, 34. Stat. Theb. 12, 266. Augustin. serm. 109, 4: arch. deduce, Plaut. truc. 479. Ter. eun. 538.

dēductio, ōnis, *f.* (deduco), das **Abführen, Fortführen, I** im Allg.: **a** das **Abführen** der Soldaten, in oppida militum crudelis et misera d., Cic. Phil. 2, 62. – **b** das **Geleiten, α** der Braut in das Haus des Gatten, die **Heimführung,** Pomp. dig. 23, 2, 5. – **β** das schützende **Geleit,** Ambros. de Iacob 2, 1, 4: dare caeco deductionem, Augustin. enchir. 24. – **c** das **Abführen,** die **Übersiedelung** einer Kolonie nach einem Ort, die **Kolonisation,** d. oppidorum, Plin.: quae erit in istos agros d.? Cic. – **d** das symbolische **Abführen, Vertreiben** vom Besitz, Cic. Caecin. 27. – **e** das **Ableiten** des Wassers, Albanae aquae, Cic.: rivorum a fonte, Cic. – **II** prägn., der vermindernde **Abzug,** ex qua (pecunia) ne qua d. fieret, Cic.: sine deductione, Sen.: u. Plur., certis nominibus deductiones fieri solebant, Cic.

dēductīvus, a, um (deduco), **abgeleitet** (Ggstz. primigenius), nomina, Pompei. comm. art. Donat. 19, 4. p. 202, 3 K.: pronomina, Isid. 1, 7, 6.

dēductor, ōris, *m.* (deduco), I der **Begleiter** (Klient od. Freund) eines Amtsbewerbers, Q. Cic. de petit. cons. 34 u. 36: m. *in* u. Abl., ille in inchoandis honoribus deductor et comes, Plin. ep. 4, 17, 6. – II = καθηγητής, der **Führer** = Lehrer, alcis, Tert. apol. 21 u. a.: omnis veritatis, Tert. de cor. mil. 4.

dēductōrius, a, um (deductor), **abführend,** Cael. Aur. u. Veget. – subst., dēductōrium, iī, *n.*, der **Abzugskanal,** Pallad. 9, 7, 21.

1. dēductus, a, um, *PAdi.* m. *Compar.* (v. deduco), I **eingezogen, einwärts gebogen,** nasus d., Lampr.: nasus ab imo deductior, Suet. Aug. 79, 2. – II **abgeschwächt,** v. Ton = **gedämpft, leise,** deductā voce, Afran. fr. u. Lucil. 985: prägn., carmen, ein Lied in leiserem Tone, Verg. ecl. 6, 5.

2. dēductus, Abl. ū, *m.* (deduco), das **Herabziehen,** Apul. met. 1, 16.

dēdux, ducis (deduco), **abgeleitet, abstammend,** Symm. epist. 8, 69.

de-erro (bei Vergil u. Lukan zweisilbig), āvī, ātum, āre, **abirren, sich verirren,** irrend **abkommen,** I eig.: a v. leb. Wesen: vir gregis ipse caper deerraverat, Verg. – m. *Abl.* (von wo?), angiporto, Rhet. Her.: itinere, Quint.: cursu (vom Kurs zur See), Auson. – m. *ab* u. Abl., in navigando a ceteris, Sall. fr.: inter homines a patre, Plaut. – m. *in* u. Abl., in itinere, Cic. fr. – m. *in* u. Akk., in foveas (v. Elefanten), Plin. – b v. lebl. Subjj.: naves onerariae, quae deerrassent, Auct. b. Afr.: iaculantium ictus deerraturos negant, Plin. – m. *ab* u. Abl., vageque deerrarunt passim motus ab sensibus omnes, Lucr. – m. *in* u. Akk., si potus cibusve in alienum deerraverit tramitem, Plin. – II übtr.: a v. leb. Wesen: quae (signa) intuentes deerrare non possumus, Quint.: multos deerrasse memoria (Nom.) prodidit, Col.: omnium aliarum artium peccata offendunt deerrantem, Sen. – m. *ab* u. Abl. od. m. bl. *Abl.* (von wo?) magno opere a vero longe, Lucr.: si non deerrabimus ab eo, quod coeperimus exponere, Rhet. Her.: ab illa (rerum natura) deerrare sapientia est, Sen.: ubi semel recto deerratum est, Vell. – m. *Abl.* (womit? wodurch?), verbis (mit den W. = in den W.), Quint.: sic et sententiā et visu, ut etc., Col. – b v. lebl. Subjj.: quia sors deerrabat ad parum idoneos, Tac. ann. 13, 29.

dēfaecābilis, e (defaeco), **leicht zu reinigen,** Sidon. epist. 1, 5, 6.

dēfaecātio, ōnis, *f.* (defaeco), die **Reinigung,** Tert. de anim. 27. Pacian. paraen. 10. p. 120.

dē-faeco, āvī, ātum, āre (de u. faex), I **von der Hefe reinigen, abklären,** vinum, Col. u. Plin. – II übtr.: A übh. **reinigen, waschen,** se, Plaut.: aërem, Veget. – B **reinigen, läutern, erheitern,** Plaut. u. a.: animus defaecatus, ungetrübte Stimmung, Plaut. aul. 79: caro ab omni defaecata labe vitiorum, Ambros. in Luc. 7. § 141 *extr.*: *Partic.* im *Compar.* u. *Superl.*, sicut electrum defaecatius est omnibus, ita currens aqua pura ceteris, Schol. Bern. Verg. georg. 3, 522: unde et caelum et purius et defaecatius ab omni labe peccati est, Ambros. in psalm. 118. serm. 8: defaecatissimum lumen gratiae, Augustin. ep. 225, 9. – Nbf. deficatus, Plaut. most. 158.

dēfaen…, s. defen…

dēfāmātus, a, um (de u. fama), **verrufen, ehrlos,** vocabula, Gell.: vita defamatissima, Gell.

dēfāmis, e (de u. fama) = infamis (s. d.), Apul. met. 9, 17.

dēfānātus, a, um (de u. fanum), **entheiligt, entweiht, unheilig,** Arnob. 4, 37.

dēfarīnātus, a, um (de u. farina), **zu Mehl gemacht,** Tert. adv. Valent. 31.

dēfatīgābilis, e, **ermüdlich,** Not. Tir. 72, 41.

dēfatīgātio (dēfetīgātio), ōnis, *f.* (defatigo), die **Erschöpfung,** die **Ermüdung** bis zur gänzlichen Erschöpfung der Kräfte, die **Abmattung** als eingetretener Zustand, a die körperliche, verb. defatigatio et satietas, Cic.: membrorum, Cic.: hostium, Caes.: equorum, Caes.: miseriarum (infolge des Unglücks = im Unglück), Cic.: exercitationum, Ermüdung infolge der Üb. = ermüdende Übungen, Cic. – b die geistige: def. nostra (beim Lesen), Cic.: nunc quoniam satis huius voluminis magnitudo crevit, commodius est in altero libro de ceteris rebus deinceps exponere, ne qua propter multitudinem litterarum possit animum tuum defatigatio retardare, Rhet. Her. 1. § 27.

dē-fatīgo (in guten Hdschrn. auch dēfetīgo), āvī, ātum, āre, **erschöpfen,** bis zur gänzlichen Erschöpfung **ermüden, abmatten, ganz mürbe machen,** I im Allg.: a körperl.: α *act.*: augebat iter, ut serius subsequentes defatigaret, Suet.: def. se ita, ut etc., Tert.: def. nostros assiduo labore, Caes.: Pompeii exercitum cotidianis itineribus, Caes.: tirones in labore, Auct. b. Afr. – β *pass.*: opus faciam, ut defatiger usque, ingratiis ut dormiam, Ter. – gew. im Partiz. Perf., defatigati cursu et spatio (lange Dauer) pugnae, Caes.: miles defatigatus labore, Curt.: defatigati proelio ac fugā, Curt.: iumenta ex nausea recenti, siti, labore defatigata, Auct. b. Afr.: milites sub onere ac sarcinis defatigati, Auct. b. Afr. – absol., puella defatigata petit a matertera, ut sibi concederet, paulipser ut in eius sella requiesceret, Cic.: u. Plur. defatigati oft subst. (v. Soldaten), Ggstz. integri, recentes atque integri, z. B. integros semper defatigatis submittere, Caes.: defatigatis in vicem integri succedunt, Caes. – übtr. v. Lebl., ubertate nimiā prioris aevi defatigatum et effetum solum, Col. 1. praef. § 1. – b geistig: α *act.*: ne te adulescens mulier defatiget, dich müde spricht, Ter.: ego me et macero et defatigo, Plaut.: ille (ordo) non modo censores, sed etiam iudices omnes potest defatigare, Cic.: ne de eodem plura enumerando defatigemus lectores, Nep. – β *pass.*: animo defatigato tuo, Cic.: defatigatis licitatoribus (durch Mehrgebot ermüdet, sodass sie vom Weiterbieten abstanden), Cic.: cum eum socii … ne defatigaretur (ermüde, nämlich in der Verteidigung ihrer Sache), oravissent, Cic.: defatigari clamore, Plaut.: nec animi neque corporis laboribus defatigari, Cic.: animi defatigati ab adversariis multitudine verborum, Cic.: noli igitur in conservandis bonis viris defatigari, Cic. – profecto numquam conquiescam neque defatigabor *ante quam* etc., Cic. de or. 3, 145. – m. folg. *Infin.*, non despero nec defatigabor permanere non solum in studio libertatis, sed etiam in labore et periculis, Lentul. in Cic. ep. 12, 14, 7. – II prägn., ermüdend **zu schaffen machen, hart zusetzen,** rem publicam, Aur. Vict. epit. 48, 5.

dēfatīscor, s. dē-fetīscor.

dēfēcābilis etc., s. dēfaecābilis etc.

dēfectio, ōnis, *f.* (deficio), I der **Abfall,** die **Abtrünnigkeit,** a eig.: auctores defectionis, Liv.: initium belli ac defectionis, Caes.: def. Aeduorum, Caes.: sociorum, Cic. u. Sall. fr.: civitatum, totius Galliae, Caes. – def. Macedonici imperii, von der usw., Iustin. 41, 2, 1. – def. subita Pompeii, Cic.: def. Aesculana et Fregellana, Äskulums u. Fregellās, Aur. Vict. – def. a populo Romano, Cic.: ab Romanis, Liv.: ad Hannibalem, Liv.: ab Romanis ad Hannibalem, Liv. – Ampsivariorum defectio a tergo, der in seinem Rücken ausgebrochene Abf. der Amps., Tac. ann. 2, 8. – abstinere a defectione, Liv.: maturare defectionem civitatis, Caes.: circumspectare defectionis tempus, Liv.: desistere a defectione, Iustin.: esse in defectione totam Italiam, Liv.: facere defectionem, Liv.: moliri defectionem, Liv.: parare defectionem, Liv.: impellere ad defectionem, Liv.: sollicitare alqm od. animos ad defectionem, Liv.: tentare defectionem, Liv. – b übtr., intemperantia est a tota mente (et a tota ratione) defectio, Cic. Tusc. 4, 22. – II das **Auf-die-Neige-Gehen, Abnehmen, Ausgehen, Aufhören, Schwinden, Fehlen,** a übh.: defectio vocis, Cael. Aur.: pecuniae, Macr.: aquarum, Frontin. aqu.: virium, Cic.: corporis, Schwäche, Cael. Aur.: animae, Ohnmacht, Cels.: ebenso def. animi = Ohnmacht, Sen. contr. 1, 4. § 7 (wo oculorum caligo, animi def.). Cael. Aur. chron. 5, 10, 98; dagegen def. animi = Niedergeschlagenheit, Mutlosigkeit, Sen. nat. qu. 2, 59, 11: u. so animi mei, Cic. ad Att. 3, 18, 2. – Plur. defectiones (Abgehen, Mangel), Ggstz. superationes (Überwiegen, Übermaß), Vitr. 1, 4, 8. – b das Abnehmen des Lichts, die **Verfinsterung, Finsternis,** def. solis, Cic., lunae, Quint., sideris, Tac.: defectio (solis) perfecta, Sen.: defectiones solis et lunae multo ante praedicere, Cic.: defectiones solis itemque lunae in multos annos praedicere, Cic.: defectiones solis reputare, Cic. – c prägn., das **Schwinden** od. **Sinken der Kräfte,** die **Entkräftung, Erschöpfung, Schwäche,** def. manifesta, Tac.: subita, Suet.: alvo usque ad defectionem solutā, Suet.: ad defectionem maximam venire, völlig entkräftet werden, Hyg.: mulierum *a* conceptu defectio, Plin. 23, 4. – senectus autem aetatis est peractio (Schlussakt) tamquam fabulae, cuius defectionem fugere debemus, in dem wir Erschöpfung (mattes u. ermüdendes Hinziehen) vermeiden müssen, Cic. de sen. 85. – **d** als gramm. *t. t.* = ἔλλειψις, die **Ellipse,** dici per defectionem solere (elliptisch), Gell. 5, 8, 3 (u. daraus bei Macr. sat. 6, 8, 2); 12, 14, 3: als rhet. Fig., Auct. carm. de fig. 175.

dēfectior, dēfectissimus, s. dē-ficio *no.* II, b.

dēfectīvus, a, um (deficio), **I abnehmend, ausbleibend, a** als mediz. *t. t.:* def. febris, Wechselfieber, Cael. Aur. acut. 2, 10, 60. – **b** als astron. *t. t.,* **sich verfinsternd,** coagmenta def., Verfinsterungsknoten (griech. ἐκλειπτικοὶ σύνδεσμοι), Amm. 20, 2, 4. – **II mangelhaft, unvollständig, a** im Allg.: d. et abortiva genitura, Tert. adv. Val. 14. – **b** als *t. t.* der Gramm., nomina, verba, denen einzelne Formen (Kasus, Personen, Tempora, Modus) fehlen, Gramm.

dēfector, ōris, *m.* (deficio) = ἀποστάτης, der **Abtrünnige,** absol., bes. im Plur., Suet., Tac. u. a.: m. *Genet.,* patris sui defectores, Tac. ann. 11, 8.

dēfectrīx, trīcis, *f.* (Femin. zu defector), **mangelhaft, unvollkommen,** Tert. adv. Valent. 38.

1. **dēfectus,** a, um, s. dē-ficio *no.* II, b, α.

2. **dēfectus,** ūs, *m.* (deficio), **I** der **Abfall,** die **Abtrünnigkeit,** Spartanorum, Curt. 7, 4 (19), 39: legionum, Capit. Opil. Macr. 8, 2. – **II** das **Auf-die-Neige-Gehen, Abnehmen, Ausgehen, Schwinden, Fehlen,** der **Mangel** (Ggstz. incrementum), **a** übh.: aquarum, Liv.: aquae dulcis, lactis, olei, Plin.: insularum, Chalcid.: patrimonii, rerum, Amm.: ad vocis usque defectum, sodass ihm die St. ausging, Aur. Vict.: def. animi, Ohnmacht, Plin.: u. so pati defectum animae, in Ohnmacht fallen, Augustin. – Plur., cuius sali defectus vel incrementa, Solin. 27, 3: meton., defectus (Abhänge) montium, Amm. 23, 6, 61 u. 70. – **b** das **Abnehmen** des Lichts, die allmähliche **Verfinsterung,** def. solis, Aur. Vict.: lunae, Liv.: solis ac lunae, Sen.: siderum, Plin.: lunaris, Macr.: solaris ac lunaris, Boëth.: Plur., defectus solis, Lucr. 5, 749. Verg. georg. 2, 478: defectus solis assidui, Mart. Cap. 8. § 859: defectus lunae, Cic. de nat. deor. 2, 50: defectus naturalium siderum, Iustin. 22, 6, 3. – **c** prägn., das **Schwinden der Kräfte,** die **Entkräftung, Schwäche,** membrorum, Abspannung, Cael. Aur. acut. 3, 20, 194: Plur., stomachi defectus excitare, Plin. 19, 92.

dē-fendo, fendī, fēnsum, ere (de und *fendo, vgl. offendo), wegstoßen, **I** fernhaltend, abwehrend = **fernhalten, abhalten, abwehren, abweisen,** einer Sache **Einhalt tun,** def. ictus ac repellere (v. Tüchern), Caes.: nimios solis ardores (v. Weinstock), Cic.: frigus (v. der Toga), Hor.: inopiam in egenis rebus (v. Getreide), Col.: def. bellum, defensiv verfahren (Ggstz. inferre bellum), Caes.: iniuriam, Cic.: non def. iniuriam neque propulsare, Cic.: def. civium pericula, Cic. – m. *Abl.* **wodurch?** def. ignem culmo aut fronde, Sen.: omnes res, quibus ignis iactus et lapides defendi possunt, Caes.: cum vi vis illata defenditur, Cic. – mit *Dat.* **wem?** iniuriam his foribus (Dat.), Plaut.: solstitium pecori, Verg.: alci dominae infames noctes, Prop. – mit *ab* u. Abl. **wovon?** palliolo frigus a capite, Rutil. Lup.: hostes a pinnis facillime, Claud. Quadrig. fr.: proximus a tectis ignis defenditur aegre, Ov. – mit *pro* u. Abl., vim suorum (= *suis illatam)* pro suo periculo, anstatt der eigenen G. = ganz wie ihre eigene G., Caes. b. c. 3, 110, 4. – absol. = **Einhalt tun** (bei einem Brand), Tac. ann. 15, 38. Suet. Ner. 43, 1.

II verteidigend = **verteidigen, schützen, aufrecht erhalten, erretten, bewahren** (dah. verb. tueri et defendere, def. ac tegere, def. et protegere; Ggstz. oppugnare, impugnare, bekämpfen, deserere, im Stich lassen), **1** im Allg.: **α** übh.: def. alqm, Caes.: se, Val. Max.: sui defendendi causā telo uti, Cic.: def. domini caput, Cic.: domum ac penates suos illo oppugnante, Cic.: rem publicam, Cic. – mit *Abl.* **womit?** def. iure se potius quam armis, Cic.: se telo, Cic.: sua tecta custodiis vigiliisque, Cic.: aedes Vestae vix defensa est (gegen den Brand geschützt) tredecim maxime servorum operā, Liv. – m. *ab* u. Abl. **wovor?** prata a pecore, Col.: vestes a tineis (von Kräutern), Plin.: teneras a frigore myrtos, Verg.: gladio se a multitudine, Sall.: infantem a feris alitibusque, Iustin.: vitam ab inimicorum audacia telisque, Cic.: alqm ab eo periculo, Cic.: alqm ab iniuria alcis, Caes. – im Passiv, quid a Pyrrho, Hannibale Philippoque et Antonio defensum est (gerettet, bewahrt worden) aliud quam libertas etc., Sall. hist. fr. 1, 41 (45), 4. – ohne Objekt, quod et ab incendio lapis et ab ariete materia defendit, Caes. – ganz absol., duo adulescentes filii, qui et sentire et defendere (sich zur Wehr setzen) facile possent, Cic. Rosc. Am. 64. – quasi ibi plus possit audacia, ubi ad defendendum opes minores sunt, wo die Verteidigungsmittel geringer sind, Sall. – **β** als milit. *t. t.:* def. Caesarem, Caes.: Aeduos, Caes.: castra, Caes.: moenia, Sall.: moenia ipsa sese defendebant, Liv. – m. *Abl.* **womit?** def. se armis, se manu, Caes.: urbem captam non ferro defendisse (zu verteidigen gesucht haben), sed auro redemisse, Iustin. – m. *contra* od. *adversus* u. Akk., senatum contra Antonium (v. den röm. Legionen), Cic.: se armis adversus Abrupolim, socium populi Romani, Liv. – mit ab u. Abl. **wovor? wogegen?** se suaque ab iis, Caes.: castra ab hostibus duplici fossā, Hirt. b. G.: per hunc illa (Macedonia) a Thracum adventu ac depopulatione defensa est, Cic. – ohne Objekt, etiamsi ab hoste defendant, Cic. – ganz absol. = **sich zur Wehr setzen,** cum iam defenderet nemo, Caes.: oppidum paucis defendentibus (obgleich nur usw.) expugnare non potuit, Caes.

2 durch Rede od. Schrift eine Person od. deren Sache **verteidigen, in Schutz nehmen, verfechten, vertreten, sich** jmds. od. einer Sache **annehmen, sich für** jmd. od. etw. **verwenden,** jmd. od. etw. **rechtfertigen, a** gegen Angriffe, Beeinträchtigung, Beschuldigung, Anklage usw., bes. v. Patron, Vertreter, **α** übh., sowohl im Privat- als auch im Staatsleben (Ggstz. impugnare, oppugnare), utrum impugnatis plebem an defenditis, Liv.: Nysaeos diligentissime tueri ac defendere, Cic.: acta illa Caesaris, quae neque oppugnavi antea neque defendi, Cic.: def. optimatium partes, Suet.: eius (provinciae) iura fortunasque, Cic. – m. *contra* u. Akk., alqm contra inimicos suos, Cic.: suam salutem contra illius impetum (Ausfall) in se crudelissimum, Cic. – m. *adversus* u. Akk., se adversus populum Romanum (dem röm. V. gegenüber), Cic. Phil. 1, 6, 13. – m. folg. *ut* u. Konj., me id maxime defendisse, ut ii vincerent, qui vicerunt, Cic.: mihi in Cumano diligentissime se, ut annui essemus, defensurum receperat, Cic. – **β** als gerichtl. *t. t.,* vor Gericht, sowohl den Kläger usw. gegen Beeinträchtigung als den Beklagten usw. gegen Beschuldigung, Anklage (Ggstz. accusare), def. homines sublevareque, Cic.: amicum, Cic.: Sex. Roscium parricidii reum, Cic.: provinciam Siciliam totam, Cic.: vitam salutemque totius provinciae, Cic.: def. tabulas testamenti, Val. Max.: rem M. Tullii, Cic.: P. Sullae causam, Cic.: P. Sullae innocentiam, Cic.: iustitiam (die G. = den Gerechten), Cic.: improbitatem, Cic. – u. def. crimen, eine Anklage, einen Anklagepunkt verteidigen = (durch Verteidigungsgründe) widerlegen, sich od. (v. Anwalt) den Beklagten von einer Beschuldigung reinigen, gegen eine B. rechtfertigen (v. Beklagten od. dessen Verteidiger [Ggstz. probare crimen, v. Ankläger]; vgl. Drak. Liv. 38, 49, 6), z. B. crimen navale, Cic.: crimen istius coniurationis, Cic.: insidiarum Eumeni factarum crimen et maximā curā et minime probabiliter, Liv.: ebenso noxiam, Ter. Phorm. 225. – m. näheren Angaben, alqm *de* ambitu, Cic.: alqm *in* iudiciis, Nep.: alqm *in* capitis periculo, Cic.: D. Matrinium *apud* M. Iunium Q. Publicium praetores, Cic.: regem *contra* atrocissimum crimen, Cic.: *contra* hunc iudicio privato causam alcis, Cic.: causam istam *contra* (im Widerspruch mit) facta tua et *contra* scripta, Cic.: orabat, ut te *contra* suum patrem, si sestertium sexagiens peteret, defenderem, Cic.: alqm *adversus* Hiempsalem regem enixe, Suet.: alqm *adversus* petentem doli mali exceptione, Gaius inst.: *adversus* hanc actionem non defendi, Gaius inst.: neque in ea (defensione) factum ipsum *per se* defenditur, sed *ex* aliqua utilitate aut rei publicae aut hominum multorum aut etiam ipsius adversarii, Quint. – dah. prägn. = **zu seiner Verteidigung (Rechtfertigung) sagen, zu seiner Verteidigung** od. **Rechtfertigung** (als **Verteidigungsgrund**) **vorbringen** od. **anführen** od. **erklären, zu seiner Verteidigung**

(Rechtfertigung) **behaupten** od. **geltend machen, die Sache** od. **sich** mit dem u. dem **zu rechtfertigen suchen** (vgl. Halm Cic. Mur. 5. Fabri Liv. 21, 18, 2), tu mihi ita defendas: ›non est ista Verri numerata pecunia‹, Cic. – m. allg. *Acc.* des Neutr. eines Pronom., haec te dicere aequum fuit et id defendere, Ter.: quid enim defendit? Cic.: provideo enim, quid sit defensurus Hortensius, Cic.: cui si etiam id, quod defendit, velim concedere, tamen etc., Cic. – m. folg. Acc. u. *Infin.*, id aliorum exemplo se fecisse defendit, Cic.: hoc recte ac iure factum esse defendit, Cic.: ille nihil ex his sponte susceptum, sed principi paruisse (se) defendebat, Tac.: hunc tu igitur imperatorem esse defendis? Cic. – im Passiv m. *Nom.* u. *Infin.*, necessitudo autem infertur, cum vi quādam reus id, quod fecerit, fecisse defenditur, wenn zur Verteidigung des Beklagten gesagt wird, er habe usw., Cic. de inv. 2, 98.

b eine Behauptung, Ansicht gegen Widerspruch u. Missbilligung **verteidigen, verfechten, behaupten, nachweisen** od. **nachzuweisen suchen** (Ggstz. oppugnare, improbare, repudiare), def. sententiam, Cic.: rem def. in suis disputationibus (Ggstz. oppugnare), Cic.: haec improbantur a Peripateticis, a Stoicis defenduntur, Cic.: haec ipsa, quae a me defenduntur, didicit apud Philonem tam diu, Cic. – m. folg. *Acc.* u. *Infin.*, quasi vero ille (Plato) aut factum id esse aut fieri potuisse defendat, Cic.: utilitatem ex laude nasci defendet, Cic.: im Passiv, gravissime et verissime defenditur numquam aequitatem ab utilitate posse seiungi, Cic. – mit folg. indir. Fragesatz, quae cur non cadant in sapientem, non est facile defendere (nachzuweisen), Cic. de fin. 2, 117.

B übtr.: **1** eine Stellung, Obliegenheit, Rolle **behaupten, einnehmen, durchführen,** ne locum suum, quem adhuc honestissime defendit, obtineat, Cic.: def. commune officium censurae, Cic.: actorum partes officiumque virile (v. Chor in der Tragödie), Hor.: vicem rhetoris atque poëtae, Hor.: semper alterum in acie cornu defenderat, hatte befehligt, Curt. – **2** als jurist. *t. t.*, etwas gerichtlich **in Anspruch nehmen,** hereditatem ex testamento sibi, ICt.: usum fructum, possessionem, ICt.: alqm in libertatem, einen (Sklaven) für frei erklärt wissen wollen, ICt. – od. etw. gerichtlich **anhängig machen, gerichtlich verfolgen,** mortem od. necem alcis, ICt. – ► Parag. Infin. defendier, Verg. Aen. 8, 493. Iuven. 15, 157. Sulpiciae sat. 51.

dē-fēnero (defaenero), āvī, ātum, āre, **durch Wucher aussaugen,** dah. auch **tief in Schulden stürzen, tief verschulden,** defaenerare hominem egentem hau decet, Plaut. Vidul. fr. V, 34: dimissiones libertorum ad defenerandas diripiendasque provincias, Cic. parad. 6, 46: usuris defeneravit omne genus humanum (im Bild), Ambros. Tob. 9. § 33. – *Partic.* dēfēneratus, **tief verschuldet,** multis creditoribus, Apul. apol. 75: aere alieno defeneratus, Schol. Bob. ad Cic. Sest. 8, *no.* 3. p. 295, 18 B.: magno aere alieno defeneratus, Schol. Bob. argum. ad Cic. or. de aere alien. Mil. p. 341, 26 B.: absol., Schol. Bob. 2. *no.* 2. p. 332, 9 B. u. Eccl.

dēfēnsa, ae, *f.* (defendo), die **Verteidigung,** Tert. adv. Marc. 2, 18 *in.*

dēfēnsābilis, e (defenso), **verteidigbar,** Ambros. epist. 56, 5. – *Adv.* **dēfēnsābiliter**, Cassiod. in psalm. 79, 12.

dēfēnsāculum, ī, *n.* (defenso), die **Schutzwehr,** Serv. Verg. ecl. 7, 6. Augustin. ep. 102, 35 u. a.

dēfēnsātio, ōnis, *f.* (defenso), die **Abwehr, Verteidigung,** Iul. Val. 3, 40 (64). p. 148, 5 K.

dēfēnsātor, ōris, *m.* (defenso), der **Verteidiger,** Hieron. Galat. 1, 13.

dēfēnsātrīx, rīcis, *f.* (Femin. zu defensator), die **Verteidigerin,** Ambros. hexaëm. 6, 9, 69 u. a. Eccl.

dēfēnsibilis, e (defendo), **verteidigbar,** murus, Cassiod. de anim. 7.

dēfēnsio, ōnis, *f.* (defendo), die **Verteidigung, I** eig.: **1** durch Waffen, als milit. *t. t.*: castrorum, urbis, Caes.: omnia ad defensionem parare, Caes.: ab defensione desistere, Caes.: ad defensionem patriae regem suum Agesilaum ex Asia arcessere, Iustin. – **2** in Rede u. Schrift, die **Verteidigung** gegen Angriffe, Anklage, die **Vertretung, Rechtfertigung,** im Privat- und Staatsleben, bes. vor Gericht (Ggstz. accusatio): **a** als Handlung, zuw. spez., bes. im Plur., **Verteidigungsart, -grund, -mittel, -form,** defensionis constantia, Cic.: defensionis ius, Iustin.: ista demonstratio defensionum tuarum, Cic.: m. subj. *Genet.*, def. eius, Cic.: m. obj. *Genet.*, def. miserorum (der Unterdrückten), Cic.: defensiones illorum, Tac.: def. salutis meae, Cic.: officii mei, Cic.: maleficiorum suorum, Cic.: def. criminis, die V. einer Anklage, eines Anklagepunktes = die Reinigung von einer Anklage, Cic. u. a. (vgl. Drak. Liv. 38, 49, 6): so auch def. sceleris, Iustin. 39, 2, 8: defensiones stuprorum, Cic.: def. brevis, Cic.: def. duplex, Quint.: illa falsa d. (Ggstz. mea vera accusatio), Cic.: def. causarum ignobilis (als Gewerbe), Amm.: def. magnifica et praeclara eius, Cic.: def. haec perditissima (ganz heillose), Cic.: tot defensiones, Cic.: accipere defensionem truci vultu, Tac.: id ad suam defensionem afferre, Cic.: dare nullam defensionem (gestatten), Suet.: aber dare defensionem alci rei (anordnen), Cic.: in eo iudicio defensionem non habere (sich nicht rechtfertigen können), Cic.: obscurare (in Schatten stellen) defensiones, Cic.: defensionem patefacere alci (den Weg bahnen zur V.), Cic.: probare hanc defensionem (Verteidigungsgrund), Cic.: defensionem alcis od. alcis rei suscipere, Cic.: defensione illā uti, Cic.: in illa reprehensio nulla esset (fände kein Anlass zum Tadel statt), hic defensio nulla (keine Möglichkeit einer Rechtfertigung), Cic. – mit *ad* (bei) u. Akk., ad istam omnem orationem brevis est defensio, Cic. Cael. 9. – m. *contra* u. Akk., defensionem contra crimen in legitimis iudiciis non habere, Cic.: non est illa defensio contra vim umquam optanda, Cic. – **b** als Rede, als Schrift, die **Verteidigung** = **Verteidigungsrede, -schrift, Schutzrede, -schrift, Apologie** (Ggstz. accusatio), alci legere (vorlesen) defensionem Demosthenis, quā in illud pulsus est exsilium, Plin.: defensionem causae suae scribere, Cic.: defensionem alci scriptam offerre (anbieten), Quint. – m. *adversus* u. Akk., Ciceronis defensionem ad versus Asinii Galli libros satis eruditam componere, Suet. – m. *pro* u. Abl., iisdem paene verbis, quibus edita est, eam pro Cornelio defensionem peroratam, Nep. fr. – **II** übtr., als jurist. *t. t.*: **1** die **Beanspruchung** eines Rechts, libertatis, Cod. Iust. 1, 7, 18. – **2** die **Anhängigmachung** eines Verbrechens vor Gericht, **a** die **gerichtliche Verfolgung,** mortis, Ulp. dig. 29, 5, 5. § 3. – **b** die **Bestrafung,** Vulg. Iudith 9, 2.

dēfēnsiōnālis, e (defendo), **zur Verteidigung dienend, verteidigend,** loci, Fortunat. art. rhet. 3, 20.

dēfēnsito, āvī, āre (*Frequ.* v. defenso), **wieder und wieder verteidigen (in Schutz nehmen), zu verteidigen (in Schutz zu nehmen) pflegen, a** als Redner vor Gericht: causas, Cic. Brut. 100 u. a. – **b** als Vertreter einer Ansicht: eius sententiam ita studiose, ut etc., Cic.: haec non acrius accusavit in senectute, quam antea defensitaverat, Cic.: duo Graeci grammatici illustres Aristarchus et Crates summā ope, ille ἀναλογίαν, hic ἀνωμαλίαν defensitavit, Gell. 2, 25, 4.

dēfēnsiuncula, ae, *f.* (*Demin.* v. defensio), eine **Art Verteidigung,** Cic. Brut. 162.

dēfēnso, āre (*Intens.* v. defendo), **I eifrig abwehren,** invidiam, Gell. 7, 6 (16), 11: metus, Stat. silv. 5, 2, 105. – **II gehörig verteidigen, -schützen,** moenia, Plaut. u. Sall.: armentum, Ov.: ab exulibus et servis incensum Capitolium, Augustin.: gloriam aut libertatem aut rem familiarem, Ps. Sall. de rep.: sua, Tac. – m. *Abl.* (durch), clipeo sonantes umeros, Ov.: sese castellis, Tac.: Italici, quorum virtute moenia defensabantur, Sall. – in. *ab* u. Abl. od. m. bl. *Abl.* (vor, gegen), alios ab hostibus, Sall. Iug. 97, 5: alqm iniuriā, Plaut. Bacch. 443. – absol., dum defensamus, während wir Abwehr leisten, Ov. met. 11, 374: Partiz. Präs. subst., defensantes, die Verteidiger, Tac. ann. 2, 5.

dēfēnsor, ōris, *m.* (defendo), **I** der **Abwehrer,** calamitatum suarum, Cic.: necis, Cic.: periculi, Cic. – **II** der **Verteidiger, 1** im Allg., **a** v. Pers., bes. als milit. *t. t.* (im Plur. oft = **Besatzung, Bedeckung**), paucitas defensorum, Caes.: oppidum vacuum a defensoribus, Liv.: classis vacua a defensoribus (Besatzung), Auct. b. Afr.: moenia vacua defensoribus, Liv.: urbs deserta a defensoribus, Iustin.: def. templorum atque tectorum, Cic.: interioris munitionis defensores, Caes.:

defensores oppidi, Auct. b. Afr. – alqm datis defensoribus (unter Bed.) ad alqm dimittere, Tac.: depellere defensores vallo munitionibusque, Caes.: muros defensoribus nudare, Liv. (u. so murus defensoribus nudatus est, Caes.): speciem defensorum praebent, Caes.: Alexandro defensore adversus Bruttios uti, Iustin. 18, 1, 2. – **b** v. Hund, als Vert. der Ziegen gegen den Wolf, Varro r. r. 2, 9, 1. – **c** v. Lebl.: his defensoribus, durch deren (der Strebepfeiler) Abwehr, Caes. b. G. 4, 17, 10. – **2** der **Verteidiger, Verfechter, Vertreter,** sowohl im Staats- u. Privatleben, als insbes. vor Gericht (Ggstz. adversarius, petitor od. accusator): **a** übh.: defensores vestri, Sall.: def. optimatium (v. den Aristokraten), Cic.: ebenso def. bonarum partium, Cic.: tribunus plebis custos defensorque iuris et libertatis, Cic.: actor hic defensorque causae meae, Cic.: def. eius sententiae, Cic.: propugnator mearum fortunarum et defensor assiduus, Cic.: apud consulem deprecatorem defensoremque alci adesse, Liv.: adoptare sibi alqm defensorem sui iuris, Cic.: constituere alci defensorem, Cic.: ab alqo defensorem constitui et deligi, Cic.: exsistere salutis defensorem, Cic.: sic ex *defensore* senatoriae causae repente *patronus* plebis evasit, Iustin.: fieri defensorem alcis, Cic.: parare alqm ingenti mercede defensorem (als V.), Suet. – v. weibl. Pers., etsi mulier defensor alicuius exstiterit, Ulp. dig. 16, 1, 2 *extr.* – **b** insbes. (in der spät. Kaiserzt.), def. civitatis, plebis, loci u. dgl., eine Magistratsperson in den Provinzialstädten zum Schutz gegen die Bedrückungen der Statthalter, zugleich Polizeibeamter u. Richter in Sachen bis zu einer gewissen Summe, spät. ICt.

dēfēnsōrius, a, um (defendo), die **Verteidigung betreffend, Verteidigungs-,** Eccl.

dēfēnstrīx, strīcis, *f.* (Femin. zu defensor), die **Beschützerin,** Cic. b. Prisc. partit. XII vers. Aen. 1, 16. p. 463, 19 K. Prob. cathol. 13, 1 K. (1452 P. defensatrix).

Dēferenda, s. Adolenda.

dē-fero, dē-tulī, dē-lātum, dē-ferre, **I** von der Höhe nach der Tiefe **herab-, hinabtragen** od. **-bringen (-senden)** od. **-schaffen** od. **-holen, mit hinabnehmen** u. dgl., **1** im Allg.: amoeno ex Helicone perenni fronde coronam, Lucr. (u. so harmoniai nomen alto delatum Heliconi [vom H.], bildl., Lucr.): ramalia arida tecto, Ov. – pueros protinus ad ripam Tiberis, Val. Max.: alqd *ad* inferos (Unterwelt), Sen.: semen quod *ex* arbore *per* surculos defertur *in* terram, Varro: dum culleus, in quem coniectus *in* profluentem deferretur, comparetur (v. Pers.), Cic.: deferri *in* imum, in einer Flüssigkeit zu Boden sinken (Ggstz. innatare, obenauf schwimmen), Cels.: so auch deferri *ad* ima (Ggstz. in summo umore consistere), Petron.: ab Iliaca purgamina Vesta def. flavis *in* mare aquis, Ov.: def. materiam omnem *infra* Veliam, Liv.: hunc *sub* aequora, hinabtauchen, Ov.: Fames (Hungergöttin) *per* aëra vento *ad* iussam delata domum, Ov. – fulmen detulit in terram mortalibus (den St.) ignem primitus, Lucr.: Iri, decus caeli, quis te mihi nubibus actam detulit in terras? Verg. – So nun bes.: **α** mit sich **hinabführen,** v. Flüssen usw., teils Ggstd. **hinabflößen, stromabwärts führen, mit sich stromabwärts führen,** amnes plurimum limi deferentes, Plin.: excipere dolia, quae amnis defert, Liv.: Pontius Cominius incubans cortici secundo Tiberi ad urbem defertur, schwimmt die Tiber hinab, Liv. – teils einen aufgenommenen Fluss **mit sich hinabführen** ins Meer, dah. im Passiv v. Fluss selbst = **hinabströmen,** Rhodanus segnem deferens Ararim, Plin.: flumina, quae in mare deferuntur, Plin. ep.: nec Euphrates nisi per Tigrim defertur in mare, Plin. – u. Partiz. Präs. deferens (verst. se) = **in seinem Bett hinabströmend, in seinen Ufern dahingleitend,** flumina liquida ac deferentia (Ggstz. rigentia gelu aut campis superfusa), Plin. pan. 82, 5. – **β** abbrechend, fortrückend wohin **herabverlegen, herabversetzen, herabrücken** oder **herabrücken lassen, herabgelangen lassen,** aedes suas sub Veliam, Cic.: aedes in planum, Liv. (vgl. im Bild fortunam suam in planum, Sen. de tranqu. anim. 10, 6): castra in viam, Liv.: acies in campos delata est, Liv. – elephanti rursus simili ruinā inferioris pontis deferebantur (ließ man weiter hinabgelangen), donec ad aequiorem vallem perventum est, Liv.

2 insbes., rasch od. gewaltsam herabtragen, **hinabstoßen, hinabstürzen, a** übh.: alqm in abruptum barathrum, Catull.: ferrum elatum in pectus, Tac. – gew. im Passiv = **hinabstürzen,** in foveas deferri, Curt.: ruinā tota prolapsa acies in praeceps deferri, Liv.: deferri ad terram (v. Pers.), Liv. u. (Ggstz. allevari ad caelum) Sen.: casu (durch einen Fall) deferri in terram, zu Boden stürzen (v. Kindern), Quint.: dorso (equi) delatus ab alto, herabgesprungen, Sil.: m. dopp. *Nom.*, praeceps aërii speculā de montis in undas deferar, Verg. ecl. 8, 59*sq.* – übtr., ut non solum auribus acciperetur, sed etiam oculis cerneretur, quem et ex quanto regno ad quam fortunam detulisset, Nep. Timol. 2, 2. – **b** prägn., **herabstürzen** = zu Boden stürzen, (terrae motus) defert montes, surrigit plana, Sen. – im Passiv = **herabstürzen** (intr.), per praecipitia deferri, Quint.

II von einem Ausgangspunkt zu einem Zielpunkt hinabtragen = **forttragen, hintragen, zutragen, fort-, hinbringen, fort-, hinschaffen, herbeitragen** od. **-bringen** od. **-schaffen,** wohin **überbringen, abliefern,** Passiv deferri oft = **sich fort-** od. **hintragen lassen, A** eig.: **1** im Allg.: **a** übh.: **α** von Pers.: pecuniam atque arma, Tac.: quae ad usum necessaria sunt, Liv.: eodem pecuniam, quae superest, Liv.: quo merces odorum deferunt, Plin.: quo (wohin) me deferre paratis? Ov.: omnia aliunde alio deferuntur, Sen.: ad causas iudicia iam facta domo, schon fertig mitbringen, Cic.: id (candelabrum) in praetorium, Cic.: def. commeatum in viam (an den Weg), Liv.: alqm allevatum in tabernaculum, Curt.: captum omnibus membris deferri in curiam, Liv.: arma sua extra vallum deferri equumque educi clam iussit, Val. Max.: Pompeium Carteiam def. (in der Sänfte), Auct. b. Hisp.: funus Romam, Aur. Vict.: formā excellentes (virgines) domos, Liv.: aurum ex omnibus delubris Praeneste, Plin.: ei munera, quae Athenis acceperat, deferri iussit, Nep.: def. alci epistulam, Plaut. u. Cic.: argentum ad alqm, Ter.: ad alqm epistulam, litteras, mandata, Caes.: litteras ad alqm in Hispaniam ulteriorem, Liv.: compilare quidquid domi est atque hinc ad amicam def., zutragen, Plaut.: lecticā deferri ad consules (v. einem Kranken), Lact.: dicta, mandata per auras, Verg. – m. *Abl.* **womit? (worin? worauf?)**, caput ad Sullam usque ab Ianiculo ad aedem Apollinis manibus ipse suis detulit, Cic. fr.: im Passiv, lecticā (in der Sänfte) deferri in castra atque in curiam, Suet.: lecticā deferri in aciem, Val. Max.: senatorum umeris (auf den Sch.) in campum deferri cremarique (v. toten Augustus), Suet. – **β** v. lebl. Subjj.: e portu navis huc nos dormientes detulit, Plaut. Amph. 701: detulit aura preces ad me non invida blandas, Ov. met. 10, 642.

b in einigen *t. t.* der publiz. Sprache: def. sitellam, den Lostopf (die Urne mit den Losen) herbeibringen od. herbeibringen lassen (damit das Volk in den Komitien abstimme), Cic. pro Corn. 1. fr. 13 u. 14 = fr. 29 u. 30 M.: de M. Octavio, über den Volkstribunen M. Oktavius abstimmen lassen, Cic. de nat. deor. 1, 106. – bes. oft def. ex aerario od. def. in aerarium od. ad aerarium, aus dem Ärarium (wo außer den Geldern auch die Feldzeichen, Senatsbeschlüsse, Rechnungen über verwendete Staatsgelder usw. aufbewahrt wurden) hinbringen, in das Är. hinbringen, abliefern, entrichten, niederlegen, signa (Feldzeichen) eodem ex aerario, signa ex aerario prompta in campum od. ad dictatorem (v. den Quästoren), Liv.: aurum et omnia ornamenta in aerarium (v. den röm. Matronen), Liv.: pecuniam od. aurum et argentum in aerarium, Liv.: aes in aerarium ad quaestores, Liv.: aera poenae nomine in aerarium def. (v. den Hagestolzen), Val. Max.: munera, quae ab rege privatim acceperant, in aerarium detulerunt (v. röm. Gesandten), Val. Max.: u. ähnlich def. omne aurum, argentum, aes signatum ad triumviros mensarios extemplo, Liv. – senatusconsultum ad aerarium def., Liv. u. a. (s. Weißenb. Liv. 39, 4, 8. Nipp. Tac. ann. 3, 51): decreta patrum ad aerarium, Tac.: früher senatusconsulta in aedem Cereris ad aediles plebis, Liv. 3, 55, 13. – def. censum Romam, die Schätzungslisten nach Rom einreichen (v. den Zensoren in den Kolonien), Liv. 29, 15, 10 u. 37, 7 (versch. v. def. censum, v. röm. Bürger, s. unten *no.* B, 2, b, β, γγ). – def. vadimonia Romam, zu Rom einreichen (v. den Klägern), Liv. epit. 86. – def. in publicas tabulas, beim Zensus in die öffentlichen (im Ärarium niedergelegten) Urkunden eintragen, z. B. in publicas tabulas delato modo frui (agro) non posse, Ulp. dig. 50, 15, 4. § 1.

2 insbes.: **a** unwillkürlich, gewaltsam von einem Ort **abführen,** u. nach einem Ort **hinführen,** **α** übh. = **hinversetzen, hingeraten lassen, hintreiben,** im Passiv = **hingeführt** od. **versetzt werden, hingelangen, hingeraten,** miratur, quis deus iuvenes tam urbanos in suam regionem detulerit, Petron.: hos ad magistros si qua te fortuna, Cato, cum tua natura (natürl. Anlage) detulisset, Cic.: v. lebl. Subjj., ab Cenaeo Demetriadem, si forte eo deferret fuga regem, traiecit, Liv.: quod (iaculum) detulit error (Fehlschuss) in Idan, Ov. – im Passiv, iumenta decesserant militari viā et errore delata per quattuor stadia in quadam valle constiterant, Curt.: Perseus rex fugā cum decem milibus talentûm Samothraciam defertur, Iustin.: putant se in alium terrarum orbem delatos (in eine andere Welt versetzt), Petron. 1, 2: u. so ille (Lucilius) si foret hoc nostrum fato delatus in aevum, Hor. sat. 1, 10, 68 (*al.* delapsus): optatum negotium sibi in sinum delatum esse, sei ihm in den Schoß gefallen (bildl. = unverhofft zugefallen), Cic. II. Verr.. 1, 131. – im Passiv m. Prädik.-Adj., hic rumor est Asinium delatum (esse) vivum in manus militum, Cic. ad Att. 12, 2, 1. – **β** als naut. *t. t.* = **hinführen, hintreiben, verschlagen,** im Passiv = **hingeführt, verschlagen werden, hingetrieben werden** od. **hintreiben, hingeraten,** alqm ex alto ignotas ad terras et in desertum litus (v. Sturm), Cic.: si quo casu in freto aestus morari aut deferre naves in terram posset, Liv. – quo essent eae (naves) delatae, primis diebus ignorabant, Caes.: onerariae (naves) duae paulo infra delatae sunt, Caes.: una (navis) delata Oricum, Caes.: huc ubi delati portus intravimus, Verg.: u. so v. Pers., deferri longius, Caes.: deferri in Africae sinum, in Italiam, Iustin.: tempestate classe dispersā deferri Brundisium, Val. Max.: deferri Siculam ad Aetnen, Ov.: naufragio in ea loca deferri, Iustin.

b etw. zu **Markte-, zum Verkauf bringen, feilbieten,** pallium, Petron.: dum virent nexos deferte maniplos, Col. poët.: deferri in vicum vendentem tus et odores, Hor.: ultro delatis capsis, Hor.: videamus hoc quod concupiscimus quanti (wie hoch, wie teuer) deferatur, Sen.: duas Veneres (zwei Venusstatuen) eodem pretio deferre, Plin.

B übtr.: **1** im Allg., m. *Advv.* od. m. *ad* od. *in* u. Akk., quod superest, nunc huc rationis detulit ordo, Lucr.: def. eadem fortunae pignera in discrimen, aufs Spiel setzen, Liv.: fabulas in certamen, zur Preisbewerbung bringen, Quint.: ad agendum nihil cogitati praemeditatique detulisse (mitgebracht haben), Quint.: quidquid doloris habent, in pedes deferunt, schieben es auf die F., Petron.

2 insbes.: **a** erteilend zu jmd. hinbringen, **darbringen, darbieten, erteilen, zuteilen, verleihen, übertragen, auftragen,** zuw. auch **anbieten** (Ggstz. accipere, auferre ab alqo, negare, accipere nolle, alqā re uti nolle), **α** übh.: si quid petet, ultro defer, Hor.: ne aliquis dicat, id ad me ereptum pervenisse, quod delatum accipere noluissem, Nep.: cum praecipua et cupita aliis (von anderen Begehrtes) prior deferret, ihren Wünschen zuvorkommend darbrachte, Tac.: obvias opes def. (v. den Göttern), Tac.: def. iusiurandum, den Eid zuschieben (Ggstz. iusi. referre, zurückschieben, gerichtl. *t. t.*), Quint. u. ICt. – palmam eius rei alci, Cic.: alci praemium dignitatis (Ggstz. denegare), Cic.: pacem hostibus, Liv.: hoc illis in beneficii loco, Cic.: universum studium suum et benevolentiam ad alqm, Cic.: nec mihi quicquam tali tempore in mentem venit optare, quod non ultro Caesar mihi detulerit, Cic. – m. Prädik.-Akk., alci Octaviam sororis neptem condicionem (als Partie), Suet. Caes. 27, 1. – m. *ad* u. Akk. des Gerund., omnem ei suam auctoritatem, gratiam, copias, opes *ad* hoc negotium conficiendum, Cic.

β etw. zur Ausführung, Verwaltung jmdm. **übertragen, jmd. mit** etwas **beauftragen,** propter frequentes delatos honores potestatesque summas, Nep.: delatum ab Augusto consulatum accipere, Tac. – def. cognitionem senatui, Suet.: u. def. causam (Führung des Prozesses) ad alqm, Cic.: negotium ad collegam eius, Cic.: rem ad Pompeium, Cic.: eius belli conficiendum exitum ad Cn. Pompeium, Cic.: omnia ad unum (neben tribuere uni omnia), Cic.: primas (erste Rolle) ad alqm, Cic.: secundas (zweite Rolle) alci, Quint.: alci auguratum, Cic.: alci dictaturam, consulatum, Val. Max.: alci praeturam, Cic.: imperium alci, Tac., od. ad alqm, Cic.: ultro legationem alci (Ggstz. multis petentibus denegare), Cic.: alci praefecturam fabrûm, Cic.: alci regnum (Ggstz. regno uti nolle), Cic.: regnum ac diadema uni, Hor.: ad alqm summum imperium, Iustin.: ad alqm summam imperii, summam rerum, Nep.: totius belli summa ad alqm omnium voluntate defertur, Caes. – **γ** etw. zur Begutachtung, zur Entscheidung jmdm. **übertragen, überweisen,** etw. **vor** jmd. zur Entscheidung **bringen,** jmdm. etw. zur Begutachtung, zur Entscheidung **vorlegen, anheimgeben,** decumanos convocat; rem defert; statuunt illi atque decernunt, ut etc., Cic.: rem ad amicos, Cic.: rem ad consilium (Kriegsrat), Caes.: rem od. causam ad senatum, Cic.: rem dubiam ad patres sub certo auctore, Liv.: ad alqm controversias suas litesque, Eutr.: id postero die senatui, Nep.: puerorum querelam regi, Iustin. – alqd in forum iudiciumque, auf das F. und vor G., Cic. Cael. 35.

b etw. als Nachricht, Anzeige usw. mündlich od. schriftl. zu jmd. hinbringen = jmdm. **hinterbringen, mitteilen, anzeigen, anmelden,** bei jmd. zur **Anzeige bringen,** jmdm. etw. **eröffnen, anvertrauen,** jmd. von etw. **in Kunde setzen,** ihm **Eröffnung machen,** bei jmd. etw. **zur Sprache bringen,** sociorum populique Romani querimonias (v. Gesandten), Liv.: def. falsum equitum numerum, Caes.: his falsa, Nep.: vocem eius statim ad hunc M. Catonem, Cic.: rem inquisitam ad consulem, Liv.: alcis consilia ad adversarios, Cic.: quae audierunt ad legatos deferunt, Caes.: contionem habuit, quae est ad me tota (ihrem ganzen Inhalt nach) delata, Cic.: cetera (Logik u. Physik) si non didicerit, tamen poterit, si quando opus erit, ornare dicendo, si modo *ad eum sunt delata et ei tradita* (durch Lehre überliefert), Cic.: haec *ad* Antonium statim *per* Graecos deferuntur, Caes.: nec deerant qui haec iisdem verbis aut versa in deterius Senecae deferrent, Tac.: *de* quibus quod inimici detulerant neque credendum neque neglegendum putavit, Nep.: id Carthaginem (nach K.), Nep. – m. folg. *Acc.* u. *Infin.*, defert ad coniectorem quidam somniasse se ovum pendēre ex fascia lecti sui cubicularis, Cic.: vehementer te esse sollicitum multi ad nos cotidie deferunt, Cic.

So nun bes.: **α** als gerichtl. *t. t.*, v. Angeber, Denunzianten, od. v. Kläger, **αα** nomen alcis od. alcis rei od. nomen alci def., jmds. od. einer Sache **Namen** beim Prätor **angeben,** jmd. **anklagen, in Anklagestand versetzen, gegen** jmd. **eine Klage anstellen,** illi nonnihil in deferendo nomine secuti, Cic.: def. nomen venefici cuiusdam, Cic.: nomen amici mei *de* ambitu, Cic.: huic eidem Sopatro idem inimici *ad* C. Verrem eiusdem rei nomen detulerunt, Cic. – **ββ** indicium deferre ad alqm, **die Anzeige** von einem Verbrechen dem Prätor usw. **hinterbringen,** z. B. def. ind. ad praetores, Liv.: huius rei delatum indicium ad ipsum suppressit, Curt. – **γγ** def. crimen, bei einem Magistrat **eine Beschuldigung anbringen, vorbringen,** def. novum et ante hunc diem non auditum crimen, Cic.: crimen atrociter, Tac.: def. crimen ad me, Cic.: crimen ad senatum diluendum, Liv.: crimina *in* (gegen) dominum (v. Sklaven), Cic.: def. crimina *de* Perseo (beim Senat), Liv. – **δδ** def. alqd od. de alqa re od. de alqo, etw. beim Prätor usw. **hinterbringen, angeben, anzeigen,** über etw. od. jmd. **Anzeige machen,** unus ex consciis deferebat, Sen.: a duobus indicibus delatus, Curt.: haec omnia indices detulerunt, rei confessi sunt, Cic.: def. publicae pecuniae peculatum, Tac.: quamvis ea, quae audierat, *ad* Neronem detulisset, Tac. – *de* defectione patris def., Nep.: eadem *de* noverca def., Quint.: commodius fecissent tribuni plebis, Quirites, si quae *apud* vos *de* me deferunt, ea *coram* potius *me praesente* detulissent, Cic.: quaedam de coniuratione ultro ad eum def., Suet. – **εε** def. alqm, jmd. **angeben, anklagen, in Anklagestand versetzen, gegen** jmd. **eine Klage anstellen,** Capitonem (v. Kläger), Tac.: reos eiusdem criminis (v. Angeber), Quint.: reos, ne apud praefectum urbis arguantur, *ad* praetorem def., Tac.: def. alqm *ad* fiscum, Suet.: *per* indicem *ad* senatum deferri, Suet. – m.

Prädik.-Akk., Brutum Cassiumque legibus aggredi reosque caedis absentes def., Suet. – m. Ang. **wessen? weswegen?** durch *Genet.*, deferri maiestatis, adulterii, Tac.: ab alqo deferri furti, Cic. or. in tog. cand. fr. 6. p. 22, 3 K. (fr. 9. p. 241, 14 Klotz): od. beim Passiv durch *Infin.* (*Nom.* u. *Infin.*), Libo Drusus defertur moliri res novas, Tac.: Lepida defertur simulavisse partum, Tac.: od. durch einen Satz m. *tamquam* u. Konj., Hilarius Caesaris libertus detulerat, tamquam propriam ipse (M. Cluvius Rufus) potentiam tentasset, Tac. – ganz absol., et minari et deferre etiam non orator potest, Quint.: deinde extraneo vel etiam domesticorum aliquo deferente assidue varieque inquietatus (est), Suet.

β als publiz. *t. t.*, **αα** ad aerarium def., im Zshg. auch bl. deferre, beim Ärarium angeben, in die Verzeichnisse der Schatzkammer eintragen od. eintragen (registrieren) lassen, nomina iudicum, Cic. Phil. 5, 15. – bes. alqm in beneficiis ad aerarium def., im Zshg. bl. deferre alqm, jmd. unter den zu erteilenden Gratifikationen (die der Prokonsul während seines Imperiums erteilt od. zu erteilen versprochen hatte) bei Übergabe der Rechnungen an die Schatzkammer in der Rechnungsablage mit aufführen und damit die Genehmigung derselben bei den Quästoren der Schatzkammer in Antrag stellen, jmd. **der Schatzkammer unter den Gratifikanden zur Berücksichtigung empfehlen,** in beneficiis ad aerarium delatus est a L. Lucullo pro consule, Cic. Arch. 11: def. tribunos militares et praefectos, Cic. ep. 5, 20, 7: in praetura, in consulatu praefectum fabrûm, Cic. Balb. 63. – **ββ** def. alqd in censum, zur Schätzung angeben, anmelden, **deklarieren** (v. röm. Bürger, dagegen referre in censum [in die Schätzungsliste eintragen] v. Zensor od. dessen Schreibern, s. Drak. Liv. 39, 44, 2), z. B. patrimonium, Val. Max.: lacus piscatorios, salinas, Ulp. dig.: non amplius quam mille quingentûm aeris, Gell.: scire liceat, *quanti* (wie hoch) quidque in censum deferendum sit, Sen. – prägn., deferri in censum, v. Pers., sich zur Schätzung anmelden, Eutr. 1, 7. – **γγ** def. censum, sein Vermögen beim Zensor angeben, **deklarieren,** v. röm. Bürger, Plin. 7, 159: v. den Klienten, Tac. ann. 6, 41 (wov. verschieden censum Romam def., s. oben *no.* II, A, 1, b a. E.). – ► arch. *Perf.* detoli, wov. detolerit, Lex. repetund. (CIL 1, 198) 21. 76. 85.

Dēferunda, s. Adolenda.

dē-fervēfacio, fēcī, factum, ere, **abkochen, absieden, fertig kochen,** brassicam bene, Cato: aquam in aëneo, Vitr.: radicem in vino, Plin.: anima est aër defervefactus in pulmone, Varro fr.

dē-ferveo, ēre, **ausgären,** v. Most, Plin. 14, 85: v. gewässerten Kalk, Vitr. 7, 2, 1: v. Wasser, **verkochen,** ad tertias, Apic. 3, 65. – ► Nbf. dēfervo, wovon *Infin.* dēfervĕre, Stat. Theb. 3, 314.

dē-fervēsco, fervī u. ferbuī, ere, **verbrausen, verwallen, ausbrausen, ausgären, I** eig.: dum meridiani aestus defervescant, Varro: ubi deferbuit mare, Gell.: ubi lupinus deferverit, Cato: mustum deferbuit, Col.: ubi farina deferbuit, Cels.: dum patinae defervescunt (sich verkühlen), Amm. 28, 4, 34. – **II** übtr.: **A** (von leidenschaftlichen Aufregungen) **verbrausen, ausbrausen, austoben,** defervescit ira, Cic.: cupiditates, studia defervescunt, Cic. – **B** (gleichs. wie der Wein ausgären u. so) **abgeklärt-, lauter (klar** u. **rein) werden,** v. der Rede, Cic. Brut. 316; or. 107. Plin. ep. 9, 16, 2. – ► Die Perf.-Formen defervi (defervesco von de u. fervo, ere) u. deferbui (defervesco von de u. ferveo) sind gleich gut beglaubigt; deferbui steht z. B. in den besten Hdschrn. bei Cic. Cael. 43 u. 77 (wo auch efferbuisse). Cels. 2, 33. p. 73, 26 D. Gell. 19, 1, 7 H.

dēfervo, ere, s. dē-ferveo ►.

dēfessus, s. dē-fetīscor.

dēfetīgātio, s. dēfatīgātio.

dēfetīgo, s. dē-fatīgo.

dēfetīscentia, ae, *f.* (defetiscor), die **Ermattung, Abspannung,** Tert. de anim. 43.

dē-fetīscor (dē-fatīscor), fessus sum, fetīsci, bis zur Erschöpfung **abgespannt werden, erschöpft werden, ermatten, ermüden,** m. folg. *Infin.*, neque defetiscar usque adeo experirier, donec tibi etc., Ter. Phorm. 589 *sq.*: oft in Verbindungen wie postquam defessi sunt stare, Enn. fr.: quem omnem per urbem sum defessus quaerere, Plaut.: m. *Abl.*, sum defessus quaeritando, Plaut.: defessa iubendo est saeva Iovis coniunx, Ov.: neque quisquam est quin satietate iam defessus sit, Cic. – im Partiz. Perf. **dēfessus,** a, um, bis zur Erschöpfung **abgespannt, ganz erschöpft, ermattet, ermüdet** (Ggstz. indefessus, integer, recens), milites defessi (Ggstz. integri, recentes), Caes.: senatus iam labens et defessus, Cic. – m. *Abl.*, **wodurch?** defessi cultu agrorum aratores, Cic.: postquam defessus perrogitando advenas fuit de gnatis, Pacuv. fr.: defessi instando (Nachsetzen), Auct. b. Afr. – m. *Abl.* **wo?** defessus omnibus medullis, Catull. 55, 30. – m. folg. *Infin.*, genus humanum defessum vi colere aevum, Lucr. 5, 1143. – übtr., v. Abstr., ita defessā ac refrigeratā accusatione rem integram ad M. Metellum praetorem esse venturam, entkräftet, Cic. I. Verr.. 31: et orant, defessis subeant rebus, Sil. 1, 566.

dēficātus, s. dē-faeco a. E.

dē-ficio, fēcī, fectum, ere (de u. facio), eig. wegmachen, **I** *intr.* oder *refl.*, sich weg-, fortmachen, u. zwar: **A** eine Verbindung trennend = **sich losmachen, abtrünnig** od. **untreu werden, a** im polit. Sinne (Ggstz. in fide manere, ad officium redire), defecerat Samus, descierat Hellespontus, Nep.: ne cuncta Gallia deficeret, Caes.: ut civitates eius insulae, quae semel in amicitiam nostram venissent, numquam postea deficerent, Cic. – ne civitas eorum impulsu (auf ihren Antrieb) deficeret, Caes.: iam nonnullae insulae *propter* acerbitatem imperii defecerant, Nep: – ne Apulia omnis *ad* (bei) praesentem terrorem deficeret, Liv.: ne illi *ad* spem amicitiae Romanorum (bei der Aussicht auf die Fr. der R.) deficerent, Liv. – m. *ab* u. Abl., selten m. bl. *Abl.* **von wem?** deficientes a fide societatis Lacedaemonii, Iustin.: qui (Tissaphernes) ab amicitia regis defecerat, Nep.: ceteri qui *unā cum illo* a re publica defecerunt, Cic.: consules a senatu, a re publica, a bonis omnibus defecerant, Cic.: numquam isti populi, nisi cum deerit *ad* quem *desciscant, ab* nobis non *deficient,* Liv.: animadvertit non modo Romae sed ubique cotidie magnam multitudinem *deficere a* cultu idolorum et *ad* religionem novam damnatā vetustate *transire,* Lact. – illis legibus (von den G.) populus Romanus prior non deficiet (wird nicht abgehen); si prior defexit publico consilio dolo malo, tum etc., alte Eidesformel b. Liv. 1, 24, 7 *sq.* – m. *ad* u. Akk., defecere ad Poenos hi populi, Liv.: post victoriam maior pars Asiae ad eum defecit, Iustin.: qui primus *a* patribus *ad* plebem defecisset, Liv.: Athenienses et Thebanos ab eo ad Persas defecisse, Iustin. – **b** moral. od. intellektuell: si a virtute defeceris, Cic.: ut a me ipse deficerem (mir selbst untreu würde), Cic.: si plane a nobis deficis (von unserer Ansicht), Cic.: si utilitas ab amicitia defecerit, Cic.

B abnehmend, schwindend sich wegmachen od. wegbleiben, **abnehmen, abfallen, ausgehen, ausbleiben, aufhören, a** dem Umfang, der Größe, Höhe nach, v. Mond, **abnehmen** (Ggstz. crescere), eadem autem, quae crescente lunā gliscunt, deficiente contra defiunt, Gell. 20, 8, 5. – v. Sonne u. Tag, **untergehen, sich neigen, erlöschen,** quā venit (deus = sol) exoriens, quā deficit, Prop.: ubi dies deficit, ibi noctem agunt, Mela: die iam deficiente, Petron. – v. Sonne u. Mond, **sich verfinstern,** quod navigantibus eis sol defecerat (eine Sonnenfinsternis eingetreten war), Iustin.: solem lunae oppositu solere deficere, Cic.: luna interpositu interiectuque terrae repente deficit, Cic.: serenā nocte subito candens et plena luna deficit, Cic.: sol deficiens, Cic.: luna deficiens, Curt.: rationes veras solis et lunae deficientium scire, Gell. – v. Feuer u. Licht, **ab-, ausgehen, erlöschen,** ubi ignem deficere extremum videbat, Verg. Aen. 9, 352 (verschieden von Verg. Aen. 2, 505, s. *no.* b): quoties defecerat lumen, renovabat, Petron. 111, 4. – v. Gewässern, **abnehmen, zurücktreten, sich verlieren** (Ggstz. crescere, increscere, exuberare, exaestuare), fons meridie semper deficit; mox increscens ad medium noctis exuberat, ab eo rursus sensim deficit, Plin.: stagnum incertae altitudinis, utcumque exaestuat aut deficit mare, flutet od. ebbet, Liv. – v. Quellen u. Flüssen, **ausbleiben, versiegen,** deficiunt laesi carmine (durch Zauberspruch) fontis aquae, Ov.: Euphrates nusquam manifesto exitu effluit, ut alii amnes, sed deficit, Mela. – v. der Welt, **untergehen** (Ggstz. nasci), s. Quint. 5, 10, 79. – v. Befestigungswerken, **weichen, nachgeben,** Curt. 4, 4 (19), 12.

b der Ausdehnung in die Länge nach, **aufhören,** quā deficit ignis (wohin das Feuer nicht gedrungen ist), Verg. Aen. 2, 505 (verschieden von Verg. Aen. 9, 352, s. oben *no.* a): quoniam talis semper figura mucrone deficiat, Plin.: gestatio buxo aut rore marino, ubi deficit buxus, ambitur, Plin. ep. – bes. v. Örtl., deficiunt silvae, Ov.: ultima pars aulae deficientis erat, Mart.: in deficiente iam porticu, Petron.

c der Menge, Zahl, dem Inhalt nach, **abnehmen, zur Neige gehen, nicht (mehr) ausreichen, ausgehen, mangeln, fehlen,** **α** übh. (Ggstz. crescere, superare): non materia, non frumentum deficere poterat, Caes.: fructus (*al.* frons) ex arboribus deficiebat, Caes.: postquam inter arenas radices quoque et herbae defecerant, Sen.: pabulo circa deficiente, Plin.: aqua etiam defecerat, Curt.: cum eius generis (an derart Leuten) copia deficeret, Caes.: non deficiente crumenā (mit hinreichenden Mitteln), Hor. ep. 1, 4, 11: *deficiente* crumenā et *crescente,* Iuven. 11, 38: utrum *superans* an *deficiens* materia (Körpersäfte) laeserit, Cels.: si vel *superans aliquid* vel *deficiens* (ein Übermaß od. ein Mangel) adversam valetudinem creet, Cels.: si lacrimae deficient, Ov. – v. Abstr., nec vero levitatis Atheniensium exempla deficiunt, Cic.: deficit non voluntas, sed spes, Cic.: quod mihi consuevit in ceteris causis esse adiumento, id quoque in hac causa deficit, Cic. – v. Pers., cum esset Demosthenes, multi oratores magni et clari fuerunt et ante fuerant nec postea defecerunt, Cic. or. 6: Pygmaei, minutum genus, et quod pro satis frugibus contra grues dimicando defecit (ausgegangen ist), Mela 3, 8, 8 (3. § 81). – Insbes. als jurist. *t. t.,* **α** v. Rechtsfällen = **wegfallen, in Wegfall kommen, keine Anwendung finden, nicht stattfinden** od. **-haben, nicht eintreten,** z. B. deficit actio, ICt.: deficit interdictum, ICt. – **β** prägn., v. Pers., **in Vermögensverfall kommen, verarmen, bankrott-, zahlungsunfähig werden,** nisi principales debitores defecerint, Callistr. dig. 49, 14, 3. § 8: deficit Matho, Iuven. 7, 129 (vgl. unten *no.* II defici facultatibus, Ulp. dig. 23, 3, 33 *in.*).

d der Zeitdauer nach, **nicht ausreichen, zu kurz sein,** dies deficiat, si velim numerare, quibus bonis male evenerit, Cic.: dies deficiat, si velim paupertatis causam defendere, Cic. (vgl. *no.* II, a, wo dies iam me deficiet, si etc.): si tempus anni ad bellum gerendum deficeret, Caes.: utque solebamus consumere longa loquendo tempora, sermoni (*al.* sermonem) deficiente die, Ov. trist. 5, 13, 27 *sq.*

e der Reihenfolge nach **aufhören, erlöschen,** remotus iam deficientis affinitatis gradus, Plin. pan. 39, 6: progenies Caesarum in Nerone defecit, Suet. Galb. 1.

f der intensiven Stärke, inneren Kraft, dem Grad nach **abnehmen, ausgehen, auf die Neige gehen, erlahmen, ermatten, erlöschen, in Verfall kommen, dahinschwinden, sinken, erschöpft (entkräftet, abgespannt, geschwächt, gelähmt) sein** od. **sich fühlen, die Kraft (Kräfte) verlieren, von Kräften kommen,** **α** v. sächl. Subjj., u. zwar v. Körper, v. Gliedern, Körperkräften u. dgl., deficiunt corpora, Quint.: in ipso gelu deficientia corpora, Curt.: inclinatum ac deficiens caput, Curt.: id membrum, quod deficit, das gelähmte Glied, Cels.: membra deficere coeperunt, Curt.: me tenuit moriens deficiente manu, Ov.: deficiunt *ad* coepta manus, Ov.: quorundam *adversus* hostes deficit manus, Sen. rhet. – anima deficit, es tritt Ohnmacht ein, Cels.: deficientibus animis, indem die Besinnung ausging, Liv.: antequam ultimus spiritus deficeret, Curt. – ne vires deficiant, utique eo die cibum assumere debet (aeger), Cels.: quamvis consenuerint vires atque defecerint, Cic. – v. der Stimme u. Rede, vox iam deficere coeperat, Curt.: credo, si meis horis in accusando uti voluissem, vererer, ne mihi crimina non *suppeterent,* ne oratio *deesset,* ne vox viresque *deficerent,* Cic.: deficiente oratione, da ihm die Worte ausgingen, Liv.: deflere dicitur ore suam deficiente necem (v. Schwan), Ov. – v. physischen Zuständen, itaque et animantes, cum calor defecerit, tum interire, Cic. de nat. deor. 3, 15. – v. polit. Zuständen, bellum ibi aliquando defecit, Flor. 4, 2, 6: deficiente cotidie regis maiestate, täglich (an Ansehen) abnahm, sank, Iustin. 3, 1, 1. – v. Rechtszuständen, si cautio medio tempore defecerit, wenn die bestellte Kaution in Verfall gekommen ist (= wegen Zahlungsunfähigkeit des Schuldners nicht erfüllt werden kann), Papin. dig. 35, 1, 73. – v. geistigen u. gemütlichen Zuständen, noli ergo mirari, si pictura deficit, wenn die Malerkunst (in ihren Leistungen) sinkt (herunterkommt), Petron.: deficit ars animique cadunt, Ov.: nisi memoria (das Gedächtnis) forte defecerit, Cic.: utcumque defecere mores (Zucht u. Sitte), Hor.: cur deficiat animus (Mut)? Quint.: u. so primum animi, deinde corpora deficere coeperunt, Curt. – m. *Dat.* **wem?** mihi iam toto hic furor non deficit anno, hört auf, Prop. 1, 1, 7. – m. *in* u. Abl., ut id (odium) in me uno potius, quam in optimo quoque et in universa civitate deficeret, aufhörte (sich austobte), Cic. post red. ad Quir. 1; vgl. duo milia, in quibus occidendis defecerat rabies, Curt. 4, 4 (19), 17. – poet. m. folg. *Infin.* = **nachlassen, aufhören** zu usw., Lucr. 1, 1040. Caes. German. Arat. 260 (vgl. unten *no.* β). – **β** v. persönl. Subjj.: is qui deficit, der Schwache, Cels.: lassus tam cito deficis viator, Mart.: medicus si deficere aegrum non intellegit, Sen.: deficiebat elephantus, Curt.: equus deficiens procubuit, Curt.: malle eum deficere quam desinere, dass ihm eher der Atem als die Rede ausgehe, Quint.: optimus virtutis finis est antequam deficias desinere, Sen. rhet.: nec tamen illi defecerunt (ermatteten [im Forschen]) neque nos studium exquirendi defatigati relinquemus, Cic.: Ggstz. incertum est an (filii) proficiant (gedeihen), an deficiant (schwächlich werden), Augustin. in psalm. 38, 19. – m. *Abl.* **wodurch? womit?** et simul lassitudine et procedente iam die fame etiam deficere, Liv.: quod multi Gallicis tot bellis defecerant, schwach, invalid geworden waren, Caes.: neque coniuncti Albicis (mit den Alb.) comminus pugnando deficiebant, ermatteten nicht durch den Nahkampf = ließen es nicht im N. an sich fehlen, Caes. – def. totā mente, ganz von Sinnen kommen, ganz die Besinnung verlieren, Ov.: def. animo, den Mut (die Hoffnung) sinken lassen, z. B. animo deficiens, ohne Hoffnung u. Trost, Lucr.: ipse animo non defecerat tanto accepto incommodo, Caes.: sin a vobis deserar, tamen animo non deficiam, Cic.: consul nec animo defecit nec consilio, dem K. ging weder der Mut noch die Einsicht ab, Liv.: non tamen defecere animis Tyrii, Curt. – def. vitā, mit dem Leben auf die Neige kommen, verscheiden, Plaut. asin. 609. – def. sanguine et spiritu, an der Verblutung verscheiden, Val. Max. 3, 2. ext. 5. – m. folg. *Infin.,* **nachlassen, aufhören zu** usw., Tibull. 4, 1, 191. Rutil. Lup. 2, 18 (vgl. oben *no.* α a. E.). – Prägn., **αα die Besinnung verlieren, in Ohnmacht fallen,** animo linquuntur deficiuntque, Scrib.: deficit in thalamis, Val. Flacc. – **ββ den Halt verlieren, den Mut sinken lassen, kleinmütig werden** (s. Heinse Ov. her. 19, 8. Duker Flor. 2, 2, 17. Burm. Ps. Quint. decl. 339), sed tamen quam diu vos eritis in spe, non deficiam, Cic.: ne unā plagā acceptā patres conscripti conciderent, ne deficerent, Cic.: Turnus ut infractos adverso Marte Latinos defecisse videt, Verg.: deficit ingenti luctu rex ipse Latinus, Verg.: ne hi propter suorum paucitatem et hostium multitudinem metu (aus F.) deficerent, Auct. b. Afr.: nec defuerant qui ipsi Punici maris nomine ac terrore deficerent, Flor. – in duris (in Drangsalen) haud umquam defice, lass nicht den Mut sinken, Val. Flacc. 4, 35. – **γγ verscheiden, hinsterben,** cum deficere eum amici viderent, Iustin.: paulatim defecit, Sen.: defecit prope lucem, Suet.: in ea voce defecit, Suet.: eo anno, quo ille defecit, Sulp. Sev.: voces (Äußerungen) deficientis, Tac.: momenta (Stadien) deficientis, Tac.

g als jurist. *t. t.,* vom zur Erbschaft Berufenen, der sie aber nicht erwerben will od. kann, **ausfallen, in Wegfall kommen, nicht in Betracht kommen,** deficiente gradu nepotum, wenn die Abstufung der E. in Wegfall kommt, ICt.: is in parte quoque deficientis est heres, ICt.: deficientium partes accipere, ICt.

II *v. tr.:* **a** *act.,* jmd. **verlassen** = jmd. **im Stich lassen, sich** jmdm. **entziehen,** von lebl. Subjj. auch jmdm. **ausbleiben, ausgehen, auf die Neige gehen, dahinschwinden,** jmdm. **abgehen, gebrechen, für** jmd.

nicht ausreichen, **α** v. Pers.: quoniam me Leontina civitas atque legatio propter eam quam dixi causam defecit, mihimet ineunda ratio est etc., Cic. Verr. 3, 110: genitor Phaëthontis (der Sonnengott) cum deficit orbem, sich der Welt entzieht (= sich verfinstert), Ov. met. 2, 382: Somnus (Schlaf als Gott) sollicitas deficit ante domos, Tibull. 3, 4, 20. – absol., dubiis ne defice rebus, lass (mich) nicht im Stich, Verg. Aen. 6, 196. – **β** v. lebl. Subjj.: **αα** m. *Acc. pers.*: ipsos res frumentaria deficere coepit, Caes.: non eum defecit mare, sed commeatus, Mela: cum non solum vires, sed etiam tela nostros deficerent, Caes.: cum oppidanos iam tela, iam vires, iam ante omnia animus (Mut) deficeret, Liv.: frustra meae vitae subvenire conamini, quem iam sanguis viresque deficiunt, Caes.: cum me vires deficere coepissent, Cic.: deficient inopem venae te, ni cibus accedet, dir Armen versiegen die Adern (versiegt die Lebenskraft), Hor.: sectantem levia (Abglättung) nervi deficiunt animique (dichterischer Geist), Hor.: ii, quos discentes vita defecit, Cic.: me dies, vox, latera deficiant, si hoc nunc vociferari velim, Cic.: dies iam me deficiat, si, quae dici in eam sententiam possunt, coner expromere, Cic. (vgl. oben *no.* I, B, d): dies me citius defecerit quam nomina, Cic.: tempus te citius quam oratio deficeret, Cic.: tempus deficiet domestica narrantem, Val. Max.: neque est periculum, ne te de re publica disserentem deficiat oratio, Cic.: omnia colligo, ut novi scribam aliquid ad te; sed, ut vides, res me ipsa deficit, Cic.: ut eorum, quae didicerimus, memoria nos deficiat, Col.: si te deficient poscendi munera causae, Ov. – dolor (Unwille) me non deficit, Cic.: si quem illa praestantis ingenii vis forte deficiet, Cic.: animus si te non deficiet aequus, Hor.: prudentia numquam deficit oratorem, Cic.: ea me solacia deficiunt, Cic.: cum motus omnis animi, tamquam ventus, hominem defecerat (sich gelegt hatte), flaccescebat oratio, Cic. – m. *Abl.* **wodurch?** nostros vires lassitudine deficiebant, Caes. – m. *in* (in, bei) u. Abl., vox eum defecit in illo loco: ›Si sciens fallo‹, Cic.: nec supersumus pugnae nisi in quibus trucidandis et ferrum et vires hostem defecerunt (den Dienst versagten), Liv.: si me in mea querimonia … non modo vires, sed etiam vita deficiat, mir ausginge, Cic.: Fonteium in hac causa deficerent omnia, Cic. – m. *ad* u. Akk. Gerund., quia consulem ad regendum equum vires deficiebant, Liv. – poet. m. folg. *Infin.*, nec me deficiet nautas rogitare citatos, ich werde nicht nachlassen (nimmer ruhen), Prop. 1, 8, 23. – **ββ** m. *Acc. rei:* ne deficiant animum, Varro: linguam defecerat umor (Speichel), Ov.: noctes lentus non deficit umor (Tau), Verg.

b *pass.:* **α** deficitur alqs od. alqd ab alqa re od. bl. alqā re, **es wird** jmd. od. eine Sache von etw. **verlassen, im Stich gelassen, es geht** mit etw. **bei** jmd. **auf die Neige, es verlässt** jmd. etw., **es bleibt** od. **geht** jmdm. etw. **aus, es** ist jmd. **ohne** etw., **es geht** jmdm. od. einer Sache etw. **ab, es mangelt** od. **gebricht** jmdm. od. einer Sache an etw. (dah. Ggstz. abundat alqs od. alqd alqā re), teils v. pers. Subjj., defici a viribus, Caes.: deficior prudens artis ab arte mea, Ov.: quae (mulier) neque peperit neque gravida est, si lac habet, a menstruis defecta est, bei ihr ist die Regel ausgeblieben, Cels. – defici pecuniā, clientium turbā, nobilitate et avorum proavorumque serie, Sen.: defici non gressu modo, sed et visu, Suet.: defici copiā pabuli frumentique, Hirt. b. G.: lacte defici (v. einer Hündin), Col.: animo defici, die Besinnung verlieren, ohnmächtig werden, Curt.: auxilio defici, in einen hilflosen Zustand geraten, Scrib.: defici facultatibus, in Vermögensverfall kommen, verarmen, Ulp. dig. 23, 3, 33 *in.* (vgl. oben *no.* I, B, c aus Iuven. 7, 129): non defici extemporali facultate, Suet.: tempore deficiar, tragicos si persequar ignes, Ov.: mulier abundat audaciā, consilio et ratione deficitur, Cic. – m. folg. Satz m. *quominus* u. Konj., si memoriā deficitur, quo minus agnoscat cuiusque progeniem, Col. 7, 9, 12. – Partiz. Perf., aquā ciboque defecti, Quint.: defectus pilis, nur noch dünn behaart, Phaedr.: defectus aetatis viribus et acie oculorum, Val. Max.: defectus senio, Col.: defectus annis et desertus viribus, mit den Jahren auf der Neige, Phaedr.: u. Superl., defectissimus annis et viribus, Col. 1. prooem. § 12. – ohne *Abl.*, colluvies defectae fidei, Apul. met. 5, 24: defectae senectutis homo, ein altersschwacher, Ulp. dig.: Plur. subst., dēfectī, ōrum, *m.*, Schwache, Plin. 2, 28. – teils von sächl. u. abstr. Subjj., Mysiam Libyamque aiunt abundare frumentis; nec tamen Apulos Campanosque agros opimis defici segetibus, Mela: haec amoenitas deficitur aquā salienti, Plin. ep.: ut defunctorum voluntates, etiamsi iure deficerentur, quasi perfectas tuerer, Plin. ep. – m. folg. *ut* u. Konj., multorum crudelitas et ambitio et luxuria, ut paria pessimis audeat, fortunae favore deficitur, Sen. ep. 42, 4. – u. Partiz. Perf., defectum corpore caput, vom Rumpf getrennter, Plin. pan.: defecta vigore cervix, Ov.: sanguine defecti artus, verbluteten, Ov.: sol defectus lumine, Tibull.: ars nec exemplis pauperior nec oratione defectior, ermangelnder, Apul. de deo Socr. prol. p. 111 H. (p. 4, 17 G.). – **β** absol., prägn., teils = an Substanz **abfallen,** si non terrestri cibo membra corporis alantur, deficientur (so schwinden sie zusammen), Vitr. 8. praef. § 2: teils = **die Kräfte (den Atem) verlieren, ermattet-, erschöpft werden,** in quo non modo defici (den Atem verlieren), sed etiam laborare (zu stocken) turpe est, Cic. Brut. 34: non usque adeo defectum (esse) Germanicum, fühle sich entkräftet, Tac. ann. 2, 70: teils deficior = **es gebricht mir an Befähigung dazu,** uti si quid de his rebus et artibus iudicare et probare opus fuerit ne deficiatur, Vitr. 1, 1, 16. – u. Partiz. defectus, **α** als jurist. *t. t.*, **vom Schuldner im Stich gelassen,** defecta nomina, nicht mehr einzutreibende Schuldforderungen, Paul. dig. 22, 1, 11. § 1. – **β mangelhaft,** currus (weil ihm die Vorstecknägel vor den Rädern fehlen), Hyg. fab. 84. – **γ abgeschwächt, schwach,** im Kompar., in tumidis (speculis videntur) omnia *defectiora,* at contra in cavis *auctiora,* Apul. apol. 16. – insbes., **physisch geschwächt, schwach** (bes. auch **altersschwach**), **ermattet, erschöpft** (s. Heinse Ov. fast. 3, 674), v. Pers., quod sibi defectis illa tulisset opem, Ov.: sidera obscura attributa defectis, den Altersschwachen, Plin.: v. Körper usw. u. v. menschl. Zuständen, defectum corpus, Tac.: homo defectae senectutis, ICt.: def. amor, Ov. – ► defexit altlat. = defecerit, alte Eidesformel bei Liv. 1, 24, 8.

dē-fīgo, fixī, fixum, ere, **I** eig., **einfügen, einschlagen, hineinfügen, -schlagen, stoßen, -stechen,** sodass es haftet, festsitzt, **a** übh.: tigna, trabes, Caes.: palos, Frontin.: adversos hosti cervos (spanische Reiter), Tibull.: defixis pilis stare u. defixa pila tenere (v. Legionssoldaten), Liv. u. Frontin. – def. amygdalas mucrone (mit der Sp.), Plin.: *ibi* sudes stipitesque praeacutos, Caes.: asseres in terra, Caes.: crucem (den Marterpfahl) in foro, in comitio, in rostris, Cic.: duas virgas viscatas in terra, Varro: densos palos firme in terram, Frontin.: alqm in terram colaphis, Plaut.: arborem penitus terrae (in die E.), Verg.: sub aqua defixae sudes, Caes.: def. ferreos cuneos inter saxa, Curt.: eminentes ligneos stilos per cautiora loca, Amm.: decurionem percutere atque ad equum def., Auct. b. Afr.: def. ad (an) extremum musculi tectum quadratas regulas, Caes. – **b** insbes.: **α** eine Stich- od. Stoßwaffe **hineinstechen, -stoßen,** sicam in corpore consulis, Cic.: cultrum in corde, Liv.: vertice nudo spicula, Ov.: male sustinenti arma gladium superne iugulo, Liv. – u. prägn. mit einer Waffe **durchbohren,** im Bild, ingenuo culpam defigere ludo, gehörig eins versetzen, Pers. 5, 16. – **β** als mediz. *t. t.*, ein chirurgisches Instrument **ansetzen, einführen,** cucurbitulas sine ferro, Cels.: cucurbitulas in inguinibus, Cels. – **II** übtr.: **a** die Augen, den Geist usw. **fest-, steif-, starr hinrichten, heften,** def. oculos in vultu regis, Curt.: animo et oculis in terra defixis formas describere, Val. Max.: stare oculis in terram defixis, Quint.: Libyae defixit lumina regnis, schaute starr herab auf usw., Verg.: defixo in terram vultu perseverante tacere, Val. Max.: illi metu attoniti in terram ora defixerant, Curt.: talis Ilionei dictis defixa Latinus obtutu tenet ora, Verg.: in cuius possessiones atque fortunas non impudentissimos oculos spe et mente (eum) defigere (censetis)? Cic. Phil. 11, 10. – omnes vigilias, curas, cogitationes in rei publicae salute def., Cic.: in eo (darauf) mentem orationemque, Cic.: totus animus in hac una contemplatione defixus est, Plin. ep.: quousque humi defixa tua mens erit? Cic. – in cogitatione defixum esse, in Gedanken vertieft, in tiefes Nachdenken versunken sein (v. Pers.), Cic. – ohne Ang. **wohin?** defixit oculos, sie sah starr vor sich hin, Tac. ann. 3, 1: Aeneas maesto defixus lumina vultu ingreditur, mit trauriger Miene vor sich hinsehend, Verg. Aen. 6, 156: parum defigunt animos (man richtet den Blick nicht fest genug auf einen Punkt) et intendunt in ea, quae perspicua sunt, Cic. Acad. 2, 46. – **b** irgendwo **fest haften machen,** **α** lebl. Objj., **unverrückbar-, unbeweglich machen, fest einwurzeln lassen,** im Pass. **eingewurzelt sein, fest haften,** virtus est una altissimis radicibus defixa, Cic.: tantum a vobis petimus, ut salutem temporum praesentium, spem reliquorum in vestra potestate, in vestris sententiis, in hoc uno iudicio positam esse et defixam putetis, Cic. – **β** pers. Objj., **unbeweglich** wo **feststehen machen,** wo **unbeweglich bleiben machen,** gleichsam **festbannen,** aciem (ein Heer) in his vestigiis, Tac. Agr. 34: defixus vacua in ora, Prop. 1, 8, 15: sedeo defixus, Plin. ep. 9, 34, 1. – **c** jmd. vor Erwartung, aus Verwunderung, Furcht usw. an eine Stelle gleichs. **festbannen, unbeweglich (bewegungslos, regungslos) machen,** Augen u. Herz **erstarren machen,** v. plötzlich eintretenden Ereignissen u. Zuständen (s. Drak. u. Weißenb. Liv. 3, 47, 6), defixerat pavor cum admiratione Gallos, Liv.: prae indignitate rerum stupor silentiumque ceteros patrum defixit, Liv.: primo stupor omnes admiratione rei tam atrocis defixit, Liv.: utraque obiecta simul res oculis animisque immobiles eos parumper defixit, Liv. – Partiz. Perf. defixus, vor Staunen, Furcht usw. **wie festgebannt, wie angewurzelt, unbeweglich, bewegungslos, regungslos, unverwandt, starr,** Galli et ipsi pavore defixi primum stetere, Liv.: cum silentio defixi stetissent, in starrem Schweigen, Liv.: u. so per silentium defixus, Tac.: stetere diu mutuā admiratione defixi, Flor.: rarus miles et quasi ob metum defixus, Tac.: dum stupet obtutuque haeret defixus in uno, Verg.: cum (eum) defixum videret, Sen.: ceteri defixi et attoniti, Plin. pan.: defixis oculis animoque et corpore torpet, Hor. – **d** etw. fest **einprägen,** non modo in auribus vestris, sed in oculis omnium sua furta atque flagitia defixurus sum, Cic.: nihil de hac eius urbana, quam ille praesens in mentibus vestris oculisque defixit, audacia loquor, Cic.: ea sententia, quam populi sermo in animis vestris iam ante defixerat, Cic.: his igitur locis in mente et cogitatione defixis, Cic. – **e** als *t. t.* der Religionsspr., etw. **fest** od. **unabänderlich bestimmen, -erklären (bezeichnen)** als usw., quae augur iniusta nefasta, vitiosa dira defixerit, inrita infectaque sunto, Cic. de legg. 2, 21. – **f** als *t. t.* der Zauberspr., **festbannen, festzaubern,** sagave poeniceā defixit nomina cerā, Ov. am. 3, 7, 29: caput (illius) sanctum tibi dirā imprecatione defigis, Sen. de ben. 6, 35, 1: pergit regis Iolciacis animum defigere votis, Verg. Ciris 376: defigi diris precationibus nemo non metuit, Plin. 28, 19: servi publici infando latrocinio defixa monumentis ordinis decurionum nomina numine suo eruit, CIL 11, 4639, 4: devotus defixusque, Ps. Apul. herb. 7 (8).

dē-figūro, āre, **abgestalten, abbilden,** Interpr. Iren. 1, 18, 3. – Partiz. dēfigūrātus, a, um, **abgestaltet** = **abgeleitet,** nomina, Prisc. 4, 40.

dē-findo, ere, **spalten,** malos, Enn. ann. 397.

dē-fingo, finxī, fictum, ere, **abformen, in eine Form bringen,** panem, Cato r. r. 74 u. 121. – sarkastisch übtr., schildernd (v. Dichter), vermodeln, verhunzen, Rheni luteum caput, Hor. sat. 1, 10, 37.

dē-fīnio, īvī u. iī, ītum, īre, **I** **abgrenzen, begrenzen,** **A** eig.: eius fundi extremam partem oleae directo ordine definiunt, Cic.: ea loca, quae regione (der Himmelsrichtung nach) orbem terrarum, rebus illius (C. Caesaris) gestis imperium populi Romani definiunt, Cic.: illi orbes, qui caelum quasi medium dividunt et aspectum nostrum definiunt, Cic.: is tractus ductusque muri ex omni parte arduis praeruptisque montibus definitus est, Cic.: si res eae, quas gessimus, orbis terrae regionibus (durch die Grenzlinien der Welt) definiuntur, Cic.: u. im Bild, bene dicere non habet definitam aliquam regionem, cuius terminis saepta teneatur, Cic.: nullis ut terminis circumscribat aut definiat ius suum, quominus ei liceat eādem illā facultate et copiā vagari, quā velit, Cic. – **B** übtr.: **1** durch Abgrenzung **näher bestimmen, -bezeichnen, -angeben, -andeuten, -feststellen,** cur eos (agros) non definis neque nominas? definio, inquit, Italiam, Cic.: universam et propriam oratoris vim definire complectique, Cic.: unam quamque rem certo naturae termino, Rhet. Her.: rem def. et breviter illustrare verbis, Cic.: non solum numerum signorum, sed etiam unius cuiusque magnitudinem, figuram, statum litteris (schriftlich) definiri vides, Cic.: ii qui mala dolore, bona voluptate definiunt; genera autem esse definita non solum numero, sed etiam paucitate, Cic.: cur huic (Siciliae) praecipua lex iniuriae definitur? wird für dieses usw., Cic.: pirata non est *ex* perduellium numero definitus (ist nicht unter der Zahl der zum Krieg Berechtigten einbegriffen), sed communis hostis omnium, Cic. de off. 3, 107. – So nun insbes., **a** als *t. t.* der Logik u. Rhetorik, seinem Begriff, seiner Bedeutung nach **näher bestimmen,** von etw. **eine Begriffsbestimmung geben,** etw. **definieren,** def. animi perturbationes, Cic.: definire rem non posse, Cic.: vim vocabuli od. rem def. verbis, Cic.: voluptatem sic (folgendermaßen) definiunt, Cic.: similiter definitur mulierum odium, Cic.: rem latentem od. res involutas definiendo explicare, Cic.: rei involutae notitiam definiendo aperire, Cic. – m. folg. indir. Fragesatz, placet ante definire, quid sit officium, Cic.: necesse erit definire utrumque, quid sit fur, quid sacrilegus, Cic. – **b** durch Beschluss, Vorschrift, Anordnung **bestimmen, feststellen, festsetzen,** annos, Quint.: adeundi tempus, Caes.: suum cuique locum, Caes.: verna opera sic, Plin.: iis magna praemia, Iustin.: potestatem in quinquennium, Cic.: pro (nach) gradu cuiusque et tempora militiae et commoda missionum, Suet. – m. folg. indir. Fragesatz, quam vitam ingrediar, definias, Cic.: tibi, quid facias, definit, Cic. – im Passiv, non remittam: definitumst, es ist fest bestimmt (beschlossen), Plaut. cist. 519: u. so m. folg. *Acc.* u. *Infin.*, non sequitur tamen, ut etiam sedere eos et ambulare principalibus causis definitum et constitutum sit, Cic. de fato 9. – **2** **in Grenzen einschließen, -halten, beschränken,** ut aliquando totam huius generis orationem concludam atque definiam, Cic.: non vagabitur oratio mea longius atque eis fere ipsis definietur viris (wird sich auf die M. beschränken), qui hoc sermone continentur, Cic.: amicitiam paribus officiis atque voluntatibus, auf das gleiche Maß der Dienstfertigkeit u. Zuneigung beschränken, Cic. – **II** jmdm. **ein Ende machen** = jmd. **töten,** ad hunc modum definito iuvene, Apul. met. 8, 6.

dēfīnītē, *Adv.* m. *Superl.* (definitus), **abgegrenzt** = **mit gehöriger, bestimmter Begrenzung, mit spezieller Beziehung, bestimmt, ausdrücklich, speziell,** qui nihil (potest) partite, definite, distincte dicere, Cic.: ›belli‹ autem ›ferias‹ festive magis dixit, quam aperte atque definite, Gell.: nec magis (te) distincte definiteque designat, qui etc., Plin. pan.: vel separatim (ohne spezielle Beziehung, im Allgemeinen, abstrakt) dicere solemus de genere universo vel definite (mit spezieller Beziehung, konkret) de singulis temporibus, hominibus, causis, Cic.: lex Gellia et Cornelia, quae definite potestatem Pompeio civitatem donandi dederat, Cic.: *Superl.*, definitissime credite, Ps. Augustin. serm. app. 77, 4.

dēfīnītio, ōnis, *f.* (definio), **I** die **Abgrenzung,** CIL 6, 826, 2. – **II** übtr. = **die Bestimmung, bestimmte Angabe,** hominum et temporum definitione sublatā (ohne best. A. der usw.), Cic. de div. 2, 110. – Insbes.: **a** (als *t. t.* der Logik u. Rhetor.) die **nähere Erörterung** od. **Erläuterung des Begriffs,** die **Begriffsbestimmung, Definition,** Rhet. Her., Cic. u. a.: im Plur., verborum omnium definitiones, Cic. de or. 2, 83. – als rhet. Fig. = ὁρισμός, Carm. de fig. 97. p. 67 H. – **b** **die Bestimmung** = Vorschrift, illa definitio iudiciorum aequorum, quae etc., Cic. Cluent. 5.

dēfīnītiuncula, ae, *f.* (*Demin.* v. definitio), **die schwache Bestimmung,** humanae definitiunculae, Cassian. de incarn. Chr. 7, 2.

dēfīnītīvē, *Adv.* (definitivus), **bestimmt,** Tert. u. a. Spät.

dēfīnītīvus, a, um (definio), **I** **begriffsbestimmend, näher erläuternd,** constitutio (Begründung), Cic.: causa, Cic.: sententia, der entscheidende Ausspruch, die Schlusssentenz, Cod. Iust. u. Eccl. – **II** **bestimmt,** Tert. adv. Herm. 38.

dēfīnītor, ōris, *m.* (definio), **a** **der Bestimmer, Verordner,** Tert. adv. Marc. 5, 10. – **b** der **Begriffsbestimmer,** Augustin. c. Acad. 1, 15 *in.*

dēfīnītus, a, um, *PAdi.* (definio), **abgegrenzt, bestimmt, speziell** (Ggstz. infinitus u. generalis; oft mit certus verb.), certum esse in caelo ac definitum locum, Cic.: prima duo capita epistulae tuae nihil habent quod definitum sit aut certum, Cic.: quaestionum duo sunt genera, alterum infinitum, alterum definitum, Cic.: de re et generales quaestiones sunt et definitae, Quint.

dē-fio, fierī, Passiv zu deficio (s. Prisc. 8, 34), **a dahinschwinden, ausgehen, aufhören, abnehmen,** ita animus per oculos meos meus defit, Plaut. mil. 1261: defit calori congregatio ac rursus eruptio, Sen. nat. qu. 6, 13, 6: eadem autem, quae crescente lunā gliscunt, deficiente contra defiunt, Gell. 20, 8, 5. – **b ausgehen, abgehen, mangeln, fehlen** (Ggstz. superesse), neque defiat (obsonium) neque supersit, Plaut. Men. 221: aliis quia defit quod amant aegre est; tibi quia superest dolet, Ter. Phorm. 162: nil quom est, nil defit tamen, Ter. eun. 243: et nullo vacuus tempore defit amor, Prop. 1, 1, 34: numquamne causa defiet, cur victi pacto non stetis? Liv. 9, 11, 6: si (sal) defit, Vitr. 5, 9, 8: si quid forte in corpore defit spiritus, Vitr. 8. praef. § 3: donec sentiret sensum defieri, Sen. contr. 2, 6 (14), 8: cum viderent multa *ad* splendorem domus atque victus defieri, Gell. 1, 14, 1. – m. *Dat.* **(wem?),** pol mihi fortuna magis nunc defit quam genus, Enn. fr. scen. 354: id unum incommodis defit meis, Acc. tr. 350: nihil apud me tibi defieri patiar, Ter. Hec. 768: lac mihi non aestate novum, non frigore defit, Verg. ecl. 2, 22: magna fecundis cum messibus area defit, Priap. 53, 3 M. *cod. Vat.* – **c** der Zeitdauer nach **nicht ausreichen, zu kurz sein,** omnia iterum vis memorari, scelus, ut defiat dies, Plaut. rud. 1107.

dē-fiteor, fessus, ērī (de u. fateor), **ableugnen,** Verecund. in cant. Azar. 5. Not. Tir. 54, 46.

dēfioculus, s. dēsioculus.

dēflagrātio, ōnis, *f.* (deflagro), das **Niederbrennen,** das **gänzliche Aufgehen in Flammen,** der **gänzliche Untergang,** die **gänzliche Vernichtung durch Feuer,** terrarum omnium, Cic.: caeli atque terrarum, Cic.: deflagrationem futuram vaticinari, Lact.: urbi deflagrationem minari (im Bild), Cic. Planc. 95.

dē-flagro, āvī, ātum, āre, **I niederbrennen, A** *v. intr.* **niederbrennen, bis auf den Grund abbrennen, ganz in Flammen (in Feuer) aufgehen, in Flammen untergehen, a** eig.: **α** v. sächl. Subjj.: si aedes nostrae deflagrassent, Liv.: cum curia Saliorum deflagrasset, Cic.: iis facibus incensa L. Bellieni domus deflagravit, Cic.: ruere (einstürzen) ac deflagrare omnia passuri estis? Liv. (im Bild): eodem die Aquilonia et Cominium deflagravere, Liv.: quā nocte natus erat (Alexander), eādem Dianae Ephesiae templum deflagraverat, Cic.: insulae, quae in monte Caelio deflagrarant, Suet.: aedes Nympharum manu tuā deflagravit, Cic.: fore tamen aliquando, ut omnis hic mundus ardore deflagret, Cic. – Partiz. Perf. deflagratus medial = **niedergebrannt, ganz in Flammen aufgegangen,** fana flammā deflagrata, Enn. fr. scen. 90: domo deflagratā, Caes. Strabo bei Prisc. 5, 44: im Bild, in cinere deflagrati imperii, Cic. Cat. 4, 12. – **β** v. Pers.: Phaëthon ictu fulminis deflagravit, Cic. de off. 3, 94. – u. prägn., **gänzlich abbrennen** = seine ganze Habe durch eine Feuersbrunst verlieren, qui propter implicationem rei familiaris communi incendio malint quam suo deflagrare, Cic. Sest. 99. – **b** übtr., **verrauchen, austoben,** v. Zuständen, interdum spes animum subibat deflagrare iras vestras, purgari suspiciones posse, Liv. 40, 8, 9: nec patiebatur iram inconsiderati senis deflagrare, Lact. de mort. pers. 14, 5: deflagrante paulatim seditione, Tac. hist. 2, 49. – v. zornigen Pers., sic deflagrare minaces incassum, Lucan. 4, 280. – **B** *v. tr.* **niederbrennen, ganz in Flammen (in Feuer) aufgehen lassen,** quae (loca) sol proxime currendo deflagrat, Vitr. 6, 1, 3. – **II heftig brennen,** colla deflagrantia, das heftige Brennen im Hals, Pelagon. veterin. 16 (= 265 *Ihm*).

dē-flammo, āre, **der Flamme berauben, auslöschen,** taedam, Apul. met. 5, 30.

dē-flecto, flexī, flexum, ere, **I** *tr.:* **A** von oben **herabbeugen,** ramum olivae, Col.: tenerum prono pondere corpus (v. Weinstock), Catull.: alteram vitem vel palmitem iuxta suam arborem aut circa proximam, Plin. – **B** seitwärts **abbeugen, ablenken, 1** eig.: **a** der Bewegung nach: tela (v. einer Gottheit), Verg.: alqm de via (im Bild), Cic.: se de curriculo petitionis (im Bild), Cic.: carinam quolibet, Lucan.: quosdam amnes in alium cursum detortos et deflexos videmus, Cic. – prägn., inde diversae ferae cerva ad Gallos, lupus ad Romanos cursum deflexit, Liv. 10, 27, 8. – **b** der Richtung, Lage nach: ora ab Santonis ad Ossismos usque deflexa, Mela: oram, quae a Bosporo ad Tanaim usque deflectitur, Maeotici incolunt, Mela. – prägn., novam viam, seitwärts abbiegen lassen, Liv. 39, 27, 10. – **2** übtr.: **a** übh.: lumina (Augen), Ov.: paulum aciem (oculorum), Plin.: de alqo oculos nusquam, Liv. – declinare a proposito et deflectere sententiam, den Gedanken (auf etwas anderes) abl., Cic. – omnem acerbitatem in senatum, Suet.: factum in alqm, schieben, Quint.: alqm ab ira ardenti in se, Stat. – **b** prägn., nach der anderen (guten od. schlechten) Seite **kehren, ändern, abändern, umkehren, umwandeln,** vox imbecilla cogit intermittere et deflectere, auszusetzen u. in einen anderen Ton überzugehen, Quint.: defl. quaedam in senectute, Cels.: virtutes in vitia, Suet.: perniciosa illorum consilia in melius (v. Geschick), Sen.: in peius dotes puellae, Ov.: ad (nach) verba rem, Cic. Caecin. 51. – **II** *intr.* **abbiegen, ablenken, abweichen, 1** eig.: **a** übh.: tantulum de recta regione (im Bild), Cic.: de via (im Bild, v. der Gewohnheit), Cic.: aliquantum de spatio curriculoque (im Bild, v. der Gewohnheit der Vorfahren), Cic.: clamore et gaudio viā, Tac.: in eam vitiorum viam labi et deflectere, quae etc. (im Bild), Lact. – **b** prägn., vom (geraden) Wege **abbiegen,** deflectamus inquam, Plin. ep.: in Tuscos, Plin. ep.: in peragranda Aegypto paulo ad visendum Apim, Suet. – **2** übtr., v. Pers., nihil (in keinem Stück) a patris praestabili insignique virtute, Cic.: a pristina consuetudine, Phaedr.: a veritate, Cic.: nihil ab eius contemplatione, kein Auge verwenden, Nazar. pan.: nuper ad lyrica deflexit, Plin. ep. – v. der Rede, oratio redeat illuc, unde deflexit, Cic. Tusc. 5, 80.

dē-fleo, flēvī, flētum, ēre, **I** *v. tr.:* **A** jmd. od. etwas **beweinen, 1** im Allg.: **α** leb. Wesen: illum, Plaut.: fratres aut filios aut parentes, Iustin.: non exstinctos, sed semet ipsos, Curt.: regem ingenti gemitu eiulatuque, Curt.: Vitellii et Veranii voce defletum (esse) Caesarem, Tac.: domi tuae iam defletus et conclamatus es, Apul. met. 1, 6; vgl. 2, 27. – **β** lebl. Objj.: casum domini, Dict.: casus impendentes inter se, Cic.: aliena mala, Quint.: coniugis miserae discidium, Cic.: lugentur apud quosdam puerperia natique deflentur, Mela: iudiciorum vastitatem et fori, Cic.: sociae civitatis eversionem, Quint.: alcis mortem, Cic.: fratris necem, Quint.: in haec deflenda (in diesen Jammerzustand) prolapsi, Liv.: clamore lugubri alcis casum miserandum in modum, Dict.: ore suam deficiente necem (v. Schwan), Ov.: defl. ignominiam apud Sostratem, Curt.: cui (wem = von wem) non defleta est Ephyraeae flamma Crëusae, Ov. – m. folg. *Infin.,* minui deflevit onus, Manil. 4, 748. – m. folg. *quod* (dass), Val. Max. 6, 2, 8. – absol., dum assident, dum deflent, Tac. ann. 16, 13: in amici sinu defl. (seinen Schmerz ausweinen), Plin. ep. 8, 16, 5. – **2** prägn., **unter Weinen (mit Tränen** od. **Wehmut)** etw. **sprechen, -bekanntmachen, -vortragen, -erzählen,** haec ubi deflevit, Verg.: haec (diesen Vorfall) quā miseratione deflebis (als Dichter), Plin. ep.: non illo ingenio, quo civilia bella deflevit (vom Geschichtsschreiber), Sen.: u. so celebre carmen, quo Germanici suprema defleverat (betrauert hatte) = ein vielgelesenes Trauergedicht auf den Tod des Germanikus, Tac.: nunc summa deflenda est, hier können wir nur die Hauptereignisse mit Bedauern erzählen, Vell. – **B abweinen = durch Weinen trüben,** oculos, Apul. met. 5, 7. – **II** *v. intr.* **sich abweinen,** Prop. 1, 16, 13. Iustin. 18, 4, 13. Apul. met. 4, 35. Dict. 3, 9 u. 4, 1. Sedul. carm. pasch. 3, 130: illi dolentes quantum *in* amissam coniugem deflent iuveni, tantum in reservatam sibi filiam gratulantur, Apollon. hist. 28.

dēflētio, ōnis, *f.* (defleo), das **heftige Weinen,** Iuvenc. 4, 121 u. 154.

dēflexio, ōnis, *f.* (deflecto), die **Ablenkung, Abbiegung,** Macr. sat. 1, 17, 58. Chalcid. Tim. 69 u. 144: übtr., nullae cupiditatum deflexiones, Nazar. pan. Const. 5, 6.

1. dēflexus, ūs, *m.* (deflecto), die **Ablenkung, Abbiegung,** egregius humani animi ab odio ad gratiam deflexus, Val. Max. 4, 2 *in.* (ähnlich Val. Max. 7, 3 *in.*): multi a virtute deflexus, Ambros. in psalm. 1. § 23.

2. dēflexus, a, um, *PAdi.* m. *Compar.* (deflecto), **abbeugend, ablenkend,** Chalcid. Tim. 88 *in.*

dē-flo, āvī, ātum, āre, **I abblasen, 1** = wegblasen, Varro r. r. 1, 64, 1. – **2** prägn.: **a** = rein blasen, Plin. 28, 27. – **b** durch Blasen vertreiben, **wegblasen, weghauchen,** turgentia viscera salutari ariditate, Arnob. 1, 45. – **II** hervorblasen = **herausschwatzen,** aliquid, Ambros. epist. 47, 2 u. a.

dē-flocco, ātus, āre (de u. floccus), **flockenleer machen = kahl machen, fadenscheinig machen,** Plaut. Casin. fr. bei Non. 7, 21 (wo nach Studemunds Verbesserung zu lesen ist fusti defloccabit iam illic homo lumbos meos): defloccati senes, fadenscheinige = kahlköpfige, Plaut. Epid. 616.

dēflōrātio, ōnis, *f.* (defloro), **I** das **Abblüten,** übtr., das Abpflücken der Blüten (des Besten), die **Blumenlese,** Graculus Aesopi ex defloratione omnium constructus, Tert. adv. Val. 12: deflorationes librorum faciebat, Cassiod. hist. eccl. 12, 5. – **II** das **Entblüten,** übtr., virginitatis, die Entjungferung (= Schändung), Ambros. epist. 5. § 11.

dēflōrātor, ōris, *m.* (defloro), der **Schänder,** virginitatis, Ps. Hieron. epist. 6, 6.

dē-flōreo, ēre, **abblühen, ausblühen,** Col. 5, 6, 36: übtr., male deflorentibus annis, Carm. epigr. 1059, 7. – Nbf. dēflōrio, wov. Fut. defloriet, Itala (Tolet.) Sirach 51, 19.

dē-flōrēsco, flōruī, ere = ἀπανθέω, **abblühen, ausblühen, verblühen, I** eig. (Ggstz. florere coepisse od. incipere), deflorescens vitis, Plin.: cum papaver deflorescit, Plin.: cum spica deflorescere coepit, Plin.: idem (flos) cum tenui carptus defloruit ungui, Catull.: qui (venti) multum ad deflorescendum et ad bonitatem vini conferunt, Col.: defl. bene, melius, optime, Plin.: vitis uno die deflorescens, Plin.: deflorescunt omnia septenis diebus, non celerius, Plin. – **II** übtr., **verblühen, verbleichen, verwelken** (Ggstz. florere, vigere), **a** v. lebl. Subjj.: cum corporibus vigere et deflorescere animos, Liv.: philosophia iam defloruerat, Lact.: cum senecta res (Taten = Tatenruhm) quoque defloruere, Liv.: formae dignitas aut morbo deflorescit aut vetustate exstinguitur, Rhet. Her.: amores et hae deliciae quae vocantur (diese sogenannten Galanterien) mature et celeriter deflorescunt, Cic. – **b** v. Pers.: non talis, qualem tu eum iam deflorescentem cognovisti, schon im Verblühen = als seine Glanzperiode schon vorüber war, Cic. Brut. 317.

dē-flōrio, s. dē-flōreo a. E.

dē-flōro, āvī, ātum, āre, **I abblüten,** übtr., **als Blüten** (das Beste) **abpflücken** u. **sammeln,** Cassian. coenob. inst. 5, 4: ex operibus sancti Augustini valde altissimas quaestiones ac sententias ac diversas res deflorare, Cassiod. inst. div. litt. 23 *in.* – prägn., defl. alqm, aus einem (Schriftsteller) **eine Blumenlese anlegen, einen Auszug machen,** ihn **exzerpieren,** defl. auctores, Cassiod. de orthogr. praef. p. 575 (a) *ed. Garet.* – **II** übtr. = des phys., polit. od. moral. **Glanzes, des Ansehens berauben,** fulgores solis, trüben, Amm. 20, 11, 28: alqm in tantum, qui (= ut is) etc., Schol. Bob. ad Cic. Sest. 51. p. 304 B.: honor defloratus, Schol. Bob. ad Cic. pro Sull. 5. p. 361 B.: deflorato virginitatis pudore, entblättert, Ambros. de Iacob 2, 7, 32.

dē-fluo, flūxī, ere = καταρρέω, **abfließen, I** im Allg., **herabfließen, abfließen, A** eig.: **a** v. Wasser u. v. Gewässern u. v. anderen Flüssigkeiten: **α** v. Wasser u. v. Gewässern: aqua defluens, Cels.: montani defluentes rivi, Amm.: plenior unda defluit, Albinov. consol. Liv.: Borysthenes liquidissimus defluit, Mela: Hypanis diu qualis natus est defluit, Mela: defluit incerto lapidosus murmure rivus, Ov.: a celeritate, quā defluit, Tigri nomen est inditum, Curt. – m. *per* u. Akk., umor in puteis per venam auri defluens, Plin.: per arbores non defluunt imbres, Plin.: per Iberas et Hyrcanos diu et multum distantibus alveis defluunt (v. zwei Flüssen), Mela. – m. *Abl.* (von wo herab?) od. m. *ex* u. Abl., defluit saxis umor, Hor.: flumen Clurda Tauro monte defluens, Sall. fr.: defluens ex eo (fonte) rivus, Lact.: Tanais amnis ex Ripaeis montibus defluens, Plin. – m. *praeter* u. Akk., amnis praeter coloniam defluens, Plin. – m. *Adv.* (wohin?) od. m. *in* u. Akk., Anaxum, quo (wo) Varamus (der Fluss V.) defluit, Plin.: Rhenus, ubi Oceano appropinquavit, in plures defluit partes, fließt nach mehreren Seiten hin = teilt sich in mehrere Arme, Caes.: amnes clari in Oceanum defluunt, Plin.: Tanais in mediam fere Maeotida defluit, Mela: aqua pluvia in locum humiliorem e superioribus defluens, Plin. – u. im Bild, hoc totum (orationis genus) e sophistarum fontibus defluxit in forum, Cic. or. 96. – **β** v. anderen Flüssigkeiten: sanguen eis (vulneribus) defluxerat, Cato: defluent pituita, Plin.: lac, quod in ungue haeret nec defluit, Plin.: mustum sponte defluens, Plin. – m. *per* u. Akk., per os continens pituita defluit, Cels.: argentum vivum per pelles sudoris vice defluens, Plin. – m. *Adv.* od. durch *Abl.* von wo? von wo herab? od. m. *ab* od. *ex* u. Abl., mella frondibus defluunt, Mela: sudor a capite et a fronte defluens, Cic.: sanguis, qui defluit a renibus, Plin.: arbores, ex quibus mel defluit, Plin.: sucus ex ipsa (filice) defluens, Plin.: nec tantum Niobae bis sex ad busta superbae sollicito lacrimae defluit a Sipylo, Prop. – m. *in* od. *ad* od. *extra* u. Akk., si quando in scrotum sanguis defluxit, Cels.: quod primum defluxerit in rotundum labrum, Col.: aes ipsum in catinos defluit, scoria extra fornaces, Plin.: potus defluit ad pulmonem, Gell. – **b** v. trockenen Ggstdn. auf dem Wasser, **herab-** od. **hinabschwimmen,** m. *Abl.,* wo herab? m. *ab* u. Abl., m. *ad* u. Akk. od. m. *Acc. loc.,* **α** v. sächl. Subjj.: dolia medio amni defluxerunt, Liv.: nuces fusae (die hineingeschütteten) ab Romanis castris medio amni ad Casilinum defluxerunt, Liv.: so nuces sparsae aquā ferente ad oppidum defluxerunt, Frontin. – **β** v. leb. Wesen, teils v. Tieren, secundo amni, Verg. georg. 3, 447 (von einem Widder): fluvio secundo, Verg. Aen. 7, 495 (v. einem Hirsch). – teils von Menschen = herab- od. hinabsegeln, secundo amni, Liv.: cum paucis navigiis secundo amni, Liv.: Ostiam Tiberi, Suet.: ad insulam, Curt. **B** übtr., herabfließen = allmählich, sanft **herabkommen, -herabfallen, -herabgleiten, -herabsinken,** m. *Adv.* (von wo? von wo herab?) od. m. *ab* od. *ex* u. Abl., m. *in* od. *ad.* u. Akk., **a** im konkr. Sinne: iam ipsae defluebant coronae, Cic.: gleba cum regis capiti incĭdisset resoluta defluxit, Curt.: flores arescunt et defluunt, Hyg.: simul defluit fructus, Plin.: ne quid excĭdat aut ne quid in terram defluat, Cic.: ad terram tacito defluxit fistula lapsu, Claud. – tanta flamma ex Aetna monte defluxit, ut etc., Liv. fr. – So insbes.: **α** v. der Kleidung, v. Haar, im guten Sinne = **herabwallen,** pedes vestis defluxit ad imos, Verg. Aen. 1, 104: ut sinus ex composito defluens modum lateris (die Taille) ambiret, Macr. sat. 3, 13, 4: defluentem leniter flectens comam, Prud. perist. 10, 273. – im üblen Sinne = **schlapp herabhängen,** rusticius tonso toga defluit et male laxus (zu schl. = schlotterig) in pede calceus haeret, Hor. sat. 1, 3, 31 *sq.* – **β** v. Reiter, selten im guten Sinne = **sich vom Pferd herabschwingen,** portisque *ab equo* regina sub ipsis *desiluit,* quam tota cohors imitata relictis *ad terram defluxit* equis, Verg. Aen. 11, 499 *sqq.* – gew. im üblen Sinne = vom Pferd **herabgleiten, herabsinken** (v. Verwundeten), ille gravi subito devinctus vulnere habenas misit equi lapsusque in humum defluxit, Furius poët. bei Macr.: moribundus Romanus labentibus super corpus armis ad terram defluxit, Liv.: frenisque manu moriente remissis in latus a dextro paulatim defluit armo, Ov.: haec agentem anima defecit corpusque ex equo defluxit in terram, Curt. – **b** im abstr. Sinne: **α** übh., **herabfließen = herabkommen,** quodsi inest in hominum genere mens, fides, virtus, concordia, unde haec in terras nisi ab superis defluere potuerunt? Cic. de nat. deor. 2, 79: philosophorum ingenia Socratico ore defluentia, vom Mund des Sokrates ausgehend (= aus dem Mund des S. ihre Weisheit schöpfend), Vell. 1, 16, 4 H.: ipsum illud primum, *a* quo defluit (hergekommen ist) secundum, Arnob. 7, 22. – So nun: **αα** in absteigender Linie von jmd. **herkommen** = abstammen, is Gnaeum et Gaium procreavit; a quibus duplex Octaviorum familia defluxit, Suet. Aug. 2, 2. – **ββ** (wie καταρρεῖν εἴς τινα) defluere ad alqm od. alci, jmdm. **zufließen, zufal-**

len = zuteil werden, necesse est, si quid redundarit de vestro quaestu, ad illum potissimum, per quem agebatis, defluxisse, Cic. Verr. 3, 155: multaque merces, unde potest (von welcher Seite es sein kann = in jeder Beziehung), tibi defluat aequo ab Iove Neptunoque, Hor. carm. 1, 28, 27 *sqq.* – **β** sich entfernend abfließen = **allmählich abgehen (abweichen), allmählich** zu etw. **übergehen** = in etw. **verfallen,** adulescentes tantum ab eo (Seneca) *defluebant* (wichen, arteten ab), quantum ille ab antiquis *descenderat* (gesunken war), Quint. 10, 1, 126. – a necessariis artificiis ad elegantiora defluximus, Cic.: u. im üblen Sinne, nos in omnia deliciarum vitia dicendi quāque ratione defluximus, Quint. – So bes. v. der Rede, v. etw. Höherem zu etw. Geringerem **herabkommen, geraten,** sed nescio quo pacto ab amicitiis perfectorum hominum ad leves amicitias defluxit oratio, Cic. de amic. 100.

II prägn., **abfließen = wegfließen, ablaufen, sich verlaufen, A** eig., von Gewässern: rusticus exspectat dum defluat amnis; at ille labitur et labetur in omne volubilis aevum, Hor. ep. 1, 2, 42 *sq.*: cum hiberni defluxere torrentes, Sen. nat. qu. 3, 3.

B übtr., **sich verlieren, vergehen, verlaufen, schwinden, verschwinden,** absol., od. m. *Adv.* (von wo?), m. *ex* u. Abl. u. m. bl. *Abl.*, **a** im konkr. Sinne: celerrime is odor evanescit atque defluit, Plin.: eorum pinguedo sic defluxit, Cael. Aur.: nullus defluat inde color, Tibull.: ignavus defluxit corpore somnus, Tibull.: antequam tenerae sucus defluat praedae (Dat.), Hor. – Insbes., **α** v. Haaren, **ausfallen, ausgehen,** extemplo tristi medicamine tactae defluxere comae, Ov.: vel affluit capillago vel defluit, Tert.: defluit expulsus morbo latitante capillus, Samm.: capillum defluere prohibet (v. einer Pflanze), Plin.: alci pili maturius defluunt, Plin. – **β** v. Blättern u. Blüten, **abfallen,** folia arescunt et defluunt, Hyg.: folium eius non defluet u. non defluet folium ex eo, Vulg.: flores nominati, quod cito defluant de arboribus, quasi fluores, Isid. – **γ** von Kleidern, **abfallen,** mirum fuit neque defluxisse eas (Servi Tulli praetextas) neque etc., dass sie weder (stückweise) abgefallen sind, noch usw., Plin. 8, 197: semel obsoleti coloris tunica collo inserta non ante deponitur aut mutatur, quam diuturnā carie in pannulos defluxerit defrustata, Amm. 31, 2, 5. – **δ** v. leb. Wesen, **sich verlaufen,** ex queis (= quibus) magna pars defluxere, pauci restitere, Ps. Sall. de rep. 1, 2, 6: ex novem tribunis, quos tunc habueram, unus me absente defluxit, hat sich verzogen od. verloren (ist mir untreu geworden), Cic. Sest. 69. – **b** im abstr. Sinne, **α** aus dem Gedächtnis **entschwinden,** altius iniuriae quam merita descendunt et illa (näml. merita) cito defluunt, has (näml. iniurias) tenax memoria custodit, Sen. de ben. 1, 1, 8: id tibi ne vacuo defluat ex animo, Prop. 1, 20, 2. – **β** der Zeit nach **verlaufen, ablaufen, entschwinden,** ubi salutatio defluxit, litteris me involvo, Cic. ep. 9, 20, 3: sic horridus ille defluxit numerus Saturnius, Hor. ep. 2, 1, 158.

dē-fluus, a, um (defluo), **herabfließend,** torrens, Chalcid. Tim. 204: lacus in eurum defluus meat, Sidon. epist. 2, 2, 16. – übtr., **gerade abwärts gehend, herabfallend, -wallend,** gradus (Ggstz. obliquus), Stat. Theb. 9, 325: caesaries, Prud. perist. 13, 30: splendor *ab* alto, Stat. silv. 1, 3, 54. – prägn., vasculum d., (in dem eine Flüssigkeit herabfällt, dah.) die Wasseruhr, Apul. met. 3, 3.

dēfluvium, iī, *n.* (defluo), **I** der **Abfluss, Ausfluss,** Plin. 18, 281: defluvia fontanea, Solin. 4. § 4. – **II** das **Ausfallen** (der Haare), pilorum, capilli, Plin.: so auch capitis, Plin.

dēflūxio, ōnis, *f.* (defluo) = ἀποῤῥοια, der **Abfluss, a** eig., umoris, Cael. Aur. chron. 2, 14, 218: seminis, Firm. math. 3, 7: ventris, Diarrhöe, Cael. Aur. acut. 2, 18, 108: sudoris ignei, Cael. Aur. chron. 2, 5, 89. – absol., **α** = ῥευματισμός, der **Katarrh,** Cael. Aur. chron. 2, 7, 101. – **β** = διάῤῥοια, der **Durchfall,** die **Diarrhöe,** Cael. Aur. acut. 2, 18, 105 u. 108; 3, 22, 220 *sqq.* – **b** übtr., als astron. *t. t.*, das **Abströmen,** die **Abweichung,** coniunctiones et defluxiones (lunae), Firm. math. 4. praef. p. 84, 2 *ed. Basil.* (1551); vgl. *ibid.* 4, 19.

dēflūxus, ūs, *m.* (defluo), der **Abfluss, Ablauf,** in terras (Ggstz. exortus terrenus), Apul. de deo Socr. 11.

dē-fodio, fōdī, fossum, ere, herabgraben, **I eingraben, einscharren, vergraben, verscharren, a** lebl. Objj.: **α** übh.: palos resupinatos, Vitr.: robur (Steineiche), Plin.: vites et arbores penitus hieme defossae latent, Curt.: in qualis aut in vasis fictilibus def. propagines, Plin.: defossus stipes in agro, Ov.: signum (Standbild) septem pedes altum in terram defodi, Liv.: ubi illud signum defossum erit eo (dahin) etc., Liv.: def. murices ferreos in terram, Curt.: nova virgulta in terram, Lucr.: dendritida (eine Art Edelstein) sub arbore, Plin.: cum mortuis cremant atque defodiunt apta viventibus, Mela. – **β** aufbewahrend, verbergend, quidquid sub terra est, in apricum proferet aetas; defodiet condetque nitentia, Hor.: sacra (Heiligtümer) condita in doliolis def. sacello proximo aedibus, Liv.: cotem et novaculam in comitio, Cic. – bes. Schätze, def. aurum, Cic.: quo in loco aurum defodisset nullo conscio, Plin.: est domus alta; iacent penitus defossa talenta caelati argenti, Verg.: auri thesaurum def. in medio foro, Plaut.: thesaurum defossum esse sub lecto, Cic. – Partiz. subst., defossa eruere, Vergrabenes hervorscharren, Tac. hist. 3, 33. – **b** leb. Wesen: **α** Tiere: animalia quae semper defossa vivunt, ceu talpae, Plin.: talpae caecitate perpetuā, tenebris etiam tum aliis defossae sepultisque similes, Plin. – **β** Menschen: quae tanta necessitas hominem ad sidera erectum incurvavit et defodit (beim Bergbau), Sen. nat. qu. 5, 15, 3: in Germania defossi atque sub terra id opus agunt, in G. sitzt man unter der Erde vergraben und betreibt diese Arbeit (das Weben), Plin. 19, 9. – bes. Tote, um sie zu verbergen, cadaver domi apud P. Sestium, Liv.: hospitem necatum ibidem in aedibus, Plaut. – od. Lebende zur Strafe (namentl. Vestalinnen), Corneliam maximam virginem (Oberpriesterin der Vestalinnen), Plin. ep.: alqm def. (mit halbem Körper) in ludo et vivum comburere, Asin. Poll. in Cic. ep.: Graecum Graecamque boario in foro, Plin.: alqm altā humo, Ov. – mit dopp. *Acc.*, im Passiv mit dopp. *Nom.*, Corneliam Vestalium maximam def. vivam, Plin. ep.: def. sororem vivam capite, Val. Max.: nec (sacerdos) viva defodiatur humo, Ov.: Minucia Vestalis viva ad portam Collinam dextrā viam stratam (zur Rechten der Chaussee) defossa est scelerato campo, Liv.: Opillia virgo Vestalis *ob* incestum viva defossa est, Liv. epit. – übtr., defodere se et abdere, sich vergraben u. verbergen (= sich in die innersten Gemächer des Hauses zurückziehen), Sen. ad Marc. 2, 5. – **II aufgraben, aufwerfen, a** übh. = hinabgrabend öffnen, terram, Hor. sat. 1, 1, 42: locum in altitudinem pedum quinque, ein Loch 5 Fuß tief aufw., Plin. 31, 46. – **b** prägn., in die Erde hineingrabend **anlegen, aufwerfen,** in od. **unter der Erde anlegen,** siros, Curt.: specus, Verg.: in minore Codeta lacum (ein Bassin zu einer Seeschlacht anlegen), Suet.: scrobem in limine stabuli, Col.: specus sex pedum defossa altitudine, Plin. – Partiz. subst., dēfossum, ī, *n.*, die **Grube,** Sen. ep. 90, 17. Iul. Val. 1, 8. p. 16, 1 K. Flor. 3, 21, 26 jetzt oculis effossis.

dēfoenero, s. dē-fēnero.

dē-fōmito, āre, **brennend abglätten,** *Paul. ex Fest. 75, 10.

dē-forās, *Adv.*, **außen,** Privil. veteran. 7 (CIL III. p. 850).

dēfore, s. dē-sum.

dē-forīs, *Adv.*, **von außen,** Th. Prisc. 4, 1. Vulg. gen. 7, 16 u. a. Spät.

1. dēfōrmātio, ōnis, *f.* (1. deformo), das **Abformen, I** durch mater. Gestaltung = μόρφωσις, die **Abbildung** zu einer förmlichen Gestalt, die **Gestaltung,** corporis, Firm. math. 1, 8, 6: eorum corporum deformationes, Hyg. astr. praef. p. 344 M. – **II** durch Darstellung, **a** durch Zeichnung, die **Abbildung,** der **Abriss, Riss, Grundriss,** Vitr. 1, 1, 1 u. a. – **b** durch Worte, als rhet. Fig., **α** = προσωποποιία, die **Personendichtung,** Iul. Rufin. de schem. dian. 14. – **β** = διατύπωσις, die **anschauliche Schilderung,** Mart. Cap. 5. § 524.

2. dēfōrmātio, ōnis, *f.* (2. deformo), die **Verbildung = Verunstaltung, Entstellung, I** eig.: corporis, Cic. Hortens. fr. *no.* 74 K. = fragm. phil. F. V, 81. p. 323, 5 *Müller:* manus, Cod. Theod. 7, 13, 4: spoliatarum aedium, *ibid.* 15, 1, 19. – **II** übtr., def. tantae maiestatis, Herabwürdigung, Liv. 9, 5, 14.

dēfōrmis, is, *Adi.* m. *Compar.* u. *Superl.* (de u. forma), **I** = δύσμορφος, **missförmig, missgestaltet, entstellt,** u. in diesem Sinne = **hässlich,**

garstig, von dem, was durch Mangel an gehöriger Form, Beschaffenheit u. dgl. das ästhetische oder moralische Gefühl beleidigt, **A** eig. (Ggstz. formosus, pulcher, nitens), **a** von leb. Wesen, deren Körper und Körperteilen usw.: longus an brevis, formosus an deformis, Cic.: puer def. (Ggstz. formosus), Varro LL.: filius, Sen.: filia, Phaedr.: femina deformissima, grundhässliche (Ggstz. fem. pulcherrima), Gell.: anus deformes (Ggstz. pulchrae puellae), Treb. Poll.: iumenta parva atque deformia, Caes.: phocae, Ov.: deformem natum esse, Cic.: deformem esse (Ggstz. aliquid formae habere), Cic.: per senectutem deformis efficitur, Hieron. – corpus def., Sen. poët.: corpusculum def. (Ggstz. formosus animus et magnus), Sen.: capillus, Sen. rhet. – subst. deformes (*sc.* puellae), Ggstz. pulchrae, Donat. zu Ter. Andr. 1, 5, 10. – m. *Abl.* (wodurch?), deformis calvitio, Suet.: def. habitu, vultu, Iustin.: veste sordidus, crine deformis, Sulp. Sev.: def. ora cicatricibus, Curt.: hic corpore deformis est, aspectu foedus, Sen. – os (Numidae) naribus et auribus corrosis deforme reddidit, Val. Max.: laudata quondam ora Iovi lato fieri deformia rictu, Ov.: personae distortis oribus deformes, *Varro LL. 7, 64. – **b** v. sächl. Objj.: **α** von körperl. Ggstdn.: nitentia arma ante rem, deformia inter sanguinem et vulnera, Liv.: arundo def., Verg.: aqua def. illa et turbida, Frontin. aqu.: campus def., Cic.: campi def., Ov.: Euxini def. litora, Ov.: interdum ab altera parte cutis haud omnino adducta deformem quem reliquit locum reddit, Cels.: foeda omnia ac deformia visa, für lauter greuliche Missgestalten gehalten, Liv. – m. *Abl.* (wodurch?), domus aliquando pulchra, nunc deformis ruinis, Plin. ep.: publico privatoque luctu deformis laurea, Liv.: deformis urbs veteribus incendiis ac ruinā erat, Suet. – poet. mit *Genet.*, def. leti, infolge des T., Sil. 1, 166. – m. 2. *Supin.*, dictu deformia, Quint.: erunt deformia visu, Ov.: maesti loci visuque ac memoriā deformes, Tac. – m. *ad* oder *in* u. Akk. (für = in Betreff), os nec ad spem deforme neque etc., Val. Max. 1, 8. ext. 12: hoc in speciem varietatemque opus deforme non est alternis trabibus ac saxis, Caes. b. G. 7, 23, 5. – **β** v. phys. Zuständen: aspectus def., Val. Max.; verb. aspectus def. atque turpis (Ggstz. honesta species), Cic.: motus statusve def., Cic.: aegrimonia, Hor.: deformis ipse cursus (equorum) rigidā cervice et extento capite currentium, Liv.: saeva ac def. totā urbe facies, wild und grässlich sah es in der g. St. aus, Tac.: def. spectaculum semirutae ac fumantis sociae urbis, Liv.: def. hiems, Sen. poët. apoc. 2, 1. *v.* 4. – **γ** v. Ton u. Rede: deformis est consumpti illius (spiritus) sonus, Quint.: hoc (dadurch) orationem magis deformem fore, Quint. – **B** übtr.: **a** v. Pers. u. persönl. Ggstdn., bald = **ungeschlacht** (roh, gemein), bald = **entehrt, geschändet, mit Schmach bedeckt,** def. turba velut lixarum calonumque, Liv.: def. et incondita turba (senatorum), Suet.: def. agmen, Liv.: nec eam (patriam) diligere minus debes, quod deformior est, Cic. – m. *Abl.* **(wodurch?),** patriae solum def. belli malis, Liv.: ne ubique deformis militiae damnis haberetur, Iustin. – **b** v. Zuständen usw., moralisch **hässlich** = **unanständig, widerlich, scheußlich, greulich, schmachvoll, erniedrigend, entehrend, schimpflich, beschimpfend** (Ggstz. pulcher, honorificus, honestus), blanditiae, Quint.: convicia, Quint.: ira, def. malum, Ov.: lucra, Suet.: nomen, Ov. u. Quint.: obsequium, erniedrigende Hingebung, Servilismus (Ggstz. abrupta contumacia, schroffer Eigensinn, Radikalismus), Tac.: turpiculae et quasi deformes res (Ggstz. honestae res), Cic.: nec ulla deformior est species civitatis, quam etc., Cic. – m. *Dat.* (für wen?), haec consternatio muliebris nescio vobis, tribuni, an consulibus magis sit deformis, Liv.: aliam orationem non tam *honorificam* audientibus quam sibi *deformem* habuisse, Liv. – deforme est mit folg. *Infin.*, deforme etiam est de se ipsum praedicare, Cic.: deforme atque servile est caedi discentes, Quint.: u. (im Komparat.) cum sit alioqui multo deformius amittere quam non assequi laudem, Plin. ep. – m. *Dat.* (für wen?), ut sub rostris reum stare (Scipionem) et praebere aures adulescentium conviciis populo Romano magis deforme quam ipsi sit, Liv. – u. oft deforme (quo deformius) arbitror, deforme mihi existimo, puto, duco mit folg. *Infin.*, Plin. ep. 1, 23, 2; 3, 4, 5. Val. Max. 3, 2, 6; 3, 6, 3. Iustin. 38, 6, 4; ebenso deforme habetur mit folg. *Infin.* (Ggstz. pulchrum et gloriosum habetur), Tac. dial. 36 *extr.* – subst., dēformia, ium, *n.*, **schandbare Dinge,** deformia meditari, Tac. ann. 14, 15. – **II formlos, gestaltlos,** deformes animae, vulgus inane, Ov. fast. 2, 554.

dēfōrmitās, ātis, *f.* (deformis) = δυςμορφία, die **Missförmigkeit, Missgestaltheit (Missgestalt), Entstellung, Verunstaltung,** das **entstellte Aussehen,** und in diesem Sinne = die **Hässlichkeit,** das **hässliche-, garstige Aussehen,** die **hässliche Gestalt, I** eig. (Ggstz. pulchritudo, dignitas), **a** einer Pers., deren Körper, Körperteile u. körperl. Vornahmen, def. et corporis vitia, Cic.: summa def. (Ggstz. nimia pulchritudo), Gell.: def. Pleminii, Liv.: civium nostrorum, Liv.: insignis ad deformitatem puer, Cic.: homines insigni deformitate, Gell.: noscitabatur tamen in tanta deformitate, Liv.: quae res nonnullam afferebat deformitatem, ein Gebrechen, das ihn etwas verunstaltete, Nep. – def. corporis (Ggstz. pulchritudo animi), Sen. u. (Ggstz. turpitudo ingenii) Vell. u. (Ggstz. depravatio et foeditas animi), Cic.: def. oris, Tac. u. Gell.: praecipue haec def. circa faciem deprehenditur, Scribon.: in aure et naribus def. sola timeri potest; in labris vero etc., Cels.: risus habet sedem in deformitate aliqua et turpitudine, Quint.: ne malā consuetudine ad aliquam deformitatem pravitatemque veniamus, Entstellung und Verdrehung (in den Gebärden), Cic. – def. agendi, widerlicher Vortrag (Ggstz. actionis dignitas), Cic. – Plur., verba meretricum vitia atque deformitates significantia, Gell. 3, 3, 6. – **b** sachl. Ggstd.: def. aedificiorum, Suet.: cultus, Val. Max. – **II** übtr., **a** übh., die **Missgestalt,** animi, Cic. de legg. 1, 51 (Ggstz. corporis pravitates) u. Sen. de ben. 1, 10, 2 (Ggstz. cultus corporum nimius et formae cura). – **b** die moral. Hässlichkeit einer Handlung usw. = die **Unanständigkeit,** die **Widrigkeit** (das **Widrige**), der **Greuel,** das **Entehrende, Schimpfliche, Schmähliche,** der **Schimpf,** die **Schmach,** ludicra def., die Schmach des Auftretens als Schauspieler, Tac.: cuius rei def., Val. Max.; verb. cuius rei def. atque indignitas, Rhet. Her.: def. exitus, Tac.: illius fugae neglegentiaeque def., Cic.: def. opprobrii, Val. Max.: iudicibus ipsis deformitati est (gereicht zur Schmach) futura absolutio rei, Quint.

dēfōrmiter, *Adv.* m. *Compar.* (deformis), **entstellt, hässlich, I** eig.: def. formati, Apul. met. 8, 27. – **II** übtr., **unanständig, schmählich, schimpflich,** sonare, Quint. 8, 3, 45: multa dicere, Quint. 11, 1, 82: respicere, Quint. 12, 3, 2: iactare cervicem, Mart. Cap. 5. § 545: se attollere, Val. Max. 8, 1. absol. 6: vivere def. ac turpiter, mit Schimpf und Schande, Suet. Ner. 49, 3. – *Compar.*, ut in ea (parte) … nemo deformius doceatur errasse, Sulpic. Sev. dial. 1, 6. § 6: quia maior (älter) deformius luderem, Augustin. conf. 1, 9 *extr.*: qui in ceteris deformius erubescere timuisset, Augustin. de civ. dei 18, 52, 1. p. 339, 22 D[2].

dē-fōrmo, āvī, ātum, āre, **I abformen** = **in eine Form** od. **Gestalt bringen, eine Form** od. **Gestalt geben, zur** förmlichen **Gestalt ausbilden, bilden,** in gehöriger Form **darstellen, A** eig.: **a** durch mater. Gestaltung: areas, Cato: supra, trullisatione subarescente, directiones harenati, Vitr.: in astris corpora eorum, Hygin.: marmora deformata primā manu, die die erste rohe Form (durch Bearbeitung) erhalten haben, Quint.: u. so certi ac deformati fructus, ausgebildete, Quint. – m. *ad* (nach) u. Akk., locum ad tabulae litterariae speciem, die Gestalt einer Schreibtafel geben, Varro. – m. *Abl.* (durch), tragicae scaenae deformantur columnis et fastigiis et signis, Vitr.: Sagittarii arcus in astris eodem orbe deformatur, Hyg. – **b** durch Zeichnen, **abbilden,** im **Abriss darstellen, zeichnen,** speciem operis exemplaribus pictis, Vitr. 1, 1, 4. – m. *ex* u. Abl., alteram viam deformasse Carneadem virtutis e cupis acris aceti, Varro sat. Men. 484. – **B** übtr., mündl. od. schriftlich **darstellen, schildern, zeichnen,** ille, quem supra deformavi, Cic.: hic, quem deformamus, den wir uns zum Vorbild aufstellen, Sen.: eorum hominum actionem sermonemque def., Rutil. Lup.: vitia et virtutes alcis def., Rutil. Lup. Vgl. Ruhnken Rutil. Lup. 2, 6.

II verbilden = **verunstalten, verstellen, A** eig.: **a** leb. Wesen, deren Körper u. Körperteile: faciem deformavit aetas, Vitr.: horrida vultum deformat macies, Verg.: nec male deformet rigidos tonsura capillos, Ov.: parsimonia deformata (im schmutzigen Trauergewand) atque ornamentis omnibus spoliata, Cic.: si qua ... ita *per* hanc curationem ipsam deformantur, ut minus indecora ante fuerint, Cels. – m. *Abl.* (mit, durch), se def. claro amictu, Claud.: def. canitiem multo pulvere, Verg.: servum vulnerum cicatricibus, Ulp. dig.: aerumnis deformatus, Sall.: deformatus stigmatum notis, Suet.: deformatus iam lacrimis, Dict.: luctu et maerore diutino deformata, Apul.: lurore *ad* miseram maciem deformatus, Apul. – m. *Abl.* (an), amicus deformatus corpore (körperlich verkommen), fractus animo, Cic. – **b** andere Objj.: qui sunt, qui Italiam deformaverint? Karthaginienses, Rhet. Her.: Romae Iunonis Lucinae templum de caelo tactum erat ita, ut fastigium valvaeque deformarentur, Liv.: parietes nudos ac deformatos reliquit, Cic. – m. *Abl.* (durch), imagines alqā re def. (Ggstz. exornare), Rhet. Her.: fulminibus complura loca deformavit tempestas, Liv.: patria turpissimis incendiis et ruinis deformata est, Auct. b. Alex. – **B** übtr., **verunstalten, entstellen, seines Schimmers (Glanzes) berauben, herunterbringen, seiner Würde entkleiden, herabwürdigen, entehren, a** übh.: domum (durch Störung der Ehe zwischen Äneas und Lavinia, durch die Niederlage usw.), Verg.: genus et fortunam honestam, Liv.: imperium Romanum, Eutr.: non sustinuit videre deformatum virum, Brut. bei Sen.: haec ipsa fiducia lacerat ac deformat orationem, Quint.: res prospere gestas deformaverunt naufragia classium, Liv. epit.: quae (diese Eigenschaften) ita deformata sunt a fortuna, ut etc., Cic. – m. *Abl.* (durch), multa bona uno vitio, Liv.: gloriam Philippi bello partam nunc servitute tot civitatium, Liv.: ordinem pravā lectione senatus, Liv.: victoriam clade, Liv.: monilibus, quae sunt ornamenta feminarum, deformantur viri, Quint.: Asiatica legatio filii casu deformata, Liv.: non ultimo sive carceris sive crucis supplicio deformata maiestas (M. Atilii Reguli), Flor. – **b** in der Darstellung **in ein hässliches Licht stellen** (Ggstz. ornare), ea, quae accusatores deformandi huius causā, detrahendae spoliandaeque dignitatis gratiā dixerunt, Cic. – m. *in* u. Abl., legant hanc eius contionem, de qua loquor; in qua Pompeium ornat an potius deformat? Cic. – m. *Abl.* (durch), homo deterrimus ... fictis conquisitisque vitiis deformatus, Cic.

dēfossus, ūs, *m.* (defodio), das **tiefe Graben,** area in defossum cavata, tief gehöhlte Senkgrube, Plin. 19, 163.

dē-fragro, āre = deflagro, Gloss.

dē-frango, ere, **abbrechen,** Placit. de medic. 2, 14.

dēfraudātio, ōnis, *f.* (defraudo), die **Übervorteilung, Entziehung,** Tert. de anim. 43.

dēfraudātor, ōris, *m.* (defraudo), der **Betrüger,** Gaius inst. 4, 65.

dēfraudātrīx, trīcis, *f.* (Femin. zu defraudator), die **Betrügerin,** Tert. de ieiun. 16.

dē-fraudo (archaist. u. vulg. dē-frūdo), āvī, āre, **betrügen, übervorteilen, beeinträchtigen,** durch Betrug **um** etwas **bringen,** alqm, Plaut. u. Ter.: genium suum, s. genius: segetem, Cato: aures, das Gehör beeinträchtigen (indem man vor dem erwarteten Ziel einhält), Cic. – m. *Dat.* (wem?), nihil sibi, sich nichts abgehen (es sich wohl sein) lassen, Petron. 69, 2. – alqm m. *Abl. rei* (um), me drachumā, Plaut. Pseud. 93: alqm ne andabatā quidem, Cic. ep. 7, 10, 2: u. so m. *Abl.*, Apul. met. 4, 25; 9, 28; apol. 86. Vulg. Sirach 7, 23. – alqm m. *Acc. rei* (um), aes (um das G.) coponem, Varro sat. Men. 329: nisi quid (um etwas) tu porro uxorem defraudaveris? Plaut. asin. 95: si quid (um etwas) aliquem defraudavi, Vulg. Luc. 19, 8. – m. *de* u. Abl., haec (cryptoporticus) aliquid spatio suo in extimo deambulacri capite defrudans, Sidon. epist. 2, 2, 10. – m. *in* u. Abl., in omni re defraudabitur (wird Mangel haben), Vulg. Sirach 37, 22. – absol. (mit zu ergänz. *Acc. pers.*), etiam insuper defrudet (verst. me), Ter. adelph. 246. – ► Archaist. defraudassis = *defraudaveris,* Plaut. rud. 1345: vulg. defraudit = *defraudat,* Petron. 69, 2.

dē-fremo, fremuī, ere, **sich abbrüllen,** v. einem Stier, Avian. fab. 28, 4. – übtr., **ausrauschen, austoben,** Plin. ep. 9, 13, 4 K. Sidon. epist. 1, 5, 11 u. ö.

dēfrēnātus, a, um (de u. freno), **ungezügelt, zügellos,** cursus, Ov. met. 1, 282.

dēfretum, s. dēfrutum ►.

dēfricātē, *Adv.* (defrico), **mit beißendem Spott,** Naev. com. 80.

dēfricātio, ōnis, *f.* (defrico), das **Abreiben, Frottieren,** Cael. Aur. acut. 1, 1, 96 u. a.

dē-frico, fricuī, fricātum u. frictum, āre, **abreiben, abscheuern, einreiben, frottieren, a** übh. lebl. Objj.: amphoram, Cato: dolia, Col.: vas aeneum, Vulg.: radicem diligenter, Col.: lichenas pumice, Plin.: vulnera bubulā urinā, Col.: papulam ieiunā salivā cotidie, Cels.: lenticula defricata, Augustin. serm. 208, 1. – **b** leb. Wesen, deren Körper u. Körperteile: boves, Sen.: equum, Sen.: equum et sagmarium suum, Aurel. imp. bei Vopisc.: coepit, postquam perfusus est, defricari (sich [im Bad] frottieren zu lassen), Rhet. Her.: corpora pecudum u. hominum cotidie, Col.: dentes coram, Ov.: pupulas diu, sich die Augen reiben (v. Schlaftrunkenen), Apul.: fauces membraque sibimet ad numerum in sphaeristerio, Suet. – m. *Abl.* (mit), quod quisque minxit, hoc sibi solet mane dentem atque russam defricare gingivam, Catull.: dens Hiberā defricatus urinā, Catull.: defr. totum boum palatum sale, Col.: u. so (im Bild) urbem sale multo, tüchtig mit Salz durchbeizen = mit scharfem Witz durchhecheln, Hor. sat. 1, 10, 4.

dēfrictum, s. dēfrutum ►.

dē-frīgēsco, frīxī, ere, **kalt werden, verkühlen,** Col. 12, 20, 4 u. 21, 1.

dē-fringo, frēgī, frāctum, ere (de u. frango), **abbrechen, a** übh.: ramum arboris, Cic.: surculum, Cic.: summa plantas *ex* arbore, Verg. – **b** im üblen Sinne: pedem subsellii, Rhet. Her.: amphora defracto collo, Cato: defractis compluribus subselliis obesitate cuiusdam, Suet.: *ex* nave et columna aliqua pars defringebatur, Gaius inst.: Körperteile, digitos omnes suos, Nov. com. 50 (vgl. diffringo). – m. *ab* u. Abl., ferrum ab hasta, Verg.: articulum a crure, Apul. – übtr., unum bonum est, quod numquam defringitur, was einen Abbruch erleidet, entzogen wird, Sen. ep. 92, 2: u. so si nihil ex gratia eius petitio mea defregisset, keinen Abbruch getan hätte, Apul. flor. 16. p. 22, 18 Kr.

dēfritum, dēfructum, s. dēfrutum ►.

dēfrūdo, s. dē-fraudo.

dē-frūgo, āre (de u. fruges), **der Früchte berauben,** segetem ne defruges, Vet. orac. bei Plin. 18, 200.

dēfrūmentum, ī, *n.* (de u. fruor), der **Nachteil,** Plin. Val. 5, 24.

dē-fruor, fruī, **ganz genießen** (vgl. Paul. ex Fest. 70, 14), m. *Abl.*, autumnitate, Symm. epist. 3, 23: raptim voluptatibus plurimis, Porphyr. Hor. ep. 2, 2, 197.

dēfrūsto, āre (de u. frustum), **zerfetzen, zerstückeln,** tunica in pannulos (Lumpen) defrustata, Amm. 31, 2, 5: Mesopotamiam, Amm. 20, 2, 4: maxima ex magnis capita, Sidon. epist. 9, 9, 8.

dēfrutārius, a, um (defrutum), **zum Mostsaft gehörig, Mostsaft-,** cella, Col. 1, 6, 9: vas, Col. 12, 19, 3. – subst., dēfrutārium, iī, *n.*, das **Mostsaft-Gefäß,** Col. 12, 20, 2.

dēfruto, āre (defrutum), **zum Mostsaft einkochen lassen,** vinum, Cato r. r. 24, 2. Col. 2, 22, 4.

dēfrutum, ī, *n.* (*sc.* mustum; vgl. ahd. *prod,* Brühe, *briuwan,* brauen), der (nach Col. 12, 20, 2 u. 21, 1 bis zum dritten Teil, nach Plin. 14, 80 bis zur Hälfte) **eingekochte Most, Mostsaft,** Plaut. Pseud. 741 (auch angeführt bei Varro sat. Men. 40). Varro de vit. pop. Rom. 1. fr. 34 (bei Non. 551, 19): Plur., igni pinguia multo defruta, Verg. georg. 4, 269. – ► Nbf. dēfrictum, Apic. 1, 69; 3, 67; 4, 415: dēfritum, CIL 4, 5586 u. 5588: dēfretum, Gloss.: dēfructum, Col. 12, 11, 1 u. Gloss.

dē-fuga, ae, *m.* (defugio), der **Flüchtling,** Cod. Theod. 12, 19, 3. Prud. perist. 1, 42.

dē-fugio, fūgī, ere, **I** *v. intr.*, **entfliehen, fliehend enteilen,** circa ripam Tiberis, quo armis abiectis totum sinistrum cornu defugit, magna strages facta est, Liv. 5, 38, 8. – **II** *v. tr.*, durch Flucht **aus dem Wege gehen, sich entziehen, ausweichen, a** eig.: aditum sermonemque alcis, Caes. b. G. 6, 13, 7. – **b** übtr., der Leistung einer Verbindlichkeit **sich entziehen, sich entschlagen, ausweichen, aus dem Wege gehen,** proelium, Caes.: iudicia, Cic.: laborem hunc, Cic.: munus illud,

Cic.: numquam auctoritatem (der Verantwortung), Plaut. u. Ter.: auctoritatem consulatus sui (der Vertretung seiner konsul. Wirksamkeit), Cic.: illam Caesaris coniunctionem, Cic.: eam disputationem, Cic.: in (bei) dicendo assentationem vulgi acclamationemque (Ggstz. sectari), Plin. ep. – non def. m. folg. *quin* u. Konjunkt., nec tamen defugiam, quin dicam, quae scio de suillo pecore, Varro r. r. 2, 4, 2. – im Zshg. absol., rem publicam suscipiant atque unā secum administrent; sin timore defugiant (sich dem entzögen), illis se oneri non futurum, Caes.: sic iniurias fortunae, quas ferre nequeas, defugiendo (indem du dich ihnen entziehst) relinquas, Cic.

dēfugo, āre, **verjagen, vertreiben,** Th. Prisc. 1, 4.

dē-fulguro, āre, **herabblitzen,** Auson. perioch. Iliad. 5.

dēfūnctio, ōnis, *f.* (defungor), **I** die **Überstehung, Verrichtung,** Salv. de gub. dei 1, 8. – **II** der **Tod,** Iren. 1, 21, 5 u. 1, 24, 1. Vulg. Sirach 1, 13 u. a. Eccl.

dēfūnctōriē, *Adv.* (defunctorius), **leichthin, oberflächlich,** causam suam agere, Sen. contr. 10, 3 (31), 18: petere alqd, Ulp. dig. 38, 17, 2.

dēfūnctōrius, a, um (defungor), **leichthin gemacht, oberflächlich,** Petron. 132, 10 u. 136, 5.

dēfūnctus, ūs, *m.* (defungor), der **Tod,** Tert. adv. Valent. 26.

dē-fundo, fūdī, fūsum, ere, **I herab-** od. **hinabgießen, -schütten,** von oben **eingießen,** im Passiv **sich herabergießen, herabströmen, a** übh.: ut sint fenestrae (die Fenster = die Leute im Fenster) contentae patulas defundere pelves, Iuven.: plurimus auster defundit imbres, Stat.: ovi et album et vitellum in vas defundendum est, Cels.: puteus brevis in tenues plantas facili defunditur haustu, Iuven.: ex uno fonte in occidentem orientemque defusi amnes, Sen.: et (arcus, Regenbogen) caelo defusum reddit aequor, gibt den herabgeströmten Regen dem H. zurück, Lucan.: donec abundanter defuso sanguine late procubuit moriens, Sil. – im Bild, sic flumine largo plenus Pierio defundis pectore verba, Petron. poët. 5. *v.* 24 *sq.* – **b** insbes.: **α** einem Tier in einen Körperteil von oben **eingießen, einflößen,** potionem, Veget. mul.: alqd in nares, in fauces, Veget. mul.: alqd per os, per dextram narem, Veget. mul. – **β** spendend **herabgießen, -schütten, spenden,** aurea fruges Italiae pleno defundit Copia cornu, Hor. ep. 1, 12, 29. – u. als Libation, def. merum pateris (aus Sch.), Hor. carm. 4, 5, 33: Mercurio (dem M.) delibamenta, Val. Max. 2, 6, 8. – **II weggießen,** bes. in ein anderes Gefäß **abgießen, abschütten, abfüllen,** aquam, Vitr.: aquam non omnem, Cato: omne ius, Col.: vinum, Hor. u. Pallad.: vina Manlio Torquato consule defusa, Porphyr. Hor. epod.: defusa Massica prisco cado, Gratt.: quibus vinum defusum de pleno (vom vollen Fass) siet, Lucil. 1175: def. aquam in vas plumbeum, Col.: oleum in fictilia labra, Col.: ceram per stramenta, Col.

dē-fungor, fūnctus sum, fungī, mit etw. (einer Verrichtung oder Verpflichtung, bes. einer lästigen, unangenehmen) **völlig fertig werden, weg-, davon-** od. **durchkommen, nichts mehr zu schaffen haben,** von etwas **loskommen,** einer Sache **sich entheben,** etwas **loswerden,** einer Sache sich **entledigen, ledig-, quitt werden,** etwas **durchmachen,** etw. **überstehen** (vgl. Gronov u. Ruhnken Ter. eun. prol. 15. Korte Cic. ep. 8, 1, 10), **a** übh.: **α** m. *Abl. mater.*: bello Punico, Liv.: suo bello, mit ihrem Kr. = ihrerseits mit dem Kr. f. w., Liv.: defunctum bello barbiton, der Liebeshändel ledig, Hor.: defungi quam primum certamine cupere, Liv.: haudquaquam pari defungendum esse certamine, Liv.: def. omni populari concitatione (demagogische Umtriebe), Cic.: curā, Liv.: defunctus honoribus, der alle Ehrenstellen durchlaufen hat, Cic.: def. regis imperio, Liv.: defunctus laboribus, Hor. u. Ov.: defunctum esse fatalibus malis, Suet.: defunctā civitate plurimorum morbis, perpaucis funeribus, Liv.: defuncta morbis corpora, Liv.: iam defunctum esse periculis, Cic.: o tandem magnis pelagi defuncte periclis, Verg.: defungi proelio festinare, Liv.: def. responso (oraculi), erfüllen, Iustin.: ebenso somnio, Iustin.: permenso defunctus tempore lucis, Tibull.: u. so nisi quae terris semota suisque temporibus defuncta videt, was der Erde entrückt ist und seine Zeit erfüllt hat, Hor. – **β** m. *Abl. instr.*: nequaquam pari defunctum esse caede, Liv.: vicisse Romanos defunctos consulis fato, indem sie quitt seien durch des Konsuls Tod (= alles überstanden, nichts mehr zu fürchten hätten von den Göttern, die durch des Konsuls Tod gesühnt wären), Liv.: def. hoc mendacio, Cael. in Cic. ep.: turpius putare parvo defungi (mit wenigem sich zu begnügen) quam totum abnuere, Iustin.: def. levi poenā, unius poenā, Liv., unā poenā, Sen. rhet.: parco victu, sich begnügen mit usw., Curt. – zugl. m. *pro* u. Abl., def. tribus decumis pro una, Cic.: pro tuis beneficiis tam vili munere defungor orationis (finde ich mich ab mit usw.), Planc. in Cic. ep. – zugl. m. *adversus* u. Akk., quare et medico et praeceptori quiddam debeo nec adversus illos mercede defungor, ihnen gegenüber mit dem bloßen Lohn loskomme, Sen. de ben. 6, 16, 1. – **γ** m. *in* u. Abl., cupio misera in hac re iam defungier, Ter. Phorm. 1021. – **δ** im Zshg. absol.: defunctus iam sum, nihil est quod dicat mihi, Ter.: me quoque, qui toties merui sub amore puellae, defunctum placide vivere tempus erat, Ov.: eos existimare defunctos se esse satisque poenarum dedisse, hätten die Sache abgetan, seien quitt, Liv.: defunctos vulgo ferebant, quod inter fatalia vates cecinissent, man sei darüber hinaus, was usw., Liv.: ubi (carinae) defunctae (nachdem sie es [= die Gefahren] überstanden) finem portusque tenebunt Ausonios olim, Verg. – unpers., utinam hic sit modo defunctum! Ter. adelph. 507 *sq.* – **b** vom Überstehen des (mühevollen) Erdenlebens u. des Todes, **α** m. *Abl. mat.*: vitā def., Sen., Curt. u. Gell. (vgl. defuncta corpora vitā magnanimûm heroum, Verg.): non suā morte def., keines natürlichen Todes sterben, Suet.: ante oculos regis egregiā morte def., Curt.: ne simplici quidem morte def., nicht einmal eines einfachen Todes sterben, Curt.: honestā morte def., ehrenvoll sterben, Curt.: id ego defunctum terrā (der E. enthoben) caelestibus oris accipiam, Ov. – **β** absol. = **es überstanden haben** = **hingeschieden, gestorben sein,** defuncta (est) virgo Vestalis Laelia, Tac.: dicitur prius esse defunctus, Quint.: defuncto Augusto, Tac.: ibi defunctum esse, Flor.: defuncti proelio duces, Flor.: illo mense (in jenem M.) defunctum esse, Suet.: cito ac nullo cruciatu defunctum esse, Suet.: defunctum esse languore (an Entkräftung), Ps. Quint. decl. – oft Partiz. dēfūnctus, a, um, **hingeschieden, tot** (Ggstz. vivus), patrem defunctum pro rostris laudare, Suet.: defunctae matri honores maximos tribuere (Ggstz. praecipua officia vivae praestare), Suet.: saepe mihi dices vivae bene, saepe rogabis, ut mea defunctae molliter ossa cubent, Ov.: peractis quae mos erat praestare defunctis, Sen.: si nullus defunctis sensus superest, Sen.: revocare defunctos, Plin.: def. corpus, Leichnam, Leiche, Curt.: u. so def. corpora, Plin. – subst., dēfūnctus, ī, *m.*, der **Hingeschiedene, Tote,** defuncti filius, Quint.: defuncti calvaria, Scrib.: defunctos excitare, Quint. – ► Parag. *Infin.* defungier, Ter. Phorm. 1021.

dē-furo, ere, **ausrasen, sich austoben,** ubi defurere visi, Heges. 4, 9 *extr.*

dēfūsio, ōnis, *f.* (defundo), das **Abfüllen** auf Fässer, das **Auffüllen,** Col. 3, 2, 1.

dē-fūsto, āre (de u. fustis = ξυλοκοπέω), **mit dem Stock schlagen,** Gloss.

dēfutūtus, a, um (de u. futuo), bis zur Erschöpfung **genotzüchtigt,** puella, Catull. 41, 1. Vgl. diffututus.

dē-gemo, ere, etw. **beseufzen, über** etw. **sich beklagen,** cuius luxuriā noctibus coronatum Marsuam litterae illius degemunt, *Plin. 21, 9 D.

dēgener, neris, *c.* (de u. genus), **aus der Art schlagend, ab-, ausgeartet, I** eig., **abgeartet, von niedriger Abkunft (Herkunft), unecht, unebenbürtig, gemein, a** leb. Wesen: **α** v. Menschen: Afer, Liv.: rex Macedonum, unechter (= untergeschobener), Tac.: Neoptolemus, Verg.: uxor, Tac.: Pannonius, Amm.: privatim degeneres, persönlich verkommen, Tac.: hi iam degeneres sunt, mixti et Gallograeci vere, quod appellantur, Liv. – m. *Acc. resp.*, Artabanus maternā origine Arsacides, cetera (im Übrigen) degener, Tac. ann. 6, 42. – m. *Abl.* (an), Zenobia dignitate formae haud degener, Tac. ann. 12, 51. – m. *Genet.* (von), iuvenis patrii non degener oris, dem Vater an Beredsamkeit nicht unähnlich (der vom Vater den Mund geerbt hat), Ov. ex

Pont. 3, 5, 7. – **β** von Tieren: taurus, Sen.: degener et vulgaris asellus, Col.: aquila, Plin.: canum degeneres, Plin. – **b** v. Lebl.: herbae, Plin.: adamantes, Plin. – **II** übtr., geistig oder moralisch (sittlich) **ausgeartet, entartet, verkommen, seiner Abkunft unwürdig, unedel, gemein,** **a** v. Pers. u. deren Geist: hostis degener et emollitus amoenitate Asiae, Liv.: deg. filius (Ggstz. filius tantae indolis, quantae tuus fuit), Sen.: deg. toga (poet. = togati), Lucan.: degeneres et humillimae mentis, Sen.: degeneres et ignavi, Amm. – animus deg., non deg., Tac.: animus pusillus et deg., Sen.: animi degeneres, Verg. – m. *ad* u. Akk., non degener ad pericula (den G. gegenüber), Tac. ann. 1, 40. – m. *ab* u. Abl., iam bilingues erant (sie sprachen schon eine Mischsprache), paulatim a domestico externo sermone degeneres, indem bei ihnen das vaterländische allmählich durch das fremde Idiom entartet war, Curt. 7, 5 (23), 29. – m. *Genet.*, Atlantes degeneres sunt humani ritus, allen menschlichen Gewohnheiten entfremdet, Plin. 5, 44: patriae non degener artis, Ov. met. 11, 315: nec degener ille sanguinis, Stat. Theb. 9, 619: non degener ipse gestorum, Sil. 12, 287: decolor et degener patris, Ps. Augustin. serm. app. 70, 2. – analog dem indignus m. *Abl.* **wovon?** degener haud Gracchis consul, Sil. 4, 517: illi non degeneres tanto duce, Ambros. de Iacob 2, 11, 45. – m. *Abl.* **wodurch?** non degener vitā (im L.), Tac. ann. 5, 61. – **b** v. Lebl.: vultus Vitellii proiectus et deg. (unmännlich), Tac.: conspectus deg. irati patris, Val. Max.: trepidatio deg., Sen.: degeneres passus latebras, feige Schl., Lucan.: nec irritae aut degeneres insidiae fuere adversus transfugam et violatorem fidei, Tac.: ceterorum preces degeneres fuere ex metu, Tac.: prece haud degeneri permotus, Tac. – ► degener als Femin., Plin. 10, 8 u. 14, 41. Lucan. 1, 365 u. 10, 441. Tac. ann. 12, 19. Inc. pan. Constant. Aug. 13, 5. Auson. Mos. 355. Prud. cath. 7, 12 u. 12, 193. – Abl. Sing. auch degeneri, Sen. Phaed. 493. Tac. ann. 12, 19. Stat. silv. 3, 2, 41. Ennod. carm. 2, 148, 4 u. dict. 13. p. 464, 21.

dē-genero, āvī, ātum, āre (degener), **I** *v. intr.* **aus der Art schlagen, abarten, ausarten,** **1** eig.: **a** v. Pers.: Macedones, qui Alexandriam in Aegypto, qui Seleuciam ac Babyloniam, quique alias sparsas per orbem terrarum colonias habent, *in* Syros Parthos Aegyptios degenerarunt, Liv. 38, 17, 11. – **b** v. Lebl.: poma degenerant sucos oblita priores, Verg.: frugum semina mutato solo degenerant, Flor.: sata quaedam caelo terrāque degenerant, Quint.: semina vidi lecta diu et multo spectata labore degenerare, Verg.: quamvis celerius locis umidis, tamen etiam siccis frumenta degenerant, nisi etc., Col.: plerumque degenerat surculus, si etc., Col. – m. *ab* u. Abl., comperimus eum malleolum, qui quattuor uvas tulerit, deputatum et in terram depositum a fecunditate materna sic degenerare, ut etc., Col. – m. *in* u. Akk., degenerat hordeum in avenam, Plin.: costae sex inferiores ... in exteriorem partem recurvatae paulatim in cartilaginem degenerant, gehen in Knorpel über, Cels.

2 übtr., moralisch oder geistig **ausarten, entarten, entartet sein, sich entartet zeigen, sich seiner Abkunft unwürdig zeigen, seine** (edle) **Abkunft entwürdigen,** **a** von leb. Wesen: consuetudo eum et disciplina degenerare non sinit, Cic.: Pandione nata, degeneras! Ov.: praecipua Marcomannorum gloria viresque; nec Naristi Quadive degenerant, Tac.: horum (Aristotelis et Theophrasti) posteri ... ita degenerant, ut ipsi ex se nati videantur, Cic.: nihil degenerasse (v. einem Volk), Cic. – m. *ab* u. Abl., a familia imperiosissima et superbissima, Liv.: a gravitate paterna, Cic.: ab hac perenni contestataque virtute maiorum, Cic.: ab antiqua libertate magis quam ab eloquentia, Tac.: a civili more, Suet.: a gentis suae moribus, Auct. b. Alex.: a Stoicis, a Zenone (v. einem Philosophen), Cic.: frater tuus, qui a vobis nihil degenerat, Cic.: deg. a labore ac virtute assuetudine voluptatum et contemptu ducis, Tac.: in tantum non modo a libertate, sed etiam a servitute degenerant, sie sind nicht nur so weit der Fr. entfremdet, sondern auch so tief in die Knechtschaft versunken, Tac.: ita degenerasse a suorum virtutibus, ut etc., Suet.: ita tum a semet ipso degeneravit, ut etc., Curt.: tantum pro! degeneramus a patribus nostris, ut etc., Liv.: tantum eos degenerasse a maioribus, ut etc., Iustin.: a Philippo illum (Alexandrum) patre tantum degenerasse, ut etc., Iustin. – m. bl. *Abl.* (von), non famā immanis alumni degenerat, Stat. Theb. 4, 148 *sq.* – m. *Dat.* (wem? = von wem?), patribus, Manil. 4, 77: Marti non deg. paterno, Stat. Theb. 1, 464: patri non deg. Achilli, Claud. IV. cons. Hon. 367. – m. *in* od. *ad* u. Akk., in Persarum mores (v. Heer), Liv.: in externum cultum, Curt.: in peregrinos externosque ritus, Curt.: ad theatrales artes, Tac. ann. 14, 21. – m. *in* u. Abl., in perpetiendis suppliciis, Tac. ann. 15, 68. – **b** v. Lebl.: vita degeneraverat, Tac. ann. 1, 53: ut facile cernere naturale quoddam stirpis bonum degeneravisse vitio depravatae voluntatis, Cic. Brut. 130.

II *v. tr.* **entarten,** **A** im Allg.: **1** eig.: adulteris coitibus degenerantur partus leaenarum, Solin. 17, 11. – **2** übtr.: **a** übh.: quae (venus) si teneris conceditur, carpit corpus et vires animosque degenerat, Col. 7, 12, 11: multum degenerat (verdirbt) transcribentium sors varia, Plin. 25, 8. – m. *in* u. Abl., ni degeneratum in aliis huic quoque decori offecisset (hätte nicht seine Entartung in anderen Beziehungen auch diesen Vorzug verdunkelt), Liv. 1, 53, 1. – **b** prägn., **durch Entartung entstellen, -entwürdigen, -beflecken, entehren, Unehre machen,** **α** Pers.: propinquos, Prop. 4, 1, 79. – **β** Lebl.: hanc (personam), diese Würde, Ov. ex Ponto 3, 1, 44: palmas, Ov. met. 7, 543: nomen illud sanctum, Capit. Opil. Macr. 7, 7: fortitudinem, Capit. Gord. 19, 6: tantum non deg. honorem, Stat. silv. 3, 1, 160.

dē-genio, ātus, āre (de u. genius), **entarten lassen = schänden, entehren,** Cassiod. var. 5, 5, 4 u. 12, 10, 3.

dē-gero, gessī, gestum, ere, **wegtragen, ausführen,** m. Ang. **wohin?** od. **wem?** = **zutragen,** de vinea et arboribus putatis sarmenta, Cato r. r. 37, 5. – nam ego huc bona mea degessi, Plaut. truc. 1, 2, 17 Sp.: mea ornamenta clam ad meretrices degerit, Plaut. Men. 804: pallam atque aurum meum ... tuae degeris amicae, Plaut. Men. 741.

dē-glabro, ātus, āre, **abglätten, glatt machen,** arbores, Paul. dig. 47, 7, 5 pr.: corpus, Lact. 1, 21, 20.

dē-glūbo, glūpsī, glūptum, ere, **abschälen, abhäuten,** **a** Hülsenfrüchte: granum folliculo, Varro r. r. 1, 48, 2. – **b** leb. Wesen, **abhäuten, schinden,** se vel vivum, Varro fr.: deglupta maena, Plaut.: mus gliris degluptus, Marc. Emp.: boni pastoris est tondere pecus, non deglubere, Tiber. b. Suet. – absol. = **Onanie treiben,** Auson. epigr. 67, 7. p. 214 Schenkl. – ► Nbff. nach der 1. Konjug. deglubat, Gloss. II, 41, 24: deglubasse, Tert. de pall. 3: ›deglubata, recoriata‹, Gloss. V, 284, 58.

dē-glūtino, āre, gleichs. ableimen, **aufweichen,** palpebras, Plin. 25, 163.

dē-glut(t)io, īvī, īre, **hinabschlucken, hinabschlingen, verschlingen,** hunc cibum, Fronto ad amic. 1, 12. p. 182, 7 N.: saxum infantis ementiti, Tert. ad nat. 2, 12: alqm, v. einem Fisch, Vulg. Ion. 2, 1. Alcim. Avit. 4, 364; v. der Erde, Vulg. num. 16, 30 u. 34: mit dopp. *Acc.*, alqm vivum, Vulg. psalm. 123, 3. – übtr., **hinterschlucken** = geduldig hinnehmen, ertragen, mortem, Vulg. 1. Petr. 2, 23: nec degluttiebam quod acceperam, Boëth. c. Eut. praef. 32: quorum sapientia degluttita videbatur, Cassiod. in psalm. 106, 29.

dēgo, dēgī, ere (zsgz. aus *dē-igo, v. de u. ago), **I** eine Zeit oder (selten) ein Ereignis in der Zeit **hinbringen, zubringen, verbringen** = verleben, **A** im Allg., m. *Acc.*: deg. aetatem, Cic.: aetatem cum uno (v. einem Mädchen), Plaut. u. Ter.: in tranquillitate omnem aetatem sine dolore, Cic.: omne tempus aetatis sine molestia, Cic. – deg. pulchre aevum, Lucr.: in beatorum insulis immortale aevum, Cic. Hortens. fr. 50 M.: aevum in caelo cum dis genitalibus, Enn. ann. 115: qualibus in tenebris vitae quantisque periclis degitur hoc aevi quodcumque est, Lucr. – degens annum a tricesimo tertium, Aur. Vict. epit. 47, 3. – deg. contractum cum ventis bellum, Lucr. 4, 965. – deg. otia pacato in thalamo, Catull. 68, 104. – deg. senectam turpem, Hor. carm. 1, 31, 20. – deg. vitam, Cic.: vitam placidam, Lucr.; verb. placidum aevum vitamque serenam, Lucr.: deg. vitam gloriosissime, Vell.: vitam suo habitu, so wie man ist (Ggstz. gloriari alienis bonis), Phaedr.: *cum* Lentulo et Catilina foedissimam vitam ac miserrimam turpissimā morte propositā, Cic.: illa vita, quae *cum* virtute degatur, Cic.: deg. vitam *sine* pulmento, Iustin.: *sine* alqa re mitior vita degi non potest, Plin.: deg. vitam *longe ab* alqo, Phaedr.: deg. vitam *in* egestate, Cic., in exsilio, Auct. or. ante qu. ir. in exs.: quod reliquum est vitae in otio Rhodi, Mat. in Cic. ep.: vitam in montibus degentes, Gebirgsbewohner, Plin.: in ea urbe etsi non regiam vitam, proximam tamen maiestati regiae, Iustin.: vitam procul Romā amoenis locis, Tac. – **B** (ohne *Acc.*) prägn. = **sein Leben hinbringen (zubringen, verbringen), leben,** ille potens sui laetusque deget, cui licet etc., Hor.: etiamnunc gentes sic degunt, Plin.: cetera animantia in suo genere probe degunt, Plin. – m. *cum* od. *sine* u. Abl., deg. ex aequo cum alqo, Plin.: haec animalia, quae nobiscum degunt, die Haustiere, Plin.: deg. sine medicis nec tamen sine medicina, Plin.: sine nequitia, sine fraudibus (v. Tieren), Sen. – m. *Adv.* (wo?), m. *in* u. Abl., m. *inter* u. Akk., nusquam salubrius, Plin. ep.: procul urbe, Tac.: in arborum cavernis (v. den Hornissen), Plin.: noctibus in aqua (v. Krokodil), Solin.: eae aves, quae in aqua degunt, die Wasservögel, Cels.: illi (sapientes) qui in urbibus publicis moribus (nach der allgemeinen Sitte) degunt, Curt.: puellae in orbitate degentes, Liv.: inter feras serpentesque degentes, Iustin. – m. dopp. *Nom.*, cum in agro suo degeret senex atque uno pede claudicans vulnere, Treb. Poll. XXX tyr. 33, 2. – übtr., v. Lebl., vita humanior sine sale non quit degere, Plin. 31, 88. – **II** **aushalten, abwarten,** Paul. ex Fest. 32, 24. – ► vulg. Perf. degui, wov. deguerit, Enod. paneg. Theod. 19. p. 281, 18 H.

dēgradātio, ōnis, *f.* (degrado), die **Herabsetzung, Degradation,** Augustin. c. Crescon. gramm. 3, 48 u. a. Eccl.

dē-grado, āvī, āre (de u. gradus), **herabsetzen, degradieren,** Eccl. u. spät. ICt.

dē-grandinat, *v. impers.*, **es hört auf zu schloßen,** Ov. fast. 4, 755.

dē-grassor, ātus sum, ārī, **I** *v. intr.* **herabstürzen,** Apul. de deo Socr. 10. – **II** *v. tr.* **hart verfahren,** gegen jmd., Stat. Ach. 1, 406.

dē-gravo, āvī, ātum, āre = καταβαρέω, durch schwere Last **niederdrücken, niederziehen, zu Boden drücken, erdrücken, I** eig.: **a** übh.: degravat Aetna caput, Ov.: quaecumque meum degravat unda caput, Prop.: altera degravet ulmum vitis, Ov.: statim degravari eas quas insederit (marinus homo) partes (navigiorum), et si diutius permaneat, etiam mergi, Plin.: etiam peritos nandi lassitudo et vulnera et pavor degravant (lähmen), Liv. – m. *Abl.* (wodurch?), pauci enatant, quia plures onere degravati perierant, Phaedr.: aedificium paulatim degravatum pondere suo praeceps attrahitur, Col.: quae (duo milia) illatis ex transverso signis degravabant prope circumventum cornu, Liv.: gradiens ingenti litora passu degravat, Ov. – im Zshg. absol., qua pulverum mole degravante! Plin. 11, 83. – **b** prägn., **belasten, schwer beladen,** sodass die Last das Belastete niederzieht, haec gremium, laxos degravat illa sinus, Ov. fast. 4, 436. – **II** übtr., **niederdrücken, niederbeugen, schwer belästigen,** Bassum Aufidium vidi quassum, aetati (Altersschwäche) obluctantem; sed iam plus illum degravat, quam quod possit attolli, Sen. ep. 30, 1: ut (bos) nec sui tergoris mole nec labore operis degravetur, Col. 6, 2, 15: absol., consul non ultra castra insecutus, quia vulnus degravabat, Liv. 7, 24, 9.

dē-gredior, gressus sum, gredī (de u. gradior), **I** **herabschreiten,** gemessenen Schrittes **herabgehen, herabsteigen, herabziehen, herabmarschieren** (Ggstz. ascendere), **a** v. leb. Wesen, sowohl von einzelnen als (als milit. *t. t.*) v. ganzen Truppenmassen, m. Ang. **wo?** od. **von wo?** durch *Advv.*, durch *ex* od. *ab* m. Abl. od. durch bl. *Abl.*, eādem (auf demselben Wege), Liv.: quā (wo = auf welchem Wege) triduo ascenderat, biduo est degressus, Liv.: degressi inde, Liv.: degr. ex arce, Liv.: ab arce, Flor.: cum eo (mit ihm) de montibus, Liv.: templo, Liv.: Palatio, castello, Alpibus, Tac.: iugis, Liv., Poeninis iugis, Tac.: monte cum exercitu, Sall.: colle, Sall. u. Liv.: m. Ang. **wohin?** durch *in* od. *ad* m. Akk., in vallem, Liv.: in aequum, Liv. u. Tac.: in specum, Tac.: in urbem aut propinqua urbi (von Kapreā herab), Tac.: degr. ad pedes, absitzen (v. Reitern), Liv. – m. 1. *Supin.*, degressus deinde ipse cum paucis speculatum, Liv. 4, 39, 8. – im Zshg. absol., degrediuntur (verst. caveā) et inter senatores considunt (v. den Gesandten der Germanen), Tac.: degrediente eo (v. palatinischen Berge) magnā prosequentium multitudine, Tac.: degressus (verst. arbore) tandem evellit (os dentibus) praebenti (leoni), Plin. – **b** v. Flüssen: Atax ex Pyrenaeo monte degressus, Mela 2, 5, 6 (2. § 81). – **II** **fortschreiten = abgehen, weggehen, abziehen,** spatiosum stabulum, unde (domitor) degredi sine periculo possit, Col.: degr. viā, Plin.: degr. per aversam domus partem, Tac.: degr. in urbem (aus der Provinz, v. Quästor), Tac. – ► Imperat. degredire nach der 4. Konjug., Plaut. Cas. 675. – Vgl. übrigens digredior, wofür selbst in guten Hdschrn. des Cic. degredior oft Variante ist.

dēgressio, ōnis, *f.* (degredior), in Hdschrn. für digressio, s. d.

degressus, ūs, *m.* = κατάβασις, das **Hinabsteigen,** Auct. de idiom. gen. (IV) 574, 21 K. u. Gloss.

dē-grūmo, āre (de u. gruma), **abebnen,** forum, Enn. ann. 453: viam, Lucil. 100.

dēgrunnio, īre, **sein Stückchen ab-** od. **hergrunzen,** Phaedr. 5, 5, 27.

dēgulātor, ōris, *m.* (degulo), der **Verprasser, Schlemmer,** Apul. apol. 75. Isid. 10, 80.

dē-gulo, āvī, āre (de u. gula), **verfressen, verprassen,** Afran. com. 17: inter se degularunt omnia, Turpil. com. 217.

degūno, ere (urspr. degusno) = degusto (s. d.), Paul. ex Fest. 71, 21; vgl. Gloss. ›degunere, ἀπογεύσασθαι καὶ συγγεῦσαι‹.

dēgustātio, ōnis, *f.* (degusto), das **Kosten,** aceti, Ulp. dig. 33, 5, 3: carnis, Tert. res. carn. 34 *in.*: bes. das Kosten des Weins, die **Weinprobe,** Ulp. dig. 18, 6, 4. § 1. CIL 6, 1785.

dēgustātor, ōris, *m.* (degusto), **einer, der** von etw. **kostet,** Cassian. coll. 10, 13, 1.

dē-gusto, āvī, ātum, āre, etw. abkosten = **von** etw. **kosten,** kostend **von** etw. **genießen,** kostend etw. **versuchen, I** eig.: **a** v. leb. Wesen: carnem eam, Plin.: immolati pueri exta, Plin.: corni florem (v. Bienen), Plin.: pabulum integrum (ungemengtes), rupfen am usw., Varro: exemptum sanguinem, Mela: vinum, Cato u. ICt.: vasa vel dolia, ICt.: fastidientis stomachi est multa degustare, an vielem herumzukosten, Sen. – m. *Abl.* (mit), litteras primis labris (im Bild), Quint. 12, 2, 4. – m. *Adv.* (wovon?), m. *de* od. *ex* u. Abl., inde (davon = von diesem Getränk), Sall.: de lacu mustum, Plin. ep.: paulum ex singulis (cibis), Cels. – im Zshg. absol., vulgo inter se conferebant et degustando, quantum inter se differrent aquae, cognoscebant, Auct. b. Alex.: nec degustanti lotos amara fuit, Ov. – **b** v. lebl. Subjj., m. *Abl.* (durch), celeri flammā tigna trabesque (umzüngeln, v. Feuer), Lucr. 2, 192: summum vulnere corpus (v. der Lanze), Verg. Aen. 12, 376. – **II** übtr., **von** etw. **kosten, zu kosten bekommen,** etw. **zur Probe versuchen, an** etw. **herumkosten,** genus hoc exercitationum, Cic.: imperium, Tac.: visne igitur, Damocle, quoniam haec te vita delectat, ipse eandem degustare et fortunam experiri meam? Cic.: deg. summatim ingenia maximorum virorum (Ggstz. tota inspicere, tota tractare), Sen. – m. *de* od. *ex* u. Abl., at vellem aliquid degustasses de fabulis (von meiner Unterhaltung mit ihm), Brut. in Cic. ep.: ex qua (oratione) licet pauca degustes, aus der ich dir ein wenn auch nur kleines Pröbchen geben kann, Cic.: deg. aliquid speculae ex eius sermone, einige Tropfen Hoffnung schöpfen, Cic.: degustandum ex philosophia, non in eam ingurgitandum, Enn. fr. scen. 377. – So nun insbes., **a** jmd. **sondieren,** tu velim e Fabio, si quem habes aditum, odorere (auf den Zahn fühlst) et istum convivam tuum degustes, Cic.: eorum, apud quos aliquid aget aut erit acturus, mentes sensusque degustet (v. Redner), Cic. – **b** in der Darstellung **von** etw. **nur kosten** = etw. **nur** (oberflächlich, im Allgemeinen) **berühren,** una materia diligenter effecta plus proderit, quam plures inchoatae et quasi degustatae, Quint.: deg. genera (Ggstz. excutere bibliothecas, mit Sammlungen überschütten), Quint.: deg. haec prooemio (Ggstz. consumere, erschöpfen), Quint.

de-habeo, ēre, **Mangel haben,** Hieron. epist. 22, 35. Arnob. iun. de deo trin. 1, 9.

de-haurio (de-hōrio), hausī, haustum, īre, **I abschöpfen,** Cato r. r. 66. – **II verschlucken,** Tert. de pall. 5 u. a.

de-hibeo, hibuī, ēre (de u. habeo), nicht zusammengezogene Form von debeo, **schulden, schuldig sein,** quas (mille drachumas) de (laut) ratione dehibuisti, Plaut. trin. 426.

de-hinc, *Adv.*, **von hier an, hierauf, I** im Raum: **a** eig.: interiora Cedrosii, dehinc Persae habitant, Mela 3, 8, 4 (3. § 75): u. so Tac. ann. 4, 5. – **b** übtr. zur Bezeichnung der Reihenfolge, **hierauf, alsdann,** Hor. de art. poët. 144. Sil. 8, 471. – **c** zur Angabe der Folge, **daraus, daher,** Plaut. Cas. 94. Ter. Andr. 190. – **II** in der Zeit: **a** mit Beziehung auf die gegenwärtige Zeit, wobei man die Zukunft im Auge hat, mit folg. Präsens od. Futurum, **von jetzt an, von nun an,** profecto nemo est, quem iam dehinc metuam, Plaut.: o faciem pulchram; deleo omnes dehinc ex animo mulieres, Ter.: vos, di, testes facio, me L. Tarquinium Superbum … quācumque dehinc vi possim, exsecuturum, Liv. – at nunc dehinc spero aeternam inter nos gratiam fore, Ter.: at ut scias nunc dehinc Latine iam loquar, Plaut. – mit Zurückversetzung in die Vergangenheit, **von da an, seitdem,** duplex dehinc fama est, Suet.: cum ex instituto Tiberii omnes dehinc Caesares benificia … aliter rata non haberent, Suet.: quā classe dehinc effusa procorum bella! Val. Flacc. – **b** mit Beziehung auf eine andere Zeit, an die mit dehinc angeknüpft wird, mag sie der Zukunft, Vergangenheit od. Gegenwart angehören, und zwar: **α** in einfacher Anreihung einer Handlung an die andere, **hierauf, sodann, nachher,** Eurum ad se Zephyrumque vocat; dehinc talia fatur, Verg.: Sequanos in verba eius adigit; dehinc audito legionum tumultu profectus etc., Tac.: mors quoque, de qua dehinc dicam, ostentis praecognita est, Suet. – **β** in der Aufzählung mehrerer Verhältnisse nacheinander, **hierauf, alsdann,** incipiet ergo putrescere, dehinc laxata ire in umorem et assiduā tabe defluere; tunc exsilient sub montibus flumina, inde aurā tacta manabunt, Sen. nat. qu. 3, 29, 6: post hunc Numa Pompilius Marti et Robigini fecit (opferte), dehinc Tullus Hostilius, dehinc Ancus Martius et ceteri quoque per ordinem, Tert. de spect. 5 *extr.* – korresp. m. primum, Sall. Cat. 3, 2. Verg. georg. 3, 166 *sq.*: m. primo, Suet. Aug. 49, 3. – ► Das Wort dehinc bildet seiner Natur nach einen Jambus (◡–), s. Verg. georg. 3, 167. Hor. epod. 16, 65; de art. poët. 144, wird aber öfter durch Synäresis einsilbig gesprochen, s. Verg. Aen. 1, 131 u. 256. Ov. fast. 6, 788.

de-hīsco, ere, **aufklaffen,** klaffend **sich auftun, sich auseinandertun, sich öffnen, aufplatzen, auseinanderbersten, a** im Allg. (Ggstz. cohaerere, iunctum, coniunctum esse), dehiscentibus quae cohaerebant, Sen.: modo (ossa), quae iuncta sunt, inter se dehiscunt, Cels.: atque ea quoque ossa, infra supraque coniuncta, media dehiscunt, Cels.: dehiscit convulsum remis rostrisque tridentibus aequor, Verg.: a media caelum regione dehiscere coepit, Verg.: trisulcae fores dehiscunt, Varro fr.: navigium dehiscens, Sen.: dehiscent attonitae magna ora domus, Verg.: rosa paulatim rubescens dehiscit ac sese pandit, Plin.: thynni pinguescunt in tantum, ut dehiscant, Plin.: unda dehiscens, Verg.: terra dehiscens, Verg.: in eo loco dehisse terram, Varro LL.: terra od. tellus dehiscat mihi, die Erde möge sich mir öffnen, möge mich verschlingen, Verg. – m. *Abl.* (durch), oppidi turris dehiscere ingentibus rimis coepit, Liv. fr.: ubi (Caucasus) dehiscit hiulcis iugis facit portas, Solin.: rimis dehiscit cymba, Ov.: dehiscens intervallis hostium acies, Liv. – m. *in* u. Akk., nubes in longas flammarum figuras dehiscebat, Plin. ep.: alumen dehiscens in capillamenta, Plin. – **b** v. Örtl.: quā (Syrtis) dehiscit quāque flexum agit, Mela 1, 7, 5 (1. § 37). – ► Synk. *Infin. perf.* dehisse bei Varro LL. 5, 148.

dehonestāmentum, ī, *n.* (dehonesto), das **Entehrende, Beschimpfende, Ehrenrührige,** der **entehrende (schändende) Makel,** die **Unanständigkeit,** der **Schandfleck,** die **Schande,** der **Schimpf, a** v. Lebl.: deh. corporis (v. Wunden auf dem Rücken u. ausgestochenem Auge), Sall. fr.: oris (v. Einäugigkeit), Tac.: dehonestamenta originis, Iustin. – ohne *Genet.*, sane nullo insigni dehonestamento id spectaculum transiit, Tac.: auribus decisis vivere iubet ostentui clementiae suae et in nos dehonestamento (ehrenrührig für uns, uns zur Schande), Tac.: contumeliae et verba probrosa et ignominiae et cetera dehonestamenta (was sonst ehrenrührig ist) velut clamor hostium et longinqua tela, Sen. – **b** v. Pers.: Fufidius, ancilla turpis, honorum omnium deh., Sall. fr.: Gallus Antipater, ancilla honorum et historicorum deh., Treb. Poll.: ex ancilla natus et propterea a patre velut deh. generis expositus fuerat (v. Hiero), Iustin.: scurrae, histriones, aurigae … amicitiarum dehonestamenta (entehrende Freundschaften), Tac.

dehonestās, ātis, *f.*, die **Unehre,** der **Schimpf,** Acro Hor. ep. 1, 17, 24 H.

dehonestātio, ōnis, *f.* (dehonesto), die **Entehrung, Beschimpfung,** Plur. bei Tert. de pudic. 18.

de-honesto, āvī, ātum, āre, **entehren, schänden, beschimpfen,** verb. famam maculari dehonestarique, Liv.: deh. Romanum imperium, Lampr. u. Treb. Poll. – m. *Abl.* od. mit *per* u. Akk., alqm mendacio deh., Auct. bei Schol. Iuven.: proavum infami operā, Tac.: Thraseam multa scripsisse, per quae claritudinem principis extolleret suamque famam dehonestaret, Tac.: dehonestari proelio tam foedae gentis, Iustin. – im Passiv m. *in* u. Abl., pars curiae in uno homine dehonestatur, Fronto.

dehonestus, a, um, **entehrend, unanständig,** Gell. 19, 10, 10.

de-honōro, āvī, ātum, āre, **entehren, missachten,** Oros. 2, 2. § 9 Z. u. a. Spät.

dehōrio, s. de-haurio.

dehortātio, ōnis, *f.* (dehortor), das **Abmahnen,** Tert. adv. Marc. 4, 15 *extr.*: Ggstz. adhortatio, Diom. 464, 19.

dehortātīvus, a, um (dehortor), **zum Abmahnen geeignet, abmahnend,** dehortativum est ›ne‹, Prisc. 15, 31: deh. sententiae, Isid. 2, 21, 21.

dehortātor, ōris, *m.* (dehortor), der **Abmahner,** Augustin. Acad. 2, 2, 3.

dehortātōrius, a, um (dehortor), **abmahnend,** Tert. apol. 22.

de-hortor, ātus sum, ārī, jmdm. **abraten** (Ggstz. hortari, invitare), alqm (v. leb. Wesen u. Lebl.), Plaut. u. Cic.: alqm ab alqo, Sall. – m. folg. *ne* u. Konj., dehortatus est me, *ne* illam tibi darem, Ter. – m. folg. *Infin.*, multa me dehortata sunt huc prodire, Cato fr.: plura de Iugurtha scribere dehortatur me fortuna mea, Sall.: M. Piso repetere Suriam dehortatus est, Tac. – absol., immo, si erit occasio, haud dehortor, Plaut.: ne frustra dehortando impedire (consilium meum) conemini, Nep.

de-hospitor, ārī = ξενίζομαι, **als Gast einkehren,** Gloss. II, 41, 33.

Dēianīra, ae, *f.* (Δηϊάνειρα), Tochter des Öneus, Schwester des Meleager, Gemahlin des Herkules, und von diesem Mutter des Hyllus. Sie führte gegen ihren Willen den Tod des Herkules herbei, als sie ihm ein mit dem giftigen Blut des Nessus bestrichenes Gewand übersandte, Ov. met. 9, 9 *sqq.* Hyg. fab. 34 *sqq.* Cic. Tusc. 2, 20.

deicīda, ae, *m.* (deus u. caedo), der **Gottesmörder,** Placid. gloss. V, 18, 6 u. Eccl.

dē-icio, iēci, iectum, ere (de u. iacio), **herab-, ab-, niederwerfen, zu Boden werfen, herab-, niederstürzen, herab-, niedersenken** usw., **I** eig.: **A** im Allg.: alqm de ponte, Cic.: se de muro, herabspringen, Caes.: alqm de saxo, Liv., od. bl. saxo, Tac.: alqm equo, Liv. (vgl. ipse equo vulnerato deiectus, abgeworfen, Caes.): ab equo deiectus, Firm.: lecto graviter deici ab alto, Ov.: deici gradibus, die Stufen hinabgeworfen werden, Aur. Vict.: deici in Tiberim, Aur. Vict.: se per munitiones deic., Caes.: se de superiore parte aedium, Nep.: se in mare, Nep.: deici in locum inferiorem, stürzen, Caes.: elatum e curia in inferiorem partem per gradus, Liv.: deic. stipites in cavernas, Curt.: deic. librum in mare, Cic.: equum in viam, herabtreiben, Liv.: elatam securim in caput, herabfallen lassen, Liv.: u. so in arma hostis caesim cum ingenti sonitu ensem, Liv.: saxa alia super alia deiecta, Plin. ep.: libellos, herabreißen, Cic.: antemnas, Caes.: crines, unordentlich herabfallen lassen, Tac.: pernam et prandium, in den Topf werfen, Plaut.: ramenta pellis cervinae deiecta pumice, entfernt, abgerieben, Plin. – m. dopp. *Acc.*, Sopatrum de porticu, in qua ipse sedet, praecipitem in forum deic., Cic. Verr. 4, 86.

B insbes.: **1** se deicere od. Passiv deici, **α** v. Wasser usw., **herabstürzen,** tanta vis aquae se deiecit (v. Regen), Plin.: aqua *e* sublimi deiecta (Ggstz. in altum expressa), Plin.: ipse Tanais ex Riphaeo monte deiectus, Mela: deiecta saxis (über F.) flumina, Val. Flacc.: amnis deiectus per scrupulosa et abrupta, Plin. – deiectis lacrimis, Prop. – **β** v. Wind, Sturm, venti ab utriusque terrae praealtis montibus subiti ac procellosi se deiciunt, Liv.: foeda tempestas cum grandine ac tonitribus caelo deiecta, Liv.: deiectae montium iugis procellae, Plin.: deiecti nubibus turbines, Plin.: flatus rursus deiecti, Plin. – **2** ein Gewand **herabfallen-, herabsinken lassen** (Ggstz. reponere), togam, Quint.: togam ab umeris od. de umero, Suet.: deic., si haereat, sinum, Quint.: deiectā residens in lumina pallā, Val. Flacc. – **3** **zu Boden werfen,** **a** ein Tier, um an ihm eine Operation vorzunehmen, **werfen,** animal, Veget. mul. 3, 24, 2. – **b** einen Baum **umwerfen,** sowohl übh., v. Sturm usw., arbores evulsae (entwurzelt) vel vi ventorum deiectae, Ulp. dig. 7, 1, 12 *pr.*: insani deiecta viribus austri trabs, Ov. met. 12, 510. – als insbes. = **fällen,** von Menschen, arbores deicere detruncareque, Liv. 21, 37, 2: cum eaedem (arbores) ad materiam (zu Bauholz) deiciuntur, Vitr. 2, 9, 4. – **c** Statuen, Grenzsteine von ihrem Standpunkt **herabwerfen, umwerfen,** v. Menschen, statuam alcis, Cic.: omnes hermas, Nep.: terminos (Grenzsteine), Gromat. vet. – v. Sturm od. Blitz, signa aenea in Capitolio, Liv.: fulmine deiectum est Iovis signum, Liv. epit. – **d** Bauwerke **abtragen, einreißen, niederreißen, einschießen, niederschießen,** muros, Liv.: muri brachia, Iustin.: turrim, Caes.: hostium castra, Liv.: alta Ceraunia telo (v. Jupiter, mit dem Blitz), Verg.: summas arces Italûm, Verg.: arces Alpibus impositas, Hor.: monumenta regis templaque Vestae (v. Tiber), Hor. – **4** in den Lostopf usw. **werfen,** neque eorum sortes deiciuntur, sie werden beim Losen (der Prätoren) um die Provinzen nicht zugelassen, Caes. b. c. 1, 6, 5: cum deiecta in id (zu dem Zweck) sors esset, Liv. 21, 42, 2: deiectam aerea sortem accepit galea, Verg. Aen. 5, 490 *sq.* – **5** als mediz. *t. t.*, **abführen,** alvum, purgieren, Cato: ebenso casei qui facillime deiciantur, leicht wieder abgehen, fortgehen, Varro. – absol. = purgieren, laxieren, Cels. – dagegen deic. alvum superiorem, vomieren, Cato. – **6** als milit. *t. t.*, aus seiner Stellung treiben, in die Flucht schlagen, **werfen, vertreiben** (vgl. Ruhnken Aquil. Rom. 6), praesidium inde, Curt.: hinc celeriter deiecti, Caes.: nostros loco, Caes.: hostes muro turribusque, Caes.: nostros ex utraque munitione, Caes.: praesidium ex saltu, Caes.: equitatum hostium de colle, Auct. b. Afr.: praesidium Claternā, Cic.: bl. praesidium, Caes.: tenentes locum Romani cum deiecissent, Liv. – **7** Passiv deici, als naut. *t. t.* = wohin **verschlagen werden** (s. Liv. 23, 34, 16), v. Schiffen, ad inferiorem partem insulae, Caes.: ad Baleares insulas, Liv. – v. Seefahrern, Menelaus ad terram Libyam deiectus est, Tac. – **8** als *t. t.* der Fechterkunst, jmd. aus seiner Stellung **werfen, bringen, verdrängen,** im Passiv **geworfen werden, sich verdrängen lassen,** de loco hominem, Claud. Quadrig. bei Gell. 9, 13, 17. – oft bildl., alqm de statu omni, ganz aus seiner Stellung (aus der Fassung) bringen, Cic.: alqm de omni vitae statu, Cic.: de gradu deici, Cic. u. Auct. b. Alex. – studio feriendi plerumque deiectus (*sc.* de gradu) non pugnat, sed rixatur, v. Redner, Tac. dial. 26. – **9** das Haupt, den Blick **senken, niederschlagen,** **a** das Haupt usw., deiecto capite, Ggstz. supino od. inclinato capite, Quint. 11, 3, 69, od. Ggstz. relato capite, Apul. met. 10, 17: id (caput) deiectum semper *in* terram (v. Haupt eines wilden Tieres), Plin. 8, 77: deiecto (mit herabgesunkenem) *in* pectora mento, Ov. met. 12, 255: euntes deiectā, cervice Getae, Claud. VI. cons. Hon. 180. – **b** den Blick, ocellos, Ov.: vultum, Sen. u. Verg.: vultus pudore deiectus, Sen. poët.: deiecti in terram oculi, Quint. u. a.: deiecti in terram militum vultus, Tac.: deiectus in humum vultus, Ov.: poet. m. griech. *Acc.*, deiectus oculos, Verg., od. vultum, Stat., die Augen, den Blick gesenkt. – 10) als jurist. *t. t.*, jmd. aus seiner Besitzung **vertreiben,** ihn **verdrängen,** aratores, Cic.: alqm vi, ICt.: alqm per insidias vi de agro communi, Cic.: alqm de possessione, de solo, de fundo, ICt.: alqm de possessione fundi, Cic. – 11) prägn., wie καταβάλλειν, **a** (tödlich) **zu Boden werfen, erlegen, töten,** paucis deiectis, Caes.: deiectis circum stipatoribus, Tac.: Thetidi iuvencam, als Opfer schlachten, Val. Flacc. – bes. auch als *t. t.* der Jägerspr. = **herabschießen, erlegen** (vgl. Phaedr. 2, 1, 1. Bünem. Lact. 1, 9, 2), avem ab alto caelo, Verg.: feram, Curt. – **b** **abschlagen = abhauen,** caput uno ictu, Verg. Aen. 9, 770: totum clipei ferro orbem, *ibid.* 10, 546. **II** übtr.: **A** im Allg.: iugum servile a cervicibus, Cic.: oculos de isto nusquam d., kein Auge von ihm wenden, Cic.: oculos nusquam a re publica, Cic.: si tantulum oculos deiecerimus, wenn wir nur etwas weniger auf der Hut sind, Cic.: quantum mali de humana condicione deieceris, entfernt, beseitigt hast, Cic.: vitia a se ratione, Cic.: cruciatum a corpore, Cic.: alqm de sententia, von seiner Meinung abbringen, Cic.: philosophos de negotio, die Ph. vom Thema abbringen, ihre Verhandlungen niederschlagen, Petron.; vgl. Zeno omnia negotia de negotio deiecit, schlug alle Behauptungen nieder, Sen. – deiecta sunt etiam consulta senatus, sind veraltet, Spart. Did. Iul. 8, 2.

B insbes.: **1** nach *no.* I, B, 6) jmd. **aus seiner Stellung** (im Leben, Amt) **vertreiben, verdrängen, stürzen,** hoc deiecto, nach dessen Sturz, Nep. Thras. 3, 1: u. so Tac. ann. 2, 4 *in.* Lucan. 8, 27: noch im Bild, ex alto deiectus culmine regni, Sil. 17, 143. – ebenso ein Land **von der Höhe seiner Macht stürzen,** amisso et ipse Pacoro infra Ventidium deiectus oriens, so von der H. seiner M. gestürzt, dass es selbst einem V. unterlag, Tac. Germ. 37, 4. – u. bei Spät. übh. **zu Boden werfen = demütigen,** Eccl.; s. Bünem. Lact. 2, 12, 17 u. 4, 27, 17. – **2** (nach *no.* I, B, 10) jmd. des Besitzes von etw. od. der Aussicht auf den Besitz von etwas **berauben,** ihn von etwas **verdrängen,** **a** von dem Besitz: alqm de possessione imperii, jmd. stürzen, Liv.: deiecta coniuge tanto, Verg.: uxore deiectā (*sc.* coniugio), entfernt, Tac.: deicitur familiaritate suetā post congressu et comitatu Otho, wird verdrängt, verstoßen, Tac. – **b** von der Aussicht auf den Besitz: alqm de honore, Cic.: honore, Liv.: aedilitate, praeturā, Cic.: principatu, Caes.: eā spe, Caes.: opinione trium legionum deiectus, d. i. um die Aussicht, drei Legionen zu erhalten, Caes. – absol., jmd. um die Aussicht auf ein Amt bringen, ihn verdrängen, Cael. in Cic. ep. 8, 4, 3. Liv. 38, 35, 1.

Dēidamīa, ae, *f.* (Δηϊδάμεια), Tochter des Lykomedes, Königs in Skyros, Mutter des Pyrrhus von Achilles, Prop, 2, 9, 16. Ov. art. am. 1, 704. Hyg. fab. 97. Anthol. Lat. 43 (633); 53, 1 *sq.* (682, 1 *sq.*); 198, 80 (695, 80), wo Dēĭdămīa (viersilb.) gemessen ist.

dēiectē, *Adv.* (deiectus), **niedrig,** deiectius, Tert. adv. Marc. 2, 27 *extr.*

dēiectio, ōnis, *f.* (deicio), das **Herabwerfen, Herabstürzen,** **I** eig.: **A** im Allg.: dei. imaginum, Nazar. pan. 12, 2, – **B** insbes.: **1** als mediz. *t. t.*, dei. (mit u. ohne alvi), das **Purgieren, Laxieren,** der **Durchfall,** Cels. u. Sen.: Plur. alvi deiectiones, Cels. 2, 1. p. 28, 36 u. p. 29, 31. – **2** als jurist. *t. t.*, die **Vertreibung aus dem Besitztum,** Cic. Caecin. 57. Ulp. dig. 43, 16, 1. § 34. – **3** die **Senkung, Niederung,** de altitudinibus et deiectionibus stellarum, Firm. math. 2, 3 *lemm.*; vgl. *ibid.* 2, 3, 2. – **II** übtr.: dei. gradus, Degradation, Modestin. dig. 49, 16, 3. § 1.

dēiectiuncula, ae, *f.* (*Demin.* v. deiectio *no.* I, 1), das **schwache Purgieren,** Scrib. Larg. 52.

dē-iecto, āre (*Intens.* v. deicio), **herabschleudern,** Mat. b. Gell. 20, 9 *extr.*

dēiector, ōris, *m.* (deicio), **der etwas** (z. B. zum Fenster) **herabwirft,** der **Herabwerfer,** Ulp. dig. 9, 3, 5. § 4.

1. dēiectus, a, um, *PAdj.* (v. deicio), **I** **gesenkt, tief liegend,** deiecta atque inferiora loca, Caes. b. c. 1, 46, 3. – **II** übtr., dem Rang nach **niedrig** (Ggstz. sublimis), neutrum altero sublimius aut deiectius, Tert. adv. Marc. 1, 6 *extr.* – **a** **niedergeschlagen, verzagt, mutlos,** haud deiectus, Verg. Aen. 10, 858. Stat. Theb. 3, 315: deiecti et infracti, Quint. 9, 4, 138.

2. dēiectus, ūs, *m.* (deicio), das **Herabwerfen, Herabstürzen,** **I** eig.: arborum, Liv. 9, 2, 9: aquae, der Abschuss, Absturz, Sen. ep. 56, 3 (vgl. Plin. 33, 75; Ov. met. 1, 570): Plur., deiectus fluminum, Sen. ad Marc. 18, 4. – übtr., in ira dei. animorum est, ein Sich-Überstürzen,

Sen. de ira 3, 1, 5. – **II** meton.: **a** der **Überwurf,** velatum geminae deiectu lyncis, Stat. Ach. 4, 272. – **b** die **Senkung, Abschüssigkeit, der abschüssige Abhang,** collis, Caes.: gemmae, scharfe Kante, Facette, Plin.: Plur., is collis ex utraque parte lateris deiectus habebat, Caes. – ohne Genet., in deiectu positi, Plin. – **c** = θέσις, die **Senkung** der Stimme (Ggstz. elatio, griech. ἄρσις), Plur. bei Fulg. myth. 3, 9. p. 129 M.

dēierātio, ōnis, *f.* (deiero), das **Ablegen eines hohen Eides,** das **Sich-Vermessen,** Tert. de paenit. 4 u. de idol. 20. Lex colleg. aq. (CIL 6, 10298) 9.

dē-iero (dē-iūro), āvī, ātum, āre (de u. iuro), **einen hohen Eid ablegen, -leisten,** sich **vermessen,** clamat et deierat, Rhet. Her.: Bacchis deierat persancte, Ter.: deier. per genium alcis (Caesaris), Sall.: deier. per manes, Mela: deier. per superos, Lact.: deiur. per Herculem, Gell. 11, 6, 1: dei. hircum et canem (beim B. u. H.), Tert.: deiur. pro re causaque eius falsum, Gell. 1, 3, 20. – m. folg. *Acc.* u. *Infin.,* deiera te argentum mihi daturum, Plaut.: deierat se scripsisse et post non scripturum, Lucil. 818: quod facturos deiera verant, Gell.: verbis conceptis deierare ausim neminem inimicum tantum molestiae mihi tradidisse, Nep. fr. – Partic. Perf. = **heilig beschworen,** doctrinae ab iisdem apostolis et demonstratae et deieratae, Tert. de paen. 4. – ► urspr. Form dēiūro, Lex repetund. (CIL 1, 198) 19. Gell. 1, 3, 20 u. 11, 6, 1 5. Prisc. 1, 36. Non. 105, 21 u. Gloss.

dē-ieror, ārī, Nbf. v. deiero, Apul. met. 10, 15.

deifer, fera, ferum (deus u. fero), **Gott in sich tragend,** Cassiod. hist. eccl. 7, 9 u. Eccl.

deifico, āre (deus u. facio), **vergöttern,** Augustin. de civ. dei 19, 23, 4. Cassiod. hist. eccl. 7, 2. p. 281 (b) u. 282 (a) *ed. Garet.*

deificus, a, um (deus u. facio), **I** aktiv, **vergötternd,** Tert. apol. 11. – **II** passiv, **a** von **Gott gemacht, -geschickt, -inspiriert, heilig,** lues deifica, die fallende Sucht, Epilepsie (als Übersetzung von ἡ ἱερὰ νόσος), Cael. aur. acut. 2, 30, 162: libri deifici, scripturae deificae, voces deificae u. vgl., Eccl.

Deillius, ī, *m.,* Name eines röm. Geschlechts; Plur., Deillii, Sen. de clem. 1, 10, 1.

de-im, de-in, s. de-inde.

de-inceps, *Adi.* u. *Adv.* (dein u. capio), **I** *Adi.* (Genet. deincipitis), **darauffolgend,** deincipite die, Apul. flor. 16. p. 21, 5 Kr.; vgl. Paul. ex Fest. 71, 2 u. 75, 4.

II *Adv.,* in stetiger Reihe **nacheinander, hintereinander, demnächst nach-, in der Reihe, in der Reihenfolge** (vgl. ἑξῆς, ἐφεξῆς), **a** im Raum: his (saxis) collocatis et coagmentatis alius insuper ordo additur etc. ... sic deinc. omne opus contexitur, dum iusta muri altitudo expleatur, Caes. b. G. 7, 23, 4; vgl. b. c. 1, 25, 8. – u. bei Adjektiven u. Substantiven den Begriff des entsprechenden Adjektivs vertretend, populari omnem deinc. agrum usque ad Padi ripas iussit, das ganze Land immer weiter hin (das ganze nach- od. nebeneinander liegende Land), Liv. 21, 52, 5: u. so tres deinc. turres ... cum fragore ingenti procĭderunt, Liv. 21, 8, 5. – korresp. m. *primus,* ad Catabathmon ... secundo mari prima Cyrene est, ac deinc. duae Syrtes interque eas Leptis, deinde Philaenon arae ... post aliae Punicae urbes, Sall. Iug. 19, 3.

b in der Zeit: interreges deinc. M. Manlius Capitolinus, Ser. Sulpicius Camerinus, L. Valerius Potitus, Liv.: quos (tres fratres) video deinc. tribunos plebis per triennium fore, Cic.: in Originibus dixit Cato morem apud maiores hunc epularum fuisse, ut deinc. qui accubarent canerent ad tibiam clarorum virorum laudes atque virtutes, Cic. – stationes dispositas haberent atque alios alii deinc. exciperent, Caes.: possum deinc. totam rem explicare; deinde ad extremum id quod accĭdit dicere, Cic. – oft bei Pronominen u. Adjektiven od. Substantiven den Begriff des entsprechenden Adjektivs **(nacheinander folgend, demnächst folgend)** vertretend (vgl. Fabri Liv. 21, 36, 6 u. 22, 7, 11, Weißenb. Liv. 21, 8, 5), intuemini horum deinc. annorum vel secundas res vel adversas, Liv.: postero ac deinc. aliquot diebus ad portas maior prope mulierum quam virorum multitudo stetit, Liv.: cicatrices acceptas Veienti, Gallico aliisque deinc. bellis ostentans, Liv.: reliquis deinc. diebus Caesar silvas caedere instituit, Caes.: quo (nomine) Romulum conditorem deincepsque reges appellatos, Liv. – Spätlat. für deinde, **hierauf, nachher, alsdann,** quo deinc. mitius ageret, Aur. Vict. de Caes. 20, 13: missa deinc. legatio Romam est, Capit. Gord. 9, 7: non multo deinc., Eutr. 10, 4: haut multo deinc., Amm. 22, 7, 5.

c in der Reihenfolge: septimus sum deinc. praetorius in gente nostra, Varro: P. Sulpicius, qui deinceps (unmittelbar nach ihm) eum magistratum petiturus putabatur, Cic.: de quo cum mihi deinc. viderem esse dicendum, etsi movebant iam me illa quae supra dixeram, tamen eis quae sequuntur perturbabar magis, Cic.: posse ex his (litterarum formis) in terram excussis annales Ennii, ut deinc. legi possint, effici, hintereinander fort gelesen werden können, Cic. – de iustitia satis dictum est. Deinceps (demnächst), ut erat propositum, de beneficentia ac de liberalitate dicatur, Cic.: perge d., fahre weiter fort, Varro. – So nun: **α** verb. deinde deinc., inde deinc. od. deinc. inde, postea deinc. (vgl. ἔπειτα ἑξῆς), z. B. funera deinde duo deinc. collegae fratrisque ducit, Liv.: idque in re publica nostra maxime valuit, quoad ei regalis potestas praefuit; deinde etiam deinc. posteris tradebatur, Cic.: deinc. inde multae (causae), quas non minus diligenter elaboratas et tamquam elucubratas afferebamus, Cic.: addit duos colles, Quirinalem Viminalemque, inde deinc. auget Esquilias, Liv. – u. so tum deinc., Liv. 2, 39, 4; 9, 6, 1: postea deinc., Liv. 45, 14, 2. – **β** korresp. m. *primus* u. vgl., z. B. primum est officium, ut se conservet in naturae statu, deinceps, ut ea teneat, quae secundum naturam sint, pellatque contraria; quā inventā selectione et item reiectione sequitur deinc. cum officio selectio, deinde ea perpetua, tum ad extremum constans consentaneaque naturae, Cic.: principes sint patria et parentes ...: proximi liberi totaque domus ...: deinc. (demnächst) bene convenientes propinqui, Cic.: ut prima (officia) dis immortalibus, secunda patriae, tertia parentibus, deinc. (und so weiter fort) gradatim reliqua reliquis debeantur, Cic.: de comitiis consularibus, quae tum primum illo principe ac deinc. (und dann so fort, und dann weiterhin) fuere, vix quidquam firmare ausim, Tac. – ► deinceps zweisilbig bei Hor. sat. 2, 8, 80.

de-inde, abgek. **de-in,** *Adv.* (de u. inde), **von hier an, von da an, hierauf,** **a** im Raum, **von da an, weiterhin,** via tantum interest perangusta ...; deinde paulo latior patescit campus; inde colles insurgunt, Liv. 22, 4, 2: iuxta Hermunduros Narisci ac deinde Marcomanni et Quadi agunt, Tac. Germ. 42. – bes. v. der Reihenfolge im Raum, Baliares locat ante signa levemque armaturam ...; dein graviorem armis peditem, Liv. 21, 55, 2; vgl. Tac. ann. 2, 16. – haec quidem duo binis pedibus incisim, deinde membratim, Cic. or. 213; vgl. Cic. de nat. deor. 2, 110.

b in der Zeit, **hierauf, nachher, alsdann, fernerhin, weiterhin,** Cimbrum Gabinium statim ad me ... vocavi; deinde item arcessitur L. Statilius et post eum C. Cethegus, Cic.: dein Tubero, nescio, Africane, ... inquit, Cic.: incipe Damoeta; tu deinde sequere, Menalca, Verg.: tu velim cures, ut sciam, quibus nos dare oporteat eas, quas ad te deinde (fernerhin) litteras mittemus, Cic.: in Aequis nihil deinde memorabile actum, Liv.: experiamini, quidquid deinde fors tulerit, Curt. – u. einen stärkeren Gedanken anfügend, emisimus ex obsidione, pacem cum victis fecimus, tutelae deinde (dann sogar) nostrae duximus, Liv. 21, 41, 12. – So nun: **α** korresp. m. *primum, principio* (*initio*), *prius, inde, post, postremo* u. vgl., z. B. Caesar primum suo, deinde omnium ex conspectu remotis equis ... cohortatus suos proelium commisit, Caes.: principio duplicavit illum pristinum patrum numerum ...; deinde equitatum ad hunc morem constituit, qui usque adhuc est retentus, Cic.: iste, qui initio proditor fuit, deinde perfuga, Cic.: plebs montem sacrum prius, deinde Aventinum occupavit, Cic.: hunc secutus est Cursor; deinde L. Maso aedilicius; inde multi Masones: ... deinde Carbones et Turdi insequntur, Cic.: iubent venire agros Attalensium ...: deinde agros in Macedonia regios ...: deinde agrum optimum et fructuosissimum

Corinthium …: post autem agros in Hispania …: tum vero ipsam veterem Carthaginem vendunt, Cic.: quippe oppidanā lasciviā invicem incessentes probra, deinde saxa, postremo ferrum sumpsere, Tac. – so korresp. m. in praesentia, s. Plin. ep. 3, 9, 26. – **β** verb. deinde deinceps, s. deinceps (*no.* II, c, α): deinde tum, Varro LL. 6, 42. Quint. 4, 2, 27: tum deinde, Liv. 2, 8, 3. Sen. ep. 101, 4 H.: deinde tunc, Sen. ep. 10, 4; 74, 23; 117, 1: tunc deinde, Sen. ep. 95, 35; 115, 4: deinde postea, Cic. Mil. 65; Tusc. 4, 2. Cels. 3, 4; 5, 28, 14; 7, 18: postea deinde, Cels. 7, 8. p. 284, 7 D. Lact. 2, 13, 11: post deinde, XII tabb. bei Gell. 20, 1. Ter. Andr. 483. Sen. de ben. 2, 34, 1: posthaec deinde, Lact. 1, 14, 11: deinde post, Vell. 2, 23, 3. Gell. 3, 9, 5: mox deinde, Tibull. 1, 5, 73: deinde porro, von nun an in Zukunft, Plaut. Epid. 726; trin. 945: deinde rursus, Lact. 4, 12, 14: deinde postremo, Cic. de inv. 1, 43: deinde ad extremum, Cic. II. Verr.. 1, 28; Pis. 78. – **γ** verb. ac deinde, wie res populi Romani M. Lepido Q. Catulo consulibus ac deinde militiae et domi gestas composui, Sall. hist. fr. 1, 1: mirabantur ac deinde singulos gestus dominae cum canticis reddebant, Plin. ep. 7, 24, 7. – **δ** neben cum, postquam u. dgl., z. B. deinde cum, Cic. de rep. 1, 18. Liv. 3, 47, 6: deinde (dein) postquam, Liv. 3, 66, 5; 6, 13, 3: deinde (dein) ubi, Sall. Iug. 68, 1 u. 69, 1. Liv. 7, 14, 10. **c** in der Aufzählung od. Reihenfolge von Tatsachen oder Argumenten, **hierauf, alsdann, ferner, nächstdem,** nec vero ita disseram de re ta illustri tamque nota … ut a prima congressione maris ac feminae, deinde a progenie ac cognatione ordiar, Cic. de rep. 1, 38; vgl. Cic. ep. 9, 24, 2; de or. 2, 46 *sq.* – verb. post deinde, weiterhin ferner, Gell. 15, 12, 3. – korresp. primum-deinde, Cic. de amic. 27 u. 65; primum-deinde-d.-d., Cic. Rosc. Am. 130: primum-d.-d.-d.-item-d., Cic. de inv. 2, 43: primum mit 8 mal folg. deinde und schließendem postremo, Cic. de inv. 2, 145 bis 147: ohne vorausg. primum u. zweimal folg. deinde u. schließl. postremo, Cic. Acad. 2, 49: dein-post, Cic. Brut. 301: primum (primo)-d.-postremo, Plin. pan. 75, 3. Suet. Tib. 61, 1 u. bl. (ohne vorausgegangenes primum) d.-tum-postremo, Quint. 3, 9, 6 *sq.* – ► Bei klass. Dichtern ei in beiden Formen einsilbig.

de-integro, āre, **vermindern,** Caecil. com. 255.

de-inter = inter, Itala (Lugdun.) num. 7, 89. Ps. Cypr. 2, 2.

de-intus, *Adv.* **von innen hervor, -heraus,** Veget. mul. 4, 9, 2. Vulg. Luc. 11, 7 u. a. Spät.

Dēīonidēs, ae, *m.* (Δηϊονίδης), Sohn der Deïone von Apollo, d. i. Miletus, Ov. met. 9, 443.

Dēiopēa, ae, *f.* (Δηϊόπεια), eine der Nymphen der Juno, Verg. Aen. 1, 72. Hyg. fab. praef. p. 7 M.

Dēiotarus, ī, *m.* (Δηϊόταρος), einer der galatischen Tetrarchen, Freund der Römer und von diesen mit dem Königstitel beehrt, Feind Cäsars im Bürgerkrieg, daher später von M. Brutus zu Nizäa in Dithynien vor Cäsar in einer Rede verteidigt, Cic. ad Att. 14, 1, 2; Brut. 21. Tac. dial. 21, 6: im J. 45 v. Chr. eines Mordversuchs gegen Cäsar angeklagt u. von Cicero in der noch erhaltenen Rede verteidigt, Cic. ep. 9, 12, 2. – Dav. **Dēiotariānus,** a, um, **dejotarianisch,** oratio (des Cic.), Serv. Verg. Aen. 9, 546.

deipara, ae, *f.* (deus u. pario), die **Gottesgebärerin,** θεοτόκος, d. i. Maria, Cod. Iust. 1, 1, 6.

Dēiphobē, es, *f.* (Δηϊφόβη), Tochter des Glaukus, Verg. Aen. 6, 36.

Dēiphobus, ī, *m.* (Δηΐφοβος), Sohn des Priamus u. der Hekuba, Gemahl der Helena nach dem Tode des Paris, Verg. Aen. 2, 310. Ov. met. 12, 547.

Dēipyla, ae, *f.* u. **Dēipylē,** ēs, *f.* (Δηϊπύλη), Tochter des Adrastus, Mutter des Diomedes, Hyg. fab. 69 u. 97175. – Nbf. Dēiphylē, Serv. Verg. Aen. 1, 97. Mythogr. Lat. 1, 204.

deitās, ātis, *f.* (deus), die **Gottheit,** als Übersetzung des griech. θεότης (für divinitas), Augustin. de civ. dei 7, 1 *in.* u. a. Eccl.

dēiugis, e (de u. iugum), **abwärts geneigt,** dorsum, Auson. Mos. 164.

dē-iugo, āre (eig. vom Joch entfernen, dah. übtr.) **entfernen, trennen,** Pacuv. tr. 110.

dē-iungo, iūnxī, iūnctum, ere, das Vieh **abspannen,** marem non deiungunt ab opere, Varro r. r. 2, 6, 4: übtr., ac iam me deiungere a forensi labore constitui, mich ganz loszumachen, Tac. dial. 11. – Partiz. Perf. übtr., unum (genus analogiae) deiunctum (unzusammenhängend), alterum coniunctum, Varro LL. 10, 45.

dēiūrātio, s. dēierātio.

dēiūrium, iī, *n.* (deiuro), der **Eid,** Gell. 7, 18 *lemm.* u. § 8.

dē-iūro, s. dē-iero ►.

deius, s. 1. diūs.

dē-iuvo, āre, jmd. **nicht mehr unterstützen,** deserere illum et deiuvare in rebus advorsis pudet, Plaut. trin. 344.

deivus, s. dīvus.

dē-lābor, lāpsus sum, lābī, **I herabgleiten, -fallen, -sinken, entgleiten, entfallen, entsinken, I** eig.: **a** übh.: complura et ingentia saxa fortuito superne delapsa sunt, Suet.: stercus eo (dahin) delapsum, Cels.: signum de caelo delapsum, Cic.: de manibus delapsa arma, Cic.: delabi e corpore, v. Gewand, Catull.: ab excelsa praeceps delapsa (soror) fenestra, Tibull.: ex equo, Liv.: suffosso equo, Tac.: in flumen, Cic.: in alam, in die Achselhöhle (v. umerus, Oberbein), Cels.: ad pedes, nach dem Fußende des Bettes zu gleiten (v. Kranken), Cels.: per fauces cavi montis vitineis delapsi vinculis, Flor.: anulus sponte de digito delapsus, Spart.: m. *Dat.* capiti, Verg. ecl. 6, 16. – Partiz. subst., arbore altā delapsi, Scrib. 101. – **b** v. Gottheiten, geflügelten Wesen u. Vögeln, durch die Luft sich **herabsenken,** sich **herabschwingen, herabschweben,** de caelo, Liv.: e caelo (v. Christus), Lact.: caelo, Verg. u. Liv.: aetheriis ab astris, Verg.: ab aethere, Ov.: Olympo, Ov.: superas per auras, Ov.: in terram, Lucr. u. Ov.: Lemnon (nach L.), Val. Flacc.: aquila leniter delapsa, Suet.: fixam refert delapsa (columba) sagittam, Verg. – dah. aliquis de caelo delapsus, einer, der wie eine Gottheit unverhofft zu jmds. Glück erscheint, Cic.: u. so de caelo divinum hominem esse in provinciam delapsum putare, Cic. – **c** v. Flüssigkeiten, **herabgleiten, -fallen = herabfließen,** duo flumina diversis fontibus et aliunde delapsa, Mela: flumina ab Alpibus delapsa, Mela: Garumna ex Pyrenaeo monte delapsus, Mela: ex utraque parte tecti aqua delabitur, Cic.: Nilus lato delapsus in alveo, Ov.: del. in stomachum (v. Speisen u. Getränken), Gell.: flumen nunc medio aequore cum pace delabens Etruscum in mare, Hor. – **II weggleiten** u. bei Ang. wohin **hingleiten,** meist übtr., **a** von etw. **herkommen, entstehen,** atque etiam illa sunt ab his delapsa plura genera (*sc.* vocum), Cic. de or. 3, 216. – **b** von etwas (gleichs. wie vom geraden Wege) **abkommen, herabsinken,** u. mit Rücksicht auf das Ziel = wohin **geraten,** in-, auf etw. **kommen, -verfallen,** sich **verirren, α** im Allg., noch im Bild, cuius in similitudinem dominatus unius proclivi cursu et facili delabitur, Cic.: post, cum id assequi non potuissent, istuc potissimum sunt delapsi, Cic.: in idem genus morbi, Cic.: in eas difficultates, ut etc., Cic.: in hoc vitium scurrile, Tac.: specie religionis in ambitionem, unter dem Deckmantel der R. sich zu Sonderinteressen verirren, Tac.: ad inopiam, Tac.: ad aequitatem, sich neigen, Cic.: eo magis delabor ad Clodiam, neige ich mich zur Klodia (d. i. zum Kauf ihres Gartens), Cic. ad Att. 12,47, 1. – **β** insbes., in der Rede od. Schrift abschweifend, sed nescio quo pacto ad praecipiendi rationem delapsa est oratio mea, ich bin unvermerkt in den Lehrton geraten, Cic.: scribere saepe aliud cupiens delabor eodem, Ov.: optanti utrique nostrum cecĭdit, ut in istum sermonem delaberemini, Cic. – vom Höheren zum Niederen herabsteigend, a sapientium familiaritatibus ad vulgares amicitias oratio nostra delabitur, Cic.: solitus est eo delabi interdum, ut diceret m. folg. Akk. u. Infin., Cic. – **c hingleiten, (hinein)geraten,** medios in hostes, Verg. Aen. 2, 377: u. übtr., in eine Zeit, si foret hoc nostrum fato delapsus in aevum, Hor. sat. 1, 10, 68 Fr. (*al.* dilapsus od. dilatus od. delatus).

dē-labōro, āre, **sich abarbeiten,** cum puera, Afran. com. 11.

dēlacrimātio, ōnis, *f.* (delacrimo), **I** das **Tränen** der **Augen** (als Krankheit), Plin. 25, 156 u. a. – **II** das **Aufhören** des **Tränens** der **Augen,** Scrib. Larg. 37.

dēlacrimātōrius, a, um (delacrimo), **gegen das Tränen** (der Augen) **dienlich,** collyrium, Macr. Emp. 8.

dē-lacrimo (od. -lacrumo), āre, **Tränen fallen lassen, tränen,** v. d. Augen, Marc. Emp. 8. fol. 95 (6), 26, übtr. v. Weinstock, in germen, Col. 4, 9, 2.

dēlaevo, āre, s. dē-lēvo

dē-lambo, ere, **ablecken, belecken,** mollia eiectā vellera linguā, Stat. Theb. 2, 681.

dē-lāmentor, ārī, **bejammern, beklagen,** natam ademptam, Ov. met. 11, 331.

dē-lapido, āre, **I** von **Steinen reinigen,** Cato r. r. 46, 1. – **II** mit **Steinen belegen, pflastern,** Paul. ex Fest. 73, 13; vgl. Gloss. ›delapido, καταλιθάζω‹. – ► Archaist. Depon. delapidor, nach Prisc. 8, 24.

dēlāpsus, ūs, *m.* (delabor), **der Abfall, Abfluss,** aquae, Varro r. r. 1, 6. § 6.

dē-largior, īrī = ἀποδαψιλεύομαι, **reichlich verwenden,** Gloss.; u. = ἀσωτεύομαι, **verschwenderisch leben,** Dosith. 62, 14 K.

dēlassābilis, e (delasso), **ermüdbar,** non delassabile pectus, Manil. 4, 242.

dē-lasso, ātum, āre, **gänzlich ermüden, -abspannen,** labore delassatum noctem totam stertere, Plaut. asin. 872: cetera de genere hoc loquacem delassare valent Fabium, Hor. sat. 1, 1, 4: übtr., delasset omnes fabulas poëtarum, Mart. 10, 5, 17. – Spätlat. = **nachlassen, erlassen,** m. folg. quominus, Boëth. inst. mus. 3, 16. p. 297, 12 Fr.

dēlātio, ōnis, *f.* (defero), die **Angabe, a** übh.: doctus exploratorum delatione recens captorum, Amm. 16, 11, 9. – **b** als publiz. *t. t.*, das **Angeben,** die **Denunziation,** delationem nominis postulare, Cic.: inter postulationem et nominis delationem uxor a Dolabella discessit, Cic.: qui sibi delationem nominis et capitis periculum ostentaret, Cic.: dimittere (fallen lassen) eius causae delationem, Tac. – absol., socius delationis, Tac.: dare alci delationem, Cic., od. delationis partes, Tac.: delationem subire, Tac.: Plur., passim delationes, Tac.: crebris apud Neronem delationibus famosi, Tac.: delationes factitare, Tac.: fugerent vastatas delationibus terras, Plin. pan.

dē-lāto, āvī, ātum, āre (de u. lātus), **verbreitern,** viam, CIL 3, 206.

dēlātor, ōris, *m.* (defero), der **Angeber, Ankläger, Verräter, Denunziant,** delatores, Ggstz. iudices, Quint.: criminum auctores delatoresque, Liv.: del. maiestatis (des Majestätsverbrechens), Tac.: Papiae legis, der Übertretung dieses Gesetzes, Suet.: Simon pecuniarum (des Schatzes) et patriae delator, Vulg.

dēlātōrius, a, um (delator), **zum Angeber gehörig, eines Angebers,** curiositas, Ulp. dig. 22, 6, 6: libelli, Denunziationschriften, Cod. Theod. 10, 10, 7: calices perlucidi sine delatoria nota, Fronto de fer. Als. 3. p. 224, 20N.

dē-lātro, āvī, āre, **abplärren, in winselndem Ton vortragen,** haec ubi continuato dolore delatravi, Boëth. cons. phil. 1, 5 *in.*

dēlātūra, ae, *f.* (defero), die **Anklage,** Eccl.

dēlavātio, ōnis, *f.* (delavo) = ἀπόπλυμα, die **Abwaschung,** matricis, Th. Prisc. 3, 5.

dē-lavo, lavātus (lōtus), āre, **abwaschen, reinwaschen,** Th. Prisc. 1, 4 u. 4, 1. Apic. 8, 374.

dēlēbilis, e (deleo), **vertilgbar, zerstörbar,** nullis delebilis annis vivet, Mart. 7, 84, 7.

dēlectābilis, e, *Adi.* m. *Compar.* (delecto), **ergötzlich = ergötzend,** cibus, Lieblingsspeise, Tac.: boletus, delikater, Tac.: verb. festivi delectabilesque apologi, Gell.: ut (via) plana, ut patens et in omni genere florum atque fructuum delectabilis esse videatur, Lact. – *Compar.*, tibia questu delectabilior, Apul.: sibi delectabiliores ludos de ipsis spectatoribus exhibentes, Augustin.

dēlectābiliter, *Adv.* (delectabilis), **ergötzlich = ergötzend,** Gell. 13, 24, 17 u. 15, 1. § 1. Cl. Mam. de anim. 1, 23. – *Compar.*, delectabilius, Augustin. de dono persev. 53.

dēlectāmentum, ī, *n.* (delecto), die **Ergötzlichkeit,** inania ista sunt delectamenta puerorum, Kinderpossen, Cic. Pis. 100: qui sibi me pro deridiculo ac delectamento putat, zur Kurzweil, Ter. heaut. 952: delectamenta pacis adhibere, Nazar. pan. 35, 4: inopem solatur vel delectamento sui vel praeceptis philosophorum, Porphyr. Hor. ep. 2, 1, 131: comoedos quispiam et tragoedos liberos homines in deliciis et delectamentis habebat, Gell. 20, 4. 1.

dēlectātio, ōnis, *f.* (delecto), **I** die **Ergötzung,** der **Zeitvertreib,** die **Unterhaltung,** der **Genuss,** (verb. suavitas et delctatio, iucunditas delectatioque), nulla alia, Ter.: sermonis, Cic.: conviviorum, Cic.: Vibius delectationi natus, Quint.: lectio sine ulla delectatione, höchst unerquickliche, Cic.: magnam delectationem habere (gewähren), Cic.: delectationem ex fabulis quaerere, durch Erz. zu unterhalten suchen, Cels.: haec delectationem tibi nullam attulissent (hätte dir keinen Spaß gemacht), Cic.: bibliothecam ad communem delectationem instituere, Vitr.: m. obj. *Genet.*, videndi et audiendi delectatione duci, Interesse an usw., Cic. de off. 1, 105. – Plur., audientium delectationes, Vitr.: in ipsa occupatione delectationes alias multas habere, Cic.: est enim (aqua) maxime necessaria, et ad vitam et ad delectationes et ad usum cotidianum, Vitr. – **II** spät. mediz. *t. t.*, der **Reiz,** die **Reizung,** frequens ventris egerendi, Drang, Cael. Aur. chron. 4, 6, 88: u. so urinae reddendae, *ibid.* 5, 10, 106. – Plur. ventris delectationes, Cael. Aur. chron. 4, 3, 46. – **III** die **Verführung, Verlockung,** Itala Iudith 12, 16.

dēlectātiuncula, ae, *f.* (*Demin.* v. delectatio), **kleine Ergötzlichkeit,** Plur. b. Gell. praef. § 23.

dēlectātor, ōris, *m.* (delecto) = 2. delector (s. d.), CIL 2, 1970; 13, 1808; 14, 3602 (auch dilectator geschr.).

dēlēctio, ōnis, *f.* (deligere), die **Auswahl, Wahl,** Non. 442, 15.

dē-lecto, āvī, ātum, āre (*Intens.* v. delicio), **I** eig., gleichs. lockend an **sich ziehen, festhalten,** wo **zurückhalten,** me Apollo ipse delectat ductat, Enn. fr. scen. 361: d. hostem, Claud. Quadrig. ann. 3. fr. 46 (bei Non. 98, 2): ibi oves delectato, halte zurück, Cato r. r. 30 (auch angef. bei Plin. 17, 55). – **II** übtr., geistig **anziehen, fesseln, interessieren, ergötzen, angenehm unterhalten** od. **beschäftigen, Genuss gewähren, vergnügen, Vergnügen** (Spaß) **gewähren, -machen, auf** jmd. **einen angenehmen Eindruck machen, a** Aktivum: doceat, moveat, delectet orator, Quint.: quae (vulgaris amicitia) tamen ipsa et delectat et prodest, Cic.: quod (genus dicendi) non solum delectat, sed etiam sine satietate delectat, Cic.: litterae eius incredibiliter me delectarunt, Cic. – Pamphilam arcesse, ut delectet hic nos, Ter.: me status hic rei publicae non delectat, Cic.: Hermathena tua valde me delectat, Cic.: me magis de Dionysio delectat, ich finde das Buch über D. noch unterhaltender, Cic.: ipse sibi assentatur et se maxime ipse delectat, hat Wohlgefallen an sich selbst, Cic.: cum otiosus sum, plane ubi delectem otiolum meum non habeo, mein bisschen Muße angenehm ausfülle, Cael. in Cic. ep.: quod si quem etiam ista delectant, ne omnino bellum indixisse videar voluptati, Cic. – m. *cum* u. Abl., interea *cum* Musis nos delectabimus aequo animo, immo vero etiam gaudenti ac libenti, Cic. ad Att. 2, 4, 2. – m. *Abl. causae,* aures vocum sono, spectaculis oculos, saporibus (Delikatessen) palatum suum delectantes, Sen.: tu istic te Hateriano iure delectas, ego me hic Hirtiano, Cic.: aut libris me delecto, aut fluctus numero, Cic.: dictus est artificiosis rebus se delectare, sich gern beschäftigte, Vitr.: non disputationibus longis aliorum otium suumque delectat, sucht angenehm auszufüllen, Plin. ep.: corporis pulchritudo delectat hoc ipso (eben dadurch), quod (dass) inter se omnes partes cum quodam lepore consentiunt, Cic. – m. *in* u. Abl., ille incredibile est quam me delectarit in omni genere (in jeder Beziehung), in eoque maxime, in quo minime satisfaciebat, Cic. ad Att. 16, 5, 2: certe licuit Tusculi se in otio delectare, sich der Muße (eines behaglichen Lebens) zu erfreuen, Cic. de rep. 1, 1: in alio sua quemque natura delectat, jeder nimmt an dem anderen seine eigene Denkungsart mit Vergnügen wahr, Plin. pan. 45, 1. – delectat alqm m. folg. *Infin.*, si ques homines sunt, quos delectat populi Romani res gestas discribere, Cato origg. 1, 1 (bei Pompei. comment. 208, 28 K.): quam delectabat eum defectiones solis et lunae multo ante nobis praedicere, Cic. de sen. 49: sunt autem alii, quos in luctu cum ipsa solitudine loqui delectet, Cic. Tusc. 3, 63: u. so Hor. sat. 2, 1, 28; 2, 3, 247 *sqq.* – u. unpers. bl. delectat mit folg. *Infin.*, quia delectat Veneris decerpere fructum,

Ov. rem. 103: ita enim delectabit emisse, wird der Kauf Vergnügen machen, Plin. ep. 1, 24, 2: quare cum *semper et ubique* tum praecipue *in* epistulis secretis et familiaribus delectabit ne hoc quidem neglectum reliquisse, Quint. 1, 1, 29; u. so Capit. Gord. 24. § 5. u. Maxim. duo 3. § 3. Boëth. de cons. phil. 2, 3. p. 24, 16 *Obb.* – **b** Passivum = **sich angezogen-, hingezogen fühlen, sich vergnügen,** an etwas **seinen Gefallen (sein Vergnügen, seine Freude) finden** od. **haben** od. **sehen,** delectatur etiam senectus procul eas (voluptates) spectans tantum quantum sat est, Cic. – m. *cum* u. Abl., cum Musis solitus est delectari, Hyg. astr. 2, 27. – m. *ab* u. Abl. der Pers., ut ab altero non delectere, alterum oderis, Cic.: sed existimo te minus ab eo delectari, quod (weil er) etc., Cic. – m. *Abl. causae,* doleo tamen te sapientiā praeditum prope singulari non *tuis bonis delectari* potius quam *alienis malis laborare,* Cic.: dici non potest, quam *sim* hesternā disputatione tuā *delectatus* vel potius *adiutus* (erbaut), Cic.: his ego rebus *pascor,* his *delector,* his *perfruor,* Cic.: cum poëticis multis verbis magis *delecter* quam *utar,* antiquis magis *utar* quam *delecter,* Varro LL.: Ennio delector, Cic.: Turpilione Ambivio magis delectatur qui in prima cavea spectat, delectatur tamen etiam qui in ultima, Cic.: ego vero hāc mediocritate delector, ich lobe mir meine gemäßigte Haltung, Cic.: abieci consilium profectionis, quo mehercule ne antea quidem delectabar, an dem ich schon vorher gar keine Freude hatte, Cic.: quoniam hoc magno opere delectare verbo, Cic.: filiolā tuā te delectari laetor, Cic.: quibus (iumentis) maxime Galli delectantur, große Liebhaber sind, Caes.: neque minus Plato delectatus est Dione, Nep.: m. *Abl. Gerund.*, ut ne criminibus aut inferendis delectetur aut credat oblatis, Cic. de amic. 65. – m. *in* u. Abl. = **in** etw. **sich gefallen,** in hac inani prudentiae laude delector, Cic. ep. 6, 4, 4 (u. so Cic. de fin. 1, 39): in hoc admodum delector, *quod* (dass du) in aliis rebus aliisque sententiis versaris atque ille, Cic. de legg. 2, 17: m. folg. *Infin.*, vir bonus et prudens dici delector, ich lasse mich gern nennen, Hor. ep. 1, 16, 32: quae delectaris bibere humanum sanguinem, gern M. trinkst, Phaedr. 5, 3, 9: sicut potius magi adorare (eum) delectantur, Augustin. serm. 200, 2: m. folg. *Acc.* u. *Infin.*, quibus peregre manere gratiam delector, Plin. ep. 9, 11, 2: patri quoque se Philippo anteferri delectabatur, Auct. itin. Alex. 39 (90). – ► *Depon.* **dēlector**, ārī, Petron. 45, 7; 64, 2.

1. dēlector, ārī, s. dē-lecto a. E. ►.

2. dēlēctor, ōris, *m.* (deligere), der **Ausheber** der Soldaten, **Rekrutierer,** Frontin. strat. 4, 1, 3.

dēlēctus u. **dīlēctus**, ūs, *m.* (deligere), die **Auswahl, Wahl, I** im Allg.: rerum, Cic.: habere dilectum verborum, Genauigkeit in der Wahl der Ausdrücke beobachten, Cic.: delectum rerum verborumque agere (treffen), Quint.: de eius dilectu (seine Auserkorenen), immo vero de complexu eius ac sinu (seine Herzens- u. Busenfreunde), Cic.: cum delectu, mit Auswahl, Plin. nat. hist. u. Plin. ep.; Ggstz. sine delectu, Cic. u. a. – Plur., acceptorum autem beneficiorum sunt dilectus habendi, Cic. de off. 1, 49. – **II** als milit. *t. t.* = die **Aushebung, Rekrutierung,** acerbus, Liv.: superbus, Cic.: provincialis, in der Provinz gehalten, Cic.: dilectum habere, Cic., od. agere, Plin., od. instituere, Caes.: delectus acerbe actus, Liv. epit. – Plur., dilectus adversum vos habiti, Sall. fr.: neque delectus agere nec copias contrahere, Quint. – ► Die Schreibung dilectus oft in guten Hdschrn. u. Inschrn.

dēlēgātio, ōnis, *f.* (delego), **I** die **Anweisung** (zur Bezahlung), die **Assignation,** a mancipe annuā die, Cic. ad Att. 12, 3, 2: quamvis non intervenerint nummi, sed delegatione et verbis perfecta solutio sit, Sen. de ben. 6, 5, 2. – übtr., delegationem res ista non recipit, duldet keine Übertragung, Sen. ep. 27, 4. – **II** der in jedem Jahr neu bestimmte **Steuersatz,** das **Steuerausschreiben,** die **Steuererhebung,** spät. ICt.

dēlēgātor, ōris, *m.* (delego), **der eine Anweisung ausstellt,** auf jmd. **anweist,** Cassiod. var. 1, 18, 2.

dēlēgātōrius, a, um (delego), zum **Steuerausschreiben gehörig,** subst., dēlēgātōria, ae, *f.* (*sc.* epistula), das Zertifikat zur Steuererhebung, Cod. Theod. 7, 4, 22.

dē-lēgo, āvī, ātum, āre, jmd. an einen Ort od. eine Person od. auf eine Sache **verweisen,** jmd. od. etwas einer Person (zur Besorgung, Wartung, Pflege) **überweisen,** jmd. zu etwas **beauftragen;** u. (umgekehrt) einem etwas (ein Geschäft usw.) **überweisen, zuweisen, übertragen, auftragen,** einem zu etw. **Auftrag (Befehl) geben** (bes. zu dem, womit man sich nicht selbst gern befassen will), **I** im Allg.: ad senatum, Liv.: infantem ancillis ac nutricibus, Tac.: alqm huic negotio, Col.: delegati, ut plauderent, Plaut. – hunc laborem alteri, Cael. in Cic. ep.: officium alci, Quint. u. a. (s. Bünem. Lact. 1, 4, 6): alci id facinus, Liv. epit.: alqm occidendum, Suet.: imagines exscribendas pingendasque, Plin. ep.: obsidionem in curam collegae, Liv. – **II** insbes.: **1** jmd. auf eine Schrift **verweisen,** studiosos Catonis ad illud volumen, Nep. Cato 3, 5. – **2** *t. t.* der Geschäftsspr., jmd. zur Schuldzahlung od. die schuldige Summe **anweisen, a** eig.: debitorem, ICt.: alqm alci, cui numeret, Sen.: delegabo te ad Epicurum, ab illo fiet numeratio, Sen.: nomen paterni debitoris, ICt.: absol., Cato u. Cic.: deleg. alci, Cic. – **b** übtr., eine Schuld od. ein Verdienst auf jmd. **übertragen,** auf ihn **schieben,** ihm **zuschreiben,** crimen alci, Cic.: causam peccati alci, Hirt. b. G.: adversa casibus incertis belli et fortunae, Liv.: servati consulis decus ad servum, Liv.: omne rei bene aut secus gestae in Etruria decus dedecusque ad L. Volumnium, Liv.

dēleiro, s. dē-līro.

dēlēnificus, a, um (delenio u. facio), **besänftigend, schmeichlerisch, liebkosend, einnehmend, bezaubernd, a** v. Lebl.: facta, Plaut. mil. 192: verba tam delenifica, Comic. vet. (?) bei Fulg. 568, 24 M.: plane dicta omnia et verba delenifica, Fronto ad Ver. 2, 1. p. 221, 25 N.: quam delenifica facundia, Auson. ep. 17 *in.*: delenificae amoris artes, Symm. ep. 7, 27. – **b** v. Pers.: del. mulier, *Turpil. com. 29: del. meretrix, *ibid.* 186.

dēlēnīmentum, ī, *n.* (delenio), das **Linderungsmittel, Besänftigungsmittel, Beschwichtigungsmittel,** dah. auch das **Liebkosungsmittel, Reizmittel,** im üblen Sinne das **Lockmittel,** delenimenta magis quam remedia podagrae meae compono, Sen.: et oris et vocis et facundiae tuae delenimenta, Fronto: delenimenta aurium, Reizmittel für die Ohren, Ohrenkitzel, Plin. ep. u. Amm.: ea delenimenta, quae mulcendis volgi auribus comparant, Fronto: delenimentum animis Bolani agri divisionem obici, Liv.: delenimentis curarum ac periculorum carendum esse, Tac.: quibus delenimentis potest omnium animos sollicitat, Iustin. – omnes illecebrae atque omnia delenimenta muliebris ingenii, Sen. rhet.: novercalia delenimenta, stiefmütterliche Einflüsterungen, ICt.: delenimenta vitiorum, Tac.: comparant delenimenta, Sall. fr.: delenimentis capi, Afran. fr.

dē-lēnio, īvī u. iī, ītum, īre, **lindern, besänftigen, beschwichtigen, gewinnen, einnehmen, günstig stimmen, kirren, ködern, locken,** alqm, Plaut.: dolentem, Hor.: multitudinem, Cic.: animos, Cic. – gew. m. *Abl.* (durch), dolorem his remediis, Phaedr.: alqm suis dictis, Plaut.: alqm dotibus, Titin. com. fr.: alqm non nuptialibus donis sed filiorum funeribus, Cic.: eo od. hoc munere plebem, Liv.: popularium animos praedā, Liv.: milites blande appellando, für sich einnehmen, Cic.: barbarico Midan carmine, Ov. (vgl. Sirenum cantu deleniti, Quint.): deleniri illecebris voluptatis od. blanditiis voluptatum, Cic.: animum adulescentis pellexit iis omnibus rebus, quibus illa aetas capi ac deleniri potest, Cic.

dēlēnītor (dēlīnītor), ōris, *m.* (delenio), der **Gewinner** einer Person, cuius (iudicis) delenitor esse debet orator, den gerade der Redner gewinnen soll, Cic. Brut. 246: ille (Orpheus) immanium beluarum delenitor, Apul. flor. 17. p. 27, 11 Kr.

dēlēnītrīx, (dēlīnītrīx), trīcis, *f.* (Femin. zu delenitor), die **Gewinnerin,** corroboratarum mentium del. poëtica, Chalcid. Tim. 167.

dēleo, lēvī, lētum, ēre (de u. *leo [bessen Nbf. lino, lēvi], wovon auch letum, od. de u. oleo, vgl. aboleo), **zugrunde richten, I** eine Sache = **vertilgen,** zerstören, **vernichten, A** im Allg.: urbes, Liv.: aedificia, Cic.: alcis epistulas, Cic.: Volscum nomen, Liv.: bellum, mit der Wurzel vernichten, gänzlich beendigen, Nep., bella, Cic.: memoriam alcis, Liv.: omnes leges unā rogatione, Cic.: omnes ex animo mulieres,

Ter.: suspicionem ex animo, Cic.: maculam, Cic.: turpitudinem fugae virtute, Caes. – **B** insbes., Eingegrabenes, Geschriebenes **tilgen, auslöschen,** Cic. u. a.: digito legata, Cic.: lacrimis prope delere epistulam, Cic.: Stigmata in facie, Plin. – **II** eine Person **vertilgen, vernichten, aufreiben,** paene hostes, Caes.: exercitum, Cic.: senatum, Cic.: totum senatum de re publica, Cic.: homines iam morte deletos (hingeraffte) reponere in deos, Cic. – selten eine Pers., C. Curionem delere voluisti, Cic. Vat. 24.

dēlēr... s. delir.

dēlētērion, iī, *n.* (δηλητήριον), das **Gift,** Cass. Fel. 51. p. 132, 4.

dēlētīcius, a, um (deleo), **abgerieben, radiert,** charta, Ulp. dig. 37, 11, 4.

dēlētilis, e (deleo), **auswischend,** spongia, Varro sat. Men. 305.

dēlētio, ōnis, *f.* (deleo), die **Vernichtung,** nostri ad unum exercitus, Lucil. 823.

dēlētor, ōris, *m.* (deleo), der **Vernichter,** Mar. Merc. subn. 8, 25.

dēlētrīx, trīcis, *f.* (Femin. zu deletor), die **Vernichterin,** sica paene deletrix huius imperii, Cic. de har. resp. 49.

dēlētus, ūs, *m.* (deleo), die **Vernichtung,** Tert. adv. Marc. 2, 24.

dē-lēvo, āre, **abglätten, glatt machen,** Col. de arb. 6, 4.

Delfi, -ficus, s. Delphī.

Dēlia, s. Dēlius unter Delos.

Dēliacus, a, um, s. Dēlos.

dēlībāmentum, ī, *n.* (delibo), der **zur Libation ausgegossene Wein,** defusis Mercurio delibamentis, Val. Max. 2, 6, 8. Fronto ad M. Caes. 1, 7. p. 19, 16.

dēlībātio, ōnis, *f.* (delibo), die **Hinwegnahme, Verminderung,** Florent. dig. 30, 116 pr. Chalcid. Tim. 32 C. u. Eccl.

dēlīberābundus, a, um (delibero), **in reiflichem Überlegen, in tiefem Nachdenken begriffen, in tiefes Nachdenken versunken,** Liv. 1, 54, 6; 2, 45, 7.

dēlīberātio, ōnis, *f.* (delibero), die **Erwägung, reifliche Überlegung, Veratung, a** übh., consilii capiundi, Cic.: res habet deliberationem, bedarf der Überlegung, Cic.: so auch cadit in deliberationem, Cic.: deliberatio omnis haec est, si etc., es dreht sich dabei allein um die Frage, Cic.: tenuit eum et *de* Hannibale deliberatio, Liv.: habere deliberationes de alqa re, Cic. – **b** als rhet. *t. t.,* die **beratende Rede,** Quint. 2, 21, 18: Plur., Cic. de or. 1, 22.

dēlīberātīvus, a, um (delibero), **zur Erwägung-, reiflichen Überlegung gehörig, erwägend, reiflich überlegend, beratend,** Cic., Quint. u. a. – subst., dēlīberātīva, ae, *f.* (*sc.* oratio), die **beratende Rede,** Quint. 3, 8, 1. Donat. Ter. Phorm. 2, 4, 1 u. 12; 3, 2, 1. Schol. Iuven. 7, 162 u. 169.

dēlīberātor, ōris, *m.* (delibero), der **Überleger,** ille deliberator, jener Mann der Bedenkzeit, Cic. Sest. 74.

dēlīberātus, a, um, *PAdi.* (v. delibero), **entschieden, bestimmt,** neque ei quicquam deliberatius fuit, Cic. ep. 5, 2, 8. Vgl. Gell. 1, 13, 9.

dē-lībero, āvī, ātum, āre (de u. libra), **erwägen, in Erwägung ziehen, reiflich überlegen, in reifliche Überlegung ziehen,** sich **bedenken,** sich **besinnen, zu Rate gehen, I** eig.: consilium fidele deliberanti (dem noch Bedenkenden = Unschlüssigen) dare, Cic.: usque ad septimum diem deliberandi sibi spatium relinquere, sich Bedenkzeit lassen, Nep.: so diem ad deliberandum sumere, Caes.: quinque dierum spatium ad deliberandum sumere, Liv.: deliberandi spatium postulare, Iustin.: deliberando tempus terere, Liv. – m. *de* u. Abl., de summa rerum, Caes.: maxima de re, Cic. – m. *cum* u. Abl., cum adversario quasi d., Cic.: cum iis qui audiunt quasi d., Cic.: cum ea parte animi, Cic.: de Corintho cum imperatore Romano, Liv.: tecum *coram* potius quam *per litteras* de salute nostra fortunisque, Cic.: unpers. m. *inter* u. Akk., ita Sardianos inter Zmyrnaeosque deliberatum, Tac. – m. *Acc.,* delibera hoc, dum ego redeo, Ter.: deliberatā re, Cic.: deliberatā morte (durch wohlerwogenen T.) ferocior, Hor.: omnia cum amico delibera, sed de ipso prius, Sen. – m. folg. indir. Fragesatz, oft im Passiv deliberatur unpers., deliberas mecum quemadmodum pecunia ... salva sit, Plin. ep.: spatium etiam deliberandi habuerunt, quem potissimum vitae cursum sequi vellent, Cic.: si iam tibi deliberatum est, quibus abroges fidem iuris iurandi, responde, Cic.: utri potissimum consulendum sit deliberetur, Cic.: deliberet velitne an non, Ter.: delibero od. mihi deliberandum est, utrum ... an etc., Cic.: deliberatur de Avarico, incendi placeret an defendi, Caes.: quod an facerem non deliberabam, Plin. ep. – deliberari potest m. folg. indir. Fragesatz = es kann in Frage kommen (= es kann zweifelhaft sein), z. B. ex eo deliberari potent, ducenda necne alvus sit, Cels. 4, 13 (20). p. 146, 26 D. – deliberari non potest m. folg. indir. Fragesatz = es kann nicht in Frage kommen, z. B. neque maneatis an abeatis deliberari potest (= ihr müsst offenbar diesen Ort verlassen), Liv. 7, 35, 8: M. Aemilius, qui peior an ignavior sit, deliberari non potest (= seine Untüchtigkeit ist offenbar größer als seine Schlechtigkeit), Sall. hist. fr. 1, 48 (51), 3. – ähnlich nemo deliberat m. folg. *Acc.* u. *Infin.,* niemand besinnt sich = es ist für jedermann außer Zweifel, eos merito torqueri, qui deum nesciunt, nisi profanus nemo deliberat, Minuc. Fel. 35, 4. – non ultra del. m. folg. *quominus* u. Konj., nec ultra deliberatum, quominus non quidem extrema decernerent, man besann sich nicht länger, wenn auch nicht das Äußerste zu beschließen, Tac. ann. 5, 5. – **II** meton.: **A** jmd. **um Rat fragen, befragen,** bei jmd. sich **Rat holen,** deliberanti consilium dare, Augustin. enchir. 24: bes. ein Orakel, Nep. Milt. 1, 2; Them. 2, 6. – **B** nach angestellter Erwägung sich entscheiden, m. folg. *Infin.,* iste certe *statuerat* atque *deliberaverat* non adesse, Cic.: mihi deliberatum est abesse ex ea urbe, in qua etc., Cic.: certum est deliberatumque, quae ad causam pertinere arbitrer, omnia non modo dicere, verum otiam libenter, audacter libereque dicere, Cic.: mihi deliberatum et constitutum est ita gerere consulatum etc., Cic.: so auch sic habuisti statutum cum animo ac deliberatum omnes, qui habitarent in Sicilia, iudices reicere, Cic. – m. folg. *Acc.* u. *Infin.,* statui mecum ac deliberavi esse magnam materiam etc., Plin. ep.: certum ac deliberatum est me illis obsequi, Turpil. com. fr.: deliberatum est id quoque lenius vindicari, Amm.

dē-lībo, āvī, ātum, āre, etw. Weniges von einer Sache **hinwegnehmen, abnehmen, abbrechen,** etwas **kosten, I** eig.: sol umoris parvam delibat ab aequore partem, Lucr.: eius osculum delibatum digitis, abgestrichen, gestreichelt, Suet.: ne delibent aliquid membrorum, abstreichen, verletzen, Varro: ebenso truncum, Col.: paululum carnis, kosten, genießen, Petron.: cenas (Ggstz. edere), Favorin. fr.: oscula, sanft küssen, Verg.: im Bild, philosophiae doctrinas satius est numquam attigisse, quam leviter et primoribus, ut dicitur, labiis delibasse, Fronto: ut omnes undique flosculos carpam et delibem, Cic. – **II** übtr.: **A** im Allg., **entnehmen, entlehnen,** oder hinnehmend **kosten, genießen,** ex universa mente divina delibatos animos habemus, Cic.: novum honorem, kosten, genießen, Liv.: artes suas agendo, Ov.: omnia narratione, berühren, Quint. – **B** insbes., hinwegnehmend **vermindern, schmälern, verkümmern,** (einen Teil hinwegnehmend das Ganze) **verletzen,** aliquid de honestate, Cic.: aliquid de gloria sua, Cic.: nec de laude ieiuni hominis quicquam, Cic.: aliquid de virginitatis integritate, Flor.; vgl. castitatem virginis, Val. Max.: pudicitiam, Suet.: nullā voce delibans insitam virtutem, Rhet. Her. 4, 68: poet. übtr. auf die Person, delibata deûm per te numina sancta, geschmälert von dir, Lucr. 6, 70.

dēlibrātio, ōnis, *f.* (delibro), das **Abschälen,** corticis, Serv. auct. Aen. 2, 225.

dē-libro, āvī, ātum, āre (de u. liber), **abrinden, abschälen,** cacumina ramorum, Caes. b. G. 7, 73, 2: corticem corpore tenus, Col. 4, 24, 6 (vgl. 5, 11, 1): materiam, Col. 5, 11, 10: ligna delibrata, id est decorticata, Ps. Ascon. Cic. div. in Caecil. § 3. p. 101, 16 B.

dē-libuo, buī, būtum, ere (vgl. λείβειν, λιβάς), mit einer fetten Feuchtigkeit **benetzen, bestreichen,** im *verb. finit.* nur b. Solin. 12, 9 u. Tert. de cor. mil. 12. – Häufiger im *Partic. Perf. Pass.,* res aut caeno oblita aut rubricā delibuta, Rhet. Her.: funes pice delibuti, Serv.: cruenti et humano sanguine delibuti (von Seeräubern), Sen. rhet.: delibutus caeno, Plaut.: sanie delibutae, Pacuv. fr.: delibutus unguentis, Sen. rhet. u. Phaedr.: u. so bl. d. capillus, balsamiert, Cic.:

u. m. griech. *Acc.*, luxuria delibuta comas, Prud. – übtr., delibutus gaudio, vor Freude trunken, Ter.: delibuto senio luxu, nachdem sie im Alter noch einmal geschwelgt, Plin.: melleo delibutus eloquio iam tertiae Nestor aetatis, Auson. – ► Partiz. dēlībūtus gemessen b. Prud. psych. 312.

dēlicātē, *Adv.* m. *Compar.* (delicatus), **reizend, elegant, galant, fein, zart, luxuriös, üppig,** dah. auch **gemächlich, bequem,** multa delicate iocoseque fecit, Nep.: d. ac molliter vivere, Cic.: insternere d. arceram, Gell.: d. conficere iter, Suet. – (iracundus) mollius delicatiusque tractetur, etwas zart, Sen.: edendum delicatius, Treb. Poll.

dēlicātus, a, um, *Adi.* m. *Compar.* u. *Superl.* (deliciae), **I** mit Reizen versehen, durch Zartheit u. Eleganz feinere sinnliche Genüsse gewährend, mit allem Komfort u. Luxus ausgestattet, v. Pers., mit allem Komfort u. Luxus lebend, **reizend, elegant, fein, luxuriös, üppig, schlüpfrig, A** eig.: hortuli, Phaedr.: litus delicatissimum, Cic. (u. so öfter von Orten, s. Phaedr. 4, 5, 26). – convivium, lecker, Cic.: ebenso cibus delicatior, Plin. – sermo, Cic.: versus, Cic. – cultus, Val. Max.: cultus delicatior, Suet.: voluptates, Cic.: quanto molliores et delicatiores in cantu flexiones, Cic. – merces, Luxuswaren, -artikel, Sen.: delicatioris usus vasa, Luxusgefäße, Frontin.: u. so delicatae res (Ggstz. usitatae res), Sen.: assueta clauso et delicatae umbrae corpora, Sen. rhet. – muliebris ac d. ancillarum puerorumque comitatus, Cic.: avia delicata, Plin. ep. – scherzh., delicatum (zum Galanten, so weichlich) te hodie faciam, cum catello ut accubes, Plaut. Curc. 691. – **B** übtr., **zart, sanft,** capella, Catull.: oves, Plin. ep.: Anio delicatissimus amnium, Plin. ep.: aqua, Curt.: delicatior tenuiorque cauliculus, Plin. – **II** dem **Sinnenreiz ergeben, sinnlich, genusssüchtig, üppig, wolllüstig,** u. subst. der **Schlemmer, Wolllüstling** (bes. = *paedico*), **A** eig.: adulescens, Cic.: pueri, Cic.: capella, Catull. (vgl. puella tenellulo delicatior haedo, Catull.): libidinosa et delicata iuventus, Cic.: grex delicatae iuventutis, Cic.: venter delicatorum, Sen.: quidam e gratissimis delicatorum, Buhlen (*spadonum*), Suet.: ebenso Statilii Capellae delicata, Suet.: dagegen auf Inschriften delicatus u. delicata für **Lieblingssklave, Lieblingssklavin** (unser: **Kammerdiener u. Kammerjungfer, Page, Zofe**) übh., CIL 5, 3825; 6, 15482; 13, 2085. – **B** übtr.: **1 verweichlicht, schlaff, gemächlich,** equorum cursum delicati minutis passibus frangunt, Quint.: reclinari ad suos delicatum, Quint. – **2 verwöhnt, verzogen, wählerisch,** v. Pers., Plaut. mil. 984; rud. 465. Cic. Verr. 4, 126. Petron. 45, 3. Plin. ep. 8, 21, 5: puerum nimium delicatum, Bursche, du bist zu verwöhnt (übermütig), du treibst es (mit deinen Scherzen) zu arg, Plaut. most. 947: nimium ego te habui delicatam, Plaut. Men. 119: est fastidii delicatissimi, Cic. de fin. 1, 5: aures d., Quint. 3, 1, 3.

1. dēlicia, ae, *f.*, s. dēliciae ►.

2. dēlicia od. **dēliquia**, ae, *f.* (de u. liquere), der obere **Dachbalken,** Vitr. 6, 3, 2; vgl. Paul. ex Fest. 73, 2.

dēliciae, ārum, *f.* (zu lacio, laquens; wohl urspr. adjekt., dah. *sc.* res, was durch seine Reize Vergnügen macht u. uns anzieht, wobei man mit Vergnügen u. Wohlgefallen verweilt, also) **ergötzliche Dinge** (dah. auch = **Kleinodien**), **feine, üppige Genüsse, Ergötzlichkeit** jeder Art, **Lustbarkeit, Üppigkeit, Prunk** (an Geräten usw.), **Komfort u. Luxus, Liebhaberei, Spielerei** (auch in der Rede), **Galanterien** (in der Liebe), **Schlüpfrigkeiten** (in Gedichten usw.), **I** eig.: multarum deliciarum comes est extrema saltatio, Cic.: deliciae lususque, Mart.: cenarum ciborumque exquisitae deliciae, Gell.: aut supellectilis ad delicias aut epularum ad voluptates, Cic.: deliciae ventris et inguinum, Völlerei u. Hurerei, Apul.: deliciae (Kleinodien) feminarum, Plin.: taxatio in deliciis tanta, ut etc., als Kleinod hat er (der Bernstein) einen solchen Wert, dass usw., Plin.: M. Agrippa vir rusticitati propior quam deliciis, Plin.: d. aestivae, Lustort für den **Sommer, Sommerfrische,** Flor.: delicias facere, Scherz treiben, scherzen, Plaut. u. Fronto; u. schäkern = Obszönitäten treiben, Catull.: delicias et mollia carmina facere, Spielereien, Ov.: necesse est me ad delicias componam memoriae meae, mich in die Launen meines G. füge, Sen. rhet.: ecce aliae deliciae (Prätentionen) equitum vix ferendae, Cic.: esse (alci) in deliciis, jmdm. ein Gegenstand großen Wohlgefallens sein, jmds. Zuneigung haben (auch v. Pers.), Cic.: habere alqm in deliciis, an jmd. großes Wohlgefallen finden, seine Freude haben, Cic. u. a. (vgl. catellus, quem puella in deliciis habuerat, das Schoßhündchen des M., Val. Max.): otium ubi erit, tum tibi operam ludo et deliciae dabo, Spiel u. Scherz, Plaut. – **II** übtr., v. Pers., die **Lust,** der **Liebling,** meae deliciae, Plaut. (s. Spengel Plaut. truc. 5, 29): amores ac d. tuae Roscius, Cic.: amor et d. generis humani, Suet.: Ggstz., Encolpius quidem lector, ille *seria* nostra, ille *deliciae*, mein Gesellschafter in ernsten und fröhlichen Stunden, Plin. ep. 8, 1, 2. – bes. v. Sklaven, **Liebling, Lieblingssklave,** deliciae pueri, lieber Junge, Plaut.: del. domini, Verg.: del. divitum, Ps. Quint. decl.: del. Alexandrinae, Quint. – ► Vorklass. u. nachklass. Nebenformen: delicia, ae, *f.*, Plaut. rud. 429 (vgl. Gell. 19, 8, 6). Solin. 46, 3. *Apul. apol. 9. p. 14, 5 Kr. CIL 9, 1482: delicies, Apul. de deo Socr. prol. p. 109 H. (= p. 3, 27 G.): delicium, Phaedr. 4, 1, 8. Mart. 1, 7, 1 u. a. Arnob. 4, 26. CIL 2, 1852; 6, 12357 u. 14959 u. 20237: subst. dēlicius, iī, *m.*, CIL 6, 800 u. 3967.

dēliciāris, e (2. delicia), **zum oberen Dachbalken gehörig,** tegulae, die oberen glatten Dachziegel (Ggstz. colliciares, die Hohlziegel), Paul. ex Fest. 73, 3.

dēliciātus, a, um (2. delicia), **mit einer Wasserrinne versehen,** tectum, Paul. ex Fest. 73, 2.

dēliciēs, s. dēliciae ►.

dē-licio, ere (de u. lacio), jmd. (vom rechten Wege abziehend) **an sich locken, ergötzen,** Titin. com. 190.

dēliciolae, ārum, *f.* (*Demin.* v. deliciae), der **süße Liebling,** das **Herzblatt,** Tullia, deliciolae nostrae, Cic. ad Att. 1, 8, 3.

dēliciolum, ī, *n.* (*Demin.* v. delicium, Nbf. v. deliciae), der **süße Liebling,** das **Herzblatt,** Sen. ep. 12, 3.

dēlicior, ārī (deliciae), sich der **Lust hingeben, fröhlich sein, frohlocken,** u. Partiz. delicians = fröhlich, vergnügt, Eccl. (s. Rönsch Itala p. 155).

dēliciōsē, *Adv.* (deliciosus), **sanft,** ille in sinu iusti del. requiescat, Augustin. serm. 66, 3 *ed. Mai.*

dēliciōsus, a, um, **weichlich, verwöhnt,** v. Pers., Augustin. in euang. Ioann. tract. 47, 8 *extr.* Ambros. de paenit. 1, 9, 24. Sedul. prol. 8: mollities, Mart. Cap. 7. § 727: lassitudines, Augustin. conf. 10, 34 *extr.*: militia (Ggstz. mil. laboriosa), Cassiod. var. 7, 9, 1.

dēlicium u. **dēlicius**, s. dēliciae ►.

dēlico, āre, s. dē-liquo *no.* II.

dēlictor, ōris, *m.* (delinquo), der **Sünder,** Cypr. ep. 59, 18.

dēlictum, ī, *n.* (delinquo), das **Gefehlte,** der **Fehler,** das **Versehen, Vergehen,** die **Übertretung,** eius delicti reus, Nep.: uxor delicti manifesta, Tac.: quo delictum maius est, eo poena est tardior, Cic.: delictum admittere in se, Ter.: delictum maius committere, Caes.: cetera quoque concedere delicta, Suet.: delictum facere, Plaut.: delicta fateri nolle, Ov.: delicto od. delictis ignoscere, Suet. u. Hor.: inque vicem illorum patiar delicta libenter, Hor.: nec primum alterumque delictum veniā prosequebatur, sed etc., Tac. – Ggstz., aurigarum equorumque *praecipua* (Vorzüge) vel *delicta* (Mängel), Amm. 14, 6, 25.

dēliculus, a, um (*Demin.* v. delicus), **entwöhnt,** Cato r. r. 2, 7.

dēlicus, a, um (aus de-lac-os, zu lac, Milch), von der Mutterbrust **abgesetzt, -entwöhnt,** porci, Varro r. r. 2, 4, 16.

dēlicuus (dēliquus), a, um (delinquo), **ausgehend, mangelnd,** Plaut. Cas. 207. Vgl. Varro LL. 7, 106. Paul. ex Fest. 73, 10.

1. dē-ligo, āvī, ātum, āre, **I anbinden, befestigen, a** lebl. Objj.: binas tabellas dextrā et sinistrā, Varro: antennas asseresque validos, Curt.: veretra, Suet. – gew. m. Ang. **wohin?** od. **wo?** durch *Praepp.* od. durch bl. *Dat.*, apud (an) mensam plenam homini rostrum (den Schnabel = Mund), Plaut.: naves ad terram, Caes.: naviculam ad ripam, Caes.: onerarias (naves) ad ancoras, Caes.: tragulam cum epistula ad amentum, Caes.: duarum arborum capita inflectere et ad pedes militis deligare, Vopisc.: sarmenta circum cornua boum od.

in cornibus iuvencorum deligata, Quint. u. Nep.: del. tesseras insculptis suis et patrum nominibus dextro brachio, Iustin.: super alterum (oculum) lanam imponere et deligare, Cels.: eiusque fili capita inter se deligantur, Cels. – **b** leb. Wesen u. deren Glieder, alqm ad palum, Cic. (u. so bl. hominem del., *scil.* ad palum, Cic.): viros ac feminas ad stipitem, Suet.: in ea (statua) Sopatrum divaricari et deligari iubet, Cic.: noxio post terga deligantur manus, Sen. rhet.: übtr., deligatus morbo carnis, gefesselt an usw., Augustin. conf. 6, 12. **II** prägn.: **a** mit etw. **umbinden,** in etw. **binden,** linteolo deligatis tantum granis XXX, Plin. 20, 184. – **b** insbes., als chirurg. *t. t.,* eine Wunde od. ein Glied od. jmd. **umbinden, verbinden,** vulnus, Quint.: brachium, Cels.: brachium superimposito penicillo, Cels.: caput fasciis, Cels.: crura et femora brachiaque plurimis locis, Cels.: saucios, Auct. b. Afr.: qui propter erat valetudinem et deligatus et plurimis medicamentis delibutus, Quint.

2. **dē-ligo,** lēgī, lēctum, ere (de u. legere), **I ablesen, abnehmen,** Früchte, uvam, Cato: temporibus certis maturam uvam, Ov.: oleam, Cato: fructum, Col.: tenui primam ungue rosam, Ov.: melimela minorem ad lunam delecta, Hor. – andere Ggstd., alta mortali astra manu, herabholen, Prop. 2, 32, 50. – **II auswählen** = durch eine getroffene Wahl zu etwas **nehmen, wählen** (sodass del. nur die getroffene Wahl, aber eligere, »auslesen« = »nicht den ersten besten nehmen«, die wirkliche Auswahl aus mehreren bezeichnet; vgl. Benecke Cic. Deiot. 24. p. 115), **A** im Allg. (s. im Wortspiel: *deligere* oportet, quem velis *diligere,* Rhet. Her. 4, 29): ex his (statuis) C. Marcelli statuam, Cic.: diem ad inimicos opprimendos, Nep.: alqm non ad sententiam legis, sed ad suam spem aliquam de civitate, Cic.: magistratus, consulem, Cic.: imperatorem (Kaiser), Vopisc.: alqs pro consule Asiae in locum alcis delectus est, Vopisc.: ad eas res conficiendas Orgetorix deligitur, Caes.: m. dopp. Akk., alqm potissimum generum (zum Schw.), Cic.: im Pass. m. dopp. Nom., duces (zu A.) ii deliguntur, qui etc., Caes. – m. folg. indir. Fragesatz od. Relativsatz, tempus a natura ad deligendum quam quisque viam vivendi sit ingressurus datum est, Cic.: vos unum illum ex omnibus delegistis, quem (um ihn) bello praedonum praeponeretis, Cic.: Aristides delectus est, qui (damit er) constitueret etc., Nep. – ex senatu in hoc consilium delecti estis, Cic.: aut uni tribuendum est (consilium publicum rei publicae) aut delectis quibusdam, d. i. einem Ausschuss, Cic.: delecti Aetolorum, der engere Ausschuss (= *apocleti,* s. d.), Liv. – als milit. *t. t.,* **auswählen, ausheben,** d. locum castris idoneum, Caes.: centenos viros ex omni pedite atque equite, Liv.: duces hostium XL milia ex omni numero deligunt earum civitatum, quae etc., d. i. heben aus usw., Caes.: d. vexillarios e legionibus, ausheben zu einem Angriff, detachieren, Tac.: so delecta manus, ein Detachement, Sall.: ebenso delecti pedites, Sall.: delecti militum, eine Elite von S., Curt. – **B** insbes., als untauglich **ausscheiden, aussondern, entfernen,** alqm ex aedibus, Plaut.: longaevos senes ac fessas aequore matres, Verg. Vgl. Jordan. Cic. Caecin. 76. p. 258*sq.*

dēlīmitātio, ōnis, *f.* (delimito), die **Abgrenzung,** Gromat. vet. 227, 13.

dē-līmito, (āvī), ātum, āre, **abgrenzen,** Gromat. vet. 3, 4 u. a.

dē-līmo, (āvī), ātum, āre, **abfeilen,** Plin. 34, 111.

dēlīneātio, ōnis, *f.* (delineo), der **Abriss,** die **Darstellung,** Tert. adv. Valent. 27.

dē-līneo (dē-līnio), āvī, āre, **im Abriss darstellen, skizzieren,** arrepto carbone exstincto e foculo imaginem in pariete, Plin. 35, 89: Alexandri imaginem coloribus, Apul. flor. 7. p. 7, 19 Kr.: quem nulla deliniat forma corporalis, Arnob. 1, 31: übtr., mit Worten, astu colubroso viam delineavit, Tert. adv. Val. 4: veritates, ex quibus imagines deliniarentur, Tert. de res. carn. 20 *in.*: mit folg. indir. Fragesatz, et quid postea per me ipsum quaererem, in memoria mea delineasti, Augustin. conf. 4, 3.

dē-lingo, līnxi, līnctum, ere, **ablecken,** puerum (v. einem Löwen), Lampr. Anton. Diad. 5. § 6. – prägn., **weglecken, auslecken** = leckend zu sich nehmen, huius cochleare plenum paulatim, Cels. 3, 22 *extr.*: sanguinem Nabuthae (v. Hunden), Tert. de ieiun. 7. p. 861, 18 *Oehl.* – Sprichw., d. salem, das Salz (im Salzfass) ausl. = magere Kost haben, Plaut. Pers. 430: d. salem apud alqm, Plaut. Curc. 562.

dēlīnificus, -līnīmen, -līnīmentum, s. dēlēnificus etc.

1. **dē-līnio,** s. dē-lēnio.

2. **dē-līnio,** s. dē-līneo.

dēlīnītor, -trīx, s. dēlēnītor, dēlēnītrīx.

dē-lino, (lēvī), litum, ere, **I** von oben bis unten **bestreichen,** delinendus homo est vel gypso vel argenti spumā, Cels. 3, 19: facie caenoso pigmento delitā, Apul. met. 8, 27. – **II** (nur im Partiz. delitus vorkommend) **abstreichen, abwischen, a** eig.: dico esse, ex qua tantum tectorium vetus delitum sit et novum inductum, Cic. II. Verr.. 1, 145 K.: tabellas cerā superinducit delitā, Iustin. 2, 10, 14. – **b** übtr. = deleo, **verwischen,** delitae litterae, Varro u. epistula delita, Calv. bei Diom. p. 376, 1 u. 2; vgl. Probus u. Caper bei Prisc. 9, 54 p. 490, 8.

dēlinquentia, ae, *f.* (delinquo), das **Vergehen, Verbrechen,** Tert. de res. carn. 24 u. 46*sq.*; adv. Marc. 4, 8.

dē-linquio, s. dē-liquio.

dēlinquītio, ōnis, *f.* = *amissio,* Gloss. II, 574, 44.

dē-linquo, līquī, lictum, ere, **I** *v. tr.* **zurücklassen,** quem unā cum equis duobus ibidem sibi subsidiarium deliquerat, Iul. Val. 2, 27. p. 95, 27 K. – **II** *v. intr.* **ausgehen, fehlen, 1** eig.: delinquere frumentum, Sardiniam hostes tenere, Coel. Antip. fr. inc. 58 (bei Serv. Verg. Aen. 4, 390): nam delinquat aut superet aliquid tibi, Tubero fr. 13 (bei Serv. a. a. O.): cum subito segetes hominibus delinquerent, Schol. Caes. Germ. Arat. 336. p. 414 E.: *lunae* vel *nascentis* incrementa vel *senescentis* dispendia vel *delinquentis* obstacula, Apul. flor. 18. p. 31, 6 Kr. – **2** übtr.: **a** moralisch, in seiner Pflicht **fehlen, es (etwas) versehen, sich vergehen,** absol. od. m. Ang. **worin?** durch *in* u. Abl.; m. Ang. **gegen wen?** durch *in* od. *adversus* m. Akk., auch (in Bezug auf etw.) m. allg. *Acc.* (quid u. dgl.), absol., tu delinquis, ego arguor, Enn. scen. 225: alii simul delinquunt, censores sumus, Phaedr.: si pater aut avus deliquisset, Cic.: deliquere homines adulescentuli per ambitionem, Sall.: si cunctatione deliqui, virtute corrigam, Tac.: prout bellis externis meruerant aut domi seditione deliquerant, Tac.: quod (weil) populi priscorum Latinorum *adversus* populum Romanum deliquerunt, Liv. 1, 32, 13: Ggstz., melius habent *mercede delinquere,* quam *gratis recte facere,* Sall. fr.: hac quoque *in* re eum deliquisse, Cic.: (miles) in bello propter hostium metum deliquerat, Cic.: philosophus in vitae ratione peccans hoc turpior est, quod in officio, cuius magister esse vult, labitur artemque vitae professus delinquit in vita, Cic. – m. allg. *Acc.,* non edepol deliqui quicquam, Plaut.: quodcumque deliquisset, ignosciturum affirmabat, Calp. Pis. fr.: si ille quid deliquerit, Plaut.: si quid deliquero, Cic.: nescio quid *in* vos imprudens deliqui, Curt.: paulum deliquit amicus, Hor.: si quid iracundiā deliquēre, Sall.: quae libidine deliquerant, Tac.: ut nihil a me adhuc delictum putem, Cic. – mit anderen Objekten, quia maiora in defectione deliquerant, Liv. 26, 12, 6: damnatusque flagitiorum, quae duo deliquerant, Cumanus, et quies provinciae reddita, Tac. ann. 12, 54. – Partiz. subst. delinquentes, die Delinquenten, Verbrecher, Paul. ex Fest. 115, 16. – übtr. auf Lebl., quod venti et fluctus deliquerint (an den Schiffen), Tac. ann. 14, 3. – **b** gramm. *t. t.,* **fehlen,** in alqa re, Quint. 1, 5, 49. Gell. 5, 4, 2.

dē-liquēsco, licuī, ere, **zerschmelzen, zerfließen,** Plaut., Ov., Col. u. a. – übtr., nec alacritate futtili gestiens deliquescat, noch in nichtiger Fröhlichkeit ausgelassen dahinschwindet, Cic. Tusc. 4, 37.

dēliquia, ae, *f.,* s. 2. dēlicia.

dē-liquio (dē-linquio), ōnis, *f.* (delinquo), das **Ausgehen, Mangeln,** Gell. ann. bei Serv. Verg. Aen. 4, 390: u. so nullam causam dico, quin mihi et parentum et libertatis apud te deliquio siet, bei dir ich Eltern u. Freiheit verlieren will, Plaut. capt. 626.

1. **dēliquium,** iī, *n.* (delinquo), das **Ausgehen, Mangeln,** die **Verfinsterung,** solis = ἔκλειψις ἡλίου (Gloss.), Plin. 2, 54. Gell. ann. bei Serv. Verg. Aen. 4, 390. Lact. epit. 45, 10: solis lunaeque deliquia, Mart. Cap. 6. § 594: deliquia luminum, Augustin. conf. 5, 5.

2. dēliquium, iī, *n.* (deliquo), das **Herabfließen, Herabträufeln,** Prud. ham. 750. Hieron. in Isai. 51, 6. p. 588.

dē-liquo, āre, läutern, **I** eig., eine unlautere Flüssigkeit **klären, läutern,** turbida quae sunt, Varro LL.: vinum in alia vasa, Col.: quae ex vino et teruntur et in usu deliquantur, Cels. – **II** übtr., in der Form dēlico = durch die Rede **erläutern, klar machen, bedeutlich angeben, deutlich äußern,** m. *Acc.*, Comic. vett.: m. *Acc.* u. *Infin.*, ut tu ipse me dixisse delices, Plaut. mil. 844.

dēliquus, a, um, s. dēlicuus.

dēlīrāmentum (dēlērāmentum), ī, *n.* (deliro), **albernes Zeug, -Geschwätz, Possen,** Komik. u. a.: deliramenta loqui, Unsinn-, irre reden, Plaut. (s. Brix Plaut. capt. 596).

dēlīrātio, ōnis, *f.* (deliro), eig. das Herausgehen aus der Furche (vgl. Plin. 18, 180); dah. übtr., der **Wahnwitz, Aberwitz,** die **Faselei, Albernheit,** Cic. u. a. – als mediz. *t. t.*, fieberhafter Wahnsinn, Cael. Aur. acut. 1. pr. §. 4. Soran. lat. p. 90, 17.

dēlīritās (dēlēritās), ātis, *f.* (delirus) = deliratio, Laber. com. 139.

dēlīrium, iī, *n.* (delirus), als mediz. *t. t.* = das **Delirium,** das **Irresein,** Cels. 2, 6. p. 37, 12 D. u. a.

dē-līro (archaist. dēlēro u. dēleiro), āvī, āre (de u. lira, altlat. lera), urspr. von der Furche abgehen, abweichen (vgl. Plin. 18, 180); dah. übh. **von der geraden Linie abgehen, -abweichen, I** eig., nil ut deliret (deleret) amussis, Auson. de viro bono (XXX) 11 p. 149, 14 Schenkl = Anthol. Lat. 644, 11 (111, 11). – **II** übtr., **irre-, wahnwitzig, verrückt sein, irre reden, faseln,** Komik., Cic. u. a.: claudicat ingenium, delirat lingua, labat mens, Lucr.: quidquid de caelo physici delirant, Lact.: quidquid delirant reges, plectuntur Achivi (sprichw.), d. i. das wahnwitzige Beginnen der Könige büßen die Völker, Hor. ep. 1, 2, 14. – m. dopp. *Acc.*, se deum od. caelitem, im Wahnsinn sich für einen Gott halten, Tert. de anim. 32 *in.* u. de pall. 4. p. 940 *Oehler.*

dēlīrus (dēlērus), a, um, *Adi.* m. *Compar.* (deliro), **irre, wahnwitzig, aberwitzig, schwachsinnig,** senex, Cic.: mater, Hor.: Epicurus, Lact.: quasi delirum (Aesopum) risit, Phaedr.: nihil dici delirius potest, Lact. (s. Bünem. Lact. 3, 18, 14). – *neutr. Plur.* subst., animus dementit deliraque fatur, spricht aberwitziges Zeug, Lucr. 3, 464.

dē-litēsco (in den besten Hdschrn. dēlitīsco), tuī, ere (de u. latesco), **sich verbergen, sich verstecken, sich verkriechen, unterkriechen, sich unterducken, I** eig., v. Menschen, in quadam cauponula, Cic.: in caupona, Gell.: noctu in silvis, Caes.: cum exercitu in proximis montibus, Iustin.: in latere (Seitenwand) templi prope angulum obscurum, Liv.: militari sub galea, Arnob.: proprii sub culmine tecti, Ven. Fort.: animalia sub terra delitescentia, Isid.: delituisse inter vepres in latibulis ferarum unam noctem, Liv.: delituisse inter angustias saltus ritu ignobilium ferarum, Curt.: absol., delituit mala (die lose), Plaut.: ut eo mitteret amicos, qui delitescerent, deinde repente prosilirent, Cic. – von Tieren, in cubilibus, v. Wild, Cic.: interdiu in virgultis atque herbis, v. Hasen, Varro: sub praesaepibus (v. Schlangen), Verg. – v. Lebl., vespertinis temporibus delitescere (Ggstz. matutinis rursum se aperire), v. einem Gestirn, Cic.: u. so luna aut parte sui aut tota delituit, Sen.: del. sinu ancillae, v. einem Brief, Ov. – **II** übtr., sich **hinter** etwas **stecken, -verbergen,** in frigida calumnia, Cic.: in dolo malo, Cic.: sub tribunicia umbra delitescere consularem virum, Liv.: lusus sub mortuorum nominibus delitescentes, Lact.: umbrā magni nominis, Quint. – est in aliis litteris, ubi interdum delitescas, sich zurückziehst, Fronto ad M. Caes. 4, 3. p. 62, 8 N.

dē-lītigo, āre, **sich abzanken, sich ereifern,** tumido ore, Hor. de art. poët. 94.

dē-litīsco, s. dē-litēsco.

dēlitor, ōris, *m.* (delino = deleo), der **Vernichter,** Acc. tr. 219.

dēlitus, a, um, s. dē-lino.

Dēlius, a, um, s. Dēlos.

Delmatae, -tia etc., s. Dalmatae etc.

Delminium, iī, *n.*, die alte Hauptstadt Dalmatiens im Innern des Landes, Flor. 4, 12, 11.

dēlocātio, ōnis, *f.*, die **Verrenkung,** articulorum, Cael. Aur. chron. 2, 1, 14.

dē-longē, *Adv.*, **von fern,** Eccl.

dē-loquor, loquī = loquor, Greg. M. epist. 9, 130.

Dēlos, ī, Akk. on u. um, *f.* (Δῆλος), die kleine Insel Delos im Ägäischen Meer, eine der Zykladen, Geburtsort Apollos u. der Diana, Hauptsitz des Apollokultus und eines der berühmtesten Orakel, j. *Dili,* Cic. de imp. Pomp. 55. Cic. II. Verr.. 1, 46 *sqq.* Lucil. 123. Verg. georg. 3, 6. Prop. 4, 6, 27. – Dav.: **A Dēlius**, a, um (Δήλιος), **delisch,** tellus, Delos, Ov.: Apollo, Cic. u. Arnob.: derselbe auch D. vates, Verg., u. bl. Delius (Vok. Delie), Ov.: dah. folia D., der Lorbeer, Hor.: antra, das Orakel, Stat.: furta, die geheimen Liebschaften Apollos, Stat.: sacerdos, Mopsus, der Sohn Apollos, Val. Flacc. – D. dea, Diana, Hor.: D. virgo triformis (s. d.), CIL 2, 2660. – subst., **a** Dēlia, ae, *f.*, **α** Diana, Verg. u. Ov. – **β** Name einer Geliebten, Tibull. u. Verg. – **b** Dēlium (ion), iī, *n.* (Δήλιον), kleine Stadt im Gebiet von Tanagra in Böotien mit einem (in Gestalt des delischen erbauten) großen Tempel Apollos, j. *Delis,* Cic. de div. 1, 123. Liv. 31, 45, 6 u. 8. – **B Dēliacus**, a, um (Δηλιακός), **delisch,** aes (gleich dem korinthischen berühmt), Plin.: dah. vasa, supellex, Cic.: subst. Dēliaca, ōrum, *n.* (*sc.* vasa), Vasen von del. Bronze, Lampr. – Auch waren die Delier durch die Zucht u. das Mästen von Hühnern u. das dabei angewandte Kapaunen der Hähne berühmt, Varro, Cic. u. a.: dah. gallinarius D., ein delischer Hühnerwärter, -mäster, Cic.; u. Deliaci manu recisi, d. i. kastriert, Petron. 23, 3. – **C Dēliadae**, ārum, die Abkömmlinge von Delos, die **Deliaden,** v. Apollo u. der Diana, Manil. bei Varro LL. 7, 16 (die Hdschrn. Deli).

Delphī (Delfī), ōrum, *m.* (Δελφοί), die wegen des Apollo-Orakels berühmte Stadt in Phocis am Parnassus, j. *Kastri,* Pacuv. tr. 121. Plaut. Pseud. 480. Varro sat. Men. 152. Cic. de div. 1, 37. – Dav.: **A Delphī**, ōrum, *m.* (Δελφοί, οἱ), die Einw. von Delphi, die **Delphier,** Catull. 64, 392. Iustin. 24, 7 *sq.* Ulp. dig. 50, 1, 1. § 2. – **B Delphicus** (Delficus), a, um (Δελφικός), **delphisch,** tellus, Delphi, Ov.: Apollo, Enn., Plin. u. Min. Fel.; ders. deus D., Nep.; bl. Delphicus, Ov.: oracula, Cic.: cortina, Val. Max. u. Plin.: ales, der Rabe, Petron.: mensa, nach Art des delphischen Dreifußes gearbeiteter Prunktisch, Cic.: ders. subst. bl. Delphica (Delfica), ae, *f.*, Mart. 12, 66, 7. Paul. sent. 3, 6, 56. Paul. dig. 33, 10, 3 pr. Porphyr. Hor. sat. 1, 6, 116. Schol. Iuven. 3, 204. – dav. *Adv.* **Delphicē, nach Art des delphischen Orakels,** canere (weissagen), Varro sat. Men. 320. – **C Delphicola**, ae, *m.* (Delphi u. colo), **Delphi bewohnend,** Beiname Apollos, Auson. Technop. (XXVII) de hist. 5. p. 136 Schenkl. – **D Delphis**, idis, Akk. ida, *f.* (Δελφίς), die **Delphierin,** d. i. die weissagende Pythia zu Delphi, Mart. 9, 43, 4: attrib. = **delphisch,** Sibylla, Lact. 1, 6. § 7 u. 9; epit. 3, 1.

delphīn, s. delphīnus.

delphīnulus, ī, *m.* (delphinus), der **kleine Delphin,** Alcim. Avit. ep. 78.

delphīnus, ī, *m.* u. bei klass. Dichtern u. in nachaug. Prosa (in reingriech. Form) **delphīn** (selten **delphīs**), phīnis, *m.* (griech. klass. δελφίς, bei Spät. δελφίν, während die Römer delphin vorzogen, s. Prisc. 6, 18 u. 7, 46), der **Delphin, I** der **Delphin, Tummler,** eine Walfischart (*Delphinus, Delphis,* L.), Form *-us,* Acc. fr., Cic. u. a. – Form *-in,* im Nom., Poëta b. Pers. 1, 94: Akk. delphinem, Solin. 12, 7: griech. Akk. delphina, Abl. delphine, Ov.: Plur., Nom. delphines, Verg., Ov. u. Solin.: Genet. delphinum, Verg., Prop. u. Solin.: griech. Akk. delphinas, Verg. u. Solin. – **II** meton.: **A** das Gestirn **Delphin,** Varro u. a. Klassiker. – Form *-in,* im Nom., Ov. u. Hyg.: griech. Akk. Sing. delphina, Ov. – Form *-is,* Nom., Avien. Arat. 700. – **B** ein wie ein Delphin geformter Heber an der Wasserorgel, der **Delphin,** Vitr. 10, 8, 1. – **C** ein wie ein Delphin gestaltetes Prunkgerät, der **Delphin,** Plin. 33, 147.

1. Delphis, phidis, s. Delphī.

2. delphīs, phīnis, *m.*, s. delphīnus.

delta, ae, *f.* od. *indecl. n.*, der vierte Buchstabe des griechischen Alphabets, Δ, Mela 2, 7, 14 (2. § 115). Auson. Technop. (XXVII) 12. de litt. monos. 14. p. 138, 22 Schenkl. – meton., **Delta** (*indecl. n.*), das von den Nilmündungen in Unterägypten gebildete **Delta,** Auct. b. Alex. 27, 1. Plin. 3, 121; 5, 50 u. ö. Mela 1, 9, 2 (1. § 51).

deltōton, ī, *n.* (δελτωτόν), der **Triangel,** ein mitternächtiges Gestirn, Cic. Arat. 5 u. a.

dēlūbrum, ī, *n.* (de u. luo), der **Tempel,** das **Heiligtum,** als Sühn- u. Reinigungsort, Iunonis Laciniae, Liv.: noctu ex delubro audita vox, Liv.: delubrum eius (Homeri) in oppido dedicare, Liv.: nec templum apud eos visitur aut delubrum, Amm.: nullus angulus fuit, ubi delubrum aut fanum aut templum non sit, M. Caes. bei Fronto: Plur. = **heilige Hallen,** delubra caelitum, Acc. fr.: ambitiosi templi delubra, Amm.: deorum templa ac delubra, Cic.: Musarum delubra, Cic. – übtr., (iudicia) delubra sunt aequitatis, Amm. 30, 4, 13.

dēluctātio, ōnis, *f.* (deluctor), die **Kampfentscheidung** (im Ringen), übtr., Mart. Cap. 5. § 436.

dē-lucto, āvī, āre, u. **dē-luctor,** ārī, bis **zur Entscheidung ringen,** -ringend **kämpfen,** cum Antaeo deluctari, Plaut. Pers. 4: übtr., quibus aerumnis deluctavi, Plaut. trin. 839.

dēlūdifico, āvī, āre (deludo u. facio), jmd. **zum Besten haben, foppen,** deludificavit me illic homo indignis modis, Plaut. rud. 147.

dē-lūdo, lūsī, lūsum, ere, **I** *tr.* mit jmd. **sein Spiel treiben,** jmd. **zum Besten haben, äffen, foppen, verspotten, täuschen, a** v. Pers.: alqm, Komik.: corvum hiantem, Hor.: alqm dolis, Ter.: in hac re deludier, Ter.: absol., aliquanto lentius agere atque deludere, Cic. Rosc. Am. 26. – obszön (= stuprare) nobilium uxores sororesque, Commodian. instr. 1, 5, 3. – **b** übtr., v. Lebl., et quae sopitos deludunt somnia sensus, Verg.: quem spes delusit, huic querela convenit, Phaedr.: terra falso partu deludet arantes, Prop.: deludi ab incubone, Alpdrücken haben, Scrib. 100. – **II** *intr.* **aufhören zu spielen,** Varro fr. bei Plin. 36, 202. – ► Parag. *Infin.* deludier, Ter. Andr. 203.

dēlumbis, e (de u. lumbus), **I lendenlahm,** Plin. 10, 103. – **II** übtr., **gelähmt, entnervt, kraftlos,** matronarum saliva, Pers. 1, 104: dictio, Sidon. epist. 8, 16, 2: metrum d. et claudum, Mar. Victorin. 2, 4, 19. p. 81, 9 K.

dē-lumbo, āvī, ātum, āre (delumbis), **lendenlahm machen,** ossifragus alium distorquet, alium delumbat, Sen. contr. 10, 4 (33), 2. – *intr.*, Venus, cui coniuges vestrae delumbant (lendenlahm geworden sind), Commodian. instr. 1, 16, 10: delumbatā quadrupede, Plin. 28, 36. – übtr., nec minutos numeros sequens concīdat delumbetque sententias, hinkend mache, Cic. or. 231: lacunaria ad circinum delumbata, nach einem gedrückten Bogen gewölbt, Vitr. 6, 3, 9.

dē-luo, luī, ere, **abspülen, hinwegspülen** (vgl. Agroet. gramm. [VII] 115, 11 K. Beda de orthogr. [VII] 269, 25 K.), im Bild, ut, si quid in eo (animo) vel frigidae tristitiae vel torpentis verecundiae fuerit, deluamus, Gell. 15, 2, 8: dicta defendere atque deluere, Augustin. c. sec. resp. Iulian. 4, 118 *in.* – Wohl verschieden ›*deluit,* solvit, a Graeco διαλύειν‹, Paul. ex Fest. 73, 16.

Dēlus, ī, *f.*, s. Dēlos.

dēlūsio, ōnis, *f.* (deludo), das **Zumbestenhaben,** das **Verspotten,** Arnob. 4, 1. – als rhet. Fig. = διασυρμός, Auct. schem. dian. § 34. p. 75, 8 *H.*

dēlūsor, ōris, *m.* (deludo), der **Spötter,** Eccl.

dē-lūstro, āre, jmd. mit etw. **abstreichend** vor **Unglück bewahren,** alqm radice herbae asparagi, Ps. Apul. herb. 84.

dē-luto, āre, **I mit Lehm bewerfen** od. **überziehen,** Cato r. r. 128. – **II vom Schmutz** (der Trauer) **reinigen,** Dict. 3, 24 zw.

Dēmādēs, is, Akk. ēn, *m.* (Δημάδης), berühmter griech. Redner, Zeitgenosse des Demosthenes, Cic. Brut. 36; or. 90. Nep. Phoc. 2, 1. Quint. 2, 17, 12 u. a.

dē-madēsco, maduī, ere, **ganz feucht werden,** Ov. trist. 5, 4, 40. Scrib. Larg. 73.

Dēmaenetus, ī, *m.* (Δημαίνετος), ein Sklavenname, Lucil. 751.

dē-magis, *Adv.* = *valde magis* (Gloss. = σφοδρῶς), Paul. ex Fest. 71, 9. Lucil. 528.

dēmandātio, ōnis, *f.*, die **Empfehlung,** Tert. de resurr. carn. 78.

dē-mando, āvī, ātum, āre, jmd. od. etwas einem anderen **überweisen, auftragen, empfehlen, anvertrauen,** pueros curae alcis, Liv.: curam legatorum tribunis, Liv.: alqm in proximam civitatem, an die nächste Stadt empfehlen, Suet.: coniuges insulis, Iustin.

dēmāne, *Adv.*, **sehr früh,** Eccl.

dē-māno, āvī, ātum, āre, **herabfließen,** Catull. 51, 10. Gell. 17, 11, 1. Porc. Latro decl. in Cat. 10, 29 u. 36: im Bild, uno quasi fonte demanant, Augustin.: quia ex eodem fonte animae utrumque demanat, Ambros. de Cain et Abel 1, 1, 4. – übtr., de patriarcharum genere, abstammen, Ambros. in Luc. 3. § 41 *extr.*

Dēmarātus (Dāmarātus), ī, *m.* (Δημάρατος), **I** der von Korinth nach Tarquinii geflüchtete Vater des Tarquinius Priskus, Cic. Tusc. 5, 109; de rep. 2, 34. Liv. 1, 34, 2. – **II** König von Sparta, der als Verbannter bei Xerxes lebte, Iustin. 2, 10, 13. Sen. de ben. 6, 31, 2 *sqq.*

dēmarchia, ae, *f.* (δημαρχία), die **Würde** u. das **Amt eines Demarchen,** CIL 10, 1478 u. 1492.

dēmarchisās, antis, *m.*, **einer, der das Amt eines Demarchen verwaltet,** CIL 10, 1491.

dēmarchus, ī, *m.* (δήμαρχος), in Athen der Vorsteher eines Demos, der **Demarch,** in Rom *tribunus plebis,* Plaut. Curc. 286. Spart. Hadr. 19, 1.

dēmātrīco, āvī, ātum, āre (de u. matrix), einem Tier **das Blut aus der Gebärmutterschlagader abzapfen,** Veget. mul. 3, 7, 3.

dēmeāculum, ī, *n.* (demeo), das **Hinabsteigen** (in die Unterwelt), der **Niedergang** (Ggstz. remeaculum), Apul. met. 6, 2.

dē-mēns, mentis, Abl. auch menti, Nep. Paus. 3, 1, *Adi.* m. *Compar.* u. *Superl.*, **nicht recht bei Sinnen, unvernünftig, wahnsinnig, verrückt,** im milderen Sinne **unsinnig, verblendet, betört** (Ggstz. sanus), **a** v. Pers., summos viros desipere, delirare, dementes esse dicebas, Cic.: Orestes d., der betörte, Hor.: tragico illo Oreste dementior, Cic. – subst., in tranquillo tempestatem adversam optare dementis est, Cic.: vinum fulmine gelatum potum dementes facit, bringt von Sinnen, Sen.: scopulum illum esse dementissimi, Sen. – **b** übtr. v. Lebl., manus, Tibull.: strepitus, Hor.: ruinae, Hor.: otium, Plin.: temeritas dementissima, Cic.: dementissimum consilium et factum, Cic.: dementissima actio, Val. Max.: timor dementissimus, Sen.: dementissima quorundam indignatio est, Sen.

dēmēnsio, ōnis, *f.* (demetior), das **Abmessen,** legum, Auson. ep. 5, 11. p. 163, 1 Schenkl.

dēmēnsum, ī, *n.*, s. dē-mētior.

dēmenter, *Adv.* (demens), **wie von Sinnen, verrückt, unsinnig,** Cic. Cat. 3, 22. Ov. met. 4, 259: Superl. dementissime, Sen. de ben. 4, 27, 4 (5).

dēmentia, ae, *f.* (demens), das **Nicht-recht-bei-Sinnen-Sein,** die **Unvernunft,** der **Wahnsinn,** die **Verrücktheit,** das **unsinnige (unvernünftige) Gebaren,** die **Narrheit,** Komik., Cic. u. a.: frustra niti extremae dementiae est, Sall.: illud postremae dementiae est, cum etc., Apul.: dementiam sanare, Donat. Ter. Andr. 2, 1, 19. – summae dementiae est m. *Infin.*, Caes. b. G. 4, 13, 2: Plur. eius dementias (Narrheiten) cave contemnas, Cic. ad Att. 9, 9, 4.

dēmentio, īre (demens) = ἀφρονέω, **nicht recht bei Sinnen sein, verrückt sein, sich unsinnig gebaren,** Lucr. 3, 464. Apul. apol. 45 u. 78. Lact. 4, 27, 12. Mart. Cap. 8. § 106.

dēmento, āvī, ātum, āre (demens), **I** *tr.* von **Sinnen bringen, betören,** alqm, Vulg. act. apost. 8, 11. Interpr. Iren. 1, 23, 1 (an beiden Stellen synkop. Plusquamperf. dementasset): caecae cupidinis praestigio dementati, verblendet, Ps. Cassiod. de amic. 21. – **II** *intr.* = ἀφρονέω (Gloss), **nicht recht bei Sinnen sein, betört sein,** Lact. de mort. pers. 7, 10.

dē-meo, āre, **herab-, hinabgehen,** Venus caelo demeat, Apul. met. 10, 31: ad inferos demeare, Apul. met. 9, 31: ab ipso aetheris sphaeraeque superioris ambitu ad solarem circulum, Mart. Cap. 2. § 150.

dē-mereo, meruī, meritum, ēre, **I** jmdm. od. sich etwas **durch Verdienst zuwenden,** etwas **verdienen,** quid mercedis petasus hodie domino demeret? Plaut. Pseud. 1186: grandem pecuniam, Gell. 1, 8, 3: quaero, quoi (= cui) artibus tribus ter demeritas dem laetitias, Plaut. Pseud. 704. – **II** subj., **1** etw. **verdienen** = sich dessen würdig machen, utinam possim tibi referre gratias, ut demeres, Turpil. com. 192. – **2 dēmereo,** meruī, ēre, u. Depon. **dēmereor,** ērī, sich um jmd. od. etw. **verdient machen,** sich jmd. **verbindlich machen,** sich jmd. **verpflichten,** jmd. an sich **fesseln,** jmd. **für sich gewinnen,** **α** akt. Form: servos, Ov.: avunculum, Suet.: m. *Abl.* (durch), nullo (durch nichts) magis Caesarem demeruit, quam quod etc., Sen.: crimine te potui demeruisse meo, Ov. – **β** depon. Form: plura saepe peccantur, dum demeremur, quam dum offendimus, Tac.: alium aliā viā militum, Suet. – m. *Abl.* (durch), hōc eum, Quint.: pleniori obsequio alqm, Quint.: Gaium ne quā non arte demereretur, Suet. – v. lebl. Subjj., vultus, qui maxime populos demeretur, Sen.: elephantorum satietatem usque in servile officium demeretur cibus, Sen. – **γ** *Gerund.* u. *Gerundiv.*: demerendi beneficio (durch W.) tam potentem populum occasio, Liv.: in Regulo demerendo Regulum imitantur, Plin. ep.: vir demerendis hominibus genitus, Vell.: deus omnibus colendus, omnibus demerendus, Tert.: quam ob rem (matrona) aliquā amoenitate demerenda erit, Col. 1, 4, 8.

dē-mergo, mersī, mersum, ere, **herab-** od. **hinabsenken, herab-, hinabtauchen, versenken,** im Passiv demergi auch = **versinken,** bei Ang. **wohin?** m. *in* u. Akk. od. (poet. u. nachaug.) m. bl. *Dat.*; im Passiv bei Ang. **wo?** m. in u. Abl., **I** eig.: **1** im engeren Sinne, in eine Flüssigkeit (in ein Gewässer), **a** übh.: candens ferrum in gelidum propere imbrem, Lucr.: candens ferrum in aquam Plin.: lapsu equi in profundum demergi, Aur. Vict.: alia in caenum demersa eruebantur, Curt.: cum lapides in Tiberim demersi essent naufragio, ICt.: repugnantes vulnerare et cloacis (in die Kl.) dem., Suet.: dem. obscenam ponto puppim (Schiff), Ov.: udo (*sc.* solo) ungulas (v. Tieren), Col.: pullos mari, Suet.: demergi in aqua (Ggstz. emergere), Cic.: C. Marius in palude demersus, Cic.: u. (im Bild) in profundo veritatem esse demersam, Cic.: u. veritatem demersam esse in alto quodam puteo od. in profundo quodam puteo, Lact. – ohne Ang. **wohin?** od. **wo?** se dem., Cic. fr.: equos innatantes (v. einem Fisch), Plin.: cornix demersit caput et fluctum cervice recepit, Cic. poët.: equus, in quo vehebar, mecum unā demersus rursus apparuit, Cic.: C. Marius senile corpus paludibus occultasse demersum, Cic.: delphinûm modo demersis aequora rostris ima petunt (v. Schiffen), Verg.: quibus (venenis) mox a Claudio demersis infecta maria traduntur, Suet. – **b** insbes.: **α** ein Schiff **versenken,** in den **Wellen begraben,** navigia (v. Fischen durch ihre Menge), Plin.: demersā nave periit (beim Sturm), Auct. b. Alex.: ebenso parte Liburnicarum demersā, Suet.: regem multitudine eorum, qui ad proximas naves adnatabant, demerso navigio perisse, Auct. b. Alex.: u. prägn. eine Pers., inde profectum eum ad capita quae vocant Sari fluminis foeda tempestas adorta prope cum omni classe demersit, Liv. 33, 41, 7: vehementi circio bis paene demersus est, Suet. Claud. 17, 2. – als milit. *t. t.*, im Kampf **in den Grund bohren,** vollst. triremem hostium perforare et dem., Auct. b. Alex. 25, 5: oft bl. dem., z. B. tredecim capere naves, decem dem., Liv.: omnes fere naves aut dem. aut capere, Curt.: centum et quattuor naves hostium dem., Eutr. – **β** (nach dem Glauben der Alten, dass die Sonne beim Untergang ins Meer sinkt) ins Meer **hinabsinken lassen,** v. Sonnengott, sex ubi sustulerit, totidem demerserit orbes (Scheiben), purpureum rapido qui vehit axe diem, Ov. fast. 3, 517 *sq.*: Titan ... igniferi tantum demerserat orbis, quantum deesse solet lunae, Lucan. 3, 41 *sq.* – u. *intr.* dem., v. der Sonne = **hinabsinken, untergehen,** sol demergit et nascitur, Min. Fel. 34, 11.

2 im weiteren Sinne, übh. in eine Tiefe **versenken,** tief **hinabstecken,** **a** übh.: origani manipulum in vasculum rubri aeris, Cael. Aur.: dapes avidam in alvum, hinabschlingen, Ov.: per iugulum sinistrum capulo tenus gladium totum alci, hinabstoßen, Apul.: plebs in fossas cloacasque exhauriendas demersa, hinabgesteckt, Liv.: dem. colla umeris, hinabstecken, verbergen, Stat. – **b** als *t. t.* der Landwirtschaft, Schößlinge **einsenken, setzen,** stirpem, Col.: surculos, Pallad.: salicis ramum terrae (in die E.) utroque capite, Pallad.

II übtr., **herabsenken, -drücken,** Passiv demergi auch = **sinken,** est enim animus caelestis ex altissimo domicilio depressus et quasi demersus in terram, Cic.: quem paulo ante extulerat (fortuna), demergere (tief zu stürzen) adorta est, Nep.: patriam demersam extuli, Cic.: quamvis enim sint demersae (zu Boden gedrückt) leges alicuius opibus ... emergunt tamen haec aliquando, Cic. – dem. alcis filiam in perpetuam virginitatem, zu best. J. verdammen, Iustin.: in mortem paene demersus, fast in des Todes Schlund versunken, Ps. Quint. decl.: concīdit auguris Argivi domus ob lucrum demersa exitio, tief ins V. gesunken, Hor. – aere alieno demersum esse, tief in Sch. versunken sein, tief in Sch. stecken, Liv. 2, 29, 8; vgl. 6, 27, 6.

dēmersio, ōnis, *f.* (demergo), das **Versinken,** crebrae urbium demersiones, Solin. 40, 5. – übtr., d. (animae) temporalis, Macr. somn. Scip. 1, 12, 17.

dē-merso, āre, **untertauchen;** dah. demersari v. Gestirnen, **untergehen,** quae (signa) cito orta tardius demersantur, Mart. Cap. 8. § 846.

dēmersus, ūs, *m.* (demergo), das **Versenken,** levia sustentui, gravia demersui, Apul. apol. 21.

dēmessor, ōris, *m.* (demeto), **einer der zumisst,** Carm. epigr. 1238.

Dēmēter, tros, *f.* (Δημήτηρ), die griech. Göttin **Demeter,** identisch mit der röm. Ceres, CIL 10, 3685.

dē-mētior, mēnsus sum, mētīrī, **I abmessen, zumessen** (griech. ἀπομετρεῖσθαι), nur noch *passiv* im *Partic. Perf.*, demensus cibus = *demensum* (s. unten), Plaut. Stich. 60: u. übtr.: nunc argumentum vobis demensum dabo, non modio neque trimodio, verum ipso horreo (aus voller Scheuer = sehr reichlich), Auct. prol. ad Plaut. Men. 14 *sq.*: ut verba verbis quasi demensa et paria respondeant, Cic. or. 38; vgl. Quint. 5, 10, 124. – u. subst., dēmēnsum, ī, *n.* (*sc.* frumentum), das den Sklaven monatlich zum Unterhalt **zugemessene Getreide,** das **Deputat,** die **Ration,** Ter. Phorm. 43. – **II** (wie dimetior) **abmessen** = **ausmessen,** Gromat. vet. 252, 16 (wo ungew. Perf.-Form demetitus est).

1. dē-meto, messuī, messum, ere, **abmähen, I** eine Frucht: hordeum, Cato fr.: fructus, Cic.: frumentum, Caes.: frumenta, Liv.: favos, ausbrechen, Col. – poet., florem pollice, abpflücken, Verg.: ense caput, abhauen, Ov.: caudam, Hor.: ebenso sibi has partes (näml. Geschlechtsteile), abschneiden, Arnob. – **II** prägn. = einen Acker usw. **abmähen, abernten,** alienos agros, Cic. de rep. 3, 15.

2. dē-mēto, richtiger dimeto, s. d.

dē-mētor, richtiger dimetor, s. dīmēto.

Dēmētrias, adis, *f.* (Δημητριάς), Stadt in Pelasgiotis, von Demetrios Poliorketes gegründet, sonst Pagasae gen., Liv. 28, 5, 16 u. ö. Plin. 4, 29.

Dēmētrius, ī, *m.* (Δημήτριος), griech. Männername, unter dem bei röm. Schriftst. öfter vorkommen, **I** D. Phalēreus, s. Phalērum. – **II** Demetrius Poliorcetes, s. Poliorcētēs. – **III** ein Zyniker unter Kaligula, Klaudius u. Nero, Sen. de ben. 7, 1 *sq.* 7, 8 *sq.* Tac. hist. 1, 16; 4, 34 *sq.* – **IV** ein Schauspieler in der Komödie, Quint. 11, 3, 138. Iuven. 3, 99.

dēmigrātio, ōnis, *f.* (demigro), das **Wegziehen, Auswandern,** Nep. Milt. 1, 2.

dē-migro, āvī, ātum, āre, **wegziehen, weggehen, auswandern, I** eig.: loco, Plaut.: de oppidis, Caes.: ex aedificiis, Caes.: ex insula, Nep.: ex campestribus vicis agrisque, Liv.: in alia loca, Cic.: in urbem ex agris, Liv.: Pydnam, Liv.: ad virum optimum, Cic. – unpers., esse undique diligenter demigratum, Hirt. b. G.: non demigratum (est) ex propinquis itineris locis, Liv.: absol., demigrare cogi ab Romanis, Liv.: demigrantium magis quam in bellum euntium modo, Liv.: demigrandi causā de vallo decedere, Caes. – **II** übtr.: hinc, von hinnen gehen = sterben, Cic.: vitā, Arnob.: de meo statu demigro, Cic.: strumae ab ore demigrarunt, haben sich weggezogen, Cic.

dēminōrātio, ōnis, *f.* (deminoro) = ἐλάττωσις, die **Herabsetzung,** Vulg. Sirach 22, 4.

dē-minōro, āre = deminuo, Tert. de anim. 33.

dē-minuo, minuī, minūtum, ere, durch Hinwegnahme eines Teils ein Ganzes **vermindern, verringern, schmälern, schwächen** (während diminuere ein Ganzes in kleine Teile zerteilen, zerstückeln), Passiv deminui = **verringert werden, zusammenschmelzen, abnehmen,** **I** eig.: **A** im Allg.: de mina una quinque nummos, Plaut.: vires militum, v. Getreidemangel, Caes.: potentiam alcis, Caes.: res familiaris deminuta est, Cic.: deminutae copiae, Caes.: legio sexta multis militibus (um v. S.) deminuta, Auct. b. Alex.: arbor arescente trunco deminuta, Tac.: fenore deminuto, Suet.: quaedam ex regiis tributis deminuta, Tac.: propter tumultum pretiis possessionum deminutis, gefallen, gesunken, Val. Max. – aliquid de tempore, Cic. – **B** insbes., *t. t.* der Geschäftssprache, eine Besitzung usw. **teilweise veräußern,** de bonis, Cic.: praedia, Cic. – **II** übtr.: **A** im Allg.: quod illis licentiam timor augeat noster, his studia deminuat, Caes.: partem aliquam iuris, Cic.: aliquid de iure, de libertate, Cic.: aliquid ex regia potestate, Liv. – **B** insbes.: **1** als publiz. *t. t.,* capite se deminuere u. capite deminui, die **bisherigen Vorteile und Rechte als Bürger verlieren,** in ein **geringeres bürgerliches Verhältnis eintreten,** Cic. top. 18 u. 29. Liv. 22, 60, 15. Dig. 4, 5, 1 *sqq.* (s. dēminūtio *no.* II, B, 1 das Nähere). – **2** rhet. *t. t.,* etwas in der Darstellung **verringern, verkleinern,** quod deminuitur et attenuatur oratione, Rhet. Her. 4, 50. – **3** gramm. *t. t.,* eine Wortform **verkleinern, ein Deminutiv** von ihr bilden, ea quae deminuuntur, Varro LL. 5, 172: *sacellum* ex *sacro* deminutum est, Gell. 7 (6), 12, 6: u. so Donat. 386, 31. – dah. deminutum nomen, ein Deminutiv (bei den spät. Gramm. deminutivum), Ggstz. nomen integrum, Quint. 1, 5, 46.

dēminūtio, ōnis, *f.* (deminuo), das **Vermindern, Verringern, Schmälern,** **I** eig.: **A** im Allg.: accretio et deminutio luminis, Zu- u. Abnahme des Mondlichts, Cic.: so auch crescens lumen lunae deminutioque, Vitr.: stati auctus ac deminutiones (fontis), Plin. ep.: dem. vectigalium, Erleichterung, Cic.: neque de bonis privatorum publice d. fiat, man das Privateigentum schmälere, Cic.: provinciae, die Verkürzung der gesetzlichen Amtszeit in der Provinz, Cic.: in assidua deminutione aut adiectione esse, Ab- oder Zunahme, Sen. – **B** insbes., als *t. t.* der Geschäftsspr., das **Veräußerungsrecht,** utique Feceniae Hispalae datio deminutio esset, Liv. 39, 19, 5. – **II** übtr.: **A** im Allg.: sui (d. i. seiner Würde, Ehre), Tac. ann. 1, 14: mentis, Geistesabwesenheit, Suet. Aug. 99, 2. – **B** insbes.: **1** publiz. *t. t.,* capitis, der **Eintritt in ein geringeres bürgerliches Verhältnis** durch Verlust der Freiheits-, Bürger- u. Familienrechte, u. zwar capitis dem. maxima, wenn ein römischer Bürger die Freiheit u. das Bürgerrecht (Rechtsfähigkeit) verlor (z. B. wenn er in Feindesgewalt geriet), capitis dem. minor od. media, wenn er nur das Bürgerrecht verlor, aber die Freiheit behielt, capitis deminutio minima, wenn er aus seiner Familie in eine andere überging, s. Gaius inst. 1, 160 *sqq.* Ulp. dig. 4, 5, 2 *sqq.* (wo auch Plur.). Paul. dig. 4, 5, 11: dem. libertatis (= dem. maxima), Caes. b. c. 2, 32, 9. Cic. de leg. agr. 2, 16. – **2** rhet. *t.* t., die **verringernde Darstellung,** die **Verkleinerung,** Rhet. Her. 4, 50. – **3** gramm. *t. t.,* die **Verkleinerung** eines Wortes, Varro LL. 5, 172: dah. die **Verkleinerungsform, Deminutivform,** Quint. 1, 6. § 4 u. 6 a. Gramm.

dēminūtīvē (dīminūtīvē), *Adv.* (deminutivus od. diminutivus), in **Verkleinerungsform, als Deminutiv,** Ps. Ascon. 1. Verr. 6. p. 128, 19 B. Suet. fr. 121 (bei Isid. de nat. rer. 6, 2). Macr. sat. 5, 21, 9. Paul. ex Fest. 7, 12 u. 101, 6 (wo jetzt überall dimin.).

dēminūtīvus (dīminūtīvus), a, um (deminuo od. diminuo), **vermindernd,** vox dim., ein Deminutiv Tert. apol. 32: dim. vocabulum, Veget. mil. 3, 8. p. 84, 20 L.: verba dim., Prisc. 8, 76: coniunctio, Diom. 417, 26 u. 418, 4. – subst., dēminūtīvum (dīminūtīvum), ī, *n.* (*sc.* nomen), Prisc. 5, 26 *sq.*

dēminūtus, a, um, *PAdi.* (v. deminuo), **vermindert, klein,** deminutior qualitas, Tert. adv. Marc. 2, 9.

dē-mīror, ātus sum, ārī, **mit Verwunderung** bei etwas **verweilen, sich gar sehr** über etwas **verwundern** (als über etwas Neues, Unbekanntes), dem. responsum eius, Gell.: quod demiror, Cic.: m. folg. *Acc.* u. *Infin.,* sed eum demiror non venire ut iusseram, Plaut.: haec vos concupisse pro vestra stultitia atque intemperantia *non miror;* sperasse me consule assequi posse *demiror,* Cic.: nihil te ad me postea scripsisse demiror, Cic.: simiae Dodonaeae improbitatem historiis Graecis mandatam esse demiror, Cic.: Homerum calidorum fontium mentionem non fecisse demiror, Plin.: dah. demiror quid, ubi etc., es soll mich wundern, ich bin sehr begierig zu wissen u. dgl., Plaut. u. Ter. (s. Ruhnken Ter. Phorm. 2, 1, 5.) – Partiz. **dēmīrandus,** a, um, **verwundernswert, wunderbar,** ὀπτική facit multa demiranda, Gell. 16, 18, 3.

dēmissē, *Adv.* m. *Compar.* u. *Superl.* (demissus), **I** eig., **niedrig,** demissius volare, Ov. trist. 3, 4, 23. – **II** übtr.: **1** **demütig, bescheiden,** dem. ambulans semperque submaestus, demütig einhergehend u. eine tiefernste Miene zur Schau tragend, Amm.: suppliciter demisseque respondere, Cic.: suppliciter ac dem. commendare salutem alcis alci, Brut. in Cic. ep.: petere ab alqo dem. et flebiliter, ut etc., Val. Max.: haec quam potest demississime et subiectissime exponit, Caes. – **2** **gebeugt, kleinmütig, verzagt, ohne Haltung,** humiliter demisseque sentire, Cic.: se tueri non demisse, sed parum fortiter (mutvoll), Cic.

dēmissīcius, a, um (demitto), **herabgelassen** = **herabhängend,** Plaut. Poen. 1303.

dēmissio, ōnis, *f.* (demitto), **I** aktiv = das **Herablassen,** **a** übh.: storiarum, Caes. b. c. 2, 9, 5: clipei aenei reductiones et demissiones, Vitr. 5, 10, 5. – **b** das **Herabhängenlassen, Langherabwachsenlassen,** barbae prolixa dem., Macr. sat. 1, 22, 4. – **II** passiv = das **Gebeugtsein,** dem. animi, die Niedergeschlagenheit, Cic. Mur. 87: verb. infractio (Geknicktsein) animi et demissio, Cic. Tusc. 3, 14.

dēmissus, a, um, *PAdi.* (v. demitto), **I** eig.: **A** **herabhängend, hängend,** umeri, Ter.: aures, Verg. – **B** herabgesenkt, **niedrig, tief,** ne, si *demissior* ibis (den Flug zu tief nimmst), unda gravet pennas, si *celsior,* ignis adurat, Ov.: dem. puppis, tiefgehend (Ggstz. sublimis), Ov.: dem. vulnera, tiefe, Sen. – v. Örtlichkeiten, **niedrig gelegen, niedrig,** demissus pronusque pulvinus, Plin. ep.: campestria ac demissa loca, Niederungen, Caes.: loca demissa ac palustria, Caes.: demissiores ripae, Auct. b. Alex. u. Plin. ep. – **II** übtr.: **1** **gedämpft, schwach, leise,** demissā voce loqui, Verg. Aen. 3, 320. – **2** **demütig** = **bescheiden, anspruchslos, schlicht,** Cic. u. Hor. – v. der Rede u. v. Redner, sermo demissus atque humilis, Cic.: ut ille superbissimus titulus modestus atque etiam demissus videretur, Plin. ep.: orator demissior (Ggstz. audax), Cic. – **3** **kleinmütig, verzagt, mutlos, niedergeschlagen,** animus, Cic.: v. Pers., demissus afflictusque, Cic.: maestus demissusque, Cels. – v. der Rede, oratio demissa iacensque (Ggstz. oratio ferociens saeviensque), Gell. – **4** der äußeren Lage nach **niedrig, dürftig,** Sall. Cat. 51, 12.

dē-mītigo, āre, **zur Milde stimmen,** nosmet ipsi, qui Lycurgei a principio fuissemus, cotidie demitigamur, Cic. ad Att. 1, 13, 3 (vgl. Lycurgei unter Lycurgus).

dē-mitto, mīsī, missum, ere, **herabschicken, -gehen (-steigen) lassen, -fallen lassen, herabneigen, -senken, -bewegen** u. dgl., **I** eig.: **A** im Allg.: **α** pers. Objj.: se manibus, sich mit den H. hinablassen, Liv.: alqm per tegulas, Cic.: alqm per murum, Vulg.: e muris canes sportis (in K.), Sall. fr.: funibus per murum demitti, Liv.: de muris per manus demitti, Caes.: per fenestram in sporta per (über) murum demitti, Vulg.: se ad aures alcis, herabneigen, Cic.: se ob assem, sich niederbücken, Hor.: equum in flumen, Cic.: alqm in metallum antiquum, Cic.: se in illos specus, Sen.: alqm in carcerem, Cic.: alqm in id subterraneum, Plin. ep.: se in Ciliciam, sich hinabbegeben, Cic.: alqm ad imos manes, in die Unterwelt hinabschicken, d. i. ihm den Tod geben, Verg.: ebenso Stygiae nocti, Ov.: umbris, Sil.: morti, neci, Orco, Verg.: alqm in foro boario sub terram vivum, Liv. – alto volucrem caelo, herabschießen, Sil. – **β** sachl. Objj.: accensam lucernam, hinablassen (in die Grube), Vitr.: aliae falces *submissae* (aufwärts gerichtet), aliae *demissae* (zur Erde gerichtet), Curt.: id ex alto caeli tecto, Hor.: imbrem caelo, regnen lassen, Verg.: paululum corpus a cervicibus, vorbeugen, senken, Rhet. Her.: u. so demissis umeris esse, Ter.: demissis cervicibus, Prop.: capite demisso, Cic. u. Catull.: manum in alqd, mit der Hand hinabfahren, hinabgreifen, in usw., Val. Max.: caput ad fornicem, hinneigen, Cic.: caput in sinum, herabneigen, Phaedr.: lacrimas, herabfallen lassen, vergießen, Verg. u. Ov.: robora ferro, fällen, Val. Flacc.: flores, die Blüten verlieren, verblühen (vom Baum), Lucr.: rami ilicis ad terram demissi, bis auf die Erde herabhängend, Suet.: vultum in terram, senken, niederschlagen, Curt.: u. so bl. vultus, Ov.: faciem rubore, Aur. Vict.: oculos in terram, herabschweifen lassen (v. Jupiter), Plin. pan. 80, 5; aber oculos in terram, senken, niederschlagen, Liv. 9, 38, 13: oculos, senken, niederschlagen, Ov. met. 15, 612; u. = zufallen lassen (zum Schlaf), Val. Flacc. 3, 41. – dem. aures, herabhängen lassen, senken (als Zeichen der Sanftmut u. Milde, v. Zerberus), Hor. carm. 2, 13, 34 (Ggstz. tollere aures, Hor. epod. 6, 7): aber dem. auriculas, sinken-, hängen lassen (aus Mutlosigkeit, v. Esel), Hor. sat. 1, 9, 20. – dem. aures suas ad verba alcis, jmds. Bitten gnädig anhören, Sen. – Sprichw., de caelo demitti, vom Himmel herabgeschickt werden, d. i. durch übernatürliche Macht entstehen, Liv. 10, 8, 10: u. so caelo demitti, Quint. 1, 6, 16. – **B** insbes.: **1** milit. *t. t.*: **a** dem. arma, die **Waffen** (vor jmd.) senken, (als milit. Begrüßung), Auct. b. Afr. 85, 6 (versch. von arma dimittere, d. i. die **Waffen** wegwerfen, strecken). – **b** dem. castra ad etc., das Lager hinabverlegen, castra relictis locis superioribus ad ripas fluminis, Hirt. b. G. 8, 36, 3. – **c** dem. agmen, exercitum u. dgl., eine Mannschaft nach einer niederen, ebenen Gegend **hinabziehen lassen,** mit einer Mannschaft **hinabziehen,** agmen in inferiorem campum, in vallem infimam, in Thessaliam u. dgl., Liv.: exercitum in planitiem, in vallem, Frontin. – bl. agmen, levem armaturam, Liv. – refl., dem. se, sich **hinabziehen,** v. Heereszug, Caes. u. Cic. – **2** als naut. *t. t.*, dem. antennas, die Rahen herablassen, Sall. hist. fr. 4, 41 (49). Auct. b. Alex. 45, 2: effugit hibernas demissa antemna procellas, Ov. trist. 3, 4, 9: u. so stringere vela, demittere armamenta, Sen. de ben. 6, 15, 6. – **3** den Strom **hinabschicken,** **a** segelnd = **hinabsegeln lassen,** navem eandem secundo amni Scodram, Liv.: quove magis fessas optem demittere naves, quam etc., Verg.: arma, classem, socios dem. Rheno, Tac. – **b** schwimmend = **hinabschwimmen lassen,** pecora secundā aquā, Frontin.: farinam doliis secundā aquā Volturni fluminis, Frontin. – **4** eine Flüssigkeit usw. **hinabfließen lassen,** **a** aktiv = **eingießen, einflößen,** per cornu singulis (suibus) ternos cyathos gari, Col.: coctos brassicae coliculos triginta ex oleo et garo salivati more, Col. – **b** refl. se dem. u. Passiv demitti medial, sich **herab-** od. **hinabergießen, herab-** od. **hinabfließen, herab-** od. **hinabströmen,** **α** v. Gewässern: concava vallis erat, quo (wohin) se demittere rivi assuerant pluvialis aquae, Ov.: Scamander ab Idaeo monte demissus, Mela: Arauris ex Cebennis demissus, Mela: Baetis ex Tarraconensi regione demissus, Mela: Araxes Tauri latere demissus, Mela. – **β** v. Blut im Körper: demissus sanguis in pedes, hinabgeströmte, hinabgedrungene, Col. 6, 12, 1 u. 38, 3. – **5** den Bart od. das Haupthaar **lang herabhängen-, herabwachsen lassen,** Partiz. demissus, **lang herabhängend, lang herabgewachsen,** dem. barbam, ICt.: mollem malis barbam, Lucr.: barba demissa, Sen. rhet.: barba prope barbarice demissa, Capitol.: demissus capillus, Plin. ep.: demissi capilli, Ov.: demissus crinis, Ov.: demissae comae, Prop.: poet. übtr. auf die Pers., intortos demissus vertice crines, Sil. 3, 284. – **6** ein Gewand **lang herabfallen** od. **-wallen lassen,** Passiv demitti, **lang herabfallen, -wallen,** Partiz. demissus, **lang herabfallend** od. **-wallend** (s. Arntzen Aur. Vict. de Caes. 21, 1), togam ad calceos usque, Quint.: latum pectore clavum, Hor.: laxior usque in pedes demittitur toga, Sen. rhet.: tunicam demissam habent ad talos, Varro fr.: usque ad talos demissa purpura, Cic.: praetexta demissa ad talos, Quint.: vestimentum demissum usque ad talos, Spart.: indumenta in talos demissa, Aur. Vict.: laena demissa ex umeris, Verg.: demissa stola, Hor.: tunica demissa, herabhängende = entgürtete, Hor. u. Prop. – **7** in den Boden usw. einfügend, grabend **hinablassen, hinabsenken, einsenken,** **a** Steine, Pfähle usw.: huc caementa (Bausteine), Hor.: huc teretes stipites, Caes.: sublicas in terram, Caes. – prägn., einen Grund usw. in die Tiefe aufführen, **legen,** triginta pedes in terram turrium fundamenta demissa sunt, Curt. 5, 1 (5), 31. – od. einen Brunnen usw. in die Tiefe **graben,** alte iubebis in solido puteum demitti, Verg. georg. 2, 230. – **b** pflanzend **einsenken, setzen,** taleam, Cato: altius ea (= eas arbores), quae summā tellure gaudent, Plin.: haec et similia quaternos pedes oportet demitti, Plin. – **8** mit Gewalt einschlagend, einstoßend **hinab-, hineinsenken, einschlagen,** **a** einen Keil usw.: cuneum tenuem ferreum vel osseum inter corticem et materiem ne minus digitos tres, sed considerate, demittito, Col. 5, 11, 4. – **b** eine Waffe **hinabsenken, hinabstoßen, hinabbohren,** gladium in iugulum, Plaut.: ferrum in pectus, Tac.: ensem capulo tenus in armos, Ov.: ferrum iugulo, Ov. – prägn., M. Cato vulnera parum demissa laxans, weil sie nicht tief genug (geschlagen) sind, Sen. ep. 67, 13. – **c** ein chirurg. Instrum. **einführen,** specillum in fistulam, Cels. 5, 28, 12: fistulam in iter urinae, Cels. 7, 26. – **9** (als *t. t.* der Geom.) eine Linie usw. von oben nach unten beschreiben, **fällen,** in quattuor partibus volutarum secundum extremi abaci quadram lineae demittendae (sunt), quae cathetoe dicuntur, Vitr. 3, 5, 5. – 10) der Lage nach sich **herabziehen lassen,** quā se subducere colles incipiunt mollique iugum demittere clivo, Verg. ecl. 9, 7 *sq.*: gemino demittunt brachia muro, Verg. Aen. 3, 535. – gew. demittere se u. Pasiv demitti medial = **sich hinab-** od. **herabziehen, sich hinab-** od. **herabsenken,** quā se montium iugum paulatim ad planiora demittit, Curt.: tunc specus alte demissus et quantum demittitur amplior, Mela: demissa Piraeum versus muri brachia, Iustin. – **II** übtr.: **A** im Allg.: se animo, Caes., od. animum, Cic., od. mentem, Verg., den Mut sinken lassen, kleinmütig werden. – cum in eum casum fortuna me demisisset, mich hineingebracht, Planc. in Cic. ep.: se in causam, sich einlassen, Cic. – alqd in pectus, sich tief einprägen, zu Herzen nehmen, Liv. – alqm periculo, entfernen, befreien von usw., Prop. – eo rem demittit Epicurus, si unus sensus semel in vita mentitus sit, nulli umquam esse credendum, gibt so weit nach, dass er einräumt, wenn usw. … so sei usw., Cic. Acad. 2, 79. – **B** insbes.: **1** sich, seinen Vortrag usw. (ganz seinen Fähigkeiten, seiner Würde entgegen) zu etwas **herablassen, herabstimmen,** se ad minora, Quint.: vim dicendi ad unum auditorem, Quint.: demitti in adulationem, Tac.: se in preces, Sen. rhet.: nimis se demittere, v. Redner (Ggstz. nimis se attollere), Sen. rhet. – **2** demitti ab alqo u. dgl., **abstammen, seinen Ursprung herleiten** von usw., ab alto demissum genus Aeneae, Hor.: a magno demissum nomen Iulo, Verg.: Romanus Troiā demissus, Tac.

dēmiūrgus (dāmiūrgus), ī, *m.* (δημιουργός), **I** der höchste Beamte in einigen griechischen Freistaaten, Liv. 32, 22, 5 u. a. – **II** der **Weltschöpfer,** Tert. adv. Val. 24 u. 27. Interpr. Iren. 1, 5, 1 u. ö. **III** Titel eines Stückes des Komikers Turpilius, Cic. ep. 9, 22, 1. Non. 2, 32 u. a. Vgl. Comic. Rom. fragm. p. 89 *v.* 37 *sqq.*

dēmo, dēmpsī, dēmptum, ere (aus dē-emo), **ab-, herab-, hinwegnehmen** (Ggstz. addere, adicere), **I** im Allg.: **1** eig.: barbam, Cic.: caput, abhauen, Q. Cic.: caput gladio (mit usw.), Curt.: armamenta (naut. *t. t.*), Ggstz. tollere arm., Liv. – secures de fascibus, Cic.: clipea de columnis, Liv.: id (vinum) de viti, Varro LL. – pomum ex arbore, Cato: unionem ex aure altera, Val. Max.: e suis umeris amictus, Ov. – fetus ab arbore, Ov.: sucum a vellere, Ov.: pomum, fetus arbore, Ov.: cacumine nidum, Ov. – caput statuae, Suet.: iuga bobus, Hor. – **2** übtr., alci haud mediocre onus de Scipione cognoscendi, Liv.: alci molestiam, Ter.: alci servitutem, Sall. fr.: sollicitudinem, Cic.: metum, Ov., metum omnem, Ter., metum fratris (vor dem Br.), Liv.: silentia furto, den D. offenbaren, Ov. – dempto fine, ohne Ende, Ov.: dempto auctore, auch ohne den Urheber, Liv. – m. folg. *Acc.* u. *Infin.* = **es nicht gelten lassen,** si demas velle iuvare deos, Ov. ex Pont. 2, 9, 24. – **II** insbes., vermindernd von einem Ganzen etwas (einen Teil) **hinwegnehmen, entziehen** (Ggstz. addere), **1** eig.: partem solido de die, Hor.: exiguum pleno de mare demat aquae, einige Tropfen, Ov.: minimum ex osse, Cels.: aliquid ex cibo, Cels. – cum aliquid minutatim et gradatim additur aut demitur, Cic.: lubet scire, quantum auri erus sibi dempsit et quid suo reddidit patri, Plaut.: illi, quos tibi dempserit, apponet annos, Hor. – u. von einer Summe **wegnehmen, abziehen,** unde unā unciā demptā *deunx; dextans* dempto sextante etc., Varro LL.: de capite medimna DC, Cic.: de stipendio equitum aera, Liv. – **2** übtr. (Ggstz. addere, adicere), ego, cuius aetati mors propior est, non deprecor (mortem), si quid eā vobis incommodi demitur, Sall. fr.: plus dignitatis comitiis ipsis detractum est patribus ex concilio submovendis, quam virium aut plebi additum est aut demptum patribus, Liv.: suae demptum gloriae existimans, quidquid cessisset (zugefallen sei) alienae, Curt.: si quid ad eas (leges) addi demi mutari vellet, Liv.: curasti, ut plus additum ad memoriam nominis nostri, quam demptum de fortuna videretur, Cic.: aliis demptum ex dignitate populi quidquid maiestati patrum adiectum esset, Liv.: Partiz. subst., ut demptum de vi magistratus populi libertati adiceret, Liv. 3, 33, 10.

Dēmocharēs, is, *m.* (Δημοχάρης), griech. Redner und Geschichtsschreiber, Schwestersohn des Demosthenes, Cic. de or. 2, 95. Cic. Brut. 286. Sen. de ira 3, 23, 2. Rutil. Lup. 1, 2.

dēmocratia, ae, *f.* (δημοκρατία), die **Volksherrschaft, Demokratie,** Sing. Heges. 2, 13, 1. p. 155, 25: Plur. bei Serv. Verg. Aen. 1, 21.

Dēmocritus, ī, *m.* (Δημόκριτος), ein berühmter Philosoph der neueren eleatischen Schule aus Abdera, Zeitgenosse des Sokrates, Urheber der Lehre von den Atomen, im Altertum auch als unordentlicher Wirtschafter genannt, Lucr. 2, 372. Varro sat. Men. 81. Cic. Tusc. 5, 115. Hor. ep. 1, 12, 12. Arnob. 2, 9 *sq.*: Democritus physicus, Varro r. r. 1, 1, 8. – Dav. **Dēmocriteūs** u. **-īus,** a, um (Δημοκρίτειος; vgl. über beide Formen Ellendt Cic. de or. 1, 98 *not. cr.* u. bes. Kühner Cic. Tusc. 1, 82), **demokritsch,** Anaxarchus, ein Anhänger des Demokrit, Cic. de nat. deor. 3, 82. – subst,. **a** Dēmocritiī, ōrum, *m.* (Δημοκρίτειοι), die **Anhänger-, Schüler des Demokrit,** Cic. de or. 1, 42; Tusc. 1, 82. – **b** Dēmocritēa, ōrum, *n.*, **demokritische Lehren,** Cic. de nat. deor. 1, 73 u. a.

dēmogrammateus, eī, *m.* (δημογραμματεύς), der **Gemeindeschreiber,** Cod. Iust. 10, 71 (69), 4.

dē-mōlio, īvī, u. iī, īre, s. dē-mōlior ►.

dē-mōlior, mōlītus sum, īrī, **I herabwälzen,** nur übtr., de me hanc culpam demolibor (archaist. Fut.), will abwälzen, Plaut. Bacch. 383. – **II** prägn., gewaltsam, zerstörend **herabreißen, nieder-** od. **einreißen, schleifen, zerstören, A** eig.: columnam, statuam, simulacrum, signum, Cic.: domum, Cic.: munitiones, Sall. fr.: propugnacula tyrannidis, Nep.: castellum, Vitr.: si tectum hoc insciente aut per vim demolitus esset, Cic.: quae in loca publica inaedificata immolitave privati habebant, intra dies triginta demoliti sunt, Liv.: im Bild, subruit haec aevi demoliturque prioris robora, stürzt in Trümmer, Ov. – v. lebl. Subjj., arcus et statuas, aras etiam templaque demolitur et obscurat (entstellt) oblivio, Plin. pan. 55, 9. – **B** übtr.: si quod cuique privatim officiet ius, id destruet (aus seinen Fugen reißen) ac demolietur, Liv.: demolientes Bacchanalia discutientesque nefarios coetus, Liv.: dem. faciem, entstellen (als Übersetzung von ἀφανίζειν τὸ πρόσωπον), Hier. in Matth. 6, 16. – ► Aktive Nbf. dēmōlio, īvī u. iī, īre, Naev. com. 48. Caes. Hemin. ann. 2. fr. 23. Varro sat. Men. 591 u. Varro fr. bei Diom. 401, 1. Lex. ap. Frontin. aqu. 129, oft bei den ICt. u. Eccl. (s. Bünem. Lact. 4, 11, 6). – demolior passiv, Lex ap. Frontin. aqu. 129 u. ICt.: übtr., demolitur pecunia, Curio bei Prisc. 8, 19.

dēmōlītio, ōnis, *f.* (demolior), das **Niederreißen,** statuarum, Cic.: castelli, das Schleifen, Vitr. – übtr., veritatis, Tert. adv. Marc. 2, 1.

dēmōlītor, ōris, *m.* (demolior), der **Niederreißer,** corvus, Mauerreißer, -brecher, Vitr. 10, 13, 3.

dē-mollio, ītus, īre, **völlig erweichen,** psilothro demollitae (nates), Schol. Pers. 4, 40.

dēmōnstrābilis, e (demonstro), **erweislich,** Boëth. Aristot. anal. pr. 1, 8.

dēmōnstrātio, ōnis, *f.* (demonstro), das **Hinweisen, I** eig., das **Hinweisen, Hinzeigen, Zeigen** (mit den Händen, durch Gebärden usw.), auf einen Gegenstand, Cic. u. a. – **II** übtr.: **A** im Allg., die **Veranschaulichung, deutliche Darlegung, genaue Angabe,** die **Unterweisung, Dartuung,** der **Nachweis, Beweis** von etw., Cic. (auch im Plur.) u. a. – **B** insbes.: **1** als rhet. *t. t.*, **a** die **anschauliche Schilderung** einer Sache (griech. διατύπωσις), Rhet. Her. 4, 68 (von Cic. b. Quint. 9, 2, 40 sub oculos subiectio gen., von anderen ὑποτύπωσις). – **b** eine Redegattung, die Darlegung der Vorzüge od. Fehler einer Person, die **epideiktische Redegattung,** Cic. de inv. 1, 12. Quint. 3, 4, 13 u. a. – **2** als jurist. *t. t.*, die **Bezeichnung, a** die **Bedeutung** eines Ausdrucks, ICt. – **b** die **nähere Bestimmung, deutliche Angabe** eines Gegenstandes, loci, fundi, mensurae agri, ICt. – **c** die **deutliche Beschreibung** einer Person od. Sache (im Ggstz. zu der bloßen Bezeichnung mit Namen), ICt.: auch als Teil der Formel, ICt. – **3** als gramm. *t. t.*, die **Bezeichnung** einer Sache, dem. multitudinis, Gell. 13, 29 (28), 2.

dēmōnstrātīve, *Adv.* (demonstrativus), **hinweisend,** Macr. somn. Scip. 1, 16, 7.

dēmōnstrātīvus, a, um (demonstro), **hinzeigend, zeigend, I** eig.: digitus, der Zeigefinger, Cael. Aur. chron. 5, 1, 21. – **II** übtr.: **a** als gramm. *t. t.*, **hinweisend, hinzeigend, demonstrativ,** pronomina, Prisc. 12, 3. Cledon. (V) 15, 10. Isid. 1, 7, 4. – **b** als rhet. *t. t.* = ἐπιδεικτικός, die Fehler od. bes. die Vorzüge einer Person darlegend, **epideiktisch,** bes. im guten Sinne = **verherrlichend** (vgl. Cic. de inv. 1, 7. Quint. 3, 4, 12 *sqq.*), genus (orationis), Cic.: causa, Cic.: materia, Quint.: sententiae, Isid. – subst., dēmōnstrātīva, ae, *f.*, die **epideiktische Rede,** Quint. 3, 8, 63: Plur., Quint. 3, 8. § 1 u. 8.

dēmōnstrātor, ōris, *m.* (demonstro), der **Hinzeiger, Zeiger, I** eig.: Simonides dicitur demonstrator uniuscuiusque sepeliendi fuisse, gezeigt haben, wen jeder zu begraben habe, Cic. de or. 2, 353. – **II** übtr., der **Darleger, Angeber** (einer Verfahrungsart, Ggstz. inventor), Col. 3, 10, 20.

dēmōnstrātōrius, a, um (demonstro), **hinweisend, zeigend,** digitus, Zeigefinger, Isid. 11, 1, 70.

dēmōnstrātrīx, rīcis, *f.* (Femin. zu demonstrator), die **Darlegerin,** Hieron. in Didym. de spir. scto 4.

dē-mōnstro, āvī, ātum, āre, **nachweisen,** auf etw. od. jmd. **hinweisen, hinzeigen,** etw. od. jmd. **kennzeichnen, kenntlich machen, I** mit der Hand od. mit Gesten so, dass man den Ggstd. erkennt, finden kann usw.: **1** im Allg.: dem. locum digito, Nep.: figuram digito, Cic.: digito pictum Gallum in Mariano scuto Cimbrico, Cic.: spectatorem digito, Suet.: bes. digito dem. alqm, mit dem F. (auf der Straße) auf jmd. (als einen ausgezeichneten Mann) weisen, Tac. dial.: averso pollice aliquid, Quint.: aliud voce, aliud nutu, aliud manu demonstratur, Quint.: eum alci hominem, Plaut.: adversarium suum, Suet.: cui Rufinus, demonstrans me, ›vides hunc?‹ Plin. ep. – dem. thesaurum alci in hisce aedibus, Plaut.: itinera, Cic.: itinera cum cura, Liv.: viam, Plin.: u. (v. lebl. Subj.) luna ministrat iter, demonstrant astra salebras, Prob. – mit folg. (indir.) Fragesatz, ubi habitat, duc ac demonstra mihi, Plaut.: hominem commonstrarier mi istum volo, aut ubi habitet demonstrarier, Ter.: ut ante demonstrabant, quid ubique esset, … item nunc quid undique ablatum sit, ostendunt, Cic. – m. *ita … ut* u. Konj., histrio in cantico quodam ita (eum) demonstraverat, ut bibentem natantemque faceret, exitum scilicet Claudi Agrippinaeque significans, Suet. Ner. 39, 3. – **2** prägn., den Weg zeigend **führen, leiten,** si equus ille decessit (gestorben ist), qui demonstrabat quadrigam, das der Leiter des Zuges gewesen ist, Papin. dig. 31, 1, 65. § 1.

II mit Zeichen od. Worten **nachweisen, bezeichnen,** sodass man es verstehen, sich danach richten kann, **A** im Allg., jmd. od. etw. **nachweisen, zeigen, deutlich angeben,** auf jmd. od. etw. **hinweisen,** von jmd. od. etw. den **Nachweis liefern,** etw. **bemerklich machen, vorstellen, deutlich zu verstehen geben, zu erkennen geben, sich dahin äußern, α** m. *Acc.*: dem. rem, Cic.: rem omnem alci ordine, Plaut.: earum navium modum formamque, Caes.: istius cupiditatem minasque, Cic.: demonstravi (habe vorgestellt) haec Caecilio simulque et illud ostendi (habe erklärt) me ei satisfacturum esse, si etc.,

Cic.: ad haec verba rei demonstrandae causā descendimus, Sen.: magnum periculum summae rei publicae demonstrabat, nisi ad superiorem consuetudinem tum, cum Favonius flaret, revertisses, Cic.: v. lebl. Subjj., lupinus horas agricolis demonstrat, Plin.: quod proximus demonstrabit liber, Quint.: tristem mortis demonstret littera causam, Tibull. – oft in relat. Zwischensätzen, ad ea castra, quae supra demonstravimus, contendit, Caes.: huius Hercyniae silvae, quae supra demonstrata est, latitudo novem dierum iter expedito patet, Caes.: Gallum ab eodem Verticone, quem supra demonstravimus, repetit, Caes.: in Relativsätzen, et illa per sonos accĭdunt, quae demonstrari scripto non possunt, vitia oris et linguae, Quint.: in der Attraktion, circiter sescentae eius generis, cuius (näml. generis naves) supra demonstravimus, naves, Caes.: cum essent in quibus demonstravi angustiis (= in iis, quas demonstravi, angustiis), Caes. – **β** m. dopp. *Acc.:* debebit vitam eius quam honestissimam demonstrare, Cic. de inv. 2, 35: quam virtutem quartam elocutionis Cicero demonstrat, Quint. 11, 1, 1. – **γ** m. *Acc.* u. *Infin.*, conlatio est, cum accusator id, quod adversarium fecisse criminatur, alii nemini nisi reo bono fuisse demonstrat, Rhet. Her.: mihi diligentissime M. Octavius demonstravit me a te plurimi fieri, Cic.: mihi Fabius demonstravit te id cogitare facere, Cic.: his demonstrare voluit auctor versibus obsistere homines legibus, meritis capi, Phaedr. – v. lebl. Subjj., huius statuae omnibus locis hoc demonstrare videntur, propemodum non minus multas statuas istum posuisse Syracusis quam abstulisse, Cic. – im Passiv persönl. m. *Nom.* u. *Infin.*, alterā parte imbecillitas, inopia fuisse demonstrabitur, Rhet. Her. 2, 7: si eo ipso in genere, quo arguatur, integer ante fuisse demonstrabitur, Cic. de inv. 1, 36: qui (Polyzelus) Rhodiis auxilio fuisse demonstratur, Hyg. astr. 2, 14; u. so Hyg. astr. 2, 21. Phaedr. fab. I. append. 5, 16. – im Passiv unpers. m. folg. *Acc.* u. *Infin.*, adventu L. Vibullii Rufi, quem a Pompeio missum in Hispaniam demonstratum est, Caes. b. c. 1, 38, 1; u. so Caes. b. G. 2, 9, 3 u. b. c. 2, 28, 1 u. a. – **δ** m. folg. indir. Fragesatz: quae quoniam in superioribus libris, quoiusmodi (= cuiusmodi) essent, exemplis satis demonstravi, hic commonendum esse modo putavi, Varro LL.: quanta praedae faciendae facultas daretur, si Romanos castris expulissent, demonstraverunt, Caes.: tamen vobis alio loco, ut se habeat res, demonstrabitur, Cic.: non consul etiam ubi quisque remanere, quo transgredi debeat, non tantum sollemnibus verbis, sed manu gestuque demonstrat? gibt den Platz an, wo usw., Plin. ep.: v. lebl. Subjj., laus ac vituperatio quale sit quidque demonstrat, Quint. – **ε** absol., oft in den parenthet. Zwischensätzen ut supra od. ante demonstravimus od. ita uti supra demonstravimus, Caes.: ut coniecturā (mutmaßlich) demonstrat, Tac.: u. im Passiv unpers., naves XVIII, de quibus supra demonstratum est, Caes.: u. in den parenthet. Zwischensätzen, ut supra demonstratum est, Caes.: u. bl. ut demonstratum est, Caes. – **B** insbes.: **1** als jurist. *t. t.*: **a** einen Ggstd. **deutlich** od. **näher angeben, -bestimmen,** bes. bei Einweisung jmds. in den Besitz, bei Einspruch gegen einen Bau usw., fines, Cic. Tull. 17 u. ICt.: terminos, ICt.: latitudo actus itinerisque ea est, quae demonstrata est, ICt. – m. folg. indir. Fragesatz, qui nuntiat, necesse habet demonstrare, in quo loco opus novum nuntiet, muss den Platz näher bezeichnen, wo er Einspruch wegen des Neubaues tut, ICt. – **b** insbes., eine Sache od. Person durch Beschreibung od. Kennzeichen **näher angeben, näher beschreiben** (im Ggstz. zu der bloßen Bezeichnung mit Namen), nihil referre, proprio nomine res appelletur, an digito ostendatur, an vocabulis quibusdam demonstretur, ICt.: si quis nomen heredis quidem non dixerit, sed indubitabili signo (Kennzeichen) eum demonstraverit, valet institutio, ICt. – **2** als gramm. *t. t.*, **a** durch ein Wort **bezeichnen** = benennen, has singulas rufi varietates Latina oratio singulis propriisque vocabulis non demonstrat, omnia ista significat (deutet nur an) unā ruboris appellatione, Gell. – m. dopp. *Acc.*, quos ego appello abpatruos, illi (abpatrui) me demonstrant abnepotem, bezeichnen mich als U., nennen mich U., ICt. – **b** der Bedeutung nach **bezeichnen** = bedeuten, verba usitata ac proprie demonstrantia ea, quae significari ac declarari volemus, Cic. de or. 3, 49: vocabula rufum colorem demonstrantia, Gell. 2, 26, 8: verbum *erit* interdum etiam praeteritum nec solum futurum tempus demonstrat, Pompon. dig. 50, 16, 123 *in.* – ▶ Parag. *Infin.* demonstrarier, Ter. Phorm. 306.

Dēmophilus, ī, *m.* (Δημόφιλος), ein Dichter der neueren attischen Komödie, nach dessen Stück ὄναγος Plautus seine Asinaria bearbeitete, Plaut. asin. prol. 10 *sqq.*

dēmorātio, ōnis, *f.* (demoror), das **Verweilen** bei etw., meton., wie διατριβή der **Aufenthaltsort,** sanctorum angelorum, Augustin. quaest. hept. 4, 29; u. der **Vergnügungsort,** in vini demorationibus, Zechgelagen, Vulg. prov. 12, 11.

dē-mordeo, mordī, morsum, ēre, **abbeißen,** ungues, vorn zerbeißen, zerkauen (v. Nachdenkenden), Pers. 1, 106: m. Ang. **wovon?** ligno fulgure icto (vom usw.) demorderi aliquid, Plin. 28, 45.

dē-morior, mortuus sum, morī, **I** aus einem Kreise (einem Kollegium, einer Familie usw.) **wegsterben,** ihm **absterben,** Cic. u. a. (bes. als *t. t.* des Kurialstils, s. Drak. Liv. 5, 13, 7. Fabri Liv. 23, 21, 7). – v. Sklaven u. Tieren, die aus der Wirtschaft wegsterben, Cic. Verr. 4, 9 u. ICt.: v. Bäumen, die aus der Baumreihe usw. absterben, ausgehen, demortua vitis, Col.: demortuae arbores, ICt.: v. Fleisch, demortua caro (Ggstz. viva caro), Salv. de gub. dei 7, 1. – **II absterben, abfahren** = sterbend vergehen, schwinden, **a** *intr.:* paene sum fame demortuus, Plaut. Stich. 216. – übtr., v. Lebl., potationes plurumae demortuae, verloren gegangen, mir entgangen, Plaut. Stich. 211: ut vocabula quoque eorum defamata atque demortua cum ipsis viderentur, mit ihnen aus der Welt verschwunden, Gell. 9, 2, 11. – **b** *tr.* = **zum Sterben** in jmd. **verliebt sein,** alqm, Plaut. mil. 970 u. 1040.

dē-moror, ātus sum, ārī, **I** *trans.*, **abhalten, verzögern, aufhalten,** dem. alqm et detinere, Lentul. in Cic. ep.: alqm diu, Plaut., diutius, Cic.: agmen novissimum, Caes.: iter, Caes.: repentinas eorum eruptiones, Caes.: annos, das Leben aufhalten, noch leben, Verg. – **II** *intr.*, sich **aufhalten, verweilen, säumen, zögern,** ille nihil demoratus (ohne Säumen) exsurgit, Tac.: quam diu legationis causā ibi demorantur, ICt.: dem. diu in ludo, Schol. Iuven.: dem. Antiochiae, Vulg.

dē-morsico, ātum, āre, **wieder und wieder abbeißen,** Apul. met. 2, 21; 3, 25.

dēmos, ī, *m.* (δῆμος), **I** das Volk, demon Atheniensium pingere, Plin. 35, 69. – **II** der **Bezirk, Gau,** die **Gemeinde** (rein lat. pagus), deren in Attika 174 als Unterabteilungen der 10 Phylen waren, Paul. ex Fest. 72, 5.

Dēmophoōn od. kontrah. **Dēmophōn,** ōntis, Akk. ōnta, *m.* (Δημοφόων, Δημοφῶν), **1** ein Troer, Gefährte des Äneas, Verg. Aen. 11, 675. – **2** ein Seher im Heer Alexanders des Großen, Curt. 9, 4 (10), 28.

Dēmosthenēs, is u. ī, Akk. em u. ēn, *m.* (Δημοσθένης), der berühmte athenische Redner aus dem Demos Päania, der Verteidiger der griechischen Freiheit gegen Philipp von Mazedonien, Cic. de or. 1, 260; de opt. gen. 14 (wo Genet. -i); Tusc. 4, 55. Quint. 10, 1, 76. Iul. Val. 2, 15 (2, 5, wo Genet. -i). Iuven. 10, 114. – Dav. **Dēmosthenicus,** a, um, **demosthenisch,** Auson. prof. (XVI) 2, 19. p. 56, 14 Schenkl. – u. **Dēmosthenicē,** *Adv.* **demosthenisch,** Prisc. 15, 37.

dē-moveo, mōvī, mōtum, ēre, von irgendwo **fortbewegen, entfernen, fortschaffen, vertreiben, I** im Allg.: cave oculos a meis oculis quoquam demoveas tuos, Ter.: demoveri et depelli de loco, Cic.: manu demotus, Cic.: Clanis (der Fluss Kl.) solito alveo demotus, Tac.: alqm in insulam, auf eine Insel entf. = verbannen, Tac.: übtr., alqm de sententia, abbringen, Cic.: culpam ab alqo, entfernen, Cic.: u. so odium a nobis ac nostris, Cic.: labem a re publica, Cic.: hanc a me molestiam posse demoveri, Cic. – **II** insbes.: **A** *t. t.* der milit. od. Gladiatoren-Spr., gradu alqm, jmd. aus **seiner festen Stellung vertreiben,** Liv.: alqm suo loco, beseitigen, Cic.: vigilantem consulem de rei publicae praesidio, Cic.: animum loco et certo de statu, bildl. = aus der Fassung bringen, Cic.: ebenso mentem ex sua sede et statu, Cic.: absol., Pompeius vestri facti praeiudicio demotus Italiā excessit, Caes. – übtr., jmd. **beiseite schieben, verdrängen,** matre demotā,

Tac. ann. 14, 12. – **B** jmd. aus seiner Besitzung **vertreiben,** populum Romanum de suis possessionibus, Cic.: ex ea possessione rem publicam, Cic. – übtr., **a** jmd. von seinem Amt **entfernen,** dessen **entsetzen,** alqm praefecturā, Tac.: alqm ordine, Tac.: centuriones, absetzen, Tac. – **b** jmd. der Aussicht auf einen Besitz berauben, ihn **verdrängen,** ut non alteros demovisse, sed utrosque constituisse videatur, Cic. Sull. 62. – ► Vgl. dimoveo, das mit demoveo in den Hdschrn. oft verwechselt wird.

dēmptio, ōnis, *f.* (demo) = ἀφαίρεσις (Gloss.), das **Ab-, Hinwegnehmen, Fortnehmen** (Ggstz. additio), Varro LL. 5, 6 u. 176; virgarum, Non. 187, 9. – meton. = ἀφαίρεμα, das zum Opfer Weggenommene, die **Ofergabe,** Itala exod. 35, 21.

dēmūgītus, a, um (de u. mugio), mit **Gebrüll erfüllt,** paludes, Ov. met. 11, 375.

dē-mulceo, mulsi, mulsum u. mulctum, ēre, von **oben bis unten streicheln,** bes. liebkosend, alci caput, Ter. heaut. 762: dorsum (equis, den Pf.), Liv. 9, 16, 16: aures (sich selbst), Lact. de ira 7, 9: linguā leniter crura alcis et manus, belecken (v. einem Löwen), Gell. 5, 14, 12. – übtr., **liebkosen,** liebkosend **schmeicheln,** animum paulum, Gell. 18, 2, 1: atque ita motus et demulctus et captus est, ut etc., Gell. 3, 13, 5.

dē-mulco, ātus, āre (de u. mulco), **durchprügeln,** asperis verberibus demulcatus, Mart. Cap. 8. § 807. – Vgl. Gloss. ›demulcanti, defringenti, subigenti‹.

dēmum (altl. dēmus), *Adv.* (Superl. v. de), **eben, nun, I** hebt einen Zeitpunkt, einen Ort od. eine Sache im Gegensatz zum Vorhergehenden nachdrücklich hervor. Also **A** zur nachdrücklichen Hervorhebung eines Zeitpunktes: **1** bei Zeitpartikeln: **a** nunc d., entweder wie νῦν δή u. νῦν γε, **jetzt eben, jetzt gerade,** od. das betonte **jetzt, nun,** od. bei dem, was längst hätte eintreten sollen, **jetzt erst,** Komik., Cic. u. a. – ebenso auch modo d., Ter.; u. iam d., Ov. – **b** post d., mit folg. *Futur.*, **später dann,** Plaut. – ebenso auch igitur d. od. d. igitur, **später dann,** od. im Nachsatz zur Verstärkung der Folge, **dann erst, erst dann,** Plaut. – **c** tum d., **dann erst,** steht nur bei vorausgegangener Bedingung zur Verstärkung der Folge, dah. im anderen Satz immer ein si od. ubi, cum steht, Plaut., Attic. (b. Cic.), Cels. u. a. – dah. tum d. auch in der Erzählung von etwas längst Erwartetem, Caes., Liv. u. a. – Nachaugust. auch ita d. für tum d., wie wir **so erst = dann erst,** Cels. u. a. – **2** bei anderen Wörtern, um anzudeuten, dass etw. nicht zu einer anderen Zeit od. vorher gar nicht geschehen sei, es mag nun ein Zeitnomen od. ein Partizip hinzutreten, erst, decimo d. pugnavimus anno, erst im usw., Ov.; vgl. Ter. adelph. 938. Hor. sat. 1, 5, 23. – dah. bezeichnet demum oft, dass etwas nur unter einer gewissen Bedingung geschehen sei, **nur erst, erst,** damnatus d. reddidit ducentos et mille Philippûm, nur erst verurteilt, Plaut.: quem (pontificatum) numquam vivo Lepido auferre sustinuerat, mortuo d. suscepit, erst nach dessen Tode, Suet.: dah. ita demum, ut etc., erst unter der Bedingung, dass usw., Iustin. 11, 4, 10. – b. Spät. demum geradezu für denique, **endlich, zuletzt,** Sen. ep. 94, 74. Suet. Cal. 6, 2. – **B** zur nachdrücklichen Hervorhebung eines Ortes in der Formel ibi d., **dort-, da eben, gerade da.** Plaut. capt. 1000. Quint. 10, 3, 13. – bei Dichtern ibi d. auch in der Aufzählung od. Reihenfolge = **da nun,** Stat. silv. 2, 3, 14. Stat. Theb. 2, 474: übtr. auf die Zeit, **da nun,** Ter. Hec. 128. – **C** zur nachdrücklichen Hervorhebung (Steigerung) einer Sache, **1** bes. bei *Pronom.*, **gerade, eben, vornehmlich** (s. Brix Plaut. capt. 101), id d., Komik. u. Cic. ad Att. 8, 8 *in.*: ea d. firma amicitia est, Sall.: ea demum Romae libertas est, Liv.: is d., Plin. ep.: ille d., Plaut.: hoc est d., Plaut.: hāc d. terrā, gerade in diesem Land, Verg. – zuw. steht es für quidem, **wohl, nun wohl,** wie Cic. de legg. 3, 38. – **2** in anderen Beziehungen, **eben, gerade,** od. verstärkt **in der Tat,** Cic. de rep. 2, 28. Ov. met. 15, 122. Quint. 10, 6, 5. – **3** verstärkend bei Komparativen, **noch, sogar noch,** Plaut. most. 842. Quint. 4, 2, 79. – **II** beschränkt es in der Art, dass es die Sache zugleich hervorhebt, **eben nur, vorzüglich nur, indessen nur,** auch bl. **nur,** zuw. **wenigstens,** suis d. oculis credidit, er vertraute nur seinen Augen, Quint.: nobis autem utilitas d. spectanda est, indessen nur, Traian. in Plin. ep.: post sonmum d. (wenigstens) lectionemque non vehiculo, sed equo vehor, Plin. ep. – dah. auch den Gedanken einschränkend und zugleich verstärkend, **nur eben,** fer fortiter d. laborem, ertrage die Mühe nur eben standhaft, Rutil. Lup. 1, 21: id d. se habiturum, quod etc., er werde nur eben das sein nennen, Suet. Oth. 6, 3.

dē-mūneror, ārī, **gehörig beschenken, durch ein Geschenk ablohnen,** ancillas, Ter. heaut. 300 (wo parag. *Infin.* demunerarier).

dē-murmuro, are, **hermurmeln,** ter novies carmen magico ore, Ov. met. 14, 58.

dēmus, *Adv.*, archaist. Nbf. von demum (s. d.).

dē-musso (āvī), ātum, āre, **verbeißen, verschmerzen, im Stillen ertragen,** temporalem contumeliam, Apul. met. 3, 26: iniurias omnes, Amm. 30, 1, 15.

dēmūtābilis, e (demuto), **veränderlich,** Eccl.

dēmūtātio, ōnis, *f.* (demuto), die **Veränderung,** morum, Verschlechterung, Cic. de rep. 2, 7; außerdem Tert. de resurr. carn. 55 u. a. Eccl.

dēmūtātor, ōris, *m.* (demuto), der **Veränderer,** Tert. de resurr. carn. 32.

dē-mutilo, āre, **abköpfen, abstutzen,** cacumina virgarum, Col. de arb. 11, 2.

dē-mūto, āvī, ātum, āre, **I** *v. tr.* **abändern, verändern,** imperium, Plaut.: voces, Cato fr.: nihil instituto flaminum, Tac.: animum de firma fide, Plaut.: sententiam suam in iis, Gell. – verschlechternd, si demutant mores ingenium tuum, Plaut. trin. 73. – **II** *v. intr.* **sich abändern, a** der Beschaffenheit usw. nach, **anders sein,** numquid videtur demutare atque ut quidem dixi, ist's wohl im Mindesten anders, als wie ich's gerade euch gesagt, Plaut. mil. 1130: paululum od. minimum ab alqa re, ein wenig, gar nicht verschieden sein, Apul. flor. 16. p. 23, 5 Kr.; apol. 16. p. 24, 8 Kr.: so auch prorsus nihilum de alqa re, Iul. Val. 1, 13 (21), u. nihil ab alqa re, Iul. Val. 3, 53, (29). – **b** der Gesinnung nach sich ändern, non demutabo, es bleibt dabei, Plaut. Pseud. 555 u. 566: uter demutassit (archaist. = *demutaverit*), Plaut. Stich. 723. – dah. **sich abneigen, sich hinneigen,** in nuptias Cleopatrae, Iul. Val. 1, 13 (20).

dē-muttio, īre, **ganz leise reden,** ohne Beleg angef. bei Isid. 10, 76.

dēnāriārius, a, um (denarius), den **Denar betreffend,** ratio, Volus. Maecian. 75.

dēnārismus, ī, *m.* (*δηναρισμός), die **Münzwährung nach Denaren** (= in röm. Münze), die **römische Währung,** Cod. Theod. 12, 1, 107 u. 123. § 2.

dēnārius, a, um (deni), **je zehn enthaltend, I** *adi.:* numerus, Augustin. de doctr. Christ. 3, 35. Macr. somn. Scip. 1, 6, 11: fistulae, zehn Zoll starke Röhren, Plin. 31, 58. Frontin. aqu. 43: formae, Goldstücke im Wert von zehn Golddenaren, Lampr. Alex. Sev. 39, 9: caerimoniae, mit zehntägigem Fasten verbunden, Paul. ex Fest. 71, 10. – **II** *subst.*, dēnārius, ii, Genet. Plur. ōrum, u. gewöhnl. ûm, *m.*, **A** (*sc.* nummus, das Liv. 8, 11, 16 dabeisteht) eine römische Münze, der **Denar, a** eine Silbermünze, die zehn (deni asses, daher der Name denarius, Wertzeichen X), später sechzehn *asses* od. vier *sestertii* enthielt (vgl. Plin. 33, 44. Vitr. 3, 1, 8), formae denariorum, Denarstücke, Isid. 6, 11, 3: d. argenteus, Col.: malus, Sen.: falsus, adulterinus (Ggstz. verus), Plin.: denarios probare (justieren), Plin.: alci ad denarium solvere, in Denaren (= in römischer Münze od. Währung), Cic.: so auch ecquae spes sit denarii, in Denaren bezahlt zu werden, Cic. – **b** eine Goldmünze, Plin. 33, 42 u. a. (vgl. oben *no.* I denariae formae): aurei argenteique denarii, Petron. 33, 2. – **c** in spät. Kaiserzt. eine ganz kleine Münze im Wert von etwa 2 Pfennigen; vollst. aeris denarii, Vopisc. Aurel. 9, 7. Macr. sat. 1, 7, 22. Cod. Theod. 14, 4, 10. Cassiod. var. 1, 10. Placid. gloss. 9, 2. – **B** ein Apothekergewicht, die **Drachme,** Cels. u. a. – Bei den Griechen **dēnārion,** ī, *n.* (δηνάριον), Gramm. inc. de orthogr. 2783 P. – Dat. Plur. denaris, Mart. 1, 117, 17; 9, 100, 1 u. 6.

dē-narro, āvī, ātum, āre, **haarklein-, bis ins einzelne erzählen** (griech. ἐξηγεῖσθαι), alci alqd, Ter.: alci, ut (wie) etc., Hor.: rem, sicut fuerat, Gell.

dē-nāscor, nāscī, im Ggstz. zu nascor (wie aborior im Ggstz. zu orior), **sterben,** Varro LL. 5, 70. Cass. Hemin. ann. 2 fr. 24 (b. Non. 101, 26).

dē-nāso, āre (de u. nasus), **der Nase berauben,** os alci, Plaut. capt. 604.

dē-nato, āre, **herabschwimmen, einherschwimmen,** Tusco alveo, Hor. carm. 3, 7, 28: übtr., **herabfließen,** v. Wasser, denatat ab illo (culmine), Augustin. in psalm. 141, 5 *extr.*: de tumoribus collis, Augustin. serm. 104, 3.

dendrachātēs, ae, *m.* (δενδραχάτης), der **Baumachat,** unser **Mochastein,** Plin. 37, 139.

dendrītēs, *m.* (δενδρίτης), ein uns unbekannter Edelstein, Mart. Cap. 1. § 75.

dendrītis, tidis, *f.* (δενδρῖτις, baumähnlich), ein uns unbekannter Edelstein, Plin. 37, 192.

dendroforus, s. dendrophorus.

dendroīdes (δενδροειδής, baumartig), eine Art der Pflanze tithymalus, Plin. 26, 71.

dendrophorus (dendroforus), ī, Genet. Plur. ōrum u. ûm, *m.* (δενδροφόρος), der **Baumzweige** od. **-stämmchen Tragende, I** Beiname des Silvanus, CIL 6, 641; vgl. Serv. Verg. georg. 1, 20. – **II** Mitglied eines Priesterkollegiums, das zu Ehren der *Magna Mater* Baumzweige od. mit der Wurzel herausgerissene Baumstämmchen feierlich herumtrug, Cod. Theod. 16, 10, 20. § 2. CIL 6, 30973. – **III** ein **Holzkünstler, Zimmermann,** CIL 6, 29691, 4. Cod. Theod. 14, 8, 1.

dēnegātio, ōnis, *f.* (denego), die **Verweigerung, Entziehung,** Eccl.

dēnegātīvus, a, um (denego), **verneinend,** sententiae, Isid. 2, 21, 19.

dēnegātor, ōris, *m.* (denego) = ἀπαρνητής, der **Verweigerer,** Gloss. II, 233, 26.

dē-nego, āvī, ātum, āre, **durchaus verneinen.** d. i. **I** eine Tatsache **völlig ableugnen, gänzlich leugnen, entschieden in Abrede stellen,** obiecta, Tac. ann. 15, 57: m. folg. *Acc.* u. *Infin.*, datum (esse id) denegant, quod datum est, Plaut. Men. 580: im Passiv m. folg. *Nom.* u. *Infin.*, Pompeius obesi corporis fuisse denegatur, Capit. Gord. 21, 5: absol. (wo das Objekt aus dem Vorhergehenden zu ergänzen), Aquilium non arbitramur, qui denegavit (es [nämlich dass er sich um das Konsulat bewerben solle] entschieden in Abrede gestellt hat) et iuravit morbum, Cic. ad Att. 1, 1. § 1. – **II** eine Bitte, eine Forderung **rund abschlagen, durchaus verweigern, entschieden versagen, -absprechen, sich völlig weigern** zu usw., **entschieden erklären, dass nicht** usw. (Ggstz. deferre, concedere, ultro polliceri u. dgl.), denegat hoc genitor, Ov.: expetita colloquia et denegata commemorat, Caes. – m. Ang. **wem?** nulli adversus Romanos auxilia, Hirt. b. G.: operam (seine Dienste) rei publicae, Liv.: alci praemium dignitatis (Ggstz. deferre), Cic.: gaudia nymphae (Dat.), Ov.: sibi eam gloriam (Ggstz. alii concedere), Tac. dial.: alci actionem (Ggstz. dare, concedere), ICt.: quod antea petenti denegasset (Ggstz. ultro polliceri), Caes.: ea non modo his extraordinariis cupiditatibus, sed etiam ipsi naturae ac necessitati, Cic. – v. lebl. Subjj., alci natura sua oratorium ingenium denegavit, Tac. dial.: terra tibi fruges, amnis tibi deneget undas, Ov. Ib. – m. dopp. *Acc.*, illa meam mihi se iam denegat, Prop. 1, 6, 9. – m. folg. Relativsatz, si tibi denegem quod me oras, Plaut. trin. 1171. – m. folg. *Nom.* u. *Infin.*, et numquam pro te deneget esse miser, Prop. 2, 24, 28. – m. folg. *Acc.* u. *Infin*, qui, ubi ille poscit, denegarit dare se granum tricici, Plaut. Stich. 558: qui denegarat se commissurum mihi gnatam suam uxorem, Ter. Andr. 241. – m. folg. bl. *Infin.*, dare denegat, Ter. heaut. 487. Hor. carm. 3, 16, 38. – nihil denegatur alci m. folg. *quominus* u. Konj., tamquam nihil denegatum sit ei, quominus paratissimus esset, Cael. in Cic. ep. 8, 5, 1. – ohne Objekts-*Acc.* u. dgl., aviae Antoniae secretum petenti denegavit, Suet. Cal. 23, 1: u. so Suet. Caes. 1, 3: v. abstr. Subjj., potest enim mihi denegare occupatio tua (als Parenthese), Cic. ep. 5, 12, 2. – ganz absol., si deneget, Ter. Andr. 158: denegandi pudor, Ter. Andr. 630.

dēnī, ae, a, *num. distrib.* (decem), **je zehn, I** eig.: fossa duplex pedum denûm quinûm, Hirt. b. G.: fistulae denûm pedûm, Plin.: uxores habent deni duodenique inter se communes, Caes. – Sing., dena Luna movebat equos, (jedesmal) der zehnte, Ov. her. 11, 46. – **II zehn** auf einmal, bis deni, Verg. u. Plin.: ter deni, Verg.: quater deni, Ov.: denae hastae, Plaut.: denis vicenisque annis (in 30 Jahren) inter bella iuventus consenuit, Sen. contr. 2, 3 (11), 7. – Sing., Laelius ter denā bove donatur, Sil. 15, 259: qui vixi bis deno circine solis, Anthol. Lat. 1373, 3 M. – ► Genet. Plur., denorum, z. B. Auct. b. Alex. 2, 4. Liv. 43, 5, 9, u. denûm, z. B. Cic. Verr. 2, 122. Hirt. b. G. 8, 9, 3. Col. 2, 10, 26 (= 2, 11, 3). Plin. 31, 58.

dēnicālis (dānecālis), e (de u. nex), **den Tod betreffend,** feriae, das zu Ehren eines Verstorbenen angeordnete Fest, das **Totenfest** (an dem sich die hinterbliebene Familie reinigte, s. Paul. ex Fest. 70, 9), Cincius or. fr. bei Gell. 16, 4, 4. Cic. de legg. 2, 55. Col. 2, 21, 5. Fest. p. 242 (b), 29 (wo denecales).

dēnigrātio, ōnis, *f.* (denigro), das **völlige Schwärzen,** capillorum, Th. Prisc. 1, 1.

dē-nigro, āre, **völlig schwärzen, ganz schwarz machen,** Passiv = **ganz schwarz werden,** terram (v. Ölschaum), Varro: capillum, lanam, Plin.: quā (cretā sutoriā) ligulae calceolorum denigrantur, Scrib.: cutis mea denigrata est super me, Vulg.: minium amissā virtute denigratur (Ggstz. permanet sine vitiis suo colore), Vitr.: absol., sol et excandidat et denigrat, Ps. Augustin. serm. app. 246, 4 – übtr., honorem famamque alcis, schwarz machen, verleumden, Firm. math. 5, 10 *extr.*

dēnique, *Adv.* **I und nun gar, nun gar, 1** in der Aufzählung od. Reihenfolge von Tatsachen od. Argumenten, sodass es den letzten oder vorletzten Fall (wo dann noch postremo folgt) an die vorhergehenden anreiht u. die Partikeln primum, deinde, tum u. ähnliche oft vorangehen, **endlich, zuletzt,** auch (ohne vorhergehende Partikeln) **und außerdem auch,** Cic. post red. ad Quir. 16; Cat. 2, 19. Ter. Hec. 123: ohne vorherg. Partikeln, Cic. Rosc. Am. 28; Mil. 100; de fin. 5, 7.

2 in der Aufzählung von dem, was nacheinander od. als Folge des Vorhergehenden geschieht, **und sonach, und sodann, und dann,** Sall. hist. fr. 1, 48 (51), 1. Ter. eun. 432 u. Hec. 806. – auch für deinceps, **hintereinander, nach-, in der Reihe,** Plaut. Pers. 452.

3 bei Andeutung der Dinge, die man als Ergebnisse der vorangegangenen ansieht, **am Ende,** nisi quia lubet experiri, quo evasurust d., Plaut. trin. 938; u. so Ter. Andr. 567; eun. 158; heaut. 569. Verg. Aen. 2, 70. – ebenso bei Dingen, die anfangs ein anderes Resultat zu geben schienen, **am Ende, am Ende doch,** Hor. de art. poët. 267. Cael. in Cic. ep. 8, 6, 2. – dah. auch, wie **am Ende,** in der Ironie und in Äußerungen des Unwillens, Cic. Phil. 13, 35; Rosc. Am. 81. Liv. 4, 40, 8 *sq.* – auch bei Andeutung von etwas längst Erwartetem, was nun endlich eintritt, **nun endlich einmal, endlich doch,** Plaut. mil. 1030. Cic. ad Att. 5, 20, 8.

4 beim Übergang zu einem allgemeinen Begriff, **überhaupt** od. **ja,** qui non civium, non d. hominum numero essent, Liv. 4, 56, 11; u. so Cic. Pis. 45. – ebenso vel denique, **oder überhaupt,** Hor. ep. 2, 2, 127. – dah. in der Steigerung, **ja, ja sogar, und sogar,** pernegabo atque obdurabo, periurabo d., Plaut. asin. 322: u. so Cic. Quinct. 51; Verr. 5, 69: d. hercle aufugerim potius, quam redeam, ja wahrhaftig, Ter. Hec. 424. – in Fragen Cic. Quinct. 74; Rosc. Am. 108. – ebenso aut denique, **oder sogar,** Caes. b. G. 2, 33, 2. – Im Gegensatz das, worauf es ankommt, anfügend, **aber was die Hauptsache ist,** Cic. Acad. 2, 87.

5 um die Rede nach Erwägung mehrerer einzelner Dinge in einem umfassenden Urteil abzuschließen, wo entweder das hinzugefügt wird, was die ganze Gattung umfasst, (**und**) **überhaupt, überhaupt aber,** Ter. eun. 444. Cic. de or. 2, 317; II. Verr.. 1, 70. Nep. Pel. 4, 3. Tac. ann. 1, 61. – od. man angibt, dass eins für alle stehe und mit wenigen Worten zu umfassen **sei, kurz, mit einem Worte,** griech. ὡς ἔπος εἰπεῖν, ἵλως, Nep. regg. 2, 2. Vell. 2, 113. Plin. ep. 2, 9, 3. – dah. zur Schließung einer Auseinandersetzung, **die Folge von allem dem, mit einem Wort, kurzum,** Hor. de art. poët. 23. Hor. sat. 1, 1, 92 u. 1, 1, 106. – auch d. omnia u. omnia d., **überhaupt alles,** Cic. Phil. 13, 49. Plin. ep. 7, 9, 13: so auch quidquid d., Cels. 2, 28, 1.

6 nach einem gesetzten Fall die Darlegung durch dargebrachte Beweise u. Beispiele mit einer gewissen Schlussfolge durchzuführen, **infolgedessen,** Flor. 1, 16, 3. Iustin. 9, 4, 1. – dah. durch Anführung ähnlicher Fälle od. Beispiele od. neuer Beweise od. durch den Ausspruch eines Schriftstellers bestätigend od erläuternd, **auf diese Weise, auf die Art, so auch,** od. mit einer Schlussfolge: **infolgedessen,** oft bei ICt.: viell. auch Iustin. 11, 11, 4.

II (der Bedeutung von demum nahekommend, vgl. d. W. *no.* I) **nun eben, dann eben, erst, 1** zur nachdrücklichen Hervorhebung eines Zeitpunkts, mortuo d., erst nach dessen Tode, Cic. Mil. 34: octavo d. mense, erst, Caes. b. c. 1, 5, 2; so nunc denique, **jetzt erst,** Cic. ep. 9, 14, 5; **jetzt eben,** Ov. art. am. 3, 121. – tum d., **dann erst,** Cic. de legg. 2, 10; Tusc. 3, 75; **dann eben,** Cic. Tusc. 1, 39; de fin. 3, 76.

2 zur nachdrücklichen Hervorhebung eines Pronomens, **eben, gerade,** Ov. am. 3, 4, 3. Cic. ep. 10, 10, 4. Quinct. 11, 38.

dēnīxē, *Adv.* = enixe (s. Placid. gloss. V, 16, 27), Plaut. trin. 652.

dēnōminātio, ōnis, *f.* (denomino), **a die Benennung, Angabe,** Cod. Theod. 6, 4, 13. § 2: civium, Euanth. de com. p. 5 *Reiff.* – **b** als mathem. *t. t.,* **die Benennung,** Boëth. inst. arithm. 1, 9. p. 19, 20 Fr. u. 10. p. 22, 10 Fr. – **c** als rhet. *t. t.,* **die uneigentliche Benennung** einer Sache od. Person (wie Mars für bellum u. dgl.), griech. μετωνυμία, Rhet. Her. 4, 43.

dēnōminātīvē, *Adv.* (denominativus), **auf abgeleitete Art, durch Ableitung,** Mart. Cap. 4. § 381.

dēnōminātīvus, a, um (denomino), **durch Ableitung gebildet,** Prisc. 4, 1.

dē-nōmino, āvī, ātum, āre, **benennen,** ab eo, quod continet, id, quod continetur, hoc modo denominabitur, Rhet. Her.: hinc (ab Lamo) Lamias ferunt denominatos, Hor.: parcus ab eo, quod est parum, denominatus est, Gell.: res denominata, eine Sache, die ihren bestimmten Namen schon erhalten hat (im Ggstz. zu communis appellatio), Quint.

dē-nōntio, s. dē-nūntio ►.

dēnōrmis, e (de u. norma), **schiefwinkelig,** Porphyr. Hor. sat. 2, 6, 9.

dē-nōrmo, āre (de u. norma), **I aus dem rechten Winkel bringen, schiefwinkelig machen,** o si angulus (Ecke) ille proximus accedat, qui nunc denormat agellum, der ihm zum Quadrat (= um ein Quadrat zu bilden) noch fehlt, Hor. sat. 2, 6, 8 *sq.* – **II nach dem Winkelmaß ziehen,** lineam, Gromat. vet. 345, 20.

dēnotābilis, e (denoto), **bezeichnet, gebrandmarkt,** Dosith. 55, 11 K.

dēnotātio, ōnis, *f.* (denoto), **I die Bezeichnung, Aufgabe,** Ps. Quint. decl. u. Tert. – **II die Beschimpfung,** Cod. Iust. u. (Plur.) Firm.

1. dēnotātus, ūs, *m.* = denotatio, Tert. de pall. 4.

2. dēnotātus, a, um, *PAdi.* im *Compar.* (denoto), **beschimpfend, kränkend,** derisus quanto lascivior, tanto denotatior ad contumeliae morsum, Tert. ad nat. 1, 10.

dē-noto, āvī, ātum, āre, **I** mit Kreide, Farbe usw. **bezeichnen, kenntlich machen,** pedes venalium cretā, Plin.: lineam (Schnur), Col.: tum denotat (merkt sich an) protinus, quot et quales sint nati (fetus), Col. – **II** übtr., durch ein unterscheidendes Merkmal **deutlich bezeichnen, kenntlich machen,** auf etw. **deutlich hinweisen, aufmerksam machen, 1** im Allg.: **a** übh.: cum ei res similes occurrant, quas non habeat denotatas, an denen er noch kein unterscheidendes Merkmal gesehen hat, Cic.: denotantibus vobis ora ac metum singulorum, (durch Blicke auf sie) aufmerksam machtet auf die G. usw., Tac.: denotandis tot hominum palloribus, um Totenblässe auf den Gesichtern so vieler M. kenntlich zu machen, deutlich hervorzurufen, Tac.: cum ... neque pulvere facies aut signa denotari possent, vor Staub kenntlich gemacht, d. i. nicht deutlich unterschieden werden konnten, Vell.: simulacro Serapidis denotato, kenntlich geworden = wahrgenommen, Min. Fel. 2, 4: vos cunctorum digiti denotabunt, Hieron. – **b** durch Wort u. Schrift: uno nuntio atque unā significatione litterarum cives Romanos necandos trucidandosque denotavit, Cic. – u. so haud dubie Icilios denotante senatu, deutlich hinwies, hinzielte auf die J., Liv. – **2** insbes.: **a** beschimpfend ein **Schandmal aufdrücken, brandmarken, beschimpfen,** alqm omni probro, Suet.: turpia legata, quae denotandi magis legatarii gratiā scribuntur, ICt.: suis apertis criminibus denotari, spät. ICt. – **b** tadelnd etw. **aufstechen, etwas** an einer Sache **auszusetzen haben,** Tert. u. spät. ICt. (s. Salmasius Tert. de pall. 1. p. 92 *sq.* Oehler Tert. apol. 3).

dēns, dentis, *m.* (altind. *dán,* Akk. *dánta,* griech. ὀδούς, ὀντος, ahd. *zand*), der **Zahn, I** der **Zahn** am menschlichen u. tierischen Körper: dens hominis, Plin.: dens cervi, crocodili, Plin.: dentes aprorum, CIL 2, 2660: dentes Echidneae canis (des Zerberus), Ov.: dens serpentis, hydri, Ov. u. Verg.: viperae, Plin.: dens talpae, Plin. – cavernae dentium, Plin.: crepitus dentium, Cic.: dolor od. dolores dentium, Cels.: emissio dentium, das Zahnen, Ambros. epist. 44, 11: evulsio dentium, Cic.: illisio dentium, Cael. Aur.: labefactatio dentium, Plin.: duplex ordo dentium, Val. Max.: ordo superior dentium, Plin.: duo ordines maxillarium dentium, Plin.: radix dentis, Cels.: raritas (das Einzelnstehen) dentium, Quint.: sonus dentium inter se arietatorum, Sen.: stridor dentium, Cels.: vitia dentium, Plin. – dentes adunci draconis, Rhet. Her., aprorum, Ov.: dentes adversi acuti (Ggstz. dentes intimi, qui genuini vocantur), Cic.: dentes albi, Plaut.: dentes atrati, Caecil. com. fr.: dens anguinus, Ov.: dens ater, Hor.: dentes breves, Cels.: dens blandus (leonis), der nur spielend ergreifende (nicht zupackende), Mart.: dentes boni, Plaut.: dentes candidi, Scrib., candiduli, Cic.: dentes canini, Cels.: dentes cariosi, Plin. u. Phaedr.: dentes causarii (kränkliche), Plin.: dens cavatus, cavus, Plin.: dentes columellares, Varro: concavi (Ggstz. solidi), Plin.: dens corruptus, Cels.: dens curvus (Ggstz. rectus), Cels.: dentes decidui, Plin.: dolentes, Scrib.: dens domitus (leonis), der Zahn des gezähmten Löwen, Ov.: dens eburneus, Elefantenzahn, Elfenbein, Liv. (dafür poet. dens niveus, Claud., Erythraeus, Mart., Indus, Catull., Libycus, Prop., Numida, Ov.); dass. dens eburnus, Claud.: dentes empti (gekaufte = falsche), Mart.: dens exesus, Cels.: dentes exigui, Suet.: exserti, Plin.: ferrei (eisenfeste), Plaut.: gemini (des erymanth. Ebers), Ov.: genuini, Cic.: inferiores (Ggstz. superiores), Cels.: lati, Plin.: dentes duo longissimi (serpentium), Plin.: dens lupinus, Eccl.: dentes magni, Cels.: mandentes, Cels.: maxillares, Cels.: mobiles, Plin., moti, Scrib.: molares, Col.: dens niger (schwarz gewordener), Cels. u. Hor.: dens novus, Cels. u. Hor.: dentes primi, primores, Vorderzähne, Cels.: dens prior (der schon früher dagewesene, gewachsene, Ggstz. dens novus), Cels.: dentes pueriles, Milchzähne, Sen.: putridi, Cic.: rari (einzeln stehende), Suet.: dens rectus (Ggstz. curvus), Cels.: dens scaber, Cels.: dentes serrati, Plin.: ii dentes, qui secant, Schneidezähne, Cels.: dens solidus (Ggstz. cavus), Plin.: dens superbus, der Zahn (der Stadtmaus), dem (infolge der Verwöhnung) nichts gut genug ist, Hor.: dentes superiores (Ggstz. inferiores), Cels.: dentes saxei, Apul.: venenati, Giftzähne (der Schlangen), Ov.: viperei, Ov.: vitiati, Plin. – abscīdere dentibus (abbeißen) linguam, Val. Max.: amittere dentes, Plin.: cadit dens, cadunt dentes, Cels. u. Plin.: cadunt alci dentes, Plaut. u. Sen.: carēre dente aliquo, eine Zahnlücke haben, Labeo bei Gell.: comprimere dentes, Plaut.: confirmare dentes od. dentes mobiles (v. Heilmitteln), Plin.: clare crepitare dentibus, mit den Z. klappern (v. Kauenden), Plaut.: ille, cuius dentes crepuere sub pugno, unter Faustschlägen knackten, Sen.: dagegen dentes crepuere retecti, klapperten (vor Schrecken usw.), Pers.: decĭdunt dentes, decĭdunt alci dentes, Plin.: is, cui dens deest, der eine Zahnlücke hat, Gell.: defricare dentes, Ov.: dentes inter se setā deligandi sunt, Cels.: velut rabida fera dentibus dimicavit, Iustin.: albis dentibus deridere, s. albus: dolet dens, Cels.: alci dolent dentes, jmd. hat Zahnschmerzen, Mart.: dentem eicere, evellere, Cels.: dentem manu od. forcipe excipere, Cels.: dentem eximere, Cels.: dentem aegrum eximere aut reficere, Mart.: eximere alci dentem, Suet.: extrahere dentem u. extrahere dentem sine vexatione (v. Mitteln), Plin.: excĭdit dens, Cels.: excĭdunt alci dentes, Plaut. u. Hor.: excutere alci omnes dentes uno pugno, Treb. Poll.: saepe pugni ictu equis et mulis excutere dentes, Treb. Poll.: dentes exacuit sus (Eber), wetzt die Hauer, Verg.: exturbare alci oculos atque dentes, Plaut.: facere dentes candidos (v. einem Mittel), Scrib.: frendere dentibus, Plaut.: fricare dentes, Plin., lavare fricareque dentes, Plin. ep.: habere dentes, dentes nullos, Plin. (scherzh. aqua habet dentes, beißt, Petron.): alci mustriculam in dentes impingere, Afran. fr.: infrendere dentibus, Verg.: inserere (einsetzen) dentes, Schol. Cruq.: dentibus lacerare viscera, Iustin.: dentibus laniare alqm, Liv., od. artus, Verg.: si dentes labant, Cels.: si ex ictu vel alio casu aliqui labant dentes, Cels.: omnes dentes labefecit mihi, Ter.: dentes lavare, Catull. u. Plin. ep.: mutare (wechseln) dentes, Plin., dentes primos, Col.: dentibus manditur atque extenuatur et molitur cibus, Cic.: nigrescunt dentes, Plin.: labra dentes nudant, Quint.: dens, qui natus est, Cels.: petit dente lupus, cornu taurus, Hor.: procumbere in dentes, sich platt auf die Erde legen, Vitr.: dentes (equi) prominere incipiunt, Col.: dentes pruriunt, Plaut.: renascuntur dentes (Ggstz. decĭdunt), Plin.: dentes restringere, fletschen, Plaut.: dentes senectā rufescunt, Plin.: sanantur ita dentes, Plin.: scalpere, scarificare dentes, Plin.: stabilire dentes mobiles (v. Mitteln), Plin.: stridere dentibus, Cels.: uti dentibus atque comis emptis, falsche Zähne u. falsches Haar tragen, Mart.: ähnlich uti dentibus insitis (eingesetzte) et alienis, Schol. Cruq.: venies (mihi) sub dentem, du kommst mir schon unter den Zahn (um dich zu zermalmen), scherzh., Petron. 58, 6: ebenso scherzh., leni prunā coctus, simul sub dentes mulieris veni, bis ter memordit, Laber. com. 28: quoi (alt = cui) auro dentes vincti esunt (alt = sunt), XII tabb. fr. – Im Bild, **a** v. vernichtenden Zahn der Zeit usw., vitiata dentibus aevi, Ov.: leti sub dentibus ipsis, Lucr. – **b** v. alles benagenden, vergiftenden Neid, v. der gehässigen Missgunst, dens invidus, Hor., lividus, Hor.: nulla tam modesta felicitas est, quae malignitatis dentes vitare possit, Val. Max.: more hominum invident, in conviviis rodunt, in circulis vellicant; non illo inimico, sed hoc maledico dente carpunt, Cic.: quia laedere vivos livor et iniusto carpere dente solet, Ov.: culpans in me aliquid maledico dente, Augustin. epist. 73, 3. – v. scharfen, verwundenden Spott des Schmähers, Lästerers, atro dente alqm petere, Hor.: mordaciorem improbo dente appetere, Phaedr.: cruento dente lacessiri, Hor.: dente Theonino circumrodi, Hor.: mortuum male dicaci dente indesinenter rodere, Ps. Quint. trib. Marian. 4. – **II** übtr., **der Zahn, die Zinke,** zahnförmig gebogene **Spitze** lebl. Ggstd.: dentes serrae, Vitr. u. Plin.: perpetui dentes (serrae), Ov.: dentes irpicis, Varro LL.: dentes (die Kneipen) forcipis, Vitr.: dens ancorae, Verg.: dentes pectinis (des Weberkamms), Varro LL.: dass. insecti dentes, Ov.: aber densus dens, der dicht gezahnte Haarkamm, Tibull.: fixus dens (Nachschlüssel), Tibull.: dens vomeris, aratri, die zahnförmig gebogene Spitze der Pflugschar, des Scharbaums, Verg. u. Col. (s. Voß Verg. georg. 1, 170. p. 97): dass. dens curvus, Ov.: aber dens uncus, der Karst, Verg.: u. dass. ruricolae dentes, Lucan.: dens Saturni, die vorgebogene Saturnklinge = das Winzermesser, die Hippe, Verg.: dens validus (venabuli), Calp.: dentes muri, Mauern, die in Gestalt der Zähne einer Säge die beiden Stirnmauern verbinden, Vitr. – ► Genet. Plur. regelm. dentium, obgleich Varro LL. 8, 67 den Genet. dentum als allein richtig annimmt.

dēnsābilis, e (denso), **verdichtend, verstopfend,** Cael. Aur. acut. 2, 8, 36 u. a. Ps. Apul. herb. 59.

dēnsātio, ōnis, *f.* (denso), die **Verdichtung,** Plin. 31, 82. Cael. Aur. acut. 2, 13, 87. – meton., die **dichte Masse,** ›scaena‹ est arborum incumbentium quasi camerata densatio, Schol. Bern. app. II ad Verg. georg. 3, 24. p. 993.

dēnsē, *Adv.* m. *Compar.* u. *Superl.* (densus), **I dicht,** Fronto laud. et fum. p. 211, 14 N.: *Compar.* bei Plin. 16, 173. Amm. 24, 6, 8: *Superl.* bei Vitr. 5, 12, 5. – **II** in der Zeit, **häufig, hintereinander,** Cael. Aur. u. Amm.: *Compar.* b. Cic. u. Ov.

Densēlētae, s. Denthēlēthī.

dēnseo, ētum, ēre (densus) = denso, **dicht machen, verdichten,** im Passiv, **sich verdichten, I** im Allg.: alta caeli templa, Lucr.: cantato densetur carmine caelum, Ov.: obtentā nocte densentur tenebrae, Verg.: mulierum corpus quasi naturali frigore densetum, Macr. – **II** insbes.: **1 dicht-, gedrängt stellen,** im Passiv, **sich dicht stellen,** frontem (die Front), Sall. fr.: sociata examina, Sil.: clipeata totis agmina densentur campis, Verg.: densetā scutorum compage semet scientissime praestruebant, durch eine dichte Wand von Sch., Amm. – **2 dicht nacheinander folgen lassen,** im Passiv, **dicht nacheinander folgen, sich drängen,** hastilia, Verg.: ictus, Tac.: mixta senum ac iuvenum densentur funera, häufen sich dicht auf, Hor. – ► Über die Verbalform denseo vgl. Wagner Verg. georg. 1, 248 *n. cr.* Bentley Hor. carm. 1, 28, 19. – Perf. **densi** ohne Beleg bei **Charis. 262, 4.** – Parag. Infin. **denserier, Lucr. 1, 395** u. **647.**

dēnsēsco, ere (*Inchoat.* v. denseo), **dicht** od. **dichter werden,** Plin. Val. 2, 37 *in.* Greg. in Iob 15, 29 u. a. Eccl.

dēnsitās, ātis, *f.* (densus), **I** die **Dichtheit, Dichte, Gedrungenheit,** pampini, Col.: chartae, umoris, Plin.: nemorum, Amm.: saltus, Vulg.: limus in densitatem coit, Plin. – meton., **die dichte Menge, -Masse,** hominum cadentium, Amm.: insistentium, Cod. Theod.: possessorum, Gromat. vet.: durior saxis nivium dens., Cl. Mam. pan.: Plur., silvarum densitates, Arnob. 7, 46: nubium densitates, Apul. de mund. 9. – **II** übtr., die **Häufigkeit,** das **häufige Vorkommen,** figurarum, sententiarum, Quint.: criminum, Vopisc.

dēnsito, ātus, āre (*Intens.* v. denso), **dicht gedrängt stellen,** densitatae acies, Amm. 19, 7, 3.

dēnso, āvī, ātum, āre (densus), **dicht machen, verdichten, I** eig.: im Allg.: Iuppiter uvidus austris denset erant quae rara modo, et quae densa relaxat, Verg.: lac in pingue butyrum, Plin.: densari in salem, Plin.: eboris corpus ita naturā densatum est, ut etc., Macr.: quodam loco male densatus agger, Liv. – **II** insbes.: **a** als *t. t.* der Weberkunst, ein **Gewebe** mit dem Kamm **dicht schlagen,** Ov. fast. 3, 820. Anthol. Lat. 742, 47 (1143, 47). Isid. 19, 22, 19. – **b dicht aneinander fügen, -reihen, -stellen, α** als milit. *t. t.:* scuta super capita u. bl. scuta, Liv.: ordines, Liv.: catervas, Verg.: se in cuneos, Amm.: prägn.: loca, dicht besetzt halten, Calp. 7, 29. – **β** in der Rede **häufen,** ne eae quidem (figurae), quae recte fiunt, densandae sunt nimis, Quint. 9, 3, 101: prägn., instandum quibusdam in partibus et densanda oratio, an einigen Stellen muss man eine drohende und die Ausdrücke häufende Sprache führen, Quint. 11, 3, 164.

dēnsus, a, um, *Adi.* m. *Compar.* u. *Superl.* (zu griech. δασύς), v. der Anhäufung der einzelnen Teile eines Ganzen, **dicht** (Ggstz. rarus, dagegen crassus, »dick«, Ggstz. tenuis, liquidus, u. spissus, fest zusammengedrängt, »kompakt« mit vorherrschendem Begriff des Undurchdringlichen), **I** im Allg.: silva, Cic.: plagae, Netze mit dichten (engen) Maschen, dichte, Hor.: cibus, Cels.: terra (Ggstz. rara), Cic.: litus, sanddicht, Ov.: aequor, gefroren, Lucr.: aër, Hor.: caelum, Cels.: densiores silvae, Caes.: saepes densissimae, Caes.: imber densissimus, Verg. – *neutr. plur.* subst., per silvarum densa, Amm. 24, 4, 8. – poet. m. *Abl.*, mit etw. **dicht besetzt,** von etw. **erfüllt, voll,** caput densum caesarie, Ov.: trames densus caligine opacā, Ov. – **II** prägn., von den Teilen selbst, die nahe aneinander liegen, **dicht, in dichter Reihe, gedrängt, gehäuft, 1** eig.: **a** v. Lebl.: foramina, Ov.: frutices, Ov.: aristae, Verg.: dens (pectinis), Tibull.: arma, hastilia, Verg. – **b** v. leb. Wesen: hostes, Teucri, Verg.: agmen densum, densissimum, Suet.: apes, Verg.: m. *Abl.*, acies densa armis virisque, Tac. – **2** übtr., **a** der Zeit od. Zahl nach **dicht aufeinanderfolgend, dicht, häufig, ununterbrochen,** ictus, Verg. u. Amm.: amores, Verg.: increpuit densis alis, Verg.: furtorum densior fama, Lampr.: densior hinc suboles, Verg. – **b** als rhet. *t. t.*, **gedrängt,** aspera ac densa vox, Quint. – v. Pers., densus et brevis Thucydides, Quint.: densior ille, hic copiosior, Quint.: m. *Abl.*, Euripides sententiis densus, Quint. – **c** prägn., **anhaltend** = stark, heftig, densa frigoris asperitas, Ov. fast. 4, 87.

dentālia, ium, *n.* (dens), der **Scharbaum,** das **Pflughaupt,** die **Pflugsohle,** Verg. georg. 1, 172. Col. 2, 2, 24; Sing. dentale erst Serv. Verg. georg. 1, 172 u. Isid. orig. 20, 14, 2. – dah. meton., die **Pflugschar,** Pers. 1, 73.

dentānea (fulgura), s. ostentāneus.

dentārius, a, um (dens), **zum Zahn gehörig,** subst., dentāria, ae, *f.* (*sc.* herba), jedes gegen Zahnschmerz dienliche Kraut, **a** das **Bilsenkraut,**

Ps. Apul. herb. 5. – **b** der **giftige Hahnenfuß,** sonst herba scelerata gen. (*Ranunculus sceleratus,* L.), Ps. Apul. herb. 9. – **c** = bryonia (s. d.), Ps. Apul. herb. 66.

dentātus, a, um (dens), **I mit Zähnen versehen, bezahnt, A** v. leb. Wesen (Ggstz. edentulus. Mart. Cap. 4. § 386), si male d. (puella) est, Ov.: Aegle, Mart.: als Beiname v. solchen, die mit Zähnen geboren wurden, M'. Curius Dentatus, Plin. – prägn., vir, wohl bezahnt, Plaut.: dent. bestiae, die in den Tierkämpfen gebrauchten reißenden Tiere, Ulp. dig. 3, 1, 1. § 6. Amm. 19, 6, 4 u. 31, 10, 19: dies. ferae dentatae, CIL 10, 3704. – **B** v. lebl. Ggstdn.: **mit Zähnen-, mit Zinken-, mit Zacken versehen,** adunca, ex omni parte dentata et tortuosa serrula, Cic.: in modum forficis dentatum ferrum, Veget. mil.: serra, Plin.: crates, Plin.: rastrum, Varro: tympanum, Kammrad, Vitr.: capillos meos dentatā manu duxit, sie durchkämmte mit ihren Fingern mein Haar, Petron. – **II mit einem Zahn geglättet,** charta, Cic. ad Q. fr. 2, 15, 6.

dentefaber, mit Zinken versehen, rastri dentefabres, Enn. ann. 319.

dentex, ticis, *m.* (dens), ein Meerfisch, die **Zahnbrasse** (*Sparus dentex,* Oken), noch jetzt ital. *dentale,* Col. 8, 16, 8. Apic. 4, 151 u. 10, 471 (b. Isid. orig. 12, 6, 23 dentrix).

***Denthālīī,** ōrum, *m.* (Δενθάλιοι), nach Steph. Byzant. Städtchen an der messenisch-lakonischen Grenze. – Dav.: **Denthāliās,** ātis, von D., **denthaliatisch,** ager, Tac. ann. 4, 43.

dentharpaga, ae, *f.* (dens u. ἅρπαξ), ein Werkzeug zum Zahnausreißen, der **Zahnbrecher,** Varro sat. Men. 441.

Denthēlēthī, iōrum, *m.* (Δενθήληται), eine thrazische Völkerschaft zwischen den Quellen des Strymon u. Astapus, Liv. 39, 53, 12; 40, 22, 9. – Nbf. **Densēlētae,** ārum, *m.,* Cic. Pis. 84. Plin. 4, 40.

denticulātus, a, um (denticulus), **mit Zähnen-, mit Zinken-, mit Zacken-, mit Spitzen versehen,** falx, Col.: forceps, Plin.: concha, Plin.

1. denticulus, ī, *m.* (*Demin.* v. dens), **I** ein **kleiner Zahn,** Apul. apol. 8. Pallad, 1, 28, 6. – **II** übtr.: **A** als *t. t.* der Architektur, eine kleine Verzierung der Säulen, der **Zahnschnitt,** Vitr. 1, 2, 6 u. a. – **B** ein **gezacktes Ackergerät,** Pallad. 7, 2, 4.

2. Denticulus, ī, *m.,* ein röm. Beiname, wie Licinius Denticulus, Cic. Phil. 2, 56.

dentidūcum, ī, *n.* (dens u. duco), der **Zahnzieher,** für das griech. ὀδονταγωγόν, Cael. Aur. chron. 2, 4, 84.

dentifer, fera, ferum (dens u. fero), **mit Zinken versehen,** rastri, *Enn. ann. 319.

dentifrangibulus, a, um (dens u. frango), **Zähne ausbrechend,** subst. **Zahnbrecher, I** *m.,* jmd., der einem die Zähne ausschlägt, Plaut. Bacch. 605. – **II** *n.,* im Plur., dentifrangibula (*sc.* instrumenta), von den Fäusten, Plaut. Bacch. 596.

dentifricium, iī, *n.* (dens u. frico), **Zahnpulver,** Plin. 28, 178 *sq.* Scrib. Larg. 59. Apul. apol. 6 u. 7. Mart. 14, 56 *lemm.*

dentilegus, ī, *m.* (dens u. lego), **der die** (ihm ausgeschlagenen) **Zähne zusammenliest,** dentilegos omnes mortales faciam, ich werde allen die Zähne einschlagen, Plaut. capt. 798.

1. dentio, īre (dens) = (ὀδοντοφυέω), **Zähne bekommen, zahnen,** pueri tarde dentientes, Plin.: (infantes) dentientes gingivarum exulcerationes male habent, Cels.: reliqua animalia saevissime dentiunt, Plin. – scherzh., auribus perhaurienda sunt, ne dentes dentiant, Plaut. mil. 34.

2. dentio, ōnis, *f.* (1. dentio), das **Zahnen,** Plin. Val. 1, 4, 2.

dentiscalpium, iī, *n.* (dens u. scalpo), der **Zahnstocher,** Mart. 7, 53.

dentītio, ōnis, *f.* (dentio), das **Zahnen** der Kinder, Plin.: der jungen Tiere, Veget. mul.: dentitiones adiuvare, v. Mitteln, Plin.

dentix od. **dentrix,** s. dentex.

dē-nūbo, nūpsī, nūptum, ere (aus dem Elternhaus hinweg-) **heiraten, sich verheiraten** (v. Frauen [vgl. Deder. Dict. 6, 3]), in nullos thalamos, Ov.: in domum alcis, Tac. u. Dict.: in castellum, Apul.: in matrimonium Aegisthi, Dict.: denuptam esse Nestori, Dict.: Claro fratri denupta, Apul.: von Männern im obszönen Sinne, alci, Tac. u. Suet.: poet., plantis, Col. poët.

dēnūdātio, ōnis, *f.* (denudo), die **Entblößung,** capitis, Isid. quaest. in levit. 11, 6. – übtr., die **Aufdeckung, Zurschaulegung,** operum hominis, Vulg. Sirach 11, 29: animae, Ambros. Noë 29, 113.

dē-nūdo, āvī, ātum, āre, **entblößen,** d. i. **I aufdecken,** ossa, Pacuv. fr.: femur virginis, Vulg.: matres familias, Suet.: alqm a pectore, Cic. – übtr., **a** von Truppen **entblößen, bloßstellen,** Veget. mil. 3, 17, p. 101, 19 L. – **b aufdecken, offenbaren,** inscientiam suam, Varro LL.: alci consilium suum, Liv.: arcana amici, Vulg. – **II berauben,** cives Romanos omnes crudelissime, Lentul. in Cic. ep. 12, 15, 1. – m. *Abl.,* alqm vestimentis, Vulg. Ezech. 13, 39 u. 23, 26: übtr., suo eam (iuris scientiam) concesso et tradito (ornatu) spoliare atque denudare, Cic. de or. 1, 235.

dēnumerātio, ōnis, *f.* (denumero), die **Aufzählung,** Paul. dig. 38, 10, 10. § 16 M.: perfectionis plenae (der Stufen der Vollkommenheit), Anon. de solemn. 10 (in Spicil. Solesm. 1. p. 12).

dē-numero, āvī, āre, **her-, aufzählen,** omnes vernas suos, Ps. Cypr. comput. pasch. 10. – dah. **auszahlen,** argentum u. dgl., Plaut. asin. 453; most. 921.

dēnūndinat = *omnibus notum facit,* Gloss.

dēnūntiātio, ōnis, *f.* (denuntio), die **Ankündigung,** das **Kundtun,** die **Anzeige,** das **Ansinnen,** die **Anforderung,** die **Erklärung, Androhung, Drohung, I** im Allg., m. subj. *Genet.,* den. Catilinae, Cic.: den. paucorum, universae civitatis, Liv. – m. obj. *Genet.,* den. periculi, Cic. u. Caes.: ingentis terroris, Liv. – absol., hāc denuntiatione conterritus, Liv., od. territus, Iustin.: et denuntiatio et castigatio insanos coërcuit, Sen.: Plur., mortalium denuntiationes (Anforderungen), Arnob. adv. nat. 5, 3. – **II** insbes.: **a** als publiz. *t. t.,* den. belli, die Androhung des Kr., die Kriegserklärung, Drohung mit Krieg, Cic. u. a.: ebenso den. armorum, Liv.: u. citra hanc denuntiationem (vorher geht bellum minitari), Quint. – **b** als gerichtl. *t. t.,* **α** die **Angabe, Aussage** des Angebers vor Gericht, accusatorum denuntiationes, Suet. Aug. 66, 2. – **β** den. testimonii, das **Ansinnen,** die **Zumutung** einer Zeugenaussage, Cic. Flacc. 14 u. 18. – **γ** die **vorläufige Ankündigung,** dass man jmd. vor Gericht verklagen od. dass jmd. vor Gericht erscheinen solle, Symm. ep. 10, 36 u. ICt. – **c** die **Verordnung,** contra denuntiationem senatus occīdi, Liv. epit. 64. – **d** die **Voranzeige** von etw. Zukünftigem, quae est enim a dis profecta significatio et quasi denuntiatio calamitatum? Cic. de div. 2, 54: manifestā denuntiatione quietis territus, warnende Voranzeige eines Traumes, Vell. 2, 70, 1.

dēnūntiātīvus, a, um (denuntio), **zur Voranzeige geeignet,** motus, Cael. Aur. acut. 1, 4, 67.

dēnūntiātor, ōris, *m.* (denuntio), **a** eine Art Polizeibeamter der Kaiserzeit, deren je zwei in jedem Stadtviertel Roms stationiert waren, etwa **Viertelsinspektor, Viertelskommissär,** CIL 10, 515, 12/13 (*a. 142*) u. 10, 5917. – **b** denunt. ab scaena Graeca, viell. **Souffleur** od. **Dolmetscher,** CIL 6, 10095.

dē-nūntio, āvī, ātum, āre, **ankündigen, kundtun, anzeigen, Anzeige machen, Meldung machen** od. **tun** als förmliche Bekanntmachung, förmlichen Befehl od. förmliches Verbot, als Drohung u. dgl., dah. oft = **erklären, die Erklärung abgeben, zu wissen tun, die Weisung geben** od. **zukommen lassen, bedeuten, ansinnen, zumuten, das Ansinnen-, die Zumutung stellen, androhen, die Drohung ergehen lassen,** mit etw. **drohen,** sowohl auf dem Privat- als auf dem Amtswege (vgl. Mützell Curt. 3, 1, 6), **I** im Allg.: **α** m. *Acc.* u. bei Ang. **wem?** zugl. m. *Dat.:* proscriptionem, caedem, direptionem, Cic.: non mediocres terrores iacĕre et den., Cic. – alci catenas, Sen. rhet.: alci mortem, Cic.: alci inimicitias, Cic.: alci periculum, Cic.: alci iudicium minitari ac den., Cic.: oculis et aspectu den. omnibus vim tribuniciam et minitari rei publicae, Cic.: ei vim den., rei publicae minari, Cic.: plus enim aliquanto attulisti, quam tibi erat attributum a nobis ac denuntiatum, dir als dein Teil (zu besprechen) zugeteilt u. angesonnen (zugemutet) war, Cic.: ut si quid tibi opus sit, ne dubitent mihi denuntiare (anzusinnen, zuzumuten), Cic. – v. lebl. Subjj., illa arma, centuriones, cohortes non periculum nobis, sed praesidium denuntiant, Cic.: hoc data arma denuntiant, Tac.: poena, quam lex denuntiat, Cod. Iust. – β m. *Acc.* u. *Infin.*: Sex. Alfenus denuntiat sese procuratorem esse, Cic.: Gorgias se ad omnia esse paratum denuntiavit, Cic.: capite se illum damnaturos denuntiarunt, Nep.: mater morituram se ante denuntians, Curt.: consul denuntiavit populo L. Aemilium collatis signis cum rege Perseo pugnasse, Liv. – selten mit bl. *Infin.*, Apul. met. 9, 41 u. 10, 7 (vgl. unten *no.* II, b aus Tac. ann. 11, 37). – γ m. *ut* od. *ne* u. Konj. od. m. bl. Konj., Lupus mihi denuntiavit, ut ad te scriberem, Cic.: Q. Titinius debitoribus suis denuntiavit, ut eodem fenore uterentur, Cic.: voce clarā denuntiasse sibi, ut triduo regni sui decederent finibus, Liv. – satis habuit pro contione denuntiare, ne perseverarent, Suet.: legati venerant denuntiatum Fabio senatus verbis, ne saltum transiret, Liv. – audebat denuntiare Caesari, excederet Siciliā, Vell.: ex consilii sententia iussit denuntiari heredibus omnibus, aut agerent aut singuli approbarent causas non agendi, Plin. ep.: moneo, praedico, ante denuntio: qui … professi sunt abstineant manus oculosque etc., Cic.: denuntiatum senatus verbis, facesserent propere ex urbe ab ore atque oculis populi Romani, Liv. – δ m. folg. indir. Fragesatz: denuntiasti homo adulescens, quid de summa re publica sentires, Cic.: ut denuntiet, quid caveant, Cic. – ε ohne Objekt, m. *Dat.* **wem?** volitat (Clodius), furit, multis denuntiat, Cic. – ganz absol., is, qui antea denuntiarat, Cic.: praesertim cum tribunus plebis vel denuntiare potueris vel etiam cogere, Cic.: qui manu sublatā denuntiant (drohen), Quint. – II insbes.: a als publiz. *t. t.*, bellum denuntiare, den Kr. ankündigen, mit Kr. drohen, Cic. u. a.: verb. bellum denuntiare ante et indicere, Cic. – b als milit. *t. t.*, α v. Befehlshaber = **Befehl geben, beordern,** m. *Acc.*, iter ad novum imperatorem, Suet. – m. *ut* u. Konj., den., ut arma capiant, Liv. – m. *Infin.*, den. centurionibus exsequi caedem, Tac. ann. 11, 37: absol., den. veteranis, Brut. et Cass. in Cic. ep. 11, 2, 3. – β v. Untergebenen = **die Meldung machen,** m. folg. *Acc.* u. *Infin.*, denuntians quidam iussisse consulem ad pedes descendere equites, Liv. 22, 49, 3. – c als gerichtl. *t. t.*, v. Kläger, α alci testimonium den., jmdm. eine Zeugenaussage ansinnen, zumuten = jmd. zur Zeugenaussage auffordern, Cic.: ebenso testibus den., an die Zeugen das Ansinnen stellen (näml. Aussage zu tun), Cic. u. a.: im Zshg. absol., fratres saltem exhibe (testes). Non denuntiavi, Cic. Flacc. 35. – β **die vorläufige Anzeige (Voranzeige) machen,** dass man gegen jmd. nach gewisser Frist vor Gericht Klage erheben wolle, den. alci, SC. bei Ulp. dig. 5, 3, 20. § 6: zugleich m. *de* u. Abl., de isto fundo Caecinae, Cic. Caecin. 95: mit folg. *Acc.* u. *Infin.*, homini Romae in foro denuntiat fundum illum suum esse seseque sibi emisse, Cic. Caecin. 19. – wovon verschieden ist den. litem, ohne Friststellung einfach jmdm. den Prozess ankündigen, und ihn auffordern, mit vor die Behörde zu gehen, Aur. Vict. de Caes. 16, 11. Symm. ep. 10, 52 u. spät. ICt. – γ den. in iudicium, seinen Zeugen, Freunden das Ansinnen stellen, zu bestimmter Zeit als Beistände vor Gericht zu erscheinen, Cic. Rosc. com. 26 (wogegen iudici denuntiavit, *ibid.*, bl. = er machte dem Richter die Meldung, dass der Kläger von seiner Klage abstehe). – d von etw. Zukünftigem **Voranzeige machen,** im Voraus **Meldung tun, drohend verkündigen,** α v. leb. Wesen, qui (Hector) moriens propinquam Achilli mortem denuntiat, Cic.: at mihi Persephone nigram denuntiat horam, Tibull.: Harpyia Celaeno tristes denuntiat iras obscenamque famem, Verg. – β v. Wunderzeichen usw., quibus portentis magna populo Romano bella perniciosaeque seditiones denuntiabantur, Cic.: Caesari futura caedes evidentibus prodigiis denuntiata est, Suet.: denuntiata mors eius per crinitam stellam, Eutr. – γ v. Wetterzeichen u. dgl., caeruleus (color aurorae) pluviam denuntiat, igneus euros, bedeutet, Verg. georg. 1, 453: arbor statim pestem denuntians, Plin. 13, 118. – δ v. Todes- od. Krankheitszeichen, mors denuntiatur, ubi aeger supinus cubat, Cels.: si id membrum ostenditur, morbum futurum esse denuntiat, Cels. – ► arch. denontio, CIL 1, 197, 3: Imperat. denuntiamino, Lex colleg. aqu. (CIL 6, 10298) 15.

1. dēnuō, *Adv.* (zsgzg. aus de novo, das so getrennt nirgends vorkommt; vgl. Oudend. Apul. met. 3, 27. p. 225. Ruhnken Ter. Andr. prol. 26), **von Neuem, wieder,** I = *de integro,* von der Wiederherstellung irgendeines vernichteten Gegenstandes, **von Neuem, von Frischem, wieder,** aedificantur aedes totae d., Plaut.: urbes terrae motu subversas d. condidit, Suet. – II = *iterum,* **zum anderen Mal, zum zweiten Mal, noch einmal, wieder,** d. dicere, Plaut.: d. rebellare, Liv. – III = *rursus,* von dem, was irgendein- (nicht gerade zum zweiten-)mal wiederholt wird, **wieder, abermals,** dah. oft bei den mit *re* zusammengesetzten Verben, etiam d.? schon wieder? Plaut.: recita d., lies nun wieder vor, fahre wieder fort mit Vorlesen, Cic.: d. redire, Plaut.: d. referre, Ter.: auch rursus (rursum) denuo, Plaut. u. Auct. b. Hisp. – IV wie unser **wieder** (in »ich gehe wieder« u. dgl.) u. das griech. αὖ zur Bezeichnung des Eintretens einer Tätigkeit an die Stelle der entgegengesetzten od. auch nur verschiedenen gegenwärtigen, aperi …: continuo operito d., und schließe dann wieder zu, Plaut.: fiet tibi puniceum corium, postea atrum d., Plaut.: quae denuo alio membro orationis excipitur, Rhet. Her.

2. dē-nuo, ere, **abschlagen,** Not. Tir. 78, 6.

dēnus, a, um, s. dēnī, ae, a.

Dēō, ūs, *f.* (Δηώ), Beiname der Ceres, Ov. met. 15, 122 M. – Dav. A **Dēōis,** idis, Akk. ida, *f.* (Δηωΐς), die Tochter der Deo, d. i. Proserpina, Ov. met. 6, 114. Auson. epist. 4, 50. – B **Dēōius** u. **Dēōus,** a, um, **zur Deo gehörig,** der Deo geweiht, Ov. met. 8, 758 u. 15, 364 M.

de-occo, āre, **eineggen,** Plin. 18, 137.

de-onero, āvī, ātum, āre, **entlasten, entladen, ausladen,** naves, Amm. 24, 6, 4: deonerati proluvies podicis, Arnob. 6, 16. – übtr., ex illius invidia deonerare (abnehmen) aliquid et in te traicere coepit, einen Teil der Last des Hasses, der jenen trifft, ihm von den Schultern zu nehmen und auf die deinigen zu wälzen, Cic. div. in Caecil. 46: immunda faex aversabili corpora foeditate deonerans, Arnob. 7, 45: u. so Ambros. epist. 58, 1; cant. cantic. 4. § 16; de myster. 7, 38.

de-operio, operuī, opertum, īre, **aufdecken,** I Verdecktes: a eig.: nam omnino observabis, ne umquam illis XV diebus deoperiatur (olla), Marc. Emp. 9. p. 275 D. (*ed. Steph.*). – bes. Körperteile = **entblößen,** caput, Nepot. epit. Val. Max. 9, 16. p. 503, 30 H. – b übtr. = enthüllen, Ambros. de exc. fratr. sui Satyri 2, 80. – II Verschlossenes, **erschließen, öffnen,** tunc enim tellure deopertā internitent (smaragdi), Plin. 37, 65; vgl. Isid. 16, 7, 2 *ed. vulg.*

de-oppilo, abrupfen, ausrupfen = παρατίλλω, Gloss. II, 397, 47.

de-opto, āre, **auswählen,** Hyg. fab. 191.

deōrāta = perorata, Paul. ex Fest. 74, 10.

deorbātus, a, um (de u. orbus), **geblendet,** deorbati diaboli caligine, Ps. Cypr. de aleat. 9.

de-orbito, avi, are = exorbito, Lucif. Athan. 1, 40. p. 137, 13.

de-ōrio, s. de-haurio.

***de-ōro,** s. deōrāta.

de-orsum, *Adv.* (zsgzg. aus de -vorsum), **abwärts gewandt, abwärts,** κάτω, Ggstz. sursum, I zur Bezeichnung der Bewegung, Plaut., Cic. u. a.: pleonast. verb. deorsum versus (versum), Ggstz. sursum versus, Ter., Cato u. a. – verb. sursum deorsum, auf- u. niederwärts, auf u. nieder (griech. ἄνω κάτω), Ter. u. Cic.: ebenso sursum ac deorsum, Sen. – II zur Bezeichnung der Lage, Örtlichkeit, **unterwärts, unten,** Komik. u. Varro. – ► synk. dorsum, CIL 1, 199, 27. – Nbf. deorsus in Verbdg. mit sursus, sursus deorsus, Cic. de nat. deor. 2, 84 M.: deorsus allein, Apul. de deo Socr. 10 u. a.

deōsculātio, ōnis, *f.* (deosculor), das **Abküssen,** Hieron. adv. Rufin. 1, 19.

de-ōsculor, ātus sum, ārī, **abküssen, heftig-, sehr küssen,** alqm. Plaut. u. Apul.: alcis oculos, Plaut.: alcis dexteram, Val. Max.: alcis manus, Apul.: praesepe, Hieron. – Partiz. Perf. passiv, deosculato me, Apul met. 2, 10: gladius diu deosculatus, Apul. (vgl. Hildebr. Apul. met. 4, 11).

dē-pacīscor, s. dē-pecīscor.

dēpactio, s. dēpectio.

dēpālātio, ōnis, *f.* (depalo), die **Abgrenzung durch Pfähle,** dep. et determinatio, Gromat. vet. 244, 13: ex depalatione T. Flavi, CIL 6, 1268.

dēpālātor, ōris, *m.* (depalo), der »Abgrenzer durch Pfähle«; dah. übtr. der **Begründer,** Tert. adv. Marc. 5, 6.

dē-palmo, āre (de u. palma), **mit der flachen Hand abprügeln, abmaulschellieren,** alqm, Labeo b. Gell. 20, 1, 13 (dafür ebendas. os alcis manus palmā verberare).

1. dē-pālo, āre (de u. palo), **durch Pfähle abgrenzen,** CIL 8, 2728 u. 11, 3932: dah. **einrichten, gründen,** Tert. apol. 10, 8 u. a.

2. dē-palo, āre (de u. palam), **aufdecken, offenbaren,** Fulg. myth. 2, 10 u. a. Ps. Cypr. de Sina et Sion 11.

dē-pango, pactum, ere, in die Erde **einschlagen, einsetzen,** malleolum, Col.: quercus in scrobe depacta, Plin. – im Bild, vitae depactus terminus alte, Lucr. 2, 1087.

dē-parcus, a, um, **knauserig, filzig,** sordidos ac deparcos esse (Ggstz. praelautos vereque magnificos), Suet. Ner. 30, 1.

dē-partio, īre, **zerteile** = καταμερίζω (Gloss.), Boëth. anal. post. 2, 14.

dē-pāsco, pāvī, pāstum, ere, **abweiden,** **I** v. Hirten, **abweiden lassen, abhüten,** saltus, Ov.: luxuriem segetum, Verg.: farraginem saepius, Col.: glandem immisso pecore, ICt. – **II** v. Tieren, **abweiden, abfressen, abpflücken, verzehren,** agros, Cic.: herbas, Col.: oleam primo germinatu, Plin.: Hyblaeis apibus florem depasta salicti saepes, dessen Weidenblüten den Bienen zur Nahrung dienen, Verg.: depasta altaria (poet. = das auf dem Altar Befindliche), Verg. – übtr., depasti flammis scopuli, Sil. 12, 153: dep. luxuriem orationis stilo, mit dem Griffel beschneiden, Cic. de or. 2, 96: parcius depasta (*cod. P*[2] depavita) levibus vestigiis in viare, Solin. 2, 4 M. – Und dazu das *Deponens*

dē-pāscor, pāstus sum, pāscī, **abweiden, abfressen, verzehren,** segetes (v. Nilpferd), Plin. 8, 95: ceras (v. Schmetterling), Plin. 11, 65: hoc collectaneum (v. Menschen), Solin. 4, 5: miseros morsu artus (v. der Schlange), Verg. Aen. 2, 215. – übtr., febris depascitur artus, Verg. georg. 3, 458: d. aurea dicta tuis ex chartis, Lucr. 3, 10: nam etiam post annum istorum lignorum rogum flamma depascitur, Firm. de err. 27, 2.

dēpāstio, ōnis, *f.* (depasco), das **Abweiden, Abfressen,** Plin. 17, 237.

dēpavītus, a, um (v. ungebr. depavio), **festgeschlagen, geebnet,** depavita, Solin. 2, 4 *cod. P*[2].

dē-pecīscor, pectus sum, pecīscī (de u. paciscor), **sich ausbedingen,** u. absol. **einen Vertrag, Vergleich abschließen,** tria praedia sibi, Cic.: cum alqo partem suam (*sc.* praedae), Cic.: cum alqo, ut etc., Cic.: ad condicionem alcis (auf jmds. Vorschläge hin), Cic. – übtr., iam depecisci morte cupio, nun wünsche ich um den Tod einen Vertrag zu schließen, d. i. nun will ich gern sterben, Ter. Phorm. 166: cum enim tot (pericula) impendeant, cur non honestissimo depecisci velim? warum sollte ich mich nicht gern mit der ehrenvollsten einlassen? Cic. ad Att. 9, 7, 3. – ► Im üblen Sinne = einen schimpflichen Vertrag machen, Ulp. dig. 3, 6, 3. § 2.

dēpectio, ōnis, *f.* (depeciscor), der **Vertrag,** Cod. Theod. 2, 10, 1: Form depactio, Cassian. coll. 16, 2.

dē-pecto, pēxī, pexum, ere, **I herabkämmen,** prominentem barbam, Sen.: capillum, Gell.: crines, Ov.: crines detonso buxo, Ov.: ars depectendi, die Kunst, den Flachs zu hecheln (zu riffeln), Plin. 19, 18. – scherzh., **striegeln** = durchprügeln, Ter. heaut. 951. – **II abkämmen,** frondium canitiem, Plin.: vellera foliis (v. den Bl.) tenuia, Verg. georg. 2, 121.

dēpector, ōris, *m.* (depeciscor), der **Unterhändler,** Apul. apol. 74.

dē-pectoro, āre (de u. pectus), ein **Tier an der Brust zur Ader lassen,** equum, Pelagon. veterin. 1. p. 15 = 6 *Ihm.*

dēpecūlātio, ōnis, *f.*, die **Unterschlagung** = νοσφισμός, Gloss.

dēpecūlātor, ōris, *m.* (depeculor), der **Berauber, Plünderer,** bes. öffentlichen Eigentums, Cic. de or. 3, 106; Pis. 96: aerarii, Cic. I. Verr.. 2: depositi vidualis, Ambros. in psalm. 40, 27.

dēpecūlātus, ū (Dat.), *m.* (depeculor), das **Ausplündern,** depeculatu me meis esse habitum, Plaut. Epid. 520; vgl. Paul. ex Fest. 75, 11.

dē-pecūlo, s. dē-pecūlor ►.

dē-pecūlor, ātus sum, ārī (de und peculium; also gleichs. vom Eigentum entblößen), **ausplündern,** an etw. (bes. an einem öffentlichen Eigentum) **einen Raub** od. **einen Unterschleif begehen,** civitates, regna, domos omnium, Rhet. Her.: fana, Cic.: alqm omni argento spoliare atque d., Cic.: cur pro isto, qui laudem honoremque familiae vestrae depeculatus est, pugnas? der an dem Ruhm und an der Ehre eurer Familie (nämlich an dem von P. Scipio den Segestanern zurückgegebenen Dianae simulacrum) zum Räuber geworden ist, Cic. Verr. 4, 79. – ► Aktive Form dēpecūlo, āre, Lucil. 683 (wo archaist. Infin. Fut. akt. depeculassere, wofür Marx mit L. Müller despeculassere, Ribbeck depopulassere): u. Infin. depeculari passiv, Cael. Antip. fr. bei Prisc. 8, 19.

dēpeilo, s. dē-pilo ►.

dēpelliculor, ārī, **prellen, hintergehen,** Placid. gloss. V, 16, 22.

1. dē-pello, pulī, pulsum, ere, **I hinabtreiben,** v. Hirten, teneros (fetus) Mantuam, Verg. ecl. 1, 22. – **II herab-, hinweg-, fort-, niedertreiben, -stoßen, -werfen, vertreiben, A** eig.: **1** im Allg.: simulacra deorum depulsa, Cic.: defensores vallo munitionibusque, Caes.: oppidanos muris, Liv.: equitem dorso (v. Pferd), Hor.: in inferas partes depelli, Plin. – demoveri et depelli de loco, Cic.: aquam de agro, Cato: alqm ex urbe, Cic.: alqm a cruce, Cic.: alqm urbe (*sc.* in exsilium), verbannen, Tac.: u. so d. Italiā, Tac. – **2** insbes.: **a** als milit. *t. t.* = den Feind **aus seiner Stellung treiben, werfen, vertreiben,** hostem loco, Caes.: terrā, Nep.: barbarorum praesidia ex his regionibus, Nep. – bildl., übh. jmd. **aus seiner Stellung treiben, verdrängen,** alqm loco, Cic.: gradu, Nep. – **b** als ökon. *t. t.* = das säugende Junge von der Mutterbrust entfernen, **absetzen, entwöhnen,** gew. Tiere, alqm a matre, Varro: a mamma, Varro: ab ubere matris, Verg.: a lacte, Verg.: verb. ab ubere lacte, Hor.: auch bl. alqm, Col. u. Verg. – aber auch Kinder, infantes lacte, Suet. Tib. 44, 1. – **c** als naut. *t. t.*, zur See **abwärts treiben,** vom Kurs **abtreiben,** alqm obvii aquilones depellunt, Tac. ann. 2, 54: adversante vento portum Herculis Monoeci depelli, genötigt werden, in den Hafen des H. M. einzulaufen, Tac. hist. 3, 42. – **B** übtr.: **1 vertreiben,** famem sitimque, Cic.: morbum, Cic.: mortem fratri, Ov.: bellum ex Italia, Cic. – **2 verdrängen, abbringen, entfernen, beseitigen,** von etw. **abzustehen (abzugehen) nötigen,** etw. **aufzugeben nötigen, a** übh. alci metum, alci timorem, Cic.: turpitudinem, Cic.: suspicionem a se, Cic.: alqm de causa suscepta, Cic.: multam tam gravem Valerianis praedibus ipsique C. Mario, abwenden von usw., Cic.: ostenta a semet in capita procerum, abwälzen, Suet.: bellum ex Italia, Cic. ep.: terrores, Cic.: crimen, abweisen, Cic.: so auditiones, Tac.: omnes molestias, Cic.: itinerum atque agrorum latrocinia, abstellen, Cic.: alqd dictis, abweisen, ableugnen, Lucr.: nec depelli dictis, quin etc., abgehalten werden, Plaut.: alqm depellere nequire, quin etc., abhalten, abwehren, Tac.: di depellentes, *i.e. averrunci*, Pers. 5, 167: conviviis et epulis depulsis, aufgehoben, Treb. Poll.: a superioribus consiliis depulsus, abzustehen genötigt, Caes.: so auch a qua re depulsus, Nep.: de spe conatuque depulsus, Cic.: magnā spe depulsus, Liv.: de sententia depelli, Lact. 2, 19, 5: nos de vetere illa nostra diuturnaque sententia iam esse depulsos, Cic. ep. 1, 7, 7: nec eum patria maiestas sententiā depulerat, Liv. 23, 8, 3. – **b** insbes., jmd. von einer Tätigkeit, von einer Verwaltung, einem Amt **vertreiben, verdrängen, abzutreten nötigen, entfernen, ausschließen,** alqm de provincia, Nep.: alqm tribunatu, Cic.: alqm senatu, auszutreten nötigen, Tac.: alqm ex illa crudeli, non tribunicia actione, Cic.

2. dē-pello, āre (de u. pellis), **enthülsen, schälen,** amygdalas, Apic. 2, 53: nuces, Apic. 6, 229.

dē-pendeo, ēre, **ab-, herabhängen, I** eig.: nodo ex umeris, v. Gewand, Verg.: unci et falces ex isdem asseribus dependentes, Curt.: a cervicibus ante pectus, v. Dolch, Suet.: mea fistula dependet Fauno, hängt geweiht dem F., Calp.: malo (vom Mastbaum) dependens verberabatur, Sall. fr.: laqueo dependentem invenere, Liv.: vitis, cui aureae uvae, aurea folia dependent, Sen.: meretrix dependens collo senis,

Sen. rhet.: brachio dependente, Suet. – nec dependes nec propendes, hängst weder herab (wiegst weniger), noch vor (wiegst mehr), Plaut. asin. 305. – II übtr.: a dep. ab od. (gew.) ex alqa re u. bl. alqā re, von etw. **abhängen (abhängig sein)** = auf etw. beruhen, fides dependet a die, Ov. fast. 3, 356. – ex hoc malo dependet illud teterrimum vitium, Sen. de tranqu. anim. 12, 7 (u. so mit ex u. Abl. auch Sen. ad Marc. 18, 3 u. ep. 95, 12). – huius et augurium dependet origine verbi, auch das Wort augurium hängt (etymologisch) mit dem Stamm dieses Wortes (augustus) zusammen, Ov. fast. 1, 611. – b dep. in alqd **sich** zu etw. **neigen,** exitus semper in incertiora dependens, Sen. ad Marc. 19, 6.

dē-pendo, pendī, pēnsum, ere (urspr. abwägen, dah.) **abzahlen, bezahlen,** I eig.: mihi abiurare certius est, quam dependere, Cic.: dependendum tibi est, quod mihi pro illo spopondisti, Cic.: dep. mille drachmas pro alqo, Plaut.: pecuniam pro capite, Sen.: pro quibus nulla merces dependitur, Col. – prägn., **bezahlen** = durch Bezahlung belohnen, potioribus praecepta, Iul. Val. 1, 22 (30). – II übtr.: A im Allg.: poenas rei publicae, Cic.: omnes fere rei publicae poenas aut praesenti morte, aut turpi exsilio, Cic.: poenas capite, Iul. Val. – B prägn., **verwenden** (auf etw.), d. operam incassum, Col.: tempora amori, Lucan.: caput felicibus armis, hingeben, preisgeben, Lucan.: libertas patriae, salus omnium, *pro* quibus dependit animam, Sen.

dēpendulus, a, um (dependeo), **herabhängend,** crines cervice dependuli, Apul. met. 2, 9: alii statuis dependuli, *ibid.* 3, 2.

dēpennātus, s. dē-pinnātus.

dēpēnsio, ōnis, *f.* (dependo), die **Ausgabe,** der **Aufwand,** theatralis, Cod. Theod. 6, 4, 29: lustralis auri, Cod. Theod. 13, 1, 11.

dē-perco, ere (de u. parco), **verschonen,** angef. bei Prisc. 8, 85.

dēperditio, ōnis, *f.* (deperdo), der **Verlust,** Fulg. aet. mund. p. 155, 14 *Helm.*

dēperditus, a, um, *PAdi.* (v. deperdo), moralisch **verderbt, heillos,** Gell. 5, 1, 3.

dē-perdo, perdidī, perditum, ere, I **zugrunde richten, verderben,** sutor inopiā deperditus, d. i. gänzlich heruntergekommen, verarmt, Phaedr.: deperditus (deperdita) alcis amore, in jmd. sterblich verliebt, Suet. u. Val. Max.: u. so poet., deperditus alqā, Prop., in alqa, Catull. – II etwas **verlieren, einbüßen,** a einen Teil von einem Ganzen, paucos ex suis, Caes.: nihil sui, Caes.: aliquid (quid) summā, Hor.: apud alqm de existimatione sua, Cic.: tantum eius existimationis, ut etc., Caes.: ne quid deperdat ex significatu, Mar. Victorin. 1, 4, 33. p. 13, 14 K. – b ein Ganzes, colorem, Plin.: non solum bona, sed etiam honestatem, Cic.: linguae usum, Ov. – Das Passiv zu deperdo ist depereo, s. d.

de-peregre = peregre, Firm. math. 3, 4, 14.

dē-pereo, periī, peritūrus, īre, **zugrunde gehen, umkommen, verloren gehen, verderben,** v. Dingen, deperire in usu (v. Gerätschaften), Col.: enitere, ut scida ne qua depereat, Cic.: quā condicione pars quarta fere crediti deperibat, Suet.: m. *Dat.,* ea non debere multorum notitiae deperire, Augustin. de civ. dei 22, 8. p. 577, 24 D². – v. leb. Wesen, si servus deperisset, verlorengegangen wäre (durch Tod od. Flucht), Cic.: gens hominum vitio deperitura fuit, Ov.: bes. im Kampf, si quis eorum (militum) deperisset, Varro LL.: magna pars (illius exercitus) deperiit, Caes.: v. Tieren: intra breve tempus repente, Veget. mul.: m. *Dat.,* ut quidquid gregi deperierit ex fetibus impleatur, Paul. sent. 3, 6, 20. – Insbes., dep. amore alcis, jmd. heftig od. sterblich lieben, in jmd. sterblich verliebt sein, Liv. u. a. (s. Deder. Dict. 6, 5): so auch in alqo, Curt.: alqm (alqam), Komik., Catull., Iustin. u. Lact.: alqm amore, Fronto: alqm impotente amore, Catull.: alqam misere, Plaut.: übtr.: dep. in sapientiam, Augustin. serm. 391, 5. – ► Futur. *deperiet* (st. deperibit), Vulg. Sirach 31, 7. Greg. Tur. hist. Franc. 4, 5.

dē-petīgo, inis, *f.,* der über den ganzen Körper verbreitete **Aussatz,** die **Räude,** Cato r. r. 157 *extr.* u. Gloss.: in der Tmesis, deque petigo, Lucil. 983.

dēpetīginōsus, a, um (depetigo), **räudig,** Gloss. (wo falsch depetigiosus); vgl. Th. Prisc. 1, 12 (wo petiginosus).

dē-peto, ere, **sich ausbitten,** Tert. adv. Marc. 4, 20.

dēpictio, ōnis, *f.* (depingo), das **Abbilden, Abmalen,** die **Abbildung,** praedictorum, Boëth. art. geom. p. 405, 10 Fr.: tanquam coloribus quibusdam depictio, Boëth. in Porphyr. 2. p. 60. – als rhet. *t. t.* = characterismos (s. d.), Auct. carm. de fig. 148. p. 68 H.

dēpilātor, ōris, *m.* = *capillorum rasor,* δρωπακιστής, Gloss.

dēpilis, e (de u. pilus), **haarlos,** pueri glabri ac depiles, Varro de vit. pop. Rom. 1. fr. 25 (bei Non. 530, 25): genae dep., Apul. met. 7, 8: calvitium dep., Mart. Cap. 8. § 804.

dē-pilo, āvī, ātum, āre, **der Haare berauben, enthaaren, rupfen,** alqm, Sen. u. a.: perdicem, Apic. – übtr., dēpilātus, gerupft, d. i. beraubt, betrogen, Lucil. 845. – ► depeilassere, archaist. *Infin.* Fut., Lucil. 26, 7 *L. Mueller* (wo Marx 682 depoclassere, s. dē-pōculo).

dē-pilor, ātus, ārī (Nbf. v. depilo) = συλάω, **berauben,** nostri ›depilatus deos decumas‹ et ›deorum decumas‹, Prisc. 18, 287.

dē-pingo, pīnxī, pictum, ere, I malend **abbilden, abmalen,** A eig.: pugnam Marathoniam, Nep.: imaginem in tabula, Quint. – im Bild, depinge, ubi sistam, bezeichne das Ziel mir, wo ich Halt machen soll, Pers. 6, 79. – B übtr.: 1 mit Worten **abbilden, malen, zeichnen,** d. i. **darstellen, beschreiben,** formam verbis sibi, Plaut.: probe horum facta, Ter.: vitam huius, Cic.: alqd cogitatione, sich von etw. vermöge seiner Einbildungskraft ein Bild schaffen, Cic.: nimium depicta, d. i. allzu ängstlich abgezirkelt, allzu künstlich gruppiert, Cic. or. 39. – 2 in Gedanken **abbilden,** d. i. **sich vorstellen,** Cic. – II **bemalen,** a mit Farben, faciem purpurisso et cerussā et stibio, Hieron. epist. 108, 15: ora purpurisso et cerussā, *ibid.* 127, 3: stibio oculos, Heges. 4, 25. § 2. – b mit Fäden, **mit Stickereien versehen, sticken,** paenula depicta, Suet. Cal. 52: auro depicta chlamys, Val. Flacc. 6, 226. – ► Synk. Perf. depinxti, Plaut. Poen. 1114.

dē-pinnātus, a, um, **befiedert, beflügelt,** bildl., orationis alloquium, Varro bei Fulg. serm. ant. 11. p. 115, 10 *Helm.*

dēpīsus, a, um (de u. piso), **tüchtig** (im Mörser) **gestoßen,** concicla, Apic. 5, 204.

dē-plāco, āre, **völlig versöhnen,** hostiis eam sibi, Mythogr. Lat. 1, 231.

dē-plango, plānxī, plānctum, ere, **bejammern, beklagen,** alqm, Ov. u. a.: antiqua peccata, Hieron.

de-plāno, āvī, ātum, āre, **abebnen, eben machen,** montes, Lact. 4, 12, 18: vulnus, Veget. mul. 3, 19 u. a. – übtr., **deutlich machen, erklären,** Non. 437, 28.

dē-planto, āvī, ātum, āre, I ein Steckreis mit etw. altem Holz unten am Ende **abreißen,** virgulas de cytiso duriore, Varro. – dah. übh. **abbrechen,** ramum, Col. – II einen Schößling **einsenken, mit der Wurzel einsetzen,** Plin. Vgl. Voß Verg. georg. 2, 65. p. 281.

deplecto, s. dē-plexus.

dē-pleo, plēvī, plētum, ēre, **ausschöpfen, ausleeren,** oleum, Cato: sanguinem, Ader lassen, Plin.: so auch animal, Veget. mul.: u. equum inter coxas, Pelagon. veterin. 1. p. 15 = 6 *Ihm.*

dēplētio, ōnis, *f.* (depleo), das **Aderlassen,** Chiron 12.

dēplētūra, ae, *f.* (depleo), das **Aderlassen,** Edict. Diocl. 7, 21.

dē-plexus, a, um (*deplecto), **sich abwärts** um etwas **schlingend,** Lucr. 5, 1319.

dē-plico, āre = explico, Greg. M. moral. 8, 26.

dēplōrābilis, e, (deploro), **kläglich,** Heges. 5, 53, 1.

dēplōrābundus, a, um (deploro), **sich dem Weinen und Klagen hingebend,** Plaut. aul. 317.

dēplōrātio, ōnis, *f.* (deploro), das (**heftige**) **Beweinen, Bejammern,** haec, Sen. ep. 74, 11: nostri, Sen. ad Marc. 9, 1: ganz absol., Tert. apol. 1.

dēplōrātor, ōris, *m.* (deploro) = *deprecatur,* Augustin. serm. 83, 5.

dē-plōro, āvī, ātum, āre, I *intr.:* A **weinen und klagen,** lamentabili voce, Cic.: de alqa re, Cic. – B übtr., vom Weinstock, **stark tränen,** Pallad. 3, 30. – II *tr.:* A etwas **laut beweinen** u. **beklagen,** über etwas **wehklagen,** haec conqueri ac d., Cic.: alcis interitum, Cic.: caecitatem suam, Cic.: vitam, Cic. u. (Ggstz. deridere) Sen.: ea apud Syphacem, Liv.: multa divinitus (in prophetischer Voraussicht), Cic.:

totiens apud patronos de suis miseriis, Cic.: de istius improbitate depl. et conqueri, Cic. – prägn., **jammern, klagen** = jammernd (klagend) vorbringen, multa de Cnaeo, Cic. ad Att. 9, 18, 1: quae deplorare solebant, Cic. de sen. 7. – **B** übtr., **als verloren beklagen = an** etw. **verzweifeln,** etw. **verloren geben, aufgeben,** agros, Liv.: diem, Quint.: spem Capuae retinendae deploratam apud Poenos esse, Liv.: deploratur in perpetuum libertas, Liv.: deplorata colonis vota iacent, Ov.: deplorata tussis, verzweifelter, hartnäckiger, Plin.: v. Pers., deploratus a medicis, Plin. 7, 166: ebenso bl. deplorati, Plin. 28, 210.

dēplūmātus, a, um (de u. pluma), **entfiedert, federlos,** Isid. 12, 7, 60.

dēplūmis, e (de u. pluma), **federlos,** hirundines ... inventae iam sunt ibi nudae atque deplumes, Plin. 10, 70.

dē-pluo, pluī, ere, **herabregnen,** multus in terras depluit lapis, Tibull. 2, 5, 72.

dē-pōculo, āre (de u. poculum), verbechern = **verzechen,** Lucil. 682 *Marx* (wo archaist. Infin. Fut. depoculassere oder synk. depoclassere).

dē-polio, (īvī), ītum, īre, **abglätten, polieren,** alqd cote, Plin. 36, 188: ossucla, Apic. 2, 52. – scherzh., virgis dorsum depoliet meum, Plaut. Epid. 93.

dēpolītio, ōnis, *f.* (depolio, die sorgfältige Pflege, dah. konkret) der geschmackvolle Bau, die **reizende Besitzung,** agri depolitiones, Varro sat. Men. 589.

dēpompātio, ōnis, *f.* (depompo), die Schmuckentziehung, dah. die **Entehrung,** Hieron. adv. Ruf. 1, 31.

dē-pompo, āre, des Schmuckes berauben, dah. **entehren,** Hieron. in Nahum c. 3.

dē-pondero, āre, **durch sein Gewicht niederdrücken,** Petron. poët. fr. 26 (36), 3. Augustin. serm. 344, 3 *extr.*

dēpōnēns, entis, *n.* (depono), verst. verbum, das **Deponens** (gramm. *t. t.*), Charis. 168, 29 u. a. Gramm.

dē-pōno, posuī, positum, ere, **ab-, herab-, niederstellen, -setzen, -legen, I** im Allg.: **1** eig.: caput, Plaut.: caput terrae, Ov.: mentum in gremio alcis, Cic.: inter genua sua caput, Apul.: latus sub lauru, Hor., u. corpora sub ramis arboris altae, Verg.: in acie tertio ordine extremis subsidio deponi, v. den Triariern, Varro LL.: d. coronam in aram, Liv.: bl. coronam, Liv.: lecticam, Liv. fr. u. Suet.: onus, Cic.: onera iumentis, Caes.: arma, niederlegen, v. Besiegten, Caes., ablegen, v. Soldaten, Liv.: personam accusatoris (bildl.), Cic.: puerum, v. Rücken absetzen (Ggstz. subire, aufhocken), Plin. ep.: uxorem et liberos, absetzen (vom Wagen), absteigen lassen, Flor.: homines funibus, an S. herablassen, Veget. mil.: cadaver regis de cruce, vom Kr. abnehmen, Vulg.: librum de manibus, Cic.: soleas, Mart.: ungues et capillos, Petron.: comas, abschneiden, Mart.: vela, einziehen, Sil. – malleolum in terram, setzen, pflanzen, Col.: so auch semina sulco, Col.: u. plantam in hortis, Ov. – exercitum in terram, aussetzen (gew. *exponere*), Iustin.: u. so legiones, Auct. b. Afr. – alqm per fenestram, aus dem Zimmer schaffen, Vulg. 1. regg. 19, 22. – dep. spiritum, anhalten, Quint. – poet., **ablegen = gebären,** alqam, Catull.; vgl. onus naturae, Phaedr.: fetus in eius tugurio, Phaedr. u. **einsetzen** als Kampfpreis, vitulam, Verg. ecl. 3, 31. – scherzh., deponere alqm vino, jmd. zu Boden-, niedertrinken, unter den Tisch trinken, Plaut. aul. 575. – prägn., et Chattos saltus suus Hercynius prosequitur simul atque deponit, setzt sie in die Ebene (verlässt sie in der Ebene), Tac. Germ. 30, 1. – **2** übtr.: **a ablegen, unterlassen, fahren lassen, aufgeben,** einer Sache **sich entschlagen, auf** etw. **verzichten, Verzicht leisten,** etw. **verlieren, endigen,** amicitias, simultates, Cic.: gloriam, Cic.: spem, Hor.: prius animam quam id (odium erga Romanos), Nep.: opinionem, Cic.: bellum, Liv. u. Ov., Ggstz. incipere, Sall., od. Ggstz. coepisse, Liv.: aedificationem, Cic.: adeundae Syriae consilium, Cic.: reparandae classis cogitationem, Auct. b. Alex.: totam gloriam abicere atque deponere, Caes.: in alcis sermone et suavitate omnes curas doloresque, Cic.: molestias, Cic.: ineptias istas et desideria urbis, Cic.: memoriam alcis rei, Cic., od. alqd ex memoria, Cic., vergessen: sitim, stillen, Ov.: animam, den Geist aufgeben, Nep.: sermonem, sinken lassen (Ggstz. sustinere et quasi suspendere), Quint. – **b** ein Amt **niederlegen,** tutelam, Liv.: magistratum, Caes.: imperium (Ggstz. imp. obtinere), Cic. – **c** ein Amt, eine Ehre **ausschlagen, ablehnen,** auf etwas **verzichten,** provinciam, Cic.: triumphum, Liv. – **II** insbes.: **A** zur Sicherheit, zur Aufbewahrung, als anvertrautes Gut **niederlegen, in Verwahrung geben, sicher unterbringen, deponieren** (s. Fritzsche Hor. sat. 2, 3, 109), **1** eig.: **a** übh.: testamentum depositum apud Virgines Vestales, Suet.: pecuniam apud alqm, Cic.: in Cilicia apud Solos in delubro pecuniam, Cic.: pecuniam ad Phacum (in Ph.), Liv.: amphoras in templo Dianae, Nep.: Corinthum, ut ibi obsides deponerentur, convenitur, Liv.: obsides apud eos, Caes.: liberos, uxores suaque omnia in silvis, Caes.: ad saucios deponendos adire Apolloniam, Caes.: in deposito habere, ICt.: u. pro deposito esse apud alqm, ICt. – **b** ein Kapital als Darlehen **sicher unterbringen, sicher anlegen,** habere in Africa trecenties HS fundis nominibusque depositum, Petron. 117, 8. – **2** übtr., zur Bewahrung **niederlegen, anvertrauen, übergeben,** eas (pecunias) in publica fide, Liv.: ius populi Romani in vestra fide ac religione depono, Cic.: in quo omnes sollicitudines meas deposui, in dessen Herz ich ausgeschüttet habe, Sen.: depono hoc apud te, Sen.: quae rimosa bene deponuntur in aure, Hor.: tutis auribus, Hor. – **B** (weil man im Sterben Liegende vom Bett auf die Erde zu legen pflegte) meton. depositus = im **Sterben liegend** u. **schon aufgegeben,** dah. auch **verstorben,** Acc. tr. 74. Caecil. com. 121. Verg. Aen. 12, 395. Ov. trist. 3, 3, 40 u. a.: subst., depositus meus, Petron. 133, 4: übtr., maxime aegra et prope deposita rei publicae pars, aufgegeben, rettungslos verloren, Cic. II. Verr.. 1, 5. – **C** ein Gebäude usw. **niederlegen = niederreißen, umwerfen, abtragen, zerstören,** aedificium, ICt.: statuas alcis, Spart.: deposita arx, Stat. – **D** als spät. publ. *t. t.*, jmd. **absetzen, seines Amtes entsetzen,** Augustin. de gest. cum Emerito § 9. Greg. ep. 11, 47 u. 12, 31. Leo epist. 98, 2. – **E** als gramm. *t. t.*, dēpōnēns, entis, *n.* (verst. verbum), das **Deponens,** Gramm. – ► Ungew. *Perf.* deposivi, Plaut. Curc. 536 u. ö. Catull. 34, 8: deposierunt, CIL 1, 1009, 15: *Infin. Perf.* deposisse, Verg. catal. 8, 16: synk. *Partic.* depostus, Lucil. 105.

dēpontānī senes appellabantur, qui sexagenarii de ponte deiciebantur, Paul. ex Fest. 75, 7.

dēponto, āre (de u. pons), **von der Brücke stürzen,** Varro sat. Men. 493.

dēpopulātio, ōnis, *f.* (depopulor), die **völlige Verheerung, Verwüstung, Ausplünderung,** im Sing. u. Plur. absol., Cic. u. a. – mit subj. *Genet.*, Thraecum adventus ac dep., Cic. Font. 44: Tiberini fluminis igniumque illa dep., Augustin. de civ. dei 3, 31. – m. obj. *Genet.*, praediorum, Cic.: aedium sacrarum publicorumque operum, Cic.

dēpopulātor, ōris, *m.* (depopulor), der **Verheerer, Verwüster,** Caecil. com. 191. Cic. de dom. 13. Vulg. Isai. 21, 2: übtr., matrimoniorum dep., Cypr. epist. 59, 1.

dēpopulātrīx, trīcis, *f.* (Femin. zu depopulator), die **Verheererin, Verwüsterin,** d. generis humani luxuria, Cassiod. var. 11, 3, 5.

dēpopulo, āvī, āre, s. dē-populor ►.

dē-populor, ātus sum, ārī, **völlig verheeren, verwüsten, ab-, ausplündern,** agros, Cic.: fines, Caes.: Teiorum agrum, Liv.: eam regionem, Caes. – hereditates, verzehren, durchbringen, ICt.: omne mortalium genus, unter allen Menschenklassen Verheerungen anrichten (v. einer Pest), Tac.: u. so Atheniensium civitatem internecivo morbi genere (v. der Pest), entvölkern, Gell. – ► Aktive Nbf. dēpopulo, āvī, āre, z. B. agros, Enn. scen. 369: macellum, Caecil. com. 13: agros provinciamque vestram, Auct. b. Hisp. 42, 6: greges, Val. Flacc. 6, 532. – Passiv depopulabitur, Lact. de ira dei 16, 8: est depopulatus, Liv. 5, 24, 2: depopulata est, Liv. 37, 4, 6: u. so oft Partiz. Perf. depopulatus passiv, z. B. depopulatis agris, Caes.: late depopulato agro, Liv.: depopulatā Parthiā, Iustin.

dēportātio, ōnis, *f.* (deporto), **I** das **Wegtragen,** meton. = **die entwendete Tracht** (Oliven), Plur. bei Cato r. r. 144, 3. – **II** insbes., **die lebenslängliche Verbannung, Deportation,** ICt.

dēportātor, ōris, *m.* (deporto), **der Träger**, Cassiod. Ios. antiqu. 14, 24.

dēportātōrius, a, um (deporto), **zum Fortschaffen bestimmt**, onus, Cod. Iust. 21, 47, 1.

dē-porto, āvī, ātum, āre, **herab-, fort-, davon-, wegtragen, -bringen, -schaffen, hinbringen, hinschaffen, I** im Allg.: **a** v. Pers. u. Schiffen: ligna et oleum de fundo, Cato: a Munda materiem illo (dahin), Auct. b. Hisp.: corpus a Nola Bovillas usque, Suet.: sacra Isidis Romam, Spart.: decumas ad aquam, Cic.: in castra frumentum, Caes.: ossa eius in Cappadociam ad matrem, Nep.: per vicos deportari (v. einer Person), Suet.: Pleminium legatum vinctum Romam, Liv.: saucios suos iubet in plostris deligatos (nachdem sie verbunden worden) Adrumetum deportari, Auct. b. Afr.: quae (naves) priorem partem exercitus eo deportaverant, Caes.: alqd alio, Plin.: m. bl. *Acc.*, fugitivum, Lucil.: pantheras, Cic.: Tertiam secum (aus der Stadt an das Gestade), Cic.: omnia sua (zu Schiff), Caes.: solacia suis pro auxiliis, heimbringen, Iustin. – **b** v. Flüssen, **mit sich führen,** Indus magnam vim seminum secum frumenti similium dicitur deportare, Cic. de nat. deor. 2, 130: infestatur (Elymais) et serpentibus, quos flumina deportant, Plin. 6, 136 D. – **c** v. a. Ggstdn.: quoniam (oleum) mitiget naturam asperam (maris) lucemque deportet, und Licht hinterlässt, Plin. 2, 234. – **II** insbes., als publiz. *t. t.*, **A** aus der Provinz od. aus einem eroberten Land etw. **mit her-** od. **herüberbringen, mit nach Hause nehmen, -bringen, heimführen, heimbringen,** victorem exercitum, Cic.: exercitum e Graecia, Liv.: aliud nihil ex tanta praeda domum suam, Cic.: eos testes deduxi (herübergeführt) et eas litteras deportavi (mit herübergebracht), ut etc., Cic.: cedo tabulas! non deportavi, Cic.: dep. ex Sicilia litteras in Verrem, Cic. – triumphum, Cic. de off. 1, 78: gloriam ex illis gentibus, Curt.: nihil aliud de hac provincia nisi illius benevolentiam, Cic.: nihil ex ista provincia quod iucundius sit, Cic.: cognomen Athenis, Cic. – **B** jmd. lebenslänglich auf eine entlegene u. wüste Insel **verbannen, deportieren** (wobei Verlust des Bürgerrechts, des Vermögens u. des Rechtes, ein Testament zu machen; das alles behält der relegatus, vgl. Ulp. dig. 48, 22, 7 [§ 2 *sq.*] u. 14), in insulam Amorgum deportari, Tac.: Italiā, Tac.: deportatum esse crimine maiestatis, Capit.: rei deportati, Quint.

dē-pōsco, popōscī, ere, abfordern, herfordern = **mit Ungestüm** auf etw. **dringen,** etw. **als ein Recht fordern,** im guten Sinne = **dringend fordern, dringend um** etw. **bitten, I** im Allg.: disceptatorem non modo non recuso, sed deposco, bitte dringend darum, Cic.: unum ad id bellum imperatorem d. atque expetere, Cic.: pugnam, Suet.: caedem alcis, Suet.: poenam in se ultro, Suet.: votis deposcere poenam, d. i. dringend wünschen, Lucan.: omnibus pollicitationibus ac praemiis deposcunt, qui vindicent etc., fordern dringend auf, Caes.: übtr., v. Lebl., nam talia loca lentos deposcunt (erfordern) calamos, Ov. hal. 86. – **II** insbes.: **A** die Verrichtung eines Amtes, Ausführung eines Geschäftes **ausdrücklich für sich verlangen, sich ausbedingen,** sibi id muneris, Caes.: consulatum sibi, Suet.: sibi partes istas, Cic.: sibi has urbanas insidias caedis atque incendiorum, Cic.: asperrima ad laborem, Liv.: familia Fabiorum id bellum gerendum depoposcit, Liv. epit. – **B** einen **herausfordern, 1 abfordern, die Auslieferung** jmds. **verlangen,** um ihn zur Verantwortung zu ziehen, auctorem culpae, Liv.: ad Cloeliam obsidem deposcendam, Liv.: Hannibalem, Liv.: auch mit dem Zusatz alqm in poenam, Liv., ad supplicium, Hirt. b. G.: alqm ad mortem, Caes.: alqm morti, Tac.: dah. bl. deposcere alqm, auf jmds. **Bestrafung dringen,** talia ausum, Ov. met. 1, 200: u. auf jmds. **Tod dringen,** jmds. **Untergang verlangen,** altera me deposcere putabatur, Cic. post red. in sen. 33. – **2** als *t. t.* der Fechtersprache = jmd. im Kampf **herausfordern, sich zum Gegner nehmen,** alqm sibi, Liv. 2, 49, 2: Persen simul et Minyas hostes, Val. Flacc. 5, 634.

dēpositārius, iī, *m.* (depono), **I der, bei dem etwas niedergelegt wird,** ICt. – **II der etwas niederlegt, zur Verwahrung gibt,** ICt.

dēpositio, ōnis, *f.* (depono), das **Nieder-, Ablegen, I** eig.: **a** das **Niederlegen** = Ablegen, armorum, Chalcid. Tim. 169. – **b** das **Niederlegen** zum Aufheben, absol., ICt.: pecuniae, Veget. mil. 2, 20 u. ICt. – **c** das **Niederlegen** = **Einreißen,** aedificii, Ulp. dig. 4, 2, 9. § 2. – **II** übtr.: **a** das **Ablegen, Von-sich-Legen,** carnis sordium, Augustin. serm. 106, 1. – **b** d. testium, die Zeugenaussage, Cod. Iust. 2, 43, 3. – **c** d. dignitatis, Erniedrigung, Degradation, Ulp. dig. 48, 19, 8 *in.* – **d** als rhet. u. gramm. *t. t.* = das **Absetzen** am Schluss einer Periode, Quint. 11, 3, 46. – u. = die **Senkung** (griech. θέσις), temporis, soni, vocis, Ggstz. elatio, sublatio, elevatio (griech. ἄρσις), Mar. Vict. art. gr. 1, 9, 3. p. 40, 16 K. Fortunat. art. 2, 4. p. 280, 10 K. Mart. Cap. 9. § 974. – **e die Absetzung** jmds., **die Amtsentsetzung,** Greg. M. epist. 11, 47 u. 12, 31; vgl. ipsius a statu solito dep., Firm. math. 3, 15, 8. – **f** das **Hinscheiden** aus dem Leben, Cassian. coll. 19, 1.

dēpositīvus, a, um (depono), **a** zur Aufbewahrung **niedergelegt, versteckt,** pecunia, Cassiod. var. 6, 8, 6. – **b** als gramm. *t. t.*, verba dep., ungewisse, Diom. 337, 14.

dēpositor, ōris, *m.* (depono), **I** der **Niederleger in Verwahrung,** Ulp. dig. 16, 3, 1. § 37. – **II** der **Vernichter,** patris, Leugner, Prud. apoth. 179.

dēpositōrium, iī, *n.* (depono), der **Aufbewahrungsort,** Iren. 3, 4, 1.

dēpostulātor, ōris, *m.* (depostulo), **der Herausforderer, Abforderer** (zur Bestrafung, Marter usw.), Tert. apol. 35.

dē-postulo, āre, **dringend fordern, -erbitten,** sibi auxilia, Auct. b. Hisp. 1. § 5: sibi martyria, Tert. Scorp. 7: mit folg. *Infin.*, Tert. de res. carn 34: mit folg. ut u. Konj., post haec depostulo ut etc., Symm. ep. 9, 52. – insbes., jmds. **Bestrafung oder Tod verlangen,** Danielem, Tert. Scorp. 8.

dē-pōto, āre = potare, Solin. 23, 4.

dēpraedātio, ōnis, *f.* (depraedor), die **Ausplünderung,** Eccl. u. spät. ICt.

dēpraedātor, ōris, *m.* (depraedor), der **Ausplünderer,** Augustin. epist. 262, 5 u. a. Edict. Diocl. prooem. sect. 2. § 4. Not. Tir. 92, 23[a].

dē-praedor, ātus sum, ārī, **ausplündern,** totius Macedoniae agros, Iustin. 24, 6, 3: omnem illam regionem, Apul. met. 8, 29: civitatem, Vulg. 1. Mach. 6, 3: hominem, Augustin. in psalm. 38, 11. – ► Aktive Nbf. Perf. depraedavit, Iordan. Get. 53. § 273: depraedaverunt, Ambros. de fide 2, 4 (3), 36 (dreimal). – *Partic. Perf.* passiv, agri depraedati, Dict. 2, 16.

dēpraesentiārum, *Adv.* (gebildet wie impraesentiarum), **gleich jetzt,** Petron. 58, 3; 74, 17.

dē-praesento, āre (de u. praesens), **bar entrichten,** diu tractum debitum, Chalcid. Tim. 159.

dēprāns, prandis (de u. prandeo), **noch nüchtern,** leo, Naev. com. 20.

dēprāvātē, *Adv.* (depravo), **verkehrt, unrichtig,** de quibus neque depravate iudicant neque corrupte, Cic. de fin. 1. 71.

dēprāvātio, ōnis, *f.* (depravo), die **Verdrehung, Verzerrung, Entstellung, Verunstaltung, Verhunzung, I** eig.: distortio et depravatio quaedam, Cic.: oris, Grimassen, Cic.: Plur., manuum, articulorum depravationes, Sen. ep. 24, 16. – **II** übtr.: verbi, Cic.: d. et foeditas turpificati animi, Cic. de off. 3, 105.

dēprāvātor, ōris, *m.* (depravo), **der Entsteller, Verderber,** Eccl.

dē-prāvo, āvī, ātum, āre (de u. pravus), **I** eig., **verdrehen, verzerren, entstellen, verunstalten** (Ggstz. dirigere, corrigere), oculos, Plin.: se, Sen.: depravata corrigere crura, Varro LL.: quaedam contra naturam depravata habere, Cic.: vetustas pauca non depravat, multa tollit, Varro LL.: arbores, quas aliqua depravavit causa, Sen.: depravata facies, Sen.: depravari in malum, Sen. ep.: depravata imitatio, Karikatur, Cic. – **II** übtr., **entstellen, verderben, verführen,** verb. corrumpere ac depravare (vgl. Ruhnken Vell. 2, 60, 4. Schwarz Plin. pan. 53, 1), sensus, Cic.: inania verba in hos modos, Quint.: consuetudo depravata (Ggstz. recta), Varro LL.: mores alqā re, Cic.: plebem consiliis, Liv.: puerum indulgentiā, Cic. – ► Parag. Infin. depravarier, Ter. Phorm. 697.

dēprecābilis, e (deprecor), **erbittlich,** Vulg. psalm. 89, 13.

dēprecābundus, a, um (deprecor), **sich aufs Bitten legend,** Tac. ann. 15, 53.

dēprecātio, ōnis, *f.* (deprecor), **I** das **bittende Abwehren, -Abwenden, Deprezieren, die Fürbitte,** Cic., Quint. u. a.: periculi, Cic.: pro illis, Curt.: pro fratre, Rutil. Lup.: mit subj. *Genet.*, aequitatis, billige Fürbitte, Cic. – in der Religionssprache **die Verwünschung,** Petron. 18, 1: dirae deprecationes, Plin. 28, 19: deorum, Anrufung der Götter (bei einer Beteuerung) unter Verwünschungen, Cic. Rosc. com. 46. – **II die Bitte um Entschuldigung, um Gnade, um Verzeihung** wegen eines begangenen Unrechts, **die Abbitte,** facti, Cic.: inertiae, Hirt. b. G.: quae deprecatio (Gnadenweg) est ei reliqua, qui etc., Liv. – als rhet. *t. t.*, Rhet. Her., Cic. u. a.

dēprecātiuncula, ae, *f.* (*Demin.* v. deprecatio), **kleine Abbitte,** Plur. bei Salv. adv. avar. 3, 2.

dēprecātīvus, a, um (deprecor), **zur Abbitte (Entschuldigung) geeignet,** qualitas, Mart. Cap. 5. § 457: venia (= deprecatio *no.* II), Fortunat. art. rhet. 1, 16: sententiae, Isid. 2, 21, 18.

dēprecātor, ōris, *m.* (deprecor), der fürbittende **Abwender, der Fürbitter, Fürsprecher, Vermittler,** miseriarum, huius periculi, Cic.: causae suae, Tac.: sui, Cic.: domini, beim Herrn, Augustin.: praebere se deprecatorem pro alcis periculo, Cic.: eo deprecatore, auf seine Fürsprache, Caes.: uti deprecatoribus Remis, Caes.

dēprecātōrius, a, um (deprecator), **fürbittend,** verba, Vulg. Mach. 1, 10, 24.

dēprecātrīx, trīcis, *f.* (Femin. zu deprecator), die **Fürbitterin,** Tert. adv. Marc. 4, 12.

dēpreciātor, s. dēpretiātor.

dēprecio, s. dēpretio.

dē-precor, ātus sum, ārī, **I** jmd. **angelegentlich-, dringend-, inständig-, flehentlich** (um etwas) **bitten, zu** jmd. **flehen, bei** jmd. **Fürbitte einlegen** (vgl. Gell. 6, 16, 3. Lennep Ov. her. 16, 170), **A** im Allg.: **a** alqm, Cic.: numina versu, Petron. – m. folg *ut* u. Konj., dispensatorem deprecari, ut servo poenam remitteret, Petron. 30, 9: deprecabatur eum, ut imponat illi manum, Vulg. Marc. 7, 32: m. folg. bl. Konj., deprecatus est eum, cum ad superos redisset, sepulturae traderet, Hyg. fab. 125. – m. folg. *ne* u. Konj., deprecari patres, ne festinarent, Liv.: in hoc te deprecor, ne etc., Cael. in Cic. ep.: u. non depr. m. folg. *quominus* u. Konj., neque illum se deprecari, quominus pergat, Liv. 3, 9, 10. – **b** alqd, um etw. **bitten, flehen,** etw. **erbitten, erflehen** (s. Bünem. Lact. 5, 17, 23), pacem, Cic.: paucos dies exsolvendo donativo, Tac.: misericordiam, Lact. – m. folg. *ut* u. Konj., inspectante ipso Caesare et a militibus deprecante, eis uti parcerent, Auct. b. Afr. 85, 10: quin etiam deprecatus esse dicitur, ut se tertium in amicitiam reciperent, Lact. 5, 17, 23. – m. folg. *ne* u. Konj., unum petere ac deprecari, ne etc., Caes.: primum deprecor, ne me tamquam philosophum putetis scholam aliquam vobis explicaturum, Cic.: deprecor, ne me tantā iniuriā dignum iudicetis, Liv.: quamquam uxor diu, ne ab aegro divelleretur, deprecata est, Iustin.: u. m. *Dat.* der Person, für die man Fürbitte einlegt, d. seni, ne vapulet, Plaut.: non depr., m. folg. *quin* u. Konj., nec deprecor iam, quin gravedinem et tussim non mihi, sed ipsi Sestio ferat frigus, Catull. 44, 18: nihilum deprecans, quin privatus iterum in se saeviret, Liv. 3, 58, 8: nec deprecor, quin sic existimetis, Apul. flor. 9. p. 9, 20 Kr. – m. folg. *Infin.*, nec deprecor umbram accipere, Stat. Theb. 8, 116: non deprecor hosti servari, Lucan. 9, 213. – m. folg. *Acc.* u. *Infin.* = **dringend bitten,** lumen oculorum divinitus sibi servari deprecatur, Augustin. de doctr. Chr. prol. § 3: u. = als Entschuldigung **anführen,** errasse regem, Sall. Iug. 104, 4. – **c** alqd od. alqm ab alqo, etwas od. jmd. (von einem) **erflehen = um Schonung-, um Gnade bitten, -flehen** für usw., multorum vitam ab alqo, Cic.: vitam sibi, Auct. b. Afr. vitam alcis per (bei) ubera materna, Iustin. – civem a civibus, Cic.: te assiduae lacrimae C. Marcelli, fratris optimi, deprecantur, Cic.; vgl. Garatoni Cic. Flacc. 11, 24. – **d** absol. = **Fürbitte einlegen, um Gnade-, um Schonung-, um Verzeihung bitten, -flehen, sich aufs Bitten legen,** Cic. u. a.: pro alqo, Cic. u. Suet.: pro se, um Pardon bitten, Vell.: erit isdem aequitatis sententiis *contra* verborum acerbitatem deprecandum, Cic. part. or. 137. – **B** in der Religionsspr.: **a verwünschend aussprechen,** diras devotiones in alqm, Apul. met. 9, 23. – **b** übtr., **Verwünschungen aussprechen** gegen jmd., jmd. **verwünschen,** alqm, Catull. 92, 3; vgl. Gell. 7 (6), 16, 5. – **C** für jmd. etw. **erbitten** = jmdm. etw. **anwünschen,** Pyrrho et Samnitibus eam sapientiam, Val. Max. 4, 3, 6. – **II** »wegbitten« = **durch Bitten** u. dgl. etw. **abzuwenden suchen, -abwehren, -von sich ablenken** od. **abwälzen, um Entlassung** od. **Erlösung** von etw. **bitten** (vgl. Gell. 6, 16, 5 *sqq.* Nep. Att. 12, 2. Ruhnken Rutil. Lup. 1, 7), **a** alqd: mortem, Caes. u. a.: non mortem neque aerumnas, Sall.: periculum, Caes.: poenam, Liv.: iram senatus, durch gute Worte den Unwillen des Senats besänftigen, Liv. – iustam patriae querimoniam a se detestari ac deprecari, Cic.: praecipiendi munus, sich verbitten, bittend-, höflich ablehnen, Quint. – zuw. depr., bes. in zusammengezogenen Sätzen, in der Bed. von I u. II zus., s. Drak. Liv. 40, 15, 8. Iustin. 11, 9, 4. – **b** deprecor alqm alqā re, ich bitte weg von usw. = wehre (halte) ab, lecto te solum, lecto te deprecor, nur mein Bett, mein Bett nur allein darfst du nicht berühren, Prop. 2, 34, 17. – ► *Partic. Perf.* passiv, deprecatum numen, gebetene, Apul. met. 11, 25: deprecatus a patre, flehentlich gebeten, Commodian. apol. 639: aber deprecatum bellum, durch Bitten abgewendeter, Iustin. 8, 5, 4. – Aktive Nbf., orabunt, deprecabunt in hac domo, Itala 3. regg. 8, 23 bei Augustin. specul. 23 *ed. Mai.*

dē-prehendo u. **dē-prēndo,** prehendī (prēndī), prehēnsum (prēnsum), ere, **ergreifen, festhalten, fangen, auffangen, wegnehmen, I** eig.: **A** im Allg.: **a** v. Menschen, tabellarios d. litterasque intercipere, Cic.: litteras, Liv.: naves, wegnehmen, aufbringen, Caes. – **b** v. Sturm, ein Schiff **ereilen,** u. im Passiv v. Schiffen und Seefahrern, vom Sturm **ereilt werden,** Verg., Ov., Curt. u. a.; vgl. Verg. Aen. 5, 52. Bentley Hor. carm. 1, 14, 10. – **B überraschen, ertappen, antreffen** (wobei ein Streben, eine Absicht des Suchenden vorausgesetzt wird), bes. bei etwas Unrechtem, alqm in adulterio, Cic.: so auch venenum, Cic.: gladios, Liv.: alqm occisum, jmd. ermordet finden (den man noch am Leben glaubte), Suet. – m. *Genet.* des Verbrechens, doli ego deprensus sum, Plaut. Bacch. 950. – **II** übtr.: **A** im Allg.: puer deprende patrem, erreiche nacheifernd, Stat. silv. 4, 4, 74. – **B** insbes.: **1** geistig **finden, erfassen, erkennen, wahrnehmen, bemerken,** res magnas saepe in minimis rebus, Cic.: Pollio deprehendit in Livio Patavinitatem, Quint.: id in iure facile deprehenditur, Quint.: species vero prudentius intuenti diversas esse facile est deprehendere, Quint.: quod in epistulis Augusti deprehenditur, Quint. – im Passiv mit dopp. *Nom.* = befunden werden, sich ausweisen als usw., si me stultior ipso deprenderis, Hor. sat. 2, 7, 43: m. folg. *Acc.* u. *Infin.*, iam eos deprehendes initiasse ritus omnium religionum, Min. Fel. 7, 2. – **2** Passiv deprehendi, **überrascht-, in die Enge getrieben werden,** se deprehensum negare non potuisse, Cic.: testes deprehensi (Ggstz. firmi et interriti), Quint.: non ex praeparato locutus est, sed subito deprehensus (überrascht), Sen. ep. 11, 1.

dēprehēnsibilis, e (deprehendo), **ergreifbar,** Greg. M. moral. 2, 63.

dēprehēnsio, ōnis, *f.* (deprehendo), das **Ertappen, Antreffen, Finden,** einer Person, ICt. – u. das **Vorfinden, Antreffen** einer Sache, manifesta veneni depr., offenbare Entdeckung, Cic. Clu. 50.

dē-prēndo, s. dē-prehendo.

dēprēnsa, ae, *f.* (deprendo), die Strafe für auf der Tat ertappte Verbrechen, Paul. ex Fest. 71, 17.

dēpressē, *Adv.*, nur im Kompar. depressius, s. d.

dēpressio, ōnis, *f.* (deprimo), das **Niederdrücken, Niedersenken, Einsenken,** fundamentorum, das Tieflegen, Vitr. 1, 3, 2: Socratica nasi, d. i. Stumpfnasigkeit, Plattnasigkeit, griech. σιμότης (Ggstz. curva erectio, die Habichtsnasigkeit, griech. γρυπότης), Macr. sat. 7, 3, 11.

dēpressius, *Adv. compar.* (depressus), **tiefer,** aestivos specus fodere, Sen. ad Helv. 8, 3 (2): pastinare solum, Col. 11, 3, 10.

1. dēpressus, a, um, *PAdi.* m. *Compar.* u. *Superl.* (v. deprimo), **I gesenkt, niedrig, niedrig gelegen** (Ggstz. elatus, excelsus), **A** eig., von Örtl.: domus, Cic.: convallis, Verg.: locus (Ggstz. collis), Frontin.: aquaeductus depressior, Plin. ep.: instabilis (libra) natat alterno depressior orbe, Tibull.: subst., modo in *elatiora* modo in *depressiora* (tiefer gelegenen Stellen) clivi obliquum agi sulcum oportebit, Col. 2, 4, 10. – **B** übtr., von der Rede, **niedrig,** subst., non sunt illa depressa, sed plana, sein Vortrag gleicht nicht einem Tal, sondern einer Ebene, Sen.: excelsa depressis mutabant, Plin. ep. – **II gedrückt, gedämpft,** vox maxime sedata et depressa, Rhet. Her.: voce quam sedatissimā et depressissimā uti, Rhet. Her.

2. dēpressus, ūs, *m.* (deprimo) = συνοχή, Auct. de idiom. gen. IV, 574, 22 K. u. Gloss.

dēpretiātor, ōris, *m.* (depretio), der **Herabwürdiger,** Tert. adv. Marc. 4, 29.

dēpretio, āvī, ātum, āre (de u. pretium), **an Wert verringern, herabwürdigen, geringschätzen** (vgl. Isid. 10, 75), ICt. u. Eccl.

dē-primo, pressī, pressum, ere (de u. premo), **herab-, niederdrücken, -senken, eindrücken, einsenken, I** eig.: **A** im Allg.: lanx in libra ponderibus impositis deprimitur, Cic.: deprimi in tenebras, Cic. fr.: deprimi in ludum, gedrängt werden, Asin. Poll. in Cic. ep.: altero ad frontem sublato, altero ad mentum depresso supercilio, Cic.: depresso aratro (*sc.* in terram), Verg.: depressus (gebeugt) et oneratus auro, Rhet. Her.: est enim animus caelestis *ex* altissimo domicilio depressus et quasi demersus *in* terram, Cic.: figere in terram oculos et depr., die Blicke niederwärts zur Erde heften, Sen. – **B** insbes.: **1** eine Pflanze, einen Bau u. dgl. tief in die Erde **einsenken, vertiefen, nach der Tiefe führen, tief graben,** vites in terram, Cato: deprimi in propagines (vom Wein), Plin.: plantas, Col. – saxum in mirandam altitudinem depressum, Cic.: locus circiter duodecim pedes humi depressus, Sall.: puteum, Vitr.: fossam, Hirt. b. G.: navigabilem fossam ab lacu Averno usque ad ostia Tiberina, Tac. – **2** als naut. *t. t.* = ein Schiff **versenken, in den Grund bohren,** naves, Caes.: classem, Cic. – **3** die Stimme **sinken lassen, dämpfen** (Ggstz. per gradus et certos modos extollere), vocem, Sen. ep. 15, 7. – **II** übtr.: **A** im Allg., **niederdrücken, niederhalten, unterdrücken** (Ggstz. extollere), fortunam meam, Cic.: animos, Lucr. u. Plin. pan.: veritatem, Cic.: opes illius civitatis comminuere deprimereque, Cic.: ingenium et virtutem deprimere exstinguereque, Cic.: hostem, Liv.: preces alcis taciturnā obstinatione, Nep.: alios nimium depr. (Ggstz. alios praeter modum extollere), Liv. 37, 53, 6. – **B** insbes., mit Worten **herabsetzen,** adversariorum causam per contemptionem depr. (Ggstz. nostram causam laudando tollere od. extollere), Rhet. Her. 1, 8. Cic. de inv. 1, 22.

dē-proelior, ārī, **ein Treffen durchkämpfen,** venti aequore fervido (auf brausender Meeresflut) deproeliantes (mit Macht ankämpfend), Hor. carm. 1, 9, 11.

dē-prōmo, prōmpsī, prōmptum, ere, **hervor-** oder **herablangen, -nehmen, -holen, -bringen, herschaffen,** pecuniam ex aerario, Cic.: vinum de cuppa, Augustin.: Caecubum cellis avitis, Hor.: pyxidem arculā, Apul.: venenum sinu (aus dem B.), Tac.: sagittam pharetrā, Verg.: libros (ex bibliotheca alcis), holen, Cic. – übtr., **entnehmen, entlehnen,** orationem ex iure civili, Cic.: de iure, Cic.: vel a peritis vel de libris, Cic.: verba domo patroni, Cic.: aliena vitia, Nazar. pan.: illa deprome nobis, unde afferas etc., gib zum Besten, Cic.

dē-propero, āre, **I** *intr.* **sich beeilen,** ite et cito deproperate, Plaut. Cas. 745. – **II** *tr.* **sich mit** etwas **beeilen,** etwas **schleunigst besorgen,** coronas udo apio, mit emsiger Eile flechten, Hor.: miserabile humandi munus, Sil. – mit folg. *Infin.*, deproperant sedulo sacruficare, Plaut.: alqd cantare, Mart. Cap. – ► arch. depon. Nebenform deproperor, nach Prisc. 8, 24.

dēproperus, a, um (depropero), **sich beeilend, in Eile,** Cod. Theod. 7, 1, 13.

dēpropinquat, Not. Tir. 63, 57ᵃ.

depropitiātio, ōnis, *f.* (depropitio) = ἐξιλασμός, **die Versöhnung, Aussöhnung,** Augustin. quaest. in heptat. 2, 133.

dē-propitio, āre = ἐξιλάσκομαι, **günstig stimmen, versöhnen, aussöhnen,** Vulg. interpr. bei Augustin. quaest. in heptat. 2, 133.

dē-propitius, a, um, **ungünstig gestimmt,** di, Tert. ad nat. 2, 17.

depso, depsuī, depstum, ere (δέψω), **kneten, durcharbeiten,** farinam, lutum, Cato: coria, gerben (v. Weißgerber), Cato: sed tibi fortasse alius molit et depsit, Varro fr. – im obszönen Sinne, nach Cic. ep. 9, 22, 4.

depstīcius, a, um (depso), **durch Kneten gemacht,** panis, Cato r. r. 74.

dēpubem, porcum lactantem, qui prohibitus sit pubes fieri, Paul. ex Fest. 71, 23.

dē-pudēsco, ere = ἀπερυθριῶ (Gloss.), **alle Scham ablegen, unverschämt-, schamlos werden, nicht mehr erröten,** Apul. met. 10, 29. Vgl. Placid. gloss. V, 18, 1 ›depudescentem, impudentem‹.

dē-pudet, puduit, ēre, *v. impers.* **I sich sehr schämen,** m. Infin., cum eum non depuderet (er sich nicht entblödete) mare infestare, Vell. 2, 73, 3 H. – **II sich nicht mehr schämen, alle Scham abgelegt haben,** depuduit, die Scham ist von ihm gewichen, Ov. her. 4, 155 (aber Ov. am. 3, 11, 4 jetzt non puduit ferre): m. *Dat.* (für), depuduit vanitati et erubuit veritati, Augustin conf. 8, 2.

dē-pudīco, āvī, āre (de u. pudicus), **schänden,** Laber. inc. fab. XVII (bei Gell. 16, 7, 2).

dēpūgis, e (de u. puga = pyga), **ohne-** od. **von mageren Hinterbacken, lendenlos, mit dünnen Lenden** (griech. ἄπυγος, Ggstz. καλλίπυγος), Hor. sat. 1, 2, 93.

dēpūgnātio, ōnis, *f.* (depugno), **der entscheidende Kampf,** Cato de re mil. fr. 10 (bei Non. 204, 32) u. (auch im Plur.) Veget. mil. 3, 20 u. ö. – übtr., forensium certaminum depugnationes, Firm. math. 4 praef.

dē-pūgno, āvī, ātum, āre, **I bis zur Entscheidung-, auf Leben und Tod kämpfen** (vgl. Gernh. Cic. de sen. 10, 32), **a** *intr.*: ratio depugnandi, Veget. mil.: extra ordinem depugnatum ire, Cato fr.: dep. collatis signis, Plaut.: acie, Liv.: acie instructā, Caes.: cum egressis haud procul moenibus, Liv.: haud quaquam certamine dubio cum Gallis, Liv.: cum Romanis adversus Manium Curium, Hyg. fr.: adversus Teutonos, Frontin.: v. Zweikampf, cum alqo (secum), Cl. Quadr.: cum Hectore, Cic.: so von den Gladiatoren, Cic.: armis pro salute aegri, Suet.: cum bestiis, ad bestias, ICt. – übtr., cum fame, Plaut.: voluptas depugnat cum honestate, Cic. – **b** *tr.* **auf Leben und Tod bekämpfen,** sues, Enn. ann. 105: feram, Ulp. dig. 3, 1, 1, 6: übtr., depugnata turbinibus navigia, Tert. de anim. 52. – **II auskämpfen,** depugnato proelio, Plaut. Men. 989. – ► Parag. Infin. depugnarier, Plaut. Cas. 344.

dēpulsio, ōnis, *f.* (depello), das **Abstoßen, I** eig.: dep. luminum, pass. = das Zurückprallen, die Entfernung des Lichts, Cic. Tim. 49. – **II** übtr., das **Abwehren,** das **Abweisen, a** im Allg.: mali (Ggstz. adeptio boni), Cic.: servitutis, Cic.: doloris, Cic.: Plur., depulsiones portentorum, Val. Max. 1, 1, 1. – **b** insbes., als *t. t.* der Rhetor., die **Abweisung, Abwälzung der Schuld,** die **Abwehr,** (Ggstz. intentio), Cic. de inv. 1, 13. Quint. 3, 6, 19 u. bes. 3, 9, 1.

dēpulso, āre, **fortstoßen,** cubitis depulsa (quemquam) de via, Plaut. Stich. 286.

dēpulsor, ōris, *m.* (depello), der **Abwerfer** = Beseitiger, Stürzer, Vernichter, dominatus, Cic. Phil. 2, 27: tyrannorum, Aur. Vict. de Caes. 40, 29: malorum, Lact. 2, 14, 13: Ggstz., alius vel *servator* bonorum vel malorum *depulsor,* Boëth. de consol. phil. 4, 6. p. 90, 25 *sq.* (*ed. Obbar.*): auf Inschrn. Beiwort des Jupiter = ἀλεξίκακος, **Abwehrer des Unglücks,** CIL 2, 2414; 3, 895 u. 14, 2562.

dēpūlsōrius, a, um (depello), **zur Abwendung** (des Übels od. übler Vorbedeutungen) **dienlich,** sacra, Amm. 25, 2, 4. – subst., dēpulsōriae, ārum, *f.* (*sc.* precationes), Formeln zur Abwendung (Ggstz. impetritae), Plin. 28, 11.

dēpūnctio, ōnis, *f.* (depungo), das **Abpunktieren,** Ps. Soran. 245.

dē-pungo, ere, **abstechen, abgrenzen,** Pers. 6, 79.

dē-pūrātus, a, um (de u. pus; vgl. purare), **vom Eiter befreit,** Veget. mul. 2, 43, 2.

dēpūrgātio, ōnis, *f.* (depurgo), die **Reinigung** durch Abführungsmittel, die **Abführung,** ventris, Cael. Aur. acut. 3, 4, 34: corruptorum, *ibid.* 3, 21, 209.

dēpūrgātīvus, a, um (depurgo), **reinigend, abführend,** clysteres depurgativae virtutis, Cael. Aur. acut. 3, 16, 134.

dē-pūrgo, āvī, ātum, āre, **reinigen, I** eig.: **a** übh.: pisces, Plaut.: prata, Cato: terram ab herba graminibusque, Cato: caules, Col. – **b** insbes., als mediz. *t. t.*, **reinigen, abführen,** eas partes, ex quibus sputa feruntur (v. einem Mittel), Cael. Aur. acut. 2, 18, 110: absol., aquae genus, quod potionibus depurgat, Vitr. 8, 3, 5. – prägn., durch Reinigung (Aderlass usw.) **schwächen,** vires u. dgl., Cael. Aur. chron. 2, 13, 190; 5, 10, 114; 5, 11, 139. – **II** übtr., moralisch **reinigen,** se malum (als Bösen) malo dep., Commodian. instr. 2, 23, 8.

***dēpūro,** s. dē-pūrātus.

dēputātio, ōnis, *f.* = *assignatio,* Cassiod. var. 2, 16, 5 u. a.

1. **dē-puto,** āvī, ātum, āre, **abschneiden, beschneiden** (vgl. Placid. gloss. V, 16, 9), malleolum, Col.: vineam, Cato u. Col.: alqd anguste, Col.: umbras (= *ramos*), Ov.

2. **dē-puto,** āvī, ātum, āre, **genau abschätzen, entschieden** wofür **halten,** me malo esse dignum, Plaut.: operam alcis parvi pretii, Ter.: alqm malo quovis dignum, Ter.: alqm esse hebetem aeque ac pecus, Acc. tr.: alqd delicto, anrechnen, Tert. – Spätlat. übtr., **a** einem etwas **bestimmen,** vaccas steriles aratro, Pallad.: alqm leonibus, Sulp. Sev.: milites obsequiis (Diensten) od. ad obsequia, Veget. mil. – **b hingeben,** balneis et lenonibus vitam, Treb. Poll.: patrimonia sua mimis, Vopisc. – **c** als Schuld **zuschreiben,** alqd deo, Eccl.

dēpuvio oder **dēpuvo,** iī, īre od. ere (zu pavio), **abhauen, abprügeln** (vgl. Paul. ex Fest. 70, 3), palmis alqm, Lucil. 1245: alqm ad necem (bis auf den T.), Naev. com. 134.

dēpȳgis, e, s. dēpūgis.

dēque, s. sursum a. E.

dē-queror, questus sum, querī, **heftig beklagen,** alqd, Stat. Theb. 1, 404 u. 11, 627: secum labores, Val. Flacc. 5, 448. – m. folg. *Acc.* u. *Infin.,* Sidon. ep. 9, 1, 1.

dē-quoquo, s. dē-coquo.

dē-rādo, rāsī, rāsum, ere, **abschaben, -reiben, glätten,** de virga, Cato: poëta nomen urbis eorum, quasi ex memoria hominum, sic ex carmine suo derasit, Gell.: cunctis margo derasus, ein kahler R., Plin. ep. – capillum ex capite u. bl. der. caput, das Haar abscheren, Gell. – ► vulg. Partiz. Perf. Pass. deraditus, Tert. apol. 12. p. 161 *Oehler.*

dērāsio, ōnis, *f.* (derado), das **Abscheren, Abrasieren,** capilli, Cassiod. Ios. c. Ap. 1, 282: capitis, Marc. Emp. 1, 27.

Derbē, ēs, *f.* (Δέρβη), befestigte Stadt in Lykaonien, an der Grenze von Isaurien, berühmt als Sitz des Tyrannen Antipater, eines Freundes Ciceros, und als Zufluchtsort verfolgter Christen, j. *Divlé,* auf der Straße von Eregli nach Karaman am See von Ak Ghieul, Vulg. act. apost. 14, 6; 16, 1. – Dav. **A Derbētēs,** is, *m.* (Δερβήτης), **von Derbe, der Derbete,** Antipater, Cic. ep. 13, 73, 2. – **B Derbēus,** ēī, *m.* (Δερβαιος), **aus Derbe,** Gaius D., Vulg. act. apost. 20, 4.

Derbices, um, *m.* (Δέρβικες), asiat. Völkerschaft in der Landschaft Margiana, am unteren Lauf des Oxus bis zu seiner Mündung ins Kaspische Meer, Mela 3, 5, 4 (3. § 39). Plin. 6, 48. Curt. 3, 2 (4), 7.

derbiōsus, a, um, **grindig,** oculi, Th. Prisc. 1, 10.

Dercebiī, ōrum, *m.* (Δερκέβιοι), eine asiat. Völkerschaft an den Mündungen des Oxus, Avien. descr. orb. 911: Sing. Dercebius kollektiv, Prisc. perieg. 713. – Wahrsch. identisch mit den Derbices, s. d.

Dercenna, ae, *f.,* eine Quelle in Hispanien, in der Nähe von Bilbilis, Mart. 1, 49, 17.

Dercetis, is, *f.* u. **Dercetō,** ūs, *f.* (Δερκετώ), die auch Atargatis genannte syrische Göttin, mit der griechischen Aphrodite verglichen, in Gestalt eines Fisches verehrt, Form *-tis,* Hyg. fab. 223 (wo Genet. Dercetis). Ov. met. 4, 45 (wo Vok. Derceti). – Form *-to,* Plin. 5, 81.

dērēctus, a, um, Variante von directus, s. d.

dērelictio, ōnis, *f.* (derelinquo), die **Hintansetzung,** communis utilitatis, Cic. de off. 3, 30. Augustin. epist. 140, 43.

1. **dērelictus,** a, um, s. dē-relinquo.

2. **dērelictus,** Dat. uī, *m.* (derelinquo), das **Hintansetzen = Vernachlässigen,** arborem suam vineamque derelictui habere, vernachlässigen, Gell. 4, 12, 1.

dē-relinquo, līquī, lictum, ere, **I** von etwas weggehen und es zurücklassen, ohne sich weiter darum zu kümmern = etwas **auf immer verlassen, im Stich lassen, gänzlich aufgeben, A** eig.: agrum, Varro fr.: agros latos fertilesque deserere totasque arationes derelinquere, Cic.: si me frater non dereliquisset, Sen. rhet.: ab omni non modo fortuna, verum etiam spe derelicti, Cic.: o derelictos homines ab humanitate! Rhet. Her. – haec oppida atque oram maritimam pro derelicto habere, als ganz aufgegeben (= als herrenloses Gut) betrachten, Cic. – derelicta regio, menschenleere (Ggstz. regio celebris), Rhet. Her.: incultum et derelictum (herrenloser) solum, Cic. – **B** übtr., **hintansetzen = vernachlässigen,** derelictus ab amicis, Cic.: qui quoniam suum ius non deseruit ... derelinquo iam communem causam, Cic. – **II** übh. **hinterlassen, zurücklassen,** Curt. 9, 4 (14), 8 u. Spät.

dē-repente, *Adv.* **urplötzlich,** Enn. scen. 54 u. a. Acc. tr. 184. Plaut. Men. 874. Ter. Hec. 518 u. 554. Turpil. com. 3. Afran. com. 199 u. 223. Pompon. com. 132. Nov. com. 44. Poët. bei Cic. de div. 1, 66. Cato origg. 5, 3. Varro sat. Men. 466. Gran. Licin. p. 21 *ed. Teubn.* Suet. Tib. 23 u. Vesp. 23, 4. Gell. 10, 12, 3. Apul. apol. 74.

dērepentīnō, *Adv.,* s. repentīnus.

dē-rēpo, rēpsī, ere, **herabkriechen, -schleichen,** ibi (v. Pers.), Apul. met. 4, 7: ad hominum fana (v. den Göttern), Varro sat. Men. 115: ad cubile saetosae suis (v. der Katze), Phaedr. 2, 4, 12: in quandam cistulam, Apul. met. 9, 40: ursi arborem (an dem B.) aversi derepunt, Plin. 8, 130.

dēretrō = retro, Itala (Lugd.) iud. 18, 12 u. a.

dē-rīdeo, rīsī, rīsum, ēre, **auslachen, lächerlich machen, ausspotten, verlachen, verspotten,** alqm, Cic.: alqm imitatione petulantissimā, Petron.: alcis beneficium, Cic.: vitam (Ggstz. deplorare), Sen.: absol., deridet, cum sibi ipsum iubet satis dare Habonium, Cic.: etiam ultro derisum advenit, Ter.: derides (in der Unterhaltungssprache), hast du mich zum Besten, Plaut., Ter. u. a. – alqm non der., jmd. nicht ungestraft verlachen (verspotten), Petron. 58, 6 u. 62, 11. – *Partic. Perf.* im *Superl.,* senex derisissimus, Varro sat. Men. 51.

dērīdiculus, a, um (derideo), **auslachenswert, höchst lächerlich,** is deridiculus est, Plaut.: ii deridiculi sunt, Gell.: aliud est ita deridiculae vanitatis, Gell.: quod est deridiculum, Varro: alterum deridiculum esse se reddere rationem, quos etc. (dass er Rechenschaft ablegen solle, welche usw.), Liv. 39, 26, 4 H. (Weißenb. ridiculum): facere eos deridiculum (dass sie ganz lächerlich handelten), quod (dass sie) etc., Gell. 17, 1, 11. – subst., dērīdiculum, ī, *n.,* das **Auslachen** (subjekt.) oder (objekt.) die **Lächerlichkeit,** Plaut. u. Tac.: alqm sibi pro deridiculo ac delectamento putare, Ter.: esse od. haberi deridiculo, zum Gespött dienen, ausgelacht werden, Plaut., Tac. u. Apul.: ad deridicula, zur Kurzweil, Quint.: deridiculo corporis despiciendus, Tac.

dē-rigeo, ēre, **das Starre (Harte) benehmen,** blandus sermo deriget, Commodian. instr. 2, 30, 8.

dē-rigēsco u. **dīrigēsco,** riguī, ere, **von oben bis unten-, ganz erstarren,** deriguēre metu, v. Pers., Lucan.: derigescit cervix, Ov.: derigescunt mihi comae, stehen zu Berge, Ov.: deriguēre oculi, Verg. u. Ov.: derigescit formidine sanguis, Verg.: deriguitque (Niobe) malis, Ov. met. 6, 303 R.: diriguit subito animus, Sen. contr. 7, 1 (16), 17 K.: diriguit in mortem, Pacat. pan. 19, 2 B.

dē-rigo, rēxī, rēctum, ere, Variante von dirigo, s. d.

dē-ripio, ripuī, reptum, ere (de u. rapio), **ab-, los-, fort-, entreißen, herab-, niederreißen,** alqm de ara, Plaut.: alqd de manu, Cic.: alqm de provincia (Ggstz. deducere), Cic.: alteri (id), Cic.: amphoram horreo, Hor.: tergora costis, Verg.: lunam caelo, Hor.: ensem vaginā, Verg.: spolia et tela Romanis derepta, Tac. – übtr., omnia vitae ornamenta, Cic.: quantum de mea auctoritate deripuisset, geschmälert hätte, Cic. Sull. 2. – ► Parag. Infin. deripier, Plaut. Men. 1006. – deripio oft Variante von diripio, w. vgl.

dērīsio, ōnis, *f.* (derideo), die **Verspottung, Verhöhnung,** der **Spott,** Arnob. 7, 33: religionum, Lact. 1, 20, 34: eritis derisio in gentibus, Itala Esdr. fr. bei Lact. 4, 18, 22.

dērīsor, ōris, *m.* (derideo), der **Verlacher, Verspotter,** der **Spottvogel, Spötter, Witzbold, Spaßvogel, Schalk, Satiriker,** Hor. sat. 2, 6, 54 u. de art. poët. 433. Trog. fr. bei Plin. 11, 275. Sen. contr. 1, 4, 2. Suet.

Cal. 38, 2: derisor potius quam deridendus senex, Phaedr. 3, 14, 3: Socrates derisor omnium, maxime potentium, Sen. de ben. 5, 6, 6: populi derisor Anubis, Iuven. 6, 534. – v. Parasiten, Plaut. capt. 71. Hor. ep. 1, 18, 11. – v. mimischen Schauspieler, Mart. 1, 4, 5.

dērīsōrius, a, um (derisor), **zum Auslachen (Ausspotten) dienend, ironisch,** Marcian. dig. 28, 7, 14.

1. dērīsus, s. dē-rīdeo.

2. dērīsus, ūs, *m.* (derideo), das **Verlachen, Verspotten, Verhöhnen,** der **Spott,** derisus causā, Val. Max.: a derisu non procul abest risus, Quint.: facile ad derisum stulta levitas ducitur, Phaedr.: naribus labrisque derisus significari solet, Quint.: derisum non effugere, Sen.: derisum effugere non posse, Sen. rhet.: alqm ludificari et derisui habere, Porphyr. Hor. ep. 2, 2, 215.

dērīvābilis, e (derivo), **ablenkbar, verführbar,** Chalcid. Tim. 51 E. 207. 340.

dērīvāmentum, ī, *n.* (derivo), die **Ableitung,** Ps. Sen. ep. ad. Paul. 14.

dērīvātio, ōnis, *f.* (derivo), das **Ableiten,** die **Ableitung,** **I** eig.: aquae Albanae, Liv. 5, 15, 11: Plur., derivationes fluminum, Cic. de off. 2, 4, 14. – als *t. t.* der Wasserbaukunst, die **Ableitung** aus der Hauptleitung, revocare derivationes, Frontin. aqu. 9. – **II** übtr.: **A** im Allg., Macr. sat. 6, 1, 2. – **B** insbes.: **1** (als gramm. *t. t.*) die etymologische **Ableitung** der Wörter, Plin. fr. u. a. – **2** als rhet. *t. t.*, **a** die beschönigende **Verwechslung** nahe verwandter Begriffe (wie fortis für temerarius, d. i. »tapfer« für »tollkühn«), Quint. 3, 7, 25. – **b** als rhet. Fig. = παρηγμένον, die **Weiterausführung, Erweiterung** eines vorhergehenden Begriffs zu einem neuen Gedanken, Iul. Rufinian. de schem. lex. § 14 (16).

dērīvātōrius, a, um = derivativus, Ambr. de fide 2, 15, 129 *Migne.*

dērīvātīvus, a, um (derivo), **a** **abgeleitet,** organa, Cassiod. de dial. p. 538, a (*ed. Garet.*). – **b** als gramm. *t. t.*, **durch Ableitung entstanden, abgeleitet,** nomina, verba, Charis. 154, 27. Prisc. 2, 58 u. 8, 74 u. a. Gramm.

dē-rīvo, āvī, ātum, āre, eine Flüssigkeit **ableiten, wegleiten,** wohin **leiten,** **I** de fluvio aquam sibi, Plaut.: aquam ex flumine, Caes.: flumen depressis fossis, Hirt. b. G.: paludem sulcis, Col.: omnem umorem in colliquias atque inde extra segetes, Col.: Fucinus, in quem montes circumiecti quidquid fudit pluvia derivant, Sen.: derivata in domos flumina, Sen.: ut sit modus in derivantium (*sc.* flumina) potestate, Sen. – **II** übtr.: **a** im Allg.: crimen, Cic.: culpam in alqm, Cic.: partem curae in Asiam, Cic.: iram alcis in se, laden, Ter.: responsionem alio, Cic. – **b** insbes. **ableiten = den Namen hernehmen,** hoc fonte derivata clades, Hor. carm. 3, 6, 19. – **c** als gramm. *t. t.*, ein Wort vom anderen **ableiten,** Quint. u. spät. Gramm.

***dē-rōdo,** ere, s. dērōsus.

dērogātio, ōnis, *f.* (derogo), die **teilweise Aufhebung, Beschränkung** eines Gesetzes, Rhet. Her. 2, 15 (neben obrogatio): Plur., legum derogationes, Cic. fr. or. A. V II, 23.

dērogātīvus, a, um (derogo), **beschränkend,** Diom. 336, 2.

dērogātor, ōris, *m.* (derogo), der **Herunterzieher, Tadler,** Sidon. epist. 3, 13, 2.

dērogātōrius, a, um (derogator), **die teilweise Aufhebung = die Beschränkung** eines Gesetzes **betreffend,** edictum de custodiendo partu derogatorium est, quod etc., ist eine teilweise Aufhebung (Beschränkung) dessen, was usw., Iulian. dig. 25, 4, 2.

dē-rogo, āvī, ātum, āre, **I** eig., von einem Gesetz **einen Teil abschaffen,** es **zum Teil aufheben, beschränken,** huic legi nec *obrogari* fas est neque *derogari ex hac aliquid* licet neque tota *abrogari* potest, Cic.: cui legi *obrogatum* vel *derogatum* sit, Rhet. Her.: der. aliquid e lege fatorum, Sen. – **II** übtr., übh. von etw. **hinwegnehmen,** einem etwas **entziehen, absprechen, vermindern,** de fide alcis, Cic., od. fidem alci od. alci rei, Cic. u. Lact.: fidem, Liv. (s. Bünem. Lact. epit. 50, 2): de honestate quiddam, Cic.: aliquid ex aequitate, Cic.: sibi tantum, Cic.: nihil universorum iuri, Tac.

dērōsus, a, um (*Partic.* vom ungebr. derodo), **abgenagt, benagt,** clipei a muribus, Cic.: fici locustis, Plin.

Dertōna, ae, *f.*, eine Stadt in Piemont, südwestlich von Pavia, j. *Tortona,* Brut. in Cic. ep. 11, 10, 5.

***dē-rumpo,** ere, s. dēruptus.

dē-runcino, āvī, ātum, āre, **abhobeln,** scherzh. wie unser **beschummeln, übers Ohr hauen, über den Löffel barbieren** = betrügen, hintergehen, Plaut. capt. 640; mil. 1142.

dē-ruo, ruī, rutum, ere, **I** *tr.* **herabwerfen,** im Bild, cumulum de laudibus Dolabellae, Cic. ad Att. 16, 11, 2. – **II** *intr.* **herab-, niederstürzen,** Apul. met. 7, 18: v. Dingen, Apul. met. 2, 30.

dēruptus, a, um (*derumpo; also abgebrochen, dah. wie das gew. abruptus) **abschüssig,** von Örtl., ripa, Liv.: loca (Ggstz. planiora loca), Arnob.: deruptior tumulus, Liv. – Plur. subst., dērupta, ōrum, *n.*, **abschüssige Stellen, Abgründe,** Liv. u. Tac.

dēs, arch. = bes, Varro LL. 5, 172.

dē-sacro (dē-secro), āvī, ātum, āre, **I** eig., etwas als Heiligtum **weihen, widmen,** Stat. Theb. 9, 586. – **II** übtr., zu irgendeinem Zweck **widmen, bestimmen,** chamaeleon ... per singula membra desecratus, d. i. für einzelne Krankheiten bestimmt, Plin. 28, 112.

dē-saevio, iī, ītum, īre, **I** **sich abtoben** = gewaltig **toben,** unum diem et noctem (v. Stier), Col.: sic Aeneas desaevit, Verg.: cum affatim desaevisset, Suet.: an tragica desaevit et ampullatur in arte? Hor.: omnes desaevit avide in artus, Lucan. 6, 540: avaritia desaeviens, Edict. Diocl. praef. § 5. – **II** **zu toben aufhören, austoben, verrauchen,** dum tempestas prima desaevit, Sen. de ira 3, 1, 1: nec, dum desaeviat ira, exspectat, Lucan. 5, 303.

dē-salto, āvī, ātum, āre, **abtanzen, tanzend-, pantomimisch aufführen,** canticum, Suet. Cal. 54, 2: Graecae libidinis fabulam, Ps. Cypr. de spect. 3: fabulosas antiquitatum libidines, *ibid.* 6 *extr.*

dēsalūtat, Not. Tir. 63, 99.

dēsannātio, ōnis, *f.* (desanno) = μυκτηριασμός, das **Naserümpfen** = die Verhöhnung, Gloss. II, 373, 57 u. II, 494, 54.

dē-sanno, āre (de u. sanna) (Gloss. ›desannio, μυκτηρίζω‹), **über** jmd. **die Nase rümpfen** = jmd. verhöhnen, Porphyr. Hor. sat. 1, 6, 5.

dēscendentēs, ium, *m.* (descendo), die **Anverwandten in absteigender Linie** (Ggstz. ascendentes), Paul. dig. 23, 2, 68.

dē-scendo, scendi, scēnsum, ere (de u. scando), **herabsteigen, -kommen, -gehen,** von einem höheren Ort zu einem niedrigeren (Ggstz. ascendere), **I** von Menschen, **A** eig.: **1** im Allg.: inde, Plaut.: de Palatio, Cic.: de Capitolio, Liv.: de rostris, Cic.: de tribunali, Liv.: de castello, Cic.: ex equo, Cic., oder bl. equo, Sall. fr.: plaustro, Val. Max. (u. so descendere [verst. plaustro] uxorem ac pueros iussit, Liv.): de caelo, Liv., od. caelo, Hor., od. ab alto caelo, Verg.: illuc (Ggstz. inde rursum evadere), Hygin. fr.: alicunde, Tert.: illo (dahin), Sen.: illuc, Gell.: huc, Nep.: in flumen, Curt.: alci obviam in Piraeum, Nep.: ad litus, Suet.: inter Tiberim et Viam Tectam ad inferos, Sen.: ad naviculas nostras, Cic.: in naves, Caes.: Ostiam, fahren, Suet.: (poet.) mit *Dat.*, nocti (Finsternis der Unterwelt), Sil.: Erebo, Sil.: m. *Acc.*, ratem, Apollon. hist. 28 *in.*: scalas ascendere et descendere, Soran. p. 82, 14. – m. 1. *Supin.*, per quod (os specus) oraculo utentes sciscitatum deos descendunt, Liv. 45, 27, 8. – **2** insbes., **a** desc. in od. ad forum u. absol., (von den in Rom auf Anhöhen gelegenen Wohnungen) **auf den Markt kommen** od. **gehen,** Cic. u. a. (s. Bentley Hor. ep. 1, 20, 5): so auch ad comitia, Suet. – **b** als milit. *t. t.*, von einer Anhöhe in die Ebene, aus dem Innern eines Landes zur Küste **marschieren, ziehen** (griechisch καταβαίνειν, Ggstz. ascendere, griechisch ἀναβαίνειν), ex superioribus locis in planitiem, Caes.: ab Alpibus, Liv.: in aequum locum, Caes.: in aequum, in campum, Liv.: ad Alexandriam, Liv.: in Graeciam (von Xerxes), Nep. – m. 1. *Supin.*, Sabinum exercitum praedatum in agros Romanos descendisse, Liv. 3, 30, 4: u. so Liv. 10, 31, 2. – **c** im obszönen Sinne, sich zum Beischlaf **niederlegen,** Catull. 112, 2 (*al.* te scindat). Iuven. 11, 163. – **B** übtr.: **1** im Allg.: tantum ab eo (Seneca) defluebant, quantum ille ab antiquis descenderat, von den Alten auf eine niedrigere Stufe herabgestiegen = gegen die Alten gesunken war, Quint. 10, 1, 126. – ut (wie doch) nemo in sese tentat descendere, in den eigenen Busen zu greifen (= sich selbst zu prüfen), Pers. 4, 23. – **2** insbes.: **a** **sich herablassen, sich herabstimmen, sich verstehen, sich entschließen, sich versteigen, sich beilassen, schreiten, sich erniedrigen** zu etw., **eingehen, sich einlassen,** auf etw., ad condicionem, Cael. in Cic. ep.: in preces omnes, Verg.: in certamen, Cic.: in causam, Liv.: ad preces, Sen. poët.: ad sententiam alcis, Caes.: ad inimicitias, Cic.: ad vim atque arma (zur Waffengewalt), Caes.: ad extremum auxilium, Liv.: ad ultimum prope desperatae rei publicae auxilium, Liv.: ad ineptas cavillationes, Quint.: ad supplicia innocentium, Cic.: ad omnia, Cic.: ad accusandum, Cic.: in minima, Cic. fr.: quo descendam, Cic.: eo contemptionis descensum, ut etc., Tac.: desc. eo, ut etc., Liv. epit. – **b** **abstammen, herrühren,** a patriciis, ICt.: dah. descendentes, s. d. – **II** v. Lebl.: **A** eig., **herabgehen** od. **-kommen, niedersinken, eindringen, herabfallen,** **1** im Allg.: descendit fulmen in terram, Plin.: uvae descendunt, fallen ab, Varro. – **2** insbes., **a** v. Gewändern u. Haaren, **herabfallen, herabwallen,** sinus vestis, quem nodo colligunt, descendit infra genua, Curt. 6, 5 (19), 27: capilli descendentes ab aure, Petron. 18, 4. – **b** v. Waffen, Geschossen usw., **eindringen,** ferrum in corpus descendit, Liv.: in iugulos gladii descendebant, Flor.: totum descendit in ilia ferrum, Ov.: in caput descendit arundo (Pfeil), Lucan. – **c** v. Waldungen, Gebirgen, **sich herabziehen,** inde caeduae silvae cum ipso monte descendunt, Plin. ep.: Caelius ex alto quā mons descendit in aequum, Ov. – **d** v. Bergen, Gebäuden, **sich senken,** quia montis altitudo descendit, Sen.: theatrum ingentibus rimis descendit et hiat, Plin. ep. – **e** v. Gewässern, **α** **fallen** = abnehmen, v. Wasser einer Wasserleitung (Ggstz. subire), Plin. 31, 57: v. Meer (Ggstz. crescere), Lucan. 5, 337. – **β** **herab-, hinabfließen, sich herab-** od. **hinabergießen,** ex Cerauniis montibus, Mela: in pontum, Sil.: in campos (v. Meer), Curt.: inter Callipidas Axiacasque, Mela: per Concanos, Mela: Nilus diu simplex saevusque descendit, Mela: Nilus descendens, Mela. – **f** v. verdauten Speisen, aus dem Körper **abgehen,** quod descendit, die Exkremente, Cels.: olera celeriter descendunt, Cels.: si cibus non descendat, Plin. – **g** v. Tönen u. Silben usw., **herabsteigen, sinken,** est item contra quiddam in remissione gravissimum quoque tamquam sonorum gradibus descenditur, es gibt einen äußersten Punkt, unter den die Stimme nicht tiefer sinken darf und bis wohin man nur wie auf einer Tonleiter herabsteigt, Cic.: vox *attollitur* concitatis affectibus, compositis *descendit,* Quint.: syllabae acres, quae ex brevibus ad longas *insurgunt,* leniores, quae a longis in breves *descendunt,* Quint. – **B** übtr.: **1** im Allg.: quod verbum in pectus Iugurthae altius quam quis ratus erat descendit, drang tiefer ein, Sall.: quod dictum altius in pectus Bassiani descendit, Spart.: ebenso iniuriae descendunt altius, Sen.: cura descendit in animos, Liv. – **2** insbes., von etw. ausgehen = ihm der Ähnlichkeit nach **nahekommen,** v. **Edelsteinen,** e vicino, Plin.: ab illis, Plin. – u. umgekehrt, zu etw. herabsteigen = ihm der Ähnlichkeit nach **nahekommen,** ad hyacinthos, Plin. – ► Archaist. redupliz. Perf. descendidit, Valer. Ant. ann. 75. fr. 62: descendiderant, Laber. com. 20 (beide bei Gell. 6 [7], 9, 17).

dēscēnsio, ōnis, *f.* (descendo), das **Herabsteigen,** balinearum, ins Bad, Plin. 20, 178: saltus (in den Wald), Vulg. Isai. 32, 19: salvatoris in hunc mundum desc., Interpr. Iren. 2, 14, 7: desc. ad inferos, Hyg. astr. 2, 5: desc. usque ad Aegyptum, Hinabreisen, Hieron. epist. 53, 8. – u. das **Herabfahren** auf einem Fluss, Tiberina, die Tiberfahrt, Cic. de fin. 5, 70. – als astron. *t. t.,* caelestium ignium descensiones (Niedergänge) usque ad occasuum submersionem (Ggstz. exaltationes), Chalcid. Tim. 59. – meton., tres descensiones (ἐμβάσεις), drei (im Boden ausgegrabene u. ausgemauerte) Badewannen, zu denen Stufen hinabführen, Plin. ep. 5, 6, 26.

dēscēnsōrius, a, um (descendo), **herabsteigend, abwärts gehend,** motus, Ambros. de spir. scto 1, 10. § 118.

dēscēnsus, ūs, *m.* (descendo), das **Herabsteigen,** **I** eig., v. Herabsteigen des Zuchtstieres von der Kuh nach der Begattung, Varro r. r. 2, 5, 13. – v. Herabsteigen, -ziehen von einer Höhe, desc. facilis (Ggstz. in ulteriorem ripam minime iniquus ascensus), Liv.: desc. difficilis et artae viae (auf einem usw.), Liv.: quā illi descensus erat, wo jener hinabziehen musste, Sall.: desc. dei de caelo (Ggstz. ascensus in caelum), Lact.: placidus eius desc. de caelo in carnem, *Tert.:* poet. m. *Dat.* (in), facilis desc. Averno, Verg. Aen. 6, 126. – v. Herabsteigen, -sinken lebl. Ggstd. (Ggstz. ascensus), cum levibus semper ascensus et gravibus descensus sit, Macr. somn. Scip. 2, 14, 13. – **II** meton., der **abwärts führende Weg,** gew. m. Ang. **wohin?** durch *Adv.* od. durch *in* m. Akk., erat oppidanis difficilis et praeruptus eo descensus, Hirt. b. G.: descensus ripae utriusque in alveum trecentorum ferme passuum, der abw. führende Weg an beiden U., Liv.: labyrinthus unum in se descensum habet, Mela.

dē-scindo, scissus, ere, **zerspalten, zerreißen,** Ennod. carm. 1, 1, 29. – Gloss. κατασχίζω.

dē-scīsco, scīvī u. sciī, scītum, ere, **sich lossagen** = **abtrünnig-, untreu werden, abfallen,** u. mit dem *term. ad quem* **abfallend** zu jmd. **übergehen,** **I** eig., als publiz. *t. t.:* defecerat Samus, descierat Hellespontus, Nep.: cum Fidenae aperte descissent, nach dem offenen Abfall der Fidenaten, Liv.: desc. suā sponte (Ggstz. ad defectionem sollicitari), Liv.: desc. a populo Romano, Liv.: a senatu, Cic.: ad eos, Liv.: numquam isti populi, nisi cum deerit, ad quem desciscant, a nobis non deficient, Liv.: desc. ab Latinis ad Romanos, Liv.: im Passiv unpers., quibus invitis descitum ad Samnites erat, Liv. – **II** übtr., von etw. **sich lossagen, sich losmachen, abgehen, abweichen,** u. mit dem *term. ad quem* wohin **abspringen, sich wenden, sich neigen, auf** etw. **verfallen,** wohin **ausarten,** a veritate, Cic.: a virtute, Vell.: a consuetudine parentum, Plin. ep.: a scribendi consuetudine, Symm.: a vita, Cic.: a se, seinen Grundsätzen untreu werden, Cic.: ab illa vetere gloria (v. der Beredsamkeit), Tac. dial.: ad fortunam inclinatam, Cic.: ad saevitiam, Suet.: in regem, Flor.: vitis desciscit, schlägt aus der Art, Col.

dē-scobīno, āvī, ātum, āre (de u. scobina), **abraspeln,** simulacra descobinata (Reiff. discobinata) de limis, abgefeilte, Arnob. 6, 14. – übtr., desc. alci supercilia caestis (= caestibus), Varro sat. Men. 89 (Riese discopinarit): descobinata crura, vom Gesträuch abgeschundene (Ggstz. salva), Varro sat. Men. 296.

dē-scrībo, scrīpsī, scrīptum, ere, **I** **abzeichnen, abschreiben, kopieren,** v. Zeichner, tabulas mensuris et lineis (nach M. u. L.), Quint.: v. Schreiber, librum, Cic.: ab alqo (von jmd. = aus jmds. Exemplar) quintum de finibus librum, Cic.: ius ab antiqua gente Aequiculis, abschriftlich entlehnen, Cic.: epistulam alci dare describendam (um eine Abschrift zu nehmen), Cic. – **II** durch Zeichnung oder Schrift **darstellen,** **A** eig., **aufzeichnen, aufschreiben (zu Papier bringen),** vom Maler, Zeichner, formam alcis, Plaut.: sphaeram, solarium, Cic.: orbem, Verg.: caeli meatus radio, Verg.: geometricas formas in arena, Cic.: quaedam (einige Figuren) oder formas in pulvere, Cic. u. Liv.: vom Schreiber, unde (aus dessen Munde) mira praecepta haec, Hor.: carmina in foliis oder in cortice, einschneiden, einkritzeln, Verg.: Partiz. Perf. subst., factorum dictorumque eius descripta, ein über seine Handlungen u. Reden geführtes Tagebuch, Tac. ann. 6, 24. – **B** übtr.: **1** mit Worten **darstellen, zeichnen, schildern, beschreiben,** **a** Lebl.: regionem aut pugnam, Cic.: flumen Rhenum, Hor.: hominum mores od. sermones moresque, Cic.: versibus facta, Nep.: m. folg. *Acc.* u. *Infin.,* Sen. contr. 1, 2, 17. – **b** eine Person, sowohl jmd. **bezeichnen** = **beschreiben, schildern,** mulierem, Cic.: coniugem sine contumelia, Cic.: alqm malo carmine, Hor.: si quis erat dignus describi, Hor.: hoc argumento se describi sentiat, Phaedr.: als jmd. **bezeichnen** = auf jmd. **anspielen, sticheln,** Crassum, Cic.: consulares, Cic.: m. dopp. *Acc.,* alqm latronem ac sicarium (als einen R. u. M.), Cic. – **2** nach seinem Begriff **bestimmen, erklären, definieren** (oft verb. od. wechselnd mit definire), definire describereque verba, Cic.: definire rem verbis et breviter descr., Cic.: descr. officia, Cic.: mit folg. *Acc.* u. *Infin.,* Cic. de or. 2, 138. – **3** nach seinen Grenzen **bestimmen, abgrenzen, feststellen, anordnen, vorschreiben,** rationem totius belli, Cic.: ius naturae, civile, Cic.: leges, iudicia, iura, Cic.: ius civium generatim in ordines aetatesque (nach Verschiedenheit der Stände u. des Alters), Cic.: ut, quae descripta sunt legibus et iure civili, haec ita teneantur, ut sit constitutum, Cic. – 4 als den auf jmd. kommenden Teil bestimmen, a zu liefern, zu stellen **auflegen, ausschreiben,** pecunias, Auct. b. Afr.: civitatibus pro numero militum pecuniarum summas, Cic.: vecturas frumenti finitimis civitatibus, Caes.: sociis quindecim milia peditum, Liv. – b als seinen Anteil **zuschreiben, zukommen lassen, zuteilen, verteilen, anweisen,** suum cuique munus, Cic.: descriptas servare vices, Hor.: descr. per familias ministeria, Tac.: bona suis comitibus, Cic.: pecuniam publicis litteris, den öffentlichen Rechnungen zuteilen = in die öffentl. R. eintragen, Vell.: magnam vim frumenti quaternis aeris populo, an das V. verteilen, Liv.: agros, Tac.: duodena in singulos homines iugera, Cic.: od. Pers. einer Abteilung **zuteilen,** in eine Abteilung **verteilen, einreihen,** libertinos in quattuor urbanas tribus, Liv.: veteres milites voluntarios ex Africano exercitu in legiones, Liv.: cum ante equites in suam quisque gentem describerentur seorsus a ceteris, Curt. – 5 nach besondern Teilen abgrenzend **einteilen, abteilen, ordnen, gliedern,** classes centuriasque ex censu, Liv.: populum censu, ordinibus, aetatibus Cic.: agmina, Curt.: urbis partes ad incendia, Cic.: agrum in iugera dena, Liv.: annum in duodecim menses, Liv.: ad certas res conficiendas certos homines delectos et descriptos (abgeteilt, klassenweise abgesondert) habebat, Cic. – ► Vgl. discribo.

dēscrīptē, s. dīscrīptē.

dēscrīptio, ōnis, *f.* (describo), I die **Abschrift, Kopie,** descriptio imagoque tabularum, getreue A., Cic. Verr. 2, 190. – II die **Darstellung** durch Zeichnung od. Schrift, A eig.: a (passiv) des Zeichners, die **Zeichnung,** der **Abriss, Riss,** descr. quadrata, das beschriebene Quadrat, Vitr.: descr. orbis terrarum, Landkarte, Vitr.: descr. ventorum, Windrose, Vitr.: descriptiones volutarum, Abrisse, Zeichnungen, Vitr.: descr. aedificandi, der Bauplan, Riss der Gebäude, Cic.: numeri aut descriptiones (geometrische Figuren), Cic. – b des Schreibers, die **Aufzeichnung,** servorum omnium, Cic. de dom. 129. – B übtr.: 1 die **Darstellung** durch Worte, die **Beschreibung, Schilderung,** sphaerae, Cic.: regionum, Topographie, Cic.: convivii luxuriosi, Quint.: descriptiones locorum, Plin. ep. – 2 die **Erklärung, Begriffsbestimmung, Definition,** est tamen quaedam descr., Cic.: nominis bievis et aperta, Cic.: officii, Cic. – 3 die **Bestimmung, Abgrenzung, Feststellung,** expetendarum fugiendarumque rerum, Cic. Tusc. 5, 68. – 4 die **Verteilung,** privatarum possessionum, Cic.: iuris (der Privatrechte) aequa descr., Cic. – 5 die **Einteilung, geregelte Einrichtung, Ordnung, Gliederung,** regionum (vom Augur gemacht), Cic.: aedificiorum, urbis, Cic.: legionum et auxiliorum, Suet.: magistratuum, civitatis, Cic.: temporum, Cic.: descr. aequabilis sumptus (Genet.), Cic. – ► Vgl. discriptio.

dēscrīptiuncula, ae, *f.* (*Demin.* v. descriptio), die **gar hübsche Beschreibung, -Schilderung,** celebres descriptiunculae, Sen. suas. 2. § 10.

dēscrīptīvus, a, um (describo), **beschreibend, schildernd,** loci communes, Fortunat. art. rhet. 3, 20.

dēscrīptor, ōris, *m.* (describo), der **Beschreiber, Schilderer,** morum vitiorumque publicorum d. verissimus, Sittenmaler, Lact. 5, 9, 19: descriptores gentium, Ethnographen, Amm. 23, 6, 1.

dēscrīptus, a, um, *PAdi.* (v. describo), **bestimmt geordnet, gehörig eingerichtet, gegliedert,** ordo d., Cic.: natura, quā nihil est aptius (Harmonischeres), nihil descriptius (Organischeres), Cic.

dē-scrobo, āre (de u. scrobis), **eingraben,** gemmam auro, einfassen, Tert. de res. carn. 7.

dē-sculpo, ere, **schnitzen, meißeln,** simulacrum, Tert. ad nat. 1, 12.

dēsecātio, ōnis, *f.* (deseco), das **Abschneiden,** ossis, Ps. Soran. qu. med. 246: Plur., Cassiod. in psalm. 149, 7: desecationes capillorum, Cassiod. in psalm. 130 praef.

dē-seco, secuī, sectum, āre, **abschneiden, abhauen,** herbas, Caes.: aures, Caes.: nares vel auriculas, Lact.: alqd serrā od. serrulā, absägen, Col.: partes ex toto, Cic.: saxa metallis, aushauen, Stat. – ► vulg. Perf.-Formen, desecavit, Cassiod. compl. in apocal. 21: desecarunt, Rufin. homil. Orig. in levit. 1, 1.

dē-secro, s. dē-sacro.

dēsectio, Mnis, *f.* (deseco) = ἀποκοπή (Gloss. II, 237, 51), das **Abschneiden, Abhauen,** m. objekt. *Genet.*, stramentorum, Col. 6, 3, 1: m. subj. *Genet.*, nec ferri (m. dem E.) desectione nec cauteriorum adustione sanamur, Salv. de gub. dei 7, 1: absol., Hieron. de trin. 5, 37.

dēsector, ōris, *m.* (deseco), der **Scherer,** iners ovium, Orest. tr. 276.

dē-senēsco, senuī, ere, **hinschwinden, allmählich verrauchen,** ira belli desenuisset, Sall. hist. fr. 1, 93 (95).

dēseps, sipis (de u. sapio), **aberwitzig, wahnsinnig,** Schol. Iuven. 10, 233.

1. **dē-sero,** situm, ere, **einsäen,** desitis seminibus, Varro r. r. 1, 23, 6.

2. **dē-sero,** seruī, sertum, ere, eig. gleichs. (von sich) **abreihen, abfügen, abtrennen,** d. i. **im Stich lassen, verlassen, aufgeben,** I im Allg.: 1 eig., einen Ort: ubi hibernam Lyciam deserit ac Delum maternam invisit Apollo, Verg.: inamabile regnum desere, Ov. – v. Lebl., mensa deserit toros, wird entfernt von usw., Ov. her. 12, 52: pro cerebri ubertate vel affluit capillago vel deserit (fällt aus), Tert. de anim. 51. – 2 bes. **unbebaut (brach) liegen lassen, unbewohnt lassen,** agros latos ac fertiles deserere totasque arationes derelinquere, Cic.: sedes, Curt.: quam multas existimatis insulas esse desertas? Cic. – II prägn., pflichtvergessen, wortbrüchig, treulos **verlassen, aufgeben, im Stich lassen,** A eig.: 1 im Allg.: omnes noti me atque amici deserunt, Ter.: cum amici partim deseruerint me, partim etiam prodiderint, Cic.: Cleomenem acerrime pugnantem ab his relictum esse atque desertum, Cic.: deinde me deseruisti ac dereliquisti, Cic.: ut eos, quos tutari debeant, desertos esse patiantur, Cic.: te deserit aetate (mit der Zeit) et satietate (aus Überdruss), lässt dich laufen, sitzen, Plaut. – deserere alci, jmdm. preisgeben: cui me moribundam deseris, hospes? Verg. Aen. 4, 323. – im Passiv auch m. bl. *Abl.*, deseror coniuge, Ov. her. 12, 161: desertus coniuge, Prop. 2, 8, 29: desertus suis, Tac. ann. 3, 20: desertus utrisque, Tac. hist. 5, 3. Vgl. unten *no.* B, 1, b. – m. *Genet.*, deserta natorum, Stat. Theb. 5, 608 (wie Sil. 8, 588 desolatae virorum gentes). – 2 insbes., einen Posten **verlassen,** legationem, ICt.: excubias palatii, ICt. – u. als milit. *t. t.*, exercitum, castra u. dgl., **das Heer, das Lager verlassen, desertieren,** exercitum, Cic.: exercitum ducesque, Caes.: relinquere signa et deserere castra, Liv. – u. so absol., **von seinem Feldherrn-, seiner Partei abfallen, abtrünnig werden, desertieren,** Nep. Eum. 5, 1. Sen. de ira 2, 10, 4. Tac. ann. 13, 35. Quint. 9, 2, 85. Spart. Sev. 10, 8 u. ICt.. – B übtr., jmd. od. etwas **verlassen, aufgeben, im Stich lassen, verabsäumen, hintansetzen, vernachlässigen,** mit etw. **sich nicht weiter abgeben,** 1 im Allg.: a v. Pers.: Petreius non deserit se, gibt sich nicht auf, Caes.; vgl. des. rem publicam libertatemque suam, Sall.: vitam, Cic.: nec fratris preces nec Sextii promissa nec spem mulieris, Cic.: causam, Cic.: causa deseritur, bleibt ganz liegen, Cic.: d. officium, Cic.: curam belli, Liv.: studia sapientiae, Quint.: inceptum, Verg. – b v. sachl. od. abstr. Subjj.: genua hunc cursorem deserunt, Plaut.: nisi me lucerna desereret, ausgehen wollte, Cic.: multo tardius fama deseret Curium Fabricium, Cic.: tempus maturius quam res me deseret, es wird mir eher an Zeit als an Stoff gebrechen, Sall.: in his miseriis cuncta me cum fortuna deseruere, Sall. fr. – im Passiv, quod … numquam deseritur a se, was die Kraft sich zu bewegen nie verliert, Cic.: a mente deseri, den Kopf verlieren, Cic.: deseri ocius a re familiari quam a re publica, Cic.: neque is, qui optime potest, deserendus ullo modo est a nostra cohortatione, neque is, qui aliquid potest, deterrendus, wir dürfen nicht unterlassen, den, der etwas Vorzügliches leistet, zu ermuntern, Cic. – im Passiv poet. m. bl. *Abl.*, leo desertus viribus, Phaedr. 1, 23, 3: fumant desertae gurgite valles, Stat. Theb. 4, 707: verb. deserta desolataque aula reliquis subsidiis, Suet. Cal. 12, 1. Vgl. oben *no.* A, 1. – 2 insbes.: a die Sakra, Gottesverehrung **versäumen, unterlassen,** publica sacra et Romanos deos in pace, Liv.: cultum deorum non d., Liv. – b als gerichtl. *t. t.*, α vadimonium, **den Termin versäumen,**

ausbleiben, oft bei Cic. u. a. – u. so absol. (ohne vad.) b. Quint. 3, 6, 78. – **β** von einer Rechtssache, einer Klage **abstehen,** eine Rechtssache, eine Klage **fallen lassen,** causam appellationis, ICt.: litem inchoatam, ICt. – **c** als jurist. *t. t.*, von einem Geschäft **sich zurückziehen,** negotia peritura, ICt. – od. einem Versprechen **nicht nachkommen,** es **nicht erfüllen,** promissum officium, ICt.

dē-serpo, ere, **herabkriechen, herabschleichen,** poet. übtr., v. Lebl., **sich herabziehen,** deserpit genis od. malis lanugo, Stat. Theb. 6, 586. Apul. apol. 63.

dēsertio, ōnis, *f.* (2. desero), das »Verlassen, Im-Stich-Lassen«, **I** eig., als milit. *t. t.*, die **Desertion,** ICt. – **II** übtr.: **a** als mediz. *t. t.*, das **Ausbleiben,** nutrimenti desertio, quam Graeci atrophian vocant, Cael. Aur. chron. 2, 1, 7. – **b** als jurist. *t. t.*, **α** **Nichterfüllung eines Versprechens,** ICt. – **β** das **Abstehen** von einer Anklage, ICt.

dēsertitūdo, inis, *f.* (desertus), die **Einöde,** Plur. bei Pacuv. inc. fab. fr. LXIII. p. 136 R[2].

dēsertor, ōris, *m.* (2. desero), der **Verlasser, I** eig.: **a** übh.: patris, Sen. rhet.: non enim desertis defuit, sed desertor occĭdit, Vell. – **b** als milit. *t. t.*, der **Ausreißer, Deserteur,** Caes., Liv. u. a. – poet., der **Ausreißer, Flüchtling** übh., Verg. u. Ov. – **II** übtr.: **a** der **Hintansetzer,** d. amicorum (Ggstz. conservator inimicorum), Cic.: d. communis utilitatis, Cic. – **b** der von einer Klage **Abstehende,** ICt.

dēsertrīx, trīcis, *f.* (Femin. zu desertor), die **Hintansetzerin,** Tert. de hab. mulier. 1.

dēsertus, a, um, *PAdi.* m. *Compar.* u. *Superl.* (v. 2. desero), **verlassen, a** v. Pers.: ecquis desertior, publicis negotiis repulsior? Cato oratt. 44 bei Fest. 286 (b), 29. – **b** v. Örtl. = **unbewohnt, unbesetzt, unbebaut, verödet, öde, einsam, leer** (Ggstz. celeber, frequens), locus, regio, Cic.: loca, Einöden, Wüsten, Caes.: via, Cic.: vastus ac desertus ager, Liv.: planities deserta penuriā aquae, Sall.: deserta siti regio, Sall.: omnia discessu meo deserta, Cic.: vici castellaque fugā cultorum deserta, Sall.: castellum desertum ab ea parte, Sall.: locus desertior, Cic.: Gabiis desertior atque Fidenis vicus, Hor.: regio desertissima, Cic. – übtr., v. Ggstdn. in einsamen Gegenden, stipes desertus in agris, einsam stehend, Tibull.: arbores d., Prop. – subst., dēserta, ōrum, *n.*, **öde Gegenden, Steppen, Einöden, Wüsten,** Verg., Plin. u. a.: m. *Genet.*, deserta Apuliae, Sen.: deserta Africae, Mela: deserta ferarum, Verg.: deserta et avia petere, Flor.: deserta cum expedita manu petere, Curt.: spätlat. im Sing., dēsertum, ī, *n.*, die **Einöde, Wüste,** Eccl.

dē-servio, iī, īre, **gehörig dienen, I eifrig dienen** = **sich abmühen, sich abplagen,** dum fodiens, dum irrigans ceteroque incurvus labore deservit, Apul. met. 9, 32. – **II** übtr.: **1 zu** etw. **dienen, sich gebrauchen lassen, bestimmt sein,** m. *Dat.*, oneri (v. einem Schiff), Cod. Theod. 13, 5, 4: principalibus usibus (v. einem Grundstück), Ulp. dig. 30, 39, 8: tot iumenta portandae aquae deservientia, Sen. nat. qu. 4, 13, 9: m. *ad* u. Akk., ad alios usus (v. Baumaterial), Ulp. dig. 33, 7, 12. § 19: pecunias ad utilitatem officii deservire pati, Verwendung finden lassen, Ulp. dig. 48, 20, 6 *extr.* – **2** einer Person od. Sache seine **Dienste leisten, a** einer Person **seine Dienste leisten, treu** od. **eifrig dienen,** jmdm. **sich ganz widmen,** alci, Cic. ep. 16, 18, 1. Ov. am. 1, 3, 5. Plin. ep. 7, 15, 1: grammatico soli, Quint. 1, 12, 6: cuivis, jedermann auf das dienstfertigste sich hingeben, Cic. de off. 1, 109: absol., haereant, iaceant, deserviant, mögen ihren (der Frau) Wünschen frönen, Cic. Cael. 68. – v. lebl. Subjj., si ille labor meus pristinus, si sollicitudo, si officia, si operae, si vigiliae deserviunt amicis, Cic. Sull. 26. – **b** einer Sache **eifrig dienen, sich eifrig widmen, sich eifrig hingeben,** etw. **mit Vorliebe pflegen,** eine Sache **sich angelegen sein lassen,** divinis rebus, Cic. part. or. 80: sacris suis, Apul. met. 11, 30: studiis, Plin. ep. 7, 7, 2: expetitis honoribus, Plin. pan. 77, 6: praestitutis legibus officiisque, Lact. 2, 5, 14. – im üblen Sinne = einer Sache **frönen,** corpori, Cic. de legg. 1, 39: voracitati suae, Apul. met. 7, 27. – v. lebl. Subjj., nec unius oculis flumina, fontes, maria deserviunt, dienen nur nicht einem einzigen zur Augenweide, Plin. pan. 50, 1: in palpebris enim et genis est quoddam deserviens his (oculis) ministerium, etwas, was ihnen seine guten Dienste tut, Quint. 11, 3, 77.

dēservītio, ōnis, *f.* (deservio), **I** der **Sklavendienst,** Itala (Lugd.) num. 29, 12. – **II** der **Gottesdienst,** Eccl.

dēses, sidis, (desideo) aus Mangel an Rührigkeit **müßig, träge, untätig, lungernd,** der **Lungerer,** desidem domi sedere, zu Hause lungern, Liv.: desidem regem inter sacella vitam acturum, Liv.: ut eum splendidum atque hilarem potius quam luxuriosum aut desidem diceres, Vell.: canis venaticus agricolam desidem *ab* opere suo reddit, Cato: nec rem Romanam tam desidem umquam fuisse atque imbellem, Liv.: poet., des. passus, des. vita, des. anni, Stat. – ► Nomin. deses (vgl. Prob. app. 198, 15), Ter. Maur. 1285 u. Gloss. (wo deses, ἄγνωστος, ῥάθυμος).

dēsessilis, e (desideo), **zum Verweilen dienend,** vici, Iul. Val. 1, 24 (31).

dēsiccātio, ōnis, *f.* (desicco), das **Austrocknen,** Cass. Fel. 33.

dē-sicco, āvī, āre, **ab-, austrocknen,** vasa, Plaut. truc. 585: chymum iniquum, Ser. Samm. 900: herba desiccata, Ps. Apul. herb. 50, 3. – insbes., einen Ort **trocken legen,** locum, Gromat. 40, 22 u. 71, 20 (wo Schreibung desicavit).

dēsideo, sēdi, sessum, ēre (de u. sedeo), **sitzend verweilen, -verharren, I** aus Mangel an Rührigkeit **still-, müßig dasitzen, müßig verweilen, die Hände müßig in den Schoß legen,** frustra ubi totum desedi diem, Ter.: ne desidere in discrimine sociorum videretur, müßig zusehen, Suet.: des. in aliquo spectaculo, Sen. ep. 7, 2: apud Nicomedem, Suet.: apud Coram rusticam vel apud steriles Formias, Symm. – **II zu Stuhle sitzen,** Cels. 2, 7 u. a.: vollst. des. ad sellam, Scrib. Larg. 227.

dēsīderābilis, e, *Adi.* m. *Compar.* (desidero), **verlangens-, wünschenswert,** nihil desiderabile concupiscunt, Cic. – v. Pers., **a** = **unvergesslich,** velut suis vitiis desiderabilem efficere vellet avum, Liv.: ut tali successore desiderabilior ipse quandoque fieret, Suet. – **b zärtlich geliebt,** filii, Augustin. ep. 127 *lemm.*

dēsīderābiliter, *Adv.* (desiderabilis), **mit Verlangen, sehnsuchtsvoll,** concupiscere, Augustin. epist. 143, 2.

dēsīderāns, antis, *PAdi.* (v. desidero), **ersehnt,** nur *Superl.* desiderantissimus, der **ersehnteste, unvergesslichste, teuerste** (als Schmeichelwort), Fronto ad M. Caes. 1, 6 *extr.* p. 17, 12 N. u. 2, 5 *extr.* p. 30, 8 N. Sev. bei Capit. Alb. 7, 3. CIL 2, 541. Cypr. ep. 4. § 5 *extr.* u. ö. Paulin. in Augustin. epist. 25, 5. Augustin. epist. 67 *lemm.* u. ö.

dēsīderanter, *Adv.* m. *Compar.* (desiderans), **mit Verlangen, sehnsuchtsvoll,** Cassiod. var. 1, 4, 2 u. in psalm. 118, 2. – irasceris quanto desiderantius desideras, Fronto ep. ad Ver. 1, 4. p. 117, 14 N.

dēsīderātio, ōnis, *f.* (desidero), das **Verlangen,** der **Wunsch** (etwas zu haben, zu wissen usw.), **I** im Allg., Cic. de sen. 47: Plur., Vitr. 8. praef. 3. – **II** insbes., **die zu erörternde Frage,** relinquetur desideratio, quid etc., es bleibt noch die Frage zu erörtern übrig, Vitr. 2, 6, 4.

dēsīderātīvus, a, um (desidero), **ein Verlangen anzeigend,** verba, Augustin. gramm. V, 516, 16 K. Ps. Asper gramm. V, 551, 22 K.

dēsīderātus, a, um, *PAdi.* (v. desidero), **ersehnt, erwünscht, willkommen,** blandidissima desideratissimaque promissa, Plin. 30, 2. – Superl. v. Pers., der **ersehnteste, teuerste,** Augustin. epist. 73 *lemm.* u. ö. (Vgl. desiderantissimus unter desiderans).

dēsīderium, iī, *n.* (desidero), **I** das (vermissende) **Verlangen,** der **Wunsch** nach etw., die **Sehnsucht,** d. Athenarum me cepit, Ter.: miserum d. urbis me tenet, Cic.: desiderio alcis rei magno teneri, großes Verlangen tragen, Cic.: esse in desiderio rerum sibi carissimarum, Verlangen tragen, Cic.: esse in desiderio civitatis, verlangt, ersehnt werden vom usw., Cic.: alci esse magno desiderio, Ter.: praefecti Philippi superbo atque immodico imperio desiderium Amynandri fecerant, hatten bewirkt, dass man sich den A. zurückwünschte, Liv.: eadem causa dictatoris desiderium senatui fecit, machte beim S. den Wunsch rege, einen D. zu wählen, Liv.: me tanto desiderio afficis, ut etc., erregst in mir so große Sehnsucht, dass usw., Cic.: desiderio id fieri tuo (für tui), Ter.: desiderio tabescere, Cic.: desiderio macerari, Sen.: quam postea, cum reliqueritis, ea macerent desiderio, Liv.: desiderio alcis torqueri, Fronto: parentium patriaeque desiderium explere (stillen), Liv.: desiderio alcis mortuum esse, Cic.: haec mea voluntas, in qua inest aliqua vis desiderii *ad* sanandum vulnus iniuriae, Cic. ep. 15, 4, 14. – dah. meton. = Gegenstand der Sehnsucht, d. meum, meine Sehnsucht, Catull. 2, 5. Cic. ep. 14, 2, § 2 u. (Plur.) § 4. Petron. 139, 4; vgl. Hor. carm. 1, 14, 8. – **II** insbes.: **A** das natürliche **Bedürfnis,** cibi potionisque des. naturale, Liv.: naturale des. corporum, Liv.: Veneris naturale des., Curt.: des. corporum, Plin.: scabendi, Plin.: umoris (nach Wasser), Curt.: hae manus suffecere desiderio meo, reichten für meine Bedürfnisse aus, Curt. – **B** der **Wunsch,** das **Anliegen,** die **Bitte,** das **Bittgesuch,** desideria adeuntium, hominum, Suet.: desideria militum, Suet. u. Tac.: desideria provinciarum, Plin. pan.: desiderio alcis indulgere, Plin. ep.

dē-sīdero, āvī, ātum, āre (eig. sich eifrig nach etwas umsehen, dah.), nach etwas Abwesendem **verlangen,** es **begehren, sich** nach etwas **sehnen,** es **wünschen, I** im Allg.: **a** v. Pers.: alqm, Plaut. u. Ter.: alqd, Cic.: alqd ab alqo, Cic. u. a.: alqd in alqo, Cic., Caes. u. a. – m. folg. *Infin.* od. *Acc.* u. *Infin.*, mihi dari haud desidero, Plaut.: haec enim scire desidero, Cic.: quid est quod quisquam ex vobis audire desideret, cum etc., Cic.: quo ullam rem ad se importari desiderent, Caes.: desiderat mori, Amm.: nihil des. mit folg. *quominus* u. Konj., praeter quercum Dodonaeam nihil desideramus, quominus Epirum ipsam possidere videamur, Cic. ad Att. 2, 4, 5. – absol., exspectando et desiderando pendēre animis, Cic. Tusc. 1, 96. – **b** v. Lebl.: desiderarunt te oculi mei, cum tu esses Cyrenis, Cic.: nullam virtus aliam mercedem laborum desiderat, quam etc., Cic.: res non modo tempus, sed etiam animum vacuum desiderat, Cic. – m. folg. *Infin.*, desiderant autem (vineae) maxime rigari quae assuevere, Plin.: arbusta arari quam altissime desiderant, Plin. – **II** insbes.: **A** mit dem Nbbgr. des Fehlens, etw. **vermissen, 1** übh.: ex me audies, quid in oratione tua desiderem, Cic.: seu quid a peritioribus rei militaris desiderari videbatur, Caes.: neminem nisi in acie consumptum civem patria desideravit, Vell. – **2** prägn., wie auch unser **vermissen** = etwas **verlieren** od. im Passiv **verloren werden, -gehen, fehlen,** in eo proelio CC milites desideravit, Caes.: quarta (legio) victrix desiderat neminem, Cic.: neque quidquam ex fano, praeter unum signum, desideratum est, Cic.: fortiter desiderare suos, den Verlust der Seinigen standhaft ertragen, Sen. – m. folg. *quin* u. Konj., oppido potitur perpaucis ex hostium numero desideratis, quin cuncti caperentur, und die sämtlichen feindlichen Bewohner wurden mit Ausnahme weniger gefangen, Caes. b. G. 7, 11, 8. – **B** mit dem Nbbgr. des Forschens, Fragens, etw. **in Frage-, in Erörterung ziehen, erörtern,** quibus provisis sequitur ut examina desideremus, Col. 9, 8, 1 (u. so auch 9, 13, 1): antequam desideraretur, bevor eine solche Frage erhoben würde, Vitr. 2, 6, 4.

dēsīderōsus, a, um (desiderium), **lüstern,** Schol. Bern. Verg. ecl. 2, 43.

1. dēsidia, ae, *f.* (desideo), **I** das **lange Sitzen, Verweilen** an einem Ort, z. B. am Putztisch, Prop. 1, 15, 6. – **II** das **Müßigsitzen,** der **Müßiggang** aus Mangel an Rührigkeit, das **Lungern, Faulenzen,** die Trägheit, die **Untätigkeit** (Ggstz. labor, Arbeitsamkeit), Cic. u. a.: equitem marcescere desidiā, Liv.: Plur., Lucr. 5, 48. Verg. Aen. 9, 615. Gell. 9, 5, 6. – bes. auch **untätige Schwelgerei** in der Liebe, Prop. u. Ov. – u. das **Brachliegen** des Ackers, longa, Col. 2, 17, 3.

2. dēsīdia, ae, *f.* (desido), das **Sichsenken, Zurücktreten,** maris, Apul. de mund. 34: sanguinis, Apul. de dogm. Plat. 2, 9.

dēsidiābulum, ī, *n.* (desideo), der **Faulenzerort, Lungerort,** Plaut. Bacch. 376 (Plur.).

dēsidiōsē, *Adv.* (desidiosus), **im völligen Müßiggang,** agere aetatem, Lucr. 4, 1128 (1136).

dēsidiōsus, a, um, *Adi.* m. *Compar.* u. *Superl.* (desidia), **voller Müßiggang = überaus müßig, -träge, lässig, a** v. Pers.: iuventus (= iuvenes), Sen. rhet.: homo, Plin. ep.: nimia species desidiosum faciet contubernalem, Col.: qui nolet fieri desidiosus, amet, Ov.: (eos) qui in oppido sederent, quam (eos) qui rura colerent, desidiosiores putabant, Varro. – **b** v. Zuständen usw., **mit viel Müßiggang verbunden, überaus müßig,** ars, Rhet. Her.: occupatio, geschäftiger Müßiggang, Sen. rhet.: illecebrae, zum Nichtstun verführende, Cic.: so auch delectatio, Cic., u. inertissimum et desidiosissimum otium, Cic.

dē-sīdo, sēdī u. sīdī, ere, **sich niedersenken, einsinken, sich setzen,** ut terrae desiderint, Cic.: urbs desedit, Sen.: si (os et cartilago) fracta sunt, nares desidunt, Cels.: ex urina quod desidit, Cels.: relinquito in imo quod desedit, Cato: tumor ex toto desidit, Cels. – übtr., mores desidentes, sich zum Verfall neigende, Liv. praef. § 9: cum ad tertiam auri partem vectigal desidisset, gesunken war, Lampr. Alex. Sev. 39, 7.

dēsignātē, *Adv.* (designatus v. designo), **bezeichnend,** Gell. 2, 5 *in lemm.* (wo aber zu lesen signate, s. d.).

dēsignātio, ōnis, *f.* (designo), die Bezeichnung, **I** eig., die **Bezeichnung, Abgrenzung,** octavae partis, Vitr. 1, 6, 7: quadrata, ein quadrates Verhältnis, Vitr. 3, 1, 3: designationes undarum, die Beschreibungen der Kreise, die die Wellen bilden, die Kreislinien der Wellen, Vitr. 5, 3, 7. – **II** übtr.: **A** im Allg., die **Bezeichnung, Angabe,** sine designatione personarum et temporum, Cic. de or. 1, 138: sine ulla personarum ac locorum designatione, Lact. 4, 15, 5. – **B** insbes.: **1** die **Einrichtung, Anordnung,** omnis totius operis des., Cic.: des. mirifica librorum meorum, Cic.: Plur., designationes eorum (vasorum), Vitr. 5, 5, 2. – **2** die **Bestimmung, Ernennung** zu einem Amt, bes. zum Konsulat, consulatus, Suet. Caes. 9, 1: annua, Tac. ann. 2, 36.

dēsignātor, ōris, *m.* (designo), der **Anordner bei öffentlichen Kampfspielen, der Kampfaufseher, Kampfrichter,** griech. βραβευτής, Cic. ad Att. 4, 3, 2. Ulp. dig. 3, 2, 4. § 1. Vgl. dissignator.

dē-sīgno, āvī, ātum, āre, etwas (gleichs. abgrenzend, im Abriss u. dgl.) **bezeichnen, abgrenzen, angeben, I** eig.: **a** übh.: urbem aratro, Verg.: oppidum sulco, Tac.: fines templo Iovis, Liv. – mediam vulnere frontem, zeichnen, Stat. – **b** durch ein Zeichen mit der Hand usw. **bezeichnen, bestimmen,** alqm digito, auf jmd. hinweisen, Ov.: notare et d. alqm oculis ad caedem, Cic.: alci locum, anweisen (im Theater), Vitr. – **c** prägn., zeichnend (stickend, webend) im Umriss **darstellen, nachbilden,** d. ventorum singulorum imagines exsculptas, Vitr.: duo trigona in quadrato lineā diagonio, Vitr.: Maeonis elusam imagine tauri Europam, Ov. – **II** übtr.: **A** im Allg., **bezeichnen, andeuten,** haec verbis designata, Cic.: affectus velut primis lineis designantur, Quint.: hāc oratione Dumnorigem designari, hingedeutet, gezielt, Caes.: alqm notā ignaviae, Liv.: nimiam luxuriam et victoriae fiduciam, Caes. – **B** insbes.: **1** etwas Ausgezeichnetes **zutage fördern,** im üblen Sinne etw. **anstellen, anrichten, anstiften** (vgl. Schmid Hor. ep. 1, 5, 16), quae designata sunt et facta nequiter, Plaut.: modo quid designavit! Ter.: quasi contra fas sanctae religionis designasset aliquid, Apul. – **2** mit dem Nbbgr. der Anordnung, etw. **einrichten, anordnen,** verb. constituere et designare, Cic.: designare et conficere, entwerfen u. ausführen, Cic. – **3** als publiz. *t. t.*, **a** jmd. zu einem Amt **bestimmen,** gew. im Aktiv m. dopp. *Acc.*, im Passiv m. dopp. *Nom.*, Mamertinum consulem, Amm. 21, 12, 25: fratrem sibi participem in imperio, Capit. Anton. phil. 7, 5: codicillis alqm praetorem extra ordinem, Suet. Cal. 18, 2: ut ii decemviratum habeant, quos plebs designaverit, Cic. de lege agr. 2, 26: oft im Passiv, D. Iunius Silanus, quod eo tempore consul designatus erat, Sall.: quod in epistula tua scriptum erat me iam arbitrari designatum esse, Cic.: u. im Abl. absol., nobis consulibus designatis, Cic.: eodem tribuno plebis et inimico consule (zum K.) designato, Cic. – bes. designatus, **designiert, erklärt,** als Bezeichnung des zu einem Amt Gewählten bis zu seinem Amtsantritt consul, Cic.: tribunus plebis, Cic.: quaestor, Vell.: dah. übtr. von einem noch nicht geborenen Kind, designatus rei publicae civis, künftiger Bürger, Cic. Clu. 32. – **b** jmdm. ein Amt **bestimmen,** Cn. Pompeio consulatus primus cum M. Crasso designatus est, Gell. 14, 7, 1.

dē-silio, siluī, sultum, īre (de u. salio), **herab-, hinabspringen, a** v. leb. Subjj.: inde, Ampel.: de raeda, Cic.: de navibus, Caes.: de muro, Suet.: ex essedis, Caes.: e tribunali, Curt.: ex navi, ex equo u. dgl., Caes., Liv. u. a. (vgl. Caes. b. G. 4, 25, 5. Drak. Liv. 35, 34, 10): ab equo, Verg.: equo, Iustin. u. (als Ehrenbezeigung) Sen.: vehiculo (als Ehrenbezeigung), Arnob.: tribunali, Tac.: in mare, Suet.: in artum, sich verrennen (bildl.), Hor.: de navi in scapham, Plaut.: ad terram e scapha, Plaut.: equites ad pedes desiliunt, Caes.: absol., desilite, milites, springt hinab, Caes.: ille desilit, springt ab (vom Wagen), Curt. – übtr., nihil cunctatus desiliet in mortem, sich (hinab)stürzen, Sen. ep. 76, 29. – **b** v. lebl. Subjj.: unde loquaces lymphae desiliunt tuae, Hor.: ex alto desiliens aqua, Ov.: des. aetheria domo (v. Blitzen), herabfahren, Prop. – ► Perf. gew. desilui; arch. desului, wov. desuluit, Plaut. rud. 173 Fl. (die Handschriften desiluit), desuluerunt, Plaut. rud. prol. 75. – später auch desilivi u. synk. desilii, wov. desilivit, Colum. 6, 24, 3. Aur. Vict. de vir. ill. 22, 2. Heges. 3, 22, 1 u. 5, 12. p. 294, 19. Gloss. IV, 502, 36: Perf. desiliit, Iustin. 12, 9, 5. Vulg. 4 regg. 5, 21. Gloss. II, 46, 26: desilierint, Colum. 8, 5, 14. Iustin. 1, 10, 9: desilierat, Heges. 3, 25, 3.: desilissent, Suet. Caes. 64.

dē-sino, siī, situm, ere, **I** *tr.* **ablassen** von etw., es **unterlassen, verlassen,** mit etw. **aufhören,** telam, Ter.: artem, aufgeben, nicht mehr betreiben, Cic.: artem athleticam, Gell.: bellum, Sall. fr.: oppugnationem, Gell.: versus, Verg.: amicitiam cum alqo, Fronto: bei Dichtern nicht selten für *deserere,* wie dominam, Ov. – mit *Infin.,* **aufhören** zu usw. (deutsch auch oft durch **nicht mehr, nicht weiter** mit dem bestimmten Tempus des im Lateinischen im Infinitiv dabeistehenden Verbums), desiit defendere, verteidigte nicht mehr, nicht weiter, Cic.: alere morbum desinere, die Kr. nicht weiter nähren, Nep.: illud timere desino, fürchte ich nicht mehr, Cic.: vivere des., nicht mehr leben, Sen.: so auch esse des., nicht mehr (am Leben) sein, Sen.: morari inter homines desisse (doppelsinnig, s. 1. moror), Suet.: desinit moveri (sich zu bewegen), Cic.: vocari est desitus, Cic.: ab totiens victore hoste vinci desisse, Liv.: desinit ferri, consumi, Sen. rhet.: orationes legi sunt desitae, wurden nicht mehr gelesen, Cic.: u. unpers., desitum est disputari, man hat aufgehört usw., Cic.: cum Philippo non ante desitum (est) bellari, Liv. – m. *Abl.,* desine, quaeso, communibus locis, Cic. Acad. 2, 80. – m. *Genet.,* desine blanditiae, Caecil. com. 66: desine tandem mollium querelarum, Hor. carm. 2, 9, 17: consul non desinit irae, Sil. 10, 84. – m. *ab* u. Abl., a currendo multa spatia non des., Capit. Maxim. duor. 3. § 3: des. a militia, *ibid.* 4. § 4. – absol. (Ggstz. incipere), *Mi.* Ah! pergisne? *De.* Iam iam desino, Ter.: ut incipiendi fuerit ratio, ita sit desinendi modus, Cic.: unde initium fecit et ubi desiit (vox), Vitr.: u. bes. = **aufhören** (zu klagen, sprechen), **endigen,** desine, Ov. met. 6, 215: desinit in lacrimas, weinend beschließt sie die Rede, Ov. fast. 2, 755: u. = aufhören (zu handeln usw.), **es gut sein lassen,** optimus virtutis finis est, antequam deficias desinere, Sen. contr. 1, 8, 3: u. v. Schauspieler u. Redner = nicht mehr auftreten, Cic. ep. 7, 1, 2. Quint. 12, 11, 3: v. Soldaten = nicht weiter dienen, Sen. contr. 1, 8, 8. – u. in der Umgangssprache, desine zuw. wie παῦε, **lass ab! lass gut sein! halt still** u. dgl., Komik (vgl. Spengel Ter. Andr. 972). – Passiv unpers., tunc bene desinitur, Ov.: si esset factitatum, non esset desitum, Cic.: coeptum igitur per eos, qui agi volebant, desitum est per hunc, qui discessit, Cic. fr. – **II** *intr.* **aufhören, enden, ein Ende nehmen, vergehen, schließen** (Ggstz. incipere, coepisse), Sall., Verg. u. a.: occīdere desinereque, Plin. ep.: in piscem, Ov.: gemma in violam desinit, spielt ins Violette, Plin.: hirsuta barba in acutum desinens, Amm.: aestas in autumnum desinit, schlägt um, Sen.: cauda praelonga in tenuitatem desinens, am Ende spitz zulaufend, Plin.: Pyrenaeus desinens, der ausmündende P., das äußerste Ende des P., Flor.: desinit (läuft aus) Draco (mons) in Tmolo, Tmolus in Cadmo, Plin.: Danubius alio, quam desinit (ausmündet), nomine exoritur, Mela: alphos et melas (zwei Formen der Krankheit vitiligo) in aliis celerius in aliis tardius et oriuntur et desinunt (vergehen), Cels. – als rhet. *t. t.,* **schließen, endigen,** v. Schluss einer Periode usw., similiter desinens est, cum, tametsi casus non insunt in verbis, tamen similes exitus habent, Rhet. Her.: quae similiter desinunt aut quae cadunt similiter (vgl. cado *no.* I, A, a, λ), Cic.: in iisdem verbis des. (Ggstz. ab iisdem incipere), Quint.: apud Ciceronem omnia desinunt (verläuft sich ruhig), apud Pollionem cadunt (stürzt alles zum Schluss), Sen. – v. Schluss der Rede, unde coepit oratio mea, ibi desinet, Liv. – vom die Rede schließenden Redner, non semper eodem modo des., Cic.: in hoc desisse versu, Suet.: ut quo ex genere coeperis translationis, hoc desinas, Quint. – ► *Perf.* regelm. desii, doch auch desivit, Solin. 35, 4: desiverit, Gell. 20, 1, 22. – Synkop. *Perf.* desi, Carm. epigr. 1091. 1092. 1095: desit, Manil. 5, 563. Mart. 6, 26, 3 u. a.: desissem, Catull. 36, 5: desisset, Gell. 15, 16, 2. Capit. Maxim. duor. 3. § 3: *Infin.* desisse, Cic. ep. 9, 24, 2. Liv. 4, 35, 10. Suet. Ner. 33, 1 u. 46, 3: vulg. *Perf.* desinui, wov. desinuit, Commodian. apol. 201: desini, Pastor Herm. vis. 3. § 8.

dēsioculus, ī, *m.,* dem ein Auge fehlt, **einäugig,** Mart. 12, 59, 9 Schn. (Vulg. defioculus in gleicher Bedeutung).

dēsipiēns, entis, *PAdi.* (desipio), **unsinnig** (Ggstz. sapiens), Cic. de div. 2, 51 u. a.

dēsipientia, ae, *f.* (desipio), der **Wahnsinn,** Lucr. 3, 499.

dē-sipio, sipuī, ere (de u. sapio), **I** *tr.* **geschmacklos machen,** Tert. de pudic. 13 u. 18. – **II** *intr.* eig. sich von der gesunden Vernunft entfernen, **sich der Torheit überlassen, unsinnig sein** od. **handeln** (Ggstz. sapere), Lucr., Cic. u. a.: in hoc solo non poëtice, sed aniliter, Lact.: dulce est desipere in loco, schwärmen, Hor.: m. lokat. Genet. desipiebam mentis, Plaut. Epid. 138. – desipere est m. folg. *Infin.,* es ist Torheit (Unsinn) zu usw., Lucr. 3, 800 u. a. – als Krankheitszustand, Lucr. u. Cels.: des. et aliena loqui, Cels.: des. intra verba, phantasieren, Cels. – ► Perf. desipui steht Lact. 2, 4, 4. Augustin. in euang. Ioann. tract. 45, 13. Fulg. Verg. contin. p. 162 M.

dē-sisto, stitī, stitum, ere, sich von etw. hinwegstellen, -entfernen, dah. von einer Tätigkeit **ablassen, abstehen,** mit etw. **aufhören** (Ggstz. incipere), m. *de* od. *ab* u. Abl., de diutina contentione, Nep.: de petitione, Liv.: de sententia, Cic.: ab defensione, Caes.: ab incepto, Liv. – m. bl. *Abl.* (s. Weißenb. Liv. 37, 58, 1), itinere, Caes.: accusatione, Cic. fr.: sententiā, Cic.: petitione, Liv.: bello, Liv.: negotio, Caes.: eo negotio, Liv.: incepto, Verg. u. Liv.: impediendo bello, Liv.: unpers., nunc iam istis rebus desisti decet, Plaut. – m. *Genet.* (poet.), pugnae, Verg. Aen. 10, 441. – m. *Dat.* (poet.), haud umquam iusto mea cura labori destitit, Stat. Theb. 5, 273. – m. folg. *Infin.,* **ablassen** zu usw. (deutsch auch oft durch **nicht mehr, nicht weiter** mit dem bestimmten Tempus des im Lateinischen im Infinitiv dabeistehenden Verbums), destiti stomachari, ich ärgerte mich nicht weiter, Cic.: is liceri non destitit, bot immer weiter, Cic.: ut homines mortem vel optare incipiant vel certe timere desistant, den T. nicht mehr fürchten, Cic.: tandem obloqui desistunt, Liv.: senatum incitare adversus legem haud desistebat, Liv.: ingenium desiste requirere nostrum, Ov. – non des. m. folg. *quin* u. Konj., Plaut. u. Vatin. in Cic. ep. – absol., Plaut., Caes. u. a.: ter in primo destitit ore sonus, blieb aus, stockte, Ov.: desistente autumno, zu Ende gehend, Varro.

dēsitio, ōnis, *f.* (desino), das **Aufhören,** der **Schluss,** als rhet. Fig. = ἐπιφορά, Carm. de fig. 37. p. 65 H.

dēsitus, ūs, *m.* (desino), das **Aufhören,** cum desitu spiritus, Iul. Val. 3, 54 (30).

dēsīvo, āre, **aufhören,** Paul. ex Fest. 72, 13.

desma, atis, *n.* (δέσμα), die **Fessel,** Fulg. myth. praef. p. 6, 12 *Helm.*

dēsōlātio, ōnis, *f.* (desolo), das **Alleinsein,** die **Verödung,** Eccl. – meton., die **Einöde, Wüste,** Eccl.

dēsōlātor, ōris, *m.* (desolo), **einer, der vereinsamt ist,** Augustin. serm. 119, 5 *ed. Mai.*

dēsōlātōrius, a, um (desolo), **vereinsamend,** Eccl.

dē-sōlo, āvī, ātum, āre, **einsam lassen, verlassen,** ingentes agros, Verg. Aen. 11, 367: agros profugiendo, Col. 1, 3, 11: urbes, Stat. Theb. 6, 917. – Oft im *Partic. Perf. Pass.,* **vereinsamt, verödet,** desolatae terrae, Ov.: desolata templa, Plin. ep.: manipli desolati, von ihren Führern verlassen, Verg.: desolatus aliorum discessione, Tac.: desolata sanctis parentibus, Apul.: aevo desolata senectus, geschwächt vom Alter, Petron.: verb. deserta desolataque reliquis opibus aula, Suet.: m. *Genet.,* desolatae virorum gentes, Sil. 8, 588.

dē-solvo, (solvī), solūtum, ere, **abzahlen,** Scaev. dig. 40, 5, 41. § 9.

dēsomnis, e (de u. somnus), **schlaflos,** soles me nocte desomnem facere, Petron. 47, 5.

dē-sorbeo, ēre, **hinabschlingen, verschlingen,** Tert. de idol. 24. Mart. Cap. 8. § 804.

dēspectātor, ōris, *m.* (despecto), der Herabseher, übtr., der **Verächter,** Tert. ad uxor. 8.

dēspectio, ōnis, *f.* (despicio), **I** das **Herabschauen,** ex alto, Cael. Aur. chron. 1, 4, 114. – **II** übtr., die **Verachtung,** Cic. Hortens. fr. 60 K (fr. 38 Kl.) = fr. F. V 69 *Mueller.*

dē-specto, āre (*Intens.* v. despicio), auf etwas (von einer Anhöhe) **herabsehen, -blicken, I** eig.: **a** v. Pers.: terras captas, Verg.: terras ex alto, Ov. – **b** v. Örtl., **die Aussicht haben** auf etw., etw. **beherrschen,** Lyciae Pisidiaeque agros (Taurus mons), Sall. fr.: quos (populos) despectant moenia Abellae, Verg.: qui (mons) despectat Oceanum, Amm. – **II** übtr., auf jmd. **mit Verachtung herabsehen,** jmd. **verachten,** liberos ut multum infra, Tac.: omnia terrena, Amm.: ne ut victi et ignavi despectarentur, Tac.: dum honorum honestas despectatur, Aur. Vict.

dēspector, ōris, *m.* (despicio), der **Verächter,** Tert. adv. Marc. 2, 23: numinis, Anthol. Lat. 21, 175 R.

dēspectrīx, trīcis, *f.* (Femin. zu despector), die **Verächterin,** mundi, Tert. de anim. 23.

1. **dēspectus,** a, um, *PAdi.* m. *Compar.* u. *Superl.* (despicio), **I unbeachtet,** Mela 3, 8, 5 (3. § 78). – **II verachtet, verächtlich,** homines despecti et contempti, Cic.: non despectum id apud barbaros, Tac.: improbos despectiores facere (Ggstz. reverendos facere nequire), Boëth. consol. phil. 3. pros. 4. p. 47 *Obb.*: despectissima gens servientium, Tac.: alqm pro despectissimo semper habere, Suet.

2. **dēspectus,** ūs, *m.* (despicio), **I** die **Aussicht, Fernsicht** nach unten, in mare, in campum, Caes.: ut erat a Gergovia despectus in castra, Caes.: despectum praebere sub terras, Lucr. – Plur., altissimas rupes despectusque habere, Caes. b. G. 2, 29, 3. – **II** übtr., die **Verachtung,** in der Verbindung despectui esse, Suet.: alci despectui esse, Tac. u. Arnob.: despectui haberi, Aur. Vict.: despectui haberi a viro, Hieron.: despectui alci esse oppositum, Rhet. Her.

dēspērābilis, e, *Adi.* m. *Compar.* (despero), **hoffnungslos,** Eccl.

dēspēranter, *Adv.* (desperans v. despero), **hoffnungslos, verzweifelnd,** cum alqo loqui, Cic. ad Att. 14, 18, 3.

dēspērātē, *Adv.* m. *Compar.* (desperatus), **hoffnungslos,** vel securus vel certe non d. sollicitus, Augustin. epist. 56, 2: vulnus quasi frigidius, sed desperatius dolebat, Augustin. conf. 6, 15: desperatius aegrotare, Cassian. coll. 4, 20 *extr.*

dēspērātio, ōnis, *f.* (despero), **I** das **Aufgeben der Hoffnung** auf etwas, die **Hoffnungslosigkeit, Verzweiflung** an etwas, die **Entsagung,** der **Verzicht** auf etw., vitae, Cic.: rerum oder rerum suarum, Liv.: salutis, Hirt. b. G. u. Curt.: recuperandi, Cic.: perficiendi, Suet.: desp. ultima, Liv. u. a.: extrema, Tac.: postrema, Amm.: magnam pacis desperationem afferre, den Fr. höchst unwahrscheinlich machen, Caes.: alqm ad desperationem adducere, Nep.: in desperationem agi, Liv.: Plur., Cic. ep. 2, 16, 6. – insbes. in Bezug auf einen Kranken, die **Hoffnungslosigkeit** des Arztes, das **Aufgeben des Kranken,** primae desperationis notae, Lic.: ad desperationem usque medicorum laborare, Val. Max. – **II** meton., die durch Verzweiflung erzeugte **Tollkühnheit,** Apul. met. 10, 26. Lampr. Alex. Sev. 52, 3. Dict. 4, 3.

dēspērātus, a, um, *PAdi.* m. *Compar.* u. *Superl.* (v. despero), **aufgegeben, verzweifelt, hoffnungslos, heillos, a** v. Lebl.: res, Nep.: morbi, Cic.: haec nunc multo desperatiora, Cic.: desperatissimo perfugio uti, Cic.: homines desperatae factionis, v. den Märtyrern, Min. Fel. – **b** v. Pers.: **α** übh.: senes, Cic.: homines, Caes.: eos desperatos vocant, v. den Märtyrern, Lact. (vgl. Bünem. Lact. 5, 9, 12): u. v. personif. Staat, aegrota ac paene desperata res publica, Cic. – Sing. subst., medicus, qui etiam desperatum (einen aufgegebenen Kranken) liberare sit idoneus, Augustin. serm. 344, 5: Plur. subst., desperati, v. Kranken, Cic. ad Att. 16, 15, 5. – **β heillos = unverbesserlich, nichtswürdig, verworfen,** desperatissimus iste latro, Apul. met. 10, 11.

dē-sperno, ere, **verschmähen,** Col. poët. 10, 298. Iuvenc. 2, 255.

dē-spēro, āvī, ātum, āre, **keine Hoffnung haben, alle Hoffnung fahren lassen,** an etwas **verzweifeln,** etwas **aufgeben,** auf etw. **verzichten,** einer Sache **entsagen, a** *intr.*: de re publica, Cic.: de se, Lact.: de se, de exercitu, de Lepidi fide, Cic.: de Italicis commeatibus, Caes.: desperatum de re publica esse, Liv. – a (von Seiten) senatu, Cic. – m. *Dat.* (s. Kraner Caes. b. G. 7, 50, 4), sibi, Cic. u. Caes.: suis fortunis, Caes.: saluti, Cic.: oppido, an der Behauptung der Stadt, Cic.: verb. diffidere ac desp. rebus suis, Cic. – m. *in* (an) u. Abl., in ecclesia tua prorsus desperabam, Augustin. conf. 5, 13. – absol., non desperemus, Quint.: subdiffidere coepi; postea vero desperavi, Cic. – insbes., **an** eines Kranken usw. **Aufkommen zweifeln,** jmd. **aufgeben,** desperantibus de eo medicis, Quint.: sibi, Cic.: saluti suae, Cic. – **b** *tr.*: reditum, Cic.: pacem, Cic.: voluntariam deditionem, Liv.: id, Rhet. Her.: omnia, Cic. – m. folg. *Infin.* od. *Nom.* u. *Infin.*, quā posse frui desperat, Ov. met. 9, 724: cur ego desperem fieri sine coniuge mater, Ov. fast. 5, 241. – m. folg. *Acc.* u. *Infin.*, ista vera esse, Cic.: se quae regi pollicitus esset praestare posse, Nep.: non desperat (rem) impetrari posse, Liv.: u. desperato (Abl. absol.) m. folg. *Acc.* u. *Infin.*, Curt. 6, 5 (17), 21. – im Passiv, desperatur turpiter quidquid fieri potest, Cic.: desperatis campestribus locis, Caes.: desperatis legibus et iudiciis, Cic.: desperato auxilio, Liv.: desperatis generi od. provinciarum rebus, Nep.: desperatis rebus, in verzweifelter Lage, Liv.: v. Pers., desperatus ab omnibus, Cic. Vgl. desperatus, a, um.

dēspica, ae, *f.* (despicio), die **Verächterin,** hāc sibi *prospica,* hāc *despica,* Naev. com. 25.

dēspicābilis, e (despicor), **verächtlich,** Amm. 26, 8, 5. Ambros. in psalm. 28. § 3; cant. cantic. 7. § 20: *Compar.* bei Sidon. epist. 2, 10, 4.

dēspicātio, ōnis, *f.* (despicor), die **Verachtung anderer,** Plur., despicationes, jede Art von V. a., Cic. de fin. 1, 67.

1. **dēspicātus,** a, um, *PAdi.* m. *Superl.* (v. despicor), **verachtet** (stärker als contemptus, d. i. verächtlich), vir me habet pessumis despicatam modis, Plaut. Cas. 189. – homo despicatissimus, Cic.: verb. homo contemptissimus ac despicatissimus, Cic.: ignobilissimi homines et despicatissimi, Gell.

2. **dēspicātus,** Dat. uī, *m.* (despicor), die **Verachtung,** alqm od. alqd despicatui sibi habere, verachten, Plaut. Men. 693. Fronto princ. hist. p. 205, 17 N.: si quis despicatui ducitur, Cic. Flacc. 65.

dēspicientia, ae, *f.* (despicio), die **Verachtung,** rerum externarum, Cic.: rerum humanarum, Cic. u. Anbros. de off. 1, 36, 183: magnitudinem animi despicientia in contemnendis honoribus imitatur, Cic.

dē-spicio, spexī, spectum, ere (de u. specio), **I** auf etwas **herab-, niederblicken, -sehen** (Ggstz. suspicere), **A** eig.: **a** *intr.:* ad te per impluvium tuum, Plaut.: de vertice montis in valles, Ov.: a summo caelo in aequora, Ov.: palmae despiciunt in terram, Col. – absol., vultus suspicientes et despicientes, Plin. – unpers., quā despici potest, Caes. – **b** *tr.:* summo ab aethere terras iacentes, Ov.: omne nemus, Ov.: modo turilegos Arabas modo Indos, Ov.: varias gentes et urbes d. et oculis collustrare, Cic.: area a domino despici potest, Col.: evenisse, ut Circensium die puer de cenaculo pompam superne despiceret (mit ansah), Verr. Flacc. bei Macr. sat. 1, 5, 16: tollam altius tectum, non ut ego te despiciam, sed tu ne aspicias urbem eam, quam delere voluisti, Cic. de har. resp. 33. – v. Lebl., der Lage nach, populi, quos despicit arctos, Lucan. 1, 458: cubiculum aliis fenestris xystum, aliis despicit (hat die Aussicht auf) pratum, Plin. ep. 5, 6, 23. – **B** übtr. als *tr.:* **1** auf etw. **mit Verachtung herabsehen,** etw. **unter seiner Würde halten, verachten, verschmähen** (Ggstz. suspicere, colere), dah. oft verb. despicere et contemnere alqm, Cic.: despicere ac pro nihilo putare alqd, Cic.: legionem propter paucitatem, Caes.: rei familiaris fructum, Nep.: ullum laborem aut munus, Caes.: eodem tempore despicis et colis servos, Sen.: quod di despicerentur, Verr. Flacc. fr. – *Partic.,* **a** despiciens u. despectus m. *Genet.,* despiciens sui, Cic. de or. 2, 364: poet., despectus taedae, Sil. 8,

54. – b dēspiciendus, a, um, **verächtlich,** Tac. ann. 12, 49. Ambros. de off. 1, 36, 181. – c *PAdi.* dēspectus, a, um, s. bes. – 2 über etw. **sich verächtlich äußern,** cum Caesaris copias *despiceret,* Pompeii consilium *summis laudibus efferret,* Caes. b. c. 3, 87, 1. – II (*intr.*) von etwas **hinwegblicken, den Blick wenden,** Cic. Rosc. Am. 22. – ► Synkop. *Infin. Perf.* despexe, Plaut. mil. 553.

dē-spīco, āre (de u. spica, Kiel), **entkielen,** junge Vögel **rupfen,** Pelagon. veterin. 6. p. 34 = 88 *Ihm.*

dē-spicor, ātus sum, ārī (despicio), **verachten, verschmähen,** Q. Pompei. bei Prisc. 8, 19: ut homines d. (Ggstz. ut deos venerari), Aur. Vict. de vir. ill. 23, 8. Vgl. despicatus, a, um.

dē-splendēsco, ere, **den Glanz verlieren,** Paul. Nol. epist. 39, 8.

dēspoliātio, ōnis, *f.* (despolio), die **Beraubung,** Tert. de res. carn. 7: als Geldbuße, Cod. Theod. 9, 17, 6.

dēspoliātor, ōris, *m.* (despolio), der **Berauber, Plünderer,** Plaut. trin. 240. Cod. Theod. 16, 2, 28.

dēspoliātūra, ae, *f.* (despolio), die **Beraubung,** Gloss. II, 576, 17.

dē-spolio, āvī, ātum, āre, **berauben, plündern,** absol., Turpil. com. fr.: alqm, Cic.: templum Dianae, Cic.: alqm armis, Caes.: iis margaritis collos filiarum suarum, Fronto. – übtr., despoliari triumpho, Liv. 45, 36, 7. – Vgl. dispolio.

dē-spolior, ārī = despolio, Afran. com. 42 R.[2] Vgl. Prisc. 8, 24.

dē-spondeo, spondī, spōnsum, ēre, I förmlich **versprechen, zusagen, verbürgen,** A im Allg.: alci Syriam, Cic.: haud dubium consulatum favore ac spe (v. Volk), Liv.: velut desp. Romanis imperium orientis (v. Glück), Liv.: illam περὶ τελῶν σύνταξιν Bruto, dem B. dedizieren, Cic. – sibi alqd, sich etwas ausbedingen, Cic. – B insbes.: a jmdm. ein Mädchen als Braut **verloben,** filiam alci, Plaut., Cic. u. a.: alci invito filiam suam, aufdringen, Cic.: alci alqam in matrimonium, Dict.: filiam suam in divitias maximas, Plaut.: sororem in tam fortem familiam, Plaut. – v. Bräutigam, alqam sibi, Cael. in Cic. ep. 8, 7, 2. – v. Vater des Bräutigams, absol., placuit, despondi, Ter. Andr. 102. – Passiv unpers., intus despondebitur, wird Verlobung gehalten werden, Ter. Andr. 980. – b prägn., **verspondieren** = durch Bürgschaftsleistung vertun, quas (mille drachumas) despondi, Plaut. trin. 427. – II übtr.: A im Allg.: quaecumque (spes) est, ea despondetur anno consulatus tui, d. i. setzt man auf usw., Cic. ep. 12, 9, 2: meritis periuria poenis despondet, setzt Strafen auf Meineid, Val. Flacc. 7, 509 *sq.* – B insbes., im Sinne des Vonsichfortgebens = **aufgeben,** animum, ganz mutlos werden, in Verzweiflung geraten, verzweifeln, Plaut. u. Varro: u. so animos, Liv., u. bl. despondere, Col.: sapientiam, alle Hoffnung, die Weisheit zu erlangen, aufgeben, an der Weisheit verzweifeln, Col. – ► Redupl. Perf.-Formen, despopondisti, Tert. de fug. in pers. 5: despoponderat, Sulpic. Apollin. perioch. Ter. Andr. 4.

dēspōnsātio, ōnis, *f.* (desponso), das **Verloben,** Tert. de virg. vel. 11. Vulg. cant. 3, 11 u. Ierem. 2, 2. Augustin. serm. 105, 4.

dēspōnsio, ōnis, *f.* (despondeo), die **Verzweiflung,** animi, Cael. Aur. acut. 2, 32, 167: absol., Cael. Aur. acut. 3, 18, 176.

dē-spōnso, (āvī), ātum, āre, **verloben,** alci desponsatam fuisse, Suet. Caes. 1, 1. Aur. Vict. de orig. 13, 4. Capit. Anton. phil. 4, 5. Augustin. de civ. dei 3, 14. p. 113, 19 D.[2] u. a. Eccl.: in prima aetate desponsata viro iusto, Ambros. in Luc. 10, 21.

dēspōnsor, ōris, *m.* (despondeo), der **Verlober,** nach Varro LL. 6, 69.

dēspuēns, entis, *PAdi.* (despuo), **verachtend, voll Verachtung gegen** usw., m. *Genet.,* terrae, Cl. Mam. de statu anim. 2, 9, 3.

dēspūmātio, ōnis, *f* (despumo), das **Abschäumen,** Tert. de carn. Chr. 19.

dē-spūmo, āvī, ātum, āre, I *tr.:* A **abschäumen,** 1 eig., carnes, Plin.: mel quater aut quinquies, Col.: foliis undam trepidi aheni, Verg. – 2 übtr.: a **verdauen,** den Wein, Pers. 3, 3. – b **abreiben, abschleifen,** pavimentum cote, Plin. 36, 187. – c **zur Ader lassen,** animal, Veget. mul. 1, 22, 11 u. a. – B **schäumend herabgießen, -schütten, -führen,** Claud. in Prob. et. Olyb. 54; eidyll. 6, 58. Lucan. 6, 506. – II *v. intr.* **zu schäumen aufhören,** übtr. = **verbrausen, ausbrausen,** ut nimius fervor despumet, Sen.: haec aetas optime facit ad haec studia; iam despumavit, Sen.

dē-spuo, spuī, spūtum, ere, I *v. intr.* **ausspucken,** bes. um ein Übel abzuwenden, Varro LL., Liv. u. a.: in molles sibi sinus, Tibull. – übtr., acre despuat in mores, giftig loszieht auf usw., Pers. 4, 34. – II *v. tr.:* 1 etw. **ausspucken, ausspeien,** a eig.: tenerum ignem, Claud. rapt. Pros. 2, 52. – b übtr., vor od. bei od. gegen etwas **ausspucken** (als Zeichen des Abscheus), comitiales morbos (beim Anblick von Fallsüchtigen), Plin. 28, 35: teque obsecro hercle, ut quae locutus es despuas, Plaut. asin. 38: precesque nostras, oramus, cave despuas, Catull. 50, 18: despuens divitias oppressione quaesitas, verabscheuend, Mart. Cap. 1. § 80.

dēspūtāmentum, ī, *n.* (despuo), der **Speichel,** Fulgent. myth. 3, 6.

dēspūtum, ī, *n.* (despuo), der **Speichel,** subalbida desputa (Speichelabgänge), Cael. Aur. acut. 3, 20, 195.

dē-squāmo (de u. squama), āvī, ātum, āre, **abschuppen,** I eig.: pisces, Plaut. aul. 398. Apul. apol. 42. – II übtr., **abschälen, abreiben, reinigen,** corticem, Plin.: vestem Cimoliā, Plin. – *Partic.* subst., dēsquāmāta, ōrum, *n.,* **abgeschundene Stellen der Haut** am Körper, griech. ἀποσύρματα, Plin. 22, 139.

dē-sterno, strāvī, strātum, ere, von der Decke (stratum) befreien, **absatteln,** equos, Veget. mil. 3, 10. p. 90, 10 L.: camelos, den K. den Saumsattel abnehmen, Vulg. genes. 24, 33.

dē-sterto, tuī, ere, **ausschnarchen,** poet. für **austräumen,** Pers. 6, 10.

dēstico, āre, als Naturlaut der Spitzmaus, Suet. fr. 161. p. 250, 3 R. Anthol. Lat. 762, 62 (233, 62).

dēstillātio (dīstill.), ōnis, *f.* (destillo), das Herabträufeln, **Fließen,** der **Abfluss,** als mediz. *t. t.,* I im Allg.: narium, Schnupfen, Plin.: pectoris, Katarrh, Scrib.: ventris, Bauchfluss, Plin.: destillatione iecoris pulmones vomitans interiit, er starb an einer Lungenentzündung, Amm. 14, 11, 24. – II insbes. = καταστάγμός, der **Katarrh** (s. bes. Cels. 4, 2, 4), nunc deiectio (Durchfall), nunc destillatio, Sen.: gravedines (Stockschnupfen) destillationesque concitare, Cels.: vexari destillationibus crebris, Sen.

dē-stillo (dī-stillo), āvī, ātum, āre, **herabträufeln,** I *intr.* v. Flüssigkeiten, lentum destillat ab inguine virus, Verg.: umor de capite in nares destillat (vom Schnupfen), Cels. – m. Abl. = **von** etw. **triefen,** puro nardo, Tibull.: odore, Plin. – II *tr.* v. Pers., super liquefactam calcem, Cael. Aur. chron. 5, 1, 18: oleum modicum, Apic. 7, 296.

dē-stimulo, āre, **heftig anspornen, anreizen,** Eccl.

dēstina, ae, *f.* (destino), die **Befestigung** = der **Rammpfahl,** die **Stütze,** der **Träger** (vgl. Hildebr. Arnob. 2, 69 *extr.*), Vitr. 5, 12. § 3 u. 5: destinis imminentem ruinam (domus) sedulo diligenterque fulcire, Augustin. de anim. 2, 4. § 8. – übtr., Atlas d. caeli, Arnob. 2, 69: Thomas Libycae mutantis destina terrae, Coripp. laud. Iustin. 1, 18: suas fabulas ruinosas qualibuscumque responsionum destinis fulcire, Augustin. serm. 12, 12; vgl. Ps. Augustin. serm. app. 1, 2.

dēstinātē, *Adv.* (destino), **ausdauernd, beharrlich,** Amm. 18, 2, 7: *Compar.,* Amm. 20, 4, 14.

dēstinātio, ōnis, *f.* (destino), die **Bestimmung, Festsetzung,** I im Allg.: partium, quibus cessurus aut non cessurus esset, Liv.: consulum, die Wahl (Ggstz. renuntiatio), Plin. pan. – II insbes.: a der entschiedene **Entschluss,** mortis, exspirandi, Plin.: mea, haud dubia, Tac. – b die **Hartnäckigkeit, Beharrlichkeit,** Amm. 15, 10. § 10 u. a.

dēstinātō, s. dē-stino *no.* II, B, 1.

dēstinātor, ōris, *m.* (destino), **einer, der** etwas **beabsichtigt,** Ennod. epist. 2, 6.

dēstinātum, ī, *n.,* s. dē-stino *no.* II, B, 1.

dē-stino, āvī, ātum, āre (*stanāre, abgel. v. stāre, vgl. ἱστάνω), eig. feststellen, dah. I = **festmachen, -binden, befestigen, anbinden** (vgl. Caes. b. G. 3, 14, 6), antemnas ad malos, Caes.: arcas firmiter, Vitr.: lorum, quo fueram destinatus, abrumpo, Apul. – II übtr.: A **festbinden,** diverso quodam negotio destinatus, gebunden durch usw., Apul. met. 9, 21. – B entschieden **festsetzen, -bestimmen, fest beschließen** (vgl. Benecke Iustin. 8, 3, 11. Fabri Liv. 24, 2, 1), 1 im Allg.: tempus locumque ad certamen, Liv.: alqm ad mortem, Liv.: saxo aurove in aliud destinato, Tac. – alci diem necis, Cic.:

haedo et venerem et proelia, zuweisen, Hor. – alqd (domum, locum) publicis usibus, Vell. u. ICt.: Hannibali provinciam, Liv. – alqm morti, dem T. weihen, Curt. (u. so destinata morti victima, Flor.: debiti destinatique morti, unfehlbar dem T. geweiht, Liv.: animus morti destinatus, auf den T. gefasst, Tac.): supplicio destinatus, verurteilt zur T., Curt.: sorti destinatus, dem Sch. verfallen, Curt. – operi destinati, die bei der Schanzarbeit Beschäftigten, Caes.: ad omne obsequium destinatus, entschlossen, Curt. – dest. alqm animo parem alci, fest dafür halten, Liv.: ebenso alqm animis auctorem caedis, Liv.: certae destinataeque sententiae, Cic. – m. folg. *Infin.* od. *Acc.* u. *Infin.*, **fest beschließen, sich fest vornehmen, die feste Absicht haben, im Sinn haben,** auch **die feste Erwartung hegen** (mit und ohne animo; vgl. Fabri Liv. 24, 2, 1), quae agere destinaverat, Caes.: si destinarent potiorem populi Romani quam regis Persei amicitiam habere, Liv.: quas urbes direpturos se destinaverant, Liv.: sibi destinatum in animo esse Camillo summittere imperium, Liv.: morte solā vinci destinaverant animis, Liv. – absol., ut destinarat, Suet. – *Partic.* subst., dēstinātum, ī, *n.* u. dēstināta, ōrum, *n.*, das **Beabsichtigte,** nunc ad destinatum (Aufgabe, Thema) revertamur, Solin. 2, 1: so ei destinato satisfacere, Frontin. strat. praef.: antequam destinata componam, die beabsichtigte Erzählung, Tac.: pergere ad destinata (Thema), Solin.: destinatis alcis adversari, Absichten, Tac. – ex destinato (adverb.), mit reiflicher Überlegung, mit Vorbedacht, vorsätzlich, Sen. u. Suet.: ebenso destinato (Ggstz. ex occasione), Suet. Cal. 43. – **2** insbes.: **a** irgendeinen Punkt **als Ziel bestimmen,** nach etwas **zielen,** locum oris, Liv.: alqm ad ictum, Tac.: alqm iaculo, Iul. Val. – *Partic.* subst., dēstinātum, ī, *n.*, od. Plur. dēstināta, ōrum, *n.*, das bestimmte Ziel (σκοπός, s. Deder. Dict. 3, 18), velut destinatum petentes, Liv.: destinatum configere, Dict.: certo ictu destinata ferire, Curt. – serrā per destinata currente, in der vorgeschriebenen Linie, Sen. – prägn., sagittas, auf das Ziel abschießen, Aur. Vict. de Caes. 42, 23. Iul. Val. 1, 23 (31). – übtr., Partiz. destinatus, gleichs. auf das Ziel gerichtet, **beharrlich, hartnäckig,** at tu Catulle, destinatus obdura, Catull.: animi dest., Amm.: preces dest., Amm. – **b** (sibi) alqd, für sich **zum Kauf ersehen, zu kaufen beabsichtigen** (s. Lorenz Plaut. most. 631), Plaut. most. 646 u. ö. Lucil. 893. Cic. ep. 7, 23, 3. – **c** ein Mädchen einem Mann als Braut, Gattin bestimmen, jmdm. **verloben,** alci filiam suam, Plin. ep.: m. dopp. *Acc.*, alqam forti marito uxorem (als G.), Hor.: im Passiv m. dopp. *Nom.*, Lepida destinata quondam uxor L. Caesari, Tac.: absol., antequam destinaretur, Ps. Quint. decl.: virgines iam desponsatae, iam destinatae, die schon verlobt, schon Bräute waren, Min. Fel.: destinata uxor (zus. = Braut), Ggstz. maritus futurus (zus. = Bräutigam), ICt. – **d** als publiz. *t. t.*, zu einem Amt usw. **bezeichnen, bestimmen, ausersehen,** praetor destinatus, magistratus destinati, Suet. – m. dopp. *Acc.*, im Passiv m. dopp. *Nom.*, dest. alqm consulem, destinatur alqs consul, Liv. u. Tac.: alqm Pompeio collegam, Suet.: alqm regem in locum alcis, Iustin.: alqm alci tutorem, Curt. – m. *Dat.* od. *ad* u. Akk. des Postens, alqm ei bello gerendo, Vell.: alqm ad castra inspicienda, Vopisc.: alqm ad Aegyptum, Vopisc.

dēstitor, ōris, *m.* (desisto), **einer, der** von etw. **absteht,** Iulian. epit. nov. 51. § 192.

dē-stituo, stituī, stitūtum, ere (de u. statuo), **I hinstellen, hintreten lassen, wohin stellen, -treten lassen, legen, setzen, a** Pers.: omnes servos ad mensam ante se, Caecil. com. fr.: alqm ante tribunal regis, Liv.: alqm ante pedes, Liv.: cohortes extra vallum sine tentoriis, Liv.: in armario muricibus praefixo destituti, gesteckt in usw., Gell. 7 (6), 4, 4. – übtr., destituti inter patrum et plebis odia, Liv.: inter optimam conscientiam et iniquissimam fortunam destitutus, Curt.: cum in hac miserrima fortuna destitutus sit, in diese so elende Lage versetzt, Cic. – **b** lebl. Objj.: duo signa hic cum clavis, Plaut.: in alto navem anchoris, Naev. com. fr.: palum in foro, Gell. – übtr., obtutum acerrimum in me destituit, heftet fest auf mich, Apul. met. 2, 25. – **II weg-, zurückstellen, -setzen, 1 wegstellen, -setzen, absetzen, zurücklassen, allein (stehen) lassen, verlassen,** v. Gewässern, animalia marina, Mela: nudos in litore pisces, Verg.: fluitantem alveum in sicco, Liv.: timentem altitudinem (maris), Liv.: aestu destituta navigia, sitzen gebliebenen, gestrandeten, Curt.: u. so bl. destituta navigia, Curt. – v. Pers., alqm in convivio, Cic.: duos in medio armatos, Liv.: alqm in loco peregrino abiectum, Petron.: velut in solitudine destitutus, Curt.: in hac omnis humani cultus solitudine destitutus, Curt. – **2 im Stich lassen, a** v. Pers.: **α** Pers., **hilflos zurücklassen, hilflos lassen, preisgeben,** pugnantem, Curt.: alqm in ipso discrimine periculi, Liv.: frequentes ac iam dudum opperientes, Suet.: ab hoc destitutus, Nep.: destitutus a suis, Curt.: propinquis, amicis, clientibus *abundans* et his omnibus *destitutus* (entblößt), Quint.: barbari ducibus destituti, ihrer F. beraubt, Curt. – m. dopp. *Acc.*, im Passiv m. dopp. *Nom.*, alqm nudum, Turpil. com. 44: nudus paene est destitutus, Cic. Verr. 5, 110: destituti inermes, Caes. b. c. 3, 93, 5. – absol., si is destituat, Liv.: multo etiam gravius, quod sit destitutus, queritur, Caes.: destitutos se esse cernebant, Curt. – dah. **αα bloßstellen, hinters Licht führen,** alqm, Cic.: deos mercede pactā, berücken um usw., Hor.: quorum ego consiliis, promissis, praeceptis destitutus in hanc calamitatem incĭdi, Cic. – **ββ** als publiz. *t. t.*, vor Gericht jmd. **im Stich lassen,** amicum, Suet. Aug. 56, 3: u. bei Bewerbungen jmd. **fallen lassen,** alqm in septemviratu, Cic. Phil. 2, 99. – **β** lebl. Objj., **im Stich lassen,** vehicula, urbem, Curt.: inceptos favos (v. Bienen), Ov. – dah. **vereiteln, täuschen,** conata eius, Vell.: consilium alcis, Suet.: spem civium, Iustin.: morando spem, Liv.: primas spes, Curt.: quae destituta exspectatio est, Liv. – **b** v. Lebl., **im Stich lassen, verlassen,** alqm (einen zur See Fahrenden) destituit ventus, Liv.: ingredientem destituebant poplites minus firmi, Suet.: non memoria solum, sed etiam mens eum destituit, Curt.: non te destituit animus, sed vires meae, Phaedr.: alqm fortuna destituit, Vell., Sen. rhet., Sen. phil. u. Suet.; u. bl. fortuna destituit, Sen. rhet. u. Lucan. (s. Bentley Lucan. 2, 727): spes destituit, lässt im Stich, täuscht, Tibull. u. Liv. – dah. Partiz. Perf. dēstitūtus, a, um, **α** m. *Abl.* wodurch? = **verlassen, vereinsamt, hilflos,** destitutus morte liberorum od. parentum, Suet. Tib. 54, 1 u. gr. 9. – **β** m. *ab* u. Abl. od. m. bl. *Abl.* wovon? = von etw. **im Stich gelassen** = einer Sache **verlustig gegangen, beraubt,** von etw. **entblößt,** einer Sache **bar, ledig, ohne** etw., a re familiari, Suet.: ab unica spe od. ab omni spe, Liv.: omni spe, Vell.: tantā spe, Curt.: fortunae ornamentis, Iustin.: magis imperatoris defectus consilio, quam virtute militum destitutus, Vell.: destitutus scientiā iuris, Quint.: solacio, trostlos, Ps. Quint. decl.

dēstitūtio, ōnis, *f.* (destituo), **a** das treulose **Verlassen, Im-Stich-Lassen,** gregis, Greg. in Iob 32, 38: absol., Suet. Dom. 14, 4. Ambros. de off. 1, 47, 228. – **b** die **Vereitelung der Hoffnung,** Cic. Quinct. 20; Clu. 71.

dēstitūtor, ōris, *m.* (destituo), der (treulose) **Verlasser,** Auct. Priap. 83, 14. Tert. ad nat. 2, 17.

dē-stomachor, ātus sum, ārī, **sich abärgern,** Donat. Ter. Andr. 886 u. adelph. 796.

dē-strangulo, āre, **abwürgen,** rem publicam, Porc. Latro decl. in Cat. 24.

dēstrictārium, iī, *n.* (destringo), der Ort im Bad, wo man sich mit dem Striegel abreiben ließ, CIL 1, 1251.

dēstrictē, *Adv.* (destrictus), **scharf, streng, entschieden,** agere, Orat. Claud. fr.: minari, Plin. ep.: denegare, ICt.: exigere alqd, Veget. mil. – *Compar.* bei Apul. apol. 79 *in* u. Eccl.: *Superl.* bei Nepot. epit. Val. Max. 12, 15, 3. p. 507, 5 H. u. Eccl. (s. Oehler Tert. de idol. 5; aber s. dēstrictus).

dēstrictio, ōnis, *f.* (destringo), die **Strenge,** Interpr. ad Cod. Theod. 9, 13, 1. Iulian. epit. nov. 22. § 84 (*al.* districtio).

dēstrictīvus, a, um, s. dīstrictīvus.

dēstrictus, a, um, *PAdi.* m. *Compar.* (destringo *no.* I, B, 3), **scharf, streng, entschieden,** v. Pers., feneratrix, Val. Max.: destrictior accusator, Tac. – v. Abstr., censura, Val. Max.: officium, Plin. ep.: testimonium, Val. Max. Vgl. Nipperdey Tac. ann. 4, 36. Kempf Val. Max. 2, 9, 6. Döring Plin. ep. 9, 21, 4.

dē-stringo, strīnxī, strictum, ere, I **abstreifen, abziehen,** A im Allg.: oleam, bacam, Col.: destricti ramis cibi, Ps. Quint. decl.: cui tunica erat ab umeris destricta, Phaedr. – bildl., destringi aliquid et abradi bonis, Plin. pan. 37, 2. – B insbes.: 1 mit dem Badestriegel (strigilis) den Körper im Bad abstreichen, **striegeln,** se, Plin.: dum destringitur, tergitur, Plin. ep.: curvo destringere ferro, Mart. – übtr., ut destrinxi hominem! gestriegelt = geprellt, Plaut. truc. 957 zw. – 2 etwas abstreifend **säubern,** myacum ius traditur interanea destringere, Plin. 32, 96. – 3 eine Waffe von der Scheide **los-, blank ziehen, ziehen** (vgl. Oudend. u. Schneider Caes. b. G. 1, 25, 2. Drak. Liv. 27, 13, 9), gladium, Cic.: in mortem (zum Todesstoß) ferrum, Tac.: ensem, Hor.: securim, Liv.: obszön, pene destricto, CIL 6, 3708 = Carm. epigr. 193. – übtr., amaritudinem carminum, loslassen, Plin.: in omnes severitas imperatoris destringitur, tritt die Str. des F. ein, Sen. – II **streifen, leicht berühren,** a eig.: aequora alis, Ov.: pectus sagittā, Ov.: destricta levi vulnere est cutis, Sen. rhet.: vulnus, eine leichte Wunde beibringen, Gratt. – b übtr., **durchziehen, durchhecheln,** alqm mordaci carmine, Ov.: alcis scripta, Phaedr.

dēstrūctilis, e (destruo), **zerstörbar,** Lact. de ira dei 23. § 28. Prud. perist. 10, 348.

dēstrūctio, ōnis, *f.* (destruo), das **Niederreißen,** murorum, Suet. Galb. 12, 1: munitionum, Hieron. epist. 53, 3. – übtr., appetentiae, Störung des Appetits, Cael. Aur. acut. 3, 21, 203: sententiarum, die Entkräftung, Widerlegung der Urteilssprüche (Ggstz. confirmatio), Quint. 10, 5, 12.

dēstrūctīvus, a, um (destruo), **zerstörend,** adiutorium, Cael. Aur. chron. 1, 4, 84.

dēstrūctor, ōris, *m.* (destruo), der **Niederreißer,** (Ggstz. aedificator), rerum, Tert. apol. 46: Troiae, Cassiod. var. 12, 15, 1: außerdem bei Hieron. epist. 112, 10 *extr.* u. a. Eccl.

dēstrūctūra, ae, *f.* (destruo), die **Zerstörung,** Troiae, Mythogr. 2, 229.

dē-struo, strūxī, strūctum, ere, etw. Gebautes **niederreißen, einreißen, zerstören** (Ggstz. construere, exstruere, aedificare), I eig.: navem, aedificium, Cic.: theatrum, Liv. epit. u. Plin. ep.: templum prope funditus, Suet.: quod destruitur aedificatum est, Lact. – poet., crinem manumque, d. i. des Diadems u. Szepters berauben, Stat. Theb. 12, 93. – II übtr., **aus seinen Fugen reißen, niederreißen, stürzen, zugrunde richten, vernichten, zerstören (zerstörend wirken auf usw.), unschädlich machen, lahmlegen, umstoßen,** a lebl. Objj.: regnum alcis, Iustin.: tyrannidem, Quint.: ius destr. ac demoliri, Liv.: constantiam alcis, jmdm. den Lebensmut rauben, Petron.: finitionem (Ggstz. confirmare), Quint.: orationem, Quint.: beneficia levitate, Col.: v. lebl. Subjj., sic longius aevum destruit ingentes animos (Mut), Lucan. 8, 28. – b Pers.: alqm, Vell. u. Plin. pan.: Artaxerxem, Val. Max.: hostem, Tac.: testem infamiā criminum, Quint.

dē-suādeo, ēre = ἀποπείθω (Gloss.), **abraten,** paenitentiam peccatori, Augustin. serm. 171, 2 *ed. Mai.*

dē-sub, *Praep.* m. *Abl.*, **unter ... weg, unter,** Bass. Iul. bei Sen. contr. 1, 3, 11 u. spät.; vgl. Muncker Fulg. myth. 3, 6. p. 118, a.

dē-subitō, *Adv.*, **urplötzlich, ganz plötzlich,** d. famam tollunt, Naev. tr. fr.: summam gloriam evorti sines tam d.? Acc. tr. fr.: cum d. me orat mulier, Enn. scen. 375: nam ego duabus vigiliis transactis duco d. domum, Caecil. com. fr.: quid d. tam repente ad me venisti, Titin. com. fr.: si apud te eveniat desubito prandium, Plaut.: aere congesto funus d. esset ornatum, Cic. de rep. 6, 2.

dēsūbulo, āvī, āre (de u. subula), **aufritzen,** Varro sat. Men. 483.

dēsūdāsco, ere (*Inchoat.* v. desudo), **sich abschwitzen,** Passiv unpers., ubi damnis desudascitur? Plaut. Bacch. 66.

dēsūdātio, ōnis, *f.* (desudo), I das **Sich-Abschwitzen** = das **starke Schwitzen,** Firm. math. 3, 1, 16. – II übtr., das **Sich-Abarbeiten,** das **Sich-Abmühen,** Mart. Cap. 6. § 577.

dēsūdēsco, ere (*Inchoat.* von desudo), **ausschwitzen,** Compend. Vitruv. § 22 *extr.* p. 305, 2 R.; vgl. Placid. gloss. V, 16, 26.

dē-sūdo, āvī, ātum, āre, I *intr.* **sich abschwitzen = stark schwitzen,** A eig.: in balneo, Cels.: perpetuis caminis, Stat.: in lusus agiles, Manil. – B übtr., **es sich Schweiß kosten lassen = sich abarbeiten, sich abmühen,** in alqa re, Cic.: alio Marte, Claud. – II *tr.* **ausschwitzen, fließen lassen,** A eig.: balsama, Claud.: vinolentum sudorem in balneo, Apul.: pestem in amnes, Claud. – B übtr., **im Schweiße seines Angesichts-, mit Mühe vollziehen** od. **ausarbeiten,** iudicia, Claud.: excubias militiae, Sidon.: nulla iam opuscula desudarunt, Cassian. de coenob. inst. praef.

dē-suēfacio, fēcī, factum, ere (*desueo u. facio), **entwöhnen,** a ein leb. Wesen, im Passiv dēsuēfīo, factus sum, fierī, **entwöhnt werden,** catuli desuefiunt (a matre), Varro r. r. 2, 9, 12: multitudo desuefacta iam a contionibus, Cic. Clu. 110. – b eine Sache **außer Gewohnheit bringen,** Tert. de pall. 4.

dē-suēsco, suēvī, suētum, ere, I *tr.* **abgewöhnen, entwöhnen, außer Gebrauch bringen,** desuevi (verst. eum), ne etc., Titin.: in totum aevum d. vocem, Apul.: res desueta, Liv.: desueta sidera, meinen Augen entwöhnte, Ov.: voces iam mihi desuetae, Ov.: ne in desuescendis morentur, Quint. 3, 8, 70. – II *intr.* **entwöhnt werden, sich entwöhnen,** im *Perf.* **entwöhnt sein,** im *Partic. Perf.* **entwöhnt,** paulatim antiquo patrum honori, Sil.: desuetus triumphis, Verg.: fera desueta silvis, Lucan.: fera desueta rabiem, Stat.: desueta corda, Verg.: mit folg. *Infin.*, iam pridem desuetus Samnis clamorem Romani exercitus pati, Liv. 8, 38, 10: his vita magistris desuevit quernā pellere glande famem, Tibull. 2, 1, 38.

dēsuētūdo, inis, *f.* (desuesco), das **Entwöhntsein,** die **Entwöhnung, Ungewohntheit,** armorum, Liv. 1, 19, 2: tanti temporis, Sulp. Sev. vit. S. Mart. praef. § 5: longa des. bellandi, Fronto princ. hist. p. 206, 13 N. – absol., Ov. met. 14, 436 u. a.: in desuetudinem abire od. venire, ungewohnt werden, außer Gebrauch kommen, ICt.

dē-sūgo, sūctus, ere, **wegsaugen, einsaugen,** Pallad. 1, 9, 4 u. 37, 2.

dē-sulco, āre, **durchfurchen, pflügen,** Avien. perieg. 1137: im Bild, des. cerea prata (= Wachstafeln), CIL 5, 3635.

dē-sulio, s. dē-silio ►.

dē-sulto, āre (*Intens.* v. desilio), **herabspringen,** mari, Tert. de anim. 32.

dēsultor, ōris, *m.* (desilio), I der **Abspringer,** ein Reiter, der in der Rennbahn beim Wettreiten (das dem Wagenrennen voranging) von einem Pferd auf das andere sprang, ohne seinen Lauf zu unterbrechen, der **Springer auf Rennpferden,** der **Kunstreiter,** griech. ἀμφιππος, μεταβάτης, (vgl. Hyg. fab. 80 *extr.* Isid. 18, 39), Varro r. r. 2, 7, 15. Liv. 23, 29, 5 u. 44, 9, 4. Manil. 5, 85. Fest. 334 (b), 28. Arnob. 2, 38. – II übtr., ein **Unbeständiger,** amoris, ein Schmetterling in der Liebe, Ov. am. 1, 3, 15: bellorum civilium, Messal. Corv. bei Sen. suas. 1. § 8.

dēsultōrius, a, um (desultor), **zum** *desultor* **gehörig, eines Springers zu Pferde,** equus, Suet. Caes. 39, 2: quasi desultorius, wie eines Springers Ross, Cic. Mur. 57: levitate pernix desultoriā, Mart. Cap. 1. § 88. – übtr., **bald auf diesen, bald auf jenen Gegenstand überspringend,** scientia, Apul. met. 1, 1.

dēsultrīx, trīcis, *f.* (Femin. zu desultor), die Abspringerin, bildl., die **Unbeständige,** virgo, Baas. Iul. bei Sen. contr. 1, 3, 11 *Müller:* virtus, Tert. adv. Valent. 38.

dēsultūra, ae, *f.* (desilio), das **Abspringen, Absitzen** vom Pferde (Ggstz. insultura), scherzh. bei Plaut. mil. 280.

dē-sum, fuī, esse, **fort-, weg sein, fehlen, abgehen,** v. Dingen, die gleichs. das Maß noch vollmachen u. an denen uns viel gelegen ist, I im Allg.: aliquando superest sanguis, aliquando deest, Sen.: non ratio, verum argentum deerat, Ter.: omnia deerant, quae etc., Caes.: non desunt, qui, Plin. u. Quint.: non defuit quod responderetur; deerat qui daret responsum, Liv. 3, 50, 16. – mit *Dat.*, sive deest naturae quippiam sive abundat atque affluit, Cic.: cui nihil desit, quod quidem natura desiderat, Cic.: ne superesse mihi verba putes, quae dixeram defutura, Cic.: hoc unum, si nihil utilitatis habebat, abfuit, si opus erat, defuit, Cic.: tibi nullum officium a me (von meiner Seite) defuit, Cic.: hoc unum ad pristinam fortunam Caesari defuit, Caes.: temporibus Augusti dicendis non defuere decora ingenia, Tac. ann. 1, 1. – m. *in* u. Abl., ut neque in Antonio *deesset* hic ornatus orationis, neque in Crasso *redundaret*, Cic.: desunt (verba) in M. Laenio commendando, Cic. – mit folg. *Infin.* (vgl. Ruhnken Rutil. Lup. 2, 18. p. 132), m. vorhergeh. allgem. Pronom., hoc adhuc defuerat tibi lugere vivos, das hatte dir noch gefehlt, dass du Lebende betrauern musstest, Sen.: ohne Pronomen, tum tibi non desit faciem componere pugnae, Tibull.: et mihi non desunt turpes pendere corollae, Prop.: nec cernere deerat lumina, man konnte sehen, Sil. – id od. hoc deest m. folg. *ut* u. Konj., **das fehlt noch,** dass usw., id enim deerat, ut templa reciperent, quas aut carcer aut lupanar eiecit, Sen. contr. 1, 2, 2 (vgl. 1, 3, 1): hoc prorsus fabulis deerat, ut etc., Sen. contr. 1, 7, 5: hoc defuit unum Fabricio, patriam ut rhombi memoraret et annos, Iuven. 4, 128: u. non deest (es kann nicht fehlen), m. folg. *ut* u. Konj., nec defuit, ut senatus de his rebus falleretur, Spart. Gord. 31, 2. – deesse u. non deesse m. folg. *quominus* u. Konj., duas sibi res, quominus in vulgus et in foro diceret, defuisse, Cic. – u. nihil deest m. folg. *quin* u. Konj., si tibi ipsi nihil deest, quod in forensibus civilibusque rebus versetur, quin scias, Cic.: nihil contumeliarum defuit, quin subiret, es fehlte keine Beschimpfung, die er nicht erfuhr, Suet. – **II** insbes., in bestimmter Absicht bei etw. **fehlen, A** mit seiner Gegenwart = bei etwas **nicht gegenwärtig sein,** an etwas **nicht teilnehmen,** convivio, Cic.: bello, Cic. – **B** mit seiner Tätigkeit = jmdm. od. einer Sache mit seinem Beistand sich **versagen,** ihn **im Stich lassen,** jmdm. **seinen Beistand entziehen,** ihn **nicht unterstützen, es** bei etw. **an sich fehlen lassen,** etwas **vernachlässigen, verabsäumen, unbefriedigt lassen** (Ggstz. adesse alci; vgl. Oud. Schol. in Cic. ep. p. 66. Fritzsche Hor. sat. 1, 9, 56 u. Heräus Tac. hist. 1, 22), neque amicis neque etiam alienioribus operā, consilio, labore deesse, Cic.: nullo loco deesse alci, überall dienen, Cic.: sibi, sich im Lichte stehen, seinen Vorteil vernachlässigen, sich schaden, Cic.: haud sibi, Hor.: deesse mihi nolui, nichts verabsäumen, Cic. – huic rei non d., es dabei an sich nicht fehlen lassen, bei der Hand sein, Caes.: non d. negotio, es nicht an sich fehlen lassen, Caes. – officio, Cic.: tempori, Liv., occasioni temporis, Caes.: rei publicae, Cic.: Caesaris laudi, Cic.: huic vestro tanto studio audiendi numquam, Cic.: nulla in re communi saluti, Caes. – non deesse m. folg. *Infin.* od. m. folg. *quin* od. *quominus* m. Konj. = **es nicht fehlen lassen, nicht ermangeln, nicht verfehlen,** nec deerat ipse lacrimis misericordiam elicere, Tac.: nec sperare sibi et deposcere primi deerant imperia, Sil.: deesse mihi nolui, quin te admonerem, Cic.: se nullo loco nec tempore defuisse, quin, ubi hostium arma concrepuissent, eo quantā maximā posset celeritate tenderet, Liv.: nec defuit Polyclitus, quominus ingenti agmine Italiae Galliaeque gravis, militibus quoque terribilis incederet, Tac. – absol., nos consules desumus, lassen es an uns fehlen, Cic.: non deerat in causis, Cic. – ► ee in deest, deesse, deerit, deerat, deero etc. bei Dichtern als **eine** lange Silbe gemessen, aber in Inschriften auch z. B. derunt geschrieben, s. Laud. [Turiae] (CIL 6, 1527) 2, 58; vgl. Vel. Long. 2227 P. = 65, 4 K. u. Fritzsche Hor. sat. 1, 9, 56. – Perf. defuĕrunt gemessen, Ov. met. 6, 585. – archaist. Konj. Präs. desiet, Cato r. r. 8, 1. – Infin. Fut. Nbf. defore = *defuturum esse,* Cic. de leg. agr. 2, 90: Konj. Imperf. deforet = *deesset,* Paulin. in Augustin. epist. 24, 3. Ambros. de off. 1, 40, 195 u. 2, 4, 13: deforent = *deessent,* Ambros. hexaëm. 3, 13, 55.

dē-sūmo, sūmpsī, sūmptum, ere, von einer Menge gleichs. abnehmend **sich ausersehen, auf sich nehmen,** sibi hostem, Liv.: inter se cursum certamenque, Plin. ep. – m. dopp. *Acc.,* duo singuli singulos sibi consules asservandos desumunt, Liv. 4, 55, 3: ii, quos tibi hostes desumpseras, Liv. 38, 45, 8.

dē-suo, ere, **fest fügen, befestigen,** Cato r. r. 21, 3. Gloss. IV, 332, 39.

dē-super, *Adv.,* **a von oben her, von oben, oberhalb,** Verg., Tac. u. a.: Ggstz. subter, Lact. – **b obendrein,** Apic. 6, 216.

dē-surgo, surrēxi, surrēctum, ere, **I** von irgendwo **sich erheben, aufstehen,** cenā, Hor. sat. 2, 2, 77: übtr., v. der Sonne, certā parte (auf usw.), Lucr. 5, 701. – **II** insbes., (v. der Mahlzeit ab) **zu Stuhle gehen,** Plin. 28, 211. Scrib. Larg. 140 u. 142.

dēsurrēctio, ōnis, *f.* (desurgo), das **Zu-Stuhle-Gehen,** Marc. Empir. 27.

dē-sūrsum (**-sūsum**), dē-sūsum *Adv.,* **von oben herab,** Tert. de praescr. 46. Hieron. epist. 22, 19. Vulg. psalm. 49, 4 u. a. Eccl. (s. Rönsch Itala p. 233).

dē-tabēsco, tabuī, ere, **hinschwinden,** Itala (Lugdun.) lev. 26, 39. Rufin. Orig. in psalm. 38. hom. 2, 8.

dētēctio, ōnis, *f.* (detego), die **Aufdeckung,** die **Offenbarung,** Tert. adv. Marc. 4, 36 *extr.*: Donat. argum. ad Ter. Andr. p. 6, 8 *Klotz.*

dētēctor, ōris, *m.* (detego), der **Offenbarer,** Tert. adv. Marc. 4, 36 u. a.

dē-tego, tēxī, tēctum, ere, **abdecken, aufdecken, enthüllen, entblößen, bloßlegen, sichtbar machen** u. dgl., **I** eig.: ventus detexit villam, Plaut.: aedem, Liv.: artus et ossa, Ov.: vulnus, Cels.: aber ossa Capyis, zutage fördern, aufgraben, Suet.: strictum ensem vaginā, blank ziehen, Sil. 13, 168: capite detecto, Suet.: puer detectus caput (griech. Konstrukt.), mit entblößtem Haupt, Verg.: iuga montium detexerat nebula, Liv.: quia possit fieri, ut (illa) patefacta et detecta mutentur, Cic. – scherzh., detegetur corium de tergo meo! Plaut. Epid. 65: haec illast tempestas mea, mihi quae modestiam omnem detexit tectus quā fui, Plaut. most. 163 (vgl. *ibid.* 140): u. alqm perdere detegere despoliare, das Fell abziehen = prellen, Turpil. com. 162. – **II** übtr.: **a** lebl. Objj.: **α aufdecken, enthüllen, offenbaren, ans Licht bringen, verraten** (Ggstz. celare), fraudem, insidias, Liv.: consilia nefaria, Inscr.: consilia coniuratorum, Suet.: coniurationem Catilinae, Suet.: alci intimos affectus suos, Sen.: m. folg. indir. Fragesatz, neque quis esset ante detexit, Suet. Caes. 58, 2. – **β** se det. u. Passiv detegi = **sich verraten, sich kundgeben, sich offenbaren, sich zeigen,** mores se inter ludendum simplicius detegunt, Quint.: ex quibus (epistulis) mutua malignitas detegitur, Tac. dial. – **b** Pers.: **α entdecken, ergreifen, ertappen, entlarven,** alqm, Curt.: in furto detectus, Lampr. – **β** detegi = **sich verraten,** modo constantiam simulare, modo formidine detegi, Tac.: trepidatione detectus, Suet.

dē-temporo, āre (de u. tempus, Schlaf), ein Tier **an den Schläfen zur Ader lassen,** equum, Pelagon. veterin. 1. p. 15 = 6 *Ihm.*

dē-tendo, (tendī), tēnsum, ere, **abspannen, abbrechen,** tabernacula, Caes. b. c. 3, 85, 3. Liv. 41, 3, 1.

dētentātor, ōris, *m.* (detento), **der etwas zurückbehält, behält,** Cod. Iust. 7, 39, 7 u. 11, 59, 2.

dētentio, ōnis, *f.* (detineo), das **Zurückbehalten, Aufhalten, Behalten,** Ulp. dig. 25, 1, 5 u. a. Vulg. Sirach 24, 16.

dētento, āre (*Intens.* v. detineo), **zurückhalten,** Spät.

dētentor, ōris, m. (detineo), **der etwas zurückbehält, behält,** Spät.

dētentus, ūs, *m.* (detineo), das **Abhalten, Zurückhalten,** Tert. adv. Valent. 32.

dē-tepēsco, tepuī, ere, aufhören lau zu sein, **sich abkühlen,** Sidon. epist. 5, 17, 4.

dē-tergeo, tersī, tersum, ēre, **abwischen, I** im Allg., **abwischen = hinwegwischen, a** eig.: sudorem frontis brachio, Plaut.: lacrimas pollice, Ov.: linguā alci profluentem sudorem, ablecken, Iustin.: sputa, vom Fußboden abw., Sen.: situm, Plin. pan.: palmites, abstreifen, Col.: poet., notus deterget nubila caelo, verjagt, vertreibt, Hor.: detersit sidera nubes, verscheuchte, Cic. poët. – in der Umgangssprache, primo anno LXXX detersimus, 80000 Sesterze herausgeschlagen, Cic. ad Att. 14, 10, 3. – **b** übtr., **entfernen, verscheuchen,** fastidia, Col.: somnum, Claud. – **II** prägn.: **A abwischen** = (abwischend) **reinigen,** mensam, Plaut.: caput pallio, Plaut.: labra spongiā, Col.: alci calciamenta, Sulp. Sev.: paulipser oculos, Petron.: cloacas, Liv.: se linguā (v. Stier), ablecken, belecken, Col.: u. so lambitu pueros, Aur. Vict. – im Bild, animum helleboro, sich das Gehirn mit N. ausfegen, Petron. 88, 4. – **B abstreifen** u. so **zerbrechen, zerschellen,** remos (παρασύρειν τοὺς ταρσούς), Caes.: u. so ab utroque latere remos, Liv.: pinnas asseribus falcatis, Liv. – ► Nebenformen nach der 3. Konj., detergis, detergit, detergunt (auch Liv. 36, 44, 6), detergito, detergitur, detergantur.

dēterior, ius, Genet. ōris, *Adi. compar.,* im *Superl.* dēterrimus, a, um (von einem ungebräuchl. *Adi.*, verwandt mit deter-o, eig. abgeriebener), **minder gut** in physischer, politischer u. (wie χερείων) moralischer Hinsicht (im Vergleich zum Guten, Ggstz. melior; dagegen peior, **schlechter,** im Vergleich zum Schlechten), v. Dingen od. Pers., via deterior, Plaut., deterrima, Cic.: color deterior, Plin., deterrimus, Verg.: linum terram deteriorem facit, Plin. – peditatu deteriorem esse, minder gutes F. besitzen, Nep.: deteriore tempore (zu einer minder günstigen Zeit) absens auctionatur, Cic.: deteriore statu esse, Cic.: deterior condicio fit mea, meine Umstände verschlechtern sich, ICt.: deteriorem fore, qui vicisset, werde sich verschlechtern, Tac.: deteriores omnes sumus licentiā, Ter.: deterior pars (civium), die weniger (politisch) gut Gesinnten, Ggstz. melior pars, Liv.: homo deterrimus, Cic.: deterrimus mortalium, verworfenste, Tac.: deterrimi servorum, die nichtsnutzigsten, verworfensten, Tac.: is omnium pessimus deterrimusque est, der schlechteste u. entartetste, Gell. – subst., deterior, der Schlechtere, Liv. 42, 30, 1: deterior atque infirmior, Liv. 42, 63, 2: reponi deterioribus (den Entarteten), Hor. carm. 3, 5, 30. – *neutr.* subst., in deterius, zum Nachteil, zum Schlimmeren, inclinari, Vell., mutare, augere, u. dgl., Tac.: in deterius referre, dass es schwärzer erschien, Tac.: meliora praetervolant, deteriora succedunt, Sen.: deteriora credere, Curt.: cogitare optima simul et deterrima, Quint.: fortunae deterrima (*n. pl.*), das ganz herabgekommene Gesindel, Apul. met. 1, 6. – ► Superl. arch. deterrumus, Cic. de rep. 2, 47.

dēteriōrātio, ōnis, *f.* (deterioro), die **Verschlechterung,** Ascon. Hor. carm. 3, 27, 53. Greg. M. past. 3, 23.

dēteriōro, āvī, āre (deterior), **minder gut machen, herunterbringen, verschlechtern,** Ascon. Hor. carm. 1, 35, 16 u. Eccl.

dēterius, *Adv. Compar.* (deterior), **minder gut,** Cic., Hor. u. a.: interpretari, ungünstig, Tac. – nilo od. nihilo deterius (= nihilo minus), nichtsdestoweniger, nilo deterius dominae ius esse, Hor. sat. 1, 5, 67: petebat nihilo deterius consulatum, Ascon. Cic. Mil. § 9 H.

dēterminābilis, e (determino), **ein Ende habend, endlich,** Tert. adv. Herm. 41.

dēterminātio, ōnis, *f.* (determino), die **Abgrenzung, Grenze,** Gromat. vet. 244, 14 u. (Plur.) 202, 16: aether extrema ora et det. mundi, Cic. de nat. deor. 2, 101. – übtr., *conclusio* est exitus et det. totius orationis, Cic. de inv. 1, 98.

dēterminātor, ōris, *m.* (determino), der **Festsetzer, Bestimmer,** Tert. de pudic. 11.

dē-termino, āvī, ātum, āre, **abgrenzen, begrenzen, festsetzen, bestimmen, I** eig.: regiones ab oriente ad occasum (vom Augur), Liv.: imaginem templi scipione in solo, Plin. – **II** übtr.: segetes in diem, Plin.: id quod dicit spiritu non arte determinat, schließt seine Sätze nicht da, wo der Gedanke, sondern wo der Atem aufhört (daher oft an unrechter Stelle), Cic.: omnia fixa tuus glomerans determinat annus, bringt in Erfüllung, Cic. poët. – mit folg. *Acc.* u. *Infin.*, Augustin. de civ. dei 2, 21.

dē-tero, trīvī, trītum, ere, **abreiben, abscheuern,** abreibend **abnutzen, I** eig.: **a** im Allg.: haec (metallene usw. Gegenstände) igitur minui, cum sint detrita, videmus, Lucr.: calces deteris, du trittst mir die Fersen ab, Plaut.: cur iniusto cotidie iugo boum colla deterimus? Ps. Quint. decl.; vgl. a catena collum detritum cani, Phaedr.: deteret invalidos et via longa pedes, Tibull.: det. fores divitum, det. viduarum postes et orborum limina, v. Aufwartenden, Amm.: libentius dabo statuas quam vestem et quod usus brevis deterit, Sen.: has tabellas quondam nostris manibus detriverat usus, Prop.: quam minimum usu deteri (v. Gold), Plin.: vestis usu detrita, Plin.: detrita tegmina, Tac.: omnia vincula detrito fune cadunt, Prop. – **b** als *t. t.* des Ackerbaues, die Hülsenfrüchte mit der Dreschwalze ausreiben, od. vom Vieh austreten lassen, **ausdreschen,** frumenta, Col.: in area detrita frumenta, Col.: lini semen et milium detritum, Col.: segetem nemo deterat, Vopisc. – **II** übtr.: **a** entfernend abreiben, **abschleifen,** det. sibi multa, Hor. sat. 1, 10, 69: multum inde decoquent anni, multum ratio limabit, aliquid velut usu ipso deteretur, Quint. 2, 4, 7. – **b** vermindernd abreiben, **Abbruch tun, schmälern, verwischen,** Passiv deteri auch = **schwinden, vergehen,** dum pudor ... vetat laudes egregii Caesaris et tuas culpā deterere ingeni, Hor. carm. 1, 6, 10 *sq.*: quantum detritum est famae! Sil. 7, 247: si quid ardoris ac ferociae miles habuit, popinis et comissationibus et principis imitatione deteritur, Tac. hist. 2, 76: necesse est deteratur fulgor, Quint. 10, 5, 16: nimia cura deterit magis quam emendat, Plin. ep. 9, 35, 2. – **c** abnutzend abreiben, **abnutzen,** detrita bellis Suessa, mitgenommen, Sil. 8, 399: qui ab alio genere vitae detriti iam et retorridi ad litterarum disciplinas serius adeunt, Gell. 15, 30, 1. – **d** Partiz. detritus = durch öfteren Gebrauch **gang u. gäbe geworden** = alltäglich, gewöhnlich, illa in agendis causis iam detrita, jene in den gerichtlichen Verhandlungen schon abgedroschenen Redensarten, Quint. 8, 6, 51.

dē-terreo, terruī, territum, ēre, von etw. **abschrecken, zurückschrecken, abmahnen, abraten, abbringen, hindern,** alqm *de* agro, Plaut.: alqm de statu suo, Cic.: alqm de sententia, Cic. – alqm *a* dimicatione (Ggstz. adhortari ad certam laudem), Cic.: homines *a* malo (Ggstz. invitare ad bona), Capit.: alqm *a* scribendo (v. einem Umstand), Cic.: alqm *ab* incendio restinguendo dimicationis periculo (durch die G. usw.), Hirt. b. G. – alqm caedibus (vom M.), Hor.: alqm hāc sententiā, Cic.: u. im Passiv, ita reges proelio (vom Tr.) deterrentur, Sall.: non deterritus proposito, Vell.: se non crimine coniurationis, ne adessent ceteris, sed hominum maleficio deterritos esse, Cic. – alqm maledictis (durch Sch.) det., *ne* m. Konj., Ter.: u. so alqm, *ne* m. Konj., Caes. u. Tac.: alqm non (numquam, ne ... quidem u. dgl.) det., *quin* mit folg. Konj., Plaut. u. Caes. – alqm non det., *quominus* m. folg. Konj., Cic. u. a.: nihil deterreri, *quominus* mit folg. Konj., Liv. – m. folg. *Infin.*, equites deterrebat proelium inire, Auct. b. Afr.: nefarias eius libidines commemorare deterreor, Cic.: non deterrentur tamen milites nostri vineas proferre, Hirt. b. G.: auctoritate censoriā sociis deterritis id sacrilegium prohibere, Liv. – bl. alqm, Caes. u. a.: eos (Ggstz. exacuere), Cic.: catulos verberibus, Varro. – absol., Ter., Caes. u. Cic. – mit sachl. Objekten zuw. (wie *defendere, prohibere*) = **abhalten, fernhalten, abwehren,** vim a censoribus, Liv.: nefas, Ov.

dētersio, ōnis, *f.* (detero), das **Abreiben,** Cael. Aur. chron. 2, 14, 103.

dētēstābilis, e, *Adi.* m. *Compar.* (detestor), **verwünschens-, verabscheuenswert, abscheulich, verabscheut,** Cic. u. a.: improbus ac det. senatus, Liv.: nihil est detestabilius dedecore, Cic. Phil. 3, 36. – *Superl.*, Augustin. c. Iul. op. imperf. 6, 9.

dētēstābilitās, ātis, *f.* (detestor), die **Verwünschung,** Lucif. moriend. 6. p. 298, 2.

dētēstābiliter, *Adv.* (detestabilis), **abscheulich,** Lact. 5, 10, 7.

1. dētēstātio, ōnis, *f.* (detestor), **I** in der Religionssprache: **1** das **Verwünschen, Verfluchen, Verabscheuen,** Liv., Hor. u. a. – **2** übtr., das **Abwehren, Abwenden,** Plin. 15, 135: scelerum, die Sühne, Cic. de dom. 140. – **II** in der Gerichtssprache, **a** das **feierliche Sich-Lossagen,** von etw., sacrorum, das L. von den Familiensakris und dadurch von der *gens* selbst, was bei der *arrogatio* vom Sohn geschah, Gell. 15, 27, 3. – **b** eine **mit Anrufung von Zeugen geschehene Ankündigung,** Ulp. dig. 50, 16, 40.

2. dētēstātio, ōnis, *f.* (2. testis), das Abschneiden der Hoden, die **Entmannung,** Apul. met. 7, 23.

dētēstātor, ōris, *m.* (detestor), der **Verwünscher, Verflucher,** Eccl.

dē-tēstor, ātus sum, ārī, **I** als *t. t.* der Religionsspr.: **1** unter Anrufung der Götter etwas Böses auf jmds. Haupt **herabwünschen,** minas periculaque in alcis caput, Liv. 39, 10, 2: deorum iram in caput infelicis pueri, Plin. ep. 2, 20, 6. – **2** unter Anrufung der Götter jmd. od. etwas **verwünschen, verfluchen, verabscheuen,** Ambiorigem, Caes.: exitum belli civilis, Cic.: dah. dētēstandus, a, um, **verwünschenswert, verfluchenswert, verabscheuenswert,** civilium bellorum detestanda memoria, Val. Max.: det. fraus, Tac.: fama det., Capit. – Passiv, im *Infin.*, in isto splendidissimo coetu detestari, Apul. de mag. 52: ab omnibus detestari, Augustin. epist. 108, 4: im Partiz.

Perf., bella matribus detestata, Hor. carm. 1, 1, 24 (nicht mehr Cic. de legg. 2, 28). – **3** übtr., etwas von sich od. anderen feierlich **abweisen, abwehren,** feierlich gegen etwas **sich verwahren (protestieren),** a se quandam prope iustam patriae querimoniam d. ac deprecari, Cic.: omnes memoriam consulatus tui, facta, mores etc. a re publica detestantur, Cic.: o di immortales, avertite et detestamini hoc omen! Cic.: invidiae detestandae gratiā, Cic. – **II** als *t.t.* der Gerichtsspr., **a sich feierlich lossagen** von etw., sacra (s. 1. detestatio *no.* II), Gell. 6, 12, 1. – **b vor Zeugen (mit Anrufung von Zeugen) ankündigen,** passiv, *detestatum* est testatione denuntiatum, Gaius dig. 50, 16, 238. § 1.

dē-texo, texuī, textum, ere, **abweben, abflechten = fertig weben, fertig flechten, I** eig.: **a fertig weben,** telam, Plaut. Pseud. 400. Hyg. fab. 126: inter decem annos nequisti unam togam detexere, Titin. com. 24: omnia ea videri legata, quae detexta neque contexta sunt, Ulp. dig. 32, 1, 70. § 12: quod in tela est nondum pertextum vel detextum, contextum appellatur, Ulp. dig. 34, 2, 22. – scherzh., illic homo hoc denuo vult pallium detexere, abfertigen = rauben, Plaut. Amph. 294. – **b fertig flechten,** alqd viminibus mollique iunco, Verg. ecl. 2, 72: fiscellam vimine iunci, Tibull. 2, 3, 15. – **II** übtr., **vollenden, a in der Rede bis zu Ende darstellen, abmachen,** non tamen absistam coeptum detexere munus Ps.Verg. Ciris 9: semina vitis ordine detexam, Calp.: fabellam permitte mihi detexere paucis, Sulpiciae sat. *v.* 2. – detexta prope retexere, Cic.: nunc ego ab summo iam detexam exordio, Vet. poët. b. Rhet. Her. – **b** übh.: is (Lacteus) non perpetuum detexens conficit orbem, Cic. Arat. 494 (250).

dēticēsco, = conticesco, wov. deticescit, Not. Tir. 54, 59^b u. deticuit, Not. Tir. 54, 59^a.

dē-tineo, tinuī, tentum, ēre (de u. teneo), jmd. od. etwas an einem Ort **festhalten,** in seinem Lauf od. Marsch durch etwas **auf-, zurückhalten, am Weitergehen** od. **Vorrücken hindern, hinhalten, I** eig.: alqm pede apprehenso, Suet.: alqm apud villam hos dies sex ruri, Plaut.: novissimos proelio, im Marsch aufhalten, Caes.: quam acerrimo bello Hannibalem, Liv.: Romano bello in Italia detineri, Liv. – oft bl. alqm, Caes. u. a.; u. verb. detinere alqm et demorari, Lentul. in Cic. ep. – rates voce canorā (v. den Sirenen), Ov.: funera laudationibus aut pompā, Tac.: quod nostrae naves tempestatibus detinebantur, Caes. – **II** übtr.: **1** übh. **festhalten, dauernd fesseln,** me gratā detinuit compede Myrtale, Hor. carm. 1, 33, 14. – **2** jmd. bei einem od. durch ein Geschäft usw. od. in einem Zustand **fest-, aufhalten,** sodass er nicht los kann, jmd. durch od. bei etw. **in Beschlag nehmen, beschäftigen,** jmdm. **zu tun machen, a** im Allg.: in alienis negotiis detineri, Cic.: det. alqm in admiratione sui, Suet.: in ea contumelia detenti, Tac. – detinet (fesselt an die Arbeit) intentas cantu fallitque laborem, Sen. (phil.) poët.: detineo animum studiis falloque dolores, Ov.: rei publicae tractatione et civilibus officiis se detinere, sich zu tun machen mit usw., Sen.: nos quoque, quas Pallas detinet, Ov.: nisi quid te detinet, wenn nicht etwas dich abhält, wenn du Zeit hast, Hor.: nisi cena prior potiorque puella Sabinum detinet, abhält, Hor. – dah. alqm de od. ab alqa re, jmd. von einer Tätigkeit **abziehen, abhalten,** an etw. **hindern,** alqm de negotio suo, Plaut.: ab incepto, Sall.: ab circumspectu aliarum rerum, Liv. – **b** insbes., jmds. Sinne od. Geist **angenehm beschäftigen, fesseln, anziehen,** si (meritoria artificia) praeparant ingenium, non detinent, Sen.: saepe (poëmata mea) oculos etiam detinuere tuos, Ov. – u. **c** (poet.) eine Zeit **in Beschlag nehmen,** mit einer Beschäftigung **ganz ausfüllen,** euntem multa loquendo detinuit sermone diem, Ov.: detinui tempus curasque fefelli, Ov. – **3** detinere se, **sich hinhalten** = sein Leben fristen, se miserandis alimentis nonum ad diem, Tac. ann. 6, 23. – **4 inne behalten, a** übh. **inne behalten, -haben,** locum, Plin.: detinentibus terras nivibus, Plin. – **b** etw. in Besitz **behalten,** totum orientem, Capit.: curulem (sellam), Plin. pan. – **c** ein Besitztum **zurückhalten, vorenthalten,** quod immensam pecuniam longā senectā detineret, Tac.: Hiberiae regnum senectā patris detineri, Tac.: tantum pecuniarum detinent (halten dem Verkehr vor) vini apothecae, so viel Geld steckt in den Weinkellern, Plin. – **5 beibehalten, belassen,** septenis et novenis annis in provinciis bonos praesides, Capit.: copias secum ad secundos casus, Suet.: minus triennio in ea legatione detentus, Tac.: detentus rebus gerendis Suetonius, Tac. – v. lebl. Subjj., in einem Zustand **fort und fort halten,** elephantorum magnitudo multitudoque animos militum detinebat in timore, Auct. b. Afr. 72, 3. – **6** als Inhalt **enthalten,** eo libro, qui Cleopatranam eam stirpem Victoriamque nunc detinet, Treb. Poll. Claud. 1, 1.

dē-tondeo, tondī, tōnsum, ēre, **abscheren, verschneiden, I** im Allg.: lanam, Col.: comas, Curt.: ex barba detonsi capilli, Sen. – poet., dum gramina vaccae detondent, abfressen, Nemes. ecl. 1, 6: u. archaist. detundete (= detondete) guberna, Lucil. 578. – **II** prägn., **scheren, glatt scheren, a** eig.: alqm, Plin. ep. u. Ov.: oves, Cato: virgulta, beschneiden, Col.: detonsa iuventus, geschorenen Hauptes, Pers. – Partiz. subst., ex barba detonsa (*n. pl.*), Sen. ep. 92, 34. – **b** poet. übtr., frondes detonsae frigore, entlaubt, entblättert, Ov.: agros laetos, verheeren, verwüsten, Enn. fr.: u. so nostris detonsa Sigambria signis, Claud. – ► Redupliz. Perf. detotondit, Tert. de pall. 2. – In der Tmesis, deque totondit agros laetos, Enn. ann. 495.

dē-tono, tonuī, āre, **I herabdonnern, losdonnern, A** eig.: hic (*sc.* Iuppiter) ubi detonuit, Ov. trist. 2, 35. – **B** übtr.: **1** übh. **losdonnern = wie ein Gewitter losbrechen, herfallen** über usw., primi impetus turbo inter Padum et Ticinum valido fragore detonuit, Flor.: det. in subiectos, Flor.: cum persecutionis procella detonaret, Hieron.: Pharsalici campi, in quibus civilium bellorum detonuerunt procellae, Solin.: Sullana tempestas latius, intra Italiam tamen detonuerat, Flor. – **2** sprechend **losdonnern,** turba patricia detonabit, Hieron. epist. 54, 2. – m. *Acc.* = **herdonnern,** haec ubi detonuit, Sil. 17, 201: Pharsalica bella detonabis, Stat. silv. 2, 7, 66. – **II aufhören zu donnern,** übtr. = **austoben,** dum detonet omnis (nubes belli), Verg.: cum iactatio … detonuit, Quint.

dētōnsio, ōnis, *f.* (detondeo), das **Abscheren,** capitis, Th. Prisc. 2, 2. Cael. Aur. chron. 1, 3, 61.

dētōnso, āre (*Intens.* v. detondeo), **abscheren,** Fab. Pict. b. Gell. 10, 15, 11.

dē-torno, (āvī), ātum, āre, **abdrechseln, I** eig.: anulos, Plin. 13, 62. – **II** übtr., **abdrechseln** = abrunden, sententiam (vgl. ἀποτορνεύειν κύκλον), Gell. 9, 8, 4.

dē-torqueo, torsī, tortum, ēre, **I** *tr.* **hinwegdrehen, -wenden, abwenden, A** im Allg.: **a** eig.: ponticulum, Cic.: nusquam lumen ab illa, Ov. – mit Angabe des Zieles, wohin **drehen, wenden,** (orbis partem) a latere in dextram partem, Cic.: proram ad undas, Verg. – **b** übtr.: voluptates animos a virtute detorquent, Cic.: quae (*sc.* voluntas testium) nullo negotio flecti ac detorqueri potest, Cic.: de Marso detorsum (= detortum) nomen, abgeleiteter, Cato fr.: u. so verba parce detorta, nicht allzu frei abgeleitete, Hor. – mit Angabe des Ziels, vividum animum in alia, eine schiefe Richtung geben (nach einer anderen Seite), Tac.: si te alio pravum detorseris, dich anderswohin kehrst, wo du auch auf verkehrtem Wege bist, Hor. – **B** insbes., **verdrehen, verkrüppeln, a** eig.: corporis partes detortae, Cic.: Vatinius detorto corpore, Tac.: detorta hastilia, krumme Pfähle, Sen. de ira 1, 6, 1. – **b** übtr.: calumniando omnia detorquendoque suspecta et invisa efficere, Liv.: recte facta, Plin. ep.: verbum aliquod in peius, Sen.: sermonem in obscenum intellectum, in eine obszöne Bedeutung, Quint.: illud ad vestrum sensum (zugunsten euerer Ansicht), Augustin.: verba prave detorta, verdrehte Äußerungen, Tac. – **II** *intr.* **sich** wohin **(ab)wenden,** in laevam (Ggstz. declinare ad dextram), Plin. 28, 93. – ► Partiz. Perf. detorsus, Cato origg. 2. fr. 18 (2. fr. 35) bei Prisc. 9, 51.

dē-torreo, torruī, ēre, **völlig versengen,** Sidon. epist. 1, 7, 1. Not. Tir. 92, 30.

dētractātio u. **-tor,** s. dētrectātio u. -tator.

dētractātus, ūs, *m.* (detracto), die **Abhandlung,** Tert. de spect. 3.

dētractio, ōnis, *f.* (detraho), das **Wegnehmen,** die **Wegnahme, I** im guten Sinne: **A** eig.: **1** im Allg. (Ggstz. adiectio), illa enim ipsa efficiuntur detractione (durch Wegmeißeln), Cic. de div. 2, 48: Plur., adiectiones et detractiones (cuneorum), Vitr. 9, 8 (9), 7. – **2** insbes.: **a** das **Wegnehmen** vom Körper durch Scheren, das **Abscheren,** capillorum, Cael. Aur. chron. 3, 8, 131. – **b** als mediz. *t. t.* die **Abführung, Ausleerung, Abzapfung, Entziehung** aus dem Körper, confecti aut consumpti cibi, Cic. Tim. 16: umoris, Cael. Aur. chron. 3, 8. § 115. 129. 135: sanguinis, die Blutabzapfung, Blutentziehung, Cels. 2, 7. p. 43, 32 D.; 2, 10. p. 53, 14 D. u. ö. Plin. 17, 246. Quint. 2, 10, 6: sanguinis per venas detr., Cael. Aur. acut. 3, 4, 25: im Zshg. bl. detractio, Cels. 2, 10. p. 53, 34 D. – Plur., detractiones, Plin. 16, 244 u. 17, 133: Ggstz. adiectiones, Vitr. 1, 6, 3. – **B** übtr., die **Wegnahme, a** übh., die **Wegnahme,** der **Abzug,** cuius loci detractionem fieri velit, welchen Platz er sich vorbehalten möchte, Cic. ad Att. 12, 35, 1. – **b** als *t. t.* der Baukunst, die **Wegnahme, Verringerung,** gew. Plur. detractiones (Ggstz. adiectiones, die Hinzufügungen, Zusätze, Verstärkungen), Vitr. 6, 2, 1; 6, 2, 4; 10, 6 (Maßzusätze): tunc erit, ut ingenio et acumine *de* symmetriis detractiones et adiectiones fiant, Vitr. 6, 3, 11. – **c** als gramm. *t. t.,* **α** die **Wegnahme, Weglassung** eines Buchstaben, einer Silbe, die **Verkürzung** um einen Buchstaben, eine Silbe (Ggstz. adiectio), Quint. 1, 5, 14. Fortunat. art. 28, 1. p. 294, 11 *sqq.* (K.). – **β** die **Ausstoßung** eines Buchstaben (z. B. des m), die **Elision** (Ggstz. suspensio), Isid. 1, 31, 6. – **γ** die **Auslassung** eines Wortes, die **Ellipse** (Ggstz. adiectio), Quint. 1, 5, 38 u. 40: Plur., Quint. 9, 3, 18. – **d** die **Abnahme** eines Übels, die **Befreiung** von etw., doloris, Gell. 2, 6, 12 u. 2, 9, 3. – **II** im üblen Sinne, die **Entziehung, Beeinträchtigung,** detr. atque appetitio alieni (fremden Eigentums), Cic. de off. 3. 30.

dē-tracto, s. dē-trecto.

dētractor, ōris, *m.* (detraho), der **Verkleinerer,** haud quaquam sui detr., Tac. ann. 11, 11: u. so = Verkleinerer, Ehrabschneider, Verleumder, oft bei den Eccl., z. B. Augustin. de civ. dei 5, 19. p. 229, 18 D.² u. a. Vulg. prov. 24, 9 u. 21; Rom. 1, 30: Ggstz. fautor, Hieron. in Augustin. epist. 72, 4.

dētractus, Abl. ū, *m.* (detraho), die **Hinwegnahme** (Ggstz. adiectio), syllabae, Sen. suas. 7, 11.

dē-traho, trāxī, tractum, ere, **I herab-, herunterziehen, -nehmen, herab-, herunterreißen, 1** eig.: **a** übh.: alqm de curru, Cic.: alqm de caelo (bildl., seines hohen Ruhms berauben), Cic.: alqm e curru, Val. Max.: alqm ex suspendio, Cels.: alqm pedibus e tribunali, Suet.: alqm ab ipsis aris pulvinaribusque, Cic. – alqm equo, Liv.: alqm lecto, Curt.: integrum corpus Christi patibulo, Lact.: coronam capite, Val. Max.: virgam non altā ilice, Ov. – armatos ingenti corporum mole secum ad terram, Curt.: feros tauros cornibus ad terram, Suet. – **b** ein Bauwerk usw. **herab-, niederreißen, schleifen,** pontes et scalas, Tac.: statuas, Lampr.: statuas et imagines eius, Iustin.: muros coloniae, munimenta servitii, Tac.: castella trans Euphratem, Tac.

2 übtr., **herabziehen, erniedrigen,** filiae ex fastigio paterno rerum mutatione detractae, Curt. 3, 13 (35), 12: sciat regum maiestatem difficilius ad medium detrahi, quam a mediis ad ima praecipitari, Liv. 37, 45, 18.

II wegziehen, wegnehmen, A abziehen, abnehmen, abreißen, 1 eig.: **a** übh.: crumenam sibi de collo, Plaut.: de digito anulum, Ter.: alci de digito anulum, Cic.: de mulis stramenta, Caes.: e manu alcis anulum, Val. Max. u. Eutr.: ex aure alcis bacam od. unionem, Hor. u. Suet.: e veste matris fibulas, Hyg.: nomen ex scutis, herausmeißeln, Auct. b. Alex.: lapidem quadratum ex opere, herausnehmen, Plin. ep.: alci ungulum, Pacuv. fr.: alci anulum, Ter. u. Suet.: torquem hosti, Cic.: scutum militi, Caes.: frenos equis, Liv. u. Aur. Vict.: strata od. clitellas mulis, Liv.: copulam canibus, Phaedr.: vestem corpori, Curt.: diadema capiti, Curt.: coronam capiti (suo), Liv. u. Plin.: crinalem capiti vittam, Ov.: lectis argenteam laminam, Suet. – m. bl. *Acc.,* vestimenta, Cato fr.: vestem, Cic.: loricam vestemque, Curt.: soccos, Ter.: socculum, Suet.: signum (das Siegel), Nep. – **b** insbes.: **α** scherend od. schindend od. schälend von einem Körper **abziehen,** pecori lanas, abscheren, Ps. Quint. decl.: u. so lanam, Col.: capillos, Cael. Aur. – coria occisis, Mela: pellem, Hor. u. Phaedr.: pelles vitulorum marinorum corpori, Plin.: si summa pellicula detracta est, sich abgeschält hat, Cels.: quid me mihi detrahis? warum ziehst du mich selber (meine Haut) ab? Ov.: cucumeris se mina detractis corticibus, geschälte, Cels. – **β** als *t. t.* des Gartenbaues, einen Setzling vom Stamm **abreißen,** flagellum matri, Col.: malleolos quam maturissimos viti, Col. – **γ** als mediz. *t. t.,* aus dem Körper **abführen, ausleeren, abzapfen,** dem Körper **entziehen,** materiam per os, Scrib.: materiam ex capite per nares vel os, Scrib.: materiam per alvum, Scrib.: cathetere liquorem (des Wassersüchtigen), Cael. Aur.: sanguinem venis, Lucr.: sanguinem, Capit.: si satis materiae (Blutstoff, Blut) detractum est, Cels. – v. Heilmitteln, sinapi detrahit largiter pituitam, Scrib.: hoc medicamentum detrahere dixit post diem septimum fragmina quaedam lapidum quasi arenam, Scrib. – v. Embryo, praeseminatio crescens ex omnibus cibi partibus detrahit alimentum in se, führt sich zu, zieht an sich, Vitr.

2 übtr.: **a wegnehmen, abnehmen** übh., quod ab alterutra detraxit parte reponit eius in adversa, Lucr.: ab ore figuram, Prop.: de homine sensus, Cic.: cum de symmetria sit detractum aut adiectum, Vitr.: multis erit de magnitudine et longitudine detrahendum corporis, Augustin.: feros habitus homini, Ov.: vindicet (gebe zurück) antiquam faciem vultusque ferinos detrahat, Ov. – **b** als milit. *t. t.,* einen Truppenteil **wegziehen, absondern, detachieren,** ex tertia acie singulas cohortes, Caes. b. c. 3, 89, 3: cohortes duas et complures singulatim, Caes. b. G. 3, 2, 3. – **c wegnehmen = weglassen, auslassen,** parvis momentis multa natura aut affingit (setzt zu) aut mutat aut detrahit, Cic.: nec detrahens quicquam vitae beatae nec adiciens, Sen. – als gramm. *t. t.,* Buchstaben usw. **wegnehmen, weglassen, wegfallen lassen** (Ggstz. adicere), litteras syllabasque, Quint. 1, 6, 22: consonantes, Quint. 9, 4, 86: litteram, Isid. 1, 31, 4: coniunctiones, Suet. Aug. 86, 1. – **d** numerisch von einer Summe, einem Gewicht **abziehen,** de tota summa binas quinquagesimas, Cic.: alqd de summa frumenti, Cic.: nihil de vivo, Cic.: de militum cibariis, Quint.: neque detractum de pondere quicquam, Lucr. – multae (von der Strafsumme) novem partes, Nep.: ponderibus antiquis aut adiecit aut detraxit, Scrib. – prägn., durch Wegnahme, Abzug **vermindern, verringern,** pondus, Nep.: imperatorium sumptum pulsis non necessariis ad solidi dimidium, Capit.: et lucubrationes detraxi et meridiationes addidi, Cic. – **e** ein geistiges oder moral. Übel od. Gut **abnehmen, benehmen,** alci unius mensis laborem, vom Halse schaffen, Cic.: facientibus iter multum defatigationis, Quint.: illam opinionem maerenti, Cic.: animis errorem (die Ungewissheit) nostris, Ov.: molestiam (von einem Umstand), Vitr.: inanes sollicitudines (v. der Philosophie), Cic.: alci calamitatem, dem Unglück entreißen, Cic.: senatui infamiam tanti flagitii, ersparen, Tac.: fingendus est nobis oratione nostrā detractis vitiis orator, ein fehlerfreier R., Cic.: detractā opinione probitatis, wenn der Glaube an seine R. benommen ist, fehlt, Cic. – **f** jmd. von einem Vorhaben **abbringen,** alqm a deformi proposito, Amm. 26, 7, 13.

B wegziehen, fortziehen, weg-, fortschleppen, 1 eig.: alqm manu suā, Liv. epit. 30: alqm spectaculis, Suet. Cal. 35, 2 (vgl. Cal. 55, 1; Suet. Dom. 10, 1). – m. Ang. **wohin?** navem ad terram, ans L. ziehen, Auct. b. Alex. 10, 6. – m. Ang. **wozu?** durch *Dat.,* magnam vim materiae faciendo aggeri, Curt. 8, 10 (38), 30. – **2** übtr.: **a** eine Pers. von einem Ort od. aus einem Besitz **entfernen,** inimicum ex Gallia, Cic.: Hannibalem ex Italia od. ex Italiae possessione, Liv. – **b** jmd. zu etw. **zwingen, nötigen,** alqm ad aequum certamen, Liv.: alqm ad hanc accusationem, Cic.: alqm in iudicium, vor G. zu erscheinen nötigen, Cic.

C im weiteren u. üblen Sinne, entziehend **weg-** od. **fort-** od. **abnehmen, entziehen, entwenden, 1** eig.: **α** v. Pers.: fetus nido implumes, Verg.: equos equitibus, Caes. – spolia hostium templis porticibusque, Liv.: ex Olympii Iovis templo spolia Gallorum Illyriorumque, Liv.: arma templis, Flor.: arma templo affixa, Quint.: pugionem templo Salutis, Tac.: gladium delubro Martis, Suet.: templis compluribus dona, Suet.: alci fasces (Ggstz. deferre), Hor. – β v. lebl. Subjj.: magnam sol partem (maris) detrahit aestu, Lucr.: valetudo detraxit vires, Vitr.: aër agitatus a vitiosis corporibus detrahit sucum, Vitr. 2 übtr.: a einer Person od. Sache **entziehen, nehmen, vorenthalten, Abbruch tun,** etw. **schmälern,** α einer Pers.: duas legiones uni, Hirt. b. G.: caput (den Anführer), Vell.: alci Armeniam a senatu datam, Tac.: pompae simulacrum, bei dem Aufzug wegzulassen befehlen, Suet.: tres Pompeio triumphos, Prop.: magna duo auxilia (Unterstützung) Romanis, Liv.: alci dignitatem, Sall. u. Cic.: alci debitum honorem, Cic.: alci veram laudem, laudes bellicas, Cic.: ut alienum appetat et id, quod alteri detraxerit, assumat, Cic.: cum rerum ortum *tribuas* naturae, *detrahas* deo, Lact.: nihil tibi detraxit (hat vorenthalten) senatus, nisi id, quod etc., Cic.: m. folg. Relativsatz, multum detraxit ei (es tat ihm viel Abbruch), quod alienae erat civitatis, Nep. Eum. 1, 2. – β einer Sache: multis rebus et locis veterem appellationem, Suet.: nihil vulgatae opinioni, Liv.: de suo iure aliquid et commodo, Cic.: multa de suis commodis, Cic.: celeritas (Schnelligkeit des Handelns) detracta de causa est, Cic.: ne quid de summo meo erga te amore detractum esse videatur, als hätte meine unbegrenzte Liebe zu dir Abbruch erlitten, Cic.: quantum detraxit ex studio (soviel er an Eifer nachließ), tantum amisit ex gloria, Cic. – b durch die Rede **entziehen,** α jmdm. etw. **absprechen,** saepe etiam facete concedas adversario id ipsum, quod ille tibi detrahit, Cic. de or. 2, 286. – β von jmds. Ansehen usw. od. Taten **entziehen,** sie **schmälern,** de honestate et de auctoritate alcis, Cic.: de alcis fama et gloria, Cic.: de rebus gestis, Nep. – γ jmd. **verkleinern, verunglimpfen, verleumden,** de alqo, Cic. u. Nep.: de se, Cic.: ne nihil detrahatur, damit doch etwas auszusetzen sei, Cic.: absol., de absentibus detrahendi causā maledice contumelioseque dicere, Cic.: Partiz. detrahens, verleumdend, verleumderisch, mulieres non detrahentes, Vulg. 1. Tim. 3, 11: Plur. subst., die Verleumder, declinet detrahentium linguas, Paulin. vit. S. Ambros. 55. – ► Infin. Perf. synk. detraxe, Plaut. trin. 743.

dētrāmen, inis, *n.* (vgl. detraho u. tramen), der **Faden,** Pelagon. veterin. 11. p. 53 = 199 *Ihm.*

dētrectātio (dētractātio), ōnis, *f.* (detrecto), I die **Ablehnung, Verweigerung,** militiae, Liv.: sine detrectatione, Liv. – II die **Herabsetzung, Verkleinerung,** Plur. bei Cassian. coll. 9, 3, 1. – dah. als rhet. Fig. = διασυρμός, die **Herabsetzung durch Spott,** die **Verspottung,** Auct. schem. dian. § 34. p. 75, 8 H.

dētrectātor (dētractātor), ōris, *m.* (detrecto), I der **Ablehner, Verweigerer,** ministerii, Petron. 117, 11. – II der **Verkleinerer,** laudum suarum, Liv. 34, 15, 9: honorum, Auson. edyll. 2, 51. p. 34, 15 Schenkl: eorum, Tert. ad nat. 2, 7.

dē-trecto (dē-tracto, was auch gute Hdschrn. haben), āvī, ātum, āre, eig. etwas »wegzubringen suchen«, I von sich = etwas **von der Hand weisen, ablehnen, von** etw. **sich lossagen, verweigern, nicht gelten lassen,** militiam, Caes.: pugnam, certamen, Liv.: officia sua, Quint.: foederis pactum, Flor.: iudicandi munus, Suet.: imperata, Suet.: alcis iussa, den Gehorsam verweigern, Tac.: principem, Tac.: vim eius equos regentis (seine Kunstfertigkeit im Rosselenken), Tac.: vincla pedum, Tibull.: m. folg. *Infin.,* ICt. u. Spät.: absol., Liv. u. a. – II jmds. Vorzüge **schmälern, verkleinern, herabsetzen, in Schatten stellen,** virtutes, Liv.: bene facta, Ov.: bonos, Sall.: m. *Dat.,* Pompeio, Flor. 4, 2, 9 H. (*al.* Pompeium): absol., Ov. trist. 2, 337.

dē-tribuo, ere = attribuo, Gloss. u. Not. Tir. 52, 58ᵃ.

dētrīmentōsus, a, um (detrimentum), **sehr nachteilig, voll Schaden,** Caes. b. G. 7, 33, 1.

dētrīmentum, ī, *n.* (detero), I das **Abreiben,** limae tenuantis, Apul. met. 6, 6: sumit (vomer) per detrimenta fulgorem, Isid. 20, 14, 1. – meton., detrimenta ergastuli, Krüppel aus dem Arbeitshaus, Curt. 5, 5 (18), 13. – II übtr.: 1 die **Verminderung, Abnahme,** sine auctu et detrimento summi boni, Sen. de vit. beat. 4, 3. – gew. Plur., detrimenta et accessus fretorum atque aestuum, Apul. de mund. 19: corporum augmenta detrimentaque, Ps. Apul. Ascl. 3 (vgl. met. 11, 1): lunaria incrementa atque detrimenta, Augustin. de civ. dei 5, 6. p. 198, 30 D.²: inde iam hominem in detrimenta vergere gravioris ac senilis aetatis, *ibid.* 22, 15 *extr.* – 2 prägn., wie unser **Abbruch** = **Verlust, Einbuße, Schaden, Opfer,** a übh. (Ggstz. emolumentum, adiumentum, ornamentum et praesidium), d. cutis, Tert.: Africani exercitus, Caes.: cum aliquo detrimento militum, Caes.: iacturae ac detrimenta rei familiaris, Auct. b. Alex.: d. capere od. accipere od. facere (alle = erleiden), Cic.: detrimentum existimationis facere, Nep.: capere aliquid detrimenti in alqa re, Col.: magnum detrimentum afferre, Caes.: mediocre detrimentum iumentorum ac servorum afferre (herbeiführen), Hirt. b. G.: diuturni laboris detrimentum sollertiā et virtute militum reconciliatur, Caes.: alci ornamento et praesidio, non detrimento esse, Caes. – b als publiz. *t. t.,* videant (provideant) consules od. videat (consul), ne quid res publica detrimenti capiat od. accipiat, Cic. Mil. 26; Phil. 5, 12, 34. Caes. b. c. 1, 5, 3. Sall. Cat. 29, 2. Liv. 3, 4, 9. Tac. ann. 4, 19: so auch ut curaremus, ne quid res publica detrimenti caperet, Cic. ep. 16, 11, 2. – c als milit. *t. t.,* der **Verlust** im Krieg, der **Unfall,** die **Niederlage, Schlappe,** detrimenta belli, Hirt. b. G.: magnum (maius) d. afferre, Cic.: magna detrimenta inferre, Caes., inferre Romanis, Hirt. b. G.: d. capere, Cic.: d. accipere, Caes.: acceptum d. sarcire, Caes.: sine ullo detrimento exercitus od. commissi exercitus, Nep. u. Vell. – d der **Verlust** an Geld u. Gut, explent detrimenta (das [durch Einziehung] verlorene Vermögen) muneribus, Iustin. 5, 4, 16: aestimando cuiusque detrimento (Brandschadens) quattuor progeneri Caesaris delecti, Tac. ann. 6, 45: ex magnis detrimentis (Spielverlusten) praeter spem paulatim retractus est, Aug. bei Suet. Aug. 71, 3.

dētrītus, ūs, *m.* (detero), das **Abreiben,** *detrimentum* a detritu, Varro LL. 5, 176.

dē-triumpho, āvī, ātum, āre, über jmd. **triumphieren,** ihn **besiegen,** Eccl.

dē-trūdo, trūsī, trūsum, ere, **fort-, hinweg-** od. **herab- (hinab-), niederstoßen, -drängen,** I eig.: A im Allg.: scutis tegumenta, Caes.: naves scopulo, Verg.: alqm ad molas, Plaut., od. in pistrinum, Cic.: alqm contis remisque in mare, Suet.: impedimenta per praeceps, Liv. – absol., Albani prensare, detrudere, die A. packten, rissen (von den Pferden) herab, Tac. ann. 6, 35: ebenso aliquoties detrusus (verst. de rostris), Sall. hist. fr. 1, 99 (101). – B insbes.: 1 als milit. *t. t.* = den Feind aus seiner Stellung **fort-, hinabdrängen, in die Flucht schlagen,** impetu conari detrudere virum, (von der Brücke) hinabzustoßen, Liv.: hostes in proclive, Auct. b. Alex.: hostem finibus, Verg.: levis armatura pulsa detrusaque, Liv. – v. lebl. Subjj., ex qua (*sc.* arce) me nives, frigora, imbres detruserunt, Vatin. in Cic. ep. – 2 als jurist. *t. t.* = jmd. aus seiner Besitzung **verdrängen, vertreiben,** alqm de saltu agroque communi vi, Cic.: ex praedio vi, Cic. – 3 jmd. an einen Ort **verschlagen,** vi tempestatum Cythnum insulam detrusus, Tac. hist. 2, 8. – II übtr.: A im Allg., **fortdrängen,** wohin **treiben, verweisen,** wozu **nötigen,** alqm de sua sententia, Cic.: a proximo ordine in secundum detrudi, Suet.: alqm ad id, quod facere possit, Cic.: ad necessitatem belli, Tac. – B insbes.: 1 der Zeit nach gewaltsam **verschieben, aufschieben,** comitia in mensem Martium, Cic. ad Q. fr. 3, 11 (13), 3: comitia in adventum Caesaris, Cic. ad Att. 4, 17, 2. – 2 jmd. der Aussicht auf ein Amt berauben, jmd. **verdrängen,** detrudendi Domitii causā, Suet. Caes. 24, 1.

dētruncātio, ōnis, *f.* (detrunco), das **Abhauen,** ramorum, Plin. 24, 57: membri, Tert. de res. carn. 57. Augustin. op. imperf. c. Iulian. 6, 18. – absol., das **Stutzen** (der Äste), Plin. 17, 237.

dē-trunco, āvī, ātum, āre, I **vom Stamm-, Rumpf trennen, abhauen,** superiorem partem (arboris), Col.: caput, Ov.: pedes, Lact.: alam regis apium, Plin. – II prägn., **stutzen, verstümmeln, enthaupten,** arbores, Liv.: gladio detruncata corpora brachiis abscisis, Liv.: Amastrum (*sc.* capite absciso), Val. Flacc.: Dalmatas incensā urbe quasi d., Flor.: a spadonibus Aegyptiis detruncatus, Lact.

dētrūsio, ōnis, *f.* (detrudo), das **Hinabstoßen,** Hieron. in Isai. 24, 21.

dētuitio, ōnis, *f.* (*de-tueor), das **Sehen des Bildes im Spiegel,** Chalcid. Tim. 239.

dē-tumēsco, tumuī, ere, **aufhören zu schwellen,** übtr. = **ruhig werden, nachlassen,** stagna lacusque sonori detumuere, Stat. Theb. 3, 259: detumuere animi maris, *ibid.* 5, 468: ut ergo tam ambitiosus detumuit imber, Petron. 17, 3: detumescunt odia, Petron. 109, 5: donec (numeri) quodam modo detumescant, Augustin. de music. 6, 9, 24.

dē-tundo, tūnsum, ere, **zerstoßen,** digitis pedum detunsis ob lapides, Apul. met. 2, 32. ▶ Lucil. 578 ist detundēte = detondete, s. dētondeo.

dē-turbo, āvī, ātum, āre, **fort-** od. **herabtreiben, -drängen, -werfen, -stürzen, I** eig.: **A** im Allg.: **α** leb. Wesen od. deren Körper usw.: alqm de saxo, Nov. com. fr.: alqm de tribunali, Caes.: alqm (einen Schiffbrüchigen) tabulā, Cic. fr.: alqm equo, Amm.: alqm in viam, Plaut.: alqm de ponte in Tiberim, Varro fr.: alqm ab alta puppi in mare, Verg.: orantis caput terrae, Verg. – **β** Lebl., **herabwerfen, -stürzen, herab-, niederreißen,** alcis statuam, Cic.: aedificium, Cic.: supervacuos pampinos, Col.: omnes de tecto tegulas (v. Wind), Plaut. – **B** insbes., als milit. *t. t.* = den Feind aus seiner Stellung **forttreiben,** ihn **vertreiben, verjagen,** Pompeianos ex vallo, Caes.: Macedones ex praesidiis stationibusque, Liv.: moenibus deturbat, Sall. fr.: deturbatis Samnitibus, Liv. – **II** übtr.: **A** im Allg., einer Sache **berauben,** alqm de sanitate ac mente (der gesunden Vernunft), Cic.: deturbari ex magna spe, Cic.: u. so bl. deturbari spe, Cic.: deturbatus verecundiā, Gell. – testimonium ex animo, Nov. fr.: haec (tempestas) verecundiam mihi et virtutis modum deturbavit, hat mir die Keuschheit u. der Tugend Maß u. Ziel zerstört, Plaut. – **B** insbes., als jurist. *t. t.* = jmd. aus seinem Besitztum **vertreiben, verdrängen,** alqm possessione, Cic.: alqm de fortunis omnibus, Cic.

dē-turpo, āre, **verunstalten,** alqm, Suet. Cal. 35, 2: alqd, Plin. 15, 59.

Deucaliōn, ōnis, *m.* (Δευκαλίων), Sohn des Prometheus, König von Phthia in Thessalien, rettete sich allein mit seiner Gemahlin Pyrrha aus der von Jupiter zur Vertilgung des Menschengeschlechts gesandten Wasserflut u. stellte dann mit Hilfe der Pyrrha das menschliche Geschlecht durch Rücklingswerfen von Steinen, aus denen dadurch Menschen wurden, wieder her, Ov. met. 1, 318 *sq.* Iustin. 2, 6. Hyg. fab. 153. Vgl. Voß Verg. ecl. 6, 41. p. 25 *sqq.* u. Verg. georg. 1, 62. p. 68. – dah. nimiae Deucalionis aquae, die deukalionische Flut, Ov. fast. 4, 794. – Dav. **Deucaliōnēus,** a, um, **deukalionisch,** undae, die deukal. Flut, Ov.: u. so imbres, überschwemmende Regengüsse, Lucan.: cautes, die Steine, die Deukalion hinter sich warf, Col. poët.

dē-ungo, ere, **tüchtig ölen,** vino te deungis, du ölst (schmierst) mit W. dir die Kehle ein, Plaut. Pseud. 222 R. u. Lor.

deūnx, ūncis, *m.* (de[esse] u. uncia; eig. wobei eine uncia, d. i. ein Zwölftel fehlt, dah. =) **elf Zwölftel,** iugeri, Col.: heres ex deunce, Cic.: potare deunces, elf Maß (cyathos), Mart.: peragant avidos sudore deunces, elf Prozent, Pers. 5, 150 *codd.*

de-ūro, ussī, ūstum, ere, **abbrennen, verbrennen, I** eig.: pluteos turrium, Caes.: vicos, frumenta, Liv.: libros, Gell.: in contione scripta alcis, Min. Fel. – **II** übtr.: **a** (wie καίειν) v. der Kälte, **erstarren machen,** hiems arbores deusserat, Liv. 40, 45, 1: v. eisigen Wind, quae propiora sunt mari, aquilone maxime deuruntur, Curt. 8, 9 (30), 12. – **b** v. Schlangen, **durch ihren Hauch verzehren,** Sen. de clem. 1, 25, 4.

***deurode,** Petron. 58, 7 (wahrsch. Akk. Sing. eines griech. Adjekt. auf ωδης; nach Friedländer ληρώδη, schwatzhaft).

deus, ī (im Nom. Plur. dei, dii, gew. di, Genet. Plur. deorum u. deûm, Dat. Plur. deis, diis, gew. dis; in Inschr. auch diibus u. dibus; diibus auch *Petron. 44, 16 B.; Vokat. Sing. deus, erst spätlat. dee, *m.* (verwandt mit θεός), der **Gott,** die **Gottheit, I** eig.: deus hospitalis, Plaut.: di hospitales, Tac.: deus marinus, Serv. Verg. Aen. 1, 144 u. Varro bei Serv. Verg. Aen. 5, 824: di marini, Porphyr. Hor. od. 1, 5, 12: dea marina, Serv. Verg. Aen. 1, 144: di, quibus est imperium pelagi, Verg.: deus verus (Ggstz. dei falsi), Lact.: sospitalis et medicus deus (v. Äskulap), Macr.: deus pater et deus filius (v. Christus), Lact.: deus maritus, deus pastor, deus commeator, fabricator deus, aedificator mundi deus, Apul.: unus illis deus nummus est, Hadr. imp. bei Vopisc. Sat. 8, 6: deum unum colere, praedicare (predigen), Lact.: multos ac falsos deos colere (Ggstz. uni et vero deo supplicare), Lact.: suos aut novos alienigenas deos colere, Cic.: alqm ut deum colere, Cic.: reges suos inter deos colere, Curt.: naturam tamquam deum sequi, Cic.: naturam quasi deum ducem subsequi, Cic.: tum sapientiae vocem audire videar eique quasi dei paream, Cic.: ab Iove optimo maximo ceterisque dis deabusque immortalibus pacem ac veniam peto, Cic.: homines sumus, non dei, Petron.: dis carus ipsis, Hor.: di hominesque, alle Welt, Cic. u. a. – v. weibl. Gottheiten, ducente deo, v. der Venus, Verg.: nec dextrae erranti deus afuit, v. der Alekto, Verg.: audentes deus ipse iuvat, v. der Fortuna, Ov.; vgl. Burmann Anthol. Lat. 3, 240, 4. Wagner Verg. Aen. 2, 632. – Besondere Verbindungen: **a** Ausrufungsformeln: di, Ter.: di od. di boni, Ter. u. Cic. (s. Spengel Ter. Andr. 338): (pro) di immortales, Komik. u. Cic., di (obsecro) vostram fidem, weiß Gott (*ma foi*), Komik. (s. Brix Plaut. trin. 591): pro deûm atque hominum fidem, Ter. u. Cic.: elliptisch pro deûm immortalium, Ter. – **b** Formeln des (freundlichen oder feindlichen) Wunsches, der Begrüßung, Beteurung u. dgl., di bene vortant! Gott schenke sein Gedeihen! Plaut. u. Ter.: di melius duint (dent) ! Ter., od. di meliora ferant! Tibull., od. bl. di meliora! Cic., od. di melius! Ov., d. i. das wolle Gott nicht! behüte Gott! Gott bewahre! di meliora piis (*sc.* dent)! Gnade, o Götter, den Frommen! Verg.: di tibi faciant bene! Plaut.: dent tibi di multa bona! Komik.: di tibi omnia omnes semper optata offerant! Plaut.: di te servassint mihi, Plaut.: di te perduint, Komik.: di me perdant (perduint), infelicitent, si etc., Gott straf mich, wenn usw., Komik. (s. Brix Plaut. mil. 833): di te ament (als Begrüßungsformel), Gott grüße dich! Plaut.: ita me di ament od. amabunt od. servent! so wahr mir Gott gnädig sein möge, als mir Gott helfe! Komik.: cum dis volentibus, mit Gottes Hilfe, Plaut.: u. so dis volentibus, Sall.: si di volent, Plaut., od. si di volunt, Cic.: si dis placet, so Gott will, Plaut. u. Liv.; häufig ironisch u. verächtlich = will's Gott, Ter., Cic. u. a.: vos rogo per deos superos inferosque, Inscr. – **II** übtr.: **a** v. ausgezeichneten Menschen, te in dicendo semper putavi deum, Cic.: audiamus Platonem quasi quendam deum philosophorum, Cic. – **b** v. gütig schützenden, der **Behüter** u. **Bewahrer, Schutzgott,** P. Lentulus consul, parens, deus, salus nostrae vitae, fortunae, memoriae, nominis, Cic. post red. ad Quir. 11: P. Lentulus, cuius pater deus ac parens fortunae ac nominis mei, Cic. Sest. 144. – **c** v. sehr glücklichen, deus sum, si hoc ita est, Ter.: sum deus, Plaut. – **d** auch Benennung der Machthaber im Staat, deos quoniam propius contingis, d. i. Augustus u. Mäcenas, Hor. sat. 2, 6, 52: dah. seit der Kaiserzeit gew. Epitheton der Kaiser auf Münzen u. Inschriften. – ▶ deus einsilb., Plaut. Amph. prol. 53: deorum zweisilb., *ibid.* 45.

deūstio, ōnis, *f.* (deuro), die **Verbrennung,** Hieron. in Os. 7, 4.

deuterius, a, um (δευτέριος), **zum zweiten gehörig** (rein lat. secundarius), vinum, Tresterwein, Treberwein, rein lat. lora, Plin. 14, 86.

deuteronomium, iī, *n.* (δευτερονόμιον), das **fünfte Buch Mosis,** Apul. de not. aspir. § 23. p. 101 *ed. Osann.* Lact. 4, 17, 6 u. a. Eccl.

de-ūtor, ūsus sum, ūtī, jmd. übel gebrauchen = jmdm. **übel mitspielen,** mit jmd. **übel umgehen,** victo, Nep. Eum. 11, 3.

dē-vagor, ārī, **abschweifen,** sine commeatu per provincias, Cod. Theod. 1, 10, 5. – übtr., in der Rede, a venditionibus ulterius, Iustinian. de conc. dig. 1.

dēvāstātio, ōnis, *f.* (devasto), die **Zerstörung, Vernichtung,** Eccl.

dēvāstātor, ōris, *m.* (devasto), der **Verwüster,** Cassiod. hist. eccl. 6, 45.

dē-vāsto, ātum, āre, **gänzlich verwüsten, ausplündern, brandschatzen,** Praetutianum Hadrianum agrum, Marsos inde Marrucinosque et Pelignos devastat circaque Arpos et Luceriam proximam Apuliae regionem, Liv. 22, 9, 5: tripertito ad devastandos fines discessere, Liv. 4, 59, 2: ita sumus aliquoties hāc aestate devastati, Liv. 23, 42, 5: quid Lycii referam Sarpedonis agmina ferro devastata meo? Ov. met. 13, 255 *sq.*

dēvecto, āre (*Intens.* v. deveho), **fort-, hinwegfahren, -schaffen,** Sedul. carm. 5, 345.

dē-veho, vēxī, vectum, ere, von irgendwo hinweg-, irgendwohin (zu Wagen, zu Pferd, zu Schiff usw.) schaffen, **fort-, hinweg-, herab-** (zu Wasser: **stromabwärts), her-, herbei-** od. übh. irgendwohin **schaffen, -fahren, -führen, -schiffen, -bringen,** (naves) perfectas carris iunctis milia passuum a castris XXII, Caes.: simulacrum Syracusis, Curt.: commeatus maximos Tiberis devexit, Liv.: legionem equis, Caes.: frumentum, quod eo tolerandae hiemis causā devexerat, Caes.: commeatum exercitui in castra ex urbe et ex agris, Liv.: coniuges liberosque Carthaginem, Curt.: inde ossa (Alexandri) Epirum ad Cleopatram uxorem, Liv.: alqm in profluentem, Rhet. Her.: alqm in ultimas oras, Liv.: frumentum *per* fluvium, Cassiod.: exercitus Rheno devectus, Tac.: devecta cremare sarmenta, Verg. – Passiv devehi (*sc.* navi etc.), **abfahren, segeln,** wohin **fahren** u. dgl., navem dedit, quā Corinthum deveheretur, Nep.: Veliam devectus, Cic.: in fines Mallorum secundo amne, Curt.: per flumen in Oceanum, Iustin. – im Bild, hactenus historiae; nunc ad tua devehor astra, schreite ich, komme ich usw., Prop. 4, 1, 119.

dē-vello, vellī, vulsum (volsum), ere, **los-, ab-, ausrupfen, -reißen,** pinnas, Plaut. Poen. 872: ilei acuto sibi pondera silice, Catull. 63, 5: ramum trunco, Ov. met. 14, 115 (Merkel ›divellere‹): plantas de matrum radice, Pallad. – obszön, **enthaaren,** concubinas, Suet. Dom. 22; dev. homines ac leviginare, Capit. Pert. 8, 5. – ► Perf. devolsit, Catull. 63, 5.

dē-vēlo, āre, **enthüllen,** oraque develat miserae pudibunda sororis, Ov. met. 6, 604.

dē-veneror, ātus sum, ārī, **I anbetend verehren,** deos cum prece, Ov. her. 2, 18. – **II** durch Bitte zu Gott **abwenden,** somnia, Tibull. 1, 5, 14.

dē-venio, vēnī, ventum, īre, **herab-,** wohin **kommen, I** eig.: quo Numa devenit, Hor.: domum, Cassius poët. fr.: ad alias aedes perperam, Plaut.: ad senatum, Cic.: in urbem, Nep.: poet. m. bl. *Acc.*, speluncam, Verg.: locos, ubi etc., Verg. – **II** übtr., wohin **kommen, geraten, sich** wohin **wenden,** ad hunc in servitutem ab eo, quoi servivi prius, Plaut.: in alienas manus, Cic.: in alcis potestatem, Suet.: ad iuris studium, Cic.: ad hanc rationem, Cic.: tantum devenisse ad eum mali, sei über ihn gekommen, Ter. heaut. 750.

dē-venusto, āre, der Schönheit berauben, **verunstalten,** Gell. 12, 1, 8. Mamert. pan. Iulian. 5, 3. Auson. Technop. (XXVII) 4, 6. p. 134, 3 Schenkl. Sidon. epist. 1, 7, 12 u. 2, 2, 6.

dē-verbero, āvī, āre, **abprügeln,** usque ad necem, bildl. = recht tüchtig hinters Licht führen, -prellen, Ter. Phorm. 327.

dēverbium, s. dīverbium.

dēvergentia, ae, *f.* (devergo), das **Sich-Herabneigen,** die **Neigung,** Gell. 14, 1, 8.

dēvergium, s. dīvergium.

dē-vergo, ere, **sich herabneigen, sich in die Tiefe neigen,** Tert. de exh. cast. 2 u. a. Apul. de deo Socr. 9. Gromat. vet. 410, 4.

Dēverra, ae, *f.* (deverro), die Göttin des Ausfegens, das für das Haus einer Wöchnerin als Schutzmittel gegen den Silvanus betrachtet wurde, damit dieser nicht in das Haus eindringe und Wöchnerin od. Kind quäle, Varro fr. b. Augustin. de civ. dei 6, 9, 2. p. 264, 3 D.² Vgl. Voß Verg. ecl. 10, 24.

dē-verro (archaist. devorro), ere, **I** wegkehren, umorem omnem urinae, Col. 7, 4, 5. – übtr., devorare omnia ac devorrere, Lucil. 737. – **II** prägn., **abkehren** = kehrend reinigen, limen scopis, Varro fr. bei Augustin. de civ. dei 6, 9, 2. p. 263, 30 D.²

dēversito, āre (*Intens.* v. deverto), **verweilend einkehren,** übtr., ad alqd, bei etwas **verweilen,** Gell. 17, 20, 6.

dēversitor, ōris, *m.* (deversari), der **Gast** (im Wirtshaus), Petron. 79, 6 u. 95, 1 B. (die Hdschrn. meist divers.).

1. dē-versor, ātus sum, ārī, irgendwo (als Gast, als Fremder) einkehrend **verweilen, sich aufhalten, logieren,** ibi mercede (als Soldat), Apul.: Laodiceae od. Athenis apud alqm, Cic.: in ea domo, Cic.: in taberna, Val. Max.: dixit domi suae deversatum esse Antiochum regem Syracusis, Cic. – absol., parum laute, Cic. II. Verr.. 1, 64. – übtr., dev. in paenitentiae actu, Tert. de paenit. 1.

2. dēversor, ōris, *m.*, schlechte Lesart für diversor, s. d.

dēversōriolum, ī, *n.* (*Demin.* v. deversorium), das **kleine Absteigequartier,** die **kleine Herberge,** Cic. ep. 12, 20 *in.;* ad Att. 14, 8, 1. *Suet. Caes. 72.

dēversōrius, a, um (deverto), **zum Einkehren-, Logieren gehörig,** taberna d., Absteigequartier, Erfrischungshaus, Plaut., Varro u. Suet. – subst., **dēversōrium,** iī, *n.*, die **Einkehr,** das **Absteigequartier,** die **Herberge,** parvum (Ggstz. amplioris fortunae domus), Petron.: hospitale, Liv.: sordidum, Liv.: peropportunum, Cic.: emere deversorium Tarracinae, Cic.: ad monumentorum bustorumque deversoria plebe compulsā, zwang das Volk zur Einkehr in die M. u. Gr., Suet. – übtr., **Einkehr, zeitweiliger Sitz, Schlupfwinkel, Zufluchtsort,** si domus haec habenda est potius quam officina nequitiae ac deversorium flagitiorum omnium, Cic.: studiorum d. esse, non libidinum, Cic.: commorandi enim deversorium natura dedit, non habitandi, Cic. – ► Die Hdschrn. wechseln beständig mit devers. u. diversorium, O. Rhet. Her. 4, 64, Cic. de or. 2, 234, Hor. ep. 1, 15, 10, Liv. 1, 51, 2 Curt. 7, 2 (8), 22, Sen. ep. 108, 6.

dēversus (*adv.*) dicebant deorsum versus, Paul. ex Fest. 71, 1.

dēverticulum (dēvorticulum), ī, *n.* (deverto, devorto), **I** der **Ab-, Neben-, Seitenweg,** insofern er von der Hauptstraße abgeht (während diverticulum, wie es in Hdschrn. oft geschrieben wird, der Abweg, sofern er nach einer divergenten Richtung führt, heißen würde), **A** eig.: quae deverticula flexionesque quaesivisti? Cic. Pis. 53: u. so Ter. eun. 635. Curt. 3, 13 (34), 9. Plin. 31, 42. Frontin. aqu. § 7 *sqq.* u. 11. – **B** übtr.: **1** in der Rede: **a Abschweifen** vom Thema, Iuven. 15, 72. Rutil. itin. 2, 61: possumus ad illos brevi deverticulo transgredi, quos etc., Val. Max. 8, 1. damn. 5. – **b** der **Abweg,** die **Abweichung** von der gewöhnlichen Darstellung, eloquendi, Quint.: verb. deverticula et anfractus, Quint. – u. in der Lehre, per varia sectarum deverticula, Arnob. 2, 13. – **2** ein **Nebenweg, Abweg** von der gewöhnlichen Heilart, aquarum calidarum deverticula, Plin. 29, 23. – **3** das **Abweichen** eines Wortes von der gewöhnlichen Bedeutung, significationis, Gell. 4, 9. § 3. – **II** der Ort, wo man von der Straße ab einkehrt, das **Absteigequartier,** die **Einkehr, a** im guten Sinne, Liv. 1, 51, 8. – im Bild, legentibus velut deverticula amoena quaerere, Ruhepunkte, Liv. 9, 17, 1. – **b** im üblen Sinne, die **Kneipe,** der **Winkel, Schlupfwinkel,** Tac. ann. 13, 25. – übtr., die **Einkehr, Ausflucht,** der **Zufluchtsort,** Plaut. capt. 523. Cic. part. or. 136; Rosc. com. 51. Quint. 12, 3, 11. Plin. 10, 140. – ► Die Hdschrn. wechseln beständig mit deverticulum u. diverticulum, vgl. z. B. Frontin. aqu. 7.

dē-verto (altlat. dē-vorto), vertī (vortī), versum (vorsum), ere, **I** *tr.* **ab-, wegwenden, -kehren** od. **anderswohin kehren** od. **wenden, a** im Aktiv: acies (die Truppen), Lucan. 2, 470: aciem (den Blick), Apul. met. 2, 22. – übtr., fatalia, die Bestimmungen des Schicksals umändern, Aur. Vict. de Caes. 38, 5: u. so ventura fata suo cursu, den Gang der Zukunft umändern, Lucan. 6, 591: Magnum, von seinem Entschluss abbringen, Lucan. 6, 317. – **b** im Passiv (in den Präsensformen) medial devertor, **sich ab-, wegwenden, -kehren, abgehen,** mit Rücksicht auf den Zielpunkt, **sich** wohin **wenden,** wohin vom Wege **abgehen,** si qui Colobiomacho deverterentur, Cic. Font. 19: domum devortar, Ter.: v. Wegen, vicinales viae, quae de publicis devertuntur in agros, Gromat. vet. – bes. zur Einkehr = **einkehren,** einkehrend **verweilen, logieren, sich aufhalten,** huc, Plaut.: quopiam ad (zum) merendam, Plaut.: ut locum publice pararet, ubi deverteretur, Liv.: extra portam huc in tabernam tertiam, Plaut.: in hospitium ad Cupidinem, Plaut.: in Pompeianum, Cic.: apud quos ipsis deverti mos esset, Liv.: apud te eos hic devortier hospitio, Plaut.: ei ambo hospitio huc in proximum devorti mini sunt visi, Plaut.: dev. in proximo apud paternum suum hospitem, Plaut.: ad alqm in hospitium, Plaut.: pro hospitibus ad amicos suos, Cato fr.: in hortos, in quibus devertebatur Saturnus, pergunt, Tac. – bildl., meas devertor ad artes, Ov. met. 9, 62 R: quid ad magicas deverteris artes, Ov. art. am. 2, 425: mutato repente consilio ad placidiora deverti, gelindere Maßregeln ergreifen, Amm. 14, 10, 11. – **II** *intr.* **sich ab-, wegwenden, -kehren, a** in Bezug auf den Ausgangspunkt, **abgehen,** cum perpaucis viā, Liv.: ut deverterem (*sc.* viā), Cic.: recto itinere lassi plerumque devertunt, Quint. – übtr., in der Rede von dem Thema **abgehen, abschweifen, abkommen,** inde namque deverteram, Liv.: commemoratio, in quam ... devertit, Quint.: redeamus ad illud, unde devertimus, Cic.: inde enim devertit oratio, Curt.: ea, a quibus devertit oratio, Liv. – **b** mit Rücksicht auf den Zielpunkt, **sich** vom Wege ab wohin **wenden,** wohin **abgehen, einen Abstecher machen,** ab Ereto eo (dahin), Liv.: longius, Curt.: ab Aegypto in Africam, Curt.: in Pamphyliam, Liv.: Massiliam, Cic.: Ravennam, Tac.: ad domum, Gell.: bes. **einen Abstecher machen = einkehren,** ad cauponem, Cic.: ad hospitem, Cic.: ad Terentiam salutatum, Cic.: in villam suam, Cic.: ad villam alcis, Cic.: domum Charonis, Nep. – spätlat. in pago quodam *apud* alqm, Apul. met. 4, 1: *in* domo cuiusdam, *ibid.* 10, 1. – ► In Hdschrn. oft mit diverto verwechselt, z. B. Liv. 21, 48, 5. – Parag. Infin. devortier, Plaut. mil. 240.

dē-vēscor, vēscī, **wegzehren, aufspeisen,** Stat. Theb. 1, 604.

dē-vestio, īre, **entkleiden,** sese, Apul. met. 4, 7: u. m. *Abl.* omnibus laciniis se, Apul. met. 3, 21.

dēvestīvus, a, um (devestio), **entkleidet,** Tert. adv. Val. 14.

dēvexitās, ātis, *f.* (devexus), die **Abschüssigkeit, abschüssige Lage,** loci, Plin. ep. 8, 8, 3: aquarum, Plin. 2, 165. – meton., die **abschüssige Fläche,** die **Senkung,** der **Abhang,** Amm. 27, 9. § 6 u. 10. § 9.

dē-vexo, āre, s. dī-vexo.

dēvexus, a, um, *Adi.* m. *Compar.* (de u. veho), **abwärts gehend, I** der Bewegung nach = **sich abwärts bewegend, abrollend, a** räumlich: amnis d. ab Indis, Verg.: v. Gestirnen, **sich neigend,** sol paulum ab meridie d., Cic. fr.: Orion d., sich zum Untergang neigend, Hor.: axis, Prud. cath. 8, 11.: dies devexior, Claud. cons. Mall. Theod. 57. – **b** übtr., v. der Zeit: aetas devexa iam, schon abwärts gehend (Ggstz. praeceps aetas), Sen.: aetas iam a diuturnis laboribus devexa ad otium, sich neigend zu usw., Cic. – **II** der Lage nach = **abwärts sich hinziehend, gesenkt, abschüssig,** v. Örtl., ager, Col.: margo, Ov.: litus molliter d., Ps. Quint. decl.: lucus d. in novam viam, sich hinabziehend, Cic.: globus devexior, Mart. Cap. 6. § 593. – subst., dēvexum, ī, *n.*, die **Senkung,** der **Abhang,** aqua in devexo fluit, Sen.: per devexa obliqua, Apul. – im Bild, per devexum ire, seine Bahn abwärts nehmen, v. Tugenden (= leicht geübt werden können), Sen. de vit. beat. 25, 7.

dēvictio, ōnis, *f.* (devinco), die **gänzliche Besiegung, Überwältigung,** mortis, Tert. poët. adv. Marc. 1, 108. Hilar. de trin. 11, 35.

dē-vigēsco, ere, **die Lebhaftigkeit verlieren,** Tert. de anim. 27.

dē-vincio, vīnxī, vīnctum, īre, **fest umwinden, umbinden, verbinden, festbinden, fesseln, I** eig.: devinctus fasciis, Cic.: devinctus tempora lauro, Tibull.: colla d. catenis, Sil.: opercula plumbo, Liv. – alqm ad taurum, Plaut.: servum, Plaut.: leonem, Plin.: manibus pedibusque devinctis, Plin. – **II** übtr.: **A** übh. **eng verbinden, 1** im Allg.: illud vinculum, quod primum homines inter se rei publicae societate devinxit, Cic.: sanguinis coniunctio benevolentiā devincit homines et caritate, Cic.: se affinitate cum alqo, Cic. – **2** insbes. als rhet. *t. t.*, die Rede **kurz zusammenfassen, zusammendrängen,** verba comprehensione, Cic.: ebenso unā complexione, Cic. – **B** jmd. durch die Macht der Waffen, der Reize, der Rede usw. **fesseln, in Banden schlagen, sich ganz zu eigen-, ergeben machen,** omnes omnium gentium partes tribus triumphis, Cic.: urbem praesidiis, im Gehorsam erhalten, Cic.: filium suis copiis (v. einer Frau), Cic.: animus ebrietate devinctus, gleichs. in Fesseln geschlagener, Sen. – consuetudine et coniugio liberali devinctus, Ter.: uxoris misericordiā devinctus, Ter. – mentem necessitate fati, Cic.: animos eorum, qui audiant, voluptate (durch die Anmut des Vortrags), Cic.: et quo quisque fere studio devinctus adhaeret, Lucr.: quo studio me a prima aetate devinctum fuisse saepe audivi, Fronto. – **C** moralisch **verbinden, binden, verpflichten, verbindlich machen, nötigen,** alqm sibi istoc facto, Plaut.: alqm beneficio, Cic.: alqm iureiurando, Cic.: se scelere, sich schuldig machen, Cic.: se cupiditate malā, sich verstricken, Cic.: eius religione devinctus astrictusque, durch seine Eidespflichten gebunden u. umstrickt, Cic.: filii devincti maternis meritis, CIL 6, 1754 (*a.* 395 *p. Chr.*). – ► *Perf.* synkop. devinxti, Plaut. asin. 849.

dē-vinco, vīcī, victum, ere, **I völlig besiegen, überwinden,** Galliam, Caes.: Poenos classe, Cic.: Crotoniatas maximo proelio, Cic.: unā insigni pugnā Hernicos, Liv. – prägn., bella devicta, siegreich durchkämpfte Kr. – erfochtene Siege, Verg. Aen. 10, 370. – **II** übtr., **völlig die Oberhand behalten, es siegreich durchsetzen,** m. folg. *ut* u. Konj., Catonis sententia devicit (*al.* evicit), ut in decreto perstaretur, Liv. epit. 49.

dē-vīnctio, ōnis, *f.* (devincio), das **Festmachen, Festbannen,** Plur. bei Tert. de spect. 2.

dēvīnctus, a, um, *PAdi.* (v. devincio), **ganz ergeben,** mit Dat., studiis, Cic.: mihi, Cic. ep.: devinctior alci, Hor.: abs., personae devinctissimae, Salv. de gub. dei 5, 10 p. 106 Migne.

dē-vindico, āre, **I** v. Richter, **in Anspruch nehmen,** Itala Luc. 18, 3. – **II sich anmaßen,** Ascon. Hor. de art. poët. 122.

dē-vio, āvī, ātum, āre, **vom Wege abgehen, abweichen, abirren, a** eig.: consuetudo deviandi, Augustin. de doctr. Chr. 1, 36. § 41: paululum a medio, Macr. somn. Scip. 1, 22, 7: numquam ad septentrionalem verticem, *ibid.* 1, 21, 10. – **b** übtr., absol. = irren, fehlen, Macr. somn. Scip. 2, 17, 13. Auson. prof. 6, 37. p. 259 Schenkl: m. *ab* u. Abl., Macr. sat. 5, 15, 1 u. 7, 16, 33. Amm. 22, 10, 2 u. 11, 10 u. a. Symm. ep. 9, 131: m. *in* u. Akk., in contrariam partem, Th. Prisc. 2, 1, 1.

dēvirgīnātio, ōnis, *f.* (devirgino), die **Entjungferung, Beraubung der Jungfernschaft,** Scrib. Larg. 18.

dēvirgīnātor, ōris, *m.* (devirgino), **einer, der ein Mädchen entjungfert** = διαπαρθενευτής, Gloss. II, 273, 17.

dē-virgino, āvī, ātum, āre (de u. virgo), **entjungfern = der Jungfernschaft berauben, schänden,** alqam, Petron. 25, 1. Paul. dig. 1, 18, 21. Hyg. fab. 23. Vulg. Sirach 20, 2. Prisc. de XII vers. Aen. 12, 118. Schol. Iuven. 9, 71: u. so puer devirginatus, Varro sat. Men. 409.

dēvītātio, ōnis, *f.* (devito), das **Vermeiden,** facilior et exploratior devitatio legionum fore videtur quam piratarum, Cic. ad Att. 16, 2, 4: dev. mortis, Augustin. de gen. ad litt. 8, 16, 34 u. 11, 6, 8.

dē-vīto, āvī, ātum, āre, etwas **vermeiden, umgehen,** einer Sache **aus dem Wege gehen,** hoc malum, Ter.: procellam, Cic.: dolorem, Cic.: turpia (Ggstz. expetere honesta), Cic.: alterum vitium (Ggstz. incidere in alterum), Sen. rhet.: exiguum censum animi capitisque labore, Hor. – m. folg. *Infin.*, Sen. exc. contr. 3. praef. § 12. Tert. apol. 1 u. ad nat. 1, 1.

dē-vius, a, um (de u. via), **von der** (eigentlichen) **Straße abgehend, = abführend, außerhalb der Straße liegend, wohin keine Straße führt, entlegen, I** eig.: **A** v. Örtl.: oppidum, Cic.: saltus, Liv.: calles, Liv.: tugurium, Liv.: posticum, Liv.: itinera, Schleichwege, ungebahnte Wege, Cic.: limina, unzugängliche, Prop.: devii anfractus (Ggstz. iter rectum), Lact.: derupta, devia loca, Abgründe u. ungangbare Wege (Ggstz. planiora), Arnob.: iter (Zug, Marsch) tam longum ac tam devium, Liv.: devium est (Tusculanum) τοῖς ἀπαντῶσιν, liegt ab vom Wege, Cic. – subst., **a** dēvia, ōrum, *n.*, **Schleichwege, ungebahnte Wege,** invia ac devia assueti, Liv.: devia montis, Tibull.: per devia, Amm. – **b** dēvia, ae, *f.*, der Abweg (übtr.), im Wortspiel, nihil dubium est, quin hae ad beatitudinem viae deviae quaedam sint, Boëth. de cons. phil. 3, 8 *in.* – prägn., v. leb. Wesen, **außer der Straße-, seitwärts-** od. **abwärts wohnend, nicht leicht zugänglich, entlegen,** gens, montani, Liv.: scortum, nicht jedem zugängliche, Hor.: avis, einsam lebend, Ov.: esse devios (Ggstz. in via habitare), Cic. – od. (poet.) **pfadlos irrend, -weidend** usw., mihi devio, Hor.: uxores (*i.e.* capellae), Hor.: equus, seitwärts springend, Stat. – **II** übtr.: **A** v. Thema **abschweifend,** nihil quasi devium loqui, Plin. ep. 5, 6, 44. – od. von einer Lehre, noster Plato nihil ab hac secta vel paululum devius, Apul. flor. 15 *extr.* p. 19, 17 Kr. – **B sich nicht treu blei-**

bend, unstet, in Gesinnung u. Handlung, homo in omnibus consiliis praeceps et devius, Cic.: vita d., unstetes, ausschweifendes, Cic. fr.: vita saecularis ac devia, Lact. – poet. m. *Genet.*, devius aequi, Sil. 1, 57: devia recti pectora, Sil. 8, 316.

dē-voco, āvī, ātum, āre, **I herabrufen, herabkommen lassen,** suos ab tumulo, Liv.: Iovem deosque ad auxilium, Liv.: Triviam aetherio gyro, Catull.: eodem sacrificio Iovem caelo devocare conari, Plin. – übtr., von irgendwo **herabrufen, herabziehen, -locken, herabversetzen,** refixa sidera caelo (durch Bannsprüche), Hor.: philosophiam e caelo, Cic.: huc a simulacris deorum hominumque devocaverat (Peryllus) humanissimam artem, hatte erniedrigt, herabgewürdigt, Plin. – **II weg-, abrufen, weglocken,** alqm de provincia ad gloriam, triumphum, Cic.: omnes ex praesidiis, Liv.: alqm in certamen pugnae, zum Zweikampf fordern, Val. Max.: ut omnes devocaret, von dort (vom Markt) zu sich (zur Tafel) einlud, Nep. Cim. 4, 3. – übtr., dev. rem ad populum, an das V. appellieren, Val. Max.: sese suas exercitusque fortunas in dubium non devocaturum, er wolle nichts aufs Spiel setzen, Caes. – v. lebl. u. abstr. Subjj., non avaritia ab instituto cursu ad praedam aliquam devocavit, non libido ad voluptatem etc., lockte ihn ab von … zu usw., Cic.: stultum consilium ad perniciem mortales devocat, Phaedr.: mentem ad iocos (zum Zeitvertreib), Sen. phil.: status mutatione in id devocari, ut etc., dahin gebracht werden, dass usw., Sen.

dē-volo, āvī, ātum, āre, **I herabfliegen, 1** eig., von Vögeln u. geflügelten Wesen: cum psittacus devolat, rostro se excipit, Plin.: dev. vehementer, Apul.: per caelum (v. der Iris), Verg.: in tabernam, Liv.: in oppositam sutrinam, Plin.: in multas devolat ales aves (v. Adler), Ov. – dah. scherzh., sibi de caelo devolaturam in sinum victoriam, ihm gleichsam in den Schoß fliegen, Liv. 7, 12, 13. – **2** übtr., **herabschießen, -stürzen, -eilen,** devolant angues iubati deorsum in impluvium duo maxumi, Plaut. Amph. 1108. – v. Pers., ipse (vigil) devolat, Plin.: inde dev., Apul.: properatis dev. armis, Sil.: de tribunali, Liv.: praecipites pavore in forum, Liv.: in portum, zum H. hinabeilen, Plin. – v. Lebl., mobilis ille devolat in terram liquidi color aureus ignis, Lucr. 6, 204 *sq.* – **II davon-, fort-, hinüberfliegen (-flattern), 1** eig., v. Vögeln, turdus devolat illuc, ubi etc., Hor. sat. 2, 5, 11: phoenicem devolavisse in Aegyptum, Plin. 10, 5. – **2** übtr., **weg-, davoneilen, hinübereilen,** v. Pers., ad puerum raptim, Petron.: ad florentem (amicitiam), Cic.: absol., devolant omnes, eilen davon, lassen uns im Stich, Rhet. Her. 4, 24.

dē-volvo, volvī, volūtum, ere, **herab-, ab-, fortwälzen, -rollen, I** eig.: **A** von einer Höhe herab: saxa praecipitata muro in musculum, Caes.: cupas de muro in musculum, Caes.: clipeos e muris, Curt.: corpora in humum, Ov. – Passiv devolvi medial, **herabrollen, rollend herabfallen, -stürzen,** v. Menschen, lectulo, Sen.: scalis, Scrib. u. Curt.: ex praecipiti, Curt.: v. Tieren, cum oneribus, Liv.: v. Gewässern, veluti monte praecipiti devolutus torrens, Liv.: Tigris per L stadia silvestribus ripis praeceps inter saxa devolvitur, Curt.: v. anderen Ggstdn., devolutus ex igni panis, Catull.: devolutis tonitribus (unter herabrollendem Donner) di sunt locuti more translaticio, Phaedr.: pondere eo devolvitur aut omentum aut etiam intestinum, Cels.: iterum (intestinum) cum quodam quasi murmure devolvitur, Cels. – **B** (poet.) von einem Ggstd. **fort-, abrollen,** pensa fusis, abspinnen, Verg.; vgl. gravidos penso fusos, Ps. Verg. Ciris. – agmen moenibus, eilig herabführen, Lucan. – **II** übtr., **a** übh.: per audaces nova dithyrambos verba (das Bild vom Strom hergenommen), dahinrollen-, dahinströmen lassen, Hor. carm. 4, 2, 11: inde sermo devolutus est ad monasteriorum greges, Augustin. conf. 8, 6. – **b** Passiv devolvi medial = wohin **herabsinken,** eo devolvi rem, ut etc., Liv.: retro ad stirpem, zurücksinken in seinen Ursprung, Liv.: ad spem inanem pacis, Cic.: ad otium et inertiam, Col.: in ultima flagitia, Augustin.

dē-vomo, ere, **wegspeien, von sich geben,** Caecil. com. 162.

dēvorābilis, e (devoro), **verschlingbar, verschluckbar,** Alcim. Avit. epist. 77, 4.

dēvorātio, ōnis, *f.* (devoro), das **Verschlucken, Verschlingen,** auch im Plur., Eccl.

dēvorātor, ōris, *m.* (devoro), der **Verschlinger, Fresser,** *Mart. Cap. 1. § 87 u. Eccl.

dēvorātōrium, iī, *n.* (devoro), der **verschlingende Rachen** (bildl.), mortis, Ambros. epist. 4, 5 *extr.*

dēvorātrīx, īcis, *f.* (Femin. zu devorator), die **Verschlingerin,** puerorum, Porphyr. Hor. ep. 1, 13, 10: hominum, Vulg. Ezech. 36, 13.

1. **dē-voro,** āvī, ātum, āre, **hinunter-** od. **hinterschlucken, -schlingen, verschlucken, verschlingen, I** eig.: id quod devoratur, Cic.: ovum gallinaceum integrum, Cato: salivam suam, Cels.: lapides, Plin.: hamum (v. Fische), Plin.: lupino rictu praecordia, Prud.: filios virili sexu, Tert.: homines (v. Wölfen) Eccl.: nec cernis minores pisces a maioribus devorari, Augustin.: Ionas devoratus a belua maris, Tert.: devorandos servos obicere muraenis, Sen.: asse panem quem emisses, non potuisses cum altero devorare, Petron.: devoravit Neptunus (scherzh. = mare) trecenties sestertiûm (bei einem Schiffbruch), Petron. – m. dopp. *Acc.*, ne (canes) nos vivos devorent, Phaedr. 2, 3, 4. – **II** übtr.: **A** v. Pers.: **1** etw. »durch die Gurgel jagen« = **verschlemmen, vertun, verprassen, durchbringen,** patrimonium, Cic.: pecuniam, omnem pecuniam publicam, Cic.: rem recentem novam (das Neue, was ihm kürzlich zugefallen), neben rem veterem comedere (aufbrauchen), Cic. ep. 9, 21, 2: u. prägn., d. alqm = jmds. Vermögen vertun, verprassen, Plaut. Pseud. 1127 (vgl. Quint. 8, 6, 25). – **2 verschlucken** (= nicht deutlich zum Vorschein kommen lassen), verba, nur halb aussprechen, Quint.: lacrimas, gemitus, verschl. = unterdrücken, Ov. u. Sen.: pudor devoratus, unterdrückte, abgelegte, Apul. – **3** wie **verschlingen** = gierig sich aneignen, gierig nach etwas trachten, **a** übh.: meretrix mare ut est; quod des devorat, Plaut.: d. spe et opinione praedam, Cic.: omnium locupletium fortunas spe atque avaritiā, Cic.: alcis hereditatem spe devoravisse, die Erbschaft schon in der Tasche zu haben glauben, Cic.: so auch ut spe devoratum lucrum, Cic.: cum hic rapo umbram quoque spei devorasset, jeden Funken von Hoffnung benommen hatte, Varro fr.: adeo pertinax spes est, quam humanae mentes devoraverunt, in die sich ganz verbissen haben, Curt. – dah. oculis alqd, gleichs. mit den Augen verschlingen = gierig betrachten, Iustin. 21, 5, 6: u. so übtr., oculis devorantibus, mit verschlingenden (= gierigen) Augen, Mart. 1, 96, 12. – **b** insbes., **verschlingen** = mit den Sinnen begierig auffassen, mea dicta, eifrig anhören, Plaut.: orationem dulcem (v. den Ohren selbst), Plaut. – illos libros, Cic. – **4** etw. nicht gehörig verstehen od. behalten, **a** gleichs. unverdaut **verschlucken** = nicht recht verstehen, eius oratio … a multitudine autem et a foro devorabatur, blieb beim großen Haufen unverstanden, Cic. Brut. 283. – **b nicht ganz od. -ordentlich merken, vergessen,** alcis nomen, Plaut. trin. 908. – **5** etwas Unangenehmes **hinunterschlucken** = geduldig ertragen (hinnehmen), sich geduldig gefallen lassen, leicht verwinden (Ggstz. non ferre), hominum ineptias ac stultitias, Cic.: molestiam paucorum dierum, Cic.: taedium illud, Quint.: ut, cum pusillum dulcedinis *edissent* (genossen hatten), largiter acerbitatis *devorarent,* Munat. bei Ascon. Cic. Mil. § 14. p. 39, 12 *sq.* (K.). – **B** v. lebl. Subjj.: M. Catonem si mare devorasset, Sen.: me Zanclaea Charybdis devoret, Ov.: aquae devorant terras, Plin.: Myus olim ab aqua est devorata, Vitr.: quot oppida in Syria, quot in Macedonia devorata sunt, sind versunken, Sen.: u. so quo (terrae) motu multae fabricae ipsae devoratae sunt cum habitatoribus, Treb. Poll.: malae tenebrae Orci, quae omnia bella devoratis, Catull.: devorent vos arma vestra, mögen aufreiben, Iustin.: aquilarum pinnae mixtas reliquarum alitum pinnas devorant, zehren auf, Plin.: rotae devorantur, sinken ein, versinken (im weichen Boden), Vitr.: theatrorum in orchestris scobe aut arenā superiacta devoratur (vox), wird verschlungen (verhallt), Plin.: talis in campo Martio Iuppiter a Claudio Caesare dicatus, qui devoratur (ganz wegfällt, in Schatten gestellt wird) Pompeiani theatri vicinitate, Plin.

2. **dēvōro,** s. dē-voveo ►.

dē-vorro, s. dē-verro.

dēvorticulum, s. dēverticulum.

dēvortium, iī, *n.* (devorto), der Punkt, wo ein Nebenweg von der Hauptstraße abgeht, die **Nebenrichtung,** itinerum, Umwege, Tac. Agr. 19.

dē-vorto, s. dē-verto.

dēvōtāmentum, ī, *n.* (devoveo), der **Fluch, Bann,** Tert. scorp. 2.

dēvōtātio, ōnis, *f.* (devoto), **I** die **Aufopferung,** patrum, Heges. 5, 2, 59. – **II** die **Verwünschung,** dev. et imprecatio (Verfluchung), Vulg. 3. regg. 8, 38. Augustin. 4. quaest. in heptat. 40.

dēvōtē, *Adv.* (devotus), **hingebend, a** übh., Cod. Theod. 6, 24, 10. – **b** insbes., **gottergeben, andächtig, fromm,** *Superl.* b. Lact. 6, 9, 24. Augustin. conf. 8, 1 u. a. Eccl.

dēvōtio, ōnis, *f.* (devoveo), **I** das **Geloben** als Opfer für die (bes. die unterirdischen) Götter, das **Opfern,** die **Aufopferung, A** eig.: vitae od. capitis, Cic.: P. Decii consulis, Opfertod, Liv.: Deciorum, Min. Fel.: Plur., Deciorum devotiones, Cic. (vgl. Decius). – **B** meton.: **1** die **Verwünschung,** Nep. u. Petron. – u. insbes. die jmd. den unterirdischen Göttern weihende **Zauberei,** u. konkret, die **Zauberformel,** der **Zauberspruch,** Tac. u. Suet. – **2** das **Gelübde,** eius devotionis esse convictum, Cic. post red. ad Quir. 1: Plur., devotiones faustae (heilbringende), Apul. met. 11, 16. – **II** die **große Ergebenheit** gegen jmd., die **Ehrerbietung, 1** im Allg., Scriptt. hist. Aug. u. Veget. mul. – **2** insbes. gegen die Gottheit, die **Gottergebenheit, Andacht, Frömmigkeit,** Eccl. (vgl. Bünem. Lact. 5, 19, 13): Christiana, Andachtsübungen der Christen (neben religiones Iudaeorum), Lampr. Heliog. 3, 5.

dēvōtīcius, Not. Tir. 48, 6.

dē-vōto, āvī, ātum, āre (*Intens.* v. devoveo), **I verfluchen,** se, Augustin. 4. quaest. in heptat. 40. – **II verzaubern,** sortes, Plaut. Cas. 388: devotatus defixusque, Ps. Apul. herb. 8. – **III gelobend anrufen,** numina, Apul. met. 9, 21: asinos cum Iside, Min. Fel. Oct. 28, 8.

dēvōtus, a, um, *PAdi.* m. *Compar.* u. *Superl.* (v. devoveo), durch Gelübde gewidmet, **I** den unterirdischen Göttern, dah. **verwünscht, verflucht, heillos,** arbor, sanguis, Hor.: periuria, Catull.: post diuturnam et devotissimam sub Romano iugo senectutem, Augustin. de civ. dei 5, 22. – **II zu eigen ergeben, ganz-, sehr ergeben, sehr anhängend, sich hingebend, A** im Allg.: **a** einer Pers., verb. deditus alci devotusque, Iuven.: devoto vobis animo, Tiber. bei Suet.: an quisquam nobis devotior exstat? Claud.: quibus rebus et devotissimos sibi et fortissimos reddidit, Suet.: devotissimi rei publicae viri, Vopisc. – subst., dēvōtī, ōrum, *m.*, die (jmdm. auf Leben u. Tod) **Ergebenen, Getreuen,** Caes. b. G. 3, 22, 1: Superl. devotissimi, Valer. imp. bei Treb. Poll. Claud. 14, 2. – **b** einer Sache, scaenae, Suet.: vino, Phaedr.: dah. devotae in externa proelia dextrae, gern bereit zu usw., Lucan. 3, 311. – **B** insbes.: **1 gottergeben, fromm, andächtig,** v. Pers., m. *Dat.* (in), deo, Christo, Eccl.: devotissime magister, Ps. Sen. ep. ad Paul. 10 *extr.* – v. Lebl., devota ieiunia celebrant, Auson. edyll. 1. 2. p. 30, 12 Schenkl. – **2** gegen die Obrigkeit u. Gesetze **gehorsam,** Cassiod. var. 2, 16, 4.

dē-voveo, vōvī, vōtum, ēre, durch Gelübde geloben, -widmen, **I** als *t. t.* der Religionsspr., einer Gottheit als Opfer **geloben, zum Opfer bestimmen, -weihen, -darbringen, A** im Allg.: Dianae, quod natum esset, Cic.: Marti ea, quae ceperunt, Caes.: victima devota, Hor.: devota Christo virgo, Hieron. – **B** insbes.: **1** den Göttern (bes. den unterirdischen) **weihen, a als Sühnopfer weihen, dem** od. **zum Tode weihen,** bes. se, **sich** als Sühnopfer **dem Tode weihen, den Opfertod sterben, sich aufopfern,** pro re publica ... legiones auxiliaque hostium deis manibus Tellurique, Liv.: se dis immortalibus pro re publica, Cic.: se pro populo Romano legionibusque, Liv.: se pro patria, Sen.: se pro aere alieno, scherzh. (mit Anspielung auf den Opfertod der Dezier), Cic. Phil. 11, 13: devota corpora (Deciorum), Liv.: devota vita (Decii), Cic. – **b** eine Waffe **zum Mord weihen,** sicam, Cic.: capulum, Petron. – **2** prägn.: **a** den unterirdischen Göttern weihend **verfluchen, verwünschen,** alqm, Nep. u. a.: se, Quint. u. Ps. Cypr.: eorum exsecrationibus devoveri, Iustin.: dev. suas artes, Ov.: scelerata arma, Ov.: spiritum suum, Petron. – **b** den unterirdischen Göttern weihend **verzaubern,** Tibull. u. a. – **II** übtr., außerhalb der Religionssphäre, **1** (gleichs. als Opfer) **dahinzugeben geloben, dahingeben, aufopfern, preisgeben, zum Raub anheimgeben, dem Tode weihen,** alteri vitam debet, alteri devovet, Sen. rhet.: dev. animam alci (für jmd.), Verg. u. Apul.: aber auch animam hostibus, Acc. fr.: pro alcis salute spiritum, Val. Max.: devota morti pectora, Hor.: Andromeda devota monstris marinis, Prop.: Phoenissa pesti devota futurae, Verg.: arma devota focis, Mart.: devotis omnium capitibus, Curt. – **2** se devov. alci od. alci rei, **sich** auf Leben u. Tod **zu eigen ergeben,** se regibus, Sall. hist. fr. 1, 73 (2, 20): se alcis amicitiae, Caes. b. G. 3, 22, 3. – ► Präs. nach der 3. Konj. devovunt, Ps. Cypr. de aleat. 9. – Futur. exakt. synk. devoro (= *devovero*), Acc. praet. 15.

dēvus, archaist. = divus, s. d.

dēxtāns, antis, *m.* (de u. sextans; eig., wobei 1/8 As fehlt, also =) **fünf Sechstel** od. **zehn Zwölftel** eines zwölfteiligen Ganzen, iugeri, Col.: gradus non crassiores dextante, zehn Zoll, Vitr.: pro semisse dextans, statt der Hälfte fünf Sechstel des Ganzen, Suet.

dextella, ae, *f.* (*Demin.* v. dextera), das **rechte Händchen,** Quintus filius est Antonii dextella, so halb u. halb die rechte Hand, Cic. ad Att. 14, 20, 5.

dexter, tera, terum u. (gew.) tra, trum, *Compar.* **dexterior,** *n.* **-ius,** *Genet.* -iōris, *Superl.* **dextimus** (dextumus), a, um (δεξιτερός), **recht, nicht link** (Ggstz. sinister, laevus), **I** eig.: **A** *adi.*, **recht, rechts befindlich, -gelegen** usw., oculus, Nep.: manus, Cic.: umerus, Quint.: cornu (Flügel des Heeres), Caes.: ripa (Ggstz. sinistra), Plin.: Ianus (Durchgang), Liv.: ab dextra parte, Caes.: ab dextro latere hostium, Caes.: rota dexterior (Ggstz. sinisterior), Ov.: dexterius cornu (Ggstz. c. sinisterius), Galb. in Cic. ep. u. Iustin.: dexteriore parte (Ggstz. laevā), Ov.: in dexteriore parte (Ggstz. in sinisteriore), Varro LL.: in dexteriorem partem abire (Ggstz. in sinisteriorem p.), Varro: dextris et propioribus compendiis ire, rechts auf näheren Richtwegen, Tac.: a primo compito dextima via, Varro sat. Men. 402. – v. leb. Wesen, dexter abis, gehst rechts ab, Verg.: equus dexterior, das Handpferd, Suet.: apud dextimos, Sall. – **B** *subst.:* **1** dextera od. zsgz. dextra, ae, *f.* (*sc.* manus), die **rechte Hand,** die **Rechte,** u. die **rechte Seite** (Ggstz. sinistra od. laeva), **a** eig., Cic. u. a.: ad dextram, zur Rechten, rechts, Cic.: a dextra, von der Rechten, rechts, Cic.: ebenso bl. dexterā od. dextrā, Sall. u. Caes.: dextrā atque sinistrā, zur rechten u. linken Seite des Zugs, Suet.: dextrā sinistrāque, dextrā sinistrā, Auct. b. Afr.: dextrā m. *Dat.*, dextrā Danuvio, Eutr.: m. *Acc.:* dextrā Adherbalem assedit, Sall.: dextrā viam, zur R. der Landstraße, Liv. 8, 15, 8: dextrā ac sinistrā fornicem, Fest. 206 (b), 18. – dextram dare, die Hand reichen (als Zeichen der Treue), gew. datā dextrā, Nep. u. Liv.: datā atque acceptā dexterā, Pacat. pan.: datis inter se dextris (beim Abschied), Liv.: dextram dare alci, jmdm. die Rechte reichen, als Zeichen der Freundschaft, Verg.: dextras iungere, sich die Hände reichen (u. so Freundschaft schließen), Verg. – **b** bildl.: **α** (v. Handschlag bei Versprechungen) = **feierliches Versprechen, feierliche Versicherung** = **Zusage,** das durch Handschlag gegebene **Wort,** die versprochene **Treue,** dextras mittere (δεξιὰν πέμπειν), Nep. u. Tac.: dextram ferre (δεξιὰν φέρειν), Iustin.: dextras renovare, die früher einander gemachten Versprechungen erneuern, Tac.: dominorum dextras fallere, die Treue gegen die Herren, Verg. Vgl. Benecke Iustin. 11, 15 *extr.* Bremi Nep. Dat. 10, 1. – **β** (von der Handreichung zur Hilfe) dextram alci tendere od. porrigere, Hilfe leisten, Cic. – **γ** (von der rechten Hand od. Faust als Sitz der Tapferkeit, Stärke) = **Tapferkeit,** gloria dextrae, Sil.: bes. meā, suā dextrā, durch meine, seine Hand od. Faust, Tapferkeit, Ov., Hor. u. a. – **c** (poet.) meton., die helfende Hand = **Hilfstruppen, Truppen, Soldaten,** dextras emere, mercari, Sil. – **2** (wie τὰ δεξιά) dextera od. dextra, ōrum, *n.*, **was rechts ist, die rechte Seite** (Ggstz. laeva), Lucr. 2, 488. Cic. Tim. 42: *Compar.*, dexteriora petunt, Claud. epigr. 1, 14. – v. Örtl. = die **rechtsliegende Küste,** das **rechte Ufer,**

dextra Ponti, Vell. 2, 40, 1: eius (fluminis) dextra, Plin. 6, 99. – II übtr.: a als glückliches Anzeichen zur Rechten erscheinend, **Glück-, Heil bringend, glücklich, gnädig,** von Göttern, dexter adi, Verg.: dexter stetit, wie ein glücklicher, heilbringender Dämon, Hor. – b **passend, günstig, recht,** potestas (Gelegenheit), Verg.: dextro tempore (Ggstz. laevo tempore), Hor.: quis rebus dexter modus, wie das Werk am besten zu vollenden, Verg. – c v. Pers. = **gewandt, anstellig,** Liv. 8, 36, 7: et Marius scripti dexter in omne genus, jeder Art von schriftlicher Darstellung (als Dichter) mächtig, Ov. ex Pont. 4, 16, 24. – ► Nbf. dexter, tera, terum u. -tra, -trum. – Abl. Plur. Femin. ungew. dextrabus, Liv. Andr. Odyss. fr. bei Non. 493, 20 (wo deque manibus dextrabus).

dexterē, *Adv* m. *Compar.* (dexter), **anstellig, gewandt** im Benehmen, apud regem liberaliter dextereque obire officia, Liv. 1, 34, 12: nemo dexterius fortunā est usus, Hor. sat. 1, 9, 45: utrumne tu tantum rebus secundis uti dextere scias, an et adversas possis viriliter ferre, Sen. ad Polyb. 6, 1.

dexteritās, ātis, *f.* (dexter), I die **Gewandtheit im Benehmen** gegen andere, die **Anstelligkeit,** Liv. 28, 18, 6; 37, 7, 15. Gell. 13, 16, 1. – II das **Heilbringende der Erscheinung zur Rechten,** dii dexteritate pollentes, glücklicher Vorzeichen mächtig (Ggstz. dii laevi), Arnob. 7, 19.

dextimus, a, um, *Superl.* v. dexter, s. d.

dextrāle, is, *n.* (dexter), das **Armband,** Itala Isai. 3, 19 (bei Cypr. de habitu virg. 13). Vulg. exod. 35, 25 u. num. 31, 50. Fulg. Verg. contin. p. 155 M. Isid. 19, 31, 16.

dextrāliolum, ī, *n.* (*Demin.* v. dextrale), das **kleine Armband,** Vulg. Iudith 10, 3.

dextrālis, is, *f.* (dextra), das **Handbeil,** Isid. 19, 19, 11.

dextrātio, ōnis, *f.* (dexter), das **Herumgehen von der Rechten zur Linken,** Solin. 45, 15.

dextrātor, ōris, *m.* (dexter), ein **Schlachtross** (welcher Art, ist ungewiss), CIL 8, 2552.

dextrātus, a, um (dexter), **rechts befindlich,** a v. Örtl., **rechts** (südlich) **gelegen** (Ggstz. sinistratus = nördlich gelegen), ager, Gromat. vet. 247, 4: pars, *ibid.* 291, 7: subst., in dextrato (Ggstz. in sinistrato), *ibid.* 290, 18. – b v. Pers., **rechts** (bei der Prozession) **aufgestellt,** CIL 3, 6155.

dextrŏchērium, iī, *n.* (*vox hybr.* v. dexter u. χείρ), das **Armband,** Capit. Maxim. duo 6, 8 u. 27, 8. Treb. Poll. XXX tyr. 14, 4: gemmatum, Schol. Iuven. 9, 50.

dextrōrsum u. **dextrōrsus,** *Adv.*, **rechter Hand (hin), rechts ab, rechts** (Ggstz. sinistrorsum, laevorsum), Form *-um*, Acc. tr. u. Hor.: Form *-us*, Frontin. u. Auct. b. Afr. u. (Ggstz. laevā) Liv.: deverticulo ire *ab* urbe Roma dextrorsus milium passuum trium (von einer Wasserleitung), Frontin. aqu. – zsgz. aus **dextrōversum** od. **-vorsum,** *Adv.*, Plaut. Curc. 70 u. a. Lact. 6, 7, 7. [Serg.] expl. in Donat. 532, 24.

dextumus, a, um, *Superl.* v. dexter, s. d.

1. dia = διά, Cass. Fel. 42 p. 96, 16.

2. Dīa, ae, Akk. am, *f.* (Δία), I eine Insel nahe der östl. Küste von Kreta, j. *Standia,* Plin. 4, 61. – II alter Name der Insel Naxos, j. *Naxia,* Plin. 4, 67. Ov. met. 3, 690; 8, 174; art. am. 1, 528.

diaartymaton (διὰ ἀρτυμάτων), eine **Gewürzsalbe,** Cael. Aur. chron. 3, 8, 116.

diabathrum, ī, *n.* (διάβαθρον), eine Art leichter Schuhe, bes. der Frauen (vgl. Paul. ex Fest. 74, 9), diabathra in pedibus habebat, Naev. tr. 60. – Dav. **diabathrārius,** iī, *m.*, der Verfertiger solcher Schuhe, Plaut. aul. 513.

diabētēs, ae, *m.* (διαβήτης), der **gerade** od. **Doppel-Heber,** sonst sipho gen., Col. 3, 10, 2.

Diablintēs, um, *m.* u. **Diablintī,** ōrum, *m.*, ein Stamm der Aulerci im lugdun. Gallien, im heutigen *Dép. Mayenne,* Form *-tes,* Caes. b. G. 3, 9. § 10: Form *-ti,* Plin. 4, 107.

diabolicus, a, um (διαβολικός), **teuflisch,** Eccl. – Nbf. ziabolicus, Commod. instr. 1, 35, 23 u. 2, 32, 12: Nbf. zabolicus, Commod. instr. 1, 35, 23 u. 2, 32, 12.

diabolōsus, a, um (diabolus), **teuflisch,** Augustin. serm. 171, 2 *Mai.*

diabolus, ī, *m.* (διάβολος, der Verleumder, Lästerer), der **Teufel,** Eccl. – Nbf. ziabolus, Itala (Taurin.) Matth. 13, 39: Nbf. zabolus, Lact. de mort. pers. 16. § 5 u. 10. Commod. instr. 2, 16, 7. Augustin. de civ. dei 15, 23, 1.

diabotanon (διὰ βοτανῶν) **iūs,** eine **Pflanzenbrühe,** Apic. 10, 445.

diacatochia, ae, *f.* (διακατοχή), der **Besitz,** rein lat. possessio, Cod. Iust. 11, 58, 7.

diacatochus, ī, *m.* (διακάτοχος), der **Besitzer,** rein lat. possessor, Cod. Theod. 10, 16, 1.

Diacecaumenē, ēs, *f.* (διακεκαυμένη, *scil.* γῆ), die **heiße Zone,** Solin. 32, 37; vgl. Hyg. astr. 1, 8.

diachrisma, atis, *n.* (διάχρισμα), die **Salbe,** Plin. Val. 1, 50. Cass. Fel. 35.

diachysis, Akk. in, *f.* (διάχυσις), die **Zerstreuung,** Cael. Aur. chron. 1, 1.

diachyton, ī, *n.* (διαχυτόν), eine Art süßer Wein, Plin. 14, 84.

diacochlēcon (= διὰ κοχλήκων), **Milch, in der heiß gemachte Kieselsteine** (cochleae, s. cochlea) **vorher abgelöscht worden sind,** als Mittel gegen Unterleibsleiden, Cael. Aur. chron. 4, 3, 57.

diacōdīon (= διὰ κωδειῶν), ein aus Mohn bereitetes Heilmittel, **Mohnsaft,** Plin. 20, 200 u. 207. Isid. 4, 9, 9.

diācōn, onis, *m.* = diaconus, Greg. M. epist. 3, 34: Plur., Vict. Vit. 2, 16 u. 26. Cod. Theod. 12, 1. 49 u. 163. Vulg. Phil. 1, 1 u. a. Eccl.: Nbf. Plur. zacones, Commodian. instr. 2, 26, 1.

diācona, ae, *f.* = diaconissa, spät. Eccl.

diācōnātus, ūs, *m.* (diaconus), das **Amt des Diakonus,** das **Diakonat,** Sulp. Sev. vit. S. Mart. 5, 1 H. u. a. Eccl.

diācōnia, ae, *f.* (διακονία), das **Amt des Diakonus,** das **Diakonat,** spät. Eccl.

diācōnicum, ī, *n.* (διακονικόν), die **Wohnung der Kirchendiener,** Cod. Theod. 16, 5, 30 *in.*

diaconissa, ae, *f.* (diaconus), die **Kirchendienerin, Diakonisse,** Cod. Theod. 5, 3, 1 u. 16, 2, 27. Greg. M. epist. 13, 50. CIL 3, 12885 u. 5, 6467, 2 (*a.* 539).

diācōnium, iī, *n.* (διακόνιον), das **Amt des Diakonus,** das **Diakonat,** Eccl.

diācōnus, ī, *m.* (διάκονος), der **Kirchendiener,** der **Diakonus,** Amm. 14, 9, 7. Cod. Theod. 12, 1, 121 u. Eccl.: diacōnus gemessen, Ven. Fort. 4, 15, 3 u. a. Eccl.: Nbf. zaconus (als Beiname), CIL 3, 2654.

diacopē, ēs, *f.* (διακοπή), als gramm. *t. t.* = die **Tmesis,** Charis. 275, 10.

diacopī, ōrum, *m.* (διάκοποι), **Einschnitte, Durchbrüche** durch den Damm, um Wasser durchzulassen, Ulp. dig. 47, 11, 10.

diacopraegīās (= διὰ κόπρου αἰγείας), ein **Heilmittel aus Ziegenmist,** Cael. Aur. chron. 3, 8, 115 (wo noch falsch diacapregias).

diacopron (διάκοπρος), ein **Heilmittel aus Mist,** Marc. Emp. 8.

diadēma, atis, *n.* (διάδημα, Binde, insbes.), die blaue, weißdurchwirkte Binde um den Turban (tiara) der Perserkönige; dah. Zeichen der königlichen Würde, das **Diadem** (rein lat. regium capitis insigne od. bl. insigne regium od. insigne capitis od. fascia), diadema alci od. capiti alcis imponere, Cic. u. Liv. epit.: d. capiti innectere, Aur. Vict.: regnum et d. deferre uni, Hor.: d. accipere, Tac.: d. assumere, Iustin.: d. ponere, Cic.: cruentum fraternā caede d. gerere, Liv. – ► Genet. Plur. diadematum u. diadematorum, nach Charis. 42, 32. – Nbf. diadēma, ae, *f.*, Pompon. com. 163. Apul. met. 10, 30.

diadēmālis, e (diadema) = diadematus, Orest. tr. 260 u. 318.

diadēmātus, a, um (diadema), **mit einer Kopfbinde, einem Diadem geschmückt,** Apollo, Plin. 34, 79: statua, Suet. Tib. 2 *ed. Roth.*

diadictamnum (= διὰ δικτάμνων), ī, *n.*, eine **Salbe aus Diptam,** Cael. Aur. chron. 3, 8, 115.

diadochos, ī, *m.* (διάδοχος), ein dem Beryll ähnlicher Edelstein, Plin. 37, 157.

diadota, ae, *m.* (διαδότης), der **Verteiler,** Cod. Theod. 7, 4, 28 *pr.*

diadūmenos, ē, on (διαδούμενος) = diadematus, Sen. ep. 65, 5 H. Plin. 34, 55. – als Beiname, Antoninus Diadumenus, schon als Knabe röm. Kaiser, geboren 202 n. Chr., 218 ermordet, Lampr. Anton. Diad. 1 *sqq*.

diaeresis, is, Akk. in, *f.* (διαίρεσις), in der Gramm. die **Trennung einer Silbe in zwei** (wie aquai st. aquae), Serv. Verg. Aen. 7, 464. Isid. 1, 34, 4.

diaeta, ae, *f.* (δίαιτα), **I** die geregelte **Lebensweise** in physischer Hinsicht, die **Diät**, solā diaetā curari, Cael. Aur. chron. 2, 12, 146: u. im Bild, sed ego diaetā curare incipio; chirurgiae taedet, doch ich will jetzt nachgerade durch diätetische Mittel (gelinde Maßregeln) geholfen wissen; die chirurgischen Operationen (gewaltsamen Maßregeln) habe ich satt, Cic. ad Att. 4, 3, 3. – **II** meton., **Aufenthaltsort, Wohnung,** ein einzelnes **Zimmer,** ein **Wohnzimmer** ohne od. mit einem od. mehreren Nebenzimmern, ein **Salon, Pavillon,** Plin. ep. 2, 17, 12; 5, 6, 21 u. 31; 7, 5, 1. Suet. Claud. 10, 1. Ulp. dig. 29, 5, 1. § 27. Lampr. Heliog. 30, 7 u. 31, 4; Alex. Sev. 26, 9. CIL 6, 10876 u. 13823 (wo dieta). Stat. silv. 2, 2, 83: diaetae amoenae, Ulp. dig. 7, 1, 13. § 8: diaetae hypocaustae, Ulp. dig. 32, 55, 3 M. – im Schiff, **Kajüte,** magistri, Petron. 115, 1. – ► In Hdschrn. auch zēta od. zaeta geschr.

diaetarcha, ae, *m.* (διαιτάρχης) u. **diaetarchus**, ī, *m.* = diaetarius, CIL 6, 8644 (-chus) u. 8818 (-cha).

diaetārius, iī, *m.* (diaeta), **einer, der die Zimmer besorgt, der Zimmerwärter,** Ulp. dig. 33, 7, 12. – u. d. **Kajütenwärter,** Ulp. dig. 4, 9, 1. – auch zētārius geschr., Paul. sent. 3, 6, 58.

diaeteon (= διὰ ἰτεῶν), ein **Heilmittel aus Weidensaft,** Cael. Aur. chron. 2, 3, 69; 2, 13, 170.

diaetēta, ae, *m.* (διαιτητής), der **Schiedsrichter** (rein lat. arbiter), Cod. Iust. 2, 13, 27; 7, 62, 36. Iulian. epit. nov. 76. § 285.

diaetēticus, a, um (διαιτητικός), **diätetisch, die Diät betreffend,** diaetetica pars (Ggstz. chirurgia), Cael. Aur. chron. 2, 12, 145: primo libro diaetetico, Cael. Aurel. acut. 1, 1, 28. – subst., **a diaetētica**, ae, *f.* u. **diaetēticē**, ēs, *f.* (*sc.* ars), die Wissenschaft, die das Verhalten in Essen, Trinken, Wohnung usw. lehrt, die **Diätetik,** Scrib. Larg. 200: diaetetices scriptores, Cael. Aur. chron. 2, 12, 145. – **b diaetēticī**, ōrum, *m.*, die **Diätetiker,** Ggstz. chirurgi, Scrib. Larg. 200. Cael. Aur. chron. 2, 12, 145.

diaglaucion od. **-um** (διά u. γλαύκιον), iī, *n.*, eine Salbe aus der Pflanze glaucion, Scrib. Larg. 22. Plin. 27, 83 (wo Detl. dia glauciu = γλαυκίου).

diagōnālis, e (διὰ u. γωνία), **diagonal,** limes, Gromat. vet. 248, 17: linea, die Diagonallinie, Vitr. 9. praef. 5. Gromat. vet. 196, 12. – subst., diagōnālis, is, *f.*, die **Diagonallinie,** Gromat. vet. 225, 8.

diagōnios, on (διαγώνιος), **diagonal,** linea, Vitr. 6, 3, 3: structura, in diagonaler Richtung, Vitr. 6, 8, 7. – Spät. Nbf. **diagōnus**, ī, *m.*, die Diagonallinie, **Diagonale,** Gromat. vet. 186, 12. Boëth. art. geom. p. 417, 5 u. 10; u. p. 419, 6 Fr.

Diagorās, ae, *m.* (Διαγόρας), **I** ein Dichter u. Philosoph aus Melos (Melius), mit dem Beinamen Ἄθεος Zeitgenosse des Pindar u. Simonides, Cic. de nat. deor. 1, 2. Lact. 1, 2, 2. Min. Fel. 8, 2. – **II** ein berühmter Athlet aus Rhodus, Zeitgenosse des Pindar, in dessen Gegenwart zwei seiner Söhne als Hieroniken zu Olympia gekrönt wurden, Cic. Tusc. 1, 111. Gell. 3, 15, 3.

diagramma, matis, *n.* (διάγραμμα), **I** die **Tonleiter** in der Musik, Vitr. 5, 4, 1 u. a. – **II** der **Umriss,** terminorum diagrammata, als Titel, Gromat. vet. 340, 23.

diagrydion (diagridium, diagredion), iī, *n.* (verdorben aus δακρύδιον), der **Saft der Purgierwurzel** (scammonia, s. d.), Cael. Aur. acut. 1, 17, 179; 2, 12, 83 u. a. Veget. mul. 5, 32, 3.

dialectica, s. dialecticus.

1. dialecticē, *Adv.* (dialecticus), **dialektisch, nach Art der Dialektiker,** d. dicta multa, Cic. Acad. 1, 8: d. disputare, Cic. de fin. 2, 17: d. probare alqd, Quint. 1, 10, 37.

2. dialecticē, ēs, *f.* (διαλεκτική, *sc.* τέχνη), die **Disputierkunst, Dialektik,** Quint. 1, 10, 37 u. a. (griech. bei Cic. de or. 3, 157; top. 6).

dialecticus, a, um (διαλεκτικός), **zur Unterredung-, zum Disputieren gehörig, dialektisch,** captiones, Cic.: disputationes, Quint.: lex, Gell.: aut geometricum quiddam aut physicum aut dialecticum, Cic. – subst., **a** dialectica, ae, *f.* (*sc.* ars), die **Disputierkunst, Dialektik,** Cic. u. Quint. – **b** dialectica, ōrum, *n.*, **dialektische Untersuchungen,** Cic. – **c** dialecticus, ī, *m.*, der Kenner und Lehrer der Dialektik, der **Dialektiker,** Cic.

dialectos, ī, *f.* (διάλεκτος), die **Mundart,** der **Dialekt,** Doris, Suet. Tib. 56: Aeolica, Ter. Maur. 649.

diālectrum (= δι' ἠλέκτρων), **mit Bernstein versetzte Kügelchen** gegen innere Blutung, Cael. Aur. chron. 2, 13, 166.

dialēmma, atis, *n.* (διάλειμμα), die **Zwischenzeit,** die **Pause,** Th. Prisc. 2, 21.

dialepidos = διὰ λεπίδος, eine **mit Hammerschlag bereitete Salbe,** Marc. Emp. 9. CIL 13, 10021, 126 a u. 13, 10021, 174 b.

dialeucos, on (διάλευκος), **mit Weiß gemischt,** Plin. 21, 32.

dialibanon (= διὰ λιβάνων), **Weihrauchsalbe,** Marc. Emp. 9. CIL 13, 10021, 95 u. 113 u. ö.

dialion, iī, *n.*, die sonst heliotropium gen. Pflanze, Ps. Apul. herb. 50.

Diālis, e (Δίς = *Dis in Diespiter), **I zu Jupiter gehörig,** Flamen Dialis, Cic. fr. u. Liv., od. sacerdos Dialis, Suet., od. bl. Dialis, Tac., der Eigenpriester Jupiters: Diale flaminium, dessen Würde, Amt, Suet.: apex Dialis, dessen Priestermütze, Liv. – Scherzh. im Doppelsinn auch = **auf einen Tag** (v. dies), ante flamines, nunc consules diales fiunt, Otacil. Pith. bei Macr. sat. 2, 2, 14 od. Cic. bei Macr. sat. 7, 3, 10. – **II** meton., **lustig,** viae, Apul. met. 6, 15.

dialogicē, *Adv.* (διαλογικός), **gesprächsweise, dialogisch,** Schol. Pers. 6, 51.

dialogista, ae, *m.* (διαλογιστής), **geübt im kunstgerechten Unterreden, der Dialogist,** Vulg. Gallic. Avid. Cass. 3, 5.

dialogus, ī, *m.* (διάλογος), das (philosophische) **Gespräch,** der **Dialog,** Cic. u. a.: dialogorum altercatio, Sen.: alqm in dialogos includere, in dem D. mitsprechen lassen, Cic.

dialutēnsis, e, **halb im Schlammboden lebend,** purpura, Plin. 9, 131.

diamannae (= διὰ μάννης), **Weihrauchsalbe,** Cael. Aur. acut. 2, 18, 112.

diamastīgōsis, is, *f.* (διαμαστίγωσις), die **Geißelung,** bes. der Knaben in Sparta am Fest der Artemis Orthia, Tert. de martyr. 4.

diameliton (= διὰ μελίτων), **Honigsalbe,** Th. Prisc. 4, 1.

diamelitōton (= διὰ μελιτώτων), **Melitonsalbe,** Cael. Aur. chron. 1, 3, 58 u. a.

diameter, s. diametros.

diametrālis, e (diametros), **zum Durchmesser gehörig, diametral,** Gromat. vet. 225, 7.

diametros, on u. **diametrus**, a, um (διάμετρος), **durch den Mittelpunkt gehend,** linea, Chalcid. Tim. 91: radiatio, Firm. math. 2, 32 u. 4, 1. – subst., diametros, ī, *f.* (διάμετρος, *sc.* γραμμή), jede Linie, die durch einen Mittelpunkt geht, der **Diameter, Durchmesser,** rein lat. dimetiens, Vitr. 3, 5, 6 u. ö. Col. 5, 2, 7. Macr. somn. Scip. 1, 20, 15 *sqq.*; sat. 7, 14, 16. Chalcid. Tim. 91: Plur. diametroe, *Vitr. 9, 7 (8), 5 R. (Vulg. diametri). – Nbf. diametrus, ī, *f.*, Frontin. aqu. 28. Macr. somn. Scip. 1, 20, 29. Boëth. art. geom. p. 375, 7; p. 378, 11 u. 14 Fr. – u. diameter, trī, *m.*, Boëth. Arist, an. pr. 1, 23. p. 487 u. a.

diametrum, ī, *n.*, was an einem bestimmten Maße fehlt, der **Abgang,** Cod. Theod. 13, 5, 38 u. a.

diamirton (= διὰ μύρτων), ein **Myrtenabsud,** Cael. Aur. acut. 3, 3, 18.

diamisyos (= διὰ μίσυος), **Vitriolsalbe,** Marc. Emp. 9.

diamoron (= διὰ μόρων), ein aus schwarzen Maulbeeren bereitetes Heilmittel, **Maulbeersaft,** Pallad. 10, 16. Cael. Aur. acut. 3, 3, 18. Th. Prisc. 1, 14; 2, 15. Isid. 4, 9, 9.

Diāna, ae, *f.* (alte Form für Iana od. Διώνη = des Zeus Tochter; auch Deana geschr., Corp. insicr. Lat. 14, 2212; urspr. Form Diviana = diva Iana, Varro LL. 5, 68), **I Diana,** die Tochter Jupiters von der Latona, die Schwester Apollos, die Göttin der Jagd u. des Mondes u. der nächtlichen Zaubereien, Cic. de nat. deor. 2, 68 *sq.* Catull. 34.

Verg. Aen. 1, 499: integra, die keusche, stets jungfräuliche, Hor. carm. 3, 4, 70 *sg.*: celebris, von vielen gefeiert (= deren Feste von vielen besucht werden), Hor. carm. 2, 12, 20: quem urguet iracunda Diana, v. Epileptischen, Hor. de art. poët. 453 *sq.*: tria virginis ora Dianae = Diva triformis (Hor. carm. 3, 22, 4), Luna am Himmel, Diana auf der Erde, Hekate in der Unterwelt, Verg. Aen. 4, 511. – II (poet.) meton.: A = **Jagd,** Mart. de spect. 12, 1. – B = **Mond,** Ov. met. 15, 196. – ► Dīāna gemessen bei Enn. ann. 62. Verg. Aen. 1, 499. Hor. carm. 1, 21, 1 u. 4, 7, 25. Ov. met. 8, 352. Cinna bei Suet. gramm. 11. – Dav. A **Diānius,** a, um, **zur Diana-,** u. meton. **zur Jagd gehörig,** lucus, Cato fr.: turba, Jagdhunde, Ov.: arma, Jagdgeräte, Gratt. – Subst., **Diānium,** iī, *n.*, a *sc.* templum, ein **Dianentempel,** Liv. 1, 48, 6. – b = Διάνιον, ein Vorgebirge in Spanien, j. *Denia,* Cic. II. Verr.. 1, 87. – c = Ἀρτεμισία, eine kleine Insel im Tyrrhenischen Meer, dem portus Herculis gegenüber, j. *Gianuti,* Plin. 3, 81. Mela 2, 7, 19 (2. § 122). – B **Diānārius,** a, um, **zur Diana gehörig, Dianen-,** radix = artemisia, Veget. mul. 3, 6, 7; 5, 33, 4. – C **Diānāticus,** ī, *m.*, ein **der Diana Geweihter,** Maxim. Taurinens. serm. 32 (bei Murator. Anecd. 4. p. 100).

dianomē, ēs, *f.* (διανομή), die **Verteilung, Spendung,** Plin. ep. 10, 116 (117) *sq.*

diaorīganon (= διά ὀριγάνου), ein **aus der Pflanze Wohlgemut bereitetes Heilmittel,** Cael. Aur. chron. 3, 8, 115.

diapantōn (διὰ πάντων), **in allen Stücken, durchgängig,** coronatus (histrio), CIL 10, 3716 u. 14, 2977.

diapasma, atis, *n.* (διάπασμα), **wohlriechendes Streupulver,** Plin. 13, 19 u. 21, 125. Mart. 1, 87, 5.

diapāsōn (= διὰ πασῶν, *sc.* χορδῶν), durch alle (8) Saiten, die **Oktave** in der Musik, Vitr. 5, 4, 8. Plin. 2, 84. Mart. Cap. 9. § 944. Chalcid. Tim. 35 u. 41 *sqq.*

diapēganon (= διὰ πηγάνου), ein **Heilmittel aus Raute,** Cael. Aur. chron. 3, 8, 149. Plin. Val. 4, 3.

diapente (διὰ πέντε), I durch fünf Saiten, die **Quinte** in der Musik, Vitr. 5, 4, 8. Mart. Cap. 2, 107. Chalcid. Tim. 35 u. 44 *sqq.* Fulg. myth. 3, 9. – II ein **Heilmittel aus fünf Bestandteilen,** Pelagon. veterin. 1. p. 15 = 5 *Ihm* u. 31. p. 106 = 449 *Ihm.* Veget. mul. 2, 36, 1.

diaphōnia, ae, *f.* (διαφωνία), die **Disharmonie** der Töne (Ggstz. symphonia), Isid. 3, 19, 3.

diaphorēsis, is, *f.* (διαφόρησις), I die Aussonderung der Feuchtigkeiten durch die Schweißlöcher, das **Schwitzen,** Th. Prisc. de diaeta 14. – II die **Auflösung, Schwindung der Kräfte,** Cael. Aur. acut. 1, 15, 143.

diaphorēticus, a, um (διαφορητικός), **schweißtreibend,** Cael. Aur. acut. 1, 17, 166 u. a.

diaphragma, atis, *n.* (διάφραγμα), das **Zwerchfell,** spätlat. discretorium, Cael. Aur. acut. 2, 34, 180; chron. 2, 12, 143 (rein lat. transversum saeptum, bei Cels. 1. praef. § 7, 32 *sqq.* u. 2, 7. p. 43, 30 D.).

Diapontius, iī, *m.*, aus διὰ πόντον gebildeter Eigenname, mit scherzh. Anspielung auf transmarinus, Plaut. most. 497.

diaporēticus, a, um (διαπορητικός), **zweifelhaft,** Fortunat. art. rhet. 1, 10.

diapsalma, atis, *n.* (διάψαλμα), die **Pause** im Gesang, das **Zwischenspiel,** Eccl.

diapsȳchon epithema (= διαψυχον ἐπίθεμα), ein **Kühlmittel,** Plin. Val. 1, 6.

diarhodon (= διὰ ῥόδων), **Rosensalbe,** als Augenmittel, CIL 13, 10021, 95 u. ö.

diārium, iī, *n.* (dies), I die **tägliche Ration, Kost** der Soldaten, Cic.: der Sklaven, Hor. u. Mart.: der Gefangenen, Sen.: der Gänse, Petron. – Sprichw., s. asellus *no.* II, A. – II das **Tagebuch,** Asell. b. Gell. 5, 18, 8.

diarrhoea, ae, *f.* (διάῤῥοια), der **Durchfall,** Cael. Aur. acut. 2, 19, 192. Isid. 4, 7, 35 (griech. in Cic. ep. 7, 26, 2).

dias, atis, *f.*, s. dyas.

diasampsūchum (διὰ σαμψύχου), **Majoransalbe,** Cael. Aur. chron. 3, 8, 116.

diascammoniās (διὰ u. σκαμμονία), **Purgierwurzelsaft,** als Purgiermittel, Cael. Aur. acut. 1, 17, 179.

diaschisma, atis, *n.* (διάσχισμα), die **Hälfte der** *diesis,* Boëth. inst. mus. 3, 8.

diasmyrnes (= διὰ σμύρνης) u. **diasmyrnon** (= διὰ σμύρνων), **Myrrhensalbe,** Marc. Emp. 9. Scrib. Larg. 26.

diaspermaton (= διὰ σπερμάτων), ein aus Samen bereitetes Heilmittel, Isid. 4, 9, 9. Cael. Aur. chron. 3, 8, 116.

diasteaton (= διὰ στεάτων), ein **Heilmittel aus Talg,** Plin. Val. 3, 14. Marc. Emp. 18.

diastēma, atis, *n.* (διάστημα), der **Zwischenraum, Abstand,** rein lat. distantia, intervallum, Sidon. epist. 8, 11, 9: in der Musik, das **Intervall,** Censor. 10, 11 u. 13, 5. Mart. Cap. 9. § 948. Chalcid. Tim. 44. Isid. 3, 19, 5. – ► Dat. Plur. heterokl. diastematis, Censor. 13, 1.

diastēmaticus, a, um (διαστηματικός), **zum Intervall gehörig,** vox, Mart. Cap. 9. § 937.

diastolē, ēs, *f.* (διαστολή), die **Trennung,** das **Trennungszeichen,** um die Scheidung verbundener Wörter zu bewerkstelligen (rein lat. disiunctio), Prisc. de accent. § 6. Isid. 1, 18, 7.

diastoleus, eī, *m.* (διαστολεύς), der **Rechnungsrevisor,** Cod. Iust. 10, 71 (69) 4 Kr.

diastȳlos, on (διάστυλος), **weitsäulig,** wenn die Säulenweite drei Säulendicken einnimmt, Vitr. 3, 3 (2) u. 4 (3).

diasyrticē, *Adv.* (diasyrticus), **verhöhnend, spöttisch,** Acro Hor. de art. poet. 300. Schol. Iuven. 7, 227. Serv. Verg. Aen. 2, 193.

diasyrticus, a, um (διασυρτικός), **verhöhnend, spöttisch,** Spart. Carac. 10, 5. Hieron. adv. Rufin. 1. *no.* 1. Serv. Verg. Aen. 2, 80. Schol. Iuven. 5, 45.

diatessaron (διὰ τεσσάρων), a *t. t.* der Musik, die **Quarte,** Vitr. 5, 4, 8. Mart. Cap. 2 § 107. Fulg. myth. 3, 9: diatessaron cantilena (Akkord), Chalcid. Tim. 45. – b *t. t.* der Medizin, Name eines aus vier Zutaten bestehenden Heilmittels, Cael. Aur. acut. 2, 18, 112. Plin. Val. 3, 22. Marc. Emp. 20 u. 22.

diathēon (= διὰ θείων), ein **Heilmittel aus Schwefel,** Th. Prisc. 1, 11 u. a. Cael. Aur. chron. 1, 1, 9; 4, 3, 38.

diātim, *Adv.*, **von Tag zu Tag,** Livini vita a Bonifatio coaevo conscripta = Migne 87, 330 D. – Vgl. Gloss. V, 567, 19 u. ö.

diatonicus, a, um (διατονικός), von einem Ende zum anderen gehend, **diatonisch,** a in der Musik, modulatio, das diatonische Klanggeschlecht, Mart. Cap. 9. § 959 u. 963. Vgl. diatonum. – b in der Baukunst, diatonicon, ein mit zerbrochenen Mauersteinen in der Mitte ausgefülltes Mauerwerk, Plin. 36, 172.

diatonum, ī, *n.* (διάτονον), das **diatonische** od. **natürliche Klanggeschlecht,** Vitr. 5, 4, 3 *sqq.* Macr. somn. Scip. 3, 4, 13.

diatrētārius, iī, *m.* (diatreta, s. das Folg.), der **Verfertiger von durchbrochener Arbeit,** Cod. Iust. 10, 64, 1.

diatrētus, a, um (διάτρητος), **durchbrochen,** calix, mit durchbrochener Arbeit, Ulp. dig. 9, 2, 27. § 29. – u. so subst., diatrēta, ōrum, *n.* (*sc.* pocula), Becher mit durchbrochener, erhabener Arbeit, Mart. 12, 70, 9.

diatriba, ae, *f.* (διατριβή, gelehrte, bes. philosoph. Untersuchung, dah. meton.) die **Philosophen-** oder **Rhetorenschule,** Gell. 1, 26, 1 u. a.

diatritaeus, a, um (διατριταῖος), **dreitägig,** tempus, Cael. Aur. acut. 1, 3, 35.

diatritus, ī, *f.* (διάτριτος), die **Wiederkehr des Fiebers am dritten Tag,** Cael. Aur. chron. 1, 3, 57; 1, 4, 81 u. a.

diaulos, ī, *m.* (δίαυλος), die doppelte Rennbahn, die **Doppelbahn,** bei der der Renner bis zur Säule am Ende des stadium (στάδιον) u. von da wieder zurücklief, während das gewöhnliche stadium nur einmal durchlaufen wurde (vgl. Vitr. 5, 11, 1), Hyg. fab 273.

diazōgraphus liber od. libellus, ein **Buch mit Abbildungen,** Gromat. vet. 7, 26 u. 26, 26.

diazōma, atis, *n.* (διάζωμα, die Umgürtung), der im Amphitheater ringsherum gehende **breite Absatz** zwischen den Sitzerhöhungen der Zuschauer, rein lat. praecinctio od. balteus, Vitr. 5, 6, 7 (5, 6, 4).

dībālo, āre (dis u. balo), **durch Geschrei in Verruf bringen,** Caecil. com. 249.

dibaphus, um, später auch dibaphus, a, um (δίβαφος), **zweimal eingetaucht, -gefärbt,** purpura dibapha, Plin. 7, 137. – subst., dibaphus, ī, *f.* (*sc.* vestis), das mit Purpur besetzte **Staatskleid** höherer Magistrate, dah. Curtius dibaphum cogitat, ist nach einer Ehrenstelle lüstern, Cic. ep. 2, 16, 7.

dibersus, s. dīversus ►.

dibrachys, Akk. yn, *m.* (δίβραχυς, aus zwei kurzen Füßen bestehend), in der Metrik der Versfuß ◡◡, Caes. Bass. (VI) 307, 4. – Latinisierte Nbf. **dibrachus**, ī, *m.*, Cledon. (V) 30, 22.

dībūcino, āre (dis u. bucino), **ausposaunen,** Vel. Long. (VII) 65, 8. Cassiod. (VII) 163, 12 K.

dica, ae, *f.* (δίκη), der **Rechtshandel, Prozess,** griech. gerichtl. *t. t.*, alci dicam scribere, förmlich (schriftlich) verklagen, Cic.: alci dicam impingere, einen Prozess an den Hals werfen, in einen Prozess verwickeln, Ter.: dicam sortiri, die Richter für einen Prozess durchs Los bestimmen, Cic.

dicābula u. **dicibula**, ōrum, *n.* (2. dico), leeres **Geschwätz, Märchen,** Mart. Cap. 8. § 809. Tert. adv. Valent. 20.

dicācitās, ātis, *f.* (dicax), der **beißende satirische Witz** (als Eigenschaft), im üblen Sinne das **Witzeln**, die **Witzelei, Stichelrede,** Cic. u. a.

dicāculē, *Adv.* (dicaculus), **witzelnd, schnippisch,** Apul. met. 1, 9 u. 8, 25.

dicāculus, a, um (*Demin.* v. dicax), **von beißendem Witz sprudelnd, naseweis, schnippisch,** amatrix, Plaut. asin. 517: lepida et dic. puella, Apul. met. 2, 7: fuit etiam dicaculus, Spart. Hadr. 20, 8: dic. sermo, Apul. met. 3, 13.

Dicaearchēa u. **-īa**, ae, *f.* (Δικαιάρχεια), uralte Stadt in Kampanien (nach ihrem Stifter Dicaearchus od. Dicarchus benannt), später *Puteoli*, j. *Puzzuoli*, Plin. 3, 61. Paul. ex Fest. 72, 4: dafür poet., Dicarchi moenia, Stat. silv. 2, 2, 96. – Dav.: **A** **Dicaearchēis**, eum, *m.* (Δικαιαρχεῖς), die Einwohner von Dicäarchea, die **Dicäarcheer,** Dicaearcheum (Δικαιαρχέων), populi, Paul. ex Fest. 122, 14. – **B** **Dicarchēus**, a, um, **dicarchēisch, puteolanisch,** Stat. u. Sil.: Dicarcheae pulvis arenae, Puzzolanerde, Sidon. poët.

Dicaearcheis, eum, *m.*, s. Dicaearchēa.

Dicaearchus, ī, *m.* (Δικαίαρχος), **I** Gründer von Dicaearchea, s. d. – **II** griech. Philosoph u. Geograph, Schüler des Aristoteles, Varro r. r. 1, 2, 16. Cic. Acad. 2, 124.

Dicarchēus, Dicarchus, s. Dicaearchēa.

dicātē, *Adv.* m. *Superl.* (dicatus), **ergeben,** dicatissime devoti numini eius fecerunt, CIL 8, 8777.

dicātio, ōnis, *f.* (1. dico), **I** die feierliche Willenserklärung, dass man zu einem Staat gehören wolle, das **Sich-Einbürgern,** die **Aufnahme als Bürger** in einen anderen Staat, Cic. Balb. 28. – **II** die **Lobpreisung,** Cod. Theod. 9, 34, 2. – meton. als Prädikat, tua dicatio, Ew. Hochwürden, spät. ICt. u. Eccl.

dicātus, a, um, *PAdi.* (v. 1. dico), **geweiht, ergeben,** loca Christi nomini od. Christo dicatissima, Augustin. de civ. dei 1, 1 u. 3, 31: numini maiestatique eius (Constantini) dicatissimus, CIL 3, 6585.

dicāx, ācis, *Adi.* m. *Compar.* u. *Superl.* (v. 2. dico), **von beißendem Witz sprudelnd, satirisch,** im üblen Sinne **naseweis, schnippisch, witzelnd,** der **Witzbold,** Cic. u. a. – male dicax, s. maledicāx.

dicentārius, iī, *m.* = *iudex*, Gloss. II, 577, 17.

dichalcon, ī, *n.* (δίχαλκον), das **Doppelchalkon,** eine kleine Münze, der vierte Teil des Obolus, Vitr. 3, 1, 7.

dichomēnion, iī, *n.* (*διχομήνιον), der **Halbmond,** eine Pflanze, Ps. Apul. herb. 64.

dichōneutus, a, um (δίς u. χώνευτος), **doppelt gegossen = verfälscht,** aes, Cod. Theod. 11, 21, 1.

dichorēus, ī, *m.* (διχόρειος), der **Doppelchorēus** = der **Doppeltrochäus** (διτρόχαιος), Cic. or. 212 *sq.* Augustin. de music. 4, 11, 12.

dichotomēna, atis, *n.* (διχοτόμηνα), das **Durchschnittene,** die **Hälfte,** Hieron. de vir. ill. 57.

dichotomos (διχότομος), **halb geteilt** (rein lat. dimidiatus), luna, Firm. math. 4. p. 25, 5 (*ed. Basil.* 1551) u. (griech.) bei Macr. somn. Scip.: 1, 6, 54.

dichronus, a, um (δίχρονος), **doppelzeitig** (= kurz u. lang), vocales, Ter. Maur. 1306. Serg. de litt. 476, 24. Max. Victor. 219, 26 K. Pompei. comm. 106, 9 K.

dicibilis, e (2. dico) = λεκτός, ῥητός (Gloss.), **sagbar, aussprechbar,** Augustin. de dial. 5. p. 8 Cr.; serm. 188, 22.

dicibula, s. dicābula.

dicimōnium, iī, *n.* (2. dico), die **Rederei,** als archaist. Ausdr. angef. bei Varro LL. 6, 61 (nach Müllers Vermutung).

dicio (ditio), ōnis, *f.* (zu dīco, eig. Recht, zu sprechen od. zu befehlen), die **Macht und Gewalt** eines Herrn über andere, die **Botmäßigkeit, Gerichtsbarkeit,** esse in dicione alcis, Cic.: sub illorum dicione atque imperio esse, Caes.: esse vetustae Rhodiorum dicionis, Liv.: facere dicionis suae, Romanae, alienae, Liv.: se regnumque dicioni eius permittere, Vell.: onmes gentes, nationes, provincias, regna X virûm dicioni iudicio potestati permittere et condonare, Cic.: gentem suam dicioni nostrae subicere, Tac.: redigere bellicosissimas gentes in dicionem huius imperii, Cic.: redigere omnes eas civitates in dicionem potestatemque populi Romani, Cic.: urbes multas sub imperium populi Romani dicionemque subiungere, Cic.: rem Nolanam in ius dicionemque dare Poeno, Liv.: quorum omnium ius in dicionem tuam venit, deren aller Rechte auf den Thron nun in dir vereinigt sind, Lampr.: scherzh., aures meas profecto dedo in dicionem tuam, ich bin ganz Ohr, Plaut. mil. 954.

dicis, *Genet.* (v. ungebr. Nom. dix, v. dīco, wie lux v. lugere, lex v. legere) in der Verbindung: dicis causā od. dicis gratiā, **sozusagen, zum Schein, nur der Form halber** od. **wegen, formell,** Varro LL. 6, 61 u. 95. Cic. Verr. 4, 54 u. ad Att. 1, 18, 5. Nep. Att. 8, 5. – ► dicis ergo = dicis causā, Charis. 93, 27.

1. dico, āvī, ātum, āre (*Intens.* v. dīco, ere), **I** **laut-, feierlich verkündigen,** dass etwas sein werde, pugnam, Lucil. 1081 (wo synk. Plusquam-Perf. dicasset). – **II** **weihen,** **A** als *t. t.* der Religionsspr. **1** etw. feierlich einer Gottheit zusprechen, **widmen, weihen,** Iovi Elicio aram in Aventino, Liv.: Capitolium, templum Iovis O. M., Liv.: alci (Iovi) donum, Cic.: Veneri carmen, Plin. – cygni non sine causa Apollini dicati, geheiligt, Cic. – **2** eine Person feierlich **zur Gottheit erheben, weihen,** Ianus geminus a Numa dicatus, Plin.: ille inter numina dicatus Augustus, Tac. – **B** übtr.: **1** jmdm. etw. **widmen, weihen,** operam alci, Ter.: studium suum alcis laudi, Cic.: totum diem alci, Cic. – Insbes.: **a** jmdm. eine Schrift **zueignen, dedizieren,** Plin. u. Quint. – **b** se alci, jmdm. **sich widmen, sich hingeben,** se Crasso, Cic.: se alci in clientelam, Caes.: se civitati od. in civitatem, in einen Staat sich als Bürger aufnehmen lassen, -sich einbürgern, Cic. Balb. 28 u. 30. – **2** etwas durch den ersten Gebrauch gleichs. **einweihen,** illā acie nova signa novamque aquilam, Tac. hist. 5, 16.

2. dīco, dīxī, dictum, ere (indogerm. **deik*, zeigen, altlat. deico, altind. *diçáti*, griech. δείκνυμι), durch Laute od. Worte an den Tag geben, **verlautbaren,** **I** durch Laute = phonetisch **aussprechen,** cum Rho dicere nequiret, Cic.: ut eius artis, cui studeret, primam litteram dicere non posset, Cic. – **II** durch Worte = **sprechen, sagen, vorbringen, vortragen, erwähnen,** **A** im Allg.: dicta, Plaut.: mendacium, Plaut. u. Nep.: illa, quae dixi, jene erwähnten Grundsätze, Cic.: quos supra diximus, Caes.: hoc lex non dicit, sagt das nicht, enthält das nicht in sich, Cic.: volui dicere, ich wollte sagen (wenn man sich selbst korrigiert), Plaut.: Hilarum dico, ich sage (meine) den H., Cic.: u. so eos dico, qui etc., Cic.: hoc dicis, dieses meinst du, Ter.: iis dico litteris, quibus etc., Cic.: non id volui dicere, Plaut.: illud ›stertit‹ volui dicere, Plaut.: dicet aliquis, es könnte einer sagen, Cic.: nihil dico amplius, Cic.: unum illud dico, Cic.: tantum (nur so viel) dico, Cic.: non dico, ich will nicht sagen, Cic.: ne dicam, um nicht zu sagen, crudelem, ne dicam sceleratum, Cic.: dicam, ich darf es sagen (parenthet.), Komik. (s. Brix Plaut. trin. 346): dicam vere, quod sentio, Cic.: quid dico saepe? immo non numquam, Cic.: dico tibi, ich spreche zu dir, ich meine dich (drohend, warnend usw.), Komik. u. Phaedr. (vgl. Brix Plaut. mil. 217 u. Phaedr. 4, 19, 18): ebenso dicimus tibi, Ov.: tibi ego dico annon? willst du mir Rede stehen oder nicht? Ter.: aber ut A. Varius consessori (zu seinem Beisitzer) dicere solebat, Cic.: dicam nunc, lass dir nun sagen, Ov. – ut parcissime dicam, um mich sehr schonend auszudrücken, Quint. – sed dic tamen, aber sag mir doch, *à propos*, Komik. (s. Lorenz Plaut. Pseud. 1293). – nisi quid dicis, wenn du nichts dagegen einzuwenden hast, Cic.: alqd de scripto, vom Blatt vortragen, ablesen, Cic.: causam, seine Sache (als Angeklagter vor Gericht) vortragen, sich gegen die Anklage verantworten, Cic.: dagegen causas in foro, als Anwalt Rechtsfälle verhandeln, Cic.: ius, Recht sprechen, Gericht halten, Cic. (dah. absol., do, dico, addico, s. 1. dō): sententiam (vom Senator), seine Meinung sagen, seine Stimme geben, Cic.: versus in oratione, vorbringen, anbringen, Cic. – quid dicam de patre (in Betreff des V.)? Ter.: u. so quid ego de Cicerone dicam? Cic. (s. Spengel Ter. Andr. 252). – ut dixi, Cic.: ut initio dixi, Cic.: ut ante dixi, ut od. quem ad modum supra dixi, Cic.: ut diximus, Cic.: ut supra diximus, Caes.: ut dictum est, Caes.: uti dictum est, ut ante dictum est, Caes., sicut ante dictum est, Nep. – nunc *de* conclusione dicemus, Cic.: *de* quibus duabus rebus in his libris promiscue dicam, Varro LL. – *de* nostris (verbis) dicam *cur* sint, *de* alienis, *unde* sint, Varro LL. – cum mihi et *pro* me aliquid et *in* Marcum multa dicenda sint, Cic. – m. folg. – *ut* od. *ne* u. Konji., **sagen, ankündigen, befehlen, dass** od. **dass nicht** usw., Cic. u. a. – Im Passiv dicor, diceris, dicitur etc., **man sagt, es geht das Gerücht, man behauptet, dass ich, du, er** usw., **er, sie, es soll,** mit folg. *Nom.* u. *Infin.*, Aesculapius primus vulnus dicitur obligavisse, Cic.: dicitur inventor olivae (*sc.* esse), wird genannt als usw., Cic.: dicor pulsa (esse), Ov.: u. dicitur zuw. m. folg. *Acc.* u. *Infin.*, dicitur eo tempore matrem Pausaniae vixisse, Nep.: anates Ponticas dicitur edundis vulgo venenis victitare, Gell.: quam (partem) Gallos obtinere dictum est (oben gesagt ist), Caes.: ut dicitur, in Zwischensätzen, Cic. Cael. 28. – In der Umgangsspr., dictum ac factum u. bl. dictum factum (ἅμ᾽ ἔπος, ἅμ᾽ ἔργον), **gesagt getan** = **ohne Verzug, eiligst,** Ter. (vgl. Ruhnk. u. Spengel Ter. Andr. 2, 3, 7 = 381. Wagner Ter. heaut. 760): dicto citius (= *citius quam dici potest*), **schneller wie er's sprach, kaum hatte er's gesagt** = **ohne Verzug, im Nu,** Verg., Hor. u. Liv. (vgl. Heindorf Hor. sat. 2, 2, 80). – ante dictus, vorher genannt (erwähnt), Scrib. Larg. 163. Amm. 16, 12, 21 u. 29, 5, 24. – supra dictus, oben genannt (erwähnt), Plin. 32, 80. Quint. 6, 1, 13. Lact. 6, 5, 5. Cael. Aur. chron. 2, 12. § 140 u. 145. – **B** insbes.: **1** (*intr.*) prägn., **reden, eine Rede halten,** Cic.: ars dicendi, Redekunst, Rhetorik, Cic.: dicendo excellere, durch Beredsamkeit, Cic. – bes. vor Gericht verteidigend od. angreifend für jmd. od. etw. **reden,** dicere *pro* reo, Cic.: *contra* alqm *pro* alqo *apud* centumviros, Cic.: acerbe *in* alqm, Cic.: *a* od. *pro* scripto, für den wörtlichen Ausdruck sprechen, ihn verteidigen (Ggstz. contra scriptum dicere), Cic. – qui ante me dixerunt, die Vorredner, Cic.: is, qui dicturus post me erat, der Redner nach mir, Cic. – m. *Dat.* (vor), dicere populo, Sen. contr. 7. praef. § 1. – **2 sagen** = antworten, a quo cum quaesisset, quo se deduci vellet, et ille Athenas dixisset etc., Nep.: a quo cum quaereret Pyrrhus ..., Cineas dixit etc., Eutr. – **3 nennen, benennen, heißen,** orbis, qui κύκλος Graece dicitur, Cic.: quidam, quem dicere nolo nomine, Catull.: est locus Hesperiam Graii cognomine dicunt, Verg.: nam tum eo verbo (*hostis*) peregrinum dicebant, Varro LL.: cum puerum contrario nomine puellae diceremus, ICt.: Pithecusae habitantum nomine dictae, Ov. – m. *Acc.* des Namens, nomen dixere priores Ortygiam, Verg.: cui Ascanium parentes dixere nomen, Liv. – übh. m. dopp. *Acc.* u. im Passiv m. dopp. *Nom.*, tam bellatorem Mars se haut ausit dicere, Plaut.: quem dixere chaos, Ov.: felicem diximus Pirithoum, haben gl. gepriesen, Ov.: equidem me Caesaris militem dici volui, Caes.: lineae, quae cathetoe dicuntur, Vitr.: Meropis filia dici cupiens, Ov. – m. Ang. **von wem?** durch *Adv.* od. durch *ab* od. *de* m. Abl., unde iugum dictum est velut zugon, Diom.: Chaoniam omnem Troiano a Chaone dixit, Verg.: qui nunc Misenus ab illo dicitur, Verg.: caseus a coacto lacte ut coaxeus dictus, Varro LL.: dictae a Pallade terrae, Athen, Ov.: Romanos suo de nomine dicet, Verg.: Turonii vocantur de fluvio, Cato fr.: eaque terra de nomine eius Chanaan dicta est, Lact. – **4 singen,** singend **vortragen, dichten,** versus, carmen, Verg. u. Hor.: modos, Hor.: in modum dicite: ›o Hymenaee Hymen‹, Catull.: carmina in imperatorem, Liv. 39, 7, 3: carmen Christo quasi deo, Plin. ep. 10, 96 (97), 7: hymnum deo, Eccl.: aliquid de Domitio, Suet. Vit. 11, 2: carmina fistulā od. avenā, Hor. u. Calp.: melos tibiā, Hor.: ad tibias dixit, Lampr. Helig. 32, 8. – **5 ernennen, zu** etw. **machen,** dictatorem et magistrum equitum, Cic.: arbitrum bibendi, Hor. – m. dopp. *Acc.*, alqm dictatorem, Caes.: alqm magistrum equitum, Liv.: alqm aedilem, Liv.: alqm tribunum militum, Liv.: alqm collegam, Liv.: alqm deum (zum G.), Ov. – **6** lobend **erwähnen, -nennen, beschreiben, erzählen, besingen,** im Lied **preisen,** alcis facta, amores, Verg.: naturas silvestrium, Plin.: vir dicendus, nennens-, erwähnenswert, Vell. – **7 bestimmen, festsetzen,** eine Zeit **anberaumen** (obwohl urspr. vom mündlichen Mitteilen u. Ankündigen), locum, multam, Liv.: diem (Termin vor Gericht), Cic.: diem nuptiis, Ter.: diem operi, Cic.: iudicem, sich ausbitten, Liv.: legem, Cic.: dictum inter nos fuit, ne etc., verabredet, Ter. – dah. bestimmend **versprechen, zusagen** (s. Nipperd. Nep. Eum. 2, 2), sua bona cognatis, Plaut.: alia legatio dicta erat, alia data est, Cic.: dictae pecuniae, Plaut.: pecuniae Appio dictae, Sall. fr.: bes. dicere dotem, Cic., dotem alci, Varro fr.: u. dotis paululum vicino suo, Afran. fr.: quod dotis (an M.) dixi, Ter.: quidam dictas non accepere dotes, Sen. rhet.: u. doti Valeria pecuniam omnem suam dixerat, Cic.: dictas exige dotis opes, Ov. – **8 vorhersagen,** Tibull., Prop. u. Ov. – **9 bejahen, versichern,** Ggstz. negare, Ter. eun. 251. Cic. ep. 3, 8, 5: m. folg. *Acc.* u. *Infin.*, quem esse negas, eundem esse dico, Cic. Tusc. 1, 12. – ▶ arch. deico, Plaut. Poen. 474. CIL 1, 1007: deicat, Plaut. Men. 243. – Perf. deixi, CIL 1, 1007. v. 1 u. 8: deixsistis, CIL 1, 201, 5: deixserunt, *ibid.* 1, 200, 85 u. 88: deixerit, *ibid.* 197, 23 u. 198, 47: deixserit, *ibid.* 1, 206. col. 2, 34: deixserint, *ibid.* 1, 204. col. 2, 33. – arch. Fut. deices, Plaut. Pseud. 1323. – arch. Imperat. deicunto, CIL 1, 204. col. 2, 4. – arch. Infin. Präs. Akt. deicere, *ibid.* 1, 198, 32 u. Pass. deici, *ibid.* 1, 205. col. 2, 28. – arch. Abl. Gerund. deicundo, *ibid.* 1, 198, 31; 1, 1184 u. ö. – arch. dice = dic, Plaut. capt. 359; merc. 159; rud. 124 u. ö.; vgl. Quint. 1, 6, 21; aber auch = dicam (Fut.), Cato nach Paul. ex Fest. 72, 6. – dicem = dicam (Fut.), Cato nach Quint. 1, 7, 23. – Synk. Perf.-Formen, dixti = dixisti, Plaut. asin. 823; capt. 155 u. ö. Ter. Andr. 518 u. ö. Cic. de fin. 2, 10; de nat. deor. 3, 23; Caecin. 82. Ov. her. 11, 59. Quint. 9, 3, 22. Mart. 4, 61, 4. CIL 1, 1449: dixis = dixeris, Plaut. asin. 839; aul. 744; capt. 149; mil. 283: Vidul. fr. V, 28 Stud.: dixem = dixissem, Carm. de fig. 65: dixe = dixisse, Plaut. Amph. fr. XI; Poen. 961. Varro sat. Men. 284. Arnob. 5, 1. Auson. sept. sap. 1 (lud.), 7 u. 4 (Cleob.), 8. – Futur. dicebo, Nov. com. 8: dicebit, Vict. Vit. 3, 36. – Parag. Infin. Präs. Pass. dicier, Plaut. Bacch. 396; cist. 83; Curc. 479; Stich. 167. Cic. Arat. 33. Vatin. ep. in Cic. ep. 5, 9, 1. Pers. 1, 28. Carm. de ponder. 20. Prud. perist. 11, 86. Aenigm. vet. bei Gell. 12, 6, 2. Caper de orth. (VII) 102, 10. – Abl. Sing. Partiz. Präs. auch dicenti, Liv. 6, 14, 13. Vict. Vit. 1, 44. – Genet. Plur. Partiz. Präs. synk. dicentum, Ov. met. 10, 657.

dicrota, ae, *f.* (δίκροτος), *sc.* navis, die **zweiruderige Galeere,** der **Zweiruderer,** Auct. b. Alex. 47, 2. – u. dass. **dicrotum,** ī, *n.* (δίκροτον), *sc.* navigium, Cic. ad Att. 5, 11, 4 u. 16, 4, 4.

Dicta, ae, *f.* u. **Dictē,** ēs. *f.* (Δίκτη), ein Berg auf Kreta, auf dem nach dem Mythos Jupiter in einer Grotte heimlich geboren u. erzogen wurde, Plin. 24, 164. – Dav. **Dictaeus,** a, um (Δικταῖος), **diktäisch,** poet. für **kretisch,** Verg.: Dictaeae astra coronae, *i.e. Ariadnaeae* (s. Ariadna), Claud.: rex, d. i. Minos, Ov. met. 8, 43, u. Jupiter, Verg. georg. 2, 536 (wie D. Iuppiter, Min. Fel. 21, 2): arundo, pennae, der als Bogenschützen berühmten Kretenser, Sil.

dictābolāria, ōrum, *n.* (dictum), **beißende Witze,** Laber, bei Fronto de orat. p. 156, 5 N.

dictamnum, ī, *n.* u. **dictamnus,** ī, *f.* (δίκταμνον u. -ος), **Diptam,** ein Kraut, das die Kraft haben soll, Pfeile herauszuziehen, nach dem Berg Dikte aus Kreta ben. (*Origanum Dictamnum,* L.), Plin. 8, 97; 25, 92 *sqq.;* 26, 79. Ladewig Verg. Aen. 12, 412. Val. Max. 1, 8. ext. 18. Solin. 19, 15: Form *-us,* Cic. de nat. deor. 2, 126.

dictāta, ōrum, *n.* (dicto), **a** vom Lehrer den Schülern zum Auswendiglernen diktierte **Lehrsätze, Regeln, Vorschriften, Diktate,** aufgegebene **Lektion** (vgl. Schmid Hor. ep. 1, 1, 55), orationem meam in illum tamquam dictata perdiscere (v. Knaben), Cic.: iisdem de rebus semper quasi dictata decantare, Cic.: haec dictata recinere, Hor. – **b** die zugerufenen **Regeln, Kommandos,** bei den Fechtübungen, Varro LL. 6, 61. Suet. Caes. 26, 3. Tert. ad. mart. 1: Thraex, qui et ipse ad dictata pugnavit, ein schulmäßig gebildeter, Petron. 45, 12. – beim Tranchieren, Iuven. 5, 122.

dictātio, ōnis, *f.* (dicto), das **Diktieren,** Augustin. epist. 83 u. a.

dictātiuncula, ae, *f.* (*Demin.* v. dictatio), das **kleine Diktat,** Hieron. adv. Vigil. 3.

dictātor, ōris, *m.* (dicto), **I** der **Befehlshaber, Diktator, a** als höchste Obrigkeit in den latinischen Städten (s. Spart. Hadr. 19, 1), in Lanuvium, Cic. Mil. 27: in Alba, Liv. 1, 23, 4: in Tuskulum, Liv. 3, 18, 2. – **b** in Rom, zunächst der früher magister populi gen. Magistrat, Varro LL. 5, 82. Cic. de rep. 1, 63; de legg. 3, 9 u. 10; de fin. 3, 75; später als außerordentliche Obrigkeit, die nur bei dringenden Umständen, wo die Leitung des Staats Einheit erheischte und die Unterordnung aller übrigen Magistrate nötig schien, von einem Konsul oder von einem, der ähnliche Gewalt hatte, ernannt wurde, die höchste uneingeschränkte Gewalt beim Heer und im ganzen Staat besaß, gleichsam beide Konsuln vorstellte und daher 24 Liktoren vor sich hergehen ließ; ferner sich einen Amtsgehilfen, magister equitum gen., ernannte und, wenn die Absicht, in der man ihn ernannt hatte, erreicht war, dieses Amt niederlegte, bis endlich Sulla und Cäsar es lebenslänglich annahmen, pro dictatore esse, Liv.: dictatorem u. alqm dictatorem dicere, Cic., Caes. u. Liv., facere, Cic., creare, legere, Liv. Außerdem wurden auch Diktatoren zur Besorgung einzelner Geschäfte ernannt, wenn die Konsuln auswärts beschäftigt waren, dicere dictatorem comitiorum habendorum causā, clavi figendi causā, ludorum faciendorum causā, feriarum constituendarum causā, instaurandis feriis Latinis, quaestionibus exercendis, legendo senatui, Liv. – dictator als Beiname von Caesar u. Augustus gebraucht, als unumschränkte Herrscher, s. Aur. Vict. de vir. ill. 78, 10 (v. Cäsar); 79, 7 (v. Augustus). Flor. 2, 34, 65 (v. Augustus). – **II** übtr., die oberste Behörde in Karthago, der **Suffet,** Columm. rostr. im CIL 1, 195. lin. 10. Cato origg. 4. fr. 12 (bei Gell. 10, 24, 7). Liv. 23, 13, 8 zw.: Plur., Frontin. 2, 1, 4.

dictātōrius, a, um, **zum Diktator gehörig, diktatorisch, des Diktators,** gladius, Cic.: animadversio, Vell.: invidia, gegen den D., Liv.: iuvenis, Sohn des Diktators, Liv.

dictātrīx, trīcis, *f.* (Femin. zu dictator), die **Diktatorin,** scherzh. = **Gebieterin,** hic tu eris dictatrix nobis, Plaut. Pers. 770.

dictātūra, ae, *f.* (dictator), **I** die **Diktatur,** das Amt **eines Diktators, a** in Rom, dictaturam gerere, Cic.: dictaturā se abdicare, Caes. u. Liv.: dictaturam abdicare, Liv., abdicatio dictaturae, Liv.: Plur., dictaturae ad tempus sumebantur, Tac. ann. 1, 1. – dictatura auch von der unumschränkten Herrschaft der Kaiser, Eutr. 1, 1, 1. Ampel. 18, 21 u. 29, 3 (wo an beiden Stellen perpetua dictatura). – **b** übtr., von der Behörde zu Karthago, Iustin. 19, 1, 7. – **II** das **Geschäft, den Schülern** *dictata* **zu geben,** dah. der Doppelsinn bei Suet. Caes. 77.

dictāturio, īre (*Desid.* v. dicto), **sagen wollen,** Prisc. 8, 74.

Dictē, ēs, *f.*, s. Dicta.

dictēria, ōrum, *n.* (dictum), **beißende, witzige Einfälle, Sarkasmen,** Pompon. u. Nov. com. nach Macr. sat. 2, 1, 14: dicteria sonare, Varro sat. Men. 352: dicteria dicere in omnes, Mart. 6, 44, 3.

dicticos, on (δεικτικός), **I zum Zeigen geeignet, Zeige-,** digitus, quem Graeci dicticon vocant, Cael. Aur. chron. 5, 1, 21. – **II** insbes. (als rhet. *t. t.*), **zum Hinweisen dienend, hinweisend,** enthymema, Iul. Victor, art. rhet. 11. p. 233, 42 *Orelli.*

dictio, ōnis, *f.* (dīco, ere), **das Sagen, I** im Allg.: **A** das **Sagen, Aussprechen, Vortragen,** der **Vortrag,** sententiae, Cic.: testimonii, das Zeugnisgeben, Ter.: causae, Verantwortung, Verteidigung, Cic. u. Caes.: multae, Bestimmung, Festsetzung, Cic. – **B** meton.: **1** das Gesagte, **a** der **Spruch, Ausspruch** eines Orakels, griech. λόγος, χρησμός, Pacuv. tr. 308. Poeta trag. b. Rhet. Her. 2, 42. Liv. 8, 24, 2. – **b** die **Unterhaltung,** das **Gespräch,** griech. λόγος, Tac. dial. 2, 2. – **2** als gramm. *t. t.* = die besondere **Ausdrucksweise, Wortwendung,** der besondere **Ausdruck,** φράσις, Quint. 1, 5, 2; 9, 1, 17. Gell. 7, 9, 13; 11, 3. § 3: u. einzelne **Redensart,** einzelner **Ausdruck** (= ein Wort), Diom. 422, 18. Prisc. 2, 11. Mar. Victorin. 1, 1, 5. p. 5, 2 K. Apul. de diphth. 29. p. 144 *Osann.* – **II** insbes.: **A** das **Redenhalten,** der **rednerische Vortrag,** dictioni operam dare, Cic. Tusc. 2, 9. – **B** meton.: **1** das Geredete, **a** die **Rede,** der **Vortrag,** dictiones oratoriae, Cic.: dictiones subitae, Reden aus dem Stegreif, Cic.: mediam dictionem fletu eius interrumpi, Sen. contr. exc. 4. praef. § 6. – **b** der **Vortrag** zur Übung (in den Rednerschulen), die **Deklamation** (declamatio), discipulorum dictiones, Quint.: d. extemporales, aus dem Stegreif, Quint. – **2** als rhet. *t. t.* = die besondere Art der Darstellung der Gedanken durch die Rede, die **Diktion,** die **Redeweise,** der **Vortrag,** Attica, Cic. Brut. 51: popularis, Cic. Brut. 165.

dictiōsus, a, um (dictum), **von Witz sprudelnd, satirisch,** angef. bei Varro LL. 6, 61.

dictito, āvī, āre (*Frequ.* v. dicere), **immer und immer- (fort und fort-), immer wieder sagen, immer im Munde führen, oft äußern, fort und fort behaupten, -angeben, -vorgeben** u. dgl., **zu sagen-, zu behaupten** usw. **pflegen, a** im Allg.: ut dictitabat, Caes.: m. allg. *Acc.,* quod levissimi ex Graecis dictitare solent, Liv.: multis ultro citroque dictitatis, Amm.: m. *Acc.* u. *Infin.,* Catilinam Massiliam (nach M.) ire, Cic.: suos omnes agros esse, quos etc., Cic.: se domo patriāque expulsos omnibus necessariis egere rebus, Caes. – m. dopp. *Acc.,* puellas pueras sicut et pueros puellos, zu nennen pflegen, Suet.: alqm sanum recteque valentem, fort u. fort nennen, preisen als usw., Hor.: Octaviam sterilem, ausgeben für, Tac. – im Passiv unpers., male dictitatur tibi vulgo in sermonibus, es gehen böse Reden über dich im Volk, Plaut. trin. 99. – **b** insbes., dict. causas, Rechtshändel zu führen pflegen, den Rechtsanwalt machen, Cic. de or. 2, 56.

dictiuncula, ae, *f.* (*Demin.* v. dictio), das **Wörtchen,** Apul. de diphth. 28. p. 144 *Osann.*

dicto, āvī, ātum, āre (*Intens.* v. dicere), **I wiederholt sagen, -vorsagen, A** zum Nachschreiben, **1 diktieren,** seinem Schreiber, seinen Schülern (zum Nachschreiben u. Auswendiglernen, vgl. dictata), einem Schuldner u. dgl., quod non modo tironi dictare, sed ne ipse quidem auderem scribere, Cic.: u. so d. epistulam, Cic.: versus, Hor. u. Suet.: carmina Livii (v. Lehrer), Hor.: dictantis (des diktierenden Gläubigers, Wucherers), quod tu numquam rescribere possis, Hor. – **2** prägn.: **a** diktierend **verfertigen, anfertigen, aufsetzen** od. **aufsetzen lassen,** testamentum, Suet.: actionem alci, Suet.: dah. übh. **anstellen,** actionem, iudicium, ICt. – **b** als Befehl **diktieren, befehlen, vorschreiben,** Quint.: von abstr. Subjj., alqd ratio dictat, schreibt etw. vor, Plin. u. Quint.: quibus sordet omne, quod natura dictavit, die alles Natürliche anwidert, Quint. – **B** zum Nachsagen usw., **vorsagen, vorbeten,** alci vota, Val. Flacc.: sacramentum, Sil. – **II immer-, beständig sagen, zu sagen pflegen,** Sen. nat. qu. 5, 18, 4. Gell. 4, 1, 2 u. a.

dictoaudientia, ae, *f.* (dicto audiens, s. audio), das **Gehorchen aufs Wort,** der **Gehorsam,** Eccl.

dictor, ōris, *m.* (dicere), der **Sager,** Augustin. de doctr. Chr. 4, 19 u. a.

dictum, ī, *n.* (dictus, a, um), das **Gesagte, Ausgesprochene,** die **Äußerung,** das **Wort, I** im Allg.: dictum amarum, Amm.: dictum sapienti sat est, Ter.: nullum meum dictum, non modo factum, intercessit, quod etc., Cic.: ob dictum capite et fortunā oppugnari, Metell. in Cic. ep.: dicta cum factis componere, Sall.: dicta testium, Aussagen der Zeugen, Cic.: dicto citius, s. 1. citō. – Plur. = *verba, oratio,* z. B. breve aliquod dictum = ἀπόφθεγμα, Gedenkspruch, Cic.: u. so breviter et commode dicta = ἀποφθέγματα, Cic.: facete dicta = ἀποφθέγματα, Cic.: dicta tristia, Klagen, Ov.: dicta non falsa, nicht unwahre Gerüchte, Ov.: haec ubi dicta dedit, als er dies gesagt hatte, Verg. u. Liv. (s. Drak. Liv. 7, 33, 11): edidit talia dicta, ließ sich also vernehmen, Ov.: mutua dicta reddere, sich unterreden, Liv.: dictis alqm compellare, castigare, Verg.: dictis suis differre alqm, durch Schmähungen, Plaut.: iocosa dicta in adversarios iactare, Liv.: probrosis in se dictis arridere, Sen.: istaec dicta dicere, Plaut. trin. 77: multa ego possum docta dicta quamvis facunde loqui, *ibid.* 380: res dicta secuta est, gesagt, getan! Ov. met. 4, 549: u. so nec dicta res morata, Iustin. 2, 2, 13. – so auch dicta poet. = *libri,* Prop. 4, 1, 61. – II insbes.: A der **Spruch, Ausspruch,** die **Sentenz,** 1 übh.: dicta aurea, Lucr.: Catonis est dictum, Cic.: u. eines Orakels, dicta tristia, Verg. – 2 prägn., a das **Witzwort,** der **witzige Einfall,** arcessitum, gesuchter Einfall, -Witz, Cic.: dicta dicere in alqm (wie λόγον λέγειν), Cic.: dico unum ridiculum dictum de dictis melioribus, Plaut. – b das **Schimpfwort,** quae sunt dicta in stulto, caudex, stipes etc., Ter. heaut. 877: dicta in alqm ingerere, Plaut. asin. 927. – B das **Wort,** der **Ausspruch** = der **Befehl,** contra dictum suum, Liv.: dicto parēre, Liv.: dicto audientem esse, s. audio *no.* II, B, a, δ (Bd. I. s. 717): dicta peragere, Ov. – C das gegebene **Wort** = die gegebene **Versicherung,** das **Versprechen,** Nep. Milt. 2, 5: confirmat dictis, Furius bei Macr. sat. 6, 1, 34. – D das **Wort** = die **Beredsamkeit,** nec dicti studiosus quisquam erat ante hunc, Enn. ann. 216.

dicturio, īre (*Desider.* v. dicere), **sagen wollen,** Macr. sat. 2, 3. § 16; 7, 2. § 7.

dictus, Dat. uī, *m.* (dico), die **Rede,** referre carmen carmini, dictum dictui, Aur. Vict. epit. 14, 7. – ► Abl. dictu, Prob. append. 193, 5 K.

Dictynna, ae, *f.* (Δίκτυννα), 1 die Nymphe Britomartis (nach Kallimachos, weil sie, von Minos verfolgt, in die Netze [δίκτυον] sprang, od., nach Strabo, vom Berg Dikte), Ps. Verg. Cir. 304. – II Beiname der Artemis als Jagdgöttin, Ov. met. 2, 441. – Dav.: A **Dictynnaeus mōns** (τὸ Δικτύνναιον), ein Vorgebirge an der nordwestl. Küste der Insel Kreta, wo die Artemis Diktynna einen Tempel hatte, j. *Cap Sparta,* Plin. 4, 60. Solin. 11, 6. – B **Dictynnēum,** ī, *n.* (*Δικτυννεῖον), Tempelort der Artemis Diktynna bei Sparta, Liv. 34, 38, 5.

didascalicus, a, um (διδασκαλικός), **den Unterricht betreffend, didaktisch,** opusculum, Auson. epist. 17. – subst., a didascalicē, ēs, *f.* (διδασκαλική), die **Didaktik,** Diom. 484, 31. Suet. fr. p. 16, 6 R. – b didascalica, ōn u. ōrum, *n.* (διδασκαλικά, vgl. Gell. praef. § 8). **Didaskalien,** ein didaktisches Werk des Attius, szenischen Inhalts, in primo od. in nono didascalicon (od. -corum), im ersten od. im neunten Buch der D., Gramm.: in primo didascalico, im ersten Buch der D., Gell. 3, 11, 4 H.

dīdātim, *Adv.* (dido), **getrennt,** Gloss.

didintrio, īre, Naturlaut des Wiesels, Anthol. Lat. 762, 61 (233, 61).

dīditus, a, um, s. 2. dīdo.

Dīdius, a,um, ein römischer Geschlechtsname, *adi,.* **didisch,** lex, Macr. sat. 2, 13. § 6.

1. **Dīdō,** ūs od. gew. ōnis. *f.* (Διδώ), sonst Elisa oder Elissa gen., Tochter des tyrischen Königs Belus, Gemahlin des Sichäus, floh wegen der Grausamkeit ihres Bruders Pygmalion nach Afrika, baute Karthago u. nahm den Äneas hier auf, Verg. Aen. 1, 299 u. s.: Genet. Didus, Anthol. Lat. 1. *no.* I, 9. p. 2 *Riese.* Cornutus b. Charis. 127, 21 (vgl. Charis. 64, 17): Dat. Dido, Macr. sat. 5, 2, 14 (wo aber wohl Didoni zu schreiben ist): Akk. Dido, Verg. Aen. 4, 383. Vell. 1, 6, 4. Tac. ann. 16, 1. Sil. 8, 230: Didon, Ov. her. 7, 7 u. 131 R.: Didun, Attei. b. Charis. 127, 18. – Genet. Didonis, Iustin. 11, 10, 13. Treb. Poll. XXX tyr. 30, 2. Augustin. conf. 1, 13. Macr. sat. 4, 3, 6. Serv. Verg. Aen. 1, 6 u. a.: Dat. Didoni, Tert. de anim. 33: Akk. Didonem, Treb. Poll. trig. tyr. 27, 1. Augustin. conf. 1, 13. Macr. sat. 4, 3, 6. Serv. Verg. Aen. 1, 37 u. a.: Abl. Didone, Enn. ann. 290. Serv. Verg. Aen. 1, 223.

2. **dīdo,** dīdidī, dīditum, ere (dis u. do), eig. »auseinandertun«, dah. = **verteilen,** a v. Pers., mea bona in morte cognati didam, Plaut.: argentum pro vino congiario inter apparitores atque amicos meos, Cato bei Fronto: dum munia didit, Hor.: u. insbes. = **vertun,** dide ac dissice, Caecil. com. 239. – b v. lebl. Subjj., sensiferos motus quae (natura) didit prima per artus, Lucr. – im Passiv = **sich verbreiten, sich ausbreiten,** cum diditur omnis in artus (cibus), Lucr.: diditur hic subito Troiana per agmina rumor, Verg.: calor diditus, Lucr.: tua terris didita fama, Verg.: didita per provincias fama, Tac. – ► Perf. disdidi, Fronto ad Antonin. imp. 1, 2. p. 100, 16 N. – Parag. Infin. didier, Plaut. merc. 58.

didrachma (didragma), matis, *n.* u. **didrachmum** (didragmum), ī, *n.* (δίδραχμον), eine Münze im Wert von zwei Drachmen, eine **Doppeldrachme,** Eccl.

dī-dūco, dūxī, ductum, ere (dis u. duco), auseinanderziehen, d. i. I **auseinanderdehnen, -sperren, -machen, ausdehnen, aufsperren, weit aufmachen, -öffnen** u. dgl., alcis oculum (v. Arzt usw.), Cels.: rictum, Hor. u. Iuven.: os (*sc.* alci), Plin. u. Suet.: diducit rictu ora (v. einer Pflanze), Solin.: pugnum, Cic.: pedem et crus in diversa, Cels.: labra, Plin. ep.: vestimenta tendiculis diducta, Sen.: did. circinum, Vitr.: fores, Tac.: terram ad capita, dicht um die Wurzeln auflockern, Verg. georg. 2, 354: summam arenam, die oberste Sandschicht wegräumen, Liv. 44, 33, 3 H. u. M. – übtr., diducere animum in tam multiplex officium, ut etc., über eine so vielfache Tätigkeit, dass usw., Quint. 10, 7, 9. – II mit dem Nbbgr. der völligen Trennung, **absondern, trennen,** A im Allg.: 1 **absondern, trennen, teilen, verteilen** u. dgl., a übh.: cibus (a corpore) diducitur, wird (vom Körper) verdaut, Cels.: assem in partes centum, Hor. – b als milit. *t. t.,* a die Reihen, Truppen **auseinandertreten lassen, ausdehnen,** nach beiden Seiten **verteilen,** im Passiv = **auseinander treten, sich auseinanderziehen** (s. Held Caes. b. c. 2, 6, 2. Drak. Liv. 5, 38, 1; 21, 55, 5), suas copias, Caes.: cornua, Liv.: aciem in cornua, Liv.: eos diduci iussit, Tac.: diductis ordinibus, Tac. – b die feindlichen Reihen, Schiffe **trennen,** adversariorum manus, Caes.: diductis nostris paulatim navibus, Caes. – 2 übtr.: oratio rivis diducta est, non fontibus, trennt sich in einzelne Bäche, nicht Quellen, d. i. bildet, obgleich in verschiedene Zweige getrennt, doch ein Ganzes, Cic.: vastius diducuntur verba, werden in der Aussprache zu sehr getrennt (Ggstz. aspere concurrunt), Cic.: diducenda ratio curandi est (*sc.* in plures partes), man muss in ihr einen Unterschied machen, Cels.: in multas cogitationes diductus sum (ich stellte allerlei Betrachtungen an, sann hin u. her), quare aper pilleatus intrasset, Petron. 41, 1. – dem Begriff nach **absondern, unterscheiden,** vocabulum ab appellatione, Quint. – B insbes.: 1 **gewaltsam trennen, auseinander reißen, losreißen,** complexus, Prop.: matrimonium, Suet.: hostem, zerstreuen, Tac.: alqm ab alqo, Cic. u. Ov. – 2 übtr.: animus varietate rerum diductus, zerstreut (im üblen Sinne), Cic.

dīductio, ōnis, *f.* (diduco), I die **Ausdehnung,** Sen. nat. qu. 2, 8, 2 (2, 9, 1). – übtr., die **Fort-, Weiterführung** einer Folgerung, rationis, Cic. de inv. 1, 14. § 18 u. 19. – II die **Trennung,** Sen. nat. qu. 3, 13, 2.

Didyma, ōn, *n.* (Δίδυμα), Ort im Gebiet von Milet, mit einem Heiligtum des Apollo. – Dav. A **Didymaeus,** a, um (Διδυμαῖος), **didymäisch,** Apollo, Plin. 5, 112 u. 6, 49. Macr. sat. 1, 17, 64. – B **Didymēus,** eī, *m.* (Διδυμεύς), der **Didymeer,** Apollo, Mela 1, 17, 1 (1. § 86). – u. dav. **Didymēon,** ēī, *n.* (Διδυμεῖον), das Heiligtum des Apollo von Didyma, das **Didymeum,** Curt. 7, 5 (23), 28.

Didymae, ārum, *f.* (Δίδυμαι, Zwillinge), zwei kleine Inseln neben Syros, Ov. met. 7, 469.

diēcula, ae, *f.* (*Demin.* v. dies, s. Ps. Ascon. I. Verr.. § 6. p. 128, 19 B.), eine **kurze (kleine) Frist, ein paar Stunden,** aber auch eine **hübsche Frist,** Ter. Andr. 710. Apul. met. 1, 10; 6, 16 *extr.;* 7, 26 *extr.* Serv. Verg. Aen. 2, 324: Plur., Plaut. Pseud. 502. – insbes., die **Zahlungsfrist,** dieculam ducere (hinziehen), Cic. ad Att. 5, 21, 13.

diē quintī, s. diēs ►.

dierēctus, a, um (dis u. erigo) = erectus et expansus, **hoch aufgerichtet und ausgespannt, a** von Sklaven, die ans Kreuz geschlagen sind (vgl. Lindem. Plaut. capt. 3, 4, 103. p. 62), nur in der Verbindung abi dierectus od. abin hinc dierecte od. (zu einer Frau) i dierecta, etwa: **geh zum Henker!** Plaut. – **b** v. Lebl.: lien dierectus est, Plaut. Curc. 240. – apage in dierectum a domo nostra istam insanitatem, zum Henker fort von unserem Haus mit dieser usw., Varro sat. Men. 133.

diēs, ēi, *c.* (doch bei Cic. als *fem.* nur vom Termin u. Zeitraum u. wenn es das Datum des Briefes), im Plur. nur *masc.* (vgl. indogerm. **di̯ēus* zu *dei̯eu̯o*, leuchtend, u. altind. divá, am Tage), der **Tag, I** im Allg.: **1** eig.: dies antemeridianus, postmeridianus, Sen.: dies fastus, nefastus, dies festus, profestus, feriatus, s. 1. fāstus usw.: dies laetitiae destinatus, Iustin.: dies foedus, Iustin.: dies lunares, Varro: dies dedicationis, Plin. ep.: comitiorum dies, Liv.: plurium dierum hiems (Sturm), Plin. ep.: quinque dierum disputationes, Cic.: dies nullus erat Antii cum essem, quo die non scirem, Cic.: perpotare totos dies, Cic.: disputatio hesterni et hodierni diei, Cic.: ludorum Romanorum secundo die, Liv.: extremo ludorum scaenicorum die, Cic.: primo imperii die, Suet.: hesterno, hodierno, crastino die, Cic.: hodierno et crastino die, Liv.: ante hodiernum diem, Cic.: ad hunc diem anni, bis heutigentags, Gell. – postero die, Cic., posterā die, Sall.: in posterum diem, Caes. – diem de die, Liv., od. diem ex die, Caes. u. Cic., einen Tag nach dem anderen, Tag für Tag. – in dies, von Tag zu Tag, täglich, Caes., Cic., Liv. u. a. – cotidie aut potius in dies singulos (von Tag zu Tag), Cic. – in diem, s. 1. in *no.* I, B, 2. – ad diem, auf den Tag, ad certam diem, zu dem bestimmten Tag, Caes. (s. Schneider Caes. b. G. 2, 5, 1). – multo die, hoch-, spät am Tage, Caes.: ad multum diem, Cic., od. ad multum diei, Liv., bis spät am Tage, spät in den Tag hinein: de die, am (hellen) Tage, Plaut. u. a. – bis in die (des Tages), Cic.: u. so in die deciens, deni, Plaut.: ebenso bis die (des Tages), Cels.: quinquies, saepius die, Plin. – die et (od. ac) nocte, einen Tag u. eine Nacht, Cic. u. Plin.: so nocte dieque, Ov. – noctes et dies, noctes diesque, et dies et noctes, dies noctesque u. (mehr poet.) diesque noctesque, Tag u. Nacht, Cic. (vgl. Madvig Cic. de fin. 1, 16, 51), u. so diem noctemque, Nep., diem noctem, Cic. u. Liv.: noctesque et dies, Ter.: diebus ac noctibus, Plin. pan., noctibus atque diebus, Sen., noctibus diebusque, Ps. Quint. decl. – omni die, Gell.: omnibus tricenis diebus, Plin. – paucis diebus, paucis ante od. post diebus, s. paucus. – **2** meton.: **a** wie unser Tag, für die Ereignisse, Geschäfte des Tages, diei poenas dare, Cic.: in disponendo die, bei der Einteilung des Tages, Suet.: ut possint sole reducto exercere diem (Tagewerk), Verg. – **b** = das **Tageslicht,** Verg., Plin. u. Plin. ep.: übtr., **Tageslicht** od. **Leben,** videre diem, das Licht der Welt erblicken, Ov.: diem proicere, Stat. – **c** die **Witterung** des Tages, dies mitis, tranquillus, Plin. – **d** die **Tagereise,** dierum plus triginta in longitudinem patēre, Liv. – **3** personif., Dies, der Gott des Tages, Cic. de nat. deor. 3, 44. – **II** prägn.: **A** ein bestimmter, festgesetzter Tag, der **Termin, Zahlungstermin,** die **Verfallzeit,** die **Frist, 1** im Allg.: dies operis, CIL 1, 577, 3, 13: dies solutionis, Zahlungstag, -termin, Verfallzeit, Ulp. dig. 2, 13, 1. § 2: u. so dies solvendi, Iavol. dig. 17, 1, 51: dies solvendae pecuniae, Tryph. dig. 3, 5, 38. Amm. 18, 5, 2: dies praestandae pecuniae, Papin. dig. 5, 1, 41: u. bl. dies pecuniae, Cic. ad Att. 10, 5, 3. Liv. 34, 6, 13. CIL 1, 577, 3, 13: Plur., dies pecuniarum, Col. 1, 7, 2: dies iudicii, Gerichtstag, Liv.: dies annua, Jahresfrist (zur Bezahlung), Cic.: in diem emere, Cic.: diem praestituere od. dicere, Cic.: diem statuere ante quam, einen Termin, eine Frist bestimmen, bis zu w., Sall.: alci dare diem, Frist geben, Plin. ep. 3, 9, 32: prodicere diem, den Termin verlängern, Liv.: aliquot dies proferre, Ter.: nuptiis prodere dies, Ter.: diem ex die ducere, den Termin von einem Tag zum anderen hinziehen, -hinausschieben, Caes.: diem perexiguam postulavi, Cic.: diem obire (abwarten), Cic.: alios non solvere, aliorum diem (Termin der Zahlung) nondum esse, Cic. – **2** insbes.: **a** der **Geburtstag** (gew. vollst. dies natalis, Cic., od. natalicius, Mart.), dies meus, Cic. ad Att. 13, 42, 2 (vgl. unten *no.* d). – **b** der **Todestag,** obire diem supremum, Nep., od. diem suum, Sulp. in Cic. ep., od. diem, Nep., od. diem fungi, Iustin., d. i. sterben: dies suus admonet omnes, Val. Flacc. – **c** der **Tag des Verhängnisses, -des Untergangs,** diem proferet Ilio, Hor. carm. 1, 15, 33. – **d** der **Fiebertag,** dies tuus, Cic. ad Att. 7, 8, 2; 9, 2 *in.*; 9, 4, 3 (vgl. oben *no.* a). – **e** das **Datum des Briefes,** z. B. earum (epistularum) in altera dies erat ascripta Nonarum Aprilium, in altera, quae mihi recentior videbatur, dies non erat, Cic. ep. 3, 11, 1: habet diem epistula, hat ein D., ist datiert, Paulin. vit. S. Ambros. 49. – **B** die **Zeit** (als Reihe der Veränderungen endlicher Dinge), quod est dies allatura, Cic.: dies levat luctum, Cic.: negat summo bono afferre incrementum diem, Cic.: dies tempusque leniturum iras, Liv. – ► Archaist. Genet.-Formen dies, Ven. Fort. vita S. Mart. 4, 100: die, Plaut. Men. 1156 (die septimi) u. most. 881 (die crastini). Cato origg. 4. fr. 12 (die quinti). Coel. Antip. 2. fr. 25 (die quinti; vgl. Gell. 10, 24). Sall. Iug. 52, 3; 97, 3. Verg. georg. 1, 208. Auson. app. II (de rosis). p. 244, 6 Schenkl: dii, Verg. Aen. 1, 636; vgl. Gell. 9, 14, 4. Prisc. 7, 93. – alter Dativ die, Plaut. Amph. 276 u. 546 a. Sisenn. u. Sall. nach Cynthius in Verg. Aen. 1, 636 (in Class. auct. *ed. Mai* 7, 359).

diesis, eos, Akk. in, Abl. i, *f.* (δίεσις), als *t. t.* der Musik, **a** in der älteren Musik = ἡμιτόνιον, ein **Halbton,** Chalcid. Tim. 45. – **b** in der späteren Musik = ein **Viertelston,** Vitr. 5, 4, 3 (auch im Plur.). Boëth. inst. mus. 1, 21 u. ö. Vgl. (für *no.* a u. b) Macr. somn. Scip. 2, 1, 23.

Diēspiter, pitris, *m.* (umbrisch = Δίς πατήρ), andere Form von Iuppiter, Varro LL. 5, 66. Plaut. capt. 909. Hor. carm. 3, 2, 29. Arnob. 2, 70; 4, 20; 5, 3 u. 20: v. Pluto, Lact. 1, 14, 5. – ► Genet. Diespitris, CIL 11, 3259; Diespitri, Arnob. 2, 70 R.: Dat. Diespitri u. Akk. Diespitrem, Varro LL. 9, 75 u. 77. Macr. sat. 1, 15, 14. Vgl. übh. Prisc. 6, 39. – Nbf. **Dīspiter**, Varro LL. 5, 66. Paul. ex Fest. 115, 4.

diēta, ae, *f.*, s. diaeta.

dietēris, ridis, *f.* (διετηρίς), ein **Zeitraum von zwei Jahren,** Censor. 18, 2.

diezeugmenos, on (διεζευγμένος, ον), **getrennt, geschieden,** als *t. t.* der Musik, diezeugmena, ōn, *n. pl.* (griech. τετράχορδα διεζευγμένα), zwei Tetrachorde, die gleich gestimmt sind, in der Mitte keinen gemeinschaftlichen Ton haben u. also die Skala geben (vgl. nete u. trite), Vitr. 5, 4, 5.

difāriam, *Adv.*, **zwiefach** = διχῶς, Gloss. III, 445, 46. Vgl. bifariam.

diffāmātio, ōnis, *f.* (diffamo), die **Bekanntmachung, Ausbreitung,** Augustin. de civ. dei 3, 31.

diffāmātus, a, um, s. dif-fāmo.

dif-fāmo, āvī, ātum, āre (dis u. fama), **unter die Leute bringen, I** im üblen Sinne, etwas **ruchbar machen,** jmd. **verschreien, verlästern, verunglimpfen, verleumden,** adulterium, Ov.: prava, üble Gerüchte verbreiten, Tac.: alqm procacibus scriptis, Tac.: alqm probris, Apul.: homo quispiam turpitudine pristinae vitae diffamatissimus (höchst verschrien, verrufen), Gell. 18, 3, 3. – diffamat (er verbreitet das üble Gerücht) m. folg. *Acc.* u. *Infin.*, Apul. met. 4, 10. – **II** im guten Sinne, **a** übh.: sermonem, Vulg. Marc. 1, 45. – **b preisen, feiern,** deus diffamatur, Augustin. de mor. ecl. 14: diffamatā et praevalescente religione Christianā, Augustin. de civ. dei 2, 21: venator studiis popularibus diffamatus, Augustin. conf. 4, 14.

diffarreātio, ōnis, *f.*, die **förmliche Trennung der Ehe,** die durch die confarreatio (s. d.) geschlossen war, Paul. ex Fest. 74, 13. CIL 10, 6662 (wo Plur., Ggstz. confarreationes).

dif-fatīgo, āre = defatigo, Plaut. Epid. 118 *Goetz.*

differēns, entis, s. dif-fero.

differenter, *Adv.* (differens), **mit Unterschied, unterschieden,** Solin. praef. § 4.

differentia, ae, *f.* (differo), **I** der **Unterschied,** die **Verschiedenheit** (Ggstz. consonantia, Gell. 13, 21 [20], 5), Cic. u. a.: Plur., Sen. ep. 94, 35. Gell. 1, 3, 29. Apul. apol. 38. – **II** insbes., die **Spezies** (Ggstz. genus), Cic. top. 31. Gell. 4, 1, 10: Plur., Gell. 4, 1, 9.

differitās, ātis, *f.* (differo) = differentia, der **Unterschied,** Lucr. 4, 634. Arnob. 2, 16. – als rhet. Fig. = ἀλλοίωσις, Carm. de fig. 19. p. 64 H.

dif-fero, dis-tulī, dī-lātum, dif-ferre (dis u. fero), **I** *tr.*: **A auseinandertragen, nach verschiedenen Seiten tragen, 1** eig.: ego te faciam ut formicae frustillatim differant, Plaut.: arbores, d. i. aus der Baumschule, wo sie dicht aneinanderstanden, herausnehmen und weitläufiger setzen, verpflanzen, Plin.: ulmos in versum, setzen, pflanzen, Verg.: ignem, verbreiten, Caes.: palpebras digitis, auseinander machen, Cael. Aur. chron. 1, 4, 74. – **2** übtr.: **a** durch die Rede, **α ausbreiten, verbreiten, überall bekannt machen,** cum de me ista foris sermonibus differs, Lucil. 1015: rumores, Ter. u. Nep.: rumorem, Liv.: diff. celerem rumorem od. diff. sermonibus m. folg. *Acc.* u. *Infin.*, Nep. u. Liv.: fama distulit m. folg. *Acc.* u. *Infin.*, Suet.: rumore ab obtrectatoribus dilato quasi eundem necasset, Suet. – dah. **β** etw. od. jmd. **ins Gerede bringen, austragen, verschreien,** alqm turpi famā, Acc. fr.: alqm variis rumoribus, Tac.: alqm circum omnes alias puellas, jmd. in üblen Ruf bei den Mädchen bringen, Prop.: aeternā differor invidiā, Prop. – **b** der Zeit nach **aufschieben, verschieben, verzögern, hinhalten,** tempus, Frist geben, Cic.: bellum, Liv.: contionem, Liv.: iudicium centumvirale, Plin. ep.: profectionem, triumphum, Suet.: stipendia militum protrahere et diff., die Zahlung des S. hinziehen u. verschieben, Suet.: rem in aliud tempus, Caes.: alqd post bellum, Liv.: alqm in tempus aliud, verweisen, vertrösten, Cic.: u. so alqm in septimum diem, Suet.: alqm per frustrationem, hinhalten, Liv.: alqm in spem tandem aliquando impetrandi honoris, Liv.: legatos ad novos magistratus, vertrösten auf usw., Liv.: legationes Tarraconem, die Audienz der G. bis auf seine Ankunft in T., Liv.: u. bl. alqm, hinhalten, verweisen, vertrösten, Suet. u. Tac. (s. Heräus Tac. hist. 2, 71, 10): differre se, sich nicht fördern, säumen, Ov.: diff. alqm, donec etc., nicht verurteilen, bis usw., Tac.: nihil diff., quin m. Konj., Liv. u. Suet. – m. *Acc.* u. *Gerund.*, totum (Esaiam) talem arbitrans distuli repetendum exercitatior in dominico eloquio, Augustin. conf. 9, 5. – m. *Infin.*, quaerere distuli, Hor.: differo de factis eius dicere, Lact.: nec differret obsides ab Arretinis accipere, Liv. – absol., differens, cunctans et differens, Liv.: diff. diem de die, Liv.: consul differendum negat, behauptet, man dürfe nicht weiter säumen, Liv. – **B** mit dem Nbbgr: des Gewaltsamen: **1** eig.: **a zerstreuen, zerreißen, zerteilen,** insepulta membra different lupi, Hor.: v. Lebl., classem vis venti distulit, Hor.: aquilo differt nubila, Verg.: castra in plano sita vi fluminis differebantur, wurde auseinandergerissen, Tac. – **b entfernen, fortschaffen, fortjagen,** dilato Mithridate, Flor.: Dacia summota atque dilata est, Flor. – **2** übtr., differri alqā re, fast vergehen vor usw., doloribus, Ter.: laetitiā, Plaut.: amore, cupidine alcis, Plaut.: desiderio, Turpil. fr. – u. differre alqm, jmd. in Verwirrung setzen, verblüffen, Ter.: alqm dictis suis, Plaut., vgl. Ruhnken u. Spengel Ter. Andr. 2, 4, 5 (408). – **II** (ohne Perf. u. Supin.) *intr.*, **sich unterscheiden, verschieden sein,** inter se, Caes. u. Cic.: ab alqo u. ab alqa re, Caes. u. Cic.: cum alqa re, Cic.: alci rei, Hor. u. Lact. (s. Bünem. Lact. 1, 8, 3): aliquid differt, es ist ein gewisser Unterschied, Cic.: nihil differt inter deum et deum, es ist kein Unterschied, Cic.: tolli enim quod maxime inter deos atque homines differt, dann sei der gewaltige Unterschied zwischen G. u. Menschen aufgehoben, Gell. – quid differt ne (enklit.) ... an, Hor. sat. 2, 3, 166: nec quicquam differre, utrumne ... an, Hor. sat. 2, 3, 251. – dah. differens, **verschieden, abweichend, unähnlich,** genera, Cic.: causae, Cic.: *Compar.* in Vulg. Hebr. 1, 4. – subst., differēns, entis, *n.*, die **Verschiedenheit, Abweichung** (Ggstz. proprium), Quint. – ► Parag. Infin. differrier, Lucr. 1, 1088. – Konj. Plusquamperf. in der Tmesis, disque tulissent, Plaut. trin. 833.

differtus, a, um (dis u. farcio), nach allen Seiten hin **vollgestopft, vollgepfropft, wimmelnd** von usw., m. *Abl.*, provincia d. praefectis atque exactoribus, Caes.: forum Appi d. nautis, Hor.: corpus d. odoribus, Tac.: non satiatus modo caedendis civibus, sed differtus quoque, Sen. rhet. – m. *Genet.*, est enim leporum d. puer ac facetiarum, Catull., 12, 9 *sq.* – absol., differtum forum populusque, poet. = forum differtum populo, Hor. ep. 1, 6, 59.

dif-fībulo, āre, **aufhefteln,** torto chlamydem auro, Stat. Theb. 6, 570; flexibilium laminarum vincula, Sidon. epist. 3, 3, 5.

difficile, *Adv.*, s. difficilis a. E.

difficilis, e, *Adi.* m. *Compar.* u. *Superl.* (dis u. facilis), **schwer, mit Schwierigkeiten verbunden, schwierig, beschwerlich** (Ggstz. facilis), **I** eig.: res, Ter.: haud diff. ex propinquo in tanta corpora ictus, Liv.: quae facilia ex difficillimis animi magnitudo redegerat, Caes.: diff. urina, Harnbeschwerde, Plin.: venter, Hartleibigkeit, Plin. – v. Örtl., **schwer zu passieren, schwierig, beschwerlich, gefährlich,** via, Plaut.: iter, Sall.: aditus, ascensus, Caes.: palus, Caes.: locus, Sall.: transitus, Caes. – v. wissenschaftl. Untersuchungen usw., **schwierig, verwickelt,** res obscurae et difficiles, Cic.: contortae res et saepe difficiles, Cic.: difficiles explicatus habere, Cic.: o quam *difficilis* est ignorantibus veritas, et *facilis* scientibus, Lact. 2, 5, 16. – v. Lagen in der Zeit = **misslich, gefährlich,** tempus anni difficillimum, Cic.: difficili rei publicae tempore, Cic.: difficillimis temporibus, Cic. – m. 2. *Supin.*, difficile dictu, Cic., intellectu, Nep.: perceptu difficilia, Gell.: difficillima tractatu, Rhet. Her. – m. *ad* u. Akk., difficile ad fidem, Liv.: difficilius ad eloquendum, Cic. – difficile est m. *Infin.*, quoi verba dare difficile est, Ter.: est difficile confundere, Cic.: non fuisse difficile cavere, Caes.: in omni re difficillimum est formam exponere optimi, Cic.: loqui facile est, praestare *difficile*, Lact. 4, 23, 8. – difficile est m. folg. *ut* u. Konj., difficile est, ut mihi de absente credas, Plin. ep. 4, 15, 7 (u. so *ibid.* 7, 17, 6): difficile est, ut praeter vespertinam γνώμην quicquam agi possit, Fronto ep. ad Caes. 5, 59 (74). p. 93, 2 N. – subst., difficilius, difficiliora, das Schwierigere (Ggstz. facilius, faciliora), Quint. 5, 10, 90 *sqq.*: dah. in difficili est, es ist schwer, Liv. 3, 65, 11: u. non ex difficili causa petenda subest, nicht schwer zu suchende, Ov. fast. 5, 350. – **II** übtr., von Charakter u. Benehmen **schwierig, schwer zu behandeln** od. **zu befriedigen,** von dem, mit dem schwer auszukommen ist, **krittelig, unleidlich, leicht empfindlich, grämlich, griesgrämig, ärgerlich,** v. Frauen **spröde** (griech. χαλεπός, δυσξύμβολος); hingegen morosus von dem, der seinen eigenen Kopf aufsetzt, eigenwillig, eigensinnig, nörgelig, launisch, dah. verb. difficilis et morosus, Cic. u. a. (s. Fritzsche Hor. sat. 2, 5, 90): puella nimis facilis difficilisque nimis, Mart.: diff. senex, Ter.: equus, Sil.: diff in alqm, z. B. parens in liberos diff., Cic.: diff. alci, Liv., Hor. u. Ov., od. precibus alcis, Ov.: (homo) difficillimā naturā (Naturell), Nep.: diff. bilis, Hor. – m. 2. *Supin.*, manus (Schar) moderatu difficilis, Liv. 4, 27, 9: difficilis aditu, Sidon. epist. 8, 11, 4. – Dav. *Adv.*, **a** *Posit.*: **α** seltene u. viell. erst nachaug. Form **difficile**, Vell., Cels. u. a. – **β** seltene Form **difficiliter**, Cic. Acad. 2, 50. Vitr. 1, 5, 2. Cels. 5, 18, 17. Col. 5, 3, 1 u. ö. Gaius 3, 219. Lact. de mort. pers. 9, 7. – **γ** gew. Form **difficulter**, Varro, Caes. u. a. – **b** *Compar.*, **difficilius**, Caes. u. a. – u. *Superl.* **difficillimē**, Cic. u. a.

difficiliter, *Adv.*, s. difficilis a. E.

difficul = Adj. difficile, Varro sat. Men. 46.

difficultās, ātis, *f.* (difficilis), **I** die **Schwierigkeit,** Cic. u. a. (auch im Plur.): verb. diff. et labor, Quint.: difficultatem habere, Cic.: magnam haec res Caesari difficultatem *ad* consilium capiendum afferebat, si ... *ne* etc., Caes. b. G. 7, 10, 1: so m. folg. *ne* u. Konj., erat in magnis Caesaris difficultatibus res, *ne* (es möchte) maiorem aestatis partem flumine impediretur, Caes. b. G. 7, 35, 1. – m. folg. *Infin.*, veras (gemmas) a falsis discernere magna difficultas (est), Plin. 37, 197. – Insbes.: **a** die **Schwierigkeit,** etwas zu schaffen od. sich worin zu helfen, die **Not,** der **Mangel,** bes. der **Geldmangel,** die **Geldnot,** Cic.: u. die **Schuldennot,** Cic.: pecuniaria, nummaria, Cic.: domestica, drückende Lage, drückende Umstände, Cic.: rei nummariae, Cic.: rei frumentariae, Caes.: rerum, schwierige Lage, Umstände, Sall. – **b** die **Beschwerlichkeit, Beschwerde,** Caes.: corporis, Cels. – **II** übtr., das **grämliche, unleidliche Benehmen,** die **Pedanterie,** Cic. Mur. 19. – ► Genet. Plur. auch difficultatium, Liv. 9, 31, 14. Gell. 14, 2, 3.

difficulter, *Adv.*, s. difficilis a. E.

diffidēns, entis, *PAdi.* (v. diffido), **misstrauisch** (Ggstz. confidens), Plaut., Sall. u. a.

diffidenter, *Adv.* (diffidens), **mit Misstrauen gegen sich, ängstlich,** altera timide et d. attingere, Cic. Clu. 1: d. agere, Liv. 32, 21, 8: d. incedere et trepide, Amm. 26, 7, 13: *Compar.*, multo timidius ac diffidentius bella Pontica ingressus, Iustin. 38, 7, 4.

diffidentia, ae, *f.* (diffido), der **Mangel an Vertrauen** auf die eigenen Kräfte, auf den Erfolg usw., das **Misstrauen,** der **Mangel an Selbstvertrauen** (Ggstz. confidentia), Cic.: d. copiarum, in usw., Suet.: rei (in od. auf Erfolg), Sall.: vigilias ipse circumire, non tam diffidentiā (aus M.) futura, quae imperavisset, quam uti etc., Sall.

dif-fīdo, fīsus sum, ere (dis u. fido), einer Person od. Sache **nicht recht trauen, misstrauen,** gegen sie **misstrauisch sein,** an dem Erfolg einer Bemühung **zweifeln,** an etw. **verzweifeln** (Ggstz. confido), mit *Dat.*, veteri exercitui, Sall.: sibi, Cic. u. Plin. ep.: sibi patriaeque, Sall.: ei loco, Caes.: voluntati alcis, Cic. u. Caes.: vitae, Sall.: saluti (an der Rettung), Caes.: suis rebus (an seiner Lage), Caes. u. Curt.: virtuti militum, Sall.: viribus suis, Liv.: huic sententiae, Cic.: unpers., cur M. Valerio non diffideretur, Liv. – m. *Abl.* (auf Grund einer Sache), cum ingenio eius, tum occasione, Suet. Caes. 3. – m. *de* (in Betreff) u. Abl., de belli eventu, Eutr. 3, 18. – m. folg. *Acc.* u. *Infin.*, rem posse confici diffido, Cic.: septimo die diffidens de numero dierum Caesarem fidem servaturum, Caes.: quem manu superari posse diffidebant, Nep. – mit *ne* u. Konj., Lucr. 5, 978. – absol., iacet, diffidit, abiecit hastas, Cic.: valde diffidere boni coeperunt, da sank der Mut der G. gewaltig, Cic.

dif-findo, fidī, fissum, ere (dis u. findo), **zerspalten,** spaltend **zerteilen,** **I** eig. saxum, Cic. – **II** übtr.: **A** im Allg., portas muneribus, durch Bestechungen eröffnen, Hor.: his et huiuscemodi suadelis validum addebat cuneum, qui rigentem prorsus servi tenacitatem violenter diffinderet, brechen sollte, Apul. met. 9, 18. – equidem nihil hinc diffindere possum, ich kann nichts von dem (was du gesagt) abspalten (abzwacken, abhandeln) = ich muss deiner Meinung völlig beipflichten, Hor. sat. 2, 1, 79 (andere lesen diffingere, s. d.). – **B** insbes., eine Zeit zerteilen, **a** übh.: diem somno, Mittagsruhe halten, Varro r. r. 1, 2, 5. – **b** als gerichtl. *t. t.*, diem, den Gerichtsakt unterbrechend auf einen anderen Tag verschieben, aufschieben, Liv. 9, 38, 15. Gell. 14, 2, 11.

dif-fingo, finxī, fictum, ere (dis u. fingo), **umbilden,** ferrum incude, umschmieden, Hor. carm. 1, 35, 39. – bildl. = umändern, Hor. carm. 3, 29, 47; sat. 2, 1, 79.

dif-fīnio, īre, Variante von definio, s. d.

diffīnītio, ōnis, *f.* (diffinio), spätere Nbf. von definitio (s. d.), z. B. Symm. epist. 10, 46 u. 49.

dif-firmo, āre, **schwächen** = **zerstreuen,** Augustin. epist. 13, 1.

diffissio, ōnis, *f.* (diffindo), die Zerspaltung, dah. übtr., als gerichtl. *t. t.*, der **Aufschub des Gerichtsaktes** auf einen anderen Tag, diffissiones dierum, Gell. 14, 2, 1.

dif-fiteor, ērī (dis u. fateor), eine Tatsache **in Abrede stellen** (Ggstz. fateor), Planc. in Cic. ep. 10, 8, 4. Ov. am. 3, 14, 28: m. dopp. *Acc.*, quem fateare bonum, diffiteare parem, Auson. Caes. 14, 4. p. 117, 5 Schenkl: diff. se Christianos, Min. Fel. 28, 5.

difflammātio, ōnis, *f.* = *deflagratio*, Gloss. IV, 438, 26.

difflātus, Abl. ū, *m.* (difflo), der **Gegenwind,** naves ventorum difflatu iactari assuetae, Amm. 15, 11, 18.

difflētus, a, um (dis u. fleo), **verweint,** oculi, Apul. met. 1, 6.

dif-flo, āvī, ātum, āre (dis u. flo), **zerblasen, voneinander blasen,** legiones alcis spiritu, Plaut. mil. 17: pars difflatur vento, Lucil. 666: diffl. nubila od. pulverem (v. Wind), Auson. ephem. 7, 35. p. 9, 13 Schenkl. Prud. ham. 587: im Bild, difflantibus procellis (polit. Stürme) rem publicam, Amm. 25, 9, 7: quod omnes (vos) superi difflaverint, Iul. Val. 1, 49 (44). p. 60, 21 K.

diffluentia, ae, *f.* (diffluo), das **Zerfließen,** übtr., Plur., diffluentiae libidinis, Ausschweifungen, Augustin. serm. 9, 15.

dif-fluo, flūxī, flūxum, ere (dis u. fluo), **I** in mehrere Teile **auseinanderfließen,** fließend **sich ausbreiten,** quassatis undique vasis diffluere umorem, Lucr. 3, 435: quoad (oleum) exundante copiā superne diffluеret, Sulp. Sev. dial. 2 (3), 3. § 3: u. im Bild, quasi extra ripas diffluens, Cic. Brut. 316. – übtr., cernere erat qui libri quantaque volumina quot linguarum opera ex ore virginis diffluebant, Mart. Cap. 2. § 136: quod efficiatur aptum (periodisch) illud, quod fuerit ante diffluens ac solutum, gleichs. auseinandergeflossen u. lose gewesen ist, Cic. or. 233. – **II** gleichs. in seinen Teilen auseinander fließen, **zerfließen, sich auflösen, A** von Pers., von etw, **triefen,** sudore, Phaedr. u. Plin. – übtr., otio, gleichs. im Müßiggang sich auflösen, sich ihm ganz ergeben haben, Cic.: luxuriā, sehr schwelgerisch, in Saus u. Braus leben, ausschweifen, Cic.: divitiis, Sen.: risu, vor Lachen vergehen wollen, Apul. – unpers., die noctuque ludatur, bibatur, vomatur, diffluatur (werde ausgeschweift), Augustin. de civ. dei 2, 20. – **B** v. Lebl., **zerstieben, in ein Nichts verschwinden,** diffluit acervus (papaveris), Lucr.: diffluxisse iecur, Liv.: diffluunt iuga montium, Sen. – übtr., ubi per socordiam vires, tempus, ingenium diffluxere, Sall.: sed ubi (vita) per luxum et neglegentiam diffluit, Sen.: mendacium per se corruptum vanescit ac diffluit, Lact.: nolo in aliud horae diffluant, quas etc., Augustin. conf. 11, 2.

diffluus, a, um (diffluo), **zerfließend,** Matt. bei Macr. sat. 3, 16, 5.

dif-fluvio, āre (dis u. fluvius, vgl. quadrifluvium), gleichs. in zwei Stromarme **zerteilen, zerspalten,** vitem, Col. arb. 7, 5.

diffors, fortis (dis u. fors), oratio, v. der Rede, in der man zwar eine Handlung als geschehen zugibt, sie aber als erlaubt darzustellen sucht, Iul. Victor. art. rhet. 3. § 3 u. 5.

dif-fringo, frēgī, frāctum, ere (dis u. frango), **zerbrechen, zerschlagen, zerschmettern,** lumbos, Plaut.: crura aut cervices alci, Plaut.: caput ei testatim, Iuvent. com. fr.: ei caput hoc patibulo, Titin. fr.: cum colossici Apollinis in fano basis vetustate esset diffracta, Vitr. – außerdem Partiz., z. B. axe diffracto, gubernaculo diffracto, Suet.: diffractis posticis, Amm.: costā diffractā, Amm.: u. v. Pers., repentinā ruinā deiecti diffractique vel obruti, Amm. 20, 7, 13.

dif-fugio, fūgī, fugitum, ere (dis u. fugio), **auseinander-, hier- und dahin fliehen, auseinanderstieben, zerstieben, sich zerstreuen,** **I** eig.: metu perterriti repente diffugimus, Cic.: quia sui diffugerant, Suet. – v. Lebl., diffugiunt stellae, Ov.: diffugēre nives, Hor. – **II** übtr., **sich zerstreuen, -verteilen,** vox una diffugit in multas aures, Lucr. 4, 564.

diffugium, iī, *n.* (diffugio), das **Auseinanderstieben,** proximorum diffugia, Tac. hist. 1, 39.

dif-fulguro, āre (dis u. fulguro), **umblitzen,** Sidon. carm. 11, 20.

dif-fulmino, āre (dis u. fulmino), **wie ein Blitz zerstreuen** und **zerschmettern,** Sil. 5, 276.

dif-fundito, āre (dis u. fundito), **nach allen Seiten-, überallhin gießen,** dah. übtr.: **I vertun, verschwenden,** Plaut. merc. 58. – **II verbreiten,** Amm.: ubique sese diffunditans, Amm.

dif-fundo, fūdī, fūsum, ere (dis u. fundo), **gießend verbreiten, ausgießen, ausströmen lassen,** refl. diff. se od. Passiv diffundi medial = **sich ergießen, ausströmen,** **I** eig.: **A** im engeren Sinne, Füssiges, vina, auf mehrere Gefäße, Hor., Col. u. a.: vinum de doliis, de seriis, Col.: vinum in amphoras, in cados, ICt.: freta, Ov.: liquidum ambrosiae odorem, Verg.: diffundendo quae continuerant (den Inhalt), Frontin.: venena in alqm (v. einer Schlange), Ov.: animam in arma cruore, das Leben mit quellendem Blut auf die Rüstung verströmen, Verg. Aen. 10, 908. – refl. u. medial, medicamentum in venas se diffundit, Curt.: nisi eadem (aqua) se admixto calore liquefacta et dilapsa diffunderet, zerflösse, Cic.: sanguis per venas in omne corpus diffunditur, Cic. – v. Gewässern, quā diffunditur (mare), Mela: inde diffusus (fons), Curt.: mare Caspium in tres sinus diffunditur, Mela: unda Scamandri, quae passim rapido diffunditur Hellesponto (in den r. H.), Catull.: lacus longe lateque diffusus, Mela: quattuor in latitudinem stadia diffusum (flumen), Curt. – **B** im weiteren Sinne, Nicht-Flüssiges **verbreiten, ausbreiten, zerstreuen,** Passiv diffundi oft medial = **sich verbreiten, sich ausbreiten,** aliae enim radices angustius diffunduntur, ut cupressi, aliae latius, ut platani, Varro: ab eius (cornus) summo sicut palmae ramique late diffunduntur,

Caes.: luce diffusā toto caelo, Cic.: tumor frigore anni contrahitur, calore diffunditur, Cels. – in omne latus diffusa flamma, Ov.: vis mali abiit late diffusa per artus, Ov. – dare comam diffundere ventis, Verg.: diffusis (mit aufgelösten) errare capillis, Ov.: Venus diffusa sinus, mit am Busen aufgelöstem Gewand, Val. Flacc. – v. Örtl., modo occurrentibus silvis via *coartatur,* modo latissimis pratis *diffunditur* et *patescit,* Plin. ep. 2, 17, 3: diffunditur mare latissimum iterumque contrahitur, Mart. Cap. 6. § 606. – **II** übtr.: **A** im Allg.: mollis inertia cum tantam diffuderit imis oblivionem sensibus, Hor. – Claudia nunc a quo diffunditur (sich ausbreitet, sich verzweigt) et tribus et gens per Latium, Verg.: u. so inde doctrina se diffudit per omnes Graeciae partes, Augustin. serm. 150, 2. – di vim suam longe lateque diffundunt, Cic.: u. so error longe lateque diffusus, Cic.: Cn. Pompei sic late longeque diffusa laus, ut etc., Cic. – bella et paces longum d. in aevum, Hor.: ut prope in immensum diffundatur oratio mea, Plin. pan.: in tantum se licentiam difusisse (so!) pretiorum, Edict. Diocl. praef. p. 4. § 20 M. – **B** insbes., **zerstreuen, 1** = **erheitern, aufheitern** (Ggstz. contrahere), d. animos munere Bacchi, Ov.: d. vultum, Ov. – Passiv (wie διαχεῖσθαι) v. der Pers., Iuppiter diffusus nectare, Ov.: ut bonis amici quasi diffundantur et incommodis contrahantur, dass man durch das Glück des Freundes sich (sein Herz) erweitert u. durch seine Unannehmlichkeiten beengt fühlt, Cic. – **2 zerstreuen** = **Lust machen** dem usw., iram flendo, Ov.: dolorem suum flendo, Ov. – ► Ungew. Infin. Perf. difusisse, Edict. Diocl. praef. p. 4. § 20 M. (= CIL III, 2. p. 825. § 20).

diffūsē, *Adv.* (diffusus), **I zerstreut, nicht im Zusammenhang,** Cic. de inv. 1, 98. – **II ausführlich,** latius (weitläufiger) et diffusius dicere alqd, Cic. Tusc. 3, 22.

diffūsilis, e (diffundo), **sich leicht verbreitend,** aether, Lucr. 5, 467.

diffūsio, ōnis, *f.* (diffundo), **I** das **Auseinanderfließen, Sich-Ausbreiten,** maris diff., Mart. Cap. 6. § 661. Heges. 4, 27. – im weiteren Sinne = die **Ausdehnung, Ausbreitung,** tecti, Boëth. ad Cic. topic. § 24. p. 309, 32 B.: terrarum, Oros. 1, 2, 47: meridiana, Oros. 5, 2, 3. – **II** übtr., das Aufgeheitertsein, die **Aufheiterung, Heiterkeit,** animi, Sen. de vit. beat. 4, 5 H.: voluptatum diff., wollüstige Erheiterungen, Arnob. 7, 4.

diffūsor, ōris, *m.* (diffundo), der **Abzapfer** vom Fass, diff. olearius, der Ölverzapfer, CIL 2, 1481.

diffūsus, a, um, *PAdi.* m. *Compar.* (v. diffundo), **ausgebreitet, sich weit erstreckend, ausgedehnt, weit, I** eig.: platanus diffusa ramis, Cic.: lata et diffusa planities, Plin. ep.: si latior scaena et corona diffusior, Plin. ep. – glans iligna suem facit angustam (schmal), querna diffusam (breitwanstig), Plin. – **II** übtr.: ius civile, quod nunc diffusum (ausgedehnt, weitläufig, -schweifig) et dissipatum esset, in certa genera coacturum, Cic.: rusticationis magna et diffusa materia, Col.: diffusum vocis genus, der gedehnte Ton (Ggstz. contractum, der gepresste), Cic.: opus diffusum, Plin. ep.; u. übtr., v. Schriftstst., Dionysius per multa diffusus volumina, Col. 1, 1, 10. – imperatoris non aliud amplius ac diffusius (weitverzweigteres, umfassenderes) meritum est, quam quod etc., Plin. pan. 53, 3.

diffutūtus, a, um (dis u. futuo), **durch häufigen Beischlaf geschwächt,** mentula, Catull. 29, 13 (Haupt defututus, w. vgl.).

digamia, ae, *f.* (διγαμία), das **zweimalige Heiraten,** die **Bigamie,** Eccl.

digamma, *n. indecl.* (δίγαμμα) u. **digamma,** ae, *f.* u. **digammon,** ī, *n.* (δίγαμμον, *sc.* στοιχεῖον) u. **digammos,** ī, *f.* (mit u. ohne littera), **I** das äolische **Doppelgamma** (ϝ), das man den Vokalen besonders vorsetzte, oft bei Gramm., vollst. Aeolicum digamma, Quint. u. a. Gramm. – Der Kaiser Klaudius wollte es statt des V einführen, aber umgekehrt, wie: serⅎus = servus, Quint. 1, 7, 27; vgl. Tac. ann. 11, 14. – **II** scherzhaft (meton.) = **Zinsbuch,** wegen der Aufschrift *Fenus,* das mit einem Digamma anfängt, tuum digamma videram, Cic. ad Att. 9, 9, 4.

digamus, a, um (δίγαμος), **der zum zweiten Mal heiratet, -geheiratet hat,** Eccl.

Dīgentia, ae, *f.*, ein klarer, kühler Bach im Sabinischen, der aus den Bandusiaquellen am Lukretilis entspringt, das ustische Tal, in dem des Horaz Villa lag, durchschlängelt u. sich beim jetzigen Vicovaro in den Anio ergießt, j. *Licenza,* Hor. ep. 1, 18, 104 (vgl. Obbarius Hor. ep. 1, 16, 12).

dīgeriēs, ēī, *f.* (digero), **I** die **Einteilung, Ordnung,** Macr. sat. 1. praef. § 7 (wo in quandam digeriem concoqui) u. 1, 16. § 38. – **II** die **Verdauung,** Cod. Theod. 14, 4, 4. § 2.

dī-gero, gessī, gestum, ere (dis u. gero), **I auseinandertragen, zerteilen, verteilen, A** eig.: **1** im Allg.: **a auseinandertreiben, -jagen, zerteilen,** interdum (insulae) iunctae copulataeque et continenti similes sunt, interdum discordantibus ventis digeruntur, Plin. ep. 8, 20, 6: nubes, in quas coit et ex quibus solvitur (aër), modo congregantur, modo digeruntur, numquam immotae iacent, Sen. nat. qu. 7, 22, 1: continuorum (dentium) qui digerunt (zerteilen, zerlegen) cibum lati et acuti, qui conficiunt (zermalmen) duplices, Plin. 11, 160: corpora dum solvit tabes et digerit (auflöst) artus, Lucan. 6, 88. – **b** nach verschiedenen Seiten **verteilen, α** v. Pers.: pulverem in catinos, Plin. 12, 68: uvam siccatam sole in pastillos, Plin. 12, 131 (vgl. 27, 118). – **β** v. lebl. Subjj.: qui (transitus) conceptum vaporem salubri temperamento huc illuc digerit (verbreitet) et ministrat, Plin. ep. 2, 17, 9: umor per ventrem digeritur, Veget. mul. 1, 14, 5: itemque per quas (actiones) eadem haec (cibus potioque) in omnes membrorum partes digeruntur, Cels. 1. praef. p. 4, 12 D.: stercoris pars in prata digerenda, Col. 11, 2, 19. – **2** insbes.: **a** als *t. t.* des Gartenbaues, Pflanzen **auseinanderpflanzen, verpflanzen, verteilen,** asparagum, Cato r. r. 161, 3: quo mox digesta feratur (seges), Verg. georg. 2, 267: vacuos si sit digesta per agros (arbor), Verg. georg. 2, 54. – **b** als mediz. *t. t.*, **α wegschaffen, zerteilen, beseitigen,** einen Krankheitsstoff **vertreiben,** materiam, Cels.: umorem (die kranken Säfte), Cels.: ad digerenda quae coëunt (die Ansammlungen), Cels.: v. Pflanzen, lentitiam pituitae, Plin.: cruditates, Plin. – **β** eine Speise **verdauen,** cibum, Cels. 1. praef. p. 8, 20 D. Quint. 11, 2, 35: cibos mansos, Quint. 10, 1, 19: nec patiebatur alimenta per somnum quietemque aequaliter digeri, Sen. contr. 1. praef. § 17: materia, quae naturaliter digeritur, Cels. 3, 4. p. 78, 8 D.: eo caelo (Klima), quod magis digerit, die Verdauung fördert, Cels. 3, 4. p. 80, 1 D. – **γ** aus dem Körper zerteilend **abführen,** den Körper **öffnen, reinigen,** si corpus astrictum est, digerendum esse; si profluvio laborat, continendum, Cels. 1. praef. p. 10, 1 D.: quoniam corpus ista (lux) quoque digerit, Cels. 3, 4. p. 79, 11 D. – **δ** jmd. (einen Kranken) gleichs. zersetzen = **entkräften, schwächen,** nimis od. minus dig. aegrum, Cels. 2, 15. p. 61, 6 D. u. 7, 26. p. 312, 30 D.: sudore digeri, Cels. praef. p. 11, 25 D. – **c abteilen, ordnen, sondern, sortieren,** capillos, Ov. am. 1, 7, 11: flexos ordine capillos, Mart. 3, 63, 3: murram, Plin. 12, 68: linum, Plin. 19, 18.

B übtr.: **1** im Allg.: **a zerteilen, teilen,** septem digestus in cornua Nilus, Ov. met. 9, 774: in canes totidem trunco digestus ab uno Cerberos, Ov. her. 9, 93. – **b verteilen,** Crete centum digesta per urbes, das hundertstädtige, Ov. her. 10, 67: commentaria per genera usus sui, Plin. 29, 15: mea per longos mala annos, Ov. ex Pont. 1, 4, 9: novem volucres in belli annos, Ov. met. 12, 21: poenam in omnes, Ov. met. 14, 469. – **2** insbes.: **a abteilen, einteilen, teilen,** populum Romanum in partes, Flor.: populum in partes, Ov.: totum in partes tempus, Manil.: annum in totidem species, Tac.: commentarios in libros, Quint.: ius civile in genera, Cic.: illa generatim, Cic. – **b abteilen, ordnen,** accepti tabulas omnes, Cic.: bibliothecam, Suet.: rem publicam bene, Cic.: inordinata, Quint.: quaestiones, anordnen, Quint.: argumenta in digitos, an den F. herzählen, Quint.: res in ordinem (nach der Reihenfolge), Quint.: carmina in numerum (nach der Z.), Verg.: senes orbos in litteram (nach dem Alphabet), Sen. ep.: so auch amnium in litteram digesta nomina, alphabetisch geordnet, Vib. Sequ.: per partes tamen et digesta (gleichsam nach Fächern geordnet), Plin. ep. – **c der Reihe nach-, in gehöriger Ordnung eintragen, buchen,** nomina in codicem accepti et expensi, Cic. Rosc. com. 9: Claudium in litteras, den K. gleichs. buchen, sein Leben sorgfältig beschreiben, Treb. Poll. Claud. 1, 1 P. – **d** der Reihe u. Ordnung nach etw. vornehmen, **α in gehöriger Ordnung besorgen,** mandata, Cic. ad Q. fr. 2, 12 (14), 3. – **β der Reihe nach deuten, auslegen** (v. Wahrsager), omina, Verg. Aen. 2, 182. – **γ der Zeitfolge nach-,** chronologisch angeben, m. folg. indir. Fragesatz, Liv. 2, 21, 4. – **δ der Zahl nach berechnen, zählen,** qui matris digerit annos (v. dem, dem die Mutter zu lange lebt), Ov. fast. 2, 625: digesta numero cadavera, Val. Max. 1, 8, 5. – **ε** mündlich od. schriftl. **auseinandersetzen, αα** mündlich **besprechen, abmachen,** negotium plene, Amm. 17, 8, 3: rem per secreta colloquia, Amm. 21, 11, 2. – **ββ** schriftlich **aufzählen, darstellen, beschreiben, erwähnen,** reliquos usus eius digeremus, Plin. 29, 37: cuius *super* adventu in Italiam pauca in actibus Commodi principis digessimus per excessum (in einer Abschweifung, Episode), Amm. 22, 9, 6: Mesopotamia digesta, cum bella Parthica dicerentur, Amm. 14, 7, 21: argumentum digestum tumore tragico, Amm. 28, 1, 4: bella charactere historico digesta, Vopisc. Aurel. 1, 6. – **ζ zustande bringen,** pontes caute, anlegen, Amm. 24, 2, 8; 21, 11, 2.

II hier- und dahin tragen, von einem Ort zum anderen schaffen, aegrum gestando, Cels. 4, 14 (7). p. 139, 34 D.

dīgesta, ōrum, *n.* (digestus, a, um), **I** die **Digesten,** als Titel jurist. Schriften, Gell. 6, 5 *in.*: insbes. der **Pandekten,** eines Teils des ius civile, weil darin alles nach Büchern, Titeln und Paragraphen abgeteilt ist, Cod. Iust. 1, 17, 3. – **II** die **Bibel,** Tert. adv. Marc. 4, 3. – u. im Sing. digestum Lucae, das Evangelium Lucā, Tert. adv. Marc. 4, 5.

dīgestibilis, e (digero), **I** aktiv, **die Verdauung befördernd,** oxygarum, Apic. 1, 35: sucus, Cael. Aur. chron. 1, 4, 88. – **II** passiv, **verdaulich,** cibus, Cael. Aur. chron. 1, 5, 159: *Compar.*, avena digestibilior est omnibus leguminibus, Oribas. 1, 35. p. 2, 21 H.

dīgestim, *Adv.* (digero), **geordnet,** Prud. perist. 2, 229.

dīgestio, ōnis, *f.* (digero), die **Verteilung, I** eig., als mediz. *t. t.*, **a** die bloße **Verteilung** der Speise durch den Leib (Ggstz. concoctio), Cels. 1. praef. p. 7, 6 D. u. 2, 14. p. 59, 14 D. – **b** die **Verdauung,** dig. ciborum facilis, Quint. 11, 3, 19: fuit digestionis facillimae, Capit. Ver. 4, 10: si digestio non est insecuta, Solin. 27, 13. – **II** übtr.: **a** als rhet. Fig. = μερισμός, die **Zerlegung** = die Auszählung der einzelnen Punkte, Cic. de or. 3, 205. Quint. 9, 1, 31 u. 9, 2, 2. – **b** die **Anordnung, Einteilung,** Plin. 3, 46. – **c** die **Berechnung,** annorum, Vell. 2, 53, 4.

dīgestor, ōris, *m.* (digero), der **Ordner,** dig. deus, Chalcid. Tim. 295.

dīgestōrius, a, um (digero), **zerteilend, die Verdauung befördernd,** Plin. Val. 2, 8. Th. Prisc. 4. fol. 317ᵃ. Marc. Emp. 20.

dīgestum, s. dīgesta a. E.

1. dīgestus, a, um, *PAdi.* (v. digero), **gut verdaut habend,** homo digestissimus, Marc. Emp. 22.

2. dīgestus, ūs, *m.* (digero), die **Einteilung, Verteilung,** sanctarum opum, die Verwaltung des kaiserl. Schatzes, Stat. silv. 3, 3, 87.

digitābulum, ī, *n.* (digitus) = δακτυλήθρα (Gloss.), der **Fingerhandschuh,** Varro r. r. 1, 55, 1 *cod. P.* Vgl. digitale unter digitalis.

digitālis, e (digitus), **I** zum Finger gehörig, nur subst., digitāle, is, *n.*, der **Fingerhandschuh,** Gloss. II, 49, 30 digitale et digitabulum, δακτυλήθρα. – **II** die Dicke eines Fingers enthaltend, **fingerdick, -stark,** crassitudo, Plin.: foramen, von einem Zoll, Vitr.

digitātus, a, um (digitus), **mit Fingern-, Zehen versehen,** Plin. 11, 256.

digitellum od. **digitillum,** ī, *n.* (*Demin.* v. digitus), **Hauswurz,** Col. 12, 7, 1: Form *-illum,* Plin. 18, 159 u. 25, 160 D.

digitulus, ī, *m.* (*Demin.* v. digitus), **I** der **kleine Finger,** digitulus minimus, Plaut.: dig. Amoris, Varro fr.: digituli duo primores, Plaut.: uno digitulo (mit **einem** F. = sehr leicht) alci forem aperire, Ter.: u. so illi aniculae collum digitulis duobus oblidere, Cic. Scaur. 10: alqd ne digitulis quidem attingere, auch nicht den kleinsten F. nach etw. rühren, Ambros. de viduis 11, 70: ut muliercula digitulos meos ducat, die zärtlichen Finger mir recke, Sen. ep. 66, 53: sprichw., tangat modo digitulo (er rühre uns nur mit dem kleinen Finger an = vergreife sich nur im Geringsten an uns), et ultro exibimus, Hieron. epist. 82, 10. – **II** die **kleine Zehe,** quini digituli, die fünf Krallchen (am Fuß des Papageis), Apul. flor. 12. p. 15, 3 Kr.

digitus, ī, *m.* (wohl aus dicitus zu dīco), »der Zeiger« = der **Finger** an der Hand, die **Zehe** am Fuß, **I** eig.: **A** der **Finger,** digitus pollex, der Daumen, Caes.: d. index, Hor., od. d. gustator, Hieron., od. salutaris, Suet., der Zeigefinger: medius, Quint., od. medianus, Veget. mul., od. infamis, Pers., od. famosus, Schol. Cruq. Hor., od. impudicus, Mart. u. Isid., der Mittelfinger: medicus, Schol. Cruq. Hor., Marc. Emp. u. Isid., od. anularis, Isid., der Goldfinger (an dem man den Ring trägt); u. ders., digitus minimo proximus, Macr.: digitus minimo vicinus, quem et medicinalem vocant, Macr.: dig. minimus, der kleine Finger, Gell.; ders. auch auricularis, weil man mit ihm das Ohr reinigte, Isid.: u. ders. brevissimus dextrae manus digitus, Macr.: digitus minimus, sequens (Goldfinger), summus (Mittelfinger), Inscr. – digitus crepans, Mart.: crepitus digitorum, Mart.: digitorum nervos incīdere, Lampr. – comprimere duos digitos utrimque, Cels.: digitos comprimere pugnumque facere (Ggstz. digitos extendere, digitos diducere et manum dilatare), Cic. – digitum exserere (ausstrecken), Quint. (vgl. unten »sprichw.«): u. so digitos extendere, Cic.: alqd digitis od. tribus digitis comprehendere (fassen), Min. Fel. u. Lact. – concrepare digitis, Plaut. u. Cic., od. digitos, Petron. (s. con-crepo). – caput scalpere digito uno, sich nur mit **einem** F. in den Haaren krauen (um sich die Frisur nicht zu verderben), Asin. Poll. fr. u. a. – alqd digito attingere, nur leicht berühren, Porc. Licin. fr. (vgl. unten »sprichw.«): digito se caelum attigisse putare, fast im Himmel zu sein glauben (= heidenfroh, heilfroh sein), Cic.: digitum intendere ad etc., mit dem Finger zeigen, Cic.: ardenti lucernae digitum admovere, Val. Max.: digitum tollere, den Finger aufheben (beim Bieten in der Auktion, beim Stimmen), Cic. II. Verr.. 1, 141 (aber = sich für besiegt erklären, Sidon. epist. 5, 7, 3): digito (mit Fingeraufheben) liceri, Cic.: pugnare ad digitum, d. i. bis einer von den Fechtern den Finger erhebt u. sich für überwunden hält, Quint. – computare digitis, an den Fingern abzählen, berechnen, Plaut. u. Plin.: numerare per digitos, Ov.: dah. venire ad digitos, ausgerechnet werden, Plin.: novi tuos digitos, deine Geschicklichkeit im Rechnen, Cic.: argumenta digerere in digitos, an den Fingern herzählen, Quint. – digitis loqui, die Fingersprache reden, Ps. Cypr. de spect. 7: digitis nutuque loqui, Ov. trist. 2, 453: nil opus est digitis, per quos arcana loquaris, Ov. art. am. 1, 137. – digito orbem temperare, mit dem Finger der Handpauke harmonische Töne entlocken, oder (wie es dort das Volk nimmt) mit dem Finger, d. i. leicht, ohne Mühe den Erdkreis beherrschen, Suet. Aug. 68. – digito monstrare, demonstrare, s. mōnstro, dē-mōnstro: vos cunctorum digiti notabant, Hieron. epist. 117, 6. – Sprichw., si scis tute, quot hodie habeas digitos in manu (= auch das Geringste weißt), egon dem pignus tecum? Plaut. Pers. 187. – in digitis hodie percoquam quod ceperit = ich halte es für unmöglich, Plaut. rud. 902. – quā digitum proferat non habet, wie sie auch nur einen F. rühren (= das Geringste unternehmen soll), Cic. Caecin. 71. – ne digitum quidem alcis rei causā porrigere, um etwas nicht einmal den Finger ausstrecken (griech. οὐδὲ δάκτυλον προτεῖναι χάριν τινός), Cic. de fin. 3, 57; vgl. Casaub. Pers. 5, 119 (wo digitum exsere [tue das Unbedeutendste], peccas). – alqm digito uno attingere, nur mit **einem** Finger berühren (= sich im Geringsten vergreifen), Plaut. Pers. 793. Ter. eun. 740: u. so bl. digito alqm attingere, Cic. Tusc. 5, 55: u. digito alqm contingere, Cato oratt. 68. fr. 1 (bei Gell. 10, 23, 5): alqm vel digito contingere, Apul. met. 4, 21: alqm digito tenus contingere, *ibid.* 9, 17: u. alqm digito tangere, Plaut. rud. 810. – primoribus labris gustasse hoc genus vitae et extremis, ut dicitur, digitis attigisse = sich nur im Geringsten befasst haben, Cic. Cael. 28. – **B** die **Fußzehe,** die **Zehe, I** eig.: **a** am Menschen, maior digitus, die große F., Cass. Fel. de medic. 52. p. 136, 1 *Rose:* insistere digitis, auf die Z. treten, Ov.: insistere summis digitis, auf die Fußspitzen treten, Cels. u. Sen.: erigi in digitos, auf die Zehen treten, Quint.: summis ambulare digitis, auf den Fußspitzen gehen, Sen.: constitit in digitos arrectus, trat auf die Zehen, Verg.: digitos pedum detundere ad lapides, Apul. – **b** am Vogel, die **Kralle,** Varro u. a. – **c** am Krebs, die **Schere,** ut in litore cancri digitis primoribus stare, Varro sat. Men. 42. – **2** übtr., im Plur. digiti, die **kleinen Zweige** der Äste usw., Plin. – **II** meton.: **A** als Maß, die **Fingerbreite,** der **Finger,** der **Zoll** (nach Frontin. aqu. § 24 der 16. Teil eines röm. Fußes), d. transversus, Querfingerbreite, Querfinger, Cato (s. unten »sprichw.«): digitum pollicem latus, Cato: digitum pollicem (daumenbreit) laxamenti facito, Cato: digiti pollicis crassitudine, Caes.: quattuor patens digitos, Caes.: late digitos primores quattuor, alte digitos primores tres, Vorderfinger, Cato. – als Wassergemäß bei der Verteilung des Wassers aus den Wasserleitungen, s. Frontin. aqu. 24 *sqq.*: u. so ut aquae digitus in domo eius flueret, CIL 10, 4760. – Sprichw., si hercle ex isto loco digitum transvorsum aut unguem latum excesseris, Plaut. aul. 56 *sq.*: ab hac (regula) mihi non licet transversum, ut aiunt, digitum discedere, Cic. Acad. 2, 58. – **B** als *nom. propr.*, Digiti Idaei (Übersetzung von Δάκτυλοι Ἰδαῖοι), Priester der Cybele (s. dactylus *no.* VII), Cic. de nat. deor. 3, 42; vgl. Arnob. 3, 41 u. 43. – ► Genet. Plur. synk. digitûm, Varro de vit. pop. Rom. 1. fr. 1 (bei Charis. 126, 26). Vitr. 7, 1, 6: arch. Abl. Plur. digiteis, CIL 1, 198, 52. – Vgl. Varro sat. Men. 42 (bei Non. 427, 30).

dīgladiābilis, e (digladior), **fechtend,** Prud. cath. 3, 148.

dī-gladior, ātus sum, ārī (dis u. gladius), mit tödlichen Waffen **sich herumschlagen, I** eig.: inter se, Cic. de legg. 3, 20: u. so cruentissimo inter se proelio, Oros. 3, 23, 20. – **II** übtr., vom hitzigen Wortstreit, **sich in den Haaren liegen,** cum alqo, Cic. fr.: cum alqo tot voluminibus, Cic.: inter se de alqa re, Cic.: miserrimum est digladiari semper tum faciendis tum accipiendis iniuriis, Cic.: digladientur illi, per me licet, mögen sie sich immerhin aufs Ärgste anfeinden, Cic.

dīgma, matis, *n.* (δεῖγμα), **a** eine **Probe,** die man vorzeigt, Cod. Theod. 14, 4, 9. – **b** das **Abzeichen** auf dem Schild der Soldaten (rein lat. signum), Veget. mil. 2, 18 *in.*

dignābilis, e (dignor), **wohlwollend, gnädig,** Alcim. Av. ep. 10 u. 72.

dignābiliter, *Adv.* (dignabilis), **gnädig,** Ven. Fort. vit. S. Radeg. 38.

dignāns, antis, (dignor), **gefällig, ehrwürdig,** *Superl.* bei Salv. de gub. dei 1, 1 u. a. Eccl.

dignanter, *Adv.* (dignor), **gefällig, höflich, gnädig,** Vopisc. Tac. 8. § 4. Symm. epist. 5, 63. Ambros. epist. 21, 20. – *Superl.*, Auct. it. Alex. 10 (24)

dignātio, ōnis, *f.* (dignor), **I** aktiv, die **Würdigung, Anerkennung des Wertes (Verdienstes)** einer Person, die **Auszeichnung, Achtung, Gnade,** die man jmdm. zollt, Cic. ad Att. 10, 9, 2 M. Vell. 2, 59, 2. Suet. Cal. 24, 3; Galb. 7, 1. Iustin. 28, 4, 10. – **II** passiv, die durch Verdienst erregte hohe **Meinung, persönliche Achtung, -Hochachtung, Ehre, Gnade, Gunst,** die man bei od. von anderen genießt, der **Rang,** die **Stellung,** die man einnimmt, Sen. contr. 1, 2, 17 u. die Histor. seit Liv. (vgl. Drak. Liv. 2 15, 6. Mützell Curt. 7, 1 [4], 27. Bremi Suet. Cal. 24. Walther Tac. ann. 1, 34. p. 59).

dignē, *Adv.* (dignus), **würdig, entsprechend, nach Würdigkeit,** quam digne (entsprechend) ornata incedit, Plaut.: quis de tali cive satis d. umquam loquetur? Cic.: peccat uter nostrum cruce dignius? Hor.: nemo dignius imperat, Vopisc.: hunc esse rerum omnium praecellentissimum dignissime confitemur, Boëth. – m. folg. *ac* (wie), malim tuo iudicio digne ac mereor (meinen Verdiensten entsprechend) commendatus esse, Cass. in Cic. ep. 12, 13, 1.

dignitās, ātis, *f.* (dignus), **I** das **Würdigsein,** die **Würdigkeit, Tüchtigkeit,** das **Verdienst,** honos dignitate impetratus, Cic.: laudare alqm pro dignitate, Cic.: d. consularis, W. zum Konsulat, Cic.: imperatoria, Würdigkeit oder Befähigung zu einer Feldherrnstelle, Iustin. – **II** meton.: **A** als Folge der inneren Tüchtigkeit, die **Würde, 1** die äußere **Würde,** äußere **Ehre,** die **Achtung,** das **Ansehen,** worin man bei anderen steht, **a** übh., Cic. u. a.: triumphi, durch einen Triumph erworbene, Flor.: vivere pro dignitate, Nep.: neque suae neque populi Romani dignitatis esse, vertrage sich nicht mit usw., Caes.: civitatis dignitatem et decus sustinere, Cic.: Plur., aetate an dignitatibus suis virorumve an sorte lectae sint (mulieres), Liv. 1, 13, 7. – **b** insbes., die **Stellung,** der **Rang,** die **Würde** im bürgerlichen Leben, im Staat, d. equestris, d. regia, Nep.: altus dignitatis gradus, erhabene Stufe der Würde, erhabene Stellung, Cic.: secundum locum dignitatis obtinere, Caes.: alqm ad summam dignitatem perducere, Caes.: dignitati servire, Cic. u. Nep.: est in ipsis (liberis populis) magnus delectus hominum et dignitatum (Würden), Cic. – dah. **c** amtliche **Würde, Ehrenstelle,** Cic. u. a.: Plur. dignitates, Plin. 21, 44. Plin. pan. 61, 2. – u. d) dignitates, Männer von Rang u. Würden, Cic. or. 89. Liv. 22, 40, 4. Quint. 11, 1, 67. – **2** die innere **Ehre,** die **Ehrenhaftigkeit, würdige, ehrenhafte Gesinnung,** innere **Würde** (vgl. Cic. de inv. 2, 166. Cic. ep. 4, 14, 1. Cic. de fin. 3, 1 neben virtus), agere cum dignitate, ehrenhaft, Cic.: dignitatem servare, suam pristinam dignitatem obtinere, seine W. behaupten, Cic.: res non habet dignitatem, verträgt sich nicht mit der Ehre, Cic. – **B** übtr., v. Dingen, die Achtung od. Bewunderung verdienen: **1** das **würdevolle-, imposante Äußere, a** v. menschl. (bes. männl.) Körper u. seinen Teilen, die **würdevolle-, imponierende Schönheit,** die **Würde,** das **Edle,** der **Adel** der Gestalt usw. (vgl. Cic. de off. 1, 130), corporis, Laber. com. fr., Nep. u. Vitr.: formae, Tac. u. Suet.: oris, Plin. pan.: dignitas, quae est in latitudine pectoris, Quint.: pueri magnā praediti dignitate, Cic.: in formis aliis dignitatem esse, aliis venustatem, Cic. – **b** v. Gebäuden u. Örtlichkeiten, das **Eindruckmachende,** die **Pracht, Würde, Ansehnlichkeit, Erhabenheit,** porticus, Cic.: portus, urbis, Nep.: loci, Suet. – **c** v. Ausdruck usw., das **Würdevolle, Eindruckmachende,** orationis, Tac.: verborum, Quint. – **2** der einer Sache inwohnende **Wert,** opsonii, Plaut.: gemmae, auri, Plin.: debita rerum d., Quint.

dignitōsus (dignitossus), a, um (dignitas) = ἀξιωματικός (Gloss.), **ansehnlich,** homo, Petron. 57, 10.

digno, āvī, ātum, āre (dignus), **würdigen,** quis deos dignet, Pacuv. tr. fr.: m. *Abl.*, hunc tanto munere digna, Calv. fr.: aeterno cunctas vario de nomine dignant, Cic. Arat.: m. *Infin.*, Pacuv. u. Acc. tr. fr. – dignari, passiv, res laude dignentur, Cic.: tali honore dignati sunt, Cic.: dignata numina caelo, Manil. 1, 758: m. *Infin.*, Lucr. 5, 51. Sil. 13, 569. Augustin. conf. 3, 12. – ► Parag. Infin. Präs. Pass. dignarier, Lucr. 5, 51.

dignor, ātus sum, ārī (dignus), **I würdigen, für würdig halten,** alqm honore, Verg. u. Suet.: alqm non sermone, non visu, Tac.: m. dopp. *Acc.*, alqm filium, für würdig halten, sein Sohn zu heißen (Ggstz. dedignari), Curt.: alqm virum (Gatten), Ov. – m. *Infin.*, Sen. u. a. – **II für anständig halten, wollen, Belieben tragen,** in der Kaiserzeit = **geruhen,** m. *Infin.*, Catull. 64, 407. Verg. Suet. u. a. – ► Parag. *Infin.* dignarier, Sulpic. sat. 64.

dī-gnōsco od. **dī-nōsco,** nōvī, nōscere (dis u. nosco), etwas an bekannten Merkmalen unterscheidend **erkennen, wahrnehmen, unterscheiden** dign. duas species ellebori in radice, Gell. 17, 15, 4: veri speciem, Pers. 5, 105: secreta, Dict. 4, 18: futura defunctorum animis, Dict. 6, 5: audiunt invicem seque dignoscunt, Lact. 6, 20, 2: geminos inter se similes vix dignoscere posse, Ov. met. 13, 835: ut nemo dinosceret, sie (die Perücke) niemand (vom eigenen Haar) unterscheiden konnte, Suet. Oth. 12, 1. – din. bonum malumque, Sen. ep. 124, 5: suos et alienos (pullos), Col. 8, 5, 7: vera bona atque illis adversa, Iuven. 10, 2. – m. Ang. **womit? wodurch?** (deutsch gew. = an etw.) durch *Abl.*, non haec (vox) minus auribus, quam oculis illa (species) dinoscitur, Quint. 11, 3, 18: quod dinosci non potest, nisi comitatu rerum Alexandri Magni, nur dadurch, dass man den Taten Al. des Gr. Schritt für Schritt folgt, Plin. 6, 40: din. illos his notis, Sen. de brev. vit. 2, 5: sonis homines, aera tinnitu, Quint. 11, 3, 31: alqd sapore, Col. 2, 2, 20: suas voces propriis inter se notis discernere atque dignoscere, Lact. 3, 10, 2: invicem se vocibus dign., Lact. de ira 7, 7: dominum et servum nullis educationis deliciis, Tac. Germ. 20. – od. durch *per* mit Akk., cetera, per quae futura dinoscimus, Apul. de deo Socr. 6. – m. Ang. **von Seiten wessen?** (deutsch = an) durch *ab* mit Abl., alqm a vestitu, Lampr. Alex. Sev. 27, 1. – m. Ang. **wovon?** durch *ab* u. Abl. od. (poet.) durch bl. *Abl.*, vix ut (ea herba) dinosci possit a mastiche vera, Plin. 12, 72: praecipuā tamen differentiā dinoscitur (scincus) a crocodilo, Plin. 28, 119: *unde* igitur dinoscitur et discernitur nomen *a* participio, Charis. 48, 5: non civem hoste (vom F.), Hor. ep. 1, 15, 29: curvo (vom Kr.) rectum, Hor. ep. 2, 2, 44. – m. dopp. *Acc.*, ut (dolium) diligenter aptum usui possis dinoscere, für den Gebr. passend finden, Apul. met. 9, 7. – m. folg. *Acc.* u. *Infin.*, quod aliquoties rei Romanae fuisse dignorat infaustum, Amm. 26, 1, 7 (u. so Cod. Theod. 14, 4, 1): im Passiv m. *Nom.* u. *Infin.*, si (libertus) inopiā laborare dinoscitur, Modest. dig. 2, 4. § 25. – m. folg. Relativsatz od. indir. Fragesatz, cupientes dinoscere, quae apud Graecos actitata essent, Dict. 5, 1: quae unde manaverint aut quā ratione constiterint dinoscere arduum est, Val. Max. 1, 8 *in.*: quae proprie sint instrumenta, propter quae dilatio danda sit, inde dinoscimus, Ulp. dig. 50, 16, 99. § 2: exhibe omnes, ut possim dinoscere, quis sit, Ulp. dig. 39, 4, 3. § 2: dinoscere cautus, quid solidum crepet, Pers. 5, 24: dinosci arduum est, utrum … an etc., Val. Max. 5, 6, 6 (vgl. 6, 8, 5): ut possit dinosci, utrumne … an etc., Pompon. dig. 46, 8, 16 pr.: cupere dinoscere, barbarine Graecine summā rerum potirentur, Dict. 3, 23. – absol., quantum dinoscere erat, Val. Max. 2, 6, 8.

dignus, a, um, *Adi.* m. *Compar.* u. *Superl.* (für *dic-nus zu dīco), durch seine Eigenschaften einer Sache od. Person **würdig, wert,** griech. ἄξιος, **I** = etw. **verdienend,** zu etw. **befähigt, befugt, berechtigt,** v. Pers. u. Lebl., konstr.: **α** m. *Abl.*: laude, Hor. u. Cic.: maioribus suis d., dignissimus, Cic.: dignus es verberibus multis, Plaut.: o hominem mille mortibus dignum! Sen. – v. Lebl., dignitas honesta et cultu et honore et verecundiā digna, Cic.: dignum memoriā, Cic. u. a.: dignum piaculo, Liv. – **β** m. *Genet.*: salutis, Plaut. trin. 1153. – v. Lebl., quidquid putabit dignum esse memoriae, Phaedr. 4, 21 (23), 3 *vulg.*: haec de Gordiano iuniore digna memoratus comperimus, Capit. Gord. 21, 3 P.: omnium reprehensionis dignissimus iudicarer, Sulp. Sev. vit. S. Mart. praef. § 1: Martinum episcopatus esse dignissimum, *ibid.* 9, 3. – **γ** m. *Dat.*: dignus tibi, CIL 8, 9080: haec sunt, quae digna memoratui aestimavimus, Vopisc. Prob. 24, 6. – **δ** m. 2. *Supin.*: flumina memoratu digna, Plin.: dicta memoratu digna, Val. Max.: res dignae memoratu, Val. Max.: nihil dignum memoratu actum, Liv.: digna atque indigna relatu vociferans, Verg.: nihil usquam dictu dignum ausi, Liv.: alia digna miratu, Sen.: alia neque dictu neque auditu digna sunt, Gell.: nobis pleraque digna cognitu obvenere, Tac. – **ε** m. *Acc. pronom. neutr.*: non me censes scire quid dignus siem, Plaut.: di tibi omnes id, quod es dignus, duint, Ter.: si exoptem quantum dignus, tantum dent (di tibi), Plaut. – **ζ** m. folg. Relativsatz: qui modeste paret, videtur qui aliquando imperet dignus esse, Cic.: nec vos digni estis, quos cum tanta gloria in castra reduces silentium ac nox tegat, Liv.: uti videant et investigent, ecqua virgo sit aut mulier digna, quamobrem ipse Lampsaci diutius commoraretur, Cic. – v. Lebl., Livianae fabulae non satis dignae sunt, quae iterum legantur, Cic.: magnum onus, sed dignum, *in quo* omnes nervos aetatis atque industriae contendas, Cic.: dignum est, quod observes, Sen.: dafür auch digna res est, *ubi* (= *in qua*) tu nervos intendas tuos, Ter. – **η** m. folg. *ut* u. Konj.: non sum dignus prae te, ut figam palum in parietem, Plaut. mil. 1140: ut coniunx essem tua, digna videbar, Ov. rem. am. 275: si modo, quos ut socios haberes, dignos duxisti, haud indignos iudicas, quos in fidem receptos tuearis, Liv. 23, 42, 13: eras dignus, ut haberes integram manum, Quint. 8, 5, 12 (u. so m. *ut* auch Quint. 12, 11, 24). – v. Lebl., digna res visa est, ut simulacrum … pingi iuberet, Liv. 24, 16, 19. – **θ** m. folg. *Infin.* (s. Frotscher Quint. 10, 1, 96. p. 87 u. 267): puer cantari dignus, Verg.: dignus alter eligi, alter eligere, Plin. pan.: sed non domus una digna perire fuit, Ov.: ut verbis illum, quibus laudari dignus est, laudem, Sen.: Horatius fere solus legi dignus, Quint.: quae digna legi sint, Hor.: res quasi in quaestionem venire non dignae, Iul. Rufinian. – **ι** m. folg. *Acc.* u. *Infin.*: dignos esse, qui armis cepissent, eorum urbem agrumque Bolanum esse, Liv. 4, 49, 11. – **κ** m. *ad* u. Akk.: amicus, dignus huic ad imitandum, Cic. de rep. 1, 30: quos dignos ad id esse videbat, Lampr. Alex. Sev. 3, 5. – v. Lebl., nihil dignum ad memoriam nominis reliquisset, Dict. 1, 1: quae dignior hora ad scelus indignum? Orest. trag. 586. – **λ** absol. (sodass der Gegenstand, dessen jmd. würdig ist, aus dem Zusammenhang zu ergänzen ist; vgl. Stürenburg Cic. Arch. 6. p. 57. Obbarius Hor. ep. 1, 7, 22): diligere non dignos, Cic.: omnes male a se laudatos esse, dignos indignosque, Liv.: honor dignis paratus, Vell.: dignus imperator, Iustin.: neque Caecinam dignum (*sc.* esse) tantae rei censorem, sei würdig, sich in einer so wichtigen Sache als Richter aufzuwerfen, Tac.: dignior heres, Hor.: interrogatus ab eo, an essent alii digniores, respondit etc., Suet.: quaerunt, quem imperii faciat heredem. Respondet: dignissimum, Iustin. – illud exemplum ab dignis et idoneis (Strafwürdigen u. Straffälligen) ad indignos et non idoneos (Unschuldige u. nicht Straffällige) transfertur, Sall. Cat. 51, 27. – u. nulla contumelia est, quam facit dignus, ein würdiger, ehrenwerter Mann od. (wie es Cicero sarkastisch nimmt) ein strafwürdiger Mann, Anton, bei Cic. Phil. 3, 22.

II übtr., einer Person oder Sache **würdig, wert = entsprechend, angemessen, geziemend, zukommend, verdient,** konstr.: **α** m. *Abl.*: munera dignissima Venere, Plaut.: tibi di dignum factis exitium duint! Ter.: tuis dignum factis feceris, ut amici inter nos simus, Ter.: fuit et fortunā et clementiā Caesaris dignum, *quod* (dass usw.) nemo ex iis, qui contra eum arma tulerant, ab eo iussuve eius interemptus est, Vell. 2, 87, 2: quid docto homine *et* amico dignum fuerit, scio, Cic. ad Att. 7, 18, 3: negotium non est dignum viribus nostris, Cic.: genus scripturae non satis dignum summorum virorum personis, Nep.: nihil negare, quod dono dignum esset, des Verschenkens wert war, lohnte, Sall. – venit tempus serius, quam dignum populo Rom. fuit, Cic. – *neutr. plur.* subst., te digna ut eveniant precor, Plaut. rud. 640: Varro digna illo ac vera de exitu eius ominatus est, Vell. 2, 71, 2. – **β** m. *Genet.*: suscipe curam et cogitationem dignissimam tuae virtutis, Balb. b. Cic. ad Att. 8, 15. litt. A. § 1: adiecisse deos dignum Arsacidarum, Tac. ann. 15, 14: utque probae dignum est, Ov. trist. 4, 3, 57: dignus Alcidae labor, Sen. Herc. fur. 962: hominum dignae conscriptiones (Schriften), Interpr. Iren. 3, 21, 2. – **γ** m. *Dat.*: quod huic maleficio dignum supplicium potest inveniri? Rhet. Her. 4, 12: dignum exitum vitae ac moribus suis habuit, Treb. Poll. Claud. 5, 3: monumentum mihi facias dignum iuventuti meae, CIL 10, 7457. Cic. Verr. 2, 40 libidine. – **δ** m. *pro* u. Abl.: an quicquam pro istis factis dignum te dici potest? Ter. Hec. 209: quidnam pro offensione hominum dignum eloqui possim, Cic. div. in Caec. 42: si digna poena pro factis eorum reperitur, Sall. Cat. 51, 8: quis potis est dignum pollenti pectore carmen condere pro rerum maiestate hisque repertis? Lucr. 5, 1: dignum praestabo me etiam pro laude merentis, Hor. ep., 1, 7, 24. – **ε** m. *erga* u. Akk., memoria erga se dignissima, CIL 3, 1498. – **ζ** m. *ad* (im Vergleich mit od. entsprechend) u. Akk., ad tuam formam illa una dignast, Plaut. mil. 968. – **η** absol., wie ἄξιος u. **würdig = der Sache angemessen, groß-, bedeutend genug, genügend,** qui maeror dignus in tanta calamitate inveniri potest, Cic.: quibus si videretur digna causa, wenn sie genügenden Grund, begründete Ursache fänden, Liv. – praemia digna, Ov.: quid enim minus dignum, quam etc.? Cic. – dignum est (wie ἄξιόν εστιν) = **es ziemt sich,** m. folg. *Infin.*, quibus (auctoribus) dignius credi est, Liv. 8, 26, 6. – od. m. folg. *Acc.* u. *Infin.*, huic homini dignumst divitias esse, et diu vitam dari, Plaut. mil. 723: quid enim minus dignum est, quam peius quicquam videri dedecore, flagitio, turpitudine? Cic. Tusc. 2, 14. – u. dignum (für schicklich) habeo od. arbitror m. folg. *Infin.*, Plaut. merc. 116 u. 131. – u. dignum est m. folg. *ut* u. Konj., dignum esset, ut ex his officinis omnia opera perficerentur, Vitr. 2, 7, 4: non enim dignum fuit, ut quadrigae tyrannorum bono principi miscerentur, Vopisc. Prob. 24, 7. – od. ganz absol., ut dignum est (erat), Ter. u. Liv.: secus quam dignum est, Ter.: rem minus aegre quam dignum erat tulisse, Liv.: u. neque dignum (für schicklich) puto od. arbitror, Plaut. (s. Brix Plaut. trin. 448). – *neutr. pl.* subst., ex mala conscientia digna (verdiente

Strafe) timere, Sall. Iug. 62, 8: digna atque indigna od. (asyndet.) digna indigna (Verschuldetes u. Unverschuldetes) pati, Sen. ad Marc. 10, 6. Verg. Aen. 12, 811: digna atque indigna canere, Val. Flacc. 2, 115. – digna = Würden, haec duo digna regens, Ven. Fort. 10, 19, 4.

dī-gredior, gressus sum, gredī (dis u. gradior), scheidend **hinweg-, weggehen, ab-, fortgehen, sich entfernen, sich trennen, scheiden** (Ggstz. congredi), I eig.: inde, Auct. b. Afr.: ab alqo, Cic.: a mari, Auct. b. Afr.: a colloquio, Caes.: ex eo loco, Caes.: de via in semitam, Plaut.: u. bl. viā, Liv.: domo, Sall.: finibus, castris, Vell.: a marito, sich trennen, Suet.: per aëra, Ov.: sol digreditur ad austrum, Plin. – II übtr., **abgehen, sich entfernen, abschweifen,** a im Allg.: officio, Ter.: de causa, Cic.: a causa, Cic.: nusquam a veritate, Amm. – b in der Rede: digredi ab eo, quod proposueris, Cic.: sed eo, unde huc digressi sumus, revertamur, Cic.: antequam digrediamur a Scythia, Solin.

dīgressio, ōnis, *f.* (digredior), I das **Weggehen, Sich-Trennen, Scheiden** (Ggstz. congressio), Cic. ad Q. fr. 1, 3, 4: Ggstz. conventus, Sen. nat. qu. 7, 12, 4. – II übtr.: a das **Abgehen vom rechten Wege, vom Rechten,** Gell. 1, 3, 14. – b die **Abschweifung** in der Rede, die **Episode,** a proposita oratione, Cic.: ab re, Cic.: absol., bes. als rhet. Fig., Cic. u. Quint.: Plur., Quint. 10, 1, 33.

dīgressus, ūs, *m.* (digredior), I das **Weggehen,** der **Fortgang,** die **Entfernung, Trennung,** das **Scheiden,** die **Abreise** (Ggstz. congressus od. reditus), a leb. Wesen: digressus et discessus, Scheiden u. Meiden (beim Tod), Cic.: digr. Neronis *a* Neapoli, Vell.: prägn., das Scheiden von der Welt, clarus e mundo digr., Amm. 25, 3, 19. – b lebl. Subjj.: digr. (lunae a sole), Ggstz. accessus (lunae) ad solem, Cic. de nat. deor. 2, 50. – II übtr., die **Abschweifung** in der Rede, die **Episode,** Quint. 4, 3, 14: Plur., Quint. 10, 1, 49.

diiambus, ī, *m.* (δίϊαμβος), der **Doppeljambus,** Diom. 481, 3 u.a. Gramm.

Diiovis, is, *m.,* s. Diovis.

dīiūdicātio, ōnis, *f.* (diiudico), die **Entscheidung,** Cic. de legg. 1, 56.

dīiūdicātrīx, trīcis, *f.* (diiudico), die **Entscheiderin,** illa virtus, quae est spectatrix et diiudicatrix omnium rerum, Apul. de dogm. Plat. 2, 6.

dī-iūdico, āvī, ātum, āre (dis u. iudico), urteilend sich für od. gegen eine Sache aussprechen, d. i. I über etwas **ein Urteil fällen,** etwas beurteilend **entscheiden,** inter duas sententias, Cic.: controversiam od. -ias, Cic.: diiudicari non potuit, uter utri virtute anteferendus videretur, Caes.: diiudicatā belli fortunā, Caes.: diiudicatā lite, Hor.: discordiae civium ferro diiudicatae, Vell. – II etwas **unterscheiden,** vera et falsa, Cic.: vera a falsis dii. et distinguere, Cic.

dīiugātio, ōnis, *f.* (diiugo), die **Trennung,** Arnob. 2, 14.

dīiugium, iī, *n.* (diiugo), die **Trennung,** Chalcid. Tim. 193 u. 207.

dī-iugo, (āvī), ātum, āre (dis u. iugo), **getrennt spannen,** übtr., übh. **trennen,** Arnob. 5, 9 u. 7, 1.

dīiūnctē, -iūnctim, -iūnctio, -iūnctus, s. disiūnctē etc.

dī-iungo, s. dis-iungo.

dīlābidus, a, um (dilabor), **leicht abfallend,** vestes, leicht Haare verlierende, Plin. 8, 219.

dī-lābor, lāpsus sum, lābī (dis u. labor), I **auseinandergleiten,** A eig.: α v. Gebäuden, Körpern usw., **auseinandergehen, -fallen, sich auflösen, verfallen, zerfallen,** aedificium dilabens, Sen.: aedis Iovis vetustate dilapsa, Liv.: dilapsa vetustate moenia, Tac.: navis putris iam admodum et vetustate dilabens, Liv.: dilapsa cadavera tabo, Verg.: dilapsa in cineres fax, Hor. – poet., ungula in quinos dilapsa absumitur ungues, Ov. met. 1, 742. – β v. Flüssigem, **zerrinnen, zerfließen, zerschmelzen, sich auflösen,** eadem (aqua conglaciata) admixto calore liquefacta et dilapsa, Cic.: ut nix tot hominum iumentorumque incessu dilapsa est, Liv.: quā (nebulā) dilabente, zerrann, sich verzog, Liv. – poet., (Proteus) in aquas tenues dilapsus abibit, Verg. georg. 4, 410. – B übtr., **zerfallen, zerstieben, auseinanderstieben, versplittert werden, in ein Nichts zerrinnen** od. **sich auflösen, vergehen, in Verfall geraten,** iam illa (mala et incommoda), quae socordiā nostrā collecta sunt, dilabentur, Sall. fr.: intento opus est animo, ne omnia dilabantur, si unum aliquod effugerit, Cic.: bella inopiā dilabi, zerschlügen sich, Iustin. – male parta male dilabuntur, Poëta b. Cic.: rem familiarem dilabi sinere, Cic. – praeclara facies, magnae divitiae, ad hoc vis corporis etc. dilabuntur; at ingeni egregia facinora sicut anima immortalia sunt, Sall.: dilapsa esse robora corporum animorumque, Liv. – ut praeclarissime constituta res publica dilaberetur, Cic.: rem communem esse dilapsam, Cic.: concordiā parvae res crescunt, discordiā maxumae dilabuntur, Sall.: vectigalia publica neglegentiā dilabebantur, wurden versplittert, Liv.: profecto omnis invidia prolatandis consultationibus dilapsa foret, hätte sich in ein Nichts aufgelöst, hätte sich verloren, Sall. – II von einem Ort od. von jmd. sich trennend **entgleiten,** A eig.: α v. persönl. Subjj., bef. von Soldaten, die ihren Standort ohne od. gegen Befehl verlassen, unser **entschlüpfen, entwischen, entrinnen, entweichen, sich aus dem Staub machen, sich** unbemerkt **fortmachen** (vgl. Fabri Liv. 21, 32, 10), hostes oppressi aut dilapsi forent, Sall. fr.: exercitus brevi dilabitur, Sall.: sine commeatibus ab signis, ab ordinibus, Liv.: ex praesidio, Liv.: in oppida, Liv.: passim in civitates, Liv.: nocte in sua tecta, sich verlaufen, Liv.: domum, Frontin.: ad praedam, Liv.: ad resumenda arma, Suet.: u. m. 1. *Supin.*, praedatum, pabulatum, lignatum, Liv. – β v. Lebl., gleichs. **entgleiten, entweichen,** v. Gewässern, Fibrenus ... rapide dilapsus (im raschen Fortströmen) cito in unum confluit, Cic.: amnis presso in solum alveo dilabitur, Curt.: dilabente aestu, als die Flut zurücktrat, Tac.: cum (aquae) a capite aquarum a solo vetustate dilapsae essent, entwichen, ausgeblieben war, CIL 6, 1258. – v. Feuer usw., dilapso per culinam Vulcano (= *igni*), sich verbreitet, Hor.: omnis et unā dilapsus calor, entwich, verglomm, Verg. – v. der Erde, ne terra facile dilabatur, Veget. mil. 3, 8. p. 83, 3 L. – B übtr., **entschlüpfen, entweichen, entschwinden,** 1 im Allg.: qui fortunis alicuius inducti amicitiam eius secuti sunt, hi, simul ac fortuna (Glück) dilapsa est, devolant omnes, Rhet. Her.: dilapsis inter nova grandia curis, Ov. – impune maxima peccata dilabuntur, entschlüpfen der Ahndung, schlüpfen so durch, Rhet. Her. – sunt alii plures fortasse, sed de mea memoria dilabuntur, entschwinden aus meinem G., entgehen mir, Cic. – 2 insbes., v. der Zeit = **entschwinden, verfließen,** dilapso tempore, Sall. Iug. 36, 4.

dīlacerātio, ōnis, *f.* (dilacero), die **Zerfleischung,** Cod. Theod. 9, 26, 3: übtr., Vulg. Nahum 3, 1. Arnob. 2, 45 u. a. Eccl.

dī-lacero, āvī, ātum, āre (dis u. lacero) **zerreißen, zerfleischen,** I eig.: alqm, v. wilden Tieren, Catull., v. Hunden, Ov. u. Gell.: corpus tormentis dilacerari iubet, Tac.: dilacerari homines variis tormentorum generibus, Lact.: in quibus (sacris) dilaceratus et carptus est (v. Orpheus), Lact. – II übtr.: rem publicam, Cic. u. Sall.: tuis scelestis fallaciis dilaceravisti deartuavistique opes, Plaut.: viscera nostra, tuae dilacerantur opes, Ov.: quando, ut corpora verberibus, ita saevitiā, libidine, malis consultis animus dilaceretur, Tac.: quibus acerbitatibus dilaceratus, Tac.

dī-lāmino, āre (dis u. lamina), **entzweispalten,** nuces, Ps. Ov. de nuce 73.

dī-lancino, (āvī), ātum, āre (dis u. lancino), **zerreißen, zerfleischen,** Amm. 22, 15, 19. Prud. perist. 5, 156. Gloss. V, 618, 40.

dī-lanio, āvī, ātum, āre (dis u. lanio), **zerfleischen, zerreißen, zerfetzen,** cadaver alcis, v. Hunden, Cic.: alqm tormentis, Tac.: dilaniatā veste, zerfetzt, Tac. – übtr., anima dilaniata (in Teile aufgelöst) foras dispergitur, Lucr. 3, 537: inter muliercularum radios et textrina dilanior, werde ich zur Bank gehauen (durchgehechelt), Hieron. epist. 57, 13.

dīlapidātio, ōnis, *f.* (dilapido), das **Verschleudern, Verklopfen** = das Verschwenden, Vertun, bonorum, Cod. Theod. 4, 20, 1: patrimonii, Acro Hor. carm. 2, 8, 22: Plur., patrimonii dilapidationes, Firm. math. 5, 4, 7.

dīlapidātor, ōris, *m.* (dilapido), der **Verschwender,** Gloss. V, 190, 8.

dī-lapido, āvī, ātum, āre (dis u. lapido), I nach allen Seiten **mit Steinen**

belegen, = **auslegen,** via dilapidata id est lapidibus strata, Gromat. vet. 370, 13. Vgl. delapido *no.* II. – **II** übtr.: **A** wie Steine hier- u. dahin werfen, **zersplittern** = **verschleudern, verklopfen, verschwenden, vertun,** nostras triginta minas, Ter. Phorm. 898: rem, Comic. inc. fr. 55 (bei Charis. 285, 31): pecuniam publicam, Ps. Cic. ep. ad Octav. § 3 *ed. Bait.*: pecuniam, Ulp. dig. 4, 4, 11. § 6 (vgl. Ulp. dig. 5, 3, 25. § 11. Cod. Theod. 12, 6, 1): bona, Ulp. dig. 26, 4, 1 pr.: bona paterna et opes avorum sudoribus quaesitas ignominioso studio, Ps. Cypr. de aleat. 6: ludis circensibus patrimonium suum, Ambros. de off. 2, 21, 109: patrimonium miserā laceratione, Firm. math. 4, 6: patrimonium paternum variā profusione, Firm. math. 8, 29. p. 241, 23: facultates, Cod. Theod. 14, 3, 14: facultates paternae substantiae, Firm. math. 6, 10: censum omnem, Hieron. epist. 3, 14 (?). – **B** wie mit Steinen u. dgl. **zerschlagen** = vernichten, grandine dilapidans hominum boumque labores, Col. poët. 10, 330.

dīlāpsio, ōnis, *f.* (dilabor), das **Verfallen, Vergehen,** dilapsiones corporum mortuorum, Augustin. de civ. dei 22, 12, 2. p. 589, 15 D.[2]

dī-largior, ītus sum, īrī (dis u. largior), **freigebig austeilen, -verschenken,** gew. m. *Dat. pers.*, qui omnia quibus voluit dilargitus est, Cic.: pecuniam dil. magis, Tac.: foedera sociis, Latium externis, Tac.: cetera, quae cuique libuisset, dilargitus est, Suet. – Passiv, aerarium dilargitur populo Romano, C. Gracch. fr. bei Prisc. 8, 19: venditis proscriptorum bonis aut dilargitis, Sall. hist. fr. 1, 31 (36): dilargitis quae amant, Lact. 7, 1, 13.

dīlargītor, ōris, *m.* (dilargior), der **Verschenker,** Iul. Val. 1, 16. p. 18, 6 K.

dīlargus, ī, *m.*, **einer, der viel schenkt,** Gloss. IV, 53, 49 u. ö.

dīlātāns, antis, *PAdi.* (v. dilato), **sich weit ausdehnend,** spatia montis in cubiculo dilatantia, Plin. 35, 3.

dīlātātio, ōnis, *f.* (dilato), die **Ausdehnung, Erweiterung,** Tert. de anim. 37 u. a. Eccl. – Plur., dierum brevitates itemque dilatationes, *Vitr. 9, 8, 1 R.

dīlātātor, ōris, *m.* (dilato), der Erweiterer = der **Verbreiter,** Latinae linguae, Cassiod. inst. div. litt. 21.

dīlātātus, a, um, *PAdi.* (v. dilato), **erweitert,** oratio dilatata et fusa (Ggstz. oratio angusta atque concisa), Cic. or. 187.

dīlātio, ōnis, *f.* (differo), **I** der **Aufschub,** die **Verzögerung,** temporis, Phaedr.: vel minimi temporis, Cic.: comitiorum dilationes, Cael. in Cic. ep.: belli, Liv.: legis agrariae, Liv.: dilationes comitiorum, Cic. – absol., sine dilatione, Liv. u. a.: res dilationem non recipit od. non patitur, leidet keinen Aufschub, Liv.: ceteri affectiones dilationem recipiunt, Sen.: cum alqo per dilationes bellum gerere, Liv.: variis dilationibus frustrati, lange hingehalten, Iustin.: per omnia extra dilationes positus, Vell. – Insbes.: **a** der **Aufschub des richterlichen Urteils,** Suet. gr. 22. – **b** der **Aufschub** der Bezahlung einer Schuld, die **Frist,** Amm. 22, 6, 1: dilationem impetrare, Ambros. de Tob. 7. – **c** das **Hinhalten** eines Bewerbers, Suet. Ner. 15, 2. – **II** der **Zwischenraum,** spatiosa, Apul. met. 11, 11.

dī-lāto, āvī, ātum, āre (dis u. latus), eine Fläche, einen Flächeninhalt **breiter machen, ausbreiten, ausdehnen, erweitern** (Ggstz. coartare, coangustare, comprimere etc.), **I** eig.: d. manum (Ggstz. comprimere), Cic.: cervicem, Sen.: dominium, Laber. com. fr.: castra, Liv. – **II** übtr.: **A** im Allg.: gloriam, Cic.: nomen in continentibus terris, Cic. fr.: legem in ordinem cunctum (Ggstz. coangustare), Cic.: successibus magnificis rem, Amm. – **B** insbes.: **a** Buchstaben **breit aussprechen, dehnen,** valde litteras, Cic. Brut. 259. – **b** die Rede od. in der Rede einen Punkt (Beweis usw.) **erweitern, breiter ausspinnen, sich** über etwas **weitläufiger auslassen** (Ggstz. coartare), orationem, Cic.: argumentum, Cic.: haec duo proposita, Cic.: ut ex verbo dilatetur aut in verbum contrahatur oratio, Cic. part. or. 23. – ► *PAdi.* dīlātāns u. dīlātātus s. bes.

dīlātor, ōris, *m.* (differo), der **Aufschieber,** Hor. de art. poët. 172. Isid. 10, 77. Agroec. V II, 115, 11 K. Beda V II, 269, 24 K. Albinus V II, 3008 K.: Ggstz., o male *dilator,* o crastini male *appetitor!* Augustin. serm. 40, 5.

dīlātōrius, a, um (dilator), **aufschiebend, verzögernd,** Gaius dig. 44, 1, 3.

dīlātus, a, um, s. dif-fero.

dī-laudo, āre (dis u. laudo), **nach allen Seiten hin-, in jeder Hinsicht loben,** Cic. ad Att. 4, 17, 5; 6, 2, 9; 6, 3, 3.

dīlectātor, s. dēlectātor.

dīlēctio, ōnis, *f.* (diligo), das **Lieben,** die **Liebe,** Acro Hor. carm. 3, 7, 9. Tert. adv. Marc. 4, 27 u. a. Eccl.

dīlēctor, ōris, *m.* (diligo), der **Liebhaber,** Apul. flor. 9. p. 12, 12 Kr. u. Eccl.

1. dīlēctus, a, um, *PAdi.* m. *Compar.* u. *Superl.* (v. diligo), **lieb, wert, teuer, a** v. Pers.: dilecti tibi poetae, Hor.: Latona supremo dilecta penitus Iovi, Hor.: luce mihi carior dilectiorque fili, Macr.: augur Apollineis modo dilectissimus aris, Stat.: Ioannes dilectissimus domino, Tert. – subst., dīlēcta, ae, *f.*, der **Liebling,** sit ergo pax dilecta nostra et amica, Augustin. serm. 357, 1: dīlēctī, ōrum, *m.*, die **Lieblinge,** Suet. Aug. 98. – **b** v. Lebl.: dil. Cypros, Hor.: luco omni dilectior laurus, Claud.

2. dīlēctus, ūs, *m.* (diligo), das **Lieben,** Chalcid. Tim. 135.

3. dīlēctus, ūs, *m.*, die **Auswahl, Wahl,** s. dēlēctus.

dilēmma, atis, *n.* (δίλημμα), der **Doppelsatz,** eine Schlussart in der Logik, die so von zwei Seiten fasst und zwischen zwei Sätze so einklemmt, dass man notgedrungen sich nach einer Seite hin ergeben (einem von beiden Sätzen beipflichten) muss, Serv. Verg. Aen. 2, 675 u. 10, 449.

dīlēnīmentum = delenimentum, Not. Tir. 79, 48.

dī-līdo, ere (dis u. laedo), **zerschlagen,** tuum caput, Plaut. Poen. 494.

dīligēns, entis, *PAdi.* m. *Compar.* u. *Superl.* (v. diligo), **achtsam** (Ggstz. neglegens), **I** im Allg.: **a** v. Pers. = **aufmerksam, pünktlich, gründlich, gewissenhaft, umsichtig,** cautus ac dil., Caes. fr.: praetor dil., severus ac dil., Cic.: dil. ac moderatus dux, Tac.: a diligenti curiosus distat, Quint.: non amo nimium diligentes, Cic.: qui diligentiores videri volebant, Caes. – m. *Genet.*, d. veritatis, wahrheitsliebend, Nep.: diligentissimus omnis officii, sehr pflichttreu, Cic.: verborum (in der Wahl des Ausdrucks) homo diligentissimus, Gell.: vir litterarum veterum diligentissimus, höchst bewanderter in usw., Gell.: civitas diligentissima iuris, streng auf das Recht, auf gute Rechtspflege sehend, Ps. Quint. decl. – m. *in* u. Abl., tota domus in omni genere dil., Cic.: in philosophia parum dil., Quint.: in ostentis animadvertendis dil., Cic.: quod omnibus in rebus homines diligentes essent, Cic.: diligentissimus in tradendo Latine, Quint.: in (bei) uno Gabinio sunt tam diligentes (gewissenhaft), Cic. de imp. Pomp. 58. – m. *Dat.*, atque etiam Corinthios video publicis equis assignandis et alendis orborum et viduarum tributis fuisse quondam diligentes, hätten pünktlich die Einrichtung beobachtet, durch Steuern der W. u. W. die Pferde zum öffentl. Gebrauch anzuschaffen u. zu ernähren, Cic. de rep. 2, 36. – m. *ad* u. Akk. Gerund. od. Gerundivi, ut illis benignis usus est ad commodandum, sic ipse dil. fuit ad reportandum, Cic. Verr. 4, 6: quem tu ad custodiendum te diligentissimum se fore putasti, Cic. Cat. 1, 19: diligentior (factus sum) ad declarandam benevolentiam multo, Cic. ep. 3, 12, 4. – m. *circa* u. Akk., qui volunt diligentes circa hoc videri, Plin. 31, 56: diligentissimus circa aerarium et militum disciplinam, Eutr. 8, 7. – **b** (objektiv) v. Dingen, die von Achtsamkeit zeugen, assidua ac dil. scriptura, Cic.: dil. cura, Quint.: industria, Phaedr.: diligentior subtilitas, Plin. – **II** insbes., in Bezug auf Vermögen, Hauswesen, **genau** = **wirtschaftlich, sparsam** (Ggstz. neglegens od. prodigus), homo frugi ac diligens, Cic.: homo parcus et d. (Ggstz. homo prodigus et luxuriosus), Rhet. Her. – m. *in* u. Abl., in re hereditaria, Cic. II. Verr.. 1, 126. – m. *Genet.*, rei familiaris, Rutil. Lup. 1, 4. Suet. gr. 23: rei suae parcus ac diligens, Capit. Anton. phil. 5, 8. – m. *de* (in Betreff) u. Abl., qui fortasse de alieno neglegentes, certe de suo diligentes erunt, Plin. ep. 4, 13, 8.

dīligenter, *Adv.* m. *Compar.* u. *Superl.* (diligens), **achtsam, aufmerksam, pünktlich, gründlich, eingehend, gewissenhaft, umsichtig**

(Ggstz. neglegenter), ut d. nunties patri, Ter.: iter caute diligenterque facere, Caes.: alqm benigne et d. audire, Cic.: antiquitatem d. habere cognitam, Nep.: quaestionem diligenter tractare, Augustin.: curari diligentius, Acc. fr.: diligentius eam rem cognoscere velle, Caes.: Laelium multo diligentius meliusque dixisse, Cic.: non ideo pigrius dabo, sed diligentius, Sen.: eos diligentissime conservare, Caes.: diligentissime Iduum Martiarum cavere diem, Petron.: ut repetitis altius causis diligentissime, quam (wie) etc., Quint. – In der Umgangssprache, quam d. erras, irrst du so schön, so herrlich, Mart. 7, 31, 7.

dīligentia, ae, *f.* (diligo), **I** die **Achtsamkeit** (Ggstz. neglegentia), **A** im Allg = die **Aufmerksamkeit, Umsicht (Vorsicht), Gewissenhaftigkeit,** umsichtige, gewissenhafte **Sorgfalt (Genauigkeit), Pünktlichkeit, Gründlichkeit, gründliche Genauigkeit,** das **eingehende Verfahren,** die **gründliche (eingehende) Forschung** (oft verb. industria et dil., diligentia industriaque, assiduitas et dil., cura atque dil.), d. acerbissima, Cic.: inanis, Quint.: magna, Cels.: sollicita, Plin. ep.: summa, Cic. u. Caes.: minuta est omnis dil. (Detaillierung), Cic.: obscura (im Stillen geübte, nicht an die Öffentlichkeit tretende), Ter. – pro cetera tua diligentia, Plin. ep.: secundum tuam diligentiam, Plin. ep. – m. subj. *Genet.*, privatorum, Cic.: nostrorum, Caes.: Epaminondae, Nep. – m. obj. *Genet.*, sacrorum ipsorum, Cic.: testamentorum, gründliche Abfassung, Cic.: scribendi, Quint. u. Eutr. – m. *in* u. Abl., pro mea summa in re publica diligentia, Cic. Mur. 86: assiduitas et diligentia tua in controversia Mulviana, Cic. ad Att. 2, 15, 4: in verbis summa d., Quint. 4, 2, 117: diligentia tua in retractandis operibus, Plin. ep. 9, 35, 2: eā fuit diligentiā, eā curā in edendis bonis malisque principibus, ut etc., Vopisc. Firm. 1. § 3. – m. *circa* u. Akk., Quint. 8, 3, 87. Traian. in Plin. ep. 10, 62 (60). – m. *erga* u. Akk., erga pecuniam alienam, Tac. ann. 4, 20. – diligentiā adhibitā, Cic.: non mediocrem adhibere diligentiam, Caes.: diligentiam adhibere, ut od. ne m. Konj., Cic. u. Cels.: adhibere commoditatis dignitatisque diligentiam, Cic.: omnem diligentiam adhibere ad convalescendum od. ad se conservandum, Cic.: adhibere ad considerandas res et tempus et diligentiam, Cic.: in hoc omnem diligentiam adhibere, Cic.: quantum me diligis, tantum adhibe in te diligentiae, Cic.: maximam diligentiam adhibere pastioni, Col.: adiungere sibi diligentiam alcis, Cic.: diligentiam conferre in valetudinem suam, Cic.: ad alios hanc sinistram diligentiam conferre, Plin. ep.: excitare animadversionem et diligentiam, Cic.: diligentiam alcis fugere (entgehen) non posse, Plin. ep.: ad diligentiam hortari, Quint.: diligentiam omittere, Quint.: omnia acerbissimā diligentiā perpendere, Cic.: in tua severitate ac diligentia positum est, ut etc., Traian. in Plin. ep.: fidem suam diligentiamque praestare, Cic.: nihil de diligentia remittere, Cic.: alqd magna cum cura atque diligentia scribere, Cic. – **B** insbes., die **Genauigkeit = Wirtschaftlichkeit,** m. subj. *Genet.*, matris familiae, Petron.: m. obj. *Genet.*, agrorum nimia cura et sollicitior rei familiaris dil., Quint.: non est ista diligentia, sed avaritia, Rhet. Her.: res familiaris conservari (debet) diligentiā et parsimoniā, Cic. – **II** das **Lieben,** die **Liebe,** Symm. ep. 1, 37: nostri (zu uns), *ibid.*1, 41. – ► Plur. diligentiae, Apul. met. 9, 16.

dīligibilis, e (diligo), **schätzbar,** Hier. in Phil. 5, 1.

dī-ligo, lēxī, lēctum, ere (dis u. lego), **I auseinandernehmen, zerteilen,** pernam totam, Titin. com. 84 zw. – **II** übtr.: **A** als milit. *t. t.*, Soldaten **ausheben,** tiro dilectus, Veget. mil. 1, 8. p. 12, 9 L. – od. **auswählen,** Partiz. subst., dīlēctī, ausgewählte Leute, eine Elite, Veget. mil. 3, 10. p. 91, 19 L. Vgl. deligo *no* II, A. – **B hochachten, schätzen,** dah. **lieb und wert halten, lieben** aus Achtung (Ggstz. neglego u. odi; versch. v. amo, »lieben« aus Leidenschaft, Ggstz. odi), **a** von pers. Subjj., **α** leb. Wesen: alqm, Komik., Cic. u. a.: verb. alqm diligere et carum habere, alqm colere atque diligere, Cic.: se ipsum, Cic.: inter se, Cic.: se mutuo amore, Min. Fel.: dil. pro suo quemque officio, Plin. ep.: alqm in germani fratris loco, Ter.: alqm arte, artissime, Plin. ep.: alqm valdissime, Sen.: catulos impendio (von Affen), Solin. – v. sinnlicher, Liebe zu einem Mädchen usw., alqam, Val. Max. 8, 3, 10. Suet. Caes. 52, 1. Petron. 126, 7. Iustin. 21, 10, 2: Encolpion, Petron. 114, 9: alqm amore Venerio, Nep. Paus. 4, 1: alqm turpius, Nep. Hamilc. 3, 2. – **β** sachl. u. abstr. Objj.: aurum, Ov.: hunc locum, Cic.: in illa aetate pudorem, zu schätzen wissen, Cic.: alcis consilia, officia, zufrieden sein mit usw., Cic. – **b** v. sachl. Subjj., wie unser **lieben,** montes et valles diligit abies, Plin. 16, 74. – dah. mit folg. *Infin.* (wie amo), **lieben** = gern pflegen zu usw., pira nasci tali solo maxime diligunt, Pallad. 3, 25, 1.

dī-liquēsco, licuī, ere, **zerschmelzen, auseinanderfließen,** Ov. met. 4, 253 u. 7, 381 *Merkel.*

dilogia, ae, *f.* (διλογία), die **Zweideutigkeit,** Ps. Ascon. Cic. I. Verr.. 26. p. 139, 7 B.

dilophos, on (δίλοφος), **mit doppeltem Büschel,** ales, Mart. Cap. 2. § 177.

dī-lōrīco, (āvī), ātum, āre (dis u. lorico), am Körper **auseinanderreißen, aufreißen,** eius tunicam, Cic. de or. 2, 124: diloricatis statim pannulis, Apul. met. 7, 8. – im üblen Sinne = **vom Leibe reißen, zerreißen,** vestem plurifariam, Apul. met. 6, 10.

dilōris, e (δίς u. lorum), **doppelriemig,** übtr. = **doppelt gestreift** (Ggstz. monoloris u. penteloris), vestis, Vopisc. Aurel. 46, 6: interula, Vopisc. Bonos. 15, 8.

dī-lūceo, ēre (dis u. luceo), aufgelichtet sein, übtr., **vor Augen liegen, klar sein,** dilucere deinde brevi fraus coepit, klärte sich auf, kam zutage, Liv.: dilucere id quod erat coepit, Liv. – m. folg. *Acc.* u. *Infin.*, per quod satis dilucet hanc ›capionem‹ posse dici, Gell. 7, 10, 3. – m. folg. indir. Fragesatz, necessarium puto, quanto ante meum adventum superiores Parthi fuerint, dilucere, Fronto ep. ad Ver. 2, 3. p. 132, 8 N. – ► Vgl. dilucesco.

dī-lūcēsco, lūxī, ere (*Inchoat.* v. diluceo), auflichten = **licht werden, a** pers., v. Tag, **aufgehen, erscheinen,** omnem crede diem tibi diluxisse supremum, Hor. ep. 1, 4, 13: die, qui post eam noctem diluxerit, Gell. 3, 2, 3: übtr., donec diluxit rerum genitalis origo, in hellem Lichte sich zeigte, Lucr. 5, 171 (176): ista dilucescant allucente misericordiā tuā, sich aufklären (v. Rätselhaftem), Augustin. conf. 11, 22 *in.*: ut quae pertinent ad Christum et ecclesiam dilucescant, Augustin. de civ. dei 18, 30 *extr.*: etiam tardioribus dilucescere (klar werden) haec possunt, Augustin. de trin. 10, 19 *extr.* – **b** unpers., **es wird licht** od. **es tagt,** cum iam dilucesceret, Cic. Cat. 3, 6: iam dilucescebat, cum etc., Liv. 36, 24, 6: donec dilucesceret, Vulg. 2. reg. 17, 22: u. im Bild, discussa est caligo, quam paulo ante dixi; diluxit, patet etc., Cic. Phil. 12, 5.

dīlūcidē, *Adv.* m. *Compar.* u. *Superl.* (dilucidus), **licht, hell, I** eig.: dilucidius flagrare, Plin. 37, 48. – **II** übtr., **deutlich, klar,** dil. expedivi, Ter.: plane et dil. od. dil. planeque dicere, Cic.: rem dil. explicabimus, si etc., Rhet. Her.: ne rudibus Graecarum litterarum minus dil. appareat, quantus fuerit ille vir, Nep.: *Compar.*, latius et dilucidius praecipere, quomodo etc., Cels. 2, 14 *extr.*: *Superl.*, eorum vanitatem de (aus) scripturis sanctis dilucidissime convicisti, Augustin. epist. 167, 4.

dīlūcido, āvī, āre (dilucidus), **deutlich machen,** Tert. adv. Iud. 1 *in.* u. a. Eccl.

dī-lūcidus, a, um, *Adi.* m. *Compar.*, **licht, hell, I** eig.: zmaragdus, Plin. 37, 70. – **II** übtr., **deutlich,** expositio, Rhet. Her.: verba, Cic.: sermo purus atque dil., Quint.: locorum dilucida ac significans descriptio, Quint.: omnia docentes et dilucidiora, non ampliora facientes, Cic.: quo brevior, eo dilucidior et cognitu facilior narratio erit, Rhet. Her.

dīlūculat, *impers.* (diluculum), **der Tag dämmert herauf,** Gell. 2, 29, 7 u. a.

dīlūculum, ī, *n.* (diluceo), der **Anbruch des Tages, die Morgendämmerung** (Ggstz. crepusculum), primulo diluculo od. primo diluculo, Cic., od. cum diluculo, Plaut., od. bl. diluculo, Afran. fr. u. Cic., mit (bei) Anbruch des Tages.

dīlūdium, iī, *n.* (dis u. ludus), der den Gladiatoren zugestandene **Rasttag,** zwischen den Tagen, wo sie fechten mussten, dah. übtr., diludia posco, ich bitte um Galgenfrist, Hor. ep. 1, 19, 47.

dī-luo, luī, lūtum, ere (dis u. luo), **I** mit einer Feuchtigkeit **auflösen, zerweichen, zergehen lassen, A** eig.: **a** im Allg.: lateres, Caes.: Hymettia mella Falerno, Hor.: fimum aquā pluviā, Plin.: colorem, verwaschen, Plin.: color diluitur, verblasst, verliert sich, Ov.: so auch amnes diluuntur, verlieren (durch die einfließenden Bäche) Farbe u. Geschmack, Plin.: vulnus aceto, aufweichen, Petron.: multis diluta labella guttis, die (trockenen) Lipplein angefeuchtet (genetzt) mit usw., Catull. – **b** insbes., durch eine Feuchtigkeit **zersetzen, verdünnen,** u. so zum Genießen **zurechtmachen, bereiten,** vinum, mit Wasser verdünnen, Mart.: medicamentum, Curt.: venenum (einen Gifttrank), Liv. – **B** übtr.: **1** deutlich **auseinandersetzen,** mi quod rogavi dilue, Plaut. rud. 1108. – **2 vermindern, entkräften, entfernen, verscheuchen** u. dgl., **a** im Allg.: quae cogitatio molestias omnes extenuat et diluit, Cic.: cura fugit multoque diluitur mero, Ov.: ebenso diluitur posito serior hora mero, wird ihr Lästiges benommen, Ov.: vitium ex animo, Prop.: alcis auctoritatem, untergraben, Sen.: amicitias sensim dil., allmählich lockern (Ggstz. repente praecīdere, plötzlich abbrechen), Cic. – **b** insbes., eine unwahre Behauptung **in ihrer Richtigkeit (Blöße) darstellen, entkräften, unhaltbar machen, widerlegen,** crimen, Cic.: sophisma, Gell.: oft verb. infirmare ac diluere, Cic.: diluere alqd et falsum esse docere, Cic.: refutare ac diluere od. diluere ac refellere, Gell. – **3** ein Vergehen **abbüßen,** iniurias pauco aere, Gell. 20, 1, 31. – **II** mit einer Flüssigkeit **ausspülen, abspülen,** dolia olearia, Cato: os, Cels.: pecorum tonsa et uncta membra (v. Regen), Pallad.

dīlūtius, *Adv. compar.* (dilutus), **verdünnter, schwächer,** potare, Cic. Font. c. 4. fr. 9 (bei Amm. 15, 12, 4).

dīlūtus, a, um, *PAdi.* m. *Compar.* u. *Superl.* (v. diluo), **I zerweicht, feucht,** solum dilutius, Plin. 17, 144. – übtr., dilutior (*sc.* vino, mero), vom Weine nass, angetrunken, Auson. Griphus (XXVI) 1. p. 128, 21 Schenkl. – **II zersetzt, verdünnt** (durch eine Flüssigkeit, bes. Wasser), potio d., Cels., vinum dilutius, Cels.: potio dilutissima, Cels. – dah. übtr., **a blass, hell** von Farbe, urina, Cels.: rubor, Plin.: amethystus dilutior, Plin. – v. Abstr., dilutior erit defectus, heller, deutlicher, Amm. 20, 3, 4. – **b schwach** von Geruch (Ggstz. acutus), odor, Plin.

dīluviālis, e (diluvium), **zur Überschwemmung geeignet, überschwemmend,** irruptio, Solin. 9, 8.

dīluviēs, ēi, *f.* (diluo), die **Überschwemmung, Wasserflut,** Lucr. u. Hor.: diluviem quandam eructans (v. Walfisch), Plin. 9, 8.

1. dīluvio, ōnis, *f.* (diluo), die **Überschwemmung,** Censor. 18, 11 (als Übersetzung von κατακλυσμός). Tert. de anim. 46.

2. dīluvio, āre (diluvium), **überschwemmen,** Lucr. 5, 387.

dīluvium, iī, *n.* (diluo), **I** die **Überschwemmung, Wasserflut,** Verg. u. a.: terrae diluvio cooperiuntur, Aur. Vict.: Plur., Mela 1, 9, 3 (1. § 52): crebra diluvia, Plin. ep. 8, 17, 1. – insbes., die **Sintflut,** ab diluvii (Deucalionis) tempore, Varro fr.: Ioppe ante diluvium, ut ferunt, condita, Mela 1, 11, 3 (1. § 64): cum fatalis dies diluvii venerit, Sen. nat. qu. 3, 37, 1: u. so Hygin. fab. 153. Tert. de ieiun. ad psych. 4. Lact. 2, 10. § 9 u. 23. – Nbf. dīluvius, wov. diluvios, Ps. Fulg. serm. 45. col. 911 a. – **II** übtr.: **A** die wie eine Wasserflut hereinbrechende **Heeresmacht,** Val. Flacc. 6, 394. – **B** wie eine Wasserflut alles vernichtendes **Verderben,** Verg. Aen. 7, 228.

dimachae, ārum, *m.* (διμάχαι), eine zu Pferde u. zu Fuße kämpfende Reitergattung, **Doppelkämpfer,** Curt. 5, 13 (35), 8.

dimachaerus, ī, *m.* (διμάχαιρος), der **Kämpfer mit zwei Schwertern** (eine Art Gladiatoren), CIL 13, 1997 (wo aus der Volksspr. dymacherus).

dī-madēsco, maduī, ere (dis u. madesco), **zerschmelzen,** solibus et nullis Scythicae dimaduere nives, Lucan. 6, 479.

dī-māno, āvī, āre (dis u. mano), **auseinanderfließen, sich ausbreiten,** bildl., meus hic forensis labor vitaeque ratio dimanavit ad existimationem hominum paulo latius commendatione ac iudicio meorum, haben im weiteren Kreis überall mir die Achtung der Welt (des Publikums) gewonnen, Cic. Cael. 6. – ► *oft* Variante von demano, s. d.

dīmēnsio, ōnis, *f.* (dimetior), **I** das **Ausmessen, Abmessen, 1** die geometr. **Ausmessung, Vermessung,** terrae, Gromat. vet. 393, 4: geometrica quadrati, Cic. Tusc. 1, 57. – dah. meton., **a** die **Ausdehnung, Dimension,** Hyg. astr. 4, 4. p. 182 M. Ps. Apul. Ascl. 13. Amm. 23, 6, 11 u. 26, 1, 8. Macr. somn. Scip. 2, 2, 3. Firm. math. 2, 10 *in.*: Plur., Macr. somn. Scip. 1, 6, 36. – **b** die **Erdachse,** Hyg. astr. 1, 3. – **2** die metrische **Abmessung,** vocum, versuum, pedum, Quint. 9, 4. § 45 u. 48 § 85. – **II** das **Zumessen** des Getreides an die Soldaten, Veget. mil. 4, 7. p. 132, 11 L.

dīmēnsūrātio, ōnis, *f.* (dis u. mensuro), die **Ausmessung, Vermessung,** dim. provinciarum (Titel einer Urkunde).

dimeter, tra, trum (δίμετρος), **von zwei Maßen,** versus, die zwei Metra od. vier Füße haben, Diom. 506, 15: ars, die Kunst, in Dimetern zu dichten, Sidon. epist. 9, 13. *v.* 84. – subst., dimeter u. dimetrus, ī, *m.* u. dimetron, ī, *n.*, der **Dimeter,** Diom. 506, 21. Ter. Maur. 2439. Fortunat. art. 4, 6. p. 281, 20 K.

dīmētiēns, entis, *f.* (dimetio), der **Durchmesser, Diameter** (διάμετρος), Plin. 2, 86 *sq.*

dī-mētior, mēnsus sum, mētīrī (dis u. metior), nach allen Seiten hin **abmessen, ausmessen, vermessen, I** eig.: **1** im Allg.: **a** der Dimension nach, **α** aktiv: convallem tabernaculorum dimetiar, Vulg. psalm. 107, 8: atque ego ista sum dimensus, Cic. de sen. 59: dimensi sunt virilis pedis vestigium, Vitr. 4, 1, 6: altitudinem caeli et latitudinem terrae et profundum abyssi qui dimensus est? Vulg. Sirach 1, 2. – m. *ad* (nach) u. Akk., dimensus (scrobem) ad corporis sui modulum, Suet. Ner. 49, 1. – **β** passiv: a quo essent illa dimensa atque descripta, Cic.: domum Rabirianam, quam tu iam dimensam et exaedificatam animo habebas, M. Fontinus emit, Cic.: omnia dimensa, Plin. ep.: omnia sint dimensa paribus numeris (in gleichen Zwischenräumen) viarum, Verg.: mittere ad dimetiendum opus primipilarem, Suet. – m. *in* u. Akk., columnae altitudo dimetienda est in partes octo et dimidiam od. dimetiatur in partes tredecim, Vitr. 3, 3, 10 u. 3, 5, 8 (vgl. 3, 3, 12 u. 5, 9, 3) – m. *ad* (nach) u. Akk., tigna dimensa ad altitudinem fluminis, Caes. b. G. 4, 17, 3. – **b** der Zeitdauer nach **abmessen,** neque certum dimensumque (und geregelte) tempus, Plin. ep. 9, 36, 3: interdum ille (fons) certis dimensisque momentis vel subtrahitur vel assurgit, Plin. ep. 4, 30, 3. – **c** dem Maße nach **zumessen,** m. *Dat.* (wem?), patrimonium plerisque in diem vitae suae dimensum, Spart. Hadr. 7, 9. – subst., dīmēnsum, ī, *n.*, die zugemessene **Ration,** vix necessarium usurpando dimensum, Pacat. pan. 13, 2. – **2** insbes.: **a** (bes. als milit. *t. t.*) eine Örtl. abmessend **abstecken,** dimensis vicorum ordinibus, abgesteckten, regelmäßigen, Tac. ann. 15, 43: dimensa castra, Sil. 12, 541: opere (die Lagerräume) dimenso, Caes. b. G. 2, 19, 5: dimensis principiis, Tac. ann. 1, 61. – **b** als astron. *t. t.*, **ausmessen, vermessen,** caelum atque terram, Cic. de sen. 49: mundum, Quint. 12, 11, 10: positus siderum ac spatia, Tac. ann. 6, 21: passiv, certis dimensus partibus orbis, Verg. georg. 1, 231: dimensis orbibus anni, Stat. Theb. 1, 505. – Partiz. subst., dīmēnsa, ōrum, *n.*, abgemessene Punkte, Chalcid. Tim. 69 u. 78. – **c** als metr. *t. t.*, **abmessen,** syllabas, Cic. or. 147: pedes, Quint. 9, 4, 112: versum (näml. ad pedes), Cic. or. 183. – m. *ad* (nach) u. Akk., non ad pedes verba dimensa sunt, Quint. 9, 4, 27. – **II** übtr., **abmessen,** audiam civem digitis peccata dimetientem sua, der an den F. abzählt, Cic. parad. 3, 26: dum inventa ponderant ac dimetiuntur, Quint. 8. praef. 27.

dīmēto, āvī, ātum, āre (dis u. meto, āre) u. Depon. **dīmētor,** ātus sum, ārī, nach allen Seiten die Grenzen für etwas **abmessen,** etwas **abstecken, abgrenzen,** locum castris, Liv. 8, 38, 7: signa, Cic. de nat. deor. 2, 110. – u. Depon., eorum cursus (Akk.) dimetati, Cic. de nat. deor. 2, 155.

dimetria, ae, *f.* (διμετρία), ein **Gedicht aus jambischen Dimetern,** Auson. ep. 16, 2, 104. p. 176 Schenkl.

dimetron u. **dimetrus,** s. dimeter.

dīmicātio, ōnis, *f.* (dimico), **I** das **Herumfechten, Sich-Herumschlagen,** der **Kampf** auf die Gefahr hin, den Kürzeren zu ziehen, Caes.

u. a.: cum alqo od. adversus alqm, Plin.: m. *Genet.*, haec duorum opulentissimorum in terris populorum dim., Liv.: dim. proelii, Cic.: d. universae rei, Entscheidungs-, Hauptschlacht, Liv.: dass. d. universa, Liv. – Plur., dimicationes superiores, Caes.: dimicationes periculosissimae, Auct. b. Alex. – **II** übtr., das Sich-Herumschlagen, der **Kampf,** quanto opere mihi esset in hac petitione Milonis omni non modo contentione, sed etiam dimicatione elaborandum, nicht allein angestrengt zu arbeiten, sondern auch zu kämpfen haben werde, Cic.: ego te, ut ad certam laudem adhortor, sic a dimicatione (von einem Handstreich) deterreo, Cic.: cum praesentibus (testibus) ingens dimicatio est, Quint. – mit obj. *Genet.* = der **Kampf,** das **Ringen** um etw., das **Aufsspielsetzen der ganzen Existenz** einer Sache, in extremo discrimine ac fortunae dimicatione, Cic.: in tanta dimicatione capitis, famae fortunarumque omnium, Cic.: im Plur., vitae dimicationes, Cic. Planc. 77.

dī-mico, āvī, ātum, āre (dis u. mico), **I** mit dem Säbel **herumfechten, sich herumschlagen, kämpfen,** auf die Gefahr hin, den Kürzeren zu ziehen, ferro, Mela: ferro, non rudibus, Tac.: proelio, Caes.: acie, Liv.: cum alqo, Nep.: cum alqo in campo, Rhet. Her.: adversus alqm, Nep.: cum alqo contra alqm, Eutr.: inter se (v. Tieren), Plin.: de tectis moenibusque, Liv.: de imperio, Cic.: de summa rerum, Vell.: pro patria, Cic.: pro patria ferro, Liv.: pro aris ac focis, Liv.: pro absente duce, Vell.: in mortem (bis auf den T., um zu fallen), Vell.: ad citharam, ad tibias, Mart. Cap. – **II** übtr., mit aller Kraft **ringen,** etw. zu erlangen, dimicantes competitores, Liv.: omni ratione erit dimicandum, ut etc., danach zu ringen, das zu erzielen, Cic. – m. *de* u. Abl. = um etw. **ringen,** etw. **aufs Spiel setzen, in die Schanze schlagen, riskieren, in Gefahr kommen,** etw. **zu verlieren,** de vita, Cic.: de capite, de fama, de civitate, de fortuna, de liberis, Cic.: u. so de vita, de liberis, Liv.: de sua potentia, Cic.: capitis causā, Cic. – u. so m. bl. *Abl.*, in singulas horas (von Stunde zu Stunde) capite suo, Liv. 2, 12, 10. – ► *Infin. Perf.* dimicuisse, Ov. am. 2, 7, 2 u. 2, 13, 28.

dīmidia, ae, *f.*, s. dīmidius.

dīmidiātio, ōnis, *f.* (dimidio), die **Halbierung,** Tert. adv. Marc. 1, 24.

dīmidiātus, a, um (dimidium), **halbiert, halb, die Hälfte** von etw. (sofern ein Ganzes halb genommen od. gedacht wird, vgl. Gell. 3, 14), vas vini, Enn. fr.: scyphus, Varro fr.: partes versiculorum, Cic.: aper, Suet.: mensis, Cic.: luna, Cato: nox, Amm.: verba, gebrochene Laute, Eccl. (s. Hildebr. Apul. met. 5, 18 *extr.*). – v. Pers., homines defoderunt in terram dimidiatos (bis zur Hälfte des Körpers), Cato oratt. 37. fr. 3: scherzh., procellunt sese in mensam dimidiati, dum appetunt, mit dem halben Körper (mit dem Oberkörper) hingeneigt (zur Speise), Plaut. mil. 762.

dīmidietās, ātis, *f.* (dimidius), die **Hälfte,** Pompei. gr. 4. § 8. p. 124, 29 K. Chalcid. Tim. 10. 15. 38. 64. Boëth. Arist. anal. pr. 1, 38.

dīmidio, āre (dimidius), **halbieren,** Tert. de carne Chr. 5 u. a. Eccl.

dīmidium, iī, *n.*, s. dīmidius.

dīmidius, a, um (dis u. medius), **halb, nicht ganz** (was weder ganz ist, noch war, wohl aber werden kann; vgl. Gell. 3, 14), luna, Vitr., Plin. u. Ov.: mensis, Col.: spatium, Nep.: pretium, Plin.: altitudo, crassitudo, Vitr.: crus, Iuven.: tonus, Halbton, Chalcid.: vectigal dimidium eius, quod regi pependissent, Liv. 45, 26, 14. – gew. dim. pars, die Hälfte, absol., Plaut. u. Cic., m. Genet., z. B. terrae, Cic., exercitus, Sall. – v. Pers., frater meus dimidius maior est quam totus (scherzh.), Cic. fr.: dimidius patrum, dimidius plebis, halb zu den Patriziern, halb zum Bürgerstand gehörig, Liv. – subst., **a** dīmidia, ae, *f.* (*sc.* pars), die **Hälfte,** latitudinis, Vitr.: ad dimidias (bis zur Hälfte) decoquere, Plin. – bes. der **halbe Ertrag,** Cic. Verr. 3, 117. Augustin. serm. 106, 4. – **b** dīmidium, iī, *n.* (= dimidia pars), die **Hälfte** (von dem, was ganz war od. sein sollte), mille minus dimidium, Cato fr.: dim. dotis, Afran. fr.: pecuniae, Cic.: militum, Liv.: horai (= horae), Lucil. fr.: dimidium tributi, quam quod regibus ferre soliti erant, populo Romano pendĕre, Liv.: ut vix dimidium militum, quam quod acceperat, successori tradiderit, Liv. – dah. dimidio mit einem Kompar., **um die Hälfte,** carius, plus, stultior, Cic. – Sprichw., dimidium facti, qui coepit, habet, frisch gewagt ist halb gewonnen (griech. ἀρχὴ τὸ ἥμισυ παντός), Hor. ep. 1, 2, 40: u. so dimidium facti est coepisse, Auson. epigr. 84, 1. p. 218 Schenkl.

dī-minuo (archaist. dimminuo), (uī), ūtum, ere (dis u. minuo), nach allen Seiten in kleine Teile zerlegen, **zersplittern, zerschmettern,** alci caput, Plaut. Men. 304: alci caput speculo, Plaut. most. 266: caput tuum, Ter. eun. 803: alci cerebrum, Ter. adelph. 571: alterius diminutas scapulas in deforme extundit, Sen. contr. 10, 4 (33), 2. – ► Oft Variante von deminuo, w. vgl.

dīminūtio, s. dēminūtio.

dīminūtīvē, -vus, s. dēminūtīvē, dēminūtīvus.

dīmissio, ōnis, *f.* (dimitto), **I** aktiv: **A** das **Ausschicken,** die **Aussendung,** dimissiones libertorum ad fenerandas diripiendasque provincias, Cic. parad. 6, 46. – **B** das **Entlassen, a** eig., das **Abdanken,** remigum, Cic. Verr. 5, 86. – **b** übtr., das **Erlassen,** die **Vergebung,** delictorum, Augustin. op. imperf. c. Iulian. 2, 15 *in.* – **II** medial, das **Nachlassen** des Fiebers, Schmerzes usw. (Ggstz. accessio), auch im Plur., Cael. Aur. acut. 2, 3, 13; 2, 18, 108 *sq.* u. a.

dīmissor, ōris, *m.* (dimitto), der **Erlasser, Vergeber,** peccatorum u. dgl., Eccl.

dīmissōrius, a, um (dimitto), **abgesendet,** litterae, der Bericht an eine höhere Instanz (= apostoli), Modest. dig. 50, 16, 106. Pauli sent. 5, 34. § 1 u. 2.

dīmissus, Dat. uī, *m.* (dimitto), das **Ausschicken,** nur Dativ ohne Beleg bei Charis. 189, 20 u. Diom. 407, 28.

dī-mitto, mīsī, missum, ere (dis u. mitto), **I** nach verschiedenen Seiten hin **schicken, ausschicken, aussenden, entsenden, herumschicken, umherschicken, -senden,** pueros circum amicos, Cic.: nuntios in omnes partes, Caes.: litteras passim in alias urbes, Liv.: ex omni parte flagella, die Fangarme ausstrecken, Ov.: aciem (oculorum) in omnes partes, den Blick umherwerfen, umherblicken, Ov.: animum ignotas in artes, Ov. – **II von sich fortschicken, fortlassen, entlassen, gehen lassen** u. bl. **lassen, A** eig.: **1** im Allg.: **a** persönl. Objj. (Ggstz. retinere), legatos, Liv.: tabellarium, Cic.: equos, fortschicken (weil man zu Fuße kämpfen will), Verg., Tac. u. a., od. = laufen lassen (weil man zu Fuße weiterfliehen will), Caes.: alqm ab se, Cic.: hostem ex manibus, aus den Händen lassen, Caes.: alqm ex custodia, Liv. 23, 2, 14, e carcere, Iustin. 21, 1, 5: Rhodios domum, Liv.: ab armis dimittitur, er wird bewogen, die Waffen niederzulegen, Iustin. – mit dopp. *Acc.*, alqm impunitum, Sall., incolumem, Caes.: regem spoliatum, Cic.: alqm tutum, Sen.: alqm incastigatum, Hor. – v. sachl. Subjj., dolor, febris eum dimittit, lässt ihn frei, verlässt ihn, Cels. – **b** sachl. Objj. = **fortschicken,** lumina, Cic. – od. = **fahren-, fallen lassen, weglegen, -werfen,** arma, Sen.: signa ex metu, Caes.: librum e manibus, aus den Händen legen, Cic.: quem ore tenebat cibum (v. Raben), Phaedr.: is odos dimissis manibus (mit gerade ausgestreckten Händen = rasch) in caelum volat, Plaut. Pseud. 841: u. dim. man. fugere domum, in größter Eile, Plaut. Epid. 452. – v. sachl. Subjj., arbor folia dimittit, verliert die Blätter, Plin.: iis (triticis) quae maturuere protinus granum dimittentibus, fahren (ausfallen) lassen, Plin. – **2** insbes.: **a** persönl. Objj.: **α** eine Versammlung usw. **entlassen, aufheben,** senatum, Cic.: concilium, Cic.: convivium, Liv.: ludos, Liv. – **β** als milit. *t. t.*, Soldaten **entlassen,** exercitum, Caes.: legionem, Cic.: milites, Caes.: Marci filium, Cic. – **γ** einen Beamten **entlassen, absetzen,** legatos (die Legaten) cum ignominia, Suet. Cal. 46. – u. einen Schüler **entlassen,** alqm, Cic. de or. 1, 126: scholam, die ganze Schule entlassen, aufgeben, Suet. gr. 6. u. 18. – **δ** als *t. t.* v. Mann, eine Gattin **fortschicken, sich** von ihr **trennen,** sie **verstoßen,** uxorem, Suet.: alqam e matrimonio, Suet. (vgl. unten *no.* B, 2, b dim. matrimonia): dimittit concubinam, verabschiedet, II. argum. Plaut. mil. 16. – **ε** als publiz. u. jurist. *t. t.*: **αα** einen Gläubiger befriedigt entlassen = **befriedigen, bezahlen,** creditorem, Plin. ep. u. ICt.: venter non molestus est creditor; parvo dimittitur, Sen. – **ββ** jmdm. **die Schuld erlassen,** ihn **freilassen,** alqm, Curt.: debitorem, ICt – **γγ** einen Verbrecher **ungestraft entlassen, freilassen,**

jmdm. **die Strafe erlassen,** alqm, Curt., Suet. u. Eutr.: ad bestias damnatos, ICt. – **δδ** jmd. aus seiner Gewalt usw. **entlassen,** filium potestate, ICt.: personas e iure suo, ICt. – **b** sachl. Objj. = etw. **fahren lassen, aufgeben, im Stich lassen, aus den Händen lassen,** ripas, Caes.: provinciam, Liv.: illas fortunas morte, Cic.: speratam praedam ex manibus, Caes. – **B** übtr.: **1** im Allg.: **a** persönl. Objj.: quare istos sine ulla contumelia dimittamus, diese Leute (die Anhänger dieser Schule) ohne Kränkung gehen lassen, ungeschoren lassen, Cic. de or. 3, 64. – quod fortuna me a turpissima suspicione dimiserat, befreit hatte, Petron. 13, 4. – **b** sachl. Objj.: illa tamquam dimissa discedit, gleichsam verabschiedet verliert sich jene (Gedächtniskraft), Quint. 11, 2, 44: qui fortes animas laudibus in longum dimittitis aevum, auf die ferne Nachwelt bringt, Lucan. 1, 448. – **2** insbes.: **a** persönl. Objj.: se dimittere, sich frei machen, sich Erholung gönnen, Sen. contr. 1. prooem. § 14 *Bursian* (Kießling se remiserat). – **b** sachl. Objj., **α** etw. **fahren** od. **fallen lassen, aus den Händen lassen, sich entgehen lassen, aufgeben, aufheben, beseitigen, auf** etw. **verzichten,** occasionem, s. occāsio: tot maximarum rerum opportunitatem, Curt.: victoriam, Caes.: oppugnationem, aufheben, Caes.: quaestionem, Cic.: vitam alieno arbitrio, Nep. Hann. 13, 5 (vgl. dimisitque animam nobiliore viā, Mart. 1, 78, 8): matrimonia, aufheben, auflösen, Suet.: ius suum (Ggstz. ius suum retinere), Cic.: iniuriam ignominiamque nominis Romani inultam impunitamque, ungerächt u. ungestraft hingehen lassen, Cic.: multum de cupiditate, Cic.: vim suam, Cic.: curam, Ov.: dimissā priore curā, nach Beseitigung der früheren Arbeit, Tac. dial. – mit *Dat. pers.*, einem zuliebe, zugunsten etw. **fahren lassen, aufgeben,** iracundiam suam rei publicae, Caes. – **β** etw. aus dem Gedächtnis **entschwinden lassen, sich** etwas **aus dem Sinn schlagen,** bilingues ex animo socios, Sil. 16, 156: oblito pectore cuncta, quae etc., Catull. 64, 208: praeterita instantia futura pari oblivione, Tac. hist. 3, 36: u. so bl. alqd, etw. **aus dem Gedächtnis verlieren, vergessen,** Plin. ep. 9, 18, 2. Quint. 11, 2, 9. – **γ** jmdm. eine Abgabe **erlassen,** his tributa, Tac. hist. 3, 55: u. eine Schuld **erlassen, vergeben,** peccata, delicta, Eccl.: nobis debita nostra, Eccl. – **δ** in einen Zustand **geraten lassen,** dimissa iam in discrimen dignitas, aufs Spiel gesetzt, Liv. 3, 35, 3: fata in praeceps solitus dimittere Caesar, sein Glück aufs Spiel zu setzen, Lucan. 5, 301. – **III** **zurücklassen, (bleiben) lassen,** alqm in urbe, Capit. Ver. 9, 7: ternos pedes inter singulas vites, Pallad. 3, 9, 9: partem favorum quintam, Pallad. 7, 7, 2. – dah. nach dem Tode als Erben, als Erbschaft **hinterlassen,** patrem matremve, Cod. Theod. 4, 6, 4: testamento hereditatem populo Romano, Ampel. 34, 3: de cibariis suis aliquid iis, Testam. porc. p. 231, 12 B.: coco legato (durch Legat) popinam et pistillum, *ibid.* 232, 7: usum fructum uxori, Cod. Theod. 3, 9, 1: habuerat praeterea facultates a multis dimissas gratiā patris, Lampr. Heliog. 31, 3. – ► dimito geschr., CIL 1, 198, 71 (dimitere). – Partiz. vulg. dismissus, CIL 8, 4800.

dimminuo, s. dī-minuo.

dī-moveo, mōvī, mōtum, ēre (dis u. moveo; vgl. dismoveo), **I** **auseinander-, zur Seite-, wegbewegen, A** in der Mitte **auseinanderschieben, -teilen, -treiben,** mitten trennend **zur Seite schieben** usw., **1** eig.: occurrentia manu, Plin.: parietes, Tac.: plagulas lecticae, Suet.: aquam corpore, durchfurchen, Ov.: terram aratro, durchpflügen, Verg.: cinerem, durchwühlen, Ov.: rauca ora talibus sonis, auftun, öffnen, Ov. – persönl. Objj., obstantes propinquos, sich hindurchdrängen durch usw., Hor.: turbam, Tac. u. Suet. – **2** übtr.: bonis malisque dimotis, d. i. geschieden, abgesondert, Ps. Sall. de rep. 1, 5, 1. – **B** eine Sache od. eine Pers. von einer anderen trennend **beiseite-, fort-, wegschaffen, entfernen, 1** eig.: umbram, aëra tenebrosum, Verg.: dimotis omnibus paulum requievit, Tac.: gaudentem patrios findere sarculo agros Attalicis condicionibus numquam dimoveas, von seiner Scholle losmachen, Hor. – **2** übtr.: **a** übh., **entfernen,** vocis moras, Sen. Hipp. (Phaedr.) 595. – **b** insbes., eine Person von jmd. od. etwas **abwendig, abtrünnig machen,** spes societatis equites Romanos a plebe dimoverat, Sall.: nec terror dimovit fide socios, Liv. – **c** aus seiner Stellung (= ursprünglichen Einrichtung) **verrücken,** statu suo sacra, Liv. 9, 29, 10. – **II** etw. **hin- u. herbewegen,** ihm **Bewegung machen, -verschaffen,** superiores partes, Cels.: aegrum intra domum, Cels. – medial, ambulatione leni dimoveri, sich Bewegung machen, Cels. – ► Über dimovere u. demovere s. dē-moveo a. E.

Dīnarchus, ī, *m.* (Δείναρχος), ein attischer Redner, aus Korinth, geb. 361 v. Chr., Zeitgenosse u. Nachfolger des Demosthenes, Cic. Brut. 36; de or. 2, 94. Rutil. Lup. 1, 20.

Dindymus, ī, *m.* (Δίνδυμος) u. **Dindyma,** ōrum, *n.* (Δίνδυμα, τὰ), ein Berg in Phrygien bei Pessinus, der Cybele heilig, Form *-mus,* Catull. 35, 14 u. 63, 91. Ov. fast. 4, 249 (wo griech. Akk. -on): Form *-ma,* Verg. Aen. 9, 618. Ov. met. 2, 223. Val. Flacc, 3, 20. – Dav.: **A** **Dindymēnē,** ēs, *f.* (ἡ μήτηρ Δινδυμήνη), **Cybele,** Hor. carm. 1, 16, 5. Anthol. Lat. 1315, 43 M. – **B** **Dindymus,** a, um (Δινδύμιος), **dindymisch,** castra Cybebes, Col. poët. 10, 220: cantica, Auson. epist. 24, 16. – subst., Dindyma, ōrum, *n.* (*sc.* sacra), der **dindymische Geheimgottesdienst** der Cybele, *Min. Fel. 22, 4 H.

dingua, ae, *f.,* s. lingua.

Dīnocratēs, is, *m.* (Δεινοκράτης), griech. Architekt, Zeitgenosse Alexanders des Großen, Vitr. 2. praef. § 1 *sqq.* Val. Max. 1, 4. ext. 1.

Dīnomachē, ēs, *f.* (Δεινομάχη), Mutter des Alcibiades; dah. appell., Dinomaches ego sum, ich bin ein zweiter Alcibiades, d. i. ich bin von hoher Geburt, Pers. 4, 20.

dīnōscentia, ae, *f.* (dinosco), das **Unterscheiden,** Augustin. de civ. dei 14, 17. Iul. Val. 1, 25 (31).

dīnōscibilis, e (dinosco), **erkennbar, unterscheidbar,** Itin. Alex. 20 (50) *ed. Paris.*

dī-nōsco, s. dī-gnōsco.

dī-noto, s. dē-noto.

dīnumerātio, ōnis, *f.* (dinumero), die **Herzählung, Aufzählung,** annorum, circulorum, temporum, Chalcid. Tim. 47 A.; 65 u. 75: partium, Apul. met. 10, 14: Plur., dinumerationes dierum ac noctium, Cic. de rep. 3, 3. – als rhet. Fig., die **Aufzählung der Teile eines Ganzen,** griech. μερισμός, Cic. de or. 3, 207. Quint. 9, 1, 5; vgl. 9, 3, 91.

dī-numero, āvī, ātum, āre (dis u. numero), **auszählen, abzählen, aufzählen, herzählen, I** im Allg.: stellas, Cic. de off. 1, 154: din. et dimetiri syllabas, Cic. or. 147: din. eorum sententias, Cic. de nat. deor. 1, 2: deorum spoliata a praetore templa, Quint. 6, 1, 3: generis gradus, Ov. fast. 2, 622: omnia ossa, Vulg. psalm. 21, 18: ne omnia dinumerem (als Parenthese), Gordian. imp. bei Capit. Gord. 25, 2. – **II** insbes.: **a** Geld **aufzählen, auszahlen,** viginti minas, Ter. adelph. 915: manibus his argentum, Plaut. Epid. 353: argenti minas quinquaginta suis manibus pro illa amica, *ibid.* 367: hibus stipendium, Plaut. mil. 74: rem gerit palam; centuriat Capuae, dinumerat (er zahlt Sold aus), Cic. ad Att. 16, 9 *extr.* – **b** eine Volksmenge **auszählen, zählen,** universus Israël dinumeratus est, Vulg. 1. paral. 3, 1. – **c** die Abstimmenden **auszählen, zählen,** consulti sumus omnes atque etiam dinumerati sumus (unsere Stimmen wurden sogar gezählt), Plin. pan. 76, 2. – **d** Zeitabschnitte **herzählen, überzählen, berechnen,** regis annos, Cic. de rep. 2, 29: horas, Plin. 2, 185: menses conceptus earum, Vulg. Iob 39, 2: noctes, Ov. met. 11, 574: tempora, Verg. Aen. 6, 691: tempora longae viae, Claud. laud. Stil. 3, 2.

dinummium, iī, *n.*, eine **Abgabe von zwei** nummi (= 6 Obolen), Cod. Theod. 14, 27, 2.

Dio, s. Diōn.

diōbolāria, ae, *f.* (διώβολον), die **Zweigroschenhure,** Titel einer Komödie des Nävius, Fulg. serm. antiqu. 43. p. 122, 12 *Helm.*

diōbolāris, e (διώβολον), **für zwei Obolen sich preisgebend,** scorta, Zweigroschenhuren, Plaut. Poen. 270: so auch diobolares (meretrices), Plaut. fr. bei Varro LL. 7, 64; vgl. Paul. ex Fest. 74, 6. Fulg. serm. antiqu. 32. p. 120, 10 *Helm.*

diōbolus, a, um = diobolaris, meretrices diobolae, Fulg. serm. antiqu. 32. p. 120, 14 *Helm.*

Diocharēs, is, *m.*, ein Freigelassener Cäsars, Cic. ad Att. 11, 6, 7. – Dav. **Diocharīnus**, a, um, **diocharinisch, des Diochares,** litterae, Cic. ad Att. 13, 45, 1.

Dioclētiānus, ī, *m.*, vollst. C. Valerius Diocletianus, geb. 245, gest. 313 n. Chr., röm. Kaiser von 284 bis 305 n. Chr. (wo er die Kaiserwürde freiwillig niederlegte), Aur. Vict. de Caes. 39 *sqq.* Eutr. 9, 19 *sqq.* – Dav. **Dioclētiānus**, a, um, **diokletianisch, des Diokletian,** thermae, Treb. Poll. XXX tyr. 21, 7.

Diōcmītae, s. Diōgmītae.

Diodōrus, ī, *m.* (Διόδωρος), **I** ein Dialektiker, aus Jasus in Karien, Zeitgenosse des Königs Ptolemäus Soter, Cic. de fato 12. Plin. 7, 180. Gell, 11, 12, 2. – **II** ein Peripatetiker aus Tyrus, der um 109 v. Chr. lebte, Cic. de fin. 2, 19 u. a. – **III** ein griech. Historiker aus Agyrium in Sizilien (dah. Siculus gen.), Zeitgenosse des Augustus, Plin. praef. § 25. Lact. 1, 13, 8.

dioecēsānus, a, um (dioecesis), **zur Diözese gehörig,** presbyter, Interpr. Cod. Theod. 6, 2, 23.

dioecēsis, eos u. is, Akk. in, *f.* (διοίκησις), **I** ein Stück Land, das mit zu einer Provinz geschlagen war und zugleich von demselben Statthalter regiert wurde, der **Distrikt,** Cic. ep. 3, 8, 4 (wo Genet. Plur. dioecesium). – **II** unter den Kaisern der Inbegriff mehrerer Provinzen, die **einem** Statthalter unterstellt sind, die **Diözese,** Amm. 17, 7, § 6. CIL 6, 1675 (wo Genet. dioceseos = dioeceseos), – **III** die geistliche **Diözese, a** der **Kirchsprengel,** Sidon. epist. 7, 6, 8. – **b** die **Parochie** od. **Pfarre,** Sidon. epist. 9, 16, 2.

dioecētēs, ae, *m.* (διοικητής), der **Verwalter der königlichen Einkünfte,** der **Finanzdirektor,** Cic. Rab. post. 22 u. 28.

Diogenēs, is, Akk. em u. ēn, *m.* (Διογένης), **I** D. Apolloniates, ein berühmter ionischer Philosoph, Cic. de nat. deor. 1, 29. – **II** der bekannte zynische Philosoph aus Sinope, Cic. Tusc. 1, 104 u. 5, 92. Val. Max. 4, 3. ext. 4 (wo Akk. -ēn). – **III** ein Stoiker, Lehrer des Karneades u. Lälius, Cic. de div. 1, 6 u. a. – **IV** ein Freund des M. Cälius Rufus, Cic. ep. 2, 12, 2. Cael. in Cic. ep. 8, 8, 10 (wo Akk. -em).

Diōgmītae, ārum, *m.* (*διωγμῖται v. διωγμός, die Verfolgung), eine Art leicht bewaffneter Grenzsoldaten zur Verfolgung von Räubern, Amm. 27, 9, 6. Capit. Anton. phil. 21, 7 (die Hdschrn. an beiden Stellen Diocmitae).

Diomēdēs, is, *m.* (Διομήδης), **I** Sohn des Tydeus, Fürsten von Kalydon, Nachfolger des Adrastus in Argos, Mitkämpfer vor Troja, wandte sich nach seiner Rückkehr nach Apulien, wo er die Stadt *Arpi* erbaute, Ov. met. 13, 100 *sqq.* Verg. Aen. 1, 752. Hor. sat. 1, 5, 92. Iustin. 20, 1, 10. Augustin. de civ. dei 18, 18, 3: dah. Diomedis urbs = Arpi, Verg. Aen. 8, 9; Diomedis campi, in Apulien bei Kannä am Fluss Aufidus, Liv. 25, 12, 7. – Dav. **Diomēdēus** (bei Mela u. Plin. Diomēdīus), a, um (Διομήδειος), **diomedëisch, des Diomedes,** ensis, Ov. – insula od. insulae, Insel od. Inselgruppe an der Küste von Apulien, j. *St. Domenico, St. Nicola* u. *Caprara,* Mela 2, 7, 13 (2. § 114). Plin. 3, 151; vgl. 10, 127. – furtum, Stat., od. ausa, Claud., der Raub des troischen Palladiums: agri, ätolische, Mart.: arces, die von Diomedes in Italien gegründeten Städte, Stat.: aves od. volucres, die in übermäßiger Trauer um ihn in Vögel (Reiher) verwandelten Gefährten des Diomedes, Serv. Verg. Aen. 11, 271. Augustin. de civ. dei 18, 18, 3. – **II** König der Bistonen in Thrazien, der die Gefangenen seinen Pferden vorwarf, Mela 2, 2, 9 (2. § 29) wo Akk. ēn: Diomedis equi, Lucr. 5, 29 (vgl. Serv. Verg. Aen. 1, 752; 8, 300): equorum Diomedis stabulum, Solin. 10, 9. – Dav. **Diomēdēus**, a, um (Διομήδειος), **diomedëisch, des Diomedes,** equi, Claud. u. a. – Dat. Plur. Diomedibus, Varro LL. 10, 49.

Diōn (Dio), ōnis, *m.* (Δίων), **I** D. Syracosius, Schwager Dionysius' I., des Tyrannen von Syrakus, fand nach der Befreiung seiner Vaterstadt (353 v. Chr.) durch eine Verschwörung seinen Tod, Nep. Dion. 1 *sqq.* Cic. de or. 3, 139; de off. 1, 155. – **II** D. Neapolites, ein berühmter Mathematiker aus Neapel, Augustin. de civ. dei 21, 8, 2.

Diōnē, ēs, *f.* u. **Diōna**, ae, *f.* (Διώνη), **I** eine Titanin, Tochter des Oceanus u. der Tethys od. (nach anderen) des Äther u. der Gäa, Mutter der (dritten) Venus, Cic. de nat. deor. 3, 59. Claud. rapt. Pros. 3, 433. Hyg. fab. prooem. p. 3 *M.* – **II** appellat. = **Venus** selbst, Ov. am. 1, 14, 33 u. a. – Dav. **Diōnaeus**, a, um (Διωναῖος), **zur Dione (Venus) gehörig, dionëisch,** mater, d. i. Venus, Verg.: Caesar (als Nachkomme des Äneas, des Sohnes der Venus), Verg.: antrum, der Venus heilig, Hor.: ebenso columba, Stat.

diōnymus, a, um (διώνυμος), **doppelnamig,** Prisc. 2, 29 H.

Dionȳsēus, **-iacus**, s. Dionȳsus.

dionȳsias, adis, *f.* (διονυσιάς), ein Edelstein, der gegen Trunkenheit schützen sollte, Plin. 37, 157.

1. Dionȳsius, a, um, s. Dionȳsus.

2. Dionȳsius, iī, *m.* (Διονύσιος), Name berühmter Griechen, **I** als Herrscher: **A** D. der Ältere, Tyrann von Syrakus (reg. 406–367 v. Chr.), Cic. de nat. deor. 3, 81: D. superior, Cic. de off. 2, 25: D. prior, Nep. Dion. 1, 1. – **B** dessen Sohn u. Nachfolger (reg. 367–343 v. Chr.), Nep. Dion. 2 *sqq.* Cic. Tusc. 3, 27. Val. Max. 6, 9. ext. 6. – **II** als Gelehrte: **A** D. Heracleotes, Schüler des Zeno aus Citium, anfangs Stoiker, später Epikureer, Cic. de fin. 5, 94; Tusc. 2, 26. – **B** Cassius Dionysius aus Utika, um 60–50 v. Chr., Übersetzer des vom Karthager Mago verfassten Werkes über den Ackerbau, Varro r. r. 1, 1, 10. Col. 1, 1, 10. – **C** D. Magnes, ein asiatischer Redner, Zeitgenosse Ciceros, Cic. Brut. 316. – **D** ein Freigelassener des Attikus, Cic. ad Att. 4, 86, 1; 4, 11, 2 u. 13, 1. – **E** ein literarisch gebildeter Sklave Ciceros, Cic. ep. 5, 3, 3 u. 9.

Dionȳsus (-os), ī, *m.* (Διόνυσος), der Gott Dionysus, d. i. **Bacchus** (s. 1. Bacchus), Plaut. Stich. 661. Cic. de nat. deor. 3, 53 u. 58 (wo Plur.). Auson. epigr. 30, 4. – Dav.: **A Dionȳsius**, a, um (Διονύσιος), **dionysisch, bacchisch,** subst., Dionȳsia, ōrum, *n.*, das **Dionysus-, Bacchusfest,** Plaut. u. Ter. – **B Dionȳsēus**, a, um, **dionysisch, bacchisch,** Sil. 3, 393. – **C Dionȳsiacus**, a, um (Διονυσιακός), **zu Dionysus gehörig, dionysisch,** ludi (= *Liberalia*), Auson. egl. de feriis Rom. 16. p. 16, 9 Schenkl.

diopetēs, is, *f.* (διοπετής, von Jupiter, d. i. vom Himmel gefallen), mit u. ohne rana, eine Art Frösche, **Regenfrosch,** Plin. 32, 70.

Diophanēs, is, *m.* (Διοφάνης), aus Nizäa in Bithynien (dah. Nicaeensis), ein Schriftst. über den Landbau, Varro r. r. 1, 1, 8; 1, 9, 6; Epitomator des von Kassius Dionysius übersetzten Werkes des Karthagers Mago über den Ackerbau, Varro r. r. 1, 1, 10. Col. 1, 1, 10.

dioptra, ae, *f.* (δίοπτρα), ein optisches Werkzeug mit Visieren, das **Diopter,** bes. zum Höhenmessen u. Nivellieren, Vitr. 8, 5 (6) *in.*, od. den Sonnenschatten zu finden, Plin. 2, 176.

diōryx, rygis, *f.* (διῶρυξ), der **Durchstich** = ein Ableitungskanal, Mela 3, 8, 7 (3. § 80): ego quasi fluvii dioryx, Vulg. Sirach 24, 71.

Dios balanos od. **-us**, ī, *m.* (Διὸς βάλανος, eig. = Iovis glans, zsgzg. iuglans, s. Cloat. Ver. b. Macr. sat. 2, 14. § 4), eine Art essbarer Kastanien, vermutlich die **Marone,** Plin. 15, 93.

Dioscūridēs, ae, *m.* (Διοσκουρίδης), griechischer Männername, Charis. 68, 7.

diospneuma, matis, *n.* (Διὸς πνεῦμα), eine Art **Rosmarin,** Ps. Apul. herb. 80.

diōta, ae, *f.* (διώτη), ein zweihenkeliges Weingefäß, ein **Henkelkrug,** Hor. carm. 1, 9, 8. Isid. 16, 26, 13. Vgl. Gloss. ›diota, ἀμφόριον, οἰνοφόριον‹.

Diovis (Diiovis), is, *m.* (nach G.F. Grotefend umbrische Grundform v. Iovis = Iuppiter), altitalischer (umbrischer) Name Jupiters, Varro LL. 5, 66. Gell. 5, 12. § 1 u. 6. CIL 1, 57. 188. 638. 1435.

Dīphilīum metrum, s. Dīphilus *no.* I.

Dīphilus, ī, *m.* (Δίφιλος), **I** ein berühmter griech. Komödiendichter aus Sinope, Zeitgenosse des Menander u. Philemon, nachgeahmt von Plautus, Plaut. Cas. prol. 32 u. a. Ter. adelph. prol. 6. Vell. 1, 16, 3. Mar. Victorin. 2, 3, 3. p. 78, 22 K. – Dav. **Dīphilīum metrum**, das diphilische Versmaß, das um eine Silbe kürzer ist als der homerische Hexameter, Mar. Victorin. 2, 2, 3. p. 70, 18 K. – **II** ein Architekt in Rom, Cic. ad Q. fr. 3, 1, 1. § 1; 3, 9, 7. Vitr. 7. praef. § 14. – **III** Schreiber u. Vorleser des Krassus, Cic. de or. 1, 136.

diphryges, is, *n.* (διφρυγές, τό), **Ofenbruch,** eine Art des Kupfersteins, Cels. u. a.

diphthongo, āre (= διφθογγόω od. -γίζω), **mit einem Diphthong schreiben** od. **sprechen,** Apul. de diphth. 29.

diphthongos, s. diphthongus.

diphthongus, a, um (δίφθογγος), **doppellautend, mit einem Diphthong geschrieben** od. **gesprochen,** syllaba, Mart. Cap. 3. § 275. – subst., **diphthongus**, ī, *f.* (δίφθογγος), der **Doppellauter, Diphthong,** Prisc. 1, 50 u. 2, 11. Mart. Cap. 3. § 277. Apul. de diphth. 1 *sqq.*: griech. Form diphthongos, Serv. Verg. Aen. 3, 226. Ter. Maur. 418 u. 428. Apul. de diphth. 3.

diphyēs, is (διφυής), **von doppelter Natur, -Gestalt,** pes (Versfuß), Diom. 481, 25. – subst. (*f.*), ein uns unbekannter Edelstein, Plin. 37, 157.

diplasius, a, um (διπλάσιος), **doppelt, doppelt so groß, im Verhältnis von 1 zu 2 stehend,** numerus, Eulog. in Cic. somn. Scip. p. 410 B.: ratio, das Verhältnis von 1 zu 2, Mart. Cap. 9. § 934 u. 951. – subst., **diplasion** od. **-ium**, iī, *n.*, das **Verhältnis von 1 zu 2,** Mart. Cap. 2. § 107. Fulg. myth. 3, 9. p. 128, 1 M.

diplē, ēs, *f.* (διπλῆ), die Bezeichnung von verdächtigen Stellen durch die Kritiker, Isid. 1, 20, 19 u. 20. Vgl. obelo.

diplinthius, a, um (διπλίνθιος), **zwei Ziegel dick,** paries, Vitr. 2, 8, 17.

diplois, ploidis, Akk. ploidem, *f.* (διπλοΐς), **I** ein Kleid, das doppelt um den Leib geschlungen wird, ein **Umwurf,** Nov. com. 72. Vulg. psalm. 108, 29; Baruch 5, 2. Sulp. Sev. chron. 1, 35, 7. Acro Hor. ep. 1, 17, 25. Vgl. Auct. de gen. nom. p. 78, 4 H. – **II** übtr., als *t. t.* der Kochkunst, eine **Doppellage,** ein **Mantel,** Apic. 4, 134: Plur., *ibid.* 4, 135.

diplōma, matis, *n.* (δίπλωμα), eig. ein Schreiben auf zwei zusammengelegten Blättern, die **Urkunde, I** als **Handschreiben** übh., consulunt hunc deum et absentes missis diplomatibus consignatis, Macr. sat. 1, 23, 14. – **II** als eine vom röm. Senat od. einem höheren Magistrat, später vom Kaiser zur Bekräftigung irgendeiner Vergünstigung od. Immunität ausgestellte Urkunde, das **Diplom, Patent,** Sen. de ben. 7, 10, 3 (neben syngraphae et cautiones). Suet. Aug. 50 (neben libelli et epistulae). Suet. Oth. 7, 1 (neben epistulae). Plin. ep. 10, 45 (54): Divorum Iuli et Augusti diplomata ut vetera et obsoleta delebat (kassierte er), Suet. Cal. 38, 1: dah. der Beamte a diplomatibus, CIL 6, 8622 u. 10, 1727. – Insbes., **a** eine **Begnadigungsurkunde,** Cic. ep. 6, 12, 3. – **b** ein **Diplom über das** verliehene röm. **Bürgerrecht,** quibus diplomata civitatis Romanae singulis dedit, Suet. Ner. 12, 1. – **c** zur Zeit der Republik = ein offenes Empfehlungsschreiben an die Provinzialbehörden, in dem diese angewiesen wurden, denen, die dieses Schreiben führten, auf ihrer Reise allen Vorschub zu leisten, etwa ein **Geleitschreiben, Geleitsbrief,** Cic. ad Att. 10, 17, 4. – zur Kaiserzeit = ein offener Brief an die betreffenden Postbeamten, worin das Recht des Trägers (z. B. eines kaiserl. Briefboten) auf Benutzung der kaiserl. Post bescheinigt und näher geregelt war, ein **Reisepass,** Sen. de clem. 1, 10, 3. Tac. hist. 2, 54 u. 65. Plin. ep. 10, 64 (14) u. 120 (121). M. Caes. in Fronto ep. 1, 6. p. 15, 17. N. Capit. Pert. 1, 6. – ► Genet. Plur. duplomatum u. duplomatorum, nach Charis. 42, 33: Dat. u. Abl. diplomatibus, Tac. hist. 2, 65. Suet. Aug. 50 u. Otho 7, 1 u. a.

diplōmārium, iī, *n.* (diploma) = diploma (s. d.), CIL 14, 4120, 3.

dipodia, ae, *f.* (διποδία), die Verbindung zweier (zweisilbiger) Versfüße zu einem Versglied, die **Dipodie,** Diom. 502, 18. Mar. Victorin, 1, 11, 38. p. 47, 5 K. (wo Akk. -ān): iambica, Diom. 505, 27.

dipondius, dipondiārius, s. dupond...

dipsacos, ī, *f.* (δίψακος), eine Pflanze, **Kardendistel** (*Dipsacus fullonum*, L.), Plin. 27, 71.

dipsas, adis, Akk. Plur. adas, *f.* (διψάς, durstig), eine giftige Schlange, deren Biss heftigen Durst verursacht (nach Schneider *Coluber Vipera*, L.), Plin. 23, 152. Solin. 27, 31. Vulg. deut. 8, 15. Lucan. 9, 610. Sil. 3, 313. Mart. 3, 44, 7.

dipteros, on (δίπτερος), **doppelflügelig,** d. aedes, zwei Reihen Säulen tragend, Vitr. 3, 1, 10 (3, 2, 1).

diptōtos, on (δίπτωτος), **mit doppelten Kasusendungen,** forma, Consent. 351, 21 (rein lat. bipertita forma, Charis. 150, 21). – subst., diptōta, ōrum, *n.*, Nomina mit nur zwei Kasus, Diom. 309, 14. Prisc. 5, 72.

dipundius, dipundiārius, s. dupond...

diptychum (auch dypticum geschr.), ī, *n.* (δίπτυχος, doppelt zusammengelegt), **I** die **Doppelschale** der Auster, Ambros. hexaëm. 5, 8, 22. – **II** als Schriftwerk: **A** eine **Schreibtafel aus zwei Täfelchen,** gew. zierlich aus Elfenbein geschnitzt und inwendig mit Wachs überzogen; mit ihnen begrüßten die Konsuln, Prätoren usw. zur Kaiserzt. am Tag ihres Amtsantritts ihre Freunde, Cod. Theod. 15, 9, 8. Symm. epist. 2, 80 u. 5, 54. – auch als **Liebesbriefchen,** Schol. Iuven. 9, 36. – **B** in der ersten Kirche, das **Verzeichnis,** episcoporum, mortuorum, Eccl.

Dipylon, ī, *n.* (Δίπυλον), das **Doppeltor,** anderer Name des thriasischen Tores (αἱ Θριάσιαι πύλαι) in Athen (Plutarch. Pericl. p. 368), Cic. de fin. 5, 1. Liv. 31, 24, 9.

dipyros, on (δίπυρος), **zweimal im Feuer gewesen, -gebrannt,** Mart. 4, 47, 2.

dīra, ōrum, *n.*, s. dīrus.

dī-rādo, ere (dis u. rado), **zerritzen,** tergum piscis, Cassiod. var. 11, 40, 7.

dīrae, ārum, *f.*, s. dīrus.

dī-rapio od. **dis-rapio**, ere, **fortreißen,** übtr., **abziehen,** a quo (studio philosophiae) nescio quā ratione dirapimur (*al.* disrapimur), Apul. de deo Socr. 21 *in.*

dī-rāro, s. dis-rāro.

Dircē, ēs, *f.* (Δίρκη), **I** die Gemahlin des Lykos, Königs in Theben; wurde von Amphion u. Zethos wegen der an ihrer Mutter Antiopa verübten Grausamkeit an einen Stier gebunden, herumgeschleift u. dann in die nach ihr benannte Quelle geworfen od. (nach der Sage) verwandelt, Plaut. Pseud. 199 (wo Akk. -am). Prop. 3, 15, 13; vgl. Hyg. fab. 7 u. 8. – **II** die Quelle **Dirce** nordwestlich von Theben in Böotien, Plin. 4, 25. Stat. Theb. 1, 38 (wegen Ov. met. 2, 239 s. Amȳmōnē a. E.): dah. meton. für **Böotien,** Stat. Theb. 2, 322. – Dav. **Dircaeus**, a, um (Διρκαῖος), **dircäisch,** poet. = **thebanisch** od. **böotisch,** Amphion, Verg.: cygnus, Pindar, Hor.: heros, Polynices, Stat.: catervae dente Dircaeo satae, die aus den von Kadmos gesäten Drachenzähnen entstandenen Menschen, Sen. poët.

dircion, iī, *n.*, die auch Apollinaris herba gen. Pflanze, eine Art des solanum, Ps. Apul. herb. 23.

dīrēctārius, iī, *m.* (διά u. ῥήγνυμι), **der Einbrecher in fremde Wohnungen,** eine Art der Eigentumsverbrecher, Ulp. dig. 47, 11, 7. Dosith. 54, 4 K. u. Gloss.

dīrēctē, *Adv.* m. *Compar.* (directus), **gerade, geradeaus, in gerader Richtung, I** horizontal, ibunt directe emissiones fulgurum, Vulg. sap. 5, 22: directius gubernare, Cic. Acad. 2, 66 (C.F.W. Müller derectius). – übtr., **geradezu,** d. dicere (Ggstz. quasi sursum versum retroque), Cic. part. or. 24. – **II** perpendikulär, dir. ad perpendiculum, Caes. b. G. 4, 17, 4.

dīrēctiangulus, a, um (directus u. angulus), **rechtwinkelig,** Mart. Cap. 6. § 712.

dīrēctilīneus, a, um (directus u. linea), **geradlinig,** Mart. Cap. 6. § 711.

dīrēctim, *Adv.* (directus), **gerade,** Apul. de deo Socr. p. 107 H. (p. 2, 18 G.). Macr. sat. 7, 12, 35 u. 7, 14, 13: übtr., **geradezu,** Ps. Apul. de dogm. Plat. 3. p. 270, 5 H.

dīrēctio, ōnis, *f.* (dirigo), **I** das **Geradmachen,** passiv die **Geradheit;** dah. **1** meton.: **a** als mathem. *t. t.*, die **gerade Linie,** Apul. de mund. 1. Boëth. art. geom. p. 417, 6 Fr. – **b** als *t. t.* der Baukunst, **α** die **gerade Linie,** dir. plana, ebene Fläche, Vitr. 7, 1, 4. – **β** der **ebene Abputz,** die **Berappung** (mit seinem Mörtel u. dgl.), Vitr. 7, 3. § 5 u. 6. – **2** übtr., die **Geradheit, α** die **Gerechtigkeit,** Vulg. psalm. 44, 7 u. a.: Plur., *ibid.* 98, 4. – **β** die **Aufrichtigkeit,** cordis, Vulg. sap. 9, 3. – **II** die bestimmte **Richtung, 1** aktiv = das Hinrichten, nur übtr., dir. vocis ad alqm, Prisc. 17, 191: dir. rationis ad (auf) veritatem,

Quint. 3, 6, 30. – 2 passiv, die **Richtung,** die etw. nimmt, a in der Bewegung, teli, Cassian. coenob. inst. 5, 15. – b in der Lage, directiones linearum, Vitr. 1, 1, 4. – insbes., die **Richtung, Anlage** einer Örtl., directiones vicorum, Vitr. 1, 6, 8: platearum et angiportuum ad caeli regionem directiones, Vitr. 1, 6, 1.

dīrēctō, *Adv.*, s. dīrēctus.

dīrēctor, ōris, *m.* (dirigo), der **Lenker, Leiter,** Interpr. Iren. 4, 21, 3.

dīrēctōrium, iī, *n.* (dirigo), der **vorgeschriebene Reiseweg,** Cod. Theod. 14, 15, 3. § 1.

dīrēctūra, ae, *f.* (dirigo), I die **Richtung,** humilior, Frontin. aqu. 18. – II meton.: a die **gerade Linie,** Gromat. vet. 336, 24. – b als *t. t.* der Baukunst, der **ebene Abputz** (mit Mörtel), Vitr. 7, 3, 5.

dīrēctus, a, um, *PAdi.* m. *Compar.* (v. dirigo), **gerade gerichtet,** I **in gerader-, horizontaler Richtung laufend, gerade** (Ggstz. transversus, obliquus, flexuosus), a eig.: trabes, Caes.: paries (in einem rechten Winkel schneidend), Cic.: ordo, Cic.: litus, limes, Mela: iter, Cic.: via (auch bildl.), Cic.: cuspis, geradeausgehend, Sil.: capillus, schlichtes Haar, Vitr.: cervorum cursus directior, vulpeculae flexuosior, Ambros. in psalm. 118. serm. 2. § 2: ut contigui magis directioresque ictus fiant, besser treffen u. geradeaus gehen, Gell. 9, 1, 2. – per directum, Plin., in directum, Sen., in directo, Varro, in gerader Richtung. – b übtr., **gerade, ohne Umschweife,** verba, schlichte Worte, Cic.: contio, direkte Rede (wenn einer redend eingeführt wird, Ggstz. obliqua), Iustin.: percunctatio, unmittelbare Anfrage, Liv.: ratio, gerade durchgehend, sich und anderen nichts vergebend, streng, Cic.: ebenso homo, Cic. – *Adv.* dīrēctō, a **in gerader Richtung, direkt,** Cic. de nat. deor. 1, 69. – b **geradezu, unbedingt, direkt,** Cic. part. or. 46. Sen. ep. 66, 5 u. ICt. – II **gerade** abwärts **laufend, in perpendikulärer Richtung laufend, senkrecht,** crates, Caes.: latera, Caes.: locus, Caes.: cornu, Caes.: directa in humum cornua, Mela: (urbs Henna) tota ab omni aditu circumcisa atque directa est, rings steil abgeschnitten, Cic. – ► In Hdschrn. auch derectus geschr., s. Oudend. u. Schneider Caes. b. G. 4, 17, 4 *not. cr.* Müller Varro LL. 10, 2. § 22. Weißenb. Liv. 21, 19, 1. Drak. Liv. 22, 47, 2. Lachm. Lucr. 4, 609.

dīrēmptio, ōnis, *f.* (dirimo), die **Trennung,** Val. Max. 4, 7 *in.* Augustin. de civ. dei 3, 17, 2 u. a.; ep. 144, 3.

dīrēmptus, ūs, *m.* (dirimo), die **Trennung** (Ggstz. iunctio), Cic. Tusc. 1, 71.

dīreptio, ōnis, *f.* (diripio), I die **Plünderung,** impendebat fames, incendia, caedes, direptio, Cic.: m. *Genet.*, dir. urbis, Cic.: bonorum direptio, tectorum excisio, depopulatio praediorum, Cic.: bonorum direptiones, Cic.: expilationes direptionesque sociorum et civium, Cic.: direptiones sociarum urbium, Liv. – II das Wegschleppen = der **Raub,** aurei velleris, Amm. 22, 8, 15.

dīreptor, ōris, *m.* (diripio), der **Plünderer,** Cic. Phil. 3, 27. Tac. hist. 3, 33. Ambros. in psalm. 118. serm. 17, 16 (neben fur).

dīreptus, Dat. uī, *m.* (diripio), das **Plündern,** praedonibus direptui esse, Spart. Sever. 19, 6.

dirhythmus, a, um (δίρρυθμος), **aus zwei Rhythmen bestehend,** Mar. Victorin. art. gr. 2, 10, 3. p. 96, 22 K.

dir-ibeo, buī, ēre (statt dis-hibeo d. i. habeo), **auseinanderteilen,** I der Reihe nach **verteilen, austeilen,** gentes et regna, Plin. 36, 118. – II die in die Lostöpfe geworfenen Stimmtäfelchen bei den Komitien od. bei Gerichten **sondern,** tabellas, Cic. ad Q. fr. 3, 4, 1 u. Pis. 96: suffragia, Varro r. r. 3, 2, 1 (vgl. absol. 3, 5, 18): suffragia plebis, *Lucan. 5, 393: sententias, Val. Max. 9, 12, 7. Vgl. Weber Lucan. 5, 393.

diribitio, ōnis, *f.* (diribeo), die **Sonderung der Stimmtäfelchen,** Cic. Planc. 14. Symm. laud. in patres 3.

diribitor, ōris, *m.* (diribeo), der **Auseinanderteiler,** d. i. I der **Vorleger, Vorschneider** bei Tisch (ein Sklave, der die Speisen kunstgemäß verteilte, sodass jeder Gast seine gehörige Portion erhielt), Apul. met. 2, 19. – II der **Sonderer der Stimmtäfelchen** in den Komitien od. bei Gerichten, Cic. Pis. 36; post red. in sen. 28. – III übh. der **Verteiler,** Amm. 18, 5, 6.

diribitōrium, iī, *n.* (diribeo), ein großes Gebäude in der neunten Region Roms, wo urspr. die Stimmtäfelchen bei Komitien gesondert, später Geldgeschenke u. Fleisch unter das Volk, auch die Löhnung der Soldaten ausgeteilt wurden, Plin. 16, 201. Suet. Claud. 18, 1.

dī-rigēsco, s. dē-rigēsco.

dī-rigo (dē-rigo), rēxī, rēctum, ere (dis u. rego), I etw. in allen seinen Teilen **gerade richten, gerade machen,** einer Sache **eine gerade Richtung geben,** etw. **geradeaus (horizontal) laufen lassen,** Passiv dirigi = **eine gerade Richtung bekommen, in gerader Richtung laufen, gerade werden, gerade auslaufen,** a übh.: coronam (Hof des Mondes) si diviseris, arcus erit, si direxeris, virga (eine Regengalle), Sen. nat. qu. 1, 10: arboribus adminicula, quibus dirigantur, applicare, Sen. de clem. 2, 7, 4: cum radii per angusta foramina diriguntur, Sen. nat. qu. 1, 11, 1: utrimque a iugo ternos direxerant gladios, Curt. 4, 9 (35), 5: cum neque *flectere* navim propter vim fluminis neque *directam* tantis fluctibus *tenere* posset, geradeaus fahren konnte, Auct. b. Alex. 64, 5: Maeander direxit aquas, nahm einen geraden Lauf, Lucan. 6, 475. – übtr., dirigitur (*sc.* argumentatio), cum proposuit aliquid, quod probaret, es (das Beweisverfahren) schreitet in gerader Richtung ohne Einbiegung vorwärts, wenn es usw., Cic. part. or. 46. – b insbes., α als *t. t.* der Baukunst, **gerade machen = abputzen, verputzen,** imum caelum camerarum arenā, Vitr. 7, 3, 3; vgl. 7, 4, 1. – u. etw. als Abputz **anwerfen,** alterum corium mediocre (eine andere Schicht aus mittelfeinem Mörtel), Vitr. 7, 6, 3. – β eine Fläche mit geraden Linien **beziehen, liniieren,** membrana directa plumbo, Catull. 22, 8.

II eine bestimmte **Richtung geben, richten,** A eig.: 1 der Bewegung nach, a Segel, Fahrzeuge, leb. Wesen und deren Lauf (Weg) **richten, lenken,** vela in medio freto, Ov.: ad castra Corneliana vela, Caes.: ratem ad od. in ripam, Curt.: currum in hostem, Ov.: equum in alqm, Liv. – cursum direxit, quo tendebat, Nep.: cursum eo (quo), Cic.: cursum in Africam, Vell.: cursum Gades (nach G.), Curt.: cursum per auras in lucos, Verg.: cursum ad nocturnos ignes, Suet.: huius classis cursum esse directum columbae antecedentis volatu ferunt, Vell. – timidae navis iter, Ov.: iter ad Mutinam, Cic.: iter secundum eas (naves, ihrem Lauf folgend) terrā direxerant, Caes. – ut, quā primum viam direxisset (wo er zuerst seinen Weg genommen), eā demum ire agere deberet, Cels. dig. 8, 1, 9. – huc dirige gressum, Verg. Aen. 5, 162: ex eo dirigite gressus vestros, Vulg. Tob. 14, 12. – u. *intr.* im Bild, dir. ad duas metas, nach zwei Zielen hinlenken = zweierlei im Auge haben, Varro r. r. 1, 4, 1 u. 1, 18, 1. – dah. α v. Pers., se dir. od. bl. dir. m. *in* u. Akk. u. dgl., wohin **seinen Weg nehmen, sich wohin begeben,** dir. se in Pomponii domum, Val. Max. 5, 4, 3: usque ad inferos et ipsius Orci ferales penates se dir., Apul. met. 6, 16: u. bl. dir. per altum ad Nesida, Sen. ep. 53, 1: hinc dir. Mediam, Auct. itin. Alex. 30 *in.* – β v. Lebl., bl. dir., **die Richtung nehmen,** ut cadat e regione loci, quā dirigit aestus, sich hinzieht, Lucr. 6, 823. – b Waffen u. dgl. auf od. gegen jmd. **richten,** mit etw. nach jmd. od. etw. **zielen,** etw. nach od. auf etw. od. jmd. zielend **abschleudern, abschießen,** hastam in alqm, Ov.: hastam in os od. in guttur, mucrones in ora, Curt.: in alcis corpus tela manusque, Verg.: virgam in alcis oculum, Val. Max. – poet. m. *Dat.*, procul validam hastam Ilo (auf den I.), Verg. Aen. 10, 401. – ohne Ang. der Richtung, m. Ang. **womit?** durch *Abl.*, tela Cydonio arcu, Hor.: hastile certo ictu, Verg.: cetera letifera spicula dextrā, Ov.: sagittas tantā arte, ut etc., Suet.: per auras aligero letalia vulnera ferro, tödlich verwunden, Sil. – m. bl. *Acc.*, sagittas, Vulg. paral. 12, 2: Athamantheae spicula dextrae, Claud. in Rufin. 1, 81: vulnera, verwundende Pfeile, Verg. Aen. 10, 140, u. danach e ripa vulnera (verwundende Hiebe), Tac. hist. 2, 35. – u. *intr.*, **zielen, schießen** nach usw., in cuius caudam contento dirigit arcu, Manil. 1, 269. – c eine Sendung od. Pers. wohin **richten = senden, schicken,** direxi duas litteras, Cic. fr. (?) bei Serv. Verg. Aen. 1, 168. – m. *ad* u. Akk.: indumenta regia ad alqm per alqm, Aur. Vict. epit. 34, 2: illos oportere eum ad sese dirigere, Iul. Val. 1, 39 (41). p. 51, 20 K. – m. *Dat.*

(wem?), frumenta laborantibus, Iul. Val. 2, 3. p. 74, 27 K.: alci orationem, Sidon. epist. 7, 9, 1: affatus non alci ullos (brieflich), Claud. epist. 3, 1. – **d** das Gesicht, den Blick, die Augen auf od. nach jmd. **richten, hinwenden,** qui nostri voltus derigis (dirigis) inferieis (= inferiis), das Antlitz unserer Grabstätte zuwendest, CIL 9, 1837: os atque oculos eundum in locum, Gell. 2, 2. § 2: aciem ad alqm (v. der Pupille), Catull. 63, 56: oculorum aciem illuc, ubi etc., Cassian. coenob. inst. 5, 15: oculos eo, quo etc., Lact. 2, 17, 9: oculos suos ad alqm, Vulg. 2. par. 20, 12 u. Tob. 3, 14: oculos in domum alcis, Sen. contr. 7, 6 (21), 19: oculos in villam, Sen. ep. 55, 3: oculos in alqm, Sen. ad Polyb. 12 (31), 3: in me omnium diriguntur oculi, Sen. contr. 1, 8, 6: in te omnium oculi diriguntur, Hieron. epist. 60, 14.

2 der Stellung od. Lage nach: **a** der Stellung nach **richten, stellen, aufstellen, ordnen,** **α** übh.: ordines paribus spatiis, Col. 3, 15, 2: in quincuncem ordines (arborum), Cic. de sen. 59: ad hunc quadruplicem fontem ordines diriguntur bini, uni transversi, alteri directi (gerade), Varro LL. 10, 22: ita formandi sunt rami arborum vitiferarum, ne alter sub alterius linea dirigatur (zu stehen kommt), Pallad. 3, 13, 2. – **β** als milit. *t. t.*, **richten, aufstellen, formieren,** **αα** m. *Acc.*: aciem (die Schlachtreihe), sich in Schlachtordnung aufstellen, in Schl. aufmarschieren, Caes. u. a. Histor.: aciem contra, gegenüber in Schl. aufmarschieren, sich zur Wehr setzen, Plin. 11, 58: aciem ex adverso, Vulg. 1. par. 19, 17: aciem iuxta portam civitatis, *ibid.* 1, 19, 9: Romanorum aciem laevam, formieren, dah. befehligen, Amm.: frontem, die Front formieren, Liv.: directā fronte pugnare, den Kampf in gerader Frontaufstellung führen, Quint.: equitatum dextrā sinistrā ab oppidi lateribus, Auct. b. Afr.: Numidas ita in longitudinem, ut etc., Auct. b. Afr.: naves in pugnam, Liv.: in frontem dirigi, eine Frontaufstellung nehmen (v. Schiffen), Liv.: dir. suos in Veientem hostem, Liv. – **ββ** absol., **sich aufstellen, aufmarschieren,** dir. contra (gegenüber), Tac. hist. 4, 58: dir. comminus in aspectum, Apul. met. 2, 17: dir. in frontem (in Front), v. Schiffen, Liv. 37, 23, 10: occisi sunt multi leones, qui dirigere (sich zur Wehr setzen) nolebant, sagittis, Vopisc. Prob. 19, 1. – **b** der Lage nach, **richten, leiten,** **α** übh.: littera Θ, per quam duae lineae dirigantur, gezogen werden, Chalcid. Tim. 78. – **β** insbes.: **αα** einem Fluss, einer Wasserleitung **eine Richtung geben,** ihn od. sie **leiten,** flumina arcemus, dirigimus, avertimus, Cic. de nat. deor. 2, 152: sin autem valles erunt perpetuae, in declinato loco cursus dirigentur, wird man die Leitung an einem Abhang herabführen, Vitr. 8, 6 (7), 5. – **ββ** als *t. t.* der Baukunst, etw. in einer gewissen Richtung **legen,** stylobatam ad libellam (waagerecht), Vitr. 3, 4, 5. – **γγ** als *t. t.* der Auguralspr., **die Richtung** einer Himmelsgegend **bestimmen,** eine Himmelsgegend **bezeichnen,** dir. regiones, Cic. de div. 1, 30. – **δδ** die Richtung einer Grenze bestimmen, eine Grenze **bestimmen, ziehen,** per alias regionem (anderswo) fines dir., Ulp. dig. 10, 1, 2. § 1: m. dopp. *Acc.*, dir. finem (als Gr.) Philippo viam regiam, Liv. 39, 27, 10. – im Bild, dir. fines (das Ziel) bonorum utilitate aut voluptate (nach dem N. od. V.), Cic. de fin. 5, 57. – **εε die Richtung bestimmen, abstecken,** absteckend **anlegen, aufführen,** ascensus scalasque, Vitr. 5, 6 (7), 2: opera, Caes. b. G. 7, 27, 1: vicos, Liv. 5, 55, 4: aggerem in Appiae viae formam, Suet. Cal. 19, 1: novi operis molem in adversum ventum non latere (mit der breiten Seite), sed adversā fronte, Curt. 4, 3 (13), 8: in Rheni ripa quinquaginta amplius castella, Flor. 4, 12, 26. – m. *Adv.*, dirigentur autem haec (plateae et angiportus) recte, si etc., sie erhalten aber die geeignete Richtung, wenn usw., Vitr. 1, 6, 1. – **ζζ** *intr.* bl. dir., sowohl **die Richtung** wohin **nehmen, sich** wohin **erstrecken,** Cancer in adversum Capricorni dirigit astrum, Manil. 4, 324: bes. als *t. t.* der Landmesser, quo dirigant fines, Gromat. vet. 303, 4 u. so (v. d. limites) dir. in meridianum, Gromat. 29, 10: dir. ab oriente in occidentem, Gromat. 167, 5. – als die Richtung nach etw. angeben, nach etw. **zeigen,** cuius cacumen dirigat ad punctorum regiones, Vitr. 9, 9 (8), 12.

B übtr.: **a** übh. **richten, lenken,** dirige vatis opus, Ov. fast. 6, 484: si direxerit cor ad eum, Vulg. Iob 34, 14. – u. *intr.*, **hinlenken,** ea (divinatio) fallit fortasse non numquam, sed tamen ad veritatem saepissime dirigit, führt zur W., Cic. de div. 1, 25: quorum (medicorum) cum ad unam potionem sententiae direxissent, sich entschieden hatten für usw., Val. Max. 3, 8. ext. 6. – **b** den Geist, die Gedanken auf etw. od. jmd. **richten,** m. *Adv.* od. mit *ad* od. *in* u. *Acc.*, dies noctesque oculos mentemque ad mare dispositos directosque habere, Auct. b. Afr. 26, 4. – dir. animum ad alqm, Val. Max. 8, 14, 4, od. in alqm, Sen. de ben. 6, 16, 3 u. 6, 19, 3: dir. suas cogitationes ad alqd, Cic. Acad. 2, 66: contemplationem suam ad alqd, Col. 3, 12, 4: totā mente in opus ipsum intentionem, Quint. 10, 3, 28. – dah. dir. se ad alqd, **sich (seinen Sinn)** auf etw. **richten,** se ad imitationem Labeonis, Sen. contr. 10. praef. § 11: se ad id, Quint. 12, 3, 8: se ad ea efficienda, Quint. 10, 1, 127. – **c** die Rede an od. gegen jmd. **richten,** einen Vortrag an od. gegen jmd. **halten,** m. *ad* od. *in* od. *adversus* u. Akk., ad iudicem omnem sermonem, Quint. 2, 13, 5: ad Ciceronem principium (einen Eingang), Quint. 4, 1, 68: orationem in alqm, Curt. 8, 5 (18), 13, od. ad alqd, Cic. top. 89: communes locos (Sätze) in vitia, Quint. 2, 1, 11: actionem (den Vortrag) adversus singulos, Quint. 5, 7, 6. – **d** etw. nach etw. wie nach einem Maßstab **richten,** einer Sache nach etw. die u. die **Richtung geben,** bei etw. den u. den **Maßstab anlegen,** etw. nach etw. **bemessen, bestimmen, beurteilen,** etw. von etw. **abhängig machen,** etw. einer Sache **anbequemen,** dah. Passiv dirigi auch = nach etw. **sich richten, seine Richtung erhalten,** m. *ad* u. Akk., ad libram opus (v. der Hausfrau), Ambros. in Luc. 8. § 11: spatium mensium ad hunc lunae modum (nach diesen Mondphasen), Curt. 8, 9 (33), 37: omnia ad exactam regulam (v. Beurteiler), Sen. contr. 10. praef. § 10: vitam ad certam rationis normam, sein Verhalten nach der festen Richtschnur eines philos. Systems (näml. des stoischen) bestimmen, Cic. Mur. 3: nihil non ad rationem tamquam ad artem, Cic.: haec omnia ad rationem civitatis, Cic.: ad illius similitudinem artem et manum, Cic.: ut ad ea iudicium dirigatur, danach sich richtet, seine Richtung erhält, Quint.: ad exemplum omnium mens dirigenda, muss seine Richtung erhalten nach usw., Quint.: ad voluntatis alcis interpretationem sententiam suam, Liv. 8, 32, 5: deliberationes omnes ad utilitatem eorum, qui etc., Cic.: ad positionem controversiae colorem actionis, Sen. contr. 10, 1 (30), 12: ad utilitatem vitae omnia consilia factaque nostra, Tac. dial.: invidiam rerum non ad causam, sed ad voluntatem personasque, Vell.: ad alcis arbitrium fugam, Vell.: principia rerum ad famam, Tac. – m. *Abl.* des Maßstabes, nec haec sunt rhythmicorum aut musicorum acerrimā normā dirigenda, Cic.: utilitate officium magis quam humanitate, Cic.: ne in maximis quidem rebus quicquam adhuc inveni firmius, quod tenerem aut quo iudicium meum dirigerem, quam id etc., habe ich keinen festeren Stützpunkt, keine zuverlässigere Richtschnur für mein Urteil gefunden, als das usw., Cic.: ut tandem propius discas, quo fine beatum dirigitur, nach welcher Gr. das selige Leben bemessen wird = des seligen Lebens Ziel, Claud. Mall. Theod. cons. 96. – m. *Adv.*, iudex officium suum ita diriget, ut etc., so bemessen, einrichten, Ulp. dig. 10, 3, 7. § 10: et ita dirigantur angiportorum divisiones, ist die Einteilung der Gassen anzuordnen, Vitr. 1, 6, 13. – ► Synk. Perf. direxti, Verg. Aen. 5, 57. – dirigo wechselt in den Handschriften mit derigo, Heräus Tac. hist. 4, 16, 8; auch inschr., z. B. CIL 1, 1220.

dir-imo, ēmī, ēmptum, ere (dis u. emo), **I** auseinandernehmen, **A** im engeren Sinne, **auseinanderbringen, trennen, scheiden,** **1** eig.: **a** leb. Wesen: Sabinae mulieres ex transverso impetu facto dirimere infestas acies, dirimere iras (= iratos), Liv. 1, 13, 1: nox incertos victi victoresne essent diremit, Liv. 9, 33, 4. – **b** Lebl.: **α** übh.: corpus immortale nullum esse, ne individuum quidem, nec quod dirimi distrahive possit, Cic. de nat. deor. 3, 29: Taurus, ubi terras dirimit, exit in pelagus, Mela 1, 15, 2 (1, § 81): spumea porrecti terga profundi, segelnd durchschneiden, Stat. Theb. 5, 482. – **β** v. Örtl.: **αα** momentan **trennen, scheiden,** in conspectu steterant dirimente (eos) amni, Liv. 42, 39, 4: duces parvā campi statione diremptі, Lucan. 5, 470. – **ββ** habituell: Alpes populos immanes dirimunt,

Mela: quā (wo) dirimunt Arabum populis Aegyptia rura regni claustra Philae, Lucan. – **2** übtr.: **a** als publiz. *t. t.*, die Stimmen der Richter **sondern, absondern,** dirimi debere sententias occīdentis et relegantis (des für Todesstrafe und des für Verweisung Stimmenden), Plin. ep. 8, 14, 19. – **b** Verfeindete **auseinander bringen,** moderatione meliorum dirempti (Caecina et Marcellus), Tac. hist. 2, 53.

B im weiteren Sinne, etw. in seinem Fortgang **unterbrechen, a** eine Versammlung, Vornahme, eine Unterhaltung usw. **unterbrechen, stören, verhindern, α** übh. (v. einem Umstand, bes. v. Eintreten der Nacht), bellum (den Kampf) aequis manibus nox intempesta diremit, Enn. ann. 167: comitia consularia certamen patrum et plebis diremit, Liv.: senatum nocte dirimi, Plin. ep.: actionem meam ut proelia solet, nox diremit, Plin. ep.: actum est de eo nihil; nox diremit, trat dazwischen (störend) ein, Cic.: nihil agi potuit dirimente magnitudine fluentorum (da der hohe Wasserstand hinderlich war), Amm.: ea res colloquium ut diremisset, Caes.: num sermonem vestrum aliquem diremit noster interventus? Cic. – **β** als *t. t.* der Auguralspr., v. einem Omen usw., comitia, Liv. u. Tac.: concilia populi, Liv.: rem susceptam, Cic.: tempus, Cic.: auspicium, ungültig machen, Liv. – **b** ein Treffen **unterbrechen, abbrechen,** proelium, v. der Nacht, Sall., Liv. u. Auct. b. Alex., v. den Soldaten, Caes. u. Liv.: aequis manibus pugnam, Liv.: proelium fugā diremptum, Tac. – **c** eine Verbindung, Gemeinschaft usw. **trennen, abschneiden, aufheben, scheitern machen,** coniugium, Iuven.: nuptias alcis, Suet.: veterem coniunctionem, Cic.: amicitias, Tac.: societatem, Cic., societatem auxilii mutui, Liv.: belli commercia, Tac.: pacem Pyrrhi, Cic.: omnia inter duces, alle Bande zerreißen, Vell.: ea res consilium diremit, Sall.: quem motum Caesaris mors diremit, Tac. – **d** einen Streit, Feindschaft, Krieg usw. **schlichten, beilegen, beseitigen, ausgleichen, aufheben,** certamen, Ov.: duellum, Tab. Regill. bei Liv.: bellum inter Philippum atque Aetolos, Liv.: litem, Ov.: controversiam, Cic.: simultates, Liv.: aemulationem inter duos, Tac.: consiliorum diversitatem, Tac.

II abtrennen, absondern, von od. durch etw. **trennen, sondern, scheiden, a** von etw., purpureus colos conchyli iungitur uno corpore cum lanae, dirimi qui non queat usquam, Lucr. 6, 1074*sq.* – m. Ang. **wovon?** durch *ab* m. Abl., v. Örtl., collis dirimebat ab agmine vallum, Sil.: a continenti urbem angustum fretum dirimit, Curt. – **b** durch etw., m. Ang. **wodurch?** durch *Abl.*, quae tam longo intervallo natura videtur diremisse, unā victoriā subito committere, Curt.: quae urbs Volturno flumine dirempta Falernum a Campano agro dividit, Liv.: qui diremptam mari gentem aleret ac tueretur, Plin. pan.: übtr., dirempti gradibus aetatis, voneinander geschieden, Vell. 2, 36, 2. – ► Perf. auch dirempsi nach Charis. 248, 5 u. Gloss.: Perf. diremsi, CIL 9, 5039.

dī-ripio, ripuī, reptum, ere (dis u. rapio), **I voneinander reißen, in Stücke reißen, zerreißen, A** im Allg.: Pentheum, Plaut.: Hippolytum, Ov. – **B** insbes., **zerstören, verheeren, plündern,** domum, Cic.: patriam, Cic.: patrimonium, Cic.: socios, Cic. – als milit. *t. t.*, impedimenta, Caes.: urbes, Liv.: castra hostiliter, Liv.: Eburones, Caes.: Lusitanos, Nep. – **II hin u. her reißen, A** im Allg.: distrahor, diripior, Plaut. cist. 209. – **B** insbes., **sich um** etwas od. jmd. **reißen,** talos, Quint.: alqm, Sen. u. a. – **III losreißen, herabreißen, los-, herabzerren, wegzerren, wegreißen, entreißen,** a pectore vestem, Ov. met. 9, 737: ex capite regni insigne, Curt. 7, 5 (22), 24: ferrum a latere, Tac. ann. 1, 35: arma militibus sine caede direpta, Hor. carm. 3, 5, 21 (*al.* derepta): dir. vexillum, Amm. 27, 1, 6. – dah. raubend **wegschleppen, rauben,** aureum vellus, Amm. 14, 8, 3: res pulcherrimas ex tota Asia, Cic. de imp. Pomp. 22: frumentum ex horreis, Cic. de div. 1, 69: ex quorum bonis multa diripuerunt, Schol. Iuven, 1, 33 B.: qui diripuisse aliquid ex illo (naufragio) probantur, Paul. dig. 47, 7, 4. § 1.

dīritās, ātis, *f.* (dirus), **I** das **Grausige, Grauenvolle,** ominis, Gell. 4, 9, 10: totius diei, Suet. Ner. 8. – dah. das grausige **Unheil,** das **Schreckliche,** das einem zustößt, die grausige **Gefahr** (vgl. δεινόν), si qua diritas invecta foret, Cic. poët. Tusc. 3, 29. – **II** übtr., das **Grausige,** das **grauenhafte Benehmen,** die **grausige Härte** einer Person od. Begebenheit, die **Grausamkeit,** quanta in altero diritas, in altero comitas, Cic.: m. *Genet.*, morum eius, Suet.: taetri spectaculi, Amm.

dī-rīvo, āre (dis u. rivo), **ableiten,** übtr. als gramm. *t. t.*, ex hoc dirivatur aliud nomen, [Serg.] expl. in Donat. 536, 32.

dī-rumpo (dis-rumpo), rūpī, ruptum, ere, **zerreißen, zerschmettern, I** eig.: tenuissimam quamque partem (nubis) dividere atque d., Cic.: paedagogo tabulā caput disr., Plaut.: imagines, zerschlagen, Tac.: (homo) diruptus, einen Bruch habend (gebrechlich), Cic. – medial, dirumpi = **zerreißen, auseinanderreißen, bersten,** repente putris et vetus funis disrumpitur, Apul.: lagoenae grandes cum musto pleno fuerint absque spiramine ilico disrumpuntur, Hieron.: disrupta corrigia, Varro fr.: dirupto solo, Sen.: disruptis ianuis, Vopisc. – **II** übtr.: **a** m. persönl. Objj.: dirupi me paene in iudicio Galli Canini, ich habe mir fast (als Redner) die Lunge gesprengt, mich beinahe heiser geschrien, Cic. ep. 7, 1, 4. – u. medial, dirumpi = vor Verdruss, Unwillen, Ärger, Neid **zerplatzen, zerbersten, bersten mögen, sich fast zu Tode ärgern,** dirumpi plausu alcis (vor Ärger über den Beifall jmds.), Cic.: dirumpi dolore (vor Ärger), Cic.: ebenso stomacho, Sen.: u. absol., disrumpor, Ter.: dirumpuntur ii, qui etc., Cic. – selten vor Lachen, nemo, qui non risu dirumperetur, vor, L. hätte bersten mögen, sich hätte totlachen mögen, Apul. met. 3, 2. – **b** m. abstr. Objj., **zerreißen** = gewaltsam **abbrechen,** amicitiam, Cic.: societatem, Cic. – ► Archaist. Partiz. disrumptum, Plaut. Bacch. 603.

dī-ruo, dīruī, dīrutum, ere (dis u. ruo), **voneinander reißen, einreißen, zerstören, I** eig.: nova diruunt, alia aedificant, Sall.: dir. aedificium, Liv.: alcis domum, Cic.: urbem, Cic.: Megara vi capta dir. ac diripere, Liv.: muros, muros urbis, Nep. u. Liv.: agmina, auseinander treiben, zersprengen, Hor. – **II** übtr.: aere dirui (v. Soldaten), Abzug an seiner Löhnung leiden, Varro fr. u. Plin.: alqm aere dirutum facere, jmdm. an seiner Löhnung einen Abzug machen, Auson. – im bitteren Spott übtr., in quibus (castris) cum frequens esset, tamen aere dirutus est, ausgezogen worden (am Spieltisch), Cic.: homo diruptus dirutusque Q. Coelius, gebrechlich und bankbrüchig (bankrott), Cic. – ► Vulg. Partiz. diruitus, CIL 6, 626.

dīruptio, ōnis, *f.* (dirumpo), das **Zerreißen, Bersten,** Sen. nat. qu. 2, 15. Cass. Fel. 39. p. 86, 21.

dīrus, a, um (verwandt mit δεινός v. δείδω), **grausig, grauenhaft, grausen-, grauenvoll, unheilvoll, I** als *t. t.* der Religionsspr., v. ominösen Vorfällen usw., omen, Ov.: alites, Plin.: aves, Tac.: cometae, Verg.: tempus, Poëta b. Cic. – alci dirum est mit folg. *Acc.* u. *Infin.* (Ggstz. laetum est), Plin. 32, 17. – subst., dīrae, ārum, *f.*, **unglückliche Anzeichen,** inter diras haberi, Plin.: obnuntiatio dirarum, Cic.: u. so auch dīra, ōrum, *n.*, Cic. de legg. 2, 21; de div. 1, 28 (29). – **II** übtr., **grauenvoll, grässlich, schrecklich, a** v. Lebl.: exsecratio, Verg.: detestatio, Hor.: preces, Verwünschungen, Tac.: religio loci, ehrfurchtsvolles Grauen erregende Heiligkeit, Verg.: nefas, Verg.: facies, Ov.: venena, Hor.: odor, Plin.: funus, zur Schande gereichend, Verg.: grando, Hor. – poet., wie δεινός, mit folg. Infin., dira vel portas quassare trabs, Sil. 4, 284. – subst., dīrae, ārum, *f.* (Sing. dira, Serv. Verg. Aen. 5, 7), **Verwünschungen,** diris agam vos, Hor.: contingere funebribus diris signa tela arma hostium, mit Vernichtung drohenden V. berühren = durch Fluchformeln der Vernichtung anheimgeben, Liv.: compositas meditatasque diras imprecari, Tac. – u. so auch dīra, ōrum, *n.*, z. B. dira alci precari, Verwünschungen gegen jmd. ausstoßen, Tibull. 2, 6, 17.: u. *adv.*, dira fremens, furchtbar knirschend, Verg. Aen. 10, 572. – **b** v. leb. Wesen, **grausig, grässlich, schrecklich, grausam, unheilvoll,** dea, Circe, Ov.: Hannibal, Hor.: hydra, Hor.: serpens, Ov. – subst., personif., Dīra, ae, *f.* = Furia, die **Rachegöttin,** Verg. Aen. 12, 869: gew. Plur., oft mit dem Beinamen ultrices, Verg. Aen. 4, 473 u. 610; 8, 701; 12, 845. Lucan. 10, 337. Val. Flacc. 5, 445. Sen. Med. 13. Pacat. pan. 42, 3: Dirarum insectatio, quae non immerito ultrices vocantur, Aur. Vict. epit. 21, 3.

dīrutio, ōnis, *f.* (diruo), die **Zerstörung,** CIL 11, 4770. Schol. Lucan. 1, 379.

1. dis, *Praeposit. insepar.*, steht unverändert vor c, p, t u. Vokalen. Doch findet man neben disiungo auch Formen wie diiudico. In dirimo (statt disemo) geht s über in r. Vor d, g, l, m, n, r, v fällt s weg, vgl. dīduco, dīgero, dīlato, dīmico, dīruo, dīvello. Vor f assimiliert sich s. Folgt auf dis ein mit s u. einem anderen Konsonanten anlautendes Wort, so fällt das eine s weg, wie disto, distinguo; aber vor einem bloßen s bleibt dis unverändert, wie disseco. – Der Bedeutung nach bezeichnet dis (verwandt mit διά = in diversas partes) **auseinander,** wie unser **zer...** od. **ver...,** eine Trennung, Unterbrechung, od. deutet das Entgegengesetzte des *simplex* an.

2. dīs, dītis, *m.* u. *f.*, **dītis,** e, *Adi.* m. *Compar.* u. *Superl.* (zsgzg. aus dives), **reich** (Ggstz. pauper), **a** eig., **α** absol.: dis quidem esses, Ter.: dis hostis, Liv.: Mycena ditis, Priap. 75, 2: ditis hominis bona, Liv.: in diti domo, Liv.: dite solum, Val. Flacc.: dum ne te sit ditior alter, Hor.: apud Helvetios longe nobilissimus et ditissimus fuit Orgetorix, Caes.: subst., der **Reiche,** Ter.: dites et egentes, Apul.: u. so ditissimus quisque, Curt.: CCCCLXX ditissimi, 470 der Reichsten, Liv. – **β** m. *Genet.*: dis ovium, Sil.: ditissimus agri, Verg. – **γ** m. *Abl.*: dites pecore ac finibus, Mela: regio auro ditissima, Iustin. – **b** übtr., **reich, reichlich, reichlich versehen** od. **gegeben, reichlich lohnend,** pectus, Lucr.: promissa, Sil.: opulenta ac ditia stipendia facere, Liv.: ditissimi belli victoria, Tac. – m. *Genet.*, mons ditior umbrae, Stat.: ditior ille animi, Stat. – m. *Abl.*, delubra ditia donis, Ov.: illa omni opulentiā ditia, Curt.: ditior solo et fertilis, Mela: nulla respublica umquam bonis exemplis ditior fuit, Liv. – ► Abl. Sing. immer diti, Gen. Plur. ditium.

3. Dīs, Dītis, *m.*, seltnere Nbf. **Dītis,** is, *m.* (nach G.F. Grotefend = 2. dis, als Übersetzung von Πλούτων), **Pluto,** der Jupiter der Unterwelt (Iuppiter Stygius [Ζεὺς καταχθόνιος], Ov. fast. 5, 448): Dis pater, Varro LL. 5, 66. Cic. de nat. deor. 2, 66. Tac. hist. 4, 84. Suet. Oth. 8, 3: Ditis pater, Petron. 120. v. 76. Apul. met. 6, 18: bl. Ditis, Quint. 1, 6, 34: ianua Ditis, Verg. Aen. 6, 127: domus Ditis, Verg. Aen. 5, 731: domina Ditis, Proserpina, Verg. Aen. 6, 397. – von Cäsar identifiziert mit dem Gott der Nacht bei den Kelten, von dem die Gallier abstammen, Dis pater, Caes. b. G. 6, 18, 1.

dis-calceātus (dis-calciātus), a, um, **ohne Schuhe, unbeschuht,** v. Pers., Suet. Ner. 51. Veget. mil. 3, 10. p. 90, 9 L. Vulg. deut. 25, 10 u. a.: discalciatis pedibus, Hieron. epist. 77, 5.

dis-capēdino, āvī, āre, **auseinanderhalten,** manus, Apul. flor. 3. p. 3, 13 Kr.

dis-carico, āre, (dis u. carrus), **abladen,** Ven. Fort. vit. S. Medard. 7 *extr.*

dis-caveo, ēre, **sich sehr hüten,** malo, vor usw., Plaut. Men. 249 zw. (Schöll caveas).

dis-cēdo, cessī, cessum, ere, **I auseinander gehen, sich trennen, sich teilen,** in duas partes, Sall.: inter se, Nep.: in manipulos, Tac. – v. Lebl., discedit terra, Cic.: caelum discedit, d. i. trennt sich, öffnet sich, Cic. de div. 1, 97 u. 99; dah. er heitert sich auf, Verg. Aen. 9, 20. – übtr., **a** grammat. od. logisch **zerfallen,** ab uno capite in duo obliquos casus (Ggstz. in unum confluere), Varro LL.: in duo genera, Quint.: in tres partes, Quint. – **b** politisch **sich spalten,** omnis Italia animis discedit, Sall. hist. fr. inc. 2 (hist. fr. 1, 16). – **II fort-, weg-, abgehen, sich entfernen, A** eig.: **1** im Allg.: ab ero, Plaut.: a Caesare, Caes.: de foro, Cic.: de convivio, Cic.: e Gallia, Cic.: e patria, Ov.: e medio, sich verbergen, verstecken, Suet.: m. bl. *Abl.*, finibus, templo, Ov.: Capuā, Cic. – *impers.*, a contione disceditur, Caes.: absol., Caes. – v. Lebl., calx ab arena discedit, löst sich ab, Vitr.: ebenso squamae ex summa cute discedunt, Cels.: quartana ab alqo discedit, weicht, Cic.: discessit (schied) sol, Ambros.: u. so sol discedens, Hor. – mit Angabe **wohin?** = wohin **gehen, sich begeben,** in silvas, ex fuga in civitates, Caes.: ad urbem, Verg.: ex castris domum, Caes.: domos suas, Nep.: m. 1. *Supin.*, cubitum, Cic.: unpers., quietum disceditur, Dict. – **2** insbes.: **a** als milit. *t. t.*: **α** = von wo **abgehen, abziehen, abmarschieren,** a Brundisio, Caes.: ex hibernis, Caes.: Tarracone, Caes.: absol., dispersi discedunt, Caes. – ab signis, die Schlachtordnung verlassen, Caes.: ab armis, die Waffen niederlegen, Caes.: a bello, sich vom Kriegsschauplatz entfernen, Caes. – **β** = aus einem Kampf irgendwie (als Sieger, besiegt usw.) **abziehen, wegkommen, davonkommen,** superior discedit, Caes. u. Nep.: u. (vor Gericht, Ggstz. inferior est in agendo) Cic.: victor discedit, Amm.: maximarum gentium victor discedit, Caes.: victus discedit, Sall.: graviter vulneratus discedit, Sall.: aequo Marte cum Volscis, der Kampf mit den Volskern blieb unentschieden, Liv.: sine detrimento, Caes.: infectā re, Caes., od. infectis rebus, Nep. – dah. übh. irgendwie (als Sieger vor Gericht, unbestraft usw.) **davongehen, weg-, davonkommen,** superior discedit, bleibt Sieger, Cic., Ggstz. inferior discedit, unterliegt, Cic.: liberatus discedit, geht frei aus (wird freigesprochen), Cic. u. Nep.: consulum iudicio probatus discessit, trat mit dem Beifall der K. ab, Cic.: alcis iniuria impunita discedit, bleibt ungestraft, Cic.: pulchre et probe et praeter spem, ganz schön u. gut weggekommen, Ter.: turpissime, mit Schimpf u. Schande abziehen müssen, Cic. – **b sich** feindl. von jmd. **scheiden, sich trennen,** jmd. **verlassen,** von ihm **abfallen,** uxor a Dolabella discessit, Cael. in Cic. ep.: ab amicis, die Fr. aufgeben, Cic.: ab alqo duce (v. Soldaten usw.), Caes. u. Liv. (vgl. Fabri Liv. 24, 45, 2). – **B** übtr.: **1** im Allg.: ex vita tamquam ex hospitio, scheiden, Cic.: u. so a vita, Cic. (spätlat. auch bl. discedere = aus dem Leben scheiden, verscheiden, Min. Fel. 1, 2 *codd.* Amm. 29, 5, 42 *codd.*). – a re, von der Sache, vom Thema abgehen (v. Redner), Cic. – übtr., v. Lebl., **schwinden,** numquam ex animo meo discedit illius viri memoria, Cic.: hostibus spes potiundi oppidi discessit, Caes. – **2** insbes.: **a** von etwas, von seiner Pflicht, von seinem Charakter usw. **abgehen, abweichen,** etw. **aufgeben,** ab officio, Cic.: a consuetudine, Cic.: a voluptate, Cic.: a constantia atque a mente atque a se discessit, ihn verließ Besonnenheit und Mut, und er geriet außer sich, Cic.: a gloria sperata, Cic. – **b** als publiz. *t. t.*, v. Senat, in alqam sententiam d., einer Meinung beitreten, Liv.: u. das Gegenteil, in alia omnia d., ganz für das Gegenteil stimmen, ganz der Gegenmeinung sein, Cic. – vgl. quo (= ad quod SC.) numquam ante discessum est, wozu man sonst nie geschritten ist, Caes. – viell. auch so hanc in opinionem discessi, ut etc., Cic. – **c** d. ab alqo od. ab alqa re, von jmd. od. etwas in der Beurteilung abgehen, **absehen** = jmd. od. etwas **ausnehmen,** cum a vobis discesserim, euch ausgenommen, Cic.: cum a fraterno amore discessi, Cic. – ► Synkop. Perf.-Formen discesti, Plaut. asin. 251: discesse, Ven. Fort. vit. S. Mart. 4, 352. – *Partic. Perf. Pass.*, custodibus discessis, Cael. Antip. hist. 4. fr. 32 (bei Prisc. 8, 49).

discentia, ae, *f.* (disco) = μάθησις, das **Lernen,** Plur. meton. = die **Wissenschaften,** Tert. de anima 23 u. 24.

disceptātio, ōnis, *f.* (discepto), **I** die **Erörterung, Debatte, Diskussion,** der **Meinungsaustausch,** die **Verhandlung,** die angestellt wird, um die Wahrheit zu erforschen, zu prüfen od. genauer zu bestimmen, cum quibus omnis fere nobis disceptatio contentioque est, Cic.: cum Antiocho quia longior disceptatio erat, Liv.: magna ibi non disceptatio modo, sed altercatio fuit, Liv.: m. *Genet.*, disc. verborum (mit W.), Liv.: iuris, Cic. u. Quint.: iudicationum, Quint.: disceptationes forenses iudiciorum aut deliberationum, Cic.: civium disceptationes, privatrechtliche Streitigkeiten, Cic. – meton. = die **Streitfrage,** der **Streitpunkt,** Cic. part. or. 104. – **II** die richterl. **Entscheidung,** der **Ausspruch, Urteilsspruch,** praetoris, ICt.: de quibus ambigebatur rebus, disceptationem ab rege ad Romanos revocabant, Liv.: nec eodem sono publica iudicia et arbitrorum disceptationes aguntur, Quint.

disceptātor, ōris, *m.* (discepto), der die Beweisgründe einer Streitsache erörtert u. prüft, um sie zu entscheiden, der **Schiedsrichter,** Cic. u. a.: domesticus (Ggstz. iudex), Cic.: privatus disc. aut arbiter litis, Cic.: disc. iuris, Cic.: agrorum, Tac.: litium omnium atque iurgiorum inter propinquos disc. et arbiter, Apul.: eodem anno *inter* populum Carthaginiensem et regem Masinissam in re praesenti disceptatores Romani *de* agro fuerunt, Liv.

disceptātrīx, trīcis, *f.* (Femin. zu disceptator), die **Prüferin, Entscheiderin, Schiedsrichterin,** Cic. Acad. 2, 91. Lampr. Commod. 5, 4. Augustin. conf. 6, 2.

disceptim, *Adv.* (*discipio) = σαφῶς, φανερῶς, Gloss. II, 50, 50.

dis-cepto, āvī, ātum, āre (dis u. capto), eig. die Beweisgründe einer Streitsache erörtern u. prüfen, um darüber entscheiden zu können, dah. **I** als Richter eine Streitsache **untersuchen, ins Reine bringen, gutachtlich entscheiden,** in einer Sache **den Schiedsrichter machen,** controversias, Cic.: inter populum Carthaginiensem et regem in re praesenti, Liv.: inter amicos, Plin. ep.: ipso exercitu disceptante, Liv. – **II** v. streitenden Parteien, über eine Streitsache **verhandeln, debattieren,** sie **zur Entscheidung bringen,** um sich womöglich gütlich zu vergleichen, verbis de iure, Liv.: de controversiis apud se (*sc.* Caesarem) potius, quam inter se armis, Caes.: de iure publico armis, Cic.: Abl. absol., multum invicem disceptato, nachdem viel hin u. her gestritten worden war, Tac. ann. 15, 14. – übtr., in uno proelio omnis fortuna rei publicae disceptatur, beruht die Entscheidung, Cic. ep. 10, 10 *in.*

discernenter, *Adv.* (discerno), **mit Unterschied,** Cael. Aur. chron. 1, 4, 81.

discernibilis, e (discerno), **unterscheidbar,** Eccl.

discerniculum, ī, *n.* (discerno), **I** die **Haarnadel,** Lucil. 991. Varro LL. 5, 129. – **II** der **Unterschied,** Gell. 17, 15, 4. Ambros. apol. David alt. 4, 26; exhort. virgin. 1, 3.

dis-cerno, crēvī, crētum, ere, **absondern, trennen, I** eig.: **a** übh.: qui (longurii) equas discernant, ne inter se pugnare possint, Varro: multis lignum hoc a carnibus discernitur tunicis, Plin.: mons, qui fines eorum discerneret, abgrenzen, Sall.; vgl. poet., ac litem ut discerneret (fernhalte) arvis, v. Grenzstein, Verg.: duae urbes magno inter se maris terrarumque spatio discretae, Liv.: Gabinus ager ab reliquo discretus, Varro LL.: Agrippina discreta velo, Tac.: separati epulis, discreti cubilibus, Tac.: discretae sedes piorum, abgesondert, abgelegen, Hor.: septem discretus in ostia Nilus, Ov.: quod moenibus cingebatur, ita repente atrā nube coopertum fulguribusque discretum est, ut etc., von Blitzen zerteilt, durchzuckt, Tac.: v. polit. Trennung der Stände, omnia discrimina talia, quibus ordines discernerentur, Liv. – **b** se disc., **sich entfernen,** e medio se conspectu, Amm. 26, 6, 3: manibus repens et pedibus longius sese discrevit, Amm. 29, 5, 54. – **II** übtr.: **a unterscheiden,** alba et atra d. non posse, Cic.: fas atque nefas exiguo fine libidinum, Hor. – non disc. suos, Caes.: ubi discerni stultus auditor et credulus ab religioso et sapienti iudice possit, Cic. – m. folg. indir. Fragesatz (s. Liv. 7, 9, 7), animus discernit, quid sit eiusdem generis, quid alterius, Cic.: neque sui iudicii neque suarum esse virium discernere, utra pars iustiorem habeat causam, Caes.: pecuniae an famae minus parceret, haud facile discerneres, Sall.: ut discernere nequeas, utrumne … an … an etc., Lact.: nec discernatur, iussu iniussu imperatoris pugnent, Liv. – **b entscheiden, schlichten,** v. Richter, hoc, Calp. ecl. 6, 91: ruricolûm lites, *ibid.* 8, 52. – übtr., v. Lebl., oracula dubia legimus, quae non nisi casus discrevere supremi, deren Bedeutung erst der Ausgang entschieden hat, Amm. 23, 5, 9.

dis-cerpo, cerpsī, cerptum, ere (dis u. carpo), **zerpflücken, zerstückeln, zerreißen, zerteilen, I** eig.: alqm, Cic.: membra gruis, Hor.: corpus ferro, Enn. fr.: aurum in parvas parteis, Lucr. – v. den Winden usw., **zerstreuen** = vernichten, Catull. u. Verg. – **II** übtr.: **A** im Allg., in der Rede **zerstückeln,** qui quae complecti tota nequeunt, haec facilius divulsa et quasi discerpta contrectant, Cic.: cum res ea, quae proposita est, quasi in membra discerpitur, Cic. – **B** insbes., **herunterreißen, schmähen,** alqm dictis, Catull. 66, 73: ut contempti vulgo discerptique sint, Gell. 6 (7), 18, 10.

discerptim, *Adv.* (discerpo), **getrennt,** Boëth. in Arist. περὶ ἑρμ. 1, 151, 22.

discerptio, ōnis, *f.* (discerpo), die **Zerstückelung, Zerreißung,** discerptiones eorum, Vulg. 4. Esdr. 12, 32.

discertātio, ōnis, *f.* (discerto), die **Abmachung, Erörterung,** philosophiae discertationes, Gell. 10, 4, 1.

dis-certo, āre, erörternd **abmachen, erörtern,** Plaut. Men. 809 (Schöll hat dissertare). Not. Tir. 34, 83.

discessio, ōnis, *f.* (discedo), **I** das **Auseinandergehen,** die **Trennung,** zweier Eheleute, Ter. Andr. 568: populi in duas partes, Gell. 2, 12 *in:* discessio plebei a patribus et aliae dissensiones, Sall. hist. fr. 1, 9 (10): stellarum et discessiones et coetus (Vereinigungen), Gell. 14, 1, 8. – **II** das **Fortgehen,** ni tempus noctis iam propinquantis necessariae discessionis nos admoneret, an das Nachhausegehen, Macr. sat. 1, 5, 3. – Insbes., **a** als milit. *t. t.* = der **Abmarsch,** Tac. ann. 1, 30. – **b** als publiz. *t. t.*, das **Abtreten** der Senatoren auf die eine od. die andere Seite, das **Abstimmen,** senatus consultum facere per discessionem, nur durch A., ohne Diskussion, Cic. u. Tac.: discessionem facere, abstimmen lassen, Cic.: fit d., es wird abgestimmt, Cic.: facta est d. in sententiam alcis, Cic.

discessīvus, a, um (discedo), **abweichend,** adverbia, Virg. gramm. p. 70, 13 H.

discessus, ūs, *m.* (discedo), **I** das **Auseinandergehen,** die **Trennung, Öffnung,** caeli, das Wetterleuchten, Cic. de div. 2, 60. – **II** das **Weggehen,** die **Entfernung,** das **Scheiden,** die **Trennung,** v. Perf. auch die **Abreise** (Ggstz. reditus), subitus discessus et praeceps profectio, Cic.: disc. voluntarius, Cic.: omnis nobilitatis, Caes.: discessus ab omnibus, quae sunt bona in vita, Cic.: o praeclarum discessum e vita! Cic.: non longinquum inter nos digressum et discessum fore, Scheiden und Meiden (beim Tode), Cic.: discessu mugire boves, Verg.: m. Ang. **von wo?** illius Alexandreā (von Al.) disc., Cic. – lebl. Subjj., solis accessus discessusque (Plur.), Cic.: sub discessum aestus maritimi, Frontin. – insbes., **a** als milit. *t. t.*, der **Abmarsch, Abzug,** Caes. u. a.: m. Ang. von wo? discessus exercituum ab Dyrrachio, Caes. – **b** euphem., die **Entfernung** = die **Verbannung,** Cic. de legg. 2, 42; de domo 85.

disceus, eī, *m.* (δισκεύς), der **Scheibenstern,** eine Art Komet, Plin. 2, 89.

discidium, iī, *n.* (discindo), **I** das **Zerreißen, Bersten,** nubis, Lucr. 6, 293: inter plura humi discidia (Spaltungen), Solin, 1, 91. – **II** die **Trennung, A** eig., auch im Plur., Lucr., Cic. u. a.: coniugis miserae, die Tr. von der G., Cic.: u. bes. von der Trennung Liebender od. von der Ehescheidung (s. Lorenz Plaut. Pseud. 69), Komik., Cic. u. a.: disc. civile (gewöhnliche), Tac.: Plur., divortia atque affinitatum discidia, Ehescheidungen u. Auflösungen der Verschwägerungen, Cic.: orbitates, discidia (Ehescheidungen), Sen. – **B** übtr., die Trennung der Gemüter, das **Zerwürfnis,** Plaut., Cic. u. a.: belli discidio, durch das kriegerische Z., Cic.: Plur., deorum odia, discidia, discordiae, Cic. Vgl. Madvig Cic. de fin. exc. II. p. 812 (799) *sqq.*

dis-cīdo, ere (dis u. caedo), **zerschneiden, zerhauen,** Lucr. 3, 657 u. 669.

discīnctus, a, um, *PAdi.* (v. discingo), **locker, lässig, liederlich, sorglos,** nepos, Hor.: verna, Pers.: otia, Ov.

dis-cindo, scidī, scissum, ere (dis u. scindo), **auseinander reißen, -spalten, I zerreißen, zerspalten,** salicem, Cato: vestem, Plaut. u. Ter.: cotem novaculā esse discissam, Cic.: librum suis manibus et disc. et concerpere, Gell.: alci maxillam ictu, Suet.: cunctantem flagellis, zerfleischen, Suet. – übtr., amicitiam, auseinander reißen = gewaltsam, auf einmal abbrechen (Ggstz. dissuere, auseinander trennen = allmählich lösen), Cic. de amic. 76: oratio aut continua est aut inter respondentem et interrogantem discissa, oder durch Frage u. Antwort unterbrochen, Sen. ep. 89, 17. – **II** ein Gewand **weg-, aufreißen,** um die Brust zu entblößen, ut discinderem tunicam, ut cicatrices ostenderem, Cic.: vestem a pectore, Suet.: tunicam a pectore eius, Liv. epit. – ► Synk. Plusquamperf. discisset, Sil. 11, 455.

dis-cingo, cīnxī, cīnctum, ere, **losgürten, aufgürten, I** eig.: discincta tunica, Hor.: v. Pers., excalceari et discingi, Vell.: u. im Bild, in sinu est, neque ego discingor, lasse ihn nicht fahren, Cic. ad Q. fr. 2, 11, 1. – Partiz., tunicati et discincti, als Zeichen tiefer Trauer, Suet.: centuriones discincti, als milit. Strafe, Liv. – poet., Afros, entwaffnen,

Iuven.: peltatam Amazona Scythico nodo, Mart.: discingi armis, die Waffen niederlegen, Sil. – **II** übtr., **auflösen,** dolos, zunichte machen, Sil.: ingenium, entnerven, weichlich machen, Sen. ep. 92, 35.

discipleina, s. disciplīna ►.

disciplīna, ae, *f.* (discipulus), die **Schule, I** im engeren Sinne, die **Lehre,** der **Unterricht,** die **Unterweisung, Bildung, Schule, 1** eig., absol., verb. educatio et disc., Quint.: litterae reliquaeque res, quarum est disciplina, für die es einen Unterricht gibt, die gelernt werden, Cic.: omnis disciplina memoriā constat (beruht auf dem G.), Quint.: haec est ergo tua disciplina? sic tu instituis adulescentes? Cic.: novum alqm alci in disciplinam tradere, Cic.: ab alqo disciplinam accipere, Cic.: nec disciplinam (Unterweisung, Theorie) modo, sed exemplum (Beispiel, Praxis) a me petere, Liv.: alci eam disciplinam adhibere (angedeihen lassen), Liv.: disciplinae esse aliis, anderen zum Muster dienen, Plaut. – m. subj. *Genet.,* disc. magorum, Cic.: furis atque divisoris, Cic.: caelestium praeceptorum, Vell.: parentum, Iustin. – pueritiae disciplinae, Unterrichtszweige des Knabenalters, Knabenunterricht, Cic. – m. obj. *Genet.* (in), disc. dicendi, rednerische Schulbildung, Cic.: virtutis, Cic.: litterarum disciplina (das Erlernen) agitari coepit, Cels. – **2** meton.: **a** der Gegenstand der Lehre, die **Wissenschaft, Kunst,** das **System,** und wie unser Schule = die daraus hervorgehenden **Kenntnisse, Fertigkeiten, Bildung, α** übh., absol., Corinthus disciplinis erudita, Rhet. Her.: animum disciplinis meliorem fieri, Quint.: corpus periculis aut animum disciplinis exercuit, Vell. – m. Adjj., disciplinae Graecae, nostrae, Quint.: disciplinae liberales (Dichtkunst, Beredsamkeit, Jurisprudenz), Vell.: quaedam insitiva disc., aus der Fremde eingeführte Bildung, Cic.: disc. Etrusca, Cic.: bellica, Kriegskunst, Cic.: militaris, Kriegskunst, Nep.: navalis, theoretische Kenntnisse im Seewesen, Cic.: medicinae disciplinae libri, Werke über Medizin, medizinische Schriften, Gell.: architecti est scientia plurimis disciplinis (Wissenschaftszweigen) et variis eruditionibus (Elementarkenntnissen) ornata, Vitr.: disciplinis fallacissimis eruditus, in den Künsten des feinsten Betrugs, Auct. b. Alex.: alqm omni (in jedem Zweig) disciplinā militari erudire, Nep.: disciplinis regiis educari, Auct. b. Afr.: habere quasdam etiam domesticas (von Haus aus) disciplinas, Cic. – m. obj. *Genet.,* disc. populorum, die Kunst, die V. zu lenken, Cic.: iuris civilis, Cic.: sapientiae, Liv.: musices, Quint.: haec dicendi ratio aut disciplina, Cic.: disc. ruris, der systematische od. rationelle Betrieb der Landwirtschaft, Col.: disc. augurandi, Suet. – **β** die philos. **Schule,** das **System,** philosophiae disciplina u. disciplinae, Cic.: disc. mollis, Cic.: qui sunt ab ea disciplina, Cic. – **γ** die rhetor. **Schule, Methode,** das **Lehrsystem,** Hermagorae, Cic.: summus doctor istius disciplinae, Cic. – **b** Plur. disciplinae konkr.: **α Unterrichtsanstalten,** Cic. Sull. 89. – **β Sekten,** philosophorum, Ter. eun. 263.

II im weiteren Sinne, die **Schule** = die **Erziehung, Zucht, 1** eig.: **a** im Allg., disc. puerilis, Jugenderziehung, Cic.: severitas ac disc. maiorum, Tac.: disc. Amerina patris familiae rusticani, Cic.: civitatis (die im Staat herrschende), Cic.: vetus disc. regum, strenge Zucht, Strenge, Curt.: disc. tetra ac tristis veterum Sabinorum, Liv.: disc. familiae (der Sklaven) gravis et constans, Cic. – a pueris nullo officio aut disciplinā assuefacti, Caes.: labante disciplinā, Liv.: labente paulatim disciplina, Liv.: disciplinam domesticam diligenter severeque regere, Suet. – **b** insbes., die **Kriegszucht, Mannszucht,** disc. militaris, Liv. u. a.: disc. castrensis, Ps. Quint. decl.: disc. castrorum, Plin. pan. u. Suet.: militiae disc., Zucht der Kriegsschule, Cic.: disc. populi Romani, Cic.: disc. maiorum, Sall.: modestia militaris, veteris disciplinae decus, Tac.: disciplinam (militarem) severissime regere, Suet. u. Eutr. – **2** meton., die aus der Erziehung hervorgehende geordnete **Einrichtung, Lebenseinrichtung, Ordnung, Weise, Sitte, Grundsätze, Gewohnheit, Politik, a** im Allg.: disciplinae sanctitas, Ehrlichkeit der Politik, Liv.: novitas incognitae disciplinae, Vell.: disc. publica, öffentliche (polizeiliche) Ordnung, Polizei, ICt. u. Eccl.: disc. Macedonum regum, Persarum, Curt.: meretricia disc., Mätressenwirtschaft, Cic.: certa vivendi disc., bestimmte Lebensordnung, Cic.: disc. sacrificandi, Opferritus, Liv.: imitari avi mores disciplinamque, Cic.: eādem disciplinā (Politik) uti, Plaut.: earum artem et disciplinam colere, Plaut.: nam disciplina (Politik) est eis demunerarier ancillas primum, ad dominas qui affectant viam, Ter. – **b** die **Staatseinrichtung, Verfassung, Staatsverfassung,** disc. civitatis, Sen.: disc. rei publicae, Cic.: earum civitatum severissima disc., Tac.: Lacedaemoniorum disc., Cic.: disciplinam dare, Cic.: disciplinam Lycurgi od. vetustissimam disciplinam Lycurgi tollere, Liv.: o morem praeclarum disciplinamque, quam a maioribus accepimus, si quidem teneremus, Cic. – ► Gedehnte Nbf. discipulīna, Plaut. asin. 201; most. 154; Pseud. 1274. CIL 7, 896. Cic. de rep. 2, 34 *cod.* – discipleina, CIL^2 1. p. 202 (elog. XLI).

disciplīnābilis, e (disciplina), **schulmäßig unterrichtbar** od. **unterrichtet, geschult,** voluntates, Cassiod. var. 4, 33, 1. Isid. 2, 24, 9. – Rhet. Her. 3, 4 schlechte Lesart. – *Adv.* **disciplīnābiliter,** Cassiod. in psalm. praef. 4; in psalm. 150, 4.

disciplīnātus, a, um, *Adi.* m. *Compar.* (disciplina), **geschult, gut gewöhnt,** Tert. de fug. in persec. 1. Vulg. Iacob. 3, 13 u. a. Alcim. Avit. 4, 46.

disciplīnōsus, a, um (disciplina), **gelehrig,** gladiator, Cato de re mil. fr. 14; vgl. Gell. 4, 9, 12.

discipula, ae, *f.* (discipulus), die **Schülerin,** Hor., Plin. u. a.: v. der jungen Nachtigall, Plin. 10, 83: scherzh., ego te dedam discipulam cruci, sollst mir am Kreuze Gehorsam lernen, Plaut, aul. 59. – übtr., von der latein. Beredsamkeit, discipula eius (Graecae facundiae), Quint. 12, 10, 27: v. Mond, der das Beleuchten von der Sonne lernt, luminis eius (Solis) Luna discipula, Apul. flor. 10.

discipulātus, ūs, *m.* (discipulus), der **Stand eines Schülers,** Augustin. serm. 23, 1. Tert. de praescr. 22 u. a. Eccl.

discipulīna, ae, *f.*, s. disciplīna ►.

discipulus, ī, *m.* (viell. von *discipio, »nehme geistig auf«, Ggstz. praecipio, lehre, nehme etwas mit dem Schüler vor), der **Lehrling, Lehrbursche, Schüler** (Ggstz. praeceptor, magister), Plaut., Cic. u. a.: auditor et discipulus Platonis, Cic.

discissio, ōnis, *f.* (discindo), **I** das **Zerreißen,** veli, Augustin. serm. 393 § 2 *extr.* Hilar. de trin. 10, 39. – **II** übtr., die **Trennung, Spaltung,** auch im Plur., Eccl.

discito, āre (*Frequ.* v. disco), **sich** mit etw. **bekanntmachen,** causas omnes, Ps. Iuvenc. in exod. 754.

dis-clūdo, clūsī, clūsum, ere (dis u. claudo), **voneinander abschließen, absondern, trennen, I** eig.: **A** im Allg.: Nerea ponto, Verg.: tigna, in der gehörigen Distanz halten, Caes.: übtr., mons, qui Arvernos ab Helviis discludit, Caes. – **B** prägn., **trennen = spalten, zerreißen,** turres, Lucr.: morsus roboris, d. i. öffnen, Verg. – **II** übtr., **hemmen,** officia spiritus, Apul. met. 1, 16.

disclūsio, ōnis, *f.* (discludo), die **Trennung, Absonderung,** loci, Apul. de deo Socr. 1.

dīsco, didicī, ere (zu διδάσκω), **lernen, kennenlernen, I** durch Unterricht od. Gewöhnung od. Praxis etw. **lernen, erlernen, kennenlernen, in** od. **über** etw. **sich unterrichten,** etwas **studieren** (Ggstz. dediscere, verlernen, docere, lehren, dedocere, verlernen lassen), qui quod didicit id dediscit, einen Rückschritt macht, Plaut.: multa oportet discat atque dediscat, Cic.: disces docebisque artes, Sen.: hoc discunt omnes ante alpha et beta puellae, Iuven.: u. so d. elementa prima, Hor.: litteras (die Buchstaben), lesen lernen, Plaut.: litteras Graecas, Sall.: artem, Pompon. com. fr.: artes, Cic. u. Quint.: eas partes (Rolle), einstudieren, Ter.: ius, Augustin.: ius civile aut rem militarem, Jurist oder Soldat werden, Cic.: palaestram, Quint.: Persicum aruspicium, Catull.: primo textrinum, deinde litteras, Suet.: memoriter psalterium, auswendig lernen, Hieron. epist. 128, 3: discit crimina et vitas, erforscht, Verg.: discere nectaris sucos, schmecken lernen, kosten, Hor. – m. Ang. **woher? von wem? woraus?** durch *Adv.* od. durch *de, ab, ex* m. Abl., dum est *unde* ius civile discatur, adulescentes in disciplinam ei tradite, Cic.: ignara mariti puella *unde* disceret preces, vatem ni Musa dedisset, Hor.: *inde* vocabula prima, Lucr.: *de* te quidem haec didici omnia, Plaut.: coepit me obsecrare, ut sibi liceret discere id de me, Ter.: *a* quo multo plura didiceris quam *de* (von) Procilio, Cic.: ab eo Stoico dialecticam didicerat, Cic.: disce, puer, virtutem *ex* me, fortunam *ex* aliis, Verg.: id quod *ex* pluribus testibus prioribus actionibus didicistis, Cic.: quod tamen *ex* istis licuit mihi discere fastis, Ov. – m. Ang. **bei wem?** durch *apud* u. Akk., apud alqm litteras, Cic. ep. 9, 10, 3: cuius aliquid simile apud grammaticos puer didicerit, Quint. 2, 4, 1. – m. Ang. **um welchen Preis?** a quo decem milibus denariorum didicisse artem, quam edidit, Quint. 3, 1, 10. – m. Ang. **wodurch?** in castris per laborem usum militiae, Sall. Cat. 7, 4: quae illi litteris, ea ego militando didici, Sall. Iug. 85, 13: atque haec ut certis possemus discere (erkennen) signis, Verg. georg. 1, 351: v. lebl. Subjj., illae (pomiferae arbores) ab homine didicere blandos sapores adoptione et conubio, Plin. 16, 1. – m. folg. *Infin.*, pingere, Varro fr.: texere (v. der Spinne), Plin.: saltare, Cic.: non caesim, sed punctim ferire, Veget. mil.: Latine loqui, Sall.: didicisse Getice Sarmaticeque loqui (Ggstz. didicisse Latine loqui), Ov.: discant cantare puellae, Ov.: vera dicere didici (habe gelernt, bin gewohnt), Plaut.: ferae hominem didicere (gewöhnten sich) pati, Lucan.: qui mori didicit, servire dediscit, Sen.: in minoribus navigiis *rudem esse*, quinqueremes autem maiores gubernare *didicisse*, Cic.: pater esse disce *ab* illis, qui vere sciunt, Ter.: cum Romanis bellare bonis malisque meis (unter guten u. üblen Erfahrungen für mich) didici, Liv.: von lebl. Subjj., nec varios discet mentiri lana colores, Verg. ecl. 4, 42. – m. *Acc.* u. *Infin.*, bene qui didicere (wahrnahmen) deos securum agere aevom, Lucr. 5, 82 (vgl. Hor. sat. 1, 5, 101): disce tamen, veniens aetas, ubi Livia nunc est porticus, immensae tecta fuisse domus, Ov. fast. 6, 639: hi si didicerint non eadem omnibus esse honesta atque turpia etc., Nep. praef. § 3: sed hic forte a Platone didicerat deos nihil esse, Lact. 2, 4, 26: u. so usu od. experimento didicisse m. folg. *Acc.* u. *Infin.*, Curt. 5, 1, 6. Frontin. 1, 10, 1. – mit folg. indir. Fragesatz, prius disce, quid sit vivere, Ter.: disce, quae censet amiculus, höre auf den Rat eines guten Freundes, Hor.: dominae potentia quae sit, hinc disce, meae, Ov.: quae virtus et quanta, boni, sit vivere parvo, discite, Hor.: plures discent quem ad modum haec fiant, quam quem ad modum his resistatur, Cic.: unde sit infamis, quare male fortibus undis Salmacis enervet tactosque remolliat artus, discite, Ov.: discite, femineis quid tela virilia praestent, Ov.: cum discere velim, *an* sententias dividi, *an* iri in singulas oportuerit, Plin. ep. 8, 14, 24: se experiendo didicisse, quam arduum, quam subiectum fortunae regendi cuncta onus, Tac. ann. 1, 11. – absol., ita didicisse (so gewöhnt sein, es so gewohnt sein) m. folg. *ut* u. Konj., se ita a patribus maioribusque suis didicisse, ut etc., Caes. b. G. 1, 13, 6. – m. *Abl.* des Instrum. **womit?** (auf, in usw.), disco fidibus, Cic. de sen. 26: armis, Sen. contr. 9 (4). praef. § 4. – m. *Nomin.* des Berufs, fac discat citharoedus aut choraules, Mart. 5, 56, 9. – m. *Adv.*, disc. Latine, Quint. 1, 1, 13. – ganz absol., homines dum docent discunt, Sen.: valent pueri, studiose discunt, diligenter docentur, Cic. ad Q. fr. 3, 3, 1: pueri ad praescriptum discunt (lernen schreiben), Quint.: docta didici, ich habe Unterricht erhalten u. derselbe ist nicht an mir verloren gegangen, Plaut.: quam ob rem disces tu quidem *a* principe huius aetatis philosophorum et disces quam diu voles, Cic.: ipse in Aegypto natus didicit a Ctesidemo (war ein Schüler des Kt.), Plin.: quos discentes vita defecit, Cic.: discendi aut visendi causā maria transmittere, Cic.: studiosos discendi erudire atque docere, Cic.: cupiditas discendi, Liv. u. Sen.: discendi cupido, Apul.: studium discendi, discendi et docendi, Cic.: voluntas discendi, Cic.: ad discendum promptus (puer), Quint.: puer discens, ein Lehrling, Lehrbursche, eines Barbiers, Petron. 94, 14: eines Schusters, Ulp. dig. 9, 2, 5. § 3: Partiz. subst., discentes, Schüler, Lehrlinge, Lehrburschen, Liv. 6, 25, 9. Sen. de clem. 1, 16, 2. Suet. gr. 7 u. (Ggstz. magistri) Col. 1. praef. § 4: discentes speclariarii, CIL 6, 8659. – **2** insbes.: **a** als jurist. *t. t.*, discere causam, sich über die Sache unterrichten, sich mit dem Stand der Sache bekanntmachen, den Stand der Sache kennenlernen (v. Rechtsanwalt), Cic. de or. 2, 100. Sen. contr. 10. praef. 2. Quint. prooem. § 22 u. 10, 7, 20: causam ab od. ex alqo, Cic. de or. 2, 140. Quint. 12, 8, 6. – **b** prägn., didicisse, **studiert haben,** Cic. de or. 2, 4; Brut. 249; or. 146. – **II** **kennenlernen** = zur Kunde gelangen von usw., **1** im Allg., **a** jmd.: me peritus discet Hiber Rhodanique potor, Hor. carm. 2, 20, 20: u. prägn., quem legis expertes Latinae Vindelici didicēre nuper, zu ihrem Schaden kennen gelernt, Hor. carm. 4, 14, 8. – **b** einen Ort: quae mundi pars est, quam ille vincendo non didicerit, Manl. Statian. bei Vopisc. Prob. 12, 3: m. dopp. *Acc.* (etw. als usw.), Aegyptum totam didici levem pendulam, Hadrian. bei Vopisc. Saturn. 8, 1. – **2** eine Tatsache **in Erfahrung bringen, erfahren,** quae didici, dixi omnia, Plaut.: haec ubi rex didicit, Ov.: quod ubi primum didicit Demaratus, Iustin. – m. folg. *Acc.* u. *Infin.*, bene ubi discimus consilium quoi cecidisse, hominem catum eum declaramus, Plaut.: discit cum omni equitatu Litaviccum ad sollicitandos Aeduos profectum, Caes.: quos cum tantā celeritate venire rex didicisset, Iustin.: animadverti enim et didici *ex* tuis litteris te omnibus in rebus habuisse rationem, ut mihi consuleres, Cic. – mit folg. indir. Fragesatz, donec aliquem ex legatis misisset, *a* quo disceret senatus, quantum in Etruria belli esset, Liv. 10, 35, 17. – absol., ut quidem didici ego, Plaut. Poen. prol. 122. – ► Partiz. Fut. akt. disciturus, Apul. fr. 10 bei Prisc. 10, 19 (wo auch Supin. discitum ohne Beleg).

dī-scobīno, s. dē-scobīno.

discobolos, ī, *m.* (δισκοβόλος), der **Diskuswerfer,** als Statue od. Bildnis, Plin. 34, 57 u. 80; 35, 144. Quint. 2, 13, 10.

discoīdēs, es (δισκοειδής), **diskusähnlich,** figura, Th. Prisc. 4, 2.

dis-color, ōris, Abl. ōre u. ōri, **I** **verschiedenfarbig, buntfarbig, bunt,** cerae, Varro: signa, Cic.: vestis, Flor.: miles, der schwarze u. weiße (im Brettspiel), Ov. – m. *Dat.*, discolor lanae, Col. 7, 3, 2: vestis fatis discolor alba meis, Ov. trist. 5, 5, 8. – m. *Abl.*, ustus et Eoā discolor Indus aquā, Prop. 5, 3, 10. – **II** übtr., der äußeren Beschaffenheit nach **verschieden, unähnlich,** Ov. u. a.: d. usus rerum, Pers.: matrona meretrici *dispar* (dem Charakter nach) atque *discolor* (dem Äußeren, der Kleidung usw. nach), Hor.

discolōrius, a, um (dis u. color), **verschiedenfarbig,** vestis, Petron. 97, 3.

discolōrus, a, um (dis u. color), **verschiedenfarbig,** Prud., Apul. u. a.

dis-concinnus, a, um, **unzierlich, unschön** (Ggstz. concinnus), oculi, Fronto de or. p. 159, 17 N.

dis-condūco, ere, **nicht zuträglich sein, schaden,** nil disconducit huic rei, Plaut. trin. 930.

disconvenientia, ae, f. (disconvenio), die **Disharmonie, Nichtübereinstimmung, Unähnlichkeit,** Tert. de test. anim. 6.

dis-convenio, īre, **schlecht übereinstimmen, schlecht passen,** vitae disconvenit ordine toto, ist unharmonisch in seiner Lebensführung, Hor. ep. 1, 1, 99: quidquid ex agro disconvenit, Gromat. vet. 9, 3: specie disconveniente, *ibid.* 47, 16 u. 20. – *impers.*, eo disconvenit inter meque et te, darin gehen wir auseinander, Hor. ep. 1, 14, 18: de fine disconvenit per flexus quibus arcifinii agri continentur, Gromat. vet. 12, 4. – est disconveniens deo, ut etc., Lact. de ira 3, 1.

dis-cooperio, peruī, pertum, īre, **enthüllen, entblößen,** Vulg. levit. 18, 7 u. ö. Hieron. Isai. 7, 20. *no.* 16.

discophorus, ī, *m.* (δισκοφόρος), der **Schüsselträger,** Hieron. praef. in Daniel. *extr.* u. Gloss.

dis-coquo, coxī, coctum, ere, **zerkochen, weichkochen, abkochen,** Cels. u. a.: radicem in aqua, Plin.

discordābilis, e (discordo), **nicht übereinstimmend,** Plaut. capt. 402.

discordia, ae, *f.* (discors), **I** die **Uneinigkeit,** die **Zwietracht,** die **Disharmonie** (Ggstz. concordia), **a** übh., Komik., Cic. u. a.: animi, Inkonsequenz, Sen.: verborum novorum ac veterum, Varro LL.: haec discordia non rerum, sed verborum, Cic.: disc. concors, Manil. 1, 142: malum discordiae, der Zankapfel, Iustin. 12, 15, 11 (mit Anspielung auf den Zankapfel der Eris): disc. *erga* (mit) Germanicum, Tac. ann. 2, 76. – Plur., dividiae, discordiae, Acc. fr.: odia, discidia, discordiae, Cic.: discordiae civiles, Sall. – meton., der Gegenstand des

Streites, der **Zankapfel,** v. Pers., Prop. 1, 2, 17. – **b** insbes., die **Aufsätzigkeit, Widerspenstigkeit** gegen Obere, die **Meuterei** (vgl. Heräus Tac. hist. 1, 53, 7. Kritz Tac. Agr. 16, 5), semina (die Elemente) discordiae, Tac.: ne proceres gentium propinquis nuntiis ad discordias traheret, Tac. – **II** personifiz., Discordia, die **Göttin der Zwietracht,** die griech. Ἔρις, Verg. Aen. 6, 280 u. a.

discordio, s. discordo ►.

discordiōsus, a, um (discordia), **Zwietracht liebend, händelsüchtig,** vulgus seditiosum atque discordiosum erat, Sall. Iug. 66, 2: d. domus, Sidon. epist. 6, 2, 4.

discordis, s. discors ►.

discorditās, ātis, *f.* (discors) = discordia, Pacuv. tr. 178.

discordium, iī, *n.* (discors), **Zwietracht,** publica discordia, Calp. 1, 57.

discordo, āvī, āre (discors), **uneinig sein, in Zwietracht sein, -leben, I** eig.: **a** übh.: inter se, Ter.: inter se dissidere atque d., Cic.: cum Cheruscis, Tac.: animus a se ipse dissidens secumque discordans, Cic.: adversus ventrem, v. den Gliedern, Quint. – absol., discordant oppidani, Auct. b. Hisp.: discordat patria, Tac.: discordat eques, stimmt nicht ein, will nicht, Hor. – **b** insbes., v. Soldaten gegen Obere **widerspenstig** od. **aufsätzig sein, meutern,** Tac. ann. 3, 40. – **II** übtr., **im Widerspruch stehen, nicht übereinstimmen, kontrastieren, disharmonieren** mit usw., **abweichen** von usw., in tantum a se discordante fortunā, Vell. – ne (vox) cum oratione discordet, Quint. – mit *Dat.*, quantum simplex hilarisque nepoti discrepet et quantum discordet parcus avaro, Hor. – ► Nbf. **discordio,** Sulp. Sev. chron. 1, 9, 9 *cod. P.*

discoriātio, ōnis, f. (discorio), das **Abhäuten,** Ps. Soran. qu. medic. 245.

discoriātōrium medicāmentum, quod Graeci ἐκδόριον vocant, ein Mittel, die Haut wegzubeizen, Cass. Fel. 13. p. 20, 17.

dis-corio, āre (dis u. corium) = ἀποδέρω, ἐκδέρω, **abhäuten,** Gloss. II, 236, 21 u. III, 141, 23.

discors, cordis (dis u. cor), **zwieträchtig, uneinig, unverträglich, zerfallen** mit usw. (Ggstz. concors), **I** eig., v. Pers., Cic. u. a.: cum matre (v. animus), Tac.: civitas secum ipsa discors, Liv.: legiones, aufrührerische, Tac.: discors patri, Vell., Floro, Tac.: *ad* alia discordes, Liv. – **II** übtr., **a** übh.: concordia, Hor. u. a. (vgl. concordia *no.* II): symphonia, disharmonische, Hor.: venti, Ov. u. Sen.: eiusdem elementi natura, widerstrebende, Curt.: ipsa sibi discors favilla, Ov. – **b widersprechend, entgegengesetzt, verschieden,** fetus, zweigestaltet (oben Stier, unten Mensch), Ov.: vesania, Hor.: tam discors *inter* se iunctura corporum, Sen.: tam discordia inter se responsa, Liv.: m. *Abl.*, durch od. in etw. **verschieden, verschiedenartig, abweichend,** aestus marini tempore discordes, zu verschiedenen Zeiten eintretend, Plin.: ora sono discordia, Verg.: discordes moribus, linguis, Curt. – ► Nbf. **discordis,** e, Pompon. com. 165.

discrēbilis, e (discerno), **unterscheidbar,** Iul. Val. 3. 27 p. 135, 3 K.

dis-crēdo, ere, **nicht glauben,** mit *Acc.* od. mit *Acc.* u. *Infin.*, Commodian. apol. 552; 1, 1, 3; 1, 23, 10 u. a.: non discr. = **gar wohl glauben,** m. folg. *Acc.* u. *Infin.*, moveri omnia non discrederes, Iul. Val. 3, 36 (22).

discrepantia, ae, *f.* (discrepo), die **Disharmonie,** die **Misshelligkeit,** der bestehende **Widerspruch,** scripti et voluntatis, Cic.: maiorem multo inter Stoicos et Peripateticos rerum esse aio discrepantiam quam verborum, Cic.: in actiones omnemque vitam nullam discrepantiam conferre debemus, Cic.

discrepantissimus, s. dis-crepo.

discrepātio, ōnis, *f.* (discrepo), das **Nichtübereinstimmen,** der **Widerspruch,** cum discrepatio inter consules fuerit, Liv. 10, 18, 7; außerdem Augustin. c. ep. Parmen. 3, 4. § 22 u. a. Eccl.

dis-crepito, āre (*Intens.* v. discrepo), **gar nicht übereinstimmen, gänzlich im Widerspruch stehen,** Lucr. 2, 1018 u. 6, 1103: inter se, Lucr. 3, 801.

dis-crepo, āvī, āre, **nicht übereinstimmen** (Ggstz. consonare, unum sonare), **I** eig., v. musikal. Instrumenten usw., Cic. de off. 1, 145; de rep. 2, 69: v. Pers., Cic. de or. 3, 196. – **II** übtr.: **a nicht übereinstimmen, disharmonieren, im Widerspruch stehen, abweichen,** d. cum alqo od. cum alqa re, Cic.: d. ab alqa re, Cic.: multum ab alqa re, Vell.: d. sibi, Cic.: inter se, Cic.: nulla in re, Cic.: res multum discrepans auctorum opinionibus, Vell. – m. *Dat.* = von (s. Ritter Hor. carm. 2, 2, 18), dicta factis discrepant, Acc. fr.: longe mea discrepat istis et vox et ratio, Hor.: quantum simplex hilarisque nepoti discrepet, Hor.: discrepet his alius, Pers.: maioribus nostris non discrepemus, Vopisc. Car. 4, 7 P.: m. *Abl.* (von), vili nec discrepat arbore laurus, Claud. VI. cons. Hon. 28. – id quod haud discrepat, Liv.: causa latendi discrepat, ist ungewiss, unentschieden, Ov.: honestate igitur dirigenda utilitas est et quidem sic, ut haec duo verbo inter se *discrepare,* re *unum sonare* (einerlei Bedeutung zu haben) videantur, Cic.: interpres est mentis oratio verbis *discrepans,* sententiis *congruens,* Cic. – **b** *impers.*, discrepat, **man ist uneins, man stimmt nicht überein, es besteht ein Widerspruch** (Ggstz. convenit), discrepat inter scriptores, Liv.: cum *de* legibus conveniret, *de* latore tantum discreparet, Liv. – discrepat (es leuchtet nicht ein) m. folg. *Acc.* u. *Infin.*, Lucr. 1, 582. – illud haud quaquam discrepat m. folg. *Acc.* u. *Infin.*, Liv. 22, 36, 5: non od. haud discrepat, *quin* m. Konj., Liv. 8, 40, 1 u. 25, 28, 3: m. folg. indir. Fragesatz, Liv. 29, 25, 1. Suet. Claud. 44, 2. – **c** Partiz. im Superl., discrepantissimus, a, um, **ganz abweichend,** habitus, Solin. 52, 19: res (Plur.), Sidon. epist. 9, 16, 3. – ► Perf. discrepavi (auch Cic. de or. 3, 119): Perf. discrepui nur Hor. de art. poët. 219. – Partiz. Fut. akt. discrepaturus, Optat. schism. Donatist. 4, 2 (wo Futur. periphr. discrepaturae fuerant).

dis-crēsco, crēvī, ere, **auseinanderwachsen, in die Weite wachsen,** Lact. de morte pers. 33, 10.

discrētē, *Adv.* (discerno), **getrennt,** Prisc. 16, 7 (wo Ggstz. simul) u. Eccl.

discrētim, *Adv.* (discerno), **gehörig abgesondert, getrennt** (Ggstz. coacervatim), Apul. met. 6, 1; flor. 9. p. 12, 6 Kr. Ps. Tert. carm. in genes. 63. Amm. 28, 1, 36; 29, 6, 13.

discrētio, ōnis, *f.* (discerno), **I** die **Absonderung, Trennung,** Lact. 7, 12, 4. Macr. somn. Scip. 1, 6, 17. Prisc. 17, 88. Ambros. hexaëm. 2, 1, 1: Ggstz. concretio, Chalcid. Tim. 203. – als gramm. *t. t.*, die **Scheidung** der Bedeutungen, Mar. Victorin. 188, 14 u. 16. – **II** die **Unterscheidung,** aevi temporisque, Chalcid.: boni et mali, Vulg.: sine discretione, ohne Unterschied, Pallad. u. Amm.: u. so absque discretione, Amm.

discrētīvē, *Adv.* (discretivus), **unterscheidend** (Ggstz. congregative), Donat. Ter. eun. 1, 2, 43. Asper 552, 13 K.

discrētīvus, a, um (discerno), **unterscheidend** (Ggstz. congregativus), Prisc. 15, 36 u. a.

discrētor, ōris, *m.* (discerno), der **Absonderer, Unterscheider,** disputator, id est veritatis a falsitate discretor, Augustin. c. Cresc. Donat. 1. § 19: iudicialis discr. credentium et non credentium, Interpr. Iren. 5, 27, 1: est enim sermo dei discr. (der Prüfstein) cogitationum et intentionum cordis, Vulg. Hebr. 4, 12: absol., der Absonderer der Guten u. Bösen, Augustin. in psalm. 73, 11.

discrētōrium, iī, *n.* (discerno) = διάφραγμα, das **Zwerchfell,** Cael. Aur. chron. 2, 12, 143.

dī-scrībo, scrīpsī, scrīptum, ere, eins hier-, das andere dorthin schreiben: dah. argentum discripsi illis, quibus debui, meinen verschiedenen Gläubigern Anweisung gegeben, Ter. Phorm. 923. – ► Außerdem Nbf. od. Variante von dēscribo *no.* II, B, 3–5 (s. Osann Cic. de rep. 1, 70. Baiter Cic. Tusc. 4, 3. *not. crit.* p. 304, 10. Halm Cic. Cat. 1, 4, 9; Sest. 66. Weißenb. Liv. 30, 20, 6); ebenso Hor. de art. poët. 86; sowie in einigen Inschriften, s. CIL 1, 198, 14 u. 18; 1, 200, 70; 10, 4842, 44.

discrīmen, minis, *n.* (discerno), das **Scheidende, I** eig.: **a** konkr., die **Scheide, Scheidelinie,** der **Scheidepunkt,** discrimina costis per medium quā spina dabat, Verg.: cum pertenui discrimine (duo maria) separarentur, Cic.: compositum discrimen erit, discrimina lauda,

Haarscheitel, Ov.: poet., tenue discr. leti, Rand, Verg.: u. so leti discrimine parvo, Verg. – **b** abstr.: **α** der **Zwischenraum,** discrimina agminum, Curt.: spatium discrimina fallit, Ov. – **β** der **Abstand,** die **Entfernung,** aequato od. aequo discrimine, Lucr. u. Verg. – **γ** das **Intervall** in der Musik, septem discrimina vocum, die siebenstimmige, -hallige, siebensaitige **Leier,** Verg. Aen. 6, 646. – **II** übtr.: **a** der **Unterschied,** delectu omni et discrimine remoto, Cic.: omisso discrimine, Liv.: tenues parvi discriminis umbrae, Ov.: sit hoc discrimen inter gratiosos cives atque fortes, ut etc., Cic.: d. nationum, Curt.: discrimina ordinum dignitatumque, Plin. ep.: discriminum ac differentiarum tenuitates, die feinen Nuancen der unterschiedlichen Abweichungen, Gell.: dah. non est in vulgo discrimen, der große Haufe besitzt keine Unterscheidungsgabe, Cic. – **b** der **Entscheidungspunkt,** die **Entscheidung, α** übh.: in d. venire, an etc., Curt.: erit igitur res iam in discrimine, Cic.: in discrimine est nunc omne genus humanum (es wird sich jetzt für das g. M. entscheiden), utrum ... an etc., Liv.: ea res enim nunc in discrimine versatur, utrum possitne ... an etc., Cic.: haec haud in magno ponere discrimine, kein großes Gewicht darauflegen, Liv.: quaerere et in discrimen agere (darüber entscheiden), utrum ... an etc., Lucr. – **β** die **Entscheidung** = der **Ausschlag,** belli, pugnae, Curt.: in discrimen adductum esse, Cic.: discrimen facere m. folg. indir. Fragesatz, Liv.: alcis rei d. positum est in alqa re, Cic. – **γ** meton.: **αα** das Mittel zur Entscheidung, die **Probe,** experiar, deus hic, discrimine aperto, an sit mortalis, Ov. met. 1, 222. – **ββ** der **Entscheidungspunkt,** die **Krisis,** das **Risiko,** die **gefährliche Lage,** die **Gefahr,** in quo discrimine, Nep.: in tanto discrimine periculi, in so augenscheinlicher Gefahr, Liv.: ad ipsum discrimen eius temporis, gerade im entscheidenden Augenblick jener kritischen Lage, Cic.: legiones in discrimen dare, Tac.: rem esse in summo discrimine, Caes.: in discrimine ultimo vitae esse, in den letzten Zügen liegen, Liv.: in ultimo discrimine es fortunae tuae et vitae, dein Szepter u. Leben schweben in äußerster Gefahr, Curt. – dah. insbes., der **Entscheidungskampf,** vehemens, Curt.: ultimum, Vell.: discr. tentare, experiri, Curt.

discrīminālis, e (discrimen), **zum Abteilen geschickt,** acus, die »Nestnadel«, die den ganzen Haarbau zusammenhält, Hieron. in Ruf. 3, 42: dafür subst. discrīmināle, is, *n.*, Vulg. Isai. 3, 20.

discrīminātim, *Adv.* (discrimino), **gehörig abgesondert, -getrennt,** Varro r. r. 1, 7, 7.

discrīminātio, ōnis, *f.* (discrimino), die **Scheidung, Unterscheidung,** als gramm. *t. t.,* Diom. 320, 16: Plur., Varro LL. 8, 2 u. 10, 10 (nach Christs Vermutung). – als rhet. Fig. = παραδιαστολή, die **Gegenüberstellung entgegengesetzter Gedanken,** Rufinian. schem. lex. § 20.

discrīminātor, ōris, *m.* (discrimino), der **Unterscheider,** Augustin. tract. in Ioann. 20, 12. – ► Tert. ad nat. 1, 10 *med.* ist wohl criminatores zu lesen, wie apol. 14.

discrīminātrīx, trīcis, *f.* (Femin. zu discriminator), die **Unterscheiderin,** Nazar. pan. Constant. 7, 4.

discrīmino, āvī, ātum, āre (discrimen), **trennen, absondern, scheiden, I** eig., in Raum u. Zeit: **A** im Allg.: d. in conserendo, quae sunt fructuosa etc., Varro: Etruriam discriminat Cassia, Cic.: lucet via longo ordine flammarum et late discriminat agros, erhellt weithin, Verg. – vigiliarum somnique nec die nec nocte discriminata tempora, Liv. – **B** insbes., das Haupthaar **abteilen, scheiteln,** capillum, Apul.: frontem, Apul. – **II** übtr., geistig **scheiden, unterscheiden,** quibus (signis cuiusque virtutis ac vitii et notis) inter se similia discriminentur, Sen.: sui cuiusque temporis verba d., Varro LL.

discrīminōsius, *Adv. compar.* (discrimen), **entscheidender,** Iul. Val. 2, 24 (8). p. 84, 20 K.

dīscrīptē, *Adv.* (discriptus), **geordnet, mit Ordnung,** d. et electe digerere (Ggstz. confuse et permixtim dispergere), Cic. de inv. 1, 49.

dīscrīptio, ōnis, *f.* (discribo), die **Einteilung, Verteilung,** partium, CIL 6, 10230, 17: civitatis, Gliederung, Cic. Sest. 137 (vgl. Cic. Tusc. 4, 1; de nat. deor. 1, 92; de rep. 1, 70 u. a.; überall als Nbf. od. Variante von descriptio *no.* II, B, 3–5, s. d.). – Vgl. discribo ►.

discruciātus, ūs, *m.* (discrucio), die **Zermarterung,** Plur. = **martervolle Qualen aller Art,** Prud. ham. 834.

dis-crucio, āvī, ātum, āre, **zermartern, zerquälen, auf alle Art martern, -quälen, -peinigen, a** physisch, continuo discruciabar frigore, Apul. met. 9, 32. – bes. discruciatus, nach Ausstehen von Martern (Qualen) aller Art, Cic. Phil. 13, 37. Suet. Aug. 14. Amm. 27, 12, 3. – **b** v. Gemüt: adice cotidianas sollicitudines, quae pro modo habendi quemque discruciant, Sen. ep. 115, 16: utcumque fortunae caecitas te pessimis periculis discruciat, Apul. met. 11, 15. – u. refl. discr. se, sich abquälen, sich abängstigen, sich abhärmen, Plaut. fr. bei Non. 143, 3: se de tali causa, Apul. de dogm. Plat. 2, 22: u. Passiv discrucior (mit und ohne animi), ich werde abgequält, ich härme mich ab, ich weiß weder aus noch ein vor Angst, ich empfinde schwere Pein, es ist mir höchst peinlich, discrucior animi, Ter. adelph. 610: ego discrucior miser amore, Plaut. Cas. 276: discrucior miser, nisi etc., Plaut. Poen. 368: discrucior animi, quia etc., Plaut. aul. 105: discrucior m. folg. *Acc.* u. *Infin.*, Plaut. Bacch. 435. Catull. 66, 76. Cic. ad Att. 14, 6, 1. Cael. in Cic. ep. 8, 3, 1.

discubitio, ōnis, *f.* (discumbo), die **Ruhebank,** das **Lager,** CIL 13, 1766. Augustin. serm. 118, 1 *Mai.*

discubitus, Abl. ū, *m.* (discumbo), das **Sich-Niederlegen,** zum Essen usw., Val. Max. 2, 1, 9 u. Eccl. – u. der **Beischlaf,** Plur., Interpr. Iren. 3, 14, 3.

dis-culcio, āre (dis u. calcio = calceo), **entschuhen,** Diom. 378, 31: u. so disculciatus, Vulg. deut. 25, 10 (*cod. Amiat.*) u. Isai. 20, 1 u. 2 (*cod. Amiat.* u. *codd. DE.*).

dis-cumbo, cubuī, cubitum, ere, jeder an seinem Platz **sich niederlegen** (von mehreren od. von einem einzelnen unter mehreren, s. Bremi Suet. Caes. 48), **a** zu Tisch, **sich zu Tisch (zur Tafel) niederlassen,** im Perf. auch = **speisen, tafeln, Tafel halten,** discubuimus omnes praeter illam, Cic.: disc. ad cenandum, Sen.: in convivio, Suet.: in herba, Tibull.: convivio, Treb. Poll.: toris, Ov.: discumbitur, man geht zu Tafel, Cic. u. a.: cum in convivio familiari discumbatur, Gell.: apud cenam Favorini cum discubitum fuerat, Gell. – v. einzelnen, discumbere iussus, Iuven.: disc. temperius, Nep. fr.: ultra solitum, Tac.: cum alqo, Curt.: super alqm, Tac.: supra alqm, Petron.: apud Simbruina stagna, Tac.: u. so Ticini (zu T.), Tac. – **b** zum Schlafen: cenati discubuerunt ibidem, Cic. de inv. 2, 14: discubitum noctu ire, schlafen gehen, Plaut. merc. 100.

discuneātus, a, um (cuneo), **auseinandergekeilt, getrennt, geöffnet,** conchae, Plin. 9, 90.

dis-cupio, īvī, ītum, ere, **von ganzem Herzen wünschen,** m. folg. *Infin.*, dicere, Plaut. trin. 932: se vendere, Catull. 106, 2: te videre, Cael. in Cic. ep. 8, 15, 2.

dis-curro, currī u. cucurrī, cursum, ere, **I** *intr.:* **A auseinanderlaufen, sich ausbreiten, sich zerstreuen, abschwenken, a** v. Pers., bes. als milit. *t. t.*, absol., Verg., Liv. u. a.: in muris, Caes.: circa vias, Liv.: ad portas, Verg.: ad arma, Liv.: ad lapides et arma, Sen.: in tabernacula, Curt.: in cornu od. in cornua, sich verteilen, Curt. u. Liv.: m. *ad* u. Akk., ad praedam, Liv.: passim ad diripiendam urbem, Liv.: ad suffragium ferendum in tribus discursum est, Liv.: m. 1. *Supin.*, disc. praedatum Romam, Liv. – **b** v. lebl. Subjj., inter ea ossa (venae) discurrunt, Cels. 8, 1 *in.:* multae venae per id discurrunt, Cels. 4, 1. p. 121, 10 D.: Nilus manu canalibus factis per totam discurrit Aegyptum, Sen. nat. qu. 4, 2, 8: u. so v. Nil, diversa ruens septem discurrit in ora, Verg. georg. 4, 292: übtr., v. Abstr., secta bipertito cum mens discurrit utroque, nach beiden Seiten sich wendet, Ov. rem. 443. – **B hin und her laufen, -rennen, -reiten, -fahren, a** v. leb. Wesen, absol., Suet. u. a.: huc atque illuc, Petron.: per omnes silvas, Ov.: per Baianum sinum equis, Suet.: per cerea castra (v. Bienen), Verg. – **b** von lebl. Subjj., per varia, v. Schiffen, Amm.: septem sola discurrere (wandeln), cetera haerere (v. Gestirnen), Sen.: incerto discurrunt sidera motu, Lucan.: discurrunt per vias urbis munera, Tibull.: übtr., v. Abstr., totum discurrens fama per orbem, Lucan.: fama totā urbe discurrit, Curt. – **II** *tr.* **durchlaufen, durcheilen,**

a eig.: latius arva, Avien. descr. orb. 516: Gallias, Amm. 15, 5, 4: tramite aliquo discurso, Amm. 16, 2, 10: discursis itineribus magnis, Amm. 29, 5, 17: flumen ultro citroque, auf dem Fluss auf u. ab segeln, kreuzen, Amm. 17, 2, 3. – **b** übtr., **sich** in Worten über einen Gegenstand **ergehen, Mitteilungen machen,** etwas **mitteilen,** super quo nunc pauca discurram, Amm. 17, 4, 1. – ► Redupliz. Perf. discucurri u. dgl., z. B. Sen. suas. 4, 2. Suet. Cal. 32, 2.

discursātio, ōnis, *f.* (discurso), das **Hinundherlaufen,** das **Hinundherrennen,** das **Hinundherfliegen,** officiosa per urbem, Sen. de brev. vit. 3, 2. – bes. der Tiere, magna (boum), Frontin. 1, 5, 28: apium, Lact. de opif. dei 3, 7: avium per aërem libera, *ibid.* 3, 20. – Plur., Tert. apol. 39. p. 266 *Oehler.*

discursātor, ōris, *m.* (discurso), **umherlaufend, -schwärmend,** von Soldaten der **Plänkler, plänkelnd,** Amm. 14, 2, 6 u. a.

discursim, *Adv.* (discurro), **plänkelnd, ein Scharmützel liefernd,** Iul. Val. 1, 51 (46). p. 62, 17 K. – ► Macr. sat. 7, 1, 1 jetzt discursum.

discursio, ōnis, *f.* (discurro), **I** das **Auseinanderlaufen, Hinundherlaufen,** als abstr. *t. t.*, stellarum errantium, Chalcid. Tim. 84. – als milit. *t. t.*, das **Scharmützeln, Plänkeln,** discursiones praedatoriae, Scharmützel, *Amm. 15, 4, 11. – **II** das **eilige Durchlaufen, -Durchreisen,** discursione rapidā maturabant, sie beschleunigten ihren Marsch so sehr als möglich, Amm. 31, 9, 2: qui cursu publico huc illuc frequenti discursione mittantur, Firm. math. 3, 4, 4.

dis-curso, āre (*Intens.* v. discurro), **I** *intr.* **hin und her rennen,** Quint. 11, 3, 126. Flor. 3, 18, 10: ultro citroque, umherschwärmen, Amm. 14, 4, 1: in agendo (beim Vortrag), Quint. 6, 3, 54: per officia, Sen. de brev. vit. 14, 3. – **II** *tr.* ein Land **nach allen Richtungen durchziehen,** Gallias, Amm. 15, 5, 4.

discursus, ūs, *m.* (discurro), **I** das **Auseinanderlaufen, a** v. leb. Wesen: **α** übh.: eos (funes) acri raptavere discursu, Amm. 14, 7, 6: subito discursu (Abschwenkung nach beiden Flanken) terga cinxerat eques, Tac. hist. 2, 25. – **β** insbes., das **Auseinanderlaufen, -stieben** = das **Sich-Zerstreuen,** disc. militum, Liv. 25, 25. § 5 u. 8: magno clamore discursuque fugae se mandant, Hirt. b. G. 8, 29, 2. – dah. die **Streiferei,** der **Streifzug** (nach allen Richtungen hin), im Plur., lati disc., Ov. fast. 2, 223: hostiles, Amm. 27, 10, 14: hostium, Sidon. epist. 3, 3, 7. – **b** v. lebl. Subjj.: stellarum discursus (Plur.), das Auseinanderstieben, -fliegen, Plin. 2, 100 (vgl. *no.* II, b), crispus macularum disc., Plin. 16, 66: gracilis venarum (der Adern im Erz) discursus, Plin. 34, 118: übtr., bellorum toto orbe surgentium discursus, Sich-Ausbreiten, Auct. inc. pan. Constant. 12, 3. – **II** das **Hinundherlaufen,** das **Hinundherrennen,** das **Umherlaufen,** das **Umherrennen, Sich-Umhertummeln, 1** eig.: **a** v. leb. Wesen, amicorum, Quint.: totius diei (der Kinder den ganzen Tag), Quint.: iste inanis disc. (in der Stadt), Plin. ep.: v. Umherrennen, -sprengen im Kampf, Tac. Agr. 35: v. Umherrennen bei Bewerbung um Ehrenstellen, Plin. ep. u. (im Plur.) Mart. u. Iuven.: v. Umherstreifen auf der Jagd, Plur. bei Nemes. cyn. 1: v. Umherreisen, auch im Plur., Claud. u. Cl. Mam. pan. – v. Tieren, formicarum iste disc. in angusto laborantium, Sen. nat. qu. 1. praef. § 10: disc. lupi (piscis), das Umherzappeln, Ov. hal. 39. Plin. 32, 13: quae (animalia) ut sunt edita ex utero, protinus in pedes suos erigi et gestire discursibus, Lact. de opif. dei 3, 1. – **b** v. lebl. Subjj.: liber inter ordines disc., ungehindertes Hinundhersegeln (eines Schiffes), Liv. 37, 24, 2: stellarum iste discursus (Umlauf), Sen. ep. 36, 11: disc. telorum, Hinundherfliegen, Val. Max. 3, 1, 1: ignei spiritus torti vibratique discursus, Hinundherzucken, Plin. ep. 6, 20, 9. – **2** übtr., das **Sich-Ergehen** über einen Ggstd., die **Mitteilung** über etw., Cod. Theod. 9, 24, 1. § 1.

discus, ī, *m.* (δίσκος), **I** die **Wurfscheibe,** der **Diskus** (eine platte Scheibe von Stein od. Metall, ein Übungswerkzeug für die Jugend u. bei Wettspielen; die Entfernung des zu Boden gefallenen Diskus vom Ort des Abwurfs entschied bei Wettspielen den Sieg), Plaut., Hor. u. a.: discum audire quam philosophum malunt, sie wollen lieber den Diskus sausen als einen Philosophen reden hören, Cic. de or. 2, 21. – **II** übtr.: **a** ein flaches, kreisförmiges Gefäß, bes. zum Auftragen der Speisen, ein **Teller,** eine **Platte,** Apul. met. 2, 24. Lampr. Heliog. 20, 7. Apic. 8, 368. Prud. dittoch. 47, 1 (= 185). – **b** eine **Scheibe** od. ein **Becken** zum Geben eines Signals, discus crepuit, Fronto ep. ad M. Caes. 4, 6. – **c** eine auf einer ebenen Fläche angebrachte Sonnenuhr, eine **Platte,** Vitr. 9, 8, 1.

discussio, ōnis, *f.* (discutio), **I** eig.: **a** die **Erschütterung,** Sen. nat. qu. 6, 19, 2. – **b** das **Heraustreiben,** seminis, Samenergießung, Cael. Aur. chron. 5, 7, 84. – **II** übtr.: **a** die **Untersuchung,** Macr. somn. Scip. 1, 16. § 8. Hieron. lib. Didym. de spir. scto 1 *extr.* u. a. Eccl. – **b** insbes., die **Prüfung, Revision** der Staatseinkünfte in den Provinzen, Symm. epist. 5, 74. Cod. Iust. 10, 30, 1.

discussius, *Adv. compar.* (discutio), **genauer,** Mart. Cap. 9. § 891.

discussor, ōris, *m.* (discutio), der **Untersucher, a** im Allg., Macr. somn. Scip. 1, 21. § 8. Cassian. collat. 17, 17 u. a. Eccl. – **b** insbes., der **Prüfer, Revisor** der Staatseinkünfte in den Provinzen, griech. λογοθέτης, Cod. Iust. 10. tit. 30. Symm. epist. 5, 76. Cassiod. var. 4, 38, 2.

discussōrius, a, um (discussor), **zerteilend,** vis, Plin. 30, 75.

dis-cutio, cussī, cussum, ere (dis u. quatio), auseinanderschlagen, **I** im engeren Sinne, **zerschlagen, zerspalten, zersplittern, zerschmettern, zertrümmern,** discutere ac dissolvere quaeque, Lucr.: corticem, Ov.: delubra fulmine, Lucr. (u. so tota columna ad imum fulmine discussa est, Liv.): tribus arietibus aliquantum muri, Liv.: rostrum (navis), Auct. b. Alex.: latericium (v. Geschossen), Caes.: tempora claro ictu (v. Hammer), Ov.: ossa saxo, Ov.: ossa discussi oris (Schädels), Ov. – **II** im weiteren Sinne, **auseinandertreiben, 1** eig., **a** leb. Wesen: **α** eine Versammlung **auseinandertreiben, -jagen, sprengen,** Boeoticum concilium, Liv. 42, 44, 6: illos coetus, Liv. 2, 28, 4: nefarios coetus, Liv. 39, 16, 10: gladiis et caede comitia, Vell. 2, 12, 6. – **β** als milit. *t. t.*, den Feind **zerstreuen, zersprengen,** Cato discutit Etruscos, Gabinius Marsos, Flor. 3, 18, 13: hostiles turmae gravi sunt repulsā discussae, kräftig zurückgeschlagen und zersprengt, Amm. 25, 1, 3. – **b** Lebl.: **α** übh. **auseinanderteilen, zerteilen, los- od. zersprengen, sprengen, zerreißen, vertreiben,** fortiter claustra, Petron.: fluctus (v. Po), Mela: e se favillam (v. Feuer), nach allen Seiten von sich stoßen, Plin.: nivem, nach beiden Seiten fortschaffen, Caes.: (aber nix discussa, der geschmolzene Schnee, Curt.): nubem, Ov. (u. bildl. fallaciarum nube discussā, Amm.): umbras (v. der Sonne), Verg. (u. bildl. discussae umbrae, Verg.): nebulam (v. der Sonne), Plin.: tenebras (vom Blitz), Ov. (u. bildl. animi tenebras, Lucr.): caliginem (v. der Sonne usw.), Liv. u. Curt. (u. bildl. discussa est caligo, Cic.): u. im Bild, discutienda sunt ea, quae obscurant, Cic. de or. 3, 215. – **β** einen phys. Körper- od. Gemüts- od. Geisteszustand **abschütteln, verscheuchen, vertreiben, heben,** somnum, Amm.: purā somnum sibi lymphā, Prop.: crapulam cum somno, Apul.: soporem, animi corporisque soporem, Curt.: ebrietatem, Petron. u. Curt.: unctione sudorem, Sen. rhet.: mentis error discutitur, si etc., Col.: omnis tristitia feriarum hilaritate discutitur, Sen. contr. 1. pr. 15: eā voce cunctatione bonorum civium discussā, Val. Max. 3, 2, 17. – bes. als mediz. *t. t.*, **zerteilen, vertreiben, beseitigen, heben,** v. Arzt, ea, quae in corporis parte aliqua coierunt, Cels.: morbum, febrem, Cels.: febrem somno et sudore, Cels.: alqd medicamentis, Cels. – von Heilmitteln, reliquias morbi, Cels.: recentia phymata, Cels.: crapulam, ebrietatem, Plin.: strumas omnemque duritiem, Scrib. Larg. – **2** übtr.: **a machen, dass sich** etw. **zerschlägt,** etw. **scheitern machen, hintertreiben, vereiteln, unterdrücken, verscheuchen, beseitigen, heben,** dah. Passiv discuti auch = **sich zerschlagen, scheitern,** eam rem, Liv. (u. so res consensu patrum discussa est, zerschlug sich, Liv.): caedem, Cic.: eorum captiones, widerlegen, Cic.: u. so crimen, Quint.: periculum (v. der Kühnheit), Liv.: omnem cunctationem eius, Cic.: condiciones pacis, Vell.: eorum advocationem manibus, ferro, lapidibus, Cic.: collegae conatibus obviam eundo proditionis consilia, Iustin. – **b** eine Sache **diskutieren = untersuchen, erörtern,** besprechend **erwägen,** suscipere causam discutiendam, Augustin. serm. 395, 6: ipsius somnii verba,

Macr. somn. Scip. 1, 5, 1: rationem, Chalcid. Tim. 49: parabolarum quidem iam discussa quaestio est, Tert. pudic. 11 *in*.

disdiapāsōn (δὶς διὰ πασῶν), die **Doppeloktave** in der Musik, Vitr. 5, 4, 9. Mart. Cap. 9. § 950 u. 953. Chalcid. Tim. 35; 44 u. 45.

dis-do, s. 2. dīdo.

disēmus, a, um (δίσημος), *t. t.* der Metrik, **zweizeitig,** d. i. von zwei Kürzen (wie leo), Mart. Cap. 9. § 978 u. 981.

disērctio, s. disērtio.

disertē, *Adv.* m. *Superl.* (disertus), **deutlich und bestimmt,** **a** **mit klaren Worten, ausdrücklich** (s. Fabri u. Weißenb. Liv. 21, 19, 3), Afran. com. fr., Liv. u. a.: disertissime planissimeque in eo (decreto), scriptum est, Liv. – **b** in **wohlgesetzter-,** **in deutlicher u. bestimmter Rede, beredt, mit Beredsamkeit,** dicere, Cic. de or. 1, 44. Nep. Epam. 3, 1. – diserte saltare (Ggstz. tenere dicere), Tac. dial. 26.

disertim, *Adv.* (disertus), **bestimmt, deutlich, offenbar, ausdrücklich,** Liv. Andr. bei Non. 509, 29. Acc. tr. 350. Titin. com. 150. Plaut. Stich. 241.

disērtio, ōnis, *f.*, die **Erbschaftsteilung,** Plur. bei Paul. ex Fest. 72, 8 (nach Bugge = diserctio, von dis u. erc in erctum, ercisco; nach a. = disortio, von dis u. sors [Erbschaftslos]).

disertitūdo, inis, *f.* (disertus), die **Beredsamkeit,** Hieron. epist. 50, 5 u. a. Eccl.

disertus, a, um, *PAdi.* m. *Compar.* u. *Superl.* (dissero), ein rhet. *t. t.*, **a** v. Vortrag, v. d. Rede, **wohlgefügt, wohlgesetzt, deutlich** u. **bestimmt, beredt,** oratio, Cic.: historia, Cic.: litterae, Cic.: sententia disertior, Sen.: epistula disertissima, Cic.: oratio disertissima, Sen. rhet. – **b** übtr. auf die Person, die sich über eine Sache in wohlgesetzter Rede, deutlich u. bestimmt auszusprechen weiß, **beredt** (Ggstz. mutus et elinguis, elinguis et mutus, Tac. dial. 36. Lact. 4, 26, 8), orator, Cic.: homo, Cic.: callidum et disertum credidi hominem, einen Kerl, der seine Worte zu setzen weiß, Ter. Eun. 1011: eloquentior et disertior fuit Socrates, Cic.: disertissimus orator Lysias, Cic.: disertissimi viri, Sen. rhet.: disertissime Romuli nepotum, Marce Tulli, Catull.: disertissimum cognovi avum tuum, Cic.: m. *Genet.*, est enim leporum disertus puer ac facetiarum, Catull. 12, 8 *sq.* (sehr wahrscheinl. ›differtus‹ zu lesen). – subst., disertī, ōrum, *m.*, die **Beredten,** Cic. or. 13 u. a.

dis-glūtino, āre, **auseinanderfügen, trennen** (Ggstz. conglutino), coniuncta, Hieron. epist. 66, 12.

dis-grego, āvī, ātum, āre, **absondern, teilen, trennen,** Mart. Cap. 9. § 913. Boëth. de music. 4, 17. p. 344, 16 Fr.: m. *ab* u. Abl., Cresc. bei Augustin. c. Cresc. Donat. 3. § 38 u. 4. § 52. Boëth. de music. 5, 5: m. *in* u. Akk., Mart. Cap. 3. § 289: Partiz. disgregatus, **getrennt** (Ggstz. continuus), Boëth. de music. 5, 6.

disgregus, a, um (dis u. grego), **verschieden, unähnlich,** Mart. Cap. 9. § 892.

dis-hiāsco, ere, **sich öffnen,** Cato r. r. 12.

dis-icio, iēcī, iectum, ere (dis u. iacio), auseinanderwerfen, **I** eig.: **1** im Allg.: **a** Bauwerke usw. **zerschmettern, zersprengen, zertrümmern, zerstören, einreißen,** saxa, silvas, lapides, montes, Naev. com. fr.: muros (moeros), Acc. fr. u. Verg.: munitiones, Nep.: statuas, Suet.: alcis domum, Vell.: domum od. arcem a fundamentis, Nep.: scyphum in duas partes, Varro fr.: disiectae terrae motu civitates, Suet.: disiecta tempestate statua, Liv.: ni rota stipitis occursu fracta et disiecta esset, Ov. – **b** zu einem Ganzen Verbundenes, **α** gewaltsam **auseinandertreiben, -jagen, -sprengen, zerstreuen, auflösen,** naves passim od. classem (v. Sturm), Liv. (vgl. v. Seefahrern, tempestas, quā ipsi disiecti forent, Liv.). – totos capillos, Ov.: u. (poet.) disiecta comas, mit zerstreutem Haar, Ov. – disiecta membra, Ov.: invenias etiam disiecti membra poëtae (auch nach seiner Zerstückelung, bildl. = auch nach der Umstellung der Worte), Hor.: disiectae arenae, auseinandergewehten, Tac.: nubila disiecit, Ov.: disiectis nubibus, Apul.: disiectā nebulā, Liv. – **β** **zerstreuen** = vereinzeln, gew. Partiz. disiecti, **zerstreut,** Sall., Tac. u. a.: disiecti equi, Lucr.: disiecta manus (Mannschaft, Ggstz. contractae nostrae copiae). Cic.: disiectae catervae, Tac.: plebs virides passim disiecta per herbas potat, Ov. – dah. Partiz. disiectus, dem Wohnsitz, der Lage nach **zerstreut,** **αα** von Pers., **zerstreut wohnend, -garnisonierend,** Hirt. b. G. 8, 3, 1. Tac. 4, 46. – **ββ** v. Örtlichkeiten, **zerstreut, zerstreut liegend,** rara disiectaque aedificia, Caes.: late disiecta moenia, Liv.: vasta disiectaque spatio urbs, eine geräumige und sich weit ausdehnende Stadt, Liv. – dah. prägn., pabulatio, quae propter anni tempus cum exigua tum disiecta esset, spärlich war und an verschiedenen Punkten stattfinden musste, Hirt. b. G. 8, 7, 7. – **c** Geschlossenes mit Gewalt od. plötzlich **öffnen,** tellurem, Sil. 6, 185: undique portas, Sil. 12, 184. – **2** insbes.: **a** mit einem Schneidewerkzeug **zerlegen, zerspalten, zerhauen,** elephantum machaerā, tranchieren, Plaut. Curc. 424: securi frontem mediam mentumque, Verg. Aen. 12, 306: ancipiti miserabile sinciput ense, Sidon. carm. 5, 424: cotem novaculā, Lact. 2, 7, 8: nullā ferri acie disici valere, Lact. 3, 17, 26. – **b** als milit. *t. t.*, eine Truppenmasse **zersprengen,** phalangem, Caes.: barbarorum copias, Nep.: obvios, Tac.: nostros disiectos adorti, Caes.: disiectos consectatus, Tac. – **c** prägn., sein Geld, Vermögen **verschleudern, verschwenden,** pecuniam flagitiis dissici, Val. Max. 3, 5, 2: dide ac disice, Caecil. com. 239 (bei Cic. Cael. 37). – **II** übtr.: **1** im Allg.: adeo cuncta incuriā disiecta erant, war alles in Sorglosigkeit aufgelöst, in S. versunken, Tac. ann. 1, 50. – **2** insbes.: **a** etw. gleichs. zerstieben machen, **α** einen Verein **auflösen, zersprengen,** ille consensionis globus (Klub) unius dissensione disiectus est, Nep. Att. 8, 4. – **β** eine Sache **vereiteln, hintertreiben,** compositam pacem, Verg.: rem, Liv.: consilium, Auct. itin. Alex.: haec consilia ducis, Liv.: cogitationem regiam, Vell.: novarum tabularum exspectationem, Suet.: Neroni cupitum id memorat eiusdemque libertae astu disiectum, Tac. – **b** etw. gerüchtweise **überallhin verbreiten,** ut nomen eius per totum terrarum orbem dissiceretur, Val. Max. 8, 14. ext. 5. – ► Neben disicio findet sich in den besten Handschriften oft dissicio (s. Lachm. Lucr. 2, 951. Bünem. Lact. 2, 7, 8).

dis-iecto, āre (*Intens.* v. disicio), **auseinandersprengen, zersprengen, zerstreuen,** Lucr. 2, 553 u. 562; 3, 501. – als spät. milit. *t. t.*, Amm. 16, 3, 3; 19, 7, 2; 23, 4, 5.

1. disiectus, s. dis-icio.

2. disiectus, ūs, *m.* (disicio), das **Zerstreuen,** Lucr. 3, 926.

disiug…, s. diiug…

disiūnctē (dīiunctē), *Adv.* (disiunctus), **getrennt,** Fest. 293, 5 (*in v.* Sacram viam): *Compar.* disiunctius, zu sehr in der dialektischen Form von Gegensätzen, Cic. Phil. 2, 32. – *Superl.*, Amm. 20, 3, 11.

disiūnctim, *Adv.* (disiunctus), **getrennt,** Gaius inst. 2, 199 u. 215 u. a. ICt.

disiūnctio (dīiunctio), ōnis, *f.* (disiungo), die **Trennung,** **I** eig.: in tanto luctu meorum, tantā disiunctione, Cic.: ut non statim alienatio disiunctioque facienda sit, Cic. – **II** übtr.: **1** im Allg., die **Verschiedenheit, Abweichung,** animorum, Cic.: sententiae, Cic. – **2** insbes.: **a** = διεζευγμένον, **α** als *t. t.* der Logik, die **Ausschließung, Entgegensetzung, disjunktive Schlussform, dialektische Form der Gegensätze,** der **Disjunktivsatz** (Ggstz. coniunctio, Cic. Acad. 2, 91), Sing. u. Plur. bei Cic. u. a. – **β** als rhet. *t. t.*, die **Aufführung mehrerer Sätze ohne Verbindungspartikeln, die asyndetische Darstellung der Sätze** (wie populus Romanus Numantiam delevit, Carthaginem sustulit etc.), Rhet. Her. u. Cic. – **b** = συνωνυμία, die **gesonderte Darstellung eines und desselben Begriffs,** Quint. – 9, 3, 45. – **c** als gramm. *t. t.* = διαστολή, das **Unterscheidungszeichen,** Prisc. de acc. § 6.

disiūnctīvus (dīiūnctīvus), a, um (disiungo), **einander entgegengesetzt, einen Gegensatz enthaltend,** **a** in der Logik, Gell. 5, 11, 8: proloquium disi., ein regelrechter Disjunktivsatz, streng geschiedener Gegensatz, Gell. 5, 11, 9. – **b** in der Gramm., **disjunktiv** (Ggstz. copulativus), coniunctio, Ascon. in Cic. pro Scaur. 2. § 23, 18 B.: particula, Serv. Verg. Aen. 2, 37. – prägn., **durch disjunktive Partikeln ausgedrückt,** modus, Papin. dig. 35, 1, 78: condiciones, African. dig. 45, 1, 63.

disiūnctus (dīiūnctus), a, um, *PAdi.* m. *Compar.* u. *Superl.* (v. disiungo), **getrennt, außer dem Bereich liegend, entfernt,** **I** eig.: quae (Aetolia) procul barbaris disiuncta gentibus, Cic.: in locis disiunctissimis maximeque diversis, Cic. – **II** übtr.: **A** im Allg., **außer dem Bereiche von** etw. **liegend,** einer Sache **fernliegend, sich** von etw. **unterscheidend,** quae vita maxime disiuncta a cupiditate est et cum officio coniuncta, Cic.: homines Graeci, longe a nostrorum hominum gravitate disiuncti, Cic.: nihil est ab ea cogitatione disiunctius, Cic.: inter se d. discrepansque, Lucr.: subst., ut non modo non cohaerentia inter se diceres, sed maxime disiuncta atque contraria, nicht bloß keinen Zusammenhang miteinander Habendes, sondern auch ganz Fernliegendes (höchst Ungehöriges) und sich Widersprechendes vorbrachtest, Cic. – **B** insbes.: **1** als *t.t.* der Logik, **ausschließend, disjunktiv,** Cic. Acad. 2, 97. – dah. disiunctum (διεζευγμένον ἀξίωμα), ein Disjunktivsatz, ein streng geschiedener Gegensatz, Gell. 16, 8, 12. – **2** als *t.t.* der Rhetor., **unzusammenhängend, abgebrochen,** Cic. part. or. 21. – v. Redner, Tac. dial. 18.

dis-iungo (dī-iungo), iūnxī, iūnctum, ere, **auseinanderknüpfen, -binden, losknüpfen, -binden, -spannen** u. im weiteren Sinne übh. **trennen,** **I** eig.: **A** im engeren Sinne, bes. als ökon. *t.t.*, **a** v. Abspannen, **abjochen, abschirren,** asinum, bovem ab opere, Script. r.r. u.a.: bovem opere, Col.: bovem, Col.: iumenta, Cic. – **b** v. Entwöhnen der Jungen, **abbinden, absetzen,** agnos a mamma, Varro. – **B** im weiteren Sinne, räuml. **trennen, scheiden,** qui diiungimur, Plaut.: intervallo locorum et temporum diiuncti sumus, Cic.: equitatus a laevo cornu brevi spatio disiunctus, Liv. – v. Örtl., quod (flumen) Iugurthae Bocchique regnum disiungebat, Sall.: nisi (fons) munitione ac mole lapidum disiunctus esset a mari, Cic. – **II** übtr.: **A** im Allg.: **trennen, entfernen, entzweien** (Ggstz. coniungere), alqm ab alqo, Ter. u. Cic.: alqm ab alcis amicitia od. familiaritate, Cic.: alqm a corpore, Cic. – **B** insbes.: **1** in der Beurteilung **trennen, unterscheiden, nicht vermengen** (Ggstz. commiscere), pastionem a cultura, Varro: insaniam a furore, Cic. – **2** als *t.t.* der Logik, **einander entgegensetzen,** Gell. 5. 11, 8 u.a.

disiūrgium, iī, *n.*, der **Zwist,** CIL 6, 22355 a u. 29722.

dismēnstruus, s. bimēnstruus.

dis-moveo, mōtus, ēre, **entfernen,** faciatis ut ei (Bacanalia) dismota sient, entfernt bleiben, SC. de Bacch. im CIL 1, 196. lin. 30.

dīsōmus, a, um (δίσωμος), **zwei Körper enthaltend,** vas (Sarkophag), CIL 14, 4120, 3.

dispālēsco, ere (dispalor), **überallhin sich verbreiten** = zur allgemeinen Kunde gelangen, Plaut. Bacch. 1046.

dis-pālo, ātus, āre, auseinanderstreuen, übtr., **überallhin verbreiten,** dispalato foedo terrore, sich überallhin verbreitet hatte, zur allgemeinen Kunde gelangt war, Amm. 16, 12, 1. – ► Vgl. Gloss. II, 46, 31 ›dispalat, διασπᾷ‹; u. Non. 101, 5 ›dispalare est separare‹.

dis-pālor, ātus, ārī, **überall umherschweifen,** umherschweifend **sich zerstreuen,** tanto plures passim dispalantur, Sisenn. hist. fr. inc. 134 (bei Non. 101, 7): multitudo dispalata, Nep. Hann. 5, 2: ab signis digressi omnes ac dispalati, Sisenn. hist. 3. fr. 35 (bei Non. 101, 6): qui dispalati in agris relictis navibus in hostium venerunt potestatem, Nep. Lys. 1, 2. – übtr., multitudo in artes vitasque varias dispalata, Ps. Sall. de rep. 2, 5, 6. – Vgl. dispalo.

dis-pando, pandī, pānsum, ere, **ausspannen, ausdehnen, ausbreiten,** neu distracta suum late dispandat hiatum, Lucr.: vestes dispansae, Lucr.: dispansa dextrae manus palma, Suet. Dom. 19. – ► Vorkl. Nbf. **dis-pendo** od. **dis-penno,** pēssum, ere, Pacuv. tr. 19. Plaut. mil. 360 u. 1407. Lucr. 3, 986.

dis-pār, paris, **ungleich, unähnlich, verschieden** (der Beschaffenheit, dah. von Pers. dem Charakter nach, s. Obbarius Hor. ep. 1, 18, 3), dispares ac dissimiles gladii (Ggstz. eiusdem formae), von ungleicher Länge u. Gestalt, Liv.: colores, abstechende, Cic.: proelium, ungleich (den Kräften nach), der Fußgänger u. Reiter, Caes. – alci, Cic.: inter se, Cic.: haud dispar habitu oris et corporis, Curt.: dispares in secundis, Amm. – m. *Genet.*, nec dispar sortis Isalces, Sil. 5, 296: Bruttius haud dispar animorum, Sil. 8, 568: quicquam dispar sui atque dissimile, Cic. de sen. 78. – subst., in dispar, gegen ungleiche Art, Hor. epod. 7, 12: transfertur in multa disparia, auf viele andere verschiedene Gegenstände, Cic. de fin. 2, 10.

dis-parāsco, ere (*Inchoat.* v. disparo), **sich absondern, sich trennen,** ab alqo (Ggstz. unesco cum alqo), Claud. Mam. de stat. anim. 3, 9.

disparātio, ōnis, *f.* (disparo), die **Absonderung, Trennung,** procreationis, Entbindung der Leibesfrucht, Vitr. 2, 9, 1: disparatione brevi civitatem interlabi (v. einem Fluss), Amm. 21, 12, 8.

disparātum, ī, *n.*, s. dis-paro.

dis-pāreo, pāruī, ēre, **verschwinden** (franz. *disparaître*), Cassiod. in psalm. 106, 29 u.a. Spät.

di-spargo, s. dī-spergo.

dis-parilis, e, **ungleich, unähnlich, verschiedenartig,** pabulum, Varro r.r. 2, 11, 4: d. exspiratio terrarum, Cic. de div. 1, 79 M.: errantium siderum ictus, Plin. 2, 116: varii vultus disparilesque sensus, Gell. 5, 1, 4: dispariles artus, Claud. epigr. 4, 9. – m. *Abl.* (an), duae lanatae (apianae vites) fluxurae qualitate sunt dispariles, Col. 3, 2, 17: gentes sermonum institutorumque varietate dispariles, Amm. 22, 8, 31. – als gramm. *t.t.*, **abweichend, unregelmäßig, anomal,** formae, Varro LL. 8, 9 u. 9, 40: casus (Plur.), *ibid.* 8, 67.

disparilitās, ātis, *f.* (disparilis), die **Ungleichheit, Unähnlichkeit, Verschiedenartigkeit,** rerum, Buntscheckigkeit, Gell. praef. § 3. Macr. sat. praef. § 3: formationis, Gell. 6 (7), 3, 47: naturae, Chalcid. Tim. 102. – als gramm. *t.t.*, die **Unregelmäßigkeit, Anomalie,** vocis figurarum, Varro LL. 10, 36.

dispariliter, *Adv.* (disparilis), **verschiedenartig,** Varro r.r. 1, 6, 6. – als gramm. *t.t.*, **abweichend, unregelmäßig, anomal,** Varro LL. 8, 66; 9, 89; 10, 48.

dis-paro, āvī, ātum, āre, **auseinanderpaaren,** hier- u. dahin **absondern, trennen,** **I** eig.: seniores a iunioribus divisit eosque ita disparavit, ut etc., Cic.: quos disparandos ut curaret, Caes.: is nos per gentis aliud aliā disparat, Plaut. rud. prol. 10. – **II** übtr.: **a** **nach verschiedenen Seiten beleuchtend vorbringen,** tot sententias in eandem rem (für einen Gegenstand), Gell. 11, 11, 4. – **b** als rhet. *t.t.*, *Partic.* subst., disparātum, ī, *n.*, der **kontradiktorische Satz, geradezu verneinende Gegensatz** (wie sapere, non sapere), Cic. de inv. 1, 42. Quint. 5, 11, 31.

dispartibilis, e (dispartio), **teilbar,** Tert. adv. Herm. 39.

dispartio, **-partior,** s. dis-pertio etc.

dis-pateo, ēre, **überallhin offen sein,** Lact. 3, 10, 3.

dīspectio, ōnis, *f.* (dispicio), die **allseitige Erwägung,** Tert. de res. carn. 39.

dīspector, ōris, *m.* (dispicio), der **Erwäger,** cordis, der aufs Herz sieht, Tert. de anim. 15: dispectores alienarum sententiarum, Tert. ad uxor. 2, 8.

1. dīspectus, ūs, *m.* (dispicio), die **allseitige Erwägung, Berücksichtigung,** Sen. ep. 94, 36; de ira 1, 1, 2 u.ö.

2. dispectus, a, um (dis u. pango), **auseinandergesteckt,** Gromat. vet. 362, 13 *sq.*

3. dīspectus, a, um (dispicio) = despectus, **verachtet, gemein,** dispectis piscibus, Anthol. Lat. 583, 15 M. zw. (Riese 390, 15 despectis).

dis-pello, pulī, pulsum, ere, **auseinandertreiben, -jagen, zerstreuen,** **I** im engeren Sinne (Ggstz. compellere), **a** leb. Wesen, v. Pers. als Subj., pecudes, Cic.: Colchos, Val. Flacc. – v. Lebl. als Subj., wie v. Sturm usw., Teucrorum alios, Verg.: per undas nos, Verg. – **b** Lebl.: dispulsa suo de coetu materiai copia, Lucr.: aeratā disp. aequora prorā, durchschneiden (v. einem Schiff), Stat. – übtr., qui hosce amores nostros dispulsos conpulit, Plaut. asin. 738. – **II** im weiteren Sinne, **zerstreuen, zerteilen, vertreiben, verscheuchen,** **a** physische Zustände, umbras, Verg.: sole od. incalescente sole dispulsā nebulā, Liv.: bellantem somnum, poet. = den Schlaf des von Schlachten Träumenden, Sil.: im Bild, tenebras calumniae, Phaedr.: ab animo tamquam ob oculis caliginem, Cic. – **b** übtr., geistige Zustände, inediae metum, Amm.: omnes luctus omnesque e pectore curas, Sil.

dispendiōsus, a, um (dispendium), **nachteilig,** cunctatio, Col. 2, 10, 1: occasiones, Cod. Theod. 11, 2, 4. – dispendiosum est m. *Infin.*, Cassian. coll. 4, 20.

dispendium, iī, *n.* (dispendo), eig. das hier- u. dahin Verwogene, Versplitterte (s. Varro LL. 5, 183 unten unter dispendo), der **umsonst gemachte** od. **überflüssige Aufwand,** der **Verlust** (Ggstz. compendium), **a** eig.: minore dispendio, Plaut.: sine dispendio, Ter.: dispendium magnum afferre domino, Col. – Plur., ista dispendia, Prop.: insanissimum dispendiorum malum, Sen. rhet.: publica explere dispendia, Treb. Poll. – **b** übtr., der **Verlust, Nachteil, Schaden,** plus dispendi facere, mehr verlieren, Lucr.: cum dispendio sanguinis sui decernens, Amm.: aliaque, quae tacere nullum rerum famaeve dispendium est, Mela. – Plur., dispendia morae, Zeitaufwand, Zeitverlust, Verg.: viarum, lange u. schwierige Reisen (Ggstz. compendia), Mart.: silvae, weiter Umweg durch den Wald, Lucan.: mensem suis auctibus ac dehinc paribus dispendiis (Abnahme) aestimans, v. Mond, Apul. de deo Socr. 1: lunae vel nascentis *incrementa* vel senescentis *dispendia*, Apul. flor. 18. p. 31, 6 Kr.

1. dis-pendo, ere, s. dis-pando.

2. dis-pendo, pēnsum, ere, an Verschiedene **verwiegen, auswägen, I** eig.: dispendium ideo, quod in dispendendo solet minus fieri, Varro LL. 5, 183. – **II** übtr., übh. **austeilen,** panis dispensus, Prud. adv. Symm. 1, 583.

dis-penno, s. dis-pando.

dispēnsātio, ōnis, *f.* (dispenso), eig. das **genaue Abwägen,** dah. **I** im Allg., die **genaue, gleichmäßige Einteilung, -Einrichtung,** die **Ökonomie,** inopiae (des geringen Getreidevorrats), Liv.: est autem in eximendis favis necessaria dispensatio, Plin. – dispensatio Dei sumus, der Gegenstand, mit dem Gott schalten u. walten kann, Oros. 2, 1, 2. – **II** insbes., die genaue Einteilung, Einrichtung der Einnahme u. Ausgabe einer Kasse usw., die **Verwaltung, Bewirtschaftung,** aerarii, Cic.: pecuniae, annonae, Liv. – als Amt, das **Hausverwalteramt, Schatzmeisteramt** (griech. διοίκησις), Cic. u. Suet.: regia, beim König, Cic.

dispēnsātīvē, *Adv.* (dispensativus) = οἰκονομικῶς, **wirtschaftlich,** Augustin. epist. 82, 24 u. a. Eccl.

dispēnsātīvus, a, um (dispenso) = οἰκονομικός, **wirtschaftlich, die Ordnung des Haushaltes betreffend,** philosophia, Cassiod. de dial. p. 537 *ed. Garet.* Isid. 2, 24, 16.

dispēnsātor, ōris, *m.* (dispenso), der in einer Wirtschaft, bei einer Kasse Einnahme u. Ausgabe besorgt, der **Hausverwalter, Wirtschafter, Kassierer, Schatzmeister** (griech. διοικητής), Cic. u. a.: disp. ab toris, der kaiserl. Aufbewahrer der Polster des Speisesofas, CIL 14, 4120, 3.

dispēnsātōriē, *Adv.* (dispensatorius), **haushälterisch,** Acro Hor. sat. 1, 10, 12 u. Eccl.

dispēnsātōrius, a, um (dispensator) = οἰκονομικός, **zur Verwaltung des Hauses gehörig,** dah. **wirtschaftlich, haushälterisch,** Eccl. – panis disp., im Haushalt verwendetes, gewöhnliches, Schol. Cruqu. Hor. ep. 2, 1, 123.

dispēnsātrīx, trīcis, *f.* (Femin. zu dispensator), die **Hausverwalterin, Wirtschafterin,** Hieron. quaest. Hebr. in 1. paral. p. 8.

dispēnso, āvī, ātum, āre (*Intens.* v. dispendo), eig. an verschiedene **genau abwägen,** dah. **I verhältnismäßig austeilen, -zuteilen, -mitteilen, -verteilen,** ducentos nummos, Plaut.: oscula per natos, Ov.: sucum proli, Col.: fontem inter incolas, Plin. – m. abstr. Objj., laetitiam inter impotentes populi animos, Liv.: ea singula, die einzelnen Verordnungen an einzelne geben, Plin. pan.: cuius famam disp. et digerere, in mehrere Stücke verteilen, Plin. ep. – in der Rhetor., inventa non solum ordine, sed etiam momento quodam atque iudicio, nicht allein nach der äußerlichen Reihenfolge, sondern auch nach der Schwere ihres Gewichts und nach bestimmten Grundsätzen verteilen, Cic. de or. 1, 142. – **II gleichmäßig einteilen, sorgsam einrichten, regulieren, A** im Allg.: annum intercalariis mensibus interponendis ita dispensavit, ut etc., Liv.: candelae filum, dass er nicht zu lange u. nicht zu kurz brennt, Iuven.: victoriam, die gehörigen Verfügungen hinsichtlich der Benutzung des S. treffen, Liv.: bella, Iustin. – **B** insbes., die Einnahme u. Ausgabe einer Wirtschaft, einer Kasse usw. gleichmäßig einrichten, sie **verwalten, bewirtschaften,** res domesticas, Cic.: pecuniam, Nep.: fila mortalia (von den Parzen), unter den Händen haben, Ov. her. 12, 3: disp. recte, haushalten, wirtschaften, Hor. – ► arch. depon. Nebenform **dispensor,** nach Prisc. 8, 24.

dis-percutio, ere, **zerschmettern,** cerebrum, Plaut. Cas. 644.

dis-perdo, didī, ditum, ere, **zugrunde richten, verderben,** possessiones, Cic.: rem, vertun, verschwenden, Plaut.: libellum, verhunzen, Plin. ep. – mit persönl. Objj., lenonem, Plaut.: tot ingenuos, matres familias, cives Romanos occīdit, arripuit, disperdidit, Vatin. in Cic. ep.: me mea disperdat nullo prohibente puella, si etc., Ov. – ► Das Passiv zu disperdo ist dispereo (Lucr. 2, 831 lesen Lachmann u. Bernays dispergitur).

dis-pereo, periī, īre, **gänzlich zugrunde gehen, -umkommen, -verlorengehen, a** v. Lebl.: male partum disperit, Plaut.: fructus disperit, Varro: ut cibus disperiit, Lucr.: fundus disperit, Cic. – **b** v. leb. Wesen, serpens disperit, Lucr.: quin prius disperibit faxo, quam unam calcem civerit, Plaut. – bes. disperii, ich bin verloren! es ist aus mit mir! wehe mir! Komik.: male disperii, Komik.: verb. disperii, perii misera, wehe mir, mir Armen, o weh! Komik.: disperisti, du bist verloren! Komik.: dispeream, nisi od. ni etc., ich will des Todes sein, Catull. u. Hor.: disperistis (ihr seid verloren), ni etc., Komik. – ► Fut. spätlat. auch disperiet, Vulg. Iudith 6, 3 u. sap. 16, 29: disperient, Itala (psalt. Veron.) psalm. 36, 22 u. 38.

dī-spergo, spersī, spersum, ere (dis u. spargo), **I hier- und dahin streuen, ausstreuen, zerstreuen, A** eig.: per agros passim corpus, Poëta b. Cic.: fimum, Plin.: cerebrum, zerschmettern, Ter.: commeatum laciniatim, zus. = verzetteln (Ggstz. cuneatim stipare), Apul. – **B** übtr.: **a ausstreuen = ausbreiten, überall verbreiten,** partes rei gestae in causam, hier- u. dahin verteilen, Cic.: multa perniciosa, Cic.: vitam in auras, Verg.: lumina, sich nach allen Seiten umsehen, Calp. – Partiz. dispersus zuw. deutsch = **an verschiedenen Punkten oder an vielerlei Orten stattfindend, -geführt** usw., z. B. eorum collectio dispersa, Cic.: disp. bellum, Cic. – subst. disparsum, ī, *n.* = διῃρημένον (als rhet. Fig.), das **Vereinzelte,** Carm. de fig. 58. p. 65 H. – **b** gerüchteweise **ausstreuen, verbreiten,** rumorem, Phaedr. 5, 5, 11: falsos rumores, Tac. hist. 2, 96: disperso rumore m. folg. *Acc.* u. *Infin.*, Tac. ann. 4, 24: disperserat u. vulgus disperserat m. folg *Acc.* u. *Infin.*, Tac. ann. 14, 38 u. hist. 2, 1. – **II überall bespritzen,** viam cerebro, Ter. adelph. 317. – ► Parag. Infin. dispergier, Prud. apoth. 474. – In Hdschrn. u. im Spätlat. (z. B. Tert. adv. Marc. 2, 20) auch dispargo.

dī-sperno, ere (dis u. sperno), **verachten,** Iuvenc. 2, 257.

dīspersē u. **dīspersim,** *Adv.* (dispersus), **zerstreut, vereinzelt, hier und da,** Form *-se*, Cic. Verr. 4, 116; de inv. 1, 98 (wo verb. disp. et diffuse): Form *-sim*, Varro r. r. 1, 1, 7 u. 3, 2, 13. Suet. Caes. 80, 1. Interpr. Iren. 1, 9, 4.

dīspersio, ōnis, *f.* (dispergo), die **Zerstreuung, I** im Allg.: **a** aktiv: exercitus, Isid. 18, 2, 7: populi, gentis, Tert. adv. Iud. 13. – **b** passiv = das Zerstreutsein, pascentium equorum, Veget. mil. 3, 8. – **II** prägn. = die **Zerstörung,** qui cum exercitu Romam sit ad interitum nostrum et ad dispersionem urbis venire conatus, Cic. Phil. 3, 30 *cod. Vat.* et *ed. Halm.* (*al.* dispertitionem).

1. dīspersus, Abl. ū, *m.* (dispergo), die **Zerstreuung,** Cic. ad Att. 9, 9, 2 *cod. M* zw.

2. dīspersus, a, um, s. dī-spergo.

dis-pertio (dis-partio), īvī u. iī, ītum, īre, ein Ganzes in verschiedene Teile **auseinanderteilen, -legen, zerteilen, zerlegen, verteilen, einteilen, I** eig.: opsonium hic bifariam, Plaut.: exercitum per oppida, Liv.: pecuniam iudicibus, Cic.: proxima loca tribunis, zur Bewachung zuteilen, Sall. – medial, etiam dispertimini? wollt ihr gleich auseinander? Plaut. Curc. 189. – **II** übtr.: coniecturam in quattuor genera, Cic.: tempora voluptatis laborisque, Cic. – medial, tot in curas dispertiti eorum animi erant, Liv. 22, 7, 10. – ► Depon. Nbf. **dispertior** (dispartior), īrī, in den Beisp.: alqd in infinita, Cic. de legg. 2, 47: administrationem inter se, Liv. 3, 10, 9. Albin. de orthogr. (VII) 300, 7 K. – Parag. Infin. dispertirier, Plaut. Pseud. 441.

dispertītio (dispartītio), ōnis, *f.* (dispertio), die **Zerteilung,** Tert. adv. Hermog. 39 *extr.* Vgl. dispersio *no.* II.

dis-pēsco, pēscuī, pēstum, ere (dis u. 2. pasco), **a** eig., v. Örtl., **trennen, sondern, scheiden,** maribus Africam Europam Asiam (v. Ozean), Plin. 2, 173: Africam ab Aethiopia (v. Nil), Plin. 5, 63 (u. so m. *ab* u. Abl. Apul. flor. 15 *in.;* de deo Socr. 4): quicquid utrique regno possidendum limes Euphratis dispesceret, Itin. Alex. 18 (43). – **b** übtr.: dispestae nuptiae, Apul. met. 4, 26: nihil interest, quod dispescat regiam nostram et plebeculae dignitatem, Iul. Val. 2, 33 (20). – ► *Perf.* dispescui angeführt von Prisc. 10, 177.

dīspēssus, a, um, s. dis-pando ►.

dī-spicio, spēxī, spectum, ere (dis u. specio), **I** die Augenlider auseinanderziehend **anfangen zu sehen, die Augen öffnen, die Gegenstände um sich her mit den Augen unterscheiden,** von vorher blinden jungen Tieren, von Ohnmächtigen, auch von solchen, die aus der Dunkelheit ans Licht treten, catuli, qui iam dispecturi sint, Cic.: ubi primum dispexit, Cic.: tanta oborta caligo est, ut dispicere non posset, dass er die Gegenstände um sich her nicht unterscheiden konnte, Suet. Ner. 19, 1. – **II** prägn.: **A** *intr.* mit weit geöffneten Augen, mit Aufmerksamkeit nach den Gegenständen umhersehen, **sich umsehen, umherspähen, 1** eig.: longe cunctas in parteis, Lucr. 6, 648: absol., ad terram aspice, dispice, Plaut. cist. 693. – **2** übtr., **eine genaue Untersuchung anstellen,** alles **genau untersuchen,** dispicientibus consistorianis et militaribus, Amm. 15, 5, 12: de hereditatibus, Iustin. inst. 2, 9, 6: de his obligationibus, *ibid.* 3, 27, 1. – **B** *tr.* mit weit geöffneten Augenlidern anfangen, einen Gegenstand zu unterscheiden, mit den Augen **erspähen, erblicken, wahrnehmen, ausfindig machen, 1** eig.: ut nequit ullam dispicere ipse oculus rem, Lucr. 3, 562: praedam celsius (von der Höhe), Amm. 14, 4, 1: dispecta est et Thule, Tac. Agr. 10, 4. – **2** übtr.: **a** übh.: populus Romanus libertatem iam ex diutina servitute dispiciens, einen Schimmer von Fr. erblickend, Cic. Sest. 118. – **b** mit dem Auge des Geistes **ausfindig machen, ermitteln, herausfinden, erkennen, durchschauen,** iam aliquid dispiciam, Ter.: disp. voluntatem (den guten Willen), Rutil. Lup.: illa in cognitione mentem principis, Tac.: discerne, dispice insidiatorem et petitum insidiis, Liv.: si dispicere quid coepero, Cic. – m. folg. Relativ- od. indir. Fragesatz, sed ego quod sperem non dispicio, Cic.: in ea re Pompeius quid velit non dispicio (ist mir nicht klar), Cic.: dispicies, quid renuntiandum Regulo putes, Plin. ep. – **c** im Geist umherspähend etw. **in Überlegung ziehen, überlegen, erwägen, prüfen,** res Romanas, Cic.: quorum nihil cum dispexisset caecata mens subito terrore, Liv. 44, 6, 17. – dispice m. folg. *ne* u. Konj., Plin. ep. 2, 10, 5: dispice m. folg. *num,* Plin. ep. 7, 33, 5: dispice m. folg. *an,* Plin. ep. 1, 18, 5 u. 10, 17 (28), 4.

Dīspiter, s. Diēspiter ►.

dis-plāno, āre, auseinanderebnen, **breitschlagen,** rutro caput, Varro sat. Men. 291.

displicentia, ae, *f.* (displiceo), das **Missfallen,** taedium et d. sui, Unzufriedenheit mit sich selbst, Sen. de tranqu. anim. 2, 10. – als mediz. *t. t.* = δυσαρέστησις das körperl. **Missbehagen,** mit u. ohne corporis, Cael. Aur. chron. 3, 6, 86 u. 5, 10, 96.

dis-pliceo, plicuī, plicitum, ēre (dis u. placeo), **missfallen** (Ggstz. placere, arridere, probari), **I** im Allg., absol., Cic.: alci, Cic.: alci de alqo, Cic. – spätlat. mit *ab* u. Abl., quae a multorum sensu displiceat, nicht im Einklang steht mit usw., Tert. de fug. in pers. 4. – mihi od. alci displicet m. folg. *Infin.,* Cic. de or. 1, 157; de fin. 1, 1. Vopisc. Aurel. 49, 1 (wo Ggstz. non placebat): non displicet nobis m. folg. *Acc.* u. *Infin.,* August. bei Suet. Claud. 4, 3. – **II** insbes., displ. sibi, **mit sich selbst nicht zufrieden-, missvergnügt-, nicht gut aufgelegt sein, übler Laune sein,** Ter. u. Cic.: dah. corpus displicens, krank, Scrib. Larg. 188 *in.* – ► *Partic.* displicitus, a, um, **missfällig,** ei statim displicita esset (*i.e. displicuisset*) insolentia, Gell. 1, 21, 4.

dis-plico, āre = ἀναπτύσσω, **entfalten, entwickeln,** Gloss.

dis-plōdo, plōsī, plōsum, ere, **auseinanderschlagen,** d. i. **I auseinanderspreizen, ausspreizen,** pedes, qui ingredienti displodantur, Varro: nares displosae, Arnob. – **II zersprengen,** Lucr. u. Hor.

displuviātus, a, um (dis u. pluvia), **wo das Regenwasser an beiden Seiten abläuft,** cavum aedium, ein traufenloser Hof, Vitr. 6, 3 *in.*

dīspoliabulum, Non. 75, 8 als Variante zu Plaut. Bacch. 376, wo die *codd.* desidiabulum.

dī-spolio, āvī, ātum, āre (dis u. spolio), **ausplündern,** provincias, Laber. com. 39: templum Lunae Ephesiae, Treb. Poll. Gallien. 6, 2: alqm, Sen. nat. qu. 4. praef. § 7: pudorem, Apul. apol. 76: quibus rem rebus despoliasti, Turpil. com. 149.

dispondēus u. **-īus,** ī, *m.* (δισπόνδειος), ein **doppelter Spondeus,** Form *-eus,* Donat. 370, 9: Form *-ius,* Diom. 480, 18.

dis-pōno, posuī, positum, ere, **hier- und dahin stellen,** an verschiedenen Punkten **aufstellen, anbringen, verteilen, I** im Allg.: **A** eig.: pocula Bacchi, Ov.: haec ubi disposuit, angelegt (jedes an seinen Platz), Ov.: lapides crebros intervallis, Curt.: altaria utroque latere (itineris), Curt.: signa ad omnes columnas, omnibus etiam intercolumniis, in silva denique disposita sub divo, Cic.: tabernas deversorias per litora et ripas, Suet.: disponit (sie stellt überall ihre Leute auf), qui nuntient etc., Plin. ep. – als milit. *t. t.,* portis stationes, Liv.: praesidia ad ripas, Caes.: vigilias per urbem, Liv.: tormenta in muris, Caes.: reliquas cohortes castris praesidio, Caes. – **B** übtr., nach einem bestimmten Plan **verteilen, a** übh.: imperii curas, Tac.: ministeria principatus in equites Romanos, Tac. – **b** als rhet. *t. t.,* **hier und da verteilen,** ut sint quasi in ornatu disposita quaedam insignia et lumina, Cic.: verba ita, ut pictores varietatem colorum, Cic. – **II** mit dem Nbbgr. des Ordnens = **in Ordnung stellen, -setzen, -legen, gehörig ab-, einteilen, einrichten, regulieren, A** eig.: Homeri libros antea confusos, Cic.: tellurem quinque in partes, Tibull.: disposita congeries, Ov.: male dispositi capilli, bene dispositae comae, Ov. – als milit. *t. t.,* in Ordnung **aufstellen,** aciem, Curt.: singulos, Nep. – **B** übtr., **a** übh., **gehörig einrichten, -einteilen, passend machen,** diem (den T. = die Geschäfte des Tags), Sen. u. Plin. ep.: otium, Plin. ep.: fata sibi, über sein Schicksal verfügen, Curt.: disposita ad honorem studia, Cic.: consilia in omnem fortunam disposita habere, Liv. – **b** (als rhet. *t. t.*) **ordnen, anordnen,** ornare, disponere, Cic.: disp. inventa, Quint.: quaestionum ordinem recte, Quint. – **c** geordnet **darstellen,** perpetuā carmina vitā, Lucr.: modos, Ov. – **d** für etw. **einrichten, bestimmen,** si surculo et segetibus atque etiam pratis fundus est dispositus, Col. 2, 14 (15), 17. – dah. etw. **anordnen,** zu etw. **Anstalten, Vorkehrungen treffen,** m. allg. Akk., haec, hoc, Amm. 16, 10, 1 u. 16, 12, 23: non quicquam, Amm. 14, 7, 5: dah. **anordnen, festsetzen,** m. folg. indir. Fragesatz, Ulp. dig. 43, 30, 3. § 4. Amm. 16, 5, 3: m. folg. *ut* u. Konj., Iavol. dig. 10, 3, 18. Amm. 16, 12, 27: m. folg. *Acc.* u. *Infin.,* Amm. 24, 1, 6: u. dispositi (dazu bestimmt) m. folg. *Infin.,* Amm. 25, 6, 14 u. 28, 1, 12. – u. **sich vornehmen = beschließen, sich zum Grundsatz machen,** m. folg. *Infin.,* Amm. 17, 2, 2. Sulp. Sev. dial. 1, 8, 3. Heges. 5, 42, 5. – u. **vorhaben = beabsichtigen, im Sinn haben,** m. *Infin.,* Macrob. de diff. 15, 8. Pallad. 5, 2, 1 u. 11, 11, 2. Vopisc. Aurel. 48, 4. Amm. 23, 5, 16. – ► Partiz. Perf. synk. dispostus, Lucr. 1, 52 u. 2, 644.

disposité, *Adv.* (dispositus), **wohlgeordnet,** dicere, Quint. 10, 7, 12: accusare, mit richtiger Disposition, Cic. Verr. 4, 87: disposite singulis voluminibus de singulis exponere, Vitr. 7. praef. § 18: quomodo tam ordinate, tam disposite mundus effectus est, Lact. 3, 17. § 17. – *Compar.* bei Marc. Caes. ad Front. 1, 2 *extr.* p. 4, 18 N. – *Superl.* bei Sidon. epist. 5, 11, 2.

dispositio, ōnis, *f.* (dispono), **a** als milit. *t. t.,* die **taktische Aufstellung,** Veget. mil. 3, 26. Amm. 24, 6, 9. Firm. math. 8, 20. p. 237, 41. – **b** als *t. t.* der Baukunst, die **Anordnung, Anlage, Stellung, Ein-**

richtung, Einteilung, Vitr. 1, 2, 1. Sen. de tranqu. an. 10, 4: locorum, Vitr. 1, 3, 2: locorum ad usum publicum, Vitr. 1, 3, 1: columnarum, Säulenstellung, Vitr. 3, 3, 9: fastigiorum, Vitr. 5, 1, 10: Plur. aedium sacrarum dispositiones, Vitr. 7. praef. § 16: camerarum dispositiones, Vitr. 7, 2, 2. – **c** als rhet. *t. t.*, das **Ordnen und Verteilen des Stoffs,** die **kunstgerechte Anordnung,** Rhet. Her. 1, 2, 3 u. a. Cic. de inv. 1, 7, 9. Quint. 3, 3, 2. – **d** übh. die **Anordnung (Ordnung), Einrichtung, Verteilung,** siderum disp., Vitr. 9, 6, 1: verborum elegans disp., Vitr. 5. praef. 1: utilis disp. (patrimonii), Verwaltung, Schol. Iuven. 3, 360: mutare vitae disp. (Lebensordnung), Sen. de ira 1, 6, 2: Plur., temporum dispositiones, Sen. ep. 122, 18: epularum dispositiones, Apul. met. 2, 15. – **e** die im Heer u. Staat getroffene **Anordnung, Einrichtung, Verfügung, Bestimmung,** Ballistae, Valer. imp. b. Treb. Poll. XXX tyr. 18, 5: disp. Romana, Heereseinrichtung, Capit. Gord. 29, 2: tempestiva (zeitgemäße), Amm. 16, 12. § 12: cuius viri tanta in re publica dispositio fuit, ut etc., hatte die Einrichtung getroffen, dass usw., Capit. Gord. 28, 2: Plur., Capit. Maxim. duo. 9, 8. Vopisc. Aurel. 47, 9. Sidon. epist. 5, 7, 3: dispositiones vestrae clementiae, Veget. mil. 4. praef. § 5: dispositiones dei, Interpr. Iren. 1, 10, 1.

dispositor, ōris, *m.* (dispono), der **Ordner,** mundi (v. Gott), Sen. nat. qu. 5, 18, 4 (5): rerum naturae (v. λόγος), Lact. 4, 9, 2.

dispositrīx, īcis, *f.* (Femin. zu dispositor), die **Ordnerin,** Ven. Fort. carm. 7, 6, 22.

dispositūra, ae, *f.* (dispono), die **Stellung,** Plur. bei Lucr. 1, 1027; 5, 192.

1. **dispositus,** a, um, *PAdi.* (v. dispono), **I gehörig-, wohlgeordnet, -eingerichtet,** quo neque formosius est quicquam neque dispositius, Sen. nat. qu. 1. praef. § 14; vgl. Lact. de ira 10, 41: *Superl.*, in dispositissima domo, Boëth. cons. phil. 4, 1. p. 72, 7 *Obb.* – *neutr.* subst., ex disposito, in Ordnung, Sen. de prov. 1, 2; ad Marc. 26, 6. – **a** übtr., auf den Redner, **von wohlgeordnetem Vortrag,** vir, Plin. ep. 2, 11, 17. – **II angeordnet, festgesetzt;** *neutr.* subst., ex nostro disposito (Anordnung), Chalcid. Tim. 145: u. ex disposito, festgesetztermaßen, Macr. sat. 1, 7, 4.

2. **dispositus,** Abl. ū, *m.* (dispono), die gehörige **Anordnung,** disposition provisuque civilium rerum peritus, bei Verfügungen u. Maßnahmen ein Diplomat, Tac. hist. 2, 5.

dis-pudet, duit, ēre, *impers.*, **ich schäme mich, ich vergehe vor Scham,** m. folg. *Genet.*, non vos tot calumniarum tandem dispudet? Apul. apol. 63: m. folg. *Infin.* Plaut. Bacch. 481; most. 1166: m. folg. *Acc.* u. *Infin.* Ter. eun. 832. Claud. Mam. de stat. anim. 3, 9, 1. – ► Vgl. Gloss. Placid. V, 16, 43 ›*dispuditum* (*sc.* est), puduit, rubori fuit‹.

dis-pulvero, āre, **zerstäuben, zu Staub machen,** montes, Naev. com. 57.

dispūnctio, ōnis, *f.* (dispungo), **I** das **Durchgehen der Rechnung, die Revision,** Ulp. dig. 42, 5, 15. – übtr., die **Untersuchung, Prüfung,** utriusque meriti, Tert. apol. 18: boni et mali operis, Tert. adv. Marc. 5, 12. – **II** d. descriptionis, Die Angabe der Steuerverteilung im Einzelnen, spät. ICt. – **III** das **Ende,** vitae, der Tod, Tert. de test. anim. 4 u. a.

dispūnctor, ōris, *m.* (dispungo), **I** = ἐκλογιστής (Gloss.), der **Schatzmeister, Rendant,** CIL 8, 9020 u. 9068 u. 9699. – **II** der **Untersucher,** Tert. adv. Marc. 4, 17.

dis-pungo, pūnxī, pūnctum, ere, eig. **durch Punkte unterscheiden, auseinandersetzen, anmerken,** dah. übtr.: **I** bei Rechnungen, orationes expensorum et acceptorum, die Rechnungen durchgehen, revidieren, Sen.: nostram et Iulii Attici rationem, Col.: u. so rationes, ICt. – übtr., dies vitae, überrechnen, erwägen, Sen.: elogia sententiis, Tert. – **II einteilen, abteilen,** von Dingen, zwischen die man etwas Verschiedenartiges einschiebt, um dadurch eine Abwechselung hervorzubringen, intervalla negotiorum otio, die Zeit, wo man von (Staats-) Geschäften frei ist, der Muße (den Wissenschaften) widmen, Vell. 1, 13, 3. – **III endigen,** ordinem coeptum, Tert. adv. Iud. 9 *extr.* – **IV trennen,** anima dispuncta, Tert. de anim. 17.

disputābilis, e (disputo), **worüber sich mancherlei vorbringen, sprechen lässt,** in utramque partem, Sen. ep. 88, 43.

disputātio, ōnis, *f.* (disputo), **I** die **Berechnung,** Col. 5, 1. § 13. – **II** die **Unterredung mit Gründen** über eine streitige Materie, die **Abhandlung, Untersuchung, Erörterung,** Cic. u. a.: in hac disputatione *de* fato, Cic.: disputatio illa contra Gorgiam, Cic.: disputationem habere contra iustitiam, Lact.: hāc in utramque partem disputatione habitā, Cic. – Plur., Cic. de or. 1, 43 u. 3, 61; Acad. 2, 7; de rep. 1, 13. Plin. ep. 1, 22, 6.

disputātiuncula, ae, *f.* (*Demin.* v. disputatio), die **kleine (kurze) Abhandlung,** Gell. 1, 3, 30. Hieron. in Augustin. epist. 75, 18: Plur., disputatiunculae inanes, Sen. ep. 117, 25.

disputātor, ōris, *m.* (disputo), der **Disputierer, Denker** (sofern er seine Gedanken ausspricht u. mit Gründen unterstützt), Cic. de off. 1, 3. Cassiod. var. 2, 3, 4: dah. der **Verfechter** einer Meinung (Sache) mit Gründen, Val. Max. 8, 12 *in.* – Ggstz. dictor (der Redner), Augustin. c. Crescon. Donat. 1. § 20.

disputātōriē, *Adv.* (disputatorius), **disputierend,** Sidon. epist. 9, 9, 10.

disputātōrius, a, um (disputo), **disputierend,** ars, Dialektik, Augustin. solil. 2. § 19: Circe, Schol. Bern. Verg. ecl. 8, 70.

disputātrīx, trīcis, *f.* (Femin. zu disputator), **im Disputieren bestehend,** Quint. 2, 20, 7. – subst., als Übersetzung von διαλεκτική (τέχνη), die **Disputierkunst, Dialektik,** Quint. 12, 2, 13.

dis-puto, āvī, ātum, āre, **I gänzlich ins Reine bringen,** rationem cum alqo, abrechnen, sich berechnen, Plaut. aul. 529. – **II** übtr., **1** im Geiste einen Ggstd. **nach allen Seiten hin betrachten, hin und her überlegen, genau erwägen,** in meo corde eam rem volutavi et diu disputavi, Plaut. most. 87 *sq.* (in einer unechten Stelle): apud sensum meum disputo, afrik. = cum animo meo reputo, Apul. met. 11, 27: m. folg. *Acc.* u. *Infin.*, cum animo disputans haec statui Romano prodesse, Amm. 20, 8, 11. – **2** mit Worten **auseinandersetzen, vortragen, a** im Allg.: rem examussim alci, Plaut. Men. prol. 50. – **b** insbes., in der philos. u. rhet. Spr., über eine Meinung **Gründe und Gegengründe vorbringen,** etw. od. über etw. **abhandeln, disputieren,** etw. **erörtern,** alqd, Cic.: de alqa re, Cic.: ad alqam rem de alqa re, Cic.: circa hoc, Quint.: pro omnibus et contra omnia, Cic.: contra propositum (Thema), Cic.: disputari in utramque partem, für u. gegen, Cic.: neque ego ullam in partem disputo, Cic.: disp. in contrarium, Tac.: disp. contra (dagegen), Cic.: disputandum de omni re in contrarias partes, Cic.: mit folg. indir. Fragesatz, ego enim quid desiderem, non quid viderim disputo, es handelt sich hier nicht um das, was ich usw., Cic. or. 101. – *neutr. plur.* des Partiz. subst., disputata nobilium philosophorum, Erörterungen, Abhandlungen, Apul. apol. 51.

dis-quīro, ere (dis u. quaero), **untersuchen,** Hor. sat. 2, 2, 7. Lampr. Alex. Sev. 16, 2. Claud. laud. Stil. 1, 239. Vulg. 2. Mach. 2, 31.

disquīsītio, ōnis, *f.* (disquiro), die **Untersuchung** (gerichtl. u. nicht gerichtl.), Rhet. Her., Cic. u. a. (auch im Plur.): quia, vitione creatus esset, in disquisitionem venit, weil die Frage aufgeworfen wurde, ob nicht usw., Liv.: non quid ego fecerim in disquisitionem venit, Liv.

dis-rapio, s. dī-rapio.

dis-rāro (auch dīraro geschr.), āre, **licht-, dünn machen, I** als *t. t.* des Landbaues, **lichten, auslichten,** vitem, Col.: intercīdere et d. arundinetum, Col. – **II** als mediz. *t. t.*: **A** die Nahrung **verdünnen** (Ggstz. densare), Cael. Aur. acut. 1, 15, 152. – **B** den Körper **zu sehr transpirieren machen,** tenuat atque dirarat motus, Cael. Aur. acut. 1, 11, 84: dirarato corpore, zu sehr transpirierend, *ibid.* 1, 15, 133.

dis-rumpo, s. dī-rumpo.

dissaepimentum, ī, *n.* (dissaepio), die **Scheidewand,** Fest. p. 166 (b), 12 (Thewrewk dissepimentum).

dis-saepio, saepsī, saeptum, īre, **I** wie durch einen Zaun, eine Zwischenwand (Scheidewand) **trennen, abschließen, verzäunen** (griech. διαφράγνυμι), aër dissaepit colles, Lucr. 1, 999: diss. limitibus omnia certis, Ov. met. 1, 69: alqd tenui muro, Cic. de rep. 4, 4. – **II** prägn., gänzlich trennen, **durchbrechen,** aggerem, Stat. Theb. 10, 880.

dissaeptio, ōnis, *f.* (dissaepio), das **Ziehen einer Zwischenwand,** Vitr. 2, 8, 20. – übtr., velut dissaeptio iuris humani, *Liv. 41, 24, 10 H.

dissaeptum, ī, *n.* (dissaepio *no.* I), die **Scheidewand, Zwischenwand, I** im Allg.: dissaepta domorum saxea, Lucr. 6, 951. – noch m. Partizipialkraft, circum cavum aedium erant unius quoiusque (cuiusque) rei utilitatis causā parietibus dissaepta, Verschläge, Varro LL. 5, 162. – **II** insbes. als mediz. *t. t.* = διάφραγμα, das **Zwerchfell,** Macr. somn. Scip. 1, 6. § 77 (in der älteren Schreibweise dissiptum, wie bei Enn. nach Paul. ex Fest. 62, 10 consiptum statt consaeptum).

dis-sāvio, āre, zerküssen, **abküssen** = zärtlich, inbrünstig küssen, litterulas tuas, Fronto ad M. Caes. 3, 3 *extr.* p. 43, 4 N.

dis-sāvior, ārī, zerküssen, **abküssen** = zärtlich, inbrünstig küssen, oculos, Q. Cic. in Cic. ep. 16, 27, 2.

dis-seco, secuī, sectum, āre, **zerschneiden, zerhauen, aufschneiden,** mures, Plin. 30, 76: alqm, Gell. 20, 1, 52: caput viperae inter aures, Plin. 29, 69: pinguem hominem medio ventre, Lampr. Commod. 10, 5 (wo Jordan dissecuit, Peter mit *cod. C* dissicuit): ancipiti ferro sua brachia, Apul. met. 8, 27: multos medios serrā, Suet. Cal. 27, 3. – ► In Hdschrn. auch dissico geschrieben (s. vorher); daher mit dissicio (in Hdschrn. = disicio) verwechselt; vgl. disicio ►.

dissēminātio, ōnis, *f.* (dissemino), das **Aussäen,** übtr., die **Ausstreuung, Verbreitung,** im guten u. üblen Sinne, euangelii, Tert. de fug. in pers. 6: huius blasphemiae, Hieron. Isai. 5, 18, 2 *extr.*: Plur., malevolorum disseminationes, Apul. met. 11, 30.

dissēminātor, ōris, *m.* (dissemino), der **Ausstreuer, Verbreiter,** disseminatores incontinentiae, Ambros. in psalm. 36, 49. Vgl. Gloss. IV, 332, 37 ›disseminator, divulgator‹.

dis-sēmino, āvī, ātum, āre, **aussäen,** übtr., **ausstreuen, ausbreiten, verbreiten,** sermonem, Cic.: malum, Cic.: susurros, rumorem, Apul.: m. dopp. *Acc.*, causas morbi (als U. der Kr.) intemperiem ebrietatis, Iustin. 12, 13, 10.

dissēnsio, ōnis, *f.* (dissentio), das **Nichtübereinstimmen, I** v. Pers.: **a** im freundl. Sinne, die **Meinungsverschiedenheit** (Ggstz. consensio), inter homines de iure, Cic.: nulla mihi tecum potest esse dissensio, Cic.: est (es herrscht) quaedam inter nos parva dissensio, Cic.: nulla in eius modi causa dissensio est, Cic.: tanta est circa verba dissensio, Quint. – **b** im feindl. Sinne, die **Uneinigkeit, Misshelligkeit, Verfeindung, Spaltung** (Ggstz. concordia, Sen. de ira 1, 3, 6), oft verb. discidium ac diss., diss. ac discidium, Cic.: diss. civilis, Caes.: civium, Cic.: civitatis, Vell.: optimatium discordia dissensioque, Cic.: tanta inter eos dissensio exsistit, ut etc., Caes. – m. obj. *Genet.* (mit), diss. huius ordinis, Cic. Cat. 4, 15. – Plur., Cic. ad Att. 2, 1, 10 W. Plin. ep. 2, 11, 6: civiles dissensiones, Monum. Ancyr. 2, 26 M. Caes. b. c. 3, 1, 3: domesticae dissensiones, Auct. b. Alex. 65, 1. – **II** übtr., von abstr. Subjj., das **Sich-Widersprechen,** der **Widerspruch,** utilium cum honestis, Cic.: actionum, Sen.

dissēnsus, ūs, *m.* (dissentio), das **Nichtübereinstimmen, a** im freundl. Sinne, die **Meinungsverschiedenheit** (Ggstz. consensus), Pompon. dig. 46, 3, 80. Verg. Aen. 11, 455. Claud. b. Gild. 300. Stat. Theb. 10, 558. – **b** im üblen Sinne, die **Misshelligkeit, Spaltung,** diss. civilis, Claud. VI. cons. Hon. 395: Plur., dissensus aulae, Claud. laud. Stil. 2, 86.

dissentāneus, a, um (dissentio), **nicht übereinstimmend, disharmonierend** (Ggstz. consentaneus), alci rei, mit etw., Cic. part. or. 7.

dis-sentio, sēnsī, sēnsum, īre, **in der Gesinnung** od. **Meinung verschieden sein** od. **abgehen, nicht übereinstimmen, nicht beistimmen** (Ggstz. consentire), **I** eig., v. Pers.: **a** in Bezug auf Pers.: **α** im freundl. Sinne: ab alqo, Cic.: ab alqa re, Cic.: de alqa re, Cic.: ab alqo de alqa re, Cic.: cum alqo, Cic.: acerrime cum alqo, Val. Max.: inter se, Cic.: ipsum sibi in sua oratione, sich nicht gleich bleiben, Rhet. Her. – **β** im feindl. Sinne, **in Uneinigkeit-, in Misshelligkeiten-, in Spaltung, geraten,** ab alqo, Nep.: acerrime dissentientes cives, Cic. – **b** in Bezug auf Sitten, Meinungen usw., **abweichen,** ab reliquorum malis moribus, Sall.: m. *Dat.*, condicionibus foedis, Hor.: huic opinioni (Ggstz. accedere), Quint. – **II** übtr., von Lebl., mit etw. **nicht übereinstimmen, im Widerspruch stehen,** ihm **widersprechen, wesentlich** von etw. **abweichen,** a more, Cic.: cum scripto, Rhet. Her.: quid ipsum a se dissentiat, Cic.: m. *Dat.*, ut non orationi vita dissentiat, Sen. ep. 20, 2: u. mit- oder voneinander, numquid vestis tua domusque dissentiant, Sen. ep. 20, 3; vgl. Quint. 7, 3, 12: unpers., dissentit (es steht im Widerspruch), m. folg. *Acc.* u. *Infin.*, Lucr. 4, 764. – ► Depon. Nbf. **dissentior,** wov. dissentiuntur, Cael. Antip. 1. fr. 8 (bei Prisc. 8, 32).

dissēparātio, ōnis, *f.* (disseparo), die **Absonderung, Trennung,** Auct. decl. in Catil. 31. Cassian. de inc. Chr. 3, 7.

dis-sēparo, āre, **absondern, trennen,** Non. 282, 19. Orest. trag. 940.

dissēpimentum, s. dissaepimentum.

dis-sēpio, -sēptio, s. dis-saepio, dissaeptio.

dissēptum, s. dissaeptum.

dis-serēnāscit, āvit, *impers.* (*Inchoat.* v. dissereno), **es wird heiter, es** (der Himmel) **heitert sich auf,** cum undique disserenasset, Liv. 39, 46, 4.

dis-serēnat, *Fut.* -abit, *impers.* (dis u. serenus), **es ist heiter,** Plin. 18, 356. – ► Im Spätlat. **disserēno,** āre, *tr.* = **aufheitern,** im Bild, disserena oculis nostris nubilum, Augustin. conf. 13, 15: insolentium scholarum mores procellosos moderationis suae terminis, Cassiod. var. 6, 6, 1.

1. **dis-sero,** sēvī, situm, ere, **I auseinander-, in Distanzen säen, aussäen,** Varro LL., Col. u. a. – **II** übtr., **in Abständen in die Erde setzen,** taleas, Caes. b. G. 7, 73, 9. – ► Perf. disseruere, Suei poët. mor. 8 M. (bei Macr. sat. 3, 18, 12). Vgl. 2. consero a. E.

2. **dis-sero,** seruī, sertum, ere, **auseinanderreihen** = mit Worten **auseinandersetzen, erörtern, entwickeln, ausführlich besprechen,** über etw. **sich auslassen, sich verbreiten, sich aussprechen, sich erklären, einen Vortrag halten, sprechen,** mit allg. *Acc.*, ista, eadem, Cic.: res, Liv.: quod in senatu pluribus verbis disserui, Cic.: m. bestimmtem *Acc.*, libertatis bona, Tac.: eius negotii initium, ordinem, finem curatius, Tac.: m. folg. *Acc.* u. *Infin.*, Cic.: m. folg. indir. Fragesatz (m. *quomodo, qui, quid*), Cic., Liv. u. Quint.: m. *Praeposs.* (bes. m. *de*) m. u. ohne (bes. allg.) *Acc.*, quae Socrates supremo vitae die de immortalitate animorum disseruisset, Cic.: per conciliabula et coetus seditiosa de continuatione tributorum etc., aufrührerische Reden führen, Tac.: quae saepissime inter me et Scipionem de amicitia disserebantur, Cic.: diss. de re publica, Cic.: de teste, Cic.: pro legibus suis, Liv.: contra ista, Cic.: adversus ea, Tac.: cum alqo, Cic.: cum alqo de alqa re, Cic.: in utramque partem, Cic.: de alqa re in contrarias partes, Cic.: m. *Advv.* u. dgl., contra diss., Cic.: varie diss., Cic.: bene, accurate, Cic.: in od. ad hunc modum, Sall. u. Curt.: hoc modo, Sall.: absol., in disserendo mira explicatio, Cic.: disserendi subtilitas, Cic.: acumen disserendi, scharfsinnige Erörterung, Quint.

3. **dis-sero,** āvī, āre, **trennen,** Ter. Maur. 98.

dis-serpo, ere, **hier- und dahin schleichen, -unmerklich sich ausbreiten, -verbreiten,** late disserpunt tremores, Lucr. 6, 547.

dissertātio, ōnis, *f.* (disserto), die **Erörterung,** der erörternde **Vortrag,** Gell. 17, 13, 11: Plur., Gell. 1, 2, 6 u. 14, 3, 5.

dissertātor, ōris, *m.* (disserto), der **Erörterer, Disputierer,** Prud. apoth. 850. Cl. Mam. de stat. anim. 2, 9, 3.

dissertio, ōnis, *f.* (dissero), **I** die **allmähliche Auflösung,** cur exsecrabilis ista nobis solis velut dissertio iuris humani est? Liv. 41, 24, 10 W. zw. – **II** die **Erörterung** (der erörternde **Vortrag**), die **Erklärung, Auslegung,** Gell. 19, 12, 3. Hieron. in Matth. 13, 13 u. 14. Hieron. adv. Pelag. 3, 6. Fulg. myth. 1, 22: Plur., Interpr. Orig. in 1. Sam. hom. 1, 9.

dissertitūdo, inis, *f.* (2. dissero), die **Darstellung, der Stil,** Eugipp. vit. Severin. prol. p. 2 *Kerschbaumer.*

disserto, āvī, ātum, āre (*Intens.* v. 2. dissero), etw. **auseinandersetzen, entwickeln, erörtern, ausführlich besprechen,** über etw. **einen Vortrag halten, Worte wechseln, disputieren** (im guten u. üblen Sinne), alqd, Tac. ann. 12, 11; hist. 4, 69: alqd cum alqo, Cato oratt. 40. fr. 6 (bei Paul. ex Fest. 60, 1): de alqa re, Tac. ann. 13, 38: absol., Gell. 6 (7), 14, 9. – Vgl. discerto.

dissertor, ōris, *m.* (2. dissero), der **Erörterer, Erklärer,** obscuri, Non. 328, 24: diss. ac disputator aeternarum rerum, Augustin. mendac. 10.
dissicio, ere, s. dis-icio.
dissico, s. dis-seco.
dissidentia, ae, *f.* (dissideo), der **Widerspruch,** rerum, Plin. 29, 75 (76).
dis-sideo, sēdī, ēre (dis u. sedeo), eig. »voneinandersitzen«; dah. **I sich auseinandergezogen haben,** si toga dissidet impar, wenn die T. sich schief gezogen hat, Hor.: inaequalia dissident supercilia, Quint.: u. so supercilia dissidentia (Ggstz. constricta), Quint. – **II entfernt-, getrennt sein** od. **liegen, A** eig., v. Örtl., Verg. Aen. 7, 369. Claud. b. Gild. 158; ep. 2, 56: quantum Hypanis Veneto dissidet Eridano, Prop. 1, 12, 4. – **B** übtr., **nicht übereinstimmen, a** v. leb. Subjj., **α** übh. in Gesinnung od. Neigung **nicht übereinstimmen, im Widerspruch stehen, anders denken** (Ggstz. congruere), inter se, Cic.: ab alqo, Cic.: ab alqo animo et voluntate, Cic.: cum alqo, Cic.: m. *Dat.*, dissidens plebi Virtus, Hor.: diss. de alqa, Cic.: diss. re, non verbis, Cic. – **β** im feindl. Sinne, von jmd. **sich entfernt** od. **getrennt halten,** mit jmd. **uneinig (uneins), zerfallen sein, in Disharmonie (Uneinigkeit, Feindschaft, Zwiespalt) leben,** absol., Hor., Phaedr., Tac. u. a.: inter se, Cic.: ab alqo, Cic.: a se, Cic.: cum alqo, Cic.: dissidere hostem in Arminium ac Segestem, sei in die Partei des A. u. in die des S. zerfallen, Tac.: unpers., histriones, propter quos dissidebatur, Suet. Tib. 37, 2. – **b** v. Lebl., **α** übh. mit etw. **nicht übereinstimmen, nicht im Einklang stehen, im Widerspruch stehen,** zu etw. **nicht passen,** dissidet et variat sententia, Ov.: voluntas scriptoris cum scripto dissidet, Rhet. Her.: scriptum a sententia dissidet, Cic.: non dissidet a voce gestus, Quint.: cum corporis partes inter se dissident, Cic. – **β** im feindl. Sinne, **uneinig (uneins)-, in Disharmonie sein, widerstreben, widerspenstig sein,** sensus (Gesinnungen) dissidentes, Nep.: ambitio dissidens, Phaedr.: cupiditates inter se dissident et discordant, Cic.: iracundia dissidens a ratione, Cic.
dissidiōsus, a, um (dissidium), **trennend, scheidend,** obiex, Ambros. ep. 76, 9.
dissidium, iī, *n.* (dissideo), die **Trennung, Scheidung,** necessitudinis, Ambros. in Luc. 7, 135. – ► In der Bedeutung **Zwiespalt** muss nach Madvig Cic. de fin. exc. II. p. 812 (799) *sqq.* überall nach den besten Hdschrn. discidium (s. d.) hergestellt werden.
dis-sīdo, sēdī, ere, **I sich getrennt lagern,** Sil. 7, 736. – **II** übtr., **mit** jmd. **zerfallen,** cum is a Pompeio dissideret, Cic. de amic. 2; absol., Suet. Tib. 7, 3.
dis-sigillo, āre (dis u. sigillum), **von** einem Werk **die** *sigilla* (Bildnisse, Reliefs) **abreißen,** opus, CIL 13, 8655 = *Buecheler* carm. lat. epigr. *no.* 1006.
dissīgnātio, ōnis, *f.* (*dissigno), **1** die gehörige **Anordnung,** Cic. de nat. deor. 1, 8, 20 M. – **2** das **Amt des** *dissignator* (*no.* b), CIL 1, 206. lin. 94 u. 104.
dissīgnātor, ōris, *m.* (*dissigno), der **Anordner, a** im Theaterwesen: **α** der **Diener, Sklave, der die Theaterplätze anweist,** Plaut. Poen. prol. 19. – **β** der Anordner der Szenerie, der **Theatermeister,** diss. scaenarum, CIL 6, 1074: u. wohl ders. (bl. diss.) CIL 4, 597 u. 768. – **b** der **Besorger und Anordner des Leichenbegängnisses,** der auch das von schwarz gekleideten Liktoren begleitete Leichengefolge anführte, der **Leichenmarschall,** Hor. ep. 1, 7, 6. Sen. de ben. 6, 38, 4. Suet. fr. 190. p. 340, 7 R. (aus Tert. de spect. 10. p. 37 *Oehler*). CIL 10, 5429.
dis-sīgno, āvī, ātum, āre, **I einrichten, anordnen,** quae cum ita dissignasset, Cic. Tim. § 46: discriptionem dissignare et conficere, Cic. de nat. deor. 1, 26: ut nec domus nec res publica ratione quādam et disciplina dissignata (*al.* designata) videatur, Cic. de nat. deor. 3, 85. – **II anstiften,** quid non ebrietas dissignat, Hor. ep. 1, 5, 16.
dis-silio, siluī, sultum, īre (dis u. salio), **I auseinanderspringen, A** eig.: **1** = **sich trennen, sich spalten, sich teilen,** fit ut diversa repente dissiliant (von den Atomen), Lucr. 2, 87; vgl. 2, 106 u. 5, 362: impius ignis dissiluit, Sil. 16, 548: haec loca dissiluisse ferunt, Verg. Aen. 3, 416: m. *Dat.*, gelido Olympo, sich trennen vom k. O. (v. Ōta), Claud. rapt. Pros. 2, 183. – **2 zerspringen, zerplatzen, zerbersten,** dissiliunt aera (frigore), Verg.: dissilit omne solum, Ov.: dissilit incus, Plin.: dissiluit mucro, Epit. Iliad. 305: dissiliunt nubes multo impetu, Sen.: d. risu (v. Pers.), Sen.: felicitate (v. Pers.), Petron.: boves dissilire degustatā bupresti, Plin. – **B** übtr., vox ubi dissiluit semel in multas, sich zerteilte (auflöste), Lucr. 4, 603: gratia sic fratrum geminorum dissiluit, das gute Vernehmen zerrann (löste sich auf), Hor. ep. 1, 18, 41 sq. – **II fortspringen,** dissiliit (so!) Ionathas et qui cum eo erant in Iordanem, Vulg. 1. Mach. 9, 48.
dis-similis, e, *Adi.* m. *Compar.* u. *Superl.*, **unähnlich, ungleichartig** (Ggstz. similis, consimilis), **α** m. *Genet.*: verum tamen fuit tum sui dissimilis, Cic.: Scetani dissimilis sis, Hor.: artificium esse hoc quoddam non dissimile ceterorum, Cic.: quicquam dispar sui atque dissimile, Cic.: sui dissimilior videbatur fieri cotidie, Cic.: cives tui dissimillimi, Cic. – **β** m. *Dat.*: quis est tam dissimilis homini, qui non etc., Cic.: nihil tam dissimile quam Cotta Sulpicio, Cic.: et erat huic iudicio longe dissimilis illa contentio, Cic.: heu, quam dissimilis exitus initiis adest, Sen. rhet. – **γ** m. *ab* u. Abl., non dissimilis ab eo, Lact. de mort. pers. 8, 1: Flacci epistularum libri titulo tantum dissimiles a sermonum (*sc.* libris) sunt, Porphyr. Hor. ep. 1, 1 *in.* – **δ** m. *inter se:* dissimiles longe inter se variique colores, Lucr.: horum ornatus sunt inter se dissimili disparique ratione, Vitr.: duo fuerunt per idem tempus dissimiles inter se, sed Attici tamen, Cic.: cum inter vos in dicendo dissimillimi sitis, Cic. – m. *inter se* u. m. *Genet.*, qui sunt et inter se dissimiles et aliorum, Cic. – **ε** m. *in* u. Akk.: aetate et formā haud dissimili in dominum erat, nicht un. gehalten gegen den H., ziemlich ähnlich dem H., Tac. ann. 2, 39. – **ζ** m. *in* u. Abl., hac in re una multum dissimiles, Hor. ep. 1, 10, 3. – **η** m. *atque* (*ac*), *quam* u. *et:* quod non est dissimile atque ire in Solonium aut Antium, Cic.: etsi erat non dissimile atque Alexandriae genus aedificiorum, Auct. b. Alex.: nec dissimilis ibi adversus victos quam in priores clementia Caesaris fuit, Vell.: dissimilis est militum causa et tua, Cic. – u. m. *tam ... quam,* z. B. quid est tam dissimile, quam Demosthenes et Lysias, Cic. – **θ** m. *Abl.* (an), dissimilis moribus, Sall.: fide patri dissimillimus, Vell. – **ι** absol.: naturae dissimiles, Cic.: Gallis Hispanisque scuta eiusdem formae fere erant, dispares (an Größe) ac dissimiles (an Gestalt) gladii, Liv.: hi dispari genere, dissimili linguā (Sprache), Sall.: dissimillimi motus, Cic.: labor voluptasque dissimillima naturā (ihrem Wesen nach ganz verschiedene Zustände) societate quādam inter se naturali sunt iuncta, Liv.
dissimiliter, *Adv.* (dissimilis), **unähnlich, verschieden** (Ggstz. similiter), Varro LL., Rhet. Her. u. a.: haud od. non. diss., Sall. u. Gell.: haud diss. m. *Dat.*, Liv. 27, 48, 11.
dissimilitūdo, dinis, *f.* (dissimilis), die **Unähnlichkeit, Verschiedenheit,** locorum, caeli, Cic.: summas habere dissimilitudines, Cic.: in uno homine esse tantam dissimilitudinem, Nep.: hanc habet (ius civile) *ab* illis rebus dissimilitudinem, quod etc., Cic.: genus institutionum et rationum mearum dissimilitudinem non nullam habet *cum* illius administratione provinciae, Cic.: cum tanta sit inter oratores bonos dissimilitudo, Cic.
dissimulābiliter, *Adv.* (*dissimulabilis v. dissimulo), **unvermerkt, insgeheim,** Plaut. mil. 260.
dissimulāmentum, ī, *n.* (dissimulo), die **Verstellung,** Apul. apol. 87; flor. 3. p. 4, 2 Kr.
dissimulanter, *Adv.* (dissimulo), **unvermerkt, insgeheim,** alqm diss. (ohne dass er es merkt) asservare, Liv.: verba non aperte, sed diss. conclusa, Cic.: alii (ante finem recedunt) diss. et furtim, alii simpliciter et libere, Plin. ep. – non od. ne (neque) diss., unverhohlen, Cic. u. Suet.: id non diss. tulit, gab sich keine Mühe, den Eindruck zu verbergen, Val. Max. 1, 5, 6: gratias agere populo Romano non diss. tulit, quod etc., brachte dem röm. V. seinen aufrichtigen Dank dar, dass er usw., Val. Max.
dissimulantia, ae, *f.* (dissimulo), die **Verstellung, Ironie,** Cic. de or. 2, 270.

dissimulātio (dissimil.), ōnis, *f.* (dissimulo), **I** das **Unähnlichmachen, Unkenntlichmachen,** die **Maskierung,** veste servili in dissimulationem sui compositus, in Sklaventracht, um sich unkenntlich zu machen, verkleidet, Tac. ann. 13, 25. – **II** das Tun od. Reden, als ob etwas nicht sei, was ist, **A** das Vorgeben, dass etwas nicht sei, was wirklich ist, die **Verstellung,** der **angenommene Schein,** Cic. u. a.: per dissimulationem (Ggstz. apertā professione), Iustin.: sermo, qualem ira et dissimulatio (verhaltener Groll) gignit, Tac. – insbes. = εἰρωνεία (im sokrat. Sinne), das Verstecken seiner wahren Gedanken, die **Ironie,** Cic. Acad. 2, 5, 15. Quint. 9, 1, 29. Gell. 18, 4, 1 (als zu eng für diesen Begriff getadelt von Quint. 9, 2, 44). – **B** das **Nichtberücksichtigen, a** das absichtliche **Übersehen, Ignorieren,** Plin. ep. 6, 27, 3; 9, 13, 21. – **b** die **Fahrlässigkeit, Nachlässigkeit,** die **Säumigkeit,** Veget. mul. 3. prooem. 1 u. 3 (wo Plur.). Veget. mil. 1, 18.

dissimulātor, ōris, *m.* (dissimulo), der **Verhehler, Verleugner,** opis propriae, Hor.: artis, Quint.: alienae etiam culpae, Tac. – cuius rei lubet simulator ac dissimulator, zu Heuchelei und Verstellung jeglicher Art geschickt, in Heuchelei u. Verstellung ein Meister, Sall. Cat. 5, 4.

dis-simulo (dis-similo), āvī, ātum, āre, eig. »unähnlich machen«; dah. **I unkenntlich machen, verstecken, verbergen,** canae capillos dissimulant plumae, Ov.: tauro dissimulante deum, Ov.: nec se dissimulat, und er nimmt keine andere Gestalt an, Ov.: Achilles veste virum longā dissimulatus erat, hatte den Mann (sich als Mann) unter dem langen Frauengewand versteckt, Ov. – **II** »so tun od. reden, als ob etwas nicht sei, was ist«, **A** = etwas vorsätzlich **verhehlen, verbergen, verleugnen, verheimlichen, verschweigen, sich nicht merken lassen,** alqd, Cic. u. Liv.: alqd silentio, Cic.: nomen suum, das Inkognito beobachten, Ov.: dissimulata deam, ihre Gottheit verbergend, Ov.: de coniuratione, Sall. – diss. m. folg. *Acc.* u. *Infin.*, Plaut. Poen. prol. 112 u. most. 1071. Cic. I. Verr.. 21: non (neque, numquam, haud) diss. mit folg. *Acc.* u. *Infin.*, Cic. de dom. 121; Planc. 77. Quint. 10, 3, 14. Suet. Galb. 19, 1: m. folg. indir. Fragesatz, arma parent et quae rebus sit causa movendis, dissimulent, Verg.: quid ipse sim secutus, promam, nec umquam dissimulavi, Quint. – dissimulans, quis esset, inkognito, Capit. – mit folg. *quasi,* dissimulabo hos quasi non videam neque esse hic etiamdum sciam, Plaut. mil. 992. – m. folg. *ut* u. Konj., nec ut emat melius, nec ut vendat, quicquam simulabit aut dissimulabit vir bonus, Cic. de off. 3, 61; vgl. Cic. ep. 10, 8, 4. – non diss. m. folg. *quin* u. Konj., me pervagatissimus ille versus dissimulare non sinit quin delecter, Cic. or. 147: dissimulari non posse ait, quin paria et dissimilia non sint etc., Gell. 6 (7), 3, 40. – absol. = **sich nichts merken lassen, sich verstellen, den Schalk spielen,** Caes. u. a.: desine dissimulare, Tibull.: non dissimulat, er macht kein Hehl aus der Sache, Cic.: dissimulandi causā, um seine Entwürfe damit zu verhüllen, Sall.: ex dissimulato, unvermerkt, z. B. aiebat non esse occulte nec ex diss. blandiendum, Sen. nat. qu. 4. praef. § 5: ex male diss. agebat aemulum, nicht unvermerkt genug, Vell. 2, 109, 2. – **B** übh. **übergehen, nicht berücksichtigen, a** absichtlich **übersehen, übergehen, ignorieren, unberücksichtigt lassen, vernachlässigen,** consonantes, nicht aussprechen, Quint.: Acilia sine absolutione, sine supplicio dissimulata, Tac.: dissimulare consulatum alcis (jmds. Ernennung zum Konsul), Tac.: conscientiā belli Sacrovir diu dissimulatus, victoria per avaritiam foedata et uxor Sosia arguebantur, man machte ihm zum Vorwurf das lange Vernachlässigen der Empörung des S., obwohl er Mitwisser gewesen usw., Tac. – **b** aus Fahrlässigkeit **unbeachtet lassen, vernachlässigen,** damnosam curationem, Veget. mul. 1. prol. 5: plerumque ab eis docendis … male dissimulatur, man vernachlässigt, verabsäumt es, sie zu usw., Augustin. de civ. dei 1, 9, 1. p. 14, 27 D.[2]

dissipābilis, e (dissipo) = σκεδαστός, **leicht zerstreubar,** ignis et aër naturā cedens (nachgiebig) est maxime et dissipabilis, Cic. de nat. deor. 3, 31: substantia diss., Chalcid. Tim. 37 A.; 52 u. 103.

dissipātio, ōnis, *f.* (dissipo), **I** die **Zerstreuung** (passiv), Cic. de rep. 2, 7; de nat. deor. 1, 71. – **II** die **Zerteilung, A** die **Versplitterung** durch Verkauf, praedae, Cic. Phil. 13, 10. – **B** als Redefigur, die **Zerlegung** eines Begriffs in einzelne Teile, Cic. de or. 3, 207; vgl. Quint. 9, 3, 39.

dissipātor, ōris, *m.* (dissipo), der **Zerstreuer = Vernichter,** Prud. psych. praef. 34. Augustin. in Ioann. tract. 11, 13.

dissipātrīx, trīcis, *f.* (Femin. zu dissipator), die **Zerstreuerin = Vernichterin,** vitiorum, Augustin. serm. 30 (?).

dissipātus, a, um, *PAdi.* (v. dissipo), **zerstreut, nicht zusammenhängend, nicht wohl zusammengefügt,** v. der Rede, oratio, Cic.; vgl. facilius est apta dissolvere, quam dissipata conectere, Cic.: übtr., vom Redner, in instruendo dissipatus, dessen Rede es in ihren einzelnen Teilen an dem nötigen Zusammenhang fehlt, Cic.

dis-sipo (altl. **dis-supo**), āvī, ātum, āre (supat: iacit, unde dissipat: disicit, Paul. ex Fest. p. 311, 6), **I auseinanderwerfen, -streuen, zerstreuen, hier- und dahin ausstreuen, ausbreiten, verbreiten, verteilen, A** eig.: **1** im Allg.: cumulos stercoris, Col.: membra, Cic.: ossa Quirini, Hor.: aliud alio, Cic.: piceum per ossa venenum, Ov.: aër dissipat umores, verweht, Vitr.: ignis totis se passim castris dissipavit, Liv. – **2** insbes.: **a** (medial) v. Wasser, dissipari, **sich zerteilen** (in Arme, Bäche), rivis, Vet. Orac. b. Liv.: late, Varro. – **b** als mediz. *t. t.*, einen Krankheitsstoff **zerteilen,** umorem, Cels.: suppurationem, Scrib. Larg. – **B** übtr.: **1** im Allg.: omnia fere, quae sunt conclusa nunc artibus, dispersa et dissipata quondam fuerunt, Cic.: ea contrahere amicitiam, dissipare discordiam, Cic.: dissipatum passim bellum, Liv. – **2** insbes., ein Gerede usw. **ausstreuen, ausbreiten, verbreiten,** sermonem, famam, Cic. – **II** mit Gewalt auseinander werfen, **zerstreuen, zersprengen, A** eig.: **1** im Allg., als milit. *t. t.:* hostes, Cic.: phalangem, Liv.: in finitimas civitates dissipari, versprengt werden, Hirt. b. G. – exercitus ex dissipata fuga passim reliquiae, die Überbleibsel des zersprengten Heers, die sich von der Flucht gesammelt hatten, Liv.: collectis ex dissipato cursu militibus, nachdem er die Versprengten gesammelt hatte, Liv.: dispersi ac dissipati, Caes. – **2** prägn.: **a zersprengen = zerstören, zertrümmern,** statuam, Cic.: tecta, Liv.: turres quadratas (v. Maschinen), Vitr.: cuncta disturbare ac dissipare (v. Feuer), Cic.: homo fractus et paene dissipatus, Cic. – **b** Vermögen usw. **zersplittern, verschleudern, vergeuden, verschwenden,** rem familiarem, patrimonium, Cic.: a maioribus possessiones relictas disperdere ac dissipare, Cic.: avitas opes per luxum, verprassen, Tac.: reliquias rei publicae, des Staats letzte Kräfte vergeuden, Cic. – **B** übtr.: dissipat Euhius curas edaces, zerstreut, Hor.: magister dissipat amplexus, macht gewaltsam ein Ende, unterbricht gewaltsam, Stat. – ► arch. Form dissupo, wov. dissupat, Enn. fr. scen. 118: dissupatus, Trag. inc. fr. 169. CIL 9, 4130.

dissīptum, s. dissaeptum *no.* II.

1. dissitus, a, um, *Partic.* v. 1. dissero, s. d.

2. dis-situs, a, um, **auseinander gelegen, entlegen, entfernt,** femora, auseinander gespreizte, Apul. met. 7, 23: *neutr. plur.* subst., longule dissita (Ggstz. proxime assita), Apul. flor. 2. p. 2, 8 Kr. – übtr.: separatimque distributis dissitisque generibus, Apul. met. 6, 10.

dissociābilis, e (dissocio), **I** passiv = **unvereinbar,** res, Tac. Agr. 3: corpus, Claud. in Rufin. 2, 238. – **II** aktiv = die Länder **trennend, -scheidend,** Oceanus, Hor. carm. 1, 3, 22.

dissociālis, e (dissocio), **unvereinbar,** m. *Dat.*, humanis animal dissociale cibis, v. Schwein, Rutil. Nam. 1, 384.

dissociātio, ōnis, *f.* (dissocio), **I** die **Trennung,** spiritus corporisque, Tac. ann. 16, 34. – **II** die **Antipathie,** corporum, Plin. 7, 57.

dis-socio, āvī, ātum, āre, auseinandergesellen, **I** eig., was in Genossenschaft (Freundschaft, übh. in Verbindung zu **einem** Zweck) leben sollte od. lebt, **vereinzeln, trennen, veruneinigen, in Parteien zerspalten, -auflösen,** homines antea dissociatos (vereinzelten, nicht gesellig beieinander lebenden) iucundissimo inter se sermonis vinculo colligavit, Cic. – barbarorum copias, Tac.: dissociatis animis civium, Nep.: morum dissimilitudo dissociat amicitias, Cic. – disertos a doctis, Cic.: legionem a legione, die Sache der einen L. von der der anderen L. trennen, Tac.; vgl. causam suam, ihre Sache (von der der übrigen) trennen, von der Verbindung abtreten (gleich darauf abstinere), Tac. – II poet. übtr., v. örtl. Trennung, doch mit Festhalten des eig. Begriffs, artas intus partes, Lucr.: ni (montes) dissocientur opacā valle, Hor.: dissociata locis concordi pace ligavit, Ov.

dissolūbilis, e (dissolvo), **auflösbar, zerlegbar,** coagmentatio, Cic. de nat. deor. 1, 20: mortale omne animal et dissolubile et dividuum sit necesse est, *ibid.* 3, 29: u. so Lact. 2, 8, 39; 4, 8, 10: Ggstz. structilis, Tert. de anim. 14 *in.* – *Compar.* quidquid intra aethereum caelum est, mutabilius esse et dissolubilius, Augustin. de gen. 8.

dissolūtē, *Adv.* (dissolutus), **aufgelöst,** I **ohne Bindewörter,** Cic. or. 135. – II übtr.: a **ohne Energie,** dah. auch **fahrlässig, leichtsinnig,** minus severe (res confecta est) quam decuit, non tamen omnino dissolute, Cic.: si quid est factum clementer, ut dissolute factum criminer, Cic.: d. decumas vendidisti (verpachtet), Cic. – b **ausgelassen,** diss. hilaris, Augustin. conf. 8, 11. § 26.

dissolūtio, ōnis, *f.* (dissolvo), die **Auflösung,** I eig.: navigii, das Auseinandergehen des Fahrzeugs, Tac.: geniculorum, Erschlaffung, Zittern, Vulg.: stomachi, Schlaffheit, Schwäche, Plin.: naturae, Aufl. der N. = Tod, Cic. – II übtr.: 1 die **Aufhebung, Abschaffung, Vernichtung,** legum, iudiciorum, Cic.: imperii, Tac. – 2 die **Widerlegung** einer (gerichtlichen) Beschuldigung u. dgl., Rhet. Her. 1, 4. Cic. Clu. 3: Plur., dissolutiones argumentorum, Vulg. sap. 8, 8. – 3 die **Abspannung,** der **Mangel an Energie, die Schwäche,** remissio animi ac diss., in Schwäche ausartende Gelassenheit, Cic. ep. 5, 2, 9: diss. animorum, Sen. de const. sap. 5, 1: absol., diss. et languor, Sen. ep. 3, 5. – 4 die **Zügellosigkeit, Liederlichkeit,** Commodi temporum, Spart. Pesc. 10, 8: Gallieni, Treb. Poll. XXX tyr. 23, 2. – 5 als Redefigur, die **Auflösung** = Weglassung der Bindewörter, griech. διάλυσις, Cic. part. or. 21. Quint. 9, 3, 50. Iul. Rufin. de schem. lex. 20.

dissolūtor, ōris, *m.* (dissolvo), der **Auflöser, Zerstörer, Vernichter,** spät. ICt.

dissolūtrīx, trīcis, *f.* (Femin. zu dissolutor), die **Auflöserin, Zerstörerin,** Tert. de anim. 42.

dissolūtus, a, um, *PAdi.* m. *Compar.* u. *Superl.* (v. dissolvo), I **aufgelöst, nicht gebunden,** Plaut.: navigium, zerlechzt, Cic.: stomachus, erschlafft, Plin. – II übtr.: 1 als rhet. *t. t.* **nicht gehörig verbunden, locker, nicht numerös,** Cic. or. 195. – u. subst. dissolūtum, ī, *n.,* als rhet. Fig. (= dissolutio *no.* II, 5, s. d.), Rhet. Her. 4, 41. – 2 **der gehörigen Energie ermangelnd,** d. i. bald = **gleichgültig, phlegmatisch, sorglos,** bald = **nachlässig, fahrlässig, leichtsinnig, unachtsam** (s. Matthiä u. Halm Cic. Rosc. Am. 32), poterone esse *in* eum dissolutus, qui etc.? Cic.: exstant libelli multo dissolutiores ipsis actionibus, Sen. contr. 10. praef. § 3. – 3 **locker, leichtfertig, liederlich, frech, zügellos, ausgelassen,** filius, Cic.: consilia, Cic.: comitas, ausgelassene Munterkeit, Quint.: liberalitas dissolutior, Cic.: dissolutissimus hominum, Cic.: est dissoluti m. folg. *Infin.,* es zeugt von großer Leichtfertigkeit, zu usw., Cic. de off. 1, 99.

dis-solvo, solvī, solūtum, ere, I **auflösen,** was gebunden od. zusammengefügt war, A eig.: 1 im Allg.: scopas, clipeum, Cic.: arborum radices (v. der Fischotter), Varro LL.: navem, in seinen Fugen auflösen, Phaedr., u. Passiv dissolvi (v. Schiff), auseinandergehen, Ov.: frigus, lindern, Hor.: dissolutis membris (da ihr die Gl. ausgerenkt waren) insistere nequibat, Tac.: diss. monumenta, auseinandersprengen (v. dazwischen gewachsenen Bäumen), Sen.: poet., pinus lamnā, zersägen, Val. Flacc. – ilia risu, zersprengen, Petron. – 2 insbes.: a zu einer Flüssigkeit **auflösen, schmelzen, flüssig machen,** aes, Lucr.: resinam oleo, Plin.: fel aquā dissolutum, Plin. – stomachum, den Durchfall erregen, Plin. – b einen Krankheitsstoff **auflösen, = zerteilen,** durch Zerteilen **vertreiben,** inflationes, dolorem capitis, Plin. – B übtr.: 1 im Allg., **auflösen, trennen, aufheben, abstellen, kassieren, vernichten** (Ggstz. conglutinare), societatem, amicitiam, Cic.: disciplinam severitatemque, Auct. b. Alex.: leges, interdictum, Cic.: regiam potestatem, Nep.: imperium (die konsulare Gewalt), Liv. – 2 insbes.: a als rhet. *t. t.,* Verse, Perioden usw. **auflösen, zerlegen, ohne periodische Verbindung lassen,** versum, Hor.: orationem, Cic.: argumenta, Quint.: bene structam collocationem permutatione verborum, Cic. – b (wie διαλύω) = eine Frage usw. **lösen,** captiosas interrogationes, Cic.: propositas quaestiones, Spart.: si non poterit ratio dissolvere causam, cur etc., Lucr.: zetema (eine Aufgabe) dissolvere, CIL 4, 1878. – c eine Behauptung usw. **widerlegen, entkräften, zunichte machen,** criminationem, Cic.: obiecta, Tac.: controversiam controversiā, Rhet. Her.: utrumque dissolvitur, lässt sich widerlegen, ist unhaltbar, Cic. – II **ablösen,** A eig., **ablösen, abbrechen, abreißen,** ubi dissolutus tu sies, ego pendeam, Plaut.: diss. pontem, Nep.: diss. simulacrum Veneris, Suet.: diss. stamina, Tibull. – B übtr.: 1 **losmachen, freimachen, befreien,** von Geschäften od. Verdrießlichkeiten, dissolvi me, ich bin fertig, Ter.: dissolve me, Plaut. – 2 **abzahlen, bezahlen,** aes alienum, Cic.: nomen, Cic.: pecuniam publicam ulli civitati, Cic.: absol., non diss., Cic.: diss. pro sua parte, Cic.: Scapulis difficiliore condicione, die Sk. unter ziemlich nachteiligen Umständen befriedigen, Cic. – im Doppelsinn, qui magno in aere alieno maiores etiam possessiones habent, quorum amore adducti dissolvi nullo modo possunt, können sich auf keine Weise von ihnen losmachen = sich von den B. trennen u. = die Schuld abzahlen, Cic. Cat. 2, 18.

dissonantia, ae, *f.* (dissono), a die **Dissonanz** in der Musik, Boëth. inst. mus. 1, 8 u. ö. – b übtr., die **Disharmonie, Ungleichförmigkeit,** Eccl.

dis-sono, sonuī, sonitum, āre, I **verworren tönen,** loci dissonantes (griech. κατηχοῦντες, Ggstz. consonantes, griech. συνηχοῦντες), Vitr. 5, 8, 1. – II übtr., **nicht übereinstimmen, abweichen,** einer Sache **nicht entsprechen, sich** mit etw. **nicht vertragen** (Ggstz. consonare, respondere), an universa, quae maiores nostri prodiderunt, huius temporis culturae respondeant, an aliquā dissonent, Col. 1, 1, 3: in quantum mores populorum dissonant, habitus quoque discrepantissimus, Solin. 52, 19: a veritate, Amm. 22, 15, 6: plurima praeceptis historiae dissonantia, Amm. 26, 1, 1. – v. Pers., quā ratione euangelistae *de* numero dissonare videantur, Ambros. in Luc. 6. § 44. – ► Perf. dissonavi, Itala (Verc.) exod. 24, 11 (?).

dissonōrus, a, um = dissonus, Ter. Maur. 190.

dis-sonus, a, um, I **unharmonisch, verworren,** clamor (Ggstz. congruens), Liv. u. a.: strepitus, wirr durcheinandertönendes, Tac.: flamina, Calp.: vapor, Wärme mit einem verworrenen Getöse, Plin.: dissonum quiddam canere, unharmonische, verworrene Töne, (Cic. b.) Col. 12, 2, 4. – II übtr., **nicht im Einklang stehend, nicht übereinstimmend, abweichend, verschieden,** voces, Liv.: dissonae (ungleichartig) gentes sermone et moribus, Liv.: exercitus linguis moribusque dissoni, Tac.: adeo nihil apud Latinos dissonum ab Romana re praeter animos erat, Liv.: diversi postulantium habitus ac dissonae voces, Plin. pan.: tam variae cultu gentes, tam dissona vulgi ora, Lucan.: diss. elementa, sacra, Mart. Cap.: diss. sententiae, Arnob.

dis-sors, sortis, (eig. der sich mit den übrigen Erben durchs Los in die gemeinschaftlich angetretene Erbschaft geteilt hat, sodass jeder sein Teil allein besitzt, »nicht mehr in Vermögensgemeinschaft mit jmd. lebend«, dissortes, διακληρωθέντες, Gloss.; dah. übtr.) **nicht gemeinsam** mit jmd. (Ggstz. consors, w. vgl.), ab omni milite dissors gloria, Ov. am. 2, 12, 11.

dissortium, iī, *n.* (dissors, w. vgl.) = διαχωρισμός, διάστασις, die **Trennung,** Gloss. II, 53, 10.

dis-suādeo, suāsī, suāsum, ēre, **widerraten** (Ggstz. suadere), legem, Cic.: pacem, Liv.: suis bellum, Ov.: minus placet quod consuadetur; quod dissuadetur placet, Plaut.: ille ab amicis dissuasus fidem fraudavit, Hyg. fab. 219. – m. folg. *Infin.,* Rhet. Her. 3, 5. Quint. 2, 8, 7: m. folg. *Acc.* u. *Infin. Pass.,* Cic. de off. 3, 101. Augustin. de civ. dei 1, 23. – m. *de* u. Abl., de captivis, Cic. de off. 3, 110. – m. folg. *ne* u. Konj., C. Gracch. fr. bei Gell. 11, 10, 4. Gell. 6 (7), 2, 10. – ganz absol., ego dissuadebam, Plaut.: dissuasimus nos, Cic.: pro contione suadere ac dissuadere, Quint.: neque id hortari magis esse, quam dissuadere absterrereque, Gell.

dissuāsio, ōnis, *f.* (dissuadeo), das **Widerraten, Abraten, die Rede gegen** etw. (Ggstz. suasio), Rhet. Her. 1, 2: rogationis eius, Cic. Clu. 140: dissuasio legis agrariae apud populum, Ascon. Cic. in Pison.

§24. p. 9, 3 K. – Plur. dissuasiones (Ggstz. adhortationes), Sen. ep. 94, 39.

dissuāsor, ōris, *m.* (dissuadeo), der **Widerrater, Abrater,** der **Redner** gegen etw. (Ggstz. suasor, persuasor), **a** v. Pers.: rogationis, Cic.: legis agrariae, Liv.: honesti, Sen.: persuasor dissuasorve, Mart. Cap. 5. §467. – **b** übtr., v. Lebl.: Auster quasi diss. consilii mei, Cic.: iusti gladius diss., Lucan.: diss. honesti luxus, Claud.

dissuāvio, dissuāvior, s. dis-sāvio, dis-sāvior.

dis-suēsco, ere, **gänzlich sich entwöhnen,** Alcim. Avit. 4, 46.

dissuētūdo, dinis, *f.* (dissuesco), die **gänzliche Entwöhnung,** Ambros. de Cain et Abel 2, 6, 22.

dis-sulco, s. dī-sulco.

dissulcus, s. dīsulcus.

dis-sulio, s. dis-silio.

dis-sulto, āre (*Intens.* v. dissilio), **I auseinanderspringen, A = nach allen Seiten hinspringen, 1** im engeren Sinne: **a** v. Pers.: ipsae (Gratiae) harmonicis dissultantes motibus advenere, Mart. Cap. 9. §906. – **b** v. Lebl.: concursare, coire et dissultare vicissim, Lucr.: universa dissultant, Mart. Cap. – **2** im weiteren Sinne, **sich überallhin verbreiten,** nec fulmine tanti dissultant crepitus, Verg.: subito per alta collucet iuga dissultans Vulcanius ardor, Sil. – **B abspringen, abprallen,** tela dissultant grandinis more, Sen. ep. 45, 9. – **II zerspringen, zerplatzen, zerbersten,** dissultant ripae, Verg.: dissultat utrimque ferrum, Plin.: cuius (ovi) testulā dissultante, Iul. Val.

dis-suo, suī, sūtum, ere, eig. **auseinander-** od. **auftrennen,** was genäht war, dah. übtr. = **weit öffnen,** sinum, Ov. fast. 1, 408: tunicam, Hieron. epist. 117, 7: undique malas, den Mund weit aufsperren, Pers. 3, 59. – u. **auseinander-** od. **auftrennen** = allmählich auflösen, amicitias (Ggstz. discindere), Cato bei Cic. de amic. 76: recentem amicitiam scindere potius quam dissuere, Hieron. epist. 8 (mit Anspielung auf Ciceros Stelle): diss. tenacium matrimoniorum nexus, Arnob. 3, 27 R.

dis-supo, s. dis-sipo.

dis-tābēsco, tābuī, ere, **auseinanderschmelzen, zerschmelzen, zerfließen,** Cato r. r. 24. Fest. p. 157, 14. Veget. mul. 1, 11, 13. – übtr., in quantas iniquitates distabui, Augustin. conf. 3, 3: se vituperavit et distabuit, Augustin. de peccat. merit. et remiss. 2. §16 *extr.;* vgl. Augustin. specul. in psalm. 138. *v.* 21.

dis-taedet, ēre, *impers.*, **ich bin ganz überdrüssig,** haud tui me neque domi distaedeat, Plaut. Amph. 503: cum hoc ipso distaedet loqui, Ter. Phorm. 1011. – ► Partiz. distaesum u. archaist. distisum, s. Paul. ex Fest. 72, 18.

dīstantia, ae, *f.* (disto), **I** das **Auseinanderstehen, Aufstehen,** oris hiscens dist., Cael. Aur. acut. 3, 5, 50. – **II** der **Abstand, A** eig. = die Entfernung, der Zwischenraum, intervallorum, Vitr.: a longissimis distantiae suae (*sc.* Veneris) finibus, Plin.: intervalla et distantias habere, Vitr.: quod longiores habent distantias ad mundum, weil ihre Polhöhe zunimmt, Vitr. – **B** übtr., der **Abstand** = der Unterschied, die Verschiedenheit, absol., Lucr.: formarum, Lucr.: caloris, Quint.: condicionis, Quint.: morum studiorumque, Cic. de amic. 74. – Plur., quaedam distantiae coloris rufi, Gell. 2, 26, 6: qualitatum distantiae, Arnob. 2, 59.

dīstantīvus, a, um (distantia) = διαστηματικός, **einen Abstand bildend,** Tert. de anim. 9. Chalcid. Tim. 16.

distēctus, a, um (dis u. tego), **auseinandergedeckt, ganz aufgedeckt,** Alcim. Avit. 4, 408.

distegus, um (δίστεγος, ον), **zweistöckig,** armarium (Totengruft), CIL 6, 1600. – subst., distegum, ī, *n.*, eine **zweistöckige Totengruft,** CIL 6, 2653*.

distemperantia, ae, *f.* (distempero), das **Einrühren, Anrühren,** Plin. Val. 5, 18 *lemm.* u. 25.

distemperātio, ōnis, *f.* (distempero), die **richtige Mischung, -Beschaffenheit,** Gargil. Mart. medic. *extr.* p. 211, 20 R.

dis-tempero, āre, **gehörig mischen, einrühren, anrühren** (franz. *détremper*), cum alqa re, Plin. Val. 1, 5 u. 2, 45.

dis-tendo, tendī, tentum u. tēnsum, ere, **auseinanderdehnen, -spannen, ausdehnen, -spannen, -strecken, I** im Allg.: hominem, Liv.: brachia, Ov.: rictum, Quint.: ventrem, auftreiben, Plin. (u. so ovis sanguinariam herbam pasta toto ventre distenditur contrahiturque, Col.: cutis farta [vollgefressene] distenditur, Hieron.): aciem, Caes.: pontem medios in agros, Lucan. – Passiv distendi v. Örtl. = **sich ausdehnen,** haec per octoginta sex milia distenduntur, Mart. Cap. 6. §661. – übtr., inani distendi vanitate, von nichtiger Einbildung aufgebläht werden, Arnob. 2, 29. **II** prägn.: **A** vollfüllend ausdehnen, **ganz voll füllen, -anfüllen,** ventrem, Plaut.: ubera cytiso, Verg.: nectare cellas (von den Bienen), Verg.: horrea, Tibull. – **B** zerteilend **ausdehnen, 1** eig.: **a** als milit. *t. t.*, die Truppen der Feinde auseinander halten, **an mehreren Punkten zugleich beschäftigen,** copias hostium, Liv.: hostes ab apertiore loco, Liv. – **b** ausdehnend **foltern,** alqm tormento, Suet. Tib. 62, 2. – **2** übtr., **zerteilen, zerstreuen** (im üblen Sinne), velut in duo pariter bella distenderant curas hominum, hatten die Besorgnis gleichs. zwischen zwei Kriegen in gleichem Maße geteilt, Liv.: curam unius pastoris, Col.: distendit ea res animos Samnitium, macht sie verwirrt, lässt sie zu keinem bestimmten Entschluss gelangen, Liv. – ► arch. Imperat. distennite, Plaut. mil. 1407 G. – Partiz. gew. distentus, doch auch distēnsus, Tert. apol. 9.

distēnsio, ōnis, *f.* (distendo), die **Ausdehnung,** molis, Augustin. trin. 5, 1, 2: Plur., als mediz. *t. t.*, Verzerrungen, Krämpfe, praecordiorum, Cass. Fel. 76. p. 182, 3. Marc. Emp. 16.

distentio, ōnis, *f.* (distendo), die **Ausdehnung, Verziehung, Verzerrung,** membrorum, Cels.: oris, Verzerrung, Cels.: nervorum, Krämpfe, Cels.: absol., Cels. u. Scrib. Larg.

1. distentus, a, um, *PAdi.* m. *Compar.* (v. distendo), ausgedehnt von Speisen usw., **ganz vollgefüllt, -angefüllt, zum Platzen voll,** distentus cenā, Plin. pan.; u. so absol., Suet.: distentae lacte capellae, Verg.: distenta aureis nummis marsupia, Salv.: uber distentius, Hor.: distenta ubera, Col. u. Verg. ecl.

2. distentus, a, um, *PAdi.* m. *Superl.* (v. distineo), **vielseitig beschäftigt,** cum tot tantisque negotiis distentus sit, ut respirare libere non possit, Cic.: circa summa scelera distentus, Tac.: quoniam intellego te distentissimum esse quā de Buthrotiis, quā de Bruto, Cic. ad Att. 15, 18, 2.

3. distentus, Abl. ū, *m.* (distendo), die **Ausdehnung,** distentu cutis sufflatae, Plin. 8, 138.

distermina, ae, *f.*, s. dis-terminus.

disterminātio, ōnis, *f.* (distermino), die **Scheidung, Abgrenzung,** Gromat. vet. 66, 24.

disterminātor, ōris, *m.* (distermino), der **Auseinanderscheider,** axis divisor et disterminator mundi, Apul. de mundo 1.

dis-termino, āvī, ātum, āre, wie ein Grenzstein **auseinanderscheiden, scheiden, abgrenzen, I** eig.: **a** übh.: quas (stellas) intervallum binas disterminat unum, Cic. poët. – m. *Abl.* (wodurch?), ea communibus parietibus plerumque disterminatur, Gromat. vet. – m. *ab* u. Abl., quae (vertebra) caput a vertice disterminat, Amm. – **b** als geogr. *t. t.:* Danubius Sarmatica ac Romana disterminet, Sen.: Panticapes, qui Nomadas Georgosque disterminat, Mela: quod (flumen) Dahas Ariosque disterminat, Tac. – m. *Abl.* (wodurch?), Pyrenaei montes Hispanias Galliasque disterminant promunturiis in duo diversa maria proiectis, Plin. – m. *ab* u. Abl., quae (Arabia) Iudaeam ab Aegypto disterminat, Plin.: canalis angustior Europam ab Asia stadiis quinque disterminat, Mela: Gallica certus limes ab Ausoniis disterminat arva colonis, Lucan. 1, 216. – m. bl. *Abl.* (wovon?), quā Bosporus Odrysiis Asiam disterminat oris, Claud. – **II** übtr.: eadem ratio disterminat omnia, Lucr. 2, 719.

dis-terminus, a, um, **I** passiv, **geschieden,** Tartessos latis terris, Sil. 5, 399. – **II** aktiv, **scheidend,** subst., distermina, ae, *f.* (verst. linea), der **Durchmesser, die Diagonale** (διάμετρος), Mart. Cap. 6. §714.

dī-sterno, strāvī, strātum, ere (dis u. sterno), **auseinanderbreiten,** zum Lager **ausbreiten,** accuratissime disternebatur lectus, Apul. met. 10, 34. – unpers., pueris extra limen humi quam procul distratum fuerat, hatte man ein Lager bereitet, Apul. met. 2, 15. – ▶ Perf. distravit, Not. Tir. 54, 88.

dis-tero, trīvī, ere, **zerreiben, zerstampfen,** Cato r. r. 75 *in.* – clunibus alqm basiisque, Petron. 24, 4.

dis-texo, ere, **auseinanderweben,** Sidon. carm. 15, 161.

distichon ī, *n.*, s. distichus.

distichus, a, um (δίστιχος), **zwei Reihen habend, zweizeilig,** hordeum, Col. 2, 9, 16. – subst., distichon, ī, *n.* (τὸ δίστιχον), das **Distichon** (Verbindung von Hexameter u. Pentameter), Suet. Caes. 51; Oth. 3, 2. Mart. 3, 11, 2 u. (im Plur.) 8, 29, 1. Serv. Verg. Aen. 1. praef. p. 1 *Lion.*

dīstillātio, dīstillo, āre, Varianten von destillatio, destillo, s. d.

dī-stimulo, āre (dis u. stimulo), gleichs. **zerstechen,** scherzh. = **zugrunde richten,** bona, Plaut. Bacch. 64. – Spätlat. = destimulo, **heftig anspornen, anreizen,** Symm. epist. 5, 94 u. 10, 55.

dīstīnctē, *Adv.* m. *Compar.* (distinctus), **gehörig gesondert, mit gehöriger (strenger) Unterscheidung, -Abwechslung, deutlich und bestimmt,** dist. concisa brevitas, die gedrängte u. doch deutliche Kürze, Cic.: dist. dicere, Cic.: neque distincte neque distribute scribere, Cic.: ut verborum istorum iunctio varie distincte considat, sich mit mannigfaltiger Abwechslung schließe, Cic.: distinctius in Graeco reperias θεοσέβειαν, Augustin. enchir. 1: Ggstz., cum in eo (libro) *distinctius* (eingehender) dictum sit, *disperse* (nur hier u. da) autem de confirmatione et de reprehensione, Cic. de inv. 2, 11. – ▶ Nbf.

dīstīnctim, Cassian. inst. 2, 11, 1. Iuvenc. carm. in exod. 1153 ed. Pitra, Spicil. Sol.

dīstīnctio, ōnis, *f.* (distinguo), **I** die **Absonderung, Scheidung, A** subjektiv: **1** die räuml.: dist. terminorum, Gromat. vet. 38, 13: solis, lunae siderumque omnium, die gesonderten, besonderen Bahnen, Cic. de nat. deor. 2, 15. – **2** die intellekt.: **a** übh., die **Absonderung, Unterscheidung, Bestimmung,** facilis est d. ingenui et illiberalis ioci, Cic.: harum rerum facilis est et expedita d., Cic.: lex est iustorum iniustorumque d., Cic.: Plur., distinctiones syllabarum, Silbenstecherei, Sen. ep. 88, 42. – **b** als rhet. *t. t.*: **α** eiusdem verbi crebrius positi d., die **Abwechslung mit einem und demselben Wort in verschiedenem Kasus und Geschlecht,** Cic. de or. 3, 206; vgl. Quint. 9, 3, 96. – **β** die **Absonderung und Unterscheidung gleich erscheinender Begriffe,** griech. παραδιάζευξις, παραδιαστολή, Quint. 8, 3, 65. – **γ** die **Gegenüberstellung entgegengesetzter Gedanken,** Quint. 9, 3, 82. – **δ** = διαφορά, die **Wiederholung desselben Wortes in verschiedener Bedeutung,** Carm. de fig. 49. p. 65 H. – **ε** dist. pugnantium sententiarum, die Scheidung der sich widersprechenden Stimmen, Plin. ep. 8, 14, 6. – **B** objektiv: **1** der **Unterschied, die Verschiedenheit,** modo intellegatur, quae sit causarum d. et dissimilitudo, Cic.: quae distinctio sit inter ea, quae gignantur, et inter ea, quae sint semper eadem, Cic.: volucrum prima d. pedibus maxime constat, Plin. – insbes., der spezifische Unterschied der Töne verschiedener Stimmen od. Instrumente, die **Tonfarbe,** Cic. de nat. deor. 2, 146. – **2** als gramm. u. rhet. *t. t.*, **a** der **Einschnitt** in der Rede, die **Pause,** Cic. de or. 3, 186. Quint. 11, 3, 37 u. 47 (auch im Plur.). – **b** die **Interpunktion,** bes. der Punkt, Sing. u. Plur., Diom. 437, 10 *sqq.* Donat. 374, 15 *sqq.* – **c** der einzelne **Satz** einer Rede, die **Periode,** epistulae distinctiones colligere, Ambros. epist. 76, 1. – **II** der **Schmuck,** die **Zierde,** distinctio honosque civitatis, Plin. 28, 13.

dīstīnctīvē, *Adv.* (*distinctivus v. distinguo), **unterscheidend,** Prisc. 17, 193.

dīstīnctor, ōris, *m.* (distinguo), der **Unterscheider,** Amm. 18, 1, 2 u. 28, 4, 1. Augustin. in Ioann. 20, 12.

1. dīstīnctus, a, um, *PAdi.* m. *Compar.* (v. distinguo), **I gehörig abgeteilt, -unterschieden, -eingerichtet,** urbs delubris d. spatiisque communibus, Cic.: vitae genus d., Plin. ep. – illa (Macedonum) phalanx immobilis et unius generis, Romana acies distinctior (mannigfaltiger), ex pluribus partibus constans, Liv. – übtr., der Zeit nach **unterschieden, entfernt,** Hesiodus circa CXX annos d. ab Homeri aetate, Vell. – **II** von der Rede, **mit Ordnung und klarer Gedankenfolge vorgetragen, deutlich und bestimmt,** sermo d., Quint.: übtr., v. Redner, utroque distinctior Cicero, mehr Ordnung u. Ideenfolge im Vortrag zeigend, deutlicher u. bestimmter, Tac. dial. 18.

2. dīstīnctus, Abl. ū, *m.* (distinguo), die **Abwechslung** in den Farben, die **Zeichnung,** Tac. ann. 6, 28. Stat. silv. 1, 5, 40.

dis-tineo, tinuī, tentum, ēre (dis u. teneo), **I auseinander-, getrennt halten, trennen, 1** eig.: tigna fibulis distinentur, Caes.: mare late terrarum distinet oras, Lucr.: ebenso duo freta distinent Isthmos, Ov.: legiones distinet magnum flumen, Caes.: quem Notus spatio longius annuo dulci distinet a domo, entfernt hält, Hor. – **2** übtr.: **a** im Allg.: duae senatum distinebant sententiae, Liv. 5, 20, 4; u. so Liv. 9, 16, 6: interim Galbam duae sententiae distinebant, ließen zu keinem Entschluss kommen, Tac. hist. 1, 32. – **b** insbes., eine Sache nicht zustande kommen lassen, sie **aufhalten, hinhalten, verzögern,** pacem, rem, Cic.: victoriam, Caes. – **II** jmd. **an der Konzentrierung seiner** physischen od. geistigen **Kräfte hindern, A** als milit. *t. t.* = den Feind **an der Konzentrierung** seiner Streitkräfte **hindern,** seine Streitkräfte **vereinzeln, auf mehrere Punkte zerstreuen** (durch Einfälle, Angriffe von mehreren Punkten), manus, Caes.: Caesaris copias, Caes.: quacumque incessere late populati sunt tecta agrosque, ut distinerent Volscos, Liv.: d. regem (*i.e. regis vires*) ancipiti bello, Liv.: ne uno tempore duplici bello Romanae vires distinerentur, Iustin. – **B** jmd. an der Konzentrierung seiner geistigen Kräfte, seiner Aufmerksamkeit und geistigen Tätigkeit hindern, jmds. **Aufmerksamkeit u. Tätigkeit mehrseitig in Anspruch nehmen,** ihn **vielseitig beschäftigen,** ihn **zerstreuen,** ex eo colligere poteris, quantā occupatione distinear, Cic.: maximis occupationibus distineri, Cic.: ebenso multitudine iudiciorum et novis legibus distineri, Cic.: distineor et divellor dolore, schmerzlich ist mir die Geteiltheit meiner Gefühle und die Zerrissenheit meines Gemüts, Cic. Planc. 79.

dī-stinguo, stīnxī, stīnctum, ere (vgl. στίζω), eig. mit einem spitzigen Werkzeug Punkte machen, dah. **I absondern, trennen, abteilen, A** eig.: **1** im Allg.: vites semitis decumanisque, Col.: onus inclusum (die Erde) eodem numero, Ov.: alternos cantus, abteilen = bestimmen, wer den Wechselgesang anheben soll, Calp. – **2** insbes., als *t. t.* der Toilette = das Haar **abteilen** u. dadurch **ordnen,** capillum, Apul., crinem doctā manu, Sen. poët.: cedo acum crinibus distinguendis, Tert.: caput (den K. = das Haar auf dem K.) acu, Claud. – **B** übtr.: **1** im Allg., **absondern, trennen, unterscheiden,** intervallis distingui, Cic.: d. voces in partes, Cic.: vera a falsis, Cic.: artificem ab inscio, Cic.: falsum vero, Hor.: fetus suos non distinguunt ferae, die w. T. machen keinen Unterschied zwischen ihren J., Sen.: simiarum genera caudis inter se distinguuntur, unterscheiden sich durch die Schw., Plin. – unpers., m. folg. indir. Fragesatz, quid inter naturam et rationem intersit, non distinguitur, Cic. de nat. deor. 3, 26: im *Abl. absol.*, non distincto, suā an alienā manu, ohne nähere Bestimmung, Tac. ann. 11, 38. – **2** insbes., **a** als gramm. *t. t.*, beim Lesen od. Schreiben **gehörig abteilen,** wo es der Sinn erfordert, **interpungieren, mit Interpunktionszeichen versehen,** (vgl. Steup de Probis gr. p. 20 u. p. 23 *sq.*), versum, Quint. 1, 8, 1: exemplaria, Suet. gr. 24. – **b endigen,** contationem (cunctationem), Apul. met. 2, 30. – **c abtun, schlichten, entscheiden,** causas, Lampr. u. Cod. Iust.: iurgia, Amm. – **II** meton.: **A** unterscheidend **auszeichnen, bezeichnen, fest bestimmen,** iam tibi lividos distinguet autumnus racemos, bläulich färben, Hor.: nigram medio frontem distinctus ab albo, mit weißer Blässe mitten auf der schw. St., Ov.: ›malus‹ utrum arborem significet, an hominem non bonum, apice distinguitur, Quint. – **B** etw. mit etw. **mannigfaltig verzieren, hier und da besetzen, auslegen, ausschmücken,** pocula ex auro, quae gemmis erant distincta clarissimis, Cic.: distincta gemmis fulgentibus pocula, Lact.: gladius, cuius vagina gemmis distinguitur, Sen.: litora distincta tectis et urbibus, Cic.: Cynosura stellis distincta, Cic.: distincta radiis corona, Strahlenkrone, Flor.: via illa nostra castris Thraeciis distincta ac notata, hier u. da besetzt (garniert), Cic. – v. der Rede, oratio distinguitur atque illustratur alqā re, erhält Glanzstellen u. Lichtpunkte durch etw., Cic.: id non debet esse fusum (hindurchlaufen) aequabiliter per omnem orationem, sed ita distinctum (an verschiedenen Stellen angebracht), ut etc., Cic. – **C** in etw. **Abwechslung bringen,** einer Sache **Abwechslung geben,** historiam varietate locorum, Cic.: graviora opera lusibus, Plin. ep.: hoc carmen (Dichtung als Beschäftigung) argutum et breve, quod apte quantaslibet occupationes curasque distinguit, Plin. ep.: ab quibus utrisque variatur aliquid, distinguitur, die beide (Dichter u. Musiker) Tonart u. Tempo wechseln lassen, Cic.

dī-sto, āre (dis-sto), **I getrennt** od. **entfernt sein, a** dem Ort nach, summa labra distabant, Caes.: ab alqo, Hirt.: foro (*Dat.*), vom F., Hor.: urbs (Troia) quam procul ab domo, quot terras, quot maria distans? Liv.: sol ex aequo metā distabat utrāque, Ov.: iamque fere medius Titan venientis et actae noctis erat spatioque pari distabat utrimque, Ov.: castra modico inter se distantia intervallo, Liv. – **b** der Zeit nach, non multum aetate distantes, Quint. – **II** übtr., **entfernt sein, unterschieden sein,** inter se, Cic.: ab alqo, Cic.: scurrae (*Dat.*), vom usw., Hor.: absol., quamquam vocabula idem valere videbantur, tamen, quia res differebant, nomina rerum distare voluerunt, Cic.: u. *impers.*, distat, **es ist ein Unterschied,** m. folg. indir. Fragesatz, ut distare aliquid aut ex aliqua parte differre videatur, utrum … an etc., Cic.: distat, sumasne … an etc., Hor.: nam clarus an obscurus, magistratus an privatus sit, plurimum distat, ist ein sehr großer U., Quint. 5, 10, 26. – ► Perf. distiti, wov. distitit, Ennod. carm. 1, 21, 17: distiterit, Boëth. in Porphyr. 4. p. 129 Migne; instit. mus. 5, 7.

dis-torqueo, torsī, tortum, ēre, **I auseinanderdrehen, -zerren, verzerren, verdrehen,** os, Ter.: oculos, Hor.: labra, Quint.: alqm, jmdm. die Glieder verrenken, Sen. rhet. – **II** meton., **zermartern, quälen,** Sen. u. Suet. – übtr., alqm, Sen.: cogitationem, Petron. – ► *PAdi.* distortus s. bes.

distorsio, ōnis, *f.* (distorqueo), die **Verdrehung,** Augustin. in psalm. 66, 7.

distortio, ōnis, *f.* (distorqueo), die **Verdrehung, Verzerrung,** dist. membrorum, Cic. Tusc. 4, 29: distortiones membrorum, Augustin. de ver. relig. 40. § 75. – absol., dist. et depravatio quaedam, Cic. de fin. 5, 35.

distortor, ōris, *m.* (distorqueo), der **Verdreher,** bonorum contortor, legum distortor, Ter. Phorm. 370 nach Prisc. 9, 51 (bei Terenz selbst bonorum extortor, legum contortor).

distortus, a, um, *PAdi.* m. *Compar.* u. *Superl.* (v. distorqueo), **I verdreht, verzerrt, verwachsen,** crura, Hor.: vultus distortus, Quint., distortissimus, Apul.: corpus, Quint.: distortā lineamentorum compage, mit verzerrten Gesichtszügen, Amm.: u. so personae distortis oribus deformes, Varro LL.: manibus pedibusque articulari morbo distortissimis, Suet.: *neutr.* subst., distorto distortius, Hieron. epist. 132, 14. – v. Pers., dist. Gallus, Cic.: solos sapientes esse, si distortissimi sint, formosos, Cic. – Plur. subst., pumili atque distorti, Zwerge u. Verwachsene, Suet. Aug. 83. – **II** übtr., **verkehrt, verschroben, a** rhet., nullum (genus enuntiandi) distortius, Cic. de fato 16. – **b** moralisch, pravi et distorti, Augustin. conf. 5, 12: haereticorum distorta versutia, Cassiod. in psalm. 118, 7.

distractio, ōnis, *f.* (distraho), **I** das **Auseinanderziehen, -zerren, A** eig.: **1** die **Verzerrung,** distractio cruciatusque membrorum, Gell. 12, 5, 3. – **2** die **Vereinzelung, Zerstückelung,** durch Verkauf, der **Ausverkauf,** fundi, mercium, ICt. – **B** übtr.: **1** im Allg.: harum voluptatum mi omnium atque itidem tibi distractio (Zerstörung), discidium (Trennung), vastities (wüster Untergang) venit, Plaut. Pseud. 69 *sq.* – **2** insbes., das **Zerwürfnis** = die **Uneinigkeit,** Cic. de off. 3, 32: civium, Varro vit. P. R. 2. fr. 6 (b. Non. 287, 15). – **II** die **Absonderung, Lostrennung,** humanorum animorum, Cic.: animae corporisque, des G. vom K., Sen.

distractor, ōris, *m.* (distraho), **I** der **Herumzerrer** (v. Achilles), Anthol. Lat. 161, 1 (635, 1). – **II** der **Vereinzeler** als Verkäufer, der **Ausverkäufer,** Cod. Theod. 11, 1, 4. Non. 54, 12 (Sklavenhändler): argenti, Geldwechsler, Cod. Iust. 4, 18, 2. § 2; 8, 14, 27.

1. **distractus,** a, um, *PAdi.* m. *Compar.* u. *Superl.* (v. distraho), **zerteilt, zerstreut,** et divisior inter se et distractior actus, Lucr. 4, 958. – tamquam distractissimus tantorum onerum mole, nach allen Seiten in Anspruch genommen, Vell. 2, 114, 1.

2. **distractus,** ūs, *m.* (distraho), die **Auflösung** eines obligatorischen Verhältnisses (Ggstz. contractus), Iust. instit. 3, 27, 6.

dis-traho, trāxī, tractum, ere, **I auseinanderziehen, -reißen, zerreißen, sprengen,** (gewaltsam) **zerteilen, trennen, A** eig.: **1** im Allg.: neque (materia) perrumpi neque distrahi potest, Caes.: vallum, Liv.: saxa, sprengen, Sen.: alqm equis, Varro fr.: equis distrahi, Verg.: quadrigis religari et in diversa distrahi, gevierteilt werden, Aur. Vict.: vgl. distracta in diversum actis curribus membra, Sen.: in partes duas distrahi (v. Pers.), Sen.: d. (alci) comam (zerraufen), lumina (zerkratzen), genas (zerfleischen), Ov. – turmas, auflösen, sich zerstreuen lassen, Tac. – medial, acies distrahitur, zerteilt od. vereinzelt sich, Caes.: Euphrates distrahitur (wird verteilt, od. verteilt, verliert sich) ad rigua, in paludes, Plin. – fuga distrahit alqos, zerstreut, Cic. – **2** insbes.: **a** jmds. Vermögen **versplittern, vergeuden,** quom absenti hic tua res distrahitur tibi, Plaut. trin. 617: non hercle minus divorse distrahitur cito, *ibid.* 409. – **b** als publiz. *t. t.* = **einzeln verkaufen, ausverkaufen, zu Geld machen, losschlagen, versteigern,** agros, Tac.: bona lege Serviliā, Fronto: merces, Iustin.: modico (um einen mäßigen Preis), viliori, vilissimo d. alqd, ICt.: coëmendo quaedam tantum ut pluris postea distraheret, Suet. – **c** als gramm. *t. t.*, zwei Worte in der Aussprache »nicht zusammenziehen = zwischen zwei Worten (im Vers usw.) **den Hiatus zulassen,«** voces, Cic. or. 152 (Ggstz. contrahere voces, *ibid.*). – **B** übtr.: **1** im Allg.: distrahi in contrarias partes, nach verschiedenen Richtungen hingezogen werden, Cic.: u. so distrahi in contrarias sententias, zwischen verschiedenen Meinungen schwanken, Cic.: u. bl. distrahi, in Zweifel geraten, mit sich nicht einig sein, Cic.: in subtilitatem inutilem distrahi, in unnütze Spitzfindigkeiten sich verlieren (v. Untersuchungen), Sen. – oratoris industriam in plura studia, zersplittern, Cic.: Caesarum domum in partes, in Parteien zerspalten, Suet.: u. so rem publicam, Liv. u. Tac. – **2** insbes.: **a** eine Verbindung **zerreißen, zerstören, auflösen, trennen, aufheben,** omnem societatem civitatis, Cic.: societatem (die Gemeinschaft) cum alqo, Sen.: amorem, Ter.: concilium Boeotorum, Liv.: collegia (Innungen), Sen. – u. im Passiv prägn. v. Pers., distrahi cum alqo, mit jmd. **zerfallen, sich entzweien,** Cic.: u. so Pompeium et Caesarem perfidiā hominum distractos (zerfallen, entzweit) rursus in pristinam concordiam reducas, Balb. in Cic. ep. – **b** eine Vereinigung usw. **hintertreiben, vereiteln,** hanc rem, Caes. b. c. 1, 33, 3. – **c** eine Streitigkeit **schlichten, beilegen,** controversias, Cic. u. Suet.; vgl. Ruhnken Suet. Caes. 85. – **d** distrahi famā, **ausgetragen-, verschrien-, in üblen Ruf gebracht werden,** Tac. ann. 3, 10. – **II** von etwas **losreißen,** gewaltsam **trennen, entfernen, A** eig.: alqm a complexu suorum, Cic.: alqm ab alqo divellere ac distrahere, Cic.: illam a me distrahit necessitas, Ter.: medial, ne vi distrahatur (anima) a corpore, sich trenne, Sen.: non potui ab illo tam cito distrahi, mich losreißen, mich trennen, Sen. rhet. – **B** übtr.: **1** im Allg.: sapientiam, temperantiam, fortitudinem copulatas esse docui cum voluptate, ut ab ea nullo modo nec divelli nec distrahi possint, Cic. de fin. 1, 50. – **2** insbes., jmd. von jmd. (= von der Verbindung mit jmd.) **abziehen,** ihm **entfremden,** alqm ab alqo, Cic. Phil. 2, 23 (vgl. das. vorher: alqm ab alcis coniunctione avocare).

distribuēla, ae, *f.* (distribuo), als rhet. Fig. = μερισμός, die **Verteilung,** Carm. de fig. 85. p. 66 H.

dis-tribuo, buī, būtum, ere, **verteilen, austeilen, verbreiten, I** im Allg.: copias in tres partes, Caes.: sese in duas partes, Caes.: milites in legiones, verteilen unter usw., zuteilen den usw., Caes.: distributis in legiones ac socios navibus, Tac.: tirones in od. per numeros, enrollieren, Plin. ep.: sanguinem in corpus, Cic.: frumentum civitatibus, auferlegen, zu geben befehlen, Cic.: iura in tetrarchas, reges, civitates, die verschiedenen Rechte der T. usw. bestimmen, Auct. b. Alex.: iusti debiti solutionem (Heimzahlung) in decem annorum pensiones (Raten), Liv.: minutas summulas flentibus servis, verteilen unter usw., Sen. – **II** insbes., **gehörig-, logisch einteilen, -ordnen,** causam in crimen ... et in audaciam, Cic.: partitionem, Cic.

distribūtē, *Adv.* m. *Compar.* (distributus), **mit gehöriger (genauer) Einteilung und Ordnung,** neque distincte neque distribute scribere, Cic. Tusc. 2, 7: distributius tractare, Cic. de inv. 2, 177.

distribūtim, *Adv.* (distributus), **gehörig verteilt, -eingeteilt** (Ggstz. confuse), Oros. 6, 7, 12. Boëth. in Cic. top. 3. p. 318, 13 B.

distribūtio, ōnis, *f.* (distribuo), **I** die **Verteilung, a** übh., Cic. u. a.: distributio quadripertita (in vier Teile), Cic.: aquarum, Frontin.: distributiones communium operum, Einrichtungen, Vitr. – **b** als Redefigur, die **Auflösung eines Begriffs in mehrere ähnliche,** Rhet. Her. 4, 47. Cic. de or. 3, 203. – **II** die **logische Einteilung,** Plur. b. Cic. part. or. 7.

distribūtīvus, a, um (distribuo), **verteilend, distributiv,** nomina, Prisc. 13, 21 u. 17, 196.

distribūtor, ōris, *m.* (distribuo), **a** der **Verteiler,** deus dispensator distributorque est bonorum, Ps. Apul. Ascl. 27: possessionum, Hieron. epist. 108, 13: aquarum, Firm. math. 3, 6, 7. p. 61, 42. – **b** der **Einteiler,** suarum rerum distr. egregius, Cassiod. var. 9, 25, 11.

distribūtrīx, trīcis, *f.* (Femin. zu distributor), die **Verteilerin,** Hieron. in Didym. de spir. scto 23 *extr.*

distribūtus, a, um, *PAdi.* (v. distribuo), **gehörig-, logisch eingeteilt** od. **geordnet,** expositio, Cic.: an schema sit in distributis subiecta ratio, Quint.

dīstrictē, *Adv.*, s. dēstrictē.

dīstrictio, ōnis, *f.* (distringo), Nbf. od. Variante v. destrictio = die **Schärfe, Strenge,** spät. ICt. u. Eccl. – Paul. dig. 4, 8, 16. § 1 Mommsen distinctione.

dīstrictīvus, a, um (distringo), **zerteilend** (Ggstz. constrictivus), Cael. Aur. acut. 2, 29, 159; 3, 2, 20.

1. **dīstrictus,** a, um, *PAdi.* m. *Compar.* (v. distringo), **a mehrseitig in Anspruch genommen, -beschäftigt, zerstreut,** contentione ancipiti, Cic.: bellis, Nep.: districtum officium, Trai. in Plin. ep.: districtior a causis, Cic. – **b** Nbf. od. Variante von destrictus, s. d.

2. **dīstrictus,** Abl. ū, *m.* (distringo) = περιοικίς, das Land um die Stadt umher, die **Umgebung** der Stadt, das **Territorium,** Novell. 42, 3.

dī-strigulo, āre, **benagen,** Gloss. III, 446, 29 ›distrigula me, περίξυσόν με‹.

dī-stringo, strīnxī, strictum, ere, **I auseinanderziehen, -dehnen, -strecken, A** eig., an den Gliedern, bes. an Händen u. Füßen, radiis rotarum districti pendent, Verg.: patibulo pendēre districtum, Sen.: alii alligati sunt, alii astricti, alii districti quoque, einigen sind die Hände gebunden, anderen fest zusammengeschnurt, anderen auch sind Hände und Füße auseinander gedehnt und gefesselt, Sen. – im Bild, districtus enim mihi videris esse, wie auf die Folter gespannt (= mit dir selbst in Zwiespalt, unentschlossen), Cic. ep. 2, 15, 3: torquerier omni sollicitudine districtum, auf die Folter der Sorgen gespannt, Hor. sat. 2, 8, 67. – **B** übtr., jmds. physische od. geistige Kräfte auf mehreren Punkten zugleich in Anspruch nehmen, und zwar: **1** die physischen Kräfte, insbes. **a** als milit. *t. t.*, den Feind hinsichtlich seiner Streitkräfte **auf mehrere Punkte zerstreuen, an verschiedenen Punkten beschäftigen, dem Feind eine Diversion machen** (s. Duker Flor. 2, 13, 1), populatione maritimae orae copias regias, Liv.: Hannibalem in Africam mittere ad distringendos Romanos, d. i. um ihnen eine Diversion zu machen, Liv. – **b** übh., incendiis urbem, die Stadt an so vielen Orten anzünden, dass man nicht weiß, wo man löschen soll, Flor. 4, 1, 2. – **2** die geistige Tätigkeit, Aufmerksamkeit **vielseitig in Anspruch nehmen, vielseitig beschäftigen, zerstreuen, stören,** alqm (Iovem) votis, überhäufen, Plin. pan.: quem partim publica partim amicorum officia distringunt, Plin. ep.: nullā distringente atque alio ducente causā, Quint.: distringit animum liberorum multitudo, Sen.: spe, curis, labore distringitur (mens), Quint. – discordia, quā consensus Romanorum distringeretur, gestört würde, Frontin. – **II** von allen Seiten zusammenschnüren = **fest umgeben, einengen,** corona multiformis variis floribus sublimem distrinxerat verticem, Apul. met. 11, 3: habitationibus deos habere districtos, in Wohnsitze eingeengt, Arnob. 6, 3: inclusum quotiens distringeret aëra gyro, Stat. Ach. 2, 422. – ► Oft Variante von destringo (w. vgl.), s. Bünem. Lact. 5, 19, 11. p. 669 *sq.*

dis-trunco, āre, **auseinander hauen, -schlachten,** iam hic ego ted agnum faciam et medium distruncabo, Plaut. truc. 614.

disturbātio, ōnis, *f.* (disturbo), die **Zerstörung,** Corinthi, Cic. de off. 3, 46.

dis-turbo, āvī, ātum, āre, stürmisch, heftig **auseinandertreiben, -werfen, in Unordnung bringen, I** eig.: **A** im Allg.: contionem gladiis, Cic.: auster disturbat freta, beunruhigt, macht aufrührerisch, Sen.: si qua in vineis fossor disturbavit, in Verwirrung gebracht hat, Col. – **B** prägn., **auseinanderreißen, zertrümmern, zerstören,** pontes, Rhet. Her.: aedificium, Cic.: tectum villamque, Cic.: domum alcis, Cic.: opera, Caes. – **II** übtr., **zerschlagen, zunichte machen, stören, hintertreiben, vereiteln,** nuptias, Ter.: societatem, Cic.: legem, Cic.

dīsulca, ae, *f.*, die **gespaltene Klaue,** Gloss.

disulcis = χῦρος, διχαίτης, διαῦλαξ, **mit gespalteten Klauen,** Gloss.

dī-sulco (dis-sulco), auseinanderfurchen, übtr., **trennen, durchschneiden,** terra tenebrarum quae terram lucis penetratione disulcat, Augustin. c. ep. Manich. § 26: columba molliter aërio dissulcans nubila lapsu, Ven. Fort. vit. S. Mart. 4, 243.

dīsulcus (dissulcus), **mit Borsten auf beiden Seiten des Halses,** Paul. ex Fest. 72, 14.

dīsyllabus, a, um (δισύλλαβος), **zweisilbig,** Quint. 1, 5, 31. Prisc. de acc. 4, 37. Mart. Cap. 3. § 269. – subst., dīsyllabon, ī, *n.*, ein **zweisilbiges Wort,** Lucil. 544: Plur., Mart. Cap. 5. § 521.

dītātor, ōris, *m.* (dito), der **Bereicherer,** Augustin. conf. 5, 5 u. a. Eccl.

dītēsco, ere (dis, ditis), **reich werden,** accipe quā ratione queas ditescere, Hor. sat. 2, 5, 10; u. so Pers. 6, 14. Augustin. serm. 18, 3 u. 359, 3. – übtr., partu dulci, Lucr. 4, 1245 (1253); u. so Claud. laud. Stil. 2, 396 u. a.: mente (im Geiste, geistig), Augustin. de civ. dei 1, 10. p. 18, 9 D.[2]

dīthalassus, a, um (διθάλασσος), **von beiden Seiten vom Meer berührt** (rein lat. bimaris), locus, Vulg. act. apost. 27, 41.

dīthyrambicus, a, um (διθυραμβικός), **dithyrambisch,** poëma, Cic. de opt. gen. 1. Rufin. rhet. p. 583, 30 *Halm.*

dīthyrambus, ī, *m.* (διθύραμβος), der **Dithyrambus,** eine bes. in Athen ausgebildete Gattung der lyrischen Poesie im höchsten u. kühnsten Stil, die aber bald in Schwulst u. Unnatur ausartete, von Chören ursprünglich zu Ehren des Bacchus, dann auch anderer Götter gesungen, erst antistrophisch, dann monostrophisch, immer in phrygischer Weise, Cic. de or. 3, 185. Hor. carm. 4, 2, 10. Fronto de eloqu. 1, p. 146, 4 N. Mart. Cap. 5. § 519.

dītiae, ārum, *f.* (zsgz. aus divitiae), der **Reichtum,** Plaut. Poen. prol. 60; rud. 542; trin. 682. Tel. Andr. 797; heaut. 194 u. 527. Lucil. 717: summis ditiis, aus einem sehr reichen Hause, Plaut. capt. 170.

dītifico, āre (2. dis u. facio), **bereichern,** Cassiod. var. 8, 26, 4.

ditio, s. dicio.

ditior, dītissimus, s. 2. dīs.

1. **dītis,** e, s. 2. dīs.

2. **Dītis,** is, *m.*, s. 3. Dīs.

dītius, *Adv.* im *Compar.* (dis, dite), **reicher,** non umquam aliis habitastis in antris ditius, Stat. silv. 1, 5, 31. – *Superl.* **dītissimē,** Apul. de deo Socr. 22.

dīto, āvī, ātum, āre (dis, ditis), **bereichern, a** eig.: alqm, Hor., Liv. u. a.: praemiis belli socios, Liv.: exercitum urbemque praedā regiā, Val. Max.: militem ex hostibus, Liv.: hāc se occasione, Eutr. – Passiv ditari medial = **sich bereichern, reich werden,** Liv. 1, 57, 11. – **b** übtr.: iter omne viarum largificā stipe, Lucr.: sermonem patrium, Hor.: urbs triumphis ditata certissimis, Rhet. Her.

ditonum, ī, *n.* (δίτονον), der **Doppelton,** die **große Terz,** Boëth. inst. mus. 1, 20 u. a.

ditrochaeus, ī, *m.* (διτρόχαιος), ein **doppelter Trochäus,** Diom. 481, 5 u. a. Gramm.

1. diū (altlat. diūs), *Adv.* (eig. alter *Abl.* v. dies, wie noctu v. nox), **bei Tage,** Manil. 4, 823. Apul. met. 4, 9: gew. verb. noctu et diu, Plaut.: noctu diuque, Sall. fr.: nocte diuque, Apul.: diu noctuque, Tac. u. Apul.: diuque noctuque, Apul.: nec noctu nec diu, Titin. fr.: altlat., noctu diusque, Titin. com. 13: neque noctu neque dius, Plaut. merc. 862.

2. diū (verwandt m. dū-dum), *Compar.* **diūtius**, *Superl.* **diūtissimē**, **1** **eine Weile, längere Zeit, in längerer Zeit,** Ggstz. uno tempore, Cic.: Ggstz. momento, Sen.: Ggstz. semper, Cic.: Ggstz. saepius, Suet.: verb. satis diu, Cic. – **2** **lange Zeit hindurch, eine geraume Zeit, lange,** Komik., Cic. u. a.: tam diu, Ter. u. Cic.: verb. iam diu, schon eine geraume Zeit, schon lange, Plaut., Cic. u. a.: diu multumque, Cic.; od. multum et diu, Cic.: satis diuque, Auct. b. Afr.: parum diu, zu kurz, Cic.: diu post, non (neque) diu post, Gell.: diu postea, Amm.: multum diuque, Val. Max.: diu diuque, Apul. – diu mori, perire, lange d. i. langsam sterben, Sen. – altlat., quam dius, wie lange, CIL 6, 13101. – **3** gew. verb. iam diu, **schon seit langer Zeit, schon vor langer Zeit,** Plaut., Cic. u. a.: neque enim diu huc commigrarunt, erst vor nicht langer Zeit, Ter.: nec diu hic fui, ich bin vor nicht langer Zeit erst hierher gekommen, Plaut.: iam diu factum est, cum od. postquam etc., Plaut.: haud sane diu est, cum etc., Plaut.: neque diu est, cum etc., Apul. apol. 22. – **4** der *Compar.* diūtius steht **a** in der Vergleichung, **länger** (wo, wie im Deutschen, oft der Nachsatz: als ich sollte u. dgl., fehlt), Cic. u. a. – m. folg. *quam*, diutius quam duabus horis locutum esse constat, Sen. de clem. 1, 9, 11. – **b** aber auch für diu, **längere Zeit, allzu lange,** Cic. u. a.: paulo diutius abesse, Liv. – *Superl.* diūtissimē, Cic., Caes. u. a. – **5** übtr., im Raum, **weit, weithin,** Mela 1, 2, 3 (1. § 11) u. a. – diūtius bei älteren Dichtern, diŭtius bei Phaedrus.

3. diū, *Abl.*, s. 2. dīus *no.* II.

diūrēticus, a, um (διουρητικός), **Urin (Harn) treibend** (rein lat. mictorius od. mictualis), Pallad, u. a.

diurnārius, iī, *m.* (diurna, ōrum, *n.*, verst. acta), der **Journalist,** Cod. Theod. 8, 4, 8.

diurnē, *Adv.* (diurnus), **täglich,** Dracont. hexaëm. 1, 68 u. 3, 602.

diurno, āre (diurnus), **lange dauern, -leben,** Claud. Quadrig. ann. 1. fr. 9 (b. Gell. 17, 2, 16).

diurnus, a, um (dius-nus, v. dies, wie interdius), **I** einen Tag dauernd, aber jeden Tag wiederkehrend, **täglich, für einen Tag, Tages-, Tage-,** **1** *adi.:* **a** übh.: quaestus, der Tageserwerb, Tagelohn, Curt.: diurna merces, Edict. Diocl.: opus, Tagewerk, Cic.: actus, Tagesverrichtung, Tagewerk, Suet.: cibus, Tageskost, Ration, Liv.: victus, Nahrung für einen d. i. den betreffenden Tag, Tac.: aetatis fata diurna, nur eines Tages, Ov. – **b** v. Pers., bes. v. Schauspielern, **täglich bezahlt, täglich,** archimimus, CIL 14, 2408: archimima, CIL 6, 10107: locator, CIL 14, 2299. – **2** *subst.:* **a** diurnum, ī, *n.*, d. i. **α** (*sc.* frumentum) der täglich zugemessene Nahrungsbedarf, die **Ration,** Sen. contr. 1, 1, 12; ep. 80, 8. Itala exod. 16, 4 bei Ps. Cypr. de mont. Sina et Sion 6. – **β** (*sc.* commentariolum) das **Tagebuch, Journal** (das ein Sklave über die häuslichen Angelegenheiten führte), Iuven. 6, 483. Isid. 1, 43, 1 (b. Suet. Aug. 64, 2 commentarii diurni gen.). – **b** diurna, ōrum, *n.*, **α** (*sc.* acta populi), s. 1. acta. *no.* II, a, β. – **β** = dies, die **Tage,** noctibus, diurnis, bei Nacht u. bei Tage, Cael. Aur. acut. 2, 39, 228. – **γ** die **täglichen Bedürfnisse,** Arnob. 2, 40. – **II** bei Tage getragen, vorgenommen, geschehend, eintretend usw., **Tages-, bei Tage** (Ggstz. nocturnus), vestimentum (Ggstz. nocturnum), Varro fr.: magna diurna nocturnaque itinera, Caes.: labores diurni nocturnique, Cic.: diurna nocturnaque munia, Tac.: metus diurni nocturnique, Cic.: non cessavere poëtae nocturno certare mero, putere diurno, poet. übtr. = Tag und Nacht trinken, Hor.: u. so vos exemplaria Graeca nocturnā versate manu, versate diurnā, beschäftigt euch Tag u. Nacht mit usw.. Hor. – lumen, Tageslicht, Sonnenlicht, Sen., Lucr. u. Ov.: lux, Tageslicht, Lucr.: stella, Morgenstern, Plaut.: currus, Sonnenwagen, Ov.

1. diūs, *Adv.*, s. 1. diū u. 2. diu *no.* 2.

2. dīus, a, um, archaist., poet. u. nachkl. Nbf. v. divus (aus *divios = altind. *divyás*, griech. δῖος), **göttlich,** **I** *adi.:* **A** eig.: dius Fidius, s. Fidius. – **B** übtr.: **1** **edel,** Casmilus, dius administer diis magnis, Varro LL. 7, 34: dia Camilla, Verg. Aen. 11, 657: Vok., o Romule, Romule die! Enn. ann. 111. – **2** **göttlich groß, göttlich schön,** dias in luminis oras exoritur, Lucr.: sententia dia Catonis, Hor.: dium profundum, Ov. – **3** **himmlisch,** omnia dia et marina et terrea, Prud. cath. 12, 90 *ed. Obbar.* (Dressel diva). – ► Nbf. deius, wov. subst. *fem.* Deia, CIL 9, 2670. – **II** *subst.*, dīum, ī, *n.*, das **Weltall,** Fest. p. 285 (a), 27. – u. sub dio u. archaist. sub diu, **unter freiem Himmel,** sub dio, Col. 12, 12, 1: sub diu, Plaut, most. 765 zw. Lucr. 4, 209 (211, dazu Lachm.). Vitr. 5, 9, 5 R. u. ö. Plin. 21, 84 D.; klassisch sub divo, s. dīvus.

diūsculē, *Adv.* (diu), **etwas-, ziemlich lange,** Augustin. de trin. 11, 2.

diūtinē, *Adv.* (diutinus), **lange,** Plaut, rud. 1241. Apul. met. 2, 15 u. 24 (*cod. F*); apol. 47.

diūtinō, *Adv.* (diutinus), **lange,** Apul. apol. 14 H. (Krüger diutina); met. 2, 24 Eyss. (wo aber *cod. F* diutine).

diūtinus, a, um (diu), **lange dauernd, lange, langwierig,** amicus, langjähriger, Turpil. fr.: supplicium longum diutinumque, Plaut.: mansiones diut. Lemni, Ter.: labor, Caes.: bellum, militia, Liv.: servitus, Cic.: morbus, Suet.: diutino tempore, Apul.

diūtius, diūtissimē, s. 2. diū.

diūtulē, *Adv.* (diu), **etwas-, ziemlich lange,** Gell. 5, 10, 7; 11, 16, 6. Macr. sat. 7, 11, 3 u. ö. Apul. flor. 2; vgl. Hildebr. Apul. flor. 16. p. 69 (a).

diūturnē, *Adv.* (diuturnus), **lange dauernd, lange,** *Compar.* diūturnius, Sidon. epist. 2, 14, 1; 9, 9, 9: *Superl.* diūturnissimē, Boëth. in categ. Aristot. 3. p. 243.

diūturnitās, ātis, *f.*, die **lange Dauer,** der **dauernde Bestand,** die **Länge** (Ggstz. brevitas), temporis, Cic.: pacis, Cic.: belli, Caes.: pugnae, Caes.: rei publicae, Cic.: diuturnitas alcis, langes Leben, Val. Max.: Plur., signorum diuturnitates, Arnob. 6, 16. – absol. oft = dauernder Besitz, Cic. u. a. (s. Heine Cic. de off. 2, 23).

diūturnus, a, um (diu), **lange dauernd,** **I** v. Lebl., **anhaltend, langjährig, vieljährig** (Ggstz. brevis), error (Irrfahrt), Cic.: bellum, Cic. u. Sall.: pax, Cic.: consuetudo, ICt.: felicitas, Liv.: lippitudo, chronische Augenentzündung, Oros.: diuturniores venti, länger anhaltende W., Plin.: diuturnior impunitas, Straflos. auf längere Zeit, Caes.: molestiae diuturniores, Cic.: diuturniora bona (Ggstz. breviora), Cic.: poenae diuturnissimae, Augustin. de civ. dei 21, 23 in. – **II** v. Pers., **lange bestehend,** **a** der Zeit nach, rei, langjährige (deren Prozesse sich lange verschleppt hatten), Suet.: equae diuturniores, länger lebende, Varro: quasi d. dux, ein vieljähriger (dah. erfahrener), Amm.: quae nupsit, non diuturna fuit, fristete ihr Leben (lebte) nicht lange, Ov.: sit nostris diuturnior annis, möge sie ihr Leben länger fristen als ich, Ov. – **b** der Macht u. dem Ansehen nach, non potes esse diuturnus, du kannst nicht lange bestehen, du kannst nicht lange auf sicheren Bestand deiner Sache rechnen, Cic. Phil. 2, 113. – ► diūturnus gemessen bei Ov. fast. 6, 352; trist. 4, 6, 50.

dīva, s. dīvus, a, um.

dī-vagor, ārī, **überall umherschweifen,** Cod. Iust. 1, 3, 52. § 1 u. a.: huc atque illuc, Lact. 4, 3, 20.

dīvālis, e (divus), spätlat. = divinus, **I** **göttlich,** Spart. Carac. 11, 7. – **II** **kaiserlich,** spät. ICt.

dī-vārico, āvī, ātum, āre, **I** *tr.* **auseinanderspreizen, ausspreizen,** taleas, Cato: alci crura sua od. pedes suos, Hieron.: hominem, ihm Arme und Beine ausspr., Cic. u. Amm.: divaricatis pedibus residere, Sulp. Sev., alqm conculcare, Amm. – **II** *intr.* **sich auseinanderspreizen,** Varro r. r. 2, 5, 8.

dī-vāsto, āre = ἐκπορθῶ (Gloss.), **gänzlich zerstören, gänzlich zugrunde richten,** rapta divastare, disperdere, Arnob. 5, 5 R.

dī-vello, vellī, vulsum (volsum), ere, **I** **auseinanderreißen, zerreißen,** **A** eig., Verg. u. Gell.: vulnus, den Verband der Wunde aufreißen, Auct. b. Afr. – **B** übtr.: **1** **zertrennen, zerstückeln,** res copulatas,

Cic.: commoda civium, Cic.: effigiem, Suet. – distineor et divellor dolore, schmerzlich ist mir die Geteiltheit meiner Gefühle und die Zerrissenheit meines Gemütes, Cic. Planc. 79. – 2 **zertrennen, aufheben,** amicitiam, Sen.: affinitatem, Cic.: somnos, unterbrechen, stören, Hor. – II **wegreißen, abreißen, gewaltsam trennen** von usw., A eig.: liberos a complexu parentum, Cic.: membra ab alqo, Cic.: se ab hoste (v. Schiffen), Liv.: divelli a suis, Cic. fr.: div. ramum suo trunco, Ov.: solido annosam pinum, Ov.: nec Dalamis novo divelletur adultero, Hor. carm. 1, 36, 19. – B übtr., divelli, **sich nur mit Gewalt losreißen,** ab otio, a voluptate, Cic. – ▶ Perf. auch dīvulsī, wovon divulsit, Sen. Phaedr. 1173: divulsēre, Ov. met. 11, 38.

dī-vendo, (vendidī), venditum, ere, an Verschiedene-, im Einzelnen **verkaufen,** in der Auktion = **versteigern,** bona populi Romani, Cic.: bona eorum, Tac.: reliquias praedae, praedam, Liv.: non iuste res suas esse divenditas, ICt.

dī-ventilo, ātus, āre, **ausstreuen** (übtr.), diventilatis in vulgus opinionibus, Tert. de anim. 5.

dī-verbero, āvi, ātum, āre, **zerschlagen,** I **auseinanderschlagen, -sprengen, zertrennen, zerteilen, zerstreuen,** terram, Sen.: fluctus, Curt.: volucres auras u. noctis umbras (v. Geschossen), Verg.: alqd ictu, Lucr.: frustra ferro umbras, Verg.: anima veluti fumus vento diverberata dissolvitur, Augustin. serm. 150, 6. – II **zerprügeln, zerbleuen, tüchtig durchprügeln,** servum, Lact. 2, 7, 20: ubera vehementer, Apul. met. 7, 27: alqm arundine et colaphis, Tert. de spect. 30.

dīverbium, iī, *n.* (dis u. verbum), das **Wechselgespräch** zweier Schauspieler auf der Bühne, der **Dialog,** griech. διάλογος, Liv. 7, 2, 10. Petron. 64, 2; vgl. Diom. 491, 20 *sqq.* Donat. de comoed. p. XIX. 30 *Klotz.* Mar. Victorin. art. gr. 2, 3, 27. p. 79, 3 K. Rufin. metr. Ter. 557, 15 K.

dīvergium, iī, *n.* (dis u. vergo), der Punkt, wo sich ein Fluss in zwei nach verschiedenen Richtungen hingehende Arme teilt, die **Flussscheide, Wasserscheide,** immer im Plur. divergia aquae, Gromat. vet. 19, 25 u. 114, 21, gew. divergia aquarum, Gromat. vet. 5, 8 u. 16; 103, 15 a. – dass. Plur. devergia (von de u. vergo) aquarum, Gromat. vet. 41, 10 u. a.

dīversē (dīvorsē), *Adv.* m. *Compar.* u. *Superl.* (diversus, divorsus), **nach entgegengesetzten** od. **verschiedenen Seiten (Richtungen) hin,** I eig.: div. discedere, Nep. Dat. 11, 3: div. tendere, Suet. Galb. 19, 1: equum div. distrahere, bald dahin, bald dorthin verkaufen, Apul. met. 11, 20: corpora div. laniata, *ibid.* 8, 18: div. iacēre, Auct. b. Afr. 40, 6: pauci autem, quos medios cohors praetoria disiecerat, paulo divorsius (in einiger Entfernung voneinander) concīderant, Sall. Cat. 61, 3. – II übtr.: a ubh.: non hercle minus divorse distrahitur cito, quam si tu obicias formicis papaverem, wird versplittert (v. Vermögen), Plaut. trin. 409 R.[2]: tot me impediunt curae, quae meum animum divorse trahunt, Ter. Andr. 250 Fl. (Umpfenb. u. Spengel divorsae trahunt). – b **auf verschiedene Weise,** inconstans est, quod ab eodem de eadem re diverse (bald so, bald anders) dicitur, Cic. de inv. 1, 93: verbo isto utitur a tua sententia diverse (völlig abweichend), Gell. 6 (7), 17, 9: cur tam diverse? warum hier solcher Unterschied? Ulp. dig. 33, 5, 9. § 9: quibus (conviciis) diversissime afficiebatur, Suet. Tib. 66.

dīversiclīnia, iōrum, *n.* (diversus u. κλίνω) = ἑτερόκλιτα, **Wörter von verschiedener (abweichender) Deklination,** Prisc. 17, 62.

dīversicolor, ōris, (diversus u. color), **verschiedenfarbig,** Mart. Cap. 1. § 14 u. 67; 8. § 811. – Nbf. **dīversicolōrus,** a, um, Mart. Cap. 1. § 74.

dīversimodē, *Adv.* (diversus u. modus), **verschiedenartig,** Augustin. serm. 132, 1 *Mai.*

dīversio, ōnis, *f.* (diverto) = ἐκτροπή, die **Ablenkung, Abschweifung,** Novell. 74, 1.

dīversitās, ātis, *f.* (diversus), I die **Verschiedenheit,** der **Unterschied,** ciborum, Quint.: supplicii, Tac.: ingeniorum, Quint.: animorum, verschiedene Stimmung, Sen. rhet. u. Tac.: in eloquendo est aliqua diversitas, Quint.: ut diversitate (an den Unterscheidungszeichen, Abzeichen) noscantur, Tac. – Plur. absol., Flor. 3, 10, 6: suppliciorum diversitates, Lampr. Comm. 14, 5: div. linguarum, Augustin. tract. in Ioann. c. 1. tract. 6. *no.* 10: tot diversitatibus pluviae cadunt, Apul. de mund. 9. – II der **Gegensatz, Widerspruch,** naturae, Tac.: mira inter exercitum imperatoremque div., Tac.: bes. der **Widerspruch** in den Ansichten, die **widersprechenden Ansichten** od. **Angaben,** auctorum, Plin.: tradentium, Suet.: mira div. inter medicos, Plin.

dīversitor, s. dēversitor.

dīversium, iī, *n.* (diverto), eine Art des Wagenrennens im Zirkus, indem die Wagenrenner mit den Gespannen wechselten, sodass z. B. die rote Partei mit dem Gespann der grünen fuhr oder umgekehrt, Kaiszt.

1. **dīversor,** ātus sum, ārī, Variante od. Nbf. v. deversor (s. d.). z. B. Amm. 22, 16, 10 G.

2. **dīversor,** ōris, *m.* (diverto), der Gast (in einem Wirtshaus), Cic. de inv. 2, 15.

dīversōrium, iī, *n.* (diverto), s. dēversōrium.

dīversus (dīvorsus), a, um, *PAdi.* m. *Compar.* u. *Superl.* (v. diverto), I (dis = auseinander) auseinandergekehrt, -gewendet, d. i. A **nach zwei** od. **mehreren-, nach verschiedenen Richtungen (Seiten) hingekehrt, -hingewendet, -hingerichtet, -hingehend, -hinlaufend, der eine dahin, der andere dorthin** (sich wendend u. dgl.), 1 eig.: diversam aciem in duas partes constituere, Caes.; vgl. diversa signa statuere, Liv.: diversi pugnabant, Caes.: diversi abeunt, discedunt, tendunt u. dgl., Liv. (s. Drak. Liv. 10, 33, 10): diversi circumspiciunt, Verg. – v. Örtl., ubi plures diversae semitae erant, mehrere W. auseinander liefen, Liv.: diversa urbis itinera, Tac. – prägn., proelium, an verschiedenen Orten geliefert, Caes.: fuga, nach verschiedenen Seiten hin, Liv. u. Curt. – subst., in diversa (nach verschiedenen Richtungen, Gegenden hin) abire, Iustin., labi, Flor. u. Iustin. – 2 übtr., mit dem Entschluss od. den Neigungen nach zwei od. mehreren Seiten gerichtet, **mit sich uneinig, unschlüssig, unstet, wetterwendisch,** metu ac libidine divorsus agebatur, Sall.: diversus animi, modo ... modo, Tac. hist. 4, 84 H.: diversi fremat inconstantia vulgi, Tibull. – subst. trahebatur in diversa hinc meritis Antonii, inde Muciani epistulis, Tac.: in diversum auctores trahunt, utrum ... an, sind nicht einig, Liv. – B voneinander gekehrt, d. i. an zwei od. mehreren Punkten befindlich, **voneinander getrennt, -entfernt, der eine da, der andere dort, jeder besonders, einzeln,** 1 eig.: diversae state, ego ero paries (Scheidewand), Plaut.: diversi audistis, Sall.: legatos alium ex alio diversos aggreditur, Sall.: sive iuncti unum premant, sive id diversi gerant bellum, Liv. – von Örtl., qui (portus), cum diversos inter se aditus habeant, in exitu coniunguntur et confluunt, Cic.: Corinthus duo maria maxime navigationi diversa paene coniungit, Cic.: ex locis tam longinquis tamque diversis, Cic.: diversissimis locis subeundo moenia, Liv. – 2 übtr., in der Neigung **getrennt = zwieträchtig, uneinig,** diversos iterum coniungere amantes, Prop.: componere diversos, Tac.

II (dis = weg, ab) von einem Punkt weg-, abgekehrt, d. i. **nach einer anderen Richtung-, anderswohin gekehrt (gewendet), -hingehend, -hinlaufend,** oft durch die Advv. **anderswohin, nach einer anderen Seite hin, ab-, seitwärts** (griech. ἑτέρωσε), 1 eig.: a im Allg.: quo diversus abis? Verg. – diversi flebant servi, das Gesicht weggewandt, seitwärts gewandt, Ov. – v. Örtl., diversis a flumine regionibus (Ggstz. rectā fluminis regione), Caes.: erat iter a proposito diversum (ganz anderer), contrariamque in partem iri videbatur, Caes. – b prägn.: α nach einer ganz anderen Seite hin-, **abseits gelegen, abgelegen, aus dem Wege liegend, entlegen** (s. Dräger Tac. ann. 3, 2), maxime de Achaiae urbibus, regionis a se diversae, sollicitus, Liv.: arva colebat diversa Aetnae, Ov.: colunt (wohnen) discreti ac diversi, Tac.: etiam quorum diversa oppida, tamen obvii, Tac.: saltus d., Curt.: proficiscebar in diversam provinciae partem, Plin. ep. – subst., diverso terrarum distineri, in entlegenen Landen entfernt gehalten werden, Tac. – β **nach der anderen, d. i. entgegengesetzten Richtung hin gewendet, -laufend, auf der anderen Seite-, gegen-**

über gelegen, -befindlich, entgegengesetzt, equi in diversum iter concitati, Liv.: anguli maxime inter se diversi et caeli verticibus ipsis ex utraque parte subnixi, v. den Polarkreisen, Cic.: terrae, quas duo diversa maria amplectuntur, Liv.: diversas percurrens luna fenestras, Prop.: litus d., Curt.: ripa d., Sil. – subst., in diversum, Plin.: in diversa, Tac.: per diversum, Plin.: ebenso nostri per diversum iere, Tac. – ex diverso (gegenüber) stare, Vell.: u. so instructis e diverso hostibus, Iustin. – **2** übtr.: **a** als Gegner **gegenüberstehend, zu den Gegnern gehörig,** **α** im Feld = **feindlich,** acies, Tac.: Armenia diversis praesidiis vacua, Tac. – subst., quas enim ex diverso legiones? Tac. – **β** im Staat, factio, die Gegenpartei, Suet.: ebenso pars, Iustin., u. partes, Suet.; vgl. aut in diversis aut in neutris fuisse partibus, Sen. – **γ** vor Gericht, diversae partis advocatus, der Gegenpartei, Suet.: subsellia, der Gegner, Quint. u. Tac. – subst., invidiam in diversum transferre, auf die Gegenpartei, Quint.: consistentis ex diverso patroni, Quint. – dah. e diverso = *contra,* im Gegenteil, dagegen, Suet. u. Arnob. – **b** der Beschaffenheit nach von einem anderen **abweichend, verschieden, ein anderer,** u. prägn., als Synonym von contrarius, **ganz abweichend, ganz verschieden, ein ganz anderer,** mit dem anderen **im Widerspruch stehend, einen Gegensatz bildend,** ihm **entgegengesetzt,** **α** m. *ab* u. Abl.: haec videntur esse a proposita ratione diversa, Cic.: ab his longe diversae litterae, Sall. – **β** m. *Abl.:* quam diversum consuetudine illorum, Plin. pan. 65, 3. – **γ** m. *Dat.:* diversum est huic eorum vitium, qui etc., Quint. – prägn., tamquam haec sententia priori diversa sit, Quint.: est huic diversum vitio vitium prope maius, Hor.: u. subst., dicere diversa iis, quae aliis placebant, Vell.: quis non diversa praesentibus contrariaque exspectatis aut speret aut timeat, Vell. – **δ** m. *inter* u. Akk.: quorum omnium dissimilis atque divorsa inter se ratio est, Quint. – prägn., diversa inter se mala, luxuria atque avaritia, Sall. – **ε** (wie alius) mit folg. *atque (ac)* od. *quam,* diversa in hac ac supradicta alite, Plin. – eruca diversae est, quam lactuca, naturae, Plin.: pransus quoque atque potus diversum valent, quam indicant, Quint. – u. prägn., diversa, quam hostis mandaverat, censuit (Regulus), Flor.: gloriam diversis artibus quam priores civitatis suae duces consecuturus, Iustin.: u. e diverso, quam in cibos eligitur, von ganz entgegengesetzter Beschaffenheit, als was man zu Sp. wählt, Plin. – **ζ** absol.: varia et diversa studia et artes, Cic.: diversa ac dissimilis pars, Cic.: oris habitu simili aut diverso, Quint. – prägn., monstrum ex contrariis diversisque et inter se pugnantibus naturae studiis cupiditatibusque conflatum, Cic.: diversa sibi ambo consilia capiunt, Caes.: diversis duobus vitiis, avaritiā et luxuriā, civitatem laborare, Sall. – pretia nulli diversiora, Plin.: numquam ingenium idem ad res diversissimas, parendum atque imperandum, habilius fuit, Liv. – u. prägn., quid enim divorsius esse putandum est, aut magis inter se disiunctum discrepansque, quam etc., Lucr. – subst., dissimilia ac diversa componitis, Sen.: diversa (versch. Interesse) induere, Tac. – u. prägn., nullo in diversum auctore, für ein anderes, entgegengesetztes Interesse, Tac.: dividere bona diversis, fugienda petendis, Hor.: iudices per diversa implacabiles, aus ganz verschiedenen, entgegengesetzten Gründen, Tac. – **c** v. Pers., von jmd. in den Ansichten, im Charakter **abweichend, sich entfernend,** m. *ab* u. Abl., ab alqo, Cic. Acad. 2, 101: a maiorum institutis, Tac. ann. 2, 2. – m. *Genet.,* sententiae, Tac. ann. 13, 26: ut par ingenio, ita morum diversus, ein ganz anderer von Charakter, Tac. ann. 14, 19. – ► vulg. dibersus, Edict. Diocl. 7, 26.

dīverticulum, ī, *n.* (diverto), der **Scheideweg,** Gromat. vet. 374, 24 (wo das Wort erklärt wird). – Sonst nur Variante od. Nbf. von deverticulum, s. d.

dīvertium, s. dīvortium.

dī-verto (dī-vorto), vertī (vortī), ere, **I** *intr.* **auseinandergehen,** nach einer entgegengesetzten Richtung **sich abwenden, abgehen, scheiden, sich trennen,** von dem die Schule verlassenden Schüler (um einen Beruf zu ergreifen), ut a schola et magistris divertit, Suet. vit. Persii *extr.*: von der Ehescheidung, uxor a Legato divertit, ICt.: pater ignorans filiam divertisse, ICt.: so auch matrimonia divertentia, Ehescheidungen, Gell. – übtr., v. Abstr., **auseinandergehen, voneinander abweichen, sich entfernen, abstechen, verschieden sein,** divortunt mores virginis longe ac lupae, Plaut. Epid. 403 G. – **II** *tr.* wohin **wegbringen,** arcam domini ad se, in domum alcis, Vulg. 2. regg. 6, 10. – ► Oft Variante od. Nbf. von deverto, w. vgl.

dīves, itis, *Compar.* **dīvitior, -ius,** Genet. iōris, *Superl.* **dīvitissimus, reich, I** eig. (Ggstz. pauper, egens, mendicus): **a** v. Pers.: dives Crassus, Varro: quem intellegimus divitem, Cic.: ex pauperrimo dives factus est, Cic.: quis divitiorem quemquam putet quam eum, cui etc., Cic.: eum divitissimum fore praedictum est, Cic. (vgl. übh. über den bei Cicero nur üblichen Kompar. u. Superl. divitior, divitissimus [nie ditior, ditissimus] Otto Cic. de rep. 1, 28. p. 67 *ed. Osann*). – m. *Abl,* agris, Hor.: bubus, Ov. – m. *Genet.,* artium, Verg.: pecoris, Verg.: armenti, Ov.: odorum divites Arabes (Ggstz. frugum pauperes Ituraei), Apul. flor. 6. p. 5, 16 Kr. – m. *ab* u. Abl., ab omni armento, Val. Flacc. – m. *in* u. Akk., tu dives in (für) omnes invocantes te, Augustin. conf. 11, 2. – subst., der **Reiche** (Ggstz. pauper), Plaut., Sen. rhet u. a.: novicius dives, ein reicher Emporkömmling, Sen. – **b** v. Lebl.: gaza, Curt.: regio, Curt.: ager, fruchtbarer, Val. Flacc.: terra dives amomo, Ov.: Hispania dives equis, Claud.: Amphitrite dives aquis, reich an Wasser, Val. Flacc.; u. so absol., ille fluens dives septena per ostia Nilus, Ov. – **II** übtr., **reich = 1** viel enthaltend, epistula, ein viel versprechender, Ov.: so auch spes, Hor.: lingua, beredte Zunge, Hor.: vena, reiche, glückliche Ader, Hor.: inde ille lentior et divitior fluxit dithyrambus, Cic. – m. *Abl.,* nulla umquam res publica nec maior nec sanctior nec bonis exemplis ditior fuit, Liv. praef. § 11. – **2 kostbar, prächtig, von hohem Wert,** ramus, Verg.: cultus, prächtige Kleider, Ov.: opus, Plin. – ► Abl. Sing. gew. divite; selten diviti, wie Plin. 7, 108. Commod. instr. 2, 31, 4. – Genet. Plur. immer divitum.

dī-vexo, āvī, āre, **I misshandelnd hin und her zerren,** reliquias alcis foede, Pacuv. tr. 201. – **II** übtr., einer Sache od. Person übh. **übel mitspielen,** etw. od. jmd. **auf alle Weise misshandeln, hudeln,** alcis rem, Plaut.: agros civium optimorum, Cic.: verb. omnia divexare et diripere, Cic. – matrem, Suet.: clientelas, Suet.: animas, Lact.: divexari undique ab iniustis, Lact. – ► Parag. Infin. divexarier, Pacuv. tr. 201.

dīvexus, a, um (dis u. veho), **kreuzweise gelegt,** Augustin. conf. 10, 34.

Dīviciăcus, ī, *m.,* s. Dīvitiăcus.

dīvidendus, ī, *m.* (*sc.* numerus; v. divido), als mathem. *t. t.,* der **Dividendus,** Boëth. art. geom. p. 400, 4 *sqq.* (Fr.).

dīvidia, ae, *f.* (stammverwandt mit divido), das **Zerwürfnis, a** der Bürger im Staate, horum dividiae, discordiae, Acc. tr. 587; vgl. Paul. ex Fest. 70, 15 u. Gloss. ›dividia, διχόνοια‹. – **b** im Herzen (wie μέριμνα) = **Verdruss, Kummer, Sorge, Unruhe,** Acc. tr. 152: dividiae mentis, Fulg. serm. ant. 34. p. 121, 6 H.: bes. oft dividiae (Dat.) est alci alqd, Turpil. com. 59. Plaut. Bacch. 770 u. a. Apul. apol. 28.

dīvidiculum, ī, *n.* (divido), gew. im Plur. dividicula, eine Art Gebäude (castella, Wasserschlösser) in Rom, in denen das Wasser gesammelt wurde, um in die verschiedenen Gegenden der Stadt verteilt zu werden, Paul. ex Fest. 70, 12.

dī-vido, vīsī, vīsum, ere (aus dis u. Wurzel *vidh,* trennen, wov. auch viduus), **I** ein Ganzes in Teile **zerlegen, trennen, spalten, teilen, zerteilen, A** eig.: **1** im Allg.: si omne animal secari ac dividi potest, Cic.: marmor cuneis, Plin.: alqm medium securi, Hor. – penetrare et dividere omne caelum, perrumpere et dividere aëra, Cic.: coronam hostium mediam, Auct. b. Afr. – im obszönen Doppelsinne, haud nolle dividi, »sich gern lassen«, Plaut. aul. 286, als Wortspiel auf *v.* 283. – m. abstr. Objj., bildl., nos alio mentes, alio divisimus aures, richteten zerstreut anderswohin den Sinn, anderswohin das Ohr, Catull.: animum nunc huc celerem, nunc dividit illuc, rasch teilt sich sein Geist zwischen verschiedenen Entschlüssen, rasch denkt sein Geist hin und her, Verg. – **2** prägn., **zerteilen, zerstören = vernichten** (poet., s. Markland Stat. silv. 1, 1, 11. Korte Lucan. 1, 109), muros, Verg.: dividitur ferro regnum, Lucan. – m. abstr. Objj., **trennen = vernichten,** nostrum consensum, Hor.: iram, Hor. – **B** übtr.: **1** in Teile **zerlegen, trennen, teilen** = (reell od. ideell) **ab-, einteilen, a** Pers.: copias suas, Caes.: equitatum tripertito, Caes.: exercitum in duas partes, Caes.: exercitum in tres partes, Curt.: peditem od. classem in duo cornua, Curt.: se quadrifariam, Liv. – **b** eine Örtl.: Gallia est omnis divisa in partes tres, Caes.: d. spatium urbis in regiones vicosque, Suet.: hic (vicus) in duas partes flumine dividebatur, Caes. – u. prägn., wie unser **teilen** = διαιρεῖν, **in zwei Hälften teilen,** Himera amnis, qui ferme insulam dividit, Liv.: (urbs) eo enim dividitur amni, Liv. – **c** als mathem. *t. t.,* **teilen, dividieren,** centum quinquaginta in tria (wir »mit drei«). Augustin. serm. 252, 8: in tres partes totum illum numerum, *ibid.*: in duo aequalia (gleiche Teile), Boëth. inst. arithm. 1, 3 u. 5: tot eum dividunt anguli, quot ipsam figuram angulos habere contigerit, *ibid.* 2, 6. – **d** als gramm. *t. t.,* verba, die Wörter (in Silben) trennen, Suet.: Naevii Punicum bellum in septem libros, teilen, abteilen, Suet. – **e** eine Zeit, annum ex aequo, Ov.: bucina dividit horas, Lucan. – **f** eine Menge in Parteien **teilen, trennen,** populum in duas partes, Cic.: divisi in factiones, Suet.: u. so bl. divisum senatum, divisum populum, unter dem S., unter dem V. seien Parteien, Caes. – **g** v. der logischen u. rhetor. Zerlegung. Ab- u. Einteilung eines Ganzen, einer Gattung in seine Teile od. Arten, bona tripertito, Cic.: genus universum in species certas partiri et dividere, Cic.: hoc non est dividere (einteilen), sed frangere (zerstückeln), Cic.: accusationis tuae membra, in ihre einzelnen Teile zerlegen, Cic. – **h** als publiz. *t. t.,* sententiam, **den Vorschlag** eines Senators, der mehrere Punkte enthielt, **teilen, trennen,** um über die einzelnen Punkte besonders abzustimmen, wenn man ihnen insgesamt nicht beitreten wollte (v. Konsul), Cic. Mil. 14; ep. 1, 2, 1. Plin. ep. 8, 14, 15. Sen. ep. 21, 9; vgl. Ascon. ad Cic. Mil. 14 (p. 44 *sq. Bait.* = p. 38 *sq. Kiessl.*). – **2** zerlegend **teilen = austeilen, zuteilen, verteilen, a** übh.: modo munera, modo nummos, Suet.: agrum, bona viritim, Cic.: urbem, die Stadt (= die Plätze in derselben) planmäßig verteilen, Liv. – omnia cocta in reliquum corpus, Cic.: argenti nummos in viros, Plaut.: Thraciam in (zwischen) Rhoemetalcen inque liberos Cotyis, Tac. – agros viritim civibus, Cic.: agrum Campanum plebi, Suet.: thesauros singulis, Sall.: dolabras calonibus, Liv.: divisae arboribus patriae, den Bäumen ist ihr Land zugeteilt, Verg. – bona publicata inter se, Nep.: regnum inter Iugurtham et Adherbalem, Sall.: pecuniam inter se, Liv.: frumentum aequaliter inter omnes, Liv. – praedam per milites, Liv.: vinum per tribus, Liv.: agros per veteranos, Suet. – dimidiam partem cum alqo, Plaut.: praemia cum alqo, Ov.: paterna cum alqo, Sen. rhet.: cum esuriente panem suum, Sen. – absol. b. Plaut., Liv. u. a. – übtr., sic belli rationem esse divisam (verteilt), ut etc., Caes.: haec od. omnia temporibus, nach der Zeit verteilt, Ter. u. Iustin. – ea divisa hoc modo, das Ganze der Ausführung sei so verteilt, Sall.: u. so partes, die Rollen (die die einzelnen bei Cäsars Ermordung übernehmen sollen) verteilen, Suet. – **b** eine Menge an mehrere Orte **verteilen, verlegen,** equitatum in omnes partes, Caes.: Romanos in custodiam civitatium, Liv.: in hiberna exercitum Magnesiam et Tralles Ephesumque, Liv.: coniuratos municipatim, Suet.: quosdam bello captos in supplementis (unter die Ergänzungsbewohner) urbium, Iustin. – **c** verkäuflich, **zum Kauf ausgeben, vertreiben,** aurum promercale per Italiam provinciasque, Suet.: ad licitationem praedam, versteigern, Suet. – **d** poet. = μελίζειν, **gliedern,** imbelli citharā carmina, spielen auf usw., Hor. carm. 1, 15, 15 (wahrsch. wörtl. Übersetzung von μελίζειν, vgl. Theocrit. epigr. 2 σύριγγι μελίσδων ὕμνους).

II zwei Ganze voneinander **trennen, scheiden, sondern, absondern, A** im Allg.: **a** eig.: **α** von räumlicher Trennung, totā cervice desectā divisa a corpore capita, Liv. 31, 34, 4. – v. der Trennung einer Örtlichkeit, bes. v. der Grenzscheide, Europam Libyamque rapax ubi dividit unda, Enn.: duae grandes fretoque divisae insulae, Mela: exiguo divisa freto Asia, Liv. – urbem a continenti quattuor stadiorum fretum dividit, Curt.: Gallos ab Aquitanis Garumna dividit, Caes.: Amanus, qui Syriam a Cilicia aquarum divortio dividit, Cic.: arx ab urbe muro tantum ac fossā divisa, Liv.: fretum, quo ab Sicilia dividimur, Liv.: toto divisi orbe Britanni, Verg. Vgl. Drak. Liv. 38, 16, 5. – v. Pers., dividor (ab uxore) haud aliter, quam si etc., Ov.: quem maestum patria Ardea longe dividit, weit entfernthält, Verg. – **β** von der Scheidung einer Menge, seniores a iunioribus, Cic.: dividite turbidos, sondert ab die Meuterer, Tac. ann. 1, 43, 15. – **b** übtr., **trennen, sondern, scheiden, unterscheiden,** tempora curarum remissionumque, Tac.: dignitatem ordinum, im Rang der Stände einen Unterschied feststellen, Tac.: defensionem, ihre Verteidigung (von der des Gatten) trennen, Tac. – legem bonam a mala, Cic.: iniuriam a calumnia, Sen. – **B** prägn. (= distinguere *no.* II), machen, dass etw. hervorsticht, etw. **heben, verzieren,** gemma, fulvum quae dividit aurum, der in Gold gefasst ist, Verg.: scutulis dividere, gegitterte od. gewürfelte Stoffe verfertigen, Plin. – ► Infinit. Perf. synk. divisse, Hor. sat. 2, 3, 169. – arch. deivido, wov. deividunda (Abl.), CIL 1, 205. col. 2, 55.

dīviduitās, ātis, *f.* (dividuus), die **Teilbarkeit,** Gaius dig. 35, 2, 80 *extr.*

dīvidus, a, um (divido, s. Lachm. Lucr. 5, 679. p. 306), **getrennt, gesondert, abgesondert,** Acc. tr. 117. Gell. 2, 12, 2.

dīviduus, a, um (divido), **I geteilt, getrennt, zerstreut,** Hor., Plin. u. a.: aqua, das sich in zwei Arme teilt, Ov.: Nilus, Lucan.: dividuom fac, mache, d. i. bezahle die Hälfte, Ter.: dividuom talentum faciam, ich will ein T. halbieren = ich will ein halbes T. bezahlen, Plaut, rud. 1408: m. *Genet.,* silva dividua carentiae, Chalcid. Tim. 286. p. 316, 3 Wr. – als gramm. *t. t.,* auf einzelne in einer Mehrheit Bezug nehmend, Prisc. 2, 31. – **II trennbar, teilbar** (Ggstz. individuus), Cic. de nat. deor. 3, 29; Tim. 7. § 21. Col. 12. praef. § 8.

dīvīnāculum, ī, *n.* (divino) = μαντεῖον, die **Weissagung,** Vulg. (*cod. Ashb.*) num. 22, 7.

dīvīnātio, ōnis, *f.* (divino), **I** das Vermögen, Begebenheiten vorauszusehen, die sich nicht nach dem gewöhnlichen Lauf der Dinge ereignen u. die eigentlich nur die Götter vorherwissen können, die **Weissagungskraft, Weissagung, Sehergabe,** das **Ahnungsvermögen,** die **Ahnung,** die **höhere Eingebung, Divination,** Cic. u. a. – **II** als gerichtl. *t. t.,* die **Voruntersuchung,** wer von mehreren Kompetenten in einer Sache Kläger sein kann, Cic. ad. Q. fr. 3, 2, 1. Cael. in Cic. ep. 8, 8, 3. Quint. 3, 10, 3 u. s.

dīvīnātor, ōris, *m.* (divino), der **Weissager, Seher,** Firm. math. 5, 5 *extr.* u. 8, 20.

dīvīnātrix, trīcis, *f.* (Femin, zu divinator), die **Weissagerin, weissagerisch,** artes, Tert. de anim. 46. p. 632, 3 *Oehler* (wo Genet. Plur. divinatricum): virga, Mart. Cap. 1. § 7.

dīvīnē, *Adv.* (divinus), **auf göttliche Weise, I** eig. = **nach Art der Götter, wie ein Gott,** Plaut. Amph. 976. – **II** übtr.: **A** = **durch göttliche Eingebung, auf prophetische Weise,** Cic. de div. 1, 124. – **B göttlich = vortrefflich, herrlich,** Cic. u. a.

dīvīnitās, ātis, *f.* (divinus), **I** die **Göttlichkeit,** das **göttliche Wesen,** die **göttliche Natur,** Cic. u. a.: div. dei, Sen.: v. der Vergötterung des Romulus, Liv., u. des Augustus, Suet. – meton., die **Gottheit,** Sen. contr. 1. praef. 9. Firm. math. 3, 3; 3, 6. *no.* 3 u. 8. – **II** übtr.: **A** die **göttliche Weisheit** (Ggstz. humanitas), div. Anaxagorae, Plin.: divinitatis auctores, Cic.: divinitatis cuiusdam esse (Ggstz. humanitatis cuiusdam esse), Cic. – **B** die **Göttlichkeit** = übermenschliche Vollkommenheit, unübertreffliche Meisterschaft, des Redners, Cic.: des Gedächtnisses, Quint.: Plur., divinitates splendoresque astrorum, herrlicher Glanz u. Schimmer, Vitr. 9, 4, 12. – **C** die **Gabe zu weissagen,** Fulg. myth. 2, 5. p. 44, 5 H.

dīvīnitus, *Adv.* (divinus), **I von Gott, durch Gott, durch göttliche Fügung,** Cic. u. a. – d., göttlicherseits, Ggstz. humanitus, menschlicherseits, Augustin. de civ. dei 1, 26 u. 2, 7. – **II** übtr.: **A durch göttliche Eingebung, aus einem dunklen Ahnungsgefühl,** Cic. u. Suet. – **B göttlich = außerordentlich, vortrefflich, herrlich,** dicta od. scripta, Cic.: loqui, Cic.: alcis corpus div. humare, Varro LL. 5, 148.

dīvīno, āvī, ātum, āre (divinus), **göttliche Eingebung haben, Sehergabe haben, weissagen, prophezeien, ahnen, erraten,** m. allg. Akk., hoc, Cic.: ut nihil boni divinet animus, Liv. – m. folg. *Acc.* u. *Infin.*, hanc urbem sedem aliquando et domum summo esse imperio praebituram, Cic. – m. folg. indir. Fragesatz, quid futurum sit latrocinio tribunorum non divino, Cic. – absol., quiddam praesentiens atque divinans, ein gewisses Ahnungsvermögen, Cic.: ut enim sapere, sic divinare regale ducebant, Cic.: hoc erat, hoc, animo quod divinante timebam, Ov.: non divinavi, Curt.: quidam ex facie hominum divinans, quos metoposcopos vocant, Plin.: div. de exitu, Nep.: de belli diuturnitate, Cic. – ► arch. Fut. ex. divinusso, Gloss. II, 53, 30.

dīvīnus, a, um, *Adi.* m. *Compar.* u. *Superl.* (divus), **I göttlich, Gott gehörig,** ihm **zukommend,** auf ihn **sich beziehend,** von ihm **herrührend,** Cic.: scelera, gegen die Götter, Liv.: iura, göttliche, d.i. natürliche Gesetze, Cic.: divinum atque humanum ius, Liv.: res divina, Gottesdienst, Opfer, Komik., Cic. u. a.; ebenso res divinae, *ibid.*; aber res divinae auch = natürliche Dinge, d.i. Gott, die Welt u. was zu ihr gehört, im Ggstz. zu res humanae, Moral, Cic.; u. = das »Naturrecht«, im Ggstz. zu res humanae, dem positiven Recht, Cic. u. ICt. – subst., **a** dīvīnus, ī, *m.*, **Gott,** Commodian. apol. 38; instr. 1, 4, 6; 1, 11, 1 u. ö. – **b** dīvīnum, ī, *n.*, das **Göttliche,** nihil divino divinius, caelesti caelestius, Sen. ep. 66, 11; u. das **gottesdienstliche Opfer,** divinum suum u. publicum, Liv. 8, 10, 13; u. (wie τὸ θεῖον), das **göttliche Wesen,** Apul. apol. 56. – u. Plur. divina, **göttliche Dinge** (Ggstz. humana), Liv. praef. 7; u. **göttliche Eigenschaften** (Ggstz. humana, menschliche Schwäche), Cic. Tusc. 1, 65. – **II** übtr.: **A** von **göttlicher** od. **höherer Eingebung erfüllt, inspiriert, weissagerisch, ahnend, a** *adi.*, Cic. u. a.: cum ille potius divinus fuerit, er höherer Eingebung voll war, ein Seher war, Nep. – poet. m. *Genet.*, divina futuri sententia, Hor.: avis d. imbrium imminentum, Hor. – v. Dichter usw., **gottbegeistert,** vates, Hor.: pectus, Lucr. – **b** *subst.*: **α** dīvīnus, ī, *m.*, der **Wahrsager, Seher, Prophet,** Cic. u. a. – **β** dīvīna, ae, *f.*, die **Weissagerin, Seherin, Prophetin,** Petron. 7, 2. – **γ** dīvīnum, ī, *n.*, die **Weissagung,** divini sciens, Arnob. apol. 26. – **B göttlich, gottähnlich, a** = **himmlisch, unvergleichlich, bewundernswürdig, außerordentlich, vortrefflich, herrlich,** divinus ille vir, Cic.: divina studia, die edelsten aller Beschäftigungen, Cic.: nihil ratione divinius, Cic.: dona divinissima, Cic. – **b gottähnlich, erhaben,** als Beiwort des Kaisers u. dessen, was ihn angeht, mens, Eutr. praef.: domus, Phaedr. 5, 7, 38: indulgentia, ICt. – **C** als *t. t.*, div. morbus (ἱερὰ νόσος), die Epilepsie, Fallsucht, Apul. apol. 50. – ► arch. deivinus, CIL 1, 603, 16.

dīvīsē, *Adv.* (divisus), **getrennt,** Gell. u. a.

dīvīsibilis, e (divido), **teilbar, trennbar,** Tert. de anim. 14.

dīvīsibiliter, *Adv.* (divisibilis), **teilbar,** Greg. Iob 30, 17 *extr.*

dīvīsim, *Adv.* (divido), **getrennt,** Hieron. epist. 100, 14.

dīvīsio, ōnis, *f.* (divido), **I** die **Teilung, a** übh.: bipertita, Varro LL.: orbis terrae, Sall.: divisio regni inter fratres, Iustin.: in divisione (Numidiae), Sall.: si divisio fieret, Iustin. – obszön, Cic. ep. 9, 22, 4. Quint. 8, 3, 46. – übtr., divisionem (sententiae) postulare, Ascon. ad Cic. Mil. 14. p. 45 B. (p. 39, 18 K.); vgl. divido *no.* I, B, 1, h (über div. sententiam). – **b** als mathem. *t. t.*, das **Teilen,** das **Dividieren,** binaria, das D. durch zwei, Augustin. serm. 252, 8: numeri, Boëth. arithm. 1, 3: Plur., *ibid.* 1, 11. – **c** als philos. u. rhet. *t. t.*, die **Einteilung,** Cic. u. a.: dah. auch die **Schlussfolge,** Plur. bei Arnob. 2, 35. – u. als rhet. Fig. = μερισμός, die **Zerlegung** = die Aufzählung der einzelnen Punkte, Rhet. Her. 4, 52. – **II** die **Austeilung, Verteilung,** praediorum, Vell. 2, 74, 2: divisiones agrorum, Tac. ann. 1, 10: divisiones patrimoniorum inter consortes, Paul. ex Fest. 72, 8. – u. die **Verteilung** = Anordnung, Amm. 22, 7, 3: divisiones tignorum, Balkenlage, Vitr. 4, 2, 2. – meton. = das **Ausgeteilte** an Speisen, CIL 6, 10215 u. 11, 147: Plur., Marcian. dig. 33, 1, 23.

dīvīsor, ōris, *m.* (divido), **I** der **Abteiler, Abschneider,** axis est dictus divisor et disterminator mundi, Apul. de mund. c. 1. – **II** der **Teiler, A** als arithm. *t. t.* = der **Divisor,** Boëth. geom. 1. p. 395, 5 u. 22; p. 400, 6 u. 19 Fr. – **B** = der **Verteiler,** regni inter filios (regis), Eutr. 4, 11. – Insbes.: **a** der **Abteiler** u. **Austeiler** der Äcker unter die Kolonisten, Cic. Phil. 5, 20 u. 11, 13. – **b** der **Austeiler, Verteiler** von Geschenken, **α** im guten Sinne, von solchen, die gesetzlich erlaubte Austeilungen an die Tribus besorgten, Ps. Ascon. ad Cic. I. Verr.. 22. p. 136 B. – **β** im üblen Sinne, von denen, die das Erkaufen von Wahlstimmen für die Kandidaten besorgten und bei den Wahlen das den Abstimmenden ungesetzlicherweise versprochene und bei einem sequester (s. d.) niedergelegte Geld austeilten (vgl. Cic. ad Att. 1, 18, 4), der **Wahlgelderausteiler,** der **Gelderspender,** Cic. I. Verr.. 22; II. Verr.. 4, 45; harusp. resp. 42; Planc. 48 u. a. Suet. Aug. 3, 1.

dīvīsūra, ae, *f.* (divido), die **Zerteilung** = das **Zerteiltsein, I** von Natur, die **Gabeln,** in die ein Baum sich teilt, Plin. 16, 122: Plur. = die **Spalten** an einer Pflanze, Plin. 25, 167. – **II** der **Einschnitt,** den man in etw. macht od. gemacht hat, z. B. beim Aderlassen, Cael. Aur. acut. 3, 4, 27; chron. 2, 12, 146 *sq.*: an Bäumen, laterum divisurae, Pallad. 11, 12, 7: capitis divisura accurata, quam Graeci χιασμόν (den Kreuzschnitt) vocant, Cael. Aur. chron. 1, 4, 118.

1. **dīvīsus,** a, um, *PAdi.* (v. divido), **getrennt,** et divisior inter se ac distractior actus, Lucr. 4, 958.

2. **dīvīsus,** Dat. uī, *m.* (divido), **I** das **Teilen** facilis divisui, leicht teilbar, Liv. 45, 30, 2. – **II** das **Verteilen,** divisui esse, verteilt werden, Liv.: clientem habere divisui, des Gewinnes wegen unter sich verteilen, Gell.

dīvitia, s. dīvitiae ►.

Dīvitiăcus (Dīviciăcus), ī, *m.*, **1** einflussreicher Parteiführer der Äduer, Freund Cäsars, Gegner seines Bruders Dumnorix, Caes. b. G. 1, 3, 5; 2, 5, 2 u. ö. – **2** mächtiger König der Suessionen, Caes. b. G. 2, 4, 7.

dīvitiae, ārum, *f.* (dives), der **Reichtum, I** im Allg.: **a** eig., an Geld u. Kostbarkeiten (Ggstz. paupertas, pauperies), Plaut., Rhet. Her., Cic. u. a.: horum temporum divitiae et illorum paupertates, Varro fr.: vir bonus divitiis abundans (Ggstz. nihil habens), Sen.: templum inclutum divitiis, durch köstliche Geschenke, Kleinodien, Liv.: demite divitias, Geschmeide, Ohrgehenke, Ov.: diffluere divitiis, Sen.: superare Crassum divitiis, sehr reich (ein Nabob) sein, Cic. – **b** übtr., d. soli, Fruchtbarkeit, Plin.: vom »Wasserreichtum« eines Flusses, Ov.: ingenii, Fruchtbarkeit, Cic. de or. 1, 161: ubertas ac divitiae, reiche Wortfülle, Quint. 10, 1, 13: scherzweise, divitiae orationis, Ggstz. paupertas, Sulpic. in Cic. ep. 4, 4, 1. – **II** ein **reiches Haus,** alqam dare in tantas divitias, Plaut. trin. 605: alqam despondere in divitias maxumas, Plaut. cist. 601: in divitias adoptare alqm. Plaut. Poen. 904. – ► Nbf. Sing. divitia, wov. Akk. divitiam, Acc. tr. 265 (bei Non. 475, 24). Itala (Clar. u. Sangerm.) Eph. 2, 7.

dīvito, āre (dives), **bereichern,** Acc. tr. 169. Turpil. com. 198.

Dīvodūrum, ī, *n.*, später Mediomatrici (Amm. 15, 11, 9; 17, 1, 2), seit dem 5. Jahrh. Metis od. Mettis, Hauptstadt der Mediomatriker im gall. Belgien, j. *Metz,* Tac. hist. 1, 63.

dīvolgātus, dī-volgo, s. dīvulgātus, dī-vulgo.

dīvolsus, s. dī-vello.

dī-volvo, ere, **hin und her wälzen,** übtr., multa secum ipse divolvens, viel mit sich zu Rate gehend, Amm. 26, 4, 3.

Dīvona, ae, *f.*, Stadt der Cadurci in Aquitanien, j. *Cahors,* Auson. ordo urb. 19, 160. p. 103 Schenkl.

dīvorsē, s. dīversē.

dīvortium, iī, *n.* (diverto od. divorto), das **Sich-Scheiden** nach zwei verschiedenen Richtungen hin, **I** lebl. Ggstd.: **A** v. Örtl.: **1** der Punkt, wo ein Weg od. Fluss in zwei verschiedene Richtungen sich teilt, die **Wegscheide, Flussscheide, Wasserscheide,** divortia nota, Verg.: itinerum, Liv.: aquarum, Lucil. fr., Cic. u. a.: alta divortia riparum, Amm.: im Bild, haec, ut ex Apennino fluminum, sic ex communi sapientium iugo sunt doctrinarum facta divortia, Cic. de or. 3, 69. – **2** der Punkt, wo sich zwei Erdteile, zwei Länder trennen, die **Grenzscheide,** artissimum inter Europam Asiamque divortium, vom Hellespont, Tac. ann. 12, 63. – übtr., veris et hiemis, die Zeit um Frühlingsanfang, Col. 4, 27 *in.* – **B** v. Abstr., die **Scheidung, Trennung,** tanto rerum divortio, Apul. de mund. 19: anima … nullum init cum sua unitate divortium, Macr. somn. Scip. 1, 6, 9. – **II** v. Pers.: **1** das

Sich-Scheiden ehelich Verbundener, die **Ehescheidung, Scheidung,** subitum, Cic.: Octaviae, Suet.: div. suum cum uxore, Suet.: divortium facere, Komik., Cato fr. u. Cic.: divortium facere cum alqa, sich scheiden von usw., Cic.: ab alqo per divortium discedere, Iustin. – **2** der **Bruch,** die **Trennung** eng Verbundener übh., wie eines Liebhabers von der Geliebten, Plaut. u. Cic.: Verwandter untereinander, Cic. – ► divertium geschr. CIL 6, 1527, 41 (wo Plur. divertia); auch Plaut. aul. 233 *cod. B.* Cic. ep. 2, 10, 2 u. ad Att. 5, 20, 3 M.

dī-vorto, s. dī-verto.

dīvos, s. dīvus ►.

dīvulgātio, ōnis, *f.* (divulgo), die **Ausbreitung, Bekanntmachung,** Tert. de test. anim. 5. Chalcid. Tim. 165. Cassian. coll. 17, 30.

dīvulgātor, ōris, *m.* (divulgo), der **Ausbreiter,** Gloss. IV, 333, 24.

dīvulgātus (dīvolgātus), a, um, *PAdi.* (v. divulgo), **I gemein gemacht, gemein,** magistratus levissimus et divulgatissimus, Cic. ep. 10, 26, 2. – **II allgemein (weit) verbreitet,** gloria, Lucr. 6, 8. – *neutr. plur.* subst., ne divulgata (Weitverbreitetes) atque avide accepta veris … antehabeant, Tac. ann. 4, 11.

dī-vulgo (dī-volgo), āvī, ātum, āre, **I gemein machen, allgemein** od. **allen preisgeben,** cuius primum tempus aetatis palam fuisset ad omnium libidines divulgatum, Cic. post red. in sen. 11. – **II** im Publikum **ausbreiten, bekannt machen, veröffentlichen,** consilium alcis, Caes.: librum, Cic.. rem sermonibus, Cic.: divulgato ingenio, da sein Talent bekannt geworden war, Tac.

dīvulsio, ōnis, *f.* (divello), die **Zerreißung, Trennung,** prima familiarum, Sen. ep. 99, 15: absol., ut desperem in eius modi copula divulsionem, Hieron. epist. 117, 3.

dīvus, a, um (v. deus, wie θεῖος v. θεός), **göttlich, von göttlicher Natur, I** *adi.:* diva parens, Verg.: Ilia diva, Ov.: res divae, Naev.: caro diva, Prud. – **II** *subst.:* **A** dīvus, ī, *m.* = deus, ein **Gott,** Liv., Hor. u. a.. dīvī, ōrum u. ûm, *m.*, die Götter, Caecil. com. fr., Lucr., Cic. u. a.: ebenso diva, ae, *f.* = dea, eine **Göttin,** Liv., Catull. u. Verg. u. a.: verb. divi divaeque, Liv. (s. Weißenb. Liv. 29, 27, 1): übtr., mea diva (v. der Geliebten), Catull. 68, 70. – in der Kaiserzt. divus bloß von den nach ihrem Tode vergötterten Kaisern, divus Iulius (Caesar), Suet.: ders. bloß divus, wie divi genus, v. Oktavian, Verg. Aen. 6, 793. – **B** dīvum, ī, *n.*, der **freie Himmel,** das **Freie** (s. Varro LL. 5, 96), doch nur in den Beziehungen sub divo (wie sub Iove), Cic., Verg., Nep. u. a. (in den besten Hdschrn. [vorklass.u. archaist. sub diu, s. 1. diūs], s. Zumpt Cic. II. Verr.. 1, 51. Wagner Verg. georg. 3, 435 *not. cr.*): sub divum rapere, Hor. carm. 1, 18, 13. – ► arch. Nbf. deivus, CIL 1, 175. 178. 632: devus, Corp. Inscr. Lat. 1, 814 (wo devas arch. = divis). – arch. Nbf. divos, Numm. vet. bei Riccio g. Iul. 52. 58 u. ö. Akk. divom, CIL 1, 697 u. 698; 2, 1963. col. 1, 30 u. col. 2, 1 u. 2. Verg. Aen. 12, 797: Genet. Plur. divom, Plaut. Amph. 1121; aul. 299; merc. 842; rud. prol. 9. Ter. adelph. 746. Lucr. 1, 1 u. 158 ö. Verg. ecl. 3, 73; georg. 1, 238 u. ö. Hor. carm. 1, 2, 25 u. 4, 6, 22; sat. 1, 3, 117. Mart. 12, 77, 4.

1. dō (δῶ d. i. δῶμα) = (*Acc.*) domum, Enn. b. Auson. Technop. (XXVII) 13, 18. p. 139 Schenkl.

2. do, dedī, datum, dare (altind. *dádā-ti,* er gibt, griech. δίδωμι), **I geben, reichen** (Ggstz. accipere, annehmen, empfangen, reddere, zurück-, abgeben, remittere, zurück-, dagegenschicken, adimere, nehmen, ferre, davontragen, auferre, mit sich nehmen, entziehen, detrahere, entziehen, eripere, entreißen, poscere, fordern), I) alqd: **A** eig.: **I** die Hand od. mit der Hand **geben, reichen, hergeben, herreichen, hingeben, hinreichen, darreichen, überreichen, schenken,** dare (alci) manum, Ov. u. Quint.: dare dextram, Nep. (vgl. dextra unter dexter): alci primum digitum, Catull.: alci assem, Phaedr.: (alci) librum, Hor. u. Nep.: poculum veneni, Cic.: frumentum plebi, Vell.: alci triremem, Nep.: populo Romano hunc vestitum atque arma, Cic.: (alci) viaticum, Plaut. u. Plin. ep.: alci vinum, Verg. – m. Ang. **von wo?** u. dgl., ut quodcumque opus esset sciret *unde* daret et meminisset atque annotaret *quid* et *quando* et *cui* dedisset, Col. 12, 3, 4: pretium dedit. *Cui* dedit? *per quem* dedit? *unde* aut *quantum* dedit? Cic. Rosc. Am. 74: *de* pane tuo da esurienti et *de* vestimentis tuis nudis, Ambros. de Tob. 4. – m. Ang. **auf welchem Wege?** alci *per* fenestras gladium, Nep. Dion. 9, 6. – m. Ang. **wofür?** praemium pro pietate, Cic.: cum praemia mihi tanta pro hac industria sint data, Cic. – m. Ang. **als was?** durch *Acc.,* dextram fidei suae pignus, Curt. 8, 12 (43), 10: pabula utilitatis eorum praemia (als B.) causā, Lucr. 5, 867: merces mihi gloria detur, Ov. fast. 3, 389: od. durch Partiz. Fut. Pass., alci librum ad alqm perferendum dare, Cic. ad Att. 2, 1, 1: saepe ferenda dedit blandis sua verba tabellis, gab zu bestellen, Ov. met. 14, 707. – m. Ang. **zu welchem Zweck?** fruges *in* (zur) segetem, Acc. tr. 672. Hyg. fab. 2. – quid do m. folg. *ne* u. Konj., was gäbe ich darum, dass usw., Sen. contr. 9 (3), 26. § 11 u. 12. Insbes.: **a** Geschenke od. Mitgift od. als (zum) Geschenk od. zur Mitgift **geben, bescheren, überreichen, schenken,** dare donum, Ter. u. Cic.: alci dona, Plaut.: dona amicis ceterisque pro cuiusque merito, Curt.: (alci) munus, Verg. u. a.: dotes, Nep.: paulum des crebro, Nov. com. fr.: ut haberet quod statim daret, Nep.: si suum munus qui dedissent (die Geber) adimere vellent, Liv. – m. Ang. **als was?** alci canem munus (als G.), Ov.: alqd (alci) dotem (als M.), Komik. – mit Ang. **zu welchem Zweck?** maestas munus in (zu) exsequias, Tibull. 2, 4, 44. – m. Ang. **wozu?** durch *Dat.,* alci alqd dono, Ter. u. Nep.: muneri alqd, Nep. u. Quint.: doti alci alqd, Nep. – quod praesens tamquam in manus datur iucundius est, Geschenke, die uns gleichsam bar in die Hand gedrückt werden, Cic. de off. 2, 60. – absol., illos qui dant, eos derides, Plaut.: prior ad dandum qui est, Ter. – Partiz. subst., **α** dāns, antis, *m.*, der Geber, Hor. ep. 2, 1, 246. – **β** datum, ī, *n.*, die **Gabe,** das **Geschenk,** Sing. bei Augustin. solil. 18, 5 (Liv. 22, 10, 3 Glossem); Plur. bei Plaut. asin. 166 u. Pseud. 306. Ov. met. 6, 463. Prop. 3, 15, 6.

b den Göttern, Manen od. übh. jmdm. ein Weihgeschenk, Opfer u. dgl. **geben, bringen, darbringen, weihen, opfern, α** den Göttern, munera, Ov.: Apollini donum, Nep.: Apollini signa inaurata, Liv.: alci templum, Ov.: alci victimam, porcam, Ov.: alci piaculum porco, Macr.: sacra piaculaque apud lucum Dianae per pontifices, Tac.: more Romano suovetaurilia, Tac.: exta deo, Ov.: exta perperam, Liv.: tus, Ov.: tura, Tibull.: divis tura benignis, Hor.: tura focis vinumque, Ov.: Oceano libamenta, Iustin. – **β** den Manen u. Toten, inferias manibus, Ov. u. Suet. (vgl. inferiae): germanae iusta ante suae, Ov. – **γ** jmdm.: alci lacrimam od. lacrimas, Ov.: o quantum patriae sanguinis ille dedit! Ov.

c Briefe usw. jmdm. **geben,** u. zwar; **α** jmdm. (zur Bestellung) **geben, einhändigen, mitgeben,** litteras od. epistulam alci, Cic.: alci litteras ad alqm, Cic.: datis iam epistulis diem commutare, Cic.: erit cotidie cui des, du wirst ja täglich Gelegenheit finden, Cic. – **β** jmdm. **geben** = **an** jmd. **abgeben,** jmdm. **einhändigen,** alci litteras, Cic.: epistulam accubanti in convivio, Nep. – **γ** (v. Briefschreiber) an jmd. **geben, senden, absenden,** tres epistulae eodem abs te datae tempore, Cic.: litteras ex Trebulano a Pontio, Cic.: litteras Trallibus (zu T., von T. aus), Cic.: ut quo dem (wir: wohin ich adressiere) posthac litteras sciam, Cic.: litteras publicas sine subscriptione ad alqm dare, Suet.: ante lucem VIII. Kal. litteras ad alqm, Cic.: discedens dabo ad te aliquid, Cic.: data pridie Kal. Decembr., Cic.: datum VI. Id. Ian., Cic.

d Geld usw. (u. übtr. Strafe) **geben, beitragen, zahlen, bezahlen, auszahlen, entrichten,** für jmd. od. etw. **ausgeben, α** eig.: symbolam, Ter.: aes u. aera, Hor. u. Ov.: pecuniam, Cic.: decies centena huic parco, Hor.: quantum quisque daret, Nep.: huic aliquid paulum prae manu, Ter.: dic, quid vis dari tibi in manum? Ter. – mit Ang. **als was?** alci magnam pecuniam mutuam, Cic. ad Att. 11, 3, 3: huic salarium (als B.) *de* nostro privato aerario annuos frumenti modios tria milia, Treb. Poll. Claud. 14, 3. – m. Ang. **woher?** pecuniam a se, Plaut, trin. 182 (vgl. im folg. aus Monum. Anc.): omnia ex sua re familiari, Nep. Att. 7, 1. – m. Ang. **wofür?** pecuniam *pro* praediis *a* se, Monum. Anc. col. I, 1, 19. p. LXVIII *ed. Momms.:* quantum *pro* Caesaris ipse avolsa cervice daret, Lucan. 8, 11: cogitans et in pontibus pro transitu dari, Passierzoll gegeben werde, Sen. de const. sap.

14, 2. – m. Ang. **wozu?** durch *Dat.*, dare milia terna macello, Hor. sat. 2, 4, 76. – Partiz. subst, data, ōrum, *n.*, die **Ausgaben** (Ggstz. accepta, die Einnahmen), ut par sit ratio acceptorum et datorum, Cic. de amic. 58. – **β** übtr., Strafe usw. **geben,** dare poenas, Str. leiden, bestraft werden (Ggstz. poenas accipere, büßen lassen, bestrafen), Cic. u. a. (s. poena das Nähere): d. damnum, s. damnum: pretium pro noxa, Liv. Andr. fr.: Novio Prisco et Glitio Gallo data exsilia, traf das Los der V., Tac.: daturos quod Lars Tolumnius dedisset responderi iussit. Liv.

e einen Stoff **spenden, liefern,** volucres mella daturae, Ov. fast. 5, 271: nec scombris tunicas (Hüllen zum Einpacken) dabis molestas, Mart. 4, 86, 8: u. so et laxas scombris saepe dabunt (Volusi annales) tunicas, Catull. 95, 8: im Bild, materiam dare invidiae, Cic. Phil. 11, 21: materiam omnem sermonem eorum, qui de te detrahere vellent, Statium dedisse, Cic. ad Q. fr. 1, 2. 3.

f als publiz. *t. t.*, dem Richter die Stimmtäfelchen **einhändigen,** an die Richter **austeilen,** tabellam dare de alqo, Cic.: alci dare in iudicando litteram salutarem od. tristem (ein Stimmtäfelchen mit A = absolvo, od. mit C = condemno), Cic.: tabellae ministrabantur ita, ut nulla daretur UTI ROGAS, Cic.

g als *t. t.* des Brettspiels, dare calculum, einen Stein ziehen (Ggstz. reducere, zurückziehen), Cic. Hortens. fr. 60 M. Quint. 11, 2, 88.

h eine Klageschrift **abgeben, einreichen,** dare libellum, s. libellus.

i (v. Reiter, Wagenlenker) die Zügel **schießen lassen** (Ggstz. premere), dare lora, Verg.: frena, Ov.: laxas habenas, die Z. verhängen, Verg.

k Speisen auf die Tafel **geben, setzen, aufsetzen, austragen lassen, vorsetzen,** partem ceteram (carnium) mensis, Ov.: alci turdum, Hor.: semesi lardi frusta, Hor.: absol., quid dem? quid non dem? renuis tu, quod iubet aster, Hor.: ›sume, catelle‹, negat; si non des, optat, Hor.

l Nahrung usw. od. zur Nahrung usw. **reichen,** **α** übh., alimenta lactis puero, Ov.: u. (übtr.) ali menta igni, Curt.: de mensa sua ossa, Phaedr. – m. Ang. **wozu?** durch *Dat.*, alqd esui dare, Plin.: potioni dare aquam, Cels. – m. *Infin.*, dare bibere, Plaut. u. Cato: bibere da usque plenis cantharis, Plaut. – **β** Arznei usw. **reichen, geben, eingeben, beibringen,** pueris absinthia taetra, Lucr.: abrotonum aegro, Hor.: aliquid potionis, Plaut.: alci potionem, Cels. u. Quint., potiones, Scrib.: alci medicamentum, Cels. u. a.: patri soporem, Nep.: alci venenum, Curt. u. a. (vgl. venenum).

m eine Mahlzeit, Festlichkeit **geben, anstellen, veranstalten,** alci cenam, Komik., Cic. u. a.: alci epulum, Cic. u. a. (dah. dans epulum, der Gastgeber, Sen.): alci epulas, Tac.: (alci) prandium, Cic. u. a.: nataliciam in hortis, Cic.: exsequias, Ov.: ludos, Suet.: munus (gladiatorium), s. mūnus: fabulam, zur Aufführung bringen, Ter. u. Cic.: so auch Menandri Phasma, Ter.

n einen Schlag **geben,** Wunden **beibringen** (Ggstz. accipere, ferre), dare alci alapam, Vulg., colaphum, Spart.: (alci) vulnus, vulnera, Ov. u. a. (vgl. vulnus).

o etw. einer Sache **übergeben, überlassen, preisgeben,** corpus quieti, Acc. fr.: ventis colla comasque, Verg.: undis latus (v. Schiff), Verg.: boum caesorum membra palato, Ov.: telo pectus inermum, Verg. – bes. vela dare ventis, die Segel den Winden überlassen, preisgeben, Verg. u. a.: ebenso dare classem ventis, Pacat. pan. – u. vela od. lintea dare (die Segel richten) m. *Advv.* u. dgl., s. 1. vēlum u. linteum.

p wohin **geben, bringen, legen, tun, werfen,** **α** m. *Advv.*, scripta foras, herausgeben, Cic. ep.: alqd praeceps (bildl. = in Gefahr bringen, famam), Tac.: retro capillos, Ov.: iugulum retro, Cels.: arida circum nutrimenta, Verg.: d. pessum, s. 1. pessum. – **β** m. *Dat.*, bald = **auf** etw. od. in etw. **werfen,** vagae arenae ossibus particulam, Hor.: ignibus ista, Prop. – bald = **in** etw. **legen,** corpus tumulo, Ov.: urnae ossa, Pers. – bald = etw. **an** od. **um** etw. **legen,** einer Sache **anlegen,** brachia collo, Verg.: brachia nitidis virginibus, Hor.: alci rei frenos (bildl.), Liv. 34, 2, 13: posti florida serta, Tibull.: septena fila lyrae, Ov.: picta carinae vela (poet. = die Segel aufhissen), Ov. – **γ** m. *Praepp.*: **αα** m. *in* od. m. *circum* od. m. *super* u. Akk., funera in altos rogos, Ov.: in fluvios gelidos ardentia morbo membra, tauchen, Lucr.: pleraque secum in profundum, stürzen lassen, Curt.: in aurem castoreum cum aceto, Cels.: id in suam sedem, in seine gehörige Lage, Cels.: Tyrias circum illota toralia vestes, breiten um usw., Hor.: alteram fasciam ab altera parte super caput, führen, Cels.: u. so a (von) sinistro (iugulo) ad (bis zu) dextram alam rursusque sub ala sana (unter der ges. A. durch) fasciam d., Cels. – **ββ** m. *ad* u. Akk., ad intortos brachia funes, ausstrecken nach usw., Ov. met. 3, 679.

q m. prädik. *Acc.* des *Adi.* = etw. so u. so **geben, stellen,** saepe dabis nudum latus, Tibull. 1, 4, 52.

1 ein Zeichen (Kennzeichen, Merkmal) mit der Hand, mit einem Blasinstr. od. sonstwie **geben,** s. sīgnum, indicium, nota.

2 die Kehle, den Nacken, den Rücken **geben, hinreichen, reichen, hinhalten,** iugulum (alci), Cic.: alci cervices, Cic.: cervicem ad ictum alcis, Vell.: cervices crudelitati nefariae, bildl. = sich fügen od. schmiegen unter usw., Cic.: terga verberibus, Pacat. pan. 30, 5. – insbes., als milit. *t. t.* u. übtr., terga dare, den Rücken wenden, fliehen, s. tergum.

3 den Mund, einen Kuss **geben,** dare (alci) oscula, Ov. (vgl. osculum): alci basium, Petron., basia mille, Catull.: alci savium, Komik. u. Cic.

B übtr.: **1** **geben, gewähren, verleihen, bestimmen, erweisen,** **a** übh.: **α** im guten Sinne: da, nate, petenti, quod etc., Verg.: quod petis a nobis, obrutus ille dabit, Ov.: dare alci somnum (v. der Arbeit), Ov.: (alci) quietem, Cic. u. Curt.: requiem terrae, Ov.: tres horas exercitui ad quietem, Caes.: alci vitam, Cic.: his lacrimis vitam, schenken, Verg.: dare beneficia (Ggstz. reddere od. accipere), Cic. u. Sall.: merita (Ggstz. accipere), Cic.: alci civitatem (das Bürgerrecht), Vell.: nomen alci, Hor., alci rei, Liv. (vgl. nomen): alci cognomen pingui, Hor.: alci od. facto impunitatem, Iustin.: servis libertatem, Iustin.: honores, Hor.: alci caelestes honores, Curt.: alci od. huic consilio palmam, Cic. u. Ter.: alci pro tantis meritis honoris coronam, Nep.: alci caelum, Ov. u. Curt., aditum ad caelum, Cic.: alci victoriam, s. victōria: hanc gratiam, Ter.: alci multa solacia, Cic.: alci laetitiam, Cic.: soli et lunae divinitatem, Cic.: precibus eventum vestris, Liv.: mobilibus decorem naturis, Hor.: famam rebus, Pacat. pan.: novum his erroribus orbem, Tibull.: alci veniam, s. venia. – datum hoc nostro generi est, ut etc., es ist Bestimmung unseres G., dass usw., Liv. 10, 28, 13. – m. folg. *Infin.*, est cui cognomen corvus habere dedit, Prop. 3, 11, 64: mihi multa vetustas scire dedit, Ov. met. 14, 696: u. so auch Lucan. 6, 775. Pers. 5, 104. – Partiz. subst., dāns, antis, *m.*, der **Geber** (Ggstz. accipiens, der Empfänger), si summa petantur, et dantem et accipientem praegravatura, Liv. 35, 42, 14. – **β** im üblen Sinne, jmdm. etw. **bescheren, einbrocken, heimgeben** (s. Brix Plaut, capt. 463. Lorenz Plaut. Pseud. 151. p. 94, b. Spengel Plaut. truc. 2, 8, 4), observa quid dabo, Plaut.: specta quid dedero, Plaut.: sic datur, da hast du deinen Lohn! Plaut.; od. so wird's gelohnt! da haben wir's! Plaut.

b insbes.: **α** v. den Göttern: quod boni di mihi danunt, Plaut.: dato quae precamur tempore sacro, Hor.: si di dare cuncta potestis, Ov.: hoc tantum boni, quod vobis a dis immortalibus oblatum et datum est, Cic.: d. alci augurium, Ov.: nobis victoriam, Liv.: alci mentem, ut faciat huic insidias, Cic. – m. folg. *Infin.*, di tibi dent captā classem reducere (*al.* deducere) Troiā, Hor. sat. 2, 3, 191: u. so Lucr. 3, 1028. Verg. Aen. 1, 79 u. ö. Ov. met. 1, 486 u. ö. Plin. ep. 6, 16, 3. – m. folg. *ut* u. Konj., quod nostrae aetati dii dederunt, ut videremus, Liv. 1, 19, 3: u. so Liv. 1, 54, 5; 30, 12, 12. – m. folg. *ne* u. Konj., da femina ne sim, Ov. met. 12, 202: u. so *ibid.* 12, 206.

β v. Schicksal usw., Cinarae breves annos fata dederunt, Hor.: ea fato quodam data nobis sors est, ut etc., Liv.: principatum fato dari, Suet.: quotiens fortuna contra daret, Tac. – m. folg. *Infin.*, si vivere nobis fata diu dederint, Ov. met. 7, 692: u. so *ibid.* 14, 843. Sil. 13, 144: v. der Parze, Hor. carm. 2, 16, 39. – m. folg. *ut* u. Konj., quod mihi si tantum fata dedissent, ut etc., Prop. 2, 1, 17: u. so Plin. ep. 8, 18, 5. – absol., si fors dedit, Calp.: sat patriae Priamoque datum est, ist geschehen für usw., Verg.

γ v. der Natur, **verleihen,** oculos natura nobis ad motus animorum declarandos dedit, Cic.: illis maiorem natura modum dedit, his breve pondus, Hor.: leges, quae naturā sunt omnibus datae, Quint.: noli affectare quod tibi non est datum, Phaedr.: quod paucis datum est, Plin.: pennis non homini datis, Hor. – m. folg. *Infin.*, varieque datum sit membra movere, Lucr. 4, 875: si modo senescere datum est, Plin. ep. 3, 1, 1; vgl. Hor. ep. 1, 1, 32.

2 ein Geschäft, einen Auftrag, ein Amt usw. jmdm. **geben, übergeben, zuteilen, erteilen, übertragen, überweisen, a** ein Geschäft, einen Auftrag, dare alci negotium, s. negōtium; alci mandata, s. mandātum. – u. bl. dare alci m. folg. *Infin.*, datum (es wurde der Auftrag gegeben) posthac C. Cassio deducere iuvenem ripam ad Euphratis, Tac. ann. 12, 11. – **b** ein Amt usw., dare alci potestatem, imperium, legationem u. dgl., s. potestās usw.: dare alci fasces, Cic. u. Hor.: alci summam imperii, Nep.: alci provinciam, Cic.: alci Cappadociam, Nep.: alci regnum, Eutr.: alci diadema, Curt.

3 einen Ort, eine Zeit usw. jmdm. **anweisen, zuweisen, bestimmen,** alci sedem inter inferos, Suet.: alci locum in theatro, Suet.: alci locum in theatro inter viatores tribunicios, Tac.: eum locum colloquio, Liv.: media acies Ubiis Lingonibusque data, Tac.: mille pedes in fronte, trecentos in agrum, Hor.: requiem modumque voce remis, gebieten, Ov.: detur nobis locus, hora, custodes, Hor.: nuptiis hanc diem, Pacuv. fr.: relicum noctis utrimque quieti datum, Liv.

4 etw. **bieten, α darbieten,** praeclare convenit, aut da melius, Cic.: accipio quod datur, Cic. – **β anheimgeben,** ultionem privato odio magis quam publicae vindictae, Vell. 2, 7, 6.

5 Zeit, Studium usw. einer Sache **widmen,** auf etw. **verwenden, α** m. *Dat.:* corpori omne tempus, Cic.: agris tempus, Pacat. pan.: lucis partem ultimam mensae, Ov.: noctem somno, Ov.: prima tempora illis, Ov.: aestivos menses reliquos rei militari, hibernos iurisdictioni, Cic.: reliquam partem diei tribunali, Plin. ep.: studiis annos septem. Hor.: iis artibus a primis temporibus aetatis studium suum, Cic.: ingenium illustre altioribus studiis, Tac.: u. insbes., operam dare m. *Dat.* (wem?), s. opera. – **β** m. *ad* od. *in* u. Akk., aliquid temporis ad ludum aetatis, Cic.: plus in hoc studii, Quint.

6 einräumen = zugeben, zugestehen, das Zugeständnis machen, willfahren, nachlassen, a übh.: id gratiae, Liv.: id misericordiae, Cic.: id precibus Artabani, Tac.: hoc precibus meis, Curt.: consanguinitati hoc, ut etc., Liv.: aliquid famae, Hor.: multa famae, Sen.: quantum autem consuetudini famaeque dandum sit, id curent vivi, Cic.: nihil neque gratiae dari neque de iure patriae decīdi posse, Iustin.: m. folg. *ut* u. Konj., dabat et famae (auch der öffentlichen Meinung tat er es zuliebe), ut etc., Tac. ann. 1, 7. – **b** als philos *t. t.*, **einräumen, zugeben, zugestehen,** si das hoc, Hor.: da supremum tempus, nimm das äußerste Lebensziel an, Cic.: id quoque damus et libenter quidem, Cic.: quem tibi hoc daturum putas? Cic.: quae dederam supra relego (nehme ich zurück), Pers. – m. folg. *Acc.* u. *Infin.*, Cic. Acad. 2, 50; de fin. 2, 86; Verr. 3, 218. Lucr. 3, 539. Hor. sat. 1, 4, 39. – m. folg. *ut* u. Konj., da nunc, ut crimine manifesto prematur dux bonus, Quint. 12, 1, 43. – **c** als publiz. *t. t.*, v. Behörden, **bewilligen, zugestehen, überlassen, gewähren, anordnen,** dare alci senatum, Sall. u. a.: alci contionem, Cic.: iudicium iniuriarum, actionem rei, Cic.: alci pacem, Liv. u. a.: foedus et amicitiam, Sall.: alci indutias, Liv. (s. indūtiae das Nähere). – bes. v. Prätor, dessen Befugnis ist do (ich gewähre, näml. Klagen, Rechte), dico (ich spreche, näml. das Urteil), addico (ich spreche zu, näml. das Eigentum), Varro LL. 6, 30. Macr. sat. 1, 16, 14. – **d** obszön, **leisten,** quod nec das et fers saepe, facis facinus, Catull. 110, 4: quando notum est, et quid ille tibi et quid illi tute dederis, Cic. fr. bei Suet. Caes. 49, 3: absol., nulla est poscendi, nulla est reverentia dandi, Prop. 3, 13, 13.

7 einräumen = gestatten, zugestehen, bewilligen, überlassen, lassen, dare locum, spatium, viam, aditum, accessum, ascensum u. dgl., dare otium, tempus u. dgl., dare copiam, potestatem, facultatem, occasionem, optionem u. dgl., dare usum, usuram, s. alle diese Substst. – dah. dare m. *Infin.*, da mihi fallere, Hor. ep. 1, 16, 61: u. so Iuven. 14, 30. Amm. 16, 12, 11. – dare (alci) m. *ut* u. Konj., Cic. Acad. 1, 24; ad Att. 14, 13. litt. A. § 3. Liv. 41, 8, 9. Tac. ann. 3, 69. – m. bl. Konj., Orest. tr. 15. – u. datur, es **wird** od. **ist verstattet, erlaubt, man darf, man kann,** m. *Infin.*, Verg. Aen. 1, 409. (u. a. Dichter). Quint. 10, 7, 22. Plin. ep. 1, 10, 5. Tac. ann. 3, 67: m. folg. *ut* u. Konj., Tac. ann. 2, 53 u. a.: m. folg. *ne* u. Konj., Tac. ann. 3, 23. – absol., coëant in foedera dextrae, quā datur, Verg.: in quantum praeumbrante imperatoris fastigio datur, clarus, Tac. ann. 14, 47 *in*.

8 alci m. prädik. *Dat.* (zu), **zu** od. **als etw. anrechnen,** in den Redensarten laudi, vitio, crimini dare od. dari, s. 1. laus, vitium, crīmen.

9 einem Zustand **aussetzen, preisgeben, überlassen, anheimgeben,** dare alqd exitio, Lucr.: summas arces Italûm excidio, Verg.: urbem excidio ac ruinis, Liv.: captum oppidum praedae, Liv.: alia oblivioni aut neglegentiae, Liv. – m. *in* u. Akk., in praedas stantem urbem, Sil. 1, 455.

10 m. *in* od. *ad* u. Akk., **a** in eine Lage usw. **bringen, stellen,** alqd in conspectum, zur Schau stellen, Curt.: alqd in medium, der Öffentlichkeit übergeben, verraten, Lucr.: alqd ad populi partes, der Teilnahme des V. eröffnen, Cic. – **b** in einen Zustand **versetzen,** in splendorem bullas has foribus nostris, Plaut. asin. 426.

11 m. prädik. Partiz. Perf. od. Gerundivum, **übergeben, darbieten, überlassen, lassen,** Caere intactum inviolatumque crimine belli hospitio Vestalium cultisque diis darent, Liv. 7, 20, 7. – d. vineas colendas, Eutr.: diripiendam urbem, Cic.: laceranda suae viscera matri, Ov.: id alci cogitandum, zu bedenken geben, Cic.: tantas res alci scribendas, Cic.: librum ipsi legendum, Nep.: omnia in medium discenda, allen zum Lernen darbieten, Ov.

II alqm (auch corpus, membra, animum): **A** eig.: **1** im Allg., **geben, überweisen,** hanc mi in manum dat, sie legt unsere Hände ineinander, Ter. Andr. 297: alqm dare mancipio, s. mancipium.

2 wohin **bringen,** infans aliorsum (anderswohin, aus dem Haus) datus, Gell. 12, 1, 22: alqm in hanc domum, Ter. eun. 365: hostem in medium, in die Mitte nehmen, einschließen, Lucan. 7, 366. – od. wohin **stecken,** m. *Dat.*, catenis fatale monstrum, Hor. carm. 1, 37, 20: mollibus ora capistris, Verg. georg. 3, 188: m. *in* u. Akt., alqm in caveam, Plaut. capt. 124. – od. wo hinein **tauchen,** in fluvios gelidos ardentia morbo membra, Lucr. 6, 1171. – od. wohin **strecken, stürzen,** maerore dari in lectum, Lucr.: u. dare alqm ad terram, Plaut. u. Suet.: alqm in terram, Lucr.: alqm praecipitem ad terram, Liv.: u. bl. dare alqm praecipitem, zu Fall bringen, Ter., od. aus dem Haus werfen, Ter. (vgl. bildl., postea ambitione praeceps datus est, kam zu Fall, Sall. Iug. 63, 6): eoque ictu me ad casum dari, zu Fall gebracht werden, Acc. fr.

3 jmd. (einem) in irgendeiner Eigenschaft **geben, a geben = beigeben, stellen,** vatem, Hor.: duos collegas, Nep.: alci uxorem, s. uxor: comites, Curt.: duces itineris de captivis, Curt.: obsides (alci), Caes.: milites, Eutr.: nullum militem dare posse, Liv.: dare arbitrum, Cic.: iudicem, praedem, testem, vadem, s. iūdex, 1. praes, 1. tēstis, 1. vas: alci custodem et paedagogum, Sen.: alci tutorem, Eutr.: alci successorem, Suet.: alqm alci in consilium, Nep.: dabo, cui credas, Tac. – m. dopp. *Acc.* (jmd. als od. zu usw.), alqm comitem, Curt.: Phrygias catervas comites, Lucr.: alqm arbitrum inter etc., Cic.: libertinum militem, Vell.: obsidem filium, Eutr.: alqm alci coheredem, Suet.: alqm alci successorem, Suet. u. Iustin.: alqm vicarium, Traian. in Plin. ep. – im Passiv m. dopp. *Nom.*, Hadrianus decemvir litibus iudicandis datus, Spart.: u. im *Abl. absol.* m. dopp. *Abl.*, dato adiutore Pharnabazo, Nep. Con. 4, 2. – **b geben, verleihen, übergeben, anvertrauen,** alci cognatos (v. der Natur), Hor.: natam od. filiam genero, Verg. u. Ov.: infantem nutrici, Ov.: alqm grammatico, Capit.: u. poet., fidibus divos puerosque deorum, Hor. – m. dopp. *Acc.* (jmd. als od. zu), alci alqm virum (zum M. = zum Gatten), Ter.:

alqm alci socerum, Ov.: nobilem virginem servo suo pelicem, Curt. – m. 1. *Supin.*, dare alqam alci nuptum, eine an jmd. verheiraten, Komik., Nep. u. a. (s. Drak. Liv. 1, 49, 9). – u. alqm alci m. Gerundiv, dilaceranda feris dabor alitibusque, Catull.: datur mihi custodiendus, Afran. fr.: exsulibusne datur ducenda (wird hingegeben, um sie als Frau heimzuführen) Teucris? Verg. – zugl. m. dopp. *Acc.*, equites pignora (als U.) pacis custodiendos Luceriam, Liv. 9, 15, 7.
4 jmdm. **geben = über** jmd. **setzen, an die Spitze stellen** von usw., Albanis regem, Eutr.: Orienti Caesarem, Eutr.: principem Romanae rei publicae, Spart. – m. dopp. *Acc.* (jmd. als od. zu), alqm tribunum quintae legioni, Treb. Poll.: trecentos exsules iudices rectoresque civitati, Iustin.: im Passiv mit dopp. *Nom.*, leviter armatis dux (als A.) datus est Mullinus, Curt. **B** übtr.: **1** in ein Verhältnis, eine Lage **geben, hingeben,** illam sine dote in tantas divitias (in ein so reiches Haus), Plaut.: filiam in sortem, der Losung unterwerfen, zum Losen stellen, Suet.: alqm in adoptionem, zur A. entlassen, Quint.: in adoptionem od. in familiam alcis dari, von jmd. adoptiert werden, Vell.: alqm aut vivum aut mortuum in potestatem, Liv.: alqam in matrimonium, zur Frau geben od. geben wollen (anbieten), Caes. u. Liv.: alqm in omnem memoriam, dem ewigen G. übergeben, Sen.
2 jmd. in eine schlimme Lage **bringen,** alqm in praeceps (Gefahr), Liv.
3 jmd. in einen anderen äußeren od. inneren Zustand **versetzen** (s. Brix Plaut. capt. 959), alqm in ruborem dare totum, Plaut.: alqm in timorem, Plaut.: animum in luctus, in Tr. versenken, Ov.: alqm ad languorem, Komik.
4 jmd. einem Zustand **überlassen,** placido sua corpora somno, Ov. met. 6, 489: caput et ceterum truncum sepulturae, begraben, Suet. Galb. 20, 2.
5 jmd. einem Zustand **aussetzen, preisgeben,** im Passiv = **anheimfallen,** alqm tormentis, Capit.: alqm exitio, Lucr. u. Ov.: alqm morti, Hor.: catervatim morbo mortique dari, Lucr.: alqm neci, Acc. fr. u. Verg.: alqm leto, Enn. fr., Pacuv. fr., Ov. u. a. (leto datus auch Cic. de legg. 2, 22 im archaist. Gesetzstil): fortia corpora leto, Verg. – m. *ad* u. Akk., alqm ad iniurias alcis, Cic.
6 jmd. in einen Zustand **nötigen,** hostes in fugam, zur Fl. nötigen, in die Fl. schlagen, Caes.: Sestum incolentes in deditionem, zur Üb. zwingen, Liv.
III dare se (u. im Passiv dari), v. Pers. u. v. Lebl., **A** eig.: **1 sich in den Bereich** jmds. od. einer Örtl. **begeben, sich** jmdm. od. wo **zeigen,** det mihi se, käme er nur in meinen Bereich, mir zu nahe, Ov. met. 12, 12, 594: mi ipsum iam dudum optabam te dari, dass ich dich antreffe, Ter. heaut. 758: dare populo se et coronae, Cic. Verr. 3, 49: da te urbi, da te curiae, zeige dich in der St., zeige dich in der K., Vopisc. Florian. 16 (6), 5: non aequo dare se campo, sich nicht in das Blachfeld wagen, sich nicht zum Kampf stellen, Verg. Aen. 9, 56: spumantem dari votis optat aprum, in seinen Jagdbereich komme, anlaufe, Verg. Aen. 4, 158. – mit *in* u. Akk., se in medias acies, mitten hinein in das Heer treten, Verg. Aen. 12, 227. – m. prädik. *Acc.*, da mihi te talem, zeige dich (erscheine mir) als solcher, Ov. met. 3, 295.
2 sich dem Feind **ergeben,** dare se ultro, Amm. 15, 2, 60: sponte se propriā, Amm. 17, 2, 3.
3 sich wohin **begeben, werfen, stürzen,** m. *Advv.*, se intro, Cic. Caecin. 13: se super (*sc.* in ignem), Verg. Aen. 4, 606: exinde se ilico protenam, Plaut. Curc. 363: dari alci obviam, begegnen, Ter. adelph. 311: v. Lebl., hāc se foras, Lucr. 1, 1105 (1113). – m. *Dat.*, pedibus se protinam, sich auf die Beine machen (Fersengeld geben), Naev. com. 35. – sese fluvio, Verg. Aen. 11, 565: u. (im Bild) se civilibus fluctibus, Nep. Att. 6, 1. – m. *Praepp.*, sese in pedes, sich auf die Beine machen (Fersengeld geben), Plaut.: se in viam, Cic.: e scopulo se in pontum, Ov.: se iactu aequor in altum, Verg.: v. Lebl., dabit se in tormenta vita beata, wird mit auf die Folter gehen, Cic. Tusc. 5, 80. – zugl. m. prädik. *Nom.* od. *Acc.*, praeceps saltu sese dedit in fluvium, Verg.: semet ipsi in pelagus ex certa rupe praecipites dant, Mela: quo nunc me praecipitem darem, Ter.: hic se praecipitem tecto dedit, Hor.: dare se (alci) obvium, jmdm. entgegenkommen, -treten, Liv. 1, 16, 6, u. in den Wurf kommen = einfallen (v. Versen), Macr. 5, 3, 1: u. so (v. leb. Wesen) obvium dari, entgegen-, in den Wurf kommen, Liv. 26, 27, 12.
4 sich einer Sache **hingeben, α** tätig, v. Pers., an etw. **teilnehmen,** dare se convivio, Suet. Caes. 31: se haec in bella, Verg. Aen. 12, 633. – **β** passiv, v. Schiffen, vento dare se, vor dem W. fahren, Caes. b. G. 3, 13, 9.
B übtr.: dare se, **1 sich fügen, sich hingeben,** da modo te, Ov. her. 15, 57 R. (16, 161): dent modo se superi, seien mir gnädig, Sil. 3, 150: si se dant, wenn sie sich fügen, d. i. empfänglich sind, Cic. de or. 2, 187.
2 sich zeigen, sich finden, sich darbieten, sich einstellen, v. Lebl., quocumque tempore se dabunt vires, Verg. Aen. 4, 627: an nesciebas, quam eius modi homini raro tempus se daret? sich die Gelegenheit uns bietet, Plaut. Bacch. 676: uni se ex Sabinis fors dare visa est privato consilio imperii recuperandi, Liv. 1, 45, 3.
3 sich jmdm. **hingeben, ergeben, sich** an jmd. **anschließen,** jmdm. **zu Willen sein, sich** in jmds. **Willen fügen,** se alci, Komik., Cic. u. a.: se regibus, Cic.: se legionibus, Tac. – m. prädik. *Acc.* des Gerundiv, demus nos huic excolendos (zur Ausbildung), Cic. Tusc. 4, 84. 4) **sich** einer Lage, einem Zustand **hingeben, überlassen,** dare se somno, Cic.: se quieti, Caes. u. Plin. ep.: iterum se quieti et somno, Val. Max. (dah. im Passiv quieti datus, eingeschlummert, Arnob. 2, 21): se fugae, sich auf die Fl. begeben, Cic.: se gemitui, Cic. – m. *in* u. Akk., sese in fugam, Fersengeld geben, Cic. Verr. 4, 95: se in casum irrevocabilem, Liv.: se rempublicamque in casus, Tac. – m. *ad* u. Akt., se ad lenitatem, Milde eintreten lassen, Cic. ep. 13, 1, 4.
5 sich in etw., bes. in ein Verhältnis **einlassen,** in etw. **eintreten, treten,** dare se in sermonem, Comic. fr. bei Cic.: familiariter se in eorum sermonem insinuare ac dare, Cic.: dare se in consuetudinem sic, ut etc., Cic.: bene penitus in istius familiaritatem sese dare, Cic.: u. dare alci se in adoptionem, sich von jmd. adoptieren lassen, Suet.
6 sich einer Sache **ergeben, hingeben, widmen, sich an** etw. **machen, sich auf** etw. **legen, α** m. *Dat.*, se labori et itineribus, Cic.: se duritiae, Nep.: se rei familiari vitaeque rusticae, Cic.: se voluptatibus, Turpil. fr. u. Cic.: se iucunditati, Cic.: se historiae, Cic.: se philosophiae, Capit.: se huic generi litterarum, Cic.: se auctoritati senatus, das A. des S. zu fördern suchen, Cic.: mit prädik. *Acc.* eines *Adi.*, se totos libidinibus, Cic. Tusc. 1, 72: des *Gerundivi*, non se luxu neque inertiae corrumpendum dare, Sall. Iug. 6, 1. – **β** m. *in* u. Akk., in eam exercitationem ita se studiose, ut etc., Cic. Tusc. 1, 7. – **γ** m. *ad* u. Akk., se ad συντάξεις, Cic. ad Att. 15, 14, 1. – bes. m. *ad* u. Akk. des Gerundii u. Gerundivi, se ad docendum, Cic.: se ad ius respondendum, Cic.: se ad defendendos homines, Cic.: se non modo ad legendos libros, sed etiam ad totam philosophiam pertractandam, Cic.
7 dare se m. prädik. *Acc.*, **α** eines Subst., **sich hergeben zu** usw., temeritatis me omnium potius socium (zum G.) quam unius prudentiae dedi, Liv. 6, 24, 9. – **β** eines *Adi.*, **sich** so u. so **zeigen,** dare se facilem, Ter.: se alci hilarum, Plaut.: se alci placidum, Ov.
8 dare se m. *Adv.*, **a** v. Pers., **sich** so u. so **geben, -halten, -benehmen,** mirum ni ego me turpiter hodie hic dabo, mich blamiere, Ter. eun. 230: usque quaque, inquis, se Domitii male dant, bringen uns Unglück, Cael. in Cic. ep. 8, 15, 2. – **b** v. Lebl., **sich** so u. so **machen, sich** so u. so **gestalten,** ut se initia dederint perscribat, Cic. ad Att. 3, 23, 5: omnibus nobis ut res dant sese, ita etc., Ter. Hec. 380: ita dat se res, ut operam dabit, Enn. fr. scen. 269: eaque ferme se dedēre melius consultoribus quam etc., *Afran. com. 332: multa adeo gelidā melius se nocte dedēre, macht sich (wird getan) vorteilhafter, Verg. georg. 1, 287: omnibus feliciter hic locus se dedit, kam glücklich zustatten, Sen. ep. 79, 5: negotia ingentia nec se dant facile et etc., Sen. de ira 3, 7, 1.
II von sich geben, A eig.: **1** aus sich **hervorgeben,** castum cruo-

rem, vergießen, Ov.: u. so lacrimas, Tr. vergießen, weinen, Ov.: ore colores, strahlen lassen, Verg.: v. Lebl., ara dabat fumos, ließ aufsteigen, Ov.

2 Töne od. Worte **von sich geben, a** Töne **von sich geben, hören-, verlauten-, vernehmen lassen,** sonum, Verg.: sonitum, Lucr. u. Ov.: fragorem, Ov.: balatus, Hyg.; mugitum, mugitus, Ov.: plausum, Cic. u. Hor.: clamorem, Verg.: cantus, Verg.: Phrygios modos, Ov.: gemitum u. gemitus, Ov.: sibila vibratā linguā, Ov.: felices cantus ore sonante, Tibull.

b Worte **von sich geben, hören-, vernehmen lassen,** lingua vix tales icto dedit aëre voces, hauchte kaum hörbar solcherlei Worte, Ov.: talia dicta dabat (dedit), er ließ sich also vernehmen, Verg. u. Ov.: u. so haec dicta dabat, Liv.

3 in Worten **von sich geben, a angeben, anzeigen, mitteilen, nennen, sagen, berichten, erzählen,** ipsa quod res dedit ac docuit nos, Lucr.: cum auctoribus hoc dedi, quibus dignius credi est, Liv.: unum da mihi ex oratoribus illis, qui dicat etc., Cic. – m. dopp. *Acc.*, qualem te fama dabat videmus, Val. Flacc. 5, 506. – m. folg. indir. Fragesatz, da, si grave non est, quae prima iratum ventrem placaverit esca, Hor.: sed tamen iste qui deus sit, da nobis, Verg.: da, dea, quem sciter, Ov.: nunc quam ob rem has partes didicerim, paucis dabo, Ter.: immo etiam dabo, quo (damit du) magis credas, Ter.: m. *Acc.* u. mit indir. Fragesatz, dabis igitur tribunatum (das Jahr des Tr.) et, si poteris, Tubulus quo crimine (*sc.* accusatus fuerit), Cic. ad Att. 12, 5, 3. – datur mit folg. *Nom.* u. *Infin.*, Aeneas eripuisse datur, Ov. fast. 6, 434 M. (Riese ferunt): quis tot templa, tot aras promeruisse datur, Stat. silv. 3, 3, 80; u. so auch Stat. Theb. 7, 315; 11, 572. Claud. rapt. Pros. 3, 337.

b mündlich **verbreiten,** hic primo sensim temptantium animos sermo per totam civitatem est datus, Liv. 2, 2, 4: sceleris data fama per urbes finitimas, Stat. Theb. 3, 10: inde dato passim varias rumore per urbes, Stat. Ach. 2, 352.

c mündlich **geben, erteilen, lehren,** dare alci consilium, Ter., Cic. u. a. (s. cōnsilium *no.* II, b): dare (alci) responsum, Cic., Hor. u. a.: dare (alci) praecepta, Cic. u. a. (s. praeceptum das Nähere): alci haec promissa, Catull.: dare testimonium, s. testimonium: dare legem, leges, s. lēx: dare ius, iura, s. 1. iūs: alci fidem, s. 1. fidēs (= Wort, Versprechen, sicheres Geleit; versch. alci rei fidem dare, Glauben verschaffen, bestätigen, s. 1. fidēs = Glaubwürdigkeit). – dah. als *t. t.*, **α** ein Orakel, eine Weissagung **geben, abgeben, erteilen,** sortem, Ov. u. Suet.: oracula, Spart.: data dictio erat, caveret etc., Liv.: prägn., data fata, das (durch das Orakel) verheißene Geschick, Verg. Aen. 1, 382. – **β** als jurist. *t. t.*, dare alci diem, Frist geben, Plin. ep. 3, 9, 32. – dare litem secundum alqm, den Prozess zugunsten jmds. entscheiden, Cic. u. Liv.: u. so bl. dare secundum alqm, zugunsten jmds. entscheiden, Sen. rhet. u. a. – **γ** als geschäftl. *t. t.*, dare rationem, Rechnung ablegen, Plaut. u. Cic.: übtr., dare rationem alcis rei, von etwas Rechenschaft geben, Plaut. u. Rhet. Her.

d als milit. u. publiz. *t. t.*, **anmelden, melden,** nomen dare, **sich melden,** v. Soldaten zum Kriegsdienst, Cic. u. a., von neuen Kolonisten, Plaut, u. Liv., u. zu anderen Diensten, Tac. (s. nōmen das Nähere).

4 schaffend **hervorbringen, a erzeugen, α** v. leb. Wesen, **αα** leb. Wesen: geminam partu prolem, Verg.: fetus, Tibull.: liberos, Catull.: progeniem vitiosiorem, Hor.: Augustos multos de se daturum, Treb. Poll. – **ββ** lebl. Objj., **entstehen lassen,** non fumum ex fulgore, sed ex fumo lucem, Hor. de art. poët. 143. – **β** v. Lebl., **hervorbringen, erzeugen, entstehen lassen, aus sich liefern,** quod sol atque imbres dederant, Lucr.: tellus dedit ferarum ingentia corpora partu, Lucr.: terra fabas tantum duraque farra dabat, Ov.: cum segetes occat tibi mox frumenta daturas, Hor.: quercus singulos ramos a frutice dedit (trieb), Suet.

b machen, bilden, α im engeren Sinne: cuneum, Verg.: sinum in medio, Liv.: gremium (v. der Erde), Mela: locum, Platz machen (Raum geben), Ov.: viam, einen Weg bahnen, Platz machen, Plaut., alci, Liv. u. Curt. – **β** im weiteren Sinne, umschreibend, **αα** m. Objj., die den Begriff einer Bewegung enthalten, **machen, tun,** si quid proprio dat corpore motus, Lucr.: nullos audet dare corpore motus, wagt nicht sich zu rühren, Ov.: haud indecoros motus more Tusco dabant, Liv.: longos dat corpore tortus, krümmt sich in langen Windungen, Verg.: amplexus od. complexus d., umarmen, auch alci (jmd.), Ov.: dare saltum, Ov., dare undique saltus, Ov., in aëra saltus, Ov.: dare fugam, die Flucht ergreifen, Verg.: cursum in medios, eilen, stürmen, Verg.: impetum, Liv., impetum od. impetus in alqm, Liv.: impressionem, Liv. – **ββ** m. Partiz. Perf. (s. Brix Plaut. capt. 342. Spengel Ter. Andr. 683), alqd effectum dare, Plaut.: perfectum hoc negotium, Plaut.: iam hoc tibi inventum dabo, Ter.: sic stratas legiones Latinorum dabo, quemadmodum etc., will so niederstrecken, Liv. 8, 6, 6: te mea dextra bello defensum dabit, wird dir Schutz gewähren im Kr., Verg. Aen. 12, 437: hanc mactatam victimam legatorum manibus dabo, will ich fällen als Sühnopfer für usw., Liv. 4, 19, 3. – **γγ** m. Gerundiv, ego mecum hostium legiones mactandas Telluri et diis manibus dabo, will zum Sühnopfer für die T. usw. machen, Liv. 10, 28, 13. – **δδ** m. prädik. *Adi.*, anni multi me dubiam danunt, Plaut. Epid. 544: cautumque dabant exempla sequentem, Claud. IV. cons. Hon. 77. – alterum geminata victoria ferocem in certamen tertium dabat, Liv. 1, 25, 11.

B übtr.: **1 von sich geben, ablegen, geben,** documentum dare m. folg. Akk. u. Infin., Liv.: documenta dare m. folg. indir. Fragesatz, Cic. u. Liv.: documenta sui dare, Curt.. legis in se documenta dare, Iustin.: u. so dare exemplum, experimentum, specimen, s. d. – **2 geben, schaffen, verschaffen, beibringen, einflößen,** animos (Mut), Ov.: spiritus, Liv.: vires, s. vīs: spem, s. spēs: suspicionem, s. 2. suspīcio: eo sibi minus dubitationis dari, quod etc., er könne sich um so weniger bedenken, sei vollkommen entschieden, Caes. – **3 bringen, bereiten, machen, verursachen, veranlassen,** alci tussim, Catull.: risus, risus iocosque, Stoff geben zu usw., Hor.: sonitum, ein Geräusch erregen, Verg.: alci somnum, Hor.: alci curas, Rhet. Her.: damnum, malum, ruinam, stragem u. dgl., s. d.: funera, Verg.: alci dolorem, Cic.: proelio od. bello finem, ein Ende machen, Eutr.: finem animae, ein Ende bereiten, Iuven..: causam bello, Veranlassung zum Kr. geben, Eutr. – **4 machen, bewirken,** m. *Infin.*, dat posse moveri, Ov. met. 11, 177: sed haec vetusta dent recordari, quemadmodum etc., Mamert. pan. Iulian. 19, 3.

► Nbf. dano, ere, wov. danunt, Naev. b. Pun. 4. fr. 4. Plaut, capt. 819 u. ö. Caecil. com. 176. CIL 1, 1175; vgl. Paul. ex Fest. 68, 12. Non. 97, 14. – Archaist. Konj. Präs. duas, duat, Plaut. – archaist. Konj. Präs. duim, duis, duit, duint, Trag. u. Comic. vett., Cato u. a. Spengel Ter. Andr. 666. – Archaist. Imperat. duitor, XII tabb. bei Plin. 21, 7 D. (wo Schöll XII tabb. X, 7 arduitur). – Synkop. Formen dan = dasne, Plaut. asin. 671 u. truc. 373: datin = datisne, Plaut. Curc. 311; truc. 631: dabin = dabisne, Plaut. Bacch. 883; Pseud. 536 u. 1078. – Apokop. Form dedistin = dedistine, Plaut. Curc. 345; trin. 127 u. 129 – Archaist. Infin. Präs. Pass. darei, CIL 1, 205 *sq.* u. ö. – Parag. Infin. Präs. Pass. darier, Lex vet. bei Fest. 189 (a), 14. – Nach Diom. 379, 25 ist. Pers. Präs. Pass. dor selten, nach Macr. de diff. 23, 8 gar nicht gebräuchlich.

docentia, ae, *f.* (doceo), die **Lehre, der Unterricht** = διδαχή, populus admirabatur super docentiam eius, Itala (Taurin.) Marc. 11, 18.

doceo, docuī, doctum, ēre (vgl. disco, griech. δοκεῖ, δόγμα), **lehren, belehren, unterrichten, unterweisen, zeigen, nachweisen, I** im Allg., konstr.: **a** m. *Acc.* u. zwar: **α** alqm, z. B. si *docemus* atque *erudimus* iuventutem, Cic.: adulescentulos, Cic.: posteros, Quint.: fas est ab hoste doceri (Lehre anzunehmen), Ov. – u. alqm alqā re, z. B. alqm fidibus (im Saitenspiel), Cic.: alqm equo armisque, im Reiten u. Fechten, Liv.: optimis disciplinis doceri, Apul. – m. *ad* u. Akk., *ad* quam (legem) non docti, sed facti, non imbuti, sed instituti sumus, Cic. – m. *Adv.*, alqm Latine, Cic. u. Plin. ep.: Latine doctus, Suet. – **β** alqd, z. B. ius civile, Cic.: omnia, Ter.: testudines, quas idem captivi docuerant, Caes.: nec eventus modo hoc docet, sed eadem ratio etc.. Liv.: hoc ipsum littera prisca docet, Ov.: prima docet rectum sapientia, Iuven. – **b** m. dopp. *Acc.*, z. B. alqm artem, litteras, Cic.: alqm musicam, Nep.: pueros elementa, Hor.: vidi Bacchum carmina docentem nymphasque discentes, Hor.: quod me docuit usus, Plin. ep.: cuius generis (quod) eum superioribus annis usus Britanniae docuerat, Caes. – im Passiv m. *Acc. rei*, z. B. haec ab his docebantur, Caes.: docetur blanditias, Sen. rhet.: doctus militiam, Sall. fr.: doctus iter melius, Hor.: pauca docendus eris, Ov. – **c** de alqa re, **α** alqm de alqa re, z. B. senatum docerent de caede fratris, Sall. – **β** alqd de alqa re, z. B. quod (was) de lacu Albano docuisset (Veiens vaticinans), Liv. – **γ** bl. de alqa re, z. B. quis enim de isto genere non docuit? Cic. – **d** in alqa re, z. B. in quo cum doceret, Cic. or. 40. – **e** alqm m. folg. indir. Fragesatz, doceant eum, qui vir Sex. Roscius fuerit, Cic. – u. bl. altera quae docet et explanat, quid faciendum fugiendumque sit, Cic.: ipse docet, quid agam, Ov. – **f** m. folg. *Infin.*, cum eadem natura doceat non neglegere etc., Cic.: od. m. folg. *Acc.* u. *Infin.*, alqm sapere, Cic.: rapere Sabinas, Prop. – ut doceam Rullum in iis saltem tacere rebus, Cic.: docui per litteras id nec opus esse nec fieri posse, Cic.: Drappes, quem captum esse a Caninio docui, Hirt. b. G.: ut eos *de* (aus) suis doceamus auctoribus non posse quemquam iustum esse, Lact.: me longus docuit usus multo utilius esse primo quoque tempore falcem vitibus admovere, Col. – im Passiv m. *Nom.* u. *Infin.*, si minime pecuniae cupidus fuisse doceatur, Cic.: docemur disputare, non vivere, Sen.: pueri aequitatem defendere docentur, Cic.: citharizare doctus est a Dionysio, Nep.: an sum etiam nunc vel Graece loqui vel Latine docendus? Cic.: at illa multo optuma rei publicae doctus sum, hostem ferire etc., Sall.: miscere coetus histrionali studio doctus, Tac. – **g** absol., homines dum docent, discunt, Sen. ep. 7, 8: cum doceo et explano, Cic.: quis enim *de* isto genere non docuit? Cic.: ut postea exitus docuit huius facinoris, Spart.: ut docui (als Parenthese), Lact.: u. so ut docebimus, Plin.: studio discendi et docendi, Cic.: homo minus aptus ad docendum, lehrfähig, Cic.: medicinae disciplinae libri, quos arbitrabar esse idoneos ad docendum (die ich für belehrend hielt), Gell. – **II** insbes.: **A** als *t. t.* der Bühnenkunst, d. fabulam, wie διδάσκειν δρᾶμα, v. den dramat. Dichtern, die ihre Stücke selbst einüben, die Schauspieler anleiten u. anweisen u. die ganze Aufführung leiten mussten, ein Stück **einstudieren, auf die Bühne-, zur Aufführung bringen, aufführen,** s. Cic. Brut. 73; Tusc. 4, 63. Hor. de art. poët. 288. Gell. 17, 21, 42. – **B** als publiz. *t. t.*, jmd. (einen Sachwalter, Patron, Richter, eine Behörde) vom Stand einer Sache **unterrichten,** ihm die Sache **vortragen,** alqm causam, Cic.: alqm de causa, Cic.: iudices de iniuriis, Cic.: senatum de caede fratris, Sall. – **C** prägn., wie **lehren = den Lehrer machen, Vorträge-, Vorlesungen halten,** mercede, Cic.: apud alqm, Cic.: Romae, Sen. rhet. u. Suet.: in Bithynia oratorias litteras (über die Rhetorik), Lact.: peregre, Suet.: Latine, Suet. – ▸ Sing. u. Plur. des Imperat. Passivi docemino, doceaminor, Diom. 355, 10.

dochmius, iī, *m.* (δόχμιος), her **dochmische Versfuß,** dessen Grundform ⏑–́ –́⏑–́, wovon aber einige 30 Abweichungen vorkommen, Cic. or. 218. Quint. 9, 4, 79. Diom. 481, 33.

docibilis, e (doceo), **zum Unterricht geschickt, unterrichtbar, gelehrig** (Ggstz. indocibilis), Eccl.: m. *Dat.*, alci, Augustin.; vgl. Prisc. 18, 25 u. Gloss.

docibilitās, ātis, *f.* (docibilis), der **Unterricht,** die **Lehre** = διδασκαλία, Gloss. II, 55, 48.

docilis, e, *Adi.* m. *Compar.* (doceo; vgl. Prisc. 18, 25 u. Gloss.), **unterrichtbar, I gelehrig, fortschrittsfähig, a** v. persönl. Subjj.: attentus iudex et d., Cic.: iudex docilior et attentior, Quint.: belua d., Cic.: d. equorum genus, Liv.: alqm docilem facere, Cic. u. Quint. – m. *ad* u. Akk., operarii d. ad agriculturam, Varro: d. ad hanc disciplinam, Cic.: nimio es tu ad istas res discipulus docilior, quam ad illa quae te docui, Plaut. – m. *Abl. instr.*, lusciniae doc. Graeco sermone, Plin.: dociles imitandis turpibus ac pravis omnes sumus, Iuven. – poet. m. *Genet.*, modorum, Hor.: pravi, Hor. – m. *Infin.*, equus docilis ire viam, quā monstret eques, Hor. ep. 1, 2, 64: docilis Sullam scelerum vicisse magistrum, Lucan. 1, 326 (u. so Sil. 1, 150; 13, 120; 16, 551). – m. *Dat. pers.*, doc. deo, Augustin. epist. 266, 2: tibi, Augustin. conf. 13, 34. – **b** übtr., v. Lebl.: capilli, Ov.: d. et bibula chrysocolla, Plin.: m. *Infin.*, vulgi pavor d. (gern geneigt) pascere rumorem, Sil. 4, 8. – **II leicht begreiflich, fasslich,** doc. sermo, Cael. Aur. chron. 5, 11, 132: dociles usus, Prop. 4, 2, 63 (u. dazu Hertzb.). – ▸ Superl. docilissimus bei Charis. 182, 18 (aber ohne Beleg).

docilitās, ātis, *f.* (docilis), **I** die **Gelehrigkeit, Bildsamkeit, Empfänglichkeit,** humana, Cic.: ingenii, Nep.: d. *ad* omnes fere tum belli tum pacis artes, Suet. – **II** übtr. (mit u. ohne animi), die moralische **Fügsamkeit,** die **Sanftmut, Milde,** Eutr. 10, 6 u. 7.

dociliter, *Adv.* (docilis, s. Diom. 406, 7), **lehrweise,** Diom. praef. in. p. 299, 2 K. Facund. defens. 10, 2.

docimen, -mentum, s. documen, -mentum.

docis, idis, Akk. Plur. idas, *f.* (δοκίς, kleiner Balken), eine Art feuriger Lusterscheinung, Apul. de mund. 3 u. 16.

doctē, *Adv.* m. *Compar.* u. *Superl.* (doctus), **wohl unterrichtet, geschickt, gescheit,** bei den Komik. auch = **schlau, pfiffig, verschmitzt,** docte et delicate, Poëta bei Cic.: docte et sapienter, Plaut.: docte et perspecte, Plaut.: docte atque astu, Plaut.: docte perdoctus, gut abgerichtet, Plaut.: luctari doctius, Hor.: litteris Graecis atque Latinis iuxta atque doctissime (und zwar sehr gründlich) eruditus, Sall.

doctificus, a, um (doctus u. facio), **gelehrt machend,** Prisc. 8, 90. Mart. Cap. 6. § 567.

doctiloquāx, ācis (doctus u. loquax), **gern gelehrt redend,** Dracont. satisf. 61. Ven. Fort. 7, 26, 1.

doctiloquus, a, um (doctus u. loquor), **gelehrt redend,** Enn. ann. 583. Mart. Cap. 9. § 903. Ven. Fort. vit. S. Mart. 4, 513. Cledon. art. praef. p. 9, 15 K.

doctio, ōnis, *f.* (doceo), das **Lehren,** der **Unterricht,** Anecd. Helv. 75, 26 H.

doctisonus, a, um (doctus u. sono), **gelehrt tönend,** Sidon. carm. 15, 180.

doctito, āre (*Frequ.* v. doceo), **oft-, häufig lehren,** Augustin. de gen. ad litt. inperf. lib. c. 8. p. 477 Z. Gloss. ›doctitat, frequenter docet‹.

doctiusculē, *Adv.* (doctus), **etwas gelehrter,** Gell. 6, 16, 2.

doctor, ōris, *m.* (doceo), der **Lehrer, Lehrmeister,** doctor gladiorum, Fechtmeister, Val. Max.: doctor armorum, Veget. mil. (vgl. campidoctor): artium ludicrarum, Amm.: liberalium artium doctores, Suet.: eiusdem sapientiae doctores, Cic.: palaestrici doctores, Quint.

doctrīna, ae, *f.* (doceo), **I** die (wissenschaftliche) **Belehrung,** der **Unterricht,** die **Unterweisung,** die **Lehre,** doctr. puerilis, Cic.: doctr. honestarum rerum (in den edlen Wissenschaften), Cic.: doctrinam alcis habere, jmdm. Unterricht erteilen, Iustin.: redolere doctrinam exercitationemque puerilem, Cic.: sine doctrina haec credere, Cic.: sine doctrina percipi posse, Cic.: ea autem adhibita doctrina est, quae etc., du hast solche Studien gemacht, die usw., Cic.: virtutem doctrina paret naturane donet, Hor.: ab aliis doctrina rerum, ab aliis verborum quaeritur, Sachunterricht, Wortunterricht, Cic. – der Tiere, rudes elephanti multorum annorum doctrinā usuque vetusto vix edocti, Auct. b. Afr. – **II** meton.: **a** objektiv, die **Lehre,** die **Kunde,** die **Kunst, Wissenschaft,** Plur. **Wissenschaften, Lehrgegenstände, Lehren,** Babylonica Chaldaeûm doctr., Lucr.: doctr. Graeca, Cic.: doctr. quaedam subtilior, Cic.: doctrinae liberales, Augustin.: doctr. legalis, Gesetzkunde (als Wissenschaft), Spart.: elegans liberalium studiorum omnisque doctrinae auctor et admirator fuit, Vell.: nonnulli litteris ac studiis doctrinae dediti, Cic.: ingenia doctrinā omni exculta, Iustin.: animos nostros doctrinā excolere, Cic.: omnibus doctrinis filium erudire, quibus puerilis aetas impertiri solet, Nep.: Graecis doctrinis eruditum esse, Cic.: summe omnium doctrinarum studiosum esse, Cic.: numquam intermittere studia doctrinae, Cic.: malis studiis malisque doctrinis (schlimme Neigungen u. schlimme Lehren) totas civitates evertere, Cic. – **b** subjektiv, die **theoretische, wissenschaftliche** (bes. auch philosophische) **Bildung,** die **gelehrten, wissenschaftlichen Kenntnisse,** die **Gelehrsamkeit** (Ggstz. natura, humanitas), homo disertissimus et omni virtute et doctrinā ornatissimus, Cic.: ut nullius ingenii minimaeque doctrinae, Suet.: in qua cum virtute nostri multi valuerunt, tum plus etiam doctrinā, Cic.: neque id fecit naturā solum, sed etiam doctrinā, Nep.: in quibus (libris) multa industria et diligentia, nulla doctrina comparet, Nep.

doctrīnālis, e (doctrina), **theoretisch,** Isid. 2, 24, 14.

doctrīnum, ī, *n.* (doceo) = διδασκαλεῖον, der **Unterrichtsort,** die **Schule,** Gloss. II, 276, 11.

doctrīx, trīcis, *f.* (Femin, zu doctor), die **Lehrerin,** (sapientia) doctrix est disciplinae dei, Augustin. de mor. eccl. cath. 16. Vulg. sap. 8, 4; außerdem ohne Beleg angef. bei Serv. Verg. Aen. 12, 159. Prisc. inst. 18, 17 u. Prisc. de nom. 71. Eutych. 455, 31 K.

doctus, a, um, *PAdj.* m. *Compar.* u. *Superl.* (v. doceo), durch Schule od. Erfahrung **unterrichtet, wissenschaftlich gebildet,** durch Unterricht **geschickt, geschult,** **I** im engeren Sinne (Ggstz. indoctus, agrestis), **a** v. Pers.: docta puella, ein Mädchen, das singt u. in der Dichtkunst bewandert ist, Tibull.: puella Musā Sapphicā doctior, Catull.: virgines doctae, die Musen, Catull. 65, 2: docta civitas (v. Syrakus), Cic.: doctus homo od. vir, ein durch die Schule gebildeter Denker u. Kenner, ein Mann von Bildung (griech. σοφός), Cic.: doctissimi homines, Cic.: adulescens doctissimus, Cic. – subst., exercitatus et doctus, Sen.: indoctus doctusque, Hor.: non solum doctus indoctum, sed etiam doctior doctum in rhetorices opere superabit, Quint.: u. Plur. docti, wissenschaftlich, theoretisch Gebildete, Männer, denen ein wissenschaftliches Urteil zusteht, Cic.: so auch doctissimi (Ggstz. indoctissimi), Cic. – m. *Abl. instr.*, et Graecis litteris et Latinis, Cic.: Graecis doctior, Eutr. – m. *Genet.*, fandi, Verg.: futuri, Stat.: iuris civilis, Gell.: grammaticae, Prisc.: rerum litterarumque veterum impense doctus, Gell.: utriusque linguae doctissimus, Augustin. – m. *Acc.*, dulces modos, Hor. – m. *in* u. Abl., in (bei) parum fausto carmine docta, Ov.: non satis in ea re doctus (Unterrichteter), Quint. – m. *ad* u. Akk., carmine ab omni ad delinquendum doctior esse potest, Ov. – m. *Infin.*, tibiis canere, Tac.: tendere sagittas, Hor. – **b** übtr., v. Lebl., was von Unterricht, Schule zeugt, **gelehrt,** libelli, Mart.: lingua, beredte, Ov.: ars, erfahrene, Ov.: artes, Wissenschaften, Aur. Vict.: carmina, Tibull.: labor, Arbeit meiner Muße, Phaedr.: doctissimae voces Pythagoreorum, Cic.: doctissimi libri, Quint.: doctissimus sermo, Plin. ep.: doctissimi sermones, Cic. – **II** im weiteren Sinne, **a** übh., **abgerichtet, ausgelernt, gescheit, gewitzt, klug, pfiffig, schlau, verschmitzt,** malus, callidus, doctus, Plaut.: numquam accedo, quin abs te abscedam doctior, Ter. – m. *Abl.*, doctus usu, Caes., aetate et usu, Liv. – m. *ad* u. Akk., doctus ad malitiam, Ter.: nimis doctus ille est ad maleficiendum, Plaut. – **b** übtr., v. Lebl.: manus, Ov.: talx, Prop.: dolus, Plaut. – ▶ synk. Genet. Plur. doctûm, Plaut. Pseud. 678.

documen, inis, *n.* (doceo) = documentum (s. d.), Lucr. 6, 392. – Nbf. docimen, Ter. Maur. 1932.

documentātio, ōnis, *f.* (documento) = νουθεσία, die **Vorstellung, Warnung,** Gloss. II, 54, 27.

documento, āre (documentum) = νουθετέω, **vorstellen, warnen,** Dosith. 64, 23 K.

documentum, ī, *n.* (doceo), alles, wodurch man etwas lehren, sehen od. schließen od. sich vor etwas hüten kann, der **Beweis,** das **Beispiel, warnende Beispiel,** die **Warnung, Lehre, Probe,** das **Zeugnis,** Cic. u. a.: doc. periculi (W. vor G.), Liv.: documenta (Vorgang) deorum, Arnob.: documento esse, Liv.: alci documento esse, Caes.: documentum esse od. alcis rei documentum esse (v. Pers. u. Lebl.), Cic., Liv. u. a.: documentum alcis rei dare, Liv.: d. sui dare, Beweis, Probe von sich, Liv.: alienā calamitate documentum datum illis cavendae similis iniuriae, Liv.: documentum dare m. folg. *Acc.* u. *Infin.*, Liv.: documenta dare m. folg. indir. Fragesatz, Cic. u. Liv. – ▶ Nbf. docimentum, Not. Tir. 53, 70. CIL 9, 1164. – Akk. Mask. hunc documentum, Marini papyr. dipl. 190, 5. a. 619.

dōdecaētēris, tēridis, *f.* (δωδεκαετηρίς), ein **Zeitraum von zwölf Jahren,** Censor. 18, 6.

dōdecatēmorion, iī, *n.* (δωδεκατημόριον), der **zwölfte Teil** eines Sternbilds, Manil. 2, 694 u. a.

dōdecatheon, ī, *n.* (δωδεκάθεον), eine Pflanze, **Zwölfgötterkraut** (viell. *Primula vulgaris,* L.), Plin. 25, 28.

dōdecimus, s. duodecimus.

Dōdōna, ae, u. -ē, ēs, *f.* (Δωδώνη), Stadt in Molossis in Epirus am Berg Tomaros, berühmt durch das älteste Orakel Griechenlands in einem heiligen Eichenhain, wo die Priester (Σελλοί) die Orakel bald nach dem Rauschen der heiligen Eichen, bald nach dem Ton eherner Becken, die vom Wind bewegt wurden, erteilten, nach Pouqueville bei dem heutigen *Proskynisis,* Cic. de div. 1, 95. Ov. trist. 4, 8, 43: Form *-onē,* Claud. III. cons. Hon. 117. Priap. 75, 1. Lucan. 3, 441 (wo Genet. Dodonēs): Abl. Dodonē, Plin. 2, 228 u. 4, 6. – Meton.: **a** = der dodonäische Eichenhain, Verg. georg. 1, 149. – **b** = die dodonäischen Priester, Nep. Lys. 3, 2. – Dav.: **A** **Dōdōnaeus,** a, um (Δωδωναῖος), **dodonäisch,** u. poet. für **epirisch,** oraculum, Cic.: Iuppiter, Cic.: lebetes, Verg.: Dodonaei tinnitus aheni, Auson. – **B** **Dōdōnigena,** ae, *m.* (Dodona u. gigno), ein **Einwohner von Dodona,** poet. appellat. = ein **von Eicheln Lebender,** populi, Sidon. epist. 6, 12, 6. – **C** **Dōdōnis,** idis, Akk. ida, Vok. ī, *f.* (Δωδωνίς), **dodonisch,** terra, Ov.: quercus, Val. Flacc.: Nymphae, die Hyaden als Erzieherinnen Jupiters, Hyg.: Vok. Dodoni Thyone (eine der Hyaden), Ov. – **D** (poet. Nbf. zu Dodonaeus) **Dōdōnius,** a, um, **dodonisch,** quercus, Claud. rapt. Pros. 3, 31.

dōdra, ae, *f.*, ein **Trank aus neun Stoffen,** Auson. epigr. 88, 1. p. 219 Schenkl.

dōdrān, s. dōdrāns ▶.

dōdrāns, tis, *m.* (dē u. quadrāns; wobei ¼ des As fehlt, also) **drei Viertel** od. neun Zwölftel (unciae) des röm. as (zwölfteiligen Ganzen), **I** im Allg.: aedificii reliquus d., Cic.: heres ex dodrante, Suet.: solvere *dodrantem* (drei Viertel seiner Schuld) nuper tibi, Quinte, volebat lippus Hylas, luscus vult dare *dimidium,* Mart. – **II** insbes.: **a** als Flächenmaß = **drei Viertel eines Morgen Landes,** Liv., Col. u. a. – **b** als Längenmaß = **drei Viertel Fuß,** eine **Spanne, neun Zoll,** quinque pedes et dodrans, Suet.: ut (crassitudines graduum) neque crassiores dextante neque tenuiores dodrante sint collocatae, Vitr. – **c** als Zeitmaß = **drei Viertel** einer Stunde, dodrantes horarum, Plin. 18, 118: dodrantes semunciae, 47½ Minuten, Plin. 2, 58. – ▶ Nbf. **a** dōdrās, Metrol. scriptt. p. 87, 16 *Hultsch.* – **b** dōdrān (*indecl.*), *ibid.* p. 130. no. 32.

dōdrantālis, e, **neun Zoll-, eine Spanne betragend,** Vitr. 10, 13 (19), 4. Col. 5, 6, 12 u. 11, 3, 44. Plin. 15, 131. – Nbf. **duodrantālis,** Gramm. vet. 111, 19.

dodrantarius, a, um (dodrans), zu ¾ **gehörig,** tabulae d., die infolge der lex Valeria feneratoria eingeführten (die Schulden auf ¼ herabsetzenden, sodass ¾ verlorengingen) Schuldbücher, Cic. Font. fr. 1. § 2.

dōdrās, s. dōdrāns ▶.

doga, ae, *f.* (δοχή), ein **Gefäß** (wahrsch. als Maß), Vopisc. Aurel. 48, 2; vgl. ›doga, βοῦττις (βούττης)‹, Gloss. II, 54, 28. – Dav. **dogārius,** iī, *m.* = βουττοποιός, Gloss. II, 54, 30.

dogma, atis, *n.* (δόγμα), die **Meinung,** der **Lehrsatz** eines Philosophen (rein lat. decretum od. nachaug. placitum), Cic. u. a.: dogmata Pythagorae, Chalcid. u. Inscr. – ▶ Akk. heteroklit. dogmam, Laber. com. 17: Abl. Plur. dogmatis, Fronto de eloqu. p. 144, 15 N.

dogmaticus, a, um (δογματικός), die philos. **Lehrsätze betreffend, dogmatisch,** Auson. edyll. 17, 16. p. 151, 14 Schenkl.

dogmatistēs, ae, *m.* (δογματιστής), der **Dogmatiker,** Hieron. epist. 48, 14 *in.* Rufin. invect. in Hieron. 2. *no.* 25.

dogmatizo, āvī, āre (δογματίζω), **Lehrsätze vortragen,** Augustin. epist. 36, 29 u. 57, 8 *extr.* Interpr. Iren. 2, 14, 2. Beda (VII) 271, 2 K.

1. dolābella, ae, *f.* (*Demin.* v. dolabra), die **kleine Hacke,** Col. 2, 24, 4 *sq.*

2. Dolābella, ae, *m.*, ein röm. Familienname in der gens Cornelia, unter dem am bekanntesten: P. Cornelius Dolabella, Schwiegersohn Ciceros, Cic. ep. 2, 16, 5 u. 7 (u. sonst oft in Cic. epp.). – Dav.

Dolābelliānus, a, um, nach einem (unbekannten) Dolabella benannt, **dolabellianisch,** Col. u. Plin.

dolābra, ae, *f.* (1. dolo), eine **Haue** mit einem langen Stiel, deren Schneide gegen diesen eine horizontale Lage hatte u. auf der entgegengesetzten Seite zugespitzt war, die **Brechaxt, Picke,** gebraucht zum Einreißen der Mauern, Liv. u. Tac.: zum Ausroden der Bäume u. dgl., Col. u. Pallad.: als Werkzeug der Fleischer, ICt. – Nbf. dolābrum (ἀξίνη), Auct. de idiom. gen. 583, 17 K. u. Gloss.

dolābrārius, iī, *m.* (dolabra), der **Hauen-, Pickenschmied,** CIL 5, 908 u. 5, 5446.

dolābrātus, a, um (dolabra), **wie eine Picke gestaltet,** securis, Pallad. 1, 43, 3.

dolābrum, s. dolābra a. E.

dolāmen, inis, *n.* (1. dolo), das **Behauen,** Apul. flor. 1.

dolātilis, e (1. dolo), **behaubar, Ven. Fortun.** 7, 18, 21. Gromat. vet. 362, 18.

dolātio, ōnis, *f.* (1. dolo), das **Behauen,** portae, Herm. past. 3, 9, 2: Plur., dolationes hominis, Hieron. epist. 78. mans. 32. p. 488 Vall.

dolātor, ōris, *m.* (1. dolo) = πελεκητής (Gloss.), der **Behauer,** spät. Eccl.

dolātōrius, a, um (1. dolo), **zum Behauen (Zimmern) gehörig,** ars, Zimmermannshandwerk, Eustath. hexaëm. 2, 2. – subst., dolātōrium, iī, *n.* = λαξευτήριον, ein Werkzeug zum Behauen der Steine, Itala psalm. 73, 6 bei Hieron. epist. 106. § 86 *extr.*: secures ac dolatoria, Veget. mil. 3, 6. p. 78, 12 L.

dolātus, ūs, *m.* (1. dolo), das **Behauen,** Prud. psych. 835.

doleārius, s. dōliārius.

dolenter, *Adv.* m. *Compar.* (doleo), **schmerzlich, mit Schmerz, mit inniger Teilnahme, mit Betrübnis, mit Wehmut,** dol. dici (geschildert werden), Cic.: dol. hoc dicere, Cic.: morte alcis dol. affici, Plin. ep.: dol. exclamare, Amm.: dol. haec ferre, Plin. ep.: dol. ferre m. folg. *Acc.* u. *Infin.*, Val. Max. – *Compar.*, dolentius deplorari, Cic. Sest. 14.

dolentia, ae, *f.* (doleo), vorklass. = dolor, Laev. b. Gell. 19, 7, 9.

dolentulus, a, um (*Demin.* v. Partiz. dolens), **gar betrübt,** CIL 8, 9969.

doleo, doluī, dolitūrus, ēre, **Schmerzen haben, I** körperlich, v. Gliedern = **schmerzen, wehtun,** mihi malae dolent, Plaut.: pes, oculi, caput, latera, pulmones dolent, Cic.: dolet caput a sole, Plin.: vulnus mihi dolet, Mart.: lumbi sedendo oculique spectando dolent, Auson. – v. Pers. = **Schmerz empfinden, -leiden,** nequeo caput tollere, ita dolui, itaque ego nunc doleo, Plaut. – *impers.*, dolet, es **schmerzt,** es **tut weh,** mihi dolet, cum ego vapulo, Plaut.: si stimulos pugnis caedis, manibus plus dolet, Plaut. – m. *Acc.*, **α** alqd, an etw. **Schmerz empfinden, -haben,** graviter oculos dolui, Fronto ad amic. 1, 13 (16) *in.*: cum oculum graviter dolere coepisset, Sulp. Sev. vit. S. Mart. 19, 3: doluisse te inguina cognosco, Fronto ad M. Caes. 5, 19 (34) *in.*: caput meum doleo, Vulg. 4. regg. 4, 19: ventrem meum doleo, Vulg. Ierem. 4, 10. – **β** alqm, jmdm. **Schmerz verursachen,** jmd. **empfindlich treffen,** frigida Eoo me dolet aura gelu, Prop. 1, 16, 24. – **II** geistig, **a** v. Pers. = **Schmerzen-, Betrübnis empfinden, sich betrüben** über usw., jmd. od. etw. **bedauern,** doleo ab animo, doleo ab oculis, doleo ab aegritudine, Plaut.: laude alienā, Cic.: delicto, schmerzlich bereuen, Cic.: dolore alcis, wegen jmds. Betrübnis, Verg.: Crassi nepotem, Cic. ad Att. 14, 8, 1: alcis mortem, Cic.: casum luctumque alcis, Cic. (u. so laetandum magis quam dolendum puto casum tuum, Sall.): hoc factum, sich aufhalten über usw., Lampr.: tuam vicem doleo, du tust mir in der Seele weh, Cic.: se vicem eorum dolere, quod etc., er bezeige ihnen sein Beileid darüber, dass sie usw., Suet.: quod Alcibiades dolebat, Cic.: quod ceteri dolere solent, ego laetor, Sall.: quicquid dolet, Ov.: id doleo, quod (dass) etc., Catull.: si id dolemus, quod (dass) etc., Cic.: de Hortensio, Cic.: de Atticae febricula valde dolui, Cic.: ex commutatione rerum, Caes.: ex alqo, Cic. u. Vell.: id, *propter* quod dolet, Cic. – in amore, Prop.: in tam gravi vulnere, Cic.: in propria orbitate, Eutr. – pro alqo, Sen. ad Helv. 19, 2. Lact. 4, 16, 16: pro gloria imperii, Sall. Iug. 39, 1. – m. *Genet.*, doleo vestri, Commodian. instr. 2, 19, 2. – m. *Acc. resp.* (vgl. *no.* I), animum, Anton. Aug. bei Fronto de nep. am. 1. – m. folg. *Infin.*, vinci, Hor. carm. 4, 4, 62 (u. so Claud. rapt. Pros. 3, 112): m. folg. *Acc.* u. *Infin.*, iacentem se lacerari, Lucr.: suos ab se liberos abstractos obsidum nomine dolebant, Caes.: nos dolent vivere, Cic. – m. folg. *quod* (weil, dass), Caes. b. 1, 9, 2. Ov. met. 5, 24: m. folg. *quia,* Luccei. in Cic. ep. 5, 14, 2: m. folg. *si* u. Konj., Hor. sat. 1, 10, 89. – absol., Ter., Sall. u. a.: aeque dolendo, aus Mitleid, Cic.: delenire dolentem (den Bekümmerten, den Kummer), Hor. – Partiz. Fut. doliturus = Schmerz (Gram) zu empfinden geneigt, si quis forte deo doliturus erit, sollte jmd. ihn (Herkules) als Gott sehen mit Verdruss, Ov.: numquam dolituri, die sich niemals grämen, unempfindliche, Verg. – Partiz. subst., dolenda (*neutr. pl.*), schmerzliche Ereignisse, Vell. 2, 130, 4. – **b** v. Lebl., **α** (personif.) **Schmerz empfinden, leiden, sich betrüben,** iniecta monstris terra dolet suis, Hor.: constitit ad ramos mitis Lucina dolentes, Ov. – **β schmerzen, wehtun, leidtun,** mihi duae ancillae dolent, Plaut.: animus mihi dolet, Plaut.: illum (iocum) scio quam doluerit cordi meo, Plaut.: meus casus tibi dolet, M. Aurel. bei Fronto: dolet dictum alci, Ter.: nihil cuiquam doluit, Cic. de or. 1, 230: dolet huic illud, quia etc., Plaut.: me hoc delictum admisisse in me, id mihi vehementer dolet, Ter. – Partiz. subst., alia ... illis dolentia, ihnen wehtuende Äußerungen, Sall. Iug. 84, 1 (vgl. Kritz u. Dietsch z. St.). – *impers.*, cui dolet, meminit, Cic. Mur. 42: mihi dolebit, si etc., Plaut.: dolet mihi, quod tu nunc stomacharis, es tut mir leid, dass du jetzt böse bist, Brut. in Cic. ep. 1, 17, 6. – ► Nbf. doleunt, CIL 3, 3362 u. 5, 1706.

doleor, itus sum, ērī (dolor), **sich betrüben,** si tamen pius est, necesse doleatur, CIL 6, 15454, 12: de qua nihil aliud dolitus est nisi mortem, CIL 6, 23176.

dōleum u. **dōleus,** s. 1. dōlium ►.

dōliāris, e (dolium), **I zum Fass gehörig,** vinum, Fasswein = junger, noch nicht abgezogener Wein, Ulp. dig. 18, 6, 1. § 4. – **II einem Fass ähnlich,** anus, dick wie ein Fass, alter Bottich, Plaut. Pseud. 659.

dōliārius (dōleārius), a, um (dolium), **zum Fass gehörig,** Fass-, ex officina dolearia, CIL 15, 1390. – subst., dōliārium, iī, *n.*, der Ort, wo die Weinfässer mit dem jungen Wein lagen, das **Lager,** Gaius dig. 18, 1, 35. § 7.

dolichodromos, ī, *m.* (δολιχοδρόμος), die **lange Rennbahn,** nach einigen eine Strecke von 24 Stadien (3/4 deutsche Meile), die der Wettläufer zwölfmal hin u. zurück laufen musste, also 9 deutsche Meilen, nach anderen nur die Hälfte, nach anderen nur 7 Stadien, die siebenmal hin u. zurück gelaufen werden mussten, also etwas über 1 1/4 deutsche Meilen, Hyg. fab. 273.

dolichos, ī, *m.* (δόλιχος), eine Pflanze, unsere **Feld-** od. **Kernbohne** (franz. *fève de mer, fèverolle*), Plin. 16, 244.

dolidus, a, um (doleo), **schmerzhaft, empfindlich, lästig,** Cael. Aur. acut. 3, 3, 11 u. a.

doliēs, ēī, *f.* (doleo), der **Schmerz,** die **Betrübnis,** alci dolies comparare, CIL 6, 29947.

dōliolum, ī, *n.* (*Demin.* v. dolium), das **Fässchen,** Varro LL., Liv. u. Col.: übtr., floris, Behältnis des Blumensaftes, Plin. – als *nom. propr.*, Dōliola, ōrum, *n.*, eine Örtlichkeit in Rom, Varro LL. 5, 157. Placid. gloss. V, 16, 35.

Doliōnes, um, *m.* (Δολίονες), ein pelasgisches Volk, das in Mysien zwischen den Flüssen Äsepus u. Rhyndakus wohnte, in der Nähe von Cyzikus, das nach ihnen auch *Dolionis* hieß, Plin. 5, 142. – Dav. **Doliōnius,** a, um, **dolionisch, der Dolionen,** rex, Val. Flacc. 5, 6.

dolito, āre (*Intens.* v. doleo), **sehr schmerzen, sehr weh tun,** Cato r. r. 157, 7.

dolītus, s. 1. dolo ►.

1. dōlium, iī, *n.* (dolo), das **Fass** (früher v. Ton, später von Holz, in dem man namentlich den Most mehrere Monate gären und abhefen ließ, ehe man ihn auf Flaschen abzog), vinarium, Cato: picatum fictile, Col.: vitreum, Col.: plumbeum, ICt.: dolium melle plenum, Honigfass, Hyg.: dolium pertusum, Plaut.: dolium a fundo pertusum, Liv.: musto dolia ipsa rumpuntur, Sen.: de dolio haurire, vom Fass (den noch jungen Wein) schöpfen, Cic. Brut. 288. – Sprichw., in pertussum ingerimus dicta dolium, schöpfen ins Danaidenfass (= reden in den Wind), operam ludimus, Plaut. Pseud. 369. – ► Nbf. dōleus, eī, m., Gromat. vet. 296. lin. 9 u. 14 u. 18. – dōleum, eī, *n.*, Menol. Dec. (CIL I, 1^2. p. 281) 12.

2. dolium, iī, *n.* (doleo), der **Schmerz** (vgl. cordolium), CIL 5, 1729.

1. dolo, āvī, ātum, āre, **I** mit einem Hau- oder Schneidewerkzeug **bearbeiten, behauen, beschlagen,** materiem, Lucr.: materia dolatur, Vitr.: lignum, Iuven., u. Augustin.: robur, Cic.: stipes falce dolatus, Prop.: scyphus caelo dolītus (s. unten), ziselierter, Varro. – übtr., alcis caput lumbosque saligno fuste, mit dem Knüttel (Prügel) bearbeiten, weidlich durchwalken, Hor.: u. so dolata mille plagis sinciputis particula, Petron.: im obszönen Sinne = *futuere,* Pompon. com. 82. – **II** prägn., mit der Axt **zimmern,** non est (homo) e saxo sculptus aut e robore dolatus, Cic. Acad. 2, 101. – übtr., d. dolum, Ränke schmieden, Plaut. mil. 938: illud opus, aus dem Gröbsten bearbeiten (Ggstz. perpolire), Cic. de or. 2, 54. – ► Nbf. Partiz. Perf. dolītus (v. *dolio, īre), Varro sat. Men. 7.

2. dolo od. **dolōn**, ōnis, *m.* (δόλων), **I** ein längerer od. kürzerer Stab mit einem kurzen spitzen Eisen, das vermutl. in den Stab wie in eine Scheide zurückgestoßen werden konnte (vgl. Varro b. Serv. Verg. Aen. 7, 664. Isid. 18, 9, 4), eine Art **Pike,** Verg. Aen. 7, 664. Sil. 3, 250: eine Art **Stilett, Stoßdegen,** Suet. Claud. 13, 1; Dom. 17, 1. Alfen. dig. 9, 2, 53. – übtr., v. Stachel der Fliege (die ihn selbst prahlerisch dolo nennt), Phaedr. 3, 6, 3. – **II** das kleinste Segel nach dem Vorderteil des Schiffes zu, das **Vordersegel,** ital. *trinchetto* (bei günstigem Wind gebraucht; vgl. Isid. 19, 3, 3. Drak. Liv. 36, 45, 1 auch über die Bed. v. *no.* I), Liv. 36, 44, 3 u. 45, 1 u. a.

Dolōn, ōnis, Akk. ōna (Δόλων), **1** ein Trojaner, der sich nachts auf Kundschaft nach dem Lager der Griechen geschlichen hatte u. dabei von Ulixes u. Diomedes ertappt u. getötet wurde; imbellis bei Ovid genannt, weil er sich ohne Kampf gefangen gab, Verg. Aen. 12, 347. Ov. met. 13, 98 u. 244. Macr. sat. 5, 16. – **2** ein Sohn des Königs Priamus, Hygin. fab. 90.

Dolongae, ārum, *m.*, Völkerschaft in Thrazien, Plin. 4, 41. – Dies. **Dolongī**, ōrum, m., Solin. 10, 7 M.

Dolops, lopis, *m.* (Δόλοψ), der **Doloper,** Plur. **Dolopes**, um, Akk. as, *m.* (Δόλοπες), die **Doloper,** ein mächtiger Volksstamm in Thessalien, bei Homer am Fluss Enipeus, später am Pindus u. zu Epirus gerechnet, Cic. de rep. 2, 8. Liv. 38, 10, 3. Verg. Aen. 2, 7 (dazu Serv.). Ov. met. 12, 364: ein Zweig derselben auch auf der Insel Scyrus im Ägäischen Meer, berüchtigt als Seeräuber, Nep. Cim. 2, 5. – Sing. b. Liv. 42, 58, 10. – Dav.: **A Dolopia**, ae, *f.* (Δολοπία), das **Land der Doloper,** Liv. 32, 13, 14. – **B Dolopeius**, a, um (Δολοπήιος), **dolopeisch,** Val. Flacc. 2, 10. – **C Dolopēis**, idis, *f.* (Δολοπηΐς), **dolopëisch,** urbs, Ktimene, Hyg. fab. 60.

dolor, ōris, *m.* (doleo), der **Schmerz,** die **schmerzliche Empfindung, I** körperlich, corporis, Cic.: totius corporis dolores, Cic. – d. capitis, dentium, Lucr., Cels. u. a.: pedum, articulorum, Cic.: laterum, Hor.: coxae, Cels.: oculorum, Aur. Vict.: podagrae, Cic. fr.: calculi dolore consumi, Liv. epit.: dolorem corporis pati, Cic.: dolorem morbi ferre non posse, Cic.: e dolore laborare, Geburtsschmerzen haben, Ter. – **II** geistig, mit u. ohne animi, **Schmerz, Betrübnis, Kummer Wehmut, Unmut, Unwille, Ärger** u. dgl. (Ggstz. gaudium, voluptas), **A** eig.: **1** im Allg.: dolor coniugis amissae (über den Verlust der G.), Ov.: desiderii futuri, Nep.: dolor repulsae, Caes.: dolor ex civibus amissis, Liv. – d. muliebris, Liv.: femineus, virgineus, Ov.: mutuus, Curt.: liber, liberior, Unabhängigkeit in der Äußerung des Unwillens, freie, ungebundene Äußerung des Unwillens, Tac. u. Curt. – pro dolor, Oros. 4, 6, 34: o dolor! CIL 12, 825: ah dolor! Calp. ecl. 3, 49 u. 4, 44. – dolorem accipere alqā re od. ex alqa re, Cic.: dolorem suscipere pro patria, Cic.: dolores quosvis suscipere malle quam etc., Cic.: dolorem capere ab alqa re, Cic., in u. ex alqa re, Cic.: dolorem haurire, Cic.: tanto dolore affici, ut etc., Cic.: in dolore esse, Cic.: dolorem alci facere od. efficere od. dare od. afferre, Cic.: dolorem commovere, Cic.: dolorem tegere, Liv.: dolorem abicere od. deponere, Cic.: hoc est mihi dolori, Cic. – **2** insbes.: **a Kränkung,** quo dolore incensus, Nep.: quasi obliteratā iam doloris memoriā, Suet.: bes. **Leiden, Kränkung in der Liebe,** Prop. – **b Groll, innerer Grimm,** der auf Rache sinnt, **Rachegefühl, Erbitterung** (vgl. Obbarius Hor. ep. 1. 2, 60. Ochsner Cic. ecl. p. 88), Cic. u. a.: quo dolore exarsit, Caes. – **B** meton.: **1** der »Gegenstand«, der **Schmerz** od. **Betrübnis macht,** Ov.: esse dolor potest, kann Schmerz bringen, Prop. – **2** in der Rhetor. = πάθος, **leidenschaftlicher-, affektvoller-,** dah. auch **wehmütiger Ausdruck** od. **Ton,** Cic.; vgl. Cic. Brut. 93. – ► spät. Nbf. dolus, ī, *m.*, CIL 3, 1903; 5, 1638; 10, 1760. Commod. instr. 1, 26, 19 u. 2, 32, 1. Symm. orat. 2, 17.

Dolorestēs, s. Dulorestēs.

dolōrōsus, a, um (dolor), **schmerzhaft,** loci, Veget. mul. 6 (4), 22, 1 zw.: ventris exstantia, Cael. Aur. chron. 4, 5 *in.* § 81.

1. dolōsē, *Adv.* (dolosus), **trugvoll, trügerisch,** nec ullam rem oportet dolose adgrediri, Plaut. truc. 461: aut, cum dicitur ›inter bonos bene agier‹, quicquam agi dolose aut malitiose potest? Cic. de off. 3, 61.

2. dolōsē, *Adv.* = *dolenter,* CIL 12, 1939.

dolōsitās, ātis, *f.* (dolosus) = δολιότης, die **Listigkeit, Verschlagenheit,** Eccl. (s. Rönsch Itala p. 52).

dolōsus, a, um (dolus), **trugvoll, ränkevoll, trügerisch, listig, schlau,** conservus, Plaut.: mulier, Hor.: gens, Ov.: vulpes, Phaedr.: consilia, Cic.: cinis, täuschende (weil sie Feuer verbirgt), Hor. – m. folg. *Infin.*, amici ferre iugum pariter dolosi (trugvoll vermeidend), Hor. carm. 1, 35, 27.

1. dolus, ī, *m.* (δόλος, eig. wie das deutsche **List** = jeder Kunstgriff (vgl. Ulp. dig. 4, 3, 1. § 3), dah. **I** dolus malus als jurist. Ausdruck = widerrechtliche, gesetzwidrige Handlung, wobei der Handelnde wusste, dass sie widerrechtlich sei, **absichtliche u. böswillige Täuschung, Betrug,** Ter., Cic. u. ICt. – **II** prägn., dolus = **A böswillige Täuschung, Betrug, Hinterlist, Arglist, Heimtücke,** Sing. u. Plur., Komik., Cic. u. a.: verb. fraus ac dolus, Cic.: dolus atque fallaciae, Cic.: per dolum atque insidias, Caes.: hau (haud) dolo, unverhohlen, ohne Rückhalt, ganz ehrlich, Plaut.: non od. ne dicam dolo, um es ehrlich zu sagen, Plaut. u. Ter.: dolus subest, Iustin.: nihil doli subest, Nep.: dolis et astu aggredi alqm, Lact.: Ggstz., si *dolo* nihil profecerit, *vi et violentiā,* deicere (eos) conatur, Lact.: ut magis *virtute,* quam *dolo* contenderent, Caes.: qui *per virtutem,* non *per dolum* dimicare consuerunt, Auct. b. Afr. – **B** meton., das **Trugmittel, Täuschungsmittel,** dolos (= *retia*) saltu deludit, Ov. hal. 26: cuniculo et subterraneis dolis peractum urbis excidium, Flor. 1, 12, 9. – personif., Dolus, der Gott des Trugs, Val. Flacc. 2, 205. – ► Nbf. dulus, wov. Abl. dulo, CIL 1, 200, 40.

2. dolus, ī, *m.* (Schmerz), s. dolor ►.

dōma, atis, *n.* (δῶμα), das **Dach,** Eccl.

domābilis, e (domo), **bezwingbar, zähmbar,** Hor. carm. 4, 14, 41. Ov. met. 9, 253.

domātor, ōris, *m.* (domo) = domitor, falsche Lesart bei Ps. Tibull. 4, 1, 116 u. Amm. 21, 5, 9.

domefactus, a, um (domo u. facio), **bezwungen,** aratro domefacta tellus, Petron. 99, 3.

domesticātim, *Adv.* (domesticus), **in Privathäusern,** Suet. Caes. 26, 2.

domesticātio, ōnis, *f.* = *proprietas,* Gloss. II, 577, 31.

domesticātus, ūs, *m.* (domesticus), die **Würde des** princeps domesticorum (Oberhofmarschalls), Cassiod. var. 10, 11, 3.

domesticē, *Adv.* (domesticus), **zu Hause, für sich, privatim,** Eccl.

domesticitās, ātis, *f.* (domesticus), die **Zugehörigkeit,** ad utrosque, Iren. 3, 18, 7.

domesticus, a, um (domus), **I zum Haus-, zur Familie gehörig, sie betreffend, häuslich, der Familie eigen, Haus-, Familien-, Privat-,** zuw. auch = **mein (dein, sein) eigen, persönlich** (Ggstz. publicus, forensis), parietes, Cic.: domesticus suus medicus, sein eigener Hausarzt, Augustin.: difficultas, Hausnot, Cic.: clades, Liv.: luctus, Haustrauer, Cic.: officia, im häuslichen Kreise betätigte, Cic.: res, Privatsache, Cic.: labor (der Frauen), Col.: vita cotidiana et d., Lampr.: vestis, Hauskleid (Ggstz. forensis), Suet.: tempus, im Haus verbrachte (Ggstz. forense), Cic.: iudicium, das Urteil, die Meinung der Seinigen, seiner Umgebung, Caes.: successores, aus dem Hause, aus der Familie (Ggstz. succ. alieni u. externi), App. Claud. or. fr.: domestico praeconio, durch sein eigenes Ausrufergeschrei, als sein eigener Herold, Cic.: uterer domesticis exemplis, aus meinen eigenen Reden (Ggstz. uterer alienis vel Latinis), Cic.: domesticis ipse exemplis (aus seiner eigenen Erfahrung hergenommene) Prusiam ad promerendam amicitiam suam compulit, Liv.: de Ocella cepi consilium domesticum, einen Entschluss auf meine eigene Gefahr, Cic.: poet., domesticus otior, zu Hause, Hor. – dah. homo domesticus, Cic., u. subst. bl. domesticus, Ov., ein Hausfreund, Familienglied. – u. so Plur. subst. domesticī, ōrum, *m.*, die Familienglieder, Glieder **eines** Hauses, Hausgenossen, Hausfreunde, häusliche Umgebung, Cic., Liv. u. a.; od. das Hausgesinde, die Dienerschaft, Suet. Oth. 10, 2: insbes. (mit u. ohne milites) die Haustruppen der späteren Kaiser, spät. ICt. u. Vopisc., od. die Umgebung, das Gefolge eines höheren Magistrats, Cod. Theod. – v. Tieren, unser **im Haus gehalten, Haus-** (Ggstz. ferus), aves, Col.: pecudes, Col.: aber canes domesticos alere, auf eigene Kosten halten (Ggstz. publicos, auf Kosten der Gemeinde), Cic. Tusc. 1, 108. – **II** übtr., **einheimisch, innerlich, a** im eigenen Land (Ggstz. externus, peregrinus, alienigena), certamen, Liv.: bellum, Cic.; vgl. bellum: copiae rei frumentariae, Proviant, den die Heimat darbietet, Caes.: insidiae, Cic.: crudelitas, gegen Mitbürger, Cic.: domestica peregrinaque historia, Val. Max.: testes domestici (Ggstz. testes alienigenae), Cic. – *n. pl.* subst., domestica, ōrum, *n.*, **α einheimische Erzeugnisse, -Produkte** (Ggstz. peregrina), Plin. 25, 31 u. 35, 88. – **β einheimische Beispiele,** Cic. de off. 2, 26. – **b** innerlich = **in der eigenen Brust wohnend,** Furiae, Cic. Rosc. Am. 67.

domicēnium, iī, *n.* (domus u. cena), die **Mahlzeit zu Hause,** Mart. 5, 78 u. 12, 77.

domicilium, iī, *n.* (domus), der **Wohnsitz,** die **Wohnung,** bes. der **Palast,** das **Schloss,** die **Residenz, I** eig.: aliud domicilium, alias sedes petant, Caes.: domicilium collocare, Cic., od. constituere in alqo loco, Nep.: ipsius erant plura domicilia in Caria, Nep.: quibus in oppidis erant domicilia regis, Cic. – domicilium aeternum, v. Grab, CIL 1, 1267. – **II** übtr.: imperii, v. Rom, Cic.: superbiae, Cic.: domicilia morborum (v. den Menschen), Arnob.: huic verbo (*fideliter*) proprium domicilium est in officio, eigentliche Bedeutung, Cic.

domicoenium, s. domicēnium.

domicūrius, iī, *m.* (domus u. cura), der **Haushofmeister,** CIL 8, 2797.

Domidūcus, ī, *m.* u. **Domidūca,** ae, *f.* (domus u. duco), der, die **Nach-Hause-Geleitende,** röm. Beiname des Zeus u. der Juno, insofern sie als Ehegötter die Braut geleiten, die in das Haus des Bräutigams geführt wird, Augustin. de civ. dei 6, 9 u. 7, 3. Mart. Cap. 2. § 149.

domifactus, s. domefactus.

domina, ae, *f.* (dominus), **I** die **Herrin vom Hause,** als **Gebieterin,** die **Wirtin, Hausfrau,** Komik., Verg. u. a.: d. cauponae od. tabernae, die Wirtin (Ggstz. magistra cauponae, die Kellnerin), Cod. Iust. – **II** im weiteren Sinne: **A** eig., wie δέσποινα, die **Herrin, Gebieterin, a** als ehrendes Beiwort der Göttinnen (s. Thiel Verg. Aen. 3, 438), v. der Venus, Ov.: v. der Cybele, Verg. – **b** v. Damen aus dem kaiserl. Hause, Suet. – **c** v. der Geliebten, Catull., Tibull. u. a. Dichter. – **d** attribut., domina Roma, Hor. carm. 4, 14, 44: domina Urbs, die hochgebietende Stadt, v. Rom, Mart. 12, 21, 9: manus domina, Ov.: hasta domina, Iuven. – **B** übtr., die **Herrin, Gewalthaberin** über usw., sit sane Fors d. campi, Cic.: iustitia d. virtutum, Cic. – ▶ *Abl. Plur.* dominis, wie Curt. 3, 12 (30), 8. CIL 2, 1164; doch auch domnabus, CIL 5, 774. – Synk. domna, Ven. Fort. 8, 18. Greg. Tur. hist. Franc. 9, 20. CIL 4, 1375 u. 5, 774. – Nbf. domnina, CIL 2, 1836.

dominaedius, iī, *m.* = dominus aedium, der **Hausherr, Hauswirt,** Paul. Nol. 29, 13 u. a. – Synkop. domnaedius, CIL 6, 9274. Augustin. enarr. in psalm. 38, 21 u. c. Petil. 2, 83, 184. Vgl. Gloss. II, 45, 18 ›domnaedius, σταθμοῦχος (Wirt)‹, u. Not. Tir. 47, 65 (wo Domminidius).

domināns, antis, *PAdi.* m. *Compar.* (dominor), **herrschend,** animus est … dominantior ad vitam quam vis animai, Lucr. 3, 397: tanto mobilior vis et dominantior haec est, Lucr. 6, 238. – subst., dominans, der **Herrschende** = der **Gebieter, despotische Herrscher,** Tac. ann. 14, 56 u. (im Plur.) Auct. b. Alex. 32, 3. Tac. hist. 4, 74.

dominanter, *Adv.* (dominans), **nach Herrscherart,** Dracont. hexaëm. 1, 331.

dominātio, ōnis, *f.* (dominor), **I** die **Herrschaft,** bes. die **Alleinherrschaft, Oberherrschaft,** in einem vorher freien Staat verhasst, dah. gew. = **Gewaltherrschaft, Zwingherrschaft, Despotie,** wie τυραννίς, **A** eig.: unius, Alleinherrschaft, Monarchie, Cic.: Cinnae, Cic.: crudelis, Cic.: in vos u. in vobis, Sall. fr. – Plur., dominationes adpetiverunt, Cic. de rep. 2, 48: dominationes funestae, Sen. de ira 2, 9, 3: dominationibus aliis fastiditus, Tac. ann. 13, 1: vices dominationum, Tert. apol. 26: dominationes affectabant, Sall. hist. fr. 1, 10 (11). – **B** meton. = dominantes, die **Herrscher, Herren,** Sing., Flor. 1, 24, 3. – **II** übtr.: ne (fortuna) magnam nimis in nos habeat dominationem, Rhet. Her.: haec te omnis dominatio regnumque iudiciorum tanto opere delectat, über die G. zu gebieten u. wie ein König zu herrschen, Cic.: temperantia est rationis *in* libidinem firma et moderata dominatio, Cic.

dominātor, ōris, *m.* (dominor), der **Beherrscher, Regent,** Cic. de nat. deor. 2, 4. Sen. Med. 4. Orest. tr. 409. Lact. 2, 14, 2.

dominātrix, trīcis, *f.* (Femin. zu dominator), die **Beherrscherin, Gebieterin,** Vulg. Ierem. 13, 18 (neben rex): dea belli dom., Poëta inc. bei Ter. Maur. 2061: o magna vasti Creta dom. maris, Sen. Phaedr. (Hippol.) 90. – übtr., caeca ac temeraria dominatrix animi cupiditas, Cic. de inv. 1, 2: dominatrix mens, Auson. Technop. (XXVII) 5, 6. p. 134 Schenkl: dominatrix illorum est assidua lingua, Vulg. Sirach 37, 21.

dominātus, ūs, *m.* (dominor), **I** die **Herrschaft, Beherrschung,** Cic. u. a. – d. cupiditatum, Cic.: impositio est in nostro dominatu, nos in naturae, Varro LL.: qui serviunt dominatui nuptiarum, Hieron. – Plur. Cic. de rep. 1, 61. – **II** die **Oberherrschaft, Alleinherrschaft, Willkürherrschaft,** Cic. u. a.: dom. regius, Cic.: dominatum occupare, Cic. – Plur., Poët. bei Cic. or. 157.

dominicārius, iī, *m.* (dominica, *sc.* dies), **am Sonntag tätig, sonntäglich** (Ggstz. cotidianus), tentator, Augustin. epist. 36, 21.

dominicus, a, um (domus), **I** übh., **zum Herrn (zur Herrin) gehörig, herrschaftlich, des Herrn, der Herrin,** auris, Afran. fr.: pecuniae rationes, Varro: palatum, Sen.: vinum, des Herrn (als der beste), Petron.: filiae, die T. des Hauses, Augustin.: apotheca, Inscr.: libido, der Herrin, Sen. rhet. – **II** insbes.: **A kaiserlich, landesherrlich,** spät. ICt. – **B** Jesum Christum betreffend, **des Herrn,** passio, praecepta, Eccl.: dies, Sonntag, Eccl. – subst., **a** dominicus, ī, *m.* (*sc.* dies), der **Tag des Herrn,** der **Sonntag,** Cypr. epist. 38, 2. – **b** dominicum, ī, *n.*, **α** eine Gedichtsammlung des Kaisers Nero, der von seinen Schmeichlern dominus genannt zu werden pflegte, Suet. Vit. 11, 2. – **β** (*sc.* sacrificium) der **sonntägige Gottesdienst,** Cypr. de op. et eleem. 15 u. a. – **γ** (*sc.* aedificium) die **Kirche,** Not. Tir. 47, 69 u. Eccl. (s. Du-Cange in v.). – ▶ Synkop. domnicus, Not. Tir. 47, 64. CIL 6, 8635.

dominium, iī, *n.* (dominus), die **Herrschaft, I** im engeren Sinne, die Herrschaft über etw. als Eigentümer, der **Besitz,** das **Eigentum, Eigentumsrecht, dingliche Recht,** rei suae (seines Vermögens), ICt.: rerum, Val. Max.: rerum suarum, Vell.: locorum dominium adipisci, Gromat. vet.: possessionem usus fructus, non etiam dominium adipisci, ICt.: etiam sic omnia sapientis esse dico, ut nihilominus proprium quisque in rebus suis dominium habeat, quemadmodum sub optimo rege omnia rex imperio possidet, singuli dominio, Sen. de ben. 7, 5, 1. – **II** im weiteren Sinne, **1** die **Herrschaft** über etw. als Herrscher (Gebieter), **a** die **Herrschaft** des Gewalthabers (Königs usw.), novum aucupantes dominium, Sen. de const. sap. 13, 4. –

dah. meton., das **Machtgebiet,** idcirco ope nostrā dilatatum est dominium togatae gentis, Laber. com. 44. – **b** übh. die **Herrschaft, Gewalt** über etw. (s. Bünem. Lact. 4, 25, 9), omnia ista, in quae dominium casus exercet, Sen. ep. 66, 23: societas illi dominium omnium animalium dedit, Sen. de ben. 4, 18, 3: anima, quae dominium corporis habet, Lact. 2, 12, 10. – dah. Plur. meton. = **Gebieter,** quem voluptates doloresque, incertissima dominia impotentissimaque, alternis possidebunt, Sen. de vit. beat. 4, 4. – **2** das **Gastgebot, Gastmahl,** primum dominia atque sodalicia omnia tollantur, Lucil. 438: huius argento dominia vestra ornari, Cic. Verr. 3, 9: ›mutitarent‹, id est mutua inter se dominia agitarent, Gell. 2, 24, 2.

1. **domino,** āvi, āre (erweiterte Nbf. v. domo), **bezähmen, überwinden,** Nigid. fr. bei Prisc. 8, 19 (wo aber wahrsch. mit Bücheler zu lesen domari). Vgl. Gloss. IV, 333, 41 ›dominavit (doch viell. domavit), subiecit, submisit‹.

2. **domino,** s. dominor ►.

dominor, ātus sum, ārī, (dominus), **herrschen, den Herrn spielen, tyrannisieren,** dominante homine furioso, Cic.: dominandi studium, Sall.: dominandi avidus, Tac. – m. näheren Angaben, d. Alexandriae, Cic.: in Italia, Vell.: in urbe, Verg.: Carthagine, Liv.: summā arce, Verg.: in suos, Cic.: in adversarios, Liv.: in cetera (animalia), Ov.: in nobis, in uns (v. Gott), Cic.: in capite fortunisque hominum honestissimorum, Cic.: in iudiciis, Cic.: in his sartis tectisque, in solchen Bauangelegenheiten eine Herrschaft ausüben, Cic. – mit *Dat.*, toti mundo, Claud. u. Apul.: maximae parti continentis, Chalcid.: m. *Genet.*, Apul. u. Eccl. (s. Oehler Tert. apol. 26. p. 126. Bünem. Lact. de ira dei 14, 3) – übtr., v. Lebl., d. lolium, Verg.: inornata et dominantia nomina, die schmucklosen u. eigentlichsten Benennungen (im Ggstz. zu den tropischen), Hor.: nusquam latius dominari mare, Tac.: dominatur libido, Cic.: fortuna dominatur, Cic.: haec una res in omni libero populo semper floruit semperque dominata est (hat die höchste Geltung gehabt), Cic.: quod unum in oratore dominatur, worin die Hauptstärke des R. besteht, Cic. – ► Aktive Nbf. domino, Fut. dominabunt, Interpr. forens. Dosithei arti adhaer. p. 53 Boeck.: Infin. dominare, Tert. ad nat. 2, 17. Ven. Fort. 3, 14, 16: passive Formen, dominare (= dominaris), Poëta b. Cic. de off. 1, 139: dominantur ab eo, Interpr. Iren. 5, 9, 4: dominabitur, Lact. de mort. pers. 16, 7: dominari ab eo, Interpr. Iren. 3, 8, 1; vgl. Bünem. Lact. 7, 15, 5. – Parag. Infin. dominarier, Verg. Aen. 7, 70. – dominans, *PAdi.* u. Subst., s. oben bes.

dominula u. gew. (synk.) **domnula,** ae, *f.* (*Demin.* v. domina), die **junge (liebe) Herrin vom Hause,** M. Caes. in Fronto ep. ad M. Caes. 5, 24 (39) u. de fer. Als. 1. p. 223, 6 N. Salv. epist. 4. p. 162 M. (überall domnula).

dominulus, ī, *m.* (*Demin.* v. dominus), das **liebe Herrchen,** der **liebe junge Herr** (vom Hause), Scaev. dig. 32, 1, 41. § 4: als Eigenname synkop. Domnulus (Dumnulus), Sidon. epist. 9, 15. *v.* 38.

dominus, ī, *m.* (v. domus), **I** im engeren Sinne, der **Herr vom Hause, Hausherr, Gebieter** (Ggstz. familia), Komik., Cic. u. a.; u. v. Sohn des Hauses, der **junge Herr,** Plaut.: Plur., domini, die Herrschaft (= der Herr u. die Herrin vom Hause), Cic. u. a. – **II** im weiteren Sinne, **A** eig.: **1** der **Herr** als **Eigentümer, Eigner, Besitzer, Inhaber,** aedificii, navis, Cic.: insularum, Suet.: aedium, ICt. u. Symm.: possessionis, Inscr.: copiosae pecuniae, Apul.: equi, Suet.: dites domini (Grundbesitzer), Tac. (vgl. Heräus Tac. hist. 2, 12, 11). – **2** der **Herr = Oberherr, Gebieter, Chef,** in alqm, Cic.: gentium, Cic.: rei, v. Richter, Cic. – Insbes., **a Herr,** als Ehrentitel, bes. der späteren Kaiser (den Augustus u. Tiberius sich verbaten, hingegen Domitian gern hörte), Suet. Dom. 13, 1. Mart. 5, 8. Phaedr. 2, 5, 14. Augustin. serm. 111 *extr.* – **b Gebieter,** v. Gatten, Ov. met. 9, 466; v. Geliebten, Ov. am. 3, 7, 11. – **c** als Begrüßungswort, wie unser **mein Herr,** s. Sen. ep. 3, 1. Mart. 6, 88, 2 (im Doppelsinn). Suet. Claud. 21, 5. – **d** v. Christus, oft bei Eccl.: u. so Augusti Caesaris temporibus natus est dominus Christus, Oros. 6, 17, 10. – **e** (poet.) v. Lebl., attribut., **herrschaftlich, des Herrn,** torus dominus, Ov.: mit *Genet.*, terrarum dominum pone supercilium, entferne den Ernst, der der Welt gebietet, Mart. 1, 4, 2. – **3** der **Veranstalter** von etwas, **a** = der **Veranstalter** der öffentl. Spiele, eines Schauspiels (Schauspieldirektor), Plaut. asin. prol. 3: eines Gladiatorenspiels, Cic. ad Att. 2, 19, 3. – **b** der Veranstalter einer Auktion, Cic. Quinct. 50. – **c** der Veranstalter eines Baus, der **Bauherr** (Ggstz. conductor, der Übernehmer des Baus), Cato u. Vitr. – **d** (mit u. ohne convivii od. epuli) = der Veranstalter eines Gastmahls, der **Gastgeber,** Cic. u. a.; vgl. Gronov Gell. 13, 11, 5. – **B** übtr., der **Herr, Gewalthaber** über usw., vitae necisque (über L.u.T.), Liv. u. a.: virtutum omnium, Arnob.: comitiorum dominum esse, Cic.: gravissimi domini, terror sempiternus et diurnus ac nocturnus metus, Cic. – ► Synkop. domnus, Augustin. serm. 111 *extr.* Greg. Tur. hist. Franc. 9, 20. Not. Tir. 47, 63. CIL 10, 3792: Genet. Plur. dominûm, Pacuv. tr. 75.

domio, ītus, īre (domus), **einheimsen,** domi (daheim) domitus sum, Plaut. Men. 105.

domiporta, ae, *f.* (domus u. porto), die **Hausträgerin,** poet. von der Schnecke, Poëta bei Cic. de div. 2, 133.

domiseda, ae, *f.* (domus u. sedeo), **die zu Hause bleibt, häuslich,** als Beiname einer Frau, CIL 6, 11602 = Carm. epigr. 237 *Buecheler.*

1. **Domitiānus,** a, um, s. 2. Domitiānus u. Domitius a. E.

2. **Domitiānus,** ī, *m.*, vollst. T. Flavius Domitianus Augustus, Sohn des Vespasian, Bruder des Titus, geb. 51 n. Chr., röm. Kaiser von 81 bis 96 n. Chr., Suet. Dom. 1 *sqq.* Tac. hist. 3, 86: Plur., Domitiani, Männer wie Domitian, Vopisc. Car. 1, 3. – Dav. **Domitiānus,** a, um, **domitianisch, des Domitian,** via, eine Seitenstraße der via Appia, die von Sinuessa nach Puteoli führt, Stat.: October, als Geburtsmonat des Domitian, Suet.

domitio, s. domuitio.

1. **Domitius,** a, um, Name einer plebej. röm. *gens,* mit den beiden Zweigen der Calvini u. Ahenobarbi. Bes. bekannt sind: Cn. Domitius Calvinus, 59 v. Chr. Volkstribun, 58 v. Chr. Prätor, 53 v. Chr. Konsul, Cic. Sest. 113; in Vatin. 16; ad Q. fr. 3, 8, 3. – Cn. Dom. Ahenobarbus, Konsul 122 v. Chr., u. als solcher Besieger der Allobroger, Cic. Brut. 99; Font. 26. Vell. 2, 10, 2. Flor. 3, 2, 6: streng als Zensor 115 v. Chr., Cic. Clu. 119. Val. Max. 2, 9, 6. – Cn. Dom. Ahenobarbus, als Volkstribun 104 v. Chr. Urheber der lex Domitia de sacerdotiis (wonach die Priesterstellen durch das Volk od. vielmehr durch 17 erloste Tribus vergeben werden sollten), Cic. de lege. agr. 2, 18; als Zensor Verfasser eines Edikts gegen die aufgekommenen latein. Rednerschulen, Gell. 15, 11, 2. Suet. rhet. 1. Tac. dial. 35, 1. – L. Dom. Ahenobarbus, Konsul 54 v. Chr., Anhänger u. Feldherr des Pompejus im Bürgerkrieg, oft in Cic. epp.; Caes. b. G. 5, 1; b. 1, 6. Suet. Ner. 2, 1. – Cn. Dom. Ahenobarbus, Gemahl der Agrippina (Tochter des Germanikus), Vater des Kaisers Nero, Suet. Ner. 5, 1. Vell. 2, 10. Quint. 6, 1, 50. – u. dessen Schwester Domitia, Gemahlin des Krispus Passienus, Quint. 6, 1, 50 u. 3, 74; 10, 1, 24. Tac. ann. 13, 19. – Domitia Lepida, Mutter der Messalina, Tante des Kaisers Nero, Tac. ann. 11, 37 *sq.*; 12, 64 *sq.* – Außerdem (nicht aus der gens Dom.) Cn. Domitius Corbulo, Bruder der Cäsonia, der Gemahlin des Kaligula, unter Klaudius u. Nero glücklicher Feldherr in Germanien u. Armenien, Tac. ann. 11, 18 *sqq.*; 13, 6 *sqq.*; 13, 34 *sqq.*; zu und nach seiner Zeit berühmt durch seine Körpergröße u. -stärke, Iuven. 3, 251; und als guter Redner, Tac. ann. 13, 8; vgl. Sen. de const. sap. 17, 1. – Plur., Domitii, Männer wie Domitius, Sen. de clem. 1, 10, 1. – *Adi.* = **domitisch,** gens, Suet.: familia, Vell.: via, von Dom. Ahenob. (dem Besieger der Allobroger) in Gallien erbaut, Cic. – u. dav. **Domitiānus,** a, um, **domitianisch, des** (L.) **Domitius,** milites, Caes.

2. **Domitius,** iī, *m.* (domus), deus, der **Beschützer der Vermählten im Hause,** Augustin. de civ. dei 6, 9.

domito, āre (*Intens.* v. domo), **bezähmen, bändigen, überwinden,** elephantos, Plin. u. Curt.: boves, Verg. – populos Iberos, Sil. 3, 101: bello Idumen, Sil. 3, 600. – ventos reluctantes, Plin. pan.: vitiferos agros, Weinbau betreiben, Sil.: furores, Sil.: periura pectora supplicio, mit Bestrafung treffen, Sil.

domitor, ōris, *m.* (domo), der **Bezähmer, Bändiger, I** eig., **a** der Tiere, dom. equorum, Cic.: ferarum, Sen.: iuvenci, boum, Col.: serpentium, Plin., serpentium virulentorum, Gell. – **b** der Völker u. Länder usw., der **Bezwinger, Überwinder,** victor domitorque Persarum, Cic.: generis humani, Sen. rhet.: Cn. Pompeius terrarum marisque domitor, Sen. rhet.: tot gentium, Curt.: Germaniae, Vell. – armorum suorum, Cic.: belli externi, Tac. – **II** übtr.: **a** v. Pers., Saturnius d. maris alti, Verg. Aen. 5, 799: d. tumidi maris, Sil. 9, 291. – **b** attrib. v. leb. Subjj., der **Bändiger, Bezähmer,** salis et aceti suci domitores rerum, die alles zerstören, Plin. 33, 62: infinitae potestatis domitor ac frenator animus, der bei unbeschränkter Macht sich bezähmt u. zügelt, Plin. pan. 56, 9: curarum domitor somnus, Sorgenbrecher, Sen. Agam. 76.

domitrīx, trīcis, *f.* (Femin. zu domitor, s. Charis. 44, 6), die **Bezähmerin, Bändigerin,** ferarum d. Diana, CIL 6, 124: poet., clava d. ferarum, Ov. her. 9, 117: Epidaurus d. equorum, Verg. georg. 3, 44: Idaea d. leonum mater, Gratt. cyn. 19. – übtr., d. vis haec (aceti), alles auflösende, zerstörende Kr., Plin. 23, 57: domitrix illa rerum omnium materia, alles beherrschende, Plin. 36, 127: omnium sensuum d. animi magnitudo, alle S. beherrschende, Iulian. bei Augustin. op. imperf. c. Iul. 4, 57 *in.*

domitūra, ae, *f.* (domo), die **Zähmung, Bändigung,** boum, Col. 6, 2. § 1 u. 3. Plin. 8, 180.

domitus, Abl. ū, *m.* (domo), die **Zähmung, Bändigung,** efficimus domitu nostro quadrupedum vectiones, Cic. de nat. deor. 2, 151.

domna, s. domina ►.

domnaedius, s. dominaedius.

domnicus, s. dominicus ►.

domnifunda, ae, *f.* = domina fundi, die **Grundstücksbesitzerin, Gutsherrin,** CIL 6, 21611.

domnina, ae, *f.*, s. domina ►.

domnipraedia, ae, *f.* = domina praedii, die **Gutsherrin,** CIL 14, 3482.

domnula, s. dominula.

domnulus, s. dominulus.

domnus, s. dominus ►.

domo, domuī, domitum, āre (altind. *damāyáti*, bezwingt, bewältigt, griech. δαμάω, ahd. *zemmen*, nhd. zähmen), **zähmen, bändigen, I** eig.: **a** Tiere u. (poet.) deren Glieder, beluas, Cic.: feras, Phaedr.: elephantos, Plin.: leones, Ov.: Lernaeam, Ov.: pecus, Sall.: equorum domiti greges, Curt.: iuvencos, Col. u. Porphyr.: vitulos, Verg.: non domito frenos ore momordit equus, Tibull.: aliis timendi dente premunt domito Cybeleia frena leones, Ov. – m. *Abl.* (durch) tauras aratro, Col. 6, 22, 1: equos stimulo et verbere, Ov. met. 2, 399. – m. *ad* (zu) u. Akk., utrumque animal (leones et tigres) ad mansuetudinem, Curt. 9, 8 (30), 2: asinos ad eas res, ad quas etc., Varro r. r. 2, 6, 4. – absol., ratio domandi, Col.: domandi peritus magister, tüchtiger Pferdebändiger, Sen.: viam insiste domandi, Verg.: ad domandum proni (boves), Varro. – prägn., domita mansuetudo, durch Zähmung hervorgebrachte S., Iustin. 15, 4, 9. – **b** einzelne Menschen oder ganze Völker u. Länder, **α** einzelne Menschen u. (poet.) deren Körper **bändigen, bezwingen, niederwerfen, erlegen,** Busirin, Ov.: Cygnum, Ov.: iuvenes (v. Mädchen), Prop.: sic domito saevum prostravit corpore Theseus, Catull. – m. *Abl.* (mit, durch), hastā pugnantem, Ov.: Acheloum iacturā decoris (des Horns), Ov.: virgineā (Dianae) domitus sagittā, Ov. – **β** Völker, Länder, **bezwingen, überwinden, untertänig (unterwürfig) machen,** Allobroges, Cic.: Britannos, Ov. u. Tac.: gentes, Cic.: ceteras nationes, Cic.: ab oceano ad ortum solis omnia, Sall.: terrarum orbem, Vell.: Africam, Hor. u. Eutr.: Cretum opes, Ov. – mit *Abl.* (durch), finitimos omnes bello, Vell. (u. so homines domiti bello, Cic.): maximas nationes virtute, Cic.: fame domiti Samnites, Liv.: omnia circa se domita armis habere, Liv. – **II** übtr.: **1** lebl. Objj.: **a** konkr. Objj.: **α** wilde Fluten bändigen, **brechen,** ipsius fluminis vim, Liv.: hiemes Ioniumque, Sil. – m. *Abl.* (mit, durch), surgentes fluctus ardentibus ulnis, Sil.: ingenti aequora velo, durchschneiden, Val. Flacc. – **β** übh. alles Wilde, Rohe **bändigen,** impexos certo ordine crines, in gehörige Ordnung bringen, Sil. – ferrum, bearbeiten, Amm. – ulmum vi flexam in burim, gewaltsam zur Pfl. beugen, Verg. – arbores multā mercede, mit vielen Kosten emsig pflegen, Verg. – terram od. rura rastris, urbar machen, bebauen, Verg. u. Sil.: u. so extremis domitus cultoribus orbis, Verg. – Alpes, zugänglich machen, Sil.: u. so saxa magnā vi, Sil. – uvas prelo, keltern, Hor. – sectam de tergo partem ferventibus undis, weich kochen, Ov. – carnibus gallinaceorum venena serpentium, unschädlich machen, Plin.: u. so tactu venena, Sil. – v. lebl. Subjj., mella durum Bacchi domitura saporem, benehmen, Verg.: oleum, gerinnen machen, verdicken (v. einem Harz), Plin.: sulpur, quo domantur plurima, zerstört wird, Plin. – **b** abstr. Objj.: **α** physische Zustände: frigus famemque, mit K. u. H. kämpfen, Sil.: u. so labores, mit Mühen kämpfen, M. bestehen, Sil.: v. lebl. Subjj., cibus famem domat, potio sitim Sen.: virtus omnia domuerat, ihr Heldengeist war über alles (alle Mühen u. Gefahren) Herr geworden, Sall. – **β** geistige Zustände: infernas carmine leges, ungültig machen, Manil. 1, 326: delicta od. leviora delicta, durch Buße ungeschehen machen, abbüßen lassen, bestrafen, Claud. cons. Mall. et Theod. 222. Sil. 13, 845. – bes. Gemütszustände, **bezähmen, bändigen,** avidum spiritum (Habgier), Hor.: invidiam, Hor.: domitas habere libidines, Cic.: impetus hominum et iracundias (v. Stein androdamas), Plin. – **2** pers. Objj.: hominem servom suos domitos habere oportet oculos et manus orationemque, im Zaum halten, Plaut. mil. 563 *sqq.* – v. lebl. Subjj., somno domitus, überwältigt, Tibull.: quibus unda pepercit, illos longa domant inopi ieiunia victu, zehrt der Hunger auf, Ov.: hanc quoque gentem idem fortunae impetus domuit, bezwang, Curt. – ► Perf. im Vulgärlat. auch domavi, Porphyr. Hor. sat. 2, 6, 12 (wo domaverunt): Partiz. in der Vulgärspr. auch domatus, Petron. 74, 14. Vulg. (Amiat.) Iac. 3, 7 u. Gloss.

domuitio, ōnis, *f.* (statt domum itio, das bei Cic. de div. 1, 68), die **Rückkehr nach Hause,** die **Heimkehr,** Pacuv. tr. 173. Acc. tr. 173. Trag. inc. fab. 26 (bei Rhet. Her. 3, 34). Trag. inc. fab. 27 (aus Lucil. 607). Apul. met. 1, 7; 2, 31 u. a.

domuncula, ae, *f.* (*Demin.* v. domus), das **Häuschen,** Vitr. 6, 7 (10), 4. Val. Max. 4, 4, 8. Augustin. epist. 188, 3.

domus, Genet. domūs u. (doch klass. nur als Lokativ) domi, *f.* (altind. *dáma-ḥ*, griech. δόμος), das **Haus, I** eig. u. übtr.: **A** eig., das **Haus** (als Wohnung, Heimat u. Sitz der Familie, sowie aedes als Gebäude. Im Gegensatz zur insula bezeichnet domus einen Palast, der mehrere zusammenhängende Gebäude umfasst, aus Vor-, Mittel- u. Nebengebäuden besteht u. hinter sich gewöhnlich noch einen Lustgarten [viridarium] hat), domus et insulae, Tac.: dominus domus, Vulg.: domus meretricia, Ter.: urbana, Stadtgebäude, Vitr.: domus (Plur.) privatorum, Plin. ep.: domum aedificare, Cic.: alqm tecto et domo invitare, Cic. – intra domum, innerhalb des Hauses (Ggstz. foris), Sen. – in domum alcis, in das Haus jmds. (als Gebäude), Cic. u. a.: in domo alcis, in jmds. Haus, Nep. u. a.: ex domo, aus seinem Haus, Liv. -dah. **a** adverbial, domi (alt domui), **im Haus, zu Hause** (Ggstz. foris), Komik., Cic. u. a. (so domi [*sc.* esse] cupio, Plaut. Bacch. 278 u. trin. 841): intus domique, im Innern der Häuser, Cic.: domi et foris, Plaut.: domi forisque, Suet.: domi meae (tuae, suae, nostrae) od. meae (tuae, suae, nostrae) domi, in meinem usw. Haus, zu Hause bei mir usw., Komik., Cic. u. a.: ebenso alienae domi (domui), in einer fremden Wohnung, Cic.: domi Caesaris, im H. des C., Cic. Vgl. Klotz Cic. Tusc. 1, 51 u. 96. – domum, **nach Hause, ins Haus, in die Wohnung (Behausung),** Cic. u. a.: so auch domum meam, suam u. dgl., Cic. u. a.: u. im Plur., alius alium domos suas invitant, Sall.: u. suas domos, Liv. (vgl. oben in domum alcis). – domo, **aus dem Haus, von Hause,** Komik., Cic. u. a.; **zu Hause,** Varro u. a. (vgl. oben in domo alcis). – **b** in der Umgangssprache, domi parta dignatio, selbst erworbene, Tac.: bonae domi artes, seine guten Eigenschaften daheim, d. i. seine persönlichen g. E. (Rechtsgelehrsamkeit), Tac.: domi habeo, domi est mihi, ich habe es selbst genug, im Überfluss, bin im Besitz (brauche es also nicht zu erwarten, od. von anderen zu hören, zu bekommen od. zu lernen), Ter. u. Cic. (vgl. Ruhnken Ter. adelph. 3, 3, 59). – so auch cuius domi nascuntur, der du es von selbst (ohne fremde Belehrung) verstehst, Cic.: hi enim Basso domi nascuntur, Tac. dial.: domum abducere alqm, jmd. an sich ziehen, einem anderen abspenstig machen, Cic.: domo afferre, wohlvorbereitet auf eine Rede (von Haus) kommen, Quint.: domo doctus, selbst klug genug, Plaut.: experior domo, d. i. an mir selbst, Plaut.: reddere domo u. domo pecuniam solvere, aus eigenen Mitteln, aus seinem Beutel, Plaut. Vgl. Brix u. Lorenz Plaut. mil. 194 (193). Spengel Plaut. truc. 2, 5, 7. – **B** übtr., die **Wohnung,** der **Aufenthalt** übh., der Vögel, Verg.: cornea, die Schale der Schildkröte, Phaedr.: marmorea, Grabmal, Tibull.: v. Labyrinth, Verg.: vom Wohnsitz der Götter, Verg. u. Ov.; der Schatten in der Unterwelt, Verg.: der Sitz, die Stellung eines Gestirns am Himmel, Censor. fr. 3, 9. – **II** meton.: **A** das **Haus** = **1** die **Hausgenossenschaft, Familie,** das **Geschlecht,** Cic. u. a. – **2** übtr., die philos. **Schule, Sekte** (vgl. Gronov Sen. de ben. 5, 15, 3), Cic. u. a.: Socratica, Hor. – **B** das **Haus** = das **Hauswesen,** der **Hausstand,** domus ea, quae ratione regitur, Cic.: domus officia exsequi, das H. besorgen (v. der Hausfrau), Tac. – **C** das **Haus,** die **Heimat,** das **Vaterland,** die **Vaterstadt** u. dgl., domi splendidus, daheim, im Vaterland, Cic.: domi nobilis, Inscr.: Vitellius domo Nuceriā, Suet.: foris bella, domi seditiones, Liv.: parva sunt foris arma, nisi est consilium domi, Cic.: optime de re publica meritus domi forisque, Inscr.: unde domo quisque sit quaere, Sen.: proficisci domo, Liv.: ab domo abesse, Liv.: ab domo venire, Liv.: accire ab domo novos milites, Liv.: classis, quā advecti ab domo fuerant, Liv. – dah. domi militiaeque, im Krieg u. Frieden, Cic. u. a.: so auch militiae et domi, Ter. u. Sall., et domi et militiae, Cic.: domique militiaeque, Liv., domi bellique, Sall., belli domique, Liv., domi vel belli, Cic., bello domique, domi belloque, Liv.: nec domi nec militiae, Enn.: ne infelicior domi quam militiae esset, Liv.: vgl. noster populus in pace et domi imperat, Cic. – ► Im Sing. Nom. u. Vok. regelm. domus; Akk. regelm. domum; Genet. archaist. domi = des Hauses (klass. nur = zu Hause, s. oben); ebenso archaist. domuis (Varro sat. Men. 522. Nigid. bei Gell. 4, 16, 1) u. domos, August. bei Suet. Aug. 87, 2. Mar. Victor, art. gr. 1, 4, 6, p. 9, 4 K., u. domuus, CIL 2, 12*. Plin. 34, 84 *D.*, u. domui = zu Hause (Cic. Tusc. 1, 51; de off. 3, 99. Tac. ann. 16, 26), klass. domus: Dat. archaist. domo (CIL 3, 6463. Cato r. r. 134, 2. Hor. ep. 1, 10, 13) u. domu (CIL 3, 231 u. 5, 1220), klass. domui: Abl. gew. domo, doch auch domu (selbst bei Cic., z. B. Verr. 5, 128 u. Phil. 2, 45; vgl. Quint. 1, 6, 5). Im Plur. Nom. regelm. domus: Akk. domus u. (vorherrschend) domos: Genet. domuum u. domorum (selten domûm, Arnob. 3, 41 R.): Dat. u. Abl. domibus.

domuscula, ae, *f.* (*Demin.* v. domus), das **Häuschen,** Apul. met. 4, 26.

domūsio, ōnis, *f.* = domus usio, der **Hausgebrauch, Hausbedarf,** *Varro sat. Men. 517. Petron. 46, 7 u. 48, 4 B.

dōnābilis, e (dono), **I würdig, beschenkt zu werden,** Plaut. rud. 654. – **II wert, geschenkt zu werden,** Ambros. serm. 59.

dōnārium, iī, *n.*, s. dōnārius.

dōnārius, a, um (donum), **zur Gabe für die Götter (zum Weihgeschenk) bestimmt,** lanx, Schüssel als Weihgeschenk, *Petron. 59, 6 B. – subst., dōnārium, iī, *n.*, **I** (im Plur.) das **Weihgeschenk,** Aur. Vict. de Caes. 35, 7. Arnob. 7, 9 (aber Liv. 42, 28, 9 jetzt dona). – **II** als Ort: **A** (im Plur.) poet. = der Ort, wo die Weihgeschenke dargebracht werden (s. Serv. Verg. Aen. 2, 269), d. i. **Altar,** Ov. fast. 3, 335. Apul. met. 9, 10: od. **Tempel** übh., Verg. georg. 3, 533 u. dazu Voß. – **B** der Ort zur Aufbewahrung der Weihgeschenke, der Tempelschätze, die **Schatzkammer** (griech. θησαυρός), Apul. met. 9, 10; flor. 15. Lucan. 9, 515.

Dōnātiāni, Dōnātiānus, s. Dōnātus *no.* III.

dōnāticus, a, um (dono), zum Schenken gehörig, **geschenkt,** coronae, den Siegern in den Kampfspielen geschenkte, Paul. ex Fest. 69, 5: hastae, den Soldaten als Belohnung verliehene, Cato oratt. 4. fr. 2 (bei Fest. 201, 28).

dōnātio, ōnis, *f.* (dono), die **Schenkung,** u. konkr. (= δωρεά, Gloss.) die **Gabe,** das **Geschenk,** bes. das **Ehrengeschenk,** Cic., Liv. u. a. – Plur., Cic. Rosc. Amer. 24; Phil. 5, 11. Plin. ep. 10, 110 (111). Apul. met. 4, 13.

Dōnātista, s. Dōnātus *no.* III.

dōnātiuncula, ae, *f.* (*Demin.* v. donatio), das **kleine Geschenk,** Not. Tir. 41, 91.

dōnātīvum, ī, *n.* (dono), ein **Geldgeschenk,** das unter den Kaisern bei außerordentlichen Veranlassungen (Mündigwerdung, Thronbesteigung des Kaisers usw.) an das ganze Heer Mann für Mann ausgeteilt wurde, ein **Geschenk für die Soldaten** (hingegen congiarium [s. d.] bes. eine »Spende an das Volk«), Tac., Suet. u. a.; vgl. Schwarz Plin. pan. 25, 2. p. 74. Abraham Cic. Phil. 2, 116. p. 645 *sq. ed. Wernsd.*

dōnātor, ōris, *m.* (dono), **I** der **Schenker,** Sen. Phaedr. (Hipp.) 1226. Ulp. dig. 39, 5, 18 u. a. ICt. Symm. epist. 10, 48. – **II** übtr., der **Vergeber,** der Sünden usw., Augustin. serm. 27, 3 u. 216, 5.

dōnātrīx, trīcis, *f.* (Femin. zu donator), die **Schenkerin,** Prud. 11, 171. Cod. Theod. 3, 5, 6. § 1. Cod. Iust. 8, 54, 20.

Dōnātus, ī, *m.*, **I** Aelius D., ein röm. Grammatiker in der Mitte des 4. Jahrh. n. Chr., Lehrer des Hieronymus, Kommentator des Terenz. – **II** Tiberius Claudius D., ebenf. röm. Grammatiker um 400 nach Chr., Kommentator des Vergil. – **III** ein Häretiker der christl. Kirche im 4. Jahrh. nach Chr. – Dav. **a Dōnātista,** ae, *m.*, ein Anhänger des Donatus, ein **Donatist,** Augustin. epist. 134, 2 u. a. – **b Dōnātiānī,** ōrum, *m.*, die Anhänger des Donatus, die **Donatianer,** Hieron. de vir. ill. 110. – Donatiana pars (Sekte), Hieron. de vir. ill. 110.

donāx, ăcis, *m.* (δόναξ), **I** eine Art Rohr, **cyprisches Rohr,** Plin. 16, 165 u. a. – **II** ein Fisch, sonst solen gen., Plin. 32, 151.

dōnec, *Coni.* (aus doneque, donique = denique), **I so lange als** od. **noch,** zur Angabe, dass die Dauer der einen Handlung an die Dauer der anderen geknüpft sei, sich nach ihr richte, mit dem Indikativ; aber bei kausaler Beziehung zwischen Haupt- u. Nebensatz mit dem Konj., Komik., Liv. u. a. – **II so lange bis, bis dass, bis endlich, bis wirklich** (s. Müller Liv. praef. § 9), zur Angabe, dass die Handlung des Hauptsatzes dauere bis zum Eintreten der Handlung im Nebensatz, mit dem Indikativ; aber wenn das Ziel als ein erstrebtes, gewolltes, bloß als möglich gedachtes, überhaupt als unbestimmte Zukunft erscheint, mit dem Konj., Komik., Cic. u. a. – korresp. m. usque, Komik. u. Cato: m. usque adeo, Cato: m. usque eo, Cic.: od. eo usque, Liv.: m. in tantum, Col.: tam diu … donec, Marc. Emp. 16.

dōneque, s. dōnique.

dōnicum, *Coni.*, altertümlich für donec (s. d.), Liv. Andr. Odyss. fr. bei Charis. 197, 16. Plaut. capt. 339; Pseud. 1168 u. a. Cato r. r. 146, 2. Cato oratt. 10. fr. 5. Nep. Hamilc. 1, 4. Auct. itin. Alex. 20 (50).

dōnifico, āre (donum u. facio), **Geschenke machen,** Hyg. fab. 112.

dōnique, Com., urspr. Form von donec (s. d.), Lucr. 2, 1116; 5, 706 u. 995. CIL 6, 2120, 18. *Vitr. 3, 5, 6; 6, 12, 3; 9, 1, 11 (wo donique cum); 10, 16, 12 (die Hdschrn. im Vitr. überall denique, wofür Rose doneque ediert hat, welche Form auch Euang. Palat. ed. Tischend. Luc. 21, 24 u. 32; 22, 34).

dōno, āvī, ātum, āre (donum), **I** (alci alqd) jmdm. etw. **schenken,** mit etw. **ein Geschenk machen,** u. übtr., etwas gleichs. als Geschenk **überlassen, übergeben, gewähren, vergönnen, verleihen, A** im Allg.: **1** eig.: alci munus, Cic.: praedam militibus, Caes.: alci totam horam, Mart.: Ggstz. regna donatis, adimitis, Liv.: poet., praedam flammis, Sil. 2, 608. – absol., donare (verschenken) et ludere, Hor. sat. 2, 3, 172. – **2** übtr.: **a** übh. **schenken = überlassen, verleihen, gewähren, vergönnen, gestatten,** mutis piscibus cygni sonum, Hor.: alci aeternitatem immortalitatemque, Cic.: alia membra videntur propter eorum usum a natura esse donata, Cic.: quo nihil maius meliusve terris fata donavere, Hor. – poet., m. folg. *Infin.*, alci divinare, Hor.: loricam donat habere viro, Verg. – m. folg. *ut* u. Konj., nostro donate labori, ut etc., Sil. 12, 390 *sq.* – **b** jmdm. etw. als Opfer **darbringen, weihen, opfern,** quidquid quaesierit ventri avaro, Hor.: meum caput Iunoni, Ov. – **c** etw. (jmdm. zuliebe) **fahren lassen, aufgeben,** jmdm. etw. **zum Opfer bringen,** inimicitias rei publicae,

Caes.: iram patriae, Sil.: quae tibi donavi? Ov. – **B** insbes.: **1** eig., jmdm. eine Schuld od. die Verpflichtung zu einer Leistung **schenken** = **erlassen, auf** etw. **Verzicht leisten,** etw. **fahren lassen,** jmdm. etw. **ersparen,** mercedes habitationum annuas creditoribus, Caes.: alci aes alienum, Cic.: poenam, Sen. – alci causam, den Prozess schenken, ersparen, u. so die Strafe erlassen, Iustin.: negotium, die Sache od. den Streit um die Sache fallen lassen, Suet.: u. so legem = *actionem lege datam,* Petron. poët. (vgl. Bremi Suet. Cal. 40). – poet., d. fugam, ersparen, Sil.: d. alci Alpes, den Übergang über die Alpen ersparen, Sil. – **2** übtr.: **a** ein Vergehen, **verzeihen, vergeben,** nefas, Lucan.: scelera, Sen. poët.: mea vulnera, Stat.: iniuriam, ICt.: peccatoribus delicta, Arnob. – dah. b) alci, jmdm. zuliebe, um jmds. willen ein Vergehen od. (gew.) dem Täter eines Vergehens **verzeihen,** den Täter **begnadigen,** ihm **die Strafe erlassen,** (s. Drak. Liv. 2, 35, 5. Duker Flor. 3, 5, 10. Ruhnken Suet. Aug. 5. Heinsius Ov. art. am. 3, 85), culpa gravis precibus donatur suorum, Ov. – patrem filio, Iustin.: alqm memoriae patris, aus Rücksicht auf usw., Iustin.: alqm sacris suis famaeque, Flor.: donari populo Romano, Liv., deo, Suet. Drak. Sil. 15, 603. – **II** (alqm alqā re) jmd. mit etw. **beschenken,** te donabo aliqui, Plaut.: cohortem militaribus donis, Caes.: equites insignibus donis, Liv.: alqm civitate, Caes.: urbes Latinitate et civitate, Suet.: alqm libertate atque immunitate, Curt.: alqm eximiā specie (v. der Natur), Curt. – m. allg. Prädik.-*Acc.,* te pro hoc nuntio quid donem, Ter.: m. *Infin.,* quem fari donavit, Enn. ann. 19 bei Prob. ad Verg. georg. 6, 31 u. bei Philarg. ad Verg. georg. 4, 59.

dōnum, ī, *n.* (v. dare), die **Gabe,** das **Geschenk** des freien guten Willens (vgl. munus), **I** im Allg.: regale, Cic.: dona dotalia, Liv.: dona militaria, Caes., Sall. u. a.: dona nuptialia, Cic.: dona naturae, Cic.: eximia naturae dona, Plin.: deorum dono atque munere, Cic.: dona dare, Komik. u. Nep. (u. so dona dando, zus. = durch Schenken, Sen.): legem de donis et muneribus (Geschenke aller Art an die Sachwalter) ferre, Cic.: donis militaribus amplissime alqm donare, Caes.: certatim dona mittere et munera, Plaut.: alqd dono mittere alci, Perioch. Sulpic. ad Ter. eun. *v.* 8: id dono datur atque accipitur, Sall. fr.: alqm od. alqd dono dare alci, Ter.: pro magnis beneficiis animam dono dedisse, zum Opfer gebracht haben, Sall. fr.: dono (zum Geschenk) emere eam (puellam) alci, Ter.: quae (examina apium) dono vel aucupio contingunt, die man zum G. bekommt oder selbst einfängt, Col. – dona ultima od. suprema, »die letzte Ehre« die man den Verstorbenen durch Opfer u. dgl. erweist, Ov. u. Val. Flacc. – **II** (wie δῶρον) insbes., **a** das **Weihgeschenk** (ἀνάθημα), die **Opfergabe,** das **Opfer,** dona templi, Quint.: dona turea, Verg.: eius victoriae ergo Apollini dona dare, Nep.: dona deûm templis ferre, Ov.: dona magnifica Delphos ad Apollinem mittere, Cic. – m. obj. *Genet.* (für), donum Apollinis, Liv. 5, 23, 8. – **b** das **Totenopfer,** dona feralia od. ultima, Ov.: exstincto cineri sua dona ferre, Ov.

Donūsa, ae, *f.* (Δονουσία), eine Insel im Ägäischen Meer, östl. von Naxos, j. *Stenosa,* Verg. Aen. 3, 125: unter den Kaisern Verbannungsort, Tac. ann. 4, 30.

dorcas, adis, Akk. ada, *f.* (δορκάς), die **Gazelle** (*Antilope Dorcas,* L.), Mart. 10, 65, 13 u. 13, 98, 1: übtr., v. einem Mädchen, nervosa et lignea dorcas, Lucr. 4, 1153 (1161). – Nbf. **dorcus,** ī, *m.* (δόρκος), *Edict. Diocl.* 4, 45 u. 8, 21 (nach Mommsen = Reh). – u. **dorx,** Akk. Plur. dorcas, *m.* (δόρξ), Gratt. cyn. 200.

Dōres, um, *m.* (Δωριεῖς), die **Dorier,** einer der Hauptstämme der Griechen. Sie wohnten ursprünglich am Olymp, zogen später in die Landschaft Doris am Öta, nach dem trojanischen Krieg in den Peloponnes u. nach Kleinasien u. gründeten Kolonien auf Kreta, Rhodus u. Sizilien, Cic. Flacc. 64; de rep. 2, 8: griech. Genet. Plur. Dorieon (Δωριέων), Vitr. 4, 1, 5. – Dav.: **A Dōricus,** a, um (Δωρικός), **a** eig., **dorisch, in dorischer Bauart,** Vitr. u. a.: subst., dōrica (*n. pl.*), dorische Tempel, Vitr. 4, 2, 5 u. a. – *Adv.* **Dōricē, dorisch,** loqui, Suet. Tib. 56. – **b** poet. **griechisch** übh., Tragic. inc. fr., Verg. u. Val. Flacc. – **B Dōriēnsēs,** ium, *m.,* die **Dorier,** Iustin. 2, 6, 16. – **C Dōris,** idis, Akk. idem u. ida, *f.* (Δωρίς), **dorisch,** dialectos, Suet. Tib. 56: lingua, Diom. 440, 5: Malea, Lucan. 9, 36: poet. = **sizilisch,** tellus, Sen. Herc. fur. 81. – subst., **a** die Landschaft **Doris** in Nordgriechenland am Öta, Mela u. Plin.: u. die L. **Doris** in Kleinasien an der Südküste von Karien, Plin. – **b** die Tochter des Oceanus u. der Tethys, Gemahlin des Nereus, Mutter der 50 Nereïden (Nereides), Ov. met. 2, 11. Hyg. fab. praef. p. 5 M. (= p. 10, 14 Schm.). – meton. = das **Meer,** Verg. u. a.: Doridis umor = thalassomeli (s. d.), Ser. Samm. 918. – **c** eine Pflanze, sonst pseudanchusa (unechte Ochsenzunge) gen., Plin. 22, 50. – **D Dōrius,** a, um (Δώριος), **dorisch,** Hor. u. Plin. – subst., Dōrium u. Dōrion, iī, *n.,* die **dorische** Weise im Flötenspiel, Cael. Aur. chron. 1, 5, 176: Dorium canere bellicosum, Apul. met. 10, 31; flor. 4 *in.*

1. **Dōris,** s. Dōres.

2. **Dōris,** idis u. idos, *f.* (Δωρίς), **I** aus Lokris, Gemahlin Dionysius' I. von Syrakus, der sie u. die Aristomache an einem Tage heiratete, Cic. Tusc. 5, 59. Val. Max. 9, 13. *ext.* 4. – **II** Name einer Buhldirne, Prop. 4, 7, 72. Iuven. 3, 94.

dōriscos versus, der Vers – – ◡ ◡ – ◡, Diom. 482, 2.

Dōrium (Dōrion), Dōrius, s. Dōres.

dormio, īvī od. iī, ītum, īre (altind. *drā́ti,* schläft, griech.-homer. ἔδραθον, schlief), **schlafen, I** eig.: **A** im Allg. (Ggstz. vigilare), ire dormitum, Komik. u. a.: dormitum abire, Plaut., vadere, Ps. Apul. herb. u. Marc. Emp.: se dormitum conferre, Cic.: ad dormiendum proficisci, Cic.: dormitum dimitti, Hor.: dormientem excitare, Cic.: d. sub divo noctu, Cels.: in centunculo (v. Sklaven), Sen.: in cubiculo, Phaedr.: in tabernaculo, Plaut.: cum alqo, cum alqa, bei jmd. schlafen (v. Mann u. v. der Frau), Cic., Ov. u. Iuven.: in lucem, in den Tag hinein, Hor.: in lucem arte et graviter dormire, Cic.: in medios dies, Hor.: in quintam horam, Fronto: bene, assidue, Cels.: innumerabilia saecula dormisse, Cic.: ex lassitudine artius, Cic.: altum (tief), Iuven.: dormire non posse, schlaflos sein, Cael. Aur.: etiam dormiens (im Schlafe) vigilo pro alqo, Suet. – im Passiv v. der **Zeit, verschlafen werden,** tota mihi dormitur hiems, Mart. 13, 59, 1: nox est perpetua una dormienda, Catull. 5, 5: nec a me totae (noctes) dormiuntur, Augustin. epist. 13, 1. – unpers., minimum dormitur in illo (lecto), Iuven. 6, 269. – Sprichw., non omnibus dormio, ich übe nicht gegen alle gleiche Nachsicht (s. das Nähere b. Fest. 173, 5), Cic. ep. 7, 24, 1: d. in aurem utramvis od. in aurem dextram, schlafen wie Hans ohne Sorgen, fest schlafen = unbesorgt sein (ἐπ' ἀμφοτέραν καθεύδειν), Ter. heaut. 342. Plin. ep. 4, 29, 1. – **B** prägn., vom Todesschlaf: quid, si illum tractim tangam, ut dormiat, eins aufstriche zum Einschlafen, Plaut. Amph. 313: u. so CIL 6, 10106. – **II** übtr., **schlafen** = **A untätig sein,** beneficia dormientibus deferuntur, im Schlaf (d. i. ohne ihr Zutun), Cic.: dormiet Venus, Prop.: ferulae dormiant, Mart. – **B unbekümmert sein,** Ter. u. Cael. in Cic. ep. – ► Archaist. *Fut.* dormibo, Plaut. trin. 726: dormibit, Cato r. r. 5, 5.

dormīsco, ere (*Inchoat.* v. dormio), **in Schlaf verfallen,** Prisc. 8, 72 (ohne Beleg).

Dormītantius, iī, *m.* (dormitans v. dormito), der **Schläfer,** spöttische Nachbildung als Ggstz. zu Vigilantius, Hieron. epist. 109, 1.

dormītātio, ōnis, *f.* (dormito), das **Schlafen,** Vulg. psalm. 131,4 u. prov. 23, 21. – übtr., dorm. animi, Augustin. de mor. eccl. cath. 1, 24, 45.

dormītātor, ōris, *m.* (dormito), der **Träumer, Faseler, Flunkerer,** Plaut. trin. 862 u. 984.

dormītio, ōnis, *f.* (dormio), **I** das **Schlafen,** Varro sat. Men. 588. Vulg. 2. Mach. 12, 45; Ioann. 11, 13: altitudo (Tiefe) dormitionis, Arnob. 5, 9: o stulta pectoris nostri dormitio vigilabilis! Varro sat. Men. 485. – Plur., dormitiones illae, im Isistempel, Arnob. 7, 32. – **II** prägn., das **Entschlafen** = Sterben, sanctae Paulae, Hieron. praef. in Iosue. – meton., der **Todesschlaf, Tod,** CIL 6, 36294 u. Eccl.

dormīto, āvi, āre (dormio), **Neigung zum Schlaf haben, schläfrig sein, einschlafen wollen, eben einschlafen, I** ein.: te dormitare aiebas, Plaut.: dormitanti mihi epistula illa reddita, Cic. – poet., sub aurora, iam dormitante lucernā, einschlafend = im Verlöschen begriffen, Ov.

her. 19, 195. – **II** übtr., wie unser **schlafen, träumen = wie im Traum sprechen, faseln, flunkern,** dormitas senex, Plaut. trin. 981. – od. = die **Hände** (untätig) **in den Schoß legen, sich gehen lassen,** non enim nunc tibi dormitandum neque cunctandi copia est, Plaut.: quandoque bonus dormitat Homerus, Hor.: cum Ciceroni dormitare Demosthenes videatur, Quint.: ista oscitans et dormitans sapientia Scaevolarum, schläfrige u. pomadige W., Cic.: ibi tu ad hoc diei tempus dormitasti in otio, Plaut.

dormītor, ōris, *m.* (dormio), der **Schläfer,** Mart. 10, 4, 4.

dormītōrium, iī, *n.*, s. dormītōrius.

dormītōrius, a, um (dormitor), **zum Schlafen gehörig, Schlaf-,** membrum, Plin. ep.: cubiculum, ein Schlafzimmer, Plin. ep.: carrucha, ein Schlafwagen, ICt. – subst., dormītōrium, iī, *n.*, **a** das **Schlafzimmer,** Plin. 30, 51. – **b** die **Ruhestätte** der Toten, Eccl.

dōron, ī, *n.* (δῶρον), **I** = donum, Plin. 35, 171. – **II** = palmus, **die Breite der flachen Hand,** Plin. 35, 171 (Vitr. 2, 3, 3 griech.).

dorsuālis, e (dorsum), **auf dem Rücken befindlich,** nota (equi), auf dem R. eingebranntes, Apul. met. 11, 20: cristae ferarum, Amm. 22, 15, 18: pinnae, Solin. 12, 4: strictoria, Edict. Diocl. 16, 3. – subst., dorsuālia, ium, *n.*, **Rückendecken** für die Tiere, Treb. Poll. Gall. 8, 2.

dorsuārius, s. dossuārius.

1. dorsum, ī, *n.* (wohl für deorsum, devorsum, Herabgewandtes, Abschüssiges), **I** der **Rücken** als erhabener Bestandteil des tierischen Körpers vom Nacken bis zum After, der **Buckel** (hingegen tergum, der Rücken als Rückseite, Ggstz. frons), **a** der Menschen, dorsi spina, Rückgrat, Augustin.: dass. spina, quae in dorso est, Gell.: clipeum ad dorsum accommodare, Plaut.: virgis dorsum depoliet meum, Plaut.: ita dorsus totus prurit, Plaut. (wegen dorsus s. unten ►): dorso graviora arma portare, Curt.: pisa dorso eminet, Verg.: sicut dorso grandiuscularum puellarum parvuli portari solent, Augustin. conf. 9, 8. – **b** der Tiere, d. equi, Plin.: quadrupedum dorsa pilosa, Plin.: testudinum dorsa, Schalen, Curt.: cameli Bactriae bina habent tubera in dorso, Arabiae singula, Plin.: dorso onus subire, v. Esel, Hor.: dorsum demulcere (equis), Liv.: alqm in dorso suo insidere non pati (v. einem Pferd), Curt. – **II** übtr., die buckelartige Erhöhung, der **Rücken,** duplex (dentalium), der dopp. R. des Scharbaums (= die beiden Schenkel od. Sohlhölzer, die spitz in die Pflugschar zusammenliefen u. nach hinten auseinanderstanden), Verg.: folia canalium (Blattrippen) dorso rubescentia, Plin. – bes. einer Örtlichkeit, speluncae, Verg.: maris, Min. Fel.: immane, Klippe, Riff im Meer, Verg.: vadi, Sandbank, Verg.: summum d. (viae), Stat.: saxeum, Steindamm, Plin. ep. – u. so v. Bergen u. Felsen, editissimum, Plin. ep.: nemoris, Verg., praerupti nemoris, Hor. – u. vom fortlaufenden Bergrücken, der **Kamm,** eius iugi, Caes.: iugum montis in angustum dorsum cuneatum, Liv.: d. montis, Curt., montis Albani, Liv., Pyrenaei montis, Iustin.: mons angustus et aequali dorso continuus, Tac.: iugum, quod eos montes perpetuo dorso inter se iungit, Liv.: Athos toto longe dorso procedit in pelagus, Mela: quā dorsum agit Taurus, Mela. – ► Nbf. **dorsus,** *m.*, Plaut. mil. 397. Caes. b. G. 7, 44, 3: Abl. dorsu, Itala (Wirceb.) Ezech. 40, 18; vgl. Prisc. 5, 43 (wo hic dorsus, Genet. huius dorsus) u. Caper (VII) 109, 9 K. (wo dorsum, non dorsus).

2. dorsum, *Adv.*, s. de-orsum ►.

dorsuōsus, a, um (dorsum), **hügelartig, hügelig,** brevia, Solin. 27, 3 M. Amm. 22, 8, 46 G.

dorsus, s. 1. dorsum ►.

dorx, s. dorcas.

dorycnion, iī, *n.* (δορύκνιον), eine giftige Pflanze aus der Gattung trychnos od. strychnos, Plin. 21, 179 u. a. Scrib. Larg. 191.

Dorylaeum (Doryläum), ī, *n.* (Δορύλαιον), eine Stadt in Phrygien, nicht weit von der galatischen Grenze am Fluss Thymbris (j. Pursek), j. *Eski-Shehr,* Cic. Flacc. 39. Anton. itin. 202, 6. – Dav.: **A Dorylēnsēs,** ium, *m.*, die Einw. von Doryläum, die **Dorylenser,** Cic. Flacc. 39. – **B Dorylaeī,** ōrum, *m.*, die Einw. von Doryläum, die **Doryläer,** Plin. 5, 105.

doryphorus u. -**os,** ī, Akk. on u. um, *m.* (δορυφόρος), der **Speer-, Lanzenträger, Hellebardier,** als **Trabant,** Curt. 3, 3 (7), 15. – Name berühmter Statuen des Polyklet u. anderer griech. Künstler, Cic. Brut. 296 u. or. 5. Plin. 34. § 55. 75. 86. Quint. 5, 12, 21.

dōs, dōtis, *f.* (do), die **Gabe, I** die **Mitgabe** bei der Heirat, das **Heiratsgut,** die **Mitgift,** uxor sine dote, Plaut.: inopes dotum filiae, Val. Max.: *dos* si nuptiarum causā data, Varro LL.: dotis dimidium, dotis paululum, Afran. fr.: dotis tabellae, Ehepakten, Suet.: filiarum dotes, Cic.: talenta dotis (an M.) adposcere duo, Ter.: dotem dicere (alci), zusagen, s. 2. dico *no.* II, B. 7: accipere pecuniam ab uxore dotis nomine, Caes.: dare dotem, Ter.: dare dotes filiis de communi aerario, Nep.: dotis (als M.) dare insulam Chrysam, agrum Caecubum, Varro fr.: quadraginta sestertia dare dotem cornicini, Iustin.: alci nubenti in dotem centum milia (nummûm) conferre, Plin. ep.: filiae nubili dotem conficere non posse, Cic.: trecentis milibus dotis (an M.) fuit contenta, Apul. – **II** übtr., **a** die **Mitgabe, Mitgift, Gabe** übs., dos invitamentumque sceleris, Vell.: silvarum dotes, Ov.: duplex libelli dos est, Phaedr.: his quasi praeter dotem, quam in civilibus bellis acceperant, agrum Campanum est largitus Antonius, Cic.: et ipsam gloriam belli, quā velut dote Hannibal concilietur, nimiam in praefecto regio esse, Liv.: cuius (Scaevolae) artem cum indotatam esse et incomptam videres, verborum eam dote (durch die Ausstattung deiner Worte) locupletasti et ornasti, Cic. – **b** prägn., die **Gabe, Begabung = treffliche Ausstattung, treffliche Eigenschaft,** der **Vorzug, Wert,** dotes corporis, Sen.: dotes corporis animique, Suet.: dotes ingenii, Ov., Vell. u. a.: vel ingenii dotes (natürliche Geistesgaben) vel animi artes (durch Bildung gewonnene geistige Eigenschaften), Curt.: dotes naturae fortunaeque, Plin. ep.: margaritarum, Güte, Plin.: praediolum, quod commendatur his dotibus, Sen. – ► Genet. Plur. dotium, Ulp. dig. 23, 3, 9. § 1 u. a. ICt.: dotum, Val. Max. 4, 4, 11. Tert. de cult. fem. 2, 9.

Dossennus, ī, *m.*, Name eines stehenden burlesken Charakters in den Atellanen, mit dem Attribut der Weisheit od. des pfiffigen Scharlatans, Hor. ep. 2, 1, 173; vgl. Sen. ep. 89, 7.

dossuārius, a, um (st. dorsuarius v. dorsum), **mit dem Rücken tragend, lasttragend,** asellus, Packesel, Saumtier, Varro r. r. 2, 6, 5: iumenta, Saum-, Packpferde, Varro r. r. 2, 10, 5. Vgl. Gloss. ›dorsuarius, -aria, νωτοφόρος, -φόρα‹.

dōtālis, e (dos), **zur Mitgabe-, zum Heiratsgut gehörig,** praedium, Cic.: agri, Hor.: fundus, ICt.: tabulae, Ehepakten, Schol. Iuven.: dona, Brautgeschenke, Liv.

dōtātus, a, um, *PAdi.* (v. doto), **I reichlich-, wohl ausgestattet,** uxor, Plaut.: Aquilia, Cic.: coniunx, Hor.: subst., nupsit dotatae (eine Reiche), Pompon. com. 89. – **II** übtr., **gehörig ausgestattet, -begabt,** vite dotata ulmus, Plin.: Chione dotatissima formā, herrlich mit Schönheit ausgestattet, Ov. met. 11, 301.

dōto, āvī, ātum, āre (dos), **aussteuern, ausstatten,** filiam, Suet.: filiam quadringentis milibus nummûm, Apul.: de publico nubentem filiam, Augustin.: filiam pro natalibus dotare non quire, Apul.: sanguine Troiano dotari, poet., Trojanerblut gleichsam als Mitgift erhalten, Verg.: funeribus dotari, Ov.: uxor mariti sanguine dotata, Iustin. – übtr., inertem fetibus ornum dotat, Pallad.: quos etsi plurimā laude dotaverit vetustas, Pacat. pan.: in Arabia et olea dotatur lacrimā (mit einem Harz), Plin. Vgl. dotatus.

dracaena, ae, *f.* (δράκαινα), das Weibchen des draco, der weibliche **Drache** (als Schlange), ohne Beleg angeführt bei Prisc. 5, 10 u. 6, 17. Serv. u. Schol. Bern. Verg. georg. 3, 245 u. bei a. Gramm.

drachma, ae, *f.* (δραχμή), die **Drachme, I** eine griechische Münze ungefähr vom Wert eines röm. denarius, Komik., Cic. u. a. – **II** ein Gewicht, $^1/_8$ uncia = $^1/_{96}$ as (etwa $3^1/_2$ g), Plin. u. a. – Gedehnte (bei den Komik. stets übliche) Form drachuma, z. B. Enn. fr. scen. 322 u. 323. Plaut. merc. 777; trin. 425. Ter. Andr. 451 u. heaut. 601. – Genet. Plur. gew. drachmarum od. drachumarum; doch auch drachmûm, Cic. ep. 2, 17, 4. – Andere (viell. spätere) Schreibung dragma, s. Fritzsche Hor. sat. 2, 7, 43.

drachmālis, e (drachma *no.* II), **eine Drachme schwer,** Cass. Fel. 71. p. 172, 5.

drachuma, s. drachma.

drachumisso, āre (drachuma = drachma), **für eine Drachme dienen,** *Plaut. Pseud. 786 (808) *Lorenz.*

1. **draco**, ōnis, *m.* (δράκων), der **Drache, I** eig., bei den Griechen und nach ihnen bei den Römern jede größere Art unschädlicher Schlangen, die auch von ihnen als Haustiere, bes. von Damen u. Weichlingen als Spielzeug gehalten wurden, Cic. u. a.: iubatus, Rhet. Her. Vgl. Casaub. Suet. Tib. 72. – **II** meton.: **A** der **Drache,** ein nördliches Gestirn (rein lat. anguis u. serpens gen.), Cic. de nat. deor. 2, 106 *sq.* – **B** eine Vorrichtung, um schnell Wasser zu wärmen. Sie bestand in einem Kessel, der ringsum mit einer Anzahl Röhren versehen war, die den Windungen einer Schlange glichen, sodass die ganze Wassermenge zu gleicher Zeit u. in kleinen Mengen der Einwirkung des Feuers ausgesetzt war, der **Drache,** Sen. nat. qu. 3, 24, 2. – **C** eine **alte Rebe,** Plin. 14, 12 u. a. – **D** draco marinus, ein Seefisch, nach Bloch *Trachinus Draco* (L), das **Petermännchen,** Plin. 9, 82. – **E** eine Standarte, das von den Parthern entlehnte u. zu Trajans Zeiten im röm. Heer eingeführte Feldzeichen einer Kohorte, eine Lanze mit einem darauf befestigten Drachen aus bemaltem Zeug od. aus Häuten mit silbernem Rachen, der sich, wenn der Wind in den offenen Rachen blies, hin u. her bewegte und so gleichsam die Windungen einer Schlange nachahmte, der **Drache,** Veget. mil. 2, 13. Treb. Poll. Gall. 8, 6. Amm. 16, 10, 7 u. 12, 39. Nemes. cyn. 85. Claud. III. cons. Hon. 138. Prud. cath. 5, 56: dracones Persici, Vopisc. Aurel. 28, 5. – ► Genet. dracontis, Acc. tr. 596: Akk. dracontem, Acc. tr. Phil. fr. XXII (p. 210 R.^{2}) bei Charis. 126, 20.

2. **Draco**, ōnis, *m.* (Δράκων), der strenge Gesetzgeber der Athener, Cic. de or. 1, 197; de rep. 2, 2. Gell. 11, 18, 1 *sqq.*

dracōnārius, iī, *m.* (draco), der Träger des *draco* (*no.* II, E), der **Drachenträger,** Veget. mil. 2, 7 u. a. Vopisc. Aurel. 31, 7. Amm. 22,4, 18. CIL 6, 32968.

dracōneus, a, um (draco), **vom Drachen, Drachen-,** ad saxum religatus est Perithous nexibus draconeis, Mythogr. Lat. 1, 48.

dracōnigena, ae, *c.* (draco u. gigno) = δρακοντογενής, **von Schlangen erzeugt, von Drachen abstammend,** urbs, v. Theben (weil es Kadmos mit den aus den gesäten Schlangenzähnen entsprossenen Männern erbaut hat), Ov. fast. 3, 865: hostis, Alexander der Große (den seine Mutter mit einer Schlange gezeugt haben wollte), Sidon. carm. 2, 80.

dracōnipēs, pedis (draco u. pes), **schlangenfüßig,** v.d. Giganten, Lact. ad Stat. Theb. 5, 569.

dracōnītis, idis, *f.* = dracontia *no.* I, Plin. 37, 158.

dracontārium, iī, *n.* (draco), eine Kopfbinde, die so gedreht war, dass sie den Windungen einer Schlange ähnelte oder vielleicht zwei verschlungene Schlangen darstellte, Tert. de cor. mil. 16.

draconteā, s. dracontium.

draconteus, a, um (draco), **vom Drachen, Drachen-,** genus, Hyg. fab. 72: natus est puer draconteis pedibus, Mythogr. Lat. 1, 128. Serv. Verg. georg. 3, 113.

dracontia, ae, *f.* od. **dracontias**, ae, *m.* (δρακοντίας), **I der Drachenstein,** Plin. 37, 158. Solin. 30, 16. – **II** eine Art **Weizen,** Plin. 18, 64; vgl. Isid. 17, 9, 35.

dracontios (vitis), eine Art Weinstock, Col. 3, 2, 28.

dracontītēs, ae, *m.*, der **Drachenstein,** Isid. 16, 14, 7.

dracontium, iī, *n.* (δρακόντιον), **Drachenwurz, Schlangen-Zehrwurz** (*Arum dracunculus,* L.), Plin. 24, 142 u. 150. – ► Nbf. **draconteā**, ae, *f.*, Ps. Apul. herb. 15.

dracunculus, ī, *m.*, (*Demin.* v. draco), der **kleine Drache, I** eig., als Schlange (s. 1. draco *no.* I), Lampr. Al. Sev. 14. § 1. Lampr. Heliog. 28, 3. Iul. Val. 1, 5 (II): goldener als Glied einer Kette, CIL 12, 354. – **II** übtr.: **A** eine Fischart (vgl. draco *no.* II, D), Plin. 32, 148. – **B** eine Pflanze, **Dragun** (*Artemisia dracunculus,* L.), Plin. 24, 142 u. 149.

dragantum, s. tragantum unter tragacantha.

dragma, ae, *f.*, s. drachma.

drāma, atis, *n.* (δρᾶμα), das **Drama,** Auson. ep. 18, 15 p. 179, 1 Schenkl: Beda de orthogr. 270, 17 K.: satirica dramata, Acro Hor. de art. poët. 216. – Dav. **drāmaticos**, on (δραματικός), **dramatisch,** Diom. 482, 15 u. 17. Dosith. 57, 1 K. Chalcid. Tim. 138.

Drancae od. **Drangae**, ārum, *m.* (Δράγγαι), eine Völkerschaft in der nach ihnen benannten Provinz Drangiana (Δραγγιανή, jetzt »Sedjestân od. Seistan« in »Kabulistan«) im Innern des alten persischen Reichs, Form *-gae,* Plin. 6, 94. Curt. 6, 6 (24), 36: Form *-cae,* Iustin. 13, 4, 22. – Dav. **Drancaeus**, a, um, **drancäisch,** Val. Flacc. 6, 106 u. 507.

drāpeta, ae, *m.* (δραπέτης), ein **Flüchtling,** bes. **entlaufener Sklave,** rein lat. fugitivus, Plaut. Curc. 290.

drappus, ī, *m.*, ein **Tuch, Lappen,** Oribas. fr. Bern. p. 22, 22 H. Not. Bern. p. 34 Schm.

drasidae = *druidae,* Amm. 15, 9, 4 u. 15, 9, 8.

draucus, ī, *m.* (v. δρᾶν, Ggstz. pathicus v. παθεῖν), einer, der mit Männern Unzucht treibt, Mart. 1, 96, 12; 9, 73, 1.

Draus u. **Dravus**, ī, *m.*, ein Fluss in Pannonien, j. **Drau** od. **Drave,** Form *-aus,* Plin. 3, 147: Form *-avus,* Flor. 4, 12, 8. Sex. Ruf. brev. 7 *extr.*

drēnso, āre, Naturlaut der Schwäne, Suet. fr. 161. p. 251 R. Anthol. Lat. 762, 23 (233, 23).

drepanis, idis, Akk. in, *f.* (δρεπανίς), die **Mauerschwalbe** (*Hirundo apus,* L.), Plin. 11, 257.

Drepanum, ī, *n.* (Δρέπανον), u. **Drepana**, ōrum, *n.* (Δρέπανα), eine Stadt an der westl. Küste Siziliens, jetzt *Trapani,* Form *-um,* Verg. Aen. 3, 707. Prisc. 2, 63: Form *-a,* Liv. 28, 41, 5. Flor. 2, 2, 12: seltene Nbf. **Drepana**, ae, *f.*, Oros. 4, 10, 5 u. **Drepanē**, ēs, *f.*, Sil. 14, 269; in der Nähe das ebenfalls Drepanum genannte Vorgebirge, jetzt *Capo Trapani,* Plin. 3, 88. Schol. Bob. in Cic. Clod. p. 337 B. – Dav. **Drepanitānus**, a, um, **drepanitanisch, aus Drepanum** (vgl. Prisc. 2, 63), pupillus, Cic. Verr. 2, 140. – Plur. subst., Drepanitānī, ōrum, m., die Einw. von Drepanum, die **Drepanitaner,** Cic. Verr. 4, 37.

drīllopōta, ae, *m.* (δρῖλος = penis u. poto), **Regenwurmsauger,** Schol. Iuven. 2, 95.

drīmyphagia, ae, Akk. ān, *f.* (δριμυφαγία), das **Essen scharfer Speisen,** Cael. Aur. chron. 1, 1, 26; 2, 6, 93.

drindro, āre, Naturlaut der Wiesel, Suet. fr. 161. p. 250, 2 R. u. wahrsch. Anthol. Lat. 762, 61 (233, 61).

drino, ōnis, *m.*, eine Art Thunfische, Plin. 32, 145.

1. **dromas**, adis (δρομάς), **laufend,** in der Verbindung dromas camelus, das **Dromedar,** Curt. 5, 2 (8), 10: u. so cameli, quos appellant dromadas, Liv. 37, 40, 12: Nbf., dromeda (Nomin.), Isid. 12, 1, 36: cameli (Peter camelli), quos dromedas vocitant, Vopisc. Aurel. 28, 3.

2. **Dromas**, adis, *f.* (δρομάς, die Läuferin), Hundename, Ov. met. 3, 217.

dromeda, s. 1. dromas.

dromedārius, iī, *m.* (dromas), das **Dromedar,** Hieron. vit. Malchi 10. Vulg. Isai. 60, 6.

dromo od. **dromōn**, ōnis, *m.* (δρόμων, der Läufer), ein **Schnellsegler,** Cod. Iust. 1, 27, 2. Cassiod. var. 5, 17, 1. Isid. 19, 1, 14.

dromōnārius, iī, *m.* (dromo), der **Ruderer auf einem Schnellsegler,** Cassiod. var. 4, 15, 1.

dromos, ī, *m.* (δρόμος, eig. der »Lauf«; meton.) **I** die **Laufbahn, Rennbahn,** CIL 14, 365*. – **II** insbes., als *nom. pr.*, **Dromos, a** die Ebene bei Sparta, wo die Jugend sich im Lauf übte, Liv. 34, 27, 5. – **b** Dromos Achilleos (Δρόμος Ἀχίλλειος), eine lange, schmale Landzunge der Krim, unweit der Mündung des Borysthenes, wo Achilles einen Wettlauf gehalten haben soll, Plin. 4, 83.

drōpacātor, ōris, *m.* (dropaco) = dropacista (s. d.), CIL 6, 10229.

drōpacismus, ī, *m.* (δρωπακισμός), das **Ausziehen der Haare** (bes. Grindköpfiger) **durch eine Pechmütze,** Cael. Aur. chron. 2, 6, 93.

drōpacista, ae, *m.*, **einer, der die Haare** (bes. Grindköpfiger) **durch eine Pechmütze auszieht,** Schol. Iuven. 13, 151.

drōpaco, āre (δρωπακίζω), **durch eine Pechmütze die Haare** (bes. die Grindköpfiger) **ausziehen,** Th. Prisc. 4, 1.

drōpax, acis, *m.* (δρῶπαξ), eine **Pechmütze,** um die Haare (bes. die Grindköpfiger) auszuziehen, Mart. 3, 74, 1; 10, 65, 8. Auson. epigr. 131, 1. p. 220 Schenkl. Th. Prisc. 2, 11. Cael. Aur. chron. 1, 1, 36 *sq.* Schol. Iuven. 9, 14.

drosolithus, ī, *m.*, ein uns unbekannter Edelstein von der Farbe des Taues, Plin. 37, 190.

drua, ae, *f.*, viell. = trua (s. d.), Paul. ex Fest. 9, 11.

Druentia, ae, *m.*, Fluss in Gallia Narbon., der in die Rhone fließt, j. *Durance*, Liv. 21, 31, 9. Sil. 3, 468. Auson. Mos. 479 (dort *f.*). Amm. 15, 10, 11. – Dav. **Druenticus**, a, um, **druentisch,** CIL 12, 721 u. 982.

Druias, adis, *f.*, s. 2. Dryas.

druidae (dryidae), ārum, *m.* u. **druidēs**, um, *m.* (*derwydd* od. *dryod* altbritisch = »weiser Mann«), die **Druiden,** die Priesterkaste der alten Kelten, Form *-ae*, Cic. de div. 1, 90. Tac. ann. 14, 30: Form -des, Caes. b. G. 6, 13 *sqq.* (auch Hauptst.): Form dryidae, Suet. Claud. 25 R. (auch Variante bei Cic. de div. 1, 90).

Druis, idis, *f.*, s. 2. Dryas.

Druna, ae, *m.*, ein kleiner Alpenfluss, der sich südlich von Valencia in die Rhone ergießt, j. *Drôme*, Auson. Mosell. 479.

drungus, ī, *m.*, eine **Schar Soldaten,** Veget. mil. 3, 16 u. 19. Vopisc. Prob. 19, 2.

druppa, ae, *f.* (δρύππα; griech. δρυπετὴς ἐλαία), mit u. ohne oliva, die **vollreife Olive,** Plin. 12, 130; 15, 6 u. a.

Drūsus, ī, *m.*, Beiname eines Zweiges der Livia gens u. einiger Claudii (zuerst angenommen von einem Livier, als er den feindlichen gallischen Feldherrn getötet hatte, s. Suet. Tib. 3, 2.) – Zu nennen sind hier: M. Livius Drusus, der Oheim des Kato Uticensis, in seinem eigenen Hause von Q. Varius ermordet, weil er mehrere der gracchischen Gesetze zu erneuern suchte, Cic. Arch. 6. Vell. 2, 13 *sq.* – Claudius Drusus Nero, Sohn der Livia Drusilla u. des Tib. Klaudius Nero, (s. Orelli Hor. carm. 4, 4), Suet. Claud. 1, 1. Tac. ann. 1, 33. – Plur. Drusi, Verg. Aen. 6, 824. – Dav.: **A** **Drūsiānus** u. **Drūsīnus**, a, um, **drusianisch** u. **drusinisch,** fossa Drus., der vom gen. Klaud. Drusus Nero geführte Kanal, der die alte Yssel mit der neuen verband, Tac. ann. 2, 8. Suet. Claud. 1, 2. – **B** **Drūsilla**, ae, *f.*, weibl. Name in der drus. Familie, unter dem bes. bekannt sind: **a** Livia Drusilla, s. Līvius. – **b** Tochter des Drusus Germanicus, Schwester und Konkubine des Kaligula, Tac. ann. 6, 15. Suet. Cal. 7.

Dryades, Plur. v. 1. u. 2. Dryas, s. d.

Dryantīdēs, s. 3. Dryās.

1. Dryas, adis, Akk. Plur. adas, *f.* (Δρυάς), eine **Baumnymphe, Waldnymphe,** Mart. 9, 62, 14: öfter Plur. Dryades, um, Verg. u. a. Dichter. – Griech. Dat. Plur. Dryasin, Prop. 1, 20, 12 zw.

2. Dryas, adis, Akk. Plur. adas, *f.*, ein **Druidenweib,** als Priesterin u. Wahrsagerin, Lampr. Alex. Sev. 60, 6; Numer. 14, 2 u. 3; 15, 1; Aurel. 44, 4. – ► In diesen Stellen teils Druias, teils Druis.

3. Dryās, antis, *m.* (Δρύας), Vater des Lykurg, des Königs von Thrazien, *Naev. tr. 49. Hyg. fab. 132. – Dav. **Dryantīdēs**, ae, *m.*, des Dryas Sohn, d. i. Lykurgus, Ov. Ibis 343.

4. Dryās, antis, Akk. anta, Vok. a, *m.*, Sohn des Mars u. Bruder des Thraziers Tereus, nahm an der kalydonischen Jagd teil, sowie am Kampf der Lapithen gegen die Zentauren, Ov. met. 8, 307; 12, 311.

dryidae, s. druidae.

dryītis, idis, *f.* (δρυῖτις), ein uns unbekannter Edelstein, Plin. 37, 188.

Dryopes, um, *m.* (Δρύοπες), ein pelasgischer Volksstamm, der zuerst ein kleines Gebiet am Öta in der Gegend des Spercheios in Thessalien bewohnte, von da in den Peloponnes zog und, von dort vertrieben, sich in Messenien niederließ, Plin. 4. praef. § 2. Verg. Aen. 4, 146. – Sing. **Dryops**, opis, *m.*, ein **Dryopier,** Ov. Ibis 486 (488 M.).

dryophonon, ī, *n.* (δρυοφόνον), eine dem Farnkraut ähnliche Pflanze, Plin. 27, 73.

dryopteris, idis, *f.* (δρυοπτερίς), eine an Bäumen wachsende, dem Farnkraut ähnliche Pflanze, **Eichfarn,** Plin. 27, 72.

duālis, e (duo) = δυϊκός, **von zweien, zwei enthaltend,** numerus, die Zweiheit, Zweifaltigkeit, Lact. de opif. dei 10, 9. Chalcid. Tim. 35. – in der Gramm., dualis numerus, der Dual, Quint. 1, 5, 42. Serv. Verg. Aen. 2, 1: u. quod (δυϊκόν) vocant duale, Quint. 1, 5, 42; vgl. *Gloss.* II, 55, 57 (wo δυϊκόν, duale). – Dav. **duāliter**, δυϊκῶς, *Gloss.* II, 282, 23 u. **duālitās**, ātis, *f.*, die **Zweizahl, Zweiheit, Zweifaltigkeit,** Boëth. inst. arithm. 1, 20. p. 43, 7 Fr. u. ö. Augustin. serm. 7, 6 u. a. Eccl.

dua-pondō, *neutr. indecl.*, **zwei Pfund,** Quint. 1, 5, 15; vgl. Scrib. Larg. 5. 81 u. ö. ›pondo dua‹.

dubenus (dubinus), ī, *m.* = dominus, der **Herr,** Paul. ex Fest. 67, 7.

dubiē, *Adv.* (dubius), **schwankend,** **I** subjektiv = **in schwankender Haltung, sich bedenkend, zweifelnd, unentschieden, unschlüssig,** d. gaudet, Ov. met. 10, 287: inter confessum dubie dubieque negantem, halb geständig, halb leugnend, Ov. ex Pont. 2, 3, 87. – dah. nec od. haud d., unbedenklich, ohne Bedenken, nec d. vires vestras ducite, Ov. met. 7, 508: nec. d. custodem vitis et horti provocat, Iuven. 6, 375; vgl. 14, 611: Licinio libros haud d. sequi placet, Liv. 4, 23, 3. – **II** objektiv = **zweifelhaft, ungewiss,** potest accĭdere, ut aliquod signum dubie datum pro certo sit acceptum, Cic. de div. 1, 124: ut splendor eius d. ac parum luceat, Sen. de ben. 4, 16, 3: Herculanensis oppidi pars ruit dubieque stant etiam quae relicta sunt, Sen. nat. qu. 6, 1, 2: periculum, quod a fautoribus necessario, a Maximinianis d. imminebat, Capit. Gord. 9, 6. – dah. non (nec) od. haud dubie, unzweifelhaft, ohne Zweifel, zweifelsohne, unstreitig, unbedingt, non d., Cic. ep. 15, 1, 1. Quint. 7, 2, 6: nec d., Liv. 2, 23, 13. Quint. 2, 14, 2. Tac. ann. 4, 19 (vgl. oben *no.* I): oft haud d., z. B. Sall. Iug. 102, 1 u. hist. fr. 4, 61 (19), 9. Liv. 1, 9, 6 u. ö. Curt. 3, 9 (23), 2 u. ö. Quint. 10, 1, 85. Tac. ann. 2, 43 u. ö. Suet. Caes. 55, 1 u. ö.

dubietās, ātis, *f.* (dubius), der **Zweifel,** das **Bedenken,** dub. arbitrantis, Claud. Mam. de stat. anim. 1, 11: sine dubietate, Eutr. 6, 19. Amm. 22, 14, 4: dubietatem augere, Amm. 20, 4, 6: naevum dubietatis excludere, Cassiod. in psalm. 33, 20: Plur., super cuius obitu dubietates emersere complures, Amm. 25, 10, 12.

dubinus, s. dubenus.

dubiō, *Adv.* (dubius), **zweifelhaft,** nec dubio, unzweifelhaft, Apul. met. 9, 2. Heges. 1, 16, 3.

dubiōsus, a, um (dubius), **zweifelhaft,** *Gell.* 3, 3, 3; 5, 10, 15.

Dūbis, is, *m.*, Nebenfluss der Saône, j. *Doubs*, Caes. b. G. 1, 38, 4.

dubitābilis, e (dubito), **zweifelhaft,** d. i. **I** woran gezweifelt wird, Ov. met. 2, 223 u. 13, 21. Boëth. cons. phil. 4, 2 *extr.* – **II** **zweifelnd,** Prud. apoth. 649.

dubitanter, *Adv.* (dubito), **I** **zweifelnd, zweifelhaft,** Cic. de inv. 2, 10. *Gell.* 19, 7, 7. Augustin. de vit. beat. 8: haud d., unstreitig, Col. 8, 15, 7; 9, 6, 1. – **II** **mit Bedenken, zaudernd,** Cic. Brut. 87: non d., ohne Bedenken (Zaubern), Asin. Poll. in Cic. ep. 10, 31, 2. Auct. b. Alex. 14, 3. Val. Max. 3, 2. ext. 6.

dubitātim, *Adv.* (dubito) = dubie, Cael. Antip. 3. fr. 30. Sisenna hist. 4. fr. 75 (beide bei Non. 98, 29 *sqq.*).

dubitātio, ōnis, *f.* (dubito), **I** der **Zweifel,** die **Ungewissheit,** **a** im Allg.: res habet dubitationem, Cic.: sine ulla dubitatione, ohne alle Ungewissheit = mit völliger Gewissheit, ganz entschieden, Cic. u. a.: u. so sine dubitatione, Vell. u. Col. (vgl. unten *no.* II): vere ac sine cuiusquam dubitatione, Cic. – m. subj. *Genet.*, dubitatio omnium, Cic.: m. obj. *Genet.*, dubitatio adventus legionum, Caes.: dubitatio iuris, Cic.: m. *de* u. Abl., illa Socratica dub. de omnibus rebus, Cic. – m. Verben verb. m. folg. indir. Fragesatz, si quando dubitatio accĭdit, quale sit id, de quo consideretur, Cic.: imperandi declinatio sitne, habet dubitationem (ist zweifelhaft), Varro LL.: bei vorherg. Negation m. folg. *quin* u. Konj., hic locus nihil habet dubitationis, quin etc., Cic.: nulla dubitatio est od. fuit, quin etc., Cic. u. Liv.: nisi forte tanta ubertas et varietas pomorum dubitationem affert, *quin* hominibus solis ea natura donaverit, Cic. de nat. deor. 2, 158: u. extra dubitationem est m. folg. *Acc.* u. *Infin.*, z. B. legem esse, Quint. 7, 1, 48. – **b** als Redefigur, griech. διαπόρησις, wenn der Redner tut, als sei die Sache so groß, dass er keine Worte finde und nicht wisse, wo er anfangen solle, Rhet. Her. 4, 40 (Beispiele Cic. Rosc. Am. 29; de or. 3, 214). – **II** das **Bedenken,** die **Bedenklichkeit, Unschlüssigkeit,** das

Zaudern, Cic. u. a.: dubitatio crucis, Bedenklichkeit wegen Anwendung der Kreuzigung, Cic.: u. so dub. belli, wegen der Führung des Kr., Cic.: aluit dubitatione bellum, Tac.: sine ulla dubitatione, ohne alle Bedenklichkeit, ohne allen Anstand, ganz entschieden, ungescheut, Cic.: ebenso sine dubitatione, Cic. u. a.: u. nullā interpositā dubitatione, Caes. – Plur., angunt me dubitationes tuae (deine Bedenken), Cic. ad Att. 5, 21, 4.

dubitātīvē, *Adv.* (dubitativus), **zweifelhaft** (Ggstz. affirmative), Tert. de car. Chr. 23 *extr.* u. a. Eccl.

dubitātīvus, a, um (dubito) = ἐνδοιαστικός, **I zweifelhaft,** Tert. adv. Marc. 2, 25. – **II** als spätlat. gramm. *t. t.* = **einen Zweifel anzeigend,** adverbia, Prisc. 15, 35: potestas (Bedeutung), Diom. 417, 30.

dubitātor, ōris, *m.* (dubito), der **Zweifler,** Tert. adv. haeret. 33.

dubito, āvī, ātum, āre (dubius), zwischen zweien-, nach zwei Seiten **hin und her schwanken,** u. zwar: **I** in der Überzeugung = über etw. **ungewiss sein,** an od. über etw. **zweifeln, Zweifel hegen,** etw. **in Zweifel ziehen, bezweifeln, a** eig., absol., Cic. u. a.: ne dubita, Verg.: non erat prorsus *unde* dubitarem, Augustin. conf. 7, 10 *extr.* – m. *de* u. Abl., de tua erga me voluntate, Cic.: de animo Ciceronis, Sen. rhet.: u. *impers.*, de armis dubitatum est, Cic.: nihil dubitatum de fide praefecti, es sei kein Argwohn gegen die Treue des Pr. aufgekommen, Tac. – m. *Acc.*, haec, Cic.: im Passiv m. *Nom.*, quod dubitari posset, Cic.: id hoc anno desisse dubitari certum habeo, Liv.: ne auctor dubitaretur, Tac.: dubitatus parens, Ov.: Attice, iudicio non dubitande meo, dem mein Herz stets Vertrauen bewahrt, Ov. ex Pont. 2, 4, 2. – m. folg. indir. Fragesatz, non dubito, quid etc., Cic.: restat ut hoc dubitemus (so erübrigt nur noch der einzige Zweifel), uter potius Sex. Roscium occīderit, Cic. – utrum ... an etc., Cic. u. a. (über dubito an s. an *no.* I, 2): dubito *num* idem tibi suadere quod mihi debeam, Plin. ep. 6, 27, 2: fratre magis, dubito, glorier, *anne* viro, Ov. fast. 6, 28. – m. folg. *Acc.* u. *Infin.*, ignorabant aut dubitabant animas hominum immortales esse, Lact. 6, 3, 5: facilius dubitarem vivere me, quam etc., Augustin. conf. 7, 10 *extr.*: neque ullo modo dubitabam esse cui cohaererem, *ibid.* 7, 17 *in.* – dubitari potest (als Frage) m. folg. *quin* u. Konj., dubitari potest, quin usque eo deicienda sit, donec etc., Sen. contr. 1, 3, 1. – non dubito m. folg. *quin* u. Konj., Cic. u. a.; m. folg. *Acc.* u. *Infin.*, Cic. fil., Nep., Liv. u. a. (vgl. Nipperd. Nep. praef. 1. Drak. u. Fabri Liv. 22, 55, 2): im Passiv m. folg. *Nom.* u. *Infin.*, neque dubitabantur praescripta (esse) ei a Tiberio, Tac. ann, 3, 8. – **b** übtr., v. Lebl., **unsicher sein, schwanken,** manus dubitat, Quint.: fama dubitat, Flor. – **II** im Entschluss = **unschlüssig sein, anstehen, Anstand nehmen, Bedenken tragen, sich bedenken, zaudern, sich besinnen,** ob man nicht usw., **a** eig., absol., non dubito, Caes.: quid dubitatis, Plaut.: quid dubitas, Caes. – m. folg. indir. Fragesatz, dubito, quam insistam viam, Pacuv. tr. 50. – m. folg. *Infin.*, Cic., Sall. u. a.: bes. so non dubito m. folg. *Infin.*, Cic. u. a. (vgl. Bremi Nep. praef. 1. Schneider Caes. b. G. 6, 8, 1): non dubito m. folg. *quin* u. Konj., (z. B. non dubitasse, quin excederet), Cic. u. a. (vgl. Schneider Caes. b. G. 2, 2, 4). – **b** übtr., v. Lebl., **schwanken, unentschlossen-, unschlüssig sein,** dubitavit aciei pars, Sall. fr.: fortuna dubitat, schwankt (euphemist. = ist uns entgegen), Liv. – poet., dubitantia lumina, brechende, sterbende, Sil. 10, 154. – ► arch. dubat = dubitat, Paul. ex Fest. 67, 6.

dubius, a, um (duo), zwischen zweien-, nach zwei Seiten hin **schwankend, I** subjektiv: **A** in der Überzeugung = **ungewiss, zweifelhaft, zweifelnd, in Zweifel stehend,** Plaut., Cic. u. a.: spemque metumque inter dubii, zwischen H. u. F. schwebend, Verg. – m. *Genet.* (s. Drak. Liv. 33, 25, 5), animi, Verg. u. a., mentis, Ov.: portus ac praesidii, Sen.: viae, Sen.: sententiae, Liv., consilii, Iustin.: fati, Lucan. 7, 611: vitae, Marc. Emp.: salutis, Ov. – haud dubius m. folg. *Acc.* u. *Infin.*, haud dubius facilem in aequo campi tantum superanti multitudine victoriam fore, Liv. 5, 38, 4. – haud dubius m. folg. *quin*, haud dubius, quin paucos transgressos murum expulsurus foret, Liv. 25, 24, 8. – **B** im Entschluss = **schwankend, unschlüssig, unentschlossen** (Ggstz. firmus), Sall. u. a.: m. folg. indir. Fragesatz, dubius unde rumperet silentium, Hor. epod. 5, 85: dubius sum, quid faciam, Hor. sat. 1, 9, 40: dubius, an transiret, Liv. 8, 24, 11. – poet. übtr., v. Lebl., cuspis, Sil.: arcus, Val. Flacc. (vgl. Drak. Sil. 4, 188). – **II** objektiv: **A** woran od. wobei man ungewiss od. unschlüssig ist = **ungewiss, unsicher, zweifelhaft, unbestimmt, unentschieden** (Ggstz. apertus, certus, confessus u. dgl.), **a** im Allg.: genus causae, Cic.: ius, Quint.: victoria, Caes.: auctor, Ov.: socii, Liv.: verbum aliquod dubiae significationis, Sen.: dubiae crepuscula lucis, die D. des Zwielichts, Morgendämmerung, Ov.: u. so adhuc dubius dies, Zwielicht, Dämmerung (des Morgens), Plin. ep.: u. adhuc dubiā luce, Lact.: u. dubia sidera, Iuven.: nox, Abendzwielicht, Abenddämmerung, Ov.: caelum, trübe, Ov.: lanugo, zweifelhaft, ob noch Flaum od. schon Bart, Ov. – consilia, unbestimmtes Vorhaben, Tac.: sequitur annus haud dubiis consulibus, ein J., das entschieden K. hatte, Liv.: ut haud dubius (unzweifelhaft) praetor esset, si etc., Liv. – an dubium est, *ut* dare posset imperium imperator, qui etc., Plin. pan. 8, 6. – non est dubium, quin (dass usw.) od. quin non (dass nicht), Ter., Cic. u. Gell.: quasi viro dubium sit, quin etc., Cic.: dubiumne est od. cui dubium est, quin etc.? Cic. – etenim quam dubium est, *an* merito accusetur, qui etc., Plin. ep. 7, 10, 3. – num od. nemini dubium est m. folg. *Acc.* u. *Infin.*, Cic. Flacc. 83. Plin. ep. 8, 14, 20. Plin. pan. 61, 6. – haud dubio, da es nicht zweifelhaft war, Liv. – *neutr.* subst. (gew. nur mit *Praep.*), nihil est dubii (es ist kein Zweifel) m. folg. *quin* u. Konj., Sen. de ben. 6, 31, 2: in dubium vocare od. revocare, in Zweifel ziehen, -setzen, zweifelhaft machen, Cic.: in dubio est animus, Ter.: fides tua venit mihi in dubium, Cic.: sine dubio, Cic., od. procul dubio, Liv., od. dubio procul, Gell. 2, 29, 15, od. (spätlat.) absque dubio, Salv., ohne Zweifel: haudi pro dubio (unzweifelhaft) Sextium consulem esse, Liv.: u. so pro haud dubio habitum est mit folg. *Infin.*, Liv. – poet., dubium (= *de quo dubium erat*) iustitiā validisne potentior armis, Ov.: dubium pius an sceleratus Orestes, Ov.; vgl. Bach Ov. met. 6, 678. – **b** prägn., dubia cena, eine solche Mahlzeit, bei der wegen des Überflusses an Speisen die Wahl schwer fällt, ein reiches, mit den verschiedensten Speisen versehenes Mahl, ein »verwirrendes Speisengewühl« (Voß), Ter. Phorm. 342 u. (nach Terenz) Hor. sat. 2, 2, 77. Auson. Mos. 102. – **B** meton. (wie anceps *no.* II, 3) = **bedenklich, gefährlich, misslich, a** der örtlichen Beschaffenheit nach, mons erat ascensu dubius, Prop.: quae (loca) dubia nisu videbantur, Sall. – **b** dem Ausgang nach, res d. (Lage), Plaut., Sall. u. a.: tempora d. (Ggstz. t. secunda), Hor. – *neutr.* subst. **α** *Sing.* m. Praep., in dubium devocare, in eine missliche Lage-, aufs Spiel setzen, Caes.: in dubium venire, in Gefahr kommen, Ter.: u. so in dubium futurum esse, Ov.: in dubio esse, in Gefahr schweben, auf dem Spiel stehen, Ter. u. a. – **β** Plur., mens dubiis percussa, Lucan. 6, 596. – **c** poet. übtr., **in bedenklicher-, misslicher Lage befindlich, in Gefahr schwebend,** aeger, der bedenkliche Kranke, Ov.: caput, Val. Flacc. – ► *Compar.* dubior, Anthol. Lat. 659, 4 R.

ducālis, a (dux), **zum Feldherrn gehörig, Feldherrn-,** tunica, Val. Imp. b. Vopisc. Aurel. 13, 3.

ducāliter, *Adv.* (ducalis), **wie ein Feldherr, eines Feldherrn würdig,** Sidon. epist. 5, 13, 1: *Compar.*, Sidon. epist. 8, 6, 1.

ducātio, ōnis, *f.* (*ducāre), die **Führung, Anführung,** Interpr. Iren. 4, 14, 2. – übtr., ista ducatio necessitatis, Tert. de cor. 11.

ducātor, ōris, *m.* (*ducāre), der **Führer, a** der **Schiffsführer,** Ulp. dig. 9, 2, 29. § 4 M. – **b** der **Anführer, Feldherr,** Tert. adv. Iud. 13. Itala (Taurin.) Matth. 2, 6. Ps. Augustin. serm. app. 150, 1 u. *Gloss.*

ducātrīx, trīcis, *f.* (Femin. zu ducator), die **Anführerin,** illae vitiorum ducatrices iracundia et libido, Apul. de dogm. Plat. 2, 4.

ducātus, ūs, *m.* (*ducāre) = ἡγεμονία, die **Feldherrnwürde, Anführerstelle,** das **Kommando,** Liv. epit. 113. Suet. Tib. 19 u. Spät. (vgl. Hildebr. Apul. met. 7, 9 *in.*): ducatus et imperia ludere, Generalissimus und Kaiser spielen, Suet. Ner. 35, 5 – übtr., temporum ducatus (Plur.), der Lauf der Z., Tert. ad nat. 2, 5.

ducēna, ae, *f.*, s. ducēnī.

ducēnārius, a, um (duceni), **zweihundert enthaltend,** pondus, 200

Pfund, Plin. 7, 83: iudex, aus solchen Bürgern gewählter, die 200000 Sesterze, im Vermögen haben, Richter über Kleinigkeiten, etwa »Bagatellenrichter«, Suet. Aug. 32, 3: procurator (abgek. PROC. CC), der 200000 Sesterze Gehalt hat, Suet. Claud. 24, 1. Cypr. ep. 67, 6. CIL 10, 6569: so auch praefectus, CIL 5, 7870; 10, 6662; 14, 3626: dies. im Plur. bl. ducenarii, Cod. Iust. 10, 19, 1. – subst., **a** ducēnārius, iī, *m.*, ein **Hauptmann über zweihundert Mann** od. **zwei Zenturien,** Veget. mil. 2, 8. – **b** ducēnāria, ae, *f.*, die Würde eines procurator ducenarius, Apul. met. 7, 6, od. übh. eines ducenarius (als kaiserl. Beamten), spät. ICt.

ducēnī, ae, a (*Distrib.* v. ducenti), **I je zweihundert,** Liv. u. a. – **II zweihundert** (auf einmal), Plin. u. Mart. – subst., ducēna, ae, *m.*, die Würde eines ducenarius (als kaiserl. Beamten), s. d., spät. ICt. – ► synk. Genet. ducenûm, Plin. 9, 4. Capit. Pertin. 2, 4.

ducentēnārius = ducenarius (s. d.), Bed. cant. cantic. 6; vgl. Prisc. de fig. num. § 27.

ducentēnī, ae, a = duceni, s. d., Gromat. vet. 153, 29; vgl. Prisc. de fig. num. § 24.

ducentēsimus, a, um (ducenti), der **zweihundertste;** subst., ducentēsima, ae, *f.* (*sc.* pars), die **Abgabe von einem halben Prozent** vom Erlös, als Handels- od. Auktionssteuer, Tac. ann. 2,42: duc. auctionum, Suet. Cal. 16, 3. vgl. centesima.

ducentī, ae, a (duo u. centum), **I zweihundert,** Cic. u. a. – **II** übtr., für eine unbestimmte große Zahl, centum an d., Catull.: anni, Plaut.: nummi, Plaut. u. Iuven.: unus leo, d. bestiarii, Cic.: servi, Hor.: ducentas nuptuire, Mart. – ► synk. Genet. ducentûm, Varro r. r. 3, 2, 15. Liv. 22, 37, 5; 30, 21, 4. – vulg. Nbf. duocentī, Itala (Rehd.) Marc. 6, 37.

ducentiēs (**-iēns**), *Adv.* (ducenti), **I zweihundertmal,** Cic. u. a. – **II** für eine unbestimmte große Zahl, Catull. 29, 14.

ducentum, *neutr. indecl.* (duo u. centum), **zweihundert,** Lucil. 555 u. 1051. Varro de vit. pop. Rom. 3. fr. 2 (bei Non. 163, 32). Colum. 5, 3, 7.

duciānus, a, um (dux), **zum Chef gehörig,** spät. ICt. – subst., duciānī, ōrum, *m.*, das **Gefolge** des Chefs, spät. ICt.

ducis, s. dux a. E. ►.

dūco (altlat. douco), dūxī, ductum, ere (gotisch *tiuhan* = ahd. *ziohan* = nhd. ziehen), **I ziehen, A** im Allg.: frena manu, Ov.: navem per adversas undas (stromaufwärts), Ov.: ferrum per alcis viscera, jmdm. das Schwert durch den Leib stoßen, Sil. – **B** insbes.: **1** ziehend weiterbewegen, **schleppen,** capellam, nachschleppen, Verg.: poet., sidera crinem ducunt, ziehen hinter sich her, Verg. – **2 anziehen, an sich ziehen, a** eig.: magnes ducit ferrum, Prop.: u. so minutum ferrum (Eisenstückchen), quod similes (magnetae) lapides similiter ducunt, dissimiles dissimiles, Varro LL.: ducere remos, rudern, Ov.: absol. (als *t. t.* der Kochk.), **ziehen, anziehen,** cum duxerit, Apic. 4, 141. – dah. prägn., **annehmen, bekommen,** colorem, sich färben, Verg.: formam, Ov.: cicatricem, Liv.: rimam, Ov. – **b** übtr.: **α anziehen = reizen, fesseln, ergötzen,** fabellarum auditione ducuntur, Cic.: quos ipsa pericula ducent, Lucan.: ducit uterque color, Prop. – **β hinreißen, verführen,** erore duci, Cic. – **γ zu** etw. **bringen, bewegen,** me ad credendum tua ducit oratio, Cic.: caritate patriae ductus, Nep. – **3 einziehen, in sich ziehen,** spiritum naribus, Varro: auram bonam floris naribus, Min. Fel.: aëra spiritu, Cic.: frigus ab umbra, Ov.: poet., somnos, schlafen, Verg. – prägn. (wie ἕλκειν), **in vollen Zügen trinken, schlürfen,** pocula Lesbii, Hor.: nectaris sucos, Hor.: situlas duas plenas mero, Vopisc. – **4 herausziehen,** ferrum vaginā, Ov.: sortes, Cic.: prägn., alqd od. alqm sorte, Cic.: poet., fletum, Gestöhn aus der Brust hervorstoßen, Prop.: verba longā morā, Worte hervorstammeln, Prop. – u. **herunterziehen** (Ggstz. sursum reducere, wieder heraufziehen), Vitr. 9, 8, 2. – **5** ziehend-, in die Breite verfertigen, -machen, **ziehen, bilden, a** eig.: parietem, Cic.: fossam, Caes.: vallum fossamque per tantum spatii, Liv.: vallum ex castris ad aquam, Caes.: fossam longius, weiterziehen, Plin. ep.: muros, aufführen, erbauen, Verg.: murum interiorem ab nondum capta parte urbis, Liv.: viam aliter duci non posse, Liv.: lineam, Cels.: alia in picturae modum subtilibus lineis ducta, Sen. – ocreas argento, Verg.: alqm ex aere, Plin.: lateres, Ziegel streichen, Vitr.: vivos ducent de marmore vultus, Verg. – alapam, colaphum alci, ziehen (= geben), Phaedr. u. Quint.: orbem, einen Kreis machen, Sen. – **6** Fäden eines Gespinstes **ziehen,** subtemen ductum inter stamina, durch die Fäden des Aufzugs durchgezogen, Ov.: lanas (beim Krämpeln), Ov.: stamina (beim Spinnen), Tibull. u. Ov.: u. so fila sequentia, Ov.: u. pensa manu, Iuven. – poet. übtr., v. Dichter, carmina, versus, Ov.: epos, Hor. – **7** = *producere,* **ziehen, dehnen, reden,** ut muliercula mihi digitulos ducat, Sen. ep. 66, 53. – übtr.: **a hinbringen, zubringen,** aetatem in litteris, Cic.: vitam, Verg.: noctem, Prop. – **b hinausziehen, in die Länge ziehen, verzögern,** bellum, Cic.: tempus, Cic.: im üblen Sinne, animam, hinschleppen, spiritum, hinschmachten, Liv.: vitam per extrema omnia, hinschleppen, Verg. – prägn., alqm diem ex die, jmd. von Tag zu Tag hinhalten, Caes. b. G. 1, 16, 4. – **8 verziehen, verdrehen,** os, Cic. u. Quint. – **9** = *deducere,* **herziehen;** nur übtr., **a ableiten, herleiten, hernehmen,** genus a Tantalo, Poët. trag. fr.: nomen ex alqa re, Cic.: principium ab alqo, Cic.: originem ab alqo, Hor. – etymologisch, ab eundo nomen (Iani) est ductum, Cic.: quod (nomen) utrumque a Graeco est ductum, Quint.: dic Penates sive a *penu* ducto nomine, sive ab eo, quod *penitus* insident, Cic.: alterum (vocabulum) ex Graeco manifestum est duci, alterum ex vocibus avium, Quint. – **b anfangen,** ab eodem verbo ducitur saepius oratio, Cic. – 10) **rechnen, berechnen, in Rechnung bringen, anschlagen,** peraeque, eins ins andere rechnen, Varro: nonaginta medimnûm milia duximus, Cic.: fenus quaternis centesimis, Cic.: non duco in hac ratione eos (oratores), quibus etc., ich rechne hier die nicht mit, die usw., Cic. – dah. **a unter** etw. **zählen, rechnen,** alqm in hostium numero, Caes.: alqm loco affinium, Sall.: alqd in malis, Cic. – **b für** etw. **halten, achten, schätzen,** alqd parvi, gering achten, Cic.: pluris, höher, Cic.: pro nihilo, Cic.: laudi, Nep.: alqm despicatui, für verächtlich halten, verachten, Cic.: in gloria, für rühmlich halten, Plin.: alqm victorem, Nep.: alqm pro hoste, Lact.: u.m. folg. *Acc.* u. *Infin.* = dafürhalten, der Ansicht sein, dass usw. (vgl. Matthiä Cic. de imp. Pomp. 17. Orelli Cic. Brut. § 298. p. 339 *ed. min.* u. Cic. Cael. § 78. p. 72 *ed. min.*), qui se regem esse ducebat, Cic.: illa ficta esse ducimus, Cic.: equidem ego fabulam fictamque rem esse ducebam, Liv.: quae mox usui fore ducebat, Sall.: si vectigalia nervos esse rei publicae semper duximus, Cic. – dah. duci häufig (das allgemeine Urteil auszudrücken) = **für** etw. **gelten,** Nep. u. a. – **c** rationem ducere, s. ratio *no.* II, B, 1, b.

II = führen, A im Allg.: **1** eig.: **a** v. Pers.: loro (am Riemen) ducere equum, Liv.: alqm ante currum, Liv.: alqm secum hinc extemplo domum, Ter.: alqm ad alqm, Komik.: alqm intro ad alqm, Ter.: alqm secum, mitnehmen, Plaut.: alqm per omnia, Verg.: principes obsidum loco, Caes.: difficile iter, vix quā singuli carri ducerentur, Caes.: m. 1. *Supin.:* venatum ducere invitas canes (sprichw., unser »den Hund aufs Jagen tragen«), Plaut. Stich. 139. – dah. se ducere, unser »sich drücken, sich wegschieben, sich fort- od. davonmachen« = fortgehen, duc te ab aedibus, Plaut.: se ad regem, Plaut.: se a Gadibus, Asin. Poll. in Cic. ep. – **b** v. Lebl.: iter ducit ad urbem, Ov.: quo via ducit, Verg.: duxit via in editum leniter collem, Liv. – **2** übtr.: duci ventre levem, sich leicht leiten lassen, Hor. sat. 2, 7, 38: m. 1. *Supin.*, cessatum ducere curam, einlullen, Hor. sat. 1, 2, 31. – **B** insbes.: **1** als publiz. *t. t.*, jmd. vor Gericht, ins Gefängnis, zur Bestrafung (zum Tode usw.) **führen, abführen,** alqm in ius, Liv.: in carcerem, in vincula, Cic., Liv. u. a.: alqm ad mortem, Cic. u. a.: ad supplicium, Suet. – u. bl. alqm, altes Dekret b. Cic. Verr. 2, 32. Liv. 6, 14, 3. Suet. Cal. 27, 1. Plin. ep. 10, 97 (96), 3: toto itinere non *ducitur* (wird abgeführt), sed *trahitur* (wird fortgeschleppt), Sen. contr. 2, 5 (13), 3. – **2** als milit. *t. t.*: **a** (v. Feldherrn) die Truppen wohin **führen, marschieren-, rücken lassen,** contra (Adv.) aciem, entgegenrücken, Dar. Phryg.: exercitum in fines Suessionum, Caes.: cohortes ad munitiones, Caes.: recto itinere exercitum ad eos, quos etc., Liv. – absol.,

marschieren, rücken (v. Feldherrn), contra hostes, in Etruriam, Liv. (s. Fabri Liv. 21, 22, 5): ad hostem, Liv. (s. Fabri Liv. 22, 12, 2): u. **vorausmarschieren** (v. den Soldaten), pars equitum ducebant, Tac. – **b** prägn. (v. Anführer), ein Heer, eine Heeresabteilung **anführen, befehligen,** exercitum, Cic.: ordinem, Zenturio sein, Cic.: primum pilum, Caes. (vgl. Schneider Caes. b. G. 6, 38, 1): dah. übtr., familiam, der (die, das) Vornehmste (Erste) sein, Cic.: classem, der Oberste der Klasse sein, Quint. – **3** uxorem d. domum, eine Gattin **heimführen, heiraten,** v. Mann, Plaut. u. Ter.: dah. bl. d. uxorem alcis filiam, Cic.: d. in matrimonium alcis filiam, Caes.: u. bl. d. alqam, Ter. u. Cic. (s. Spengel Ter. Andr. 316): coniuges ducunt, sie heiraten, Iustin.: coniuges, quas iuvenes (als Jünglinge, jung) duximus, Curt.: absol., ducere ex plebe, sich eine Frau aus den Plebejern holen, aus den Pl. heiraten, Liv. 4, 4, 7. – **4** jmd. **bei der Nase herumführen, anführen, aufziehen, zum Besten haben** (s. Spengel Ter. Andr. 180), Komik., Prop. u. Ov. – **5** als mediz. *t. t.*, **abführen,** alvum, klistieren, Cels.: sanguinem, das Blut ableiten, Plin. – **6** als *t. t.* der Wasserbaukunst, **führen, leiten,** aquam non longe a villa, Cic.: aquam per fundum alcis, Cic.: aquam in urbem, Liv. – **7 herzuführen, herbeiführen,** duc nigras pecudes, Verg.: übtr., ducere soporem, machen, verursachen, Tibull. – **8 mit (sich) nehmen** (s. Fritzsche Hor. sat. 1, 6, 101), alqm, Hor.: alqm secum ex Ionia, Nep.: suas mulierculas secum, Cic.: uxorem in convivium, Nep.: in provinciam poëtas, Cic.: Ennium in Aetoliam, Cic.: poet., duxit sua praemia victor, nahm mit sich = bekam, Ov. met. 10, 680. – **9 aufführen,** alci funus, ein Leichenbegängnis veranstalten, Cic.: so auch exsequias, Plin.: u. materno cineri pompam, Ov. – choros, Reigen aufführen, tanzen, Hor. – ► Archaist. *Imperat.* duce, Plaut. rud. 386 u. ö. – Synkop. *Perf.* duxti, Varro sat. Men. 201. Catull. 91, 9. Prop. 1, 3, 27: *Infin.* duxe, Varro sat. Men. 329. – Parag. *Infin. Praes. Pass.* ducier, Ter. eun. 572. Afric. Minor bei Macr. sat. 3, 14, 7.

ductābilitās, ātis, *f.* (*ductabilis v. ducto), die **Geschmeidigkeit, Biegsamkeit, Nachgiebigkeit,** Acc. pragm. fr. b. Non. 150, 13.

ductārius, a, um (ducto), **zum Ziehen gehörig, Zug-,** funis, ein Zugseil, Vitr. 10, 2, 1 u. a.

ductilis, e (duco), **I** ziehbar, **a hin und her ziehbar, verschiebbar,** scaena, Serv. Verg. georg. 3, 24. – **b dehnbar, gedehnt, gezogen, geschlagen,** Cyprium (aes), Plin. 34, 94: laminae, Cypr. epist. 69, 8: aurum, Vulg. exod. 37, 7 u. num. 8, 4: argentum, Cassiod. exp. in psalm. 97, 7 (6). – dah. prägn., aus gezogenem od. geschlagenem Metall gefertigt, **gezogen,** candelabrum de auro ductile, Vulg. exod. 25, 31: tubae, metallene (Ggstz. corneae), Vulg. psalm. 97, 6: tubae argenteae ductiles, aus geschlagenem Silber, Vulg. num. 10, 2. – **II leitbar,** flumen, Mart. 12, 31, 2.

ductim, *Adv.* (duco), **ziehend, zugweise** (mit der Hippe), Ggstz. caesim, Col. 4, 25, 2. – prägn., **in vollen Zügen** (beim Trinken), Plaut. Curc. 109.

ductio, ōnis, *f.* (duco), **I** das **Ziehen,** rudentium ductiones et reductiones (Zurücklassen), Vitr. 10, 13 (19), 6. – **II** das **Führen, a** das **Wegführen** eines Arrestanten usw., Ulp. dig. 43, 30, 3. § 1. – **b** als mediz. *t. t.*, das **Abführen,** alvi, Cels. 2, 12. *no.* 1 u. ö. – **c** als *t. t.* der Wasserbaukunst, die **Ableitung, Leitung,** aquae, Vitr. 8, 7, 1 *sqq.*: ductio fit ex flumine, Ulp. dig. 39, 3, 10. § 2: Plur., aquarum ductiones, Vitr. 1, 1, 7 u. ö.

ductito, āvī, ātum, āre (*Intens.* v. duco), **führen, wegführen, mit sich führen, I** eig.: **1** im Allg., Plaut. rud. 584 u. Eccl. – **2** insbes., **heimführen, heiraten,** Plaut. Poen. 272. – **II** übtr., **anführen, betrügen,** Plaut. Epid. 351.

ducto, āvī, ātum, āre (*Intens.* v. duco), **führen, mit sich führen, I** eig.: **1** im Allg.: istum, Plaut.: equites in exercitu, Sall.: exercitum per saltuosa loca, Sall.: habena, quā ductabatur (equus), Amm.: duct. restim, s. cordāx. – **2** insbes.: **a** d. alqam, eine Konkubine **heimführen, mit sich führen,** Komik. – **b anführen, befehligen** (altertümlich für duco), Sall.; vgl. Quint. 8, 3, 44. – **II** übtr.: **A am Narrenseil herumführen, anführen, zum Besten haben, täuschen,** alqm dolis, Plaut. capt. 641 u. a.: alqm labiis, Plaut. mil. 93: u. bl. alqm, Plaut. most. 845. – **B** jmd. **an sich ziehen, -locken,** Enn. fr. scen. 361. – ► Parag. Infin. ductarier, Plaut. most. 845. Plaut. frivol. fr. bei Fest. 169 (a), 4.

ductor, ōris, *m.* (duco), **I** der **Zieher = Dehner,** ferreus, poet. = Eisenarbeiter, Auct. Priap. 32, 14. – **II** der **Führer, 1** im Allg.: is qui scit ducere, qui est dux et ductor, Varro LL.: leonis, Lucr.: itineris huius, Liv. – aquarum Tibris, Leiter, Stat. – **2** als milit. *t. t.*, der **Führer, Anführer, Heerführer,** Cic. u. a.: ordinum d., Zenturio, Liv.: Carthaginiensium d., Liv.: classis, Ov.: Danaûm ductores, Lucr. – m. *Dat.* (für), Achivis classibus ductor, *Acc. tr. 522.

ductrīx, trīcis, *f.* (Femin. zu ductor), die **Anführerin,** Amazonidum, Dar. Phryg. 36.

ductum, ī, *n.*, s. ductus a. E. ►.

ductus, ūs, *m.* (duco), **I** das **Ziehen,** der **Zug, A** eig.: **1** im Allg.: falcis (Ggstz. ictus falcis), Col. (u. so alius pretiosas aves scindit, per pectus et clunes certis ductibus circumferens eruditam manum frusta excutit, in sicheren Wendungen umherführend, Sen.): remorum, das Anziehen der R., das Rudern, Hieron.: longo membrorum ductu, mit langgestreckten Gl., Vulg.: d. labearum, das Verziehen, Verzerren, Gell.: dah. d. aequalis, die gleichmäßige symmetrische Einrichtung (eines Gebäudes), Lucr. – meton., der **Zug,** O litterae ductus, Col. 6, 5, 4: ductus litterarum, Schriftzüge, Quint. 10, 2, 2: d. oris, Gesichtszug, Cic. de fin. 5, 47: ductus (Plur.) macularum, Gänge, Plin. 37, 194: tremulos cuspis ductus in pulvere signat, Furchen, Sil. 4, 259. – **2** insbes., das **Ziehen** = die **Aufführung, Führung,** muri, Cic. de rep. 2, 11: ductus (Plur.) cuniculorum, Ambros. de off. 1, 18, 78. – **B** übtr.: **1** die **durchlaufende Verbindung,** der **innere Zusammenhang** (eines Theaterstücks), Quint. 4, 2, 53. – **2** (*circumductio*) die **Periode,** Quint. 9, 4, 30; vgl. (über I, B, 1 u. 2) *Ernesti* Lex. Technol. Lat. rhet. p. 138 *sq.* – **II** die **Führung, 1** als milit. *t. t.*, die **Anführung,** das **Kommando,** alcis ductu, Caes., Cic. u. a.: felicibus ductibus, Amm.: ductu, imperio, auspicio suo, Plaut.: alcis ductu imperioque, Curt.: suo ductu et imperio, Cic.: ductu auspicioque alcis, Fronto: alcis ductu auspiciisque, Vell.: se ad ductum Pompei applicare, Cic. – **2** als *t. t.* der Wasserbaukunst, die **Leitung** (bes. meton. = das geleitete Wasser), aquae, Plin. ep. 10, 37 (46), 1: huius aquae, Frontin. aqu. 5: Appiae (verst. aquae) Anionisque, *ibid.* 6: Plur., ductus aquarum, Cic. de off. 2, 14; de legg. 2, 2. Plin. 16, 224: u. bl. ductus, CIL 2, 4509: capita ductuum, Frontin. aqu. 64. – ► Nbf. ductum, ī, *n.*, CIL 8, 2728, 64 circa duct(um) hoc Saldense.

dūdum, *Adv.*, **I** (du zu duro, u. dum) **eben heute, so eben, eben** od. **nicht lange erst, vor einer (kleinen) Weile, vor Kurzem, vorhin, vorher, früher** (s. Brix Plaut. trin. 430. Jahn Cic. Brut. 138), nam dudum vidi miserum, Plaut.: narro huic, quae tu d. narrasti mihi, Ter.: tantum abest, ut malum mors sit, quod tibi d. videbatur, ut etc., Cic.: sicuti d. (früher) patrem eius nascendi auctorem habuissent, Iustin. – nunc od. nunc demum ... d., Plaut.: d. ... nunc, Plaut.: ut d. od. d. ut, eben als, Plaut.: d. ... ibi, Plaut.: d. ... cum, Plaut.: cum ... d., Boëth.: iam d., jetzt eben, sofort, sogleich, Verg., Ov. u. a.: u. so bl. dudum, sogleich, sofort, Apul. met. 6, 26. – **II** (v. diu = lange u. dum) **lange schon, lange, längst, a** quam dudum, **wie lange, seit wann** (s. Brix Plaut. trin. 608. Weise Plaut. Epid. 5, 1, 54. Spengel Ter. Andr. 850), quam dudum? D. Modo, Ter.: quam d. tu advenisti? Plaut.: vide quam d. hic asto et pulto, Plaut.: quam d. istuc aut ubi factum est? Plaut.: quam d. nihil habeo quod ad te scribam, wie lange ist's her, dass ich usw., Cic. – **b** iam dudum, **bereits lange, schon lange,** iam d. depopulat macellum, Caecil. com. fr.: audivi Archilis iam d., Lesbiam adduci iubes, Ter.: quem iam d. Cotta et Sulpicius exspectat, Cic.: iam d. flebam, Ov.

Duēlius, s. Duīlius.

duella, ae, *f.* (duo), **zwei** *sextulae*, d. i. der dritte Teil einer *uncia*, Auct. de asse § 15 (Metrol. Scriptt. p. 74, 21 u. 24 H.). Auct. carm. de pond. 23 (p. 89 H.). Auct. carm. de libr. partt. 11 (p. 99 H.). Frontin. aqu. 45. 47. 51 *sqq.* Isid. 16, 25, 15.

duellātor, ōris, *m.,* altlat. = bellator, Plaut. capt. prol. 68.

duellicus, a, um, altlat. = bellicus, Plaut. Epid. 450. Lucr. 2, 662.

duellis, is, *m.* (duellum = bellum), der **Kriegführer** = der **Feind,** Arnob. 1, 16.

Duellius, s. Duīlius.

Duellōna (Duēlōna), ae, *f.,* altlat. = Bellona, SC. de Bacch. im CIL 1, 196. lin. 2 (wo archaist. Genet. Duelonai); vgl. Varro LL. 5, 73 u. 7, 49.

duellum (vgl. griech. δήιος), altlat. = bellum, Plaut., Hor. u. a. Dichter, u. in Gesetzesformeln bei Cic. u. Liv.: domi duellique (= domi bellique), Plaut. Vgl. Varro LL. 5, 73.

Duēlōna, s. Duellōna.

duidēns = bidens, Paul. ex Fest. 66, 16.

duilanx = bilanx, Ven. Fort. 6, 10, 33.

Duīlius (**Duillius,** archaist. **Duēlius** od. **Duellius**), a, um, Name einer röm. *gens,* aus der am bekanntesten C. Duilius, der 261 v. Chr. einen Sieg erfocht, zu dessen Andenken die Columna rostrata errichtet wurde, mit einer Inschrift, deren Nachbildung aus der Zeit des Klaudius sich zum Teil erhalten hat u. ergänzt im CIL 1, 195 steht. – ► Über die Schreibart s. Mommsen CIL 1. p. 39 (a). not. 1.

duim, is, it, duint, s. 1. dō ►.

duipēs, s. bipēs ►.

duis, altlat. = bis (zweimal), Cic. or. 153.

duītae, ārum, *m.* (duo), eine Art **Ketzer,** die an zwei Götter glaubten, Prud. ham. praef. 37.

duitās, ātis, *f.* (duo), die **Anzahl zweier Dinge,** eine **Zwei,** Iavolen. dig. 50, 16, 242. § 3. Chalcid. Tim. 53 u. ö.; vgl. Gloss. ›duitas, δυάξ‹.

duitor (*Imperat. Pass.* v. do), altlat. = dator, XII Tabb. b. Plin. 21, 7 (Jan duitur = datur); s. 1. dō.

dulcacidus, a, um (dulcis u. acidus), **säuerlich-süß,** Seren. Samm. 600 u. 726 B.

dulcātor, ōris, *m.* (dulco), der **Versüßer,** Paul. Nol. 23, 237.

dulce, *Adv.* (dulcis), **süß, angenehm,** d. sonare, Tibull.: d. canere, Hor.: d. loqui, Hor.: *Compar.* u. *Superl.,* s. dulciter.

dulcēdo, inis, *f.* (dulcis), die **Süßigkeit, I** eig., die **Süßigkeit,** der **süße Geschmack** (Ggstz. acerbitas, Lact. 5, 1, 14), vini, Plin.: nimia mellis, Apul.: nimia aquarum, Lucr.: sanguinis, Ov.: radix amara cum quadam dulcedine, Plin.: in musto sola dulcedo est, suavitas nulla, Macr.: ebrietati dulcedinem repugnare, Macr.: quique sub hac lateant furtim dulcedine, sucos adicit, Ov. – **II** übtr.: **a** objekt., die **Süßigkeit, Lieblichkeit,** der **Reiz, Zauber,** die **Anmut, Wonne** (Ggstz. amaritudo, Plin. ep. 1, 16, 5, acerbitas, Munat. bei Ascon. Cic. Mil. p. 39, 12 K.), avium, der süße Vogelsang, Rhet. Her. u. Quint.: doctae linguae (der beredten Z.), Ov.: vocis, Ov.: mellita cantus d., Apul.: d. carminum, Apul., mollissima carminum, Vell.: d. orationis, Cic.: verba dulcedine affluere, Apul. – d. pacis, Vell.: morum d. et suavitas, Vell.: d. humanitatis, Vitr.: quaedam iracundiae, Cic.: d. irae, Liv.: dulcedine quādam gloriae commoti, Cic. – absol., dulcedine laetus, Verg.: cum omnes sensus dulcedine omni quasi perfusi moverentur, Cic.: fructum dulcedinis capere, Lucr. – Plur., magnis philologiae dulcedinibus inducti, Vitr. 7. praef. § 4. – **b** subj., **α** der **Reiz,** der **Kitzel,** die **Lust,** der **Trieb,** das **Bedürfnis** nach etw., caedum, Sil.: praedae, Beutelust, -sucht, Iustin.: in ventrem cubandi, Cels.: bibendi, Curt.: d. quaedam tecum loquendi, Plin. ep.: perpotandi pervigilandique insana d., Curt.: tanta d. est furandi, Plin., ex alienis fortunis praedandi, Liv.: adeo blanda est spirandi pro se cuique d., Plin.: d. invasit plebeios creandi, Liv. – **β** der körperl. **Reiz,** die **Sinnenlust,** der **Kitzel,** d. faucium, Gaumenkitzel, Sen. ad Helv. 10, 5: perniciosa illa dulcedo intus cohibita, Apul. apol. 50: u. quae naturā bona sunt, quia dulcedine hāc et scabie carent, non cernunt satis, Cic. de legg. 1, 47. – dah. als krankhafter Zustand des Körpers, der **Reiz,** das **Jucken** (griech. ἐρεθισμός), Veget. mul. 5, 14, 4. Auson. epigr. 107, 12. p. 224 Schenkl. Gratt. cyn. 408: Plur., Veget. mul. 3, 52, 1. – dah. meton., hinnientium dulcedines = hippomanes *no.* I (s. d.), Laev. fr. 10 M. (bei Apul. apol. 30 *extr.*). – ► apostroph. Genet. dulcedini, CIL 5, 1410.

dulcēsco, (dulcīsco), ere (dulcis), **I** *intr.,* **süß werden,** v. der Traube, Cic. de sen. 53. Plin. 14, 17: v. Wasser, Plin. 3, 127: v. Salz, pluviā dulcescit omnis (sal), Plin. 31, 85. – **II** *tr.* (spätlat.), **süß machen, versüßen,** rancidam altioris salsuram ingenii iocundioris quolibet mellis sapore dulciscas, Fulg. contin. Verg. p. 141 M.

dulcia, s. dulcis (*no.* I, 1, b, β) u. dulcium.

dulciārius, a, um (dulcium), **süße Esswaren betreffend, -bereitend, a** v. Lebl., nur subst. dulciārium, iī, *n.* = γλυκυπράτιον, **Zuckerwerk,** Gloss. II, 263, 34; Plur., dulciāria, ōrum, *n.,* **süße Esswaren,** vascula dulciariorum, CIL 11, 426*. – **b** v. Pers. = **sich mit süßer Essware abgebend,** pistor dulciarius, der Zuckerbäcker, Konditor, Mart. 14, 222 *lemm.* Apul. met. 10, 13. Firm. math. 8, 11; ders. subst. bl. dulciārius, iī, *m.,* Lampr. Heliog. 27, 3. Valer. bei Treb. Poll. Claud. 14, 11. Veget. mil. 1, 7 *in.;* vgl. Gloss. ›dulciarius, γλυκεοπράτης‹.

dulciculus, a, um (*Demin.* v. dulcis), **etwas-, ziemlich süß,** potio, Cic. Tusc. 3, 46: caseus, als Schmeichelwort, Plaut. Poen. 390.

dulcifer, fera, ferum (dulcis u. fero), **Süßigkeit enthaltend, süß,** Enn. ann. 264. Plaut. Pseud. 1262.

dulcifico, āre (dulcis u. facio), **süß machen, versüßen,** Eccl.

dulcifluus, a, um (dulcis u. fluo), **süß fließend,** aqua, Anthol. Lat. 120, 4 (899, 4); fontes, Dracont. carm. de deo 1, 164.

dulciloquus, a, um (dulce u. loquor), **süß redend,** calamus, Apul. poët. apol. 9 ext.: calami, Auson. edyll. 20, 2. p. 251, 2 Schenkl: ars Orphei, Sidon. epist. 8, 11, 3. *v.* 19. 21: flatus (calamorum), Anthol. Lat. 664, 4 (617, 3): libri, Augustin. conf. 4, 8.

dulcimodus, a, um (dulcis u. modus), **in lieblichen Weisen tönend,** Prud. psych. 664.

dulcinervis, e (dulcis u. nervus), **lieblich besaitet,** Mart. Cap. 8. § 917.

dulciola, ōrum, *n.* (dulcium), **süße Kuchen, süßes Backwerk,** mellitis dulciolis ventrem saginare, Apul. met. 4, 27.

dulciōrelocus, ī, *m.* (dulcis u. os u. loquor), der mit süßem Munde Redende, der **liebliche Redner,** v. Nestor, Laev. b. Gell. 19, 7, 13.

dulcis, e, *Adi.* m. *Compar.* u. *Superl.* (verwandt mit γλυκύς), **süß, lieblich** von Geschmack (Ggstz. amarus), **I** eig.: **1** im Allg.: **a** *adi.:* mel, Plaut.: vinum, merum, Hor.: aqua, Lucr. (Ggstz. salsae undae) u. Auct. b. Alex.: unda (Ggstz. unda marina), Ov.: olivum, frisches, noch nicht ranziges Öl, Hor.: res (Ggstz. amarae), Arnob.: cibi, süße, saftige (Ggstz. c. sicci), Plin.: dulcior uvā maturā, Ov.: dulcissimus panis, Plin.: sapor d., Hor. – **b** *subst.:* **α** dulce, is, *n.,* **etwas Süßes,** eine **Süßigkeit** (Ggstz. amarum), v. Getränken, Plaut. u. Ov.: bes. **süßer Wein,** s. Sillig Plin. 28, 252. – **β** dulcia, ium, *n.,* **Süßigkeiten** (Ggstz. amara, acida), Cic. u. a. (versch. ist dulcia, Plur. v. dulcium, s. d.). – **2** pragn., piscina, in dem süßes Wasser ist (Ggstz. p. salsa), Varro: pisces d., Süßwasserfische (Ggstz. p. salsi), Varro. – **II** übtr., **A süß = anziehend, angenehm, lieblich,** nomen, orator, Cic.: Herodotus, Quint.: somnus, Verg. u. Apul.: sonus, Hor.: d. et alta quies, Verg.: lucrum, Ov. u. Phaedr.: nihil dulcius, Cic. – m. 2. *Supin.,* dulce auditu (süßklingender) nomen, Liv. 24, 21, 3: dulcis visu, Stat. Ach. 1, 161. – **B** insbes., **liebreich, freundlich, gefällig, zärtlich,** Ggstz. acerbus, Cic., Ggstz. amarus, Plaut.: d. amicus, freundlich gesinnter, liebevoller, Cic. u. Hor.: conviva, ein heiterer, Prop.: amicitia remissior esse debet et dulcior, Cic. – u., wie unser **süß,** in Anreden, dulcis amice, Hor.: dulcissime frater, Cic.: u. absol., dulcissime rerum, Hor. – ► Abl. Sing. gew. dulci; doch dulce bei Apic. 4, 181. Ven. Fort. 2, 2, 24 u. ö.

dulcīsco, s. dulcēsco.

dulcisonōrus, a, um (dulcis u. sonorus), **süß-, lieblich tönend,** Serv. centim. 467, 17 K.

dulcisonus, a, um (dulcis u. sonus), **lieblich rauschend,** Ps. Augustin. serm. app. 120, 5 u. 194, 2. Sidon. carm. 6, 5. Cassiod. in psalt. praef. vol. 2. p. 2 *ed. Garet.*

dulcitās, ātis, *f.* (dulcis), **I** die **Süßigkeit,** fici, Apul. de mund. 36. – **II** übtr., die **Lieblichkeit,** animae, Acc. tr. 640: tanta, Caecil. com. 217.

dulciter, *Adv.* m. *Compar.* dulcius, *Superl.* dulcissime (dulcis), **süß, angenehm, lieblich,** Cic. u. a.: dulciter dictum, Quint.

dulcitūdo, dinis, *f.* (dulcis), die **Süßigkeit, I** eig., Cic. de or. 3, 99 u. 161: Nili, Spart. Pesc. 7, 7. – **II** übtr.: **A** die **Annehmlichkeit,** d. usurarum, Ulp. dig. 42, 8, 10. § 10. – **B** die **Zärtlichkeit,** CIL 6, 11082 u. 13017.

dulcium, iī, *n.* (dulcis) = πλακοῦς, (Gloss.), **süßes Backwerk, Kuchen, Zuckerwerk,** Apic. 4, 136. Schol. Iuven. 3, 188: Plur., dulcia, ōrum, *n.*, Lampr. Heliog. 27, 3 (wo Abl. dulciis) u. 32, 4. Vopisc. Tac. 6, 5. Prud. psych. 429. Anthol. Lat. 199, 50 R. Schol. Iuven. 6, 203 u. 631; vgl. Isid. 20, 2, 18.

dulco, āvī, ātum, āre (dulcis), **versüßen,** Sidon. epist. 5, 4, 2 u. carm. 2, 106.

dulcor, ōris, m. (dulcis), die **Süße, Süßigkeit,** Tert. adv. Marc. 3, 5. Hieron. epist. 108, 12. Vulg. Sirach 11, 23.

dulcōrelocus, s. dulciōrelocus.

dulcōro, (āvī), ātum, āre (dulcor), **versüßen,** Hieron. epist. 22 *no.* 9 u. 69 *no.* 9; homil. in Ierem, p. 815 Vall. Vulg. prov. 27, 9: Partiz. dulcōrātus, Plin. Val. 1, 2. Fulg. contin. Verg. p. 157 M.

Dulgubniī, ōrum, *m.* (Δουλγούμνιοι, Ptol.), eine germanische Völkerschaft an den Ufern der Weser, im heutigen Lippe-Detmold, Paderborn u. Pyrmont, Tac. Germ. 34.

dūlicē, *Adv.* (δουλικῶς), **wie ein dreister Sklave,** Plaut. mil. 213.

Dūlichium, iī, *n.* (Δουλίχιον), Insel im Jonischen Meer, eine der Echinaden (j. *Curzolari*), südöstlich von Ithaka, zum Reich des Ulixes gehörig, jetzt mit dem Festland verbunden, Verg. Aen. 3, 271. Ov. trist. 1, 5, 67. Mela 2, 7, 10 (2. § 110). – Nbf. **Dūlichia,** ae, *f.*, Prop. 2, 14, 4. – Dav. **Dūlichius,** a, um, **dulichisch,** poet. für **ulixisch,** rates, Verg.: dux, Ulixes, Ov.: palatum, der Genossen des Ulixes, Ov.: proci, die Freier der Penelope, Stat.: Zacynthus, von Ulixes regiert, Sil.: dah. nepotes, d. i. Zakynthier, die eine Kolonie nach Sagunt führten, Stat.

Dulorestēs (Dolorestēs), is, *m.*, Titel einer Tragödie des Pakuvius, Prisc. 5, 65 (Bruchstücke s. Tragic. Latin, fragm. p. 91 *sqq.* R.²).

dulus, ī, *m.*, s. 1. dolus ►.

dum (wie alle Zeitadv. auf um [wie cum, tum] das Neutrum eines verloren gegangenen Pronomens), **I** *Adv.*, eig. = **für jetzt,** enklitisch mit anderen Wörtern verbunden als: **a** mit den Wörtern non, nullus, haud, vix etc., deutsch: **noch,** nondum, **noch nicht,** Cic.: so auch necdum, Liv., od. nequedum, Cic.: neque dum satis, **noch nicht genug,** Cic. fr.: nullusdum, nulladum etc., **noch keiner** usw., Liv.: vixdum, **kaum noch,** Cic.: nihildum, **noch nichts,** Cic. u. Liv.: aber nedum (*sc.* dicam, eig. um noch nicht zu sagen), **geschweige denn,** Cic. – **b** mit dem *Imperat.*, **nun, doch noch,** age dum, Cic.: agite dum, Liv.: ades dum, bleib für jetzt (doch noch) da, Ter.: itera dum, Cic.: dic dum, Ter.: facito dum, Ter.: so auch ehodum, höre doch, Ter. – **c** mit qui, **wie,** qui dum? wieso? Ter. – **d** mit primum, **nun,** primum dum, Plaut. – **II** *Coni.*: **1 in-, während der Zeit dass, während, indes, indem,** zur Angabe der Gleichzeitigkeit zweier Handlungen oder des Eintretens einer Handlung während der Dauer einer anderen, gew. mit dem Indikativ; in der oratio obliqua u. in Absichtssätzen mit dem Konjunktiv, Cic. u. a. – **2 so lange als,** zur Angabe, dass die Dauer der einen Handlung an die Dauer der anderen geknüpft sei, mit dem Indikativ; in Absichtssätzen mit dem Konjunktiv, Cic. u. a.: tam diu, dum, Cic.: dum … tantisper, Ter. – **3 so lange bis, bis dass, bis,** zur Angabe, dass die Handlung des Hauptsatzes dauere bis zum Eintreten der Handlung im Nebensatz, mit dem Indikativ; aber bei Angabe, dass das Ziel ein erstrebtes, gewolltes, bloß als möglich gedachtes, übh. als unbestimmte Zukunft erscheint, mit dem Konjunktiv, Cic. u. a.; dah. dum … dum, so lange … so lange (= wie lange … so lange, s. Quint. 9, 3, 16), Acc. tr. 395 *sq.* Plaut. truc. 231. Catull. 62, 45 u. 56; vgl. Schömann Cic. de nat. deor. 2, 89. – **4 insoweit, insofern, wenn oder wofern nur,** zur Beschränkung in Bedingungssätzen, mit dem Konjunktiv, Ter., Sall., Cic. u. a.: verstärkt dummodo, Cic. u. a.: auch getrennt dum potiar modo Ter. – ebenso auch dumne, dum … ne, **wenn nur nicht,** Komik. u. Cic.; verstärkt dummodo ne, Cic.

dūmālis, e (dumus), strauchartig = **struppig,** setae, Mart. Cap. 4. § 329.

dūmectum, archaist. = dumetum (s. d.), Paul. ex Fest. 67, 10.

dūmēsco, ere (dumus), **mit Gestrüpp bewachsen werden,** Diom. 344, 17.

dūmētum, ī, *n.* (dumus; vgl. Prisc. 4, 12), ein mit dicht verwachsenem Gesträuch bedeckter, mit Gestrüpp bewachsener Ort, die **wilde Hecke,** das **Dickicht,** Cic. u. a.: Ggstz., culta et dumeta, Col. – im Bild, exstirpa silvosa dumeta avaritiae, Augustin. conf. 13, 19. – gew. v. undurchdringlichen, d. i. unverständlichen u. daher schwer zu widerlegenden Behauptungen, cum sit campus, in quo exsultare possit oratio, cur eam tantas in angustias et Stoicorum dumeta compellimus? Cic.: in dumeta correpere (s. cor-rēpo), Cic.

dūmicola, ae, *c.* (dumus u. colo), der **Bewohner wilder Hecken,** der **Gestrüppbewohner,** Avien. perieg. 895.

dummodo, s. dum *no.* II, 4.

Dumnorīx, īgis, *m.*, Bruder des Äduers Divitiakus, Caes. b. G. 1, 3, 5 u. a.

dumnulus, s. dominulus.

dūmōsus, a, um (dumus), **mit Gestrüpp besetzt,** rupes d., Verg.: saxa d., Ov.: dumosa per invia, Sil.: montes d., Col. 4, 33, 5: colles, Col. poët. 10, 150. – Vorkl. Nbf. **dusmus,** b. Liv. Andr. nach Paul. ex Fest. p. 67, 8 *ed. Muell.* ›dusmo in loco‹.

dumtāxat (duntāxat), *Adv.* (v. dum u. tāxo), indem man die Sache genau abschätzt, **genaugenommen, nach richtigem Maße, nicht mehr und nicht weniger, I** feststellend den Umfang und das Maß einer Sache entweder an sich od. im Ggstz. zu anderen od. zu den übrigen, hoc recte d., Cic.: nos animo d. vigemus, Cic.: sint ista pulchriora d. aspectu, Cic.: in tuo d. periculo, Cic.: se iis d. vitam concessurum, Auct. b. Afr.: d. de peculio, ICt. – dah. bestimmend eine feste Zahl od. Zeit, **nicht mehr als, nicht mehr und nicht weniger als,** mittantur mulieres liberae d. quinque, Edict. praet. b. Ulp. dig. – **II** einschränkend, und zwar: **a** eine Sache ausnehmend, **nur, lediglich, bloß,** Cic., Caes. u. a.: non dumtaxat … sed, nicht nur … sondern, Liv. u. a. – **b** eine Sache von ihrer Seite bestätigend, **wenn auch nur, freilich nur, wenigstens nur, nur wenigstens doch,** Cic. u. a. – **III** erläuternd, **insofern, inwiefern, wofern nur,** Lucr.: d. modica, insofern, wofern sie nur mäßig waren, Suet. – dah. den Begriff eines Wortes genauer bestimmend, **versteht sich, nämlich** (griech. δηλαδή), ex idoneis d. auctoribus, Quint.: exceptis d. iis gentibus, quae regnantur, Tac.: caeduis (arboribus) d. exceptis, Plin.

dūmus, ī, *m.*, ein dicht verwachsener hoher Strauch, das **Gestrüpp** (während sentis der »niedere Dornbusch«), dah. im Plur. = dumetum (s. d.), Cic. u. a.: dumi silvestres, Sen.: dumi et sentes, Lact.

dunamis, s. dynamis.

dunc auf sechs Inschriften der Kaiserzeit, volkstümlich = donec dum.

duntāxat, s. dumtāxat.

duo, ae, o (altind. *dvā́*, griech. δύο, got. *twai*), **zwei, I** im Allg., Cic. u. a. Vgl. ambo. – **II** bestimmt = οἱ δύο, die **zwei** = die **beiden,** die **zwei genannten,** Cic. u. a. (s. Halm Cic. Sest. 14, 32. p. 137). – ► Seltener *Genet.* duûm (δυοῖν), Acc. tr. fr., Lentul. in Cic. ep., Sall. u. a. – *Acc. masc.* urspr. u. häufige Dualform duo, Plaut., Cic. u. a. (s. Gernh. Cic. de amic. 20). – *neutr.* dua, CIL 3, 138; 3, 633, I. lin. 10 u. 13, 3487. Orest. trag. 26. Apic. 4, 141 u. 7, 298; in der Verbindung dua pondo u. pondo dua, s. Quint. 1, 5, 15. Scrib. 45 u. 206 a.: vulg. Abl. duo, oft in Inschr., z. B. CIL 8, 3620 u. 4523.

duo-centēnī, ae, a = duceni, **je zweihundert,** duoc. iugera, Gromat. vet. 2, 14.

duocentī, s. ducentī.

duodecachronus, a, um (δυόδεκα u. χρόνος), als metr. *t. t.*, **zwölfzeitig,** Mar. Victorin. 2, II, 7. p. 43, 24 K.

duodecaiugum, ī, *n.* (δυόδεκα u. iugum), das **Zwölfgespann,** Ambros. in psalm. 118. serm. 4.

duōdecas, adis, *f.* (δυωδεκάς), die Zahl **zwölf,** Tert. de praescr. 49.

duodecasēmus, a, um (δυόδεκα u. σημεῖον = χρόνος), **zwölfzeitig,** Mar. Victorin. 2, 11, 2. p. 43, 15 K.

duodecastȳlus, a, um (δυόδεκα u. στῦλος), **zwölfsäulig, von zwölf Säulen gestützt,** firmamentum, Interpr. Iren. 4, 21, 3.

duodecasyllabus, a, um (δωδεκασύλλαβος), **zwölfsilbig,** Mar. Victorin. art. gr. 4, 3, 3. p. 161, 3 K. u. 4, 3, 50. p. 168, 11 K.

duodecennis, e (duodecim u. annus), **zwölfjährig,** Sulp. Sev. dial. 3, 2, 3.

duodecennium, iī, *n.* (duodecim u. annus), ein **Zeitraum von zwölf Jahren,** Cod. Theod. 2, 27, 1. § 4. Myth. Lat. 3, 1, 3 m. *cod. N.* (Mai u. Bode duodennium).

duo-decī, s. duodecim ►.

duo-deciēs (-**deciēns**), duo-deciēns *Adv.*, **zwölfmal,** Cic. u. a. – ► Viersilbig (dūōdecies) Auct. carm. de Phoenice 28.

duodecim (altind. *dvā́daça*, griech. δυώδεκα, δώδεκα), **zwölf,** Cic. u. a.: duodecim di, Plaut.: duodecim (XII) tabulae (legum), die Zwölftafelgesetze, Cic.: dies. oft bl. duodecim, die Zwölf, Cic. – ► vulg. Nbf. duodecī, wov. duodecorum, Itala (ev. Palat.) Luc. 22, 3.

duodēcīmānus, ī, *m.* (duo u. dēcīdere), *sc.* cardo, der **Zweiteiler** = decimanus (als *t. t.* der Feldmesser). Gromat. vet. 28, 14 u. 167, 10 *sqq.*;

duodecimus, a, um (duodecim), der **zwölfte,** legio, Caes. u. Tac.: in duodecimo (*sc.* anno), Vulg. (Amiat.) Ezech. 32, 37. – *Adv.* duodecimo, **zum zwölftenmal,** d. consul, Capit. Anton. Pius 1. § 8 (wo XII). – ► Nbf. **dodecimus,** CIL 5, 1741.

duodecim-vir, ī, *m.*, **einer der Zwölfmänner** (als Kommission), CIL 6, 1700.

duodēnārius, a, um (duodeni), **je zwölf enthaltend,** numerus, die Zwölfzahl, die Zwölf, Varro LL. 5, 34. Tert. adv. Val. 8 *extr.* Augustin. de civ. dei 20, 5. p. 413, 6 D.[2]: fistula, zwölfzöllige im Durchmesser, Frontin. aqu. 44.

duodēnī, ae, a (duodecim), **I je zwölf,** Caes. (b. G. 7, 36, 7, wo Gen. Plur. duodenûm), Cic. u. a. – **II zwölf** (zusammen), Verg. u. Ov. – ► Sing. duodēnus, **zwölffach,** labor Herculeus, Apul. met. 3, 19; u. der **zwölfte,** liber, Auct. argument. II. ad Stat. Theb. *v.* 12: bis duodena (pars), Manil. 4, 451.

duodēnigena, ae, *c.* (duodeni u. geno = gigno, gebildet wie alienigena), **zwölffach,** duod. menses, Anthol. Lat. 197, 3 R. (891, 3 M. duodeannigenas).

duodennis, e (= duodecennis), **zwölfjährig,** puer, Augustin. in psalm. 101, 1.

duodennium, iī, *n.*, s. duodecennium.

duo-dē-nōnāgintā, achtundachtzig, Plin. 3, 118 (wo duo de LXXXX).

duodēnus, a, um, s. duodēnī.

duo-dē-octōgintā, achtundsiebzig, Plin. 3, 62 (wo II de LXXX).

duo-dē-quadrāgēnī, ae, a, **je achtunddreißig,** Plin. 36, 114.

duo-dē-quadrāgēsimus, a, um, der **achtunddreißigste,** Liv. 1, 40, 1.

duo-dē-quadrāgintā, achtunddreißig, Cic. u. Liv.

duo-dē-quinquāgēnī, ae, a, **je achtundvierzig,** Plin. 2, 38.

duo-dē-quinquāgēsimus, a, um, der **achtundvierzigste,** Cic. u. Col.

duo-dē-quinquāgintā, achtundvierzig, Col. 9, 14, 1 u. a.

duo-dē-sexāgēsimus, a, um, der **achtundfünfzigste,** Vell. 2, 53, 3.

duo-dē-sēxāgintā, achtundfünfzig, Plin. 11, 19.

duo-dē-trīcēsimus, a, um, der **achtundzwanzigste,** Varro fr. b. Gell. 3, 10, 6 H. Augustin. conf. 4, 1.

duo-dē-trīciēns (-**trīciēs**), *Adv. num.*, **achtundzwanzigmal,** Cic. Verr. 3, 163.

duo-dē-trīgintā, achtundzwanzig, Liv. 33, 36, 14. Suet. Tib. 1, 2.

duo-dē-vīcēnī, ae, a, **je achtzehn,** Liv. 21, 41, 6.

duo-dē-vīcēsimus (-vicēnsimus), a, um, der **achtzehnte,** Varro fr. u. Plin.: pars, Vitr.: in duodevicesimo (*sc.* libro) annalium, Sen. – *Adv.* duodevicensimum, **zum achtzehnten Mal,** Monum. Ancyr. 3, 15. p. LXXIV *Mommsen.*

duo-dē-vīgintī, achtzehn, Cic. u. a.: duodeviginti minis, Plaut. Poen. 897: duobus viginti annis, Sulp. Sev. chron. 1, 26, 3: annis mille centum et duobus de viginti, Eutr. 10, 17.

duodrantālis, s. dotrantalis.

duo-et-vīcēnsimānī, ōrum, *m.*, **Soldaten der zweiundzwanzigsten Legion, Zweiundzwanziger,** Tac. hist. 4, 37 u. a.

duo-et-vīcēsimus (-**vīcēnsimus**), a, um, der **zweiundzwanzigste,** Fab. Pict. fr., Cato fr.: legio duodevicensima, Tac. hist. 1, 18.

duōnus, s. bonus *no.* I, B. 2, d a. E.

duopondium, iī, *n.*, altlat. = dipondium (dupondium), Gromat. vet. 28, 13.

duovīgintī, altlat. = viginti, Gromat. vet. p. 28, 13.

duovir, s. duûmvir.

duovirālis, s. duumvirālis.

duplāris, e (duplus), **doppelt, doppelt enthaltend,** numerus, Macr. somn. Scip. 1, 19, 21 u. 2, 1, 17: miles, der (zur Belohnung) doppelte Ration bekommt (klass. duplicarius), Veget. mil. 2, 7: dass. duplārius, CIL 8, 2564; 13, 6985 u. ö.: miles, CIL 13, 8185.

duplātio, ōnis, *f.* (duplo), die **Verdoppelung,** Paul. dig. 9, 4, 31.

duplex, plicis (duo u. zu plango, plāga), eig. **doppelt gefaltet, doppelt zusammengelegt,** δίπλαξ, dah. wie **zweifältig,** als Multiplikativum angebend, wieviel ein Ganzes, einzeln od. nebeneinander, vorhanden sei, διπλοῦς, während duplus, **zweifach,** als Proportionale angibt, wievielmal eine Größe zu nehmen sei, um das Maß einer anderen zu bestimmen, διπλάσιος, weswegen zuw. duplex für duplus steht, aber nicht umgekehrt; beide Begriffe vereinigt das deutsche **doppelt, I** eig.: amiculum, Nep., od. amictus, Verg., od. pannus, Hor., ein doppelt um den Leib zu schlagendes Gewand, ein Doppelmantel (δίπλαξ, διπλοΐς): fossa, ein Doppelgraben, Caes.: tabellae, doppelte (künstlich ineinandergefügte) Schreibtafel, Ov.: ficus, die gespaltene u. so getrocknete, Hor. u. Pallad.: clavus, von doppelter Stärke, Cato: ius, aus mehreren Zutaten bereitete Brühe, Hor.: leges, aus zwei Teilen bestehend, Quint.: iudicium, aus zwei Kollegien bestehend, Quint. – poet. **a** v. zwei zusammengehörigen Gegenständen, palmae, beide Hände (wie im Griech. διπλοῦς für οἱ δύο), Verg. – **b** doppelleibig (aus Pferd u. Mensch), duplex Hylaeus, v. Zentauren, Stat. Theb. 4, 140. – **II** übtr.: **A** = *duplus,* **zweifach,** stipendium, Caes.: mercedes, Quint.: frumentum, doppelte Ration, Liv.: fenus, doppelter (= sehr großer), Prop.: m. folg. *quam,* duplicia ferramenta, quam numerus servorum exigit, noch einmal so viel, wie usw., Plin. – subst., duplex, icis, *n.*, das **Doppelte,** ego post tibi reddam duplex, Plaut.: d. centurioni dedit, Liv. – **B doppelsinnig, zweideutig, a** v. Wörtern, verba dubia et quasi duplicia, Quint. 9, 2, 69. – **b** v. Pers., **zweideutig, falsch** (διπλοῦς), Ggstz. simplex (ἁπλοῦς), Ulixes, Hor.: Amathusia, Catull. – Abl. Sing. gew. duplicī; selten duplice, wie Hor. sat. 2, 2, 122.

duplicāris, s. duplicārius a. E.

duplicārius, a, um (duplex), **zum Doppelten gehörig,** miles, der doppelte Ration bekommt, Varro LL. 5, 90. Liv. 2, 59. § 11. Hyg. de munit. castr. § 16. CIL 3, 2016 u. 13, 7291. – Nbf. **dupliciārius,** CIL 10, 540 u. **duplicāris,** CIL 6, 2446.

duplicātio, ōnis, *f.* (duplico), die **Verdoppelung, I** im Allg., Vitr. 9. praef. § 5: radiorum, der Abglanz der Strahlen, Sen. nat. qu. 4, 8: temporis, Ulp. dig. 48, 19, 8. § 7: Plur., duplicationes columnarum facere, Vitr. 3, 4 (3), 3: pedum CC, Vitr. 9. praef. § 4. – **II** insbes.: **a** als arithm. *t. t.*, die **Multiplikation mit zwei** (Ggstz. triplicatio etc.), Mart. Cap. 7. § 750 (wo auch Plur.) u. § 796. Chalcid. Tim. 36. – **b** als jurist. *t. t.*, die Widerlegung einer Einwendung durch eine neue Einwendung, die **Rückentgegnung, Duplik,** Gaius inst. 4, 127. Frgm. iur. Rom. Vatic. 259. – **c** als rhet. Fig. = ἀναδίπλωσις (s. anadiplōsis), Iul. Rufinan. de schem. lex. § 8.

duplicātō, *Adv.* (duplico), um das Doppelte = **in zweimal soviel Zeit,** degredi, Plin. 2, 76.

duplicātor, ōris, *m.* (duplico), der **Verdoppeler,** Plur., Sidon. epist. 3, 13, 2.

dupliciārius, s. duplicārius.

duplicitās, ātis, *f.* (duplex), **I** das **doppelte Vorhandensein,** die **doppelte Anzahl,** aurium, Lact. de opif. dei 8, 6: narium, *ibid.* 10, 8. – **II** übtr.: **a** die **Zweideutigkeit,** Augustin. de serm. dom. 2, 14, 48 *extr.* – **b** die **Doppelzüngigkeit, Arglist,** diaboli, Augustin. quaest. evang. 2. qu. 31.

dupliciter, *Adv.* (duplex), **doppelt,** Lucr., Cic. u. a.: dupliciter dividere, Quint.

duplico, āvī, ātum, āre (duplex), **zwiefältig-, doppelt machen, I** eig.: **a in zwei Teile spalten, -reißen,** vesicam, auseinanderzerren, Cels.: lamina duplicata lateribus, in zwei Blätter gespalten, Cels. – **b** doppelt zusammenfalten = **zusammenkrümmen,** nos duplicat timos (= timor), Naev. tr. fr.: duplicatque virum (hasta) transfixa dolore, Verg.: duplicatus corruit, Stat.: duplicataque vulnere caeco est, Ov.: corpus frigore duplicatum, Val. Max.: duplicato poplite, Verg. – **c** Wörter **zusammensetzen,** faciliore ad duplicanda verba Graeco sermone, Liv. 27, 11, 5. – **II** übtr., **verdoppeln, 1** der Zahl nach, **a** übh. = **um das Doppelte vergrößern, -vermehren,** hoc, Varro: numerum dierum, Cic.: numerum patrum, equitum, Cic., civium, Liv., obsidum, Caes.: summam, Val. Max.: legata, Suet.: domini reditum (Einkünfte), Col.: copias, Liv.: exercitum, Cic.: vires (Streitkräfte), Liv. u. a.: vota, Verg. – m. *Dat.* (wem?), legionibus stipendium, Suet.: tributa provinciis, Suet. – **b** insbes., als rhet. *t. t.,* d. verba, **unmittelbar nacheinander wiederholen** (Synon. iterare, zweimal setzen), Cic. or. 35; part. or. 20. – **2** der Ausdehnung nach, **a** extensiv = **doppelt so lang (hoch) machen, um das Doppelte verlängern, -vergrößern, -erweitern,** hastae modum, Nep.: crescentes umbras (v. der Sonne), Verg.: duplicata noctis imago est, die Nacht hat ein doppeltes Bild, Ov.: d. iter, Caes.: d. eius diei iter, Caes.: cursum, Caes.: imperium (Romanum), Plin. u. Val. Max.: duplicata scansio (Ggstz. scansio simplex), Varro LL.: duplicata nimbo flumina, Ov. – **b** intensiv, **verdoppeln, = verlängern, vergrößern, vermehren, erhöhen,** mobilitas duplicatur et impetus ille gravescit, Lucr.: d. vires, Sil.: bellum, erneuern, Sall. hist. fr. 1, 26 (31). Tac. hist. 4, 54. Aur. Vict. de Caes. 33, 2: tenebras, Val. Max.: cognita in peius, doppelt gefährlich darstellen, Amm.: duplicari sollicitudines, Cic.: duplicatā gloriā discessissem, Cic.: duplicatā erga nos benevolentiā, Val. Max.: senectus, per se gravis, duplicat curam, Sall. fr. – ► Parag. Infin. duplicarier, *Manil. 4, 248 (die Hdschrn. duplicari et).

duplio, ōnis, *f.* (duplus), eig. als mathem. *t. t.* das Doppelte der vollkommenen Zahl (6), also = 12, griech. διπλασίων (vgl. Vitr. 3, 1, 6): dann das **Doppelte** eines Ganzen übh., διπλάσιον, als Ersatzstrafe, XII tabb. b. Plin. 18, 12 u. XII tabb. b. Fest. 376, 30.

duplo, āre (duplus), **verdoppeln,** ICt.

duplōma, s. diplōma ►.

duplus, a, um (duo u. Wurzel **pel,* falten, griech. διπλόος, vgl. altind. *puṭa-ḥ,* Falte, got. *twei-fl-s,* Zweifel), **zweifach, doppelt, noch einmal soviel, -so groß, -so lang, -so weit, I** *adi.*: pars, Cic.: figura, Manil.: pecunia, Liv. u. Sen. rhet.: annona, Veget. mil.: donativum, Suet.: dupla et tripla intervalla, Cic.: d. condicio, Amm. – **II** subst.: **A** duplum, ī, *n.,* das **Doppelte,** griech. τὸ διπλάσιον (Ggstz. simplum), a terra ad lunam centum viginti sex milia stadiorum esse, ad solem ab ea duplum, Plin.: numerus est duplex nec duplum virium, Quint.: folia duplo maiora, noch einmal so große, Plin.: duplo emere, Sen. rhet. – bes. als Ersatz, Strafe, das **Doppelte** = der doppelte Betrag, die doppelte Summe, actio dupli od. in duplum, ICt.: dupli vel et quadrupli irrogatio, Plin. pan.: poenam dupli subire od. in duplum ire, das Doppelte der Strafe, noch einmal soviel Strafe geben, Cic.: iudicium dare in duplum, Cic.: in duplum cavere, Suet.; u. populo in duplum praediis cavere, Tac.: ut sit *duplum quam* (noch einmal soviel wie sie) colligere malebant, Vulg. exod. 16, 5: facitis eum filium gehennae *duplo quam* vos, zweimal mehr als euch, Vulg. Matth. 23, 15. – *duplum eius quanti* emisset in aerarium inferre, CIL 10, 1401, 12. – **B** dupla, ae, *f.* (*sc.* pecunia), **der doppelte Preis,** das **doppelte Kaufgeld** (Ggstz. simpla), stipulatio duplae, actio duplae, ICt.: duplam dare, Sen. rhet.: duplam cavere, ICt.: qui duplā agninam danunt, Plaut.: duplā promitti solet aut simplā, Varro.

dupondiārius (dupunduārius, dipondiārius), a, um, **einen** *dupondius* (= 2 asses) **wert, -groß, 1** eig.: orbiculus, von der Größe eines Zwei-As-Stücks, Col. 4, 30, 4. – subst., dupondiārius, iī, *m.* (*sc.* nummus), ein »Zwei-As-Stück«, Plin. 34, 4. – **II** übtr., kaum ein paar Dreier wert = **bettelhaft, lumpig,** dominus, Petron. 58, 5 (dupunduarius): homo, Petron. 74, 15 (dipundiarius).

dupondius (dupundius, dipundius), iī, *m.* (= duo *asses* pondo), **I** als Münze = 2 asses, ein **Zwei-As-Stück** (s. Prisc. de fig. num. § 9 = Metrol. scriptt. p. 82, 7 H.), **A** eig., erant asses, dupondii, Gaius inst. 1. § 122: hic bibitur assibus; dipundium si dederis, meliora bibes, CIL 4, 1679: alibi asse veneunt, alibi dipondio, Ambros. in Luc. 7. § 117: nonne quinque passeres veneunt dipondio, Vulg. Luc. 12, 6: si d. tuus ageretur, wenn es sich um zwei Asse ($^2/_{12}$ = $^1/_6$) deines Vermögens handelte, Cic. Quinct. 53: cum coepi, matrem meam dupundii non facio, gilt mir die eigene M. nicht viel, kenne ich die eigene M. nicht, Petron. 58, 4: quis, te oro, quis dupondii supputabat? Hieron. adv. Helvid. § 16: numera mapalia (Hütten = Häuser); nemo dupondii evadet, nicht einer der Herauskommenden taugt etwas, Petron. 58, 14. – **B** übtr., der **Anfänger, Fuchs,** v. Rechtsschülern, Iustin. constit. ad antec. § 2: v. Rekruten, Laur. Lyd. de mens. 4, 94. – **II** als Längenmaß, **zwei Fuß,** Col. 3, 13, 5 u. a. – ► Nach Varro LL. 9, 81 sagte man auch dupondium (wie assipondium), obwohl er selbst dupondius vorzieht, s. 5, 169; u. dipondium steht Gromat. vet. 28, 14 u. 167, 11 (nach denen es altlat. duopondium hieß).

dupunduārius, s. dupondiārius.

dūrābilis, e (duro), **I sich verhärtend,** limus, Apul. apol. 30. – **II ausdauernd, dauernd, dauerhaft, haltbar,** vox, spiritus, Quint.: liquor, uvae, Col.: quod caret alternā requie durabile non est, Ov. – *Compar.,* materies hebeni rarior et durabilior, Apul. apol. 61.

dūrābilitās, ātis, *f.* (durabilis), die **Dauerhaftigkeit,** Pallad. 1, 36, 2.

dūrābiliter, *Adv.* (durabilis), **dauerhaft,** Cassiod. hist. eccl. 1, 9.

dūracinus, a, um (durus u. acinus), **harte Haut habend, hartschalig,** uva, Aug. bei Suet. Aug. 76, 2 u. a.: cerasa od. cerasia, Plin. u. Edict. Diocl.: persica, die beste Art Pfirsiche, wahrsch. unsere »Nektarine«, Plin.

dūrāmen, inis, *n.* (duro), **I** die **Verhärtung,** aquarum, Lucr. 6, 530. – **II** die **verhärtete-, zu Holz gewordene Rebe,** Col. 4, 22 *in.*

dūrāmentum, ī, *n.* (duro), **I** das **Abhärtungsmittel,** Val. Max. 2, 7, 10 u. a. – **II** die **Dauerhaftigkeit,** Sen. de tranqu. anim. 1, 3 H. – **III** die **verhärtete-, zu Holz gewordene Rebe,** Col. u. a.

dūrateus, a, um (δουράτεος), **hölzern,** equus, v. trojan. Pferd, Lucr. 1, 476.

dūrātor, ōris, *m.* (duro), der **Abhärter,** ingentium corporum dur. Hister, Pacat. pan. Theod. 33, 4.

dūrātrīx, trīcis, *f.* (Femin. zu durator), **dauerhaft machend,** Plin. 14, 17.

dūrē u. **dūriter,** *Compar.* **dūrius,** *Superl.* **dūrissimē,** *Adv.* (v. durus), **hart** (Ggstz. molliter), **I** eig.: **A** für das Gefühl **hart,** phalangae et iuga premunt duriter colla, Vitr. – eodem modo brachia (catapultarum), quo longiora sunt, mollius, quo breviora, durius ducuntur, schwerer, Vitr. – **B** für das Gehör **hart, derb, schwerfällig,** pleraque dure dicere, Hor. – dure inter se commissa, Quint. – **C** als *t. t.* der Kunst, **hart, ungefällig, steif,** quid sculptum infabre, quid fusum durius esset, Hor. – in der Poesie, sicuti sunt quaedam alia ab illustribus poëtis ficta dure et rancide, Gell. – **II** übtr.: **1 plump, derb, bäuerisch** in Gebärden u. im Benehmen, membra moventes duriter, Lucr.: durius incedit? fac inambulet, Ov. – u. **plump, ungeschickt** in der Behandlung, verba duriter aliunde translata, Rhet. Her.: cum mollia dure fiunt, Quint. – **2 hart, streng** gegen sich od. andere in Bezug auf den Lebensgenuss, parce ac duriter se habere, Ter.: parce ac duriter vitam agere, Ter. – educare alqm duriter atque aspere, Caecil. com. fr. – **3 hart, rau, streng** gegen andere im Handeln, Strafen, Beurteilen usw., duriter dicta, Enn. fr. scen. 306: duriter facere, Ter.: durius in deditos consulere, Liv.: durius vitae suae consulere, Hand an sich legen, Caes.: durius alqd appellare, Cic.: durius alqd accipere, Cic. – *Superl.:* durissime alqm punire, Hadrian. bei Ulp. dig. 47, 14, 1 *in.* – **4 ungünstig, schlimm,** durius cadentibus rebus, Suet. Tib. 14, 4.

dūreo, ēre, **hart sein,** ohne Beleg bei Serv. Verg. georg. 1, 91. Prisc. 8, 30 u. a. Gramm.

dūrēsco, dūruī, ere (durus, nach Prisc. 8, 30 v. dureo), **hart werden, sich verhärten,** frigoribus durescit umor, gefriert, Cic.: situ durescit campus, setzt sich, sackt sich, Verg.: limus durescit, Verg.: limus, qui interdum in crustam durescit, Frontin. aqu.: articulus durescat necesse est, die Glieder müssen steif werden, Quint. – übtr., pueri durescunt (verknöchern) in Gracchorum lectione, Quint. 2, 5, 21.

dūrēta, ae, *f.* (ein spanisches Wort), eine **hölzerne Badewanne,** Suet. Aug. 82, 2.

dūrēus, s. 1. dūrius.

Dūria, s. 2. Dūrius.

dūricordia, ae, *f.* (duricors), die **Hartherzigkeit, Hartnäckigkeit,** Tert. adv. Marc. 5, 4 u. 13.

dūricorius, a, um (durus u. corium), **harthäutig,** Cloat. bei Macr. sat. 2, 16, 1.

dūricors, cordis (durus u. cor), **hartherzig,** spät. Eccl.

dūritās, ātis, *f.* (durus), die **Härte, Unfreundlichkeit,** Cic. or. 53.

dūriter, *Adv.*, s. dūrē.

dūritia, ae, *f.* (durus), die **Härte, I** eig.: **1** der Beschaffenheit nach: **a** übh.: dur. adamantina, Plin.: tergi, Plaut.: atrae pellis, Ov.: ferri, lapidis, Plin.: duritiam tacto capiant ut ab aëre (curalia), Ov. – Plur., duritiae semirosi panis, angenagte harte Brotbrocken, Arnob. 6, 16. – **b** als mediz. *t. t.*, die **Verhärtung,** dur. multorum annorum (vieljährige), Scrib.: dur. vetus, Scrib.: dur. mammarum, Plin.: alvi, harter Leib, Suet. – Plur., cicatricum duritiae, Plin. 35, 189: ›parotides‹ sunt duritiae (verhärtete Stellen), Isid. 4, 8, 2. – **2** dem Geschmack nach, die **Härte, Herbigkeit,** vini, Plin. 14, 74. – **II** übtr.: **1** das **Abgehärtetsein,** dur. corporis et lacertorum, Plin. pan. 82, 6: nervorum, Veget. mil. 1, 6 *extr.* – dah. als Folge **α Abhärtung, Ausdauer, raue-, strenge-, eingeschränkte Lebensweise, Enthaltsamkeit** (dah. verb. patientia et duritia, Cic.: duritia, patientiaque, Tac., parsimonia et od. atque duritia, Plaut. u. Cato fr.), animi duritia sicut corporis, Cic.: dur. virilis, Cic.: ab parvulis labori ac duritiae studere, Caes.: a pueritia duritiam voluptati habuisse, Sall.: sic duritiae se dedisse, ut parsimoniā victus atque cultus omnes Lacedaemonios vinceret, Nep. – **β** die **Härte, Hartherzigkeit, Gefühllosigkeit, Rauheit, Strenge,** dur. animi, Cic. de domo 101: dur. veterum, Tac.: tua duritia, Plaut.: tua duritia antiqua, Ter.: patientiam duritia immanis (imitatur), Cic.; vgl. im Bild, duritiā ferrum ut superes adamantaque, Ov. her. 2. 137. – **γ** die **Unverschämtheit,** oris, Sen. de const. sap. 17, 3. – **2** die **Härte, Strenge** = das Drückende, der Druck, die Beschwerde, operum, Tac.: caeli militiaeque, Tac.: imperii, Tac.: legum (Ggstz. lenitas legum), Suet.

dūritiēs, ēī, *f.* (durus), die **Härte, I** eig.: **a** übh.: dur. saxi, Lucr.: ferri, Catull.: duritie lapillis similes, Plin. – meton., ein **harter Stoff,** quae ex aliqua duritie fabricantur, Firm. math. 3, 6, 7 *extr.* – **b** als mediz *t. t.*, die **Verhärtung,** cutis, Cels.: vulvae, Plin.: rubicundior, Cels.: si vetustior iam durities est, Cels.: facit ad omnem duritiem, Scrib.: invenies duritiem in intestino ingentem cucurbitae similem, Veget. mul. – **II** übtr., die **Härte, Gefühllosigkeit,** animi, Cic. de dom. 101 K.

dūritiola, ae, *f.* (*Demin.* v. duritia), eine **kleine Verhärtung** (als mediz. *t. t.*,), Pelagon. veterin. 16. p. 66 (252 *Ihm*).

dūritūdo, dinis, *f.* (durus), die **Härte = Unempfindlichkeit,** Cato b. Gell. 17, 2, 20.

1. dūrius od. **dūrēus**, a, um (δούριος od. δούρειος), **hölzern,** v. trojan. Pferd, equus, Aur. Vict. de orig. gent. Rom. 1. § 7. Paul. ex Fest. 82, 12. – poet. übtr., duria nox, die Nacht, in der die Griechen aus dem Pferde stiegen, Val. Flacc. 2, 573.

2. Dūrius, iī, *m.* (Δούριος), einer der Hauptflüsse Hispaniens, j. *Duero*, Mela 3. § 8 u. 10. Sil. 1, 234. – Nbf. **Dūria**, ae, *m.*, Claud. in laud. Seren. reg. 72.

dūriusculus, a, um (*Demin.* v. durus), **etwas-, ein wenig hart,** übtr., **etwas steif, etwas ungelenk,** Plin. nat. hist. praef. § 1: versus, Plin. ep. 16, 5.

dūro, āvī, ātum, āre (dūrus), **I** *tr.* **A** eig., **hart machen, härten, verhärten, 1** im Allg.: ferrum, Plin.: lignum igni, Curt.: hastas igne, Curt.: viscera (v. Wasser), Lucan.: caementa calce, zu einer festen Masse verhärten, Liv.: reliqua assiduo gelu durantur, Mela: locustae terrestres duratae salsugine, Solin.: duratur cortice pellis, wird vermittels der R. (= zu R.) verhärtet, Ov.: triplex scutale crebris suturis (Lederstreifen) duratum, Liv. – m. *in* u. Akk. (zu): undam densam in glaciemque nivemque, Tibull.: cutem tenellam in corium, Apul.: ossa in scopulos, Ov.: lacrimas in electrum, Hyg. – **2** insbes.: **a trocken machen, austrocknen, ausdörren, rösten,** terram (v. der Wärme), Verg.: coria durata calore, Lucr.: pisces sole durati, Curt.: durati muriā pisces, eingepökelte, Quint.: Albanam fumo uvam, Hor.: mollitam (Cererem) manu duret (backe) in foco ignis, Ov.: durati pisces, geröstete, Apic. – **b reif machen, reifen,** ubi pubentes calamos duraverit aestas, Nemes. cyn. 290. – **c verdichten,** caelestis aqua salibus durata, Col. 7, 4, 8: dah. **gerinnen machen,** partem (lactis) liquefacta coagula durant, Ov. met. 13, 830: corpus, hartleibig machen, Cels. – **B** übtr.: **1** medial, durari, **sich verhärten** = sich festsetzen, unheilbar werden, vitia durantur, Quint. 1, 1, 37. – **2 abhärten, an Strapazen gewöhnen,** se labore, Caes.: exercitum crebris expeditionibus, Vell.: durati usu armorum, Liv. – im üblen Sinne, **unempfindlich-, gefühllos machen, abstumpfen,** aere, dehinc ferro saecula (von der Zeit), Hor.: ad plagas durari, schlägefaul werden, Quint.: ad omne facinus duratus, der zu jeder Freveltat sich abgehärtet hat, Tac. – **3 ausdauern, aushalten,** laborem, Verg.: imperiosius aequor, Hor.: siccitatem et ventos, Pallad.: diem, Hor.: horam eadem probantes, auch nur eine Stunde dem eigenen Plan treu bleibend, Hor. – m. folg. *Infin.*, Plaut. truc. 326. Petron. 41, 2. Sil. 10, 653; 11, 75. Lucan. 4, 519. – nequeo durare m. folg. *quin*, Plaut. mil. 1249; vgl. Plaut. Curc. 175. – **II** *intr.* **A** eig., **hart werden, Härte bekommen, sich verhärten, 1** im Allg.: quasi ferrum aut lapis durat, Enn. fr. scen. 104: lento misere durantia tabo viscera, Sil. 2, 463. – **2** insbes., **trocken werden, ausdörren,** durat solum, Verg. ecl. 6, 35. – **B** übtr.: **1 sich verhärten,** cuius tam crudeles manus in hoc supplicium durassent, Petron. 105, 11: in nullius umquam suorum necem duravit, seine Härte ging nicht so weit, einen der S. hinrichten zu lassen, Tac. ann. 1, 6: non durat ultra poenam abdicationis, er verhängt keine andere Strafe als die Verstoßung, Quint. 11, 2, 8: usque ad caedem eius duratura filii odia, dass des Sohnes Hass sich in seiner Härte bis zur Ermordung derselben versteigen werde, Tac. ann. 14, 1. – **2 ausdauern, aushalten, a** an einem Ort: durare nequeo in aedibus, Plaut.: non hic quisquam durare potest, Ter.: sub Iove (unter freiem Himmel), Ov.: in opere et labore sub pellibus, Liv.: unam hiemem in castris, Liv. – **b** bei einer Sache: dura, Gallio bei Quint.: durate et vosmet rebus servate secundis, Verg.; u. danach durarent secundisque se rebus servarent, August. bei Suet.: durandum est, quia coepimus, Quint. – **3 dauern, a dauernd bleiben, fortdauern, Bestand haben, währen, noch existieren, vorhanden sein,** sapor durat, Quint.: durat simulacrum, Verg.: firmus sane paries et duraturus, Tac.: bullae durant et ostenduntur, Suet.: soles, qui a matutino tempore durant in occasum, Plin.: duraturum cum aeternitate mundum, Treb. Poll.: durant colles, ziehen sich ganz hindurch, Tac.: haec moles inviolata durat, Curt. – v. Abstr., illis in longum fortissime pugnandi duravit constantia, Vell.: durat prope in infinitum (memoria), Quint.: ad posteros virtus durabit, Quint.: penuriā mulierum hominis aetatem (ein Menschenalter) duratura magnitudo erat, Liv.: adhuc honor studiis durat, Plin. ep. – von Pers., qui nostram ad iuventam duraverunt, die bis zu unserer Jugendzeit gelebt, Tac. ann. 3, 16. – **b dauern = sich halten,** in tanto terrae rigore (v. Bäumen), Curt.: ova muriā tepefactā durant, Col.: uti (oleae) diutissime durent, Cato: hoc vinum durabit usque ad solstitium, Cato: u. so (v. Wein) totidem durare per annos, Verg.: sorba in arido facile durare, Varro.

Durocortorum, ī, *n.*, später Remi, Hauptstadt der Remer im belgischen Gallien, j. *Reims,* Caes. b. G. 6, 44, 1.

Durrach... *f.* Dyrrach...

dūrus, a, um (vgl. altind. *dāruṇá-ḥ,* hart, rau, streng), *Adi.* m. *Compar.* u. *Superl.,* **hart** (Ggstz. mollis, weich), **I** eig.: **A hart** für das Gefühl, **a** *adi.*: corium attactu non asperum ac durum, Varro: ferrum, Hor.: cautes, Verg.: via, Ov.: lapis, Plin.: alvus, harter Leib, Cels.: ovum, hartes, hartgesottenes, Cels.: gallina, noch nicht weichgekochte, Cels.: aqua, hartes (viele mineralische Teile enthaltendes), Cels.: muria, mit Salz übersättigte, Col.: oculi, harte (Ggstz. umidi), Plin., od. starr, stier vor sich hinblickende Glotzaugen, Plaut. – durum (adverbiell) cacare, Mart. 3, 89, 2. – **b** *subst.,* dūrum, ī, *n.,* das **verhärtete Holz** der Weinrebe, Col. 3, 2, 6 u. a. – **B** von Geschmack **hart, derb,** vinum, Cato u. (Ggstz. suave vinum) Pallad.: sapor Bacchi, Verg.: acetum, Ser. Samm. – **C** für das Gehör **hart, derb, schwerfällig,** in der Rhetor., vocis genus (Ggstz. flexibile vocis genus, das Geschmeidige), Cic.: u. so vox, Quint. (neben rigida vox, der steifen). – dah. der Aussprache nach, consonans (wie l, n, r), Quint.: syllabae, Quint. – u. der Bildung, Zusammensetzung nach, verbum, Cic.: verba (*beatitas, beatitudo*), Cic.: oratio, compositio, Cic. – **D** für das Auge **hart,** v. Werken der Kunst, als *t. t.* der Bildhauerei u. Malerei, **hart = ungefällig, steif** in der Behandlung (Ggstz. mollis, weich), Calamidis signa dura, sed tamen molliora quam Canachi, Cic.: duriora Callon atque Hegesias, iam minus rigida Calamis, molliora adhuc supra dictis Myron fecit, Quint. – u. prägn. v. Künstler selbst, **voll Härte, steif,** pictor durus in coloribus, Plin. – **E** für das innere Gefühl **hart, steif,** in der Poesie poëta durissimus, Cic.: u. so mit *Infin.,* durus componere versus, hart im Versbau, Hor.

II übtr.: **1** körperlich **abgehärtet, stark, kräftig,** um große Anstrengungen zu ertragen, **ausdauernd** (s. Thiel Verg. Aen. 3, 94. Obbarius Hor. ep. 1, 7, 91), von Menschen u. Tieren, Verg., Hor. u. a.: Scipiadae duri bello, Verg.: durus aliquis et agrestis, Plin. ep.: durum a stirpe genus, Verg.: Atlas d., Verg.: durissimus bos (Ggstz. mollissimus), Varro: ilia messorum, Hor.: mit *Genet.,* durior oris equus, Ov. amor. 2, 9, 30. – **2** in Sprache, Gebärden u. im Benehmen, **a plumb, derb, schroff, roh, ungebildet,** horridiores, asperiores, duriores et oratione et moribus, Cic.: et moribus et ipso dicendi genere durior, Cic.: ut vitā sic oratione durus, incultus, horridus, Cic.: doctrina (Schule, System) paulo asperior et durior, Cic. – dah. ne quid durum et rusticum sit, plumpes (linkisches) u. bäuerisches (tölpelhaftes) Wesen, -Benehmen, Cic.: duri tibi videor ingenii, ich erscheine dir sehr linkisch (ungeschickt), Sen. – vom epischen Dichter und der heroischen, epischen Poesie, **derb, rau** (Ggstz. mollis), poëta, Prop.: cothurnus, Ov.: versus, Prop. (vgl. Burmann Prop. 2, 1, 41). – **b harthäutig, unverschämt, dreist,** os, Ter. u. Ov.: populi frons durior huius, Iuven.: durae buccae fuit, Petron.: u. caput d., Petron. – **3** von der Unempfindlichkeit gegen feinere Genüsse, **a** im guten Sinne, **streng gegen** sich u. seinen Körper, **hart gewöhnt, an Entsagung gewöhnt, auf Genüsse und Erholung verzichtend,** dah. auch **streng** in dieser Hinsicht gegen andere (s. Obbarius Hor. ep. 1, 7, 91. Beier Cic. or. in Clod. et Cur. 4, 1), homo durus ac priscus, Cic.: triste supercilium durique severa Catonis frons, Mart.: durus nimis attentusque esse videris mihi, Hor.: aula omnis Spartanis gymnasiis durior, Pacat. pan. 13, 4. – **b** im üblen Sinne, **unempfänglich** = ohne Sinn od. Geschmack für etwas, C. Marius, qui durior ad haec studia videbatur, für diese St. keine rechte Empfänglichkeit zu haben schien, Cic. Arch. 19. – **4** von der Stumpfheit für tiefere u. zartere Gefühle und Gemütsregungen, **hart, rau, unempfindlich, gefühllos, unfreundlich, hartherzig, streng, unbeugsam** von Charakter (Ggstz. mollis, placabilis), satis pater durus fui, Ter.: Varius est habitus iudex durior, Cic.: animo agresti et duro esse, Cic.: durum agrestemque se praebere, Cic.: duriorem se praebere alcis miserae et afflictae fortunae, Anton. in Cic. ep.: genus, Verg.: ingenium, Hor.: mentes, Val. Flacc.: vultus, supercilia, Ov. (s. Ruhnken Ov. her. 16, 12): durius ferro pectus, Ov. – dah. durum est, es ist hart, unfreundlich, mit folg. *Infin.,* admittere, Ov.: negare, Plin. ep. – *Compar. neutr. pl. subst.,* duriora, rauere Empfindungen (Ggstz. mitiora), Cic. orat. § 131. – **5** vom harten, drückenden Zustand einer Sache, u. zwar: **a** v. der Jahreszeit u. v. Wetter, **rau, unfreundlich, streng,** durius tempus, durissimum anni tempus, Caes.: tempestates, Caes. – **b** v. Boden, **rau und streng zu bearbeiten,** haec omnis dura cultu et aspera plaga est, Liv.: u. so glebae, Verg. – **c** v. Arbeiten usw., **hart, drückend, lästig, beschwerlich, mühsam,** labor, Lucr. u. Verg.: subvectio, Caes.: provincia, Ter.: munera belli, venatus, Ov.: ferri in duras vias, Ov.: u. so iter, Lucan. (vgl. Burmann Lucan. 9, 39). – **d** von Zuständen usw. aller Art, **hart, drückend, schwer, peinlich, misslich, ungünstig, gefährlich,** servitus, Plaut. u. Cic.: vita, Ter.: pauperies, Hor.: res (Plur.), hartes Geschick, Unglück, Ov.: valetudo, Hor.: morbus, Plaut.: frigus, Plaut. u. Lucr.: condicio durior, Cic.: fortunā duriore conflictari, Cic.: ne Dolabella possit durius vobis efficere negotium, erschweren, Cic. – v. Zeitumständen, tempora, harte, schwere u. bedrängte Zeiten, Cic. u. a.: initium adulescentiae, Nep. – v. Seelenzuständen, curae, dolores, Verg. – v. Gesetzen, **hart, drückend,** lex, Plaut. – v. Ausdrücken, **hart,** das Gefühl **beleidigend,** nomen durum (Ggstz. nomen molle), Cic.: fortasse posset durum videri dicere ›quaere quod agas‹, molle et humanum est, ›habes quod agas‹, Plin. ep. – dah. durum est, durum id est u. dgl., es ist od. das ist hart, Ter., Quint. u. a. – durum est m. folg. *Infin.,* contendere cum victore, dem Sieger sich zu widersetzen, ist ein gefährliches (missliches) Stück Arbeit, Hor. sat. 1, 9, 42. – si quid erat durius, wenn es hart herging = wenn sie ins Gedränge (in Gefahr) kamen, Caes.: si nihil sit durius, wenn es weiter keine Schwierigkeiten gäbe, Caes. – subst., dūra, ōrum, *n.,* **α harte Behandlung,** multa dura timere, Prop. – **β harte-, bedrängte Lage, herbe Pein, Mühsal, Elend und Not** u. dgl., Hor. u. a. Dichter.

dusius, iī, *m.* (gall. W.), **der Alp,** Isid. 8, 11, 103.

dusmus, s. dūmōsus.

dūssis = *duo asses,* Prisc. de fig. num. § 31 p. 416, 17 K.

duûmvir u. **duovir,** virī, *m.,* gew. im Plur. duovirī (duumvirī), ōrum, *m.* (in den besten Hdschrn. u. in Inschr. gew. II vir, II viri [ausgeschrieben duovir, CIL 10, 1215: duomvir, CIL 1, 1107: duumvir, Liv. 2, 42, 5; 6, 5, 8 u. ö. Spart. Hadr. 19, 1. Prisc. de accent. § 24]: Plur. heteroklit. duovires, CIL 10, 6517), die **Zweiherren, Duovirn,** eine aus zwei Personen bestehende Behörde, Kommission, **I** in Rom: duumviri perduellionis (od. qui de perduellione anquirant, creati), zwei Untersuchungsrichter (quaesitores) in Sachen der perduellio, in alter Zeit vom König, später vom Volk durch die Konsuln gewählt, Liv. 1, 26, 5 *sqq.;* 6, 20, 12, anders im Prozess des C. Rabirius, Cic. Rab. perd. 4, 12. – **A** duumviri sacrorum od. sacris faciundis, die die Aufsicht über die sibyllinischen Bücher führende Behörde, Liv. 3, 10, 7; 5, 13, 6, später aus zehn Personen (decemviri sacrorum, Liv. 22, 10, 9), seit Sulla aus fünfzehn (quindecimviri, Lact. 1, 6, 13) bestehend. – **B** duumviri aedi faciendae od. locandae od. dedicandae, eine in den Tribut-Komitien erwählte Kommission, um sowohl die Verakkordierung eines Tempelbaues als die Dedikation eines Heiligtums zu besorgen, Liv. 7, 28, 5; 22, 33, 8: im Sing., Liv. 2, 42, 5; 35, 41, 8; 40, 34, 5 *sq.* – **C** duumviri navales, eine in den Tribut-Komitien gewählte Behörde, die nicht nur mit der Einrichtung und Ausrüstung der in einem einzelnen Fall zum Dienst bestimmten Kriegsschiffe, sondern auch mit der Führung derselben beauftragt wurde, Liv. 9, 30, 4; 40, 18, 8; 41, 1, 3: Sing. duumvir navalis, Liv. 40, 42, 8; 41, 1, 2. – **II** in den röm. Munizipien u. Kolonien: duumviri od. duoviri (iuri dicundo), (in u. außer Italien) die beiden höchsten Magistratspersonen (mit den alten röm. Konsuln zu vergleichen u. wie diese meist nur auf ein Jahr aus dem Munizipal-Senat [decuriones] gewählt), die die Oberaufsicht über die ganze städtische Verwaltung hatten, Präsidenten des Senates und oberste Stadtrichter waren, Cic. de lege agr. 2, 93 (II viri). Caes. b. 1, 30, 1: Sing. duovir, CIL 10, 1268 u. 3865. Dieselben stellten jedes fünfte Jahr die Bürgerlisten auf, dah. duoviri quinquennales gen., oft in Inschr., z. B. CIL 9, 3307 u. 10,

6074. (Apul. met. 10, 18 quinquennali magistratui fuerat destinatus.)

duumvira, ae, *f.* (duumvir), die **Gattin eines Duumvirn,** Corp. inacr. Lat. 8, 9407.

duumvirālicius, a, um (duumviralis), **zu den Duumvirn gehörig, der Duumvirn,** ornamenta, CIL 3, 650. – subst., ein **gewesener Duumvir,** CIL 6, 1509. Augustin. de cur. pro mort. ger. 12.

duumvirālis, is, *m.* (duumvir), **zu den Duumvirn gehörig, der Duumvirn,** potestas, CIL 14, 3955: ornamenta, CIL 13, 1921. – subst., ein **gewesener Duumvir,** Ulp. dig. 50, 3, 1. Apul. apol. 24. CIL 8, 826 u. 10, 1132: andere Form duoviralis (v. duovir), CIL 1, 577. col. 3. lin. 8.

duumvirālitās, ātis, *f.* (duumviralis) = duumviratus, Cod. Iust. 5, 27, 1 *in.*

duumvirātus, ūs, *m.* (duumvir), die **Würde der Duumvirn,** das **Duumvirat,** Plin. ep. 4, 22, 1 u. ICt.

dux, ducis, *c.*, (duco) der **Führer, Leiter,** die **Führerin, Leiterin,** **I** als Wegweiser: locorum, Liv.: itineris, viae, Curt.: gregis, v. Stier, Widder, Ov.: armenti, v. Stier, Ov.: lanigeri pecoris, v. Widder, Ov.: u. so aries dux, Prop.: sues duces, Leitschweine, Plin.: v. Lebl., lino duce, Prop. – dah. der **Leiter, Anleiter** bei oder zu einer Unternehmung oder Handlung, im üblen Sinn = **der Rädelsführer,** impietatis, Cic.: facti, Verg.: dis ducibus, unter Leitung der Götter, Cic.: magistrā ac duce naturā, Cic.: quasi dux consequentis molestiae, die Vorläuferin (ital. *foriera),* Cic. – **II** als Vorgesetzter, **A** im Allg.: superûm, von Jupiter, Verg.: ex iis alvis (Bienenstöcken), quae plures habent *principes, dux* (Weisel, König, sonst rex) unus eligitur, Col. – **B** insbes.: **1** der Vorgesetzte einer größeren od. kleineren Heeresabteilung, der Flotte usw., **Anführer, Feldherr, Führer, Offizier,** Cic. u. a.: dux praefectusque classis, Cic.: praedonum dux, Cic.: maximus latronum dux, Val. Max.: dux alaribus cohortibus, Liv.: quod victoris populi *adversus* victos dux esset, Liv. – Femin., dux Amazonum, Mela: Cloelia virgo, dux agminis virginum, Liv. – **2 der Fürst, Kaiser,** Ov. u. a. – ► Nbf. ducis, Ven. Fort. carm. 10, 19, 15.

dyas, adis, *f.* (δυάς), die **Zweiheit, Zweifaltigkeit,** rein lat. numerus binarius, Macr. somn. Scip. 1, 6, 18; 1, 12, 5. Augustin. conf. 4, 15.

dymachērus, s. dimachaerus.

Dȳmae, ārum, *f.*, s. Dȳmē.

Dymās, mantis, Akk. mantida, *m.* (Δύμας), der Vater der Hekuba, die daher **Dymantis prōlēs,** u. subst. bl. **Dymantis,** tidis, *f.*, die **Dymantide,** heißt, Ov. met. 11, 762; 13, 620.

Dȳmē, ēs, *f.* (Δύμη) u. **Dȳmae,** ārum, *f.*, eine Stadt in Achaja am Meer, westl. von Olenos, j. *Kaminitza,* Plin. 4, 13: Form *-ae,* b. Liv. 27, 31, 9 *sqq.* – Dav. **Dȳmaeus,** a, um (Δυμαῖος), **dymäisch,** ager, das Gebiet von Dyme (ἡ Δυμαία), Liv. – Plur. subst., Dymaei, ōrum, *m.*, die **Dymäer** (οἱ Δυμαῖοι), Cic. u. Liv.

dynamicē, es, *f.* (δυναμική), die Lehre von der Kraft, die **Dynamik,** Fulg. myth. 3, 10.

dynamis, is, Akk. in, *f.* (δύναμις), **I** die **Menge,** rein lat. vis, Plaut. Pseud. 211 R. (wo Fl. dunamin, Lor. Δύναμιν). – **II** die **Quadratzahl, Quadratwurzel,** Arnob. 2, 24 (b. Mart. Cap. 2. § 106 rein lat. potestas).

dynastēs, ae, *m.* (δυνάστης), der **Machthaber, Herrscher, Gebieter, Oberherr,** **a** von abhängigen Fürsten eines kleinen Landes, **Herr, Fürst** (rein lat. regulus), Cic. u. a. – **b** von Vielvermögenden im Staate, wie von den Triumvirn in Rom, Cic. ad Att. 2, 9, 1. – ► Abl. dynastā, Tert. adv. Marc. 4, 14.

dyōdecas, adis, *f.* (δυωδεκάς), eine **Anzahl von Zwölfen,** eine **Zwölf,** Tert. de praescr. 49.

dyōnymus, falsch st. dionymus, s. d.

dypticum, s. diptychum.

Dyrrachium (Dyrrhachium, Durrachium), iī, *n.* (Δυῤῥάχιον), späterer Name der Stadt Epidamnus (Ἐπίδαμνος) im griech. Illyrien, auf einer Halbinsel am Adriatischen Meer, Landungsplatz bei der Überfahrt von Brundisium her, mit lebhaftem Verkehr und Handel, jetzt *Durazzo,* Cic. ep. 14, 1, 6 *sq.* Caes. b. 3, 9 *sqq.* Liv. 29, 12, 3. Vitr. 8, 3, 6. Mela 2, 3, 12 (2. § 56). Catull. 36, 15: Dyrrachium ire et redire, Anspielung auf Ciceros Exil, Macr. sat. 2, 6, 6. – Dav. **Dyrrachīnus,** a, um, **dyrrachinisch,** litus, Cic. Sest. 140: proelium, Caes. b. 3, 80: munitio, Suet. Caes. 68. – Plur. subst. Dyrrachīnī, u. -ēnī, ōrum, *m.* (Δυῤῥαχηνοί), die **Dyrrachiner,** gew. Form *-īni,* Cic. ad Att. 3, 22, 4 (wo *cod.* M[1] Durachini), Plin. 14, 30: Form *-ēnī,* Paul. dig. 50, 15, 8. § 8. M. – ► Die Schreibung Dyrrach. (Durrach.) ist die der besten Hdschrn.

dyscolus, a, um (δύσκολος), **unzufrieden, mürrisch,** Vulg. 1. Petr. 2, 18.

dysenteria (dysinteria), ae, *f.* (δυσεντερία), Schmerz in den Eingeweiden mit Durchfall verbunden, die **Dysenterie,** rein lat. tormina intestinorum, Plin. 28, 128. Cael. Aur. chron. 4, 6, 84 *sqq.* Vulg. act. apost. 28, 8. Isid. 4, 7, 36: Plur., Plin. 26, 45 (griech. b. Cic. u. Cels.).

dysenteriacus = dysentericus, Not. Tir. 111, 66.

dysentericus (dysintericus), a, um (δυσεντερικός), **zur Dysenterie gehörig, an ihr leidend, dysenterisch,** von Personen, Plin. u. a. – morbus d., Greg. hist. Franc. 9, 13: passio d. (δυσεντερικὰ πάθη griech. b. Cic. ep. 7, 26, 1), Pallad. 3, 31, 2. – Plur. subst. dysentericī, ōrum, *m.*, Firm. math. 4, 8. p. 95, 52.

dyserōs, ōtis (δύσερως), **unglücklich in der Liebe,** Auson. epigr. 95, 1. p. 221 Schenkl.

dysinteria, -tericus, s. dysenteria, -tericus.

dyspār, paris, andere Form v. dispar, Acc. tr. 561.

dyspepsia, ae, *f.* (δυσπεψία), die **schlechte Verdauung,** Cato r. r. 127, 1.

dysphēmia, ae, *f.* (δυσφημία), **üble Benennung** (Ggstz. euphemia), Sacerd. art. gr. 1. *no.* 156. p. 39 *E.* = 462, 15 K.

dysphoricus, a, um (δυσφορικός), **unglücklich,** Firm. math. 8, 12 *extr.* p. 220, 48.

dyspnoea, ae, f. (δύσπνοια), das **schwere Atmen,** die **Engbrüstigkeit,** rein lat. anhelatio, Plin. 23, 92 (wo Plur.) u. a. – Dav. **dyspnoicus** (dyspnoeicus), a, um (δυσπνοϊκός), **an Engbrüstigkeit leidend, keuchend,** Plur. subst., dyspnoici (dyspnoeici), ōrum, *m.*, Plin. 24, 23 (wo dyspnoici). Cael. Aur. acut. 2, 28, 147 (wo dyspnoeici).

dysprophoron, ī, *n.* (δυσπρόφορον), der **Misslaut** in Bildung der Wörter, Mart. Cap. 5. § 514.

dysūria, ae, *f.* (δυσουρία), das **schwere Harnen,** die **Harnstrenge,** der **Harnzwang,** Cael. Aur. chron. 5, 4, 64 (griech. b. Cic. ad Att. 10, 10, 3). – Dav. **dysūriacus,** a, um (*δυσουριακός), **an Harnstrenge leidend, dysurisch,** Firm. math. 4, 8. p. 95, 52.

E.

E, e, der fünfte Buchstabe des latein. Alphabetes, der zweite unter den Vokalen, von den Alten, namentlich in der gemeinen u. Bauernsprache, für i gesetzt, wie Menerva, magester – Minerva, magister, s. Quint. 1, 4, 17: ebenso vea = via, s. Varro r. r. 1, 2, 14. – als Abkürzung E. = emeritus od. = evocatus. – E.M.V. = egregiae memoriae vir. – E.P. = equo publico. – E.Q.R. = eques Romanus. – ER. = eres (d. i. heres).

ē, *Praep.*, s. ex.

eā, *Adv.* (*Abl.* v. is, *sc.* viā, parte), **daselbst, da,** Liv. 21, 32, 9. Cels. 7, 5. *no.* 1: m. korresp. quā, Nep. Hann. 3, 4. Cels. 7, 5. *no.* 4.

eādem (*Abl.* v. idem), *Adv.*, I) (*sc.* viā) **auf demselben Wege, ebenda,** Cic. u. Liv.: m. korresp. quā, Cic. u. Liv.; vgl. Drak. Liv. 4, 33, 11. – **II** (*sc.* operā) übtr.: **a zugleich,** Plaut. capt. 293; trin. 578. Ter. heaut. 368: eādem ... eādem, bald ... bald, Plaut. Bacch. 49. – **b ebenso,** Plaut. Poen. 617.

ealē, es, *f.*, ein wildes Tier, das in Äthiopien vorkam, Plin. 8, 73.

eā-propter = propterea, **deshalb, deswegen,** Pompon. com. 82. Ter. Andr. 959. Lucr. 4, 311 (337). Solin. 35, 6. Calp. Flacc. decl. 26 *in.* Ps. Quint. decl. trib. Mar. 2. p. 57, 15 Bip.

eāpse = ea ipsa, Plaut. Curc. 161; rud. 478 u. sonst oft. – so auch **eampse** = eam ipsam, Plaut. aul. 815 u. sonst oft.

eātenus = eā tenus (parte), *Adv.*, **I insofern, insoweit,** m. folg. quatenus, Cels. u. ICt.: m. folg. quā, Col. u. Quint.: m. folg. quod, Cels. 8, 2. p. 330, 13 D.: m. folg. quoad, Cic.: m. folg. ut u. Konj., Cic., Cels. u. a.: m. folg. *ne* u. Konj., Cels. u. a. – **II** übtr., **seither, bis dahin, so lange,** Capitol. Gord. 22, 5. Oros. 6, 1, 22.

ebdomaticus, s. hebdomadicus.

ebeneus (heb.), a, um (ebenus), **aus Ebenholz,** Mart. Cap. 1. § 80.

ebeninus (heb.), a, um (ἐβένινος), **aus Ebenholz,** Hieron. Ezech. 27, 16.

ebenum (hebenum), ī, *n.* u. **ebenus** (hebenus), ī, *f.* (ἔβενος), **I** der **Ebenbaum, Ebenholzbaum** (*Diospyros Ebenum,* L.), Plin. 12, 17. Mela 3, 8, 7 (3. § 80). – **II** meton., **Ebenholz,** Verg. georg. 2, 117. Ov. met. 11, 610. Apul. apol. 61 u. a.

ē-bibo (ec-bibo), bibī, bibitus, ere, **austrinken, aussaugen, I** im Allg.: **1** eig.: quid comedent, quid ebibent? Ter.: aquam (fluvii), Phaedr.: vinum, Iul. Val.: ubera lactantia, Ov.: cruorem e vulneribus, Mela. – poet., v. Lebl., Iordanem amnem, verschlingen (v. einem See), Plin.: amnes (v. Meer), Ov.: saniem (v.d. Wolle), einsaugen, Plin. – **2** übtr.: **a aussaugen** = erschöpfen, indignatio ebibit spiritum meum, Vulg. Iob 6, 4. – **b** durch Aussaugen sich aneignen, **einsaugen,** poëta optimus teneris ebibitus animis, Augustin. de civ. dei 1, 3. p. 7, 3 D.[2]: superstitio in lacte quodam modo matris ebibita, *ibid.* 22, 6. p. 562, 9 D.[2] – **II** prägn.: **1 so viele Becher,** wie eine Zeit der Zahl nach beträgt, **austrinken, zutrinken,** Nestoris annos, so viele Becher, wie Nestor Jahre verlebt hat, austrinken, Ov. fast. 3, 533. – **2 vertrinken, a** = durch Trinken vertun, si quid ecbibitis et comestis, Plaut. truc. 155: quod comedi et ebibi, tantum meum est, CIL 9, 2114: Massici montis uberrumos quattuor fructus ebibere in hora una, Plaut. Pseud. 1303 *sq.*: ut haec ebibat, Hor. sat. 2, 3, 122. – **b** = durch Trinken vergessen, non ego cum vino simitur ebibi imperium tuom, Plaut. Amph. 631. – ► Partiz. ebibitus, außer bei Augustin. (s. oben) auch bei Sidon. carm. 9, 40. Iul. Val. 2, 26 *ed. Mai.*

ebilantur = *mutilantur,* Gloss. 5, 358, 9 (richtiger evirantur).

ebīscum, ī, *n.* = hibiscum, Scrib. Larg. 80 u. 82.

ē-blandior, ītus sum, īrī, **I durch Schmeichelei erlangen, erschmeicheln, A** eig.: omnia, Liv.: unum consulatus diem, Tac. – m. *ad* u. Akk., palantes incolarum animos ad concordiam eblanditus (durch freundliches Zureden bringend), Solin. 1, 61. – mit folg. *ut* u. Konj., enitere, elabora, vel potius eblandire, effice, ut etc., Cic. ad Att. 16, 16. litt. C. § 12. – *Partic.* passiv, eblandita illa non enucleata esse suffragia, Cic.: urbanā coniuratione eblanditae preces, Plin. pan.: eblanditae virtutes, Prud. – **B** übtr., v. sachl. Subjj., **hervorlocken,** fecunditatem, Plin.: igneam saevitiam, mildernd austreiben, Col. – **II ausnehmend schmeicheln,** übtr., v. Lebl. = ausnehmend gefallen, cum aspectus eius scaenae propter asperitatem eblandiretur omnium visus, Vitr. 7, 5, 5: ceteraque quae delectationibus oculorum et aurium usu sensus eblandiantur, Vitr. 10, 12 (7), 4.

Ebora, ae, *f.* **I** (auch Ebura geschr.) Stadt in Hisp. Baet. mit dem Beinamen Cerealis, viell. in der Gegend des j. *Sta. Cruz,* Plin. 3, 10. – **II** Stadt in Lusitanien, mit dem Beinamen Libertas Iulia, j. *Evora,* Mela 3, 1, 4. Plin. 4, 117. – **III** ein Kastell, in Hispania Tarraconensis, vielleicht das j. *Ixar,* Mela 3, 1, 7.

Eborācum, ī, *n.*, Hauptstadt der Brigantes in Britannien, j. *York,* Eutr. 8, 19 u. 10, 1. CIL 7, 248.

eborārius (eburārius), iī, *m.* (ebur), der **Elfenbeinschnitzer (= Drechsler),** Cod. Iust. 10, 64, 1. CIL 6, 9375 u. 9397.

eborātus, s. eburātus.

eboreus, a, um (ebur), **elfenbeinern, aus Elfenbein** (klass. eburneus), circulus, Petron.: Apollo, Iuppiter, Plin.: oppida, Quint.: mensae, ICt.

Eborōnes, s. Eburōnes.

Ebōsia, s. Ebusus.

ēbriācus, a, um (ebrius), **tüchtig angetrunken,** Vulg. (Amiat.) Sirach 19, 1.

ēbriāmen, inis, *n.* (ebrio), das **berauschende Getränk,** Tert. de ieiun. 9.

ēbrietās, ātis, *f.* (ebrius), die **Trunkenheit, I** eig. u. übtr.: **a** eig.: Cic., Hor. u. a.: Plur., ebrietates (Berauschungen), Sen. ep. 24, 16. Col. 1. praef. § 16. Augustin. epist. 36, 3. – **b** übtr., pomi, Saftfülle, Plin. 13, 45. – **II** meton., **berauschendes Getränk,** miscere ebrietatem, Vulg. Isai. 5, 22.

ēbrio, (āvī), ātum, āre (ebrius), **trunken machen, berauschen,** mulieres raro ebriantur, crebro senes, Macr. sat. 7, 6, 16: homo ebriatus, Laber. com. 10 R.[2]: ebriati sunt, Ampel. 2, 6. – übtr., ebr. animas, Macr. somn. Scip. 1, 12, 10.

ēbriolus, a, um (*Demin.* v. ebrius), **ziemlich angetrunken, benebelt,** Plaut. Curc. 192 u. 294.

ēbriōsitās, ātis, *f.* (ebriosus), der **Hang zur Trunkenheit,** die **Trunksucht,** Cic. Tusc. 4, 27. Augustin. epist. 36, 3 u. in psalm. 75, 3.

ēbriōsus, a, um (ebrius), **dem Trunke ergeben,** der **Trunkenbold,** Cic. u. a. – *Compar.*, in his libidinosior Anacreon an ebriosior vixerit, Sen. ep. 88, 33: ebriosa (saftreiche) acina ebriosioris (Postumiae), Catull. 27, 4.

ēbriulātus, a, um (ebrius), **ziemlich betrunken, bespitzt,** Laber. com. 52.

ēbrius, a, um, **trunken, betrunken, berauscht, I** eig. u. meton.: **A** eig. (Ggstz. sobrius), Plaut., Cic. u. a. – subst., der Betrunkene, Berauschte, P. Syr. sent. 12 R.[2]: öfter Plur., Cic. u. a. – poet., prägnant, v. Lebl., vestigia, trunkene, taumelnde, Prop.: ebenso gradus, Sen. poët.: nox, wo viel getrunken wird, Mart.: so bruma, Mart.: verba, im Rausch gesprochene, d. i. freie, Tibull. – **B** meton., **satt, übersatt, dick und voll,** von Flüssigkeiten (Ggstz. satur), quom tu eris satura atque ebria, dich ganz satt, dick u. voll gegessen u. getrunken hast, Ter. Hec. 769: unde saturitate ego exivi ebrius, dick u. voll (weidlich) angetrunken, Plaut. capt. 109. – poet. v. Lebl., **reichlich-, überreichlich versehen,** cenam facite, ut ebria sit, Plaut.: ebria lana de sanguine Sidoniae conchae, gesättigt, getränkt mit usw., Mart.: u. so linteolum (Lampendocht) ebrium, Prud. cath. 5, 18. – **II** übtr., **trunken, berauscht** = erfüllt von usw., ocellus, liebetrunken, Catull.:

sanguine civium, Plin.: dulci fortunā, Hor.: curis, betäubt von S., weder ein noch aus wissend vor S., Lucr.

Ebromagus, ī, *f.*, Stadt der Tektosagen in der röm. Provinz Gallien, beim j. *Bram* od. *Villerazons,* *Cic. Font. 19 H. zw. (Kaiser Cobiamacho).

ebulīnus, a, um (ebulum), **von Attich,** Plin. Val. 1, 64.

ē-bullio, īvī u. iī, īre, **I** v. *intr.* **heraus-, hervorsprudeln,** aquam ebullire et elidi, Sen. nat. qu. 6, 31, 3: übtr., dum risus ebullit, Apul. met. 2, 30: qui (aetatis excessus) ludicris motibus ebulliunt, Augustin. conf. 9, 8, 18. – **II** v. *tr.*: **A heraus-, aussprudeln,** scherzh. = herausstoßen, animam (klass. animam edere), den Geist aufgeben, sterben, Sen. apoc. 4, 2. Petron. 42, 3 u. 62, 10: u. so absol., o si ebulliat patruus, Pers. 2, 10. – **B** mit etw. **den Mund vollnehmen,** mit etwas prahlend **um sich werfen, prahlen,** virtutes, Cic. Tusc. 3, 42; u. so Cic. de fin. 5, 80.

ēbullītio, ōnis, *f.* (ebullio), das **Heraus-, Hervorsprudeln,** Hieron. in Naum 2, 10 (als Übersetzung von ἐκβρασμός): lucernae, Fulg. myth. 3, 6: scintillantis olei, Mythogr. Lat. 1, 231 *extr.*: sanguinis, Ps. Soran. qu. medic. 110: Plur. bei Serv. Verg. georg. 1, 110.

ebulum, ī, *n.* u. **ebulus,** ī, *f.*, **Attich, Niederholunder** (*Sambucus Ebulus,* L.), Cato r. r. 37, 2. Col. poët. 10, 10. Verg. ecl. 10, 27. Lucan. 9, 916: Form *-bulus,* Plin. 25, 119 (wo ebuli, quam nemo ignorat, fumo).

ebur, oris, *n.* (altind. *íbha-ḥ,* Elefant, ägypt. *ābu,* koptisch εβου), das **Elfenbein, I** eig.: signum ex ebore, Cic.: India mittit ebur, Verg. – **II** meton.: **A** für die aus Elfenbein gearbeiteten od. damit verzierten Gegenstände, maestum illacrimat templis eb., Elfenbeinbilder, Verg.: inflavit eb., Elfenbeinflöte, Verg.: eb. ense vacuum, Schwertscheide aus Elfenbein, Ov.: premere eb., auf dem mit Elfenbein besetzten kurulischen Stuhl sitzen, Ov.: ebore sustineri, auf Elfenbein (= auf einem elfenbeinernen Ruhebett) ruhen, Sen. de ira 1, 21, 1. – **B** = **Elefant,** Iuven. 12, 112. – ► Im Vulgärlat. Akk. eborem, Schol. Bern. Verg. georg. 2, 193.

Ebura, s. Ebora.

eburārius, s. eborārius.

eburātus, a, um (ebur), **mit Elfenbein verziert, -ausgelegt,** lecti, Plaut. Stich. 377: sella, Lampr. Heliog. 4.

Eburīnī, ōrum, *m.*, eine lukanische Gemeinde, j. *Eboli,* Plin. 3, 98. – Dav. **Eburīna iuga,** die **eburinischen Höhen,** Sall. hist. fr. 3, 66.

eburneolus, a, um (*Demin.* v. eburneus), **elfenbeinern,** eburneola fistula, eine niedliche Pfeife aus Elfenbein, Cic. de or. 3, 225.

eburneus, a, um (ebur), **elfenbeinern, I** eig.: signum, Cic.: scipio, Liv. u. Val. Max.: dens, Elefantenzahn, Liv. – **II** meton. = **weiß wie Elfenbein,** brachia, colla, Ov.

eburnus, a, um (ebur), **elfenbeinern, I** eig.: vehicula, Plaut.: lyra, Hor.: scipio, Liv. u. Tac.: currus, Tibull.: sella, Liv.: ensis, mit elfenbeinernem Heft (Griff), Verg. – **II** meton. = **weiß wie Elfenbein,** digiti, Prop. 2, 1, 9.

Eburōnes, um, *m* (Ἐβούρωνες), eine germanische Völkerschaft, die sich im belg. Gallien (von Lüttich bis Aachen) niederließ, Caes. b. G. 2, 4 u. a. Oros. 6, 10, 1; 6, 7,14 (wo Eborenes).

Eburovīces, s. Aulercī *no.* a.

Ebusus u. **-os,** ī, *f.*, die größere der pityusischen Inseln an der hispanischen Küste im Mittelmeer, mit einer gleichnam. Stadt, j. *Iviza* od. *Yviça,* Liv. 22, 10, 7. Sil. 3, 363 (Ebusus). Avien. perieg. 621 (Ebūsus). – Dav. **Ebusitānus,** a, um, **ebusitanisch,** terra, Plin. 3, 78: humus, Mela 2, 7, 22 (2. § 126).

ec, Demonstrativpartikel, eig. das e in ecastor u. dgl., aber vor K.-Lauten verwandelt in ec.

ēcastŏr, s. 2. Castŏr.

ēcaudis, e (e u. cauda), **schwanzlos,** übtr., versus ecaudes = μείουροι od. σκάζοντες, Diom. 500, 14.

ecbasis, is, *f.* (ἔκβασις), das **Abschweifen** vom Thema (rein lat. digressio), Serv. Verg. georg. 1, 209.

Ecbatana, ōrum, *n.* (τὰ Ἐκβάτανα), Stadt im nördl. Medien, Hauptstadt des Landes u. wegen ihres angenehmen Klimas Sommerresidenz der persischen u. später der parthischen Könige, j. *Hamadam,* Curt. 4, 5 (21), 8; 5, 8 (24), 1. Tac. ann. 15, 31. – Nbf. **Ecbatana,** ae, *f.*, Lucil. 464. Oros. 5, 10, 8; 6, 4, 9. Vulg. 2. Mach. 9, 3.

ec-bibo, s. ē-bibo.

ecbolas, Akk. ada, *f.* (ἐκβολάς), **auswerfend,** uva, fruchtabtreibende, rein lat. abortus faciens, Plin. 14, 118.

ecca, eccam etc., s. ecce.

ecce, *Adv.* (st. ence, v. en u. ce), eine demonstrative Partikel, die entweder einfach auf eine Erscheinung hinweist, od. die Aufmerksamkeit auf die Betrachtung eines Gegenstandes hinrichtet, od. dem Geiste eine Sache vorführt, die sich plötzlich zeigte, od. etwas Neues u. Unerwartetes andeutet, deutsch: **da, siehe da, gib Acht da,** ecce Posidonius, Sen.: ecce me, da bin ich, da habt ihr mich, Tert.: ecce subitum divortium, Cic.: ecce tuae litterae, Cic.: ecce iam seges cana, Min. Fel.: ecce tibi nuntius, da kommt dir auf einmal die Nachricht, Cic.: si hoc factum est, ecce me nullum senem, gib Acht, da bin ich verloren, Plaut.: ecce tibi exortus est Isocrates, da trat plötzlich Isokrates auf, Cic.: ecce trahebatur Priameia virgo, Verg. – cum ... ecce, Caecil. com. fr.: cum ecce, Sen. ep. 58, 7: ecce cum maxime, Sen. ep. 59, 7: ubi ... ecce, Verg.: dum ... ecce, Hor.: nunc ecce, Sen. ad Helv. 9, 8: ecce autem, Komik. u. Cic.: ecce autem repente, Cic.: ecce autem ex improviso, Sall.: en ecce, Apul. (s. Hildebr. Apul. met. 1, 1. p. 10 *sq.*): et ecce, Apul. (s. Hildebr. Apul. met. 7, 26. p. 622). – In der gew. Konversationsspr. mit den Pronom. is, ille, iste oft zu einem Wort verbunden (s. Ribbeck Coroll. ad Comic. Lat. fragm. p. XXII. Brix Plaut. capt. 1002. Lorenz Plaut. mil. 1299 u. most. 545. Brix Plaut. mil. 789), ab se ecca exit, Plaut.: virum bonum eccum incedere video, Ter.: sed video eccos, Ter.: sed eccum video ipsum, Ter.: atque eccum video ipsum foras exire, Ter.: attat eccum Phidippum et patrem video, Ter.: eccum Parmenonem, da ist ja Parmeno, Ter.: eccum adest, Ter. – apud nos eccilla festinat, Plaut.: tegillum eccillud mihi unum arescit, Plaut.: eccillum video, Plaut. – eccistam video. Plaut. – libertus eccille, qui etc., Apul. apol. 53. p. 63, 4 Kr.

eccentros, on (ἔκκεντρος), **außerhalb des Mittelpunktes befindlich, exzentrisch,** als mathem. *t. t.,* Chalcid. Tim. 79 *sq.* u. a. Mart. Cap. 8. § 849 u. a.

ecce̅re (ēcere̅), *Adv.* (aus ecce u. re), ein beteuernder Ausruf, **halt in der Tat! halt ja! fürwahr!** (s. Brix Plaut. trin. 386), Plaut. Amph. 554 u. a. Ter. Phorm. 319.

eccheuma, atis, *n.*, s. cheuma.

eccillum, eccistum, s. ecce.

ecclēsia, ae, *f.* (ἐκκλησία), **I** die durch den Herold zusammengerufenen Bürger, die **Volksversammlung** in griech. Freistaaten (lat. contio), bule et ecclesia, Senat u. Volk, Plin. ep. 10, 110 (111), 1. – **II** übtr.: **A** die Versammlung der Christen, die **christliche Gemeinde,** die **Kirche,** Eccl. – meton., der Ort der Versammlung, die **Kirche,** Amm. 21, 2, 5 u. Eccl.: Christianorum, Vopisc. – **B** jede **Versammlung,** Auson. ep. 25, 94. p. 193, 8 Schenkl.

Ecclēsiastēs, ae u. is, *m.* (ἐκκλησιαστής), als Buchtitel, **der Prediger Salomo,** Eccl.

ecclēsiasticus, a, um (ἐκκλησιαστικός), **kirchlich,** eccl. scriptores Graeci et Latini, Hieron. epist. 62, 2: eccl. canones, *ibid.* 82, 3: eccl. pax, Tert. de pudic. 22. Hieron. epist. 82, 5. – subst., ecclēsiasticus, ī, *m.*, als Titel, **das Buch Sirach,** Eccl.

ecclēsiecdicus, ī, *m.* (ἐκκλησιέκδικος), der **Anwalt der Kirche,** Cod. Theod. 1, 5, 34.

ecclēsiola, ae, *f.* (*Demin.* v. ecclesia), die **liebe** (christl.) **Kirche,** Alcim. Avit. epist. 39. epist. 71. epist. 79 u. a. Eccl.

eccum, eccos etc., s. ecce.

ecdicus, ī, *m.* (ἔκδικος), bei den Griechen = der röm. cognitor civitatis (s. cōgnitor *no.* II, B), der **Staatsanwalt,** Cic. ep. 10, 56, 1 u. 3. Plin. ep. 10, 110 (111), 1.

ēcere̅, s. ecce̅re

Ecetra, ae, *f.*, Hauptstadt der Volsker, wahrsch. zwischen Signia u. dem Fluss Sacco, östl. von Velitrā, Liv. 4, 61, 4 u. a. – Dav. Ecetrānus, ī, *m.*, der **Ecetraner** (kollektiv), Plur. Ecetrānī, ōrum, *m.*, die Einw. von Ecetra, die **Ecetraner,** Liv. 3, 4. § 2 u. 3.

ec-f..., s. eff...

ēchēa, ōrum, *n.* (ἠχεῖα), eherne Gefäße zur Verstärkung des Schalls auf dem Theater, **Schallgefäße,** Vitr. 5, 5, 2 (griech. 1, 1, 9).

Echecratēs, ae, *m.* (Ἐχεκράτης), ein pythagoreischer Philosoph aus Phlius, Zeitgenosse Platos, Cic. de fin. 5, 87. Val. Max. 8, 7. ext. 3.

echenēis, idis, *f.* (ἐχενηΐς, Schiffhalter), ein Fisch, der sich fest an die Schiffe klammert und sie in ihrem Lauf aufhalten soll, der **Saugefisch** (*Echeneis Remora,* L.), Plin. 9, 79. Ov. hal. 99. Lucan. 6, 675. Isid. 12, 6, 34; rein lat. mora, Schol. Lucan. 6, 675; od. remora, Plin. 32, 6. Serv. Verg. Aen. 8, 699.

echeon, *n.* (griech. ἔχιον), eine aus Otternasche u. anderen Medikamenten bereitete Augensalbe, Plin. 29, 119.

echidna, ae, *f.* (ἔχιδνα), **I** die **Otter, Viper,** ein Attribut der Furien, die durch deren Anhauch Leidenschaften (unerlaubte Liebe u. dgl.) erwecken, Ov. met. 10, 313. – **II** *nom. propr.*, **A** **Echidna,** ae, *f.*, ein Ungeheuer der Unterwelt, die Tochter des Chrysaor, Mutter des Zerberus, der lernäischen Schlange usw., Ov. met. 4, 501. – Dav. **Echidnēus,** a, um, **echidnēisch,** canis, v. Zerberus, Ov. met. 7, 408. – **B** Ech. Lernaea, die von Herkules erlegte lernäische Schlange, Tochter des Typhon und der Echidna (s. *no.* A), Ov. met. 9, 69 u. a.

Echīnades, um, Akk. as, *f.* (Ἐχινάδες), eine Gruppe von fünf Inseln im Ionischen Meer vor der Mündung des Achelous, zu Akarnanien gehörig, jetzt *Curzolari,* Ov. met. 8, 589. Mela 2, 7, 10 (2. § 110).

echīnātus, a, um (echinus), **stachelig,** Plin. 15, 92 u. a.

echīnomētra, ae, *f.* (ἐχινομήτρα), eine Art **Meerigel,** Plin. 9, 100.

echīnopūs, odis, *m.* (ἐχινόπους, igelfüßig), eine dornige Pflanze, nach Sprengel *Spartium horridum,* **Stachelginster,** Plin. 11, 18.

echīnus, ī, *m.* (ἐχῖνος), **I** der **Igel,** u. zwar gew. der (essbare) **Seeigel, Meerigel** (*Echinus esculentus,* L.), Plaut. rud. 297. Afran. com. 142. Lucil. 1201. Varro LL. 5, 77. Hor. sat. 2, 4, 33 u. 2, 8, 53. Cels. 2, 29, 4. Plin. 9, 100. Iuven. 4, 413. Edict. Diocl. 5, 7 *sqq.* Apul. apol. 35: selten der **Landigel** (sonst erinaceus), Claud. eidyll. 2, 17; vgl. Isid. 12, 6, 57. – **II** übtr.: **A** ein Zierat an den Säulen, **Wulst, Viertelstab,** Vitr. 4, 3, 4 u. 4, 7, 3. – **B** ein ehernes Gefäß zum Ausspülen der Becher, **Spülkump,** Lucil. 1158. Hor. sat. 1, 6, 117. – **C** die stachelige **Kastanienschale,** Calp. ecl. 2, 83. Pallad. de ins. 155.

Echīōn, onis, *m.* (Ἐχίων), **I** einer der übriggebliebenen Sparten (d. i. der bewaffneten Männer, die aus den von Kadmus gesäten Drachenzähnen entsprangen und einander bis auf fünf im Kampf erschlugen), Vater des Pentheus, Gemahl der Agave, Helfer des Kadmus beim Erbauen Thebens, Ov. met. 3, 126; 10, 686. Stat. Theb. 5, 569. Hyg. fab. 178: dah. Echione natus, v. Pentheus, Ov. met. 3, 526. – Dav.: **A** **Echīonidēs,** ae, *m.* (Ἐχιονίδης), der Nachkomme Echions, der **Echionide,** d. i. Pentheus, Ov. met. 3, 513 u. 701. – **B** **Echīonius,** a, um, **echionisch, des Echion,** u. poet. = **kadmēisch, thebanisch,** nomen, Sohn des Echion, Verg.: Thebae, Hor.: arces, Ov.: hydrus, von Kadmus erlegt, Val. Flacc. – **II** Sohn des Merkur, ein Argonaut, Teilnehmer an der kalydonischen Jagd, Ov. met. 8, 311. Hyg. fab. 14. – Dav. **Echīonius,** a, um, **echionisch, des Echion,** lacertus, Ov. met. 8, 345.

echios, ī, *f.* (ἔχιος), **Otterkraut,** gut gegen den Biss der Otter, Plin. 25, 104.

echītis, idis, *f.*, der **Otterstein,** ein Stein mit Viperflecken, Plin. 37, 187.

ēchō, ūs, Akk. ōn, Abl. ō. *f.* (ἠχώ), das **Echo,** der **Widerhall** (rein lat. imago), Acc. tr. 572. *Laev. fr. 16 (bei Fest. 206, 16). Plin. 11, 65 u. 36, 99 *sq.* Pers. 1, 102. Stat. silv. 4, 3, 63 (wo Akk. echon). Auson. Mos. 297: als Bezeichnung einer wörtl. wiederholten Sentenz, Sen. contr. 7, 7 (22), 19. – personif., Echo, eine Waldnymphe, Ov. met. 3, 358 *sqq.* Auson. epigr. 10, 7 p. 198 Schenkl u. epigr. 102, 1. p. 223 Schenkl. Apul. met. 5, 25.

ēchoicus, a, um (echo), **widerhallend, sich wiederholend,** versus, Sidon. epist. 9, 14, 5.

eclīgma, atis, *n.* (ἔκλειγμα), eine Arznei, die man auf der Zunge zergehen lässt, bes. als Abführungsmittel, eine **Latwerge** (bei spät. Ärzten auch rein lat. electarium), Plin. 21, 154 u. a. – Dass. **eclīgmatium,** iī, *n.*, *Demin.* (εκλειγμάτιον), Th. Prisc. 2, 17.

eclīpsis, is, Akk. in, *f.* (ἔκλειψις), das **Ausbleiben, Verschwinden,** ecl. solis, lunae, Sonnen-, Mondfinsternis (rein lat. defectus solis, lunae), Rhet. Her. 3, 36 (wo Plur.), Hyg. astr. 4, 14. Capit. Gord. 23, 2: u. so v. der Sonnenfinsternis, Plin. 2, 53 (neben defectus).

eclīpticus, a, um (ἐκλειπτικός), **zur Eklipse gehörig, ekliptisch,** Plin.: signa ecl., die eine Eklipse erleiden, Manil.: linea ecl., die Sonnenbahn um die Erde, die Ekliptik, Serv.

ecloga, ae, *f.* (ἐκλογή), das als vorzüglich **Ausgewählte, das vorzügliche Stück,** **I** im Allg.: eclogas ex Annali descriptas, Varro b. Charis. 120, 28. – **II** ein kleines auserlesenes Gedicht, eine **Ekloge,** Plin. ep. 4, 14, 19: kleines Gedicht, eine **Epistel,** Suet. vit. Hor. p. 46, 12 R. Porphyr. Hor. epod. 17, 1; ep. 1, 7, 1: ein **Hirtenlied,** wie die Eklogen des Vergil u. Kalpurnius. – Plur. eclogae, ārum, *f.*, eine **Sammlung auserlesener Gedichte,** als Titel einer Schrift des Ausonius (s. p. 9 *ed. Schenkl*). – ► In den Handschriften gew. egloga geschr.

eclogārius, a, um (ecloga), **zur Auswahl gehörig,** nur subst., eclogāriī, ōrum, *m.* = loci electi, ausgewählte **einzelne Stellen** einer Schrift, insofern sie zum Vorlesen ausgezeichnet werden, notentur eclogarii, Cic. ad Att. 16, 2, 6.

ecnephiās, ae, *m.* (ἐκνεφίας), ein **Orkan,** wenn Gegenwinde in den Wolken zusammenprallen u. daraus hervorbrechen, Plin. 2, 131.

ec-nūbo, s. ē-nūbo.

ē-contrā, s. contrā *no.* I, B, 2, a.

ē-contrāriō, richtiger e contrario, s. contrārius *no.* II, B, 1, b, α, αα.

ecphora, ae, *f.* (ἐκφορά), als *t. t.* der Baukunst, die **Ausladung,** der **Auslauf, Vorsprung** an Gebäuden, Vitr. 3, 5, 11 (3, 3, 16): mutulorum ecphorae, Vitr. 6, 2, 2.

ecpȳrōsis, is, Akk. in, *f.* (ἐκπύρωσις), der **Weltbrand,** Censorin. 18, 11. Serv. Verg. ecl. 4, 10 u. 6, 41.

ec-quālis, e, **wie wohl beschaffen,** quod cum facit, ecquale putat cor habere me? Gell. 6 (7), 2, 7.

ec-quandō, *Adv.*, **I** fragend, **wann wohl jemals,** in dir. Frage, Cic. Verr. 2, 34. Liv. 3, 67, 10 u. a. – in indir. Frage, mit folg. nisi, Cic. de lege agr. 2, 17. – **II** indefinit., **wohl jemals,** mit angehängtem ne, Vell. 2, 14, 2. Apul. apol. 25. p. 34, 3 Kr.: m. folg. nisi, Cic. de fin. 5, 63: ecquandone ... an, Prop. 2, 8, 15.

1. **ec-quī, ecquae** od. **ecqua, ecquod,** *Pron. interrog. adi.* = num qui, d. i. **etwa-, wohl irgendeiner,** ecqui pudor est? hast du wohl einige Sch.? Cic.: hospitem ecquem Pampholum hic habes? Ter.: quaeris, ecqua spes sit, ob einige H. sei, Cic.: mit angehängtem *nam,* visam ecquaenam advenerit (navis)? Plaut.: ecquaenam accessio, denn wohl eine usw., Cic.: ecquodnam curriculum aliquando sit habitura tua natura admirabilis, Cic. – ecqua res apud civitates Siculas expetitur, *quin* etc.? Cic. Verr. 2, 120: ecquod in Sicilia bellum gessimus, *quin* Syracusanis hostibus uteremur? Cic. Verr. 5, 84. – subst., ecqui poscit prandio, lädt einer zum Frühstück, Plaut. Stich. 222.

2. **ecquī,** *Adv.*, *f.* ecquis.

ec-quis, ecquid, *Pron. interrog. subst.* = num quis, d. i. **wohl (etwa) irgendjemand, -irgendetwas?** ecquis in aedibus est? Plaut.: heus ecquis hic est? ist irgendjemand da? Plaut.: ecquis me hodie vivit fortunatior? gibt es heute einen Glücklicheren, als ich bin? Ter.: ecquis rettulit aliquid ad coniugem ac liberos praeter odia? wo hat einer F. u. K. etwas mitgebracht als usw., Liv.: rogato, ecquid in tuam statuam contulerit, Cic. – mit angehängtem nam, wie ecquisnam tibi dixerit C. Caesarem nuper Aquileiae dixisse etc., Cic.: ecquidnam afferunt? Plaut.: secernere autem a corpore animum ecquidnam aliud est nisi mori discere, Cic.: ecquid ... an, Liv. 4, 40, 8. – ecquis fuit *quin* lacrimaret? Cic. Verr. 5, 121. – *adi.* = ecqui, z. B. ecquis alius Sosia intust, Plaut.: velim respondeat, ecquis Latini nominis populus defecerit ad nos? Liv. – Dav. *Adv.*: **A** **ecquid** = numquid od. num, d. i. **etwa, wohl,** in direkter u. indirekter Frage, ecquid attendis horum silentium? Cic.: fac sciam, ecquid venturi sitis? Cic. –

B **ecquī** = num aliqui, in indir. Frage, **ob wohl irgendwie?** Plaut. aul. prol. 16. – **C** **ecquō, wohin wohl?** ecquo te tua virtus provexisset? ecquo genus? Cic. Phil. 13, 24.

ecquisnam, ecquō, s. ec-quis.

ec-screo, s. ex-screo.

ectasis, is, Akk. in, *f.* (ἔκτασις), die **Dehnung** eines Vokals, *si* brevis est per naturam; sed hoc loco ectasin fecit, hat es eine D. erlitten, Serv. Verg. Aen. 1, 343.

ecthlipsis, is, Akk. in, Abl. ī, *f.* (ἔκθλιψις), **a** als mediz. *t. t.*, das **Herausquetschen, -drücken** eines Körperteils, Plur. bei Th. Prisc. 2, 13. – **b** als gramm. *t. t.*, die Verdrängung des Konsonanten m mit dem vorhergehenden Vokal in der Aussprache, wie tandem ad in Versen gelesen tandat, (Prob.) de ult. syll. 264, 10 K. Mart. Cap. 3. § 267.

ectrōma, atis, *n.* (ἔκτρωμα), die **Frühgeburt,** rein lat. abortus, Tert. adv. haeret. 7.

ectropa, ae, *f.* (ἐκτροπή), die **Einkehr, Herberge** (rein lat. deversorium), Varro sat. Men. 418.

ectypus, a, um (ἔκτυπος), **erhaben,** *t. t.* von erhaben gearbeiteten Kunstsachen in Holz, Erz, Marmor, Edelstein, imaginem Tiberii Caesaris habens ectypam et eminente gemmā, hatte (in einem Ring) den T. auf einem Kameo abgeformt, Sen. de ben. 3, 26, 1: gemmae, quae ad ectypas scalpturas aptantur, zu Rameos, Plin. 37, 173. – *neutr. plur.* subst., postea ectypa fecit, erhabene Arbeit, Reliefs, Plin. 35, 152.

ecula, s. equula.

Ēculānum, s. Aeculānum.

eculeus (nicht equuleus), ī, *m. (Demin.* v. equus), **I** das junge Pferd, **Füllen,** das **kleine Pferd,** ad Sinuessam bos eculeum peperit, Liv. – eculei argéntei, Statuetten von Pferden, Cic. – **II** übtr., eine hölzerne **Folter** in Gestalt eines Pferdes, in eculeum conici, exponi, imponi od. ire, auf die Folter gebracht werden, Cic. u. a.

eculus (nicht equulus), ī, *m. (Demin.* v. equus), das **Pferdchen,** Varro r. r. 2, 7, 13.

ecus, s. equus.

edācitās, ātis, *f.* (edax), die **Gefräßigkeit,** Plaut. Pers. 59. Cic. ep. 7, 26, 1. Ambros. Luc. 7. § 142: ed. pueri, Cic. ad Q. fr. 3, 9, 9.

edāx, ācis (edo), **I** **gefräßig,** homo, Ter. u. Cic.: hospes, Cic.: dominus, Hor.: turdus, Hor.: vultur, Ov. – animalia edaciora, Augustin. de mor. Manich. 9. – animalia edacissima, Sen. ep. 60, 3. – Plur. edācēs, subst., die Gefräßigen, die Fresser, Sen. ep. 108, 15. – **II** übtr., **nagend, verzehrend, vernichtend,** imber, Hor.: umor, Cael. Aur.: cibi acres atque edaces, Cael. Aur.: edaces curae, Hor.: mit *Genet.*, tempus edax rerum, Ov. met. 15, 234. – ► Abl. edācī, Cic. ep. 9, 20, 2. Val. Flacc. 6, 420.

edeatros, ī, *m.* (ἐδέατρος), bei den Persern der Vorkoster, der auch die Folge der Speisen u. die Anordnung der Mahlzeit bestimmte; dah. übh. der Marschall der Fürstentafeln, der **Truchsess,** Paul. ex Fest. 82, 20 (wo Plur. edeatroe).

ē-decimo (ē-decumo), āvī, ātum, āre (eig. den Zehnten-, dann übh.) **auslesen,** Macr. sat. 1, 5, 17 u. 2, 1, 8. Symm. epist. 5, 81 u. 9, 21. – übtr., honestas edecimata, auserlesene, vortreffliche, Symm. epist. 3, 49 u. 51.

ē-dento, āvī, ātum, āre (e u. dens), **zahnlos machen, der Zähne berauben,** malas alci, Plaut. rud. 662: edentatae beluae morsus, eines zahnlosen, Macr. sat. 7, 3, 10.

ēdentulus, a, um (e u. dens), **zahnlos** (Ggstz. dentatus), v. Menschen u. Tieren, Plaut. Cas. 550 u. a. Tert. de pall. 5. Arnob. 3, 14. Hieron. epist. 128, 3: Plur. subst., ēdentulae, Zahnlose = Alte, Prud. perist. 10, 305: dah. scherzh. vinum, alter, Plaut. Poen. 700.

edepol, beim Pollux, eine Beteuerung, Komik.: verb. pol edepol, Titin. fr.: ed. profecto, ed. vero, Plaut.: certe ed., Plaut. u. Ter.: non ed., ne ed., Komik.

edera, ederāceus etc., s. hedera etc.

Edessa, ae, *f.* (Ἔδεσσα), **I** Stadt in Mazedonien, Residenz der älteren mazed. Könige am Fluss Ludias u. an der Via Egnatia, j. *Vodhena* od. *Vodina,* Liv. 45, 29, 9 u. 30, 5. Iustin. 7, 1, 7. – Dav. **Edessaeus,** a, um (Ἐδεσσαῖος), **aus Edessa,** Antiphilus, Liv. 42, 51, 5. – **II** (auch Hedessa geschr.) Hauptstadt der Provinz Oshroëne (in Mesopotamien) und des oshroënischen Reichs, j. *Orrhoa* od. *Orfa,* Plin. 4, 86. Tac. ann. 12, 12. Amm. 20, 11, 4 u. 21, 7, 7: Sterbeort des Karakalla, Aur. Vict. epit. 21, 6. Eutr. 8, 11. Spart. Carac. 6, 6 u. 7, 1. – Dav. **Edessēnus,** a, um (Ἐδεσσηνός), **aus** od. **zu Edessa,** sepulcra, Amm. 18, 7. § 7: ecclesia, Hieron. de vir. ill. 115.

edibilis, e (1. edo), **essbar,** Cassiod. var. 12, 4, 4.

ē-dīco, dīxī, dictum, ere, **ansagen, bekannt machen, festsetzen, verordnen,** **I** im Allg.: hoc simul, Hor.: in eam noctem certamen, Curt. – m. folg. *Acc.* u. *Infin.*, Komik. u. Hor. – m. folg. indir. Fragesatz, Cic. u. Sall. – **II** insbes., **öffentlich** (durch den Herold, durch ein Edikt usw.) **bekannt machen,** zur Nachricht, zur Nachachtung, als eine Vorschrift, **ansagen (ansagen lassen), ankündigen (ankündigen lassen), bestimmen, befehlen** u. dgl., von Befehlenden, bes. von obrigkeitl. Personen, diem comitiis, Liv.: comitia, Cic.: senatum in posterum diem, Liv.: absol., ein Edikt erlassen, Suet. Cal. 26, 3. – m. folg. *Acc.* u. *Infin.*, Verg., Cic., Liv. u. a. – mit folg. *Infin.*, Curt. 6, 11 (42), 20. – m. folg. *ut* od. *ne* u. Konj., Ter., Cic. u. a.: so auch edicto (Ablat. absol.), ut od. ne etc., Liv. – m. folg. bl. Konj., Cic., Liv. u. a. – ► Imperat. edice, Verg. Aen. 11, 463. Stat. Theb. 12, 598. – arch. exdeico, wov. exdeicatis, CIL 1, 196, 23.

ēdictālis, e (edictum), **zum Edikt gehörig, dem Edikt gemäß,** possessio, ICt.: programma, das Edikt, Cassiod.

ēdictio, ōnis, *f.* (edico), **die Bekanntmachung,** haec, Plaut. Pseud. 143 u. 172: basilicae edictiones atque imperiosae, Plaut. capt. 817.

ē-dicto, āvī, āre (*Intens.* v. edico), **bekannt machen, offen heraussagen,** Plaut. Amph. 816 u. a.

ēdictum, ī, *n.* (edico), die **Aussage,** **I** im Allg.: **a** als **Befehl,** Ter. heaut. 623. – **b** = ἀξίωμα, der dialektische **Ausspruch, Satz,** Sen. ep. 117, 13 (neben effatum u. enuntiatum). – **II** insbes., das **Edikt** = die **öffentliche Bekanntmachung, Kundgebung,** bes. zu anderer Nachachtung, das **Manifest,** die **Proklamation,** die **Verordnung,** **a** übh. eines Magistrats, Feldherrn, Königs, Cic., Liv. u. a.: Archilochia in illum edicta Bibuli, die E. des B. gegen ihn mit ihrer archilochischen Bitterkeit, Cic.: ed. constituere, Cic.: ed. proponere, Cic.: edictum praemittere (vor sich her gehen lassen), Caes., ex itinere, Liv. – **b** des Prätors beim Antritt seines Amts, in dem er die Grundsätze angab, nach denen er Recht sprechen wollte, Cic. II. Verr.. 1, 105 *sq.;* Flacc. 67 u. a.: ed. perpetuum, das aus den früheren Edikten der Prätoren entstandene stehende, gemeingültige Edikt, zu dem jeder neue Prätor noch neue Bestimmungen hinzufügen konnte, Eutr. 8, 17. – **c** das stehende zensorische Edikt, multas res (Bestimmungen) novas in edictum addidit, Nep. Cato 2, 3. – **d** der **Anschlag,** auf dem die öffentlichen Spiele bekanntgemacht wurden, Sen. ep. 117, 30. Pers. 1, 134.

ēdilicius, s. aedīlicius ►.

ē-dīsco, didicī, ere, **I** **auswendig lernen,** magnum numerum versuum, Caes.: alqd ad verbum, Cic.: poëtas, Hor.: ediscendi causā relegere, Sen. rhet. – **II** übh. etwas **erlernen, kennen lernen, Kenntnis** von etwas **erlangen,** etwas **erfahren,** im Perf. **kennen, wissen,** istam artem, Cic.: (herbarum) usum, Ov.: edidici cunctos, Ov., hoc, Tibull. – mit *Acc.* u. *Infin.*, bellum peti iam ediscunt, Tert. de spect. 3.

e-dissero, seruī, sertum, ere, **ausführlich erörtern, -verhandeln, -besprechen, -vortragen,** hoc. Hor.: eadem, Liv.: res gestas, Liv.: viam comiter, Arnob.: *de* iis ordine suo, Lampr.: m. folg. indir. Fragesatz, neque necesse est edisseri a nobis, quae finis funestae familiae fiat, Cic.: absol., in docendo edisserendoque subtilior, Cic. Brut. 65: in hoc interpretandi explanandi edisserendi genere mirabilis, *ibid.* 146: qui scripturas edisserendo pertractant, Augustin. epist. 82, 34.

ēdissertātio, ōnis, *f.* (edisserto), die ausführliche **Erörterung, Besprechung,** Plin. 10, 190.

ēdissertātor, ōris, *m.* (edisserto), der ausführliche **Erörterer, Besprecher,** Auson. lud. sept. sap. (XX) prol. 51. p. 105 Schenkl.

ēdissertio, ōnis, *f.* (edissero), die ausführliche **Erörterung, Besprechung,** Hieron. in Matth. 21, 6 *sq.*

ēdisserto, āvī, ātum, āre (*Intens.* v. edissero), **ausführlich erörtern, -besprechen, -vortragen,** alqd, Plaut., Fest. u. Spät.: m. folg. Fragesatz, quid fit denique edisserta, Plaut.: absol., neque aggrediar narrare, quae edissertando minora vero faciam, Liv. 22, 64, 8.

ēditīcius, a, um (edo, edidi), **angegeben, vorgeschlagen,** iudices, die aus der Richterliste (Geschworenenliste) angegebenen 125 Richter aus der Zahl der Ritter u. Ärartribunen (aus denen der Angeklagte 75 verwerfen durfte), Cic. Planc. 36 u. 41; Mur. 47.

ēditio, ōnis, *f.* (2. edo *no.* I, B), **I** das **Gebären,** die **Geburt,** ICt. u. Tert. – **II** die **Herausgabe, 1** eig.: libri, Sen., Quint. u. a.: maturare libri huius editionem, Tac. dial. – **2** meton., die herausgegebene Schrift, die **Ausgabe,** vera (echte), Solin. praef. *extr.*: ut vulgata narrat editio, Oros. apol. 9, 7: qui (versus) in omni editione invenitur, Quint. 5, 11, 40: veterem editionem nostrae translationi compara, Hieron. epist. 49, 4. – **III** die **Angabe, a** die **Mitteilung** eines Schriftstellers, in tam discrepante editione, Liv. 4, 23, 2. – **b** als jurist. *t. t.*, ed. actionis, die Angabe, Mitteilung der Klage u. Klageform, die die Parteien dem ihnen gegebenen Richter machten, Ulp. dig. 2, 13, 1 *sqq.* – tribuum, das Vorschlagen von 4 Tribus von Seiten des Anklägers, um aus ihnen die Richter zu wählen, Cic. Planc. 36 u. 39 u. 41. – **IV** die **Leistung, Veranstaltung,** operarum, Dienstleistungen, ICt.: munerum, Eutr.: ludorum editio, CIL 8, 967, 5: arenae (Veranstaltung eines Gladiatorenspiels), Symm. – Plur., munerum editiones, Lact. epit. 63, 2.

ēditor, ōris, *m.* (edo, edidi), **I** der **Hervorbringer, Erzeuger,** Lucan. 2, 423. – **II** der **Veranstalter,** eines Schauspiels, Capit. Anton. phil. 23, 4. Vopisc. Carin. 21, 1. CIL 10, 539.

1. ēditus, a, um, *PAdi.* m. *Compar.* u. *Superl.* (v. 2. edo), hervorgegeben, -gehoben, **I** eig., v. Örtl. = aus der **Tiefe emporragend, hoch,** collis paululum ex planitie editus, Caes.: locus perexcelsus atque editus, Cic.: loca edita (Ggstz. iacentia), Sen.: locus editior, Caes.: locus editissimus, Auct. bell. Alex.: collis editissimus, Sall. fr. – *neutr.* subst. = die **Höhe, Anhöhe, α** *Sing.* nur mit *Praep.*, wie: in edito, Suet.: ex edito, Plin. – **β** *Plur.*, edita montium, Tac.: u. bl. edita, das hochgelegene Land (Ggstz. plana), Tac. – **II** übtr.: viribus editior, hervorragend an Kr., Hor. sat. 1, 3, 110.

2. ēditus, ūs, *m.* (2. edo), der **Auswurf, Kotabgang,** bubum (= *boum),* Ulp. dig. 32, 1, 55. § 6.

ēdīus fidius, s. fidius.

1. edo, ēdī, ēsum (essum), edere u. esse (ἔδω), **essen, speisen,** v. Tieren = **fressen, I** im Allg. (Ggstz. bibere): de symbolis, Ter.: avide, Ov.: nec esuriens Ptolemaeus ederat iucundius, Cic.: muraenas, Sen.: testes ursinos, Plin.: aurum (v. Raben), Liv.: alienum cibum (v. Mäusen), Plaut.: alqd cum pulte, Varro LL., cum pane, Plin.: alius quantum biberit, tantum edit, Plin.: quoniam (pulli) esse nollent, Cic.: qui essum neque vocantur (eingeladen werden) neque vocant (einladen), Plaut.: estur et potatur incondite, Apul.: inter edendum, Sidon.: pecoris actor edendi (des Schlachtviehs), Ov. her. 1, 95. – non, ut edam, vivo, sed, ut vivam, edo, Quint. 9, 3, 85. – Sprichw., pugnos edere, die Fäuste kosten, d. i. Schläge bekommen, Plaut. Amph. 309: multos modios salis simul edisse, viele Scheffel Salz zusammen gegessen haben (von alter, bewährter Freundschaft), Cic. de amic. 67. – **II** prägn. = comedere, **verzehren, a** v. Pers. = **verprassen,** bona (alcis), Plaut. truc. 742 (Schöll bona caedere). – **b** v. lebl. Subj., **verzehren = zernagen,** culmos edit od. est robigo, Verg.: carinas edit lentus vapor (*i.e. flamma),* Verg.: corpora tua edit virus, Ov.: si quid est animam, Hor.: est mollis flamma medullas, Verg.: edunt oblivia laudem, Sil. – ► **a** Zusammengezogen werden im Aktiv alle Formen, die mit den mit e anfangenden Flexionen des Verbums sum gleich lauten, also ēs, est, estis; essem etc.; Imperat. ēs etc. u. Infin. esse; aber auch im Passiv estur, Plaut. u. a.: essetur = *ederetur,* Varro LL. 5, 106. Vgl. Brix Plaut. mil. 24. – **b** Alter Konj. Präs. edim, edis etc., Plaut. u. a. Vgl. Porphyr. Hor. epod. 3, 3. – **c** Konj. Perf. eserim od. esserim, Apul. met. 4, 22. – **d** Partiz. auch estus, Sex. Placit. de med. 11, 4 (vgl. comestus unter comedo a. E.).

2. ē-do, didī, ditum, ere, **I herausgeben, -tun, A** im Allg.: **a** v. leb. Wesen: sputa per fauces tussi, hervorhusten, Lucr.: urinam, urinieren, Plin.: stercus, misten (v. Tieren), Col.: animam od. extremum vitae spiritum, den Geist aushauchen = sterben, Cic. – se ex aedibus, sich herausbegeben, Plaut.: alqm ex insula, herausjagen, verjagen, Hyg. – **b** übtr., v. lebl. Subj.: cuniculus … armatos repente edidit, brachte zutage, Liv.: u. medial, Maeander editur in sinum maris, ergießt sich in usw., Liv. – **B** insbes.: **1 zur Welt bringen, gebären, zeugen, hervorbringen, a** v. lebenden Wesen od. personif. Dingen, partum, v. Menschen, Liv. u. Tac.: nullam subolem edere, keine Kinder gebären, Tac.: v. Tieren, Cic. u. a.: geminum partum (Zwillinge), Liv.: alqm partu, Verg. u. a. (dah. cum alqo uno partu editus, zugleich geboren, Eutr.): animalia ex utero, Lact.: u. bl. alqm, gebären (v.d. Frau), Ov. u. Tac., od. zeugen (v. Mann), Verg. Aen. 8, 137: edi in lucem, das Licht der Welt erblicken, Cic. Tusc. 3, 2: u. so editus in lucem, Ov. met. 15, 221. – poet., ed. luci, ans Licht, in die Welt senden, Cic. poët. de div. 2, 64: u. ed. partu sub luminis oras, Verg. Aen. 7, 659. – Oft *Partic.*, Maecenas atavis edite regibus, Hor.: edita infans ex nepte Iulia, Suet. – **b** v. lebl. Subjj., (terra) edit innumeras species, Ov.: frondem edit ulmus, treibt hervor, Col.: cuncta sponte edita aut manu sata, Tac. – ea (Academia) praestantissimos in eloquentia viros edidit, hat aus sich hervorgehen sehen, Quint. – **2 von sich geben,** scintillam, scintillas, v. Lebl., Plin. – bes. einen **Ton von sich geben, ausstoßen,** clamorem maiorem, Cic.: voces (Klagen), Cic.: v. Tieren, hinnitus, latratus, wiehern, bellen, Ov.: maestos ululatus, Plin.: dentes inter se terendo stridorem, Plin.: fragorem (v. Lebl.), Plin. – **3 bekannt machen, a** wie unser **herausgeben** = eine Schrift **veröffentlichen, unter die Leute bringen,** orationem scriptam, Sall.: principes, das Leben der F., Vopisc.: illos de re publica libros, Cic.: librum de vita alcis, Plin. ep.: libellos de vita principum, Treb. Poll.: librum contra alqm, Cic.: libellos aut carmina, sub alieno nomine (pseudonym), Suet.: acroaticos libros neque editos scito esse neque non editos, Gell. – **b** ein Gerücht, ein Gerede usw. **unter die Leute bringen, unter den Leuten-, überall ausstreuen, aussprengen,** edit in vulgus, Nep.: quae opinio erat edita in vulgus, wie dies allgemein ausgesprengt worden war, Caes. – **c** eine Mitteilung, Erklärung usw. **von sich geben,** etwas **veröffentlichen, angeben, nennen, aussprechen, erklären, entwickeln, verraten,** Cic., Liv. u. a.: ede illa, quae coeperas, Cic.: nomen alcis, Liv.: nomen L. Tarquinium, sich ausgeben für usw., Liv.: alqm auctorem alcis rei, Liv.: consilia hostium, Liv.: poet., arma violentaque bella, besingen, Ov. – m. folg. indir. Fragesatz, apud eosdem (censores) qui magistratu abierint, edant et exponant, quid in magistratu gesserint, Cic. de legg. 3, 47. – Dah. insbes., **α** v. den Angaben, Bescheiden der befragten Orakel, Priester od. heiligen Bücher, **angeben, mitteilen, geben, erklären, aussprechen, bestimmen** (vgl. Broukh. Tibull. 1, 4, 67), responsum oraculo editum, Liv.: Apollo oraculum edidit Spartam … perituram, Cic.: haec ex oraculo Apollinis Pythii edita tibi puta, Cic.: quia ita ex fatalibus libris editum erat, Liv.: quibus editum est, dii, die (in den sibyll. Büchern) dazu bestimmten Götter, Liv. Vgl. Fabri Liv. 21, 62, 7. – **β** als jurist. *t. t.*, **veröffentlichen, angeben, vorlegen, festsetzen, bestimmen,** actionem, formulas, die Klage, die Klageformeln dem gegebenen Richter angeben, mitteilen, vorlegen (v. den Parteien), ICt.: iudicium, bestimmen, Cic.: tribus, v. Ankläger, vier Tribus vorschlagen (von denen der Kläger nur eine zurückweisen durfte), um aus ihnen die Richter zu wählen (in einer causa sodaliciorum), Cic. Planc. 36 *sqq.*: aber iudices editi = editicii (s. ēditīcius), Cic. Planc. 41. – alqm sibi socium in etc., angeben, Cic. – **γ** zur Nachachtung **bekannt machen, ergehen lassen, erlassen, befehlen,** iis editis imperiis, Liv. – ederet consul, quid fieri vellet, Liv.: ed. per libellos, Suet. – *Partic.* subst., edita, ōrum, *n.*, die **Befehle,** Ov. met. 11, 647. – **4** etwas **liefern, gewähren, leisten, verrichten, verursachen, anrichten** u. dgl., **a** übh.: nullum fructum ex se, keinen Gewinn aus sich erzielen, keinen Ertrag gewähren (v. Schafen), Cic.: annuam operam, einen j. Dienst leisten, ein Jahr dienen, Liv.: fortium virorum operam, sich als tapfere Männer erweisen, Liv.: operam in caede alcis, Hilfe leisten bei usw., Suet.: aber immortalia opera, verrichten, Liv.: aliquantum trepidationis, Liv.: tumultum in se maiorem, quam in proelio, Liv.: ruinas, Verwüstungen anrichten, Cic.: exempla in alqm, s. exemplum *no.* II, B, 3. – Partiz. subst., edita, ōrum, *n.*, **Verrichtungen,** Alexandri multa sublimia facinora et praeclara edita, Apul. flor. 7. p. 7, 13 Kr. – **b** v. Kämpfenden, memorabile illud proelium, liefern, Liv.: magnam caedem, anrichten, Liv. – übtr., quantas ego pugnas et quantas strages edidi, Cic. ad Att. 1, 16, 1. – **c** v. Magistraten usw., dem Volk Spiele **geben = veranstalten, anstellen,** ludos, spectaculum, Tac.: magnificentissimum munus aedilitatis, Vell.: munus gladiatorium, Suet.: u. so gladiatores, Suet. u. Tac.: comoediam, Plaut. Cas. prol. 13. – **5** der Zeit nach **hinausführen, beschließen,** vitam, Cic. de fin. 5, 4. Apul. de deo Socr. 16: aetate iam editā, schon hoch bei Jahren, Gell. 3, 15, 2: aetas mea prope iam edita et morti proxima, Fronto de nep. am. 2. p. 235, 1 N. – **II in die Höhe bringen, -heben,** corpus super equum, sich aufs Pferd schwingen, Ps. Tibull. 4, 1, 114.

3. edo, ōnis, *m.* (edo, edi), der **Fresser,** Plur. edones, die Fresser, das Volk der Fresser, Varro sat. Men. 529.

ēdocenter, *Adv.* (edocens, Partiz. v. edoceo), **gründlich belehrend,** Gell. 16, 8, 3.

ē-doceo, docuī, doctum, ēre, jmd. etwas **gründlich lehren,** über etwas **genau belehren,** in etwas **genau unterweisen, -unterrichten,** jmdm. über etw. **genaue Auskunft geben, Nachweisung geben (erteilen),** etw. **genau angeben, -zeigen, deutlich und begreiflich machen** u. dgl., zunächst mündlich, dann auch schriftlich u. durch Boten, gew. mit dopp. *Acc.*, quem Minerva omnes artes edocuit, Sall. fr.: iuventutem mala facinora, Sall. – mit *Acc.* der Pers. u. folg. indir. Fragesatz, quos ille edocuerat, quae dici vellet, Caes.: ed. ut res se habeat, Plaut.: id unde edoce, Ter. – m. *Acc.* der Pers.u. folg. *Infin.*, Etruscam edocuit gentem casus aperire futuros, Ov.: u. wechselnd m. *Acc.* der Sache, superbiam, crudelitatem, deos neglegere, omnia venalia habere edocuit, Sall. – m. folg. *Acc.* u. *Infin.*, Verg. Aen. 8, 13. – mit bl. *Acc.* der Pers., multos edocuisse, förmlichen Unterricht erteilt haben, Suet.: der Sache, acta, Sall.: praecepta parentis, Verg.: omnia ordine, Liv. – absol. im Passiv, ab Euandro edocti, Liv.: mit *in* u. Abl., disciplina, in qua edoctus esset, Liv. – Häufig im *Partic. Perf. Pass.* m. folg. *Acc.*, edoctus artes belli, Liv.: ed. patrias artes, Tac.: ed. cuncta, von allem genau unterrichtet, Sall.: m. *de* u. Abl., Seleucus edoctus de origine sua, Iustin. – Übtr. v. abstr. Subjj., m. folg. *ut* u. Konj., edocuit ratio, ut videremus, quicquid esset in aegritudine mali, id non esse naturale, Cic. – m. folg. *Acc.* u. *Infin.*, id magis veri simile esse usus reapse experiundo edocet, Pacuv. fr.: fama Punici belli satis edocuerat viam tantum Alpes esse, Liv.

ē-dolo, āvī, ātum, āre, mit der Zimmeraxt **gehörig zuhauen, zurecht hauen, I** eig.: lingulas (Zapfen), Col. 8, 11, 4. – **II** scherzh. übtr. = etwas zustande bringen, **fertig machen,** ed. libellum, Enn. bei Varro sat. Men. 59: vix decem mensibus edolatum unum reddere puerum, Varro sat. Men. 332: quod iusseras edolavi, Cic. ad Att. 13, 47, 1 (wohl mit Anspielung auf den Ausdruck bei Ennius).

ēdomito, āvī, āre (*Frequ.* v. edomo), **völlig zu bändigen sich bemühen,** Ven. Fort. 9, 1, 143.

ē-domo, domuī, domitum, āre, **gänzlich zahm machen, gänzlich bezähmen, -bändigen, bewältigen, bezwingen, überwinden,** equos, Claud. u. Veget. mil.: Asiam, Iustin.: Hispaniam, Hieron.: plurimas nationes victoriā, Paneg. inc.: orbem (terrarum), Ov.: quomodo posset intractabilis illa feritas edomari, Arnob.: pastinaca edomita (Ggstz. agrestis), Plin. – übtr., vitiosam naturam doctrinā, Cic.: aes igni edomitum, Plin.: edomiti labores, bewältigte, Sil.: absol., advorsae res edomant, Cato fr. – ► Partiz. Perf. im Vulgärlat. edomatus, Augustin. serm. 125, 2.

Ēdōnī, ōrum, *m.* (Ἠδωνοί), eine thrazische Völkerschaft, urspr. in Mygdonia zwischen dem Axios u. Strymon; wurde von da von den Mazedoniern vertrieben und hauste, berühmt als Bacchusverehrer, östlich vom Strymon am Gebirge Pangäos, Plin. 4, 40. Hor. carm. 2, 7, 27. – Dav. **A Ēdōnus,** a, um (Ἠδωνός), **edonisch,** Edoni populi, Solin. 9, 1. – dah. **a** poet. = **thrazisch,** Boreae, Verg.: iuga, Ov.: Bacchus, Ov.: currus, Stat. – **b** subst., Ēdōnus, ī, *m.* (Ἠδωνός), ein Zug des Gebirges Pangäos, an dem die Edonen wohnten, Plin. 4, 50. – Nbf. Ēdōn, dōnis, *m.*, b. Serv. Verg. Aen. 12, 365. – **B Ēdōnis,** idis, *f.* (Ἠδωνίς), **edonisch,** poet. **a** *adi.* = **thrazisch,** matres, Ov. met. 11, 69. – **b** *subst.* = **die Ebonerin, Bacchantin,** Prop. 1, 3, 5. Sil. 4, 778. Lucan. 1, 675 (bei Sil. u. Lucan. mit kurzem ŏ). – **C Ēdōnidēs,** is, *m.*, **edonisch = thrazisch,** Ov. ex pont. 3, 3, 48.

ē-dormio, īvī, ītum, īre, **I** *intr.* **ausschlafen,** cum (vinolenti) edormiverunt, Cic. Acad. 2, 52. – **II** *v. tr.* **ausschlafen, verschlafen, a** = durch Schlafen vertreiben, crapulam, Cic.: nocturnum vinum, Gell. – **b** = schlafend hinbringen, dimidium ex hoc tempore, Sen.: poet., Ilionam, die Rolle der schlafenden Iliona wirklich durchschlafen, Hor.

ē-dormīsco, ere (*Inchoat.* v. edormio), **ausschlafen, verschlafen, a** = durch Schlafen vertreiben, hanc crapulam, Plaut.: hoc villi, Ter. – **b** = schlafend hinbringen, unum somnum, Plaut. Amph. 697.

Edūca, ae, *f.* (edo), eine röm. Schutzgöttin der Kinder, denen sie die Nahrung angedeihen lässt (wie Potina u. Cuba das Trinken u. Liegen), Augustin. de civ. dei 4, 11 u. 34; 6, 9. – Dies. **Edūlia,** ae, *f.*, Donat. Ter. Phorm. 1, 1, 15. – u. **Edūsa,** ae, *f.*, Varro b. Non. 108, 22. – u. **Edūla,** ae, *f.*, Tert. ad nat. 2, 11.

ēducātio, ōnis, *f.* (1. educo), die **Erziehung, Auferziehung, a** der Kinder, ed. mollis, Quint.: praecepta de liberorum educatione composita, Quint.: ed. infantis, Iustin.: ed. liberorum, Cic.: institutus liberaliter educatione doctrināque puerili, Cic.: Plur., educationes liberûm, Tac.: praeesse educationibus (principum liberorum), v. einer Frau, Tac. dial. – **b** der Tiere, v. Seiten der Menschen, pavonum, Col.: nec eandem educationem cultumque quaerunt (glabrae sues densaeque), Col. – unter sich (s. Halm Cic. Rosc. Am. 63), Cic. – **c** der Bäume, des Obstes, Plin.: pomorum educationes, die verschiedenen Arten der Baumzucht, Macr.

ēducātor, ōris, *m.* (1. educo), der **Erzieher, a** als **Ernährer,** Cic. u. a. – **b** als **Hofmeister,** Sen., Tac. u. a.: educator praeceptorque, Tac.

ēducātrīx, trīcis, *f.* (Femin. zu educator), die **Erzieherin, Ernährerin,** Tert. ad nat. 2, 9. CIL 6, 18848: v. der Henne (als E. der jungen Pfauen), Col. 8, 11, 14. – übtr., earum (rerum) parens est educatrixque sapientia, Cic. de legg. 1, 62.

ēducātus, ūs, *m.* (1. educo), die **Erziehung, Auferziehung,** Tert. de res. carn. 60.

1. ēduco, āvī, ātum, āre (*Intens.* v. 2. ēdūco), **aufziehen, auffuttern, ernähren,** physisch u. moralisch **erziehen,** im Passiv educari oft = **aufwachsen** (Mützell Curt. 3, 12 [31], 16), **a** v. leb. Subjj.: **α** Menschen: alqm, Cic. u. a.: alqm bene pudiceque, Plaut.: filiam clam, Ter.: alqm liberius, Sen.: alqm humili cultu, Liv.: educari sine deliciis (einfach), Sen. rhet.: pater mihi reliquit parvum tugurium, in quo natus educatusque sum, Liv.: gremio ac sinu matris educari, Tac.: alcis cibo et sumptu educari, Plaut.: caelum, sub quo natus educatusque essem, Liv.: montes, apud quos erat educatus, Flor.: educatus in domo Periclis, Nep., in eadem domo, Ps. Quint. decl.: in matris sinu indulgentiaque educatus, Tac.: homo ingenuus liberaliterque educatus, Cic.: honeste educatus, Vitr.: in honesta familia institutus et educatus ingenue, Cic.: *ad* turpitudinem educatus, Cic.: puerum tradere alci educandum, Quint. – poet., educ. senectam alcis, jmd. im Alter ernähren, Ov. – **β** Tiere: animalia, quibus abest ars et sedulitas educandi, Fronto: pullum asininum educari paleis, feno, hordeo, Varro: in educando perfacile apparet aliud quiddam iis (bestiis) propositum, Cic. – **b** v. lebl. Subjj.: tractus uter plures lepores, uter educet apros, Hor.: non ager hic pomum, non dulces educat uvas, Ov. – übtr., educata huius nutrimentis eloquentia, von ihr genährt u. gepflegt, Cic. or. 42.

2. ē-dūco, dūxī, ductum, ere, **I herausziehen, -führen, A herauszie-**

hen, **1** im Allg.: gladium, Caes.: gladium e vagina, Cic.: radicem e terra, Varro: e certis armariis infinita volumina, Vitr.: corpore telum cruentum, Rhet. Her.: pisces everriculo in litus, Varro: diductis labris (boum) linguam, Col.: oculos, ausreißen, Sen. – **2** insbes.: **a** als *t. t.* der Geburtshilfe, das Kind **herausziehen,** infans per manus commodius educitur, Cels.: demitti debet uncus ..., deinde attractus infantem educet, Cels. – **b** als *t. t.* beim Losen, **ziehen,** sortem, Cic.: alqm ex urna, Cic.: tribus, Cic. – **c ausziehen = austrinken,** Plaut. Amph. 430 u. a. – **d ausbrüten,** pullos suos, Plaut.: foetum, Plin. – **e** das **Fazit** einer Rechnung **erschöpfend ziehen,** eam rationem, dieses genau berechnen, Plaut. truc. 24 *Schoell.* – **B herausführen, 1** im Allg.: inde educere, Liv.: ex urbe, Liv.: e carcere, Sen.: e navi, Suet.: hominem de senatu, Cic.: alqm de vinculis audiendum (zum Verhör), Amm.: uxorem a domo secum, mitnehmen, Caes.: medicum secum, Cic.: se multitudini, sich über die M. erheben, Sen. de vita beata 2, 3: m. dopp. *Acc.*, hos secum milites (als S.), Cic. – m. Ang. **wohin? = hin-, weg-, hervorführen,** alqm huc foras, Plaut.: citius me eduxi foras, ich habe mich fortgemacht, Ter.: populum e comitio in septem iugera forensia, Varro: alqm secum rus, mitnehmen, Cic.: alqm in provinciam, Cic. – **2** insbes.: **a** als milit. *t. t.*, Truppen usw. aus einem Ort **herausführen, ausrücken-, ausmarschieren lassen,** cohortes, Caes.: cohortes ex urbe, Caes.: copias castris u. e castris, Caes.: exercitum ab urbe, Liv. – exercitum in expeditionem, Cic.: copias in aciem, Liv. (vgl. Drak. Liv. 3, 62, 5): copias adversus alqm, Frontin. – **b** als publiz. *t. t.*, jmd. vor Gericht **führen,** alqm in ius, Cic.: alqm ad consules u. bl. educere alqm, Cic. – **c** zur Bestrafung **abführen,** alqm ad tintinnaculos viros, Plaut. truc. 782. – **d** als naut. *t. t.*, ein Schiff aus dem Hafen herausführen, **auslaufen lassen,** naves, Caes.: naves ex portu, Caes.: classem portu, Plin. – **e** aus einem Land **ausführen,** equos ex Italia, Liv. 43, 5, 9. – **f** ein Wasser **hin-** od. **ableiten,** lacum, Cic.: aquam in fossas, Plin.: in fundum, ICt. – **g** ein Bauwerk in ein Gewässer **hinausbauen,** moles, quam eductam in Rhenum rettulimus, Tac. hist. 5, 18. – **h** ein Bauwerk **vorschieben,** claudebat pontem imposita turris et in extremam navem educta, Tac. hist. 2, 34. – **II in die Höhe führen, -ziehen, A** in die Luft **emporführen, 1** eig.: alqm superas sub auras, Verg.: im Bild, in astra, bis zu den Sternen erheben, hoch preisen, Hor. – **2** übtr.: **a emporführen = errichten,** turris summis sub astra educta tectis, Verg.: turres altius, Tac. – **b** ein Kind, ein Junges **aufziehen, erziehen, großziehen** (vgl. Drak. u. Fabri Liv. 21, 43, 15. Mützell Curt. 3,12 [31], 16), alqm, Komik., Cic. u. a.: serum regem, Verg.: alqm a parvulo, Ter.: alqm bene et pudice, Ter.: eductus in contubernio legionum, Tac.: hic (pullus) ita eductus, Varro. – poet. v. Lebl., aura distinctos educit verna colores, zieht heran, Catull. 64, 90. – **B** was niedergelassen ist **aufziehen,** ubi tolluntur festis aulaea theatris, surgere signa solent, primumque ostendere vultus, cetera paulatim; placidoque educta (*sc.* signa) tenore tota patent, Ov. met. 3, 111 *sqq.* – **III** eine Zeit fort-, hinausführen = **hinbringen, zubringen, verleben,** pios annos, Prop.: dena saecula, Sen.: insomnem noctem ludo, Stat.: somnos sub hiberno caelo, Sil. – ► Alter Imperat. educe, Plaut. Pers. 459; Stich. 762 (aber educ, Cic. Cat. 1, 10. Ps. Augustin. serm. app. 71, 9): parag. Infin. Pass. educier, Plaut. truc. 908.

ēductio, ōnis, *f.* (2. educo), **I** das **Ausziehen, Ausrücken,** tertia e castris eductio celeris properaque est, Cato de re mil. fr. 12: in qua eductione (der Israeliten aus Ägypten), Lact. 4, 10, 6. – **II** das **Emporführen, Errichten, Bilden,** si unius uberis (Klumpens) eductione pendebant (agmina apum), Pallad. 7, 7, 6.

ēductor, ōris, *m.* (1. educo), der **Erzieher,** ii, qui mihi eductores aut magistri fuerunt, Fronto ep. ad amic. 1, 12 (15). p. 182, 12 N.

Edūla, s. Edūca.

ē-dulco, āre, **süß machen, versüßen,** vitam, Mat. fr. 3 M. (v. Gell. 15, 25, 2).

1. Edūlia, s. Edūca.

2. edūlia, s. edūlis.

edūlis, e (edo, edi), **essbar,** Hor. sat. 2, 4, 43; vgl. Gloss. ›edulis, βρώσιμος‹. – Plur. subst., edūlia, ium, *n.*, **essbare Dinge, Esswaren,** Afran. com. fr., Suet. u. a. (vgl. für Apul. Hildebr. Apul. met. 5, 3).

edūlium (vulg. aedūlium), iī, *n.* (edulis), **Essware,** Varro LL. 7, 61. Capit. Pert. 12, 3. Gell. 19, 9, 3. Amm. 30, 4, 17 (wo Genet. edulii). Vulg. gen. 25, 34 (wo ed. lentis, ein Linsengericht). Gloss. ›edulium, βρώσιμον‹. Vgl. Hildebr. Apul. met. 5, 3.

ē-dūrēsco, ere, **hart werden,** Cael. Aur. de morb. acut. 2, 34, 182.

ē-dūro, āre, **I** *tr.* **abhärten,** Col. 11, 1, 7. **II** *intr.* **ausdauern, fortdauern,** Tac. Germ. 45 u. Gell. 14, 1, 18.

ē-dūrus, a, um, **ziemlich hart,** pirus, Verg. georg. 4, 145. – übtr., os, Ov. art. am. 3, 476 M.

1. ēdus, ī, *m.*, in der Bauernspr. = haedus (s. d.), Varro LL. 5, 97. CIL 8, 2728, 64.

2. ēdūs, s. Īdūs.

Edūsa, ae, *f.*, s. Edūca.

ēdyllium, s. īdyllium.

Ēetiōn, ōnis, Akk. ōna, *m.* (Ἠετίων), Vater der Andromache u. Fürst zu Thebā in Cilicien, Ov. trist. 5, 5, 44. Ov. fast. 4, 280. – Dav. **Ēetiōnēus,** a, um (Ἠετιώνειος), **eetionēisch, des Eetion,** Ov. met. 12, 110.

effābilis, e (effor), **aussprechbar,** nemini effabilis, Apul. apol. 64.

effaecātus, a, um (ex u. faex), von der Hefe gereinigt, **geläutert,** übtr., animi voluptas, Apul. de dogm. Plat. 2, 20 *in.*

effafilātus, a, um, s. exfafillātus.

effāmen, minis, *n.* (effor), der **Ausspruch,** Mart. Cap. 4. § 327 u. § 336.

ef-farcio, īre u. **ef-fercio** (ecfercio), fersī, fertum, īre (ex u. farcio), **aus-, vollstopfen, -füllen,** Caes. b. G. 7, 23, 2: se, sich (mit Essen) vollstopfen, Plaut. most. 65. – ► *PAdi.* effertus, s. bes.

effascinātio, ōnis, *f.* (effascino), die **Beschreiung,** die **Verhexung,** Plur., Plin. 19, 50 u. 28, 22.

ef-fascino, āre (ex u. fascino), **beschreien, verhexen,** Plin. 7, 16. Gell. 9, 4, 7.

1. effātio, ōnis, *f.* (effor), die **Verkündigung,** Serv. Verg. Aen. 3, 463: eff. verborum, Cassiod. in psalt. praef. 15.

2. effātio, ōnis, *f.* (ex u. for) = ἀφωνία, die **Sprachlosigkeit,** Cael. Aur. de morb. acut. 2, 10, 72.

effātum (ecfātum), ī, *n.* (effatus, *Partic.* v. effor), **I** der **Ausspruch** = die Prophezeiung, fatidicorum et vatum, Cic. de legg. 2, 20 (ecfata): augurum, Weihungsformel, Varro. – **II** = ἀξίωμα, der dialektische **Ausspruch, Satz,** Cic. Acad. 2, 95 u. (neben edictum u. enuntiatum) Sen. ep. 117, 13.

effātus, ūs, *m.* (effor), das **Reden,** der **Ausspruch,** Tert. de anim. 6.

effēcātus, s. effaecātus.

effectē, *Adv.* (effectus, *Partic.* v. efficio), **wirksam, mit großem Erfolge, nachdrücklich,** effecte! Mart. 2, 27, 3: haec effecte pleneque colligere, Amm. 16, 5, 7. – *Compar.*, quā effectius te amare debeant, Apul. flor. 9.

effectio, ōnis, *f.* (efficio), **1** das **Zustandebringen, Bewirken,** Augustin. de civ. dei 12, 7: circuli, das Konstruieren, Hyg. astr. 3, 4. – prägn. das **Tun,** die **Ausübung** (Ggstz. dictio, das Sagen, Augustin. gen. ad litt. op. imperf. 16, 56), artis, die Äußerung ihres Könnens, Cic. de fin. 3, 24: recta, das Rechttun (griech. κατόρθωσις), Cic. de fin. 3, 45. – **II** die **wirkende Ursache, schaffende-, bildende Kraft,** Cic. Acad. 1, 6. Lact. de ira 10, 27.

effectīvus, a, um (efficio), **schaffend, bewirkend, ausübend,** ars, auf der Wirkung beruhende, Quint. 2, 18, 5: virtus, Augustin. c. serm. Arian. 12: causa, Beda in Porphyr. 2. p. 58: Status controversiarum, Gromat. vet. 25, 10 *sqq.*: coniunctio, Prisc. 16. § 1 u. 4. – *n. pl.* subst. effectiva (*sc.* verba), Prisc. 18, 38.

effector, ōris, m. (efficio), der **Hersteller, Errichter, Urheber, Schöpfer,** effector mundi molitorque deus, Cic.: rerum creatarum (v. Gott), Augustin.: tanti operis effector et restitutor deus, Lact.: earum rerum deos facere effectores, diese Dinge für Wirkung einer höheren Macht erklären, Cic. – v. Lebl., stilus optimus et praestantissimus dicendi effector ac magister, Bildner u. Lehrmeister des rednerischen Ausdrucks, Cic. de or. 1, 150: cum timor ipse initium sapientiae sit et effector beatitudinis, Ambr. de off. 1, 1, 1.

effectrīx, trīcis, *f.* (Femin, zu effector), die **Urheberin, Schöpferin**, v. Lebl., terra diei noctisque effectrix, Cic. Tim. 37: est enim (pecunia) effectrix multarum et magnarum voluptatum, es (das Geld) hat die Macht, uns viele u. große V. zu verschaffen, Cic. de fin. 2, 55: quo modo esse potuit mala voluntas bonae voluntatis effectrix? Augustin. de civ. dei 12, 9, 2.

effectuōsus, a, um (effectus), **wirksam**, effectuosissimum ad lanam sucidandam, Plin. Val. praef.

effectus, ūs, *m.* (efficio), **I** aktiv = die **Ausführung, Durchführung, Vollendung, 1** im Allg. (Ggstz. conatus): conatus tam audax traiciendarum Alpium et effectus, Liv.: huius consilii, horum consiliorum eff., Curt. u. Planc. (in Cic. ep.): magis inopiā consilii potioris quam spe effectus (Hoffn. der Ausführbarkeit), Liv.: hoc ad effectum adducere (Ggstz. hoc spe concipere), Liv.: ad effectum operis venire, Liv.: ad effectum festinare, Liv.: aestas sine ullo effectu (ohne dass etwas geschieht) extrahitur, Liv.: in effectu esse, auf einer Tätigkeit beruhen (v. Handlungen), Cic. de fin. 3, 32, od. der Vollendung nahe sein (v. Befestigungswerken), Liv. 31, 46, 14: postquam ad effectum operis ventum est, nachdem das Werk ausgeführt war, Liv.: cum spem ab effectu haud adhorrentem consuli fecissent, Hoffn. der Ausführbarkeit, Liv. – **2** insbes., die sich geltend machende **Wirksamkeit,** quarum (herbarum) causam ignorares, vim et effectum videres, Cic. de div. 2, 47: q, cuius similis effectu specieque coppa, Quint. 1, 4, 9. – dah. Plur. meton. = **wirksame Kräfte, Substanzen,** antidotum ex multis atque interim contrariis quoque inter se effectibus componi videmus, Quint. 1, 10, 6. – **II** passiv = die beabsichtigte **Wirkung,** der **Erfolg,** das **Gedeihen,** effectus eloquentiae est audientium approbatio, Cic. Tusc. 2, 3: ars dicendi in actu posita, non in effectu, Quint.: stultum consilium effectu caret, Phaedr.: Plur., effectus promeruēre bonos, Prop.: effectus impediret ne segnis mora, Phaedr.

2. **effectus**, a, um, *PAdi.* (efficio), **durchgearbeitet, verarbeitet, ausgeführt, entwickelt** (Ggstz. inchoatus), Quint. 5, 13, 34; 8, 3, 88; 10, 5, 23. Plin. ep. 2, 3, 3; 8, 4, 7. – *Compar.*, quā nihil videtur effectius comperisse, Apul. flor. 15.

ef-fēcundo, āre (ex u. fecundo), **fruchtbar machen,** Vopisc. Prob. 21, 2.

effēmināte, *Adv.* (effeminatus), **weibisch, weichlich,** Cic. u. a.

effēminātio, ōnis, *f.* (effemino), **Verweiblichung = Verweichlichung, Verzärtelung,** Firm. math. 7, 16 u. Eccl.

effēminātus, a, um, *PAdi.* m. *Compar.* u. *Superl.* (v. effemino), **verweiblicht = weibisch, weichlich,** homo, Cic.: corpora, Liv.: opinio, Cic.: effeminatior multitudo Cypriorum, Val. Max.: effeminatissima vox illius Rhodii, Sen.: effeminatissimus languor, Cic.: ne quid effeminatum aut molle et ne quid durum aut rusticum sit, Cic.

ef-fēmino, āvī, ātum, āre (ex u. femina), **I zu einer Frau machen,** übtr., **das weibliche Geschlecht beilegen, -geben,** aëra, Cic. de nat. deor. 2, 66. – **II** übtr.: **A verweiblichen = weibisch** (unmännlich, feig) **machen, verweichlichen, verzärteln,** corpus animumque virilem, Sall.: vultum, Cic. fr.: animos, Caes. u. Sen.: flagitiis effeminari, Liv.: effeminari cogitationibus mollissimis, Cic.: furialis illa vox nefariis stupris effeminata, Cic.: v. Lebl., elocutio res effeminat, Quint. 8. praef. 20. – **B** meton., **entehren,** Claud. in Eutr. 1, 10.

ef-ferāsco, āvī, ere (efferus), **wild werden, verwildern,** Amm. 18, 7, 5. Heges. 1, 37, 7.

efferātē, *Adv.* (efferatus), **wild,** Lact. 5, 20, 10.

efferātio, ōnis, *f.* (1. effero), die **Verwilderung,** Hieron. epist. 107, 2.

efferātus (ecferātus), a, um, *PAdi.* m. *Compar.* u. *Superl.* (v. 1. effero), **I verwildert, wild,** gentes, Cic.: mores ritusque efferatiores, Liv.: (sunt enim) multa ecferata et immania; quaedam autem humanitatis quoque habent primam speciem, Cic. Tusc. 4, 32. – **II wild = grimmig, unsinnig,** saevitia, Val. Max.: efferati gaudio milites, Amm.: affectus efferatissimi, Sen.: canes etiam *in* homines efferatissimi, Iul. Val. 3, 18 (29). p. 137, 10 K.

ef-fercio, s. ef-farcio.

efferitās (ecferitās), ātis, *f.* (efferus), die **Wildheit,** der **Zustand der Roheit** (Ggstz. mansuetudo, die Zivilisation), Cic. Sest. 91 *Halm.* Cic. poët. Tusc. 2, 20. Lact. de mort. pers. 9, 2.

1. **ef-fero**, āvī, ātum, āre (ex u. ferus), **I wild machen, A** eig., dem Äußeren-, der äußeren Beschaffenheit nach **verwildern lassen,** speciem oris, ein wildes Ansehen geben, Liv.: ulcera se efferantia, die wildes Fleisch bekommen, Plin.: terram immanitate beluarum efferari, verwildere, unwirtbar werde, Cic.: poet., eff. raptum superis aurum, zu Waffen verarbeiten, Stat. Ach. 1, 425. – **B** übtr.: **1** der Stimmung nach **wild machen = wütend machen, erbittern, empören,** equi dolore efferati, wild gewordene, Curt.: odio irāque efferati, wütend vor usw., Liv.: efferavit ea caedes Thebanos omnes ad exsecrabile odium Romanorum, hatte empört zu usw., Liv. – **2** dem Charakter nach **verwildern,** animos, Liv.: alqm, Liv. – **II zu einem Tier machen, in Gestalt eines Tieres bilden,** argentum, Apul. met. 5, 1.

2. **ef-fero** (ec-fero), ex-tulī, ē-lātum, ef-ferre (ex u. fero), **I heraus- (hinaus-) tragen, -bringen,** zu einem Ort **hin-, forttragen, hin-, fortschaffen, hin-, fortbringen, mitnehmen, A** im Allg.: **1** eig.: cruentum mucronem, Cic.: pecuniam regiam, Curt.: sua, Nep.: tela ex aedibus alcis, Cic.: cibaria sibi domo, Caes.: frumentum ab Ilerda, Caes.: frumentum ex hibernis, Liv.: alqm ex acie od. de templo, Nep.: cistellam domo, Ter.: tectis penetralibus ova, Verg.: extra aedes puerum, Ter.: deam in terram, Liv.: existimationem secum ex hoc loco, Cic. – So nun insbes.: **a** pedem od. se eff. = aus einem Ort **gehen, sich entfernen, sich** wohin **begeben,** pedem portā, domo, Cic.: pedem portā non eff., keinen Fuß vor die Tür setzen, Cic.: sese portis od. tectis, Verg.: se vallo, Tac.: quā gressum extuleram, Verg. – **b** (milit. *t. t.)* eff. signa (vexilla, arma), mit den Feldzeichen **ausrücken,** eff. signa, Liv.: signa portis od. extra urbem, Liv.: vexilla e castris, Liv.: arma extra fines, mit den W. in der Hand über die Gr. rücken, Liv. – **c zu Grabe tragen, begraben,** alqm, Cic. u. a.: alqm amplo funere, Nep., prope regio funere, Suet.: im Passiv, efferri, Cic. u. a.: funus effertur, Ter.: funere ampliore efferri, Liv.: sine ulla funeris pompa efferri, Nep.: im Bild, ingens periculum manet, ne libera res publica efferatur, Liv. – **d hervorbringen, tragen,** v. Acker, uberiores fruges, Cic.: cum decumo (zehnfältig), Cic.: im Bild, exercitationes virtutum mirificos efferunt fructus, Cic. de sen. 9. – **e von sich geben,** clamorem, Plaut. Amph. 228: Worte **aussprechen,** quae ex multitudine (im Plural) cum transeunt in singulare (in den Singular) difficulter efferuntur ore, Varro LL. 9, 76. – dann übh. durch Worte **aussprechen, ausdrücken, kundgeben, bezeichnen,** verbum de verbo expressum extulit, Ter.: si graves sententiae inconditis verbis efferuntur, Cic.: effert animi motus interprete lingua, Hor. de art. poët. 111. – **2** übtr.: **a zum Vorschein bringen,** d. i. **aufbieten, betätigen,** laborem summa cum cura, Acc. tr. 216: animi motus, Hor. de art. poët. – **b wegschaffen, beseitigen,** malum patiendo, Cic. poët. Tusc. 4, 63. Vgl. Lachm. Lucr. 1, 141 (wo sufferre hergestellt ist). – **c** unser **austragen, weitertragen, bekannt machen, veröffentlichen** (bes. was Geheimnis bleiben soll), alqd in vulgum, Caes.: alqd foras, Ter. u. Cic.: ne has meas ineptias efferatis, Cic.: priusquam eorum clandestina consilia efferantur, Caes.: m. folg. indir. Fragesatz, posteaquam in vulgus militum elatum est, quā arrogantiā in colloquio Ariovistus usus omni Galliā Romanis interdixisset, Caes. Vgl. Ruhnken Ter. Phorm. 5, 7, 65. – **d** se efferre, **sich zeigen,** volo enim se efferat in adulescente fecunditas, Cic. – **B** mit dem Nbbgr. des Gewaltsamen = **fortführen, -reißen, 1** eig.: Furium longius extulit cursus, er ritt zu weit, Liv.: Messium impetus per hostes extulit ad castra, Liv.: elati ad novissimam aciem, Liv. – **2** übtr., **hinreißen, hintreiben,** si me efferret ad gloriam animi dolor, Cic.: regem spes vana extulerat, Val. Flacc.: Regulum subversa Crassorum et Orfiti domus in summum odium extulerat, Tac.: dah. efferri alqā re (wie laetitiā, dolore, studio, iracundiā), **fort-, hingerissen werden, getrieben werden, sich hinreißen lassen** von usw., Cic. u. a. (vgl. Held Caes. b. 1, 45, 2): u. efferri *in* alqd, **sich hinreißen lassen** zu

usw., non in gloriam est elatus humanam, Sulp. Sev. de vit. s. Mart. 3, 5: eo insolentiae elatus est, ut etc., Flor. 1, 24, 2. – **II** **in die Höhe-, emporheben, aufheben,** **1** eig.: **a** übh.: brachia, Liv.: scutum super caput, Liv.: pulvis elatus, der in die Höhe steigende Staub, Liv.: os caelo, das Haupt zum H. erheben, erscheinen (v. Luzifer), Verg.: se efferre (v. Pferden), sich bäumen, Quint.: pennis sublime elatus, auf Flügeln durch die Luft emporgehoben, Liv.: elati sublime videntur aëra per vacuum ferri, Verg. – **b** **heraufbringen = erscheinen lassen, bringen,** v. Gestirnen, lucem, Verg.: diem mortalibus almum (v. der Aurora), Verg.: primos ortus, Verg. – **2** übtr.: **a** im Allg., **erheben,** quorum animi altius se extulerunt, deren G. sich emporschwangen, Cic.: alqm ad summum imperium, auf den höchsten Posten stellen, Cic.: quam supra leges amicitia Augustae extulerat, über die G. gestellt hatte, Tac. – alqm in summum odium od. in summam invidiam, zum Gegenstand des höchsten Hasses erheben, Tac. u. Quint. – **b** dem Wert, der Geltung nach **erheben, erhöhen,** pretia pavonum, Varro. – zeugmat., eff. alqm pecuniā et honore, mit Geld u. Ehre belohnen, Sall. – bes. durch Rede u. Schrift **erheben, preisen,** alqm od. alqd (summis od. maximis) laudibus, Cic.: u. so alqm verbis, alqd versibus, Cic.: u. bl. alqd, Cic. u. a. – **c** der Gesinnung nach **sich überheben machen** od. **lassen,** demum vir erit, cuius animum neque prospera (fortuna) flatu suo *efferet* nec adversa *infringet,* Liv. 45, 8, 7: bes. efferri od. se efferre, **sich überheben, großtun, sich brüsten, übermütig-, stolz** auf etw. **sein,** Cic. u. a.: scelere atque superbiā sese efferens, Sall.: eff. se insolenter, Cic., insolentius, Capit.: oft Partiz. elatus alqā re, **übermütig** durch usw., **stolz** auf usw., recenti victoriā, Caes.: spe celeris victoriae, Caes.: gloriā, Caes.: opibus, Nep.: *Compar.,* hoc casu elatior Iulianus, Amm. 21, 4, 7.

effertus (ecfertus), a, um, *PAdi.* (v. effercio), **vollgestopft, voll** von etw., **reich** an etw., effertus fame, sehr hungrig, Plaut.: nimbus effertus tenebris, Lucr.: frugifera et efferta arva Asiae, Poëta bei Cic.: hereditas effertissima, sehr reiche, Plaut.

efferus (ecferus), a, um (ex u. ferus), **verwildert, roh** (Ggstz. mansuetus), proles, Lucr.: gentes, Amm.: asperi efferique mores, Mela: facta tyranni, Verg.

effervēns, entis, *PAdi.* (v. efferveo), **aufbrausend,** efferventior gaudio, Gell. 2, 27, 3.

ef-ferveo, ēre u. **ef-fervo,** ere (ex u. ferveo, fervo), **kochend in die Höhe brausen,** **I** eig., v. heißen Flüssigkeiten: **α** Form *-veo:* quibus (locis) effervent aquae calidae fontes, kochend entsprudeln, Vitr. 2, 6, 5. – **β** Form *-vo:* in agros, im Schwalm vorbrausen auf usw. (v. Ätna), Verg. georg. 1, 471. – **II** (nur Form *-vo)* poet. übtr.: **A** **herauswallen, -strömen,** v. einer Menge, Lucr. 2, 928 (wo *Infin.* effervĕre). Verg. georg. 4, 556. – **B** **aufwirbeln** in Staub, Stat. Theb. 4, 664.

ef-fervēsco, ferbuī u. fervī, ere (ex u. fervesco), **I** **siedend aufwallen, aufbrausen, emporbrausen,** **A** eig.: effervescit aestus (Flut), Varro LL.: eae aquae, quae effervescunt subditis ignibus, Cic. – v. Most, **in die Höhe gären, aufgären,** ubi satis efferverit (mustum), Cato: stomachi tormina, cum effervescit merum ac viscera ipsa distendit, Sen. – poet., v. den Gestirnen (bei der Schöpfung), raketenartig **emporbrausen, emporflackern,** sidera coeperunt toto effervescere caelo, Ov. met. 1, 71. – **B** übtr.: **1** im Allg., mehr im Bild, illae undae comitiorum ut mare profundum et immensum sic effervescunt quodam quasi aestu, ut ad alios accedant, ab aliis recedant, Cic. Planc. 15: Pontus armatus, effervescens in Asiam atque erumpens, das wie eine brandende Woge hineinbraust über A., Cic. prov. cons. 6: luxuriae effervescentis aestus, die übertolle Verschwendungswut, Gell. 2, 24, 15: si in Asia mures et locustas effervescere (sich in Masse zeigen) voluerunt, quod etc., Arnob. 1, 16. – **2** leidenschaftlich **aufbrausen,** Cic. u. a.: effervescit vis pulcherrimae naturae, Tac.: in alqm, gegen jmd. wüten, Heges. 1, 40, 8. – bes. v. Redner u. v. der Rede, Cic. – **II** **ausbrausen,** übtr., v. Zorn, Ulp. dig. 21, 1, 17. § 4. – ► Das Perf. efferbui (effervesco von ex u. ferveo, ēre) scheint der klass. Zeit, das Perf. effervi (effervesco von ex u. fervo, ere) der vor- und nachklass. Zeit anzugehören; dah. Halm u. Müller bei Cic. Cael. 77 nach den besten Handschriften efferbuisse hergestellt haben (vgl. defervesco ►).

ef-fervo, s. ef-ferveo.

effēto, āre (effetus), **entkräften, schwächen,** Cassiod. var. 9, 15, 3 u. ö.

effētus, a, um (ex u. fetus), **I** **was geboren (geheckt, geworfen, gelegt) hat** (Ggstz. fetus), capra, Col. 7, 7, 4: canis, Col. 7, 12. § 11 u. 13: gallina, Col. 8, 5, 15: pecudes (Ggstz. fetae), Col. 9, 1, 7. – **II** meton.: **A** **durch vieles Gebären (Hecken, Werfen, Legen) geschwächt,** uxor iam propemodum vetula et effeta, Apul. apol. 76: mulieres effetae, Hieron.: gallina, Plin. 10, 146. – **B** übtr., übh. **entkräftet, kraftlos, geschwächt, schwach, erschöpft,** corpus, Cic.: vires, Verg.: agri, Verg.: solum, humus, Col.: cerae, die entkräfteten (= vom Honig entleerten) Waben, Lucan. – m. *Abl.* (durch, an), innumeris effetus laniger annis, Ov.: taurus senio effetus, Col.: saeclis effeta senectus, Verg.: terra effeta calore, Lucr.: ars ista argumentis effetior, Apul. de deo Socr. prol. *extr.* – m. *Genet.,* rusticus laboris sui effetus, Ambros. in Luc. 8. § 4: effeta veri senectus, unempfänglich für Wahrheit, Verg. Aen. 7, 440 u. 452.

efficābilis, e (efficio), **wirksam,** Interpr. Iren. 3, 11, 8. Gloss. IV, 334, 39. – Dav. *Adv.* **efficābiliter,** Interpr. Iren. 2, 17, 2.

efficācia, ae, *f.* (efficax), die **Wirksamkeit, wirksame, erfolgreiche Tätigkeit,** Plin. 11, 12. Amm. 14, 8, 5 u. a.

efficācitās, ātis, *f.* (efficax), die **Wirksamkeit,** Cic. Tusc. 4, 31: in libidine (tantum habet) artis et efficacitatis, ut etc., ist so abgefeimt und seines Erfolgs so gewiss, Q. Cic. de petit. cons. 10.

efficāciter, *Adv.* m. *Compar.* u. *Superl.* (efficax), **wirksam, mit Erfolg, nachhaltig,** Sen. rhet. u. a. – minus eff. eloqui, Quint.: id acturos efficacius rati, Liv.: nemo declamavit efficacius quam Silo Pompeius, Sen. rhet.: quod in luctu dici solet efficacissime, Sen.: rogare (bitten) efficacissime, Plin. ep.

efficāx, ācis, *Adi.* m. *Compar.* u. *Superl.* (efficio), **wirksam,** **a** v. Lebl. = **Erfolg habend, erfolgreich, nachhaltig wirkend, drastisch, nachdrücklich,** scientia (v. der Zauberei), Hor.: minus efficaces preces, Tac. dial.: haud quaquam tam efficaces preces, Liv.: efficacior etiamnum est curatio, Cels.: quo efficaciores essent preces, Curt.: efficacissimum pro candidato genus rogandi, Plin. pan. – m. *ad* u. Akk., potiones ad id efficaces, Cels.: quae maxime efficaces ad muliebre ingenium preces sunt, Liv.: imperator efficax ad invidiam faciendam, Treb. Poll.: efficacius ad recte vivendum, Plin. pan.: purpura efficacissima ad tingendum, Mela: res ad multitudinem imperitam efficacissima, Liv.: ludicrum certamen ad excitandam corporis animique virtutem efficacissimum, Vell. – m. *adversus* od. *contra* u. Akk., herba efficax adversus serpentium venena, Plin.: frutex efficacissimus contra sagittarum ictus, Plin. – m. *Genet.,* venenum soporis efficax, Apul. – m. *Dat.,* herba efficax oculorum fluctionibus (fluxionibus), Plin. –minimum efficax columbae sanguis et sibi ipsi et nobis, Cels. – m. *in* u. Akk., in utrumque efficacissimus (quartus dies), Cels. – m. *in* u. Abl., haec in veteribus (malis) admodum efficacia esse consuerunt, Cels.: in omni usu efficacius eius (mulieris lac), quae marem enixa sit, multoque efficacissimum eius, quae geminos mares, Plin.: in quibus (rebus) peragendis continuatio ipsa efficacissima esset, Liv. – m. folg. *Infin.,* nardi parvus onyx … amara curarum eluere efficax, Hor. carm. 4, 12, 20. – efficacissimum est m. *Infin.,* efficacissimum est hic quoque salem superponere, Cels. 4, 4; u. so Cels. 4, 22. Col. 2, 17, 3. – **b** v. Pers.: Hercules, der tatenreiche, Hor. epod. 3, 17: nosti Marcellum, quam tardus et parum efficax (unpraktisch) sit, Cael. in Cic. ep. 8, 10, 3.

efficiēns, tis, *PAdi.* (v. efficio), **bewirkend,** res (Plur.), Cic.: causa, Entstehungsgrund, Cic.: mit folg. *Genet.,* efficiens utilitatis, voluptatis, die Bewirkerin (v. der Tugend), Cic. u. Lact. – *n. pl.* subst., efficientia, bewirkende Dinge, Quint. 5, 10. 86. – ► Superl. efficientissimus, CIL 8, 2469.

efficienter, *Adv.* (efficiens), **wirksam,** Cic. de fat. 34.

efficientia, ae, *f.* (efficio), die **Wirksamkeit,** Cic. de fat. 19; de nat. deor. 2, 95. Censor. 8, 10. Lact. de opif. dei 19, 7 u. a. Eccl.

efficilis, e (efficio), **wirksam, nützlich,** Gloss. II, 578, 9.

ef-ficio (ec-ficio), fēcī, fectum, ere (ex u. facio), **I hervor-, herausbringen, bereiten, erzeugen, schaffen, entstehen lassen, machen, bewirken, hervorrufen, veranlassen, verursachen,** **1** im Allg.: **α** m. konkr. Objj.: panem ex alqa re, Caes.: mundum, Cic.: caeruleum colorem (v. Waid), Caes.: varios concentus (v. Tönen), Cic.: magnos viros (v. Abstr.), Cic.: deos u. homines (v. Phidias), Quint.: levibus et rotundis corporibus animum concursu quodam fortuito, Cic.: m. folg. *Acc.* u. *Infin.*, quae (lues) efficit in aridioribus locis agentes caloribus crebris interpellari, Amm. 19, 4, 7. – **β** m. abstr. usw. Objj.: clamores et admirationes, Cic.: magnas rerum commutationes, Caes.: nihil dignum re, Cic.: tantos processus, ut etc., Cic. – **2** insbes.: **a** bauend, bildend **schaffen, herstellen, errichten, bauen,** columnam, Cic.: pontem in flumine, Caes.: urbem ex latere (Ziegelst.), Cic.: v. lebl. Subjj. (z. B. von Flüssen), **schaffen, bilden,** portum, insulam, Caes.: arcum alqā re, Ov. – **b** v. Acker usw. = **einbringen, tragen,** plurimum, Cic.: cum octavo (achtfach), Cic. – **c** einen Betrag, eine Zahl **ausmachen, betragen, enthalten,** u. Passiv effici = **herauskommen,** ea tributa vix in fenus Pompei quod satis est efficiunt, Cic.: qui modus sexaginta armatorum milia efficiebat, Eutr.: maior aliquanto summa efficitur ex etc., Liv. – **d** eine Summe od. eine Menge **zusammenbringen, aufbringen, auftreiben,** alci aurum. Plaut.: liciti sunt usque eo, quoad se efficere (das Gebot wieder herausbringen) posse arbitrabantur, Cic.: magnum cratium numerum, Caes.: magnam multitudinem (serpentium), Nep.: frequentem senatum, Cic. – **e** Soldaten, Schiffe **aufbringen, zusammenbringen, auf die Beine bringen, herstellen,** XIII cohortes, Caes.: duas legiones, Caes.: unam legionem ex duabus, Caes.: exercitum, Liv.: classem celeriter, Nep. – **f** als philos. *t. t.*: **α folgern, schließen, dartun, erweisen,** minutis interrogationibus quod proposuit efficit, Cic.: ex quibus vult efficere m. folg. *Acc.* u. *Infin.*, Cic.: ita efficitur, ut etc., Cic.: ex quo illud efficitur, ne etc., Cic. – **β** ursächlich **bewirken,** alqd, Cic. (vgl. efficiens); dah. effecta, ōrum, *n.*, bewirkte Dinge, Cic. – **g** mit Prädik. *Acc.* = **machen, α** m. Prädik.-Subst.: Catilinam consulem (zum K.), Cic.: montem arcem (zur B.), Caes.: alqm puerum de virgine, Ov. – **β** m. Prädik.-Adjj. usw.: in dies exercitum eius confirmatiorem, Caes.: hostes ad pugnam alacriores, Caes.: iter longius eff. brevius, Phaedr.: se ex contempto metuendum, Sall. – **II zustande-, zuwege-, zu Ende bringen, vollenden, fertig machen** od. **bringen, ausführen,** dah. auch **ins Werk setzen, bewerkstelligen, durchsetzen, durchführen, auswirken, erwirken, erzwingen,** **1** im Allg.: omne opus, Caes.: sphaeram, Cic.: basilicam, Lampr.: epistulam ad alqm, Cic.: mirabilia facinora, Cic.: iussa paucis diebus, Sall.: viam, Tibull.: iter, Ov.: alci nuptias, Ter.: unum consilium totius Galliae, Caes.: quod a Curione effeceram, mir K. schon zugestanden hatte, Cic.: id facile effici posse, Nep.: ad ea efficienda, quae pollicetur, Nep.: hoc ego tibi effectum reddam, Ter.: hoc (od. id, illud) eff., ut etc., Cic. u. Nep.: u. bl. eff., ut od. ne etc., Cic. u. a.: his rebus eff., ut etc., Nep.: per alqm eff., ut etc., Sall.: eff., quo (= ut eo) magis etc., Liv.: eff., quo minus etc., Lucr., Liv. u. Quint.: non efficere posse, quo minus etc., Cic. de rep. 2, 1, 2: effici non potest, quin etc., Cic. Phil. 11, 36: u.m. bl. Konj., effice, coëamus in unum, Ov. fast. 3, 683.: effice sit, Ov. ex Pont. 3, 3, 63. – dah. eff. alqd in alqo, eine Übeltat bei jmd. **ins Werk setzen,** jmdm. **antun,** an jmd. **verüben,** Cic. de amic. 41 u. Phil. 14, 9. – **2** eine Strecke **zurücklegen, a** im Raum, quantumcumque itineris equitatu efficere poterat, Caes. b. 3, 102, 1: tanto spatio secuti, quantum cursu et viribus efficere potuerunt, Caes. b. G. 4, 35, 3. – **b** in der Zeit, so u. so viele Jahre usw. **zurücklegen, verleben,** in matrimonio effecit annos XI, CIL 3, 1315. – ► Archaist. *Perf. Coni.* effēxis, Plaut. Cas. 709 u. a.: *Coni. Praes. Pass.* effiant (ecfiant), Lucr. 6, 761: *Infin. Praes. Pass.* effierī (ecfierī), Plaut. Pers. 761.

efficiolus, a, um, **eifrig, tätig** = μόνιμος καὶ σπουδαῖος, Gloss. II, 181, 30.

effictio, ōnis, *f.* (effingo), die **Nachbildung, Schilderung (Charakteristik) des Äußeren** eines Menschen, als rhetor. *t. t.* (griech. εἰκονισμός, χαρακτηρισμός), Rhet. Her. 4, 63.

effigia (ecfigia), ae, *f* = effigies, Afran. com. 364. Plaut. rud. 421. CIL 8, 2581, 4: Plur., Lucr. 4, 42 u. a.

effigiātus, Abl. ū, *m.* (effigio), die **Abbildung,** Apul. flor. 15. p. 17, 4 Kr.

effigientia, ae, *f.* (effingo), die **Erschaffung, Schöpfung,** meton. = der Schöpfer, Mart. Cap. 9. § 922.

effigiēs (ecfigiēs), ēī, *f.* (effingo, ecfingo), die **Nachbildung, I** eig.: **1** das dem Original nachgebildete **Bildnis,** das **Abbild, Ebenbild, a** übh.: eff. Xanthi, Verg.: quaedam effigies spirantis mortui, Cic.: ipsae rerum effigies, Cic.: fingit in effigiem moderantum cuncta deorum, Ov.: finxere antiqui talem effigiem Temporis, Phaedr.: in liquore vidit effigiem suam (cervus), Phaedr. – **b** als plastisches Kunstwerk, **Bild, Bildwerk, Bildnis, α** übh.: eff. saxea, Catull.: avium argenteae effigies, Curt.: eff. deorum aut heroum, Quint.: eff. Iovis ac Iunonis Minervaeque, Suet.: icta fulmine effigies Neronis ad informe aes liquefacta, Tac.: hanc pro Palladio effigiem statuere, Verg.: colunt effigies multorum animalium, Curt. – **β** insbes., eine Puppe, lanea, cerea (πλαγγών), Hor. sat. 1, 8, 30: terque haec altaria circum effigiem ducit, Verg. ecl. 8, 75. – **2** die dem Original entsprechende **Gestalt, a** übh.: Herculis eff., Ov.: simulacrum deae non effigie humanā, Tac.: statuae triumphali effigie, Suet.: in delphini effigiem transfiguratus est, Hyg.: effigiem nullo cum corpore falsi finxit apri, eine körperlose Truggestalt eines Ebers, Ov. met. 14, 358. – dah. in effigiem maris, in G. des M., wie das M., Sil. 5, 5: u. so ad effigiem Macedonicae chlamydis, Plin. 5, 62: u. effigie calathi, Plin. 21, 23. – **b** als körperloses Gebilde, die **Scheingestalt,** der **Schemen,** effigies, immo umbrae hominum, Liv. 21, 40, 9 (vgl. vorher Ov. met. 14, 358). – dah. die **Gestalt** eines Verstorbenen als Erscheinung im Traum, Suet. Aug. 100, 4. Plin. ep. 3, 5, 4; 7, 27, 8: u. als **Schatten** in der Unterwelt, Sil. 13, 779. – **II** übtr., abstr., **a** das **Abbild** als **bildliche Darstellung, Andeutung,** per ambages effigies ingenii sui, Liv. 1, 56, 9. – **b** das **Abbild** als Nachbildung, Verwirklichung eines Urbildes (Ideals), perfectae eloquentiae speciem (Urbild, Ideal) animo videmus, effigiem auribus quaerimus, Cic. or. 9. – **c** das **Abbild** als **Ebenbild, α** übh.: antiquitatis, Cic.: et humanitatis et probitatis (von einem Sohn), Cic.: virtutum nostrarum, Cic.: ingenii fidei virtutisque ad exemplum expressa effigies, Liv. – **β** das dem Geiste vorschwebende **Vorbild, Ideal,** eff. iusti imperii, Cic. ad Q. fr. 1, 1, 8. § 23.

effigio, āvī, ātum, āre (effigies), **bilden, abbilden, abmalen,** spät. Histor. u. Eccl. (s. Savaro Sidon. epist. 6, 12. Elmenh. Minuc. Fel. 3, 1): in formam effigiari calathi, Chalcid. Tim. 90.

effigūrātio, ōnis, *f.* (*effiguro), die **Prosopopöie,** eine rhetor. Figur, Rufinian. de schem. dian. 14.

ef-findo, ere (ex u. findo), **zerspalten, zerteilen,** fluctus rectos, durchsegeln, Manil. 4, 283.

ef-fingo, finxī, fictum, ere (ex u. fingo), **I** = ἐκμάσσειν, ψήχειν, ἐκψήχειν, **betasten, streichen, streicheln, reiben,** im Allg.: eff. manus (alcis), Auct. cons. ad Liv. 138. Ov. her. 20, 134. – **II** prägn.: **A abreiben, ab-** od. **auswischen, a** = wischend entfernen, e foro spongiis effingere sanguinem, Cic. Sest. 77. – **b** wischend **reinigen,** fiscinas spongiā, Cato r. r. 67, 2. – **B** wie ἐκμάσσειν, ἐκμάσσασθαι (vgl. unser »Ziegel streichen«) = nach einem Original in bildsamen Stoffen **nachbilden, ausdrücken, darstellen,** bildend **schaffen, 1** eig.: illum coloribus, illum cerā, illum aere, illum argento etc. effingit, lässt abbilden in usw., Plin. ep.: pictores pulchram absolutamque faciem raro nisi in peius effingunt, liefern nur ein verhunztes Abbild von usw., Plin. ep.: oris lineamenta, Cic.: Veneris Coae pulchritudinem, hervorbringen, schaffen, Cic.: deûm imagines mortalibus materiis in speciem hominum, sich aus irdischen Stoffen menschlichen Gestalten ähnliche Götterbilder schaffen, Tac.: varias figuras, Lucan.: poet., casus in auro, darstellen, Verg.: gressus effingit euntis, ahmt des Wandelnden Tritte nach, Verg. – **2** übtr., **a ausdrücken,** durch äußere Zeichen usw., primi per figuras animalium Aegyptii sensus mentis effingebant, drückten durch Tiergestalten ihres Geistes Vorstellungen aus, Tac.: (natura) speciem ita formavit oris, ut in ea penitus reconditos mores effingeret, den tief innen verborgenen Charakter ausprägte, Cic. – dah. **α** (wie ἐκμάσσω) durch Worte **ausdrücken, darstellen, schildern,** alcis mores, Cic.: oratorem, Quint. – **β** als Schriftsteller **hervorbringen, schaffen,** effinge aliquid et excude, quod sit perpetuo tuum, Plin. ep. 1, 3, 4. – **b nachbilden, wiedergeben, α nachahmen,** nachahmend **erreichen** od. **zu erreichen suchen,** pulchram absolutamque faciem, Plin. ep.: imaginem virtutis, Quint.: vim Demosthenis, Quint.: Horatium in lyricis, Plin. ep.: illum imitando, durch Nachahmung neu erschaffen, Cic. – **β** im Geiste-, in der Vorstellung **ein Bild** von etwas **entwerfen,** etwas **wiedergeben, veranschaulichen,** ea effingenda animo, in Bilder einzukleiden, Cic.: visum impressum erfictumque ex eo, unde esset, die Erscheinung, die der Abdruck u. das Abbild desjenigen Gegenstandes sei, der ihr zugrunde liege, Cic.: quae porro tam immensa multitudo, quae illa tam multa possit effingere (wiedergeben), Cic.

effio, fierī (ex u. fio), s. ef-ficio ►.

efflāgitātio, ōnis, *f.* (efflagito), das **dringende-, inständige Verlangen, -Fordern,** insulsa cum efflagitatione, Planc. b. Cic.: studio atque efflagitatione omnium, Cic.: efflagitatio *ad* coëundam societatem vel periculi vel laboris, Cic.: non *preces* sunt istud, sed *efflagitatio* intempestiva quidem et improvisa, Tac.

efflāgitātus, Abl. ū, *m.* (efflagito), das **dringende-, inständige Verlangen, -Fordern,** coactu atque efflagitatu meo, Cic. Verr. 5, 75.

ef-flāgito, āvī, ātum, āre (ex u. flagito), **dringend-, inständig verlangen, -fordern, -wünschen, auf** etw. **(darauf) bestehen,** zu etw. **auffordern, a** v. Pers.: ensem, Verg.: misericordiam nostram, Cic.: sibi reique publicae auxilium, Auct. b. Afr.: efflagitatus a populo, Cic.: ab ducibus signum pugnae, Liv.: Graeca certamina a magistratibus, Tac.: mortem ab alqo, Flor.: actionem frequenter ab alqo, Plin. ep.: alqm ad destinatam poenam, Apul. met. 4, 34. – m. folg. *ut* u. Konj., ab alqo, ut etc., Cic. II. Verr.. 1, 63: cotidiano convicio, ut etc., Quint. ep. ad Tryph. § 1: efflagitatum (est), ut etc., Tac. ann. 13, 26. – m. bl. Konjunktiv, crebris precibus efflagitabant, visendi sui copiam facerent, Tac. ann. 4, 74; u. so Suet. Tit. 5, 2. – absol., quasi efflagitante populo, Suet. Dom. 3, 1. – **b** v. Lebl.: epistulam hanc convicio efflagitarunt codicilli tui, Cic. ad Q. fr. 2, 9 (11), 1. – alqm m. folg. *ut* u. Konj., interdum aequitas loci adversarios efflagitabat, ut etc., Auct. b. Hisp. 29, 7.

efflammāns, antis (ex u. flammo), **aufflammend, aufleuchtend,** stellae, Mart. Cap. 2 § 207.

efflātus, ūs, *m.* (efflo), das **Herauswehen,** der **Ausbruch** eines Windes, Plur. bei Sen. nat. qu. 5, 14, 3.

ef-fleo, flēvī, ēre (ex u. fleo), **ausweinen,** totos oculos, Ps. Quint. decl. 6, 4.

efflīctē, *Adv.* (effligo), **zum Sterben heftig,** puellam cupere, Apul. met. 5, 28: diligere, Symm. epist. 1, 84 (90).

efflīctim, *Adv.* (effligo), **zum Sterben heftig,** amare, Komik. u. Apul.: deperire, Apul.; vgl. Hildebr. Apul. met. 5, 28.

ef-flīgo, flīxī, flīctum, ere (ex u. fligo), **gänzlich niederschlagen, I** eig.: **den Garaus machen, totschlagen, umbringen,** omnes, Plaut.: Pompeium, Cic. ad Att. 9, 19, 2; canes rabidos, viperas et natrices, Sen.: alqm lapide, Apul.: se miseris lamentationibus, Apul. – **II** übtr., **gründlich verderben,** nemo quisquam tam efflictis est moribus, quin etc., ist so gründlich sittlich verdorben, Gell. 2, 6, 9 u. (von daher) Macr. sat. 6, 7, 12.

ef-flo, āvī, ātum, āre (ex u. flo), **herausblasen, -hauchen, I** *v. tr.*: **A** im Allg.: **a** v. Pers., lucem elatis naribus, v. den Sonnenrossen, Verg.: vernas ab ore rosas, Ov.: inter discrimina dentium litteram, Quint.: nondum efflaverat omnia, ausgesprochen, Petron. 49, 1. – animam, Plaut., Varro, Cic. u. a.: vitam, Claud., vitam in nubila, Sil.: extremum halitum, Cic. poët. Tusc. 2, 22: extremum spiritum, Augustin. conf. 9, 12: u. bl. efflare, Cic. poët. de div. 1, 106: prägn. efflantes plagae, die das Leben verhauchen lassen, Stat. Theb. 8, 168: quod moriens efflavit, mit dem letzten Atemzug aussprach, Flor. 4, 7, 11. – **b** v. Blasinstrumenten, raucisonos efflabant cornua bombos, Catull. 64, 263. – **B** insbes., **ausdünsten,** colorem, verlieren, Lucr.: vina somno, Stat. – **II** *v. intr.* **heraus-** od. **hinausblasen, -hauchen (duften), -sprühen,** Lucr. 6, 681 u. 699. Stat. Theb. 10, 109. Ven. Fort. 4, 26, 128.

ef-flōreo, ēre (ex u. floreo), **aufblühen,** übtr., Tert. iudic. dom. 8. Vulg. psalm. 102, 15 u. 131, 18. Ambros. epist. 2, 8.

ef-flōrēsco, flōruī, ere (ex u. floresco), **aufblühen, -sprießen,** übtr., **I** = **hervorblühen, -sprießen, erblühen, ersprießen,** efflorescat oratorum ingens proventus, Quint. – m. *Advv.* hinc efflorescunt genera partesque virtutum, Cic.: unde tam clarum nomen effloruit, Spart. – m. *ex* u. Abl., quae (utilitas) tamen ipsa efflorescit ex amicitia, Cic.: ex rerum cognitione efflorescat et redundet oportet oratio, Cic. – **II aufblühen = emporblühen, emporkommen,** si quidem efflorescit (illa aetas) ingenii laudibus, Cic.: amorem efflorescere tantum, ut etc., Cic.: apud exteras gentes effloruit (Roma), Vopisc.: corpus vergit in senectutem aut in iuventam efflorescit, Augustin.

ef-fluēsco, ere (effluo), in etw. **schwelgen,** sumptuosis conviviis, Ambros. de off. 2, 21, 109.

ef-fluo (ec-fluo), flūxī, ere (ex u. fluo), **I** *intr.* **heraus-, ausfließen, abfließen, ausströmen, entströmen, A** eig.: **a** v. Flüssigkeiten: effluere imbres, Lucr.: sanguis, qui effluit, Cels.: num per nares auresve sanguis ei effluxerit, Cels.: effluit umor e cavis populi, Plin.: aquae pluviales, quae de tectis effluunt, Veget. mil.: effluit sucinum petris, Plin.: Ggstz., cum constet *in* Pontum *influere* maris aquam, non *effluere de* Ponto, Macr. sat. 7, 12, 34. – v. Flüssen, **ausströmen, ausmünden, münden,** uno ostio, Mela: totidem ostiis, Mela: singulis (alveis), Mela: manifesto exitu, Mela: per Carmanios, Mela: in medium fere latus promunturii, Mela: in oceanum, Plin.: per pinguia culta in mare purpureum, Verg. – **b** v. ähnl. Strömungen, **ausströmen,** in eo (corpore) *influente* atque *effluente,* in ihm, der bald einen Zufluss, bald einen Abfluss hat, Cic. Tim. § 47: aër effluens huc et illuc ventos efficit, Cic. de nat. deor. 2, 101: quas (figuras) e summis corporibus effluere dicit, Quint. 10, 2, 15: cum unā cum sanguine vitam effluere sentiret, Cic. Tusc. 2, 59. – **B** übtr.: **1** unvermerkt **ausfallen, entfallen, entschwinden, a** konkr.: **α ausfallen,** v. den Haaren, si (capilli) effluxerint, reparat, Plin. 27, 138. – v. Stopfwerk, tomentum per sarturas veteris lintei effluens, Sen. de vit. beat. 25, 2. – **β** den Händen **entfallen, entschlüpfen,** manibus, Lucr. 6, 795. Ov. met. 3, 39: absol. Curt. 8, 14 (50), 36. – **γ verschwinden,** ictu fulminis ex inscriptione statuae eius prima nominis littera effluxit, verschwand (wurde weggeschmolzen), Suet. Aug. 97, 2. – v. Pers., aus einer Gesellschaft **verschwinden, sich verziehen,** tanta est enim intimorum multitudo, ut ex iis aliquis potius effluat (sich verziehen kann), quam novo sit aditus, Cic. ep. 6, 19, 2. – **δ entschlüpfen** = unbenutzt bleiben, ne qua levis effluat aura, Ov. met. 6, 233. – **b** abstr.: **α** aus dem Gedächtnis **entschwinden,** dem Gedächtnis **entfallen, vergessen werden,** effl. ex animo alcis, Cic.: effl. animo alcis, Catull.: absol., quod totum effluxerat, Cic.: praeteritas voluptates effluere, Cic.: u. so dulces marito effluxere tori et subiere oblivia taedae, Sil. 2, 628. – **β** beim Schreiben **entfallen,** mit in die Rede **einfließen,** quo fit, ut impropria effluant, Quint. 10, 3, 20. – **γ** v. gemütl. u. geistigen Zuständen, **entschwinden, vergehen, sich verlieren,** viso mens aegra (der zagende Mut) effluxit hiatu, Sil. 6, 245: alci ex tempore dicenti solet effluere mens (die Gedanken), Cic. Brut. 219: illa praevelox (memoria, Gedächtnis) fere cito effluit, Quint. 11, 2, 44. – **δ** v. der Zeit usw., unbenutzt **verfließen, verrinnen, verstreichen, entschwinden,** ne effluat aetas, Cic.: transmissa est pars vitae et effluxit, Sen.: multi anni mecum effluxerant, Augustin.: illud, quod praeteriit, effluxit, Sen. – **2** in die Weite hinausfließen, **a** konkr.: v. Gewändern, **sich aufbauschen,** simili chlamys effluit auro, Claud. IV. cons. Hor. 208. – **b** abstr.: **α** v. Pers., gleichs. **zerfließen,** effluis amens, zerfließest (gehst auf) in Weichlichkeit, Pers. 3, 20. – effluet in lacrimas, Lucan. 9, 106. – **β** v. Lebl., **auskommen, an die Öffentlichkeit kommen,** effluunt multa ex vestra disciplina, quae etiam ad nostras aures saepe permanant, Cic. de dom. 121: unum ex his, quae praecipiunt in vulgus effluxit, Mela 3, 2, 3 (2. § 19): utrumque hoc falsumst; effluet, Ter. eun. 121: quidquid dimittit in aula, effluit et subitis rumoribus oppida pulsat, Petron. poët. fr. 28, 3. – **II** *tr.* **ausfließen-, ausströmen lassen,** ne (amphorae) effluant vinum, Petron. 71, 11: Bacche, effluas dulcem liquorem, Anthol. Lat. 245, 2 (213, 2): quantum stagna Tagi rudibus stillantia venis effluxere decus, Claud. cons. Olybr. et Prob. 52.

effluus, a, um (effluo), **ausfließend,** Avien. perieg. 1162 u. a.

effluvium, iī, *n.* (effluo), der **Ausfluss, a** aus dem Körper, als krankhafte Erscheinung, umoris e corpore, Plin. 7, 171: protinus pariter sanguinis cerebrique effluvio exspirare, Vell. 2, 120, 4. – **b** aus einem Gewässer, als Ausgangspunkt, convivium effluvio lacus appositum, Tac. ann. 12, 57.

efflūxio, ōnis, *f.* (effluo), das **Hervorfließen, -rinnen, Ausströmen,** de toto corpore sanguinis effluxio, Augustin. in psalm. 140, 4. – meton., der **Ausfluss,** Plur. bei Cassiod. hist. eccl. 1, 14.

efflūxus, a, um (effluo), **haltlos, zerfahren,** mens, Isid. 9, 7 (8), 26.

ef-fōco, āre (ex u. faux), **erwürgen, ersticken,** übtr., bonis suis effocantur, Sen. de brev. vit. 2, 4; außerdem eff. semen (im Bild), Augustin. serm. 5, 1: indulgentiam, *ibid.* 11, 6.

ef-fodio (ecfodio = ex-fodio), fōdī, fossum, ere, **I ausgraben, aufgraben, A** im Allg.: mortuum, Cic.: thesaurum, Plaut.: lapides, Plaut.: aes, ferrum, Cic.: sacrato loco vasa operis antiqui, Suet.: e cuniculis effossum sulphur, Plin.: ex hoc sepulcro vetere viginti minas, Plaut.: e sterquilino effosse, du aus dem Miste Ausgegrabener, Plaut. – **B** insbes.: **1 ausstechen, auskratzen,** oculum, Sall. fr. u. a.: oculos alci, Komik., Cic., Caes. u. a.: lumen, Verg.: radiis solis aciem luminis, Laber fr.: vesicam villico, Plaut.: subiectis viscera telis, Ov. – **2** prägn., **aufgraben** = grabend bilden, latebras, Verg.: portus, Verg.: lacum, Suet.: in proximo agro scrobem, Tac.: cuiuslibet altitudinis effodiendi sunt putei, Veget. mil. – **II aufgraben = umgraben, umwühlen, A** im Allg.: humum rastello, Suet.: agrum, Tac.: terram, Liv.: terram alte, Quint.: exarare et effodere mala, die Erde um die Ä. aufackern u. aufgraben, Pallad. – **B** prägn., **durchwühlen,** domos, Caes. b. 3, 42, 5. – ► Archaist. *Infin. Pass.* exfodiri, Plaut. mil. 315 u. 374.

ef-foedo, āre (ex u. foedo), **über und über besudeln,** sanguine natorum maternos oculos, Augustin. serm. 150, 2 *ed. Mai.*

ef-for (ecfor), fātus sum), fārī (ex u. for), **heraussagen, -reden, aussprechen, I** im Allg.: verbum, Cic.: nefanda, Liv.: causam nominis, Auson.: pauca effatu digna aut facilia nomina, Liv.: tum ferunt ex oraclo ecfatam esse Pythiam m. folg. Orakelspruch in dir. Rede, Cic. de div. 1, 81. – **II** insbes.: **A** als *t. t.* der Dialektik, als Satz (ἀξίωμα) **aussprechen, -aufstellen, in einen Satz** od. **Ausspruch fassen,** quod ita effabimur: *Aut vivet cras Hermarchus aut non vivet,* Cic. Acad. 2, 97. – **B** als *t. t.* der Augurspr., einen Platz durch eine symbolische Spruchformel **bestimmen, angrenzen,** templum, Cic. ad Att. 13, 42, 3: u. passiv templa effari ab auguribus, Varro LL. 6, 53: u. so oft passiv effatus, durch die Augurn **bestimmt, abgegrenzt,** Cic., Liv. u. a. – ► effor ist wie das einfache for ein defekt. Verbum; es kommen nur vor Präs. effatur (effor bei einem Cavius od. Calvus nach Diom. p. 379, 24), Futur. effabor, effabere, effabimur, Plusquamperf. effatus fuerat, Imperat. effare, Infin. effari, Supin. effatu, Partiz. effatus, effandus.

ef-foro, āre (ex u. foro), **ausbohren, hohl machen,** stipitem, Col. 9, 1, 3.

efforus, a, um (efforo), **durchbrochen,** Ven. Fort. vita S. Mart. 3, 467.

effossio, ōnis, *f.* (effodio), **a** die **Ausgrabung,** Plur., Cod. Theod. 10, 19, 10. – übtr., die **Zerstörung,** Augustin. c. duas epp. Pelag. 4, 6, 15. – **b** insbes., die **Ausstechung,** luminum, Iul. b. Augustin. op. imperf. c. Iulian. 3, 119.

effrāctārius, iī, *m.* (effringo), der **vermittels Einbruchs stehlende Dieb, der Einbrecher,** Sen. ep. 68, 4.

effrāctor, ōris, *m.* (effringo) = effractarius, Paul. dig. 1, 15, 3. Ulp. dig. 47, 7, 1. Augustin. serm. 37, 2 *ed. Mai.* Sidon. epist. 9, 7, 5. Firm. math. 4, 7; vgl. Isid. 10, 92: effr. claustrorum et ostiorum, Salv. de gub. dei 7, 21.

effrāctūra, ae, *f.* (effringo), die **Erbrechung** (der Türen), der **Einbruch,** Paul. dig. 1, 15, 3. § 2: Plur., Augustin. in psalm. 83, 8: furta et effracturae, Augustin. catech. 16.

effrēnātē, *Adv.* m. *Compar.* (effrenatus), **zügellos, unbändig, unaufhaltsam,** Cic. de sen. 39: *Compar.*, Cic. Phil. 14, 26 u. Spät.

effrēnātio, ōnis, *f.* (effreno), die **Zügellosigkeit,** animi impotentis, Cic. Phil. 5, 22: irae, Boëth. art. arithm. 1, 32.

effrēnātus (ecfrēnātus), a, um, *Adi.* m. *Compar.* u. *Superl.* (ex u. frenum), **entzäumt, zaumlos, I** eig.: equi, Liv. 40, 40, 5: equi velut effrenati passim incerto cursu feruntur, Liv. 37, 41, 10. – **II** übtr., **zügellos, entfesselt, unbändig, ungezähmt,** furor, cupiditas, homo, Cic.: homines effrenatae lubidinis, Sall. fr.: effrenata insolentiā multitudo, Cic.: effrenatior vox, Cic.: effrenatissimi affectus, Sen.

effrēnis, e (ex u. frenum), **zaumlos, I** eig.: equus, Prud. psych. 179. – **II** übtr., **zügellos, unbändig,** mula, störriges, Plin. 8, 171: dicionis effrenis, Prud. c. Symm. 1, 517: populi Romani vis et magnitudo non licentiā effrenis, Nazar. pan. 35, 3.

ef-frēno, āre (ex u. freno), **entzäumen,** übtr., Aeolus ... Volturnum in proelia campis effrenat, lässt zügellos (entfesselt) brausen über des Schlachtfelds Ebene, Sil. 9, 496. – *Adi.* effrēnātus s. bes.

effrēnus, a, um (ex u. frenum), **zaumlos, I** eig.: equus, Liv. 4, 33, 7. – **II** übtr., **zügellos, unbändig, ungezähmt, wild,** amor, Ov. met. 6, 465: gens, Verg. georg. 3, 382: gens Maurorum, Cl. Mamert. pan.: effreni dolore equi, Nazar. pan. 24, 4: (affectus) huius rabidi et effreni continentia, Sen. de ira 3, 16, 2.

ef-frico, frixī, fricātum, āre (ex u. frico), **aus-, abreiben,** calices probe, Apul.: spicas decerptas, Tert.: sudorem equi fronte, Apul.: im Bild, illis hebetibus et obtusis robigo animorum effricanda est, Sen. ep. 95, 36. – ► Perf. effrixi bei Tert. adv. Marc. 4, 12. – Partiz. Perf. ecfricatus, Apul. met. 4, 7.

ef-frīgo (exfrigo), ere, **gehörig rösten,** Plin. Val. 2, 30.

ef-fringo (ecfringo), frēgī, frāctum, ere (ex u. frango), **I** *tr.*: **A heraus-, ausbrechen, losbrechen,** foribus cardines, Plaut.: portarum obices, Amm. – **B aufbrechen, erbrechen,** clausa, Sall.: fores, Plaut.: alcis fores, Cic.: ianuam, Petron. (u. bildl. ianuam Asiae, Cic.): portam, Liv.: valvas, Cic.: Capuae ludum, Eutr.: carcerem, Tac.: cistam, Hor. – **C zerbrechen, zerschmettern,** eff. cerebrum, Verg.: crus, Sall., manus cruraque, Flor.: montes effracti (viell. jähe, abschüssige), Mart. – **II** *intr.* **hervorbrechen,** euronotus ille, qui inter notum atque eurum medius effringit, Apul. de mund. 11 *extr.:* spumeus hic fluctus vestras effringet in urbes, Sil. 1, 647.

ef-frondēsco, duī, ere (ex u. frondesco), **sich belauben,** circus effronduit, Vopisc. Prob. 19, 3.

effrōns, frontis (ex u. frons), **unverschämt, verwegen,** Anthol. Lat. 902, 9 (923, 9). *Vopisc. Numer. 13, 1 zw.

ef-frutico, āre (ex u. frutico), **I** *intr.* **hervorwachsen,** Tert. ad nat. 1, 5. – **II** *tr.* **hervorwachsen lassen, hervorbringen,** Tert. de anim. 27 *extr.*

effugātio, ōnis, *f.*, das **Entfliehen** = ἀποφυγή, Gloss. II, 242, 34.

ef-fugio, fūgī, fugitūrus, ere (ex u. fugio), **I** *intr.* **entfliehen, entwischen, entkommen,** quod illum (Indutiomarum) effugere nolebat, Caes.: eff. foras, huc foras, Komik.: istinc, Hor.: ante alios, voranfliehen, Verg.: ex urbe, Plaut.: e carcere, Lucan.: ex vinculis publicis, Nep.: e manibus, Cic.: e proelio, Cic.: e caede, Cic.: de domo alcis (v. Pfau), ICt.: stabulis, Ov.: per aversam partem urbis viā Nolam ferente, Liv.: delubra ad summa, Verg.: ad regem, Curt.: m. Prädik.-*Nom.*, a quibus (ludis) vix vivus effugit, Cic. – **II** *tr.:* **A entfliehen, entrinnen, entgehen, entkommen, vermeiden, a** v. Pers.: **α** leb. Wesen: patrem, Plaut.: equitatum Caesaris, Caes.: hostem, Curt.: carnificem, Pacat. pan.: alqm cursu, Ov. – **β** lebl. Objj.: scopulos Ithacae, Verg.: incendium, Ov.: alcis manus, Curt., alcis impias manus, Cic. u. Sall.: hoc telum, Verg.: im Bild, quot ego tuas petitiones ita coniectas, ut vitari non posse viderentur, parvā quādam declinatione et, ut aiunt, corpore (mit dem bloßen Körper, kaum mit heiler Haut) effugi! Cic. Cat. 1, 15. – visum, nicht gesehen werden, Ov.: celeritate impetum nostrorum, Caes.: periculum, Nep.: celeritate periculum, Caes.: tanta ista mala, Sall.: mortem, Caes.: civium od. vulgi invidiam, Nep.: vituperationes, Cic.: odium, Caes.: iudicium (dem Strafgericht), Petron. – m. folg. *quin* u. Konj., numquam hodie effugies, quin meā manu moriare, Naev. tr. 15. – m. folg. *ne* u. Konj., propinquae clade urbis ipsi, ne quid simile paterentur, effugerunt, entgingen einem ähnlichen Schicksal, Liv. 36, 25, 8: parum effugerat (er hatte es kaum vermeiden können), ne dignus crederetur, Tac. hist. 3, 39. – **b** v. lebl. Subjj.: **α** im Allg.: comprensa manus effugit imago, Verg.: prensantes effugit umbra manus, Ov.: meas effugit nuntius aures, Verg.: polum effugit (v. Tierkreis), Ov. – **β** insbes., *res* me effugit, **es entgeht mir** etwas, **ich beachte** etwas **nicht,** adeo nullius rei cura Romanos, ne longinqua quidem, effugiebat, Liv.: nihil te effugiet, dir wird nichts entgehen, du wirst nichts vergessen, Cic. – m. folg. *Infin.*, custodis curam non effugit observare etc., Col. 8, 11, 12. – **B verwerfen, verschmähen,** Gratt. cyn. 276. – ► Archaist. exfociont = effugiunt, CIL 1, 195. lin. 1.

effugium, iī, *n.* (effugio), das **Entfliehen,** die **Flucht, I** eig.: quos effugium servarat, Lucr. 5, 992. – **II** meton.: **A** ein **Ausweg-, Ausgang zur Flucht,** si effugium patuisset in publicum, Liv.: effugia insedisse (v. Soldaten), Tac.: vides iugulum tuum, guttur tuum, cor tuum? effugia (Zufluchtsorte) servitutis sunt, Sen. de ira 3, 15, 4: quoniam senile corpus lenta effugia sanguini praebebat, dem Bl. nur langsamen Abgang gewährte (= das Blut nur langsam fließen ließ), Tac. ann. 15, 63. – **B** der **Ausweg** = das **Mittel-,** die **Gelegenheit** (Möglichkeit) zu **entfliehen, -sich zu retten** (s. Heräus Tac. hist. 1, 43, 5), effugia pinnarum habere, Fittiche, mit denen sie entfliehen können, Cic. de nat. deor. 2, 121: effugium mortis assequi, Gelegenheit, dem Tode zu entgehen, Cic.: peritis nandi dare effugium (v. Schiffen), Liv.: reperire effugium alterius malo, Phaedr.: servare (sich offen halten) effugium in futurum, Tac.: fuit effugium interim in castra, Tac.

effugius, a, um (effugio), **entfliehend,** hostia, beim Abführen zum Altar entfliehendes, Serv. Verg. Aen. 2, 140.

ef-fugo, āvī, ātum, āre (ex u. fugo), **in die Flucht schlagen, vertreiben,** Avien. or. mar. 156 u. Eccl.

ef-fulgeo, fulsī, ēre (ex u. fulgeo), **hervorglänzen, -schimmern, leuchten** (vgl. Drak. Liv. 43, 13, 3. Burmann Val. Flacc. 6, 27), **I** eig.: tres simul soles effulserunt, Liv.: mox dies, verus sol etiam effulsit, luridus tamen, Plin. ep.: ex vehementi sole, qualis *inter* graves imbre nubes effulget, Liv. – m. *Abl.* = von etw. **erglänzen,** auro ostroque (v. der Flut), Verg.: hoc ornatu (v. Pers.), Tac. – **II** übtr.: effulgebant Philippus ac magnus Alexander, Liv.: si forte aliquis *inter* dicendum effulserit extemporalis color, Quint. – ► Nbf. Infin. effulgĕre (v. ex u. fulgo, ere), Verg. Aen. 8, 677. Claud. VI. cons. Hon. 546.

ef-fulguro (ef-fulgoro), āre, **hervorblitzen** = **leuchten,** Stat. Ach. 1, 231: übtr., Ennod. epist. 1, 8.

effulsio, ōnis, *f.* (effulgeo), das **Hervorleuchten,** stellarum et solis, Chalcid. Tim. 71: Plur., solis effulsiones (Ggstz. obscurationes), Chalcid. Tim. 70.

effultus, a, um (ex u. fulcio), **aufgestützt** auf usw., **hochliegend** auf usw., in cubitum, Apul.: velleribus stratis, Verg.: foliis, Verg.

ef-fūmigo, ātus, āre (ex u. fumigo), **durch Rauch vertreiben,** Tert. ad martyr. 1.

ef-fūmo, āre (ex u. fumo), **aufrauchen,** Aetna 501.

ef-fundo (ecfundo), fūdī, fūsum, ere (ex u. fundo), **ausgießen, ausschütten, ergießen,** wie ἐκχέω, **I** im engeren Sinne, **1** flüssige Körper: aquam oblatam in galea, Frontin.: umorem, Cels. – prägn., **ausgießen** = ausgießend leeren, pelves, Iuven.: poculum in barathrum (Bauch), Plaut. – dah. auch **a** (wie χέω) **fließen lassen,** procella imbrem effuderat, hatte einen Regenstrom veranlasst, Curt.: eff. multum sanguinem, Cic., plurimum sanguinem, vergießen, Curt.: lacrimas, vergießen, Cic. u. a.: u. so lacrimas salsas, Lucr.: effusae gaudio lacrimae, Liv. – dah. bei anderen fließen machen, **vergießen,** crimen effusi humani sanguinis, Augustin. de civ. dei 1, 26: se effuso sanguine satiare, Augustin. serm. 116, 7: ut tantus sanguis effunderetur, Augustin. de civ. dei 1, 30. – u. **b** refl. se effundere u. medial effundi, **sich ergießen,** v. Gewässern, eff. se in mare, effundi in Oceanum, Plin.: Tiberis effusus super ripas, ergoss sich (trat) über seine Ufer, Liv.: mare redundat numquam neque effunditur, tritt weder über, noch ergießt es sich (in andere Gewässer), Cic. – v. Regen u. Hagel, effuso imbre, Liv.: imber effusus nubibus, Verg.: grandine effusā (sich entladendem) praecipitant nimbi, Verg. – *Partic.* im Plur. subst., effūsa, ōrum, *n.*, **der Urin,** reliquias (Exkremente) et effusa intueri (v. Arzt), Sen. de const. sap. 13, 2. – **2** nichtflüssige Körper **ausschütten,** anulos, Liv.: milium vel frumentum in flumen, ICt.: partem leguminis super mensam, Petron. – dah. v. Sturm, procella nivem effuderat, hatte ein Schneegestöber veranlasst, Curt. – prägn., **ausgießen** = ausgießend leeren, saccos nummorum. Hor.

II im weiteren Sinne, **A** mit vorherrschendem Begr. des *ex:* **1** einen Gegenstand **heraus-, herab-, niederlegen** usw., **a** übh.: ut in gremium eius (*sc.* medici) caput resupinus effundat, hinstrecke, Cels. – **b** mit Gewalt = **heraus-, herab-, niederwerfen, -schlagen, -schmettern, hinstrecken,** alci oculum, ausschlagen, Ulp. dig. – alqm sub portis, Verg.: alqm solo, fulvā arenā, hinstrecken auf usw., Verg. – insbes. v. Pferden = den Reiter, Führer (von sich, vom Wagen) **abwerfen** (vgl. Fabri Liv. 22, 3, 11. Mützell Curt. 8, 14 [50], 34), Liv., Verg. u. a.: eff. consulem super caput, Liv.: regem per caput, Liv.: posito magis rege, quam effuso, nachdem das Pferd den König mehr sanft abgesetzt als abgeworfen hatte, Curt. – poet., per leve effundat iunctura ungues, mache ab- od. ausgleiten den Nagel, Pers. 1, 65. – **2** eine Menschenmenge gewaltsam **forttreiben, -drängen,** excutiat Teucros vallo atque effundat in aequum, Verg.: omnem utrimque equitatum certaminis studium effundit, treibt die Kampfbegierde auf den Wahlplatz, Liv.

B mit vorherrschendem Begr. des Verbums (fundo): **1** etwas Zusammengefasstes **loslassen, fahren-, schießen lassen,** iterum sinum (*sc.* ex toga factum), die (gefaltete) Toga wieder entfalten, Liv.: u. so effuso sinu, aufgegangen, Tibull.: manibus omnes habenas, Verg. (vgl. im Bild irarum omnes habenas, dem Zorn die Zügel schießen lassen, Verg.): sive gradum seu frena, Stat. – **2** in Menge-, nach allen Seiten hin **loslassen, a** Geschosse = **werfen, schleudern** (wie χέειν δοῦρα), tela, Verg.: u. so telorum omnis generis vis ingens effusa est in eos, es fiel ein ungeheurer Hagel von Geschossen auf sie, Liv. – **b** andere Objekte: si primum impetum (Anlauf), quem fervido ingenio et caecā irā effundunt (loslassen = machen), sustinueritis, Liv. – medial, nimbus effusus, Liv.: ingenti fragore caeli procella effusa, Curt.: in nocturno tam late effuso incendio, soweit um sich greifenden, Liv. – **3** lebende Wesen in Menge **herausschicken, -senden,** auxilium castris, Verg.: universos in hostes, sich losstürzen lassen auf usw., Curt. – dah. (von einer Menge selbst) refl. se effundere od. medial effundi = **heraus-** od. **hinströmen, -stürzen, -rennen, -stürmen, sich ausbreiten, in Masse sich aufmachen, -sich** wohin **begeben,** ex omni se provincia eff., Liv.: cunctum senatum, totam Italiam esse effusam, habe sich in Masse aufgemacht, Cic.: se eff. od. effundi carceribus, hervorstürzen, -rennen (v. den Quadrigen beim Wagenrennen), Verg.: se eff. in publicum, Liv.: effundi castris, Liv.: vulgum effusum oppido, Sall.: effundi in spectaculum, Ps. Quint. decl.: effusis undique Romanis, da von allen Seiten die Römer auf ihn los drängten, Tac.: huc omnis turba ad ripas effusa (sich drängend) ruebat, Verg.: in suos quaeque effusae (matres, coniuges), zu den Ihrigen sich drängend, den Ihrigen zufliegend, Liv.: omnibus ordinibus obviam effusis, entgegenströmten, Liv.: tunc Celtiberi omnes in fugam effunduntur, drängen sich zur Fl., begeben sich auf die Fl., Liv. – v. einer Volksmenge, se effundere u. Passiv effundi, in ein Land **hinein-, hereinbrechen,** ein Land **überschwemmen,** eo (dahin) se, Liv.: in Asiam se eff., Vell.: in Graeciam se eff., Liv. u. Iustin.: sese in nostras provincias, Val. Max.: se in Pontum et Thraciam, Suet.:

Galli effusi per Illyricum, Liv.: effusa immanis vis Germanarum gentium, Vell. – 4 **ausströmen** = in Menge **von sich geben, a** Töne, tuba sonum patentiore exitu effundit, Sen.: tibiaque effundit socialia carmina vobis, Ov. – v. Pers. = dem Mund **entfließen-, entströmen lassen, hören (vernehmen) lassen,** tales voces, Verg.: vocem convenientissimam conscientiae, Vell.: tales in aëra questus, Ov.: risum iam diu compressum, in Lachen ausbrechen, Petron.: illam procellam eloquentiae, sich entladen lassen, Quint.: tales pectore questus, aus dem Busen ergießen, ausstoßen, Verg.: cum quantum volebam iocorum conviciorumque effudissem, Sen. contr. exc. 3. praef. § 17. – u. medial, vox in coronam turbamque effunditur, die Rede sucht sich bei den Umstehenden u. beim Volkshaufen hörbar zu machen, Cic. Flacc. 69: u. poet., tali effunditur irā m. folg. dir. Rede, Val. Flacc. 7, 34. – b Früchte usw. = in Menge **hervorbringen,** hervorbringend **verbreiten,** segetes effundunt fruges, Cic.: autumnus effundit fruges, Hor.: caligo, quam circa umidi effuderant montes, Curt.: caligo, quam fumus effuderat, Curt.: u. so (bildl.) haec aetas hanc (oratorum) copiam effudit, Cic. – 5 Vermögen, Geld usw. **vergeuden, verschwenden, versplittern, unnütz verwenden,** aerarium, sumptus, Cic.: omnes fortunas, Tac.: quod adeptus est per scelus, id per luxuriam effundere et consumere, Cic.: patrimonia eff. largiendo, Cic.: bis et vicies milies sestertium donationibus, Suet.: in largitiones effusas tria patrimonia, Ascon.: reditus publicos non in classem exercitusque, sed in dies festos, Iustin.: absol., ecfundite (vergeudet), emite, facite, quod vobis lubet, Ter. adelph. 991.

III übtr.: A im Allg., **ausströmen, ausschütten** = reichlich **mitteilen** usw., 1 v. Lebl.: marga primo plus aspera et quae in herbas non effunditur, sich (seine Kraft) den Gewächsen nicht mitteilt, Plin. 17, 48. – 2 v. Pers.: a übh.: Fabianus mihi non *effundere* (ausströmen) videtur orationem, sed *fundere* (strömen); adeo larga est et sine perturbatione, non sine cursu tamen veniens, Sen.: quae quidem te video sine definitione et sine exemplis effudisse, Cic.: nec enim omnia effundam, ich will mich nicht ganz aussprechen, Cic.: effudi vobis omnia quae sentiebam, ich habe meine Herzensmeinung darüber gegen euch ausgeschüttet, Cic.: effudit illa omnia, quae tacuerat, Cic. – effudi (si ita vis) honores in mortuos, habe die T. mit Ehren überschüttet, Cic. ep. ad Brut. – b im üblen Sinne, über od. gegen jmd. **ergießen, ausschütten, auslassen,** omnem suum vinolentum furorem in alqm, Cic.: iram in alqm, Liv.: omne odium in alqm, Liv. B insbes., refl. u. medial (v. Pers.): a effundere se in alqa re, sich in irgendeiner Leidenschaft **gehen lassen, -die Zügel schießen lassen** (Ggstz. se continere in etc.), eff. se in aliqua libidine, Cic. parad. 3, 21 [vgl. (unter effusus) effusior in largitione, Cic. Cael. 13]. – b effundi in alqd, in einen Zustand usw. gleichs. **sich ergießen, sich ganz auflösen,** ihm **sich ganz hingeben** (vgl. Ruhnken Suet. Aug. 98, 4), in cachinnos, sich ausschütten vor Lachen (ἐκχεῖσθαι γέλωτι), Suet.: in iocos, ausgelassen scherzen, Suet.: in lacrimas, Tac., od. poet., lacrimis, Verg., in Tränen zerfließen: in questus, in vota, sich ergießen in usw., Tac.: effundi in laudes principum, die H. maßlos loben, Lact. 5, 2, 7: effusi in adulationem, maßlos der Schm. sich ergebend, Tac. hist. 2, 80. – c effundi od. (selten) effundere se in alqd, einer Leidenschaft usw. od. Person **sich ganz hingeben, sich überlassen,** ihr **leidenschaftlich sich ergeben, -nachhängen,** in etw. **sich ganz gehen lassen** (vgl. Mützell Curt. 8, 4 [16], 25), nimio successu in tantam licentiam socordiamque effusus, ut etc., Liv.: sunt ante omnes Numidae barbaros effusi in venerem, der Wollust übermäßig ergeben, höchst sinnlicher Natur (vgl. κεχυμένος ἐς τὰ ἀφροδίσια), Liv.: eff. in amorem alcis, jmd. leidenschaftlich lieben, Tac. u. Curt.: eff. invinum (dem Weintrinken), Curt.: eff. in voluptates, Sen.: eff. in od. ad luxuriam, Liv.: totus in laetitiam effusus est, Iustin.: pars (principum) ita in Romanos effusi erant, ut etc., waren so ganz u. gar auf die R. aus, den R. so unbedingt ergeben, dass usw., Liv.: se in omnes libidines effudit, Tac. ann. 14, 13 *extr.* – v. Lebl., quorum stomachus in vomitiones effunditur, zum Erbrechen sehr geneigt ist, Plin. 23, 43.

C prägn.: 1 **vollständig verschütten = auf einmal verscherzen,** alcis gratiam, Cic. ep. 2, 16, 1. – 2 **ausschütten = auf einmal** od. **vollständig verbrauchen, -verwenden,** von etw. **einen vollständigen Gebrauch machen,** omnia rei publicae remedia, Cic.: supremum auxilium, Liv.: quantumcumque virium habebat, primo impetu effudit, Liv.: u. so vires effundite vestras, Verg.: ibi omnis effusus labor, hin war alle Mühe, Verg. – 3 **fahren lassen, a** das Leben gleichs. **ausströmen lassen, aushauchen,** animam, Verg., Sil. u. Macr.: vitam, Ov.: spiritum, Tac. ann. 2, 70: spiritum extremum in victoria, Cic. Phil. 14, 32: indemnatum spiritum, freiwillig sein Leben opfern, Petron. 111, 11: non effundere mihi spiritum videbar, sed tradere, Sen. ep. 78, 4. – b einen Affekt **fahren lassen, aufgeben, ablegen,** cum inclusum illud odium multarum eius in me iniuriarum, quod ego effudisse me omne arbitrabar, residuum tamen insciente me fuisset, omne repente apparuit, Cic. ep. 1, 9, 20: curas, Iuven.: omnem curam sui, alle Aufmerksamkeit auf sich selbst verlieren, Sen. – ► exfūtī = effusi, Paul. ex Fest. 81, 10.

effūsē, Adv. m. *Compar.* u. *Superl.* (effusus), I **weit verbreitet, weit auseinander, weit umher, weithin,** agrum eff. vastare, Liv.: dah. **ohne Ordnung, nicht in Reih und Glied,** ire, Sall.: sequi fugientes, Liv.: fugere, Liv.: effusius praedari, Liv. – II übtr.: 1 **verschwenderisch, in großer Fülle,** non pauca suis adiutoribus large effuseque donare, Cic.: affluxere omnis aetas effusius, Tac. – 2 **ausgelassen, unmäßig, maßlos,** exsultare, Cic.: excipere effusius, mit ziemlich großem Beifall, Suet.: effusius flere, Curt.: effusissime flere, Sen.: diligere effusissime, Plin. ep.

effūsio, ōnis, *f.* (effundo), I aktiv, das **Ausgießen, Ausschütten,** 1 eig.: a der **Erguss,** tutantur se atramenti effusione sepiae, Cic. de nat. deor. 2, 127: vesicam urinae effusione laxare, Hieron. in Isai. 13, 47, 1. – b das **Vergießen,** α des eigenen Blutes, sanguinis sui, Augustin. de civ. dei 5, 18, p. 226, 6 D.[2] u. 18, 53, 2. p. 341, 27 D.[2]: larga sanguinis, Nepot. epit. 15, 7. p. 507, 23 H. – β fremden Blutes, eff. sanguinis, Hieron. epist. 69, 3. Salv. adv. avar. 2, 6: nimii sanguinis, Sex. Ruf. 28 *extr.*: nec multi cruoris eff., Amm. 20, 7, 11. – 2 übtr.: a die **verschwenderische Verausgabung, -Ausgabe,** die **Verschwendung, maßlose Freigebigkeit,** m. subj. *Genet.*, luxuriae effusiones, Heges. 4, 25, 2. – m. obj. *Genet.*, hae pecuniarum effusiones, Cic. de off. 2, 56. – mit Ang. **gegen wen?** ipsius in alios effusio, Cic. ad Att. 7, 3, 3. – absol., liberalitatem effusio imitatur, Cic.: iactantia et effusio et quidvis potius quam liberalitas existimanda est, cui ratio non constat, Plin. pan.: in hac vita ... quas effusiones fieri putatis? Cic. Rosc. Am. 134: si divitias quisque semper augeat, quae cotidianis effusionibus suppetant, Augustin. de civ. dei 2, 20. p. 78, 5 D.[2] – b die **maßlose Sucht,** m. *Genet. Gerund.*, nondum hac effusione inductā bestiis omnium gentium circum (den Zirkus) complendi, Liv. 44, 9, 4. – II medial, das **Sichergießen,** 1 eig.: a der **Erguss** einer Flüssigkeit, laborare effusione alvi (Bauchfluss), Capit. Gord. 28, 6. – prägn. = die **Fähigkeit** od. **Neigung** des Wassers, **sich überall,** wo es nicht eingeschlossen ist, **nach allen Seiten hin zu ergießen,** aquae liquor atque effusio, Cic. de nat. deor. 2, 26. – b das **Hervorschießen** eines Lichtstrahls, das **Hervorstrahlen,** radii, Chalcid. Tim. 238. – c das **Herausströmen** einer Menschenmenge, effusiones hominum ex oppidis, Cic. Pis. 51. – 2 übtr., der **maßlose Erguss,** die **Ausgelassenheit,** eodem vitio est effusio animi in laetitia, quo in dolore contractio (Beengung), Cic. Tusc. 4, 66: ut infinita varietas voluptatum insanis effusionibus exquiratur, Augustin. de civ. dei 1, 30. p. 47, 10 D.[2]

ef-fūso, āre = ἐκχέω, Gloss. II, 293, 55.

effūsor, ōris, *m.* (effundo), I der **Vergießer,** sanguinis (Christi), Augustin. enarr. in psalm. 58. serm. 1. § 15. – II übtr., **der reichliche Spender,** Augustin. serm. 179, 10.

effūsōriē, *Adv.* (effusus), **weit und breit hin,** digredi eff. per arctoas provincias, sich weit u. breit in einzelnen Rotten über die nördlichen Pr. ergießen (v. Soldaten), Amm. 31, 16, 7.

effūsus, a, um, *PAdi.* m. *Compar.* u. *Superl.* (v. effundo), hingegossen,

I eig.: **1** **losgelassen, frei fliegend,** effusis habenis, mit verhängtem Zügel, Curt. u. Frontin. (vgl. Mützell Curt. 4, 9 [38], 24. p. 294, b): u. so quam posset effusissimis habenis, mit ganz verh. Z., in gestrecktestem Lauf, Liv. – comae eff., fliegende Haare, Ov.: u. poet. übtr., nymphae caesariem effusae per candida colla, mit frei über den weißen Nacken wallendem Haar, Verg. – dah. v. Lauf = **gestreckt,** effuso cursu od. cursu effuso, im gestreckten, vollen Lauf (v. Fußgängern u. Reitern), Liv., Curt. u. a. – **2** **lang hingestreckt,** corpus, Lucr. – dah. v. Örtlichkeiten usw. = **sich weithin-, weit und breit erstreckend, weit,** mare late effusum, Hor.: loca, weite, flache Gegenden, Tac.: effusissimus maris Hadriatici sinus, Vell. – poet., membra, volle, Stat. Theb. 6, 841. – **3** v. Soldaten = **nicht in Reih und Glied** (stehend, marschierend usw.), **zerstreut, ungeordnet** (vgl. Drak. u. Fabri Liv. 21, 25, 8), agmen, Liv.: u. so effuso agmine, Liv., effuso exercitu, Sall.: u. subst. effusi (*sc.* milites, hostes u. dgl.), Sall. u. Liv. – dah. prägn., fuga effusa, effusior, unordentliche, wilde Flucht, Liv.: caedes eff., Liv. – **II** übtr., **sich gehen lassend, verschwenderisch,** **a** v. Pers.: m. *in* u. Abl., quis in largitione effusior? Cic.: in laudandis discipulorum dictionibus nec malignus nec effusus, Quint.: m. *Abl.* (in), munificentiā effusissimus (v. Cäsar), Vell. 2, 41, 2. – **b** v. Lebl. = **unmäßig, übertrieben,** sumptus, Cic.: honores, Nep.: laetitia, ausgelassene, Cic.: effusior cultus in verbis, Quint.: studium effusissimum, der leidenschaftlichste Eifer, Suet.: effusissimo amplexu alqm invadere, stürmisch umarmen, Petron.

effūtīcius, a, um (effutio), **nur so herausgestoßen, ein bloßer Ausruf,** *euax* verbum nihil significat, sed effuticium naturaliter est, Varro LL. 7, 93.

effūtilis, e (effutio), **in den Tag hinein geschwatzt,** Anecd. Helv. 74, 16.

ef-fūtio, īvī u. iī, ītum, īre (ex u. *futio, vgl. fūtilis), eig. aus sich herausschütten, mit dem Mund **nur so ausstoßen, herausschwatzen,** was einem einfällt, **ohne Bedacht-, in den Tag hinein schwatzen,** **I** im Allg., alqd, Lucr., Cic. u. a.: de alqa re, Cic.: absol., ex tempore, Cic. – **II** insbes., Geheimnisse **ausschwatzen, ausplaudern,** foris, Ter. Phorm. 746.

ef-futuo (ecfutuo = ex-futuo), futuī, futūtus, ere, **verhuren** = **a** durch Unzucht erschöpfen, ecfututa latera, Catull. 6, 13: effututus ut sim, Priap. 26, 7. – **b** durch Unzucht durchbringen, aurum in Gallia effutuisti, Poëta b. Suet. Caes. 51.

ēgelido, āre (egelidus), **auftauen,** Sidon. epist. 4, 1, 4.

ē-gelidus, a, um, **I** entkältet = **lau, warm,** tepores, Catull.: aqua, Cels.: aqua egelida vel sole multo calefacta, Suet.: eg. Mosella, Auson.: eg. hiemes, Auson. – **II** erkaltet = **etwas kühl,** flumen, Verg. Aen. 8, 610: Albulae aquae, Plin. 31, 10: Hister, Auson. Caes. (XX) 85. p. 118 Schenkl.: exhalatio, Apul. de mund. 8.

ē-gelo, āre, **entkälten,** Passiv egelari, erwärmt werden, Cael. Aur. de morb. acut. 3, 5, 58.

egēns, entis, *PAdi.* m. *Compar.* u. *Superl.* (v. egeo), **nicht habend,** **a** absol., **dürftig, darbend, sehr arm, ein armer Teufel** (Ggstz. locuples, dis, opulens), egens quidam calumniator, Cic.: captivi egentes, Liv.: eos locupletes ex egentibus fecerat, Caes.: egentiorem hercle hominem novi neminem, Plaut. fr.: num ergo *ditior* an *egentior* dicendus est is, qui etc., Augustin.: nihil rege egentius, Cic.: egentissimus quisque, Sall.: in sua re fuisse egentissimum, sehr gedarbt, sehr kärglich gelebt haben (Ggstz. insolentem in aliena fuisse), Cic. – subst., haec utrum abundantis an egentis signa sunt? Cic.: illa egentium contio, Proletarierversammlung, Cic.: egentes ac perditi (Lumpe), Caes. – **b** m. *Genet.*, etw. **nicht habend, ohne** etw., **arm** an etw., homo egens virtutis, abundans felicitatis, Rhet. Her.: egens consilii servus, Plaut.: verborum non egens, nicht arm an Ausdruck, Cic.: insulae cultorum egentes, unbewohnte, Liv.: loca aquarum egentissima, Tert. apol. 16.

egentia, ae, *f.* (egens), die **Dürftigkeit, Armut,** Ps. Augustin. serm. app. 85, 1. Iulian. antec. const. 3, 1.

egēnulus, a, um (*Demin.* v. egenus), **gar bedürftig,** Paul. Nol. 29, 12.

egēnus, a, um (egeo), **I** an etw. **Mangel habend** od. **leidend,** einer Sache **entbehrend,** an etwas **arm,** einer Sache **beraubt,** m. *Genet.*, lucis egenus Tartarus, Lucr.: omnium (aller Pflege) egena corpora, Liv.: egena aquarum regio, Tac. (vgl. egenam aquae utramque insulam referens, es leide die eine wie die andere l. Mangel an W., Tac.): nos omnium egeni, jeglicher Hilfe bedürftig, Verg.: Agrippina omnis spei egena, Tac. – m. *Abl.*, castellum commeatu egenum, schlecht verproviantiertes, Tac. ann. 12, 46; vgl. 15, 12. – **II** prägn., **a** v. Pers., **dürftig, arm,** absol., subst., egēnus, der **Arme,** Sen. nat. qu. 7, 31, 3. – m. *Abl.* (durch), qui si est avaritiā egenus, Apul. apol. 20: quod erat fortunā egenus (Ggstz. fortunā opulentus), Apul. flor. 3. p. 4, 8 *sqq.* (Kr.). – **b** v. Boden, **dürftig,** subst., in egeno, auf dürftigem Boden, Col. 3, 10, 4 u. 4, 31, 1. – **c** v. der Lage, **dürftig, hilflos,** res egenae, Plaut.: in rebus egenis, Plaut. u. Verg.: rebus egenis, Verg.

egeo, guī, ēre, **I** **dürftig sein, darben, Mangel leiden,** **a** absol.: egebat? immo locuples erat, Cic.: semper avarus eget, Hor.: dummodo ipse egeat, wenn nur der Herr darbt, Catull.: egebat aerarium, es war Ebbe in der St., Flor.: Passiv unpers., amatur atque egetur acriter, Plaut. Pseud. 273. – **b** einer Sache **bedürftig sein,** etw. **nötig haben** (Ggstz. abundare alqā re), m. *Abl.*, medicinā, Cic.: admonitione, Cic.: consilio, Cic.: auxilio, Cic.: ope, Liv.: quae se ipsis contenta sunt (das Selbständige) meliora quam quae egent aliis (das Unselbständige), Cic. – m. *Genet.*, auxilii, Caes.: alienae opis, Sall. fr.: custodis, medici, Hor.: nostri maiores neque consilii neque audaciae umquam eguēre, hat es niemals weder an Einsicht noch an K. gefehlt, Sall.: m. allg. *Acc.* (s. Prisc. 18, 295), quidquam, Plaut.: multa, Cato fr.: nihil, Gell.: m. *Infin. Praes. Pass.*, Mela 2, 3, 4; 2, 4, 1 (2. § 41 u. 2. § 58). – **II** übtr.: **1** (= *careo*) etw. **entbehren müssen, nicht besitzen, nicht haben,** m. *Abl.*, auctoritate, Cic.: m. *Genet.*, classis, Verg.: rationis egens, die Besinnung verlierend, durch Furcht entmutigt, Verg. Vgl. egens *no.* b. – **2** etw. **entbehren können,** Cato inc. oratt. fr. 10 (b. Gell. 13, 23, 1). – **3** (wie δέομαι) = *desidero*, etw. od. jmd. **vermissen** = nach etw. od. jmd. **sich sehnen, Verlangen tragen, verlangen,** m. *Abl.*, pane, Hor.: m. *Genet.*, tui amantis, Plaut.: plausoris, Hor.: qui tis (= tui) egeat, quia te careat, Plaut.: fontis egens erro, Prop.: m. *Acc.:* et rus egeo et amo, Porphyr. Hor. ep. 1, 10, 10. – ► Partiz. Fut. akt. egiturus, Tert. adv. Marc. 4, 24.

Ēgeria, ae, *f.*, eine italische weissagende Quellnymphe od. Kamene, nach der röm. Mythe Gemahlin des Numa u. dessen Beraterin in Religionseinrichtungen, deren Quelle u. Hain die Sage teils in ein Tal bei Aricia (Aricina vallis, Ov. met. 15, 488; vgl. Verg. Aen. 7, 763 *sq.*), teils in das bei Rom vor dem kapenischen Tor gelegene Tal (j. *Cafarella* gen.) verlegte (Iuven. 3, 10 *sqq.*), Val. Max. 1, 2, 1. Liv. 1, 19 u. 21 (s. Schmid Hor. ep. 2, 1, 27).

ēgeriēs, ēī, *f.* (egero), der **Kotauswurf, Mist** eines Tiers, Solin. 40, 11. Paul. Nol. 32, 281.

ē-germino, āvī, ātum, āre, **hervorsprossen, ausschlagen,** Col. 4, 17, 4 u. a.

ē-gero, gessī, gestum, ere, **I** **heraus-, fortführen, -tragen, -schaffen, -tun,** **A** eig.: **1** im Allg.: tantum nivis, Liv.: immensa rudera, Inscr.: humum alte (aus großer Tiefe), Curt.: praedam, Tac.: stercora (v. Herkules), Min. Fel.: silices umeris, Plin.: lapides ex mari, Auct. b. Alex.: aurum e terrenis specubus, Pacat. pan.: fimum de stabulo, Lact.: humum de foveis, Hieron.: terram de fossis, Veget. mil.: humum scrobibus, Col. – v. Ätna, **auswerfen,** moles arenarum, Iustin. 4, 1, 6. – ebenso v. einem See, certo anni tempore bitumen, Tac. hist. 5, 6. – v. Gewässern, **ausströmen,** palus, leni quam fallens (Apsus) egerit undā, Lucan.: idem lacus in flumen egeritur, ergießt sich, Plin. ep. – **2** insbes.: **a** gewaltsam fortführen, **α** Dinge als Raub **fortschaffen, fortschleppen,** praedam ex tectis, pecuniam ex aerario, Liv.: opes a Veiis, Liv.: aurum (ex templis), Tac.: bona in tributa, als Tribut fortschleppen, Tac. – **β** Personen **fortscheuchen, forttreiben,** sive gravitas caeli egesserit populos (die Bevölkerung der Städte), Sen. ep. 91, 12 (Haase liest eiecerit). **b** aus dem Körper **auswerfen, von sich geben,** aquam vomitu, ausspeien, Plin.: u. so dapes, Ov.: urinam, Plin.: fimum, misten (v. Tieren), Solin. – multum vitalis spiritus egestum, es sei von ihren Lebensgeistern viel von ihr entwichen, Tac. – c prägn.: α **leer machen, ausleeren,** Dorica castra rogis, Prop.: tota (Aetna) cavernas egerit, Lucan.: eg. regium stabulum, ausmisten, Lact.: dass. Augeae κόπρον, Varro fr.: ventrem, kacken, Cael. Aur. – β **verwenden, vergeuden, verschwenden,** in exsequias totos census, Ps. Quint. decl. 5, 17. – B übtr.: 1 im Allg.: expletur lacrimis egeriturque dolor, wird vertrieben, Ov. trist. 4, 3, 38. – 2 insbes.: a mit dem Mund **ausstoßen,** querelas, Lucan. 2, 64. – b aus dem Gedächtnis hervorholend **aufzeichnen,** multi nobis sermones fuerunt, quos subinde egeram et ad te permittam, Sen. ep. 66, 4. – II bis ans Ende hinausführen, übtr. eine Zeit **verbringen, überstehen,** totaque querelis egeritur fletuque dies, Val. Flacc.: numquam tanto paventibus ulla nox Minyis egesta metu, Val. Flacc. – III **emporführen,** ad declarandum quantae altitudinis mons et locus tantis operibus sit egestus, CIL 6, 960.

egero, ōnis, *m.,* s. 2. gero.

egersimon, ī, *n.* (ἐγέρσιμον), ein **Ermunterungsmittel,** Mart. Cap. 9. § 911.

egestās, ātis, *f.* (eig. egentas, egeo), I die **Dürftigkeit, bittere Armut** (Ggstz. opulentia, copiae), a eig., verb. egestas ac mendicitas, Cic.: inopia, egestas, patientia, Caes.: eg. civium, Sall. fr. – deduci in egestatem, Sen.: vitam in egestate degere, Cic.: sororis causā egestatem exsequi, Plaut.: egestatem alci obicere, Suet.: egestatem alcis tolerare (fristen), Plaut. – Plur., egestates tot egentissimorum hominum, Cic. ad Att. 9, 7, 5: explere egestates latrocinii sui, Cic. Phil. 14, 10. – b übtr., animi, Mangel an Charakter, Cic.: linguae (der Sprache), patrii sermonis, Lucr. – II) der **Mangel** an usw., frumenti, Sall.: cibi, Tac.: pabuli, Fronto: rei familiaris, Vitr.: rationis, Unkunde, Lucr.: appetendi, Apul. apol. 20.

ēgestio, ōnis, *f.* (egero), a das **Heraus-, Wegschaffen,** die **Hinwegnahme,** ruderum, Suet.: opum publicarum, Weggabe der Staatsgelder, Ausleerung der öffentl. Kassen, Plin. ep.: ipsum illud, quod ex egestione vacuatum est, Chalcid. Tim. – b das **Von-sich-Geben** aus dem Körper, bes. die **Ausleerung (Entleerung)** nach unten, venti per podicem egestio cum magno sonitu, Cael. Aur.: ventris et urinae, Cael. Aur.: u. bl. egestio, Suet. u. Spät.: Plur., Cael. Aur. de morb. chron. 5, 10, 114: plurimae egestiones corporis, *ibid.* 2, 1, 16: immundae egestiones, Samenentleerungen, Cassian. coll. 22, 6.

egestōsus u. **egestuōsus,** a, um (egestas), **ganz dürftig,** α Form *egestosus:* eg. parentes, Aur. Vict. epit. 12, 4 (mit der Variante egestuosi): eg. vita, Augustin. epist. 104, 3: eg. mansio, Ps. Cypr. de sing. cler. 26. – β Form *egestuosus* (= ἐνδεής, Gloss. II, 297, 50; vgl. Not. Tir. 40, 47, wo falsch aegestuosus): eg. et mendicans res publica, Salv. de gub. dei 1, 2. § 11: catinus, Schol. Pers. 3, 111. – Plur. subst., humiles et egestuosi, pauperes et egestuosi, beide bei Salv. de gub. dei 5, 8.

ēgestus, ūs, *m.* (egero), das **Herausschaffen,** I das **Ausgraben,** alto egestu penitus cavare terras, Stat. silv. 4, 3, 42. – II die **Ausleerung** des Körpers, corpora nostra ad egestum venter exhaurit, Sen. nat. qu. 3, 30, 4.

ē-gigno, ere, **hervorbringen, hervorwachsen lassen,** im Passiv = hervorwachsen, Lucr. 2, 703.

ēgilōps, s. aegilōps.

eglecopala, ae, *f.* (gallisches Wort) = marga columbina, **blauer Mergel,** Plin. 17, 46.

egloga, s. ecloga ►.

1. **Egnātia,** ae, *f.,* in der Volkssprache abgekürzt Gnātia, Hafenstadt in Apulia Peucetia, von Horaz wegen des Mangels an trinkbarem Wasser Lymphis iratis exstructa gen., j. Ruinen bei *Torre d'Egnasia* od. *Agnazzo,* Plin. 2, 240: Form Gnātia bei Hor. sat. 1, 5, 97. Mela 2, 4, 7 (2. § 66).

2. **Egnātia,** s. Egnātius *no.* d.

Egnātius, iī, *m.* urspr. samnitischer Eigenname, unter dem bes. bekannt: a Egnatius Mecenius (Maetennius), zu Romulus' Zeit, der seine Frau, weil sie Wein vom Fass getrunken hatte, erschlug, aber von Romulus von der Strafe freigesprochen wurde, Plin. 14, 89. Val. Max. 6, 3, 9. – b M. Egnatius Rufus, 21 v. Chr. Ädil u. als solcher in großer Gunst beim Volk; später wegen einer Verschwörung gegen das Leben des Oktavian mit seinen Mitschuldigen hingerichtet, Vell. 2, 91 *sqq.* Suet. Aug. 19, 1. – c P. Egnatius Celer, ein stoischer Philosoph zu Neros Zeit, aus Beryllus in Phönice, Angeber seines Schülers Barea Soranus, Tac. ann. 16, 32 (auch gemeint Iuven. 3, 116): Plur. Egnatii, Männer wie Egnatius, Sen. de brev. vit. 4, 5. Tac. ann. 1, 10. – d eine Egnatia Maximilla, die ihren Gatten ins Exil nach Andros begleitete, Tac. ann. 15, 71.

ego, *Pron. pers.* (ἐγώ, *Genet.* meī, Dat. mihi, Akk. mē, Abl. mē; Plur. Nom. nōs [νῶϊ], Genet. nostrûm [wahrsch. zsgzg. od. synkop. aus nostrorum od. nostrarum, die bei den Komik. auch noch für nostrum vorkommen, s. Brix Plaut. mil. 174. Wagner Ter. heaut. 386] u. nostrī [eig. *Genet. neutr.* v. noster = unseres Wesens, gegen unser Wesen], Dat. nōbīs, Akk. nōs, Abl. nōbīs), ich, im Plur. **wir,** I eig.: 1 im Allg.: ego tu sum, tu es ego; uni animi sumus, Plaut.: ego sum ille consul, qui etc., Cic.: inopis nunc te misereat mei, Ter.: nos, nos, dico aperte, consules desumus, Cic.: alter ego u. ego alter, mein zweites Ich, Cic. u. Plin. ep. (s. Beier Cic. Lael. 80. p. 125 *sq.*). – Genet. nostrum partitiv, qui, ut ipsi noti sunt, sic nostrum unumquemque norunt, Cic.; u. (bei omnium) possessiv, Roma communis patria omnium nostrum, Cic. – Genet. nostri objektiv, grata mihi vehementer est memoria nostri tua, Cic.; u. (bei Einteilung des menschlichen Wesens) partitiv, pars melior mei, mein besseres Ich, Ov.: nostri melior pars animus est, Sen. – 2 insbes.: a mihi u. nobis als ethische Dative, sit mihi (orator) tinctus litteris, Cic.: quid ait tandem nobis Sannio? Ter. – b nos für ego, wie **wir** für **ich,** wenn einer von sich in der Mehrzahl redet, nos patriam fugimus, Verg. ecl. 1, 4: u. so Cic. ep. 1, 7, 4 u. a.: u. so nobis consulibus, Cic. Cat. 3, 8, 18. – beim Sing., nobis merenti, Tibull. 3, 6, 55: insperanti nobis, Catull. 107, 5 *sq.:* absente nobis, Ter. eun. 649. – II meton.: A ad me, **zu mir,** d. i. **in mein Haus, zu den Meinigen,** Ter. u. Cic.: eamus ad me, Ter.: neque domum umquam ad me litteras mittam, Cic. – B a me, d. i. 1 **von dem Meinigen, aus meiner Tasche (Kasse),** a me argentum dedi, Plaut.: se a me solvere, Cic. – 2 **aus meinem Hause,** Plaut.: so auch a nobis, Plaut. – ► a ego etc. durch enklitische Nachsilben verstärkt, u. zwar: α durch die Enklitika *met* bei allen Kasus, außer im Genet. Plur., egomet (meimet, mihimet, memet etc.), ich **selbst,** ich **für mein Teil,** od. bloß ich (betont) usw., wozu auch des stärkeren Nachdrucks und Gegensatzes wegen nicht selten noch ipse in gleichem Kasus hinzugefügt wird, wie mihimet ipsi, memet ipsum, nosmet ipsos, Komik., Cic. u. a. – β durch die Enklitika *pte* am Akk. Sing., mepte potius fieri servom, ich selbst, Plaut. Men. 1059: am Dat., mihipte, Cato nach Fest. 154, 11. – γ im Akk. Sing. durch Verdoppelung, meme, Sil. 9, 652. – b alter Genet. mis = mei, nach Prisc. 13, 4. Serv. Verg. Aen. 2, 595 u. a. Gramm. – c der Dat. Sing. arch. mihei, CIL 1, 1016 u. a., u. mihe, *ibid.* 1, 1049; mihi zsgzg. in mi, häufig bei Dichtern, selten bei Prosaikern (doch auch in Cic. epp.); für mi altertümlich mei (einsilbig). Plaut. most. 194 *Schoell.* Nov. com. 49. Catull. 77, 34 (vgl. Lachm. Lucr. 4, 602); u. ebenso me, Vet. form. bei Varro LL. 7, 8. Varro r. r. 3, 16, 2. – d Akk. Sing. arch. mehe, Pac. tr. 143 R.² (nach Quint. 1, 5, 21) u. med, Plaut. Amph. 434; asin. 20; capt. 405 u. ö. Caecil. com. 76. CIL 1, 54; 14, 4112. 4123, 1. 4184 a. – e Abl. Sing. med, Plaut. Amph. 663; Men. 492 u. ö. – f arch. Dat. Plur. nobeis, CIL 2, 3871. Plaut. Poen. 664. – g Akk. Plur. enos, Carm. arv. im CIL 1, 28.

egomet, s. ego ►.

ēgrāminātus, a, um (ex u. gramen), **gejätet,** ager vomere, Vict. Vit. 1. § 36.

ēgrānātus, a, um (ex u. granum), **ausgekernt,** Plin. Val. 3, 14.

ē-gredior, gressus sum, gredī (ex u. gradior), I *intr.:* A **herausgehen,** 1 eig.: a übh.: inde, Varro LL. u. Liv.: unde, Ter. u. Caes.: hinc, Plaut.: foras, Plaut.: intus, Plaut. – ex urbe, Cic.: ab urbe, Suet.: u. bl. urbe, Vell.: ex cubiculo, Cic.: u. bl. cubiculo, Tac.: ex (e) convivio, Liv. u. Suet., u. bl. convivio, Curt.: de cavernis (ihren Löchern), v.

Mäusen, Vulg.: posticā domo clam, Val. Max.: ianuā, Val. Max.: extra fines, Cic.: ad portam, zum Tor hinausgehen, Liv. – im Bild, extra hos cancellos egredi conabor, Cic.: certos mihi fines terminosque constituam, extra quos egredi non possim, Cic. – b als milit. *t. t.*, α egr. ordine, aus Reih u. Glied treten, Sall. Iug. 45, 2. – β mit dem Heer **aus-, vorrücken,** absol., Caes. u. a.: e castris u. bl. castris, Caes. u. Sall.: ex hibernis, Caes.: ex provincia, Caes.: Adrumeto, Auct. b. Afr.: ab Aggar, Auct. b. Afr.: per agrum Caeretem obliquis tramitibus, Liv.: in pacata, Liv.: praesidio pabulatoribus (zum Schutz für usw.), Caes.: ad proelium, Caes.: adversus hostes, Tac.: ad oppugnandum, Sall.: mit 1. *Supin.*, speculatum, frumentatum, Liv. – c als naut. *t. t.*, α egr. ex navi u. bl. navi = vom Schiff **ans Land gehen, aussteigen, landen,** Cic. u. Caes.: ebenso egr. in terram, Cic., in litus, Plin. ep., u. bl. egr., Caes. u. a. – β egr. e portu, **aus dem Hafen gehen, absegeln,** Cic. u. Quint.: bl. egr., Ov. – 2 übtr.: a in der Rede vom Thema **abgehen, abschweifen** (vgl. Cic. Brut. 21, 82), a proposito, Cic.: ex alqa re, Quint.: extra praescriptum, Quint.: bl. egr., Quint. – b chronol. **hinausfallen, -gehen, hinausreichen** in usw., in alios consules, Tac. ann. 13, 9 *extr.* – B **hinaufgehen, -steigen,** ad summum montis, Sall.: in altitudinem, Liv.: in vallum, Tac. – II *tr.:* A aus etw. **herausgehen,** urbem, Liv.: portum, Quint.: portam, Val. Max.: tecta, Plin. ep. – navem, aussteigen aus usw., Frontin. Vgl. Oudend. Frontin. strat. 1, 12, 1. – B über etw. **hinausgehen,** etw. **überschreiten,** 1 eig.: munitiones, Caes.: flumen, Sall. – 2 übtr.: a der Zeit nach, egressum esse m. Akk. der Jahre = ein gewisses Alter **überschritten haben,** quintum annum egressus, Quint.: vix septemdecim annos egressus, Tac. – b dem Maße nach **über etwas hinausgehen,** modum, Tac.: modum epistulae, Fronto: veritatem, zus. = übertreiben, Plin. ep.: fortunam hominis, Vell.: vetustae arbores et solitam altitudinem egressae, Sen.: tecta altitudinem moenium egressa, überragende, Tac. – c der Rangstufe nach, vetus familia neque tamen praeturam egressa, die jedoch nicht über die Prätur hinausgekommen war, Tac. ann. 3, 30. – ► Parag. Infin. egredier, Plaut. Poen. 742. – Archaist. Partiz. ēgrētus = egressus, Paul. ex Fest. p. 78, 4.

ēgregiātus, ūs, *m.* (egregius), das **Prädikat** *egregius* (s. d. W. *no.* II, b), unter den Kaisern, Cod. Theod. 8, 4, 3 u. ö.

ēgregiē, *Adv.* (egregius), **vor allen erlesen, ersehen,** 1 **auserlesen, ausnehmend, ungemein gut, vortrefflich, vorzüglich** in seiner Art, **glänzend** (vgl. Drak. Liv. 21, 40, 2. Ruhnken Ter. Andr. 1, 1, 31), locus egr. munitus, Caes.: Graece loqui, Cic.: pugnare, Liv.: Manlium egr. litasse, Liv.: egregie absolvi, mit Ehren, Liv. – *Compar.*, egregius cenat, Iuven. 11, 12. – 2 wie unser **auserlesen, ungemein, außerordentlich, ganz besonders, vorzüglich = sehr** (im Briefstil u. Dialog auch von fehlerhafter Auszeichnung) zur Steigerung bei Adjektiven im Positiv u. bei Verben, partes egr. multae, Lucr.: egr. cara, Ter.: egr. fortis, Cic.: egr. subtilis scriptor et elegans, Cic.: egr. improbus, Gell.: egr. placere, Cic.: uxorem egr. diligere, Gell.: horum ille nil egr. praeter cetera studebat, Ter. – absol., als Ausdr. des Beifalls, **vortrefflich! brav!** Plin. pan. 38, 3; vgl. Suet. Vit. 10, 1.

ēgregius, a, um (ex u. grex, s. Paul. ex Fest. 23, 8), (eig. **aus der Herde) auserlesen, ausgezeichnet** od. **vorzüglich** od. **vortrefflich** in seiner Art, **außerordentlich, ungewöhnlich, ungemein, selten** usw., I *adi.:* muri, Liv.: civis, Cic.: mulier od. virgo egregiā formā, Ter. u. Gell.: lex (Ggstz. lex perniciosa), Cic. fr.: indoles, Cic.: fides, Caes.: liberalitas, Sall.: egregia res est mortem condiscere, Sen.: ironisch, illa praeclara et egregia mater, Cic.; vgl. Nipperd. Tac. ann. 1, 42 u. Heräus Tac. hist. 1, 33. – m. *in* u. Abl., egregius in bellica laude, Cic.: in aliis artibus, Sall. – m. *ad* u. Akk., ingenium egregium ad miserias, Ter. heaut. 420: vir ad cetera egregius, Liv. 37, 7, 15. – m. *in* u. Akk., in reliquos egregius, Eutr. 10, 7. – m. *Abl.*, bello, im Kr., Verg. u. Tac.: formā, an G., Verg.: moribus, ein Muster von Sittlichkeit, Tac. dial. – m. *Genet.* militiae, im Kr., Sall. hist. fr. 1, 106 (112): animi an Mut, Verg.: fati mentisque, Stat.: morum Claud.: linguae, Sil.: m. partitivem *Genet.* egregii iuvenum, Stat. Theb. 2, 152: m. *Acc. resp.* (regnum) cetera egregium, in allen übrigen Stücken, Liv. 1, 32, 2. – m. *Dat. comm.*, et sibi et cunctis egregium, ehrenvoll, rühmlich, Tac. ann. 3, 6. – m. *Infin.*, pollice honesto egregius (der es vortrefflich versteht) lusisse senex, Pers. 6, 6. – *Superl.*, mulier egregiissima, Pacuv. tr. 230: o egregie grammatice vel, si id mavis, egregiissime! Gell. 14, 5, 3: über den Vok. egregi od. egregie s. Gell. 14, 5, 1. – II *subst.:* a *neutr.:* α übh., tamquam egregium, als etwas Vortreffliches, Tac. ann. 6, 24. – β egregium publicum, die Ehren (der Ruhm) des Staates, Tac. ann. 3, 70. – γ ēgregia, ōrum, *n.*, **Vorzüge, Tugenden** (Ggstz. scelera), Sall. Iug. 10, 2. Tac. ann. 14, 60. – b *masc.*, egregius (vir), als Prädikat in der Rangordnung etwa der **»sehr Ehrenwerte«,** Kaiserzt.

ēgressio, ōnis, *f.* (egredior), I das **Herausgehen,** der **Ausgang, Auszug,** Apul. met. 8, 15. Hieron. epist. 78, 1 u. a. Eccl.: anno altero egressionis eorum ex Aegypto, Vulg. num. 1, 1: Plur., ut spiritus egressiones habeat, Macr. sat. 7, 15, 16. – II übtr., das **Abgehen** im Reden vom Thema, die **Abschweifung,** griech. παρέκβασις, Quint. 3, 9, 4 u. a.: Plur., Quint. 11, 3, 64 u. a. Fortunat. art. rhet. 3, 8. p. 125, 21 H.

ēgressus, ūs, *m.* (egredior), I das **Herausgehen, Ausgehen,** der **Ausgang,** das **öffentliche Erscheinen,** 1 eig.: vester, Cic.: qui togatorum comitatus et egressus! welch ein Geleit von Klienten beim Ausgehen! Tac. dial. 6: itinera egressusque eius, seine Wege u. Gänge, Sall.: ianitor egressus introitusque videt, das Gehen u. Kommen (der Leute), Ov.: egressibus adhaerescere, Tac.: rarus in publicum egressus, Tac., Ggstz. creber egressu, Pacat. pan.: rarus sit egressus in publicum, sie (die Frau) gehe selten aus, Hieron. epist. 22, 17. – u. der **Ausflug** der Vögel, Col. 8, 8, 1. – u. der **Ausgang,** das **Fortströmen** der Winde, ventos custodit et arcet Aeolus egressu, Ov. met. 11, 748. – 2 übtr., das **Abgehen** im Reden vom Thema, die **Abschweifung,** Quint. 4, 3, 12. – libero egressu memorare, in frei sich verbreitender Darstellung, Tac. ann. 4, 32. – II insbes., A das **Aussteigen aus dem Schiff, die Landung,** egr. optimus, Caes.: in egressu navis, Suet. – B meton., der **Ausgang** (als Ort), egr. tenebrosus et sordidus, Petron.: egressus obsidens, Tac.: poet., v. Flüssen, der **Ausfluss,** die **Mündung,** Ov. trist. 2, 189.

ēgrētus, s. ē-gredior ►.

egula, ae, *f.*, eine Art **Schwefel,** Plin. 35, 175.

ē-gurgito, āre (e u. gurges), **herausschütten,** argentum domo prosus, Plaut. Epid. 582.

ehem, *Interj.*, ein Ausruf der freudigen Überraschung (s. Brix Plaut. mil. 36), **ha! ei!** od. **sieh da!** ehem optume, Plaut.: ehem opportune! Ter.: ehem, scio iam quid vis dicere, Plaut.

ēheu, *Interj.*, Ausruf der Klage, des Schmerzes, o! ach! Komik., Hor. u. a.: m. Akk., eheu me miserum! Sall. Iug. 14, 9. – ► Bei Epikern u. Lyrikern ēheu gemessen.

eho, *Interj.*, um jmd. zu unterpellieren, **he! heda du! höre einmal! sage einmal!** Komik.: verstärkt ehodum! Ter.

ehodum, s. eho.

ei (hei), *Interj.*, Ausdruck der Klage und des Schmerzes, **ach! weh!** ei perii! Caecil. com. fr.: *Tr.* ei! *Si.* quid est? Plaut.: oft ei mihi! Komik. u. a. Dichter: ei mihi! conclamat, Ov.: ei mihi! ei mihi! Plaut.: ei misero mihi, Ter. u. Catull. – ► Die Form hei findet sich in sehr guten Hdschrn. (z. B. des Verg. u. Tibull.)

eia od. **heia,** *Interj.* (εἶα), a Ausdruck der Verwunderung, **ei! = ei der Tausend!** Turpil. com. 107. Plaut. capt. 963 u. a. – b Ausdruck der Aufforderung, **he! heda! auf!** Plaut., Hor. u. a.: eia (heia) age, Verg. u. a.: eia vero, Plaut. Epid. 262: heia vero! auf (wohlan) denn! Ter. Hec. 250. Cic. de rep. 3, 8: hoia tu, Plin. ep.: heia autem, Plaut. Amph. 901. Ter. adelph. 868.

ē-iaculo, āvī, āre, **heraus-** od. **hinauswerfen, -stürzen,** tepidum rorem niveis laticibus, Anthol. Lat. 712, 21 (230, 20): se in salum (v. Arion), Gell. 16, 19, 21: Partiz. neutral eiaculantes, sich herausstürzend, CIL 9, 1164, 17: im Passiv, eiaculabitur, Scrib. Larg. 84. – Nbf. von

ē-iaculor, ātus sum, ārī, **heraus-, hervorschleudern** od. **-werfen,** oder **schießen lassen,** longas aquas, Ov. met. 4, 124: umbram in forum,

Plin. 4, 73: se in altum, hoch emporschießen (v. Blut), Ov. met. 6, 259.

ē-icio, iēcī, iectum, ere (ex u. iacio), **herauswerfen, -jagen, -stoßen, -stürzen,** wie ἐκβάλλειν, **I** im Allg.: **1** eig.: **a** v. Pers.: alqm hinc, Ter.: alqm ex oppido, Caes.: alqm in alto de navi, Cic.: alqm de balneo, Petron.: hominem de paradiso, Lact.: sessores veteres urbe insulāque, Nep.: alqm domo suā, Cic.: castris eici, Sen. rhet.: alcis cruentum cadaver domo, Cic.: multos sedibus ac fortunis, Cic.: cadavera cellis, Hor.: mit dopp. *Acc.*, alqm Capuā praecipitem, Cic. Sest. 9. – m. Ang. **wohin? = heraus- und hinwerfen, -stürzen,** alqm in viam, Cic.: vestimenta in ignem, Nep.: se in terram e navi, Cic. – **b** v. Lebl., **heraus-, auswerfen,** v. Meer, v. den Fluten usw., magnos fluctus, Lucr.: undam, Ov.: beluam, Curt.: proventum optimum frumentorum de horreo (v. einer Wasserflut), Augustin.: sucinum ad promunturia, Plin.: mare extra litus eiectum, Sen. – v. Feuer usw., cavo spumas aëno (v. Feuer), Ov.: sol lumen eicit, Hyg.: eiectis extra vitalibus auris, Lucr.: im Bild, o fortunatam rem publicam, si quidem hanc sentinam urbis huius eiecerit, Cic. Cat. 2, 7. – **2** übtr.: ex animo curam, verbannen, Plaut.: u. so amorem ex corde, Ter., amorem ex animo, Cic.: istum ab se amorem, Lucil.: horum memoriam ex animis suis, Liv.: superstitionis stirpes omnes, ausrotten, Cic. – quae (voluptates) subito se non numquam profundunt atque eiciunt universae, mit aller Gewalt hervorbrechen (sich Bahn brechen), Cic. Cael. 75. – poet., eiectus die, des Augenlichtes beraubt, Stat. Theb. 4, 617. – **II** insbes.: **A** nach oben od. unten **von sich geben, a** nach oben, **α ausstoßen,** vocem, Cic.: vocem pectore ab imo, Lucr. – **β** aus dem Mund **auswerfen, ausspeien,** eic. χολὼν ἄκρατον, Cic.: eic. sanguinem, Plin.: elleboro accepto quidquid in visceribus haerebit eiecturum deiecturumque, nach oben u. nach unten von sich geben, Sen. – **b** nach unten **auswerfen,** semen suis sedibus, Lucr.: calculos per urinam, Suet.: partum, abortieren, Val. Max. (u. so absol., Ulp. dig. 9, 2, 27. § 22). – **B** als milit. *t. t.*, **a heraus-, hinauswerfen, heraus-, hinaustreiben,** cohortes, Caes. b. c. 2, 19, 5. – **b** eic. se, **heraus-, hervorstürzen, heraus-, hervorbrechen,** se ex oppido, Caes.: subito se ex silvis, Caes.: se ex navibus ad tuenda aedificia, Auct. b. Alex.: se portā, Liv.: se foras, Liv.: se in agros, Liv. – **C** verstoßend herauswerfen, **a** aus dem Haus, aus einem Besitztum **vertreiben, verdrängen, verstoßen,** alqm domo, Plaut. u. Cic.: alqm foras aedibus, Plaut.: absol., damnato et eiecto, ist er verurteilt u. aus dem Besitz verdrängt, Cic. Rosc. Am. 6. – bes. die Gattin **verstoßen,** mit u. ohne domo, Cic. – **b** aus der Heimat, aus dem Staate **verstoßen, vertreiben, verbannen,** alqm domo, Caes.: alqm a suis dis penatibus, Cic.: edicto (durch ein E.) alqm ex patria, Cic.: alqm e civitate od. e re publica, Cic. u. Nep.: alqm civitate, Sall. fr.: alqm in exsilium, Cic. u. a.: oft bl. eicere alqm, Cic., Caes. u. a.: vgl. Bremi Nep. Lys. 1, 5. – **c** jmd. aus einem Kollegium, aus dem Senat **stoßen,** alqm de collegio, Cic.: alqm e senatu, Cic. u. Liv., od. de senatu, Liv., u. bl. senatu, Plin. ep.; vgl. Fabri Sall. Cat. 23, 1. – **D** als naut. *t. t.*, **a** Schiffe **rasch, notgedrungen landen lassen,** mit den Schiffen **anlegen,** naves eo, Caes.: navem in terram, Caes.: naves ad Chium, Liv. – **b** im Passiv von Schiffen u. Schiffbrüchigen, wenn sie ans Land geworfen werden, **stranden** (vgl. Ov. her. 7, 89), classis ad Baleares eicitur, Liv.: eici in litore, Caes. u. Ov.: plures naves apud insulas eiectae sunt, Tac.: eiecta naufragorum manus, Cic.: litore eiectus, Verg.: u. so bl. eiectus, ein ans Land Geworfener, ein Schiffbrüchiger, Cic. u. a. – **E** einen Leichnam unbeachtet u. unbestattet **hinaus-, hinwerfen,** ne corpus eiciatur, Cic.: dah. cadaver eiectum, ein unbeachtet liegender, elender, Cic. – **F** als mediz. *t. t.*, einen Zahn usw. **herausreißen, herausbrechen,** mit Gewalt od. Anstrengung **herausnehmen,** dentes, Cels.: totum os, Cels.: quo facilius eiciatur infans (mortuus), Cels. – **G** aus sich **hervorwerfen,** d. i. **1 herausstrecken,** linguam, Cic. de or. 2, 266. Stat. Theb. 2, 681. – **2** (mit dem Nbbgr. des Erzeugens) **hervortreiben,** vitem ex se, Varro r. r. 1, 31, 1. – **3 aus-, verrenken, verstauchen,** armum, Verg. Aen. 10, 894: articulamentum, Scrib.: membrum, cervicem, Veget. mul.: coxas, Hyg. – Partiz. subst., ēiecta, ōrum, *n.*, **Verrenkungen,** Veget. mul. 3, 46. – **H** wie ἐκβάλλειν, einen öffentlich im Theater aufgetretenen Künstler, der missfällt, durch Pochen, Pfeifen od. Zischen **zum Abtreten nötigen, auspochen, auszischen** (der allgem. Ausdr. für die genaueren explodere, exsibilare), derisus et contemptus eicitur (citharoedus), Rhet. Her.: a multitudine et populo non modo catervae et concentus (ganze Sängerchöre), sed etiam ipsi singuli discrepantes eiciuntur, Cic.: eicere et actorem et carmen, Sen. ep. 115, 15: od. auch einen Zuschauer im Theater, cantorum ipsorum vocibus eiciebatur, Cic. Sest. 118. – dah. übtr., mit Anspielung auf die Theatersitte, etw. **verwerfen, missbilligen,** quod tamen non eicio, Cic.: eoque magis id (diese Angabe) eiectum est, quod etc., Cic.: Cynicorum ratio tota est eicienda, Cic.: u. verb. mit explodere (zus. = gänzlich verwerfen, gänzlich od. höchlich missbilligen), z. B. quod tum explosum et eiectum est, Cic.: iam explosae eiectaeque sententiae Pyrrhonis, Aristonis, Erilli, Cic. – ► eicit, zweisilbig, Lucr. 3, 875 (877); 4, 1264 (1272).

eidūs, s. Īdūs.

ēiectāmentum, ī, *n.* (eiecto), der **Auswurf,** cetera eiectamenta maris, Tac. Germ. 45. Apul. apol. 35.

ēiectīcius, a, um (eicio), **zum Auswerfen gehörig,** vulva, die abortiert hat, Plin. 11, 210.

ēiectio, ōnis, *f.* (eicio), das **Herauswerfen, I** im Allg.: ei. rerum omnium, Schol. Iuven. 12, 56. – **II** insbes.: **a** das **Auswerfen** = Speien, sanguinis, Blutspeien, Vitr. 1, 6, 3. – **b** die **Vertreibung (Verstoßung)** aus dem Staat, die **Verbannung,** Cic. ad Att. 2, 18, 1; de domo 51: Plur., Vulg. thren. 2, 14. – **c** die **Verrenkung,** articuli, Cael. Aur. de morb. chron. 2, 1, 28: Plur., articulorum eiectiones, Firm. math. 3, 15, 2.

ēiectiuncula, ae, *f.* (*Demin.* v. eiectio), eine **unbedeutende Verrenkung,** Plur. bei Marc. Emp. 10. p. 289 C. (Steph.).

ē-iecto, āre (*Intens.* v. eicio), **herauswerfen, hervorwerfen, I** im Allg.: arenas, favillam, Ov.: undas in campos, Sil. – **II** insbes., **auswerfen = ausspeien,** cruorem ore, Verg.: cruentas dapes ore, Ov.: saniem per ora, Lucan.

ēiectōrius, a, um (eicio) = διαφορητικός, **abführend,** Cass. Fel. de medic. 52.

ēiectūra, ae, *f.* (eicio), der **Auslauf, Vorsprung,** Boëth. art. geom. p. 407, 20 Fr.

ēiectus, ūs, *m.* (eicio), das **Herauswerfen, Hervorstoßen,** fit ratione eādem coniectus partim animai (Atems) altior, atque foras eiectus largior eius, Lucr. 4, 956 (959) *sq.*

ēierātio u. **ē-iero,** s. eiur...

ēiulābilis, e (eiulo), **laut wehklagend, heulend,** plangor, Apul. met. 4, 3.

ēiulābundus, a, um (eiulo), **sich lautem Wehklagen hingebend,** Iul. Val. 2, 16. p. 97, 26 K.

ēiulātio, ōnis, *f.* (eiulo), das **laute Aufheulen, laute Wehklagen,** lugubris, Cic.: illa non virilis, Cic.: eiulatione non opus est, Plaut. – Plur., lamentationes et eiulationes amove (halte fern), Sen. ad Helv. 3, 2.

ēiulātus, ūs, *m.* (eiulo), das **laute Geheul, laute Wehklagen,** eiulatu, questu, gemitu, Acc. fr.: senis unius eculeo impositi non supplex vox nec miserabilis eiulatus (Winseln), Val. Max.: eiulatus ne mulieri quidem concessus est, Cic.: Plur., illi eiulatus et gemitus Philoctetae, Cic. de har. resp. 39: gemitus eiulatusque facere, Gell. 1, 26, 7.

ēiulito (hēiulito), āre (*Intens.* v. eiulo), **laut aufheulen,** Lucil. 261 bei Varro LL. 7, 103 (wo die Hdschrn. heiulitabit).

ēiulo (hēiulo), āvī, ātum, āre, **jaulen = laut aufheulen, laut wehklagen,** cur od. quid eiulas? Plaut.: magnitudine dolorum eiulans, Cic. – m. *Acc.* = über usw., fortunas suas, Apul.: sese altius, Apul. – Nbf. **hēiulor,** ārī, Prisc. 8, 25. Not. Bern. p. 46.

ē-iuncēsco, ere (ex u. iuncus), **binsenartig aufschießen,** vitis eiuncescit ac moritur, Plin. 17, 182.

ēiuncidus, a, um (e u. iuncus), **binsenartig aufgeschossen,** sarmentum, Varro r. r. 1, 31, 3: gracilis atque eiuncida vitis, Plin. 17, 173. Vgl. Gloss. II, 59, 1 ›eiuncidum, ἐκλεπτωθέν‹.

ēiūno, *Interj.*, **bei der Juno!** Charis. 198, 18.

ēiūrātio u. (mit verkürzter Stammsilbe) **ēierātio,** ōnis, *f.* (eiuro), das **feierliche-, förmliche Sichlossagen** von etw., **-Entsagen** einer Sache (vgl. Paul. ex Fest. 77, 17), consulum eiur., die feierliche Amtsentsagung der Konsuln, Val. Max. 2, 7, 7: übtr., eiur. bonae spei, Sen. de vit. beat. 26, 5. – Die Form ēierātio bei Tert. de spect. 4.

ē-iūro u. (mit verkürzter Stammsilbe) **ē-iero,** āvī, ātum, āre, **abschwören,** griech. ἐξόμνυμαι, **I** als gerichtl. u. publiz. *t. t.*, etw. **abschwören, sich eidlich** von etwas **lossagen,** bonam copiam, sein Vermögen abschwören, sich eidlich für zahlungsunfähig erklären, Cic. ep. 9, 16, 7: militiam, eidlich seine Unfähigkeit zum Kriegsdienst erklären, Plaut. b. Paul. ex Fest. 77, 17. – forum sibi iniquum, provinciam sibi iniquam, eidlich erklären, dass man sich einem Forum, einer Provinz (als seinem Richter) als parteiisch gegen sich nicht unterwerfen könne, ein Forum usw. eidlich u. feierlich als seinen Richter ablehnen, Cic.: ebenso alqm (iudicem) iniquum, Cic. – imperium, magistratum (consulatum etc.), ein Amt unter Ablegung des Eides, dass man es nach den Gesetzen verwaltet habe, niederlegen, Tac., Plin. ep. u. Fronto: absol. = den Rechenschaftseid ablegen, Tac. ann. 13, 14; hist. 4, 39. – **II** übtr., **sich** von etw. od. jmd. **feierlich-, förmlich lossagen,** einer Sache **förmlich entsagen,** jmd. od. etw. **gänzlich verleugnen, gar nicht anerkennen,** patriam, Tac.: nomen patriae, Iustin.: naturam hominis (v. Zorn), Sen.: patrem, liberos, Sen.: patrem et matrem et omnem proximum, Tert.: virum (Ehemann), der Ehe entsagen (v. einer Priesterin), Hieron. epist. 123, 8: quare abdicandus et eiurandus non est tuus sanguis, Ps. Quint. decl. 3, 18. – ► Die Form eiero scheint der älteren u. klass. Zeit anzugehören (dah. bei Cic. de or. 2, 285 [in den Worten des Scipio]; Verr. 3, 137; Phil. 12, 18 in den besten Hdschrn.), die Form eiuro der nachaug. Zeit (vgl. deiero ►).

ēiuscemodī (is u. modus), **von der Art, so beschaffen,** Hieron. epist. 82, 6.

ēiusdemmodī od. getrennt **ēiusdem modī** (idem u. modus), **von eben der Art, ebenso beschaffen,** Varro LL. 9, 84 u. 110. Cic. ad Q. fr. 1, 1, 4. § 14 u. a. Gell. 16, 8, 10.

ēiusmodī od. getrennt **ēius modī** (is u. modus), **I von der Art, so beschaffen,** od. **solcher, solche, solches,** qui cum ingeniis conflictatur eiusmodi, Ter. Andr. 93: genus belli est eiusmodi, Cic. de imp. Pomp. 6 u. a. – **II** = ita, **so, dergestalt,** quam tu viam tensarum atque pompae eiusmodi exegisti, ut etc., Cic. II. Verr.. 1, 154.

ēlābēscēns = *lubricus,* Gloss. IV, 256, 18.

ē-lābor, lāpsus sum, lābī, **I heraus-** u. **herabgleiten, -schlüpfen, -fallen, unvermerkt entgleiten, -entfallen, entschlüpfen, entwischen, A** eig.: **1** im Allg.: **α** v. leb. Subjj.: cum (animal) ex utero elapsum excĭdit, Cic.: anguis ex columna lignea elapsus, Liv.: anguis ex oculis elapsa, Liv.; vgl. elabor viro, longum formatus in anguem, Ov.: anguilla est, elabitur, Plaut. – **β** v. Lebl.: cum se convolvens sol elaberetur et abiret, Cic.: quoties iam tibi extorta est sica ista de manibus! quoties vere excĭdit aliquo casu et elapsa est! Cic.: gladius ei e manu elapsus, Iustin.: elapsae manibus cecĭdēre tabellae, Ov.: languidis manibus magis elapsa, quam excussa tela mittebat, Curt.: quicquid incĭdit, fastigio musculi elabitur, gleitet ab von usw., Caes.; elapsus aure lapis, Ov. – m. Ang. des Ziels, cum infestis cuspidibus concurrissent, Manlii cuspis super galeam hostis, Metii trans cervicem equi elapsa est, glitt über dem H. usw. ... neben dem Hals vorbei, Liv. – **2** insbes.: **a** v. Gliedern, **verrenkt werden,** articuli elabuntur in priorem et in exteriorem partem, Cels. 8, 11. p. 352, 23 D.: id quod in latus elapsum est, digitis restitui, Cels. 8, 19: elapsos in pravum artus, seien bloß verrenkt, Tac. hist. 4, 81. – **b** fliehend **entschlüpfen, entwischen, entrinnen, entkommen,** inde, Liv.: huc, Claud.: nocte urbe, Vell.: alterā parte villae, Sen. rhet.: per eam portam, Curt.: ex proelio, Caes.: ex caede, Liv.: Pyrrhi de caede, Verg.: e manibus curantium (v. einem Tier), Liv. – animi corporibus elapsi, Cic.: custodiae, Tac.: mediis (den umschwärmenden) Achivis, Verg.: telis Achivûm, Verg. – inter tela et gladios patris, Liv.: inter tumultum, Liv.: inter caedem Rutulorum, Verg. – u. *tr.* m. *Acc.:* pugnam aut vincula, Tac.: custodias, Tac. – v. Lebl., eius statua vim ignium bis elapsa, Tac. – **B** übtr.: **1** im Allg.: disciplina elapsa est de manibus, Cic.: rei publicae statum illum elapsum scito esse de manibus uno iudicio, sei nun ein Spielball des Zufalls geworden, Cic.: ex isto ore religionis verbum excĭdere aut elabi potest, Cic.: causa mihi elapsa est, ist mir entwischt, ist verloren worden, Cic.: assensio omnis illa elabitur, schwindet (= hört auf), Cic.: el. omni suspicione, Cic.: libros adulescenti tibi elapsos esse, seien dir entschlüpft (d. i. von dir vorschnell herausgegeben worden), Quint.: animus devinctus paulatim elapsus est Bacchidi, entfremdet, Ter. – m. Ang. **wohin?** = vom rechten Wege abgleitend in etw. **geraten,** avide ruendo ad libertatem in servitutem elapsos, Liv. 3, 37, 2: ad perniciem elabuntur ingenia, fallen dem verderblichen Aberglauben zum Opfer, Gell. 10, 12, 2. – **2** insbes., **a** v. Pers., vor Gericht, bei der Zensur ohne Strafe **loskommen, durchkommen, entschlüpfen,** ex tot tantisque criminibus, Cic.: ex iudicio, Cic.: si esset elapsus, Cic.: fratre censore elapsus est, Cic.: risu sunt et opportuno ioco elapsi, zogen sich durch einen Lachen erregenden u. gut angebrachten Scherz aus der Affäre, Quint. – **b** v. Lebl., **aus dem Gedächtnis entschwinden, dem Gedächtnis entschlüpfen, entfallen,** usitatae res facile e memoria elabuntur, insignes et novae manent diutius, Rhet. Her. 3, 35: si qua memoriae meae nondum elapsa sunt, Sen. contr. 1. praef. § 1: u. so (poet.) elapsus felix de pectore Magnus, Lucan. 9, 80: u. absol., quia (optimi sensus) interdum elabuntur, Quint. 10, 3, 33. – **II emporgleiten, -schlüpfen,** v. Feuer = **hinaufschlagen,** ignis frondes elapsus in altas, Verg. georg. 305.

ēlabōrātio, ōnis, *f.* (elaboro), die **eifrige Anstrengung, eifrige Tätigkeit,** non haec videntur reperiri posse sine elaboratione et consumptione operae, Rhet. Her. 4, 32: cui divinitas vel per somnium vel per aliquam elaborationem cuncta praedicat, Firm. math. 5, 1, 2. p. 118, 7.

ēlabōrātus, Abl. ū, *m.* (elaboro), die **eifrige Tätigkeit,** Hippias elaboratu mirandus, Apul. flor. 9. p. 10, 17 Kr.

ē-labōro, āvī, ātum, āre, **I** *intr.* **sich abmühen, sich eifrig bemühen, -anstrengen, es sich angelegen sein lassen, eifrig streben, sich bestreben,** gew. m. *in* u. Abl. (s. Beier u. Heus. Cic. de off. 1, 1, 3), utroque in genere, Cic.: in litteris, Cic.: in quibus (elementis) et ipsis parum elaboratur, Tac. dial. – selten m. *in* (nach ... hin) u. Akk., non in unam partem aliquam, sed in omnia, Quint. 2, 8, 8: m. *Dat. Gerund.*, cui (aetati) docendae priores elaborarunt, Quint. 12, 11, 22. – m. folg. *ut* u. Konj., Cic. u. a.: in eo quoque elaborare, ut etc., Cic.: multum el., ut etc., Scrib.: nihil aeque elaboravit, quam ut etc., er ließ sich nichts so angelegen sein, Suet. – m. folg. *Infin.*, breviores commentarios facere, Quint. 3, 8, 58: alqd perfecte discere, Augustin. conf. 4, 3. – absol., Q. Cic. de pet. cons. 24. – **II** *tr.* etw. **ins Werk setzen, betreiben, bearbeiten, ausarbeiten, bereiten, a** im Allg.: Aegina candelabrorum superficiem duntaxat elaboravit, sicut Tarentum scapos, Plin.: si (poëtae) dignum aliquid elaborare et efficere velint, Tac. dial.: non Siculae dapes dulcem elaborabunt saporem, verschaffen, Hor.: quicquid ars ulla luxuriae elaboravit, Sen. – im Passiv, dextrum (brachium portus) elaboratur, ist im Werk, ist im Werden begriffen, Plin. ep.: in ingenio quoque, sicut in agro, quamquam diu serantur atque elaborentur, gratiora tamen, quae sua sponte nascuntur, Tac. dial.: sic habeto, quicquid elaborari aut effici potuerit ad istorum benevolentiam conciliandam, summo studio me consecutum esse, Cic.: praeterea elaboratam hanc artem Etruriae, Plin.: elaboratum a parentibus imperium, Iustin.: causae diligenter elaboratae et tamquam elucubratae, Cic.: Panegyricus Isocratis decem annis elaboratus, Quint. – **b** insbes., *Partic.* ēlabōrātus, a, um, **α herausgeputzt,** cum incederet elaboratus ad speciem, Macr. sat. 3, 13, 5. – **β** sorgfältig **ausgearbeitet,** versus ornati elaboratique, Cic.: übtr., v. Redner, Corvinus in verbis magis elaboratus, durchgebildeter, Tac. dial. – im Ggstz. zum Natürlichen = **gekünstelt, gesucht,** el. concinnitas, Cic.: nihil arcessiti et elaborati, Quint.

ēlacata, ae, *f.* (ἠλακάτη), eine Art Meerfische, die mariniert wurden,

Col. 8, 17, 12. – dies. **ēlacatēnes,** um, *m.* (ἠλακατῆνες), Paul. ex Fest. 76, 15.

ē-lactēsco, ere, **die Milch (den Saft) verlieren,** *Plin. 16, 98 D.

Elaea, ae, *f.* (Ἐλαία), eine Stadt in Äolis, j. viell. Ruinen bei *Jalva,* Mela 1, 18, 1 (1. § 90). Plin. 5, 121 u. 126. Liv. 35, 13, 6 u. a. Frontin. 5, 4, 16. – Dav. **Elaītēs,** ae, *m.* (Ἐλαΐτης), **aus Eläa, ein Elaïte,** Alcidamas Elaites, Quint. 3, 1, 10 H.

elaeemporia, ae, *f.* (ἐλαιεμπορία), der **Aufkauf von Öl,** der **Ölhandel,** *Arcad. dig. 50, 4, 18. § 19 (*al.* elemporia).

elaeomeli, *n.* (ἐλαιόμελι), **Ölhonig,** ein Manna, das aus angebohrten Ölbaumästen floss, Plin. 15, 32.

elaeōn, ōnis, *m.* (ἐλαιών), die **Ölpflanzung,** Tert. adv. Marc. 4, 39.

elaeothesium, iī, *n.* (ἐλαιοθέσιον), das **Salbezimmer** im Bad, Vitr. 5, 11, 2.

Elaītēs, s. Elaea.

ē-lambo, ere, **ablecken,** mox ut elambente matris linguā detersa sint (animalia), Mar. Victorin. art. gr. 4, 2, 5 = p. 158, 28 K.

ēlāmentābilis, e, **aufjammernd, voll Wehklagen,** ille gemitus elamentabilis, Cic. Tusc. 2, 57 M.

ē-languēsco, guī, ere, **erschlaffen, schlaff werden, ermatten, a** v. Pers., Tac. u. a.: viribus, Vell.: alienā ignaviā, Liv.: socordiā, Tac.: Campaniae deliciis, Aur. Vict. – **b** v. Lebl., **erschlaffen, ermatten, abnehmen, nachlassen, ins Stocken geraten,** venae elanguescunt, Cels.: arbor elanguescit, geht ein, Suet.: omnis eius appetitio (Esslust) pristina elanguescit (verliert sich), Gell.: cura elanguit, die Teilnahme erkaltete, Tac.: eorum vigor (Spannkraft) animi corporisque elanguescit, Gell.: elanguescit vis, Plin.: proelium, quod iam elanguerat, accendere, Curt.: differendo deinde elanguit res, Liv.: distractione civium elanguescit bonum proprium civitatis, Varro vit. P. R. 2. fr. 6 (bei Non. 287, 15).

elaphoboscon, ī, *n.* (ἐλαφόβοσκον, Hirschfutter), **wilde Pastinak,** Plin. 22, 79.

ē-lapido, ātus, āre (ex u. lapis), **von Steinen reinigen,** solum, Plin. 17, 30 u. a.

ē-laqueo, (āvī), ātum, āre, **aus den Banden** od. **Schlingen befreien, losmachen, I** eig.: alqm, Amm. 30, 1, 11. – **II** übtr.: alqm a vinculo angoris, Sidon. epist. 8, 9, 2: apostoli sermonem a laqueis Manichaeorum, Iul. bei Augustin. op. imperf. c. Iulian. 2, 105: animi constantiam, entfesseln, Prud. c. Symm. 2, 147.

ē-largior, ītus sum, īrī, **spenden, verschenken,** quantum elargiri deceat, Pers. 3, 71.

ē-lassēsco, ere, **ermatten,** *Plin. 16, 98 zw. (Detlefsen elactescit).

1. elatē, ēs, *f.* (ἐλάτη), die **Kokos-** od. **Dattelpalme,** Plin. 12, 134; 23, 99 u. a.: germina palmae sibe (= sive) elatae, Palmtriebe, Edict. Diocl. 6, 40.

2. ēlātē, *Adv.* (elatus), **I erhaben,** el. et ample loqui, Cic.: el. dicere (Ggstz. summisse d.), Cic. – **II stolz, übermütig,** elatius se gerere, Nep.: elatius et arrogantius praefari, Gell.

Elatēius, a, um (Elatus), **von Elatus erzeugt, elatëisch,** proles, die Tochter des Elatus, Ov. met. 12, 189: Elateïus, der Sohn des Elatus, Ov. met. 12, 497 (s. Caeneus über beide).

elatērium, iī, *n.* (ἐλατήριον), **der Saft der Eselsgurke** (*Cucumis elaterium,* L.), als Arznei, Cels. 5, 12. Scrib. Larg. 70. Plin. 20, 3 *sqq.*

elatīnē, ēs, *f.* (ἐλατίνη), eine Pflanze aus der Gattung *Antirrhinum* (L.), Plin. 27, 74: semen elatinae hortensiae, Plin. 26, 82 D.

ēlātio, ōnis, *f.* (effero), **I** das **Hinaustragen, 1** im Allg.: ferri, Act. fratr. arv. *a.* 184 (CIL 6, 2099) 3, 23. – **2** insbes., das **Zugrabetragen,** das **Begräbnis,** die **Beerdigung,** mortui, Ulp. dig. 11, 7, 14. § 3. – **II** die **Hebung** in die Höhe, die **Aufhebung, A** eig.: **a** *tr.:* oneris, Vitr. 10, 3 (8), 2: manus, Hieron. in Iob 15. – **b** *intr.:* **α** das **Sich-Heben,** die **Hebung,** mirabiles elationes maris, die erhobenen Wellen des Meeres, Vulg. psalm. 92, 4: elationes fluctuum, der Aufruhr, Leo M. serm. 1, 7. – **β** die **Hervorragung,** stellarum et solis ultra finalem circulum elatio, Chalcid. Tim. 71 *in.* – **B** übtr.: **1** als gramm. *t. t.,* die **Hebung** des Tons (Ggstz. positio), Mart. Cap. 9. § 982. p. 368, 20 Eyss.: temporis, soni, vocis (Ggstz. depositio), Mar. Victorin. art. gr. 1, 9, 3 = p. 40, 16 K.: Plur. elationes (= ἄρσεις), Hebungen der Stimme, Ggstz. deiectiones (= θέσεις), Fulg. myth. 3, 9: elationes celsae, Ggstz. inclinationes infimatae, Mart. Cap. 6. § 595. – **2** der **Aufschwung, Schwung, a** übh.: el. et magnitudo animi, Cic.: u. so el. atque altitudo orationis suae, der hochfahrende Schwung seiner Sprache, Cic.: el. vocis, Vitr.: el. virium, Erhebung, Rühmung, Plin. – **b** insbes., die **Überhebung,** der **Übermut, Stolz,** Ambros. in psalm. 4, 8. serm. 17. § 36 *extr.* Arnob. 2, 63 (neben arrogantia): el. mentis, Vulg. 2. Mach. 5, 21: el. iuventutis, Fulg. contin. Verg. p. 151 M. – **3** die **Überordnung, Superordination** (Ggstz. summissio, Unterordnung, Subordination), parium comparatio nec elationem habet nec summissionem, Cic. top. 71.

ē-lāto, āre (e u. latus, a, um), **ausbreiten,** verbum domini, Cassiod. compl. act. apost. 13.

ē-lātro, āre, **herausbellen,** übtr. v. Menschen, **herauspoltern,** vere quod placet ut non acriter (unumwunden) elatrem? Hor. ep. 1, 18, 18: causas non elatro, Tert. de pall. 5: cum in mores vestros omnem eloquii amaritudinem elatrent, Tert. ad nat. 1, 4.

ēlātus, a, um (v. 2. effero), **I** *Partic.,* s. 2. ef-fero. – **II erhaben, hoch, 1** eig.: rupes in immensum elata, Amm.: elati cadaverum aggeres, Amm.: animalia elatiora, Augustin. de mor. Manich. 9. § 17: gestus elatior sit, die Gebärden mit den Händen müssen mehr nach oben gehen, Quint. 11, 3, 134: elatissimae lucernae, Tert. apol. 35. – *neutr. plur.* subst., elatiora clivī (Ggstz. depressiora), die höhergelegenen Stellen, Col. 2, 4, 10. – **2** übtr.: **a** vom Ton, **gehoben,** modi (Ggstz. inferiores modi), Quint. 11, 3, 17: miscens elata summissis, Quint. 11, 3, 43. – **b** v. der Rede usw., **hoch, erhaben, pathetisch,** verba, Cic. or. 124: nihil elatum saltem ac sublime desiderat, Quint. 6, 2, 19: res elatior quam pressa et civilis oratio recipit, Sen. contr. 1, 8, 16: u. vom Redner selbst, an non supra modum elatus M. Tullius? zeigt nicht M. T. ein übermäßiges Pathos? Quint. 12, 10, 39. – **c** v. Geiste usw., **erhaben,** geistig **gehoben,** animus (Denkungsart), Cic. Tusc. 1, 95: animus magnus elatusque, Cic. de off. 1, 61: elatior ingenii vis, der höhere Schwung des Geistes, Quint. 10, 1, 44.

ēlautus, s. ē-lavo ►.

Elaver, eris, *n.,* Nebenfluss des Liger von den Sevennen, j. *Allier,* Caes. b. G. 7, 34, 2 u. 53, 4.

ē-lavo, lāvī, lautum od. lōtum, āre, **auswaschen, abwaschen, reinwaschen,** cum fuerit oliva elota, Col. 12, 52, 21: plumbum elotum (μόλιβδος πεπλυμένος), Cels. 5, 18. p. 171, 5 D.: elota genera frumenti, enthülste, Cels. 2, 18. p. 66, 8 D.: alica elota, Speltgraupen, Cels. 2, 24. p. 69, 1 D. – scherzh., bei Plautus, **sich** von etw. **rein** od. **blank machen = durch Verschwendung sich zugrunde richten, zugrunde gerichtet werden,** elautae ambae sumus operā Neptuni noctu, Plaut. rud. 699: dah. elavi bonis, ich bin mein Vermögen los (geworden), Plaut. asin. 135. – ► Partiz. **a** ēlōtus, Cels. 2, 18; 2, 24. Col. 12, 52, 21. – **b** ēlautus, Plaut. rud. 699.

elbidus, a, um (vulg. st. *helvidus, v. elbus = helvus), **isabellfarben,** Isid. 19, 28, 7.

elbus, s. helvus.

Elea, ae, *f.* (Ἐλέα), Stadt in Unteritalien (j. *Castell' a Mare della Bruca*), lat. Velia gen., Geburtsort des Parmenides u. Zeno, der Stifter der eleatischen (philos.) Schule, Cic. de nat. deor. 3, 82. – Dav.: **A Eleātēs,** ae, *m.* (Ἐλεάτης), der **Eleate,** v. Zeno, Cic. Tusc. 2, 52. – **B Eleāticus,** a, um (Ἐλεατικός), **eleatisch,** philosophi, Cic. Acad. 2, 129.

ēlecebra (exlecebra), ae, *f.* (elicio), die **Herauslockerin** des Geldes, Sing., Plaut. Bacch. 944: Plur. v. Buhldirnen, Plaut. Men. 377: elecebrae argentariae, Paul. ex Fest. 76, 5.

ēlectārium, iī, *n.,* die **Latwerge,** Cael. Aur. de morb. acut. 3, 4, 43; de morb. chron. 1, 4, 112; 2, 13, 169 u. 176. – Nbf. ēlectuārium, iī, *n.,* Th. Prisc. 1, 15. Plin. Val. 2, 2.

ēlēctē, *Adv.* m. *Compar.* (electus), **mit Wahl,** discripte et electe, Cic. de inv. 1, 49: electius loqui, Gell. 18, 7, 2.

ēlēctilis, e (eligo), **auserlesen,** Plaut. most. 730. Apul. met. 10, 15.

ēlēctio, ōnis, *f.* (eligo), das **Auswählen,** die **Auswahl, Wahl, a** einer Pers.: decem captivorum, Val. Max.: cum fortuna non electionem (ducis) daret, Vell.: senatus electionem (legatorum) Galbae permiserat, Tac.: Pisonem Licinianum arcessi iubet, seu propriā electione sive Lacone instante, Tac.: erant virtute et nobilitate ita pares, ut difficilem ex iis populo electionem aequalitas faceret, Iustin. – Insbes.: **α** die **Auswahl** der Rekruten, die **Aushebung,** ab electione legio, Varro vit. P. R. 3, 9. Veget. mil. 1, 7. – **β** die **Wahl** des Kaisers, die **Kaiserwahl,** Vopisc. Aurel. 40, 3. – **b** einer Sache, facilis inventio, non facilis electio, Plin. ep. – m. subj. *Genet.*, vitiatarum electiones, die Fälle, wo den Geschändeten die Wahl gelassen ist (zwischen Hinrichtung des Schänders oder Verheiratung mit ihm), Tac. dial.: non unius Nervae iudicium illud, illa electio fuit, Plin. pan.: m. obj. *Genet.*, fati, Sen.: singularum vocum, Quint.: iudicium electioque verborum, Geschmack in der Wahl des Ausdrucks, Cic.: zugl. m. *ex* u. Abl., ut facilis ex his optimorum sit electio, Quint. – ut sit optio et electio divitiarum et egestatis, Fronto: si detur od. dabitur electio, Sen.: si ponitur electio, Sen.: electione fati datā, Sen.: iis trium condicionum electionem ferre (anbieten), Liv.: poscere controversias plures, electionem auditoribus permittere (überlassen), Plin. ep.: electionem loci alci offerre, Plin. ep.: quod enim sibi consilium aut cuius rei electionem a fortuna relictam (sei ihm gelassen)? Liv.

ēlēctīvē, *Adv.* (electivus), **mit Auswahl,** Prisc. 18, 101. Asper 552, 13 K.

ēlēctīvus, a, um (eligo), **zur Wahl geeignet, die Wahl lassend,** electivae coniunctiones, Prisc. 16, 9.

1. ēlecto, āre (*Intens.* v. elicio), lockend **ausforschen,** Plaut. asin. 295 u. a.

2. ēlēcto, āre (*Intens.* v. eligo), **auswählen,** iam electat legionem, Plaut. truc. 508 (Schöll letat).

1. ēlēctor, ōris, *m.* (eligo), der **Auswähler,** postremo in eo vim artificii consumant, ut ipsi ab aliis potius eligendi, quam alienorum (aus Fremden) boni electores existimentur, Rhet. Her. 4, 7 (Friedrich selectores); außerdem Ambros. de Abrah. 1, 3, 13. Augustin. c. Faust. 3, 5 u. a.

2. Ēlectōr, ōris, *m.* (Ἠλέκτωρ), der (die) **Strahlende,** quoniam sol vocitatus sit Elector, Plin. 37, 31.

Ēlectra, ae, *f.* (Ἠλέκτρα), **I** Tochter des Atlas, eine der Plejaden, Mutter des Dardanus von Jupiter, Ov. fast. 4, 31 *sqq.* Verg. Aen. 8, 135. Hyg. fab. 155 u. 192. – Dav. **Ēlectrius,** a, um, **elektrisch,** tellus, d. i. Samothrace, Val. Flacc. 2, 431. – **II** Tochter des Agamemnon, Gemahlin des Pylades, Schwester des Orestes u. der Iphigenia, Prop. 2, 14, 5. Hor. sat. 2, 3, 140. Vell. 1, 1, 3; vgl. Hyg. fab. 117 u. 122.

ēlectrifer, fera, ferum (electrum u. fero), **reich an Bernstein,** Claud. nupt. Hon. et Mar. fescenn. 2, 14.

ēlectrinus, a, um (electrum *no.* II), **aus Bernstein,** patera, Treb. Poll. trig. tyr. 14, 5: vasa, Ulp. dig. 34, 2, 32. § 5: anuli, Marc. Emp. 8.

ēlēctrīx, trīcis, *f.* (Femin. zu elector), die **Wählerin,** (sapientia) doctrix est disciplinae dei et electrix operum illius, Vulg. sap. 8, 4.

ēlectrum, ī, *n.* (ἤλεκτρον), **I Bernstein, Agtstein,** rein lat. sucinum, Plin. 37, 31. Verg. ecl. 8, 54. – Plur. electra, Bernsteintropfen, Ov. met. 2, 365, Bernsteinstückchen, -kügelchen, Lampr. Heliog. 21, 3. – **II** übtr., ein dem Bernstein an Farbe ähnliches künstliches Metall, bestehend aus Gold mit einem Fünftel Silbers vermischt, Plin. 33, 80. Verg. Aen. 8, 402 u. 624. Sil. 1, 229.

1. ēlectrus, a, um (electrum *no.* II), **aus Bernstein,** nummi, Lampr. Alex. Sev. 25, 9.

2. Ēlectrus, s. Ēlectryōn.

Ēlectryōn, ōnis, *m.* (Ἠλεκτρύων), der Vater der Alkmene, Hyg. fab. 244. – latinisiert **Ēlectrus,** ī, *m.*, Plaut. Amph. prol. 99.

ēlectuārium, s. ēlectārium.

1. ēlēctus, a, um, *PAdi.* m. *Compar.* u. *Superl.* (v. eligo), **auserlesen, auserwählt, ausgesucht, a** v. Pers.: manus (Mannschaft), Tac.: ferae, Ov.: electissima multitudo, Auct. b. Alex.: electissimi pugiles, Suet.: genere atque institutione litterarum viri electissimi, Veget. mil. – subst., **α** *masc.*, der Auserwählte, Auserkorene, electus dei, Eccl.: Illyrici exercitus electi, Auserwählte, Tac. – **β** *neutr.*, iuvenis ad electiora tendens, nach Besserem strebend, Symm. epist. 5, 79. – **b** v. Lebl.: praevalida et electa robora (Eichenstämme), Cypr.: verbum electius, Rhet. Her.: electior sententia, Augustin.: electissima pessimi poëtae scripta, Catull.: verba electissima, Cic.

2. ēlēctus, ūs, *m.* (eligo), die **Wahl,** necis, Ov. her. 2, 144.

eleēmosyna, ae, *f.* (ἐλεημοσύνη), das **Almosen,** Eccl., z. B. Augustin. enchir. 24.

eleēmosynārius, a, um (eleemosyna), **als Almosen gewährt,** largitio, Alcim. Avit. epist. 6. p. 33, 18 *Peiper.*

elefāns, elefantārius, s. elephāns, elephantārius.

ēlegāns, antis, *Adi.* m. *Compar.* u. *Superl.* (Nbf. zu eligens v. eligo, s. Cic. de nat. deor. 2, 72), **wählerisch, I** im üblen Sinne (vgl. Gell. 11, 2, 1 *sqq.* Non. 465, 11 *sqq.*), sumptuosus, cupidus, elegans (ein Zieraffe), Cato de mor. fr. 1 (bei Plaut. trin. 240 Glosse). – **II** im guten Sinne, **wählerisch, gewählt, sein, a** übh.: **α** v. Pers., **gewählt, geschmackvoll, nobel, anständig, fein, fein gebildet,** ut elegans est, Ter.: el. formarum spectator, Ter.: elegans, non magnificus, Nep.: non parcus solum, sed etiam elegans, Cic.: mulier formosa et elegans, Val. Max.: elegantissimae familiae, Cic.: convivii apparatu elegantem esse, Eutr.: subst., elegantes, seine Leute, Cic. de fin. 2, 23; seine Städter (Ggstz. agrestes), Col. 7, 2, 1. – **β** v. Lebl., **geschmackvoll, fein, anständig, schicklich,** morbus, Catull.: artes, Cic.: a necessariis artificiis ad elegantiora defluximus, Cic.: quid potest elegantius facere praetor cupidus existimationis bonae? Cic. – **b** in Bezug auf Darstellung, Gedanken u. Urteil, **gewählt, geschmackvoll, fein, fein gebildet richtig** (korrekt), **logisch richtig, α** v. Pers.: Lysias subtilis atque elegans, Quint.: elegans in dicendo, Cic.: elegans in versibus componendis, Hieron.: homo in omni iudicio elegans, ein Mann von allseitig gebildetem Geschmack, Cic.: elegantissimus poëta, Nep. – subst., elegantes, feine Redner (Ggstz. parci), Cic. Brut. 148. – **β** v. Lebl.: lingua, Catull.: comoedia, Quint.: genus orationis, Cic.: quae autem adhuc protulisti popularia sunt, ego autem a te elegantiora (spekulativere Gedanken) desidero, Cic.: quae scripta in hoc genere elegantissima sunt, Quint.: epistula elegantissima, Cic. u. Plin. ep.

ēleganter, *Adv.* m. *Compar.* u. *Superl.* (elegans), **gewählt, geschmackvoll, fein, anständig, schicklich, geschickt, zweckmäßig, a** übh.: alqm accipere (aufnehmen, bewirten), Cic.: psallere et saltare elegantius (kunstgerechter) quam necesse est, Sall.: vita el. acta, Cic. u. Liv.: elegantius facturos dixit, si etc., Liv.: neminem elegantius loca cepisse, Liv. – **b** in Bezug auf Worte, Gedanken u. Urteil, **gewählt, mit Wahl, geschmackvoll, fein, logisch richtig,** causam pro publicanis dicere, Cic.: scribere, Cic.: Latine loqui el. od. elegantissime, Cic.: dividere, Cic.: hoc ipsum elegantius poni meliusque potuit, Cic.

ēlegantia, ae, *f.* (elegans), die **geschmackvolle-, feine Wahl,** die **Feinheit, a** übh., die **Feinheit,** der **feine Geschmack,** das **feine-, geschmackvolle Äußere** od. **Auftreten,** der **feine Anstand,** in Bezug auf Pers. u. pers. Eigenschaften, verb. elegantia et integritas, integritas et elegantia alcis, Cic.: utilitas et elegantia, Varro LL.: el. eius, Plaut.: annos celans elegantiā, Phaedr.: elegantiae arbiter, Tac.: m. *Genet.*, el. vitae, Nep. u. Tac.: morum, Tac.: ingenii, fein gebildeter Geist, Plin. ep.: el. doctrinae, höhere wissenschaftliche Bildung, Cic. – in Bezug auf Lebl., el. cenarum, Sen. ep. 122, 18: capilli, geschm. Anordnung, Plin. 35, 67: uvae, Plin. 14, 71: materies crispioris elegantiae, ist fein gemasert, Plin. 13, 62. – Plur., Vitr. 1, 1, 13. Porphyr. Hor. carm. 1, 30, 7: laudatus propter elegantias (wegen seines Raffinements) dominus, Petron. 34, 4. – **b** in Bezug auf Darstellung, Gedanken u. Urteil, die **Gewähltheit, Feinheit,** der **feine Geschmack,** die **Gründlichkeit, Richtigkeit (Korrektheit),** Socraticorum, Quint.: actoris, Quint.: verborum Latinorum, Cic.: mira sermonis, Quint.: horum commentariorum, Hirt. b. G.: el. loquendi, Cic.: scribendi, Hirt. b. G.: disserendi, logische Richtigkeit, Cic.: in hac divisione rem ipsam prorsus probo, elegantiam (die logische Richtigkeit) desidero, Cic. – Plur., elegantiarum veterum cura, Gell. 1, 4, 1: libri elegantiarum omne genus referti, Gell. 19, 4, 1: vocum verborumque elegantias sectari, feine Wahl in Worten u. Ausdrücken, Gell. 2, 9, 5. ► eligantia geschr., Turp. com. 99 R.^{2}

elegātus, ī, *m.*, ein uns unbekannter Fisch, Auson. epist. 4, 61 zw.

elegēon, ēī, *n.* (ἐλεγεῖον), eine **elegische Inschrift**, Auson. epigr. 97, 2. p. 222 Schenkl. Vgl. elegion.

elegēus u. **elegīus**, a, um (ἐλεγεῖος), **zur Elegie gehörig, elegisch**, metrum elegium, Diom. 502, 30: scazon, Mar. Victorin. 3, 5, 6. p. 111, 21 K. – subst., elegēum, ēī, *n.*, die **Elegie**, pentametrum elegeum, Diom. 503, 9: Plur., Auson. parent. (XV) 31, 2. p. 54 Schenkl.

elegī, ōrum, *m.* (ἔλεγοι), **elegische Verse**, eine **Elegie**, Hor. (u. a. Dichter) u. Tac. dial.: elegi echoici (Ggstz. elegi recurrentes), Sidon. epist. 8, 11, 5.

elegīa, ae, *f.* (ἐλεγεία), **I** (auch elegēa u. [nach einigen] elegēia), das **elegische Gedicht**, die **Elegie**, Ov., Quint. u. a. – **II** eine niedrig wachsende **Rohrart**, Plin. 16, 167.

elegiacus, a, um (ἐλεγιακός), **elegisch**, pentameter, Diom. 507, 1: elegiacum (metrum), Serv. 465, 19. Mart. Cap. 5. § 517.

elegiāriī, iōrum, *m.* (elegion), die **Elegiker**, Censorin. fr. 9. § 1.

elegīdārion, iī, *n.* (als *Demin.* v. elegion), eine **kleine Elegie**, Petron. 109, 8.

elegīdion, iī, *n.* (ἐλεγείδιον), eine **kleine Elegie**, Pers. 1, 51.

elegīon, iī, *n.* (ἐλεγεῖον), **a** das aus Hexameter u. Pentameter bestehende Distichon, das die Versart der Elegie war, das **elegische Distichon**, Mar. Victorin. 3, 5, 6. p. 111, 14 K. – **b** das **elegische Gedicht**, die **Elegie**, Plur. bei Porphyr. Hor. carm. 1, 33, 2. Vgl. elegeion.

elegīus, s. elegēus.

1. ē-lēgo, āvī, āre, **vermachen** (im Testament), Petron. 43, 5. Gaius inst. 2, 215 u. 227.

2. ē-lego, ere, s. ē-ligo a. E. ►.

Elēis, idis, *f.*, s. Elis.

Eleleus, eī, *m.* (Ἐλελεύς, v. ἐλελεῦ dem Bacchusruf), ein Beiname des Bacchus, Ov. met. 4, 15. – Dav. **Eleleīdes**, um, *f.*, **Bacchantinnen**, Ov. her. 4, 47.

elelisphacos u. **-phacus**, ī, *m.* (ἐλελίσφακος), eine strauchartige Pflanze, eine Salbeiart, Plin. 22, 146 u. 25, 120.

elementārius, a, um (elementum), **zu den Anfangsgründen gehörig**, senex, als ABC- od. Elementarschüler, Sen. ep. 36, 4: litterae, Elementarkenntnisse, Capit. Pert. 1. § 4: voces, Chalcid. Tim. 44.

elementīcius, a, um = elementarius, Tert. de anim. 32.

elementum, ī, *n.* = στοιχεῖον (Gloss.), **I** philos. *t. t.*, der **Grundstoff, Urstoff**, das **Element**, elementa quattuor: tellus atque unda … aër atque ignis, Ov. – **II** übtr., Plur. elementa = **A** die **Buchstaben**, eig. als Grundbestandteile der Rede, als gesprochene Laute (während litterae = die Buchstaben als Lautzeichen, wie bei den Griechen στοιχεῖα = elementa, γράμματα = litterae), s. Diom. 421, 21. Prisc. 1, 4: nec multo priu' sunt elementa reperta, Lucr. 5, 1445. – dann das **Alphabet** übh., quarta elementorum littera, Suet. Caes. 56, 6. – **B** die **Anfangsgründe, Anfänge**, **a** im Lesen und Schreiben, prima discentium elementa, Tac. dial.: discere prima elementa, Hor. u. Tac. dial.: pueros elementa docere, Hor.: elementa aetatis, für die Jugend, Ov. = puerorum, Cic. – meton., prima el., die Elementarschüler, Quint. 1, 2, 26. – **b** die **Anfangsgründe** in Wissenschaften u. Künsten, el. loquendi, Cic. Acad. 2, 92. – insbes., el. decem Aristotelis, die **Kategorien**, Quint. 3, 6, 23; vgl. alii novem el. posuerunt, *ibid.* § 25. – **c** die **Anfänge** in anderen Dingen, prima (Romae), Ov.: prima Caesaris, Ov.: cupidinis pravi, Hor.

elēmporia, s. elaeemporia.

elenchus, ī, *m.* (ἔλεγχος), **I** eine große birnenförmige Perle, die **Tropfen-** od. **Respektsperle**, von den röm. Damen mit Edelsteinen verbunden als Ohrgehänge getragen, s. Paul. dig. 34, 2 (32), 8, im Plur. b. Plin. u. Iuven. – **II** ein **Register**, Plin. u. Suet.

elencticus, a, um (ἐλεγκτικός), **in Form einer Überführung**, enthymema, Iul. Vict. art. rhet. 11 p. 233, 42 *Orelli.*

elenium, s. helenium.

ē-lentēsco, ere, **zäh-, weich werden**, Cael. Aur. de morb. acut. 2, 18, 108.

elēogarum, ī, *n.* (ἐλαιόγαρον), eine **mit Öl angemachte Sauce (Brühe)**, Apic. 4, 159.

elēozōmus, a, um (ἔλαιον u. ζωμός), **in einer Brühe von mit Wasser vermischtem Öl**, pullus, Apic. 6, 254.

elepantus, s. elephantus ►.

elephāns, s. elephās ►.

elephantārius (elefantārius), iī, *m.* (elephans, elefans), der **Elefantenwärter**, CIL 11, 5623.

elephantia, ae, *f.* = elephantiasis, Scrib. Larg. 250. Th. Prisc. 1, 2 u. 32.

elephantiacus, a, um, **a von der Elefantiasis herrührend**, contagio, Firm. math. 8, 19 *extr.*: morbus, Isid. 4, 8, 12. – **b mit der Elefantiasis behaftet**, Plur. subst., Hieron. in Ezech. 6, 18, 6. Lact. 4, 26, 12.

elephantiasis, is, Akk. im, *f.* (ἐλεφαντίασις), eine Art Aussatz, bei dem die Haut fleckig und hart wird wie Elefantenhaut, die **Elefantiasis**, Plin. 20, 144 u. a. – Nebenf. **elephantiōsis**, Veget. mul. 4, 3, 4.

elephanticus, ī, *m.*, **mit der Elefantiasis behaftet**, Plur. subst., Firm. math. 8, 21, u. 28.

Elephantīnē, ēs, *f.* (Ἐλεφαντίνη) u. **Elephantis**, tidis, Akk. tida, *f.* (Ἐλεφαντίς), eine durch ihre Fruchtbarkeit berühmte Insel des Nils in Oberägypten, Syene gegenüber, j. *Assuan*, mit einer gleichnamigen Stadt, j. *Djesiret el Sag* (die blühende Insel) od. *Djesiret Assuan* (die Insel von Syene), Form *-īnē*, Varro r. r. 1, 7, 6. Tac. ann. 2, 61: Form *-is*, Vitr. 8, 2, 6. Plin. 5, 59.

1. elephantīnus, a, um (elephantus), **vom Elefanten, Elefanten-**, tergus, Mela 1, 5, 2 (1. § 26): caput, Val. Max. 1, 6, 5: omenta, Suet. fr. 104. p. 133, 10 R.

2. elephantinus, a, um (ἐλεφάντινος), **von Elfenbein, elfenbeinern**, atramentum, aus gebranntem Elfenbein, Plin. 35, 42: liber, aus elfenbeinernen Täfelchen bestehend, Vopisc. Tac. 8, 1: compositio (emplastri), Cels. 5, 19. *no.* 24.

elephantiōsis, s. elephantiasis.

elephantiōsus, a, um = elephantiacus, Augustin. serm. 77, 14; de gen. ad lit. 9, 10. Marc. Emp. 19. Th. Prisc. 1, 30. Ps. Apul. herb. 84, 3.

Elephantis, tidis, *f.* (Ἐλεφαντίς), **I** s. Elephantīnē. – **II** eine unter den ersten röm. Kaisern lebende Griechin, Verfasserin prosaischer und poetischer Schriften höchst schlüpfrigen u. unzüchtigen Inhalts, Suet. Tib. 43, 2. Mart. 12, 43, 4 (wo griech. Genet. *-tidos*). Plin. 28, 81.

elephantus, ī, *c.* (latinisierte u. in der klass. Prosa [namentlich in den Kasus obliqui] gewöhnlichere Nbf. v. elephas), **der Elefant**, **I** eig. u. meton.: elephantus ornatus, Nep.: elephanto beluarum nulla prudentior, Cic.: elephantus gravida, Plaut.: elephanti barritus, s. barrītus *no.* I. : solido procedebat elephantus in pontem, Liv. – elephanti corio circumtentus = stumpfsinnig, Plaut. mil. 235. – meton. (u. poet.), wie ἐλέφας = **Elfenbein**, Verg. georg. 3, 26 u. a. – **II** übtr., ein Seetier, Plin. 32, 144; vgl. 9, 10. – ► elepantus geschr., CIL 4, 806.

elephās u. **elephāns**, phantis, griech. Akk. anta, *m.* (ἐλέφας), der **Elefant**, **I** eig.: albus, Hor.: Libycus, Lucan.: elephantes decem, Liv. 32, 27, 2 *cod. opt.* u. H. – griech. Akk. Sing. elephanta, Manil. 5, 706. Mart. spect. 19, 4. Sidon. carm. 2, 374: Akk. Plur. elephantas, Manil. 4, 667 u. 740. – **II** meton. (u. poet.) für die Krankheit **Elefantiasis**, Lucr. 6, 1112. – ► Nbf. elephāns, Auct. b. Afr. 84, 1 *sqq.* Plin. 8, 9 u. 11, 269. Diom. 127, 22.

Ēlēus, a, um, s. Elis.

Eleusīn, īnis, Akk. īnem und īna u. in, *f.* (Ἐλευσίς, später Ἐλευσίν; spätere latinisierte Nbf. **Eleusīna**, ae, *f.*, Fronto ep. ad Ver. 1. p. 122 N. Iustin. 5, 10, 7. Cl. Mamert. grat. act. Iulian. 9, 3. Oros. 1, 7, 3 u. 2, 17, 13; vgl. Drak. Liv. 31, 25, 2), Stadt und Gemeinde (δημος) in Attika, mit einem Tempel der Ceres, berühmt wegen der eleusinischen Mysterien (sacra Eleusinia), die durch jährliche Prozessionen von Athen aus unter Abhaltung von Wettkämpfen usw. gefeiert wurden, j. *Levsina*, Nom. Eleusin b. Plin. 4, 23. Mela 2, 3, 7 (2. § 41). Sen. nat. qu. 7, 30, 6. Ov. her. 4, 67 u. a. Sen. Herc. Oet. 602 u. a.: Genet. -inis,

Liv. 31, 26. 1, Apul. met. 6, 2: Akk. Eleusinem, Cic. de nat. deor. 1, 119. Liv. 31, 25, 2; 31, 26, 4 u. 45, 12, 3 u. Eleusina, Plin. 2, 206 u. 61, 6, 2: u. Eleusin, Frontin. strat. 4, 7, 44: Abl. Eleusine, Cic. ad Att. 6, 1, 26. Vitr. 7. praef. § 16. Tac. hist. 3, 83. Iustin. 2, 6, 13. – meton. = die Einw. von Eleusis, Sen. Herc. fur. 302. Claud. rapt. Pros. 1, 11 (beide Nom. Eleusin); u. poet. = Ceres, Sidon. carm. 9, 178 (Akk. Eleusin). – Dav.: **A** **Eleusīnius**, a, um (Ἐλευσίνιος), **eleusinisch**, Ceres, Min. Fel.: sacra, die eleusin. Mysterien, Suet. u. Gell.: u. dass. bl. Eleusīnia, ōrum, *n.* (τὰ Ἐλευσίνια), Tert.: certamen, Gell. – u. **B** (die latinisierte Nbf.) **Eleusīnus**, a, um, **eleusinisch**, Ceres, Lact. 1, 21, 24. Arnob. 6, 6. Serv. Verg. Aen. 4, 99: dies. mater, Verg. georg. 1, 163: dies. Libera, quae Eleusina dicitur, Aur. Vict. de Caes. 14, 4. Vgl. Oudend. Suet. Claud. 25.

1. eleutheria, ae, *f.* (ἐλευθερία), die **Freiheit**, Plaut. Stich. 422.

2. Eleutheria, ōrum, *n.*, s. Eleutherius.

Eleutherius, a, um (ἐλευθέριος), **frei machend**, substv., **I** *m.*, der **Befreier, Erretter**, lat. Liberator, als Beiname (des Zeus, s. Tac. ann. 15, 64 Iuppiter Liberator, u.) des Bacchus, Liber, Arnob. 6, 23. – **II** **Eleutheria**, ōrum, *n.* (*sc.* sacra), das Fest, in dem Zeus als Befreier gefeiert wurde, die **Eleutherien**, das **Befreiungsfest**, wegen des Sieges bei Plataä gefeiert, Plaut. Pers. 29.

Eleutherocilices, um, *m.*, **die freien Cilicier**, eine stets den Römern feindliche Völkerschaft in Eleuthera Cilicia (Landschaft im Osten Ciliciens), Cic. ep. 15, 4, 10; ad Att. 5, 20, 5.

Eleutheropolis, Akk. im, Abl. ī, *f.* (Ἐλευθερόπολις), Stadt in Palästina an der Straße von Askalon nach Jerusalem, viell. das heutige *Beit Jibrin*, Amm. 14, 8, 11. Itin. Anton. 199, 4 u. 200, 2. – Dav. **Eleutheropolitānus**, a, um, **eleutheropolitanisch, aus** od. **bei Eleutheropolis**, mulier, Hieron. vit. Hilar. 13: territorium, Hieron. epist. 82, 8.

ēlevātio, ōnis, *f.* (elevo), das **Aufheben**, **I** eig.: pennarum, Augustin. in psalm. 58, 1: manuum, Vulg. psalm. 140, 2. – **II** übtr.: **1** als gramm. *t. t.*, die **Hebung**, der **Aufschlag** (griech. ἄρσις), vocis (Ggstz. depositio od. positio vocis, Senkung, Niederschlag, griech. θέσις), Mart. Cap. 9. § 974. Isid. 1, 16, 21. – **2** als rhet. *t. t.*, die **ironische Lobeserhebung** über einen Gegenstand, die **Verhöhnung**, griech. διασυρμός (s. Iul. Rufin. de fig. sent. 5), Quint. 9, 2, 50 (wo Plur.). Aquil. Rom. 15. Mart. Cap. 5. § 525.

ēlevātor, ōris, *m.* (elevo), der Emporheber = **Beschützer**, deus el. meus, mein Schutz, Vulg. 2. regg. 22, 3.

ē-levo, āvī, ātum, āre, **in die Höhe heben, emporheben, aufheben**, **I** eig.: **A** im Allg.: summam contabulationem, Caes.: lumbos in altum, Apul.: oculos, erheben, Vulg.: poet., elevat hunc pluma, macht zu einem Vogel, Claud.: fuit staturā elevatā decorus, gerade aufgerichteter, Capit. Anton. Pius 13, 1. – **B** prägn., aufhebend **wegnehmen**, fructum, einsammeln, Col. 3, 21, 5: poet., meas elevat aura preces, führt meine W. fort (= meine Wünsche werden zunichte, sind vergeblich), Prop. 1, 8, 12. – **II** übtr.: **A** einer geistigen Beschwerde **die Kraft nehmen, sie mindern**, nihil est, quod tam obtundat elevetque aegritudinem, quam etc., Cic. Tusc. 3, 34. – **B** etwas od. jmd. der Kraft, der Geltung, dem Ansehen nach **vermindern**, **a** im üblen Sinne, **entkräften, schwächen, verkleinern, herabsetzen**, obiectum ab adversario, Cic.: alcis auctoritatem, Abbruch tun, Liv.: sortem, die Erfüllung des Orakels vereiteln, Lact. - adversarium, Cic.: elevabatur index indiciumque, verloren an Glaubwürdigkeit, Liv. – bes. mit Worten (Ggstz. extollere verbis u. bl. extollere), elev. verbis quaedam, Quint.: u. bl. el. res gestas, Liv.: el. Etruscos, Liv. – **b** im guten Sinne, einer Sache **den Stachel nehmen, sie mildern, im milderen Lichte darstellen**, suspiciones offensionesque, Cic.

Ēlīa, s. 2. Ēlīās.

Ēliacus s. Hēliacus.

1. Ēlias, adis, s. Elis.

2. Ēlīās (Hēlīās), ae, *m.*, ein Prophet der Juden, Lact. 4, 11, 6 u. a. Eccl.: auch Nom. **Ēlīa**, Prud. cath. 7, 27 *ed. Dressel.*

ēlīberātio, ōnis, *f.* (1. elibero), die **Loskaufung**, = ἀπολύτρωσις Gloss. II, 238, 50.

1. ē-lībero, āre (ex u. libero), **sich aus der Gefahr ziehen** = ῥύομαι, Gloss. II, 428, 61.

2. ē-libero, āre (ex u. liber, Bast, Haut) **abhäuten**, Apic. 6, 234. Act. proc. martyr. S. Didym. et Theodor. 8.

ē-licio, ē-licuī, ē-licitum, ere (ex u. *lacio), **heraus-, hervor-, herlocken**, durch Kunstgriffe, Schmeichelei od. List **heraus-, hervor-, hernötigen, -holen, -bringen, -rufen**, **I** im Allg.: **A** eig.: **1** im Allg.: nostros, Hirt. b. G.: hostem ex paludibus, Caes.: omnes citra flumen, Caes.: alqm ad proelium, Liv., od. in proelium, Tac.: alqm omni ratione, blanditiis ad iudicium, Cic. ep. – alqm litteris, durch ein Schreiben zu sich locken, Tac. – **2** insbes., durch Zaubermittel, -formeln, **a** den Geist eines Verstorbenen, einer Gottheit **herauf-, herab-, herrufen, -zaubern**, inferorum animas, Cic.: Manes, Hor.: deos, Plin.: caelo Iovem (als Elicius, s. d.), Ov.: Iovem ad terras, Arnob. – **b** etw. vom Himmel **herabzaubern**, fulmina, Plin.: aquas pluvias, Ov. – **B** übtr., jmd. zu etwas **auffordern, vermögen, nötigen, reizen**, alqm ad disputandum, Cic.: alqm ad se colendam, Cic.: alqm elicere cogereque ad querelas, Suet. – **II** prägn., eine Sache **heraus-, hervorlocken, -holen, zutage fördern** u. dgl., **A** eig.: **1** im Allg.: ferrum e terrae cavernis, Cic.: vocem (e faucibus), Cic.: levi ictu cruorem, Tac.: poet., ut hostium (sanguis) eliciatur suo (sanguine), Cic. poët. – **2** insbes., mit dem Nbbegr. des Erzeugens, **hervorlocken, entlocken = hervorbringen, -treiben**, sonos, Cic.: lapidum ictu ignem, Cic.: terra elicit (lässt hervorsprießen) ex eo (semine) herbescentem viriditatem, Cic.: alci lacrimas, Plaut.: militum conspectu eius lacrimae gaudio elicitae, Vell. – als mediz. *t. t.* (v. Heilmitteln), sudorem, Schw. treiben, Plin.: alvum, laxieren, Plin. – **B** übtr.: **1** übh. etwas von jmd. **herauslocken**, ihm etwas **entlocken, abnötigen, abgewinnen**, litteras tuas maximeque consilium, quid agam, Cic.: u. so alias litteras ab alqo, Cic.: alci libellos, Plin. ep.: alci ruborem (Schamröte), Rhet. Her.: sermonem, Liv.: responsionem, Cic.: responsum, Liv.: verbum ex alqo de alqa re, Cic.: ex infantium ingeniis voces querelasque, Cic.: elicerem ex te cogeremque, *ut* responderes, Cic. – **2** insbes.: **a** durch Nachforschung **herausbringen**, **α** = etwas **ermitteln, erforschen**, causam alcis rei, Cic. – **β** im üblen Sinne, wie **herauslocken, entlocken** = jmdm. durch Forschen seine Meinung, Geheimnisse abnötigen, sententiam meam, Cic.: arcana alcis, Liv.: veritatem, Tac. – **b** eine Leidenschaft **rege machen, erwecken** (vgl. Drak. Liv. 8, 28, 2), misericordiam, Liv.: iram, Curt.: studia (die Teilnahme) civium, Tac. – ► Perf. elexi, Arnob. 5, 1. p. 174, 9 *Reiff.* (wo Infin. elexisse); vgl. dagegen Prisc. 10, 3 u. 4.

Elicius, iī, *m.* (elicio), ein Beiname Jupiters in der röm. Auguralsprache = der im Blitz, den der fulgurator herabzaubert (elicit), Herniederfahrende, der **Blitzlenker** (= dem griech. Ζεὺς Καταιβάτης), Ov. fast. 3, 328. Liv. 1, 31, 8. Varro LL. 6, 94. Plin. 2, 140. – Eine andere, spätere Deutung s. Liv. 1, 20, 7.

Ēlida, ae, *f.*, s. Elis.

Ēlidēnsēs, s. Elis.

ē-līdo, līsī, līsum, ere (ex u. laedo), **I** **herausschlagen, -stoßen, -treiben**, **1** eig.: oculos, Plaut. (aber elisi oculi, die herausgepressten, hervortretenden, Verg.): aurigam e curru, Cic.: ignem, Plin.: elisi ignes nubibus, Ov.: partum, abtreiben, Cels.: crines elisi, ausfallen gemachte, Tert. de cult. fem. 2, 7. – poet., (imago) recta retrorsum sic eliditur, wird zurückgeworfen, Lucr. 4, 294; vgl. 4, 296. – **2** übtr.: **a** **von sich geben, ausstoßen**, colores, flammas, Plin.: fulmina, Sen.: sonum, Plin.: sibilum, Cels.: vocem, Sen. rhet. u. Quint. – bildl., magnas sententias, gleichs. hervor-, herausblitzen lassen (wie die Gewitterwolke Blitze), Quint. 2, 11, 7. – **b** als gramm. *t. t.*, **durch Synkope ausstoßen, synkopieren**, litteras, Gell. 5, 12, 5; vgl. 16, 5, 6. – **c** als mediz. *t. t.*, eine Krankheit **vertreiben**, tussim, Cels.: cessantem morbum, Hor. – **II** **zerschlagen, zerdrücken (erdrücken), zerschmettern, zermalmen, zerquetschen, erwürgen, erdrosseln** (s. Drak. Sil. 3, 33. Bünem. Lact. 6, 20, 18), **a** leb. Wesen u. deren Glieder usw.: **α** leb. Wesen: alqm, Cic. u. a.: elisi per eum tumultum, Suet.: Tiere, foetus, Col.: novum regem (apium), Col.: leonem vel clavā vel brachiorum nexibus, Suet.: pugnacissimum animal armatā manu, Petron. – **β** deren Glieder usw.: artus, Ov.: faucem, **zuschnüren,** Ov.: u. so fauces, Vell. u. Sen.: talos alci, Plaut.: caput pecudis saxo, Liv.: saxis caput, Claud.: spiritum, Erstickung herbeiführen, Cels. 5, 28, 1; aber inediā spiritum, ersticken, ertöten, Apul. met. 8, 14 *extr.*: u. so alci animam, ertöten, Lucil. 58; vgl. Ov. met. 12, 503 (508): u. so laqueo vitam, Amm. 28, 6, 30. – **b** Lebl.: naves, Caes.: herbas, Ov.: äera, zerschlagen = teilen, Ov. met. 1, 466: contis et remis cadavera, Suet. – im Bild, nervos omnes virtutis, brechen, Cic.: stirpes aegritudinis ipso trunco everso, ausrotten, ertöten, Cic.: qui rebus his fractus aegritudine eliditur, erdrückt wird, Cic. – übtr., prius pactum per posterius, aufheben, ICt.

ēligantia, ae, *f.*, s. ēlegantia a. E. ►.

ē-ligo, lēgī, lēctum, ere (ex u. lego, ere), **heraus-, weg-, ablesen, I** eig.: **1** im Allg.: pedes e capite pullorum, Varro r. r. 3, 9, 14. – **2** insbes., **ausraufen, -jäten, herausziehen,** herbas, Varro r. r. 1, 47: steriles herbas, Curt. 4, 1 (4), 21: gramina manu, Col. 4, 5. – im Bild, illas fibras stirpium omnes eligere, Cic. Tusc. 3, 84: superstitionis stirpes omnes eligere, Cic. de div. 2, 149. – **II** übtr., **auslesen = auswählen, a** leb. Wesen: **α** übh.: amicos, Cic.: colonos, Cic.: milites circiter CXX voluntarios, Caes.: iudices, Vopisc.: electi per manipulos viri, Liv.: permitto, ut *de* tribus Antoniis eligas quem velis, Cic.: suorum e numero adulescentes quosdam, Nep.: ex suis cohortem unam, Auct. b. Afr.: ex senatoribus centum, Eutr.: m. bl. *Abl.*, equos numero omni, Verg.: quemvis mediā elige turbā, Hor.: m. dopp. *Acc.*, im Passiv m. dopp. *Nom.*, amicos (zu Fr.) elegit (eos), quibus etc., Suet.: M. Verrius Flaccus ab Augusto quoque nepotibus suis (für seine E.) praeceptor (zum L.) electus est, Suet. – absol., u. zwar prägn., haud semper errat fama (öffentliche Meinung); aliquando et elegit, hat sie eine richtige Wahl, hat sie den rechten Mann getroffen, Tac. Agr. 9. – **β** insbes., einen Fürsten **wählen,** regem, Suet.: imperatorem, Suet. u. Vopisc.: ad imperium consensu militum eligi, Eutr.: im Passiv m. dopp. *Nom.*, Quintillus consensu militum imperator (zum K.) electus, Eutr.: Servius Galba ab Hispanis et Gallis imperator electus (est), Eutr. – **b** Lebl.: locum, Verg. u. Curt.: sibi sedem, Curt.: minima malorum, Cic.: peiora, Lact.: eam vitam, Tac.: ex multis Isocrati libris triginta fortasse versus, Cic.: ex omnibus optima, Quint.: electi ex poëtis maxime loci, Quint.: m. Ang. des Zweckes durch *ad* u. Akk., spatiosas ad hoc silvas, Curt.: oleam ad cibum, Varro: electus facienda ad sacra Cithaeron, Ov.; od. durch *Dat.*, urbi locum, Curt.: morti locum, Curt.: hunc urbi condendae locum, Liv.: condendae urbi sedem, Curt.; od. durch *qui* m. Konj., quae colat elegit contraria flumina flammis, wählte zu seinem Aufenthalt die usw., Ov. met. 2, 380. – m. folg. *Infin.*, Augustin. de civ. dei 1, 11; 2, 25 u. a. Ambros. de off. 3, 8, 54: m. folg. *Nom.* u. *Infin.* (m. Adj. u. esse), Augustin. de civ. dei 2, 13; conf. 4, 14 (wo el. m. folg. Infin. u. quam = lieber wollen): m. folg. *ut* u. Konj., Augustin. epist. 211, 2. – Partiz. subst., ēlēcta, ōrum, *n.*, ausgehobene Stellen (Stücke), Auszüge (Exzerpte), Plin. ep. 3, 5, 7 u. 7, 9, 3. – ► Nbf. ēlego, wov. Präs. elegit, Tac. Agr. 2: Infin. Präs. Pass. elegi, Tac. hist. 1, 16 *cod. M.*

ēlīmātio, ōnis, *f.* (elimo), das **Abfeilen, I** eig.: ligni, Marc. Emp. 4, 10 (?). – **II** übtr.: **1** die **Aufhellung, Erklärung,** Iustinian. praef. 3. de emend. cod. § 3: Plur., Cassian. coll. 3, 7. – **2** die **Verminderung,** Cael. Aur. de morb. chron. 5, 11, 138.

ēlīmātius, *Adv.* im *Compar.* (elimatus), gefeilter, übtr. = **genauer,** Ambros. hexaëm. 6, 8.

ēlīmātor, ōris, *m.* (2. elimo), der **Reiniger,** Tert. adv. Marc. 4, 35.

ēlīmātus, a, um, s. 1. ē-līmo *no.* II, A, b u. B, 1 u. 2.

ē-līmino, āvī, ātum, āre (ex u. limen), **über die Schwelle setzen, aus dem Hause treiben, -stoßen, entfernen,** extra aedes coniugem, Pompon. com. fr.: alqm soli patrii finibus, Sidon.: domo eici et eliminari, Ambros. – medial, timide eliminor clamore, Acc. tr. fr.: u. *refl.*, se el. u. bl. el., sich entfernen, se extra aedes, Enn.: egredere, exi, ecfer te, elimina urbe, Acc. tr. fr.: ebenso el. gradus, Poët. bei Quint. – übtr., dicta foras, austragen, Hor. ep. 1, 5, 25.

1. ē-līmo, āvī, ātum, āre (ex u. lima), **I heraus-, abfeilen,** elimata scobis, Feilstaub, Plin. 34, 170. – **II ausfeilen, A** übtr., **a** übh.: rationes hae latiore specie, non ad tenue elimatae, nicht bis ins einzelne berechnete Grundsätze, Cic. Acad. 2, 66: quam (Aeneida) nondum satis elimaverat, v. Vergil, Gell. 17, 10, 7. – **b** gehörig **ausbilden,** animum, Augustin. c. Ac. 2, 7: qui nullas hoc genus vigilias vigilarunt neque ullis inter eiusdem Musae aemulos certationibus disceptationibusque elimati sunt, Gell. praef. § 19: elimatiores, Sever. in Augustin. epist. 109, 3. – **B** prägn.: **1** mit der Feile **kunstvoll-, fein ausarbeiten, a** eig.: graciles ex aere catenas retiaque et laqueos, Ov. met. 4, 176 *sqq.* – **b** übtr. (wie καταῤῥινέω), ein Geisteswerk **ausarbeiten, verfertigen,** σχόλιον aliquod ad alqm, eine Note an jmd. ausstudieren, Attic. b. Cic. ad Att. 16, 7, 3: cum aliquid commodius elimaverint, Quint. 2, 7, 5: disputatio elimatissima, ganz fein ausgesponnene, Augustin. c. Iulian. 5, 17. – **2** feilend vermindern, übtr. = **ausmergeln, schwächen,** cum corpus elimatis viribus debilitet lavacri frequentia, Cael. Aur. de morb. chron. 2, 14, 217.

2. ē-līmo, (āvī), ātum, āre (ex u. limus), **vom Schmutz reinigen, putzen,** dentes, putzen, Tert. de paenit. 11. – übtr., ubi (anima) meruerit contagione vitiorum penitus elimata purgari, Macr. somn. Scip. 1, 12, 17.

ē-limpido (ex u. limpidus), āvī, āre, **reinigen,** Veget. mul. 1, 26, 2 u. a.

ē-lingo, līnxī, ere, **auslecken,** corda eorum (v. Schlangen), das Blut aussaugen, Vulg. Baruch 6, 19: im Bild, elinxi stillam dulcedinis ex tua veritate, Augustin. conf. 13, 30 *extr.*

ēlinguātio, ōnis, *f.* (elinguo) = γλωσσοτομία, das **Ausschneiden der Zunge,** Gloss. II, 59, 40.

ēlinguis, e (ex u. lingua), **I ohne Zunge,** Auson. epist. 23, 14. p. 186 Schenkl. Cassiod. hist. eccl. 6, 15. – **II** übtr., **sprachlos, a** von dem, dem von Natur die Zunge gelähmt ist, Pacuv. tr. 176: verb. mutus et el., Gell. 5, 1, 9, el. ac mutus, Arnob. 5, 40. – **b** von dem, der seine Zunge nicht gebrauchen kann od. darf, **sprachunfähig, sprachlos,** oft m. mutus verb., Cic. u. a. – **c** von dem, der der Sprache nicht mächtig ist, **ohne Zungenfertigkeit, unberedt,** Cic. u. a.: verb., brutus aut elinguis, Pacuv. fr.: mutus atque elinguis, Ggstz. facundus, Liv., Ggstz. garrulus, Val. Max.: mutus et elinguis (Ggstz. disertus), Tac. dial.: is vero elinguis et mutus est, licet sit omnium disertissimus, Lact.

ēlinguo, āvī, āre (elinguis) = γλωσσοτομῶ (Gloss. II, 263, 50), jmd. **der Zunge berauben,** jmdm. **die Zunge abschneiden,** alqm, Plaut. aul. 250. Tert. ad nat. 1, 8. Vgl. Fronto de diff. p. 357, 5 *ed. Mai* (1823) = VII, 529, 8 K.

ē-lino, lēvī, ere, **über und über besudeln,** si hic vestimenta elevit luto, Lucil. 647 bei Non. 103, 30 (L. Müller 26, 61 elovit = eluvit).

ēliquātio, ōnis, *f.* (eliquo), das **Flüssigmachen, Schmelzen,** Cael. Aur. de morb. acut. 2, 32, 166.

ē-liquēsco, ere, **zerfließen, allmählich auströpfeln,** v. der Olive, Varro r. r. 1, 55, 4: hyacinthus albicantius in aquaticum eliquescit, Solin. 30, 32 M.

ēliquium, iī, *n.* (eliquo), im Plur., **I** der **Ausfluss,** Solin. 18, 1. – **II** die **Abnahme,** el. lunae (Ggstz. adauctus), Solin. 23, 22.

ē-liquo, liquātus, āre, **ausläutern, abklären, durchseihen, I** im Allg.: aquam caelestem, Col.: vinum a faecibus, Col.: oleum in secunda labra, Col., in gemellarium, Augustin.: donec (fons) eliquatus est, Sen.: im Bild, eliquabatur veritas tua in cor meum, Augustin. conf. 9, 6. – übtr., **a ins Reine bringen,** eliquata est ista distinctio, Augustin. serm. 23, 11. – **b** sittlich **läutern,** eadem vis irruens bonos probat purificat eliquat, Augustin. de civ. dei 1, 8, 2 *extr.* – **II** prägn.: **1** abklärend = **rein und lauter hervorfließen lassen,** aquam, Apul. met. 10, 30. Lact. 2, 9, 27: incommodum alvi, Apul. met. 1, 2: bildl., in unum necesse est summitas magnitudinis eliquetur, Tert. adv. Marc. 1, 4. – übtr., **a** spinnend zwischen den Fingern gleichs. durchseihen = **klar und fein spinnen,** tractu prosequente filum, Tert. de pall. 3. – **b** zwischen den Lippen gleichs. **durchseihen, herlispeln,** aliquid plorabile, Pers. 1, 35: canticum ore tereti, Apul. flor. 15.

p. 17, 16 Kr. – **2** durchseihend **genau durchsuchen,** scatebras fluviorum omnes et operta metalla, Prud. ham. 250.

Elis, idis, Akk. idem und in und im, Abl. ide und ī, *f.* (Ἦλις) und **Ālis,** lidis, *f.* (dorisch Ἆλις), eine kleine Landschaft im westl. Teil des Peloponnes, mit der Hauptstadt gleichen Namens (Schauplatz der olympischen Kampfspiele), deren Ruinen j. *Palaeopolis* (drei Stunden von der Stadt *Gastuni*), Cic. de div. 1, 91. Verg. Aen. 3, 694. Nep. Alc. 4, 4 (Akk. Elidem). Liv. 27, 32, 2 (Akk. Elim) u. 38, 32, 3 (Akk. Elin). Cic. ep. 13, 26, 2 (Abl. Eli). Ov. met. 14, 325 (Abl. Elide). Plin. 4, 22 (Abl. Elide). – Form Ālis (dor. Ἆλις), wov. Akk. Alidem, Plaut. capt. 379 u. ö.: Abl. Alide, Plaut. capt. prol. 9 u. ö. (s. Brix Plaut. capt. 571). – spätl. Nbf. **Ēlida,** ae, *f.* (Stadt), wov. Abl. Elidā, Hilar. op. hist. fr. 2. *no.* 15. – Dav.: **A Ēlēus,** u. (andere Schreibart) **Ēlīus** a, um (Ἠλεῖος), **elisch, aus Elis** (gebürtig), Cic. u. a.: im Plur. subst. Ēlēi (Ēlii), ōrum, *m.* (Ἠλεῖοι), die Einw. von Elis, die **Eleer,** Liv. u. a. – Nbf. Ālēus (Ālīus), a, um, **alisch = elisch, aus Elis** (gebürtig), captivi, Plaut. capt. prol. 27: Diores et Polyxenus Alii, Dict. 3, 5: u. Ālēī (Ālīī), ōrum, *m.*, die **Aleer** = die **Eleer,** Plaut. capt. prol. 24 u. 59. – **B Ēlēis,** idis, *f.*, **elisch,** humus, Verg. catal. 11, 32. – **C Ēlias,** adis, *f.*, **elisch,** equae, die in den olympischen Spielen um den Preis rennen, Verg. georg. 1, 59. – **D Ēlidēnsis,** e, **aus Elis gebürtig,** Gell. 2, 18, *in.*: Nbf. Ālidēnsis, **aus Alis** (= Elis) **gebürtig,** captivus, Plaut. capt. 880.

Elīsa, s. Elissa.

Elīsabēth, *f.*, *indecl.* (אֱלִישֶׁבַע), weibl. hebr. Name, Eccl. – Form Elīzabēth, Tert. de anim. 26.

ēlīsio, ōnis, *f.* (elido), das **Herausstoßen, Auspressen,** Sen. ep. 99, 19. – als *t. t.* der Gramm., die **Elision,** Prisc. 2, 3.

Elissa (Elīsa), ae, *f.* (Ἔλισσα), anderer Name der Dido, Königin von Karthago, Verg. Aen. 4, 335. Ov. fast. 3, 535. Solin. 27, 10. Iustin. 18, 4, 3. Iuven. 6, 435. – Dav. **Elissaeus** (Elīsaeus), a, um, **elissäisch,** poet. für **karthagisch,** patres, Sil.: tyrannus, Hannibal, Sil.

Elīus, a, um, s. Elis.

ēlix, licis, *m.* (elicio), eine breite u. tiefe Furche innerhalb der Kornfelder, um die Wurzeln der Pflanze vor zu großer Nässe zu schützen, die **Wasserfurche** (sulcus aquarius), der **Abzugsgraben,** Sing. bei Ov. met. 8, 237, Plur. Col. 2, 8, 3; 11, 2, 82. Plin. 19, 182. Vgl. Serv. Verg. georg. 1, 109 u. Paul. ex Fest. 76, 2. – Versch. Gloss. ›elix, ἀναπνοὴ ὀχετοῦ‹.

ēlixātūra, ae, *f.* (elixo), der **Absud,** Dynamid. 1, 18; 1, 24 u. 61; 2, 12 u. 22.

ēlixo, āvī, ātum, āre (elixus), **absieden,** Apic. 2, 42 u. a. Vgl. Gloss. ›elixo, ἐκζεννύω‹.

ēlixūra, ae, *f.* (elixo) = elixatura (s. d.), Apic. 9, 409.

ēlixus, a, um (ex u. lix), **I** = ἐκζεστός (Gloss.), in Wasser-, in einer Brühe **gesotten,** Hor. u. Plin. – **II** übtr., gleichs. **gesotten,** calcei, d. i. sehr nasse, Varro fr.: nates, vom Baden ganz schlotterig, Pers.: balneator elixus, der über und über schwitzt, Mart.

Elīzabēth, s. Elīsabēth.

elleborīnē, ēs, *f.* (ἐλλεβορίνη), eine der Nieswurz ähnliche Pflanze, Plin. 27, 76. – ► Plin. 13, 114 jetzt emboline.

elleborismus (helleb.), ī, *m.* (ἐλλεβορισμός), ein aus Nieswurz und Honig durch Kochen bereitetes Abführmittel, **Nieswurzpurganz,** Cael. Aur. de morb. chron. 1, 4, 108.

elleborītēs, ae, *m.* (ἐλλεβορίτης), **Nieswurzwein,** Plin. 14, 110.

elleboro (helleboro), āre (elleborus), jmd. **mit Nieswurz purgieren,** aegros, Cael. Aur. de morb. chron. 4, 3, 77.

elleborōsus, a, um (elleborus), **der Nieswurz nötig hat, nicht recht bei Verstand, reif für das Tollhaus,** Plaut. most. 952 u. rud. 1006.

elleborus (helleborus), ī, *m.* (ἑλλέβορος u. ἐλλέβορος) u. gew. **elleborum** (helleborum) ī, *n.*, die **Nieswurz,** rein lat. veratrum, bei den Alten ein vorzügliches Heilmittel, bes. gegen Wahnsinn u. fallende Sucht, die weiße (*Veratrum album,* L.) als Brechmittel, die schwarze (auch melampodion gen., *Helleborus orientalis,* Willd.) als Abführmittel angewendet, Plin. 25, 47 *sqq.* Col. 7, 5, 7. Gell. 17, 15, 4 *sqq.* Apul. apol. 32: als Brechmittel, elleborum accipere, Sen. ep. 83, 27: expulit elleboro morbum bilemque meraco, Hor. ep. 2, 2, 137: als Abführmittel, Val. Max. 8, 7. ext. 5. Petron. 88, 4. Gell. 15, 17, 1. Mart. Cap. 4. § 327; als Mittel gegen Wassersucht, Pers. 5, 100: gegen Epilepsie, Cael. Aur. de morb. chron. 1, 4, 99: gegen Wahnsinn, elleborum hisce hominibus opus est, diese M. sind für das Tollhaus reif, Plaut. Pseud. 1185: elleborum potabis faxo hosce aliquos viginti dies, Plaut. Men. 950: nec tamen omnes curamus elleboro, Sen. de ben. 2, 35, 2: danda est ellebori multo pars maxima avaris, Hor. sat. 2, 3, 82. – wegen seiner Bitterkeit sprichw., saviolum tristi tristius elleboro, Catull. 99, 14. – Form elleborus nur im Plur., Verg. georg. 3, 451. Col. poët. 10, 17. Cael. Aur. acut. 3, 21, 207.

ellīmsis, s. ellīpsis.

ellīpsis, is, Akk. in, *f.* (ἔλλειψις), die Auslassung eines Wortes, die **Ellipse** (rein lat. detractio), Quint. 8, 6, 21. – per ellipsin, elliptisch, Prisc. 8, 23: so auch in ellimsin (= ellipsin), Schol. Iuven. 1, 88. – ► enlipsis, Schol. Iuven. 1, 89.

ellops, s. helops.

ellum, ellam, s. 1. ēn.

ēlluor, s. hēlluor.

ellychnium, iī, *n.* (ἐλλύχνιον), der **Lampendocht,** rein lat. linamentum (während candelae filum = der Kerzendocht), Vitr. 7, 1, 5. Plin. 23, 84 u. 28, 168. Isid. 17, 6, 25.

ē-loco, āvī, ātum, āre, **verpachten, verdingen,** fundum, Cic.: boves, Col.: gens elocata, zinsbares, Cic.

ēlocūtio, ōnis, *f.* (eloquor), **I** das **Herausreden, Sprechen,** die **Ausrede,** pluralis, im Plural, Ulp. dig. 22, 5, 12: honestior elocutio est per accusativum, Serv. Verg. Aen. 1, 47: Plur., quia hirquos Phryges suis attagos elocutionibus (in ihrem Dialekt) nuncupant, Arnob. 5, 6. – **II** der **Ausdruck** der Gedanken durch die Sprache, die **Einkleidung** der Gedanken in Worte, der **Stil,** bes. der künstliche des Redners, griech. φράσις, ἑρμηνεία, Cic. u. a.: elocutionis ratio, die Stillehre, Quint.

ēlocūtōrius, a, um (eloquor), **den rednerischen Ausdruck betreffend;** subst. ēlocūtōria, ae, *f.*, als Übersetzung von ῥητορική, die Redekunst, Quint. 2, 14, 2.

ēlocūtrīx, trīcis, *f.* (eloquor), als Übersetzung von ῥητορική, die **Redekunst,** Quint. 2, 14, 2.

ēlogio, āvī, ātum, āre (elogium), **kurz angeben,** Cael. Aur. de morb. chron. 2, 1, 16; 5, 4, 66.

ēlogium, iī, *n.*, die **Aussage,** der **Ausspruch, a** übh., antiquarum elogia litterarum, Arnob. 5, 26: maledictionis elogia, Schmähungen, Arnob. 4, 36. – **b** der **Spruch** als Inschrift, die **Inschrift,** auf Leichensteinen, Cato origg. 4. fr. 7 (bei Gell. 3, 7, 19). Cic. de sen. 61 u. 73; Tusc. 1, 31. Ps. Verg. cul. 410. Suet. Claud. 1, 5 u. vit. Hor. p. 45, 10 *Reiff.*: auf Ahnenbildern, Suet. Galb. 3, 1: auf Votivtafeln, Suet. Cal. 24, 3: an einer Haustür, ein Pasquill, Plaut. merc. 409. – **c** der testamentar. **Zusatz,** die **Klausel,** das **Kodizill,** Cic. Clu. 135. Sen. exc. contr. 2, 6. p. 240, 4 u. 7 K. Quint. 7, 4, 20. Scaevol. dig. 32, 37. § 2: bes. der **Enterbungsgrund,** elog. gravissimum, Apul. apol. 99: si sine elogio exheres scriptus esset, Ulp. dig. 37, 10, 1. § 9; vgl. African. dig. 28, 2, 14. § 2. – u. ultimum elog., die **letztwillige Verfügung,** Cod. Iust. 3, 28, 35. § 3; 6, 51, 1. § 14. – **d** ein Namen, Herkunft u. Verbrechen enthaltender **Bericht,** mittels dessen ein ergriffener und verhörter Verbrecher der zuständigen Behörde überliefert wird, die **Anschuldigungsanzeige,** der **Belastungsbericht,** das **Schuldregister,** Suet. Cal. 27, 1. Spart. Sev. 2, 6. Lampr. Alex. Sev. 34, 3. Amm. 14, 5, 5 u. a.: alqm cum elogio mittere od. remittere ad alqm, Modestin. dig. 49, 16, 3 pr. Cels. dig. 48, 3, 11. § 1: constabat nos omnes sub elogio uno morte multandos, Amm. 15, 5, 26. – dah. übtr., das **Schuld-** od. **Sündenregister,** Eccl.

ēlonginquo, āre (e u. longinquus), m. u. ohne se, **sich entfernen,** Ambros. enarr. in psalm. 43. § 45.

ē-longo, āvī, āre (e u. longus), **I** *v. tr.* **entfernen, fernhalten,** auxilium suum, Vulg. psalm. 21, 20 u. ö. – **II** *v. intr.* **sich entfernen** (Ggstz. appropinquare), Ambros. in Luc. 3. § 32.

elops, s. helops.

ēloquēns, entis, *PAdi.* m. *Compar.* u. *Superl.* (v. eloquor), **a mit Sprache begabt, redend,** res mutae et eloquentes, Rhet. Her. 4, 61. – **b wohlredend, beredt,** ein **vollkommener Redner** (Ggstz. indisertus), Cic. u. a.: haudquaquam el., Cic.: qui sibi eloquentiores videntur, quam ut causas agant, Quint.: omnium eloquentissimi Ti. et C. Sempronii, Cic. – v. Lebl., ut magis loquacem quam eloquentem haberes epistulam meam, Augustin. epist. 261, 4.

ēloquenter, *Adv.* m. *Compar.* u. *Superl.* (eloquens) = λογίως (Gloss.), **wohlredend, beredt, mit Nachdruck und Würde im Ausdruck,** Posit., Augustin. c. sec. resp. Iulian. 6, 14: Kompar., eloquentius quam prius scribitur, Plin. ep. 3, 18, 6: Superl., eloquentissime respondere, Plin. ep. 2, 11, 17: in hoc genere scribere, *ibid.* 6, 21, 4.

ēloquentia, ae, *f.* (eloquens), die Kunst, mit Nachdruck und Würde zu reden, die **Beredsamkeit,** Cic. u. a.

ēloquium, iī, *n.* (eloquor), **I** die **Sprache, Rede, a** das Sprechen, Reden, muti populi et quibus pro eloquio nutus est, Mela 3, 9, 4 (3. §91): surdis auditum, mutis eloquium, claudis gressum reddidisti, Ps. Cypr. or. 1, 1. p. 145, 20 H.: mutorum linguas in eloquium sermonemque solvebat, Lact. 4, 15, 7 (vgl. 4, 26, 7; 7, 5, 19). – **b** = der Ausdruck der Gedanken, die **Rede,** tulit eloquium insolitum facundia praeceps (Kühnheit der Sprache), Hor.: tona eloquio, Verg.: eloquio virum molliet, Ov. – **c** = die Redegabe, **Beredtheit, Beredsamkeit,** Romani maximus auctor Tullius eloquii, Lucan. 7, 62: rhetor eloquii Latini, Carm. epigr. 1251 *ed. Buecheler:* Pylius orator eloquio comis, Apul. de deo Socr. 17 *extr.:* singularis eloquii suavitas, Val. Max.: libertas forensis eloquii, Symm.: vir eloquio animoque Curioni simillimus, Vell.: dulcis vir eloquii et nitidi, Sen.: qui licet eloquio fidum quoque Nestora vincat, Ov.: atque ›haec est‹, dicas ›facundia principe digna‹; eloquio tantum nobilitatis inest, Ov.: eloquium fuit (es galt für B.) duram exorare puellam, Ov. – **d** die **Sprache** eines Volkes, alqd vertere in eloquium Latinum od. nostrum, Augustin. de civ. dei 1, 26 *extr.* p. 309, 9 D.[2] Hieron. epist. 61, 2: alqd vertere ex Graeco eloquio in Latinum, Augustin. epist. 71, 3: alqd ex Hebraeo in Latinum eloquium vertere, Isid. 6, 4, 5. – **II** die **Aussage, Mitteilung,** unde quidam vocis tria officia designant: eloquium tinnitum sonum, Diom. 421, 17. – Insbes.: **a** die **Unterredung,** adeo fidum fraternumque orat eloquium, Cl. Mamert. pan. Maximin. Aug. 9, 1. – **b** der **Ausspruch** eines Orakels, el. oraculi, Tert. apol. 23 *in.*

ē-loquor, locūtus sum, loquī, **I heraussagen, herausreden, aussprechen, aufzählen,** alqd, Plaut., Cic. u. a.: m. *Dat.,* jmdm. sagen, oft bei Plaut. (s. Brix Plaut. mil. 476): absol., **es heraussagen, es aussprechen, mit der Sprache herausgehen,** Acc. fr., Komik, u. a. – insbes., v. Redner, **vortragen, ausdrücken,** cogitata praeclare, Cic.: eloquendi varietas, Abwechslung des Ausdrucks, Plin. ep. – **II sich besprechen, sich unterreden,** Mamert. genethl. Maxim. 11, 4. – ► Partiz. Perf. elocutus passiv, Ulp. dig. 3, 2, 13. §6.

ēloquus, a, um (eloquor), **redend,** Ggstz. reloquus, Varro LL. 6, 57.

Elōrus (Helōrus), ī, *m.* (Ἔλωρος) u. **Elōrum** (Helōrum), ī, *n.* (Ἔλωρον), Fluss an der östl. Küste Siziliens, nördl. vom Vorgebirge Pachynum, j. *Atellaro,* an seiner Mündung *Abisso,* Verg. Aen. 3, 698: aus Felsen hervorquellend, dah. E. clamosus, Sil. 14, 269: flumen Elorum, Plin. 3, 89. – An seinem Ausfluss die Stadt **Elōrus** (Helōrus), ī, *f.* (Ἔλωρος), j. Trümmer unter dem Namen *Muri Ucci,* nach a. j. *Colisseo S. Filippo,* Liv. 24, 35, 1. Plin. 32, 16. – Dav.: **A Elōrius** (Hēl.), a, um, **elorisch,** Tempe, das reizende Tal bei Elorum, Ov. fast. 4, 477. – **B Elōrīnī,** ōrum, *m.,* die Einw. von Elorum, die **Eloriner,** Cic. Verr. 3, 103.

ēlōtus, a, um, s. ē-lavo ►.

Elpēnōr, oris, Akk. ora, *m.* (Ἐλπήνωρ), einer der von der Circe in Schweine verwandelten Gefährten des Ulixes, Ov. met. 14, 252. Iuven. 15, 22; der später, wieder entzaubert, in der Trunkenheit sich aufs Dach schlafen legte, herunterfiel u. den Hals brach, Ov. trist. 3, 4, 19; Ibis 483.

ēluācrus, a, um (eluo), **zum Ausspülen dienlich, Spül-,** Cato r. r. 10 u. 11.

ēlubiēs, s. ēluviēs ►.

ēlūcēns, entis, *PAdi.* m. *Superl.* (eluceo), **hervorleuchtend,** elucentissimum edocendi genus, Varro sent. 46 R.

ē-lūceo, lūxī, ēre, **hervorleuchten, hervorstrahlen, I** eig.: erat is splendidissimo candore inter flammas elucens circulus, Cic. de rep. 6, 16: illa flamma, quae ex L. Marci capite eluxit, Val. Max. 1, 6, 2: elucent aliae (apes) et fulgore coruscant, Verg. georg. 4, 98. – **II** übtr., **hervorleuchten, hervorschimmern, sichtbar in die Augen fallen, recht sichtbar hervortreten, sich recht bemerkbar machen,** quae (scintilla ingenii) iam tum elucebat in puero, Cic.: sic in ipso ioco aliquod probi ingenii lumen eluceat, Cic.: ex quo elucebit omnis constantia omnisque moderatio, Cic.: in pueris elucet spes plurimorum, Quint.: multa lectio in subitis, multa scriptio elucet, Plin. ep. (u. so oft bei Lact., s. Bünem. Lact. 7, 14, 6). – v. Pers., durch etwas vor anderen **hervorleuchten,** virtutibus (Ggstz. vitiis obrutum esse), Nep. Paus. 1, 1: abs., nemo studet eloquentiae nostrorum hominum nisi ut in causis atque in foro eluceat, Cic. de or. 2, 55.

ē-lūcēsco, lūxī, ere (*Inchoat.* v. eluceo), **I** *intr.* **hervorleuchten, 1** eig.: quotiens (sol) inter nubila eluxit, Sen. ep. 92, 17 *cod. Argent.:* donec dies elucescat (bildl.), Vulg. 2. Petr. 1, 19: eluxit atque apparuit Christus, Arnob. 1, 65. – **2** übtr., **a** v. Lebl., **Licht bekommen, klar werden,** quod apud eos elucesceret, Augustin. retr. 1, 13: quae increpatio adversus Petrum magis magisque eluxit, Ps. Cypr. de rebapt. 9. p. 80, 26 H. – **b** v. Pers., **hervorleuchten, sich aufschwingen,** unde sublimius quam sperabatur eluxit, Amm. 15, 13, 1. – **II** *impers.,* elucescit, **es wird Tag,** cum iam elucesceret, Vulg. 1. regg. 9, 26: priusquam elucesceret, Vulg. Tob. 8, 20.

ē-lūcido, āre, **in helles Licht setzen,** Vulg. Sirach 24, 31.

ēlūcidus, a, um (eluceo), **hervorleuchtend,** Cyprian. epist. 44, 1. p. 598, 3 H.

ē-lūcifico, āre (ex u. lucificus), **des Lichtes berauben, blenden,** Laber. com. 78.

ēluctābilis, e (eluctor), wo man sich herausarbeiten kann, **überwindbar,** aquae neque pediti eluctabiles nec navigio, Sen. nat. qu. 6, 8, 4.

ē-luctor, ātus sum, ārī, **I** *intr.* sich **herausringen, sich hervorringen,** mit Mühe **hervordringen, A** eig.: aqua eluctabitur omnis, Verg.: per angusta, sich durchwinden (v. Nil), Sen. – **B** übtr.: velut eluctantia verba, als ob die Worte sich erst hervorringen müssten, Tac. ann. 4, 31 (vgl. Stat. Theb. 4, 790). – **II** *tr.* **sich** einer Sache **entwinden, sich** aus etwas **herauswinden, -arbeiten,** etw. mit Mühe **überwinden, A** eig.: cum tot ac tam validae manus eluctandae essent, Liv.: obstantia, v. Nil, Sen.: nives, Tac.: locorum difficultates, Tac. – **B** übtr., odium clementiā suā, Vell. 2, 86, 2 *Halm:* furorem, Stat.

ēlūcubrātus, a, um, *PAdi.* m. *Compar.* (elucubro), **aufgeklärt,** pauca praemittam, quibus elucubratior animus auditoris ad ea quae dicenda sunt perveniat, Boëth. de music. 2, 1. p. 227, 17 Fr.; vgl. (ganz ähnlich) Boëth. in Porphyr. dial. 1. p. 9.

ē-lūcubro, āvī, ātum, āre, **bei Licht (bei der Studierlampe) ausarbeiten,** cum toto anno, per omnes dies, magnā noctium parte unum librum excudit et elucubravit, angefertigt u. ausgearbeitet hat, Tac. dial. 9: quidquid est illud, quod elucubravimus, Col. 10. pr. §5: deinceps inde multae (causae), quas nos diligenter elaboratas et tamquam elucubratas (sorgfältig durchdacht und mit nächtlichem Fleiß bearbeitet) afferebamus, Cic. Brut. 312: alterius cunctante stilo elucubratum opus, Val. Max. 3, 7. ext. 1. – Depon. Nbf. **ēlūcubror,** ātus sum, ārī, epistulam, Cic. ad Att. 7, 19 *in.*

ēlūcus (hēlūcus), ī, *m.,* das **übernächtige-, schläfrige (träumerische) Wesen,** Gell. 4, 19, 1; 16, 12, 3: cerebrum ab eluco defensare (v. Efeu), Tert. de cor. mil. 7 (wo Oehler heluco). Vgl. Paul. ex Fest. 75, 17 (wo elucus) u. 100, 8 (wo helucus).

ē-lūdo, lūsī, lūsum, ere, **I** *v. intr.* **herausplätschern, herausspülen,** ipsum autem mare sic terram appetens litoribus eludit, ut etc., Cic. de nat. deor. 2, 100: quā fluctus eludit, Cic. top. 31. Quint. 5, 14, 34. – **II** *v. tr.:* **A im Spiel abgewinnen,** m. dopp. *Acc.,* alqm anulum (was vorhergeht) in alea, Plaut. Curc. 609: u. bl. alqm anulum, *ibid.* 629. – **B** beim Fechten **ausweichen, parieren, 1** eig.: hastas, Mart.: latronis telum oppositā veste, Sen.: absol., rudibus eludit, pariert mit usw. = ficht zur Übung usw., Cic. – **2** übtr., **zu entgehen suchen, ausweichen,** pugnam, Liv.: manus scrutantium, Petron.: vim legis, Suet.: alqm, Verg. u. a.: absol., infensus miles adversum eludentes, nicht Standhaltende, Tac. – **C sein Spiel-, Spott und Hohn mit** jmd. **treiben,** jmd. **necken und foppen, zum Besten-, zum Gespött haben, verhöhnen,** an jmd. **sein Mütchen kühlen,** alqm, Cic., Caes. u. a.: alqm omnibus contumeliis, Liv.: artem, Liv.: paucitatem hostium, Liv.: u. übh. jmd. od. etw. **wie zum Spotte hinhalten,** etw. **vereiteln,** es **nicht zu** etw. **kommen lassen,** alqm, Tac.: quietem bello, bellum quiete invicem, Liv. – absol., **hohnecken,** circumstabant armati hostes exprobrantes eludentesque, Liv.: quam diu etiam furor iste tuus eludet? Cic.: posse se eludere in illis suis cogitatis furoribus, Cic. – ► arch. Konj. Perf. elusseris = eluseris, Caecil. com. 244 (nach Halms Vermutung)

ē-lūgeo, lūxī, ēre, **I** *intr.* **austrauern,** die **gehörige Zeit trauern,** Liv. 34, 7, 10. – **II** *tr.* um jmd. od. etw. **austrauern,** jmd. od. etw. **die gehörige Zeit betrauern,** patriam, unicum filium, beide in Cic. ep. 9, 20, 3: virum, Ulp. dig. 3, 2, 11. fr. 1: eum luctum (Trauerfall) Gell. 6 (7), 5, 4.

ēlumbis, e (ex u. lumbus), **I** *pass.* **lendenlahm,** Paul. ex Fest. 76, 13. – übtr., v. Redner, **lahm, schleppend,** Tac. dial. 18: v. Geiste, **entnervt,** elumbem mollire animum, Prud. psych. 314. **II** *act.* **entnervend, lähmend,** virus, Prud. perist. 2, 216.

ēlumbus, s. ēlumbis *no.* I.

ēlūminātus, a, um (ex u. lumen), des Lichtes beraubt, **geblendet,** gemino obtutu, Sidon. epist. 8, 11, 11.

ē-luo, luī, lūtum, ere, **auswaschen, ausspülen, abspülen, I** im Allg.: patinas, Plaut.: os, Cels.: vulnera, Sulp. Sev.: se lacte, sich abwaschen, sich baden, Cels.: alqd sale et aceto diligenter, Gargil. – **II** prägn.: **A** wie **auswaschen** = durch Auswaschen **tilgen, 1** eig.: maculas vestium, atramentum, Plin.: colorem, Quint.: sanguinem, Cic. – **2** übtr., etwas **von sich abspülen, tilgen, entfernen,** peregrina omnia, Plaut.: amoris maculam, Plaut.: maculas furtorum, Cic.: vitia, Quint.: crimen, Ov.: amicitias remissione usus, allmählich auflösen, Cic.: amara curarum, gleichs. fortspülen, Hor. – **B reinigen, läutern,** vestimenta luto, Lucil. 647: vasa eluto auro, Capit. Pert. 8, 4: eluta alica, enthülste, Cael. Aur. de morb. acut. 1, 11, 92. – übtr., mentem, Lact. 5, 19, 34: maculatas crimine mentes, Sil. 11, 200. – **C** gleichs. **reinmachen, abräumen,** Ponticum Phasim et Scythica stagna Maeotidis, alle Vögel dort wegholen, Col. 8, 8, 10. – **D** sein Vermögen **verbaden,** elutum (verspült) in balneis, Plaut. trin. 406. – übtr., absol., **sich blank machen** = durch Verschwendung **sich zugrunde richten, sich ruinieren,** Plaut. rud. 579. – ► Archaist. Perf. elevi (= eluvi, elui), Lucil. 647.

Elusātēs, ium, *m.*, Volk in Aquitanien, südl. vom mittleren Lauf des Flusses Garumna, Caes. b. G. 3, 27, 1.

ēluscātio, ōnis, *f.* (elusco) die **Blendung** = ἀποτύφλωσις, Gloss. II, 242, 17.

ē-lusco, āre (ex u. luscus), **einäugig machen,** ICt.

ēlūtio, ōnis, *f.* (eluo), das **Abspülen,** aquae calidae, mit usw., Cael. Aur. de morb. chron. 1, 1, 12.

ēlūtrio, āvī, ātum, āre (eluo), **I auswaschen,** lintea, Laber. inc. fab. XVII: vellus, auslaugen, Plin. 9, 133. – **II** übtr., **abklären,** Plin. 14, 114.

ēlūtus, a, um, *PAdi.* m. *Compar.* (v. eluo), **wässrig, saft- und kraftlos,** irriguo nihil est elutius horto, Hor. sat. 2, 4, 16: quod huius (spodi) elutior vis est, Plin. 34, 129.

ēluviēs, ēī, *f.* (eluo), die **Ausspülung, I** medial = das **Herausspülen,** der **Ausfluss,** das **Austreten, Übertreten,** maris, das Anspülen, Tac.: aquarum, Lact.: ventris, Bauchfluss, Aur. Vict.: eluviem facere per ventrem, eine Abführung durch den Körper vornehmen, den Bauch purgieren, Lucil. 645. – absol., die **Überschwemmung, Überflutung,** quod fuit campus, vallem decursus aquarum fecit; et eluvie mons est deductus in aequor, Ov. met. 15, 267. – bildl., illa labes atque eluvies civitatis, jenes Gesetz, der Verderb u. das Grab (Wellengrab) des Staates, Cic. de domo 53. – **II** passiv: **1** die ausgespülten **Unreinlichkeiten,** der **Schlamm,** das **Schmutzwasser,** der **Schmutz,** sordium enormis eluvies, Apul.: el. balnearum, Pallad.: el. virosa, vom Urin, Gratt. cyn.: oppida crebris ad eluviem cuniculis cavata, Plin.: siccare eluviem, die Abzugsjauche der Kloaken od. das Schlammwasser, die Sümpfe, Iuven. – **2** das durch Ausspülung des Wassers Gebildete, **a** eine übergetretene **Lache,** in proxima eluvie pueros exponunt, Liv. 1, 4, 5 M. (Hertz u. Weißenb. alluvie). – **b** eine ausgewaschene **Schlucht,** circumiri brevi spatio poterat eluvies, Curt. 5, 4 (15), 26: Plur., torrentes et eluvies iter morabantur, Curt. 6, 4 (13), 20: ab altera parte voragines (Abgründe) eluviesque praeruptae sunt, Curt. 8, 11 (39), 7. – ► vulg. Form elubies, Not. Tir. 82, 22.

ēluvio, ōnis, *f.* (eluo), die **Überschwemmung,** Cic. de off. 2, 16: Plur., m. subj. *Genet.*, aquarum eluviones, Cic. de div. 1, 111: m. obj. *Genet.*, eluviones et exustiones terrarum, Cic. de rep. 6, 23: absol., Solin. 9, 7.

ē-lūxurior, ārī, **geil treiben, zu sehr wachsen,** Col. de arb. 3, 2.

elvella, s. helvella.

Elvīna (Helvīna), ae, *f.*, ein Beiname der Ceres, Iuven. 3, 319.

Elymāis, idis, Akk. ida, *f.* (Ἐλυμαΐς), eine persische Landschaft im Westen der heutigen Provinz Iran, Plin. 6, 111 u. a. – Dav. **Elymaeus,** a, um (Ἐλυμαῖος), **elymäisch,** Liv. – Plur. subst., Elymaeī, ōrum, *m.*, die Einw. von Elymais, die **Elymäer,** Liv. u. a.

Elysium, iī, *n.* (Ἠλύσιον πεδίον), der Wohnort der Seligen im Reich der Toten, die **elysischen Gefilde,** das **Elysium,** Verg. Aen. 6, 538 u. a. – Dav. **Ēlysius,** a, um (Ἠλύσιος), **elysisch,** domus, Ov.: campi, Verg.: u. so bl. Elysii (*sc.* campi), Mart.

1. em, archaist. = eum, s. Paul. ex Fest. 76, 10 u. 77, 8 (XII tabb. b. Gell. 20, 1, 45 = tab. III, 4 *ed. Schoell* liest Hertz eom, Schoell eo).

2. em, *Interj.* (eig. Imper. eme »nimm, da hast du«), **da! sieh da! da bin ich! da habe ich ihn (ertappt)!** u. dgl., steht gern vor Pronomen (hic, istic, illic, ille, is, qui) oder vor Adverbien (sic, tam, nunc), vor dem ethischen Dativ tibi (= da hast du's!), vor Imperativen (vide, aspecta, specta, accipe, serva), oft bei den Komik., aber auch C. Gracch. orat. fr. bei Charis. 240, 17. Varro r. r. 1, 56. Cic. ep. 13, 15, 1. Cic. Clu. 184 (Kaiser en). Vgl. Brix Plaut. trin. prol. 3. Lorenz Plaut. mil. 364 u. Pseud. 151. Spengel Ter. Andr. 359.

3. ēm, *Interj.*, von Spengel Ter. Andr. für en od. hem eingeführt, allein = wie? (383. 420. 859): vor der Frage = sag an! (619): als Aufforderung, em! **so höre!** (682): auch Cic. Phil. 5, 15 M.

ēma, atos (αἷμα), das Blut, Cass. Fel. 39. p. 86, 2.

ē-macero, ātus, āre, **ausmergeln,** terram emacerari hoc satu existimantes, Plin. 18, 101 D.: morborum variis generibus emacerati, Sen. ad Marc. 10, 6.

ē-macio (āvī), ātum, āre, **mager machen, ausmergeln, abzehren,** Col. 2, 10. § 1 u. 25; 4, 24, 12 a.

emācitās, ātis, *f.* (emax), die **Kaufsucht,** Plin. ep. 3, 7, 7: quosdam emacitas in armentis, quosdam exercet in comparandis mancipiis, Col. 4, 3, 1.

ē-macrēsco, cruī, ere, **abmagern, a** v. Pers.: nimis celeriter emacrescere, Cels.: contra consuetudinem, Cels. – **b** v. Teilen des Körpers: si emacrescit membrum aliquod resolutum, Cels.: mulieri gravidae si subito mammae emacruerunt, Cels.

ē-maculo, āvī, ātum, āre, **I (von Flecken) reinigen, säubern,** exotico pulvere dentes, Apul. apol. 8: pallium, Macr. sat. 7, 13, 18: argentum, Gell. 7 (6), 5, 9: domum odoribus Arabicis undique, ausräuchern, Amm. 29, 1, 30. – **II** prägn., reinigend **beseitigen,** nigras vitiligines, Plin. 21, 129.

ēmadefactus, a, um (ex u. madefacio), **gehörig erweicht,** Apic. 6, 224.

ēmānātio, ōnis, *f.* (emano), das **Ausfließen,** der **Ausfluss,** Vulg. sap. 7, 25.

ēmancipātio, ōnis, *f.* (emancipo), **I** im streng jurist. Sinne = die (durch dreimalige mancipatio u. manumissio bewirkte) förmliche **Entlassung** des Sohnes **aus der väterlichen Gewalt,** die **reine Freilassung,**

Emanzipation, Gaius inst. 1. § 132 (u. a. ICt.). Quint. 11, 1, 65. – **II** im weiteren Sinne, die **förmliche Losgebung** einer Sache **aus seiner Gewalt, a** em. (fundorum), die förmliche **Abtretung** von Grundstücken *per aes et libram* (Scheinverkauf) in Gegenwart von fünf Zeugen, Plin. ep. 10, 4 (3), 3. – **b** em. familiae, das fingierte **Übertragen des Besitzes** auf einen Dritten beim Testieren *per aes et libram,* Gell. 15, 27, 3.

ēmancipātor, ōris, *m.* (emancipo), der **Befreier** (aus der Gewalt des Teufels,) Prud. cath. 7, 184.

ē-mancipo (arch. ēmancupo), āvī, ātum, āre, **I** im streng jurist. Sinne = einen Sohn förmlich (durch dreimalige mancipatio u. manumissio) **aus der väterlichen Gewalt entlassen, zur Selbständigkeit entlassen, für selbständig erklären, emanzipieren,** Liv., Plin. ep. u. ICt. (vgl. emancipatio *no.* I). – **II** im weiteren Sinne: **A** eig.: **1** ein Kind aus seiner Gewalt in die eines anderen **entlassen** jmdm. **überlassen,** filium in adoptionem, Cic.: in patris potestatem emancipatam filiam adoptionis fraude revocaverat, Plin. ep. – **2** ein Grundstück jmdm. *per aes et libram* förmlich **abtreten, als Eigentum überlassen,** agrum, Suet.: praedia paterna, Quint.: fundos, Plin. ep. – **B** übtr., ganz **überlassen,** käuflich **abtreten,** se alci, Plaut.: emancipatum esse alci, Cic.

ē-manco, āvī, āre (ex u. mancus), **verstümmeln,** Labien. b. Sen. contr. 10 (4) (33) § 24 K.

ē-maneo, mānsī, mānsum, ēre, **I herausbleiben,** Stat. Theb. 7, 650. – **II ausbleiben, a** v. Pers., **über die Urlaubszeit wegbleiben,** Modest. dig. 49, 16, 3. § 4. – **b** v. Lebl.: suspirium illud intervalla maiora fecit et retardatum est ac emansit (blieb ganz aus), Sen. ep. 54, 6 (nach Madvigs Verbesserung).

ē-māno, āvī, ātum, āre, **herausfließen, herausrinnen, I** eig.: dum saniei vis emanat, Col.: fons unde emanat aquai, Cic. poët.: ex quo (fonte) pestiferum virus emanat, Curt. – **II** übtr.: **A** im Allg.: singularem eloquii suavitatem ore eius (des Plato) emanaturam, seinem Munde entströmen, Val. Max. 1, 6. ext. 3. – **B** insbes., **1** aus etwas **fließen = hervorgehen, entstehen, entspringen,** alii quoque alio ex fonte praeceptores dicendi emanaverunt, Cic.: mala nostra istinc emanant, Cic. – **2** = **sich verbreiten, a** v. Übeln, contagiones malorum, quae a Lacedaemoniis profectae emanarunt latius, Cic. de off. 2, 80 B.: emanabat latius malum, Flor. 4, 9, 5. – **b** v. Reden, Gerüchten usw., **zutage kommen** od. **treten, auskommen, unter die Leute kommen** = bekannt werden (Ggstz. celari), ne quando quid emanet, Cic.: consilia sua emanasse, Liv.: emanasse Syllae edictum, Suet.: quaeque dicta ab rege quaeque responsa essent emanavere, Liv.: ne per nos his sermo tuus emanet, Cic.: per quosdam indicia coniurationis eius Romam emanarunt, Liv.: quae suspicio inde emanavit, quod etc., Liv. epit. 50. – m. folg. *Acc.* u. *Infin.,* multis emanabat (trat zutage) indiciis, neque fratrem Volsci, ex quo semel fuerit aeger, umquam non modo visum in publico, sed ne adsurrexisse quidem ex morbo etc., Liv. 3, 24, 4: ut emanaret in vulgus missos a Messalina, qui eum ... strangularent, Suet. Ner. 6, 4.

ēmānsio, ōnis, *f.* (emaneo), das **Ausbleiben über die Urlaubszeit,** Arr. Menand. dig. 49, 16, 4. § 14.

ēmānsor, ōris, *m.* (emaneo), **einer, der über die Urlaubszeit ausbleibt,** Modestin. dig. 49, 16, 3. § 2; 49, 16, 4. § 13; 49, 16, 5. § 6.

ē-marcēsco, marcuī, ere, **welk werden, verwelken,** übtr. = **dahinschwinden,** hic ... simul et emarcuit et induruit, Sen. ep. 112, 3: ac paulatim in sterilitatem emarcuit maiestas, Plin. 15, 121: omne praesidium emarcescit, Hieron. in Isai. 5, 17, 4.

ēmarcus, ī, *m.* (ein gallisches Wort), eine Rebenart, die nur mittelmäßigen Wein gab, Col. 2, 2, 25.

ē-margino, āre, **des Randes berauben,** ulcera, Plin. 28, 147.

ēmasculātor, ōris, *m.* (emasculo), der **Knabenschänder,** Apul. apol. 74.

ē-masculo, āre (ex u. masculus), **entmannen, kastrieren,** sacerdotes herbis, Serv. Verg. Aen. 6, 661: asinum, Apul. met. 7, 23.

Ēmathia, ae, *f.* (Ἠμαθία), alter Name Mazedoniens, Plin. 4, 33. Iustin. 7, 1, 1. Verg. georg. 4, 390: später Name einer Landschaft Mazedoniens zwischen den Bergen Bermius u. Dysorum u. der Landschaft Bottiäa, westl. vom Axios, südl. vom Erigon, Liv. 44, 44, 5 *sqq.* Pacat. pan. 46, 3 (nach Liv. 40, 3, 3 alter Name von Päonia). – poet. auch für das angrenzende **Thessalien,** Verg. georg. 1, 492. – Dav.: **A Ēmathis,** idis, *f.* (Ἠμαθίς), **emathisch,** poet. = **thessalisch,** tellus, Thessalien, Lucan.; dass. subst., Emathis, Lucan.: u. Plur. subst., Emathides, die Pieriden, Ov. – **B Ēmathius,** a, um, **emathisch,** poet. **a** = **mazedonisch,** dux, d. i. Alexander der Gr., Ov.: tecta, d. i. Alexandria, Lucan. – **b** = **thessalisch,** u. insbes. für **pharsalisch,** vertex, der Pelion, Ps. Verg. Ciris 34: caedes, Ov.: arva, terrae litus, Lucan.: acies, Lucan.: Philippi, Lucan. – **c** = **thrazisch,** ventus, Lucil. 41 (b. Rufin. de fig. sent. § 26).

ē-mātūrēsco, tūruī, ere, **völlig reif werden,** Plin. u. Gell. – übtr., si modo laesi ematuruerit Caesaris ira, mit der Zeit sich mildere, Ov. trist. 2, 1, 124.

ē-mātūro, āre, **völlig reif machen,** Eumen. grat. act. ad Const. 10, 4 zw.

emāx, ācis (emo), **kaufbegierig, kauflustig, -süchtig** (Ggstz. vendax,) Cic. u. a.: poet. übtr., non tu prece poscis emaci, mit käufischer Bitte = einen Preis für die Erfüllung gelobend, Pers. 2, 3.

embadālis, e (embadum), **zur Grundfläche gehörig, die Grundfläche ausmachend,** Boëth. art. geom. p. 411, 12 Fr. u. a.

embadius, a, um (embadum), **die Grundfläche bildend,** forma, Gromat. vet. 342, 15.

embadon u. **-badum,** ī, *n.* (ἔμβαδον), die **Grundfläche,** rein lat. area, Gromat. vet. 96, 9; 297, 17 u. a. Boëth. art. geom. p. 404, 17 Fr. u. a.

embamma, atis, *n.* (ἔμβαμμα), eine Brühe zum Eintunken, die **Tunke,** Plin. 22, 88. Apic. 3, 103: Plur., Col. 12, 57, 2. Plin. 20, 147. – Nbf. embamba (so!), ae, *f.* Apic. 8, 346.

embasicoetās, ae, Akk. ān, *m.* (ἐμβασικοίτης), der **Bettbesteiger,** im Doppelsinn für **Schlaftrunk** u. **Beischläfer eines Mannes** (cinaedus), Petron. 24, 1.

embasis, Akk. im, Abl. ī, *f.* (ἔμβασις), das **Bad,** Cael. Aur. de morb. acut. 3, 17, 151 u. 169 a.

embatēs, is, *m.* (ἐμβάτης), als *t. t.* der Baukunst die Einheit, nach der die verhältnismäßige Größe jedes zur Verzierung dienenden Teils bestimmt wird, der **Model** (rein lat. modulus), Vitr. 1, 2, 4 (vgl. 4, 3, 3).

emblēma, atis, Dativ u. Ablativ Plur. matīs, *n.* (ἔμβλημα), das Eingefügte, **I eingelegte-, mosaische Arbeit, Musivmalerei,** Varro r. r. 3, 2, 4. Lucil. 85 (b. Cic. de or. 3, 171 u. a.). – übtr., das Eingeschobene, das **Einschiebsel** (anderswoher entlehnte u. in einer Rede angebrachte Stelle), Quint. 2, 4, 27. – **II** eine **Reliefplatte,** ein **Reliefstreifen,** die in die Gefäße der Alten eingesetzt wurden (vgl. crusta *no.* e, β), Cic. Verr. 4. § 37. § 46 u. 54. Paul. dig. 34, 2, 32. § 1. – ► Nbf. emblēma, ae, *f.,* Pompei comment. (V) 197, 11.

emblēmaticus, a, um (emblema), **zum Einlegen (Einsetzen) dienend, eingelegt, eingesetzt,** opus (= emblema *no.* II), Schol. Iuven. 1, 76.

embola, ae, *f.* (ἐμβολή), die **Einschiffung,** Cod. Iust. 1, 2, 10.

embolia, ae, *f.,* s. embolium.

emboliāria, ae, *f.* (embolium), die **Schauspielerin im Zwischenspiel (Intermezzo),** Plin. 7, 158. CIL 6, 10127.

emboliārius, iī, *m.* (embolium), der **Schauspieler im Zwischenspiel (Intermezzo),** CIL 4, 1949 (wo Vok. emboliari).

embolimaeus, a, um (ἐμβολιμαῖος), **eingeschaltet,** dies, Auson. ecl. de rat. anni vert. 13. p. 13, 5 Schenkl.

embolīnē, ēs, Akk. ēn, *f.,* eine uns unbekannte Pflanze, Plin. 13, 114.

embolismus, a, um (ἐμβολισμός), **eingeschaltet,** dies, Solin. 1. § 42: annus, Schaltjahr, Isid. 6, 17, 21 u. 2224. – subst., embolismus, ī, *m.,* die **Einschaltung,** Isid. 6, 17, 23.

embolium, iī, *n.* (ἐμβόλιον), **1** das **Einschiebsel,** Cic. ad Q. fr. 3, 1, 24. – **2** auf dem Theater ein pantomim. **Zwischenspiel, Intermezzo,** arbitrix emboliorum (die Inschr. imboliarum?), CIL 6, 10128. – übtr. embolia sororis, Liebeshändel, Cic. Sest. 116.

embolum, ī, *n.* (ἔμβολον), der metallene **Schnabel** eines Schiffes, embolum navis aheneum, Petron. 30, 1.

embolus, ī, *m.* (ἔμβολος), der **Kolben** bei Saug- u. Druckwerken, Vitr. 10, 7, 3.

embrocha, ae, *f.* (ἐμβροχή), der **feuchte Umschlag,** Th. Prisc. 1, 33.

embryo = ἔμβρυον, der **Embryo,** Gloss. III, 249, 23.

ēmeditātus, a, um (ex u. meditor), **ausstudiert, erkünstelt,** Apul. met. 2, 27.

ēmedullātus, a, um (ex u. medulla), **des Markes beraubt,** Plin. 22, 87. – übtr., virtutes ohne Geist u. Kraft, Sidon. epist. 8, 6, 3.

ēmendābilis, e (emendo), **verbesserlich,** error, Liv. 44, 10, 3: aetas eius, Sen. de clem. 2, 7, 2.

ēmendātē, *Adv.* (emendatus), **fehlerfrei, richtig, korrekt, mit aller Genauigkeit,** pure et em. loqui, Cic.: Latine atque em. loqui, Quint.: bene et em. scribere, Suet.: bene atque em. perficere, Hirt. b. G.: *Compar.*, Plin. 34, 58. Quint. 1, 6, 19. Capit. Gord. 24, 1.

ēmendātio, ōnis, *f.* (emendo), die **Verbesserung, Nachbesserung, Vervollkommnung, a** in intellektueller Hinsicht, absol., emendatio pars studiorum utilissima, Quint.: m. *Genet.*, em. libri, Plin. ep.: sacrificiorum, Macr.: disciplinae publicae (Staatsverfassung), ICt.: correctio philosophiae veteris et emendatio, Cic. – **b** in ethischer Hinsicht, **α** übh.: optima est emendatio verecundiae fiducia, das beste Gegenmittel gegen Sch. ist S., Quint. 12, 5, 4: si malorum causa bellum est, erit emendatio pax, wird der Fr. deren Heilung bringen, Quint. 5, 10, 73. – **β** die **Besserung** der Sitten od. einer Pers., em. morum, Mamert. grat. act. Iulian. 4, 3: quam (rem publicam) vult emendatione constare, Apul. doctr. Plat. 2, 27: einer Pers., Val. Max. 9, 1 pr. Sen. de ira 3, 19, 2: eo maiore animo ad emendationem nostri debemus accedere, Sen. ep. 50, 8. – dah. **Strafe, Züchtigung,** Tert. apol. 46; de spect. 19.

ēmendātor, ōris, *m.* (emendo), der **Verbesserer, Vervollkommner, a** in intellektueller Hinsicht, emendatores (die Verbesserer der Handschriften) ›e‹ scripto stetisses (aus stitisses) fecerunt, Gell. 2, 14, 2: timor est emendator asperrimus, Plin. ep. 7, 17, 13: quasi em. sermonis usitati, Cic. Brut. 259. – **b** in ethischer Hinsicht, der **Besserer, Sittenrichter,** verb. em. et corrector, Cic. Phil. 2, 43: corrector emendatorque, Plin. pan. 6, 2: em. senatus, Plin. ep. 6, 5, 4: corrector atque emendator nostrae civitatis, Cic. Balb. 20.

ēmendātōrius, a, um (emendo), **verbessernd,** Augustin. epist. 211, 11; in psalm. 37, 3 u. a.

ēmendātrīx, trīcis, *f.* (Femin. zu emendator), die **Verbesserin,** vitiorum emendatricem legem esse oportet, Cic. de legg. 1, 58: o praeclaram emendatricem vitae poëticam! Cic. Tusc. 4, 69.

ēmendātus, a, um, *PAdi.* m. *Compar.* u. *Superl.* (v. emendo), **fehlerfrei, richtig, korrekt, mit aller Genauigkeit gefertigt, tadellos, a** in intellektueller Hinsicht: opus, Plin.: locutio, Cic.: carmina, Hor.: verba (Ggstz. barbara), Quint.: lectio, richtiges Lesen, Quint.: mulier omnibus simulacris emendatior, Petron.: libri emendatissimi, Quint. u. Lact.: ingenium emendatissimum, Sen. rhet. – **b** in ethischer Hinsicht, moralisch **tadellos,** mores, Cic.: vita emendatior, ICt.: timore bellico emendatior, Capit.: homo od. vir emendatissimus, Plin. ep. u. Auson.

ē-mendīco, āre, **erbetteln,** stipem quotannis die certo a populo, Suet.: pecuniae emendicatae, Suet.: emendicati capilli, Sen. – übtr. = **erschleichen,** emendicata suffragia, emendicata insignia consularium, spät. ICt.

ē-mendo, āvī, ātum, āre (ex u. mendum), etwas **von Fehlern befreien, -reinigen, -säubern,** an etwas **bessern, feilen,** etwas **berichtigen, vervollkommnen** (versch. von corrigere [s. d.], dah. oft verb. corrigere et emendare, emendare et corrigere), **a** als mediz. *t. t.* = **heilen,** cutem, Plin.: tussim, Plin. – **b** in intellektueller Hinsicht, exemplaria, Suet.: alcis annales, Cic.: leges emendatae utiliter, latae salubriter, Vell.: codicum Latinorum non nullas mendositates ex Graecis exemplaribus emendavimus, Augustin. epist. 261, 5: nomenclatores saepius errantes, Spart. Hadr. 20, 9. – **c** in ethischer Hinsicht, moralisch **bessern, zurechtbringen,** civitatem, Cic.: consuetudinem, Cic.: in more communi (*i.e.* in vitiis civitatis) soles emendari cupere, quae iam corrigere difficile est, Plin. ep.: conscius mihi sum … corrigi me et emendari castigatione posse, Liv.: consilium luxuriante filio conceptum emendato est supervacuum, Sen. rhet.: aliquando utar verbis durioribus, si emendari illum speravero posse, Sen. – bes. v. »Zurechtbringen, Zum-Gehorsam-Bringen« Unfolgsamer, Störrischer, **strafen, züchtigen,** bovem cubitorem fame et siti, Col.: libertum non obsequentem aut verbis aut fustium castigatione, ICt.: domesticos et administratores lanceā, Lact.: uxorem non solum vocibus sed etiam plagis, Augustin.

ēmēnsio, ōnis, *f.* (emetior), das **Durchlaufen der Bahn,** lunaris, Isid. 6, 17, 29.

ē-mentior, tītus sum, īrī, **erlügen, erdichten, lügend** od. **fälschlich vorgeben, täuschen,** auspicia, Cic. u. a. (s. Drak. u. Fabri Liv. 21, 63, 5): falsa naufragia, Liv.: vanitas ementiendae stirpis, Liv.: alqm, sich lügenhaft ausgeben für jmd., Plaut. trin. 985. – mit *Acc.* u. *Infin.*, eo me beneficio obstrictum esse ementior, Cic.: multiplices fuisse merces ementiebantur, Liv. – m. dopp. *Acc.* = fälschlich ausgeben für usw., se genitum septemplice Nilo, Ov. met. 5, 188: em. auctorem eius doli Sullam, Tac. ann. 13, 47. – ganz absol., falsche Aussagen machen, Cic. Rosc. Am. 127; part. or. 50. Suet. Caes. 66. – in alqm, gegen jmd. Lügen erdenken, Cic. part. or. 73. – *Partic. Perf.* auch passiv, auspicia ementita, Cic.: lassitudo ementita, Apul.: ementitus infans, Tertul.: *n. pl.* subst., ementita et falsa plenaque erroris, Cic. de nat. deor. 2, 56.

ēmentītīcius, a, um (ementior), **erlogen, erdichtet,** interpretationes, Hilar. in psalm. 125, 1: ementiticii et ficti dii, *Firm. de err. 17, 4 H.

ē-meo, (āvī), ātum, āre, **I** *intr.* **ausströmen, entweichen,** aër per superiorem partem (vasis) non invenit emeandi locum, Augustin. de genes. ad litt. 2, 2, 5. – **II** *tr.* **durchwandern,** emeato mari, Amm. 29, 5, 5.

ē-mercor, ātus sum, ārī, **erkaufen,** adulterium, Tac.: hostes ad exuendam fidem, Tac.: avaritiam praefecti, bestechen, Tac.: molestias pretiis clandestinis, Amm. – ► Passiv, emercabantur (wurden erkauft), Amm. 21, 6, 8: emercati (erkauft), Amm. 26, 2, 4.

ē-mereo, meruī, meritum, ēre, u. **ē-mereor,** meritus sum, ērī, **I verdienen, A** objektiv = **erwerben,** pecuniam ex eo quaestu uberem, Gell. 6, 7, 5. – **B** subjektiv: **1 (sich)** etw. **verdienen, sich ein Recht-, einen Anspruch** auf etw. **erwerben,** generosos vestis honores, Prop.: favorem, Quint.: m. folg. *Infin.*, Ov. fast. 4, 58. Lucan. 5, 687: Partiz. Perf. passiv, emeritum caelum, Sil. 7, 19 u. 11, 461. – **2 sich** um jmd. **verdient machen,** alqm, Tibull. u. Ov.: emeritus, ein verdienter Mann, Ov. – **II ausdienen,** stipendia, Liv.: stipendia emeritus, Val. Max., u. absol., emeritus, Suet. u. Lucan., ein ausgedienter Soldat, ein Veteran. – dah. übtr. emeritus, **ausgedient, alt, unbrauchbar geworden,** apes, Plin.: aratrum, Ov.: puppis, Mart. – Passiv, unum ubi emeritum est stipendium, wenn eine Kampagne gemacht ist, Plaut.: annuae operae emerentur, gehen zu Ende, Cic.: stipendia emerita, Liv. u. (bildl.) Cic.: militia emerita, Suet.: annuum tempus prope iam emeritum habebamus, ich habe mein Jahr fast schon abgedient, Cic. ep.: dah. subst., ēmeritum, ī, *n.*, Belohnung für ausgediente Soldaten, ICt.

ē-mergo, mersī, mersum, ere, **I** *tr.* **auftauchen machen** od. **lassen,** freti candenti e gurgite vultus, von den Nereïden, Catull. 64, 14: tibiae eius pustulas emerserunt, Greg. Tur. hist. Franc. 6, 15. p. 259, 11. – dah. emergere se od. emergi, **auftauchen,** aus einer verbergenden Tiefe (Wasser usw.) **emporkommen, zum Vorschein kommen, A** eig.: serpens se emergit, Cic.: emersus e flumine, Cic.: ex profunda emersus palude, Liv. – **B** übtr., **emporkommen, befreit werden, sich losmachen,** emergere se ex malis, Ter. u. Nep.: in apertos campos emersit, rettete sich, Liv.: velut emerso ab admiratione animo, als hätten sie sich von ihrem tiefen Staunen erholt, Liv. – **II** *intr.* **auftauchen, emportauchen, emporkommen, zum Vorschein kommen, A** eig.: equus ex flumine emersit, Cic.: cum foramine e terra emersisset, Vell.: navigia fundo emergunt, Sall. fr.: multa cum caede suorum aegre in apertos campos emersit, konnte mit Mühe sich durchschlagen in usw., Liv.: vom Aufgang der Sonne u. der Gestirne, Tac. u. Plin. – **B** übtr.: **1** **emportauchen,** aus einer üblen Lage **sich erholen,** von etwas **loskommen, sich losmachen,** hāc autem re incredibile est quantum civitates emerserint, neu aufgelebt haben, Cic.: em. ex iudicio peculatus, Cic.: ex paternis probris ac vitiis, Cic.: emersisse civitatem ex obnoxia pace, Liv.: in profundum ultimarum miseriarum abiectus ex ipso vitae discrimine beneficio maiestatis emersit, Val. Max. – **2** **emporkommen, emporsteigen,** ad summas opes, Lucr.: in quod iam emersissent fastigium, Vell. – **3** **zum Vorschein kommen, sichtbar werden, sich zeigen, erhellen,** emergit rursum dolor, Cic.: fama, rumor emergit mit folg. *Acc.* u. *Infin.*, Vopisc.: tanti sceleris indicium per Fulviam emersit, kam an den Tag, Flor.: ex quo magis emergit, quale sit decorum illud, Cic.

ēmersus, ūs, *m.* (emergo), das **Auftauchen, Emporkommen, Zum-Vorschein-Kommen, Sichtbarwerden,** em. caniculae, Aufgang, Plin.: quo hostes emersum facturi fuissent, der Feind hervorbrechen würde, Vitr. – Plur., ad cuius (amnis) emersus, Plin. 9, 75.

emeticus, a, um (ἐμετικός), **Speien erregend,** bulbus, Ps. Apul. herb. 55.

ē-mētior, ē-mēnsus sum, īrī, **I** **ausmessen, abmessen,** **A** eig.: oculis spatium emensus, Verg. Aen. 10, 772: κανονικῇ longitudines et altitudines vocis emetitur, Gell. 16, 18, 4. – **B** übtr., **a** **durchwandern, durchreisen, durchlaufen, zurücklegen,** tam longum iter, Liv.: unā nocte aliquantum iter, Liv.: uno die cursu ingens spatium, Liv.: spatium urbis pedibus, Tac.: maria terrasque, Curt.: plura milia passuum, Iustin.: ab Hellesponto ad Oceanum omnes gentes victoriā, alle Länder siegreich durchziehen, Curt. – *Partic. Perf.* passiv (vgl. Drak. Sil. 1, 636), multo maiorem partem itineris emensam, Liv.: toto emenso spatio, Caes. b. c. 1, 5, 2: itineribus interiectis permutatione iumentorum (mit Pferdewechsel) emensis, Amm.: emenso Olympo, Verg. – **b** einen Zeitraum **durchmachen, hin-, verbringen, verleben,** ter decies emensus belliger annos, Sil.: totidem per vulnera saevas emensi noctes, Sil.: dah. prägn., quinque principes, erleben, Tac. hist. 1, 49. – *Partic. Perf.* passiv., emensae noctes, Ov.; die cum hostili clade emenso, Amm.: adusque autumnum emensum, Amm. – **c** der Reihenfolge nach **durchmachen,** passiv, militiae gradibus emensis, Eumen. pan. Constant. 3, 3. – **d** Mühen usw. **durchmachen, überstehen,** aulae labores, Claud. epith. Pall. et Cel. 66. – *Partic. Perf.* passiv, post periculorum molestias plures emensas, Amm. 30, 7, 5: post emensos insuperabilis expeditionis eventus, Amm. 14, 1, 1. – **II** **zumessen, darmessen, austeilen,** duodecim frumentationes frumento privatim coëmto emensus sum, Monum. Ancyr. 3, 11. – übtr. = **zukommen lassen,** aliquid patriae, Hor. sat. 2, 2, 105: ego autem voluntatem tibi profecto emetiar, an gutem Willen soll es in der Tat nicht im Geringsten fehlen, Cic. Brut. 16.

ē-meto (messuī), messum, ere, **abmähen,** frumentum, Hor. ep. 1, 6, 21: fruges, Manil. 5, 245 *ed. Jacob.*

ēmicātim, *Adv.* (emico), **blitzschnell,** im **Nu,** prosiliens, Sidon. epist. 2, 13, 8.

ēmicātio, ōnis, *f.* (emico), das **Hervorspringen, Hervorragen,** Plur., emicationes silvarum, Apul. de mund. 29.

ēmiciclius, s. hēmicyclius.

ē-mico, ē-micuī, ē-micātum, āre, zuckend, -sich schnellend **hervorschießen,** **I** von verschiedenen Stellen aus, **1** eig.: **a** v. Lebl., u. zwar **α** v. der Flamme usw., **hervorschießen, hervorblitzen, -sprühen,** scintillis inter fumum emicantibus, Quint.: cum flamma ex eo monte emicuisset, Plin.: flamma emicat ex oculis, Ov.: dormienti circa caput flamma emicuit, Val. Max.: ex turri ignes emicant, Suet.: ab omni parte caeli emicare fulgura, Curt.: incendia de nubibus emicarunt, Apul. u. Augustin. – **β** v. Quellen, Blut usw., **hervorschießen, -quellen,** scaturigines tenues emicant, Liv.: magna vis sanguinis emicat, Curt.: sanguis per utrumque foramen emicuit, Ov. – **b** (poet.) v. leb. Wesen, **hervorrennen,** carcere (aus den Schr.), Ov. met. 10, 652. – **2** übtr.: **a** **hervorbrechen,** alci pavor emicat, Tac.: quae (mala) diversis orbis oris emicabant, Flor. – **b** **hervorglänzen, -leuchten,** egregia virtus alcis emicuit, Flor.: inter ceteros alci gloria emicuit, Iustin.: inter quae verba forte si emicuit decorum, Hor.: v. Pers., claritate rerum, Curt. 7, 6 (27), 20. – **II** nach vorn: **a** v. Geschossen, **fortschwirren, abschnellen,** telum excussum velut glans emicabat, Liv.: emicuit nervo telum, Ov.: saxa tormento emicant, Liv. – **b** v. Blut, **hervorschießen,** illam in partem, unde etc., Lucr. 4, 1042. – **c** (poet.) v. Pers., **hinausspringen, -eilen,** in litus, Verg.: u. **vorspringen,** longe ante omnia corpora, Verg. – **III** aus der Tiefe nach oben, **emporspringen,** **1** eig.: **a** v. Lebl.: cor emicat, schlägt, Vell.: in superos aër tenuissimus emicat ignes, Ov.: v. Blut, **emporspritzen,** alte od. in altum, Ov. – **b** (poet.) v. leb. Wesen, **empor-, aufschnellen, empor-, aufspringen,** absol., altera lanx emicat, schnellt empor, in die Höhe, Verg.: solo (vom Boden), Verg.: in currum, Verg.: in auras, Ov. – **2** (poet.) übtr., **a** v. konkr. Subjj., **emporragen,** alto gurgite (v. einem Felsen), Ov. met. 9, 226: cacumen fluctu emicuit, Lucan. 5, 76. – **b** v. Geiste, **sich empor-, aufschwingen,** animus ad summa emicaturus, Sen.: animus in (zu) cogitationes divinas emicat, Sen. – ► Ungew. Perf. emicavi, Quint. 1, 6, 17: emicarunt, Apul. de mund. 34: emicasse, Augustin. de civ. dei 4, 2. p. 148, 3 D.[2] Paul. Nol. nat. 13, 182.

ēmigrātio, ōnis, *f.* (emigro), das **Ausziehen, Wegziehen,** Ulp. dig. 39, 2, 29.

ē-migro, āvī, ātum, āre, **I** *intr.* **ausziehen, auswandern,** hinc hodie emigravit aut heri, Plaut.: emigravit pridem ex hisce aedibus, Plaut.: huc ex illa domo praetoria emigrabat, Cic.: domo eius, Cic.: aedibus, Titin. fr.: domo (aus der Heimat), Caes.: Colophon, quo Delphis (von D.) emigraverat, Lact.: em. ex urbe Eleusina (nach E.), Iustin.: em. Eleusina, em. Metapontum, Iustin.: absol., septem menses sunt, cum in hasce aedes pedem nemo intro tulit, ut semel emigravimus, Plaut.: qui post hunc casum emigraverunt, Sen.: populus, quem tyranni emigrare iusserant, in urbem revocatur, Iustin. – übtr., **scheiden,** e vita, Cic. de legg. 2, 48: ex hac vita, Augustin. de civ. dei 1, 22, 1; conf. 9, 3. – **II** *tr.*: **A** **ausziehen-, auswandern machen,** emigrabit te de tabernaculo suo, Vulg. psalm. 51, 7. – refl., senia et iurgia sesemet aedibus emigrarunt, sind ausgezogen, Titin. com. 148. – dah. non ergo perseverans in aeternum, sed emigrandus, der ausziehen muss, Augustin. in psalm. 51, 4. – **B** übtr., **übertreten,** scripturas, Tert. de cor. mil. 1.

ēmīna, s. hēmīna.

ēminēns, entis, **I** *Partic.* v. emineo, s. d. – **II** *PAdi.* m. *Compar.* u. *Superl.*, **hervorragend,** **A** eig.: **1** im Allg.: **a** vertikal **hervorragend, hervorstehend, hervortretend, hochliegend, hochgelegen,** arbores, Curt.: os, Cels.: caro (Ggstz. caro concava), Cels.: papaverum capita, Flor.: nihil eminens, Cic.: em. saxa, Sall.: aedes, Flor.: area, Liv.: statura, Suet. – has (trabes) paulo longiores atque eminentiores, quam extremi parietes erant, effecerunt, Caes. b. c. 2, 9, 3: eminentissimus mons, Flor. 4, 2, 49: vertex, id quod in montibus eminentissimum, Quint. 8, 2, 7. – *neutr.* subst., species ut quaedam sit deorum, quae nihil concreti habeat, nihil solidi, nihil expressi, nihil eminentis, Cic. de nat. deor. 1, 75: Plur., eminentia cautium, hervorragende Felsen, Mela 2, 6, 5 (2. § 89): per inaequaliter eminentia rupis, ungleiche Vorsprünge, Liv. 28, 20, 3: quaedam erigi in eminentiora (höher gelegene Stellen) non possunt, Frontin. aqu. 18 *in.* – **b** horizontal **hervorragend, hervorstehend, vorstehend,** tituli (Aufschriften), Vopisc.: oculi, Cic.: oculi foris em., Vopisc.: oculi ac nares, Vell.: genae leniter em., Cic.: nasus a summo eminentior, Suet. – **2** als *t. t.* der Malerei, **hervortretend,** alia eminentiora, alia reductiora fecerunt, Quint. 11, 3, 46: im Bild, eminens effigies virtutis, scharf hervortretendes Bild (Ggstz. adumbrata imago, wesenloser Schattenriss), Cic. Tusc. 3, 3. – **B** übtr.: **1** **deutlich hervortretend,** quae sunt eminentia et prompta, Cic. de or. 3, 215. – **2** **hervorragend, ausgezeichnet, ungewöhnlich, außerordentlich, glänzend,** **a** v. Pers.: vir, Vell.: oratores, Tac. dial.: eminentissimus vir, Vell.: vates (von Vergil), Amm., auctor, Quint.: eminentissimi hostium duces, Vell. – m. *Abl.* (wodurch?), corpore excellens, dignitate eminens, Vell.: Livia genere, probitate, formā Romanarum (unter den R.)

eminentissima, Vell.: nec poëtica modo, sed oratoriā virtute eminentissimus, Quint. – m. *in* u. Abl., ut in omnibus, ita in eloquentia quoque eminentissimus, Quint. 4. pr. § 3; vgl. 12, 10, 12. – *Superl.* m. *Genet. partit.* u. *Genet. mat.*, ingenii ac studiorum eminentissimus saeculi sui, an Geist u. Gelehrsamkeit alle seine Zeitgenossen weit überstrahlend, Vell. 1, 12, 3. – subst. ēminentēs, ium, *m.*, **hervorragende Persönlichkeiten,** Tac. Agr. 5: u. so Superl., eminentissimi Graecorum, die hervorragendsten Griechen, Quint. 9, 4, 79. – in der Kaiserzeit viri eminentissimi vom praefectus praetorio u. vom magister militum, Cod. Iust. 9, 41, 11 u. 12, 47, 1. – **b** v. Lebl.: fastigium, fortuna, ingenium, Vell.: res dictu non eminens, keiner glänzenden Darstellung würdig, Vell.: eminentiorem illorum temporum eloquentiam fuisse, Tac. dial. 25: eminentissima cuiusque professionis ingenia, Vell. 1, 16, 2. – subst., ēminentia, ium, *n.*, **α** die **Glanzpartien** in der Rede, Quint. 10, 1, 86. – **β** das **Erhabene,** die **überwiegende Größe,** Vell. 2, 40, 5.

ēminentia, ae, *f.* (emineo), das **Hervorragen,** konkr. = das **Hervorragende, I** eig.: **a** im Allg., die **Hervorragung, Erhöhung,** elatior, Chalcid. Tim. 60: inferior, *ibid.* 191: marginis, *ibid.* 240: culminum, Apul. flor. 18. p. 28, 6 Kr.: nec habere ullam soliditatem nec eminentiam, körperlich hervortreten, Cic. de nat. deor. 1, 105: Plur., eminentiae terrarum, Censor. fr. 2, 3: eminentiae naturales terrae, Chalcid. Tim. 60. – **b** insbes., **α** der **Auswuchs** an einer Pflanze od. am menschl. Körper, habere eminentias similes verrucis, Plin. 37, 174: eminentias tollere, Scrib. Larg. 228. – **β** als *t. t.* der Malerei, das **Licht,** die **Lichtpartien,** Cic. Acad. 2, 20. – **II** übtr.: **a** die **Hervorragung** eines Alters, die **Höhe,** aetatis et senectutis em. digna, das hohe ehrwürdige Alter, Vulg. 2. Mach. 6, 23. – **b** das **Hervorstechende,** der **Vorzug,** em. quaedam formarum, hervorstechende Eigenschaft, Gell. 5, 11, 9: per eminentiam = κατ᾽ ἐξοχήν, vorzugsweise, Ulp. fr. 11, 3.: Plur. v. Würden, eminentiae et praeeminentiae et supremitates, Claud. Mamert. de stat. anim. 3, 13. – **c** die **hervorragenden Talente, -Größen,** cuiusque operis (jeder Kunstgattung), Vell. 1, 17, 4: duae eminentiae, Gell. 14, 3, 11.

ēminentius, *Adv.* im *Compar.* (eminens), **hervorragender,** übtr., in Euphratis fluenta proiectae cautes eminentius tuebantur, schützten auffallender, Amm. 24, 2, 12: insignius et eminentius in dei populum coalescentes, Augustin. de civ. dei 16, 11, 2. – eminentius natus, höheren Geschlechts, Sidon. epist. 1, 11, 5.

ē-mineo, minuī, ēre, **heraus-, hervorragen, I** eig.: **1** im Allg.: **a** vertikal **heraus-, hervorragen, heraus-, hervorstehen,** ne quid emineret, ubi ignis hostium adhaeresceret, Caes.: his quae eminebant paulatim in se residentibus, Sen.: et nihil emineant et sint sine sordibus ungues, Ov.: tumulis dumtaxat eminentibus, Curt.: eminentibus venis, Cels.: eminentibus oculis, Cic.: oculis foris eminentibus, Vopisc. – m. *ex* u. Abl., columella non multum e dumis eminens, Cic.: ex terra nihil eminet, quod etc., Cic.: globus terrae eminens e mari, Cic. – m. *in* u. Abl., machina, in qua undique praeacuti stimuli eminebant, Val. Max.: in medio fere nemore columnam eminere, Curt. – m. *Abl.* **woraus?** iam paulum moles aquā eminebat, Curt.: Dareus curru sublimis eminebat, Curt. – m. *Abl.* **womit?** ut capite paululum emineat (paxillus), Cels. – m. *extra* (über) u. Akk., ut (auris) extra tabulam non emineat, Cels. – m. *super* u. Akk., belua super ipsos fluctus dorso eminens, Curt.: super eum (ruborem) pustulae eminent, Cels. – mit Ang. **wie weit? wie hoch?** ut non amplius digitis quattuor ex terra eminerent (stipites), Caes.: altitudo muri L cubitorum eminet spatio, Curt.: petra in altitudinem XXX eminet stadia, Curt.: nostros montes (über unsere B.) per bis sex ulnas eminet locus, Lact. – **b** horizontal **hervorragen, -stehen, vorstehen,** duobus eminentibus promunturiis, Caes.: sinus lunae maxime similis, cum eminent cornua, Curt. – m. *Praepp., ex* summo temone hastae praefixae ferro eminebant, Curt.: hastae multum *ultra* temonem eminentes, Curt.: dextra omnis acies *extra* proelium eminens, Liv.: ita ut *per* costas ferrum emineret, Liv.: *inter* radios rotarum plura spicula eminebant, Curt.: hasta *in* partes eminet ambas, Ov.: iugum directum eminens *in* mare, Caes.: pars eius *ad* Arctos eminet, ragt hinaus, Manil. – **2** insbes., **a** als mediz. *t. t.*, eminens caro, der fleischige Auswuchs, Scrib. Larg. 227. – **b** als *t. t.* der Malerei, **hervortreten, den Vordergrund bilden,** ut quaedam eminere in opere, quaedam recessisse credamus, Quint. 2, 17, 21: nec pictura, in qua nihil circumlitum est, eminet, Quint. 8, 5, 26. – im Bild, quo magis id, quod erit illuminatum, exstare atque eminere videatur, Cic. de or. 3, 101.

II übtr.: **1 deutlich hervortreten, -sich zeigen, -sichtbar werden** od. **sein, a** übh.: primum metus eius, mox gaudium eminuit, Plin. ep.: eminet ante oculos, quod petis, ecce tuos, Ov.: sententiae ipsae magis eminent, Quint.: quorum eminet audacia atque proiecta est, Cic. – m. *Praepp.,* toto *ex* ore crudelitas eminebat, Cic.: cum pigritia et desperatio *in* omnium vultu emineret, deutlich zu lesen war, Liv. 21, 35, 7: *in* quorum ore amor eminebat, Sen.: *in* Poro eminebat auctoritas, Curt.: privata quoque *inter* publicos honores studia eminebant, Liv.: eminente animo patrio *inter* publicae poenae ministerium, Liv.: nihil excelsum, nihil quod *supra* cetera emineat, Liv.: m. *Abl.* **wodurch?** quae (altitudo animi) maxime eminet contemnendis et despiciendis doloribus, Cic. – **b** dem Klang nach **hervortreten, vorklingen,** per confusa frementis verba tamen vulgi vox eminet una, Ov. met. 15, 607. – **2** gleichs. **hervor-, auftauchen,** vix ex gratulando miser iam eminebam, Plaut. capt. 504: si iam tum, cum erit (animus) inclusus in corpore, eminebit foras, wird hinausstreben, Cic. de rep. 6, 29. – **3 hinausragen** = **hinausstreben,** animus in futura eminens, Sen. de tranqu. anim. 9, 2. – **4 hervorragen, hervorstechen, hervorstrahlen** = **sich auszeichnen, a** v. Pers.: legendus, qui eminebat, Vell.: quos eminere videant altius, Nep. – mit *Praepp.,* eminere *inter* aequales, Quint.: *in* his omnibus eminuit Plato, Quint. 1, 12, 15: Demosthenes unus eminet *inter* omnes *in* omni genere dicendi, Cic.: *supra* eam (veritatem) eminere visus est, Sen.: magna quoque ingenia quando plus quam *in* uno eminuerunt opere? Sen. rhet. – m. *Abl.* **wodurch?** armis et robore corporis *super* ceteros eminens, Curt.: claritudine eminuit, Vell. 2, 130, 1: nihil excelsum, nihil quod *supra* cetera emineat, in civitatibus fore, Liv. – **b** v. Lebl.: tantum eminebat peregrina virtus, Liv.: excellit atque eminet vis, potestas nomenque regium, Cic. – m. *Praepp.,* quibus *inter* populares aut nobilitas aut opes eminent, Curt.: quae res *in* negotiis vel bellicis vel civilibus eminebant, Eutr.: sciebas animum eius liberalibus disciplinis … sic esse fundatum, ut *supra* omnes corporis dolores emineat (erhaben ist), Sen. – m. *Abl.* **wodurch?** Philippicas (orationes) Demosthenis isdem eminere virtutibus, Quint. – ► Nbf. emino, wov. eminavit, Vulg. (Amiat.) act. apost. 18, 16.

ēminiculus = eminens, Gloss. V, 193, 15 u. ö.

ē-minīscor, mentus sum, minīscī (ex u. *meniscor), **aussinnen, erdenken,** Varro LL. 6, 44 M. (*codd.* reminisci). Rhet. Her. 2, 10 u. 12. Nep. Alc. 2, 1 H. Apul. apol. 102. p. 113, 3 Kr. Not. Tir. 76, 69. Gloss. (vgl. *Scal.* V, 598, 27 ›ementum, excogitatio‹).

ēminulus, a, um (emineo), **ein wenig hervorragend, -hervorstehend,** spina, Varro: dens, Lucil. 546 u. Varro: digiti, Prud.: ungues, Non. – *neutr. pl.* subst., angulis eminula, Apul. de deo Socr. prol. p. 2, 21 G.

ēminus, *Adv.* (e u. manus), **I** urspr. milit. *t. t.* = **in Schussweite, von fern, in der Ferne** (Ggstz. comminus), em. pugnare, Caes.: eminus hastis aut comminus gladiis uti, Cic.: strenui vel sagittis eminus vel ensibus comminus, Apul. flor. 6. p. 6, 12 Kr. – **II** übtr.: **1** übh. **von fern, in der Ferne** (Ggstz. comminus), Lucr. 6, 904. Ov. ex Pont. 1, 6, 17. – **2** von der Entfernung eines Ortes, eminus est Vulturnus Capuā tria milia passuum, ist entfernt von Kapua, Auct. b. Ps. Ascon. Cic. II. Verr.. 1, 125.

ē-mīror, ātus sum, ārī, **sich wundern** über etw., **sein Wunder an** etw. **sehen,** etw. **mit Befremden wahrnehmen,** aequora, Hor. carm. 1, 5, 8: casus mortalium, Lact. Placid. argum. Ovid. met. lib. 8. fab. 10. p. 251 M.

Emisa, -sēnus, s. Emissa.

ēmispērion, s. hēmisphaerium.

Emissa (Emisa), ae, *f.*, Stadt in Syrien, noch jetzt *Hems* od. *Hoems,* Amm. 14, 7, 18 u. 14, 8, 9. – Dav. **Emisēnus,** a, um, **emisenisch,** Emisena urbs = Emissa, Capit. Macrin. 9, 1: Plur. Emīsēnī, ōrum, *m.*, die Einw. von Emisa, die **Emisener,** Treb. Poll. Gallien. 3, 4.

ēmissāculum, ī, *n.* (emitto), der **Abzugskanal,** Chalcid. Tim. 39 u. 192.

ēmissārium, iī, *n.*, s. ēmissārius.

ēmissārius, a, um (emitto), **zum Herausschicken geeignet, I** *adi.:* caper em., der in die Wüste (als Träger der Sünden des Volks) geschickte, Vulg. levit. 16, 8. – **II** *subst.:* **1** ēmissārium, iī, *n.*, **α** der **Abzugsgraben, Abzugskanal,** angelegt, um stehende Gewässer abzuleiten, Cic. ep. 16, 18, 2. Plin. 33, 75: em. Fucini lacus, Suet. Claud. 20, 1 u. 32. – **β** als mediz. *t. t.*, der **Abzug, Abfluss** für Eiter usw., emissarium conceptionis od. vomicae facere, Scrib. Larg. 206 u. 227. – **2** ēmissārius, iī, *m.*, **a** der **Sendbote, α** der geheime **Sendbote, Späher, Spion,** Cic. Verr. 2, 22 u. ö. Vell. 2, 18, 6. Suet. Galb. 15, 2. – **β** der Sendbote eines Fürsten, der **Trabant,** Vulg. 1. regg. 22, 17 u. Mich. 1, 14. – **b** eine soeben erst hervorgeschossene Rebe, ein **junger Trieb,** Plin. 17, 208.

ēmissīcius, a, um, (emitto), **zu den Ausgeschickten gehörig,** oculi, Späheraugen, -blicke, Plaut. aul. 41. Anthol. Lat. 1454, 2 M.: u. so ocelli, Tert. de pall. 3.

ēmissio, ōnis, *f.* (emitto), **I** das **Herausschicken, 1** das **Ausströmenlassen** aus sich, radiorum ex oculis in ea, quae videri queunt, emissio, Gell. 5, 16, 2: Plur. emissiones, Geburten, Interpr. Iren. 2, 14, 8 u. 2, 28, 6. – **2** das **Entsenden, Abschleudern** eines Geschosses, ut enim balistae lapidum et reliqua tormenta eo graviores emissiones habent, quo sunt contenta atque adducta vehementius, sic etc., sowie der jedesmalige Wurf der Schleudermaschinen für Steine u. der übrigen Wurfmaschinen ein um so kräftigerer ist, je stärker sie angespannt u. angezogen werden, so usw., Cic. Tusc. 2, 57: emissiones fulgurum, Vulg. sap. 5, 22. – **II** das **Fortlassen, 1** = das **Entlassen** eines Eingesperrten, anguis, serpentis, Cic. de div. 2, 62. – **2** das **Fahren-, Fallenlassen,** foliorum, Plin. 17, 12 D.

ēmissor, ōris, *m.* (emitto), der **Heraussender, -treiber,** Liber et Libera seminum commotores et emissores, Augustin. de civ. dei 7, 3, 1. p. 275, 32 D.[2]

ēmissus, ūs, *m.* (emitto), das **Heraus-, Abschicken, Entsenden,** Lucr. 4, 202.

ē-mītēsco, ere, **mild werden,** Col. 9, 14, 10.

ē-mītigo, āre, **mildern, besänftigen,** iram totam, Iuvenc. in Levit. 82 (bei Pitra Spic. Sol. 1, 227).

emitor, s. imitor ►.

ē-mitto, mīsī, missum, ere, **herausgehen-, herauslaufen lassen,** u. zwar (wie mitto) in doppelter Beziehung, sowohl = »herausgehen-, herauslaufen machen (*faire aller*)«, als auch »zulassen, dass etwas herausgeht, herausläuft (*laisser aller*)«; dah. **I herausgehen-, -laufen lassen** = aus einem Ort **heraus-, fortschicken** od. **-senden, ausschicken, -senden, A** im Allg.: equitatus pabulandi causā emissus (*sc.* e castris), Caes.; vgl. pabulatum emittitur nemo, Caes.: paucos navigio in ripam, Curt. – **B** insbes.: **1** als milit. *t. t.*, gegen den Feind aus einem Ort (aus dem Lager, aus der Schlachtreihe) **heraus-** od. **ausschicken, -senden, ausrücken lassen, abschicken, entsenden,** essedarios ex silvis, Caes.: cohortes ex statione et praesidio, Caes.: equites in hostem, Liv.; vgl. equitibus emissis, equitatu emisso, Caes.: Thracas leviter armatos in beluas, Curt. – **2** gewaltsam aus einem Ort, stoßend, schleudernd **herauswerfen, -schleudern, a** lebende Wesen = **herausstoßen, heraus-, fortjagen, -weisen,** alqm ex domo, Cic.: ut ab te non emissus ex urbe, sed immissus in urbem esse videatur, Cic.: septima (oratio), cum Catilinam emissi, Cic.; vgl. ut tam capitalem hostem non comprehenderim potius, quam emiserim, Cic. – **b** lebl. Objj. **heraus-, abwerfen = heraus-, fort-, abschleudern, absenden, abschießen,** baculum in animal, Plin.: hastam in fines eorum, Liv.: pila, Caes.: pilum aut sudem, Quint.: iacula eminus, Sall.: sagittas maiore nixu quam effectu, Curt.: in naves saxa ingenti pondere, Liv.: fulmina, Cic. – im Bild, cum illud facete dictum emissum haerere debeat, Cic.: argumentum emissum adhaerescit, Liv.: nihil est tam volucre quam maledictum; nihil facilius emittitur, nihil citius excipitur, latius dissipatur, Cic.: das Bild von stechenden Insekten, aculeum, Cic. u. a.: aculeos in hominem et reum, Cic.; vgl. Fabri Liv. 23, 42, 5. – **3** aus sich heraus-, fortgehen machen = **von sich schicken, -senden, -geben, von sich ausgehen** od. **ausströmen lassen, a** v. Körpern übh.: emittit terra halitum divinum, Plin.: emittit nebulam amnis, Plin.: emittunt odorem rosae, Plin.: disceus (cometes) raros e margine (radios) emittit, Plin. – refl., si nubium conflictu ardor expressus se emiserit (hervorbräche), id esse fulmen, Cic. – **b** v. Flüssen, **entströmen (lassen),** amnis tenues reliquias in mare emittit, Curt.: e quibus (fontibus) collatae aquae per prona montis flumen emittunt, Curt. – **c** von Gewächsen = **hervortreiben,** folia, Plin.: emittit vitis uvam, Plin.: emittit brachia hedera, Plin.: emissi a radice caules, Plin.: medial, ulmi emittuntur in ramos, breiten sich aus, Plin. – **d** v. leb. Wesen: animam, aushauchen, Nep. Epam. 9, 3; vgl. Sen. ep. 101, 14: ova, fahren lassen, Plin. – bes. einen Ton, Laut **von sich geben, fahren-, fallen lassen, hören-, sich verlauten lassen,** flatum crepitumque ventris, Suet.: sonitus ex alto emittitur, Lucr.: varios sonitus linguae, Lucr.: vox caelo emissa, Liv.: moriere, si vocem (einen Laut) emiseris, Liv. – emissa a deo oracula, Plin. – **4** eine Flüssigkeit aus einem Ort herauslassen, **ablassen, a** Gewässer: aquam ex lacu Albano, Liv.: lacum, Cic.: Pomptinam paludem in mare, Prophyr. Hor. – **b** aus einem Körper **ablassen, abzapfen, α** aus dem tierischen Körper (bes. als mediz. *t. t.*): homo solus emisso umore caecitate liberatur, Plin.: quidquid umoris corrupti contraxerit, emittendum, Quint. – sanguinem de aure u. ex auricula, Col.: sanguinem venis, zur Ader lassen, Plin. – **β** aus einem vegetabil. Körper: grossus eius (fici) non maturescit nisi incisurā emisso lacte, Plin. – **5** eine Schrift **in die Welt schicken, herausgeben,** si quando aliquid dignum nostro nomine emisimus, Cic.: librum, Quint.: libellos Plin. Ep.: exiguos elegos, Hor.

II (= *laisser aller*) **heraus-** (gehen od. laufen) **lassen = fortlassen, entlassen, loslassen, laufen-, fliegen lassen,** etwas aus der Hand usw. **fahren-, fallen lassen** u. dgl., **A** im Allg.: **1** eig.: **a** leb. Objj.: agnos (conclusos) foras, Plaut.: alqm noctu per vallum, Caes.: columbam, Varro: emissus palumbus, Plin. – **b** lebl. Objj.: scutum manu, Caes.: caseum ore, Phaedr. – **2** übtr.: alqm de manibus, aus den Händen lassen, sich entschlüpfen lassen, Cic.: bes. hostem de manibus od. e manibus, Liv.: so auch certamen manibus, Liv.: emissa de manibus res est, Liv. – **B** insbes.: **1** im Zirkus, **a** einen Wettrenner aus den Schranken **ablaufen-, abrennen lassen,** aperiam carceres et equos emittere incipiam, Varro r. r. 2, 7, 1: ut cum aequalibus possis, quibuscum tamquam e carceribus emissus sis, cum isdem ad calcem, ut dicitur, pervenire, Cic. de amic. 101. – **b** ein Tier aus dem Käfig **loslassen,** ex porta ludis quom emissust lepus, Plaut. Pers. 436. – **2** aus dem Gefängnis, aus der Gefangenschaft u. übh. aus seiner Gewalt **entlassen, freilassen, -geben, a** aus dem Gef.: alqm e od. de carcere, Cic., ex vinculis, Cic., e custodia, Cic. – **b** aus der Gefangensch. u. übh. aus seiner Gewalt: em. anguem, laufen lassen, Cic. – als milit. *t. t.*, Kapitulierende, Kriegsgefangene aus seiner Gewalt **entlassen, frei abziehen lassen,** alqm ex obsidione, Liv., u. bl. alqm, Liv.: alqm nudum, Liv.: Punicum praesidium, Liv.: alqm sub iugum, so entl., dass er erst durchs Joch gehen muss, durchs Joch entl., Liv. – u. als publiz. *t. t.*, einen Sklaven aus seiner Gewalt, alqm manu, Komik., Liv. u. a. (s. Fabri Liv. 24, 18, 12): u. bl. alqm, Komik. – u. einen Schuldner, librā et aere liberatum emittit, Liv. 6, 14, 5.

emmelēs, es (ἐμμελής), **wohlklingend, melodisch,** vox, Chalcid. Tim. 44.

emo, ēmī, ēmptum, ere, **nehmen,** u. zwar für Bezahlung, **kaufen, erkaufen,** in der Auktion = **erstehen, I** eig.: **a** im Allg.: tabulas, signa, toreumata, Sall.: agellum, quem venditare amicus tuus dicitur, Plin. ep.: homines, Varro LL.: velle emi, sich kaufen lassen wollen, Ov.: empti dentes, gekaufte, d. i. eingesetzte, falsche, Mart. – nihil emere ab hasta, in einer öffentl. Versteigerung kaufen, Ascon. in Cic. pro

Scauro argum. p. 16, 10 K. – m. Ang. zu welcher Zeit? quando mihi (von mir) Pompeiani horti empti sunt? anno priore, inquit actuarius, Petron.: m. Ang. von wem? domum de alqo, Cic.: puellam ab alqo, Ter.: aedes ab alqo, Cic. – m. Ang. woher? unde quidque emeris, Cic.: arietes a Tarento, Petron.: de praeda (von od. aus der Kriegsbeute) hosce ambos a quaestoribus, Plaut.: ex praeda empta mancipia, Liv.: empti ex ergastulis, Cic. – m. Ang. wem u. wozu? hasta, quam filio militi emerat, Liv.: neque hasce aedes emi mihi neque usurae meae, Plaut.: emit eam (virginem) dono (zum G.) mihi, Ter. – m. Ang. in wessen Besitz? lanienas et tabernas coniunctas in publicum (für den Staat), Liv. – m. Ang. an wessen Stelle? emere mancipium in demortui locum, Cic. – m. Ang. wie? ne haec quidem duo signa pulcherrima habes *quo modo* emeris, kannst angeben, auf welche Weise du gekauft hast, kannst den Kauf nachweisen, Cic.: fundum in diem (auf Zeit), Nep. – m. Ang. wofür? fabulas pretio suo, Ter.: ancillam aere suo, Ter.: universum vicini agrum suā pecuniā, Tac.: emi singula non pecuniā, sed compensatione mercium iussit, Iustin. – m. Ang. wie hoch? wie teuer? parvo aere, wohlfeil, Sen.: u. so pauco aere, Gell.: pretiis maximis, Plaut.: eo pretio emptum esse olim, Plaut.: em. grandi pecuniā, Cic.: u. so magno, teuer, parvo, wohlfeil, Cic.: immenso (ungeheuer hoch, teuer), Suet.: vili (wohlfeil), Ggstz. caro (teuer), Plaut.: care, Hor., non care, Varro: equos carius quam coquos, Cato fr.: emere domum prope dimidio carius quam aestimabatur, Cic.: quanti eam emit? Plaut.: quanti emerint, für den Kaufpreis, Cic.: quanti emi potest minimo? was ist der äußerste Preis? Plaut.: tanti, quanti etc., so teuer als usw., Cic.: pluris, teuerer, Varro LL.: minoris, wohlfeiler, Cic.: aut minoris aut etiam pluris, Cic.: bene, gut, wohlfeil, Cic.: melius (wohlfeiler), Suet.: male, schlecht, teuer, Cic.: praediolum hoc tam salubriter (billig), ut etc., Plin. ep.: paulo sumptuosius equos et canes, Plin. ep. – mit *Abl.* des bestimmten Preises, talento, Plaut.: duplo, Sen. rhet.: asse panem, Petron.: quot minis eam emit? Plaut.: calicem mulsi centum denariis, Varro fr.: domum HS CCCIƆƆƆXXX, Cic.: bona (Güter) de alqo duobus milibus nummûm, Cic.: ostrea milibus nummûm empta, Lucil.: calices paucis assibus empti, Iuven.: piper emitur in libras XV, das Pfund zu 15 Denaren, Plin. – im Zshg. absol., malo emere quam rogare, sprichw., Cic. Verr. 4, 12: emam, aedificabo, credam (Gelder ausleihen), Sen.: ii, qui emerant, die Käufer, Caes.: in emendo (beim K.), Cic. – subst., **α** ementēs, ium, *m.*, die **Käufer,** Iustin. 11, 4, 8. – **β** ēmpta, ae, *f.*, die **Gekaufte** = die Sklavin, Prop. 1, 9, 4. – **γ** ēmptum, ī, *n.*, der **Kauf, Kaufkontrakt,** ex empto, Cic. u. ICt.: constat negotiatio ex empto et vendito, aus Kauf u. Verkauf, Sen. – **δ** ēmpta, ōrum, *n. pl.*, das **Gekaufte** = die in der Auktion erstandenen Gegenstände, Capit. Anton. phil. 17, 5. – **b** v. Präko, für den Staat von dem Unternehmer **in Kontrakt nehmen,** Varro LL. 5, 15. – **II** übtr., wie unser **erkaufen** = durch Geld usw. erwerben, für sich gewinnen, auf seine Seite bringen, bestechen, imperium (Ggstz. dare, verleihen), Sall. fr.: iudices, Cic.: percussorem in alqm, Curt.: sententias (iudicum), Cic.: emptum iudicium, Cic.: pacem, Iustin. – m. *Abl.* des Preises, operam alcis pretio pretioso, Plaut.: pacem pretio, Liv.: ego spem pretio non emo, Ter.: auro libertatem ab alqo, Val. Max.: gnatum sibi beneficiis, Plaut.: pecuniā emptus, durch G. erkauft, bestochen, Cic.: pax empta donis, Lucan.: empta dolore voluptas, Hor. – mit folg. *Infin.*, Sil. 5, 601; 7, 620. Stat. Theb. 1, 163. – m. *ut* u. Konj., Iustin. 23, 2, 8. Sil. 10, 287. – ► ungew. *Perf.* empsi, wov. empseris, Commod. instr. 1, 14, 4 *codd.* (Dombart emisti): arch. synk. empsim = empserim, Plaut. Cas. 347 u. mil. 316.

ē-moderor, ārī, **ermäßigen,** Ov. rem. 130.

ēmodulor, ārī, **melodisch besingen,** Musa per undenos emodulanda pedes, zu feiern in elegischem Liede, Ov. am. 1, 1, 30.

emola, ae, *f.*, vulgär = amula (hamula), Vulg. 3. Esdr. 1, 22.

ēmōlīmentum, ī, *n.*, s. ēmōlumentum.

ē-mōlior, ītus sum, īrī (ex u. mōles), **I heraus-, hervorbewegen, -bringen, -schaffen, A** im Allg.: manu urinam, Cels.: nauseae pituitam per nares, Col. – **B** insbes., **aufwühlen,** fretum, Sen. Agam. 499. – **II** bis ans Ende fortbringen, übtr. = **ganz zustande bringen,** negotium, Plaut. Bacch. 762, wo parag. Infin. emolirier.

ē-mollēsco, ere, **weichlich werden,** Rufin. Orig. homil. s. in psalm. 37, 7. Vgl. Gloss. ›emollesco, τρυφερὸς γίνομαι‹.

ē-mollio, īvī, ītum, īre, **erweichen, weich machen, I** eig.: ficos, Col.: ulcus, Cels.: duritiam ventris, Plin.: fundas et amenta, erschlaffen (v. der Nässe), Liv. – prägn., colores, lieblicher machen, Plin. 35, 198. – **II** übtr.: **1** im guten Sinne = **mildern,** mores, Ov.: severa praecepta, Aur. Vict. – gemma emollit maria, macht ruhig, Plin. – **2** im üblen Sinne = **erschlaffen, verweichlichen,** exercitum, Liv.: quos nondum longa pax emollierit, Tac.: hostis degener et emollitus amoenitate Asiae, Liv.: circo ac theatris et amoenitate urbis emolliti, Tac.: auctoritatem principis, schwächen, Aur. Vict.

ē-molo, uī, itum, ere, **I aus-, zermahlen,** Veget. mul. 5, 23, 7. Ambros. ep. 64, 3; de Tobia 21, 83. – übtr., verum exquirere et quasi emolere, Ambros. de off. 1, 22, 98. – **II** mahlend verbrauchen, **aufmahlen,** granaria, Pers. 6, 26.

ēmōlumentīcius, a, um (emolumentum), **nützlich, heilsam,** terror, Cassiod. var. 9, 6, 2.

ēmōlumentum (auch ēmōlīmentum geschr.), ī, *n.* (emolior), **I** abstr., das **Erwirkte,** die **gute Wirkung,** der **gute Fortgang, gute Erfolg,** dah. auch der gezogene **Vorteil,** der **Nutzen,** griech. ὠφέλεια (Ggstz. detrimentum, damnum, griech. βλάβη), absol., Cic. u. a.: emolumento esse, Cic.: m. *Genet.*, emolumenta rerum, Cic.: em. victoriae, Vell.: emolumenta (Segnungen) pacis, Tac.: hiems emolumentum patrati belli contulit, mit dem Winter war der Krieg glücklich zu Ende, Vell. – v. Pers., ut quam maxumum emolumentum novis sociis esset, Liv. 22, 22, 7. – **II** konkr., das zustande gebrachte **Bauwerk,** Cod. Theod . 15, 1, 19.

ē-moneo, ēre, **ermahnen,** alqm, ut m. Konj., Cic. ep. 1, 7, 9 zw.

ē-morior, mortuus sum, morī, **des Todes sterben, in den Tod gehen, ein Raub des Todes werden, dahinsterben, dahinscheiden, absterben, I** eig., v. Pers., Cic., Vitr. u. a.: cupio in tuo complexu emori, Cic. ep.: pro alqo, Cic. ep.: non miserabiliter, Cic.: per virtutem (heldenmütig), Sall.: verba facit emortuo, sprichw., er redet in den Wind, Plaut. Poen. 840. – v. Lebl. (s. Mützell. Curt. 4, 7 [30], 10), terra emoriens, allmählich ihre Kraft verlierende, Curt.: carbo emoriens, verlöschende, Plin.: membrum emoritur, Cels.: corpus emortuum, Cels.: arente culmo sterilis emoritur seges, Sen. poët.: propter quod (radices) emoriuntur, Plin.: imperatoris fuit cura, non modo ut incendium non adiutum senesceret, sed oppressum emori (ganz erlöschen) posset, Nazar. pan. 21, 2. – **II** übtr. = **völlig untergehen, verlöschen, verschwinden,** laus emori non potest, Cic.: per gradus molles emoriatur amor, Ov.: si ad rem auxilium emortuum est, wenn zur Tat die Hilfe ausbleibt, Plaut.: ex usu loquendi, quem nunc habemus, hoc vocabulum (näml. temetum) emortuum, Augustin. de trin. 10, 1. – ► Archaist. *Infin.* emoriri, Ter. eun. 432. – Die Behauptung, bei Cicero stehe nur der Infin. emori, wird widerlegt durch Cic. Tusc. 1, 96, wo emoritur.

ēmorrois, s. haemorrhois.

ēmortuālis, e (emortuus), **zum Dahinsterben gehörig,** certumst mi hunc emortualem facere ex natali die, einen Sterbetag machen aus dem Geburtstag, Plaut. Pseud. 1237.

ēmōtio, ōnis, *f.*, das **Fortbewegen** = ἀποκίνησις, Gloss. II, 61, 9.

ē-moveo (ex-moveo), mōvi, mōtum, ēre, **I herausbewegen, -schaffen, wegschaffen, beiseite schaffen, entfernen, A** eig.: **1** im Allg.: plebem de medio, Liv.: multitudinem e foro, Liv.: arma tectis, Verg. – **2** insbes.: **a ausrenken, verrenken,** coxam, Veget. mul.: emoti articuli (durch die Folter), Sen. rhet.: emota vel extorta aut eiecta de locis suis, Veget. mul. – **b** mens emota, verrückt, unsinnig, Sen. ad Polyb. 18 (37), 6. – **B** übtr.: pestilentiam ex agro Romano, entfernen, alte Formel b. Liv.: suum nomen omne ex pectore exmovit meo, hat das, was ihr Name sagt, aus meinem Kopf ganz herausgetrieben, Plaut.: curas dictis, verscheuchen, Verg. – **II von unten bis oben-, um u. um in Bewegung setzen, -bewegen, emporheben, emporwühlen, erschüttern,** labeas primores sensim, Nigid. fr.: solum, umgraben, Col.: muros fundamentaque, Verg.: cardine postes, aus den Angeln heben, Verg.: tecta quasi sedibus suis, Plin. ep.: pontum, aufregen, Sil. – ► Synk. Perf. emostis, Liv. 37, 53, 25.

Empedoclēs, is u. ī, Akk. em u. ēn u. ea, *m.* (Ἐμπεδοκλῆς), ein berühmter griechischer Philosoph u. Dichter aus Agrigentum (Girgenti) auf Sizilien, Lehrer des Gorgias, Verfasser eines Gedichtes über die Natur der Dinge, Lucr. 1, 716 *sq.* Cic. de or. 1, 217. Hor. ep. 1, 12, 20. – Genet. -clī, Gell . 4, 11. § 9 u. 10. Apul. apol. 27: Akk. -clem, Cic. Acad. 1, 12, 44 u. de nat. deor. 1, 93. Cels. 1. praef. p. 2, 13 D.: Akk. -clēn, Cic. Acad. 2, 14: griech. Akk. -clea, Quint. 1, 4, 4 H. – Dav.

Empedoclēus, a, um (Ἐμπεδόκλειος), **empedoklēisch**, sanguis, (nach des Empedokles Lehre) die Seele, Cic. – subst., Empedoclēa, ōrum, *n. pl.*, **empedoklēische Lehren,** Cic.

empetros, ī, *f.* (ἔμπετρος, bei den Griechen gew. ἔμπετρον gen.), eine auf Felsgestein wachsende Pflanze, rein lat. calcifraga (s. d.), Plin. 27, 75.

emphasis, eos, Akk. im, Abl. ī, *f.* (ἔμφασις), **I** der **Anblick,** rein lat. intuitio, Chalcid. Tim. 239 *in.* – **II** der **Nachdruck-, die Kraft des Ausdrucks,** der noch mehr bedeutet u. in sich ahnen lässt, als er eigentlich ausspricht, die **Emphase,** Quint. 8, 2, 11 u. a. Diom. 456, 29 (wo Genet.). Serv. Verg. Aen. 2, 79 u. 394: expressius cum emphasi pronuntiare, Cassian. coll. 23, 16.

emphaticōteros (enfaticōteros), on (ἐμφατικώτερος), **nachdrücklicher, emphatischer,** ut enfaticoteron dicam, Cic. ep. fragm. p. 44. *no.* VIII K.

emphragma, matis, *n.* (ἔμφραγμα), die **Verstopfung,** als Krankheit, rein lat. praeoccupatio, Veget. mul. 1, 40, 3 u. 1, 47, 2.

emphyteuma, matis, *n.* (ἐμφύτευμα), das **Erbpachtgut** od. dessen **Bearbeitung,** spät. ICt.

emphyteusis, is, *f.* (ἐμφύτευσις), die Verpachtung eines Gutes, das der Pächter so lange behält, als er das Pachtgeld zahlt, die **Erbpacht,** ICt.

emphyteuta, ae, *m.* (ἐμφυτευτής), der **Erbpächter,** spät. ICt.

emphyteuticus, a, um (ἐμφυτευτικός) u. **emphyteuticārius**, a, um, **zur Erbpacht gehörig,** spät. ICt. – subst., emphyteuticārius, iī, *m.*, der **Erbpächter,** spät. ICt.

empīricē, ēs, *f.* (ἐμπειρική, verst. τέχνη), die auf bloße Erfahrung sich gründende Heilkunde, das **Erfahrungswissen, die Empirie,** Plin. 29, 5.

empīricus (ἐμπειρικός), **empirisch,** haeresis medicorum, Isid. 4, 4, 1. – subst., **a** empiricī, ōrum, *m.* (*sc.* medici), die **Empiriker** in der Medizin, Cic. Acad. 2, 122. – **b** empīrica, ōrum, *n.*, **über die Empirie handelnde Schriften,** Plin. 20, 120.

emplasma, matis, *n.* (ἐμπλάσσω), die **Einreibung, Salbe zum Einreiben,** Th. Prisc. 2, 10.

emplastrātio, ōnis, *f.* (emplastro), eine Art zu okulieren, das **Anschilden,** Col. 5, 11, 1; 11, 2, 37; de arb. 26, 1. Plin. 17, 118 *sqq.*

emplastro, (āvī), ātum, āre (emplastrum), **anschilden,** eine Art zu okulieren, bei der ein mit einem Auge versehenes Stückchen Rinde (Schildchen gen.) in die Rinde des wilden Stammes gesetzt wird, Col. 5, 11, 10. Pallad. 6, 6.

emplastrum, ī, *n.* (ἔμπλαστρον), **I** das **Pflaster,** auf Wunden usw., Cato r. r. 39, 2. Cels. 5, 17. Plin. 22, 117 u. ö. – im Bild, quid est iusiurandum? emplastrum aeris alieni, Laber. com. 1 (bei Gell. 16, 7, 14). – **II** beim Anschilden (s. emplastrātio) das **Band** um das emplastrierte Auge, das Stückchen Rinde, das über das Auge gelegt wird, Col. 5, 11, 10. Plin. 17, 121.

emplecton, ī, *n.* (ἔμπλεκτον), eine Art Mauerwerk, wo der Raum zwischen zwei Stirnmauern mit zerbrochenen Steinen und Mörtel ausgefüllt wird, das **Gefüllte,** Plin. 36, 171 (griech. b. Vitr. 2, 8, 7).

empleuros, on (ἔμπλευρος), **mit vollen (tüchtigen) Seiten,** Lucil. 1251.

empneumatōsis, is, *f.* (ἐμπνευμάτωσις), die **Aufblähung,** rein lat. inflatio, Cael. Aur. de morb. chron. 3, 8, 116.

emponēma, matis, *n.* (ἐμπόνημα), die an einem Grundstück angebrachte **Verbesserung,** spät. ICt.

emporēticus, a, um (ἐμπορητικός), **kaufmännisch,** charta, Packpapier, Plin. 13, 76.

Emporiae, ārum, *f.* (Ἐμπορίαι), Stadt im tarrakon. Hispanien, Kolonie der Phocäer, j. *Ampurias,* Liv. 21, 60, 2. Mela 2, 6, 5 (2. § 89): Phocaicae Emporiae, Sil. 3, 369.

emporium, iī, *n.* (ἐμπόριον), der **Handelsplatz, Stapel, Stapelplatz, Markt** (sowohl als Verkaufsort in od. an einer Stadt, als die Stadt selbst, s. Fabri Liv. 21, 57, 6), celebre et frequens emp., Liv.: emp. mercium, Mela.

emporus, ī, *m.* (ἔμπορος), der **Kauffahrer, Großhändler,** der überseeische Handelsgeschäfte betreibt, Auson. epist. XXII, 2, 28. p. 185, 4 Schenkl: Titel eines Stückes des Komikers Philemon, Emporos Philemonis (Original zum Mercator des Plautus), Plaut. merc. 5.

emprosthotonia, ae, *f.* (ἐμπροσθοτονία), der **Starrkrampf,** mit Spannung u. Krümmung der Glieder nach vorn, bes. des Kinns gegen die Brust (rein lat. pronus raptus, Ggstz. opisthotonia, rein lat. supinus raptus), Cael. Aur. de morb. acut. 3, 6, 61. – Dass., **emprosthotonos**, ī, *m.* (ἐμπροσθότονος), Cael. Aur. de morb. acut. 3, 6, 65 (griech. bei Cels. 4, 3. § 3). – Dav. **emprosthotonicī**, ōrum, *m.* (ἐμπροσθοτονικοί), die **an der Krankheit** *emprosthotonia* **Leidenden,** Cael. Aur. de morb. acut. 3, 6, 69.

ēmptīcius, a, um (emo), **gekauft,** glans (Ggstz. glans gratuita), Varro r. r. 3, 2, 12: salsamenta, Varro r. r. 3, 17, 7. – v. Sklaven, Spendon et Hermes empticii, CIL 6, 8919: quod declamatores decrevissent hunc utique empticium esse, Sen. contr. 7, 7 (22) § 24: empticius an domi natus (es)? Petron. 47, 12.

ēmpticus, a, um (emo), **gekauft,** prora (= navis), Ven. Fort. vit. S. Mart. 2, 8 u. 376.

ēmptio, ōnis, *f.* (emo), **I** der **Kauf, Ankauf,** in der Auktion = das **Erstehen** (Ggstz. venditio), emptio ab hasta, Kauf bei einer öffentlichen Versteigerung, Cic. ad Att. 12, 3, 2: tabella emptionis, Kaufbrief, Sen. rhet.: emptionis instrumentum, ICt.: competitores emptionis, Konkurrenten, Gell. – emptio agrorum, Tac.: Alexandrinarum mercium, Suet.: equina, der Pferdekauf, Varro: ista falsa et simulata emptio, Cic.: mala emptio semper ingrata, Plin. ep.: eā emptione bene emimus, Cic. – Plur., largae emptiones, Apul. met. 4, 13 *extr.*: contractae emptionibus plures domus, Vell. 2, 81, 3: maximas summas emptionibus occupare, Plin. ep. 8, 2, 3. – **II** meton.: **A** der **gekaufte Gegenstand, der Kauf,** nova, Plin. ep. 2, 15, 1: Plur., prorsus ex istis emptionibus nullam desidero, Cic. ep. 7, 23, 2. – **B** der **Kaufbrief, Kaufkontrakt** ICt.

ēmptito, āvī, ātum, āre (*Frequ.* v. emo), **erkaufen,** ternis denariis singulos (turdos) emptitatos esse, Col. 8, 10, 6. – übtr. (= durch Geld Bestechung erwerben), honorem emptitavere, *Cato oratt. 72 (bei Fest. 286, 25, wo der *cod.* temptavere): qui talem operam emptitasset vendidissetque, SC. bei Tac. ann. 14, 41: certatim quidquid venale audiunt emptitant, Plin. ep. 6, 19, 5.

ēmptīvus, a, um (emo), für Geld **gemietet, Miet-,** miles, Paul. ex Fest. 77, 5.

ēmptor, ōris, *m.* (emo), der **Käufer,** in Auktionen = der **Ersteher** (Ggstz. venditor), emptor fundi, Cic.: emptores bonorum (der Güter), Cic.: emptor familiae pecuniaeque, der Scheinkäufer beim Testieren *per aes et libram,* Suet. Ner. 4: emptorem invenire, Sall.: emptorem habere, Flor. – übtr., der **Erkäufer,** callidus emptor Olynthi (v. Philipp von Mazedonien), Iuven.: dedecorum pretiosus emptor, teuer erkaufend, Hor.

ēmptrīx, trīcis, *f.* (Femin. zu emptor), die **Käuferin,** Modest. dig. 21, 2, 63. Cod. Iust. 4, 54, 1. Gloss. II, 535, 54.

ēmpturio, īre (*Desider.* v. emo), **kauflustig sein,** empturiens, kauflustig, Varro r. r. 2. prooem. 6.

ēmptus, Abl. ū, *m.* (emo), der **Kauf,** Trophonius ser(vus) (e)mptu, CIL 2, 2229, 5.

empyicus, ī, *m.* (ἐμπυϊκός), **an inneren Geschwüren,** bes. **an Lungengeschwüren leidend,** Marc. Emp. 7. Th. Prisc. 2, 10.

empyrius, a, um (ἐμπύριος), **feurig,** aetheriae vel empyriae mundi sublimitates, Augustin. de civ. dei 10, 27. p. 444, 2 D.[2]

ē-mūgio, īre, **herausbrüllen,** übtr. v. Redner, omnia, Quint. 2, 12, 9.

ē-mulceo, ēre, **gänzlich mildern,** Ambros. in psalm. 118. serm. 7. – Partiz. ēmulcēns = *oblectans,* Gloss. IV, 62, 22 u. 43; V, 453, 22 u. 498, 37.

ē-mulgeo, mulsum, ēre, **ausmelken, abmelken,** Col. 7, 3, 17: poet. übtr., emulsa palus, ausgeschöpft, abgeleitet, Catull. 68, 110: emulso labra notata sero, Catull. 80, 8. – ► Partiz. auch emulctus, Serv. Verg. ecl. 1, 82.

ēmūnctio, ōnis, *f.* (emungo), das **Sich-Schneuzen,** Quint. 11, 3, 80.

ēmūnctōrium, iī, *n.* (emungo), die **Lichtputze, Lichtschere,** Vulg. exod. 25, 38 u. a.

ēmundātio, ōnis, *f.* (emundo), die **Reinigung,** Tert. adv. Marc. 4, 9 u. a. Eccl.

ē-mundo, āvī, ātum, āre, **völlig reinigen,** bubilia et ovilia, Col.: segetes, Col.: vinum, Col.: obscena, Sen.: se, ICt.

ē-mungo, mūnxī, mūnctum, ere (mit mūgil, Schleimfisch u. mūcus, Schleim, zu indog. **meuq, *meug,* Schleim, nasser Schmutz, vgl. griech. ἀπομύσσω, schneuze, witzige, betrüge), **ausschneuzen,** **I** eig.: emungere se, Suet., u. medial emungi, Varro u. Iuven.: emungi cubitis, sich an den E. schneuzen, Rhet. Her. – **II** übtr.: **A** im Allg.: tu ut oculos emungare ex capite per nasum tuos, dir die Augen ausgeschlagen werden, Plaut. – homo emunctae naris, gewitzter, feiner Kopf (bes. die Fehler anderer herauszufinden), Hor. u. Phaedr.: so auch Attici emuncti, feine, Quint. **B** insbes. (wie ἀπομύσσειν) = jmd. um etwas **bezwacken, beschummeln, prellen,** alqm auro, argento, Komik.: u. bl. alqm, Plaut. u. Hor. Vgl. Ruhnken Ter. Phorm. 4, 4, 1. – ► Synk. Perf. emunxti, Plaut. most. 1109.

ē-mūnio, mūnīvī od. mūniī, mūnītum, īre, **I aufmauern, a** eig.: murus, ut in suspecto loco, supra ceterae modum altitudinis emunitus erat, Liv. 21, 7, 7: locus saxo quadrato saeptus atque arcis in modum emunitus, Liv. 24, 21, 12. – **b** übtr., **aufbauen,** ostro tenues auroque sonantes emunire toros, Stat. Theb. 1, 517 *sq.* – **II stark befestigen, vermachen, verwahren, a** eig.: **α** übh.: neque opere emunitus erat (locus) ... nec etc., Liv. 26, 46, 2: fultosque emuniit obice postes, Verg. Aen. 8, 227: vites ab iniuria pecoris caveis, Col. 5, 6, 21: caveam retibus, Col. 8, 8, 4. – **β** insbes., eine Örtl. **gangbar machen, bahnen,** silvas ac paludes, Tac. Agr. 31: in ascensum arduos colles, Sen. de clem. 1, 19, 6. – **b** übtr.: olim iam adversus hunc metum emunivit animum, Sen. contr. 7 (2), 17, 10.

ē-musco, āre (ex u. muscus), **ent-, abmoosen, vom Moos reinigen,** Col. 11, 2, 41.

emussitātus, a, um (ad amussim), **genau abgemessen, tadellos,** indoles, Plaut. mil. 632 *Schoell;* vgl. Paul. ex Fest. 76, 8. Placid. gloss. V, 21, 26.

ēmūtātio, ōnis, *f.* (emuto), die **Umänderung,** Quint. 8, 6, 51.

ē-mūto, (āvī), ātum, āre, **umändern,** appositis caput capillis, Manil. 6, 149: emutatis in perversum dicendi figuris, Quint. 8, 2, 19.

emys, mydis, Akk. Plur. mydas, *f.* (ἐμύς), eine Art **Schildkröten,** die im süßen Wasser leben, Plin. 32, 32.

1. ēn, *Interj.* **I** demonstr., griech. ἤν, **siehe, seht, man sehe einmal, da ist, da sind, da hast du, da habt ihr, a** m. *Nom.* u. *Acc.,* en causa, Cic.: en aras, Verg.: so auch zsgzg. ellum, ellam (st. en illum, en illam), Komik. – **b** absol.: en, cui tu liberos committas, Cic.: en, cur etc., Cic. – **c** m. *ecce, aspice,* **wohlan,** en ecce, Sen.: en aspice, Ov. – **II** fragend, aus est-ne, ist es **so? wohl? denn?** en, quo fretus sim, qui etc., Ter.: en, quid ago? Verg.: en, quid agis? Pers. – u. in der Formel *en umquam,* en umquam futurum etc.? Liv.: verb. mit Wunsch u. zuw. mit Unwillen, en umquam aliquot mea regna videns mirabor aristas? Verg.

2. en, s. 1. in a. E. ►.

enallagē, ēs, *f.* (ἐναλλαγή) u. **enallaxis,** is, *f.* (ἐνάλλαξις), die **Verwechslung der Teile der Rede** (z. B. vos, o Calliope, precor, Verg.), Cl. Sacerd. art. gr. 1, 88.

enargīa, ae, *f.* (ἐνάργεια), die sinnliche und lebhafte Darstellung einer Sache, sodass sie gleichs. vor Augen zu sein scheint, Isid. 2, 20, 4 u. 2, 21, 33.

ēnārius, a, um (e u. naris) = ἄριν, **ohne Nase,** Serv. Verg. Aen. 9, 715.

enarmonius, a, um (ἐναρμονικός, ἐναρμόνιος), **enharmonisch,** in der Musik, genus melodiae musicae (enarm.) od. genus modulandi (enarm.), das enharm. Tonsystem, wenn die Mitteltöne eines Tetrachords durch zwei Viertelstöne u. eine große Terz geführt würden, z. B. e e † f a, Macr. somn. Scip. 2, 4, 13. Mart. Cap. 9. § 930.

ēnarrābilis, e (enarro), **erzählbar, darstellbar, erklärbar,** non en., Verg. u. Pers.: vix en., Sen. u. Quint.: nescio an en., Quint.

ēnarrātē, *Adv.* (enarro), **erschöpfend, im Einzelnen, ausführlich,** enarratius, Gell. 10, 1, 7 (Ggstz. breviter et subobscure); 13, 12, 5.

ēnarrātio, ōnis, *f.* (enarro), **I** das **Hererzählen,** syllabarum, das Abteilen, Skandieren, Sen. ep. 88, 3: ineffabilis sanctusque sermo, cuius enarratio modum hominis excedat, Lact. 4, 9, 3. – **II** insbes., die **Erklärung, mündliche Auslegung, Interpretation** eines Schriftstellers, Quint. 1, 4, 2 *sqq.* u. a.

ēnarrātīvus, a, um (enarro) = ἐξηγητικός, **zur genauen Darstellung geeignet,** genus poëmatos od. poëmatis, Diom. 482, 31. Donat. vit. Verg. 25.

ēnarrātor, ōris, *m.* (enarro), der **Erklärer, Ausleger** eines Schriftstellers, einer Stelle usw., Sallustii, Gell. 18, 4, 2: saturarum M. Varronis, Gell. 13, 30, 1: en. vocum antiquarum, Gell. 18, 6, 8: patris, Cassiod. in psalm. 21, 1. – auch der Erklärer der Heiligtümer im Tempel, der Führer, Porph. Hor. sat. 2, 1, 230.

ē-narro, āvī, ātum, āre, **I** etwas in gehöriger Ordnung u. **erschöpfend-, im Einzelnen hererzählen, -beschreiben** u. dgl., omnem rem, quo pacto haberet, en. ordine, Ter.: ea vix annuo sermone enarrare posse, Rhet. Her.: en. alci somnium, Cic.: en. positionem operis singulasque partes, Plin. – **II** insbes., sprachlich **auslegen, erklären, interpretieren,** poëmata, Quint.: versum Plauti, Gell.

ē-nāscor, nātus sum, nāscī, **heraus-, hervorwachsen, entstehen,** inde, Lucr.: ex mento enati duo dentes dextrā et sinistrā, Varro: lauream in puppi navis longae enatam, Liv.: in latitudinem ramis enatis, Caes.: gibbam sibi pone cervicem auream enatam, Suet.: enata inter iuncturas lapidum palma, Suet.

ēnatēr, eris, *m.* (εἰνάτηρ), der **Mann, der die Schwester eines Verstorbenen zur Frau hat,** CIL 6, 26594.

ē-nato, āvī, ātum, āre, **I** *intr.* **herausschwimmen, durch Schwimmen entkommen, A** eig.: si fractis enatat exspes navibus, Hor.: pauci enatant, Phaedr.: ex naufragio patriae salvus nemo potest enatare, Rhet. Her.: quae (possessiones) etiam e naufragio unā possent enatare, sich mit ans Land retten könnten, Vitr. 6. praef. § 1: nemo cum sarcinis enatat, Sen.: en. ad oppidum, Auct. b. Alex. – **B** übtr., aus einer Schwierigkeit **sich herauswinden, sich zur Not heraus-, durchhelfen,** reliqui habere se videntur angustius; enatant tamen, Cic. Tusc. 5, 87: tamen, genio illius gratias, enatavi, Petron. 57, 10. – **II** *tr.* ein Gewässer schwimmend zurücklegen = **durchschwimmen,** tot fluminibus enatandis fatigatus, Pacat. pan. 39, 2.

ē-nāvigo, āvī, ātum, āre, **I** *intr.* **heraus-, wegschiffen, abschiffen, absegeln,** quidam enavigare properantes, Curt.: cum servo, ICt.: de Euboea insula, Apul.: Rhodum, Suet. – im Gleichnis, ex quibus tamquam e scrupulosis cotibus enavigavit oratio, die offene See erreicht hat, Cic. Tusc. 4, 33. – **II** *tr.* ein Gewässer fahrend **zurücklegen, durchfahren,** nec potuisse (Alexandrum) ante menses V enavigare (Indum), Plin. 6, 60: sinus duodecim dierum et noctium remigio enavigatus Ptolemaeo regi, Plin. 9, 6: unda omnibus enaviganda, Hor. carm. 2, 14, 11: im Bild, post lividorum latratuum Scyllas enavigatas, Sidon. epist. 1, 1, 4.

encaenia, ōrum, *n.* (ἐγκαίνια), das **Erneuerungsfest, Einweihungsfest,** Augustin. tract. 84 in Ioann.

encaenio, āre, **einweihen,** Augustin. tract. 84 in Ioann.

encanthis, thidis, *f.* (ἐγκανθίς), eine **Geschwulst im Augenwinkel,** die das Öffnen der Augenlider hindert, Cels. 7, 7. *no.* 5.

encardia, ae, *f.* (ἐγκαρδία), ein uns unbekannter Edelstein mit dem Bild eines Herzens, Plin. 37, 159.

encarpa, ōrum, *n.* (ἔγκαρπα), **Fruchtschnüre, Fruchtgehänge,** Vitr. 4, 1, 7.

encathisma, atis, *n.* (ἐγκάθισμα), **I** das **Sitzbad,** rein lat. sessio, Cael. Aur. de morb. chron. 5, 4, 69. Sext. Plac. medic. 9, 17. – **II** ein **warmes Bähmittel,** Cael. Aur. de morb. chron. 2, 1, 23 u. a. Ps. Apul. herb. 39, 3.

encausticus, a, um (ἐγκαυστικός), **I** aktiv, **das Einbrennen betreffend;** subst., encaustica, ae, *f.* (*sc.* ars), die Kunst, mit eingebrannten Farben zu malen, die **Wachsmalerei, Enkaustik,** Plin. 35, 122. – **II** passiv, **eingebrannt,** pictura enc., ein Gemälde, bei dem die Farben mit flüssigem Wachs eingebrannt werden, ein **Wachsgemälde,** Plin. 35, 122.

encaustus, a, um (ἔγκαυστος), **eingebrannt, enkaustisch, a** von der Wachsmalerei der Alten, wobei sie den Pinsel in geschmolzenes Wachs tauchten und damit so wie mit anderen Farben malten, Mart. 4, 47, 1. – encausta pingendi duo genera, zwei Arten von enkaustischer Malerei, Plin.: encausto od. encausta pingere, in enkaustischer Art-, in Wachs malen, Plin. – **b** encaustum (sacrum) u. encautum, die **purpurrote Tinte,** deren die röm. Kaiser sich zur Unterschrift bedienten, griech. τὸ ἔγκαυστον, Cod. Iust. 1, 23, 6. Cod. Theod. 7, 20, 1. Augustin. c. Faustin. 3, 18.

encautārium, iī, *n.* (encautum, s. encaustus *no.* b), das **Archiv,** Cod. Theod. 13, 10, 8.

Enceladus, ī, *m.* (Ἐγκέλαδος), einer der Giganten, den Jupiter mit dem Blitzstrahl tötete u. unter dem Ätna begrub, Verg. Aen. 3, 578. Ov. ex Pont. 2, 2, 11. Stat. Theb. 3, 595. Hyg. fab. praef. p. 1 M.

enchīridion (**-ium**), iī, *n.* (ἐγχειρίδιον), **I** ein chirurg. **kleines Handmesser,** eine **Lanzette,** argenteum, CIL 12, 354, 5. – **II** ein **Handbuch,** Pompon. dig. 1, 2, 2.

enchōrius, a, um (ἐγχώριος), **inländisch, einheimisch,** termini, lapides, Gromat. vet. 127, 2. p. 253, 21: venti, örtliche, Philarg. Verg. georg. 4, 298: aves (Ggstz. adventiciae), Isid. 12, 7, 1: avium genera (Ggstz. adventicia), Ambros. hexaëm. 5, 14.

enchȳmos, s. encȳmos.

enchytus, ī, *m.* (ἔγχυτος, *sc.* πλακοῦς), **Spritzgebackenes, Spritzkuchen,** Cato r. r. 80.

enclima, atis, *n.* (ἔγκλιμα), die Neigung des Äquators gegen den Horizont, die **Polhöhe,** Vitr. 9, 8, 1.

encliticus, a, um (ἐγκλιτικός), **enklitisch,** subst., encliticum, ī, *n.*, ein **enklitisches Wort,** eine **Enklitika,** Prisc. 14, 6 u. 29.

encolpiās, ae, *m.* (ἐγκολπίας ἄνεμος), ein Wind, der sich in einer Bucht erhebt, Apul. de mund. 10 zw.

encombōma, atis, *n.* (ἐγκόμβωμα), eine Art **Schurz** od. **Schürze,** wie sie Sklaven und Mädchen über dem Obergewand trugen, um dieses nicht zu beschmutzen, Varro b. Non. 543, 1.

encomiographus, ī, *m.* (ἐγκωμιογράφος), der Verfasser einer Lobrede, der **Lobredner,** encomiographos istos audimus, Marc. Aurel. b. Fronto ep. ad M. Caes. 2, 6. p. 31, 5 N.

encomma, s. incomma.

Encratītae, ārum, *m.* (Ἐγκρατηταί), die **Enthaltsamen,** eine gnostische Sekte, Hieron. adv. Iovin. 1, 13. Cod. Theod. 16, 5, 9. § 1.

encrinomenos (ἐγκρινόμενος), der **unter die Zahl (der Athleten) Aufgenommene,** eine Statue, Plin. 34, 72.

encyclios, on (ἐγκύκλιος), **einen Kreis** (= ein abgeschlossenes Ganzes) **bildend,** encyclios omnium doctrinarum disciplina, der Inbegriff-, Kreis von Kenntnissen, Wissenschaften u. Künsten, den ein jeder freie Grieche als Knabe u. Jüngling sich zu eigen gemacht haben musste, ehe er zur Vorbereitung auf einen besonderen Lebenszweck oder gar ins werktätige Leben überging, griech. ἐγκύκλιος παιδεία, **allgemeine-, enzyklopädische Kenntnisse, Enzyklopädie,** Vitr. 6. praef. 4: ebenso bloß enc. disciplina, Vitr. 1, 1, 12; vgl. Quint. 1, 10, 1.

encȳmos, on (= ἔγκυμος, ον, enchymos, on), **saftig,** Plin. 25, 51.

encytus, s. enchytus.

endeca..., s. hendeca...

endelechīa, s. entelechīa.

endo, s. 1. in a. E. ►.

endoitum, s. initium ►.

endo-plōro, āre, altlat. = imploro, XII tabb. bei Cic. Tull. 50 = XII tabb. VIII, 12 *Schoell.*

endromitātus, a, um (endromis), **mit der Endromis angetan,** Sidon. epist. 2, 2, 1.

endromis, idis, Akk. idem, ida u. heteroklit. idam, Akk. Plur. idas, *f.* (ἐνδρομίς), ein dichter Überwurf aus zottigem Wollzeug, bei vornehmen Leuten aus tyrischem Purpurstoff, den man besonders nach gymnastischen Übungen umnahm, um sich nach der Erhitzung nicht zu erkälten, ein **Überwurf, -kleid,** Mart. 4, 19, 4 u. 14, 126, 2. Iuven. 3, 103 u. 6, 246.

Endymiōn, ōnis, *m.* (Ἐνδυμίων), Sohn des Aëthlios od. des Zeus u. der Kalyke, Vater des Ätolos. Er wurde nach einer späteren Sage von der Selene in Karien auf dem Berg Latmos im Schlaf überrascht und verfiel seitdem in einen ewigen Schlaf, Cic. Tusc. 1, 92. Prop. 2, 15, 15. Ov. art. am. 3, 83: dormitor E., Mart. 10, 4, 4: Endymionis somnus = ewiger Schlaf, Cic. de fin. 5, 55. – appellat. ein **Endymion** = ein schöner geliebter Jüngling, Iuven, 10, 318. Apul. met. 1, 12. – Dav. **Endymiōnēus,** a, um, **endymionēisch,** sopores, ewiger Schlaf (s. vorher), Auson. Cupido cruc. (XXIII) 2, 41 p. 123, 3 Schenkl.

ēnecātrīx, trīcis, *f.* (eneco), die **Töterin,** Tert. adv. Marc. 1, 29 *extr.*

ēnecium, iī, *n.* (eneco), die **Ermordung,** Gloss. V, 568, 24.

ē-neco (ē-nico), necuī, nectum, āre, **langsam umbringen, -hinmorden, erwürgen, ersticken** u. dgl., **I** eig.: ut aves enecat accipiter, Varro fr.: puer ambo angues enicat, Plaut.: enecare lixam (v. einem Elefanten), Auct. b. Afr.: enecti veneno aut fame, Suet. – cicer, ervum, im Wachstum ersticken, Plin. – **II** übtr., **bis zum Tode erschöpfen, fast zu Tode quälen, fast umbringen,** emitte (boves), ne fame enices, Plaut.: siti enectus Tantalus, Cic.: fame, frigore, illuvie, squalore enecti, halbtot, Liv. – alqm iurgio, Plaut.: alqm rogitando, Ter.: enecas (enicas), ich vergehe vor Ungeduld, Plaut. u. Ter.: provinciam enectam tradere, gänzlich erschöpft (durch Aufwand u. Aufopferungen), Cic. – ► Perf. enecavi, Plaut. asin. 921: Partiz. Perf. enecatus, Plin. 18, 127. – Archaist. Fut. exakt. enicasso, Plaut. most. 223.

enema, atis, *n.* (ἔνεμα), das **Klistier,** Th. Prisc. 2, 1.

energēma, atis, *n.* (ἐνέργημα), die **Wirkung,** Tert. de praescr. 30; de carn. Christ. 24. – **ēnergīma** geschr. u. gemessen, Prud. apoth. 400.

energīa, ae, *f.* (ἐνέργεια), die **Wirksamkeit,** Hieron. epist. 53, 2 u. a. Eccl.

energūmenos, ī, *m.* (ἐνεργούμενος), der **vom Teufel Besessene** (rein lat. a daemone correptus), Sulpic. Sev. dial. 1, 20, 9 u. a. Cassian. coll. 7, 2.

ēnervātio, ōnis, *f.* (enervo), die **Entnervung,** voluptatis, Arnob. 3, 10.

ēnervātus, a, um, *PAdi.* (v. enervo), **entnervt = entkräftet, kraftlos, gelähmt, schwach, weichlich, unmännlich, a** v. Pers., Cic., Liv. u. a.: v. einem Kastraten, Claud. – subst., ēnervātī, ōrum, *m.* = *exoleti et spadones,* Aur. Vict. epit. 10, 7 (vgl. Suet. Tit. 7, 1). – **b** v. lebl. Subjj.: velut en. civitas, Liv.: quasi en. vita, Gell.: mollis et en. oratio, Cic.: enervata muliebrisque sententia, Cic. – *Compar.* enervatius bei Boëth. cons. phil. 4. pros. 2.

ēnervis, e (ex u. nervus), **entnervt = unmännlich, kraftlos, weichlich, a** im Allg., v. Pers., Sen. rhet. u. a.: corpus, Petron.: iuventa, Val. Max.: vita, Val. Max.: voluptas, Sen.: enerves animi, deliciis tam enerves animi, Val. Max.: spectaculum non enerve nec fluxum, Plin. pan. – **b** v. der Darstellung, **kraftlos, matt,** compositio, Quint.: orator, Tac. dial. – ► Nbf. **ēnervus,** a, um, Apul. met. 1, 4.

ēnervo, āvī, ātum, āre (enervis), **I die Nerven herausnehmen, der Nerven entledigen, entnerven,** Apul. u. Apic.: poet., enervatus Melampus, kastriert, Claud. – **II** übtr., **entnerven = entkräften, lähmen, schwächen,** alqm, v. Alter, Cic., v. Schlaf, Wein usw., Liv.: bellum, Liv.: vires quid enervet meas, Hor.: enervatus amore animus, Vell.: ut enervetur oratio compositione verborum, Cic.

ēnervus, a, um, s. ēnervis ►.

enetēr, ēris, Akk. ēra, *m.* (ἐνετήρ), die **Klistierspritze,** Cass. Fel. 48. p. 127, 6.

Enetī, s. 1. Venetī.

enfaticōteron, s. emphaticōteros.

engibata, ōrum, *n.*, eine Art hydraulische Maschinen, nämlich in Flaschen eingeschlossene Männchen, die, sobald sie trinken, zu tanzen anfangen, **kartesianische Teufel,** Vitr. 10, 7 (12), 4 Schn. zw. (Rose mit den Handschrn. angobatae).

engonasi(n), ἐν γόνασι, d. i. vollst. ὁ ἐν γόνασι καθήμενος ἀνήρ, der auf den Knien liegende Mann, der **Kniende,** ein Sternbild der nördlichen Halbkugel, von Eratosthenes (s. Hyg. astr. 2, 6) u. noch heute **Herkules** gen., Cic. poët. de nat. deor. 2, 108 (wo er die Erklärung folgen lässt, genibus quia nixa feratur, *sc.* imago) u. Manil. 5, 646 (wo die Übersetzung nixa genu species vorhergeht), von Cic. Arat. 45 u. 400 übersetzt durch Nixus genu, von Vitr. 9, 4, 4 u. 5 durch Nixus in genibus u. Ingeniculatus u. Geniculatus, vom Schol. German. Arat. 207 durch Geniculator, von Firm. math. 8, 17 durch Ingeniculus. – ► Nbf. Engonasis, Mart. Cap. 8. § 827.

Enguīnī, ōrum, *m.*, s. Engyon.

Enguīnus, a, um, s. Engyon.

Engyon, ī, *n.* (Ἔγγυον), eine Stadt u. Gemeinde (δῆμος) auf Sizilien, j. *Gazi,* Sil. 14, 249, auch Enguion (griech. Ἐγγύϊον), wov. **Enguīnus,** a, um (Ἐγγυῖνος), **enguinisch,** civitas, Cic. Verr. 3, 193: Plur. subst. Enguīnī, ōrum, *m.*, die Einw. von Enguion, die **Enguiner,** Cic. u. Plin.

enhaemon, ī, *n.* (ἔναιμον, verst. φάρμακον), ein **blutstillendes Mittel,** Plin. 12, 77.

enharmonius, a, um, s. enarmonius.

enhydris, dridis, *f.* (ἐνυδρίς od. ἔνυδρις), die **Wasserschlange,** Plin. 30, 21 u. a.

enhydros, ī, *f.* (ἔνυδρος), ein uns unbekannter Edelstein, Solin. 37, 24. Isid. 16, 13, 9.

enhydrus, ī, *m.* (ἔνυδρος), eine Art Ichneumon, Amm. 22, 15, 19.

enhygros, ī, *f.* (ἔνυγρος), ein uns unbekannter Edelstein, Plin. 37, 190.

ē-nico, s. ē-neco.

enim, *Conj.*, (demonstratives e u. nam, wie equidem), **auf den Fall, denn, I** eine frühere Angabe oder Behauptung, ein früheres Urteil erläuternd oder begründend = **denn, nämlich,** oft b. Cic. u. a. – So in parenthetischen Sätzen, de corpusculorum (ita enim appellat atomos) concursione fortuita loqui, Cic. – Oft ist der Satz, dessen Begründung durch enim gegeben wird, in Gedanken zu ergänzen, tum Socrates: non enim paruisti mihi revocanti, (das ist nicht zu verwundern) warum hast du mir denn nicht gehorcht, als ich dich zurückrief, Cic. – quid nunc futurum est? *M.* id enim, quod res ipsa fert, ei nun od. auf jeden Fall das usw., Ter.: so auch quid enim censes? was denkst du denn? Plaut.: u. oft quid enim? denn wie? denn sprich (was könnte gegen das Gesagte eingewendet werden)? wie griech. τί γάρ; Cic., Hor. u. a.; vgl. Heindorf Hor. sat. 1, 1, 7. – **II** eine Behauptung bekräftigend, **auf jeden Fall, jedenfalls, fürwahr, in der Tat, sicherlich, wirklich, allerdings, freilich, ja wohl, nun aber** (s. Brix Plaut. trin. 705), in his est enim aliqua securitas, Cic.: id enim ferendum esse negat, das sei fürwahr nicht auszuhalten, Liv. – quid tute tecum? *Tr.* nihil enim, nichts fürwahr, Plaut. – u. in ironischer u. unwilliger Rede, wie Cic. Deiot. 34. Hor. sat. 2, 5, 79. Hor. ep. 1, 19, 44: nempe enim tu, credo, me inprudentem obrepseris, ja ich glaube gar, du willst mich übertölpeln, Plaut. trin. 60. – verb. at enim, **aber ja, freilich, dagegen aber,** Ter. u. Cic.: sed enim, **aber freilich, aber allerdings, wirklich aber,** Cic., Verg. u. Ov.: quia enim, **weil wirklich, weil ja,** Komik. (s. Brix Plaut. capt. 881. Wagner Ter. heaut. 881). – ► enim steht gew. an der zweiten, ja dritten usw. Stelle des Satzes, doch bei den Dramatikern (u. bei Q. Claud. bei Gell. 10, 13, 4. Apul. met. 4, 8; apol. 42) an der Spitze des Satzes (s. Lorenz Plaut. mil. 244. Brix Plaut. trin. 705).

enim-vēro, I nun aber, allerdings, in der Tat, natürlich, wirklich, Komik., Cic. u. a.: steigernd, **ja was noch mehr ist, um so mehr, ja sogar,** Suet. Ner. 36, 1. Tac. ann. 15, 45. – verb. immo enimvero, Pacuv. tr. 125. Ter. eun. 329: verum enimvero, Ter. adelph. 255. Sall. Cat. 2, 9 u. 20, 10: at enimvero, Liv. 4, 4, 1; 5, 9, 3. – **II aber freilich,** bei Einwürfen, stärker als at, ast, Cic. u. Liv.

Enīpeūs, peī, Akk. pea, Vok. peū, *m.* (Ἐνιπεύς), **I** ein Fluss in Thessaliotis, der sich in den Apidanos ergießt, j. *Carissa,* Verg. georg. 4, 368. Lucan. 7, 116. – im Mythos der Gott dieses Flusses, in dessen Gestalt Poseidon mit der Tyro, Tochter des Salmoneus, den Pelias u. Nereus zeugte, Prop. 1, 13, 21 u. a. Ov. met. 6, 116; 7, 229. – **II** ein Fluss in Pieria (Thessalien), der aus dem Olymp kommt u. in der Nähe von Dium in den Sinus Thermiacus sich ergießt, Liv. 44, 8, 2 u. 20, 3.

ēnīsus, a, um, s. ē-nītor.

ē-niteo, tuī, ēre, **erglänzen, hervorglänzen, -schimmern, -leuchten, sich in vollem Glanze zeigen, I** eig.: enitet myrtus floridis ramulis, Catull.: enitet campus, Verg.: enitet caelum, der H. klärt sich auf, Gell. – **II** übtr.: Crassi magis enitebat oratio, Cic.: quo in bello virtus enituit egregia M. Catonis, Cic.: in eo bello et virtus et fortuna enituit Tulli, Liv.: et ne carmen quidem sani coloris enituit, selbst nicht der Poesie blieb eine freudige Lebensfrische, Petron.: sive locus exquisito et poëtico cultu enituit, Tac. dial. – v. Pers., ille in sua pictura nobilis enitet, Cic.: enituit aliquis in bello, sed obsolevit in pace, Plin. pan.

ēnitēsco, ere (*Inch.* v. eniteo), **erglänzen, hervorglänzen, -schimmern, sich in vollem Glanze zeigen, I** eig.: ut (oculi) et hilaritate enitescant et tristitiae quoddam nubilum ducant, Quint.: poet., enitescis pulchrior multo, Hor. carm. 2, 8, 6. – **II** übtr.: alitur et enitescit velut pabulo laetiore facundia, Quint.: bellum novum exoptabat, ubi virtus enitescere posset, Sall.: gloria, quae cotidie magis enitescit, Rhet. Her. – v. Pers., ut studiis honestis et eloquentiae gloriā enitesceret, Tac.: cogitaret plebem, quae togā enitesceret, Tac.

ē-nītor, nīsus u. nīxus sum, nītī, **I** *intr.:* **A sich heraus-, sich emporarbeiten, 1 sich herausarbeiten, -winden, sich durcharbeiten,** per adversos fluctus ingenti labore remigum, Liv.: per angustias aditus et ingruentem multitudinem, Tac. – **2 emporsteigen, -klimmen, sich emporarbeiten,** per angustias, Tac.: in altiora, Tac.: in verticem montis, Curt. – poet., viribus furcarum, sich emporwinden an usw., Verg. – im Bild, in summum ambitionis eniti, Sen. de brev. vit. 20, 1: nihil tam alte natura constituit, quo virtus non possit eniti, Curt. – **B** übh. **sich anstrengen, sich bemühen,** etw. **erstreben, durchsetzen,** m. folg. *ut* u. Konj., Cic.: precibus enitens, ut etc., Suet.: u. verb. en. et contendere, en. et efficere, ut etc., Cic.: m. folg. *ne* u. Konj., Sall.: verb. pugnare et eniti, ne etc., Cic. – mit allg. *Acc.*, quod quidem certe enitar, Cic.: quod ut enitare contendasque, Cic.: in quo quid eniti et quid efficere possim malo in aliorum spe relinquere quam in oratione mea ponere, Cic.: quantum facere enitique potui, Cic.: tantum en., ut etc., Caes.: mit folg. *Infin.*, Ter., Sall. u. a. – absol., Ter. u. Cic.: pro alqo, Ter.: in alqa re, Cic.: ad dicendum, Cic. – Passiv unpers., ab eisdem illis regis fautoribus summā ope enisum est, ne tale decretum fieret, Sall. Iug. 25, 2. – **II** *tr.:* **A** mit Anstrengung hervorbringen = **gebären,** partus plures, Liv.: duos virilis sexus simul, Tac.: in luco Martis duos pueros, Iustin.: alqm *ex* priore viro, Val. Max.: coniunx sex partus enixa, Tac.: binos quater enixa, Plin.: sus triginta capitum fetus enixa (geworfen), Verg.: absol., difficilius eniti, Plin.: gravidas (conchas) postea eniti, Plin.: ne spatio quidem ad enitendum dato, Tac.: enixae quaedam in spectaculis dicuntur, Suet. – Passiv, quod in luco Martis enixi sunt, Iustin. 43, 2, 7: u. so Partiz. enixus, Augustin. de civ. dei 22, 8, 22. p. 578, 26 D.[2] Sulp. Sev. chron. 1, 30, 2. – **B ersteigen, erklimmen,** aggerem, Tac.: totum spatium, Col.

ēnīxē, *Adv.* m. *Compar.* u. *Superl.* (enixus), **angestrengt, eifrig, angelegentlich,** en. suscipere causam, Cic. Sest. 38: en. alqm iuvare, Caes.: en. oboedire, Liv.: en. petere id, quod etc., Sen.: en. operam dare, ut etc., Liv.: en. operam navare ad ministeria belli, Liv.: en. obstare, Liv.: eo enixius ad bellum adiuvare, Liv.: quo enixius opem ferret, Suet.: enixius orare od. exorare (beten), Eccl.: ab alqo enixius rogari, ne etc., Amm. 15, 7, 3: alqm enixissime iuvare, Suet. Caes. 5.

ēnīxim, *Adv.* (enixus), **angestrengt, eifrig,** Sisenn. hist. 4. fr. 110 (b. Non. 107, 21).

ēnīxio, ōnis, *f.* (enitor), das **Gebären,** die **Geburt** (Ggstz. conceptio), Interpr. Iren. 2, 19, 5; 2, 30, 6 u. 8.

1. ēnīxus, a, um, *PAdi.* (v. enitor), **angestrengt, ausdauernd, hartnäckig, eifrig, inständig,** enixo studio, Liv.: promptā et enixā operā, Frontin.: opera enixior, Sen. u. Plin.: enixissimae preces, die inständigsten, Hilar. Arel. vit. S. Honor. 8, 37.

2. ēnīxus, ūs, *m.* (enitor), das **Gebären,** die **Geburt,** Plin. 7, 42 u. a.

Enna, s. Henna.

ennaëtēris, idis, *f.* (ἐνναετηρίς), **ein Zeitraum von neun Jahren,** Censorin. 18, 4.

Ennaeus, s. Henna.

Enneacrūnos, s. Callirrhoē *no.* II.

enneadecaëtēris, idis, Akk. ida, *f.* (ἐννεα[και]δεκαετηρίς), ein **Zeitraum von neunzehn Jahren,** Censorin. 18, 8. Ambros. epist. 23. *no.* 1 u. 16.

enneadicus, a, um (ἐννεαδικός), **zur Neunzahl gehörig,** (rein lat. nonarius), anni, allemal das neunte Jahr (also das 9. 18. 27. usw.), Firm. math. 5, 3, 1. p. 124 u. 5, 3, 2. p. 124, wo beidemal enneaticus geschrieben ist.

enneaëtēris, s. ennaëtēris.

enneaphthongos, on (ἐννεάφθογγος), **neuntönig, neunstimmig,** Mart. Cap. 1. § 66.

enneaphyllon, ī, *n.* (ἐννεάφυλλον), ein neunblättriges Kraut, nach Sprengel *Dentaria enneaphylla* (L.), **neunblättrige Zahnwurz,** Plin. 27, 77.

enneas, adis, *f.* (ἐννεάς), die **Neunzahl,** eine **Zahl von Neunen** (rein lat. numerus nonarius), Censorin. 14. § 14. Mart. Cap. 7. § 741.

enneaticus, s. enneadicus.

Ennēnsis, e, s. Henna.

Enniānista, s. Ennius.

Ennius, iī, *m.*, aus Rudiā in Kalabrien (dah. Rudinus homo von Cicero gen., vgl. Rudinus unter Rudiae), geb. 239 v. Chr., der größte röm. Dichter der vorklass. Zeit, Schöpfer des röm. Epos, noch in später Zeit von den Römern hochgeehrt und gepriesen (gest. 169 v. Chr.), Ter. Andr. prol. 18. Cic. Brut. 73 *sqq.* Hor. ep. 2, 1, 50. Ov. trist. 2, 424. Quint. 10, 1, 88. – Dav.: **A Enniānus,** a, um, **ennianisch,** Sen. u. a. – subst., Enniāna, ōrum, n., **ennianische (harte) Ausdrücke,** Cic. u. Gell. – **B Enniānista,** ae, *Akk.* am, *m.*, ein **Nachahmer des Ennius,** Gell. 18, 5, 3.

ennoea, ae, *f.* (ἔννοια), die **Vorstellung, Idee,** rein lat. intellegentia, Tert. adv. Val. 7.

ennosigaeus, ī, *m.* (ἐννοσίγαιος), der **Erderschütterer,** ein Beiname des Neptun, Iuven. 10, 182.

ē-no, āvī, ātum, āre, **I** *intr.* **herausschwimmen, A** eig.: **1** im Allg., v. Tieren, e concha, Cic. de fin. 3, 63. – v. Schiffen, **herausfahren, heraussegeln,** quibus (navibus) enare non dabatur, Sil. 12, 441. – **2** entschwimmen = **sich durch Schwimmen retten,** absol., Plaut., Sall. fr. u. a.: inter undas, Val. Max.: in terram, Liv. – **B** poet. übtr., **heraus-, entfliegen,** Lucr. u. Verg. – **II** *tr.* **durchschwimmen, durchsegeln, durcheilen,** alqm locum, Val. Flacc. u. Sil.

Enōch, *m. indecl.*, Sohn des Seth, ein Patriarch, Auson. ephem. IV, 3, 42. p. 6, 4 Schenkl. Alcim. Avit. poëm. 4, 178. Isid. 7, 6, 11.

ēnōdābilis, e (enodo), **erklärbar,** Ambros. in Luc. 10. § 147.

ēnōdātē, *Adv.* (enodatus), **deutlich, ausführlich,** narrare, Cic. de inv. 1, 30: *Compar.* bei Cic. de fin. 5, 27. Augustin. epist. 78, 3: *Superl.* bei Augustin. conf. 5, 6.

ēnōdātio, ōnis, *f.* (enodo), die **Entwickelung, Entwirrung, Erklärung,** cognitio enodationis indigens, Cic. top. 31: explicatio fabularum et en. nominum (der Bedeutungen von Namen), Cic. de nat. deor. 3, 62.

ēnōdātor, ōris, *m.* (enodo), der **Erklärer,** vocis, Tert. de pall. 6.

ēnōdātus, a, um, *PAdi.* (v. enodo), **entwickelt, deutlich gemacht,** praecepta enodata diligenter, Cic. de inv. 2, 6: *Compar.*, enodatior intellegentia, Boëth. art. geom. p. 392, 9 Fr.: easdem sententias habentes, multo tamen enodatiores atque planiores, Augustin. epist. 174: *Superl.*, enodatissimus sermo, Augustin. serm. 32, 18.

ēnōdis, e (ex u. nodus), **knotenlos, ohne Knorren, astlos, glatt, I** eig.: truncus, Verg.: abies, Ov. u. Vitr.: arbores, Plin.: scriptorius calamus, Cels.: vitis, Col.: arundo, Mart. Cap.: nitor arborum, Plin. – poet., **biegsam, geschmeidig,** artus, Claud. in Eutr. 2, 361. – **II** übtr.: **1 geglättet, leicht,** elegi, Plin. ep. 5, 17, 2. – **2 deutlich, fasslich,** Ambros. de off. 1, 12, 44; in Luc. 7. § 136 *in.*

ē-nōdo, āvī, ātum, āre, **die Knoten** an etwas **abnehmen,** etwas **entknoten, I** eig.: vitem, Cato: summas virgas falce, Col. – prägn., arcum, die mit Knoten daran befestigte Sehne abnehmen, Apul. met. 5, 30. – **II** übtr., **auflösen, entwickeln, entwirren, deutlich erklären,** laqueos iuris, Gell.: nomina, etymologisch entwickeln, Cic.: voluntatem contrariae legis, Rhet. Her.: fata, enthüllen, Apul.: ad hunc modum enodabat diiudicabatque veterum scriptorum sententias, Gell.: tu mihi autem, quod quaero abs te, enoda et qui sis explica, Acc. fr.: non libenter haec enodari audiunt, Enn. fr. scen. 335.

enorchis, is, *f.* (ἔνορχις), ein uns unbekannter, der Testikel ähnlicher Edelstein, Plin. 37, 159.

ēnōrmis, e (ex u. norma), **I unregelmäßig,** toga, Quint.: vici, Tac.: versus, Gell. – **II unverhältnismäßig groß, übermäßig groß, ungeheuer groß, ungeheuer, a** eig.: spatium, Tac.: hasta, gladius, Tac.: frusta, Sen.: corpus, Suet. – **b** übtr.: divitiae, Lampr.: stipendia, Spart.: instrumenta (Mittel), Amm.: ventosa ista et en. loquacitas, Plin. ep.: immodicum sit an grande, altum aut enorme, Plin. ep. – *Compar.*, prologus enormior (weit länger) quam fabula, Spart. Hel. (Ael. Ver.) 1, 3 *Jord.* (Peter inormior).

ēnōrmitās, ātis, *f.* (enormis), **I** die **Unregelmäßigkeit,** Quint. 9, 4, 27. – **II** die **unverhältnismäßige, übermäßige, ungeheuere Größe, a** eig.: pedum, Sen. de const. sap. 18, 1: vehiculi, Cod. Theod. 8, 5, 30 H. – **b** übtr.: stipendii, Spart.: ponderum, Veget. mul.: fortunae, Capit.: Plur., enormitates nostrorum scelerum, Salv. de gub. dei 5, 9 *extr.*

ēnōrmiter, *Adv.* (enormis), **I unregelmäßig,** Sen. nat. qu. 1, 7, 3 u. 2, 1, 4. Plin. 36, 72 u. 37, 89. – **II übermäßig,** Veget. mul. 2, 8, 2 u. 2, 28, 10.

ē-nōtēsco, ē-nōtuī, ere, **nach außen hin bekannt werden, kund werden,** Epicurum non satis enotuisse, Sen. ep. 79, 16: quod ubi enotuit, Tac. hist. 3, 34: enotuerunt quidam tui versus, Plin. ep. 2, 10, 3: qui (versus) tamen sic quoque hoc disticho enotuit, Suet. Oth. 3, 2: iudicium et favor tunc statim, cum ad exercitum proficiscereris, et quidem inusitato enotuit, Plin. pan. 5, 2. – m. folg. *Acc.* u. *Infin.*, si Alexandrum rerum naturae terminos supergressum enotuisset, Sen. suas. 1, 10. – m. folg. *Infin.*, enotuit servisse piratis, Sen. contr. 1, 2, 4.

enōs, s. nōs unter ego a. E.

ē-noto, āvī, ātum, āre, **aufzeichnen, aufmerken,** meditabar aliquid enotabamque, Plin. ep.: en. figuras, Plin. ep.: ›cui‹ tribus litteris enotamus, Quint.: sors casibus pluribus enotata, Plin.

enrhythmos, on (ἔνρυθμος), **taktmäßig, harmonisch** (Ggstz. arrhythmos), Mart. Cap . 9. § 970 u. § 972.

ēns, entis, *n.*, das **Ding** (griech. τὸ ὄν), Quint. 8, 3, 33. Boëth. in Porphyr. 3. p. 108 M. Prisc. 18, 75 (nach dem Cäsar das Wort zuerst gebraucht haben soll): Plur. entia (griech. τὰ ὄντα), Quint. 2, 14, 2.

ēnsicium, s. īsicium.

ēnsicula, ae, *f.* (*Demin.* v. ensis), das **kleine Schwert,** Plaut. rud. 1169 *Schoell.* Vgl. Charis. 155, 17. Prob. bei Prisc. 3, 44 *extr.* Dosith. 26, 1 K.

ēnsiculus, ī, *m.* (*Demin.* v. ensis, s. Charis. 155, 17), das **kleine Schwert,** Plaut. rud. 1156.

ēnsifer, fera, ferum (ensis u. fero) = ξιφηφόρος (Gloss.), **schwerttragend,** Orion, Ov. fast. 4, 388. Lucan. 1, 665: Celeneus, Val. Flacc. 3, 406: catervae, Stat. Theb. 4, 321.

ēnsiger, gera, gerum (ensis u. gero), **schwertführend,** Orion, Ov. fast. 4, 388 Riese ensifer; art. am. 2, 56.

ēnsile, is, *n.*, s. īnsile.

ēnsipotēns, tis (ensis u. potens), **mächtig durch das Schwert,** Coripp. 4, 133.

ēnsis, is, *m.* (= altind. *así-ḥ*, Schwert, Schlachtmesser), das (gerade, zweischneidige) **Schwert** zum Hauen (dagegen gladius das gewöhnliche auf Hieb und Stich eingerichtete), gew. als Waffe der Heroen,

I eig.: loricae et coni et enses, Fronto: regis ensis, Varro fr.: ensis capulus, Solin.: ensis ferreus, Varro fr.: ensis flexus (krumm gebogenes), Amm.: ensis civilis, Henkerschwert für die Bürger, Sen. rhet.: robigine obsiti enses, Flor.: facie positi ensis, in Gestalt eines liegenden Schw., Mela: strenui sagittis eminus vel ensibus comminus, Apul.: lateri accommodat ensem, Verg.: in advenientis arma hostis vanum caesim cum ingenti sonitu ensem deiecit, Liv.: ferit ense Osirim, Verg. – **II** meton.: **A** = **königliche Würde,** Lucan. 5, 61. – **B** = **Krieg,** Sil. 7, 167. Stat. Silv. 4, 7, 45; od. = **Morden,** Lucan. 2, 102. – **C** das Gestirn **Orion,** Val. Flacc. 2, 68.

entaticus, a, um (ἐντατικός), **anspannend, stärkend,** emplastron, Fulg. myth. 3, 7.

entelechīa, ae, *f.* (ἐντελέχεια), nach Aristoteles (de anima 2, 1) gleichs. ein fünftes Element, woraus die Seele entstanden sein soll, die **stete Tätigkeit, Strebekraft,** als Form der menschlichen Seele, Tert. de anim. 37. Chalcid. Tim. 222 u. 223. 225. 227 (b. Cic. Tusc. 1, 22 griech.).

Entella, ae, *f.* (Ἔντελλα), eine Stadt im Innern Siziliens, noch j. *Entella,* Sil. 14, 205. – Dav. **Entellīnus,** a, um, **entellinisch, aus Entella,** Cic. – Plur. subst., Entellīnī, ōrum, *m.*, die Einw. von Entella, die **Entelliner,** Cic.

enterocēlē, ēs, *f.* (ἐντεροκήλη), der **Darmbruch,** Plin. 26, 134 u. a.: Plur., Plin. 26, 81. Mart. 10, 56, 7. Th. Prisc. 1, 26. – Dav. **enterocēlicus,** a, um (ἐντεροκηλικός), **einen Darmbruch habend,** unctor, Mart. 12, 70, 3: Plur. subst., enterocēlicī, ōrum, *m.*, Plin. 20, 26 u. a.

entheātus, a, um (entheus), **begeistert,** Mart. 12, 57, 11.

enthēca, ae, *f.* (ἐνθήκη), **I** ein Behältnis zum Aufheben des Geldes, die **Schatulle** und, wie dieses, meton. für **Geld,** Augustin. serm. 355, 5. – **II** das **Zugehörige** zu etw., enthecae nomine, CIL 10, 3678: enth. praedii, was zum Gut gehört (Sklaven, Werkzeuge), rein lat. dos, das **Inventar,** spät. ICt.: ebenso enth. pistrinorum, spät. ICt.

enthēcātus, a, um (entheca), **eingesteckt, eingeheimst,** verbalibus horreis, Fulg. myth. praef. p. 18.

entheus, a, um (ἔνθεος), **I** passiv = **begeistert, schwärmerisch,** turba, Mart.: enthea fatidicae templa Sibyllae, Stat.: vates enthei, Firm. math. 8, 20 *in.* u. 8, 21 p. 227, 8. – u. bl. enthei, Firm. math. 8, 26. p. 235, 44 u. 8, 27. p. 236, 22. – **II** aktiv = **begeisternd,** mater, v. der Cybele, Mart. 5, 41, 3.

enthryscum, ī, *n.* (ἄνθρισκον), der **südliche Kerbel** (*Scandix australis,* L.), Plin. 21, 89 u. 22, 81 D.

enthȳmēma, atis, *n.* (ἐνθύμημα), **I** ein **kräftiger-, bündiger Gedanke** od. **Schluss,** eine **Betrachtung, Reflexion, Argumentation,** rein lat. commentum od. commentatio, Lucil. 347 (entymema). Sen. contr. 1. pr. § 23. Iul. Victor. art. rhet. 10. Iuven. 6, 450 (s. Quint. 5, 10, 1; 8, 5, 9). – **II** die **Schlussfolge aus dem Entgegengesetzten,** Quint. 5, 10, 1 u. 5, 14, 2 (griech. Cic. top. 55. Rufin. de fig. 30 H.). – ► spätlat. Nbf. enthymema, ae, *f.*, Ven. Fort. 5, 1, 6.

enthȳmēmaticus, a, um (ἐνθυμηματικός), **zur Reflexion geeignet,** Iul. Victor. art. rhet. 11.

enthȳmēsis, is, *f.* (ἐνθύμησις), die **Beherzigung,** Tert. adv. Valent. 9 *extr.* u. a.

ē-nūbilo, āvī, ātum, āre, **entwölken, hell machen,** Eccl.

ē-nūbo, nūpsī, nūptum, ere, **heraus-, wegheiraten,** v. der Frau, aus ihrem Stand in einen anderen, e patribus, Liv. 4, 4, 7; 10, 23, 4: aus einer Stadt in eine andere, absol., Liv. 26, 34, 3.

ēnucleātē, *Adv.* (enucleatus), **deutlich und schlicht, bündig** (Ggstz. ornate), Cic. or. 28; Tusc. 4, 33. Augustin. de civ. dei 16, 24, 2: *Compar.* u. *Superl.* b. Augustin. de civ. dei 15, 1 u. enchir. 83.

ēnucleātim, *Adv.* (enucleatus) = enucleate (s. d.), Prisc. 12, 13.

ēnucleātus, a, um, *PAdi.* (v. enucleo), **deutlich u. schlicht, in schlichter Form, bündig,** tenues istae et enucleatae voluntatum in rebus illicitis reprehensiones, Gell. 6 (7), 3, 47: genus dicendi (Ggstz. ornatum), Cic. de or. 3, 32: est enim plenius quam hoc enucleatum (genus), Cic. or. 91.

ēnucleo, āvī, ātum, āre (ex u. nucleus), **auskernen, entkernen, I** eig.: pusilla praecoquia purgas, enucleas, Apic. 4, 184: uva passa enucleata, Apic. 10, 451: pruna Damascena enucleata, Apic. 4, 450. 452 u. 458: oliva enucleata, Plin. Val. 2, 25: enucleatae bacae iuniperi, Marc. Emp. 20. – **II** übtr.: neque acu quaedam enucleata argumenta conquiram, ausgetüftelte, Cic. Scaur. 20: eblandita illa, non enucleata esse suffragia, nicht mit vorsichtiger Wahl abgegeben, Cic. Planc. 10: haec nunc enucleare non ita necesse est, bis ins Einzelne zu verfolgen, erschöpfend zu lösen, Cic. Tusc. 5, 23: u. so ista omnia et enucleare et extundere, bis in die kleinsten Einzelheiten erschöpfend lösen, Gell. 19, 8, 14. – Partiz. subst., ex diversis auctoribus enucleata (die Quintessenz, die reinen Ergebnisse) collegi, Veget. mul. 4. prol. § 2.

ē-nūdo, (āvī), ātum, āre, **entblößen = berauben,** alqm agrorum fructibus, Cassiod. var. 4, 50, 1: Romam suis civibus, *ibid.* 10, 30.

ēnumerātio, ōnis, *f.* (enumero), **I** die **Aufzählung** nach der Reihe, singulorum argumentorum, Cic.: oratorum, Cic.: factorum, Cic. ep.: ingeniorum, Vell.: Plur., bonorum ac malorum enumerationes, Cic. part. or. 58. – **II** in der Konklusion der Rede, die **Rekapitulation, zusammenfassende Wiederholung** (griech. ἀνακεφαλαίωσις), Rhet. Her. 2, 47. Cic. de inv. 1, 45 u. 98. Quint. 6, 1, 1.

ē-numero, āvī, ātum, āre, **I ausrechnen, überrechnen,** Ter. u. Caes.: od. **berechnen, beurteilen,** peculium, Plaut. – **II herzählen, herrechnen, aufzählen, anführen,** der Reihe nach, multitudinem beneficiorum, Cic.: singulorum nomina, Suet.: qui quid praeco enumeraret audiebant, Cic.: plura, Nep.: familiam a stirpe ad hanc aetatem, Nep.

ēnūnc..., s. enunt...

ē-nūndino, āre, **erkaufen, erhandeln,** Tert. de idol. 9.

ēnūntiātio, ōnis, *f.* (enuntio), **I** die **Mitteilung,** die **Zuträgerei, Verräterei,** Plur. bei Aur. Vict. de Caes. 39, 46. – **II** das **Ausdrücken** durch Laute, **a** die **Aussprache,** vocis, Mar. Victorin. 1, 5, 54. = p. 32, 4 K.: vitiosa, Consent. de barb. et metapl. p. 386, 13 K. – **b** als log. *t. t.*, die **Aussage,** Quint. 7, 3, 2 u. 9, 1, 23: Plur., Cic. de fat. 1.

ēnūntiātīvus, a, um (enuntio), **zur Aussage gehörig, ausgesagt,** Sen. ep. 117, 12 *sq.* – als gramm. *t. t.* = ἀπαγγελτικός, **zum Ausdruck** od. **zur Darstellung geeignet,** genus poëmatos, Diom. 482, 15.

ēnūntiātrīx, trīcis, *f.* (enuntio), **I** die **Mitteilerin, Verkündigerin,** (lingua) interpres animi, enuntiatrix sensuum, Prud. perist. 10, 771. – **II** die **Ausdrückerin** mit Worten, ars enuntiatrix etc., die Kunst, sich auszudrücken, Quint. 2, 15, 21.

ēnūntiātum, ī, *n.* (enuntio), der **Satz, Ausspruch,** Cic. de fat. 9 u. 28. Sen. ep. 117, 13.

ēnūntiātus, Abl. ū, *m.* (enuntio), die **Aussprache,** hae (litterae) sub uno enuntiatu coniunctae, Mar. Victorin. 1, 8, 35 = p. 38, 20 K.

ē-nūntio, āvī, ātum, āre, **I mitteilen, berichten,** gew. im üblen Sinne = **ausplaudern, ausschwatzen, verraten,** quod ne enuntiarem quoiquam neu facerem palam, Plaut.: en. mysteria, Cic.: silenda, Liv.: rem Helvetiis per indicium, Caes.: Ciceroni dolum per Fulviam, Sall.: nam equidem nullo umquam periculo compellar, quae reticenda accepi, haec ad profanos enuntiare, Apul.: m. folg. indir. Fragesatz, plane quid sentiam enuntiabo apud homines familiarissimos, Cic.: enuntiare consuli satis habuit, quā noctis horā egressurus hostis foret, Liv. – scheinbar absol., orare coepit, ne enuntiaret, Nep.: iureiurando, ne quis enuntiaret, inter se sanxerunt, Caes. – **II aussprechen,** mit Worten **ausdrücken, a** übh.: alqd verbis, Cic.: litteras, aussprechen, Quint.: versum Graecum Latine, Apul.: breviter enuntiatae sententiae, Cic.: omnis sermo, quo voluntas aliqua enuntiatur (kundgegeben wird), Quint. – **b** als log. *t. t.*, **aussagen, prädizieren,** Cic. Acad. 2, 95 u. de fat. 19.

ēnūptio, ōnis, *f.* (enubo), das **Herausheiraten** aus einer Familie in die andere, gentis, aus der G., Liv. 39, 19, 5.

ē-nūtrio, īvī, ītum, īre, **aufnähren, aufsäugen,** nährend **aufziehen, ernähren, I** eig.: fetus suos, Ambros. de interp. Iob et David 2, 5, 21:

puerum Idaeis sub antris, Ov. met. 4, 289: platanum mero infuso, Plin. 12, 8: purpurarum lutense genus putre limo et algense algā, Plin. 9, 131: terrenus umor suis proprietatibus saporis in radicibus sic effusus enutriet materiam, Vitr. 8, 3, 12. – **II** übtr.: alere ingenia atque indulgentiā quādam enutrire, ihr Wachstum (Zunehmen) befördern, Quint. 8. pr. § 2: quibus rationibus (origines aedificiorum) enutritae et praegressae sint ad hanc finitionem, wie sie sich nach und nach vervollkommnet, Vitr. 2, 1, 8.

ēnūtrītor, ōris, *m.* (enutrio), der **Ernährer,** Gloss. IV, 336, 19.

Enȳō, us, *f.* (Ἐνυώ), die **Kriegsgöttin,** lat. Bellona, Sil. 10, 203. Stat. Theb. 8, 657. – meton. = **Krieg,** Mart. spect. 24, 3.

1. eo, īvī od. iī, itum, īre (statt *eio; vgl. altind. *éti,* er geht, griech. εἶμι, ἰέναι), **I gehen, A** v. leb. Wesen, **1** im Allg., **gehen, reisen,** auch **einhergehen,** Passiv unpers. itur, **man geht** (Ggstz. abire, venire, redire, regredi, remanere, consistere), **a** zu Fuß: i prae (voran), Komik. (s. Spengel Ter. Andr. 171): i, mea avis, Ov.: i, pedes quo te rapiunt, Hor.: eatur, quo deorum ostenta et inimicorum iniquitas vocat, Suet.: ire tardius (Ggstz. maturare iter pergere), Sall.: vel *quo* festines ire vel *unde,* vide, Ov.: *huc* atque *illuc* euntes, Liv.: ire intro ac foras, Varro: ire, schlendern, viā sacrā, Hor.: quā viā itur Hennam, wo man nach H. geht, Cic.: ire apertā viā et rectā (bildl.), Sen.: ire eodem itinere, Liv.: ire a navibus, Ov.: e consilio, Verg.: sacris, weg von usw., Ov.: ire ad alqm, Komik., Nep. u. Liv.: ire ad deos, Sen.: ire ad forum, Plaut.: ire ad fores, Ter.: ire ad solitum opus, Ov.: effigies Augusti iens ad caelum, aufsteigend, Suet.: ire ad Campaniam, Eutr.: ire ad Graeciam, um zu studieren, Amm.: ad cenam, Nep.: ire in antiquam silvam, Verg.: in Pompeianum, Cic.: in provinciam, Vell.: in exsilium, Cic.: ire in somnum, schlafen gehen, zu Bett gehen, Plin.: ex curia in contionem itur, Liv.: bello (Dat.), in den Krieg, Verg.: viro (Dat.), zum Mann, Prop.: ire domum, Plaut. u. Hor.: domos, Curt.: *per* hanc (portam), Ov.: *per* suos fines, Caes.: *sub* terras, Verg.: *post* altaria, Ov.: *super* illos (equos), Iustin.: ire pedibus, zu Fuß, Plaut.: cum maximis itineribus isset, da er Eilmärsche gemacht hatte, Liv.: m. Prädik.-Subst., illi comes (als B.) ibat Achates, Verg.: m. Prädik.-Adj., illis Aesone natus obvius it, geht entgegen, Ov.: muli gravati sarcinis ibant duo, Phaedr.: se vivum sub terram iturum, Suet.: ire praecipitem de ponte, Catull., per gradus, Suet.: m. *Infin.,* illa ilico it visere (um sie zu besuchen), Ter.: in Ephesum hinc abit aurum arcessere, Plaut.: m. 1. *Supin.,* ire cubitum, Cic.: ire lavatum, Hor.: ire venatum in silvas, Verg.: ire exploratum, Liv.: Imper. i, ite od. in direkter Rede Konj., eat, eatis, eant, irent, teils um jmd. aufzufordern od. zur Eile anzutreiben, Liv., Verg. u. a. Dichter, teils um jmd. in höhnendem Ton aufzufordern, Curt., Verg. u. a. Dichter: m. homogen. *Acc.,* ire novas vias, eine Reise in unbekannte Länder machen, Prop.: ire longam viam, einen weiten Gang machen, Verg.: itque reditque viam totiens, geht hin und her, Verg.: equus docilis ire viam, quā monstret eques, Hor. – **b** zu Wasser **gehen, fahren, schiffen, segeln,** teils navibus, Verg., navibus nec mari, Suet.: puppibus, Ov.: puppi per undas, Tibull.: denis navibus subsidio Troiae (Tr. zu Hilfe), Verg.: teils absol., ire velle, Verg.: ire in Africam, Cic.: Stygios per amnes, Ov. – **c** zu Pferde usw., **reiten,** equis, Liv.: mulo, Hor.: u. bl. ire contra hostem (v. d. Reiterei), Caes.: effuso cursu, Curt. – **d** zu Wagen, **fahren,** curru, Liv.: plaustro, Iustin.: in raeda, Mart.: u. bl. medio tutissimus ibis (v. Phaëthon), Ov. – **e** in od. durch die Luft, **fliegen, fahren, auffahren,** in od. per auras, Ov.: in od. ad caelum, Suet. u. Verg.: u. bl. ire, Vitr. – **2** insbes.: **a** als milit. *t. t.,* **α gehen,** ad arma od. ad saga, zu den Waffen, zum Kriegsmantel greifen = sich zum Kampf (zum Krieg) rüsten, Liv. u. Cic.: u. in aciem, Curt.: in ordinem, sich in Reih u. Glied stellen, Curt. – **β marschieren, ziehen,** viā od. pedibus, auf dem Landweg, zu Lande, Liv.: comminus, Tac.: retro, Curt.: portis, Verg.: cum exercitu, in Hispaniam cum exercitu, Liv.: Sardes, Nep.: populabundum per omnem hostium agrum, Liv.: ire alci subsidio, Caes., od. suppetias, Auct. b. Afr. – **γ** gegen jmd. **rücken, marschieren,** jmdm. **entgegenrücken,** auf jmd. od. etw. **losgehen, losmarschieren, losrücken,** alci obviam od. obvium, Liv. u. Curt.: ire contra, Tac.: ire ad od. adversus alqm, Liv.: contra alqm (hostem), Caes.: in alqm, Liv. u. Verg.: ad muros, Verg.: in Iovis ire domum (v. d. Giganten), Ov.: in Capitolium, Liv. – **b** v. Behörden, ire in consilium, zur Beratung schreiten, Cic.: ire in sententiam, mit u. ohne pedibus, jmds. Meinung beipflichten, Sall. u. Liv.: in alia omnia ire, das Gegenteil votieren, Cic.: u. so itum est in voluntatem quorundam, es fand die Ansicht einigen Einklang, Amm. 24, 7, 1. – **c** gerichtl. *t. t.,* ire in ius, Ter. u. Nep., ad iudicium, Liv., vor Gericht gehen. – **d** zu Grabe **geleiten,** ecfertur; imus, Ter.: m. homogen. Akk., ire exsequias, zum Leichenbegängnis, Ter.: pompam funeris, Ov. – **3** übtr., **gehen, schreiten, treten, kommen, geraten, a** in od. zu od. durch usw. einen Zustand, ire in malam rem od. in malam crucem, zum Henker gehen, sich zum Henker scheren, Plaut. u. Ter. (s. Brix Plaut. trin. 466. Bentley Ter. Phorm. 5, 8, 37): ire in corpus, fleischig werden, Quint.: ire in sudorem, Flor.: ire in lacrimas, in Tränen ausbrechen, Verg.: ire in duplum, noch einmal so viel Strafe erleiden, Cic.: in dubiam imperii servitiique aleam, das ungewisse Spiel um H. od. Skl. wagen, Liv.: in possessionem, Cic.: ire in eosdem pedes, einerlei Versglieder gebrauchen, Quint.: ierat in causam praeceps, er hatte sich kopfüber in die Sache gestürzt, Liv.: ire infitias, aufs Leugnen ausgehen, leugnen, Ter.: ire per has leges, die Bedingungen eingehen, Ov.: ire per medium, den Mittelweg nehmen, Quint.: per exempla cognata, dem B. ihrer Schwester folgen, Ov.: aber exemplis deorum, sich den Göttern vergleichen, Ov. – **b** zu einer Tätigkeit, in alcis amplexus, Ov.: in poenas, zur Bestrafung schreiten, Ov.: ibatur in caedes, Tac.: in scelus, begehen, Ov.: ad solacia, Ov.: ad lucrum, Hor.: per laudes (rühmlichen Taten) alcis, Ov.: contra dicta tyranni, erwidern, Verg. – zur Verstärkung des Futur., ito et modulabor, Verg. (vgl. franz. *j'irai chanter*). – übtr. **α auf** etw. **denken, verfallen,** istuc ibam, ich dachte daran, Ter.: ad illud, seine Zuflucht nehmen, Ter. – **β** m. 1. *Supin.* = **darauf ausgehen, willens sein, geneigt sein,** cur te is perditum, Ter.: cives, qui se remque publicam perditum irent, Liv.: dominationem raptum ire, Tac.: iniuriam od. scelera ultum, Tac. u. Quint. – **B** v. lebl. Subj.: **a** übh.: it tristis ad aethera clamor, Verg.: per oppida facti rumor it, Ov.: it circulus per orbem, Verg.: pugna it ad pedes, man ficht zu Fuß, Liv. – übtr., ire coepisse praecipites, dem Verfall unaufhaltsam entgegeneilen (v. Sitten), Liv. – **b** v. Fuß, **gehen, sich bewegen,** nec pes ire potest, Ov.: ibat et expenso planta morata gradu, Prop.: non posse ire rivum, ubi caput aquae siccatur, Augustin. serm. 115: u. v. Versfuß usw., euntes melius (versus), Hor.: cum per omnes et personas et affectus eat comoedia, Quint. – **c** v. Schiffen, **gehen, fahren, segeln, dahinfahren, -segeln,** Ov.: per aequora, Ov. – **d** von Geschossen, **gehen, fliegen, dringen,** longius it (telum), Ov.: iit hasta Tago per tempus utrumque, Verg. – **e** v. Wind, **gehen, stürmen,** Eurus et adverso desinit ire Noto, Prop.: quanta per Idaeos saevis effusa Mycenis tempestas ierit campos, Verg.: bildl., cum a Theodosii partibus in adversarios vehemens ventus iret, Augustin. de civ. dei 5, 26, 1. p. 239, 18 D.[2] – **f** v. Flüssigkeiten, **gehen, fließen, strömen,** vacuas it fumus in auras, Verg.: salsusque in artus sudor iit, Verg.: it naribus ater sanguis, Verg.: si ex multo cibo alvus non it, Cato. – v. Flüssen, aliā ripā, Ov.: quā utrimque amnes eunt, Mela: quo minus eae aquae in urbem Romam ire possint, Frontin. aqu.: unde per ora novem it mare praeruptum (wie ein entfesseltes Meer), Verg.: Nilus it per omnem Aegyptum vagus atque dispersus, Mela. **g** v. Gestirnen, **gehen, laufen, wandeln,** obtunsis per caelum cornibus ibat (luna), Verg.: alternis e partibus ire stellas, Lucr. – **h** v. Örtl., **gehen, laufen, sich ziehen,** Taurus it in occidentem rectus et perpetuo iugo, Mela: hic iam terrae magis in altum eunt (erheben sich), Mela. – **i** übh. v. Konkr., **α gehen, laufen, kommen,** it bello tessera signum, Verg.: ne currente retro funis eat rotā, Hor. – **β übergehen,** it sanguis in sucos, Ov.: in melius, Tac. – **γ fortgehen, sich trennen,** ne supinus eat (ponticulus), Catull. – **II** prägn.: **1 kommen,** unde is? Ter.: eodem, unde ierat, se recepit, Nep. – **2 vergehen, dahinschwinden,** homo it, Lucr.: dies it,

Plaut.: eunt anni, Ov.: unum isse diem sine sole ferunt, Ov.: u. so sic eat quaecumque Romana lugebit hostem, so fahre jede Römerin hin, die usw., Liv. 1, 26, 4 – **3** **gehen = vonstatten gehen,** incipit res melius ire, Cic.; prorsus ibat res, Cic. – **4** **verkauft werden, weggehen** für einen gewissen Preis, iustum est singulas vehes fimi denario ire, Plin. 18, 193 zw. (Detl. definire): tot Galatae, tot Pontus eat, tot Lydia nummis, Claud. in Eutr. 1, 203. – **5** **fortgehen, dauern,** si non tanta quies iret (herrschte), Verg. georg. 2, 344. – **6** it in saecula, **die Kunde gelangt bis zu späten Jahrhunderten** mit folg. *Acc.* u. *Infin.*, Plin. pan. 55, 1. – ▶ synk. Präs. in = isne, Plaut. Bacch. 1185. Ter. Eun. 651; Phorm. 930. – vulg. Konj. Präs. iamus, CIL 8, 2005. – vulg. Indik. Imperf. eibat, CIL 4, 1237. – Imper. ei, Plaut. Cas. 212 u. Men. 435. – zsgz. Perf.-Formen isti, it, istis, issem usw. – parag. Inf. Präs. irier, Plaut. rud. 1242.

2. eō, *Adv.*, **I** der alte *Dat.* von is, ea, id, **a** **dahin, dazu,** eo pervenire, Cic.: accessit eo, ut etc., Cic. – **b** **so weit, bis zu dem Punkt, bis zu dem Grad,** eo rem adducam, ut etc., Cic.: eo irā processit, ut etc., Liv.: m. folg. *Genet.* (vgl. Otto Tac. ann. 1, 18. p. 126), quoniam eo miseriarum venturus eram, Sall.: eo magnitudinis procederent, ubi (wo) etc., Sall.: ubi iam eo consuetudinis adducta res est, ut etc., Liv. – eo usque, so weit = so lange, bis zu der Zeit, Cic., od. eo usque, ut etc. = bis zu dem Grad, Tac.: *usque eo* quod arguas *non* habes, so wenig, Cic. – **II** *Abl. neutr.*, **a** **deswegen,** Plaut., Cic. u. a.: eo quod (weil), Cic. u. a.: eo, quia, Komik., Cic. u. a.: eo, ut etc., Cic.: eo, quo, Cic.: non eo, dico, quo, Cic.: non eo haec dico, quin etc., Plaut. – **b** **desto,** beim *Compar.*, Cic.: so auch eo magis, quod (weil) etc., Liv. – **c** **daselbst,** Cic.: eo loci, Cic.

eōad, *Adv.* (eo u. ad), **so weit,** Apul. apol. 68.

eōdem, *Adv.*, **I** der alte *Dat.* von idem (vgl. Drak. Liv. 1, 33, 2. Burmann Ov. trist. 2, 285), **1** **ebendahin, nach ebenderselben Richtung, auf ebendenselben Punkt,** **a** eig.: alqm eodem mittere, Caes.: eodem proficisci, perfugere, Nep.: ipse eodem, unde redierat, proficiscitur, Caes.: bildl., ego pol te redigam eodem, unde orta es, ad egestatis terminos, Plaut. – **b** übtr.: ubi Marius haruspicis dicta eodem intendere videt, Sall.: eodem pertinere, Cic. u. a. – **2** **ebendahinein,** vini sextarium eodem infundito, Cato r. r. 108, 1. – **3** **ebendazu,** **a** eig.: eodem addito et oleum, Cato r. r. 150, 5. – **b** übtr.: addendum eodem est, ut ne etc., Cic.: Edessa quoque et Beroea eodem concesserunt, Liv. – **II** *Abl.*, **ebendaselbst,** **a** eig., eodem loci, Val. Max. u. Suet.: bildl., res est eodem loci (steht noch auf demselben Punkt), ubi reliquisti, Cic.: arduum est eodem loci potentiam et concordiam esse, sich zusammenfinden, Tac. – **b** übtr., **ebenso,** eodem hercle vos pono et paro, Plaut. Curc. 506.

eon, ōnis, *f.*, ein uns unbekannter Baum, Plin. 13, 119.

eōpse = eo ipso, Plaut. Curc. 538.

Ēōs, *f.* (ἠώς), u. (bei Dichtern) **Eōs,** *f.* (ἕως), **I** die **Morgenröte,** rein lat. Aurora, Ov. fast. 3, 877. Sen. Herc. Oet. 614. – **II** meton. = **Morgenland, Orient,** Lucan. 9, 544. – Dav. **Ēōus** (ἠῷος) u. (bei Dichtern) **Eōus** (ἑῷος), a, um, **1** **morgendlich, am Morgen (in der Frühe),** ante tibi Eoae Atlandides abscondantur (untergehen), Verg. georg. 1, 221. – **2** **nach Morgen (Osten) gelegen, im Osten wohnend, -aufgehend** u. dgl., **morgenländisch, östlich,** domus Aurorae, Prop.: caelum, Ov.: fluctus, Hor.: Oceanus, Amm.: sidus, der (im Osten aufgehende) Morgenstern, Prud.: acies, Verg. – subst., **a** Eōus, ī, *m.*, **α** der **Morgenstern,** Verg. georg. 1, 288: primo Eoo, mit Aufgang des Morgensterns, mit Anbruch des Tages, Verg. Aen. 3, 588 u. 11, 4: nox roseo cedebat Eoo, Sil. 9, 180. – dah. meton. = das **Morgenland,** der **Orient** = die Morgenländer (Orientalen), Ggstz. Hesperius (das Abendland, der Westen), Ov. trist. 4, 9, 22. Prop. 2, 3, 44: Plur., Prop. 2, 3, 43. – **β** der **Frühe,** eins der Sonnenrosse, Ov. met. 2, 153. – **b** Eōa, ōrum, *n.*, die **östlichen Gegenden,** der **Osten,** Chalcid. Tim. 93,*sq.* u. ö. – Akk. **Eōs, Prob. Verg. georg. 1, 221.**

epactae, ārum, *f.* (ἐπακταί ἡμέραι), die **Epakten, Schalttage,** Isid. 6, 7 *extr.*

Epamīnōndās, ae, *m.* (Ἐπαμεινώνδας), Feldherr der Thebaner u. Begründer der Macht Thebens, der im Treffen bei Mantinea i. J. 362 v. Chr. über die Spartaner siegte u. fiel, Nep. Epam. 1 *sqq.* Cic. de or. 3, 139. Amm. 25, 3, 8.

epanalēpsis, is, Akk. im, Abl. ī, *f.* (ἐπανάληψις), die **einmalige** hervorhebende **Wiederholung desselben Begriffs od. Gedankens,** Serv. Verg. Aen. 2, 394 (bei Rut. Lup. 1, 11 u. a. griech.).

epaphaeresis, is, *f.* (ἐπαφαίρεσις), das **wiederholte Wegnehmen,** Mart. 8, 52, 9. Veget. mul. 5, 24, 5.

ēpar, s. hēpar.

ēpāstus, a, um (pascor), **aufgefressen,** escae, Ov. hal. 119.

ēpatiās, s. hēpatiās.

ēpaticus, s. hēpaticus.

ependytēs, ae, *m.* (ἐπενδύτης), ein **Oberkleid,** Hieron. vit. Hilar. *in.*

epenthesis, is, *f.* (ἐπένθεσις), gramm. *t. t.*, die **Einfügung** eines Buchstabens, Serv. Verg. georg. 1, 164; Aen. 2, 25 u. 6, 385.

Epēos u. **-ēus** (Epīus), ī, *m.* (Ἐπειός), Sohn des Panopeus, der Erbauer des trojanischen Pferdes, Varro LL. 7, 38. Verg. Aen. 2, 264. *Vell. 1, 1, 1. Iustin. 20, 2, 1. – Scherzh. appellat., Epeus fumificus, v. einem Koch, Plaut. fr. bei Varro LL. 7, 38: u. Epius est Pistoclerus, der Macher, Anstifter (der Intrige), Plaut. Bacch. 937.

epetecticālis, s. epidēcticālis.

epexēgēsis, Akk. in, *f.* (ἐπεξήγησις), die **hinzugefügte Erklärung,** Serv. Verg. Aen. 1, 12 u. 2, 260. Lact. Stat. Theb. 7, 40.

ephalmātor, ōris, *m.* (*vox hybr.* v. ἐφάλλομαι), der **Springer, Tänzer,** Firm. math. 8, 15.

ephēbēum, ī, *n.* (ἐφηβεῖον), **der Übungsplatz für die Jünglinge in der Palästra,** der **Turnplatz,** Vitr. 5, 11, 2.

1. ephēbīa, ae, *f.* (ἐφηβεία), **I** das **Jünglingsalter,** Donat. Ter. Andr. 1, 1, 24. – **II** = ephebeum (wie viell. zu lesen), s. d., Vulg. 2. Mach. 4, 9.

2. ephēbīa, ōrum, *n.* (ἐφήβεια), die **behaarte Gegend der Scham,** Cael. Aur. acut. 3, 17, 140.

ephēbicus, a, um (ἐφηβικός), **für Jünglinge gehörig, Jünglings-,** Apul. met. 10, 30.

ephēbus, ī, *m.* (ἔφηβος), der mannbare **Jüngling,** von 16 bis 20 Jahren, gew. v. Griechen, greges epheborum, Cic.: nitidi ephebi, veste pullā candidi, Varro fr.: postquam ephebus est factus, Nep.: exire ex ephebis, Plaut.: excedere ex ephebis, Ter.: deducere ephebum in gymnasium, Petron.: ephebum mulierare, Varro. – ▶ Genet. Plur. ephebûm, Stat. Theb. 4, 232.

ephedra, ae, *f.* (ἐφέδρα), eine auch anabasis gen. Pflanze, nach Fraas *Ephedra fragilis*, L., Plin. 16, 36.

ephēlis, idis, Akk. Plur. lidas, *f.* (ἐφηλίς), die **Sommersprosse,** Cels. 6, 5.

ephēmericus, a, um (*ἐφημερικός), **auf den Tag berechnet, nach Tagen abhandelnd,** primus (liber) Georgicorum, Fulg. contin. Verg. p. 139 M.

ephēmeris, idis, u. idos, Akk. Sing. ida, Akk. Plur. idas, *f.* (ἐφημερίς), ein Buch, in dem man die täglichen Verrichtungen, Begebenheiten, Einnahmen u. Ausgaben aufschreibt, nach unserer Art **Tagebuch, Journal,** Cic. Quinct. 57. Nep. Att. 13, 6. Ov. am. 1, 12, 25 (wo Akk. Plur. -idas). Auct. itin. Alex. 3 V. (wo Genet. -idos): ephemeridas eius vitae composuit, Treb. Poll. Gallien. 18, 6.

ephēmeron (**-um**), ī, *n.* (ἐφήμερον), eine uns unbekannte Giftpflanze, Plin. 25, 170.

Ephesus (**-os**), ī, *f.* (Ἔφεσος), eine der zwölf Ionischen Städte in Kleinasien, berühmt durch den Dianentempel u. später durch Rhetorenschulen, j. Dorf *Ayasaluk* (d. i. Ἅγιος Θεόλογος, ein Beiname des Apostels Johannes), Plaut. Bacch. 171. Liv. 37, 45, 2 u. 19. Mela 1. § 88. Tac. dial. 15. – Dav. **Ephesius,** a, um (Ἐφέσιος), **ephesisch,** Cic. – Plur. subst., Ephesiī, ōrum, *m.*, die Einw. von Ephesus, die **Epheser,** Plin.

Ephialtēs, ae u. is, *m.* (Ἐφιάλτης), einer der Aloiden (s. Alōīdae unter Aloeus), Ps. Verg. cul. 235 H. Claud. bell. Get. 75. Hyg. fab. 28. Amm. 22, 14, 3. – Nbf. Ephialta, ae, *m.*, Sidon. praef. carm. 7, 25. Firm. Mat. de err. 12, 8.

ephippiārius, iī, *m.* (ephippium), der **Sattler,** CIL 6, 9376.

ephippiātus, a, um (ephippium), **auf einem gesattelten Pferd reitend,** Caes. b. G. 4, 2, 5.

ephippium, iī, *n.* (ἐφίππιον), die **Reitdecke,** die **Schabracke,** Caes. u. a.: gemmea ephippia, Varro fr.: ephippia fucata, Apul.: dah. wie sprichw., optat ephippia bos piger, optat arare caballus = niemand ist mit seinem Schicksal zufrieden, Hor. ep. 1, 14, 43.

1. ephorus, ī, *m.* (ἔφορος), der **Aufseher, Ephorus,** gew. Plur. **ephorī,** ōrum u. ûm, *m.,* die aus fünf Mitgliedern bestehende höchste Staatsbehörde in Sparta, der außer der Oberaufsicht über alle Beamten, namentlich auch über die beiden Könige, die Sorge für die inneren u. auswärtigen Angelegenheiten des Staates und die Unterhandlungen mit fremden Gesandten oblag, Cic. de legg. 3, 16 u. a. Nep. Paus. 3, 5 u. a. – griech. Nom. Plur. ephoroe, Val. Max. 4, 1. ext. 8, synk. Genet. Plur. ephorûm, Nep. Ages. 4, 1.

2. Ephorus, ī, *m.* (Ἔφορος) ein griech. Historiker aus Cyme in Kleinasien, Schüler des Isokrates, lebte um 340 v. Chr., Cic. Brut. 204; or. 172; de or. 2, 57. Quint. 10, 1, 74.

Ephyra, ae u. **Ephyrē,** -ēs, *f.* (Εφύρα), **I** eine Meernymphe, Verg. georg. 4, 343. – **II** der alte Name von **Korinth,** Ov. met. 2, 240. Stat. silv. 2, 2, 34. – Dav. **A Ephyraeus,** a, um (Ἐφυραῖος), **ephyräisch** = **korinthisch, aus** od. **von** od. **bei Korinth,** Crëusa, Ov. art. am. 1, 335: isthmos, Apul. met. 1, 1. – dah. **syrakusanisch, von Syrakus** (als Kolonie von Korinth), alumni, Sil. 14, 52: moenia, Sil. 14, 180. – **B Ephyrēiadēs,** ae, *m.,* der **Ephyrēiade** = der **Korinther,** Stat. Theb. 6, 652. – **C Ephyrēias,** adis, Akk. Plur. adas, *f.,* **ephyrēisch = korinthisch,** Claud. b. Get. 629. – **D Ephyrēius,** a, um, **ephyrēisch = korinthisch,** aera, Gefäße aus korinth. Erz, Verg. Aen. 2, 464: isthmos, Rut. Nam. 1, 319. – **E Ephyrēus,** a, um, **ephyrēisch = korinthisch, von Korinth,** moenia, Lucan. 6, 17.

epibata, ae, *m.* (ἐπιβάτης), der **Schiffssoldat,** Auct. b. Alex. 11, 4. Auct. b. Afr. 20, 1. Vitr. 2. 8, 14.

epicactis, is, *f.,* die sonst elleborine gen. Pflanze, Plin. 13, 114.

epicataphora (ἐπικατάφορα), der **Niedergang** der Gestirne, Ggstz. anaphora, Firm. math. 7, 1. p. 194, 51.

epicaustōrium, iī, *n.* = *observatorium,* Gloss.

epicēdīon, iī, *n.* (ἐπικήδειον), das **Leichenlied,** Stat. silv. 2. praef. u. Gloss.

epicertomēsis, is, *f.* (ἐπικερτόμησις), rhet. *t. t.,* die **Verhöhnung,** Rufin. de fig. sent. 1.

Epicharmus, ī, *m.* (Ἐπίχαρμος), ein Philosoph u. dramat. Dichter (u. als solcher Vertreter der dorisch-sizilischen Komödie), Schüler des Pythagoras, geboren auf der Insel Kos; er siedelte von da nach Megara und endlich nach Syrakus über (dah. Siculus zubenannt), Cic. Tusc. 1, 15. Hor. ep. 2, 1, 58.

epichīrēma, atis, *n.* (ἐπιχείρημα), als rhet. *t. t.,* eine Art **Schlussfolge,** ein **Syllogismus,** der nicht gerade streng beweist od. nicht ganz logisch durchgeführt ist, Quint. 5, 10, 2 *sqq.* Iul. Vict. art. rhet. 11.

epichysis, is, Akk. in, Abl. ī, *f.* (ἐπίχυσις), ein Gefäß zum Eingießen, der **Einguss,** Plaut. rud. 1319. Varro LL. 5, 124.

epicitharisma, matis, *n.* (ἐπικιθάρισμα), die Musik nach dem Schauspiel, die **Nachmusik,** Tert. adv. Val. 33.

epiclīnium, iī, *n.* (επί u. clino), viell. = ἐπίκλιντρον, die **Anlehne, Rücklehne,** Consent. 350, 13 K.

epiclintae, ārum, *m.* (ἐπικλίνται), **Erderschütterungen in spitzen Winkeln nach der Seite hin,** Apul. de mund. 18. – Vgl. climatiae.

Epiclēros, ī, f. (Ἐπίκληρος), die **Erbtochter,** ein Stück des Komikers Menander, Cic. de amic. 99. Quint. 10, 1, 70.

epicoenos, on (ἐπίκοινος), **beiden Geschlechtern gemeinschaftlich** (rein lat. promiscuus), v. Tiernamen, die ein beiden Geschlechtern gemeinsames grammat. Geschlecht haben (wie passer, aquila), Donat. 375, 22 K.; vgl. Quint. 1, 4, 23 u. a.

epicōpus, um (ἐπίκωπος), **mit Rudern versehen,** phaselus, Cic. ad Att. 14, 16, 1.

Epicratēs, is, *m.* (ἐπικρατής), der **Übergewaltige,** von Pompejus, Cic. ad Att. 2, 3, 1.

epicroculum, ī, *n.* (*Demin.* v. epicrocum), ein **feinwollenes Frauenkleid,** Placid. gloss. V, 21, 12.

epicrocus, a, um (ἐπίκροκος), **I von dünnen-, feinen Einschlagfäden** (von κρόκη, subtemen), subst., epicrocum, ī, *n.* (ἐπίκροκον), ein **feinwollenes Frauenkleid,** Naev. tr. 57. Varro fr. b. Non. 318, 25 (nach Paul. ex Fest. 82, 13 ein »safrangelbes feines Kleid«, also von κρόκος). Vgl. Placid. gloss. V, 21, 4 ›epicroca, perlucida‹. – **II** scherzh. übtr., **fadenscheinig** = dünn, von einer Suppe, Plaut. Pers. 96.

Epictētus, ī, *m.* (Ἐπίκτητος), ein ausgezeichneter stoischer Philosoph aus Hierapolis in Phrygien, lebte am Ende des 1. Jahrh. n. Chr., Gell. 1, 2, 6 *sqq.* u. a.

Epicūreios, on, s. Epicūrus.

Epicūrēus u. **-īus,** a, um, s. Epicūrus.

epicūrizo, āre (ἐπικουρίζω), **dem Epikur folgen** = sich mit der epikurēischen Philosophie beschäftigen, Partiz. subst., epicūrizantēs, ium, *m.,* Nachäffer des Epikur, Salv. de gub. dei 1, 1.

Epicūrus, ī, *m.* (Ἐπίκουρος), ein berühmter griech. Philosoph aus dem attischen Demos Gargettus (dah. Gargettius zubenannt) gebürtig, aber zu Samos (342 v. Chr.) geboren, Stifter der nach ihm benannten epikurēischen Philosophie, die den Sinnengenuss als höchstes Gut annahm, Cic. de fin. 1, 29; de fat. 19; ep. 15, 16, 1. – Dav. **Epicūrēus** u. **-īus,** a, um (Ἐπικούρειος, dah. auch **Epicūreios,** on), **epikurēisch,** Patro, Cic.: secta, Suet.: medicamenta doloris, vom Vergnügen, Cic. – subst., **a** Epicūrēa, ae, *f.* (*sc.* secta), die **epikurēische Sekte (Schule),** Porphyr. Hor. ep. 1, 1, 16. – **b** Epicūrēī (Epicūriī), ōrum, *m.,* die Schüler-, Anhänger des Epikur, die **Epikureer,** Cic.: übtr. = Wollüstlinge, Sen.

epicus, a, um (ἐπικός), **episch, heroisch,** poëta, Cic. de opt. gen. 2: carmen, Quint. 10, 1, 62. Fulg. myth. 1, 2. – Plur. subst., epicī, ōrum, *m.,* die **Epiker, epischen Dichter,** Quint. 10, 1, 51.

epicyclus, ī, *m.* (ἐπίκυκλος), der **Nebenkreis,** als *t. t.* der Astronomie, Mart. Cap. 8. § 879. Chalcid. Tim. 81 *sq.* u. ö. – u. Adj. **epicyclus,** a, um, **der Nebenkreise,** globus, Chalcid. Tim. 81: circulus, *ibid.* 87: motus, *ibid.* 97.

Epidamnus, ī, *f.* (Ἐπίδαμνος), Stadt im griech. Illyrien, später Dyrrachium gen., Mela 2, 3, 12 (2. § 56). Plaut. Men. 263. – Dav.: **A Epidamniēnsis,** e, **epidamnisch,** cives, Plaut. Men. 1000. – **B Epidamniī,** ōrum, *m.* (Ἐπιδάμνιοι), die Einw. von Epidamnos, die **Epidamnier,** Plaut. Men. 258.

Epidaphna, ae, *f.* u. **Epidaphnēs** (ἡ ἐπὶ Δάφνης), ein Flecken ganz nahe bei Antiochia in Syrien, Tac. ann. 2, 83. Plin. 5, 79. Vgl. daphne *no.* II, B.

Epidauros (-us), ī, *f.* (Ἐπίδαυρος), **I** eine Stadt in Dalmatien, Auct. b. Alex. 44, 5: Nbf. -um, Plin. 3, 143. – **II** Epidauros Limēra (Ἐπίδ. ἡ Λιμηρά), eine Stadt in Lakonien am argolischen Meerbusen mit einem trefflichen Hafen u. Tempel des Äskulap, j. *Palea Monemvasia,* Plin. 4, 17. – **III** eine Stadt in Argolis am saronischen Meerbusen, mit einem Tempel des Äskulap, wo dieser Gott in Gestalt einer Schlange verehrt und von da nach Rom geholt wurde, j. *Pidauro,* Cic. de nat. deor. 3, 83. Liv. 10, 47. § 7. Plin. 4, 18. Vgl. Aesculapius. – Dav.: **A Epidaurius,** a, um (Ἐπιδαύριος), **epidaurisch,** deus, Äskulap, Prop.: litora, Ov. – subst., Epidaurius, iī, *m.,* der **Epidaurier,** d. i. Äskulap, Ov.: u. Plur. Epidauriī, iōrum, *m.,* die Einw. von Epidaurus, die **Epidaurier,** Mela. – **B Epidauricus,** a, um, **epidaurisch,** litus, Mela 2, 7, 10 (2. § 109). – **C Epidaurēus,** a, um, **epidaurēisch,** Avien. Arat. 207. – **D Epidaurēnsis,** e, **aus Epidaurus,** CIL 3. p. 850, 24. – **E Epidauritānus,** a, um, **aus Epidaurus, epidauritanisch,** Plur. subst., Epidauritānī, ōrum, *m.,* die Einw. von Epidaurus, die **Epidauritaner,** Hieron. vit. Hilar. 40.

Epidaurus (-um), s. Epidauros *no.* I.

epidēcticālis, e (v. ἐπιδεικτικός), **aufzeigend,** terminus, der **Haupt-, Ort-** od. **Eckstein,** Gromat. vet. 352, 17. – ders. gew. subst., epidēcticālis, is, *m.,* Gromat. vet. 307, 13 u. 341, 14.

epidēmētica, ōrum, *n.* (ἐπιδημητικά), **Quartierablösungsgelder,** Cod. Iust. 12, 41 *rubr.*

epidēmos, on, *Adi.* (ἐπιδημητικά), **einheimisch,** species luis, Amm. 19, 4, 7.

epidermis, idis, *f.* (ἐπίδημος), **Haut** auf einem Geschwür, **Schorf,** Pelagon. veterin. 9. p. 49 = 182 *Ihm.* Veget. mul. 3, 61, 1.

Epidicazomenos, Akk. on (Ἐπιδικαζόμενος), der sich **etwas zusprechen Lassende,** ein Stück des Apollodorus, Ter. Phorm. prol. 25.

epidīcticus, a, um (ἐπιδεικτικός), **zur Schau stellend,** orationis genus, Prunkredegattung, Cic. or. 42 (Cic. or. 37 u. 207 steht das Wort griechisch).

Epidius, iī, *m.*, C., ein röm. Rhetor, Lehrer des Antonius u. Augustus, Plin. 17, 243. Suet. rhet. 4.

epidīpnis, idis, Akk. Plur. idas, *f.* (ἐπιδειπνίς), der **Nachtisch,** das **Dessert,** Petron. 69, 6. Mart. 11, 31, 7.

epidīxis, is, *f.* (ἐπίδειξις), die **Spielprobe,** Not. Tir. 93, 75. CIL 5, 2787 (wo Abl. Plur. epidixib[us]).

epidromus, ī, *m.* (ἐπίδρομος), **I** Plur. epidromi, die **Ober- und Unterleinen** am Netz, Plin. 19, 11. – **II** der **Strick** der Hängematte, Cato r.r. 13, 1.

Epigonī, ōrum, *m.* (ἐπίγονοι), die **Nachkommen,** von den nachgebliebenen Söhnen der sieben gegen Theben vereinigten u. vor dieser Stadt gefallenen Fürsten, welche zehn Jahre darauf den Krieg erneuerten, Hyg. fab. 71. – dah. Name einer Tragödie des Aischylos, Cic. Tusc. 2, 60, die Accius zu einer gleichn. latein. benutzte, Cic. de off. 1, 114; de opt. gen. 18.

epigramma, atis, *n.* (ἐπίγραμμα), **I** die **Aufschrift, Inschrift,** am Fuße einer Statue, Cic. Verr. 4, 127: auf einem Leichenstein, Petron. 115, 20: epigramma in lapide inscriptum, Vitr. 8, 3, 21: auf einem Weihgefäß, Nep. Paus. 1, 3: als Brandmal, Petron. 103, 4. – **II** das **Sinngedicht, Epigramm,** Cic. Arch. 25; Tusc. 1, 4. Quint. 1, 5, 20 u. a. – ► Genet. Plur. epigrammatōn, Mart. 1. praef. u. 1, 1, 3; 1, 117, 3: Abl. Plur. epigrammatis, Cic. ad Att. 1, 16, 15. Auson. edyll. 13 *extr.* p. 146, 15 Schenkl.

epigrammatārius, iī, *m.* (epigramma), der **Epigrammschreiber,** Vopisc. Florian . 3. § 3 u. a.

epigrammaticus, a, um (ἐπιγραμματικός), **epigrammatisch,** Martialis epigr. poëta, Spart. Hel. 5. § 9.

epigrammista, ae, *m.* (epigramma), der **Epigrammdichter,** Sidon. epist. 4, 1, 2.

epigrōma, atis, *n.* (ἐπί u. γρῶμα), das **Flurbuch,** rein lat. commentarium, Not. Tir. 76, 31.

epigrus, ī, *m.*, ein **hölzerner Nagel,** Sen. de ben. 2, 12, 2 H. Isid. 19, 19. 7.

epilēpsia, ae, *f.* (ἐπιληψία), die **Fallsucht, Epilepsie,** rein lat. morbus comitialis, Lampr. Heliog. 20, 5. Cael. Aur. de morb. chron. 1, 4, 60 *sqq.* – Nbf. **epilēpsis** (ἐπίληψις), is, Theod. Prisc. 4. fol. 300 (b), 24.

epilēpticus, a, um (ἐπιληπτικός), **fallsüchtig, epileptisch,** Auct. frgm. iur. anteiust. p. 38 *ed. Mai:* passio, die Epilepsie (rein lat. morbus comitialis), Cael. Aur. acut. 2, 30, 162: lapsus, Chalcid. Tim. 231: Plur. subst. epilēpticī, ōrum, *m.*, die Epileptiker, Firm. math. 7, 27 *extr.* u. Eccl.

epilēus, ī, *m.* (*ἐπίλειος, viell. von ἐπί u. λεία = der Beute nachgehend), eine Art Habichte, Plin. 10, 21.

epilogicus, a, um (ἐπιλογικός), **zum Epilog gehörig,** quaestio, Cur. Fortunat. art. rhet. 2, 7.

epilogium, iī, *n.* = *prologus* (s. d.). Ven. Fort. carm. praef. § 1.

epilogus, ī, *m.* (ἐπίλογος), die **Schlussrede,** der **Epilog** (rein lat. peroratio, s. Cic. Brut. 127; od. conclusio, s. Rhet. Her. 2, 47), Cic. de or. 2, 278 u. a. Quint. 6, 1, 35. Lact. 5, 3, 26. Mart. Cap. 5. § 506.

epimēdion, iī, *n.* (ἐπιμήδιον), **I** eine uns unbekannte Pflanze, Plin. 27, 76. – **II** das **Treppengeländer,** CIL 10, 5192.

epimelās, antis, *m.* (ἐπιμέλας, schwärzlich), ein uns unbekannter Edelstein, Plin. 37, 161.

epimēnia, ōrum, *n.* (ἐπιμήνια), die **monatliche Kost, Monatsrate** (die den Sklaven an Lebensmitteln verabreicht wurde), Iuven. 7, 120.

Epimenidēs, is, *m.* (Ἐπιμενίδης), ein gottbegeisterter Mann (Sänger u. Wahrsager) des solonischen Zeitalters, berühmt durch die Entsühnung Athens, Varro LL. 7, 3. Cic. de legg. 2, 28 u. a. – ► Griech. Genet. Epimenidu (Ἐπιμενίδου), Plin. 19, 93.

epimerismos, ī, *m.* (ἐπιμερισμός), rhet. *t. t.*, die **Aufzählung der Hauptbeweise** in einer Rede, Mart. Cap. 5. § 564.

Epimētheus, eī u. eōs, Akk. ea, *m.* (Ἐπιμηθεύς), Vater der Pyrrha, Sohn des Japetus und Bruder des Prometheus, Hyg. fab. 142. – Dav. **Epimēthis**, idis, *f.* (Ἐπιμηθίς), die **Tochter des Epimetheus,** d. i. Pyrrha, Ov. met. 1, 390.

epimetrum, ī, *n.* (ἐπίμετρον), die **Zugabe** über das Maß, rein lat. cumulus, Cod. Theod. 12, 6, 15.

epinīcium, iī, *n.* (ἐπινίκιον), **I** das **Siegeslied,** Sing., epinicium canere, Vulg. 1. paral. 1, 15, 21: Plur., epinicia cantare, Ner. bei Suet. Ner. 43, 2. – **II** Plur. epinīcia, ōrum (ἐπινίκια), das **Siegesfest,** epinicia agere Ierosolymis, Vulg. 2. Mach. 8, 33.

epinyctis, idis, Akk. Plur. ides u. idas, *f.* (ἐπινυκτίς), **I** eine Art böser Blattern, die des Nachts auszubrechen pflegen, die **Nachtblattern,** Plin. 20, 12 u. 44. – **II** ein Geschwür im Auge, sonst syce gen., Plin. 20, 44.

epiōnicus versus = *versus ionicus a maiore,* Prisc. de metr. Ter. § 26.

epipedonicus, a, um (επί u. πέδον), **in der Mitte der Zenturien stehend** (rein lat. medius), termini, Gromat. vet. 213, 9 u. 409, 20: ager, Gromat. vet. 247, 12.

epipedos, on u. us, a, um (ἐπί u. πέδον), **eben,** rein lat. planus, Censorin. fr. 6, 2. Gromat. vet. p. 97, 5 u. 415, 20. Chalcid. Tim. 8 u. 38 u. 88.

epipetros, ī, *f.* (ἐπίπετρος, bei den Griechen gew. ἐπίπετρον), eine auf Felsen wachsende Pflanze, die nach der Meinung der Alten nie blühte, Plin. 21, 89.

Epiphanēa (-īa), ae, *f.* (Ἐπιφάνεια), eine Stadt an der Südgrenze Ciliciens, früher Oeniandos, j. *Serfandacar,* Cic. ep. 15, 4, 7 *sq.* Plin. 5, 93.

1. epiphanīa, ae, *f.* (ἐπιφάνεια), die **Oberfläche,** rein lat. superficies, Eulog. in somn. Scip. p. 406, 26 *Orelli.*

2. epiphanīa, ōrum, *n.* (ἐπιφάνεια, τά, *sc.* ἱερά), das Fest der Erscheinung Christi, **Epiphanien,** Amm. 21, 2, 4. Cod. Theod. 15, 5, 5: dies epiphaniorum, Hieron. epist. 119, 1. – Nbf. epiphanīae, ārum, *f.*, Cod. Theod. 2, 8, 24. Isid. 6, 18, 8.

epiphōnēma, matis, *n.* (ἐπιφώνημα), der **Ausruf,** Sen. contr. 1. praef. § 23. Quint. 8, 5, 11 u. a.

epiphora, ae, *f.* (ἐπιφορά), der **Schnupfen, Katarrh, Abfluss,** rein lat. destillatio, Plin. u. a.: ventris, Plin.: oculi, Tränenfistel, Col. u. Plin.

epirādion, s. epiraedium.

epiraedium (epirēdium), iī, *n.* (ἐπί u. raeda), der Riemen, an dem das Pferd die Kutsche zieht, der **Zugriemen, Jochriemen,** Iuven. 8, 66. Quint. 1, 5, 68. Not. Tir. 112, 72 (epiredium). – Vulg. Nbf. epiradion, Consent. 450, 14 K.

Ēpīrēnsis, e, s. Ēpīrus.

Ēpīrus (Ēpīros), ī, *f.* (Ἤπειρος), eine Landschaft Griechenlands zwischen Mazedonien, Thessalien und dem Ionischen Meer, der größte Teil des heutigen Albaniens, Cic. Pis. 96 u. a.: berühmt durch Vieh-, bes. Pferdezucht, Varro r. r. 2. praef. 7. Verg. georg. 1, 59. – Dav.: **A** **Ēpīrēnsis**, e, **epirensisch,** Liv. 8, 24, 17. – **B** **Ēpīrōtēs**, ae, *m.* (Ἠπειρώτης), **aus Epirus (gebürtig** usw.), der **Epirote,** Plin.: Plur. Ēpīrōtae, die Bewohner von Epirus, die **Epiroten,** Liv. – **C** **Ēpīrōticus**, a, um (Ἠπειρωτικός), **epirotisch,** Varro, Cic. u. a.

episcēnos, ī, *f.* (ἐπίσκηνος) u. **episcēnium**, iī, *n.*, **der obere Aufsatz-,** das **Stockwerk der Skene,** Vitr. 5, 6, 6 (5, 7, 3) u. 7, 5, 5.

episcepsis, eōs, *f.* (ἐπίσκεψις), die **Aufsicht, Inspektion,** ducenarius episcepseos chorae inferioris (des unteren Bezirks), CIL 5, 7870.

episcopālis, e (episcopus), **bischöflich,** sedes, Amm. 27, 3, 12: cathedra, Hieron. epist. 2, 9: solium, Prud. perist. 13, 33.

episcopāliter, *Adv.* (episcopalis), **bischöflich,** Augustin. conf. 5, 13.

episcopātus, ūs, *m.* (episcopus), die **Bischofswürde,** Tert. de bapt. 17 u. a. Eccl.

episcopium, iī, *n.,* die **Bischofswürde,** Augustin. serm. 355, 6. Ps. Cypr. de aleat. 3 u. a. Eccl.

episcopus, ī, *m.* (ἐπίσκοπος), der **Aufseher,** **I** im Allg., Arcad. Charis. dig. 50, 4, 18. § 7. Corp. inscr. Lat. 5, 7914. – **II** insbes., der **Bischof,** rein lat. Christianae legis antistes, Hadr. bei Vopisc. Sat. 8, 2. Amm. 15, 7, 8 u. Eccl.

episcynium, iī, *n.* (ἐπισκύνιον), die Stelle über den Augen, wo sich die Leidenschaften eines Menschen leicht zeigen; dah. meton. wie supercilium = **Ernst, Strenge,** Tert. de pall. 4.

epistalma, matis, *n.* (ἐπίσταλμα), die **Vollmacht,** das **Mandat** des Kaisers, Cod. Iust. 7, 37, 3.

epistatēs, ae, *m.* (ἐπιστάτης), der **Vorsteher, Aufseher,** Cato r. r. 56. Tert. ad mart. 3.

epistola, s. epistula.

epistolāris, e (epistola), **zum Brief gehörig,** charta, Briefpapier, Ulp. dig. 33, 9, 3. § 10. Mart. 14, 11 *lemm.*: colloquium, schriftliche Unterredung, Augustin. epist. 138, 1: angustia, Hieron. epist. 53, 6. – subst., epistolaris tua, dein Briefbote, Sendbote (v. Adler Jupiters), Mart. Cap. 9. § 896: Plur. epistolārēs, ium, *m.,* die **Sekretäre des kaiserlichen Kabinetts,** Cod. Iust. 7, 12, 24 u. a.

epistolārius, a, um (epistola), **brieflich,** scriptio, Ennod. epist. 1, 22. – subst., epistolāriī, ōrum, *m.,* **Briefboten, -träger,** Salv. de gub. dei 5, 7. § 30 H.

epistolicus (epistulicus), a, um (ἐπιστολικός), **brieflich, in Briefen verfasst,** quaestiones, eine Schrift des Kato, Gell. 6 (7), 10, 2, u. des Varro, Gell. 14, 7, 3 u. 14, 8, 2. Charis. 104, 21 u. 108, 10 K.

epistolium, iī, *n.* (ἐπιστόλιον), das **Briefchen,** Catull. 68, 2. Apul. apol. 6 u. 79; vgl. Gloss. II, 311, 19.

epistratēgīa, ae, *f.* (ἐπιστρατηγεία), die **Unterfeldherrnstelle,** CIL 11, 5669.

epistratēgus, ī, *m.* (ἐπιστράτηγος), der **Unterfeldherr, Unterpräfekt,** Thebaidos, CIL 6, 32929.

epistula (epistola), ae, *f.* (ἐπιστολή), der **Brief** als **Zuschrift, Sendschreiben** (während litterae der Brief als Geschriebenes, als Schreiben), **I** im Allg.: ep. ab alqo, Cic.: ad alqm, Cic.: crebrae *ab* Othone *ad* Vitellium epistulae, Tac.: epistula minuscula, pusilla, Cic.: ep. longa, Plin. ep.: ep. Graecis litteris conscripta, Caes.: Graeca epistula Cicerei cuiusdam ad Satrium missa, Brut. in Cic. ep.: epistula ad alqm scripta, Quint.: epistula ad alqm missa ab alqo, Sen.: commercium epistularum, Vell. u. Sen.: epistulam scribere alci od. ad alqm, Fronto: epistulam alci dare (einhändigen, mitgeben), Cic.: epistulam mane dare, absenden (v. Briefschreiber), Cic. (u. so tres epistulae eodem abs te datae tempore, Cic.): epistulam inscribere alci, an einen richten, Cic.: vincula epistulae laxare, Nep.: dass. epistulam solvere, Nep.: epistulam reddere (abgeben, zustellen), Cic., alci, Vell.: venio ad tuas *litteras,* quas pluribus *epistulis* accepi, d. i. in mehreren Sendungen, Cic. ad Q. fr. 3, 1, 3. § 8: dah. ab epistulis, Sekretär, Suet. Claud. 28. Tac. ann. 15, 36. – Plur. epistulae (wie litterae u. im Griech. ἐπιστολαί), v. **einem** Schreiben, Tac., Plin. ep. u. Iustin.; vgl. Schäfer Plin. ep. 10, 5, 1. Benecke Iustin. 11, 8, 5. – **II** insbes., der **Erlass,** das **Reskript** des Kaisers, Plin. ep. u. Frontin.

epistulicus, a, um, s. epistolicus.

epistȳlium, iī, *n.* (ἐπιστύλιον), der über den Säulen ruhende Balken, der **Bindebalken, Architrav,** Varro r. r. 3, 5, 11. Vitr. 3, 3, 8 *sqq.* Plin. 36, 96. Vgl. Paul. ex Fest. 80, 11. Isid. 15, 8, 15.

episynalīphē, ēs, *f.* (ἐπισυναλοιφή), das **Zusammensprechen zweier Silben in einer,** Diom. 442, 20. Prob. 263, 26. Consent. 389, 13 u. 18.

epitaphista, ae, *m.,* der **Trauer-, Begräbnisredner,** Sidon. epist. 1, 9, 7.

epitaphium, iī, *n.* (ἐπιτάφιον), die **Grabschrift,** CIL 10, 2066 (in hoc cetaphio). de Rossi inscr. christ. tom. 1. p. 310. *no.* 710.

epitaphius, iī, *m.* (ἐπιτάφιος), die **Trauer-, Begräbnisrede, feierliche Standrede,** die in Athen am Ende jedes Kriegsjahrs den gefallenen Kriegern von Staats wegen gehalten wurde, wie die des Perikles im Menexenus des Plato, Cic. Tusc. 5, 36.

epitasis, is, *f.* (ἐπίτασις), der **Knoten,** als Teil der Komödie nach der Protasis u. vor der Katastrophe, Donat. de comoed. p. XVIII, 8 u. 20 *ed. Klotz.* Donat. argum. ad Ter. Andr. p. 3. lin. 15 *ed. Klotz.* Not. Tir. 76, 40.

epithalamium, iī, *n.* (ἐπιθαλάμιον), das **Brautlied,** das meist chorweise vor der Brautkammer (thalamus) abgesungen wurde (hingegen der hymenaeus bei der Heimführung der Braut), Quint. 9, 3, 16. Treb. Poll. Gallien. 11. § 7: sanctarum nuptiarum dulce canit epithalamium, Hieron. epist. 53, 8.

epithēca, ae, *f.* (ἐπιθήκη), der **Zusatz,** die **Zugabe,** Plaut. trin. 1025.

epithema, matis, *n.* (ἐπίθεμα), der **Aufschlag, Umschlag** usw., Scrib. Larg. 160. Marc. Emp. 20. Mart. Cap. 3. § 225. Plin. Val. 3, 12.

epithematium, iī, *n.* (ἐπιθεμάτιον), ein kleiner Aufschlag, **Umschlag,** Marc. Emp. 20 u. a.

epitheton, ī, *n.* (ἐπίθετον), das **Beiwort,** Quint. 8, 3, 20 u. a. Macr. sat. 6, 5. § 1 *sqq.* Serv. Verg. Aen. 1, 4.

epithymum, ī, *n.* (ἐπίθυμον), die **Blüte des Thymians,** Plin. 26, 55.

epitogium, iī, *n.* (ἐπί u. toga), das **Oberkleid über der Toga,** Quint. 1, 5, 68. Not. Tir. 97, 9 (wo epitogum).

epitomārius, iī, *m.* u. **epitomatārius,** iī, *m.,* **einer, der einen kurzen Auszug macht,** Gloss. IV, 232, 27 u. 410, 32.

epitomē, ēs, *f.* (ἐπιτομή), ein **kurzer Auszug,** ep. Bruti Caelianorum, Cic.: totum Dionysium, per multa diffusum volumina, sex epitomis circumscribere, Col.: poëma in epitomen cogere, Auson. – ► Latinisierte Form epitoma, Cic. ad Att. 12, 5, 3 W. Not. Tir. 76, 30: Genet. epitomae, Auson. perioch. Iliad. prooem. p. 227, 14 Schenkl: Akk. epitomam, Eutych. bei Cassiod. de orthogr. (VII) 199, 9 K.

epitomo, āvī, ātum, āre (epitome), **in einen Auszug bringen,** historiam Alexandrinam, Treb. Poll. XXX tyr. 30, 22: quae dispersa sunt velut in ordinem epitomata conscribo, Veget. mil. 1, 8 *extr.*: *et cum integra* vero in occulto sint, praeter nos duo profecto nemo *epitomata* cognoscat, Nepot. epit. Val. Max. p. 488 H.

epitonion, iī, *n.* (ἐπιτόνιον), der **Hahn** an einer Röhre usw., Varro r. r. 3, 5, 16. Vitr. 9, 8, 11 u. 10, 8, 3 R. Sen. ep. 86, 6 H. Ulp. dig. 19, 1, 17. § 8 M. Not. Tir. 114, 27 (epitonium).

epitoxis, idos, *f.* (ἐπιτοξίς), die Höhlung der *catapulta,* worin die Sehne ruht, die **Nuss,** Vitr. 10, 10, 4.

epitrapezios, on (ἐπιτραπέζιος), **am Tische befindlich,** Hercules ep. (als Bild), Stat. silv. 4, 6 *lemm.*

Epitrepontes (ἐπιτρέποντες), die (der Entscheidung eines Schiedsrichters) **Anheimstellenden,** Titel einer Komödie des Menander, Quint. 10, 1, 70. Sidon. epist. 4, 12 (wo Sing.).

epitritus, a, um (ἐπίτριτος), **ein Ganzes** u. **ein Drittel enthaltend,** $1\frac{1}{3}$**-mal so groß,** **I** als mathem. *t. t.,* numerus ep., das Verhältnis von 4:3, wenn die größere Zahl um ein Drittel größer ist als die kleinere (wie 12:9 u. 40:30), rein lat. sesquitertius, Gell. 18, 14, 5. Macr. somn. Scip . 1, 6. § 43; 1, 19. § 21 u. bes. 2, 1. § 15. Chalcid. Tim. 35: u. darauf bezügl., ep. quantitas, Chalcid. Tim. 42: ratio, *ibid.* 46. – subst., epitritus, ī, *m.* (*sc.* numerus), Chalcid. Tim. 43 D. 35 u. ö. – **II** als metr. *t. t.,* pes ep., ein Versglied aus einer kurzen u. drei langen Silben u. zwar ◡– – – ep. primus, –◡– – ep. secundus, – –◡– ep. tertius, – – –◡ ep. quartus, Gramm.

epitropos, ī, *m.* (ἐπίτροπος), der **Aufseher,** Auson. ep. XXII, 2, 2 (bei Schenkl griechisch).

epitȳrum, ī, *n.* (ἐπίτυρον), ein Gericht aus dem Fleisch der Olive, angemacht mit Öl, Essig, Raute, Minze, Käse usw., etwa **Olivenkompott** od. **Olivensalat,** Plaut. mil. 28. Cato r. r. 119. Col. 12, 49, 9; vgl. Varro LL. 7, 86.

epiūrus, ī, *m.* (ἐπίουρος), der **Pflock, hölzerne Nagel,** Pallad. 12, 7, 15. *Augustin. de civ. dei 15, 27, 3. p. 118, 12 D.[2] (*codd.* epiros).

epizeuxis, is, Akk. in, Abl. i, die **Verbindung,** Donat. (IV) 398, 21 K. u. a. Gramm.

epizygis, gidis, *f.,* ein eiserner Zapfen auf dem Loch der *ballista,* um das hindurchgezogene Seil zu befestigen, Vitr. 10, 11, 4.

eploceus, a, um (wohl von ἐμπλόκιον) viell. **haarflechtenfarbig = goldgelb,** membrana, Schol. Iuven. 6, 547.

epodes, um, Akk. as, *m.*, eine Art Meerfische, Ov. hal. 126. Plin. 32, 152.

epōdos, ī, *m.* (ἐπῳδός), eine von Archilochus erfundene u. von Horaz auf röm. Boden verpflanzte Gattung lyrischer Gedichte, wo nach einem iambus trimeter ein dimeter od. übh. auf einen längeren Vers regelmäßig ein kürzerer folgt, mit Ausschluss des elegischen Distichon, die **Epode,** Quint. 10, 1, 96. Censorin. fr. 9, 2. Auson. ep. 10, 37. p. 169, 7 *Schenkl.* – ► Nomin. Plur. epodoe, Mar. Victorin. (VI) 57, 9: Genet. Plur. epodōn, Porphyr. vit. Hor. p. 2, 3 *Meier.*

epogdoos u. **-ous,** oon u. oum (ἐπόγδοος), **ein Ganzes und ein Achtel enthaltend,** numerus, das Verhältnis von 9:8, wenn die größere Zahl um ein Achtel größer ist als die kleinere, rein lat. sesquioctavus, Macr. somn. Scip. 2, 1, 14. Mart. Cap. 2. § 108 u. 9. § 953. Fulg. myth. 3, 9. Chalcid. Tim. 36 A. 47 u. 49: darauf bezügl., medietas, Chalcid. Tim. 43: ratio, *ibid.* 46.

epolōnus, s. 1. epulo ►.

epomphalion (epomf.), iī, *n.* (ἐπομφάλιον), ein **Magenpflaster,** Fulg. myth. 2, 2 *extr.*

Epona, ae, *f.* (epus = equus), die Schutzgöttin der Esel, Pferde u. Zugtiere übh., Iuven. 8, 157. CIL 13, 5170. Apul. met. 3, 27.

epops, popis, *m.* (ἔποψ), der **Wiedehopf,** rein lat. upupa, Ov. met. 6, 674. Ps. Verg. cul. 251 (253).

epoptēs, ae, *m.* (ἐπόπτης), der zum dritten od. höchsten Grad in den eleusinischen Mysterien Gelangte, der **Epopt,** gleichs. der (das Licht) **Schauende,** Tert. adv. Val. 1.

epopticus, a, um, (ἐποπτικός), die **Beschauung betreffend, beschauend,** contemplatio, Chalcid. Tim. 127: disputatio, *ibid.* 272.

Eporedia, ae, *f.*, im Jahre 100 v. Chr. von den Römern gegründete Kolonie im transpadanischen Gallien, j. *Yvrea,* Plin. 3, 123. Tac. hist. 1, 70. Vell. 1, 15, 5. Itin. Anton. 345, 1 u. 347, 4. CIL 5, 6955.

eporediae, ārum, *m.* (gall. Wort), **tüchtige Rossebändiger,** Plin. 3, 123.

epos, *n.* (ἔπος), das **Heldengedicht, Epos,** epos ducere, Hor. sat. 1, 10, 43: epos scribere, Mart. 12, 94, 1: epos ligare, Auson. prof. 6, 10. p. 59, 10 Schenkl.

ē-pōto, ēpōtāvī, epōtātūrus, ēpōtus, āre, **I austrinken,** im klass. Latein nur im *Partic. Perf.*, **a** ein Gefäß usw., poculo epoto, Cic. u. Liv.: poculum epotum, Quint.: epota amphora, Suet. – naumachias epotaturus, Sidon. epist. 1, 5, 9. – **b** eine Flüssigkeit, **α** eig.: epoto medicamento, Liv.: quā (potione) epotā, Quint.: oleo multo epoto, Cels. – **β** übtr., von lebl. Subjj., **aussaugen, einsaugen,** tyron (tyrische Purpurfarbe) epotavere lacernae, Mart. 2, 29, 3: omnibus epotis umoribus, Lucr.: ubi terreno Lycus est epotus hiatu, Ov. – **II vertrinken,** argentum expotum, Plaut. trin. 406. – ► Partiz. Perf. Pass. ēpōtātus, Treb. Poll. Claud. 6, 6.

epta..., s. hepta...

epula, ae, *f.* = epulae, *Lucil. 444. Auct. itin. Alex. 13 (35) = 14. p. 9, 5 *Volkm.;* vgl. Paul. ex Fest. 82, 14.

epulae, ārum, *f.*, die **Speisen, Gerichte,** das **Essen, I** im Allg.: mensae conquisitissimis epulis exstruebantur, Cic.: vestis blattarum epulae, Hor. – **II** insbes., das (einfache od. reichliche, für sich od. öffentlich, mit der Familie od. mit Gästen genossene) **Mahl,** die **Mahlzeit,** das **Gastmahl,** der **Schmaus,** menstruales epulae, freier Tisch auf **einen** Monat, Plaut.: cotidianae epulae (= φειδίτια), Cic.: Saliares epulae, saliarisches = prächtiges, üppiges, Apul.: somnus enim et vinum et epulae et scorta balineaque et otium, Liv.: vino epulisque dediti, Nep.: ludo et epulis deditus, Suet.: inter epulas, Sall., inter vinum et epulas, Liv.: caret (senectus) epulis exstructisque mensis et frequentibus poculis, Cic.: iis apud me hodie epulae instructae parataeque sunt, Liv.: lautioris mensae epulas parare, Hieron.: funestas epulas fratri comparare, Cic.: alci epulas dare, Tac.: alqm epulis adhibere, Suet.: ad epulas solito maturius ire, Iuven.: epulas a medio die ad mediam noctem protrahere, Suet.: onerari epulis, Sall. u. Ov.: ad epulas regis assistere, Cic. – im Bild, oculis epulas dare, Plaut.: quoniam avidum hominem ad has discendi epulas recepi, sic accipiam, ut reliquiarum sit potius aliquid quam te hinc patiar non satiatum discedere, Cic.: ea pars animi, quae mentis et consilii est, agitata et erecta saturataque bonarum cogitationum epulis, Cic. – ► Nbf. aepulae, CIL 8, 838, 12.

epulāris, e (epulae), **zum Essen** od. **Gastmahl gehörig,** accubitio amicorum, das Zusammenliegen von Freunden bei Tisch, Cic. de sen. 45: sacrificium, mit einem Schmaus verbundenes, Cic. de or. 3, 73: epulares cenae et largae dapes, Cypr. ad Donat. 1, 3: ep. triumphi, bei Essgelagen errungene, Amm. 22, 4, 5: sermo, bei Tisch, Apul. met. 2, 19.

epulātio, ōnis, *f.* (epulor), das **Speisen, Schmausen,** Cic. oec. fr. 6. p. 52 K. (aus Col. 12, 3, 2). Val. Max. 2, 5, 4. Petron. 141, 10. Suet. Cal. 18, 2. – ► Lucil. 444 *codd.* epulatio.

epulātor, ōris, *m.* (epulor), der **Schmauser,** Ambros. cant. cantic. 5, 5 *in.* u. a.

epulātōrium, iī, *n.* (epulor), das **Gastmahl,** der **Schmaus,** Ambros. de fuga saec. 8, 45.

1. epulo, ōnis, *m.* (epulum), **I** tresviri u. septemviri (gew. IIIviri u. VIIviri) epulones, ein aus drei, später aus sieben (ja aus zehn) Personen zusammengesetztes Priesterkollegium, das die feierlichen öffentlichen Mahlzeiten bei Götterfesten zu besorgen hatte, tresviri epulones, Cic. de or. 3, 73. Liv. 33, 42, 1: Sing. tresvir epulo, Liv. 40, 42, 7. – septemviri epulones, Gell. 1, 12, 6: Sing. VIIvir epulo, CIL 3, 1741: septemvir epulonum, Plin. ep. 2, 11, 12. CIL 10, 6087 u. 11, 5210: poet. septemvir epulis festis, Lucan. 1, 602. – bl. epulones, Cic. de har. resp. 21: Sing. epulo, Enn. b. Varro LL. 6, 82 *Muell. not. cr.* – **II** der gern an Gastereien Teilnehmende, der **Schmauser, Fresser, Schmausbruder,** Cic. ad Att. 2, 7, 3. Apul. met. 2, 19: epulones et bibones, Schmaus- u. Zechbrüder, Firm. math. 5, 4 *extr.* – ► Nbf. epulōnus, arch. epolōnus, Paul. ex Fest. 78, 11; vgl. coëpulōnus, Plaut. Pers. 100.

2. epulo s. epulor ►.

epulōnus, s. 1. epulo ►.

epulor, ātus sum, ārī (epulae), **essen, speisen, schmausen, I** *intr.:* unā (zusammen), Cic.: cum alqo, Cic. u. a.: apud alqm, Vell.: modice, Cic.: more Persarum luxuriosius, Nep.: Saliarem in modum, saliarisch = prächtig, üppig, Cic.: epulari de die coeperunt, Liv.: paulisper epulatus convivio egreditur, Curt.: corpora (parentum) lacerata epulando consumunt, speisen sie auf, Mela: epulandi publice ius, das Recht, an den feierlichen u. öffentlichen Mahlzeiten (der Auguren usw.) teilzunehmen, Suet.: totum eius servitium hilares sunt atque epulantur (lassen es sich wohl schmecken), Apul. flor. 23. – m. *Abl.*, dapibus opimis, Verg.: caesis iuvencis, Verg.: caesorum visceribus, Mela: membris eius, Firm. de err. 7, 7. – **II** *tr.:* alqm epulandum ponere mensis, zum Schmaus auftischen, Verg.: filium epulandum Harpago tradere, zu essen geben, Iustin. – prägn., universis libere licet discumbere in convivio et epulari nuptias sponsi, sich's wohl schmecken lassen bei der H., Ps. Cypr. adv. Iud. 5 *extr.* – ► Akt. Nbf. **epulo,** āre, **speisen,** et facit ecce escas hic epulare suas, Ven. Fort. carm. 10, 11, 24. Dracont. satisf. 122. Vgl. Prisc. 8, 25.

epulum, ī, *n.*, ein feierliches, politisches oder religiöses Mahl, das **Gastmahl,** der **Schmaus,** das **Ehrenmahl, Festmahl,** epuli dominus, Cic.: ep. populi Romani, Cic.: ep. Iovis, Lucil. u. Liv.: alci epulum dare, Val. Max.: alci epulum dare nomine alcis, Cic.: epulum per multos dies datum, Vell.: dans epulum, der Gastgeber, Sen.: dedicationis diem epulo celebrare, Plin. ep. – ► Nbf. aepulum, CIL 8, 860, 5.

equa, ae, *f.* (equus), die **Stute** (Ggstz. equus), Scriptt. r. r. u. a.: equae pullus, Füllen, Lucr.: equae nobiles, Iustin.: nobilium equarum greges, Ov.: greges nobilissimarum equarum abigere, Cic. – Dat. u. Abl. gew. equis, z. B. Varro r. r. 2, 1, 19. Col. 6, 37, 9: equabus bei Pallad. 4, 13. § 1 u. 5. Serv. Verg. georg. 3, 268 (zweimal). Cod. Iust. 11, 75, 1. Greg. M. epist. 12, 34 *extr.* Vgl. Prisc. 7, 10. Cledon. 11, 14 K.

equārius, a, um (equus), **zu Pferden gehörig, Pferde-, Ross-,** medicus, Rossarzt, Val. Max. 9, 15, 2 zw. (epit. Parid. Variante medicus ocularius). – subst., **a** equārius, iī, *m.*, **α** der **Pferdeknecht, Stallknecht,** Solin. 45. § 8. – **β** = ἱππονομεύς, der **Pferdehirt, Rosshirt,**

Gloss. – **b** equāria, ae, *f.*, die **Stuterei,** das **Gestüt,** Varro r. r. 2. prooem. § 6.

eques, itis, *c.* (equus), der **Reiter, I** im Allg.: illum equitem sex dierum spatio transcurrisse longitudinem Italiae, Liv.: poet. = Mann u. Ross, quadrupes eques, Enn. ann. 232: u. bl. eques = **Ross,** Min. Fel. 7, 3. Greg. Tur. hist. Franc. 3, 15 u. 18 u. ö. – **II** insbes.: **A** der Soldat zu Pferde, der **Reiter,** Caes. u. a. – kollekt., die **Reiterei,** Liv. u. a. – **B** der **Ritter,** Cic. u. a. – kollekt., der **Ritterstand** (bes. im Ggstz. zu populus, senatus, plebs; vgl. Fr. Aug. Wolf Suet. Aug. 34), der von den drei Ständen in Rom den zweiten bildete u. außer anderen Vorrechten auch besondere Sitze im Theater hatte, Suet. Aug. 34, 2. Cal. 26, 4. Ov. fast. 4, 293. Hor. ep. 2, 1, 185: dah. spectare in equite, d. i. unter den Rittern, auf den Ritterbänken, Suet. Dom. 8, 3. – übtr. = übh. die **edlere Volksklasse von gebildetem Geschmack,** Hor. sat. 1, 10, 76.

equester, stris, stre, Genet. stris, Abl. stri (equus), **zum Pferd** od. **Reiter gehörig, I** im Allg.: **a zum Pferd gehörig, der Pferde,** fremitus, der Pferde (Ggstz. currulis strepitus), Fronto de fer. Als. 3. – **b zum Reiter-, zur Reiterei gehörig, Reiter-** (Ggstz. pedester), equi, Reitpferde, Vulg. 3. regg. 4, 26: statua, Cic.: copiae, Cic.: proelium, Caes.: tumultus, Liv.: auxilium, Liv.: poet., equestri fracta tellus pede, d. i. von der Reiterei, Sen. Phoen. fr. 34 (396). – Neptunus, s. Cōnsus. – Fortuna, Liv. 40, 40, 10. – **II** insbes., **zum Ritter gehörig, Ritter-,** ordo, Ritterstand, Cic.: locus, Stand, Würde eines Ritters, z. B. equestri loco ortus, dem Ritterstand angehörend, Cic.: census, Cic.: dignitas, Ritterwürde, Nep.: aes, das Ausrüstungsgeld für das Ritterpferd, Gaius: militia, ritterlicher Kriegsdienst (als Offizier bei der Reiterei), Suet. – subst., **a** equester, stris, *m.* = eques, ein Ritter, Iulius Densus equester, Tac. ann. 13, 10: apud equestres, *ibid.* 12, 60. – **b** equestria, ium, *n.* (*sc.* loca), die **Sitze der Ritter** in den Schauspielen, Sen. de ben. 7, 12, 5. Petron. 126, 10. Suet. Cal. 26, 4: iussit ire sessum in equestria, Sen. contr. 7 (3), 18, 9. – ► **equestris** als Nbf. für das *masc.*, wie tumultus equestris, Liv. 27, 1. § 11: Neptunus equ., Tert. de spect. 9 u. Serv. Verg. Aen. 8, 636: numerus equ., Amm. 25, 1, 7: mos equ., Serv. Verg. Aen. 11, 703.

e-quidem, ein verstärktes quidem (aus dem Demonstrativ -e u. quidem), eine demonstrative Bekräftigungspartikel, **allerdings,** gew. (bei Cicero in kritisch sichern Stellen wohl immer) mit der 1. Pers., **I** im Allg., bekräftigend, versichernd, **allerdings, fürwahr, in der Tat,** zuw. unser eingeschobenes ja, nihil, inquit, equidem novi, Cic.: dixi equ., et dico. Hor.: de poenis possumus equ. dicere, Sall. – dum equ., quod edant, addas, Plaut.: scitis equ., Sall. – insanit hic equ., qui ipse maledicit sibi, Plaut.: di me equidem omnes adiuvant, Plaut. – verb. equ. ego, Komik., Cic. u. a.: equ. nos, Pers. – atque equ., Komik., quando equ., Plaut. (s. Plaut. trin. 611). – u. verstärkt, certe equ., Plaut. u. Verg.: edepol equ., equ. ecastor, equ. hercle, Plaut. – **II** insbes.: **A** einräumend, **allerdings, freilich, wohl,** m. folg. sed, Cic. u. a.: m. folg. verum, Komik. u. Cic.: m. folg. sed tamen, verum tamen, Cic.: m. folg. tamen, Liv. – **B** zuw. mit prägnanter Beziehung auf die redende Person, **meinerseits, meinesteils,** quod equidem sciam, Plin.: quod equidem noverim, Plin. (einige ziehen auch Caes. b. c. 2, 32, 13 u. Cic. ad Att. 6, 3, 4 hierher).

equifer, ī, *m.* (equus u. ferus), ein **wildes Pferd,** Plin. 28, 159 u. Gloss.

equila, s. equula.

equīle, is, *n.* (equus), der **Pferdestall,** Scriptt. r. r. u. Suet.

equimentum, ī, *n.* (equio), das **Beschälgeld,** Varro sat. Men. 502.

equimulga, ae, *m.* (equus u. mulgeo), der **Pferdemelker,** Sidon. epist. 4, 1, 4.

equīnus, a, um (equus), **zum Pferd gehörig, Pferde-, Ross-,** pecus, Varro u. Vopisc.: lac, Varro: saeta, Cic.: caput, Plin.: cauda, Hor.: hinnitus, Amm.: nervus (Sehne), Verg.: emptio, Pferdekauf, Varro: proventus, gute Pferdezucht, Solin.: pedibus equinis, Lucil. 193: homines equinis pedibus, Plin. – subst., **equīnus,** ī, *m.*, **a** der **Hengst,** CIL 6, 1082 = carm. epigr. 218 *Buecheler.* – **b** = ἱππικὸς ἄνθρωπος, Gloss. II, 332, 52.

equio, īre (equus), **rossig sein,** v. Stuten, Plin. 10, 181.

Equīria, s. Equīrria.

ēquirīne, *Interj.*, **beim Quirinus,** Paul. ex Fest. 81, 13.

Equīrria (Equīria), um od. ōrum, *n.* (equus u. curro), das von Romulus zu Ehren des Mars eingeführte u. jährlich zweimal (am 27. Februar u. 14. März) auf dem Marsfeld oder, wenn die Tiber ausgetreten war, an od. auf dem cölischen Hügel abgehaltene **Pferderennen,** Ov. fast. 2, 859; 3, 519. Varro LL. 6, 13. Paul. ex Fest. 81, 12 u. 131, 13.

equisaetum (equisētum), ī, *n.* (equus u. saeta od. seta), **Pferdeschwanz,** griech. ἵππουρις, unser **Schachtelhalm, Schafthalm,** bes. unser kleiner Schachtelhalm, **Katzenhalm, Katzensteert, -zügel, Kannenkraut** (*Equisetum arvense,* L.), Plin. 26, 132: auch **equisaetis** gen., Plin. 18, 259, u. **equisēta,** ae, *f.*, Ps. Apul. herb. 39. *no.* 1 u. 2.

equīso, ōnis, *m.* (equus), der Wärter u. Zureiter von Pferden, der **Reitknecht,** Varro sat. Men. 118 u. 559. Val. Max. 7, 3 ext. 1. Apul. met. 7, 15 u. 8, 1; de deo Socr. 5; apol. 87: übtr., nautici equisones, Schiffer, Varro sat. Men. 276.

equistrātor, ōris, *m.*, der **Bereiter,** Acta mart. sel. *ed. Gebhardt* p. 125, 22.

equitābilis, e (equito) = ἱππάσιμος, **zum Reiten-, für Reiterei geeignet** (Ggstz. inequitabilis), planities, Curt. 4, 9 (36), 10: campi, Amm. 22, 15, 12: aequor (Ebene), Auct. itin. Alex. 23 (57).

equitātio, ōnis, *f.* (equito), das **Reiten,** Plin. 28, 54.

1. **equitātus,** ūs, *m.* (equito), **I** das **Reiten,** femina atteri adurique equitatu notum est, Plin. 28, 218. – **II** *concr.*: **A** die **Reiterei,** Cic., Caes. u. a. – **B** die **Ritter,** die **Ritterschaft,** Cic. u. a.

2. **equitātus,** ūs, *m.* (equio), das **Rossen** der Stuten, quantum hinnitum atque equitatum, Lucil. 1275 (bei Varro LL. 7, 103).

3. **equitātus,** a, um (eques), mit **Reiterei untermischt,** cohors, CIL 2, 2129.

equitiārius, iī, *m.* (equitium), der **Gestütmeister,** Firm. math. 8, 13. Vgl. Gloss. ›equitiarius, ἱπποκόμος‹.

equitium, iī, *n.* (equus), eine **Herde Pferde,** das **Gestüt,** Ulp. dig. 6, 1, 1 u. a. Col. 6, 27 *in.* Vgl. Gloss. II, 446, 12 ›equitium, συνιππία ὅ ἐστιν ἀγέλη ἵππων‹.

equito, āvī, ātum, āre (eques), **reiten, I** *v. intr.*: **A** eig.: equitare, iaculari, cursu cum aequalibus certare, Sall.: cum ille in nostro exercitu equitaret cum suis delectis equitibus, sich herumtummelte, Cic.: in equo, ICt.: in his (eculeis), Cic.: armorum et equitandi peritissimus, Suet. – **B** übtr.: **1** v. Pferden = **daherschreiten,** equitat curritque (equus), Lucil. 1284. – **2** wie ἱππεύειν, v. Winden, **daherstürmen, einherbrausen,** Eurus per Siculas equitavit undas, Hor. carm. 4, 4, 44: qui per caelum candidus equitas, Vet. poët. bei Censorin. fr. 14. § 9. – **3** v. Menschen, **a plankeln,** contra Alfenum, Cic. Quinct. 22, 73. – **b** im obszönen Sinne, **reiten,** Iuven. 6, 311. – **II** *v. tr.* **durchreiten,** im Passiv, dum perfidum glacie flumen equitatur, Flor. 3, 4, 5: equitata summa culmina Taygeti, Claud. bell. Get. 192: equitata Bactra, Sidon. carm. 23, 249.

equula (equila, ecula), ae, *f.* (*Demin.* v. equa), eine **kleine Stute,** übtr., v. einer Frau, Plaut. Poen. 1168. Plaut. Astr. fr. 31 bei Prisc. 3, 42. Varro sat. Men. 236 (equila).

equuleus, s. eculeus.

equulus, s. eculus.

equus (ecus), ī, *m.* (altind. *áçva-ḥ*, äolisch ἴκκος, attisch ἵππος, ahd. *ehu*), das **Pferd, Ross,** insbes. (im Ggstz. zu equa) der **Hengst, I** eig. u. meton.: **A** eig.: equus regis, Curt.: dorsum equi (wie eines Pferdes) et iuba et hinnitus, Plin.: equorum domitores, Cic. fr. u. a.: equus bellator, ein Streitross, Verg. u. Tac.: equus ferus, Iustin.: equus indomitus, nicht zugerittenes, Plaut., Hor. u. Vulg.: equus gilvus, badius, murinus, Varro fr.: equi albi, Suet., albentes, Plin. pan.: equi nudi (ungesattelte), Sil.: equi iuncti, ein Viergespann, Plaut. u. Verg.: equi quadriiugi, Ov.: equi multiiugi, Liv.: equus publicus, dem Staat gehöriges, vom Staat geliefertes, Liv.; bes. ein Postpferd, ICt. u. Spät.: equos alere (halten), Ter.: equum conscendere, Liv.: in equum ascendere (Ggstz. ex equo descendere), Cic.: in equum insilire, Liv.: in equum recentem ex fesso transultare, Liv.: labi ex equis aut desilire, Liv.: alqm in equum imponere, Liv.: alci equum admovere (vorführen), Liv.: sedere in equo, Cic., od. equo, Cels.: ex equo pugnare, zu Pferde, Liv.: vehi in equo, Cic., od. equo, Caes. u. Nep., reiten: dass. (mehr poet.) ire in equis, Ov., od. equis, Liv.: equis insignibus et curru aurato reportari, im Triumph, als Triumphator zurückkehren, Cic.: merere equo, zu Pferde dienen, Reiter sein, Cic.: equo publico stipendia merere, v. einem Ritter, Liv.: ad equum rescribere, zum Reiter machen, Caes.: caballos (die Ackergäule) equis (den Streitrossen) cedere, Hieron. epist. 60, 17 *extr.* – equus ligneus scherzh. = Schiff (wie bei Hom. ἁλὸς ἵππος), Plaut.: equus Troianus, das bekannte hölzerne Pferd, womit die Griechen Troja einnahmen, Verg. u. a.; im Bild von geheimer Nachstellung, Verschwörung, Cic. Mur. 78. – Sprichw., equi donati dentes non inspiciuntur, einem geschenkten Gaul sieht man nicht ins Maul, Hieron. epist. ad Ephes. prooem. – **B** meton., Plur. equi = **1** (wie bei Hom. ἵπποι) das **Gespann vor dem Kampfwagen** für den **Kampfwagen** selbst, Verg. Aen. 9, 777. – **2** für **Reiterei** in der Verbindung equi virique, Reiterei u. Fußvolk, Liv. (s. Gronov Liv. 21, 27, 5): dah. equis viris od. viris equisque od. equis virisque, sprichw. = »mit aller Macht«, Cic. u. a.; vgl. Cic. de off. 3, 116 u. Phil. 8, 21. – **II** übtr. von ähnlich gestalteten Gegenständen: **A** equus bipes, das Seepferd, Verg. u. a. – equus fluviatilis, das Flusspferd, Nilpferd, Hippopotamus, Plin. – **B** ein Gestirn, bei Germanicus u. auch jetzt noch Pegasus genannt, Cic. Arat. u. a. – **C** eine Belagerungsmaschine, deren Kopf an die Mauer angestoßen wurde, das **Sturmpferd,** der **Mauerbrecher** (mit veränderter Gestalt des Kopfes aries, Sturmbock, gen.), Plin. 7, 202. – ► Genet. Plur. equûm (equom), Verg. georg. 2, 542. Val. Flacc. 6, 237. Sil. 12, 681. Stat. Theb. 4, 409.

Equus Tuticus, ī, *m.*, ein unbedeutendes Städtchen im Hirpinischen (in Unteritalien), jetzt *Castel Franco,* Cic. ad Att. 6, 1, 1. Vgl. Porphyrio u. Hor. sat. 1, 5, 87.

ēr, ēris, *m.* (χήρ), der **Igel,** Nemes. cyn. 57.

era (nicht hera), ae, *f.* (erus), **I** die **Frau** im Hause, die **Herrin, Gebieterin** (Ggstz. ancilla, die Magd), Komik.: maior u. minor, die Frau u. die Tochter vom Hause, Plaut. truc. 796 u. 797: era errans mea, v. d. Medea, Enn. fr. scen. 253. – **II** übtr., **Herrin, Gebieterin,** v. der Geliebten, Catull. u. Ov. – v. Göttinnen, era Fors, das waltende Schicksal, Enn. ann. 197 (von dems., era eadem es homini, Plaut.): rapidi Tritonis era, v. Minerva, Catull.: Noctis era, Val. Flacc.: procul a mea tuus sit furor omnis, era, domo, v. d. Cybele, Ov.

ērādīcātio, ōnis, *f.* (eradico), die **Ausrottung,** Tert. de res. carn. 27.

ērādīcātor, ōris, *m.* (eradico), der **Ausrotter,** Augustin. serm. 312, 3.

ērādīcitus, s. ex-rādīcitus.

ērādīco, āvī, ātum, āre (ex u. radix), **mit der Wurzel herausreißen, I** eig.: ex terra enata, Varro r. r. 1, 17, 2. – scherzh. übtr., pugnis memorandis suis hominum aures, die Ohren zerreißen, Plaut. Epid. 446 *sq.* – **II** übtr., **von der Erde tilgen, völlig vertilgen, mit Stumpf u. Stiel ausrotten** (in Verwünschungen), si defraudassis, dic ut in quaestu tuo Venus eradicet caput atque aetatem tuam, Plaut.: di te eradicent, qui me hinc extrudis, Ter.: di illum eradicarunt, te servarunt, Lampr. – ► Parag. Infin. eradicarier, Plaut. aul. 300.

ē-rādo, rāsī, rāsum, ere, **auskratzen, abkratzen, abscharren, I** eig.: terram, Varro: alqm albo senatorio, ausstreichen, Tac. ann. 4, 42: dah. erasi, die aus dem Senatorenverzeichnis Gestrichenen, Plin. pan.: prägn. (poet.), genas, rasieren, glatt machen, Prop. – **II** übtr., **vertilgen, in Vergessenheit bringen,** vitae tempora, Ov.: cupidinis pravi elementa, Hor.: vitia, Sen.: curam habendi penitus corde, Phaedr.

ērāmen, s. aerāmen.

Erana, ae, *f.* (Ἔρανα), Hauptort der Eleutherocilicier im Amanusgebirge, Cic. ep. 15, 4, 8.

eranus, ī, *m.* (ἔρανος), eine Verbindung in Griechenland u. in griech. Kolonien mit dem Zweck, sich untereinander bei eintretender Hilfsbedürftigkeit Unterstützung zu gewähren, eine Art **Armen-** od. **Almosenkasse,** Plin. ep. 10, 92 (93): eranum habere, Traian. *ibid.* 10, 93 (94).

Erasīnus, ī, *m.* (Ἐρασῖνος), Fluss in Argolis, j. *Kephalari,* Ov. met. 15, 276 (auch angef. b. Sen. nat. qu. 3, 26, 3). Mela 2, 3, 9 (2. § 51).

Erasistratus, ī, *m.* (Ἐρασίστρατος), ein berühmter alexandrinischer Arzt, von der Insel Keos, Stifter einer medizin. Schule, um 304 v. Chr., Cels. praef. p. 2, 18 D. Plin. 29, 5. Val. Max. 5, 7. ext. 1.

erastēs, Akk. ēn, *m.* (ἐραστής), der **Liebhaber,** M. Aurel. b. Fronto ep. ad M. Caes. 1, 10 *in.* (= Fronto ep. Graec. 7 *in.* p. 253, 16 N.).

Eratō, ūs, *f.* (Ἐρατώ), die **Liebliche,** die Muse der erotischen Poesie u. Mimik, Ov. fast. 4, 195. Auson. edyll. 20, 6. Anthol. Lat. 88, 6 (616, 6, neben den übrigen Musen). – appell. = **Muse** übh., Verg. Aen. 7, 37; vgl. Claud. cons. Mall. Theod. 282. – Name der Schwester eines sonst nicht bekannten Tigranes, Tac. ann. 2, 4.

Eratosthenēs, is, *m.* (Ἐρατοσθένης), ein berühmter griech. Mathematiker, Geograph, Dichter u. Philosoph aus Cypern (geb. 276, gest. 196 od. 194 v. Chr.), Varro r. r. 1, 2, 3. Cic. ad Att. 2, 6, 1; 6, 1, 18. Caes. b. G. 6, 24, 2. Plin. 2, 247.

ērcīsco, ērctum, s. hercīsco, herctum.

Ērculēs, s. Herculēs.

Erebēus, a, um (Erebus), **zur Unterwelt gehörig, unterirdisch,** columba, Ov. Ibis 225: biiugi, *Ps. Verg. culex 201 H.

Erebus, ī, *m.* (Ἔρεβος), **I** eine Gottheit der Finsternis, Sohn des Chaos, von seiner Schwester Nox (der Nacht) Vater des Äther u. Dies (Tages), Cic. de nat. deor. 3, 14. Verg. Aen. 4, 510. – **II** die **Unterwelt,** das **Reich der Toten,** Verg. georg. 4, 471 u. a.

Erechtheus, eī, *m.* (Ἐρεχθεύς), König von Athen, Vater der Prokris, Orithyia, Chthonia u. Krēusa, die sich im Heldentod fürs Vaterland opferten, Cic. Tusc. 1, 116. Ov. met. 6, 677 *sqq.* – Dav.: **A Erechthēus,** a, um (Ἐρέχθειος), **erechthēisch,** arces, Athen, Ov.: litus, Val. Flacc. – **B Erechthīdae,** ārum, *m.* (οἱ Ἐρεχθεῖδαι), die Nachkommen des Erechtheus, die **Erechthiden,** appell. = Athener, Ov. met. 7, 430. – **C Erechthis,** thidis, *f.*, die **Erechthide** (Tochter des Erechtheus), d. i. Orithyia, Ov. her. 16, 343: u. Prokris, Ov. met. 7, 726.

ērēctē, *Adv.*, doch nur im *Compar.* (erectus), **mutvoll, freimütig,** sublatis signis erectius ire, Amm. 26, 6, 16. – erectius reviviscere, Amm. 30, 7, 5. – erectius iudicare. Gell. 6 (7), 3, 55: erectius loqui, Amm. 15, 5, 11.

ērēctio, ōnis, *f.* (erigo), die **Aufrichtung, Aufstellung,** er. cochleae, Vitr. 10, 6, 4: obelisci, Amm. 17, 4, 15: tabernaculi, Vulg. num. 10, 21: firma (corporis), kräftige Haltung, Vitr. 8. praef. § 2: Plur., tignorum erectiones, Vitr. 10, 2, 10. – im Bild, erectio eorum, ihr Hochmut, Vulg. Iob 21, 20.

ērēctus, a, um, *PAdi.* m. *Compar.* (v. erigo), **aufgerichtet, I** eig., **aufrecht-, gerade stehend, gerade,** status, Cic.: prorae admodum erectae atque item puppes, gerade in die Höhe gehend, Caes.: coxae erectiores, Cels.: erectissima proceritudo obeliscorum, Iul. Val. 1, 30 (33). – **II** übtr.: **1** im Allg., **hoch, erhaben, a** im guten Sinne, celsus et erectus, Cic.: animus altus et erectus, Auct. b. Afr.: sublime et erectum ingenium, Tac. – *neutr. pl.* subst., acria illa et erecta, jene feurigen u. erhabenen Stellen, Plin. ep. 6, 33, 9. – **b** im üblen Sinne, **sich in die Brust werfend, stolz,** erectus et celsus, Cic.: erecto incessu, Tac. – **2** insbes.: **a gespannt, erwartungsvoll,** iudices, Cic.: animi, Plin. ep.: cum plebs in foro exspectatione erecta staret, Liv.: erecti suspensique in minime gratum spectaculum intenduntur, Liv. – **b munter, geweckt, lebendig, mutvoll,** magnus animus et erectus, Cic.: alacri animo et erecto, Cic.: erectis animis, Tac.: ingenii mobilis et erecti (Ggstz. tardi et hebetis), Sen.: si quis est paulo erectior, Cic.: nunc vero multo sum erectior, quod etc., Cic.: m. *Genet.*, erectus animi, von Mut entflammt, Sil. 13, 188. – ► Superl. erectissimus, Iul. Val. 1, 30 (33).

Erembī, ōrum u. ûm, *m.* (Ἐρεμβοί), die **Troglodyten** in Afrika, Prisc. perieg. 170 u. 892. Avien. descr. orb. 271.

ē-rēmigo, āvī, ātum, āre, **rudernd zurücklegen, durchrudern,** pedibus tacitas eremigat undas, Sil. 14, 191: totus hinc aut illinc septentrio eremigatus, Plin. 2, 168.

erēmīta, ae, *m.* (ἐρημίτης), der **Einsiedler, Eremit,** Sulp. Sev. dial. 1, 17, 1. Ven. Fort. vit. S. Mart. 3, 404 u. 418. Not. Tir. 55, 42 u. 119, 60.

erēmītis (herēmītis), idis, *f.* (ἐρημῖτις), **einsiedlerisch,** Sidon. epist. 9, 3, 4.

erēmodicium, iī, *n.* (ἐρημοδίκιον), das **Versäumen des Termins,** Ulp. dig. 4, 4, 7. § 12 u. 46, 7, 13 *pr.* Tert. adv. martyr. 3. – prägn., das **Versäumnisverfahren,** das **Kontumazialverfahren,** Cod. Iust. 3, 1, 13. § 3 *sq.*

erēmus, ī, *f.* (ἔρημος, ἡ), die **Wüste, Einöde,** eremi latibula, Hieron. epist. 82, 3. – dass. **erēma,** ōrum, *n.* (*sc.* loca), Cod. Iust. 11, 57, 4.

ē-rēpo, rēpsī, rēptum, ere, **I** *intr.*: **A heraus-, hervorkriechen, -schleichen,** v. Tieren, sub terra, Plaut.: ex maceria, Varro: a cubili (v. Schlangen), Sen. – v. Menschen, e ruinis domus, Sen. – übtr., in capite eius subito veluti cornua erepserunt, Val. Max.: pecunia quoque circum paupertatem plurimum morae habet, dum ex illa erepat, herauskommt, Sen. – **B emporkriechen, -klimmen, -klettern,** per aspera (Klippen am Meeresufer), Sen.: a tergo insulae per aspera et devia ad alqm, Suet.: in sociam puppim, Lucan.: in editas sublimitates, Amm.: ad uxorem, sich hinauf (in ihr Zimmer) schleppen, Spart. – übtr., v. Lebl., per obliquas erepit porticus arces, zieht sich empor, Stat. silv. 2, 2, 30. – **II** *tr.*: **A durchkriechen,** agrum, Iuven. 6, 526. – **B erklimmen, erklettern,** montes, quos numquam erepsemus (= erepsissemus), Hor. sat. 1, 5, 79. – ► Plusquamperf. erepisset, Spart. Car. 3, 7 P. (*al.* erepsisset).

ēreptio, ōnis, *f.* (eripio), das **Entreißen** eines Besitztums, Cic. Verr. 4, 10.

ē-rēpto, āre (*Intens.* v. erepo), **emporklimmen, -klettern,** timuit Loth ardua (auf die Höhe) tardo ereptare gradu, Ps. Cypr. Sodoma 92.

ēreptor, ōris, *m.* (eripio), der **Entreißer, Räuber,** libertatis, Cic. Sest. 109: bonorum, Cic. Quinct. 30: alienarum opum violentus er., Boëth. cons. phil. 4, 3. p. 79, 31 *Obb.*: terrarum ereptores, Tac. ann. 13, 55.

ērēpūblicā als ein Wort = e re publica, Quint. 1, 5, 69 H. u. M.

1. ērēs, ēdis, *m.*, s. hērēs.

2. ērēs, is, *m.*, der **Igel,** Nemes. cyn. 57.

Ērētīnus, a, um, s. Erētum.

Eretria, ae, *f.* (Ἐρετρία), **I** eine Stadt bei Pharsalus in der thessalischen Landschaft Phythiotis, Liv. 32, 13, 9; 33, 6, 10. – **II** eine ansehnliche Stadt auf der Insel Euböa, Vaterstadt des Philosophen Menedemus (eines Schülers Platos), des Stifters der sogen. eretrischen Schule, berühmt wegen der in ihrer Nähe gefundenen weißen Tonerde (creta), j. *Paläo-Castro,* Cic. Acad. 2, 129. Liv. 32, 16, 7 *sqq.* – Dav.: **A Eretricus,** a, um (Ἐρετρικός), **eretrisch,** philosophus, Cic. – Plur. subst., **Eretricī,** ōrum, *m.* (*sc.* philosophi), die **eretrischen Philosophen,** die **eretrische Schule** (Schüler des Menedemus), Cic. u. Sen.: dieselben auch **Eretriacī,** ōrum, *m.* (Ἐρετριακοί), Cic. Acad. 2, 129. – **B Eretriēnsis,** e, **aus Eretria (gebürtig** usw.), **eretriensisch,** Nep. – Plur. subst., Eretriēnsēs, ium, *m.*, die Einw. von Eretria, die **Eretrienser,** Liv. – **C Eretrius,** a, um, **eretrisch,** creta, Plin. – Plur. subst., Eretriī, ōrum, *m.*, die Einwohner von Eretria, die **Eretrier,** Mela.

Erētum, ī, *n.* (Ἤρητον), eine alte sabinische Stadt am Tiber, j. *Cretona,* Liv. 3, 26, 2. Verg. Aen. 7, 711. Val. Max. 2, 4, 5. – Dav. **Ērētīnus,** a, um, **eretinisch,** Tibull. 4, 8, 4.

ergā (vgl. ergo), *Praep.* m. *Acc.* **I** eig., **im Umkreis, im Bereich, in der Umgebung von** etw., erga regiam capitis, Apul. de dogm. Plat. 1, 13 *extr.*: erga Nun et Alethian, Interpr. Iren. 1, 2, 2: quidam qui sunt erga Simonem, Interpr. Iren. 1, 27, 1. – **II** übtr., **in Hinsicht** auf, **mit Rücksicht** auf, **in Bezug** auf, **rücksichtlich, in Betreff, 1** zur Bezeichnung der Sache, um die sich eine Eigenschaft dreht, raro quisquam erga bona sua satis cautus est, Curt.: fuit hic vir de primis erga rem publicam domi forisque laudabilis, Treb. Poll.: princeps erga haec et similia palam obstinatus et gravis, Amm.: erga deferendas potestates nimium tardus, Amm.: atrocior semper erga dominantium exitus, Tac.: erga haec explicanda, quae Romae sunt, obsolescit (fama), Amm. – ea prima Tiberio erga pecuniam alienam diligentia fuit, Tac.: isque illi finis inscitiae erga domum suam fuit, Tac.: isdem erga aliena sumptibus, quibus etc., Tac. – **2** zur Bezeichnung der Pers. od. Sache, um die sich eine Gesinnung oder deren Äußerung dreht, **in Hinsicht auf, für, gegen, a** im guten Sinne, ut fuerit animatus erga suum gnatum atque se, Plaut.: benignum esse erga alqm, Plaut.: si quid amicum erga bene feci, Plaut.: erga nos amice et benevole collegisti, Cic.: erga te animo esse amico, Ter.: amor erga te suus, Cic.: benevolentia erga alqm, Cic.: perpetuā erga populum Romanum fide, Caes.: erga meam salutem fide ac benevolentiā singulari, Cic.: Pompei merita erga me, Cic.: omne suum erga meam dignitatem studium, Cic.: tua erga me munera (Leistungen), Tac.: suprema erga memoriam filii sui munia (Pflichten), Tac.: non alius erga te honos (Ehrenbezeigung für dich) superest, Plin. pan.: quod illi quoque honestissima decreta erga (für) Ciceronem fecerant, Ascon. in Cic. Pis. enarr. p. 3, 14 K. – **b** im üblen Sinne, **in Hinsicht auf,** deutsch **vor, gegen,** anxii erga Seianum, Tac.: fastu erga patrias epulas, Tac.: alienato erga Vespasianum animo, Tac.: odium erga alqm, Nep.: invidia erga alqm, Tac.: discordia (das unfriedliche Benehmen) erga Germanicum, Tac.: si quid med erga [tu] hodie falsum dixeris, Plaut.: quae numquam quicquam erga me commerita est (verbrochen hat), Ter. – ► erga bei den Komik. oft dem regierten Worte (bes. einem persönl. Pronomen) nachgesetzt, s. Spengel Maccius Plautus p. 162.

ergastērium, iī, *n.* (ἐργαστήριον), die **Werkstätte,** Suet. fr. bei Diom. 492, 6 (= Suet. de poët. p. 12, 1 Reiff.) u. spät. ICt.

ergasticus, a, um (ἐργαστικός), **bewirkend,** schemata, als *t. t.* der Geometrie (im Ggstz. zu apodictica), Lehrsätze, Mart. Cap. 6. § 715.

ergastilus, ī, *m.* (ergastulum), der **Zuchthäusler,** Lucil. 503. Auct. inc. bei Non. 447, 8.

ergastulāris, e (ergastulum), **zum Werkhaus gehörig, Werkhaus-,** tenebrae, Sidon. epist. 7, 9, 20.

ergastulārius, a, um (ergastulum), **zum Werkhaus gehörig,** magister, der Sklave, der die Aufsicht über die anderen im Werkhaus hat, der **Werkmeister,** Col. 1, 8, 17; ders. ergastularius servus gen., Amm. 14, 11, 33.

ergastulum, ī, *n.* (v. ἐργάζεσθαι, arbeiten), **I** das (ländliche) Gefängnis, worin Sklaven, auch zuweilen Schuldner, zur Strafe eingesperrt und zu harter Arbeit angehalten wurden, das **Arbeitshaus, Werkhaus, Zuchthaus,** ergastuli mancipia, Col.: ergastuli detrimenta, Curt.: ille ex compedibus atque ergastulo, Cic.: alqm in ergastulum dare od. ducere, Liv.: apud alqm in ergastulo esse, Cic.: ergastula refringere, Flor.: ergastula solvere, Caes. – erg. im guten Sinne, die **Fabrik,** Suet. Aug. 32, 1 (zweimal). – **II** meton., die im Arbeitshaus eingesperrten Sklaven, **Züchtlinge, Sträflinge,** Plin. 18, 36. Iuven. 14, 24; ergastula armare, Flor. 4, 8, 1.

ergata, ae, *m.* (ἐργάτης), eine Maschine, um Lasten zu heben, die **Winde,** Vitr. 1, 1, 8 u. a.

ergenna, ae, *m.*, lat.-etrusk. Wort = *sacerdos,* Gloss. V, 656, 58 (Pers. 2, 26 Priestertitel).

Ergīnus, ī, *m.*, ein Sohn Neptuns, ein Argonaut, Val. Flacc. 1, 415.

ergō (aus ē-reg- zu rego, regio), aus der Richtung, *Adv.*, **I** mit voranstehendem *Genet.*, **wegen,** funeris ergo, XII tabb. fr.: quoius rei ergo, alte Gebetsf. bei Cato: eius victoriae ergo, Inscr. bei Nep.: victoriae, non valetudinis ergo, Liv.: fugae atque formidinis ergo, Liv.: virtutis, honoris ergo, Liv.: illiusce sacri coërcendi ergo, Cato. – **II** absol., **infolgedessen, also deshalb, darum auch** od. **also** od. **eben, A** im Allg., Komik., Cic. u. a.: verb. ergo igitur, Plaut. u. Apul.: itaque ergo, Ter. u. Liv. – **B** insbes.: **a** bei logischer Schlussfolge, **demnach, sonach, so ... denn, also, folglich,** Cic. u. a.: ergo etiam, Cic. de nat. deor. 3, 43 u. 4751. – **b** in konsekutiven Fragen, **also,** Cic. u. a. – quid ergo? **warum also? wieso denn? wie denn?** Cic. u. a. – als Antwort nach Fragen, **nun ja,** Komik. (s. Meißner Ter. Andr. 850). –

c bei Imperativen, **also, so denn, nun so,** Cic. u. a. – d zur Wiederaufnahme eines unterbrochenen Begriffs od. Gedankens, **also,** Cic. u. a. – ► In der Bedeutung von *no.* II zuw. mit verkürzter Endsilbe (ergŏ) bei Ov., Lucan. u. a.

ergolabus, ī, *m.* (ἐργολάβος), der eine Arbeit gegen einen bedungenen Lohn übernimmt, der **Unternehmer,** rein lat. redemptor operis, Cod. Iust. 4, 59, 1.

erīcē, ēs, *f.* (ἐρείκη u. ἐρίκη), **Heide, Heidekraut,** Plin. 24, 64 u. a. – Dav. **erīcaeus,** a, um, **aus Heidekraut, Heidekraut-,** mel, Plin. 11, 41.

Erichthō, ūs, *f.* (Ἐριχθώ), eine thessalische Zauberin, die Pompejus befragte, Lucan. 6, 508: übtr., von einer anderen Zauberin, Ov. her. 15, 139.

Erichthonius, iī, *m.* (Ἐριχθόνιος), I Sohn des Hephästus von der Erde oder Atthis, König von Athen nach der Vertreibung Amphiktyons, schirrte zuerst ein Viergespann an und wurde deshalb als Fuhrmann unter die Sternbilder versetzt, Verg. georg. 3, 113. Ov. met. 2, 553. Hygin. fab. 166. Col. 9, 2, 4. – II König von Troja, Sohn des Dardanus, Vater des Tros, Ov. fast. 4, 33. Serv. Verg. Aen. 8, 130. – Dav. **Erichthonius,** a, um, **erichthonisch,** appellat. a = **athenisch,** Prop. 2, 6, 4. – b = **trojanisch,** Ps. Verg. cul. 333.

ērīcīnus (hērīcīnus), a, um (ericius), **vom Igel, Igel-,** pedes, Plin. Val. 5, 33: caro, Augustin. c. Faust. Manich. 30, 1.

ēricius, iī, *m.* (er), I der **Igel,** Varro sat. Men. 490. Vulg. Isai. 14, 23; 34, 11 u. 15 (wo *cod. Amiat.* iricius). Vulg. Sophon. 2, 14. Isid. 12, 3, 7. Vgl. Gloss. ›iricius, ἐχῖνος‹. – II ein starker Balken mit eisernen Zacken, zum Abhalten der Feinde, ein **spanischer Reiter,** Caes. b. c. 3, 67, 5: militaris, Sall. hist. fr. 3, 22 (23).

Ēridanus, ī, *m.* (Ἠριδανός), I der mythische u. dicht. Name des Flusses Padus (j. *Po*) in Italien, Plin. 3, 177. Verg. georg. 4, 372; Aen. 6, 659. Prop. 1, 12, 4. Ov. met. 2, 324 u. 372. – II ein Gestirn, Cic. Arat. 389. Hyg. astr. 3, 32.

erifuga, s. herifuga.

Erigdūpus, ī, *m.*, ein Zentaur, Ov. met. 12, 453.

ērigerōn, ontis, *m.* (ἠριγέρων), **Kreuzwurz** (rein lat. senecio; *Senecio vulgaris,* L.), Plin. 25, 167.

ē-rigo, rēxī, rēctum, ere (ex u. rego), **in die Höhe richten, aufrichten,** I eig.: A im Allg.: malum (Mast), Cic.: scalas ad moenia, Liv.: natura hominem erexit, hat aufrecht gebildet, Cic.: oculos, ausschlagen, Cic.: aures, Cic. u. Sen.: aures in alqm, Augustin. – dah. se erigere, **sich aufrichten, sich erheben,** Cic. u. a.: u. so medial erigi in digitos, auf die Zehen treten, Quint.: protinus in pedes suos, (v. neugeborenen Kinde), Lact.: pisces erecti, nicht flachliegende, Col. – B insbes.: 1 die Höhe **hinaufführen,** d. i. a eine Örtl. die Höhe **hinauf anlegen,** donec erecta in arcem via est, Liv. – dah. medial v. Örtl., **sich erheben,** insula Sicanium iuxta latus erigitur, Verg.: petra in metae modum erecta est, Curt. – b ein Gebäude usw. in die Höhe **aufführen, aufrichten,** turrem, Caes.: pyram, Verg.: castra, Tac.: villas, aras, Iuven.: montes, Lact.: pontem, aufführen, schlagen, Curt.: aras e saxo, Curt. Vgl. Mützell Curt. 4, 3 (13), 8. p. 209*sq.* Heinrich Iuven. 1, 94. – 2 als milit. *t. t.,* eine Mannschaft auf eine Höhe **sich hinaufziehen lassen, hinaufrücken lassen,** agmen in adversum clivum, in adversum collem, in tumulum, Liv.: aciem in collem, Liv. u. Tac. Vgl. Drak. Liv. 10, 26, 8. – II übtr.: A im Allg., **aufrichten, erheben,** mentes auresque, Cic.: animum ad audiendum, Cic.: u. so bl. auditor erigatur, werde aufmerksam gemacht, Cic.: exspectatione certaminis senatum, auf einen Streit gespannt machen, Liv.: aculeos severitatis in rem, richten, Cic. – se er., sich emporrichten, sich erheben, Cic. – B insbes., **aufrichten, erwecken, ermutigen** (Ggstz. frangere), animum, Cic.: animos ad spem (bei der H.) adventus eius, Curt.: spem, fiduciam, Curt.: alqm, Cic.: alqm m. *ad* u. Akk. (s. Mützell Curt. 4, 1 [5], 28), alqm ad eam spem, Flor., ad spem et fiduciam, Curt.: alqm ad spem belli, Tac.: u. so er. se, **sich aufrichten, -ermutigen, sich ermannen, sich aufraffen,** Cic. u. a.: er. se ad spem libertatis, Iustin.: er. se in spem legis, neue Hoffnung für jenes Gesetz fassen, Liv.: u. so Passiv medial, erigimur, wir beruhigten uns, Hor. sat. 2, 8, 58: erigor, ich ermanne mich, Ov. met. 13, 234: populum Romanum ad spem recuperandae libertatis erectum (esse), Cic. Phil. 3, 32: erigi ad spem imperii Graeciae, Iustin. 6, 4, 4: erectis exspectatione patribus, Liv. 29, 15, 2: ad od. in spem erectus, Tac. ann. 2, 71; hist. 2, 74: u. liberius dolor erigi coepit, gewann mehr Mut, sich laut zu äußern, Curt. 9, 3 (11), 2. – ►vulg. Perf.-Form eregit, Itala (Weing.) Dan. 10, 10.

Ērigonē, ēs, *f.* (Ἠριγόνη), I Tochter des Ikarus von Athen, die aus Schmerz über den Tod ihres Vaters sich erhängte und zum Lohn dafür als Gestirn Virgo mit dem Hund ihres Vaters (Maera gen.) als Gestirn Canicula an den Himmel versetzt wurde (vgl. 1. Icarus), Verg. georg. 1, 33. Ov. met. 6, 125: Canis Erigones, Col. poët. 10, 400. – Dav. **Ērigonēius,** a, um, **erigonëisch,** canis, der Hundsstern, Ov. fast. 5, 723. – II = Astraea, Mart. Cap. 2. § 174.

Erigonus, ī, *m.* (Ἐρίγων), westlicher Nebenfluss des Axius in Mazedonien, j. *Tzerna,* Liv. 31, 39, 6; 39, 53, 15.

erīlis (nicht herīlis), e (erus), **des Herrn** od. **Hausherrn,** filius, filia, Sohn, Tochter vom Hause, Komik.: concubina, Plaut.: penum, Afran. fr.: sanguis, Ov.: gressus, Verg.: mensa, Verg.: metus, vor der Herrin, Plaut.: dolor, Varro fr.: peccatum, der Gebieterin, Hor.: pensum, von der Hausfrau aufgegebenes, Hor.

Ērillus (Hērillus), ī, *m.* (Ἥριλλος), ein stoischer Philosoph aus Karthago, um 260 v. Chr., Cic. de fin. 2, 35 u. a. Lact. 3, 7, 8 u. a. – Dav. **Ērilliī** (Hērilliī), iōrum, *m.*, die **Schüler des Erillus,** Cic. de or. 3, 62.

ērināceus od. **-cius,** ī, *m.* (er), der **Igel** (*Erinaceus europaeus,* L.), Vulg. psalm. 103, 18 (herinacius) u. Arnob. in psalm. 103 (erinacius). Plin. Val. 2, 18.

Erindēs, Akk. ēn, *m.*, Fluss zwischen Medien u. Hyrkanien, Tac. ann. 11, 10.

erīneos (**-us**), ī, *f.* (ἐρίνεος), eine Pflanze, viell. *Campanula Rapunculus* (L.), Plin. 23, 131.

Ērinnē, ēs, *f.* u. **Ērinna,** ae, *f.* (Ἠρίννη), eine Dichterin auf Lesbos, Zeitgenossin der Sappho, Prop. 2, 3, 22 (Form -ē). Plin. 34, 57 (Form *-a*). Hieron. in chronic. ad olymp. 106, 4 (Herinna).

erīnus, a, um (ἐρινός), **vom wilden Feigenbaum,** oleum, Plin. Val. 1, 1 u. 1, 38.

Erīnys (Erinnys), yos. Akk. yn, *f.* (Ἐρινύς, Ἐριννύς), I die **Furie, Rachegöttin,** die das Unrecht u. den Frevel der Menschen straft, gew. im Plur., lat. Furia, Sing. bei Verg. Aen. 7, 447 u. a.: Plur. bei Prop. 2, 20, 29 u. a.: Akk. Erinyas, Stat. Theb. 11, 345. – II übtr.: A die **Furie, Geißel,** Verg. Aen. 2, 573. – B die **Wut,** Verg. Aen. 2, 337: civilis, Bürgerkrieg, Lucan. 4, 187. – ► Die Schreibart Erinys (Ἐρινύς) ist durch die Analogie und die besten Handschriften beglaubigt, s. Wagner Verg. Aen. 2, 337 *not. cr.*

eriophoros, ī (ἐριοφόρος, Wolle tragend), eine Art **Zwiebelgewächse,** Plin. 19, 32.

erioxylon, ī, *n.* (ἐριόξυλον), **Baumwolle,** Ulp. dig. 32, 1, 70. § 9.

eriphīa, ae, *f.* (ἐριφεια), Name einer Pflanze, Plin. 24, 168.

Eriphȳla, ae, *f.* u. **Eriphȳlē,** ēs, *f.* (Ἐριφύλη), Tochter des Talaos und der Lysimache, Gemahlin des Amphiaraus, die ihren Gemahl für ein von Polynices erhaltenes goldenes Halsband verriet u. deshalb von ihrem Sohn Alkmäon ermordet wurde, Form *-a,* Cic. de inv. 1, 94: Akk., Cic. Verr. 4, 39. Prop. 2, 16, 29 u. a.: Form -ē, Ov. art. am. 3, 13 (Genet. -ēs). Verg. Aen. 6, 445 (Akk. -ēn) u. a. – Dav. **Eriphȳlaeus,** a, um, **eriphyläisch,** penates, Stat. Theb. 4, 211.

ē-ripio, ripuī, reptum, ere (ex u. rapio), **herausreißen, fortreißen, entreißen,** rasch od. gewaltsam **entziehen,** bei Ang. **von wo?** konstr. mit ex, ab, de u. Abl., od. m. bl. *Abl.*, bei Ang. **wem?** m. *Dat.*, I im Allg.: tibias ex ore, Plaut.: alqm ex equo, Liv.: flagrantem torrem ab igne, Ov.: alqm domo, Ter.: vaginā ensem, ferrum, Verg. – familiaris sui subalare telum, heraus (aus dessen Gewand) reißen, Nep. – primam (vocem) loquentis ab ore eripuit pater, nahm sogleich das Wort auf, Verg. Aen. 7, 118. – II insbes.: A im üblen Sinne, entziehend, raubend **herausreißen, entreißen,** a im engeren Sinne, mit der Hand aus der Hand, dem Mund, vom Körper, hirundines inde u. ex nido, Plaut.: tantum bolum (Bissen, bildl. = Vorteil) alci e faucibus, Ter.: alci telum e manibus, Ouint.: u. bildl., victoriam od. partam victoriam alci e manibus, Curt. u. Sall.: alqm ex manibus populi Romani, Cic.: Cannas velut e faucibus Hannibalis, Liv. – horum faces eripere de manibus et gladios extorquere, Cic. – sua templa manibus hostium, Liv. – deam aede suā (*al.* sede suā), Ov. – alci oculum, Plaut.: alci oculos, Hor.: alci gladium, Plaut., und bl. gladium, Curt.: caput collo, Ov.: caput Auchi, Val. Flacc.: lupo agnum, sprichw., Plaut. Poen. 776. – **b** im weiteren Sinne, aus dem Besitz, aus der Gewalt jmds. **entreißen,** gewaltsam, widerrechtlich **abnehmen, entziehen,** **α** konkr. Objj.: omne frumentum ab alqo, Cic.: hereditatem ab alqo, Cic.: arma ab aliis posita, ab aliis erepta, Cic.: verb. ubi aliquid ereptum aut ablatum a quopiam dicitur, Cic. – alqam (virginem) ab alqo, von jmds. Seite reißen, entführen, Ter.: duas legiones a Caesare, Caes. – aurum Gallis, Liv.: imbellibus feminis aurum, Curt.: sociis pecuniam per vim, Sall.: concubinam militi, Plaut.: paene paucorum hominum scelere vobis ereptus sum, Curt. – omnes copias (Wohlstand), Caes.: omne militare instrumentum, Caes. – aequor, einem den Vorsprung auf der Rennbahn abgewinnen, Sil. 16, 390: u. so absol., eripuit u. bis eripuit, CIL 6, 10048, 13 u. 25. – bes. aus dem Leben **dahinraffen-,** C. Graccho similiter occisio est oblata, quae virum rei publicae amantissimum subito de sinu civitatis eripuit, Rhet. Her.: saevus et illum exitus eripuit, Iuven.: lux et eum ereptura vitā, Amm.: gew. Passiv eripi, durch den Tod **entrissen, dahingerafft werden,** uxorem sibi fato ereptam, Liv.: matre mihi ereptā, Quint.: in flore aetatis ereptus rebus humanis, Curt.: in ipso robore aetatis eripior, Curt.: mihi quidem Scipio, quamquam est subito ereptus, vivit tamen semperque vivet, Cic.: regem abluentem aquā corpus ereptum esse et exstinctum, Curt. – **β** abstr. Obj.: alci vitam, Sall.: (alci) vitam per scelus, Sall.: u. (m. Ggstz. dare) fortuna probitatem, industriam aliasque artes bonas neque dare neque eripere cuiquam potest, Sall.: alci libere decernendi potestatem, Caes.: vatibus omnem fidem, Ov.: prospectum oculis, Verg. – semestre imperium, Caes.: omnem usum navium, Caes.: spem, Cic.: lucem, Cic. – quod pronuntiatum est non per Neronem iudicatum, sed per Dolabellam ereptum existimabatur, mit Gewalt abgenötigt, Cic. – neque hoc mihi eripi potest, u. das lasse ich mir nicht ausreden, Cic. ad Att. 12, 36, 1 M. – im Passiv m. folg. *Infin.*, posse loqui eripitur, Ov. met. 2, 483. – im Aktiv m. folg. *Acc.* u. *Infin.*, illis eriperes verbis mihi sidera caelo lucere, könntest du mir ausreden, dass usw., Tibull. 1, 9, 35. – m. folg. *quin* u. Konj., vix tamen eripiam, quin velis etc., kann ich dir entreißen, poet. = dich verhindern, Hor. sat. 2, 2, 23. – **B** im guten Sinne, befreiend, rettend **herausreißen, entreißen, eilig** oder **gewaltsam entziehen,** **a** im engeren Sinne, mit der Hand od. aus der Hand usw., alqm ex manibus hostium, Caes.: alqm ex manibus impiis od. ex manibus impiorum, Sall. u. Curt.: se ex manibus praedantium militum, Caes.: alqm e flamma atque ferro ac paene ex faucibus fati, Cic. – alqm de Macedonum manibus, Val. Max. – se flammā (bildl. = der Verurteilung entgehen), Cic. – **b** im weiteren Sinne = übh. aus einer Gefahr, einem Übel usw. befreien, **α** konkrete Objj.: alqm ex servitute, Sall.: alqm ex obsidione, Liv.: alqm ex periculo, Caes.: alqm ex istorum insidiis et mucronibus, Cic. – filium a morte, Cic.: se ab illa miseria, Cic. – se ex pugna, Cic.: se ex infamia, Cic. – se hosti, Liv.: se hosti fugā, Curt.: se fugā, Curt.: se sequentibus per anfractus montis ignotos, Liv.: se fortunae quam celerrime, Sen.: se huic servituti, Sen.: se humanis rebus, se calamitatibus, Sen.: eripi praesenti periculo, Curt.: civitatem periculis ereptam esse, Sall.: nullā celeritate pinnarum eripi poterat (ales), *quin* interiret oppressa, konnte der Gefahr nicht entgehen, dass er zerquetscht wurde, Amm. 22, 8, 14. – poet., eripe te morae, entreiße dich dem V. = mache dich von dem (hindernden) V. los, Hor. carm. 3, 29, 5. – bes. einen Angeklagten, Schuldigen der Verantwortung oder Verurteilung **entreißen,** reum, Liv.: legibus (Dat.) reum, Suet.: alqm pecuniā, Cic.: alqm e periculo, Cic.: se ex hoc iudicio vi, Cic. – u. so per eos, ne causam diceret, se eripuit, entzog sich der Verantwortung, Caes. b. G. 1, 4, 2. – **β** abstr. Objj., **entreißen, benehmen,** alci errorem, Cic.: alci timorem, Cic.: eripe mihi hunc dolorem, Cic. – poet., eripe fugam, rette die Möglichkeit zur Flucht = fliehe, solange es noch möglich ist, Verg. Aen. 2, 619.

Eris, idis, *f.* (Ἔρις), die Göttin des Zankes u. der Zwietracht, bei den Römern Discordia, Hyg. fab. 92.

Erisichthōn, s. Erysichthōn.

erisma, ae, *f.* u. **erisma,** atis, *n.* (ἔρισμα), = anteris, der **Strebepfeiler,** die **Gegenstütze,** **α** *fem.*, Vitr. 6, 11, 6. Frontin. aqu. 18. CIL 11, 5276. – **β** *neutr.*, Vitr. 10, 1, 2 (wo Genet. Plur. heteroklit. erismatorum).

erithacē, ēs, *f.* (ἐριθάκη), **I** das **Bienenharz,** der **Vorstoß,** Varro r. r. 3, 16, 23. – **II** das **Bienenbrot,** Plin. 11, 17.

erithacus, ī, *m.* (ἐρίθακος), ein uns unbekannter Vogel, der wie Raben, Papageien usw. sprechen lernte, Plin. 10, 86.

erithales, is, *n.* (ἐριθαλές), eine Pflanze = aizoon minusculum (s. aīzōon), Plin. 25, 160. Ps. Apul. herb. 123.

eritheus, ī, *m.* (ἐριθεύς) = erithacus (s. d.), Avien. progn. 438.

eritūdo, s. hēritūdo.

ē-rīvo, āre, **durch Gräben ableiten,** aquas pluvias, Plin. 17, 249 zw.

erneum, ī, *n.*, ein **Aschkuchen,** nach Cato in einer hirnea (s. d.) zubereitet, Cato r. r. 81.

1. ēro (hēro, aero), ōnis, *m.*, ein aus Binsen geflochtener **Tragkorb** für Sand, Vitr. 5, 12 (13), 5. Plin. 36, 96. Alfen. dig. 19, 2, 31. Vgl. Donat. ad Ter. Phorm. 1, 2, 72. Schneider Vitr. 5, 12 (13), 5.

2. Ēro, s. 2. Hērō.

ē-rōdo, rōsī, rōsum, ere, **weg-, abnagen,** **I** eig., v. Tieren, omnia morsu, Plin. 11, 104: vites, Cic. bei Plin. 30, 146: teneras frondes, Col. poët. 10, 323. – **II** übtr.: **a** übh., **weg-, ausnagen, zerfressen,** ignis colles, per quos relucebat, erosit, Sen. ep. 91, 11: tradunt aëna etiam ac ferrum erodi illā aquā, Plin. 31, 28: arbores erosae sale, Plin. 12, 37. – **b** als mediz. *t. t.*, **annagen, anfressen, angreifen, beizen, ätzen,** erosi dentes, Plin.: er. corpus, annagen (reizen), Cels.: cutem, angreifen, Cels.: et ipsum ulcus et iunctam ei cutem, ätzend einwirken auf usw. (v. d. Wundjauche), Cels.: medicamenta, quae sic exedunt ne erodant, die ein Schwinden (der Weichteile) befördern, ohne dabei zu beizen, Cels.: dah. medicamenta erodentia, beizende, ätzende Mittel, Cels.: dies. subst. bl. ērōdentia, ium, *n.*, Cels. u. Plin.

ērogātio, ōnis, *f.* (erogo), **I** die **Verausgabung, Ausgabe,** **a** von Geld, pecuniae, Cic.: absol., Plin. pan. u. ICt.: erogationes urbicae, Apul.: necessitas erogationum, notwendige Ausgaben, Tac. – **b** als *t. t.* der Wasserbaukunst, die **Verausgabung** des Wassers aus den Wasserschlössern, er. aquarum, Frontin. aqu. 64 u. a. – **II** die **Vernichtung, Abschaffung,** legis, Tert. de idol. 5.

ērogātor, ōris, *m.* (erogo), der **Ausgeber, Weggeber,** alicuius praestationis, Cod. Iust. 12, 38, 16: virginis, Verheirater, Ausstatter, Tert. de pudic. 16: absol., erogatorem me esse voluit, exactionem sibi servavit, Augustin. serm. 125, 8.

ērogātōrius, a, um (erogo), **zum Verausgaben gehörig** (Ggstz. acceptorius), modulus, Ausgabe gemäß, Frontin. aqu. 34.

ē-rogito, āre, **erfragen, erforschen,** m. *Acc.*, Acc. tr. 626. Sil. 10, 475: ex alqo m. folg. indir. Fragesatz, Plaut. capt. 952.

ē-rogo, āvī, ātum, āre, **I verausgaben,** **A** eig.: **a** Geld, pecuniam ex aerario, Cic.: pecuniam in classem, Cic.: unde pecunia in eos sumptus erogaretur, Liv. – **b** als *t. t.* der Wasserbaukunst, aus den Wasserschlössern **verausgaben,** amplius quam in patrimonio, ut ita dicam, est, Frontin. aqu.: quinarias DCCIV, *ibid.* – **B** übtr., **verschwenden, zugrunde richten, vernichten, töten lassen,** alqd u. alqm, oft bei Tert. (s. Oehler Tert. Scorp. 6). – **II** jmd. **erbitten,** precibus erogatus, der sich erbitten-, durch Bitten hat bewegen lassen, Apul. met. 5, 13.

ērōnālis (aerōnālis), e (ero, aero), im Tragkorb aufbewahrt, **von bester Sorte,** Pelagon. veterin. 16. p. 66 = 252 *Ihm.;* vgl. Veget. mul. 3, 23, 1 *not. crit. (ed. Schn.).*

Erōs, rōtis, *m.* (ἔρως), die **Liebe,** als Person, (lat. Amor, Cupido), Nemes. ecl. 4 *lemm.*

ērōsio, ōnis, *f.* (erodo), das **Zerfressenwerden,** der **Krebs,** im Plur., genarum erosiones, Plin. 23, 70.

erōtopaegnia, ōn, *n. pl.* (ἐρωτοπαίγνια), **Liebesgedichte,** Laevii, Auson. edyll. 13 *extr.* p. 146, 20 Schenkl. Charis. 288, 6. Prisc. 9, 49.

ērotundātus, a, um (ex u. rotundo), **abgerundet,** übtr., structura verborum, Sidon. epist. 9, 7, 3.

erōtylos, ī, *m.* (ἐρωτύλος), ein uns unbekannter Edelstein, Plin. 37, 160.

errābilis, e (erro), **umherirrend = unstet,** Ggstz. inerrabilis, motus (Plur.), Suet. fr. 127*, p. 204, 4 *Reiff.*

errābundus, a, um (1. erro), **umherirrend, hin und her irrend,** v. Pers., Liv. u. a.: agmen, Curt.: navis trieris, Auct. b. Afr.: vestigia, Catull.: bovis vestigia, Verg.: cursus, Lact.: uti particulae errabundae, wie zerstreute Bruchstücke, Vitr.: errabundus enim tarde venit (odor), Lucr.

errantia, ae, *f.* (1. erro), das **Irren,** der **Wahn,** animi, Acc. tr. 469.

errātīcius, a, um (1. erro), **zum Verirren geneigt,** animus, Fronto de diff. voc. (VII) 528, 5 K.

errāticus, a, um (1. erro), **I umherirrend, -schweifend,** homo, ein Landstreicher, Gell. 9, 2, 6. – v. Lebl., Delos, umherschwimmend, Ov.: stella, ein Planet, Varro fr. u. Sen.: u. so ignes, Chalcid. – insbes., v. Gewächsen, salix, die wildwachsende, wilde, Vitr.: brassica, wildwachsender K., Steinkohl, Cato: cucumis, Schlangengurke, Plin.: vitis serpens multiplici lapsu et erratico (sich hinschlängelndem), Cic. – v. Abstr., err. motus mentis, Chalcid. Tim. 47 C: causa, *ibid.* 48 A: per silvas et campos erraticam (ein unstetes) vitam degere, Lact. 6, 10, 13. – **II** kausativ, **in die Irre führend,** erraticas semitas moliamur, Augustin. serm. 150, 9.

errātilis, e (1. erro), **umherirrend,** ferae, Cassiod. var. 1, 21, 3.

errātio, ōnis, *f.* (1. erro), das **Irregehen,** die **Verirrung,** die **Abweichung** vom rechten Wege, **I** eig.: hoc multo propius ibis et minor est erratio, Ter.: errationis fecerit compendium, si etc., Plaut.: nulla in caelo erratio, Cic.: eum (caeli motum) ab omni erratione liberavit, Cic. – bes. die **Irrfahrt,** des Ulixes usw., loqui de fine errationis suae, Hygin.: errationes Ulixis pingere, Vitr. – **II** übtr., die **Verirrung,** der **Irrtum,** Hygin. astr. 2, 2. Lact. 5, 17, 29: consiliorum err., *Acc. tr. 155.

errātor, ōris, *m.* (1. erro), der **Umherirrer,** Fest. 344 (a), 34: übtr., v. Fluss Mäander, Ov. her. 9, 55.

errātrīx, trīcis, *f.* (Femin. zu errator), die **Umherirrerin,** ohne Beleg bei Fronto de diff. voc. (VII) 528, 10 K.

errātum, ī, *n.* (1. erro), der **Irrtum,** das **Versehen,** der **Fehler,** **a** in technischer usw. Hinsicht, err. fabrile, Cic.: err. meum, tuum, im Rechnen, Cic. – **b** in moral. Hinsicht, der **Irrtum,** die **Verirrung** (Ggstz. recte factum), errata vel delicta, Amm.: errata aetatis meae (meiner Jugend), Cic.: errata officiis superare, Sall.

errātus, ūs, *m.* (1. erro), das **Umherirren,** die **Irrfahrt,** longis erratibus actus, Ov. met. 4, 567.

1. erro, āvī, ātum, āre (ahd. *irr(e)ōn,* irren), **irren, I** im Allg., **irren = in der Irre umherlaufen, umherirren, -schweifen, -streifen, A** eig.: **1** *intr.*: **a** von pers. Subjj.: cum vagus et exsul erraret, Cic.: circum villulas, Cic.: per lucos, Hor.: per litora, Sen. – v. Tieren, circa litora, v. Hunden, Plin.: inter audaces agnos, v. Wolf, Hor.: per urbem, v. einem Pferd, Liv. – *impers.*, male tum Libyae solis erratur in agris, Verg. georg. 3, 249. – Sprichw., in media luce errare, Sen. de ben. 5, 6, 3. – **b** v. Lebl.: stellae errantes, Cic. u. a.: ubi nunc fora sunt, lintres errare videres, Ov.: v. Flüssen, Verg. u. Sen. poët.: ad frontem sparsos errare capillos, umherfliegen, Prop.: lumina errantia, unstet umherirrende, Prop.: pulmonibus errat ignis edax imis, Ov. – **2** *tr.* **durchirren, irrend durchstreifen,** terrae erratae, Ov.: litora errata, Verg. – **B** übtr.: ne vagari et errare cogatur oratio, Cic.: eo fit, ut errem et vager latius, Cic.: non per dubias errant mea carmina laudes, Tibull.: rumoribus errant, es gehen darüber schwankende Gerüchte, Ov.: haud aliter dubiis affectibus errat, Ov.: ne tuus erret honos, schwanke, ungewiss sei, Ov.: erro, quam insistas viam, bin ungewiss, im Zweifel, Plaut.: sententia errans et vaga, schwankende u. ungewisse (Ggstz. stabilis certaque), Cic. – **II** insbes., **den rechten Weg verfehlen, sich verirren, irre gehen, auf Abwege gehen, A** eig.: erranti monstrare viam, Enn. fr. scen. 398: err. viā, vom Weg abkommen, Verg. – **B** übtr., **irren, 1** im Allg., **sich verirren,** natura errans in alienos fetus, Liv. 31, 12, 8. – **2** insbes.: **a sich irren, im Irrtum sein, von der Wahrheit abirren, einen Missgriff begehen,** ne erres, ne erretis, Komik.: erravit, lapsus est, Cic.: pervorse (gar schlimm), Plaut.: vehementer, valde, Cic.: temporibus errasti, in der Zeitrechnung, Cic.: diligenter (gar schön), Mart.: totā viā, Ter., od. toto caelo, Macr., gänzlich irren: a vero, Lucr.: longe de vicinia veritatis, weit von der Wahrheit ab, Min. Fel.: cum multis, Cic. – mit *Acc. pron.*, quid erro? inwiefern befinde ich mich im Irrtum? Plaut.: mone, quaeso, si quid erro, Plaut.: teneo quid erret, Ter.: hoc (darin) tu errasti, Ter.: si nihil esset erratum, Quint. – hic *de* nostris verbis errat scilicet, Ter. heaut. 263. – *in* hoc, Cic.: *in* rerum ordine, Quint. – poet. m. *Acc.* eines Nomens, tempora, sich in der Zeitrechnung irren, Ov. fast. 3, 155. – in alteram partem, Quint. 10, 1, 26. – m. folg. *si,* Ter. u. Caes. – *impers.*, si erratur *in* nomine, Cic.: et *in* cognomine erratum sit, Liv.: tutius *circa* priores vel erratur, Quint. – *Abl. Partic. Perf.* absol., cui, errato, nulla venia, recte facto, exigua laus proponitur, Cic. – **b** moralisch, **aus Irrtum fehlen, sich vergehen,** errasse regem, Sall.: in amicitia, Hor.: non ultra verba ac voces, Tac.

2. erro, ōnis, *m.* (1. erro), der **Umhertreiber, Herumstreicher, Landstreicher** (der nach Hause zurückkommt, wenn er des Herumlaufens müde ist), bes. von Sklaven, die, vom Herrn ausgeschickt, nicht zu gehöriger Zeit nach Hause zurückkehren (s. Ulp. dig. 21, 1, 17. § 14. Sen. contr. 7, 21, 23 K.), Hor., Sen. u. ICt.: übtr., dux erro, von der Bienenkönigin, Col.: u. v. ungetreuen, ausbleibenden Liebhabern, Tibull. u. Ov.: errones, Planeten, Nigid. fr.

errōneus, a, um (2. erro) = ἀλήτης, πλάνος (Gloss.), **umherirrend, -schweifend, sich umhertreibend,** v. Pers., Sen. de ben. 6, 11, 2 H. (neben vagus) u. (Ggstz. assiduus) Col. 7, 12, 5: err. et morbida ovis, Hieron. in Mich. 4. *v.* 1 *sqq.* p. 1246 Migne. – v. Lebl., ceterae stellae, quas non recte erroneas et vagas dicimus, Apul. de dogm. Plat. 1, 10.

error, ōris, *m.* (erro), das **Irren, I** im Allg., das **Umherirren, -schweifen, -streifen,** der **Irrgang,** die **Irrfahrt, A** eig.: **a** v. pers. Subjj.: error ac dissipatio civium, Cic.: per tortuosi amnis sinus flexusque errorem volvens, im Zickzack gehend, Liv.: navium pars ex errore eodem conferebatur, Auct. b. Afr.: longo iactati errore, Sen.; vgl. pelagi erroribus actus, Verg. – **b** v. der unsteten Bewegung der Atome, Lucr.: v. den Windungen, dem Sich-Schlängeln der Flüsse, Ov.: v. den Irrgängen des Labyrinths, Ov. – **B** übtr., das **Schwanken,** die **Ungewissheit,** der **Zweifel,** qui tibi aestus, qui error, quae tenebrae erunt, Cic.: castra nihil aucta errorem faciebant, machten irre, Liv.: cum sic errores abstulit illa meos, Ov.: sequitur hunc errorem alius error, Papirius*ne* Cursor … *an* etc., Liv. – **II** insbes., das **Abirren-, Abschweifen vom rechten Weg, das Irregehen, A** eig.: **a** v. leb. Wesen: reduxit me usque ex errore in viam, Plaut.: iumenta nullo regente decesserant militari viā et errore delata per quattuor stadia etc., Curt.: u. so errore viarum, Abirren vom rechten Weg, Liv.: cursus errore falli, durch die irrtümliche Richtung (bildl.), Cic. – **b** v. Lebl., das Abirren des Geschosses, der **Fehlschuss** (ἁμάρτημα), Ov. met. 5, 90. – **B** übtr., das Abirren vom rechten Wege, **1** als Zustand, der **Irrtum** = die **Täuschung,** der **Wahn, a** im Allg.: opinionis error, irrige Vorstellung, Cic.: in errorem ducere, Cic.: errore duci, Cic.: in errorem induci, rapi, Cic.: errorem tollere, Cic.: errorem demere, Hor.: errorem alci eripere, Cic.: convictis Epicuri erroribus, Cic. de nat. deor. 2, 1. – per errorem, Cic.: errore insidiatoris, durch den I. des Nachst. (in der Person des Königs), Liv.: u. so si par forma aut aetas errorem agnoscentibus fecerat, irregeleitet, getäuscht hatte, Tac. – m. obj. *Genet.*, errore veri, Tac.: errore deceptus locorum, über usw., Verg. – zuw. meton., v. dem, was täuscht, die **Täuschung,**

aliquis latet error, Verg.: errore se ab insidiis munire, Liv. – **b** insbes.: **α** der **Wahn,** die **Verblendung,** die **Verstandesverwirrung,** der **Irrsinn,** mentis, Cic.: fanaticus, Hor.: di meliora piis erroremque hostibus illum! Verg. georg. 3, 513. – **β** der **Liebeswahn,** v. heftiger Liebe, error malus, Verg.: quoniam novus incīdit error, Prop.: u. so errores, Ggstz. concessi amores, Apul. Vgl. Verg. ecl. 8, 41. Ov. met. 10, 342; am. 1, 10, 9. – **γ** v. **Angst, Furcht,** Ov. fast. 3, 555. – **2** als Handlung, der **Irrtum** = das **Versehen,** der **Missgriff, Fehler, a** im Allg.: ferendus tibi in hoc meus error, Cic.: cuius errore eo esset deducta res etc., Nep. – **b** insbes.: **α** der **Sprachfehler,** v. Solözismen, Quint. 1, 5, 47. – **β** das moralische **Vergehen,** die **Verirrung,** corrigere errorem paenitendo, Cic. fr.: errorem misero detrahe, labe carent, Ov. – **3 Error** personifiziert = Ἄτη, als Urheberin aller törichten, übereilten, leidenschaftlichen Handlungen, die **Verblendung,** Ov. met. 12, 59.

ērubēscentia, ae, *f.* (erubesco), die **Schamhaftigkeit, Scham,** Tert. ad nat. 1, 16 u. a. Apul. inc. libr. fr. 21, 1.

ērubēscibilis, e (erubesco), dessen man sich schämen muss, Cassiod. de amic. 21, 6.

ē-rubēsco, rubuī, ere, **rot werden, sich rot färben, a** übh.: saxa roratis erubuisse rosis, Ov. ex Pont. 2, 1, 36: erubuere genae, Ov. met. 7, 78. – **b** insbes., **aus Scham erröten, schamrot werden, sich schämen, sich scheuen** (Ggstz. expallescere), matronales erubuere genae, Ov.: vidi te totis erubuisse genis, Ov.: ubi erubuit, Cic.: adversarium erubuisse, expalluisse, Rhet. Her.: Fabianum, cum in senatum testis esset inductus, erubuisse memini, Sen.: epistula non erubuit, Cic. – m. *Acc.,* neque erubuit ora vestra, Ps. Cic. in Sall. decl. 5, 15: iura fidemque supplicis erubuit, Verg. Aen. 2, 541. – mit *in* u. Abl., o rem dignam, in qua non modo docti sed etiam agrestes erubescant, Cic. de legg. 1, 41. – m. *Abl.* (über), re, Liv.: rusticā dote, Ov.: referendis suis in civitatem beneficiis, Liv. – m. *Dat.,* alci, Tert. apol. 9 u. a. Eccl.: veritati, Augustin. conf. 8, 2. – m. *Dat. Gerund.,* non id Corneliae magis familiae quam urbi Romanae fore erubescendum, Liv. 38, 59, 11. – m. *propter* u. Akk., propter clamorem tuom, Plaut. truc. 291. – m. *ex* u. Abl., ex nepote, Vell. 2, 130, 4. – m. *de* u. Abl., de alqo, Sen. contr. 2, 3 (11), 8. p. 185, 20 K. Spart. Sept. Sev. 15, 7: de peccato suo, Augustin. serm. 122, 2. – m. *pro* (über) u. Abl., pro alqo, Augustin. de civ. dei 2, 5. – m. *ad* u. Akk., ad nostrum dedecus, Hieron. epist. 125, 16. – m. *ut* u. Konj., Cic. de legg. 1, 50. – m. *Infin.,* Verg. ecl. 6, 2. Liv. 10, 8, 5. Sen. contr. 1, 8, 3. Val. Max. 2, 5, 5. Sen. ad. Marc. 25, 3. Curt. 5, 5 (19), 17. Petron. 36, 7. Quint. 6, 1, 14. Tac. ann. 6, 23. Plin. ep. 9, 27, 2. – non er. m. *Acc.* u. *Infin.,* Val. Max. 2, 7, 9. – dah. erubescendus, a, um worüber man zu erröten, wessen man sich zu schämen hat, non er. ignes, Hor.: er. amores, gemeine Liebschaften, Sen. rhet.: mortis erubescendum genus, Val. Max.: er. mors, Sen.: *neutr. pl.* subst., dolenda adhuc retulimus, veniendum ad erubescenda est, zu den Ereignissen, über die wir erröten müssen, Vell. 2, 130.

ērūca (herūca), ae, *f.* **I** die **Raupe, Kohlraupe** (griech. κάμπη), Col. poët. 10, 333. Col. 11, 3, 63. Hieron. epist. 53, 8 (heruca). – Nbf. **ūrūca,** fast immer bei Plin. nat. hist. ed. Detl., z. B. 10, 206; 17, 229; 19, 179 u. 180. Iuven. 6, 276. Gloss. II, 211, 59. – Nbf. **ūrīca,** Plin. 18, 154 D. – **II** die **wilde Rauke,** eine Art Kohl (*Brassica eruca,* L.), Plin. 9, 154. Cels. 2, 21. Hor. sat. 2, 8, 51. Mart. 3, 75, 3. Iuven. 9, 134.

Erucīnus, a, um, s. Eryx.

ēructātio, ōnis, *f.* (eructo), das **Ausrülpsen,** assidua, Firm. math. 4, 12: übtr., terrenae eructationes, die Ausdünstungen, Apul. de mund. 8.

ē-ructo, āvī, ātum, āre (*Frequ.* v. erugo, ere), **ausrülpsen,** rülpsend **ausspeien, von sich geben, I** eig., v. leb. Wesen, saniem, Verg. Aen. 3, 632: Aegyptias aves, Col. 8, 8, 10: corpus alcis (Ggstz. sorbere), Inc. pan. Constant. Aug. 18, 2: haustos fistulis fluctus ita, ut etc. (v. Walfisch), Solin. 52, 42. – prägn., sermonibus suis caedem, rülpsend verlaufen lassen, Cic. Cat. 2, 10. – **II** übtr.: **1** *tr.:* **a** v. lebl. Subjj., **von sich geben, auswerfen,** aquam (v. einer Röhre), Varro: arenam, Verg. u. Plin.: fontes ignis imitus, Gell.: flammas, v. Ofen, Plin., v. der Erde, Iustin.: odorem, Varro: absol., Charybdis, quae ter die obsorbebat terque eructabat, Hyg. fab. 125. p. 108, 24 Schm. – **b** v. leb. Wesen, **α auswerfen, ausschwärmen lassen,** in alios fines examina gentis, Tert. de anim. 30. – **β** Worte **ausstoßen,** Augustin. de civ. dei 18, 32. Vulg. psalm. 44, 2 u. a. Eccl.; vgl. Bünem. Lact. 4, 8, 14. – **2** *intr.,* **hervorbrechen, a** v. Lebl.: ignis e terra per vertices montium eructans, Tert. apol. 48 *extr.* – v. Abstr.: ut (plenitudo boni) emanet ab animo ad habitum et eructet a conscientia in superficiem, Tert. de cult. fem. 2, 13. – **b** v. leb. Wesen: Phoenices in Africam eructant, Tert. de pall. 2. – ► Depon. Nbf. eructor, Analect. Vindob. p. 211 E.

ēructuo, āvī, āre, Nbf. v. eructo bei Augustin. serm. 113, 2 u. 5; 119, 2 u. a. Eccl. Vgl. Rönsch Itala p. 362 u. 467.

ērūdero, āvī, ātum, āre (ex u. rudus), **I** den Boden mit **Estrich auslegen,** solum, Varro r. r. 2, 2, 7. – absol., si plano pede erit euderandum, Vitr. 7, 1, 1. – **II** vom Schutt befreien, übtr. = **reinigen,** Ambros. epist. 22, 2. Sidon. epist. 5, 7, 7 u. 5, 15, 1.

ērudībilis, e (erudio), **unterrichtbar,** Fulg. contin. Verg. p. 147 M.

ē-rudio, īvī u. iī, ītum, īre (rudis), entrohen = **aufklären, unterrichten, lehren, ausbilden, abrichten, a** eine Pers., alqm, Cic. u. a.: iuvenes, Quint.: iuventutem, Cic.: tirones in ludo, Suet.: erudiri in scholis, Quint. – m. Ang. **in Betreff wessen?** durch *de* m. Abl., tuae litterae, quae me erudiant (mir Aufklärung geben) de omni re publica, Cic. ep. 2, 12, 1. – m. Ang. **worin?** durch *in* m. Abl., alqm in iure civili, Cic.: eruditus in litteris, Spart. – m. Ang. **wodurch?** (worin?) durch *Abl.,* alqm primis litteris, Quint.: alqm omni disciplinā militari, Nep.: principum filios liberalibus studiis, Tac.: Lentulum cum ceteris artibus, quibus studuisti semper ipse, tum imprimis imitatione tui fac erudias, Cic.: er. iuventutem laboribus, Cic. – m. Ang. **wozu?** durch *ad* u. Akk., filios omnibus artibus ad Graecorum disciplinam, Cic.: filios instituere atque erudire ad maiorum instituta, ad civitatis disciplinam, non ad tua flagitia, ad tuas turpitudines debuisti, Cic.: er. homines ad iustitiae opera, se ad iustitiam, Lact.: multitudo ad tolerandam rerum asperitatem diuturnis casibus erudita, Amm. – od. durch *in* u. Akk., in assentationem nimiam eruditi, gewöhnt an usw., Amm. 15, 8, 2. – m. dopp. *Acc.,* alqm damnosas artes, Ov. met. 8, 215: alqm cursus, Val. Flacc. 2, 60: alqm leges praeceptaque fortia belli, Stat. Theb. 10, 507: ad erudiendum iustitiam inventutem, Augustin. de civ. dei 2, 7: im Passiv m. *Acc. rei,* nisi ut ex istis humana mens erudiretur naufragiorum casus, Sulp. Sev. epist. 1, 7: qui eodem in numero Graecas res eruditi erant, Gell. 2, 21, 3 (vgl. 19, 12, 9): sacrorum ritus eruditus, Amm. 23, 6, 33. – m. folg. indir. Fragesatz, quā possint arte capi, Ov. fast. 3, 294. – m. folg. *Infin.,* Ov. fast. 3, 819 *sq.* Sil. 11, 350: u. so eruditus m. folg. *Infin.,* Plin. 33, 149. Tac. Agr. 8. – m. folg. *Acc.* u. *Infin.,* Cic. ad Q. fr. 1, 1, 3. § 10. – absol., nam est difficile erudire, Varro: Athenas erudiendi gratiā (der Ausbildung wegen) missus, Iustin. – **b** lebl. Objj.: liberalibus disciplinis singularis indolem iuvenis, Vell.: plasticen, ausbilden, vervollkommnen, Plin.: erudit admotas ipse capillus acus, gibt Haltung in sich, Ov. – m. *ut* u. Konj., oculos suos, ut fleant, Ov. rem. 690. – ► Part. Perf. Pass. eroditus, CIL 1, 1009.

ērudītē, *Adv.* (eruditus), **gelehrt, kenntnisreich, wissenschaftlich,** erudite repugnare, Cic. or. 40: eruditius disputare, Cic.: illud eruditius quaeritur, an etc., Quint.: eruditissime simul et facetissime dicere, Plin. ep.: litterae tuae eruditissime scriptae, Cic.

ērudītio, ōnis, *f.* (erudio), **I** die **Aufklärung, Unterweisung,** der **Unterricht,** Cic. u. a.: eruditio institutioque *in* bonas artes, Unterrichtung (Anweisung) u. Einführung in Kunst u. Wissenschaft, Gell. 13, 17 (16) 1. – Plur. = **mancherlei Unterricht,** Gell. praef. § 3. – **II** meton.: **a** die (durch den Unterricht erlangte) **Bildung,** Cic.: eruditione atque doctrinā, Cic. – **b** die (durch Unterricht erlangte) **Gelehrsamkeit,** eruditionis aliquot volumina, Suet.: etymologia continet in se multam eruditionem, Quint.: illud de epistularum tuarum eruditione nulli umquam imitabile futurum, Auson. epist. 21. praef. p. 182, 1 Schenkl. – **c** Plur. = **Wissenschaftszweige, gelehrte Fächer, gelehr-**

te Kenntnisse (Vorkenntnisse), Vitr. 1, 1. § 1; 1, 1. § 11 *sq.* u. § 18; 2, 1. § 8.

ērudītor, ōris, *m.* (erudio), der **Unterweiser, Lehrer,** Eccl.

ērudītōrium, iī, *n.* (erudio) = *paedagogium,* Gloss.

ērudītrīx, trīcis, *f.* (Femin. zu eruditor), die **Unterweiserin, Lehrmeisterin,** Hispania, illa Annibalis eruditrix, Flor. 2, 6, 38.

ērudītulus, a, um (*Demin.* v. eruditus), **verschmitzt,** Catull. 57, 7.

1. ērudītus, a, um, *PAdi.* m. *Compar.* u. *Superl.* (v. erudio), **aufgeklärt, unterrichtet, fein gebildet, kenntnisreich,** im üblen Sinne = **verschmitzt, a** v. Pers.: homo, Cic.: populi, Cic.: disciplinis erudita Corinthus, Rhet. Her.: eruditior litteris, Cic.: eruditissimus disciplinā iuris, Cic.: eruditissimus et Graecis litteris et Latinis, Cic. – m. *Genet.*, eruditus legis, Hieron. chron. p. 26. – m. *ad* u. Akk., paulatim eruditiores facti processu temporis ad nocendum, Amm. 14, 1, 2: iam eruditior ad laedendum, Amm. 29, 1, 27. – m. *in* u. Abl., eruditior iam in sceleribus, Amm. 28, 1, 33. – subst., ērudītī, ōrum, *m.*, die **Unterrichteten,** die **Männer vom Fach,** Cic. u. a. – **b** übtr., v. Lebl.: tempora, saecula, aufgeklärte, Cic.: aures, Cic.: palata, verwöhnte, Col.: manus, geschickte, Sen.: oratio, gelehrte Sprache (Ggstz. oratio popularis, Volksspr.), Cic.

2. ērudītus, ūs, *m.* (erudio), die **Unterweisung,** Tert. adv. Val. 29.

ērūgātio, ōnis, *f.* (erugo), das **Entrunzeln,** Plin. 28, 184.

1. ē-rūgo, āre, **entrunzeln, von Runzeln befreien,** Plin.: cutem in facie, Plin.

2. ērūgo, (xī), ctum, ere (zu ἐρεύγομαι, speie aus, erbreche mich), **ausrülpsen,** Paul. ex Fest. 83, 2: dah. eructum vinum, Tresterwein, Gell. 11, 7, 3. – übtr., **auswerfen,** fontes, quibus sese erugit aquae vis, Enn. ann. 379.

Erulī, s. Herulī.

ērumna, ae, *f.* = aerumna (s. d.), s. Charis. 98, 12.

ē-rumpo, rūpī, ruptum, ere, **herausbrechen, I** *tr.*: **A ausbrechen lassen, herausstürzen, 1** eig.: fontibus dulces liquores, v. der Erde, Tibull. 4, 1, 86. – gew. refl. se erumpere u. Passiv erumpi medial, **heraus-, hervorbrechen,** portis se er. foras (v. Pers.), Caes.: unde altus primum se erumpit Enipeus, Verg.: incita cum vis exagitata foras erumpitur, Lucr.: faucibus erupti ignes, Lucr.: cum sanguis eruptus est, Scrib. – im Bild, invidiosa coniunctio ad bellum se erumpit, hat zu einem Kr. geführt, Cael. in Cic. ep. 8, 14, 2. – **2** übtr., **ausschütten, auslassen, Luft machen,** gaudium, Ter.: iram in alqm, Liv.: stomachum in alqm, Cic.: in eas naves indiligentiae suae ac doloris iracundiam erupit, Caes. – **B machen, dass** etwas (ein Geschwür usw.) **aufbricht,** Cato r. r. 157, 3. – **C** etw. **durchbrechen,** aus etwas **heraus-, hervorbrechen,** nubem, Verg.: Pontum, v. Fischen, Tac.: vincula, ICt. – **II** *intr.* **mit Ungestüm, mit Gewalt hervorbrechen, sich herausstürzen, losbrechen, 1** eig.: **a** im Allg.: abiit, excessit, evasit, erupit, Cic.: er. ex contione, ex carcere, Curt.: ignes ex Aetnae vertice erumpunt, Cic.: erumpit sanguis iugulo, Lucan.: lacrimae aut erumpunt dolore aut laetitiā manant, Quint.: fletus erumpit, Quint.: erumpit etiam (risus) invitis saepe, Quint. – **b** als milit. *t. t.*, **heraus-, hervorbrechen, einen Ausfall machen,** abs., Caes. u. a.: ex castris, Caes.: portis, Sall.: patefactā portā, Liv.: inter tela hostium, Sall.: per hostes, sich durchschlagen, Liv.: ad Catilinam, Cic.: in palatos populatores, Liv.: ad erumpendum in stationes operaque hostium animus erat, Liv.: unpers.: duabus simul portis erumpitur, Liv. – **c** v. phys. Übeln, **hervorbrechen,** per lumbos fistulae puris erumpunt, Nep. Att. 21, 3. – **d** wachsend **hervorbrechen, -keimen, durchbrechen,** folium e latere erumpit, Plin.: dentes erumpunt, Plin. – **e** als mediz. *t. t.*, **sich verrenken,** ne (femur) rursus erumpat, Cels. 8, 20 *extr.* – **f** in einen **Ton ausbrechen** = plötzlich übergehen, interim elisa (vox) in illum sonum erumpit, quem etc., Quint. 11, 3, 51. – **2** übtr.: **a** im Allg.: erumpat enim aliquando vera et me digna vox (Wort)! es mache sich einmal Luft, ich will nicht länger zurückhalten! Cic. Phil. 10, 19: erupit deinde seditio, Liv.: multa erumpentis seditionis indicia per conscios oppressa, Tac.: ex luxuria exsistat avaritia necesse est, ex avaritia erumpat audacia, die Habsucht artet in Frechheit aus, Cic. – **b plötzlich** von etwas **ablenken, abschweifen,** Quint. 4, 3, 17. – **c** in etwas **ausbrechen, plötzlich** in einen Zustand **übergehen,** bes. in heftige Gemütsbewegungen, mit *in* od. *ad* u. Akk., ad minas, Tac.: in omne genus crudelitatis, ausbrechen, verfallen, Suet.: in iurgia patris (in Schmähungen gegen den Vater), Iustin.: in verba, Symm.: u. so dum istaec igitur apud me tacitus evolvo, Caecilius erumpit (bricht C. in die Worte aus) m. folg. dir. Rede, Minuc. Fel. 40 *in.* – **d** gegen od. über jmd. **ausbrechen, losbrechen,** sentire potuit sermones iniquorum in suum potissimum nomen erumpere, Cic.: erumpunt saepe vitia amicorum tum in ipsos amicos tum in alienos, brechen hervor an usw., Cic.: erupturas in rem publicam coniurationes inultas pati, Quint. – **e ausbrechen, zum Ausbruch kommen, ans Licht kommen, offenbar werden,** cum illa coniuratio ex latebris atque ex tenebris erupisset, Cic.: quod (scelus) nuper eruperat, Liv.: ante triennium fere, quam Egnatianum scelus erumperet, Vell.: si illustrantur, si erumpunt omnia, Cic. – **f ausbrechen, einen Ausgang gewinnen, ausschlagen, ausarten,** haec quo sint eruptura, timeo, Cic.: videntur haec aliquo eruptura, Cic.: ut quorsum (dominatio) eruptura sit timeamus, Cic.: er. in omnium perniciem, Liv.: in publicam perniciem, Tac.: ad perniciem civitatis, Cic.: ad ultimum seditionis, Liv.

ē-runcino, are, **abhobeln,** Not. Tir. 96, 98 (eruncinat).

ē-runco, āre, **ausjäten,** Col. 2, 11, 5 u. a.

ē-ruo, ruī, rutum, ere, **herausgraben, -scharren, -wühlen, I** im Allg.: **A** eig.: **1** im Allg.: mortuum, Cic.: humanorum corporum reliquias, Tac.: defossa, Tac.: aurum terrā, Ov.: im Bild, hoc tamquam occultum et a se prudenter erutum tradunt, als einen verborgenen und von ihnen weise gehobenen Schatz, Quint. 4, 2, 60. – **2** insbes.: **a aufgraben, aufreißen, aufwühlen,** humum, Ov.: terram, v. Fuchs, Phaedr.: sepulcra, Plin.: aqua remis eruta, Ov.: durchbohrend, missā latus hastā, Ov. – **b ausreißen,** alci oculum, Sen.: sibi oculos, Lact.: eruitur oculos (poet. = *ei oculi eruuntur*), Ov.: segetem, Verg. – **c** er. alqm, jmd. **aufstöbern, aufjagen,** Curt.: inter feras serpentesque degentes (Indos), Curt.: u. so illum (servum fugitivum) inde aliquando eruam, Cic. – **B** übtr.: **a** übh.: propter difficultatem pecuniariam, quae erui (herausgerissen werden) nusquam nisi ex privatorum bonis posset, Cic. ad Att. 10, 14, 1 M. – memoriam alcis rei ex annalium vetustate, aufstöbern, herholen, Cic.: aber memoriam exercitatione, ein Gedächtnis durch Ü. erzwingen, Cic. – **b zutage fördern, ans Tageslicht bringen, erforschen, ermitteln, ausfindig machen,** si quid indagaris, inveneris, ex tenebris erueris, Cic.: vetera scrutari et ex iis ea, quae Graeciae scriptores prodiderunt, eruere, Cic.: scrutari locos, ex quibus argumenta eruamus, Cic.: reliqua curā et cogitatione eruuntur, Cic.: causas secretaque eius (mundi) eruere et aliis cognoscenda tradere, Sen.: er. arcana, Sen. poët.: coniurationem, Liv. epit.: m. folg. indir. Fragesatz, mihi, sicunde potes, erues, qui decem legati Mummio fuerint, Cic. ad Att. 13, 30, 3: an ipsi eruimus, quae prima dies, ubi terminus aevi, quid ferrea Clotho cogitet? Stat. Theb. 3, 555 *sqq.* – **II** prägn., **aufwühlend zerstören, von Grund aus zerstören, A** eig.: urbem, Verg.: Corinthum funditus, Vell.: oppida convulsis muris, Sil. – **B** übtr., politisch **umstürzen, zerstören,** regnum, Verg.: civitatem, Tac. – ► Partiz. Fut. Akt. ērutūrus, Iustin. 5, 8, 4: ēruitūrus, nach Prisc. inst. 10, 13 u. part. XII vers. Aen. 6, 114.

ēruptio, ōnis, *f.* (erumpo), das **Heraus-, Hervorbrechen, -stürzen, I** eig.: **1** im Allg.: elephanti eruptionem tentavere, versuchten auszubrechen, Plin.: er. sanguinis, Plin.: er. caloris, Sen.: er. Aetnaeorum ignium, Ausbruch, Cic. de nat. deor. 2, 96: eruptiones ignium, Oros. 1. prol. § 10 Z. – m. *ex* u. Abl., subita ex abdito vasti amnis eruptio, Sen.: e cavernis maris ignium eruptio, Sen.: e nubibus subitae lucis eruptio, das Aufblitzen, Sen. – als milit. *t. t.* = der **Ausfall** aus einem Ort, eruptio hostium, Liv.: eruptione pugnare, Caes.: tua praeclara Mutinā (aus M.) eruptio, Cic.: er. ex oppido simul duabus portis, Liv.: eruptionem facere, Caes.: eruptionem facere in hostes, Liv., in provinciam, Caes., per media castra, Liv.: neque porta neque foramen, quā (wo) posset eruptio fieri, Sisenna fr. – Plur., eruptiones oppidanorum, Liv.: ab eruptionibus cavere, auf der Hut sein, Caes. – **2** insbes.: **a** das **Hervorbrechen, -keimen,** semen primā eruptione agnoscitur, Plin. 18, 150. – **b** als mediz. *t. t.*, der **Ausfluss** eines Krankheitsstoffes, der **Ausschlag,** papularum, Blatternausschlag, Plin.: capitis, Plin. – **II** übtr., das **Ausbrechen,** intolerabilis silentii eruptio, das Sich-Luftmachen, Sen. exc. contr. 8, 6. § 5. p. 288, 3 K.: ubi discrimen inter malos bonosque sublatum est, confusio sequitur et vitiorum eruptio, und der Laster freies Walten, Sen. de clem. 1, 2, 2.

ēruptor, ōris, *m.* (erumpo), **einer, der hervorbricht, einen Ausfall macht,** als milit. *t. t.*, Amm. 24, 5, 9.

erus (nicht herus), ī, *m.*, der **Herr, I** eig. der Herr des Hauses, der **Hausherr, Hausvater** (Ggstz. famuli), Komik., Cic. u. a.: erus atque era nostra, unsere Herrschaft, Titin. fr.: maior u. minor, der alte u. der junge Herr, der Herr u. Sohn vom Hause, Komik. – **II** übh. der **Gebieter, Beherrscher, Eigentümer,** Catull. u. Hor.: caelestes eri, v. den Göttern, Catull.: erus tuus, Eheherr (Gatte), Catull. – ► Die Schreibung erus (era, erilis), nicht herus (hera, herilis) in den besten Handschriften der Komiker u. anderer Autoren; vgl. Cassiod. de orth. (VII) 201, 22 u. 28.

eruscus, ī, *m.* = rubus, die **Brombeerstaude,** Ps. Apul. herb. 87. *no.* 1 *sqq.*

ervilia (in Hdschrn. auch ervilla), ae, *f.* (*Demin.* v. ervum), eine Hülsenfrucht, eine Art **Kichererbsen,** Varro sat. Men. 244. Varro r. r. 1, 32, 2. Col. 2, 13, 1. Petron. 57, 11. Edict. Diocl. 1, 12 (wo vulg. herbilia).

ervum (archaist. ervom), ī, *n.* (ὄροβος), die **Erve,** eine mit der Wicke verwandte Hülsenfrucht (*Ervum Ervilia,* L.), Plaut. most. 62. Hor. sat. 2, 6, 117. Verg. ecl. 3, 100. Cels. 5, 5. Col. 2, 11, 11. Nbf. hervum, s. herbum.

Erycīnus, Erycus, s. Eryx.

Erymanthos u. **-us,** ī, *m.* (Ἐρύμανθος), **I** ein Gebirge in Arkadien, an der Grenze von Elis, wo Herkules den erymanthischen Eber tötete, j. *Xiria,* Verg. Aen. 6, 802. Ov. met. 6, 608. Stat. silv. 4, 6, 101; Theb. 4, 298. – Dav. **A Erymanthēus,** a, um, **erymanthēisch,** Val. Flacc. – **B Erymanthias,** adis, *f.*, **erymanthisch,** Stat. – **C Erymanthis,** idos, Akk. Plur. idas, *f.* (Ἐρυμανθίς), **erymanthisch,** custos ursae Erymanthidos (d. i. Callistus) = *Bootes* (s. d.), Ov. trist, 1, 4, 1: silvae Er., Ov. met. 2, 499. – **D Erymanthius,** a, um (Ἐρυμάνθιος), **erymanthisch,** aper, Cic.: ebenso belua, Cic. poët. – **II** ein Fluss an der Grenze von Elis, der in den Alpheios fällt, j. *Dhimitzana,* Ov. met. 2, 244. Mela 2, 3, 5 (2. § 43).

ēryngē, ēs, *f.* u. **ēryngion,** iī, *n.* (ἠρύγγη u. ἠρύγγιον), eine Pflanze, unsere **Brakendistel** oder **Mannstreu** (*Eryngium campestre,* L.), nach anderen die **gefleckte Golddistel** (*Scolymus maculatus,* L.), Col. 6, 5, 2. Plin. 22, 18 *sqq.* Scrib. Larg. 153.

Erysichthōn, thonis, *m.* (Ἐρυσίχθων, von ἐρύω u. χθών = der Erdaufreißer), der Sohn des thessalischen Königs Triopas, der in einem heiligen Hain der Ceres Bäume fällte und deshalb von der Göttin mit entsetzlichem Heißhunger bestraft wurde, sodass er sich selbst verzehrte, Ov. met. 8, 738 *sqq.*; vgl. Hyg. astr. 2, 14.

erysimum, ī, *n.* (ἐρύσιμον) = *irio,* eine Pflanze, die Plin. 18, 96 eher zu den Arzneipflanzen als zu den Getreidearten rechnet, Cels. 5, 18. *no.* 25 u. 5, 25. *no.* 14. Plin. 22, 158.

erysipelas, atis, *n.* (ἐρυσίπελας), eine rot aussehende Hautentzündung, wie die Rose, Cels. 5, 28. *no.* 11 (griech. Cels. 5, 26. *no.* 31 u. 33).

erysiscēptron u. **-um,** ī, *n.* (ἐρυσίσκηπτρον), ein Strauch, Plin. 12, 110 u. 24, 112. Ps. Apul. herb. 109.

erysithales, is, *n.* (ἐρυσίθαλες), **I** eine Pflanze mit gelber Blüte u. Akanthusblatt, nach Brotier *Carduus pratensis,* nach Desfontaines *Cnicus crysithales,* Plin. 26, 137. – **II** eine andere Pflanze = aizoon minusculum (s. aīzōon), Plin. 25, 160.

erythallis, *f.*, ein uns unbekannter Edelstein, Plin. 37, 160.

Erythēa (Erythīa), ae, *f.* (Ἐρύθεια), eine kleine, in dem Meerbusen von Gades liegende Insel, deren Könige Geryon Herkules die Rinder entführte, Prop. 4, 9, 2. Mela 3, 6, 2 (3. § 47). – Dav.: **A Erythēus** (Erythīus), a, um, **erythēisch,** Sil. – **B Erythēis,** idis, *f.* (Ἐρυθηΐς), **aus Erythea, erythēisch,** boves, praeda, die entführten Rinder, Ov.

erythīnus, ī, *m.* (ἐρυθῖνος), eine Art rote Meerbarben, Plin. 9, 56. Ov. hal. 104.

Erythrae, ārum, *f.* (Ἐρυθραί), **I** eine Stadt in Böotien, in der Nähe v. Plataä, Mutterstadt von *no.* III, Ruinen beim j. Dorf *Calivia,* Plin. 4, 26. Stat. Theb. 7, 265. – **II** Erythrae Aetolorum, eine Stadt in Ätolien, Liv. 28, 8, 8. – **III** eine der zwölf ionischen Städte in Kleinasien, auf der Chios gegenüberliegenden Halbinsel Erythräa, Cic. I. Verr.. 49. Liv. 37, 27, 2. – Dav. **Erythraeus,** a, um (Ἐρυθραῖος), **aus Erythrä** (in Ionien), **erythräisch,** Sibylla, Varro u. Cic.: Erythraea terra, auch bl. Erythraea, ae, *f.* (ἡ Ἐρυθραία), das Gebiet von Erythrä, Liv. – Plur. subst., Erythraeī, ōrum, *m.*, die Einw. von Erythrä, die **Erythräer,** Liv.

1. Erythraeus, a, um, s. Erythrae.

2. erythraeus, a, um (ἐρυθραῖος), **rötlich,** oves, Col.: aries, Col. – Insbes., **mare Erythraeum,** (ὁ Ἐρυθραῖος πόντος, gew. ἡ Ἐρυθρὰ θάλασσα, Mela 3, 8, 1 (3. § 72), dah. Erythrum mare, Plin. 6, 107), rein lat. mare rubrum, das **erythräische** oder **rote Meer,** ein Teil des südlichen Ozeans von der Südküste Arabiens bis an die Insel Taprobane in Indien, wozu der persische und arabische Meerbusen gehörten, nach der Sage nach einem König Erythras (Erythras, Mela 3, 8, 1 (3. § 72). Plin. 6, 107. Solin. 33, 1) od. Erythros (Erythros, Curt. 8, 9, 14; 10, 1, 13), wahrscheinlicher aber nach seinem roten Sand benannt, Solin. 33, 1: poet. Erythraeum profundum, Avien. descr. orb. 67. – Dav. **Erythraeus,** a, um (Ἐρυθραῖος), **erythräisch, a** eig.: lapilli (Perlen), im persischen Meerbusen gefischt, Mart.: alga, im pers. Meerb., Mart. – **b** poet. übtr. = **indisch,** litus, Tibull.: orae, Indien, Stat.: dens, Elfenbein, Mart.: triumphi, des Bacchus, Mart.

erythraïcon, ī, *n.* (ἐρυθραϊκόν), eine Art der Pflanze *satyrion,* Plin. 26, 97.

erythranos, on u. um (ἐρυθρανός), **mit roten Beeren,** cissos, Plin. 24, 82: hederae genus, Plin. 16, 147.

Erythrās, ae, *m.*, s. 2. erythraeus.

erythrocomis, *f.* (ἐρυθρόκομις), **rothaarig,** mit **rotem Flaum,** als Beiname, Plin. 13, 113.

erythrodanos, ī, *m.* (ἐρυθρόδανος), **Färberröte, Krapp** (*Rubia tinctorum,* L.), rein lat. rubia, Plin. 24, 94.

1. erythros, a, on (ἐρυθρός), **rot,** rein lat. ruber, Plin. 21, 179 u. a.

2. Erythros, s. 2. erythraeus.

Eryx, ycis, *m.* (Ἔρυξ), ein Berg nebst einer gleichnam. Stadt auf der nordwestl. Spitze Siziliens, mit einem berühmten Tempel der Venus, nach dem Mythos nach einem gleichnam. Elymer-König, dem Sohn des Butas u. der Venus, dem Bruder des Äneas, benannt (s. Verg. Aen. 1, 570; 5, 24. Lact. 1, 17, 9), j. *Monte de San Giuliano,* Nep. Hamilc. 1, 2. Liv. 21, 10, 7. Flor. 2, 2, 12. Ov. art. am. 2, 420: der Berg auch **Erycus mōns,** Cic. Verr. 2, 22 u. 115 (vgl. Scaur. VII. p. 29, 17 K. Anal. gramm. p. 452 *ed. Eichenf.*). Liv. fr. bei Auct. de VII mir. mundi 4. p. 70 *ed. Haupt.* (Ov. hal. etc.). Tac. ann. 4, 43. – Dav. **Erycīnus** (Erucīnus), a, um, **eryzinisch,** litus, Verg.: Venus Erycina, Cic., u. bl. Erycīna, Hor. u. Ov.: concha, Perlenmuschel (weil Venus nach ihrer Geburt auf einer Muschel nach Cyprus schwamm), Prop.: Plur. subst., Erycīnī, ōrum, *m.*, die Einw. von (der Stadt) Eryx, die **Eryciner,** Gramm. inc. in Anal. gramm. p. 452 *ed. Eichenf.*

Ēsāiās, ae, *m.*, der jüdische Prophet **Jesaias,** Lact. 4, 11, 10. Prud. perist. 5, 524; apoth. 595 (dreisilbig). Iuvenc. 2, 773 u. a. Eccl.: Nbf. Īsāiās, Vulg. Isai. 1, 1 *sqq.* Paul. Nol. 23, 195. – Dav. **Ēsāiānus,** a, um, **jesaianisch, des Jesaias,** illud supplicium, Sulp. Sev. epist. 2. § 10.

ēsca, ae. *f.* (zu edo), **I** (die schon zubereitete) **Speise,** das **Essen, Futter** (Ggstz. potio), Cic. u. a.: escae maximae, ein gewaltiger Esser, Plaut. – **II** insbes., **a** die **Lockspeise,** der **Köder** (vollst. esca illex, Solin. 27, 28), Ov. hal., Petron. u. Mart. – übtr., esca est meretrix, Plaut.: voluptas esca malorum, Cic., u. voluptates corporis illecebrae et escae malorum, Cic. fr. – **b** der **Zunder,** Isid. 17, 10, 18. Commodian. apol. 73 (Ludwig nisi solus ignis adescat). – ► Genet. Sing. escas, Liv. Andr. Odyss. fr. bei Prisc. 6, 6.

ēscālis, e (esca), **I zur Speise gehörig, Speise-, Ess-,** argentum, silbernes Essgeschirr, Modestin. dig. 33, 10, 8. – **II zur Lockspeise gehörig,** vulnus, Anthol. Lat. 181, 8 (1093, 8).

ēscārius, a, um (esca), **I zur Speise gehörig, Speise-, Ess-** (Ggstz. potorius), vasa, Plin.: argentum, silbernes Essgeschirr, ICt.: uva, Plin. – subst., ēscāria, ōrum, *n.*, Essgeschirr, Iuven. 12, 46. – **II zum Köder gehörig,** vincla, Plaut. Men. 94.

ēscātilis, e (esco), **essbar,** Tert. de paenit. 5 u. a.

ē-scēndo, scendī, scēnsum, ere (e u. scando), **I** *intr.* **aufwärts-, hinauf-, emporsteigen, hinauftreten, 1** im Allg.: eo (dahin), Liv.: illuc susum, Plaut.: in rotam, Cic.: in rogum ardentem, Cic.: in malum (Mast), Liv.: in malum alte, Varro fr.: in rostra, Cic., od. in contionem, Liv.: in tribunal, Liv.: in tertiam contignationem (v. einem Ochsen), Liv.: in equos, Liv.: in navem, Nep.: in currum, Cic.: in caelum, Plaut. u. Cic.: ex alto puteo susum ad summum, Plaut.: ab urbe in arcem, Liv. – übtr., secundus (gradus), quo grammatica escendit antiqua, Varro LL.5, 7. – **2** insbes., wie ἀναβαίνειν, von der Meeresküste aufwärts ins Innere, ins Mittel- od. Hochland **hinaufziehen, -reisen,** Pergamum, Liv. 35, 13, 6: Delphos, Liv. 29, 11, 5: Ilium a mari, Liv. 35, 43, 3. – **II** *tr.* **besteigen,** Oetam, Liv.: Capitolium, Liv. epit.: equos, Sall.: vehiculum, Sen.: rostra, Tac.: tribunal, Amm.: rogum suum, Sen.: escende huc meam navem, Caecil. com. fr.: escensā navi, Iul. Vict.

ēscēnsio, ōnis, *f.* (escendo), das **Hinaufsteigen ans Land, die Landung,** escensionem facere, Liv. u. Curt.: escensionem facere ab navibus in terram, Liv.: escensionem facere in agrum Uticensem, Liv.: escensiones in agros facere, Liv. – ► Liv. 44, 10, 11 findet sich die Schreibung exscensionem ohne Variante.

ēscēnsus, Abl. ū, *m.* (escendo), das **Hinaufsteigen, Erklettern,** capta escensu munimenta, Tac. ann. 13, 39.

eschara, ae, *f.* (ἐσχάρα), **I** das **Fußgestell** (basis) der Wurfmaschine (ballista), Vitr. 10, 11, 9. – **II** der **Schorf, Grind,** Scrib. Larg. u. Cael. Aur.

escharōsis, Akk. in, *f.* (ἐσχάρωσις), die **Schorfbildung,** Cael. Aur. de morb. chron. 1, 4, 118.

escharōticus, a, um (ἐσχαρωτικός), **Schorf bildend,** Cael. Aur. de morb. chron. 1, 1, 50.

eschatocollion, iī, *n.* (ἐσχατοκόλλιον), die **letzte Seite** (einer Schrift), Mart. 2, 16, 3.

ēscifer, fera, ferum (esca u. fero), **I Speise bringend,** volucres, Paul. Nol. carm. 19, 223. – **II Speise verschlingend,** venter, Anthol. Lat. 230, 4 (1090, 4).

escit, s. 1. sum a. E. ►.

ēsco, āre (esca), **speisen, essen,** Solin. 40, 27.

escola, s. schola.

ēsculentia, ae, *f.* (esculentus), die **Speise,** Plur., suum leporum cervorumque esculentiae, Hieron. epist. 79, 7.

ēsculentus, a, um (esca), **I zur Speise (zum Essen) dienend** (Ggstz. potulentus), Varro fr., Cic. u. a.: frusta, Stücke von Speisen, Brocken, Cic.: vasa ad esculentos usus, zum Gebrauch bei Tisch, Plin. – *Compar.*, esculentiores cibi, Hieron. epist. 22, 11. – subst., ēsculenta, ōrum, *n.*, essbare Dinge, **Speisen** (Ggstz. potulenta), Cic. de nat. deor. 2, 141. Gell. 17, 11, 2. – **II mit Speise angefüllt,** esculento ore, noch mit Fleisch (der Fische) im Rachen, Plin. 8, 90.

ēsculētum, s. aesculētum.

ēsculeus, s. aesculeus.

ēsculus, s. aesculus.

escunt, s. 1. sum a. E. ►.

Esdrās, ae, am, *m.* (Ἔσδρας), ein Prophet der Juden, Augustin. de civ. dei 17, 24. Lact. 4, 11, 5 (wo Hesdras). Vulg. 1. Esdr. 7, 1 u. ö.

ēsectio, ōnis, *f.* (*eseco), das **Herausschneiden,** Soran. lat. p. 110, 9.

Ēsernia etc., s. Aesern...

ēsiciātus, s. īsiciārius, -ātus unter isicium.

ē-silio, s. ex-silio ►.

ēsito (essito), āvī, āre (*Frequ.* v. edo), **zu essen pflegen, essen,** sentes, Plaut.: meas escas, Plaut.: brassicam, Cato: flebile cepe, Varro: furfureum panem, Gell.: non esitavisse *ex* animalibus, Gell.: securus esitabam, Apul.: avide esitans, Apul. 1, 19 *in.*

ēsor, ōris, *m.* (edo), der **Esser, Verspeiser,** prandiorum opimorum, Fronto de fer. Als. 3. p. 226, 10 N.

esox, ocis, *m.*, ein Fisch, wahrsch. der **Hecht,** Plin. 9, 44 *codd.* Sulp. Sev. dial. 2 (3), 10, 4. Paul. Petroc. vit. S. Mart. 5, 675. Prisc. de accent. 34. Isid. 20, 2, 30 (*codd.* isoce, d. i. isocem).

espīritus, s. spīritus.

Ēsquiliae, ārum, *f.* (viell. von ex u. colere, wie inquilinus von in u. colere, die Außenstadt, Vorstadt), der **esquilinische Berg,** der größte von den sieben Hügeln Roms, der an den cölischen, viminalischen und palatinischen, sowie an die Stadtmauer stieß (urspr. zwei Bezirke Cispius mons u. Oppius mons), u. von Servius Tullius in die Stadt einbezogen wurde, j. die Höhe von *S. Maria Maggiore,* Varro LL. 5, 49 *sq.* Cic. de legg. 2, 28. – Auf dem Campus Esquilinus, dem weiten Feld innerhalb der Grenzen des Esquilin, östlich von der servischen Stadtmauer, war der gewöhnliche Begräbnisplatz, sowohl für Vornehme, Cic. Phil. 9, 17, als auch für das gemeine Volk u. die Sklaven, Hor. sat. 1, 8, 8 *sqq.*, sowie der Richtplatz für Sklaven u. andere Verurteilte, deren Leichname, unbeerdigt hingeworfen, eine Beute der Raubvögel wurden (dah. Esquilinae alites), Varro LL. 5, 25. Tac. ann. 2, 32; 15, 40. Suet. Claud. 25, 3; vgl. Hor. sat. 1, 8, 16. – Die Gegend war wasserreich, Esqu. aquosae, Prop. 4, 8, 1 (wo Esqu. meton. = »die Bewohner des esquil. Berges«), u. kühl, Esqu. gelidae, Iuven. 5, 77 *sq.* u. 11, 51, nachdem Mäcenas sie in reizende Gärten umgewandelt hatte, auch gesund, Hor. sat. 1, 8, 14; vgl. Suet. Tib. 15, 1. – Dav.: **A Ēsquiliārius,** a, um, **esquiliarisch,** collis, Liv. 1, 48, 6. – **B Ēsquilīnus,** a, um, **esquilinisch,** campus, Cic.: alites (s. oben), Hor. – subst., Ēsquilīna, ae, *f.* (*sc.* porta), das **esquilinische Tor,** Cic. Pis. 55. – **C Ēsquilius,** a, um, **esquilisch,** mons, Ov. fast. 2, 435. – ► Esquiliae (nicht Exquiliae od. Aesquiliae) ist die am besten beglaubigte Form.

esseda, s. essedum.

essedārius, iī, *m.* (essedum), der **Wagenkämpfer, a** als Soldat der Gallier u. Britannier, Cic. ep. 7, 6, 2. Caes. b. G. 4, 24 u. a. – **b** als Gladiator in den zirzensischen Spielen der Römer (vgl. Philarg. Verg. georg. 3, 204), Sen. ep. 29, 6. Suet. Cal. 35, 3 u. Claud. 21, 5. CIL 6, 631, 8 u. 9: so auch mulier essedaria, Petron. 45, 7.

Essēdones, um, *m.* (Ἐσσηδόνες), szyth. Volk am Tanais u. mäot. See, Mela 2, 1, 2 (2. §2) u. a. Plin. 4, 88. – Dav. **Essēdonius,** a, um, **essedonisch,** Lucan. 3, 280. Val. Flacc. 6, 750 (die Hdschrn. Issedoniaeque).

essedum, ī, *n.* (keltisches Wort), ein zweiräderiger **Streitwagen** der Gallier, Belgier und Britannier (später auch in Rom der Gladiatoren in den zirzensischen Spielen), Caes. b. G. 4, 33. Verg. georg. 3, 204. Liv. 10, 28. – von den Römern auch als **Reisewagen** gebraucht, Cic. Phil. 2, 58; ad Att. 6, 1, 25. Ov. ex Pont. 2, 10, 33. Suet. Cal. 26; ja später als **Lastwagen,** Sidon. epist. 4, 18, 1. Vgl. Schmid Hor. ep. 2, 1, 192. – Nbf. **esseda,** ae, *f.*, Plur., Sen. ep. 56, 4.

essentia, ae, *f.* (esse), das **Wesen** einer Sache, als Übersetzung von οὐσία, Sen. ep. 58, 6 H. (nach dem es Cicero zuerst gebraucht haben soll). Quint. 2, 14, 2 u. a. Apul. de dogm. Plat. 1, 6 (auch im Plur.). Prisc. 18, 13.

essentiāliter, *Adv.* (essentia), **wesentlich,** Augustin. de trin. 7, 2 u. a. Eccl.

essito, s. ēsito.

essurio, s. 1. ēsurio.

estrīx, trīcis, *f.* (edo), die **Esserin, Fresserin,** Plaut. Cas. 778 zw.

estur, s. 1. edo (essen).

Esubiī, iōrum, *m.*, ein keltisches Volk in der heutigen Normandie, Caes. b. G. 2, 34; 3, 7, 4 u. s.

ēsūdātio, s. exsūdātio.

ēsūdātus, s. ex-sūdo.

ēsuriālis, e (esuries), **zum Hunger gehörig, Hunger-,** feriae, Plaut. capt. 468 u. (nach Plautus) Fronto de fer. Als. 3. p. 226, 24 N.

ēsurienter, *Adv.* (esurio), **mit Essbegierde, hungrig,** Apul. met. 10, 16.

ēsuriēs, ēī, *f.* (esurio), der **Hunger,** eig. u. übtr., Aur. Vict. de orig. gent. Rom. 11, 1 u. Eccl.

ēsurīgo, ginis, *f.* (esurio), der **Hunger,** Varro sat. Men. 521.

1. ēsurio (essurio), īvī u. iī, ēsuritūrus, īre (*Desider.* v. edo), **I essen wollen, Hunger haben, hungern, 1** eig., Plaut., Cic. u. a.: so auch esuriendi semper inexplebilis aviditas, Heißhunger, Plin. – mit allg. *Acc.*, quid illo die esuriat, wonach er Appetit habe, Sen.: mit best. *Acc.*, cibum corporis, Ambros. in Luc . 4. § 16: unpers., quia esuritur, quia sititur, Augustin. serm. 104, 3. – von lebl. Subjj., arbores avide esurire, Plin.: quanto magis vellera esuriunt, Plin. – **2** übtr., nach etw. **hungrig sein, gelüsten,** quid tibi divitiis opus est, quae esurire cogunt? Curt.: m. *Acc.*, es. Parthorum aurum, Plin.: Passiv, nil ibi, quod nobis esuriatur, erit, Ov. – **II hungern, Hunger leiden,** Ter. u. Cael. in Cic. ep.: Ggstz. cibo impleri, Varro: *Partic.* ēsuriēns, **hungrig** (Ggstz. satur), subst. der **Hungrige,** cum esuriente panem suum dividere, Sen.: frangere esurienti panem suum, Vulg.: panem infringere esurienti, Tert. – ► Futur. esuribo, Pomp. com. 22. Nov. com. 63.

2. ēsurio (essurio), ōnis, *m.* (1. esurio), der **Hungerer, Hungerleider** (Ggstz. saturio), Plaut. Pers. 103.

ēsurītio, ōnis, *f.* (esurio), das **Hungern, Hungerleiden,** Catull. 23, 14. Mart. 1, 99, 10. Petron. 44, 2 B.[5] Gell. 16, 3, 3 *sq.*: Plur., Aureli, pater esuritionum (aller Hungerleider), Catull. 21, 1.

ēsurītor, ōris, *m.* (1. esurio), der **Hungerer, Hungerleider,** Petron. 44, 2. Mart. 3, 14, 1.

1. Ēsus (Hēsus), ī, *m.*, eine Gottheit der Gallier, die mit Menschenblut versöhnt wurde u. von vielen irrig für den Mars der Römer gehalten wird, Lact. 1, 21, 3. CIL 13, 3026[b], 4: Hesus, Lucan. 1, 445.

2. ēsus, uī, um, ū, *m.* (edo), das **Essen,** esus carnium, Salv. adv. avar. 2, 5: esui condi, Varro: esui dare (alci), Cels.: esui et potui esse, Gell.: lecto strato matellam, lucernam, ceteras res esui usuique prae se portant, Varro: esum et potum eximas, Tert.: carnium esum repudiant, Hieron.: ab esu et comesu mensae factum vocabulum, Isid.: floris eius esu, Auct. itin. Alex.

et, *Coni.* (aus ἔτι, noch dazu), **I und,** zur Verbindung von Begriffen, die einzeln gedacht werden, mater tua et soror a me diligitur, Cic. – dah. **a** et … et, **beides … und; sowohl … als auch; teils … teils; entweder … oder,** et mari et terrā, Nep.: et moneo et hortor, Cic.: et in patre et in filio, Cic. – u. so et … que od. que … et, z. B. officia et servata praetermissaque, Cic.: laudesque et grates egit, Liv. – **b** nec (neque) … et (= *non solum non … sed*), **nicht nur nicht … sondern,** nec miror et gaudeo Cic.: sowie et … nec (neque), **nicht nur … sondern auch nicht,** et rem agnoscit nec hominem ignorat, Cic. Vgl. Bremi Suet. Aug. 45. Görenz Cic. de legg. 1, 13. Seltener steht nec (neque) … et = *non quidem … sed,* wie Suet. Aug. 66, 1. – **c** et, wie εἶτα, vor Fragen des Unwillens, der Verwunderung, des Affekts mit Nachdruck vorangehend, bes. in Verbdg. mit quisquam, wie et quisquam dubitabit quin etc.? Vgl. Matthiä Cic. Manil. 42. Heinsius Ov. am. 3, 8, 1. – **d** et quidem, zur Erklärung u. Erweiterung, **und zwar, und gerade,** duo milia iugerûm, et quidem immunia, Cic.: cupit regnum et quidem sceleste cupit, Liv.: ›scripsere‹, inquit, ›alii rem versibus‹, et luculente quidem scripserunt, Cic. – so auch bl. et = **und zwar, und gerade, und namentlich, und besonders,** wie magna vis est conscientiae, et magna in utramque partem, Cic.: formam aedificiorum novam excogitavit, et ut ante insulas ac domos porticus essent, Suet. Vgl. Benecke Cic. Cat. 2, 17. Korte Cic. ep. 11, 29, 6. Wolf Suet. Ner. 16. – od. = **und überhaupt,** oft bei Cic. u. a., s. Görenz Cic. de fin. 1, 44. Bremi Suet. Aug. 84. – **e** et etiam, **und auch, auch sogar,** auctoritate et consilio et etiam gratiā, Cic.; vgl. unten *no.* II, d. – **f** et vero, **und wirklich, und in Wahrheit,** Cic. or. 136; Mur. 45. – so auch bl. et = **und in der Tat, wirklich, sogar,** Cic. Tusc. 1, 71. Suet. Tib. 12, 2. – **g** et non für unser **und nicht, und nicht vielmehr,** wenn das Vorhergehende berichtigt werden soll, dicam eos miseros, qui nati sunt, et non eos, qui mortui sunt, Cic. – **h** et deinde, **und dann,** bei Aufzählung von Orten usw., ab ea Arsinoë XLIII mil. passuum, et deinde Ptolemais XXII mil. passuum, Plin. 5, 32: infra eos Sacassani et deinde Macerones, Plin. 6, 29; vgl. Quint. 6, 1, 3. – u. der Zeit, Liv. 23, 18, 16; 25, 34, 3. – so auch et denique bei Aufzählungen, Gaius inst. 2. § 238; 3. § 220; 4. § 22. – **II auch,** verum igitur et extremum, Cic.: addam et illud etiam, d. i. auch noch, Cic. – dah. **a auch,** d. i. **sogar,** Cic. Deiot. 29. Cic. II. Verr.. 1, 11. – **b** et quidem, **freilich, aber auch** od. bl. **auch** (s. Spengel Ter. Andr. 967), *D.* sed quid mi obtigerit scio. *P.* Et quidem ego, Ter.: cruciatus est Trebonius: et quidem a Carthaginiensibus Regulus, Cic. – **c** et autem, **aber auch,** et haec autem in Italiam primus intulit, Plin. – **d** et etiam u. et quoque, **auch noch,** et etiam, Cic. de legg. 3, 4: et quoque, Tac. ann. 1, 30 u. ö. Col. 12. praef. 10. Bei Suet. sogar sed et etiam u. sed et quoque, d. i. **aber auch noch;** vgl. Bremi Suet. Caes. 76. – dah. oft et = **und auch, und so auch, und zugleich, und überdies,** Cic. u. a.: et nunc, **und (so) auch jetzt noch,** Cic. u. a. – **III aber,** nullane habes vitia? imo alia, et fortasse minora, Hor. – so et häufig, auch bei Cicero, nach einem verneinenden Satz für sed; vgl. Benecke Cic. Cat. 2, 14 u. Bremi Nep. Paus. 3, 7. – **IV** = **wie, als,** bei Vergleichungen, nach den Wörtern, die eine Gleichheit oder Verschiedenheit anzeigen, wie alius, aeque, idem u. a., s. d.

et-enim, *Coni.*, ja auch, **I** begründend und erläuternd = **nämlich,** Cic. u. a. – **II** bekräftigend = **und allerdings, und in der Tat,** Cic. u. a. – An zweiter Stelle, Lucr. 1, 104; 2, 547 u. a. (gew. quippe etenim). Hor. sat. 2, 5, 60. Prop. 2, 7, 17. Plin. 17, 193. Apul. apol. 31: an dritter Stelle, Hor. carm. 4, 5, 17.

Eteoclēs, is u. eos, *m.* (Ἐτεοκλῆς, der Sohn des Ödipus, Bruder des Polynices, der durch seine Weigerung, dem Bruder abwechselnd ein Jahr ums andere die Herrschaft zu überlassen, die Veranlassung zum thebanischen Krieg gab, den der röm. Dichter Statius in zwölf Gesängen schildert, Cic. de off. 3, 82. Hyg. fab. 76: Genet. -is, Stat. Theb. 3, 214; od. -eos, *ibid.* 12, 91 u. 421: Akk. -ea, *ibid.* 2, 384 u. a. – Dav. **Eteoclēus**, a, um (Ἐτεόκλειος), **eteokleïsch,** contentiones, Apul. met. 10, 14.

Eterēius, ī, *m.*, ein Freigelassener des röm. Ritters Korellius, Plin. 17, 122. – Dav. **Eterēiānus**, a, um, **eterēianisch, des Eterēius,** nux, Plin. 15, 94 u. 17, 122.

etēsiaca vītis, eine Rebenart, Plin. 14, 36.

etēsiae, ārum, *m.* (ἐτησίαι *sc.* ἄνεμοι), die **Passatwinde,** die jährlich in den Hundstagen 40 Tage unveränderlich aus **einer** Gegend wehen, Lucr. 6, 716. Cic. ep. 12, 25, 3. Caes. b. c. 3, 107, 1. Liv. 37, 23, 4. Sen. nat. qu. 4, 2, 22 *sq.* Solin. 32, 9 u. 54, 5: venti etesiae, Cic. de nat. deor. 2, 131: etesiarum flatus, Tac. ann. 6, 33; hist. 2, 98. – Sing. **etēsiās**, ae, *m.* (ὁ ἐτησίας), Plin. 18, 335. – ► Auch etēsiae, ārum, *f.* (*sc.* aurae), Hyg. astr. 2, 4. p. 365 M. (zweimal). Isid. 13, 11, 15.

etēsius, a, um (ἐτήσιος), **jährlich,** flabra aquilonum (= *etesiae*), Lucr. 5, 740; 6, 730.

ēthereus, a, um, s. aetherius.

ēthicē, ēs, *f.* u. **ēthica**, ae, *f.* (ἠθική), die **Moralphilosophie,** die **Ethik,** Quint. 2, 21, 3 u. 12, 2, 15 (ethice) u. Lact. 3, 13, 6 (ethica).

ēthicōs, s. ēthicus.

ēthicus, a, um (ἠθικός), **sittlich, moralisch, ethisch,** controversiae, Sen. rhet.: res, die Ethik, Gell.: dictio, den Charakter bezeichnend, Sidon.: fides, Mart. Cap. – Dav. **ēthicōs**, *Adv.* (ἠθικῶς), **ethisch,** dicere, Sen. contr. 2, 4 (12), 8.

ethnicālis, e (ethnicus), **heidnisch,** litterae (Literatur), Tert. de spect. 5.

ethnicē, *Adv.* (ethnicus), **heidnisch,** Tert. de pudic. 9.

ethnicus, a, um (ἐθνικός), **heidnisch,** Eccl. – Plur. subst., ethnicī, ōrum, *m.*, die **Heiden,** Eccl.

ēthologia, ae, *f.* (ἠθολογία), die **Sitten-** od. **Charakterschilderung, -darstellung,** Quint. 1, 9, 3. Sen. ep. 95, 65. Suet. gr. 4.

ēthologus, ī, *m.* (ἠθολόγος), der **Sitten-** od. **Charakterdarsteller, Nachäffer,** um Lachen zu erregen, mimi ethologi, nachäffende Gebärdenspieler, Cic. de or. 2, 242 u. 244.

ēthopoeïacus, a, um (ἠθοποιΐα), **zur Darstellung der Sitten** (des Charakters) **geeignet,** sermo, Firm. de err. 8, 4.

ēthos, eos, *n.* (ἦθος), **I** die **Sitte, Moral,** Sidon. carm. 15, 101. – **II** Plur. ēthē (ἤθη), **Stimmungen und Gefühle,** *sensus hominis* expressit, quae vocant Graeci *ethe,* Plin. 35, 98: in ethesin (poscit palmam) Terentius, Varro sat. Men. 399 B. (wo also griech. Abl. ethesin).

etiam, *Coni.* (= et iam) urspr. = **und bereits, I** (zur Bezeichnung der Dauer in der Zeit) = **auch jetzt, bis jetzt, noch immer,** nondum etiam, vixdum etiam, auch jetzt noch nicht, auch jetzt kaum, Ter. u. Cic.: etiam non, noch immer nicht, Komik. u. Cic.: etiam dum, num, tum, s. etiam-dum, etiam-num, etiam-tum: etiam insuper, s. īn-super: non satis me pernosti etiam, (bis jetzt) noch nicht, Ter.: cum iste etiam cubaret, da er noch (bis zu dem angegebenen Zeitpunkt) usw., Cic. – dah. in drängenden u. zusetzenden Fragen, **immer noch, noch immer,** etiam consulis? Plaut. trin. 572. – **II bereits, jetzt schon;** dah. **a** (in Antworten) **ja, allerdings, ganz recht,** numquid vis? Etiam, willst du was? Ja, Plaut.: aut etiam aut non respondere, entweder **ja** oder **nein** antworten, Cic. – **b** (bei Zugeständnissen) **ja,** etiam, inquit, beatam, sed non beatissimam, ja (= allerdings), sagte er, glücklich, aber nicht usw., Cic. – **c** (zur Bezeichnung einer Steigerung, einer Vermehrung usw.) **auch, auch noch,** voce, motu, formā etiam magnificā, Cic.: non solum ... sed etiam od. verum etiam, nicht nur ... sondern auch, Cic. u. a. – tum (od. cum) ... tum etiam, sowie ... so (besonders) auch, Cic. – etiam tum ... cum, auch dann ... wenn, Cic.: tum etiam, dann auch, Ter. u. Tac.: addam et illud etiam, auch das noch, Cic.: etiam rides? du lachst auch noch? Plaut. – etiam quoque, s. quo-que. – **d noch** = sogar, multo etiam gravius, noch viel usw., Caes.: tabulas nihil profuturas, etiam plus suspicionis futurum, sogar noch mehr usw., Cic. – **e** um etw. Vergessenes nachzuholen, **noch etwas! ja, noch etwas!** quid praeterea? quid? Etiam Gabinius a. d. IIII K. Octobr. noctu in urbem introierat, Cic. ad Q. fr. 3, 1, 7. § 25: quid superest? Etiam. Gener est suavis mihi, Cic. ad Att. 7, 3, 12: u. so Cic. ad Att. 1, 13, 6; 2, 6 *extr.* – **III noch einmal, wieder,** circumspice etiam, sieh dich noch einmal um, Plaut.: dic etiam clarius, sag es noch einmal, Cic. – etiam atque etiam, immer wieder = sehr (öfter), rogare, considerare, Cic.: reputare, Sall. – **IV gleich,** in ungeduldigen Fragen, die den Begriff einer Aufforderung (eines Befehls) in sich schließen (s. Brix Plaut. trin. 514. Spengel Ter. Andr. 849), etiam tu hinc abis? willst du gleich fort von hier? Ter.: etiam aperis? willst du gleich aufmachen? Plaut.: etiam taces? willst du gleich schweigen? Ter.

etiam-dum od. (getrennt) **etiam dum,** *Adv.,* **auch jetzt noch, noch zur Zeit,** Plaut. mil. 992; Pseud. 957; rud. 1381. Ter. heaut. 229; Eun. 570.

etiam-num u. **etiam-nunc,** *Adv.,* **I** von der Zeit, **a jetzt noch, noch jetzt, immer noch, auch jetzt noch, vor der Hand,** Cic. **b nun noch,** dubitate etiamnunc, Cic. – **c erst noch,** quaeritur etiamnunc, es ist erst noch die Frage, Cic. u. Sen. – **d** nihil etiamnunc, **nichts weiter,** Cic.: non etiamnunc, **noch immer nicht,** Ov.: nullus etiamnunc, **noch keiner,** Caes. – **e** etiamnunc hodie, **heutigestags noch,** Plin. – **II** von dem, was noch hinzukommt, **a ferner, außerdem, dazu noch,** Cels. u. a. – **b** beim *Compar.* für etiam, **noch,** Sen., Cels., Plin. u. a. – **c** im Gesprächston für **nochmals,** abscede etiamnunc, etiamnunc, geh nochmals (noch mehr) zurück, nochmals (noch mehr), Plaut. aul. 55: etiamnunc vale, leb nochmals wohl, Plaut. mil. 1373.

etiam-sī, Coni., **sogar wenn, gesetzt auch, wenn gleich, auch wenn** (mit entsprechendem tamen, at, attamen, certe, at certe, tamen certe, nihilominus tamen), Komik., Cic. u. a.

etiam-tum u. **etiam-tunc,** *Adv.,* **I** von Vergangenem, **a damals noch, da noch,** Sall. u. Tac.: in zusammengezogener Rede bei Adjektiven u. Partizipien, Cic., Sall. u. a. – **b** cum etiamtum, **als noch,** Sall. u. Cic. – **II** von der Dauer in der vergangenen Zeit, **auch dann noch, auch da noch, immer noch,** Cic., Sall. u. a. – **III** von der Gegenwart in der Vergangenheit, **damals erst,** Ter. eun. 570.

Etrūria (vulg. Aetrūria, Gromat. vet. 250, 19), ae, *f.,* die **Landschaft Etrurien** in Italien, j. *Toscana,* Varro sat. Men. 17. Cic. de div. 1, 92. Liv. 1, 35, 9; 10, 37. 1. Verg. Aen. 8, 494: Etruriae populi, Liv. 5, 1, 3: meton. = die Etrusker, Etruriae animos reconciliare, Liv. 5, 5, 10. – Dav. **Etruscus,** a, um, **etruskisch,** litus, mare, Hor.: bellum, Liv.: disciplina, die etrusk. Religionslehre, bes. die Weissagekunst aus Opfertieren, Cic.: aurum, die goldene *bulla* (s. d. *no.* II, B) als Amulet, Iuven. – Plur. subst., Etruscī, ōrum, *m.,* die **Etrusker,** Cic. u. a.

et-sī, *Coni.,* **I wenn auch** (Ggstz. tamen, at, attamen, certe, at certe, saltem, verum tamen, tamen nihilominus), Plaut., Ter., Cic., Caes. u. a. – bei Adjj. u. Subststs. m. folg. tamen, at, certe, z. B. etsi conferre manum pudor iraque monstrat, obiciunt portas tamen etc., Verg.: etsi nihil habet in se gloria cur expetatur, tamen virtutem tamquam umbra sequitur, Cic.: superbiae crudelitatique etsi seras, non leves tamen venire poenas, Liv.: atque ei, etsi nequaquam parem illius ingenio, at pro nostro tamen studio meritam gratiam debitamque referamus, Cic.: etsi non sapientissimi, at amicissimi hominis auctoritate, Cic.: cuius necis etsi non auctor, at conscius fuit, Suet. – **II wiewohl, gleichwohl,** bes. in parenthet. Sätzen, vale atque salve; etsi aliter ut dicam meres, Plaut.: do poenas temeritatis meae; etsi quae fuit ista temeritas? Cic.

ētussio, s. ex-tussio.

etymologia, ae, *f.* (ἐτυμολογία), die Ableitung u. Erklärung eines Worts aus seinem Wortstamm, die **Wortableitung, Etymologie,** von Cic. durch veriloquium, notatio, von anderen durch originatio übersetzt, Varro LL. 7, 109. Sen. ep. 95, 65. Quint. 1, 6, 28. Cassiod. enarr. in psalm. 1. p. 10, a (*ed. Garet*).

etymologicē, ēs, *f.* (ἐτυμολογική sc. τέχνη), die **Etymologie** als Wissenschaft, Varro LL. 7, 4.

etymologicus, a, um (ἐτυμολογικός), **etymologisch,** Gell. 1. 18, 1.

etymologos, ī, *m.* (ἐτυμολόγος), der **Etymologe,** Varro LL. 6, 39 (Spengel -gus).

etymon, ī, *n.* (ἔτυμον), die **wahre Bedeutung und Erklärung** eines Wortes vermöge seiner Abstammung, die **Herleitung** eines Wortes von seinem Stamm- od. Wurzelwort, das **Etymon,** videtur vocabulum etymon habere a glubendo, Varro r. r. 1, 48, 2: etyma vocum et origines, Gell. 18, 4. § 11.

eū, *Interi.* (εὖ), **schön! bravo!** (auch ironisch), Komik. u. Hor. de art. poët. 328: verb. eu hercle, eu edepol, Plaut. (s. Brix Plaut. mil. 394).

Euadnē (Euhadnē), ēs, *f.* (Εὐάδνη), die Gattin des Kapaneus, eines der Sieben vor Theben, die sich bei seiner Verbrennung in den Scheiterhaufen stürzte, Prop. 1, 15, 21. Verg. Aen. 6, 447. Ov. am. 3, 6, 41. Hyg. fab. 243.

euān, s. euhān.

Euander, drī, *m.* u. **Euandrus,** ī, *m.* (Εὔανδρος), **I** Sohn des Hermes von der Karmentis (s. Carmentis), der ungefähr sechzig Jahre vor der Eroberung Trojas aus Pallantion in Arkadien eine Kolonie nach Italien führte u. am palatinischen Berg eine Stadt baute, Liv. 1, 5, 2. Hor. sat. 1, 3, 91. Verg. Aen. 8, 52. Ov. fast. 1, 471: Form *-us,* Verg. Aen. 8, 100: Euandri mater, Gell. 1, 10, 2. Amm. 30, 4, 2. – Dav.: **a Euandrius,** a, um, **euandrisch,** ensis, des Pallas (Euanders Sohn), Verg.: regna, römische, Sil.: collis od. mons, der palatinische, Stat. u. Claud. – **b Euandreus,** a, um, **euandrisch, des Euander,** saeculum, Anthol. Lat. 578, 4 M. – **II** ein griech. Toreute, den M. Antonius aus Alexandria nach Rom brachte, Plin. 36, 32. Schol. Hor. sat. 1, 3, 91.

euangelicus, a, um (εὐαγγελικός), **evangelisch,** Eccl.

euangelista, ae, *m.* (εὐαγγελιστής), der **Evangelist,** Oros. apol. 17, 11 u. a. Eccl.

euangelium, iī, *n.* (εὐαγγέλλιον, frohe Botschaft), das **Evangelium,** die **Lehre von Christus,** die **christliche Lehre,** Eccl.

euangelizātor, ōris, *m.* (euangelizo), der **Prediger des Evangeliums,** Eccl.

euangelizo, āvī, ātum, āre (εὐαγγελίζω), **das Evangelium verkündigen, -predigen,** Eccl.: pauperes euangelizantur, den A. wird das Evangelium gepredigt, Vulg. Matth. 11, 5.

Euangelus, ī, *m.* (εὐάγγελος), der **Verkündiger froher Botschaft,** als Beiname, Vitr. 10, 2, 15.

euāns, s. euhāns.

euax, *Interj.* (Naturlaut, s. Varro LL. 7, 93), **juchhei! Triumph!** Plaut. Bacch. 247. Enn. ann. 168.

Euboea, ae, *f.* (Εὔβοια), eine Insel des Ägäischen Meeres, durch den Euripus von Böotien getrennt, j. *Negroponte,* Nep. Milt. 4, 2. Liv. 27, 30, 7. Mela 2, 7, 9 (2. § 107). Ov. met. 13, 660. – Dav.: **A Euboeus**, a, um, **euböisch,** Stat. silv. 5, 3, 137. – **B Euboicus**, a, um (Εὐβοϊκός), **a euböisch,** miles, Plaut.: litus, d. i. Aulis, Euböa gegenüber, Prop.: so auch Anthedon, d. i. in Böotien, Euböa gegenüber, Ov.: cultor aquarum, der (aus Anthedon stammende) Meergott Glaukus, Ov.: ora Cumarum, Verg. – **b** poet. = **kumanisch,** weil Cumae eine Kolonie von Euböa ist, urbs, Kumä, Ov.: carmen, Spruch der kumanischen Sibylle, Ov.: recessus, Lucan. – **C** adj. Femininform **Eubois**, idis (Εὐβοΐς), **euböisch,** ora, d. i. Euböa, Stat.: tellus, die Gegend um Kumä (s. Euboea *no.* b), Stat.

Eubulēūs, eī, *m.* (Εὐβουλεύς), einer der Dioskuren, Cic. de nat. deor. 3, 53.

Eubūlidēs, is, *m.* (Εὐβουλίδης), **I** ein Bildhauer aus Athen, Plin. 34, 88. – **II** ein Dialektiker aus Milet, Lehrer des Demosthenes, Apul. apol. 15.

eubunion, iī, *n.* = *dictamnus,* Ps. Apul. herb. 63 *ed. Ackerm.*

eucharis (εὔχαρις), **holdselig,** lingua, Vulg. Sirach 6, 5.

eucharistia, ae, *f.* (εὐχαριστία), **I** die **Danksagung,** Tert. adv. haer. 47. – **II** das **heilige Abendmahl,** Eccl.

eucharisticon, ī, *n.* (εὐχαριστικόν), die **Danksagung,** Tert. de praescr. haeret. 47. – Name eines Dankgedichtes des Statius an den Kaiser Domitian, Stat. silv. 4, 2.

euchȳmus, a, um (εὔχυμος), **wohlschmeckend,** panis, Plin. Val. 5, 3.

Euclīdēs, is, *m.* (Εὐκλείδης), – **I** ein Philosoph aus Megara, Haupt der megarischen Sekte, Schüler des Sokrates, Cic. Acad. 2, 129. Gell. 7 (6), 10, 1 *sqq.* Sidon. carm. 2, 176. – **II** ein Mathematiker zu Alexandria, Cic. de or. 3, 132.

eucnēmos, on (εὔκνημος), **mit schönen Unterschenkeln (Waden),** Plin. 34, 82.

eudaemōn, onis, (εὐδαίμων), **glücklich** (rein lat. felix), Arabia, Mela 3, 8, 6 (3. § 79). Plin. 6, 138. Solin. 33, 4. Oros. 1, 2, 21: dah. Arabes eudaemones, die Bewohner des glücklichen (d. i. südlichen) Arabiens, Vopisc. Aurel. 33, 4. Capit. Macr. 12, 6.

Euēnīnus, a, um, s. Euēnus a. E.

Euēnus (Euēnos), ī, *m.* (Εὔηνος), König von Ätolien, dessen Tochter Marpessa von Idas geliebt u. geraubt wurde. Der Vater verfolgte sie bis an den Fluss Lykormas (j. *Fidari*) u. stürzte sich, als er sie da nicht erreichen konnte, in den Fluss, der nun nach ihm den Namen Euenus erhielt. Dem Idas trat Apollo entgegen und kämpfte mit ihm um Marpessa. Als Vermittler trat Zeus dazwischen, ließ dem Mädchen freie Wahl, u. dieses wählte den Idas, Hyg. fab. 242: der Fluss, Ov. her. 9, 141; met. 9, 104. Mela 2, 3, 10 (2. § 53 Evenos). Plin. 4, 11: Eueni filia, d. i. Marpessa, Prop. 1, 2, 18. – Dav. **Euēnīnus**, a, um, **vom** (Fluss) **Euenus, eueninisch,** matres, am Euenus hausende, Ov. met. 8, 528.

euergāneus, a, um (εὐεργής), **wohl zusammengefügt,** trabes, Vitr. 5, 1, 9.

euēthēs, Akk. ēn (εὐήθης), **einfältig,** rein lat. stultus, Amm. 22, 8, 33.

eugalacton, ī, *n.* (εὐγάλακτον, das gute Milch Bewirkende), eine auch glaux (s. d.) gen. Pflanze, Plin. 27, 82.

Euganeī, ōrum, *m.*, ein Volksstamm in Oberitalien, der sich bis in die Gegend von Patavium u. Verona ausdehnte, Liv. 1, 1, 3. Plin. 3, 130 u. 134. Sidon. carm. 2, 189. – Dav. **Euganeus**, a, um, **euganisch, der Euganer,** gentes, Plin.: lacus, Mart.: agna, Iuven.: montes, Sidon.

euge, *Interj.* (εὖγε), **gut so! recht gut! brav! bravo! herrlich!** ironisch, **recht schön! köstlich!** Komik. u. Mart. 2. 27, 3. Vulg. Ezech. 26, 2: doppelt, euge euge, Plaut. trin. 705. Vulg. psalm. 34, 21 u. 25 a. – als Subst. *neutr. indecl.*, euge tuum et belle, Pers. 1, 49. – ▶ Die letzte Silbe lang (eugē), s. Bentley u. Spengel Ter. Andr. 2, 2, 8 (345).

eugenēus (-īus), a, um (εὐγένειος), **von edler Art, edel,** vinum, Cato u. Varro: uva, Col.

eugepae, *Interj.* = euge, Plaut. Amph. 1018 u. a.

eugīum, iī, *n.* (εὔγειος), die **Scheide,** das **weibliche Glied,** Laber. com. 25 u. 139. Lucil. 940.

euglyphus, a, um (εὐγλύφης), **schön geschnitten,** v. einem Edelstein, Ambros. in psalm. 118. serm. 16. § 42.

Euhadnē, s. Euadnē.

euhān (euān), *Interj.* (εὐᾶν od. εὐάν), Jubelruf der Bacchantinnen, euhan euhoe euhoe euhium, Enn. fr. scen. 125: u. übh., euhan plaude istis, CIL 10, 1948. – personifiziert, Iacchus et Euhan, Ov. met. 4, 15: u. v. Bacchus selbst, Euhius Euan, Lucr. 5, 741: Semeleius Euhan, Stat. silv. 1, 2, 220: u. bl. Euhan od. Euan, Maecen fr. bei At. Fortunat. 14. p. 269, 16 K. Stat. silv. 2, 7, 7. Mart. Cap. 8. § 804.

euhāns (euāns), antis (euan) = εὐάζων, **euan rufend,** v. den Bacchantinnen, Catull. 64, 391. Prop. 2, 3, 18. Sil. 1, 101. Apul. met. 8, 27. – m. *Acc.*, euhantes orgia, unter Jubelruf die Orgien feiernd (v. Bacchantinnen), Verg. Aen. 6, 517.

Euhēmerus, ī, *m.* (Εὐήμερος), griech. Philosoph u. Historiker aus Agrigentum, der um 315 v. Chr. lebte, Varro r. r. 1, 18, 2. Cic. de nat. deor. 1, 119. Lact. 1, 11, 33. Min. Fel. 21, 1: Acragantinus Euhemerus, Arnob. 4, 29.

Euhias (Euias), adis, *f.* (εὐϊάς), die **Bacchantin,** Hor. carm. 3, 25, 9.

Euhius (Euius, Evius), iī, *m.* (Εὔϊος), Beiname des Bacchus, Enn. fr. scen. 125. Lucr. 5, 741. Cic. Flacc. 60. Hor. carm. 1, 18, 9 u. 2, 11, 17. Col. poët. 10, 424: griech. Genet. Plur. Euhion (Εὐίων), Ov. art. am. 1, 563.

euhoe, *Interj.* (εὐοῖ), Jubelruf der Bacchantinnen, euhan euhoe euhoe euhium, Enn. fr. scen. 125: euhoe bacchantes, Catull. 64, 255: euhoe Bacche, Verg. Aen. 7, 389 H.: euhoe Bacche! sonat, Ov. met. 4, 523: euhoe sonat, Ov. met. 6, 597: euhoe parce Liber, parce. Hor. carm. 2, 19, 7 K.: pars clamant Euhion, ›euhoe!‹ Ov. art. am. 1, 563: satur est, cum dicit Horatius ›euhoe‹! Iuven. 7, 62.

Euias, s. Euhias.

Euius, s. Euhius.

eulogia, ae, *f.* (εὐλογία), **a** das **Geschenk,** Paulin. in Augustin. epist. 24, 6. – **b** ein **gesegnetes** (nüchternes christliches) **Mahl** oder **Brot,** Ggstz. alogia, Augustin. epist. 36, 19. Alcim. Avit. epist. 65. Greg. M. epist. 9, 24.

eulogium, iī, *n.* (*εὐλόγιον) = elogium, die **Grabschrift,** Schol. Bern. Verg. ecl. 5, 42.

eumēcēs, is, *m.* u. *f.* (εὐμήκης) u. **eumēces**, is, *n.* (εὔμηκες, sehr lang), **I** *n.*, eine Art des Balsambaums, Plin. 12, 114. – **II** *f.*, ein uns unbekannter Edelstein, Plin. 37, 160.

Eumenēs, is, *m.* (Εὐμένης), ein berühmter Feldherr unter Alexander dem Gr., nach dessen Tode Statthalter in Kappadozien, Nep. Eum. 1 *sqq.* Iustin. 13, 4 *sqq.* Curt. 9, 1 (4), 19.

Eumenis, idis, *f.* (Εὐμενίς), Plur. Eumenides, idum, Akk. idas, die **Wohlwollenden, Gütigen,** euphemist. Name der Furien, Plur., Cic. de nat. deor. 3, 46. Verg. georg. 1, 278. Hor. carm. 2, 13, 36. – Sing., Sil. 2, 559. Stat. Theb. 12, 423.

eumetria, ae, *f.* (εὐμετρία), das **Ebenmaß,** Veget. mul. 6, 2, 2.

eumitrēs, ae, *m.*, ein uns unbekannter Edelstein, Plin. 37, 160.

Eumolpidae, s. Eumolpus.

Eumolpus, ī, *m.* (Εὔμολπος), Sohn Poseidons von der Chione, ein Thrazier, Krieger und Priester der Demeter, wanderte in Attika ein, wo er die eleusin. Mysterien einführte. Von diesem unterscheidet die Sage einen anderen Eumolpus zu Athen, einen Abkömmling des genannten, Sohn des Musäus u. Schüler des Orpheus, als Erfinder des Weinbaus u. der Baumzucht übh. genannt bei Plin. 7, 199; vgl. Ov. met. 11, 93. – Dav. **Eumolpidae**, ārum, *m.* (Εὐμολπίδαι), eine angesehene, ihren Ursprung von Eumolpus ableitende Familie in Athen, aus der die Priester der Demeter in Eleusis gewählt wurden, Cic. de legg. 2, 35. Nep. Alc. 4, 5.

Eunostīdae, ārum, *m.* (Εὐνοστος), **Verehrer des Eunostus** (eine Schutzgottheit der Mühlen), eine Phratria in Neapel, CIL 6, 1851.

eunūchīnus, a, um (eunuchus), **zum Eunuchen gehörig, Eunuchen-,** facies, Hieron. epist. 22, 27.

eunūchismus, ī, *m.* (εὐνουχισμός), die **Entmannung,** Cael. Aur. de morb. chron. 1, 4, 118.

eunūchizo, āre (εὐνουχίζω), **entmannen,** Hieron. adv. Iovin. 1, 7 u. a. Eccl.

eunūcho, āre (eunuchus), **entmannen,** se, Varro sat. Men. 235.

eunūchus, ī, *m.* (εὐνοῦχος), der **Verschnittene, Kastrat,** Ter. eun. 167. Cic. or. 232. Caes. b. c. 3, 108, 1. – Name einer Komödie des Terenz, Ter. eun. prol. 32, wo es dann *fem.* (weil fabula zu supplieren ist).

euōdēs (εὐώδης), **wohlriechend,** Marc. Emp. 8.

euoe, s. euhoe.

euōnymos, ī, *f.* (εὐώνυμος), der **Spindelbaum,** Plin. 13, 118.

eupatereia, ae, *f.* (εὐπατέρεια), **Tochter eines edlen Vaters,** Beiw. der Helena; dah. appell. (ironisch) = eine (zweite) Helena, Lucil. 545. *Petron. 37, 6.

eupatoria, ae, *f.* (εὐπατορία), rein lat. agrimonia, **Odermennig** (*Agrimonia Eupatoria,* L.), Plin. 25, 65. – dass. eupatorium, Plin. Val. 2, 17.

eupetalos, ī, *f.* (εὐπέταλος, schönblättrig), **I** eine Pflanze = daphnoides, Plin. 15, 132 M. (Detl. euthalos). – **II** ein uns unbekannter Edelstein, den einige für den **Opal,** andere für den **Heliotrop** halten, Plin. 37, 161.

euphēmia, ae, *f.* (εὐφημία), die **gute Benennung** (Ggstz. cacophemia od. dysphemia), Cl. Sacerd. art. gr. 1, 156.

euphōnia, ae, *f.* (εὐφωνία), der **Wohlklang,** rein lat. sonoritas, Prisc. 1, 9. Donat. 379, 2.

euphōnos, on (εὔφωνος), **wohlklingend,** praeverbium est euphonon, adverbium et vitiosum et fictum est, Fronto de diff. (VII) 525, 23 K.

euphorbea, s. euphorbia.

Euphorbeum, s. euphorbia.

euphorbia, ae, *f.* (εὐφόρβιον), eine stachelige Pflanze in Afrika mit einem milchartigen Saft, eine Art der **Wolfsmilch** (*Euphorbia,* L.), Plin. 5, 16: herba euphorbea, Solin. 24, 9 M. – Dass. wohl Euphorbeum, Plin. 25, 143.

Euphorbus, ī, *m.* (Εὔφορβος), ein Trojaner, dessen Seele Pythagoras durch die Seelenwanderung zu haben glaubte (vgl. Hor. epod. 15, 21), Ov. met. 15, 161. Gell. 4, 11, 14.

Euphoriōn, ōnis, *m.* (Εὐφορίων), ein griech. Dichter aus Chalcis auf Euböa, Bearbeiter mystisch-religiöser Stoffe, der um 220 v. Chr. lebte, Varro r. r. 1, 1, 6. Cic. de div. 2, 132; Tusc. 3, 45. Quint. 10, 1, 56. Suet. Tib. 70, 2.

Euphrānor, oris, *m.* (Εὐφράνωρ), vom korinthischen Isthmus, ein berühmter Maler und Erzgießer zur Zeit des Praxiteles, Varro b. Charis. 126, 27. Plin. 34, 77 u. 35, 128 *sqq.* Quint. 12, 10, 6 u. 12. Iuven. 3, 217.

Euphrātaeus, a, um, s. Euphrātēs *no.* I.

Euphrātēs, is u. ī u. ae, Akk. ēn, *m.* (Εὐφράτης), **I** der **Euphrat,** ein Hauptfluss im westl. Asien, der in Armenien entspringt u. mit dem Tigris vereint in den persischen Meerbusen fällt, j. *Forat* od. *Frat,* Mela, 1, 11, 2; 3, 8, 5 (1. § 63 u. 3. § 76). Cic. de nat. deor. 2, 130: Genet. *-atis,* Plin. 6, 125. Tac. ann. 2, 58: Genet. *-ati,* Cic. ad Q. fr. 2, 10 (12), 1: Genet. *-atae,* Stat. Theb. 8, 290. Avien. descr. orb. terr. 1157. Ambros. ep. 27, 15: Akk. *-aten,* Cic. de fin. 3, 75. Verg. georg. 4, 561. Plin. 5, 66: Abl. *-ate,* Plin. 6, 25. Lucan. 8, 358. – meton. = die Anwohner des Euphrat od. die Völker Asiens übh., Verg. georg. 1, 509; Aen. 8, 726. – Dav. **A Euphrātaeus,** a, um (Εὐφραταῖος), **euphratäisch,** poet. = armenisch, diademata, Stat. silv. 2, 2, 122. – **B Euphrātis,** tidis, *f.* (Εὐφρατίς), **zum Euphrat gehörig, des Euphrat,** ripa, Sidon. epist. 8, 9 *v.* 51 (Abl. -ide). – **II** ein stoischer Philosoph u. Freund des jüngeren Plinius, Plin. ep. 1, 10 *in.*

euphronē, Akk. ēn (εὐφρόνη), die **Wohlwollende, Freundliche,** griech. Euphemismus für νύξ (die Nacht), Amm. 22, 8, 33.

Euphrosynē, ēs, *f.* (Εὐφροσύνη), eine der Charitinnen (Grazien) bei Hesiod (theog. 909), Sen. de ben. 1, 3, 6.

euphrosynum, ī, *n.* (εὐφρόσυνον), die sonst buglossus (Ochsenzunge) gen. Pflanze, Plin. 25, 81.

euplia, ae, *f.*, eine Pflanze, die beliebt machen soll, Plin. 25, 130.

euplocamos, on (εὐπλόκαμος), **schöngelockt,** Lucil. 991.

Eupolis, polidis, Akk. polin, selten polidem, Abl. polī u. polide, *m.* (Εὔπολις), ein alter griech. Komödiendichter zu Athen, Zeitgenosse des Aristophanes, Cic. Brut. 38. Cic. ad Att. 12, 6, 3 (Abl. Eupoli). Hor. sat. 1, 4, 1; 2, 3, 12 (Akk. Eupolin). Vell. 1, 16, 4. Quint. 10, 1, 66. Pers. 1, 124 (Akk. Eupolidem).

eupteron, ī, *n.* (εὔπτερον), die sonst polytrichon (Venushaar) gen. Pflanze, Ps. Apul. herb. 51.

eurae, ārum, *f.*, **breite Gänge** (?), CIL 5, 2787.

eurauster, s. euroauster.

eureos, ī, *f.*, ein uns unbekannter Edelstein, Plin. 36, 161.

eurhythmia, ae, *f.* (εὐρυθμία), das Gleichmaß der Teile unter sich u. zum Ganzen, die **Eurhythmie, Harmonie,** *t. t.* der Archit., Vitr. 1, 2, 1 u. a.

eurinus, a, um (εὔρινος), **östlich,** ventus, Col. 11, 2. 14.

euripicē, ēs, *f.* (εὐριπική), eine Art Binsen, Plin. 21, 119.

Eurīpidēs, is u. ī, Akk. em u. ēn, *m.* (Εὐριπίδης), der berühmte griechische Tragiker zu Athen, geb. 480 v. Chr., Plaut. rud. 86 (Genet. -i). Cic. Tusc. 1, 65. Quint. 10, 1, 67. Gell. 15, 20, 1 (Genet. -i). – Dav. **Euripidēus,** a, um (Εὐριπίδειος), **euripidëisch,** carmen, Cic. Tusc. 3, 59.

eurīpus od. **-os,** ī, *m.* (εὔριπος), **I** die **Meerenge,** der **Sund,** Cic. Mur. 35 (wo fretum … euripus). Plin. 2, 219. – Vorzugsw. Euripus (Εὔριπος), der Sund zwischen Euböa u. Böotien, j. *Egribos* oder (ital.) *Golfo di Negroponte,* Cic. de nat. deor. 3, 24. Liv. 28, 6, 10. Lucan. 5, 235. – **II** ein künstlicher **Wassergang, Wassergraben, Kanal,** Cic. de legg. 2, 2. Sen. ep. 83, 5. Ov. ex Pont. 1, 8, 38: bes. der Graben, der um den Zirkus herumging, Plin. 8, 21. Suet. Caes. 39, 2. Lampr. Heliog. 23, 1.

euroaquilo, ōnis, *m.* (eurus u. aquilo), der **Nordostwind,** Vulg. act. apost. 27, 14.

euroauster, strī, *m.* (eurus u. auster) = euronotus, Isid. orig. 13, 11. § 8. – synk. eurauster, Anthol. Lat. 484, 18 (1056, 18).

euroborus, ī, *m.* = caecias (καικίας), der **Ost-Südostwind,** Veget. mil. 4, 38. p. 154, 10 L.

eurocirciās, ae, *m.*, der **Südost-Drittel-Ostwind,** *Vitr. 1, 6, 10.

euronotus, ī, *m.* (εὐρόνοτος), der **Süd-Drittel-Südostwind,** Sen. nat. qu. 5, 16, 16. Col. 11, 2, 42. Plin. 2, 120.

Eurōpa, ae, *f.* u. **Eurōpē,** ēs, *f.* (Εὐρώπη), **I** die Tochter Agenors, eines Königs in Phönizien, Mutter des Sarpedon u. Minos von Jupiter, der sie in Gestalt eines Stieres nach Kreta entführte (s. Ov. met. 2, 836 *sqq.*), Varro LL. 5, 31 u. 9, 27. Varro r. r. 2, 5, 5. Cic. de nat. deor. 1, 78: Form -ē, Hor. carm. 3, 27, 25, – **II** der nach der Europa benannte Erdteil, Varro LL. 5, 31 *sq.* Varro fr. bei Mart. Cap. 6. § 662. Cic. de nat. deor. 3, 24: Form -ē, Mela 1, 2, 1 (1. § 9). Hor. carm. 3, 3, 47. – Dav.: **A Eurōpaeus,** a, um (Εὐρωπαῖος), **a zur Europa gehörig, europisch,** dux, d. i. Minos, Ov. met. 8, 23. – **b europäisch,** adversarii, Nep. Eum. 3, 2: Scythae, quos Europaeos vocant, Curt. 7, 7 (29), 2. – **B Eurōpēnsis,** e, **europäisch,** res (Angelegenheiten), Vopisc. Aurel 31, 1: exercitus (Plur.), Vopisc. Prob. 13, 4.

Eurōtās, ae, *m.* (Εὐρώτας), der Hauptfluss in Lakonien, der durch Sparta fließt u. bei Gythium in den lakonischen Meerbusen mündet, j. *Basilipotamo* (»Königsfluss«), Cic. de div. 2, 96; Tusc. 5, 98. Ov. met. 2, 247.

eurōtiās, ae, *m.* (εὐρωτίας), ein uns unbekannter Edelstein, Plin. 37, 161.

eurōus, a, um (eurus), **östlich,** ab euroo fluctu, infolge der von Osten andrängenden Flut, Verg. Aen. 3, 533.

eurus, ī, *m.* (εὖρος), **I** der **Südostwind** od. genauer **Südost-Drittel-Südwind** (rein lat. vulturnus), bei Dichtern auch übh. **Ostwind,** Vitr. 1, 6, 5. Sall. hist. fr. 2, 83 (81). Liv. 25, 27, 11. Sen. nat. qu. 5, 16, 4. Plin. 2, 119 *sqq.* Veget. mil. 4, 38. p. 154, 10 L. Verg. georg. 2, 107: aquosus, Hor. epod. 16, 54: praeceps, Ov. met. 11, 481: trux, *ibid.* 15, 603. – im Plur., Verg. georg. 2, 339 u. 441. Ov. met. 2, 160. – bei Dichtern, namentl. in Verbindung mit notus (s. d.), oft zur Bezeichnung eines heftigen Sturms im Mittelmeer, Hor. epod. 10, 5. Verg. Aen. 1, 110. Stat. Theb. 6, 310; vgl. Thiel Verg. Aen. 1, 108 *sqq.* p. 32 *sq.* – **II** meton. = **Morgenland, Orient,** Val. Flacc. 1, 639. Claud. laud. Stil. 2, 417.

Eurydamās, mantis, *m.* (εὐρυδάμας), der **Weitherrschende,** ein Beiname Hektors, Ov. Ibis 329.

Eurydicē, ēs, *f.* (Εὐρυδίκη), die Gemahlin des Orpheus, die, durch einen Schlangenbiss getötet, mit Erlaubnis Plutos von ihrem Gemahl aus der Unterwelt zurückgeholt wurde, aber, da Orpheus sich gegen das Verbot nach ihr umsah, wieder dahin zurückkehren musste, Ov. met. 10, 31 *sqq.*; 11, 63. Verg. Aen. 4, 486 *sqq.* Hyg. fab. 164.

Eurymedōn, ontis, Akk. onta, *m.* (Εὐρυμέδων), **I** griech. Männername: **a** Sohn des Faunus, Stat. Theb. 11, 32. – **b** Feldherr im peloponn. Krieg beim Zug gegen Sizilien, Iustin. 4, 4, 11 u. 4, 5, 8. – **II** ein Fluss in Pamphylien, j. *Kapri-Su,* Mela 1, 14, 1 (1. § 78). Liv. 33, 41, 6. Amm. 17, 11, 3. Prisc. perieg. 803. Avien. descr. orb. terr. 1015.

Eurymidēs, ae, *m.* (Εὐρυμίδης), der Sohn des Eurymus (eines Augurs), d. i. der Seher Telemus, Ov. met. 13, 771.

Eurynomē, ēs, *f.* (Εὐρυνόμη), die Tochter des Oceanus u. der Tethys, Mutter der Leukothoë, Ov. met. 4, 210.

Eurypylus, ī, *m.* (Εὐρύπυλος), **I** Sohn des Herkules, König auf der Insel Kos, Prop. 4, 5, 23. Ov. met. 7, 363. – **II** Sohn des Euämon, aus Ormenium in Thessalien, einer der Heerführer vor Troja, Ov. met. 13, 357. Verg. Aen. 2, 114. Hyg. fab. 97.

Eurystheus, eī, Akk. eum u. ea, *m.* (Εὐρυσθεύς), Sohn des Sthenelus, König in Mykenä, der dem Herkules auf Geheiß der Juno die bekannten zwölf Arbeiten auferlegte, Ov. met. 9, 203. Verg. georg. 3, 4. Stat. silv. 3, 1, 24. Hyg. fab. 30. Mythogr. Lat. 1, 64 u. 3, 13, 5. Schol. in Caes. Germ. Arat. 146. p. 391, 19 E. – Dav. **Eurysthēus,** a, um, **eurysthëisch,** Stat. Theb. 4, 304.

eurythmia, ae, *f.* (εὐρυθμία), in der Baukunst die **Harmonie,** das **Ebenmaß** in der Zusammensetzung der einzelnen Teile, Vitr. 1, 2, 1 u. ö.

Eurytus, ī, *m.* (Εὔρυτος), König in Öchalia, Vater der Jole u. der in den Lotus verwandelten Dryope, Ov. met. 9, 356. – Dav. **Eurytis,** tidos, *f.,* die **Eurytide,** d. i. Jole, Ov. her. 9, 133. Ov. met. 9, 395.

euschēmē, *Adv.* (εὐσχήμως), **mit stattlichem Anstand,** Plaut. mil. 213 u. trin. 625.

eusebes, is, *n.* (εὐσεβές), ein uns unbekannter Edelstein, Plin. 37, 161.

eustomachus, um (εὐστόμαχος), **gut** od. **heilsam für den Magen, magenstärkend,** ovum, Th. Prisc. de diaeta 7: cydonea, Gargil. Mart. de arb. pomif. 1. § 2 u. de pomis § 4.

eustȳlos, on (εὔστυλος), **schönsäulig,** wenn die Säulenweite zwei u. ein Viertel Säulendicke beträgt, Vitr. 3, 3, 1 u. a.

Euterpē, ēs, *f.* (Εὐτέρπη), die **Ergötzende,** die Muse der lyrischen Dichtung, Hor. carm. 1, 1, 33. Auson. edyll. 20, 4. Anthol. Lat. 88, 2 (616, 2, mit den übrigen Musen).

euthalos, ī, *f.* = daphnoides, Plin. 15, 132 D. (Mayh. eupetalos).

eutheristos, on (εὐθέριστος), **leicht beschneidbar,** arboris genus, eine Balsamstaude, Plin. 12, 114.

euthīa, ae, *f.* (εὐθεῖα, die **gerade Linie,** Mart. Cap. 9. § 958.

euthygrammos, on (εὐθύγραμμος), **geradlinig, gerade, recht** (rein lat. normalis), angulus, Gromat. vet. 100, 10; vgl. 411, 20 u. 413, 10: euthygrammoe formae sunt, quae rectis lineis continentur, Censorin. fr. 7. § 2: subst., euthygrammum, ī, *n.,* das **Lineal, Richtscheit** (rein lat. norma), Vitr. 1, 1, 4.

Eutrapelus, ī, *m.* (εὐτράπελος, sich leicht drehend, dah. gewandt in Rede u. Umgang, voll Geist u. Witz), **I** Beiname des P. Volumnius, eines röm. Ritters u. Zeitgenossen Ciceros (s. Cic. ep. 7, 32 u. 33), Hor. ep. 1, 18, 31. – **II** Name eines Barbiers zu Martials Zeit, Mart. 7, 83.

Eutropius, iī, *m.,* Flavius, ein röm. Historiker in der zweiten Hälfte des 4. Jahrh. n. Chr. Kriegsgenosse des Kaisers Iulian, Verfasser eines noch erhaltenen Breviarium ab urbe condita.

Eutychēs, is u. ētis, *m.* (Εὐτύχης), Stifter u. Haupt einer Ketzersekte, spät. ICt. u. Eccl. – Dav. **Eutychiānistae,** ārum, *m.,* **die Anhänger des Eutyches,** spät. ICt.

euxīnus, a, um (εὔξεινος), **gastfreundlich,** in der Verb. **Pontus Euxīnus** (früher Pontus Axenus, s. d.), das Schwarze Meer, Cic. de or. 1, 174. Plin. 4, 76 u. 6, 1. Amm. 22, 8, 33. Ov. trist. 4, 4, 55: so auch mare Eux. od. aequor Eux., Ov. trist. 4, 10, 97 u. 5, 2, 63: aquae Eux., Ov. ex Pont. 2, 6, 2: undae Eux., *ibid.* 4, 7, 1: litus Eux., *ibid.* 4, 3, 51: vada Eux., *ibid.* 4, 9, 1: auch absol., Euxīnus, ī, *m.* (*sc.* Pontus), Ov. trist. 2, 197. Prisc. perieg. 289.

euzōmon, ī, *n.* (εὔζωμον) = *eruca* (*no.* II), Plin. 20, 126.

Eva, ae, *f.* (hebr. חוה), Eva, Auson. ephem. (IV) 3, 33. Tert. de virg. vel. 5. Prud. hamart. 741. – Eva nova, appell. = ein schwaches, der Verführung zugängliches Weib, Augustin. de excid. urb. 3; vgl. Adam.

ēvacātio, ōnis, *f.,* die **Befreiung,** das Freisein, datā militiae evacatione, Iul. Val. 2, 7. p. 83, 29 *Kuebler.*

ēvacuātio, ōnis, *f.* (evacuo), die **Ausleerung,** vasorum evacuationes, Cael. Aur. de morb. acut. 2, 19, 116. – übtr., die **Entkräftung,** fidei, Tert. adv. Marc. 4, 24 *extr.*: tota luxuriae, Ps. Cypr. sing. cler. 39.

ēvacuātor, ōris, *m.* (evacuo), der **Entkräfter, Vernichter,** honestatis, Cassiod. var. 3, 51, 3.

ē-vacuo, āvī, ātum, āre, **I ausleeren, abführen,** alvum, Plin. 20, 52 u. 32, 104: clysteribus synanchicos, Cael. Aur. de morb. acut. 3, 4, 40. – **II** übtr.: **1** sich einer Sache **entledigen,** etw. **ablegen,** evacuavi quae pueruli erant, ich legte ab, was kindisch war, Vulg. 1. Cor. 13, 11. – **2 entkräften, vernichten,** obligatio evacuata, Cod. Iust. 8, 43, 4: verbum prophetae evacuari non potest, Augustin. serm. 118, 2.

Ēvadnē, s. Euadnē.

ē-vādo, vāsī, vāsum, ere, **herausgehen, I** *intr.* **heraus-, hervorgehen, A** eig.: **1** im Allg.: **a** aus einem Ort, ex balneis, Cic.: ex aqua, Plaut.: retro ex angustiis, Curt.: ex illis abditis sedibus in haec loca, Cic.: ex alvo frequenter (v. Bienen), Varro: silvā opacā, Verg.: oppido, Sall.: super castra cum turmalibus suis, **hinausreiten,** Liv.: v. Lebl., ex arcula aurea spiritus pestilens evasit, Capit.: cum ex insipiente corpore evasisset animus, Cic.: per quas (angustias) spiritus evadit, Cels.: in mare evadit (Cydnus), ergießt sich, Curt. – **b** auf einen Ort = **hinauf-, emporsteigen, -klimmen,** inter virgulta, Sall.: in muros, Liv.: ad fastigia, Verg. – **2** pragn., **entkommen, entgehen, entschlüpfen, entrinnen, sich in Eile retten,** e custodia, Quint.: e manibus hostium, Liv.: ab (improbis) iudicibus, Cic.: periculo, Liv. u. Curt., od. e periculo, Cic.: e morbo, Cic.: ex insidiis, Cic.: pugnae, Verg.: inter stationes, Liv.: in terram, Liv.: in peninsulam Pharon, Flor.: primo Praeneste, inde Neapolim, Suet. – absol., abiit, excessit, evasit, erupit, Cic. – **B** übtr., **1** im Allg.: ad coniecturam, gelangen, Plaut.: ne in infinitum quaestio evadat, sich versteige, Quint. – **2** insbes.: **a** als irgendwer **hervorgehen,** sich **entwickeln** = durch innere Entwickelung u. Kraft mühevoll **werden,** evaserat perfectus Epicureus, Cic.: quos iudicabat non posse oratores evadere, Cic.: nonne quantum domo inferior, tantum gloriā superior evasit? Val. Max.: *ex* infami ganeone maximus philosophus evasit, Val. Max.: minutatim *ex* communibus proprii, *ex* fucosis firmi suffragatores evadunt, Q. Cic.: ut plebicola repente omnisque aurae popularis captator evaderet *pro* truci saevoque insectatore plebis, Liv.: si somnium verum evasit aliquod, als wahr sich herausgestellt hat, in Erfüllung gegangen ist, Cic. – **b** einen **Ausgang nehmen, ablaufen, ausschlagen,** quo evasura sint, Cic.: in morbos, Liv. – **c** wo **hinauswollen,** quam timeo, quorsum evadas, ich bin in banger Erwartung, wo du (mit deiner Erzählung) hinauswillst, Ter.; vgl. Ruhnken Ter. Andr. 1, 1, 100. – **II** *tr.* **herausgehen,** aus od. über etwas, **1** im Allg.: **a** aus einem Ort, übtr., vitam, sterben, Apul. met. 4, 12. – **b** einen Ort **empor-, ersteigen, erklimmen,** gradus altos, Verg.: ardua, Liv.: übtr., supina, Quint. – **2** über einen Ort **hinauskommen,** einen Ort **hinter sich lassen,** einen Ort **zurücklegen,** viam, Verg.: tot urbes, glücklich entkommen aus usw., Verg.: amnem, Tac.: Piraeum, Tac.: evaserant media castra, sie waren über die Mitte des Lagers hinaus, Liv.: v. Lebl., ev. spatium, durchfliegen (v. einem Stein), Verg. – **3 entkommen, entgehen, entrinnen, entschlüpfen,** hostes, Verg.: Caesares, Plin. ep.: flammam, Verg.: insidias, Suet.: übtr., aegritudinem, Lucil.: omnia vitae incommoda, Sen.: casum, Prop.: necem, Phaedr.: mortem, Apul. – obscuritatem, vermeiden, Sen. rhet.: omnes sermones malignorum, Plin. ep.: patrum sententias, Tac. – ► Synkop. Perf. evasti. Hor. sat. 2, 7, 68. Sil. 15, 793: vulg. Konj. Plusquamperf. evadissent, Treb. Poll. XXX tyr. 5, 7.

ēvagātio, ōnis, *f.* (evagor), die **Ausschweifung, Ausbreitung,** Sen. ep. 65, 16. Plin. 2, 72. – als astron. *t. t.,* Chalcid. Tim. 70 u. (Plur.) 83.

1. ēvaginātio, ōnis, *f.* (v. *evaginor, der verlängerten Nbf. von evagor), die **Ausschweifung, Ausbreitung,** Plur. bei Arnob. 1, 50.

2. ēvāgīnātio, ōnis, *f.* (evagino), das **Aus-der-Scheide-Ziehen,** das **Blankziehen,** gladii, Itala (fragm. Weing.) Ezech. 26, 15.

ē-vāgīno, āvī, ātum, āre (e u. vagina), **aus der Scheide ziehen,** gladium, Hyg. fab. 164. Vulg. exod. 15, 9 u. a.: pugionem, Vulg. Iudith 13, 9 (wo Plusquamperf. evaginasset): gladio suā sponte evaginato, aus der Scheide gefahren war, Iustin. 1, 9, 8: evaginato gladio alqm persequi, Mythogr. Lat. 3, 11, 17.

ē-vago, s. ē-vagor *no.* I, B, a.

ē-vagor, ātus sum, ārī, **I** *intr.* ausschweifen, nach beiden Richtungen **umherschweifen, A** eig.: **a** übh., v. Plünderern, effuse ev., Liv.: v. Räubern, Treb. Poll.: v. Hühnern, longius, Col.: v. der Katze, noctu suspenso gradu, Phaedr.: im Bild, ad evagandum altius sibi validiores pinnas aptare, um die Sache noch höher hinaufzutreiben, einen stärkeren Schwung nehmen, Amm. 16, 7, 2. – v. Lebl., **sich ausbreiten, um sich greifen,** v. Pflanzen, per agros, Plin.: v. Feuer, ulterius evagatus et progressus ignis, Paul. dig.: ignem ita munire, ne evagetur, Ulp. dig.: von Gewässern, **weithin übertreten,** Nilus evagari incipit, Plin.: moles evaganti Nilo inexpugnabilis, Plin.: Nili aquae evagatae stagnant, Plin. – **b** insbes., als milit. *t. t.,* nach beiden Seiten hin **Schwenkungen (Evolutionen) machen,** nullo ad evagandum relicto spatio, Liv. 22, 47, 2; 23, 47, 5: ev. longius, Veget. mil. 3, 16 *in.* – **B** übtr.: **a** im Allg., v. Abstr., noch im Bild, longius (v. dem appetitus), Cic. de off. 1, 102: latissime evagandi sibi viam facere (v. den üblen exempla), Vell. 2, 3, 4: u. in der akt. Nbf. famae nobilitas late ex stirpe praeclara evagat, Acc. tr. 643. – **b** insbes.: **α** in der Rede **ausschweifen,** vom Thema **abschweifen,** hactenus evagari satis fuerit, Quint.: sed ne longius evager, Val. Max.: sed evagatus sum longius, quam volebam, Lact.: ne Demostheni permittant evagari, Quint. – **β** in seiner Amtstätigkeit **sich Überschreitungen erlauben,** procuratores latius evagantes coërcuit, Spart. Hadr. 3. § 9: supra plantam, ut dicitur, evagatus, sprichw. = nicht bei seinem Leisten bleibend, Amm. 28, 1, 10. – **II** *tr.* etw. **überschreiten,** über etw. **hinausschreiten,** ordinem rectum, Hor. carm. 4, 15, 10.

ē-valēsco, valuī, ere, **stark werden, an Kräften zunehmen, erstarken, I** eig., v. Pflanzen u. Bäumen, Plin. 15, 121 u. 16, 125: v. menschlichen Anlagen, Sen. ep. 94, 31. Quint. 2, 8, 5 u. 10, 2, 10. – **II** übtr.: **1 erstarken, sich steigern, a** dem Wert nach, centies sestertium, Macr. sat. 2, 13. § 17. – **b** dem Grad nach: adusque bellum, Tac.: in tumultum, zu einem T. anwachsen, Tac.: adeo in publicum missa nequitia est et in omnium pectoribus evaluit, ut etc., ist so erstarkt (gewaltig geworden), Sen. – **2 im Gebrauch vorherrschend werden, vor allen zur Geltung gelangen,** Tac. Germ. 2. Quint. 9, 3, 13. – **3** im *Perf.* = **vermögen, imstande sein,** m. folq. *Infin.,* Hor. ep. 2, 1, 201. Verg. Aen. 7, 756. Lucan. 1, 505. Augustin. conf. 7, 17 *extr.*

ēvalidus, a, um (ex u. validus), **ganz stark, urkräftig,** spina, Cic. fr. H. IVa, 398 M.: evalidiora esse corpora, quae etc., Plin. 18, 104.

1. ē-vāllo, āvī, āre (ex u. 1. vallum), **herauswerfen,** Titin. com. 76. Varro sat. Men. 109: evalla (*sc.* te), mach dich heraus, Gargil. de cur. boum 19.

2. ē-vallo, ere (ex u. 2. vallus), **ausschwingen = enthülsen,** Plin. 18, 98 u. 99.

ēvān, Ēvān, s. euhān.

Ēvander, s. Euander.

ē-vānēsco, vānuī, ere, **verschwinden, entschwinden, vergehen, sich verlieren, I** eig.: **a** v. Lebl.: pruna evanescit, Varro: tectoria celeriter evanescunt, verblassen schnell, Vitr.: evanescunt vinum et salsamentum vetustate, verdunsten, Cic.: so evanescunt aquae, Sen.: evanescit color, Lucr.: sub oculis mirantis evanuit (imago), Flor. – **b** v. lebenden Wesen, **verduften, verschwinden, sich unsichtbar machen,** procul in tenuem ex oculis evanuit in auram, v. einer göttlichen Erscheinung, Verg.; v. fliehenden Soldaten, Flor. 3, 3, 18; v. Pers., die aus Furcht vor Strafe fliehen, Amm. 16, 6, 3 u. a.; v. Schwan, in leves paulatim evanuit auras, Ov. – **II** übtr.: **A** im Allg., **(ver)schwinden, vergehen, sich verlieren, sich abschwächen,** ne cum poëta scriptura evanesceret, Ter.: isque et orationes reliquit, quae iam evanuerunt (verschollen sind), Cic.: evanescit memoria alcis, Cic.: evanescit spes, Cic.: cum evanesceret temere ortus rumor, Liv.: evanescunt bella per taedia et moras, gehen in ein Nichts aus, Tac. – **B** insbes.: **a außer Gebrauch kommen,** quod verbum (näml. adagio) usque eo evanuit (ist verschollen), ut Graecum pro eo positum magis sit apertum, Varro LL. 7, 31. – **b** an Geltung verlieren, **außer Kraft kommen,** evanescit donatio, actio dotis, ICt. – ► *Partic. Fut.* ēvānitūrus bei Lact. 5, 4. § 8.

ēvangel… s. euangel…

ēvānidus, a, um (evanesco), **(ver)schwindend, verfallend, vergehend, verblassend (verblasst), a** v. Lebl., calx, kraftlos, Vitr.: flamma, Sen.: ignis, verlöschend, Sen.: vetustate evanida facta materia, Vitr.: pectora in tenues abeunt evanida rivos, Ov. – übtr., in tenues evanidus exeat amor auras, Ov. rem. 653: leve et evanidum (gaudium), wandelbare, Sen. ep. 35, 3. – **b** v. Pers.: languidi et evanidi (hinfällig) albent, Sen. ep. 122, 4.

ē-vanno, ere = ἐκλικνίζω (Gloss.), **ausworfeln,** Varro r. r. 1, 52, 2. – übtr., **herauswerfen, ausmerzen,** Pompon. com. 92.

ēvāns, s. euhāns.

ēvapōrātio, ōnis, *f.* (evaporo), **das Ausdampfen, die Ausdünstung** trockener od. feuchter rauchartiger Bestandteile aus der Erde (während exhalatio feine Ausdünstung jeder Art), terrae, Sen. nat. qu. 1, 1, 7 u. 6, 13, 1: fieri evaporationem (aquae), Gell. 19, 5, 6.

ēvapōrātīvus, a, um (evaporo), **ausdampfend, ausdünstend,** virtus, Cael. Aur. de morb. acut. 3, 8, 93.

ē-vapōro, āvī, āre, **ausdampfen, ausdünsten,** Gell. 19, 5, 7 *sq.* Solin. 2, 54. Chalcid. Tim. 244.

ēvāsio, ōnis, *f.* (evado), das **Entrinnen,** mea, Vulg. Iudith 13, 20.

ē-vāsto, āvī, ātum, āre, **gänzlich** od. **völlig verwüsten,** agrum, vallem, Liv. (s. Drak. Liv. 28, 44, 14 u. 32, 33, 14 viele Beisp.): rura, Sil.: culta evastata sunt bello, Liv.

ēvax, s. euax.

ēvectātio, ōnis, *f.* (evecto), das **Auslaufen** eines Schiffes, Augustin. de nat. boni c. Manich. 44.

ēvectio, ōnis, *f.* (eveho), **I** = ἐξαγωγή, die **Ausfuhr, Abfuhr,** paucarum frugum, Eumen. grat. act. Constant. 7, 3: u. so Paul. ex Fest. 80, 15 (als Erklärung von exagoge). – meton. = **der Erlaubnisschein zum Fahren mit von Staatsangehörigen zu lieferndem Fuhrwerk,** Cato fr. or. 2 (bei Fronto ep. ad Antonin. 1, 2. p. 100, 12 N.). – zur Kaiserzt. = **die Erlaubnis u. der Erlaubnisschein zum Fahren mit der Post,** Symm. ep. 4, 6 (Plur.) u. spät. ICt.: ev. publica, Augustin. conf. 5, 13 *in.* – **II** das Auswärtsfahren, -fliegen, die **Auffahrt,** Apul. met. 5, 24.

ēvecto, āre (*Intens.* v. eveho) = ἐποχοῦμαι, **ich reite od. fahre (aus),** Gloss. II, 313, 31.

ēvectus, ūs, *m.* (eveho), **die Ausfuhr,** navigiorum evectus vel itinerum, zu Schiff oder auf der Achse, Plin. 18, 28: Akk. Plur. heteroklit. evectos (Ggstz. invectos), Varro r. r. 1, 16, 2.

ē-veho, vēxī, vectum, ere, **I herausführen, A** aus einem Ort **herausführen, -fahren, -schaffen** (Ggstz. invehere), **1** eig.: **a** übh.: per autumnum stercus, Cato: alqd plaustris ex fanis, Cic.: v. lebl. Subjj., aquas ex planis locis (v. einer Örtl.), Liv.: duas classes in altum (v. der Meeresruhe), Liv. – dah. **α** Passiv evehi medial = **heraus-, hervorfahren, ausfahren, abfahren, absegeln** (s. Drak. Liv. 29, 34, 12), v. Schiffern u. Schiffen, Aegaeo mari, Liv.: in altum, Liv. (s. Drak. Liv. 37, 23, 9): in salum nave, Liv.: ad portum Ephesi, Liv.: ratibus ad regem, Iustin. – u. feindlich **losfahren, -schießen, anstürmen,** v. Schiffen, libero impetu, Curt.: resolutis oris in ancoras, Liv. – **β** se eveh. u. medial evehi, zu Pferde **hervor-, hinaus-, fort- lossprengen, -stürmen,** se incaute, Liv.: u. ev. extra aciem equo, Liv.: acri impetu in hostem, Curt. – **γ** evehi medial v. einem Fluss, **hinaus-, abfließen,** ad mare, Curt. 5, 4 (13), 7 (von Vogel eingeklammert). – **b** Waren usw. **ausführen** (Ggstz. invehere), merces, Plin. 6, 66: lanas Tarento, Quint. 7, 8, 4: quibus utrisque rebus evehi atque invehi ad multa praedia scimus, wird bekanntlich die Aus- u. Einfuhr bei vielen Landgütern gefördert, Varro r. r. 1, 16, 6. – **2** übtr., evehi medial, **a** von wo **ausgehen,** e Piraeo eloquentia evecta est, Cic. – **b sich fort-, hinreißen lassen, fortgerissen werden,** spe vanā, Liv.: u. in der Rede, inconsultius, Liv.: longius, zu weit vom Thema abschweifen, Quint. – **B** evehi medial m. Akk., **1** eig., über etw. **hinausfahren, -segeln,** insulam, Curt.: evectus os amnis, als er die M. des Fl. hinter sich hatte, Curt. – **2** übtr., **über** etw. **hinaus sich verbreiten,** fama eius evecta insulas, Tac.: u. etwas **überschreiten,** privatum modum (v. Schätzen), Tac. – **II empor-, hinaufführen, -schaffen, -tragen, 1** eig., **a** aktiv, nur im Bild, alqm in sidera, Ggstz. ad Cocyti profunda mergere, Amm. 14, 11, 29: ad sidera cantu evecta Aonio (Mantua), Sil. 8, 593: u. so ev. alqm in caelum, Iuven. 1, 38: alqm ad deos, Hor. carm, 1, 1, 6: u. so alqm ad aethera, Verg. Aen. 6, 129. – **b** medial evehi = **empor-, hinaufreiten, -fahren,** in collem Esquiliarum, Liv.: mox acta per auras evehor, schwinge mich empor, Ov. – **2** übtr. zu etw. **erheben, emporheben, versetzen,** alqm tantis honoribus, ut etc., Eutr.: militiae gradu evectus, Prud.: ev. alqm ad consulatum, Tac.: alqos ad multiplices consulatus triumphosque et complura sacerdotia, Vell.: ad tantos honores evectus, Liv. epit.: ev. alqm in tertium consulatum, Vell.: alqm in summum fastigium, Vell.: urbem ad tantum fastigium, Curt.: animo super humanam et naturam et fidem evectus, Vell.: pia munificentia superque humanam evecta fidem, Vell.: vir in id evectus, supra quod ascendi non potest, der die höchste Staffel (menschl. Glücks u. Ansehens) erstiegen hatte, Vell.

ēvēlātus = *eventilatus,* Paul. ex Fest. 77, 15.

ē-vello, velli, vulsum, ere, **I heraus-, ausreißen, A** eig.: arborem, Cic. u. Liv.: arbores radicitus, entwurzeln (vom Wind), Sen.: linum, Flachs raufen, Plin.: hastam, Cic.: ferrum, Caes.: linguam alci, Cic.: ex alis pinnas et e cauda, Varro: hastam ex corpore iacentis, Curt. – **B** übtr.: **1 ausreißen, vertilgen, vernichten,** radicitus actiones alcis, gänzlich umstoßen, Cic.: pravas et veteres opiniones evellere atque exstirpare, Augustin.: alci ex animo scrupulum, gleichs. den Stein vom Herzen wälzen, Cic.: ex animis hominum tantam opinionem, tam penitus insitam, Cic.: consules non solum ex memoria, sed etiam ex fastis, Cic. – **2 gewaltsam befreien,** obsessa castra, Sil. 7, 335. – **II losreißen, abreißen,** poma ex arboribus cruda si sint, vix *evelluntur,* si matura et cocta, decĭdunt, Cic. de sen. 71: emblema, Cic. Verr. 4, 46: claustrum, Apul. met. 4, 10. – ► *Perf.* evulsi, Sen. cons. ad Marc. 16, 7. Flor. 4, 12, 38: evulsero, Vulg. Ierem. 12, 15.

Ēvēnīnus, s. Euēnīnus unter Euenus.

ē-venio, vēnī, ventum, ire, **heraus-, hervorkommen, I** eig.: **1** im Allg.: pulchrior evenit (mari), Hor. carm. 4, 4, 65. – mit Angabe **wohin?** = **hinkommen, hingelangen,** Capuam, Plaut. rud. 631. – **2** insbes., wachsend **hervorkommen, hervorwachsen,** arundo serius evenit, Col. 4, 32, 2. – **II** übtr.: **1 einen Ausgang gewinnen, ausschlagen, ablaufen, a** im Allg.: bene, Plaut. u. Cic.: ex sententia, Ter.: quorsum eventurum hoc sit, Ter.: igitur tum specimen cernitur, quo eveniat (welch ein Ende nehmen wird) aedificatio, Plaut.: ev. in caput nostrum, Ov. – m. *Dat. pers.,* alci feliciter, Caes.: bonis male evenit, den Guten geht es schlimm, Cic. – **b eintreffen, in Erfüllung gehen,** quota enim quaeque res evenit praedicta ab istis? Cic.: eveniunt optata deae, Ov.: vides omnia fere contra ac dicta sint evenisse, Cic.: eveniant volo tibi quae optas, Plaut.: quae precor eveniant, Ov. – Partiz. subst., ēventūra (*n. pl.*), Dinge, die eintreffen werden od. können, Tibull. 2, 1, 15. Plin. ep. 1, 18, 2. – **c zuteil werden, zufallen,** provincia (sorte) evenit alci, Liv.: auspicia, quae sibi secunda evenerint, Cic. – **d zustande kommen, verwirklicht werden,** Tac. ann. 4, 33. – **2 sich zutragen, sich ereignen, eintreten, geschehen, widerfahren, begegnen** (wobei eine Verbindung zwischen Ursache u. Wirkung, ein Erfolg ausgedrückt wird; vgl. accĭdo *no.* II, 2 u. contingo *no.* II), quidquid praeter spem eveniat, Ter.: pax evenit, es erfolgt Friede, Sall.: quia (haec) possunt evenire, wirklich eintreten, Cic.: si quid sibi eveniret, wenn ihm etwas zustoßen, wenn ihm etwas (Menschliches) begegnen, d. i. wenn er sterben sollte, Suet.: u. so si quid evenisset, Spart.: ut plerumque evenit, Cic.: forte evenit, ut etc., Cic.: hostibus eveniat viduo dormire cubili, Ov.: nobis primae dissensiones vitio humani ingenii evenere, Sall. fr. – ► Archaist. *Coniunct. Praes.* evenat, Enn. fr. scen. 203. Plaut. Curc. 39; mil. 1010; trin. 41; Epid. 287. Pompon. com. 35: evenant, Plaut. Epid. 321; most. 395 R.

ē-ventilo, āvī, ātum, āre, **auschwingen,** durch Schwingen u. Lüften **reinigen, I** eig.: aëra, Plin.: terrestrem spiritum, Iustin.: frumentum, Col. – **II** übtr., **a erörtern, kritisieren,** Hieron. in Esdr. et Neh. praef. – **b zerstreuen,** opes, Sidon. epist. 1, 9, 1.

ēventum, ī, *n.* (evenio), **I** der **Ausgang,** der wirkliche **Erfolg,** das **Ergebnis,** ex evento de alcis consilio existimare, Cic.: existimato me stultitiae meae poenam ferre gravius quam eventi, Cic.: causarum cognitio cognitionem eventi facit, Cic.: non eventis sed factis cuiusque fortunam ponderari, Cic.: plures aliorum eventis docentur, Tac. – **II die Begebenheit, das Ereignis,** plurimorum saeculorum et eventorum memoria, Cic. de rep. 3, 14: causae eventorum magis me movent, quam ipsa eventa, Cic. ad Att. 9, 5, 2. – **III** als *t. t.* der Physiker, das **äußerlich Zufällige** (Ggstz. coniunctum, die kohärierende Eigenschaft), Lucr. 1, 450 *sqq.*

ēventus, ūs, *m.* (evenio), **I der Ausgang, die Folge, der Erfolg, die Entscheidung, 1** im Allg.: ev. rei, Caes. u. Curt., rerum, Curt.: eventus rerum qui accĭderunt, Cic.: belli, Caes. u. a.: eius diei, Caes.: duorum militum ev., der Ausgang, den der Kampf der beiden Soldaten genommen hatte, Liv.: in eventu eius urbis (seines Angriffs gegen die St.) positum esse, Liv. – ev. felix, Vell., laetus, Plin. ep.: prosper, Curt.: belli ev. prosper, Liv.: eventus varii, Caes., varii orationis, Cic.: sine successu et bono eventu, Varro: pugnare dubio eventu od. cum dubio eventu, Liv. epit.: totius facti iudicium non tam ex consilio tuo quam ex eventu homines esse facturos, Cic.: ubi haud quaquam ad spem eventus respondit, Liv.: precibus eventum vestris senatus, quem videbitur, dabit, Liv. – **2** insbes.: **a der Ausgang, das Ende,** die **Katastrophe, α** eines Theaterstückes, semper ad eventum festinat, Hor. de art. poët. 148. – **β** einer Person, impiorum fratrum, Liv. 45, 19, 16: horum, Ov. met. 10, 600: eventus illos meruisse, Ov. met. 13, 575. – **b** der (günstige) **Erfolg, das Gelingen,** casus eventusque rerum, Cic. u. Tac.: per eventus suos iurat, Ov.: utendum eventu, Tac.: nec eventus defuit, Tac.: nec audaciae eius eventus defuit, Iustin. – **II der Zufall, die Begebenheit, das Ereignis,** Cic. u. a. – dah. das **Begegnis** = das **Schicksal, Geschick** einer Person od. Sache (vgl. Held Caes. b. G. 4, 31), auditur Decii eventus, Liv.: ex eventu navium suarum, Caes.: qui quosque eventus exciperent, welches Geschick jeden treffen würde, Caes. – **III** personifiziert, Bonus Eventus, eine Gottheit des römischen Landmanns, das **gute-, fruchtbare Gedeihen** der Feldfrüchte, Varro r. r. 1, 1, 6. *Plin.* 34, 77. CIL 7, 77: im Dat. auch Bono Evento, CIL 5, 3218; vgl. deo sancto Evento, *ibid.* 2, 2413.

Ēvēnus, s. Euēnus.

ē-venusto, āre, **unschöner machen,** Chalcid. Tim. 40 A.

ē-verbero, āvī, ātum, āre, **I emporschlagen, -peitschen, aufpeitschen, emportreiben,** mare remis, Curt.: ebenso fluctus, Curt.: quas (aquas) numquam aura liberior everberat, Sen.: cum (spiritus) everberatus cursu parum libero incaluit, Sen. – **II** mit wiederholten Schlägen etwas treffen, **wiederholt-, beständig mit etwas** an, auf, in etw. **schlagen,** etw. **zerschlagen, zerpeitschen, a** eig.: clipeum alis, Verg.: oculos hostis rostro et alis, Quint.: hastis os oculosque eius, Curt.: pectus suis armis, Val. Flacc.: caudā pendentem escam, Ov. hal. – **b** übtr. v. lebl. Subjj.: cum haec taliaque sollicitas eius aures everberarent, beständig seine O. **trafen** (= beständig zu s. O. kamen), Amm. 14, 11, 4: secretum rei et silentium pueri animum eius ad inquirendum everberat, regt beständig an, Gell. 1, 23, 7 u. Macr. sat. 1, 6. § 20: verba quoque illa M. Ciceronis in L. Pisonem trigemina ... figuram simulationemque oris pluribus simul vocibus everberaverunt, geißelten, Gell. 13, 25 (24), 22.

ē-vergo, ere, **herausschütten, hervorsprudeln lassen,** nullos apertos rivos, Liv. 44, 33, 2 *cod.* (Weißenborn emergerent). Vgl. Not. Tir. 43, 87 u. 88 ›vergit, evergit‹.

ēverrae, ārum, *f.* (everro), das **Auskehren** des Hauses, **die Fege,** Paul. ex Fest. 78, 1.

ēverriātor, ōris, *m.* (everro), **der Auskehrer, Feger,** übtr., Paul. ex Fest. 77, 18.

ēverriculum, ī, *n.* (everro), »das Werkzeug zum Ausfegen«, **I der Kehrbesen,** im Bild, quod umquam huiuscemodi everriculum ulla in provincia fuit? (von Verres, mit Anspielung auf dessen Namen), Cic. Verr. 4, 53: everriculum malitiarum omnium, iudicium de dolo malo, Cic. de nat. deor. 3, 74. – **II** = σαγήνη, das **Schleppnetz, der Schleppsack, das Zuggarn, die Wate,** Varro r. r. 3, 17, 7 u. a. Vgl. Voß Verg. georg. 1, 141 *sq.* p. 88 *sq.*

ē-verro, verrī, versum, ere, **ausfegen, auskehren,** d. i. **I** ausfegend entfernen, **a** eig.: stercus ex aede, Varro LL.: purgamenta officinis cetariorum, Col. – **b** übtr., mit dem Zuggarn **herausfischen,** piscem, Apul. apol. 29. – **II fegend reinigen,** stabulum, Varro u. Col.: solum stabuli, Varro: stabula frequenter, Varro. – aequor retibus, ausfischen, Manil. 4, 285. – im Bild, fanum, quod non eversum atque extersum reliqueris? wie gekehrt u. gefegt, rein ausgeplündert, Cic. Verr. 2, 52.

eversio, ōnis, *f.* (everto), **I** das **Umwerfen, 1** eig.: columnae, Cic.: eversiones vehiculorum, Plin. – **2** übtr.: **a** die **Zerstörung,** excisio, inflammatio, eversio, Cic.: templorum, Quint.: urbis, Flor.: patriae eversiones, Cic. Tusc. 5, 24: urbium eversiones, Flor. u. Lact. – **b** die **Umwälzung, der Umsturz, die Zerrüttung, Zerstörung, Vernichtung,** rei familiaris, Bankrott, Tac.: dignitatis, Plin. ep.: vitae, Cic.: patriae, rerum publicarum eversiones, Cic.: probitatis et honestatis eversio, Augustin. de civ. dei 1, 33. – **c** die **Verschwendung, Vergeudung,** totius patrimonii, Hieron. epist. 108, 18. – **II** die **Vertreibung** aus einem Besitztum, possidentium, Flor. 3, 13, 7. – **III** das Sich-Herauswenden, das **Vorfallen,** matricis, Cael. Aur. de morb. chron. 2, 1, 28.

ēverso, āre (*Frequ.* v. everto), **umwerfen,** Prisc. part. XII vers. Aen. § 81. Vgl. Gloss. ›everso, ἀποστρέφω‹.

ēversor, ōris, *m.* (everto), der **Umstürzer,** nur; übtr., **a der Zerstörer,** Carthaginis et Numantiae, Quint.: regnorum Priami, Verg.: tot civitatum, Sen. phil.: Asiae, Stat. u. ORest. tr. 275. – **b der Umstürzer, Vernichter,** huius imperii, Cic.: civitatis, Cic. – **c** als jurist. *t. t.* = **der Verschwender,** Augustin. epist. 185, 15: pecuniae, Cod. Theod. 12, 6, 1.

ēversus, Abl. ū, *m.* (everto), **die Umstoßung** = **Widerlegung,** primae definitionis eversu, Iulian. bei Augustin. op. imperf. c. Iul. 3, 161.

ēvertibilis, e (everto) = declinabilis, Gloss. V, 499, 13.

ē-verto (ēvorto), vertī (vortī), versum (vorsum), ere, **I** etw. aus seiner Lage-, Stellung wenden, -werfen, d. i. **A aus dem Gelenk drehen, verdrehen,** cervices, Ter. heaut. 372: flexus eversi, Ps. Verg. cul. 180. – **B umwerfen, über den Haufen werfen, umstürzen, 1** im Allg.: **a** eig.: pinum, Verg.: navem, Cic. u. a. vgl. Mützell Curt. 4, 1 [6], 36. p. 187, b): aedificia, Liv.: currum, Curt.: equum, Prop.: dah. eversi, »vom Pferd Abgeworfene, mit dem Wagen Umgeworfene«, Plin. – **b** übtr.: alqm, (politisch) **stürzen,** Cic. ep. 5, 2, 8. – **2** prägn., **über den Haufen werfen** = **zerstören, vernichten, a** eig.: urbem, Cic.: castellum, Hor. – **b** übtr., **umwälzen, umstoßen, vernichten, zugrunde richten** (vgl. Garatoni Cic. Pis. 24, 57), funditus civitates, funditus aratores, funditus amicitiam, Cic.: penitus virtutem, Cic.: leges, testamenta, Cic.: tribuniciam potestatem, Sall. fr.: imperium, Tac.: definitionem, Cic.: poet., triumphum cladibus, das stolze Siegesgepränge durch Niederlagen daniederwerfen, d. i. den stolzen Sieger durch Niederlagen demütigen, Hor. – **C** jmd. aus einem **Ort heraus-** od. **hinaustreiben, -werfen, a** eig.: alqm agro, aedibus, Plaut. – m. Rücksicht auf den Zielpunkt, totos in apertum aequor, stürzen, Ov. – **b** übtr., jmd. gleichs. aus seinem Besitztum treiben, um s. B. **bringen,** alqm bonis, Plaut. u. Cic.: pupillum fortunis patriis, Cic. – **II emporwenden, emporwühlen, aufwühlen,** aequora ventis, Verg.: u. so aquas, Ov.: campum, vom Pflüger, Val. Flacc.

ēvēstīgātus, a, um (ex u. vestigo), **aufgespürt** = ausfindig gemacht, Ov. met. 15, 146. Sen. contr. 2, 1 (9), 7.

ēvexus, a, um (eveho), **aufwärts gerundet** (Ggstz. devexus), mundus, Mart. Cap. 8. § 816.

Ē-vias, s. Euhias.

ē-vibro, āre, **emporschwingen,** rotundos lapides (v. der Wurfmaschine), Amm. 24, 4, 16. übtr., animos, steigern, Gell. 1, 11, 1: adversando iurgandoque alqm ad rabiem (Ggstz. mollire alcis iras), Amm. 14, 1, 10.

ēvictio, ōnis, *f.* (evinco, s. Charis. 44, 32), die **gerichtliche Wiedererlangung** seines Eigentums von dem bisherigen Besitzer, ICt.

ēvidēns, entis, *Adi.* (ex u. video), **I ersichtlich, sichtbar,** membrana, Cels. 4, 1 *extr.*: mensura quaedam, Cic. Tim. 9: sapor quidam ferinae in apris evidentissimus, Plin. 13, 43. – **II** übtr.: **a augenscheinlich, einleuchtend, offenbar, unverkennbar, erwiesen, schlagend** (Ggstz. dubius), res (Sing.), Liv.: res (Plur.), Cic.: numen, Liv.: probatio, Quint.: narrationes, Cic.: evidentior causa victoriae, Liv.: quid est evidentius? Cic.: evidentissimum id fuit, Liv. – m. 2. *Supin.*, compertu evidentia, Apul. met. 1, 3. – cum evidens sit m. folg. *Acc.* u. *Infin.*, Cels. 4, 31 (24) *extr.* – **b hervorragend, glänzend,** auctores Graeciae evidentissimi, Plin. 19, 41 zw.: quaestus ev. (Ggstz. sordidus), Auct. b. Afr. 49, 3.

ēvidenter, *Adv.* (evidens), **augenscheinlich, einleuchtend, offenbar, unverkennbar,** ev. nocens, Val. Max.: ev comperire, Cels.: ev. paenitere, Liv.: clare atque ev. ostendere, Quint.: evidentius apparere, Iulian. dig. 18, 5, 5 pr.: evidentissime apparere, Suet. Tib. 45, approbari, Iavol. dig. 23, 3, 57.

ēvidentia, ae, *f.* (evidens), **I** Die **Ersichtlichkeit, a** die **Sichtbarkeit,** insignis ev. sui, Apul. de dogm. Plat. 1, 5: magnam fecit suae ostensionis evidentiam, ließ deutlich sehen, Vulg. 2. Mach. 3, 24. – **b die Durchsichtigkeit, Klarheit,** fluminis, Iul. Val. 2, 8, p. 84, 16 K.: saxi illius, Iul. Val. 2, 18. p. 100, 27 K. – **II** übtr.: **a die Ersichtlichkeit, der Augenschein,** ipsa evidentia eius opinioni repugnat, Cels. 1. praef. p. 10, 13 D. – **b** als Übersetzung von ἐνάργεια = die rhet. **Evidenz, die Veranschaulichung** einer Person od. Sache, sodass man sie lebhaft vor Augen zu sehen glaubt, Cic. Acad. 2, 17 *sq.* Quint. 4, 2, 63 *sq.* u. 9, 2, 40.

ē-videor, ērī, **vollkommen erscheinen,** m. folg. *Nom.* u. *Infin.*, Arnob. 2, 54.

ē-vigēsco, ere, **die Lebhaftigkeit verlieren,** Tert. de anim. 38.

ēvigilātio, ōnis, *f.* (evigilo), das **Erwachen,** v. der Auferstehung Christi, Augustin. de civ. dei 17, 18, 1 u. a.

ē-vigilo, āvī, ātum, āre, **I** *intr.*: **A aufwachen, erwachen,** absol., Plin. ep. u. a.: maturius, Suet.: maturius semper ac de nocte, Suet.: cum libet (nach Belieben), Plin. ep. – **B unermüdet wachen** = **tätig sein,** in quo evigilaverunt curae et cogitationes meae, si quidem nihil peperi tale? warum habe ich in Sorgen u. Nachdenken meine Nächte durchwacht? Cic. parad. 2, 17: tantā autem industriā est tantumque evigilat in studio, ut etc., darin entwickelt er einen so tätigen u. unermüdlichen Eifer, Cic. ad Brut. 1, 15, 1: etsi nobis evigilatum fere est, obgleich für uns wohl genug gesorgt sein möchte, Cic. de rep. 3, 41. – **II** *tr.*: **A** **wachend zubringen,** nox evigilanda, Tibull. 1, 8, 64. – **B** **wachend-, die Nächte hindurch-, mit Fleiß und Sorgfalt ausarbeiten,** libros, Ov. trist, 1, 1, 108; vgl. Gell. 1, 7, 4: u. übtr., consilia evigilata cogitationibus, sorgfältig durchdachte, genau erwogene Pläne, Cic. ad Att. 9, 12, 1.

ē-vigōro, (āvī), ātum, āre, **der Lebhaftigkeit berauben,** Tert. de pall. 4 u. a.

ē-vīlēsco, vīluī, ere, **gering-, verächtlich-, wertlos werden,** Val. Max. 5, 4, 7. Tac. hist. 3, 53: usque eo eviluit, ut etc., Suet. Claud. 15.

ē-vincio, vīnxī, vīnctum, īre, **I** **gehörig binden, fesseln,** binis quadrigis evinctus in diversa nitentibus laceratus est, gebunden durch zwei V ... zerrissen wurde, Gell. 20, 1, 54: evinctā dextrā, mit gebundenen Händen, Sil. 2, 48: m. griech. *Acc.*, evincti brachia capta (an den usw.) duces, Tibull. 1, 7, 5. – **II** **umbinden, umwinden,** **a** übh.: lapis quadratus evinctus candelis quoquoversus, Cass. Hemin. fr. bei Plin. 13, 86 M. – **b** zum Schutz od. zur Zierde, evinctae palmae, mit dem Zästus umwundene, Verg. Aen. 5, 364. – caput alcis diademate, Tac.: alqm insigni regio, Tac.: spatium omne evinctum vittis coronisque, Tac. – vitta nec evinctus impedit alba comas, Ov.: viridi evinctus olivā, Verg.: m. griech. *Acc.*, evinctus vittā crines (an den H.) albente, Ov.: caput tonsae foliis evinctus olivae, Verg.: puniceo suras evincta cothurno, Verg. – im Bild, omnia humanarum rerum et parva et maxima tamquam stellis atque sideribus evincta, mit den Sternen u. Sterngruppen in engster Verbindung stehend, Gell. 14, 1, 3.

ē-vinco, vīcī, victum, ere, jmd. von Grund aus, d. i. **gänzlich besiegen, vollständig überwinden,** über jmd. **vollständig die Oberhand gewinnen,** **I** eig.: **1** leb. Wesen: imbelles Aeduos, Tac. ann. 3, 46. – **2** lebl. Objj.: **a** Schwierigkeiten, ein Übel usw. **vollständig überwinden,** über etwas **Herr werden,** etw. **überstehen,** sed evicit omnia assuetus praedae miles, Liv.: morbos, Col.: somnos, Ov.: evicti rogi, aus denen sich der Schatten losgerungen hat, Prop.: certa lineamenta evicerunt spississimam noctem, Petron. – **b** durch seine Anzahl vollständig die Oberhand gewinnen über usw., evincit herbas lupinum, überwuchert gänzlich, Plin.: platanus caelebs evincet ulmos, wird gänzlich unterdrücken (= wird vom Feld verdrängen), Hor. – **c** eine Örtlichkeit vollständig überwinden = **über sie ganz hinausgelangen, -treten, -ragen** usw. (s. Burmann Ov. her. 19, 155), aequora, litora, Ov.: os Ponti, Plin.: oppositas gurgite moles (v. Strom), Verg.: arbor celso vertice evincit (überragt weit) nemus, Sen. poët. – **II** übtr.: **A** im Allg., u. zwar: **a** eine Person **überwinden,** sodass sie sich zu etwas versteht = jmd. völlig **erweichen,** zu etwas **vermögen,** gew. im Passiv = **überwunden, besiegt werden, sich erweichen lassen,** zu etwas **vermocht werden, -sich bewegen lassen,** lacrimis, dolore, precibus evinci (evictus), Verg., Ov. u. a.: blandimentis vitae evicta (*sc.* ad vivendum), Tac.: supremis eius necessitatibus ad miserationem evinci, sich zum Mitleid erweichen lassen, Tac.: evinci ambitu civitetis in gaudium, durch die ihr öffentlich erwiesene Aufmerksamkeit zur Freude vermocht werden, Tac.: nec ut revocaret umquam ullis populi precibus potuit evinci, Suet. – **b** über einen Affekt **die Oberhand gewinnen, den Sieg davontragen, siegen, ihn besiegen,** firmitas in perferendis et evincendis doloribus, Sen.: evicit miseratio iusta sociorum superbiam ingenitam, Liv. – **B** insbes.: **1** (wie νικᾶν) es (eine Forderung usw.) **durchsetzen, es dahin bringen, dass usw.,** mit folg. *ut* u. Konj., evincunt instando, ut litterae sibi ad Tarquinios darentur, Liv.: summā ope evicerunt, ut M. Furius Camillus crearetur, Liv. – **2** **unumstößlich dartun,** mit folg. *Acc.* u. *Infin.*, si puerilius his ratio (Vernunft) esse evincet amare, Hor. sat. 2, 3, 250. – **3** als spät. jurist. *t. t.* = etw. auf gerichtl. Wege **auswirken, wiedererlangen,** sive totam rem sive partem, ICt.: servum, ICt.: puer evincitur ab assertore, Ps. Quint. decl.

ēvirātio, ōnis, *f.* (eviro), die **Entmannung,** übtr., pilorum, das entmannende Herausreißen, Plin. 29, 26 (27).

ēvirātus, a, um, s. ēviro.

ē-virēsco, ere, **die Lebhaftigkeit verlieren, erbleichen,** exsanguibus dolore evirescit colos, Varro sat. Men. 425.

ēviro, āvī, ātum, āre (ex u. vir), **entmannen, entnerven, entkräften,** **a** eig.: corpus, Catull. u. Cael. Aur.: pueros, Varro: evirat sanguis enormiter ablatus, Veget. mil. – Partiz. m. *Compar.*, quasi eviratus et infirmus, Ambros.: corpus eviratum, Arnob.: eviratior spadone, Mart. – **b** übtr., sicut robur carminis levitate eviravimus linguae, Schol. Pers. 1, 95.

ē-vīscero, (āvī), ātum, āre (ex u. viscus), **I** (= exentero) **der Eingeweide berauben, ausweiden,** u. **so zerfleischen,** eig. u. übtr.: **a** eig.: (columbam) pedibus eviscerat uncis, vom Habicht, Verg.: polluto eviscerat ungue, von Geryon, Sil. – evisceratus, Enn. u. Pacuv. fr.: evisceratum corpus patris, Cic. poët.: eviscerata corpora, Lact.: eviscerata divi corporis forma, eingeweide- u. fleischlose, Apul. – **b** übtr., abluere terras et eviscerare, gleichs. ausweiden = auswaschen, Sen. nat. qu. 4, 2, 10. – opes suas, ausleeren, Cod. Iust. 3, 29, 7. – fidem, Ambros. Luc. 4. § 26. – cum curis eviscerarer, gequält wurde, Augustin. conf. 6, 6 *extr.* – **II** **aus dem Eingeweide** od. **Fleisch herausnehmen,** Solin. 53, 26.

evīscum, ī, *n.* = hibiscum, s. d.

ēvītābilis, e (1. evito), **vermeidlich,** telum, Ov. met. 6, 234: mala, Sen. nat. qu. 2, 50, 2.

ēvītātio, ōnis, *f.* (1. evito), **das Vermeiden,** impendentis periculi, Sen. nat. qu. 2, 39, 3: malorum (Ggstz. adeptio bonorum), Quint. 5, 10, 33: fastidii, Vopisc. Aurel. 22, 4.

1. ē-vīto, āvī, ātum, āre, etwas **vermeiden,** ihm **entgehen,** tela, Vell.: suspicionem, Cic.: inevitabile malum, Sen.: impendentem tempestatem, Nep. – m. Ang. **womit? wodurch?** tela amictu, Catull.: hoc malum equi velocitate, Hirt. b. G.: fugā periculum, Nep. – im Passiv m. Ang. **wem? = von wem?** id magnis saepe oratoribus non evitatum (est), Quint. 4, 1, 71. – m. folg. *Acc.* u. *Infin.*, si enim se deus videri ab hominibus evitabat, Arnob. 7, 45. p. 279, 25 R.

2. ē-vito, āvī, āre (ex u. vita), jmd. »ausleben machen« = **dem Leben** jmds. **ein Ende machen, ihm das Leben rauben,** m. homogen. *Acc.*, Priamo vi vitam evitari (vidi), Enn. fr. scen. 98. – m. *Acc. pers.*, alqm, Acc. tr. 348. Plaut. Cas. 3, 6, 37 W. Apul. met. 3, 8.

Ēvius, s. Euhius.

ēvocātio, ōnis, *f.* (evoco), **I** das **Heraus-, Hervorrufen,** **a** das **Zitieren** aus der Unterwelt, inferûm, Plin. 30, 6. – **b** **die Aufforderung** an einen Gott, den ihm in einer belagerten (feindlichen) Stadt geweihten Platz mit einem anderen zu vertauschen, numinum, Macr. sat. 3, 9. § 14: ebenso hostilis (von Seiten der Feinde) deorum ev., *ibid.* § 5. – **II** der **Aufruf,** **a** als publiz. *t. t.*, die **Vorladung** eines Schuldners, Auct. b. Alex. 56, 6. – **b** als milit. *t. t.*, der **Aufruf,** zu den Waffen zu greifen, das **Aufgebot,** ev. militiae, Iul. Val. 2, 7. p. 83, 29 m. *cod. P*: evocationes hominum, Rhet. Her. 3, 3.

ēvocātīvus, a, um (evoco), **zum Aufgebot** (zum Kriegsdienst) **gehörig,** CIL 13, 7556.

ēvocātor, ōris, *m.* (evoco), der zu den Waffen **Aufbietende,** der **Aufwiegler,** servorum et civium perditorum, Cic. Cat. 1, 27.

ēvocātōrius, a, um (evoco), **I** **herzurufend, auffordernd,** epistula ev., Einladungsschreiben, Sidon. epist. 8, 12, 4. – subst., ēvocātōria, ae, *f.* (*sc.* epistula), ein Aufforderungsschreiben, durch das jmd. an den kaiserl. Hof berufen wurde, eine **Zitation,** Cod. Theod. 6, 23, 3 (= Cod. Iust. 12, 16, 13). – **II** **Schweiß austreibend,** levia linimenta evocatoria, Th. Prisc. med. praes. 1, 21.

ē-voco, āvī, ātum, āre, **heraus-, hervor-, her-, zu sich rufen,** **I** eig.: **A** im Allg.: **a** persönl. Objj.: alqm e curia, Liv.: alqm foras, Ter.: gubernatorem a navi huc, Plaut. – ad se undique mercatores, Caes.: alqm litteris, Cic. – **b** sachl. Obji., **heraus-, hervorrufen, -bringen, -treiben,** sudorem labore, Cels.: vomitiones, abortus, Plin.: capillum, das Wachstum des Haares befördern, Plin.: vitis evocata ad fructum, Plin.: poet., non vigil ales cantibus evocat Auroram, Ov.: dum Lucifer ignes evocat Aurorae, Ov. – **B** insbes.: **1** als relig. *t. t.*,

a Verstorbene aus der Unterwelt, aus den Gräbern **zitieren, erwecken,** manes, Suet.: alqm ab inferis, Cic.: animas ab inferûm incolatu, Tert.: hâc virgā animas Orco pallentes, Verg.: proavos atavosque sepulchris, Ov.: Lethaeum ad fluvium longo agmine manes, Verg. – **b** einen Gott **auffordern,** den ihm in einer belagerten (feindlichen) Stadt geweihten Platz mit einem anderen zu vertauschen (indem ihm der belagernde Feldherr einen anderen Tempel zu Hause versprach, vgl. Plin. 28, 18. Macr. sat. 3, 9, 2*sqq.*), ev. deos, Liv. 1, 55, 4; 5, 21, 5. – **2** jmd. **aufrufen, a** als publiz. *t. t.*, von Obrigkeiten usw. = **berufen, vor sich fordern, -kommen lassen, zu sich entbieten, zu sich bescheiden, vorladen,** alqm u. alqm ad se, Cic. u. a. (vgl. Bremi Nep. Con. 5, 3): alqm ad colloquium, Caes. u. Liv. – **b** als milit. *t. t.*, Soldaten zum Kriegsdienst **aufrufen, aufbieten,** centuriones, Caes.: legiones ex hibernis, Caes.: alqos spe praemiorum od. praedae, Caes.: alqos ad spem praedae, Liv., ad praedam, Caes. – dah. *Partic.* subst., ēvocātī, ōrum, m., ausgediente Soldaten, die, wenn das Vaterland in Gefahr war, abermals zum Dienst aufgefordert wurden, aufgebotene Freiwillige, Cic., Caes. u. a. – **c** jmd. zu einer Ehrenstelle **berufen,** alqm ad eum honorem, Caes. b. G. 7, 57, 3: alqm in locum alcis, Iustin. 12, 12, 9. – **3** im feindl. Sinne, aus einem Ort zum Kampf **herausrufen, herausfordern,** magna cum contumelia verborum nostros ad pugnam, Caes. b. G. 5, 58, 2. – **II** übtr.: **a** übh., noch im Bild, alcis familiam abiectam et obscuram e tenebris in lucem, aus der D. ans Licht hervorziehen, Cic. Deiot. 30. – **b heraus-, hervorrufen, -locken, -bringen, -brechen lassen, an- od. aufregen, reizen,** adversarii ictum, Quint.: eas (tacitas cogitationes) in medium, Liv. – praedae cupiditas multos longius evocabat, Caes.: probitas praemiorum mercedibus evocata, Cic.: misericordia tua nullius oratione evocata, Cic.: ne meam συμπάθειαν evocem, Cic.: lacrimas, alci risum, entlocken, abnötigen, Sen.: iram alcis, reizen, Sen.: alqm in saevitiam ac violentiam, verleiten, Sen.: alqm in laetitiam, zum Frohsinn aufmuntern, Sen. (u. so oft bei Sen., s. Gronov. Sen. ep. 47, 17). – memoriam meam, quae iam segnis mihi et lenta est, evocavit (hat es wieder neu belebt, aufgefrischt, Sen. – ► Partiz. evocitus, Fulg. de act. mundi et hom. 1. p. 134, 12 *Helm.*

ēvoe, s. euhoe.

ēvolito, āre (*Frequ.* v. evolo), **auszufliegen pflegen,** Col. 8, 8 *in.*

ē-volo, āvī, ātum, āre, **I heraus-, hervorfliegen, 1** eig.: ex quercu, vom Adler, Cic.: madidis Notus evolat alis, Ov.: ev. extra saepta, Varro. – **2** übtr. = **heraus-, hervoreilen** od. **stürzen,** evolare atque excurrere foras, Cic.: ex urbe, Cic.: ex omnibus partibus silvae, Caes.: e senatu, Cic.: e vinculis, Caes. u. Cic.: tum repente evolasse istos praeclaros testes sine nomine, Cic. – **II davonfliegen, 1** eig.: longius (v. Gänsen), Gaius dig. 41, 1, 5. § 6. – **2** übtr. = **davonfliehen, -eilen,** e conspectu, Cic.: cistella mihi evolavit, ist mir entwischt (= verlorengegangen), Plaut. – bildl., ex alcis severitate, e poena, entgehen, Cic. – tantus enim cursus verborum fuit et sic evolavit oratio, ut etc., der Fluss seiner Rede war so rasch, und seine Darstellung enteilte (entflog) so schnell, dass usw., Cic. de or. 1, 161: itaque tantos processus efficiebat, ut *evolare*, non *excurrere* videretur, dass er im Flug, nicht im Lauf vorwärts zu kommen schien, Cic. Brut. 272. – **III empor-, in die Höhe fliegen,** saepe ex humili sede sublima evolat, Acc. tr. fr.: concussisque levis pennis sic evolat ales, Ov.: cum altissime evolasset (aquila), Suet.: levia evolant, Plin. – bildl., altius, sich emporschwingen, Cic. ep. 1, 7, 8.

ēvolsio, s. ēvulsio.

ēvolsus, a, um, s. ē-vello.

ēvolūtē, *Adv.* (evolutus v. evolvo), **deutlich,** Boëth. in Cic. top. 1. p. 291, 3 *Orelli.*

ēvolūtio, ōnis, *f.* (evolvo), das **Aufschlagen, Lesen,** poëtarum, Cic. de fin. 1, 25.

ē-volvo, volvī, volūtum, ere, **I hervor-, hinauswälzen, -winden, -wickeln, -rollen, A** eig.: **a** im Allg., arcano membra cubili (v. einer Schlange), Sil.: cadavera plenis turribus, Lucan.: arbusta, ausdrehen (v. Sturm), Lucr.: per humum evolvi, Tac.: nach oben = **emporwälzen, -rollen,** ex aequore rotantes equos (v. Titan), Ov.: bildl., tales evolvit pectore questus, Val. Flacc. 4, 117: u. im Passiv = **aufwirbeln, aufsteigen,** v. Rauch, ex tuguriis, Curt. – **b** einer Hülle **entkleiden,** opertum amiculo, jmdm. die Decke (mit der er verhüllt ist) wegziehen, Petron. 11, 2: bildl., evolutus illis integumentis dissimulationis, entlarvt, Cic. de or. 2, 350. – **c** v. Gewässern = **entströmen lassen,** aquas per campos, Curt.: crebros ex alto fluctus in litus, Curt.: dah. se ev., **entströmen,** in mare, Verg.: extra munimenta, Curt. – **d** prägn., von etw. **reinigen, säubern,** panicum pinsitum et evolutum furfure, Col. 2, 9, 19. – **B** übtr.: **a auswirken, auftreiben,** ego in hoc triduo aut terrā aut mari evolvam id argentum tibi, Plaut. Pseud. 316*sq.* – **b herauswickeln, -helfen,** se ex his turbis, Tac.: hāc re se omni turbā, Tac.: evolutus periculo, Amm. – **c** jmd. aus etw. **verdrängen,** einer Sache **berauben,** illos ex praeda clandestina, Liv.: evolutum eum sede patriā rebusque summis, Tac.: alqm avitis patrimoniis, Pacat.: evoluti bonis, Sen. – **d** evolvi, aus einem engeren Kreis **sich fortwälzen, weiter dringen,** v. Nachrichten, ad aures quoque militum icta ferocia evolvebantur, Liv. 22, 14, 15. – **II auseinanderrollen, -wickeln, -schlagen, A** eig.: **1** im Allg.: vestes, Ov.: volumen epistularum, Cic.: u. (bildl.) secum oras belli, poet. = den Schauplatz des Kr. entrollen, Verg.: anguis repente evoluta, Liv.: quae postquam evolvit, entwirrte, Ov. – **2** prägn.: **a** v. den Parzen, den Faden **aufwickeln, abspinnen,** fusos meos, Ov.: ferratis saecula pensis, Claud.: quod nolim nostros evolvisse deos, bestimmt hätten, Prop. – **b aufschlagen** = **lesen, studieren,** librum, Cic.: libellos, Suet.: versus molles, Ov.: poëtas, Cic.: auctores, Quint. u. Suet.: antiquitatem, Tac. dial. – **B** übtr.: **a abwickeln** = zurücklegen, **α** räuml., prius tamen quam medium viae spatium evolveret, Sulp. Sev. dial. 1 (2), 2, 3. – **β** zeitl., ex (seit) Adam multi anni evoluti sunt, Augustin. serm. 9, 2. – **b entwickeln, α** = klarmachen, animi sui complicatam notionem, Cic.: alqd accuratius in litteris, Cic. – **β** klar darstellen, darlegen, ingentes causas belli, Enn.: seriem fati, Ov.: id exputando, Rhet. Her. – **c ermitteln,** exitum criminis, Cic. Cael. 56. – **d** Punkt für Punkt genau **überdenken, überlegen,** haec (d. i. sein Geschick sub antris, Verg. georg. 4, 509: promissa evolvit somni, Sil. 3, 216: dum istaec apud me tacitus evolvo, Min. Fel. 40, 1: tecum ipsa nunc evolve femineos dolos, Sen. Agam. 117. – **III herabwälzen,** von sich **abwälzen,** iactas silvas, Ov. met. 12, 519. – ► evoluam (viersilb.), Catull. 66, 75: evoluisse (fünfsilb.), Prop. 1, 7, 16. Ov. her. 12, 4.

ē-vomo, muī, mitum, ere, **ausspeien,** speiend **von sich geben, I** eig.: **1** v. leb. Wesen: conchas, v. einem Vogel, Cic.: bilem, Cels.: haustum venenum, Suet.: absol., nisus evomentis adiuvare, Tac. – **2** v. lebl. Subjj.: **a ausspeien** = **auswerfen,** von sich geben, v. Meer, multam arenam, Curt. – v. einer Quelle, undas argenteas, Apul. – v. feuerspeienden Bergen usw., nocturnas flammas, Plin.: ignes, Sil.: plurima loca evomunt ignem, non tantum edita, sed etiam iacentia, Sen. – refl. se ev., **sich ergießen,** vom Nil, se ev. multis faucibus in Aegyptium mare, Plin. 5, 54. – **b hervortreiben,** vom Boden, herbas, Col. 8, 15, 3. – **II** übtr.: **1** im Allg.: quae (urbs) tantam pestem evomuit forasque proiecit, hat einen so heillosen Menschen gleichs. ausgespieen, sich dessen entledigt, Cic.: in quo tu, acceptā et devoratā pecuniā, evomere non poteras, das Erpresste wieder herausgeben, Cic. – **2** redend **ausschütten, ergießen, a** übh., cui cuncta malaque et bona dictu evomeret, Enn. ann. 241: in quos liberius quod sentis evomas, Augustin. de civ. dei 6, 6. – **b** v. Zornigen usw., **ausgeifern,** in me absentem orationem ex ore impurissimo evomuit, Cic. Phil. 5, 20: iram omnem in alqm, Ter.: tres libros contra religionem nomenque Christianum, Lact.: non timeo, iudices, ne odio inimicitiarum mearum inflammatus libentius (mehr nach Herzenslust) haec in illum evomere videar quam verius, Cic. – **c** v. Begeisterten, **ausströmen,** pandite librum, evomuit spirante deo quem sanctus Esaias, Prud. apoth. 595.

ē-vulgo, āvī, ātum, āre, **I unter die Leute bringen, zur öffentlichen Kenntnis bringen, veröffentlichen,** ius civile, Liv.: Octaviae iniurias, Tac.: evulgato imperii arcano, Tac.: sic evulgari iussit (er ließ die

Kundmachung so fassen) m. folg. *Acc.* u. *Infin.*, Tac. ann. 13, 9. – **II dem Volk preisgeben** (= für den Beifall des Volkes opfern), evulgatus pudor (Schamgefühl), Tac. ann. 14, 14.

ēvulsio (ēvolsio), ōnis, *f.* (evello), das **Herausreißen,** dentis, Cic. de nat. deor. 3, 57: radicis, Plin. Val. 4, 29. – übtr., die **Ausrottung** eines Volkes, Vulg. Ierem. 12, 17.

ēvulsus, a, um, s. ē-vello.

ex, *Praep.* m. *Abl.* (das griech. ἐξ, ἐκ), verliert in der Zusammensetzung das x vor vielen Konsonanten, so vor b, d, g, l, m, n, r (ausgenommen in exlex und in den Wörtern, die die einer Ehrenstelle Entledigten bezeichnen, wie exdecurio, exmagister u. dgl.). Vor f geht das x über in c od. wird assimiliert, wie ecfero od. effero. Außer der Zusammensetzung steht sowohl ex als e vor allen Konsonanten, aber e nie vor Vokalen. Die Grundbebeutung von ex ist »die Bewegung-, das Ausgehen aus dem Innern eines Gegenstandes heraus« (im Gegensatz zu *in,* das das Sich-Befinden im Innern eines Gegenstandes ausdrückt; vgl. de a. A.), **aus, aus ... heraus, aus ... hervor, aus ... herab, von ... aus, von ... herab** u. dgl., **I** im Raum, **1** sowohl aus der Tiefe als aus der Höhe, exire ex navi, ex urbe, e vita, Cic.: extorquere arma e manibus, Cic.: eicere alqm e civitate, Nep.: milites ex eo loco deducere, Cic.: eicere e saxo, Hor.: delabi ex equo, Liv. – So **a** im Allg. bei den Verben, die ein Wegnehmen, Entnehmen u. dgl. bezeichnen, wie capere, sumere, percipere, accipere, haurire, petere, auferre, tollere, colligere, deligere, eximere u. dgl.; ebenso die ein Ausfragen, Ausforschen, Vernehmen, Vermuten u. dgl. bedeuten, wie quaerere, percontari, audire, cognoscere, discere, intellegere u. dgl.; dgl. ego scibo ex hoc quid siet, Ter.: vidi, non ex audito arguo, Plaut.: ex aliquo est invenienda deo, Ov.: odium ex hoc ostenditur, Cic.: e petulantia etiam perfidiam suspectabat, Tac. – Hierher gehört auch **b** ex persona alcis, eig. aus der Maske jmds. hervor, dann übtr. wie auch sub persona, **in der Rolle, in der Eigenschaft als usw., im Charakter, unter dem Deckmantel** u. dgl., Vell. u. Iustin.: dah. ex sua persona, **in seinem Namen, für sich,** Cic. de inv. 1, 99.

2 statt des (klass.) bl. *Abl.* bei Städte- u. Inselnamen zur Bezeichnung des Ausgangspunktes, **aus, von ... weg** (s. Spengel Ter. Andr. 70), ex Anactorio huc commigravit, Plaut.: ex Andro commigravit huc viciniam, Ter.

3 zur Bezeichnung der Seite, von der aus etwas geschieht, **a** übh., **von ... aus, aus ... her, aus ... hervor, von ... herab,** ex equo colloqui, Caes.: qui nihil ex occulto, nihil de insidiis agendum putant, Cic.: iudices aut e plano aut e quaesitoris tribunali admonebat, von ebener Erde aus, auf ebener Erde usw., Suet.: ex libello respondere, Plin. ep.: ex alio latere, auf der anderen Seite, Plin. ep. – **b** zur Angabe des leidenden Teiles am Körper, **an,** laborare ex pedibus, Cic. – **c** zur Angabe des Punktes, von dem aus eine Entfernung bestimmt wird, non longe ex eo loco oppidum Cassivellauni abesse, Caes.

II in der Zeit: **1** von einem Zeitpunkt od. Zeitereignis ab einen gewissen Zeitraum hindurch, **von ... an, seit,** ex eo tempore, Cic.: ex hoc die, Plaut.: motum ex Metello consule civicum tractas, Hor. – ex eo die, quo etc., Cic.: ex eo die ad hunc diem quae fecisti, Cic.: ex adulescentia tua, seit deinen Jünglingsjahren, Cic. – ex Kalendis Martiis usque in Octobres, Col. – insbes. ex quo, seitdem, nachdem, Liv. (u. so octavus annus est, ex quo etc., Tac. Agr. 33; vgl. Tac. ann. 14, 53: sextus decimus dies agitur, ex quo etc., Tac. hist. 1, 29: sextus mensis est, ex quo Roxane praegnans est, Curt. 10, 6 (19), 9: hic tertius December, ex quo etc., Hor. epod. 11, 5; vgl. Hand Turs. 2, 648 *sq.* Bünem. Lact. 7, 14, 4): ebenso ex eo, Tac. u. Suet.: ex eo, cum, Cels.: u. ex illo, Ov.

2 zur Angabe des Eintreffens auf einen bestimmten Tag, **auf, an,** hunc iudicem ex Kalendis Ianuariis non habebimus, Cic.: u. so ex Idibus Martiis, Cic.

3 zur Bezeichnung der unmittelbaren Folge, des Fortgehens, Übergehens zu etwas anderem **von ... aus, nach, sogleich nach,** Cotta ex consulatu est profectus in Galliam, Cic.: si ex somno oculi caligant, Cels.: ex agresti immanique vita exculti ad humanitatem et mitigati sumus, Cic.: animus ex multis miseriis requievit, Sall.: so auch ex itinere, Cic.: ex fuga, Caes., Liv. u. a. – dah. **a** aliud ex alio, **eins nach dem anderen,** Ter., Cic. u. a.: ebenso alias ex aliis fingendo moras, Liv.: ut aliud ex alio, um eins nach dem anderen zu besprechen, um auf das andere zu kommen, Cic. – So auch von der Reihenfolge der Dinge, causae aliae ex aliis aptae, Cic. – **b** diem ex die, **einen Tag nach dem anderen, von Tag zu Tag** (ἐξ ἡμέρας ἐς ἡμέραν), Cic. – **c** ex bei Amts- u. Berufsnamen, zur Angabe, dass jmd. der u. der (Konsul, Gladiator usw.) bereits gewesen sei, deutsch **gewesener** od. **Ex-,** ex consule, Eutr. u. a.: ex consulibus, Spart.: ex consulari, CIL 12, 1524: ex advocato, Augustin. de civ. dei 22, 8, 3. p. 567, 17 D.[2]: ex actuario, CIL 8, 2626; ex aquilifero legionis, ibid. 8, 2904: ex armorum custode, ibid. 8, 2982: ex beneficiario, *ibid.* 8, 2800: ex beneficiario tribuni, *ibid.* 8, 2829: ex centurione, *ibid.* 11, 837: ex corniculario, Cod. Theod. 8, 7, 4. CIL 3, 3846 u. 8, 2961: ex comite largitionum, Amm.: ex comitibus, Cod. Theod.: ex gladiatore, Schol. Iuven. Vgl. Eutr. 6, 3 *in.* Schopen Schol. Iuven. 6, 105. p. 377 *ed. Heinr.* – selten zur Bezeichnung des Lebensalters, wie ex adulto iamque maturus, den Jünglingsjahren entwachsen, Amm. 16, 7, 5.

4 zur Bezeichnung des Ursprungs einer Sache in früherer Zeit, **von ... her,** ceteri ex veteribus bellis agro multati, Cic.: ipse e maioribus suis hostis populi Rom. iactabat etc., von seinen Vorfahren her ein Feind usw., Tac.

5 spätlat. verb. mit Zeitadverbien, wie: ex nunc, Amm.: ex tunc, Alcim. Avit.: bei den Juristen oft ex post delicto, ex post facto.

III in anderen Verhältnissen, in denen ein Ausgehen von etwas denkbar ist: **1** zur Bezeichnung des Ursprungs, der Herkunft, der Abstammung, statt der *Adiectt. gentil.* etc., **aus, von,** quidam ex Arcadia hospes, Nep.: puer ex aula, Hor.: civis Romanus e conventu Panormitano, Cic. – So auch **a** zur Bezeichnung der Lebensverhältnisse, des Geschäfts, Studiums, dem jmd. angehört, virgines ex sacerdotio Vestae, Ter.: alia ex quaestu, *i.e. alia meretrix,* Ter.: fuit eodem ex studio vir eruditus, Cic.: ex aliqua nota esse, von einer Art sein, Ov. u. Petron. – u. **b** des etymologischen Ursprungs, **von, nach,** urbem constituit, quam e suo nomine Romam iussit nominari, Cic.: e quorum nominibus proximi oceano Ingaevones vocantur, Tac.: cui postea Africano cognomen ex virtute fuit, Sall.: Aeneas urbem ex nomine uxoris Lavinium condidit, Iustin.

2 zur Bezeichnung des Ganzen, von dem irgendetwas als dazugehöriger Teil genommen wird, dah. auch zur Umschreibung des *Genet. partit.,* **aus, von, unter,** homo ex numero disertorum, Cic.: Fulginius ex primo hastato legionis XIV, Caes.: Aulus Aufidius unus ex meis intimis, Cic.: aliquis ex nobis, Cic.: e provinciis Hispaniae praeerat Cluvius Rufus, Tac.: e (ex) numero, unter der Zahl, Cic. u. a. – beim Superl., acerrimum ex omnibus nostris sensibus esse sensum videndi, Cic.: quod ex aliis ei maximam fidem habebat, Caes. – So auch **a** zur Angabe des Volkes, zu dem jmd. gehört, Quintus Vettius Vettianus e Marsis, ein Marser, Cic.: ex Helvetiis uxorem habere, eine Helvetierin, Caes. – u. **b** zur Umschreibung des Genetivs, der angibt, wozu etwas gehört, **von,** cortex ex arboribus, Caes.: puppes ex barbaris navibus, Caes.: u. so nihil ex pristina voluntate mutaverat, Cic.

3 zur Angabe des Stoffes, woraus, wovon etwas bereitet wird, **aus, von,** statua ex aere facta, Cic.: pocula ex auro, Cic.: potiones ex absinthio dantur, Cels.: poet., hoc totum e Coa veste volumen erit, d. i. wird über das koische Gewand handeln, Prop. – ebenso **a** zur Angabe des Vermögens, der Summe, wovon die Kosten zu etwas genommen werden, **aus, von,** ex praeda tripodem aureum Delphis ponere, Nep.: largiri ex alieno, Liv.: vivere ex rapto, Ov.: qui quaestui serviunt, quoniam is maior ex populo est, d. i. vom, beim Volk zu holen, Cels. – u. **b** zur Angabe des Stoffes, mit dem vermischt etw. gegeben, genommen wird, **mit, in,** oliva alba ex muria, Col.: calx ex oleo subacta, Vitr.: taeda ex aceto, Petron.: nasturtium viride consectum minutatim ex aqua in vas aliquod, Varro: fracto capiti aranei tela ex oleo et aceto imposita, Plin.: folia thyrsique triti ex aceto bibuntur, Plin.: farina tritici ex aceto cocta, Plin. – **c** zur Angabe der Farben, in die eine andere übergeht, bacae e nigro rufae, schwarzrot, Plin.: pallidus od. pallens e viridi, blassgrün, Plin.: (apes) ex aureolo variae, goldgesprenkelt, Col.

4 zur Bezeichnung der veranlassenden Ursache, **a** der näheren Ursache od. des Grundes, **aus, wegen, infolge, durch, von,** ex ea causa, Cic.: ex eadem causa, Cic.: ex ea re, Cic.: qua ex re, Cic. – mater ex aegritudine misera, Ter.: ex vino vacillantes, Quint.: gravida e Pamphilo est, Ter.: filius ex Roxane futurus, Curt.: u. so oriri, nasci ex alqo, Ter. u. a.; vgl. Beier Cic. de amic. 78. – Hannibal aeger oculis ex verna intemperie, Liv.: pes alter ex vulnere claudus, Liv.: Demetrius ex doctrina nobilis et clarus, Cic.: ex alqo dolere, Cic.: laborare ex invidia, Cic.: ex perfidia et malitia alci irasci, Cic.: veritus ex anni tempore, ne etc., Sall.: u. so bei Substst., timor ex imperatore, contemptio ex barbaris, Tac. – subitum ex repentino nubilo frigus, Cels.: ex hac clade atrox ira (*sc.* orta), Liv. – So auch in den Redensarten triumphare, triumphum agere ex etc., victoriam ferre ex etc., alcis victoria ex etc., Cic., Liv. u. a.; vgl. Drak. Liv. 38, 37, 2. – Bes. auch bei Pronom. in den üblichen Formeln ex eo quod, ex eo quia, deshalb weil, Cic.: ex quo factum est, quod, woher es kam, dass usw., Cic.: u. bei Schlüssen, ex quo, e quibus, weshalb, weswegen, Cic. u. a.: ex quo fit, efficitur, woraus hervorgeht, Cic.: ex eo fit, ut etc., deshalb geschieht es, dass usw., Cic. – **b** der entfernteren Ursache, der Veranlassung, der Folge, **von Seiten, auf Anlass, auf Veranlassung, infolge von usw.,** nulla in eo culpa ex principe, von Seiten des Fürsten, Tac.: damnatus est Megabocchus ex Sardinia, von Sardinien aus, auf Anlass Sardiniens, Cic. – nos hic te ad mensem Ianuarium exspectamus ex quodam rumore an ex litteris ad alios missis, Cic.: ex nuntiis cunctabundus, Tac.: ex occasione, Suet.: ex omni occasione, bei jeder Gelegenheit, Plin. ep. – ex vulnere mori, Liv.: ex vulneribus mori, Asin. Poll. in Cic. ep., perire, Liv.: ex Auli socordia spem salutis habere, Sall.: ex quo (infolgedessen) vereor, ne etc., Cic. ep. 2, 10, 1. – **c** in der späteren Latinität zur Bezeichnung des Mittels u. Werkzeugs, wofür die Klassiker den Abl. od. *per* gebrauchen, **mit, vermittels, durch,** monumentum ex litteris aureis scriptum, Testam. porc.: nudus ex arborum foliis se obruit, Hyg.: mustum agitabis ex canna radicata vehementer, Pallad.: Medea ex venenis multa miracula fecit, Hyg.

5 zur Bezeichnung des Übergangs einer Person aus einem Zustand in einen anderen, **aus,** ex oratore arator factus, Cic.: fierent iuvenes subito ex infantibus parvis, Liv.: ex beato miser, Cic. – auch des Tretens einer Sache an die Stelle einer anderen, adeo duas ex una civitate discordia fecerat, zwei aus einem, zwei an die Stelle des einen, Liv.

6 zur Bezeichnung der Gemäßheit, nach der wie nach einer Richtschnur od. Norm etwas geschieht, **nach, gemäß, zufolge, kraft,** ex senatus consulto, ex senatus sententia, Sall. u. Cic.: ex omnium sententia, Cic.: ex edicto, ex decreto, Cic.: ex lege, ex legibus, ex iure, Cic.: ex foedere, Liv.: ebenso ex pacto, Nep.: ex convento, Cic.: ex consuetudine sua, Caes.: e (od. ex) more, Ter., Verg. u. a.: e natura esse, Cic.: e virtute esse, Cic.: ex re, Phaedr.: ex re et ex tempore, Cic.: ex litteris meis te animum meum desiderare, Cic.: ex nullius iniuria, ohne Beeinträchtigung jmds., Liv. – Insbes.: **a** ex mea, tua re, **meiner-, deiner Sache gemäß, mir, dir zum Nutzen, -zum Besten,** Ter., Cic. u. a.: e re publica, zum Nutzen, Vorteil des Staats, Cic.: ebenso ex usu esse, vorteilhaft, nützlich sein, Ter., Cic. u. a. – **b** ex animo, **von ganzem Herzen, aufrichtig,** Cic.: miser ex animo fit, wirklich, Plaut. – **c** ex sententia, **nach Wunsch,** Cic.: mea ex sententia, Cic. (anders oben ex senatus sententia etc.).

7 zur Bezeichnung der Rücksicht, Hinsicht, nach der etwas geschieht od. gilt, **in Rücksicht, in Hinsicht, nach,** ex ratione libertatis, officii, in Rücksicht der usw., Cic.: e nostra dignitate, in Rücksicht auf usw., Cic.: dah. die Verbindungen iudicare, aestimare, metiri, ponderare, pendĕre, consulere ex alqa re, b. Cic. u. a.: ebenso illum exercitum ex Gallicanis legionibus magno opere contemno, im Vergleich zu usw., Cic.

IV Aus den bisher angegebenen Verhältnissen haben sich eine Menge Adverbialausdrücke mit ex gebildet, **1** in Verbindung mit Substst.: ex industria, mit Fleiß, vorsätzlich, Cic.: ex memoria, aus dem Gedächtnis, auswendig (= memoriter), Cic.: ex parte, zum Teil, teils, Cic.: e vestigio, sogleich, Caes.: e regione, gegenüber, Cic. – **2** mit Adjj.: ex facili, leicht, Ov.: ex integro, von neuem, Plin. ep. u. a.: ex vero (= vere), wahr, wirklich, Sall. – **3** m. Partiz.: ex abundanti, reichlich, Quint.: ex affluenti (= *affluenter*), Tac.: ex continenti (= *continuo*), sofort, unverzüglich, Iustin.: ex inopinato, unvermutet, Cic.: ex insperato, unverhofft, Liv. u. Ov.

► In der **Zusammensetzung** herrscht der Begriff **aus, heraus, weg, ab, herab,** auch von der Tiefe in die Höhe, **empor, auf, hinauf.** Es bezeichnet aber auch **a** ein Herausbewegen eines Ggstds. aus seiner früheren Natur, deutsch **ver-,** wie in effemino, gleichs. aus seiner Natur herausbringend verweiblichen; dah. auch eine Privation od. Negation des Grundbegriffs, wie in effreno, egelidus *no.* I. – **b** ein Hinaus-, Zuendeführen, eine Vollendung, wie in efficio, excolo; dah. oft = von **Grund aus, völlig,** wie in emorior, eneco; od. **bis ganz hin,** wie in elabi; u. übh. eine Steigerung des Grundbegriffs = **überaus, sehr, ganz,** wie in edurus, efferus.

ex-abundo, āre, **großen Überfluss haben** an etw., Salv. adv. avar. 4, 6. Arnob. in psalm. 36.

ex-abūtor, abūsus, abūtī, **gehörig benutzen,** quo temporis spatio exabusus, Amm. 25, 7, 8.

exacerbātio, ōnis, f. (exacerbo), die **Erbitterung,** Ps. Cypr. de Sina et Sion 8 u. 9: m. Ang. **worüber?** im Genet., admissi, Rufin. de schem. dian. 11. – peccatorum, d. i. Gottes durch die Sünden, Salv. de gub. dei 4, 7. – als rhet. Fig. = σαρκασμός, **der bittere Spott,** Rufin. de schem. dian. 11.

exacerbātrix, trīcis, *f.* (exacerbo), die **Erbittererin,** Salv. de gub. dei 3, 9.

ex-acerbēsco, ere (exacerbo), **erbittert (aufgebracht) werden,** Apul. apol. 85. Sidon. epist. 7, 9, 9.

ex-acerbo, āvī, ātum, āre, **I** jmd. bitter-, herb treffen, **a** im Allg.: hinc magis exacerbatur, quod (dass er) amisit (bonum), er empfindet den Verlust desselben umso bitterer, der Verlust desselben ist ihm umso empfindlicher, Plin. ep. 8, 5, 2. – **b** insbes., zum Zorn usw. **erbittern, aufbringen,** contumeliis hostes, Liv.: eo nomine omnes, Suet.: ut recenti aliquā irā exacerbarentur animi, Liv.: exacerbatus, quod (weil, dass usw.), Suet.: irritato exacerbatoque in se militum odio, da die Soldaten zu bitterem Hass gegen ihn aufgestachelt worden waren, Liv. – **II verbittern, herber machen, a** ein Verbrechen = **verschlimmern, strafbarer machen,** crimen verbis impiis, Paul. sent. 5, 29. § 1: u. medial exacerbari, sich verschlimmern, strafbarer werden, (crimen maiestatis) exacerbatur in (in Bezug auf) milites, Modest. dig. 48, 4, 7. § 4. – **b** eine Strafe = **herber machen, schärfen,** supplicia, Claud. Saturn. dig. 48, 19, 16. § 9.

exacervo, āvī, āre, **sehr häufen,** eo utimur, ubi exacervando aliquid interrogamus, Aquil. Rom. de fig. sent. 11: satisne in me magnas videor exacervasse discordias? Boëth. cons. phil. 1, 4. p. 9, 7 *Obb.* – Partiz. Präs. medial, exacervantia in se tela, die auf ihn sich häufenden, die haufenweise auf ihn losfliegenden, Amm. 23, 5, 3.

ex-acēsco, acuī, ere, **sauer werden,** Col. 12, 17, 1.

exacīsclo, āvī, āre (ex u. acisculum), **aushämmern = mit dem Hammer zerschlagen,** CIL 5, 952. 979. 1102.

exāctē, Adv. (exactus), **genau, gewissenhaft,** Sidon. epist. 7, 9, 2: *Compar.* exactius, Mela prooem. § 2. u. 1, 4, 5 (1. § 24). Gell. 1, 3, 21: *Superl.* exactissime, Sidon. epist. 5, 11, 2.

exāctio, ōnis, *f.* (exigo), **I das Herausjagen, Verjagen, Vertreiben,** ex. (regum), Cic. de or. 1, 37. – **II** übtr., die **Eintreibung, Beitreibung, Einforderung, 1** die **Erhebung,** das **Einziehen** von Geldern, Abgaben usw., **a** aktiv: pecuniarum, Liv.: nominum, Cic.: capitum atque ostiorum, Besteuerung der Köpfe u. Türen, Cic. ep.: frumenti et tributorum, Tac.: pecuniae etiam male creditae exactio est, auch das an einen schlechten Schuldner ausgeliehene Geld kann beigetrieben werden, Sen.: Ggstz. quoniam utrisque *exactio* pariter ac *solutio* difficilis erat, Iustin. 12, 11, 2. – **b** passiv, die **Erhebung** = das **Eingetriebene**, die **Einnahme**, ex. prior, Cic.: publicae exactiones, Asin. Poll. in Cic. ep.: exactiones illicitae, Tac. – **2** die **Beitreibung** einer Frone usw., provinciarum (in den Pr.) exactio in exhibendis (Stellung) operariis et artificibus plaustrisque, Lact. de mort. pers. 7, 8. – **3** das **Einfordern** des (den Sklaven usw.) aufgegebenen Pensums, cotidiana operis, Col. 11, 1, 25 (vgl. 26). – dah. auch die **Beaufsichtigung, Leitung** eines öffentl. Baues von Seiten einer Behörde, operum publicorum, Cic. de domo 51. – **4** die **genaue Beobachtung** od. **Ausführung** von etw., commensus, ein genau bestimmtes Maßverhältnis, Vitr. 3, 1, 4: pleni partus, Auson. edyll. 11, 5. p. 129, 8 Schenkl.: mit subj. Genet., officinatoris, Vitr. 6, 8, 9.

exāctor, ōris, *m.* (exigo), **I der Verjager, Vertreiber**, regum, Liv. 9, 17, 11. Apul. apol. 18. p. 27, 7 Kr. – **II der Eintreiber, Beitreiber, 1 der Einforderer, Erheber, Einkassierer** der Abgaben usw., Caes. b. c. 3, 32, 4. Liv. 28, 25, 9: fiscalium praestationum exactores, Firm. math. 4, 3 u. 6, 3: debitorum ipsius fisci exactores, Augustin. epist. 138, 15. – **2** übh. jeder, der darauf dringt, dass etwas mit Genauigkeit geleistet, gemacht, beobachtet wird, **Beaufsichtiger, Handhaber, Vollstrecker, strenger Mahner, -Kritiker**, operis, Col. (u. so absol., opus est perito ac vigilante exactore, Col.): studiorum, Quint.: cum ipse imperator et exactor circumiret, Liv.: supplicii, Liv., od. mortis, Vollstrecker der Todesstrafe, Tac.: disciplinae gravissimus, Suet.: asper recte loquendi, Quint.: sermonis Latini molestissimus, Suet.: ut exactor praesens promissorum adesset, Liv.: *ad* vendendum gravissimus exactor fuit, Lampr. Alex. Sev. 40, 6.

exāctrīx, trīcis, *f.* (Femin. zu exactor), **die Einforderin, Mahnerin**, epistula ex. rescriptorum, Augustin. epist. 110, 1: adjekt. diligentiā exactrice, Ennod. epist. 3, 30.

1. exāctus, a, um, *PAdj.* m. *Compar.* u. *Superl.* (v. exigo), **genau, pünktlich, vollkommen**, numerus, Liv.: frugalitas, Sen.: cura exactior, Suet.: exactissimus cultus caeremoniarum, Val. Max.: exactissimum ingenium, Sen. rhet.: vir exactissimus, Plin. ep. – m. folg. *Genet.*, morum fabraene exactior artis, difficile est illud dicere, Ov. fast. 3, 383.

2. exāctus, ūs, *m.* (exigo), der **Vertrieb, Verkauf**, mercis, Ps. Quint. decl. 12, 19.

exacum, ī, *n.*, gallischer Name für das kleine **Tausendgüldenkraut**, Plin. 25, 68.

ex-acuo, cuī, cūtum, ere, **so sehr als möglich-, tüchtig scharf-, -spitz machen, -schärfen, -zuspitzen, I** eig., v. leb. Wesen: ferramenta cote, Plin.: dentes, Verg.: ridicas, Col. – im Bild, mucronem aliquem tribunicium in nos, Cic. de legg. 3, 21. – **II** übtr.: **1** die Sinneswerkzeuge **gehörig schärfen**, scilla nata aceto exacuendo, Plin.: ros marinum aciem oculorum exacuit, Plin.: nasturtium animum exacuit, Plin.: non exacuet sapor ille palatum, Ov.: cum animus … exacuerit illam, ut oculorum, sic ingenii aciem, Cic. de legg. 1, 60. – **2** alqm mit u. ohne ad od. in alqd, **anspornen, aufstacheln, aufreizen**, alqm, Cic.: se invicem ad amorem immortalitatis, Plin. ep.: animos in bella, Hor.: irā exacui, Nep. – **3** alqd, **aufregen**, morbos aestatis iniquae, Col. poët. 10, 392.

exacūtio, ōnis, *f.* (exacuo), das **Zuspitzen**, calami, Plin. 17, 106.

exadversio, ōnis, *f.* (ex u. adverto) = ἀντεναντίωσις, die Redefigur, die durch Verneinung eines Begriffs den entgegengesetzten bezeichnet, Auct. carm. de fig. 163. p. 69 H.

ex-adversum (exadvorsum) u. **ex-adversus**, **I** *Adv.*, **gegenüber**, absol., video exadversum Pistoclerum, Plaut.: apud ipsum lacum est pistrilla et exadversum fabrica, Ter.: sese quisque exadversum quam proxime collocat, Apul.: Samos Icario in mari modica insula est; exadversum Miletos, Apul. – m. *Dat.*, exadversum ei loco tonstrina erat quaedam, Ter. Phorm. 88. – **II** *Praep.* mit *Acc.*, **gegenüber**, exadversum Athenas, Nep.: exadversus eum locum, Cic.: exadversus fontes Indi, Plin.: cum quidem exadversum Thrasybulum fortissime pugnaret, Nep.

exaedificātio, ōnis, *f.* (exaedifico), **das Aufbauen, der Aufbau, die Ausführung des Gebäudes**, theatri, Capit. Maxim. et Balb. 1, 4. – übtr., Cic. de or. 2, 63. Ambros. in psalm. 118. serm. 4. § 15: humani corporis, Chalcid. Tim. 203: animarum, *ibid.* 186.

ex-aedifico, āv, ātum, āre, **I aufbauen, erbauen**, ein Gebäude **aufführen**, oppidum, Caes.: urbem, Curt.: Capitolium, Cic.: regiam, Liv.: mundum, Cic. – domos atque villas in urbium modum, Sall.: alci domum, Vopisc.: turrem, Vopisc.: thermas, Treb. Poll. – im Bild, quī (= quo verst. argento) exaedificaret suam inchoatam ignaviam, das begonnene Taugenichtsleben ausbauen (fortführen) könnte, Plaut. trin. 132: ne graveris exaedificare id opus, quod instituisti, den begonnenen Bau völlig auszuführen, Cic. de or. 1, 164. – **II aus dem Haus hinausspedieren** oder **hinauskomplimentieren** (scherzh. = hinauswerfen), alqm ex hisce aedibus, Plaut. trin. 1127.

exaequātio, ōnis, *f.* (exaequo), **I** das **Ebenmachen, Abebnen**, agrorum, Serv. Verg. georg. 1, 95. – meton., **die Ebene, geebnete Fläche**, Vitr. 5, 12, 4. – **II** die **Gleichmachung**, earundem partium, Chalcid. Tim. 80. – übtr., die **Gleichstellung, Gleichheit**, Liv. 34, 4, 14.

ex-aequo, āvī, ātum, āre, **völlig gleichmachen, I** *tr.* **A** in sich selbst **ganz gleichmachen, völlig ebnen, 1** eig.: inferior pars sub aqua exaequanda, Vitr. 5, 12, 3: exaequatā planitie, *ibid.*: reliquam oris cutem ad speciem levitatis, völlig glatt scheren, Curt. 8, 9 (31), 22. – **2** übtr.: omnem vitam ad regulam unam, gleichmäßig einrichten, ins Gleiche bringen, Sen. ep. 20, 3. – **B** etw. einem anderen der Größe, dem Wert nach gleichmachen, **1** eig.: exaequare mensuras, CIL 10, 793: corticem cum cortice, Varro: tumulos tumulis, Auct. b. Hisp.: aciem cornibus hostium, Liv.: vires partium, miteinander ausgleichen, Iustin.: argentum argento exaequabitur, wird ausgeglichen werden, Plaut. – nos exaequat victoria caelo, Lucr. – **2** übtr.: **a** der inneren Beschaffenheit-, dem Rang usw. nach **gleichmachen** = **gleichstellen, in ein gleiches Verhältnis setzen, auf gleiche Stufe stellen**, ut militibus exaequatus cum imperatore labor esset, Sall.: iura, Cic.: facta dictis sunt exaequanda, die Taten müssen eine ihrer würdige Darstellung finden, Sall. Cat. 3, 2 (vgl. Liv. 6, 20, 8): exaequato periculo, durch Gleichstellung der Gefahr, durch gleiche Gefahr, Sall. – **b** in der Beurteilung einem anderen **gleichstellen, vergleichen**, se cum alqo, Cic.: exaequari alci, Cic., od. cum alqo, Sall., gleichkommen. – **II** *refl.*, einer Sache od. Person **sich gleichmachen = ihr gleichkommen, sie erreichen**, ut longitudo aut plenitudo harum (syllabarum) multitudinem alterius assequatur et exaequet, Rhet. Her. 4, 28: alqm, Ov. am. 3, 8, 61.

exaeresimus, s. exhaeresimus.

exaestimo, s. ex-īstimo ►.

exaestuātio, ōnis, *f.* (exaestuo), die **Aufwallung**, das **Aufbrausen**, Helbesus (amnis) in medio flumine subitā exaestuatione fervet, Solin. 5, 17. – übtr., animi, Non. 464, 10.

exaestumo, s. ex-īstimo ►.

ex-aestuo, āvī, ātum, āre, **I** *intr.*: **A auf-, emporwallen, auf-, emporbrausen, wallend aufsteigen, a** v. Wasser, mediā nocte fervida exaestuat aqua, Curt.: ima exaestuat unda verticibus, Verg.: quae materia in illis locis passim exaestuat, ausschwitzt, Iustin. – **b** von anderen erhitzten Ggstdn., vor Hitze **aufwallen, auf-, erglühen**, fundo exaestuat imo (v. Ätna), Verg.: Aegyptus torrente calore solis exaestuat, Iustin.: ut exaestuarat, sich erhitzt hatte, Suet.: übtr., mens exaestuat irā, Verg.: dolor exaestuat intus, Ov. – **B hervorbrausen, überfluten, branden**, mare exaestuat, Curt.: Oceanus exaestuans, Mela: mare exaestuare super fretum, Curt.: fossae omnes, in quas Nilus exaestuat, einströmt, Suet. – **II** *tr.* **aufwallend ausströmen lassen**, aestus, Lucr. 2, 1137; 6, 816: Oceanus quasi spiramenta quaedam magnitudinis suae exaestuat, Sen. suas. 1, 4.

exaggeranter, *Adv.* (exaggero), **mit großem Wortschwall, übertreibend, hyperbolisch**, inculcare, Tert. de carn. Chr. 19: dicere, Augustin. enarr. in psalm. 118. serm. 27. § 9 *extr.*

exaggerātio, ōnis, *f.* (exaggero), Erhöhung von Erde, dah. übtr., **I** die **Auf-** od. **Anhäufung, a** übh.: exaggerationes calamitatum, Augustin. serm. 38, 11. – **b** die **Häufung der Ausdrücke,** Gell. 13, 25 (24), 9. – u. die **Steigerung des Ausdrucks,** die **hyperbolische Rede,** Augustin. serm. 101, 8. – **II** die **Erhebung** der Seele, amplitudo et quasi quaedam exaggeratio quam altissima animi, Cic. Tusc. 2, 64.

exaggerātor, ōris, *m.* (exaggero), der **Vergrößerer,** famae, Hieron. epist. 22, 28 *extr.*

exaggerātus, a, um, *PAdi.* (v. exaggero), **vergrößert** durch Häufung der Ausdrücke, **gewaltig,** neque (fit) exaggeratius modulatiusve, Gell. 13, 25 (24), 25.

ex-aggero, āvī, ātum, āre, **hoch aufdämmen,** weit einen Damm **hoch aufhäufen, aufschütten, auffüllen, I** im Allg.: **1** eig.: quo moenitius esset quod exaggerabant, Varro LL. 5, 141: planitiem aggestā humo, Curt.: terram, Plin.: locus operibus (durch Erdwälle) exaggeratur, Vitr.: ex. illud spatium (*sc.* maris), Curt.: ex. pluribus stramentis aviarium, ausfüllen, ausfüttern, Col.: exaggerata variis odoribus strues, Mela. – **2** übtr., **erheben, einen höheren Schwung geben,** animus virtutibus exaggeratus, Cic.: posteriorum quasi exaggerata altius oratio, Cic. – **II** prägn., **aufhäufen** = aufhäufend **vermehren, vergrößern, 1** im Allg.: rem familiarem, Cic.: opes, Phaedr. – übtr., iuventam alcis honoribus, jmd. als Jüngling durch Ehrenstellen erhöhen, zu hohen Ehren bringen, Vell. 2, 129, 2. – **2** insbes.: **a** durch Worte **vergrößern,** aus Kosten der Wahrheit **erheben,** sextulam suam, allzu groß angeben, Cic.: beneficium verbis, Cic.: virtutem (Ggstz. extenuare cetera et abicere), Cic. – dah. **b** als rhet. *t. t.,* etw. durch die Darstellung **vergrößern, stärker hervorheben,** mit u. ohne oratione, Cic.: iniuriam, Quint.

exagitātio, ōnis, *f.* (exagito), die **Verfolgung, Heimsuchung,** malorum atque bonorum, Augustin. serm. 121, 4 *Mai.*

exagitātor, ōris, *m.* (exagito), der **Durchzieher, Tadler,** Cic. or. 42. Augustin. in psalm. 80,11.

ex-agito, āvī, ātum, āre, aus seiner ruhigen Stellung od. Lage **heraus-** u. **fortbewegen, I** eig. u. zwar: **A** ein Wild **auf- und vor sich hertreiben, aufjagen,** et lepus hic aliis exagitatus erit (sprichw.), Ov. art. am. 3, 662: prägn., ex. lustra ferarum venatu, die Tiere aufscheuchend beunruhigen, Sil. 16, 553. – **B** einen Wind **heftiger aufregen,** cum vis (venti) exagitata foras erumpitur, bricht nochmals, hat sich der Zudrang heftiger erregt, hervor mit Gewalt, Lucr. 6, 583. – **C** einen Bodensatz usw. **aufregen, aufwühlen,** ut quidquid faecis resederit exagitet et in sumum reducat, Col. 12, 19, 4: nam pari modo exagitatum et exhalat horribiliter caenum et suaviter fragrat unguentum, Augustin. de civ. dei 1, 8 *extr.* – **II** übtr.: **A** wie ein Wild **auf-** u. **umhertreiben, -jagen, abhetzen, verfolgen, beunruhigen, heimsuchen, nicht zur Ruhe kommen lassen, plagen, quälen, a** im Allg.: confugi ad te exagitatus a cuncta Graecia, Nep.: quod ab Suebis complures annos exagitati bello premebantur, Caes.: at omnes di exagitent me, Hor.: exagitet nostros manes, sectetur et umbras, Prop.: exagitari se maternā specie, verberibus Furiarum ac taedis ardentibus, Suet.: cum me adversis rebus exagitat, mit Unglück heimsucht, Augustin. de civ. dei 1, 29. – v. abstr. Subjj., quos illa quaestio exagitabat, beunruhigte, Sall.: omnes, quos flagitium, egestas, conscius animus exagitabat, zu keiner Ruhe kommen ließ, Sall.: homines scelerum conscientiā exagitati, Sall. fr. – dah. **b** mit Worten **zusetzen, tüchtig mitnehmend-, beißend-, mit Sarkasmus tadeln, durchziehen, verspotten,** alqm, Cic. u. a.: omnes eius fraudes, Cic. – u. **gänzlich verwerfen, -missbilligen,** et huius et aliorum philosophorum disputationibus et exagitatus maxime orator est et adiutus, Cic.: inventi sunt, qui hanc dicendi exercitationem exagitarent atque contemnerent, Cic. – **c** etw. **nicht ruhen lassen, immer wieder aufstören,** res iam antea vulgi rumoribus exagitata, unter dem Volk vielfach besprochen, ruchbar geworden, Sall. Cat. 29, 1. – **B** wie ein Meer **aufregen, in Bewegung setzen, a** den Staat in **Unruhe-, in Verwirrung bringen,** seditionibus rem publicam, Sall. Cat. 51, 32. – **b** das Gemüt **leidenschaftlich aufregen,** exagitatae mentis concursatio (Unruhe), Sen. ep. 3, 5. – **c** einen Affekt **rege machen, aufregen,** maerorem, erneuern, Cic.: furores corde, aufwühlen, hegen, Catull.: vetus Augustae odium, recentem Liviae conscientiam, Tac. – **d** eine Menge usw. **in Aufruhr setzen, aufreizen, reizen** (Ggstz. lenire), plebem, vulgum, Sall.: quia in tali tempore tanta vis (Gewalt) hominis leniunda magis quam exagitanda videbatur, mehr beschwichtigt als gereizt werde, Sall.

exagium, iī, *n.* (exigo, d. i. *exago), **das Wägen, das Gewicht,** Theod. et Val. nov. 5: sub exagio (nach dem G.) pecora vendere, CIL 6, 1770.

exagōga, ae, *f.* (ἐξαγωγή) **das Ausführen der Waren, der Transport** (rein lat. evectio), Plaut. rud. 631; truc. 716: bonorum exagogae, Plaut. truc. 552. – Nbf. **exagōgē,** ēs, *f.,* Paul. ex Fest. 80, 15.

exagōnum, -us, s. hexagōnum.

ex-alapo, āre, **tüchtig ohrfeigen,** Augustin. in psalm. 49, 6 *extr.*

ex-albēsco, buī, ere, **I eine weiße Farbe annehmen,** Gell. 12, 1, 12. – **II** übtr., vor Schreck usw. **erblassen, erbleichen,** Enn. fr. scen. 26. Cic. de or. 1, 121 u. Acad. 2, 48.

ex-albidus, a, um, **weißlich** (s. Placid. gloss. V, 20, 25), Plin. 12, 78. Rufin Orig. in Lev. hom. 8, 5, 8.

ex-albo, āvī, āre, **weiß machen,** Tert. adv. Marc. 4, 8 u. 10. Itala (*cod. Weing.*) Ioël 1, 7.

exalburnātus, a, um (ex u. alburnum), **des Splintes beraubt, entsplintet,** robur, Plin. 16, 204.

exālo, s. ex-hālo.

exaltātio, ōnis, *f.* (exalto), die **Erhöhung,** Th. Prisc. 4. f. 316[b]. Augustin. tract. in euang. Ioann. 53, 1: Ggstz. descensio, Chalcid. Tim. 59 (wo Plur.). – übtr., Sing. u. Plur., Tert. de cult. fem. 2, 3. Cypr. de zel. et liv. 10 u. a. Eccl.

exaltātor, ōris, *m.* (exalto), der **Erhöher,** Eccl.

ex-alto, āvī, ātum, āre, **I erhöhen,** terminos vetustate collapsos, CIL 6, 31554[a] (*a. 161*): aedificia a terra exaltata, Paul. ex Fest. 29, 10. – übtr., Vulg. gen. 50, 20 u. ö. – **II stufenartig vertiefen, -aushöhlen,** sulcos in tres pedes, Col. 3, 13, 4; u. so 4, 4, 2.

ex-altus, a, um, **sehr hoch,** trames, Apul. met. 6, 14.

exalūminātus, a, um (ex u. alumen), **alaunfarbig,** Plin. 9, 113.

ex-ambio, īvi, ītum, īre, **I** *intr.* **herumgehen,** um zu bitten, ex. ad martyras, Cypr. epist. 20, 2. – **II** *tr.:* **A** jmd. bittend **angehen,** alqm, Mamert. grat. act. Iulian. 19, 4. Amm. 26, 7, 6. – **B** übtr., **sich** etw. **erbitten,** alqd, Symm. epist. 7, 49: episcopatus non exambitus nec extortus, Cypr. epist. 55, 9: m. folg. *Acc.* u. *Infin.,* Cypr. epist. 67, 5: m. folg. *ut* u. Konj., Arnob. 3, 24 u. 7, 15. – ► synk. Imperf. exambibant, Mamert. grat. act. 19, 4.

ex-ambulo, āre, **herausspazieren,** hinc foras, Plaut. Epid. 165 G.

exāmen, minis, *n.* (st. exagimen zu exigo, d. i. *exago), **I** der herausgehende, ausfliegende **Schwarm** der Bienen u. a. Insekten, **A** eig.: apium od. apum, Cic. u. Liv.: vesparum, Liv. – **B** übtr., wie **Schwarm** = bewegte große **Menge, Schar, Haufen,** piscium, Plin.: iuvenum, Hor.: servorum, Cic.: Iudaeûm, Iudaeorum, Tert. u. Lact. – spätlat. v. Abstr., maerorum, Arnob.: dilationum, Amm. – **II** das Abwägende, Prüfende, **A** eig., das **Zünglein** an der Waage, Verg., Suet., Vitr. u. a. – aequali examine undique, auf allen Seiten ganz gleichmäßig, Plin. – **B** übtr. = **die Untersuchung, Prüfung,** examen improbum in illa castiges trutina, Pers.: examen opusculi istius tibi potissimum dare, Solin.: meritorum facere (anstellen) examen, Lact.: examina legum servare (anstellen), Ov.: longae examina vitae poscere, Stat. – ► Nbf. exāmina, ae, *f.,* Vict. Vit. 1, 23.

exāminātē, *Adv.* (examinatus), geprüft, d. i. **mit Überlegung, mit Sorgfalt,** bedachtsam, verb. perpense atque examinate, Ambros. Cain et Abel 1, 2,5: ex. credere, Tert. de praescr. 33: spatiis ex. dimensis, Amm. 29, 1, 30: *Compar.,* examinatius deliberare, Amm. 25, 7, 7: legere, Amm. 30, 3, 2.

exāminātio, ōnis, *f.* (nach examino *no.* II), **I** die **Abwägung,** Vitr. 10, 3 (8), 4: ex. vectis, das richtige Wiegverhältnis, Vitr. 10, 3 (8), 3: trutinarum librarumque ponderibus examinatio reperta, die Abw. (Prüfung) der Dinge durch Schnellwagen u. andere Wagen, Vitr. 10, 1, 6. – **II** übtr., die **Prüfung, Untersuchung,** Ulp. die. 3, 5, 7 (8). § 2 u. 47, 14, 1. § 4. Veget. mil. 1, 7. Mart. Cap. 5. § 461. Cypr. epist. 11, 5.

exāminātor, ōris, *m.* (nach examino *no.* II), **I der Abwäger,** Cassiod. var. 6, 18, 7. – **II** übtr., **der Prüfer, Untersucher,** Amm. 21, 16, 3; 26, 1, 1 u. Eccl.

exāminātōrius, a, um (examino), **eine Untersuchung betreffend,** Tert. adv. gnost. 7.

exāminātrīx, trīcis, *f.* (Femin, zu examinator), die **Prüferin,** attrib. = **prüfend, auf die Probe stellend,** tentatio (Versuchung), Augustin. de sanct. virgin. 47.

exāminātus, a, um, *PAdi.* (v. examino *no.* II, B), **geprüft, sorgfältig, genau,** nec examinatior fieret (virtus), Rufin. Orig. in num. hom. 14, 2: examinatissima diligentia, Augustin. conf. 7, 6.

exāmino, āvī, ātum, āre (examen), **I** *intr.* **Schwärme haben, schwärmen,** von Bienen, examinant alvi, Col. 19, 4, 5. – **II** *tr.* etwas nach einem Gewicht auf der Waage **aufziehen, sorgfältig abwägen, A** eig.: ad certum pondus, Caes.: non aurificis staterā, sed quādam populari trutinā examinari, Cic.: aequā lance, bildl., Cic.: animus tamquam paribus examinatus ponderibus, im Gleichgewicht schwebend, Cic.: cogit pressionibus examinari paucis manibus oneris maximi pondus, zwingt eine sehr große Last mit der Kraft weniger Hände im Gleichgewicht zu stehen, Vitr. 10, 3, 3. – **B** übtr., etwas **abwägen, erwägen, untersuchen, prüfen, a** übh.: pensas herbas, Ov.: subtilius lineas, Quint.: diligenter verborum omnium pondera, Cic.: emendate loquendi regulam, Quint.: natura partes suas velut in ponderibus constitutas examinat, ne portionum aequitate turbatā mundus praeponderet, Sen. – m. *Abl.* (mit), alqd aurium mensurā, Quint.: haec meis ponderibus, Cic.: omnia verborum momentis, non rerum ponderibus, Cic.: alqd amicorum iudicio, Plin. ep.: alqd diligenti curā, Quint. – m. *in* (bei) u. Abl., in ceteris doctoribus idem hoc diligentissime, Quint. 2, 2, 2. – mit *circa* (bei) u. Akk., exactissimo iudicio circa hanc partem studiorum omnia, Quint. 10, 2, 14; vgl. 11, 1, 57. – mit folg. *an* u. Konj., sed plane adhuc an sit recitandum examina tecum, Plin. ep. 2, 19, 9. – **b** vom Richter, male verum examinat omnis corruptus iudex, Hor. sat. 2, 2, 8: dubium (ius) aequitatis regulā examinandum est, Quint. 12, 3, 6: aedificiorum aetatibus examinatis, Papin. dig. 30, 58; vgl. Ulp. dig. 33, 7, 12. § 43.

ex-amplexor, ārī, **umfassen, umarmen,** Cornif. met. 4, 65.

ex-amurco, āre (ex u. amurca), eig. den Oliven das Wässrige (den Ölschaum) auspressen; dah. übtr., etw. **entfeuchten, austrocknen,** Apul. met. 4, 14.

examussim (ex u. amussim), nach dem Richtscheit, übtr., **nach der Schnur = genau, vollkommen, aufs Pünktlichste,** Plaut. Amph. 843 u. most. 102. Auct. prol. Plaut. Men. 50. Apul. met. 2, 30; 4, 18 u. 11, 27. Vgl. Placid. gloss. V, 18, 20 u. V, 19, 6.

ex-ancillor, ātus sum, āri, **ganz sklavisch dienen,** Tert. apol. 17 *extr.*

exanclātio, ōnis, *f.* (exanclo), **die Gründlichkeit** = ἀκρίβεια, Gloss. III, 447, 42; 480, 25.

ex-anclo (exantlo), āvī, ātum, āre, **auschöpfen** (nach Quint. 1, 6, 40 ein archaist. Wort), **I** eig.: vinum, austrinken, Plaut. Stich. 273: maternum sanguinem, vergießen, Enn. fr. scen. 147. – **II** übtr., **aushalten, ausdulden,** hunc laborem, Pacuv. tr. fr.: omnes labores, Cic.: cum aerumnis illum diem, Enn. fr. scen. 102: annos belli, Cic. poët.

exanguis, s. ex-sanguis.

exanimābiliter, *Adv.* (exanimo), **halbtot, mit Entsetzen,** Naev. com. 35.

exanimālis, e, **I** aktiv = **das Leben raubend, tödlich,** curae, Plaut. rud. 221. – **II** passiv = beinahe **des Lebens beraubt, entseelt,** Plaut. Bacch. 848.

exanimātio, ōnis, *f.* (exanimo), die »Beraubung des Atems«; dah. **I** die **Erstickung,** vulvarum exanimationes, Mutterbeschwerden, Plin. 32, 28. – **II** übtr., das **Außersichgeraten, a der besinnungslose Zustand** des Mutlosen, Plur. bei Cic. de off. 1, 131. – **b das Entsetzen** des Furchtsamen, Cic. Tusc. 4, 19.

exanimis, e u. (gew.) **exanimus**, a, um (ex u. anima), eig. **atemlos,** dah. **I entseelt, leblos, tot, α** Form *-is* (im Plur. nur im *Nom.* u. *Acc.* auf *es* üblich, alle übrigen Kasus, wie es scheint, ungebr.): corpus, Liv. u. a.: artus, Ov.: aspexit matrem exanimem, Tac.: decīdit (columba) exanimis, Verg. – poet., favillae, ausgelöscht, Stat.: hiems, Sturm, der ausgetobt hat, Stat. – **β** Form *-us,* wie: iuvenis, Verg.: corpus, Verg., Liv. u. Tac. – subst., exanima, ōrum, *n.*, **leblose Dinge,** Lact. 2, 2, 17; epit. 25, 15. – **II halbtot-, betäubt-, atemlos vor Schreck** u. dgl., Form *-is,* Verg. u. Hor.

ex-animo, āvī, ātum, āre (ex u. anima od. animus), **I luftleer machen,** folles, Auct. Aetnae 565. – **II des Atems berauben, erschöpfen, A** übh.: **1** eig.: duplicato cursu exanimari, außer Atem kommen, Caes. b. c. 3, 92, 2: u. so oft im Partiz., exanimatus currit, atemlos, Plaut.: cursu ac lassitudine exanimati, Caes. – **2** übtr., vor Furcht, Schrecken usw. jmd. **außer Atem setzen, jmdm. den Atem versetzen, die Besinnung rauben, ihn betäuben,** im Passiv auch = **außer sich geraten,** te metus exanimat, Cic.: mortis metus ceteros exanimat, Curt.: aegros, Hor.: exanimata uxor, atemlos, ganz betäubt vor Schreck, Cic.: exanimat lentus spectator, bringt außer Fassung, entmutigt (Ggstz. sedulus inflat, hebt u. ermutigt), Hor. – **B** prägn., **der Seele** od. **des Lebens berauben, entseelen, töten, 1** eig., alqm, Cic. u. a.: ex. se taxo, Caes. – u. *intr.* = **die Seele aushauchen, verenden,** v. Tieren, Iul. Val. 3, 20 (16). – **2** übtr., **fast des Lebens berauben, halbtot machen, betäuben, äußerst entkräften,** alqm querelis, Hor.: corpus verberibus, Hirt. b. G. – faex vini celerrime exanimatur loco non incluso condita, verliert den Geist (die Kraft), Plin. 23, 64. – **III hervorhauchen,** nolo verba exiliter exanimata (mit schwachem Hauch hervorgelispelt) exire, nolo inflata et quasi anhelata gravius, Cic. de or. 3, 41.

exanimus, a, um, s. exanimis.

exanio, s. ex-sanio.

exante, s. ante.

exanthēma, matis, *n.* (ἐξάνθημα), ein **Ausschlag** auf der Haut, der sich in Bläschen od. Blattern zeigt, Marc. Emp. 9.

ex-antlo, s. ex-anclo.

ex-aperio, īre, **völlig eröffnen,** übtr., **völlig auflösen,** quis exaperit istam tortuosissimam et implicatissimam nodositatem? Augustin. conf. 2, 10.

ex-apto, āre, **anpassend anfügen, -aufsetzen,** magno deo coronas, Apul. met. 11, 27.

ex-aptus, a, um, **angefügt, befestigt,** Lucil. 536. Varro fr. bei Plin. 36, 92. Fronto de fer. Als. 3. p. 229, 19 N.: u. so wohl auch brachia validis exapta lacertis, Lucr. 4, 826.

exaquēsco, ere (ex u. aqua), **zu Wasser werden,** Censor. 18. § 11.

exarātio, ōnis, *f.* (exaro), **I** das **Ausackern, Auspflügen,** Mart. Cap. 6. § 637. – **II** das Schreiben, die Schrift, Sidon. carm. 9, 333.

exarchus, ī, *m.* (ἔξαρχος), der **Vorgesetzte, Vorsteher,** Iustin. nov. 133. c. 4. Greg. epist. 7, 100 u. 104 u. a. – Form exarcus, CIL 5, 4376.

exarcio, s. ex-sarcio.

exarcus, s. exarchus.

ex-ardeo, **lichterloh brennen,** Vulg. Sirach 16, 7; 28, 14 u. 27.

ex-ardēsco, ārsī, ārsum, ere, **entbrennen, sich entzünden, I** eig.: **1** im Allg.: sulpur exardescens, Plin.: nulla materies tam facilis ad exardescendum est, quae etc., Cic.: cinis exstinctus et iam diu frigidus exarsit repente, Suet.: ignis in conspectu eius exardescet, Vulg.: bildl., solus pro patria exarsi, der Blitzstrahl traf mich allein, Cic. de har. resp. 45. – **2** insbes.: **a heiß werden, sich erhitzen, erglühen,** carbunculus aquis perfusus exardescit, Plin.: cotibus asper exarsit mucro, Lucan.: aetherioque recens exarsit sidere limus, Ov.: exarsit dies, Mart.: ubi solis radiis exarserit tempus, Amm. – **b aufblitzen,** exardescens fulgor (carbunculi), Plin. 37, 94. – **II** übtr.: **1** v. Pers., leidenschaftlich **entbrennen, erglühen, in Feuer und Flamme geraten,** von Affekten **heftig ergriffen werden,** mit *Abl.* **worin?** ex. animis, Liv.: m. *Abl.* **wodurch?** sibilis vulgi, Cic.: m. *Abl.* **wovon? wovor?** desiderio libertatis, Cic. – m. *ad* od. *in* u. Akk., für etw. **entbrennen, zu** etw. **hingerissen werden,** ad spem libertatis, Cic.: in perniciosam seditionem, Liv.: in proelium, Tac.: in bellum, Iustin.

– insbes.: **a** **in Grimm, vor Zorn entbrennen,** haud secus exarsit, quam circo taurus aperto, Ov.: infestius, Liv.: graviter, Cic.: cuius responso sic iudices exarserunt, ut etc., Cic. – **b** **von Liebe entbrennen,** imis tota exarsit medullis, Catull.: non secus exarsit, quam etc., Ov.: in (zum) C. Silium ita exarserat, ut etc., Tac. – **2** v. Lebl.: **a** **entbrennen, auflodern, plötzlich sich entspinnen, -ausbrechen,** exarsit bellum, Cic.: seditio, Tac.: tempus illud exarserat, Cic. – **b** **hinaufsteigen, zunehmen,** v. Preis, in immensum, Suet. Tib. 34, 1.

ex-ārefio, fierī, **vollkommen trocken werden,** Plin. 26, 103.

ex-arēno (exharēno), āre (ex u. arena od. harena), **vom Sand reinigen,** Plin. 33, 65.

ex-ārēsco, āruī, ere, **vertrocknen, austrocknen, versiegen,** exarescunt vestimenta uvida, Plaut.: exarescit frumentum, Varro: silva omnis exaruit radicitus, Suet.: exarescunt amnes, Cic., fontes, Caes.: exarescunt lacrimae, Cic.: exaruit cruor, Sen. rhet.: im Bild, nequedum exarui ex (infolge, durch) amoenis rebus, Plaut. mil. 641: exustus flos siti veteris ubertatis exaruit, Cic. Brut. 16: cum enim inexplebiles populi fauces exaruerunt libertatis siti, Cic. de rep. 1, 66. – übtr., exaruit facultas orationis, Cic.: vides enim exaruisse iam veterem urbanitatem, dass der Quell des alten guten Tons versiegt ist, Cic.: quae (opinio) tum denique non appellabatur recens, cum vetustate exaruit, Cic.: nondum apud eos penitus exaruit musica, Amm.

ex-āridus, a, um, **vollkommen trocken,** Tert. de res. carn. 30.

ex-armo, āvī, ātum, āre, **I** **entwaffnen,** **A** eig. u. meton.: **1** eig.: alqm, Vell. u. Tac.: dextras, Lucan.: cum (aries) se tamquam exarmatum intellegat, Col.: habuit leones et leopardos exarmatos (der Krallen od. Zähne beraubt), Lampr. – **2** meton., **entkräften, unschädlich machen, zähmen,** tigres, Manil.: serpentem veneno, Sil. – **B** übtr., **entwaffnen** = erbitten, begütigen usw. (vgl. Duker Flor. 1, 22, 3), alqm lacrimis suis, Flor.: mirabili formā nautas, Petron. – u. = **entkräften,** accusationem, Plin. ep. – **II** **abtakeln,** navem, Sen. contr. 7. prooem. § 9 u. 7, 1 (16). § 10. Sen. cons. ad Helv. 17, 6. – u. *neutr.* **das Takelwerk verlieren,** v. Schiff, Paul. dig. 14, 2, 2. § 1: v. Schiffer, Sen. ep. 30, 3.

ex-aro, āvī, ātum, āre, **I** **ausackern, auspflügen,** puerum, Cic.: radices, Plin. – **II** **erackern, erpflügen,** d. i. durch den Ackerbau herausbringen od. gewinnen, poscet omne, quantum exaravero, Cic.: nummos vero ut det, quos non exarat, Cic.: tantum labore suo frumenti ex., ut etc., Cic.: plus quam decem medimna ex agro, Cic.: hae litterae hoc, quantum est ex Sicilia frumenti hornotini, exaraverunt, diesem Schreiben verdankt man den Bau alles Getreides, das heuer von Sizilien kam, Cic. – **III** **ausackern, aufpflügen,** **A** eig.: terram, Varro: agrum, Col.: ex. et effodere mala, rings den Boden um die Apfelbäume aufackern u. aufgraben, Pallad.: übtr., frontem rugis, mit R. durchfurchen = mit Runzeln (wie mit Furchen) überziehen, Hor. epod. 8, 4: u. so exaratus vulneribus a capite usque ad pedes, Ambros. de off. 1, 12, 41. – **B** meton., etwas (mit dem Griffel die wächserne Schreibtafel gleichs. durchfurchend) flüchtig **entwerfen, aufzeichnen, vermerken, entwerfen,** exaravi ad te harum exemplum in codicillis, Cic.: librum tertium Aesopi stilo, Phaedr.

exarticulātio, ōnis, *f.* (*exarticulo) = ἐξάρθρημα, die **Verrenkung,** Gloss. III, 363, 55.

ex-articulātus, a, um, **unartikuliert,** sonus tinnitusque, Tert. ad nat. 1, 8.

ex-artus, a, um, **sehr eng,** trames, Apul. met. 6, 14.

exasciātor, ōris, *m.* (exascio), der die Weinfässer auf- u. zuschlägt, CIL 6, 1785.

ex-ascio (āvī), ātum, āre, **mit der Zimmeraxt behauen,** übtr., iam hoc opus est exasciato, das muss gehörig ausgeklügelt, wohl abgekartet werden, Plaut. asin. 360.

exasperātio, ōnis, *f.* (exaspero), **I** das **Rauhwerden,** die **Rauhigkeit,** oris, Macr. sat. 7, 12, 38: faucium, Veget. mul. 5, 61, 1: absol., Scrib. Larg. 222. – **II** die **Erbitterung,** Tert. adv. Marc. 2, 16. Greg. M. epist. 11, 34.

exasperātrīx, trīcis, *f.* (exaspero), die **Erbittererin,** Vulg. Ezech. 2, 8.

ex-aspero, āvī, ātum, āre, **I** **ganz rau machen,** **A** eig.: **a** als mediz. *t. t.,* **rau machen, in einen entzündlichen Zustand versetzen, angreifen** (Ggstz. lēvare), cutem, Cels.: oculum, palpebras, Cels.: fauces, Cels. u. Plin. ep.: u. so arteria exasperata, rauer Hals, Plin. u. Scrib. Larg. – **b** das Meer in wogenden Zustand versetzen, **aufwühlen,** auster, qui Siculum pelagus exasperet, Sen.: quod si concussas Triton exasperat undas, Ov.: fretum quietum saeva ventorum rabies motis exasperat undis, Ov.: exasperato fluctibus mari, bei hochgehender See, Liv. – **c** dem Geschmack nach **rau-, herb machen,** prout (vinum) ingenio imbecillum aut validum fuit, vel acore exasperatur vel austeritate restringitur, Macr. sat. 7, 12, 12: u. bildl., exasp. amicitiae dulcedinem, Augustin. epist. 73, 4. – **d** **dem Ton** nach **rau machen,** rasae fauces vocem exasperant, Quint. 11, 3, 20: faucium vitio vox exasperatur, *ibid.* – **e** **den Boden rau (uneben) machen,** moles frequentibus exasperata saxis, Sen. contr. 1, 3, 3: frontem silvae cautesque exasperant, Mela 3, 8, 6 (3. § 79). – **f** prägn., **mit erhabener Arbeit schmücken,** innumeris aegida signis, Claud. III. cons. Hon. 193. – **B** übtr.: **1** eine raue-, rohe Beschaffenheit geben, **a** einer Person = **sie verwildern lassen,** durati tot malis exasperatique, verwildert, Liv. 38, 17. § 17. – **b** einer Sache = **etwas verschlimmern,** **α** als mediz. *t. t.,* morbum, Cels.: tussim, Plin.: luctando ulcera sanescentia exasperantur, verschlimmern sich, Cels. – **β** durch die Darstellung **in ein schlimmes Licht setzen,** rem verbis, Quint. 4, 2, 75: facinus (Ggstz. lenire), Apul. met. 10, 4. – **2** leidenschaftlich **wild machen** = **aufreizen, aufhetzen, erbittern** (Ggstz. lenire, sedare), canes, hetzen, auf hetzen, Apul.: animos, Liv.: Ligures, Liv.: ob nimis severe gestam censuram maiorem partem civitatis, Val. Max.: Commodum *in* Albinum, Capit. – **II** die Rauheit benehmen, **schärfen,** saxo ensem, Sil. 4, 19; vgl. Apul. met. 5, 20. – ► Synkop. exasprat, Not. Tir. 54, 79.

exauctōrātio, ōnis, *f.* (exauctoro), **die Entlassung,** Alc. Avit. epist. 30. p. 60, 12 *Peiper.*

ex-auctōritās, ātis, *f.,* **die Entbindung vom Fahneneid,** Cod. Theod. 8, 5, 35.

ex-auctōro, āvī, ātum, āre, jmd. **vom Fahneneid entbinden,** aus dem Soldatendienst **entlassen, verabschieden,** ihn **abdanken,** ihm **den Abschied geben** (ohne Rücksicht auf die Dienstzeit; dah. auch von schimpflicher Verabschiedung = **kassieren,** hingegen mittere alqm u. missionem dare alci, nach voller Dienstzeit), alqm, Liv., Tac. u. a.: se, sich des Eides entbinden, den Dienst aufgeben, Liv. 8, 34, 9. – übtr., verba, außer Gebrauch setzen, Macr. sat. 1, 5. § 3.

exaudībilis, e (exaudio), **a** passiv, v. dem, dessen Bitten erhört werden, **erhörlich,** Augustin. serm. 351, 4 u. soliloqu. 1, 1. – **b** aktiv, v. dem, der die Bitten erhört, **erhörend,** Schol. Iuven. 13, 248.

ex-audio, īvī, ītum, īre, **I** **ganz-, deutlich hören, -vernehmen,** Passiv exaudiri, **deutlich vernommen werden,** zu jmds. **Ohr gelangen, -dringen,** wenn dem vollständigen Vernehmen des Gesprochenen kein Hindernis im Wege steht, sei es in der leisen Stimme od. in der Entferntheit des Sprechenden (vgl. Benecke Cic. Lig. 6. Garatoni Cic. Mil. 67. p. 258 *sq. ed. Orell.* Drak. Liv. 3, 56, 8), **A** eig.: milites nostri clamorem exaudiunt, Caes.: non exaudito sono tubae, Caes.: levi in strepitu mihi videor exaudisse, cum diceres, Cic.: fit strepitus adeo, ut exaudiri possit foris, Nep.: ea quae exaudio dissimulare non possum, Cic.: inter armorum strepitum verba se iuris civilis exaudire non potuisse, Val. Max. – poet., fingere cinctutis non exaudita Cethegis, d. i. von den Alten nicht gehörte (= neue) Wörter, Hor. de art. poët. 50. – **B** übtr.: **1** als Folge des Hörens **verstehen,** nomina, verba, Cels. dig. 33, 10, 7 u. a. – **2** poet. = **empfinden, fühlen,** herbas, Lucan. 6, 715. – **II** **erhören,** auf etw. od. jmd. **hören,** ihm **ein geneigtes Ohr leihen,** **a** alqd, Bitten u. Wünsche **erhören,** v. der Gottheit, vota populi, Sen. contr. 1, 3, 10: preces aliquas, Plin. 28, 13: preces supplices, Ov. met. 13, 856: diras, Liv. 40, 5, 1: vota precesque, Verg. Aen. 11, 157. – **b** alqm, jmds. Vorstellungen, Warnungen **Gehör geben,** monitor non exauditus, der kein Gehör fand, verworfen wurde, Hor. ep. 1, 20, 14: absol., exaudi, lass dich bedeuten, Ov. met. 4, 144. – ► Synk. Imperf. exaudibam, Plaut. Epid. 239. – Perf.

exaudit (= exaudiit), CIL 3, 43. – Superl. d. Partiz. Präs. exaudientissimus, CIL 3, 1126 (Nemesi exaudiendissimae).

exaudītio, ōnis, *f.* (exaudio), die **Erhörung,** Vulg. 2. chron. 33, 19. Augustin. tract. in I. Ioann. 6. § 7. Augustin. locut. 2. de exod. 13: eorum efficacior est ratio et exauditione dei dignior, werter, von Gott erhört zu werden, Augustin. de civ. dei 21, 24, 1.

exaudītor, ōris, *m.* (exaudio), der **Erhörer,** Vulg. Sirach 35, 19. Ven. Fort. vit. S. Mart. 4, 594.

ex-augeo, ēre, **bedeutend vermehren, -vergrößern, -verstärken,** radiorum ictum, Lucr.: benefacta maiorum suorum, Plaut.: concurrunt multa eam opinionem quae mihi animo exaugeant, Ter.: quae res videtur esse adhibenda et ad ornandam et ad exaugendam orationem, Rhet. Her.

exaugurātio ōnis, *f.* (exauguro), die **Aufhebung der Weihe, die Entweihung, Profanation,** sacellorum exaugurationes, Liv. 1, 55, 3.

ex-auguro, āre, eine geweihte Sache od. Pers. **dem gewöhnlichen Gebrauch wieder anheimgeben, die Weihe** einer Sache od. Pers. **aufheben,** eine Sache od. Pers. **profanieren,** fana, Cato fr.: fana sacellaque, Liv.: Vestalem, Gell.

exauriculātus, a, um (ex u. auricula), **henkellos,** oenophorum, Aulul. p. 38, 5 *Peiper.*

ex-auspico, āvī, āre, **unter günstigen Wahrzeichen herauskommen,** exauspicavi ex vinclis, unter g. W. bin ich aus den F. herausgekommen, d. h. die Entledigung von den F. ließ mich auf gänzliche Befreiung hoffen, Plaut. capt. 766.

ex-ballisto, āre (ex u. ballista), **über den Haufen schießen,** scherzh. übtr. = hintergehen, exb. Ballionem, Plaut. Pseud. 585[a].

ex-bibo s. ē-bibo.

exbola, ae, *f.* (ἐκβολή), die **Ausschussware** des Töpfers, exbolas quassant (zerschlagen), Naev. com. 103.

ex-brōmo, ātus, āre (ex u. bromus = βρῶμος), **entstänkern = begießen** od. **einwässern,** um den üblen Geruch zu benehmen, Apic. 2, 52; 6, 216; 7, 270: carnes exbromatae unā undā, Anthim. 3 *in.*

excaecātio, ōnis, *f.* (excaeco) = ἐκτύφλωσις (Gloss.), das **Blindmachen, Blenden,** Augustin. epist. 88, 12. – übtr., die **Verblendung,** Augustin. c. Faust. 21, 9 u. a.

excaecātor, ōris, *m.* (excaeco), der **Verblender,** Augustin. serm. 135, 1.

ex-caeco, āvī, ātum, āre, **blind machen, blenden,** **I** eig.: alqm, Cic.: filium, Sen. rhet.: alqm virgulā, Flor.: excaecatus Cyclops, Sen. rhet.: excaecato uno oculo, Firm.: excaecari papavere, erblinden, Plin. – **II** übtr.: **1** Bäume u. Pflanzen **der Augen berauben,** Col. u. Plin. – **2** einen Fluss usw. **verstopfen,** flumina, Ov.: venas in undis, Ov.: itinera, Cels. – **3** **verdunkeln, des Ansehens berauben, unansehnlich machen,** formam, Petron.: fulgor (argenti) excaecatus, matter Glanz, Plin. – **4** des geistigen Augenlichts berauben, **blenden, verblenden,** quos diabolus excaecat, Cypr. epist. 59, 18: ut excaecati in te offenderent, Augustin. conf. 5, 2: felicitas, quā excaecantur homines, Augustin. serm. 127, 1: u. verb., excaecabat ingens fama oculos animosque (und den Sinn) miserorum, Petron. 141, 5.

ex-calceo (excalcio), āvī, ātum, āre, **entschuhen,** pedes, Suet.: medial, excalceari, die Schuhe (den Kothurn) ablegen, Sen.: u. Partiz. excalceatus, mit ausgezogenen Schuhen, ohne Schuhe, Suet. u. a. – u. exc. alqm im Doppelsinn (von calceus u. von χαλκός) = die Schuhe u. = das Geld abnehmen, Porphyr. Hor. sat. 1, 8, 39. – subst. excalceati, mimische Schauspieler (weil sie nur Sandalen, nicht cothurni, wie die tragischen Schauspieler, od. socci, wie die komischen, trugen), Ggstz. cothurnati, Sen. ep. 8, 8. – Dep. Nbf. **excalceor,** ārī, se, Varro sat. Men. 439.

excalceus, a, um (excalceo), **ohne Schuhe,** Eccl.

ex-calcio, s. ex-calceo.

excaldātio, ōnis, *f.* (excaldo), die **warme Abwaschung, das warme Bad,** Plur., Capit. Albin. 5, 7. Vulcat. Gall. Avid. Cass. 5, 11.

ex-caldo, ātus, āre (ex u. calda), **a** in warmem Wasser **baden** od. **abwaschen,** se, Vulc. Gall. Avid. Cass. 5. § 5: amygdalae excaldatae, Marc. Emp. 26. – **b** **in warmem Wasser leicht abkochen,** caseus excaldatus, Apic. 4, 137: aedina sive agnina excaldata, Apic. 8, 360 u. 361.

ex-calefacio, s. ex-calfacio.

ex-calēsco, ere, **erwärmt werden,** Th. Prisc. 4, 1.

ex-calfacio, fēci, factum, ere, **erwärmen, erhitzen,** Plin. 21, 82 u. 155 u. 163. – Als Passiv, excalfio (excalefio), factus sum, fierī, **erwärmt-, erhitzt werden,** excalf., Plin. 24, 42: excalef., Scrib. Larg. 158: Partiz. excalfactus, Plin. 37, 37. Hyg. fab. 197: excalefactus, Isid. 16, 4, 35 u. 16, 11, 2.

excalfactio, ōnis, *f.* (excalfacio), die **Erwärmung, Erhitzung,** Plur. bei Plin. 31, 105 u. Soran. fr. § 30. p. 124, 30.

excalfactōrius, a, um (excalfacio), **erwärmend, erhitzend,** vis, Plin. 21, 120 u. a.

ex-calfio, s. ex-calfacio.

ex-candefacio, fēcī, factum, ere, **entzünden, heiß machen,** dah. übtr., **I** **entbrannt machen,** in der Tmesis excande me fecerunt cupiditate, Varro r. r. 3, 4, 1. – **II** **steigen machen, steigern,** annonam macelli (Preis der Lebensmittel), Varro r. r. 3, 2, 16.

ex-candeo, ēre, **I** *intr.* **ganz hell schimmern,** excandentes lapides, Iul. Val. 3, 37 (22) *Mai.* – **II** *tr.* **glänzend weiß machen,** cutem, Schol. Iuven. 2, 107.

excandēscentia, ae, *f.* (excandesco), **das hitzige Auffahren, das Aufbrausen** des Zornigen, Cic. Tusc. 4, 21. Apul. de dogm. Plat. 1, 18.

ex-candēsco, duī, ere, **I** **sich erhitzen, glühend heiß werden,** **a** im Feuer, Cato r. r. 95, 2. – **b** durch innere krankhafte Hitze, **sich entzünden,** paene ad omnem contactum excandescit (pusula), Col. 7, 5, 16. – **II** übtr.: **a** v. Tag usw., **hell werden, anbrechen,** ubi lux excanduit tertia, Amm. 21, 10, 2: ubi excanduit radiis dies, Amm. 26, 6, 14. – **b** v. leb. Wesen, **entbrennen, ergrimmen, in Jähzorn geraten,** absol., Cael. in Cic. ep. u. a.: ita exc., ut etc., Suet.: hactenus, ut etc., Suet.: haud ultra verba, Suet.: ultra modum solitae indignationis, Amm.: in ultionem, Flor.: in exteros (v. Hunden), Col.: quomodo excandescunt, si etc.? Sen. – personif., v. Abstr., nisi *irā* excanduerit fortitudo, Cic. Tusc. 4, 43: deorum spreti monitus excandescunt, Val. Max. 1, 6, 11. – ► Nbf. **excandīsco,** wov. excandiscit, Not. Tir. 102, 61.

ex-canto, āvī, ātum, āre, **a** **heraus-, hervorzaubern,** clausas puellas, Prop. 3, 3, 49: Aemilio prae canto atque exigo et excanto, Lucil. 63. – **b** **herabzaubern,** sidera excantata voce Thessalā, Hor. epod. 5, 45; vgl. Lucan. 6, 457; 9, 930. – **c** **heraufzaubern,** Lethaeos deos, Lucan. 6, 683. – **d** **weg-, fortzaubern,** alqm cantando ex ara (vom A. weg), Varro sat. Men. 151: fruges, von einem fremden Feld weg-, auf das seinige zaubern, XII tabb. 8. fr. 7 (bei Sen. nat. qu. 4, 7, 2 u. bei Plin. 28, 18), wo archaist. excantassit (= excantaverit): mortis metus excantatus effugit, Augustin. solil. 2, 14, 26 *extr.*

ex-carnifico, āvī, ātum, āre, martervoll **zerfleischen, foltern, zu Tode foltern** od. **martern,** **I** eig.: alqm, Cic.: alqm minutissimis ictibus, Suet.: alqm tormentis, Apul.: hominem particulatim, Sen.: alqm ad interitum, Amm. – **II** übtr., jmd. geistig **abmartern, auf die Folter spannen, foltern,** alqm, Ter. heaut. 813. Sen. de clem. 1, 16, 3: animum, Sen. de ira 3, 4, 3.

ex-castro, (āvī), ātum, āre, **verschneiden, entmannen,** **I** eig., Gell. 9, 9,10. – **II** übtr., **enthülsen,** sinapi, Scrib. Larg. 9.

excastrātio, ōnis, *f.* (excastro) = ἐκτομή, das **Verschneiden, Entmannen,** Gloss. II, 293, 8 u. ö.

excatarisso, āvī, āre (ex u. καθαρίζω), jmd. **bis aufs Blut quälen,** m. folg. *ut* u. Konj., Petron. 67, 10.

ex-caudico, āre, s. ex-cōdico.

excavātio, ōnis, *f.* (excavo), die **Aushöhlung,** Sen. nat. qu. 4, 3, 4.

ex-cavo, āvī, ātum, āre, **aushöhlen,** **I** eig.: excavato uno oculo, Firm.: ripas, Plin.: focos et prata crebris foraminibus (v. Insekten), Plin.: ex una gemma praegrandi trullā excavatā, Cic.: loca vel iniuriā temporis vel alio quolibet casu excavata, Sen.: lapides excavant aquae, Vulg. – **II** übtr., obszön = *paedicare,* Auct. Priap. 51, 4.

ex-cēdo, cessī, cessum, ere, **I** *intr.* **A** **herausgehen, sich entfernen,**

1 eig.: **a** v. Pers., absol., Cic. u. a.: urbe, Cic.: oppido, Caes.: finibus, Liv.: ex itinere, ex via, Caes.: viā, Liv.: e medio, Ter.: ex acie, Nep.: ex proelio, Caes.: ex pugna, Sall.: proelio, pugnā, Caes.: extra vallum, Liv.: *impers.*, ita Crotone excessum est, Liv. – m. Ang. **wohin?** agro hostium in Boeotiam, Liv.: ad deos, Vell. u. Curt.: in exsilium, u. in dems. Sinne bl. exc., ICt. – **b** v. Lebl.: **α aus etw. heraustreten, -dringen,** si quis umor excesserit, Cels. 8, 10, 5. – **β** aus einem Ort **hinausgehen,** einen Ort **verlassen,** priusquam ulla navis litore excederet, vom Gestade stieß, Iustin. 11, 5, 6. – **γ heraus-, hervortreten, hervorragen, -springen, sich erstrecken, sich erheben,** ut nulla pars huiusce generis excedat extra, Cic.: inferiores dentes longius quam superiores excedunt, Cels.: vertebrae, quae paulum excesserunt, Cels.: quive (pisces) in nimiam magnitudinem excesserunt, Cels. – bes. v. Örtl., ubi in nostra maria tractus excedit, Mela: ab Alpibus incipit in altum excedere (Italia), Mela: rupes quattuor stadia in altitudinem excedit, Curt.: excedentia in nubes iuga, Plin. – **2** übtr.: **a** im Allg.: ex ephebis (v. Griechen), Komik., e pueris, Cic., aus dem Knabenalter treten: e memoria, aus dem Gedächtnis schwinden, Liv.: u. so bl. exc., Sil.: e vita od. bl. vita, Cic., od. de vita, Fronto, od. bl. exc., Tac., aus dem Leben scheiden, verscheiden: exc. palmā, den Preis abtreten, Verg. – **b abgehen,** vom Hauptgegenstand **abschweifen,** paulum ad enarrandum, quam (wie) etc., Liv. 29, 29, 5: in fabellam excessi non ingratam tibi, Sen. ep. 77, 10: si longior fuero in hoc, in quod excessi, Plin. ep. 5, 6, 44. – **B** weiter herausgehen; dah. **1** eig., v. Pers. = **vordringen,** in Pontum, usque Aegyptum, Iustin. – v. Lebl. = **hervortreten, hervorragen,** ut nulla (pars) excederet ultra, Cic.: excedit os, Cels.: omnia quae excesserunt, alle herausgetretenen Teile, Cels. – **2** übtr.: **a zu etw. gelangen, sich erheben,** eo laudis (zu solchem Ruhm) exc., quo etc., Tac.: exc. in tantum amplitudinis imperatorum virtutibus, Val. Max.: ad summum imperii fastigium, Val. Max.: ad clarissimum gloriae lumen, Val. Max. – **b** in etw. **übergehen, ausschlagen,** ne in altercationem excederet res, Liv.: quae (res) studiis in magnum certamen excesserit, Liv.: in hoc tantum saepe lacessiti principis ira excessit, ut etc., Vell. – **c** über etw. **hinausgehen,** supra usitatam rationem, Val. Max.: ultra fidem veri, Val. Max.: cum libertas non ultra vocem excessisset, Liv. – **d** sittl. **ausschreiten,** ne illa in tristitiam, haec in petulantiam excedat, Plin. ep. 8, 21, 1: in lasciviam, Tert. ad nat. 2, 8. – **e** chronol. in eine Zeit **hinausfallen** (v. einer Begebenheit), in annum Cn. Servili et C. Flamini, Liv. 21, 15, 6: insequentia excedunt in eum annum, qui etc., Liv. 30, 26, 1. – **II** *tr.* aus einem Ort **herausgehen, A** im Allg., einen Ort **verlassen, räumen,** curiam, urbem, Liv.: patrios muros, Lucan. – **B** prägn., über die Grenze eines Ortes hinausgehen; dah. **1** eig., **überschreiten,** radicem montis, Sall. fr.: terminos agelli sui numquam excessisse, Val. Max. – v. Flüssen, **austreten** aus usw., Tiberis alveum excessit, Plin. ep. – v. Bergen, **überragen,** nubes excedit Olympus, Lucan. – u. v. Wasser = etw. **überschreiten,** über etw. **gehen,** appositae crepidinis fastigium, Curt.: stagnum altitudine genua non excedens, Plin. – **2** übtr.: **a** eine Alterszeit **überschreiten,** septimum mensem cum excesserunt, Col. 8, 11, 17: qui annum sextum natu excesserint, Cael. Aur. de morb. acut. 2, 29, 154. – **b** über ein bestimmtes Maß usw. **hinausgehen,** es **überschreiten, übersteigen,** fabae magnitudinem, Plin.: modii mensuram, Liv. epit.: staturam iustam, Suet.: summam octoginta milium, Liv.: annos decem, Col.: modum, Liv.: tempus finitum, Liv.: fastigium equestre (Ritterrang), Tac.: praeturae gradum, Suet.: fidem (den Glauben), Vell. u. a.: fidem veritatis, Val. Max.: excessā unione, nachdem man über die Eins hinausgegangen, Tert.: tantum ea clades novitate et magnitudine excessit, ut etc., ging so über das gewöhnliche Maß hinaus, übertraf so alle Vorstellung, Tac. – ► Synkop. Perfektform excessis = *excesseris*, Ter. Andr. 760.

excellēns, entis (excello), **empor-** od. **hervorragend, I** eig.: loca, Auct. b. Hisp. 8, 4 u. 28, 4. – **II** übtr. = **sich auszeichnend, vorzüglich, vortrefflich,** natura exc. atque praestans, Cic.: tua scientia exc. atque singularis, Cic. – Galba fuit inter tot aequales unus excellens, Cic. – quae tam excellens in omni genere virtus in ullis fuit, ut etc.? Cic. – unus e barbaris aetate senior, corpore excellens, dignitate eminens, Vell.: Brutus noster excellens omni genere laudis, Cic.: hoc praecipuum beneficium ac longe ante ceteros excellens, Apul. flor. 16. p. 24, 17 Kr. – nihil illo (Alcibiade) fuisse excellentius vel in vitiis vel in virtutibus, Nep. – una excellentissima virtus, iustitia, Cic.: testimonia philosophorum excellentissima, Fronto: u. ex iis vero, qui dominatum imperio tenuerunt, excellentissimi fuerunt Persarum Cyrus et Darius, Nep. – *neutr. plur.* subst., nec excellentia, sed cotidiana tractabo, Auson. grat. act. 13, 62. p. 27, 5 Schenkl. – ► Vulg. Neutr. excellente (v. excellentis), Petron. 45, 4 u. 66, 3.

excellenter, *Adv.* (excellens), **hervorragend, vortrefflich, vorzüglich, ausgezeichnet,** exc. pronuntiare (vortragen), Nep. Att. 1, 3: quae magno animo fortiter excellenterque gesta sunt, Cic. de off. 1, 61: cuius nomen exc. clarebat apud servos tuos, Augustin. conf. 8, 6; exc. accrescens fama, in wachsender Herrlichkeit, Amm. 14, 10, 14: versari in re publica atque in ea excellentius se gerere (eine hervorragendere Stellung einzunehmen) studuerunt, Cic. Sest. 96: templum illud excellentissime diffamatum, Augustin. de civ. dei 17, 8, 1.

excellentia, ae, *f.* (excellens), das **Hervorragen, Höherstehen,** die **Vortrefflichkeit, Vorzüglichkeit,** u. nur in diesem Sinne = der **Vorzug,** m. subj. Genet., crurum, Plin.: picturae, Plin.: animi excellentia magnitudoque, Cic. – m. obj. Genet., excellentia praestantiaque animantium reliquarum (vor den übrigen vernunftlosen Wesen), Cic. – absol., propter excellentiam, vorzugsweise (griech. κατ᾽ ἐξοχήν), Cic. top. 55: ebenso per excellentiam, Sen. ep. 58, 17. Prisc. 17, 145. – Plur., saepe excellentiae quaedam sunt, qualis erat Scipionis in nostro grege, hervorragende Stellungen, Cic. de amic. 69.

ex-celleo, s. ex-cello ►.

ex-cello, ere, **empor-** od. **hervorragen, sich erheben,** als *verb. fin.* (vgl. dagegen excellens u. excelsus) nur übtr., **I** im Allg.: scio solere plerisque hominibus (in) rebus secundis animum excellere, sich stolz zu erheben, Cato origg. 5. fr. 1: quia liberi super parentes excellant, sich über die E. erhöben, Plin. 24, 173. – **II** insbes. **hervorragen, sich hervortun, sich auszeichnen,** qui (artifex) quidem excellat, Cic.: quamvis licet excellas, Cic.: illud excellit regium nomen, Cic.: duo (opera) maxime excellunt, Mela: ipsa multarum artium scientia eminet atque excellit, Tac. dial. – m. Abl. (durch, in), animi magnitudine, Cic.: abstinentiā, Nep.: arte colendi religiones, Liv.: u. (im üblen Sinne) singulis vitiis aut etiam pluribus, Cic.: improbitate, Cic. – mit *in* u. Abl., in qua arte excello ipse, Cic.: alius in alia parte excellebat magis, Cic.: in amicitiis expetendis colendisque maxime excellit, Cic. – mit *inter* u. Akk., inter quos posset excellere, Cic.: quantum inter omnes unus excellat, Cic. – m. *in* u. Abl. u. *praeter* u. Akk., in eo genere praeter ceteros, Cic. – m. *super* u. Akk., quia super ceteros excellat, Liv. 38, 43, 4. – m. *Dat.* (vor wem?), ita figuratum esse corpus, ut excellat ceteris, Cic.: hic miramur hunc hominem tantum excellere ceteris, Cic.: zugl. m. *Abl.* (durch, in), qui dignitate principibus excellit, Cic.: zugl. m. *in* u. Abl., in quibus tu longe aliis (vor a.) excellis, Cic. – ► Nbf. (nach der 2. Konjug.) excellet, Curt. 9, 1 (5), 24. Macer Aemil, b. Diom. 374, 22. Prud. apoth. 560 *ed. Obbar.*: excelleas, Cic. fr. b. Prisc. 8, 96 u. 10, 36: Perf. (v. excelleo) excelluit, Augustin. de civ. dei 2, 15. Schol. Bob. in Cic. Arch. argum. *in.* p. 353, 6 B.: excelluerunt, Gell. 14, 3, 7; vgl. Prisc. 8, 96 *excello excellis* et *excelleo excelles;* u. 10, 35 ›*excello* vel *excelleo, exculi,* vel, ut alii, *excellui*‹; u. Eutych. 477, 28 K. ›*excello, excellis,* quod etiam *excelleo* antiqui dixerunt‹.

excelsē, *Adv.* m. *Compar.* u. *Superl.* (excelsus), **in die Höhe, hoch, I** eig.: vitis scandit excelsius, Col. 4, 1, 5. – **II** übtr.: **1** im Allg.: excelsissime florere (v. Staat), in der höchsten Blüte stehen, Vell. 1, 6, 3. – **2** dem Stil nach **erhaben,** ornat exc., sein Schmuck ist erhaben, Plin. ep. 2, 3, 3: excelsius dicere, Cic. or. 119.

excelsitās, ātis, *f.* (excelsus), das **Emporragen, I** eig.: **a die Höhe,** montium, Plin. 2, 160: florum, Plin. 21, 23: in excelsitatem nasci

(v. Rohr), Plin. 16, 167. – **b** das schlanke Sich-Emporheben, die **Schlankheit,** capitulorum Corinthiorum, Vitr. 4, 1, 1. – **II** übtr., die **Erhabenheit,** animi, die Großherzigkeit, Cic. de off. 3, 24: u. so (ohne animi) Ambros. de off. 1, 28, 136.

excelsus, a, um, *PAdi.* m. *Compar.* u. *Superl.* (v. excello; eig. in die Höhe getrieben, dah.) **empor-** od. **hervorragend, hoch, erhaben, I** eig.: mons excelsissimus, Caes.: porticus, Cic.: aves, Cic.: cornu excelsius, Caes.: excelsissimae rupes, Plin.: ut (pater) filium procerum et excelsum (stattlichen u. emporgewachsenen), quam brevem et modicum (kleinen u. mittelgroßen) magis diligat, Sen. – subst., excelsum, ī, *n.*, die **Höhe,** der **erhabene Punkt, α** Sing. (nur m. *Praepos.*): vitis in excelsum emicat, Plin.: aspicere ab excelso, Ov.: simulacrum collocare in excelso, Cic. – **β** Plur.: excelsa huius (urbis), Plin. 6, 47. – 11) übtr., über das Gemeine **erhaben, 1** dem Rang, der Würde nach, **erhaben, ausgezeichnet, vorzüglich,** cum ego in hanc excelsissimam sedem dignitatis atque honoris ascendissem, Cic.: in excelsiorem dignitatis locum provehens, Iustin.: in excelso et illustri loco sita laus tua, Cic.: excelsissima victoria, Vell.: duces excelsi, Vell. – subst., excelsum, ī, *n.;* **hoher Rang, hoher Standpunkt, hohe Würde, α** Sing. (nur m. *Praepos.*): in excelso aetatem agere, in hohen Würden, auf hohem Posten, Sall.: cuius opes in excelso sunt, auf hohem Standpunkt, in hoher Blüte, Sall. – **β** *Plur.*: excelsa et alta sperare, Hohes, Ehren u. Würden, Liv. 1, 34, 9: excelsis multo facilius casus nocet, Syr. sent. 162 R.[2] – **2** dem Geist od. der Gesinnung nach **erhaben,** magnus homo et excelsus, Cic.: animus exc., Cic. – **3** dem Stil nach **erhaben,** orator grandior et quodammodo excelsior, Cic.: neque eos quicquam excelsum magnificumque delectat, Cic.

exceptāculum, ī, *n.* (excepto), **ein Werkzeug zum Aufnehmen mit dem Gehör, -zum Anhören,** Tert. de spect. 2.

exceptīcius, a, um (excipio), **aufbehalten, zurückbehalten,** alica, Plin. 18, 115.

exceptio, ōnis, *f.* (excipio), **I die Ausnahme, Einschränkung,** einschränkende **Bedingung, Klausel, Verwahrung,** cum exceptione, Cic.: cum ea exceptione, quantum valeam quantumque possim, Cic.: cum hac exceptione, si etc., Petron.: sub hac exceptione, Plin. ep.: sine exceptione, sine ulla exceptione, Cic.: nullis exceptionibus, Tac.: alci exceptionem dare, mit jmd. eine Ausn. machen, Cic.: in quibus (verbis) nulla exc. est, Quint.: quodsi exceptionem facit, ne etc., Cic. – exceptiones edictorum, die Ausnahmestellung, die uns in den Erlassen angewiesen ist, Cic.: tacitis exceptionibus caveri, Cic. – **II die gerichtliche Einwendung** wider den Kläger, die **Einrede,** de exceptione et formula, Tac. dial.: praetoriae exceptiones, Rhet. Her.: exceptionem alci dare, Cic.: exceptione excludi, Cic.: exceptiones postulare, Rhet. Her.

exceptiuncula, ae, *f.* (*Demin.* v. exceptio), eine **kleine** einschränkende **Bedingung,** Sen. ep. 20, 5.

ex-cepto, āre (*Intens.* v. excipio), **I herausnehmen,** barbatulos mullos de piscina, Cic. parad. 5, 38. – **II auffangen,** ancillarum suarum menstruum ore hiante (mit offenem Mund), Sen. de ben. 4, 31, 3. – **III aufnehmen, A in die Höhe nehmen, zu sich hinaufziehen,** singulos, Caes. b. G. 7, 47, 7. – **B in sich aufnehmen,** auras, einatmen, Verg. georg. 3, 274: per pectora mortes, Sil. 9, 369.

exceptor, ōris, *m.* (excipio), der **Nachschreiber, Protokollführer, Gerichtsschreiber,** Ulp. dig. 19, 2, 19. §9. Augustin. epist. 141, 2. Firm. math. 3, 6, 7. Schol. Iuven. 7, 104: in der spät. Kaiserzeit ein niederes Amt in der Hofkanzlei, Cod. Iust. 12, 19, 5. CIL 6, 1056 u. 1101; 15, 7174.

exceptōrium, iī, *n.*, s. exceptōrius.

exceptōrius, a, um (excipio), **zum Aufnehmen dienlich,** quali, etwa »Butten«, Ulp. dig. 33, 7, 8. – subst., exceptōrium, iī, *n.* = ἐκδοχεῖον, der **Behälter,** lactis, Milchnapf od. -kübel, Augustin. in psalm. 143, 6: Behälter für Wasser, Wasserbecken, aquarum, Vulg. Sirach 39, 22: dass. absol., CIL 8, 4291: bildl., exc. cordis sui, ihr Herzensschrein, Augustin. serm. 32, 2: bonitatis, Interpr. Iren. 4, 11, 2.

exceptrīx, trīcis, *f.* (Femin. zu exceptor), die **Nachschreiberin, Protokollführerin,** exceptrices et librariae Iovis, v. den Parzen, Mythogr. Lat. 3, 6, 23.

ex-cerebro, ātus, āre (ex u. cerebrum), des Gehirns berauben = **das Gehirn einschlagen,** canem, Vulg. Isai. 66, 3. – übtr. = **sinnlos machen, betäuben,** excerebratus es novo vino, Tert. adv. Marc. 4, 11.

ex-cerno, crēvī, crētum, ere, **aussondern** = **scheiden** (vgl. Drak. Liv. 28, 39,10), **I** im Allg.: ex captorum numero excreti Saguntini, Liv.: haedi excreti, Verg. – **II** insbes.: **1** als ökon. *t. t.* = **aussieben,** durchs Sieben **absondern** od. **reinigen,** furfures a farina, Col.: caementa cribris, Vitr.: frumenta, Col.: *Partic.* subst., excrēta, ōrum, *n.*, das Ausgesiebte, das **Kaff,** tritici, Weizenkaff, Col. 8, 4, 1 u. 8, 8, 6. – **2** als mediz. *t. t.* = durch den Stuhlgang od. Urin **absondern, abführen,** modo parum excernere aegros modo nimium, Cels.: venter excernit mollia, Cels.: sine voluntate inferiores partes vel semen vel urinam vel etiam stercus excernunt, Cels.

ex-cerpo, cerpsī, cerptum, ere (ex u. carpo), **I** eig., klaubend **herausheben, herausklauben,** semina pomis, Hor. sat. 2, 3, 272: testas (ostreorum) et ossa, Sen. ep. 95, 27. – **II** übtr.: **A** herausnehmen, -heben, d. i. **1** = **auslesen, auswählen,** bes. auch schriftlich **sich ausziehen, einen Auszug machen,** excerpere ex his ipsis (malis), si quid inesset boni, Cic. – vom Exzerpieren, exc. quod quisque commodissime praecipere videbatur, Cic.: exc. nomina omnium ex iuniorum tabulis (aus den Listen), Liv.: exc. epistulam istam malā fide, Apul.: posco librum T. Livii et quasi per otium lego atque etiam, ut coeperam, excerpo, Plin. ep.: nihil legit, quod non excerperet, Plin. ep.: pauca ex Gorgia Platonis a prioribus imperite excerpta legere contenti, Quint.: ea (verba) Crispus Sallustius excerpsit *ex* Originibus Catonis, Suet.: memini me excerpsisse *ex* Ciceronis epistulis ea dumtaxat, quibus inesset aliqua de eloquentia vel philosophia disputatio, Fronto. – subst., excerptum, ī, *n.*, der **Auszug,** das **Exzerpt,** Coelianum, M. Aurel. bei Fronto ep. ad M. Caes. 1, 9 (= ep. Graec. 6. p. 253 N.): Plur., Sen. ep. 33, 3 M. Fronto ep. ad Anton. imp. 2, 5. – **2** als vorzüglich **heraus-, hervorheben,** paucos, Quint. 10, 1, 45. Tac. dial. 26. – **3** prägn., **ausrotten,** omnem nobilitatis indolem (jungen Adel), Val. Max. 7, 3, 2. – **B ausscheiden, absondern, streichen,** de numero, Cic.: se numero illorum, Hor.: se consuetudini hominum, sich entziehen, Sen.: so auch se vulgo, u. bl. se, sich vom Volk absondern, Sen.

excerptim, *Adv.* (excerpo) = *carptim,* Ennod. vit. Epiphan. 195.p. 382, 3 *Hartel.*

excerptio, ōnis, *f.* (excerpo), das aus einer Schrift Ausgewählte, das **Erzerpt,** im Plur. bei Gell. 17, 21, 1.

excervīcātio, ōnis, *f.* (ex u. cervix), die **Halsstarrigkeit,** Hieron. in Naum 3.

excessus, ūs, *m.* (excedo), das **Herausgehen, I** im Allg.: **1** eig.: excessus eius, Abzug, Vell. 1, 15, 1. – **2** übtr., das **Scheiden** aus dem Leben, **der Hingang,** e vita (Ggstz. in vita mansio), Cic.: vitae, Cic. u. Val. Max.: u. absol., post obitum vel potius excessum Romuli, Cic.: post excessum Augusti, Suet.: laeti excessu principis, Tac.: v. gewaltsamen Tod (durch Einsturz einer Mauer), CIL 13, 2027. – **II** prägn., das **Herausgehen** über die Grenze, dah. **1** eig., das **Hervortreten** eines Ggstds., konkret = die **Hervorragung,** der **Vorsprung,** an einem Knochen im Körper, Cels. 8, 1 *extr.*: am Marterpfahl (crux), Tert. ad nat. 1, 13: an Örtl., montani excessus, Solin. 9, 2. Amm. 18, 6, 15: flexuosi excessus, Amm. 24, 4, 10. – **2** übtr., **a** das **Abgehen, Abweichen** von einer Sache, a pudore, Val. Max. 8, 2, 4: moderaminis, Prud. c. Symm. 2, 991. – als rhet. *t. t.* = egressio, das **Abgehen** von der Hauptsache, die **Abschweifung, Digression,** Quint. 3, 9, 4. Plin. ep. 9, 26, 9. Tac. dial. 22. Amm. 22, 9, 6: ut ab excessu revertar, Tert. ad nat. 1, 13. – **b** exc. mentis = ἔκστασις, die **Verzückung,** Augustin. epist. 80, 3. Cassian. coll. 19, 4.

excetra, ae, *f.*, die **Schlange** (vgl. Serv. Verg. Aen. 6, 287), Plaut. Pers. 3. Cic. poët. Tusc. 2, 22: wie im Deutschen als Schimpfwort von einer bösen, ränkevollen Frau, Plaut. Cas. 644; Pseud. 218. Liv. 39, 11, 2. Apul. met. 10, 28.

excīdiālis, e (excidio), **zur Zerstörung (zum Untergang) gehörig,** dies, Tag der Z. (des U.), Heges. 5, 42, 5. p. 361, 13 W.

excīdio, ōnis, *f.* (excīdo), die **Zerstörung,** exc. urbis, Paul. ex Fest. 80, 9. Heges. 2, 15, 8: excidionem facere oppidis, Plaut. Curc. 534.

1. **excidium,** iī, *n.* (1. excido), **die Zerstörung, Zertrümmerung, Verwüstung, Vernichtung, a** einer Örtl.: Libyae, Verg.: Carthaginis, Sall. fr.: Troiae, Eutr.: Troianae urbis, Lact.: urbis, Curt.: exc. Carthaginiense, Solin.: Albanum, Serv.: excidia urbium relictarum, Liv.: excidia urbium suarum, Sen.: fumantia excidia Troiae, Trümmer, Verg.: petere excidiis urbem, der Stadt Z. drohen, Verg. – **b** einer Person, **die Vernichtung, Aufreibung, der Untergang,** exc. meorum, Verg.: earum gentium, Vell.: gentis, Tac.: legionum, Tax.: finitimorum, Iustin.: dah. sine cuiusquam excidio, Ruin, Lampr. Alex. Sev. 44, 2.

2. **excidium,** iī, *n.* der **Untergang der Sonne,** Prud. apoth. 627.

1. **ex-cido,** cidī, ere (ex u. cado), **heraus-, herabfallen, entfallen, I** eig.: **A** im Allg.: sol excidisse mihi e mundo videtur, Cic.: omnes illi nefarii gladii de manibus crudelissimis exciderunt, Cic.: excidit tabella mihi, Ov.: exc. lacertis, Hor.: exc. equo, Sen.: volvae (vulvae) excidunt, fallen vor, Plin. – poet., vinclis excidet, wird entkommen, entschlüpfen, Verg. georg. 4, 410. – mit Angabe **wohin?** sagitta excidit in pedem, Plin.: elephanti excidunt in flumen, Liv. – **B** insbes.: **1** beim Losen = **herauskommen,** ut cuiusque sors exciderat, Liv. 21, 42, 3: quod primum sorte nomen excidit, Liv. 23, 3, 7. – **2 aus-, entfallen, verloren gehen,** v. Geld, Plaut.: v. Zähnen, Plaut.: excidunt cornua cervis, Cic. fr.: litteras (Brief) excidisse in via, Cic. – **II** übtr., **A** im Allg.: ut quodammodo victoria e manibus excideret, entschlüpfte, Cic. ad Brut. 1, 10, 2. – mit Angabe **wohin?** versus qui in breves (syllabas) excidunt, abfallen, ausgehen, Quint.: in vitium libertas excidit, sinkt herab, artet aus, Hor. – **B** insbes.: **1 entfallen, entwischen, entschlüpfen** (= von ungefähr od. wider Willen gesagt od. getan werden), verbum ex ore alcis od. bl. alci excidit, Cic.: vox horrenda per auras excidit, fiel aus den Lüften, Verg.: nefas excidit ore, Verg.: libellus me invito excidit, Cic.: quomodo exciderit (oratio), nescio, Cic. ep. – **2 entschwinden, vergehen, verloren gehen, a** übh.: vultus, oratio, mens denique excidit, Cic.: vera virtus, cum semel excidit etc., Hor.: omnis luctus excidit, Ov.: posse fame vinci spes excidit, Ov. – excidit illa metu, verlor die Besinnung, Ov. art. am. 1, 539: excidere sibi, aufhören bei sich selbst zu sein, die Gewalt über sich od. die Besinnung verlieren, Sen. de ira 3, 14, 1. Sen. Phaedr. (Hippol.) 598. – **b** insbes., dem Gedächtnis **entfallen, entschwinden = vergessen werden,** memoria arcis excidit, Liv.: exciderunt praecepta dictatoris, Liv.: cogitatio mihi non excidit, Cic.: nomen tuum mihi excidit, Ov.: so auch ex omnium animis, Liv.: exc. animo, Verg., Quint. u. a.: excidere de memoria, Liv. – m. folg. *Acc.* u. *Infin.,* excidit vobis eundem Democritum invenisse, quemadmodum etc., Sen. ep. 90, 33: non excidit mihi scripsisse me, ich habe nicht vergessen, Quint. 2, 3, 10; vgl. 11, 3, 130: m. folg. *ut* u. Konj., excidit, ut peterem iuvenes quoque protinus annos, Ov. met. 14, 139. – übtr., auf die Pers., excidens, einer, der etw. vergessen hat, vergesslich, palam moneri excidentis est, zeugt von Vergesslichkeit, Quint. 11, 3, 132; vgl. 11, 2, 19. – **3** wie ἐκπίπτειν, **a** um etwas **kommen,** etwas **einbüßen,** einer Sache **verlustig gehen,** sie **verlieren,** ex familia, Plaut. Men. 667: de regno, Liv. epit. 29. – gew. m. bl. *Abl.,* uxore, Ter.: regno, Curt.: primo aevo, Prop.: praeturā et vitā, Sen.: formulā, den Prozess verlieren, Sen. u. Suet. – dah. **b** etwas **verfehlen** (= in etwas nicht glücklich sein), magnis ausis, Ov.: fine (des Zweckes), Quint. – **4** von jmd. = von jmds. Meinung **abgehen, abweichen,** ab Arciloco, Lucil. 698.

2. **ex-cīdo,** cīdī, cīsum, ere (ex u. caedo), **heraushauen, -schneiden, ausschneiden, abhauen, abschneiden, I** eig.: **A** im Allg.: exc. lapides e terra, Cic.: exc. columnas rupibus, Verg.: excisa in immensam altitudinem saxa, Sen.: arbor excisa, non evulsa, Cic.: haec tibi excidenda est lingua; quā evulsā etc., Cassius b. Cic.: exc. caput, Plin.: alci caput, Vulc. Cass. (u. caput eius excisum, Capit.): exc. partum mulieri, Marcell. dig.: exc. os, testiculum, Cels. – **B** insbes.: **1 verschneiden, kastrieren,** exc. genitalia, Sen.: virilitatem, Quint.: exc. alqm, Mart. u. ICt.: exc. se, Ov. – **2** prägn.: **a aushauen, aushöhlen** = aushauend hohl machen od. durchbrechen, saxum, Cic.: montem, Suet.: latus rupis in (zu) antrum, Verg. – u. = aushauend, aushöhlend bereiten, peltam, Verg.: stagnum in petra, Col.: obeliscum, Plin.: vias inter montes, Plin.: bildl., Quint. 2, 4, 7. – **b einhauen, zertrümmern, zerstören, verwüsten** (s. Bünem. Lact. 1, 18, 8. Beier u. Gernh. Cic. de off. 1, 76), **α** eine Örtl.: portas, sprengen, Caes.: domos, Cic.: moenia, Flor.: murum, Hor.: urbem, Cic.: Antium, Vell.: Corinthum, Suet.: Germaniam, Vell.: agros, Vell. – **β** eine Pers., **vernichten, aufreiben, vertilgen,** ihr **den Untergang bereiten,** exercitum, Vell.: gentem Teutonum, Vell.: hostem in aeternum, Tac.: Francorum vires penitus, Eumen. pan. – **II** übtr.: **a tilgen, streichen,** alqm numero civium, Plin. ep. 8, 18, 6. – **b ausrotten, gänzlich verbannen,** mit der Wurzel **vertilgen, vernichten, gänzlich zerrütten, zugrunde richten, α** eig., silvas, Vell. – **β** übtr., illud tristissimum tempus ex animo, Cic.: iram animis, Sen.: vitium irae, Hor.: iram penitus, Lact.: veritatem penitus, Lact.: illud malum, Brut. in Cic. ep. ad Brut.: causas bellorum, Tac.: multorum status (Wohlstand), Tac.: bis terrores rei publicae, Vell.

ex-cieo, cīvī, citum, ēre u. (gew.) **ex-cio,** cīvī u. ciī, cītum, īre, jmd. aus seiner ruhigen Lage, Stellung **heraus-, hervor-, fortbewegen, I** lebende Wesen, **A** eig.: **1** im Allg = **auf-, forttreiben, -jagen, -scheuchen,** suem latebris, Ov.: cubilibus suis exciti, Liv.: indignitas rei magis quam periculum consulem alterum ab urbe excivit, Liv.: ea res ab stativis excivit Mettium, nötigte den M. vom St. aufzubrechen, Liv.: Euander concursu pastorum excitus, herbeigeführt durch usw., Liv. – **2** v. namentl. Aufruf, jmd. von wo od. wohin **heraus-** od. **herbei-, hervorrufen, aufrufen, berufen, auf-** od. **entbieten, bescheiden, kommen lassen,** alqm foras od. ante aedes, Plaut.: artifices e Graecia, Curt.: principes coloniae Romam, Liv.: nuntio excitus (herausgerufen), duo iuvenes eum desiderare, Quint. – v. Herausrufen der Manen aus den Gräbern, aus der Unterwelt, **zitieren,** animas imis sepulcris, Verg. ecl. 8, 97: tum magico volitant cantu per inania manes exciti, Sil. 1, 98. – vom Bescheiden vor Gericht, **bescheiden, vorladen,** Urgulaniam domo principis, Tac. ann. 4, 21. – bes. aber v. Aufruf, Aufgebot einer Menge zur Auswanderung, zur Hilfe, zum Krieg, Kampf (vgl. Drak. Liv. 4, 9, 11; 28, 24, 4; 45, 4, 3. Ruhnk. Suet. Cal. 45. Oudend. Lucan. 7, 361), **aufrufen, herbeirufen, berufen, aufbieten, aufstöbern,** exc. quantum vellent numerum hominum, Liv.: sedibus exciri, aus seinen Sitzen aufgestört werden, -sich erheben (v. Staaten), Liv.: auxilia e Germania, berufen, Tac.: Antiochum in Graeciam, nach Gr. ziehen, Liv.: mercede exciti ab hostibus, im Sold herbeigerufen, Liv.: iuventutem Celtiberorum, Liv.: omnium civitatum vires, Tac.: non homines modo sed deos etiam, zu Hilfe rufen, Liv.: Romanos ad auxilium urbis obsessae, zu H. rufen, Liv.: in proelia manus, Lucan. – **B** übtr.: **1** jmd. zu einer Tätigkeit **anregen, rege machen, vermögen, veranlassen, reizen,** hostem ad dimicandum acie, Liv.: iuventus privatis atque publicis largitionibus excita, Sall.: excivit ea caedes Bructeros, machte rege, Tac. – **2** insbes.: **a** mit u. ohne somno od. e [ex] somno, jmd. gleichs. zu einer Tätigkeit aus dem Schlaf **aufwecken, aufscheuchen,** Sall., Liv. u. a.; im Passiv (bes. *Partic. Perf.*) aus dem Schlaf **erwachen,** Liv. u. a., s. Drak. Liv. 7, 36, 2. Korte Sall. Iug. 72, 2. – **b** jmd. leidenschaftlich **aufregen, aufscheuchen, erschrecken** u. dgl., commotis excita sacris Thyias, Verg.: conscientia mentem excitam vastabat, Sall. – **II** lebl. Objekte: **A** eig., **hervorlocken, entlocken,** alci lacrimas, Plaut.: silvestria templa tenebant Nympharum, quibus excibant umore fluenta lubrica, entquellen ließen das schlüpfrige Nass, Lucr.: semina excita per artus, Lucr. – **B** übtr.: **1 hervorlocken, erzeugen, entlocken,** alci lacrimas, Plaut. u. Tac.: excitur pedibus sonitus, es tönt unter den Füßen der Boden, Lucr.: molem, berghohe Wogen auftreiben, Verg. – bes. einen Zustand, eine Leidenschaft **verursachen, erregen,** vim morbi (heftige Krankheit), Lucr. – tumultum in portis, einen Lärm in dem Tor, Liv.: postulando, ut de re publica liceret dicere, tumultum, einen stürmischen Angriff eröffnen, Liv. – timorem, erregen, Liv. – **2** **aufrütteln, erschüttern,** pulsuque pedum tremit excita tellus, Verg. Aen. 12, 445. – ► Formen von excieo, Präs. excies, Acc. tr. 300: exciet, Plaut. Pseud. 1285. Poëta bei Censor. fr. 14. § 10: excītus, Lucr. 4, 1207 (1215). Verg. Aen. 3, 675 u. a. Dichter: Infinit. exciēre, Liv. 7, 11. § 11. – Imperf. synkop. excibat, Liv. 32, 13, 6: excibant, Sil. 9, 182.

excindo, s. ex-scindo.

excio, s. ex-cieo.

excipiābulum, ī, *n.* (excipio), der **Abfänger,** v. einem Jagdspieß, Serv. Verg. Aen. 4, 131.

ex-cipio, cēpī, ceptum, ere (ex u. capio), **I** **herausnehmen, -ziehen,** **1** eig.: alqm e mari, Cic.: telum e vulnere, Cels. – **2** übtr., **a** **ausnehmen, eine Ausnahme machen** mit usw., alqd od. alqm, Cic.: excepto Cicerone, Sen. rhet.: hāc regiā causā exceptā, Cic.: m. *Dat.*, dum sapiens iniuriae excipitur, wenn der W. von Beeinträchtigung ausgenommen wird, Sen. de const. sap. 9, 4; vgl. Tac. Agr. 15. – exc. alqm u. excipi m. folg. *ne* u. Konj., Cic. de lege agr. 2, 21 u. 24. Quint. 5, 12, 14: non excipi m. folg. *quominus* u. Konj., Cic. de lege agr. 2, 24. – excepto, quod etc., ausgenommen usw., Hor. u. Quint.: ebenso excepto, si etc., Pers. – **b** **sich ausbedingen,** die **Bedingung machen, verordnen, bestimmen,** lex exciperet, ut etc., Cic.: in foederibus exceptum est, ne etc., Cic.: rogum ac tumulum excipere, sich ausbedingen, Plin.: excepisse medicos, haben die Ärzte ausdrücklich benannt, Plin. – **c** **eine gerichtliche Einwendung machen,** adversus alqm, ICt.: de dolo servi, ICt.: societatem periculi, dagegen anführen, dagegensetzen, ICt.

II **aufnehmen, auffangen,** **A** Lebl.: **1** mit einem Gefäß usw. **auffangen,** sanguinem paterā, Cic.: spiritum alcis ore suo, Cic.: sanguinem ore, Sen.: tela clipeo, Curt. – **2** mit einem Gegenstand **stützen, unterstützen,** corpus clipeo, Curt.: deficiens caput clipeo paulisper, auf den Sch. lehnen, Curt. – **3** mit dem Gehör **auffangen, wegschnappen, wegkriegen, abhorchen, belauschen,** auf etw. **lauschen,** Cic. u. a. (s. Drak. Liv. 40, 7, 4). – **4** mit dem Körper aufnehmen = **bekommen,** **a** eig.: vulnera, Cic., plagam in se, Lucr.: tela, Cic.: impetum (hostium), aushalten, Caes. – **b** übtr., **α** **auf** od. **über sich nehmen, übernehmen,** labores magnos, Cic.: pericula, impetum, Cic.: invidiam, Nep.: laudem ex alqa re, Cic.: has partes, Nep.: magnae quaestionis pondus (Last), Tac. dial.: rem publicam (ihre Verteidigung), Liv.: cognitionem (die Untersuchung), Tac. – **β** **auf sich nehmen, ertragen, erleiden,** graves ictus pro pudicis coniugibus, Hor.: iugum, Curt.: omnem iram hostium suis capitibus, Liv.: omnem diu collectam vim improborum, Cic. – **5** mit der Feder, **nachschreiben,** dictante aliquo versus, Suet.: orationem, Suet.: verba nostra, Augustin.: absol., notis velocissime excipere solitum esse, Suet.

B leb. Wesen: **1** einen Sinkenden od. Fallenwollenden **auffangen,** moribundum, Liv.: se pedibus od. od. in pedes, auf die Füße zu stehen kommen, Curt. u. Liv.: se poplitibus, sich auf die Knie niederlassen, Curt. (u. so corpus poplitibus exceptum, auf die Knie gesunken, Curt.): exc. se in genua, sich auf den Knien erhalten, -fortschleppen, Sen. – **2** feindlich **auffangen, wegfangen, gefangen nehmen,** **a** eig.: servos in pabulatione, Caes.: bestias, Caes.: aprum latitantem, Hor.: caprum insidiis, Verg. – **b** übtr., gleichs. **erhaschen,** voluntates (Zuneigung) hominum, Cic. de or. 2, 32.

III **empfangen, aufnehmen,** **A** eig., leb. Wesen: **1** mit Beifallsbezeigungen aller Art, **aufnehmen,** excipi ab omnibus clamore, Cic.: exc. alqm festis vocibus, Tac.: exc. plausu pavidos, Verg. – **2** bei sich **aufnehmen,** **a** v. Pers. = **beherbergen, bewirten,** alqm, Komik., Cic. u. a.: alqm hospitio, Ov., hospitaliter, Curt. – **b** v. Örtl. usw., ut eam patriam dicimus, ubi nati, et illam, ubi excepti sumus, Cic.: excepere alios tecta barbarorum, alios castra, Curt.: sed lupanar excepit (virginem), Sen. rhet.: silva tum excepit ferum, Phaedr.: Cassius exceptus scaphā refugit, Caes. – v. Orten, an denen man vorübersegelt, huc egressos aequor Atlanticum excipit, Mela: quod (promunturium) praetervectos sinus excipit, Mela. – **3** mit einem Geschoss gleichs. feindl. empfangen = **angreifen, auffangen,** **a** übh.: Orestes excipit incautum, Verg.: feram irruentem venabulo, Sen. – **b** prägn., **treffen, erlegen,** aves, Curt.: alqm in latus, verwunden, Verg.

B übtr.: **1** mit den Sinnen aufnehmen und zwar: **a** mit dem Gehör = **vernehmen, hören,** motus futuros, Verg.: laudes alcis avidissimis auribus, Plin. ep. – **b** in das Urteil **aufnehmen,** = in einem bestimmten Sinne **auffassen, nehmen, auslegen,** sententiam suam ... gravius, atque ipse sensisset, exceptam, Suet.: exc. alqd comiter, Tac.: assensu populi excepta vox, Liv. – **2** v. Zuständen, jmd. **erwarten,** jmds. **warten,** jmd. **unmittelbar treffen,** jmd. **in Anspruch (in Beschlag) nehmen,** quis te casus excipit? Verg.: qui quosque eventus exciperent, Caes.: excipit eum deinde lentius spe bellum, Liv.: maestum regem alius haud levis dolor excipit, Curt.: excepere eum voluptates, Curt. – **3** v. der Zeit, jmd. **aufnehmen,** cum autem virgunculam rudem et edentulam septimus aetatis annus exceperat, als aber das usw. Mädchen in das siebente Lebensjahr getreten war, Hieron. epist. 128, 3. – **4** im Raum **unmittelbar folgen, sich unmittelbar** an etw. **anschließen, unmittelbar** an etw. **stoßen, anstoßen,** ultima excipiat quod tortilis inguina piscis, Ov.: inde apodyterium balinei laxum et hilare excipit cella frigidaria, Plin. ep. – absol., Cyclades excipiunt, Ov.: inde excipere loca aspera et montuosa, Caes.: regio aquarum inops excipit, Curt. – **5** der Reihe od. Zeit nach, einer Sache od. jmdm. **unmittelbar folgen,** **a** eig.: orationem Tullii exceperunt preces multitudinis, Liv.: Herculis vitam immortalitas excepit, Cic.: aestas hiemem excepit, Liv.: absol., excipit autumnus, Ov.: turbulentior inde annus excepit, Liv.: im Reden, hunc Labienus excepit, nach diesem redete Labienus, Caes.: tum sic excepit regia Iuno, Verg. – **b** etwas **fortsetzen,** gentem, fortpflanzen, Verg.: proelium dubium, Liv.: memoriam viri, Cic.: m. folg. *Infin.*, Sil. 13, 687. – **6** (poet.) nach einer Himmelsgegend **hingerichtet sein,** porticus excipit Arcton, liegt nach Mitternacht zu, Hor. carm. 2, 15, 16. – **7** excipere rem alqā re, etwas **mit** etwas **vermischen,** von Arzneimitteln, crocum albo ovi, Cels.: excipi, **vermischt werden, zu** od. **auf** etwas **getan werden,** exc. aquā pluviatili, vino, Cels.

excipula, ae, *f.* u. **excipulum,** ī, *n.* (excipio), **I** (excipula u. excipulum) = ἐκδοχεῖον, das **Gefäß,** der **Behälter** zum Auffangen einer Flüssigkeit, Gloss. – Plur. in den *cas. obliqu.*, sucus subitur excipulis (Auffanggefäße) ventriculo haedino, Plin. 25, 78: in excipulis (Wasserfängen, Bassins) eiusdem fluminis, Plin. 9, 75. – **II** (excipulum) die **Saufeder,** ein Jagdspieß, Gloss. V, 599, 15.

excīsio, ōnis, *f.* (excīdo), **I** das **Ausschneiden,** der **Ausschnitt,** plagae, Pallad. 3, 30 *extr.* – Plur. konkret, die **Ausschnitte,** Vitr. 10, 12, 1. – **II** prägn., die **Zerstörung,** tectorum, Cic. de domo 146: urbium, Cic. de har. resp. 3.

excīsor, ōris, *m.* (excīdo), **I** = ἐκκόπτης, der **Heraushauer, Ausschneider,** Gloss. – **II** der **Zerstörer,** aries (Sturmbock) exc. urbium, der Städtezerstörer (griech. ἑλέπολις), Heges. 5, 11, 2.

excīsōrius, a, um (excīdo), **zum Ausschneiden dienlich,** scalper, der Schneidemeißel, Cels. 8, 3. p. 331, 22 D.

excissātus, a, um (excissus = exscissus v. exscindo), **aufgeschlitzt,** aures, Plaut. cist. fr. bei Non. 108, 17.

excīsūra, ae, *f.* (excīdo), das **Ausschneiden,** der **Ausschnitt,** eines Kleidungsstückes, Edict. Diocl. 7. *no.* 42.

excitābilis, e (excito), **ermunternd,** Cael. Aur. de morb. chron. 1, 5, 175.

excitātē, *Adv.* (excitatus), **lebhaft, heftig,** nur im *Compar.*, mares (sardae) excitatius fulgent, Plin. 37, 106: exc. clamitare, laut aufschreien, Amm. 18, 8, 4: ad eos obruendos exc. (mit lebhaftem Eifer) exsurgere, Amm. 31, 15, 10: vultus exc. gratus, seine beseelten u. einnehmenden Gesichtszüge, Amm. 15, 8, 16.

excitātio, ōnis, *f.* (excito), **I** die **Ermunterung,** Arnob. 7, 32: Plur., excitationes tubarum et repressiones, Heges. 3, 3, 4. – **II** die **Erregung,** vitiorum, Chalcid. Tim. 167.

excitātor, ōris, *m.* (excito), **I** der **Erwecker,** übtr., **Ermunterer,** mentium, Prud. cath. 1, 3. – **II** der **Anfacher,** exc. cinerum, Iulian. bei Augustin. c. sec. resp. Iul. 1, 50. – übtr., belli, Heges. 2, 10, 4.

excitātōrius, a, um (excito), **anregend, ermunternd,** exc. quidam labores, Augustin. epist. 26, 2.

excitātus, a, um, *PAdi.* m. *Compar.* u. *Superl.* (v. excito), **gehoben, lebhaft, heftig, stark,** sonus, Cic.; clamor excitatior, Liv.: odor excitatissimus, Plin. – übtr., v. der Rede, **lebhaft,** multo tamen hoc utroque excitatius (schema), Quint. 9, 3, 10: haec excitatiora lumina, Quint. 12, 10, 49.

ex-cito, āvī, ātum, āre, **I** aus seiner ruhigen Lage od. Stellung **heraus-, hervor-, fortbewegen, -treiben,** **A** lebende Wesen: **1** ein Tier, bes. ein Wild **aufjagen,** cervum nemorosis cubilibus, Phaedr.: feras, Cic. – sprichw., exc. aliis leporem, einen Hasen anderen in (für) die Küche jagen = sich für andere bemühen, Petron. 131, 7 (vgl. Ov. art. am. 3, 662 aliis leporem exagitare): non posse videtur muscam excitare, wir ›kein Wässerchen zu trüben‹, Sen. apol. 10, 2. – **2** Menschen, **a** im Allg.: alqm a portu, wegschicken, Plaut.: vox (Klagelaut) precantum me huc foras excitavit, lockte mich hier heraus, Plaut. – **b** insbes., vom namentl. Ausruf = **heraus-, herauf-, herrufen,** Simonidem, Phaedr.: alqm a cena, wegrufen, Petron.: clamore excitatum praesidium Romanorum, herbeigeführte, Liv.: alqm a mortuis od. ab inferis, von den Toten-, aus der Unterwelt heraufrufen (also eig. nicht unser »von den Toten auferwecken«), Cic.: testes ab inferis, Cic.
B lebl. Objj.: **1** mit dem Nbbegr. des Erzeugens = **hervorbringen, erzeugen,** nova sarmenta, Plin.: pascua in novalibus, Pallad. – ubertatem lactis, lenitatem vini, Plin. – **2** übtr., etwas **hervorrufen, erneuern,** alci memoriam caram, Cic.
II aus seiner ruhenden, liegenden Stellung in die Höhe bewegen = **sich erheben lassen,** **A** lebende Wesen: **1** = **sich erheben machen** od. **lassen, aufstehen lassen** od. **heißen, zum Aufstehen vermögen,** **a** eig.: ex cubiculari lectulo excitatus, nachdem man ihm aufgeholfen vom usw., Rutil. Lup.: universi rursus procĭderunt; tandem excitati curiā excesserunt, Liv.: exc. reum, Cic. – **b** übtr., geistig **aufrichten,** maestum ac sordidatum senem, Cic.: afflictos, Cic.: animum amici iacentem, Cic. – **2** insbes.: **a** zu einer Tätigkeit **sich erheben lassen, aufrufen,** triarios (die knienden) Triarier zum Kampf, Liv. – bes. vor Gericht, in einer Versammlung jmd. auffordern, aufzustehen u. etwas zu lesen, eine Rede zu halten, recitatores, lectores, Cic.: testes, zum Aussagen, Cic.: me primum excitatum iussumque dicere, von meinem Sitz aufgerufen worden bin, um zu sprechen, Liv. – **b** im Theater, einen Sitzenden **von seinem Platz aufstehen heißen,** weil der Platz ihm nicht gehört, jmd. **von seinem Platz wegjagen** (was die *apparitores* taten), alqm de spectaculis, Quint.: spectaculo gregarium militem in quattuordecim ordinibus sedentem, Suet. – **3** übtr., sowohl **a** einen Schlafenden gleichs. wie zu einer Tätigkeit aus dem Schlaf **aufwecken,** alqm e somno u. bl. somno, Cic., Liv. u. a.: sopitum mero ac somno regem, Curt. – als auch **b** einen Wachenden zu erhöhter Wachsamkeit **aufmuntern, aufscheuchen,** auf der Hut zu sein, **aufstören,** eine Wache **anrufen,** alqm (wie vigilem, canes u. dgl.), Liv., Curt. u. a.: vgl. Oudend. Frontin. 3, 14, 1. p. 422. Drak. Liv. 5, 47, 3 (für a u. b). – als **c** jmd. leidenschaftl. **aufregen, aufscheuchen, aufschrecken,** trepido nuntio excitatus, Liv. – u. **d** jmd. zu einer Tätigkeit geistig **auf-** od. **anregen, aufregen, antreiben, anreizen,** auctoritate suā alqm cunctantem et diffidentem, Cic.: alqm ad laborem et laudem, Cic.: alqm ad virtutem, Caes., od. in virtutem, Verg., zur Tapferkeit antreiben, anfeuern.
B lebl. Objj.: **1** **in die Höhe richten, erheben,** caput altius, Cels.: faciem in caelum, richten, Prud. – übtr., excitata fortuna, das steigende Glück (Ggstz. fort. inclinata), Cic. – **2** ein Gebäude usw. **aufrichten, errichten, erbauen,** turrem, Caes.: sepulcrum, Cic.: monstratas aras, Verg.: urbem, Flor.: macerias luto et lapide, Pallad. – **3** ein Feuer auflodern machen, **anfachen, anlegen** (vgl. Heins. Ov. fast. 5, 507), **a** eig.: invalidas admoto fomite flammas, Lucr.: ignem, Caes.: incendium, Cic.: poet., foculum buccā, den Herd (= Feuer auf dem H.) anblasen, Iuven. – **4** aufregend zur Erscheinung bringen, **entstehen machen** od. **lassen, hervorrufen, erregen,** **a** phys. u. geistige Zustände, plausum, Cic.: fletum alci, Cic.: quantos excitat risus! Cic.: varios sermones, Cael. in Cic. ep.: quantas tragoedias excitat! Cic. – **b** Gemütszustände, **anfachen, erregen,** amores, Cic.: indomitas iras, Verg.: ex magno certamine magnas ferme excitari iras, Liv.: motus in animis hominum vel *excitare* vel *sedare,* Cic. – **5** prägn., **a** **heben** (= lebhafter machen, Ggstz. astringere, abschwächen, mildern), ita permixtis viribus alterum altero excitatur aut astringitur, Plin. 9, 134: ignis fulgor et claritas tenebris noctis excitatur, Plin. ep. 6, 16, 13. – u. **b** **reizen** (= für einen Genuss empfänglicher machen, v. starken Speisen u. Getränken), os, stomachum, Plin.: aviditatem (den Appetit), Plin.

excītor, ōris, *m.* (excio), der **Erreger** = **Anstifter,** belli, Heges. 3, 26 *extr.* u. ö.

excītus, Abl. ū, *m.* (excio), das **Herausrufen, Entbieten,** vocis excitu procurrens, Apul. met. 6, 27.

exclāmātio, ōnis, *f.* (exclamo), der **Ausruf,** **a** im Allg., der **Ausruf, Aufschrei,** acuta atque attenuata nimis exclamatio, Rhet. Her. 3, 21: Plur., acutae vocis exclamationes vitare, Rhet. Her. 3, 21: dulces exclamationes theatri causā producere, Quint. 11, 3, 179. – **b** der **Ausruf** als rhet. Figur, Rhet. Her. 4, 22. Cic. de or. 3, 207. Quint. 9, 1, 34. Tac. dial. 26 u. 31: excl. vel admirationis vel conquestionis, Cic. or. 135.

exclāmātīvē, *Adv.* (exclamo), **ausrufsweise, als Ausruf,** Acro Hor. ep. 2, 2, 23.

exclāmito, āre (*Intens.* v. exclamo), **fort und fort ausrufen, laut ausrufen,** Hieron. epist. 39, 5.

ex-clāmo, āvī, ātum, āre, **I** *intr.* **aus voller Brust-, laut schreien, in einen Schrei ausbrechen, einen Schrei ausstoßen, aufschreien,** in stadio cursores exclamant quam maxime possunt, Cic.: maius, stärker schreien, Cic.: maximum, ganz stark, Plaut.: contiones saepe exclamare vidi, cum apte verba cecĭdissent, in ein Beifallsgeschrei ausbrechen, Cic.: verba quae maxime exclamant, stark tönende, Quint. – poet., v. Lebl., exclamat ignis, knistert laut, Stat.: femur exclamare coēgit, laut zu knacken, Iuven. – **II** *tr.* **aus voller Brust-, laut ausrufen,** **a** mit *Acc.*: **α** alqd, **laut hersagen, -vortragen,** cantica, Plin.: multa memoriā digna, Quint. – **β** alqm, **laut** (beim Namen) **nennen, -anrufen,** uxorem tuam, Plaut.: Ciceronem, Anton. b. Cic.: excitari (somno) nomine suo exclamatum, Cael. Aur. – **b** mit einem Objektsatz in direkter Rede: non possum quin exclamem: *euge euge, Lysiteles!* Plaut.: mihi libet exclamare: *pro Deum* etc., Cic.: *quid facis* ! exclamat, Ov.: cum exclamamus *o deus* ! Arnob. – **c** mit einem Objektsatz in indirekter Rede mit *ut* u. Konj., cum magnā voce exclamasset, *ut equites … ex equis desilirent,* Liv. 4, 38, 2. – **d** m. folg. *Acc.* u. *Infin.,* exclamat esse eum sodalem sibi, Plaut.: exclamat nostros frustra pugnare, Sall. Iug. 101, 6.

ex-clāro, āre, **erhellen** (Ggstz. obscurare), Vitr. 1, 2, 7.

ex-clūdo, clūsī, clūsum, ere (ex u. claudo), **I** **ausschließen,** **1** eig.: **a** eine Pers. von wo **ausschließen, abweisen,** wo **nicht ein-** od. **vor (sich)lassen** (Ggstz. admittere, recipere, eicere, s. Brix Plaut. Men. 668. Fritzsche Hor. sat. 2, 3, 260), alqm foras, Plaut.: alqm istinc, Ter.: alqm a domo sua, Cic.: alqm a portu, Cic.: alqm moenibus, Cic.: exclusi eos, Cic.: eicere nos magnum fuit, excludere facile, mich fortzujagen, dazu gehörte sehr viel, mir die Rückkehr abzuschneiden, ist leicht, Cic.: si excluderetur (vor den Senat) … si admitteretur, Liv. epit.: ut ab illa excludar, hōc (huc) concludar, Ter.: amator exclusus, Hor.: u. so audiat exclusi verba receptus amans, Ov.: scherzh. abiit intro, occlusit aedes; nunc ego sum exclusissimus, bin ich förmlich an die Luft gesetzt, Plaut. Men. 698. – **b** einen Ort **ausschließen, absondern, trennen,** locum, Liv.: Euphrates Armeniae regiones a Cappadocia excludens, Plin.: Aventinus mons extra pomerium exclusus, Gell. – **2** übtr.: **a** **ausschließen** = **nicht zu etwas gelangen lassen,** ab hereditate paterna, Cic.: ab extremo conspectu liberûm, Cic.: colloquio, Liv.: paternis opibus, Vell.: his praemiis et honoribus, Cic.: Crassus tres legatos decernit nec excludit Pompeium, Cic. – **b** ausschließen = **entfernen, abweisen, zunichtemachen,** alqm a re publica, Cic.: petitorem, Cic.: ne exceptione excluderetur (abgewiesen würde), Cic. – cupiditatem, Cic.: actiones, Cic.: vitia culpamque, unmöglich machen, Cic. – **c** von etwas **abhalten, verhindern,** von etwas **abschneiden,** alqm reditu in Asiam, Nep.: Romanos ab re frumentaria, die Mittel zur Verproviantierung abschneiden, Caes.: temporibus excludi, Cic.: alqā re (durch etw.) non excludi m. folg. *quo minus* u. Konj., Cass. in Cic. ep. 12, 13, 2. – **II** herausschließen, d. i. **heraus(gehen)lassen, 1 herausfließen lassen,** in utramque partem liquorem subiectum, Scrib. Larg. 84. – **2 ausbrüten,** ovum, Hyg. fab. 197: pullos suos in nido, Cic. de or. 3, 81: fetus, Quint. 2, 16, 16: u. bl. excl., Col . 8, 5. § 4 u. 7: dah. excludi, **ausschlüpfen,** von den Jungen, Col. 8, 14, 10. Suet. Tib. 14, 1. – **3 herausstehen lassen,** ut pallio velaretur caput exclusis utrimque auribus, sodass nur beide Ohren frei waren, Sen. ep. 114, 6: pallio coccineo adrasum excluserat caput, hatte er aus einem sch. Tuch herausgesteckt (= in ein sch. Tuch gehüllt), Petron. 32, 2. – **III beschließen,** volumen, Stat. epist. praefixa lib. 2. silv. – ► Perf. synkop., exclusti, Ter. eun. 98.

exclūsio, ōnis, *f.* (excludo), die **Ausschließung, I** eig.: **a** einer Pers., die **Abweisung,** Ter. eun. 88. – **b** einer Sache, ventorum, Vitr. 1, 6, 3. – **II** übtr.: excusatio est quasi quaedam exclusio, quae etc., Ulp. dig. 44, 1, 2 pr.

exclūsissimus, s. ex-clūdo *no.* I, 1, a.

exclūsor, ōris, *m.* (excludo), **I** der **Austreiber,** daemoniorum, Augustin. serm. 171, 2. – **II** der Verfertiger **silberner Gefäße,** der **Silberschmied,** Augustin. in psalm. 67, 39. Augustin. de spir. et litt. 10.

exclūsōrius, a, um (excludo), **ausschließend,** Ulp. dig. 44, 1, 2. § 2.

excoctio, ōnis, *f.* (excoquo), das **Auskochen,** panis, das Brotbacken, Cod. Iust. 12, 39, 1: calcis, das Kalkbrennen, Cod. Theod. 6, 23, 3. Cod. Iust. 12, 16, 3.

ex-cōdico (ex-caudico), āre (ex u. codex), **I ausrotten,** Vet. lex b. Frontin. aqu. 129. – bildl., omnem silvam libidinum, Tert. de pudic. 16. – **II** um die Weinstöcke herumgraben, die Weinstöcke **abteufen,** franz. *essoucher,* Pallad. 2, 1.

excōgitātio, ōnis, *f.* (excogito), das **Ausdenken, Aussinnen,** malae artis, Vulg. sap. 15, 4: sceleris, Augustin. epist. 88, 8: illa ... excogitationem non habent difficilem, lassen sich ohne Schwierigkeit ausdenken, Cic. de or. 2, 120: prägn., illa vis quae tandem est, quae investigat occulta, quae inventio atque excogitatio dicitur, das Vermögen des Erfindens u. Ersinnens, Cic. Tusc. 1, 61.

excōgitātor, ōris, *m.* (excogito), der **Ausdenker, Aussinner,** Ps. Quint. decl. 12, 7. Arnob. 3, 32.

excōgitātus, a, um, *PAdi.* (v. excogito), **ausgesucht, vorzüglich,** novus et exc. honos, Suet. Dom. 14, 3: excogitatissimae hostiae, Suet. Cal. 22, 3.

ex-cōgito, āvī, ātum, āre, **ausdenken, aussinnen, erdenken, ersinnen, erfinden,** durch Nachdenken **ausfindig machen, ergründen** (Ggstz. dicere, Cic. Acad. 2, 69. Quint. 5, 13, 49. Tac. dial. 1; od. efficere, Cic. de rep. 3, 4; od. gerere, Nep. Them. 1, 4), **a** v. Pers.: nihil, Cic.: omnia (alles Mögliche), quae etc., Caes.: novam et inauditam ceteris gentibus interregni ineundi rationem, Cic.: causam tam strenuae mortis, Curt.: novum atque inauditum genus spectaculi, Suet.: mira quaedam genera furandi, Cic.; poenam, Val. Max.: nova officia, Suet.: peculiaria sibi maria, Val. Max.: sibi tot cruciatus, Val. Max.: laus haec, quā alia maior excogitari vix potest, Val. Max. – m. Ang. des Zweckes, durch *Dat. Gerund.* od. durch *ad* m. Akk., ferreae manus corvique et alia tuendis urbibus excogitata, Curt. 4, 2 (9) 12: exc. multa ad avaritiam (zur Befriedigung der Habsucht), Caes.: nihil non exc. (alle erdenklichen Vorkehrungen treffen) ad invehendos etiam tempore hiberno commeatus, Suet.: m. folg. indir. Fragesatz, excogitat sane acute, quid decernat, Cic.: cur me ipse audire noluerit, non excogito (kann ich keinen Grund finden), Curt. – m. folg. *ut* u. Konj., excogitatum est a quibusdam, ut etc., Nep. Att. 8, 3: excogitaverat autem inter genera cruciatus etiam, ut etc., Suet. Tib. 62, 2. – absol., ad haec igitur cogita, mi Attice, vel potius excogita, denke daran, was hier zu tun ist, oder richtiger, denke etwas aus, Cic. ad Att. 9, 6, 7: plures reperias faciles in excogitando, gewandt im Denken, Quint. 1, 1, 1. – **b** v. Lebl.: nova ludibria subinde excogitante fortunā, Curt. 5, 12 (34), 20: hoc utilitas excogitavit, Quint. 2, 13, 6: multa quidem excogitat metus, Plin. pan. 72, 7.

excōlātio, ōnis, *f.* (2. excolo), das **Heraus-, Ausseihen,** Plur. bei Rufin. Orig. in num. hom. 27, 12.

1. ex-colo, coluī, cultum, ere, **sorgfältig abwarten, I** im engeren Sinne, **sorgfältig bebauen, bearbeiten, a** übh., den Acker usw., agrum, Plin. ep.: Trevirorum arva iacentia, Eumen. pan.: praedia, Plin.: vindemias ac silvas, Varro: fortibus iuvencis arva, Mart.: agrum manibus, Mamert. pan. – Bäume, in vinearum modum excoli, gezogen werden, Iustin. 36, 3, 4. – Wolle, lanas rudes, Ov. art. am. 2, 220. – **b** prägn., durch Bebauen, Bearbeiten **gewinnen,** boves victum hominum excolunt, helfen gewinnen, Plin. 8, 187: abstulit excultas pertica (Messrute) tristis opes, den gewonnenen Besitz, Prop. 4, 1, 130. – **II** im weiteren Sinne, **1** physisch u. geistig **pflegen, a** physisch, **α abwarten, pflegen,** hirsutas genas, glätten (v. Tonsor), Mart. 6, 52, 4. – **β ausschmücken, schmücken, verzieren, verschönern,** urbem adeo, ut etc., Suet.: triumphum, verherrlichen (durch Malereien), Plin.: simulacra, Lact.: marmoribus parietes, Plin. ep.: praetoria non tam statuarum tabularumque pictarum ornatu, quam xystis et nemoribus, Suet.: spoliis et insignibus quendam editum tumulum in tropaei modum, Flor.: monumenta refecta et exculta (Ggstz nova), Suet.: urbes excultae (prächtige), Mela: regio ad luxum magis quam ad magnificentiam exculta, deren Kultur mehr gerichtet war auf usw., Curt. – v. schmückenden Ggstd., excolat et geminas plurima palma fores, Mart. 7, 28, 6. – **γ** mit etw. **in reichem Maße versehen,** alqm insperatis opibus, Ps. Quint. decl. 8, 12. – **b** geistig, **α ausbilden = (fein) ausarbeiten,** opera, Quint. 10, 1, 97. – **β bilden, veredeln, verfeinern,** se philosophiā, Cic.: animos doctrinā, Cic.: ingenia disciplinis, Cic.: mentem peregrinationibus, Ps. Quint. decl.: nec agrum, sed ipsum me studiis excolo, Plin. ep. – **c** rhet. **ausschmücken,** orationem, Tac. dial.: quosdam locos, Quint. – **d** ethisch **verfeinern, veredeln, vervollkommnen, erhöhen,** vitam per artes, Verg.: an victus hominum Atheniensium beneficio excoli potuit, oratio non potuit? Cic.: haec aetas exculta, Cic.: omni vitā atque victu excultus, Cic. – **e** politisch **erhöhen, zu Ansehen bringen, äußeren Glanz verleihen,** gloriam, Curt.: alqm ornare excolereque, Plin. ep. – **2** übh. tätig **hegen und pflegen, a** durch unablässiges Ausüben, etw. **üben, ausüben,** ius amicitiae, Val. Max. 4, 7, 7. – **b** durch Achtung u. Verehrung an den Tag legende Dienste, Gaben usw., **α** eine Gottheit **verehren,** per quem (ignem) verendos excolit pietas deos, Phaedr. 4, 11, 10: frustra igitur homines auro ebore gemmis deos excolunt et exornant, Lact. 2, 4, 8. – **β** einen Menschen, jmdm. **dienen,** ihm **seine Dienste weihen,** quaeque tua est pietas, ut te non excolat ipsum, Ov. ex Pont. 1, 7, 59.

2. ex-cōlo, āre (ex u. cōlum), **I durchseihen,** Pallad. 8, 8, 1. – **II herausseihen,** culicem, Vulg. Matth. 23, 24: eos (fontes) bibendo, Rufin. Orig. in num. hom. 27, 12.

ex-comedo, ere = exedo, Ps. Apul. herb. 9, 1 u. Eccl.

excommūnicātio, ōnis, *f.* (excommunico), der **Kirchenbann,** Eccl.

ex-commūnico, āre, **in den Bann tun,** Eccl.

ex-concinno, āvī, āre, **gehörig herrichten,** nimis lepide hasce aedes, Plaut. cist. fr.

exconcrēscentia, ae, *f.* (ex u. concresco), die **Verdichtung,** aquarum, Vitr. 8, 3, 18 *Rose.*

ex-condo, ere, **herausbilden, herausfinden, entdecken,** Tert. adv. Marc. 5, 18 zw.

ex-congruus, a, um, **nicht harmonierend,** laus, Symm. or. pro Synes. 5.

ex-cōnsul, ulis, *m.*, ein **gewesener Konsul,** Greg. M. epist. 1, 70. Isid. 15, 13, 13.

ex-cōnsulāris, is, *m.*, ein **gewesener Konsular,** Schol. Vind. ad Hor. art. poët. 343.

excōnsulātus, ūs, *m.* (exconsul), die **Würde des Exkonsuls,** Greg. M. epist. 12, 27.

ex-coquo, coxī, coctum, ere, **I heraus-, auskochen, a ausschmelzen,** unde excoquas sebum, Plaut. capt. 281: vitium metallis, Ov. fast. 4, 786: omne per ignes vitium, Verg. georg. 1, 88. – **b** durch Hitze-, **schwitzend vertreiben,** Laconicis cruditatem, Col. praef. § 16. – **II auskochend zubereiten, auskochen, A** eig.: **1** im Allg.: testudinem in vino, Plin.: glebas melle, Plin. – **2** insbes.: **a verkochen lassen, einkochen,** dimidium, Cato: alqd ad dimidium, Col. – **b ausglühen, ausdörren,** arenas in vitrum, Tac.: nucleum ferri in fornacibus ad indurandam aciem, Plin.: argentum, Gell.: sol excoquit terram, Lucr.: tam excoctam reddam quam carbo est, Ter.: herbas, Calp. ecl. 2, 76: corpus in sole, Sen. de brev. vit. 13, 1. – **c einschmelzen,** imagines excoctae flammis, Plin. pan. 52, 5. – **B** übtr., **1** etwas geistig **zubereiten, aussinnen,** lenoni malam rem magnam, Plaut. Pers. 52. – **2** (gleichs. brennend) **beängstigen,** mentem, Sen. Herc. fur. 105. – **III ausbrennen** = **von Schlacken reinigen, entschlacken,** argentum exputatum excoctumque, Gell. 7 (6), 5, 9.

excordo, āre (excors), **verstandeslos machen, des Verstandes berauben,** alqm, Commodian. apol. 770; instr. 1, 21, 5.

ex-corio, āvī, ātum, āre (ex u. corium), **abhäuten, abschinden,** Hieron. in Mich. 1. c. 2, 6 *sqq.* Vulg. Mich. 3, 3. Cassiod. hist. eccl. 10, 30; vgl. Apul. met. 10, 21 (*not. cr.*).

excornis, e (ex u. cornu), **hornlos, ungehörnt,** Tert. de pall. 5.

excors, cordis (ex u. cor), **ohne Verstand, kopflos, unverständig, einfältig, dumm,** excors, caecus, Plaut.: caecus et excors, Lact.: exc. Caesar, im Doppelsinn, herzlos und verstandlos, Cic. de div. 2, 37: anus, Cic.: hoc qui non videt, excors est, Hor.: exc. immodestia, Plaut.

ex-cortico, āre (ex u. cortex), entrinden, **schälen,** virgas, Augustin. quaest. in genes. qu. 93. Vgl. Gloss. ›excorticat, λεπίζει‹.

ex-crātio, īre, **auseggen,** scherzh. übtr. = **herausjagen,** parasitum, *Titin. com. 47 R.[2]

excreātio, excreātus, s. exscreātio, exscreātus.

1. excrēmentum, ī, *n.* (excerno), **I** das **Ausgesiebte,** der **Abgang,** Col. u. Pallad. – **II** übtr., der **Auswurf** aus dem Körper, oris, Tac.: excrementa oris aut narium, Tac.: absol., v. Abgang durch die Eingeweide, der **Kot,** Plin.

2. excrēmentum, ī, *n.* (excresco), die **Erhöhung, a** eig.: costarum, Sidon. epist. 1, 2, 3. – **b** übtr.: sic decem milia ceteraque excrementa (die nächstfolgenden höheren Zahlen, also: 100000, 1000000 usw.) complentur, Mart. Cap. 7. § 734.

ex-cremo, āre, **verbrennen,** Tert. ad nat. 1, 10; de cult. fem. 2, 6.

excreo, s. ex-screo.

ex-crepo, āre, **laut ausstoßen,** mugitum gemitumque inter suspiria, Arnob. in psalm. 74.

excrēscentia, ae, *f.* (excresco), die **Höhe,** citri, Iul. Val. 3, 33 (21).

ex-crēsco, crēvī, crētum, ere, **I heraus-, hervorwachsen,** caro in eo (ulcere) excrescit, Cels.: caro excreverat in latere eius, Suet.: carnes excrescentes cohibere, Plin. – im *Partic.* subst., excrēscentia, ium, *n.*, **Auswüchse, Gewächse** am Körper, Plin. 20, 93 u. a. – **II in die Höhe wachsen, emporwachsen, 1** eig.: quae novellae (palmae) si satis excreverint, Col.: cum ad semipedem excreverunt (lactucae), Plin. – v. leb. Wesen, in hos artus, in haec corpora, quae miramur, excrescunt, Tac. Germ. 20: ubi aliqua (serpens) solitam mensuram transiit et in monstrum excrevit, Sen. de clem. 1, 25, 4: animalia excreta, erwachsene, groß gewordene (Ggstz. animalia tenera), Lact. 2, 11, 12. – **2** übtr., **emporwachsen, a** extensiv, fossa, cui intrinsecus agger excrescit, Veget. mul. 3, 8. p. 82, 13 L.: colles propter frequentiam incendiorum excreverunt rudere, sind über ihren früheren Höhepunkt hinausgewachsen, Frontin. aqu. 18: u. so Lucan. 4, 11. – **b** numerisch usw. **zunehmen, überhandnehmen,** excrescit in dies luxus eius rei, Plin.: litium series ubique maiorem in modum excreverat, Suet.: ne in caput excrevisse videatur (prooemium), Quint.

ex-crībello, āre, **durchsieben,** Apic. 1, 5.

excruciābilis, e (excrucio), **zum Martern geeignet, I** passiv = **wert, gemartert zu werden,** Plaut. cist. 653. – **II** aktiv = **marternd,** Prud. perist. 3, 115 u. a.

excruciātio, ōnis, *f.* (excrucio), die **Marter, Pein, Folter,** Augustin. de civ. dei 1, 9. Cassiod. in psalm. 20, 9.

excruciātor, ōris, *m.* (excrucio), der **Peiniger,** cordis, Augustin. c. Gaud. Don. 1. § 25 *in.*

excruciātus, ūs, *m.* (excrucio), das **Martern,** die **Marter, Folter,** duri excruciatus, Prud. perist. 14, 19.

ex-crucio, āvī, ātum, āre, **I abmartern, quälen, A** eig., zur Strafe durch Feuerqual, Folter usw., alqm alci excruciandum tradere, Auct. b. Alex.: excr. alqm vinculis ac verberibus atque omni supplicio, Cic.: alqm fame vinculisque, Caes.: alqm excruciatum (unter Martern) necare, Sall. u. Curt.: alqm omni supplicio excruciatum (unter den größten Martern) necare, Cic.: alqm igni atque omnibus tormentis excruciatum interficere, Caes. – **B** übtr.: **a** physisch **martern, peinigen, quälen,** nudos sine pellibus terrigenas (v. der Kälte), Lucr.: excruciari doloribus, Suet.: fumo excruciatus, Cic. – **b** im Gemüt **abquälen, peinigen, abängstigen,** alqm, Komik., Cic. u. a.: alqm od. sese animi (in der Seele), Plaut.: angar? excruciemne me? Cic. ep.: male excrucior, Plaut.: fieri sentio et excrucior, Catull.: ille magis honore Mari quam iniuriā suā excruciatus, Sall. – m. allg. *Acc.*, id (darüber) ego excrucior, Plaut. Epid. 192. – **II durch Foltern erpressen,** res excruciata, Tert. ad uxor. 2, 5. – ► Parag. Infin. excruciarier, Ter. heaut. 413.

excubātio, ōnis, *f.* (excubo), das **Wachen, Wachehalten** eines Soldaten, Modest. dig. 49, 16, 3. § 6. – übtr., pro amicorum salute, Val. Max. 4, 7, 7.

excubātor = excubitor, Vigil. Trident. epist. 2, 3.

excubiae, ārum, *f.* (excubo), **I** das **Liegen-,** das **Beilager außer dem Haus,** Auct. prol. Plaut. Cas. 54. – **II** das **Wachen, Wachehalten, Wachehaben** der Soldaten usw. (u. zwar bei Tage und bei Nacht, vigiliae bloß bei Nacht), **1** eig.: o excubias tuas, o flebiles vigilias! Cic.: adversus incendia excubias nocturnas vigilesque comminisci, Suet.: excubias agere alci, bei jmd. Wache halten, jmd. bewachen, Ov. u. Tac.: excubias agere circa cubiculum, Suet. – v. Tieren, exc. vigilum canum, Hor.: grues excubias habent nocturnis temporibus, Plin. – poet., excubiae divûm aeternae, v. ewigen Feuer, Verg. Aen. 4, 201. – **2** meton., die die Wache haltenden Personen, die **Wache,** der **Wachtposten,** das **Pikett,** Enn., Cic. u. a.: exc. militum, Suet.: vigilum, Verg.

excubiālis, e (excubiae), **beim Wachen,** curae, Sidon. epist. 8, 6, 18.

ex-cubiculārius, iī, *m.*, **einer, der früher Kammerdiener gewesen ist,** Cod. Iust. 10, 47, 12.

excubitor, ōris, *m.* (excubo), der **Wächter,** v. Hund, Col. 7, 12, 1: v. Hahn, exc. ales, Ps. Verg. mor. 2. – insbes. von Soldaten, excubitores, die **Wache,** der **Wachtposten,** das **Pikett,** die **Feldwache,** Caes. u. Suet.

excubitōrium, iī, *n.* (excubo), das **Wachthaus,** P. Victor. de reg. urb. Rom. epil. *extr.* CIL 6, 3010.

excubitrīx, trīcis, *f.* (Femin. zu excubitor), die **Wächterin,** Sen. de rem. fort. 10. § 6. p. 452 H.

excubitus, ūs, *m.* (excubo), das **Wachen,** die **Wache,** Auct. b. Hisp. 6, 4. Itala (Tolet.) 4. regg. 11, 6.

ex-cubo, buī, bitum, āre, **außerhalb des Hauses-, im Freien liegen, -schlafen, I** im Allg.: in agris, Cic. de div. 1, 112: v. Bienen, apes noctu deprehensae in expeditione excubant supinae, Plin. 11, 19. – **II** insbes. = **Wache halten, wachen, 1** eig., v. Soldaten, in armis, Caes.: pro castris, Caes.: pro vallo, Sen.: ad mare, Caes.: ad portum, v. Schiffen, Caes.: per muros, Verg.: in porta, Sall. – von anderen, Cerberus excubat ante fores, Tibull. – **III** übtr.: **a** übh.: sola (laurus) excubat ante limina, steht, Plin.: Cupido excubat in genis, hält Wache, d. i. verweilt gern, Hor. – **b wachen, wachsam sein, besorgt sein,** excubo animo nec partem ullam capio quietis, Cic. ad Att. 9,

11, 4.: curam rei publicae apud vos excubare, sei munter u. wach, Planc. in Cic. ep.: m. *pro* u. Abl., pro alqo, Cic.: pro imperio populi Romani, Val. Max.: pro eo imperio augendo custodiendoque, Val. Max.: pro alcis salute etiam dormientem, Suet. – m. *Dat.* (für, s. Markl. Stat. silv. 2, 7, 130), hospitibus, Lucan. 9, 910: omnis eorum ars urbibus excubabat, war im Dienste der Städte, Plin. 35, 118: rerum, non animi pretiis excubatur, wird getrachtet, Plin. 35, 50 – m. *in* u. Akk., intra quod disposita tot lumina in actus suos excubant, ein wachsames Auge haben auf usw., Sen. ep. 102, 21. – ► vulg. Partiz. Fut. Akt. excubatūrus, Sidon. epist. 1, 2, 9.

ex-cūdo, cūdī, cūsum, ere, I **herausschlagen,** 1 eig.: scintillam silici, Verg. Aen. 1, 174: silicis venis abstrusum ignem, Verg. georg. 1, 135: ad excudendum ignem, Plin. 16, 208. – 2 übtr., **ausbrüten,** ova, Varro r. r. 3, 9, 2: pullos, Cic. de nat. deor. 2, 124. Varro r. r. 3, 6, 4 u. a. Col. 8, 14, 7: pullos ex ovis, Cic. de nat. deor. 2, 129: quae adhibito fotu ex isdem (ex ovis) excuduntur animalia, Chalcid. Tim. 122 *extr.* – II schlagend bereiten, 1 eig., **schlagen, schmieden,** a Erz usw., ferrum, Curt. 4, 2 (9), 13: navem malleo, zurechtklopfen u. ausflicken, Plaut. Men. 403: poet. v. den Bienen, recentes ceras, das W. schmieden = Zellen kunstreich aus frischem Wachs bilden, Verg. georg. 4, 57. – b prägn., aus Erz **schmieden, meißeln, prägen,** gladios, Iuven. (15, 168) bei Serv. Verg. georg. 2, 593 (bei Iuven. jetzt extendere): spirantia mollius (zart) aera (Statuen), Verg. Aen. 6, 847: nummum, Paulin. adv. pagan. *v.* 73. – 2 übtr., schriftlich **verfertigen,** aliquid Ἡρακλείδειον, Cic. ad Att. 15, 27, 2: magnā noctium parte unum librum, Tac. dial. 9: effinge aliquid et excude, quod etc., Plin. ep. 1, 3, 4.

exculcātor, ōris, *m.* (exculco), = *antecursor* (*no.* I), **Plänkler,** Veget. mil. 2, 15 u. 17.

exculcātus, a, um, *PAdi.* (v. exculco), **aus der Mode gekommen, abgenutzt,** verba, Gell. 11, 7. § 1.

exculco, āvī, ātum, āre (ex u. calco), I **heraus-, austreten,** Plaut. capt. 810. – II (nach calco *no.* II, C) **dicht eintreten, festtreten, -stampfen,** Caes. b. G. 7, 73, 7.

exculpo, s. ex-sculpo.

excultor, ōris, *m.* (excolo), der **Bearbeiter, Anbauer,** Tert. de monol. 6.

excuneātus, a, um (ex u. cuneus), **von der Sitzreihe** (im Theater) **verdrängt,** Apul. flor. 16. p. 21, 10 Kr.

ex-cūrātor, ōris, *m.*, ein **gewesener Kurator, Exkurator,** Imper. Const. Maxim. et Val. Licin. in Augustin. epist. 88, 4.

excūrātus, a, um (ex u. curo), I **wohlgepflegt, -abgewartet,** lepide excuratus cessisti, Plaut. Cas. 726. – II **wohlbesorgt, wohlhergerichtet,** victus, Plaut. Pseud. 1253.

ex-cūrio, āre (ex u. curia), **aus der Kurie** (aus dem Senat) **stoßen,** Apollonium, Varro sat. Men. 221.

ex-curro, cucurrī u. currī, cursum, ere, I *intr.* **herauslaufen,** A aus einem Ort **herauslaufen, -rennen, -eilen,** und mit Angabe des *term. ad quem* = aus od. von einem Ort irgendwohin **laufen, rennen, reisen,** 1 im Allg.: a eig.: excurrat aliquis (*sc.* domo), Cic.; ut ante ad me excurrerent, Cic.: exc. in crucem, Plaut. – v. Lebl., fons ex summo montis cacumine excurrens, Curt.: recisis qui a latere excurrant pampinis, Plin. – b übtr.: quorum animi spretis corporibus evolant atque excurrunt foras, Cic.: orationem pariter cum sententia excurrere, gleichen Schritt halte, gleich fortlaufe, Cic.: campus, in quo excurrere virtus possit, sich zeigen könne, Cic.: in hoc tempus excurrit donationis eventus, trifft, ICt. – 2 insbes.: a **rasch** gegen die Zuhörer **vorschreiten,** v. Redner, Quint. 2, 2, 12. – b als milit. *t. t.*, **einen Ausfall machen, hervorbrechen,** und bei Ang. **wohin?** = **einen Einfall machen,** omnibus portis, Liv.: ex Africa, Cic.: in fines Romanos, Liv. – c **einen Ausflug, einen Abstecher** wohin **machen,** in Pompeianum, Cic.: Tusculum, Suet. – übtr., v. der Rede u. v. Redner, **abschweifen,** longius, Cic.: in aliquem laetum locum, Quint.: ne modum excedam, excurro et ad Parrhasium revertor, Sen. rhet. – d v. Versen, **auslaufen, ausgehen, sich endigen,** in quattuor syllabas, Quint. 9, 4, 79. – B prägn., und zwar übtr.: 1 **hervorlaufen, hervorragen,** paeninsula ab intimo sinu excurrit, Liv.: Sicania excurrit in aequor, Ov.: promunturium in altum excurrens, Liv. – übtr., productiora alia et quasi immoderatius excurrentia, in der Rede, Cic. – 2 **darüber sein,** et quod excurrit, ICt. u. a. – II *tr.* **durchlaufen,** prope iam excurso spatio, Ter. adelph. 860: haec computatio … post sextam excursa nocturnam (horam), die abläuft, Amm. 26, 1, 10.

excursātio, ōnis, *f.* (excurso), I = καταδρομή, der **Streifzug,** Gloss. II, 340, 49. – II übtr., die **Abschweifung** in der Rede, Schol. Gronov. ad Cic. Rosc. Am. § 6. p. 426, 15 B.

excursātor, ōris, *m.* (excurso), der **Plänkler,** Amm. 24, 1, 2 u. 25, 1, 2.

excursio, ōnis, *f.* (excurro), das **Hervorlaufen,** I eig.: 1 das **rasche Vorlaufen** des Redners gegen die Zuhörer, Cic. u. Quint. – 2 als milit. *t. t.*, der **Ausfall** aus einer Stadt u. der **Einfall, Streifzug** in ein Land, excursionem facere ex oppido, Caes.: u. so exc. nocturna Catilinae, der nächtliche Ausbruch (zum Entkommen), Cic.: una exc. equitatus, Cic.: barbarorum excursiones, Nep.: excursiones et latrocinia hostium, Cic.: tumultuosae hinc atque illinc excursiones, Liv.: multitudinem crebris excursionibus locupletavit, Nep. – im Bild, prima exc. orationis, Cic. – 3 der **Ausflug, Abstecher** aufs Land usw., Plin. ep. u. ICt. – II übtr.: 1 **freier Spielraum,** libera adiciendi, Quint. 10, 3, 32. – 2 die **Abschweifung** im Reden, Quint. 4, 2, 103.

ex-curso, āre, **wieder** u. **wieder hervorbrechen,** Stat. Theb. 2, 550.

excursor, ōris, *m.* (excurro), ein Ausläufer auf Kundschaft, der **Ausspäher, Kundschafter,** Cic. Verr. 2, 22. Val. Max. 7, 3, 7: excursores diurni atque nocturni, Apul. de mund. 26: übtr., excursores venti, *ibid.* 12 *in.*

excursus, ūs, *m.* (excurro), I das **Herauslaufen, Auslaufen,** A eig.: 1 im Allg.: a leb. Wesen, der **Ausflug,** apium, Verg. georg. 4, 194: nocturni excursus (avium), Solin. 20, 3. – b eines Gewässers, der **Ausfluss,** huius fontis, Plin. ep. 4, 30, 8. – 2 insbes., a als milit. *t. t.*, der **Angriff,** der **Ausfall, Einfall,** der **Streifzug,** primus excursus, Caes.: subiti excursus, Tac.: modici excursus, Tac. – b als naut. *t. t.*, das **Auslaufen** eines Fahrzeugs, navigiorum, Auct. b. Alex. 19, 2. – B übtr., die **Abschweifung** im Reden, Quint. u. a. – II das **Hervorragen,** der **Vorsprung,** montis, Plin.: promunturium vasto excursu, Plin.

excūsābilis, e (excuso), **zu entschuldigen, einer Entschuldigung wert,** Ov. ex Pont. 1, 7, 41. Manil. 2, 593. Hieron. in Matth. 24, 14: *Compar.* bei Val. Max. 8, 11. ext. 4. – Dav. **excūsābiliter**, *Adv.*, Alcim. Avit. homil. 20: *Compar.* excusabilius, Augustin. de trin. 14, 15. § 21 *extr.*

excūsābundus, a, um (excuso), **sich entschuldigend,** Apul. apol. 79.

excusamen, minis, *n.* (excuso), die **Entschuldigung,** Commodian. apol. 772.

excūsāmentum, ī, *n.* (excuso), die **Entschuldigung,** Mart. Cap. 8. § 807.

excūsātē, *Adv.* (excusatus), **entschuldigt, gerechtfertigt,** Quint. u. a.: *Compar.*, Sen. u. a.

excūsātio, ōnis, *f.* (excuso), I die **Entschuldigung, Rechtfertigung,** 1 im Allg.: exc. iusta, Cic. u. Sen.: honestior, Cic.: probabilis, Cic.: m. subj. *Genet.*, Pompei, Cic.: m. obj. *Genet.*, peccati, Cic.: criminis, Quint. – excusationem accipere (gelten lassen), Cic.: Sappho, quae sublata de prytanio est, dat tibi iustam excusationem, für den Raub der S. aus dem Pr. hast du eine begründete E., Cic.: si haec eadem in excusationem meam dixero, Plin. ep.: iusta esset excusatio, Cic.: ex vobis audio nemini civi ullam *quo minus adesset* satis iustam excusationem esse visam, Cic. Pis. 36: stultitia excusationem non habet, findet keine E., Cic.: excusationem aliquam idoneam praeparavisse (in Bereitschaft haben), Petron.: excusationem probare, Cic.: nullam excusationem recipere (gelten lassen), Sen.: excusationem temptare (versuchen), Sen.: tollere quietis et securitatis excusationem, Tac. dial.: iustā et idoneā uti excusatione intermissionis litterarum, Cic. – Plur., **Entschuldigungen, Entschuldigungsgründe,** nullae istae excusationes sunt, Cic.: excusationes allegare, Ulp. dig.: tolle igitur istas excusationes, Sen. – 2 insbes.: a aktiv, die **Ablehnung,** exc.

Ser. Sulpici legationis obeundae, Cic. Phil. 9, 8: inertia est laboris exc., P. Syr. sent. 279 R.[2] – **b** passiv, das **Entschuldigtsein** = **Befreitsein** von etw., tutelarum exc. u. a tutela exc., Ulp. dig. 27, 1, 3 u. 5. – **II** prägn., die **Anführung** einer Sache **als Entschuldigung,** die **Entschuldigung** od. **Ausrede** mit etw., das **Vorschützen** einer Sache, adulescentiae, aetatis, Cic.: hiemis, Auct. b. Afr.: excusationem oculorum accipere (gelten lassen), Cic.: habere excusationem pietatis vel necessitatis vel aetatis, Cic.: nullam excusationem imprudentiae recipere (gelten lassen), Auct. b. Alex.: excusatione amicitiae alqd tegere, Cic.: excusatione uti temporis od. valetudinis, schlechte Zeiten od. Unwohlsein vorschützen, Cic.

excūsatiuncula, ae, *f.* (*Demin.* v. excusatio), die **kleine Entschuldigung,** Plur. bei Salv. adv. avar. 3, 2.

excūsātor, ōris, *m.* (excuso), der **Entschuldiger,** Augustin. de civ. dei 3, 20 u. a.

excūsātōrius, a, um (excuso), **zur Entschuldigung (Rechtfertigung) geeignet, entschuldigend, rechtfertigend,** morae illae, Augustin. epist. 83, 2.

excūsātus, a, um, *PAdi.* m. *Compar.* u. *Superl.* (v. excuso), **entschuldigt, gerechtfertigt,** *Compar.,* Sen. rhet. u. a.: *Superl.,* excusatissimus essem, Sen. de otio 2, 1: excusatius est m. *Infin.,* Sen. contr. 7, 1 *extr.*

ex-cūso, āvī, ātum, āre (ex u. causa), **I entschuldigen, rechtfertigen, 1** eig.: se apud alqm od. se alci, Cic.: se de alqa re, Caes.: tarditatem litterarum, Cic.: volo me excusatum alci, ich wünschte mich bei jmd. entschuldigt, Cic.; habere excusatum, jmd. für entschuldigt ansehen = (bei sich) entschuldigen, Ov. – exc. alqm od. se m. folg. *quod,* Cic., Caes. u. a. – exc. m. folg. *quo minus* u. Konj., cum per senectam, quo minus interesse valeret, excusasset, sein Nichterscheinen mit seinem vorgerückten Alter entschuldigt hatte, Aur. Vict. epit. 39, 7. – u. so excusor m. *Nom.* u. *Infin.,* ich werde (mein Nichterscheinen wird) damit entschuldigt, dass ich usw., si Lysiades citatus iudex non responderit excuseturque Areopagites esse, Cic. Phil. 5, 14; u. so Liv. 3, 13, 9 u. 43, 2, 10. – **2** übtr.: **a** alqd alqā re, **wiedergutmachen, aufwiegen,** crimen lacrimis, Stat.: nefas armis, Claud.: fallacem unius anni fidem omnibus annis, Plin. pan. 32, 4. – **b schützen, decken,** se ab alqa re, Pallad. 12, 7, 2: m. folg. *ne* u. Konj., **verhindern,** Pallad. 12, 7, 14. – **II** prägn.: **1** etw. als **Entschuldigungsgrund anführen,** etw. **vorschützen, sich** mit etw. **entschuldigen, α** m. *Acc.:* morbum, Cic.: valetudinem, aetatem, Liv.: mit folg. *Acc.* u. *Infin.,* Plaut. aul. 749. Suet. Aug. 69, 1 u. Ner. 33, 2. Iustin. 5, 4, 11. – **β** absol. = **Entschuldigungsgründe anführen, -beibringen, -vorgeben, sich entschuldigen,** Cic. u. a. – **2** aus Entschuldigungsgründen **ablehnen, abschlagen,** Parthicum nomen, Spart.: reditum Agrippinae ob alqd, Tac.: Baeticis contra unum hominem advocationem, Plin. ep. – refl. excusare (se) u. Passiv excusari medial, **sich entschuldigen, sich** aus Entschuldigungsgründen einem Amt, einer Arbeit usw. **entziehen, Entschuldigungsgründe** (gegen die Übernahme) **vorbringen,** Suet., Tac. u. Plin. ep.: m. *Dat.,* cui in universum excusari mallet, dem er sich lieber entziehen möchte, Tac. ann. 1, 12. – u. excusari m. *Abl.* od. m. *ab* u. Abl., **gegen die Übernahme** von etw. **entschuldigt** (= davon befreit) **werden,** excusari tutelā alcis, Ulp. dig. 27, 1, 9: excusari a coepta (tutela), Paul. dig. 27, 1, 11: u. so mit *ab* u. Abl. auch Ambros. in psalm. 1. § 46.

excūsor, ōris, *m.* (excudo), der **Kupferschmied,** Quint. 2, 21, 10.

excussē, *Adv.* (excussus), mit **ausgestrecktem-, straffem Arm** = mit voller Schwungkraft (Ggstz. remisse), mittere pilam, Sen. de ben. 2, 17, 4.

excussio, ōnis, *f.* (excutio), **a** das **Abschütteln,** oleae, Vulg. Isai. 17, 6: pedum (des Staubes von den F.), Hieron. epist. 34, 4 u. das **Herausstoßen,** mucilenti umoris, Cael. Aur. de morb. chron. 1, 1, 39. – **b** insbes., das **Worfeln,** Chalcid. Tim. 52 E.

excussōrius, a, um (excutio), zum **Herausschütteln (Ausbeuteln) dienlich,** cribrum, Mehlbeutel (aus Leinwand), Plin. 18, 108.

1. excussus, a, um, *PAdi.* (v. excutio), **I ausgestreckt, straff** (Ggstz. remissus), palma excussissima, Petron. 95, 4. – excussis manibus, mit leeren Händen, Sen. de ben. 2, 31, 5. – **II geprüft, wohl erwogen,** exploratum (wohl berechneter) et exc. consilium, Val. Max. 7, 2, 2.

2. excussus, ūs, *m.* (excutio), das **Herausschlagen,** Prud. perist. 5, 226.

ex-cutio, cussī, cussum, ere (ex u. quatio), **I heraus-, herab-, abschütteln, -stoßen, -schlagen, -werfen, A** im Allg.: **1** eig.: ancoram e nave, Liv.: alci oculum, Plaut. u. Suet.: alci dentes advorsos omnes, Lucil.: pulverem digitis, abschnippen, Ov.: pulverem pedum od. de pedibus u. bl. exc. pulverem, den Staub von den F. schütteln, Eccl.: iugum, Plin. pan.: litteras in terram, Cic.: oculum, Suet.: baculis spicas, ausdreschen, Col.: equi vestigium excussum ungulā (vom Huf), Plin. – **2** übtr., **abschütteln** = gewaltsam entfernen, vertreiben, onus (Leibesfrucht), zu frühzeitig gebären, Ov.: febrem, Plin.: sitim, Sen.: verecundiam, ablegen, Sen.: metum de corde, verscheuchen, Ov.: alcis voces, jmds. Einsprache, Gegenrede absch. (= nicht weiter beachten), Cic. Phil. 2, 73. – **B** insbes.: **1 entreißen,** agnam ore lupi, Ov.: agnam avidi dentibus lupi, Ov.: poet., fundo moenia, die M. von Grund aus zerstören, Stat. – übtr., studia de manibus, Cic.: delicias, opinionem, Cic.: somnum, verscheuchen, Augustin.: Senecam, den S. den Händen der Jugend entreißen, den S. aus der Lektüre der Jugend verdrängen, Quint. 10, 1, 126. – **2 forttreiben, a** Geschosse = **abschießen, abschleudern,** tela, Tac.: glandem, Liv. – **b** jmd. von einem Ort **heraus-, (her)abwerfen,** equus excussit equitem, Liv.: alqm curru, Verg. u. Curt.: curru excuti, Suet.: excussi a reda vel curriculo, Scrib. Larg.: excusso in carceribus aurigā, Plin. – **c fortjagen, -treiben, vertreiben,** alqm patriā, Verg.: feras cubilibus, Plin. pan.: excuti cursu, (zur See) vom Kurs abkommen, verschlagen werden, Verg.: dah. se, **sich fortmachen, sich fortpacken,** Ter. Phorm. 586. – **d berauben,** alqm sceptris, Ov.: navis excussa magistro, Verg. – **3 auspressen,** sudorem, Nep.: alci lacrimas, Plaut. u. Ter. – übtr., risum, ein Lachen, ein Gelächter abnötigen, Hor. – **4 umstoßen, vernichten,** übtr., foedus, Verg. Aen. 12, 158: mentis intentio morā excutitur (geht verloren), Quint. 10, 3, 20. – **5** somno excuti, aus dem Schlaf gestört od. gerissen werden, auffahren, Verg. u. Ov. – **6 heraus-, herabschütten, -gießen, -werfen, -stürzen, von sich lassen,** procellae excusserunt imbrem, Curt.: excussi manibus radii, stürzten, fielen aus den usw., Verg. – prägn., exc. nasum, ausschneuzen, Pers. 1, 118: nares impulso subito spiritu, säubern, Quint. 11, 3, 80. – **7 ausspreiten, ausstrecken,** brachia, Ov.: lacertum, Sen. u. Ov.: rudentes, auseinander rollen, Verg. – **II durch und durch-, heftig** od. **gewaltig hin u. her bewegen, A** übh.: caesariem, Ov.: comas, Quint.: pennas, Ov.: sese, sich schütteln, Plin. – **B** insbes., ein Gewand **ausschütteln, 1** um es vom Staub zu reinigen, vexatam solo vestem, Petron. 128, 4. – **2** um es zu durchsuchen = ein Gewand od. prägn. jmd. (der ein Gewand anhat) **durchsuchen, untersuchen** (weil das Durchsuchen bei den Römern durch Schütteln der Toga geschah), **a** eig.: pallium, Plaut.: gremium, Petron.: non excutio te, Cic. – **b** übtr., **α durchstöbern,** freta Tartareosque sinus, Ov. fast. 5, 244: bibliothecas, Quint. 10, 1, 104: qui cotidie excutitur, der täglich durchstöbert (durchblättert) wird (v. Vergil), Sen. ep. 58, 5. – **β durchmustern,** einzeln **durchgehen,** omne scriptorum genus, Quint. 1, 4, 4: omnes ubiquaque puellas, Ov. art. am. 2, 627: totum diem, Sen. de ira 3, 36, 2. – **γ prüfen, genau durchsehen, durchgehen (revidieren),** rationes rerum publicarum, Plin. ep. 10, 18 (29), 3. – **δ genau untersuchen, gehörig prüfen, wohl erwägen,** omnes eorum delicias, omnes ineptias, Cic.: verbum, Cic.: verum, Sen.: nostri monimenta laboris, Ov.: probationes, Plin. ep.: unum quemque eorum, ins Verhör nehmen, Cic.: te iudices emiserunt excussum et exhaustum, Cic.: illud excutiendum est, ut sciatur, quid sit carere, Cic. – m. folg. indir. Fragesatz, nisi quae delata essent, excusissem, valde dissimulatio mea suspecta esse potuisset, Curt.: illic quid aequum, hic quid aequius sit, excutitur, Quint. – unpers., in quo (iudicio) *de* iure triumphandi inter clarissimos personas et actum et excussum est (entschieden worden), Val. Max. 2, 8, 2. – dah. prägn., etw. ergründen = **herauszubringen suchen,** muliebris pectoris scientiam, Sen. exc. contr. 2, 5. p. 236, 23 K. – ► Synkop. excussit = *excusserit*, Plaut. Bacch. 598.

ex-deico, s. ē-dīco.

exdorsuo, āre (ex u. dorsum), einen Fisch **vom Rückgrat** (u. den daranhängenden Gräten) **befreien, reißen** (vgl. Non. 27, 29. Paul. ex Fest. 79, 12), muraenam, Plaut. aul. 399: ad magica maleficia desquamare et exdorsuare pisces, Apul. apol. 42.

ex-dūco, s. 1. ēduco.

ex-duumvir, virī, *m.*, ein **gewesener Duumvir,** Imper. Constant. et Licin. epist. in Augustin. epist. 88, 4.

exebenus, ī, *f.*, ein weißer Edelstein, mit dem die Goldschmiede das Gold polierten, Plin. 37, 159 (Detl. exhebenus).

exec…, s. exsec…

ex-edo, ēdī, ēsum (archaist. essum), ere, I **ausessen, aufessen, aufzehren, ganz verzehren,** 1 eig.: tute hoc intristi (*i.e.* intrivisti), tibi omne est exedendum, sprichw. = du musst es ausbaden, alle Folgen auf dich nehmen, Ter. Phorm. 318: u. so tibi, quod intristi, exedendum est, Auson. Bissula (XXV) 2. praef. 5. p. 125, 16 Schenkl. – prägn., exedere alqm, **an** jmd. (an jmds. Vermögen) **zehren,** Plaut. trin. 406. Ter. heaut. 462. – 2 übtr., **vertilgen,** media de gente Phrygum urbem nefandis odiis, Verg. Aen. 5, 785. – II **von innen herausessen, zerfressen, ausnagen, zernagen, aushöhlen, zerstören,** a eig., von Schlangen, Würmern usw., nigris exesa chelydris creta, Verg.: frumentum, quod curculiones exesse incipiunt, Varro: exesae fruges, Col.: exesae rupes, Lucan.: serpens, qui iecur eius exesset, Hygin. – von nagenden, ätzenden Dingen, flammeus ardor silvas exederat, Lucr.: Cyclopum exesa caminis antra Aetnaea, zerklüftet, Verg.: argentum vivum exest vasa, Plin.: dens exesus, Cels.: ossa nuda et exesa, Plin. ep.: exesae arboris truncus, Sen.: saxa penitus exesa, Sen. – v. Flüssen, Nilus nihil exedit nec abradit, Sen. – vom zerstörenden Zahn der Zeit, monumenta vetustas exederat, Curt.: exesis posterioribus partibus versiculorum (an einer Grabschrift), Cic. – b übtr., v. Gemütszuständen, Verdruss, Kummer, Gram, Zorn, Hass usw., **zernagen, aufreiben, zerquälen,** exspectando exedor, Plaut.: aegritudo exest animum, Cic.: quos nullae aegritudines exedunt, Cic.: penitus maestas exedit cura medullas, Catull.: his cogitationibus animos, Curt.: te exedit labor et senectus, Val. Flacc.: aerumnae cor ipsum exedentes, Sen. – c polit. gleichs. **zernagen, vernichten,** rem publicam, Tac.: urbem odiis, Verg . – ► a Archaist. *Coni. Praes.* exedint, Plaut. Pseud. 821. – b Die zusammengezogenen Formen (s. 1. edo ►) in der klass. Prosa vorherrschend, doch exedit bei Sen. nat. qu. 4, 2, 10. Ser. Samm. 7, 92.

exedra, ae, *f.* (ἐξέδρα), in Gymnasien = eine halbrunde Erweiterung der Säulengänge nach außen hin, mit Sitzen, wo Philosophen usw. sich niederließen und mit ihren Zuhörern sich unterhielten, ein **halbrunder Anbau,** die **Rotunde,** Vitr. 5, 11, 2. Vgl. Placid. gloss. V, 20, 7. – in röm. Privathäusern = ein ähnlich gebautes **Gesellschafts-** od. **Konversationszimmer,** die **Sprechhalle,** der **Sprechsaal,** Vitr. 6, 7, 3. Cic. de or. 3, 17; de nat. deor. 1, 15; de fin. 5, 4. Quint. 11, 2, 20: mit Garnen umzogen als Vogelhaus, Varro r. r. 3, 5, 8. – in den christl. Kirchen = der **Chor,** gradus exedrae, Augustin. de civ. dei 22, 8, 23. p. 581, 1 D².

exedrium, iī, *n.* (ἐξέδριον), eine **kleine Rotunde** (s. exedra), Cic. ep. 7, 23, 3.

exedum, ī, *n.*, eine uns unbekannte Pflanze, Plin. 24, 175.

exēdūrātus, a, um (ex u. edurus), **der Härte beraubt,** exuviae, Tert. de pall. 4.

exēgēticē, ēs, *f.* (ἐχηγητική), die Erklärungskunst, Diom. 426, 16.

exemplābilis, e (exemplo), **zum Beispiel dienend,** enthymema, Isid. 2, 9. § 9 u. 12. Cassiod. de rhet. *extr.*

exemplar, āris, *n.* (exemplum), I (nach exemplum *no.* I): A die **Abschrift, Kopie,** Cic.: testamenti, Plin. ep. – B in ethischer Hinsicht, das **Ebenbild, Abbild,** Cic. u. Plin. – II (nach exemplum *no.* III) das **Muster** = das **Vorbild, Modell,** Cic. u. a. – Nbf. **exemplāre,** is, *n.*, Lucr. 2, 124.

exemplāris, e (exemplum), I als Abschrift dienend, subst., exemplārēs, **Abschriften, Kopien,** omnium litterarum, Tac. hist. 4, 25: eorum (librorum), Fronto ep. ad Anton. 2, 4 (5). p. 107, 14 N. – II zum Beispiel dienend, **musterhaft,** virtutes, Originaltugenden, Macr. somn. Scip. 1, 8. § 5; eminentia, Chalcid. Tim. 48 E.: mundus, *ibid.* 137: dignitas, *ibid.* 225.

exemplārium, iī, *n.* (exemplum), I die **Abschrift, Kopie,** ICt. u. Eccl. – II das **Original, Modell, Muster,** Arnob. 6, 13. Schol. Lucan. 9, 563.

exemplātus, a, um (exemplum), **abgeschrieben, kopiert,** libellus, Sidon. epist. 4, 16, 1.

exemplo, āvī, āre (exemplum), **als Beispiel anführen,** Itala ad Coloss. 2, 15 (bei Augustin. epist. 149, 26 u. c. Faust. 16, 29).

exemplum, ī, *n.* (= exempulum, v. eximo), eig. ein aus einer Menge gleichartiger Dinge Ausgewähltes, woran die ihnen gemeinschaftlichen Eigenschaften anschaulich werden; dah. I als etw. Ähnliches, Nachgebildetes, 1 die **Probe,** das **Muster** von etwas, purpurae, tritici, Rhet. Her. 4, 9.

2 die **Abschrift, Kopie,** a objektiv, Caesaris litterarum exemplum tibi misi, Cic.: tuae litterae, quarum exemplum legi, Cic. – b subjektiv = der **Inhalt, Wortlaut** einer Schrift, litterae sunt allatae hoc exemplo, dieses Inhaltes, Cic.: alterae (tabulae testamenti) eodem exemplo relictae, gleiches Inhaltes, gleichlautende, Caes.

3 in der Kunst = die **Kopie,** das **Abbild** in der Malerei, der **Abdruck** in der Bildnerei, hinc exemplum ut pingeretis, Plaut.: hic quoque exemplum (einen Abdruck als Marke) reliquit, Plaut. – dah. übtr., unum aliquem te ex barbatis illis exemplum (Abbild) imperii veteris, imaginem (Konterfei) antiquitatis intueri, Cic.: exemplum dei quisque est in imagine parva, Manil. – Homeri ingenium sine exemplo (gleichs. ohne Gegenstück) maximum, der über allen Vergleich erhabene, Vell.: u. so supra omnia exempla sanctissima uxor, Inscr. (s. Ruhnken Vell. 1, 5 *in.*).

4 die ähnliche **Art, Weise** der Beschaffenheit und Handlungsweise nach, ad idem exemplum (auf dieselbe W.) somnium quam simile somniavit, Plaut.: *Ch.* Nomen patris … quod ad exemplum est? (mit welchem [anderen Namen] hat er Ähnlichkeit, auf welche Art lautet er?) *Sy.* Ad hoc exemplum Char. … (ähnlich so wie Char. …). *Ch.* an Chares? an Charidemus? Plaut.: ad hoc exemplum (so wie du da bist, so wie du da aussiehst) te exornavi, Plaut.: credo istoc exemplo (in dieser Stellung) tibi esse eundum ad portam, Plaut.: nunc huc nunc illuc, exemplo nubis aquosae (wie eine W.) fertur, Ov. – quaestionem haberi eodem exemplo, quo M. Pomponius praetor habuisset, auf dieselbe Weise wie usw., ganz ähnlich wie usw., Liv.: uno exemplo vitam vivere, auf einerlei Weise, Plaut.: exemplo malo committi, auf bedenkliche Weise, Iuven. – im Plur., alqm omnibus od. pessumis exemplis cruciare od. excruciare, jmd. auf jede od. die schrecklichste Art martern, Plaut.: te omnes di malis exemplis perdant, Ter. (vgl. Lindemann Plaut. capt. 3, 5, 33).

II als etwas Nachzuahmendes = das **Beispiel, Muster,** A in technischer Hinsicht, 1 im Allg.: si musici vocem docentium, pictores opera priorum, rustici probatam experimento culturam in exemplum intuentur, achten als wie auf ein Muster auf usw., Quint.: tempora illa, quae sine exemplis fuerunt, Quint.: quae in exemplum assumimus (*sc.* in orationibus), was wir zum M. nehmen, Quint.

2 insbes.: a in der Baukunst = das **Muster, Modell,** aedes probant; sibi quisque inde exemplum expetunt, Plaut.: superposuit altissimam turrem in exemplum Alexandrini Phari, Suet. – b in der Bildnerei u. Malerei = das **Original,** in mutum simulacrum ab animali exemplo (nach einem lebenden O.) transfertur, Cic.: illi fuit exemplorum eligendi potestas, Cic.: huiusmodi tractare exempla, Plaut. – c der **Entwurf,** das **Konzept** zu einer Schrift, litterarum exemplum componere, Cic.: cum ad te harum (litterarum) exemplum in codicillis exaravi, Cic.

B in geistiger u. ethischer Hinsicht: 1 das **Muster, Vorbild** für unser Verhalten, feruntur enim ex optimis naturae et veritatis exemplis, sie sind von den besten Vorbildern, der Natur u. der Wahrheit, genommen, Cic.: ex. innocentiae, pudicitiae, ein M. von usw., Cic.: vir mali exempli, Sen.: vir exempli recti, ein M. von Geradheit, Cic.: magnum exemplum continentiae, Ter.: honestum ex., ein M. von Bescheidenheit, Tac.: exemplum capere ex alqo, sich ein Beispiel an jmd. nehmen, Ter.: so auch exemplum capere de alqo, Ter.: ab alqo, Cic. u. Liv.: u. hinc exemplum capere, Plaut.: u. exemplum petere ab alqo, Cic. u. Liv.

2 das **Beispiel** = das Verfahren, Benehmen, die Handlung (Tat), insofern es od. sie nachahmenswert od. verabscheuungswürdig ist, inductum pessimum exemplum, ut optimum opponeretur, Plin. pan.: alqd aliorum exemplo institutoque facere, etwas nach anderer Beispiel und Vorgang tun, Cic.: more et exemplo populi Romani, nach der Sitte und dem Verfahren (Brauch) des usw., Caes.: se exemplo (nach anderer Beispiel, Vorgang) fecisse, quod fecisset, Cic.: exemplum dare, Tac.: dare in (für) omnes provincias exemplum, Tac.: dare magna exempla, Iuven.: inter exempla esse od. haberi, als B. dienen, Sen. u. Solin.: alcis exemplum sequi, sich jmds. Beispiel (Benehmen) zum Muster nehmen, Nep.: commoverat quosdam magnitudine exempli, durch die Erhabenheit seines Beispiels (Benehmens), Tac.: insigne Epponinae uxoris exemplum (das ausgezeichnete Benehmen) suo loco reddemus, Tac.: singulare omnium saeculorum exemplum ausae, Iustin.: exemplo carens (beispiellos) luctus erat, Lucan. 9, 169. – plus exemplo (durch ihr übles Beispiel) quam peccato nocent, Cic.: in alqo exemplum periculosum prodere, Cic. – ut huius urbis iura et exempla corrumperes, Rechtsbestimmungen u. Vorgänge (= Verfahren u. Normen in der Ausübung des Rechts), Cic. – sub hoc exemplo, nach diesem B. (Vorgang), Plin. ep. 1, 18, 5; 2, 6, 6 u. a.: sub his exemplis, nach diesen Vorgängen, Vell. 2, 127, 3.

3 das **Beispiel** zur Nachachtung, Warnung, das **warnende Beispiel,** das **Strafbeispiel** (vgl. Brix Plaut. capt. 688. Spalding Quint. 4, 1, 7. Gronov Liv. 2, 30, 1), **a** im Allg.: ex. bonum, utile, Tac.: ut arcendis sceleribus exemplum nobile esset, damit ein auffallendes B. gegeben würde, um usw., Liv.: exemplum severitatis edere, Cic.: ea in civitatem Carthaginiensium exempla edere, Liv.: uterque in te exempla edent, Ter.: dare ultionis exemplum, Tac.: dare exemplum praecavendi, Tac.: exemplum praebere, ut etc., Hor.: exemplo territus huius, Ov. – **b** das **Strafbeispiel,** die **Strafe** (vgl. Held Caes. b. G. 1, 31. § 9), habet aliquid ex iniquo omne magnum exemplum, Tac.: deditos in fidem populi Romani omni ultimae crudelitatis exemplo laceratos ac deletos esse, Liv.: exemplum statuere in alqm u. in alqo, Ter., Cic. u. a.: u. so statuite exemplum impudenti, date pudori praemium, Plaut.: statuite exemplum, quantae poenae sint in civitate hominibus istius modi comparatae, Rhet. Her. – u. bes. im Plur., meritum novissima exempla Mithridatem, verdient habe M. die härteste Strafe, Tac.: exempla in alqm facere od. edere, jmd. empfindlich bestrafen, Komik., Caes. u. a. (s. Ruhnken Ter. eun. 5, 4, 24. Drak. Liv. 29, 27, 4): in alqm omnia exempla cruciatusque edere, an jmd. qualvolle Strafen vollziehen, Caes.: exempla in eum fient, er wird empfindlich bestraft werden, Ter.: mala exempla, übel angewandte Strafbeispiele, Sall.

III als etwas einen ähnlichen Fall Erläuterndes, Beweisendes, Bestätigendes (als Synon. von documentum, s. Rhet. Her. 4, 5. Cic. de inv. 1, 49), das **Beispiel,** hisce ego rebus exempla adiungerem, nisi etc., Cic.: fieri tamen potest, ut ex aliis legibus exempla ducamus, per quae appareat etc., Quint.: magna exempla casuum humanorum, Liv.: exemplum insigne mutationis rerum humanarum, Liv. (s. Fabri Liv. 22, 44, 5. Mützell Curt. 5, 4 [17], 5). – dah. exempli causā od. gratiā u. in exemplum, **um als Beispiel zu dienen, um ein Beispiel zu geben** od. **anzuführen, beispielsweise** (wenn ein histor. od. erdachtes Faktum zum Beweis usw. wirklich angeführt wird), exempli causā paucos nominavi, Cic.: in ea muliere etiamnunc, quasi exempli causā, vestigia antiqui officii remanent, Cic.: satis est unam rem, exempli gratiā, proferre, Nep.: vel exempli gratiā, in Verrem de L. Domitio, Quint.: ex quibus in exemplum pauca hinc inde subieci, Suet.

exēmptilis, e (eximo), **herausnehmbar,** perticae, Col. 8, 11, 4: margarita, lapides, Ulp. dig. 34, 2, 25. § 11.

exēmptio, ōnis, *f.* (eximo), **I** das **Herausnehmen, Ausnehmen,** favorum, des Honigs aus dem Bienenkorb, Varro u. Col.: cretae, ICt. – **II** das **Zurückhalten** einer Person, die vor Gericht gefordert worden ist, ICt.

exēmptor, ōris, *m.* (eximo), der **Steinbrecher,** Plin. 36, 125.

exēmptus, ūs, *m.* (eximo), das **Heraus-, Hinwegnehmen,** cuneorum adiectus aut exemptus, Vitr. 9, 8, 6.

exentero (bei Plinius usw. die Hdschrn. exintero, bei Apicius die besten Hdschrn. extentero), āvī, ātum, āre (ἐξεντερίζω), die Eingeweide herausnehmen, **ausweiden, aufbrechen, I** eig.: catulum, Plin. 30, 42; 30, 88: ranam marinam, Plin. 32, 92: porcum, Petron. 49, 4 *sq.*; 54, 3: hydram Lernaeam, Hyg. fab. 30: leporem, Iustin. 1, 5, 10: hunc piscem, Vulg. Tob. 6, 5: aves per guttur, Apic. 6, 236: porcellum a gutture, Apic. 8, 372. – **II** scherzh. übtr.: **1 ausleeren,** alcis marsuppium, Plaut. Epid. 185 u. 511: alci opes argentarias, *ibid.* 672. Vgl. Paul. ex Fest. 79, 11 ›exbures (= expures) exinteratas‹. – **2 martern,** exspectando exedor miser atque exenteror, Plaut. Epid. 320: exenterat me, Lucil. 470.

ex-eo, iī, (selten īvī), itum, īre, **I** *intr.* **herausgehen, weggehen, ausziehen,** v. Soldaten usw. = **ausrücken, -marschieren** (Ggstz. introire, intrare, auch manere), **A** eig.: **1** v. leb. Wesen, Wagen usw.: exi, exi, exi, inquam, ocius, Plaut.: dum exeo, Ter.: ex. hinc, Nep.: istāc per hortum, Plaut.: hinc ab Thaide, Ter.: de triclinio, Cic.: de finibus suis, Caes.: de navi, Cic., od. ex navi, Nep., sich ausschiffen: ex oppido (v. einem Wagen), Cic.: e patria, Cic.: domo, Cic.: castris, Caes.: statione, Verg.: extra vallum, Liv.: cornicem a cauda (mit dem Schw. voran) de ovo exire, Plin. – m. Ang. **wohin?** foras e villa, Varro: in provinciam, Caes.: in terram, Cic.: in aciem, Liv.: ad pugnam, Liv.: ad alqm, Ter. – m. 1. *Supin.*, praeterea habere locum ante se, quo pastum exeant (pavones) diebus apricis, Varro r. r. 3, 6, 4: ex. deambulatum in hortos muris contiguos, Augustin. conf. 8, 6: ex. praedatum in Hernicorum agros od. in agrum Romanum, Liv. 4, 36, 4 u. 6, 21, 6. – m. *Infin.*, eximus intus ludos visere huc in via nuptiales, Plaut. Cas. 855; vgl. Hygin. fab. 88. p. 85, 4 Schm. Stat. Ach. 1, 288. – Passiv unpers., exitur foras, Ter.: quā in novam viam exitur, Varro LL.: non posse clam exiri, Caes.: nollem huc exitum, ich wollte, ich wäre nicht herausgegangen, Ter.: Partiz. subst., exeuntes (Ggstz. intrantes), Col. 1, 6, 6. – Prägn., **a sich ausschiffen,** Ostiae commodius eum exire posse, Cic. – **b abreisen, ausziehen, ausrücken, ausmarschieren, auslaufen, abfahren (zu Schiff),** Cic., Caes. u. Liv.: extra vallum, Liv. – **2** v. Lebl.: **a** von Flüssigkeiten, **herauskommen, -fließen,** ut multis e visceribus sanguis exeat, Poëta bei Cic.: veterem exire cruorem passa, Ov. – bes. von Gewässern = **austreten,** aggeribus ruptis cum spumeus amnis exit, Verg. – u. = **ausfließen, münden,** in Scythicum sinum, Mela: per septem portus in maris aquas, Ov. – **b** aus der Urne (beim Losen) **herauskommen,** exiit sors, Cic.: exit nomen, Cic.: prägn., von der Pers., sortes sane convivales scriptas in coclearibus habuit tales, ut alius exierit ›decem camelos‹, alius ›decem muscas‹, dass der eine herauskam mit zehn K. usw., Lampr. Heliog. 22, 1. – **c hervorkommen, -keimen, ausschlagen,** de stamine pampinus exit, Ov.: quae (arbor) stirpibus exit ab imis, Verg.: folia a radice exeunt, Plin. – **d zum Vorschein kommen, hervorgehen,** v. künstlichen Erzeugnissen, currente rotā cur urceus exit? Hor.: cum ipsis vocibus naturaliter exeunt gestus, Quint. – **e** aus dem Mund **hervorgehen,** von Worten usw., ex ore, Cic. u. Nep.: maligna et vix exeuntia verba, Sen. – **f auslaufen,** v. Örtl., artius exit in spatium (Bosporus Thracicus), Mela. – **g emporsteigen, -ragen,** v. Pers., curribus auras in aetherias, Verg. – v. Lebl., colles exire videntur, Ov.: exiit ad caelum arbos, Verg.: ut (novellae) in altitudinem exeant, Plin. – **B** übtr.: **1** im Allg.: de sponte eius (filiae), id est de voluntate exire, sich der freien Verfügung über sie begeben, Varro LL. 6, 71: de od. e vita, sterben, Cic.: e patriciis, den Stand der Patrizier verlassen, Cic.: exisse ex od. de potestate (*sc.* mentis), Cic., od.

a se, Petron., seines Verstandes nicht mehr mächtig sein: numquam memoriā hominum, vergessen werden, Sen.: an iam memoriā exisse m. folg. *Acc.* u. *Infin.*, Liv.: necesse est exeat in immensum cupiditas, die B. muss notwendig ins Unendliche ausschweifen, Sen. ep. 39, 5. – **2** insbes.: **a herauskommen** aus usw., aere alieno, Cic. – **b entgehen, entwischen,** vivus exiit, Vell. – **c bekannt werden, unter die Leute kommen,** fama exiit, Nep.: exit oratio, Cic.: libri ita exierunt, Cic.: opinio etiam sine auctore exierat m. folg. *Acc.* u. *Infin.*, Liv.: exiit in turbam m. folg. *Acc.* u. *Infin.*, es ist bekannt geworden, Nep. – **d** ganz wie ἐξέρχομαι, v. der Zeit, **vergehen, ablaufen, zu Ende gehen, vorübergehen, verfließen,** dies indutiarum exiit, Liv.: quinto anno exeunte, Cic.: securus tibi et laetus dies exit, Plin. pan. – summum bonum immortale est, nescit exire, es kennt kein Ende, Sen. – **e sich erstrecken,** exit et in Maias sacrum Florale Kalendas, Ov.: vita licet supra mille annos exeat, Sen.: dah. von Ereignissen usw. in der Zeit, **fallen,** in hunc mensem, Ov.: in urbis nostrae ducentesimum annum, Plin. – **f ausgehen = sich endigen,** v. Verben, dummodo *per* eandem litteram in infinitivo exeant, Quint. 1, 6, 8. – **g sich hinwenden** zu usw., in iram, zornig werden, Lucan.: in alqm, wüten, Stat. – **h** in der Rede **abschweifen,** in laudes Castoris et Pollucis, Quint. 11, 2, 11. – **II** *tr.*: **1 über** etw. **hinausgehen,** es **überschreiten,** limen, Ter.: Avernas valles, Ov.: übtr., modum, Ov.: lubricum iuventae, hinter sich haben, Tac. – **2** einer Sache **sich entziehen, ausweichen, entgehen,** tela oculis, Verg. Aen. 5, 438: vim viribus, wir »G. mit G. vertreiben«, Verg. Aen. 11, 750: adversariorum declinat ictus et vigilanti exit obtutu, Ambros. de off. 1, 10, 32. – ► Ungew. Imperf. exiebat, CIL 11, 1356: exiebant, Itala act. apost. 8, 7: Perf. exit = exiit, Plaut. Pseud. 730 Fl. (mit *cod. Ambr.*). Verg. Aen. 2, 497: Fut. exeam, Vulg. Iudith 8, 32: exies, Vulg. Matth. 5, 26 u. Luc. 12, 59: exiet, Sen. ep. 17, 9 u. 113, 20 H.; apoc. 3, 1 H. u. B. Tert. adv. Iud. 13 u. a. Eccl.: exient, Itala euang. Ioann. 7, 38. Bünem. Lact. 4, 13, 20. Rönsch Itala S. 292 f.). – Partiz. exiens, ungew. Plur. exientes = exeuntes, Itala (Cant.) Luc. 5, 2 u. Itala (Turic.) 4. Esdr. 9, 29: Partiz. exitus, **vollendet,** ad exitam aetatem, Paul. ex Fest. 28, 5.

exequiae, exequior, exequium, exequor, s. exsequ...

ex-erceo, cuī, citum, ēre (zu arceo, in Ruhe halten), aus dem Zustand der Ruhe gleichs. heraushalten, d. i. **nicht ruhen-, nicht rasten-, nicht feiern lassen, sich rühren lassen, in Atem setzen, ohne Rast beschäftigen, im Gang erhalten,** im üblen Sinne (als Synom. von fatigare) **abmühen, abtreiben, abhetzen, I** eig.: **a** v. der rastlosen Bewegung übh.: equos aequore campi, umhertummeln, Verg.: turbinem magno in gyro vacua atria circum, umhertreiben, Verg.: qualis apes aestate novā per florea rura exercet labor, Verg.; vgl. medial, apes exercentur agris, tummeln sich herum, Verg. – haec (corpora) quia sunt exercita motu, sich rastlos bewegen, Lucr.: u. so exercita cursu flumina, rastlos strömende, Verg.; vgl. (Maeandros) incertas exercet aquas, lässt rastlos strömen, Ov. – manum (mit der H. hin u. her fechten) et in ventum iactare brachia, Sen.: u. so manum (um sich schlagen), litigare etc., Sen. (vgl. Gronov Sen. Thyest. 165). – im üblen Sinne, poet., indomitas qualis undas exercet Auster, Hor.: ignem exercentibus Euris, Ov.: ex. venatu saltus opacos, Sil. – **b** als mediz. *t. t.*, von der aufregenden Körperbewegung der Kranken, **in (aktive) Bewegung setzen, (aktive) Bewegung verschaffen,** wohltätig körperlich **aufregen,** corpus, Cels.: pilā similibusque ex. superiores partes, Cels.: absol., commode exercent clara lectio, arma, pila, cursus, ambulatio, Cels. – refl. se exercere u. medial exerceri, **sich** (aktive) **Bewegung (Motion) machen, -verschaffen,** Cels.: exerceri per manus (durch Handarbeiten u. dgl.), Cels. – selten v. der passiven Körperbewegung, pendentis tori gestatio, quo plurimā parte diei ac noctu motu exerceantur aegrotantes, Cael. Aur. – **c** v. Rühren der Glieder bei der Arbeit, **emsig rühren, -beschäftigen,** assiduis brachia telis, Ov.: linguas litibus, Ov.: in sua dona manus, Prop.: manum (emsig Hand anlegen) et ea quae meditata sunt ad verum perducere, Sen. – **d** v. In-Atem-Setzen der Sklaven u. Tiere bei der Arbeit, familiam, Cato: servos, Ter.: famulas ad lumina longo penso, von der Hausfrau, Verg.: tauros, Verg. – im üblen Sinne, ego te exercebo hodie, ut dignus es, in Atem setzen, herumkuranzen (Jacob), Ter.: (equae) neque opere neque cursu exerceantur, abgetrieben werden, Col.: u. so wohl feras, abhetzen, ICt. – **e** v. emsigen Bearbeiten eines Ggstds., solum presso sub vomere, emsig umwühlen, Verg.: humum in messem, Verg.: paterna rura bobus suis, Hor.: ferrum, emsig schmieden (v. den Zyklopen), Verg.: antiquas telas, emsig fortspinnen (v. der Spinne), Ov.

II übtr.: **A** im Allg., v. Ggstdn., Zuständen usw. aller Art, die jmd. gleichs. **in Atem setzen, viel zu schaffen machen, (viel) Arbeit-, (viel) Plage machen, abarbeiten, tüchtig in Anspruch nehmen, hudeln, heimsuchen, abquälen,** von Affekten auch = **beherrschen, a** übh.: meos casus, in quibus me fortuna vehementer exercuit, Cic.: duae (villae) ut maxime delectant, ita exercent, Plin. ep.: quae (centumvirales causae) me exercent magis, quam delectant, Plin. ep.: promulgata lex exercuit civitatem, Liv.: strenua nos exercet inertia, Hor.: ambitio animos hominum exercet, Sall.: nunc me reliquiae vestrae exercent, Cic. – te de praedio exerceri (so viel Plage hast) moleste fero, Cic.: exerceri poenis, Verg.: candidati exerciti omnibus iniquitatibus, Cic.: Venus exercita curis, Verg.: in somniis exercitus, Ps. Sall. de rep. 2, 6, 12. – **b** als mediz. *t. t.*, v. körperlichen Übeln, ut pueros vomitus, nocturnae vigiliae etc. exerceant, Cels.: alios astricta, alios resoluta alvus exercet, Cels.: teretes (lumbrici), qui pueros maxime exercent, Cels.: absol., si vero sudor exercet, Cels.

B in einer Tätigkeit übend **beschäftigen, üben, ausbilden, a** körperlich: iuventutem, Caes.: corpus, Sall.: in gramineis membra palaestris, Verg.: in hoc vocem et vires suas, Cic.: virgines non otio neque lanificio, sed armis, equis, venationibus, Iustin.: armis atque equis corpus (Ggstz. animum in litteris agitare), Ps. Sall. de rep. 2, 10, 2. – als milit. *t. t.*, in den Waffen-, taktisch **üben, einüben,** copias, Caes.: in armis Macedonas et mercennarios milites, Liv.: regem armavit atque exercuit adversus Romanos, Nep. – refl. se exercere u. medial exerceri, **sich üben,** se in curriculo, v. den Athleten, Cic.: u. von dens., se Iovi Cic.: ibi (in palaestra) cursu, luctando, hastā, pugilatu, pilā, saliendo sese exercebant magis, quam scorto aut saviis, Plaut.: nullum diem praetermisit, quo non pilo et sagittis ceterisque armorum se exerceret officiis, Vopisc.: se hoc genere pugnae exercuisse, Caes.: se ad cursuram, Plaut.: notavi in porticu gregem cursorum cum magistro se exercentem, Petron. – dum armis exercetur, Waffenübungen treibt, Cic.: cum exercentur (athletae), Cic.: exerceri in venando, Cic.: exercebatur plurimum currendo et luctando, Nep. – Partiz. Präs. exercēns refl., **sich übend,** Cic. de or. 2, 287. Suet. Caes. 26, 3; Aug. 98, 3. – ebenso refl., ludicra exercendi (Leibes- und Waffenübungen) aut venandi consuetudo, Cic. de fin. 1, 69: pueros ante urbem lusus exercendique causā producere, Liv. 5, 27, 2. – **b** geistig: vario modo discipulos, Suet.; vgl. quid te exercuit? Cic.: ingenium, Rhet. Her.; vgl. ingenium nemo sine corpore exercebat, Sall.: ingenium multiplici variāque materiā, Quint.: memoriam, Cic.: stilum, Cic.: verba, sich auf bloßes Wortgeklingel üben, Sen. – in hoc genere exerceri apud magistros, Cic.: adulescentes ad copiam rhetorum, Cic. – refl. se exercere u. medial exerceri, **sich üben,** se cotidianis commentationibus acerrime, Cic.: se vehementissime in his subitis dictionibus, Cic.: ex. se u. exerceri in utrumque locum, Quint.: pueri discunt, exercentur, Cic.: exercebatur (er studierte) apud Arellium Tuscum, Sen. contr. 2. praef. § 1. – Partiz. Perf. Pass. exercitus, s. bes.

C ein Werkzeug usw., eine Tätigkeit **in Betrieb setzen, handhaben, anwenden, ausüben, betreiben,** mit etw. **umgehen, sich beschäftigen, 1** im Allg.: **a** mater. Objj. u. körperl. Tätigkeiten od. Zustände: pro consuetudine regionum praedictae machinae exercentur, Col.: arma, Verg.: pharetram aut acres arcus, Val. Flacc.: palaestras, Verg.: vocem, ertönen lassen, v. Präko, Plaut. – balatus, cantus, ertönen lassen, Verg. – mellis vindemia, propter quam totius anni labor exercetur, Col.; vgl. labores incassum, Verg.: vicem, abwechselnd den Dienst verrichten, Verg.: diem, poet. = sein Tagewerk verrichten, Verg. – sitim, poet. = Durst leiden, Sil. – pugnos in alqm, Plaut.: arma contra patriam, Tac.: eas linguas adversus nomen eius, Augustin. de civ. dei 1, 3 *extr.* – est enim illi (naturae) mos exercere in parvis, ihren Willen im Kleinen zu äußern (kundzugeben), Sen. de clem. 1, 19, 3. – **b** polit., geistige u. moral. Tätigkeiten od. Zustände **handhaben, ausüben, fühlen lassen, üben, betätigen, entfalten, geltend machen, äußern,** dura imperia, Verg.: imperium miti animo, Sen.: memores plus quam civiliter iras, Ov.: familiariter inimicitias, Cic.: inexorabile odium, Ov.: pretiosa odia et constantia magno, Ov.: victoriam, verfolgen, Liv.: u. so victoriam crudeliter, Sall.: iustitiam, Plin. ep.: pacem aeternam (halten) et hymenaeos (feiern), Verg. – nomen patris patriae indulgentiā, betätigen durch usw., Plin. pan. – non umquam facundiam, sich befassen mit usw., Tac. (vgl. non quo verba umquam potius quam res exercuerim, Liv.): canina facundia exercebatur, Sall. fr.; neque ego callidam facundiam neque ingenium ad male faciendum exercui, Sall. fr. – oft alqd cum alqo, in alqo, in alqm (s. Fabri Sall. Cat. 49, 2 u. Iug. 16, 2), graves inimicitias cum alqo, Sall.: simultates, Liv., cum alqo, Cic. u. Sall.: odium in prole paternum, Ov.: gratiam atque inimicitias in tanta re, Sall.: facilitatem et lenitudinem animi in alqo, Cic.: suam insatiabilem crudelitatem non solum in vivo, sed etiam in mortuo et in eius corpore lacerando et vexando, Cic.: victoriam foede in captis, die G. fühlen lassen, Liv.: fortuna exercet in alqo vim suam, zeigt, macht geltend seine Macht (seinen mächtigen Einfluss), Nep., od. in alqo opes (seinen mächtigen Einfluss), Liv.: tribuni militum in plebe regnum exercent, Liv.: hereditarium in alqm odium, Vell.: libidinem et avaritiam in socios, Liv. – venerem amorem amoenitatemque, Plaut.: communes amores ad alqam, Catull. – **2** insbes.: **a** als *t. t.* des Land- u. Bergbaus: **α** einen Acker usw. **bestellen, bebauen,** rus exercere et colere, Col.: praedia rustica, Liv.: vineas, campos curare et exercere, Plin. ep.: Africam et Aegyptum ex., Tac.: ex. studiosius mare quam terras, mehr Seeleute (Fischer, Schiffer, Seeräuber) als Ackerbauer sein (vgl. ἐργάζεσθαι γῆν, θάλασσαν), Iustin. – **β** eine Grube usw. **betreiben, ausbeuten,** figlinas, argenti fodinas aut alia metalla, Varro: metallum Macedonicum, Liv.: metalla, Pacat. pan.: metalla auri atque argenti, Liv.: solum, Flor. – **b** als *t. t.* der Geschäftsspr., **α** etw. als Gewerbe **betreiben, ausüben, mit etw. ein Gewerbe treiben, ein Gewerbe machen,** navem, Reederei treiben, ICt.: aquae molas, Cassiod.: pistrinum, das Müllerhandwerk betreiben, Suet. u. Apul.: cauponam, Iustin u. ICt.: cauponam vel stabulum, ICt.: tabernam (Kaufladen), Vitr. u. ICt.: officinam promercalium mercium, Suet.: armorum officinas, in Betrieb setzen, Tac.: pecuniam, fenus, Geld auf Zinsen leihen, ICt.; vgl. fenus apud Helvetios, Suet. – commercium turis, Plin.: (corpore) quaestum, ICt.: argentariam (Wechselgeschäft), ICt.: artem, Hor., Cels. u. a.: medicinam, Cic.: medicinam fame, durch die Hungerkur heilen (v. Arzt), Plin.: rhetoricen, Quint. – piraticam, Iustin., u. piraticam adversus patriam, Iustin. – **β** einen Stoff **bearbeiten,** exercitae pelles, gegerbte, Cael. Aur. de morb. acut. 3, 8, 80. – **c** als publiz. u. jurist. *t. t.*: **α** v. der leitenden Tätigkeit, etw. **halten, leiten, vollziehen** usw., qui exercet iudicium, vom vorsitzenden Richter, Cic.: exercere iudicium et poenas, verhängen od. vollziehen, Tac.: ebenso quaestionem inter sicarios, Cic.: quaestionem severius, Liv., od. aspere violenterque, Sall. – od. etw. **verwalten, führen,** vectigalia (bes. v. den Staatspächtern), Cic.: institor exercens mercem, der Handel führende, ICt. – **β** ein Gesetz, Recht usw. **handhaben, in Ausübung bringen, geltend machen,** *iacēre* irritas actiones ... legem confestim *exerceri,* Liv.: exercendas esse leges respondit et atrocissime exercuit, Suet.: u. so ius, beneficium, ICt. – u. eine Rechtshandlung **vollziehen, anstellen,** litem, eine Entscheidung geben, ICt.: actionem adversus alqm, ICt.: fortuita incendia civiliter, verfolgen, ICt. – ► Formen nach der 3. Konjug. exercunt, Itala (Verc.) Luc. 22, 25: Imper. exercite, Commodian. instr. 2, 27, 1.

exercibilis, e (exerceo), **ausübbar,** regula, Cael. Aur. de morb. chron. 3, 8, 151.

exercitāmentum, ī, *n.* (exercito), das **Übungsmittel,** die **Übung,** corporum exercitamenta, Apul. flor. 15: iucunda exercitamenta corporis, Cael. Aur. de morb. chron. 1, 5, 164.

exercitātē, *Adv.* (exercitatus), **geübt, mit Übung,** *Compar.* exercitatius, Sen. ep. 90, 33: *Superl.* exercitatissime, Arnob. 3, 22.

exercitātio, ōnis, *f.* (exercito), **I** die **Bewegung,** aëris, Vitr. 8, 2, 1. – **II** insbes.: **A** die Bewegung zur Übung, die **Übung, a** die körperliche, die **Leibesübung,** iuventutis, Cic.: armorum (in den W.), Vell.: ambulandi, Cels., ambulandi currendique, Cels.: corpora nostra motu atque exercitatione recalescunt, Cic.: factum est superiorum pugnarum exercitatione, ut etc., Caes. – Plur., huius generis exercitationes, Cels. 1, 1: modicae exercitationes, Cels. 3, 32. p. 112, 11 D.: honestae exercitationes, Rhet. Her. 3, 14: sollemnes exercitationes, Val. Max. 3, 6, 1: huiusmodi exercitationes adversum propulsandam vini violentiam, Gell. 15, 2, 6: navales exercitationes, Vell. 2, 79, 1: campestres exercitationes, Suet. Nero 10, 2: exercitationes campestres, Suet. Aug. 83. – **b** die geistige **Übung, Geübtheit,** bes. praktische (Ggstz. ratio, theoretische Kenntnis, Theorie), Cic. u. a.: exercitationes crebrae (des Redners), Cic. – m. *Genet.*, dicendi, Cic.: linguae, Cic.: iuris civilis, Cic.: suae artis, Augustin.: Plur., exercitationes ingenii, Cic. de sen. 38. – exercitatio artem paravit, Übung macht den Meister, Tac. Germ. 24. – **B** übtr., die **Ausübung,** convicii, Anwendung, Cic.: stuprorum et scelerum, Cic.: virtutis, Cic. u. Iustin.: Plur., exercitationes virtutum, Cic. de sen. 9.

exercitātīvus, a, um (exercito), **zur Übung geeignet,** facultas, Boëth. Arist. top. 1, 9. p. 667.

exercitātor, ōris, *m.* (exercito), der **Lehrmeister** in etw., Plin. 23, 121: agilitatis, Plin. 35, 136.

exercitātōrius, a, um (exercito), **zur Übung gehörig,** basilica, Exerzierhaus, CIL 7, 965.

exercitātrīx, trīcis, *f.* (Femin. zu exercitator), die **Gymnastik,** Quint. 2, 15, 25.

exercitātus, a, um, *PAdi.* m. *Compar.* u. *Superl.* (v. exercito), **I** tüchtig in Bewegung gesetzt, **A** durch Geschäfte – **tüchtig beschäftigt,** facilius (famem fert) inexercitatus quam exercitatus homo, Cels.: exercitatus agris subigendis, Cic. – **B** durch Übung = **tüchtig geübt, eingeübt, geschult, a** körperlich, mechanisch: homines exercitati in armis, Caes.: ex. in uxoribus necandis, Cic.: Germani exercitatissimi in armis, Caes.: lictores ad pulsandos verberandosque homines exercitatissimi, Cic. – subst., exercitatus et doctus, Sen. de ben. 2, 17, 4. – **b** geistig: homo et in aliis causis exercitatus et in hac multum et saepe versatus, Cic.: homo remotus a dialecticis, in arithmeticis satis exercitatus, Cic.: (an sum) rudis in re publica? quis exercitatior? Cic.: Etrusci ostentorum exercitatissimi interpretes, Cic. – m. *Genet.*, exercitatissimus scripturarum, Tert. adv. haer. 17. – **II sehr beunruhigt, hart geprüft, a** eig.: curis agitatus et exercitatus animus, Cic.: Syrtes exercitatae noto, Hor.: non sane alias exercitatior magisque in ambiguo Britannia fuit, Tac. – **b** übtr., **prüfungsreich, kummervoll,** vultus, Petron. 83, 9.

exercitē, *Adv.*, doch nur im *Compar.* (1. exercitus), **mühevoll,** cogitationes exercitius cogitare, Apul. met. 11, 29.

exercitio, ōnis, *f.* (exerceo), **I** das In-Tätigkeit-Setzen, die **Beschäftigung** (Ggstz. inertia atque torpedo), die **Übung,** Cato fr. de mor. 3 (bei Gell. 11, 2, 6); vgl. Paul. ex Fest. 81, 8. – **II** die **Ausübung, Handhabung, a** übh.: publici iudicii habere exercitionem, Papin. dig. 1, 21, 1 pr. – **b** die **Betreibung** eines Geschäfts, navis, eines Schiffers, die Reederei, Ulp. dig. 14, 1, 4 pr.

exercitium, iī, *n.* (exerceo), **I** die eifrige **Beschäftigung** mit etw., **a** übh.: aliarum rerum vel studio vel exercitio eum teneri necessum est, Gell.: exercitio (Besch. mit dem Ackerbau) squalidus, Paneg. vet.: nostra illa secreta studiorum exercitia, Paneg. vet. – **b** insbes., als milit. *t. t.*, die **Übung,** militare, Spart.: Pompei, Veget. mil.: equitum, Tac.: omnium militum, Vulc. Gall.: milites cotidie in exercitio detinere, Capit.: Plur., perpetua exercitia, Vell.: suos milites frequentibus exercitiis praeparare ad proelia, Veget. mil. – **II** die **Handhabung,** iuris, Capit. Anton. phil. 10, 2.

exercito, āvī, ātum, āre (*Intens.* v. exerceo), **I tüchtig üben,** corpus, Tac.: corpus atque ingenium, Ps. Sall. de rep. 2, 10, 8: milites, Aur. Vict. de Caes. 37, 2: discentium ingenia, Suet. gr. 17: illi exercitari iubent liberos ad studia obeunda mature, Sen. de prov. 2, 5: se ac suos cursu, Mela 2, 1, 5: *exercitus,* quod exercitando fit melior, Varro LL. 5, 87. – **II ausüben, üben, betätigen, entfalten,** in labore patientiā bonisque praeceptis et factis fortibus exercitando, Ps. Sall. de rep. 1, 7, 5.

exercitor, ōris, *m.* (exerceo), **I** der **Übungsmeister,** Plaut. trin. 226 u. 1016: exercitor corporum, Macr. somn. Scip. 2, 14, 27. – **II einer, der** etw. **verrichtet,** cauponae, d. i. Schenkwirt, ICt.: stabuli, Ausspannwirt, ICt.: navis, Reeder, ICt.: exercitores ratium, Floßschiffer, Flößer, ICt. u. Inscr.: argentariae mensae exercitores, Wechsler, Bankiers, ICt.

exercitōrius, a, um (exerceo), **I zur Übung gehörig, Übungs-,** iacula, Tert. de paenit. 12. – **II eine Ausübung betreffend,** actio, African. dig. 14, 1, 7.

exercituālis, e (exercitus), **zum Heer gehörig, Heer-, Kriegs-,** vir, Cassiod. var. 11, 1, 16: libri, die Heerbücher der Wahrsager (die die Deutungen der während der Feldzüge sich ereignenden Wunderzeichen behandeln), Amm. 23, 5, 10.

1. **exercitus,** a, um, *PAdi.* (v. exerceo), **I erregt = kräftig, wirksam, drastisch** (δραστικός), adiutoria exercitiora, Cael. Aur. de morb. chron. 1, 4, 99: vinum exercitioris paulo virtutis, *ibid.* 4, 3, 32. – **II eingeübt, geschult** (s. Nipp. Tac. ann. 3, 67), tantis rebus, Tac.: militiā, bello, Tac.: ad cubituram magis sum exercita, Plaut. cist. fr. bei Non. 198, 26: Agrippina exercita ad omne flagitium patrui nuptiis, Tac. – v. Lebl., exercita eloquentia, Tac.: manus parvis exercita furtis, Claud.: trinitas agendis rebus exercitior facta, Tert. adv. Val. 18. – m. *Infin.*, factus naturā et consuetudine exercitus velare odium fallacibus blanditiis, Tac. ann. 14, 56. – **III in Widerwärtigkeiten geübt, hart geprüft, 1** eig., v. Pers., Cic. u. Plin. ep. – **2** übtr., von Verhältnissen usw., **voller Widerwärtigkeiten, -Prüfungen, prüfungsreich** (oft verb. laboriosus et exercitus, d. i. voller Drangsale u. Prüfungen), Cic., Plin. pan. u. a.; vgl. Bremi Suet. Tib . 6, 1. – ► *Compar.* u. *Superl.* bei Paul. ex Fest. 81, 8.

2. **exercitus,** ūs, *m.* (exerceo), **I** die **Übung, A** eig., Plaut. rud. 296. – **B** meton., das taktisch geübte **Heer, Kriegsheer** (im Plur. v. zwei Heeren od. v. einem Heer, das aus zwei od. mehreren Legionen od. Haufen besteht), fortissimorum militum exercitus, Cic.: ex. pedester, das Fußvolk, Nep.: terrestris, navalis, Liv.: ex. tiro, Liv.: ex. veteranus, Auct. b. Alex.: voluntarius (der Freiwilligen), Liv.: Gallorum mercennarius exercitus, Iustin.: hic urbanus, städtische (in der Stadt ausgehobene), Liv.: Pannonici exercitus (Legionen), Tac.: tot exercituum clades, Sall. fr. – exercitui praeesse, Sall.: exercitus ducere, Sall.: in legatione ducere exercitum, Cic.: alqm exercitui praeficere, Nep.: illum exercitibus praeponere, Iuven. – exercitum scribere, Sall. u. Liv., conscribere, Caes. u. Cic. (vgl. conscribo *no.* I, A, a): exercitum parare od. comparare, Cic.: exercitum comparare contra alqm, Cic.: exercitus ad rempublicam libertatemque defendendam comparare, Cic.: exercitum conficere, Cic., exercitum invictum ex paternis militibus conficere, Cic.: exercitum cogere, Caes.: exercitum repente conflare, Cic.: exercitum paucis diebus facere, Cic.: exercitum facere argento, Sall. fr.: exercitum accipere, Cic.: exercitus alere, Cic.: alcis exercitum stipendio frumentoque alere, Sall. fr.: exercitum alere contra alqm, Cic.: exercitum habere, Sall., exercitum nullum habere, Cic.: exercitum habere in Gallia oder apud Samum, Caes. u. Nep.: exercitum in unum locum cogere od. conducere od. contrahere, Hirt. b. G. u. Caes.: ab Allobrogibus in Segusiavos exercitum ducere, Caes.: exercitum ducere contra od. adversus, Cic. u. Nep.: exercitum castris continere, Caes.: exercitum ex hibernis movere, Curt.: promovere exercitum in Aetoliam, Iustin.: exercitum educere, Nep., ex castris educere, Caes., in aciem educere, Nep.: exercitum in Africam traducere, Caes.: exercitum exponere (ausschiffen), Caes.: alqm ad exercitum mittere, Nep.: alqm cum exercitu mittere, Nep.: cum exercitu in Hispaniam proficisci, Nep.: exercitum dimittere, Caes.: alqm ab exercitu dimittere, Auct. b. Afr. – bes. das **Fußvolk,** exercitus equitatusque, exercitus cum equitatu, Caes. u. Liv.: his omnibus diebus exercitum castris continuit, equestri proelio cotidie contendit, Caes. – dah. übtr., **a** da das Heer ursprünglich aus den freien Bürgern allein bestand, für die **Versammlung der Bürger, -des Volks** in den Zenturiatkomitien, Comment. consul. b. Varro LL. 6, 88; vgl. Gell. 15, 27 *extr.* u. Plaut. capt. 153. – **b** poet., ein **Heer** = eine **Menge,** ein **Schwarm,** corvorum, Verg.: Phorci, Meergottheiten, Verg.: meretricum exercitus (neben exoletorum greges), Hieron. epist. 69, 3. – **II** die **Unruhe, Qual** (aber mit Anspielung auf *no.* I, B, a), Plaut. capt. 155; cist. 58. – ► Nom. exercitum, Itala (Laud.) act. apost. 23, 10: Genet. exerciti, Acc. tr. 150 u. 311. Varro vit. P. R. 2. fr. 3 (bei Non. 485, 20). CIL 6, 1450: Vokat., exercite caste, Commodian. instr. 2, 26, 1: Genet. Plur. exercitûm, Monum. Anc. 5, 40. Liv. 27, 7, 17 u. 28, 25, 6 H.

exērēdo, s. exhērēdo.

exero, s. ex-sero.

ex-erro, āvī, āre, **abirren,** Stat. Theb. 6, 444. Anthol. Lat. 304, 22 (315, 22) u. 1102, 1 M. – übtr., Vulg. sap. 12, 12: a via veritatis, Cypr. epist. 1, 12.

exertē, exerto, s. exs. …

ex-erūgo, ere, s. 2. ērūgo.

exēsor, ōris, *m.* (exedo), der **Ausfresser, Unterwühler,** moerorum, v. der Flut, Lucr. 4, 218 u. 6, 926.

exesto = *extra esto,* Paul. ex Fest. 82, 8.

exfafillātus, a, um (ex u. fafilla = papilla), **bis an die Brust entblößt,** bracchium, Plaut. mil. 1180 G. Paul. ex Fest. 83, 6 (effafilatus). Vgl. expapillatus.

ex-fībulo, āre, **von der Schnalle befreien, lüften,** avulsis ilia zonis, Prud. psych. 633.

exfir *purgamentum, unde adhuc manet suffitio,* Paul. ex Fest. 79, 13.

exfociont, s. ef-fugio ►.

ex-fodio, s. ef-fodio.

ex-folio, āre (ex u. folium), **entblättern,** rosas, Apic. 4, 129.

exfornicātus, a, um (ex u. fornicor), **Unzucht ausgeübt habend,** Vulg. epist. Iud. 7.

ex-fr…, s. effr. …

ex-fundo, fundātus, āre (ex u. fundus), **von Grund aus zerstören,** Cael. Antip. b. Punic. alt. 7. fr. 46 (bei Non. 108, 10).

exfuti, s. ef-fundo ►.

ex-futuo, s. ef-futuo.

ex-gigno, s. ē-gigno.

ex-haerēd…, s. exhered…

exhaeresimus (exaeres), a, um (ἐξαιρέσιμος), **herausnehmbar, ausscheidbar,** dies, ausgeschiedene, Cic. Verr. 2, 129.

exhālātio, ōnis, *f.* (exhalo), **I** das **Aushauchen,** animae, Salv. adv. avar. 2, 6. – **II** die **Ausdünstung,** nebulosa, Plin. 31, 45: Plur., exhalationes terrae, Cic. Tusc. 1, 43: terrenae, Sen. nat. qu. 2, 10, 2 (vgl. Apul. de mund. 8): umidae, Isid. 13, 7, 1: dissidentes, Augustin. de civ. dei 19, 12, 3. p. 376, 10 D.[2]

ex-hālo (exālo), āvī, ātum, āre, **I** *tr.* **aushauchen, ausduften, ausdampfen, ausdünsten, a** v. lebl. Subjj.: odores, Lucr.: vaporem, Lucr.: nebulam, Verg.: caliginem, Plin.: pruinā iam exhalatā, verdunstet war, Varro. – **b** v. Pers.: vitam, Verg., od. animam, Ov. u. Sen. ep. 101, 14: crapulam od. vinum, den Weinrausch verdunsten (verfliegen) lassen, Cic. – **II** *intr.* **aushauchen, a** v. lebl. Subjj., **ausdünsten,** vestes exhalant, Stat. Theb. 10, 108. – v. Leidenschaften, **verrauchen,** Amm. 14, 9, 1. – **b** v. Pers., **das Leben aushauchen, verscheiden,** Ov. met. 7, 581.

ex-harēno, s. ex-arēno.

ex-haurio, hausī, haustum, īre, **I heraus-, ausschöpfen, A** eig.: **1** im engeren Sinne (Ggstz. infundere), sentinam, Cic.: aquam, Col. – **2** im weiteren Sinne, **herausschaffen, -nehmen,** terram manibus, Caes.: ligonibus duris humum, ausgraben, Hor.: pecuniam ex aerario, Cic.: praedam ex agris, Cic. – **B** übtr., **nehmen, benehmen, entziehen,** poenas, sich rächen, Verg.: dolorem, Cic.: amorem, Cic.: sibi vitam, Cic.: partem ex laudibus, Cic. – **II ausschöpfen, ausleeren, A** eig.: fossas cloacasque, Liv.: puteos, poculum, vinum, austrinken, Cic.: aerarium, Cic.: urbs assiduis exhausta est funeribus, wurde entvölkert durch usw., Liv.: Tiberis fossā exhaustus, entwässert, abgeleitet, Plin. ep. – **B** übtr.: **1 erschöpfen, arm machen,** homines, Cic.: rem (Vermögen) alcis, Cic.: facultates patriae, Cic. – **2 erschöpfen, ermüden, verzehren, zunichte machen, schwächen,** vires, Plin. ep.: apud Cannas culpā suā vires populi Romani, Val. Max.: corpora, Curt.: pudorem, Rhet. Her.: actionem, Cic.: sermo hominum exhaustus est, hat sich erschöpft (= hat aufgehört), Cic. – **3 zu Ende bringen, vollenden, durchführen, durchmachen, überstehen,** mandata, Cic.: noctem, Tac.: exhausto anno, Lucan.: vim aeris alieni, abzahlen, Liv.: cui (labori) numquam exhausti satis est, nicht genug durchgemacht werden kann, Verg. – **4** bis zu Ende **ertragen, durchmachen, ausdulden, ausstehen,** bella, Verg.: pericula maris vastaeque terrae, Verg.: labores, tantum laboris, Liv.: dura et aspera belli, Liv.: inter labores exhaustos aut mox exhauriendos, Liv. – ► vulg. Perf.-Form exhaurivit, Serg. de litt. (IV) 477, 12: Partiz. Fut. akt. exhausūrus, Sen. ep. 51, 6.

exhaustio, ōnis, *f.* (exhaurio), **I** eig.: **a** die **Ausschöpfung** (Ggstz. repletio), Augustin. c. Faust. 19, 5. – **b** das **Herausschaffen,** ruderum, Paul. Nol. epist. 24, 20. – **II** übtr., die **Vollendung,** Serv. Verg. georg. 2, 398.

ex-hausto, āre (exhaurio), **ausschöpfen,** exhaustant, Paul. ex Fest. 82, 6. Gloss. IV, 235, 8.

exhebenus, s. exebenus.

exhedra, s. exedra.

ex-herbo, āre (ex u. herba), **vom Gras befreien,** Col. 11, 3, 11.

exhērēdātio, ōnis, *f.* (exheredo), die **Enterbung,** Quint. 7, 1, 53 u. ICt.

exhērēdātor, ōris, *m.* (exheredo), der **Enterber,** Cassiod. de amic. 9. § 5.

exhērēdito, āvī, ātum, āre (*Intens.* v. exheredo), **enterben,** Salv. adv. avar. 3, 10. Boëth. top. Arist. 2, 2 *extr.* Interpr. Iren. 3, 21, 1.

exhērēdo (exērēdo), āvī, ātum, āre (exheres), **enterben,** alqm, Cic. u. a.: exheredati a parentibus, Quint.: m. *Abl.*, liberos bonis, Q. Metell. bei Gell. 1, 6, 8. – übtr., mensam Neronis, dem Tisch des N. sein Erbe entziehen (die trulla, die, wenn er sie nicht zerbrochen hätte, nach seinem Tode auf die Tafel Neros gekommen wäre), Plin. 37, 20.

ex-hērēs, hērēdis, **enterbt, erblos,** Plaut. u. Quint.: testamento exheres filius, Cic. de or. 1, 175: alqm exheredem scribere, ICt. – mit *Genet.*, paternorum bonorum exheres, Cic. de or. 1, 175. – scherzh., exheredem alqm facere vitae suae, jmdm. das Lebenslicht ausblasen, Plaut. Bacch. 849.

ex-hibeo (archaist. exibeo), hibuī, hibitum, ēre (ex u. habeo), heraus-, her-, darhalten, darbieten, **I** im Allg., die körperl. Gegenwart einer Person od. Sache bewirken, **beischaffen, herschaffen, beibringen, zur Stelle schaffen** od. **bringen, stellen,** bes. als gerichtl. *t. t.*, **a** eine Person od. Sache **beibringen, α** eine Pers.: erum exhibeas volo, Plaut. mil. 546: Nebridius pusio patrem quaerentibus exhibet, Hieron. epist. 79, 6. – bes. vor Gericht zur Konfrontation, zum Verhör, zur Verantwortung, zur Bestrafung, testem, Curt.: pupillum, fratres, Cic.: debitorem in iudicium, ICt.: alqm ad (vor) iudicem, Augustin. serm. 308, 5: fugitivos apud magistratus, ICt.: si quis reum criminis, pro quo satis dedit, non exhibuerit, ICt.: duci iussit eum, qui ex commeatu sine commilitone redierat, quasi interfecisset quem non exhibuit (zur Stelle bringen konnte), Sen.: alqm passioni, Augustin. serm. 109, 3. – **β** eine Sache jmdm. zur Besichtigung (damit er, wenn er sie als sein Eigentum erkannt hat, sein Recht durch Klage verfolgen könne) ein schriftl. Dokument zur Einsicht **beibringen, vorzeigen, vorlegen,** pallium, centonem, Petron.: gemmam, ICt.: rem ablatam exh. et deponere, ICt. – exhibe librarium illud legum vestrarum, Cic.: u. so exh. testamenti tabulas, Suet.: rationes, Plin. ep. u. ICt. – **b** eine Sache od. Pers. aus seinem Besitz, aus seiner Gewalt **ausliefern, aushändigen, ausantworten, herausgeben, verabfolgen lassen,** bes. widerrechtlich Zurückgehaltenes, omnia alci integra, Cic. – servum, Cic.: uxorem, liberos, ICt. – agere ad exhibendum, auf Herausgabe klagen, ICt.: ad exhibendum formulam accipere, die Klageformel auf Herausgabe (deiner so lange gleichs. widerrechtlich zurückgehaltenen Geisteskinder), Plin. ep. 5, 10 (11), 1.

II prägn., gleichsam heraus-, herhaltend, **1** zur Wahrnehmung, zur Erkenntnis bringen, **a** zur sinnlichen Wahrnehmung **darbieten, darstellen = zeigen, erscheinen-, vernehmen-, wahrnehmen-, erkennen lassen, vernehmbar-, wahrnehmbar, erkennbar machen,** insigne atque etiam memorabile populi Romani oculis spectaculum exhibuit publicum funus Vergini Rufi, Plin. ep.: capiti demptā coronā exhibuit gemino praesignia tempora cornu, Ov.: exhibuit querulos ore gemente sonos, Ov.: exhibuit linguam paternam (die vermessene Sprache des Vaters), Ov.: notam linguae bacis oleaster amaris exhibet, Ov.: recidit … pondus et exhibuit iunctam cum viribus artem, Ov.: pruna nucibus insita faciem parentis sucumque adoptionis exhibent, Plin.: ubi calor a primo vere orsus aestatem quoque similem exhibet, Cels.: u. im Bild, quorum virtus exhibet solidum decus, echten Glanz zeigt, Phaedr. – dea formam removit anilem Palladaque exhibuit, ließ die P. erscheinen = erschien als P., Ov. – m. dopp. *Acc.*, v. Pers., se alci nudas (v. Göttinnen), Ov.: se adorandum adeuntibus, Suet. – **b** zur Erkenntnis durch schriftliche od. mündliche Darstellung bringen, **darstellen, vorführen,** populo Romano philosophiam, Cic.: ex hac nota sapientem alci, Sen.

2 zur Wirklichkeit, zur Verwirklichung bringen, **a verwirklichen, betätigen, ausüben, erweisen,** durch die Tat **zeigen, beweisen, abgeben, α** abstr. Objj.: imperium, ausüben, Plaut., virtutem, ad quam cotidie praeceptis magistri erudiebantur, exhibere cupientes, Iustin.: vocis fidem, Phaedr.: u. so promissa exhibent fidem, verwirklichen ihr Wort = bewähren sich, Ov.: domino fidem et benevolentiam, Col.: alci humanitatem, Plin. ep.: moderationem clementiamque tum in administratione tum in victoria belli civilis admirabilem, Suet. – vicem tortoris, die Rolle eines Peinigers spielen, Cels.: vicem spodii, ersetzen, Plin. – **β** eine Pers.: alci ministratorem, abgeben, Suet.: professum adversus Phocenses ducem, Iustin.: pertinacem inimicum, Val. Max.: non secretis disputationibus, sed rerum experimentis virum vere civilem, betätigen, Quint.: verb. qui pro auxilio bellum, pro fratre hostem exhibuit, Iustin. – u. se exh. m. Prädik.-Akk., **sich erweisen,** se admirabilem, Val. Max.: malle se tribunum omnibus exhibere, quam paucis advocatum, Plin. ep. – **b verursachen, bereiten, machen, α** mit *Acc.*: aliquanto minus difficultatis, Cels.: alci difficilem laborem, Col.: alci curam, Tibull. – bes. oft alci negotium (wie im Griech. πράγματα παρέχειν τινί), jmdm. Plage, Plackerei, Schererei, Mühe, Not machen, jmdm. zu schaffen machen, Plaut., Cic. u. a.: so auch ipse exhibes negotium tibi, qui etc., Plin. ep.: u. nimia omnia nimium exhibent negotium hominibus ex se, Plaut. – alci molestiam (= παρέχειν πόνον), jmdm. Beschwerde machen, beschwerlich, lästig fallen, Plaut. u. Cic.: exhibere mihi molestiam destiterunt, sie ließen mich ferner in Ruhe, Cic. – **β** m. dopp. *Acc.*: vias tutas, sicher machen, Ov.: rem salvam, Plaut. **3** als Gabe, Leistung **darbringen, darreichen, reichen, zukommen lassen, gewähren, liefern, stellen, geben, a** im Allg.: librum, quem prioribus epistulis promiseram, exhibeo, Plin. ep.: actionem a te frequenter efflagitatam et a me saepe promissam exhibui tibi, Plin. ep.: exhibe (gestatte) liberam contionem vel Argis vel Lacedaemone, Liv. – toros, Ov.: cibum, potum, tectum, ICt.: vicariis suis epulas, Lact.: Palatinis ingentes dapes, Lampr.: convivia aestiva coloribus (nach den Farben), Lampr.: operi elephantos viginti quattuor, Spart. – **b** auf Requisition **liefern, stellen,** operarios et artifices et plaustra omniaque, quaecunque sint fabricandis muneribus necessaria, Lact.: milites, Lact. – **c** im Theater, auf der Arena **geben, aufführen,** leb. Wesen **auftreten**

lassen, comoediam publicis spectaculis, Suet.: gladiatoria munera, pyrrhichas, quadrigarum certamina, Troiae lusum, Suet.: naumachiam, Suet.: Athenis mille ferarum venationem in stadio, Spart.: pyrrichas populo frequenter, Spart. – Africanas (afrikan. Panther), Plin. ep. u. Suet. – ad ferrum quadringentos senatores sescentosque equites Romanos, vor die Klinge liefern, Suet. – Thessalos equites, Suet. – adulescentulum Lucium (einen Zwerg), Suet.

4 (wie sustentare) in der Existenz **erhalten, unterhalten** (= ernähren), vitam misere, Iustin.: diu vitam stupri patientiā, Iustin. – parentes, uxorem, ICt.: nautas, ICt.: alqm alimentis, Iustin.: propriis sumptibus uxorem, ICt.: alqm benigne triduo, Vulg. – se, z. B. si filius se possit exhibere, ICt.: dare athletae, unde se exhibeat, ICt. – ► Die Form exibeo in den Handschrn. des Plautus, s. Brix Plaut. capt. 814.

exhibitio, ōnis, *f.* (exhibeo), **I** die **Herschaffung, a** die **Stellung,** testium, Cod. Theod. 9, 16, 3. – **b** die **Vorzeigung, Aushändigung, Auslieferung,** Gaius dig. 50, 16, 22: chirographi, Gell. 14, 2, 7. – **II** die **Stellung, Besorgung, Bestreitung, Unterhaltung,** publici cursus, Cod. Theod. 8, 5, 51. Cod. Iust. 1, 3, 4: thermarum, Cod. Theod. 14, 5, 1: educationis (der Erziehungskosten), Cod. Iust. 5, 50, 2. – **III** die **Ernährung,** der **Unterhalt,** Ulp. dig. 27, 2, 3. § 3: mancipiorum, Paul. dig. 33, 7, 18. § 9.

exhibitor, ōris, *m.* (exhibeo), der **Geber, Ansteller,** ludorum, Arnob. 7, 42: convivii, Non. 281, 21.

exhibitōrius, a, um (exhibitor), **die Aushändigung-, Auslieferung verfügend,** Gaius inst. 4, 140. Ulp. dig. 43, 30, 3. § 1.

exhilarātio, ōnis, *f.* (exhilaro), die **Ergötzung, Fröhlichkeit,** Augustin. de gen. ad litt. 8, 8.

ex-hilaro, āvī, ātum, āre, **aufheitern** (Ggstz. contristare), **I** dem äußeren Ansehen nach = **ein heiteres-, lebhaftes Ansehen geben,** colorem hominis, Plin.: colores sulphure, Plin.: flore exhilarari, ein heiteres Ansehen bekommen (v. Bäumen), Plin. – **II** dem inneren Zustand nach, **a** Passiv exhilarari = **ein heiteres Ansehen bekommen,** miraris tam exhilaratam esse servitutem nostram, Cic. ep. 9, 26, 1. – **b** jmd. im Gemüt **aufheitern** = heiter stimmen, heiter-, aufgeräumt machen, alqm, Mart.: laborantes variis exhortationibus in opere ipso, Col. – ► Nbf. **exhilario,** Barnabas epist. 1, 2.

ex-hinc, hierauf, Apul. met. 11, 24.

exhodium, s. exodium.

exhonōrātio, ōnis, *f.* (exhonoro), die **Entehrung,** Augustin. de civ. dei 5, 18, 2; serm. 96, 3.

ex-honōro, āvī, ātum, āre, **entehren,** Eccl.

exhorcista, s. exorcista.

ex-horreo, ēre, **aufschaudern, sich entsetzen** vor etwas, exhorret aestus, Col. poët. 10, 154: quid exhorreat, Augustin. de civ. dei 21, 6, 1. p. 499, 21 D.[2]

ex-horrēsco, horruī, ere, **I** *intr.* **aufschaudern, mit Schauder erfüllt werden, sich entsetzen,** aequoris instar (wie das Meer), Ov.: plus aequo, Petron.: metu (vor F.), Cic.: in (vor) alqo, Cic. – **II** *tr.* vor etwas **aufschaudern, sich entsetzen,** vultus, Verg.: domini appellationem, Suet.: propositum, Val. Max. – non exh., **sich nicht dagegen sträuben, sich nicht scheuen,** m. folg. *Infin.*, Val. Max. 2, 10, 3 u. 5, 3, 3: ne quasi novam istam rem introduci exhorrescatis, Claud. or. fr. *in.* im CIL 13, 1668 I 4.

exhortāmen, minis, *n.* (exhortor), die **Ermunterung,** Alcim. Avit. poëm. 6, 102 *Sirm.*

exhortāmentum, ī, *n.* (exhortor), die **Ermunterung,** exhortamenta virtutis (zur T.), Chalcid. Tim. 157. – insbes. = κέλευσμα, der **Takt,** den der Rudermeister (hortator, κελευστής) angibt und nach dem auf dem Schiff gerudert wird, Non. 151, 22.

exhortātio, ōnis, *f.* (exhortor), die **Aufmunterung, Ermunterung, Ermahnung, Anfeuerung, ermunternde (ermahnende, anfeuernde) Anrede, -Ansprache,** die **Aufforderung,** das **Zureden,** tua, Planc. in Cic. ep.: mutua, Tac.: exh. tacita (Ggstz. publicae preces), Tac.: exhortatio concitat impetum, Frontin.: eādem exhortatione tentavit dare mulierculae cibum, Petron. – m. subj. *Genet.*, exh. docentium, Quint. 1, 2, 25: ducum, Tac. hist. 5, 16: m. obj. *Genet.*, exh. studiorum (des Strebens), Quint. 12, 11, 25: exh. praemiorum (zu usw.), Ulp. dig. 1, 1, 1. § 1. – Oft im Plur., Sen. ep. 94, 21. Col. 11, 1, 17. Quint. 10, 1, 47. Tac. ann. 14, 36; hist. 2, 21 u. 3, 53. Plin. ep. 1, 14, 1; pan. 66, 5. Iustin. 38, 3, 10. Amm. 16, 12, 32: exhortationes mutuae, Plin. ep. 3, 7, 15.

exhortātīvus, a, um (exhortor), **ermunternd, aufmunternd,** Quint. 3, 6, 47 u. 5, 10, 83. Macr. de diff. 16, 4. Isid. 2, 21. *no.* 20 u. 25.

exhortātor, ōris, *m.* (exhortor), der **Ermunterer,** Augustin. serm. 105, 12 u. 132, 2.

exhortātōrius, a, um (exhortor), **aufmunternd, ermunternd,** epistula, Trostschreiben, Hieron. epist. 52, 1 u. 54, 6: litterae, Trostbrief, Augustin. epist. 208, 1.

ex-hortor, ātus sum, ārī, **ermuntern, aufmuntern, ermutigen** (auch als Tröster), **a** leb. Wesen: natum, Verg.: suos, Plin.: equos, Ov.: dolentem, Ov.: sese *in* arma, Verg.: trepidos cives *in* hostem, Ov.: alqm *in* hanc spem, Quint.: alqm Graeco sermone *ad* spem, Val. Max.: milites *ad* ultionem, Plin.: alqm *ad* usum aureorum anulorum, Plin. ep.: exhortari *ad* suscipiendam cum vera religione sapientiam, Lact. 7, 27, 1: m. folg. *ut* u. Konj., Petron. 140, 9. Quint. 12, 8, 7. Tac. dial. 14: m. folg. bl. Konj. Plin. pan. 69, 2: m. folg. *Infin.*, Col. 11, 1, 11: absol., in alloquendo exhortandoque, Suet. Caes. 33. – **b** Lebl., **ermuntern,** zur Tätigkeit **anregen,** virtutes exhortabor et vitia converberabo, Sen. ep. 121, 4: ad exhortandam parsimoniam, Gell. 13, 23, 2. – ► Aktive Nbf. exhortavit, Petron. 76, 10 B.: Präsens passiv, exhortamur, Vulg. 2. Cor. 1, 4: exhortamini, Itala Isai. 35, 4 (bei Augustin. serm. 119, 15 *Mai*): exhortantur, Augustin. epist. 228, 8: Perf. passiv, exhortatus sum, Itala (psalt. Veron.) psalm. 118, 52: exhortatus est, Apul. de deo Socr. 17: ne sermone meo te exhortatum (esse) putes, Augustin. serm. 126, 3.

ex-hūmōro, āre (ex u. humor), **von Flüssigkeiten befreien,** Cael. Aur. chron. 4, 1, 12.

exhydriās, ae, *m.* (ἐξυδρίας ἄνεμος), der **Regenwind,** Apul. de mund. 10.

exibeo, s. ex-hibeo.

exibilo, s. ex-sībilo.

exico, s. ex-seco.

exigentia, ae, *f.* (exigo), das **Erfordernis, Bedürfnis,** Cassiod. de anim. 24: Plur., Vulg. 4. Esdr. 7, 65.

ex-īgnēsco, ere, **feurig werden,** Censorin. 18. § 11.

ex-igo, ēgī, āctum, ere (ex u. ago), **I heraus-, wegtreiben, herausjagen, A** eig.: **1** leb. Wesen: **a** im Allg.: cervam e montibus, Liv.: reges ex civitate, Cic.: regibus exactis, Sall. hist. fr.: hostem e campo, Liv.: capellas a grege in campos, Varro: pecus in bucita (= buceta) circum antiquom oppidum, Varro LL.: pastum sues, auf die Weide treiben, Varro: e stratis corpus, emporspringen von usw., Stat.: exactus furiis suis, fortgetrieben von usw., Ov. – **b** insbes., **α** uxorem (matrimonio), eine Gattin verstoßen, Plaut., Ter. u. Suet.: ebenso virum ab se, Plaut. – **β** (wie ἐκβάλλω) einen Schauspieler (u. somit auch sein Stück) durch Zischen, Pochen usw. **von der Bühne treiben,** also **durchfallen lassen,** im Passiv exigi = **durchfallen,** Ter. Andr. prol. 27. Ter. Hec. prol. 12 u. 15. – **2** Lebl.: **a** ins Meer **ergießen,** et sacer admissas exigit Hebrus aquas, Ov. her. 2, 114. – **b vertreiben = verkaufen,** agrorum fructus, Liv. 34, 9, 9: merces, Col. poët. 10, 317. – **c (hervor)treiben,** radices, Cels.: brevem materiam, durum et latum folium, Col.: duplices uvas, Col. – **d** poet., mit etwas **ausholen,** etwas **in Schwung setzen,** ensem, Ov. met. 5, 171. – **B** übtr.: **a** leb. Wesen: hic damnatos cum dedecore et traductione vitā exigit, bringt vom Leben zum Tod, Sen. de ira 1, 6, 4. – **b** Lebl., **heraustreiben, vertreiben, wegbringen,** ubi labore lassitudo est exigunda ex corpore, Plaut.: iam ego ex corpore exigam omnes maculas maerorum tibi, Plaut.: nec potuisse (maculam ex corpore) umquam exigi, Suet.: Liber tenues e corpore curas exiget, Gratt.: ex. morbos, Macr.: otium, verdrängen, Hor.: telis senectam, Ov.

II **ganz hintreiben,** **A** eig.: tela in alqm, Sen.: manum, einen Hieb anbringen, Quint. – dah. **ganz hineinstoßen,** ensem per iuvenem, Verg.: ferrum per praecordia, Ov.: ferrum per viscera, Lucan. – prägn., **durchbohren, durchstoßen,** illum exigit hasta, Val. Flacc. Vgl. Gronov Sen. de cons. ad Marc. 16. – **B** übtr., zu etwas **zwingen,** exigi in poenas, Stat. Theb. 1, 215.

III etwas **hinaustreiben** = etwas **zurücklegen,** **A** eig.: Athon, Val. Flacc.: mare, Plin.: mediam dies exegerat horam, Ov.: Phoebe, qui aestivos spatiosius exigis ignes, d. i. lange Sommertage machst, Prop. – **B** übtr., **zu Ende bringen, vollbringen, vollenden,** **a** übh.: monumentum aere perennius, Hor.: exactus tenui pumice versus eat, Prop.: commentarii ita sunt exacti, ut etc., Quint.: eandem gracilitatem stilo, zustande bringen, nachbilden, Quint.: opus, Ov. rem. 811; met. 15, 871 (vgl. unten *no.* IV, A, b): per hiemes aestusque et inaequales autumnos et breve ver spatiis exegit quattuor annum, brachte durch vier Zeiträume zu Ende, vollendete in vier Z., Ov. – **b** eine Zeit **zurücklegen,** **α** **hin-** od. **zubringen, verleben,** exquirit, qualem diem supremum noctemque exegisset, Tac.: ex. triginta dies in exspectatione mortis, Sen.: exacto per (unter) scelera die, Tac.: ex. sine metu reliquam noctem, Petron.: in Tuscis otium aestatis, Plin. ep.: ex. malam aetatem, Plaut.: totam aetatem in armis, Sen.: vitam in peregrinatione, Sen.: omnibus scortis abiectiorem et obsceniorem vitam, Val. Max.: senectutem Cypri profugus exegit, Val. Max.: ex. vitam taetre, Cato fr.: dispersam et vagam vitam miserabiliter, Val. Max.: cibo agresti vescendo vitam, Vitr.: vitam sine cura, Lucil.: uti boni honestique vitam exigerent, Sall.: quo studio vitam suam te absente exegerit, Ter.: ut sint, qui omne vitae tempus nudi exigant, Val. Max. – **β** eine Zeit **vollends zubringen, vollenden,** exegit annum tribus spatiis, führte zu Ende, Ov. met. 1, 118: erant, de quibus plura dici vellem, nisi iam dies exactus esset (verstrichen wäre), Tac. dial.: iam dies exactus erat, Ov.: exactis mensibus, Verg.: aestas exacta erat, war zu Ende, Caes.: tribus aestatibus exactis, Verg.: exacto iam mense octavo, Iustin.: iam aestatem exactam esse, Sall.: ante exactam hiemem, Caes.: exacto quoque anno, Cels.: iam ad pariendum temporibus exactis, Cic.: exactā pueritiā, Iustin.: exactā aetate, am Ende seiner Tage, im hohen Alter, hochbetagt (z. B. mori), Cic.: grandaevi senes, exactā aetate feminae, Tac.: eodem anno Q. Fabius Maximus moritur exactae aetatis, als hochbetagter Greis, Liv. – **c** **erdulden,** alcis causā hanc aerumnam, Plaut. capt. 1009.

IV **auftreiben, beitreiben** = **einfordern, einkassieren, verlangen, fordern,** **A** eig.: **a** Gelder: pecunias, Cic.: vectigalia, Cic.: m. dopp. *Acc.*, Mesopotamenos non exegit tributum, Spart. Hadr. 21, 12: unum quemque iuxta vires exegit tam argentum quam aurum de populo terrae, Vulg. 4. regg. 23, 35. – Passiv exigor m. *Acc. rei,* exigor portorium, der Zoll wird von mir verlangt, Caecil. com. 92; sese pecunias maximas exactos esse, Q. Metell. Num. fr. bei Gell. 15, 14, 2 (vgl. unten *no.* B, a). – **b** eine Leistung: ex. opus, beaufsichtigen, leiten, Ov. met. 14, 268. Col. 3, 13, 11 (vgl. *no.* III, B, a): aedes privatas velut publicum opus, den Bau von Privathäusern wie öffentliche Bauten beaufsichtigen u. betreiben (v. den Zensoren), Liv. 6, 4, 6. – Insbes., **α** **den Bau (Ausbau)** von etw. **verlangen,** viam, Cic.: sarta tecta sacris publicis, sie in Dach u. Fach, im baulichen Zustand erhalten, Liv.: u. so omnia sarta tecta, Cic. – **β** **die Stellung** von etwas **verlangen,** etw. **requirieren, aufbieten,** equitum peditumque certum numerum a civitatibus, Caes.: obsides ab Apolloniatibus, Caes.: custodiae in portis, vigiliae vicatim exactae, Liv.: vehicula (Transportfuhrwerke), Plin. pan. – **B** übtr.: **a** **verlangen, fordern, auf** etw. **dringen,** **α** v. Pers.: insiurandum, Liv.: rationem (Rechenschaft), Ggstz. reddere, Val. Max.: Sen. u. a.: u. so ab alqo rationem alienae culpae, Sen. rhet.: veritatem a teste, Cic.: promissum ab alqo, Cic.: duplices ab alqo mercedes, Quint.: disciplinam severissime, Suet.: poenas de alqo oder alci, jmd. strafen (weil Strafen anfangs in Vieh od. einer Summe Geld bestanden), Ov.: so auch supplicium de alqo, Flor.: piacula ab alqo, Liv.; exigerem nostrae qualia damna notae? sollt' ich Rache nehmen für die Schmach, die mich zeichnete? Ov. – Passiv exigor m. *Acc. rei* (vgl. oben *no.* A, a), intellegeres, quod minora exigaris ab eo, Vulg. Iob 11, 6: ferus sacrae viae vastator poenas exactus est vastationis suae, Cassiod. hist. eccl. 6, 45: ex. m. folg. *ut* u. Konj., Ov. fast. 6, 358. Curt. 8, 4 (16), 21. Iuven. 7, 238: ex. m. bl. Konj., Plin. ep. 6, 8, 5: ex. alqm (von jmd.) m. folg. *ut* u. Konj., Nepot. epit. Val. Max. 9, 20 (wo exigere Simonidem, ut prodiret): ex. ab alqo m. folg. *ne* u. Konj., Suet. Ner. 49, 4. Iuven. 13, 35: ex. m. folg. *Acc.* u. *Infin.*, Suet. Cal. 43. Paul. dig . 29, 7, 8. § 2: im Passiv m. *Nom.* u. *Infin.*, ubi exigitur argentarius rationes edere, Ulp. dig. 2, 13, 8. – **β** v. Lebl., prout res exigit, es erfordert, nötig macht, Plin.: si quid res exigeret, Suet.: si ita res familiaris (Hausstand) exigat, Tac. dial.: ubi res vigiliam exigeret, wenn sich Wachsamkeit nötig machte, Vell. – **b** **fragen,** facta alcis, Ov. art. am. 2, 130: ab alqo, cur etc., Tac. ann. 2, 85.

V nach einem Maßstab, Maß etw. ganz genau **abmessen, abwägen, untersuchen,** **A** eig.: columnas ad perpendiculum, Cic.: materiam ad regulam et libellam, Plin.: pondus margaritarum manu, Plin. – **B** übtr.: **1** im Allg., nach etwas **abmessen, abwägen, beurteilen, prüfen,** ad illam summam veritatem legitimum ius, Cic.: ad suas leges atque instituta ea, quae Lacedaemone fiunt, Liv.: opus ad vires suas, Ov.: omnia argumenta ad obrussam, Sen.: illa nonnisi aure exiguntur, quae fiunt per sonos, Quint. – **2** insbes.: **a** etw. **erwägen, überlegen,** über etwas mit sich od. jmd. **zu Rate gehen, sich beraten, verhandeln,** tempus secum ipsa modumque exigit, Verg.: mecum exigo, Sen.: talia secum, Ov.: – de his rebus ut exigeret cum eo, Planc. in Cic. ep.: quo (die) de his coram exigere possimus, Plin. ep.: haec exigentes (*sc.* inter se), Liv. – dah. non satis exactum, quid agam, ausgemacht, gewiss, Cic.: nec satis exactum est, corpus an umbra forem, Ov. – **b** nach etwas abmessend **einrichten,** suo equorumque cultu ad luxuriam magis quam ad magnificentiam exacto, Curt.: opus est aliquo, ad quem mores nostri se ipsi exigant, sich bilden, Sen.

exiguē, *Adv.* (exiguus), **knapp,** **a** **knapp, dürftig, notdürftig, kaum,** sumptum praebere, Ter.: frumentum ex. dierum XXX habere, Caes.: nimis ex. et exiliter ad calculos vocare amicitiam, die Fr. gar zu dürftig u. kümmerlich berechnen, Cic.: bei Adjj., omnium exigue rerum peritus, Apul. apol. 92. – **b** **mit wenig Worten, kurz,** exigue scripta est (epistula), Cic.: celeriter exigueque dicere de etc., Cic.

exiguitās, ātis, *f.* (exiguus), die **Knappheit,** **I** quantitativ, **1** räumlich, die **Kleinheit,** castrorum, Caes.: terrae, Iustin.: pellium, Caes.: acinorum, Col. – absol. = eine **kleine Fläche,** Pallad. 1, 6, 8. – **2** numerisch, die **kleine, geringe Zahl,** copiarum, Cic. u. Caes. – **3** zeitlich, die **Kürze,** propter eorum exiguitatem, weil es nicht von Belang ist, Cic.: ut temporis exiguitas postulabat, Caes.: temporis exiguitate alqd exsequi non posse, Liv. – **II** qualitativ, die **Dürftigkeit,** der **dürftige Zustand,** cibi, Col. 7, 5, 5: fisci, Suet. Claud. 28.

exiguus, a, um (exigo), **knapp,** **I** quantitativ: **1** räumlich: **a** dem Umfang nach, **klein, schmal** (Ggstz. amplus, immensus), castra, Caes.: aedificia, Hirt. b. G.: casa, Ov.: civitas, Caes.: cor, Cic.: femur, Hor.: pars terrae, Cic.: gyrus, Cic.: fines, Cic.: *Compar.*, vicenariam exiguiorem faciunt diametro digiti semisse, Frontin. aqu. 32. – *neutr.* subst., exiguum, ī, *n.*, **ein Geringes, ein Weniges,** campi, spatii, Liv. – **b** der Länge nach, **klein, kurz** (Ggstz. longus), umbra, Hor.: corpus, Hor.: Calvus, Ov.: mus, eine winzige M., Verg. – **2** numerisch: **a** der Zahl nach = **klein, gering, unbedeutend, wenig** (Ggstz. magnus, grandis), numerus oratorum, Cic.: copiae, Nep.: amicorum copiae, Cic.: haustus, Ov. – **b** der Menge nach, **gering, wenig, unbeträchtlich** (Ggstz. magnus, multus), pulvis, Verg.: umor, Verg.; census, Hor.: u. unius anni pars, Cic.: *Compar.*, exiguior aqua, Ulp. dig. 43, 12, 1. § 15: aridum si dabis exiguius dato, Col. arb. 28, 4: *Superl.*, exiguissima legata, Plin. ep. 7, 24, 7: de fratrum populo exiguissima pars restat, Ov. her. 14, 115. – *neutr.* subst., exiguum, ī, *n.*, **etwas Weniges, eine Wenigkeit,** aquae, Ov.: tritici, Curt.: naturalis vigoris, Liv.: vivitur exiguo (mit wenigem) melius, Claud.: exiguo faciles, Sil.: in hac (re) perquam exiguum sapio, Plin. ep.: exiguum tument vela,

Lucan. – *Compar.*, exiguius praestare, Ulp. dig. 30, 14, 1. – 3 zeitlich, **klein, kurz** (Ggstz. longus), tempus, Cic.: dies (Frist), Cic.: vita, Cic.: requies, Ov.: *neutr.* subst., exiguum temporis, eine kleine Spanne Zeit, Plin. ep.: exiguum (eine kleine Weile) dormire, Plin. ep.: exiguum contingis amanti, Ov.: exiguo post obitum eius, um ein kleines, kurze Zeit nach usw., Plin. – II qualitativ: 1 der Beschaffenheit nach, a **hager, schmächtig, mager,** corpus, Nep. Ages. 8, 1 – b **mager, gering, geringfügig, dürftig, spärlich,** toga, Hor.: vestes, Spart.: dapes, Ov.: materia, Phaedr.: fructus, Cic.: laus, Cic. – *Compar.*, nummi exiguiores, Ulp. dig. 32, 75: genus tribuendae muneris vacationis exiguius (Ggstz. plenius), Ulp. dig. 50, 5, 13. § 1: legatum exiguius (Ggstz. plenius), Paul. dig. 32, 46. – *Superl.* exiguissima opinio, Longin. in Augustin. epist. 234, 3. – *neutr.* subst., exiguum salutis, Sil. 4, 248. – 2 der Kraft nach, **gering, schwach, unwirksam, unbedeutend** (Ggstz. magnus), conamen, Ov.: vires, vox, Verg. u. Quint.: sonus, Ov.: elegi, Hor.: solacia luctus, Verg. – *Compar.*, exiguior vox (Ggstz. validior), Ulp. dig. 29, 5, 1. § 27. – m. *Genet.*, abundans corporis exiguusque animi, Claud. in Eutr. 2, 380. – subst., exiguo (um ein Geringes, nur leise) tangere oras ulceris, Scrib. Larg. 240.

exilio, s. ex-silio.

exīlis, e (exiglis v. exigo), **winzig,** I quantitativ: 1 dem Umfang nach, **klein,** moduli, Frontin.: Padus, Mela: contractior et exilior (v. Nil), Plin. pan. – 2 der Länge nach, **klein, kurz,** via, Ov. trist. 1, 2, 86. – 3 numerisch: a der Zahl nach, **schwach, nicht vollzählig,** legiones, Cic. ad Att. 5, 15, 1. – b der Menge nach, **wenig,** aqua, Amm. 18, 7, 9. – II qualitativ, a **mager, hager, schmächtig, dürr** (Ggstz. plenus, pinguis), membra od. artus, Ov.: femur, Hor.: cor, Cic.: ramus, Suet.: v. leb. Wesen, equus (Ggstz. praevalidus), Frontin.: v. Pers., exilis (Ggstz. praepinguis), Suet.: exilis cruribus, Verg. – übtr., α übh., m. *Genet.*, omnium me exilem atque inanem fecit aegritudinum, Plaut. Stich. 526. – β v. der Rede u. v. Redner = **trocken, saft- und kraftlos** (Ggstz. liquidus), genus sermonis, Cic.: oratio, Cic.: oratores pro pressis (gedrängt) exiles, Quint.: *neutr. pl.* subst., et tumida et exilia, Quint. – b **ärmlich, dürftig, kümmerlich, unbedeutend, geringfügig, beschränkt,** solum, Cic.: ager, Col.: domus (Ggstz. domus plena), Hor.: res (Mittel), Nep.: hereditas, Plin. pan.: übtr., argumenta admodum exilia, sehr schwache, Gell. 14, 2, 4. – prägn., v. Pers., Plin. pan. 30, 3. – c der Kraft nach, **schwach, matt,** sidera, matt leuchtende (Ggstz. validiora, Plin. pan.: u. so arcus (Regenbogen) meridie exiles, Plin.: vox, dünne, feine, diskantartige (Ggstz. plena, gravis), Quint. – ► Superl. exilissimus, Not. Tir. 40, 73^{a}.

exīlitās, ātis, *f.* (exilis), I quantitativ, die **Winzigkeit,** aculei, Plin. 11, 3. – II qualitativ, 1 der Beschaffenheit nach, a die **Schmächtigkeit,** α eig., foliorum, Plin. 24, 178. – β übtr., die **Saft- und Kraftlosigkeit, Trockenheit** der Rede (Ggstz. ubertas et copia), Cic. Brut. 284; de or. 1, 50: exil. orationis suae, Sen. contr. 1. praef. § 22. – b die **Dürftigkeit** des Bodens (Ggstz. laetitia, Üppigkeit), loci, Col. 4, 21, 2: soli, Col. 8, 16, 6. – 2 der Kraft nach, die **Dünnheit, Feinheit** des Tons usw., der **Diskant** (Ggstz. pinguitudo), litterarum, Quint.: femineae vocis, Quint.: m. *Genet. pers.* = die **hohe Stimme, Diskantstimme** jmds., spadonum et mulierum et aegrorum, Quint. 11, 3, 19.

exīliter, *Adv.* mit *Compar.* (exilis), **dürr, dünn,** a der Beschaffenheit nach, α **kümmerlich, spärlich,** hoc quidem est nimis exigue (knapp) et exiliter ad calculos vocare amicitiam, Cic. de amic. 58: de quibus duabus rebus in his libris promiscue dicam, sed exilius (spärlicher) de posteriore, Varro LL. 5, 2. – β **trocken, gehaltlos,** annales sane exiliter scripti, Cic.: ieiune et exiliter disputare de etc., Cic. – b der Kraft nach, **schwach** (Ggstz. graviter), nolo verba *exiliter* exanimata exire (mit schwachem Hauch hervorgelispelt), nolo inflata et quasi anhelata *gravius* (mit vollem Hauch und gleichsam zu starkem Schnauben herausgestoßen), Cic. de or. 3, 41.

exilium, s. exsilium.

exim, s. ex-inde.

eximiē, *Adv.* (eximius), I **ausnehmend = außerordentlich, ungemein, vortrefflich,** templum eximie ornatum, Liv.: ex. cenare, Iuven.: ex. diligere, Cic.: ex. opinari, Gell. – II **bei Weitem,** beim *Superl.*, stagnum censemus ex. optimum, quod etc., Col. 8, 17, 1.

eximietās, ātis, *f.* (eximius), die **Außerordentlichkeit, Vortrefflichkeit,** Not. Tir. 59, 55 u. Eccl.

eximius, a, um (eximo), I **ausgenommen,** tu unus eximius es, in quo hoc praecipuum ac singulare valeat, Liv. 9, 34, 11: utin eximium neminem habeam? n. bevorzuge, Ter. Hec. 66. – m. folg. indir. Fragesatz, te illi unum eximium, cui consuleret, fuisse, Cic. div. in Caecil. 52. – II **ausnehmend,** 1 **besonderer,** cum res communis pluribus in uno aliquo habet nomen eximium, Quint. 8, 2, 8. – 2 **ausnehmend = außerordentlich, ungemein, vortrefflich, ausgezeichnet,** a im guten Sinne: facies, ingenium, spes, Cic.: virtutes, Liv.: u. ironisch, istae vestrae eximiae pulchraeque virtutes, Cic. – m. *Genet. loc.*, eximius animi, Stat. silv. 2, 6, 97. – m. *Genet. partit.*, eximii regum, Stat. Theb. 6, 15. – m. folg. *Infin.*, eximius scrutari fretum, vorzüglich geschickt zu usw., ausgezeichnet im usw., Lucan. 3, 697. – b im üblen Sinne, **ungemein heftig,** ignes, Lucr. 2, 593: voluptas, Apul. met. 2, 10. – ► Kompar. eximior, Ps. Augustin. serm. app. 62, 6.

ex-imo, ēmī, ēmptum, ere (ex u. emo), **herausnehmen, wegnehmen,** I eig.: favos, mel, Varro: medullam e caule, Plin.: acina de dolio, Cato: unam spinam de pluribus, Hor.: cives de nervo, aus der Haft befreien, Liv.: alqd tamquam e vinculis alcis rei, die F. abnehmen (bildl.), Cic.: venena suctu corporibus, aussaugen, Plin.: uniones ornamento, ICt.: alqd caeco acervo, ausscheiden von usw., Ov.: digito anulum, vom F. abziehen, Iustin.: alci dentem, Cels. u. Suet.: calculum, Cels.: infantem concisum, in Stücken herausnehmen, Cels. – II übtr., A **herausnehmen, hinwegnehmen,** 1 übh.: a lebl. Objj.: α alqd m. *ex* u. Abl., alqd ex rerum natura, Cic.: unum diem ex mense, auslassen, Cic.: exemptis e media vita tot annis, Tac.: od. alqd m. bl. *Abl.*, rem miraculo, der S. das W. benehmen, Liv. – β alqd m. *Dat.*, jmdm. od. einer Sache etw. **entziehen, benehmen,** Leucadem Acarnanum concilio, Liv.: moram certaminis hosti, Liv.: otiosae peregrinationi tempora, Curt. – γ bl. alqd, αα etw. **benehmen, beseitigen, aufheben, übergehen,** dubitationem, Quint.: religionem, Liv.: discrimen nationum, Curt. – ββ einen Zeitraum wegnehmen, teils = **übergehen,** biennium, Liv.: teils = **zubringen, verleben,** aetas male exempta, Sen.: post tempus hiemalis quietis exemptum, Amm.: teils = vor Gericht durch etw. **verschleppen,** diem (dicendo), Cic. u. a.: calumniā dicendi tempus, Cic. – δ alci non eximitur, *quin* etc., jmd. lässt es sich nicht nehmen, zu usw., Tac. ann. 6, 22. – b eine Pers.: α aus einer Zahl, Liste **herausnehmen, ausstreichen,** alqm de proscriptorum numero, Nep.: u. alqm ex od. de reis, der Anklage überheben, Cic.: alqm numero beatorum, Hor.: alqm memori aevo, das Andenken bei der Nachwelt rauben, Verg. – β aus einer Zahl **hervorheben,** alqm turbae quamvis bonorum auctorum, Quint. 10, 1, 74. – 2 aus einem üblen Verhältnis usw. **herausnehmen,** a lebl. Objj.: α alqd m. *de* u. Abl., etw. von etw. **befreien,** agrum de vectigalibus, Cic. – β alqd alci, etw. einer Person **abnehmen, benehmen,** alci curas, Hor.: famem epulis, den Hunger stillen, Verg., sollicitis animis onus, Hor.: illud, quod me angebat, non eximis (*sc.* mihi), Cic.: absol. festinatio curam exemit vicos dirigendi, Liv. – b Pers.: α alqm m. *ex* u. Abl. u. m. bl. *Abl.*, von etw. **befreien,** alqm ex cruciatu, Plaut.: alqm ex culpa, Cic.: alqm ex servitute u. bl. alqm servitute od. servitio, Liv.: alqm ex obsidione od. bl. alqm obsidione, Liv.: alqm eius diei crimine, Liv. – β alqm alci rei, jmd. einer Sache **entziehen, entrücken, entheben,** von etw. **entbinden,** alqm vitae, morti, Tac.: alqm poenae, Ov. u. Tac.: alqm supplicio magis quam crimini, Curt.: alqm noxae, Liv. – γ alqm *in* alqd, z. B. Syracusas in libertatem, in Fr. setzen, Liv. 31, 29, 6. – B **ausnehmen,** alqm, Cic. u. a.: maiestatis quaestionem, Tac. – C jmd. **vom Erscheinen vor Gericht zurückhalten,** Ulp. u. Paul. dig. 2, 7, 1 *sqq.*

exin, s. ex-inde.

ex-inānio, īvī, ītum, īre, **ausleeren, ausladen, I** eig.: distenta ubera, Iustin.: navem, Cic.: vehicula onusta, abladen, Plin.: hydropicos, abzapfen, Plin. – **II** übtr.: **1** im Allg., **ausplündern, berauben, entblößen,** domos, Cic.: arationes et agros vectigales, Cic.: regionem frumento, Auct. b. Afr.: gentes, Cic.: exhausti atque exinaniti tributo (durch die St.) tot annorum, Cic.: patrimonium donationibus, erschöpfen, ICt.: ultimam aciem, lichten, Curt.: u. so exinanitur ubertas, wird erschöpft, Plin.: lienem, verzehren, Plin. – **2** insbes. (v. ausleerenden Mitteln) – **abführen,** alvum, bilem et pituitam, Plin.

exinānitās, ātis, *f.* (exinanio), die **Ausleerung** = ἀποκένωσις, Gloss. II, 237, 27.

exinānītio, ōnis, *f.* (exinanio), die **Ausleerung,** alvi, Abführung, Plin. 13, 118: florescendi, die Erschöpfung, Entkräftung der Bäume durch erzwungene Blüte, Plin. 17, 13.

ex-inde, abgekürzt **exin** (auch exim, s. Lachm. Lucr. 3, 159 p. 148), *Adv.* **I** v. Ort, **1** eig., **von da, von da her,** Plaut. u. Tac. – **2** übtr.: **a** v. Grund u. Ursache, **daher, daraufhin,** Plaut., Cic. poët. u. Spät. – **b** v. der (örtlichen) Reihenfolge, **von hier, hierauf,** Cic. de nat. deor. 2, 111. – **II** v. der Zeit, **1 hierauf, nachher, alsdann,** Plaut., Cic. u. a. – Bei Spät. für *ex illo tempore,* **seit jener Zeit, seitdem,** Iustin. u. a.: so auch pleonastisch exinde, ex quo, **seitdem,** wo usw., ICt.: exinde ut oder exinde cum, **seitdem dass** oder als usw., Apul.: exin od. exinde ... deinde, Verg. u. Liv.: ubi ... exinde, Plaut.: postquam ... exin, Plaut. – **2** übtr., in der Aufzählung od. Reihenfolge von Tatsachen od. Beweisgründen, **hierauf, alsdann, nächstdem,** Tac.: exin ... postremum, Tac.: post ... deinde ... exin, Tac.: deinde ... post haec ... exin, Suet.

exintero, s. exentero.

exīstimābilis, e (existimo), **vermutbar,** Cael. Aur. de morb. acut. 2, 35, 185 u. a.

exīstimātio, ōnis, *f.,* **I** die **Meinung,** die man von einer Sache hat, das **Urteil,** die **Kritik,** tacita, Cic.: communis ex. est, jeder kann glauben, darüber urteilen, was er will, Liv.: vestra ex. est, darüber mögt ihr urteilen, Liv.: non militis *de* imperatore existimationem esse, sed populi Romani fuisse, cum eum comitiis consulem legeret, Liv. 4, 41, 3: tua est existimatio (es steht bei dir), utrum ... an etc., Apul. met. 5, 28. – dah. = eine **leise tadelnde Äußerung,** ein **leiser Tadel,** Suet. Tib. 58. – **II** die **Meinung,** worin man bei anderen steht, besonders hinsichtlich des moralischen Charakters, der **Ruf, Name,** die **Achtung,** das **Ansehen,** häufig mit dem Zusatz bona, integra, magna, doch auch allein u. dann gew. im guten Sinne, Cic. u. a.: alcis existimationi consulere, Cic.: alcis existimationem lacerare, Suet.: alcis existimationem offendere od. oppugnare, Cic.: qui se putaret nihil habere, quod de existimatione perderet, Rhet. Her.: nisi quid existimas in ea re violari existimationem tuam, Cic.: falso venisse in eam existimationem videtur, Cic.: Plur., Cic. ad Q. fr. 1, 43. Gell. 17, 2, 1. – insbes. = der **Kredit** in Geldsachen, Caes. u. a.

exīstimātor, ōris, *m.* (existimo), der **Beurteiler, Kunstrichter, Kritiker,** Cic. u. a.

ex-īstimo (ex-aestumo, ex-īstumo), āvī, ātum, āre, dem inneren Wert nach irgendwie **anschlagen, beurteilen, I** eig., etw. od. jmd. so und so **beurteilen,** für das und das **halten, ansehen, α** mit *Genet.* des Wertes od. der Beschaffenheit: neque quod dixi flocci existumat, Plaut.: dum ne ob malefacta peream, parvi existumo, Plaut.: omnia minoris existimare, Sulpic. in Cic. ep.: magni eius opera existimata est in proelio ad Senam, Nep. – m. *Genet. pretii* u. folg. *Infin.* od. *Acc.* u. *Infin.,* magni existimans sincerum ... servare populum, Suet. – prisci decorique moris existimans clarae stirpis indolem sic notescere, Suet. – **β** m. *Acc.* des Prädikats, wofür man hält usw.: ex. alqm avarum, Cic.: alqm sapientem et appellare et ex. (u. wirklich dafür halten), Cic.: ex. athletarum corpora decora vere, Quint.: unicum bonum diuturnam vitam, Curt.: maximum existimavit quaestum memorem gratumque videri, hielt es für den größten Gewinn, Nep. – im Passiv mit *Nom.* des Prädikats, Q. Hortensius ... diu princeps oratorum existimatus est, Quint.: homo, ut existimabatur, avarus et furax, Cic. – **γ** mit *in* u. Abl.: in hostium numero existimari, als Feind angesehen werden, Cic.: in probro existimari, Plin. – **δ** mit allgemeiner Wertbestimmung: utcumque (haec) animadversa aut existimata erunt, Liv. praef. § 8.

II übtr.: **A** nach Abschätzung der Gründe für u. wider über etwas sich ein Urteil-, eine Meinung-, eine Ansicht bilden, **erachten, der Meinung-, der Ansicht sein, meinen, glauben, denken, dafür halten, α** gew. mit folg. *Acc.* u. *Infin.*: non possum existimare plus quemquam a se ipso quam me a te amari, Cic.: non omittendum sibi consilium Nervii existimaverunt, Caes. – im Passiv mit folg. *Infin.,* qui semel in gestu peccavit, non continuo existimatur nescire gestum, Cic.: Africano vim attulisse existimatus est, Cic.: disciplina in Britannia reperta esse existimatur, Caes.: hoc milia DCCC in longitudinem esse existimatur, Caes.: unpersönl. mit folg. *Acc.* u. *Infin.*: Taprobanen alterum orbem terrarum esse diu existimatum est, Plin. – **β** m. folg. indir. Fragesatz: haud existimans, quanto labore partum, nicht denkend usw., Ter. – **γ** m. bl. allg. *Acc. Pron.*: quod ego nullo modo existimo, welcher Ansicht ich durchaus nicht beitreten kann, Cic. Tusc. 3, 25. – **δ** absol.: ut Cicero existimat, Quint.: ut existimant, Quint. – Unpers., ita intellegimus vulgo existimari, Cic. **B** etwas **beurteilen,** über etw. **urteilen, ein Urteil abgeben, -fällen, entscheiden,** bei Cicero namentlich oft von der kritischen Beurteilung und Würdigung der Schriften u. Schriftsteller (s. Jahn Cic. Brut. 92), **1** im Allg.: **α** m. *Acc.*: ex. cotidianae vitae consuetudinem, Ter. heaut. 282 *sq.* – **β** m. *de* u. Abl.: de qua causa vos existimare, quam etc. ... melius est, Liv.: de scriptoribus, qui nondum ediderunt, existimare non possumus, Cic.: ex. eventu de consilio alcis, Cic.: quis autem de ipso sapiente aliter existimat, *quin* m. Konj., wer möchte nicht über den W. die Ansicht haben, dass usw., Cic. de fin. 5, 32. – bene od. male ex. de alqo, gut oder schlecht über jmd. urteilen, -über od. von jmd. sprechen, Cic. u. a. – Unpers., exstant orationes, ex quibus existimari de ingeniis eorum potest, Cic. – **γ** m. folg. indirektem Fragesatz: existimabitis, qualis illa pax aut deditio sit, Sall.: existimari non potest, vix existimari potest, utrum ... an etc., Caes. u. Liv.: nunc vos existimate, facta an dicta pluris sint, Sall. – **δ** absol., u. zwar *Partic.* subst., existimantes, ium, *m.,* die kritischen Beurteiler u. Würdiger, die **Kunstrichter, Kritiker,** Cic. Brut. 92. – **2** insbes. als *t. t.* der Ärzte, die über einen Fall **ein Urteil-, ein Gutachten-, ein** *visum repertum* **abgeben,** nec in tot vulneribus, ut Antistius medicus existimabat, letale ullum repertum est, Suet. Caes. 82, 3. – ► Gew. Form existimo, doch auch existumo; archaist. exaestumo, CIL 1, 198. lin. 15; aber exaestimo verworfen von Victorin. 1, 4, 86. p. 22, 7 K.

existo, s. ex-sisto.

exitiābilis, e (exitium), **zum Untergang führend, Unheil stiftend, ein tragisches Ende herbeiführend, verderblich, unheilvoll,** scelus, Verg.: telum, Ov.: morbus, Tac.: prodigiorum eventus, Liv.: bellum, Cic.: tyrannus, Liv.: homines, Unheilstifter, Vell. – m. *Dat.* (wem? für wen?), proelium illis exitiabile, Tac.: potentiae societas, quae urbi exitiabilis fuit, Vell. – m. *in* u. Akk., ex. in suos animus, Tac. – Dav. **exitiābiliter,** *Adv.,* Augustin. de civ. dei 1, 17.

exitiālis, e (exitium), **zum Untergang führend, ein tragisches Ende herbeiführend, verderblich, unheilvoll,** bellum civibus ex., Cic.: exitus, Cic.: donum Minervae, Verg.: litterae, Liv.: criminosum et exitiale haberi, Suet.: exitiali hausto spiritu, Vell.

exitiāliter, *Adv.* (exitialis), **verderblich, tödlich,** affici, Cael. Aur. de morb. acut. 1, 3, 40: circum (zirzens. Spiele) amare, Augustin. conf. 6, 7.

exitio, ōnis, *f.* (exeo), der **Ausgang,** ex utero, Plaut. truc. 511.

exitiōsē, *Adv.* (exitiosus), **verderblich,** Augustin. epist. 8, 3.

exitiōsus, a, um, *Adi.* m. *Compar.* u. *Superl.* (exitium), **verderbenvoll, unheilvoll, verderbend, ein tragisches Ende herbeiführend,** coniuratio, Cic.: exitiosum esse rei publicae, Cic.: in publicum (für den Staat) exitiosi, Tac. – Otho luxu, saevitiā, audaciā rei publicae exitiosior ducebatur, Tac. hist. 2, 31. – Helena exitiosissima Priamo, Tert. de anim. 34.

exitium, iī, *n.* (exeo; urspr. = der Ausgang, s. Paul. ex Fest. 81, 6, dah. prägn. =) der schlimme-, gewaltsame Ausgang, d. i. der **Untergang,** das **Verderben,** **I** eig.: urbis, Cic.: gentis, Hor.: alci esse exitio, Cic.: Plur., omnia exitia publica, Cic.: totarum exitia gentium et principum, Sen.: omnibus exitiis perii, Plaut. – **II** meton., was Verderben bringt, das **Verderben,** Hor. u. Plin. – ► Genet. Plur., exitiûm, Enn. fr. scen. 66.

exitus, ūs, *m.* (exeo), das **Herausgehen,** der **Ausgang,** griech. ἔξοδος, **I** eig. u. meton.: **A** eig.: **α** der Pers.: reditum mihi gloriosum iniuria tua dedit, non exitum calamitosum, Cic.: omni exitu et pabulatione interclusi, Caes.: m. *ab* u. Abl., ne exitus inclusis ab urbe esset, Liv. 38, 4, 6. – Plur., singulorum hominum occultos exitus asservare, Caes. – **β** lebl. Ggstd.: exitus introitusque elementis redditus, Lucr.: ex. faustus (classis), Abfahrt, Lucr.: fit liber minus exitus amni, Ausfluss, Lucr.: septem exitus Istri, Val. Flacc.: (tibiae) recto exitu graviorem spiritum reddunt, Quint. – **B** meton., der **Ausgang,** als Ort, aedificii, Nep.: quod (posticum) devium maximi atque occultissimi exitus erat, Liv.: ex. paludis, Mündung, Plin.: exitus cibi, After, Plin. – Plur., septem exitus ex domo fecerat, Liv. – **II** übtr.: **A** im Allg.: quae plurimos exitus dant ad eiusmodi digressionem, die die meiste Veranlassung zu solchen Ausschweifungen (in der Rede) darbieten, Cic. de or. 2, 312. – cum exitus (Auskunft, Aufschluss) ab utroque datur conturbato errantique regi, Cic. de fin. 5, 63. – **B** insbes.: **1** der **Ausgang** = das Ende, Ziel, **a** im Allg.: ex. orationis (Ggstz. principium), Cic.: adducta ad exitum quaestio est, Cic.: exitum alci rei imponere, Liv. – quae (fuga) ipsa exitum non habebat, zu keinem Ziel führte, Cic. – hic fuit oppugnationis exitus, Caes.: in exitu est meus consulatus, Cic.: in exitu iam annus erat, Liv.: exitu superioris anni, Liv. – ex. vitae, Nep., mortis, Dict., ex. vitae mortisque, Vell. (vgl. Deder. Dict. 4, 15). – exitum (ein Grab) facere alci, CIL 8, 1213. – verba, quae casus habent in exitu similes, Varro LL. – Plur., causae rerum atque exitus, Cic.: perditae civitates hos solent exitus exitiales habere, letzte Stadien, die zum Untergang führen, Cic.: tristes exitus habere, Cic.: habent exitus aut in *a* aut in *e*, Varro LL. – **b** insbes.: **α** wie ἔξοδος, der **Ausgang** = letzte Teil einer Tragödie, die **Katastrophe,** mimi, fabulae, Cic. Cael. 65: ut tragici poëtae, cum explicare argumenti exitum non potestis, gleichs. den Knoten des Stückes nicht lösen könnt, Cic. de nat. deor. 1, 53. – **β** prägn., das **Ende** = das **Lebensende,** Seiani, Plin.: avunculi, Plin. ep.: humanus, Cic. – Plur., nonnumquam bonos exitus habent boni, Cic. – **2** wie ἔξοδος, der **Endpunkt,** die **Schlusserklärung,** das **Resultat,** worauf eine Rede, eine Beratung usw. hinausläuft, exitus fuit orationis, Caes.: ut nullus exitus imponeretur sermonibus, sodass man immer noch zu keinem Endpunkt (Resultat) kommen konnte, Liv.: disceptatio sine exitu fuit, Liv. – **3** der **Ausgang** = der **Erfolg,** das **Resultat,** das **Schicksal,** das etwas hat, eventus atque ex. rerum, Cic.: ex. futuri temporis, Hor.: Cottae consilium quem haberet exitum, Caes.: cum esset incertus exitus et anceps fortuna belli, Cic. – Plur., haec omnia meliores exitus habebunt, Cic. – Sprichw., exitus acta probat, Ov. her. 2, 85.

ex-iūro, āvī, āre, **eidlich erhärten,** Plaut. fr. bei Non. 105, 22.

ex-lecebra, ae, *f.* = elecebra, s. d.

ex-lēx, lēgis, **an kein Gesetz gebunden, gesetzlos,** parebis legibus, an non? Anne solus exlex vivis? Varro fr.: erret exlex, Lucil. 83: accipiunt leges, populus quibus legibus exlex, Lucil. 1088: exlegem esse Sullam, Cic.: an populum teneri (Aemiliā lege dicis), te unum exlegem esse? Liv.: spectator potus et exlex, Hor.

ex-līdo, s. ē-līdo.

ex-loquor, s. ē-loquor.

ex-moveo, mōvī, mōtum, ēre = emoveo, s. d.

exmucco, āvī, āre (nach ἀπομύσσω), **auschneuzen,** übtr. = **prellen,** CIL 4, 1391.

ex-nunc, *Adv.* = ἀπὸ νῦν, **von jetzt an,** Amm. 21, 10, 2.

exobrutus, a, um (ex u. obruo), **ausgeräumt,** Apul. met. 9, 6.

ex-obsecro, āre, **inständig anflehen,** m. folg. *ut* u. Konj., Plaut. asin. 246.

exochadium, iī, *n.* (ἐξοχάς), ein außen am Mastdarm hervortretender **Hämorrhoidenknoten,** Marc. Emp. 31. Th. Prisc. 2, 30.

exochas, chadis, *f.* (ἐξοχάς) = exochadium, Augustin. epist. 38, 1.

exŏcoetus, ī, *m.* (ἐξώκοιτος), ein Fisch, der zum Schlafen ans Land gehen soll, Plin. 9, 70.

ex-oculo, āvī, ātum, āre (ex u. oculus), **der Augen berauben,** ni ei caput exoculassitis (= exoculaveritis), Plaut. rud. 731: caecam et prorsus exoculatam esse Fortunam, Apul. met. 7, 2.

exodiārius, iī, *m.* (exodium), ein **Schauspieler im** *exodium,* Amm. 28, 4, 33. Schol. Iuven. 3, 175. CIL 6, 9797 = Carm. epigr. 29 *ed. Buecheler.*

exodiātus = exosus, Not. Tir. 46, 89^{b}.

exodium, iī, *n.* (ἐξόδιον), **I** der **Ausgang** = der Schluss, das Ende, in exodio vitae, Varro sat. Men. 99: vitae cursus servitutis et libertatis ab origine ad exodium adductae, Varro sat. Men. 174: principio exitus dignus exodiumque sequatur, Lucil. 1265: quod coeperas modo in via, narra, ut ad exodium ducas, Varro sat. Men. 520: totam Christianae spei frugem in exodio saeculi collocat, Tert. de res. carn. 25. – **II** eine Art Nachspiel scherzhafter Art, bes. in den Atellanen, eine **Posse,** Liv. 7, 2, 11. Iuven. 3, 174; 6, 71: scaenicum, Suet. Dom. 10, 4: Atellanicum, Suet. Tib. 45.

exodōrātus, a, um (ex u. odor), **des üblen Geruches beraubt,** Tert. de pall. 4.

exodus, ī, *f.* (ἔξοδος), der **Ausgang,** als Titel für das **zweite Buch Mosis,** Tert. adv. Iud. 11.

ex-oleo, ēre, **verblühen** = παρακμάζω, Not. Tir. 103, 27 u. Gloss.

ex-olēsco, lēvī, lētum, ere (zu alo), **I** **auswachsen;** nur im *Partic. Perf.* exolētus, a, um, **ausgewachsen, erwachsen, gereift, mannbar,** virgo, Plaut. fr. bei Prisc. 9, 54. – bes. im obszönen Sinne, v. mannbaren, zur Unzucht feilen jungen Leuten, der **Buhlknabe,** scortum, Plaut.: remiges, Buhlknaben als Ruderer, Tac.: exoleti et spadones, Suet.: scorta, exoleti, lupae, Cic. – **II** **verwachsen, vergehen,** **A** eig., v. Tieren, Plaut. Bacch. 1135: v. Pflanzen, Col. 2, 18, 3. Apul. met. 9, 32. – **B** übtr.: **1** **vergehen, verschwinden,** imaguncula paene iam exolescentibus litteris hoc nomine inscripta, Suet. Aug. 7, 1. – **2** **abkommen, aus der Gewohnheit-, aus der Mode kommen, verjähren, veralten, vergehen, schwinden, erlöschen, in Vergessenheit kommen,** cum antiquitus instituta exolescerent, Tac.: quam turpi consensu deserta exoleverit disciplina ruris, Col.: ne vetustissima Italiae disciplina per desidiam exolesceret, Tac.: multa exempla maiorum exolescentia iam ex nostra civitate, Monum. Ancyr. 2, 12: vetus civitatis exoletusque mos, Suet. – exolescunt Graeci amictus, Tac.: cum memoria nostri exolevit (längst verklungen ist), Sen. – exoleta vetustate annalium exempla, Liv.: exoletae et reconditae voces, Suet. – cum patris favor hauddum exolevisset, Liv.: exoletum iam vetustate odium, Liv. – *neutr. plur.* subst., aut exoleta revocavit aut etiam nova instituit, Suet. Claud. 22. – ► Perf.-Form exoluere bei Plaut. Bacch. 1135.

exolo, archaist. = exulo, s. ex-sulo.

exolvo, s. ex-solvo.

exōmis, midis, *f.* (ἐξωμίς), ein männliches **Unterkleid** ohne Ärmel, das die eine Schulter unbedeckt ließ, Paul. ex Fest. 81, 3 (griech. bei Gell. 7, 12, 3).

exomologēsis, is, *f.* (ἐξομολόγησις), das **Bekenntnis,** Tert. de paenit. 9 u. a. Cypr. epist. 15, 2.

exonerātio, ōnis, *f.* (exonero), die **Entledigung, Befreiung,** mercedis, Ulp. dig. 19, 2, 15. § 7.

exonerātor, ōris, *m.* (exonero), der **Auslader,** calcariarius, CIL 6, 9384.

ex-onero, āvī, ātum, āre, **entlasten, entladen, entledigen, ausladen,** **I** eig.: **1** im Allg.: navem, Plaut.: alvum, Plin.: ventrem, stomachum, Suet.: vesicam, Petron. u. (v. Stuten) Solin.: colos, leeren, abspinnen, Ov. – als *t. t.* der Kochkunst, **entspeilen,** Apic. 7, 319 u. 320. – **2** insbes.: **a** **sich** einer Person **entledigen,** sie **fortschaffen,** alqm ex agro, Plaut.: multitudinem in proximas terras, Tac. – **b** refl., ex. se, **sich entladen,** von Flüssen, die **sich** ins Meer usw. **ergießen,** Plin. 3,

318. – **II** übtr.: **1** **entlasten, entledigen** = von einer drückenden Last **befreien, erleichtern,** regnum praegravante multitudine, Liv. (u. so plebem exoneratam praestare, von der Übervölkerung befreien, Liv.): civitatem metu, Liv.: animum sollicitudine, Curt.: se, sich seines Geheimnisses entledigen, Curt.: conscientiam suam (sein Gewissen), Curt.: so auch liberare atque ex. fidem suam, Liv. – **2** etw. **entladen** = **sich** einer Sache **entledigen,** alqd in quaslibet aures, vertrauen, Sen.: curas, Sen. poët.: dolorem convicio, Petron.: exonerari laborum meorum partem fateor, mir abgenommen werde, Tac. – aes alienum, abtragen, ICt.

exono, s. ex-sono.

exonychon, ī, *n.* (ἐξόνυχον), eine Pflanze = *lithospermon* (s. d.), Plin. 27, 98.

exopīnisso, āre, **meinen, urteilen,** viderint alii, quid de hoc exopinissent, Petron. 62, 14.

exoptābilis, e (exopto), **erwünscht,** nuntius, Plaut. Stich. 395: tempus, Sil. 11, 387: neque inimicis invidiosa neque amico exoptabilis, Lucil. 598.

exoptātio, ōnis, *f.* (exopto), der **Wunsch,** Ps. Cypr. de laud. mart. 25. Donat. Ter. Andr. 4, 5, 12: blanda, Marc. Emp. praef. p. 243 Steph.

exoptātus, a, um, *PAdi.* m. *Compar.* u. *Superl.* (v. exopto), **erwünscht,** nuntius, Cic.: salve, exoptate gnate mi, Plaut.: teneone te, Antiphila, maxime animo exoptatam meo, Ter.: nihil exoptatius adventu meo, Cic.: exoptatissima gratulatio, Cic.

ex-opto, āvī, ātum, āre, **I** **aussersehen,** illum exoptavit potius? Plaut. Bacch. 502: illum unum mi exoptavi, quicum aetatem degerem, Plaut. cist. 77. – **II** prägn., für sich od. jmd. etwas **erwünschen, herbeiwünschen, sehnlich wünschen,** obtingant ex te quae exopto mihi, Ter.: exopt. ea maxime, Cic.: vetera odisse, nova exoptare, Sall.: exopt. sibi gloriam, honorem, imperium, Sall.: exopt. civile bellum, Sall.: Samnitium adventum, Liv.: pestem alci, anwünschen, Cic. – m. folg. *Infin.,* Ter. Andr. prol. 20. Cic. ep. 4, 6, 3. Pers. 2, 44. Calp. ecl. 3, 35. – m. folg. *Acc.* u. *Infin.,* Enn. ann. 560 *vulg.* Plaut. mil. 1135. CIL 9, 2975. – m. folg. *ut* u. Konj., Plaut. Men. 817. Ter. Hec. 490. Cic. ep. 2, 7, 1. – absol., nobis cupientibus atque exoptantibus, Cic. de or. 1, 2.

exōrābilis, e, *Adv.* m. *Compar.* (exoro), **I** **leicht zu erbitten,** Cic. ep. u. Hor.: numen, Iuven.: exorabilis in alqm, nachsichtig gegen jmd., Suet.: nulli exorabilis, Sil.: *Compar.* b. Sen. u. Tac. – **II** **leicht erbittend,** Val. Flacc. 1, 782.

exōrābulum, ī, *n.* (exoro), das **Erbittungsmittel,** die **Erbittungsart,** Plaut. truc. 27. Apul. flor. 18. p. 30, 5 Kr.

exōrātio, ōnis, *f.* (exoro), das **Erbitten,** Ps. Quint. decl. Mar. trib. 8 *in.* Vulg. Sirach 16, 12. Rufin. interpr. Orig. in Levit. 13, 3: peccatorum nostrorum, Versöhnung, Augustin. c. duas epp. Pelag. 3, 15.

exōrātīvus, a, um (exoro), **zum Bitten geeignet,** aggressus est dicere nescio quid exorativum, Cassiod. in psalm. 17, 32.

exōrātor, ōris, *m.* (exoro), der **Erbitter,** Ter. Hec. prol. alt. 2. Tert. de pudic. 19.

exōrātōrium, iī, *n.* (exoro), das **Sühnemittel,** Augustin. quaest. in Levit. qu. 53, 2.

exōrātrīx, trīcis, *f.* (Femin. zu exorator), die **Erbitterin,** Salv. de gub. dei 3, 9 *extr.* u. a. Eccl.

exorbātus, a, um (ex u. orbo), **ganz verwaist,** CIL 8, 9513.

exorbeo, s. ex-sorbeo.

exorbitātio, ōnis, *f.* (exorbito), die **Abweichung** von etwas, mundi circumactionis (= παράλλαξις), Chalcid. Tim. 22 D. u. 40 B. – übtr., die **Abweichung** von etw. = die **Übertretung** einer Sache, ex. disciplinae, Tert. de idol. 14: exorbitationes tuae, Augustin. c. Iulian. 4, 16, 83.

exorbitātor, ōris, *m.* (exorbito), der **Übertreter,** Tert. adv. Marc. 3, 6.

ex-orbito, āvī, ātum, āre (ex u. orbita), **I** *intr.* **aus dem Gleis-, seitwärts springen,** v. Zugtieren, Augustin. de civ. dei 22, 8, 16. p. 576, 10 D.[2] – dah. von einer Bahn **abweichen,** a praestitutis itineribus, Lact.: a regula, Tert.: a salutaribus tuis legibus, Firm.: a tramite veritatis, Augustin. – absol. = **von der Wahrheit abweichen,** Eccl. Vgl. Bünem. Lact. 2, 5, 12. – **II** *tr.* vom rechten Wege **abführen,** animum a tramite, Sidon. ep. 5, 16, 3.

exorcidio, s. exorcizo.

exorcismus, ī, *m.* (ἐξορκισμός), die **Beschwörung** der bösen Geister, Tert. de cor. mil. 11.

exorcista, ae, *m.* (ἐξορκιστής), der **Geisterbeschwörer,** Cod. Iust. 1, 3, 6. Firm. math. 3, 5, 9. Ven. Fort. 10, 19, 18 u. Eccl.

exorcizo, āvī, āre (ἐξορκίζω), **die bösen Geister beschwören,** Ulp. dig. 50, 13, 1. § 3. Augustin. de civ. dei 10, 22, 1. – ► Nbf. exorcidio, Cypr. sent. episc. 1.

exordiālis, e (exordior), **entstehend,** Gennad. de vir. ill. 6.

ex-ōrdior, ōrsus sum, ōrdīrī, **I** im engeren Sinne, ein Gewebe **anfangen, anzetteln** (Partiz. Perf. auch passiv), telam, im Bild bei Plaut. Pseud. 399; Bacch. 350; vgl. Cic. de or. 2, 145 u. 158: funem longum pedes LXXII, Cato r. r. 135, 4. – **II** im weiteren Sinne, **anzetteln** = **beginnen, anfangen,** argutias, facinus, Plaut.: bellum ab causa tam nefanda, Liv.: parricidia et caedes a Claudio, Suet.: u. ohne *Acc.,* v. Redner, ab adversarii dicto, Rhet. Her.: ab ipsa re, Cic. – m. folg. *Infin.,* narrare, Ter.: dicere, Cic. – *Partic.* subst., exōrsa, ōrum, *n.,* **α** das **Beginnen,** Verg. Aen. 10, 111: Ggstz. exitus, Amm. 14, 11, 26. – dah. das angefangene **Thema,** sed hinc ad exorsa, doch ich kehre zu meinem Thema zurück, Amm. 17, 7, 14. – **β** die **Einleitungen,** Verg. georg. 2, 46. – ► exordior auch passiv nach Prisc. 8, 15.

exōrdium, iī, *n.* (exordior), **I** im engeren Sinne, der **Anfang eines Gewebes,** der **Zettel,** togae exordia, Fest. 185, 32: non possum togam praetextam sperare, cum exordium pullum videam, Quint. 5, 10, 71. – **II** im weiteren Sinne, der **Beginn, Anfang** (vgl. Non. 30, 22), **A** im Allg.: rerum, mundi, Lact.: vitae, Cic.: huius mali, Cic.: exordium habere a Romulo, Eutr.: exordium sumere ab alqa re, Lact. u. Amm.: proximus liber velut novum sumet exordium, Quint. – Plur., exordia rerum, Lucr.: revocare ex. primae pugnae, Verg. – **B** insbes., der **Eingang** einer Rede, **1** eig.: in dicendi exordio permoveri, Cic.: Plur., prima exordia sumere, Verg. – als Teil einer Rede, der **Eingang** = die Einleitung, Cic. u. Quint. (auch im Plur.). – **2** meton., die ganze **Abhandlung, Schrift,** das ganze **Buch,** Col. 5, 11, 14 u. ö.

ex-orior, ortus sum, orīrī, **I** **hervorkommen, erscheinen,** **A** eig.: omnes exorti, brachen hervor, Liv.: exorti repente insidiatores, Liv. – bes. v. Sonne, Mond u. a. Gestirnen, **aufgehen** (Ggstz. cadere, occĭdere), canicula exoritur, Cic.: hinc donec iterum exoriatur (luna), Plin.: si (sol) aliis locis oritur et occĭdit, Hyg.: sol quoque et exoriens et cum se condet in undas, Verg.: exoriendus est sol, Ambros. hex. 4. § 1: exoriente aurorā diei, Amm.: haedorum sidere exorto, Amm.: iubare exorto, Pacuv. fr. u. Verg.: Aurorā exoriente, Catull. – exoriens annus, Tibull. – Partiz. subst., exoriēns, entis, *m.* (*sc.* sol), **α** die **aufgehende Sonne,** der **Morgen,** Prop. 3, 5, 27. – **β** meton., die Gegend, wo die Sonne aufgeht, das **Morgenland,** der **Orient,** Varro r. r. 3, 9, 6. Col. de arb. 3. 3. – **B** übtr.: **1** **sich erheben, auftreten, auftauchen,** repentinus Sulla nobis exoritur, Cic.: exortus est servus, trat (als Ankläger) auf, Cic.: sic anuli beneficio exortus est rex (als K.) Lydiae, Cic.: tu sola exorere, quae etc., du allein bist es, die usw., Ter. – v. Abstr., exoritur Antipatri ratio ex altera parte, es erhebt sich A. mit seiner Ansicht auf der anderen Seite, Cic.: subito exorta est nefaria Catonis promulgatio, Cic.: mora exoritur, Caes.: exoritur peculiare edictum repentinum, Cic. – **2** aus einem Unglück gleichs. **auftauchen** = **wieder aufatmen,** ego nunc primum paulum exorior et maxime quidem iis litteris, quae Roma adferuntur, Cic. ad Att. 7, 26, 1. – **II** **zum Vorschein kommen** = **entstehen,** **A** eig.: amnis … exoriens penitus media ab regione diei, nehmend den Ursprung weit von usw., Lucr.: Indus ex Paropamiso monte exortus, Mela: e terra exorta repente arbusta salirent, Lucr. – flamma repente e silvis undique exorta, Suet. – exoritur clamorque virûm clangorque tubarum, Verg.: simul utrimque clamor exortus est, Sall.: exoritur ingens per litora fletus, Verg. – **B** übtr.: **1** **entstehen** = **eintreten,** utero exorti dolores, Plaut.: ibi exoritur discordia inter cives, Verg.: exoritur fama alcis rei od. de alqa re od. m. folg. *Acc.* u. *Infin.*, es taucht ein Gerücht von etwas auf, es wird etwas ruchbar, Liv. (s. Drak. Liv. 6, 21, 9). – 2 von jmd. od. aus etwas **entstehen, herrühren,** a Myrrhina haec sunt exorta, Ter.: honestum, quod ex virtutibus exoritur, Cic.: alius est dominus exortus ex conscientia peccatorum, timor, Cic. – ► *Partic. Fut. act.* exortūrus, Augustin. de civ. dei 17, 14 *extr.* – *Indic. Praes.* nach der 3. Konjugation exorere, Ter. Hec. 213: exorĭtur, Lucr. 1, 23 u. a. Verg. Aen. 2, 313 u. a. Ov. fast. 4, 904: ebenso *Coniunctiv Imperf.* exoreretur, Lucr. 2, 507. Fronto ep. ad Anton. Pium 9. p. 170, 19 N.: exorerentur, Lucr. 1, 180. Liv. 27, 27, 3.

exormiston, ī, *n.* (ἐξορμιστόν), ein Fisch, wahrsch. eine Art **Muräne,** Cassiod. var. 12, 14, 5.

exōrnātio, ōnis, *f.* (exorno), I die **Anordnung, Aufstellung,** caelestis, Chalcid. Tim. 37 E. – II die **Ausschmückung, Verzierung, Verschönerung,** a eig.: quae (vasa) ad lavationem, quae ad exornationem exponebantur, Cic. oecon. fr. 6. p. 52, 54 K. (= fr. 10. p. 263, 12 Kl.) aus Col. 12, 3, 2. – b übtr., als rhet. *t. t.*, die **Ausschmückung** der Rede, der **Schmuck,** Rhet. Her. 2, 28 u. 4, 18. Cic. de inv. 2, 11: Plur., exornationes, Arten von Schmuck, Rhet. Her. 4, 32 u. 4, 42: exornationes sententiarum aut verborum, Rhet. Her. 4, 11. – insbes. = λόγος ἐπιδεικτικός, die ausschmückende, hervorhebende Sachverhandlung vor Gericht, die **Prunkrede, Schaurede,** Cic. part. or. 10 u. 69 *sq.*

exōrnātor, ōris, *m.* (exorno), I der **Anordner, Aufsteller,** ex. mundi deus, Chalcid. Tim. 130. – II der **Ausschmücker,** ceteri non exornatores rerum, sed tantummodo narratores fuerunt, die übrigen trugen die Geschichte ohne Schmuck der Darstellung vor und waren nichts anderes als einfache Erzähler, Cic. de or. 2, 54.

exōrnātus, a, um, *PAdi.* (v. exorno), **verziert, mit Zieraten versehen,** ornatu nullo exornatior potest esse, Anthol. Lat. 897, 25 (262, 25): cithara exornatissima, Rhet. Her. 4, 60.

ex-ōrno, āvī, ātum, āre, I mit allem Nötigen versehen, A im Allg., **ausrüsten, anordnen** (wie κοσμέω), nuptias, Plaut.: classem, Iustin.: aciem, das Heer in Schlachtordnung stellen, Sall.: vicinitatem armis, Sall.: absol. = Anstalten-, Vorkehrungen treffen, Sall. Iug. 90, 1. – B prägn., **ausschmücken, herausputzen, aufputzen, verzieren, ausstaffieren,** 1 eig.: veste variā, Ter.: anulis digitos, Sen.: omnibus ornamentis exornatus, Plaut.: eum (Clodium) mulieres exornatum ita deprehendissent, Cic.: hominem exornavit, putzte den Kerl heraus, Plaut.: triclinium, Cic.: ample magnificeque convivium, Cic.: locum in palaestra (*sc.* statuis), Cic.: exornatis aedibus per aulaea et signa, Sall. fr.: auro, ebore, gemmis deos excolere et exornare, Lact.: exornari in peregrinum modum, sich ausländisch kleiden, Plaut.: dah. scherzh., Syrum ego adeo exornatum dabo, adeo depexum, ut etc., d. i. so tüchtig abprügeln, Ter. heaut. 950. – 2 übtr.: a übh.: aetatis nostrae gloriam, Quint.: philosophiam falsā gloriā, Cic.: alqm praeturā, ihn befördern zur usw., Plin. ep.: mors honesta saepe vitam quoque turpem exornat, bringt zu Ehren, Cic.: exornavit (er verherrlichte) eam Graeciam, quae magna dicta est, et privatim et publice praestantissimis institutis et artibus, Cic. – b als rhet. *t. t.*, orationem, Cic.: extemporales eorum dictiones his vel emblematis, Quint.: exornat (es ziert) tamen haec omnia mira sermonis elegantia, Quint. – II **des Schmuckes berauben,** Tert. de cult. fem. 2, 9. – ► Parag. Infin. exornarier, Plaut. Bacch. 280.

ex-ōro, āvī, ātum, āre, I jmd. **inständig bitten, zu** jmd. **flehen,** m. *Acc. rei* = **inständig um** etw. **bitten, um** etw. **anflehen, sich** etw. **erbitten, ausbitten,** etw. **erflehen,** exora supplice prece deos, Ov.: filiae patrem frequentibus precibus, für die T. beim V. Fürbitte einlegen, Suet.: principem in veniam (um Verzeihung), Amm.: ex. pacem divûm, Verg.: m. dopp. *Acc.*, Iovem aquam, Petron. 44, 18: unum diem deos silentûm, Stat. silv. 2, 7, 122. – m. folg. *ut* u. Konj., denique exoravit tyrannum (erbat er sich vom T.), ut abire liceret, Cic. Tusc. 5, 62. – v. lebl. Subjj., facies exorat amorem, dein Äußeres buhlt um L., Ov. am. 3, 11, 43. – Passiv, opem exorata fero, Ov. met. 9, 700. – II jmd. **erbitten, durch Bitten bewegen** od. **besänftigen, -erweichen** (Passiv exorari = **sich erbitten-, sich erweichen lassen),** m. *Acc. rei* = **durch Bitten auswirken, -erlangen,** da veniam; sine te exorem, Ter.: sine te exorarier, Plaut.: carmina exorant deos, besänftigen, Ov.: opus verbis, Erfolg erlangen, Prop.: res quaedam est, quam volo ego abs te exorare, Plaut.: gnatam ut det oro, vixque id exoro, Ter.: m. dopp. *Acc.*, hanc veniam illis sine te exorem, Plaut.: patrem libram ocellatorum, Varro fr. – exor. alqm od. exorari m. folg. *ut* u. Konj., Komik., Cic. u. a.; od. exorari m. folg. *ne* u. Konj., Cic.: non exorari m. folg. *quin* u. Konj., Cic. post red. ad Quir. 23. – m. folg. *Acc.* u. *Infin.*, Amm. 16, 12, 13. – mit *ab* u. Abl. (wovon?), aegre a filii caede amicorum precibus exoratus, abgebracht, Iustin. 9, 7, 4. – absol., exora, blandire, expalpa! Plaut.: viri non esse neque exorari neque placari, Cic.: v. lebl. Subjj., epiphonemata aut enthymemata exorabunt? Quint. 11, 1, 52. – ► Parag. Infin. exorarier, Plaut. asin. 687; most. 1175; Poen. 380. Ter. Phorm. 535.

exors, s. ex-sors.

exōrsa, ōrum, *n.*, s. ex-ōrdior.

exōrsus, ūs, *m.* (exordior), der **Beginn, Anfang** = erste Teil, quoniam is est exorsus orationis meae, Cic. de imp. Pomp. 11.

exortīvus, a, um (exorior), I **das Aufgehen** (der Gestirne) **betreffend,** mensura, Plin. 7, 160. – II **gegen Morgen liegend, östlich,** pars, Plin.: Oceanus, Plin. – subst., exortīva, ōrum, *n.*, der nach Morgen liegende Teil eines Landes, der **Osten,** Narbonensis Galliae, Plin. 6, 215.

exortus, ūs, *m.* (exorior), I das **Aufsteigen,** a der **Aufgang** der Gestirne (Ggstz. occasus), exortus (Sing. u. Plur.) solis, Rhet. Her. u. a. (s. Fabri Liv. 21, 30, 4): lunae, Plin.: siderum, Plin.: aquilonis, Plin.: sub lucis exortum, gegen Morgen, Curt.: ex. aequinoctialis (auch im Plur.), Varro u. Plin.: ex. solstitialis, Plin. – b übtr., die **Erhebung (auf den Thron),** invicti imperatoris, Plin. pan. 8, 3. – II das **Entstehen,** der **Beginn, Ursprung,** Danuvii, Plin. 31, 25: Romae, Augustin. de civ. dei 1, 2 *in.*: subit (aqua) altitudinem exortus sui, Plin. 31, 57.

ex-os, ossis, **knochenlos,** Lucr. 3, 719. Non. 103, 8.

exōsculātio, ōnis, *f.* (exosculor), das **Sich-Abküssen,** von Tauben = das **Schnäbeln,** Plin. 10, 33 u. 104.

ex-ōsculor, ātus sum, ārī, **abküssen, innig (inbrünstig) küssen** (s. Heräus Tac. hist. 2, 49, 15), alqm, Suet.: alqm multum ac diu, Plin. ep.: alqm identidem, Suet.: manus parvulas, Fronto: alcis manum, vulnus manusque alcis, Tac.: bis pectus tuum et manus, Fronto. – übtr., exosc. alqd, einer Sache **das schmeichelhafteste Lob erteilen,** etw. **mit Lob überhäufen,** hanc sententiam mirari, immo exosculari, Sen. de const. 1, 2, 17: fidem atque ingenium pueri, Gell. 1, 23, 13 H. u. (daher) Macr. sat. 1, 6, 25: scientiam rerum uberem alcis, Gell. 2, 26, 20. – ► Partiz. Perf. passiv, Apul. met. 4, 26 u. 11, 17. Amm. 22, 7, 3.

exossis, e, u. **exossus,** a, um (ex u. os), **knochenlos,** I eig.: cum sit (lepus marinus) cetera exossis, Apul. apol. 40. – II meton.: a **gelenkig,** exossis plane et enervis, Apul. apol. 74: ebenso enerva et exossa saltatio, Apul. met. 1, 4. – b **schlotterig,** dictio exossis, Sidon. epist. 8, 16, 2.

exosso, āvī, ātum, āre (exossis), I **ausknochen, entknochen, ausgräten,** congrum, Ter.: piscem, porcellum, Apic.: exossati turdi, Bruststücke, Apic.: poet., exossatus ager, knochenloser = von Steinen gereinigter, Pers. 6, 52. – exossatum pectus, biegsame, Lucr. 4, 1263 (1271). – II prägn., **bis auf die Knochen aufzehren,** gregem, Vulg. Ierem. 50, 17.

exossus, a, um, s. oxossis.

exōstra, ae, *f.* (ἐξώστρα), I eine **hölzerne bewegliche Brücke,** auf der die Belagerer vom Belagerungsturm auf die Mauer der belagerten Stadt stiegen, Veget. mil. 4, 21. p. 141, 16 L. – II eine **hölzerne Maschine** auf dem Theater, die auf Walzen fortgerollt wurde und den Zuschauern den Hintergrund der Bühne als das Innere eines Hauses zeigte, Cic. de prov. cons. 14.

exōsus, a, um (ex u. odi), I aktiv = **gänzlich hassend,** exosus Troianos, Verg.: exosus arma, Flor.: Octavia nimis circumlucentem fortunam exosa, Sen.: patrios mores exosus es, hassest usw., Curt.: mulieres fere omnes in maiorem modum exosus fuisse dicitur, Gell.: v. Lebl., templa oculos exosa viriles, Ov. fast. 5, 153. – m. *Genet.*, uxor vitae huius exosa, Boëth. cons. phil. 2. pros. 4. p. 26, 15 *Obbar.* – **II** passiv = **gänzlich verhasst** (μεμισημένος, Gloss.), universis, Eutr. 7, 23: omnibus castris, Spart. Carac. 9, 3: si forte ita tibi exosus est Oriens, Hieron. epist. 8: non omni modo diis exosos esse, qui etc., Macr. sat. 1, 11, 45 (aber nicht bei Gell. 2, 18 *extr.*): eo dignā omnium ordinum detestatione exoso, Amm. 14, 11, 3: u. so auch Amm. 18, 3, 6; 27, 9, 2.

exōtericus, a, um (ἐξωτερικός), **äußerlich,** libri, die die allgemeinen u. leicht fasslichen philosophischen Wissenschaften vortragen, Ggstz. acroatici, Gell. 20, 5, 1 *sqq.*

exōticus, a, um (ἐξωτικός), **ausländisch,** unguenta, Plaut.: vinum, Gell.: pulvis, Apul.: Graecia, Großgriechenland, Plaut. – subst., exōticum, ī, *n.*, ein **ausländisches Gewand,** Plaut. Epid. 232.

ex-pallēsco, palluī, ere, **erblassen, erbleichen,** vor Schreck usw., **α** absol., Rhet. Her. u. a.: toto ore, Ov. – **β** m. *Acc.* vor etwas **erblassen** = erschrecken, sich entsetzen, Hor. ep. 1, 3, 10. Sil. 12, 146.

expalliātus, a, um (ex u. pallium), **des Mantels beraubt,** Plaut. Cas. 945.

ex-pallidus, a, um, **sehr blass,** Suet. Cal. 50, 1. Tert. de res. carn. 57.

ex-palmo, (āvī), ātum, āre (ex u. palma) = ῥαπίζω (Gloss.), **mit der flachen Hand ins Gesicht schlagen, ohrfeigen,** Augustin. serm. 103, 6 u. a. Eccl.: colaphis percussus, expalmatus manibus, Augustin. in psalm. 56, 13.

ex-palpo, āre, u. **ex-palpor,** ārī, **erschmeicheln,** alqd ab alqo, Pompon. com. 32. Plaut. fr. b. Non. 104, 12: absol., exora, blandire, expalpa, Plaut. Poen. 357 (Götz u. Löwe palpa).

ex-pando, pandī, pānsum u. passum, ere, **auseinander spannen, -breiten, ausspannen, ausbreiten, I** eig.: alas, Plin.: alas suas, Hieron.: florem, v. der Rose (Ggstz. comprimere florem), Plin.: ficus in sole, Col.: luxuriae spolia per ordinem expandere (Ggstz. in unum acervum dare), Sen. – expassae delubri fores, weit aufgetan, -geöffnet, Tac. – refl. se exp. u. medial expandi = **sich ausdehnen, sich ausbreiten,** v. Örtl., Mela: v. Flüssen, Mela u. Plin. pan. – **II** übtr., **aufklären, klar darlegen,** rerum naturam dictis, Lucr. 1, 126.

expānsio, ōnis, *f.* (expando), die **Ausdehnung, Ausspannung, Ausstreckung,** corporis, Cael. Aur. de morb. chron. 5, 4, 139: manus, Hieron. in Ezech. 16 u. in Iob 15: manuum in cruce fixarum, Arnob. in psalm. 35.

expapillātus, a, um (ex u. papilla), **bis an die Brust entblößt,** bracchium, Plaut. mil. 1180 (Götz u. Löwe exfafillatum).

expartus, a, um (ex u. pario), **über die Zeit des Gebärens hinausseiend,** pecudes, Varro r. r. 2, 5, 7.

expassus, a, um, s. ex-pando.

ex-patēsco, ere = ἀναφαίνω, Gloss. III, 447, 62; 480, 59.

expatior, s. ex-spatior.

ex-patricius, iī, *m.*, ein **gewesener Patrizier,** Cod. Iust. 3, 24, 3 *in.*

ex-patro, āvī, āre, mit etwas **ganz zu Ende kommen,** Gloss. (wo ›expatravit, ἐπετέλεσεν‹). – im obszönen Sinne = **in Wollust vergeuden,** Catull. 29, 16; vgl. Gloss. ›expatro, ἐκκρίνω ἐπὶ συνουσίας‹.

ex-pausātus, a, um (ex u. pausa), **ausgespannt,** iumentum, Veget. mul. 2, 10, 9.

ex-pavefacio, factus, ere, **scheu machen,** Hyg. fab. 47.

ex-paveo, ēre, vor etw. **sich entsetzen, zurückschrecken,** alqd, Plin. 34, 151. Stat. silv. 3. praef. Mart. Cap. 1. § 84.

expavēscentia, ae, *f.* (expavesco), das **Aufschrecken, Erschrecken, Sich-Entsetzen,** Interpr. Iren. 1, 5, 4.

ex-pavēsco, pāvī, ere, **a** vor etw. **aufschrecken, sich entsetzen, zurückschrecken,** ganz absol., Plin. u. a.: *ad* id, Liv.: *ad* occursum (v. Tieren), Sen.: *a* primo conspectu eius (v. Tieren), Plin. – **b** m. *Acc.*, vor jmd. od. etw. **aufschrecken, erschrecken, sich entsetzen,** Ulixem, Claud.: elephantos, Eutr.: ensem, Hor.: nefas, Lucan.: illa imminentia, Sen.: speciem adulantis, Tac.: insidias, mortem, Suet.: adventum alcis non exp., Plin. pan.

ex-pavidus, a, um, **aufschreckend, sich entsetzend,** Gell. 1, 8. § 6.

expectātio, expecto s. exspectātio, exspecto.

ex-pectoro, āre (ex u. pectus), **aus der Brust scheuchen, aus der Brust (aus dem Herzen) reißen,** meum hunc pavorem, Acc. tr. 301; vgl. 595: tum pavor sapientiam omnem mi exanimato expectorat, Enn. fr. scen. 23 bei Cic. Tusc. 4, 19.

expecūliātus, a, um (ex u. peculium), **des Vermögens beraubt,** Plaut. Poen. 843 G.

expedientia, ae, *f.* (expedit v. expedio), das **Förderlichsein,** der **Vorteil,** Boëth. Aristot. top. 6. p. 708.

expedīmentum, ī, *n.* (expedio), **a** die **Lösung** einer Schwierigkeit, Tert. ad nat. 2, 8. – **b** die **Leistung, Verrichtung,** ministrationis huius, Itala 2. Cor. 9, 13.

ex-pedio, īvī u. iī, ītum, īre (vgl. pedica, compēs, griech. πέδη), den Fuß (aus der Fessel) losmachen, **entfesseln, befreien, I loswickeln, losbinden, lösen, 1** eig.: restim, Apul. met. 1, 16. – im Bild, nodum, lösen, Cic.: alqm illigatum, Hor.: se ex laqueis, Cic.: caput laqueis mortis, Hor. – **2** übtr., etwas **loswickeln** od. aus etwas **herauswickeln, herauswinden, losmachen, durchhelfen, durchbringen, a** im Allg.: se ab omni occupatione, Cic.: se ex turba, Ter.: se crimine, Ter.: aegrotum, Cels.: gravem tardumque spiritum, heilen, heben, Cels.: salutem, Cic. – poet., Claudias manus per acuta belli, glücklich hindurchführen, Hor.; vgl. descendo ac ducente deo flammam inter et hostes expedior (entkomme), Verg.: u. so per quot discrimina rerum expedior? Val. Flacc. – Lebl., discum, iaculum trans finem, leicht entsenden, -schleudern, Hor. – **b** insbes.: **α zustande bringen, herrichten, verfertigen,** minutatim ex tabellis compactā crassitudine Mercuriolum, Apul. apol. 61 *extr.* – **β entwickeln, erledigen = abfertigen, beseitigen, in Richtigkeit bringen, zustande bringen, ausführen,** negotia, Cic.: rem frumentariam, die der Verproviantierung im Wege stehenden Schwierigkeiten wegräumen, sie erleichtern, Caes.: commeatus (Plur.), Liv.: nomina mea expedi, exsolve, Cic.: exitum orationis, Cic.: res, Cic.: consilia, ausführen, Tac.: prope iam expeditam Caesaris victoriam interpellaverunt, schon so gut wie abgemachten, Caes. – **γ entwickeln, erläutern, darlegen, dartun, ansagen, mitteilen, berichten, auseinandersetzen,** id, si potes verbo expedi, Ter.: quin rem expedi! Pacuv. fr.: capita rerum expedito, Plaut.: omnem expediat morbi causam, Verg.: priusquam huiusmodi rei initium expediam, Sall.: nunc initia causasque motus Vitelliani expediam, Tac.: omnia elegantissime expedire, Cic. ep. ad Brut. 1, 15, 1 (neben explicare u. exponere). – mit folg. indir. Fragesatz, ut quae sit forma totius expediam, Mela: sed qui utrosque error vos agitet expedibo, Pompon. fr.: cuius (ager), non dico hominis, sed populi fuerit, expedire potes? Sen. – nunc adeo quae sit dubiae sententia menti expediam et paucis docebo, Verg. – m. folg. *Acc.* u. *Infin.*, id ego ius atque aecum fecisse expedibo atque eloquar, Enn. fr. scen. 148. – m. *de* u. Abl., de quibus quae expediero, *Varro LL. 8, 24 M. (die *codd.* experiero): ea de caede quam verissime expediam, Tac. hist. 4, 48: pauca de isdem expediam carptim, Amm. 14, 4, 2. – absol., mane, expedito, Pacuv. fr.: agedum expedi, Plaut. – **II** prägn., **A herausholen, heraus-(hervor-)nehmen, vorbringen, 1** eig.: virgas, Cic.: Cererem canistris, Verg.: foratas palmas, herausstrecken, Sedul.: quis expedivit psittaco suum χαῖρε, hat ihm entlockt = ihn gelehrt, Pers. – **2** übtr.: **a zurechtmachen, instand setzen, α** übh.: agrum probe, Col. 2, 4, 6: agrum sationibus faciendis, Col. 2, 2, 21: capillum pectine cotidie, auskämmen, Fronto de eloqu. p. 143, 3 N.: cuminatum (pullum) a cervice, ausnehmen, Apic. 6, 252: sarcinulas, den Ranzen packen, sich reisefertig machen, Petron. 99, 4. – **β** als milit. *t. t.*, **in Bereitschaft setzen,** naves od. classem, segelfertig (seetüchtig) machen, Caes. u. Auct. b. Alex.: exercitum, Liv., legiones, Caes., remigem ac militem, Liv., zum Angriff fertigmachen, schlag-, kampffertig machen: se ad oppugnationem urbis, sich anschicken, Liv.: arma, Caes. u. Verg.: arma animosque, sich mit Waffen u. Mut rüsten, Liv.: od. manus, Verg., od. se ad pugnam od. ad proelium, Liv., od. bl. se,

Caes., sich zum K. anschicken, sich kampfbereit machen; vgl. refl. exp. ad bellum, zum Kr. (sich) rüsten, Tac.: u. so quoties expedierat, (sich) gerüstet hatte, zu Felde gezogen war, Tac. – **b ausfindig machen, ermitteln, ermöglichen, auftreiben,** alci vicarium, Liv.: cibaria pastoribus, Varro: pecunias, Suet.: iter (Ausweg) fugae non exp., Liv.: aliā pressione ad aedificandum sibi locum, Caes. – m. *ab* u. Abl., von jmd. etw. **auswirken,** veniam ab alqo compensatione sanguinis sui, Tert. apol. 50. – **c** gleichs. **vorsuchen = gebrauchen, üben,** medio decreto ius auxilii sui, Liv. 3, 13, 6. – **B** sese expedire u. bl. expedire, **sich entwickeln,** den u. den **Fortgang haben,** so u. so **ablaufen** (s. Brix Plaut. trin. 236), quem ad modum sese expediant (artes amoris), Plaut.: ut res rationesque vestrorum omnium bene expedire voltis, Plaut.: nequiter paene expedivit prima parasitatio, Plaut. – **C** *res* expedit od. unpers. expedit, es hilft heraus, d. i. etwas od. **es kommt zustatten, ist förderlich, dienlich, zuträglich, ersprießlich,** non idem ipsis expedire et multitudini, Nep.: non quominus expediat quicquam Caesari ad diuturnitatem dominationis, Cic. – unpers., si ita expedit, Cic.: sic magis expedit, Quint.: Volsci totiens hostes, quotiens patribus expediat, Liv. – m. folg. *Acc.* u. *Infin.* od. bl. *Infin.*, expedit bonas esse vobis, Ter.: omnibus bonis expedit salvam esse rem publicam, Cic.: eam (pecuniam) in praediis collocari maxime expedit, Cic.: ille, qui omnino vivere expedire nemini putat, Cic.: quia aut pacem vere cupiebant, aut expediebat simulare, Liv. – m. folg. *ut* od. *ne* u. Konj., neque expedire, ut ambitione alienā trahatur, Tac. ann. 3, 69: expedire omnibus, ut etc., Iustin. 34, 1, 7: expedit rei publicae, ne quis suā re male utatur, Iustin. inst. 1, 8. § 2. – expedit (es ist förderlicher, zuträglicher), mit folg. *Infin.* od. mit folg. *ut* u. Konj. u. im Nachsatz *quam,* Tert. de pall. 5. Vulg. Matth. 5, 29. – ► Archaist. Futur, expedibo, Enn. fr. scen. 148. Pacuv. tr. 66 u. 281. Acc. tr. 490. Plaut. truc. 138. – Parag. Infin. expedirier, Plaut. Poen. 1007.

expedītē, *Adv.* m. *Compar.* u. *Superl.* (expeditus), **a beweglich, leicht zu handhaben,** machinam iussit expeditius fabricari, Amm. 24, 2, 18. – **b unbehindert, schnell,** expeditius navigare, Cic.: se alqo expeditissime conferre, Cic. – **c ohne Schwierigkeit, ohne Umstände, unbehindert,** patientius et expeditius (Ggstz. implicite et abscondite), Cic.: exp. explicare, Cic.: expeditius os reponere, Cels.: expeditissime defensus, Plin. ep. – **d ungehindert, ungebunden, frei,** eo, ut expeditius loqueretur, brachium exertante, Amm. 26, 2, 3. – **e fertig,** loqui, Suet. Aug. 89, 1.

expedītio, ōnis, *f.* (expedio), **I** als rhet. *t. t.*, die **Erledigung, Abfertigung, Beseitigung,** multarum rerum, Rhet. Her. 4, 68. – als rhet. Fig., Rhet. Her. 4, 40. – **II** als *t. t.* der Baukunst, die **Herrichtung, Einrichtung,** rusticorum (aedificiorum) expeditiones, Vitr. 6, 5, 3: ea autem ductio ... hanc habebit expeditionem, Vitr. 8, 6, 5. – **III** als milit. *t. t.*, der **Zug gegen den Feind,** die **kriegerische Unternehmung,** der **Feldzug** (Ggstz. acies, Liv. 3, 12, 6), exp. Britannica, Eutr.: aestiva, Vell.: hiberna, Sall. fr. u. Liv.: nocturna, Hirt. b. G.: adsuetus expeditionibus miles, Tac.: expeditionis eius comites, Liv.: socii expeditionum, Suet.: expeditionem praeparare, Suet.: exp. parare in Arachosios, Curt., contra Persas, Eutr.: expeditionem obire, suscipere, Suet.: expeditionem habere adversum Sarmatas, Eutr.: milites ex hibernis in expeditionem evocare, Sall.: tripertito milites equitesque in expeditionem mittere, Caes.: in expeditionem exercitum educere, Cic.: cum promptissimis iuvenum praedatum atque in expeditiones ire, Liv. – übtr., der **Ausflug** der Bienen, Plin. 11, 19.

expedītiōnālis, e (expeditio), **die Unternehmung im Felde-, den Feldzug betreffend, Feld-, Kriegs-,** res, Amm.: usus, Spart.: portus, Cod. Theod.: expeditionales et subitae habitationes, Cassiod.

expedītus, a, um, *PAdi.* m. *Compar.* u. *Superl.* (expedio), **I unbehindert, a ohne Gepäck, frei, leicht, leicht aufgeschürzt,** Clodius, Cic.: Sagana, Hor.: iaculatores, Liv.: pedites, Sall.: equitatus, manus, Curt.: subst., expeditus, ein leichter Fußgänger, Caes. b. G. 6, 25, 1: u. expediti, nicht mit Gepäck Belastete, Liv. u. Curt. – **b frei von Hindernissen, gebahnt, bequem,** locus, Caes.: via, Liv.: iter, Caes. u. Liv. – **c** durch **keine Schwierigkeiten aufgehalten** od. **erschwert,** leicht u. schnell **ins Werk gesetzt, -beschafft, leicht, schnell,** iter (Reise), Cic.: ad suos receptus, Caes.: cena, Plin. ep.: distinctio, Cic.: expedita et facile currens oratio, geläufige, Cic.; vgl. expedita et profluens dicendi celeritas, Cic.: dah. in expedito esse, ohne Schwierigkeiten, sehr leicht sein, Curt.: u. alci expeditius est mit folg. *Infin.*, Tac. hist. 1, 10: non expeditissimum est m. folg. *Infin.*, Cels. 3, 6. p. 85, 27 D. – **d ungehindert** von Geschäften, **ungebunden,** v. Pers., ut expeditus in Galliam proficisci posset, Cic. Quinct. 23. – **e in Bereitschaft, gleich zur Hand, bereit, fertig,** expeditus homo et paratus, Cic.: exp. ad caedem, Cic.: ad dicendum, Cic.: v. Soldaten = **kampfbereit, kampf-, schlagfertig,** copiae, Caes.: manus, Curt.: cohortes, Sall.: v. Schiffen = **segelfertig (seetüchtig)** od. **kampffertig (klar zum Gefecht),** naves, Caes.: classis, Liv.: dah. promptum hoc et in expedito positum, dieses allezeit Fertigsein u. in Bereitschaft Stehen, Quint.: copias in expedito habere ad etc., in Bereitschaft halten zu usw., Liv.: in expedito esse, in Bereitschaft sein usw., Sen. – **II abgewickelt, a in Ordnung gebracht,** negotia, Cic.: expeditissima pecunia, leicht zu Gebote stehende, flüssige Gelder, Cic. – **b abgemacht, entschieden,** victoria, Caes.: senatus consultum expeditum est, findet keinen Anstand, Cic.

ex-pēiūro, āre (ex u. peiero, periuro), **ganz falsch schwören, meineidig sein,** Afran. com. 192.

ex-pello, pulī, pulsum, ere, **heraus-, forttreiben, I** im engeren Sinne, Tiere aus einem Ort **heraustreiben, austreiben,** pecus portā Esquilinā, Liv. 2, 11, 5: stabulis vaccas, Tibull. 2, 3, 15: pecus ad pastum stabulis, Macr. sat. 1, 17, 41: fucos in opera, Plin. 11, 27. – od. von einem Ort **wegtreiben,** monte iuvencos, Ov. met. 2, 843. – **II** im weiteren Sinne, **1 heraustreiben, -werfen, -schmettern, austreiben, auswerfen, a** eig.: sagittam (aus dem Körper, v. Blut), Ov.: genis oculos, aus den W. reißen, Ov.: alqm pariter animāque rotisque (aus dem Leben u. den R.), Ov.: se in auras, sich hervordrängen, Ov. – bes. v. Meer, **auswerfen, ans Land werfen,** margarita, Tac.: corpora, Curt.: magnas phocas, Ov.: navigia in ripam, Curt.: ruptis undis expelli, Ov. – **b** übtr., vitam, Tac.: animam, Ov.: naturam furcā, Hor. – **2 hinaus-, fortstoßen, hinaus-, forttreiben, a** eig.: **α** Lebl., **fort-, abtreiben, abstoßen, abschnellen,** sagittam arcu, Ov.: ab litore naves in altum, Liv.: ratem, in See stechen lassen, Curt. – **β** Pers., **hinaustreiben, -stoßen, forttreiben,** alqm manibus, Ov.: alqm aethere toto, Ov.: collegam armis foro, Suet. – bes. **αα** als milit. *t. t.*, aus einem Ort **vertreiben, verjagen,** einen Ort **aufzugeben nötigen,** alqm ex oppido, Caes.: praesidium ex arce, Eutr.: eos ex silvis, Caes.: Romanos castris, Caes.: alqm Asculo, Italiā, Caes.: ex portu insulaque expelli inopiā, Caes.: u. exp. alqm in provinciam, zum Rückzug in die Pr. nötigen, Caes. – **ββ** aus dem Haus, aus einem Land, aus einem Besitz **hinausjagen, -stoßen, vertreiben, verjagen,** dah. auch **verbannen,** alqm, Ter. u. Caes.: alqm domo suā, Cic., domo (Heimat), Sall., patriā, Cic. u. Nep., domo patriāque, Caes.: alqm ex patria, ex urbe, ex Italia, ex re publica, Cic.: alqm Athenis, Curt.: alqm possessionibus, Cic.: alqm bonis, Cic.: alqm agris, Caes.: alqm finibus, Caes.: u. Partiz. subst., expulsi, Vertriebene, Verbannte, Cic. – **γγ** Fürsten usw. **vom Thron stoßen,** tyrannum, Cic.: reges, Cic.: alqm regno, Cic., potestate, Nep. – **δδ** ein Familienglied, bes. eine Frau **verstoßen,** filiam ex matrimonio, Cic.: expellere et exturbare filiam, Cic.: exp. Alexandri matrem Olympiadem, Iustin.: matrem contubernio palatioque, Suet. – **b** übtr., **α** jmd. aus etw. **vertreiben,** alqm vitā, ums Leben bringen (lassen), Cic. Mur. 34. – **β** etw. **vertreiben, verscheuchen, abschütteln, beseitigen, benehmen,** tussim pectore, Catull.: famem, Tac.: helleboro morbum bilemque, Hor.: somnum od. quietem, Verg. u. Ov.: laetitias ex pectore, Catull.: haec cuncta ex animo dictis, Lucr.: curas pectore, Lucan. – omnem dubitationem, Caes.: memoriam alcis rei, etw. vergessen machen, Caes.: tenuit (es behauptete das Feld) altera ex duabus (sententiis), tertia expulsa (wurde abgeworfen), Plin. ep. – **γ** jmd. einer Sache **verlustig machen,** utrāque re expelli, beider Dinge verlustig gehen, Auct. b.

Afr. 25, 4. – ► Ungew. Infin. Perf. expulsisse, Pompon. dig. 50, 7, 18 (17).

ex-pendo, pendī, pēnsum, ere, **I** **gegeneinander aufwägen,** aurum auro, Plaut.: aurum, quī (= quo) Hector expensus fuit, Plaut. – **II** **abwägen, auf der Waage aufziehen,** **A** eig. u. übtr.: **1** eig.: bacam, Cels.: alqm, Plaut.: ut iam expendantur, non numerentur pecuniae, Cic. Phil. 2, 97. – **2** übtr., **abwägen, erwägen, prüfen,** exp. atque aestimare voluptates, Cic.: omnia, Cic.: argumenta, wägen, je nach ihrer Wichtigkeit aufnehmen od. verwerfen (Ggstz. arg. numerare), Cic.: verba, Tac.: consilia belli, Tac.: testem, die Glaubwürdigkeit eines Zeugen prüfen, Cic.: exp. *animo* singula dicta suo, Ov. am. 3, 5, 34: quae tam diversa tamque inter se contraria si quis *apud animum suum* attentiore comparatione expendere velit, Val. Max. 6, 9, 6. – **B** prägn., **auszahlen, ausgeben,** Geld usw. (weil früher das Gold u. Silber bei Auszahlungen zugewogen wurde), **1** eig.: nummos, Hor.: auri pondo centum, Cic.: usuras, ICt. – bes. ferre alci expensum, ins Rechnungsbuch eintragen, dass man jmdm. etwas ausgezahlt hat, ne tu expensum muneribus ferres, nicht unter der Rubrik »für Geschenke« in Rechnung bringst, Cic.: si mihi expensa ista HS centum tulisses, Cic.: quibus sine fenore expensas pecunias tulisset, vorgeschossen, ohne Zinsen geliehen, Liv. – bildl., alci legionem expensam ferre, überlassen, Cael. in Cic. ep.: dah. expensum ferre alci alqd, zuschreiben, zu danken haben, facilitati suae, ICt.: expenso ferre vestem supellectilis nomine, unter den Hausrat mit zählen, ICt. – **2** übtr., **bezahlen,** poenas, Strafe erleiden, gestraft werden, tales poenas, Verg.: poenas Iovi fato supremo, Acc. fr.: poenas capite, Tac.: poenas scelerum, Verg. – prägn., exp. scelus, für sein Verbrechen büßen, Verg. Aen. 2, 229. – ► *Partic.* subst., expēnsa, ae, *f.* (*sc.* pecunia), die **Ausgabe,** der **Aufwand,** Claud. laud. Stil. 2, 145. Ulp. dig. 27, 10, 1 pr. Vulg. 3. regg. 9, 15 u. 4. regg. 12, 12: so auch tabulae (od. codex) accepti et expensi u. dgl., s. ac-cipio *no.* I, A, a, α.

expēnsa, ae, *f.*, s. ex-pendo ►.

expēnsē, *Adv.* (expendo), **reichlich, sehr,** Th. Prisc. de diaeta 15.

expēnsilātio, s. lātio *no.* II, c.

expēnsio, ōnis, *f.* (expendo), die **Auszahlung, Ausgabe,** Cod. Theod. 6, 4, 24. Symm. ep. 5, 74.

ex-pēnso, āvī, āre (*Intens.* v. expendo), **I** **aufwägen** = **ausgleichen,** dies intercalares intercalationibus quattuor, Macr. sat. 1, 13, 12. – **II** abwägen, prägn. = **auszahlen,** nummos redactos eisdem tutoribus, Scaev. dig. 40, 5, 41. § 10.

expergēfacio, fēcī, factum, ere, Passiv **expergēfīo,** factus sum, fierī (expergo u. facio, fio; vgl. Dosith. 63, 12 K. expergefacio, ἐξυπνίζω; u. 64, 14 expergefio, ἐξυπνίζομαι), **aufwecken, erwecken, ermuntern,** **I** eig.: expergefactus e somno, Suet. Cal. 6, 1: u. bl. repente expergefactus, Suet. Claud. 8. – **II** übtr.: **A** im Allg.: si forte expergefacere te posses, gleichs. aus dem Taumel erwachen, zur Besinnung kommen, Cic. Verr. 5, 38: cura illa expergefactum caput erigere infit, ihr erwachendes Haupt, Lucr.: hic Italiam tumultus expergefecit terrore subito, weckte aus seiner Ruhe auf, Rhet. Her. – **B** insbes., gleichs. **ins Leben rufen,** musaea mele per chordas mobilibus digitis expergefacta (geweckten, hervorgelockten) figurare (vom Tonkünstler), Lucr.: flagitium probrumque magnum, zutage fördern (= begehen), Plaut.

expergēfactio, ōnis, *f.* (expergefacio), die **Ermunterung, Erweckung,** a somno, Augustin. de vera rel. 50. *no.* 99 *extr.*

expergēfīo, s. expergēfacio.

expergifico, āre (expergificus), **erwecken, ermuntern,** ingenium, Gell. 17, 12, 1.

expergificus, a, um (expergo u. facio), **erweckend, ermunternd,** carmen, Apul. flor. 13.

expergīsco, s. ex-pergīscor ►.

ex-pergīscor, perrēctus sum, pergīscī (aus *exper-grīscor, zu griech. ἐγείρω, wecke auf), **aufwachen, erwachen,** **I** eig.: si dormis, expergiscere, Cic.: cum somno repetito simul cum sole experrectus essem, Cic.: ut ter aut quater expergisceretur, Suet. – **II** übtr., von seiner (phys. u. geist.) Untätigkeit **erwachen, sich ermuntern,** nunc porro expergiscere, Ter.: quin igitur expergiscimini? Sall.: experrecta nobilitas, Cic. – ► Akt. Nbf. expergisco, wov. expergisceret, Pompon. com. 5. – Parag. Infin. expergiscier, Plaut. asin. 249. – Partiz. expergitus, a, um, **erwacht,** Lucil. 143. Lucr. 3, 927 u. Spät.

expergitē, *Adv.* (1. expergo), **munter, wachsam,** auscultare, Apul. met. 8, 31: munus obire, Apul. met. 2, 23.

expergitus, s. ex-pergīscor ►.

1. ex-pergo, pergī, ere, **aufwecken, erwecken, ermuntern,** Acc. tr. 140. Santra tr. 4. p. 228 R.[2] – bildl., istā re iuvenum animos expergebat, Gell. 6 (7), 10, 1.

2. expergo, s. ex-spergo.

experiēns, entis, *PAdi.* m. *Compar.* u. *Superl.* (v. experior *no.* II), **I** **sich in etwas versuchend, unternehmend, tätig, geschäftig,** promptus homo et exp., Cic.: vir acer experiensque, Liv.: Ulixes, Ov.: ingenium (Ggstz. desidia), Ov.: experientissimus ac diligentissimus arator, Cic. – m. *in* u. Abl., *in* bellicis rebus experientissimus, Vulg. 2. Mach. 8, 9. – m. *Genet.*, experiens laborum, ausdauernd in Mühsal, Ov. met. 1, 414. – **II** **erfahren** in usw., **kundig,** experientior instructiorque discessit, Augustin. conf. 6, 9: iste (in) hāc arte experientior fuit, Isid. 16, 24, 2. – m. *Genet.*, experientissimus belli, Nazar, pan. 25, 4: rei militaris experientissimi duces, Arnob. 2, 38 *in.*

experientia, ae, *f.* (experior), **I** die **Probe,** der **Versuch,** Cic. u. a.: m. *Genet.*, patrimonii amplificandi, Cic.: belli, im Kr., Vell. – **II** übtr., die durch Versuche erlangte **Erfahrung,** der **Erfolg,** Vell. u. a.: mentis, Lucr.: multarum rerum experientiā cognitus, Tac.

experimentōsus, a, um, **erfahrungsreich,** Gloss. II, 579, 8.

experīmentum, ī, *n.* (experior), **I** der **Versuch,** die **Probe,** der **Erfahrungsbeweis, Beweis,** ne primus ipse experimentum veneni esset, Liv.: crescit audacia experimento, Plin. ep. – hoc maximum est exp., der stärkste Erfahrungsbeweis, Cic.: dare exp. lenitatis, Tac.: dare magna experimenta virtutis, Vell.: primo bello adversus Aetnaeos magna experimenta sui Syracusanis dedit, Iustin.: ut plebes daret experimentum, an amotis custodibus modestiam retineret, Tac. – **II** die **Erfahrung,** usus et experimenta, Cels.: multis experimentis eruditus, Plin. ep.: medicina tota constat experimentis, Quint.: Metello iam antea experimentis cognitum erat genus Numidarum infidum, Sall.: discimus experimento m. folg. *Acc.* u. *Infin.*, Plin. pan.: sed exp. contra fuit, Tac.

ex-perio, s. ex-perior ►.

ex-perior, pertus sum, īrī (vgl. perītus, perīculum, comperīre, griech. πειρᾶν), durch angestellte Versuche **sich Erfahrung** in etw. **verschaffen,** -etw. **in Erfahrung bringen,** **I** = **versuchen, probieren,** **A** = πεῖράν τινος λαμβάνω, die Beschaffenheit, Kraft, Leistung, Wirkung von etw. **versuchen, erproben,** mit etw. od. jmd. **einen Versuch-, eine Probe anstellen,** etw. **prüfen, untersuchen,** jmd. **auf die Probe stellen,** **1** im Allg.: **α** m. *Acc.:* vim veneni in servo, Cic.; vgl. venenum in haedo, Suet.: si iugulum perspicere non possum, omnia pertento, omnia experior, Plin. ep.: cervi cornua ad arbores subinde experientes, Plin.: alqd experiundum accipere, auf Probe erhalten, ICt.: boves, equos dare experiundos, auf Probe geben, ICt. – in quo totas vires suas eloquentia experiretur, Quint.: iudicium discipulorum exp., Quint.: quadringenta septuaginta milia annorum in periclitandis experiendisque pueris Babylonios posuisse, auf Versuche u. Proben mit Knaben verwendet, Cic. – alcis amorem, taciturnitatem, auf die Probe stellen, Cic.: amicos, Cic.: grammaticos quaestionibus, ihnen auf den Zahn fühlen, Suet. – **β** refl.: se exp. alqā re, **sich** in etw. **versuchen,** se heroo (versu), Plin. ep. 7, 4, 3: variis se studiorum generibus, Plin. ep. 9, 29, 1: se in foro, Quint. 12, 11, 16. – **γ** m. folg. indirektem Fragesatz: manu, quā parte is tumor maxime cedat, Cels.: in hoc natura, quid efficere possit, videtur experta, Nep.: vi, an cutis sequatur, Cels.: num tempora astringantur, et an sudor aliquis oriatur, Cels. – expertique simul, si tela artusque sequantur, Val. Flacc. – **2** insbes.: **a** im feindl. Sinne, es mit jmd. **versuchen,** mit jmd. **anbinden, sich** mit jmd. **messen,** sowohl **α** im Kampf, Wettstreit, exp. Romanos, Nep. – refl., ipsi duces comminus invicem experti, Flor.: si iterum experiri velint, se iterum paratum decertare, Caes. – m. folg. indir. Fragesatz, vis ergo inter nos quid possit uterque experiamur, Verg. – v. Lebl., (amor) maritumis moribus mecum experitur; ita meum frangit amantem animum, sie streitet (verfährt) mit mir wie das Meer, Plaut. cist. 221 *sq.* – als **β** im Rechtsstreit, mit jmd. **rechten,** gegen jmd. **gerichtlich verfahren,** cum alqo, Cic. u. ICt.: gravi iudicio, Cic.: aut intra parietes aut summo iure, Cic.: de tantis iniuriis exp., Cic.: ad od. apud iudicem, ICt. – **b** von Musikern, **Probe halten, probieren,** Flor. 4, 2, 2.

B das Gelingen von etw. versuchen, mit Hoffnung auf einigen Erfolg etw. **versuchen, es** od. **sein Glück mit** etw. **versuchen, mit** etw. **die Probe-, den Versuch machen,** etw. versuchsweise **unternehmen,** mit Hoffnung auf einigen Erfolg von etw. **Gebrauch machen,** -etw. **anwenden,** etw. **geltend machen, es auf** etw. **ankommen lassen,** etw. **wagen, aufs Spiel setzen, 1** im Allg.: **α** m. *Acc.:* qui desperatione debilitati experiri id nolent, quod se assequi posse diffidant, Cic.: cum vix fides esset, rem ullo modo successuram, ideoque ne experiri quidem auderet, Cic. – sese omnia de pace expertum, alle Mittel versucht, Caes. – rei eventum experiri, Caes.: omnia priusquam etc., Ter. u. Caes.: ultima, das Äußerste wagen, das äußerste Mittel anwenden, Cels.; verb. ultima audere atque experiri, Liv.: extrema omnia, Sall.: satius est anceps auxilium experiri quam nullum, Cels.: auxilium extremum, Caes. – spem oblatam, Liv.: libertatem, Gebrauch machen von usw., Sall.: licentiam vocis et linguae, sich erlauben, Liv.: praesentem fortunam, die Gunst des Augenblicks benutzen, genießen, Quint. – sua propria mala bonaque, geltend machen, Liv. – imperium, aufs Spiel setzen, Liv. – m. leb. Objj., vin me experiri, es mit mir versuchen, meine Dienste in Anspruch nehmen, Plaut.: so auch hanc experiamur, Ter. – **β** m. folg. *Infin.:* beneficium ei reddere, Ter.: quae sunt tradita … experiar dicere, Quint. – **γ** m. folg. *ut* u. Konj.: nunc, si vel periculose experiundum erit, experiar certe, ut hinc avolem, Cic. ad Att. 9, 10, 3: primum experiri voluit, ut sine armis propinquum ad officium reduceret, Nep. Dat. 2, 3. – **2** insbes.: **a** als gerichtl. *t. t.:* **α** exp. ius, vor Gericht **sein Recht geltend machen,** Cic. u. ICt.; vgl. hanc esse speciem libertatis, si omnibus, quod quisque vellet, legibus experiri liceret, Nep. – **β** exp. iudicium populi Romani, **es auf die Entscheidung** des röm. Volkes **ankommen lassen,** Liv. 3, 56, 10. – **b** als mediz. *t. t.,* mit Hoffnung auf Erfolg irgendein Mittel **anwenden, nehmen,** ubi aliquid non respondet … experiri aliud atque aliud, Cels.: post febrem exp. balneum et vinum, Cels.: neque in omni aetate neque in omni vitio id experiendum est, Cels.

II = εἰς πεῖράν τινος ἔρχομαι, **aus Erfahrung (aus der Praxis) Kenntnis von** etw. od. jmd. **erlangen,** etw. od. jmd. **(aus Erfahrung) kennen lernen,** etw. od. jmd. **erproben,** etw. (aus Erfahrung) **finden, sehen, erfahren, erleben, 1** im Allg.: **α** m. *Acc.:* id adeo experiri licet, Sall.: omnia quae dico expertus in nobis, Cic.: animum (Gesinnung) alcis, Curt.: meas noveram vires, nondum expertus tuas, Curt.: Turnum experiatur in armis, Verg. – u. m. dopp. *Acc.:* illam (terram) colendo et facilem pecori et patientem vomeris, Verg.: parum salubrem valetudini suae urbem hieme, Suet.: alqm fortem inimicum, Nep.: illos graves superbos in rebus secundis, Liv.: deos constanter inimicos, Ov. – **β** m. folg. *Infin.* od. *Acc.* u. *Infin.:* iam antea expertus sum parum fidei miseris esse, Sall.: expertus sum prodesse, Quint.: experti (id genus tegumenti) nullo telo neque tormento traici posse, Caes.: expertus iuvenem praelongos habuisse sermones, Quint. – **γ** m. folg. *ut* u. Konj., equidem in me ipso saepissime experior, ut exalbescam in principiis dicendi, Cic. de or. 1, 121. – **δ** mit folg. indirektem Fragesatz: experiri libet, quantum audeatis, Liv.: experiri voluit, verum falsum *ne* esset relatum, Nep.: ut experiremur, *utrumne* vino gravatus effudisset illa, *an* etc., Curt.: volui experiri, an scires consulem agere, Val. Max.: ut experirentur, an viveret, Plin. ep. – **ε** absol.: de me experior, ich erfahre, ich nehme es an mir ab, Cic.: usus reapse experiundo edocet, Pacuv. fr.: experiendo magis quam discendo cognovi, Cic.: ut frequenter experti sumus, Quint.: crede experto, Sil.: experto credite, Verg. u. Ov.: si iuvat expertis credere, Ov.: experti scire debemus, Cic.: ut experti tradidere, Mela. – **2** insbes., **erfahren** = **empfinden, a** etw. Angenehmes: indulgentiam dominorum, ICt.: meliorem dominum, erhalten, ICt. – **b** etwas Unangenehmes **erfahren, erleiden, zu ertragen haben,** nondum alteram fortunam expertus, noch unberührt vom Wechsel des Schicksals, Liv.: per tot successus ter nec amplius adversum casum expertus, Suet.: graves et periculosas valetudines per omnem vitam aliquot expertus est, Suet.: servitutem alterius, iura patronorum graviora, ICt.: pericula, ICt. – ► Akt. Nbf. experiamus, Capit. Gord. 11, 7: experiero, Varro LL. 8, 24 *codd.* (Müller expediero). – Parag. Infin. experirier, Plaut. truc. 753. Ter. Phorm. 589. – experior passiv nach Prisc. 8, 15: u. so Partiz. Perf. (zu *no.* II) oft passiv, z. B. multa inventa expertaque ex hoc sunt bona, Acc. tr. 681: expertum hoc est, Cato r. r. 157, 10: quantum etc. … nimium saepe expertum habemus, Planc. in Cic. ep. 10, 24, 3: libertatis dulcedine nondum expertā, Liv. 1, 17, 3. *PAdi.* expertus.

experīscor, rīscī, Nbf. v. experior (wie aboriscor Nbf. v. aborior), CIL 2, 2102 u. 6, 7579. Pastor Herm. 3, 16, 2 *sq.* Plin. Sec. medic. praef. *in.* p. 7, 4 R.

experrēctus, a, um, *PAdi.* (v. expergiscor), **wach, munter,** vigoris experrecti, Col. 1. praef. 12. – v. leb. Wesen, insomne et experrectum est animal canis, Sen. contr. 7 (5), 20. § 12: ut sint (apes) experrectiores, Col. 9, 7, 5.

expers, pertis (ex u. pars), **I** = ἀμερής, **ungeteilt,** *neutr. pl.* subst., expertia (= ἀμερῆ), Ggstz. partes, Chalcid. Tim. 214. – **II unteilhaft, 1** eig., **unbeteiligt, ohne Teil an** usw., **von** etw. **unberührt, nicht betroffen** (Ggstz. particeps), **α** m. *Genet.:* partis, Ter.: sepulchri, über das Grab hinaus, Ov.: periculorum, Cic.: consilii, uneingeweiht in usw., Sall. fr.: publici consilii, nicht zugelassen zu usw., Cic.: vix ulla domus purpurati expers fuit tantae cladis, Curt.: testificor me expertem belli fuisse, gar keinen Anteil an dem Ausbruch des Kr. gehabt habe, Cic. – **β** m. *Abl.,* more, domo, Plaut. – **2** übtr., **ohne** etw., etw. **entbehrend,** von etw. **frei,** einer Sache **ledig,** auch unser **-los, α** m. *Genet.:* omnino omnis eruditionis exp. atque ignarus, Cic.: non hebes neque communium litterarum et politioris humanitatis expers, Cic.: Batavi expertes tributorum, Tac.: exp. litterarum Graecarum, unbewandert usw., Nep.: omnis curae, Liv.: culpae, schuldlos, Suet.: viri, ohne Gatten, Ov.: expers consilii, v. Pers., Cic. u. a.: vis expers consilii, Hor.: sui, außer sich, Sen.: ordinis, Sen.: muneris, unbeschenkt, Sil.: Chium (vinum) maris, nicht mit Seewasser vermischt, Hor.: expertia frugis, was ohne belehrenden Gehalt ist (Ggstz. austera poemata), Hor.: ratione utentia (das Vernünftige) anteponantur rationis expertibus (dem Unvernünftigen), Cic. – alqm expertem habere alcius rei, keinen Teil nehmen lassen = übergehen, Tac. – **β** m. *Abl.:* metu, Plaut.: somno, Lucr.: famā atque fortunis, Sall.

expertio, ōnis, *f.* (experior), der **Versuch,** die **Probe,** expertiones autem et probationes eorum (fontium) sic sunt providendae, Vitr. 8, 4, 1.

expertus, a, um, *PAdi.* m. *Superl.* (v. experior), **durch Erfahrung erkannt, versucht, erprobt, bewährt,** exercitus, Liv.: vetus expertusque miles, Tac.: virtus exp., Liv. u. Vell.: vir virtutis expertae, Iustin.: industriae expertae (vir), von usw., Suet.: per omnia expertus, durchaus bewährt, Liv.: ostentum sibi ac maioribus suis in omni ducatu expertissimum, Suet. Tib. 19. – m. *Genet.,* expertus belli, Verg. u. Tac.: sagittae, Sil.: femina experta fecunditatis, Tac. – m. *Abl.,* expertus tribuniciis certaminibus, Liv.: expertus bellis animus, Tac.

expetendus, a, um, *PAdi.* (expeto), **erstrebenswert, begehrens-, wünschenswert,** si pecunia tanto opere expetitur, quanto gloria magis est expetenda, Cic.: u. so gloriam expetendam putare, Cic.: tam expetendus aliis triumphi honos, Val. Max. Vgl. expetibilis.

expetēns, entis, *PAdi.* (expeto), **begehrlich** (v. Pers.), Cic. de rep. 2, 68.

ex-petesso, ere (expeto), **I verlangen,** consilium ab alqo, Plaut. Epid. 255; preces (Erfüllung der Bitten) a patrona, Plaut. rud. 258. –

II nach etw. od. jmd. **Verlangen tragen, verlangen,** harum artem sibi, Plaut.: ea ut expetessam, Plaut.: quem amo quemque expetesso, Plaut.

expetibilis, e (expeto) = αἱρέσιμος, **erstrebbar, wünschbar,** *expetendum* est, inquiunt, quod bonum est; *expetibile,* quod nobis contingit, cum bonum consecuti sumus, Sen. ep. 117, 5: quae vero est ista vestra expetibilis ac praeclara potentia? Boëth. de cons. phil. 2, 6.

expetītor, ōris, *m.* (expeto), **einer, der** nach etw. **Verlangen trägt,** animus meus vestri exp., Symm. ep. 8, 45.

ex-peto, īvī, ītum, ere, **I** *tr.* etwas vorzugsweise zu erreichen suchen; dah. etw. **erstreben, begehren,** nach etw. **Verlangen tragen,** mit Verlangen **trachten,** etwas **wünschen, verlangen, fordern, 1** im Allg.: **a** v. Pers.: nihil nisi quod honestum sit aut optare aut expetere, Cic.: alqd studiose, Plaut., od. cupide, Cic., od. summā cupiditate, Cic., od. sitienter (mit Heißhunger, bildl.), Cic.: mortem, divitias, Cic.: colloquia, Caes.: vitam alcis, Cic.: mortem, Caes.: sibi alqam, ausersehen (zur Gattin), Ter.: stulta sibi consilia, törichte Beschlüsse fassen, Plaut. – unde sibi omnes sui cives consilium expetunt, bei dem sich Rat holen, Cic.: auxilium ab alqo, Cic.: supplicium, Liv.: poenas, s. poena. – exp. alqm poenae, Lact. 2, 4, 23, poenae letoque, Sen. Med. 256. – m. folg. *Infin.,* expeto scire, videre, ich wünsche, zu usw., Komik.: vincere illi expetunt, Cic. Phil. 12, 9: nec quā (viā) peregrinari animus expetat, Plin. praef. § 14: u. so Hor. epod. 11, 3. Ov. met. 7, 475 u. a. Curt. 4, 10 (42), 32 u. a. – m. folg. *Acc.* u. *Infin.,* quem quisque odit, periisse expetit, Enn. fr. scen. 402: nostram gloriam tuā virtute augeri expeto, Cic. ad Q. fr. 1, 1, 1. § 2: u. so Pacuv. tr. 206. Plaut. most. 128 u. 625; trin. 366. Ter. Hec. 727. Liv. 40, 10, 5. Lact. 7, 5. 27. – m. folg. *ut* u. Konj., fatebor et fuisse me Seiano amicum et ut essem expetisse, Tac. ann. 6, 8. – **b** v. Lebl.: mare medium terrae locum expetens, sich drängend nach usw., Cic. de nat. deor. 2, 116. – **2** insbes., nach etw. **fragen, forschen,** m. *Acc.,* Val. Flacc. 5, 577. – **II** *intr.:* **A** exp. in alqm od. (selten) exp. alci, jmdm. **widerfahren,** ihn **treffen,** auf jmd. **fallen** (s. Brix u. Lorenz Plaut. mil. 393), suam culpam in mortalem expetere, Plaut.: ut in eum omnes expetant huiusce clades belli, Liv. – insonti mihi illius ira in hanc et maledicta expetent, Plaut. Amph. 896. – absol., in servitute expetunt multa iniqua, widerfahren, stoßen zu, treffen einen, Plaut. Amph. 174: u. so Plaut. mil. 393. – **B ausreichen, dauern,** aetatem expetit, dauert ewig (Ggstz. interit), Plaut. Poen. 636.

expiāmentum, ī, *n.* (expio), das **Sühnungsmittel,** Schol. Bob. ad Cic. Mil. 3. *no.* 2. p. 277 B.

expiātio, ōnis, *f.* (expio), die **Sühnung, Sühne,** scelerum in homines et impietatum, Cic. de legg. 1, 40: fanorum, Liv. 5, 20, 5: foederis, Liv. 9, 1, 4: audio, quibus dis iratis expiatio debeatur, Cic. de har. resp. 21. – Plur., expiationes et procurationes, Cic. de legg. 2, 34: funera atque expiationes, Macr. sat. 1, 16, 8: expiationes procurationesque prodigiorum, Sen. nat. qu. 2, 38, 3.

expiātor, ōris, *m.* (expio), der **Sühner,** Eccl.: criminum, Anthol. Lat. 928, 71 R.

expiātōrius, a, um (expiator), **sühnend,** poenae, Augustin. de civ. dei 21, 13.

expiātrīx, trīcis, *f.* (Femin. zu expiator), die **Sühnerin** = die sühnende Priesterin, Fest. 213 (a), 26.

expiātus, ūs, *m.* (expio), die **Sühnung, Sühne,** Eccl.

expīlātio, ōnis, *f.* (expilo), die **Ausplünderung, Beraubung,** absol., Apul. met. 4, 18: m. obj. *Genet.,* Asiae, Cic. Verr. 3, 6: expilatio direptioque sociorum, Cic. de off. 2, 75. – Plur., expilationes fanorum, Cic. Verr. 3, 23: expilationes direptionesque sociorum et civium, Cic. de off. 3, 36.

expīlātor, ōris, *m.* (expilo), der **Berauber, Plünderer,** Cic. ad Q. fr. 1, 1, 2. § 9. Ulp. dig. 47, 18, 1. § 1.

ex-pīlo, āvī, ātum, āre, **ausplündern, berauben,** aerarium, Cic.: regem, socios, fana, Cic.: cubilia (*sc.* ferarum), Sen.: hereditatem, ICt.: poet., genis expilat oculos, reißt die Au. aus den W., Ov. met. 13, 562 M. (Riese u. Korn expellit). – übtr., Cic. de or. 3, 123.

ex-pingo, pīnxī, pictum, ere, **ausmalen, bemalen, schminken, verschönern, I** eig.: pericula (Dinge, die uns Gefahren entgegenführen, wie Schiffe), Plin.: genas, Mart.: se, Tert. – **II** übtr., schildernd **ausmalen,** v. Dichter, Cic. Tusc. 5, 114.

ex-pīnso, ere, **zerstampfen, mahlen,** far, Cato r. r. 2, 4.

ex-pio, āvī, ātum, āre, **aussühnen, I** durch Sühne versöhnen, **A** den Zorn der Gottheit durch eine Sühne **versöhnen, besänftigen,** expiatum est, quidquid ex foedere rupto irarum in nos caelestium fuit, Liv.: poenis manes mortuorum, Cic.: deorum minas caede suorum expiari posse, Iustin. – **B** etw. von den Göttern als Zeichen ihres Zorns Gesandtes, als Wunderzeichen u. dgl., durch Opfer usw. (vgl. Tac. hist. 5, 13 *in.*) **sühnen,** dessen **üble Folgen abzuwenden suchen, es unschädlich machen,** quae di significent, quemadmodum ea procurentur atque expientur, Cic.: prodigium, Liv.: vocem nocturnam, Liv. – **II** durch Sühne reinigen, **A** etwas durch Laster od. Verbrechen Beflecktes **reinigen, entsündigen, sühnen,** se, Plaut.: filium pecuniā publicā, Liv.: civitatem, Flor.: forum a sceleris vestigiis, Cic.: sollemnes religiones (die Verletzung des feierlichen Gottesdienstes), Cic.: omnes religiones, Liv.: religionem aedium suarum (den auf seinem H. lastenden Fluch), Cic.: mari omnia, quae violata sunt, expiari putantur, Cic. – **B** ein Verbrechen u. dgl. durch etw. **sühnen, wiedergutmachen, büßen, abbüßen, abbüßen lassen, 1** eig.: scelus supplicio, Cic.: alcis scelus, Liv.: consulum ignominiam, Liv.: tua scelera di in nostros milites expiaverunt, ließen unsere S. büßen für usw., Cic.: malam potentiam servili supplicio, Tac. – **2** übtr., übh. etw. **wiedergutmachen, wieder einbringen,** incommodum virtute, Caes.: cladem victoriis, Iustin. – **III befriedigen,** desiderium *Val. Max. 8, 1. damn. 8 u. 8, 11, 7.

expir..., s. exspir. ...

ex-piscor, ātus sum, ārī, eig. **herausfischen,** nur übtr. = **ausforschen,** Ter. Phorm. 382: nihil, nicht weiter forschen, Cic. Pis. 69: omnia ab alqo, Cic. ep. 9, 19, 1.

explānābilis, e (explano), **deutlich, artikuliert,** vox non expl., Sen. de ira 1, 3, 7.

explānātē, *Adv.* (explanatus), **deutlich,** Gell. 16, 8, 3: *Compar.* b. Cic. or. 117.

explānātio, ōnis, *f.* (explano), **I** die **Verdeutlichung, deutliche Entwicklung, Erläuterung, Erklärung, Aufklärung, 1** im Allg.: aequitatis, Cic.: naturae, Cic. – **2** insbes., **a** die **Auslegung, Deutung,** religionis, Cic.: Plur., m. subj. *Genet.,* explanationes interpretum, Cic.: mit obj. *Genet.,* portentorum expl., Cic.: m. *in* u. Akk., tres explanationum in Osee libri, Hieron. c. Rufin. 3, 28. – **b** als rhet. *t. t.,* die **Verdeutlichung, Versinnlichung** (s. Rhet. Her. 4, 17 u. 23), Cic. u. Quint. – **c** die **deutliche Aussprache,** verborum, vocum, Quint.: absol., explanationem omnem adimere, Plin. 7, 70. – **II** die **Auseinandersetzung, Darlegung, Darstellung,** difficilis, Cels. 6, 18, 1: ardua, Plin. 10, 190.

explānātīvus, a, am (explano), **deutlich, artikuliert,** voces, Mar. Victorin. 1, 2, 6. p. 4, 23 K.

explānātor, ōris, *m.* (explano), der **Ausleger, Erklärer,** quorum (deorum) nec scientiam neque explanatorem habeamus, Cic. de div. 2, 131: oraculorum et vaticinationum, Cic. de div. 1, 116: saecularium litterarum (Profanschriften) explanatores (Ggstz. sanctarum scripturarum interpretes), Hieron. c. Rufin. 3, 11: absol., Augustin. c. Sec. Manich. 10 *extr.* Arnob. in psalm. 71 *in.*

explānātōrius, a, um (explano), **erklärend, erläuternd,** liber, Cael. Aur. de morb. acut. 3, 1, 5.

explānātus, a, um, *PAdi.* (v. explano), **deutlich,** vocum impressio, die Fähigkeit, die Töne zu artikulieren, Cic. Acad. 1, 19: parum explanatis vocibus sermo praeruptus, abgebrochene Worte in unausgebildeten Tönen, Sen. de ira 1, 1, 4: si fuerit os (die Aussprache) facile, explanatum, iucundum, Quint. 11, 3, 30.

ex-plāno, āvī, ātum, āre (ex u. planus), eben **ausbreiten, I** eig.: cortex in denos pedes explanatus, Plin. 16, 34. – **II** übtr.: **A verdeutlichen, deutlich entwickeln, erläutern, erklären, aufklären, über** etw. **Auf-**

klärung geben, I im Allg.: explanabis igitur hoc diligentius, Cic.: ille tibi omnia explanabit, Cic.: latentem (rem) explicare definiendo, obscuram explanare interpretando, Cic.: expl. alqd coniecturā, Cic.: absol., cum doceo et explano, Cic.: plane quid sit non intellego; explanabis igitur, Cic. – **2** insbes.: **a auslegen, deuten,** responsa, Pacuv. tr. 116: carmen, Liv. 25, 12, 11: Partiz. subst., explanantium (der Ausleger) regula, Hieron. c. Rufin. 3, 11. – **b deutlich aussprechen,** verba, Plin. pan. 64, 3 (vgl. *PAdi.* explanatus). – **B auseinandersetzen, darlegen, darstellen,** eam partem curationis, Cels.: alcis vitia, Amm.: argumentum nondum verbis explanatum, Quint.: de cuius hominis moribus pauca prius explananda sunt, quam initium narrandi faciam, Sall.

ex-planto, āre, ein Gewächs aus der Erde **herausreißen, herausheben,** Col. 4, 14, 1 u. a.

ex-plaudo, s. ex-plōdo.

explēmentum, ī, *n.* (expleo), das **Ausfüllungsmittel,** die **Ausfüllung, I** im Allg., Sen. suas. 2. § 20. – **II** insbes.: **1** das **Ausfüllungsmittel** = das **Sättigungsmittel,** Plaut. Stich. 173. Sen. ep. 110, 12: übtr., desiderii sui od. tui, Lact. Placid. fab. 2, 5. Cassian. coenob. inst. praef. p. 53 M. – **2** das **Auskunftsmittel,** die **Aushilfe,** Frontin. aqu. 91.

explendēsco, s. ex-splendēsco.

ex-pleo, plēvī, plētum, ēre (ex u. *pleo), **ausfüllen, erfüllen, vollfüllen, I** eig.: fossam aggere, Caes.: rimas, Cic.: totas ceras quattuor, vier ganze Seiten füllen (vollschreiben), Plaut.: bovem frondibus, füttern, Hor.: locum, völlig besetzen, Caes.: sit numquam venter expletus, vollgefressen, von Speisen überfüllt, Hieron. epist. 22, 17. – **II** übtr.: **1** im Allg.: animum gaudio, Ter.: sententias mollioribus numeris, Cic.: loca (Stellen) trina, Liv. – **2** insbes.: **a ausfüllen, α** eine Summe, Zahl, **vollständig betragen, sich vollständig-, in runder Zahl belaufen** auf usw., aurum, quod summam talenti Attici expleret, Liv.: sicut multiplicati sunt, cum ad quattuor quinque adiecti novem numerum expleverunt, Liv. – als milit. *t. t.*, v. Truppen, trium milium numerum, Liv.: quattuor milia, Curt.: v. der Zahl der Truppen, ducenta milia, Curt.: amplius octoginta milibus, Vell. – **β** ein Maß **erreichen,** muri altitudinem, Caes. b. G. 7, 23, 4. – **b erfüllen, Genüge tun, genügen,** officium, Cic. fil. in Cic. ep.: munus, Cic.: plurimo labore expleto, Vell.: condicionem, ICt.: mortalitatem, der St. seinen Tribut abtragen, Tac.: gratiarum actionem, gebührend seinen Dank ausdrücken, Val. Max. – **c befriedigen, sättigen, stillen,** auch **Genüge leisten,** sitim, Cic.: odium, Liv.: iram, Liv.: parentium patriaeque desiderium, Liv.: cupiditatem (Habsucht, Raublust), Liv.: cupidines, Tac.: spem, erfüllen, Liv.: me, zufrieden stellen, Ter.: animum, sein Mütchen kühlen, Cic.: alqm divitiis, Sall.: vereor ne non scribendo te expleam, deine Wünsche unerfüllt zu lassen, Cic.: expletur lacrimis dolor, Ov. – m. *Genet.*, animum ultricis flammae, mit brennender Rachgier sättigen = durch br. R. befriedigen, Verg. Aen. 2, 586 *sq.*: his artibus animi expletus, Apul. flor. 15. p. 18, 12 Kr. – **d wiedergutmachen, ersetzen,** quid tandem est domi, unde ea (damna) expleatis? Liv. 3, 68, 3. – **e vollzählig machen, vollmachen, α** (als milit. *t. t.*) **in voller** (runder) **Zahl herstellen, -bilden, -stellen,** exercitum, Liv.: sex milia (militum), Curt. – **β vervollständigen, ergänzen, ersetzen,** deminutum patrum numerum ad trecentorum summam, Liv.: u. so explebo numerum, ich werde die Zahl der Schatten wieder ergänzen = zu ihnen zurückkehren, Verg.: centurias u. tribus, die gehörige Zahl der Stimmen bekommen, Liv.: quod utrique defuit, Cic. – als milit. *t. t.*, legiones, Caes. u. Sall.: eum numerum, Caes.: quod deperierat, Caes. – **f vollständig-, vollkommen machen, zustande bringen,** damnationem (dadurch, dass einer sich als Richter findet), Cic.: vitam beatam cumulate, vollkommen glücklich machen, Cic. – **g erfüllen** = in allen seinen Teilen **durchwandern** (wie ἐκπληροῦν), trecentas urbes erroribus, Tibull.: quinque orbes cursu, durchlaufen, Verg. – **h** eine Zeit **erfüllen, vollenden, überstehen,** Perf. explevisse auch = **hinter sich haben,** annos fatales, Tibull.: unum tricesimum aetatis annum, im fast vollendeten einunddreißigsten J. stehen, das 31. J. bald hinter sich haben, Tac.: septem et triginta annos vitae, duodecim potentiae, Tac.: supremum diem, Tac. – expletis diebus, Vulg.: biennio expleto, Vulg.: nondum expleto aetatis vicesimo anno, Quint.: expletis iam ad pariendum mensibus, Poëta bei Cic.: expletum annum habeto, ein volles J., Cic. – ► Archaist. Präs. explenunt = explent, Paul. ex Fest. 80, 1. – Zsgzg. Perfektformen explerit, explesset, explesse, bei Cic., Liv. u. a. – Parag. Infin. explerier, Lucr. 6, 21. Ps. Prisc. de pond. 31.

explētio, ōnis, *f.* (expleo), **I** die **Sättigung,** nimia, Chalcid. Tim. 253. p. 286, 11 Wr. – **II** übtr.: **a** die **Erfüllung** = Befriedigung, indigentiarum, Augustin. serm. 345, 4: spei, Vulg. Hebr. 6, 11: cupiditatis, Augustin. de immort. animi 13, 21 *extr.* – **b** die **Vervollständigung,** naturae, Cic. de fin. 5, 40. – **c** die **Erfüllung** = **Vollendung,** Ggstz. inchoatio, Rufin. interpr. Orig. in ep. ad Rom. 5. p. 383 L.: bes. einer Zeit, hebdomadae septimae, Vulg. levit. 23, 16: dierum purificationis, Vulg. act. apost. 21, 26.

explētīvus, a, um (expleo), **ergänzend,** coniunctio, Charis. 224, 30. Prisc. 17, 4. Serv. Verg. Aen. 1, 39: syllaba, Prisc. part. XII vers. Aen. 91.

explētor, ōris, *m.* (expleo), der **Erfüller,** Hieron. adv. Pelag. 1, 32 *in.*

explētus, a, um, **I** *Partic.* v. expleo, s. d. – **II** *Adi.* **vollständig, vollkommen,** expletus omnibus suis partibus, Cic.: u. verb. expletus et perfectus, expletus atque cumulatus, Cic.

explicābilis, e (explico), **I entwirrbar,** error (labyrinthi), Mela 1, 9, 5 (1. § 56). – **II erklärbar** (Ggstz. inexplicabilis), Plin. 4, 98. Augustin. c. sec. resp. Iulian. 6, 17. Boëth. de mus. 1, 1. p. 179, 6 Fr. Chalcid. Tim. 50 C. – Dav. **explicābiliter,** *Adv.*, Diom. 406, 7.

explicanter, *Adv.* (explico), **deutlich,** Pompeii comment. art. Donat. 248, 24 K.

explicātē, *Adv.* (explicatus), **klar,** Cic. de or. 3, 53: *Compar.*, Augustin. de civ. dei 19, 4.

explicātio, ōnis, *f.* (explico), **I** das **Auseinander-** od. **Abrollen,** rudentis, Cic. de div. 1, 127. – **II** übtr.: **1** die **Entwicklung, Erörterung, Auseinandersetzung, Verdeutlichung, eingehende Darstellung, Erklärung** eines Ggstds., expl. tua, Cic.: expl. privatorum aedificiorum, Vitr.: nec facilis est explicatio (es ist nicht leicht auseinanderzusetzen), quae forma maxime excellat, Cic.: in disserendo mira explicatio, Gabe, einen Gegenstand klar u. deutlich auseinanderzusetzen, Cic.: ut aliquando inflata explicatio vigeret, aliquando infracta et in morem cantici ducta, Sen. – **2** die **Lösung, Auslegung, Erklärung, Deutung,** quaestionum obscurarum, Vitr.: verborum, Cic.: naturae, Cic.: expl. fabularum et enodatio nominum, Cic. – Plur., Vitr. 4, 3, 6. – **3** die getroffene **Vorrichtung,** vitae explicationes, Vitr. 10, 1, 4.

explicātor, ōris, *m.* (explico), der **Entwickler, Erörterer, Verdeutlicher,** commodior expl., Cic. de inv. 2, 6: rerum explicator prudens, severus, gravis (v. Thukydides), Cic. or. 31: grandis quaestionis expl., Augustin. epist. 31, 7.

explicātrīx, trīcis, *f.* (Femin. zu explicator), die **Entwicklerin,** oratoria vis dicendi (die Rhetorik), explicatrix orationis perpetuae ad persuadendum accomodatae, die Kunst, im zusammenhängenden Vortrag auf überzeugende Weise sich auszudrücken, Cic. Acad. 1, 32.

1. **explicātus,** a, um, *PAdi.* m. *Compar.* u. *Superl.* (v. explico), **I geordnet, geregelt,** provincia quam maxime apta explicataque, Cic.: causa facilis atque expl., Cic. – **II deutlich, klar,** explicatam rationem salutis habere, entschiedenen, sicheren Grund für usw., Cic.: litterae tuae, quibus nihil potest esse explicatius, Cic. ad Att. 9, 7, 2: explicatissima responsa, Augustin. epist. 31, 8.

2. **explicātus,** ūs, *m.* (explico), **I** das **Auseinanderwickeln, Auseinandertun,** alternus crurum expl., das Ausstrecken, Werfen der Schenkel, Plin. 8, 166. – **II** die **Entwicklung, Erörterung,** difficiles habere explicatus, Cic. de nat. deor. 3, 93.

explicit liber, das Buch **ist zu Ende,** vermutlich Abkürzung für explicitus (est), Hieron. epist. 28, 4 (vgl. Mart. 11, 107, 1).

explicitus, a, um, *PAdi.* (v. explico), **ohne Schwierigkeit in der Ausführung,** ex duobus consiliis propositis explicitius videbatur Ilerdam reverti, mit weniger Schw. in der Ausf. verbunden, noch ausführbarer, Caes. b. c. 1, 78, 2.

ex-plico, āvī, ātum u. (nicht bei Cicero) uī, itum, āre, **auseinanderfalten, -legen, entfalten, auseinander-, abrollen, -wickeln, -machen, loswickeln** (Ggstz. implicare), I eig.: A im engeren Sinne: vestem, Cic.: volumen, Cic.: pennas, Ov.: plagas, Netze, Mart.: fusos (poet.), das Gesponnene von der Spindel abwickeln, Mart.: funem, Vitr.: nexus, Solin.: orbes, sich aufrollen (v. der Schlange), Ov.: poet., alqm sagittis, lang hinstrecken, erlegen, Lucan.: turbidum mare, sich legen machen, beruhigen, Sen. poët.: frontem, entfalten (entrunzeln), aufheitern, Hor. (u. so vino contractae seria frontis, Hor.). – apes difficile se a lanis ovium explicantes, Plin.: navis (impulsa in funes ancorarum alterius) nullo alio modo, nisi praecisis funibus, se explicare potuit, ICt. – im Bild, ex his laqueis se explicare, aus dieser Schlinge sich herausziehen, Cic. Verr. 5, 151. Sen. de ben. 7, 4, 1.
B im weiteren Sinne: 1 im Raum **ausbreiten, ausdehnen,** a Lebl.: intestina sua explicari (dehnten sich aus) per omnem terrarum ambitum, Suet. – bes. eine Örtlichkeit, forum laxare et usque ad atrium Libertatis explicare, Cic.: Capua planissimo in loco explicata, Cic.: u. so vallis explicata, Pallad.: montes Asiae nobilissimi in hoc tractu se explicant, Plin. – poet., luxus suos, ihren Reichtum (an Tafelgeschirr) ausbreiten, -zur Schau stellen, Lucan. 10, 109. – b lebende Wesen in einem Raum **ausbreiten,** atria congestos satis explicatura clientes, poet. = die hinlänglich großen Raum gewähren würden den Kl., Stat. Theb. 1, 146. – insbes. als milit. *t. t.* = die Reihen usw. **entfalten, entwickeln, sich entwickeln-, sich ausbreiten lassen, in der gehörigen Breite aufstellen,** ordines, agmen, aciem, Liv. (s. Drak. Liv. 2, 46, 3; 2, 59, 7; 10, 20, 3; 44, 38, 5): multitudinem navium, Nep.: classem, Vell. u. Auct. b. Alex.: equitatum, Auct. b. Afr.: se turmatim (v. der Reiterei), Caes. – 2 poet.: natura arida ligna explicat in flammas, entwickelt aus dem dürren Holz die Flamme, Lucr. 2, 882.
II übtr.: A im Allg.: cur vos induitis in eas captiones, quas numquam explicetis, warum verwickelt ihr euch in solche Schlingen (verfängliche Schlüsse), aus denen ihr euch nie heraushelfen werdet, Cic.: explica atque excute intellegentiam tuam, ut videas etc., entfalte u. durchsuche genau deine Erkenntnis (deinen Verstand), d. i. strenge an usw., Cic. B insbes.: 1 die einer Sache entgegenstehenden Hindernisse wegräumen, **die Herbeischaffung (Aufbringung, Bestreitung)** einer Sache **ermöglichen,** etw. **beschaffen, auftreiben, aufbringen,** rem frumentariam, Caes.: sumptus rei militaris, Auct. b. Alex.: onera, Suet. – 2 etwas **in Bereitschaft setzen,** explicatur totus adversus infelicem feminam tyrannicae crudelitatis apparatus, Sen. exc. contr. 2, 5. p. 236, 20 K. – 3 eine Person usw. aus einer verwickelten Lage-, aus einer Gefahr befreien, jmd. **retten, erlösen, aus der Affäre ziehen,** rem publicam (s. Benecke u. Halm Cic. de imp. Pomp. 30): aegrum, Cels.: u. so explicitus ex longa et gravi valetudine, Sen.: virtute suā expliciti, Liv. epit.: da operam, ut te explices, Pompeius in Cic. ep.: explicet se, si potest, ex hac voragine, Lact.: numquam laborant, quem ad modum probent, sed quem ad modum se explicent dicendo, Cic. – m. folg. *quo minus* u. Konj., ut legatos, quo minus violarentur, fuga explicuerit, Liv. epit. 48. – 4 nach Hinwegräumung aller Schwierigkeiten etw. gleichs. **abwickeln, ins Reine bringen, zustande bringen,** mit etw. **zustande kommen,** etw. **ins Werk setzen, bewerkstelligen, ausführen, vollziehen,** a übh.: elegos, Plin. ep.: bellum, Flor.: iter commode, Plin. ep.: fugam, Liv.: rationes (Rechnungen) meas, Cic.: id negotium, Val. Max.: alcis negotia, Cic.: eius negotia explicare et expedire, abwickeln u. erledigen, Cic.: pulcre ego hanc explicatam tibi rem dabo, Plaut.: consilium, Cic.: mandata, Cic.: praecepta, ausüben, Cic.: u. so suas virtutes, Plaut.: quo facilius sermo explicetur, sich abwickele, verlaufe, Cic. – absol., de hortis explica, wegen des G. bringe die Sache ins Reine, Cic. ad Att. 12, 29, 1. – b eine Schuld usw. **abwickeln, ins Reine bringen, abmachen, abtragen,** nomen, Cic.: pecuniam, ICt.: illud HS XX et DCCC, Cic.: solutionem, Cic. – 5 durch die Rede gleichs. vor den Augen des Hörers od. Lesers **entfalten, entwickeln, erörtern, auseinandersetzen, verdeutlichen, fasslich-** oder **im Einzelnen darstellen, -abhandeln, -ausführen, über** etw. **sich auslassen, sich aussprechen, nähere Einzelheiten geben,** verbum explicare excutereque, deutlich bestimmen u. erklären, Cic.: causas rerum, Cic.: philosophiam, vitam alterius, Cic.: alci scholam aliquam, Cic.: res gestas narrando, Cic.: u. so res (Ggstz. summas res attingere), Nep.: Romanorum imperatores, Nep. – m. folg. indirektem Fragesatz, tu mihi autem quod quaero abs te enoda et quis sis explica, Acc. fr.: non alienum esse arbitror explicare breviter quae mihi sit ratio et causa cum Caesare, Cic.: hoc igitur loco, quamquam a te diligenter est explicatum finis hic bonorum et qui a Stoicis et quem ad modum diceretur, tamen ego quoque exponam, ut etc., Cic. – absol., expl. de aegritudine, Cic.: de rerum natura, Cic. – dah. a **über** etwas **sich aussprechen = Auskunft geben, sich verständigen,** hoc igitur explica, Cic.: hoc mihi explices, Cic.: explicatis consiliis, Liv. – u. b in einer anderen Sprache dem Inhalt nach **in freier Übersetzung wiedergeben, erläutern, übersetzen,** summorum oratorum Graecas orationes, Cic. de or. 1, 155. – 6 durch Nachdenken oder Nachforschen bei anderen **ausfindig machen, entziffern,** ut non explicarem, quid esset optimum factu, Cic. ep.

ex-plōdo (ex-plaudo), plōsī, plōsum, ere, I **klatschend-, schlagend hinaus-, forttreiben,** in Arpinos hominem, Afran. fr.: alios in arenam aut litus, auswerfen, Sen.: aliquid immundum flatu, einen streichen lassen, Tert. ad nat. 2, 5: poet., noctem explaudentibus alis, vertreiben, Lucr. 4, 713. – II durch Schreien, Klatschen od. Pochen od. Zischen (als Zeichen des Missfallens) einen schlechten Schauspieler von der Bühne fortjagen, ihn **ausklatschen, auspochen, auszischen,** A eig.: histrio exsibilatur et exploditur, wird ausgezischt u. ausgepocht, Cic.: non modo sibilis, sed etiam convicio explodi, Cic.: per sibilos explodi, Amm.: explosa Arbuscula, Hor. – B übtr., **verwerfen, missbilligen,** sententiam, Cic.: hoc genus divinationis vita iam communis explosit, Cic.

explōrātē, *Adv.* (exploratus, **ausgemacht, zuverlässig, sicher,** Cic. de nat. deor. 1, 1; ad Q. fr. 2, 14 (15. litt. b). § 3: *Compar.*, Cic. ep. 6, 1, 5.

explōrātio, ōnis, *f.* (explōro), das **Aufsuchen,** I eig., das **Kundschaften,** das **Ausspähen,** die **Spionage,** bes. als milit. *t. t.*, equestris (zu Pferde), Solin. 7, 23: occulta, Tac. hist. 3, 54: secunda (günstiges), Iul. Val. 3, 15 (17): explorationis falsum crimen, Augustin. quaest. in Levit. qu. 68: qui in exploratione emanet, Modestin. dig. 49, 16, 3. § 4. – II übtr., die **Untersuchung, Erforschung,** absol., Apul. met. 9, 3: m. subj. *Genet.*, acuminis sui, Apul. de mund. praef. p. 106, 5 G.: m. obj. *Genet.*, surculi, Col. 3, 9, 5: veri, Sen. de ben. 4, 33, 2: Platonici dogmatis, Chalcid. Tim. 246.

explōrātor, ōris, *m.* (explōro), I der **Ausspäher, Späher, Kundschafter, Spion,** 1 im Allg., Plaut. Pseud. 1167. Sen. ep. 2, 4. Petron. 125, 3. Claud. nupt. Hon. et Mar. 136. – 2 insbes., als milit. *t. t.*, a ein **Soldat der Vortruppen** od. **Streifer,** Plur. exploratores, die **Vortruppen, Streifer, Aufklärer** (*eclaireurs*), eine besondere Truppe (meist Reiter) für den Aufklärungsdienst im Gelände, Caes. b. G. 2, 11. § 2 u. 3; 2, 17, 1; 6, 10, 3 u. ö. Liv. 30, 5, 1. Vell. 2, 112, 5. Tac. hist. 2, 17 u. a. Hyg. grom. de munit. castr. § 24. CIL 7, 1037 u. 8, 9907 (s. Nipperd. Tac. ann. 11, 16). – b explorator viae, der Untersucher des Weges, einer aus dem Gefolge des Kaisers, der vorauseilte, um dafür zu sorgen, dass nichts auf der Straße die Reise des Kaisers hinderte, Suet. Tib. 60. – II übtr., der **Untersucher, Erforscher,** Thales naturae rerum clarissimus explorator, Apul. flor. 18. p. 32, 2 Kr. – attrib. (poet.), **untersuchend, probierend,** ignes, Feuerprobe, Claud. III. cons. Hon. praef. 11: u. so foci, Mart. 8, 51, 4.

explōrātōrius, a, um, **zum Aufklären gehörig, -dienlich,** corona, als Belohnung für den Aufklärer, Suet. Cal. 45, 1: scapha, navis, Späh-, Aufklärungsschiff (franz. *eclaireur)*, Veget. mil. 4, 37.

explōrātrīx, trīcis, *f.* (Femin. zu explorator), die **Erforscherin,** attrib. = **erforschend,** expl. sui imago, Cassian. coll. 19, 16.

explōrātus, a, um, *PAdi.* m. *Compar.* u. *Superl.* (v. exploro), **ausgemacht, zuverlässig, gewiss, sicher,** a v. Lebl.: victoria, Cic. u.

Caes.: magna spes et prope expl., Cic.: litterae exploratae a timore, die Sicherheit geben, Cic.: non est tam explorata (stichhaltig) ista ratio ad id quod vultis confirmandum, quam videtur, Cic.: nihil fidum, nihil exploratum habes, Cic.: ut ei iam exploratus et domi conditus consulatus videretur, Cic.: omnia ad me perspecta et explorata perscribas, Cic.: non ego haec incertis iactata rumoribus, sed comperta et explorata affero ad vos, Liv.: facilior et exploratior devitatio legionum fore videtur quam piratarum, Cic.: quo manifestior fieret exploratiorque militum securitas et alacritas, Gell.: exploratissima Iulianarum partium fuit victoria, Vell. – habere (halten) exploratum u. pro explorato mit folg. *Acc.* u. *Infin.*, deus habet exploratum fore se semper in voluptatibus, Cic.: pro explorato habebat Ambiorigem proelio non esse contenturum, Caes. – alci exploratum est m. *de* u. Abl., cui possit exploratum esse de sua sanitate? Cic.: m. folg. *Acc.* u. *Infin.*, de quo mihi exploratum est ita esse, ut scribis, Cic.: cui sit exploratum se ad vesperum esse venturum? Cic.: u. so cum esset mihi exploratissimum (völlig ausgemacht) P. Lentulum proximo anno consulem futurum (esse), Cic. – **b** v. Pers., **erprobt, gediegen,** magistri exploratiores, Gell. 18, 4, 1.

explōro, āvī, ātum, āre, **ausspähen, I** übh. spähend etw. **aufsuchen, zu ermitteln suchen, untersuchen, durchsuchen, A** im Allg.: Africam, Cic.: ambitum Africae, Plin.: locum castris idoneum, Caes.: onera vehiculorum, Suet.: cubiculum, Suet. – altera (manus) motu caecum iter explorat, Ov. – **B** insbes.: **1** umherspähend-, bes. durch Kundschafter od. als Kundschafter aufsuchen = **auskundschaften, erforschen,** erspähen, ausspähen, per homines talis negotii artifices itinera egressusque eius postremo loca atque tempora cuncta explorat, Sall.: hostium iter, Caes. u. Sall.: hostium consilium, Caes. – u. im *Abl. absol.*, explorato u. ante explorato od. explorato ante, nachdem man (vorher) Kundschaft eingezogen (Ggstz. inexplorato), Liv. – m. folg. indir. Fragesatz, speculatoribus in omnes partes dimissis explorat, quo commodissime itinere vallem transire possit, Caes.: inde ex propinquo explorans, quid hostes agerent, Liv.: pateatne mihi Campana vetante urbs Decio, explorare libet, Sil. – **2** übtr.: **a** übh. etwas **erkunden, erforschen, ausforschen, zu ermitteln (auszumitteln, ausfindig zu machen) suchen, auf den Grund zu kommen suchen,** sed explora rem totam, erforsche die Sache gründlich, Cic. – m. folg. indir. Fragesatz, quam colat, explorant, iuvenis Phoebeius urbem, Ov.: cum diligentius exploraremus, qui homines inhabitarent nobile solum, Petron.: id simulaveritne … an etc., parum exploratum est, Sall.: transfugas, Iugurtha ubi gentium aut quid agitaret, cum paucisne esset aut exercitum haberet, uti sese victus gereret, exploratum dimisit, Sall.: ut exploraret, quae ubertas eius (metalli) esset, quis status, an aliquid futuris vetus reliquisset avaritia, Sen.: exploret, utrum adversā valetudine inhibitus restiterit, an pigritiā delituerit, Col. – m. folg. Finalsatz mit *ne* u. Konj., ne quid labefactum viribus ignis corruat, explorat, Ov. met. 2, 402. – m. *de* u. Abl., de Macedonico bello, Liv. – u. im *Abl. absol.* m. folg. *Acc.* u. *Infin.*, explorato profectos esse amicos, nachdem er Kunde erlangt, erfahren hatte, dass usw., Tac. hist. 2, 49. – bes. jmds. Gesinnung **ausforschen,** regis animum, Liv.: animos, Ov.: de voluntate alcis, Nep. – **b nach Gelegenheit** zu etwas **spähen, auf Mittel u. Wege** zu etwas **sinnen,** fugam domini, Cic.: insidias ovilia circum, Verg. – **II** prägn. = die Beschaffenheit (Tüchtigkeit, Güte) von etwas **untersuchen,** etwas **prüfen, probieren, 1** eig.: portas, untersuchen (ob sie fest sind), Verg.: explorat robora fumus, prüft das Holz (ob es fest ist, ob er nicht in dasselbe eindringen kann), Verg.: taurus cornua in adversis truncis explorat, Lucan.: obstetrix virginis cuiusdam integritatem manu velut explorans, Augustin. de civ. dei 1, 18. p. 30, 15 D.[2] – dah. gustu explorare alqd, etwas **durch Kosten prüfen, kosten** (um sich von der gehörigen Beschaffenheit zu überzeugen), maturitatem, Col.: panis potionisque bonitatem, Col.: epulas, cibos potusque, Tac. – **2** übtr., jmds. Treue usw. **auf die Probe stellen, prüfen,** tyranni fidem, Lucan. 8, 582: secundae res acrioribus stimulis animos explorant, mit schärferem Stachel prüft Wohlergehen das Herz, Tac. hist. 1, 15.

explōsio, ōnis, *f.* (explodo), das **Ausklatschen, Auspochen,** ludorum explosiones, Cael. in Cic. ep. 8, 11, 4.

expoliātio, s. exspoliātio.

1. **expolio,** īvī, ītum, īre, **abglätten, abpolieren, aus-, abputzen,** abputzend **anstreichen** u. dgl., **I** eig., parietem, Vitr.: libellus pumice expolitus, Catull.: erinacei cute vestes, Plin.: nullā malā re esse expolitam muliebri, nicht angestrichen, -geschminkt, Ter.: domus expolita eleganter, zierlich ausgemalt, Vitr. – **II** übtr.: **abglätten, ausbilden, verfeinern, a** eine Pers.: alqm doctrinis omnibus, Cic.: nox te nobis expolivit hominemque reddidit, Cic.: illi te expoliendum limandumque permittas, Plin. ep. – **b** Lebl.: quasdam artes, Lucr.: consilium, iura et leges, Plaut.: expolito iam artibus mundo, Hieron. – v. Redner, **ausschmücken, ausmalen,** inventum, Rhet. Her.: partes non eādem ratione, Cic.: orationem, Quint. – ▶ Archaist. Perf. expoleit (= expoliit), CIL 6, 260.

2. **expolio,** s. ex-spolio.

expolītio, ōnis, *f.* (expolio), das **Abglätten, Abputzen, Anstreichen,** der **Abputz, Anstrich, I** eig.: miniacea, Vitr.: urbana, die Verzierung, die feinere Ausstattung des Hauses in der Stadt, Cic. – Plur., expolitiones conclavium, aedificiorum, Vitr.: expolitiones utriusque nostrûm sunt in manibus, der feinere Ausbau unserer Häuser, Cic. ad Q. fr. 3, 3, 1. – **II** übtr., die **Ausschmückung, Ausmalung,** die **Ausbildung,** inventi artificiosa, Cic.: in verbis inest quasi materia quaedam; in numero autem expolitio, Cic. – als Redefig., Rhet. Her. 4, 54.

expolītor, ōris, *m.* (expolio), der **Polierer,** Augustin. serm. 85, 12.

expolītus, a, um, *PAdi.* m. *Compar.* u. *Superl.* (v. expolio), **I glatt und blank,** expolitior dens, Catull.: quanto expolitiora sunt (frumenta), blank u. rein, Col. – **II verziert, verfeinert, ausgebildet,** vir omni vitā excultus atque expolitus, Cic.: villa expolitissima, Scip. fr. bei Gell. 2, 20, 6.

ex-pompo, āre, bildl., **an den Pranger stellen,** Augustin. serm. 45, 8.

ex-pōno, posuī, positum, ere, **heraus-, offen hinsetzen, aufstellen, I** eig.: **A** im Allg.: scalas, hinsetzen, anlegen, Verg. Aen. 10, 654: fenum Graecum in sole aut in furno, ut siccescat, Col. 12, 28, 1: eam (partem foliorum inferiorem) supra fieri et exponi ad oculos et ad solem, Gell. 9, 7, 1: im Bild, vitam in oculis atque in conspectu omnium, Cic. div. in Caec. 27: totam causam explicemus atque ante oculos expositam consideremus, Cic. Rosc. Am. 34. – dah. expositus, v. Örtl., **frei daliegend, hinliegend, sich erstreckend,** expositae prope in ipsis litoribus urbes, Liv.: Numidia ad ripas exposita fluminis Ampsaci, Mela: rupes exposta (= exposita) ponto, Verg. – **B** insbes.: **1 an das Land setzen, a an das Land werfen, -spülen,** os (Orphei) peregrinis arenis, Ov. met. 11, 56: contortas fundo rates Tauromenitanis litoribus (v. der Charybdis), Pacat. pan. 26, 4. – **b** als naut. *t. t.*, **α an das Land setzen, landen, ausladen, ausschiffen,** lebl. Ggstd., advexi, exposui, Cic.: exp. frnmentum, Cic.: merces suas, ICt.: tegulas de navibus, Liv. – Pers. (bes. Truppen), copias, milites, exercitum, Caes.: ibi Themistoclem, Nep.: milites (ex) navibus, Caes.: filium in terram, Caes.: milites od. exercitum in terram, Caes. u. Liv.: legiones in terram, Vell.: alqm in litus, Liv., in litore, Suet.: alqm in portu Tarentino, Iustin.: exercitum in Africa, Liv.: milites ad eum locum, qui appellabatur Palaeste, Caes. – dah. scherzh., ego istos amasios hoc ictu exponam (an die Luft setzen) atque omnes eiciam foras, Plaut. truc. 658: paene exposivit cubito, hat mich fast auf den Sand gesetzt, Plaut. Cas. 853. – **β über Bord werfen,** onus, Marcian. dig. 39, 4, 16. § 8. – **2** öffentlich **aufstellen,** alqd venditioni, Tac.: bes. zur Schau, vasa Samia, Cic.: u. magnum argenti pondus (eine Masse von Silbergeschirr), Caes.: alqm populo videndum, Ov.: copias in omnibus collibus, gleichs. ausstellen, offen aufstellen, Caes. – **3** ein Kind an einem Ort **aussetzen,** puellam, Komik.: puerum, Iustin.: pueros, Lact.: filios, Tert.: puellam ad necem, Plaut.: in proxima alluvie pueros, Liv.: infantem ad ianuam matris, Suet.: ingenuus in Gallia natus, sed expositus, Suet.: subst., expositum agnoscere, recipere, Quint.: lex de expositis, Quint. – **4** eine Pflanze usw. **ins Land setzen,** mense Februario seu planta seu semen exponitur, Pallad. 3, 25, 31. –

II übtr.: 1 **aufstellen, vor Augen legen,** a im Allg.: praemia alci, Cic.: vitam suam ad imitandum, Cic.: factum (zur Nachahmung), Cic. – b **aussetzen** = zur Verfügung stellen, alci DCCC, Cic.: per urbes benigne commeatus, Liv.: colores alci ad variandum, Cic. – c als jurist. *t. t.*, schriftl. **ausstellen,** epistulam (einen Schein) in eos exposuit, ICt.: exp. cautionem in alqm, ICt. – 2 mündlich od. schriftlich **darlegen,** a **auseinandersetzen, darstellen, zeigen, schildern, beschreiben, abhandeln,** vitam alcis totam, Cic.: mores Graiorum, Nep.: alqm versibus, Nep.: breviter consulatum alcis, Cic.: Africae situm paucis, Sall.: mandata in senatu, Cic.: plura de alqo, Nep.: bl. de vita imperatorum, Nep.: m. folg. indir. Fragesatz (m. qui, quid, quemadmodum u. dgl.), Lucr., Cic. u. a.: m. folg. *Acc.* u. *Infin.* (= zeigen, dartun), Lucr. 1, 121. Cic. Tusc. 1, 26. – b den Inhalt von etwas in Worte kleiden, **aufsetzen, aufstellen,** condiciones pacis, Iustin.: orationem obliquam, Iustin. – 3 **aussetzen** = **preisgeben, bloßstellen,** gew. exponi od. expositum esse u. Partiz. expositus, a der Lage, Stellung nach, ager expositus ventis, Plin.: locus expositus solibus, Plin.: mare procellis undique expositum, Mela: mare in omnes tempestates expositum, Sen.: mare nimiā propinquitate ad pericula classium externarum expositum, Liv.: expositi adversus Italiam, Liv.: ut (exercitus) undique hosti exponeretur, Flor.: expositus ad ictus, Liv. u. Curt.: ad omnes ictus, Curt.: contra magnas copias se expositum videre, Auct. b. Afr. – b den Verhältnissen nach, ne inermes provinciae barbaris nationibus exponerentur, Tac.: expositum ad invidiam Marcelli nomen, Tac.: ut minus ad iniurias fortunae simus expositi, Sen.: libertas exposita ad iniurias Masinissae, Liv.: ira magis exposita contemptui est, Sen. – absol. (iracundi) simplices videntur, quia expositi sunt, weil sie (der Tücke) preisgegeben sind, Sen. de ira 2, 16, 3: u. so bei Spät. oft = **dem Hohn preisgeben,** nomen dei, Lact.: vitia patriarcharum, Ambros.; vgl. Bünem. Lact. 1, 7. §7. – 4 **ablegen** (s. Bünem. Lact. 3, 26, 13 u. 7, 5, 22. Rönsch Itala p. 364), nomen virginitatis, Arnob.: infantiam, Lact.: veterem hominem, Tert.: curas, Arnob. – ► Archaist. Perf. exposivit, Plaut. Cas. 853. – Synkop. Partiz. Perf. expostus, Cato r. r. 151, 2. Verg. Aen. 10, 694. Stat. Theb. 5, 551 u. 7, 197.

exporge, exporgi, s. ex-porrigo a. E. ►.

ex-porrigo, rēxī, rēctum, ere, I **hervorstrecken,** exporrecto trutinantur verba labello, auf weit hervorhängender Lippe, Pers. 3, 82. – II **ausstrecken, ausdehnen, ausbreiten,** 1 eig.: a Glieder usw., lumbos, Plaut.: exporge frontem, sei freundlich, Ter.: qui novem iugeribus ad inferos exporrectus iacēre dicitur, Hyg.: serpens exporrecta, Vitr.: poet. m. *Acc. resp.*, purpureo latus exporrecta cubili, Prud. ham. 856. – refl., crura exporrigentia se, Plin.: polypi resupinati exporrigunt se, Plin. – b Dinge zum Trocknen, sesimam in sole super lintea, Plin. 18, 98. – c als milit. *t. t.*, equites in longitudinem, Auct. b. Afr.: munitiones propius eorum aciem, Auct. b. Afr. – u. d) se exp. v. Örtl., ubi ad occidentem litus exporrigunt (orae), Mela: hinc orti montes longo se iugo exporrigunt, Mela. – 2 übtr.: quid securus et in tanta temporum fuga lentus menses tibi et annos et longam seriem exporrigis? Sen. de brev. vit. 9, 3. – III **darreichen,** secundum vires exporrigens da pauperi, Vulg. Sirach 14, 13. – ► Synkop. Imperat. exporge, Ter. adelph. 839: synk. Infin. Präs. Pass. exporgi, Plaut. Pseud. 1.

exportātio, ōnis, *f.* (exporto), I die **Ausfuhr** der Waren usw., Cic. de off. 2, 13. – II die **Verbannung,** Sen. de tranqu. anim. 11, 9.

ex-porto, āvī, ātum, āre, **heraus-, forttragen, -schaffen,** I im Allg.: Europam per mare e Phoenice (v. Jupiter), Varro: omnia signa ex fanis plaustris evecta exportataque esse, Cic.: corpora luce carentum tectis, Verg.: cadaver per vespillones, Suet.: Dareum clauso vehiculo, Iustin.: res (Vermögen) ad vos exportatur, Plaut. – II insbes.: a aus einem Land **ausführen** (Ggstz. importare), frumentum aut vinum, Varro: aurum ex Italia quotannis Hierosolyma, Cic.: res, quae exportantur, Cic. – b im üblen Sinne, jmd. in ein anderes Land **fortschaffen** = **verbannen,** portentum in ultimas terras exportandum, Cic. II. Verr.. 1, 40.

ex-pōsco, popōscī, ere, I **dringend-, inständig-, ungeduldig verlangen, -fordern, erflehen, anflehen,** A im Allg.: exp. signum proelii, dringend-, ungeduldig fordern, Caes.: misericordiam, Cic.: mit folg. *Infin.*, Verg. Aen. 4, 79. Sil. 15, 151. Tac. ann. 14, 13. – m. folg. *Acc.* u. *Infin.*, Verg. 9, 193. Suet. Claud. 6, 1. – m. *Acc. pers.* u. folg. bl. Konj., precibus exp. plebem, unum sibi civem donarent, Liv. 2, 35, 5. – absol., exposcentibus militibus, Caes.: exposcentibus cunctis, Liv. – B insbes.: 1 als *t. t.* der Religionsspr. = durch Gebet, Gelübde etwas von den Göttern **erflehen,** die G. um etwas **anflehen** (vgl. Drak. Liv. 3, 5, 14), victoriam ab dis, Caes.: pacem deûm, pacem (deae) precibus u. dgl., Liv.: pacem deorum sanguine eorum, Iustin.: votis precibusque pacem, Verg.: opem Cupidinis timidis votis, Ov. – m. dopp. *Acc.*, quod deos immortales expoposci, eius me compotem voti facere potestis, Liv. 7, 40, 5. – m. folg. *ut* u. Konj., te exposco, ut hoc consilium Achivis auxilio fuat, Enn. fr. scen. 177: omnibus hoc, Italae gentes, exposcite votis, ut etc., Claud. epigr. 30, 3. – 2 jmds. **Auslieferung verlangen,** um ihn zu strafen, alqm, Nep. u. Liv.: alqm ad poenam, Tac. – II **erfordern,** nec opes exposcere parvas, Ov. met. 11, 201: maior pecunia, quam ratio singulorum exposcit, Papin. dig. 46, 3, 97.

expositē, *Adv.* (expositus), **deutlich,** id ipsum ostenderet, non exp. atque aperte, sed etc., Gell. 3, 2, 14.

expositīcius, a, um (expono), **ausgesetzt,** puella, Plaut. Cas. prol. 79.

expositio, ōnis, *f.* (expono), I eig.: 1 die **Ausleerung,** ventris, Th. Prisc. 2, 9. – 2 die **Aussetzung,** infantis, Iustin. 1, 4, 9 u. 1, 5, 4. – II übtr., a die **Darlegung, Entwicklung, Schilderung, Anführung, Angabe,** exp. simplex et dilucida, Rhet. Her.: brevis, circumcisa, Quint.: exp. sententiae suae, Cic.: rerum gestarum, argumentorum, Rhet. Her.: exemplorum, Quint.: Plur., expositiones rerum, Cic.: iunctae et duplices expositiones summi boni, Cic. – b die **Auslegung, Erklärung,** exp. prava, Vulg. sap. 11, 15: expositiones psalmorum, Cassiod. exp. in psalt. 11 *in.*

expositiuncula, ae, *f.* (*Demin.* v. expositio), die **kurze Darlegung,** Hieron. adv. Iov. 1, 37. Auct. comment. in Boëth. 8 (Auct. class. *ed. Mai* tom. 3, 335, b).

expositor, ōris, *m.* (expono), der **Ausleger,** interpres aut expositor, Augustin. serm. 32, 18 (vgl. 42, 1; 85, 1; 128, 10): exp. somniorum, Firm. math. 5, 13, 5: iuris, Cassiod. var. 9, 21, 5.

expositus, a, um, I *Partic.* v. expono, s. d. – II *PAdi.*, A **offen daliegend,** 1 eig.: Sunion, Ov. fast. 4, 563: limen, allen offen stehend, Stat. silv. 1, 2, 34. – m. *Dat.* = **zugänglich,** mollibus expositum zephyris Lilybaeon, Ov. met. 13, 726. – 2 übtr.: a zum Gebrauch aller bestimmt, **freistehend, zugänglich,** domus patens atque adeo exposita cupiditati et voluptatibus, Cic.: qui tot annos ingenium, laborem, fidem suam populo Romano promptam expositamque praebuerit, von einem Rechtsgelehrten, Cic.: exp. ad ictus, allen Schüssen ausgesetzt, Liv.: expositum cunctis nullique negatum numen, Lucan.: census, Stat. – b **zugänglich, leutselig,** homo, Plin. ep.: animi, mores, Stat. – B **offen vor Augen liegend,** 1 eig.: frontem eius (villae) tantum novi et exposita, quae ostendit etiam transeuntibus, Sen. ep. 55, 6. – 2 übtr., **allen verständlich,** dah. auch **alltäglich, naheliegend,** Quint. u. Iuven. Vgl. Spalding Quint. 2, 5, 19; 10, 5, 11.

expōstulātio, ōnis, *f.* (expostulo), I die **dringende Aufforderung** od. **Anforderung,** das **Andringen,** die **zudringliche Bitte,** bonorum, Cic. de dom. 16: singulorum, Tac. ann. 1, 13. – II der **Vorwurf, Vorhalt,** die **Beschwerde,** verb. querela et exp., Liv.: exp. tua, Cic.: expostulationem facere, Cic.: Plur., querelae et expostulationes, Liv.: expostulationes mutuae, Gell.: fuerunt nonnullae expostulationes *cum* absente Pompeio, Cic.

expōstulātus, ūs, *m.* (expostulo), die **Beschwerde,** Symm. ep. 9, 13.

ex-pōstulo, āvī, ātum, āre, I **ernstlich-, dringend verlangen, -fordern,** A im Allg.: alqd ab alqo, Val. Max.: alqd, Tac.: m. folg. *ut* od. *ne* u. Konj., Tac. u. Plin. pan.: mit folg. *Acc.* u. *Infin.*, Tac. – im Passiv mit *Acc. rei*, causam expostulatus, gefragt nach der Ursache, Tert. de cor. 1. – B insbes., jmds. **Auslieferung verlangen,** um ihn zu strafen, alqm ad supplicium, Tac.: alqm ad poenam, Suet. – **II** bei jmd. (u. zwar über ihn selbst) **sich beschweren, sich beklagen, Beschwerde (Klage) führen,** jmd. **zur Rede setzen,** ihm etw. **vorhalten** (s. Spengel Ter. Andr. 639), cum alqo, Plaut.: cum alqo de alqa re, Cic., u. cum alqo alqd od. alqm, wegen einer Sache od. Person, Ter. u. Cic.: exp. cum alqo m. folg. *Infin. Perf. Pass.*, Plaut.: exp. m. folg. *Acc.* u. *Infin.*, Tac.: expostulare et queri, mit folg. *Acc.* u. *Infin.*, Cic.: exp., cur etc., Tac.

expōtus, a, um = epotus, s. ē-pōto.

expressē, *Adv.* m. *Compar.* (expressus), **I ausgedrückt, kräftig, 1** im Allg.: expressius fricare, Scrib. Larg. 198. – **2** insbes., v. der Aussprache, kräftig hervorgestoßen, **deutlich, artikuliert,** ut ea (R littera) a nullo expressius referretur, Val. Max. 8, 7. ext. 1. – **II** übtr., **ausdrucksvoll, bezeichnend, treffend, schlagend,** expr. conscripta exempla, Rhet. Her.: expr. dicere, Plin. ep.: expressius hoc versu significare, Col. – od. **ausdrücklich, bestimmt, deutlich,** Chalcid. Tim. 18 *extr.*: expressius continere, Cod. Iust. 1, 14, 3: ut expressius dicam od. dicatur, Augustin. in psalm. 49, 9 u. ep. 7, 3.

expressim, *Adv.* (exprimo), **deutlich, ausdrücklich, bestimmt,** Paul. dig. 46, 3, 98. § 5. Modest. dig. 49, 1, 19.

expressio, ōnis, *f.* (exprimo), **I** eig.: **1** das **Auspressen, Ausdrücken,** pomorum, Augustin. serm. 207, 2: mellis, Pallad. 7, 7, 3: Plur., expressiones spiritus, Vitr. 9, 8, 4: expressiones, Einsenkungen, Durchstiche, Vitr. 1, 1, 7. – expressio imaginis et superscriptio als Erklärung von nomisma, Augustin. serm. 90, 10. – **2** als *t. t.* der Baukunst: **a** der **Rahmen,** die **Leiste,** expressiones prominentes, Vitr. 7, 3, 10: eminentes expressiones, die abgestumpften Ränder der Werkstücke, Vitr. 4, 4. § 4. – **b** das **Aufwärtstreiben** des Wassers, konkret, die **bergaufwärts gehende Wasserleitung,** das **Druckwerk** (Ggstz. decursus), Vitr. 8, 6, 7: expressiones aquarum, Vitr. 9, 8, 4. – **II** übtr.: **1** als gramm. *t. t.*, der **Ausdruck** (Ggstz. sensus, der Sinn), sensus verus est, expressio non est plena, Pompeii comment. art. Donat. 297, 19 K. – **2** die **genaue Darlegung, Anschaulichkeit,** expr. morum, Acro Hor. de art. poët. 320: naturalium arcanorum comprehensio atque expressio, Chalcid. Tim. 247: tumulus summā expressione describitur, Ambros. de Cain et Abel 1, 2, 9 (vgl. Ambros. in Luc. 7, 188).

expressor, ōris, *m.* (exprimo), der **genaue Darleger,** expr. efficax stili, Avien. or. mar. 38: veritatis, der die Wahrheit gibt, wie sie ist, Tert. apol. 46.

1. expressus, a, um, *PAdi.* m. *Compar.* (v. exprimo), **I** v. der Aussprache der Worte = **kräftig hervorgestoßen, deutlich ausgedrückt, artikuliert,** verba, Quint.: sermo expressior, Quint.: expressior loquacitas (picarum), Plin. – im üblen Sinne, litterae neque expressae neque oppressae (weder herausgequetscht noch verschluckt), Cic. de off. 1, 133. – **II ausgedrückt, ausgeprägt, ausdrucksvoll, anschaulich, sichtbar, deutlich, a** eig.: species deorum, quae habeat ... nihil expressi, nihil eminentis, Cic.: litterae lituraeque expressae, Cic.: corpora astricta et lacertis expressa sunt, muskulös, Quint.: omnibus membris expressus infans, ausgebildetes, Quint. – **b** übtr.: iustitiae solida et expressa effigies, Cic.: expressa sceleris vestigia, Cic.: haec profecto vides quanto expressiora quantoque illustriora futura sint, Cic.: quid ... ad exemplar antiquitatis expressius? Plin. ep.

2. expressus, ūs, *m.* (exprimo), die **bergaufwärts gehende Wasserleitung,** das **Druckwerk,** Vitr. 8, 6. § 6

exprētus, a, um, arch. = expressus, Plaut. Bacch. 446 *not. crit.*

ex-primo, pressī, pressum, ere (ex u. premo), **I heraus-, ausdrücken, A** eig.: **1** im Allg.: **a** drückend **heraus-, auspressen,** inde quod exprimimus, Lucr.: oleum amygdalis, Plin.: sucum e semine, Plin., ex sesama, Curt.: lacrimulam oculos terendo, Ter.: sucina solis radiis expressa, Tac. – **b heraustreiben** = **hervortreten machen** od. **lassen,** cuius lacertos exercitatio expressit, dessen Armmuskeln häufige Übung herausgetrieben hat, Quint. 8, 3, 10: vestis exprimens singulos artus, deutlich hervortreten (sehen) lassend, Tac. Germ. 17. – **c** nach außen **heraus-, hervorpressen, hervorstoßen, α** übh.: corporis pondere conisa tenuem iam spiritum expressit, Tac. ann. 15, 57. – **β** beim Sprechen der Buchstaben, Worte usw. **herauspressen, kräftig hervorstoßen, deutlich aussprechen, artikulieren,** expr. litteras putidius (Ggstz. obscurare neglegentius), Cic.: expr. verba ore libero, Quint.: quamquam (soni) verba non exprimunt, Quint.: septimo anno (lingua) sermonem exprimit, Quint. – **2** prägn., **ausdrücken** (= durch Drücken leeren), spongiam, Cels.: nasum, schneuzen, Mart.: tuberculum, Plin. – **B** übtr., **erpressen, erzwingen, abzwingen, abnötigen,** nummulorum aliquid ab alqo blanditiis, Cic.: pecuniam alci, Suet.: vocem, Caes.: laetitiam, Auct. b. Alex.: risum, Plin. ep.: confessionem alci, Liv., Sen. u. a.: coronam, Nep.: tantum ab alqo, quantum concupierat, Sen. rhet. – cur tu in iudicio exprimis (willst du erzwingen), quod non fit in campo? Cic.: expressi, ut negaret, habe es erzwungen, Cic. – **II** bildend naturgetreu **ausdrücken** = **abbilden, A** eig.: concubitus varios Venerisque figuras (v. einem Bild), Ov.: bes. plastisch, expressa imago in cera, Plaut.: simulacra ex auro, Curt.: expressi vultus per aënea signa, Hor.: arma casus tuos expressa, auf denen abgebildet sind, Val. Flacc.: ebenso ara casus suos in marmore expressa, Tac. – **B** übtr.: **1** durch Worte **ausdrücken, a anschaulich machen, anschaulich beschreiben, -schildern, genau darlegen,** mores alcis oratione, Cic.: aeque efficaciter odium fraternum hāc sententiā, Sen. rhet.: expr. atque effingere verbis corporis cuiuspiam formam, Rhet. Her.: quibus ego gaudium meum verbis exprimere possim, Fronto: expr. intimos sensus civitatis, Cic.: dicendo sensa exprimere posse, Cic.: m. folg. indir. Fragesatz, qui crebro dicat diligenter oportere exprimi, quae vis subiecta sit vocibus, Cic.: exprimere non possum, quanto sim gaudio affectus, Plin. ep.: pugnantibus spectantibusque quam fuerit eventus exitiabilis, vix verbis exprimi potest, Vell. – m. folg. *Acc.* u. *Infin.*, Cic. Acad. 2, 77. – hanc nos sententiam secuti his ipsis verbis in Consolatione expressimus m. folg. dir. Rede, Cic. Tusc. 1, 65. – **b ausdrücken** = **nachbilden, übersetzen,** alqd Latine, Cic.: verb. alqd aemulari Latine et exprimere, Plin. ep.: verbum e verbo, Cic., od. de verbo, Ter.: ad verbum de Graecis, Cic. – **c ausdrücken, deutlich bestimmen,** haec verba non satis exprimunt fideicommissum, ICt. – **2** im Benehmen usw. **nachahmen,** incessum alcis, Sen.: solitos incessus voltumque sonumque loquendi, Ov.: libidines, quas saltando exprimunt, Lact.: oratorem imitando effingere atque expr., Cic.: alcis vitam et consuetudinem, Cic.: vitia imitatione ex aliquo expressa, Cic. – **III empordrücken, -treiben,** quae nervo tormentisve in altum exprimuntur, Sen.: aquam in altum, Plin., od. in altitudinem summi clivi, Vitr. – v. Lebl., si vertices isti terrena ex humili in altum exprimere possent, Sen.: quantum has (turres) cotidianus agger expresserat, der t. Erdaufwurf in die Höhe geschoben od. erhoben hatte, Caes.

exprobrābilis, e (exprobro), **I** aktiv = **schmähsüchtig,** Vulg. prov. 18, 1. – **II** passiv = **beklagenswert, vorwurfsvoll, verächtlich,** Vulg. prov. 25, 10: nec tam exprobrabile est nesciri quod horreat quam patesci quod urat, Ven. Fort. praef. § 3 *Leo.*

exprobranter, *Adv.* (exprobrans v. exprobro), **im Ton des Vorwurfs, mit Vorwürfen,** Ps. Cypr. sing. cler. 33.

exprobrātio, ōnis, *f.* (exprobro), das **Vorwerfen,** vitiorum, Sen. rhet.: stultitiae, Suet.: tacita impotentiae, Quint.: zugl. m. Ang. **wem?** immemori beneficii, Ter. Andr. 44: alci veteris fortunae, Liv. 23, 35, 7.

exprobrātīvē, *Adv.* (*exprobrativus v. exprobro), **im Ton des Vorwurfs,** Schol. Bern. Lucan. 3, 388.

exprobrātor, ōris, *m.* (exprobro), der **Vorwerfer, Tadler,** Sen. contr. 7, 6 (21), 20. Sen. de ben. 1, 1, 4 u. a. Prosp. exp. in psalm. 118, 42.

exprobrātrīx, trīcis, *f.* (Femin. zu exprobrator), die **Vorwerferin,** attrib. = **vorwerfend,** ut haec nimia et expr. memoria subsideret, Sen. de ben. 7, 22, 2.

ex-probro, āvī, ātum, āre (ex u. probrum), **vorhalten, vorwerfen, zum Vorwurf machen, Vorwürfe machen, a** übh.: **α** *alqd:* id, Plaut.: ea ipsa, Liv.: corporis vitia, Suet.: nudum corpus, Tac.: casus bellicos, Cic.: officia, Cic.: mutuo flagitia, Suet. – zugl. m. *in* (bei, an) u. Abl., ea (vitia) in adversariis, Cic. de or. 2, 305. – zugl. m. *Abl.* (durch), versiculis (in V.) praesentia mala, Suet. Tib. 59, 1: ea velut excusando, Tac. ann. 1, 10. – **β** *alci alqd:* haec hosti, Liv.: eadem ei in convivio, Curt.: libertinum ei proavum, Suet.: alci fugam, Ov.: alci periurium, Liv.: vitia puellis, Ov. – **γ** *alci* m. *de* (in Betreff, wegen) u. Abl.: desine de uxore mihi exprobrare, Nep. Epam. 5, 5. – **δ** m. folg. *Acc.* u. *Infin.:* pergin servom me exprobrare esse? Plaut.: expr. nihilo plus sanitatis in curia quam in foro esse, Liv. – zugl. m. *Abl. Gerund.* (durch), tamquam vivendo exprobrarent interfectum esse Rubellium Plautum, Tac. ann. 16, 10. – **ε** m. folg. *quod* u. Konj., quasi exprobrare (videntur), quod in vita maneam, Cic. ep. 5, 15, 3: Pompeio a multis exprobratum est, quod etc., Suet. Caes. 50, 1. – **ζ** m. folg. dir. Rede: cum illi quidam in altercatione exprobrasset ›quotiens ego vidi patrem tuum etc.‹, Suet. fr. 40 (vit. Hor.) ed. Reiff. (wahrsch. unecht). – **η** absol.: quor (= cur) exprobras? Plaut.: circumstabant armati hostes exprobrantes eludentesque, Liv.: est gratus iocus, qui minus exprobrat, quam potest, Quint.: dulcis esse tamen debet, non exprobrans (anfahrend) sonus, Quint. 11, 3, 16. – **b** vorhalten = **im Ton des Vorwurfs** od. **unter Vorwürfen (vorwurfsvoll)** etw. **vorbringen, -entgegenhalten, -erwähnen, -in Erinnerung bringen, -auf** etw. **hinweisen,** aut queri semper aliquid aut etiam exprobrare, Cic. de amic. 71: expr. suam militiam, Liv. 2, 23, 11: sua merita cicatricesque acceptas, Liv. 2, 27, 2: detrita tegmina et nudum corpus, Tac. ann. 1, 18: cicatrices ex vulneribus, verberum notas, Tac. ann. 1, 35. – m. *Dat.* (jmdm. od. bei jmd.) od. m. *apud* u. Akk. der Pers., illi beneficia sua, Vulc. Gall. Avid. Cass. 8, 1: ingrato meritum, Ov. her. 12, 21: nec exprobranda (beneficia) apud memores, Liv. 5, 44, 3.

exprōmissor, ōris, *m.* (expromitto), der **Zusager, Versprecher,** für sich od. einen anderen, ICt.

ex-prōmitto, mīsī, missum, ere, etwas für sich od. einen anderen **zusagen,** Varro r. r. 2, 2, 5 u. ICt.

ex-prōmo, prōmpsī, prōmptum, ere, **hervornehmen, hervorbringen, I** eig.: omnem apparatum supplicii, Liv. 28, 29, 11: cibos, Plin.: vinum in urceum, ausgießen, Plaut. – **II** übtr.: **1** Töne **hervorstoßen, laut werden lassen,** maestas voces, Verg. Aen. 2, 280: veras voces, Lucan. 1, 360: multas mente querelas, das Herz ausschütten mit Kl., Catull. 64, 223. – **2 an den Tag legen, äußern, entfalten, entwickeln, betätigen, a** übh.: sensus, Lucr.: exprome benignum ex te ingenium, Plaut.: amorem, Fronto: crudelitatem suam in alqo, an jmd. seine Gr. auslassen, sein Mütchen kühlen, Cic.: in causa vim eloquentiae, Cic.: ut apud eos ipsos, quod ab iis didicerimus, velimus expromere, Cic.: vel hilarissimum convivam hinc indidem expromam tibi, ich will mich als h. G. geben, Plaut. mil. 666. – **b** insbes., durch Worte **an den Tag geben,** etw. **eröffnen,** über etw. **die** od. **eine Eröffnung machen,** mit etw. (einem Vorschlag usw.) **hervortreten,** sich über etw. **auslassen,** etw. **darlegen,** apud alqm omnia sua occulta expr., Ter.: leges de religione, Cic.: suum, Memmi, Metelli Nepotis odium, sich darüber auslassen, wie man selbst, wie Memmius, wie Metellus Nepos den Cäsar hasse, Cic.: causas et ordinem belli, Liv.: sententiam (Vorschlag), Tac. – m. folg. *Acc.* u. *Infin.,* expromit repertum … specum, Tac. ann. 16, 1. – m. folg. indir. Fragesatz, quanta vis sit eius (eloquentiae) expromere, Cic.: quid in quamque sententiam dici possit, expromere, Cic.: nisi expromeret, quas insidiarum minas iaceret, Liv.: expromeret, super qua re Romam venisset, Liv.

exprōmpto, āre (*Intens.* v. expromo), **an den Tag geben, darlegen,** Fulg. Verg. contin. p. 137 u. 148 M.

exprōmptus, a, um, *PAdi.* (v. expromo), **gleich bereit, bei der Hand,** malitia atque astutia, Ter. Andr. 723.

exproperātus, a, um (ex u. propero), **sehr schnell ereilt (erreicht),** aquila fatis exproperata, CIL 11, 3163 = carm. epigr. 1181 *Buecheler.*

expropitio, āre, **versöhnen** = ἐξιλάσκομαι, Gloss. II, 303, 34.

expudōrātus, a, um (ex u. pudor), aller Scham entblößt, **schamlos,** frons, Petron. 39, 5.

expūgnābilis, e (expugno), **I erstürmbar, bezwingbar,** terrā marique exp. est (Laucadia), Liv. 33, 17, 8: miles cuncta virtute expugnabilia clamitare, Tac. ann. 12, 35: m. *Dat.* (für wen?), munitissima Capitolii arx ac ne magnis quidem exercitibus expugnabilis, Tac. hist. 3, 78. – **II** übtr.: **a** übh.: situ non expugnabile robur, Stat. Theb. 6, 103: v. einem Fluss, nulli expugnabilis astro, austrockenbar, Stat. Theb. 4, 836. – **b widerlegbar,** sed sunt haec omnia facile expugnabilia, Cael. Aur. de morb. chron. 3, 8. § 125: est praeterea facile expugnabile Ptolemaei dictum, *ibid.* § 130.

expūgnātio, ōnis, *f.* (expugno), die **Eroberung,** bes. durch Sturm, die **Erstürmung, Überwindung, Unterwerfung,** castrorum, urbis, Caes., Cic. u. a.: oppidi, Suet.: Armeniorum, Capit.: eorum, Vulg. – Plur., expugnationes nocturnae aedium, Cic.: expugnationes urbium, Cic.: absol., gentes ferocissimas nunc acie nunc expugnationibus in pristinum redegit pacis modum, Vell.

expūgnātor, ōris, *m.* (expugno), der **Erstürmer, Überwinder,** urbis, Cic.: urbium, Vulg.: coloniae, Liv.: rex Demetrius expugnator (= πολιορκητής) cognominatus, Plin.: ›effractor‹, quod expugnator sit claustrorum, Isid. 10, 92: übtr., velut pecoris expugnator opimi, v. Wolf, Stat. Theb. 4, 363: exp. pudicitiae, Schänder der Ehre, Cic. II. Verr.. 1, 9: exp. alienae pudicitiae, Sen. contr. 1, 9.

expūgnātōrius, a, um (expugnator), **erobernd,** Tert. de anim. 57.

expūgnātrīx, trīcis, *f.* (Femin. zu expugnator), die **Überwinderin,** Iulian. bei Augustin. c. sec. resp. Iul. 2, 11 u. a. Eccl.

expūgnāx, ācis (expugno), **bezwingend,** expugnacior herba, wirksamer, Ov. met. 14, 21.

ex-pūgno, āvī, ātum, āre, **I im Kampf bezwingen,** selten in der offenen Schlacht (acie, Liv. 38, 8, 4), gew. durch Sturm (dah. auch Caes. b. c. 3, 55, 3 der Zusatz per vim) oder durch Einschließung, Belagerung, **erstürmen, erobern, einnehmen, überwinden, unterwerfen, A** eig.: urbes, naves, Caes.: oppidum obsidione, Caes.: Cirtam armis, Sall. – m. *Acc. pers.* (s. Nipp. Nep. Ages. 5, 4. Weißenb. Liv. 25, 28, 7. Heräus Tac. hist. 5, 12, 6), reges, Lucr.: stipendiarios Aeduorum, Caes.: semet ipsos, Nep.: Philippum et Nabim, Liv.: Maxentium, Lact.: veteres incolas, Iustin.: tyrannos eius, non ipsam urbem, Liv.: expugnare virum fortem frustra tentare, Treb. Poll. – v. lebl. Subjj., fames obsessos expugnavit, zwang zur Übergabe, Liv.: tempestas expugnat reliquias navis, erobert sich, Petron.: flumen montem expugnat, durchbricht den Berg, Plin.: lacte equino venena et toxica expugnantur, werden entkräftet, Plin.: horror ipse per eadem, quae supra praescripta sunt, expugnandus, Cels. – **B** übtr.: **a bezwingen, überwinden,** animum (seinen Sinn), Cic.: pertinaciam legatorum, Liv.: expugnari precibus, sich durch B. erweichen lassen, Suet.: u. so expugnatus tandem, Suet. – **b entreißen, vernichten,** pudicitiam, schänden, Cic.: so decus muliebre, Liv.: regnum, Liv.: mores imperii, Flor.: quaestiones, hintertreiben, Liv.: v. lebl. Subjj., eloquentia veritatem saepius expugnare (zunichte zu machen) conatur, Lact. 5, 1, 19. – **c erpressen, erzwingen, endlich erhalten,** aurum a patre, Plaut.: legationem, Cic.: mit folg. *ut* u. Konj. = »es erzwingen, mit Mühe dahin bringen, dass«, Cic. u. a.: *impers.,* summā vi expugnatum est, ut etc., Liv. – **d** eine Vornahme **durchsetzen, beharrlich ausführen,** coepta, Ov. met. 9, 619. – **II bestürmen** = angreifen, **A** eig.: sic furentem circuit expugnans, Stat. silv. 6, 779. – **B** übtr., mit Worten **angreifen,** intentionem aut assumptionem aut conclusionem, Quint. 5, 14, 20.

expuitio, s. exspuitio.

expulsim, *Adv.* (expello), **heraus-, forttreibend, -schlagend,** Nigid. Fig. bei Non. 104, 32: pilā exp. ludere, den Ball im Flug auffangen u. dann in schräger Richtung weiterschnellen od. -schlagen, Varro sat. Men. 456.

expulsio, ōnis, *f.* (expello), die **Vertreibung, I** eig.: Laenatis, Cic. de rep. 1, 6: Superbi, Liv. epit. 1: Tarquinii Superbi, Augustin. de civ. dei 3, 15, 2 *extr.* – Plur., expulsiones vicinorum, Cic. parad. 6, 46: bene meritorum civium expulsiones, Cic. de off. 2, 20. – **II** übtr., morbi, Greg. lib. sacr. *no.* 913 *extr.*

ex-pulso, (āvī), ātum, āre (*Intens.* v. expello), **heraus-, forttreiben,**

-schlagen, pilam sinistris, Mart. 14, 16, 1 (vgl. expulsim). – bildl., quā (Seleuciā) per duces Veri expulsatā, gleichs. aus ihrem Sitz getrieben, d. i. erobert, Amm. 23, 6, 24.

expulsor, ōris, *m.* (expello), der **Vertreiber,** tyranni, Nep. Dion. 10, 2: civium expulsores, Cic. Sest. 125: vicinorum expulsores, Augustin. serm. 17, 4: iste homo acerrimus, bonorum possessor, expulsor, ereptor, Cic. Quinct. 30.

expultrīx, trīcis, *f.* (Femin. zu expulsor, s. Prisc. 8, 4), die **Vertreiberin,** vitiorum (v. der Philosophie), Cic. Tusc. 5, 5 (u. daraus Lact. 3, 13, 15 u. Apul. de mund. praef. *in.*).

ex-pūmico, āre, **mit Bimsstein abreiben,** übtr. = **befreien** von einem Übel, ab alqa re, Tert. adv. Val. 16.

expūnctio, ōnis, *f.* (expungo), die **Leistung,** Tert. de idol. 16.

expūnctor, ōris, *m.* (expungo), **I** der **Tilger,** Tert. de cor. 1. – **II** = διανεμητής, der **Verteiler,** Gloss. II, 272, 56.

expūnctrīx, trīcis, *f.* (Femin. zu expunctor), die **Tilgerin,** honestatis, Iulian. bei Augustin. op. imperf. c. Iul. 2, 11 *in.*

ex-pungo, pūnxī, pūnctum, ere, **ausstechen,** die Buchstaben in der wächsernen Schreibtafel **auspunktieren,** dah. **I ausstreichen, 1** eig.: nomen (im Schuldbuch), Plaut.: alqm urbicis rationibus, jmd. (dessen Namen) in usw., ICt.: miles temporis impendiis expungitur, es wird ihm an der Löhnung die Zeitversäumnis gestrichen, ICt. – **2** übtr.: **a abdanken, aus dem Dienst entlassen,** manipulum, Plaut. Curc. 585. – **b wegschaffen, aus dem Weg räumen,** pupillum, Pers. 2, 13. – **c** gleichs. **tilgen** = **aufheben, ausgleichen,** hunc diem, Sen.: reiciendi genus est protinus aliud invicem mittere et munus munere expungere, Sen. de ben. 4, 40, 4. – **II** eine Rechnung, ein Verzeichnis **durchgehen, nachprüfen, A** eig.: **1** im Allg.: rationes, ICt.: decurias rerum actu, die D. der Richter für den Geschäftsgang revidieren (um die Gestorbenen auszustreichen, die Untüchtigen auszumerzen), Suet. Claud. 15, 1. – **2 herrechnen, herzählen,** sidera ad nomen, Plin. 2, 95. – **B** übtr., **verrichten, vollziehen,** adventum, Tert.: vota et gaudia Caesarum, feiern, Tert. – **III anmerken, aufzeichnen,** milites, Tert. de cor. 1. – ► Ungew. Perf. expupugit, Not. Bern. 36. Not. Tir. 80, 33[a].

expuo, s. ex-spuo.

expūrgātio, ōnis, *f.* (expurgo), die **Rechtfertigung, Entschuldigung,** expurgationem habere, eine Rechtf. in Bereitschaft haben, vorbringen können, Plaut. Amph. 965; merc. 960.

ex-pūrgo, āvī, ātum, āre, **ausputzen, reinigen, säubern, I** eig.: **A** im Allg.: quidquid (spicarum) exteretur scaphisterio exp., Col.: sordida ulcera, Plin. – poet., quae poterunt umquam satis expurgare (me) cicutae? mich (von der Dichterglut) heilen, Hor. ep. 2, 2, 53. – **B** prägn., **ausputzen** = reinigend entfernen, dolabellā exp. quidquid emortuum est, Col.: lepras, psoras, Plin. – **II** übtr.: **A** im Allg.: expurgandus est sermo, Cic. Brut. 258. – **B** insbes., entschuldigend **reinigen, rechtfertigen, entschuldigen,** se, Plaut.: se alci, Plaut.: expurgaturum (obiecta) asseverans, Tac.: consilium publicum, Gell.: dissimulandi causā aut sui expurgandi, sich vom Verdacht zu reinigen, Sall. – ► Eine gedehnte Form expurigo bei Plautus, s. Plaut. capt. 620 (616 Br.); mil. 497 u. 517.

expūrigātio, s. expūrgātio.

expūrigo, s. ex-pūrgo ►.

ex-pūtēsco, ere, **verfaulen,** Plaut. Curc. 242.

ex-puto, āvī, ātum, āre, **I** eig., **ausputzen, beschneiden,** veteranam vitem, Col.: palos, Col.: in exputando vel alligando, Col. – **II** übtr., **genau in Erwägung ziehen, ergründen,** utramque rem simul, Plaut. trin. 234: id exputando evolvere, Tragic. inc. fr. 177 R.[2] (bei Rhet. Her. 2, 42): exputare non possum m. folg. indir. Fragesatz, Planc. in Cic. ep. 10, 24, 6. Auct. decl. in Sull. 5, 14.

ex-quaero, s. ex-quīro ►.

ex-quaestor, ōris, *m.*, der **gewesene Quästor,** ICt.

Exquiliae, ārum, *f.*, s. Ēsquiliae.

ex-quīro (archaist. exquaero), quīsīvī, quīsītum, ere, **I aussuchen, 1 aufsuchen, ausforschen, ausfindig machen, ausspähen, a** eig.: stirpem, Pacuv. fr.: antiquam matrem, Verg.: vestras terras, Verg.: iter per alqm, rekognoszieren lassen, Caes. – **b** übtr.: **α** übh. **aufsuchen, erforschen, ermitteln, aussinnen,** veritatem, verum, Cic.: consilia (Maßregeln), Cic.: vix pueris dignas ambages, Liv. – m. folg. indir. Fragesatz, et secum et cum aliis quid in eo peccatum sit exquirunt, Cic.: quid in omni genere vitae optimum et verissimum sit exquirere, Cic. – **β** durch Fragen ermitteln = **αα** übh. **abfragen,** nach od. **über** etw. **fragen, sich erkundigen,** exquire quidvis, du kannst mich nach allem fragen, Plaut.: quid id exquaeris? Plaut.: exqu. palam pretia, Cic.: alcis sententiam, Sall.: sententias, Caes.: a te nihil certi exquiro, Cic.: ab alqo imperatoria consilia (Pläne), Liv.: pretia ab alqo, Liv.: ex alqo causas alcis rei, Cic.: u. exqu. m. folg. indir. Fragesatz, quo illanc dedisset, exquisisse oportuit, Plaut.: quid iis de quoque officii genere placeat exquirere, Cic.: salutavi et valuissetne usque exquisivi semel, Plaut.: identidem exquirens, an iam de se tumultus foris esset, Suet. – Partiz. subst., exquīsīta (*n. pl.*), Erkundigungen, Cic. de or. 1, 250. – **ββ** peinlich **fragen,** quolibet cruciatu per me exquire, Ter. Hec. 773: vel fidiculis de Caesonia sua, cur etc., Suet. Cal. 33. – **2 aussuchen** = **auswählen,** exquire ex illis multis (*sc.* amicis) unum, qui certus siet, Plaut. Pseud. 392): exqu. iis singulares honores, Cic.: verba ad (nach) sonum, Cic. – **II durchsuchen, a** eig.: vescendi causā terrā marique omnia, Sall. Cat. 13, 3. – **b** übtr., **untersuchen, prüfen,** eorum tabulas, Cic. Verr. 4, 137: facta alcis ad (nach) antiquae religionis rationem (Maßstab), Cic. Verr. 4, 10. – **III erbitten, erflehen, dringend verlangen,** alcis consilium (Rat), Cic.: pacem per aras, Verg.: sed haec non nimis exquiro a Graecis, in solchen Dingen mache ich an G. keine zu großen Ansprüche, Cic. – ► Über die handschr. beglaubigte Form exquaero bei Plautus s. Brix Plaut. capt. 290.

exquīsītē, *Adv.* (exquisitus), **genau, sorgfältig, gründlich, sein,** de eo crimine accurate et exqu. disputare, Cic.: exqu. et comperte dicere, Gell.: eleganter atque exqu. dictum, Quint. – exquisitius a philosophis colligi, Cic.: exquisitius sermocinari, einen tiefsinnigen, schwer zu verstehenden Vortrag haben, Suet.: libri, quos de animalibus exquisitissime composuit, Gell. 13, 7, 6.

exquīsītim, *Adv.* (exquiro), **sorgfältig,** Varro sat. Men. 18.

exquīsītio, ōnis, *f.* (exquiro), **I** das **Ausinnen,** die **Erfindung,** idolorum, Vulg. sap. 14, 12. – **II** die **Untersuchung, Erforschung,** Diom. 426, 25. Cod. Iust. 5, 9, 9 *extr.* u. a.

exquīsītor, ōris, *m.* (exquiro), der **Erforscher,** Vulg. Baruch 3, 23 u. a. Eccl.

exquīsītus, a, um, *PAdi.* (v. exquiro), **I ausgesucht, gewählt, vorzüglich,** adulator, Tac.: epulae, Plin.: supplicia, Cic.: sententiae, Cic.: doctrina, Cic.: exquisitius dicendi genus, Cic.: exquisitissima comitas, Suet.: exquisitissimi gemmarum colores, Mart. Cap.: exquisitissimis verbis laudare, Cic. – **II gesucht,** munditia exquisita nimis, Cic.: verba, Quint.

exrādīcātus = eradicatus (s. ērādīco), Varro r. r. 1, 27.

ex-rādīcitus, *Adv.*, **von der Wurzel aus,** non radicitus quidem hercle, verum etiam exr., nicht aber nur bis zur Wurzel, sondern sogar mit der Wurzel, Plaut. most. 1112; vgl. Fronto de oratt. 1. p. 156, 1 N.

ex-sacrifico, āre, **ein Opfer (Sühnopfer) darbringen,** hostiis balantibus, Poëta b. Cic. de div. 1, 42.

ex-saevio, īre, **austoben, ausrasen,** dum reliquum tempestatis exsaeviret, Liv. 30, 39, 2.

exsanguinātus, a, um (exsanguis), **verblutet, blutlos,** Vitr. 8. praef. 3.

ex-sanguis (exanguis), e, **blutlos, ohne Blut, I** eig.: animantes, Lucr.: umbrae, Verg. u. Ov.: animae, Ov. – **II** übtr.: **a erblasst** = tot, corpus, Verg. u. Ov.: corpora mortuorum, Cic.: v. Pers., Verg. u. Liv.: prope exs., Liv.: exs. metu, Ov. u. Auct. b. Afr.: sollicitudine propemodum exs., Curt. – **b leichenblass, blass, bleich, farblos,** v. Pers., vor Schrecken, Wut usw., Cic. u. a.: vultus, Sil.: os, Curt.: frons exs. (schamlose) et ferrea, Petron.: color, Sall. u. Apul. – poet., herbae, Ov.: charta, Ov.: tabum, Ov. – **c sich verblutend, entkräftet, erschöpft, α** übh. (s. Heräus Tac. hist. 2, 22, 10), v. Pers., Cic. u. a.: exs. tot acceptis vulneribus, Liv.: multis vulneribus exs., Curt.: corpus, Acc. fr.: artus dolore, Varro: senectus, Lucan.: vires finitimorum, Ohnmacht der N., Iustin. – **β** v. Ton, v. der Rede u. v. Redner, **saftlos, kraftlos, ohne Leben,** nimis exilis vox (Klang) erit et exs., Gell.: aridum et exs. genus orationis, Rhet. Her.: accĭdit, ut (scripta) sint exsanguia, Quint.: Calvus exs. et aridus, Tac. dial.: aridi et exsuci et exsangues (oratores), Quint. – **d** aktiv = **blass machend,** cuminum, Hor. ep. 1, 19, 18 (vgl. Plin. 20, 159 *sq.*): exs. horror, Claud. in Rufin. 2, 130.

ex-sanio, āre (ex u. sanies), etw. **entjauchen, aus** etw. **die Jauche** (Wundjauche, Salzjauche usw.) od. **Unreinlichkeit** übh. **herausziehen,** (sal aridus) exsaniat (vulnus), Cels.: exs. carnem salitam, Col.: pondere pressam bacam velut exsaniari, Col.: veterani patienter ac sine gemitu velut aliena corpora exsaniari patiuntur, Sen. ad Helv. 3, 1: in quas (piscinas) multa sudatione exsaniata corpora demittimus, Sen. ep. 86, 6. – v. der Jauche selbst, **herausziehen,** ut (aqua nitrata) omnem amaritudinem et pallorem exsaniet, Col. 12, 57, 1.

ex-sarcio (exsercio, exarcio, exercio), (s)artūrus, īre, **ausflicken, ausbessern,** Paul. ex Fest. 81, 7. – übtr., **wieder ersetzen,** opere rustico faciundo facile sumptum suum (v. Sklaven), Ter. heaut. 143: id aliis rebus, Q. Cic. de pet. cons. 45.

ex-satio, āvī, ātum, āre, **völlig sättigen, I** eig.: vino ciboque, Liv. 40, 28, 2. – **II** übtr. = **ganz befriedigen, zufriedenstellen,** dolorem, Sil.: morte alcis exsatiari, Liv.: quorum saevitiam non mors noxiorum exsatiet, Liv.: exsatiata clade domus, poet. = satt des M., Ov.

exsaturābilis, e (exsaturo), **ersättlich,** non (nec) exs. pectus, der unersättliche Sinn, Verg. Aen. 5, 781.

exsaturātio, ōnis, *f.* (exsaturo), die völlige **Sättigung,** Chalcid. Tim. 166 u. 203.

ex-saturo, āvī, ātum, āre, **ersättigen, vollauf sättigen, I** eig.: belua exsaturanda visceribus meis, Ov. met. 5, 19. – quae edi, quaeque exsaturata (gestillte) libido hausit, Poëta b. Cic. Tusc. 5, 101. – **II** übtr.: eius cruciatu atque supplicio pascere oculos animumque exs., Cic.: odiis exsaturata quievi, Verg.: Partiz. Perf. poet. m. resp. Akk., vulnere iusto exsaturata oculos, Stat. Theb. 6, 176.

ex-scalpo, ere, **ausmeißeln, in Stein hauen, ausschnitzen,** ventorum imagines exscalptae, Vitr. 1, 6, 4 R.: parotides exscalptae, Vitr. 4, 6, 4 R. – bildl., Auson. Griphus (XXVI) 1, 16. p. 128, 5 Schenkl.

ex-scēndo, s. ē-scēndo.

exscēnsio, ōnis, *f.*, s. ēscēnsio.

exscēnsus, Abl. ū, *m.*, s. ēscēnsus.

ex-scindo (excindo), scidī, scissum, ere, **ausreißen,** übtr., **I** im Allg.: fortine animam hanc exscindere dextrā indignum est visum? Sil. 4, 672 *sq.* – **II** prägn., **ausrotten, vernichten, vertilgen, zerstören, ruinieren** (s. Heräus Tac. hist. 2, 38, 4), **a** eine Örtl. usw., Numantiam, Cic.: urbem, Cic. u. Liv.: oppida, Lact.: coloniam, Tac.: alienos od. suos fines, Liv.: curiam, Cic.: Capitolium, Tac.: domos, Verg.: ferro columnas, Verg. – **b** Pers. (s. Nipperd. Tac. ann. 2, 25), amicos, socios, Sall. fr.: hostem, Tac.: gentem, Verg.: aemulas urbes regesve, Tac. – **c** Abstr.: veritatem penitus, Lact.: tam clarum nomen, Sil.: virtutem ipsam, Tac.

exscissātus, a, um (*exscisso, *Intens.* v. exscindo), **zerfetzt, zerschlitzt,** aures, Plaut. cist. fr. bei Non. 108, 17.

exscrattio, s. ex-crātio.

exscreābilis, e (exscreo), **was ausgeräuspert werden kann,** Plin. 20, 157.

exscreātio, ōnis, *f.* (exscreo), das **Ausräuspern,** sanguinis, das Blutspucken, der Blutauswurf, Plin. 28, 195: ebenso Plur. exscreationes cruentae, Plin. 27, 113.

exscreātus, ūs, *m.* (exscreo), das **Ausräuspern,** der **Auswurf,** Cael. Aur. de morb. chron. 2, 11, 128: quidam hinnibilis, *ibid.* 5, 10, 119: exscr. parvi sanguinis, Cael. Aur. de signif. diaet. 84 R.

ex-screo (ecscreo, excreo), āvī, ātum, āre, **I** *intr.* **sich ausräuspern, sich räuspern,** clare, Quint.: totiens clausas ante fores, Ov.: numquam exscreare ausus, Suet. – **II** *tr.* **ausspucken,** sanguinem, Cels.: pus, pura, Cels.: dentem de tribus unum, Priap.

ex-scrībo, scrīpsī, scrīptum, ere, **I ausschreiben, A abschreiben,** litteras (Briefe), Cic.: tabulas, Cic. – **B abzeichnen, abmalen,** imagines, Plin. ep.: bildl., alqm mirā similitudine, ihm ganz ähnlich sein, Plin. ep. – **II aufschreiben, verzeichnen,** nomina, Plaut.: omnia, Cic. fr.: (vasa) annumerata, Col.: ei sacra omnia exscripta exsignataque attribuit, Liv.: bonos in aliis tabulis exscriptos habet, Plaut.

ex-sculpo (exculpo), sculpsī, sculptum, ere, **I** = ἐκκολάπτω, Eingegrabenes **ausmeißeln, auskratzen, 1** eig.: versus, Nep. Paus. 1. § 4. – **2** übtr.: **a** aus etw. **herausreißen,** ihm **entreißen,** esuriente leoni ex ore exculpere praedam, Lucil. 286. – **b** etwas aus jmd. durch Fragen **herauspressen,** verum ex alqo, Ter.: in quaestione vix exsculpsi, ut diceret, kaum presst' ich ihr's durch Fragen ab, Plaut.: nunc (*in*) nomen iam, quae ex testibus ipse rogando exculpo, haec dicam, Lucil. 69 *sq.* – **II** mit dem Meißel usw. **ausmeißeln, ausstechen, ausschnitzen,** foramina digitos sex, Cato: cubilia gallinarum, Varro: alqd e quercu, Cic.: signum aliquod ex molari lapide, Quint.: Alexandrum Magnum in anulis et argento exsculptum habere, Treb. Poll.: sprichw., non ex omni ligno debet Mercurius exsculpi, Apul. apol. 43: im Bild, sit modo (in pueris) unde excīdi possit et quod exsculpi, woraus der Bildner etwas hauen und meißeln kann, Quint. 2, 4, 7.

exsculptrīx (exculptrix), trīcis, *f.* (exsculpo), s. expultrīx.

execātio, ōnis, *f.* (exseco) = exsectio (s. d.), Cassiod. var. 12, 28, 4.

ex-seco (exsico, execo, exico), secuī, sectum, āre, **I herausschneiden, ausschneiden, weg-, abschneiden, a** übh.: armarii fundum, Cic.: arundinem, Plaut.: arbores et vites, Amm.: serrā arborem, absägen, Col.: fenestras muro lapideo, Sen.: parmam elephantino tergori, Mela: corium, Apul.: pelles, zu Riemen ausschneiden, Ov.: unde execaveris (librum, den Bast) in aliud genus, Cato. – übtr., quinas hic capiti mercedes exsecat, schindet 5 Prozent (Zinsen monatlich, also 60 Proz. jährlich) aus dem Kapital heraus, Hor. sat. 1, 2, 14: quid miserius quam exectum et exemptum honoribus senatoriis labore et molestiā non carēre? von allen Ehrenrechten des Senatorenstandes gänzlich ausgeschlossen, Plin. ep. 2, 12, 3. – **b** einen Körperteil, ein Glied usw., **α** im Allg.: cornu, Hor.: linguam, Catull. u. Cic.: suras vel suffragines, Amm.: crura, Amm.: nervos, Dict.: mucrone gulam, Apul.: sub aure tuber, Capit. – im Bild, vitiosas partes rei publicae, Cic.: nervos omnes urbis, Cic.: pestem aliquam (einen verpesteten Teil) tamquam strumam civitatis, Cic. – **β** beim Kastrieren, testes, Suet.: genitalia, Apul.: virilia, Lact.: viscera (die Hoden) ferro, Petron. poët.: exsecti Veneris stimuli, Claud. – **c** leb. Wesen: **α** ein Kind od. Tier aus dem Mutterleib **herausschneiden,** alqm, Verg. Aen. 10, 315: fetus ventri, Plin. 8, 217: filium alci mortuae, Paul. dig. 50, 16, 132. – **β** prägn., jmdm. **die Hoden ausschneiden,** ihn **entmannen, kastrieren,** Caelum, Cic. de nat. deor. 2, 63: mares, Mart. 6, 2, 2: poet. m. resp. *Acc.*, iuventus exsecta (*al.* exacta) virum (der Mannbarkeit beraubt), Lucan. 10, 134. – Partiz. subst., exsecti, **Entmannte,** Auct. b. Alex. 70, 6. – **II aufschneiden,** vivae mulieris ventrem, Amm. 29, 2, 17: exsecto ventre extrahi od. edi (v. der Leibesfrucht), Ulp. dig. 5, 2, 6 pr. u. 28, 2, 12. – prägn., exs. alqm, jmdm. **den Körper aufschneiden,** jmd. **öffnen, sezieren,** Herophilus ille medicus aut lanius, qui sexcentos exsecuit, ut naturam specularetur, Tert. de anim. 10. – ► Vulg. Perf. execaveris, Cato r. r. 42.

exsecrābilis, e (exsecror), **I** = ἀπευκτός (s. Dosith. 55, 12), **verfluchenswert, fluchwürdig, verwünscht,** fortuna, Liv.: nomen, Liv.: superbia, Eutr.: nihil exsecrabilius, Plin. – **II verwünschend, verfluchend,** carmen, Verwünschungsformel, Liv. 31, 17, 9. – dah. **Verderben wünschend, tödlich,** ira atque odium, Liv.: odium, quod exsecrabile in bis captos erat, Liv.

exsecrābilitās, ātis, *f.* (exsecrabilis), die **Abscheulichkeit,** Apul. de dogm. Plat. 2, 16.

exsecrābiliter, *Adv.* (exsecrabilis), **abscheulich, fürchterlich,** Apul. met. 2, 2 E. u. Eccl.: tanto exsecrabilius me oderam, Augustin. conf. 8, 7.

exsecrāmentum, ī, *n.* (exsecror), die **fluchende Beteuerung,** Vulg. Sirach 15, 13.

exsecrandus, a, um (exsecror), **fluchwürdig, unselig,** bellum civile exs. et lacrimabile, Eutr. 6, 19. – *Superl.*, exsecrandissimum nefas, Salv. de gub. dei 7, 19.

exsecrātio, ōnis, *f.* (exsecror), **I** die **fluchende Beteuerung,** der **verwünschende Schwur,** Cic. u. a. – **II** die **Verwünschung,** das **Fluchen,** der **Fluch,** Cic. u. a.

exsecrātīvē, *Adv.* (*exsecrativus v. exsecro), **im Ton der Verwünschung, unter Fluchen,** Donat. Ter. adelph. 3, 2, 51.

exsecrātor, ōris, *m.* (exsecror), der **Verwünscher, Verflucher,** Eccl.

exsecrātus, a, um, *PAdi.* (v. exsecror) = ἀπευκτός, **verflucht, verwünscht, verfluchenswert, abscheulich,** exsecratus populo Rom., ein Gegenstand der Verwünschung für das röm. Volk, Cic. Phil. 2, 65: columna exs., auf der ein Fluch ruht, Säule des Fluches, Cic. Phil. 1, 5: malum exs., Plin. 13, 103: exsecratissima auguria, Plin. 28, 27.

ex-secror (execror), ātus sum, ārī (ex u. sacer), »erklären, dass jmd. od. etwas durchaus sacer, d. i. der Rache der Götter geweiht sei«, jmd. od. etwas **verwünschen, verfluchen, fluchen, I** eig.: **a** m. *Acc.*: alqm, Cic.: consilia Catilinae, Sall.: gentem, Ov.: bellum, Verg. – **b** absol. = **Verwünschungen-, Flüche ausstoßen,** Cic. u. Liv.: verba exsecrantia, Verwünschungen, Ov.: in caput alcis, Liv.: in se ac suum ipsius caput, Liv.: m. allg. *Acc.*, haec exsecratus in se hostesque, Liv.: u. mit folg. Verwünschung, exsecratur (er stößt die V. aus), primum ut naufragio pereat, Cic. Tusc. 1, 107. – **c** wie das griech. Medium = **gegen sich selbst Verwünschungen ausstoßen, sich selbst verwünschen,** exsecrata civitas, Hor. epod. 16, 18 (vgl. *no.* II). – **II** übtr., **unter Verwünschungen** (gegen die Übertreter) etw. **schwören,** haec exsecrata civitas, Hor. epod. 16, 36 (vgl. *no.* I, c). – ► *Partic.* exsecratus passiv = **verwünscht, verflucht,** duo exsules lege publicā exsecrati, Cato origg. 4. fr. 13 bei Prisc. 8, 16: pro inimicis et hostibus protriti et exsecrati, Lact. de mort. pers. 22, 4; vgl. *PAdi.* exsecratus. – Aktive Nbf. **exsecro,** āre, Titin. com. 47. Afran. com. 192. Not. Tir. 64, 37; vgl. Prisc. 8, 25.

exsectio, ōnis, *f.* (exseco), **I** das **Ausschneiden, Abschneiden,** fundi, Cic. Clu. 180: linguae, *ibid.* 191. – Plur., exsectiones mammarum, Arnob. 5, 14. – **II** prägn. = ἀνατομή, die **Zergliederung des Körpers,** Chalcid. Tim. 246.

exsector, ōris, *m.* (exseco), der **Ausschneider, Abschneider,** Apul. met. 8, 15.

exsecūtio, ōnis, *f.* (exsequor), **I** die **Vollziehung, Vollstreckung, Ausführung, A** im Allg., eines Geschäftes, eius negotii, Tac.: eines Vortrages, Sen.: sententiae, die Durchführung, Plin. ep.: omnis quaestio habebat suam exsecutionem, Sen. rhet. – exs. Syriae, die vollziehende Gewalt in S., Tac. ann. 15, 25. – **B** insbes. (gerichtl. *t. t.*), **a** die **Vollziehung** der auf Rechtsverfolgung bezüglichen Handlungen od. Gesetze, operis novi, ICt.: litis, appellationis, ICt.: legis, Frontin. aqu. – **b** die **rechtliche Verfolgung** selbst, von Seiten des Klägers od. Anklägers, die **Geltendmachung** vor Gericht, stipulationis, debitae pecuniae, ICt. – delictorum, criminum, ICt. – **c** die **Vollstreckung** eines richterl. Urteils, iudicati od. rei iudicatae, ICt.: poenarum, ICt. – **II** (gerichtl. *t. t.*) die rächende **Verfolgung, Ahndung** eines Verbrechens von Seiten einer Behörde, criminis vel delicti, ICt.: res, quae habet publicam exsecutionem, ICt.

exsecūtior, ōris, *PAdi.* im *Compar.* (exsequor), **ausführlicher,** Isid. 2, 9, 16.

exsecūtor, ōris, *m.* (exsequor), **I** der **Vollzieher, Vollstrecker, Ausführer, A** im Allg.: acerrimus malorum propositorum, Vell.: fidus secretorum, Amm.: officiorum, Geschäftsführer, ICt. – **B** insbes. (gerichtl. *t. t.*): **a** der **Vollzieher** richterlicher Befehle, **Gerichtsdiener** in Prozesssachen, ICt. – **b** der **Vollstrecker** eines richterl. Urteils, der **Hilfsvollstrecker, Exekutor,** sententiae, Apul. met. 7, 22 u. ICt.: dominicae sententiae, Ambros. in Luc. 7. § 55: rerum iudicatarum, ICt. – **c** der **Eintreiber** öffentl., bes. fiskalischer Gefälle, der **Exekutor,** spät. ICt.; vgl. Godofr. Cod. Theod. 2, 30, 1. – **II** der rächende **Verfolger, Rächer, Ahnder,** offensarum inimicitiarumque, Suet. Vesp. 14.

exsecūtōrius, a, um (exsequor), **vollziehend,** potentia (Ggstz. iudiciaria), Augustin. c. litt. Petil. 3. § 29 *extr.*

ex-sēnsus, a, um, **empfindungslos, sinnlos, dumm,** Laev. fr. b. Gell. 19, 7, 3.

exsequēns, entis, *PAdi.* (v. exsequor), **nachforschend,** memoriarum veterum exsequentissimus, der eifrigste Forscher in usw., Gell. 10, 12, 9.

exsequiae (exequiae), ārum, *f.* (exsequor), das **Leichenbegängnis,** die **feierliche Beerdigung,** der **Leichenzug,** die **Leiche, I** eig.: exsequiarum pompa, Augustin., humilis pompa, Amm.: officium exsequiarum, Tac.: iusta exsequiarum, Leichengebräuche, Cic.: exsequias dare, ein L. halten, Ov.: exsequias alcis funeris prosequi, Cic.: exsequias ire, zum Begräbnis gehen, Ter. u. Apul.: exsequias celebrare, Liv.: alcis exsequias celebrare, Plin. ep.: exsequias rite solvere, Verg.: in exsequias ferri, Ov.: habuit funus et exsequias quales meruit, Val. Max. – **II** meton., die **Leiche** = die **irdischen Überreste, Gebeine** jmds., Eutr. 7, 18; 9, 2. Sext. Ruf. brev. 22.

exsequiālis, e (exsequiae), **das Leichenbegängnis betreffend, Leichen-,** carmen, Leichenlied, Ov. met. 14, 430. Pacat. pan. 37, 3: verba, Prud. perist. 14, 51: honor, Stat. Theb. 7, 90: iusta, Stat. Theb. 11, 610.

exsequiārium, iī, *n.* (exsequor), die an die Leidtragenden beim Leichenbegängnis ausgeteilte Gabe, CIL 14, 2112 col. 1, 25 u. 33 (wo exequari[i] u. exequario).

exsequior, ātus sum, ārī (exsequiae), **ein Leichenbegängnis halten, beerdigen,** alqm, Varro sat. Men. 47: funus, *ibid.* 303.

exsequium (exequium), iī, *n.*, der **Leichenschmaus,** CIL 5, 2072.

ex-sequor, (exequor), secūtus sum, sequī, **I nachfolgen,** einer Leiche **das Geleit geben,** funus, an einem Leichenbegängnis teilnehmen, Massur. Sabin. bei Gell. 10, 15, 25: uxorem, Plaut. Epid. 174 G.: hunc omni laude et laetitiā, Cic. poët. Tusc. 1, 115. – **II** übtr.: **A** im Allg.: einer Sache **nachgehen,** etw. **verfolgen,** alcis aspectum, sich nach jmds. Anblick sehnen, Plaut.: suam quisque spem, sua consilia, communibus deploratis, exsequentes, indem jeder ging, wohin ihn seine eigene Hoffnung und seine persönlichen Entschlüsse führten, da es mit den gemeinsamen vorbei war, Liv. – **B** insbes.: **1** einer Partei, Sekte **folgen, anhängen,** sectam meam exsecutae comites, Catull. 63, 15. – **2** etwas **verfolgen** = **vollziehen, vollstrecken, a** übh. = **ausführen, durchsetzen,** aliquid (irgendein Geschäft), Cic.: imperium, Ter.: imperium celeriter, Sil.: mandatum, Curt.: mandata vestra, Cic.: propositum, Val. Max.: non ducis magis quam militis munia, Curt.: officia, Cic.: scelus, Curt.: cum alqo neque in via neque in foro ullum sermonem, sich in ein Gespräch einlassen, Plaut.: aeternitatem, die ewige Idee ins Werk richten, Cic.: absol., fuisse eum in consultando temerarium, in exsequendo virum, Vell. 2, 24, 5. – **b** etw. **geltend machen,** ius suum, ICt., ius suum armis, Caes. – insbes., gerichtl. **verfolgen, geltend machen,** formulam iuris exsequendi constituere, Liv. – litem, causam, ICt. – crimen, iniurias, ICt. – **c** ein richterl. **Urteil vollstrecken,** sententiam, rem iudicatam, ICt.: decretum suum, ICt. – **3** rächend **verfolgen,** etwas **rächen, strafen, ahnden,** über etwas **eine Strafe verhängen,** iura violata, dolorem, Liv.: delicta, Suet. – gerichtl., rem tam atrocem, Liv.: iniurias hospitum accusationibius voluntariis, Plin. ep.: rem severe, acriter, ICt. – absol., caesus est; exsequar, er ist getötet worden, so will ich ihn rächen, Sen. de ira 1, 12, 2. Vgl. Walch Tac. Agr. 19. p. 291. – **4** etwas mit Worten (mündlich od. schriftlich) **ausführen, ausführlich berichten, -beschreiben, auseinandersetzen, erörtern, durchgehen, näher besprechen,** ea vix verbis exsequi posse, Cic.: haec pluribus, Phaedr.: ea in libro primo, Quint.: verum (aber) hoc exsequi mitto, Quint.: ne exsequar singula, Suet.: viam consilii scelerati, Liv.: aërii mellis caelestia dona, Verg.: alcis od. alcis rei laudes, sich verbreiten über jmds. od. einer Sache Lob, Liv. epit. u. Plin.: singillatim crudeliter facta eius, Suet.: pardos latius, Solin.: subtiliter numerum, die Zahl genau angeben, Liv. – m. folg. Relativ- od. indir. Fragesatz, exsequebatur inde, quae sollemnis derivatio esset, Liv.:

non possum exsequi, singuli quae passi sumus, Liv.: mihi quoque exsequendum reor, quae tunc Romana copia in armis sit, Tac.: diligentissime est exsecutus, quid cuique rei et quid cuique homini soleret accĭdere, Quint. – absol., perge exsequi, Plaut. Amph. 801: in exsequendo suas vires adhibere, Quint. 5, 1, 3. – **5** etwas **verfolgen** = etwas **fortsetzen,** in etw. **fortfahren,** alqd usque ad extremum, Cic.: incepta, Liv.: m. folg. *Infin.*, Plaut. asin. 160 u. merc. 911. – **6** etwas durch fortgesetztes Fragen, Forschen od. eigenes Nachdenken **ermitteln** od. **zu ermitteln suchen, a** durch Fragen, gew. mit quaerendo, inquirendo, sciscitando, **fort und fort** etwas od. nach etwas **fragen, Erkundigungen einziehen, Nachforschungen anstellen,** oft b. Liv. (s. Fabri Liv. 22, 3, 2). – bl. exs. m. folg. indir. Fragesatz, Liv. 35, 28, 4. – **b** durch Nachdenken, si vis veram rationem exsequi, Ter.: exs. si quidem omnia humanus animus queat, erforschen, Plin.: quem locum ipse capturus esset, cogitando aut quaerendo exsequebatur, suchte er durch eigenes Nachdenken oder durch Nachfragen bei anderen zu ermitteln, Liv. – **7** einem Übel **sich unterziehen,** es **über sich ergehen lassen, hinnehmen, erdulden,** hanc aerumnam, Plaut.: lucri causā probrum, Plaut.: sororis causā egestatem, Plaut.: fatum alcis, Cic. ep.: cladem illam fugamque, sich jener unheilvollen Flucht unterziehen, Cic.: mortem, an sich vollziehen, Plaut. u. Tac. – ► Passiv, an prioris iudicis sententia exsequi possit, geltend gemacht werden, Ulp. dig. 2, 1, 19: exsecuto regis imperio, vollzogen, Iustin. 7, 3, 2: u. so perraro intra statutum tempus sententiae exsequentur, Ulp. dig. 42, 1, 2. – Aktiver Infin. exsequere, Gregor. Turon. hist. Franc. 2, 34 *in.*

ex-sercio, s. ex-sarcio.

ex-sero (exero), seruī, sertum, ere, **herausfügen, -tun, I** eig.: **1** im Allg.: radicem eius, herausnehmen, -reißen, Col.: vincula, losmachen, Col.: exs. se domicilio, herauskriechen (von Schnecken), Plin. – **2** insbes., einen Körperteil herausfügen, d. i. **a heraus-, hervorstrecken,** utrāque manu destrictos gladios, Lact.: linguam ab irrisu, Liv.: linguam per os, Plin.: linguas per fistulas, Solin.: capita, Capit.: caput ponto, Ov.: caput altius, erheben, Ov.: ad osculum caput, Petron.: brachium, Quint.: manum, Fronto: manum subter togam ad mentum, Liv.: digitum exsere, peccas, streck' auch nur den F. aus (= unternimm auch nur das Geringste), Pers. 5, 119. – **b entblößen,** brachia, Ov.: umeros, Caes.: uber, Val. Max.: mammam, papillam, Verg.: poet., Amazon unum exserta latus pugnae, die eine (rechte) Brust entblößt für den K., Verg. Aen. 11, 649. – **II** übtr.: **1 losmachen,** se aere alieno, *Cic. Phil. 11, 13. – **2** herausstrecken = **offenbar machen, sehen-, hören-, fühlen lassen, zeigen,** secreta mentis ore, Sen. poët.: adeo ut in genere causae indubitabili fiducia se ipsa nimium exserere non debeat, Quint.: virtus exseret se aliquando, Lact.: suave quoddam principium dicendi exseritur (wird losgelassen), Amm.: exsere praecepta summi regia principis, Prud.: exs. in librum alcis ius, quod dedit, Plin. ep.: principem exs., seine Macht zeigen als usw., Suet.

exsertē (exertē), *Adv.* (exsertus), **kräftig, mutig, entschlossen, streng,** clamitare, Apul. met. 1, 17: ad audendum exsertius consurgere, Amm. 16, 12, 46: alqd exs. defendere, Tert. adv. Val. 3: iubere, Tert. ad ux. 2, 1: de alqa re exsertius disserere, Dict. 5, 5: severissime exsertissimeque agere tribunatum, Spart. Sev. 3, 1.

ex-serto (exerto), āre (*Intens.* v. exsero), einen Körperteil usw. herausfügen, d. i. **a heraus-, hervorstrecken,** linguam, Claud. Quadrig. fr.: ora, Verg.: minaces gladios, Amm.: aurem subinde per aulaeum, Amm. – **b entblößen,** umeros, Stat.: brachium, lacertos, Amm.: caput indutum, Orest. tr. 212.

exsertus (exertus), a, um, *PAdi.* (v. exsero), **I hervorgestreckt, hervorstehend,** dentes, die Hauer wilder Schweine, Plin. 11, 160: manus exertiores (Ggstz. breves), Quint. 11, 3, 116. – **II** übtr.: **a offen,** exerto bello, Stat. silv. 5, 2, 38. – **b ausgelassen, kräftig, entschlossen, mutig,** cachinnus, Apul.: vigor, Amm.: exsertus bellator et prudens, Amm.: exsertiores foris, subiecti domi, Tert.: quanto exsertiorem operam navaret tyranno, Pacat. pan. 35, 1.

ex-sībilo, āvī, ātum, āre, **I hinaus-, auszischen, auspfeifen,** bes. im Theater, um einem Schauspieler seine Missbilligung zu bezeigen, griech. ἐκσυρίττω, Cic. parad. 3, 26. Suet. Aug. 45, 4 (wo exibilabatur). Apul. met. 5, 10. – **II hervorzischen,** Stygios aestus fumanti ore, Sil. 6, 219: dirum quiddam, Sen. de ira 3, 4, 2: nescio quid taetrum, Petron. 64, 5.

exsiccātio, ōnis, *f.* (exsicco), die **Austrocknung,** Ambros. de fuga saec. 6, 34.

exsiccātus, a, um, *PAdi.* (v. exsicco), **trocken,** genus orationis, Cic. Brut. 291.

ex-siccēsco, ere, **austrocknen, vertrocknen,** uti per eam (medullam) exsiccescat stillando sucus, Vitr. 2, 9, 3.

ex-sicco, āvī, ātum, āre, **austrocknen, I** im Allg.: sulcos, Plin.: arbores, Cic.: ebrietas, dum exsiccetur, bis sie verdunstet, Sen. – **II** prägn., **ausstechen** = austrinken, furtim lagoenas, Q. Cic. in Cic. ep.: amphoram, Sen.: vina culillis, Hor.

ex-sico, āre, s. ex-seco.

ex-sīgno, āvī, ātum, āre, auszeichnen = **Punkt für Punkt aufzeichnen, -verzeichnen, zu Papier bringen,** omnia ego istaec quae tu dixti scio, vel exsignavero, (sogar Punkt für Punkt niederschreiben könnt' ich es), Plaut. trin. 655: eique sacra omnia exscripta exsignataque attribuit, ein schriftliches genaues Verzeichnis aller O., Liv. 1, 20, 5.

ex-silio (exilio, ēsilio), siluī, sultum, īre (ex u. salio), **I heraus-, hinausspringen, A** aus der Tiefe = **heraus-, hervorspringen, a** im Allg.: e cunis, Plaut.: e mari (v. einem Fisch), Suet.: in siccum (v. einer Schlange), Verg. – v. Lebl., oculi exsiluere, traten heraus, Ov.: quoniam (legumina) cito exsiliunt (aus den Schoten springen), Plin.: u. so ne metentes fugiat exsiliendo (lupinum), Plin. – **b plötzlich hervortreten, -entstehen,** tam subitas acies exsiluisse reor, Claud. laud. Stil. 1, 320: mox subitum nemus exsiluit, Sil. 3, 689: gelida non crebrior exsilit Arcto grando, Stat. Theb. 6, 422. – **B** nach vorn = **hinausspringen,** zu einem Ort **hinspringen,** huc foras, Plaut.: de nocte ad molam, Plaut.: ad alqm, Ter. – u. feindl. **losspringen,** in privatorum damna, sich zu Bedrückungen des Privatmanns hinreißen lassen, Amm. 21, 5, 8. – **II in die Höhe springen, aufspringen,** de sella, Cic.: ex sella sua, Curt.: cathedrā, Plin. ep.: sedibus, Lucan.: stratis, Ov.: in (bei) M. Annii testimonio, Cic.: gaudio (vor Fr.), Cic.: exsiluit gremio furibunda, Ov.: quis non pavibundus exsiliret, Augustin.: exsilivit Theogenes, Suet. – poet., lunares equi exsiluistis, wurdet als Mondpf. in den Himmel versetzt, Ov. – v. Lebl., arundo in caelum exsilit, der Rohrpfeil fliegt, Sen. poët.: exsiluere loco silvae, Ov.: cuius testa frequentius exsiluit (auf dem Wasser), Min. Fel. 3, 6: cor exsilit (klopft), Sen. de ira 3, 22, 5. – ► Perf. klass. exsilui: exsilivi, Poët. com. pall. inc. 35. Sen. nat. qu. 2, 49, 3 H. Plin. 9, 55. Suet. Aug. 94, 12 u. 96, 2. Amm. 25, 3, 5 G. Augustin. conf. 6, 5. Vulg. Esther 15, 11; Dan. 13, 39; act. apost. 14, 9. Arnob. 5, 12 R.; zsgz. exilit, Gell. 18, 3, 5 H.: exsilii, Sen. de const. 4, 1; nat. qu. 1, 14, 4. Manil. 1, 166. Stat. Theb. 9, 353. Vulg. act. apost. 14, 13.

exsilior, ārī (exsilium), **verbannt sein, in der Verbannung leben,** Interpr. Iren. 4, 8, 2.

exsilium (exilium), iī, *n.* (exsul), der **Aufenthalt außerhalb des Vaterlandes** infolge polit. Verhältnisse od. Vergehungen, er sei freiwillig od. einem als Strafe zuerkannt, die **Verbannung, Landesverweisung,** das Exil, **I** eig.: exsilii poena, Cic.: exs. voluntarium, Sen.: alqm exsilio afficere od. multare, Cic.: in exsilium ire od. pergere, Cic.: in exsilium voluntarium secedere (v. Scipio Afrikanus), Sen.: alqm in exsilium ire cogere, Iustin.: alqm in exsilium mittere, Liv., Sen. rhet. u. a.: alqm exsilio damnare, Eccl.: alqm in exsilium eicere od. pellere, Cic., od. expellere, Nep., od. agere, Liv.: alqm revocare de exsilio, Liv., ab exsilio, Tac. u. Iustin.: alqm reducere de exsilio, Cic., ab exsilio, Quint.: alqm ab exsilio retrahere, Tac.: redire de exsilio, Plaut., ab exsilio, Sen. rhet. u. Plin. ep.: reverti ab exsilio, Tac.: ab longo exsilio Tarentum regredi, Tac. – **II** meton., **A** der Ort, wohin ein Verbannter od. Fliehender geht, der **Verbannungsort, Zufluchtsort,** das Exil, Cic. Lig. 33; Vatin. 9, 22, Sen. ad Helv. 6, 4. Tac. ann. 13, 55. Ov. fast.

1, 540: Plur., Verg. Aen. 3, 4. Curt. 6, 4 (11), 13. – **B** exsilia = *exsules,* **Verwiesene, Verbannte,** plenum exsiliis mare, Tac. hist. 1, 2.

ex-simulo, āre, **erheucheln,** Non. 260, 20.

ex-sinuo, āvī, ātum, āre, **ausbauschen, entfalten, ausbreiten,** vertice collectos amictus, Auson. Append. II (de rosis) *v.* 29. p. 245, 1 Schenkl: seriem laterum iugiter, Prud. perist. 11, 222: velum in contos suos, Paul. Nol. ep. 49 (36), 3. Vgl. Lachmann Prop. 4, 14, 3. p. 296.

exsistentia (existentia), ae, *f.* (exsisto), das **Bestehen,** das **Dasein,** die **Existenz,** Chalcid. Tim. 25 D. u. 285. Iulian. bei Augustin. c. sec. resp. Iul. 5, 8 u. a. Eccl.

ex-sisto (existo), stitī (titī), ere, **I** *intr.* **heraus-, hervortreten, A** im Allg., **heraus-, hervortreten, -kommen, -gehen, -tauchen, ans Tageslicht treten, zum Vorschein kommen, sich erheben, auftreten, aufstehen, auftauchen, a** v. leb. Wesen, absol., Cic. u. a.: *de* terra, Cic.: *ex* arvis, Cic.: *ab* ara, Cic.: *ab* inferis, Cic.: speluncā, Cic.: mediā alvo, Ov.: bes. als milit. *t. t.,* **heraus-, hervor-, losbrechen,** plötzlich **sich erheben,** absol., Auct. b. Afr. u. Curt.: *e* latebris, Liv.: ex collibus primis, Auct. b. Afr.: terrā, Curt. – **b** v. lebl. Subjj., absol., bes. v. Wasser, Quellen, Flüssen, Liv., Ov. u. Curt.: *ab* aede Iunonis *ex* arce, hervorschallen (v. einer Stimme), Cic.: *sub* ipsis flammis (v. Blutbächen), Curt.: *inter* aures (v. einem Horn), Caes.: liquidas *in* auras (v. der Saat), Lucr. – **B** prägn., entstehend **hervortreten, -hervorgehen, zum Vorschein kommen, auftreten, auftauchen, eintreten, sich zeigen, entstehen, werden,** im Perf. auch = **vorhanden sein, stattfinden, sein, 1** eig.: **a** v. leb. Wesen: ex stirpe quadam (im Bild), Cic.: stercore de taetro (v. Würmern), Lucr.: terris (v. Tieren), Lucr. – **b** v. lebl. Subjj., inter coagmenta lapidum ex pavimento (v. einem Baum), Caes.: in statuae capite (v. einem Kranz), Cic. – **2** übtr.: **a** m. einfachem Subj.: **α** v. Pers.: ut tyranni exsisterent, Cic.: ut exsistat ex rege dominus, Cic.: reliqua vendita, quibus domini non exstitere (vorhanden waren), Liv. – **β** v. Zuständen, v. phys., eo anno exsistit eadem positio caeli siderumque, quae etc., Cic.: intolerabilis aestus exsistit, Curt.: ubi acrior flatus exsistit, Curt.: magna repente in ipsis operibus flamma exstitit, Hirt. b. G.: v. polit. Zuständen, ne qua repentina vis in civitate exsisteret, Nep.: exsistit motus, Caes., tumultus, Suet., externum bellum, Liv.: v. a. Zuständen u. Verhältnissen, ex luxuria exsistit avaritia, Cic.: exsistit autem hoc loco quaestio subdifficilis, Cic.: talem exsistere eloquentiam, Cic.: in qua (animi parte) irarum exsistit ardor, Cic.: dictis captivorum fides exstitit (die Auss. der G. bestätigten sich), Liv.: promisso fides exstitit, was er versprochen, hielt er auch, Curt. – **b** m. Prädik.-*Nom.*: ego huic causae patronus (als V.) exstiti, Cic.: in praetura novarum tabularum auctor exstitit, Vell.: magnus hic vir exstitit (hat sich groß gezeigt), Nep.: tam civilis erga quosdam amicos exstitit, Eutr.: eo magis timeo, ne in eum exsistam crudelior, Cic.: v. Lebl., omnium in litteris studiorum antiquissima musice exstitit, Quint.: quae in principum vita egregia exstiterunt, Eutr.: m. folg. Partiz. Präs. als Prädik., exstiterat quidam Scribonianum se ferens (der sich ausgab für Skr.), Tac. – **c** mit folg. *qui* u. Konj., deinde alius exsistet, qui etc., Cic.: solum qui piacula exigeret exstitisse, Iustin. – **d** m. folg. *ut* u. Konj. od. m. folg. *Acc.* u. *Infin.* = logisch **hervorgehen, folgen,** ex quo exsistet, ut de nihilo quippiam fiat, Cic.: exsistit illud, multa esse probabilia, quae etc., Cic. – **II** *tr.* **hervortreten lassen,** suum sibi exsistendo principium, Augustin. de civ. dei 14, 13. p. 33, 29 D.[2]

ex-solēsco, ere, **entwöhnen,** a disciplina, Tert. de virg. vel. 17.

exsolētus, s. ex-olēsco unter exolesco.

ex-solo, s. ex-sulo.

exsolūtio, ōnis, *f.* (exsolvo), **I** die **Losmachung, Erlösung, Befreiung** von etw., omnis contractae religionis, Fest. p. 238 (b), 19: mors dolorum omnium exsolutio est et finis, Sen. ad Marc. 19, 5. – **II** die **Bezahlung,** vectigalis, ICt.: totius debiti, ICt.

ex-solvo, solvī, solūtum, ere, **I auseinanderlösen, auflösen, A** eig.: restim, Plaut.: glaciem, schmelzen, (v. Feuer), Lucr.: venas, sich die Adern öffnen, Tac.: exsoluta alvus, Durchfall, Tac.: bildl., nodum huius erroris (diesen verwickelten Knoten der Ungewissheit), Liv. – **B** übtr.: **1** im Allg.: exsoluti plerique legis nexus, Tac.: exs. obsidium, aufheben, Tac.: famem, vertreiben, Ov.: u. so metus, Lucan. – **2** insbes., erklärend **auflösen, erklären,** perfacile est animi ratione exsolvere nobis, quare etc., Lucr. 2, 381. – **II losmachen, befreien, A** eig.: alqm vinculis, Plaut.: se corpore, Verg.: se e nervis, Lucr. – **B** übtr.: **1** alqā re = von etw. **losmachen, erlösen, befreien,** plebem aere alieno, Liv.: se occupationibus, Cic.: se suspicione, Ter.: se voto, Petron.: alqm poenā, Tac.: nexos (die Schuldhörigen), Liv. epit. – **2** etw. gleichs. von der Verpflichtung **lösen, a** als *t. t.* der Geschäftsspr., eine Geldschuld u. dgl. **auszahlen, bezahlen,** aes alienum, Plin. ep. u. ICt.: nomina, Cic.: dotem, Aur. Vict.: legata, Tac.: domuum et insularum pretia, Tac.: stipendium praeteritum (den rückständigen Sold) cum fide, Liv.: u. so stipendia pluribus retro debita (rückständigen), Lampr.: mercedem decurioni, Tac. – **b** übh. zu Leistendes, Versprochenes **leisten, abtragen, erfüllen,** pretia poenasque, austeilen, Liv.: recte factis gratiam, erweisen, Liv.: poenas morte, büßen, Tac.: poenas male consultorum, erleiden, Vell.: beneficia, vergelten, wettmachen, Tac.: culpam, sühnen, Tac. – vota, Liv. u. Tac.: promissum suum, Tac.: fidem (Versprechen), Liv.: u. so fidem publicam, Liv.: prioris epistulae fidem, Plin. ep.: iusiurandum, Liv.

exsomnis, e (ex u. somnus), **schlaflos, wachend,** vestibulum exsomnis servat noctesque diesque, Verg.: consul traducere noctem exsomnis, Sil.: noctes agebant exsomnes, Amm.: non secus in iugis exsomnis (die nächtlich schwärmende) Euhias, Hor.: vir, ubi res vigiliam exigeret, exsomnis, Vell.: animo exsomnis vir, Vell.: exsomnis pervigilque natura, Chalcid. Tim. 349 *in.*

ex-sono (exono), sonuī, āre, **ertönen, erschallen** (klass. sonare, wie ἐξηχεῖν, spätgriech. für ἠχεῖν), exsonuit ostium audaci strepitu impulsum, Petron.: convivae ingenti risu exsonabant, Petron.: omnia mimico risu exsonuerant, Petron.

ex-sorbeo, sorbuī u. (selten) sorpsī, ēre, **ausschlürfen, einsaugen, I** eig.: ova, Plin.: sanguinem (v. einem Gewand), Cic.: gustaras civilem sanguinem vel potius exsorbueras, bis auf die Neige geschlürft, Cic. – v. Fluss, multas arbores cum magna soli parte, wegspülen, Curt. – **II** übtr.: **1 einschlucken, verwinden,** multorum difficultatem (Eigensinn), Cic. Mur. 19. – **2 verschlingen,** tristitiam alci, benehmen, Turpil. com. 111: quantas iste Byzantiorum praedas exsorbuit (hat verschlungen = an sich gezogen)? Cic. de har. resp. 59: cum tot congiaria principum et ingens Capitolii vectigal singulis comissationibus exsorpsisset (verschlungen = verschwendet hatte), Sen. ad Helv. 10, 9. – **3 aussaugen, entkräften,** viros (*sc.* concubitu), Iuven. 10, 223.

ex-sordēsco, ere, **beschmutzt-, besudelt werden** (bildl.), Gell. 9, 2. § 11.

ex-sors (exors), sortis, **ohne Los, I der allgemeinen Verlosung entzogen, dem Los nicht unterworfen,** ducunt exsortem Aeneae (equum), Verg. Aen. 8, 552: exortia terga Laconi praecipiunt pecudum, Val. Flacc. 4, 340. – exsortem ducere honorem, eine außergewöhnliche, außerordentliche, Verg. Aen. 5, 534. – **II nicht mitlosend,** dah. übtr., **ohne Anteil** an etw., einer Sache **nicht teilhaftig,** von etw. **ausgeschlossen,** m. *Genet.,* dulcis vitae, Verg.: exsortes matrimoniorum, Plin.: praedae communis, Curt.: huius mali, Sen.: periculi, Tac.: omnis culpae, Liv.: Punicae amicitiae, Liv.: luxuriae nostrae, Vulg.: secandi (v. Wetzstein), Hor. – m. *Dat.,* conflictui huic, Sidon. ep. 8, 12, 8.

ex-spargo, s. ex-spergo.

ex-spatior (expatior), ātus sum, ārī, **von der Bahn abgehen, -abschweifen, I** eig.: **1** im Allg.: equi exspatiantur, Ov.: longe equis, Ov. – **2** insbes.: **a sich ausbreiten,** brachium exspatiatur in latus, Quint.: ignes clare exspatiantur in auras, Sil.: tecta (Romae urbis) exspatiantia, Plin.: rami latissimā exspatiantes umbrā, Plin. – **b** v. Gewässern, **austreten,** exspatiata ruunt per apertos flumina campos, Ov.: lacus exspatians, Plin. – **II** übtr., vom Gegenstand, vom Thema **abgehen, -abschweifen** (im guten Sinne), Quint. 2, 10, 5 u. a.

exspectābilis, e (exspecto), **I erwartet,** Tert. adv. Marc. 3, 16. – **II** = spectabilis, **ansehnlich,** aper exspectabilis formae, Auct. itin. Alex. 40 (93).

exspectātio (expectātio), ōnis, *f.* (exspecto *no.* II), das subjektive **Erwarten,** das **Harren** auf usw., die **Erwartung,** u. zwar sowohl die vermutende, hoffende, sehnsüchtige usw. = das **Vermuten,** die **Spannung, Sehnsucht, Neugierde,** als auch das befürchtende = die **Furcht** vor usw., **α** m. subj. *Genet.*: hominum, Planc. in Cic. ep. u. Liv.: contra exspectationem omnium, Hirt. b. G.: exspectatione (Spannung) hominum maiore quam spe (Zuversicht), Liv.: explere omnem exspectationem diuturni desiderii nostri, Cic.: populi exspectationem, quam de adventu suo fecerat, privatis opibus explere, Suet. – **β** m. obj. *Genet.*: vestrarum litterarum, Cic.: et praeteritorum recordatio est acerba, et acerbior exspectatio reliquorum, Cic.: magna erat eius rei exspectatio, Caes.: sum in exspectatione omnium rerum, ut sciam, quid etc., ich bin auf alles gespannt, Planc. in Cic. ep.: exspectationem sui facere od. concitare, Cic.: tanta exspectatio fuit visendi Alcibiadis, Nep.: ibi magna cum audiendi exspectatione considitur, Cic. – Plur., crebras exspectationes nobis tui commoves, Cic. – **γ** m. *de* u. Abl.: quantam tu mihi moves exspectationem de sermone Bibuli, Cic. – **δ** m. *in* u. Akk.: illa in serum exspectatio, Fronto ep. ad M. Caes. 2, 15 (18). p. 37, 9 N. – **ε** m. folg. indir. Fragesatz: eo me maior exsp. tenet, quibusnam rationibus etc., Cic.: summa omnium exspectatio, quidnam sententiae ferrent iudices, Cic. – Plur., nunc has exspectationes habemus duas: unam, quid … alteram, quid …, Cic. – **ζ** absol.: obscurā spe et caecā exspectatione pendēre, Cic.: exspectatione torqueor, Cic.: exspectationem nobis non parvam attuleras, cum scripseras etc., Cic.: quae exspectatio destituta est, Liv.: magna etiam longaque exspectatio est, quam frustrari adhuc et differre non debes, Plin. ep.: est igitur adventus in exspectatione, in Aussicht, Cic.; vgl. vide ne sis in exspectatione (lass nicht auf dich harren), ne illam animi excrucies, Plaut. – praeter exspectationem, Cic.: contra spem exspectationemque, Sen.: supra exspectationem, Quint. (vgl. oben (*no.* α) contra exspectationem omnium, Hirt. b. G.): ut res exspectatione minor videretur, unter der E. zu stehen scheine, Quint. – Plur., exspectationibus decipiendis risus moventur, Cic.

exspectātor, ōris, *m.* (exspecto), der **Betrachter,** Paul. Nol. ep. 6 (42) 3 u. 31, 11, 5. Heges. 5, 2, 72 u. a. Eccl.

exspectātrix, trīcis, *f.* (Femin. zu exspectator), die **Erwarterin,** Tert. adv. Marc. 4, 16.

exspectātus (expectātus), a, um, *PAdi.* m. *Compar.* u. *Superl.* (v. exspecto), (mit Sehnsucht) **erwartet, erwünscht, willkommen,** exspectata advenis, Pacuv. fr.: exspectatun (= exspectatusne) advenio? Plaut.: carus omnibus exspectatusque venies, Cic.: exspectati ad amplissimam dignitatem, die zu der Erwartung berechtigten, dass sie die höchsten Ehrenstellen erreichen würden, Cic.: ubi te exspectatum eiecisset foras, dessen Tod erwartet, gewünscht wird, Ter.: ut rem claram exspectatamque (großartig und Erwartung erregend) facerent, Liv. – nimio edepol ille potuit exspectatior venire, Plaut. – litterae exsp., Cic.: triumphus exsp., Hirt. b. G. – mihi tuum adventum suavissimum exspectatissimumque esse, Cic.

ex-specto (expecto), āvī, ātum, āre, nach einem Ggstd. aus- od. aufschauen, einem Ggstd. **entgegensehen, entgegenharren, I** objektiv auf etwas, was kommen, eintreten, geschehen soll, **warten,** es **abwarten, erwarten,** dessen **gewärtig sein, 1** im Allg.: **α** m. *Acc.*: caritatem, Cato: alcis adventum, eventum pugnae, Caes.: transitum tempestatis, Cic.: alius alium exspectantes, Sall.: u. (m. dopp. *Acc.*) alius alium principem (als Vorgänger) exspectantes, Sall. hist. fr. 1, 40 (45), 20. – v. Lebl., cum aures extremum semper exspectent, Cic. or. 199. – Partiz. Perf. im Abl. absol., nec ultra exspectato, Tac. ann. 12, 7 (vgl. unten *no.* γ). – Partiz. Perf. subst., ante exspectatum, eher als man erwartete od. dachte (als du erwartetest od. dachtest), Verg. georg. 3, 348. Ov. met. 4, 790 u. 8, 5. Sil. 2, 31. Sen. ep. 114, 17: exspectato ocius od. maturius, schneller (früher) als man erwartet hatte, Vell. 2, 122, 2 H. u. 123, 2: im Plur., diu exspectata vix ad clausulas redeunt, Sen. ep. 114, 16: quis non diversa praesentibus contrariaque exspectatis aut speret aut timeat? Vell. 2, 75, 3. – **β** m. folg. indir. Fragesatz: exspecto, quo pacto etc., Plaut.: exspecto, quid tribunus plebis … excogitet, Cic.: exspectantibus cunctis, quid deinde esset imperaturus, Curt.: exsp., quam mox etc., Cic. u. Liv. (vgl. Gronov Liv. 34, 11, 4): exsp., quando etc., Quint. – **γ** m. folg. *dum, donec, quoad, si:* exspectas fortasse, *dum* dicat etc., Cic.: an exspectatis *dum* exercitu rursus admoto ferro atque flammā urbem invadat? Sall. fr.: nec ultra exspectato (Abl. absol.), quam *dum* proficisceretur, Tac. ann. 11, 26: exspectaret, *quoad* Alexandri filius regnum adipisceretur, Nep. – si exspectasses, *donec* me consuleres etc., Traian. in Plin. ep. – hanc (paludem) *si* nostri transirent, hostes exspectabant, Caes. (vgl. Schneider Caes. b. G. 2, 9, 1). – **δ** m. folg. *ut* u. Konj. (s. Brix Plaut. trin. 735. Fabri Liv. 23, 31, 7), nisi exspectare vis, ut eam sine dote frater nuptum collocet, Plaut.: nisi forte exspectatis, *ut* illa diluam, Cic.: neque exspectant, *ut* de eorum imperio ad populum feratur, Caes.: exspectasse se, *ut* etc., Liv.: v. Lebl., mea lenitas hoc exspectavit, ut etc., Cic. Cat. 2, 27. – **ε** m. folg. *ne* u. Konj.: exspecta, ne iniuriam illi facias appellando, Sen. de ben. 5, 20, 6. – **ζ** non exsp. m. folg. *quin* u. Konj.: exspectari diutius non oportere, *quin* ad castra iretur, Caes. b. G. 3, 24, 5. – **η** absol. = **warten, verziehen, sich verweilen,** ad portam, Cic.: paulum, Quint. – qui Carthagine exspectat, Verg. – **2** insbes.: **a** ausharren, bis jmd. mit etwas fertig od. bis etwas zu Ende ist, jmd. od. etw. **abwarten, aushalten,** oratores multas horas, ausharren, bis die R. fertig plädiert haben, Cic. de or. 1, 166: cenantes haud animo aequo comites, warten, bis die B. mit Essen fertig sind, Hor. sat. 1, 5, 8: quinque in Verrem libros, den Vortrag der f. B. geduldig anhören, Tac. dial. 20: senectus eius exspectabatur, man wartete es ab, bis er im hohen Alter starb, Tac. ann. 16, 9: v. Lebl., exspectavere eum fata, dum … impleret, das V. gab ihm Frist, bis er usw., Curt. 10, 5 (18), 36. – **b** übtr., von Lebl., **α verlangen, erheischen,** silvarum aliae pressos propaginis arcus exspectant, Verg. georg. 2, 27: neque illae (oleae) procurvam exspectant falcem, *ibid.* 2, 421. Vgl. Curt. 3, 5 (13), 13. – **β** jmd. **erwarten** = jmdm. bevorstehen, ubi nos uberrima victoriae praemia exspectant, Curt. 6, 3 (7), 5: seu me tranquilla senectus exspectat, seu etc., Hor. sat. 2, 1, 58. – **II** subjektiv, mit Spannung, Verlangen, Hoffnung od. Furcht einem Ggstd. **entgegensehen,** etw. **erwarten** = **auf** etw. **gespannt sein, harren,** etw. **vermuten, hoffen, erhoffen, sehnlichst wünschen, ersehnen, befürchten,** auch **zu gewärtigen haben, entgegensehen, α** m. *Acc.*: pater exspectat me aut aliquem nuntium, Plaut.: vide iam illum, quem exspectabam, virum, Cic.: longiores epistulas exspectabo vel potius exigam, Cic.: etsi litterae tuae recte sperare iubent, tamen exspecto recens aliquid, Cic. – meam exspectant mortem, wünschen, Ter.: u. so exsp. testamenta, Cic.: complexus meos ardenter, Apul. met. 10, 19; vgl. Ruhnken Rutil. Lup. p. 20. Drak. Liv. 28, 27, 9. – malum, Ter.: poenam, Verg.: paria praemio damna, Plin. pan.: graviora, Curt.: mortem, Ter. u. Sen.: maiorem Galliae motum, Caes. Vgl. Ruhnken Ter. Phorm. 1, 4, 16. – **β** alqd *ab* od. *ex* m. Abl.: praemia ab se exspectarent, Caes.: a te hoc civitas vel potius omnes gentes non exspectant solum, sed etiam postulant, Cic. – proletarios nominavit, ut ex iis quasi proles civitatis exspectari videretur, Cic.: ut ex sua amicitia omnia exspectarent et ex praeteritis suis officiis reliqua sperarent, Caes. – **γ** m. dopp. *Acc.*, ne quid exspectes amicos, quod tute agere possies, Enn. sat. 58. – **δ** m. folg. *Acc.* u. *Infin.*: Luna expectans Hadriam se itiner longum sermone levare, Varro sat. Men. 421: cum exspectaret effusos omnibus portis Aetolos in fidem suam venturos (esse), Liv. 43, 22, 2: exspecto cum magno fenore vitia reditura (esse), Sen. ep. 25, 3: nimis extento desiderio venturum (esse) exspectabam istum, Augustin. conf. 5, 6 (u. so Augustin. de civ. dei 18, 45 *extr.*; serm. 389, 3): mit *spero* verb., quid mi hic affers, quam ob rem exspectem aut sperem porro non fore? Ter. Phorm. 1025: mit *cupio* verb., quod ego exspecto cupioque te ita illud defendere, Cic. Verr. 3, 151. – **ε** m.

folg. *Infin.*: nunc exspecto cognoscere ex tuis litteris, quantum etc., Fronto ad Ver. imp. 2, 6. p. 133, 9 N.: exspectas a me audire consilium dei, Augustin. serm. 311, 12 (u. so *ibid.* 211, 6 u. 393): omnibus iam in consilio exspectantibus audire, si etc., Dict. 5, 1. – **ζ** m. folg. Fragesatz, exspectando exedor misere (ich vergehe jämmerlich vor Erwartung), quomodo etc., Plaut. Epid. 320. – **η** scheinbar absol.: nec gravius quam exspectavissem … evenisset, Cic.: ad verum, ubi minime exspectavimus, pervenimus, Quint.

ex-spergo (exspargo, expergo), ere, **I** **auseinanderstreuen** = **zerstreuen, zersprengen,** Lucr. 5, 371: alopecias, Dynam. 2, 100. – **II** **über und über bespritzen,** Verg. Aen. 3, 625 R². Ov. met. 11, 367 M².

ex-spēs, *Adi.* (nur im Nomin.), **ohne Hoffnung, hoffnungslos,** exsul inter hos, exspes, Acc. tr. 415: enatat exspes, Hor. de art. poët. 20: erret inops, ezspes, Ov. her. 6, 162: solus, inops, exspes, leto poenaeque relictus, Ov. met. 14, 217: subst., exspes, der Zweifler, Hor. epod. 16, 37. – m. *Genet.*, **ohne Hoffnung** od. **Aussicht** auf usw., ille orbus, exspes liberûm, Acc. tr. 376: ubi exspes vitae fuit, Tac. ann. 6, 24.

exspīrātio, ōnis, *f.* (exspiro), die **Ausdünstung,** stercorum, Cael. Aur. de morb. chron. 1, 1, 14: Plur., exspirationes terrae, Cic. de nat. deor. 2, 83.

ex-spīro, āvī, ātum, āre, **I** *tr.* **herausblasen, aushauchen,** **a** übh.: flammas pectore, Verg.: odorem suo de corpore acrem, Lucr.: flumen sanguinis de pectore, Lucr.: sonos, Sil.: iras, Catull. – **b** v. Sterbenden, exsp. animam, Gell. 3, 15, 1 (u. so animā nondum exspiratā, Auct. b. Afr. 88, 4): exsp. auras, Verg.: animas, Verg.: medios animam in ignes, Verg. – **II** *intr.*: **1** **den Geist aushauchen:** **a** v. Menschen = **sterben, verscheiden,** per singulos artus, Sall. fr.: inter primam curationem, Liv.: in pugna et in acie, Liv.: super corpus viri, Petron.: effuso cerebro exspiravit, Vell.: rescisso vulnere exspiravit, Liv. epit.: eo vulnere exspiravit, Val. Max.: gaudio exspiravit, Plin.: tradidit infantem et exspiravit, Sen. rhet.: nuntiatā fratris repulsā in petitione consulatus ilico exspiravit, Val. Max.: exspirans cohaeres tuus, Sen. rhet.: extremus hiatus exspirantis, Sen. rhet. – bildl., **erlöschen,** ne res publica exspiraret effecit, Val. Max. 3, 2, 18: exspirante iam libertate, Plin. pan. 57, 4: quid? si ego morerer, mecum exspiratura res publica erat? Liv. 28, 28, 11: Sophroniscum Socrates exspirare non patitur, lässt nicht sterben (= in Vergessenheit geraten), Sen. de ben. 3, 32, 3: u. als jurist. *t. t.* **erlöschen** = außer Kraft treten, obligatio exspirat, ICt.: causa criminis exspirat, ICt. – **b** v. Salben = **verdunsten,** Plin. 13, 20. – **2** (blasend) **sich herausstürzen, hervorkommen,** vis ventorum exspirare cupiens, Ov.: exspirant vermes, exspirant ignes, Lucr. – exspirantes pectoris irae, der hervorbrechende, sich Luft machende Z., Catull.

ex-splendēsco, duī, ere, **hervorleuchten, -schimmern,** **I** eig., vom Feuer, Sen. nat. qu. 2, 23, 1: vom Siriusgestirn, Plin. 11, 30. – **II** übtr., **hervorleuchten,** **a** v. Geistesgaben = sich glänzend entwickeln, Suet. Tit. 3, 1. – **b** v. Pers. = sich geistig hervortun, Nep. Att. 1, 3.

exspoliātio (expoliātio), ōnis, *f.* (exspolio), die **Beraubung,** Capitolii, Acro Hor. sat. 1, 4, 94: hostis, Isid. 18, 2, 1: ligati et soluti, Augustin. de civ. dei 20, 8 *extr.*; u. so öfter bei den Eccl.

exspoliātor (expoliātor), ōris, *m.* (exspolio), der **Berauber,** absol., Ps. Augustin. serm. app. 71, 7: exsp. publicus, Heges. 2, 1, 1: domorum, civitatum atque provinciarum, Salv. de gub. dei 7, 21.

ex-spolio (expolio), āvī, ātum, āre, eines Besitzes völlig **berauben,** von etwas rein **ausplündern,** **I** eig.: se improbis artibus, Plaut. truc. 553 zw. – im milderen Sinne, se exsp. tunicā, die T. sich ausziehen, Augustin. serm. 36, 6. – **II** übtr.: exercitu et provinciā Pompeium, Cic. ad Att. 10, 1, 3: hos vestro auxilio, Caes. b. G. 7, 77, 9: eam (virtutem) rerum selectione, Cic. de fin. 2, 43. – ► Depon. Nbf. **exspolior,** ārī, Claud. Quadrig. ann. 1. fr. 11 (bei Non. p. 480, 16).

exsprētus, s. exprētus.

exspuitio (expuitio), ōnis, *f.* (exspuo), das **Ausspeien,** sanguinis, Blutspeien, Plin. 23, 20.

ex-spūmo, āre, **hervorschäumen,** donec inde umor aliquis exspumet, Cels. 6, 7. *no.* 8.

ex-spuo (expuo), spuī, spūtum, ere, **ausspeien,** **I** *intr.*: ter, Petron.: tussire et exspuere crebro, Quint. – **II** *tr.*: **1** eig.: sanguinem, Cels. u. Plin.: pus, Cels.: praerosam linguam dentibus in os tyranni, Plin.: primum ab ore sanguinem exspuere, deinde ex stomacho cruorem reicere, Scrib. Larg. – **2** übtr., **auswerfen, von sich geben, -lassen, -schaffen,** **a** v. leb. Wesen: spiritum, Sen.: vitam, Sen. poët.: rationem ex animo, Lucr.: miseriam ex animo, verbannen, Ter. – von Tieren, hamum (v. Fischen), Ov.: eum rorem (Purpurfarbe), Plin. – **b** v. Lebl.: lacrumam (v. den Augen), Plaut.: carbonem, aussprühen (v. der Fackel), Plin. – v. Gewässern, alqm spumantibus undis, Catull.: quidquid Tagus exspuit auri, Lucan.: fimo similia exspuuntur in litus purgamenta, Plin.

ex-squāmo, āre (ex u. squama), **schälen,** Gloss. III, 287, 49 ›exsquama, λέπισον‹.

exstāns, antis, *PAdi.* (v. exsto), **hervorstehend, hervorragend,** partes exstantiores, Cael. Aur. de morb. chron. 5, 1, 3: ideo exstantiores aures sunt, Ambros. hexaëm. 6, 9. § 62 *in.*

exstantia, ae, *f.* (exsto), die **Hervorragung,** sine ulla exstantia, Col.: ventris, Cael. Aur.: venarum frontis, Cael. Aur.: tumoris, Cael. Aur.

exstasis (ecstasis, extasis), Akk. in. Abl. ī, *f.* (ἔκστασις), **I** das **Außersichsein,** die **Verzückung,** Augustin. epist. 80, 3. – **II** die **Bestürzung,** der **Schrecken,** Vulg. act. apost. 3, 10.

ex-sterno (externo), āvī, ātum, āre (*v. intens.*), **außer Fassung bringen, bestürzt-, verblüfft-, scheu machen, entsetzen,** im Passiv = **außer Fassung geraten, bestürzt werden, sich entsetzen,** **a** Tiere: a vespere Solis ad ortus cur exsternati (scheu, entsetzt) agantur equi, Ov. Ibis 428 (430). – **b** Menschen: animos nostros subitis affectibus impares laetitia ut dolor, si deprehendat, exsternat, Pacat. pan. 19, 1: ah misera, assiduis quam luctibus exsternavit Erycina, Catull. 64, 71: ad oblivionem praesentium exsternari, Apul. apol. 43: externata malo, Catull. 64, 165: pertimuit seque exsternata refugit, Ov. met. 1, 641: exsternata fugam frustra temptabat, *ibid.* 11, 77.

ex-stīllēsco (extīllēsco), ere (*Inchoat.* v. exstillo), **herausträufeln, ausfließen,** sic exstillescant oculi mei, Anthol. Lat. 807, 11 u. 32 R. (Phaedr. fab. I. app. 8, 11 u. 32).

ex-stīllo, āvī, āre, **herausträufeln, -triefen,** omnem amurcam exstillare (pati), Col. 12, 48, 2: quae (sinapis) oculi ut exstillent facit, Plaut. Pseud. 818: exst. lacrumis, in Tränen zerfließen, Ter. Phorm. 975.

exstimulātor, ōris, *m.* (exstimulo), der **Aufstachler,** übtr., Verginii, Tac. hist. 2, 71: rebellionis acerrimus, der tätigste Aufwiegler, Tac. ann. 3, 40.

ex-stimulo (extimulo), āvī, ātum, āre, **aufstacheln,** **I** eig.: exstimulatae aculeo, Plin. 9, 132. – **II** übtr.: hunc innata libido exstimulat, Ov.: illum ambiguum novus insuper nuntius contumeliae exstimulat, Tac.: exstimulate cessantia fata, Ov.: talis laudatio animos adulescentium exstimulat, Sen.: exstimulans animos nunc probris nunc prece mixtā, Prud.: exstimulata libido, Col.

exstīnctio (extinctio), ōnis, *f.* (exstinguo), **I** das **Auslöschen,** luminis, ignis, Boëth. Aristot. anal. post. 2, 9. p. 549 u. 550. – propter accensiones et exstinctiones lunae, Beda argum. lun. tom. 1. p. 191. – **II** übtr., die **Vernichtung,** Cic. Tusc. 1, 117. Cic. Hortens. fr. 97 M. (90 Bait.) Ambros. Iob et David 4, 7, 22.

exstīnctor (extinctor), ōris, *m.* (exstinguo), der **Auslöscher, Tilger,** **I** eig.: non exstinctor, sed auctor incendii, Cic. Pis. 26. – **II** übtr., der **Vernichter, Vertilger, Unterdrücker,** patriae, Cic.: regiae domus, Iustin.: coniurationis, domestici belli, Cic.

exstīnctus (extinctus), ūs, *m.* (exstinguo), das **Auslöschen,** lucernarum, Plin. 7, 43.

exstinguibilis, e (exstinguo), **vertilgbar, zerstörbar,** Lact. 7, 20, 9; epit. 36, 6.

ex-stinguo (extinguo), stīnxī, stīnctum, ere, **auslöschen,** gänzlich **löschen,** löschend **tilgen,** **I** eig.: incendium, Cic.: calcem, Vitr.: cinerem, Ov.: calorem, Cic. – medial, exstingui = **erlöschen, ausgehen,** consumptus ignis exstinguitur, Cic.: si ardens lucerna exstinguatur, Plin. – **II** übtr.: **1** **austrocknen,** aquam rivis, Liv.: mammas, Plin.:

sucum, Curt. – **2** löschen = **stillen,** sitim, Ov. u. Sen.: famem maligne (ärmlich), Sen. – **3** jmdm. das Lebenslicht auslöschen, den Garaus machen = ihn **umbringen, töten,** seni animam, Ter. – u. oft bl. alqm, z. B. puerum, Ter.: liberos, Nep.: invictum bello iuvenem fortuna morbo exstinxit, Liv. – u. medial, exstingui, **sterben, umkommen, das Leben verlieren,** bes. plötzlich, vor der Zeit, Cic. u. a.: Scaurus Mamercus, in quo Scaurorum familia exstincta est (ausgestorben ist), Sen. suas. 2. § 22. – **4 tilgen, vertilgen, vernichten, unterdrücken, entkräften, erlöschen lassen,** im Passiv – **erlöschen, ersterben,** formam, Ter.: exstincto senatu, Cic.: gratiam alcis, Cic.: furorem alcis, invidiam, infamiam, Cic.: exstingui *cum* alqo, Liv.: formae dignitas aut morbo deflorescit aut vetustate exstinguitur, Rhet. Her. – Insbes., **a** das **Andenken an** etw. **vertilgen,** etwas **der Vergessenheit übergeben, in Vergessenheit bringen,** im Passiv medial = **erlöschen, in Vergessenheit kommen, (geraten),** memoriam publicam, crimina sua, Cic.: ea quae antea scripserat, die Eindrücke seiner früheren Briefe ganz verwischen, Cic.: gloriam, Caes.: u. so vocem alcis temerariam silentio, Liv. – medial, rumor exstinguitur, Cic.: rumores exstinguuntur, Caes.: sermo oblivione posteritatis exstinguitur, Cic. – **b** als jurist. *t. t.*, **erlöschen lassen** (= außer Kraft treten lassen), fidei commissum, ICt. – u. bes. medial, exstingui, **erlöschen** (= außer Kraft treten), wie actio, stipulatio exstinguitur, ICt. – ► synk. Perf. extinxti, Pacuv. tr. 329. Verg. Aen. 4, 682: extinxit = extinxerit, Plaut. truc. 524: extinxem = exstinxissem, Verg. Aen. 4, 606: extinxe = exstinxisse, Plaut. truc. 857. Gloss. IV, 235, 29.

exstirpātio, ōnis, *f.* (exstirpo), die **Ausrottung,** Col. 2, 2, 13.

exstirpātor, ōris, *m.* (exstirpo), der **Ausrotter,** silvae, Augustin. enarr. in psalm. 95. § 5 *extr.* u. in epist. Ioann. *c.* 2. tract. 2, 8.

ex-stirpo, āvī, ātum, āre (ex u. stirps), mit dem Stumpf u. der Wurzel **herausreißen, ausrotten, I** eig.: arbores, Col.: pilos de corpore toto, Mart. – prägn., agrum, von den Stümpfen od. Wurzeln reinigen, Col. 11, 2, 52. – **II** übtr.: vitia, Cic.: humanitatem ex animo, Cic.: pravas et veteres opiniones evellere atque exstirpare, Augustin.

ex-sto (exto), āre, **heraus-, hervorstehen, -ragen, I** eig.: serpens longā trabe rectior exstat, ragt in die Höhe (= ringelt sich empor), Ov.: milites capite solo ex aqua exstant, Caes.: navis exstat aquis, Ov.: tantum, quod exstaret aquā, Liv.: quo altius ab aqua exstaret, Liv.: super aequora celsa collo, Ov.: supra profundum, Ov.: u. so (aus dem Wasser) summo pectore, Caes.; vgl. modo pectore modo ore tenus, Tac. – exstabat ferrum de pectore, Ov.: ossa exstabant sub lumbis, Ov.: aedificia modice ab humo exstantia, Plin.: homines ... paulum supra terram exstantes, Gell.: virga, quae supra terram exstare debet (Ggstz. quae in terram absconditur), Col. – poet. m. *Acc.*, quantum ego Nereidas exsto, überrage, Stat. silv. 1, 2, 116. – **II** übtr.: **A** im Allg.: quo magis id quod erit illuminatum exstare atque eminere videatur, damit die Lichtseiten desto mehr hervortreten u. abstechen, Cic.: vox tua noctibus exstet, überrage, übertöne, Val. Flacc. – **B** prägn.: **1 sichtbar hervortreten** = bemerkbar sein, bes. von erheblichen Dingen, **sich (deutlich) herausstellen, sichtbar sein, sich zeigen, sich finden, stattfinden,** exstant huius fortitudinis vestigia, Cic.: si sine oculis non potest exstare officium et munus oculorum, Cic.: cuius non exstet in me summum meritum, Cic.: nostrum studium exstabit in conveniendis magistratibus et senatoribus, Cic.: Surorum nemo exstat, qui ibi sex menses vixerit, Plaut. – *impers.*, apparet atque exstat, utrum ... an etc., es erhellt u. stellt sich heraus = es stellt sich klar heraus, ob usw., Cic. de or. 1, 72. – **2 noch existieren = noch vorhanden-, dasein, noch bestehen,** exstant epistulae Philippi, Cic.: quod eorum monumenta certa in litteris exstent, Cic.: cuius monumentum eloquentiae nullum exstet, Liv.: sepulcra exstant, Liv.: ritus ut (wie) a prisco traditus exstat avo, Tibull.: non exstat alius, Liv.: domina exstat, lebt noch, Hor. – *impers.*, exstat, es ist erwiesen, m. folg. *Acc.* u. *Infin.*, Cic. Brut. 57. – ► *Partic.* exstātūrus, Plin. 17, 167. Ulp. dig. 2, 12, 2 u. a. ICt.

exstrūctio (extrūctio), ōnis, *f.* (exstruo), **I** das **Aufbauen,** die **Aufführung,** der **Aufbau,** ea exstructio, quae etc., Cic. – m. *Genet.*, exstr. vallorum, Vulg. Ezech. 17, 17: Plur., exstructiones tectorum, Cic., villarum, Suet., fastigiorum, Vitr.: et fastigia sua exstructiones habuerint, und die Gefälle eingerichtet sind, Vitr. – **II** meton., der **Schmuck,** Tert. ad ux. 2, 3.

exstrūctor, ōris, *m.* (exstruo), der **Aufbauer, Errichter,** Hieron. in Isai. 18, 66, 1.

exstrūctōrius, a, um (exstruo), **erbauend, aufrichtend,** Tert. de carn. Chr. 17.

exstrūctus, a, um, *PAdi.* (v. exstruo), **hochgebaut,** illa species (wirst du erblicken) amoenissima et exstructissima, Apul. de deo Socr. 22.

ex-struo (extruo), strūxī, strūctum, ere, schicht- od. lagenweise **in die Höhe bauen, aufschichten, aufbauen, errichten, anlegen, I** eig.: **1** im Allg.: rogum, Cic.: magnum acervum librorum Dicaearchi sibi ante pedes, Cic.: aggerem, turres, Caes.: sepulcrum, Cic.: templum suā pecuniā, Plin. ep.: mare, Sall.: forum, Suet.: tecto tenus loculamenta (Bücherfächer), Sen.: filio alcis monumentum ex lapidibus templo Capitolini Iovis destinatis, Suet.: tribunal viridi caespite, Plin.: lateribus e luto factis exstructi pontes, Plin.: cum satis altitudo muri exstructa videretur, Liv.: exstr. montes ad sidera summa, Ov.: im Bild, in area sibi civitatem arbitratu suo, Cic. de rep. 2, 21. – **2** insbes.: **a hoch aufschichten = aufhäufen,** materiam, Caes.: stramenta in acervum, Col.: solas divitias, Petron.: divitias in altum, Hor. – **b** prägn., aufschichtend, -türmend mit etw. belegen, besetzen, **hoch aufschichten, hoch auftürmen,** focum lignis, Hor. – insbes. das *v. pr.* vom reichlichen Besetzen der Tafel usw., mensae conquisitissimis epulis exstruebantur, Cic.: exstructa mensa non conchyliis aut piscibus, sed multā carne subrancidā, Cic.: u. mensas posuere exstructas dapibus, Ov.: u. so bl. mensae exstructae, reichlich besetzte, volle, Cic.: exstructa canistra, hoch (mit Speisen) aufgetürmte, Hor. – **II** übtr.: **1** im Allg.: exstrue animo altitudinem excellentiamque virtutum, lass die ganze Hoheit und Herrlichkeit der Tugenden sich nun vor deinem Geiste emporbauen, Cic. de fin. 5, 71: deus exstruit alia, alia submittit, die Gottheit erhöht den einen, den anderen stürzt sie, Sen. nat. qu. 3. praef. § 9. – **2** insbes.: **a anlegen, aufbauen, aufführen,** verba ad poëticum quendam numerum exstructa, Rhet. Her.: accurate non modo fundata, verum etiam exstructa disciplina, Cic.: facilius poëma exstrui (angelegt, verfertigt werden) posse quam controversiam, Petron. – **b** (= exaggerare) durch Worte **hervorheben und vergrößern** (wie πυργοῦν), crimen unum multis atque saevis vocibus, Gell. 13, 25 (24), 12.

ex-sūcidus (ex-succidus), a, um, **saftlos,** Tert. de anim. 32.

ex-sūco (ex-succo), ātus, āre (ex u. sucus), **des Saftes berauben, ausdrücken, auspressen,** Cael. Aur. chron. 2, 14, 206; 2, 29, 255. Anthim. 81: animalia exsanguinata et exsucata a principiorum liquore, Vitr. 8. praef. § 3 R.: decoctus exsucatusque, bildl., Cassiod. inst. div. lit. 1.

ex-sūcus (ex-succus), a, um, **saftlos,** iuvenis membris exsucior, Auct. itin. Alex. 6 (14): corporis substantia exsucior, Tert. de anim. 51. – übtr., aridi et exsuci et exsanges (oratores), Quint. 12, 10, 14.

exsūdātio (exūdātio), ōnis, *f.* (exsudo), die **Ausschwitzung,** Cael. Aur. de morb. chron. 5, 10, 105.

ex-sūdo (exūdo), āvī, ātum, āre, **I** *intr.* **ausschwitzen,** exsudat inutilis umor, d. i. der Acker wird von der schädlichen Nässe befreit, Verg. georg. 1, 88: enhydros exsudat, Solin. 37, 24: exsudans terra, Plin. 35, 184: quotiens exsudat ab ubere sanguis, Claud. rapt. Pros. 3, 127: anhelantes exsudant sanguine gemmae, Claud. IV. cons. Hon. 550. – **II** *tr.* **ausschwitzen, A** eig.: exs. sucum, Plin.: exs. acidum liquorem, v. Käse, Col.: nativum umorem (v. Holz), Veget. mil.: ut (canes) omne exsudent vitium, Gratt. cyn.: andere Form, esudatus liquor, Cael. Aur. de morb. acut. 2, 16, 97. – **B** übtr., **es sich Schweiß kosten lassen bei** etw., etw. **im Schweiße seines Angesichts vornehmen,** über etw. **schwitzen,** exs. novum de integro laborem, Liv. 5, 5, 6: exudati labores, Sil.: certamen ingens, Liv. 4, 13, 4: exs. causas, Hor. sat 1, 10, 28.

ex-sufflo, āre, **I abblasen = fortblasen,** Cael. Aur. de morb. chron. 4, 3, 57. – u. **hinblasen, hineinblasen,** alqd per fistulam in nares, Pelagon. veterin. 24. p. 82 (305 *Ihm*): bildl., in alqm ignem irae suae, Ambros. in psalm. 118, 13, 2. – **II** **anblasen, anhauchen,** **a** um vor dem Teufel zu bewahren, infantes, Augustin. epist. 105 *extr.* – **b** der Verabscheuung wegen, daemonem, Sulp. Sev.: aras, Tert.

ex-sūgo (exūgo), sūxī, sūctum, ere, **aussaugen,** **I** = eine Flüssigkeit usw. heraussaugen, alci sanguinem, Plaut.: umorem, Varro: liquorem, Vitr.: venenum ac virus (v. Schlangen), Suet.: venena, Plin.: sudorem, Col. – **II** prägn. = etw. von einer Flüssigkeit entleeren, vulnus, Cels.: segetem, Cato: so auch vitem, Col. – *Partic.* exsūctus, a, um, **ausgesogen,** ostrea tenuis exsuctaque, Gell. 20, 8, 3: ostrea vacuis exucta medullis, Iuven. 8, 90: infirmum corpus et exsuctum (ausgemergelt), Sen. ep. 30, 1: u. so (bildl.) ad usque ipsas medullas exsuctus, bis aufs M. (durch Gerichtskosten) ausgesogen, Amm. 30, 4, 13: *Compar.*, ut restibiles segetes essent exsuctiores, Varro r. r. 2, 7, 11. – ► Archaist. Nbf. **exsūgeo,** wov. Futur. exsugebo, Plaut. Epid. 188.

exsul (exul), sulis, *c.* (ex u. solum), **I** der, die (infolge politischer Verhältnisse od. Vergehungen) außerhalb des vaterländischen Bodens sich Aufhaltende, der **Verwiesene, Vertriebene, Verbannte, Ausgewanderte,** attrib. = **verbannt, heimatlos,** **a** als *masc.*, exsul inter hostes, Acc. fr.: exsules Teucri, Verg.: exsules damnatique, Caes.: capitis damnati exsulesque, Caes.: profectio exsulum, Nep.: aliena petentes velut exsules loca, Catull.: cum vagus et exsul erraret, Cic.: alqm exsulem iudicare, Nep.: exsules reducuntur, Cic.: num qui exsules restituti? Cic. – mit *Genet.*, patriae, Hor.: orbis terrarum, Curt.: eiusdem loci, Tac.: domus suae, larium suorum, Ps. Quint. decl.: paradisi, Eccl. – m. *Abl.*, nunc vero exsul patriā, domo, Sall. Iug. 14, 17. – **b** als *fem.:* exsul Hypermnestra, Ov.: exsul umbra ducis, Lucan.: non alia exsul, Tac.: matrona exsul, Amm. – m. *Genet.*, exsul mundi (dea), Ov.: manus patriae primis a sedibus exsul, Lucan.: exsul incerta vagat, Pacuv. fr.: ciconia exsul hiemis, im Winter im Ausland sich aufhaltend, Publ. Syr. – m. *Abl.*, Medea Corintho exsul, Hyg. fab. 26. – **II** übtr., einer Sache **beraubt, ohne** etw., m. *Genet.*, exsul mentisque domusque, Ov. met. 9, 409: vocis humanae, Tert. ad nat. 2, 8: exsul factus es pectoris tui, Augustin. serm. 311, 13.

exsulāris (exulāris), e (exsul), **die Verbannung-, die Verbannten betreffend,** maeror, Amm. 14, 5, 1: poena, Amm. 15, 3, 2.

exsulātīcius (exulat.), der **Verbannte** = φυγάς, Gloss. II, 473, 38 u. ö.

exsulātio (exulātio), ōnis, *f.* (exsulo), die **Verbannung,** exsulationis comes, Ennod. carm. 1, 8: exsulatione multare alqm, Flor. 1, 22, 3.

exsulātus, ūs, *m.* (exsulo), die **Verbannung,** Commodian. apol. 386.

exsulor, ārī, s. ex-sulo.

ex-sulo (exulo, archaist. exsolo, exolo), āvī, ātum, āre (exsul), **I** *intr.* **im Ausland-, entfernt vom Vaterland-, in der Verbannung (im Exil) leben, ein Verwiesener, -Verbannter sein,** **a** eig.: Telamo exsulans, Cic.: iam dudum exulo, Acc. fr.: exs. Rhodi, Hieron.: Romae, Cic.: apud alqm, Cic.: in vicina civitate, Eutr.: in insula, Spart.: per oras extremas, Ov.: Protei ad usque columnas, heimatlos umherirren, Verg.: hinc abire foras exolatum, um in der Verbannung zu leben, Plaut.: u. so in Volscos exulatum abire, Liv.: Suessam Pometiam exulatum ire, Liv.: aptissimus ad exsulandum locus, Cic. – **b** übtr., in regno, Curt.: domo exsulo, ich darf nicht nach Hause, Ter.: meo discessu exsulasse rem publicam, sei ohne Heimat gewesen (habe nicht mehr bestanden), Cic.: exolatum abiit salus, Plaut.: perfidia ex urbe et avaritia si exolant, Plaut.: ut (cor) exolatum ex pectore aufugiat meo, Plaut.: cum manent corpore, animo exsulant et vagantur, Cic. de rep. 2, 7 *ed. Halm.* – Depon. Nbf. exsulor, ārī, Lact. 5, 21, 5. Hyg. fab. 26. – **II** *tr.* **verbannen,** Dict. Cret. 4, 4. Fulg. myth. 1. prooem. p. 15 M. u. 3, 6. p. 116 M.

exsultābundus (exultābundus), a, um (exsulto) **fort und fort aufspringend,** v. einer Quelle, Solin. 5, 20. – übtr., **sich ausgelassener Freude überlassend, frohlockend,** Iustin. 18, 7, 10.

exsultāns (exultāns), antis, **I** *Partic.* von exsulto. s. d. – **II** *Adi.*, **hüpfend,** v. Wörtern, die aus lauter kurzen Silben bestehen, verbum exsultantissimum, Quint. 9, 4, 108.

exsultanter (exultanter), *Adv.* (exsultans), **ausgelassen, mit ausgelassener Freude,** alqd exs. excipere od. accipere, Cypr. epist. 51, 1 u. 61, 1. – *Compar.*, quasi exsultantius scripsi, maßloser, freier, Plin. ep. 3, 18, 10.

exsultantia (exultantia), ae, *f.* (exsulto), das **Aufspringen,** der feindl. **Angriff,** hostilis, Paul. Nol. carm. 21, 564. – übtr., petulantia morbi dolorisque exsultantia, Gell. 12, 5, 9.

exsultātio (exultātio), ōnis, *f.* (exsulto), **I** das **Aufspringen, lustige Springen, Hüpfen,** Cael. Aur. chron. 1, 4, 78: puerilis, der Lämmer, Col. 7, 3, 18: novam (lunam) exultatione adorari, v. Affen, Plin. 8, 215. – **II** übtr., die **Ausgelassenheit, die ausgelassene Lust,** das **Frohlocken,** der **Jubel,** illa exs. Athamantis, Cic.: non cantus, non exsultatio armorumque agitatio vana, Liv.: salutationis nova quaedam exs., Vell.: ex minimis ac puerilibus causis exs., Sen. – Plur., inter exsultationes succlamationesque populi, Suet. Ner. 24, 1.

exsultim (exultim), *Adv.* (exsilio), **in ausgelassenen Sprüngen,** Hor. carm. 3, 11, 10.

ex-sulto (exulto), āvī, ātum, āre (*Intens.* v. exsilio), wieder und wieder **empor-, in die Höhe springen, aufspringen, aufhüpfen, aufwogen, sich bäumen, sich (umher) tummeln,** **I** eig.: **a** v. leb. Wesen und zwar v. Tieren: exsultare et calces remittere (v. Pferden), Nep.: ferocitate exs. (v. Pferden), Cic.: exs. in herba (v. Stier), Ov.: exsultantes lolligines, Cic.: v. Menschen, exsultantes Salii, Verg.: inchoanti primus exsultans plausit, Suet.: exs. in numerum, tanzen, Lucr.: medias inter caedes exsultat Amazon, Verg.: Britannorum copiae per catervas et turmas exsultabant, wogten auf und nieder, Tac. – **b** v. lebl. Subjj.: exsultant vada, Verg.: medicamen exsultat, wallt, kocht auf, Ov.: quae (pila), cum cecĭdit, exsultat, Sen.: exsultant glebae, kommen-, ragen hervor, Plin.: exsultant pampini, kommen-, wachsen hervor, Plin. – **II** übtr.: **1** im Allg.: breves (syllabae), si continuantur, exsultant (hüpfen, springen), Quint.: hic (= in pectore) exsultat pavor et metus, tummeln sich, Lucr.: solitos novus exsultabis in artus, dich anschicken, Stat.: appetitus tamquam exsultantes (ungestüm auftretend), sive cupiendo sive fugiendo, Cic.: exsultare (eam partem animi) in somno, es empöre sich, Cic. – **2** insbes.: **a** vor Freude gleichs. **aufspringen, ausgelassen sein, frohlocken, jauchzen, jubeln,** **α** v. Pers., absol., Sall. u. a.: m. *in* u. Abl., in ruinis nostris, Cic.: in victoria, Cic.: m. *Abl.* (vor), gaudio (gaudiis), Cic.: laetitiā, Cic. und Verg.: m. *Abl.* (über), victoriā, Cic.: recenti victoriā, Iustin.: vanā spe, Quint.: in suam famam gestis, Tac.: m. folg. *quod* weil (dass), Graeci exsultant, quod peregrinis iudicibus utuntur, Cic. – **β** v. Abstr., exsultans laetitia, Cic.: in hoc ipso, in quo exsultat et triumphat oratio mea, was ich frohlockend und triumphierend mitteile, Cic. (versch. von unten *no.* c). – **b** vor Trotz, Übermut **sich keck erheben, sich trotzig gebärden,** mit etw. **prahlen,** durch od. auf etw. **übermütig sein,** Partiz. exsultans = **trotzig, übermütig,** **α** v. Pers.: homo furens exsultansque, Cic.: Hannibal iuveniliter exsultans, Cic.: exs. animis, Verg.: mit *Abl.*, successu, Verg.: insolentiā libertatis, Cic. – **β** v. Abstr., eius furor exsultans, Cic.: iniuria exsultans, Cic.: timor spe impunitatis exsultat, Cic. fr. – **c** **sich** in der Rede **frei ergehen,** **α** v. Redner, in reliquis exs. audacius, sich kühn und immer kühner emporschwingen, Cic.: (Cicero) supra modum exsultans, übermäßig lebhaft, Tac. – **β** v. der Rede = **sich frei bewegen, -ergehen,** campus, in quo exsultare possit oratio, sich herumtummeln, Cic.: in laude virtutum maxime ceterorum philosophorum exsultat oratio, die Darstellungen der Ph. stolzieren mit dem Lob der T. umher, Cic. – **d** **im hüpfenden Rythmus sich bewegen;** dah. Partiz. exsultans, **geziert,** v. Redner, oratores exsultantes (Ggstz. compositi), Quint. 10, 2, 16 (vgl. 12, 10, 12): v. der Rede, exsultantia coërcere, das Gezierte, Quint. 10, 4, 1. – Depon.-Nbf. **exsultor,** wov. exsultatus est, Itala Ioann. 8, 50 *cod. Palat.*

ex-sūmptuo, āre (ex u. sumptus), **arm werden, verarmen,** Gloss. IV, 435, 10 u. ö.

ex-super, *Adv.*, **überdies, außerdem,** CIL 2, 2060.

exsuperābilis (exuperābilis), e (exsupero), **I** **überwindlich,** non exs.

saxum (des Sisyphus), Verg. georg. 3, 39: nec exs. Diris ingenium, Stat. Theb. 1, 214. – **II** **überwindend, siegbringend,** Claud. Quadrig. ann. 1. fr. 7 (b. Gell. 17, 2, 14).

exsuperāns (exuperāns), antis, *PAdi.* (v. exsupero), **hervorragend** = **außerordentlich, vorzüglich,** exs. viri, Pacuv. tr. 404: exs. forma, Gell. 7 (6), 8, 3: uter esset exsuperantior, certabatur, Gell. 14, 3, 11: colore exsuperantissimo (equus), Gell. 3, 9, 8: summi exsuperantissimique deorum, Apul. de dogm. Plat. 1, 12: exsuperantissimi dei cultus, Augustin. epist. 103, 2: Iuppiter exsuperantissimus, CIL 3, 1090.

exsuperantia (exuperantia), ae, *f.* (exsupero), das **Hervorragen** = das **Außerordentliche,** die **Vorzüglichkeit,** virtutis, Cic. Tusc. 5, 105: alcis, Gell. 4, 18, 2: vel splendoris vel altitudinis, Gell. 14, 1, 12.

exsuperātio (exuperātio), ōnis, *f.* (exsupero) = πλεονασμός, die **Übertreibung,** rhet. *t. t.*, Rhet. Her. 4, 67. Auct. carm. de fig. 178. p. 70 H.

exsuperātōrius, a, um (exsupero), **überwindend, der Überwindung zu Ehren,** mensis, Lampr. Comm. 11, 8: kalendae, *ibid.* 12, 4.

ex-supero (exupero), āvī, ātum, āre, **I** *intr.*: **A** eig.: **1** v. Atem = **sich emporringen,** aegris faucibus exsuperat halitus, Pers. 3, 88. – **2** v. Feuer = **hoch hinausschlagen, hoch aufschlagen,** exsuperant flammae, Verg. Aen. 2, 759. – **B** übtr.: **1** durch eine Eigenschaft über etw. **hervorragen, sich erheben,** quantum feroci virtute exsuperas, Verg.: violentia Turni exsuperat magis, Verg. – **2** im Kampf **die Oberhand behalten, obsiegen,** si non poterunt exsuperare, cadant, Ov.: cum sol et vapor exsuperarint, Lucr.: cum copia umoris exsuperat, Sen. – **II** *tr.* über etw. hinausgehen, d. i. **A** eig.: **1** einen Ort **übersteigen, passieren,** clivum, Sen.: iugum, Verg.: amnem, Plin.: an iam omnes angustiae exsuperatae? Liv. – **2** etw. **überragen, über** etw. **hervorragen,** angues exsuperant undas, Verg.: vites exsuperant ulmos, Plin. – **3** ein Maß der Größe nach **übersteigen,** Nilus exsuperavit sedecim cubita, Plin.: mulli binas libras ponderis raro admodum exsuperant, Plin.: sol montem Idam exoriens exsuperat latitudine, Plin.: summam pecuniae nullius ne horum quidem magnificentiae operum fundamenta non exsuperaturam, die Kosten der Grundlegung eines jeden Prachtbaues, selbst der Jetztzeit, übersteigen würde, Liv. 1, 55, 8. – **4** jmd. der Zeit nach **überleben,** tu vero, pater, vive, et me quoque exsupera, Val. Max. 5, 9, 4. – u. eine Zeit selbst **überdauern,** vitis vino, quod genuit, aestatem non exsuperans, Plin. 14, 33. – **B** übtr.: **1** **übersteigen, a** dem Maß, der Größe nach **übersteigen, überwiegen,** v. Pers., fructus sumptibus exsuperat, Catull. – v. Lebl., magnitudo sceleris omnium ingenia exsuperat, übersteigt alles Denken, Sall.: multitudo Gallorum omnem sensum talis damni exsuperans, Liv.: reditum impendia exsuperant, Plin.: materia vires exsuperans meas, Ov. – **b** der Eigenschaft nach **übertreffen,** alqm impudentiā, Enn. fr. scen. 222: omnes Tarquinios superbiā, Liv.: alcis laudes non assequi solum velle, sed etiam exsuperare, Liv. – **2** **überwinden, bewältigen,** consilium caecum, Verg.: quod fore paratum est, id summum exsuperat Iovem, übersteigt selbst Jupiters Macht, Cic. poët.

ex-suppūro, āre, **den Eiter ausdrücken,** Tert. de pall. 5.

ex-surdo (exurdo), ātum, āre (ex u. surdus), **taub machen, I** eig.: aures Plin. 32, 141. Marc. Emp. 9. – **II** übtr.: **a** **betäuben** = fast taub machen, aures curiae (die Zuhörer in der K.), Val. Max.: tantis clamoribus exsurdatus, Sen.: poet., classica exsurdant calamos, übertäuben, Calp. ecl. 4, 131. – **b** **abstumpfen,** palatum, Hor. sat. 2, 8, 38.

ex-surgo (exurgo), surrēxī, surrēctum, ere, **sich in die Höhe richten, aufstehen, sich erheben, I** eig.: **A** v. Pers.: **1** im Allg., v. Knienden, exsurgite a genibus ambae, Plaut. – v. Liegenden, ubi erit accubitum semel, ne quoquam exsurgatis, donec etc., Plaut.: exsurge toris, Claud.: mollibus exsurgit stratis, Claud. – v. Sitzenden usw., cum exsurgeret, simul arridens etc., Cic.: exsurgit facem attollens, Verg.: qui autem auscultare nolet, exsurgat foras, möge sich hinauspacken, Plaut. – v. Gehenden, exs. in plantas, Sen. ep. 111, 3. – als milit. *t. t.*, ex insidiis, Liv.: Vitelliani temere exsurgentes, Tac.: nova repente acies exsurgens, Liv.: exs. in colles, sich nach den Höhen hinziehen, Tac. – **2** (wie assurgo, insurgo) beim Hieb, Stoß usw. **sich** mit dem Körper **in die Höhe recken,** um dem Hieb usw. mehr Kraft zu geben, altior exsurgens, Verg. Aen. 11, 697. – **B** v. Lebl., **sich erheben,** non igitur presso tellus exsurgit aratro, Tibull.: inde ramuli exsurgunt, Plin. – v. Örtl., ubi Taurus ab Indico mari exsurgit, Plin.: Taurus ab Eois litoribus exsurgens, Mela: in iuga exsurgens Africa, Mela: summa (petrae) in acutum cacumen exsurgunt, Curt. – von Bauten usw., (Roma) tota simul exsurgere aedificiis, Liv.: simulacrum ... tenuem in ambitum metae exsurgens, Tac. – v. Quellen, Flüssen, ille (fons) immodicus exsurgit, Mela: Timavus novem capitibus exsurgens, Mela. – **II** übtr.: **1** im Allg.: grandis oratio non est maculosa nec turgida, sed naturali pulchritudine exsurgit, Petron. 2, 6. – exs. supra dolores suos, sich über seine Schm. erheben = seine Schm. bewältigen, überwinden, Auct. consol. ad Liv. 353. – gravior exsurgat dolor, erhebe sich, steige, Sen. Med. 49. – **2** **sich erheben, sich aufrichten** = sich erholen, wieder zu Kräften kommen, exsurge, quaeso, Cic.: exsurgere atque erigere se, Cic.: auctoritate vestrā res publica exsurget et in aliquo statu tolerabili consistet, Cic.: si (Pompeianorum causa) esset iugulata, numquam exsurgeret, Cic.: exsurge modo, Sen. – **3** politisch **sich erheben,** feindlich **aufstehen, auftreten,** invidiā eorum exsurgere rursus plebem, Liv.: qui ne nunc quidem, obnoxiis inimicis, exsurgitis, Sall.: non *adversus* divi Augusti acerrimam mentem ... ne *contra* Gai quidem aut Claudii vel Neronis fundatam longo imperio domum exsurgimus, Tac.: generosa in ortus semina exsurgunt suos, Sen. poët. – ► Parag. Infin. exsurgier, Plaut. Pseud. 1.

exsurrēctio, ōnis, *f.* (exsurgo), das **Aufstehen,** Vulg. 4. Esdr. 16, 71.

exsuscitātio, ōnis, *f.* (exsuscito), die **Ermutigung, Aufmunterung,** Rhet. Her. 4, 55 u. 56.

ex-suscito, āvī, ātum, āre, **I** **emporheben,** glebas arvo ex molli, Acc. tr. 496. – übtr., apertae surae, bracchia autem procera horrorem mihi ex corde exsuscitabant, ließen mich im Herzen aufschaudern, Turpil. com. 46. – **II** **aufwecken, erregen, A** eig.: **a** einen Schlummernden, aggreditur me et quietum exsuscitat, Acc. tr. 199: exsuscitate vostram huc custodem mihi, Plaut. Curc. 91: te (iuris consultum) gallorum, illum (imperatorem) bucinarum cantus exsuscitat, Cic. Mur. 22. – **b** Lebl., flammam aurā, anfachen, Ov. fast. 5, 507: im Bild, ne quando parvus hic ignis magnum incendium exsuscitet, entzünde, Liv. 21, 3, 6. – **B** übtr.: **a** geistig **wecken, erwecken, anregen,** naturalem memoriam, Rhet. Her.: quae cura etiam exsuscitat animos, Cic.: cum sermone animum eius retinet aut exsuscitat clamore, Rhet. Her.: auditoris animus aut renovatur ad ea, quae restant, aut omnibus iam dictis exsuscitatur, Cic. – **b** se exs., gemütlich, **sich ermannen, sich aufraffen,** magis tute te exsuscita, ut etc., Brut. in Cic. ep. ad Brut. 1, 16, 11.

exta, ōrum, *n.* (viell. aus *exsecta von exsecare), die **Eingeweide,** exta (Gedärme) serpentibus et lacertis longa, Plin. 11, 197: u. so Caecinae dracones emicuisse de extis (Darmkanal), *ibid.* – bes. die edleren **Eingeweide** (Herz, Lunge, Leber, Milz) der Opfertiere, aus denen die Alten weissagten, exta victimae, Liv.: omnium pecudum exta, Cic.: exta tauri, Cic., bovis, asini, Ov.: exta cruda, Liv. u. Ov., semicruda, Suet.: fumantia, Verg.: trepidantia, Ov.: augurium atque extûm interpretes, Pacuv. fr.: exta humana coquere, Hor.: exta sine rege spectare, Curt.: exta inspicere, Cic.: exta bovis gravidae dare (darbringen, opfern), Ov.: u. so exta deo dare, Ov.: secta fumosis exta dare focis, Ov.: quod exta perperam dederat (verkehrt verabreicht hatte), Liv.: cruda exta victimae in mare porricere, Liv.: quod in extis nostris portentum est, Plaut.: si est in extis aliqua vis, quae declaret futura, Cic.: si extis eadem quae somnio visa fuerant portenderentur, Liv. – dah. meton. = der **Opferschmaus,** abducunt ad exta, Plaut. mil. 712: iamne exta cocta sunt? Plaut. Stich. 251. – ► Genet. Plur. extûm, Pacuv. tr. 81. – Nbf. Akk. Sing. extam vaccinam, Acta fr. arv. a. 218 a u. b: Plur. extae u. extas, *ibid.* tab. 42 u. 43.

ex-tābēsco, tābuī, ere (tabes), **sich gänzlich abzehren, gänzlich schwinden, I** eig.: corpus macie extabuit, Poëta b. Cic. Tusc. 3, 26: is fame extabuit, Suet. Galb. 7, 2. – **II** übtr., **nach und nach verschwinden,** opiniones vetustate extabuisse, Cic. de nat. deor. 2, 5.

extālis, is, *m.* (exta), der **Mastdarm, After,** Veget. mul. 5, 5 *in.* u. 5, 10 *in.* Marc. Emp. 31. Vulg. 1. regg. 5, 9.

extantia, ae, *f.*, s. exstantia.

extāris, e (exta), **zum Kochen der Eingeweide dienlich,** aula, Plaut. rud. 135.

extasis, s. exstasis.

ex-tempero, āre, **gehörig anmachen,** Apic. 2, 43 u. 7, 273 u. 8, 332.

extemplō, *Adv.* (ex u. templum u. zwar in zeitlicher Bedeutung = kleiner Zeitabschnitt, Augenblick, vgl. ex tempore), **alsbald, sogleich, im Augenblick,** Ter., Cic. u. a.: cum extemplo, sobald als, Plaut.: ext. ... mox, Liv.: ext. ... mox ... postremo, Liv. – Gedehnte Nbf. extempulō, Plaut. aul. 93 u. ö. (s. Brix Plaut. mil. 462).

extemporālis, e (ex u. tempus), **unvorbereitet, a** übh.: cibus, nicht lange vorbereitete, leicht beschaffbare, Lact. 1, 4, 6. – **b** als rhet. *t. t.*, **unvorbereitet = aus dem Stegreif geschehend (-gesprochen, -gehalten, -vorgebracht), zum Extemporieren fähig, Stegreif-,** oratio, actio, Quint.: declamatio, Petron.: figurae, Plin. ep. – fortuna, das gelegentliche Extemporieren, Quint.: facultas, die Fertigkeit, aus dem Stegreif einen Vortrag zu halten, Sen. rhet. u. Suet.: rhetor, aus dem Stegreif redend, Mart.

extemporālitās, ātis, *f.* (extemporalis), die **Fertigkeit, aus dem Stegreif zu reden, -Verse zu machen,** Suet. Tit. 3, 2 (Sen. contr. 7. pr. § 2 u. Suet. Aug. 84, 1 extemporalis facultas gen.).

extemporāliter, *Adv.* (extemporalis), **aus dem Stegreif,** scribere aliquid, Sidon. epist. 9, 14, 3.

extempulō, s. extemplō.

ex-tendo, tendī, tēnsum u. tentum, ere, **ausdehnen, ausspannen, ausstrecken, ausbreiten, I** eig.: **A** im Allg.: chartam malleo, Plin.: funem, Hor.: lineam (Angelschnur), Plin.: digitos, brachium, Cic.: manus suas, Ov. u. Lact.: manum infesto pollice, Quint.: manus sine ratione, Cels.: crura ad longitudinem, Plin.: cutem mulierum, Plin.: labellum, Iuven.: aures, Iuven.: alas, Manil.: pennas (Flügel), Hor.: rigidā cervice et extento capite currere (v. Pferden), Liv. – So nun **a** als milit. *t. t.*, ein Heer usw. **ausbreiten, sich entwickeln lassen, in Schlachtordnung aufstellen,** classem, Frontin.: cornua aciei, Curt.: aciem in radicibus montis, Liv.: adversariorum equites sese extendere (sich zu entwickeln) coeperunt, Auct. b. Afr. – m. Ang. **wohin? = ausdehnen, sich erstrecken lassen,** agmen ad mare, Curt.: aciem latius, Curt. – **b** als geogr. *t. t.*, eine Örtlichkeit bis wohin **ausdehnen, sich erstrecken lassen,** u. se extendere u. medial extendi, **sich ausdehnen, sich erstrecken,** promunturium reliqua extendit in latius, Mela: Asia ad Hellesponticum fretum se extendit, Mela: Hispania se in nostrum et Oceanum mare extendit, Mela: extenditur frons illa ad promunturium, Mela: longo rectoque limite extentus (Pontus), Mela. – **c** in der Zeit, **sich erstrecken-, sich hinziehen lassen, dauern lassen,** ab hora tertia ad noctem pugnam, Liv.: curas in annum venientem, Verg.: ad mediam noctem comissationes, Suet.: ultra tricesimum diem luctus suos extenderat, Val. Max.: medial, tamquam non longius, quam vitae humanae spatium est, cupiditas gloriae extendatur (sich erstrecke), Liv. 28, 43, 6. – **B** prägn., **1 lang** (zu Boden) **hinstrecken,** alqm arenā, Verg. – medial extendi = **sich lang hinstrecken, lang hingestreckt daliegen,** (coepit) linqui animo rex et veluti mortuus extendi, Curt.: toto ingens extenditur (Cerberus) antro, Verg. – **2 lang hinziehen,** ab oculo lineae duae si extensae fuerint, Vitr.: solis radii in mundo, uti trigoni paribus lateribus formā, lineationibus extenduntur, die Sonne versendet ihre Strahlen in Linien, die die Gestalt eines gleichseitigen Dreiecks bilden, Vitr. – **3 ausdehnen, verlängern, erweitern, vergrößern, a** übh.: extendi epistulam od. me epistulā, mein Brief ist lang geworden, Plin. ep.: agros, erweitern, vergrößern, Hor.: verba (Ggstz. corripere), Quint.: pretium, den Pr. steigern, Suet. – **b** der Zeit nach **verlängern, in die Länge ziehen,** vitae spatium, Vell.: venatu vitam, fristen, Sil.: enim refert vitam asiquis extendat an mortem, Sen.: in variis sermonibus vespera extenditur, Plin. ep.: ext. tempus epularum suarum, Plin. pan.: consulatum suum, Plin. pan.: bellum, Sil.: memoriam sui operibus, Plin. ep. – **II** übtr.: **1** ausspannen = **anstrengen,** se supra vires, Liv.: se magnis itineribus, Liv.: u. itinera, große Märsche machen, Liv.: avidos cursus, hastig in gestrecktem Lauf eilen (poet., wie δρόμον ὠκὺν ἐκτανύειν b. Anacr.), Verg.: pecudes vehementer agitare et extendere = überanstrengen (ἐκτείνειν δρόμῳ), Col. – **2 ausdehnen** = bis wohin **sich erstrecken lassen,** dare civitatem (das Bürgerrecht) omnibus Italicis, extendere eam paene usque Alpes, Vell.: in Asiam quoque cognitionem, Liv.: spem suam in Africam, auf A., Liv.: partitiones ultra tres propositiones, Quint. – **3 ausbreiten,** famam factis, Verg.: nomen in ultimas oras, Hor.

extēnsio, ōnis, *f.* (extendo), **I** die **Ausdehnung, Ausstreckung, 1** eig.: chordarum, Isid. 3, 15, 1: bes. des Körpers u. seiner Teile, corporum, Cael. Aur. de morb. acut. 3, 6, 63: partium (Ggstz. conductio, adductio), Cael. Aur. de morb. chron. 2, 1. § 2 u. 3 u. 14 u. 16: crurum (Ggstz. conclusio), Cael. Aur. de morb. chron. 2, 1, 44: alarum, Vulg. Isai. 8, 8: membranae illius (Schwimmhaut an den Füßen der Schwimmvögel), Ambros. hexaëm. 5, 22. § 74: follis nostri corporei, Arnob. in psalm. 149: Plur., extensiones et tubercula nascuntur in dorso, Veget. mul. 5, 14, 2. – ext. mentis = ἔκστασις, die Verrückung des Geistes, die Wut, Cael. Aur. de morb. chron. 1, 5, 150. – **2** meton., die Ausdehnung = der **weite Raum,** caelorum, Hieron. in Isai. 12, 44. *v.* 24. – **II** prägn., die **Dehnung** = die Länge (Ggstz. brevitas), extensio et brevitas syllabae, Hieron. in epist. Paul. ad Tit. 3, 9.

extēnsipēs, pedis, *m.* (extensus u. pes), der **Dehnfuß,** latein. Name für das griech. molossus (μολοσσὸς πούς) gen. Versglied – – –, Diom. 479, 4.

extēnsius, *Adv.* im *Compar.* (extensus), **ausgedehnter, weitläufiger,** quam ext. ista disponat, Tert. de idol. 2.

extēnsīvus, a, um (extendo), **ausdehnend, verlängernd,** Paul. dig. 38, 17, 6.

extēnsor, ōris, *m.* (extendo), der **Ausrecker der Glieder** auf der Folter, der **Folterer,** Ambros. de Iacob et vit. beat. 2, 10, 44.

extentero, s. exentero.

extentio, ōnis, *f.* (extendo), die **Ausdehnung, I** die **Ausdehnung = Ausstreckung,** capitis (Ggstz. constrictio), Th. Prisc. lib. 2. part. l. c. 3: patientium partium, Cael. Aur. de morb. acut. 3, 6, 61. – **II** die **Ausdehnung = gerade Richtung** (Ggstz. circinatio), Vitr. 7. praef. § 11: Plur., Vitr. 9, 1, 13.

extentius, *Adv.* im *Compar.* (extentus), **ausgedehnter, gedehnter,** porrecto extentius brachio, Amm. 18, 6, 13: quadratus eminet stilus extentius, Amm. 23, 4, 2.

1. **extento,** (āvī), ātum, āre (*Intens.* v. extoendo), **ausdehnen, ausstrecken,** nervos, Lucr. 3, 488: umeros angustos, Amm. 22, 14, 3: bildl., latius semet, sich breiter machen, wir »die Stirn stolzer erheben«, Amm. 17, 5, 2.

2. **ex-tento,** (āvī), ātum, āre, **erproben, prüfen,** vires, Plaut. Bacch. 585: venisti huc te extentatum? ein Probestück zu machen, Plaut. most. 594.

1. **extentus,** a, um, *PAdi.* m. *Superl.* (v. extendo), **I ausgedehnt, sich weit erstreckend,** stagna latius extenta Lucrino lacu, Hor. carm. 2, 15, 3: extenti campi, Sil. 15, 769: extentissima spatia, Solin. 52, 38: castra quam extentissimā potest valle (in einem T.) locat, Liv. 21, 32, 9: v. der Zeit, vivet extento Proculeius aevo = wird ewig leben, Hor. carm. 2, 2, 5. – **II gedehnt, gezogen,** spiritus, Plin. 10, 82.

2. **extentus,** ūs, *m.* (extendo), die **Ausdehnung,** laterum extentus (Plur.), Sil. 4, 619.

extenuātio, ōnis, *f.* (extenuo), **I** das **Verdünnen,** aëris, Sen. nat. qu. 2, 57, 2: vitium, das Auslichten, Plin. 17, 246. – **II** als rhet. *t. t.*, die **Verkleinerung,** griech. μείωσις (Ggstz. exaggeratio), Cic. de or. 3, 202.

extenuātōrius, a, um (extenuo), **verdünnend,** virtus, Th. Prisc. de diaet. 10.

extenuātus, a, um, *PAdi.* (v. extenuo), **schwach, gering,** extenuata (die vernarbten) vestigia veteris culpae, Catull. 64, 295: oratio, Rhet. Her.: copiolae extenuatissimae, ganz zusammengeschmolzene, Brut. in Cic. ep. 11, 13. litt. a. §2.

ex-tenuo, āvī, ātum, āre, **dünn machen, verdünnen, kleinmachen, schmal machen, I** eig.: **1** im Allg.: aëra, Sen.: u. so aër extenuatus (Ggstz. aer concretus), Cic.: cibum extenuare, kleinmachen, Cic.: lignum falce, Varro: bracteas aureas in fila, Eccl.: extenuari in pulverem, klar werden wie Staub, Plin.: extenuari in aquas, zerfließen, zergehen, Ov.: sortes extenuatae, kleiner gewordene, Liv.: crassitudines columnarum, die Dicke der Säulen verringern, Vitr. – **2** insbes.: **a** als mediz. *t. t.,* **verdünnen, abmagern,** corpus curā, corpus fame, Cels.: corpus inediā in decimum diem, Cels.: si venter non extenuatur, Cels. – **b** als milit. *t. t.,* **ausdehnen, langhin dehnen,** angustiae extenuabant agmen, Liv.: extenuatā suorum acie, Sall. – **II** übtr., verdünnend **schmälern, vermindern, schwächen, a** im Allg.: sumptus, Cic.: aciem, Liv.: vires, Liv.: scabiem, vitia, Plin.: spem, crimen, Cic.: curas, Ov. – **b** in der Darstellung etw. **verkleinern, herabsetzen** (Ggstz. exaggerare, augere), censum, Cic.: suum munus, Cic.: famam belli, Liv.: opes, Liv.: magnorum facta deorum, Ov.

exter u. **exterus,** a, um (v. ex), **außen befindlich, auswärtig, äußerlich, I** *Positiv:* heres exter, ICt.: exterae nationes et gentes, Cic.: nationes, Caes. u. Lact.: gentes, Cels.: civitates, Cic. – subst., emancipatus aut exterus, ICt.: apud exteros, Plin.: extera Europae, Plin. – **II** *Compar.* **exterior,** ius, *Genet.* iōris, z. B. orbis, Cic.: hostis, Caes.: exteriorem, ire alci (= *latus tegere*), einem zur Linken gehen, Hor. – **III** *Superl.* **A extrēmus,** a, um, der **äußerste, 1** eig., subst. extrēmum, i, *n.,* das Äußerste, caelum, quod extremum atque ultimum mundi est, Cic. – Dah. **a** der **äußerste, letzte,** pars, Cic.: mensis, Cic.: vitae dies, Cic.: manus, letzte Hand = Vollendung, Cic. – und der **entfernteste** der Gegend nach, ludi, Hor.: orbis, Ov. – subst., extrēmum, ī, *n.,* das Äußerste, Letzte, das Ende, extremum habet, hat ein Ende, Cic.: fuit illud extremum, ut etc., das Ende vom Lied war, dass usw., Cic.: extremum aestatis, Ende des Sommers, Sall.: hiemis, anni, Liv.: in extremum, bis zu Ende, Ov.: in extremum mundi, Sen.: ad extremum, am Ende eines Geschosses usw., Liv., am Schluss (des Schreibens), Cic.: ad extremum aevi, Sen.: u. so Plur. subst., extrēma, ōrum, *n.,* das Äußerste, das Ende, agri, Cic.: per extrema finium, Liv.: dah. das Lebensende, der Tod, Verg. Aen. 6, 457. – ad extremum, *adv.,* **α** = bis zu Ende, bis zuletzt, ad extremum reservatus, Cic. – **β** zuletzt, endlich, Cic. – **γ** äußerst, ad extr. perditus, Liv. – u. extremum, *adv.,* **δ** = am Ende, endlich, Ov. met. 14, 431. **ε** zum letzten Mal, extr. affari od. alloqui alqm, Verg. Aen. 9, 484. Ov. trist. 1, 3, 15: extremum in sidera versus anhelat, Stat. Theb. 10, 935. – extremo, am Ende, endlich, Nep. Hann. 2, 3. Suet. Vesp. 7, 3. – **b** zur Bezeichnung des äußersten Teiles, des Endes in Raum u. Zeit (s. Bremi Nep. Con. 1, 2), gew. im *Abl.* mit u. ohne *in* = am Ende, am Schluss des (der) usw., in extremo libro, Cic.: u. so bl. in extremo, am Schluss des Briefes, Cic.: in extrema oratione, Cic.: in hac insula extrema, Cic.: in extrema Europa, am äußersten Ende Europas, Tac.: extremo bello, Nep.: extremo anno, Liv. – **c** (von außen nach innen gerechnet) zur Bezeichnung des innersten Teils, der **innerste,** extremis medullis, Catull. 64, 196: in extremis ossibus, Ov. her. 4, 70. – **2** übtr.: **a äußerst,** d. i. was man nur im höchsten Notfall tut od. gebraucht, senatus consultum, Caes. – **b** der **äußerste,** d. i. ärgste, gefährlichste, bedenklichste, schlimmste, größte (von jeder Lage, in der keine Rettung zu hoffen ist), tempora, äußerste Not, Cic.: fames, Caes.: desperatio, Tac.: extremum bonorum, malorum, das größte Gut, Übel, Cic. – *neutr.* subst., omnes suas fortunas in extremo sitas, Sall.: vitam ipsam in extremum adductam, Tac.: ventum ad extrema, nisi etc., Tac.: ad extrema perventum est, zum Äußersten, Curt.: extrema pati, Verg. u. Tac.: extrema metuere, Suet. – m. *Genet.,* quotiens in extrema periculorum ventum, Liv.: quae captarum urbium extrema sunt patiebantur, Liv. – **c** der **niedrigste, schlechteste,** haud Ligurum extremus, Verg.: sors, Iustin.: extremi ingenii (ein gar arger Schwachkopf, ganz unfähig) est, qui etc., Liv. – Von extremus haben Spätere einen neuen *Compar.* extremius, Apul. met. 1, 8 u. 7, 2. Tert. de anim. 33: u. *Superl.* extremissimi, Tert. apol. 19. – **B extimus** (extumus), a, um, **der äußerste** (Ggstz. citimus), membrorum circum caesura, Lucr. 3, 219: ora, Varro fr. bei Prisc. 3, 25: aevitatis meta, Varro sat. Men. 544: orbis, Cic. de rep. 6, 17: sinus (Ggstz. primus), Plin. 3, 5: gentes, Plin. 2, 190: promunturium, Plin. 5, 2: litus, Fronto Arion p. 237, 20 N.; u. oft bei Spät. – *neutr. pl.* subst., Apuliae extuma, Plin. 6, 217: Thraciarum extima, Treb. Poll. XXX tyr. 12, 13: extima limitum, Amm. 17, 13, 27: extima Galliarum, Amm. 20, 10, 2.

ex-terebro (āvī), ātum, āre, **I herausbohren,** aurum, Cic. de div. 1, 48. – **II** übtr., **es erzwingen,** mit folg. *ut* u. Konj., Plaut. Pers. 237.

ex-tergeo, tersī, tersum, ēre, **auswischen, abwischen,** manus, Plaut.: coronas, Vitr.: scherzh. übtr., fanum quod non eversum atque extersum reliqueris? wie gefegt und gekehrt = rein ausgeplündert, Cic. – ► Formen nach der 3. Konjugat.: extergunt, Vulg. Baruch 6, 21: extergatur, extergantur, Col. 2, 19 (20), 1. Ulp. dig. 33, 7, 12. § 22.

extergimentārium, iī, *n.* (extergeo), ein leinenes **Abwischtuch,** Gloss. II, 578, 54.

exterior, s. exter.

exterius, s. exter u. extra.

extermentārium, iī, *n.* (extero), ein leinenes **Abreibetuch,** Varro LL. 5, 21.

exterminātio, ōnis, *f.* (extermino), **I** die **Verstörung,** mentis, Ps. Soran. qu. med. 200. – **II** die **Vertreibung, Verjagung,** boni, Augustin. ench. 14: iniustorum, Vulg. sap. 18, 7.

exterminātor, ōris, *m.* (extermino), **I** der **Vertreiber, Verjager,** Hieron. epist. 127, 1. Vulg. 1. Corinth. 10, 10. Isid. 10, 87. – **II** der **Ausrotter,** populi iniqui, Augustin. serm. 107, 7.

exterminium, iī, *n.* (ex u. terminus), die **Vertreibung, Zerstörung,** Tert. adv. Iud. 8 *in.* Augustin. conf. 2, 4, 9 u. a. Eccl.: Plur., Hieron. Euseb. chron. prooem. § 3. tom. 8. p. 14 *Migne.*

ex-termino, āvī, ātum, āre (ex u. terminus), eig. »über die Grenze treiben« (vgl. Isid. 10, 87); dah. **I fortjagen, vertreiben,** ex urbe od. urbe, Cic.: de civitate, Cic. – medial, cubiculo exterminari, sich fortmachen aus usw., Apul. met. 2, 25. – **II** übtr.: **a** übh.: exterminatus (*al.* externatus) animi = ἐκτὸς φρενῶν, **verstört, von Sinnen,** Apul. met. 3, 22. – **b verbannen** = entfernen, auctoritatem senatus e civitate, Cic.: quaestiones physicas, Cic. – **c entstellen,** facies suas, Vulg. Matth. 6, 16.

ex-terminus, a, um, **sich entfernend,** hinc exterminus ito, geh fort, Ps. Cypr. Sodoma 3.

externo, s. ex-sterno.

externus, a, um (exter), **I äußerlich,** tepor, Cic.: res externae, Dinge außer uns, Cic. – subst., externa, ōrum, *n.,* **Außendinge, äußere Erscheinungen** (Ggstz. interiora), Cic. Acad. 2, 4. – **II** insbes., **auswärtig, ausländisch, fremd** (Ggstz. domesticus), hostis, Cic.: amor, eines Fremden, Ov.: timor, terror, vor einem auswärtigen Feind, Liv. – substv., **a** externus, ī, *m.,* ein **Auswärtiger,** ein **Fremdling,** Verg. u. Curt.; Ggstz. civis, Liv. 34, 49, 10: Plur., Sall. fr. u. a.: externi alienique (Ggstz. homines eiusdem et gentis et sanguinis), Vell.; im engeren Sinne **Fremde** = nicht zum Haus Gehörige, canum odium in externos, Cic. de nat. deor. 2, 158. – **b** externa, ōrum, *n.,* **auswärtige Dinge, Auswärtiges, Fremdes, Fremdartiges,** omnia externa, Tac.: ad (bei Gelegenheit der) externa, Tac.: adversus externa (dem Ausland gegenüber) floruimus, Tac.: dum in externis moror, incīdi in rem domesticam, während ich bei außeritalischen Angelegenheiten verweile, Vell. 2, 7, 2: externa (auswärtige Beispiele) libentius in tali re quam domestica recordor, Cic. de off. 2, 26.

ex-tero, trīvī, trītum, ere, **I herausreiben, A** aus dem Innern, exprimitur validis extritus viribus ignis, Lucr. 5, 1096. – Insbes., **a** als ökon. *t. t.* = das Getreide **austreten** = tretend **ausdreschen** (von

Ochsen usw.), Varro, Col. u. Plin. – **b** als gramm. *t. t.* = einen Buchstaben, eine Silbe gleichsam **abstoßen, elidieren,** litteram, Varro LL. u. Varro r. r. – **B** von der Oberfläche = **abreiben,** durch Reiben **benehmen,** inutilia, robiginem ferro, Plin. – **II abreiben, zerreiben, 1** eig.: **a** übh.: opus poliat lima, non exterat, Quint. 10, 4, 4. – **b austreten,** gradus ostiorum exterat pes tuus, Vulg. Sirach 6, 36. – **c zertreten, zermalmen, zerquetschen,** nives, Ov.: homo magno pondere extritus, Sen. – **2** übtr.: tabesque mercium aut fraus Seplasiae sic exteritur, die verlegene oder von den Salbenhändlern in der S. verfälschte Ware wird verbraucht, Plin. 34, 108 Sill.

exterrāneus, a, um (ex u. terra) = **ausländisch,** Paul. ex Fest. 79, 1.

ex-terreo, terruī, territum, ēre, **aufschrecken, aufscheuchen,** durch plötzlichen Schreck **außer sich setzen,** schreckend **erschüttern, einschüchtern, verblüffen, verwirren, außer Fassung bringen** (griech. ἐκπλήττειν), **a** leb. Wesen: Cheruscos, Tac.: vi ac minis alares, fortscheuchen, Tac.: periculo suo alqm, ut etc., Liv.: im Passiv, vehementius exterreri, Caes.: praeter modum exterreri, Cic.: per somnum exterreri, im Schl. auffahren, Suet.: repentino hostium incursu exterreri, Caes. – im *Partic.*, novitate exterritus ipsā, Lucr.: exterritus Aruns laetitiā mixtoque metu, Verg.: exterritus subitae rei miraculo, Liv.: exterritus aspectu, Cic., repentino periculo, Caes., aestu, Verg.: exterrita pennis ales, Verg.: equi sine rectore exterriti aut saucii consternantur, Sall. fr.: exterriti (scheue) sine rectoribus equi, Tac. – **b** Lebl.: hic ubi detonuit strepituque exterruit orbem, Ov.: exterritus amnis, Verg.

exterritātio, ōnis, *f.* (*exterrito v. exterreo), das **Erschrecken,** Vulg. 4. Esdr. 15, 39.

extersus, Dat. uī, *m.* (extergeo), das **Auswischen,** linteum extersui, Plaut. Curc. 578.

exterus, a, um, s. exter.

ex-texo, ere, **abweben,** scherzh. übtr., extexam ego illum pulcre iam, ausbeuteln, Plaut. Bacch. 239.

extīllo, s. ex-stīllo.

extimātio, ōnis, *f.* (extimo), die **Meinung,** Plur. bei Cael. Aur. de morb. chron. 3, 4, 56.

ex-timēsco, timuī, ere, **I** *intr.* **ich gerate in Furcht (Angst),** es **wird** od. ist **mir bange (angst u. bange), ich bekomme** od. **habe Angst, ich fürchte mich,** extimui ilico, Tert.: extimuit tum illa? Plaut.: Salmacis extimuit, Ov.: cur tantopere extimueras? Plaut.: numquam ext., Cic.: repentinis sibilis ext., scheu werden (v. Pferden), Cic. – m. *de* u. Abl., de fortunis communibus ext., Cic. Deiot. 3. – ext. u. non ext m. folg. quod (weil), Verg. Aen. 8, 129. Auct. b. Alex. 7, 1. – ext. m. folg. *ne* u. Konj., Cic. Acad. 2, 121. Hor. sat. 2, 3, 174 (vgl. *no.* II, a). – non ext. m. folg. *Infin.*, Ov. her. 12, 117. – **II** *tr.* **ich gerate** od. **bin vor** etw. **in Furcht, habe vor** etw. Angst, **es ist mir vor** etw. **bange, ich fürchte mich vor** etw. od. jmd., **ich fürchte** etw. od. jmd., **ich befürchte** etw., **a** m. *Acc.*, u. zwar: **α** m. *Acc.* der Sache, cerulas tuas miniatulas illas (vor der bekannten Kritik deines Rotstifts), Cic.: sestertium centies, Sen.: situm locorum et vim fluminum, Curt.: adventum tuum, Cic.: paria (das gleiche Schicksal), Aur. Vict.: victoriae ferocitatem, Cic.: periculum, Cic.: quarum rerum omnium nostris navibus casus (Eintreten) erat extimescendus, Caes.: m. allg. *Acc.* u. folg. *ne* u. Konj., unum illud extimescebam (nur vor einem war mir bange), ne quid turpiter facerem, Cic. ad Att. 9, 7, 1. – **β** m. *Acc.* der Pers.: patrem, Ter.: magistrum, Hor.: non ext. victorem, Val. Max., victorem orbis terrarum, Cic.: neque est, quod curiosum aliquem extimescas, Petron.: im Passiv cuius si filius hostili in solo adultus in regnum venisset, posse extimesci infectum … omnibus externis, könne man ihn fürchten als einen vom Ausländischen jeder Art Angesteckten, Tac. ann. 11, 16. – **b** m. folg. *Infin.*, sunt quae videre extimescas, Sen. nat. qu. 1, 5, 14; u. so Tac. ann. 11, 1 H.

extimo, āre (vulg. synkop. Nbf. v. existimo), **meinen, glauben,** m. folg. *Acc.* u. *Infin.*, Gargil. de arb. pomif. 1, 2.

extimulo, s. ex-stimulo.

extimus, a, um, s. exter.

extīnct…, s. exstinct…

extinguo, s. ex-stinguo.

extinspex, s. extispex.

extirpo, s. ex-stirpo.

extispex, spicis, *m.* (exta u. *specio), der Weissager aus den Eingeweiden der Tiere, der **Eingeweidebeschauer,** Varro sat. Men. 451: Genet. Plur., extispicium, Acc. tr. 419: extispicum, Tragic. inc. fr. 88. Cic. de div. 1, 12 u. 2, 42. – Nbf. extinspex, Gloss. V, 197, 7.

extispicium, iī, *n.* (exta u. *specio), die Besichtigung der Eingeweide der Tiere, um daraus zu weissagen, die **Eingeweideschau,** Suet. Ner. 56: disciplina extispicii, Censor. 4, 13. Plur., extispicia avium, Plin. 7, 203: Flaminii, Apul. de deo Socr. 6.

extispicus, ī, *m.* = extispex, CIL 11, 5824.

exto, s. ex-sto.

extollentia, ae, *f.* (extollo), die **Überhebung,** der **Stolz** (Ggstz. humilitas), Cypr. de cath. eccl. unit. 21. Vulg. Sirach 23, 5 u. 26, 12. Augustin. serm. 26, 2 u. 112, 8.

ex-tollo, extulī u. (selten) exsustulī, ere, **I herausheben, heraus-, hervornehmen,** hunc hodie postremum extollo meā domo patriā pedem, aus dem Vaterhaus setze ich heute den Fuß zum letzten Mal, Plaut. merc. 831: tum porro nitidas fruges arbustaque laeta gentibus humanis habet unde extollere possit, Lucr. 2, 595: e tenebris tantis tam clarum extollere numen qui primus potuisti, Lucr. 3, 1: laetissimum cachinnum extollit, schlägt auf, Apul. met. 6, 9. – **II auf-, emporheben, A** eig.: **1** im Allg.: pedes extollas, Nov. fr.: caput, sein Haupt erheben (als Zeichen der Hoffnung auf Besserung und Erlösung), Cic. Planc. 33: cruentum alte pugionem, Cic.: onera in iumenta, Varro: in sublime armatum (v. einem Elefanten), Auct. b. Afr.: alqm perculsum suis manibus (im Bild), Cic.: primas gurgite palmas, aus dem Schlund die Spitzen der Arme vorstrecken, Prop. – **2** insbes., **in die Höhe bauen,** Paul. dig. 8, 5, 5. – im Bild, fundamentum liberorum substruunt, extollunt (bauen auf = ziehen auf), Plaut. most. 122. – **B** übtr.: **1** ext. animum od. alqm, den Sinn **erheben, hinaufstimmen, sich fühlen machen,** ext. animos, übermütig werden, Cic.: ext. alci animos, jmd. kühn-, unternehmend machen, Iustin.: irā promptum alcis animum, jmd. noch mehr zum Z. anstacheln, Tac.: adulescentium animos praematuris honoribus ad superbiam, zum St. reizen, Tac.: alqm secundā oratione, Sall.: nimiā nautas hilaritate, zu allzu großer Heiterkeit hinaufstimmen, ausgelassen machen, Phaedr.: se ext., sich zu größerem Selbstgefühl erheben (Ggstz. se summittere), Cic.: se magis, höherstreben, Sall.: so supra modum, über die Maßen sein Selbstgefühl walten lassen, Quint. – **2 heben, verstärken,** vocem per gradus et ceteros motus (Ggstz. deprimere), Sen. ep. 15, 7. – **3** durch Worte **heben, a** durch die Darstellung: humilia, Quint.: alqd verbis in maius, vergrößern, Liv.: u. so bl. alqd in maius, Plin. ep. u. pan. u. Iustin. – **b erheben = preisen, rühmen** (Ggstz. premere, deprimere, herabdrücken, herabsetzen), malos, Sall.: alios praeter modum ext., alios nimium deprimere, Liv.: claritudinem principis (Ggstz. suam famam dehonestare), Tac.: gentis Aemiliae bene facta, Sall. fr.: fortunam alcis, Cic.: alqd verbis, Cic. u. Sall.: alqd oratione, Sall.: alqd laudando (Ggstz. per contemptionem deprimere), Cic. u. Sall.: alqd laudibus, Sall.: alqm in caelum laudibus, Cic.: u. bl. alqm ad caelum, Cic., u. alqd in caelum, Amm. – **4 heben = verschönern,** hortos a Lucullo coeptos insigni magnificentiā ext., Tac. ann. 11, 1: Baiarum suarum piscinas, Tac. ann. 13, 21. – **5 heben = auszeichnen, ehren,** strenuum quemque praemiis, Aur. Vict. de Caes. 20, 20. – **6** jmd. politisch an Rang, Macht **heben, erheben,** extollere iacentem, Cic.: novos extollebat, Sall.: quem supra ceteros extollas, Tac. – **7 aufheben = verschieben,** res serias in alium diem, Plaut.: nuptias, Caecil. com. fr. – ► Für die Perfektformen vgl. effero (das diese Formen mit extollo gemeinsam hat). – redupl. Perfektform exsustulissent bei Sen. contr. 1, 6, 4 B. (Kießling u. Müller extulissent).

ex-torceo, s. ex-torqueo ►.

ex-torno, āre, drechselnd **abdrehen, abdrechseln,** velut si conum, quem turbinem vocant, quis diligenter extornet, Boëth. inst. mus. 1, 3. p. 190, 16 Fr.

ex-torpeo, uī, ēre, **erstarren,** Orest. tr. 180.

ex-torpēsco, puī, ere, **erstarren,** Ven. Fort. de vita S. Martin. 1, 120.

ex-torqueo, torsī, tortum, ēre, **herausdrehen, -winden, entwinden,** **I** im Allg.: **1** eig.: arma e manibus, Cic.: alci sicam de manibus, Cic. – **2** übtr., **erpressen, entwinden, entreißen, abdringen, abtrotzen,** stipendium, Liv.: alci regnum, Liv.: victoriam hosti, Liv.: possessoribus proximas domos, expropriieren, Suet.: pecuniam per vim heredibus, Suet.: a Caesare per Herodem talenta Attica L, Cic.: alci veritatem, errorem, Cic.: ex animis cognitiones verborum, Cic.: sententias de manibus iudicum vi quādam orationis, Cic.: extorquere invito senatu (Dat.) consulatum, Tac.: convicio alci libellos, Plin. ep.: m. folg. *Infin.,* non extorquebis amari, Claud. IV. cons. Hon. 282: m. folg. *ut* u. Konj., quoniam extorsisti, ut faterer etc., Cic. Tusc. 1, 14; u. so Iuven. 6, 53. Eutr. 7, 2: m. bl. Konj., puellae parentes (v. d. E.) extorquet tandem iam lurore et inluvie paene conlapsa membra lavacro, cibo denique confoveret, Apul. met. 8, 7. – **II** insbes., **ausrenken, verrenken,** **a** ein Glied: articulum, Sen.: talum, Sen.: alci pollicem, Petron. – *Partic.* subst., emota et extorta, Verrenkungen, Veget. mul. 1, 28, 5. – **b** die Person: omnibus membris extortus et fractus, krumm u. lahm, Plin. ep.: prava extortaque puella, verkrüppelt, Iuven.: subst., per longam nervorum contractionem extorti minutatim, Sen. ep. 66, 43. – insbes., jmdm. auf der Folter die Glieder ausrenken = jmd. **foltern,** Ter. u. Liv. – ► Vulg. Perf. extorsuit, Itala act. apost. 16, 5: ungew. Supin. extorsum, Prisc. 9, 52 (ohne Beleg). – Imper. extorquĕ gemessen, Prud. perist. 5, 60. – extorceo geschr., wovon extorcet, Gromat. vet. 359, 18 u. 20.

ex-torreo, ēre, **ausdörren,** Cels. 3, 7, 2.

extorris, e (v. ex u. terra, wie exsul v. ex u. solum), **I** aus dem Land **fortgejagt, vertrieben, landesflüchtig, heimatlos,** absol., hinc CXXXII patres familias extorres profugerunt, Cic.: qui nos extorres expulit patriā, Liv.: exsulem, extorrem populum Romanum agere ab solo patrio in hostium urbem, Liv.: extorres egit oppido, Suet. – m. *Abl.,* extorris patriā, domo, Sall.: agro Romano, Liv.: aris ac focis, Flor.: regno, Liv. – m. *Genit.,* ext. regni, Stat. Theb. 12, 262: orbis extorris patriaeque fugitivus, Pacat. 31, 1: regionum suarum extorres, Amm. 29, 6, 4. – m. *Adv.,* brevi extorre hinc omne Punicum nomen, Liv. 26, 41, 19. Vgl. Drak. Liv. 2, 6, 2. – **II** übtr. = expers gleichs. **vertrieben** von etw. = einer Sache **beraubt,** einer Sache **bar, ohne** etw., m. *Genet.,* ext. cathedrae et plebis, Cypr. ep. 52, 1. – m. *ab* u. Abl., quis adeo obtunsi pectoris et a sensu humanitatis extorris est, Edict. Diocl. sect. 1. § 18: ut ne a veritate extorres fierent, Hilar. in epist. ad Galat. 51 (Pitra).

extorsio, ōnis, *f.* (extorqueo), die **Erpressung,** Hieron. in Matth. 8, 30 u. 31.

extortor, ōris, *m.* (extorqueo), der **Erpresser,** bonorum extortor (Beutelschneider), legum contortor (Gesetzezuschneider), Ter. Phorm. 374: außerdem Cypr. epist. 14, 1 (?).

extrā (= exterā [*sc.* parte] v. exter), **I** *Adv.:* **1** **außerhalb, (von) außen, äußerlich** (Ggstz. intra, intus), oras omnium et litora (expediam), ut intra extraque sunt, Mela: nil intra est oleam, nil extra est in nuce duri, Hor.: cum extra et intus hostem haberent, Caes.: et in corpore et extra esse quaedam bona, Cic.: ea quae extra sunt, Außendinge, Außenwelt, Cic. – *Compar.,* exterius sitae (urbes), Ov. met. 6, 420: eaque (vasa) *intrinsecus* et *exterius* crasse picari iubebat, Col. 12, 44, 5. – **2** übtr.: **a** extra quam, **außer,** m. folg. si, Cic. de inv. 1, 56; de rep. 1, 10; ad Att. 6, 1, 15. Liv. 38, 38, 9; 39, 18, 7: u. bl. extra quam, außer wenn, im prätor. Edikt bei Cic. de inv. 2, 59 u. Ulp. dig. 43, 12, 1. § 16. – extra quam qui eorum etc., außer (ausgenommen) diejenigen von ihnen, die usw., Liv. 26, 34, 6. – **b** **außerdem, überdies,** Sen. de ben. 6, 15, 3. Augustin. conf. 3, 8. – **II** *Praep.:* **1** eig.: **a** **außer, außerhalb, draußen vor** usw. (Ggstz. intra), intra extraque munitiones, Caes.: extra portam, Plaut.: extra provinciam, Caes.: extra limen Apuliae, Hor.: nachgestellt, urbem extra, Tac. – **b** **über ... hinaus,** extra munitiones egredi, procedere, procurrere, Caes.: extra vallum progredi, Auct. b. Afr.: extra aciem procurrere, Caes. – **2** übtr.: **a** **außer = ausgenommen, mit Ausnahme (Ausschluss)** von usw. (s. Weißenb. Liv. 26, 34, 3), extra unum te, Plaut.: extra unam aniculam, Ter.: extra ducem, Cic.: extra filias, Liv.: extra tumultum Gallicum, Cic. – **b** **außerhalb, außer, über** etw. **hinaus, ohne Beziehung** auf etw., **gegen** etw., extra modum, Cic.: extra ordinem, Cic.: extra cotidianam consuetudinem, Caes.: extra coniurationem esse, nicht in die V. verwickelt sein, Cic.: extra quaestionem contentionis esse, außer Fr. sein, Quint. – **c** **außer = ohne, frei** von usw., extra iocum, Cic.: extra periculum esse, Cic. u. Liv.: esse extra culpam, Cic. – ► arch. extrād, CIL 1, 106, 16 u. 29.

extrāclūsus, a, um (*extracludo), **ausgeschlossen, außerhalb** (des begrenzten u. vermessenen Koloniegebietes) **liegend,** ager, Gromat. vet. 8, 1 u. a.: loca, *ibid.* 9, 10 u. a.: regio, *ibid.* 198, 16 u. a.

extractōrius, a, um (extraho), **herausziehend,** vulgaris arundo extractoriam vim habet, Plin. 24, 87.

extrād, s. extrā ►.

ex-traho, trāxī, tractum, ere, **I** **herausziehen,** **A** aus **der Tiefe, heraus-, heraufziehen,** **1** eig.: **a** lebl. Objj.: aquam, Plaut.: aquam specubus ac puteis, Auct. b. Afr.: retia, Suet.: retia blattinis funibus, Eutr.: rete ex aqua, Plaut.: ferrum, Nep.: telum, Liv.: telum e corpore, Cic.: gladium e vulnere, Quint.: cultrum ex vulnere Lucretiae, Liv.: telum de vulnere, Ov. – als mediz. *t. t.,* materiam, venenum, Cels.: dentes, Plin.: telum forcipe, Cels.: inde guttam, Cels.: polypum unco ferramento, Cels.: cucurbitulā virus, Cels.: spinas corpori, Plin. – **b** leb. Wesen: alqm inde, Mela: alqm arundineto, Vell.: vivum puerum alvo, Hor.: velut ab inferis extractus, Liv.: nequitia est ut extrahas mergere (illum), evertere ut suscites, ut emittas includere, Sen. de ben. 6, 26, 1. – als mediz. *t. t.,* infantem, Cels. 7, 29. – **2** übtr.: **a** **herausziehen, -reißen, entreißen, losmachen, befreien,** urbem ex periculis, Cic.: se ex alqo malo, Ter.: alqm poenae, Sen.: se ab hac vita, Sen. – **b** = **vertilgen,** religionem ex animis, Cic. – **B** nach vorn: **1** eig.: **a** lebl. Objj., **abziehen,** alci deficienti anulum, Suet. Tib. 73, 2: aurum matronarum manibus, Pacat. pan. 26, 2. – **b** leb. Objj.: **α** im guten Sinne, **herausziehen,** alqm turbā oppositis umeris, Hor. sat. 2, 5, 94: im weiteren Sinne, als milit. *t. t.,* copias ex hibernaculis, Nep. Ages. 3, 4. – **β** im üblen Sinne, **hervorziehen, -zerren, -schleppen,** **1** eig.: alqm vi in publicum, Liv.: alqm e latebra, Suet.: alqm de caprili casa, Oros.: alqm domo, Cic.: alqm cubili, Tac. – u. im weiteren Sinne übh. **heraus-, hervornötigen,** wohin (zu gehen, zu kommen) **nötigen, locken, entbieten,** extractus (auf die Straße gelockt) falsis rumoribus, Suet.: datis vadibus qui rure extractus in urbem est, Hor.: quosdam (reges) per blandimenta et promissa extractos ad se non remisit, Suet.: Crassum Pompeiumque in urbem provinciae suae Lucam extractos compulit, ut etc., Suet. – als milit. *t. t.,* hostes invitos in aciem, Liv.: extractos ad certamen fudit, Liv. – **2** übtr.: **a** etwas Verborgenes **ans Licht ziehen,** scelera in lucem, Liv.: secreta mentis, offenbaren, Sen. – **b** **emporbringen,** alqm ad honorem, ad consulatum, Liv.: candidatos, zu Ehrenstellen verhelfen, Sen. – **II** der Zeit nach **in die Länge ziehen, hinziehen,** **1** im Allg.: res variis calumniis, Cic.: obsidionem, Liv.: bellum in tertium annum, Liv.: proelium prope ad noctem, Liv.: certamen diutius, Liv.: certamen usque ad noctem, Liv.: somnum in diem, bis an den Tag schlafen, Tac.: rem in consulum adventum, aufschieben, Liv.: simul extrahi rem ex eo anno viderunt, dass die Sache sich in das folgende Jahr hineinziehe, Liv. 5, 25, 13. – prägn., alqm, jmd. **hinziehen, hinhalten** (von einer Zeit zur anderen), Liv. u. Suet. – **2** insbes., bei einem Geschäft usw. die Zeit **vergeuden, hinbringen,** ohne zu einem Resultat zu kommen, dies dicendi morā, Caes.: id (dieser Rest des Sommers) facile extrahi posse, Caes.: aestatem sine ullo effectu, Liv.: noctem vigiliis, Curt.: cunctando diem, Liv.: id facile extrahi posse, Caes.

extrāmundānus, a, um (extra u. mundus), **außerweltlich,** Hieron. interpr. Orig. in Ezech. hom. 14, 2. Mart. Cap. 1. § 38 u. a.

extrāmūrānus, a, um (extra u. murus), **außerhalb der Mauer befindlich, -wohnend, -hausend** (Ggstz. intramuranus), basilica, Ambros. epist. 20, 1: meretrices, Lampr. Heliog. 27, 7: hostis, Heges. 4, 25, 2.

extrā-nātūrālis, e, **nicht natürlich,** Tert. de anim. 43.

extrāneo, āvī, āre (extraneus), **nicht als sein Kind betrachten,** alqm, Apul. apol. 97 zw.

extrāneus, a, um (extra), **I** nicht zum Wesen einer Sache gehörig, **äußerer, äußerlich, außerhalb liegend** (Ggstz. proprius), res extraneae (Ggstz. corpus, animus), Rhet. Her. 4, 42. Cic. de or. 2, 46. Apul. apol. 20 *extr.*: sive propria verba sive extranea (uneigentliche), Rhet. Her. 4, 11: ornamenta, Cic. de inv. 1, 32: propter extraneam causam (Ggstz. propter se), Rhet. Her. 3, 2: impulsu et instinctu extraneo, Gell. 1, 11, 14. – **II** nicht in Beziehung zum Haus od. zur Familie, zu unserer Person, zu unserem Land stehend, **auswärtig, fremd, a** nicht in Beziehung zum Haus od. zur Familie (dah. auch nicht zur Ehe) stehend, **fremd, fernerstehend,** heres (Ggstz. domesticus, suus, der nächste), Plin. pan. 37, 1. Paul. dig. 29, 5, 6. § 1: mulieres (Ggstz. matres, filiae et germanae), Cod. Iust. 1, 3, 19: medicus (Ggstz. medicus amicus), Cels. 1. prooem. p. 12, 31 D.: coloni (im Ggstz. zur familia rustica), Scaevol. dig. 33, 7, 20. § 1: exercitatio forensis et extranea (Ggstz. domestica diligentia), Cic. oecon. fr. 5. p. 51, 19 K. (bei Col. 12. pr. § 4): stratum, fremdes Lager (im Ggstz. zum Ehebett), Publ. Syr. bei Petron. 55, 6. *v.* 11: voluptates, außerhalb des Hauses, außereheliche, Spart. Hel. Ver. 5, 11. – subst., extraneus, ein **Fremder,** Ggstz. domesticorum aliquis, Suet. Claud. 9, 1. Plin. 28, 39; Ggstz. familia Cyri, Iustin. 1, 10, 14; Ggstz. pater, Cod. Iust. 6, 42, 32; Ggstz. patronus, Paul. dig. 26, 3, 4: Plur. extranei, **Fremde, Fernerstehende,** Ggstz. liberi, Gell. 5, 19, 1. Suet. Claud. 4, 7; Ggstz. liberi ac parentes, Plin. pan. 37, 7; Ggstz. unicus filius, Tac. ann. 4, 11; Ggstz. amici, Tac. Agr. 43; Ggstz. domestici, Suet. Aug. 64, 2. – **b** nicht in Beziehung zu unserer Person stehend, **fremd, eines anderen** (Ggstz. meus, tuus, suus, proprius), servus, Paul. dig. 9, 4, 4. §. 1: fides (Zuverlässigkeit), Ggstz. propria, Cod. Iust. 6, 42, 32: cognomen (Ggstz. nomen suum), Rhet. Her. 4, 42. – lac, Ggstz. maternum, Soran. Lat. p. 31, 5. – subst., extrāneī, ōrum, *m.*, **Fremde, andere,** in extraneos casti, in vosmet ipsos incesti, Tert. ad nat. 2, 20. – **c** nicht in Beziehung zu unserem Staate stehend, **fremd, auswärtig** (Ggstz. domesticus), bellum (Ggstz. bellum civile), Acro Hor. de art. poët. 212: homines, Ausländer, Paul. dig. 1, 18, 3: milites, Iustin. 5, 9, 12: si extraneus deest, domi hostem quaerunt, Liv. 44, 2, 2. – subst., extrāneus, ī, *m.*, **der Ausländer,** Ggstz. Romanus, Liv. epit. 57: Plur. (Ggstz. domestici), Ps. Cic. priusqu. in exs. ir. 9. – **d** übtr., **ein Fremdling** in, **fremd,** m. *Genet.*, quis tam extraneus est humanitatis, ut etc., Hieron. epist.: so auch Tert. de cult. fem. 2. – ► vulg. **extrānius,** CIL 14, 667.

extrā-ōrdināriē, *Adv.* (extraordinarius), **außergewöhnlich,** Hieron. in Ephes. 1. ad 2, 13.

extrā-ōrdinārius, a, um, **außerordentlich, außergewöhnlich, a** im Allg.: fructuum species, Varro: pecunia, durch Schenkung, Erbschaft usw. erhalten, Cic.: pecuniae, auß. Einnahme, Cic.: ludi, Suet.: cupiditates, unnatürliche (Ggstz. natura ac necessitas, natürliches Bedürfnis), Cic.: periculum, Curt.: reus, außerordentlicherweise angeklagt, Cic.: bella (Kriegsfälle), Suet.: consulatus petitio, Cic.: munus, außerord. = außer der Ordnung übertragenes Amt (Ggstz. iustum et legitimum), Cic. u. Suet.: u. so imperium, Cic. u. a.: potestates, Cic.: honos, Caes. u. Cic. – subst., extrāōrdināria (*n. pl.*), außerordentliche Macht, Vell. 2, 31, 4. – **b** als milit. *t. t.*, **außerordentlich, auserlesen,** equites, cohortes, u. subst. bl. extraordinarii, die Auserlesensten von den Hilfstruppen (u. zwar von den Fußsoldaten der fünfte, von den Reitern der dritte Teil), Liv.: porta = *praetoria* (weil die milites extraordinarii neben ihm ihre Zelte hatten), Liv.

extrārius, a, um (extra), **I äußerer, von außen kommend,** lux, Lucr. 4, 276: lumen, Apul. apol. 15. p. 23, 4 Kr. – **II** übtr.: **1** nicht zum Wesen einer Sache gehörig, **äußerer, außerhalb liegend, von außen hinzukommend,** naturae nullius extrarii boni participatione sed ex sese bonae, Apul. de deo Socr. 3. p. 7, 17 G.: utilitas aut in corpore posita est aut in extrariis rebus, Cic. de inv. 2, 168: corporum sanitas, vires, indolentia ceteraque eius bona extraria, Apul. de dogm. Plat. 2, 12 *in.*: sine adsumptione extrariae defensionis, Rhet. Her. 2, 19. – **2** nicht in Beziehung zum Haus od. zur Familie, zu unserer Person, zu unserem Land stehend, **auswärtig, fremd, a** nicht in Beziehung zum Haus od. zur Familie stehend, **fremd, fernstehend,** extr. canis a trivio, Suet. Vesp. 5, 4: accusator, unserem Hause fremder, Quint. 7, 4, 9: arbiter (Zeuge), Apul. apol. 40: mulier (Ggstz. conserva coniuga), Apul. met. 8, 22: heredes, Iavol. dig. 38, 2, 36 pr. – subst., extrārius, iī, *m.*, ein **Fremder,** Ter. Phorm. 579: extrario nubere, aus der Familie herausheiraten, Apul. apol. 68. – **b** nicht in Beziehung zu meiner Person stehend, **fremd, fernstehend, eines anderen (Dritten),** voluntas (Ggstz. ipsius, qui periit, voluntas), Quint. 7, 2, 9. – m. *ab* u. Abl., ut me in hac re ducat abs te extrarium, Afran. com. 324. – **c** nicht in Beziehung zu meinem Land stehend, **auswärtig, fremd,** subst., extrarii, die **Ausländer,** das **Ausland,** apud extrarios (Ggstz. apud meos u. apud suos), Apul. flor. 18. p. 29, 10 u. 22 Kr.

extrēmē, *Adv.* (extremus), extra exterius extreme, Prisc. 12, 26.

extrēmitās, ātis, *f.* (extremus), das **Äußerste, I** im Allg.: **1** eig., bald = die **äußerste Grenze,** Cic.: extremitates Aethiopiae, Plin. – bald = der **äußere Umkreis,** mundi, Cic.: circuli, Plin. – bald = der **Umriss,** picturae, Plin. – bald = die **Einfassung,** lacus, Plin. ep.: extremitates lacuum, Plin. – **2** übtr., das zeitliche **Ende,** ea nocte resurrexit, cuius extremitas illud diluculum fuit, Augustin. serm. 221. – **II** insbes.: **a** extremitates corporis, die **Extremitäten** (des Körpers), Plin. 28, 61: u. so bl. frigus extremitatum, Plin. 23, 48: articuli extremitatium, Plin. 29, 32. – **b** als geom. *t. t.*, die **Fläche,** Cic. Acad. 2, 116. – **c** als rhet. *t. t.*, extremitates, die **äußersten Gegensätze, Extreme,** Quint. 11, 3, 15. – **d** als gramm. *t. t.*, die **Endung,** Gell. 11, 15, 8 (dort die Endung ... bundus): Plur. bei Prisc. ad Iulian. ep. § 5 u. 6. – ► Genet. Plur. auch extremitatium, Plin. 29, 32.

extrēmus, a, um, s. exter.

extrīcātio, ōnis, *f.* (extrico), das **Entwirren, Ausfindigmachen,** impossibilium paene rerum, Chalcid. Tim. prooem. p. 3, 5 Wr.: angelicae naturae, Chalcid. Tim. 120.

ex-trīco, āvī, ātum, āre (ex u. tricae), **herauswickeln, herauswinden, I** eig.: cerva plagis extricata, Hor.: im Bild, deficientibus argumentis in hanc foveam necessario decĭdit, unde se extricare non posset, Lact. – margaritae extricatae, lose, nicht angereihte, Plin. – agrum silvestrem, urbar machen, Col. – **II** übtr.: **a** mit Überwindung von Schwierigkeiten mühselig **herausbringen, ausfindig machen, aufstöbern, auftreiben, zutage fördern, zuwege bringen,** nummos, Hor.: de alqo nihil (keine Nachricht), Vatin. in Cic. ep.: nihil, Phaedr. – Als Deponens, extricabor aliquā (ope), Plaut. Epid. 152 G. – **b verjagen, verscheuchen,** fumus eius extricat omne genus daemoniorum, Vulg. Tob. 6, 8.

extrilidus, a, um, **schreckensbleich,** homo pavidus et extrilidus, Gell. 19, 1, 6 H. zw. (viell. zu lesen extimidus).

extrīnsecus, *Adv.* (aus *extrim v. exterus u. secus), **I von außen,** griech. ἔξωθεν, Cic. u. Liv.: attrib., frigoris calorisve extr. accessio, Chalcid. Tim. 24; vgl. 93. – **II außerhalb, 1** eig.: **a außen,** extr. auscultantes (= ἐξωτερικοί), Sen.: u. so in quo quid sit, in ministerio plerique extr. nesciunt, die meisten Nichteingeweihten, Varro LL. 7, 34: extr. singuli locorum custodes erant, Apul. – **b äußerlich, an der Außenseite** (Ggstz. intrinsecus, ex od. ab interiore parte), columna extr. inaurata, Cic.: quae sunt extr., Cic.: attrib. = **äußerlich,** pallii extr. habitus, Tert. de pall. 1. – **2** übtr.: **a außer der Sache, nicht zur Sache gehörig,** Col. 1, 6, 17. – **b außerdem,** Eutr. 9, 25.

extro, āre (extra), über etwas **hinausgehen, -treten** (Ggstz. intro), limen, Afran. com. 5.

extrōrsum u. **extrōrsus,** *Adv.* (extra u. versus), **auswärts, nach außen,** Prud. cath. 9, 74 Dr. Charis. 188, 3 *sq.* (extrorsum). Charis. 88, 4 (extrorsus). Vgl. Gloss. II, 287, 44 ›extrosum, εἰς τὸ ἐξώτερον‹.

ex-trūdo, trūsī, trūsum, ere, **heraus-, hervor-, fort- (weg-) stoßen,**

-treiben, -jagen, I eig.: α persönl. Objj.: foras, die Tür weisen, vor die Tür setzen, Plaut.: u. so aliquo hinc, Ter.: eo (dahin) alqm invitum, Ter.: alqm ex aedibus, Plaut.: alqm invitum domo ab se, Plaut.: alqm in viam extrudere et eicere, Cic.: extrudi a senatu in Macedoniam, Cic.: Pollucem quam primum fac extrudas, schaffe fort, schaffe vom Hals, Cic.: quo in numero tu certe fuisses, nisi te extrusissemus, wenn wir dich nicht fortgeschafft, mit Gewalt fortgebracht hätten (scherzh. für: nach Gallien zu Cäsar zu gehen genötigt hätten), Cic. ep. 7, 6, 1. – β lebl. Objj.: mare aggere, hinausdrängen (= mit Gewalt abhalten), Caes.: Euboea promunturium extrudit, stößt hervor, d. i. lässt ein Vorgebirge hervorragen, Mela. – qui vult extr. merces, sobald als möglich loswerden, sich vom Hals schaffen, Hor. ep. 2, 2, 11. – II übtr., **verdrängen,** rerum novitate extrusa vetustas, Lucr. 3, 962.

extruo, s. ex-struo.

extūberātio, ōnis, *f.* (extubero), die **Geschwulst,** Plur. bei Plin. 31, 104.

ex-tūbero, āvī, ātum, āre, I *intr.* **aufschwellen,** übtr. = **sich erheben,** ex qua (radice) media veluti malum extuberat, Plin.: oculi figurā extuberans (gemma), Plin. – II *tr.* **aufschwellen machen,** im Passiv = **aufschwellen,** aviditate nimiā extuberatus venter, Amm. 22, 15, 23: extuberatum caput, Amm. 25, 10, 13. – übtr. = **hervortreten-, sich erheben lassen,** valles (Ggstz. deferre montes), v. Erdbeben, Sen. nat. qu. 6, 4, 1.

extumefactus, a, um (extumeo u. facio), **aufgeschwollen,** cum (illa pars animi) sit extumefacta potu atque pastu, *Cic. de div. 1, 60.

ex-tumeo, ēre, **aufschwellen,** Plaut. truc. 200.

ex-tumēsco, tumuī, ere (*Inchoat.* v. extumeo), **aufschwellen,** übtr., ita irā extumuit (schwoll ihm der Kamm vor Z.), ita exarsit furore, ut etc., Apul. apol. 78 *in.*: ut neque extumescant (fabulae Terentii) ad tragicam celsitudinem, neque abiciantur ad mimicam utilitatem, Euanth. de trag. com. p. XV, 1 Klotz.

ex-tumidus, a, um, **aufschwellend, sich erhebend, erhaben,** Varro r. r. 1, 51, 1.

extumus, s. extimus unter exter.

ex-tundo, tudī, ere, I **herausschlagen,** A **durch Schläge mit dem Hammer bilden,** dah. 1 eig. = caelare, eine Figur aus der Fläche heraustreiben, **in Relief arbeiten,** lapsa ancilia caelo extuderat, Verg. Aen. 8, 665 *sqq.* – 2 übtr., a **herausbilden,** alios continuatio extundit (vom Bildhauer hergenommen, der durch unzählige Schläge aus dem rohen Marmor einen Gott macht), Quint. 1, 3, 6. – b **erwerben, verschaffen, zuwege bringen, machen,** artem alci, Verg.: eloquentiam, Gell.: dulce melos pollice, Auct. pan. ad Pison. – c **zuwege bringen,** es mit Mühe **dahin bringen,** etwas **erlangen, durchsetzen,** id, Plaut.: ea magis convicio quam precibus, Suet.: haec ab invita Pudentilla aegre, Apul.: mit folg. *ut* u. Konj., vix extuderunt, ut domum rediret, Val. Max. 1, 4, 5; u. so Val. Max. 3, 4, 4 u. 5, 2, 10. – B ausschlagen u. so **zerschlagen,** wir umgekehrt **einschlagen,** calcibus frontem, Phaedr. 1, 23, 9: alterius diminutas scapulas in deforme, Sen. contr. 10, 4 (33). § 2. – II **herausstoßen, pressen,** 1 eig.: frequens tussis sanguinem extundit, Cels. 4, 4, 5. – 2 übtr., a **herauspressen** = abnötigen, qui instat, etiam ex duro et immemori pectore gratiam extundit, Sen. de ben. 1, 3, 1. – b **vertreiben,** cum labor extuderit fastidia (*sc.* cibi), Hor. sat. 2, 2, 14.

ex-turbo, āvī, ātum, āre, mit Ungestüm, stürmend, gewaltsam **herausstoßen, heraustreiben** od. **-stürzen, weg-, vertreiben,** I eig.: A im Allg.: α persönl. Objj.: alqm foras, Plaut.: inde hostem impeditum trepidantemque, Liv.: alqm ex aedibus, Plaut.: ext. et expellere plebem ex agris, Cic.: alqm aedibus suis, Plaut.: alqm civitate, provinciā, Cic.: alqm urbe, Vell. – β lebl. Objj.: alci dentes, Plaut.: nervus exturbans (sagittas), die die Pfeile fortschnellende Sehne, Sil.: calculos, von Heilmitteln, Plin.: tabernas, über den Haufen werfen, Ascon.: quercus radicitus exturbata, herausgewirbelt, Catull. 64, 108. – B insbes.: 1 die Frau aus dem Haus **verstoßen,** Octaviam, Tac. ann. 14, 60: u. die Frau jmds. aus der Ehe **verdrängen,** Iuliam Silanam matrimonio eius, Tac. ann. 11, 12. – 2 jmd. aus seinem Besitztum **verstoßen, -vertreiben,** alqm e possessionibus, Cic.: alqm fortunis omnibus, Cic. – II übtr.: alci ex animo aegritudinem, Plaut.: omnem spem pacis, zunichte machen, Liv.: mentem alcis, außer Fassung bringen, Cic.

ex-turpo, āvī, āre, **ganz schänden = entehren,** nobilitatem male vivendo, Schol. Pers. 3, 31.

ex-tussio, ītus, īre, **aushusten,** sanguinem, Plin.: extussitur pus, Cels.: extussita sputa, Cael. Aur. – Nbf. **ētussio,** īre, Cael. Aur. chron. 5, 10, 103 (wo liquida et purulenta etussiantur).

exūberāns, antis, *PAdi.* (v. exubero), **außerordentlich,** pernicitas, Amm. 19, 8, 11.

exūberanter, *Adv.* (exuberans), **überflüssig, reichlich,** Cassiod. de amic. 25, 3.

exūberantia, ae, *f.* (exubero), der **Überfluss,** Gell. 2, 26, 9 u. 8, 7 *lemm.*

exūberātio, ōnis, *f.* (exubero), der **Überfluss** (Ggstz. defectio), Vitr. 1, 4, 8 (im Plur.). Th. Prisc. 4. fol. 318, a.

ex-ūbero, āvī, ātum, āre, I *intr.* **reichlich hervorkommen,** A eig., v. Flüssigkeiten, **in reichlicher Fülle hervorströmen, überströmen,** sub eo saxo exuberans scatebra fluviae radit rupem, Acc. tr. fr.: specus, quo reciprocata maria residunt, atque unde se rursus exuberantia attollunt, Mela: mox (fons) increscens ad medium noctis exuberat, ab eo rursus sensim deficit, Plin.: omnem aquam exuberare, Frontin.: im Bild, ille quasi exuberans fons est, hic tamquam defluens ex eo rivus, Lact. – m. *Abl.,* copiis exuberans propriis (Rhenus), Amm.: alte spumis exuberat amnis (die Flut des kochenden Wassers), Verg. – B übtr.: 1 **in Fülle (reicher Menge) sich zeigen, überreichlich sich zeigen,** si luxuriā foliorum exuberat umbra, Verg.: cuius corpus in tam immodicum modum luxuriasset exuberassetque, dessen Körper unförmig fett und dick geworden war, Gell.: quia lucrum exuberabat, Suet.: ex multa eruditione exuberat eloquentia, Tac. dial.: vel quod (περισσόν) abundans nimis esset et affluens et exuberans (überreichlich), Gell. 1, 22, 9. – 2 m. *Abl.* = von etwas **überströmen,** an etwas **Überfluss haben,** mit etw. **überfüllt sein,** pomis exuberat annus, Verg.: ex. copiā lactis, v. Tieren, Lact.: terram umore quodam, qui esset similis lactis, exuberasse, Lact.: tam lato fenore exuberat, v. einer Pers., Tac. – II *tr.:* 1 **in reichlicher Menge-, in reicher Fülle hervorbringen,** favorum ceras (v. Kräutern), Col.: vindemias, Col. – 2 einwandernd **überfluten, überreichlich bevölkern,** Scythae exuberant Persas, Tert. de pall. 2.

exuccus, s. ex-sūcus.

exūdātio, s. exsūdātio.

exūdo, s. ex-sūdo.

exūgo, s. ex-sūgo.

exul, exulāris etc., s. exsul, exsularis etc.

exulcerātio, ōnis, *f.* (exulcero), I aktiv = das **Schwären-, Eiternlassen** eines entzündeten Gliedes, übtr., verebar ne haec non consolatio esset, sed exulceratio (Aufreißen der Wunde), Sen. ad Helv. 1, 3. – II passiv, das Übergehen eines entzündeten Gliedes in Eiter, die **Eiterung, Verschwärung, Vereiterung,** magna, gravis, Cels.: exulcerationes vulnerum, Firm.: exulcerationes gingivarum, Cels. u. Plin.: exulceratio fit, oritur, Cels.: ex hoc exulceratio accĭdit, Cels.: si exulceratio stomachum infestat, Cels.

exulcerātōrius, a, um (exulcero), **schwären machend, Schwären treibend,** medicamenta, Plin. 23, 126.

exulcerātrīx, trīcis, *f.* (exulcero), **Schwären treibend,** vis septica et ex., Plin. 27, 105.

ex-ulcero, āvī, ātum, āre, I **schwären machen, zum Schwären-, zum Eitern bringen** u. übh. **wund machen,** cutem, Cels.: ventrem, Cels. u. Sen.: cicatrices, Plin.: vulvas ferro, Col.: aures, v. Insekten, Varro: vitem, ritzen, Col.: lateribus attritu exulceratis, Sen.: exulcerata et aegra corpora, Sen. – II übtr.: 1 **in tiefe Betrübnis versetzen,** cetera quibus exulceratae (tief betrübte) mentes ad sanitatem revocantur, Petron. 111, 8. – 2 **tief hinein böse machen, verschlimmern,** ea, quae sanare nequeunt, exulcerant, Cic.: dolorem alcis, Plin. ep.: vestram gratiam, verbittern (Ggstz. conciliare), Cic.: res ab ipso rege clam exulceratae, in ein schlimmes Geleise gebracht, Cic. – **3** **aufbringen, erbittern,** ut in exulcerato animo facile fictum crimen insideret, Cic.: ira exulceratos ignominiā stimulabat animos, Liv.: vulneratae (ferae) magis exulcerantur, Capit.: ad tuam mentem si in aliquo exulcerassem deleniendam, Paulin. in Augustin. epist. 32, 5: iam te exulcerati suspicionibus amare non possunt, Lampr.

exulo etc., s. ex-sulo etc.

exult…, s. exsult. …

ex-ululo, āvī, ātum, āre, **aufheulen** Ov. u. a. – dah. exululātus, a, um, **a** passiv, **durch Heulen gefeiert,** mater Cybeleïa, Ov. art. am. 1, 508; vgl. fast. 4, 186. – **b** medial, **aufheulend,** Ov. trist. 4, 1, 42.

exundantia, ae, *f.* (exundo), das **Austreten,** aquarum, Ambros. hexaëm. 2, 1. § 1. – Übtr., **a** die **Überfülle** der sprachl. **Darstellung,** Augustin. de anim. § 3. – **b** das **Übermaß,** voluptatis, Augustin. op. imperf. c. Iul. 4, 39 *extr.*

exundantius, *Adv.* im *Compar.* (exundans v. exundo), **überreichlicher,** Augustin. epist. 3, 1 u. a. Eccl.

exundātio, ōnis, *f.* (exundo), das **Austreten,** aquarum calentium, Sen. de ben. 4, 5, 3: fluminum, Plin. 19, 37.

ex-undo, āvī, ātum, āre, **I** *intr.* **heraus-, überfluten, heraus-, überströmen, sich ergießen, austreten,** **A** eig.: fons exundat, Plin.: solum exundans sanguine, Sen.: vi tempestatum in adversa litora, durch die Gewalt der Stürme an das entgegengesetzte Ufer angeschwemmt werden (vom flüssigen Bernstein), Tac.: v. der Flamme = **überwallen, hervorwallen,** Stat. u. Sill.: v. der menschlichen Seele (spiritus), Sil. – **B** übtr., wie unser **überströmen** = überreichlich vorhanden sein, -sich zeigen, largus et exundans ingenii fons, Iuven.: exundantes opes, Tac.: ex multa eruditione exundat et exuberat illa admirabilis eloquentia, strömt u. sprudelt hervor jene usw., Tac. dial.: imprudentium ut gaudia sic dolores exundavere, Sen.: exundat furor, Sen. poët.: eo detracto, quod exundet, was (beim Zorn) überströmt, Sen. – **II** *tr.* **ausströmen lassen,** fumum, Sil. 2, 631: subtiles corporum fusiones, Chalcid. Tim. 236.

ex-ungo (ex-unguo), ūnctus, ere u. **ex-ungor** (ex-unguor), ungī, **versalben, verschmieren,** exessum, expotum, exunctum, elutum in balineis, Plaut. trin. 406: vos eam exestis exunguimini exbibitis, Plaut. truc. 312: u. refl. (in einem scherzh. Wortspiel), eluas tu an exunguare, ciccum non interduim, ob du dich verschlemmst od. verschmierst (= auf die eine oder die andere Weise zugrunde gehst), Plaut. rud. 580.

ex-unguis, e, **ohne Klauen, -Krallen,** Tert. de pall. 5.

exungulo, āvī, āre (ex u. ungula), den **Huf verlieren,** Veget. mul. 2, 57 *in.*

ex-unguo, s. ex-ungo.

ex-uo, uī, ūtum, ere (st. exduo, ἐκδύω; vgl. induo), **I** **herausziehen, herausnehmen, -tun,** **1** eig.: **a** übh.: se ex his laqueis (bildl.), Cic.: hordea de palea, enthülsen, Ov. – **b** insbes.: **α** **entblößen, frei machen,** magnos membrorum artus, Verg.: mensas et opertos orbes, Mart. – **β** m. *Abl.* = einer Sache **entledigen, entkleiden,** etw. **ablegen, abschütteln,** alqm veste, Suet.: saetosa membra pellibus, Hor.: ensem vaginā, aus der Sch. ziehen, Stat.: se tunicā intimā, Gell.: se iugo, Liv.: se his monstris (übernatürliche Gestalt), Ov. – Passiv poet. m. griech. *Acc.,* superiorem exutus tunicam, Apul.: unum exuta pedem vinclis, Verg.: exuitur cornua, et annos, Ov. – **γ** Passiv exuī absol., **entkleidet werden,** publicus spoliator exuitur, Pacat. pan. 43, 3; od. medial = **sich entkleiden, ablegen,** exuimur, Mart. 3, 68, 4. – **2** übtr.: **a** übh.: hominem ex homine, sich aller Menschlichkeit entäußern, Cic.: mihi ex animo exui non potest esse deos, ich lasse mir die Meinung nicht nehmen, Cic. – **b** m. *Abl.* = **α** einer Sache **entledigen, entäußern,** etw. **ablegen,** se omnibus vitiis, Sen.: se curis mortalibus, Sil. – **β** jmd. um etw. **bringen,** einer Sache **berauben,** alqm agro paterno (v. Schulden), Liv.: alqm bonis avitis, Tac. – **γ** als milit. *t. t.* = dem Feind etwas **abnehmen,** ihn **zwingen** (**nötigen**) etwas **wegzuwerfen** od. **im Stich zu lassen,** hostem impedimentis, castris, armis, praedā, Caes. u. Liv.: exutus campis, aus der Ebene gejagt, Tac. – **c** m. *Dat.,* einer Sache **berauben,** exutus formae, Sil. 8, 441. – **II** prägn., jmdm. od. sich etwas **ausziehen, abtun, abnehmen, ablegen,** **1** eig.: pallam, Plaut.: vestem, Vell.: togam, Sen. ep. 18, 2: praetextam, Plin. pan.: alas, Verg.: alci clipeum, Ov.: umero (von der Sch.) ensem od. pharetram, Verg. u. Ov.: vincula sibi, abstreifen, Ov.: iugum, servitium, Tac.: iugum (bildl.), sich des J. entledigen, Liv. – **2** übtr.: **a** einen Körperteil usw. bei einer Verwandlung **ablegen,** torvam faciem, Verg.: hominem, Menschengestalt, Ov. – **b** Zustände u. Verhältnisse, **ablegen, beseitigen, aufgeben, verschmähen, brechen, lösen, sich** einer Sache **entledigen, entäußern,** von etw. **sich lossagen** (Ggstz. retinere), humanitatem omnem, Cic.: repente antiquos mores, Liv.: feritatem, Ov. u. Sen.: animam, das Leben verlieren, Ov.: patriam, verleugnen, Tac.: obsequium in alqm, verweigern, Tac.: servitutem muliebrem, Liv.: societatem Romanam, pacem, Tac.: ius fasque, Tac.: fidem exuere, gewissenlos handeln, Tac. – v. lebl. Subjj., haec (das Gepfropfte) exuerint silvestrem animum, Verg.: quamvis (libelli) iam gratiam novitatis exuerint, Plin. ep.: iam (corrupta) illum quo fefellerant, exuant mentitum colorem, Quint. – **c** eine Pers. **beseitigen, sich** jmds. **entledigen,** Lepidum, Tac. ann. 1, 2: magistrum, Tac. ann. 14, 52.

exuper…, s. exsuper. …

exurdo, s. ex-surdo.

ex-urgeo, ēre, **ausdrücken,** einen Schwamm usw., Plaut. rud. 1008 *sq.:* sucum = ausdrücken, herausbringen, Cato r. r. 156, 3 K. – Nbf. exurguentes, Paul. ex Fest. 80, 16 (wo erklärt durch exprimentes).

exurgo, s. ex-surgo.

ex-ūro, ussī, ūstum, ere, **ausbrennen,** **I** = **herausbrennen,** exustae tuae mox, Polypheme, genae, Prop.: aliis scelus exuritur igni, Verg. – **II** = **völlig verbrennen, abbrennen, einäschern,** **1** im engeren Sinne: alqm vivum, Cic.: oppida, villas, Caes.: classem, Verg.: Lugdunensis colonia exusta est incendio, Sen.: clivus Publicius ad solum exustus est, Liv.: lucerna exusta est, ist abgebrannt, Vitr. – **2** im weiteren Sinne: **a** **verzehren,** vis veneni exurit ferrum, zerbeizt Curt.: (suci) cornua exurunt, Ov.: eruca exurit semina morsu, verheert, Col. poët. – bildl., ex animo exuri non potest, esse deos, Cic de nat. deor. 3, 3. – **b** **vertrocknen, austrocknen,** omnes unus (*scil.* sol) exurit lacus, Phaedr.: loca exusta solis ardoribus, Sall.: caseus sole exustus, Col.: exustus ager, exusta palus, Verg. – **III** **tüchtig brennen,** **A** **verbrennen,** **a** v. der Sonne: sol graciles exurit artus, Tibull.: sol si perpetuo siet, flammeo vapore torrens terrae fetum exusserit, Pacuv. fr. – **b** v. brennenden Durst, **brennen, quälen,** sitis exurit miseros, brennender Durst quält, Lucr.: fervidā exustus siti, Sen. poët. (vgl. Mützell Curt. 4, 16 [61], 12). – exustus flos siti veteris ubertatis exaruit, verschmachtet, Cic. Brut. 16. – **B** **in Glut setzen, erhitzen,** **1** eig.: antra positis exusta caminis, Ov.: fervido sole exurente vestigia, Curt.: si quis exustus in sole est, Cels. – **2** übtr.: **a** zur Liebe **entflammen,** deos, Tibull. 4, 2, 5. – **b** v. Sorgen, **brennen, quälen,** magis exurunt curae, Sen. Agam. 661 (699).

exūstio, ōnis, *f.* (exuro), **I** das **Verbrennen,** ex. amphitheatri, Lampr. Heliog. 17, 8: exustiones terrarum, Cic. de rep. 6, 23: absol., quorum finis exustio est, Hieron. in Isai. 3, 7, 4: vgl. Ambros. hexaëm. 4, 3, 10. – **II** das **Brennen,** **a** ex. solis, Sonnenbrand = brennende, austrocknende Sonnenhitze, Plin. 17, 223. Cael. Aur. de morb. chron. 1, 1, 4 u. 3, 5, 69. – **b** das **brennende Gefühl,** Plin. 18, 5.

exūtio, ōnis, *f.* (exuo), die **Ausschließung,** a venia, meton. = die von der Verzeihung Ausgeschlossenen, Ambros. in Luc. 8. § 64.

exuvia, s. exuviae ►.

exuviae, ārum, *f.* (exuo), eig. »das, was man sich od. einem anderen aus- od. abgezogen oder abgenommen hat«, dah. **I** der Menschen: **a** **Kleidung** usw., uxoris, gleichsam der Auszug meiner Frau (Ggstz. induviae tuae, dein Anzug), Plaut.: ex. Iovis Optimi Maximi, Suet.: exuviae filiae ornatusque, Mart. Cap.: has enim exuvias mihi perfidus ille reliquit, Verg.: exuvias facere, quas vovi, volo, will den Raub ausziehen, den usw., Plaut. – poet., v. der natürl. **Kopfbedeckung** (= Haar), capitis, Sen. poët., od. verticis, Catull. – u. die **Ausrüstung** eines Pferdes (Sattel u. Zeug), istis omnibus exuviis amotis, Apul. de deo Socr. 23. – **b** die dem Feind **abgenommene Waffenrüstung,** Mezentii, Verg.: hostiles, Tibull. u. Tac.: nauticae, die abgenommenen Schiffsschnäbel, Cic.: exuvias alci dare, Acc. fr.: bildl., tu ornatus exuviis huius, Cic. Sull. 50: quam (rixam) de virgineis gesserat exuviis, Catull. 66, 14. – **II** der Tiere, **a** die **abgelegte Haut,** serpentis, Suet.: velut senectutis pendentis exuviae, Amm.: exuvias ponere (v. Schlangen), Verg. u. Lucan. – **b** die **abgezogene Haut,** leonis, Verg. u. Hyg.: tigridis, Verg.: taurinae, Amm.: bubulae, Riemen aus Rindsleder, Plaut.: indumentum exuviis suis exhibere, Lact. – **III** lebl. Ggstd.: quasi quaedam exuviae (Ablagerungen), Apul. apol. 15. – ► Sing. **exuvia,** ae, *f.,* Augustin. serm. 59, 1 *Mai* (nova bibl. patr. 1. p. 118).

exuvium, iī, *n.* (exuo), Nbf. v. exuviae (s. d.), Prop. 4, 10, 6.

ex-vapōro, āre, s. ē-vapōro.

ex-veho, ere = eveho (s. d.), Ulp. dig. 10, 4, 5 *in.*

exverrae, s. ēverrae.

ex-vibrisso, āre, s. vibrisso.

F.

F, f, der sechste Buchstabe des röm. Alphabets, *ef,* genannt, dem Laut nach entsprechend dem griech. *Phi* (φ), daher bei den Griechen überall durch φ wiedergegeben, wie Φάβιος (Fabius), ποντίφικες (pontifices), φερῖρε (ferire). – durch Assimilation entstanden aus b, d, s, x (c) in offero (= obfero), affero (= adfero), differo (= disfero), effero (= exfero od. ecfero) und ähnl. Zusammensetzungen; auch in officina = opificina.

Als Abkürzung ist F gew. = Filius; aber auch, bes. auf Grabschriften = Fecit (z. B. V. F. = vivus fecit), dah. FF. = Fecerunt; ferner = Fidelis od. Felix als Beiname von Legionen (F. F. = Flavia Fidelis). – F. C. = Faciundum Curavit. – F. I. = Fieri Iussit. – FL. = Flavius, Flavia tribu. – FL. P. = Flamen Perpetuus. – FR. od. FRU. = Frumentum, Frumentarius.

faba, ae, *f.,* **I** die **Bohne,** eine Hülsenfrucht (*Vicia Faba,* L.), wahrsch., wie κύαμος, bes. unsere **Sau-** od. **Pferdebohne, Puffbohne,** Scriptt. r. r. u. a.; vgl. Schneider Col. 2, 10, 6 u. im Ind. ad. Scriptt. r. r. *in v.* Voß Verg. georg. 1, 215. p. 111. – Der Flamen Dialis durfte die Bohne weder berühren noch nennen, geschweige denn genießen, Fab. Pict. b. Gell. 10, 15, 12. Plin. 18, 118. Paul. ex Fest. 87, 13. – Ebenso war der Genuss der Bohne teils wegen ihrer Unverdaulichkeit, teils wegen ihrer die Sinne schwächenden Kraft den Pythagoreern untersagt, Cic. de div. 1, 62; 2, 119. Hor. sat. 2, 6, 63. Plin. 18, 118. Gell. 4, 11, 4. – wegen ihrer Härte, id (quod cacas) durius est fabā et lapillis, Catull. 23, 21. – als Größenmaß, ad nostrae fabae magnitudinem, Cels. 5, 25. *no.* 4 u. 9: quod Aegyptiae fabae magnitudinem habeat, Cels. 5, 25. *no.* 6: quod fabae magnitudinem impleat, Cels. 6, 6. *no.* 1. p. 227, 28 D.: raro fabae magnitudinem excedit, Cels. 5, 28. *no.* 14. – Sprichw., tam perit quam extrema faba (wie die am Rand des Bohnenfeldes stehende, von den Vorübergehenden zertretene Bohne), Fest. 363, 17, a: istaec in me cudetur faba, das werde ich ausbaden müssen, Ter. eun. 381: in faba repperisse (den Wurm in der Bohne = was man gesucht, gefunden haben), Plaut. aul. 819. – Meton., **a** das **Bohnenfeld,** perque fabam repunt et mollia crura reponunt, Enn. ann. 556. – **b** der **Bohnenbrei,** pallens faba cum rubente lardo, Mart. 5, 78, 10. – **II** übtr., v. ähnl. gestalteten Gegenständen, faba vitrea, kollekt. Glasbohne = gläserne Perlen (als Ohrgehänge), Petron. 67, 10: fabae caprini fimi, Ziegenkot, Plin. 19, 185.

fabāceus u. **-cius,** a, um (faba), **aus Bohnen, Bohnen-,** puls, Macr. sat. 1, 12, 33: messis, Pallad. 12, 1, 2: mucus, Veget. mul. 3, 36, 2. – subst., fabaciae virides u. Baianae, Puffbohnenschoten, Apic. 5, 210.

fabāginus, a, um (faba), **von Bohnen,** acus, Bohnenspreu, Cato r. r. 54, 2.

fabālis, e (faba), **von Bohnen, Bohnen-,** stipulae, Bohnenstroh, Ov. fast. 4, 725. – subst., fabālia, ium, *n.,* die **Bohnenstengel,** Tert. de anim. 31: als Dünger, Cato r. r. 37, 2. Varro r. r. 1, 23, 3: als Futter, Col. 2, 10, 9.

Fabaris, is, Akk. im, *m.,* Fluss im Sabinischen, der in die Tiber fließt, j. *Farfa,* Verg. Aen. 7, 715: später Farfarus gen., Ov. met. 14, 330.

fabārius, a, um (faba), **zu den Bohnen gehörig, Bohnen-,** pilum, Cato r. r. 10, 5: Kalendae f. = *Iuniae* (weil im Juni die Bohnen reifen u. zu Opfern gebraucht wurden), Macr. sat. 1, 12, 33: negotiatio, CIL 6, 18. – subst., **a** fabāria, ae, *f.,* die **Bohnenhändlerin,** CIL 3, 6672. – **b** **Fabāria,** ae, *f.* (insula), die **Bohneninsel,** eine von Drusus entdeckte u. eroberte Insel im nördl. Ozean, der Emsmündung gegenüber (sonst Burchana, Βουρχανίς gen.), j. *Borkum,* Plin. 4, 97: von mehreren spricht Plin. 18, 121. – **c** fabāriī, ōrum, *m.,* die Bohnenesser, Isid. eccl. off. 2, 12, 3.

fabātārium, iī, *n.* (fabatus), vielleicht ein Geschirr, worin der Bohnenbrei angesetzt wurde, Lampr. Heliog. 20. § 7.

fabātus, a, um (faba), **mit Bohnen versehen, -angemacht, Bohnen-,** puls, Varro vit. P. R. 1, 20 (b. Non. 341, 28). Fest. 277, 25 a. – subst., fabāta, ae, *f.* (*sc.* puls), **Bohnenbrei,** Plin. 18, 118 Jan (Detl. pulsa faba).

fābella, ae, *f.* (*Demin.* v. fabula), **I** die **kleine Erzählung,** vera, Phaedr.: fabellae commenticiae, Cic.: fabellarum auditione duci, Cic.: in fabellam excessi non ingratam tibi, Sen. – **II** insbes.: **a** die **Fabel,** das **Märchen,** Aesopi fabellae, Quint.: fab. parva, Phaedr., brevior, Quint.: narrare asello fabellam surdo, Hor.: talem fabellam referre, Phaedr.: referre alci fabellas, Tibull.: si nec fabellae te iuvant nec fabulae (Dramen), Phaedr. – **b** ein **kleines Schauspiel,** Cic. ad Q. fr. 2, 15 (16), 3. Cic. Cael. 64.

fābellātio, ōnis, *f.* (fabellor), **1** = μυθολογία, Gloss. III, 447, 78. – **2** = *locutio falsa,* Gloss. II, 579, 29.

fabellātor, ōris, *m.* (fabellor) = **1** μυθολόγος, Gloss. III, 335, 20 u. 530, 73. – **2** = *sermocinator,* Gloss. II, 579, 35.

fābellor, ārī = fabulor, Gloss., s. Löwe Prodr. p. 384.

1. faber, brī, *m.* (viell. verkürzt aus faciber v. facio) = τέκτων, der **Verfertiger, Künstler,** bes. der in hartem Material (Holz, Steinen, Metall usw.) arbeitende, **I** eig.: aeris, marmoris, eboris, Hor.: faber compedum, Auson.: tignarius, Zimmermann, Cic.: ferrarius, Schmied, Plaut. u. Treb. Poll.: aerarius, Arbeiter in Bronze, Kupferschmied, Plin. und Gloss.: argentarius, Silberarbeiter, ICt. u. CIL 6, 2226 u. Firm.: officina fabri ferrarii, Augustin.: faber figulator = κεραμεύς, Gloss.: f. frenarius = χαλινοποιός, Gloss.: f. lectuarius = κλινουργός, Gloss.: f. lignarius = τέκτων, Gloss.: faber navalis od. naviun = ναυπηγός, Firm. u. Gloss.: soliarius baxiarius, CIL 6, 9404: oculariarius, *ibid.* 6, 9402. – Plur., fabri, Handwerker, bes. Bauhandwerker, Plaut., Cic. u. a.: fabri aedium, Architekten, Gell.: collegium fabrorum, Plin. ep.: praefectus fabrûm, Werkmeister, Cic.: in den Munizipien u. Kolonien = der Vorsteher der Gewerke, Inscr. – fabri beim Heer, die Handwerkerkompagnie, unsere ›Pioniere‹, Caes. u. a.: praefectus fabrûm, Befehlshaber der Pioniere, Caes. u. a. (vgl. Veget. mil. 2, 10). – übtr., his fabris crescunt patrimonia, solche Schmiede verstehen sich auf Ausdehnung des Erbgutes, Iuven. 14, 116. – Sprichw., faber est suae quisque fortunae, jeder ist seines Glückes Schmied, Appius b. Ps. Sall. de rep. 1, 1. § 2. – **II** übtr., ein sonst Zeus gen. Fisch, der **Sonnenfisch** (*Zeus Faber,* L.), Col. 8, 16, 9. Plin. 9, 68: rarus faber, Ov. hal. 110. – ► vulg. Plur. fabres, CIL 14, 2876.

2. faber, bra, brum (1. faber), **künstlerisch, meisterhaft, geschickt,** ars, Ov.: signaculo faberrimo, Apul. flor. 9.

Faberius, ī, *m.,* **Faberius,** ein Schuldner Ciceros, Cic. ad Att. 12, 25, 1 u. a. – Dav. **Faberiānus,** a, um, **faberianisch, des Faberius,** negotium, Cic. ad Att. 13, 31, 1. – subst., Faberiānum, ī, *n.,* das **Landgut des Faberius,** Cic. ad Att. 12, 31, 2.

Fabiānus, s. Fabius a. E.

Fabius, a, um, Name einer röm. *gens,* aus der am bekanntesten: Numerius Fabius Pictor, röm. Annalist zu Anfang des zweiten punischen Kriegs, von Livius häufig benutzt, Liv. 1, 44, 2. Cic. de div. 1, 43. – u. dessen Zeitgenosse, der Diktator Q. Fabius Maximus, mit dem Beinamen Cunctator, der bedächtige Gegner Hannibals im zweiten punischen Krieg, Liv. 22, 8 *sqq.* – Q. Fabius Maximus Aemilianus, Sohn des L. Ämilius Paulus, des Siegers v. Pydna, Liv. 44, 35, 14 u. a., Konsul im Jahre 145 v. Chr., Cic. de amic. 96. – Q. Fabius Maximus Allobrogicus, Sohn des vorigen, ein gelehrter Mann, Cic. Brut. 107; Font. 26, Konsul 121 v. Chr., später wieder Prokonsul u. als solcher Besieger der Arverner u. Allobroger, daher mit dem Beinamen Allobrogicus belegt, Flor. 3, 2, 6. Vell. 2, 10, 2 u. 2, 39, 1. Val. Max. 3, 5, 2 u. 6, 9, 4. Er erbaute als Zensor (111 v. Chr.) von der allobrogischen Beute auf der sacra via in der Nähe der regia einen nach ihm benannten schönen Triumphbogen, fornix Fabii, Cic. de or. 2, 267, od. fornix Fabius, Cic. Planc. 17. Quint. 6, 3, 67, od. fornix Fabianus, Cic. I. Verr.. 19, od. arcus Fabianus, Sen. de const. 1, 3. – Servius Fabius Pictor, Prätor i. J. 146 v. Chr., ein ausgezeichneter Rechtskenner u. Gelehrter, Cic. Brut. 81. – M. Fabius Quintilianus, s. Quīntiliānus. – Paulus Fabius Persicus, Konsul unter Tiberius (33 n. Chr.), berüchtigt wegen seiner Liederlichkeit, Sen. de ben. 2, 21, 4; 4, 30, 2. Iuven. 8, 14. – Plur. Fabii (neben Fabricii, Cincinnati u. Maximi), Salv. de gub. dei 1, 9 *extr.* – *Adi.* **fabisch,** fornix, s. oben: lex, Cic. u. a.: Fabia (tribus), die fabische Tribus, die stärkste unter den ländlichen, Hor. – Dav. **Fabiānus,** a, um, **fabianisch, des Fabius,** milites (wohl des Fab. Max. Cunctator), Nep. Iph. 2, 4: fornix od. arcus, s. oben: Plur. subst., Fabiānī, ōrum, *m.*, die Leute aus der fabischen Tribus, Suet. Aug. 40, 2.

Fabrāteria, ae, *f.*, Stadt der Volsker am Fluss Trerus, j. *Falvatera*, Cic. ep. 9, 24, 1. Iuven. 3, 225. Prisc. 2, 62. – Dav. **Fabrāternus,** a, um, **fabraternisch,** subst. der **Fabraterner,** Prisc. 2, 62: Plur. Fabrāternī, ōrum, *m.*, die Einw. von Fabr., die **Fabraterner,** Cic. u. a.

fabrē, *Adv.* (2. faber), **künstlich, meisterhaft, geschickt,** apologum facere fabre (pfiffig anlegen), Plaut.: capita f. expolire, Mela: f. sigillatum vitrum, Apul.: trabes f. teres, Sil.: *Superl.*, gemmas faberrime sculpere, Apul.: urnula faberrime cavata, Apul.: thorax politus faberrime, Amm. – Oft **fabrē facio** od. (als **ein** Wort) **fabrēfacio,** fēcī, factum, ere, **geschickt-, künstlich-, meisterhaft verfertigen,** Passiv **fabrēfīo,** factus sum, fierī, **künstlich verfertigt werden,** quae ex isdem fabrefiunt, Chalcid. Tim. 290: ad excogitandum quidquid fabrefieri potest ex auro, ex argento, ex aere, Vulg. exod. 31, 4: ex aere multa fabrefacta, Liv.: et cetera ex auro fabrefacta, Hieron.: argenti aeris fabrefacti vis, eine Menge Kunstwerke aus Silber u. Erz, Liv.: simulacris fabrefactis, Lact.: in fabrefactis parietibus et tectis, Augustin. serm. 15, 1. – übtr., haec (fallacia) est fabrefacta a nobis, Plaut. Cas. 861.

fabrēfacio, fabrēfīo, s. fabrē.

fabrica, ae, *f.* (faber), **I** (*sc.* ars, s. unten) die Kunst, das **Metier** eines *faber* (s. d.), **1** eig.: pictura et fabrica (Baukunst), Cic.: f. aeraria, ferrea, Plin. – ars fabrica, Zimmermannskunst, Paul. dig. 33, 7, 19. – **2** das **Gemächt, a** = der **Bau,** das **Gebäude,** Augustin. conf. 6, 9. Solin. 40, 3. Pallad. 1, 9, 2. – **b** das **Geschöpf** = der Mensch, Prud. hymn. de nat. dom. 45. – **3** übtr. (wie τέχνη) = **Kunstgriff, List,** Plur. **Ränke,** hanc fabricam apparare, Plaut.: fingere aliquam fabricam, Ter.: rationem mearum fabricarum dabo, Plaut.: fabricarum culpare alqm, Amm. – **II** die **Ausübung** einer Kunst, die **Beschäftigung** mit einer Kunst, **1** eig.: **a** im Allg.: aerariae artis, Iustin. 36, 4, 4. – **b** insbes., die **praktische Ausübung** der Baukunst, die **Praxis,** Ggstz. ratiocinatio (Theorie), Vitr. 1, 1 *in.*, od. Ggstz. architectura (die theoretische Baukunst), Vitr. 6. praef. § 6. – **2** meton.: **a** die Art u. Weise der Bearbeitung = die **Bearbeitung, Bildung,** der **Bau,** f. aeris et ferri, Cic.: f. membrorum, Gliederbau, Cic.: divina mundi f., Lact.: materia quid iuvaret, nisi consectionis eius fabricam haberemus, wenn wir es nicht zu bearbeiten (zu zimmern) verständen, Cic. – **b** die **Kunstfertigkeit, Geschicklichkeit,** fanum sollerti fabricā structum, Apul. met. 6, 3. – **III** (*sc.* officina) die **Werkstätte,** z. B. Tischlerwerkstätte, Ter. adelph. 584: Schmiedewerkstätte, Schmiede, Cic. de nat. deor. 3, 55: Waffenschmiede, Veget. mil. 2, 11. – übtr., tantarum fabrica rerum, Paulin. adv. pagan. 203.

fabricābilis, e (fabrico), der **Bildung (Gestaltung) fähig,** materia, Augustin. de genes. ad litt. § 15 *extr.* Vgl. Gloss. II, 313, 52.

fabricātio, ōnis, *f.* (fabrico), **I** aktiv = die **Verfertigung,** das **Bauen,** fabricationes aedificiorum, Vitr. 2, 1, 9: arcae (Arche), Augustin. quaest. in genes. 1. qu. 6: non sentiunt has iniurias et contumelias fabricationis suae dei vestri, Tert. apol. 12. – **II** passiv, **a** die Art, wie etw. verfertigt ist, die **Bildung,** der **Bau,** hominis, Cic. de nat. deor. 2, 133. – **b** die angewandte **Kunst,** der **Kunstgriff,** artificis fabricationes, Vitr. 9. praef. § 6: dah. die angebrachte **künstliche Veränderung,** ne illa quidem traductio in verbo quandam fabricationem habet, auch bei Verwechslung eines Wortes findet eine k. V. in dem Wort nicht statt, Cic. de or. 3, 167. – **c** das Verfertigte, das **Fabrikat,** vasa et cuiuscemodi fabricationes, Augustin. conf. 10, 34. § 53.

fabricātor, ōris, *m.* (fabrico), **I** der **Werkmeister, Verfertiger, Bildner,** tamquam discipuli artificis et fabricatoris, Augustin.: tanti operis, Cic.: eius operis, Dict.: mundi, Quint.: minutorum opusculorum, Cic.: templorum, Arnob.: ex auro fabricatores, Firm. – tam elegans vervorum fabricator, Wortbildner, Augustin. – **II** übtr., der **Ausführer,** der **Urheber,** ipsi doli fabricator Epēos, Verg. Aen. 2, 264: dolor ac morbus leti fabricator uterque est, die Ursache, Lucr. 3, 472.

fabricātōrius, a, um (fabrico), **schaffend,** potentia tua, ut ita dicam, fabricatoria, Augustin. de civ. dei 12, 26 *extr.*: vis quaedam affectoria et fabricatoria, Augustin. de genes. ad litt. 16.

fabricātrīx, trīcis, *f.* (Femin, zu fabricator), **I** die **Werkmeisterin,** illa rerum natura, Lact. epit. 68, 7. – **II** übtr., die **Urheberin,** Lact. 6, 22, 3 u. a.

fabricātus, Abl. ū, *m.* (fabrico), **ränkevoller, listiger Anschlag,** Sidon. epist. 3, 13, 10.

fabricēnsis, īs, *m.* (fabrica), der **Waffenschmied,** Amm. 31, 6, 2. Cod. Iustin. 12, 9, 5 u. 6. CIL 3, 2043 u. (fabriciensis geschr.) 7, 49.

1. Fabricius, a, um, Name einer römischen *gens*, aus der am bekanntesten: C. Fabricius, Konsul 281 u. 278 v. Chr., siegreicher Feldherr gegen Pyrrhus und die Samniter, wegen seiner Mäßigkeit u. seiner Zufriedenheit in der Armut bekannt, Cic. de off. 3, 86; parad. 1, 12; Tusc. 3, 56. Flor. 1, 18: als Zensor streng gegen die überhandnehmende Silberwut, dah. stieß er den P. Korn. Rufinus aus dem Senat, weil dieser ein zehn Pfund schweres silbernes Tafelgerät benutzte, Liv. epit. 14. Gell. 4, 8, 7; 17, 21, 89. Val. Max. 2, 9, 4. Iuven. 9, 142: Plur. Fabricii, Männer wie F., Cic. de or. 2, 190 u. a. Sen. contr. 2, 1 (19), 17 *sq.* Lucan. 10, 152. Salv. de gub. dei 1, 9 *extr.* – A. Fabricius Veiento, s. Vēiento. – *Adi.* **fabricisch,** pons, die die Insel des Äskulap mit der Stadt verbindet, j. *Ponte di quattro capi*, Hor. sat. 2, 3, 36. – Dav. **Fabriciānus,** a, um, **fabricianisch, des Fabricius,** venenum, Cic. Clu. 189.

2. fabricius, a, um (faber; vgl. Anecd. Helv. 68, 2), **im Rauch gedörrt,** uvae, Th. Prisc. 2, 12 (vgl. fabrilis *no.* b).

fabrico, āvī, ātum, āre (faber), Nbf. zu fabricor, etwas **verfertigen, bilden, I** eig.: **1** im engeren Sinne, aus harten Stoffen **verfertigen, bilden, zimmern, bauen,** arma, Hor. u. Vopisc.: cratera, Ov.: naves, Suet. u. Dict.: classem, Aur. Vict.: simulacrum, Val. Max.: alci statuas, Iustin.: fabricetur mihi gladius, Quint.: gladius fabricatus ab eo, Quint.: pocula fago fabricata: Ov.: tela manibus fabricata Cyclopum, Ov.: ad id naves codicariae per hiemem fabricatae, Sall. fr.: fabricati miro opere cuniculi, Vell.: cruces aliter ab aliis fabricatae, Sen.: vasa in hunc usum fabricata, Col. – **2** im weiteren Sinne, übh. **anfertigen, bereiten, bilden,** ilico prandium fabricatur opipare, Apul.: dum verba fabricentur, Quint. – **II** übtr.: moras, Sil.: risum, Apul.: mortem sibi manibus, Apul.: philosophia animum format et fabricat, Sen.: poet., Platonem, bilden, unterweisen, Manil. 1, 774.

fabricor, ātus sum, ārī (faber), **verfertigen, I** eig.: **1** im engeren Sinne, aus Holz, Metall, Stein usw. = **zimmern, schmieden, bauen,** arma, Acc. fr.: gladium, fulmen, signa (Statuen), Cic.: Capitolii fastigium, Cic.: diis conclavia et cellulas, Arnob. – **2** im weiteren Sinne, übh. **anfertigen, zubereiten, bilden,** hominem, Cic.: verba, neue Wörter bilden, Cic.: hoc naturast ipsa fabricata, ut etc., hat eingerichtet, Cic. – **II** übtr., etw. Böses **schmieden,** fallaciam, Plaut.: fabricare finge quod lubet, schmiede, hecke aus, was du willst, Plaut.: u. so finge fabricare ut lubet, Afran. com. fr.: fabr. sibi Iliacae urbis ruinam, Macr. – ► Parag. *Infin.* fabricarier, Cic. Arat. 17 (bei Cic. de nat. deor. 2, 159).

fabricula, ae, *f.* (*Demin.* v. fabrica), die **kleine Werkstätte,** Cassiod. var. 8, 28, 1.

fabrificātio, ōnis, *f.* (*fabrifico), die **Verfertigung,** Tert. apol. 12.

fabrīlis, e (faber), **a** zum in Holz, Stein, Metall usw. **arbeitenden Künstler gehörig, Künstler-, Werk-,** erratum, des Bildhauers, Werkmeisters, Cic.: follis, Blasebalg (der Feuerarbeiter), Liv.: scalprum, Zimmermannsmeißel, Liv.: vasa, Säcke (aus kilikischen Ziegenhaaren), um Handwerkszeug hineinzutun, Varro: opera, Schmiedearbeiten, Verg., od. Zimmerwerk, Zimmerarbeiten, Vitr.: iacet opera fabrilis, Arbeit der Werkleute, Sen.: operas fabriles praebere, bei einem Werkmeister arbeiten, Apul. – subst., fabrīlia, ium, *n.*, **Gewerke,** tractant fabrilia fabri, Hor. ep. 2, 1, 116. – **b** **im Rauch** der Schmiedeesse **gedörrt** (vgl. Plin. 14, 46), bulbi, Apic. 8, 384: uvae, Edict. Diocl. 6, 92. Cael. Aur. de morb. chron. 2, 7, 107 u. 3, 2, 34.

fabrīlitas, ātis, *f.* (fabrilis), das **Handwerkergeschäft,** Eustath. hexaëm. 1, 7.

fabrīliter, *Adv.* (fabrilis), **nach Art des Künstlers, kunstmäßig,** Prud. apoth. 519.

fabrio, īvī, īre (faber), **verfertigen,** Ven. Fort. carm. 2, 8, 23 *Leo.*

1. fabula, ae, *f.* (v. fari), die **Rede, Sage, I** im Allg.: **1** das **Gerede** der Leute, das **Gespräch, a** eig.: f. sine auctore sparsa, unverbürgtes Gerede, Gerücht, Sen.: habes fabulas urbis, Plin. ep.: quantum in exercitu suo, quantum apud devictas gentes fabularum fecerit, Stoff zum Gerede gegeben habe, Iustin.: apud suos in fabula esse, Gregor.: in fabulis esse, zum Gerede dienen, Suet.: sum sine fabula, ohne üblen Leumund, Ps. Quint. decl.: fabula est, es geht das Gerede, man erzählt sich, m. folg. *Acc.* u. *Infin.*, Petron. u. Gell.: temere haud tollas fabulam, lass das Geschwätz ruhen (mit scherzh. Anspielung auf tollere infantem, ein Kind aufnehmen u. erziehen), Plaut. – **b** meton., v. Pers., fabulam fieri od. esse, das Leute- od. Stadtgespräch werden od. sein, Hor., Cic. u. a. (s. Schmid Hor. ep. 1, 13, 9): fabula quanta fui, wie war ich im Munde der Leute, Hor. epod. 11, 8: ebenso fabulam tota iactari in urbe, Ov. – **2** (wie μῦθος) = die **Wechselrede,** das **Gespräch,** die **Unterhaltung** zwischen mehreren, bes. Gebildeten (vgl. Tac. dial. 2), fabulae convivales, Tac.: inter fabulas privatas, Lampr.: tempus fabulis conterunt, Plin. ep.: fabulis iter fallentibus, indem wir uns den Weg mit Plaudereien verkürzten, Min. Fel. – Sprichw., lupus in fabula, s. lupus. – **II** prägn. (wie μῦθος) = die **Sage, Erzählung,** bes. die entschieden erdichtete od. doch ihrem Inhalt nach fabelhafte (märchenhafte) **Erzählung,** die **Erdichtung,** das **Märchen** (Ggstz. historia, die geschichtlich beglaubigte Erzählung, griech. λόγος, s. Suet. rhet. 1. Quint. 2, 4, 2), u. die **Sage** der Vorzeit, die **Mythe** (Götter- u. Heldensage), **A** im Allg.: **1** eig.: fabula tantum sine auctore edita, **unverbürgte S.,** Liv.: fabulae fictae, Cic. u. a., poëticae, Liv. u. Quint., Graecae, Liv.: fabulae nutricularum, Ammenmärchen, Quint. – **2** übtr.: **a** in der Umgangsspr.: fabulae! Possen! dummes Zeug! Ter. Andr. 224; heaut. 336. – **b** im Ggstz. zum Wirklichen u. Wesenhaften, mox te premet nox fabulaeque manes, das nichtige Reich der Schatten, Hor. carm. 1, 4, 16: u. so cinis et manes et fabula fies, ein nichtiger Schatten, Pers. 5, 152: nos iam fabula sumus, sind ein Nichts = kommen nicht mehr in Betracht, Ter. Hec. 620. – **B** insbes.: **1** (wie μῦθος) = die äsopische **Fabel,** nota illa de membris humanis adversus ventrem discordantibus fabula, Quint.: fabularum cur sit inventum genus, Phaedr.: hāc fabulā derideri merito potest, qui etc., Phaedr.: haec fabula significat, Phaedr. – **2** (wie μῦθος = σύθεσις τῶν πραγμάτων) die Erzählung od. Geschichte, die einem dramatischen od. epischen Gedicht zugrunde liegt, die **Fabel,** das **Sujet** (ὑπόθεσις), Hor. ep. 1, 2, 6. – dah. **a** das **dramatische Gedicht,** das **Theaterstück,** das **Schauspiel** (Tragödie od. Komödie, vollst. fabula scaenica, Amm. 28, 1, 4, od. theatralis, Amm. 14, 6, 20, fabula ad actum scaenarum composita, Quint. 5, 10, 9; vgl. Quint. 11, 3, 73 *sq.*: in iis quae ad scaenam componuntur fabulis … in tragoedia … in comoediis), Cic. u. a.: f. Aeschyli, Quint.: scaenae fabulas componere, Tac.: fabulam agere, peragere, dare, docere (s. d.), Cic. u. a. – u. davon **b** übtr., succentor fabularum crudelium, der Tonangeber bei diesen Greueltaten, Amm.: fabulam compositam Volsci belli, Hernicos ad partes paratos, der volskische Krieg sei eine verabredete Posse, die Herniker seien angestiftet, ihre Rolle zu spielen, Liv. – u. in der Umgangsspr., quae haec est fabula? was geht da vor? was gibt's da? was soll das vorstellen od. heißen? Plaut. u. Ter. (s. Westerh. u. Spengel Ter. Andr. 4, 4, 8).

2. fabula, ae, *f.* (*Dewin.* v. faba), die **kleine Bohne,** Plaut. Stich. 690, wo Abl. fabulis, der auch zu fabulus gehören kann: Plur. fabulae = Exkremente von Ziegen, Lucil. 1048.

fābulāris, e (1. fabula) = μυθικός, der **Sage** (**Mythe**) **angehörig, mythisch** (vgl. Augustin. de civ. dei 6, 5 *in.*), historia, Mythengeschichte, Heroengeschichte, Suet. Tib. 70, 3: u. so fabulares poëtarum historiae, Censor. 4, 6.

fābulātio, ōnis, *f.* (fabulor), die **Erzählung, Unterhaltung,** das **Gespräch, Geschwätz,** Plur., Vulg. psalm. 118, 85. Arnob. in psalm. 118, 85. Firm. math. 5, 9.

fābulātor, ōris, *m.* (fabulor) = μυθολόγος (Gloss.), **a** der **Erzähler von Geschichten u. Märchen,** als Schriftsteller, Gell. 3, 10, 11: als mündlicher Unterhalter, Sen. ep. 122, 15: bes. von Beruf, der Sagen- u. Märchenerzähler, Suet. Aug. 78; dah. **Schwätzer,** Vulg. Baruch 3, 23. – **b** insbes., der **Fabeldichter,** Gell. 2, 29. § 1.

Fābulīnus (deus), der **Redegott,** dem man opferte, wenn die Kinder zu reden anfingen, Varro b. Non. 532, 27.

1. fābulo, ōnis, *m.* (1. fabula), der **Lügenschmied,** illi, ut ita dixerim, fabulones, Augustin. de haeres. 88 *extr.*

2. fābulo, āre, s. fābulor a. E.

fābulor, ātus sum, ārī (fabula), **sprechen, reden, schwatzen, plaudern, sich unterhalten,** fab. Osce et Volsce, Titin. fr.: cum alqo, Plaut. u. Suet.: inter se, Plaut.: alqd, Plaut.: alci, Ter.: stulta multa cum alqo, Plaut.: apud alqm, Tac. dial.: de vita ac morte domini advorsum alqm, Afran. com. fr.: quasi fab. cum oculis alcis, die Augensprache mit jmd. reden, Augustin. de doctr. chr. 2, 3: rem fabulare, du hast Recht, Plaut.: sapere atque fabulari nosse, Enn. fr. scen. 146: stulte facere et stulte fabularier, Plaut. trin. 461: verächtlich, quid Ser. Galba fabuletur, was da Ser. G. für ein Geschwätz macht, Liv. 45, 39, 15: m. folg. *Acc.* u. *Infin.*, ars medendi ictum fulmine Aesculapium fabulata, fabelnd, Plin. 29, 3: quod corvo suo evenisse Aesopus fabulatur, in der Fabel erzählt, Apul. de deo Socr. prol. p. 3, 5 G. – ► Parag. Infin. fabularier, Plaut. Amph. 201; Pseud. 62; most. 606; trin. 461. Ter. Hec. 316. – Aktive Nbf. im Konj. Präs., quae nobiscum fabulem, Plaut. mil. 443.

fābulōsē, *Adv.* (v. fabulosus), **fabelhaft,** f. multa de hominum aevo referre, Plin.: iocose fabuloseque multa iactitare, Petron.: ut Homerus fabulosius canit, Amm.: fabulosissime antiquis narrata (insula), Plin.

fābulōsitās, ātis, *f.* (fabulosus), **I** aktiv = μυθοποιΐα, die **Sagenbildung,** u. wohl auch meton. = die **Sagenwelt,** omnis Graeciae, Plin. 4, 1 u. 12, 11: vetustatis, Diom. 478, 20: poëtica, Plin. 7, 101. – **II** passiv = die **Sagenhaftigkeit,** Plin. 7, 174 u. 36, 91.

fābulōsus, a, um, *Adi.* (fabula), **I** mit Sagen (Mythen) in Menge versehen, d. i. **a** **reich an Sagen, sagenreich, mythenreich,** Graecorum carmina, Curt. 3, 1, 2: materia, Plin. ep. 8, 4, 1: narrationes, Leo serm. 16, 5 *in.* – **b** von dem viele Mythen erzählt werden, **in der Mythe** (**Mythologie**) **berühmt** (vgl. Orelli Hor. carm. 1, 22, 7), Charybdis, Sen.: Derceto, Plin.: palumbes, Hor.: Hydaspes, Hor.: mons Africae fabulosissimus Atlas, Plin. – **II** **zur Sage** (**Mythe**) **geneigt, die Sage** (**Mythe**) **liebend,** antiquitas, Iustin. 2, 6, 7: vetustas, Amm. 14, 11, 26 u. 22, 2, 13: Graecia, Amm. 18, 6, 23. – **III** = μυθικός, **der Sage** (**Mythe**) **angehörig, a** eig.: huius loci antiquitas, Iustin. 4, 1, 8: genus theologiae, Augustin. de civ. dei 6, 5 *in.* – **b** übtr., **der Sage** (**Mythe**) **ähnlich, fabelhaft, wunderbar, unglaublich, undenkbar, unerhört,** monstra, Flor.: supplicia inferorum, Ps. Quint. decl.: fabulosae altitudinis nives, Flor.: pollicitatio, Petron.: multitudo, Amm.: longum est de hac re et prope fabulosum amplius dicere, Cassian. de inc. Chr. 7, 6 *in.*: fabulosum enim arbitror de strigibus m. folg. *Acc.* u. *Infin.*, Plin. 11, 232: nihil, inquit, hāc fabulā fabulosius, Apul.: de Prometheo omnia fabulosa arbitror: Midae quidem anulum … quis non fabulosiorem fateatur, Plin. – *neutr. pl.* subst., fabulosa et in carminibus tradita, Quint.: quamvis fabulosa et immania credebantur, noch so Undenkliches u. Entsetzliches, Tac.: a fabulis fabulosa secernere, Macr.

fabulus, ī, *m.* (*Demin.* v. fabus), die **kleine Bohne,** Cato r. r. 70, 1. Varro r. r. 1, 31, 4. Gell. 4, 11, 1; vgl. 2. fabula.

fabus, ī, *m.,* Nbf. v. faba, Pelagon. veterin. 12. p. 57 (208 *Ihm).*

facēlāria, s. phasēlāria.

Facelīna, ae, *f.,* ein Beiname der Diana (von φάκελος, ein Bündel Reisig, worin Orestes das Bild der Diana aus Scythien nach Aricia in Italien gebracht haben soll; dah. auch Fascelis [v. fascis] gen., Hyg. fab. 261. Serv. Verg. Aen. 2, 116), wovon **Facelīnus,** a, um, **facelinisch,** sedes Facelina Dianae, Sil. 14, 260 (*al.* sedes Facelina divae, *i.e.* Dianae).

facēs, archaist. Nbf. v. fax, nach Paul. ex Fest. 87, 9.

facesso, īvī od. ī, ītum, ere (*Intens.* v. facio), **I** (*tr.* mit Eifer **tun, -machen, -verrichten, -ausführen, a** im guten Sinne: rem, Plaut.: iussa, Verg.: mille iocos, Ov. – im üblen Sinne, etwas Übles **machen, schaffen, bereiten,** alci negotium, s. negōtium: alci periculum, Cic. u. Tac. – **II** *intr.* **sich fortmachen, sich fortpacken, fortkommen, sich entfernen,** hinc, Komik.: hinc ocius, Curt.: propere, Tac.: aedibus, Titin. fr.: propere urbe, die St. sofort räumen, Liv.: fac. cubitum, Apul.: hinc Tarquinios aut Corinthum, Liv.: so auch propere urbe finibusque, Liv.: cubiculo protinus, Apul.: e conspectu, Apul.: ab omni societate rei publicae, Cic.: operae facessant, Cic.: tempestas facessit, Lucr.: übtr., amicitiam facessere iubet, beiseite gesetzt (ausgesetzt) bleiben, Iustin.: ut omnis discordiae suspicio facessat (fern bleibe), Macr. – ► Das Perf. lautet nach Prisc. 10, 46 nur facessi, u. dav. facesseris, Cic. div. in Caecil. 45: facessisset, Tac. hist. 4, 43.

facētē, *Adv.* (facetus), **I zierlich,** satin ut facete aeque atque ex pictura astitit? Plaut. Stich. 271. – **II** übtr.: **a fein, voll Anmut, nett,** verb. facete et callide, Plaut.: facete, lepide, laute, nil supra, Tr.: facete dictum, ein schön gesprochenes, Plaut.: *Compar.,* duo volumina composita facetius et eruditius, Col. 1, 1, 14. – **b launig, witzig, drollig,** verb. ridicule ac facete, Cic.: fac. et commode facere, einen guten Witz machen, Cic.: fac. ludere in alqd, Plin.: si (contumelia) facetius iactatur, urbanitas dicitur, Cic.: eruditissime simul et facetissime dixit, Plin. ep.: fac. et defricate, Naev. com. fr.

facētia, ae, *f.* (facetus), **I** Sing., das **Drollige,** der **Scherz, Witz,** die **Laune,** haec facetiast, amare inter se rivales duos, Plaut. Stich. 727: fac. iocularis, Cael. Aur. de morb. chron. 1, 1, 21 fac. sermonis Plauto congruentis, Gell. 3, 3, 3: Aemilianum istum facetiae sibi habere res divinas deridere, Apul. apol. 56. – **II** Plur., facētiae, ārum, *f.,* **feine-, witzige-, drollige Einfalle,** der **drollige Witz,** im üblen Sinne **Spottreden,** Cic. u. a.: asperae, acerbae, beißender Witz, Stichelreden, Tac.: facetias facere, artig sich betragen, Plaut.

facētior, ārī (facetiae), **Artigkeiten sagen,** Sidon. epist. 3, 13, 1.

facēto, āre (facetus), **fein zieren,** alqm, Ven. Fort. vit. S. Martin. 2, 453.

facētus, a, um, *Adi.* (wohl zu fax, also glänzend), **wohlgestaltet, zierlich, fein, nett, I** eig.: pedes faceti, Brut. b. Quint. 6, 3, 20: victus faceti, Plaut. most. 45. – **II** übtr.: **A fein, elegant, voll Anmut, voll Grazie, ansprechend, nett,** vir, Plaut.: meretrix, Ter. – est qui inguen ad obscaenum subductis (tunicis) usque facetus, Hor. sat. 1, 2, 26. – bes. v. Redner u. v. der Rede, orator, Cic.: sermo, Cic.: uberior oratio Crassi nec minus faceta, Cic.: quo facetior videare, Lucil. 963: illa facetissima verborum attenuatio, Rhet. Her.: Aristophanes, facetissimus poëta veteris comoediae, Cic.: dah. subst., facētum, ī, *n.,* die Grazie, Anmut (im Lied), Hor. sat. 1, 10, 44. – **B** insbes.: **a launig, launig witzig, drollig,** Cic. u. a.: Bromius, qui facetior est deorum, Mart. Cap.: argutiae facetissimi salis, Plin.: u. *neutr.* subst., nonnulla eius facetissima exstant, einige vortreffliche Witzworte, Suet. Vesp. 22. – **b freundlich, nett** gegen andere, quemque facetus (mit Artigkeit) adopta, Hor. ep. 1, 6, 55.

facia, ae, *f.* (Nbf. v. facies), das **Bildnis, Konterfei,** Anecd. Helv. 131, 20.

faciālia, ium, *n.* (facies), **Schweißtücher,** Edict. Diocl. 17, 69.

faciēs, ēī, *f.* (zu facio; vgl. Gell. 13, 30 od. 29, 2), das **Gemächt, I** abstr.: **1** übh. die **äußere Beschaffenheit,** das **Äußere,** das **Aussehen, Ansehen,** der **Anblick,** die **äußere Erscheinung,** das **Bild** (s. Fabri Sall. Iug. 15, 1), **a** leb. Wesen: hominis, Ter.: Illyrica hominis, Plaut.: reorum, Liv.: cadaverosa, Ter.: decora, Sall.: faciem (dem Äußeren nach) tauro propior, Verg.: quem ne de facie quidem nosti, Cic.: senatus faciem secum attulerat, hatte in seiner Person den S. dargestellt, Cic. – **b** lebl. Ggstd.: locorum, Ov.: ripae, Curt.: maris, Verg.: imminentis periculi, Curt.: forma ipsa et tamquam facies honesti, Cic.: ceterum facies totius negotii (Kampfesarbeit) varia, incerta, foeda atque miserabilis, Sall.: facie (poma Tiburtia) praestant, sie sehen nur schöner aus, Hor.: sub his per latus omne vineae porriguntur unamque faciem longe lateque contexunt, Plin. ep.: pro me est repentina eius (coloris) facies (Erscheinung) et repentinus interitus (Verschwinden), Sen.: quorum nullum est tam mirabile quam primā facie (dem ersten Anschein nach) videtur, Sen.: u. so dicebat quosdam colores primā facie duros, Sen. rhet. – **2** insbes.: **a** (wie species) die **Gestaltung, Art, Beschaffenheit** (s. Mützell Curt. 3, 11 [28], 22), laborum, scelerum, Verg.: in faciem hederae (efeuartig) frondescere, Ov.: non una pugnae facies, nicht gleichförmig gestaltete sich der K., Tac.: nec ulla facies mali (Jammerszene) deerat, Curt.: quā facie sunt (crepundia)? von welcher Art sind sie? Plaut.: ad istam faciem (solcher Gestalt od. Art) est morbus, qui te macerat, Plaut.: ossa cineremque eius mixta odoribus contusaque in faciem pulveris aquae indidit, Gell. 10, 18, 3. – **b bloßes äußeres, scheinbares Ansehen, Schein,** publici consilii facie (unter dem Sch.), Tac.: facie ingenii blandiri, Quint. – **c schönes, anmutiges Ansehen, Schönheit, Anmut, α** einer Pers.: Tyndaridis, Verg.: neglecta, Ov.: facie spectabilis, Ov.: cura dabit faciem, Ov. – **β** einer Örtl.: fac. loci, Ov. met. 3, 414. – **d glänzendes Ansehen, Glanz,** convenit illis et facie maioris vivere census, Iuven. 7, 137. – **II** konkr.: **1** die **äußere Gestalt, Figur, Form, a** leb. Wesen: deae, Verg.: Homeri, Cic.: nova, Cic.: terribiles facies Scytharum Bactrianorumque, Curt.: in faciem alcis verti od. converti, Verg.: se in omnes facies vertere, Verg.: alqm facie cognoscere oder noscitare, Liv. – **b** lebl. Ggstd.: loci, Tac.: locorum, Sall.: vestigii humani, Sall. fr.: litteras facie nosse, Quint.: multarum urbium faciem praestare, Plin. ep.: nec pingues unam in faciem nascuntur olivae, Verg. – **2** das **Antlitz, Angesicht, Gesicht,** alcis, Cic. u. a.: rubida, Suet.: cicatricosa, Quint.: contracta (eingeschrumpftes), Plin. ep.: depravata (verzerrtes), Sen.: faciem rasitare, Suet.: faciem quaerere, sich im einnehmenden Mienenspiel üben, Prop.: faciem perfricare, sprichw. = die Scham verlieren, Plin. praef. § 4. Quint. 11, 3, 160. – ► Alter Genet. Sing. facies u. facii (vgl. Gell. 9, 14, 1 *sq.*), Claud. Quadr. bei Gell. 9, 13, 11 u. 9, 14, 3: alter Genet. facie, Plaut. mil. 1172. – Genet. Plur. facierum, Cato or. fr. 71 (bei Prisc. 7, 95). Vulg. (Amiat.) 2. Cor. 1, 11: Nom. u. Akk. Plur. facies, Tert. adv. Iud. 11 (wo Ggstz. posteriora, Rückseite), Hieron. epist. 38, 3. Vulg. thren. 5, 12; Ierem. 42, 12 u. a.: Dat. Plur. faciebus, Hieron. Ephes. 3, 5.

facil, s. facilis a. E. ►.

facile, *Adv.* (facilis), **leicht, ohne Mühe** (**Mühsal**), **ohne Schwierigkeit, bequem, ohne Umstände, ohne Weiteres, I** im Allg.: qui nunc si detur mihi, ut ego unguibus facile illi in oculos involem venefico! Ter.: haec f. ediscere, Cic.: f. indicare, Cic.: id hoc facilius ei persuasit, quod etc., Caes.: ubi facilius esse possim, bequemer, Cic.: facillime inopiae frumentariae mederi posse, Caes. – u. zur Verstärkung der einen hohen Grad bezeichnenden Aussage, **leicht, ohne Weiteres = unbedenklich, unstreitig, ohne Widerrede, sicher,** f. primus, f. princeps, Cic.: f. praecipuus, Quint.: f. doctissimus, Cic. – bei Verben, die ein Übertreffen bedeuten, f. vincere omnes dicendi artificio, Cic.: omnes scriptores f. superare, Cic.: u. so facile hic plus mali est quam commodi, Ter. – bei Angabe einer hohen Summe, huic hereditas f. ad HS tricies venit testamento propinqui sui, Cic. Verr. 2, 35. – m. der Negation, non f. od. haud f., **nicht leicht = schwerlich, kaum,** Cic. u. a. – **II** insbes.: **A leichthin, ohne Mühsal = wohl, glücklich,** propter eas vivo facilius, Plaut.: facillime agere, Ter., od. agitare, Suet. – **B mit Leichtigkeit = ohne Bedenken, willig, gern,** f. omnes perferre et pati, Ter.: f. pati (zugeben), mit folg. *Acc.* u. *Infin.,*

Cic.: f. credere, Plaut. u. Cic.: f. desistere sententiā, Cic.: f. his (muneribus) carere, Nep.: facillime audiri, Cic.

facilis, e (facio), wie das griech. ῥᾴδιος, sowohl passiv = was sich leicht tun lässt, als aktiv = wer leicht u. gern etw. tut (Ggstz. difficilis), **I** passiv = **tunlich, leicht, ohne Schwierigkeit, ohne Mühsal, bequem, geeignet,** **1** im Allg.: **α** absol.: nulla est tam facilis res, quin difficilis siet, quam invitus facias, Ter.: quae facilia ex difficillimis animi magnitudo redegerat, Caes.: omnia esse facilia, ließe sich ertragen, möchte hingehen, Cic. – ascensus, leichter, bequemer, Caes.: aditus, Caes. u. Cic.: unum iter difficile ... alterum multo facilius atque expeditius, Caes. – lutum, leicht zu bearbeitender, Tibull.: so auch humus, Curt.: fagus, Plin. – iugum, leicht zu ertragendes, Prop.: iactura, leicht zu verschmerzender, Verg. – victus, leicht zu schaffende, Verg.: so auch cibus, leicht zu schaffendes, einfaches Frühstück, Plin. ep.: remedium, leicht wirkendes, gelindes, Nep.: cibus, somnus, Hor.: favor, leicht zu gewinnende, Liv. – irae, leicht entzündbarer, Lucan. – id esse facile, Caes.: sed id quam mihi facile sit, haud sum falsus, Plaut.: quam id mihi sit facile atque utile, Ter.: quod est facillimum facis, Plaut.: facillimam esse in ea re publica concordiam, in qua etc., am leichtesten zu erhalten, Cic. – **β** m. *ad* u. Akk., faciles ad receptum angustiae, Liv.: facilior (geeigneter) ad duplicanda verba Graecus sermo, Liv.: bes. m. *ad* u. Gerund., illud autem facile ad credendum est, Cic.: faciliora ad intellegendum, Quint.: haec ad iudicandum sunt facillima, Cic. – **γ** m. *in* (für) u. Akk., altera crepido haud facilior in ascensum, Liv. 27, 18, 6 zw. – **δ** m. folg. 2. *Supin.* od. m. *Abl.:* res factu f., Ter.: quod factu facile est, Macr.: (Cyclops) nec visu facilis nec dictu affabilis ulli, Verg.: res cognitu facilis, Rhet. Her. u. Cic.: facilia intellectu, Lact. – nihil est dictu facilius, Ter.: id dictu quam re, ut pleraque, facilius erat, Liv. – Ggstz., quod nunc *arduum factu* putatur, amore per dies roborato *facile* videtur *effectu,* Apul. met. 8, 3. – **ε** m. folg. *Infin.:* facilis concoqui, Plin.: corripi, Sen.: f. navigari, Mela: ne paratis quidem corrumpi f., Tac.: urbes faciles capi, Claudian.: habitus aspici facilior, Sen.: materia f. est in te et in tuos dicta dicere, Cic.: so oft facile est m. folg. *Infin.,* f. est noscere, Ter.: f. est perficere, ut etc., Cic.: facilius abire fuit, Liv.: stulta reprehendere facillimum est, Quint.: Ggstz., loqui *facile* est, praestare *difficile,* Lact. 4, 23, 8. – **ζ** m. folg. *ut* u. Konj.: facilius est, ut esse aliquis successor tuus possit, quam ut velit, Plin. pan.: quod ei fuit facillimum, ut in agrum Rutulorum procederet, Cic. – **η** m. *Dat.* = **leicht, ohne Mühe, bequem** zu usw. od. für usw., campus operi f., Liv.: f. divisui (Macedonia), Liv. – illa (terra) f. pecori, Verg.: silva iuvencis iam f., leicht zugänglich, Claud. – iuvenis caecus, contumeliae opportunus, facilis iniuriae, so leicht zugänglich der B., so leicht zu beleidigen, Ps. Quint. decl. – **θ** *neutr.* subst., m. *Praepp.:* in facili esse, leicht sein (Ggstz. in difficili esse), Liv., Sen. u. Plin. (s. Drak. Liv. 3, 8, 9): ebenso e od. ex facili, leicht, Ov., Val. Max. u. a. (s. Walch Tac. Agr. 15 *in.* p. 219): ex faciliore, aus dem Leichteren (Ggstz. ex difficiliore), Quint. 5, 10, 92: de facili, leicht, Firm. math. 5, 6.

2 insbes., v. menschl. Verhältnissen, die sich leicht machen, nach Wunsch sich gestalten, **leicht, bequem,** res et fortunae tuae mihi maximae curae sunt: quae quidem cotidie faciliores mihi et meliores videntur, Cic.: si ita faxitis Romani, vestrae res meliores facilioresque erunt, Liv.

II aktiv: **A** von dem, dem etwas leicht wird, -fällt, etw. zu tun od. zu ertragen, **1** im Allg.: **α** absol., v. Ggstdn., namentl. Körperteilen, die sich leicht, ohne Schwierigkeit bewegen, **leicht beweglich, gewandt, geschmeidig,** manus faciles, Prop.: manu facili poma serere, Tibull., pulvinum componere, Ov.: facili corpore onus ferre, Ov.: oculi, Verg.: cardo, Iuven. – **β** m. *Abl.* (od. 2. *Supin.):* piscis f. introitu, der leicht hineinschwimmt, Sil. 5, 52. – fore ... facilem victu per saecula gentem, werde ohne Mühsal leben (= glücklich leben), Verg. Aen. 1, 445: u. so sapiens facilis victu fuit, fand leicht seinen Unterhalt, Sen. ep. 90, 13. – f. exiguo, dem es leicht fällt, mit wenigem zu leben, wenig bedürfend, Sill. 1, 615.

2 insbes., v. der Leichtigkeit, Geläufigkeit im Erfinden u. im Vortrag, **leicht, geläufig, gewandt,** **α** absol.: ingenium (Begabung), Quint.: sermone Graeco, quamquam alias promptus et facilis, non tamen usquequaque usus est, Suet. – **β** m. *ad* u. Akk. des Gerund.: facilis et expeditus ad dicendum T. Iunius, Cic. – **γ** m. *in* u. Abl., in inventione facilis, Quint.: vel in orando vel in fingendis poëmatis promptus et facilis, Suet.: faciles in excogitando, Quint.

B v. dem, der etw. gern tut, -gewährt, **zu** etw. **leicht geneigt, leicht zugänglich, bereit, willig, bereitwillig, willfährig** (Ggstz. difficilis), **1** im Allg.: **α** m. *Dat.:* commercio f., Liv.: bello f., Tac.: morti faciles animi, Lucan.: faciles occupantibus, bereit, den ersten, die zugriffen, sich zu fügen, Tac.: facilis impetrandae veniae, gern V. zugestehend, Liv.: f. capessendis inimicitiis, Tac.: iuvenis f. inanibus, sich leicht hingebend, Tac.: quod facilis (gehorsam) tenero sum semper amori, Tibull. – **β** mit *ad* u. Akk.: facili feminarum credulitate ad gaudia, Tac.: mens ad peiora f., Quint.: nimium faciles ad fera bella manus, Ov.: facilis civitas ad accipienda credendaque omnia nova, leicht empfänglich für usw., Tac. – **γ** m. *in* u. Akk., homines in bella faciles, Tac. Agr. 21. – **δ** m. *Genet.:* Hispania frugum f., ergiebig an usw., Claud. laud. Seren. 54. – **ε** m. *Infin.:* alternae facilis cedere lympha manu (= manui), Prop. 1, 11, 12: ah nimium faciles aurem praebere puellae, Prop. 2, 21, 15: o *faciles* dare summa deos eademque tueri *difficiles,* Lucan. 1, 510; u. so Lucan. 2, 460; 3, 683; 6, 20; 10, 310. Sil. 1, 225 u. ö. Val. Flacc. 4, 723. Stat. Theb. 1, 606 u. ö. Claud. in Eutr. 2, 155 u. ö. Sen. Thyest. 301. Amm. 21, 16, 17; 31, 2, 11 (wo facilis irasci). Pacat. pan. 21, 2 (wo facilis adiri). – **ζ** m. *Abl.* od. 2. *Supin.:* sermone affabilis accessuque facilis, leicht zugänglich, Sen. de clem. 1, 13, 4.

2 insbes., v. dem, der sich leicht in anderer Wünsche u. Willen fügt, zum Gewähren u. Verzeihen **geneigt, hingebend, willfährig, willig, gutwillig, nachsichtig, nachgiebig, leicht versöhnbar,** im Umgang u. Gespräch **hingebend, zugänglich, leutselig, umgänglich,** übh. **gefällig, gütig, hold** gegen andere in jeder Hinsicht (Ggstz. difficilis), **α** absol.: facilis et liberalis pater, Cic.: comes benigni faciles suaves esse dicuntur, Cic.: patronus ac dominus f. et clemens (Ggstz. severus), Suet.: lenis a te et facilis existimari debeo, Cic.: facilem alqm habere, Cic.: facilem benevolumque alqm sibi reddere, Ter.: da modo te facilem, zeige dich nur gefällig, Ov. – bes. oft v. Göttern usw., s. Thiel Verg. Aen. 11, 761. – aures, Prop.: natura comis facilisque, Suet.: amor, Prop.: saevitia, Hor. – mores facillimi, Cic. – **β** m. *ad* u. Akk. des Gerund.: f. ad concedendum, Cic. de div. 2, 107. – **γ** m. *in* u. Abl.: f. in rebus cognoscendis, in hominibus audiendis admittendisque, Cic.: f. in causis recipiendis (Ggstz. fastidiosior), Cic. – **δ** m. *in* u. Akk.: si faciles habeas in tua vota deos, Ov.: Lollio offensior, facilis exorabilisque in vitricum fuit, Suet. – **ε** m. *Dat.:* sint, precor, hae (deae) saltem faciles (hold) mihi, Ov.: sed mihi tam faciles unde meosque deos? Ov.: si mihi di faciles et sunt in amore secundi, Ov. – **ζ** m. *Abl.* (= in Rücksicht auf): f. amicitiā, nachsichtig im Umgang mit Freunden, Sall. Iug. 95, 3: f. sermone, zugänglich im G., Tac. Agr. 40: f. iuventā (bei seiner J.), Tac. ann. 3, 8. – **η** m. *Genet.:* rex alloquii f., Val. Flacc. 5, 407. – ► Superl. facilissimus, Gloss. II, 317, 54. Not. Tir. 30, 53. – arch. facil = facile, Plaut. trin. 679 R.

facilitās, ātis, *f.* (facilis), **I** passiv = die **Tunlichkeit, Leichtigkeit** als Eigenschaft dessen, was sich leicht tun, bearbeiten usw. lässt, si f. soli est, wenn der Boden leicht zu bearbeiten ist, Plin.: picea tonsili facilitate, lässt sich leicht beschneiden, Plin.: caulis et folia eius facilitatem pariendi praestant, erleichtern das Gebären, Plin.: nec audendi facilitatem (den Umstand, dass man etwas leicht wagen kann) usque ad contemptum operis adduxeris, Quint.: fac. camporum, die für Passanten günstige Beschaffenheit, leichte Passage, Tac.: fac. corporis, körperliche Anlage, Sen. – **II** aktiv: **A** die **Leichtigkeit** als Eigenschaft dessen, dem etwas nicht schwer fällt, **a** die **Leichtigkeit** im Auffassen, die **leichte Auffassung,** aetatis illius f., Quint.: suspectam facilitatem retractare, das leicht Hingeworfene, Quint. – **b** die

Leichtigkeit, Geläufigkeit, Gewandtheit im Vortrag, oris, Quint.: absol., Sen.: firma, Quint. – **B** die **Leichtigkeit** als Eigenschaft dessen, der leicht zu etw. geneigt ist, **1** im Allg., die **Neigung** zu etw., die **Anlage** (Ggstz. proclivitas, Hang zum Schlechten), s. Cic. Tusc. 4, 28. – **2** insbes.: **a** im guten Sinne, die Leichtigkeit, sich nach den Wünschen und dem Willen anderer zu fügen, die **Geneigtheit, Willigkeit, Willfährigkeit, Bereitwilligkeit, Gefälligkeit, Hingebung, Leutseligkeit, Umgänglichkeit,** die **Popularität** (Ggstz. severitas, gravitas), oft verb. comitas et facilitas od. facilitasque, f. et humanitas, f. et lenitudo animi, Cic.: f. in audiendo, Cic.: f. sermonis, Cic.: f. credentis, das leicht zu befriedigende Ohr des Gläubigen, Tac. – **b** im üblen Sinne, die **Leichtigkeit,** der **Leichtsinn,** Suet. Claud. 29, 2. – ► Plur. facilitates angef. bei Quint. 9, 4, 97.

faciliter, *Adv.* (facilis), **leicht,** Vitr. 1, 4, 3 u. a. Augustin. conf. 10, 8, 12. – Archaist. u. später vulg. Wort, s. Quint. 1, 6, 17. Charis. 114, 17. Mart. Cap. 3. § 325. Gloss. II, 318, 24.

fācillo (= faucillo), āre (faux), **erwürgen** = στραγγαλίσαι, Gloss. II, 69, 54.

facinorōsē, *Adv.* (facinorosus), **lasterhaft,** Augustin. c. sec. resp. Jul. 5, 64 u. a.

facinorōsus (facinerōsus), a, um (facinus), **lastervoll, lasterhaft, ruchlos,** vir, Cic.: fac. quaedam mulier, Augustin.: fac. animus, Iustin.: vita, Cic.: culpa, Val. Max.: Clearchus exsilio facinorosior redditus, Iustin.: facinorosissimi sicarii, Cic. – Plur. subst., facinorosi, **ruchlose Menschen,** Cic. Phil. 2, 115.

facinus, oris, *n.* (facio), **I** jede (gute od. böse) **Handlung, Tat, 1** im Allg.: pulcherrimum, Ter. u. Cic.: praeclarum, Sall., praeclarissimum, Nep.: egregium atque mirabile facinus duorum Carthaginiensium, Sall.: ultrix facinorum impiorum bonorumque praemiatrix, Amm.: numquam quicquam facinus (Streich) feci peius neque scelestius, Plaut. – u. oft der Ausruf o facinus indignum! od. o indignum facinus! u. bl. facinus indignum! welche Schändlichkeit! schändlich! empörend! s. Plaut. Men. 1004. Ter. adelph. 173; eun. 70. Quint. 5, 12, 12: bl. fac. ind., Cic. ad Att. 2, 13, 1. – **2** prägn., eine **böse (ruchlose) Tat, Missetat, Untat, Übeltat** (hingegen scelus = Schandtat), facinoris suspicio, Cic.: Romae Numantiaeque facinora, zu R. u. N. verübte, Sall.: facinus est, vinciri civem Romanum; scelus, verberari, Cic.: facinus facere, obire, committere, Cic., od. in se admittere, Caes., od. patrare, Sall. – meton., **a** die **Missetat** (der Mord) für das, womit sie verübt wird, facinus excussit ab ore, den Giftbecher, Ov. met. 7, 423. – **b** der **Missetäter,** senile illud facinus (böse Stück), Apul. met. 4, 12: omnium flagitiorum atque facinorum circum se tamquam stipatorum catervae, Scharen von Schandbuben u. Bösewichtern, Sall. Cat. 14, 1. – **II** übtr.: **a** konkr., ein **Stück Arbeit,** facinus luculentum, ein Prachtstück, Plaut. Men. 141. – **b** abstr., ein **Stück Arbeit, Geschäft,** ein **Handel,** ein **Streich,** ein **Umstand,** eine **Sache** (s. Lorenz Plaut. mil. 376), quod facinus (Schauspiel) video? Plaut.: non ego istuc mihi facinus conducibile esse arbitror, Plaut.: amicum castigare ob meritam noxiam immoenest facinus (ist ein undankbares G. od. Stück Arbeit), Plaut.: humanum facinus factumst, so geht es mit den Menschen, Plaut. – ► Genet. spätlat. auch facineris, nach Vel. Long. (VII) 73, 1 u. oft auch durch die Abschreiber in Handschriften des Cicero u. Livius.

facio, fēcī, factum, ere (verwandt mit dem Stamm θε in τίθημι, ἔ-θη-κα), **machen** in der weitesten Bedeutung; dah. **I** *tr.* u. zwar: **A** zunächst von jeder äußerlichen Tätigkeit, die sich in Hervorbringung eines handgreiflichen, in die Sinne fallenden Produktes kundgibt, **1 machen = verfertigen, bauen,** lectulos faciundos dare, Ter.: alci anulum, Cic.: classem, bauen, Caes.: castra, aufschlagen, Caes.: murum saxo quadrato, Liv.: pontem in Istro flumine, schlagen über, Nep.: semitam per fundum, anlegen, Plaut.: litteram, schreiben, Cic. – armis faciendis praeesse, eine Waffenfabrik leiten, Cic. – phalerae pulcherrime factae (gearbeitet), Cic. – dah. **a** von der Tätigkeit des Schreibenden, **niederschreiben,** schriftlich **aufsetzen,** litteras ad alqm, an jmd. schreiben, Cic.: sermonem inter nos habitum in Cumano, Cic. – **b** v. körperlicher Tätigkeit übh., wie unser **machen, tun, geben,** iactum, einen Wurf tun, Auct. b. Alex.: gradum, Cic.: sibi viam, bahnen, Liv.: alci transitum, jmd. durchlassen, Liv.: alci savium, geben, Plaut.: alci ventulum, zufächeln, Ter.: vela, s. 1. vēlum (Segel): significationem, ein Zeichen (Signal) geben, Caes.: impetum in hostes, machen, Liv.

2 zeugen, erzeugen, hervorbringen, volucres ova ac pullos faciunt, legen Eier u. brüten Junge aus, Varro: asinus od. apis facit subolem, Col. u. Plin.: rapa facit cymam, treibt hervor, Col.: stercus, Mist machen, Col.: stercus facit multam herbam, erzeugt, gibt, Col.: corpus facere, s. corpus (*no.* I, B, 1): calorem, Wärme erzeugen, Plin.: maculas, Flecken machen (verursachen), Plin.: ignem ex lignis viridibus, Feuer machen (anmachen) aus usw., Cic. – homo ad ista expedienda factus, wie gemacht, -geschaffen (= von Natur geschickt), Cic.: ex industria factus ad imitationem stultitiae, geflissentlich den Schein der Narrheit suchend, Liv. 1, 56, 8: factus naturā et consuetudine exercitus m. *Infin.,* Tac. ann. 14, 56. – dah. **a** von der schaffenden Tätigkeit des Redners u. Dichters, **machen = schaffen, bilden** (s. Voß Verg. ecl. 3, 86), orationem, versus, poëma, Cic.: in versu faciendo saepe caput scabere, Hor.: orationis faciendae et ornandae auctores locupletissimi, Cic. – u. **b** als gramm. *t. t.* von Wörtern = die u. die (Kasus- od. Tempus- od. abgeleitete) Form **bilden,** cur *aper apri, pater patris* faciat? (im Genetiv) *apri* bildet od. hat, Quint.: cum *Alba* faciat *Albanos* et *Albenses, volo volui* et *volavi,* Quint. (vgl. Quint. 1, 6, 13 *sqq.*): eadem (littera) fecit ex duello bellum, Quint.: genetivus *Oedipi* faciet, wird haben, Donat.: si numerum pluralem facere cogetur, Gramm. Vatic.

3 erzielen, erwerben, gewinnen, sich machen, ex arvo aeque magno, sed male consito et minus multum et minus bonum vinum et frumentum f., Varro (vgl. ποιεῖν τι ἐκ τῆς γῆς): praedam, machen, Caes.: praedas ab alqo, Nep.: rem, sich Vermögen erwerben, Hor.: lucrum, manubias sibi ex etc., Cic.: divitias ex alqa re, Plaut.: magnas pecunias ex metallis, Nep.: liberis plurimum, erwerben, Ter.: stipendia, Sold verdienen = Kriegsdienste tun, Sall. u. Liv.

4 = *conficere,* **a aufbringen, auf die Beine bringen, auftreiben,** tributum, Cic.: manum, Cic.: exercitum, Vell.: exercitum argento, Sall. in Sen. ep.: auxilia mercede, Tac. – **b** eine Strecke im Raum **durchmachen = zurücklegen,** cursu quingenta stadia, Iustin. 11, 8, 2. – u. dav. übtr. **c** eine Zeit **durchmachen = zubringen, verleben,** paucissimos unā dies, Sen.: annum in fuga, ICt.

5 (als arithm. *t. t.*) = *efficere,* **machen, ausmachen,** Lais μυρίας δραχμὰς poposcit, hoc facit nummi nostratis denariûm decem milia, Gell. 1, 8, 5: actus quadratus undique finitur pedibus CXX; hoc duplicatum facit iugerum, Col. 5, 1, 5: quae utraeque summae in se multiplicatae quadratorum faciunt pedum viginti octo milia et octingentos (pedes), *ibid.* § 6.

B von derjenigen Tätigkeit, die sich im Hervorbringen von Handlungen und Zuständen kundgibt, also: **1 machen, tun = verrichten, ausüben, vornehmen, begehen, leisten, ausführen, zustande (zuwege) bringen, verwirklichen** (Ggstz. velle od. facere velle, beabsichtigen), **α** m. allg. Objj.: ego plus quam feci facere non possum, Cic.: neque hoc in uno fecit Annaeo (tat er an usw.), sed in omnibus senatoribus, Cic.: omnia amici causā f., Cic.: id quod neque facere neque velle per sese honestum est, Gell. – **β** m. *Acc. subst.:* opus, Feldarbeit verrichten, Ter.: iter, s. iter (Reise, Marsch): facinus, Cic.: u. so fortia facinora fecimus, M. Caes. in Fronto epist. ad M. Caes. 5. p. 68, 7 N.: caedem, furtum, fraudem, Cic.: exempla in alqm, Exempel an jmd. statuieren, Plaut.: gratulationem, abstatten, Quint.: largitionem, vornehmen, Cic.: alci medicinam, jmd. heilen, Cic.: nullus melius medicinam facit, kein Arzt versteht sich besser darauf, Plaut.: brevi dignum exitum facturos, würden sich bald ihr verdientes Ende bereiten, Suet.: initium, finem, moram, periculum u. dgl., s. finis, initium usw. – comitia, abhalten, Liv.: indutias, pacem, Waffenstillstand-, Frieden machen, -schließen, Cic. u. a.: seditionem, Cic.: bellum, Kr. anstiften, anfangen, Cic.; alci, jmd. in Krieg verwickeln, jmd.

bekriegen (wie πόλεμον ποιεῖν τινι), Nep. u. a.: neque fecisse Rhodienses bellum neque facere voluisse, Gell.: proelium, ein Treffen anfangen, sich in einen Kampf einlassen, Cic., Sall. u. a.: fugam, die Fl. ergreifen, Sall. u. Liv.; aber fugam (mit u. ohne hostium u. dgl.) facere, eine Fl. bewirken, in die Fl. schlagen, Sall. u. Liv. (s. Weißenb. Liv. 21, 5, 16): deditionem, sich ergeben, Sall.: nomina, s. nōmen. – imperata, ausführen, Caes.: promissum, erfüllen, Cic. – quas res neque solverunt neque fecerunt (leisteten), Liv. – **γ** m. *Advv.*: multa impure atque taetre, Cic.: vel facere quod non optime possis, vel facere quod non pessime facias, humanitatis est, Cic.: ut nihil intemperanter, nihil effeminate faciam, optabo, Sen. – **δ** m. *quid* in Fragesätzen: **αα** quid facis? was beginnst du? Ov. fast. 2, 386 u. ö. – **ββ** quid faciam? was soll ich tun od. anfangen? quid facerem? was sollte ich tun? was zu tun? (von solchen, die ratlos sind u. mit Ratlosigkeit sich entschuldigen), s. Ruhnk. Ov. her. 8, 50; 10, 59: quid faciam infelix? Ov.: quid facerem? Verg.: sed tu quid faceres? Ov. – **ε** fac. de alqo od. de alqa re, bl. alqo od. alqā re, alci od. alci rei, cum alqa re, mit jmd. od. etw. **tun, machen, anfangen,** gew. in Fragesätzen (s. Bünem. Lact. 2, 3, 3), quid de puero era tua fecit? Plaut.: quid de eo facies? Lact.: quid de his faciunt facturive sunt? Lact.: quid de praeda faciendum censerent? Liv.: quidnam facerent de rebus suis? was sie in ihrer Lage tun sollten? Nep. Them. 2, 6. – nescit quid faciat auro, Plaut.: quid illis faciat ceteris (Dat.), Plaut.: quid hoc homine od. huic homini facias? was will man od. willst du mit dem M. anfangen? Cic.: quid faceret Chrysippus huic conclusioni? was könnte Chr. gegen diesen Schluss einwenden? quid hic cum tragicis versibus et syrmā facis? Valer. com.: quid hic homo tantum incipissit facere cum tantis minis? Plaut. – **ζ** prägn., m. quid od. m. allg. *Acc.*, **tun = begehen, verbrechen, sündigen,** quid feci? nihil feci, Plin. ep.: quid feci? quid commerui aut peccavi pater? Ter.: quid fecit? Ter.: faciunt hi plura, Iuven.

2 insbes.: **a** eine Feierlichkeit **veranstalten,** cenas, Cic.: ludos, Cic.: sacra od. sacrificium od. res divinas, ein Opfer vollziehen, opfern (ἱερὰ ῥέζειν), Cic. (vgl. Fabri Liv. 22, 10, 3 *sqq.*; u. absol. s. unten *no.* III, 4). – **b** etw. als gewöhnl. Geschäft **betreiben, treiben, ausüben,** praeconium (Geschäft eines Ausrufers), argentariam, Cic.: medicinam, als Arzt praktizieren, Phaedr. Vgl. Gräve Cic. Verr. 5, 18, 46 u. Phaedr. 1, 14, 2.

3 bewirken = bereiten, verschaffen, nomen, cognomen alci rei, geben, Liv.: alci auspicium, jmd. zu etw. auffordern, veranlassen, Hor.: alci negotium, s. negōtium: silentium, verschaffen, Liv.: orationi audientiam, Gehör verschaffen, Cic.: alci famam prompti ingenii, Quint.: favorem, Liv.

4 jmdm. etw. **geben, gewähren,** potestatem (Erlaubnis), Cic.: commercium sermonis, Liv.: alci gratiam alcis rei (Verzeihung, Nachsicht), Cic.

5 einen Körper- od. Gemütszustand an od. in jmd. **erregen, rege machen, erwecken, einflößen,** alci fletum, jmd. zum Weinen bringen, Col.: alci dolorem, Cic. ad Att. 11, 8, 2: alci desiderium alcis rei, Liv.: alci fidem, bei jmd. Glauben erwecken = jmd. (von etw.) überzeugen, Cic.: hosti audaciam, Liv.: divitiae animos (Mut) faciunt, Liv.: spiritus (hohen Mut), Liv.: spem, Cic. u. Liv.: curam, Tac.: taedium, stomachum, Cic.: iram, Quint.: metum, Cels. u. Tac.: metum insidiarum, Liv.: timorem, Liv.: suspicionem, Cic.

6 machen, bewirken, es fertig bringen, dahin arbeiten, dass usw., **lassen, a** m. *ut* u. Konj., faciuntne intellegendo ut nihil intellegant, Ter.: facis, ut rursus plebes in Aventinum sevocanda esse videatur, Cic.: splendor vester facit, ut peccare sine summo rei publicae periculo non possitis, Cic.: alterum facio, ut caveam, alterum, ut non credam, facere non possum, Cic.: ut nihil ad te dem litterarum facere non possum (ich kann es nicht über mich gewinnen), Cic. – dah. facere ut nicht selten gebraucht, um den Begriff der Tätigkeit nachdrücklicher hervorzuheben, facite, ut mores eius et vultum recordemini, macht, dass ihr euch erinnert = erinnert euch, Cic. – u. facio ut etc. m. einem *Adi.* od. *Adv.* = **ich verstehe mich dazu, zu** usw., invitus feci, ut Flamininum e senatu eicerem, Cic.: itaque feci non invitus, ut prodessem multis rogatu tuo, habe mich ganz gern dazu verstanden, Cic.: facio libenter, ut per litteras tecum colloquar, Cic. – **b** m. bl. Konj.: immo illi mitem faxo faciant fustibus, Afran. fr.: ego faxim ted Amphitruonem malis esse quam Iovem, Plaut.: haud sibi cum Danais rem faxo et pube Pelasgā esse ferant, Verg.: fallat eam faxo, Ov.: faxo sciatis, Petron.: et ita ultima sit, faciam, Veneris concordia vestrae, Ov.: di facerent, sine patre forem! Ov.: der Imperat. fac (facito) mit folg. Konjunktiv als Umschreibung eines affirmativen Imperativs, unser **mache** od. **tue dafür, dass** usw., od. **lass** mit folg. Infinitiv, certum hominem ad eum mittas face, Nep.: fac sciam, tue mir zu wissen, lass mich wissen, Cic.: surculos facito sint longi binos pedes, mache, dass sie sind, od. lass sie sein, Cato. – **c** fac. m. folg. *ne* od. *quo* u. Konj., non fac. m. folg. *quin* od. *quo minus* u. Konj., luctus facit ne dubitem, Acc. fr.: quod ne permittat in hostem, ipsa facit gravitas, Ov.: mors faciet ne sim, cum venerit, exsul, Ov.: nach dem Imperat. (vgl. *no.* b), tu fac ne ventis verba profundam, Lucr.: fac ne quid aliud cures hoc tempore nisi ut quam commodissime convalescas, Cic.: per se quisque sedulo faciebant, quo illam mihi lenirent miseriam, Ter. – non enim faciam, quin scias, ich werde es nicht fertigbringen (nicht über mich gewinnen), dich in Unwissenheit zu lassen, Plaut.: numquam quisquam faciet, quin soror ista sit germana huius, nimmer wird es jemand fertigbringen (beweisen), dass sie nicht usw., Plaut. (vgl. Brix u. Lorenz Plaut. mil. 283 u. 473): facere non possum (ich kann nicht umhin), quin cotidie ad te mittam (litteras), Cic.: facere non potui, quin tibi voluntatem declararem meam, Cic.: neu quis facito, quo minus ei oetantur (= utantur) fruantur habeant, CIL 1, 200. *no.* XI (p. 79). – **d** m. *Acc.* u. *Infin.* (s. Ruhnken Ov. her. 17, 174), vel carnuficinam hunc facere possum perpeti, Plaut.: qui nati coram me cernere letum fecisti, Verg.: noc me telum flere facit, Ov.: illum forma timere facit, Ov.: desiderium facit macrescere volucres, Varro: u. nach dem Imperat. (vgl. *no.* b), mel Atticum ter infervere facito, Col.: noch dem Fut., succum mori agrestis paulum facies defervere, Pallad.: quae res scissuris eos faciet aperiri, Pallad. – **e** faxo m. folg. *Indic. Fut.* (s. Klotz u. Spengel Ter. Andr. 854), temperi ego faxo scies, Plaut.: iam faxo hic aderit, Ter.: immo vero indignum iam facinus faxo ex me audies, Ter. – **f** m. *Infin.*, facias videre Romam, CIL 8, 2632: m. *Infin. pass.*, remitti fecit, Amm. 27, 7, 3.

7 machen, darstellen, lassen, m. folg. *Acc.* u. *Infin.*, v. Künstlern, fecerat et viridi fetam Mavortis in antro procubuisse lupam, Verg.: stare deum pelagi longoque ferire tridente aspera saxa facit, Ov.: v. Schriftstellern, qui nuper fecit servo currenti in via decesse populum, Ter.: quem tamen Homerus apud inferos conveniri facit ab Ulisse, Cic.: quem in suis libris fecit (Cicero) de re publica disputare, Augustin. de civ. dei 2, 21, 4 *in.*: quos loqui facit in ea disputatione, Augustin. de civ. dei 2, 21, 4.

8 zum Ausdruck der bloß gedachten od. angenommenen Wirkung, mit folg. *Acc.* u. *Infin.*, **a lassen = den Fall setzen, annehmen, voraussetzen,** esse deos faciamus, Cic.: fac, quaeso, qui ego sum, esse te, Cic. – **b sich stellen,** als ob usw., se facit esse venustum, Catull. 97, 9: facio me alias res agere, ich tue (stelle mich), als ob ich usw., Cic. ep. 15, 18, 1.

9 (= efficere) **bewirken, beweisen,** haec enim ratio facit lunam non habere lumen proprium, Macr. somn. Scip. 1, 19, 9.

10 mit dopp. *Acc.*, **a** mit einem *Subst.* als *Acc.* der Wirkung, jmd. od. etw. zu etw. **machen, α** übh.: alqm consulem, jmd. zum K. machen (sowohl v. Volk als v. einem einzelnen, der bewirkt, es durchsetzt, dass jmd. K. wird, s. Ellendt Cic. de or. 2, 66, 268), Cic.: alqm regem Epiri, Iustin.: alqm reum, in den Anklagestand versetzen, Cic.: alqm heredem, zum E. machen = einsetzen, Cic.: alqm testem, zum Z. nehmen, Ter. u. Liv.: Siciliam provinciam, zur Provinz machen, Vell.: captivum *de* rege facturi videbantur, Iustin.: im Passiv m. dopp. *Nom.*, de accusatore Scipionis venerator factus est, Val. Max.: u. ohne Prädikat, si ille factus esset (*sc.* consul), dazu (zum Konsul) gemacht worden wäre, Cic. Muren. 50; vgl. Cic. Planc. 9 u. 14. – **β** vorgeblich zu etwas **machen,** für etwas **ausgeben,** me unum ex iis feci, qui etc., ich gab mich aus für einen usw., ich tat, als wäre ich einer usw., Cic.: facio te apud illum deum, Ter.: ut puellae unum me facerem beatiorum, um mich als einer von den Wohlhabenden aufzuspielen, Catull. 10, 17: et se facit venustum, spielt sich als schöner Mann (als Adonis) auf, Catull. 97, 7.: verbis se locupletem f., sich reich machen, Cic. – **b** mit einem *Adi.* od. *Partic,* im *Acc.* zur Angabe der Wirkung, des Zustandes, der an jmd. hervorgebracht wird, animum dubium, zweifelhaft machen, Cic.: alqm sanum, disertum, Cic.: alqm peritum alcis rei, geschickt machen in usw., Nep.: alqm certum, certiorem, s. certus *no.* II, B, 3, b (vgl. Lorenz Plaut. Pseud. 16): u. certum od. certius facere alci, s. certus *no.* II, B, 3, a, α (vgl. Brix Plaut. Men. 764. Lorenz Pseud. 16): alqm scientem, Plaut. asin. 48. Ter. heaut. 873: alqd planum, deutlich machen, Quint. – selten mit einem *Adv.*, wie alqd palam, offenbar machen, Nep. – Partiz. factus m. dopp. *Voc.*, o tu lectule deliciis facte beate meis! Prop. 2, 15, 2. – **c** mit einem *Partic.* od. *Adi.* im *Acc.* zur Bezeichnung der Tätigkeit, in der jmd. od. etw. dargestellt wird, Xenophon facit Socratem disputantem etc., stellt dar, führt ein als behauptend usw., Cic. (vgl. oben *no.* 7): alqm od. alqd missum, s. mitto *no.* II, A u. B: alqd reliquum, s. reliquus: u. so ademptum tibi iam faxo (= adimam) omnem metum, Ter.: faxo tali eum mactatum (mactabo) atque hic est infortunio, Ter.

11 etwas zum **Eigentum** jmds. **machen,** jmd. in **Besitz** von etwas **setzen,** mit *Genet.* des Besitzers, tota Asia populi Romani facta est, fiel dem röm. Volk anheim, Cic.: Graeci optionem Carthaginiensium faciunt, legen die Wahl in die Hände der K., Sall.: facere alqd potestatis od. dicionis suae, in seine Gewalt od. Botmäßigkeit bringen, Liv. (vgl. Fabri Liv. 21, 53, 6): ebenso alqm sui iuris, jmd. sich untertan machen, Vell.: omnia arbitrii sui, seiner Willkür untertan machen, Liv.: alqd sui muneris od. beneficii sui, etw. als sein Geschenk, seine Wohltat betrachten lassen, Tac. u. Iustin. (vgl. Benecke u. Fittb. Iustin. 13, 4, 9): alqm proprii iuris, selbständig-, unabhängig machen, Iustin. (vgl. Benecke u. Fittb. Iustin. 9, 1, 3). – Aber auch mit dem *Pron. possess.*, alqam terram suam, ein Land sich unterwerfen, Caes.: alqm suum, sich jmd. zum Freund machen, Ter.: neque gloriam meam, laborem illorum faciam, ich werde nicht mir den Ruhm nehmen, ihnen die Mühe lassen, Sall.

12 einen gewissen Wert auf etwas legen (vgl. unser »sich wenig aus etwas machen« u. dgl.) = so u. so **achten, schätzen,** si aliter nos faciant, quam aequum est, Plaut. – u. bes. mit *Genet.* des Wertes, parvi, minimi, pluris, maximi, nihili, Plaut., Cic. u. a.: nec pluris nunc facere Camillum hoc bellum, kümmere sich ebensowenig um usw., Cic. – Hierher gehören wohl auch die Formeln: aequi bonique f. alqd, mit etwas zufrieden sein u. dgl. (s. aequus *no.* II, 2, b a. E.), Cic.: lucri, gewinnen, Nep.

13 die Wirkung der Tätigkeit als eine reflexive gedacht = etwas **leiden, erleiden,** (vgl. unser »er hat sich Schaden getan«), parietes vitium faciunt, werden schadhaft, Plin.: naufragium f., Schiffbruch leiden, Cic. u. a.: damnum, detrimentum, Schaden leiden, Cic. u. a. (nicht hierher, sondern oben zu *no.* B, 1 gehört iacturam f., s. iactūra).

14 wie das deutsche **tun** u. das griechische ποιεῖν, so steht auch facere im zweiten Redeglied, wenn das Verbum des ersten Gliedes im zweiten bleibt u. man die Wiederholung desselben Wortes vermeiden will, wo also facere den allgemeinen Begriff eines Verbums bezeichnet (wenn auch im Verbum kein »Tun« liegt) u. seine nähere Bestimmung aus dem vorhergehenden Satzglied empfängt, wie: an Scythes Anacharsis potuit pro nihilo ducere pecuniam: nostrates philosophi facere non potuerunt? konnten es nicht tun (= konnten das Geld nicht verachten), Cic.: cum collega consentiente (sicut milites faciunt, wie die S. tun) hostibus obviam ire, Cic.: me, ut adhuc fecistis, audiatis, Cic.: incumbite in causam, ut facitis, Cic. Vgl. Heusinger Cic. de off. 1, 1. Kühner Cic. Tusc. 4, 31. Orelli Hor. sat. 1, 1, 63 *sq.* Ruhnken Ov. her. 11, 31.

II (spätlat.) *v. refl.* (se) facere alqo, wohin **machen** = **sich begeben,** intra limen sese facit, Apul. met. 5, 2: homo meus coepit ad stelas facere, Petron. 62, 4: ad illum ex Libya Hammon facit, Tert. de pall. 3. Vgl. Oudend. Apul. met. 5, 2. p. 321. Salmasius Tert. de pall. 3. p. 206 (*ed. Lugd. Bat.* 1656).

III *intr.*: **1** = ἐργάζεσθαι, **arbeiten, Feldarbeit verrichten,** Ter. heaut. 60 (73 opus facere).

2 **handeln, handelnd auftreten,** deus, qui primitus operatur ac facit, Chalcid. Tim.: qui, cum cogitasset, facere auderet, Nep.: facto non consulto in tali periculo opus esse, Sall.: opus est facto, Komik.: quoniam, ut aiunt, dei facientes adiuvant, Varro: ratio faciendi, Quint. – m. *Advv.* – irgendwie **handeln,** nequiter, schlechte Streiche spielen, Plaut.: bene et benigne, Plaut.: illiberaliter, Ter.: arroganter, Caes.: sedulo, Ter.: humaniter, bene, praeclare, amice, Cic.: iucunde, Plin. ep.: recte, Ter. u. Cic.: seu recte seu perperam, Cic.: fortius, quam locutus est, fecit, Curt. – alci bene, gegen jmd. gut handeln, jmdm. dienen, nützen, Ter.; Ggstz. male alci, jmdm. schaden, Plaut.: alci aegre, jmdm. wehtun, ihn kränken, Ter.: ex voluntate alcis, Liv.: e re publica, Liv.: adversus rem publicam, Caes.: contra rem publicam, Sall.: adversus senatus consultum, Liv.: animo bono, Nep.: animo optimo, Cic.: more tuo, Plaut.: iure, Acc. fr. u. Quint.: lege, Quint.: malā fide, Nep.

3 facere cum od. ab alqo, mit jmd. od. auf jmds. Seite tätig sein, mit jmd. **es halten, zusammenhalten, auf** jmds. **Seite** od. **Partei sein,** jmd. **unterstützen, begünstigen,** cum alqo, Cic., Nep. u. a.; ab alqo, Cic. u. a. (so auch illinc od. unā facere, auf seiner Seite stehen, es mit ihm halten, Cic. ad Att. 7, 3, 5 W.; Sull. 36); Ggstz. facere adversus alqm, **es wider** jmd. **halten, die Gegenpartei begünstigen,** Nep. Eum. 8, 2: eae res contra nos ambae faciunt in hoc tempore, Cic. Quinct. 1.

4 eine Opferhandlung vornehmen, mit *Dat.* der Gottheit, der man opfert (wie ῥέζειν τινί), m. *Acc.* der Sache, die man opfert, od. mit *Abl.* des Opfers, mit dem man opfert, qui faciet quando volet, quāque lege volet, facito, Plebisc. vet. bei Liv. 22, 10, 3. – fac. dis, Plaut.: Iunoni Sospitae, Cic.: Marti et Robigini, Tert. – grandia liba Pali, Ov.: bidentes Herculi propter viam, Laber. fr.: Iovi Victori pocillum mulsi, Liv.: *pro* populo faciens quantum Saufeia bibebat, Iuven. – fac. agnis, Plaut.: catulo, Col.: fac. Iovi bidenti verre, Pompon. com. fr.: agnā Iovi, Varro LL.: vitulā *pro* frugibus, Verg.

5 euphem., **vollenden** = sterben, faciendum (faciundum) fuit od. faciundum hoc fuit, Anthol. epigr. II. *no.* 63–66.

6 obszön: **a** suae rei causā facere, zu Stuhle gehen, kacken, Petron. 47, 4 u. 66, 2. – **b** v. Beischlaf, Catull. 110, 2 u. 5. Pers. 4, 48. Iuven. 7, 239. Petron. 9, 9; 45, 8; 87, 9.

7 zu od. für etw. **passen, geschickt sein,** m. *ad* u. Akk. od. m. bl. *Dat.*, v. leb. Wesen, alii ad aprum, alii ad cervum canes faciunt, einige sind Saufänger (Saurüden), andere Schweißhunde, Sen. exc. contr. 3. praef. § 9: Aurelianus ad nostra iam non facit tempora, Vopisc. Aurel. 8, 3: v. Lebl., Medeae faciunt ad scelus omne manus, Ov.: ad talem formam non facit iste locus, Ov.: haec aetas optime facit ad haec studia, Sen.: quod belle facit ad versum, Sen.: quorumdam contumelia non facit ad aulam, Sen.: m. *Dat.*, non faciet capiti dura corona meo, Prop. 3, 1, 20.

8 **zu, für, gegen** od. **bei** etw. **tun, wirken, nützen, helfen, dienlich, förderlich, nützlich sein,** absol., od. m. *ad, in, adversus* u. Akk., od. m. bl. *Dat.*, **a** übh.: nec caelum nec aquae faciunt nec terra nec aurae, weder das Klima bekommt mir, noch usw., Ov.: multum viva vox facit, Sen.: fecit aliquid et materia, Sen.: quid stemmata faciunt? Iuven.: quid faciunt leges, ubi etc.? Petron.: dicite, pontifices, in sancto (Tempel) quid facit aurum? Pers.: mire facit (es tut eine außerordentliche Wirkung) in peroratione confessio, Quint. – illa ad publicos usus facientia, Pacat. pan.: quorum (oppidorum) mentio tantum ad ordinem facit, Mela: faciunt in hunc usum arundinum quoque folia, Col. – incolumi Rhodos et Mitylene pulchra facit, Hor. – m. *Infin.* (als Subj.), plurimum facit diligenter nosse causas, Quint.

6, 4, 8: adversus omnia tela, adversus omnium hostium genus facit mortem contemnere, Sen. ep. 36, 8. – **b** als mediz. *t. t.*, id bene faciet, Cato: quod idem remedium optime facit exemptā stirpe, Col. – hic sucus facit (ist gut, schlägt an) ad difficultatem urinae, Plin.: quicquid ad salivam facit, Petron.: nihil aeque facere ad urinae morsum, Suet.: medicamentum quod proprie adversus solutionem stomachi facit, Scribon. – radix coeliacis praeclare facit in cinere tosta, leistet den Unterleibskranken vortreffliche Dienste, Plin.: feniculi suci cyathus unus potui datus mirifice pulmoni facit, Plin. Val.

► Alter Imperat. face, z. B. Enn. ann. 20*. Plaut. asin. 605 u. ö. Ter. Andr. 680 u. ö. Cato r. r. 7 u. 32, 1 u. ö. Catull. 36, 16. Nep. Paus. 2, 4. Ov. her. 2, 98 u. ö. (als veraltet angef. bei Quint. 1, 6, 21; vgl. Mart. Cap. 3, § 320). – Arch. Fut. faciem, Cato bei Quint. 1, 7, 23 (die besten Hdschrn. facie). – Arch. Perf. fecei, CIL 1, 551. – Arch. Konj. Perf. faxim (= *fecerim*), Enn. fr. scen. 308. Plaut. Amph. 511; aul. 420. Ter. adelph. 887. 896. – Archaist. Fut. exakt. faxo (= *fecero*), Afran. com. 67. Plaut. Amph. 355. Ter. Andr. 854. Verg. Aen. 9, 158. Ov. met. 3, 271. Petron. 95, 3. Sil. 17, 235: faxis, Naev. com. 47. Pacuv. tr. 123. Plaut. capt. 124. Ter. Andr. 753. Hor. sat. 2, 3, 38: faxsit, XII tabb. 8, 4 (bei Gell. 20, 1, 12). Pacuv. tr. 424. Acc. tr. 556; od. faxit, Lex Num. Pomp. bei Paul. ex Fest. 6, 2. Plaut. capt. 622. Ter. heaut. 198: faximus, Plaut. truc. 61: faxitis, Formul. vet. bei Liv. 23, 11, 2 u. 29, 27, 3: faxint, in der Formel di faxint, Plaut. Amph. 632; vidul. fr. 2, 31 St. Ter. heaut. 161. Cic. Verr. 3, 81 u. ep. 14, 3, 3. – Passiv facitur, Nigid. comm. gr. bei Non. 507, 15: faciatur, Titin. com. 97. Petron. 71, 10: faxitur (= *factum erit*), Formul. vet. bei Liv. 22, 10, 6. – Das Passiv von facio vertritt fio, s. d.

facitergium, iī, *n.* (facies u. tergeo), das Tuch zum Gesichtabwischen, das **Schweißtuch,** Isid. 19, 26, 7 u. a. Spät.

facteon = faciendum, in der Stelle: quare, ut opinor, φιλοσοφητέον, et istos consulatus non flocci facteon, Cic. ad Att. 1, 16, 13 (scherzh. nach φιλοσ. gebildet).

factīcius, a, um (factus), **I** durch Kunst **gemacht, nachgemacht,** dem Natürlichen entgegengesetzt, color, Plin.: ladanum (Ggstz. lad. terrenum), Plin.: genus spadonum (Ggstz. nativum), Faust. bei Augustin. c. Faust. 30, 4. – **II** als spät. gramm. *t. t.:* nomen f., ein nach dem Naturlaut gebildetes Nomen (wie tintinnabulum, turtur), Prisc. 2, 31: verba f., Cassiod. de orthogr. 6.

factio, ōnis, *f.* (facio), **I** das **Machen, Tun, 1** eig.: quae haec factiost? Verfahren, Beginnen, Plaut. Bacch. 843. Plaut. rud. 1371. – im üblen Sinne = das **boshafte Treiben,** die **Heimtücke,** diabolica, Cassian. coll. 22, 6. – **2** übtr., das **Recht,** etw. **zu machen,** factionem testamenti non habere, Cic. ep. 7, 21: cui testamenti f. nulla est, Cic. top. 50. – **II** (nach facio *no.* III, 3) das **Zusammenhalten** unter sich od. mit jmd. und die daraus hervorgehende **Parteistellung,** sowie meton. = die **Partei,** der **Anhang** (als ein Verein solcher, die zu gemeinsamem Handeln zusammenhalten, während pars = die Partei, insofern ihre Verbindung als vom Ganzen abgesonderter Teil sich darstellt), **A** im Allg.: eiusmodi factiones (v. Zünften), Plin. ep. 10, 34 (43), 1: cum vostris nostra non est aequa factio, Anhang = Verwandtschaft, Plaut.: utrinde iram, utrinde factiones (Freundschaften) tibi pares, Cato fr.: alia (medicorum) factio coepit in Sicilia, Sekte, Plin.: so Ariana factio, Sekte, Hieron. de vir. ill. 94: auferetur factio (die Gesellschaft) lascivientium, Vulg. – **B** insbes.: **1** die politische **Parteistellung, a** übh., **Parteiumtriebe,** meton. der polit. **Anhang,** die pol. **Partei** (bes. der Patrizier, der Oligarchen), haec inter bonos *amicitia* est, inter malos *factio,* Sall.: nobilitas factione magis pollebat, plebis vis soluta atque dispersa in multitudine minus poterat, Sall.: non factione cum factioso certabat, Sall.: officia amicis praestanda sine factione (Parteiumtriebe) existimavit, Nep.: populus paucorum factione oppressus, Caes.: in Gallia non solum in omnibus civitatibus aut in omnibus pagis partibusque, sed paene etiam in singulis domibus factiones sunt, Caes.: ut exsistat ex rege dominus, ex optimatibus factio (Oligarchie), Cic.: u. so triginta illorum consensus et factio, Cic.: emissarii factionis suae, Vell. – factionum partes, Sonderungen der Parteien, getrennte Parteien, Phaedr. 1, 2, 4. – **b** die aufständige, der **Aufstand,** die **Verschwörung,** factio militaris, Soldatenaufstand, Meuterei, Eutr. 10, 9. – meton., der **aufständige Volkshaufe, Parteihaufe,** Eutr. 9, 20. – **2** der Anhang im Theater, im Zirkus, **a** die einen Schauspieler begünstigenden Zuschauer (vgl. histrionum fautores, Tac. ann. 13, 25), die **Parteinehmer** für usw., die **Begünstigerrotte,** histrionum, Suet.: pantomimorum, Suet.: qui (adulescentuli) divisi in factiones (Rotten) plausuum genera condiscerent, Suet. – **b** eine **Abteilung, Truppe, Rotte, α** der Wettrenner im Zirkus, deren es in Rom vier gab, nach den Farben benannt (albata, russata, veneta, prasina, von denen die beiden letzteren die begünstigtsten waren), Suet. u. Inscr. – **β** der Pantomimiker, Petron. 59, 3.

factiōnārius, iī, *m.* (factio), der **Vorsteher der Wagenrenner,** Cod. Theod. 15, 10, 1.

factiōsē, *Adv.* (factiosus), **mächtig,** Sidon. epist. 4, 24, 4.

factiōsus, a, um, *PAdi.* m. *Compar.* u. *Superl.* (factio), **I** (nach factio *no.* I) **zum Handeln aufgelegt,** amici linguā factiosi, rasch mit der Zunge (Ggstz. inertes operā), Plaut. Bacch. 542. – im üblen Sinne = **boshaft, heimtückisch,** adversarii factiosa ludificatio, Cassian. coll. – **II** (nach factio *no.* II) **der einen großen Anhang hat, a** im Allg. = **der eine große Freundschaft hat,** homo dives, factiosus, Plaut. aul. 227. – **b** der einen großen polit. Anhang hat und denselben zu seinem Vorteil, bes. zur Erlangung der Herrschaft, zu benutzen sucht, **parteisüchtig, herrschsüchtig, unruhiger Kopf, Parteigänger, Parteimann, Parteihaupt** (vgl. Dietsch Sall. Iug. 31, 15), potens ac factiosus, Rhet. Her.: homo factiosus et his temporibus potens, Nep.: adulescens nobilis, egens, factiosus, Sall.: complures novi atque nobiles, factiosi, Sall.: exsistunt in re publica plerumque largitores et factiosi, Cic. – *Compar.* bei Aur. Vict. de Caes. 21, 3. – *Superl.* bei Plin. ep. 4, 9, 5.

factitāmentum, ī, *f.* (factito) = ποίημα, das **Gemachte,** das **Machwerk,** Tert. de anim. 18 *extr.*

factitātio, ōnis, *f.* (factito), das **Hervorbringen, Schaffen,** Tert. adv. Hermog. 31 *sq.* Ps. Soran. qu. medic. 31.

factitātor, ōris, *m.* (factito), der **Verfertiger,** Tert. Prax. 18 u. a.

factito, āvī, ātum, āre (*Frequ.* v. facio), **I oft-, gewöhnlich machen, -tun, -verrichten,** absol., crebro fact., Varro: m. *Acc.*, idem hoc, Ter.: idem, Varro u. Quint.: id (quod) in adulescentia, Plaut.: verba compone et quasi coagmenta, quod ne Graeci quidem veteres factitaverunt, Cic.: simulacra ex ea arbore, Plin.: versus, Hor.: versus in od. adversus alqm, Tac.: indutias cum alqa re, Gell. – dah. Partiz. factitatus = **gewöhnlich, üblich, herkömmlich,** hoc factitatum, Varro LL. 7, 70: erat hoc factitatum semper, Cic. Verr. 5, 60: alci (bei jmd.) factitatum est m. folg. *Infin.* od. *Acc.* u. *Infin.* (als Subj.), Tac. ann. 14, 14 u. 11, 24. – **II** insbes.: **a** jmd. **gewöhnlich** zu etw. **machen, erklären,** alqm palam heredem semper, Cic. Phil. 2, 41. – **b** etwas als gewöhnl. Geschäft **ausüben, betreiben, ein Handwerk** aus etw. **machen,** medicinam, Asin. Pollio bei Quint.: accusationem, Cic.: delationes, Tac.: magnos fructus, große Einkünfte beziehen, Varro: annonam in urbe, die Besorgung des Getreidewesens haben (v. praefectus annonae), Schol. Lucan. 1, 319. – **c gewöhnlich begehen, feiern,** sacrificia gentilicia illo ipso in sacello stato loco anniversaria, Cic. de har. resp. 32.

facto, āre (*Intens.* v. facio, s. Mar. Victor. 28, 24 K), **machen, verrichten,** neque ruri, neque hic hilum operis facto, Plaut. truc. 915.

factor, ōris, *m.* (facio), der **Verfertiger, Schöpfer, Urheber, I** im Allg.: doliorum, Pallad.: armorum, Waffenschmied, Cassiod. (vgl. armifactor): sceleris, der Täter, ICt. – bes. v. Gott, der **Schöpfer,** rerum, mundi, Lact.: verb. factor altorque viventium, Lact.: im Zshg. bl. factor, Eccl. – **II** insbes.: **A** (*sc.* uvarum) der **Kelterer,** Cato r. r. 13, 1. – u. (*sc.* olei) der **Ölpresser, Ölmacher,** Cato r. r. 66, 1 u. 67, 1. – **B** (*sc.* pilae) der den Ball schlägt oder, nach der Spielersprache, ihn macht (Ggstz. dator), Plaut. Curc. 297.

factōrium, iī, *n.* (faetum I), das **Quantum** von Oliven (100–160 modii), das man auf einmal kelterte, Pallad. 11, 10, 1.

factrīx, trīcis, *f.* (Femin, zu factor), **schaffend, bildend,** artes (Ggstz. negotiales od. contemplativae), Eust. hexaëm. 1, 7. Vgl. factor II, B.

factum, ī, *n.* (v. factus, a, um), **I** das Zurechtgemachte; dah. als ökon. *t. t.* = das Quantum von Oliven, das man auf einmal kelterte (s. Varro r. r. 1, 24, 3), Varro u. Col. – **II** das **Geschehene, 1** die **Tat, Handlung,** das **Verfahren, Benehmen** (Ggstz. cogitatum, dictum; u. Plur. facta, Ggstz. dicta, voces, verba, decreta, consilia), noch m. Partizipialkraft, paulo fortius factum, Caes.: bene facta, gute Handlungen, Cic.: malorum bene facta, Tac.: recte factum, Caes.: recte facta, Verdienste, Liv.: recte perperamque facta, Liv.: conscientia honeste recteque factorum, Amm. – rein subst., meum factum, Cic.: f. egregium, pulcherrimum, Cic.: f. hostile, Liv.: f. forte, Cic.: mei facti ratio, Cic.: C. Marii insolens f., Val. Max.: facta tua, Ter.: nostra, Sall.: magna, clara, Verg.: egregia, fortia, Sall.: immanissima, Suet. – poet., facta boum, Arbeiten der Stiere, d. i. gepflügtes Feld, Ov. – bonum factum! eine Eingangsformel vor Befehlen und Erlassen, ein gutes, heilbringendes Werk (sei, was wir beginnen)! = **zu gutem Glück! Glück auf!** Auct. prol. Plaut. Poen. 16 u. 45. Suet. Caes. 80 u. a. Auct. Vict. de vir. ill. 49, 17. – **2** als publiz. *t. t.*, eine **Verfügung,** ein **Dekret,** f. imperatorium, Capit. Gord. 5, 7; vgl. Capit. Macr. 13, 1. Cod. Theod. 11, 29, 6. – ▶ synk. Genet. Plur. factûm, Enn. fr. scen. 59; vgl. Cic. or. 155: arch. Abl. Plur. facteis, CIL 1, 33, 6.

factūra, ae, *f.* (facio), **I** das **Machen,** die **Bearbeitung,** Plin. 34, 145. – **II** meton.: **a** der **Bau,** factura quaedam corporis totius, der ganze Körperbau, Gell. 13, 30 (29), 2. – **b** das **Gemächt, Geschöpf,** Prud. apoth. 792 u. 856. Vulg. Ephes. 2, 10. Interpr. Iren. 1, 24, 1.

1. **factus,** a, um, *PAdi.* (v. facio), **gemacht, I** im Allg. = **geschehen,** factius nihilo facit, er macht es um nichts geschehener, d. i. es nützt ihm nichts, Plaut. trin. 397. – **II** prägn., **künstlich gearbeitet, -hergerichtet, a** v. Lebl.: argentum factum, Silbergeschirr, geprägtes Silber (Ggstz. arg. infectum), Cic. u. Liv. – v. der Rede usw., **kunstgerecht, kunstvoll,** oratio polita atque facta quodammodo, Cic.: versiculi facti, Hor. – **b** v. Pers., **zugestutzt, gebildet,** qui illuc factus institutusque venisset, Cic.: homo ad unguem factus, ein ganzer, vollkommener, Hor. sat. 1, 5, 32.

2. **factus,** ūs, *m.* (facio), **I** das **Machen, Verfertigen,** quo ornatior villa esse posset fructu quam factu (Erbauung), Varro r. r. 3, 1, 10. – meton. als ökon. *t. t.* = factum *no.* I (s. d.), Cato u. Plin. – **II** euphem., die **Vollendung** = der **Tod,** noli dolere, mater, factui meo, Anthol. epigr. II. *no.* 67: u. so wohl iste mulus me ad factum dabit, wird mir noch den Tod bringen, CIL 9, 2689.

facul, veraltet = facile, **leicht,** Pacuv. tr. 322 u. 426. Acc. tr. 460. Afran. com. 7.

facula, ae, *f.* (*Demin.* v. fax), die **Leuchte, Fackel,** der als Fackel dienende **Span,** Cato u. a.: facula ardens, Augustin. – im Bild, quam tibi Fortuna faculam lucrifica adlucere volt, Plaut. Pers. 515.

faculārius, iī, *m.* (facula), der **Fackelverfertiger** = λαμπαδοποιός, Gloss. III, 201, 51; 271, 68.

facultās, ātis, *f.* (v. alten facul, s. d.), die **Tunlichkeit, I** subjektiv = das jmdm. innewohnende **Vermögen,** die **Kraft,** etwas zu vollbringen, **A** körperliche: di date facultatem huic pariendi, Ter. Andr. 232. – **B** geistige **Kraft, Geschicklichkeit, Befähigung, Anlage, Talent** zu etwas, **1** im Allg.: facultas dicendi et copia, Rednergabe und Rednerfülle, Cic.: copia facultasque dicendi, Cic.: modicae in dicendo facultatis, Suet. – m. subj, *Genet.*, ingenii, Befähigung des Geistes, Cic.: ingenii facultates, geistige Anlagen, Nep. – tibi superûm data facultas m. folg. *Infin.*, Val. Flacc. 3, 16. – **2** insbes., die **Anlage zum Redner,** die **Rednergabe,** die **Beredsamkeit** (s. Schäfer Plin. ep. 1, 20, 18; Salmasius Spart. Hadr. 20), facultatis timor, Cic.: f. summa, Plin. ep.: f. extemporalis, Gabe, aus dem Stegreif zu reden, Sen. rhet. u. Suet.: fuit memoriae ingentis, facultatis immensae, Spart. – **II** objektiv = die von außen gebotene **Tunlichkeit, Möglichkeit, Gelegenheit, A** eig.: **a** etwas zu tun, Miloni manendi nulla f., Milo konnte nicht bleiben, Cic.: dare alci facultatem irridendi sui, Cic.: ne perorandi quidem alci dare facultatem, Nep.: dare alci facultatem ad dicendum, Cic.: facere alci facultatem iudicandi, Cic.: habere efficiendi facultatem, Cic.: si quid res dabit tibi facultatis, wenn dir irgendein Ereignis etwas an die Hand gibt, Cic.: si res facultatem habitura sit, wenn sich die Sache tun lassen sollte, Cic.: quod f. tulit, soweit es möglich war, Cic.: res mihi videtur esse *facultate* (in der Praxis) praeclara, *arte* (in der Theorie) mediocris, Cic. – cuius materiei si esset facultas apportationibus ad urbem, könnte man es immer leicht nach Rom schaffen, Vitr. 2, 9, 16. – alci facultatem dare, offerre, concedere u. dgl. mit folg. *ut* u. Konj., Cic.: so auch est in alqo facultas, ut etc., Cic. – habere facultatem m. folg. *Acc.* u. *Infin.*, Auct. b. Afr. 78, 4. – poet. est (erat) facultas mit folg. *Infin.*, est nobis saevire f., Stat. Theb. 4, 513; u. so *ibid.* 12, 36. – pro facultate (nach Maßgabe) patrimonii, Paul. dig. 26, 7, 12. – **b** etwas zu empfangen, zu haben, sumptuum, Cic.: nummorum, Geld zu haben, Cic.: hominis praesentis, Planc. in Cic. ep.: cuius generis erat in senatu facultas maxima, von welcher Art man Männer genug im Senat haben konnte, Cic. – **c** etwas zu bestreiten, die **Mittel zu** usw. = die **Kosten,** f. belli, Cic. – **B** meton.: **1** die vorhandenen **Mittel** an usw., der **Vorrat** von usw., omnium rerum in oppido summa f., Caes.: habere facultatem navium, Caes. – **2** insbes., wie unser »die **Mittel**« = das zeitliche **Vermögen,** die **Vermögensumstände,** gew. im Plur., Cic. u. a. – ▶ Genet. Plur. auch facultatium, Paul. dig. 32, 78. § 1.

facultāticula, ae, *f.* (*Demin.* v. facultas), ein **kleines Vermögen,** Not. Tir. 30, 55.

facultātula, ae, *f.* (Demin. v. facultas), ein **kleines-, geringes Vermögen,** Eccl.: Plur., Hieron. epist. 117, 1.

faculter, *Adv.* veraltet = facile, archaist. nach Paul. ex Fest. 87, 1; daher später ungebr., nach Mart. Cap. 3. § 325.

fācundē, *Adv.* (facundus), **leicht und gefällig, mit geläufiger Zunge,** loqui, Plaut.: causari contra patrem, Afran. fr.: alloqui hostem, Liv.: multa f. explicare, Sen. rhet. – *Compar.*, nemo facundius in contione populi laudatus, Fronto b. Parth. p. 221, 22 N. – *Superl.*, facundissime describere, Sen. suas. 2, 14: mundi naturam facundissime expromere, Val. Max. 3, 3. ext. 4: vitia facundissime accusare, Gell. 13, 8, 5.

fācundia, ae, *f.* (facundus), **a** das Vermögen, die Gabe, geläufig zu reden, die **Redegewandtheit, Rede-, Zungenfertigkeit,** die natürliche od. kunstmäßige **Beredsamkeit,** f. Graeca, Sall.: Graeca Latinaque, Suet.: praeceps (Kühnheit der Sprache), Hor.: forensis, Amm.: facundiae studium, Val. Max.: mirae facundiae vir, ein der Rede ganz besonders mächtiger Mann, Quint.: Latinae od. Romanae fac. linguae, Ov.: culti fac. oris, Ov.: Romae Memmi facundia clara pollensque fuit, M. war in Rom ein gefeierter u. einflussreicher Redner, Sall.: si hic actor tantum poterit a facundia, quantum ille potuit cogitere commode, Ter. – Plur., Graecarum facundiarum magniloquentia, Gell. 3, 7, 1. – **b** insbes., die **Kunst der Darstellung,** der **Stil,** praestantior, Val. Max. 1. prooem. p. 1, 11 H.: facundia Mantuani multiplex et multiformis est, Macr. sat. 5, 1, 4.

fācundiōsus, a, um (facundia), **voll Redegewandtheit, schwungvoll,** dicta, Sempr. Asell. fr. b. Gell. 4, 9, 12.

fācunditās, ātis, *f.* (facundus), die **Zungenfertigkeit,** Plaut. truc. 494.

fācundus, a, um (fari), **geläufig redend, der Rede mächtig, redegewandt, redefertig, beredt** (Ggstz. mutus et elinguis), **a** v. Pers., Sall., Liv. u. a.: loquax magis quam facundus, Sall. fr.: ingenia humana sunt *ad* suam cuique levandam culpam nimio plus facunda, Liv. – *Compar.*, alius alio facundior, Quint. 12, 10, 44. – *Superl.*, facundissimus omnium, Fronto: longe et subtilissimus et facundissimus, Sen. rhet.: me aio facundissimum esse, Apul. – **b** übtr., v. der Sprache usw., **leicht und gefällig, geläufig,** lingua, Hor.: vox, os, dicta, Ov.: oratio, Sall.: facundissimus sermo, Val. Max.: facundissima libertas, Quint.

faecāceus, a, um, (faex), **hefenartig, trübe,** mucus, Pelagon. veterin. 5. p. 29 (= 59 *Ihm).*

faecārius, a, um (faex), **zur Hefe gehörig, Hefen-,** Cato r. r. 11, 4.

faecātus, a, um (faex), **aus Hefe gemacht, -gepresst,** vinum, Cato r. r. 153.

faeceus, a, um (faex), **hefenartig,** übtr., **schmutzig, unflätig,** mores, Plaut. trin. 297.

faecinius u. **faecinus,** a, um (faex), **Hefe absetzend,** Col. 3, 2, 14; 12, 47, 6.

faecla, s. faecula.

faecula, ae, *f.* (*Demin.* v. faex), **gebrannter Weinstein, Weinsteinsalz,** griech. φέκλη, als Arznei, Scrib. Larg. 228 u. 230. Veget. mul. 3, 26, 3; 6, 16, 1. Marc. Emp. 19 (wo faec. vini). Cael. Aur. de morb. chron. 2, 1, 33 (wo fecla = φέκλη). Plin. Val. 2, 45 u. 3, 19. – als Würze, Lucr. 2, 430 (wo B. fecula): faec. Coa, Hor. sat. 2, 8, 9.

faeculentia, ae, *f.* (faeculentus), das **Hefige,** der **Unflat,** cloacalis, Sidon. epist. 3, 13, 4. – übtr., Augustin. epist. 108, 6; c. Cresc. Don. 3. § 59 *extr.* u. a.: morum, Fulg. de expos. Verg. cont. p. 156 M.

faeculentus, a, um (faex), **voll Hefe** (Bodensatz), **-Unreinigkeiten, hefig, trübe,** a eig.: vinum, Col.: pus, Cels.: Akk. adv., faeculentum mingere, Veget. mul. – *Compar.* bei Solin. 33, 19: *Superl.* bei Augustin. de ver. rel. 40. – b übtr., **unflätig,** hilaritas, Arnob. 3, 33 *extr.*

faedus, s. haedus ►.

faelēs, faelis, s. fēlēs.

faen…, s. fen…

faerus, s. ferus ►.

Faesulae, ārum, *f.* (Nbf. Faesula, ae, *f.*, Sil. 8, 477), eine bedeutende Stadt Etruriens am Fuße der Apenninen, von Sulla kolonisiert, Waffenplatz Catilinas, j. *Fiesole,* Liv. 22, 3, 6. Cic. Cat. 3, 14. Sall. Cat. 24, 2. – Dav. **Faesulānus,** a, um, **fäsulanisch,** Cic. u. Sall. – subst., Faesulānus, ī, *m.*, der **Fäsulaner,** Sall. Cat. 60, 6.

faet…, s. foet…

faex, faecis, *f.*, der **Bodensatz,** I gegorener Flüssigkeiten, die **Hefe,** der **Bodensatz** (vom Wein), 1 eig. u. übtr.: a eig., Col. 12, 19, 4. Macr. sat. 7, 12, 7. Hor. carm. 1, 35, 26: f. Falerna, Phaedr. 3, 1, 1: f. vini, Cels. 2, 33. Plin. 23, 63: f. arida, Cels. 4, 22: liquida, Ov. met. 8, 665: Weinhefe zum Bemalen des Gesichts, Hor. de art. poët. 277. Ov. art. am. 3, 211. – Plur., Apic. 2, 48. – b übtr., die **Hefe** = die niedrigste Klasse, faex populi od. plebis, Cic.: so auch f. Romuli, Cic.: hauris de faece, d. i. führst auch die schlechten Redner an, Cic. – 2 (poet.) meton.: a vom trüben Himmel, dies sine faece, ein wolkenloser, heiterer Tag, Mart. 8, 14, 4. – b vom Boden eines Geldschreines, si quid superest in nostri faece locelli, Mart. 14, 13, 1. – II im weiteren Sinne: 1 der **Niederschlag, Bodensatz** trockener Gegenstände, aeris, Plin.: salis, Plin.: nihil terrenae faecis, Ov. – 2 **gebrannter Weinstein, Weinsteinsalz,** Hor. sat. 2, 4, 55 u. 73; vgl. Schneider Col. 12, 30, 2.

fāgeus, a, um (fagus), **buchen, von Buchen, Buchen-,** lucus, nemus, Buchenhain, Plin. 16, 37 u. 242: glans, Buchecker, Plin. 16, 16 u. 25.

fāgineus, a, um (φηγίνεος v. φηγός fagus), **buchen, von Buchen, Buchen-,** materia, Cato r. r. 21, 4: frons, Ov. fast. 4, 656: glans, Plin. 24, 14.

fāginus, a, um (φήγινος), **buchen, aus Buchenholz, Buchen-,** axis, pocula, Verg.: scyphus, Tibull. – subst., fāginus, ī, *m.* (verst. scyphus), ein **buchener Becher,** Calp. ecl. 2, 59.

fago, s. phago.

fāgum, ī, *n.* (fagus), die **Buchecker,** Plin. 16, 18.

fāgus, ī, *f.* (φηγός, dorisch φαγός), I die **Buche** *Fagus silvatica,* L., fagus atque abies, Caes.: fagi folia, Plin.: fagi glans, Buchecker, Plin.: alta f., Verg.: altae fagi, Catull. – II meton. = **Bucheckern,** Calp. ecl. 4, 35. – ► auch nach der 4. Deklin., Nom. Plur. fagus, Ps. Verg. cul. 141: Akk. Plur. fagus, Varro fr. bei Charis. 130, 5.

Fāgūtālis (Fācūtālis), e (fagus), **zur Buche gehörig, Buchen-,** lucus, ein heiliger Hain auf dem esquilinischen Berg, wo eine dem Jupiter heilige Buche neben einer Kapelle stand, Varro LL. 5, 49 *sq.* – dah. als Beiname Jupiters selbst Fagutalis Iuppiter, Varro LL. 5, 152. Plin. 16, 37. – subst., **Fāgūtal,** ālis, *n.*, die genannte Kapelle, Varro LL. 5, 152. Paul. ex Fest. 87, 6. Fest. p. 340 (a), 10; 348, 27 (b).

fala (phala), ae, *f.*, ein **hohes Gerüst,** I als **hölzerner Turm** bei Belagerungen, um von da Geschosse herabzuwerfen, Enn. ann. 397; vgl. Paul. ex Fest. 88, 10. – Sprichw., hasticas trium nummûm causā sub falas subire, die Türme angreifen, d. i. sich den größten Gefahren unterziehen, Plaut. most. 357. – II Plur., als **hölzerne Säulen** an der spina des Zirkus, als Gestelle für die sieben eiförmigen Figuren (ova), nach denen die Umläufe gezählt wurden, Iuven. 6, 590. – ► Vgl. falla.

Falacer, cris, *m.* I ein altital. Heros, nach Varro LL. 5, 84 u. 7, 45. – II = flamen, Varro LL. 5, 84.

falancārius, s. 2. phalangārius.

falang…, s. phalang…

falārica (phalārica), ae, *f.* (nach Non. 555, 17 u. Paul. ex Fest. 88, 10 von fala), ein gewaltiges Wurfgeschoss, vorn mit drei Fuß langem Eisen versehen, die **Falarika,** I als gewaltiger, aus der Hand geworfener Speer, Enn. ann. 544. Verg. Aen. 9, 705. Liv. 34, 14, 11. Gratt. cyn. 342. Augustin. epist. 75, 13. – II als mit Werg, Pech u. anderen brennbaren Stoffen umwickeltes Wurfgeschoss, das durch eine Maschine (catapulta) auf die Feinde abgeschossen wurde, der **Brandpfeil,** Liv. 21, 8, 10. Lucan. 6, 196. Sil. 1, 351; 9, 239. Vgl. Veget. mil. 4, 18 u. dazu die Auslgg.

falcārius, iī, *m.* (falx) = δρεπανοποιός (Gloss.), der **Sichel-, Sensenmacher,** der **Sensenschmied,** inter falcarios, in der Sichel- od. Sensenmacherstraße, Cic. Cat. 1, 8; Sull. 18, 52.

falcastrum, ī, *n.* (falx), die **Sense** zum Abhauen des üppig wuchernden Grases u. Gebüsches, Isid. 20, 14, 5.

falcātus, a, um (falx), I **mit Sicheln versehen,** quadrigae, Liv. u. a.: currus, Curt. u. a.: falcati curruum axes, Mela. – II **sichelförmig gekrümmt,** ensis = harpe (s. d.), Verg. u. a.: falcata novissima cauda est, das Ende des Schwanzes krümmt sich sichelförmig, Ov.: est sinus adductus modice falcatus in arcus, Ov.: est sinus Haemoniae curvos falcatus in arcus, Ov.

falcicula, ae, *f.* (*Demin.* v. falx), die **kleine Sichel,** Pallad. 1, 43, 5. Augustin. c. Faust. 6, 4. Arnob. 6, 26.

Falcidius, a, um, Name einer röm. *gens,* aus der am bekanntesten C. Falcidius, Volkstribun zu Ciceros Zeit, Cic. de imp. Pomp. 58: u. ein Plebejer, Cic. Flacc. 91 *sqq.* – *Adj.* **falcidisch,** lex, das bestimmte, dass nicht über $^{3}/_{4}$ von der Hinterlassenschaft als Legate vermacht werden durften, damit der Erbe wenigstens $^{1}/_{4}$ der Erbschaft bekam (s. Paul. dig. 32, 2, 1 *sqq.*), ICt. – dah. absol. Falcidia, ae, *f.*, meton. = α das den mit Legaten im Testament Bedachten abgezogene $^{1}/_{4}$, ICt. – β der den Eltern od. Kindern gesetzlich zukommende **Pflichtteil** ($^{1}/_{4}$), ICt. – Dav. **Falcidiānus,** a, um, **falcidianisch,** Cic. Flacc. 90.

falcifer, fera, ferum (falx u. fero), a **eine Sichel tragend,** manus, Ov.: deus od. senex, Ov., od. Tonans, Mart., von Saturnus. – b **mit Sicheln versehen,** currus, Sichelwagen (als Streitwagen), Lucr. 3, 640; 5, 1299; u. so covinnus, Sil. 17, 417.

falciger, gera, gerum (falx u. gero), **eine Sichel führend,** Auson. egl. de fer. Rom. 36. p. 16, 16 Schenkl.

falcitat = *putat, secat,* Gloss.

falco, ōnis, *m.*, der **Falke,** Serv. Verg. Aen. 10, 145.

falcones dicuntur, quorum digiti pollices in pedibus intra sunt curvati, a similitudine falcis (wir: säbelbeinig), Paul. ex Fest. 88, 7.

falcula, ae, *f.* (*Demin.* v. falx), die **kleine Sichel;** dah. übtr. 1 das **Winzermesser,** die **Hippe,** Cato u. Col. – II die **Kralle, Klaue** der Katzen, Plin. 8, 41.

falerae, s. phalerae.

falēre, is, *n.* (fala), eine Art von **Erhöhung,** Varro r. r. 3, 5, 14 u. 16.

Faleriī, iōrum, *m.*, die Hauptstadt der Falisker (s. Faliscī), j. Ruinen bei *Civita Castellana,* Liv. 5, 27, 4 u. a.

Falernus ager, das **falernische Gebiet** in Kampanien, am Fuße des Geb. Massikus, zwischen dem Savo u. Vulturnus, berühmt wegen des vortrefflichen Weines, Liv. 7, 26, 9. Cic. de lege agr. 2, 66. Varro r. r. 1, 8, 2. – Dav. **Falernus,** a, um, **falernisch,** tribus, Liv.: vinum, Varro: ebenso vites, uvae, Hor.: prela, Verg. – subst., Falernum, ī. *n.*, a (*sc.* vinum) **Falernerwein, Falerner,** Hor. u. a. – b (*sc.* praedium), das **Falernum,** Landgut des Pompejus, Cic. Phil. 13, 11.

falisca, ae, *f.*, s. Faliscus (unter Falisci).

Faliscī, ōrum, *m.* (Φαλίσκοι), **I** eine Völkerschaft in Etrurien, Liv. 5, 27, 1. Ov. am. 3, 13, 1: auch Aequi Falisci gen. (nach Niebuhr, weil sie mit den Äquern verwandt waren), Verg. Aen. 7, 695. Sil. 8, 491. – **II** meton. für **Falerii,** die Hauptstadt der Falisker (s. Falerii), Eutr. 1, 20. – Dav. **Faliscus,** a, um, **faliscisch,** ager, Varro u. Cic.: venter, Magenwurst Varro LL. u. Mart.: colonia = Falerii (s. d.), Plin. – subst., **a** Faliscum, ī, *n.*, das **faliscische Gebiet,** ex Falisco, Liv.: in Falisco, Plin. – **b** falisca, ae, *f.*, die **Raufe** an der Krippe, Cato r. r. 4, 1 u. 14, 1.

falla, ae, *f.* (fallo), der **Betrug,** Nov. com. 12 (bei Non. 109, 16; Ribbeck mit Bothe falam); vgl. Gloss. V, 641, 35.

fallācia, ae, *f.* (fallax), die **Betrügerei, Ränkemacherei,** der **Trug,** die **Intrige,** im Plur. **Ränke,** auch **Verstellungskünste, trügerische Vorstellungen** u. dgl., Komik., Cic. u. a.: composita est fallacia, Plaut.: fallaciam facere, Ter.: fallaciam od. fallacias fingere, Plaut. u. Ter.: fallaciam intendere in alqm, Ter.: omnes fallacias suas et calliditates ad decipiendum hominem intendere, Lact.: fallaciam alci portare, Ter., od. ferre, Plaut., od. affere, Ter., mit Lug u. Trug vorgehen gegen jmd.: per fallaciam, Ter. u. Suet.: per fallacias, Ter. u. Claud. Quadr.: sine fuco ac fallaciis, Cic. – Plur., componere fallacias, Plaut.: excogitare fallacias, Cic.: fallaciarum nubem discutere, Amm. – v. Lebl., tanta est fallacia tecti, des Labyrinths, Ov.: deductae quibus est fallacia lunae, Prop.: sed et haec ipsa habet aliquam fallaciam, Col. – Nbf. **fallācies,** ēi, *f.*, b. Apul. met. 5, 27 (wo Abl. fallacie).

fallāciloquus, a, um (fallax u. loqui), **betrügerisch redend,** Acc. fr. b. Cic. de fin. 4, 68.

fallāciōsus, a, um (fallacia), **ränkevoll, betrügerisch,** Gell. 14, 1, 34. Apul. met. 8, 10.

fallācitās, ātis, *f.* (fallax) = fallacia, Cassiod. de amic. 46, 2.

fallāciter, *Adv.* (fallax), **mit Betrug, betrügerisch, ränkevoll,** Cic. de off. 3, 68 u. a. – *Superl.*, fallacissime adulteratur Indica murra, Plin. 12, 71.

fallāx, ācis, *Adi.* m. *Compar.* u. *Superl.* (fallo), **betrügerisch, trügend, täuschend, ränkevoll, α** absol., v. Pers., blanda fallax, Pompon. com. fr.: leves homines atque f., Cic.: barbari (astrologi) vani atque f., Cic.: fallaces Ligures, Cato fr.: fallaces homines, Catull.: gens f., Liv.: nuntius, Liv.: fallacior undis, Ov.: homo fallacissimus, Cic.: dominator ille terrae fallacissimus, Lact. – v. Lebl., aspectus, Afran. fr.: cumulus, Lucil. fr.: herbae non f., die die Hoffnung des Landmanns nicht täuschende junge Saat, Cic.: spes f., spes fallaces, Cic.: fallaces conclusiunculae, Cic.: fallaces et captiosae interrogationes, Cic.: quid enim fallacius illis (vocibus)? Ov.: oculorum fallacissimus sensus, Cic.: fallacissimae disciplinae, Auct. b. Alex. – **β** m. *Genet.*: amicitiae, Tac. ann. 16, 32. – **γ** m. *Dat.* (für wen?): Planasia navigiis fallax, die Sch. gefährdend, Plin. 3, 80. – ► Genet. Plur. fallacum, Catull. 30, 11.

1. fallo, fefellī (falsum), ere (σφάλλω), **I ausgleiten machen, einen Fehltritt tun lassen,** glacies fallit pedes, Liv. 21, 36, 7: gradus instabilis fallit alqm, Curt. 7, 11 (42), 16: saxa lubrica vestigium fallunt, Curt. 4, 9 (38), 18; vgl. 5, 4 (15), 18: lubrica quā tellus lapsantis sanguine fratris fallebat nisus, Sil. 17, 469. – **II** übtr.: **a unbemerkbar-, unkenntlich machen,** signa sequendi, Verg.: furta, Ov.: discrimina, Ov.: sua terga lupo (durch die Gestalt eines W.), Prop.: medias sermonibus horas, vertreiben, Ov.: absol., aetas labitur occulte fallitque, gleitet verborgen u. unbemerkt dahin, Ov.: longe fallens sagitta, der unvermutet aus weiter Ferne treffende, Verg.: pila veloci fallet per brachia iactu, wird so schnell, dass man ihn kaum sieht (= pfeilschnell), den Händen entfliegen, Prop. – **b unwirksam machen, nicht fühlen lassen, vertreiben,** omen, Ov.: infandum amorem, Verg.: curam vino et somno, vergessen machen, Ov.: sermone laborem, Ov.: studio fallente laborem, Ov.: molliter austerum studio fallente laborem, Hor.; vgl. Haupt Ov. met. 6, 60. – **c** etw. **nicht leisten, nicht erstatten, nicht erfüllen (unerfüllt lassen), versagen, um** etw. **bringen,** etw. **brechen,** depositum, Ov.: mandata mariti, Ov.: promissum, Curt.: foedus ac fidem, Liv.: fidem hosti datam, Cic. – **d** jmdm. (= jmds. Wahrnehmung, Aufmerksamkeit, Kenntnis) **entgehen, sich** jmds. **Kenntnis entziehen,** von jmd. **unbemerkt** od. **unentdeckt bleiben,** jmdm. **verborgen** od. **unbekannt bleiben** (v. leb. Wesen u. v. Lebl.), custodes, Liv.: custodias, Liv. u. Sen.: deos, Ov.: dominum, Hor.: nihil me fallis, ich kenne dich wohl, Ter.: mors mea matrem fallere posset, Ov.: non fallebat duces impetus militum, Tac.: absol. (s. Fabri Liv. 21, 48, 5), per biennium fefellerat, Liv.: minus quam ad Ticinum fefellit, Liv.: fallere ita se posse, si etc., Liv.: ille tamen fefellit et latuit, Plin. ep.: ne quid falleret tale admissum, Liv.: ne parvulae rimae fallant, Cels.: non fefellere insidiae, Liv.: u. alqm fallit (bes. in Fragen) od. non fallit m. folg. *Acc.* u. *Infin.*, Ter., Cic. u. a.: nec me animi fallit (es entgeht meinem Geiste nicht) m. folg. *Acc.* u. *Infin.*, Lucr.: alqm non fallit m. folg. *quin* u. Konj., Ter. u. Caes.: insbes. (wie λανθάνω) m. einem Partiz. (s. Weißenb. Liv. 2, 19, 7; 10, 14, 6. Heräus Tac. hist. 2, 98, 6), hostis fallit incedens, der Feind kommt unbemerkt heran, Liv.: qui natus moriensque fefellit, unbekannt geboren u. gestorben, Hor.: nec fefellit veniens Tusculanum ducem, der t. Feldherr sah ihn kommen, Liv.: nec barbaros fefellit subductus (rex) ex acie, den B. war seine Wegführung aus der Schl. nicht entgangen, Curt. – **e** jmd. **irreführen = hinter das Licht führen, hintergehen,** jmd. (in etw.) **täuschen,** Passiv fallor medial = **sich irren, sich täuschen** (v. leb. Wesen u. v. Lebl.), alqm, Komik., Cic. u. a.: res illum fefellit, er betrog sich darin, Nep.: ager fefellit dominum, hat keine Früchte getragen, Ov.: tu faciem illius falle dolo, ahme täuschend nach, Verg.: mentes Italas monstro fefellit, Verg.: fall. alqm fructu, bringen um usw., Caecil. com. fr.: fall. alcis spem od. opinionem (jmd. in seiner H. od. Erwartung), Cic.: fallit me tempus, dies, ich irre mich in der Zeit usw., Cic.: quae res eum fefellit, darin irrte er sich, Nep.: id me fefellit, ich habe mich darin getäuscht (bin betrogen), Cic.: quod me non fefellit, worin ich mich nicht getäuscht habe, Cic.: so auch non te sententia fallit, Verg.: nisi me fallit animus, Cic. u. Sall.: nisi me forte fallo, Cic.: nisi quid me fefellerit, Ter.: nisi me omnia fallunt, wenn ich mich nicht durchaus irre, Cic.: aut me omnia fallunt aut iam recreavit animum tuum, Sen.: *in* rebus minimis socium fallere turpissimum est, Cic.: si *in* hominibus eligendis spes amicitiae nos fefellerit, Cic.: *in* quo cum opinio eum fefellisset, Nep. – certe hercle nunc hic se ipsus fallit, haud ego, Ter.: tam libenter se fallunt quam si unā fata decipiant, Sen.: cum alios falleret, se ipsum tamen non fefellit, Lact.: ego me non fallo (ich habe die feste Überzeugung) m. folg. *Acc.* u. *Infin.*, Gell. 1, 3, 3. – absol., ne falleret bis relata eadem res, in Irrtum führte, Liv.: non *in* sortitione fallere (voluit), Cic. Verr. 2, 132: eum *in* ea re conari fallere, Nep. Them. 7, 2: periculosa medicina ... saepius *in* hoc fallit, in quo etc., Cels. 7, 26. *no.* 2: u. in der Schwurformel si fallo, wenn ich mein Wort nicht halte, Cic. u. Prop.: u. so si falleret, Liv.: si sciens fallo, Liv.: si sciens fefellisset, Plin. pan. – unpers., me fallit, **ich täusche mich, irre mich, ich weiß nicht,** num me fefellit? Cic.: nisi me fallit, Cic. (s. Matthiä Cic. Sest. 106. Korte Sall. Cat. 20, 17): nec eum fefellit, Cic.: quantum nos fefellerit (wie sehr wir uns getäuscht haben), vides, Cic.: non multum me fallit (ich kann mir ziemlich gut vorstellen), si consulamini, quid sitis responsuri, Cic. – so auch im Passiv, fallor, **ich täusche mich, ich irre mich,** ordinis haec virtus erit, aut ego fallor, Hor.: nisi fallor, Cic. ad Att. 4, 17, 1; 16, 6, 2. Verg. Aen. 5, 49: ni fallor, Ov. fast. 4, 623. Lact. 2, 19, 1: non falleris, Ov.: multum falleris, Phaedr.: falleris, Sen.: falleris, quod (dass) etc., Nep.: fallitur, qui etc., Curt.: potest fieri ut fallar, ich kann mich möglicherweise irren, Cic.: u. falsus medial = sich geirrt habend, sich irrend, falsus es, Ter.: ut falsus animi est! Ter.: illi falsi sunt, sind im Irrtum, Sall.: nec falsus vates fuit, Liv.: Spurinnam ut falsum arguens, Suet.: neque ea res falsum me habuit, darin täuschte ich mich nicht, Sall.: m. folg. indir. Fragesatz, id quam mihi facile sit, haud sum falsus, dass das Ding mir leicht wird, merk' ich recht gut, Plaut. Men. 755: etiam num quid sit negoti falsus incertusque sum = nescio incertusque sum, Plaut. truc. 785. – Partiz. poet. m. *Genet.*, falsus cupiti Ausoniae motus, getäuscht hinsichtlich der usw. = fälschlich hoffend auf usw., Sil. 13, 886. – ► fefellitus sum, Petron. 61, 8 B[5]. – parag. Infin. fallier, Pers. 3, 50.

2. fallo, ōnis = *mercennarius*, Gloss. V, 619, 36.

falsārius, a, um (falsus), zum **Fälschen geeignet, fälschend,** Rufin. apol. 2, 41. – subst., falsārius, iī, *m.*, der **Verfälscher, Fälscher,** **a** im Allg.: tu, si verum supprimis, falsarius agnosceris; si falsa confingis, mendax esse videris, Cato or. fr. inc. 11. – **b** insbes. der Handschriften, bes. eines Testamentes, Suet. Claud. 15, 2 Ner. 17; Tit. 3, 2. Ulp. dig. 48, 10, 1. § 4.

falsātio, ōnis, *f.* (falso, āre), die **Verfälschung,** Hieron. c. Rufin. 2, 18 = tom. 2. p. 461, 1 M. Interpr. Iren. 1, 20, 1 u. 4, 33, 8.

falsātor, ōris, *m.* (falso), der **Fälscher,** absol., Augustin. serm. 84, 1: m. *Genet.*, schedularum tuarum, Hieron. c. Rufin. 3, 26 *in.*

falsē, *Adv.* (falsus), **falsch, fälschlich,** Sisenna fr. bei Charis. 199, 30. Cic. de inv. 2, 36. Cassiod. in psalm. 63, 10. – *Superl.* b. Augustin. conf. 10, 13.

falsidicentia, ae, *f.* (falsus u. dico), die **trügerische (lügnerische) Sprache,** die **Lügenhaftigkeit** (Ggstz. veridicentia), Iul. Val. 2, 1. p. 67, 1 K.

falsidicus, a, um (falsus u. dico) = ψευδολόγος (Gloss.), **trügerisch (lügnerisch) redend, lügenhaft, lügnerisch,** homo, Plaut. u. Eccl.: mater, Acc. fr.: vates, Lügenprophet, Auson.: fallaciae, Plaut.

falsificātus, a, um (falsus u. facio), **verfälscht,** Prud. ham. 549.

falsilocus, s. falsiloquus.

falsiloquāx, ācis (falsus u. loquax), **trügerisch (lügnerisch) redend, lügenhaft,** Ven. Fort. vit. S. Martin. 1, 101. Vgl. Gloss. IV, 236, 49 u. ö.

falsiloquium, iī, *n.* (falsiloquus), die **Lüge,** Augustin. lib. retract. prooem. *extr.*

falsiloquus (falsilocus), a, um (falsus u. loquor), **trügerisch (lügnerisch) redend, lügenhaft,** **a** v. Pers., Vulg. Iob 16, 9. Cl. Mam. de anim. 2, 11 *in.*: m. *Genet.*, quarum rerum te falsilocum mihi esse nolo, doch wünsche ich, dass du dabei nicht lügest, Plaut. capt. 264. – **b** v. Lebl.: pagina divini libri, Prud. apoth. 107: vanitas, Cl. Mam. de anim. 3, 9, 3.

falsim, *Adv.* (falsus) = ψευδῶς, Gloss. II, 480, 27.

falsimōnia, ae, *f.* (falsus), der **Betrug,** falsi falsimoniis, Plaut. Bacch. 541.

falsiparēns, entis, *m.* (falsus u. parens), **einen erdichteten Vater habend,** Catull. 68, 112.

falsitās, ātis, *f.* (falsus), die **Falschheit, Unwahrheit** einer Sache, schedularum, Hieron. c. Rufin. 3, 5. – u. meton. = die **Unwahrheit, Fälschung** (als Sache), Lact. 5, 3, 23 (Ggstz. verum). Amm. 15, 5, 12. Arnob. 1, 42 u. a. Eccl. Macr. sat. 1, 3, 17. Cael. Aur. de morb. acut. 1, 15, 121; de morb. chron. 3, 4, 65. Isid. 1, 20, 3: Plur. Arnob. 1, 56 u. 7, 49.

1. falso, āvī, ātum, āre (falsus), **verfälschen,** pondera aut mensuras, Modestin. dig. 48, 10, 32. § 1: scripturas divinas, Ambros. de fide 2, 15, 135: schedulas, Hieron. c. Rufin. 3, 4 *sq.* – Partiz. subst., ne falsata sequerentur, Sulp. Sev. dial. 1, 6, 2.

2. falsō, *Adv.* s. falsus *no.* I, 2.

falsus, a, um, *PAdi.* (v. fallo), **I** passiv, **erdichtet, untergeschoben, unecht, falsch, unbegründet, vermeintlich** (Ggstz. verus), **1** *adi.*: **a** v. Lebl.: **α** übh.: Caesaris commentarii, Cic.: falsi vitiatique commentarii, Vell.: falsae litterae, Cic.: litterae falsae et a scriba vitiatae, Liv.: denarius falsus (Ggstz. verus), Plin.: f. lacrimula, Ter.: gaudium, Cic.: visum, spes, suspicio, testis, Cic.: crimina, Ov.: voculae, Falsette (Ggstz. zu certae et severae), Cic.: nam ego quae dixi vera an falsa audieris, iam sciri potest, Ter. – *Compar.* (von Paul. ex Fest. 92, 11 als ungebr. bezeichnet), quanto est abiectior et falsior ista civilis (theologia), Augustin. de civ. dei 7, 5 *extr.*: nihil est hominum ineptā persuasione falsius, Petron. 132, 16: *Superl.*, falsissima opinio, Cael. Aur. chron. 3, 8, 134: id autem falsissimum est, Col. 1, 6, 17. – **β** v. Dingen, die nicht ihre wirkliche Gestalt haben, **unecht, nicht wirklich, verwandelt,** pedum vestigia, Ov.: cornua, Ov.: ora non falsa, wirkliche, Ov. – **b** v. Pers., **untergeschoben, unecht** (Ggstz. verus), testis, index, Cic.: genitor, Verg.: rex, Iustin. – **2** *subst.*, falsum, ī, *n.*, **etwas Unwahres, -Falsches,** ein **Irrtum,** eine **Unwahrheit,** eine **Lüge** (Ggstz. verum), ad te falsum scripserem, Cic.: in falsum aucta, Tac.: ementita et falsa plenaque erroris, Cic.: avertit a vero falsis praeoccupando mentes hominum, Liv.: ex falsis verum effici non potest, Cic.: falsum iurare, falsch schwören, Cic. u. Ov.: falsa iurare, Ov.: dah. falsō, *adv.*, **falsch, irrig, irrtümlich, grundlos, fälschlich,** f. suspicari, Ter.: verbum f. conferre in alqm, Cic.: bl. falso (als abgekürzter Satz), **fälschlich! falsch! mit Unrecht!** Ter. Andr. 505. Cic. de off. 3, 74. Nep. Alc. 9, 1. – **II** aktiv, **falsch, trügerisch, voll Trug, heuchlerisch,** **1** *adi.*: **a** v. leb. Wesen, Komik., Sall., Ov. u. Tac.: avis (Vorzeichen), Ov.: in amore, Tac.: falsus sodalibus (gegen die G.), Catull. – **b** v. Lebl.: sensus, Lucr.: visus, Tibull.: lingua, os (Rede), Ov.: verba, Unwahrheiten, Lügen, Ov.: simulacra (Truggebilde) ferarum, Ov.: fertilitas falsa iacet, liegt als trügerisch danieder, Ov. – **2** *subst.*, falsum, ī, *n.*, **a** die **Fälschung, Betrügerei,** der **Trug,** die **Heuchelei,** Quint., Tac. u. a.: falsi damnatus, Tac.: falsum facere, committere, ICt. – *Acc.* als Adv., falsum renidens vultu, mit tückisch lächelnder Miene, Tac. ann. 4, 60. – **b** das **Leere, Blaue,** tela non in falsum iacĕre, Tac. ann. 4, 50 extr. – ► falsus, sich irrend, s. 2. fallo II, e a. E.

falx, falcis, Genet. Plur. falcium, *f.*, jedes **sichelförmige Werkzeug,** **I** im Landbau: **a** die **Sichel, Sense,** fenaria, Cato u. a.: messoria, Pallad. u. ICt.: immissi cum falcibus multi purgarunt et aperuerunt locum, Cic. – **b** die **Hippe,** das **Winzermesser, Gartenmesser,** arborea, Varro: vineatica, Cato: vinitoria, Col.: putatoria, Pallad. u. ICt.: dentata, Col.: lunata, Pallad.: absol., premere vitem falce, Hor. – **II** im Kriegswesen, **a** die **Sichel** am Streitwagen, currus cum falcibus, Sichelwagen, Gell. 5, 3, 3: rotae falcesque rapaces, Lucr. 3, 648. – **b** ein unserem Feuerhaken ähnlicher **Brechhaken, Reißhaken,** als Mauerbrecher, Cic. u. a.: falces murales, Caes. Vgl. Garatoni Cic. Mil. 33, 91. p. 307 *ed. Orell.* Schneider Caes. b. G. 3, 14, 5. p. 256 *sq.*

fāma, ae, *f.* (φήμη dor. φάμα), das **Gerede** der Menge, **I** das erzählende, berichtende **Reden-, Gerede der Leute,** das **Gerücht,** der **Ruf,** die **Sage,** die **Tradition,** auch die geschichtliche **Überlieferung** (s. Wölffl. Liv. 21, 1, 4), fama rerum, die Geschichte, Tac.: exercitus (über die Ankunft des H.), Hirt. b. G.: istius suspicionis, Cic.: ad primam famam valetudinis, Suet. – ad Labienum per Remos incredibili celeritate de victoria Caesaris fama perfertur, Caes.: cum haec fama de nostrorum hominum avaritia et cupiditate percrebruerit, Cic.: fama est (es wird überliefert) Liv., fama fuit (es ging die Rede), Nep., vulgatior fama est, Liv., fama emergit (taucht auf), fama venerat, Cic., fama pervenerat Tarentum, Liv., fama exierat (war erschollen), Nep., fama affert od. fama affertur, Liv., fama perfertur, Caes., fama per orbem terrarum percrebuit, Caes., fama nuntiabat, Cic., fama manat, Cic., fama tenet (erhält sich, besteht), Liv., alle m. folg. *Acc.* u. *Infin.*: cum homines famā ferrent (als allgemein die Sage ging, es allgemein hieß), m. folg. *Acc.* u. *Infin.*, Liv.: fama per socios vulgavit, m. folg. *Acc.* u. *Infin.*, Liv.: erat fama, *quasi* concubinas ipse divelleret, Suet.: famā accipere, durch Gerücht erfahren, Caes.: ut fama loquitur, Vell.: ea fama, quae plerosque obtinet, die herrschende Sage, Sall.: inimici famam non ita ut nata est ferunt (verbreiten), Plaut. – Plur., maledicas famas ferunt (verbreiten), Plaut. trin. 186: inter arma civilia aequi bonique famas petit, Sall. hist. fr. inc. 1, 76 (42): per omnem provinciam magnae atrocesque famae ibant, *Sall. hist. fr. 1, 67 (66): ingentes esse famas de Regulo, Arrunt. in Sen. ep. 114, 19. – personif., Fama, als Gottheit, Tochter der Terra, schnellfüßig, allsehend, im Lauf wachsend, Verg. Aen. 4, 174 *sqq.* Ov. met. 12, 43 *sqq.* Val. Flacc. 2, 116 *sqq.* – **II** das beurteilende Gerede, das **Urteil** der Menge, die **öffentliche Meinung,** die **Volksstimme,** u. öfter objektiv = der **Ruf,** in dem jmd. steht, **A** im Allg.: contra opinionem famamque omnium, Caes.: ut famam et opinionem hominum teneret, Caes.: f. popularis, Volksmeinung, Volksgunst, Cic. – bona f.

(εὐδοξία), Cic.: bonam famam bonorum expetunt, Cic.: f. pudica, unbescholtener Ruf, Prop. – mala f., Sall. – f. sapientiae, f. bene loquendi, Cic.: famam temeritatis subire, Cic.: famam inconstantiae non pertimescere, Cic. – ungew. Plur. gebraucht von Sall. in Sen. ep. 114, 19. – **B** prägn.: **1** der **Ruf, Leumund** = bona fama (s. *no.* A), der **gute Ruf,** der **gute Name,** der **gute Leumund, Ruhm,** huius omnis fama atque existimatio, Cic.: famam collectam servare, Cic.: famam suam laedere, Plin. ep.: famam ingenii abicere, Cic.: famae consulere, Cic.: famae servire, Nep.: famae dare alqd, etw. auf den Ruf geben, Hor.: dabat et famae, Tac.: famam alcis lacerare, Liv. u. Tac.: famam maculari dehonestarique, Liv. – v. Frauen = **Frauenehre, unbescholtener Ruf,** cognita fama, Prop.: famam sororis defendere, Cic.: famae parcere, Sall. u. Tac.: u. = **Ruhm, Stolz,** Argivae fama pudicitiae, sie (nämlich Euadne), der Stolz der argivischen Züchtigkeit, Prop. – **2** der **Ruf** = mala fama (s. *no.* A), der **üble, böse Ruf,** die **üble Nachrede,** der **böse Leumund,** famam in se transtulit, Ter.: me eadem quae ceteros fama atque invidia vexabat, Sall.: moveri famā, Verg.

fāmātus, a, um (fama), **verschrien, berüchtigt,** f. tonsor Licinus, Schol. Cruq. Hor. de art. poët. 301.

famel, oskisch = famulus, Paul. ex Fest. 87, 5.

famēlicē, *Adv.* (familicus), **hungrig,** Gloss. II, 70, 24 (wo ›famelice, λιμοξήρως‹).

famēlico, āre, **hungern,** Gloss. V, 146, 29 u. 164, 30.

famēlicus, a, um (fames), **hungrig, ausgehungert, verhungert,** hominum natio, Plaut.: senex, Sen. rhet.: canes, Phaedr.: ales, Plin.: iumenta, Iuven.: übtr., eremus, Augustin. serm. 389, 1: convivium, karges, mageres, Apul. met. 1, 26. – subst., famēlicus, ī, *m.*, der **Hungrige, Hungerleider,** Plaut. Stich. 575. Ter. eun. 260: aluntur famelici, Augustin. serm. 50, 7.

fāmen, inis, *n.* (fari), die **Rede, Anrede, Ansprache,** Ven. Fort. vit. S. Mart. 4, 549.

famēs, is, *f.* (verwandt mit χαίνω), der **Hunger** (Ggstz. satietas), **I** im Allg.: **A** eig.: cibi condimentum esse famen, potionis sitim, Cic.: alqā re famem tolerare, Caes.: extremam famem sustentare, Caes.: alqā re (cibo u. dgl.) famem depellere, Cic.: propellere, Hor., explere, Cic.: famem ab ore civium propulsare, Liv.: fame interire, Nep.: fame mori, Sen. rhet.: fame (durch Aushungern) vinci, Iustin. – in der mediz. Spr., das **Hungern, Hungerleiden** als Kur, primis diebus fames, deinde liberalius alimentum, Cels.: prodest etiam fames et abstinentia, Cels.: in principio fame utendum, Cels. – **B** übtr.: **1** der **Hunger** = das **heiße Verlangen,** die **heftige Begierde, Unersättlichkeit,** auri sacra fames, Verg.: u. so auri f., Plin.: argenti sitis importuna famesque, Hor.: inexplebilis honorum Marii f., Flor.: ex longa fame (Begierde danach) satiaret se auro, Curt.: primus omnium satietate parasti famem, bist noch hungriger geworden, Curt. – **2** meton.: **a** die **Hungerleiderei** = **größte Dürftigkeit, -Armut,** Ter. Phorm. prol. 18. Mart. 1, 59, 2. – **b** die **Dürftigkeit, Armut** im Ausdruck, ieiunitas et fames (Ggstz. ubertas et copia), Cic. Tusc. 2, 3. – **II** der **Hunger** = die **Hungersnot,** per totum famis tempus, Tert.: fames, quae tunc erat in hac mea Asia; messis enim nulla fuerat, Cic.: in Rhodiorum inopia et fame summaque annonae caritate, Cic.: in fame frumentum exportare, Cic.: inopia primum, deinde fames esse coepit, Curt.: fame laborare, Col.: fame perire, Iustin. – Plur., Tert. adv. Marc. 4, 39. Cypr. ad Demetr. 2. Augustin. serm. 38, 10. Arnob. 1, 10. – ► Alter *Nom.* famis, Varro r. r. 2, 5, 15. Tert. ad nat. 1, 9; scorp. 13. Prud. psych. 479. Itala (Wirceb.) Ierem. 14, 15: alter *Genet.* fami, Cat. or. fr. 36, 1. Lucil. 430 (beide bei Gell. 9, 14, 10): Abl. fami, Avian. fab. 1, 6. – *Abl.* bei Dichtern durchgängig fāmē gemessen, z. B. Lucr. 3, 730. Tibull. 1, 5, 53. Iuven. 15, 102; vgl. Beda de art. metr. (VII) 238, 6.

famēsco, ere (fames), **Hunger haben, hungern,** Alcim. Av. ad sor. 740.

fāmex (fāmix), icis, *m.*, ein durch Quetschung entstandener **Blutunterlauf,** eine **Blutblase,** Col. 6, 12, 2. Veget. mul. 4, 19. Gargil. Mart. de cura boum § 29 *ed. Schuch.* Vgl. Gloss. ›famex, θλάσμα (Quetschung)‹.

fāmicālis, e (famex), **für den Blutunterlauf geeignet,** scalpellum, Pelagon. veterin. 16. p. 67 = 256 *Ihm.*

fāmigerābilis, e (famigero), **berühmt, berüchtigt,** Varro LL. 6, 55. Apul. met. 1, 7 u. a.

fāmigerātio, ōnis, *f.* (famigero), der **Leumund,** das **Geschwätz** der Leute, Plaut. trin. 692.

fāmigerātor, ōris, *m.* (famigero), der **Neuigkeitsträger, Schwätzer,** Plaut. trin. 215.

fāmigero, ātus, āre (fama u. gero) = διαφημίζω, **berühmt machen,** Gloss. Labb. – Partiz. famigerātus, a, um, **in Ruf gebracht, berühmt,** Crete multis famigerata fabulis, Mela 2, 7, 12 (2. § 112): fanum Iunonis antiquitus famigeratum, Apul. flor. 15. p. 16, 18 Kr.

famigerulus = *famam nuntians,* Gloss. u. Eccl.

familia, ae (auch as, nach den Wörtern pater, mater, filius, filia), *f.* (famulus), die Gesamtheit der unter **einem** dominus stehenden Sklaven, das **Gesinde,** die **Dienerschaft,** bes. als Angehörige u. Teil der Familie, dann übtr. die ganze **Hausgenossenschaft** (Freie u. Sklaven), die **Familie, I** eig.: **a** als Gesinde eines Hausherrn: neque dubium est, quin, si ad rem iudicandam verbo ducimur, non re, familiam intellegamus, quae constet ex servis pluribus; quin unus homo familia non sit (verbum certe hoc non modo postulat, sed etiam cogit), Cic. Caecin. 55: villicus familiam exerceat; consideret, quae dominus imperaverit fiant, Cato: cum insimularetur familia, partim etiam liberi, societatis eius, Cic.: neque cuiquam quam illi in nostra melius famulo familia, Plaut.: familiam Catonianam vendere, Cic.: familiā privatā (durch seine eigenen Sklaven) incendia exstinguere (löschen lassen), Vell.: Aesopus domino cum solus esset familia, die ganze Dienerschaft ausmachte, Phaedr. – **b** die einem lanista als dominus zugehörige **Truppe, Schar von Fechtern,** gladiatoria, Caes. u. Sall.: gladiatorum, lanistae, Suet.: maxima, Cic.: comparare familiam, Cic.: dah. familiam ducere, an der Spitze stehen, in erster Linie stehen, die erste Stelle einnehmen, v. Pers., Cic. Phil. 5, 30; v. Lebl., Cic. de fin. 4, 45; ep. 7, 5, 3. – in der spät. Kaiserzt. eine zu einer Legion gehörige, aber noch nicht in die Stammliste eingetragene (wahrsch. unter einem Fechtmeister stehende) **Rekrutentruppe,** Cod. Theod. u. Amm. – **c** die einem dominus zugehörige **Truppe-, Gesellschaft von Schauspielern,** Auct. prol. Plaut. Men. 74. – **d** die einem Mächtigen angehörenden **Hörigen, Leibeigenen,** Caes. b. G. 1, 4, 2. – **e** die einem Tempel angehörigen Sklaven, die **Leibeigenen, Hörigen,** Cic. Clu. 43. – **f** f. publica, die der Staatsgemeinde angehörigen Sklaven, die **Staatssklaven,** niedere **Staatsdiener,** CIL 6, 479. – ebenso das niedere **Dienstpersonal** einer Behörde, f. fiscalis, spät. ICt. – **II** übtr.: **A** der ganze **Hausstand,** zerfallend in die freie u. leibeigene **Hausgenossenschaft** u. in das bewegliche u. unbewegliche **Vermögen,** das **Hauswesen,** der **Hausstand** (vgl. Ulp. dig. 50, 16, 195), denen allen ein Hausherr vorsteht, dah. pater familias, Cic., od. familiae, Liv., Herr vom Hause, Hausherr, Hausvater; u. Plur., patres familias, Cic., od. familiae, Caes., od. familiarum, Suet. – mater familias, Cic., od. familiae, Caes. u. Liv., Frau vom Hause, Hausfrau; u. Plur. matres familias, Cic., od. familiarum, Ulp. dig. – filius familias, Sohn vom Hause, der noch unter des Vaters Gewalt steht, der unmündige, noch nicht volljährige Sohn, Cic.; Plur., filii familiarum, Sall. – filia familias, Tochter vom Hause, Sen.; Plur., filiae familiarum, ICt. – v. Hausbesitz, Vermögen usw., agnatus proximus familiam habeto, XII tabb. fr.: herciscundae familiae causam agere, Cic.: decem dierum vix mihi est familia, habe kaum Lebensunterhalt auf usw., Ter. heaut. 909. – **B** die **einem** Stammvater Angehörigen, die **Familie, 1** eig.: **a** im weiteren Sinne, die ganze Geschlechtslinie, das **Geschlecht** (synon. mit gens), M. Bruti rogatu Iuniam familiam a stirpe ad hanc aetatem ordine enumeravit, Nep.: familiam unam (*sc.* gentem Fabiam) subisse civitatis onus, Liv.: sunt praeterea feriae propriae familiarum, ut familiae Claudiae, vel Aemiliae, seu Iuliae, sive Corneliae, Macr. – **b** im engeren Sinne als Unterabteilung eines

Geschlechts (gens), vetus et illustris, Cic.: nobilissima, Cic.: antiquissima, Caes.: ampla et honesta f. plebeia, Cic.: hospes familiae vestrae, Cic.: commune dedecus familiae, Cic. – übtr.: **a** eine von **einem** Stifter abstammende **philosophische Sekte,** tota Peripateticorum, Cic.: Aristoteles, Xenocrates, tota illa familia non dabit, Cic. – **b** von Schriften, libros, qui falso viderentur inscripti, tamquam subditos submovere familiā (Kanon), Quint. 1, 4, 3.

familiārēsco, ere (familiaris), **vertraut werden,** Sidon. epist. 7, 2, 5.

familiāricus, a, um (familiaris), **I zu den Sklaven-, zum Gesinde gehörig, Sklaven-, Gesinde-,** cellae, Gesindewohnungen, Vitr. 6, 7 (10), 2: vestimenta, Ulp. dig. 34, 2, 23. § 2. – **II** übtr., **zur Familie gehörig,** sella, Nachtstuhl, Varro r. r. 1, 13, 4.

familiāris, e (familia), **I zu den Sklaven-, zum Gesinde gehörig,** habeo opinor familiarem tergum, ne quaeram foris, Plaut. asin. 319. – subst., familiāris, is, *m.*, ein **Sklave, Bedienter,** Plur. = das **Gesinde,** Plaut. mil. 174 u. a. Liv. 1, 38, 2. Sen. ep. 47, 4. Amm. 28, 2, 13. – **II** übtr., **zum Haus-, zur Familie gehörig, 1** eig.: **a** zum Haus gehörig, **häuslich, Haus-,** filius, der Sohn vom Hause, Plaut.: negotia, Rhet. Her.: focus, der häusliche, Col.: lares, Cic.: copiae, Vermögen, Liv.: pecunia, eigenes Vermögen, Gell.: pecuniae, das Vermögen des (kaiserl.) Hauses, das Kronvermögen, Tac.: dignitas, Cic. – res familiaris, **α** das Hauswesen, der Hausstand, curate igitur familiarem rem, ut potestis, optume, Plaut. Stich. 145: aequo igitur animo patiatur (miles) se ab domo, ab re familiari, cui gravis impensa non est, paulo diutius abesse, Liv. 5, 4, 6: verb. pecunia resque familiaris, eigenes Vermögen und ein eigener Hausstand, Gell. 16, 10, 11: **β** das Vermögen, das man besitzt, Cic. u. Sall.: rei familiari principis in Asia impositi, den kaiserlichen Domänen, Tac. – res familiares, die Vermögensverhältnisse, Sall.: res domesticas ac familiares tueri, die Haus- u. Familienangelegenheiten, Cic. Tusc. 1, 2. – subst., familiāris, is, *m.*, der Hausgenosse, Sidon. epist. 7, 13, 4 u. Plur. familiārēs, ium, *m.*, die Hausgenossen, Plaut. Men. 623. – **b zur Familie gehörig, Familien-,** convivium, Suet. u. Gell.: cena, Suet.: funus, Leiche in der Familie, Cic.: vetus se ac familiare consilium domo afferre, er bringe von Hause einen alten Rat, ein Familienvermächtnis, mit, Liv. – **2** übtr.: **a** (m. *Compar.* u. *Superl.*) im Haus-, mit der Familie bekannt, **vertraut, vertraulich,** amicus, Plin. ep. u. Gell.: medicus domesticus et familiaris, Sen.: biduo factus est mihi familiaris, Cic.: multum mihi familiares viri, Fronto: familiarior nobis, Cic.: vir optimus mihique familiarissimus, Cic.: peritus medicus et suae domui familiarissimus, Augustin.: subst., familiāris, is, *m.*, ein Bekannter, Freund, Hausfreund, Cic.: so auch familiarissimus meus, Cic. – u. familiāris, is, *f.*, eine Bekannte, Freundin, exclamat tua familiaris, Cic. – v. Lebl., **vertraut, bekannt, freundschaftlich, gewöhnlich, geläufig,** sermo, Cic.: epistulae secretae et familiares, Quint.: aditus familiarior, Liv.: iura, Freundschaftsrechte, Liv.: familiari vultu, mit dem gewohnten freundlichen Blick, mit freundlicher Miene, Cic. u. Suet.: ars familiaris Italiae, in It. einheimisch, Plin.: quae (peregrina semina) minus sunt familiaria nostro solo quam vernacula, schickt sich nicht so gut für unseren B., Col.: familiarissimum hoc platanis, den Pl. begegnet dieses am häufigsten, Plin.: alci familiare est (es ist jmdm. gewöhnlich [zur Gewohnheit geworden], es liegt jmdm. nahe), m. folg. *Infin.*, Vell. 2, 30, 3. Plin. ep. 4, 24, 7. Vopisc. Firm. 1, 2. – **b** als *t. t.* der Religionssprache, bei der Eingeweideschau, pars familiaris, der Teil der Eingeweide, der für den Staat galt (Ggstz. pars hostilis, der für die Feinde galt, Lucan.): dah. fissum f., der Einschnitt an dem für den Staat geltenden Teil der Eingeweide (Ggstz. fissum hostile), Cic. – ► Abl. gew. familiari, selten familiare.

familiāritās, ātis, *f.* (familiaris), **I** der **vertraute Umgang,** die **genaue Bekanntschaft, vertraute Freundschaft, Vertraulichkeit,** in alcis familiaritatem venire od. intrare, Cic., se dare, Cic.: mihi cum alqo familiaritas est od. intercedit, Cic.: familiaritatem conflare, errichten, Ter. – Plur., aequalium familiaritates, Cic.: doctissimorum hominum familiaritates, Cic. – **II** die **Vertrautheit** mit usw., factā quādam familiaritate *cum* ipsa lingua divinarum scripturarum, Augustin. de doctr. christ. 2, 9, 14. – **III** meton., die **vertrauten Freunde, Hausfreunde,** e praecipua familiaritate Neronis, Tac. ann. 15, 50: Plur., omnes amicitiae et familiaritates, Suet. Tib. 51, 2.

familiāriter, *Adv.* (familiaris), **I familienweise, nach Familien,** Gromat. vet. 252, 24. – **II** (m. *Compar.* u. *Superl.*) übtr., **vertraut, freundschaftlich, freundlich,** quam familiariter! Ter.: ut familiariter essem et libenter, ich mich wie zu Hause u. behaglich fühlte, Cic.: f. cum alqo vivere, Cic.: arridere, Liv.: ferre mortem alcis, freundschaftlichen Anteil nehmen an usw., Ter.: odio es nimis f., mit deiner Kameradschaft, Freundschaft usw., Plaut.: causam nosse, genau, Quint. – familiarius vivere cum alqo, Nep.: familiarius nosse alqm, Iustin. – familiarissime uti alqo, Nep.

familiola, ae, *f.* (*Demin.* v. familia), eine **kleine Familie,** Hieron. epist. 108, 2.

familiōsus, a, um (familia), ein **zahlreiches Gesinde habend,** domus, Porphyr. Hor. epod. 2, 65.

famis, s. famēs a. E. ►.

famix, s. fāmex.

fāmōsē, *Adv.* (famosus), **a mit Ruf, mit Ruhm,** medicus, qui morbum nutrit, quo famosius curet, Tert. adv. Marc. 1, 22. – **b ehrenrührig,** uxorem adeo famose amplexus est, ut etc., Aur. Vict. de Caes. 20, 23.

fāmōsitās, ātis, *f.* (famosus), der **böse Leumund,** Tert. de spect. 23.

fāmōsus, a, um, *Adi.* m. *Compar.* u. *Superl.* (fama), **voll von Nachrede,** dah. **I** passiv: **a** im guten Sinne = **viel besprochen, viel von sich reden machend,** Aesopus et Roscius famosissimi comoedorum fuerunt, Porphyr. Hor. ep. 2, 1, 81: urbs, v. Jerusalem, Tac.: mors, Hor. u. Tac.: vetustas, Lucan.: victoria famosissima, Flor.: (quod) personae claritate famosum, Plin. ep. – m. *Abl.* (durch), vir secundis adversisque iuxta famosus, Tac. hist. 1, 10. – **b** im üblen Sinne = **im üblen Leumund stehend, berüchtigt, anrüchig,** si aut sicarius (foret) aut alioqui famosus, Hor.: si qua erat famosa, Cic.: me ad famosas (anrüchigen Mädchen = Buhldirnen) mater vetuit accedere, Poëta b. Cic.: regis largitio f., Sall. – quo (hominum genere) non famosius ullum arctos alit, Claud.: cena famosissima, Suet.: meretrix famosissima Lact. – **II** aktiv = **üblen Leumund machend, ehrenrührig, den guten Namen verletzend, verleumderisch,** versus, Hor.: carmen, Schmähgedicht, Hor., Tac. u. Suet.: libelli, Schmähschriften, Tac.: stuprum, schändend, Lact.: pudor, Ov.: litterae famosissimae, Spart.

famul, famula, s. famulus.

famulābundus, a, um (famulor), **eifrig dienend, dienstbar,** Tert. adv. Marc. 3, 7.

famulanter, *Adv.* (famulor), **nach Dienerart = unterwürfig, demütig,** Acc. tr. 642.

famulāris, e (famulus), **zu den Bedienten-, Sklaven gehörig, Bedienten-, Sklaven-,** vestis, Cic.: turba, Stat.: fides, Dienertreue, Val. Max.: iura famularia dare, Sklavenrechte geben = zu Sklaven machen, Ov.

famulātio, ōnis, *f.* (famulor), das **Dienen,** Cassiod. var. 9, 23, 3 u. 11, 37, 4; in psalm. 13, 74. – meton. = die **Dienerschaft,** Apul. met. 2. c. 2 H. (*codd.* famulitio).

famulātōriē, *Adv.* (famulatorius), **knechtisch, kriechend,** Ps. Cassiod. de amic. 5. § 5.

famulātōrius, a, um (famulor), **knechtisch, kriechend,** Tert. ad nat. 2, 14. Ambros. de fide 5, 5, 58.

famulātrīx, trīcis, *f.* (famulor), die **Dienerin,** coquina medicinae fam. est, Donat. Ter. Andr. 1, 1, 3. – attrib. = **dienend,** penna, Sidon. carm. 2, 128.

famulātus, ūs, *m.* (famulor), das **Dienen,** die **Dienstbarkeit, Knechtschaft,** Cic. u. a.: orbis terrarum, Tac. – übtr., quam miser virtutis famulatus servientis voluptati! Cic. de off. 3, 117.

famuletium, s. famulitium.

famulitās, ātis, *f.* (famulus), das **Dienen,** die **Dienstbarkeit,** Pacuv. tr. 53. Acc. tr. 118. – Synk. Form famultas, Laev. fr. 6 M. (bei Charis. 288, 14).

famulitio, s. famulātio.

famulitium, iī, *n.* (famulus), **I** das **Dienen,** die **Dienstbarkeit,** Iul. Val. 1, 28 (32); vgl. Paul. ex Fest. 87, 3. – **II** konkret, das **Gesinde,** die **Dienerschaft,** frequens, Apul.: aulicum, Hofbedienten, Spart.

famulo, āvī, ātum, āre (famulus), **I sich dienstbar machen, seiner Botmäßigkeit unterwerfen,** Tert. apol. 21 u. 39; de res. carn. 47. – **II** = famulor, Diom. 364, 23.

famulor, ātus sum, ārī (famulus), **dienen,** jmdm. **dienstbar sein,** Cic. u. a.: f. alci, Catull. u. a., alci rei, Plin. u. a. (vgl. Bünem. Lact. 2, 5, 6): captae (*Genet.*) indigno famulatur amore, Val. Flacc. – übtr., v. Lebl., ut (terra) multo plus deliciis, quam ut alimentis nostris famuletur, Plin. 2, 157: artes ad honorem hominum et falsas divitias famulantes, Augustin. conf. 1, 7. – ► parag. Infin. famularier, Sedul. carm. pasch. 2, 197.

famultās, s. famulitās.

famulus, a, um (oskisch fam-el, altlat. famul; viell. zu altindisch *dhāman-*, Wohnstätte), **dienend, aufwartend,** turba, Sil.: Venus, eine Dienerin als Geliebte, Ov.: übtr.: vertex, aqua, Ov.: toga, Pompon. com. fr. – subst., **a** famulus, ī, *m.*, der **Bediente, Diener** eines Menschen, Cic., od. einer Gottheit, Cic.: so auch sacrorum, Ov.: famuli (Vulcani), Gesellen, Hor. – Vorkl. Nbf. famul, ī, *m.*, Enn. ann. 313. Lucr. 3, 1033. – **b** famula, ae, *f.*, die **Dienerin,** Verg. u. Ov.: virtus f. fortunae est, Cic. – ► Genet. Plur. synk. famulûm, Verg. Aen. 11, 34. Stat. Theb. 1, 554 u. 11, 327. Val. Flacc. 3, 20. – Abl. Plur. Femin. famulabus, Vulg. exod. 2, 5 (wo una e famulabus suis). Augustin. epist. 36, 4 (wo de tot famulis famulabusque Christi). Greg. hist. Franc. 9, 13. Vgl. Anecd. Helv. 94, 1.

fānāticē, *Adv.* (fanaticus), **begeistert, schwärmerisch,** Apul. met. 8, 27.

fānāticus, a, um (fanum), von einer Gottheit in Entzückung, rasende Begeisterung, Raserei versetzt, **begeistert, schwärmerisch, fanatisch, rasend, I** eig., v. Pers.: Galli f., Liv.: homo, Schwärmer, Cic.: isti philosophi superstitiosi et paene fanatici, Cic.: agmen f., Tac. – **II** übtr., v. Lebl.: vaticinantes carmine fanatico, Liv.: multitudo velut fanatico instincta cursu, Liv.: viros velut mente captos cum fanatica iactatione corporis vaticinari, Liv.: simulato furore fanatico, Flor.: f. error, des Irrsinns Wut (der Wahnsinn), Hor. – iactare id (caput) et comas excutientem rotare fanaticum est, es ist die Art eines Rasenden, Quint. 11, 3, 71.

fandus, a, um, s. for.

Fānestris Colōnia, s. fānum *no.* II.

Fannius, a, um, Name einer röm. *gens,* aus der am bekanntesten C. Fannius, ein Geschichtschreiber, u. C. Fannius, ein Redner, dessen Vatersbruder, beide zur Zeit des jüngeren Scipio (Ämilianus), Cic. Brut. 99 u. a. – u. C. Fannius, ein Geschichtschreiber zur Zeit des jüngeren Plinius, Plin. ep. 5, 5, 1*sqq.* – u. Fannia, die Tochter des Thrasea u. der Arria, Plin. ep. 3, 11, 3. – *Adi.* **fannisch,** lex F. (vom Konsul Fannius i. J. 246 v. Chr. gegen den Aufwand), Gell. – Dav. **Fanniānus,** a, um, **fannianisch, des Fannius,** Cic. u. Plin.

fāno, āre (fanum), **weihen, heiligen,** Varro LL. 6, 54.

fānor, ārī (fanum), **umherrasen,** cervice lassā, Maecen. in Sen. ep. 114, 5.

fantas..., s. phantas...

fānum ī, *n.* (*fāsnum v. fās), **I** ein **heiliger,** der **Gottheit geweihter Ort, a** als Tempelplatz (Ggstz. profanum), Cic. de div. 1, 90. Liv. 10, 37, 15. – **b** der **Tempel** eines Gottes selbst mit seinem Bezirk als **Heiligtum** (hingegen delubrum als Sühn- u. Reinigungsort, aedes als Gebäude), im Sing. gew. mit dem Namen des Gottes, Apollinis, Cic.: Herculis, Caes.: fana et delubra, Cic.: fana sacellaque, Liv.: fana atque templa, Cic.: fana templaque deûm, Suet. – sacerdotes fani, Nep.: antistites fani Dianae, Liv.: fana omnia expiare, Liv.: fana sacellaque exaugurare, Liv.: fana spoliare, Cic.: fana reficere, Cic.: pecuniam in fano ponere, Cic. – insbes., der **Heidentempel,** Ambros. epist. 40, 16. Commodian. instr. 1, 24, 13. – Nbf. fānus, ī, *m.*, Itala (Weingart.) Mich. 5, 13. – **II** *nom. propr.*, Fānum, ī, *n.*, eine Stadt an der Küste von Umbrien in Mittelitalien, j. *Fano,* Caes. b. c. 1, 11, 4: vollst. Fanum Fortunae, Tac. hist. 3, 50: dass. Colonia (Iulia) Fanestris, Vitr. 2, 9, 16; 5, 1, 6. Mula 2, 4, 5 (2. § 61).

fār (gespr. farr, aus fareris synkopiert), farris, *n.*, **I** eig. wohl **Getreide** übh., dann vorzugsw. = ador, griech. ζειά, unser **Dinkel, Spelt** (*Triticum Spelta,* L.), die älteste Nahrung der Römer, sowohl geröstet, als zu Mehl gemahlen, vollst. far adoreum, Varro r. r. 1, 9, 4. Plin. 18, 81; gew. bl. far, Cato r. r. 2, 4. Varbo r. r. 1, 2, 6. Col. 2, 6, 1*sqq.* Plin. 18, 83: farris seges, Liv. 2, 5, 3: farris acervus, Verg. georg. 1, 185: grana farris, Scrib. Larg. 135: far concīdere, Pompon. com. 50. – Plur., flava farra, Verg. georg. 1, 73: dura farra, Ov. fast. 6, 180: farra paucissima, Iuven. 14, 154: passura farra bis ignem (weil geröstet u. gebacken), Ov. fast. 1, 693. – **II** übtr.: **a Schrot, Mehl,** triticeum, Col. 6, 10, 2: hordeacuum, Col. 8, 11, 14: farinam bonam et far subtile sciat facere, Cato r. r. 143, 3: caro magnorum piscium sole siccata et in pollinem usque contusa pro farre est, Mela 2, 7, 1 (2. § 97): percontor quanti olus et far, Hor. sat. 1, 6, 112. – bes. als Opferschrot, Opfermehl, far pium (neben saliens mica u. plena acerra), Hor. carm. 3, 23, 20. Tibull. 3, 4, 10. Verg. Aen. 5, 745. Arnob. 7, 26: farre litare, Pers. 2, 75: Plur., torrida cum mica farra, Ov. fast. 2, 24: vinaque dat tepidis salsaque farra focis, Ov. fast. 3, 284. – **b Brot,** una farris libra, Hor. sat. 1, 5, 69: selibra farris, Suet. gr. 11: membra gruis sparsi sale multo, non sine farre (geriebenes Brot), Hor. sat. 2, 8, 88: sordes farris mordere canini, Speltbrot für die Hunde (Hundekost) essen, Iuven. 5, 11.

farcīmen, inis, *n.* (farcio), das **Füllsel,** die **Wurst,** Varro LL. 5, 111. Gell. 16, 7, 11. Arnob. 7, 24. Apic. 8, 374. Donat. Ter. eun. 2, 2, 26. Isid. 20, 2, 28.

farcīminōsus, a, um (farcimen), **an der Krankheit** *farciminum* **leidend,** Veget. mul. 1, 7 u. 14. Pelagon. veterin. 448 *Ihm.*

farcīminum, ī, *n.*, eine Krankheit der Pferde u. Rinder, viell. **Verstopfung,** Veget. mul. 1, 7.

farcino, āre (farcio), **vollstopfen,** übtr., Mart. Cap. 9. § 998. Cassiod. hist. eccl. 9, 3. – Dep. Nbf. farcinor, Eugraph. Ter. Andr. 4, 4, 30. p. 207, 4 Klotz.

farcio, farsī, fartum, īre (φράγ-νυ-μι, φράσσω), **stopfen, I** im Allg.: pannos in os, Sen.: lignum totum in os, Sen.: ischaemonem in nares, Plin.: poet., hic farta premitur angulo Ceres omni, hier füllt C. gedrängt voll jeden Hofwinkel, Mart. – **II** prägn., **stopfen** = stopfend anfüllen, **vollstopfen, A** eig.: **1** im Allg.: medios parietes fractis caementis, ausfüllen, Plin.: pulvinus rosā fartus, Cic. – **2** insbes.: **a** mit Füllsel **stopfen,** farc. intestinum, eine Wurst machen, Apic. 2, 55 u. 58 u. Isid. 20, 2, 28: fartum intestinum e crassundiis, Varro LL. 5, 111: ventriculus fartus, Magenwurst, Hyg. fab. 126: ventriculus coriandro fartus, Plin. 29, 60: lepus farsus, Apic. 8, 397. – **b vollstopfen = vollfressen,** cutis farta distenditur, Hieron. epist. 22, 16: edaces et se ultra quam capiunt farcientes, Sen. ep. 108, 15: quemadmodum non impleat ventrem, sed farciat, Sen. ep. 119, 14. – **c** Geflügel **stopfen = mästen,** gallinas et anseres, Cato: palumbes, Varro. – *Partic.* subst. farcientes, Col. 8, 7, 4. – **B** übtr., ganz **anfüllen,** fartum totum theatrum, gestopft voll, gedrängt voll, Apul.: nam (Croesus) infinitis vectigalibus erat fartus, er besaß Einkünfte in Hülle u. Fülle, Vitr. – ► **a** Partiz. auch farsus, a, um, Petron. 69, 6. Ven. Fort. 9, 7, 34. Apic. 4, 133 u. 8, 397; u. farcitus, Cassiod. inst. div. litt. 22. – **b** subst., fartum, ī, *n.*, s. bes.

farēdo, inis, *f.*, eine Art **Geschwür,** Plin. Val. 3, 22.

1. Farfarus, s. Fabaris.

2. farfarus, ī, *m.*, ein Gewächs, sonst chamaeleuce u. farfugium gen., **Huflattich** (*Tussilago,* L.), Plin. 24, 135. – Nbf. **farferus,** Plaut. Poen. 478.

farīna, ae, *f.* (far), das **Mehl, a** von Getreide, triticea, Cels.: hordeacea, Cato u. Varro: siliginea, Cato u. Plin.: avenacea, Plin.: candida quam tenuissima, Cels.: nigra, Mart.: hordeum in farinam subtilem molere, Plin.: frugem in farinam redigere, Oros.: farinam depsere, subigere, Cato.: farinam aquā spargere et assiduā tractatione perdomare fingereque panem, Sen.: farinā puero opus est, Plaut. – Sprichw., facis farinam, d. i. vertust alles, Mart. 8, 16, 5. – bildl., materna tibi farina est ex crudissimo Ariciae pistrino, deine Mutter war Mehl aus usw., Cass. Parm. bei Suet. Aug. 4, 2: fueris nostrae farinae, unseres Schlages, Pers. 5, 115. – meton., ein **Teigüberzug,** Apic. 7, 293. – **b** v. anderen Dingen, marmoris, cornus cervini, Plin.: folia myrti siccantur in farinam, Plin.

farīnāceus, a, um (farina), **aus Dinkelmehl,** panis, Ambros. in Luc. 6. *no.* 81. – *neutr. pl.* subst., farīnācea, ōrum, **Mehlspeisen,** Ps. Augustin. de vit. erem. c. 19.

farīnārius, a, um (farina), **zum Mehl gehörig, Mehl-,** cribrum, Cato r. r. 76, 3. Plin. 18, 115.

farīnōsus, a, um (farina), **mehlig,** Veget. mul. 2, 30.

farīnula, ae, *f.* (*Demin.* v. farina), **ein wenig Mehl,** Vulg. 3. regg. 17, 13.

farīnulentus, a, um (farina), **mehlig,** Apul. met. 9, 12.

fario, ōnis, *m.*, ein Fisch, viell. **Lachsforelle,** Auson. Mos. 130.

fāriolus, s. hariolus ►.

fārior, ārī (viell. st. harior, vgl. fariolus = hariolus [s. d.], **sagen,** XII tabb. 8. fr. 22 (bei Gell. 15, 13, 11), wo Schöll fatiatur = fatetur liest.

farmac..., s. pharmac...

farneus, a, um (farnus), **von Eschen, Eschen-,** fungi, unten am Stamm der Esche gewachsene, Apic. 7, 313 *sqq.*

farnus, ī, *f.* (aus fraxinus, zsgz. franus, dann farnus), die **Esche,** Vitr. 7, 1, 2. Pallad. 1, 9, 3.

farrāceus od. **-cius,** a, um (far), **aus Getreide, aus Spelt (Dinkel),** farracia seges, Varro r. r. 1, 31, 5: farraceum pollen, feines Speltmehl, Plin. 24, 39.

farrāgo, inis, *f.* (far), **I** das **Mengelkorn, Mengfutter, gemischte Futterkorn** fürs Vieh, Varro u. Verg.: ordeacea, Col. – **II** übtr.: **a** = **vermischter Inhalt,** das **Mancherlei,** nostri libelli, Iuven. 1, 86. – **b** = **geringfügige Sache, Bagatelle,** in tenui farragine mendax, Pers. 5, 77.

farrārius, a, um (far), **zum Getreide gehörig, Getreide-,** fistula, eine Art Handmühlen zum Getreide, Cato r. r. 10, 3 (bei Plin. 18, 97 fistula serrata gen., weil sie Zacken hatte, wie unsere Kaffeemühlen). – subst., farrārium, iī, *n.*, der **Futterboden,** Vitr. 6, 6, 5.

farrātus, a, um (far), **I mit Getreide-, Getreidespeise versehen,** olla f., mit Brei (puls) angefüllt, Pers. 4, 30. – **II aus Getreide gemacht,** *neutr. pl.* subst., farrāta, ōrum, **Mehlspeisen,** Iuven. 11, 109. Spart. Get. 5, 8.

farreācius, s. farreātus.

farreārius, a, um (far), **zum Getreide gehörig, Getreide-,** pilum, Cato r. r. 10, 5.

farreātio, ōnis, *f.* (far), der **Genuss des Speltbrotes bei der** *confarreatio* (s. d.), Serv. Verg. Aen. 4, 374.

farreātus, a, um (far), **unter Genuss von Speltbrot bewirkt,** nuptiae (= confarreatio, s. d.), *Apul. met. 5, 26. Serv. Verg. Aen. 4, 103.

farreus, a, um (far), **I vom** od. **aus Getreide, vom** od. **aus Spelt (Dinkel),** spicum, Paul. ex Fest. 280, 9: panis, Col. 7, 12, 10. Gaius 1, 112: mensae (Mehltische = Brotscheiben), Aur. Vict. de orig. gent. Rom. 10, 5. – subst., farreum, eī, *n.* (*sc.* libum), der **Speltkuchen,** Plin. 18, 10. Gaius 1, 110 u. 112. Ulp. fr. 9, 1. Boëth. lib. 2. ad Cic. top. 3, 14. p. 299, 9 u. 11 B. – **II zum Getreide,** subst. farreum, eī, *n.*, archaist. = horreum, der **Getreideboden,** die **Scheune,** Paul. ex Fest. 102, 6.

farriculum, ī, *n.* (*Demin.* v. farreum), ein **kleiner Speltkuchen,** Pallad. 11, 21 *in.*

farricus, a, um (far), **aus Getreide,** bes. **aus Weizen,** tisana, Apic. 4, 180.

farsilis, e (farcio), **gefüllt, mit Füllsel,** cucurbitae, Apic. 4, 183: pisa, Apic. 5, 194: porcellus, Apic. 8, 372.

farsūra, ae, *f.* (farcio), die **Füllung,** das **Füllsel,** übtr., Tert. adv. Val. 27. Vgl. fartura.

farsus, a, um, s. farcio a. E.

fartālia, ium, *n. plur.*, s. fartilia unter fartilis.

farticulum, ī, *n.* (*Demin.* v. fartum), das **Füllsel,** Titin. com. 90.

fartilis, e (farcio), **gestopft, gemästet,** anser, Plin. 10, 52: asinus, Apul. met. 6, 31. – *neutr. pl.* subst., fartilia, **Füllsel,** übtr., Tert. adv. Val. 27. – ► Nbf. fartālia, Anthim. 20.

fartim, *Adv.* (farcio), **gestopft, dicht,** Lucil. 79. Auson. Mosell. 86 u. 113. Apul. met. 2, 7 u. 3, 2.

fartor, ōris, *m.* (farcio), **I** der **Hühnerstopfer,** der **Geflügelhändler,** der Hühner, Pfauen u. dgl. mästet, Col. 8, 7, 1. Ter. eun. 257. Hor. sat. 2, 3, 229: fartor avium, CIL 6, 8848. – **II** übtr. = nomenclator (s. d.), weil er die Namen der Bürger dem Kandidaten zuraunte, Paul. ex Fest. 88, 15. Placid. gloss. V, 23, 3.

fartrīx, trīcis, *f.*, Femin. zu fartor (s. d.), Prisc. part. XII vers. Aen. 10, 180.

fartum, ī, *n.* u. **fartus,** ūs, *m.* (farcio), das Hineingestopfte, die **Füllung,** das **Füllsel,** das **Inwendige** einer Sache, fartum u. fartus fici, das Fleischige (auch pulpa gen.), Col.: intestina et fartum eorum, Plin.: quid (deo sit) cum libis, quid diversis cum fartibus? Arnob. – scherzh., non vestem mulieris amant, sed vestis fartum, des Kleides Inhalt = den Körper, die Person, Plaut. most. 169.

fartūra, ae, *f.* (farcio), **I** das **Stopfen, Mästen** des Federviehs, Varro LL. 5, 111. Varro r. r. 3, 8, 3 u. 3, 9, 1 (Variante farsura). Col. 8, 7, 4 u. 8, 9, 1. – **II** konkret = die **Ausfüllung,** der **Schutt** zum Ausfüllen, Vitr. 2, 8. § 7.

1. fartus, ūs, *m.*, s. fartum.

2. fartus, a, um, s. farcio.

Farus, s. Pharos.

fās, *n. indecl.* (zu fārī, fātum), die Äußerung; dah. **I** eig., der **göttliche Ausspruch,** das **göttliche Gebot,** die **göttlichen Satzungen,** das **göttliche Gesetz, -Recht** (im Ggstz. zu ius, den menschl. Satzungen, dem menschl. Recht), sicut fas iusque est, Liv.: ius ac fas colere, Liv.: ius ac fas omne delere, Cic.: fas omne violare, Lact.: contra fas, contra auspicia, contra omnes divinas atque humanas religiones, Cic.: contra ius fasque, Cic. u. Sall. – personif., audi Iuppiter, audite fines, audiat fas, Liv.: prima deûm Fas, quae Themis est Graiis, Auson.: fas omne mundi, alle Götter, Sen. poët. – **II** übtr.: **A** das nach göttlichem Gebot, also auch nach dem Gesetz der Natur u. nach unserem sittlichen Gefühl **Pflichtmäßige, Erlaubte,** die **heilige Pflicht,** das **heilige Recht,** die **heilige Ordnung, Weltordnung** (im Ggstz. zu nefas, dem Pflichtwidrigen, dem Unrecht, der Sünde, einerseits u. zu ius, der auf menschl. Gesetze u. Herkommen begründeten Befugnis, andrerseits), **1** im Allg.: per omne fas et nefas alqm sequi, in allem Guten u. Bösen, Liv.: per omne fas ac nefas ruere, alles Recht mit Füßen treten, Lucan.: ubi fas versum atque nefas, Verg.: omne fas abrumpere, Verg.: ius fasque exuere, Tac.: ultra fas trepidare, Hor. – fas gentium, Tac.: id fas armorum et ius hostium est, Tac.: fas disciplinae, Tac. – dah. fas est, wie ὅδιόν ἐστι, es ist (nach göttlichem Gesetz, also auch nach dem Gesetz der Natur und nach unserem sittlichen Gefühl) **pflichtmäßig, es schickt sich, es ist erlaubt, -zulässig, -gestattet, -möglich,** quod aut per naturam fas esset aut per leges liceret, Cic.: sicut fas iusque est, Liv.: si fas est, Catull. u. a.: si ius, si fas est, Ter.: si fas est m. folg. *Infin.*, Cic. u. a.: mit 2. *Supin.*, si hoc fas est dictu, Cic. Tusc. 5, 38. – contra quam fas erat, Cic. – fas est u. fas non est m. folg. *Infin.*, Cic., Caes. u. a.: alci fas est m. *Infin.*, Enn. fr. var. 23. Tac. ann. 1, 77. – fas existimare, Plaut., od. fas habere, Quint., od. fas putare, Caes., m. folg. *Infin.* od. *Acc.* u. *Infin.* – fas habere m. folg. indir. Fragesatz, Plaut. trin. 288. – **2** insbes., v. den Gerichtstagen: quando rex comitiavit, fas, ist es erlaubt, Gericht zu halten; Varro LL. 6, 31 (vgl. 6, 29). – **B** das durch das göttl. Gesetz, also auch durch das Naturgesetz bestimmte **Schicksal, Verhängnis,** fas obstat, Verg. – bes. fas est m. folg. *Infin.* od. *Acc.* u. *Infin.*, **es ist vom Schicksal bestimmt,** si cadere fas est, Ov.: me natam nulli veterum sociare procorum fas erat, Verg.

fascea, fasceātim, s. fascia, fasciatim.

Fascelis, s. Facelīna.

fasceola, s. fasciola.

fascia (fascea), ae, *f.* (vgl. fascis), die **Binde,** das **Band,** der **Streifen**

Zeug, **I** eig.: **1** im Allg.: gew. im Plur., **Bandagen,** zum Umwickeln kranker od. wunder Körperteile, Cic. u. a.: zum Unterbinden des Unterleibs, Gell.: zum Befestigen der Schuhe, Cic. u. Plin. – **2** insbes.: **a Beinbinden, Schenkelbinden,** als Tracht der Weichlinge, Cic. u. a.; vgl. Casaub. Suet. Aug. 82. Salmasius Lampr. Alex. Sev. 40. – **b** fasciae = *zona,* der **Leibgurt** od. **-schurz,** Iustin. 38, 1, 9. – **c** die von den Frauen benutzte Binde, um dem zu vollen Busen festen Halt zu geben, das **Busenband,** Prop., Ov. u. Tac.: vollst. fascia pectoralis, Mart. 14, 134 *lemm.* Hieron. epist. 22, 6. Vulg. Isai. 3, 24 u. Ierem 2, 32. – **d** die **Kopfbinde,** das **Diadem** (ein schmales Band zum Zusammenfassen der Haare), Sen. u. Suet.: fascia purpurae ac conchylii, eine Kopfbinde aus Purpur u. Perlen, Suet. – **e** der **Gurt** am Bett, fascia lecti cubicularis, Cic. de div. 2, 134: abruptā fascia reste iacet, Mart. 5, 62, 6; vgl. 14, 159, 1. – **f** das **Perlenband,** fascia cylindrorum LXIII, CIL 2, 2060. – **g** fasciae = **Wickelbänder** für Wiegenkinder, Plaut. truc. 905. – **h** bildl., non es nostrae fasciae, du gehörst nicht zu unserer Zunft, Petron. 46, 1. – **II** übtr.: **1** als *t. t.* der Baukunst = der **Streifen** an den Säulen, Vitr. 3, 4, 11. – **2** der **Gürtel** (die **Zone)** der Erde, Mart. Cap. 6. § 602 u. § 607. – **3** ein **Wolkenstreif, -saum** am Himmel, Iuven. 14, 294. – **4** der den Baum unmittelbar umschließende **Splint,** Pallad. 3, 17, 2.

fasciātim, *Adv.* (fascis), **bündelweise,** Quint. 1, 4, 20 H. Charis. 185, 27.

fasciculāria, ōrum, *n.* (fasciculus), das **bündelweis Getragene,** Veget. mil. 2, 19 *extr.*

fasciculus, ī, *m.* (*Demin.* v. fascis), ein **kleines Bündel, Paket,** f. (florum), Blumenstrauß, Cic.: epistularum, litterarum, Cic.: librorum, Hor.: feniculi, Col.

fasciger, gera, gerum (fasces u. gero), **Faszes führend,** honor, das Konsulat, Plaut. Nol. nat. Fel. 13, 321.

fascimentum, ī, *n.* (fascio), der **Umschlag,** das **Pflaster** = ἔμπλαστρον u. μάλαγμα, Gloss. III, 602, 30 u. 603, 13.

fascina, ae, *f,* (fascis) das **Rutenbündel,** die **Faschine,** Cato r. r. 37, 5.

fascinātio, ōnis, *f.* (fascino), die **Beschreiung, Behexung,** Gell. 9, 4, 8. Vulg. sap. 4, 12: fasc. agrorum, Augustin. de civ. dei 7, 21 u. 7, 24, 2: Plur. Plin. 28, 35 u. 101.

fascinātor, ōris, *m.* (fascino) = βάσκανος (Gloss.), der **Beschreier, Behexer,** Gloss. u. spät. Eccl.

fascinātōrius, a, um (fascino), **zum Beschreien geeignet, beschreiend,** lingua, Serv. Verg. ecl. 7, 28.

fascino, āvī, ātum, āre, (βασκαίνω; vgl. fascinum), **beschreien, behexen,** durch neidisches Lob, durch gewisse Formeln, durch missgünstige Blicke, alci teneros agnos, Verg. ecl. 3, 103: alqm, Tert. de cor. mil. 2. Vulg. Galat. 3, 1: animal, Veget. mul. 5, 73: f. basia mala linguā, Catull. 7, 12.

fascinōsus, a, um (fascinum), **der eine große Rute hat,** non es poëta fascinosior, Auct. Priap. 79, 4.

fascinum, ī, *n.* (nach Cloat. Ver. bei Gell. 16, 12, 4 = βάσκανον; nach Paul. ex Fest. 88, 16 von fari), **I** die **Beschreiung, Behexung** (vgl. fascino), Plin. u. a. – **II** das **männliche Glied,** zunächst als Mittel gegen Beschreiung od. Behexung, Hor., Petron. u. a.: Plur. fascina meton. = so gestaltete Seemuscheln, Apul. apol. 35. – Nbf. **fascinus,** ī, *m.,* Verg. cat. 5, 20; personif., der Phallus, Plin. 28, 39.

fascio, āvī, ātum, āre (fascia), **umbinden, umwickeln, wickeln,** infantem, Soran. Lat. p. 30, 1: tiliaciis tabulis in pectore positis fasciari, Capit. Anton. Pius 13, 1: fasciari linteolis, Vulg. Ezech. 30, 21: fasciato trunco, mit Täfelchen umbunden, Mart. 12, 57, 12.

fasciola, (fasceola), ae, *f.* (*Demin.* v. fascia), die **kleine Binde,** das **Band,** als Haarband, Varro LL. 5, 130: als Bandage um die Schenkel usw., Hor. sat. 2, 3, 253. Hieron. epist. 52, 5: der Wunden, Isid. 19, 33, 6: als Busenband, Apul. met. 2, 7: als Wiegenband, Vopisc. Aurel. 4, 6: purpureae fasciolae, um die Schenkel u. Füße, statt unserer Strümpfe, wie sie von Frauen, dah. auch von dem als Frau verkleideten Klodius, getragen wurden, Cic. de har. resp. 44 (Müller fasceolis).

fasciolum, ī, *n.* (*Demin.* v. fascia), die **kleine Binde,** das **Band,** Veget. mul. 3, 57, 1.

fascis, is, *m.,* das **Bund,** das **Bündel, Paket, I** im Allg.: spicarum, Varro: sarmentorum, Liv.: lignorum, Tac.: stramentorum ac virgultorum, Hirt. b. G.: librorum, Gell.: epistularum, Iustin.: ego hoc te fasce levabo, Verg.: ultroque animam sub fasce dedēre (apes), Verg.: si militare iter fascemque (und das Tragen des Bündels) imperes, Quint. – **II** insbes., Plur. (Sing. nur im Scherz des Cic. bei Charis. 33, 11 u. poet. bei Claud. IV. cons. Hon. 655), die **Faszes, A** eig., **Rutenbündel,** aus denen ein Beil (securis) hervorragte, das symbol. Zeichen der Herrschergewalt, eines der ältesten Abzeichen der röm. Magistrate u. diesen von den Liktoren vorgetragen, so oft sie öffentlich erschienen (dah. fasces lictorii, Aur. Vict. de vir. ill. 20, 1; vgl. lictores duo, duo ulmei fasces virgarum, Plaut. Epid. 28), fasces praeferre, Liv.: fasces habere, sich die Faszes vortragen lassen, Cic.: dare alci fasces (die konsularische Gewalt, das Konsulat), Cic. u. Hor.: cuius tum fasces erant, der damals die Regierung hatte, Liv.: fasces corripere, die konsularische Gewalt an sich reißen, Sall.: demere secures de fascibus, Cic.: ab aratro arcessi ad fasces (Konsulat), Salv. de gub. dei 1, 2: summittere fasces, die F. (aus Ehrerbietung) senken, Liv.; u. bildl., alci, den Vorzug geben, Cic.: u. so demissi populo fasces, die Faszes vor dem Volk gesenkt, Cic. de rep. 1, 62; aber paulo ante dimissi fasces, die vor Kurzem erst abgegebenen Faszes, Plin. pan. 61, 7: fasces versi, die umgekehrten F. (beim Leichenbegängnis eines Konsuls usw.), Tac. (vgl. Ruhnken Ps. Albinov. consol. ad Liv. 142). – **B** meton. = **hohe Ehrenstellen,** bes. das **Konsulat,** Verg., Hor. u. a.

fasēl... faseolus, s. phasel..., phaseolus.

fāsiānus, s. phāsiānus unter Phasis.

fasma, atis, *n.,* s. Phasma.

fāstī, ōrum, *m.,* s. 1. fāstus, a, um.

fāstīdībilis, e (fastidio), **ekelhaft, unangenehm,** Tert. de anim. 33.

fāstīdienter, *Adv.* (fastidio), **verächtlich,** Apul. met. 5, 17.

fāstīdiliter, *Adv.* (fastidio), **mit Ekel, mit Verdruss,** Varro sat. Men. 78.

fāstīdio, īvī, ītum, īre (fastidium), **einen Ekel-, Widerwillen-, eine Abneigung** vor od. gegen etw. **empfinden** od. **haben** od. **zeigen,** vor etw. **sich ekeln,** etw. aus Ekel usw. **verschmähen, I** eig., einen phys. Ekel, **a** aus Übersättigung usw. vor Ggstdn. des Geschmackes, olus, Hor.: omnia praeter pavonem rhombumque, Hor.: absol., bibendum hercle hoc est; quid hic fastidis (ekelst du dich? spielst den Feinschmecker?), Plaut.: si in farciendo nimio cibo fastidiunt gallinae, Ekel zeigen, nicht mehr fressen wollen, Varro. – vom Gaumen, docta palata fastidiunt lupum fluvialem, Col.: u. absol. vom Magen, fastidientis stomachi est multa degustare, es verrät einen überladenen, verdorbenen Magen, an vielem herumzukosten, Sen. – **b** vor Ggstdn. des Geruches, euphorbiae sucus fastidiendum odorem habet, hat einen ekelhaften G., Plin.: absol., olfacta igitur hinc; ut fastidis! ekelst (scheust) du dich? Plaut. – **c** vor Ggstdn. des Gehöres, aures ... redundantia et nimia fastidiunt, verwerfen, mögen nicht, Quint. 9, 4, 116. – **II** übtr.: **1** einen moralischen **Ekel** od. **Widerwillen** gegen etw. **empfinden** od. **zeigen,** sich vor etw. **ekeln,** etw. **nicht mögen, verschmähen, zurückweisen, sich** für jmd. od. etw. **zu vornehm dünken, sich** einer Sache **schämen,** alqm, Vell., Curt. u. a.: preces alcis, Liv.: mores Macedonum, Curt.: Tarquinium fastidiendum, quod mercatore genitum, Val. Max.: animal foedissimum et *dictu* quoque fastidiendum, nur mit Widerwillen auszusprechendes, Plin. – m. *Genet.,* fastidit mei, Plaut. u. Turpil. fr.: mei fastidis, Titin. fr.: fastidimus bonorum, Lucil. 293: fastidire Agamemnonis, Lucil. 654. – m. folg. *Infin.,* et hoc iocorum legere fastidis genus, Phaedr.: ne fastidieris nos in sacerdotum numerum accipere, Liv.: gloriari fastidiebat, Sen.: nec mortis spectator esse fastidisti, Val. Max. – m. folg. *Acc.* u. *Infin.,* est aliquis, qui se inspici, aestimari fastidiat, Liv. 6, 41, 2: plebs primo coeperat fastidire munus vulgatum a civibus isse (*al.* exisse) in socios, Liv. 2, 41, 4. – absol., in recte factis saepe fastidiunt, sind sie heikel, haben sie etwas auszusetzen, Cic. Mil. 42: si non fastidis (wenn du vorlieb nimmst), Phaedr. 3, 16, 14: ut, quae dicendo refutare non possumus, quasi fastidiendo calcemus (gleichsam mit einem verächtlichen Fußtritt von uns stoßen), Quint. 5, 13, 22. – 2 im Benehmen = **vornehm tun, sich aufblasen,** gloriosus fastidit, Plaut. Curc. 633: vide ut fastidit simia, Plaut. most. 886. – ► Partiz. fastiditus als Depon. m. *Acc.*, ne me putes studia fastiditum, Petron. 48, 4.

fāstīdiōsē, *Adv.* m. *Compar.* (fastidiosus), **voll Ekel,** I im Allg., **voll Widerwillen, voll Überdruss, nur mit Widerstreben,** huic ego iam stomachans fastidiose, immo ex Sicilia, inquam, Cic.: f. venditabat (tunicam), Petron.: f. tamen in coetum recipior, Phaedr. 3. prol. 23. – II insbes.: 1 **ekel = wählerisch, mäkelnd, heikel,** f. recipior in coetum, erst nach strenger Prüfung, Phaedr.: quam diligenter et quam paene f. iudicamus, Cic. – 2 **vornehm, stolz, schnöde,** *Compar.* b. Cic. de or. 2, 364.

fāstīdiōsus, a, um, *Adi.* m. *Compar.* u. *Superl.* (fastidium), **voll Ekel,** I **ekel tuend,** 1 eig., physisch **ekel, verwöhnt,** a bei Ggstdn. des Geschmacks, fastidiosae enim (vaccae) fiunt, Varro r. r. 2, 5, 15. – b bei Ggstdn. des Gehörs, aurium sensus fastidiosissimus, Rhet. Her. 4, 32. – c bei Ggstdn. des Gesichts, quod ille fastidiosust, Plaut. mil. 1233. – 2 übtr.: a im Allg., gegen etwas **voll Ekel, voll Widerwillen,** etwas **nicht mögend,** einer Sache **überdrüssig,** aegrimonia, der Lebensqualen Überdruss, Hor. epod. 17, 73. – v. Pers., m. *Genet.*, Latinarum (litterarum), Cic.: terrae, Hor. – b insbes.: α **ekel = wählerisch, heikel, mäkelnd, schwer zu befriedigend,** aedilis, Plaut.: aestimator, Sen.: Antonius facilis in causis recipiendis erat, fastidiosior Crassus, sed tamen recipiebat, Cic.: ut ita fastidiosae mollesque mentes evadant, empfindlich (gegen Unbilden) u. reizbar, Cic. – β **vornehm, vornehmtuerisch, schnöde, spröde, stolz, hochmütig,** in superiores contumax, in aequos et pares fastidiosus, Rhet. Her.: fastidiosissimum mancipium, Plin. ep. – v. Lebl., est enim res difficilis, ardua, fastidiosa (spröde, heikel), Plin. ep. 6, 17, 5. – II **ekelerregend, eklig, widerwärtig,** copia, Hor. carm. 3, 29, 9: fastidiosissimae foeditates, Tert. ad nat. 2, 13.

fāstīditās, ātis, *f.* (fastidio), der **Ekel,** Cassiod. var. 7, 1, 5.

fāstīdium, iī, *n.* (zsgz. aus fastitidium zu 1. fastus), der **Ekel, Widerwille** gegen einen Genuss, der **Überdruss** aus Ekel, I eig.: A im Allg.: a vor Ggstdn. des Geschmacks, cibi satietas et f., Cic.: f. creare, Plin.: f. abigere, auferre, discutere, distrahere, Plin. – Plur. b. Hor., Col. u. a. – b vor Ggstdn. des Gesichts, Cic. ep. 2, 16, 2. – B insbes., der **verwöhnte Geschmack, -Gaumen,** die **Leckerhaftigkeit,** Varro r. r. 3, 9, 18. Sen. nat. qu. 3, 18, 2. – II übtr.: A im Allg., der geistige, moralische **Ekel, Widerwille,** die **Abneigung,** der **Überdruss,** die **Verachtung,** Cic. u. a.: domesticarum rerum, Cic.: sui, Sen. – in fastidio esse, verschmäht sein, Plin.: ipsa aetas Galbae irrisui et fastidio erat (ekelte an, war zuwider) assuetis iuventae Neronis, Tac.: ne sit fastidio Graecos sequi, man verschmähe nicht usw., Plin. – Plur. b. Verg. u. a. – meton. v. Pers., tu, Orci fastidium solum, Apul. met. 4, 7. – B insbes., das **Ekeltun,** 1 die **Mäkelsucht, mäkelnde Tadelsucht,** der **verwöhnte Geschmack,** die **Krittelei** bei Beurteilung eines Ggstds., delicatissimum, Cic.: audiendi, Cic.: Plur., dixisti non tam ea quae recta essent *probari* quam quae prava *fastidiis adhaerescere,* Cic. de or. 1, 258: spectatoris fastidia ferre superbi, Hor. sat. 1, 10, 7. – übtr., die **ekle, verwöhnte Natur** eines Baumes, Plin. 16, 134. – 2 prägn., das **Ekeltun** im Benehmen gegen andere, das **Vornehmtun,** das **spröde, schnöde Wesen,** der **schnöde Stolz,** oft verb. f. et superbia, superbia et f., f. arrogantiaque, f. et contumacia, Cic. u. a.: f. alcis non posse ferre, Cic.: tantarum urbium fastidium agitare, gegen so gr. St. den Spröden spielen, Iustin. – Plur. v. Frauen, Verg. u. a.

fāstīgātē, *Adv.* (fastigatus), **abgedacht, giebelförmig,** Caes. b. G. 4, 17, 4 u. b. c. 2, 10, 5.

fāstīgātio, ōnis, *f.* (fastigo), das **Spitz-Zulaufen,** konkret, die **Spitze,** Plin. 17, 106. Apul. flor. 9. p. 11, 11 Kr.

fāstīgātus, a, um, s. fāstīgo.

fāstīgiātus, s. fāstīgo ►.

fāstīgio, s. fāstīgo ►.

fāstīgium, iī, *n.* (fastīgo), I die in eine Spitze auslaufende **Neigung** der Seitenflächen eines Gegenstandes, die **Steigung, Erhebung,** nach unten = die **Senkung, Abdachung, schräge Richtung** od. **Lage, schiefe Ebene** (s. Kraner Caes. b. c. 2, 10, 3. Müller Liv. 1, 38, 6. Weißenb. Liv. 25, 36, 6), omnia leni fastigio subvexa, alles erhob sich in mäßiger Steigung, Liv.: iniquum loci ad declivitatem fastigium, Caes.: tenui fastigio vergere in etc., in mäßiger Abdachung, Caes.: paulo leniore fastigio, Caes.: molli fastigio, in nicht steiler Neigung (in stumpfem Winkel), Caes.: cloacae fastigio in Tiberim ductae, Liv. – beim Ackerbau die **Erhebung** über die Erdoberfläche, die **Abstufung** der Lage, spectandum, quo fastigio sit fundus, Varro: tria fastigia agri (näml. campestre, collinum, montanum), Varro. – beim Wasserbau = das **Gefälle,** si erit fastigium magnum, facilior erit decursus aquae, Vitr. – II das **obere** od. **untere Ende,** die **Spitze** der auslaufenden Seitenflächen, A eig.: AA das obere Ende, der **Giebel, Gipfel,** 1 im Allg., die relative **Höhe,** das **Oben** eines Ggstds., die **Oberfläche,** der **Gipfel,** die **Spitze,** der **Saum** u. dgl., f. fontis, Caes.: pari altitudinis fastigio, Caes.: f. muri, moenium, Curt.: summum munimenti f., Curt.: f. aquae, Curt.: inaequale f. terrae, Curt. – fastigia montis, Sil.: fastigia muri, Val. Flacc.: fastigia surarum, Lucr. – 2 insbes.: a der **Giebel** des Daches, u. zwar: α das ganze **Giebeldach, Satteldach,** Cic. u. a. – β der mit einem besonderen Giebelfeld (tympanum) geschmückte **Vordergiebel,** der **Fronton,** griech. ἀετός, ἀέτωμα, der wieder drei Giebelzinnen (acroteria) hatte, auf die man Bildsäulen stellte, anfangs zu Rom nur an Tempeln angebracht, später auch an den Palästen der Vornehmen, f. Capitolii, Cic.: fastigia aliquot templorum a culminibus abrupta, Liv. – operi inchoato, prope tamen absoluto, tamquam fastigium imponere, die Krone aufsetzen, die letzte Hand anlegen, Cic. – Dav. b das über ein Wort gesetzte **Akzentzeichen,** der **Akzent,** Diom. 433, 21. Mart. Cap. 3. § 268 *sqq.* – BB das untere Ende, die relative **Tiefe,** der **Grund,** Caes. b. G. 7, 73, 5. Verg. georg. 2, 288. – B übtr.: 1 wie unser **Höhe, Höhepunkt,** α relativ = **Stellung, Stand, Rang, Würde, Charakter, Standpunkt, Stufe,** consulare, Vell.: summum, Tac.: mortale (eines Sterblichen), Curt.: muliebre (eines Weibes), Ggstz. deminutio sui, Tac.: dictaturae altius f., Liv.: curatio altior fastigio suo, Liv.: ampliora humano fastigio, Suet.: pari fastigio stetisse in utraque fortuna, Nep.: alqm ad regium fastigium evehere, Val. Max.: invidiosum magistratus (= consulatus) fastigium moderatione ad tolerabilem habitum deduxit, Val. Max. – β absol., **Höhe, Höhepunkt, Gipfel,** in fastigio eloquentiae stare, Quint.: praeteritae fortunae fastigium capio, Curt. – 2 wie κορυφή, **Hauptpunkt,** summa sequar fastigia rerum, Verg. Aen. 1, 342.

fāstīgo, āvī, ātum, āre (für *farstīgo, altindisch *bhṛṣṭi-h,* Zacke, Spitze, deutsch Borste), I etw. **schräg-, spitz zulaufen lassen,** A eig.: a nach oben = **zuspitzen, in eine Spitze zulaufen lassen, -verengen,** Sil. 5, 50. – gew. refl., se fastigare u. Passiv fastigari medial, **spitz zulaufen, schräg aufsteigen,** Mela u. a.: u. so collis est in modum metae in acutum cacumen a fundo satis lato fastigatus, Liv.: eaedem (stellae) breviores et in mucronem fastigatae, Plin.: pauxilla aedes ignobiliter ad culmen fastigata, Solin.: testudo fastigata, Liv. – b nach unten, nur Partiz. fastigatus, **schräg ablaufend, abgedacht, abhängig,** collis leniter f., Caes. b. G. 2, 8, 3. – B übtr., **erheben, erhöhen,** statum celsitudinis alqā re, Sidon. epist. 3, 6, 3: u. so *ibid.* 7, 9, 14. – Partiz. als *Adi.*, felicitas fastigatissima, auf dem höchsten Gipfel stehende, Sidon. epist. 2, 4, 1: duo fastigatissimi consulares, hocherhabene, Sidon. epist. 1, 9, 2. – II **mit einem Akzent versehen,** Mart. Cap. 3. § 262. – ► Nbf. fastigio Detlefsen Plin. 18, 52 (fastigiantur) u. 19, 70 (fastigiatur); Eyssenh. Mart. Cap. 9. § 944 (fastigiatur); fastigiatus, Isid. 19, 23, 6 (eminent apicibus fastigiatis Alani).

fāstōsus, a, um (1. fastus), I **voll stolzer Kälte, schnöde, spröde,** Mart. 10, 13, 7. Petron. 131, 2. – II übtr., **vorzüglich, prächtig,** garum, Mart. 13, 102, 2: domus, Auct. pan. ad Pis. 107.

fāstuōsus, a, um, Nbf. v. fastosus (s. d.), Mart. Cap. 6. § 579.

1. fāstus, ūs, *m.* (verwandt mit fastigium), das **stolz abweisende-, zurücksetzende-, schnöde** od. **spröde Benehmen,** die **stolze Kälte, stolze Verachtung,** der vornehme **Stolz, Hochmut,** bes. als Eigenschaft des weibl. Geschlechts, die **Sprödigkeit,** m. subj. *Genet.*, stirpis Achilleae fastus (Plur.), Verg.: m. obj. *Genet.*, potentiae fastu superbior, Amm.: m. *erga* u. Akk., fastu erga patrias epulas, stolz verachtend, Tac. ann. 2, 2. – f. regius, Curt.: f. simul superbus ac procax, Plin.: constantis lumina fastus, beharrliche u. stolze Blicke, Prop. fastum facere alci, jmd. mit stolzer Verachtung behandeln, Petron.: noctem ac diem iuxta gratiam aut fastus ianitorum perpeti, Tac.: ponere fastus, Ov.: omnes odisse fastus, Catull.: alios legere ad fastum (nach stolzem Gelüste od. Belieben) quoscumque parentes, Hor.

2. fāstus, a, um (fās), in der Verbdg.: dies fastus, gew. Plur. dies fasti u. bl. fasti, die Tage, an denen der Prätor die drei Worte do, dico, addico sprechen oder, mit einem Wort, Recht sprechen durfte, die Gerichtstage (Ggstz. dies nefasti), Ov. fast. 1, 48. Varro LL. 6, 29*sq.* u. 53. Paul. ex Fest. 93, 18. – Das Verzeichnis dieser Tage, wichtig für das ius civile u. das ganze öffentliche Leben, befand sich lange Zeit nur in den Händen der pontifices u. war daher nur den Patriziern zugänglich, bis Cn. Flavius, Schreiber des Pontifex Maximus Appius Caecus, i. J. 405 v. Chr. eine Abschrift desselben veröffentlichte, Liv. 9, 46, 5. Cic. Mur. 25. Plin. 33, 17. Val. Max. 2, 5, 2. – Aus diesem Verzeichnis ging allmählich ein erweitertes hervor, das alle Tage des Jahres mit ihren Festen, Ereignissen (Geburten, Todesfällen usw.) enthielt, der röm. **Kalender,** den Cäsar verbesserte, Suet. Caes. 40: fasti publici, Treb. Poll. Gallien. 15, 2: dah. in fastos referre, Suet. Aug. 100, 3; Tib. 5. – per memores fastus, Hor. carm. 3, 17, 4 u. 4, 14, 4: fastos evolvere mundi, Hor. sat. 1, 3, 112. – Nach diesem verbesserten Kalender hat Ovid sein Fasti (**Festkalender)** betiteltes Gedicht abgefasst, aber nur die ersten sechs Monate beschrieben. – Erhalten haben sich einige Exemplare dieser fasti, die sogenannten Fasti Maffeiani, abgedruckt im CIL 1^2. p. 222 ff., u. die sogen. Fasti Praenestini (geordnet u. zum Teil erklärt u. zu Präneste aufgestellt von dem berühmten Grammatiker Verrius Flaccus, s. Suet. gr. 17), abgedruckt mit anderen Calendariis im CIL 1^2. p. 230 ff. – Verschieden von diesen fasti sind die fasti consulares od. Capitolini, ein fortlaufendes Verzeichnis der jährlichen höchsten Magistrate (d. h. der Konsuln, Diktatoren mit den Magistri Equitum u. der Zensoren), Cic. ep. 5, 12, 5; ad Att. 8, 4, 3; Sest. 14, 33. Liv. 9, 18, 12. Hor. ep. 2, 1, 48, noch erhalten u. abgedruckt im CIL 1^2. p. 81 ff. – ► Akk. Plur. nach der 4. Deklin. fastus, Varro fr. bei Prisc. 6, 72. Hor. carm. 3, 17, 4 u. 4, 14, 4. Col. 9, 14, 12. Sen. de ira 1, 21, 3. Lucan. 5, 384. Sil. 2, 10. Claud. IV cons. Hon. 155: Abl. fastibus, Lucan. 10, 187.

3. fāstūs, uum, *m. plur.*, s. 2. fāstus ►.

Fāta, ae, *f.* (Nbf. von fatum), die **Schicksalsgöttin, Parze,** Abl. Plur. Fatabus, CIL 5, 4209 u. 5005.

fātālis, e (fatum), **zum Schicksal-, zum Verhängnis gehörig, Schicksals-, I** im Allg., u. zwar sowohl **a** v. dem, was das Schicksal bestimmt = **vom Schicksal bestimmt, -beschlossen, -verhängt, -erkoren, durchs Schicksal-, durchs Verhängnis herbeigeführt,** res (Plur.), Varro LL.: illa fatalis necessitas, quam εἱμαρμένην dicitis, Cic.: terminus f., Liv.: casus, Cic.: mors, natürlicher Tod, Vell. u. Plin. ep.: quando fatalis et meus dies veniet, euphem. v. Todestag, Tac. dial. 13: u. so hora, Schicksalsstunde = Todesstunde, Suet.; vgl. si quid fatale (ein Schicksal, euphemist. = der Tod) mihi contigerit, Spart. – m. *ad* u. Akk., annus ad interitum huius urbis fatalis, Cic.: fatalis dux ad excidium illius urbis, Liv. – unpers., m. folg. *ut* u. Konj., fatale sibi, ut coniugum flagitia ferret, Tac. – als **b** von dem, woran das Schicksal jmds. od. eines Ortes geknüpft ist, **verhängnisvoll, -reich,** virga, Verg.: stamina, Ov.: pignora, v. Palladium, Ov.: glaeba, Ov.: bellum, Cic.: libri, Schicksalsbücher (v. den sibyllin. Büchern), Liv.: carminis Euboici f. verba, Ov.: deae, Schicksalsgöttinnen (v. den Parzen), Ov. – **c** subst., **α** fātālēs, ium, *m.* = mortales, **die dem Schicksal unterworfenen Sterblichen,** CIL 14, 2553. – **β** fātāle is, *n.* = fatum, das **Verhängnis, Schicksal,** in malum familiae nostrae fatale revolvimur, Sen. suas. 3. 2. – **II** insbes., im üblen Sinne, wie **verhängnisvoll = Verderben bringend, verderblich, tödlich,** vincula, Lucr.: lignum, aurum, Ov.: monstrum, Hor.: iudex, Hor.

fātālitās, ātis, *f.* (fatalis), die **Bestimmung durchs Verhängnis,** Cod. Iust. 4, 66, 1.

fātāliter, *Adv.* (fatalis), **dem Verhängnis gemäß, vom Geschick verhängt,** definitum esse, Cic.: mori, eines natürlichen Todes sterben, Eutr.: mansit Celso velut fataliter etiam pro Othone fides integra et infelix, Tac.

fateor, fassus sum, ērī (zu fari, φατίζω), **I bekennen, gestehen, einräumen, zugeben,** (Ggstz. infitias ire, infitiari, negare), verum, Curt. (u. bes. parenthet. si verum fateri volumus, Cic. u. Curt.): culpam suam, Quint.: peccatum, Hor. u. Liv.: haec ego non ferro non igne coactus fatebor, Prop. – m. *de* u. Abl., de facto turpi aliquo, Cic.: de se, Liv. u. Curt. – m. dopp. *Acc.*, eum (Iovem) ipsi lapides hominem fatebuntur, Lact. 1, 11, 28: fassus huius se spectaculi debitorem, Sen. contr. 1, 1. § 11. – m. *Acc.* u. *Infin.*, et me despexe (despexisse) ad te per impluvium tuom fateor, Plaut.: si quis se amici causā fecisse fateatur, Cic.: fatetur se peccasse, Curt.: quam ob rem fateor atque etiam profiteor et prae me fero te ex illa crudeli actione meo consilio esse depulsum, Cic. – m. folg. indir. Fragesatz, quae deinde agitet fortuna, fateri (hortor), Verg.: boni medici est fateri, quantus in hac ipsa metus sit, Cels. – absol., si fateris (Ggstz. si negas), Cic.: in fatendo lenis et summissa (vox), Quint.: ad fatendum impulsus, Quint.: ignosce fatenti, Tibull.: da veniam fasso, Ov. – parenthet., fateor, Komik. u. Ov.: nam fateor, Ov.: fatebor enim, denn ich will es nur gestehen, Verg. – **II** übtr., **zu erkennen geben, bekennen, beurkunden, an den Tag legen, verraten,** iram vultu, Ov.: animum, Ov.: se suasque flammas, Ov.: arenas, Plin.: motum vitalem, Plin.: modus fatendi, der Indikativ, Varro u. Quint. – m. folg. *Acc.* u. *Infin.*, plures invenias, qui dialecticae similem (esse) quam qui rhetoricae fateantur hanc artem, Quint.: ultro omnes laeti instigant meritamque (esse) fatentur, Val. Flacc.: nil oriturum alias nil ortum tale fatentes (arae), Hor.: et iam ipse hominum color ab alio venire (eos) caelo fatebatur, Flor. – m. folg. indir. Fragesatz, Flor. 2, 6, 39. Iuven. 10, 172. – ► Passiv, qui (ager) publicus esse fateatur, Cic. de lege agr. 2, 57: vulgo fatebitur (wird man einräumen müssen) utique minorem (fundum) eum legasse, si etc., Ulp. dig. 30, 39. § 6. – Parag. Infin. faterier, Hor. ep. 2, 2, 148.

fatēsco, s. fatīsco.

fatibula = fabula, Suet. fr. p. 10, 4 Reiff.

fāticanus u. **fāticinus**, a, um (fatum u. cano), **weissagerisch,** Ov. met. 9, 418 u. 15, 436.

fātidicus, a, um (fatum u. dico), **weissagend,** vates, Verg.: anus, Cic.: puella, Suet.: numen, Plin. ep.: deus, v. Apollo, Ov.: augurium, Plin.: libri, Weissagebücher, Suet. u. Augustin. – subst., fātidicus, ī, *m.*, der **Weissager,** Varro LL. u. Cic.

fātifer, fera, ferum (fatum u. fero), **den Tod bringend, tödlich,** arcus, Verg. u. Sil.: ensis, Verg. u. Ov.: ferrum, Ov.: dextra, Sil.

fatīgābilis, e (fatigo), **ermüdlich,** fatigabilis ascensu scalarum, Tert. de anim. 32.

fatīgātio, ōnis, *f.* (fatigo), **I** die **Ermüdung, ermüdende Anstrengung,** alcis, Quint. u. Tac.: animi, Cels.: cum fatigatione equorum atque hominum, Liv.: omnes fatigatione continuati laboris affecti, Curt.: fatigatio corpora afficit (greift an), Quint.: bilem maxime movet (nimmt in Anspruch) fatigatio, Sen.: dolore et fatigatione deficere (nicht weiterreden können), Quint.: fatigationem vitare, Cels.: Plur., adsiduis animi fatigationibus aestuantes, Firm. math. 3, 5, 16. – **II** das Zusetzen mit Worten, das **Aufziehen,** die **Neckerei** (griech. σκῶμμα), verbi fat., Aur. Vict. epit. 38, 7: bl. fat., Eutr. 9, 19. Sidon. epist. 1, 8, 1 (Plur.). Sulp. Sev. dial. 1, 4, 5.

fatīgātōrius, a, um (fatigo), **stichelnd, pikant,** verba, Sidon. epist. 5, 17, 5.

fatīgo, āvī, ātum, āre (viell. verwandt mit *fatis, wov. affatim), **abtrei-**

ben, abtummeln, abhetzen, abmühen, ermüden, mürbe machen, **I** eig.: **A** körperl.: **α** *act.*: cervos iaculo cursuque, Verg.: equos, Verg.: iuvencum terga hastā, Verg. – armenta sole, Verg.: in iactando membra, Lucr.: se atroci pugnā, Liv. – poet., dentem in dente, Ov.: dextram osculis, abküssen, Tac.: arma, unablässig führen, Val. Flacc.: sonitu vicina, v. Fluss, Ov.: silvas, unablässig durchjagen, Verg. – diem noctemque remigio, Verg. – absol., amoenum iter, etiamsi amplioris spatii est, minus fatigat, quam etc., Quint. – **β** *pass.*: neque insomniis neque labore fatigari, Sall.: itinere, magno aestu fatigati, Caes.: fatigati stando, Liv.: boves fatigati, Hor. – **B** geistig: haec brevior via discentem non per ambages fatigabit, Quint.: ipse sibi parcat, ne fortunam suam nimis onerando fatiget, Iustin. – poet., f. noctes de alqo, die Nächte unter Kummer hinbringen, sich absorgen, Prop. – **II** übtr., jmd. gleichs. abtreiben, = jmdm. **zu schaffen machen, zusetzen, keine Ruhe lassen,** ihn **heimsuchen,** **A** körperl.: **α** *act.*: Creta per triennium Romanos exercitus fatigaverat, Vell.: lolium tribulique fatigant triticeas messes, Ov. – absol., nihil aeque quam inopia aquae fatigabat, Tac. – **β** *pass.*: postquam provecta iam senectus aegro et corpore fatigabatur, zu kämpfen hatte mit usw., Tac.: non amplius quam triduum fame fatigatus, gequält, Nep.: verberibus, tormentis, igni fatigati, Cic. – **B** geistig: **1** im Allg.: animum, Sall.: se, Sall.: qui punit aliquem aut verbis fatigat, mit W. heimsucht, zusetzt, zurückweist, Cic.: mare terrasque metu, Verg. – **2** insbes., jmdm. mit Worten zusetzen, d. i. **a** **unablässig antreiben,** socios, Verg.: Martem, zum Kampf drängen, Verg. – **b** bitt-, gesuchsweise **unablässig angehen, bestürmen,** alqm precibus, Liv. 1, 11, 2: alqm per aliquot dies precibus, Liv. 9, 20, 3: Vestam prece, Hor. carm. 1, 2, 26. – **c** scherzend zusetzen, **aufziehen, necken, zum Besten haben,** Sulp. Sev. dial. 1, 5, 2: fatigari argutiis, Sidon. epist. 6, 2, 2: m. *Genet.* (wegen), qui nullam occasionem omittis, quin nos edacitatis fatiges, Sulp. Sev. dial. 1, 4, 6.

fātilegus, a, um (fatum u. lego), **den Tod auflesend, -sammelnd,** Lucan. 9, 821.

fātiloquium, iī, *n.* (fatiloquus), die **Schicksalsverkündigung, Weissagung,** Sibyllae fatiloquia, Apul. de deo Socr. 7.

fātiloquus, a, um (fatum u. loqui), **das Schicksal verkündigend, weissagend,** subst. *m.* = der **Weissager,** *f.* = die **Weissagerin,** Cretensis Epimenides, inclitus fatiloquus, Apul. flor. 15. p. 19, 4 Kr.: Carmenta mater, … quam fatiloquam miratae eae gentes fuerant, Liv. 1, 7, 8.

fatim, s. *fatis.

fātio, ōnis, *f.* (fari), das **Sprechen,** Prisc. part. XII vers. Aen. 6. § 117.

fātior, s. fārior.

***fatis,** is, *f.*, wov. Akk. **fatim, zur Genüge,** Serv. Verg. Aen. 1, 121. Gloss. V, 455, 58. – ► Plaut. Men. 91 u. Poen. 3, 1, 31 Brix ad fatim (bis zur Übersättigung), andere affatim (w. vgl.).

fatīsco, ere, und *Depon.* **fatīscor,** īscī (zu fatīgo und ad-fatim), **I** **auseinandergehen, lechzen, Risse bekommen, zerfallen,** fatiscit area, Verg.: f. tellus, zerfällt, Verg.: f. ianua, öffnet sich, Tibull. – *Depon.* b. Lucr. 5, 308. – **II** übtr., **ermatten, erschöpft werden, sich erschöpfen,** ovis fatiscit, Col.: solum segetibus fatiscit, Col.: seditio fatiscit, legt sich, Tac.: dum copiā fatiscunt, der Menge der Fälle erliegen, Tac.: fatiscens aetas, Sulp. Sev. epist. 3, 13. – *Depon.*, Lucr. 3, 458. Varro b. Non. 479, 13. Fronto de bell. Parth. *in.* p. 217, 2 N.; princ. hist. p. 207, 7 N.: numquam fatiscar m. folg. *Infin.*, Pacuv. tr. 154: haut fatiscar m. folg. *quin* u. Konj., Acc. tr. 330.

1. **fātor,** ōris, *m.* (fari), der **Sprecher,** Prisc. part. XII vers. Aen. 6. § 116.

2. **fātor,** ārī (*Intens.* v. fari), wieder u. wieder **sagen,** Paul. ex Fest. 88, 11.

1. **fatua,** ae, *f.*, s. 1. fatuus.

2. **Fātua,** s. 2. Fātuus

Fātuclus, s. 2. Fātuus.

fatuē, *Adv.* (fatuus), **albern, ungereimt,** Tert. adv. Herm. 10 *in.*; de pat. 6 u. a. Eccl.

Fātuēlus, s. 2. Fātuus.

fatuina rosa, ae, *f.*, die **Päonie,** Ps. Apul. herb. 64.

fatuitās, ātis, *f.* (fatuus) = μωρία (Gloss.), die **Albernheit, Einfalt,** Cic. de inv. 2, 99. Apul. de dogm. Plat. 2, 4. Firm. math. 8, 19, 2. Vulg. prov. 16, 22 u. a. Paul. ex Fest. 68, 2.

fātum, ī, *n.* (for, fari), der **Ausspruch,** **I** der **Götterspruch,** der **Weissagespruch,** die **Weissagung,** fata Sibyllina, Cic.: fata, quae Veientes scripta haberent, Cic.: fata implere, Liv. – **II** prägn.: **A** die durch das ewige Gesetz der Natur unwiderruflich festgesetzte **Weltordnung,** Cic. de div. 1, 125. Sen. nat. qu. 2, 36, 1. – u. dah. **B** das durch die unabänderliche Weltordnung vorherbestimmte, verhängte **Lebensschicksal, Lebenslos** der Menschen, die **Bestimmung,** das **Geschick,** die **Schickung,** das **Verhängnis,** griech. εἱμαρμένη u. μοῖρα, **1** im Allg.: fato rerum prudentia maior, Verg.: omnia fato fieri, Cic.: sic erat in fatis, so stand es im Buch des Schicksals geschrieben, Ov. – fatum mihi instat triste, Hor.: bona peractis iungite fata, Hor.: fatorum novorum exempla transi, Iuven.: Ilio tria fuisse fata, Plaut. – pro captu habent sua fata libelli, Ter. Maur. 1286. – alci fatum est m. folg. *Infin.*, Cic. de fat. 5 u. 28. Sall. Cat. 47, 2: u. alcis fatum est m. Infin., Hyg. fab. 125. p. 108, 11 Schm.: sunt et mea contra fata mihi m. folg. *Infin.*, Verg. Aen. 9, 137. – alcis od. alci fatum est m. folg. *Acc.* u. *Infin.*, Cic. de div. 2, 20 Hyg. fab. 54 *in.* – alci fatum est m. folg. *ut* u. Konj., Hyg. fab. 63 *in.*: fuit hoc sive meum sive rei publicae fatum, *ut* etc., Cic. Balb. 58: si fata fuissent, *ut* caderem, Verg. Aen. 2, 433: fuit eius fati, *ut* etc., Capit. Ver. 8, 1: esse in fatis, *ut* etc., Suet. Vesp. 4, 5. – Zuw. v. dem verhängnisvollen **Beschluss, Willen** der Gottheit, sic fata Iovis poscunt, Verg.: huic fato divûm proles virilis nulla fuit, Verg. – meton., von dem, was jmds. Geschick bestimmt, entscheidet, Plaut. Bacch. 953. Iustin. 20, 1, 16. – personif., Fata, die **Schicksalsgöttinnen,** die **Parzen,** Prop. 4, 7, 51. Stat. silv. 5, 1, 259; Theb. 8, 26. Claud. in Ruf. 1, 176. Iuven. 10, 252. Fronto de nepot. amiss. p. 233, 7 N. Gell. 3, 16, 9. Fulg. myth. 1, 7. CIL 2, 3727. – **2** insbes.: **a** die **Bestimmung** = das natürliche, bestimmte Lebensziel, Zeit u. Stunde, zum Sterben, eintretender **Tod,** omen fati, Ahnung seines Todes, Cic. Phil. 9, 9: maturius exstingui vulnere vestro quam fato suo, Cic.: fato cedere, Liv., od. concedere, Plin. pan., aus dem Leben scheiden, sterben: magnis concedere fatis, Val. Flacc.: in fatum concedere, ICt.: fato fungi, seine B. vollenden, aus dem Leben scheiden, sterben, Val. Max. u. Quint.: u. so fato suo fungi, Ov.: fato perfungi, Liv. u. Tac.: so auch fato obire, Tac.: finem vitae sponte an fato implevit, Tac.: fata proferre, das Leben verlängern, Verg. – meton., die **Asche** des verbrannten Leichnams, Prop. 1, 17, 11. – **b** emphat., das **Geschick** = das **Missgeschick, Verderben,** gewaltsamer **Tod,** impendet fatum aliquod, Cic.: urbs ex faucibus fati erepta, Cic.: fata celerrima, Verg.: fata sera, Hor.: – meton., wie **Verderben,** v. Verderben bereitenden Personen, duo illa rei publicae paene fata (Gabinius et Piso), Cic. Sest. 93. – Nbf. fatus, s. fātus *no.* II.

1. **fatuor,** ārī, (1. fatuus) **albern-, einfältig schwatzen,** tu desine fatuari, Sen. apoc. 7, 1.

2. **fātuor,** ārī (2. Fātuus), **begeistert sein,** Iustin. 43, 1, 8. Serv. Verg. Aen. 3, 443.

fātus, ūs, *m.* (for), **I** das **Reden,** die **Worte,** claudere fatibus orsa, Mart. Cap. 7. § 802. – insbes. die **Weissagung,** das **Orakel,** Deliaco fatu, Mart. Cap. 1 § 24: ficta fatu, falsche Orakel, Sidon. epist. 9, 13, 5. *v.* 104: Plur., Apollinis fatus, Mart. Cap. 1. § 23: promite secretos fatus, Prud. apoth. 594. – **II** = fatum, das **Schicksal,** Petron. 42, 5; 71, 1 u. 77, 3. Amm. 23, 5, 8. CIL 3, 1854 u. 3196; 6, 10127 u. 6, 22102.

1. **fatuus,** a, um (zu cōnfūto), **I** **albern = einfältig, blödsinnig, narrenhaft,** von Natur od. im Benehmen, **a** v. Pers.: puer fatuus, Cic.: monitor non fatuus, Cic.: qui futuri sunt posthac stulti, stolidi, fatui, Plaut.: fatuus est, insulsus, tardus, Ter.: fatuus et amens es, Cic. – subst., **α** ein **alberner Mensch** im Benehmen, ein **Narr,** Catull. 83, 2. Iuven. 9, 8. – **β** fatuus, ī, *m.* u. fatua, ae, *f.*, der, die **Blödsinnige** von Natur, der **Narr,** die **Närrin,** wie sie röm. Große sich zur Kurzweil hielten, Sen. ep. 50, 2. Lampr. Comm. 4, 3. – **b** v. Lebl., **albern, fade, verkehrt,** primas illas rabiosulas (litteras) sat fatuas

dedisti, deine ersten Briefe mit ihrem tollen Heimweh haben des Verkehrten genug enthalten, Cic. ep. 7, 16, 1: mimico genere fatuam sententiam dixit, Sen. contr. 7, 5 (20), 15: lege libros omnes propheticos, non intellecto Christo, quid tam insipidum et fatuum invenies? Augustin. in euang. Ioann. tract. 9. § 3: poet., bipennis insulsa et fatua, Iuven. 6, 658. – **II** übtr., dem Geschmack nach **fade** = geschmacklos, beta, Mart.: placenta, Mart.: sal, taubes, Eccl.: si fatuum exierit, Apic.

2. Fātuus, ī, *m.* (for), der **Weissager,** mythischer Name des Faunus (s. Faunus) als weissagender Wald- u. Feldgott, u. **Fātua**, ae, *f.*, die **Weissagerin,** dessen Tochter od. Gemahlin Fauna (s. Fauna), Varro LL. 6, 55. Labeo b. Macr. sat. 1, 12, 21. Iustin. 43, 1, 8. Lact. 1, 22, 9. Arnob. 5, 18. Serv. Verg. Aen. 7, 47; 8, 314. – Nbf. Fatuclus, ī, *m.*, Serv. Verg. Aen. 6, 776; 7, 47 *codd.* (Vulg. Fatuelus). – Von beiden stammten Fatui u. Fatuae, weissagende Feldgötter, Mart. Cap. 2. § 167. Im Picenischen hielt man die Fatui für böse Geister, die den Frauen Alpdrücken usw. verursachten, s. Plin. 27, 107.

faucillo, s. focilo.

Fauna, ae, *f.* (Faunus), die Tochter (nach anderen die Gemahlin) des Faunus, für identisch erklärt mit Bona Dea (s. d.), Macr. sat. 1, 12, 21. Lact. 1, 22, 9. Serv. Verg. Aen. 7, 47.

Faunālia, s. Faunus a. E.

Faunigena, ae, *m.* (Faunus u. geno = gigno), **von Faunus abstammend,** ein **Sohn des Faunus,** v. Latinus, Ov. met. 14, 449. – dah. Faunigenae, ārum, *m.*, die **Abkömmlinge des Faunus** = die Bewohner von Latium, Sil. 8, 357.

Faunius, s. Faunus a. E.

Faunus, ī, *m.* (faveo), ein uralter König in Latium, Sohn des Pikus, Enkel des Saturnus u. Vater des Latinus, Verg. Aen. 7, 48, der seine Untertanen den Ackerbau und Gesittung lehrte, nach seinem Tod als weissagender Feld- u. Waldgott verehrt, in dessen Hain (s. Albunea) Orakel durch Inkubation erteilt wurden, Lact. 1, 22, 9. Verg. Aen. 7, 81. Ov. fast. 4, 653. Calp. ecl. 1, 13. – Später wurde er mit dem arkadischen Pan (Lupercus) vermengt, sowie die mit der Fauna od. Fatua erzeugten Feldgötter, Fauni, mit den griech. Panen und Panisken identifiziert wurden, Hor. carm. 1, 17, 2. Prop. 4, 2, 34. Ov. fast. 2, 424; u. die Fauni, Ov. met. 1, 193; 6, 392. – Dav.: **A** **Faunālia**, ium, *n.*, das dem Faunus zu Ehren an den Nonen des Dezember gefeierte **Fest,** nach Acro u. Porphyr. Hor. carm. 3, 18, 10. – **B** **Faunius,** a, um, **faunisch,** versus (= Saturnius versus), Mar. Victorin. art. gr. 3, 18, 1. p. 139, 1 K.: u. so modi, Placid. gloss. V, 22, 8.

faustē, *Adv.* (faustus), **günstig,** ut eis hominibus ... ea res fauste feliciter prospereque eveniret, Cic. Mur. 1.

Faustiānus, a, um (Faustius), **faustianisch,** ager, vinum, Plin. 14, 62 *sq.* – subst. Plur., Faustiānī, ōrum, Anhänger des Faustius, Varro LL. 9, 71.

Faustīnus, -īna, -īniānus, s. faustus *no.* II.

Faustitās, ātis, *f.* (faustus), der **günstige Zustand,** die **Glückseligkeit,** als Gottheit = die personifizierte **Fruchtbarkeit** der Fluren, Hor. carm. 4, 5, 18.

Faustulus, ī, *m.* (faustus, also = der Günstige, Heilbringende, Retter), der Sage nach Hirt des albanischen Königs Amulius, der die ausgesetzten Brüder Romulus und Remus rettete und mit seiner Gattin Acca Larentia (s. d.) erzog, Varro r. r. 2, 1, 9. Liv. 1, 4, 7. Ov. fast. 3, 56.

faustus, a, um (aus favestus zu faveo), **I** **günstig = glücklich,** bes. **von günstiger Vorbedeutung, Glück bringend,** tempus, Lucr.: exitus felix faustusque, Lucr.: omen, Liv.: dies faustus alci, Cic.: dies faustus et felix, Ter. Vgl. die Formeln unter bonus *no.* I, A, 2 a. E. – **II** *nom. propr.*, **Faustus**, ein röm. Beiname, unter dem bes. bekannt ist: L. Corn. Sulla Faustus, der Sohn des Diktators Sulla, Cic. Clu. 94. – Fausta, die Tochter Sullas, Gemahlin des Milo, Cic. ad Att. 5, 8, 2; vgl. Bentley Hor. sat. 1, 2, 64. – Dav. **Faustīnus**, a, um, **faustinisch,** Varro LL. 9, 71: u. subst. **Faustīna**, ae, *f.*, Name der Gemahlin des Antoninus Pius, Capit. Anton. Pius 1, 6 u. 10, 2: der Tochter derselben, der Gemahlin des Antoninus Philos., Capit. Anton. Phil. 6, 6 u. 10, 2; von Faustina wieder abgel.: **Faustīniānus**, a, um, **faustinianisch, der Faustina,** Capit. Anton. Pius 8, 2 u. Anton. Phil. 26, 6.

fautor, ōris, *m.* (faveo, urspr. favitor, wie noch b. Lucil. 902. Auct. prol. Plaut. Amph. 78. Iul. Val. 2, 17 *ed. Paris.* Serv. Verg. Aen. 6, 817), der **Gönner,** der einer Person od. Sache gewogen ist und sie begünstigt, der **tätige Beförderer, Begünstiger,** bonorum, nobilitatis, Cic.: laudis, Cic. – absol., bes. der gedungene Beifallklatscher, Plaut., Hor. u. Suet.

fautrīx, trīcis, *f.* (Femin. zu fautor), die **Gönnerin,** attrib. = **gewogen, günstig,** Thais nostrae omni est fautrix familiae, meint es gut mit usw., Ter.: naturam habuit fautricem in etc., die N. begünstigte ihn in usw., Nep.: regio suorum fautrix, Cic.

faux, faucis, *f.*, gew. Plur. faucēs, ium, *f.*, **I** eig., der **obere, engere Teil des Schlundes** (gula) neben dem Eingang der Kehle (iugulum), dann meton. der ganze **Schlund** od. die **Kehle** (Ggstz. stomachus, der untere, weitere Teil, nach Plin. 11, 179), im *Sing.* im *Nom.* (der von Varro LL. 10, 79 u. Charis. 93, 15 *sqq.* als ungebräuchlich bezeichnet wird) nur Cael. Aur. de morb. chron. 2, 11, 127 (arteria aspera [Luftröhre], quae etiam *faux* nuncupatur); u. im *Abl.*, os devoratum fauce cum haereret lupi, Phaedr.: arente fauce, Hor.: elisā fauce, Ov. – sitis urit fauces, Hor.: exscreare ex faucibus, aus dem Schlund, Hals, Plaut.: laqueo fauces innectere, erwürgen, Ov. – im Bild, fauce improbā incitatus, Fressbegierde, Phaedr.: cum inexplebiles populi fauces exaruerunt libertatis siti, Cic.: Catilina cum exercitu faucibus urguet, sitzt uns schon dicht auf dem Nacken, Sall.: cum faucibus premeretur, da ihm das Messer an der Kehle saß, Cic.; vgl. manifesto iam faucibus teneor, Plaut.: premit fauces defensionis tuae, erstickt die Verteidigung (= macht sie unmöglich), Cic.: eripite nos ex eorum faucibus, aus ihrem Rachen, Crass. b. Cic.: urbem ex belli ore ac faucibus ereptam esse, Cic. – **II** übtr., nur im Plur. fauces, **1** der **Schlund, Krater,** die **Höhle,** montis (Aetnae), Lucr.: patefactis terrae faucibus, Cic.: mediis Orci faucibus extractus, Apul.: ab Orci faucibus, quemadmodum dicitur, vindicari, Arnob.: aegre solus mediis Orci faucibus ad hunc evasi modum, Apul.: talis sese halitus atris faucibus effundens, Verg. – **2** der **Eingang, Zugang,** **a** übh.: portus, Caes.: portae, Liv.: macelli, Cic.: urbis, Flor.: Hadriani maris, Flor.: Averni, Orci, Verg.: in valle arta faucibus utrimque obsessis, Liv.: quam mox emittat pictis e faucibus (Schranken im Zirkus) currus, Enn. ann. 86. – u. die **Mündung** eines Gewässers, Verg. georg. 4, 427. Plin. 5, 54. Sil. 12, 127: ductus, die Einmündung der W., Frontin. aqu. 15. – **b** insbes., zu beiden Seiten des Tablinum gelegene Durchgänge zu dem größeren Peristyl, eine Art **Flur** (nach anderen weniger wahrsch. die »Hausflur«), Vitr. 6, 3, 6. – **3** der **Engpass, Pass, Hohlweg** (sofern er in eine geräumigere Gegend führt, hingegen angustiae als enger Durchgang), angustae, Liv.: artae, Tac., artissimae, Curt.: salti (= saltus), Acc. tr.: cavi montis, Flor.: Etruriae, Cic.: Epiri, Liv. Vgl. Garatoni Cic. Phil. 10, 4. p. 327 Wernsd. – Sing., nondum faucem obsedit, Augustin. serm. 387, 2. – **4** **Land-** od. **Meerenge,** **a** **Landenge,** Isthmi, Flor.: artae fauces (Isthmi), Liv.: Graeciae (bei Korinth), Cic.: Siciliam ferunt angustis quondam faucibus Italiae adhaesisse, Iustin.: tum paeninsula erat, occidentis regione artis faucibus cohaerens Acarnaniae, Liv. – **b** die **Meerenge,** der **Sund,** Abydi, Verg.: Hellesponti, Liv.: Bospori, Plin.: urbs ea in ora Oceani sita est, ubi primum e faucibus angustis panditur mare, Liv.

favea, ae, *f.*, (faveo), die begünstigte, vertraute Dienerin, die **Favorite,** Plaut. mil. 797 (viell. auch Iuven. 6, 354).

1. faventia, ae, *f.* (faveo), das **Günstigsein** (durch Schweigen; vgl. Paul. ex Fest. 88, 6), ominibus faustis augustam adhibeant faventiam = *faveant linguis,* Acc. tr. 510 *sq.*: so auch Cypr. ep. 37, 1.

2. Faventia ae, *f.*, Stadt im cispadanischen Gallien (im früheren Herzogtum Parma) am Anemo (j. *Lamone*), j. *Faënza,* bekannt durch Weinbau u. Verfertigung weißer Leinwand, Varro r. r. 1, 2, 7. Vell. 2, 28, 1. Sil. 8, 597. – Dav. **Faventīnus**, a, um, **faventinisch,** ager, Varro u. Col. – Plur. subst., Faventīnī, ōrum, *m.*, die Einw. von Faventia, die **Faventiner,** Plin.

faveo, fāvī, fautum, ēre (nach Bücheler Nbf. v. foveo), jmdm. od. einer Sache **geneigt-, günstig-, gewogen sein,** für jmd. od. etw. **eingenommen sein,** an jmd. **Anteil nehmen,** dah. auch jmd. od. etw. durch seine Gunst **fördern, befördern, begünstigen, unterstützen, I** im Allg. (Ggstz. alci invidere, alci infestum esse, alqm invisum habere, alqm odisse, alci adversari), **a** v. Gottheiten, Menschen u. deren Gesinnung, **α** m. Ang. **wem?** durch *Dat.*, u. zwar **αα** durch *Dat.* einer Person od. Partei, si tibi dei favent, Catull.: tu modo nascenti puero casta fave Lucina, Verg.: Bacche, fave vati, dum tua festa cano, Ov.: illi faveo virgini, Ter.: qui diligebant hunc, illi favebant, Cic.: faveas tu hosti? Cic.: favere et cupere Helvetiis, Caes.: populares Polyperchonti favebant, optimates cum Cassandro sentiebant, Nep.: fav. nobilitati, Cic.: fav. suis, Cic.: Sullanis partibus, Nep.: Sullae partibus, Vell.: favebam ego vapulanti, ich gönnte ihm die Schläge, Petron.: etsi non magis mihi faveo in nostra amicitia tuenda quam tibi, obgleich ich nicht so viel Eigenliebe besitze, mich für gewissenhafter in Erfüllung unserer Freundschaftspflichten zu halten, als dich, Cic.: unpers., ei praecipue favetur, Quint.: huic ita Romae fautum est a senatoribus, ut etc., Spart. – **ββ** m. Ang. **wem?** durch *Dat.* einer Sache, favere enim pietati fideique deos, Liv.: lenis ades precibusque meis fave, Ilithyia, Ov.: te praecipue, Capitoline Iuppiter, precor, ut beneficiis tuis faveas, dass du uns ferner d. W. gnädigst erweisest, Plin. pan.: pro paterno nostro hospitio faveo orationi tuae (leihe ich ein geneigtes Ohr), Liv.: favet verbis ipsa suis, leiht ein geneigtes Ohr, Ov.: meae gloriae faveo, ich bin eifersüchtig auf meinen R., Plin. ep.: faveo quoque laudibus istis, auch das L. ist mir angenehm, Ov.: fav. et rei publicae et dignitati ac gloriae alcis, Cic.: alcis laudi dignitatique, Cic.: alcis honori et dignitati semper favisse adiutoremque fuisse, Cic.: fav. alcis industriae gloriaeque, Cic.: Caesaris rebus, Caes.: fav. Catilinae inceptis, Sall.: nimis bello, Sall.: legi (Ggstz. adversari legi), Cic.: isti sententiae, Cic. – unpers., non modo non invidetur illi aetati, verum etiam favetur, Cic. – **β** m. *pro* u. Abl., od. m. *contra* od. *adversus* od. *in* u. Akk., hac pro parte, seine Sache begünstigen, ihm den Sieg wünschen, Ov. met. 5, 152. – ideo iam nunc contra istum librum faveo orationi, quam nuper in publicum dedi, daher gefällt mir schon jetzt jene Schrift nicht so gut als jene R. usw., Plin. ep.: qui Parthorum quoque contra Romanum nomen gloriae favent, den R. der P. dem r. N. gegenüber in Schutz nehmen, Liv.: quod turpissime contra eos faveret, gegen sie Partei nahm, Capit.: turba favens adversus studium suum, das eine andere Partei begünstigende Publikum, Suet.: ei in odium Alexandri plurimum favit, urteilte auf Kosten Alexanders sehr vorteilhaft über ihn, Capit. – **γ** m. folg. *ut* od. *ne* u. Konj., ut habeant de me crimina nulla, favet, Ov. ex Pont. 3, 2, 22: di faveant, ut etc., geben die G., gebe der Himmel, dass usw., Plin. ep. 6, 25, 5: faventibus cunctis, ut essent vera, quae facillima erant, indem alle begehrten, dass usw., Plin. 26, 13: faveo enim saeculo, ne sit sterile et effetum, ich gönne es unserem Z., dass es nicht usw., Plin. ep. 5, 17, 6. – **δ** m. folg. *Infin.* = **begehren,** spectare, Enn. ann. 419. – ebenso m. folg. *Acc.* u. *Infin.* = begehren, Ov. her. 6, 99; u. = nützen, Solin. 5, 26. – **ε** m. allg. *Acc.* (in Betreff): quod quidem ego favisse me tibi fateor, dich hierin durch Beifall bestärkt zu haben, Cic. Phil. 2, 21. – **ζ** absol.: dum favet nox et Venus, Hor.: Phoebe, fave, Tibull.: dii faveant, Curt.: faventibus diis, Suet.: multitudo audiens favet odit, Cic.: semper dignitatis iniquus iudex est, qui aut invidet aut favet, Cic.: iudices, ut faveant, rogamus, Quint.: invidi et faventes, Tac. dial. – **b** v. Tieren: faucibus russis cantu (Dat.), sich dem Krähen hingeben, krähen (v. Hahn), Enn. fr. scen. 219: voci, Töne von sich geben (v. einem Fisch), Ov.: operi, das Werk fördern (v. Bienen), Ov. – **c** v. personif. Lebl., m. *Dat.*, quorum honoribus agri ipsi prope dicam montesque faverunt, sahen mit Wohlgefallen auf usw., Cic. Planc. 20: altera (tellus) frumentis quoniam favet, altera Baccho (dem Wein), Verg.: nobis qui male favit, amor, Ov. – absol., hora conveniens auspiciumque favens, Ov.: ventis faventibus, Ov. **II** insbes.: **1** mit dem Mund, mit Herz u. Mund einer Handlung **sich hingeben,** dah. **stillsein, schweigen,** quisquis ades, linguā, vir mulierque, fave! Tibull.: favete linguis! hütet eure Zungen, Hor.: ore favete omnes, Verg.: linguis animisque od. animis linguisque favete! Ov.: mente favete pari atque aures advertite vestras, Sil. – absol., favete, adeste aequo animo et rem cognoscite, Ter.: celebrate faventes, Verg. **2 Beifall klatschen, Beifall spenden,** bes. v. Zuschauern, m. *Dat.*, alci, Liv. u. a.: equo, Ov.: panno, Plin. ep. – absol., turba faventium, Hor.: clamor, qualis ex insperato faventium (esse) solet, Liv.

favīlla, ae, *f.* (aus *fovilla v. foveo), die dünne, leicht verfliegende **Asche,** bes. wenn sie noch glimmt, die **Loderasche, Flugasche** (Ggstz. cinis, die gröbere Asche; vgl. Plin. 19, 19. Verg. Aen. 6, 226), Aetnaeae favillae, Amm.: favillae plenus, Ter.: favilla tepida, Ov. u. Suet.: moenia favillis oppleta, Amm.: in cinerem favillasque converti, Firm.: cineris usus et favillae, als Dünger, Col.: oculos tenui signare favillā, die Wimpern mit fein gestoßener Asche dunkel färben, Ov.: bei Dichtern oft von der noch glimmenden Totenasche (vgl. Plin. 19, 19), reliquias vino et bibulam lavēre favillam, Verg.: ibi tu calentem debitā sparges lacrimā favillam vatis amici, Hor.: mixta bibunt molles lacrimis unguenta favillae, Ov. – im Bild, haec est venturi prima favilla (der glühende Funke = der Ursprung) mali, Prop. 1, 9, 18: in favillam fumumque vanescere, in A. u. R. aufgehen (v. Hochmütigen), Augustin. epist. 48, 24: non eae portae quas hodie cernimus in favillam et cinerem dissolutas, in Asche gelegt, Hieron. epist. 108, 9. – übtr., favilla salis, ein Salzstäubchen, Plin. 31, 90.

favīllācius, a, um (favilla), **aschenähnlich, -artig,** Solin. 35, 8.

favīllāticus, a, um (favilla), **aschenartig,** Solin. 27, 45.

favīllātim, *Adv.* (favilla), **aschenartig,** Verec. in Cant. Habac. 27 (Pitra Spicil. Solesm. IV. p. 88 b, 26).

favīllēsco, ere (favilla), **wie Asche verfliegen,** bildl., Fulg. Verg. contin. p. 152 M.

favīsae (favissae), ārum, *f.*, unterirdische Tempelräume, Felsenkammern (Zisternen od. Stollen), in denen zerfallene Götterbilder u. andere unbrauchbar gewordene Heiligtümer aufbewahrt wurden, Gell. 2, 10, 1 *sqq.*; vgl. Paul. ex Fest. 88, 4 (wo favissae). Non. 112, 29. Placid. gloss. V, 22, 1 u. ö.

favisor, ōris, *m.* (faveo), der **Gönner,** Gell. 14, 3, 9. Apul. apol. 93. Symm. laud. in patr. 3. Iul. Val. 1, 13 u. 2, 4. Not. Tir. 82, 33.

favissae, s. favīsae.

favitor, ōris, *m.*, s. fautor.

favōnius, iī, *m.* (zu foveo), der **laue Westwind, Zephyr** (ζέφυρος), von dessen Wehen Mitte Februar man Frühlingsanfang rechnete, Varro r. r. 1, 28, 2. Sen. nat. qu. 5, 16, 5. Cic. Verr. 5, 27: iapyx sive favonius, Veget. mil. 4, 38. p. 155, 3 L.: hic favonius serenust, istic auster imbricus, Plaut. merc. 877: aura tepidi fecunda favoni, Catull. 64, 282: gratā vice veris et favoni, Hor. carm. 1, 4, 1: sub adventu spirantis lene favoni, Ov. met. 9, 661: patentibus fenestris favonios accipere, Plin. ep. 2, 17, 19. – Dav. **favōnius,** a, um, **leicht (wie der Westwind) auftauchend,** odium, Placid. gloss. V, 22, 13.

favor, ōris, *m.* (faveo), **I** die dem Begünstigten alles Gute wünschende u. seine Absichten befördernde Gunst, die **Geneigtheit, Gewogenheit, Anhänglichkeit, Hingebung, Vorliebe,** die **Begünstigung** (Ggstz. odium), m. subj. *Genet.*, hominum, Liv.: populi, Cic.: plebis, Liv.: m. obj. *Genet.*, sui, Iustin.: partium eius, Vell.: nominis, Liv.: m. *in* u. Akk., Liv. 45, 31, 3. Tac. ann. 15, 48; hist. 1, 53: m. *in* u. Abl., Vell. 2, 43, 3. – favor naturalis, Quint.: militaris, Liv. epit. u. Curt.: incertus, Iustin.: pravus, Phaedr. – amplecti alqm favore, Liv.: in favorem alcis venire, Sall.: favorem populi colligere, Vell.: favorem sociorum uberiorem adipisci, sich bei den B. weit beliebter machen, Val. Max.: favorem alci conciliare, jmd. beliebt machen, Liv.: in favorem ultionis Lysimachi, wegen der gern gesehenen Rache des L., Iustin. 17, 2, 6. – **II** insbes.: **a** die **Hingebung, Aufmerksamkeit, Andacht** bei einer relig. Handlung, pium praestare et mente et voce favorem, Ov. met. 15, 681. – **b** die **Gunstbezeigung,** der **Beifall,** den man einem Schauspieler u. übh. jmdm. zollt, plauditur et magno palma favore datur, Ov.: quod studium et quem favorem in scaenam attulit Panurgus? Cic.: cum etiam in panegyricis petatur audientium favor, Quint.: magno omnium favore, Suet.: cum gratulatione ac favore ingenti populi domum est reductus, Liv. 4, 24, 7.

favōrābilis, e, *Adi.* m. *Compar.* (favor), **I** Gunst habend = **begünstigt, beliebt, angenehm, willkommen** (Ggstz. invisus), res, Val. Max.: personae, Quint.: princeps, Amm.: facere alqm favorabilem, Plin. ep., apud alqm, Vell. (vgl. cuius reditum favorabilem opinio fecerat, Vell.): alqm gratum et favorabilem reddere, Sen.: nulli non favorabilis erit, si etc., Sen. rhet.: adiciunt magi suco totius (cichorii) cum oleo perunctos favorabiliores fieri, Plin.: libertas omnibus rebus favorabilior est, Ulp. dig. – m. *Abl.* (wodurch?), eloquio, Sen.: et aetate et iniuriā favorabilis et nominis maiestate, Flor. – **II** Gunst od. Beifall verschaffend = **einnehmend, gewinnend, empfehlend,** vultus, Val. Max.: oratio, Tac.: actio, Quint.: animi docilitas, Eutr.: id enim et favorabilius et tutius, Plin. ep.

favōrābiliter, *Adv.* (favorabilis), **mit Beifall,** Quint. u. a.: *Compar.* favorabilius, ICt.

Favōrīnus, ī, *m.*, gelehrter griechischer Philosoph u. Schriftsteller unter Hadrian, Gell. 1, 3, 27 u. a. Iul. Val. 1, 7 (13). p. 13, 2 K.

favus, ī, *m.*, die **Wachsscheibe, Wabe** im Bienenstock, insbes. die mit Honig angefüllte, die **Honigscheibe, Honigwabe,** der **Honigkuchen, I** eig.: candidus in medio favus est, Ov.: favi mellis, Ambros.: fingere favos, Cic.: melle complere favos, Tibull.: favos eximere, Varro, od. demetere, Col., die Waben ausbrechen = den Honig ausnehmen: poet., favos dilue Baccho, Honig, Verg. – sprichw., crescere tamquam favum, wie eine Wabe (= zusehends) sich vergrößern od. zunehmen, Petron. 43, 1 u. 76, 8. – **II** übtr., favi, **sechseckige Steinplatten, Sechsecke** im Pflaster, Vitr. 7, 1, 4.

fax, facis, *f.* (φά-ος, Licht), die **Fackel** (gew. ein Span von Kienholz od. anderem harzigen Holz od. ein mit einer Fettigkeit bestrichener Pfriemenkrautstengel), **I** eig. u. bildl.: **A** eig.: faces undique ex agris collectae, Liv.: faces incīdere, Fackeln schneiden, Plin.: ardentium facium iactatio, Lact.: zum Leuchten od. Vorleuchten bei Nacht, Varro r. r. u. a.: collucentibus facibus, Curt.: zum Vorleuchten bei Hochzeiten, dah. faces nuptiales, Cic.: maritae, Ov.: legitimae, Lucan. – bei Leichenbegängnissen, zum Vorleuchten, Verg., Sen. u. a., od. zum Anbrennen des Scheiterhaufens, Verg. u. a.: dah. fax funebris, Apul.: fax utraque (Hochzeits- u. Leichenfackel), Prop. – zum Brandstiften, faces incendere, Cic.: servi in tecta nostra cum facibus immissi, Cic.: ardentes faces in tecta iacĕre, Liv.: eius omnium incendiorum fax, Brandfackel (bildl., v. Antonius), Cic. Phil. 2, 48. – als Attribut des Cupido u. der Furien, Ov., Verg. u. a. – meton., prima fax (noctis) = die Zeit des Lichtanbrennens, der Beginn der Nacht (s. Macr. sat. 1, 3, 15), cum iam prima fax noctis coepisset, man anfing, Lichter anzubrennen, Gell.: post primam facem, Gell.: primā face, Apul. – **B** bildl.: **1** im Allg.: faces dicendi, flammende Beredsamkeit, Cic.: alci ad libidinem facem praeferre, jmdm. zur Wollust die Fackel vortragen = verleiten (das Bild vom Vorleuchten des Sklaven, wenn der Herr zur Geliebten ging), Cic.: facem bello praeferre, des Krieges Fackel entzünden, Tac.: facem quandam nascenti incendio subdere, Sulp. Sev.: affectibus nostris faces subdere, unsere Leidenschaften entzünden, Sen.: faces subdere studiis, Sen. rhet., ad studia dicendi, bei jmd. feurigen Eifer für die Beredsamkeit erregen, Quint.: dolor ardentes faces intentat, sucht mit brennender Glut heim, Cic.: cum quasi faces ei doloris admoverentur, wenn der Schm. ihn mit Flammengewalt ergriff, wie Feuer brannte, Cic.: dolorum cum admoventur faces, wenn der Schm., der wie Feuer brennt, naht, Cic. (vgl. Meißner Cic. Tusc. 2, 61). – **2** insbes.: = **a** die **Ursache, Anreizung** zum Bösen, v. Pers. = der **Anstifter, Urheber,** corporis faces, Anreizungen unserer sinnlichen Natur, Cic.: subicere faces invidiae alcis, Cic.: Sertorius belli f., Vell.: f. accusationis, Plin. ep.: f. irae, Lucr. – bei Spät. auch im guten Sinne = *stimulus,* fax mentis honestae gloria, Sil. 6, 332. – **b** das **Verderben,** die **Geißel,** fax et turbo sequentis saeculi, v. Antonius, Flor.: Gaius et Nero faces generis humani, Plin. – **II** übtr.: **1** = das **Licht** des Mondes usw., crescentem face Noctilucam, Hor.: f. Phoebi, vom Sonnenlicht, Cic. poët. – **2** faces = **feurige, schöne Augen,** Prop. u. a. – **3** eine **brennende Lufterscheinung,** als Feuerkugel od. Komet, faces caelestes od. caeli, Cic., od. bl. faces, Verg. u. Plin. – ► Genet. Plur. facium, Apul. met. 11, 9.

faxim, faxo, s. facio ►.

feber, brī, *m.*, Nbf. v. fiber, der **Biber,** Varro LL. 5, 79 Sp. Schol. Bern. Verg. georg. 1, 59.

febrārius, s. februārius.

febrēsco, ere (febris) **das Fieber bekommen,** Solin. 19, 16.

febribilis, e (febris) **leicht Fieber erzeugend,** Cael. Aur. de morb. chron. 4, 8, 112.

febricito, āvī, ātum, āre (febris), **im Fieber liegen, im fieberhaften Zustand sein, fiebern,** Sen., Cels. u. a.: ardor febricitantium, Fieberhitze, Gargil. Mart.

febricōsus, a, um (febris), **das Fieber habend,** Veget. mul. 1, 38.

febricula, ae, *f.* (*Demin.* v. febris), ein **leichtes Fieber,** ein **Fieberanfall,** ex labore in febriculam incīdere assiduam et satis molestam, Planc. in Cic. ep.: febricula incipit, Cic., instat, accessit, Cels.: febriculam habere, Cic.: lentis febriculis diu detineri, Cels.: de Atticae febricula valde dolui, Cic.

febriculentus, a, um (febris), **im fieberhaften Zustand befindlich,** Marc. Emp. 22.

febriculōsus, a, um (febricula), **I** passiv: **A mit dem Fieber behaftet,** Catull. 6, 4. – **B fieberhaft,** morbus, Gell. 20, 1, 27. – **II** aktiv = **Fieber erzeugend,** prunula, Fronto de or. p. 155, 19 N.

febrifugia, ae, *f.* (febris u. fugo), das Fieber vertreibend, das **Tausendgüldenkraut,** Ps. Apul. herb. 36.

febrio, īre (febris), **das Fieber haben,** Cels. u. a.

febris, is, Akk. em u. im, Abl. e u. ī, *f.* (st. ferbis, v. ferveo; vgl. Varro sat. Men. 33 ›appellamus a fervore febrim‹), das **Fieber,** tempus febris, Cels.: febrium ardor, Plin.: Plur. febres, Fieberanfälle (bei einer Person), Amm.: intentio febris, Cels.: remissio febris, Suet.: decessio od. decessus febris, Cels.: acuta (Ggstz. longa), Cels.: magna, Cels.: lenta, Cels.: sine febre esse, Cato: febrem nancisci, Suet.: in febrim subito incīdere, Cic.: ex partu in febres incīdere, Cels.: febre corripi, Plin.: febrim od. febrem habere, Cic.: in Achaia febrim habere coepisse, F. bekommen, Sen.: febri carere, Cic.: febre aestuare, Fieberhitze haben, Hieron.: Romam venisse cum febri, Cic.: febris accedit, decedit, intermittit, Cels.: febris crescit, increscit, augetur, Cels.: febris continuatur, Cels.: febris remittit od. se remittit, Cels.: ubi paulum remitti coeperat febris, Cels.: febris durat ultra inflammationis tempus, Cels.: cum febris instet, incipiat, augeatur, consistat, decedat, deinde in decessione consistat aut finiatur, Cels.: febris alqm relinquit, Spart. (vgl. quartana alqm relinquit, Cic. u. Hor.): febris manet, remanet, Cels.: febris revertitur, tertio quartove die revertitur, Cels.: febrim levare, abigere, discutere, Cels., depellere, Plin.: febrem curare, Cels. 3, 18: febrem vulneraque curare cantione, Mart. Cap. 9. § 926. – bildl., scio hoc febrim tibi esse, quia etc., du kriegst gewiss das Fieber, weil du usw., Plaut. Pseud. 643. – Febris personifiziert als Gottheit, mit drei Tempeln in Rom, deren bedeutendster auf dem Palatium in der Nähe des Velabrum, Cic. de nat. deor. 3, 63; de legg. 2, 28. Val. Max. 2, 5, 6. Plin. 2, 16.

februa, s. februus.

Februālis, s. Febrūlis.

februāmentum, ī, *n.* (februo), das (religiöse) **Reinigungsmittel, Sühnemittel,** Censor. 22, 14.

februārius (febrārius), a, um (februus, februo), **zur Reinigung gehörig; a** dah. mensis februarius u. bl. februārius, iī, *m.*, der Reinigungs-, der Sühnemonat, der **Februar,** weil in seiner zweiten Hälfte die Reinigung der Lebenden und die Sühnung der Abgeschiedenen vorgenommen wurde (vgl. Augustin. de civ. dei 7, 7), bis auf die Dezemvirn (450 v. Chr.) der letzte Monat im Jahr, von der Zeit an der zweite, Cic. u. a. – **b zum** Monat **Februar gehörig, Februar-,** Kalendae februariae, der erste Februar, Cic.: Nonae februariae, die Nonen des Februar = der 5. Febr., Cic.: Idus februariae, die Iden des Febr. = der 13. Febr., Cic.

Februāta, s. Febrūlis.

februātio, ōnis, *f.* (februo), die (religiöse) **Reinigung,** Varro LL. 6, 13.

Febrūlis u. **Februālis,** is, *f.* (februo), die **Reinigende,** ein Beiname der Juno, Paul. ex Fest. 85 (*in v.* Februarius), Mart. Cap. 2. § 149: dies. Februāta, ae, *f.*, Paul. ex Fest. 85, u. Febrūtis, is, *f.*, Arnob. 3, 30.

februo, (āvī), ātum, āre, **reinigen,** im religiösen Sinne **sühnen,** griech. φοιβάζω, Varro LL. 6, 34. Schol. Iuven. 2, 142. Paul. ex Fest. 85, 15 *sq.*: febr. liba, Varro vit. P. R. 1. fr. 18 (bei Non. 114, 22).

Febrūtis, s. Febrūlis.

februus, a, um, **reinigend,** im religiösen Sinne, nur subst., **I** februum, ī, *n.*, das »Reinigungsmittel«, Varro LL. 6, 13: Plur. b. Ov. fast. 2, 19; 4, 726. – dah. februa, ōrum, *n.*, ein jährliches **Reinigungsfest,** zu Ende des Jahres im Februar (denn dieser war ehemals der letzte Monat), Ov. fast. 5, 423. Vgl. sacrum purgatorium, quod vocant *Februm* (*al.* Februum), unde mensis nomen accepit, Augustin. de civ. dei 7, 7. – **II** Februus, ī, *m.*, ein etrurischer Gott der abgeschiedenen Seelen od. der Unterwelt, mit Pluto identifiziert, dem der Februar geweiht gewesen zu sein scheint, in dessen zweiter Hälfte das allgemeine Reinigungsfest begangen wurde (s. februārius), Macr. sat. 1, 13. § 3. Serv. Verg. georg. 1, 43.

fēciālis, s. fētiālis.

fēcinius, -cinus, s. faecinius.

fēcla, fēcula, s. faecula.

fēcundē, *Adv.* (fecundus), **fruchtbar,** *Compar.* b. Varro LL. 7, 2. Plin. 16, 163: *Superl.* b. Plin. 29, 94.

fēcunditās, ātis, *f.* (fecundus), die **Fruchtbarkeit, I** eig. (Ggstz. sterilitas), **a** lebender Wesen: **α** der Menschen, bes. der Frauen, m. subj. *Genet.*, mulieris, Cic. (vgl. femina expertae fecunditatis, Tac.): substitutae prolis, Vopisc.: absol., Plin. ep. u. a. – **β** der Tiere, bes. der weiblichen, equarum, Iustin.: fecunditatem alqā re elicere, Col. – **b** der Erde od. eines Landes, terrae, Auct. b. Hisp.: terrarum, Plin. pan.: aquarum inductionibus terris fecunditatem damus, Cic.: Codanovia ut fecunditate alias (insulas) ita magnitudine antestat, Mela. – **c** des Geistes, volo se efferat in adulescente fecunditas, Cic.: u. so f. magna animi, Plin. – **d** personif., Fecunditas, als Göttin, Tac. ann. 15, 23. – **II** übtr., die **Fruchtbarkeit** = der **reiche Vorrat,** die **Fülle,** lactis, Plin.: Gallorum tantae fecunditatis iuventus fuit, ut etc., Iustin.

fēcundito, āre (*Intens.* v. fecundo), **fruchtbar machen,** CIL 6, 15270 (Laud. Turiae).

fēcundo, (āvī), ātum, āre (fecundus), **fruchtbar machen, befruchten,** terram, humum, Pallad. u. Claud.: ancilla sterilis per dei gratiam fecundata, Augustin. – m. *Abl.*, viridem Aegyptum nigrā arenā (v. Nil), Verg.: sanguine campos, Sil. – m. *Dat.* (für wen?), equinum pecus nostro iam fecundatur equitatui, Vopisc. Prob. 15, 6.

fēcundus, a, um, *PAdi.* m. *Compar.* u. *Superl.* (zu fētus), **fruchtbar, I fruchtbar = fruchttragend, ergiebig,** von der Erde u. v. Geschöpfen, **A** eig. u. bildl.: **1** eig.: seges, Cic.: uxor, Lucr.: virgo (Ggstz. sterilis), Sen.: coniunx, Hor.: uxor nimium fecunda, Sen. rhet.: lepus, trächtig, Hor.: terra fecundior, Cic. – mit obj. *Genet.*, tellus metallorum fecunda, Plin.: provincia annonae fecunda, Tac. – m. *Dat. Gerund.*, terra alte effossa generandis alendisque seminibus ferecundior fit, Quint. – m. *Abl.*, duplici fecunda consule mater, Claud. Prob. et Ol. cons. 203: Hispania principibus fecunda piis, Claud. laud. Ser. 55. – m. *in* u. Akk., Hispania in omnia frugum genera fecunda, fruchtbar an Fr. aller Art, Iustin. 44, 1, 4. – **2** bildl., **fruchtbar, ergiebig, reich,** Pericles, Cic.: ingenium, Plin.: ars fecundissima, Plin.: acerrima et fecundissima eorum studia, Tac. dial. – m. obj. *Genet.*, deterrimus quisque, quorum non alia regia fecundior exstitit, Tac.: saecula fecunda culpae, Hor. – m. *Abl.*, amor et melle et fellest fecundissimus, Plaut. cist. 69: gens inter accolas latrociniis fecunda, häufig Raubzüge bei den Nachbarn unternehmend, Tac. hist. 4, 50. – m. *in* u. Akk., fecundum in fraudes hominum genus, Sil. 2, 498. – **B** übtr., **in Fülle vorhanden, reichlich, unerschöpflich, ergiebig, voll,** quaestus, Cic.: calices, immer volle Becher, Hor.: fons, wasserreiche, Ov.: colles, Ov.: herba fecundior, Ov.: gens fecundissima, sehr reich an Früchten, Plin. – m. *Abl.*, nigris Meroë fecunda colonis, Lucan.: (specus) uberibus fecundus aquis, Ov. – m. obj. *Genet.*, Aemilium genus fecundum bonorum civium, Tac.: haec veri fecunda sacerdos, Sil. – **II fruchtbar = befruchtend,** Nilus, Plin.: fecundae verbera dextrae, die die Frauen befruchtenden Riemenschläge der luperci, Ov.

fēdus, s. haedus ►.

feilia, s. fīlia ►.

fel, fellis, *n.* (griech. χόλος, χολή, ahd. *galla*), **I** die **Gallenblase** mit der Galle, dann die **Galle** in der Gallenblase (während bilis die Galle als bloße Flüssigkeit), **A** im Allg.: **1** eig., fel gallinaceum, Cic.: taurinum, Cels.: bubulum, Pallad.: caprinum, Cels.: nigrum, Plin.: suffusi felle, Plin.: fel exedit corpus, Cels.: ex inferiore parte ei (iecinori) fel (Gallenblase) inhaeret, Cels. – Plur. fella, Ser. Samm. 179. 209 u. a. Tert. de cor. mil. 14 *extr.* Cael. Aur. acut. 3, 19, 188 u. a.: Genet. Plur. fellium, Cael. Aur. de sign. diaet. pass. 63. – **2** bildl., wie das deutsche **Galle, a** als Sinnbild der **Bitterkeit, Gehässigkeit,** corda felle sunt lita, Plaut.: omnia iam tristi tempora felle madent, Tibull.: iam gliscentis invidiae felle flagrantes, Apul.: in der Rede, plurimum fellis habere, Plin. ep. – **b** für **Zorn,** atrum fel, Verg. Aen. 8, 220: acri felle concaluit, Amm. 19, 12, 5. – **B** insbes., die **Galle der Schlangen** als schwer-, tödlich verwundendes Gift, **Schlangengift,** vipereo spicula felle linunt, Ov.: tela vipereo lurida felle, Ov.: dah. bildl., spicula (amoris) felle madent, triefen schwer von verwundendem Gift, Ov. – **II** übtr., fel terrae, **Erdgalle,** eine Pflanze, unser **offizineller Erdrauch** (*Fumaria* officinalis, L.), Plin. 25, 68.

fēlātor, s. fellātor.

fēlātris, fēlātrīx, s. fellātrīx.

Felena = Helena, CIL 1, 1501.

fēlēs (faelēs) u. **fēlis** (faelis), is, Genet. Plur. ium, *f.* (vgl. ahd. *bilih*, Bilch, Katze), **I** die **Katze,** Cic. Tusc. 5, 78. Plin. 6, 178 (Nom. felis); 10, 202. Ov. met. 5, 330. Phaedr. 2, 4, 4 (Nom. feles). – **II** der **Marder, Iltis,** der dem Federvieh nachstellt, Varro r. r. 3, 11, 3 u. 3, 12, 3 (Nom. faelis). Col. 8, 3, 6 u. 8, 15, 2 (Nom. feles). Nemes. cyn. 55. – übtr., v. einem Räuber, virginaria od. virginalis, Plaut. Pers. 751 (Nom. feles) u. rud. 748 (Nom. feles): pullaria, Auson. epigr. 65, 5. p. 213 Schenkl (Nom. feles). – ► Die Schreibung faelis bei Varro u. Cic. in den besten Hdschrn.

felicātus, s. fīlicātus.

Fēlīcio, ōnis, *m.* (felix), das **Glücksmännchen,** Petron. 67, 9.

fēlīcitās, ātis, *f.* (felix), **I** die **Fruchtbarkeit,** arboris, Fronto ad amic. 2, 7. p. 195, 8 N.: terrae, Plin. ep. 3, 19, 5: Babyloniae, Plin. 18, 170. – **II** übtr., das Beglücktsein, **a** die **glückliche Lage,** die **glücklichen Umstände,** der **glückliche Zustand,** das **glückliche Gedeihen,** das **Glück** (Ggstz. miseriae), Domitiae familiae peculiaris quaedam f., Vell.: f. imperii, Vell.: rei publicae, Suet.: vocis, glückliches Organ, Quint.: rarā temporum felicitate, unter der seltenen Gunst der Zeiten, Tac.: perpetuā quādam felicitate usus ille excessit e vita, Cic. – Plur., incredibiles felicitates, Cic.: nimiae felicitates, Vell.: bonae felicitates, Ter.: aliorum gaudiis et felicitatibus invidere, Arnob. – personif., Felicitas, das **Glück,** als Gottheit, die in der 5. Region Roms einen Tempel hatte, der unter Klaudius niederbrannte, Cic. Verr. 4, 4. Suet. Tib. 5. Plin. 34, 69. Augustin. de civ. dei 4, 18 u. 23. CIL 11, 1331: Felicitas publica, Acta fr. Arv. a. 60. Ian. 3. – **b** das **Glück,** der **glückliche Erfolg** bei Handlungen, Unternehmungen, bes. im Krieg (Ggstz. calamitas), f. Helvetiorum, Caes.: Caesaris, Flor.: prima f. interrogantis, Haupterfolg, Quint.: rerum gestarum, Caes.: diei, Vell.: decem annorum, Liv.: f. magna, Nep.: summa, Caes.: rara, Quint.: nec in Italia meliore felicitate usus, Iustin.: pari felicitate in ea re usus, Nep.: felicitatem fortiter ferre, Quint.: felix fuit, si potest ulla in scelere esse felicitas, Cic.

fēlīciter, *Adv.* (felix), **I fruchtbar,** illic veniunt felicius uvae, Verg. georg. 1, 54. – **II glücklich, glückselig, a** im Allg.: vivere, navigare, Cic.: nec tua, quam Pyrrhi, felicius ossa quiescant, Ov.: bella cum finitimis felicissime multa gerere, Cic. – **b** im Wunsch, Zuruf, **mit**

Glück, zum Glück, zum Heil, vade fortiter, vade feliciter, Sen.: quod mihi feliciter ac bene vortat, Enn. ann. 108: precatus sum, ut ea res mihi, populo plebique Romanae bene atque feliciter eveniret, Cic.: ego sum precatus, ut eis quoque hominibus ea res fauste, feliciter prospereque eveniret, Cic. – **c** **Glückauf! Glück u. Heil!** *feliciter* velim, Cic.: *feliciter* quod agis, Glück zu dem, was du unternimmst, Sen.; vgl. ut illi *feliciter!* optarent, Spart.: mit folg. *Dat.*, feliciter patruo! Heil dem usw.! Suet.: u. so victoriae Cimbricae feliciter! Glück u. Heil zum usw.! Flor.

fēlīcito, āre (felix), **glücklich machen, beglücken,** Donat. vit. Verg. 4.

felicōnēs, s. filicōnēs.

felicula, s. filicula.

1. fēlīneus, a, um (feles), **katzenartig, Katzen-,** oculi, Serv. Verg. georg. 3, 82.

2. fēlīneus, s. fellīneus.

fēlīnus, a, um (feles), **von Katzen, -Mardern,** stercus, Cels. 5, 18 *no.* 15.

fēlio, īre, (fēlēs), **schreien,** v. Panther, Suet. fr. 161. p. 247, 5 R. Anthol. Lat. 762, 50 (233, 50).

fēlis (faelis), s. fēlēs.

1. fēlīx, īcis (zu einer Wurzel **dhē-*, fruchtbar, Ertrag, vgl. fenus, fecundus), **I** **fruchtbar,** arbor, Liv.: ebenso rami, Verg. u. Tac.: regio, Ov.: Arabia, Plin. – **II** übtr.: **A** von dem, dem alles glückt = **glücklich, beglückt, vom Glück begünstigt** (Ggstz. miser), **1** im Allg.: vir, Cic.: saecula, Ov.: multi dubitavere fortior an felicior esset, Sall.: Sulla felicissimus omnium, Cic.: felicissimus pater (Ggstz. miserrimus), Val. Max. – felix, qui etc., Heil dem Manne, der usw., Boëth.: ita sim felix, als Beteuerungsformel, Prop. – mit *Genet.* (vgl. Fritzsche Hor. sat. 1, 9, 11), cerebri, Hor.: Vergilius beatus felixque gratiae, Plin.: rerum temporalium felix, Augustin. de civ. dei 2, 23. – mit *ad* u. Akk., ad casum fortunamque felix, Cic. Font. 43: poet. m. bl. *Acc.* (in), hic publica felix, privata minus, Claud. cons. Stil. 1, 29. – m. *Abl.*, recepto Caesare felix, Hor.: morte (suā) felix, Verg.: Praxiteles quoque marmore (in M.) felicior, Plin.: ingenium et operibus et operum praemiis felix, Liv. epit.: m. *Abl. Gerund.*, tam felix vobis corrumpendis fuit, bei eurer Verführung, Liv. 3, 17, 2: felix es talia diligenter cogitando, amando felicior et ideo eris felicissima consequendo, Augustin. ep. 267. – m. *in* u. Abl., sis felix, Caeli, sis in amore potens, Catull. 100, 8: m. *in* u. Abl. Gerund., in te retinendo Asia erat felicior, quam nos in deducendo, Cic. ad Q. fr. 1, 1, 10. § 30: si minus felices in diligendo fuissemus, Cic. de amic. 60. – m. *ab* u. Abl., ille Graecus ab omni laude (vom Standpunkt allseitiger Anerkennung) felicior, Cic. Brut. 63. – mit *Infin.*, felicior ungere tela manu, glücklicher, mit besserem Erfolg, Verg. Aen. 9, 772; vgl. Verg. georg. 1, 284. Sil. 11, 441; 13, 126. – Felix, der **Glückliche,** als Beiname, z. B. Sullas, Liv. 30, 45, 6. Plin. 7, 137: daher Plur. Felices, Sen. de clem. 1, 14, 2. – **2** insbes., **a** vom Glück begünstigt = **reich,** tam felix esses, Ov.: *felicis* (reichbegabten) quondam, nunc *pauperis* agri custodes, Tibull.: u. so rura felicia, Stat. – **b** **glücklich** = glücklich vonstatten gehend, -ablaufend, von glücklichem Erfolg, curatio, Cels.: seditio, Liv.: sententia, Ov.: facilitas, Quint.: sermo (Redeweise), Quint. – od. = glücklich geführt, -ausgeführt (vollbracht), -errungen, arma, Verg.: felicissimae victoriae, Vell.: felix eventu opus alcis, eine im Erfolg glückliche Tat jmds., Vell.: iam semel felix mendacium, mit Erfolg versuchte, erfolgreiche, Liv. – **B** aktiv, **glücklich,** **a** = **Glück bringend** od. **verheißend,** omen, Ov.: hostia, Verg.: sis felix tuis! Verg.: dah. die Formel quod bonum, faustum, felix fortunatumque sit! d. i. in Gottes Namen! Cic.; vgl. Plaut. trin. 40 *sq.* ut nobis haec habitatio bona fausta felix fortunataque evenat: so auch quod tibi mihique sit felix! Liv.: m. *Infin.*, felix esse (es sei ein Glück) mori, Lucan. 4, 520. – **b** **mit Heilkraft gesegnet,** malum (Apfel), Verg. georg. 2, 127. – **c** **freudebereitend, herzerfreuend, labend,** poma, Ov. met. 9, 92; 13, 719; 14, 627: vina, Fronto de fer. Als. p. 224, 19 N. – **d** **befruchtend,** limus, Verg. georg. 2, 188. – ► Abl. felici (adj.) u. felice (subst.).

2. felix, s. filix.

fellātor, ōris, *m.* (fello), der **Sauger,** im obszönen Sinne, Mart. 14, 74. CIL 4, 1825. – felator geschr., CIL 4, 1666 u. 1784.

fellātrīx, tricis, *f.* (Femin. zu fellator), die **Saugerin,** im obszönen Sinne, CIL 4, 1389 (wo felatrix) u. *ibid.* 4, 2292 (wo felatris).

fellebris, e (fello), **saugend,** Solin. 2, 33.

felleus, a, um (fel), **gallicht,** sudores, Plin. 26, 124: urina, Cael. Aur. de morb. chron. 3, 6, 81: im Bild, fell. cibus veritatis, Augustin. in psalm. 5, 15.

fellico, s. fellito.

fellicula, ae, *f.* (fel) = cholera *no.* II (s. d.), Isid. 4, 5, 4.

fellidūcus, a, um (fel u. duco), die **Galle abführend,** Cael. Aur. de morb. chron. 3, 4, 63.

fellifluus, a, um (fel u. fluo), **von Galle fließend,** Cael. Aur. de morb. acut. 3, 19, 188.

fellīneus, a, um (fel), **gallicht,** umores, Cael. Aur. de morb. chron. 4, 7, 92.

fellinōsus, a, um (fel), **gallsüchtig** = χολικός, Gloss. V, 456, 19 u. 500, 44.

fellito, āre (*Intens.* v. fello), **saugen,** Solin. 45, 17 M. Arnob. 2, 39 R.

fellītus, a, um (fel), **mit Galle versehen, voll Galle, gallicht,** sapor, Anthol. Lat. 876, 21 (279, 21): vinum, Augustin. serm. 254, 5: mustum, (Iuvenc.) fr. in deuter. 1170: oculi, Pelagon. veterin. 1. p. 16 (= 11 *Ihm*): übtr., sensus (Plur.), Cassiod. var. 1, 13, 2.

fello, āvī, āre, **saugen,** Varro sat. Men. 261 u. 476. Cael. Aur. de morb. acut. 2, 4, 21. – im obszönen Sinne, Mart. 2, 50, 1 u. a. – felo geschr. CIL 4, 2268. 2273. 2441 u. ö.

fellōsus, a, um (fel), **gallicht, voll Galle,** Cael. Aur. de morb. chron. 4, 6, 84 u. de morb. acut. 2, 14, 91.

fēlo, s. fello.

Felsina, ae, *f.*, s. Bonōnia *no.* I.

Feltria, ae, *f.*, Stadt in Rhätien, j. *Feltre* im Venetianischen, CIL 5, 2071 u. 4424. – Dav.: **A** **Feltriēnsis,** e, **feltriensisch,** ordo, CIL 5, 2068. – **B** **Feltrīnus,** a, um, **feltrinisch, von Feltria,** possessores, Cassiod. var. 5, 9 *lemm.*

fēmella, ae, *f.* (*Demin.* v. femina), das **Frauenzimmerchen,** Plur. b. Catull. 55, 7.

fēmellārius, iī, *m.* (femella), der **Weiberfreund, Schürzenjäger,** Isid. 10, 107.

femen, inis, *n.*, s. femur.

fēmina, ae, *f.* (eig. die »Säugende«, zu Wurzel **dhē(i)-*, säugen), dah. jedes Geschöpf weiblichen Geschlechts (Ggstz. mas), **I** eig.: **a** v. Menschen, die **Frau** (in Bezug auf das Geschlecht, während mulier die Frau, insofern sie das ständige Alter erreicht hat, mannbar ist, gleichviel ob verheiratet od. nicht), Cic. u. a.: femina Ligus, eine Ligurerin, Tac.: femina turba, weiblicher, Prob. – als Schimpfwort gegen einen weibischen Menschen, wie **Weib,** Curt. u. a. (s. Mützell Curt. 6, 11 [41], 3. Drak. Sil. 2, 361). – **b** v. Tieren, das **Weibchen,** Cic. u. a.: attrib., agnus f., Lex vet. bei Gell.: anguis f., Cic.: canis f., eine Hündin, Plaut. u. Varro: lupus f., Enn. fr.: porcus f., Cic. – **c** v. Pflanzen u. Edelsteinen, Plin. – **II** übtr.: **a** als gramm. *t. t.*, das **weibliche Geschlecht** (Ggstz. mas, masculinus), Quint. 1, 4, 24; 9, 3. § 6 u. 63. – **b** als *t. t.* der Baukunst, tornus femina, eine kreisförmige Falzpfanne (Ggstz. tornus masculus, ein kreisförmiger Falz), Vitr. 9, 8, 11. – ► Dat. Plur. fēminābus, CIL 8, 9108.

fēminal, ālis, *n.* (femina), das **weibliche Glied,** Apul. met. 2, 17 u. a.

feminālia, ium, *n. plur.* (femen), **Binden um die Oberschenkel,** zum Schutz gegen Kälte usw., von Weichlingen getragen, Suet. Aug. 82, 1. Hieron. epist. 64, 14: fem. linea, Vulg. exod. 28, 42 u. a. Vgl. Gloss. ›feminalia, περιμήρια od. περιμηρίδες‹.

fēmineus, a, um (femina), **weiblich, Weiber-, Frauen-, der Frau, der Weiber, der Frauen** (Ggstz. virilis), **I** in Bezug auf Leb.: **1** im Allg.: **a** subjekt.: **α** = Frauen gehörig, -eigentümlich, artus, Ov.: manus, Cic. poët. u. Verg.: vox, Quint.: tela, Ov.: non fem. vulnus, nicht wie man sie von einer Frau erwartet, eine heldenmütig beigebrachte, Ov.:

nomen, Spart.: sexus, Treb. Poll. (vgl. *no.* b, α): feminei generis animalia, Scrib. (vgl. *no.* b, α): Kalendae (der 1. März, die Feier der Matronalien), Iuven.: pallor, Plin. pan.: dolor, Ov.: curae iraeque, Verg.: rabies, Augustin. conf. 9, 7: more femineo, Treb. Poll.: ultra femineum morem, Treb. Poll.: leve nescio quid femineumque sonet, es klinge sanft u. weiblich ihre Stimme, Ov. art. am. 3, 286. – **β** = von Frauen herrührend od. ausgehend, iactus, Ov.: vox, voces, Ov.: nubes (der Venus), Verg.: clamor, plangores, ululatus, Verg.: ploratus questusque, Apul. – **b** objekt.: **α** = Frauen betreffend, argumenta, Plin.: genus, Verg. (vgl. *no.* a, α): mas et fem. sexus, Apul. (vgl. *no.* a, α): sors, Ov.: agmina, Verg.: chori, Ov. – **β zum Weibe, zu od. nach Weibern (Frauen), an einer Frau vollzogen,** venus, amor, cupido, Ov.: **eines Weibes,** appetitus (Plur.), Arnob.: poena, Verg. – **2** verächtlich, **weibisch,** corpus animusque, Plin.: amor, Verg.: Mars (v. Paris), Ov.: fuga, Ov.: mors (durch den Strick), Pacat. pan. – **II** in Bezug auf Lebl.: magnes niger est et feminei sexus, Plin. 36, 129; vgl. 36, 149: luna femineum et molle sidus, Plin. 2, 223; vgl. Macr. sat. 1, 17, 53: istā luce femineā (schwachem) collustrans cuncta moenia, Apul. met. 11, 2.

fēminīnē, *Adv.* (femininus), **weiblich,** als gramm. *t. t.*, Ggstz. masculine, Arnob. 1, 59. p. 41, 15 R. Fest. 250 (b), 15. Charis. 72, 30.

fēminīnus, a, um (femina), **weiblich, eines Weibes, a** eig. (Ggstz. masculus, masculinus), vocula, Titin. com. 171: calcei, Apul. met. 7, 8: sexus, Ulp. dig. 2, 8, 2. § 3. Vulg. gen. 6, 19 u. exod. 1, 22. – subst., neque est in his masculum femininumve, und sie haben weder männliches noch weibl. Geschlecht, Plin. 10, 189. – **b** übtr., als gramm. *t. t.*, **weiblich, weiblichen Geschlechts** (Ggstz. masculinus), nomen, Varro u. Quint.: genus, Arnob.: ›funis‹ masculinum sit an femininum, Quint.

fēmino, āre, **sich selbst beflecken,** Cael. Aur. de morb. chron. 4, 9, 133.

femorālia, ium, *n.* (femur) = feminalia (s. d.), Th. Prisc. 1, 12. Vulg. Sirach 45, 10. Vict. Vit. 1, 39. Isid. 19, 22, 29: fem. pellina, Iul. Val. 3, 17. p. 126, 28 K.

femur, femoris u. gew. (v. veralteten femen), feminis, *n.*, **I** der **Oberschenkel,** das **Dickbein, a** eig.: femur utrumque, Caes.: femur inferius, superius, Cels.: femur et crus sinistrum, Suet.: femur Apollinis, Cic.: femur leporis, **Hasenschlegel,** Mart.: frons non percussa, non femur, Cic.: femur icere, Plaut., ferire, Plaut. u. Quint., caedere, Quint.: femina plangere, Cic. fr. – **b** meton., das **männliche Glied,** quod illud signaculum feminis (die Beschneidung) non profuit, Cypr. test. 1, 8 *extr.* – **II** übtr.: **a** als botan. *t. t.*, femur bubulum, eine uns unbekannte Pflanze, Plin. 27, 81. – **b** als *t. t.* der Baukunst, an den dorischen Säulen, der **Schenkel des Dreischlitzes,** der **Steg,** Vitr. 4, 3, 5. – ► Nomin. **femus,** Apul. met. 8, 31 (zweimal); vgl. Gloss. ›μηρός, femus‹; nach Serv. Verg. Aen. 10, 344 ungebr. – Nomin. femen ohne Beleg angef. bei Prisc. 6, 52. Paul. ex Fest. 92, 3. Caper bei Serv. Verg. Aen. 10, 344; dagegen als ungebr. bezeichnet bei Charis. 131, 2.

fēnārius (faenārius), a, um (fenum, faenum), **zum Heu gehörig, Heu-,** falx, Cato r. r. 10, 3. Varro LL. 5, 137. Ulp. dig. 33, 7, 8 pr. Pallad. 1, 43, 2. Treb. Poll. Claud. 14, 6. – subst., fēnārius, iī, *m.*, der **Heuhändler,** CIL 6, 8570 u. 8686; 10, 1925.

fendicae, ārum, *f.* (findo), die essbaren Gedärme eines Tieres, die **Kaldaunen,** fendicae, quae et ipsae sunt hircae, Arnob. 7, 24.

fendo, stoßen, Grundform zu defendo, offendo etc., ohne Beleg bei Prisc. 11, 21.

fēnebris (faenebris), e (fenus; vgl. Paul. ex Fest. 86, 1 u. 94, 2), **die Zinsen betreffend, zu den Zinsen gehörig, Zins-,** leges faenebres, Liv. 35, 7, 2: faenebris res, das Schuldenwesen, das durch Anhäufung der Zinsen entstanden war, Liv. 7, 21, 5: ebenso vetus urbi faenebre malum, Tac. ann. 6, 16: pecunia, gegen Zinsen geliehenes, Suet. Cal. 41, 1.

fēnerātīcius (faenerātīcius), a, um (fenero), **zu den Zinsen gehörig, Zins-,** cautio, instrumentum, Cod. Iust. 4, 30, 14.

fēnerātio (faenerātio), ōnis, *f.* (fenero), das **Ausleihen gegen (hohe) Zinsen,** der **Wucher,** Cic. Verr. 2, 170 u. 3, 168. Col. 1. praef. § 8. – bildl., nec beneficium illud habendum est, sed feneratio, Cic. de fin. 2, 117; vgl. Sen. de ben. 1, 2, 3.

fēnerātō (faenerātō), *Adv.* (feneratus, a, um, v. fenero), **mit Wucherzinsen, mit Wucher,** bildl. = zu deinem, seinem großen Schaden, Plaut. asin. 896; Men. 604.

fēnerātor (faenerātor), ōris, *m.* (fenero), der **Geldverleiher, Kapitalist,** Cic. ad Att. 5, 21, 12. Suet. Tib. 48, 1 u. Vit. 14, 2. Quint. 7, 1, 20. – im üblen Sinne = der **Wucherer,** Cato r. r. prooem. § 1. Cic. de off. 1, 150. Liv. 32, 27, 4: fen. Alphius, Hor. epod. 2, 67: fen. acerbissimus, Cic. ad Att. 6, 1, 6: avarus, Varro sat. Men. 37: violentia atque crudelitas feneratorum, Sall. Cat. 33, 1: feneratores perdiderunt tabellas, Sen. de const. sap. 6, 7. – übtr., huius peccati fen., Ambros. Tob. 9, 33.

fēnerātōrius (faenerātōrius), a, um (fenerator), **Wucher treibend,** avara et feneratoria Gallorum philosophia, einen Hang zur Habsucht u. zum Wucher habend, Val. Max. 2, 6, 11.

fēnerātrīx (faenerātrīx), trīcis, *f.* (Femin. zu fenerator), die **Wucherin,** Val. Max. 8, 2, 2.

fēnerātus, -ātior, s. fēnero u. fēneror.

fēnero (faenero), āvī, ātum, āre (fenus, faenus), **I gegen Zinsen ausleihen,** im üblen Sinne = **auf Wucher anlegen** od. **leihen, 1** im Allg.: pecuniam, ICt.: pecuniam sub usuris solitis, ICt.: pecunias gravioribus usuris, Ps. Ascon.: multum, Sen.: quantum feneret, Sen.: aliquid tamen fenero, doch habe ich einige auf Zinsen ausgeliehene Kapitalien, Plin. ep.: bildl., demus beneficia, non feneremus, Sen. de ben. 1, 1, 9; vgl. 2, 10, 2. – absol. = **(Geld) auf Zinsen leihen,** im üblen Sinne = **auf Wucher leihen, Wucher treiben, wuchern,** ne fenerare liceret, Liv.: nihil debet; fenerat immo magis, Mart.: alia (praecepta) dare debemus feneranti (dem Geldverleiher), alia colenti agrum, Sen. ep. 94, 14. – **2** prägn.: **a** fen. alqm, jmdm. **gegen Zinsen (Geld) leihen,** omnes deos, Mart. 1, 76, 6. – **b** fen. alqd, **durch Wucher gewinnen,** duplicem centesimā nummum, Commodian. instr. 2, 24, 7. – **II** übtr.: **1 leihen,** sol suum lumen ceteris quoque sideribus fenerat, Plin. 2, 13. – **2** gleichs. **Zinsen bringen, verzinsen, reichlich ersetzen, -wieder einbringen,** metuisti, ne non istuc tibi feneraret, Ter. adelph. 219: feneratum istuc beneficium pulchre tibi dices, Ter. Phorm. 493: fidelis ager feneratos (mit Zinsen, reichliche) solet restituere proventus, Ambros. de off. 3, 6, 40: u. Partiz. im Kompar., feneratior (mit höheren Zinsen, reichlicher) redit gratia in etc., Ambros. de parad. 8, 41. – **3** etw. **gegen** etw. **geben,** mortes feneraverunt, es brachte einer den anderen um, Sen. suas. 7, 14.

fēneror (faeneror), ātus sum, ārī (fenus), **I ausleihen gegen Zinsen, auf Wucher anlegen** od. **leihen,** suam pecuniam in provincia, Cic.: pecunias istius extraordinarias grandes suo nomine, Cic.: pecuniam binis centesimis, gegen 24 Prozent, Cic.: bildl., beneficium, eine W. gleichs. auf Wucher anlegen, Cic. de amic. 31: absol. = **auf Zinsen-, auf Wucher leihen, Wucher treiben, wuchern,** Cato r. r. prooem. § 1. Cic. de off. 2, 89. – **II Geld** gegen Zinsen von einem **leihen,** Alfen. dig. 46, 3, 35. – übtr., hoc nos monere feneratis (die es [das Leid] verschuldet) non placet, Auson. lud. septem sapientum (XX) 71, p. 106 Schenkl.

fenestella, ae, *f.* (*Demin.* v. fenestra), **I** eine **kleine Öffnung** in der Wand, ein **Fensterchen,** Col. 8, 3, 3. Pallad. 1, 24, 1. – **II** (porta) Fenestella, eine kleine Pforte in Rom, wahrsch. am palatinischen Hügel, Ov. fast. 6, 578.

fenestra, ae, *f.* (v. φαίνω), eine **Öffnung, Luke** in der Wand od. Mauer, **a** um Licht in ein Gemach usw. zu bringen, die **Fensteröffnung,** das **Fenster** (wobei zu bemerken, dass die Alten ihre Fensteröffnungen früher nur mit Läden, Vorhängen od. Gittern, erst unter den Kaisern mit Frauenglas [lapis specularis] verwahrten), fenestrarum angustiae, Cic.: fenestrarum lumina valvata, Vitr.: f. iuncta, geschlossene, Hor., Ggstz. f. patula, Ov.: fenestris patentibus, Fronto: f. reticulata, Varro: fenestrae muro lapideo exsectae, Sen. ep. 86, 8; dass. was fenestrae obliquae, »schräge«, wie unsere »Schießscharten«, Eccl.

(vgl. Hieron. in Ezech. 10, 40. p. 476 Vall.): lucem admitte fenestris, Ov.: triclinium, quod fenestris caret, Plin. ep.: per fenestram prospicere od. prospectare, Eccl.: ex tectis fenestrisque prospectare, Liv.: per fenestram mittere (hinauslassen od. -werfen) od. demittere (hinauswerfen), Macr. u. ICt.: per fenestram proicere, Sen.: per fenestram cibos iacēre, Lampr. – im Bild, fenestram ad nequitiem patefacere, den Weg bahnen, Gelegenheit geben, Ter. heaut. 481 (u. so hanc fenestram aperire, Suet. Tib. 28, 1): eae partes, quae quasi fenestrae sunt animi, Cic. Tusc. 1, 46. – u. poet. übtr., v. den Augen, Prud. ham. 870. – **b** übh. eine **Öffnung,** ein **Loch,** lato dedit ore fenestram, Verg. Aen. 2, 482. – bes. eine **Schießscharte,** fenestrae cavae, Verg. Aen. 9, 534: armatae, Stat. Theb. 10, 536: fenestras ad tormenta mittenda in struendo reliquerunt, Caes. b. c. 2, 9, 8. – poet. v. den Ohrlöchern, Iuven. 1, 104. – **c** ein **enger Eingang, -Zugang,** Enn. bei Macr. sat. 3, 12, 8. Ps. Petron. fr. 21, 6. – ▶ Zsgzg. Nbf. fēstra, Plaut. Cas. 132; rud. 88. Enn. bei Macr. sat. 3, 12, 8. Ps. Petron. fr. 21, 6; vgl. Paul. ex Fest. 91, 5. Placid. gloss. V, 23, 1.

fenestro, āvī, ātum, āre (fenestra), **mit Öffnungen (Fenstern) versehen,** Plin. 11, 148. – *Partic.* fenestrātus, a, um, Varro LL. 8, 29. Vitr. 10, 13, 4: bildl., oportuit hominum pectora fenestrata et aperta esse, Vitr. 3. praef. § 1.

fenestrula, ae, *f.* (*Demin.* v. fenestra) = fenestella, Apul. met. 9, 42.

fēneus (faeneus), a, um (fenum), **aus Heu,** corona, Augustin. conf. 4, 1; serm. 353, 10: domus, Augustin. conf. 9, 7 *extr.*: homines, Strohmänner, Cic. pro Cornel. 1 fr. 3 (1): bildl., feneus ille Platonicus Antiochus, Augustin. c. Acad. 3, 18: amavit de principibus Augustum etc.; reliquos feneos (Strohköpfe) et venenatos vocans, Spart. Pesc. 12, 1.

fēniculārius, a, um (feniculum), **zum Fenchel gehörig, Fenchel-;** dah. Fenicularius campus, das **Fenchelfeld,** eine flache Gegend im tarrakon. Hispanien, als umschreibende Bezeichnung von **Hispanien** selbst, utrum ipse in Fenicularium an in Martium campum cogitet, nach Hispanien (in den Krieg) oder auf das Marsfeld (zu den Komitien), Cic. ad Att. 12, 8.

fēniculīnus, a, um (feniculum), **zum Fenchel gehörig, Fenchel-,** farina, Plin. Sec. 2, 20. p. 64, 5 R.

fēniculum, ī, *n.* = μάραθρον (s. Isid. 17, 11, 4), **Fenchel,** Plaut. Pseud. 814: feniculi semen, Cels. 2, 33. Plin. 19, 119. Scrib. 176: feniculi sucus, Plin. 20, 254: fen. aridum, Col. 12, 50, 2. – ▶ Nbf. **fēniculus,** ī, *m.*, Orib. 5, 15.

fēnīle, is, *n.* (fenum), **I** = χορτοβολών (Gloss.), der **Heuboden,** bei den Schriftstellern Plur. tantum, Col. 1, 6, 9. Verg. georg. 3, 321. Ov. met. 6, 457. – **II** = χορτοκόπιον, die **Heuwiese,** Gloss. II, 478, 6.

fēniseca, ae, *m.* (fenum u. seco), **I** der **Heumäher,** Col. 2, 18, 4 u. 5. – **II** poet. übtr., der **Bauer,** Pers. 6, 40.

fēnisecia, -ium, s. fēnisicia, fēnisicium.

fēnisecta, ōrum, *n.* (fenum u. seco), das **abgemähte Heu,** der **Heuhaufen, Heuschober,** Varro LL. 5, 136 (Spengel fenisecia).

fēnisector, ōris, *m.* (fenum u. seco), der **Heumäher,** Col. 11, 1, 12.

fēnisex (faenisex), secis, *m.* (fenum u. seco), der **Heumäher,** Varro r. r. 1, 49, 2. Col. 1, 17, 4. CIL 1, 199. lin. 37.

fēnisicia, ae, *f.* (fenum u. seco), die **Heuernte** (auch = das geerntete Heu), Varro r. r. 1. 47 u. 49 56.

fēnisicium (faenisicium, fēnisecium), iī, *n.* (fenum u. seco), **I** = das **Heumähen,** die **Heuernte,** bei den Schriftstellern Plur. tantum, Varro r. r. 1, 17, 2. Col. 2, 18, 3. Plin. 18, 258. – **II** = χορτοκόπιον, die **Heuwiese,** Gloss. II, 478, 6.

fēnograecum u. **fēnugraecum,** s. fēnum *no.* II a. E.

fēnum u. **faenum,** ī, *n.* (vgl. de-fendo), das **Heu, I** eig.: feni manipulus, Sen.: fenum secare, Cato: fenum caedere, demetere, Col.: fenum convertere (wenden), Col.: fenum alios esse oportere, müssten Heu essen (= wären wahre Strohköpfe od. Dummköpfe), Catulus b. Cic. de or. 2, 233. – Sprichw., fenum habet in cornu, er ist ein stößiger Ochse, weil man solchen Ochsen Heu auf die Hörner gebunden haben soll, Hor. sat. 1, 4, 34. – Nbf. fēnus (faenus), ī, *m.*, Itala (Veron.) Marc. 6, 39 u. Itala (psalt. Veron.) psalm. 104, 35. – **II** übtr., fenum graecum = τῆλις (Gloss.), **Fönnkraut, Hornklee, Bockshorn** (*Trigonella fenum Graecum,* L.), Cato r. r. 27. Cels. 2, 12, 2. p. 57, 25 D. Col. 11, 2, 71. Lampr. Heliog. 20, 7. Edict. Diocl. 1, 8. Cael. Aur. de morb. chron. 2, 14, 203: feni Graeci semen, Cels. 2, 33 *extr.* – Als ein Wort fenugraecum, Cael. Aur. de morb. acut. 3, 3, 16 u. 3, 8, 78: fenograecum, Th. Prisc. 2, 16.

1. fēnus u. **faenus,** oris, *n.* (zu fētus [vgl. Paul. ex Fest. 86, 1], besser zu felix; eig. was erzeugt-, gewonnen wird, der **Ertrag;** dah.) als *t. t.* der Geschäftsspr., **I** der **Wucher** im guten u. üblen Sinne, die **Zinsen, Interessen** vom dargeliehenen Kapital als Gewinn des Darleihers (während usura = die Zinsen als Abgabe des Schuldners für die Nutzung des geliehenen Kapitals), fenus tolerabile, Cic.: grande, Cic.: grave, Inscr.: gravius, Suet.: magnum, Petron.: iniustum, Liv.: iniquissimum, Cic.: pecuniam alci dare fenori od. fenore, Geld geben gegen Zinsen, Plaut. u. Cic.: sumere pecuniam fenori od. fenore, Geld gegen Zinsen aufnehmen, Plaut., im Ggstz. zu accipere fenore, Liv.: pecuniam occupare grandi fenore, leihen gegen hohe Zinsen, Cic.: so auch nummos ponere in fenore, Hor.: pecuniam graviore fenore collocare, Suet.: dare pecuniam in fenus, ICt.: centies atque quinquagies sestertii summam in fenore habere, an Z. haben, Val. Max. – übtr., wie **Wucher, Zinsen** = Gewinn übh., semina magno fenore reddat ager, Tibull.: cum quinquagesimo fenore messes reddit exilitas soli, Plin.: saepe venit magno fenore amor, Prop. – **II** meton.: **1** die durch Anwachsen der Zinsen anwachsenden **Schulden,** die **Schuldenlast,** fenore obrui, mersum esse, laborare, Liv.: fenoris onere oppressa plebes, Sall. fr.: invenit nos damnoso et damnando fenore oppressos, Augustin. serm. 216, 5. – **2** das **gegen Zinsen ausgeliehene Kapital,** fenus latum, das ausgedehnte (in vielen Teilen des Reichs angelegte) Kapital, Tac.: fenus argenti creditum, Plaut.: horti et fenus et villae, Tac.: duas fenoris partes in agris collocare, Tac. – übtr., terra bonā fide creditum fenus reddit, Plin. 2, 155. – **3** das Ausleihen von Geldern gegen Zinsen, das **Zinsgewerbe,** im üblen Sinne = das Nehmen hoher Zinsen, der **Wucher,** fenus exercere, Geld auf Zinsen ausleihen, ein Bankiergeschäft betreiben, Suet. u. ICt.: fenore aut periuriis habere rem paratam, Plaut.: auctitare pecunias fenore, Tac.: fenore lacerare homines, Plaut.: fenore trucidare (ruinieren) patrimonium oder plebem, Cic.: fenus coërcere, Liv.: multis occulto crescit res fenore, Hor.

2. fēnus, ī, *m.*, s. fēnum *no.* I a. E.

fēnusculum, ī, *n.* (*Demin.* v. fenus), **hübsche Zinsen,** adderes (verdoppeltest) fenusculum, Plaut. Pseud. 287.

fera, ae, *f.*, s. ferus, a, um.

ferācitās, ātis, *f.* (ferax), die **Fruchtbarkeit,** Col. 3, 2, 31: fer. arborum, Augustin. in Faust. 21, 12: fer. herbarum, Augustin. quaest. in exod. 2. qu. 2.

ferācius, *Adv.* im *Compar.* (ferax), **fruchtbarer,** velut ab stirpibus laetius feraciusque renata urbs, Liv. 6, 1, 3.

1. fērālis, e (vgl. in-fer-nus), zum Unterirdischen gehörig, **I zu den Toten-, Leichen gehörig, Toten-, Leichen-,** cupressus, Verg.: vestis, Ps. Quint. decl.: carmen, Leichengesang, Verg.: cena, Leichenschmaus, Iuven. u. Apul.: reliquiae, Asche, Tac.: tempus od. dies = feralia (s. im Folg.), Ov.: mensis, Februar, Col.: introitus, der Einzug über ein Leichenfeld, Tac.: tenebrae, Grabesfinsternis, Tac. – subst., fērālia, ium, *n.*, **α** das jährliche Totenfest in Rom, das zu Ehren der Verstorbenen im Februar gefeiert wurde, das **Fest aller Toten,** Cic. u. a. – **β Leichenangelegenheiten, Leichenbestattung,** attrectare feralia, sich mit L. befassen, Tac. ann. 1, 62. – **II** übtr., **den Tod bringen, verderblich,** scalprum, Lampr.: dona, Ov.: annus, bellum, Tac.: Claudi et Iuni naufragium, Min. Fel.: m. *Dat.* (für), Idus Mart. ferales Caesari, Plin. – Kompar. feralior, Pacat. pan. 46, 3: Superl. feralissimus, Salv. de gub. dei 6, 2, 13 u. adv. avar. 1, 7, 31.

2. ferālis, e (ferus), **wild, bösartig,** dolor, Cael. Aur. de morb. chron. 5, 2, 27: crudelitas, Augustin. serm. 307, 1.

fērāliter, *Adv.* (feralis), **tödlich,** Augustin. serm. 216, 7. Fulg. myth. 3, 1.

ferāsco, ere (ferus), **wild machen,** Gloss.

ferāx, ācis (fero), **I fruchtbar, 1** eig.: rus, Ov.: plantae, Verg.: agri feracissimi, Caes.: feraces anni, Ggstz. steriles, Boëth. – m. *Genet.*, terra frumenti et pabuli ferax, Mela: terra lini ferax, Curt.: terra ferax arborum, Plin. ep.: regio chrysocollae miniique et aliorum colorum ferax, Flor.: terra frugiferarum aut laetarum arborum ferax, Sen.: ingentium beluarum feraces saltus, Tac.: f. venenorum, Hor. – m. *Abl.*, terra ferax oleo, Verg.: elephantis ferax Numidia, Frontin.: agellus non frumentis ferax, Ps. Quint. decl.: terra ferax Cereris multoque feracior uvis, Ov. – **2** übtr.: nullus feracior locus est quam de officiis, Cic. – m. *Genet.*, prolis novae, Hor.: illā aetate, quā nulla virtutum feracior fuit, Liv. – m. *Abl.*, artibus, Plin. ep. 4, 15, 8. – m. *ad* (in Betreff) u. Akk., ad ferociam et numerum (hominum) maxime ferax, Mela 2, 2, 1 (2. § 16): multo melior et feracior ad virtutes, Capit. Anton. phil. 16, 4. – **II fruchtbar machend,** venti, Pallad. 12, 5.

ferbeo, s. ferveo.

ferbēsco, s. fervēsco.

ferctum, s. fertum.

ferculum u. **fericulum,** ī, *n.* (fero), die **Trage,** das **Traggestell, a** zum Tragen der spolia opima, der Trophäen u. der Beute bei Triumphzügen, Liv. 1, 10, 5. Suet. Caes. 37, 2. Flor. 4, 2, 13. Eutr. 9, 27: auch der Gefangenen von Bedeutung, Sen. de vit. beat. 25, 4. Sen. Herc. Oet. 110. – **b** zum Tragen der Götterbildnisse in den zirzensischen Umzügen, Suet. Caes. 76, 1: dah. ut pomparum ferculis similes esse videamur, Cic. de off. 1, 131: pomparum ferculis similes procedunt, Hieron. epist. 125, 16. – **c** zum Tragen der Totenasche in die Gruft, Suet. Cal. 15, 1: u. der Grabspenden beim Leichenbegängnis, Stat. Theb. 6, 126. – **d** zum Auftragen der Speisen, das **Auftragebrett, Speisebrett,** gewöhnlich meton. = das **Gericht,** der **Gang,** Prop. 4, 4, 76. Sen. de tranqu. anim. 7, 2; nat. qu. 3, 18, 2; 4, 13, 6. Sen. ep. 95, 18 u. 27. Petron. 35, 1 u. 36, 2: fericula mutare, Sen. ep. 90, 15: iam sublatum erat ferculum, es war schon abgetragen worden, Petron. 39, 1. – Nbf. fericulus s. bes.

ferē, *Adv.* (zu Wurzel **dher-*, tragen, halten [vgl. firmus], eig. fest [mit Umlaut = fast]), **I** im Allg., **beinahe, fast, ungefähr, schier, so ziemlich, etwa, vielleicht,** totius f. Galliae legati, Caes.: totis f. verbis interpretatus sum, Cic.: omnes f. civitates Graeciae, Nep.: u. so oft omnes f., selten f. omnes, b. Caes., Cic. u. a.: semper f., Cic.: tantum f., Cic.: satis f. diximus, Cic.: haec f. habui dicere, Cic. – u. so **a** bes. bei Zahlen- u. Zeitangaben, **ungefähr, so ziemlich, so etwa, an die,** quintā f. horā, Cic.: eādem f. horā, quā veni, Cic.: anno f. ante, Cic.: sexto f. anno post, Nep.: abhinc menses decem f., Nep.: iam f., Enn. u. Ter. – **b** mit Negation, **eben nicht, gerade nicht, so leicht nicht (nichts, niemand, keiner** usw.), aetates vestrae, ut illorum, nihil aut non f. multum differunt, Cic.: nihil f., Cic.: nemo f., Cic.: nullus f., Caes. – **II** prägn. = *semper fere*, zur Beschränkung eines Urteils, indem man dasselbe nicht als allgemein gültig, nur als durch die Mehrzahl der Fälle u. Gründe begünstigt hinstellen will, deutsch **beinahe immer, beinahe überall, gemeiniglich, im allgemeinen, durchschnittlich, im Durchschnitt, gewöhnlich, in der Regel** (Ggstz. raro, interdum), fit enim fere, ut etc., Cic.: ut fere fit, Curt.: ut evenit fere, Liv.: quod fere fit, Curt.: quod fere fit, ut etc., Caes.: hoc iam sic f. fieri solere accepimus, Cic.: ut sunt f. domicilia Gallorum, Caes.: sed hi erunt fere, qui etc., Nep.: statuae ornatu f. militari, Cic.: paria esse f. peccata, Hor. – m. der Negation, **gewöhnlich nicht, nicht leicht, selten,** nec fere seniores rei intererant, Liv.: ex victoria bellica non f. quemquam est invidia civium consecuta, Cic.: patrum haud fere quisquam (nur selten einer) in foro, in urbe rari erant, Liv.

ferentārius, iī, *m.* (fero, s. Varro LL. 7, 57 u. Paul. ex Fest. 85, 7), **a** der **Wurfschütze,** eine Art leichter Truppen (s. Paul. ex Fest. 93, 13), bes. als **Plänkler,** Sing. (kollekt.) b. Tac. ann. 12, 35: Plur. b. Cato de re mil. fr. 6 (bei Paul. ex Fest. 369, 5 u. Non. 554, 27). Sall. Cat. 60, 2. Vgl. Veget. mil. 1, 20. – scherzh. = ein **Helfer in der Not,** Plaut. trin. 456. – *adi.*, proelia ferentaria, Gefechte der Wurfschützen, Heges. 3, 9, 4. – **b** equites ferentarii, **Wurfschützen zu Pferde,** eine leichte Reiterei, die kurze Wurfspieße aus der Ferne schleuderte, Varro LL. 7, 57.

Ferentīnum, ī, *n.*, **I** ein einsames Bergstädtchen im Gebiet der Herniker, an der *via Latina*, j. *Ferento*, Liv. 4, 51, 7. Hor. ep. 1, 17, 8. – Dav. **A Ferentīnus,** a, um, **ferentinisch,** manipli, Sil. 8, 394: caput aquae Ferentinae u. bl. caput Ferentinum, die Quelle eines bei Ferentinum fließenden Flüsschens (j. Bach *Cornacchiola*), Liv. 1, 51, 9; 3, 38, 1. – subst., **a** Ferentīna, ae, *f.* (*sc.* dea), die **Ferentinerin,** eine zu F. heimische Göttin, lucus Ferentinae, Liv. 1, 50, 1. – **b** Ferentīnī, ōrum, *m.*, die Einw. von Ferentinum, die **Ferentiner,** Sil. 3, 395. – **B Ferentīnās,** ātis, **ferentinatisch,** populus, Liv. 9, 42. § 11 u. 43. § 23: Nbf. Ferentinatis populus, Titin. com. 85. – Plur. subst., Ferentīnātēs, ium, *m.*, die Einw. von Fer., die **Ferentinaten,** Liv. 34, 42, 5. Plin. 3, 64. – **II** eine Stadt in Etrurien, j. *Ferentino*, Plin. 3, 52. Tac. ann. 15, 53. Suet. Oth. 1, 1: dass. **mūnicipium Ferentium** (*al.* Ferentinum), Tac. hist. 2, 50, od. **mūnicipium Ferentī,** Vitr. 2, 7, 4: **Colōnia Ferentīnēnsis,** Gromat. vet. 216, 3.

Ferentum, s. Forentum.

fereola vītis, eine Art Weinstöcke, Col. 3, 2, 28 zw.

Feretrius, iī, *m.* (von feretrum od. fero), ein Beiname Jupiters, dem die spolia opima dargebracht u. geweiht wurden, der **Edelbeuteträger,** Liv. 1, 10, 6. Prop. 4, 10, 1 u. 45. – übtr., als Beiwort des **Amor,** Poëta bei Ter. Maur. 2633.

feretrum, ī, *n.* (fero), die **Trage, Bahre,** zum Tragen **a** der Bilder od. *spolia opima* bei Triumphen, Sil. 5, 168. – **b** der Ahnenbilder bei Leichenbegängnissen, Sil. 17, 630. – **c** der Toten, die **Totenbahre,** Varro LL. 5, 166. Verg. Aen. 6, 222. Ov. met. 3, 508 u. 14, 747. Vulg. 2. regg. 3, 31. – **d** zum Darbringen einer Opfergabe, Gratt. cyn. 488.

fēria, ae, *f.*, s. fēriae ►.

fēriae, ārum, *f.* (vgl. fēs-tus aus *fes-na, Heiligtum), Tage, an denen keine Geschäfte, sondern gottesdienstliche Handlungen vorgenommen wurden, **Ferien, Feiertage,** im weiteren Sinne übh. = **Ruhetage, freie Tage, freie Zeit, I** eig.: Latinae, Cic.: novendiales, Cic.: forenses, Gerichtsferien, Cic.: esuriales, Hungerferien, scherzh. = Fasten, Plaut. – m. *Genet.*, messium feriae, Ernteferien, Suet. Caes, 40, 1: scholarum feriae, Schulferien, Prud. perist. 9, 76. – ferias habere triduum, Cic.: ferias agere, Liv.: indutiae sunt feriae belli, Varro fr.: dies feriarum mihi additos video, Cic.: cum tempestas dedit piscatoribus ferias, Sen. – per ferias, in den Ferien, Cato: per feriarum tempus aestivarum, Gell. – Sprichw., sine ullis, ut dicitur, feriis, ohne Rast, unaufhörlich, Arnob. 1, 13. – **II** übtr. = **Ruhe, Friede,** Hor. carm. 4, 5, 37. – ► Archaist. fēsiae, Paul. ex Fest. 86, 7. Vel. Long. (VII) 73, 9 K. – Sing. fēria, Ruric. epist. 2, 24 u. 61 (am Sidon. ed. Luetj.), Paul. ex Fest. 85, 12.

fēriāticus, a, um (ferior), **frei von Arbeit,** dies, Feiertag, Ulp. dig. 2, 12, 2.

fēriātus, a, um, *PAdi.* (v. ferior), **feiernd, frei von der Arbeit, müßig, a** v. Pers.: deus feriatus torpet, Cic.: manus feriatae, Prud.: male feriatus, der zur Unzeit Freudenfeste feiert, Hor. – m. *ab* u. Abl., feriatus a negotiis publicis, Cic.: non fer. ab suis studiis, Trebon. in Cic. ep. – m. *ad* u. Akk. Gerund., animus feriatus ad quaerendum aliquid vel legendum vel audiendum, Augustin. conf. 8, 6, 1. – non feriatum esse m. folg. *quo minus* u. Konj., nec in carcere feriatus erat, quo minus de rebus incertis consuleretur, Ambros. de off. 2, 10, 54. – **b** übtr., v. lebl. Subj.: machaera, Plaut.: toga, Plin. ep.: dies, Feiertag, Plin. ep.: poet., freta, ruhig, Prud.: ebenso pectus, Prud.

fericula, ae, *f.* (*Demin.* v. fera) = θηράφιον, ein (wildes) **kleines Tier,** Gloss. II, 378, 29.

fericulum, s. ferculum.

fericulus, ī, *m.*, Nbf. v. fericulum = ferculum, das **Speisebrett, Präsentierbrett,** Petron. 39, 4.

ferinunt, s. ferio ►.

ferīnus, a, um (ferus od. fera, s. Prisc. 2, 59), **I** subj., **von wilden Tieren, eines wilden Tieres, der wilden Tiere,** corpus, Macr.: vellera,

Ov.: pellis, Lucr.: vultus, Ov.: lac, Verg.: rabies, Sen.: caro, Wildbret, Sall. u. a.: ritu ferino victum quaeritare, Hieron. epist. 8: pugnas habere ferino ritu, Porphyr. Hor. sat. 1, 3, 107: übtr., vox, wie von wilden Tieren, tierische, Ov. trist. 5, 12, 55. – subst., ferīna, ae, *f.*, **Wildbret,** Verg. Aen. 1, 215. Val. Flacc. 3, 569. – **II** obj.: **a** **an wilden Tieren vollbracht, des Wildes,** caedes, Erlegen des W., Weidwerk, Ov. met. 7, 675: vulnus, Gratt. cyn. 113. – **b** **aus Fellen wilder Tiere,** galeae, Val. Flacc. 6, 379.

ferio, īre (zu Wurzel **bher-*, [in Stücke] schlagen, spalten, auch in forāre; vgl. griech. φάρω, ich spalte), vermittels eines Stoßes, Hiebes, Stiches, Schlages **treffen = stoßen, hauen, stechen, schlagen,** **I** im Allg.: **1** eig.: **a** übh.: femur (an ben Sch.), Plaut.: f. frontem (an die St.), Cic.: caput (sich vor den K.), Cic. fr.: faciem (ins G.), Flor.: adversarium, Schläge austeilen an usw., Cic.: parietem, Cic.: caper cornu ferit, Verg.: alqm colapho, Nepot. epit.: alqm telo, Verg.: alqm bis pugione, Auct. b. Alex.: murum arietibus, Sall. – ferire mare, rudern, Verg.: ferire pede uvas, treten, Tibull.: ictu simili feriri, von einem ähnlichen Schlag getroffen werden (bildl.), Quint. – absol. = **zuhauen, zustoßen,** qui, ut ferirent, inclamavit, Liv.: contra ferire, Sall.: caesim, punctim f., Veget. mil. – **b** etw. **treffen = berühren,** his spectris si oculi possent feriri, Cic.: ferit aethera clamor, Verg.: sol radiis ferit cacumina, Ov.: f. sidera vertice, die St. berühren, bis an die St. reichen, Hor.: montes, einschlagen in die B. (v. Blitz), Hor. – **c** etw. **treffen** = auf etw. Eindruck machen, res feriunt aciem oculorum od. oculos, Lucr. – **2** übtr.: **a** im Allg., **treffen,** medium f., die Mittelstraße beobachten, Cic.: quo minus multa patent in eorum vita, quae fortuna feriat, des Schicksals Schlägen ausgesetzt sind, Cic. – **b** jmd. (um etw.) **prellen,** alqm, Plaut. u. Prop.: alqm munere, Ter. – **c** jmd. **strafen,** alqm condemnatione centum librarum auri, Cod. Iust. 11, 11, 1 *extr.* – **II** prägn.: **1** **schlagen = prägen,** asses, Plin. 33, 44: u. so in der Bezeichnung eines Münztriumvirn, III. VIR. A. A. A. F. F. = triumvir auro argento aere flando feriundo, CIL 1^2. p. 200. – **2** schlagend od. hauend **töten, schlachten, erlegen,** agnam, Hor.: porcum, Liv.: alqm securi, köpfen, Cic.: hostem, erschlagen, Sall.: leonem, Sall.: dah. meton., foedus, ein Bündnis machen (weil dabei eine Sau geschlachtet wurde), Cic. u. a. – **3** **zerhauen,** stricto retinacula ferro, Verg. Aen. 4, 580. – **4** einen Ton usw. **anschlagen = hervorbringen,** verba palato, Hor. sat. 2, 3, 274; vgl. sonat vox, ut feritur, Quint. 11, 3, 61. – Perfektum u. Supinum von ferio werden gew. durch īcī, ictum u. percussī, percussum ergänzt, s. Varro LL. 9, 98; Diom. 380, 9; Prisc. 11, 19; doch findet sich ferii, Charis. 251, 24. Schol. Iuven. 8, 268: feristi, Mar. Mercat. subn. 6, 1. – Partiz. Fut., feriturus, Serv. Verg. Aen. 7, 498. Heges. 3, 18, 1. Maximin. 5, 97 (wo ferītura gemessen). Dracont. carm. 3, 101 (wo ferīturus gemessen). – Synk. Imperf. feribant, Ov. fast. 4, 795: synk. Fut. feribo, Charis. 251, 25 (ohne Beleg). – Gedehntes archaist. Präs. fērinunt, Fest. 162 (b), 24.

fērior, ātus sum, ārī (feriae), **Feiertag haben, feiern, müßig sein,** Varro LL. u. a.: m. *ab* u. Abl., ab armis cum suo milite, Macr. somn. Scip. 1, 7, 6: sabbato etiam a bonis operibus, Ambros. in Luc. 5. § 39. – *PAdi.* fēriātus s. bes.

feritās, ātis, *f.* (ferus), die **Wildheit,** das **wilde Wesen** eines Tieres, Cic.: eines Menschen, Cic. u. Hirt. b. G.: eines Ortes, Scythici soli, Ov.: des Mostes, eines Baumes, der Krauseminze, Plin.: feritatem exuere od. deponere, Ov.

ferito, āre (*Frequ.* v. fero), **zu tragen pflegen,** Solin. 56, 18.

fermē, *Adv.* *(Superl.* v. fere = ferime), ganz annäherungsweise, **beinahe,** zur Ermäßigung einer Angabe, eines Urteils, **I** im Allg., **beinahe, fast, schier, so ziemlich, etwa,** f. ut pueri, Ter.: tabula his f. incisa litteris fuit, Liv.: haec f. gesta, Liv. – u. so **a** bei Zahl- u. Zeitangaben, **ungefähr, so ziemlich, an die,** sex milia f. passuum inde posuit castra, Liv.: hoc sacrum instituisse fertur abhinc annos ferme mille ducentos quinquaginta Atreus, Vell.: hoc factum est f. abhinc biennium, Plaut. – **b** m. Negationen, **eben nicht, gerade nicht, so leicht nicht (nichts, niemand** u. dgl.), non (nec) f., Cic.: nihil f., Cic.: nemo f., Plaut.: haud f. umquam, Liv. – **II** prägn. = *semper ferme* (vgl. fere *no.* II), **beinahe immer, gemeinhin, gewöhnlich, in der Regel,** ut f. evenit, Cic.: quod ferme fit, ut etc., Liv.; virgulta vepresque, quibus inculta f. vestiuntur, Liv. – m. der Negation **nicht leicht, selten,** fidelem haud f. mulieri invenias virum, Ter.: quod moechi haud f. (facere) solent, Plaut.

fermēmodum, *Adv.* (ferme u. modus), **beinahe, fast,** Gell. 18, 12, 10.

fermentācius, a, um (fermentum), **mit Sauerteig versetzt,** panis, gesäuertes, Isid. 20, 2, 15.

fermentālis, e (fermentum), **mit Sauerteig versetzt, gesäuert,** panis, Fest. 253 (a), 18.

fermentēsco, ere (fermentum), eig. **gären,** übtr., v. der Erde, **aufschwellen, locker werden,** Plin. 17, 15 u. a.

fermento, āvī, ātum, āre (fermentum), **gären-, aufgären machen,** im Passiv **in Gärung geraten, aufgären,** **I** eig.: **A** im Allg.: panis ervi farinā fermentabatur, Plin.: ficus fermentatur, Col.: farina fermentata, Serv. Verg. Aen. 1, 179 *Thilo:* panis fermentatus, gesäuertes Brot, Cels. u. Plin. – **B** prägn., **lockermachen,** terram, Varro u. Col. – solum (die Fußsohle des Hundes) ut fermentatum et molle (Ggstz. durum), schwellend = sich sanft erhebend, Varro. – **II** übtr., **säuern = verderben,** f. iocos dulces satirae mordentis aceto, Paul. Nol. carm. 10, 263: totum orbem terrarum peccatis Afrorum fermentatum esse criminantur, Augustin. c. epp. Parmen. 2. § 42: mores fermentati, Prud. apoth. 354.

fermentātōrium, iī, *n.* (fermento), der **Backtrog** = μάκτρα, Gloss. III, 531, 17.

fermentōsus, a, um (fermentum), **gärend,** qualitas, Th. Prisc. 4. fol. 317 b.

fermentum, ī, *n.* (ferveo), **I** die **Gärung, Aufgärung,** marrā reici (debet) quaternûm pedum fermento, es muss mit einer kleinen Hacke aufgelockert werden, sodass es sich auf vier Fuß hebt, Plin. 17, 159: repastinata humus velut fermento quodam intumescit, quillt durch eine Art Gärungsprozess auf, Col. 4, 1, 7: cum (egesta humus) aliquo quasi fermento abundarit, wenn sie gequollen ist und nicht ganz (in die Gruben) hineingeht, Col. 2, 2, 19: non sine quodam, ut ita dicam, fermento (Gärung, Gärungsprozess), quo in unum diversa coalescunt, Sen. ep. 84, 4. – übtr., die **Aufgärung (Aufwallung)** des Gemüts, der **Zorn,** in fermento esse od. iacēre, Plaut. Cas. 325; merc. 959. – **II** meton.: **1** ein Gärungsmittel, **Gärstoff,** **a** der **Sauerteig,** das **Ferment,** panis sine fermento, ungesäuertes, Cels.: ebenso panis nullo fermento, Tac.: panis fermentis confectus (angemachtes), Isid. – übtr., velut fermentum cognitionis magis ei (libro) inesse, Solin. praef. 2: eius cognitio fermentum quoddam est vitae ac rei dissociabilis glutinum, Arnob. 2, 32: et istud fermentum (Gärstoff = Ärgernis, Ursache zum Zorn) tibi habe, Iuven. 3, 188. – **b** der **Dünger,** Col. 3, 11, 3. – **c** übh. eine in der Gärung begriffene Masse, v. Chaos, Macr. somn. Scip. 2, 2, 15. – **2** das durch Gärung Bewirkte: **a** gequollenes Getreide, **Malz, Malzbier,** Verg. georg. 3, 380. – **b** die **gehobene, aufgelockerte Erde,** Pallad. 3, 18, 1.

fero, tulī, lātum, ferre (altindisch *bhárati,* trägt, griech. φέρω, gotisch *bairan,* das Perf. tuli [vorklass. auch redupliziert tetuli] v. veralteten tulo [w. vgl.], das *Supin.* latum eig. tlatum, v. alten tlao, τλάω), **tragen, I** im Allg., etwas Tragbares **tragen,** tragend **bringen, 1** eig.: **a** mit vorherrsch. Begr. des Tragens: onus, Ter. (u. so accommodatum od. aptum esse oneri ferundo, Solin. u. Capit.): alqd umeris, Hor. u. Petron.: arma in sarcinis, Curt.: alqm super arma, Verg.: puerum prae se, Suet. – faces in Capitolium, Cic.: puerum circa iudices, Quint.: lecticā ferri per oppidum, Cic., in Capitolium, Suet.: alqm ex proelio, Liv. – So nun **α** am Körper **tragen, an sich tragen,** personam, s. persōna: cervice iugum, Hor.: aure duos lapides, Ov.: census corpore suos (sein ganzes Vermögen), Ov. – **β** von Schwangeren, ventrem, schwanger gehen od. sein, Liv., trächtig sein, von Tieren, Varro. – ebenso partum (Leibesfrucht) octonis mensibus, v. Tieren, Plin.: alqm, mit einem schwanger gehen, Tibull.: poet., alqm alci, jmd. einem gebären, Sil. – **γ** als milit. *t. t.:* arma ferre posse, waffenfähig sein, Caes.: arma contra alqm, Caes. u. Cic., adversus alqm, Nep., in alqm, Liv., u. (poet.) alci, Sil., gegen jmd. ziehen. – signa in hostem, losgehen auf usw., Liv.: signa infesta ad urbem Romam, Liv.: quā impetum tulisset, sich mit seinem Angriff gewendet hatte, Iustin. b) mit vorherrsch. Begr. des Bringens, **bringen = herbeibringen, hinbringen, überbringen, darbringen,** venenum, Liv.: argentum ad alqm, Plaut.: pisciculos alci, Ter.: alqd a domo ad alqm, Liv. – alci praemia, Verg.: alci osculum, geben, Ov.: alci complexum, jmd. umarmen wollen, Liv. – signa, Zeichen geben, Verg. – u. bes., wie φέρειν, eine Abgabe, Gabe, ein Opfer **bringen, darbringen, entrichten,** alci tributum, Liv. u. Curt., tributa, Ov. (griech. φόρον, φόρους φέρειν): u. als *t. t.* der Religionsspr., liba Baccho, Verg.: sacra divis, Verg.: crinem Diti, weihen, Verg.: suprema cineri, die letzte Ehre erweisen, Verg.

2 übtr.: **a** mit vorherrsch. Begr. des Tragens: **α** übh. **tragen, führen, aufweisen, aufzuweisen haben,** nomen Aemilii Pauli, Liv.: avum Marcum Antonium, Tac. – nomen iniqui, Hor., cognomen Torquati, Suet.: imaginem alcis, jmds. Bild (Gestalt) an sich tragen, sich fälschlich ausgeben für jmd., Plaut. (s. Lorenz Plaut. mil. 151). – alqm in oculis od. bl. oculis, jmd. überaus lieben, Cic. – prae se alqd od. m. folg. *Acc.* u. *Infin.*, an den Tag legen, zeigen, merken lassen, zu erkennen geben (Ggstz. dissimulare), Cic. u. a.: ebenso eam laudem cognomine ipso, zur Schau tragen, erkennen lassen, Cic.: u. f. paulo apertius, apertissime alqd (dolorem, laetitiam), etwas offener, ganz offen zeigen, zur Schau tragen, Cic.: u. vultu f. laetitiam, Tac.: patrium nitorem ore, Ov.: u. der Ggstz. obscure f. (heimlich halten) et dissimulare, Cic., u. clam f., verhehlen, Liv. – ut se fert ipse, wie er sich selbst gibt, Cael. in Cic. ep. 8, 4, 2. – **β** etw. **tragen, ertragen, erdulden, sich gefallen lassen, hinnehmen, aushalten,** miserias, Ter.: contumaciam alcis, Cic.: impetum, Caes.: u. als *t. t.* des Landbaus, vetustatem, das Alter vertragen, sich lange halten, v. Wein, Cic., übtr., v. Schriften, Ov. – mit pers. Objj., optimates quis ferat? Cic.: fer me! Ter.: non ferrem te, Quint.: non tulit hunc, konnte ihm nicht widerstehen, Nep.: quem ferret si parentem ferret non suum, ertragen, sich nicht widersetzen, Ter. – m. folg. *Infin.*, servo nubere nympha tuli, Ov. her. 5, 12. – m. folg. *Acc.* u. *Infin.*, ferunt aures hominum, illa … laudari, Cic. de or. 2, 344: illa praecipi quis ferat? Quint. 11, 3, 27: u. so Ov. met. 12, 555 u. a.: nach non ferre, Hor. epod. 15, 13. Ov. met. 2, 628: m. folg. *quod* (dass), Ov. met. 5, 525: u. so non ferendum est, quod etc., Quint. 11, 3, 131. – per alqm non ferre m. folg. *quo minus* u. Konj., Cic. Quinct. 99. – absol., non feram, non patiar, non sinam, ich kann's, ich will's, ich darf's nicht dulden, Cic. Cat. 1, 10. – dah. m. *Advv.* u. dgl. = irgendwie **tragen, ertragen, aufnehmen,** alqd aegre, moleste, graviter molesteque, Cic.: anxie, Sall. u. a.: aequo od. (im Ggstz.) iniquo animo, Cic.: facile, clementer, fortiter ac sapienter u. dgl., Cic.: quam rem nobilitas aegerrime tulit, und das hat den Adel höchlich verdrossen, Sall. – mit folg. *Acc.* u. *Infin.*, graviter sibi dari uxorem ferunt, Ter.: si quis aegre ferat se pauperem esse, Cic. – alqd tacite non ferre m. folg. *quin* u. Konj., Liv. 5, 28, 1. – m. *de* u. Abl., moleste fers de illo, Cic. – Partiz. non ferendus, **unerträglich, unzulässig, unstatthaft,** facinus, Cic.: lex, Cic.: non ferendum m. folg. *Acc.* u. *Infin.*, Cic. u. Plin. – **b** m. vorherrsch. Begr. des Bringens, **α** (= afferre, offerre) übh. **bringen, herbeibringen, -führen, darbringen, = bieten,** opem, auxilium, opem auxiliumque, Cic.: caput luendae sponsionis causā, Liv.: poet., alci fidem (Glauben), schenken, beimessen, Verg. – ebenso einen Zustand, bes. einen üblen, **bringen, herbeiführen, bereiten** (vgl. Lorenz Plaut. Pseud. 744. Weißenb. Liv. 23, 9, 5), finem alci rei u. alcis rei, Verg.: alci luctum lacrimasque, Liv.: alci fallaciam, mit Lug u. Trug vorgehen gegen jmd., Plaut.: fraudem, eine Tücke anrichten (Ggstz. vitare), Liv.: alci fraudem, Nachteile bringen (v. einem Umstand), Cic.: perniciem alci cum scelere, Liv. – **β** mündlich **bringen,** d. i. **αα** mündlich od. schriftlich übh. **hinterbringen, vorbringen, melden, berichten,** quod fers, cedo, Ter.: si vera fero, Verg.: f. responsa Turno, Verg.: nec aliud per illos dies populus credulitate, prudentes diversā famā tulere, es war das Einzige, wovon in diesen Tagen das V. im Glauben daran und die Unterrichteten im entgegengesetzten Sinne sprachen, Tac. ann. 16, 2, 2. – m. folg. *Acc.* u. *Infin.*, Ov. met. 6, 470 u. 14, 527. Tac. ann. 4, 58; 6, 26; hist. 4, 78: u. so mihi fama tulit m. folg. *Acc.* u. *Infin.*, Verg. Aen. 6, 503: commentarii ad senatum missi ferebant m. folg. *Acc.* u. *Infin.*, Tac. ann. 6, 47. – **ββ** mündlich **darbringen,** preces Iunoni, Verg.: dis vota precesque, Sil. – dah. **anbieten, antragen,** alqam (zur Frau), Cic.: condicionem eam ferre (stellen) misero, ut etc., Cic.: condiciones tristes f., Liv. – **γγ** bes. die publiz. u. jurist. *t. t.:* suffragium, seine Stimme abgeben, in den Komitien, Cic.: ebenso sententiam de etc., v. Volk u. v. den Richtern, Cic. – legem f., ein Gesetz vorschlagen, einen Antrag, Vorschlag machen, Cic., de alqa re, Cic., od. ut etc., Vell., od. m. folg. bl. *Coniunctiv*, Vell.: ebenso privilegium de alqo, Cic.: rogationem de alqo, contra od. in alqm, ad populum, in plebem, Cic., Caes. u. Liv.: u. bl. ferre ad populum, ut etc., Cic.: ferre ad plebem, vellent iuberentne etc., Liv.: u. bl. ferre de alqa re od. ut etc., Cic.: nihil de me tulisti, *quo minus* essem in civium numero, du hast keinen förmlichen Antrag gestellt, mich von der Z. der B. auszuschließen, Cic. de domo 82. – *impers.*, lato ad populum, ut etc., Liv. 23, 14, 2. – (alci) iudicem, vom Kläger, dem Verklagten einen Richter **vorschlagen,** Cic. (vgl. quem tibi meorum suppliciorum iudicem feram, Liv.); u. übtr., jmd. **verklagen** übh., Liv. – **γ** v. Abstr., **mit sich bringen, erfordern, verlangen, erheischen, bestimmen, gestatten,** quid res, quid causa, quid tempus ferat, tu facillime optimeque perspicies, Cic.: quae fert adulescentia, Ter.: ut aetas illa fert, Cic.: ut natura fert, Ter.: ut mea fert opinio, Cic.: ut opinio et spes fert, Cic.: quantum mea opinio fert, Apul.: si ita res feret, wenn es so sein muss, Cic.: si vestra voluntas feret, Cic.: natura fert … ut extrema ex altera parte graviter, ex altera autem acute sonent, Cic.: hoc totum si vobis versutius, quam mea consuetudo defendendi fert, videbitur, Cic.

II insbes.: **A** ins Hausbuch **eintragen,** f. acceptum (accepto), expensum, s. ac-cipio *no.* I, A, a, α, u. expendo *no.* II, B, 1.

B schriftlich od. mündlich **1** etw. **umhertragen, -bieten, verbreiten, überall-, oft** von etw. **reden,** im Passiv **umhergeboten werden, im Umlauf sein, in aller Leute Händen** od. **Munde sein, a** schriftlich: cuius scripta feruntur, Cic. – **b** mündlich: inimici famam non ita, ut nata est, ferunt, verbreiten, Plaut.: hascine propter res maledicas famas ferunt? Plaut.: vestrum iter ac reditum omnia saecula laudibus ferent, werden preisen, Liv.: sermonibus bella, Liv.: f. haec omnibus sermonibus, Caes.: tanto opere ferri, Cic.: vulgo ferebantur versus, Suet.: fertur imprimis (hoc dictum), Ter. – **2 aussprechen, aussagen, äußern, erklären, vorgeben, erwähnen, angeben, mitteilen, von** etw. **sprechen,** etw. **besprechen,** si vera feram, Verg.: eam rem vulgo, Liv.: homines ferunt mit folg. *Acc.* u. *Infin.*, Lucr. 3, 41 *sq.*: haud dubie ferebant m. folg. *Acc.* u. *Infin.*, sie erklärten unzweideutig, Liv. 22, 14. 15. – dah. ferunt u. Passiv fertur, feruntur, **man berichtet, -erzählt, man spricht davon, man behauptet allgemein, es soll,** ferunt (ferebant, ferent) mit folg. *Acc.* u. *Infin.*, Cic. de nat. deor. 3, 57. Liv. 1, 4, 5. Vell. 1, 4, 1. Catull. 2, 11. Verg. Aen. 2, 230: fertur u. feruntur mit folg. *Nom.* u. *Infin.*, Cic. de sen. 8; de rep. 2, 20 u. ö. Sall. Iug. 30, 2. Vell. 1, 8, 2. Acc. tr. 669. Lucr. 5, 14. Catull. 64, 19. Verg. Aen. 1, 15. Hor. carm. 1, 7, 23: fertur m. folg. *Acc.* u. *Infin.*, Capit. Anton. phil. 28, 10. Dict. 4, 21. – u. fertur alqs mit folg. *quasi* u. Konj., Cic. de legg. 3, 30. – parenthet., ut ferebant, sicut fertur, ut temporibus illis ferebatur, Cic. – famā ferre, sich mit dem Gerede tragen, ausstreuen, sich allgemein dahin aussprechen, m. folg. *Acc.* u. *Infin.*, Verg. Aen. 7, 765. Liv. 23, 31, 13 u. 28, 40, 1. – u. fama fert (es geht das Gerede) mit folg. *Acc.* u. *Infin.*, Liv. 2, 7, 6. Tac. ann. 1, 5 *extr.:* parenthet., sicut fama fert (geht), Liv.: ita fama ferebat, Ov. – u. ferre mit dopp. *Acc.*, für od. als den u. den **ausgeben, angeben, erklären, rühmen** (s. M. Müller Liv. praef. § 7. Fabri Liv. 21, 41, 7. Weißenb. Liv. 37, 45, 5), ferre alqm inventorem omnium artium, Caes.: Servium conditorem famā f., Liv.: si te petitorem fero, Cic.: se belli ducem potiorem f., Liv.: se Philippum, Vell.: im Passiv m. dopp. *Nom.*, qua ex re in pueritia nobilis inter aequales ferebatur, wurde als ausgezeichnet unter seinen A. gerühmt, Nep. Att. 1, 3

C im Geiste od. Gemüt **tragen, überdenken, bedenken, überlegen,** als etw. **ansehen, beurteilen,** dice, quid fers, Plaut.: homo semper in se aliud fert, in alterum aliud cogitat, Syri sent.: id consilio ante ferre debemus, vorausbedenken, Cic. ep. 5, 16, 6: utcumque ferent ea facta minores, Verg.: ne id ipsum, quod consultationi reliquerant, pro praeiudicato ferret, Liv. – m. *Infin.*, ad Stygios iterum fero (gedenke) mergere fluctus, Stat. Ach. 1, 134.

D **davontragen, 1** im guten Sinne, **a davontragen, mit hinwegnehmen,** bildl., veniam peto feroque, nehme sie gleichs. mit, versichere mich derselben, Liv.: calumniam, den Tadel der Schikane davontr., Cael. b. Cic.: nihil aliud ex certamine, Liv.: alqd tacitum, etwas als verschwiegen mit hinwegn., z. B. non tacitum feres, ich werde nicht schweigen, Cic.: ne id quidem ab Turno tacitum tulisse, T. habe auch dazu nicht geschwiegen, Liv.: alqd impune, Caes., od. inultum, Ter., bei etwas ungestraft davonkommen, ungestr. bleiben: u. so non feret, quin vapulet, er wird nicht ohne Schläge davonkommen, Plaut. – **b davontragen** = **erhalten, erlangen, ernten,** quod posces feres, Plaut.: partem praedae, Cic.: fructus ex fortuna, Vell.: fructus ex re publ. uberes, Cic.: victoriam ex alqo, Liv.: gratiam (Dank) alcis rei, Liv.: u. hoc facto haud immeritam laudem gratiamque (und Dank) apud omnes, Liv.: palmam, primas, Cic.: responsum ab alqo, Cic.: poenas, s. poena: ridendo maxima damna feres, Ov. – u. so in den publiz. *t. t.*: repulsam (a populo), Cic.: suffragia, Suet.: ebenso centuriam, tribus, die Stimmen der Z. usw. erhalten, Cic. – **c** von wo **entnehmen,** feruntur (sie sind entnommen) ex optimis naturae et veritatis exemplis, Cic. de off. 3, 69. – **2** im üblen Sinne, gewaltsam-, raubend u. dgl. **hinwegnehmen, hinwegraffen,** Pergama, Verg.: te fata tulerunt, Verg. – dah. f. et agere, wegtragen u. wegführen = alles (Tragbare, sowie Menschen und Vieh) als Beute wegführen, Liv. (s. ausführl. ago *no.* I, 2, c): ähnlich **rapere et ferre, Verg.**

E **tragen** = **hervorbringen,** terra fruges ferre potest, Cic.: absol., ferundo arbor peribit, Cato. – v. Ländern, quae si tulisset Achaia, Plin. ep. – übtr., haec aetas oratorem prope perfectum tulit, Cic.

F (wie φέρω) mit vorherrsch. Begriff der Bewegung: **1** tragend **in Bewegung setzen, einherbewegen, fortbewegen** u. dgl., bes. schnell, rasch **dahintragen, -führen, -treiben,** u. ferre se od. medial ferri, **sich rasch bewegen, rasch gehen, eilen, stürzen, fahren, springen, rennen** usw., v. Lebl. auch **fliegen,** aufwärts = **steigen,** abwärts = **sich senken, a** eig.: **α** *act.*: fer pedem, profer gradum, Plaut.: quocumque pedes ferent, die Füße tragen, Hor.: ebenso inde domum pedem, den Fuß tragen = gehen, Verg.: numquam huc tetulissem pedem Ter.: qui huc in hanc urbem pedem, nisi hodie, numquam intro tetulit, Plaut. (vgl. Spengel Ter. Andr. 808): contra (entgegen) gradum, Plaut.: gradus ingentes, große Schr. machen, Ov. – signa (milit. *t. t.*), das Feldzeichen fortbewegen = aufbrechen, abmarschieren, Liv. – ad caelum fulmina, Lucr.: caelo supinas manus, Hor. – in eam partem, quo ventus fert, trägt, führt, Caes.: ventus ferens, ein leicht dahinführender, die Fahrt fördernder Wind, ein Fahrwind, ventus secundus et ferens, günstiger Fahrwind, Sen.: oft Plur. venti ferentes, fördernde, günstige Winde, Plin. pan. u. Ov. – **β** *refl.*: se ferre alci obviam, Cic.: se extra tecta f., Verg.: qui se ferebat, der sich im stolzen Gange schwang, Verg.: ad se ferentem (*sc.* se) pertimescit, den auf sich losstürzenden, Nep.: palam se f., sich öffentlich zeigen, Suet.: dah. se f. alqm, sich zeigen, öffentlich auftreten als usw., se suasorem, Liv.: libertum se populi Romani, Liv.: se consulem, Tac.: quem sese ore ferens, Verg.: ingentem sese clamore ferebat, großmächtig brüstete er sich mit G., Verg. – **γ** medial: ad alqm omni celeritate ferri, Caes.: cursu in hostem ferri, Liv.: quocumque feremur, wohin uns die Flut führt, Cic.: ferri pennā per aethera, Hor.: ferri equis, Verg.: saltu super venabula ferri, springen, Verg. – classis interrita fertur, segelt dahin, Verg.: Rhenus citatus fertur per etc., strömt rasch, Caes.: sanguis fertur a faucibus, ex pulmone, Cels.: stellae circa terram feruntur, Cic.: deorsum ferri, Cic.: vitis ad terram fertur, senkt sich, Cic.: fumus ad caelum usque fertur, Suet. – **b** übtr.: quem tulit ad scaenam ventoso gloria curru, Hor.: alcis gloria ad caelum fertur, Lucr.: alqm in od. ad caelum laudibus, erheben, Cic. u. Liv.: ebenso alqm laudibus, Cic. u. Liv., summis laudibus, Nep.: alqd miris laudibus, Liv., alqm praecipuā laude, Nep. – rem supra ferre quam fieri potest, über die Grenzen des Möglichen erheben, vergrößern, Cic.: famā incerta in maius ferri solent, vergrößert zu werden, Liv. – Demosthenes saepe in eam partem ferebatur oratione (ging in seinen Behauptungen so weit), ut etc., Cic.: omni cogitatione ferri ad alqd, alle seine Gedanken richten auf usw., Nep. – eloquentia, quae cursu magno sonituque fertur, daherfährt, Cic.: orator suo iam impetu fertur, wird fortgerissen, Quint.: quia proclivi ad eas perturbationes, non quia semper feruntur, weil sie leicht, nicht weil sie immer fortgerissen werden, Cic. – v. Lust u. Neigung, **treiben,** quo cuiusque animus fert, eo discedunt, Sall.: istuc mens animusque fert, Hor.: u. fert animus m. folg. *Infin.*, Suet. Oth. 6, 1. Ov. met. 1. 1 u. a. Dichter (s. Drak. Sil. 16, 294): si maxime animus ferat (*sc.* diutius in his locis esse), wenn noch so sehr die Lust sich regte, Sall. Cat. 58, 6. – ähnlich ferri alqā re, von einer Leidenschaft **hingerissen werden, sich hinreißen lassen, beseelt sein,** z. B. crudelitate et scelere, Cic.: avaritiā, Cic.: tanto odio ferri in Ciceronem, ut etc., Nep. – **2** zu einem Ziel **führen,** v. Weg usw., **a** eig.: aditus atque itinera duo, quae extra murum ad portum ferebant, Caes.: via fert Verruginem, Liv., in Persidem, Curt.; vgl. Mützell Curt. 3, 11 (28), 19. – **b** übtr.: si qua ad verum via ferret inquirentem, Liv.: quod eo; quo intendas, ferat deducatque, Cic.: nisi animi quaedam ingenita natura et studio excitata velocitas recta nos ad ea, quae conveniunt causae, ferant, Quint. – ► Von der Wurzel fer ohne Bindevokal immer Präs. fers, fert, fertis, Imperat. fer, ferte, fertote; Infin. Präs. ferre, Konj. Imperf. ferrem; im Pass. Präs. ferris, fertur, Infin. Präs. ferrī, Konj. Imperf. ferrer. – 2. Pers. Präs. Akt. feris, Firm. Mat. de err. 24, 3 H. – 2. Pers. Präs. Pass. fereris, Diom. 361, 28 u. 386, 26 (ohne Beleg). – Parag. Infin. ferrier, Plaut. rud. 367. – Archaist. redupliz. Perf. tetulī, Poët. bei Charis. 278, 6. Plaut. Men. 629 u. ö. Catull. 63, 52: tetulisti, Enn. ann. 55. Acc. tr. 116. Caecil. com. 75: tetulit, Com. pall. fr. inc. 32 (bei Cic. de or. 3, 219). Plaut. most. 471. Ter. Andr. 832. Catull. 63, 47: tetulerunt, Lucr. 6, 672: tetulissem, Ter. Andr. 808. CIL 5, 3635: tetulisset, Catull. 66, 35: tetulissent, Macrin. poët. bei Capit. Macrin. 11, 6: tetulero, Plaut. cist. 650: tetulisse, Plaut. rud. 893.

ferōcia, ae, *f.* (ferox), der **wilde-, ungezügelte Mut** als natürliche Anlage, **I** eig.: **a** im guten Sinne, die **wilde Tapferkeit, unbändige Kriegslust** od. **Kampflust,** Cic. u. Liv. – **b** im üblen Sinne, die **Wildheit, Unbändigkeit,** der **Übermut, Trotz, übermütige Stolz,** Pacuv. u. Acc. fr., Cic. u. a.; vgl. Heräus Tac. hist. 1, 79, 4. – übtr., das **Feuer,** vini, Plin. 14, 121.

ferōcio, īre (ferox), **sich unbändig-, übermütig gebärden,** vom Gefühl innerer Kraft, **unbändig wüten, -toben, a** v. Pers. u. deren Sinn: (animi militum) non immodice ferocirent, Gell.: eādem peste infectum f., Apul.: f. in hanc sectam, Tert.: rapiunt, ferociunt, fallunt, Cypr. – **b** v. Lebl.: oratio ferociens saeviensque, zügelloser u. zu leidenschaftlicher Redeton (Ggstz. demissa iacensque, schwacher u. schleppender), Gell. 1, 11, 15. – ► Synk. Infin. Perf. ferocisse, Tert. apol. 5.

ferōcitās, ātis, *f.* (ferox), der **Mut,** der aus dem Gefühl innerer Kraft entsteht, als Eigenschaft, **a** im guten Sinne, die **Herzhaftigkeit, Festigkeit, Unerschrockenheit,** Cic. u. a. – **b** im üblen Sinne, der **Übermut,** die **Frechheit, Unbändigkeit,** das **unbändige Gebaren,** Cic. u. a.

ferōciter, *Adv.* (ferox), **unbändig, a** im guten Sinne, **mutig, herzhaft,** eo ferocius adequitare Samnites vallo, Liv.: ferocius decernere, Sall.: cum alqo ferocissime stare pro Romana societate adversus Punicum foedus, Liv.: cuius strenua ac ferociter facta in bello, Liv. – **b** im üblen Sinne, **wild, übermütig, trotzig,** respondere, Cic.: ferocius loqui, Nep.: ferocissime obloqui, Curt.

ferōculus, a, um (*Demin.* v. ferox), **sich unbändig gebärdend,** Turpil. com. 107. Auct. b. Afr. 16, 1.

Fērōnia, ae, *f.* (feralis), eine altitalische Gottheit, die die Sabiner nach Rom brachten, ihrem Wesen und Kultus nach wahrsch. eine Erdgöttin, verwandt mit der Tellus. Ihr bedeutendstes Heiligtum befand sich am Berg Sorakte auf dem Gebiet der Stadt Kapena in Etrurien, in dessen Tempelhain (Feroniae lucus) bei den stark besuchten Festen zugleich ein bedeutender Handelsverkehr mit etruskischen Waren stattfand, Liv. 1, 30, 5; 26, 11, 8; 27, 4, 14 *sq.* Sil. 13, 84. – Ein anderes Heiligtum war in der Nähe von Terracina (alt Anxur) in Latium, mit einer Quelle und einem Hain (Feroniae lucus), Verg. Aen. 7, 800; 8, 564. Hor. sat. 1, 5, 24. Tac. hist. 3, 76. Daselbst erhielten Sklaven ihre Freiheit, s. Serv. Verg. Aen. 8, 564, wie denn übh. Feronia als Gottheit der Freigelassenen erscheint, s. Liv. 22, 1, 18.

ferōx, ōcis (ferus), **der sich leicht hinreißen lässt, unbändig, I** im guten Sinne, **wild, mutig, herzhaft, kampflustig, tapfer, kriegerisch,** u. zwar im hohen Grade, ferox bello, Hor.: ferocior civitas, Nep.: iuvenis ferocissimus, Liv. – feroces *ad* bellandum viri, Liv. 38, 13, 11: ferox adversus pericula, herzhaft Gefahren gegenüber, Tac. hist. 3, 69. – **II** im üblen Sinne, **wild, unbändig, ungezähmt, trotzig, stolz, übermütig, frech** (Ggstz. mitis, ignavus; vgl. Heräus Tac. hist. 1, 51, 2), infremuit ferox, Verg.: equus, Plaut. u. Verg.: ingenium, Pacuv. fr.: animus, Sall.: elephantus ferocissimus, Nep.: victoria eos ipsos ferociores impotentioresque reddit, Cic. – m. *Abl.* **womit?** verbis, Zungenheld, Bramarbas, Curt. – m. *Abl.* **wodurch? worauf?** dolore, Ov.: ferociores et calamitate ipsā, Liv.: fer. formā, Plaut.: viribus, Liv.: secundis rebus, Sall.: victoriā, Liv.: expugnato decore muliebri, übermütig jubelnd über usw., Liv.: robore corporis stolide ferox, dummstolz, Tac.: u. so stolide ferox viribus suis, Liv. – mit folg. *Genet.*, mentis, Ov.: linguae, Tac.: scelerum, zügellos im Freveln, Tac. – mit *in* u. Akk., ferox in suos erat illis temporibus miles et rapax, ignavus in hostes et fractus, Amm. 22, 4, 7. – m. esse u. *Dat.* (gegen), ut potuerim patribus quoque ferox esse non solum plebi, im jugendlichen Übermut entgegentreten, Liv. 7, 40, 8. – m. *Infin.*, Sill. 11, 8: m. *Acc.* u. *Infin.*, Plaut. asin. 468. – v. lebl. Subjj., currit enim ferox aetas, eilt unaufhaltsam dahin, Hor.: confidentia, Pacuv. fr.: imperium, Acc. fr.: oratio, Cic. fr.: dicta, Flor.: oculi, Lucan. – ► Genet. Plur. ferocum, Auct. consol. ad Liv. 275. – Abl. Sing. feroci.

ferrāmentārius, iī, *m.* (ferramentum), der Verfertiger von Eisenwerkzeug, der **Zeugschmied,** Firm. math. 3, 11,18.

ferrāmentum, ī, *n.* (ferrum), jedes **eiserne** od. **mit Eisen beschlagene Werkzeug, -Gerät** (Bohrer, Grabscheit, Hacke, Karst, Beil od. Axt, Schwert od. Dolch, Schermesser usw.), Caes. b.G. 5, 42, 3: Scriptt. r. r. u. a.: ferramenta tonsoria, Mart.: bona ferramenta (Gewehre), Cic.: ferramenta pugnantium, Suet.: vir colendi peritus, cuius ferramenta splendent, Cato fr.: bes. ein chirurg. **Instrument,** ferr. acutum, concavum, rectum, labrosum, Cels.: tremenda ferramenta, Augustin. de civ. dei 22, 8, 2: medicinalia ferr., Augustin. epist. 264, 3.

ferrārea od. **ferrāria**, ae, *f.*, s. ferrārius.

Ferrāria, ae, *f.*, ein Vorgebirge in Hispanien, j. *Cabo St. Martin,* Mela 2, 6, 6 (2. § 91).

ferrāriārius, iī, *m.*, (ferraria), der **Eisengrubenarbeiter,** CIL 12, 3336.

ferrārius, a, um (ferrum), **zum Eisen gehörig, Eisen-, I** *adi.*: faber, Schmied, Plaut. u. Firm.: dass. opifex, Treb. Poll.: metalla, Eisenbergwerke, Plin.: aqua ex officinis, Kühlwasser, Plin.: ars, Schmiedehandwerk, Treb. Poll. u. Amm.: officina, die Eisenhütte u. die Waffenschmiede, Plin. – **II** *subst.*: **A ferrārius**, iī, *m.*, der **Eisenarbeiter, Schmied,** Sen. ep. 56, 4 (neben faber). Pallad. 1, 6, 2 (neben lignarius). – **B ferrāria**, ae, *f.*, **1** die **Eisengrube,** Cato origg. 7. fr. 5 (bei Gell. 2, 22, 29, wo ferrareae). Caes. b.G. 7, 22, 2. Liv. 34, 21, 7: conductor ferrariarum, CIL 5, 4788 u. 5036. – **2 Eisenkraut,** Ps. Apul. herb. 66 u. a.

ferrātilis, e (ferrum), **mit Eisen versehen,** genus, die gefesselten Sklaven, Plaut. most. 19.

ferrātus, a, um (ferrum), **I mit Eisen versehen, a mit Eisen beschlagen, -befestigt,** orbes, Räder, Verg.: hasta, Liv.: turris, Eutr. u. Vopisc.: arca, Iuven. – **b** mit Eisen **gefesselt,** v. einem Sklaven, Plaut. Bacch. 781. – **c mit Eisen bedeckt, geharnischt,** agmina, Hor.: gens, Treb. Poll.: catervae, Amm.: pectus, Claud.: armi (equorum), Claud. – subst., ferrātī, ōrum, *m.*, Geharnischte, Tac. ann. 3, 45. – **d eisenhaltig,** aquae, Sen. nat. qu. 3, 2, 1. – **II** prägn., **aus Eisen, eisern,** obices portarum, Tac.: forma, Val. Flacc.: postes belli, Enn.: übtr., saecula (Ggstz. aëna argentea, aurea), Claud. de cons. Stil. 2, 448: vgl. Claud. rapt. Pros. 1, 53.

ferreus, a, um (ferrum), **I aus Eisen, eisern, A** eig.: securis, ensis, Varro fr.: clavi, Plaut. u. Caes.: foris, Amm.: fores, Plaut.: limina, aedes, Plaut.: lorica, Tac.: catenae, Val. Max.: trulla, Liv.: litterae, eingegrabene und mit Eisen ausgefüllte Buchstaben, Suet. – **B** meton.: **eisern** = **1 unempfindlich, gefühllos, hartherzig, hart, grausam,** Aristo Chius, praefractus, ferreus, Cic. fr.: ferreus essem, Cic.: os, Cic.: pectus, Porph. Hor.: frons exsanguis (schamlose) et ferrea, Plin. pan.: bellum, Ov. – saeculum, das eiserne Zeitalter (Ggstz. aureum), Lampr.: u. so saecula, Tibull.: u. proles, Cic. poët. – **2 von eiserner Dauer, unaufreibbar, stark, fest, dauerhaft, unerschütterlich, unabänderlich,** vox, Verg.: corpus animusque Catonis, Liv.: quo ferrea resto? Ov.: decreta veterum sororum, Ov.: iura, Verg. – **3 hart, sehr drückend,** sors vitae, Ov.: somnus, der eiserne Schlaf, d. i. der Tod, Verg. – **4 hart** in der Schreibart, scriptor, Licin. b. Cic. de fin. 1, 5. – **II** übtr.: **A dem Eisen ähnlich, eisenartig,** color, Plin. 37, 170. – **B** = ferrarius, **zum Eisen gehörig,** fabrica, die Bearbeitung des Eisens, Plin. 7, 198. – **C** = ferratus, **geharnischt,** equitatus, Amm. 19, 1, 2.

ferricrepinus, a, um (ferrum u. crepo), **von Eisen rauschend,** insulae, scherzh. = *ergastula,* Plaut. asin. 33.

ferrifodīna, ae, *f.* (ferrum u. fodina), **Eisengrube,** Varro LL. 8, 62 (als ungebr.). Prob. Verg. georg. 1, 56.

ferriterium, iī, *n.* (ferriterus), das **Eisenreibwerk,** scherzh. = *ergastulum,* Plaut. most. 744.

ferriterus, ī, *m.*, (ferrum u. tero), der **Eisenreiber,** scherzh. = der **Gefesselte,** Plaut. trin. 1022.

ferritrībāx, bācis (ferrum u. τρίβω) = ferriterus (s. d.), Plaut. most. 356.

ferrūgināns, antis (ferrugo), **eisenartig,** guttae, Eisengeschmack habend, Tert. adv. Val. 15.

ferrūgineus, a, um (ferrugo), **eisenartig, a** von Farbe, **eisengrau, dunkelfarbig, dunkelbraun, dunkelblau, stahlblau** (s. Forbiger Verg. georg. 1, 467), color, Prud.: palliolum, Plaut.: causia, Plaut.: maculae, Plin.: hyacinthus, Col. u. Verg.: cymba, Verg. – **b** von Geschmack, **eisenartig, eisenhaltig,** sapor, Plin. 31, 12. – Nbf. **ferrūginus**, a, um, Lucr. 4, 74.

ferrūginōsus, a, um = ferrugineus, Not. Tir. 77, 31.

ferrūginus, a, um, s. ferrūgineus.

ferrūgo, inis, *f.* (v. ferrum, wie aerugo v. aes), **I** der **Eisenrost,** Plin. 23, 151. – bildl., der **Neid,** die **Missgunst, Scheelsucht** (die, wie der Rost das Eisen, die Güter des Nächsten zu zernagen suchen), Auct. pan. ad Pison. 95. – **II** die **eisengraue, dunkle, dunkelbraune, dunkelblaue, stahlblaue Farbe** u. übh. das **Dunkel** (s. Forbiger Verg. georg. 1, 467), f. Hibera, Catull.: peregrina, Verg.: atra, Ov.: obscura, Verg. u. Ov.: viridis ferrugine barba, Ov.: ferruginis tunica, eine dunkelbraune Haut, Plin. 15, 35.

ferrum, ī, *n.*, das **Eisen, I** als Rohstoff, **1** eig., fabrica aeris et metalli, Cic.: scyphi e ferro dicati, B. aus Eisen, eiserne, Plin. – **2** übtr., v. der Härte des Gemüts, in pectore ferrum gerit, Ov.: rigidum ferri semina pectus habet, Ov. – **II** verarbeitet, meton.: **1** im Allg. = jedes **eiserne Werkzeug,** Axt, Beil, Hor.: Kette, Sen.: Schere oder Schermesser, Ov.: Kräuseleisen, Brenneisen, Verg. u. Ov.: aequor ferro scindere, Pflugschar, Verg.: ferro et igne curari, durch Schneiden u. Brennen, Sen. – **2** insbes., wie unser **Eisen, Stahl, Klinge** = das **Schwert,** der **Dolch,** ferrum stringere (blank ziehen), Verg. u. Liv.: incumbere ferro, sich ins Schw. stürzen, Ov., Val. Max. u. a.: alqm ferro aggredi,

Nep. u. Ov.: alqm cum ferro (mit bewaffneter Hand) invadere, Cic.: ferro, non rudibus dimicantes, Tac.: agros ferro ignique vastare, urbes ferro atque igni vastare, Liv.: Troiam ferro ignibusque delere, Augustin.: Ciliciam igni ferroque vastare, Curt.: huic urbi ferro ignique minitari, Cic.: patriae igni ferroque minitari, Cic.: spernens quod alii per ignes ferrumque peterent, Curt.: haec omnia flammā ac ferro delere, Cic.: ferro flammāque omnia pervastare, Liv.: quinquaginta milium spatium ferro flammisque pervastare, Tac.: face (mit Feuer) Dardanios ferroque sequi colonos, Verg.: exercitus nostros ferro vique caedere, Tac.: me L. Tarquinium Superbum ferro igni quācumque dehinc vi possim exacturum, Liv.: cadere od. perire ferro poenali (durchs Henkerschwert), Amm.: ferrum nunc hebet? Liv.

ferrūmen (ferūmen), minis, *n.*, das **Bindemittel,** der **Kitt, Leim, Kleber** (**Gummi**), Plin. 36, 176: ferr. scabrum, rauer Ansatz (an Kristallen, als Fehler), Plin. 37, 28: quod (atramentum) frequenter etiam non arcessito ferrumine (ohne Gummi) infigitur, Petron. 102, 15. – übtr., quodam quasi ferrumine immisso fucatior, Gell. 13, 27 (26), 3.

ferrūminātio (ferūminātio), ōnis, *f.* (ferrumino), das **Anschweißen,** Paul. dig. 6, 21, 3. § 5.

ferrūmino (ferūmino), āvī, ātum, āre (ferrumen), **zusammenkitten, verkitten, zusammenschweißen, verlöten** oder auf ähnliche Art **verbinden,** muros bitumine, Plin.: scyphum alieno argento, ICt.: anulus plane ferreis veluti stellis ferruminatus, ringsum mit eisernen Sternchen besetzter, Petron.: fracta (crura iumentorum) non ferruminantur, wachsen nicht wieder zusammen, Plin.: übtr., labra in labris, Plaut. mil. 1335 R.

fertilis, e (fero), **tragbar,** **I** = zum Fruchttragen geeignet, **tragfähig, ertragsfähig,** ager, quamvis *fertilis,* sine cultura *fructuosus* esse non potest, Cic. Tusc. 2, 13: u. so ager fert., Ov. trist. 5, 12, 23: agri uberrimi maximeque fertiles, Cic.: Pallene, fertilis et frugifera terra, Liv. 45, 30, 4. – **II** prägn., **fruchtbar,** **A** = Früchte tragend, **ergiebig,** dem Ertrag nach **reich** (Ggstz. sterilis), **a** eig.: ager, Cic.: fertilis ac frugifera terra, Liv.: fert. oliveta, Hor.: herba, Ov.: serpens, Ov.: annus, Prop. u. Sen.: fertilior seges, Ov.: ager fertilissimus, Liv.: milium fertilissimum, Plin.: ea, quae fertilissima Germaniae sunt, loca, Caes. – m. *Genet.*, an etw., multos fertiles agros alios aliorum fructuum, Cic.: Gallia fertilis hominum frugumque, Liv.: auri fertilissimi Dardae, Plin. – mit *Abl.*, an od. durch etw., flumen fertile auro, Plin.: insula agro f., Liv.: f. ubere campus, Verg. – m. *ad* u. Akk., terrae ad pabula fertiles, Mela: tractus fertiles ad omnia, Plin. – m. *ab* u. Abl., Aetna a sacro numquam non fertilis igni, Auct. Aetnae 556. – **b** übtr.: pectus, Ov.: cura, Plin.: ingenium ex se fertile, Sen. – m. *Genet.*, et homo et locus doctrinae fertilissimus, Val. Max. 8, 7. ext. 3. – mit *in* u. Akk., aër fertilis in mortes, Lucan. 9, 620. – **B** **fruchtbar** = **befruchtend,** dea, v. der Ceres, Ov.: Bacchus, Segen spendend, Hor.: Nilus, Tibull.: fertilissimum in agro oculum domini esse dixerunt, Plin.

fertilitās, ātis, *f.* (fertilis), die **Tragbarkeit, Fruchtbarkeit, Ergiebigkeit** (Ggstz. sterilitas), **I** eig.: **a** der Erde u. Gewächse, m. subj. *Genet.*, agrorum, Cic.: loci, Caes.: m. obj. *Genet.*, odorum, an W., Curt.: tanta frugum vitiumque et olearum, Plin.: absol., terra nullam fertilitatem habens, Quint.: causa fertilitatis est umor, qui etc., Curt. – **b** v. leb. Wesen, barbara, Asiens (d. i. der Morgenländerinnen) Fruchtbarkeit (εὐτεκνία, πολυτεκνία), Tragic. inc. fr. 208: indoluit fertilitate suā (Rhea), Ov. fast. 4, 202: ad generandum paucis animalium minor fertilitas, Plin. 8, 164. – **II** übtr., artis summa intentio et ideo minor fertilitas, Plin. 35, 101.

fertiliter, *Adv.* (fertilis), **ergiebig,** derelicta metalla fertilius reviviscunt, Plin. 34, 164.

fertor, ōris, *m.*, (fero), der **Träger,** als ungebr. angef. bei Varro LL. 8, 57.

fertōrius, a, um (fero), **zum Tragen dienlich, Trag-,** sella, Cael. Aur. de morb. chron. 1, 5, 161: lectus, *ibid.* 5, 1, 14. – subst., fertōrium, iī, *n.*, die **Trage** = das Tragbett, Cael. Aur. de morb. chron. 1, 1, 18.

fertum, altlat. **ferctum,** ī, *n.*, ein aus Gerstenschrot mit Öl u. Honig bereiteter **Opferfladen** (vgl. Paul. ex Fest. 85, 9 [wo firctum]. Isid. 6, 19, 24), Cato r. r. 134. § 2 u. 4; 141, 4. Pers. 2, 48: verb. strues (Opfergebäck) atque fertum, Fab. Pict. bei Gell. 10, 15, 14, strues fertaque, Act. fr. arv. *a. 184* im CIL 6, 2099 pagin. III, 21.

fertus, a, um (fero), **fruchtbar,** Avien. descr. orb. 1205: m., *Genet.*, pini, Avien. or. mar. 556.

ferula, ae, *f.* (vielleicht zu ferio, stoßen, treffen als Stoß, Schuss), **I** = νάρθηξ, eine hochwachsende Doldenpflanze, mit leichtem, knotigem, markvollem Stengel, in dessen Mark sich Feuer glimmend erhalten lässt (weshalb Prometheus den Feuerfunken in einem solchen Stengel vom Himmel wieder zur Erde holte), **Pfriemenkraut, Gertenkraut** (*Ferula,* L., bes. *communis*), Plin. 13, 122 *sq.;* vgl. Plin. 7, 198. Hyg. fab. 144. – Der Stengel diente als »Stab« zum Stützen, Plin. 13, 123: als »Strafrute« für die Knaben in den niederen Schulen, Mart. 10, 62, 10. Iuven. 1, 15. Hieron. c. Rufin. 3, 6 (wo nec tibi ferulas adhibeo): sowie als das gelindeste Strafwerkzeug für Sklaven, Hor. sat. 1, 3, 120, u. für das Vieh, Ov. art. am. 1, 546. – u. (wie νάρθηξ) in der Chirurgie als »Schiene« für gebrochene Glieder, Cels. 8, 10, 1 u. a. (vgl. ex ferula facto canaliculo, Cels. 8, 8). – **II** an Gewächsen, das von einem Knoten zum anderen gewachsene gerade Stück, der **Schuss,** Plin. 17, 152. – **III** das junge, noch nicht mit Enden versehene Geweih des Hirsches, die **Stange,** Plin. 8, 117.

ferulāceus, a, um, **I** **dem Pfriemenkraut ähnlich,** genus, Plin.: caulis, Plin. – **II** **aus Pfriemenkraut gemacht,** rudens, Plin. 34, 170.

ferulāgo, inis, *f.*, eine niedrige Art der Pflanze ferula, Cael. Aur. de morb. acut. 2, 12, 84.

ferulāris, e (ferula), **zum Pfriemenkraut gehörig,** Gargil. Mart. de arb. pomif. 3. § 3.

feruleus, a, um (ferula), **I** **aus Pfriemenkraut gemacht,** tabella, Cael. Aur. de morb. chron. 2, 1, 25. – **II** **dem Pfriemenkraut ähnlich,** vena, Plin. 16, 226.

ferūmen, -minātio, s. ferrūmen etc.

ferūmino, s. ferrūmino.

ferus, a, um (verwandt mit θήρ, äolisch φήρ), **wild** (Ggstz. cicur, mansuetus, domesticus), **I** eig. = **ungezähmt, unbearbeitet, in der Wildnis wachsend, -lebend,** bestia, belua, Cic.: equus, Iustin.: mons, Verg.: silvae, öde, Hor.: fructus, Verg.: victus, Cic.: arbor, Plin. – subst., **a** fera, ae, *f.* (*sc.* bestia), das **wilde Tier,** das **Wild** (Ggstz. cicur, das zahme T.), multa genera ferarum, Caes.: ferae morsus, Cels.: ferae rabies, Curt.: ferarum ritu, Liv. u. a.: pecudum ferarumque ritu, Liv.: feras agitare, Cic. u. Liv.: feras venari, Sen. u. Gell.: ferae nullo insequente saepe incĭdunt (in plagas), Cic.: attrib., fera castor, Apul. met. 1, 9. – dah. übtr., ein Gestirn, der **Wolf,** Caes. German. phaen. 675: magna minorque ferae, die beiden Bären, Ov. trist. 4, 3, 1: v. einem Seeungeheuer, Ov. met. 4, 719: v. Schlangen, Hyg. astr. 2, 42: v. der Ameise, Mart. 6, 15. – **b** ferus, ī, *m.*, das **wilde Tier,** das wilde Schwein, Ov.: der Ochse, Ov.: das Pferd (auch das hölzerne trojanische), Verg.: der (auch zahme) Hirsch, Verg.: die Schlange, Sil. – **II** übtr.: **A** der Bildung nach **wild, ungeschlacht,** adeon me ferum putas, Ter.: homines feri ac barbari, Caes.: fera agrestisque vita, Cic. – **B** dem Charakter nach **wild** = **hart, grausam,** hostis, Cic.: Iuppiter, Verg.: nemo tam ferus fuerit, hart, gefühllos, Nep.: übtr., ensis, Ov.: bellum, caedes, dolores, Ov.: facinus foedum ac ferum, aus einem wilden Charakter hervorgegangene, Liv.: sacra, v. einem Menschenopfer, Ov.: hiems, Ov. – mit folg. 2. *Supin.*, ferum visu dictuque (griech. δεινὸν ἰδεῖν καὶ λέγειν), schrecklich, Sil. 1, 175. – ► faerus geschr., faerae ac leones, Fronto epist. 4, 1. p. 59, 12 N. – ferus ohne Kompar. u. Superl., für die ferocior u. ferocissimus eintreten.

fervefacio, fēcī, factum, ere (ferveo und facio), **siedend heiß-, glühend machen,** oleum, Cato: patinae se fervefaciunt, Plin.: pix fervefacta, Caes.: iacula fervefacta, Caes.: ferve bene facito (= fervefacito bene), Cato.

fervēns, entis, Abl. gew. entī, *PAdi.* (v. ferveo), **siedend heiß, erhitzt, glühend** (Ggstz. frigidus), **I** eig.: cinis, Plin.: rota, Ov.: testa, Sen.:

arena, Curt.: ius (Brühe), Cic.: aqua, Cic.: aqua ferventissima, Col.: Aethiopiam ferventissimam esse indicat hominum color adustus, Sen.: poet., vulnus fervens, heißsprudelnde, Ov. met. 4, 120. – *neutr. pl.* subst., ferventia (Ggstz. frigida), Apul. de mund. 21. – **II** übtr.: **a** im Allg.: in re frigidissima cales, in ferventissima friges, Rhet. Her. 4, 21: ferventissimo tempore, in unserer höchst gefährlichen Lage, Capit. Maxim. et Balb. 1, 3. – **b** v. Gemütszuständen, **heiß, glühend,** ira, Ov. met. 8, 466: populi Romani ferventissimus amor, Capit. Maxim. et Balb. 15 (?). – **c** v. Charakter, **heißblütig, aufbrausend, hitzig, wütend,** fortis animus ferventior est, Cic.: Marinus naturae ferventis, Amm.: ferventes latrones, wütende, Planc. in Cic. ep.: irā et dolore ferventior, Amm. – **d** v. Geist, **feurig, sprudelnd,** Cassi rapido ferventius amni ingenium, Hor. sat. 1, 10, 62.

ferventer, *Adv.* (fervens), **feurig, hitzig, heftig,** de damnatione f. loqui coeptum, man behauptet steif u. fest, er müsse verurteilt werden, Cael. in Cic. ep. 8, 8, 2: laudes tuae f. lucentes, Augustin. conf. 9, 7: *Compar.*, nunc ea debent ferventius exercere, Augustin. serm. 206, 1: eleemosynas ferventius rogemus, *ibid.* 209, 2: ferventius motu agi, Augustin. de genes. ad litt. 2, 5: *Superl.*, ferventissime concerpitur, man greift ihn aufs Bitterste an, Cael. in Cic. ep. 8, 6, 5.

ferveo, ferbuī, ēre u. (altlat. u. poet.) **fervo,** fervī, ere, **sieden, wallen, I** *intr.*: **A** im engeren Sinne: **1 sieden, wallen, kochen,** aqua fervens, Cic.: ius fervens, Cic.: fons mediā nocte fervet, Mela: validum posito medicamen aëno fervet, Ov. – **2 glühen, siedend heiß sein, a** eig.: aula oleo indiget, et, ut video, intolerandum fervit (und die Speise ist noch ungenießbar siedend heiß), Gell. 17, 8, 8; vgl. *PAdi.* fervens. – **b** übtr.: **α** vor Leidenschaft **glühen, erglühen,** fervent multo linguaque corque mero, Ov.: fervet avaritiā pectus, Hor.: avaritiā fervet alienarum opum violentus ereptor? Boëth.: qui usque fervet ferturque avaritiā, ut etc., der sich so von der glühendsten H. hinreißen lässt, dass er usw., Cic.: hostem fervere caede novā, Verg. – m. allg. *Acc.*, hoc nunc fervit (danach glüht) animus, hoc volo, Afran. com. 269. – m. *in* u. Akk., in Christianos ferbuit (wütete) persecutio, Augustin. de civ. dei 18, 52. p. 339, 35 D.[2] – m. *Infin.* = vor Begierde brennen, sceptrumque capessere fervet, Claud. in Rufin. 2, 295: iam stagna secare fervet, Claud. b. Gild. 351. – bes. (mit u. ohne ab ira) **vor Zorn (Wut) glühen, aufbrausen, wüten,** amens irā fervēre, Afran. fr.: fervens irā, Sil.: cor irā fervit caecum, Acc. fr.: cum fervat pectus iracundiā, Acc. fr.: ubi commotā fervet plebecula bile, Pers.: animus tumida fervebat ab ira, Ov.: cum fervit maxime, tam placidum quasi ovem reddo, Ter.: fervet (fera) et a trepido vix abstinet ira magistro, Lucan. – **β hitzig betrieben werden,** fervet opus, Verg.: vindemia fervet collibus in summis, Calp.: terrā marique fervebat obsidio, Flor.: inter vos quotiens libertorumque cohortem pugna Saguntinā fervet commissa lagonā, es im Kampf heiß hergeht, geliefert mit sag. Fl., Iuven. – **3 glühen = glänzen,** iam fervēre litora flammis, Verg. Aen. 4, 567. – **B** im weiteren Sinne: **1 wallen, brausen, toben, dröhnen, zischen, a** eig., v. Gewässern u. Stürmen, fremitus ferventis aestus, Iustin.: turbo ingenti sonitu mare fervēre cogens, Lucr.: fervet fretis spirantibus aequor, Verg.: omnia tum pariter vento nimbisque videbis fervēre, Verg. – **b** übtr., v. Dichter, monte decurrens velut amnis fervet (Pindarus), braust, Hor. carm. 4, 2, 5. – **2 in lebendiger Bewegung sein, a** v. einer Menge, **hin und her wogen,** fervēre cum videas classem lateque vagari, Lucr.: fervent examina putri de bove, wogen (schwärmen) hervor, Ov. – **b** v. einer Örtl., von geschäftigen Leuten usw. **wimmeln,** litora fervēre late, Verg.: instructo Marte videres fervēre Leucaten, Verg.: opere omnis semita fervet, Verg. – m. *Genet.*, domus haec fervit flagiti, Pompon. com. 101. – **II** *tr.* **entzünden,** quam melius thalamo dulcis petulantia fervet, Mart. Cap. poët. 7. § 725.

fervēsco, ere (ferveo), **I siedend heiß werden, sieden, sich erhitzen,** cocum percontabatur, possent seriae fervescere, Plaut.: hunc fontem … acri sole putant subter terras fervescere raptim, Lucr.: saxa velut igni fervent, Sen.: fervescentis materiae spuma, Plin.: fervescentium vulnerum exulcerationes, Firm. – bildl., est etiam calor ille animo, quem sumit, in ira cum fervescit et ex oculis micat acribus ardor, Lucr. 3, 288 *sq.* – **II** übtr., von etw. **wimmeln,** fervescere vermibus et fluctuare, Arnob. 7, 17.

fervidus, a, um (ferveo), **siedend, wallend, I** im engeren Sinne, **1 siedend, wallend, kochend, heißsprudelnd, a** eig.: aqua, Curt.: umor, musta, Ov.: spuma, Ov. – **b** übtr., v. der Rede u. v. Redner, **aufbrausend, sprudelnd,** ferv. quoddam genus dicendi, Cic. Brut. 241: paulo fervidior erat oratio, *ibid.* 108: toto genere paulo fervidior atque commotior, *ibid.* 129. – **2 glühend, brennend, hitzig, heiß, ganz warm, a** eig.: pars mundi, Cic.: axis, Verg.: aestas, Tac.: aestus, Hor.: sapor herbae, Plin.: vina, Hor.: fervido adhuc pectore, noch ganz warm, Tac.: ante sidus fervidum, vor der heißen Zeit, Hor.: merum fervidius, Hor.: diei ferventissimum tempus, Curt. – **b** übtr., **feurig, leidenschaftlich, heißblütig, hitzig, zornig, wütend** (Ggstz. frigidus), **α** v. Temperament usw. u. v. Pers.: fervida animi natura, Sen.: fervidi animi vir, Liv.: fervida imperatorum ingenia, Liv.: potestas (Temperament) fervida, frigida, Sen. – amator, Apul.: iuvenes, Hor.: puer, v. Cupido, Hor.: furto (Dativ) fervidus instat, Verg.: fervidus hastam torquens, Sil.: ipsa inter medias flagrantem fervida pinum sustinet, wütend (infolge der bacchischen Begeisterung), Verg. – m. *Abl.*, fervidus ingenio, Ov.: irā, Verg.: subitā spe, Verg. – m. *Genet.*, fervidus ingenii Masinissa et fervidus aevi, Sil. 17, 413. – **β** poet. v. Äußerungen des Hitzigen, dicta, des Zürnenden Botschaft, Claud.: latratus, Apul.: consulta, von Kriegslust glühend, Sil. – **3 feurig, glänzend, hell,** fax, Iul. Caes. Strab.: Titan, Sen. poët.: signa, Lucr.: dies, Sen. poët. – **II** im weiteren Sinne, **wallend, brausend, tosend,** vada, Verg.: aequor, Hor.: mare, Amm.: Aetna, Hor.

fervo, ere, s. ferveo.

fervor, ōris, *m.* (ferveo), **I** im engeren Sinne: **1** die **Gärung, Aufwallung,** musti, Varro r. r. 1, 13, 6. Plin. 14, 124: alqd tribus fervoribus in aqua decoquere, Marc. Emp. 16. – **2** die **siedende Hitze,** das **Zischen u. Brausen, a** eig., des Feuers u. erhitzter Ggstd.: fervore atque aestu anima interclusa, durch die Hitze u. Glut, durch die Gluthitze, Liv.: Plur., fervoribus aestivis, in der Sonnenhitze, Col.: mediis fervoribus, in der Mittagshitze, Verg.: siccis aër fervoribus ustus, Ov.: usta fervoribus terra, Sen. – m. *Genet.*, solis, Iustin.: mundi, Cic.: terrae, Curt.: aestatis, Hieron.: meridiani aestus (Ggstz. matutinus hiemis rigor), Cassian.: febris, Plin.: capitis, Plin. – **b** übtr., die **Hitze, Leidenschaft, Heftigkeit, Wut,** aetatis, Cic.: iuventae, Ov.: mentis, animi, Cic.: amoris, Feuer, Glut, Calp.: ut semel icto accessit fervor capiti, Hor.: sumpsit novas fervoribus iras, Ov.: indignationum fervores ponere, Arnob. – **II** im weiteren Sinne, das **Wallen, Brausen,** die **Brandung** eines Gewässers, Oceani, Cic.: maris, die unruhige Bewegung, Unruhe, Cic. de prov. cons. 31 (mit Anspielung auf die Zeiten des Seeräuberkrieges).

fervunculus, ī, *m.* (ferveo) = furunculus, ein **Blutschwären,** Arnob. 2, 11.

Fescennia, ae, *f.*, Stadt in Etrurien (nördlich vom röm. Falerii), wo die Fescennini versus (s. unten) aufkamen od. urspr. bes. blühten, j. viell. *Città Castellana*, viell. richtiger j. *Gallese*, Plin. 3, 52. – Dav. **Fescennīnus,** a, um, **feszenninisch,** acies, Verg. Aen. 7, 695: urbs, Paul. ex Fest. 85, 18. – insbes., **Fescennīnī versus,** urspr. Gesänge festlicher Art u. bei festlichen Gelegenheiten, die einen heiteren u. fröhlichen Charakter an sich trugen, aber nicht ohne derben Witz waren, später neckende Hohn- u. Spottlieder voll zweideutiger u. oft unsittlicher Gedanken, die die freude- und weintrunkene Jugend in Wechselversen ohne bestimmtes Metrum bei Erntefesten, Hochzeiten u. dgl. vortrug, versus F., Liv. 7, 2, 7: u. so bl. Fescennini (*sc.* versus), Macr. sat. 2, 4. § 21: nuptiales Fescennini, Sen. contr. 7, 6 (21). § 12. Plin. 15, 86: u. bl. Fescennina (*sc.* carmina), Hieron. epist. 130, 5. Prud. Symm. 1, 261. Mart. Cap. 9. § 914. Porphyr. Hor. ep. 2, 1, 145. Arnob. 4, 20: dah. licentia F., Hor. ep. 2, 1, 145. Mart. Cap. 9. § 904: procax F. iocatio, Catull. 61, 127 Schw. – u. übtr., Fescennīnus, ī, *m.*, ein **Verfasser von Schmähschriften,** Cato or. 40. fr. 3 (bei Macr. sat. 3, 14, 9, w. vgl.).

Fescennīnicola, ae, *c.* (Fescennini, *sc.* versus), **ein Freund feszenninischer Verse** (s. Fescennia), Sidon. carm. 12, 2.
Fescennīnus, s. Fescennia.
fēsiae, s. fēriae ►.
Fessōna, ae, *f.* (fessus), eine Göttin, die von Müden u. Kranken angerufen wurde, Augustin. de civ. dei 4, 21. p. 171, 32 D.[2]
fessulus, a, um (*Demin.* v. fessus), **etwas müde,** Dracont. carm. minor. 10, 123 *Duhn.*
fessus, a, um (fatiscor), **mürbe, müde, matt, erschöpft, entkräftet** (Ggstz. integer, recens), **a** v. Pers.: viator, Hor.: Iugurtha, Sall.: ter fessus valle resedit, Verg.: fessus itinere miles (Ggstz. miles recens), Liv.: de via, Cic.: de aestu maris, Gell.: ab undis, Verg.: longā standi morā, vom langen Stehen, Val. Max.: iam eundo, Plin.: plorando, Cic.: iam vivendo, lebensmüde, Val. Max.: u. so vitā, Plin.: annis, Ov.: aetate, Verg.: vulnere, Liv.: morbis et longitudine viae, Liv.: inediā fluctibusque, Cic. – mit folg. *Genet.*, fessi rerum, erschöpft von usw., Verg.: u. so fessus bellique viaeque, Stat.: fessi salutis, vom Suchen der Rettung, Sil. – **b** v. Tieren, equus (Ggstz. equus recens), Liv.: boves, Hor.: fessi vomere tauri, Hor.: elephanti fessi aegritudine, Plin. – **c** v. Körper u. dessen Gliedern usw., corpora, Verg.: caput, todesmatt, Ov.: artus, schwache, kranke, Verg.: latus, Verg.: corpora duris fessa ministeriis, Ov.: longā fessum militiā latus, Hor.: fessae labore vires, Amm. – **d** übtr., übh. v. Lebl.: aetas, Altersschwäche, Tac.: naves, alte, unbrauchbare, Verg.: cardines, alte, abgenutzte, ausgediente, Plin.: cum iam fessa dies, zur Neige geht, Stat.: res fessae, Elend, Not, Verg. u. Plin.
fēstālis, e (festus, a, um), **festlich,** dies, Gloss.
fēstīnābiliter, *Adv.* (*festinabilis v. festino), **eilends,** CIL 4, 4758.
fēstīnābundus, a, um (festino), **sich beeilend, eilend, eilfertig,** Val. Max. 2, 8, 5. Macr. sat. 2, 13, 17. Augustin. conf. 1, 11. *Auct. itin. Alex. 28 V.
fēstīnanter, *Adv.* (festino), **eilends, geschwind, übereilt** (Ggstz. segniter), fest. mandere (Ggstz. ex commodo), v. Ochsen, Col.: revocare filium, Vell.: illud mihi a te nimium fest. dictum videtur, Cic. – *Compar.*, iisdem omnibus etiam, si fieri potest, festinantius actis, Cels.: quos (fasces) festinantius victor reddiderat, quam sumpserat imperator, Col.: compositius cuncta quam festinantius agerent, Tac. – *Superl.*, festinantissime respondere, Augustin. epist. 95, 9.
fēstīnantia, ae, *f.* (festino), die **Eile,** Paul. Nol. epist. 11, 10.
fēstīnātē, *Adv.* (festino), **eilends,** Placid. gloss. V, 23, 16.
fēstīnātim, *Adv.* (festino), **eilends,** Pompon. com. 13. Sisenn. hist. 4. fr. 65 (b. Non. 514, 4).
fēstīnātio, ōnis, *f.* (festino), die **Hast,** das **Eilen,** die **Eilfertigkeit,** die **Ungeduld,** f. praepropera, Cic.: tarda, Curt.: quasi par in oppido festinatio et ingens terror erat, Sall. fr.: quid afferebat festinationis? Cic. Mil. 49: m. subj. *Genet.*, alcis, Curt. u. a.: m. obj. *Genet.*, eius (causae), Cic.: victoriae, Vell.: adipiscendi honoris, Cic.: omni festinatione properare in patriam, Cic.: ignoscas velim huic festinationi meae, Cic.: festinatio, ut ea explicem, Nep. – Plur., Ggstz. tarditates, Cic. de off. 1, 131.
fēstīnātō, *Adv.* (festino), **eilfertig, eilig, schleunig,** Plin. 18, 98. Col. 1, 6, 19. Quint. 4, 2, 58. Suet. Caes. 16, 2. Iustin. 38, 10, 11. – Kompar. **fēstīnātius,** Suet. Aug. 29, 1. Amm. 24, 6, 11.
fēstīnē, *Adv.* (festinus), **eilig,** Cassiod. var. 3, 40, 1.
fēstīnis, e (Nbf. v. festinus), **eilend, eilfertig,** nunc haec res me facit festinem, Titin. com. 103 (wo jedoch festinem wahrsch. der Konjunktiv Präs.).
1. fēstīno, āvī, ātum, āre (vgl. cōnfēstim), **I** *intr.* **eilig tun, Eile haben, sich sputen, eilen, sich beeilen** (Ggstz. cunctor), quid festinas? Ter.: omnes festinant intus totis aedibus, Plaut.: plura scripsissem, nisi tui festinarent, Cic.: dies noctesque festinare, Sall.: Romani domi militiaeque intenti festinare, parare, Sall.: esseda, naves festinant, Hor.: m. *in* u. Akk., in Italiam, Vell.: in provinciam, Quint. – m. *ad* u. Akk., ad suos, Amm.: ad portas, Sall.: ad bellum civile, Eutr.: ad curationem, Cels.: ad effectum operis, Liv. – **II** *tr.* etwas **beeilen, beschleunigen,** mit etwas **eilen, sich beeilen,** **α** m. *Acc.* (s. Nipperd. Tac. ann. 13, 17), profectionem, Sall. fr.: fugam, Verg.: soleas, eilig anlegen, Sall. fr.: so auch vestes, Ov.: pyram, Sil.: mortem in se, Tac.: se, sich fördern, -beeilen, Gell.: nec virgines festinantur, man beeilt sich nicht mit den J., d. i. man verheiratet sich nicht zu früh, Tac. – *Partic.* fēstīnātus, a, um, **beschleunigt,** iter, Ov.: nuptiae, Suet.: annis festinatis raptus, durch einen frühzeitigen Tod, Mart. – **β** m. folg. *Infin.*, tanto opere migrare, Cic.: abire, Sall.: ideo maturare huius libri editionem festino, Quint. – m. vorhergeh. allg. *Acc.*, callidus id modo festinabat, Bocchi pacem imminuere, hatte für jetzt nichts Eiligeres zu tun, als die friedlichen Verhältnisse des B. zu stören, Sall. Iug. 81, 4. – **γ** m. folg. 1. *Supin.*, eamque raptum festinabant, Apul. de deo Socr. prol. p. 3, 9 G.
2. fēstīnō, *Adv.* (festinus), **eilends,** Capit. Albin. 6, 6.
fēstīnus, a, um (rückgebildet aus festino), **eilend, eilfertig,** v. Pers., Verg., Ov. u. a.: v. Lebl., rota, Claud.: celeritas, Amm.: benevolentia, Paneg. vet. – m. *Genet.*, voti, Stat. Theb. 6, 75. Claud. IV. cons. Hon. 166: laudum, Stat. silv. 5, 3, 135.
fēstīvē, *Adv.* (festus), **I anmutig, niedlich, nach Herzenslust,** alqm accipere (bewirten), Plaut. Pseud. 1254[a]. – *Comparat.*, Hieron. epist. 31, 2. – *Superl.*, Trag. inc. fr. 223. – **II** (in Bezug auf die Rede usw.) **nett, launig, schalkhaft,** belle et f., Cic.: a te actam fabellam video esse f., Cic.: festivissime inquit, Gell.
fēstīvitās, ātis, *f.* (festivus), **I** objekt., ein **Festgenuss,** ein **wonniges Vergnügen, A** im Allg.: offers mihi iocum, festivitatem, Plaut. capt. 770: als Liebkosung, mea festivitas, meine Wonne! Plaut. Cas. 135 u. 577. Apul. met. 2, 10: u. so huius fest., seine Wonne, Plaut. Poen. 389. – **B** insbes.: **1** festivitates = καλλωπίσματα, **Aufputz, Zieraten** der Rede, iis festivitatibus insolentius abutitur, Cic. or. 176: festivitates inscriptionum, prunkvolle Inschriften, Gell. praef. § 4. – **2** (spätlat.) die **Festlichkeit,** Lampr. u. a. Spät. – **II** subjekt., als Eigenschaft: **1** das **Herzige,** die **Gemütlichkeit, schalkhafte Anmut** in Mienen u. im Benehmen, patris mei, Ter.: infans insigni festivitate, Suet. – dah. auch die **festliche Stimmung, Fröhlichkeit,** imminentia festa totius nobiscum orbis festivitate celebremus, Hieron. epist. 96, 1. – **2** das **Gemütliche,** die **Heiterkeit,** die **gemütliche Laune,** der **heitere, launige Witz,** die **Fröhlichkeit,** in der Unterhaltung, sowie im Vortrag des Redners, verb. lepos et fest., fest. et facetiae, Cic.: fest. sermonis, Rhet. Her.: antiqua et vernacula fest. (launige Unterhaltung), Cic.: cum in illo genere perpetuae (sich durch den ganzen Vortrag hindurchziehender) festivitatis ars non desideretur, Cic.
fēstīvitātula, ae, *f.* (*Demin.* v. festivitas), eine **kleine Festlichkeit,** Alcim. Avit. epist. 88.
fēstīviter, *Adv.* (festivus), **I anmutig, niedlich,** Nov. com. 40. – **II** in der Rede = **witzig, launig,** Gell. 1, 2, 7 (Ggstz. severe); 1, 22, 6; 18, 8, 2.
fēstīvus, a, um (festus), von allem, was angenehm in die Sinne fällt, **I** im Allg.: **1** eig. = **hübsch, nett, niedlich,** femina, Plaut.: area parva, sed festiva, Plin. ep.: poëma, Cic.: copia librorum, eine hübsche Anzahl, Cic.: nonne sunt illa festiva? Cic. – **2** übtr.: **a** von Örtl., wo es sich angenehm verweilen lässt, es heiter hergeht = **dem Vergnügen geweiht, Wonne spendend, heiter** (s. Brix u. Lorenz Plaut. mil. 83), hospitium, Plaut.: fores, Plaut.: assedisti in festivo loco (im Schauspielhaus), Plaut.: atque in loco festivo sumus festive accepti, in diesem gemütlichen Zimmer, Plaut. – **b** von Vornahmen, bei denen es munter hergeht, **dem Vergnügen geweiht, munter, heiter, gemütlich,** operam festivam praebuit, Plaut.: vin tu facinus facere lepidum atque festivum? Plaut.: ludi, Plaut.: alea, Gell.: convivium festivissimum, Iustin. – **c** fēstīvum, ī, *n.* (= festum), die **Festlichkeit,** das **Fest,** in vindemiarum festivo, Lampr. Heliog. 11, 6. – **II** insbes.: **1** vom Charakter u. Benehmen, **herzig, gemütlich,** puer, Cic.: filius, Cic.: caput, ein herziger, guter Kerl, Ter.: pueri, quibus nihil potest esse festivius, Cic.: pater festivissime, allerherzigster V., Ter. – **2** in der Rede, in der Unterhaltung, im Vortrag **gemütlich, heiter, lustig, kurzweilig, drollig,** festivus homo, Cic.: acroama, Cic.: oratio, Cic.:

sermo, Cic.: hoc festivissimum et facetissimum est, ist höchst launig u. scherzhaft (gebraucht), Gell.

fēstra, ae, *f.,* s. fenestra ►.

1. **fēstūca,** ae, *f.* (vermutlich aus *ferstuca, zu fastigium), **I** der **Halm, Grashalm,** Varro LL. 5, 136. Col. 8, 15, 7, Plin. 10, 116: cum herba creverit in festucam, Plin. 18, 254. – ein halmartiges Unkraut, Plin. 18, 155. – **II** übtr., die Rute od. das Stäbchen, womit nach röm. Sitte der *assertor libertatis* den Sklaven berührte, der für frei erklärt werden sollte, sonst auch vindicta gen., die **Freiheitsrute,** der **Freiheitsstab,** ingenuan an festucā facta e serva liberast? Plaut. mil. 961: non in festucā, lictor quam iactat ineptus, Pers. 5, 175.

2. **fēstūca** (nicht fistūca), ae, *f.,* ein Werkzeug zum Einrammen, der **Schlegel,** die **Ramme,** Plaut. mil. 961. Cato r. r. 28, 2. Caes. b. G. 4, 17, 4 *codd. TU.* Plin. 17, 87 u. 36, 185 D. Vulg. Matth. 7, 3 *sqq.;* Luc. 6, 41 u. 42. Augustin. serm. 49, 7. Gloss. II, 71, 45; II, 339, 23 u. ö. – ► fistūca nur Gloss. III, 407, 16.

fēstūcārius, a, um (1. festuca *no.* II), **nur der Zeremonie wegen geschehend,** vis, scheinbarer (symbolischer) Gewaltakt, Gell. 20, 10. § 10.

fēstūcātio (nicht fistūcātio), ōnis, *f.* (festuco), das **Einrammen, Festrammen,** festucatione solidare, Vitr. 10, 3, 3: festucationibus solidare, Vitr. 3, 3, 1 u. 7, 1, 1.

fēstūco (nicht fistūco), āvī, ātum, āre (2. festuca), **festrammen, -schlagen,** fundamenta fest., Cato r. r. 18, 7: solum fest., Vitr. 7, 4, 5. Plin. 36, 188.

fēstūcula, ae, *f.* (*Demin.* v. 1. festuca), ein **Hälmchen,** Pallad. 5, 8, 2.

fēstum, ī, *n.,* s. 1. fēstus.

1. **fēstus,** a, um (vgl. feriae), **festlich, feierlich, I** urspr. von den der religiösen Feier geweihten Tagen, -Zeiten, dann bei Dichtern u. in der nachaug. Pros. von allem, was mit der Feier eines Fest- oder Freudentages in Verbindung steht, dies, Festtag, Cic. u. a.: nato Caesare festus dies, Geburtstagsfest des C., Hor.: dies festos anniversarios agere, Cic.: qui (dies) quasi deorum immortalium festi atque sollemnes apud omnes sunt celebrati, Cic.: natalem (diem) festum habere, den G. feiern, Nep.: u. so tempus, Hor.: lux (poet. = dies), Ov.: luces, Hor.: als Liebkosung, mi animule, meus dies festus, Plaut. – fronde festā, Verg.: vestitus, Tac.: chorus, Ov.: clamores, Plin. ep.: ululatus, Ov.: festis vocibus excipi, mit freudigem Zuruf, Tac.: pax, Plin. – subst., fēstum, ī, *n.,* das **Fest,** der **Festtag,** die **Festlichkeit,** das Festmahl, im Sing. b. Ov., Plin. u. Gell.: im Plur. b. Hor. u. Ov.: festa venatione absumi, Plin. 6, 91. – **II** übtr., übh. **feierlich,** dolor f., feierlicher, öffentlicher, Stat. silv. 2, 7, 134. – od. gew. **festlich** = **fröhlich,** festior annus, Claud.: festissimi dies, Vopisc.: aures, erfreute, Claud.

2. **Fēstus,** ī, *m.,* vollst. Sextus Pompeius Festus, ein röm. Grammatiker, der vermutlich gegen Ende des 4. Jahrh. n. Chr. lebte u. einen Auszug in 20 Büchern machte aus dem Werk des Grammatikers M. Verrius Flaccus de verborum significatu, von dem wir noch Buch 12–20, aber unvollständig, und einen Auszug des Ganzen von Paulus Diaconus (im 8. Jahrh. n. Chr.) übrig haben.

Fēsulae, Fēsulānus, s. Faesulae.

fētālia, ium, *n.* (fetus), das **Geburtsfest,** Augustin. serm. 193, 1.

fēteo, -ēsco, s. foeteo, -esco.

fētiālis, is, *m.* (von *fētis, indogerm. **dhetis,* griech. θέσις, Satzung, Gesetz), der **Fetial** (Kriegsherold, Bundespriester), im Plur. fētiālēs, ein Kollegium von zwanzig Priestern, dem die Aufrechterhaltung des Völkerrechts übertragen war, sodass sie unter gewissen feierlichen Gebräuchen Friedensschlüsse, Waffenstillstände u. Bündnisse heiligten, Misshelligkeiten und Irrungen in Bezug auf fremde Staaten schlichteten, religionswidrige (impia) Kriege zu verhüten hatten, von Staaten, die bundbrüchig geworden waren od. die Römer beeinträchtigt od. beleidigt hatten, Genugtuung forderten u. erst, wenn diese verweigert worden war, den Krieg genehmigten, Varro LL. 5, 86. Non p. 529 (*in v.*), Cic. de rep. 3, 20 M. u. a. – Die Fetialen (gew. vier), die als Gesandte abgeschickt wurden, um Bündnisse zu schließen, hießen fetiales legati, Varro vit. P. R. 2. fr. 13 (aus Non. p. 529, 27); im Sing. legatus fetialis, Liv. 9, 11, 11: ihr Sprecher hieß pater patratus, s. Liv. 1, 24, 3 *sqq.;* 1, 32, 6 *sqq.* (an beiden Stellen auch über die Zeremonien der Fetialen). – Dav. **fētiālis,** e, **fetialisch,** ius, das Fetial-Recht (wonach die Fetialen verfuhren), Cic. de off. 1, 36 u. 3, 108 (vgl. Liv. 1, 32, 5: ius, quod nunc fetiales habent, quo res repetuntur): u. so iura, Arnob. 2, 67: caerimoniae, die Zeremonien der Fetialen, Liv. 9, 11, 8.

fētidus, s. foetidus.

fētifer, fera, ferum (fetus u. fero), **Fruchtbarkeit bringend, fruchtbar,** Nilus, Plin. 7, 33: Aprilis, Auson. egl. (V) 2, 4. p. 10, 4 Schenkl.

fētifico, āre (fetus u. facio), **hecken,** v. Vögeln, Plin. 10, 22 u. a. – **laichen,** v. Fischen, Solin. 12. § 13.

fētificus, a, um (fetus u. facio), **befruchtend,** Plin. 9, 161.

fēto, āre (*feo), **I** *intr.* **brüten, hecken,** v. Vögeln, Col. 8, 8, 8 u. 8, 15, 7: v. Schafen, Vulg. psalm. 77, 10. – **II** *tr.* **befruchten,** armenta, feminas, Augustin. de civ. dei 5, 7 u. a.

fētor, s. foetor.

1. **fētōsus,** a, um (fetus, us), **fruchtbar,** Vulg. psalm. 143, 13.

2. **fētōsus,** s. 1. foetōsus.

fētuōsus, a, um (fetus, us), **fruchtbar,** Hieron. adv. Iovin. 1, 11; in ep. ad Galat. 4, 27.

fētūra, ae, *f.* (v. *feo), **I** die **Fortpflanzung** des Geschlechts, die **Zeugung, Zucht,** Varro, Cic. u. a.: aetas feturae habilis, Verg.: optima fetura (Brutzeit) ante vernum aequinoctium, Plin.: übtr., opus natum proximā feturā, das letzte Erzeugnis meiner Feder, Plin. nat. hist. praef. § 1. – **II** meton., die **junge Zucht,** das **Jungvieh,** der **Nachwuchs,** Verg. ecl. 7, 36. Ov. met. 13, 827: übtr., der **Trieb** des Weinstocks, Plin. 17, 179.

fētūrātus, a, um (fetura), **befruchtet,** Tert. adv. Val. 25.

1. **fētus** (foetus), ūs, *m.* (*feo, wob. auch fecundus), **I** das **Zeugen** (die **Erzeugung**), **a** leb. Wesen, das **Zeugen** (die **Zeugung**), das **Gebären, Werfen, Hecken, Ausbrüten, Legen,** labor bestiarum in fetu, Cic.: fetus primus, secundus, novissimus, Col.: fetibus inutiles (vaccae), Col.: uno fetu parĕre alqd, mit **einer** Niederkunft, Plaut.: pariunt (anseres) singulis fetibus ova, in den einzelnen Legzeiten, Col.: discors concordia fetibus (der Zeugung) apta est, Ov.: calathus fetui gallinaceo destinatus, zum Hühnerbrüten, Eierlegen, Apul.: im Bild, nec ullā aetate uberior oratorum fetus fuit, Zuwachs, Wachstum, Cic. Brut. 182: ille Socratici fetus proventus, jener Nachwuchs sokratischer Zucht, Sen. de tranqu. anim. 7, 5. – **b** des Holzes, der **Trieb,** das **Wachstum,** crescenti adimunt fetus, Verg. georg. 2, 56. – **c** des Bodens, die **Zeugung, Erzeugung,** quae frugibus atque bacis terrae fetu profunduntur, Cic. de legg. 1, 25; vgl. Lucr. 5, 778: periti rerum asseverant non ferre (Arabiam) tantum (aromatum) annuo fetu, quam etc., erzeuge jährlich nicht so viel, wie usw., Plin. 12, 83. – **d** poet. v. d. Nacht, quascumque (pestes) sinistro nox genuit fetu, schuf in schlimmen Geburten, Claud. in Rufin. 1, 29. – **II** meton., das **Gezeugte, a** v. leb. Wesen, u. zwar **α** v. Menschen, die **Leibesfrucht,** der **Sprössling** (das **Kind**), fetus geminus od. gemellus, Zwillingssöhne, Zwillinge, Ov.: sexus sequioris edere fetum, ein weibliches Kind gebären, Apul.: fetum discordem (den Minotaurus) utero tulit, Ov.: fetus matrona dabit (wird gebären), Tibull.: Germania quos horrida parturit fetus (Ausgeburten), Hor.: verächtlich, numquid pater fetum emit lamnā, hat sein Vater den Balg mit Goldbarren gekauft? Petron. 57, 4: im Bild, ne nobis scripta nostra tamquam recentes fetus (wie neugeborene Kinder) blandiantur, Quint. 10, 4, 2. – **β** v. Tieren, die **Leibesfrucht,** das **Junge,** Plur. die junge **Brut,** die **Jungen,** fetus canis, junger Hund, Enn.: fet. suis, Frischling, Ferkel, Verg. u. Tac.: fet. capellae, Tibull.: fetus ovium, Lämmer, Verg.: fetus (Plur.) avium, Lact.: fetus facere, hecken, legen, Plin.: dass. fetus edere, Tibull. u. Amm. (vgl. suis fetum editum, cui accipitrum ungues inessent, Tac.): fetus suos excludere, Col.: adultos educere fetus (v. Bienen), Verg.: fetus ventri (leporis) exsecare, Plin.: portentosos fetus (Missgeburten) exstinguere, Sen.: fetum ad imam (quercum)

ponere (v. Schwein), Phaedr. – **b** v. Lebl., **α** der **Spross, Trieb, Schössling,** das **Reis (Fruchtreis),** fet. croceus, Verg.: fetus auricomi, Verg.: fet. nucis, Pfropfreis der Wallnuss, Verg.: fet. canentis olivae, junger Ölbaum mit weißgrünlichen Blättern, Ov.: in novos fetus (zum neuen Tr.) reviviscere (v. einem Baum), Tac. – im Bild, omnis fetus (jeder lebendige Trieb) repressus, Cic. Brut. 16. – **β** die **Frucht,** der **Ertrag** der Feld- u. Baumfrüchte, pauperies fetuum (an Früchten = Trauben), Pallad.: fet. arboreus, Ov.: fetus arborei, Verg. u. Ov.: fetus terreni arboreique, Feld- u. Baumfrüchte, Col.: dass. fetus fructuarii arboreique, Amm.: fetus frugum, Feldfrüchte, Pacuv. fr.: fetus (die Saatfrucht, Saat) mutare, Verg.: maturos edere (tragen) fetus (v. Nussbaum), Ps. Ov.: meliores et grandiores fetus edere (v. Acker), Cic.: dant alios aliae fetus (Ertrag), Verg.: u. so ipsa (tellus) dedit dulces fetus, Lucr.: meliores reddere fetus (v. Acker), Lucr.: fetus triticeos (Ertrag an Weizen) reddere (v. Acker), Ov.: varios ponit (gewährt) fetus autumnus, Verg. – im Bild, dulces Musarum expromere fetus (Früchte), Catull. 65, 3: ex quo triplex ille animi fetus (Geistesfrucht) exsistet, Cic. Tusc. 5, 68. – ► Archaist. Abl. Plur. fētis, Acc. tr. 244.

2. fētus (foetus), a, um (*Partic.* v. *feo; also) **I** *pass.* **befruchtet, 1** eig.: **a** v. leb. Wesen = **schwanger, trächtig,** canis, Enn. ann. 528: pecus, Verg.: vulpes, Hor.: capra, pavo, Col. – **b** v. Acker, seminibus iactis est ubi fotus ager, Ov. fast. 1, 662. – **2** übtr.: **a** v. Boden u. v. Pflanzen, **fruchtbar, ergiebig,** terra feta frugibus, Cic.: palmites f., Col. – **b** poet. = **voll** von usw., **angefüllt** mit usw., machina feta armis, vom trojanischen Pferd, Verg.: loca feta austris, Verg.: feta furore Megaera, Ov.: mit *Genet.*, fetae novales Martis, Claud. de bell. Get. 25. – **II** medial = **was geboren** od. **geheckt hat,** feta, v. einer Frau, Varro vit. P. R. 2, 17 (= Wöchnerin): feta, v. der Löwenmutter (Ggstz. catuli), Plin.: ovis (Ggstz. gravida), Verg. u. Col.: equa, Col.: ursa, lupa, Ov. – subst, **Mutter,** fetae nostrae, Varro: graves fetae, Verg.: fetarum partus, Apul.

fētūtīnae (foetūtīnae), ārum, *f.* (feteo), **stinkende Örter,** Apul. apol. 8. – übtr. u. verächtlich, grammaticae, elende Erklärungen der Grammatiker, gleichs. grammatische Pfützen, Prob. Val. b. Gell. 13, 21 (20), 1.

fēx, s. faex.

fiber, brī, *m.* (nach Varro LL. 5, 79 urspr. fiber = extremus, spätlat. beber, s. d.) = κάστωρ (vgl. castor), der **Biber,** Plaut. fr. bei Paul. ex Fest. 90, 3. Plin. 8, 109 u. a. Solin. 13, 2. Phaedr. 6 (App.), 28, 1. Serv Verg. georg. 1, 58. Isid. 19, 27, 4: pellis fibri, Col. arb. 15: cutis mollior fibris, Sen. de ben. 2, 29, 1.

fībla, s. fibula ►.

fīblātōrius, s. fībulātōrius.

fīblo, s. fībulo.

fibra, ae, *f.* (findo), **I** jede **Faser** an Wurzeln, Pflanzen usw., stirpium, radicum, Cic.: cincinnorum, Cic. fr.: im Plur. vom »Austernbart«, Plin. – **II** insbes., die **Faser** an den Eingeweiden, bes. an der Leber, **1** eig.: quid fissum in extis, quid fibra valeat, Cic.: altera fibra (*sc.* iecoris), Plin.: pulmo in duas fibras dividitur, Cels. – **2** meton., fibrae, die **Eingeweide** selbst, Verg.: bidentis, Ov.: Prometheae, Val. Flacc.: übtr.: terrae fibras persequimur, Plin.: neque mihi cornea fibra est, ich bin nicht so gefühllos, Pers. 1, 47.

fibrātus, a, um (fibra), **faserig,** alium, *Priap. 51, 22 (Bücheler alium furatum).

Fibrēnus, ī, *m.*, ein Fluss in Latium bei Arpinum, der durch Ciceros Landgut floss, dort eine Insel bildete und sich dann in den Liris ergoss, noch j. *Fibreno,* Cic. de legg. 2, 1 u. 6. Sil. 8, 399.

fibrīnus, a, um (fiber), **von Bibern, Biber-,** pelles, Plin. 32, 110 u. 124 (vgl. bebrinus unter beber): vestis, Isid. 19, 22, 16. – subst., fibrīnum, ī, *n.*, **Biberhaar,** Isid. 19, 27, 2.

fībula, ae, *f.* (zsgzg. aus figibula v. figo), der **Heftel, I** eig.: **a** die **Klammer,** der **Bolzen,** der **Keil, Riegel,** Cato r. r. 3, 5. Vitr. 1, 5, 3; 10, 2, 1; 10, 7 (12), 2: ilignea (zum Korbmachen), Cato r. r. 31, 1: haec utraque (tigna) ... binis utrimque fibulis (eisernen Bolzen) ab utraque parte distinebantur, Caes. b. G. 4, 17, 6. – **b** die **Spange, Schnalle,** die **Agraffe,** zum Zusammenhalten eines Gewandes, Verg. Aen. 4, 139. Ov. met. 2, 412. Val. Max. 5, 1, 7. Plin. 33, 39: bes. zum Zusammenhalten des sagum, Varro sat. Men. 569. Liv. 30, 17, 13; 39, 31, 18. Tac. Germ. 17. – zum Zusammenhalten der Haare, Verg. Aen. 7, 815. – dah. praepositus a fiblis, Verwalter der (kaiserl.) Spangen, CIL 3, 536. – **c** als chirurg. *t. t.*: **α** die **Kopfnaht** (Ggstz. sutura, die ordentliche Naht), Cels. 5, 26. *no.* 23 u. a. Salv. adv. avar. 1, 9. – **β** eine durch die Vorhaut des männlichen Gliedes gezogene **Heftnadel,** zur Verhinderung der Begattung, die **Infibulation,** Cels. 7, 25. Mart. 5, 41, 5; 7, 82, 1. Iuven. 6, 73 u. 379: ferrea, Quint. 6, 3, 58: alci fibulam imponere, Sen. fr. 119 (bei Lact. 1, 16, 10). Priap. 77, 17 (21). – dah. im Bild, voluntariis delictis laxare fibulam, Tert. de cor. mil. 11: supremam carni fibulam imponere, libidinem compescere, Tert. de monog. 3. – **II** übtr., als rhet. u. gramm. *t. t.*, gleichs. bindende **Klammer,** Fronto laud. fum. p. 212, 2 N. Tert. adv. Herm. 26. – ► Zsgzg. Form fībla, Apic. 8, 373. CIL 3, 536.

fībulātio, ōnis, *f.* (fibulo), die Zusammenfügung durch Bolzen, die **Verbolzung,** Plur. bei Vitr. 10, 2, 3.

fībulātōrius, a, um (fibulo), **zum Zusammenheften geeignet, mit einem Heftel (einer Spange) versehen, Heftel-,** saga, Claud. Imp. b. Treb. Poll. in XXX tyr. 10. § 12 (wo zsgzg. Form fiblatoria; vgl. fibula a. E. u. fibulo *no.* I).

fībulo, āvī, ātum, āre (fibula), **I mit einem Heftel-, einer Spange** usw. **zusammenfügen, zusammenheften,** Col. 1, 6, 13. – zsgzg. Formen fiblas, fiblabis, Apic. 8, 372 u. 373. – **II mit einem Heftel-, einer Spange** usw. **versehen,** pallia fibulata, Valerian. Imp. b. Vopisc. Prob. 4, 5.

Fīcāna, ae, *f.*, Stadt in Latium auf dem Weg nach Ostia, am 11. Meilenstein, viell. j. *Tenuta di Dragoncello,* Liv. 1, 33, 2; vgl. Fest. 250 (b), 33.

fīcāria, ae, *f.*, s. fīcārius.

fīcārius, a, um (ficus), **zu den Feigen gehörig, Feigen-,** crates, Cato: culices, Plin.: vasa, Paul. ex Fest.: Fauni ficarii, eine Art Waldgottheiten, denen man das Alpdrücken (incubo) im Schlaf zuschrieb (vgl. Isid. 8, 11, 104), Vulg. Ierem. 50, 39. Hieron. in Isai. 5, 13, 21. – subst., **a fīcārius,** iī, *m.*, der **Feigenhändler,** Augustin. de mor. Manich. 2, 19, 72. – **b fīcāria,** ae, *f.*, die **Feigenpflanzung,** Pallad. 4, 10, 28.

fīcātum, ī, *n.* (ficus) = ἧπαρ συκωτόν, eine **mit Feigen gemästete Leber** (noch jetzt ital. *fegato,* span. *hígado*), Apic. 7, 263 *sq.* Marc. Emp. 22. Anthol. Lat. 199, 85 R. – für **Leber** (iecur) übh., Cael. Aur. de sign. diaet. pass. 93.

fīcēdula (fīcētula), ae, *f.* (ficus), der **Feigenfresser,** die **Feigendrossel, Gartengrasmücke** (*Sylvia Ficedula,* L.), Varro LL. 5, 76. Cels. 2, 18. p. 65, 14 D. Plin. 10, 86. Petron. 33, 8. Gell. 15, 8, 2. Mart. 13, 5, 1. Cael. Aur. de morb. chron. 1, 1. § 22 u. 27 (wo ficedulae, sive quas miliacas vocant): f. pinguis, Varro sat. Men. 529. – Synk. Form **fīcēlla,** *Lucil. sat. 29, 87 M. *Iuven. 14, 9 (nach Lachm. Lucr. p. 204). – ► Über die Schreibung ficetula s. Schuch Apic. 4, 125. Lachm. Lucr. 3, 1014. p. 204 *sq.*

Fīcēdulēnsēs, ium, *m.*, ein erdichteter Name, mit Anspielung auf ficedula, etwa die **Schnepfentäler,** Plaut. capt. 163.

fīcēlla, s. fīcēdula.

fīcētula, s. fīcēdula.

fīcētum, ī, *n.* (ficus), die **Feigenpflanzung,** Varro r. r. 1, 41, 1. Plin. 15, 80. Vulg. 1. paral. 27, 8 u. Amos 4, 9: dah. mit Anspielung auf die fici, d. i. Feigwarzen, Mart. 12, 33, 2.

fīcitās, ātis, *f.* (ficus), die **Feigensammlung,** Nov. com. 27.

fīcitor, ōris, *m.* (ficus), der **Feigenwärter, -gärtner,** Titel einer Komödie des Novius, s. Non. 109, 21.

Fīcolēnsēs, s. Fīculea.

fīcōsus, a, um (ficus), **voller Feigwarzen,** maritus, uxor, filia, Mart. 7, 71, 1 *sq.*: *Superl.*, Priap. 41, 4 u. 50, 2 B[5].

fictē, *Adv.* (fictus v. fingo), **erlogen, zum Schein,** verb. ficte et simulate, Cic. ad Q. fr. 1, 1, 4. § 13: ficte et fallaciter, Cic. de domo 77: ut caverem, ne cui suspicionem f. reconciliatae gratiae darem, Cic. ep. 3, 12, 4. – ► Nbf. fincte, Commodian. 1, 19, 4 D.

fictīcius, a, um (fictus v. fingo), **I** auf künstlichem Wege gefertigt, **künstlich,** Plin. 14, 98 u. 100; 15, 24; 37, 199. – **II erdichtet, fingiert,** actiones, Ulp. regul. 28, 12.

fictiliārius, iī, *m.* (fictilis), der **Töpfer, Hafner,** CIL 13, 590*; vgl. 13, 5997. Gloss. ›fictiliarius, ὀστρακοποιός‹.

fictilis, e (fingo), **I irden, tönern,** vasa, Cic.: dolium, Col.: urceus, Vitr.: olla, Col. u. Fest.: patella, Hieron.: fidelia, Col.: figurae, Cic.: antefixa deorum, Liv.: litteratae fictiles epistulae, auf Ton geschriebene Br. (scherz. = Weinflaschen mit Etiketten), Plaut. – subst., fictile, is, *n.* (*sc.* vas), ein **irdenes Gefäß, -Geschirr, Tongefäß, Tongeschirr,** crudum, novum, Plin.: Tuscum, Pers.: gew. Plur., fictilia Tuberonis, Sen.: f. Tusca, Mart.: fictilibus dimicare, Iustin.: fictilibus (auf ird. G.) cenare, Iuven.: soli omnium Vinio fictilibus ministrari iussit, ließ in irdenen Bechern kredenzen, Tac.: omnia (ponuntur) fictilibus (in ird. Gesch.), Ov. – **II erdichtet,** species narrationis, Prisc. praeex. 2. § 5.

fictio, ōnis, *f.* (fingo), das **Bilden, Formen, I** die **Bildung,** die **Gestaltung, A** im Allg.: veretri, Phaedr. 4, 14, 1 M.: nostri corporis, Lact. 2, 12, 6: hominis, Lact. 2, 10, 5; 2, 12, 2; 4, 4, 8: fictio a capite sumit exordium, Lact. de opif. dei 12, 7: veri ac vivi hominis *e* limo, Lact. 2, 10, 13. – **B** insbes., als rhet. *t. t.*: vocum fictiones, Wortbildungen, Gell. 18, 11, 2. – fictio nominis, entw. die Bildung eines Wortes nach einem Naturlaut (z. B. mugitus), od. nach einem Namen usw. (z. B. sullaturire, proscripturire), griech. ὀνοματοποιΐα, Quint. 8, 6, 31: od. die Umbildung, Umwandlung eines Namens od. Wortes, wenn durch Zusetzung, Weglassung od. Veränderung eines Buchstabens ein Wort einen anderen Sinn bekommt, wie Tollius (von tollere d. i. furari) st. Tullius, Quint. 6, 3, 53: od. auch wenn aus einem *masc.* ein *fem.* gemacht wird, wie porca aus porcus, Quint. 8, 3, 19. – **II** die **Erdichtung, A** im Allg.: poëtarum fictiones, Lact. 1, 21, 44. – als rhet. *t. t.*, fictio personae (= προσωποποΐα), die erdichtete Einführung einer Person, die Personifikation, Quint. 9, 2, 29 u. a. – **B** insbes., die Erdichtung = die **erdichtete Annahme** von etw., der **erdichtete Fall,** die **Fiktion, a** als rhet. *t. t.*, voluntatis (der Absicht), Quint. 9, 2, 46: absol., Quint. 6, 3, 91: Ggstz. confessa (das Anerkannte), Quint. 5, 10, 95. – **b** als jurist. *t. t.*, legis, Paul. dig. 41, 3, 15 pr.: absol., Paul. dig. 35, 2, 1. – **III** die **Verstellung, Heuchelei,** Capit. Macr. 4, 7 u. Eccl.

fictiōsus, a, um (fictus v. fingo), **erdichtet, erlogen,** nomen, Ps. Cypr. de aleat. 7.

fictor, ōris, *m.* (fingo), der **Bildner, I** eig.: **a** der **Bildner, Bildhauer, Bildschnitzer,** pictores fictoresque, Cic.: pictores fictoresque imaginum, Lact.: quomodo fictor hominis Prometheus fuit? Lact.: fictor locustae, Schöpfer, Hieron. – **b** insbes., der Bildner von Opfertieren aus Teig od. Wachs, die statt der lebenden bei gewissen Opfern dargebracht wurden, sowie der Opferkuchen übh., der **Former der Opferbilder** oder **Opferkuchen,** der **Opferkuchenbäcker** (vgl. Varro LL. 7, 44. Serv. Verg. Aen. 2, 116), Enn. ann. 121. Cic. de domo 139. – **II** übtr.: **a** der **Bildner** = **Schöpfer, Urheber,** fortunae, Plaut.: vitae agendae, Plaut.: poëmatis, Suet. fr. – **b** der **Erdichter,** fandi, v. Ulixes, täuschender Redner, Meister in täuschender Rede, Verg. Aen. 9, 602. – ► Nbf. finctor, CIL 3, 11423.

fictōria, ae, *f.* (fingo), *sc.* ars, die **Bildnerei,** Chalcid. Tim. 329.

fictrīx, trīcis, *f.* (Femin. zu fictor), die **Bildnerin, Gestalterin,** Cic. de nat. deor. 3, 92. Tert. de res. carn. 16.

fictum, ī, *n.*, s. fingo.

fictūra, ae, *f.* (fingo), **I** die **Bildung,** Plaut. trin. 365. – bes. die **Wortbildung,** Gell. 10, 5, 3. – meton., das **Gebilde,** Chalcid. Tim. 349. – **II** die **Erfindung, Erdichtung,** satis placet fictura, Plaut. mil. 1189.

fictus, a, um, s. fingo.

fīcula, ae, *f.* (*Demin.* v. ficus), eine **kleine Feige,** Plaut. Stich. 690.

Fīculea (Fīculnea), ae, *f.*, alte Stadt im Sabinischen jenseits des heiligen Berges, an der via Nomentana (früher Ficulensis, s. unten), nach Abeken im jetzigen Grundstück *della Cesarina* auf dem sogen. *Monte della Creta* (einem mäßigen, von drei Bächen umschlossenen Tufffelsen), Liv. 1, 38, 4. – Dav.: **A Fīculēnsis** (Ficuln.), e, **fikulensisch,** via (s. oben), Liv. 3, 52, 3: regio, CIL 14, 4012. – subst., Fīculēnsēs (Fīcolēnses), ium, *m.*, die Einw. v. Fikulea, die **Fikulenser,** Plin. 3, 64 u. 107. CIL 14, 4003. – u. in Ficulensi, Cic. ad Att. 12, 34, 1. – **B Fīculeātēs,** ium, *m.*, die Einw. von F., die **Fikuleaten,** Varro LL. 6, 18.

fīculneus, a, um (ficula), **vom Feigenbaum, Feigen-,** arbor, Col. u. Augustin.: lignum, Varro: folia, folium, Cels. u. a.: subst., ficulnea, ae, *f.*, der **Feigenbaum,** Vulg. Ierem. 8, 13 u. a. Eccl.

fīculnus, a, um (ficula), **vom Feigenbaum, Feigen-,** truncus, Hor. sat. 1, 8, 1: arbor, Commodian. instr. 2, 14, 12: folia, Plin. 15, 60. Apic. 1, 19: frondes, Ps. Cypr. poët. genes. 90: insitiones, Varro r. r. 1, 18, 8.

fīcum, s. fīcus ►.

fīcus, ī u. ūs, *f.* (wahrscheinlich aus dem phönizischen *phaggim,* halbreife Feigen), **I** der **Feigenbaum,** Scriptt. r. r. u. a.: arbor fici, Cic. u. Augustin. – *masc.*, Cato r. r. 42. – **II** die **Feige, A** eig., Varro, Hor. u. a.: *masc.*, Lucil. 198. Cael. Aur. de morb. chron. 3, 2, 26 u. ö. – poet., ficus prima, die »erste Feige« = der Anfang des Herbstes, Hor. ep. 1, 7, 5. – u. scherzh. v. Gesäß, Hor. sat. 1, 8, 47. – **B** meton., die **Feigwarze,** Mart. 1, 65, 4 (*masc.*). CIL 4, 1820 (*femin.*) – ► Dat. Sing. immer fico, Genet. Plur. fast immer ficorum (ficuum nur Cael. Aur. de morb. chron. 2, 6, 92), Dat. u. Abl. Plur. gew. ficis (doch ficubus bei Th. Prisc. 2, 15). – Nbf. ficum (die Feige), Cael. Aur. de morb. chron. 3, 8, 113.

fīdāmen, minis, *n.* (fidus), das **Vertrauen,** die **Zuversicht,** Eccl.

fīdē, *Adv.* (fidus), **getreu,** fidissime, Cic. ep. 2, 16, 4. Gell. 12, 8, 6.

fidedictor, ōris, *m.* (v. fidedico, d. i. fideiubeo), der **Gutsager, Bürge,** Bonif. in Augustin. epist. 98, 7.

fideicommissārius, a, um (fideicommissum unter fideicommitto), **das Fideikommiss betreffend,** hereditas, die durch ein Fideikommiss kommt, ICt.: epistula, wodurch ein Fideikommiss hinterlassen wird, ICt. – subst., **fideicommissārius,** iī, *m.* (*sc.* heres), der **Fideikommisserbe,** ICt.

fideicommissum, ī, *n.*, s. fideicommitto.

fideicommitto, mīsī, missum, ere = fidei (alcis) committo, jmdm. etw. **auf seine Ehrlichkeit anvertrauen,** in der Hoffnung, dass er es einem anderen richtig übergeben werde; dah. in seinem letzten Willen **verordnen, als eine Verordnung hinterlassen** usw., avia fideicommiserat, ut etc., ICt.: fideicommittere a patre, a patrono, ICt.: fideicommissa libertas, ICt. – *Partic.* subst., **fideicommissum,** ī, *n.*, das **Fideikommiss,** d. i. eine derartige testamentarische Verfügung über einen Gegenstand, dass ihn der Erbe, gemäß dem Vertrauen, das der Erblasser zu ihm hat, einem anderen, den man nach den Gesetzen nicht zum Erben einsetzen darf, z. B. einer Tochter, übergeben soll, Quint., Suet. u. ICt.

fideiprōmissor, s. fideprōmissor.

fideiubeo, iussī, iussum, ēre (fides u. iubeo), **gutsagen** für jmd., **Bürge sein,** pro alqo, ICt.

fideiussio, ōnis, *f.* (fideiubeo), das **Gutsagen,** die **Bürgschaft,** Firm. math. 3, 11, 16. p. 180, 8 Kr. u. Sk. u. ICt.

fideiussor, ōris, *m.* (fideiubeo), der **Bürge,** Donat. ad Ter. eun. 1, 2, 59. Ambros. de Tob. 23, 89. Gaius inst. 3, 115 u. a. ICt.

fideiussōrius, a, um (fideiubeo), **den Bürgen** od. **die Bürgschaft betreffend, Bürgschafts-,** causa, African. dig. 46, 3, 38. § 5.

fidēle, *Adv.* (fidelis), **getreu, getreulich,** Plaut. capt. 439. Prud. perist. 10, 428.

fidēlia, ae, *f.*, ein irdenes **Gefäß, Topf, I** im Allg., Plaut. aul. 622. Col. 12, 7, 3. Pers. 3, 22 u. 5, 183. – **II** insbes., das Kalkgefäß der Tüncher zum Anstreichen, das **Tünchgefäß,** im Sprichw.: duo parietes de eadem fidelia dealbare, wie unser »zwei Fliegen mit **einer** Klappe schlagen« = durch **eine** Handlung einen doppelten Zweck erreichen, Cur. in Cic. ep. 7, 29, 2.

fidēlis, e (fidēs, eī), der Treue beweist, Treue hält, dem man also trauen kann, **getreu, ehrlich, zuverlässig, verlässig, I** v. Pers. u. deren Gesinnung: amicus, amicitia, animus, Cic.: mens, Tibull.: canis, Hor. – amicus fidelior, Liv.: socii fideliores, Cic. – fidelissima coniunx, Cic.: de servis suis quem habuit fidelissimum, Nep. – alci od. in alqm, Cic.: in amicitiis, Cic. – subst., fidēlēs, ium, *m.*, die **Getreuen, Vertrauten,** si quem tuorum fidelium voles, ad me mittas, Cic. ep. 4, 1, 2. – **II** übtr., v. lebl. Subjj.: consilium fidele, consilium fidelissimum, Cic.: opera, Cic.: silentium, oculus, Hor.: lacrimae, aufrichtige, Ov.: portus, Ovid.: so auch doctrina, domus, ars, ager, nach Cic. ep. 16, 17, 1. – meton., **verlässig = haltbar, dauerhaft, tüchtig,** lorica, Verg.: structura, Frontin.: glutinum, Plin.: memoria, Quint.: fidelior pice, Plin.

fidēlitās, ātis, *f.* (fidelis), die **Treue** und **Gewissenhaftigkeit** in Erfüllung von Pflichten u. Obliegenheiten, die **Pflichttreue,** Cic. u. a.: erga amicum, Plaut.: erga patriam, Planc. in Cic. ep.

fidēliter, *Adv.* m. *Compar.* u. *Superl.* (fidelis), **I getreu, ehrlich, zuverlässig,** Cic. u. a.: per quorum loca fideliter mihi pateret iter, sicher vor Gefahren, Planc. in Cic. ep.: saepe pauper et fidelius (treuherzig) ridet, Sen. – **II** meton., **verlässlich = tüchtig, gehörig, recht,** exstincta parum f. incendia, Flor.: f. inservire valetudini, Tiro in Cic. ep.: ingenuas didicisse f. artes, Ov.

Fīdēnae, ārum, *f.* u. **Fīdēna,** ae, *f.*, ein vormals blühendes, zu Horaz' Zeiten zur Unbedeutenheit herabgesunkenes, aber später wieder stark bevölkertes Munizipium im Sabinischen am Ende des Tibertals zwischen Rom u. Veji, j. Ruinen bei *Castro Giubileo,* Form *-ae,* Liv. 1, 14, 5 *sqq.* Cic. de lege agr. 2, 96. Hor. ep. 1, 11, 8: Form *-a,* Verg. Aen. 6, 773 (wo i kurz). Plin. 16, 11. Tac. ann. 4, 62. – Dav. **Fīdēnās,** ātis, **fidenatisch,** bellum, Liv.: tofus, Plin.: lapidicinae, Vitr. – Plur. subst., Fīdēnātēs, ium, *m.*, die Einw. von Fidenā, die **Fidenaten,** Liv. u. a.

fīdēns, entis, Abl. gew. entī, *PAdi.* (v. fido), ohne Furcht, **getrost, beherzt, entschlossen, dreist** (Ggstz. timidus), homo, animus, Cic. – mit *Genet.*, animi, Verg. u. Tac.: armorum, Lucan. – m. *Abl.*, fidens et animo et viribus, Liv. – *Compar.*, paulo fidentior intra limen sese facit, Apul. met. 5, 2: quis est in verba fidentior, Amm. 30, 4, 19: nihil profecto hāc severitate fidentius, Val. Max. 6, 3, 2: *Superl.*, fidentissimo impetu, Amm. 27, 10, 12.

fīdenter, *Adv.* (fidens), **mit Zuversicht, getrost, beherzt, dreist** (Ggstz. timide), Cic. u. a. – *Compar.*, fidentius, Cic. ad Att. 6, 1, 21. Amm. 14, 9, 5 u. a. – *Superl.* fidentissimē, Amm. 17, 1, 9. Augustin. epist. 108, 9; de ver. relig. 3.

1. fīdentia, ae, *f.* (fido), das **Selbstvertrauen,** die **feste Zuversicht,** der **getroste Mut** (Ggstz. diffidentia), Cic. de inv. 2, 165; Tusc. 4, 80.

2. Fīdentia, ae, *f.*, eine Stadt im cispadan. Gallien, nordwestl. von Parma, wo Karbo von Sullas Unterfeldherrn geschlagen wurde, wahrscheinl. j. *Borgo S. Domino,* Liv. epit. 88. Vell. 2, 28, 1. – Dav. **Fīdentīnī,** orum, *m.*, die Einw. von Fidentia, die **Fidentiner,** Plin. 3, 116.

fideprōmissor (fideipromissor), ōris, *m.* (fidepromitto), der **Bürge,** Gaius inst. 3, 115 *sqq.* Vgl. Gloss. ›fideipromissor, πιστικελευστής‹.

fideprōmitto, ere (fides u. promitto), **Bürgschaft verheißen, gutsagen,** Gaius inst. 3, 116.

1. fidēs, eī, *f.* (fido), das **Vertrauen** auf jmds. oder einer Sache Redlichkeit, Aufrichtigkeit, Wahrhaftigkeit, das **Zutrauen,** der **Glaube,** die **Überzeugung, I** eig.: **1** im Allg.: *Ch.* Itan parvam mihi fidem esse apud te? *De.* Vin me (hoc) credere? Ter.: mihi fides apud hunc est, nihil me istius facturum, Ter.: propter fidem (durch Missbrauch des Vertrauens) decepta, Ter.: arcani prodiga fides, Treubruch durch Ausplaudern des Geheimnisses, Hor.: u. so per fidem decipere, Liv., od. fallere, Cic.: per fidem violare, Liv.: id quod mihi cum fide (vertrauensvoll) semel impositum est, Cic. – alci od. alci rei fidem, parvam fidem, minorem fidem habere, Vertrauen, Glauben schenken, trauen, u. mit folg. *Acc.* u. *Infin.*, Cic. u. a.: so auch alci rei fidem tribuere, adiungere, Gl. beimessen, Cic.: u. so poet., alci rei fidem ferre, Verg. – (alci) fidem facere, (bei jmd.) Gl. schaffen, -erwecken, jmd überzeugen, absol., Cic., od. mit folg. *Acc.* u. *Infin.*, tibi fidem faciemus, nos ea suadere, quae etc., Cic.: aptum quiddam ad fidem faciendam, überzeugendes, Cic. – ähnlich alci rei fidem addere, Ggstz. demere, Tac. u. a. (s. Gruber Tac. Germ. 3, 4; versch. von unten *no.* II, B, 1). – nec vana fides, genus esse deorum, Verg. (vgl. *no.* 2, b). – nuntiabantur haec eadem Curioni; sed aliquamdiu fides fieri non poterat, er konnte lange Zeit sich nicht entschließen, daran zu glauben, Caes. b. c. 2, 37, 1. – dah. als jurist. *t. t.*, bona fides, der **gute Glaube,** in dem sich jmd. in Bezug auf ein Rechtsverhältnis befindet, d. i. die Unkenntnis der Unrechtmäßigkeit desselben, Ggstz. mala fides, der **schlechte Glaube,** d. i. das Bewusstsein der Unrechtmäßigkeit, bonā od. malā fide emere, possidere, ICt.: bonae fidei emptor, ICt.

2 insbes.: **a** als *t. t.* der Geschäftsspr., der **Kredit** (vgl. Drak. Liv. 6, 11, 8), cum fides totā Italiā esset angustior (geschmälert war), Caes.; vgl. labefactā iam fide, Suet.: fidem moliri, Liv.: fides concĭdit (ist gesunken), Cic.: fides de foro sublata est, Cic.: fidem renovare, Cic. – oft verb. res (Vermögen) et fides, res fidesque, Plaut. u. Sall.: ubi *res* eos iam pridem, *fides* nuper deficere coepit, Cic.: homo sine re, sine fide, sine spe, Cic. Vgl. Korte u. Fabri Sall. Iug. 73, 6. – übtr., segetis certa fides meae, Wiedererstattung, Ertrag, Hor.: fallax unius anni fides, getäuschte Erwartung, Plin. pan. – **b** der christl. **Glaube** (vgl. *no.* 1 nec vana fides, genus esse deorum, Verg.), ministri verae orthodoxae fidei, spät. ICt.: a fide Christianorum discrepare, spät. ICt.

II meton.: **A** die Vertrauen erweckende **Redlichkeit, Ehrlichkeit, Treue, Pflichttreue, Zuverlässigkeit, Gewissenhaftigkeit, Ehrenhaftigkeit, Aufrichtigkeit, Treuherzigkeit, Biederkeit, 1** im Allg. (Ggstz. perfidia, fraudatio), exemplum antiquae probitatis ac fidei, Cic.: fidem praestare, die Treue bewahren, Cic.: fidem rectumque colere, Ov.: fidem laedere, Cic.: de fide (über die [verletzte] Tr.) queri, Ov. – von der Treue bei Verträgen u. Bündnissen, pro vetere ac perpetua erga populum Romanum fide, Caes.: sincerā fide in pace esse, Liv.: in fide manere, Caes.: fidem socialem usque ad perniciem suam colere, Liv.: Saguntini fide atque aerumnis incluti prae mortalibus, Sall. fr.: Saguntum fide nobile, Plin. – dah. **a** in Anrufungen u. Beteuerungen, fidem vestram oro atque obsecro, iudices, Cic.: u. so di vostram fidem! getreuer Gott! Komik. (s. Spengel Ter. Andr. 716): tuam fidem, Venus! bei deiner Treue, Plaut.: pro deûm (deorum) atque hominum fidem, bei der Ehrlichkeit, Wahrhaftigkeit der Götter und Menschen, Komik., Sall. u. Cic.: pro deûm fidem! Ter. u. Liv.: per fidem, (bei) meiner Treue! Petron. u. Tac. dial. – u. **b** bona fides, die aufrichtige Willensmeinung (Ggstz. mala fides, dolus, fraus), ICt.: dah. bonā fide, gewissenhaft, aufrichtig, ehrlich, als ehrlicher Mann, dic bonā fide, Plaut.: bonāne fide? Komik. (s. Brix Plaut. capt. 887. Wagner Ter. heaut. 761): ebenso cum fide, z. B. defendere, Cic., agere, Liv. – u. so als jurist. *t. t.*, bonā fide od. ex bona fide, nach bestem Willen, gewissenhaft, mit aufrichtigem-, ernstem Willen, auf Treu u. Glauben, Cic. u. ICt.: iudicia de mala fide, wegen Veruntreuung, Cic. – **Fidēs** personifiz., als Gottheit, Enn. fr. scen. 403. Cic. de off. 3, 104. Liv. 1, 21, 4. Hor. carm. 1, 35, 21.

2 insbes.: **a** das unter Versicherung-, eidlicher Beteuerung treuer Erfüllung gegebene **Versprechen (Wort), Gelöbnis,** die **Zusage,** die **Versicherung, Beteuerung, Verpflichtung, Gewährleistung (Garantie),** ubi fides? wo bleibt das Versprechen? Ter.: fidem alci dare, Cic.: fidem dare de alqo, Cic.: fidem accipere, Liv.: fidem suam obligare, Cic.: fidem servare, Cic., cum alqo, Plaut., de alqa re, Caes.: fidem conservare, Caes., Cic. u. Nep.: fidem tenere, die versprochene Verschwiegenheit beobachten, Prop.: fidem solvere, Ter., Ov. u. Planc. in Cic. ep., od. exsolvere, Liv.: fidem suam liberare, Cic.: fidem mutare (nicht halten), Liv.: fallere hosti datam fidem, Cic.: fidem frangere, violare, Cic.: fidem prodere, Cic. u. Sall.: fidem frustrari, Ter.: fidem amittere, Nep. – fide meā, auf mein Wort, Cic. – bei den Erotikern oft von der Beteuerung der Liebe, s. Prop. 1, 18, 18. Ov. her. 2, 31. – u. so **b** präg., fides publica od. bl. fides (griech. ἄδεια), das **Versprechen des Schutzes-, der Sicherheit der Person, sicheres Geleit, Sicherheit** im Namen des Staates verbürgt, fidem ei publicam iussu senatus dedi, Cic.: interpositā fide publicā Romam ducere, Sall.: fidem publicam postulare, Cic. – fide acceptā venerat in castra Romana, Liv.: Lusitani contra interpositam fidem interfecti, Cic. – **c** **getreuer Schutz, getreue Obhut, getreuer Beistand, getreue Hilfe,** se alci commendare in clientelam et fidem, Ter.: conferre se in alcis fidem et clientelam, in alcis amicitiam et fidem, Cic.: committere se in fidem alcis, Ter.: se suaque omnia in fidem atque potestatem populi Romani permittere, sich auf Gnade u. Ungnade ergeben, Caes.: so auch venire in alcis fidem, Liv., od. in alcis fidem ac potestatem, Caes.: alcis fidem sequi, sich in jmds. Schutz begeben, Caes.: alqm in fidem recipere, Cic.: in alcis fide et clientela esse, Cic. – di, obsecro vestram fidem, Plaut.: deûm atque hominum fidem implorabis, Cic.

B die Vertrauen verdienende **Glaubwürdigkeit, Zuverlässigkeit, Wahrhaftigkeit, Wahrheit, Gewissheit,** eines Aussagenden, einer Aussage, Äußerung, eines Vorgangs usw., **1** im Allg.: tibi maxima rerum verborumque fides, Verg. – qui non speciem expositionis, sed fidem quaerit, Quint. – orationi fidem afferre, Cic. – si qua fides vero est, Ov. – ille dat fidem iussis, verleiht Glauben, bestätigt, verspricht es, Ov.: dant verbo plurima signa fidem, bestätigen die Bedeutung des W., Ov.: dabat vocibus nostris fidem apud optimum principem, quod apud malos detrahebat, verschaffte Glauben, Plin. pan.: so auch addere fidem alci rei (Ggstz. demere), Liv. u. a.: fabulis fidem *firmare* aut historiis *demere,* Suet. – facere alci rei fidem, Flor. u. a. (s. Drak. Liv. 2, 24, 6; verschieden von *no.* I, 1): ebenso fidem facit alqd iudicii mei, Cic. – cum vix fides esset (glaublich war), rem ullo modo successuram, Suet. – omnia ex fide (der Wahrheit gemäß) narrare, Suet.: laboris ultra fidem (unglaublich) patiens erat, Suet. – alcis rei fidem imminuere, Cic.: alci od. alci rei fidem abrogare, Cic. – fides gaudii, ungeheuchelte Freude (Ggstz. necessitas gaudendi), Plin. pan. – u. so bes. von der Glaubwürdigkeit der Zeugen, Dokumente usw., testium, testimonii, ICt.: tabularum, Cic.: (litterae) quam habere auctoritatem et quam fidem possunt, Cic.

2 insbes.: **a** der sichere **Beweis** von etwas, manifesta fides (*sc.* urbis captae), Verg.; u. so mit folg. *Acc.* u. *Infin.,* manifesta fides publicā ope Volscos hostes adiutos, Liv. – in fidem rerum secundarum, Liv.: ad fidem criminum, Liv. – sum fides vocis, ich bin der B. von usw., Ov. – **b** die **Gewissheit** = die **gewisse Erfüllung,** der **sichere Erfolg,** verba fides sequitur, Ov.: promissa exhibuere fidem, wurden erfüllt, Ov.: u. so fidem nancisci, Ov.: pollicitam dictis adde fidem, erfülle die Verheißung, Ov.: en haec promissa fides est? der (durch das Orakel) versprochene sichere Erfolg, Verg. – ► Genet. Sing. fidēī gemessen, Plaut. aul. 583. Enn. ann. 338. Lucr. 5, 102. – Archaist. Genet. fides, Plaut. Pers. 244. Itala (Taurin.) Matth. 6, 30: archaist. Genet. fide, Plaut. aul. 667. Ter heaut. 1002. Poët. trag. fr. bei Cic. de off. 3, 98. Planc. in Cic. ep. 10, 17, 3 zw. (*al.* fidei). Hor. carm. 3, 7, 4. Ov. met. 3, 341; 6, 506; 7, 728 u. 737: archaist. Dat. fide, Plaut. Amph. 391; aul. 676 u. a. Ter. Andr. 296; eun. 886 u. 898. Hor. sat. 1, 3, 95. Vgl. Brix Plaut. trin. 117: archaist. Genet. fidi, CIL 2, 5042: archaist. Dat. Fidi, Fasti fr. arval. Oct. 1. p. CCXXXVIII *ed. Mommsen.*

2. fidēs, is, *f.* (σφίδη), die **Darmsaite,** die **Saite** eines musikalischen Instruments, **I** eig., Sil. 11, 452 (455). Prud. cath. 3, 82 (denn Cic. de fin. 4, 75 sind fides plures mehrere Saiteninstrumente). – **II** meton. (der Plur., bei Dichtern auch der Sing.): **A** das **Saitenspiel, Saiteninstrument,** die **Lyra, Leier,** fidibus canere, Cic.: fidibus scire, Ter.: discere fidibus, Cic.: docere fidibus, Cic.: fidibus Latinis (lat. Dichtung) Thebanos aptare modos, v. Lyriker, Hor. – Sing., fides Teïa, Hor.: sume fidem, Ov.: Sing.-Nbf. fidis, Sidon. carm. 16, 5. – **B** übtr., **Fidēs** u. **Fidis,** ein Gestirn = Lyra, die **Lyra, Leier,** Form *-ēs,* Varro r. r. 2, 5, 12. Cic. Arat. 627 M.: Form *-is,* Col. 11, 2, 14. 40. 57. 58. 88. 97.

fidicen, cinis, *m.* (fides, ium, u. cano), **I** der **Saitenspieler, Lautenspieler,** Cic. de nat. deor. 3, 23. Val. Max. 3, 6, 4. Mart. Cap. 3. § 296. – **II** übtr. = der **Odendichter, Lyriker,** lyrae Rom., Hor.: lyrae Pindaricae, Ov.: hunc ego Latinus volgavi fidicen, Hor.

fidicina, ae, *f.* (fidicen), die **Saitenspielerin,** Plaut. Epid. 47 G.; Stich. 380. Ter. eun. 457 u. a. Capit. Ver. 8, 11. Mart. Cap. 3. § 296. Porphyr. Hor. carm. 1, 17, 18.

fidicino, āre (fidicen), **auf der Zither spielen,** Mart. Cap. 9. § 929. Vgl. Gloss. ›fidicino, λυρίζω‹.

fidicinus, ī, *m.* (fidicen), der **Saitenspieler,** ludus fidicini, Plaut. rud. prol. 43 G.

fidicula, ae, *f.,* gew. Plur. **fidiculae,** ārum, *f.* (*Demin.* v. fides, is, s. Paul. ex Fest. 89, 16. Prisc. 3, 30), **I** ein **Saiteninstrument, a** eig.: fidiculae sonantes, Cic. de nat. deor. 2, 22. – **b** übtr. als Gestirn, Sing. fidicula = Lyra, die **Lyra, Leier,** Col. 11, 2, 36. Plin. 18, 222. – **II** als Folterwerkzeug, **Stricke, Seile,** durch die der Delinquent auf einem Gerüst (nach Isid. 5, 27, 20 der eculeus) so ausgespannt wird, dass seine Glieder aus den Gelenken gerissen werden, Sen. de ira 3, 3, 6 (neben eculei); 3, 19, 1 (neben eculeus u. talaria). Val. Max. 3, 3. ext. 3. Amm. 29, 1, 23 (neben eculei): tendebam fidiculas ratione saevitiae, ut leviter sedibus suis emota compago per singulos artus membra laxaret, Ps. Quint. decl. 19, 12 *extr.*: exquisiturum se vel fidiculis de Caesonia sua, cur etc., Suet. Cal. 33.

fidiculārius, a, um (fidiculae), **seilartig gewunden, geflochten,** übtr., verba, verflochtene, verfängliche, Fronto de eloqu. 1. p. 146, 9 N.

fidis, Fidis, s. 2. fidēs *no.* II, A u. B.

Fidius, iī, *m.* (1. fidēs), vollständig Dius Fidius, ein göttliches Wesen, die personifizierte Heiligkeit und Treue, nach Preller ein das Wesen des Diespiter in irdischen Kreisen darstellender Halbgott, nach G. Fr. Grotefend der Ζεὺς Πίστιος des Dionys von Hal. (2, 49) und der umbrisch-sabinische Semo Sancus (von den Alten durch Diovis od. Iovis filius erklärt, Varro LL. 5, 66. Paul. ex Fest. 147, 8; von anderen mit dem griechischen Hercules identifiziert, Tert. de idol. 20. Charis. 198, 17. Serv. Verg. Aen. 8, 103 u. 301), Dius Fidius, Varro LL. 5, 52: verb. Sancus Fidius, Ov. fast. 6, 213; vgl. Sancus, qui Dius Fidius vocatur, Fest. 241 (a), 2: gew. in den Beteuerungsformeln (zunächst bei Eidschwüren, s. Varro bei Non. 494, 30 per Dium Fidium iurare), me Dius Fidius od. zus. medius fidius (ellipt. = ita me Dius Fidius iuvet), **so wahr mir (der treue) Gott helfe! bei Gott! Gott sei mein Zeuge! wahrhaftig!** Cato orat. 54 (bei Gell. 10, 14, 3). Cic. Tusc. 1, 74 u. ep. 5, 21, 1. Sall. Cat. 35, 2. Liv. 5, 6, 1 u. 22, 59, 17. Sen. suas. 6, 5. Quint. 5, 12, 17. Plin. ep. 4, 3, 5: dass. ēdius fidius, Charis. 198, 17.

fīdo, fisus sum, ere (vgl. griech. πείθω für φείτω, πέποιθα, ich vertraue, gotisch *bidjan,* bitte), **trauen, vertrauen, glauben, sein Vertrauen setzen, sich verlassen,** mit *Dat.* od. *Abl.,* sibi, Cic.: sibimet, nocti, Verg.: pestilentiae, Liv.: prudentiā, Cic.: volatu (v. Vögeln), Cels.: hāc duce, Cic.: ope, Ov.: fugā u. fugae, Verg.: mit folg. *Acc.* u. *Infin.,* Liv. 5, 26, 5. Hor. u. a. Dichter: m. bl. *Infin.,* Verg. u. a. Dichter: absol., ubi fidentem fraudaveris, Plaut.: addit et aliam fidentis (eines der V. hat, seines V.) speciem, Liv. – ► Archaist. Futur. fidebo, Nov. com. 10: ungew. Perf. fisi, Prisc. 8, 61 (ohne Beleg) u. fidi, wov. Futur. ex. fideris, Commod. instr. 2, 15, 10. – medial. Imper. fidere, Itala (Palat.) Luc. 22, 32. – Partiz.-Adj. fidēns s. bes.

fīdūcia, ae, *f.* (fīdo), das **sichere Vertrauen, die Zuversicht, I** eig.: **a** im Allg.: alcis, zu jmd., Cic.: sui, V. zu sich, Selbstvertrauen, Liv.: ebenso: mea, tua, V. zu mir, zu dir, Selbstvertrauen, Plaut.: arcae nostrae, Vertrauen auf meine Kasse, Cic.: unde, rogas forsan, fiducia tanta futuri mihi sit? Ov.: qui tuae mandatus est fidei et fiduciae (Aufsicht), Plaut.: fiduciam habere in alqa re, Sen. rhet. – objekt. = die **Verlässigkeit,** accensi, minimae fiduciae manus, Liv. 8, 8. § 8. – **b** insbes., das **Selbstvertrauen,** die **Beherztheit,** die **Dreistigkeit,** Caes. u. a. – **II** als jurist. *t. t.* = **a** die **Überlassung** eines Eigentums **auf Treu und Glauben** an einen anderen durch Scheinverkauf, um es von diesem nach Erfüllung gewisser Bedingungen zu beliebiger Zeit wieder in Empfang zu nehmen, ein **Vertrag über auf Treu und Glauben Anvertrautes** (s. Beier Cic. de off. 3. 61. p. 293), formula fiduciae, Cic.: iudicium fiduciae, wegen Nichtherausgabe des Anvertrauten, Cic.: u. so in fiducia, in fiduciis, in Sachen der Überlassung usw.,

Cic.: per fiduciae rationem, Cic. – **b** meton., die in Form eines Scheinverkaufs gegebene **hypothekarische Sicherheit,** -überlassene **Hypothek,** fiducia accepta, Cic. Flacc. 51. – u. übh. ein in Form eines Scheinverkaufs **anvertrautes Gut, -Depositum** (um es einem Dritten zu übergeben), fiduciam accipere, Cic. top. 42.

fīdūciālis, e (fiducia), **zuversichtlich,** opus, Oros. apol. 31, 9 Z.

fīdūciāliter, *Adv.* (fiducialis), **zuversichtlich,** sperare, Augustin. conf. 9, 13 u. a. Eccl.

fīdūciārius, a, um (fiducia), **fiduziarisch, fideikommissarisch, I** eig., als jurist. *t. t.,* **a auf Treu und Glauben** (dass man es dem Geber od. einem Dritten wieder abtreten werde) **überlassen,** hereditas, ICt. – **b auf Treu und Glauben ernannt,** heres, der Scheinerbe, der die Erbschaft an einen Dritten abzugeben hat, ICt.: pater, tutor, der Scheinvater, Scheinvormund, ICt. – **c auf Treu und Glauben eingegangen,** coëmptio, Gaius inst. 1, 115ᵃ. – **II** übtr., **zum interimistischen Besitz übergeben, zur interimistischen Verwaltung anvertraut,** urbs, Liv.: regnum, Auct. b. Alex.: imperium, Curt.: fiduciariam operam obtinere, ein kommissarisches Amt, Caes.

fīdūcio, āre (fiducia), **verpfänden,** CIL 6, 3554. – sub pignoribus fiduciati, die sich verpfändet haben, Tert. de idol. 23.

1. fīdus, a, um (fido), dem man trauen kann, **verlässig, zuverlässig, sicher,** u. in diesem Sinne = **treu ergeben, treu** (Ggstz. infidus), **I** v. Pers. u. deren Gesinnung: **α** absol.: amicus probus et fidelis et fidus, Plaut.: amici fidi (Ggstz. infidi), Cic.: bonus atque fidus iudex, Hor.: f. coniunx, Ov.: rebus male fidus acerbis, im Unglück treulos, Ov. – *Compar.,* fidiora haec genera hominum fore ratus in Romano bello, Liv. 40, 3, 4. – *Superl.,* mea Terentia, fidissima atque optima uxor, Cic.: rex Hiero, fidissimus imperii Romani cultor, Liv.: exercitus fidissimus et constantissimus, Cic.: libertorum fidissimi, Suet.: duos quam fidissimos ad eum mitteret, Sall. – **β** m. *Dat.:* Abelux fidus ante Poenis, Liv.: Iulianis partibus fidus, Vell.: ego sum tibi firme fidus, Plaut.: quo sibi fidum faceret (exercitum), Sall. – *Compar.,* ut eos sibi fidiores et dominis infestiores redderet, Iustin. 16, 5, 2. – *Superl.,* servus, quem ex omnibus domino fidissimum credebat, Liv. 33, 28, 13: ne per summum dedecus fidissimos suis rebus Thapsitanos et Vergilium amitteret, Auct. b. Afr. 79, 2. – **γ** m. *Genet.:* regina tui fidissima, Verg. Aen. 12, 659. – **δ** m. *in* od. *ad* u. Akk.: fidior tum populus Romanus in socii filios quam mater in liberos fuit, Iustin. 37, 1, 3: in amicos fidissimus, Eutr. 7, 8. – fidi ad bella duces, Nemes. cyn. 82. – **ε** m. *in* u. Abl.: sperabam te mihi fidum in misero hoc nostro amore fore, Catull. 91, 1 *sq.* – **II** v. Lebl.: **α** absol.: fida inter eos amicitia, Nep.: f. coniugis amor, Catull.: f. uxoris amores, Tibull.: familiaritates fidae amantium nos amicorum, Cic.: tam f. canum custodia, Cic. (vgl. fidissimam esse custodiam principis innocentiam, Plin. pan.): Romanis pax fida cum Porsena fuit, Liv.: intentior et fida oratione, mit Aufrichtigkeit, Tac.: ne quid usquam fidum proditori esset, dass ein V. nirgends auf Treue zählen könnte, dass einem V. nirgends Wort gehalten würde, Liv.: maiestas est Iovis fidissima custos, Ov. – v. konkr. Lebl., litora, Verg.: validus et f. pons, Tac.: galea, ensis, Verg.: nec ubi consisteret nec quid fidum respiceret habenti, einen sicheren Punkt, auf den er sich zurückziehen könnte, Liv.: oppidum Brundisium, quod naviganti celerrimum fidissimumque appulsu, wohin der schnellste Seeweg u. wo der sicherste Landungsplatz war, Tac. – **β** m. *Dat.:* statio male fida nautis, ein gefährlicher, tückischer Ankerplatz für die Sch., Verg.: terra sit exiliis ut tua fida meis, Ov.: Libanus tantos inter ardores opacus fidusque nivibus, den Schnee haltend, Tac.: Cynosura fidissima nautis, Sil.

2. fīdus = foedus (Bündnis), Varro LL. 5, 86.

fīdustus, a, um (fidus = foedus), **verbündet,** Paul. ex Fest. 89, 15. Vgl. confoedusti.

figlīnus u. nicht zsgzg. **figulīnus,** a, um (figulus), **zum Töpfer gehörig, Töpfer-, I** *adi.:* **α** Form *figlinus:* creta, Töpfererbe, Pfeifenton, Varro u. Plin.: opus, Bekleidung aus gebranntem Ton, Vitr.: opera, Arbeiten aus Ton (bes. aus Terrakotta), Plin. – **β** Form *figulinus:* rota, Töpferscheibe, Cael. Aur.: opus, Plin.: fornaces, Arnob. – **II** *subst.:* **a** figlīna u. figulīna, ae, *f.,* **α** (*sc.* fodina) die **Tongrube,** figlinas exercere, Varro r. r. 1, 2, 22. – **β** (*sc.* ars) die **Kunst, in Ton zu bilden,** insbes. das **Töpferhandwerk,** die **Töpferei,** Lact. 1, 18, 21: Plur., Plin. 7, 198. – **γ** (*sc.* officina) die **Werkstatt für Tonarbeiten, Töpferwerkstatt, Töpferei,** figl. Feltrina, CIL 9, 6078, 19: figulinae Arretinae, *ibid.* 11, 6700, 688: figulinae doliorum, Fasstöpfereien, Plin. 3, 82: opera figlinarum, Tonarbeiten, Tongeschirre, Plin. 35, 159: creta figulinarum, Plin. 14, 123: opus doliare de figlinis Domitiae Lucillae, CIL 15, 223–226. – **b** figlīnum, ī, *n.* (*sc.* vas), ein **irdenes Geschirr,** Plin. 31, 46 u. 34, 137.

fīgmen, minis, *n.* (fingo), die **Bildung,** Prud. apoth. 798.

fīgmentum, ī, *n.* (fingo), **I** die **Bildung,** das **Bildnis, Bild, Abbild,** die **Gestalt,** animalis, Gell.: deae, Amm.: tamquam figmentum hominis, eine bloße Statue, Amm.: figmenta somniorum, Traumbilder od. -gestalten, Apul.: figmenta verborum nova, Gell. – **II** etw. **Erdichtetes,** eine **Erdichtung,** poëtarum, Lact.: parricidiale, Spart.: laetitiae, Paneg. vet.: numquam temptatae cupiditatis figmenta, die Andichtung einer von ihnen nie gehegten Absicht (auf unser Gebiet), Amm.: alqm parricidali figmento interimere, unter dem Vorwand eines geplanten Brudermordes, Spart.

fīgo, fīxī, fīxum, ere (verwandt mit griech. θήγω dorisch θάγω, ich schärfe), **heften, stecken, I** befestigend usw. an od. auf etw. **heften, schlagen, schmieden, an-, aufheften, an-, aufstecken, anschlagen, anschmieden, 1** eig.: **a** übh.: arma, Verg.: mentum ad guttura, Verg.: corpus in crucem, Iustin.: alqm in cruce, Cic.: alqm od. corpus alcis cruci, Quint. u. Plin.: alto sub aethere fixae stellae, Ov.: medio est fixa palato (naris), Ov. – **b** insbes., **α** als Anschlag öffentl. **anheften, anschlagen,** leges, Cic.: tabulam immunitatis, Cic.: caput legis in poste curiae, Cic.: aere publico senatus consultum, Tac. – **β** als Weihgeschenk, Trophäe **aufhängen** (vgl. Obbarius Hor. ep. 1, 1, 4 *sq.* Weißenb. Liv. 23, 23, 6. Drak. Liv. 38, 43, 11), arma, Verg.: spolia, Ov.: sacra ad fastigia dona, Verg.: arma ad postem, Hor.: clipeum postibus adversis, Verg.: spolia in postibus, Liv.: arma in parietibus, Cic.: ramum adverso in limine, Verg.: dona divo, weihen, Verg. – **γ** einen Bau gleichs. aufschlagen, **anlegen, erbauen,** moenia, Ov.: domos, sich häuslich niederlassen, Tac.: sedem Cumis, sich niederlassen, Iuven. – **δ** fig. oscula, K. aufdrücken, Verg.: fig. oscula dulcia, Verg.: peregrinae oscula terrae, Ov.: gelidis in vultibus oscula, Ov. – **2** übtr.: **a** übh.: nequitiae modum suae, Maß u. Ziel setzen, Hor. carm. 3, 15, 2. – **b** gleichs. **festbannen,** vestigia, seine Schritte hemmen, Verg.: fixus manebat, er rührte sich nicht von der Stelle, Verg. – **c** etw. **fest-, unumstößlich-, unabänderlich machen,** illud maneat atque fixum sit, quod neque moveri (umgestoßen werden) neque mutari potest, Cic.: fixum et statutum est, es steht unabänderlich fest, Cic. – **II** hineinschlagend, -stoßend in etwas **heften, stecken, stechen, stoßen, einheften, einstoßen, einschlagen, 1** eig.: **a** übh.: clavum, Liv.: terrae tela, Lucan.: ancora figitur (haftet) in viridi prato, Ov.: fig. dentes in acumine, Ov.: sagittam in medio crure, Curt.: mucronem in hoste, Cic.: spiculum inter aures equi, Liv.: sub pectore taedas, Verg.: aquilam humo, Tac.: plantas humo, Verg. – **b** prägn.: **α** errichtend einschlagen, **errichten,** alci crucem, Cic.: crucem illo in loco, Cic. – **β** mit etw. **beschlagen,** caligas auro (mit goldenen Nägeln), Iustin. 39, 10, 3. – **γ** mit etw. **treffen, durchbohren, durchstechen, anschießen, verwunden, erlegen,** alqm, Verg. u. a.: animalia, Curt.: columbam, Verg.: alqm sagittā, Tac. u. Ov.: alqm od. cervam telis, Auct. b. Afr. u. Verg.: alqm latus inter et ilia, Verg. – **2** übtr.: **a** gleichs. **durchbohren,** adversarios, mit Witzreden treffen, Cic.: alqm maledictis, seine Schm. gegen jmd. richten, Cic. – **b** wohin **heften, senken, fest richten, α** die Blicke, oculos in terram, Liv. u. Sen.: oculos od. vultum in virgine, Verg. u. Ov.: lumen in humo, Ov.: oculos solo, Verg.: lumina terrā, Ov.: pupulas cibo (Dat.), Hor. – **β** seine Neigung, seinen Sinn usw. auf etwas **fest richten,** omnia mea studia, omnem operam, curam, industriam, cogitationem, mentem denique omnem in Milonis consulatu fixi et locavi, Cic. ep. 2, 6, 3: fixus in silentium, in St. versunken, Tac. ann. 6, 50. – **γ** etw. in das Herz **einprägen,** alqd perpetuo (Adv.) animo, Cic.: alqd penitus animo, Tac.: illud fixum in animis vestris tenetote (behaltet fest im Auge) m. folg. *Acc.* u. *Infin.*, Cic.: im üblen Sinne, adeo penitus hoc se malum fixit, ut etc., hat sich das Ü. eingewurzelt, Sen. de tranqu. anim. 15, 6. – **c** mit dem Blick gleichs. beheften, = den Blick **auf** etw. **heften, fixieren,** lumine terram, Pers. 3, 80: torvo lumine domum, Stat. silv. 5, 1, 140. – **d** prägn., durch Schießen, Hauen **beibringen,** alta iuvencorum vulnera figet ubi? Mart. 1, 60, 4: mortem fixit, Sen. Herc. Oet. 522. – ► vulg. figarus = figaris, CIL 4, 2082. – Infin. fivere = figere, Paul. ex Fest. 92, 8. – parag. Infin. figier, CIL 1, 196. lin. 27. – ungew. Partiz. fictus, Lucr. 3, 4. Varro r. r. 3, 7, 4.

figulāris, e (figulus), **zum Töpfer gehörig, Töpfer-,** rota, Plaut. Epid. 371 G.: creta, Cels. 1, 3. Col. 6, 17, 6: subst., figulare tritum, zerriebener Töpferton, Tonmehl, Col. 7, 5, 9.

figulātio, ōnis, *f.* (figulo), die **Bildung, Zusammenfügung,** Tert. de anim. 25.

Figulātus, a, um, **zum Figulus gemacht,** Asin. Poll. b. Quint. 8, 3, 32.

figulīnus, a, um, s. figlīnus.

figulo, (āvī), ātum, āre (figulus), **bilden,** Tert. de carn. Chr. 9.

1. **figulus,** ī, *m.* (fingo), der **Arbeiter** (Künstler od. Handwerker) **in Ton** (**in Terrakotta**), der **Tonarbeiter, Tonkünstler,** der **Töpfer,** Varro r. r. 3, 5, 12. Col. 11, 1, 9. Plin. 35, 151. Iustin. 22, 1, 2. Iuven. 4, 134: rota figuli, Töpferscheibe, Sen. ep. 90, 31. Cael. Aur. de morb. chron. 1, 4, 66: rota, quā figuli utuntur, Vitr. 9, 1, 15: vas figuli, Töpfergeschirr, Vulg. psalm. 2, 9: figuli fornax, Augustin. serm. 276, 3: collegium figulorum, Plin. 35, 159: inter figulos, in der Töpferstraße, Varro LL. 5, 154.

2. **Figulus,** s. Nigidius.

figūra, ae, *f.* (fingo, s. Gell. 13, 30 [29], 2), die **Bildung, I** eig.: **A** als äußerer Umriss, die **Bildung, Gestalt, Figur,** formae figura, die Bildung der Gestalt, Lucr. 4, 67. Cic. de nat. deor. 1, 90: forma nostra ceteraque figura, das äußere Ansehen und die übrige Bildung (des Körpers), Cic. de off. 1, 126; dah. **1** im Allg., **a** leb. Wesen: fig. hominis, Cic.: cervi, Caes.: ursi, tauri, Plin. – fig. humana, Laber. fr. u. Cic.: muliebris, Cic.: virginea, Tibull.: venusta, Nep. – figuras sumere (Ggstz. rursus reponere sumptas), Ov.: in figuram muliebrem transferre, Cic., formari, Cic.: in plures transire figuras, Ov.: in canis figuram verti, Hyg.: dant adimuntque figuras, Ov. – **b** lebl. Ggstd.: fig. mundi, caeli, Cic.: navium, Caes.: ancorae, Iustin.: statura totiusque corporis figura, Cl. Quadrig. fr.: fig. corporis habilis, Cic. – fig. lunata, Cels.: bicornis, Amm.: lapidis trahere figuram, Ov.: quae (plaga) duabus transversis lineis litterae X figuram accipit, Cels. – **2** prägn., die **schöne Gestalt, Schönheit,** fig. fallax, Ov. art. am. 2, 143: confisa figurae, Ov. met. 10, 69: in figura capta dei nymphe est, *ibid.* 14, 770. – **B** als Geformtes, das **Gebilde,** das **Bild,** die **Figur, a** übh.: *fig. fictilis,* Tonfigur, Tonbild, Cic. de nat. deor. 1, 71: ligneolae hominum figurae, Apul. de mund. 27: novis facile signatur cera figuris, Ov. met. 15, 169: cum catenatio mobilis aliquot figuras exprimeret, Petron. 34, 9: partim figuras (Tiergestalten) rettulit antiquas partim nova monstra creavit, Ov. met. 1, 436. – **b** (wie εἴδωλον) v. Schatten der Verstorbenen, die luftige **Gestalt,** die **Erscheinung,** Lucr. 4. 34. Verg. Aen. 10, 641. – **c** v. den Atomen, das **Bild,** figurae Epicuri, Quint. 10, 2, 15: volubiles parvaeque figurae, Lucr. 3, 190: dico igitur rerum effigias tenuesque figuras mittier ab rebus, Lucr. 4, 42. – **d** (wie σχῆμα) als mathem. *t. t.*, die geometr. **Figur,** fig. rotunditatis aut proceritatis, Plin. 13, 49: triquetra, Plin. 3, 121: quadrangula, Plin. 13, 188: circulus est figura plana unā lineā comprehensa, Censor. fr. 7, 1. – **e** als philos. *t. t.* = ἰδέα, das **Urbild,** Sen. ep. 65, 7. – **f** als gramm. *t. t.*, die gramm. **Form, Wortform,** fig. verbi, Varro LL. 10, 25; Prisc. 15, 81: alia nomina, quod quinque habent figuras, habere quinque casus, Varro LL. 9, 53: non debuisse ex singulis vocibus ternas vocabulorum figuras fieri ut albus alba album, Varro LL. 9, 55. – **g** als rhet. *t. t.*, die **Wendung, Figur, Redefigur** (griech. τρόπος, σχῆμα s. Quint. 9, 1, 1 *sq.*), figurae orationis, Quint. 9, 2, 27. Plin. ep. 1, 2, 2: figurae verborum, Quint. 9, 3, 1: figurarum commenta, Amm. 29, 2, 8: figurae liberiores, Ouint. 10, 1, 31: sententiis isdem et earum formis tamquam figuris (converti orationem), Cic. de opt. gen. 14: figuras dicendi captare, Sen. ep. 108, 35: dicta praeclare per omnes figuras exponere, Suet. rhet. 1: figuras variare, Quint. 9, 1, 11. – Insbes., **α** v. der Ironie, Sen. de ben. 5, 6, 6. – **β** v. der verblümten Redeweise = Allegorie, Macr. somn. Scip. 1, 2, 18: od. = Anspielung, Sen. de ben. 2, 11, 3. Quint. 9, 2, 82. Suet. Vesp. 13; Dom. 10, 1. – **II** (wie σχῆμα) übtr.: **1** die **Gestalt, Form, Einkleidung,** figurā condicionis accipere alqd, unter der Form (Einkl.) einer B., Marcian. dig. 35, 2, 30. § 7. – **2** die **Gestaltung,** der **Charakter,** das **Gepräge,** die **Sachlage, Art und Weise, Beschaffenheit, a** übh.: eius loci, Lage, Amm. 15, 4, 1: negotii, Cic. de inv. 1, 41: novā figurā factam (pestem), Pacuv. tr. 271: debitum in sua figura remanens, Cod. Iust. 5, 11, 7. – **b** als rhet. *t. t.*, die **Gestalt,** das **Gepräge, α** der Stimme = die Art der Ausbildung, vocis, Rhet. Her. 3, 19: servat (vox) enim formaturam servatque figuram, Lucr. 4, 554. – **β** der Rede, die **Form** der Darstellung u. des Ausdrucks, das **Gepräge** der Rede, die **Redeform,** Graeca fig., griech. Redeform (Redewendungen), Quint. 1, 1, 13: optima species et quasi figura dicendi, Cic. or. 2: quasi forma et figura dicendi, Cic. de or. 2, 98: hae tres figurae (orationis), Cic. de or. 3, 199; vgl. *ibid.* § 202. – **3** = species, die **Art,** pereundi mille figurae, Ov. her. 10, 81: capiendi figurae, Erwerbsarten, Gaius dig. 39, 6, 31 pr.

figūrālitās, ātis, *f.* (figura), die **bildliche Redeweise,** Fulg. expos. de contin. Verg. p. 147 M.

figūrāliter, *Adv.* (figura), **1 bildlich, verblümt,** Eccl. – **2 typisch, vorbildlich,** Commodian. apol. 272.

figūrātē, *Adv.* m. *Compar.* (figuro), **figürlich, verblümt,** tempora f. notare, Ps. Suet. vit. Iuven. (vol. 3. p. 58 *ed. Wolf*): pleraque f. dixisse, Spart. Sev. 14, 13: f. dicere, Ps. Ascon. Cic. I. Verr.. 6, 17. Serv. Verg. Aen. 6, 51. Schol. Iuven. 4, 28: f. loqui, Serv. Verg. Aen. 9, 141: vult intellegi hoc f. in Neronem, Schol. Iuven. 10, 22: figuratius alqm pungere, Sidon. epist. 5, 8, 2.

figūrātim, *Adv.* (figuro), **bildlich,** Interpr. Iren. 4, 10, 1.

figūrātio, ōnis, *f.* (figuro), die **Bildung, Gestaltung, äußere Gestalt,** das **Äußere, I** eig.: **1** im Allg., Vitr. 3, 3 (2), 6; 6, 1, 6; 9, 1, 13. Plin. 11, 217: fig. sphaerae, Hyg. poët. astr. praef. p. 344 M.: summa fig. eius (corporis), Vitr. 3, 1, 4: humani corporis, Augustin. de mor. eccl. cath. 1, 10, 17 *extr.*: quaedam Apollinis fig. (durch Verwandlung), Apul. de dogm. Plat. 1, 1: naturalis fig., die von der Natur vollzogene Gestaltung (Zusammensetzung), Vitr. 8. pr. § 1. – Plur., eorum (siderum) figurationes, Vitr. 9, 5, 4: gignentium omnium ad instar cerae formas et figurationes ex illa impressione signari, Apul. de dogm. Plat. 1, 6. – **2** insbes.: **a** die gramm. **Bildung,** nominum, Arnob. 4, 2. – dah. meton. = die **Wortform,** Gell. 17, 2, 16. – **b** bie **bildliche Darstellung,** fig. obliqua, Lact. 1, 11, 30: Plur., obliquae figurationes, Lact. 1, 11, 24. – meton. = σχῆμα, das **Bild,** his figurationibus uti, quae Graeci schemata vocant, Fronto ep. ad Anton. imp. 1, 2. p. 98, 2 N. – **II** übtr., die **Einbildung, Vorstellung,** spei, Ps. Quint. decl. 12, 27: Plur., Arnob. 4, 5. p. 145, 13 R.: o vanae figurationes! Ps. Quint. decl. 6, 4.

figūrātīvus, a, um (figuro), **zur bildlichen Darstellung geeignet,** Cassiod. hist. eccl. 9, 38. – *Adv.* **figūrātīvē, in bildlicher Darstellung, bildlich,** Mythogr. Lat. 1, 127 *lemm.*

figūrātō, *Adv.* (figuro), **bildlich, verblümt,** Tert. adv. Marc. 3, 14; adv. Iud. 9.

figūrātor, ōris, *m.* (figuro), der **Bildner,** Arnob. adv. nat. 6, 10.

1. **figūrātus,** a, um, s. figūro.

2. **figūrātus,** a, um (figura) = ἐσχηματισμένος, **verstellt, anders gemeint,** oratio, Schol. Gron. Cic. Marc. 1. p. 419, 13 Orelli.

3. **figūrātus,** ūs, *m.* (figuro), die **Bildung,** nomen adnectitur ex eodem figuratu, Diom. 446, 14.

figūro, āvī, ātum, āre (figura), **bilden, gestalten, eine Gestalt geben,**

gestaltend, bildend **schaffen,** **I** eig.: **1** im Allg.: hominem, Lact.: equum (Troianum), Petron.: fig. ceras fingereque, Col.: vas ansatum simile angustae ollae, Col.: caseum, formen, Col. u. Plin.: hanc (carnem) lambendo, Plin.: ita figuratum corpus, ut excellat aliis, Cic.: hominem *ex* limo, Lact.: parietes ex lateribus, Pallad.: aes illud *in* habitum statuae, Sen.: calamum *in* speciem cunei, Col.: in volucres anus (durch Verwandlung), Ov.: hominis vestigium *ad* corporis mei figuram, Petron.: acies *in* rotundo habitu figurata, Amm.: simulacrum *in* habitu nubentis figuratum, Lact. Alexandri habitu nummos plurimos, Lampr.: barbam peregrinā ratione, Petron.: mundum eā formā, quā etc., Cic. – Partiz. subst., si (venter) per se excernit mollia et figurata, weiche u. natürlich geformte Stuhlgänge, Cels. 2, 8. p. 45, 33 D. – **2** insbes., **mit** rhetor. **Wendungen-, mit Figuren** (bildlich) **ausdrücken** od. **ausschmücken,** plurima vero mutatione figuramus, in vielen Fällen bedienen wir uns eines bildlichen Ausdrucks infolge einer Vertauschung, Quint. 10, 1, 12: fig. sermonem apte, Nazar. pan. 30, 3: orationem suam, Fronto ad Anton. imp. 1, 2. p. 98, 5 N.: tam translatis verbis quam propriis figuratur oratio, die Redefiguren werden ebensowohl durch übertragene als durch eigentlich gebrauchte Worte ausgedrückt, Quint. 9, 1, 9: quare illo intellectu priore et communi nihil non figuratum est, daher ist auch nach jener ersteren und gewöhnlichen Bedeutung des Wortes alles bildlich gesprochen, Quint. 9, 1, 12: absol., fig. varie, Plin. ep. 3, 13, 3: egregie, Sen. contr. 7. pr. § 3. p. 293, 24 K. – **II** übtr.: **a** im Allg., **bilden,** bildend **schaffen,** os (die Sprachwerkzeuge, Aussprache) tenerum pueri balbumque poëta figurat, Hor. ep. 2, 1, 126: formatura labrorum pro parte figurat (voces), Lucr. 4, 550: u. so auch Lucr. 2, 412. – **2** insbes.: **a darstellen,** Libra atque Aries autumnum verque figurant, Lucan. 3, 672: Venerem magnetica gemma figurat, Claud. eidyll. 5, 26: Cererem sideribus fig., Hyg. poët. astr. 2, 14: alqm od. alqd inter sidera, *ibid.* 2, 20: tempora nostra, Prud. psych. 67. – **b** in der Einbildung **vormalen, vorstellen,** sibi venerem, Col. 6, 27, 4: talem sibi iram, Sen. de ira 2, 35, 5: inanes species anxio animo, Curt. 7, 1 (5), 36.

filactērium, s. phylactērium.

filāmen, s. 1. flāmen.

filāmentum, ī, *n.* (filum), das **Fadenwerk,** filamenta sacerdotum (= infulae), Paul. ex Fest. 81, 18.

filātim, *Adv.* (filum), **fadenweise,** Lucr. 2, 831.

fileia, s. filia.

filētius, a, um (φιλητέος), **liebevoll,** CIL 6, 10185.

filex, s. filix.

filia, ae, *f.* (filius), die **Tochter** (Ggstz. filius, pater, mater), Cic. u. a.: virgo f., Cic.: fratris filia, Nichte, Liv. u. a., sororis filia, Sen.: filia familias, s. familia. – urbs filia, Tochterstadt, Augustin. de civ. dei 3, 14, 3. – poet. übtr., Massilia Graiûm filia, Abkömmling, Sprössling von Griechen, Catull. – ▶ *Dat.* u. *Abl. Plur.* filiis u. filiabus, letzteres bes. neben filiis (v. filius). – Nbf. **a feilia,** CIL 1, 1008 u. 1030. Plaut. Poen. 1239. – **b fileia,** CIL 14, 2863; arch. Dat. fileai, CIL 14, 4112.

filiālis, e (filia), **kindlich,** Eccl.

filiaster, trī, *m.* (filius), der **Stiefsohn,** CIL 5, 2998. 6, 9475 u. 13, 2073. Gloss. II, 580, 21 u. ö.

filiastra, ae, *f.* (Femin. zu filiaster), die **Stieftochter,** CIL 6, 15585. Inscr. christ. Murat. 1958, 6 (wo verschrieben filiatra steht).

filiātio, ōnis, *f.* (filius), die **Sohnwerdung** = die Abstammung des Sohnes (d. i. Christi) vom Vater (d. i. Gott), spät. Eccl.

filicātus od. **felicātus,** a, um (filix, felix), **mit Farnkraut geschmückt, farnkrautumrändert,** von Gefäßen, an deren Rändern Schnitzwerk od. halberhabene Arbeit in Gestalt von Farnkrautblättern angebracht ist, paterae fel., Cic. parad. 1, 11 (vgl. Paul. ex Fest. 86, 5): lances fel., Cic. ad Att. 6, 1, 13.

filicōnēs od. **felicōnēs** (filix, felix), **Unkraut von Menschen, Nichtsnutze,** Paul. ex Fest. 86, 10 (vgl. filix aus Petron. 45, 9).

filictum, ī, *n.* (st. filicetum, v. filix), ein **mit Farnkraut bewachsener Ort,** Col. 2, 2, 8. Pallad. 9, 3.

filicula u. **felicula,** ae, *f.* (*Demin.* v. filix; vgl. Plin. 26, 58) = *polypodion,* **Engelsüß,** Cato r. r. 158, 1. Cels. 2, 12. Col. 6, 27, 11.

filietās u. **filieitās,** ātis, *f.* (filius), die **Sohnschaft** = die Abstammung des Sohnes vom Vater, Cassiod. hist. eccl. 1, 14. Hieron. in Didym. de spir. scto 31 *in.*

filiola, ae, *f.* (*Demin.* v. filia), das **Töchterchen,** Plaut., Cic. u. a. – sarkastisch v. einem weibischen Menschen, totus ille grex Catilinae duce filiolā Curionis, Cic. ad Att. 1, 14, 5. – poet. von den Buchstaben des Kadmos, Auson. epist. 7, 2, 52. p. 165 Schenkl.

filiolus, ī, *m.* (*Demin.* v. filius), das **Söhnchen,** Komik., Cic. u. a.: filioli parvuli, Val. Max.

filius, iī, *m.* (*felios, Säugling, zu felare, saugen), der **Sohn** (Ggstz. filia, pater, mater), filius familias, s. familia: sororis filius, Neffe, Nep.: filius principis, Fürstensohn, Tac.: filius dei, filius hominis, v. Christus, Lact.: filius parvulus, Cic.: f. adulescentulus, Ter.: f. adultus, Iustin.: f. maior, minor, Liv.: f. naturalis, Liv. u. Suet.: f. familiaris, Plaut.: f. erilis, Ter.: habere filium ex alqo, Hyg.: adoptare sibi alqm filium, Cic. – Plur. filii, für **Kinder** übh., Sall., Quint. u. a. – übtr., filius fortunae, Glückskind, Hor. sat. 2, 6, 49: ebenso filius albae gallinae, Glückskind, Iuven. 13, 141: terrae filius, ein unbekannter, geringer Mensch, Cic. ad Att. 1, 13, 4. Pers. 6, 59. – filii Celtiberiae, Bewohner von K., Keltiberier, Catull. 37, 18. – ▶ Vok. Sing. gew. fili; aber filie bei Liv. Andr. Odyss. 1. fr. 2 G. (bei Prisc. 7, 22); filius, Hor. carm. 1, 2, 42. – Vulg. Dat. Plur. filibus, CIL 6, 3434.

filix (filex), licis, *f.* **Farnkraut** (griech. πτερίς), Plin. 27, 78. Verg. georg. 3, 297: in der Medizin, Cels. 5, 26, 35. Plin. 18, 45 (wo Detl. filex); 24, 85: als Unkraut, Col. 11, 2, 62. Pallad. 6, 3, 3. Hor. sat. 1, 3, 37. Verg. georg. 2, 189 (dah. als Schimpfwort von einer Pers., Hermogenis filix, Nichtsnutz, nichtsnutzige Tochter, Petron. 45, 9; vgl. filicones). – übtr. von den Haaren der männl. Scham, Pers. 4, 41. – Nach Paul. ex Fest. 86, 10 auch felix geschr. (vgl. *Mueller not. cr.*); vgl. Gloss. ›felix, ἄγρωστις‹. Vgl. filicatus.

filo, āre (filum), **in Fäden ziehen,** lanam, Arnob. iun. confl. 2, 22. – übtr., Ven. Fort. vit. S. Mart. 3, 112.

filopȳgista, s. philopȳgista.

filosoph..., s. philosoph...

filtrum, ī, *n.* = *cento,* Plur. Gloss. V, 584, 5.

filum, ī, *n.* (fingo), der **Faden,** **I** eig.: **a** von Lein, Wolle usw., **α** übh.: cerei fila, Docht, Sen.: conicere filum in acum, einfädeln, Cels.: circumdare collum filo (um ihn zu messen), Catull.: coëmere fila (Garn), Amm.: velamina filo pleno, dickes Zeug, Ov.: munusculum crasso filo (bildl.), Cic.: capite velato filo, meton. = mit wollener Binde, Liv. 1, 32, 6: u. so filo velatus, Tibull. 1, 5, 15. – Sprichw. (tenui) pendēre filo, unser »an einem seidenen Faden hängen«, d. i. in Gefahr schweben, Ov. ex Pont. 4, 3, 35. Enn. b. Macr. sat. 1, 4, 18; vgl. cum admodum tenui filo suspensa rei publicae salus ex sociorum fide penderet, Val. Max. 6, 4, 1 u. a cuius salute velut filo pendēre statum orbis terrarum exclamabant, Amm. 14, 5, 4. – **β** insofern er gesponnen od. verwebt wird, ducere fila, Ov.: tenero pollice fila ducere, Sen.: alia torquere fila, alia ex molli solutoque ducere, Sen.: dextrā leviter deducere fila, Catull.: staminis fila pollice deducere, Hieron.: fila pollice trahere, Mart.: mollia lanae fila carpere, Ambros. – **b** von anderen Dingen, aranei, Lucr.: deducit aranea filum pede, Ov.: v. Blumen u. Gewächsen, Fasern, Mart.: mel praetenuia fila mittit, zieht Fäden, Plin.: tenui filo stantibus in medio crocis, Staubfäden, Plin.: lyrae, Saite, Ov. – **c** der **Lebensfaden,** an dem die Parzen spinnen (vgl. poëtae colus et fila fatis adsignant, Fronto de amiss. nepot. 2. p. 233, 8 N.), sororum fila trium, Hor.: at tibi nascenti nerunt fatales fortia fila deae, Ov.: triplices deae tua fila resolvent, Ov. – **II** übtr.: **A** gleichs. das **Gewebe** = die **äußere Form, -Gestalt, -Bildung,** forma filumque solis, Lucr.: fil. mulieris, Plaut. (u. so filum non malum, Lucil.): habitus corporis et filum, Varro LL.: totius corporis filum atque habitus, Gell.: fuit decente filo corporis, Amm.: fil. tenue vocis, helle, klare Stimme, Calp. – **B** von der Rede, die **Form, Manier,** das **Gepräge** (vgl. Seyffert Cic. Lael. 7, 25. p. 175^2), orationis tuae, Cic.: argumentandi, Cic.: uberiore filo, Cic. – ► Heteroklit. Plur. fili, Lucan. 6, 460 (vgl. Phocas 4, 5. p. 426, 29 K). Arnob. 1, 59 *codd.* Verecund. in cantic. Ezech. 5, 5 (Spicil. Soloesm. 4. p. 74).

1. fimbria, ae, *f.* (findo), der an einem Gewebe gelassene Kettenfaden, der **Faden,** die **Troddel,** gew. im Plur., **I** eig.: **1** im Allg.: cura fimbriarum, das Fadenzupfen (eines Fieberkranken), Plin. 7, 171: u. so si manibus quis in veste floccos legit fimbriasve diducit (zupft), Cels. 2, 6. p. 36, 35 D. – **2** insbes., als Zierde, die **Troddel, Franse** am Saum eines Gewandes usw., teils natürliche, teils aus Gold usw. gearbeitete und angesetzte, fimbriae aureae, Vulg. psalm. 44, 14 (s. Varro LL. 5, 79. Paul. ex Fest. 90, 4): palla ad ultimas oras nodulis fimbriarum decoriter confluctuabat, Apul. met. 11, 3: funiculos in fimbriis facies per quattuor angulos pallii tui, Vulg. deut. 22, 12 (vgl. Vulg. num. 15, 38): laticlavia mappa fimbriis hinc atque illinc pendentibus, Petron. 32, 2. – Sing. kollekt. = der von den Troddeln gebildete **Saum** des Gewandes, fimbria vestimenti, Vulg. Matth. 9, 20 u. 14, 36 u. a.: gemmis dependentibus per ultimam fimbriam, an den Spitzen des Saums, Treb. Poll. XXX tyr. 30, 14: apprehendent fimbriam viri Iudaei, Vulg. Zach. 8, 23. – **II** übtr., die **krausen Spitzen,** das **Gekräusel** der Haarlocken, madentes cincinnorum fimbriae, Cic. Pis. 25. – ► Nbf. **fimbrium,** iī, *n.*, Beda (VII) 272, 15 K.

2. Fimbria, ae, *m.* (Gaius Flavius), Freund des Marius u. dessen Genosse bei der über Rom verhängten Raub- u. Mordszene (i. J. 87 v. Chr.), später Unterfeldherr des Konsuls Val. Flaccus im mithridatischen Krieg, in dem er, nachdem er sich gegen seinen Oberfeldherrn empört und ihn getötet hatte, eine Zeitlang glücklich kämpfte, aber endlich, von seinen Soldaten verlassen, sich selbst den Tod gab (84 v. Chr.), Cic. Brut. 233; Rosc. Am. 33. Liv. epit. 82.

1. fimbriātus, a, um (1. fimbria), **mit Fasern-, mit Fransen-, mit Troddeln versehen, -besetzt, befasert,** folia, Plin.: capillus (milii), krause, Plin.: frons, krause, Titin. com. fr.: u. so frons pinguis fimbriata, Auct. itin. Alex.: pallium, Schol. Pers.: vestes, Schol. Iuven.: latus clavus ad manum f., Suet.: flagrum alqā re f., Apul.

2. Fimbriātus, a, um (2. Fimbria), **zum Fimbria gemacht,** Asin. Poll. b. Quint. 8, 3, 32.

fimbrium, iī, *n.*, s. 1. fimbria ►.

fimētum, ī, *n.* (fimus), der **Misthaufen,** die **Mistgrube,** Plin. 17, 57 u. a.

fimum, ī, *n.* u. **fimus,** ī, *m.* (zu foeteo, übelriechen, stinken), der **Mist, Dünger, I** eig.: stabuli, Lucil.: bubulum, Liv.: caprinum, ovillum, Plin.: asini, Plin.: arida saturare fimo pingui sola, Verg.: caeno fimoque vultum alcis incessere, Aur. Vict.: fimo turpi maximam explere famem, Phaedr.: fimum reddere, misten (v. Tieren), Col.: fimum fistulatim excutere (von einem Tier), Apul. – **II** übtr., **Kot, Schmutz,** Verg. Aen. 5, 333 u. 358. – ► fimum sicher bei Plin. 28, 174 u. ö. Ser. Sammon. 721. Lact. de opif. dei 11, 20. Plin. Val. 2, 35 u. 49: fimus als *masc.*, Ser. Sammon. 354. Charis. 32, 1: als *fem.* im Abl.: liquidā fimo, Apul. met. 7, 28.

fīnālis, e (finis), **I die Grenzen betreffend,** ICt. u. Sidon.: circulus, der Horizont, Macr. u. Chalcid. Tim.: ders. bl. fīnālis, is, *m.*, Chalcid. Tim. 67. – **II das Ende betreffend, am Ende befindlich od. stehend, End-,** littera, syllaba, Macr.: capitula, quae finalia nominantur, Prisc.: beatitudo, Augustin.: causa, Donat.

fīnālitās, ātis, *f.* (finalis), das **Am-Ende-Sein,** Serv. Verg. Aen. 1, 120 (116). Eutych. prooem. 447, 14 K.

fīnāliter, *Adv.* (finalis), **bis ans Ende,** Ps. Cassiod. de amic. 19, 3 u. a.

finctē, s. fictē ►.

finctor, s. fictor ►.

findo, fidī, fissum, ere (altindisch *bhindánt-* = findens), **spalten** = nach seinem natürlichen Gefüge in zwei Teile trennen (während scindere = gewaltsam zerteilen), **I** im Allg.: **a** *tr.*: lignum, Verg.: corticem, Ov.: infantes statuas, bersten machen, Hor.: navis saepe fissa, das leck gewordene, Plaut.: equus ungulis fissis, Suet.: costas, Varro fr.: f. agros sarculo, Hor.: terras vomere, durchfurchen, Ov.: aëra, fliegend die Luft durchschneiden, Ov.: fretum, aequor, segelnd das Meer durchfurchen, Ov. u. Prop.: übtr., dies mensem findit, spaltet = teilt (in zwei gleiche Teile), Hor.: et mihi dividuo findetur munere quadra, mir wird abgeschnitten von usw. = mir fällt zu, Hor. – **b** refl. u. medial: **α** = **sich spalten** = sich teilen, via se findit in partes ambas, Verg.: hāc insulā quasi rostro finditur Fibrenus (fluvius), Cic.: Faleriis caelum findi velut magno hiatu visum, Liv. – **β** findi = **zerplatzen, bersten,** Marsis finduntur cantibus angues, Ov.: dah. findor, ich möchte (vor Ärger) bersten, Plaut.: cor meum et cerebrum finditur, mein Herz u. Hirn möchte mir zerspringen, Plaut. – **II** prägn. = spalten machen, alte finditur in solidum cuneis via, mit Keilen wird tief ein Weg in die Härte gebahnt, Verg.: vulnus, eine klaffende W. beibringen, Val. Flacc.

► *Partic.* subst., **fissum,** ī, *n.*, der **Spalt,** die **Ritze,** ani fissa, Cels. 5, 20, 5; 7, 30 *in.* – bes. f. iecoris, als *t. t.* der Haruspizin, ein **Spalt, Einschnitt** der Eingeweide (wahrsch. zwischen den verschiedenen Lappen der Leber) des Opfertieres, Cic. de nat. deor. 3, 14. Cic. de div. 2, 28: iecorum fissa, Cic. de div. 1, 118: quid fissum in extis, quid fibra valeat, *ibid.* 1, 16: f. familiare, s. familiāris a. E.

fingibilis, e (fingo), **erdenklich, scheinbar,** Cael. Aur. de morb. chron. 2, 4, 104.

fingo, finxī, fictum, ere (altindisch *dēgdhi*, er bestreicht, verkittet, *dēhī*, der Damm, Wall, griech. τεῖχος, τοῖχος für θεῖχος, θοῖχος), **I** eine Masse od. in einer Masse **formen, gestalten, bilden,** bildend **schaffen,** von Bildnern, die in Ton, Wachs, dann auch von solchen, die in bildsamen Stoffen übh. arbeiten, griech. πλάττειν, **1** eig.: **a** eine Masse: ceras, Col. 9, 15, 7: molissimam ceram ad nostrum arbitrium formare et fingere, Cic. de or. 3, 177. – **b** etw. in einer Masse, tegulas, Varro fr.: lateres, streichen, Plin.: panem, Sen.: spiram, Cato: liba, Varro LL.: pocula de humo, Ov.: alqd ex argilla, Plin.: absol., f. e cera, aus W. bossieren, Cic.: venuste pingere et fingere (modellieren), Amm. – insbes., v. Bildhauern, a Lysippo fingi volebat, Cic.: ars fingendi, Bildhauerkunst, Cic.: fingendi conditores, Plin.: imago ficta, Statue, Cic. – v. Tieren, favos (v. Bienen), Cic.: fingere et construere nidos (v. Vögeln), Cic.: lambendo mater (ursa) in artus fingit, Ov. (vgl. Gell. 17, 10, 3). – v. der Natur, natura fingit hominem, Cic.: natura humana fingit, gestaltet die menschl. Geschicke, Plaut. – poet. v. Dichter, versus, schaffen, Hor. de art. poët. 382. – v. der Seele, a qua (mente) is (vultus) fingitur, von dem (seinem Innern) jene (die Miene) ein Spiegel ist, Cic. Tusc. 3, 31. – **2 streichelnd betasten, sanft berühren,** alci cervicem linteo, Afran. fr.: manus aegras manibus amicis, Ov.: corpora linguā, Ov. – **3** übtr.: **a umbilden, neubilden,** vitam subito flecti fingique posse, Cic. Sull. 79; vgl. *ibid.* 69. – mit dopp. *Acc.*, zu etwas **schaffen,** si miserum Fortuna Sinonem finxit, das Unglück zum armen Manne schuf, Verg. Aen. 2, 80. – **b** im Geiste, in der Vorstellung **sich ein Bild** von etwas **machen** od. **entwerfen, sich** etwas **denken, -vorstellen,** etw. **annehmen, träumen, sich einbilden,** fingite animis ... fingite igitur cogitatione imaginem huius condicionis meae, Cic.: homines antiqui, qui ex sua natura ceteros fingerent, nach der eigenen Sinnesart beurteilten, Cic.: sibi metum, Liv.: inanes sibi metus, Plin. ep. – m. dopp. *Acc.*, quod si qui me astutiorem fingit, Cic. ep. 3, 8, 6: natura enim fingit homines et creat imitatores et narratores, Cic. de or. 2, 219. – mit folg. *Acc.* u. *Infin.*, finge aliquem fieri sapientem, Cic.: cum mihi fingo uno nos animo futuros (esse), Sen.: eum te esse finge, qui sum ego, Cic.: fingerent (eum) mentitum (esse) ante, Liv.: f. datos (esse) currus, Ov.: m. folg. indir. Fragesatz, Tibull. 2, 6, 51 *sq.;* vgl. Ov. met. 6, 491 *sq.*: absol., ne finge, denke das nicht, Verg. Aen. 4, 338. – **c ersinnen, erdichten, erlügen, vorgeben,** nuptiarum gratiā haec, Ter.: ad senem aliquam fabricam, Ter.: quandam inter se fallaciam, Ter.: causas (Vorwände), Ov.: u. so fingere causas, ut etc., Tibull.: fingere causas, ne etc., Ter.: verba, täuschende Reden führen, Sall.: crimina, opprobria in alqm, Cic. u. Hor. (s. Schmid Hor. ep. 1, 15, 30). – m. folg. *Acc.* u. *Infin.*, (me) voluisse, Ov.: quem prodere rem Danaam finxit, gab ihm (fälschlich) Verrat an den Danaern schuld, Ov.: cum alii abesse eum, alii aegrum esse, falso utrumque, fingerent, Liv. – Partiz. fictus, **erdichtet, erlogen,** di, Cic.: vultus ficti simulatique, Cic.: ficta fabula, Cic.: narrationes, von den äsopischen Fabeln, Cic.: carmen, eitle Dichtung, Verg.: subst., fictum, ī, *n.*, **etwas Erdichtetes, -Erlogenes,** eine **Erdichtung, Lüge,** fictum pravumque, Lug und Trug, Verg.: mensura ficti, Ov.: cotidie aliquid de me ficti adferebat, Cic. Sest. 133: ficta rerum, Schnurrpfeifereien, Hor. sat. 2, 8, 83: ficta loqui, Ov. met. 1, 771 u. 8, 614: ficta voluptatis causā sint proxima veris, was du zur Lust dir ersinnst, sei möglichst ähnlich der Wahrheit, Hor. de art. poët. 338. – **d** etwas **erheucheln,** fälschlich **vorgeben,** nihil fingam, nihil dissimulem, Cic.: fingere alia, dissimulare de coniuratione, Sall.: stultitiam, Suet.: fugam, Capit.: gratiam in odio (v. Philipp), Iustin.: expeditionem, Tac. – m. *Acc. pers.*, f. benignum, den Gütigen erheucheln (spielen), sich gütig stellen, Spart. Car. 5, 2: u. m. dopp. *Acc.*, **sich** so u. so **stellen,** bonos se ac liberales, Sen. de ben. 4, 17, 3: u. m. folg. *Infin.*, ignorare fingit, Claud. in Eutr. 2, 306. – **e auf** etw. **sinnen, -denken,** fugam, Plaut.: parricidia, vatermörderische Pläne schmieden, Sen.: profectionem, an die Abr. denken, Anstalten treffen zur usw., Iustin. – **II** mit dem Nebenbegr. des Ordnens, Zurechtlegens, -machens, **zurichten, zurechtmachen, -legen, zustutzen, 1** eig.: **a** übh.: equum, Hor. ep. 1, 2, 64: vitem putando, Verg. georg. 2, 407. – **b** als *t. t.* vom Ordnen der Frisur = **ordnen, zurechtmachen, frisieren,** manibus canas comas, Tibull.: toties positas comas, Ov.: crinem fronde premit fingens, Verg.: übtr., v. der Pers. selbst, ornari, poliri, expoliri, pingi, fingi (sich schniegeln), Plaut.: fingi curā mulierum, Phaedr.: se fingere alci (für jmd.), Ov. Vgl. Phaedr. 2, 2, 8. – **c** v. Mienenspiel usw., fingere vultum = eine freundliche Miene annehmen, liebäugeln, Ov. met. 4, 319; od. = eine ruhige, die Furcht verbergende Miene annehmen, seine Miene verstellen, Caes. b. G. 1, 39, 4; vgl. voltus quoque hominum fingit scelus, selbst die Gesichter der Menschen weiß er abzurichten, der Erzschelm, Ter. heaut. 887. – so auch ficto pectore fatur, spricht mit heuchelnder Seele, Verg. Aen. 2, 107. – dah. *Partic.* fictus, v. Pers. = **verstellt, nicht aufrichtig, falsch,** ein **Heuchler,** Hor. sat. 1, 3, 61. Plin. ep. 8, 18, 3. Capit. Albin. 12, 10: fuit vitā fictus, Spart. Pesc. 5, 1. – **2** übtr.: **a** durch Unterricht usw. **zustutzen, bilden, ausbilden** (vgl. Ruhnk. Ter. heaut. 5, 1, 25. Drak. Sil. 1, 441), oratorem, vocem, Cic.: animos (wie πλάττειν τὰς ψυχάς), ausbilden, Cic.: mentes orando, bearbeiten = nach seinen Absichten lenken, für sich gewinnen, Sil.: voce paternā fingi ad rectum, angeleitet werden zum usw., Hor.: mit *Infin.*, fingit equum tenerā docilem cervice magister ire viam, Hor. ep. 1, 2, 64. – **b** nach einem Muster **einrichten, richten,** se totum ad arbitrium alcis, Cic.: se ex forma rei publicae, seine Maßregeln nehmen nach usw., Cic. – ► Partiz.-Form finctus, Ter. eun. 104. Avian. fab. 11, 4 Itala (Tolet.) sap. 7, 1. Itala (psalt. Veron. et Tolet.) sap. 10, 1. Commod. instr. 1, 18, 16. Interpr. Iren. 2, 14, 2. Not. Tir. 66, 25.

fīniēns, entis, *m.* (finio), *sc.* orbis, der **Horizont,** Cic. de div. 2, 92. Sen. nat. qu. 5, 17, 2.

fīnio, īvī, ītum, īre (finis), **I** *tr.* **begrenzen, in Grenzen einschließen, durch Grenzen festsetzen, -bestimmen, A** eig.: imperium populi Rom. (v. Rhein), Caes.: signum animo, Liv.: lingua finita dentibus, Cic.: finire arenae circulum, einen Kr. im S. beschreiben, Vell. – **B** übtr.: **1** einer Sache **Grenzen setzen,** sie **einschränken,** cupiditates, Cic.: censuram, Liv. – **2 festsetzen, bestimmen, a** übh.: tempus, Cic.: diem, decem vades, locum, Liv.: modum, Cic.: latitudinem silvae, Caes.: mors est omnibus finita, Cic.: modus finiendi, der Indikativ, Quint. – m. folg. *ne* u. Konj., potuisse finire senatus consulto, ne etc., Liv. 31, 48, 8: unpers., de pecunia finitur, ne etc., Liv. 40, 44, 10. – **b durch eine Erklärung bestimmen, erklären,** causam, Quint. – **c** als philos. *t. t.*, **definieren,** Sen. u. Quint. – **3 endigen, ein Ende machen, beschließen,** im Passiv auch = **zu Ende gehen, ein Ende nehmen, enden, aufhören, erlöschen, a** im Allg.: bellum, Caes. b. c. 3, 51, 3: sitim, Hor.: famem, Ov.: odium, Curt.: odium mittere et finire, Liv.: fin. aequo animo honores, niederlegen (Ggstz. libentissime inire), Vell.: censuram intra legitimum tempus, Liv.: alci vitam, Sen. rhet.: labores morte graves, Cic. poët.: finitur sudor, febris, tussis, Cels.: finita vicesimo anno bella civilia, Vell. – animam in aris, Ov.: vitam (auf natürlichem od. gewaltsamem Wege), Sen. u. Tac.: vitam suspendio, Suet.: vitam laqueo, Sen. poët. u. Treb. Poll.: vitam laqueo fasciā composito, Aur. Vict.: vitam ferro, Suet., ense, Ov.: vitam veneno, Vulg.: vitam inediā, Plin. u. Plin. ep.: vitam immaturā morte, Vell., per vulnera, Ov.: vitam ex illo vulnere, Augustin. – Latinum (verbum), quod *o* et *n* litteris finiretur, non inveniebant, Quint. – Ggstz., quod finitur inceptum est, Lact. 2, 8, 43. – **b** insbes.: **α** jmd. **endigen** = dem Lebensende zuführen, Sen. ad Marc. 3, 3: u. so medial finiri absol., **enden, sterben,** Cic. poët., Sen. u. a.: morbo, Plin. ep. (vgl. Benecke Iustin. 27, 4, 12). – u. = **erlöschen,** finitā Iuliorum Claudiorumque domo, Tac. hist. 1, 16. – **β** im Sprechen od. Schreiben **beendigen, beschließen,** omnia finierat, Ov.: nondum querelam finieram, Petron.: vix prece finitā, Ov.: cum (oratio) finita est, wenn er (der Vortrag) zu Ende ist, Quint.: sermone finito, Curt.: voto volumen finiendum sit, Vell. – **γ** als rhet. *t. t.*, innerhalb bestimmter Grenzen zu Perioden zusammenordnen, **numerös** od. **periodisch abschließen,** nec solum componentur verba ratione (mit Bewusstsein, mit Einsicht in das Wesen der Kunst), sed etiam finientur, Cic. or. 161: ut sententiae verbis finiantur, Cic. de or. 3, 191: u. so *Partic.* subst., apta et finita pronuntiare (Ggstz. infracta et amputata loqui), Cic. or. 170. – **II** *intr.* **enden, aufhören, a** im Allg.: cum anceps pugna diei finisset occasu, Amm. 24, 4, 20: Ggstz. puto illum pridie *incipere*, postero die *finire*, Petron. 92, 9. – **b** insbes.: **α enden** = sterben, sic Tiberius finivit octavo et septuagesimo aetatis anno, Tac. ann. 6, 50 *extr.* – **β** im Sprechen od. Schreiben **enden, schließen, seine Rede beschließen,** finio, Plin. ep.: finieram, Mart.: finierat Telamone satus, Ov.: Ggstz., cum *initium* a tempestate *sumpserunt*, incendio aut ruinā *finiunt*, Quint. 8, 6, 50. – **γ** periodisch **abschließen, schließen,** illi philosopho placet *ordiri* a superiore paeone, posteriore *finire*, Cic. de or. 3, 183.

fīnis, is, *m.*, zuw. *f.* (viell. aus *figsnis zu figo), **I** die **Grenze, 1** eig.: f. loci, Cic.: Megalopolitarum, Liv.: quem ad finem (wie weit) porrecta loca aperta pertinebant, Caes. – Plur. fines, die **Grenzen,** agrorum, Cic.: fines propagare, Cic.: ambigere de finibus, Ter.: fines regere (feststellen), Cic.: u. meton. = das **Gebiet, Land,** der **Bezirk,** in mediis Eburonum finibus, Caes.: in alienis finibus decertare, Caes.: Gallis partem finium concedere, Liv.: habere fines (Grundstücke) proprios, Caes.: se in fines Ubiorum recipere, Caes.: fines populari, depopulari, vastare, Caes. – u. die **äußerste Schranke** der Rennbahn, Verg. Aen. 5, 225 u. 328. – **2** übtr.: **a** die **Grenze, Schranke,** naturae, Hor.: aequi iuris, die gemeinrechtliche Schr., Tac.: mihi fines terminosque constituam, extra quos egredi non possim, Cic. – **b** das **Ziel,** qui finis istius consilii? Cic.: f. temporis, Liv.: ad eum finem od. usque ad eum finem, bis so weit, Cic.: quem ad finem? bis zu welchem Ziel? Cic.: dah. fine (fini) m. Genet. = **bis an,** amphoras implere ansarum infimarum fini, Cato: fine inguinum, Sall. fr.: fine genus, Ov.: scopulorum fine, Ov.: umbilici fine, Auct. b. Afr.: so auch mit Abl., radicibus fini, Cato r. r. 28, 2. – **c** das **Maß** = die **Art,** pretii, ICt.: hac fini, in dem M., insofern, Gell.: quā fini, inwiefern, Gell. – **II** im weiteren Sinne, das **Ende, 1** eig., **a** übh., Komik., Cic. u. a.: finis epistulae, Plin. ep.: finis vitae, Cic.: nullo (cum) fine od. fine dempto od. exempto, ohne Ende, Ov.: sine fine amare, Fronto: ad finem, bis zu Ende, Ov.: ad finem venire, zu Ende (zustande) kommen, Liv. – finem facere m. Genet., z. B. belli, Nep., orandi, Ter.: bellandi, Caes.: vitae, Sall. fr.: sollicitudinis, Cic.: loquendi, oppugnandi, orandi, Caes.: u. (m. *Dat.* **wem?)** idem dies et victoribus imperii et victis vitae finem facit, Cic.: finem facere m. Dat., z. B. iniuriis, Caes.: sermoni suo, Plaut.: orationi suae criminibusque modum aliquem et finem facere, Cic.: difficile est enim finem facere pretio, si libidini non feceris, Cic. – finem dare (ein E. machen) proelio, bello, Eutr.: malis, Verg.: finem dare (ein E. bereiten) vitae, Iuven. – eundem et vincendi et vivendi finem habere, mit seinem Sieg auch sein Leben beschließen, Vell. – Veiens bellum non ante cepit finem, quam etc., nahm nicht eher ein Ende, Liv. – b insbes., das Ende, α = das **Lebensende,** der **Tod** einer Pers., hominis, Quint.: Neronis, Tac.: aderat finis, ubi aderat finis, Tac.: nec quicquam iam de fine, si fata poscerent, recusans, Vell. – β der **Untergang, Verlust,** finemque sui sibi corpora debent, Lucan.: finis adest rerum (Romanarum), Lucan.: Creta Metelli ductu longissimae libertatis fine multata est, Vell. – 2 übtr.: a die **Erklärung, Definition,** Quint. – b das Ende = der **Endzweck, Zweck** (s. Sorof Cic. de or. 1, 188), domus finis est usus, Cic.: quae finis standi? zu welchem E. (weshalb) stehe ich hier? Verg.: edendi mihi erit bibendique finis desideria naturae restinguere, non implere alvum et exinanire, Sen.: ad eum finem, zu dem E., in der Absicht, deswegen, Tac. – c das **Äußerste, Höchste,** bonorum, malorum, höchste (größte) Gut, Übel, Cic.: honorum, das höchste Ehrenamt, Cic.: duodecim tabulae, finis aequi iuris, Tac. – ► Abl. Sing. fine u. fini.

fīnītē, *Adv.* (finitus v. finio), I **mit Einschränkung, mäßig,** Cic. de fin. 2, 27. – II **bestimmt** (Ggstz. infinite), Gell. 14, 7, 9.

finitimus (finitumus), a, um (finis), **angrenzend, benachbart,** I eig.: alci, Cic.: aër mari f., Cic.: provincia, regio, Caes.: prägn., bellum, in der Nachbarschaft, Caes.: arma, der Grenznachbarn, Ov. – subst., finitimī, ōrum, *m.*, die **Grenznachbarn,** Caes., Cic. u. a. – II übtr., **angrenzend** an etwas = **nahestehend, naheliegend, in enger Verbindung stehend** mit usw., **sehr nahe verwandt** mit usw., **sehr ähnlich,** vicina eius atque finitima dialecticorum scientia, Cic.: finitima et propinqua vitia, Rhet. Her.: sunt finitima omnino, sed tamen differunt aliquid, Cic. – *m. Dat.*, eius nomen finitimum maxime est huius periculo et crimini, Cic.: huic generi historia finitima est, Cic.: est enim finitimus oratori poëta, Cic.

fīnītio, ōnis, *f.* (finio), I die **Begrenzung,** Vitr. 5, 4, 7 (wo Plur.) u. a. – II übtr.: A die **Bestimmung,** 1 = **Einteilung, Teil,** Hyg. astr. 1, 6 *extr.* – 2 = **erklärende Bestimmung, Erklärung, Definition,** Vitr., Sen. rhet., Quint. u. a. – 3 die **Bestimmung** = **Regel,** das **Gesetz,** Col. u. Gell. – B die **Vollendung,** 1 = das Lebensende, dies finitionis, Vulg. Sirach 40, 2: dies finitionis suae, CIL 9. 984: f. fati, CIL 6, 26338. 2) = Grad der Vollkommenheit, enutritum et progressum esse gradatim ad hanc finitionem, Vitr. 2, 1, 8.

fīnītīvus, a, um (finitus), I **die Endung betreffend, End-,** litterae, Mar. Victorin. art. gr. 1, 3, 28 = 7, 17 K. – II **auf Bestimmung (Erklärung) beruhend,** status, Quint.: causa, Quint.: quaestio, Mart. Cap.: modus, der Indikativ, Diom.

fīnītor, ōris, *m.* (finio), I der »Abgrenzer« = a der **Feldmesser, Vermesser,** beim Ausmessen u. Austeilen der Ländereien an Kolonisten, Cic. de leg. agr. 2, 34 u. a.: scherzh. übtr., Plaut. Poen. prol. 49. – b übtr., der **Horizont,** Sen. nat. qu. 5, 17, 3 u. a. – II der **Endiger,** Stat. Theb. 8, 91.

finitumus, a, um, s. finitimus.

fīnītus, a, um, *PAdi.* (v. finio), **bestimmt** (Ggstz. infinitus), als gramm. *t. t.*, Prisc. 17, 89 u. a.: Superl. finitissimus, Prisc. 17, 89. Not. Tir. 34, 62.

fintinnio, īre, **zwitschern,** v. d. Schwalbe, Suet. fr. 161, p. 253, 2 *Reiff.*

fīo, factus sum, fierī (aus indogerm. **bhu̯-ii̯ō* zu Wurzel *bhu in fui, vgl. griech. φιτύω, ich erzeuge), I **werden, entstehen** = **wachsen, erzeugt werden,** Arabia, ubi absinthium fit, Plaut.: lepores in Gallia fiunt permagni, Varro. – II als Passiv v. facio, A eig.: **gemacht, verfertigt werden,** carinae fiebant levi materiā, Caes.: ut illo statu Chabrias statuam sibi fieri voluerit, Nep.: statuam sibi maiorem colosso fieri iussit, Solis habitu, Treb. Poll.: hic ubi fit doctā multa corona manu, Ov. – B übtr.: 1 im Allg.: a **gemacht werden** = **geschehen, bewirkt** usw. **werden, entstehen,** α v. Lebl.: fit clamor maximus, Cic.: fit fletus gemitusque, Cic.: fit alci furtum, wird an ihm begangen, Plaut.: id ei loco nomen factum, erhielt den Namen, Liv.: senatui suasit, ne pax cum Poenis fieret, Eutr. – factum! es ist geschehen = ja! Plaut. = bene factum! gut gemacht! brav! Plaut.: male factum! das war schlecht! Plaut.: dictum factum, s. 2. dīco *no.* II, A: factum volo, ich bin damit zufrieden, Plaut. u. Ter.: alci factum (esse) velle, es gut mit jmd. meinen, Ter. u. Gell. – per alqm fit m. folg. *quo minus* u. Konj., Cic. ep. 1, 4, 2. Liv. 9, 5, 3: ne quid existimes ab illo factum esse m. folg. *quo minus* u. Konj., Cic. ad Att. 11, 12, 2; vgl. Cic. II. Verr.. 1, 25. – β v. Pers., **werden,** de scurra multo facilius divitem quam patrem familias fieri posse, Cic. Quinct. 55: nunc eo decĭdit (ist er so tief gesunken), ut exsul de senatore, rhetor de oratore fieret, Plin. ep. 4, 11, 1. – b **werden** = **geschehen,** α **sich ereignen, eintreten,** interea fiet aliquid, Ter.: nihil fit, Plaut.: levia proelia fiebant, es kam zu usw., Liv.: potest quaedam fieri mutatio, Cels.: id interdum fit, Cels.: Pompeio melius est factum, Cic.: bes. mit *Abl.*, quid illo fiet? was wird aus dem werden? Cic.: quid fiet artibus? Cic.: quid fieri signis velit, was mit den B. werden solle, Liv.: dah. si quid eo factum esset, wenn ihm ein Unglück begegnen sollte, Cic.: mit folg. *de* u. Abl., quid de Tulliola mea fiet? Cic. – ut fit od. ita ut fit od. ut fieri solet, wie es zu geschehen pflegt, Cic.: so ut fit plerumque, Cic.: u. ut fere fit, Curt.: quod fere fit, Curt. – quod od. quoad eius fieri possit od. quoad fieri poterit (potuerit), soweit es sich tun lässt, Cic. (s. Brix Plaut. mil. 1153). – fit saepe, ut non respondeant ad tempus, Cic.: tertio die saepe fit, ne febris accedat, Cels. – fieri potest, ut recte quis sentiat, möglicherweise kann jemand usw., Cic.: potest fieri, ut fallar, ich kann möglicherweise mich irren, Cic.: fieri non potest (unmöglich), ut eum in provincia tua non cognoveris, Cic.: fieri non od. nullo modo potest, quin etc., Cic.: quo fit, ut etc., Lucr., Hor. u. Quint.: quo fiebat od. factum est, ut etc., Nep.: ita fit, ut etc., Cic.: sic fiet, ut etc., Cels.: opinione factum est, ut etc., Acc. fr.: factum imprudentiā Biturigum, ut etc., Caes. – β **folgen, erfolgen, hervorgehen,** ita fit, ut sapientia sanitas sit animi, Cic.: ex quo fit, uti etc., Lact. – γ wie unser **werden** = **sein,** mihi non fit verisimile, es wird (= es ist) mir nicht wahrsch., Tert.: nec potest fieri me quicquam superbius, Cic. – 2 insbes.: a etw. **werden** = zu etw. **gemacht-, ernannt werden,** praetor fit, Nep.: consules facti sunt, Cic.: cum multi pares dignitate fiant (dazu ernannt werden), Cic. – b **geschätzt werden,** mihi demonstravit, me a te plurimi fieri, Cic. – c **geopfert werden,** unā hostiā fieri, Liv.: ter tibi fit libo, ter, dea casta, mero, Sulpicia sat.: quibus diis ut fieret, Liv.: cum pro populo fieret, Cic. – d als *t. t.* der Arith., beim Rechnen **herauskommen,** pisces ter multiplicati quinquaginta fiunt centum quinquaginta, Augustin. serm. 252, 8. – ► Archaist. Passiv fitur, fiebantur, Cato fr. bei Prisc. 8, 12: fiebantur, Augustin. serm. 166, 11 *Mai:* fiar, Augustin. spec. 27 *Mai:* fiare, Auct. bei Serv. expl. in Donat. (IV) 553, 6: fieretur, Itala (Cant.) Ioh. 13, 2: fitum est, Liv. Andr. fr. bei Non. 475, 17: Imperat. fiere, Augustin. epist. 82, 29; de civ. dei 16, 37. p. 184, 13 D.[2]: Imperat. fi, Plaut. Curc. 87; Pers. 38. Hor. sat. 2, 5, 38 (vgl. Charis. 250, 29): fĭto, Cato orat. 70 fr. 2 (bei Non. 475, 14, wo der *cod.* fite: fite, Plaut. Curc. 89 u. 150. Dict. Cret. 2, 26: Infin. fiere, *Enn. ann. 15 u. 354. Laev. bei Gell. 19, 7, 10, arch. fierei, Plaut. Poen. 725. CIL 1, 205, 1 u. 3: Partiz. fiēns, Itala (Gall.) Ioh. 7, 50 u. Itala (Laud.) act. apost. 24, 3. Ps. Soran. qu. medic. 108; vgl. Diom. 381, 7 (fiens, fientes): Partiz. Fut. fiendus (vgl. Charis. 251, 3); dah. in prece fienda, Commodian. instr. 2, 34, 15: Abl. Gerundii fiendo, Augustin. de genesi ad litt. 5, 7.

firctum, s. fertum (ferctum).

fircus, ī, *m.*, sabinisch = hircus, nach Varro LL. 5, 97.

firgo, s. virgo ►.

firmāmen, minis, *n.* (firmo) = firmamentum, die **Stütze,** Sen. Herc. fur. 1251: Plur., Ov. met. 10, 491.

firmāmentum, ī, *n.* (firmo), das **Befestigungsmittel,** die **Stütze,** I im Allg.: 1 eig.: transversaria tigna, quae firmamento esse possint, Caes. b. c. 2, 15, 2: ossa nervique et articuli, firmamenta totius corporis, Sen. de ira 2, 1, 2: Graeci vincula et firmamenta membrorum νεῦρα dicunt, unde nos quoque Latine *nervos* appellamus, Gell. 13, 22, 9. – 2 übtr.: a übh.: rei publicae, Cic.: accusationis, Cic. – b ein bestätigender, empfehlender **Beweis, Empfehlungsgrund, Hauptgrund** (griech. τὸ συνέχον), Cic. u. a. – II prägn., der über der Erde befestigte **Himmel,** die **Feste,** das **Firmament,**

Augustin. de genesi ad litt. 2. – ► Nbf. **firmāmentus**, ī, *m.*, Itala (psalt. Veron.) psalm. 104, 9.

Fīrmānus, a, um, s. Firmum.

fīrmātor, ōris, *m.* (firmo), der **Befestiger**, conditor disciplinae militaris firmatorque, Plin. ep. 10, 29 (38), 1: missus tamen Drusus, paci firmator, Tac. ann. 2, 46.

fīrmātrīx, trīcis, *f.* (Femin. zu firmator), die **Befestigerin**, Coripp. laud. Iustin. 2, 16.

fīrme, *Adv.* (firmus), **fest, mit Festigkeit**, **I** eig.: insistere, Suet.: firmius durare, Plin.: firmissime statuere alqd, Vitr. – **II** übtr., **fest, bestimmt**, praemandare alqm, recht kräftig, Plaut.: alqd comprehendere, Cic.: graviter et firme respondere, Plin. ep.: firmissime asseverare, steif u. fest, Cic.

fīrmitās, ātis, *f.* (firmus), die **Festigkeit, Dauerhaftigkeit, Stärke**, **I** eig., die physische, der Pfosten, Plaut.: der Gebäude, Vitr.: materiae, Caes.: murorum, Amm.: corporis, Cic.: vocis, Gell.: memoriae, Quint. – **II** übtr., die moralische **Stärke, Standhaftigkeit, Ausdauer**, animi, Cic.: exercitus, Planc. in Cic. ep.

fīrmiter, *Adv.* (firmus), **fest, mit Festigkeit**, **I** eig.: f. insistere, Caes.: im Bild, f. stabilire alqm, Cic.: in suo gradu f. collocari, Cic.: f. hoc tuo sit pectore fixum, Lucil. 431. – **II** übtr., **fest, bestimmt**, promittere, Plaut.: meminisse, Gell. – ► *Compar.* u. *Superl.* s. firmē.

fīrmitūdo, dinis, *f.* (firmus), die **Festigkeit, Dauerhaftigkeit, Stärke**, **I** eig.: operis, Caes.: vocis, Rhet. Her. – **II** übtr., **Festigkeit, Standhaftigkeit, Geistesstärke, Kraft** animi, Cic.: u. so firmitudinem simulare, Tac. – haec constitutio habet ... firmitudinem, Cic.: ut (translationes) per se minus habeant firmitudinis, Cic.

fīrmo, āvī, ātum, āre (firmus), **festmachen, befestigen**, **I** eig.: **a** im Allg.: saepibus fossas, Plin.: proxima aestuaria aggeribus et pontibus, Tac.: donec ex toto maxillam callus firmavit, Cels.: f. alvum solutam, wieder hart machen, Cels. – **b** **befestigen, verwahren, verstärken, sichern, decken**, urbem colonis, Cic.: Alexandriam pace praesidiisque, Cic.: corpus adversum venena multis medicaminibus, Aur. Vict.: bes. als milit. *t. t.*, aditus urbis, Verg.: praesidia (Besatzungen), Tac.: castra munimentis, Liv.: turres od. urbem praesidiis, Sall. u. Liv.: subsidiis aciem, Liv.: milite cornua, Liv. – **II** übtr.: **a** **befestigen, dauerhaft** od. **unantastbar machen, sichern**, **α** physisch: gradum, festen Fuß fassen, Curt.: vestigia pinu, den Tritt sichern durch usw., Verg.: soporem, Ov. – **β** politisch: rem publicam, Cic.: novam civitatem od. urbem, Cic. u. Vell.: Aegypti opes, fest begründen, Tac.: concordiam et pacem, Curt.: civitates obsidibus, sich der Treue der St. durch G. versichern, Hirt. b. G.: regalibus nuptiis regnum, Iustin.: plebem tribunicio auxilio, Liv. – **b** **befestigen, stärken, kräftigen**, **α** physisch: vires, Verg.: valetudinem, Tac.: vocem, Cic.: memoriam, Quint.: corpus cibo, Liv., labore, Cic.: alqm cibo ac potione, Curt.: u. firmatā iam aetate, Cic.: ut inferiores (radices) penitus descendendo firmentur, Quint.: u. (im Bild) firmatā iam stirpe virtutis, Cic. – **β** ethisch, **stärken, stählen**, **αα** übh.: quin animum firmas, Ov.: animum adulescentis nondum consilio et ratione firmatum pellexit, Cic. – **ββ** **gefasst machen, ermuntern, ermutigen, erheben**, Passiv firmari medial **sich fassen, sich ermannen**, suos, Iustin.: nostros, Caes.: labantes consilio patres, Hor.: alqm alloquio, Tac.: animum praesenti pignore, Verg.: populum in obsequia principum, principes ad iustitiam imperiorum, Iustin.: ceteros ad obsequium exemplo, Tac.: ex terrore firmatis renovatisque animis, Auct. b. Afr.: mutuā adhortatione firmati, Curt.: firmatus animi od. animo, festen Muts, Sall. fr. u. Tac.: firmato vultu, mit Fassung in der Miene, Tac. – **c** **bekräftigen, bestätigen, beweisen, bewahrheiten, beglaubigen**, hoc ius, Cic.: fidem, Ter. u. Prop.: fidem invicem, sich gegenseitig Versicherungen der Treue geben, Curt.: fidem suam apud alqm, Ter.: regis fidem, Liv.: fabulis fidem, Suet.: dicta Iovis, Ov.: foedera (dictis), Verg.: re minas, Ov.: alqd rationibus od. iureiurando, Cic.: vim et naturam fati ex divinationis ratione, Cic.: vix quidquam firmare ausim de (in Betreff) etc., Tac.: dare firmatam fidem m. folg. *Acc.* u. *Infin.*, das feste Versprechen geben, Plaut. mil. 453: firm. obsidibus m. folg. *Acc.* u. *Infin.*, Hirt. b. G. 8, 48, 8: u. bl. firm. m. folg. *Acc.* u. *Infin.*, Lucr. 3, 319. Tac. ann. 6, 6; hist. 2, 9. Pallad. 11, 12, 3. Amm. 28, 1. § 29 u. 37: im Passiv, firmatur a Graecis m. *Acc.* u. *Infin.*, Pallad. 3, 29, 3: u. Passiv m. *Nom.* u. *Infin.*, Pallad. 10, 3, 1.

Fīrmum, ī, *n.*, eine Stadt im Picenischen, j. *Fermo*, Vell. 1, 14, 7. Pompei. b. Cic. ad Att. 8, 12. litt. B. § 1. Mela 2, 4, 6 = 2. § 65 (der es mit dem unten gen. castellum Firmanorum identifiziert). – Dav. **Fīrmānus**, a, um, **firmanisch, aus Firmum**, Liv. u. a. – subst., **α** Firmānum, ī, *n.*, ein Landgut bei Firmum, das **Firmanum**, Cic. – **β** Firmānī, ōrum, *m.*, die Einw. von Firmum, die **Firmaner**, Cic. Phil. 7, 23: Castellum Firmanorum, Hafenkastell von Firmum, j. *Porto di Fermo*, Plin. 3, 111: auch castellum Firmanum gen., Itin. Anton. 101, 2; 313, 2.

fīrmus, a, um (viell. verwandt mit fere, ferme, frētus), **fest, derb, stark**, **I** eig.: ramus, Caes.: robora (Bohlen), Verg.: catena, Ov.: muri firmiores, Eutr.: m. *Dat.* (zu), ut area firma templis ac porticibus sustinendis esset, Liv. – **II** übtr.: **1** physisch **stark, tüchtig, kräftig, widerstandsfähig**, poples, Ov.: vox, Rhet. Her.: civitas, Caes.: res publica, Sall.: m. *ad* u. Akk., vires ad dolorem ferendum firmae, Nep.: poet. m. *Infin.*, fundus non pascere firmus, Hor. ep. 1, 17, 47. – Insbes., **a** **kräftig, gesund, lebensfähig** (Ggstz. imbecillus), corpus, Cic.: v. Leb., firmus ac valens, Cic.: catuli, Phaedr.: infantes firmiores, Suet.: remiges firmissimi, Vell.: si male firma cubabit, Ov.: vixdum firmus gravi valetudine, Suet. – **b** milit. **fest, stark, kräftig, widerstandsfähig**, ordines, fest geschlossene, Tac.: equitatus et peditatus, Cic.: evocatorum manus, Cic.: copiae, Nep.: praesidia, Caes.: exercitus, Caes.: m. *ab* (von Seiten) u. Abl., firmus ab equitatu, Planc. in Cic. ep.: m. *ad* u. Akk., firmus ad tantum bellum, Liv.: ad dimicandum, Caes.: firmior ad resistendum, Sall. fr.: firmus ad castra facienda, Cic. – **c** v. Speisen u. Getränken, **fest, derb, nahrhaft**, cibus, Varro r. r. 2, 11, 2: firmius est triticum quam milium, Cels. 2, 18. p. 64, 35 D.; vgl. *ibid.* p. 65, 6: firmior ex frumento potio est, *ibid.* p. 66, 17. – **d** v. Wein, **stark** = feurig, firmum vinum, Gell. 13, 5, 8. – **2** der Zeit nach **dauernd**, firmissima vina, sich haltende, Verg. georg. 2, 97: durabat antiquitas firma, das alte Verfahren erhielt sich unverändert, Plin. 26, 12: übtr., **dauernd, gültig**, acta Caesaris, Cic. Phil. 1, 16. – **3** geistig u. ethisch: **a** **fest, beharrlich, konsequent, standhaft, unerschütterlich**, animus, Cic.: accusator, Cic.: opinio, Cic.: senatus bene f., Cic.: m. *contra* od. *adversus* u. Akk., contra pericula, Sall.: adversus famam rumoresque hominum, Liv.: m. *in* u. Abl., firmior in sententia, Cic.: vir in suscepta causa firmissimus, Cic.: m. bl. *Abl.*, proposito, Vell.: patriā irā, Ov. – **b** **fest, sicher, zuverlässig**, **α** v. Lebl.: litterae, Cic.: spes, Cic.: amicitia, unwandelbare, Curt.: foedus bene f., Enn.: vitae sine metu degendae praesidia firmissima, Cic.: hoc, quod dico, firmum fore (sich bestätigen wird), Cic.: m. *ad* u. Akk., utrum tandem tibi ad defensionem firmius fore putasti, Cic.: *neutr.* subst., nihil satis firmi (keinen triftigen Grund) video quam ob rem etc., Ter. heaut. 337. – **β** v. Pers.: gener, Ter.: duces, Cic.: firmus amicus et fidelis, Cic.: qui firmior candidatus fore videatur, der mehr Aussicht (gewählt zu werden) hätte, Cic.: ut ex infidelissimis (sociis) firmissimos redderem, Cic.: m. *Abl.* (an), copiae et numero et genere et fidelitate firmissimae, Planc. in Cic. ep.: m. *ad* u. Akk., firmos eos (milites) ad tuendas nostras res efficere, Cic. – **c** **stark** = wirksam, firmissima consolatio, Cic. Tusc. 3, 79.

fiscālis, e (fiscus), **fiskalisch**, **a** **den Fiskus betreffend, dem Fiskus zustehend**, calumniae, wegen Defraudation des Fiskus, Suet.: res, ICt.: vina, Vopisc.: molestiae, Aur. Vict.: fiscalium praestationum exactores, Firm. math. 4, 10, 8 u. 6, 3, 3. – Plur. subst., fiscālia, ium, *n.*, die **Gelder für den Fiskus**, CIL 9. 4796. – **b** **dem Fiskus obliegend, vom Fiskus zu stellend**, cursus, Spart. Hadr. 7, 5: reda, Sulp. Sev. dial. 2, 3, 2: gladiatores, Capit. Gord. 33, 1.

fiscātio, ōnis, *f.*, die **Haushaltung, Verwaltung** = ταμίευσις, Gloss. II, 451, 26.

fiscella, ae, *f.* (*Demin.* v. fiscina), ein aus Binsen, Eibischruten u. dgl.

geflochtenes **Körbchen** zum ländl. Gebrauch, Cato r.r. 88, 1. Verg. ecl. 10. 71: milii fisc., Ov. fast. 4, 743. – bes. zur Aufnahme der Weintrauben unter der Presse, Col. 12, 18, 2*sq.* Pallad. 11, 19, 1. – als Käseform, Col. 7, 8, 3. Tibull. 2, 3, 15. – als Maulkorb fürs Vieh, Cato r.r. 54, 1. Plin. 18, 177.

1. fiscellus, ī, *m.* (*Demin.* v. fiscus) = fiscella, Col. 12, 38, 6. Paul. ex Fest. 90, 2.

2. Fiscellus, ī, *m.*, Gebirge im Sabinerlande, j. *Monti della Sibilla,* Varro r.r. 2, 3, 3. Plin. 3, 109. Sil. 8, 517 (519).

fiscina, ae, *f.* (fiscus), ein aus Binsen, aus Eibischruten, Brombeerranken oder spanischem Pfriemenkraut (spartum) geflochtener **Korb,** Varro LL. 5, 139: zum häusl. u. ländl. Gebrauch, Plaut. merc. 988. Cato r.r. 135, 2*sq.* Varro r.r. 1, 22, 1. Col. 11, 2, 90. Verg. georg. 1, 266. Ps. Verg. copa 17. Ov. fast. 4, 754: bes. als Obstkorb, fisc. ficorum, Cic. Flacc. 41: zur Aufnahme der Weintrauben unter der Presse, Naev. tr. 2. Col. 12, 39, 3: u. ebenso der Oliven, fiscinae oleariae, Cato r.r. 153: viell. auch als Maulkorb fürs Vieh, equus cum fiscinis, Plin. 34, 66 (wiewohl der Plur. nicht zu passen scheint).

fisco, āre (fiscus), **haushalten, verwalten** = ταμιεύω, Gloss. II, 451, 27.

fiscopatrōnus, ī, *m.*, der **Vorsteher des Fiskus,** Firm. math. 3, 5, 14.

fiscus, ī, *m.* (viell. zu fidēlia), ein aus Binsen, Ruten usw. geflochtener **Korb,** **I** zum Aufnehmen der Oliven beim Ölpressen, Col. 12, 52, 22 u. 54, 2: zur Aufnahme von Myrtenbeeren, Col. 12, 38, 7. – **II** zum Aufbewahren des Geldes, **A** übh., **Geldkorb, Kasse,** Cic. I. Verr.. 1, 22. Cic. II. Verr.. 3, 183. Phaedr. 2, 8, 2. Val. Max. 6, 2, 11. Sen. ep. 119, 5. Tac. ann. 1, 37. – meton., die **Kasse** = das Geld, Iuven. 14, 260. – **B** insbes.: **1** eine **öffentliche Kasse, Staatskasse, Staatsgelder,** Cic. Verr. 3, 197; ad Q. fr. 3, 4, 5. Eutr. 3, 16. – **2** zur Kaiserzeit = die **kaiserl. Privatkasse,** der **kaiserl. Schatz,** die **kaiserl. Einkünfte,** die **kaiserl. Zivilliste,** der **Fiskus** (Ggstz. aerarium, die Staatskasse), Sen. de ben. 7, 3, 6. Suet. Vesp. 16, 3. Plin. pan. 36, 2. Tac. ann. 2, 48 u. hist. 1, 46 (vollst. fiscus privatus, Ggstz. aerarium publicum, Spart. Hadr. 7. § 7): Iudaicus, die Judensteuer, die in die kaiserliche Kasse floss, Suet. Dom. 12, 2.

fisētēr, s. phȳsētēr.

fissiculo, āre (fissum v. findo), als *t. t.* der Haruspizin, exta, die Einschnitte an den Eingeweiden, bes. an der Leber (s. fissum unter findo) des Opfertieres besichtigen, um daraus zu weissagen, Apul. de deo Socr. 6. Mart. Cap. 2. § 151: so auch extorum prosicia, Mart. Cap. 1. § 9.

fissilis, e (findo, fissus), **I spaltbar,** robur, lignum, Verg.: arundo, Plin. – **II gespalten,** stipes, adminiculum, Col. – scherzh., non fissile auferres caput, zerschlagen, zerklopft, Plaut. aul. 440.

fissio, ōnis, *f.* (findo), das **Spalten, Zerteilen,** glebarum, Cic. de nat. deor. 2, 159.

fissipēs, pedis (fissus u. pes), **gespaltene Füße-, -Klauen habend,** Auson. epist. 5, 3. p. 162 Schenkl: übtr., calamus, Schreibfeder, Auson. epist. 7, 2, 49 p. 165 Schenkl.

fissum, s. findo a. E.

fissūra, ae, *f.* (findo), die **Spaltung, Spalte, Ritze,** Col. u. Plin.: labrorum fissurae, aufgesprungene Lippen, Plin. – Dav. **fissūrārius,** Not. Tir. 74, 92[a].

fistella, ae, *f.* (*Demin.* v. fistula), **kleines Röhrchen,** Pelagon. veterin. 24 (305 *Ihm*).

fistūca, fistūcātio, fistūco, s. 1. fēstūca, fēstūcātio, fēstūco.

fistula, ae, *f.* **I** eig., die **Röhre,** bes. die **Wasserröhre** bei Wasserleitungen (durch die das Wasser durch den Druck der Luft od. durch eigenen Nachdruck fortgetrieben wird, gew. aus Blei), modica, Liv.: ferrea, Liv.: fistulas, quibus aqua suppeditabatur Iovis templis, praecīdere, Cic.: fistulas aquarias incīdere, Capit. – So auch von der Speiseröhre, Plin.: von den röhrenartigen Gefäßen in der Lunge, Plin.: in den Zähnen, Plin.: von den Löchern, Poren im Schwamm, Plin.: fist. urinae, die Harnröhre, Cels.: dies. fist. urinalis, Veget. mul.: minutae corporum fistulae, quas medici πόρους vocant, Poren in der Haut, Iulian. bei Augustin. op. imperf. c. Iulian. 5, 15. – **II** übtr.: **A** der **hohle Rohrstengel, 1** eig., Plin. 12, 106 u.a. – **2** meton. = die daraus bereiteten Gegenstände, u. zwar: **a** die mehrröhrige **Hirtenpfeife, Hirtenflöte, Rohrpfeife,** griech. σῦριγξ (im Ggstz. zur einfachen Halmpfeife [stipula] vom höheren Schwung des Hirtenliedes; vgl. Voß Verg. ecl. 2, 37; 3, 25. Gierig Ov. met. 13, 784), Lucr., Verg. u.a.: eburneola, Cic.: pastoralis, Plin. u. Macr.: contionatoria Gracchi, durch die sich Gr. den passenden Ton der Rede angeben ließ, Amm.: harundinis enodis fistula sibilatrix, Mart. Cap. 9. § 906. – **b** die **Schreibfeder** aus Rohr, Pers. 3, 14. – **B** das **Rohr** als Pflanze, u. zwar spez. die **Röhrenkassia,** nardus et crocus fistula et cinnamomum, Vulg. cant. 4, 14: vollst. casia fistula, Scrib. Larg. 36. – **C** eine Art **Geschwür,** die **Fistel,** Cato r.r. 157, 14. Nep. Att. 21, 3. Cels. 5, 28, 12. Pelagon. veterin. 239 u. 448 *Ihm.* – **D** das **Blaseloch** beim Wallfisch, aus dem das Wasser spritzt, Plin. 9, 19. – **E** ein **Schusterkneif,** sutoriae similis fistula, Plin. 17, 100. – **F** als chirurg. Werkzeug, eine **Röhre,** fictilis, Cels. 7, 11. – bes. der **Katheter,** fistulam demittere (einführen) in iter urinae, Cels. 7, 26, 9. – **G** das **Rollholz** zum Aufmachen des Kuchenteigs, Apic. 4, 134. – **H** fistula farraria, eine Art **Handmühlen** zum Mahlen des Getreides, Cato r.r. 10, 3: dass. fist. serrata, Plin. 18, 97.

fistulāris, e (fistula), **I nach Art der Hirtenpfeife,** versus = συροπόδες, Diom. 498, 25 u. 499, 15. – **II gegen die Fisteln dienlich,** Veget. mul. 2, 13, 4.

fistulātim, *Adv.* (fistula), **röhrenförmig,** Apul. met. 4, 3.

fistulātor, ōris, *m.* (fistula) = συριστής (Gloss.), der **Hirtenflötenbläser, Pfeifer,** der **Musiker auf kurzer Flöte,** Cael. Aur. de morb. chron. 5, 1, 22: als Angeber des passenden Tons für den Redner, Cic. de or. 3, 227; vgl. Gell. 1, 11, 15.

fistulātōrius, a, um (fistulator), **zum Pfeifer gehörig, Pfeifer-,** artes, Arnob. 2, 42.

fistulātus, a, um (fistula), **I mit Röhren versehen, hohl,** tabulae, Suet. Ner. 31, 2. – **II röhrenförmig, hohl,** venae, Arnob. 2, 84: aera, Sidon. epist. 9, 13, 5. *v.* 76.

fistulēsco, ere (fistula), **löcherig werden,** ligna fistulescunt, Fulg. myth. 2, 16. p. 58, 4 H.

fistulo, āre u. **fistulor,** ārī (fistulo) = συρίζω, **auf der Syrinx (Hirtenflöte) blasen,** Form *-lo,* Gloss.: Form *-lor,* Dosith. 59, 18 K. u. Gloss.

fistulōsus, a, um (fistula), **I voll Röhren** od. **Löcher, löcherig, porös,** intervenia terrae, Vitr.: saxa, Sen.: terra, lapis, Plin.: caseus, Käse, der Augen hat, Col.: spongea, Plin. – als mediz. *t. t.,* **fistulös,** cancer, Cato r.r. 157, 3. – **II mit einer Röhre versehen,** telum culicis, Plin.: aculeus, Plin.

fītilla (nicht fritilla), ae, *f.*, der **Opferbrei,** das **Opfermus,** Sen. de ben. 1, 6, 3. Plin. 18, 84. Arnob. 2, 21: Plur., Arnob. 7, 24.

fīvo, ere, s. figo a. E. ►.

fīxē, *Adv.* (fixus), **fest,** Cassiod. var. 2, 16, 3: *Compar.* fixius, Augustin. epist. 92, 6.

fīxio, ōnis, *f.* (figo) = καθήλωσις, πῆξις (Gloss.), das **Festnageln, Befestigen,** crucis mystica fixio, Kreuzschlagen, Augustin. c. Faust. Manich. 32, 7. – übtr., das **Befestigen,** materiae, Interpr. Iren. 1, 5, 4; vgl. 2, 12, 7.

fīxūra, ae, *f.* (figo), das **Einschlagen, Heften,** Eccl.: clavorum, das Heftmal, Nägelmal, Eccl.

1. fīxus, a, um, *PAdi.* (v. figo), **fest, bleibend,** vestigia, Cic.: bonum, Cic.: decretum, Cic.: maneat et fixum sit, stehe fest, Cic.: dah. fixum est = es steht fest, es ist beschlossen, quis (= quibus) procul a Tyria dominos depellere Byrsa fixum est, Sil. 2, 363*sq.* u. fixum (est) sedetque m. folg. *Acc. c. Inf.,* Sil. 4, 797.

2. fīxus, Abl. ū, *m.* (figo), das **Einschlagen,** fixu vectium, Auct. itin. Alex. 49 (112).

flābellifera, ae, *f.* (flabellum u. fero), die Sklavin, die der Herrin den Fächer nachträgt u. sie fächelt, die **Fächerträgerin,** Plaut. trin. 252.

flābello, āre (flabellum), **fächeln, anfächeln,** Tert. de pall. 4 u. Gloss.

flābellulum, ī, *n.* (*Demin.* v. flabellum), ein **kleiner Fächer, -Wedel,** Ter. eun. 598.

flābellum, ī, *n.* (flabrum), der **Fächer, Fächel, Wedel,** Ter. eun. 595. Mart. 3, 82, 11: flabellum agitare, Augustin. de anim. 4. § 18. – übtr., flabella caudae pavonis superbi, die Fächer = die ausgebreiteten Fittiche des Pf., Prop. 2, 24, 11. – im Bild, cuius linguā quasi flabello seditionis illa tum est egentium contio ventilata, Cic. Flacc. 54.

flābilis, e (flo), **I hauchbar = luftig, luftartig,** Cic. Tusc. 1, 66: pulvisculi, Arnob. 2, 49: elementum, spiritus, Augustin. de anim. orig. 3, 4, 4 u. 5: aura, Augustin. gen. ad litt. 3, 7, 9. – **II** übtr., **geistig,** Prud. apoth. 867 u. perist. 10, 347.

flābrālis, e (flabrum), **durch Blasen erzeugt,** frigus, ein kühlender Hauch, Prud. apoth. 841.

flābrum, ī, *n.* (flo), das **Blasen, Wehen** des Windes, cum aër calidus flabro movetur, Macr. 7, 8, 14: gew. im Plur. (s. Serv. Verg. georg. 2, 293), Lucr., Verg. u. a. Dichter.

flacceo, ēre (flaccus), **I welk-, schlapp sein,** aures pendulae atque flaccentes, Lact. de opif. dei 8, 8. – **II** übtr., **matt sein, nachlassen,** iam flaccet fortitudo, Afran. fr.: sin flaccebunt condiciones, repudiato et reddito, Enn. fr. scen. 344: oratio vestra rebus flaccet, strepitu viget, Apul.: flaccet sententia, Cl. Mam.: Messala flaccet, lässt die Flügel hängen (= betreibt seine Bewerbung nur noch flau), Cic. ad Q. fr. 2, 14, 4. – ► Perf. flaccuī bei Prisc. 9, 48.

flaccēsco (flaccīsco), ere (*Inch.* v. flacceo), **I welk-, schlapp werden,** dum flaccescat (feniculum), Col. 12, 7, 4: flaccescente fronde, Vitr. 2, 9, 2. – **II ermatten, erschlaffen,** interea loci flucti flacciscunt, Pacuv. tr. 77: flaccescebat oratio, Cic.: flaccescentes voluptates, Arnob.

Flacciānus, a, um, s. flaccus *no.* II.

flaccidus, a, um (flaccus), **I welk, schlapp, schlotterig,** auris, Col.: folium, Plin.: sinus, Apul. – **II** übtr., **matt, schwach, kraftlos,** flaccidior turbo, Lucr. 5, 630: argumentatio, Arnob. 7, 46.

Flaccilla, ae, *f.* (*Doppeldemin.* v. flaccus), Frauenname bei Tac. ann. 15, 71.

flaccīsco, s. flaccēsco.

flacculus, a, um (*Demin.* v. flaccus), **etwas schlapp,** subst., flacculis (mit schlappen Bällen), pugillare, Treb. Poll. Gallien. 8, 3.

flaccus, a, um (aus **mlākos*, vgl. griech. βλάξ, βλακός, schlaff, träge), **I welk, schlapp,** auriculae, Varro r. r. 2, 9, 4. – **II** prägn., **welke-, schlappe Ohren habend,** Cic. de nat. deor. 1, 80. – dah. *nom. propr.*, **Flaccus** als Beiname mehrerer römischen *gentes* (der kornelischen, fulvischen usw.), auch des Dichters Horaz u. a. – Dav. **Flacciānus,** a, um, **flaccianisch,** area, Val. Max. 6, 3, 1: porcellus, Apic. 8, 378.

flagellātīcius, iī, *m.* (flagellum), **einer, der immer die Peitsche verdient** = μαστιγίας, Gloss. II, 365, 10.

flagellātio, ōnis, *f.* (flagello), die **Geißelung, Züchtigung** (auch im Plur.), Eccl.

flagello, āvī, ātum, āre (flagellum), **geißeln, peitschen, schlagen, I** eig.: alqm, Suet.: robora parte caudae, Ov.: messem perticis, ausdreschen, ausschlagen, Plin.: comae ora flagellant, schlagen ins Gesicht, Mart.: in tergum, auf den Rücken schlagen (mit der Hand), Quint.: pondera, erschüttern, Stat. – im Bild, puteal multā cautus vibice, harten, argen Wucher treiben, Pers. 4, 49: hic consentiamus mala facinora conscientiā flagellari, Sen. ep. 97, 15. – **II** übtr.: annonam, das Getreide zurückhalten, nicht verkaufen (um Teuerung zu bewirken), Plin. 33, 164: cuius laxas arca flagellat opes, sperrt ein, hält wohl verwahrt, Mart. 2, 30, 4.

flagellum, ī, *n.* (*Demin.* v. flagrum), die **Geißel, Peitsche, I** eig.: **a** als Werkzeug, womit Sklaven u. Verbrecher gezüchtigt wurden, eine **Knute** aus Knotenstricken, oft mit Stacheln versehen (also ein weit schrecklicheres Strafwerkzeug als die scutica [s. d.]; vgl. Hor. sat. 1, 3, 119), Cic. u. a.: alqm flagellis caedere, Sen. rhet. u. a., flagellis caedere ad mortem, Hor.: alqm flagellis verberare, Suet.: scissum corpus flagellis, Sen. rhet. – bildl., die **Geißel,** hic Aemiliani huius fax et fl., Apul. apol. 74: u. so als Attribut des bösen Gewissens, Lucr. 3, 1017. Iuven. 13, 195. – **b** als Werkzeug zum Antreiben des Viehs, Cato fr., Col. u. a.: mulionicum, des Maultiertreibers, Edict. Diocl.: flagello excitare iumentum aut voce, Veget. mul. – **c** als Werkzeug zum Antreiben des Kreisels, buxum (Kreisel) torquere flagello, Pers. 3, 51. – **II** übtr.: **A** ein Riemen am Wurfspieß, um ihn zu handhaben, Verg. Aen. 7, 731. – **B** die **oberste Ranke** des Weinstocks, Scriptt. r. r. u. a.: summa flagella, die obersten Spitzen der jungen Reiser, Verg. Vgl. Voß Verg. georg. 2, 299. p. 379. – **C** flagella = die **Arme** der Meerpolypen, Ov. met. 4, 367. – **D** crinium flagella, Haarbüschel, Sidon. epist. 1, 2, 2. – **E** der **Dreschflegel,** Hieron. Isai. 9, 28.

flāgitātio, ōnis, *f.* (flagito), die **Forderung,** das **dringende Anliegen,** die **Mahnung,** Cic. top. 5. Iustin. 2, 3, 16: Plur., Tac. ann. 13, 50. Apul. apol. 1.

flāgitātor, ōris, *m.* (flagito), der **drängende Forderer, a** übh.: pugnae, Liv. 2, 45, 13: triumphi, Liv. 8, 12, 9. – **b** der **Einforderer** einer Geldschuld, der **drängende Mahner,** v. Gläubiger, Plaut. u. Gell.: fl. molestus, Amm.: v. Steuereinnehmer, Amm. 21, 16, 17. – **c** der **drängende Mahner** an ein Versprechen, Cic. Brut. 18.

flāgitātrīx, trīcis, *f.* (Femin. zu flagitator), die **drängende Mahnerin,** Augustin. epist. 261, 1.

flāgitiōsē, *Adv.* (flagitiosus), **lasterhaft, unsittlich, schändlich, schandbar, schmählich, mit Schimpf und Schande, in ehrenrühriger Weise,** impure ac fl. vivere, Cic.: turpiter ac fl. (haec) dicta esse, Cic.: fl. descivisse a Stoicis, Cic.: sumus fl. imparati, es ist eine Schande (ein Skandal), wie schlecht wir mit Geld u. Truppen versehen sind, Cic.: Hortensius filius fuit Laodiceae gladiatoribus fl. et turpiter, zog sich durch sein Benehmen Schimpf u. Schande zu, Cic. – alcis amori flagitiosissime servire, auf das Schandbarste frönen, Cic.

flāgitiōsus, a, um (flagitium), **voller Schande, lasterhaft, mit Schande beladen, schandbar, schimpflich, ehrenrührig, schmählich, schmachvoll, skandalös** (Ggstz. honestus), **a** v. Pers., im Posit. u. Superl., Cic. – subst., flagitiosi, Ausschweifende (Ggstz. modesti), Cic. de amic. 47. – **b** v. Lebl.: bonorum emptio fl., Cic.: flagitiosa atque vitiosa vita, Cic.: quanto vita illorum praeclarior, tanto horum socordia flagitiosior, Sall.: quod flagitiosius est (als Parenthese), Tac.: factum flagitiosissimum, Cic.: pacem flagitiosissimam cum alqo facere, Eutr.: flagitiosum est m. *Acc.* u. *Infin.*, Sall. Iug. 110, 5: flagitiosum duco m. *Infin.*, Liv. 26, 8, 3: viro flagitiosissimum existumo m. *Infin.*, Sall. Iug. 31, 21. – *neutr. pl.* subst., flagitiosa et incerta, schimpflicher und unsicherer Besitz (Ggstz. honesta et praesentia), Tac. ann. 4, 3.

flāgitium, iī, (zu flagito, jmd. anschreien, also ›öffentliche Ausscheltung‹), **I** eine mit großer Schande verbundene-, eine **entehrende (ehrlose) Handlung,** ein **entehrendes-, schändendes Vergehen,** ein entehrender **Streich,** ein **Skandal,** eine **Schändlichkeit, Schandtat, Niederträchtigkeit** (bes. auch gegen freigeborene, ehrbare Frauen), ein **entehrender Fehltritt, entehrender Irrtum,** dann die aus diesen hervorgehende **Schande** (Ggstz. decus), Plaut., Cic. u. a.: oft verb. scelus et flagitium, scelera et flagitia, Cic.: flagitia atque facinora, Sall. (vgl. *no.* II): flagitia atque dedecora, Suet.: illa militiae flagitia, schmähliche Behauptungen, Tac.: ista flagitia Democriti, schandbare Äußerungen, Cic.: praeesse agro colendo flagitium putas, für etwas Entehrendes, Cic.: flagitii plenus atque dedecoris, voller Schande u. Unehre, höchst beschimpfend u. entehrend, Cic.: flagitio cum maiore post reddes, Plaut.: flagitium facere (begehen), Komik.: flagitium erit, es wird Skandal geben, Plaut.: per flagitium (in ehrenrühriger Weise) ad inopiam redigere patrem, Ter.: flagitium est m. folg. *Acc.* u. *Infin.*, Komik. u. Tac. – **II** meton. = ein **Schandbube,** flagitium hominis, Plaut. asin. 473; Men. 489; Cas. 552: flagitia atque facinora (Bösewichter), Sall. Cat. 14, 1.

flāgito, āvī, ātum, āre (flagitium), etw. **zudringlich und mit Ungestüm fordern, auf** etw. **dringen,** bes. wozu man ein Recht zu haben vermeint, **als eine Schuldigkeit verlangen,** jmd. um etw. **dringend angehen** od. **mahnen, I** im Allg.: **a** v. pers. Subjj.: alcis auxilium, Cic.: cistophorum, einfordern, Cic.: molestius debitum, mit einer Schuldforderung etwas lästig werden, Amm.: ab alqo pactum pretium, Phaedr.: mercedem gloriae ab alqo, Cic.: ab alqo promissa per litteras, Cic.: u. so im Passiv, id ex omnibus partibus ab eo flagitabatur, Caes.: aber versch. cum stipendium ab legionibus flagitaretur, als von den Legionen auf den Sold gedrungen wurde, Caes. – aliud *in* oratore vel poëta flagitatur, Treb. Poll. Gallien. 11, 9: flagitat iras *in* populos, Val. Flacc. 2, 362. – mit dopp. *Acc.*, alqm frumentum, Caes. u. Cic.: alqm debitum (Schuld), Suet.: nec potentem amicum largiora flagito, Hor. – m. folg. *ut* u. Konj., flagitas me (von mir), ut eloquar, Plaut.: semper flagitavi, ut con vocaremur, Cic.: flagitabatur (es wurde gefordert) ab iis cotidie, ut etc., Cic. – m. folg. *Infin.*, Hor. sat. 2, 4, 61. – m. folg *Acc.* u. *Infin.*, Plin. 34, 62 u. 35, 65. Suet. Claud. 15, 2 u. Ner. 44, 2. Apul. met. 3, 6. – m. *Acc. Gerund.*, delatores more maiorum puniendos (esse) flagitabat, er drang darauf, die A. zu bestrafen, Tac. hist. 4, 42 *extr.* – absol., sed flagitat (drängt) tabellarius; valebis igitur etc., Cic.: flagitante populo, Suet. – **b** v. abstr. Subjj.: **dringend verlangen, -fordern, notwendig machen,** quae tempus flagitat, Cic.: causa postulat, non flagitat, Cic.: quid artes a te flagitent, tu videbis, Cic. – **II** insbes.: **A zu wissen verlangen,** posco atque adeo flagito crimen, Cic.: nomen flagitatur, man verlangt den Namen zu wissen, Plaut.: m. folg. indir. Fragesatz, Verg. Aen. 2, 123 *sq.* – **B** als Sendung **verlangen,** siser e Germania, Plin. 19, 90. – **C** jmd. (herauszugeben, zu stellen) **fordern,** jmd. od. nach jmd. **dringend verlangen,** filium ab alqo, Cic.: reliquos non desiderare solum, sed etiam poscere et flagitare, Cic.: testes, Cic.: ministros in tormenta, Tac.: non minoris clamoris indignatione Gitona, mit nicht geringerer Aufregung nach G. brüllen, Petron. – **D vor Gericht fordern, vorfordern,** m. dopp. *Acc.*, alqm peculatorem, Tac. hist. 1, 53. – **E** im obszönen Sinne = **Anträge zur Unzucht machen, einen Angriff** auf jmds. **Schamhaftigkeit machen,** ancillam alienam, ICt.: iuvenem, Apul.: pudicitiam, Lact. – ► Parag. Infin. Präs. Pass. flagitarier, Auct. prol. Plaut. Men. 46 (48).

flagrāns, antis, Abl. ante u. antī, *PAdi.* (v. flagro), **brennend, I** im Allg.: **A** eig.: telum, v. Blitz, Verg.: flagrantior fax (bildl.), Vell.: ea (pars terrae) quae est solis calore (durch die S.) flagrantior, Lact.: flagrantissimus aestus, Liv.: aestate anni flagrantissimā, Gell. – **B** übtr., **a brennend, glühend** vor Leidenschaft, vor Begierde, **leidenschaftlich bewegt, lebhaft, erregt, unruhig,** multitudo, Cic.: comitia, Plin.: tumultus, wilder, Verg.: studium, Cic.: cupiditas, Cic.: cupido flagrantior, Tac.: cupido gloriae flagrantior, Aur. Vict.: cupiditas flagrantissima, Val. Max.: amor flagrantissimus, Val. Max. u. Plin. ep., in alqm, Tac.: flagrantissima flagitia, wilde Streiche, Tac.: te flagrantissimum acceperam, Cic. – adhuc flagranti crimine comprehendi, auf frischer Tat, Cod. Iust. 9, 13, 1. – **b feurig,** flagrantissimum ingenium, Val. Max. 6, 9. ext. 4 u. 8, 10, 1: flagrantissimi pectoris iuvenis, Val. Max. 3, 2, 21. – **II** insbes.: **a** von Augen usw. **flammend = glühend, heiß,** oculi, Ov.: genae, Verg.: oscula, Hor. – v. der Pers., flagrans oculis, flammenden Blickes, Tac. – **b** v. der Farbe, **flammend = glänzend,** flagrans sidereo clipeo, Verg.: redditur flagrantior aethere lampas (die Sonne), Sil.: lacus sanguine flagrantes, gerötet, Sil.

flagranter, *Adv.* (flagrans), **brennend, heiß, heftig,** societatem alcis in hac peregrinatione fideliter et fl. desiderare, Augustin. in psalm. 105, 4: *Compar.*, flagrantius exardescere, Amm. 31, 10, 5: quanto saepius audierit, tanto flagrantius amabit, Fronto epist. ad Anton. 1, 2. p. 97, 20 N.: flagrantius percontans, Augustin. epist. 19 *in.*: *Superl.*, destinari (Gaium et Lucium) consules specie recusantis flagrantissime (sehnlichst) cupiverat, Tac. ann. 1, 3.

flagrantia, ae, *f.* (flagro), das **Flammen** = die **brennende Glut, I** eig.: **a** übh.: montis (Aetnae), Glutausbruch, Gell. 17, 10, 8 u. (daher) Macr. 5, 17, 8: solis, Solin. 56, 9. Apul. met. 4, 1 u. 6, 12. Ambros. de Elia 21, 19: Plur., aestatis flagrantiae (Ggstz. hiemalia frigora), Arnob. 2, 17. – **b** das **Funkeln** der Augen, oculorum, Cic. Cael. 49. – **II** übtr.: **a** die **brennende Glut, α** einer phys. Begierde, sitiendi (des Durstes), Arnob. 5, 6. – **β** der Leidenschaft, die **Glut,** das **Feuer,** die **glühende Liebe, Inbrunst,** omnis pectoris, Prud. perist. 10, 734: caritatis, Augustin. serm. 311, 2: materna, Gell. 12, 1, 22. – als Schimpfwort, flagitii flagrantia, Schandbrunst, Schandgelüst, d. i. nach Schande gelüstender Mensch, Plaut. rud. 733. – **b** die **Heftigkeit,** luis flagrantiam sedare, Arnob. 7, 40.

flagrātōrēs = *qui se flagris conducti caedunt,* Placid. gloss. V, 22, 25. Vgl. Paul. ex Fest. 89, 5.

flagrifer, fera, ferum (flagrum u. fero), **eine Peitsche tragend,** Auson. epist. 14, 10. p. 172 Schenkl.

flagrio, ōnis, *m.* (flagrum), Benennung der Sklaven, weil sie gegeißelt wurden, Afran. com. 391 u. Gloss.

flagritrība, ae, *m.* (flagrum u. τρί̄βω), **Geißelreiber,** scherzh. v. Sklaven, die immer gegeißelt werden, Plaut. Pseud. 137.

flagro, āvī, ātum, āre (vgl. griech. φλέγω, ahd. *blecchazen,* blitzen), **I** *intr.* **flackern, flammen, lodern, A** eig.: **1 brennen,** onerariae flagrantes, Cic.: telum flagrans, Blitz, Verg.: prägn., arae flagrantes, brennende Altäre, Ov. – **2 glühen, flammen, funkeln,** flagrant lumina nymphae, Ov.: flagrant ac micant oculi (des Zornigen), Sen.: m. Akk., oculi mite quiddam, sed nihilominus vivido igne flagrantes, mild strahlende und dennoch in lebhaftem Feuer erglänzende, Sen. ep. 115, 4. – **B** übtr., gleichs. **brennen, lodern, a** v. konkr. Subjj., bes. v. Pers.: **α** von einem Übel: Italia flagrans bello, wo die Kriegsflamme lodert, Cic.: cum omnia bello flagrarent, überall die Kriegsflamme loderte, Liv.: convivia, quae domesticis stupris flagitiisque flagrabunt, bei den Gelagen werden Unzucht und schandbare Lüste in ihrer ganzen Glut herrschen, Cic.: infamiā, in sehr schlechtem Ruf stehen, Cic.: maiore adhuc ac turpiore infamiā, sich viel Schlimmeres u. Schändlicheres nachsagen lassen müssen, Suet.: rumore malo, Hor.: invidiā et infamiā non recenti, sed vetere ac diuturnā, Cic.: invidiā propter interitum C. Gracchi, Cic.: inopiā et cupidinibus, von Mangel u. üblen Begierden geplagt sein, Sall. fr.: pravo amore, Sen. – **β** von (vor) einer Leidenschaft **brennen, glühen,** cupiditate, desiderio, amore, odio, studio dicendi, Cic.: mirabili pugnandi cupiditate, Nep.: irā, Sen.: libidinibus in mulieres, Suet.: eximio litterarum amore, für die W. begeistert sein (schwärmen), Quint.: recentibus praeceptorum studiis flagrans, noch begeistert von den frischen Eindrücken, die jene Lehren auf dich gemacht, Cic. – m. *Acc. resp.*, flagrans amor Heben, glühend für usw., Prop. 1, 13, 23. – m. folg. *Infin.*, **brennen** vor Begierde zu usw., comitari, Stat. Theb. 10, 221: elidere caput, Claud. in Rufin. 2, 433: ire in aciem, Tac. hist. 2, 46: m. folg. *Acc.* u. *Infin.*, Stilichone augeri curules, Claud. de cons. Stil. 2, 265. – **b** v. Zuständen u. Affekten, die in ihrer ganzen Stärke sich zeigen, flagrante adhuc Poenorum bello, wiewohl der pun. Kr. noch in vollem Gange war, Tac.: flagrante etiamtum libertate, wo der Geist der Freiheit noch lebte, Tac.: ut cuiusque studium flagrabat, wie eines jeden Neigung aufloderte, Sall.: flagrabant vitia libidinis apud illum, loderten in ihm, Cic. – **II** *tr.* jmd. zur Liebe **entzünden,** miseram patri flagrabat Elissam, Stat. silv. 5, 2, 120 zw. (Heinsius u. Bährens flammabat).

flagrum, ī, *n.*, die **Geißel, Peitsche, a** als Züchtigungswerkzeug für Sklaven u. Verbrecher, eine **Knute** aus Knotenstricken (vgl. flagellum), Plaut. u. Liv.: flagro caedi, Cato fr. u. Liv.: flagris caedi, Quint.: ab alqo flagris, ferulis, colaphis vapulare, Sen.: scherzh. v. Sklaven, rediviae flagri, Titin. com. 132: gymnasium flagri, Plaut. asin. 297. – **b** als Werkzeug zum Antreiben des Viehs, Macr. sat. 1, 23, 12 u. 5, 11, 21: flagris hinc atque inde resonantibus, unter Peitschenknall, Sulp. Sev. dial. 2 (1), 3, 6.

1. flāmen, minis, *m.* (aus *flād(s)men zu gotisch *blotan,* verehren), der **Priester** einer bestimmten einzelnen Gottheit, der **Eigenpriester,** der **Flamen.** Es gab flamines maiores u. fl. minores, von denen die ersten aus patrizischem, die zweiten aus plebejischem Geschlecht gewählt wurden. Zur ersteren Klasse gehörten der fl. Dialis (des Jupiter), Martialis (des Mars) u. Quirinalis (des Romulus); der flamines minores gab es gew. zwölf in Rom (fl. Vulcani, Florae, Carmentae, Pomonae usw.). Der vornehmste aller flamines war der flamen Dialis, der viele Vorrechte genoss (Begleitung eines Liktors, sella curulis, toga praetexta), aber sich auch viele Einschränkungen gefallen lassen musste (er durfte kein Pferd besteigen, keinen mit Edelsteinen gefassten Ring tragen, keinen Eid ablegen, nicht über Nacht aus der Stadt bleiben). Von seiner Gattin (der flaminica, s. d.) durfte er sich nicht trennen; starb sie, so musste er sein Amt niederlegen. Vgl. übh. Gell. 10, 15. – flaminem capere, Liv., prodere, Cic.: flaminem inaugurare, Liv.: Papicio flamen propter mortem flaminicae flamonio abiit, Trogi fr. – ► Die Alten glaubten, flamen sei synkopiertes filamen von filum (weil diese Priester einen wollenen Faden um die Priestermütze oder um das Haupt tragen mussten), s. Varro LL. 5, 84. Prisc. 4, 17. Paul. ex Fest. 87, 15. Serv. Verg. Aen. 8, 664.

2. flāmen, minis, *n.* (flo) = πνεῦμα, **I** das **Blasen, Wehen** des Windes, fl. sudum, Varro fr.: flamina venti, Lucr.: Borea, surdas flamine tunde fores, Ov. – **II** meton.: **A** der **Wind,** hibernum, Acc. fr.: ingens, Ov.: ferunt sua flamina classem, Verg. – **B** (wie πνεύματα αὐλῶν) flamina tibiae, die auf der Flöte hervorgebrachten Hauche, die **Flötentöne,** Hor. carm. 3, 19, 19. – m. subj. *Genet.*, dissona flamina Mopsi, Calp. ecl. 8, 15.

flāmentum, ī, *n.* (flo), das **Blasen, Wehen** des Windes, Fulg. myth. 1. praef. p. 8 M.

flāmina, ae, *f.* (flamen), die **Gattin des Flamen,** CIL 9, 5841.

flāminālis, is, *m.* (flamen), **gewesener Flamen,** CIL 5, 5132: viri flaminales, CIL 2, 4248.

flāminātus, ūs, *m.* (flamen), die **Flamenwürde,** CIL 2, 3711 u. 3, 3288.

flāminea u. **flāminia**, ae, *f.*, s. 1. flāminius.

flāminica, ae, *f.* (*sc.* uxor), die **Gattin des Flamen,** bes. die **Gattin des Flamen Dialis,** die in großem Ansehen stand. Sie trug ein feuerfarbenes Kleid u. einen Schleier, mit dem sie beim Opfern den Kopf umhüllte. Sie durfte sich das Haar weder schmücken noch auskämmen (vgl. Gell. 10, 15, 26 *sqq.*), Ov. fast. 2, 27. Trogus bei Prisc. 5, 12 H.: fl. Dialis, Tac. ann. 4, 16. Paul. ex Fest. 93, 6. – Dav. **flāminicus**, a, um, **der Gattin des Flamen eigen, der Flamina,** vestis, Paul. ex Fest. 65, 3.

Flāminīnus, ī, *m.*, T. Quinctius, röm. Konsul 198 v. Chr., besiegte den mazedon. König Philipp V. bei Kynoskephalä i. J. 197 v. Chr., Cic. II. Verr.. 1, 55; Mur. 31. Liv. 33, 6, 1 u. ö.

flāminium, s. 1. flāminius.

1. flāminius, a, um, **zum Flamen-,** bes. **zum Flamen Dialis gehörig,** aedes, Paul. ex Fest. 89, 10: lictor, camillus, Paul. ex Fest. 93, 2 u. 9. – subst., **a** flāminia, ae, *f.* **α** (*sc.* domus), das **Wohnhaus des Flamen Dialis,** Fab. Pict. b. Gell. 10, 15, 7. – **β** (*sc.* uxor), die **Gattin des Flamen Dialis,** Hieron. epist. 123, 8 (wo Form flaminea). – **γ** (*sc.* camilla) die **Gehilfin der Flaminica Dialis,** Paul. ex Fest. 93, 6. – **b** flāminium od. richtiger flāmonium, iī, *n.* (*sc.* sacerdotium od. munus), die **Würde-, das Amt des Flamen,** Cic., Liv. u. a.: flamonio abire, Trogi fr. – Über die nach den besten Hndschrn. u. nach den Inschrn. wahrsch. allein richtige Form flamonium s. Mommsen Ephem. epigr. 1, 221 *sq.* Savaro Sidon. epist. 5, 7. p. 317.

2. Flāminius, a, um, Name einer röm. *gens,* aus der am bekanntesten: C. Flaminius, der als Konsul von Hannibal am trasimenischen See geschlagen wurde, als Zensor einen Zirkus u. eine Heerstraße anlegte, Liv. 22, 4 *sqq.* Nep. Hann. 4, 3. Liv. epit. 20. – *Adi.*, **flaminisch,** circus, Liv.: via, von Rom nach Rimini, Liv. u. Tac.: via Flaminea, Carm. epigr. 1152 *Buecheler*: u. subst., Flāminia, ae, *f.* (verst. via), Tac. hist. 3, 73. Mart. 4, 64, 18; 8, 75, 2. Iuven. 1, 61. – Dav. **Flāminiānus**, a, um, **flaminianisch,** ostenta, Cic. de div. 2, 67.

flamma, ae, *f.* (st. flag-ma, zu flag-ro), die **lodernde Flamme,** das **helle Feuer, I** eig.: **1** im Allg.: cum flamma vitio virentium lignorum crepat, Sen.: effusa flamma pluribus locis reluxit, Liv.: flammam concipere, Feuer fangen, Caes.: se flammā eripere (im Bilde = der Beurteilung entgehen), Cic. – Sprichw., e flamma petere cibum, seine Nahrung aus dem Feuer holen (wir »seine Nahrung im Auskehricht aufsuchen«), von den hungrigsten und niedrigsten Menschen, Ter. eun. 491: prius undis flamma (*sc.* misceatur), griech. θᾶσσον πῦρ ὕδατι μιχθήσεται, »eher wird sich Feuer mit Wasser vermischen« = eher wird etwas Unmögliches geschehen, Poëta b. Cic. Phil. 13, 49: ebenso unda dabit flammas, Ov. trist. 1, 8, 4. – **2** meton.: **a** = flammende **Sterne, -Blitze,** Verg. u. Ov. – **b** = das **Feuer,** der **Glanz,** galea flammas vomens, Verg.: stant lumina flammā, Verg.: rubrā suffusus lumina flammā, Ov.: fl. purpurae, Plin. – **II** übtr.: **1** im Allg.: fl. belli, fl. invidiae, Cic. – **2** insbes., die **Flamme,** das **Feuer** = die Heftigkeit, fl. amoris, Cic.; u. bl. flamma, Hor. u. Ov.: vis et quasi fl. oratoris, Cic.: fl. gulae, Heißhunger, Cic.: ea fl. crescit, Feuer, d. i. heftiger Trieb, Ehrbegierde usw., Sall.: ultrix fl., brennende Rache, Verg. – ► Alter Genet. flammai, Lucr. 1, 725 u. 5, 1097.

flammabundus, a, um (flamma), **flammend,** Mart. Cap. 1. § 90.

flammātrīx, trīcis, *f.* (flammo), die **Entflammerin, entflammend,** Mart. Cap. 5. § 428.

flammātus, ūs, *m.* (flammo), das **Verbrennen** = φλέξις, Gloss. II, 472, 20.

flammeārius, iī, *m.* (flammeum), der **Verfertiger von Brautschleiern,** Plaut. aul. 510.

flammeolum, ī, *n.* (*Demin.* v. flammeum), ein **kleiner Brautschleier,** Iuven. 10, 334. Prud. psych. 449.

flammeolus, a, um (*Demin.* v. flammeus), **feuerrot,** Col. poët. 10, 307.

flammēsco, ere (flamma), **feurig werden,** Lucr. 6, 669: rubeo colore, Ps. Eucher. in regg. comm. 3, 1.

flammeum, eī, *n.*, s. flammeus *no.* II.

flammeus, a, um (flamma), **flammend, brennend, feurig, I** *adi.*: **A** eig. u. übtr.: **1** eig.: stella, Cic.: apex, Ov.: zonae (Erdgürtel), Varro fr.: lumina, Ov.: velut habitu uri flammeo, Col. – **2** übtr., **feurig,** versus, Enn. sat. 7: acres et flammei viri, Sidon. epist. 1, 7, 6. – **B** meton., **flammend, leuchtend, glänzend, feuerrot,** corpora, Lucr.: vestigia (wegen der Schnelligkeit), Catull.: vis, v. Blitz, Lucr.: rapidi solis nitor, Catull.: viola, Plin.: vestimentum, Paul. Diac. – **II** subst., **flammeum**, eī, *n.*, **a** das **Feuerrote** übh., aliquid flammei (im Regenbogen), Sen. nat. qu. 1, 3, 4. – **b** = phlox, das feuerrote Veilchen, das **Flammenveilchen,** Plin. 21, 64. – **c** der feuerrote **Brautschleier** (s. Paul. ex Fest. 89, 13), nuptialia flammea, Plin. 21, 46: lutea, Lucan. 2, 361: nuptiarum flammeo velata nubens, Mart. Cap. 5. § 538: flammeum capere, Catull. 61, 8: flammea sumere, Iuven. 2, 124: puellae caput involvere flammeo, Petron. 26, 1: indere alci flammeum, Sulp. Sev. chron. 2, 28, 2: flammea texuntur sponsae, Mart. 11, 78, 3: velarunt flammea voltus, Mart. 12, 42, 3: flammea sollicitum praevelatura pudorem, Claud. rapt. Pros. 2, 325: flammea conterit, heiratet oft, Iuven. 6, 225. – **d** eine rote Flagge, die zum Zeichen, dass im Haus eine Hochzeit sei, aufgesteckt wurde, flammeum expassum, Caecil. com. 198.

flammicomāns, antis (flamma u. comans), **feurige Haare habend,** poet. = **flammend,** taeda, Iuvenc. 4, 201 (wo synk. Gen. Plur. flammicomantum taedarum).

flammicomus, a, um (flamma u. coma), **feurige Haare habend,** poet. = **flammend,** ignes, Prud. psych. 775: sol, Avien. descr. orb. 1089.

flammicremus, a, um (flamma u. cremo), **vom Feuer verbrannt,** ruinae, Ven. Fort. 1, 15, 47.

flammidus, a, um (flamma), **feurig brennend,** flammida, *n. pl.* (Ggstz. glacialia), Apul. de mund. 21: (dea) roseo rubore flammida, Apul. met. 11, 3.

flammifer, fera, ferum (flamma u. fero), **Flammen tragend, -bringend, flammend, brennend, I** eig. u. meton.: **1** eig.: pinus, Ov.: aspergo, Ov.: tauri, Val. Flacc. – **2** meton.: **a flammend, leuchtend, glänzend, feurig,** Olympus, Val. Flacc.: currus (Solis), Sil.: crinis, Ov. – **b glühend, heiß,** haec vis, Enn.: aestus, Sen. poët. – **II** übtr., **feurig, hitzig,** pennae (Cupidinis), Sil.: calor, Petron.: mens Sil.: nox, Lucan.

flammifluus, a, um (flamma u. fluo), **Flammen ausströmend, hell leuchtend,** iubar, Anthol. Lat. 490, 19 R. Augustin. serm. 140, 1 *Mai.*

flammigena, ae, *m.* (flamma u. gigno), **aus Flammen gezeugt,** fur, d. i. Kakus, der Sohn des Vulkan, Sidon. carm. 13, 9.

flammiger, gera, gerum (flamma u. gero), **Flammen tragend, I** eig.: ales, v. Adler (als Blitzträger Jupiters), Stat. Theb. 8, 676. –

II meton.: **a** **flammend, glänzend, feurig,** Titan, Lucan.: sol, Val. Flacc. – **b** **Hitze-, Glut führend,** zona, Claud. eidyll. 4, 9.

flammigero, āre (flamma u. gero), **lodern,** Ambros. in Luc. 7. § 132; de off. min. 3, 18, 103 u. a.

flammigo, āre (flamma u. ago), **Flammen hervorwerfen,** Gell. 17, 10, 11 (u. daher Macr. sat. 5, 17, 11).

flammipēs, pedis (flamma u. pes), **feuerfüßig,** quadriiugi, Iuvenc. 2, 548.

flammipotēns, potentis (flamma u. potens), **feuermächtig** = im Feuer aushaltend, Scaevola, Dracont. carm. de deo 3, 386.

flammivolus, a, um (flamma u. volare), **mit Feuer fliegend,** sol, Arator de act. apost. 2, 531.

flammivomus, a, um (flamma u. vomo), **Flammen speiend,** draco, Mart. Cap. 1. § 70: nubes, Iuvenc. prooem. 23.

flammo, āvī, ātum, āre (flamma), **I** *intr.* **flammen, brennen,** fenum flammans, Prop.: flammantia lumina, blitzende, Verg. – **II** *tr.* **entflammen, entzünden, in Flammen (in Brand) setzen,** **A** im Allg.: **1** eig.: quaecunque igni flammata cremantur, Lucr.: fax nubila flammans, Val. Flacc.: ignes illi immortalis dei vivacitate flammantur, brennen, Apul. – aetherio flammatus Iuppiter igni, flammend von usw., Cic. poët.: flammatus Phaëthon, der verbrannte, Catull.: ut in terirent crucibus affixi aut flammandi, zum Anzünden (durch um sie gehäufte Stoffe) hergerichtet, Tac. – **2** übtr.: vulgum donis laudumque cupidine flammat, Sil.: flammatus amore, Val. Flacc. – omnes exercitus flammaverat arrogantia venientium a Vitellio militum, hatte zum Zorn entflammt, Tac.: u. so flammato corde, im flammenden (erzürnten) Herzen, Verg. – tu exstincta iam litterarum studia flammasti, Claud. Mamert. pan. – **B** insbes. **entflammen** = **röten,** illius roseo flammatur purpura vultu, Purpurröte entbrannte auf ihrem Gesicht, Stat.: flammata pudore inventus, Val. Flacc.: flammata toga, feuerrote, Mart.

flammōsus, a, um (flamma), **feurig, brennend,** carbo, Cael. Aur. de morb. acut. 3, 17, 174: febris, *ibid.* 2, 32, 165.

flammula, ae, *f.* (*Demin.* v. flamma), **I** das **Flämmchen,** Cic. u. a. – **II** übtr. (in spät. Zeit), eine kleine **Fahne** der Reiterei, ein **Fähnlein,** Veget. mil. 2, 1 u. 3, 5.

flāmonium, s. 1. flāminius a. E.

Flanaticus, a, um, **flanatisch,** sinus, Meerbusen an der nordwestlichen Küste Liburniens, j. *Golfo di Quarnaro* od. Quarnero, Plin. 3, 129.

flasco, ōnis, *m.*, der **Weinkrug** (franz. *flacon*), Greg. dial. 2, 18 *in.*

flātilis, e (flo), **I** **durch Blasen erzeugt, -erregt,** **a** übh.: sonitus, Amm. 30, 1, 2: aura, Ven. Fort. vit. S. Mart. 4, 201: sinistra (pars) contrariae aspirationis, quam Grillius flatilem vocat, Prisc. 1, 47. – **b** **durch Blasen-, Gießen gebildet, gegossen,** labor (coronae), Varro sat. Men. 307: lamminae, Arnob. 6, 16. – **II** **blasbar,** virus, Prud. ham. 530.

flātio, ōnis, *f.* (flo), die **Blähung,** Apic. 3, 104.

flāto, āre (flo), **I** *intr.* **blasen,** tubā, tibiis calamoque flatantes, Trompeter, Flöter u. Pfeifer, Arnob. 2, 38. – **II** *tr.* **anblasen, entzünden,** incendia, Amm. 29, 1, 33 *cod.* V (die Ausgaben nach Konjektur flagitantes).

flātor, ōris, *m.* (flo), **I** der **Flötenbläser** (tibicen, αὐλητής), Paul. ex Fest. 89, 7. Gloss. II, 250, 54. – **II** der **Schmelzer, Gießer,** aeris, argenti, auri, Pompon. dig. 1, 2, 2. § 30.

flātūra, ae, *f.* (flo), **I** das **Blasen,** der **Hauch,** das **Lüftchen,** Plur., flaturae caeli, Arnob. 1, 9. – **II** das **Schmelzen, Gießen, der Guss des Metalls,** aeris, Vitr. 2, 7, 4: auri, Plin. 7, 197: argentaria, CIL 6, 8455. – übtr., unus alicuius flaturae fuit Thraex, war von halbwegem Guss, machte sich etwas besser, Petron. 45, 12 B.[5]

flātūrālis, e (flatura), **Luft enthaltend,** artus, Tert. de anim. 10.

flātūrārius, iī, *m.* (flatura), der **Metallgießer und -präger,** Cod. Theod. 9, 21, 6. CIL 6, 9418 *sq.*: fl. faber, CIL 6, 1883*.

flātus, ūs, *m.* (flo), **I** das **Blasen** des Windes, der wehende **Wind,** **1** im Allg., eig.: flatus etesiarum, Plin.: aurae, Lact.: aëris, Cael. Aur.: flatus secundus aurae od. ventorum, Vulg. u. Amm.: flatus secundus, Ov., Ggstz. adversus, Plin.: flatus antelucanus, ganz frühe Morgenluft, Sen. – Plur., flatus austri, Catull.: Alpini boreae, Verg.: ventorum, Sen. u. Iustin.: flatus hiberni, Verg. – im Bild, ad id, unde aliquis flatus ostenditur, vela do, Cic.: prospero flatu fortunae uti, Cic.; vgl. is demum vir erit, cuius animum nec prospera (fortuna) flatu suo efferet, nec adversa infringet, Liv.: si (fatorum ordo) adfuisset flatu tandem secundo, Amm.: tamen superba et impotens flatu nimis fortuna magno spiritus tumidos daret, Sen. poët.; vgl. Ruhnken Rutil. Lup. 2, 13 *extr.* – **2** insbes., das **Blasen** einer Blähung, cum aliquid immundum flatu explodis, einen fahren lässt, Tert. ad ux. 2, 5. – dah. der **Wind** = die leise, lautlose Blähung (griech. βδέσμα, hingegen crepitus, der laute Knall, griech. πορδή), flatum crepitumque ventris emittere, Suet. Claud. 32. – **II** das **Blasen** = das Herausstoßen des Atems, **A** eig.: **1** im Allg.: flatu figuratur vitrum, durch Blasen, Plin. – dah. meton.: **a** der **Hauch, Atem,** Verg. u. a.: flatus vitae, Lebenshauch, Odem, Augustin. serm. 378. – **b** die **Seele,** Prud. perist. 3, 169. – **2** insbes.: **a** das **Schnauben,** equorum, Verg. u. Amm.: flatus validi, Cic. poët. – **b** das **Blasen** auf der Flöte, das **Flötenspiel,** Hor. de art. poët. 205. Phaedr. 5, 7, 14. – **B** übtr., die **Aufgeblasenheit,** das **Sich-Blähen,** gew. im Plur., Verg. u. a. Dicht. – ► heterokl. Dat. flato, Commod. instr. 1, 12, 5; ebenso Abl. flato, Aethicus cosmogr. 3, 37. p. 24, 25 *Wuttke.*

flāveo, ēre (flavus), **goldgelb-, goldfarbig-, gelblichrot-, blond sein,** messis flavet, Col. – dah. flāvēns, **goldgelb, gelblichrot, blond,** cera, Ov.: arena, Verg.: coma, Verg.: bes. von der reifen Saat, Verg. u. Ov.

flāvēsco, ere (*Inchoat.* zu flaveo), **goldgelb-, goldfarbig-, gelblichrot-, blond werden,** vom Gold, Ov.: ne ebur flavescere possit, Ov.: bes. von der reifen Saat, Verg.: von Blättern u. Gewächsen, wenn sie ihr lebhaftes Grün verlieren, **falb-, fahl werden,** Plin.

Flāviālis, Flāviānus, s. Flāvius.

flāvicomāns, antis (flavus u. comans), **goldhaarig, goldgelockt, blondgelockt,** Prud. apoth. 495.

flāvidus, a, um (flavus), **gelblich,** fel, Cael. Aur. de morb. acut. 3, 20, 194: rapicii, falbe, fahle, Plin. 18, 127.

Flāvīna, ae, *f.*, Stadt in Etrurien, in der Gegend des heutigen *Teano* (*Tiano*), Sil. 8, 492: dass. Flāvīnium, iī, *n.*, Serv. Verg. Aen. 7, 698. – Dav. **Flāvīnius,** a, um, **flavinisch,** arva, Verg. Aen. 7, 696.

Flāvius, a, um, Name einer röm. *gens,* aus der die Kaiser Vespasianus, Domitianus u. a. stammten; dah. Flavius = Domitian, Iuven. 4, 37. – Noch ist bekannt Cn. Flavius, ein Freigelassener des Appius Cäcus, der die *fasti* und die Gebräuche u. Formeln der Prozesse (das sogen. ius Flavianum, bis dahin ein Geheimnis der Patrizier, s. Cic. de or. 1, 186) bekannt machte, wofür er die Würde eines kurulischen Ädilen erhielt, Liv. 9, 46, 1 *sqq.* u. a. (s. *Orelli* Onomast. Cic. 2. p. 254 *sq.*). – *Adi.* **flavisch,** gens Fl., Suet. Vesp. 1, 1. Mart. 9, 2, 8. – Dav.: **A** **Flāviālis,** is, *m.* (mit u. ohne flamen), der **Flamen (Eigenpriester)** der *gens Flavia,* Suet. u. Inscr. – **B** **Flāviānus,** a, um, **slavianisch,** partes, d. i. es mit dem Kaiser Vespasian haltend, Tac.: Fl. ius civile, des Freigelassenen Cn. Flavius, ICt.

flāvus, a, um, **gelb,** in verschiedenen Abstufungen, wie ξανθός, **goldgelb, rotgelb, blond,** Ceres, Verg.: arva, Verg.: Tiberis, Hor.: coma, Hor.: crines, Verg.: Ganymedes, goldgelockt, blondgelockt, Hor.: pudor, errötende, Sen. poët.: *Compar.*, alius procerior alius fuscior alius flavior, Boëth. in Porphyr. dial. 2. p. 81. – subst., decem flavi, Goldfüchse = Goldstücke, Mart. 12, 65, 6. – flavo crinem condire, mit Goldstaub pudern, Treb. Poll. Gallien. 21, 4.

flaxo, s. fraxo.

flēbilis, e (fleo), **I** passiv = **beweinenswert, kläglich,** illa species, Cic.: vigiliae, Cic.: Hector, Ov. – m. *Dat.* (für jmd.), multis ille bonis flebilis occidit, nulli flebilior quam tibi, Hor. carm. 1, 24, 9 *sq.*: u. (*neutr. pl.*) subst., quicumque iubentur pati timidis ignavisque flebilia, Sen. prov. 4, 8. – m. 2. *Supin.*, flebile dictu (als Parenthese), Sil. 9, 502. – *Compar.*, flebilius aliquid, Sen. Troad. 794. – **II** aktiv = **A** **Tränen verursachend,** cepe, Lucil. 194. Varro sat. Men. 250: ultor, schmerzlicher, Ov. her. 13, 48. – **B** **weinerlich, weinend, kläg-**

lich, klagend, u. daher rührend, α v. Lebl., vox, Cic. u. Quint.: voces, Acc. fr. u. Sen.: modi, Hor., pressi et flebiles modi, Cic.: gemitus, Cic.: questus (Plur.), Liv.: ululatus, Wehgeheul, Iustin.: elegia, Ov.: carmina flebiliora, Ov.: habebat flebile quiddam in quaestionibus, Cic.: flebile nescio quid queritur lyra, Ov. – flebile *adv.*, Ov. u. a. – β v. Pers., weinend, klagend, Ino, Hor.: sponsa, Hor.: pompa, Hor.: matrona, Apul.: spargebat (illa) teneros flebilis imbre sinus, Ov.

flēbiliter, *Adv.* (flebilis), **weinerlich, kläglich,** Cic. u. a. – *Compar.* b. Paul. Nol. carm. 20, 57.

flebotom... s. phlebotom...

flecto, flexī, flexum, ere, **beugen, I** *tr.* u. zwar: **A beugen, umbeugen, biegen, krümmen, 1** eig.: membra, Cic.: ramum, Ov.: flexae pectine comae, gekräuselte, Apul. (u. so capilli ingenio suo flexi, Petron.: fuit flexo ad pectinem capillo, er trug gekräuseltes Haar, Spart.): frons minima et quae radices capilli retro flexerat, Petron.: flexi fractique motus, gaukelnde Bewegungen, Cic. – iter suum od. viam, dem Marsch eine andere Richtung geben, einen anderen Weg nehmen, vom Weg abbiegen, Nep. u. Liv.: iter Demetriadem, Liv. – **2** übtr.: **a** beugen, abbeugen = **modulieren** (Töne), vocem, beim Singen, Cic.: flexus sonus, Mollton, melancholischer Ton, Cic. – **b** dehnen = **zirkumflektieren,** syllabam, Quint. 1, 5, 23. – **c formen, bilden,** verba derivare, flectere, coniungere, Quint. 8, 3, 36: hoc quoque vocabulum de Graeco flexum est, Gell. 4, 3. § 3. – **d flektieren** = deklinieren u. konjugieren, Varro LL. 10, 29 u. a. – **e** gleichs. umbeugen, d. h. anders beugen, d. i. **ändern, verändern,** sed ut eam (istorum viam) flectas, te rogo, Cic.: u. so vitam, Cic.: fata deûm, Verg.: in melius adversa, in deterius optata flectuntur, Sen. nat. qu. 3. pr. § 8. – u. **umstimmen,** bes. **erweichen,** animum od. alqm, Cic.: so auch mentes hominum, Liv.: iudicem flecti cogit, Quint.: flecti misericordiā, Liv.: non flecti posse precibus aut donis regiis, Liv. – alcis animum od. alqm non fl. m. folg. *quin* u. Konj., jmd. nicht davon abbringen, dass er usw., nihil flexerunt animos, quin collem defenderent, Liv. 5, 42, 7: neque fletu et lacrimis auxilium eius orantium flexus est, quin daret profectionis signum, Tac. ann. 14, 33. – poet., labores, versüßen, Stat. silv. 5, 1, 120. – **B beugen** = **lenken, richten, 1** eig.: equos, Caes.: navem, Auct. b. Alex.: currum de foro in Capitolium, Cic.: carpentum dextrā in Urbium clivum, Liv.: acies (= *oculos*) huc, Verg.: ab Hesperia non flexit lumina terra, wendete (ab), Lucan. – cursum fl. ad puerilem vagitum (v. einer Wölfin), Liv.: cursus in laevum, Ov.: certum in orbem quadrupedis cursus, Ov. – refl., se in Daphnona, Petron. 126, 12. – medial, flecti in gyrum, im Kreis herumfliegen, Ov. met. 2, 718. – übtr., v. Örtl., refl. flectere se od. medial flecti, sich nach einer Gegend **hinwenden, hinrichten,** hinc (silva) se flectit sinistrorsus, wendet sich links, Caes.: unde in meridiem flecti eum (Euphratem) diximus, Plin. – medial v. der Zeit, flexo in vesperam die, Tac. ann. 1, 16. – **2** übtr.: **a** auf jmd. etw. **deuten, -beziehen,** versus, qui in Tiberium flecterentur, die man auf Tiberius beziehen konnte, Tac. ann. 6, 29. – **b ablenken** = **abwenden,** quod procul a nobis flectat fortuna gubernans, Lucr. 5, 107. – **c abbringen** von usw., alqm a proposito, Liv.: a studio ad imperium, Cic.: animum iudicis ab aliqua contra nos insita opinione, Quint. – in vitium flecti, sich hinwenden zu usw., Hor. – **C** durch eine Wendung um etwas herumkommen, etw. **umfahren, umsegeln,** promunturium, Cic.: Leucatam, Cic. ep. – **II** *intr.* = **sich** wohin **wenden, 1** eig.: ex Gabino in Tusculanos colles, Liv.: ad Oceanum, Liv. – **2** übtr., **sich** zu etw. **wenden,** ad sapientiam, Tac.: in ambitionem, Tac. – ► Perf. flexuī bei Prob. (IV) 39, 25 u. Plot. Sacerd. (VI) 491, 30. – nach der 4. Konjug. gebildete Form flectiretur, Greg. Tur. hist. Franc. 3, 29.

flegma, s. phlegma.

flegmon, s. phlegmon.

flemina, um, *n.* (zu griech. φλεγμονή), **Krampfadern** um die Knöchel (s. Paul. ex Fest. 89, 8), Plaut. Epid. 670 G. Plin. 23, 28.

fleo, flēvī, flētum, ēre, **I** *intr.* **weinen** (Ggstz. ridere, gaudere), **A** eig.: quin fles? Plaut.: quid fles? Afran. fr.: ne fle! Plaut.: fl. ubertim, Sen. rhet., uberius, Cic.: fl. *cum* alqo (Ggstz. gaudere *cum* alqo), Eccl.: fl. *cum* gemitu, Amm.: fl. *de* illa et *pro* illa, Eccl.: fl. *de* filii morte, Cic.: *ob* nostras vias, Tibull.: *ab* insidiis, Prop.: *ad* singula, Suet.: fl. gaudio, Freudentränen weinen, vergießen, Paneg. vet.: u. so flere prae gaudio, Sulp. Sev. de vit. Mart. 13, 9: fl. effusius, Curt., effusissime, Sen.: alci, vor jmd. weinen, seine Tränen in dessen Busen ausschütten, Prop. 1, 12, 15: alqm flere cogere, zu Tränen rühren (v. Bitten), Curt.: u. so lapides flere et lamentari cogere, Cic.: flere desinere, nicht mehr weinen, ausweinen, Catull. u. Sen. rhet. – Passiv unpers., maeretur, fletur, lamentatur diebus plusculis, Apul. met. 4, 33: oratur, psallitur, fletur, Sidon. epist. 5, 14, 3. – Partiz. Perf. medial = **weinend,** fleta et lacrimosa, Apul. met. 7, 27 *in.* – **B** übtr.: **a** v. Pferden, hell **aufwiehern,** Suet. Caes. 81, 2. – **b** (poet.) v. Lebl., eine Feuchtigkeit von sich geben, **tränen, träufeln,** uberibus flent omnia guttis, Lucr. 1, 349: u. so Prud. cath. 5, 28. – **II** *tr.*: **1** jmd. od. etwas **beweinen,** weinend **beklagen,** illum, Plaut.: amissum fratrem, Sen. rhet.: iuvenem, Ov.: Germanicum, Tac.: simul mortuos vivosque, Curt.: alqm tacite, Sen. rhet.: alqm muliebriter, Spart.: flens meum et rei publicae casum, Cic.: neptium necem, Curt.: filii necem, Tac.: inultos dolores, Ov.: servitutem tristem, Phaedr. – m. folg. *quod* (dass), quod interemi, non quod amisi, fleo, Sen. Phaedr. (Hipp.) 1131. – m. folg. *Acc.* u. *Infin.*, Verg. ecl. 3, 78. Hor. carm. 1, 5, 6 u. ep. 1, 17, 55. Tibull. 1, 10, 55. Prop. 1, 7, 18. Val. Flacc. 1, 633. – im Passiv, nata fleatur, Ov.: multum fleti ad superos, Verg. – minus est quod flendum meo nomine, quam quod illius gaudendum est, Quint. 6. praef. 8: dah. flendus, **beweinenswert,** fl. Graecia, Ov. met. 14, 474: fortuna (Ggstz. laeta), Ov. trist. 1, 1, 122: *neutr. pl.* subst., flenda pati, Sen. Troad. 421 (415). – **2** übtr.: **a weinend-, unter Tränen vortragen, -singen,** feralia carmina, Col. poët. 10, 350. – oder **klagen,** cavā testudine amorem, Hor. epod. 14, 11. – **b weinend bitten,** flemus, ni (= ne) nos divideret, Prop. 2, 7, 2: flere coepit, ne amicus pro se periret, Hyg. fab. 257. – **c** (poet.) v. Lebl. eine Feuchtigkeit von sich geben, etw. **träufeln lassen,** quem (sanguinem) plaga flerat roscidis livoribus, Prud. perist. 10, 705. – ► Synk. Perf. flesti, Ov. her. 5, 43 u. 45: flerunt, Verg. georg. 4, 461 u. a. Dichter: flerat, Prud. perist. 10, 705 (s. oben): flesset, Stat. silv. 2, 1, 145: flesse, Liv. 30, 44, 7. Plin. 9, 172. Ov. art. am. 2, 188 u. a.

flētifer, fera, ferum (fletus u. fero), **tränend, träufelnd,** truncus, Auson. Cup. cruc. (XXV) 74. p. 124, 1 Schenkl.

1. flētus, a, um, s. fleo *no.* I, A u. *no.* II, 1.

2. flētus, ūs, *m.* (fleo), das **Weinen,** die **Rührung** (Ggstz. risus, laetitia), maeroris, Cic.: tacitus, das stille W., Schluchzen, Liv.: prae fletu, vor Tränen, vor Rührung, Cic.: cum fletu precibusque, Verg.: fletum populo movere, bis zu Tränen rühren, Cic.: fletum alci excitare, Cic.: fletus ducere, aus der Brust stöhnende Klagen hervorstoßen, Prop.: lamentas, fletus compendi facere licet, Pacuv. fr.: multas lacrimas et fletum cum singultu videre potuisti, Cic.: fletus et lacrimas dare, Ov.: infantium fletum infuso lacte compescere, Sen.: clamore et fletu omnia complere, Caes.: ut urbe totā fletus gemitusque fieret, Cic. – ► Dat. Sing. fletu, Verg. Aen. 4, 369: Genet. Plur. fletuum, Sidon. epist. 3, 3, 5. Salv. adv. avar. 2, 5.

Flēvo, ōnis, *m.*, See im nordwestl. Germanien, nördl. von Batavorum insula, die dritte oder östl. Mündung des Rheins, j. **Zuidersee,** Mela 3, 2, 8 (3. § 24); b. Plin. 4, 101 **Flēvum,** mit dem gleichfalls Flevum genannten Kastell der Friesen, Tac. ann. 4, 72.

flexanimus, a, um (flecto u. animus), **I** aktiv = **herzrührend,** Pacuv. tr. 177. Catull. 64, 330: concentus, Mart. Cap. 9. § 906. – **II** passiv = **gerührt im Herzen,** Pacuv. tr. 422.

flexibilis, e (flecto), **biegsam, schmiegsam, geschmeidig, elastisch, I** eig.: materia rerum, Cic.: arcus, Ov.: vitis, Plin.: libri (Bast), Solin. – **II** übtr.: **a** v. Ton der Stimme (Ggstz. durus), vocis genus, Cic.: vox, Quint. – **b** v. der Rede, oratio, Cic.: nihil est tam flexibile ... quam oratio, Cic. – **c** v. Pers. u. ihrem Charakter (im guten u. üblen Sinne), flexibiles in quamcumque partem ducimur a principe, Plin. pan.: aetas, Cic.: ingenium, Plin. ep.: avaritia durissimum (störrigste) malum minimumque flexibile, Sen.: nihil non flexibile ad bonitatem, nichts Unversöhnliches, Cic.: quid potest esse tam flexibile, Cic.

flexibiliter, *Adv.* (flexibilis), **geschmeidig, fügsam** (Ggstz. inflexibiliter), Augustin. quaest. in exod. qu. 18.

flexibilitās, ātis, *f.* (flexibilis), die **Biegsamkeit,** cornuum, Solin. 52, 36: ligni (Ggstz. fragilitas), Augustin. c. Secundin. 19: corporum, Cassiod. var. 5, 42, 1.

flexilis, e (flecto), **biegsam, geschmeidig,** cornu, Ov.: ulmus, Plin.: circulus, Verg.: pluma et flexiles lectuli, Amm.: collum, Sen.: cervix flexilis *ad* circumspectum, Plin.

flexiloquus, a, um (flexus u. loquor), **zweideutig redend,** Cic. de div. 2, 115 u. (nach Cic. Stelle) Amm. 18, 5, 6 (viell. auch *Pacuv. tr. 152, s. Ribbeck *not. cr.*).

flexio, ōnis, *f.* (flecto), die **Biegung,** **I** im Allg.: virili laterum flexione, mit männl. Körperbewegung, Cic. or. 59 (vgl. Cic. de or. 3, 220). – übtr., vocis od. modorum, die Modulation der Stimme, des Gesangs, Cic.: delicatiores in cantu flexiones et falsae voculae, Schleifer u. Falsetten, Cic. – **II** insbes., die **Krümmung** des Weges, übtr., deverticula flexionesque, Ausflüchte u. krumme Wege, Cic. Pis. 53.

flexipēs, pedis (flexus u. pes), **krummfüßig,** hederae, Ov. met. 10, 99; vgl. Serv. Verg. ecl. 4, 19.

***flexivius,** a, um (flexus u. via), **zweideutig,** dictio, *Pacuv. tr. 152 (s. Ribbeck *not. cr.*).

flexo, āre, **beugen, krümmen,** Cato r. r. 49 *extr.* (von da b. Plin. 17, 198).

flexōsus, a, um, Nbf. von flexuosus, s. d., Optat. carm. 4, 2 M.

flexuntēs, ium, *m.*, alter Name der im aktiven Dienst stehenden röm. Ritter, später trossuli gen., Plin. 33, 35. Gran. Lic. lib. 26. p. 5 Bonn. Varro bei Serv. Verg. Aen. 9, 606. – Nbf. **flexuntae,** Varro bei Serv. Verg. Aen. 9, 603.

flexuōsē, *Adv.* (flexuosus), **in Krümmungen** od. **Windungen,** Plin. 18, 358.

flexuōsitās, ātis, *f.* (flexuosus), die **Krümmung,** limitis, Gromat. vet. 342, 9.

flexuōsus, a, um (flexus, us), **krümmungsreich, voll Krümmungen,** iter, des Ohres, Cic.: u. so tramites (aurium), Arnob.: excessus, Solin. u. Amm.: fossarum ambitus (Plur.), Val. Max.: Taurus mons, Plin.: cervorum cursus *directior*, vulpeculae *flexuosus*, Ambros. in psalm. 118. serm. 2. § 2: *Superl.*, intestina flexuosissimis orbibus, Plin. 11, 200. – übtr., fraudes, Prud. cath. 6, 143.

flexūra, ae, *f.* (flecto), **I** die **Biegung, Krümmung, Windung,** lateris nostri, Lucr. 4, 310 (336): angustiae flexuraeque vicorum, Suet. Ner. 38, 1: nomina familiae suae multis stemmatum inligata flexuris (gewundenen Linien), Sen. de ben. 3, 28, 2. – absol., Col. 5, 6, 22: im Bild, virtus recta est; flexuram non recipit, Sen. ep. 71, 20. – **II** übtr., als gramm. *t. t.* = die **Beugung, Flexion** (Deklination usw.) eines Wortes, Varro LL. 10, 28.

flexus, ūs, *m.* (flecto), die **Biegung, Krümmung,** **I** medial, das **Sich-Biegen, Sich-Krümmen, Sich-Wenden,** die **Biegung, Umbiegung, Krümmung,** die **Wendung,** **A** im Allg.: **1** eig.: **a** übh.: cervicis, Ov.: manus, Quint.: oculorum, Sen.: (achlis) nullo suffraginum flexu, nur dass ihm der Hinterbug steif ist, Plin.: flexu redeunte, Quint. – **b** die **ausbiegende Körperbewegung, Seitenwendung,** das **Ausweichen,** qui cursu parum valent, flexu eludunt, Quint. 9, 2, 78. – **c** eine **Biegung** des Weges, ein **Abweg, Seitenweg, Umweg,** eo flexu itineris ire iubet, quo Viennam vitarent, Tac.: in quo flexus est ad iter Arpinas, Cic.: flexu Armeniam petunt, Tac.: notis flexibus praecurrit ad alium xystum, Phaedr. – **2** übtr.: **a** (als rhet. *t. t.*) die **Modulation** der Stimme (durch Halbtöne usw.), fl. vocis, Quint.: qui flexus deceat miserationem, Quint.: citharoedi simul et sono vocis et purimis flexibus serviunt, Quint. – **b** die **Wendung,** die eine Staatsverfassung nimmt, die **Modifikation,** die sie erleidet, itinera (Verlauf) flexusque rerum publicarum (im Verfassungsleben des Staates), Cic. de rep. 2, 45. – **c** (als rhet. *t. t.*) Plur. flexus, die **Abschweifungen** vom einfachen Thema (Synon. excursus), haec recta (einfachen Sätze) et in nullos flexus recedentia, Quint. 10, 5, 12. – **B** im Zirkus = die **Umbiegung,** der **Bogen,** den die Wettfahrenden jedesmal beim Umlenken um das Rennziel (meta, s. d.) beschreiben mussten, wobei es darauf ankam, welchen Platz man in der Reihe der Wagen durchs Los erhalten hatte, um entweder einen engeren, aber gefährlichen od. einen weiteren, jedoch gemächlicheren Bogen machen zu müssen; u. dav. übtr., **a** im Allg.: ordo quis datus, aut metae quam mollis flexus, et unde? in welche Reihe gestellt? wie gemach und woher des Zieles Umlenkung? (poet. v. dem Streben nach sittlicher Vollkommenheit), Pers. 3, 68. – **b** v. dem »Wendepunkt« eines Lebensalters, einer Jahreszeit, in hoc flexu quasi aetatis, auf diesem W. des jugendlichen Alters, Cic. Cael. 75: si infinitus forensium rerum labor ... aetatis flexu constitisset = mit dem Höhe- u. Wendepunkt, (mit dem Mittag) des Lebens Stillstand gemacht hätte, Cic. de or. 1, 1. – autumni flexu, da sich schon der H. zum Ende neigte, Tac. hist. 5, 23. – **II** passiv, das **Gebogen-, Gekrümmtsein,** die **Biegung, Abbiegung, Umbiegung, Krümmung, Wendung, Windung,** im Plur. auch die Krümmen, **1** eig.: capillorum, Quint.: u. so et dociles et centum flexibus apti (capilli), Ov.: flexus fistulae, Cels. – versus flexusque eorum, Wendungen, Quint. – v. den Windungen der Schlange, maximus hic flexu sinuoso Anguis (v. Gestirn), Verg.: u. v. der Muräne, tandem per multos evadit lubrica flexus, Ov. – v. den Windungen, Krümmungen einer Örtl., in aliquo flexu viae, Liv.: in flexu plateae sistere, Prud.: labyrinthei flexus, Catull.: flexus (Plur.) vallium, Liv.: duros introitus habent (aures) multis cum flexibus, Cic.: Ionia a Posideo promunturio flexum inchoans, Mela. – v. Lauf der Gebirge u. Küsten, duo terrae eius velut brachia excurrunt; media flexu modico sinum faciunt, Curt.: grandis litoris flexus grandem insulam includit, Mela: in litore flexus Megybernaeus, Bai, Bucht, Mela. – v. den Krümmungen, Buchten der Flüsse, fluminis ad flexum veniunt, Ov.: Rhenus modico flexu in orientem versus, Tac. – **2** übtr.: **a** (als gramm. *t. t.*) die **Beugung, Beugungsform,** Quint. 1, 6, 15. – **b** (als rhet. *t. t.*) Plur. flexus, die **Wendungen,** die der Redner gebraucht, um die Sache zum Vorteil zu drehen, Quint. 5, 13, 2.

flīctus, ūs, *m.* (fligo), das **Anschlagen, Zusammenschlagen,** navium, Pacuv. tr. 335: cavae dant sonitum flictu galeae, Verg. Aen. 9, 667; vgl. Sil. 9, 322: flictu sonantia rostra, Sil. 14, 558.

flīgo, ere (φλίβω), **schlagen, anschlagen,** naves ad saxa virosque, *Lucr. 5, 999: se in terram, Liv. Andr. tr. 12. – bes. **zu Boden schlagen,** stirpem funditus fligi, Acc. tr. 22: fligi socios, Acc. tr. 317.

flo, āvī, ātum, āre (ahd. *blāsan*), **blasen,** **I** *intr.* v. Wind, **blasen, wehen,** qui ventus in his locis flare consuevit, Caes.: neque ullus flare ventus poterat, Caes.: cum contrarii venti flare coepissent, Ps. Quint. decl.: subito fluctibus inhorruit mare ac discordes in perniciem nostram flavere venti, Sen. rhet.: si flabat aquilo aut auster, Turpil. fr.: flabat adhuc eurus, Ov.: auster, qui per biduum flaverat, in Africum se vertit, Caes.: eurus, qui multos dies continenter flabat, Auct. b. Alex.: ita belle nobis ab Epiro flavit Onchesmites, Cic.: dum flavit velis aura secunda meis, Ov. – v. Pers., mit dem Mund, simul flare sorbereque haud factu facilest, sprichw. v. etwas Unmöglichem, Plaut. most. 791: mit dem Blasebalg, scintillam levem ignis inditam plumae folle fabrili ad caput fistulae imposito flando accenderunt, Liv. 38, 7, 12: follibus lapidem Phrygium dum rufescat, anblasen, anfachen, Plin. 36, 143. – v. der Flöte, protinus inflexo Berecyntia tibia cornu flabit, Ov. fast. 4, 182. – **II** *tr.* **blasen,** **A** im Allg.: **1** eig.: **a** **aufwehen,** v. Wind, pulvis vento flatus, Auct. b. Afr. 52, 4. – **b** aus dem Mund **blasen, herausblasen,** ore foras acrem de corpore flammam (v. der Chimära), Lucr. 5, 903: anima, quae flatur, der Hauch, der aus dem Mund geht, Varro LL. 6, 9. – **c** ein Instrument **blasen,** furiosa tibia flatur, Ov. fast. 4, 341. – poet., vom heroischen Dichter, rauco flare praeconia classica cornu, Prop. 3, 3, 41: Pieria proelia flare tubā, Mart. 11, 3, 8. – **2** übtr.: omisso magna semper flandi tumore, den aufgeblasenen Schwulst hochtönender Sprache, Quint. 12, 6, 5: has ille inanes glorias cum flaret, sich mit solch eitlem Geprahle unaufhörlich breitmachte, Gell. 1, 2, 6. – poet., rosas, gleichs. fortblasen = verschmähen, Prud. perist. 3, 21. – **B** prägn., Geld aus Metall **gießen,** aes antiquissimum, quod est flatum, pecore est notatum, Varro r. r. 2, 1, 9: non rude aes argentumque, sed flata signataque pecunia, gegossenes u. gestempeltes, Gell. 2, 10, 3: u. so fl. pecuniam (Ggstz. conflare, einschmelzen), Cic. Sest. 66: nummum argenteum, Varro fr. b. Charis. 105, 6: nummos, Ulp. dig. 48, 10, 9 pr.: dah. IIIVIRI A. A. A. F. F., d. i. triumviri aere argento auro flando feriundo, CIL 1^2. p. 200. elog. XXXII (IX).

floccēs (flocēs), um, *f.,* der **Bodensatz** (die **Hefe**) **des gekelterten Weins,** Caecil. com. 190 (veraltet für faex vini nach Gell. 11, 7, 6). Vgl. Gloss. V, 641, 71 (Non. 114, 16).

floccifacio, ere, s. floccus.

floccōsus, a, um (floccus), **voller Flocken, flockig,** Ps. Apul. herb. 63.

flocculus, ī, *m.* (*Demin.* v. floccus), das **Flöckchen, Fäserchen,** lanae, Auct. inc. de magistr. et sacerd. P. R. p. 4 Huschke: alicuius nubeculae, Tert. ad nat. 1, 5.

floccus, ī, *m.* (zu griech. φλάζω, zerreiße), die **Flocke, Faser,** der Wolle, Varro r. r. 1, 59, 3; 2, 11, 8: floccos legere in veste, v. Fieberkranken, Cels. 2, 6. p. 36, 35 D.: das »Flockige« in Früchten, Plin. 16, 28. – sprichw., non flocci interduim, es gilt mir keinen Pfifferling (ist mir gleichgültig), Plaut.: u. so non flocci facio, ich gräme mich nicht darum, ich kümmere mich nicht darum, Plaut. u. Cic. ep.: ebenso non flocci pendo, Ter.: flocci facio, an etc., Plaut.: cave tu ullam flocci faxis mulierem, um die Weiber lass dich ganz unbekümmert, Plaut.: quod dixi non flocci existumat, er gibt nichts auf meine Worte, Plaut.

flocēs, s. floccēs.

Flōra, ae, *f.* (flos), die Göttin der Blumen und Blüten, die **Frühlingsgöttin,** Ov. fast. 5, 183 *sqq.* Varro r. r. 1, 1, 6. Lact. 1, 20, 6: mit einem Tempel in der Nähe des circus maximus, Tac. ann. 2, 49. – Dav.: **A Flōrius,** a, um, **zur Flora gehörig,** de re Floria, über das Florafest (eine Schrift des Kato), Gell. 9, 12, 7. – **B Flōrālis,** e, **die Flora betreffend,** flamen, Poët. b. Varro LL. 7, 45: sacrum = Floralia (s. d.), Ov. fast. 4, 947: ioci, am Florafest, Sen. ep. 97, 8: ludi, am Florafest, Tert. de spect. 6. Arnob. 7, 33. – subst., Flōrālia, ium u. iōrum, *n.,* **a** das von den Römern mit Schauspielen u. allerlei Belustigungen am 28. April gefeierte Fest der Flora, das **Florafest, Blumenfest,** Varro r. r. 1, 1, 6. Plin. 18, 286. Macr. sat. 1, 4, 14: verbunden mit Spielen, ludi Floralia, Quint. 1, 5, 52. Lact. 1, 20, 6; u. mit Spenden an das Volk, Pers. 5, 178. – **b** das Blumenfest bei den Massiliensern, Iustin. 43, 4, 6. – Dav. abgel.: **Flōrālicius,** a, um, **zum Fest der Flora gehörig,** ferae, Tiergefechte am Florafest, Mart. 8, 67, 4.

1. flōrālia, ium, *n.* (flos), der **Blumengarten,** Varro r. r. 1, 23, 4.

2. Flōrālia, s. Flōra.

Flōrālicius, Flōrālis, s. Flōra.

flōrēns, entis, *PAdi.* (v. floreo), **blühend, a blühend = blumenreich, frisch, schmuck, α** v. Redner u. v. der Rede, alii (oratores) florentes, Cic.: florens orationis genus, Cic.: modus autem nullus est florentior (schmucker) in singulis verbis, Cic.: quae mihi florentiora (hübscher) visa sunt tuo iudicio, Cic. – **β** v. Alter, aetas, Cic.: iuventa, Hor.: u. v. Pers., **im blühenden** (jugendlichen) **Alter stehend,** Iacchus, Catull. 64, 251: florentior iuventus, Veget. mil. 1, 5. – **b blühend = glänzend, glänzend ausgestattet, höchst angesehen, im Flor, im Wohlstand, auf der Höhe (im Sonnenschein) des Glücks-, in glänzenden Verhältnissen stehend, in glänzender Stellung-, auf der Höhe der Macht stehend, zur Zeit des Glanzes** od. **Glücks, α** absol. (Ggstz. afflictus), civitas, Caes.: Servilia, Nep.: domus, Tac.: fortuna, Cic.: amicitia, Cic.: opes Etruscorum, Liv.: homo florentissimus, Cic.: C. Sallustius rerum Romanarum florentissimus auctor, Tac. ann. 3, 30: res publica florentissima, Cic.: castra florentissima, Cic.: Plur. subst., flōrentēs, ium, *m.,* Leute in glänzender Stellung, Ggstz. afflicti, Nep. Att. 11, 4. – **β** m. *Abl.,* **blühend = ausgezeichnet** durch usw., **glänzend ausgestattet** mit usw., **im hohen Ansehen stehend** durch usw., gratiā atque hospitiis florens hominum nobilissimorum, Cic.: homo florens aetate, opibus, honoribus, ingenio, liberis, propinquis, affinibus, amicis, Cic.: Berenice florens aetate formāque, eine jugendliche Schönheit, Tac.: Macedones imperio terrarum florentes, in der Blütezeit ihrer Weltherrschaft, Iustin.: vir ingenio florentissimus, mit den herrlichsten Geistesgaben ausgerüstet, Vell.: L. Philippus, eloquentiā, gravitate, honore florentissimus civitatis, Cic.

flōrenter, *Adv.* (florens), **blühend,** florentissime docent, Hieron. in Euseb. chron. ad ann. Chr. 358.

1. Flōrentia, ae, *f.,* eine Art Weinstöcke, Plin. 14, 36.

2. Flōrentia, ae, *f.,* eine Stadt in Etrurien, röm. Kolonie, deren Einwohner im sullanischen Krieg als Sklaven verkauft wurden, j. *Firenze* (Florenz), Flor. 3, 21, 27. – Dav. **Flōrentīnus,** a, um, **florentinisch,** Frontin. – Plur. subst., Flōrentīnī, ōrum, *m.,* die Einw. von Florentia, die **Florentiner,** Plin. u. Tac.

flōreo, uī, ēre (flos), **blühen, in Blüte stehen, I** eig. u. bildl.: **A** eig.: florent segetes, vinea, Ov.: floret arbor, Cic.: florentes ferulae, Verg.: floret terra (Ggstz. horret), Cic.: floret annus, blüht, ist voller Blüte, Ov. – **B** bildl.: **a** v. Lebl.: verborum vetus interit aetas, et iuvenum ritu florent modo nata virentque, erblüht u. grünt (= kommt auf), Hor.: florens vino animus, fröhlicher, Gell. – **b** (wie ἀκμάζω) v. Pers. u. pers. Verhältnissen, **blühen = glänzen, in glänzenden Verhältnissen leben, hoch stehen, in hohem Ansehen stehen, auf der Höhe der Macht und des Glückes stehen, sehr geachtet sein** oder **werden, eine bedeutende Rolle spielen, sich hervortun,** floret Epicurus, Cic.: in sententiis senatoriis et in omni actione atque administratione rei publicae, Cic.: in re militari, Nep.: Ggstz., quemadmodum urbium imperiorumque, ita gentium (der Familien) nunc *florere* fortunam, nunc *senescere,* nunc *interire,* Vell. 2, 11, 3. – m. *Abl.* der Ursache, etw. **im hohen Grade genießen,** etw. **im hohen Grade besitzen, sich** einer Sache **im hohen Grade zu erfreuen haben,** mit etw. **glänzend ausgestattet sein,** an etw. **Überfluss haben,** aetate, in der Blüte seiner Jahre stehen, Liv.: gratiā et auctoritate, Cic.: favore, Vell.: laudibus, Cic.: acumine ingenii, Cic.: honoribus, Cic.: omnibus copiis, Cic.: famā iustitiae, Nep. Vgl. florens. – **II** übtr.: **A** (poet.) von etw. **prangen = voll sein,** tibi pampineo gravidus autumno floret ager, Verg.: mare florebat navibus, Lucr.: absol., genae florentes, auf denen die ersten Flaumen sprossen, Mart. 3, 6, 4. – **B schimmern, glänzen,** florentes aere catervae, Verg.: oves nitentes aurique colore florentes, Apul.: exercitus insignibus argenteis et aureis florens, Macr.: florentia lumina flammis, Lucr.: variis floret via discolor armis, Val. Flacc.: genae florent, glänzen, Stat. – **C** vom Wein = (im Fass) **schäumen,** Col. 12, 30, 1. Ov. fast. 5, 270. – ► Partiz. Fut. akt. floriturus, Porphyr. Hor. carm. 2, 20, 6 (wo carmina sua semper floritura). Paul. Nol. (?) ep. S. Clem. *in.* in Spic. Solesm. 1. p. 393 Pitra (wo quod virga Aaron floritura esset). – Nbf. flōrio, īre, s. bes.

flōrēsco, ere (*Inchoat.* v. floreo), **anfangen zu blühen, I** eig., Cic. de div. 2, 33. – **II** übtr.: **a** v. Lebl., **erblühen, aufblühen, in glänzende Verhältnisse kommen,** illa *senescere,* at haec contra *florescere* cogunt, Lucr.: gaudeo, quod patria nostra florescit, Plin. ep.: aedis Florae, quae rebus florescendis praeest, Fast. Praenest. 28. April im CIL 1^2. p. 236 u. 317. – **b** v. Pers.: hic florescens (Ggstz. hic occĭdens), Cic.: Sulpicius ad summam gloriam florescens, dem höchsten Ruhm entgegenblühend, Cic.

flōrētum, ī, *n.* (flos) = *virectum,* Gloss. IV, 343, 45.

flōreus, a, um (flos), **I aus Blumen,** corona, Plaut.: serta, Tibull.: messis, Arnob. – **II blumig, blumenreich,** rura, Verg.: iuga Hymetti, Val. Flacc.

flōricomus, a, um (flos u. coma), **blumenhaarig, mit Blumen besät,** Aetna, Auson. ep. 4, 49. p. 160, 32 Schenkl: metalla, Anthol. Lat. 866, 11 (1141, 11): orchilos infestus si floricomis hymenaeis ima petit terrae, Avien. progn. 437: ver, Avien. Arat. 1000.

flōridē, *Adv.* (floridus), **blühend, glänzend, prächtig,** fl. depicta vestis, Apul. met. 11, 24: ecclesia multo clarius ac floridius enituit, Lact. de mort. pers. 3, 4.

flōridulus, a, um (*Demin.* von floridus), **hübsch blühend,** ore floridulo nitens, Catull. 61, 193.

flōridus, a, um (flos) = ἀνθηρός, **mit Blüten** od. **Blumen versehen, I** eig.: **a in der Blüte stehend, blühend,** ramuli, Catull.: pinus, Verg.: vitis, Hyg. – **b aus Blumen bestehend,** corollae, Catull.: serta, Tibull. u. Ov. (auch CIL 10, 5469). – Plur. subst., florida et varia, eine bunte Blumenfülle, Cic. Tusc. 3, 43. – **c** mit Blumen versehen, **blumig, blumenreich,** prata, Lucr.: montes, Varro: Hybla, Ov. – **II** übtr.: **a** v. den Farben, **lebhaft** (Ggstz. austerus, düster), Plin. 35, 30 u. 97. – u. v. Licht, **glänzend,** sol, Apul. met. 8, 15. – u. übh. der Farbe nach **glänzend, prächtig,** vestis, Apul. met. 2, 8: vestis muliebris, Apul. met. 7, 8: vellera, Ps. Cypr. de aleat. 2 *extr.* – **b** v. Alter usw., **in der Blüte stehend, blühend, frisch,** aetas, Catull.: puellula, Catull.: filia, Arnob.: Galatea floridior pratis, Ov.: forma alcis adhuc fl. et vegeta, Suet. – **c** v. der Art des Ausdrucks, **α blumig, blühend,** sententiae, Sen.: oratio, Quint. u. Macr.: floridius dicendi genus, Quint.: Demetrius est floridior, Cic. – **β lieblich duftend,** ille floridus tui sermonis adflatus, Auson. epist. 17. p. 177, 7 Schenkl.

flōrifer, fera, ferum (flos u. fero), **Blumen tragend, blumenreich,** saltus, Lucr. 3, 11: ver, Sen. Oedip. 649 *Leo:* labor (apium), Lucan. 9, 290 *Hossius:* annus, Boëth. cons. phil. 4, 6. *v.* 26: sedes, Cassiod. in psalm. praef. p. 1 (b) *Garet.* Vgl. floriger.

flōrigenus, a, um (flos u. gigno), **a Blumen erzeugend,** horti, Ps. Cypr. carm. 6, 209. p. 317 H. – **b** poet. übtr., **Blüte** (= den Flaumbart) **erzeugend,** malae, Anthol. Lat. 1143, 14 M. (Riese florigeras malas).

flōriger, gera, gerum (flos u. gero), **Blumen tragend, blumenreich,** sedes, der Garten Eden, Sedul. carm. 2, 2. Ven. Fort. carm. 3, 9, 1. – übtr., **Flaum tragend, beflaumt,** malae, Anthol. Lat. 742, 14 R.

flōrilegus, a, um (flos u. lego), **Blumen sammelnd,** apes, Ov. met. 15, 366.

flōrio, īre (flos), **blühen,** Arnob. iun. in psalm. 71 u. 102 a. Eccl.

flōriparus, a, um (flos u. pario), **Blumen hervorbringend,** ver, Auson. Technop. (XXVII) 10, 1. p. 137 Schenkl.

flōrītio, ōnis, *f.* (florio), das **Blühen,** Hieron. homil. 2 in cantic. ex Orig. vers.

Flōrius, a, um, s. Flōra.

flōrōsus, a, um (flos), **blumenreich,** Ven. Fort. carm. 5, 6, 7.

flōrulentus, a, um (flos), **blumenreich, blumig, I** eig.: Hymettus, Solin. 7, 18: purpura, Pervig. Ven. 19: cibus suavis et flor., Ambros. epist. 64, 5: regio florulenta pratis, Salv. de gub. dei 7, 8. – **II** übtr., **blühend** = jugendlich, succuba, Prud. perist. 10, 191.

1. **flōrus**, a, um (flos), **blühend, a** eig.: Armenia (poma) floriora sunt, Gargil. Mart. de arb. et pom. 2, 12 *Mai.* – **b** übtr., **glänzend, prächtig,** lanugo, Acc. tr. 246: crines, Pacuv. tr. 19. Acc. tr. 255. Verg. Aen. 12, 605: iuba, Gell. 3, 9, 3: ut videam Volcani opera haec flammis fieri flora, Naev. tr. 50.

2. **Flōrus**, ī, *m.*, L. Annaeus, ein röm. Geschichtschreiber zur Zeit Trajans u. Hadrians, Verf. eines Abrisses der röm. Geschichte bis auf Augustus.

flōs, flōris, *m.* (gotisch *bloma*, mhd. *bluost,* Blüte), die **Blume, Blüte, I** eig., meton. u. bildl., **1** eig.: flos agri, Feldblume, Vulg.: flos uvae, olivae, violae, Eccl., rosae, Hor.: flores rosarum, Lucr.: flos (kollektiv) sertus et solutus, Apul.: flores verni, Hor. u. Suet.: florum omnium varietas, Cic.: flores coronaeque, Curt. (s. Mützell Curt. 4, 4 [17], 5): flores ad mel faciendum idonei, Honigblumen, Sen.: florem mittere, eine Blume hervorbringen, blühen, Plin.: sepulchrum L. Catilinae floribus ornare, Cic. – bildl., breve velut florum corpusculum feci, v. einem Schriftwerk, Iustin.: ebenso flores rerum carpere, die Blüten (das Beste) aus Schriftwerken auslesen, Plin. – **2** meton., flores, **Blumensaft, Honigsaft,** Verg., Tibull. u. Plin. – **II** übtr.: **A** der **blühende Zustand,** der **Flor, Gipfelpunkt,** die **Periode der höchsten Kraftentwickelung** (griech. ἀκμή), **1** im Allg.: Graeciae, Cic.: virium, Liv. – **2** insbes.: flos aetatis, die **Blüte der Jahre,** die **Jugendkraft, Jugendfülle** (griech. ἀκμή), Cic. u. a.: ebenso flos iuventae, Liv. (s. Drak. Liv. 28, 35, 7. Mützell Curt. 3, 5 [12], 8): u. bl. flos, Ter. u. Ov.: in primo flore exstingui, Plin. ep.: exstingui in ipso aetatis ac victoriarum flore, Iustin. – in geschlechtlicher Beziehung, castum amisit polluto corpore florem, Catull.: florem aetatis in Bithynia contaminatum, Suet. – **B** die **Blüte** = der beste, kräftigste, tüchtigste, edelste od. oberste Teil von etwas, die **Blüte,** die **Zierde, 1** im Allg.: optimorum civium vel flos vel robur, die Blüte u. der Kern (= die edelsten Jünglinge u. Männer), Cic.: u. so flos totius Italiae ac robur, Cic. (vgl. quod floris, quod roboris in iuventute erat, amiserant, Liv.): so auch flos nobilitatis et iuventutis, Cic.: Gallia est flos Italiae, Cic.: florem et colorem defuisse, Schmuck des Ausdrucks, Cic.: fl. Bacchi (= vini), der Geist, die Kraft, Lucr.: fl. vini, der Schaum, Cato u. a.: lactis, »Rahm«, Vitr.: olei, das erste, beste, Plin.: so auch salis, cerae, Plin.: farinae, das feinste, Plin.: visci, das oberste, oben schwimmende = das leichteste, Plin.: marmoris et gypsi, das feinere u. reinere Mehl, Col. – **2** insbes.: **a** flos iuvenilis, die ersten zarten Barthaare, der **Flaum,** Claud.: so auch flos genae, Lucan., u. bl. flos, Verg. – **b** fl. cenae, das **beste Gericht,** Favor. b. Gell. 15, 8, 2. – **c** fl. flammae, der **Schimmer, Glanz,** Lucr. 1, 900. – **d** als *t. t.* der Archit.: **α** die **Blume** am korinthischen Kapitäl im Mittel der Fronte der Platte, Vitr. 4, 1, 12. – **β** eine **Blume,** die oben auf die Kuppel gesetzt wurde, Vitr. 4, 8, 3. – ► flos bei Spät. auch Neutrum, Pelagon. veterin. 14 (= 219 *Ihm*). Gargil. de cur. boum 29.

flōscellus, ī, *m.* (*Demin.* v. flos), das **Blümchen, Blütchen,** Ps. Apul. herb. 50. Not. Bern. 43.

flōsculē, *Adv.* (*flosculus, a, um, v. flos), **blühend,** Cael. Aur. de morb. acut. 1, 6, 50.

flōsculus, ī, *m.* (*Demin.* v. flos), das **Blümchen, Blütchen, I** eig. u. meton.: **A** eig.: herbarum flosculi, Cassian. de incarn. Chr. 7, 5: ficta omnia tamquam flosculi decīdunt, Cic. de off. 2, 43. – im Bild, non *flosculos,* sed certos atque deformatos *fructus* ostendere, Quint. 6. pr. § 9. – fl. vitae angustae, die Jugend, Iuven. 9, 127. – v. der Rede, omni ex genere orationis flosculos (die Blüten = das Beste) carpam, Cic.: flosculos omnium partium colligere, von allen Seiten Blümchen zusammenhäufen, Quint. – **B** meton., der Teil am Obste, wo die Blüte gewesen, der **Butz,** Col. 12, 45, 5. – **II** übtr.: **A** die **Zierde,** o qui flosculus es Iuventiorum, Catull. 24, 1. – **B** der aus einer Schrift exzerpierte **Denkspruch,** die **Sentenz,** Sen. ep. 33. § 1 u. 7.

flovius, s. fluvius ►.

flūcticola, ae, *c.* (fluctus u. colo), **in Wellen wohnend,** Sidon. carm. 10, 1.

flūcticolor, ōris (fluctus u. color), **meerfarbig,** Mart. Cap. 1. § 67.

flūcticulus, ī, *m.* (*Demin.* v. fluctus), eine **kleine Welle,** Apul. apol. 35.

flūctifragus, a, um (fluctus u. frango), **wellenbrechend,** Lucr. 1, 305. Cypr. carm. 3, 39. p. 299 H.

flūctigena, ae, *c.* (fluctus u. gigno), **in Wellen geboren,** Mart. Cap. 1. § 22 u. 9. § 889.

flūctigenus, a, um (fluctus u. gigno), **in Wellen geboren, -erzeugt,** monstrum, Avien. Arat. 1157.

flūctiger, gera, gerum (fluctus u. gero), **Wellen ertragend,** paro, Cic. fr. H. IX, 3 b. Isid. 19, 1, 20 (hingegen bei *Nobbe* Programm. Lips. 1827. p. 4 *sqq.* [abgedruckt in Cic. opp. *ed. Orell.* IV, 2. p. 572 *sq.*] subst. genommen = qui fluctus agit [*cf.* Ov. met. 11, 488], der **Wellentreiber,** der **Schiffer**).

flūctio, ōnis, *f.* (fluo), das **Fließen,** bes. das Krankhafte aus dem Körper, der **Fluss,** sanguinis e naribus, Plin.: vulvae et ventris, Plin.: oculorum, Plin.: fluctiones pituitae, Bauchflüsse, Plin.: fluctiones, quas Graeci rheumatismos vocant, Plin.

flūctisonus, a, um (fluctus u. sono), **wellenrauschend,** Sil. u. Sen. poët.

flūctivagus, a, um (fluctus u. vagor; vgl. Prisc. 1, 36), **a** passiv, **von Wellen getrieben, in Wellen schweifend,** unda, Stat. Theb. 1, 271: pelagus, Coripp. laud. Iustin. min. 2, 328: barca, Aldh. de VIII vitiis 364: nautae, Stat. silv. 3, 1, 84: praeda, Sedul. carm. pasch. 5, 395: velaque fluctivagum (me) traherent, Ven. Fort. 7, 31, 5. – **b** aktiv = **Wellen treibend,** venti, Orest. tr. 43: mare, Ven. Fort. vit. S. Mart. 4, 1.

flūctuābundus, a, um (fluctuor), **wankend,** vestigio, Ambros. de Iob 4, 10, 27 *extr.*: commotio (terrae), Augustin. serm. 28, 4 *Mai:* mentis aestu fluctuabunda iactari, Cypr. de laps. 25: ideo quasi fluctuabundus sermo progreditur, (Rufin.) comm. in Oseam 12. *v.* 12 *sq.*

flūctuātim, *Adv.* (fluctuo), **wallend,** Afran. com. 237 R.[2]

flūctuātio, ōnis, *f.* (fluctuo), **I** die **unruhige Bewegung,** totius corporis fluctuatio, da ist der ganze Körper in Aufruhr, Sen. de ira 2, 35, 3. – **II** übtr., das **Schwanken,** die **Unstetigkeit,** die **schwankende Stimmung,** animorum, Liv. 9, 25, 6: malae mentis, Sen. ep. 120, 20: absol., Val. Max. 7, 4, 5. Sen. de tranqu. anim. 1, 17. Vulg. psalm. 54, 23; Sirach 40, 4.

flūctuo, āvī, ātum, āre (fluctus), **I Wellen schlagen, wogen, A** eig.: ita fluctuare video vehementer mare, Plaut. rud. 903. – **B** übtr.: **1 wogen, wallen** = **sich** wellenförmig bewegen, aër fluctuat, Lucr.: fluctuat Zephyro seges, Sen. poët.: comae cervicum fluctuantes, Gell.: fluctuat tellus aere renidenti, bewegt sich zitternd = schimmert, blitzt von usw., Verg.: populus fluctuans, hin u. her wogend, Gell.: fervescere vermibus et fluctuare, wimmeln u. krümmeln, Arnob. 7, 17. – **2 wallen, brausen** = in leidenschaftlicher Aufregung sein, ira fluctuat, Verg.: v. Pers., magnis curarum fluctuat undis, Catull.: fluctuat irarum aestu, Verg. – **II mit den Wellen (Wogen) umhertreiben, in der See treiben, A** eig., v. Menschen u. Schiffen, Cic.: v. Inseln, Plin. – **B** übtr.: **1** in der Haltung **schwanken,** v. der Schlachtreihe (vgl. Mützell Curt. 3, 10 [25], 6), acies fluctuans, Liv. u. Curt.: fluctuanti similis acies erat, Liv. – v. der Rede, oratio quasi fluctuans, Cic. – prägn., v. Pers., illum gravi et periculosā valetudine fluctuare, dass sein Leben in Gefahr sei durch usw., Val. Max. – **2** im Entschluss oder in seiner Ansicht **(hin und her) schwanken, unschlüssig sein,** fluctuat animus, Plaut.: animo nunc huc nunc illuc fluctuat, Verg.: sententia fluctuans, Cic.: inter varia consilia, Sen.: in suo decreto, Cic.: m. folg. indir. Fragesatz, quid responderem diu fluctuavi, Augustin. epist. 60, 1.

flūctuor, ātus sum, ārī = fluctuo (*no.* II), **mit den Wellen (Wogen)-, auf den Wellen (Wogen) umhertreiben, in der See treiben, I** eig.: torrente undā fluctuari, Sen.: Delos diu fluctuata, Plin.: lapidem integrum fluctuari, comminutum mergi, schwimme obenauf, Plin. – **II** übtr.: **A** von Zuständen usw., **schwanken,** ancipiti igitur casu salus eorum fluctuabatur, Val. Max.: vita fluctuatur per adversa ac difficilia, Sen.: nomen Ambrosiae circa alias herbas fluctuatum, wird mehreren Kräutern beigelegt, Plin. – **B** v. Pers., im Entschluss **(hin und her) schwanken, unschlüssig sein, wanken,** fl. animo, Liv. u. Curt. (vgl. Drak. Liv. 36, 10, 4): fluctuante rege inter spem metumque tantae rei conandae, Liv.: m. folg. indir. Fragesatz, fluctuatus animo erat, utrius etc. od. utrum ... an etc., Liv. 23, 33, 3 u. 32, 13, 4.

flūctuōsus, a, um (fluctus), **I voller Wellen, stürmisch,** mare, Plaut. rud. 910. – **II** übtr., **wellenförmig gezeichnet,** zmaragdus, Plin. 37, 71.

1. **flūctus,** ūs, *m.* (fluo, vom alten Supinum flūctum), das **Strömen, Wogen,** die **Strömung, I** eig.: aquae, Lucr.: vom Strömen des magnet. Fluidums, Lucr. – übtr. im obszönen Sinne, die **Renkung,** Plur. bei Arnob. 5, 44. – **II** meton., die **Strömung** = die hochgehende **Welle,** die **Woge,** bes. die **Meereswoge,** die **Flut, α** *Sing.:* fluctu (maris) allui, Liv.: fluctu operiri, Cic.: ad fluctum declamare, Cic.: iam medio apparet fluctu Zacynthos, mitten auf dem Meer, Verg. – varius f. odorum, Strömung, Lucr.: atro volvens incendia fluctu (Strom), Val. Flacc.: tortos in fluctum ponere crines, wellenförmig, Manil. – **β** *Plur.:* fractis iam et novissimis fluctibus leviter allui, Plin. ep.: fluctibus compleri, Caes.: fluctus sedare, Cic.: fluctus frangere, Sen.: ire per longos fluctus, das weite Meer, Hor. – sprichw., excitare fluctus in simpulo, viel Lärm um nichts machen, Cic. de legg. 3, 36. – im Bild, die **Wogen, Fluten,** der **Strudel** = Unruhe, Ungemach usw. des Lebens, bes. des öffentl., emergere e fluctibus servitutis, Cic.: iactari populi fluctibus, auf den unruhigen Wogen des Volkslebens sich umhertreiben, Cic.; vgl. se civilibus fluctibus (den unruhigen Wogen, den Stürmen des politischen Lebens) committere, Nep.: f. contionum, stürmische V., Cic. – u. der Leidenschaften, irarum, Verg. – ► Archaist. Genet. fluctuis, Varro bei Gell. 4, 16, 1; vgl. Charis. 143, 12: Nom. Plur. flucti, Pacuv. tr. 77. Acc. tr. 33 u. 633.

2. **flūctus,** s. 1. flūxus ►.

fluēns, entis, *PAdi.* (fluo), **I** dahinfließend, **A gleichmäßig dahinfließend, ruhig,** tracta quaedam et fluens oratio, Cic.: lenis et fluens contextus, Quint.: elegi fluentes, Plin. ep.: fluentes carminum deliciae, Gell. – **B einförmig dahinfließend, einförmig, ohne bestimmte Abschnitte,** ut ne aut dissoluta aut fluens sit oratio, Cic.: alterum nisi fit, dissipata et inculta et fluens est oratio, Cic. – prägn. v. Redner, in locis ac descriptionibus fusi ac fluentes sumus, breit u. einförmig, Quint. 9, 4, 138. – **II** gleichs. zerfließend = **erschlafft, schlappend, schlaff,** buccae fluentes, schlapp, schlaff herabhängende, Cic. de or. 2, 266 (versch. von Cic. Pis. 25, wo es = von Salben triefende): fluentibus membris, schlotternden, Curt. u. Augustin.: v. Pers., incessu ipso ultra muliebrem mollitiem fluentes, Sen.: (pueri) soluti ac fluentes, Quint.

fluenter, *Adv.* (fluo), **fließend, in fließender-, wallender Bewegung,** ferri, Lucr. 4, 223 u. 6, 931.

fluentia, ae, *f.* (fluo), der **Fluss,** salivarum, Cael. Aur. de sign. diaet. pass. 89. – übtr., inanis quaedam fl. loquendi, Amm. 30, 4, 10.

fluentisonus, a, um (fluentum u. sono), **vom Wellenschlag brausend,** litus, Catull. 64, 52.

fluento, āre (fluentum), **bespülen,** Ven. Fort. vit. S. Mart. 4, 642.

fluentum, ī, *n.* (fluo), die **Strömung,** der **Strom,** umoris fluenta lubrica, Lucr.: Xanthi fluenta, Verg.: Sing. b. Auson., Avien. u. a. – fluenta mammarum, Milchstrom, Arnob.: flammarum, Feuerstrom, Apul.: auri, Goldstrom, Apul. – übtr., eloquentiae eius fluenta, Hieron. epist. 97, 3.

fluēsco, ere (*Inchoat.* v. fluo), **fließend werden, sich auflösen,** Augustin. de civ. dei 21, 5 u. 7; serm. 53, 3 *Mai.*

fluibundus, a, um (fluo), **fließend, zerfließend,** puella f. luxu, Mart. Cap. 1. § 88.

fluido, āre (fluidus), **fließend machen,** Cael. Aur. de morb. chron. 5, 4, 136.

fluidus, a, um (fluo), **fließend, flüssig, I** eig.: cruor, Verg.: corpus, Lucr. – *neutr.* subst., quid tam contrarium est, quam terrenum fluido? Col. 8, 16, 1. – **II** übtr.: **a wallend, herniederwallend,** vestis, Iustin. u. Paul. Nol.: frondes, Lucr. – **b locker, weich, schlaff, schlotterig,** caro, Plin.: lacerti, Ov.: so auch corpora, Liv.: *neutr. pl.* subst., firmamenta fluidorum ac labentium, Sen. ep. 102, 25. – **c verflüchtigend,** calor, Ov. met. 15, 362.

fluito, āvī, ātum, āre (*Intens.* v. fluo), **I hin u. her fließen, -strömen, wallen, wogen, 1** eig.: **a** v. Flüssen u. Flüssigkeiten, fluitans circum magnis anfractibus aequor Ionium, Lucr.: fluitantes undae, Tibull.: fusile per rictus aurum fluitare videres, Ov. – **b** v. a. Ggstdn., **oben auf dem Wasser treiben, schwimmen,** v. Schiffen, Cic.: v. Schiffern, Plin. ep.: v. Schwimmenden, Gell. – **2** übtr.: **a** konkr.: **α hin u. her wanken, schwanken,** fluitans testudo, Tac.: praelongis hastis fluitans labansque miles (in Reih u. Glied), Tac. – **β wallen, flattern,** quod in cunctis fluitare videmus rebus (v. den Atomen), Lucr.: ancorarum funes fluitabant, Tac.: fluitantia vela, Plin. pan., lora, Ov.: fluitans amictus, Catull.: vestis fluitans, Tac. – **b** abstr., **schwanken, wanken, wankend werden,** fluitat alcis fides, Tac.: mobilia et caecā fluitantia sorte, Hor.: m. *Abl.* (in), animi incerto errore, Lucr.: spe dubiae horae, Hor. – **II zerfließen, triefen,** dum recentes musteos (petasones) in carnario fluitare suspiciunt, Varro sat. Men. 12.

flūmen, inis, *n.* (fluo), die **fließende Wassermasse,** die **Flut,** das **fließende Wasser, Gewässer,** die **Strömung,** der **Strom, I** eig.: **1** im Allg.: fontis, Ov.: vivum, Flusswasser, Verg. u. Liv.: piscosum, Sen.: secundo flumine, stromabwärts, Caes.: adverso flumine, stromaufwärts, Caes.: cave aquam Albanam in mare manare suo flumine sinas, Orac. vet. bei Liv.: omnia flumina atque omnes rivi, qui ad mare pertinebant, Caes.: maritima flumina immittere in piscinas, Varro: hos omnes flumina continebant (hielten auf), Caes.: nusquam latius dominari mare, multum fluminum huc atque illuc ferre, Tac. – **2** im engeren Sinne (Ggstz. ripa), **a** der **Fluss, Strom,** als fließende Masse, Lucr., Caes., Cic. u. a.: Garumna fl., Caes.: Nilus fl., Amm.: fl. Rhenum, Hor.: Tiberinum, Tyrrhenum, Verg.: fluebat cruor fluminum modo, Aur. Vict. epit. 43, 14. – **b** der **Kanal,** fl. fossile, Amm. 24, 6, 1: fl. angustum altissimis ripis, Auct. b. Alex. 29, 1. – **II** übtr.: **1** phys., v. einer fließenden Menge, **Strom,** Blutes, Lucr. u. Cic.: Tränen, Verg.: aëris, Apul.: v. Menschen, effusae ruunt inopino flumine turbae, Sil. – **2** geistig: **a** übh.: mens ingenti flumine litterarum inundata, von einer großen Belesenheit befruchtet, Petron. 118, 3. – **b** v. Geist, **Strom, Erguss,** nullius tantum flumen est ingenii, Cic. Marc. 4: ingenii currant flumina quanta tui (scimus), Ov. fast. 1, 24. – **c** in Bezug auf Beredsamkeit u. Rede, **Strom,** velut quoddam eloquentiae fl., Quint.: vastissima flumina facundiae suae, Col.: fl. orationis, Cic.: fl. orationis aureum, Cic.: fl. verborum, inanium verborum, Cic.: velut prono decurrentis orationis flumine, Quint.

Flūmentāna porta (v. flumentum), das »Flusstor«, ein Tor der Stadt Rom am Tiber, das von der Stadt aufs Marsfeld führte, Varro r. r. 3, 2, 6. Liv. 35, 9, 3 u. a.: scherzh. = ein »Landgut vor dem Flusstor«, Cic. ad Att. 7, 3, 9.

flūmentum, ī, *n.* (fluo), die **Flut** = ῥεῦμα ποταμοῦ, Gloss. II, 427, 47.

flūmicellum, ī, *n.* (*Demin.* v. flumen), das **Flüsschen,** Gromat. vet. 318, 13 *sq.*

flūminālis, e (flumen), **zum Fluss gehörig, Fluss-,** navigationes, Cael. Aur. de morb. chron. 1, 1, 44: cancer, Cael. Aur. de morb. chron. 1, 4, 119: genus piscium (Ggstz. genus piscium marinum, stagnale), Iunior. phil. orb. descr. 21 (in Auct. class. *ed. Mai* tom. 3. p. 398, 1).

flūmineus, a, um (flumen), **zum Fluss gehörig, in** od. **am Fluss befindlich, -lebend, Fluss-,** aqua, Ov.: cygnus, Ov.: avis, Schwan, u. volucres, Schwäne, Ov.

fluo, flūxī, flūxum, ere (aus **flugwo,* überwallen, strotzen, griech. φλύω), **fließen, strömen, I** im Allg.: **A** eig., v. Flüssigkeiten u. flüssig gewordenen Körpern: **1** übh.: fluens aqua (Ggstz. fons putealis), Col.: ut flumina in contrarias partes fluxerint, Cic.: inter Helvetiorum fines et Allobrogum Rhodanus fluit, Caes.: fluit aes rivis, Verg.: fluit de corpore sudor, Ov.: fluit in terram cruor, Ov.: fluens unda, fließendes Wasser (Ggstz. putealis unda, Brunnenwasser), Col. 1, 5, 1. – v. Tränen, **rinnen,** fluunt lacrimae more perennis aquae, Ov. fast. 2, 820: sed invito et repugnanti lacrimae fluunt, Hieron. epist. 60, 2: ubertim fluentes lacrimas reprimere, Hieron. epist. 60, 14 *extr.* – im Bild, ex eius lingua melle dulcior fluebat oratio, Cic.: carmen venā pauperiore fluit, Ov. – **2** insbes.: **a** als mediz. *t. t.* = **flüssig sein,** fluit corpus, alvus, Cels.: fluentes morbi, wo die Absonderungen aus dem Körper im Übermaß vor sich gehen, flüssige (Ggstz. compressi, astricti), Cels. – **b** von etwas **fließen, triefen** = eine Flüssigkeit von sich gehen lassen, vites minus fluunt, geben nicht viel Most von sich, Col. – dah. von Menschen u. ihren Gliedern, f. sudore, cruore, von Schweiß, Blut triefen, Ov.: u. so tabo, Verg.: absol., madida fluens in veste, triefend im nassen Kleid, Verg.: buccae fluentes, von Salben triefende, Cic. Pis. 25 (versch. von Cic. de or. 2, 266, s. fluēns *no.* II). – **B** übtr.: **1** = **fließen,** von der **Luft** u. festen Körpern: **a** v. der Luft u. v. Feuer = **fließen, strömen,** spirat de litore Coo aura fluens, Lucan.: venti fluunt, Lucr.: fluit undique victor Mulciber, Sil. – **b** v. Gewändern usw. = **wallen, hin-, herniederwallen,** fluens vestis, Ov. u. Prop.: nodo sinus collecta fluentes, Verg.: comae per levia corpora fluentes, Prop.: rosae fluant per mea corpora, Prop. – **c** v. Nacken = **sich niederbeugen, hinsinken,** ad terram fluit cervix, Verg. georg. 3, 524. – **d** v. Ästen, ramos compesce fluentes, die wild ausschweifenden, Verg. georg. 2, 370. – **e** v. einer Menschenmenge, **heranfluten,** densatis ordinibus effuse fluentem in se aciem excepere, Curt. 6, 1, 6. – **2 ausströmen, hervorströmen: a** v. Körpern, multa a luna manant et fluunt, viele Körper entwickeln sich aus dem M. u. strömen von ihm aus, Cic. de nat. deor. 2, 50. – **b** v. einer Menschenmenge, turba fluit castris, Verg. Aen. 12, 444. – **C** bildl.: **1** v. Lehren usw. = allmählich **sich ausbreiten, -sich verbreiten,** Pythagorae doctrina cum longe lateque flueret, weit u. breit Anklang fand, Cic.: multum autem fluxisse de libris nostris sermonem, viele u. gar verschiedenartige Äußerungen laut geworden, Cic. – **2** aus etwas **fließen** = **herrühren, ausgehen** von, **entstehen,** haec omnia ex eodem fonte fluxerunt, Cic.: ab isto capite fluere necesse est omnem rationem bonorum et malorum, Cic. – **3** »dahinfließen« **a** = **ungehindert fortgehen, -vor sich gehen,** quibus (causis) ab aeterno tempore fluentibus in aeternum, ob sie schon von Ewigkeit zu Ewigkeit in einem Strom sich fortsetzen, Cic.: in rebus prosperis et ad voluntatem nostram fluentibus, im Glück u. wenn alles nach Wunsch geht, Cic.: rebus super (*cod.* supra) vota fluentibus, Sall. fr.: rebus prospere fluentibus, Tac. – dah. **b** mit Angabe **wohin?** = wo **hinauswollen, endlich** zu etwas **kommen,** videamus, illius rationes quorsum fluant, Atticus in Cic. ep.: res fluit ad interregnum, Cic. – **c** v. der Rede usw., **α gleichmäßig-, ruhig dahinfließen,** Quint. 9, 4, 20: oratio ferri debet ac fluere, Quint. 9, 4, 112: oratio fluens leniter, Sen. ep. 115, 18. – **β einförmig dahinfließen,** Cic. de or. 3, 190. **II** prägn.: **A** = *diffluere,* gleichs. **zerfließen, sich auflösen, erschlaffen** (v. Gliedern, die ihre feste Haltung verloren haben, deren Bewegungen daher haltlos u. schwankend sind), fluunt sudore et lassitudine membra, ihre Gl. lösen sich in Schweiß u. Ermattung auf, Liv.: cum fluere iam lassitudine vires sentirent, ihre Kräfte vor Mattigkeit erschlafften od. schwanden, Liv.: fluere luxu, in Saus u. Braus leben, Liv. u. Curt.: mollitie od. mollitiis, vor W. ganz erschlaffen, Cic. u. Vell.: ebenso voluptatibus, Sen.: ne in luxuriam flueretis, Augustin. de civ. dei 1, 33 *extr.* Vgl. fluens *no.* II. – **B** = *effluere* u. *defluere,* übtr.: **1 entsinken,** excĭdent gladii, fluent arma de manibus, Cic. Phil. 12, 8. – **2** mit dem Nbbegr. des unbemerkten Vergehens = nach und nach **entfallen, -abfallen, -ausfallen, a** eig.: fluunt poma, Ov.: capilli, Cels. – **b** bildl., **verfließen, entschwinden, vergehen, sich verlieren,** fluit voluptas corporis, Cic.: tarda fluunt tempora, Hor.: fluit tempus et avidissimos sui (die nach ihr Geizenden) deserit, Sen.: cetera nasci, occĭdere, fluere, labi, Cic. – **C** = *fluitare,* **a** eig., **oben auf den Wellen treiben,** nec mersa est pelago, nec fluit ulla ratis, Mart. 4, 66, 14. – **b** bildl., **ohne Halt sein,** labor ille, carens rectore, fluit, Quint.: fluens (haltlose) procumbensque res publica, Vell. – **D** *activ* = *effundere,* **entströmen lassen, ausströmen,** Oenotria palmite largo vina fluens, Claud. de cons. Stil. 2, 264: quando petra aquas fluxit, Ambros. hexaëm. 3, 2, 9: cuius (storacis) virgulae inter caniculae ortum cavernatim lacrimam fluunt, Isid. 17, 8, 5: als spät. mediz. *t. t.,* fl. sanguinem, Cael. Aur. de morb. chron. 2, 11. § 126: ex supernis faucium od. ex iecore od. ex capite sanguinem, *ibid.* § 128 u. 132 *sq.*: im Bild, legi litteras tuas fluentes lac et mel, Augustin. epist. 27, 2. – ► arch. fluont, Plaut. most. 1109 – vulg. Fut. akt. fluebunt, Itala Ioann. 26, 23 Ps. Cypr. de mont. Sina et Sion 9. – Partiz. Fut. akt. vulg. fluitūrus, Boëth. cons. phil. 4, 6. p. 89, 35 *Obb.;* archaist. flūctūrus, Prisc. 9, 52 (ohne Beleg). – Partiz. Perf. Pass. auch flūctus, nach Prisc. 9, 52. – Partiz.-Adj. fluxus s. bes.

Fluōnia, ae, *f.* (fluo), ein Beiname der Juno, a retinendo sanguinis fluore in conceptu, Paul. ex Fest. 90, 15 (vgl. Varro v. Augustin. de civ. dei 7, 2 *sq.*). – Andere Formen **Fluviōnia,** Arnob. 3, 30, **Fluviōna,** Tert. ad nat. 2, 11, **Fluvōnia,** Mart. Cap. 2. § 149.

fluor, ōris, *m.* (fluo), **I** das **Fließen, Strömen,** die **Strömung,** der **Fluss, Strom, 1** eig.: **a** im Allg., der Gewässer, absol., Solin. 18, 2 u. 32, 10: fl. auratus (des Paktolus), Solin. 40, 10: Plur., amnium fluores, Apul. flor. 10: fastiditi Salmonae fluores, Auson. Mosell. 366: sacri fluores Aonidum, v. der Aganippe, *ibid.* 446. – des Blutes, sanguinis, Arnob. 5, 12. Paul. ex Fest. 92, 15. – **b** insbes., als mediz. *t. t.,* fluor sanguis (so!), Cael. Aur. de morb. chron. 2, 11, 128: menstrui fluores, Augustin. de civ. dei 7, 2. – insbes., der **Bauchfluss, Durchfall,** die **Diarrhöe,** fl. ventris, Cels. 4, 16 (23). Pallad. 3, 31, 2: stomachi, Scrib. Larg. 108: ders. absol., fluore aeger, Cels. 3, 6 *extr.:* immensum potu retinere fluorem, Ser. Sammon. 555. – **2** übtr.: stellae fl. et ignitus liquor, Apul. de mund. 16: omnes ventos aëris esse fluorem pulsi,

Arnob. 6, 10: velut quaedam exuviae iugi fluore a corporibus manantes, v. den Atomen, Apul. apol. 15. – **II** konkr., die **Flüssigkeit,** das **Nass,** fletus lacrimarum fluorem (Flut, Strom) fundit, Auct. inc. bei Diom. 450, 17: Plur., lactis liquidi fluores, Nemes. cyn. 227: immoderatos cohibere fluores (des Wassersüchtigen), Arnob. 1, 45: übtr., ima subiecta roscidis videbatur inundare fluoribus (v. Blitz), Mart. Cap. 1. § 67.

Flusar, aris, *m.,* Name eines Monats in Unteritalien = Quinctilis (der Juli), mense Flusare, CIL 1^2, 756 = 9, 3513 = *Bruns fontes* p. 283.

flustra, ōrum, *n.* (fluo), die **Meeresstille,** Naev. b. Pun. fr. 62 V. (bei Isid. de nat. rer. 44). Tert. de pall. 2; vgl. Suet. fr. 157. p. 243, 5 R. Paul. ex Fest. 89, 6.

fluta, ae, *f.* (πλωτή, die Schwimmende), eine vorzügliche Art der Muränen, Varro r. r. 2, 6, 2. Varro fr. bei Macr. 3, 15, 7 *sq.;* Col. 8, 17, 8.

flūto, āre (st. fluito) u. **flūtor,** āri, **I** Form *fluto,* **1 fließen,** Lucr. 3, 189; 4, 75. – **2 wallen,** flutans coma, Varro sat. Men. 123 B. – **II** Form *flutor.* **schwimmen,** Varro fr. b. Macr. sat. 3, 15, 8.

fluvia, ae, *f.* (fluo), archaist. = fluvius, Acc. tr. 505: Plur., Sisenn. hist. 4. fr. 54 (b. Non. 207, 7).

fluviālis, e (fluvius), **im** od. **am Fluss befindlich, -lebend, Fluss-,** undae, Verg.: aqua (Ggstz. caelestis, Regenwasser), Col.: arundo, Verg.: anas, Ov.: equi fluviales, quos hippopotamos vocant, Ambros. hexaëm. 5, 1, 4.

fluviāticus, a, um (fluvius), **im** od. **am Fluss befindlich, -lebend, Fluss-,** arena (Ggstz. marina), Vitr. 1, 2, 8; 2, 4, 1 u. 2, 5, 1: animalia, Col. 8, 15, 5.

fluviātilis, e (fluvius), **im** od. **am Fluss befindlich, -lebend, Fluss-,** testudo, Cic. de nat. deor. 2, 124: piscis, Curt. 7, 4 (17), 24: naves, Liv. 10, 2, 12: negotium, Col. 8, 17, 7.

fluviātus, a, um (fluvius), **geflößt,** Plin. 16, 196.

fluvicola, ae, *m.* (fluvius u. colo), ein **an einem Fluss Wohnender,** Gloss. V, 501, 27; 569, 29.

fluvidus, a, um (fluo, s. Eutych. 553, 20 K.) = fluidus, **I fließend, flüssig,** Lucr. 2, 464 u. 466. – **II** übtr., **zerfließend, morsch, hinfällig,** species (Plur.), Boëth. inst. mus. 5, 2. p. 352, 19 Fr.: homo fluvida materia et caduca, Sen. ep. 58, 24: imbecilli et fluvidi intervalla constituimus, *ibid.* § 27.

fluviolus, ī, *m.* (*Demin.* v. fluvius), das **Flüsschen,** Gregor. Tur. hist. Franc. 3, 19.

Fluviōna u. **-ōnia,** s. Fluōnia.

fluvius, iī, *m.* (fluo), **I** das **fließende Wasser,** Verg. u. Plin. – **II** insbes., der **Fluss, Strom,** Cic. u. a.: fl. Eurotas, Cic.: fl. Albula, Liv.: Hypanis fl., Cic.: Metaurus fl., Eutr.: übtr., fluvius lacrimarum, Augustin. – ► Genet. Plur. fluviûm, Val. Flacc. 6, 391 u. 443. – flūvjōrum dreisilb. gemessen, Verg. georg. 1, 482. – *Vocat.* fluvie nach Phoc. 429, 16 u. Serv. Verg. Aen. 8, 77, doch ohne Beleg. – Archaist. Form flovius, CIL 1, 199. lin. 7: synk. Nomin. Plur. flovi, *ibid.* lin. 23.

Fluvōnia, s. Fluōnia.

flūxē, *Adv.* (fluxus), **nachlässig,** fluxius agere, Amm. 18, 7. § 7.

flūxilis, e (fluxus, a, um), **flüssig,** Tert. adv. Val. 24.

flūxio, ōnis, *f.* (fluo), das **Fließen,** Isid. de diff. 1. *no.* 40.

flūxipedus, a, um (1. fluxus u. pes), **bis auf die Füße wallend,** vestis, Avien. Arat. 287.

flūxuōsus, a, um (fluo) = *inconstabilis, lubricus,* Gloss. V, 295, 4.

flūxūra, ae, *f.* (fluo), **I** die **Flüssigkeit** (= der Most, den der Weinstock gibt), Col. 3, 2, 17 u. 32. – **II** = luxuria (*no.* II) die **Üppigkeit,** Ps. Cypr. de sing. cler. 26. p. 203, 12 H.

1. **flūxus,** a, um, *PAdi.* (fluo), **fließend, flüssig, I** eig.: sucus, Plin.: elementa (Ggstz. arida), Apul. – **II** übtr.: **A wallend, herniederwallend, fliegend, flatternd, locker, 1** eig.: **a** im guten Sinne, amictus, Lucan.: carbasa, Lucr.: crines, Tac. – prägn., v. Pers., m. *Genet.,* fluxi vestium Arsacidae, mit wallenden Gewändern, Apul. flor. 6 *in.* – **b** im üblen Sinne, **schlaff herabhängend, schlaff,** habena, Liv.: arma, Tac.: cingi fluxiore cincturā (= *male cingi*), sich so gürten, dass das Gewand nachlässig herabhängt, Suet. – **2** übtr., **a haltlos, wandelbar, schwankend, wankend,** gloria, Sall.: fides, die wankende Treue, der Treubruch, Plaut., Sall. u. a. (s. Heräus Tac. hist. 2, 75, 3): auctoritas, Tac. – **b** vom Charakter, **haltlos,** animus, charakterlos, Sall.: animi fluxioris esse, von etwas lockeren Grundsätzen, Suet.: fluxioris fidei (homo), Amm. – m. *Genet.,* fluxa morum gens, Sil. 4, 50. – **B** gleichs. **zerfließend, zerfallend, verfallend, 1** eig.: murorum aevo fluxa, Tac.: corpora, hinfällige, Tac.: u. so iuvenum corpora, Col. – **2** übtr.: res, zerrüttete, Cic.: mens senio, altersschwacher, kindischer, Tac.: studia inania et fluxa, von vorübergehendem Erfolg, Tac.: omnia fluxa infirmaque esse, Apul. – ► Archaist. flūctus, Prisc. 9, 52 (ohne Beleg).

2. **flūxus,** ūs, *m.* (fluo), das **Fließen, I** eig.: aquarum, Quint. 11, 3, 21 zw. (Halm liest cursus): sanguinis, Verblutung, Iustin. 12, 9, 12. – meton., der **Fluss,** fluxus gravidarum, Blutfluss, Plin. 9, 79: combustae resinae, Plin. 23, 46: olei, Pallad. 11, 10, 1. – **II** übtr., **a** das **Wallende,** das **Schleppende** am Kleid, Tert. de pall. 4. – **b** das **Zerfließen** = die **Ausgelassenheit,** Augustin. epist. 9, 1 u. 216, 5.

fobeo, s. foveo ►.

focācius, a, um (focus), **zum Herd gehörig, Herd-,** panis f., auf dem Herd (in der Asche) gebacken, Isid. orig. 20, 2, 15.

fōcāle, is, *n.* (statt faucale, von faux), ein **Halstuch,** eine **Halsbinde,** bis über das Kinn heraufgezogen, urspr. nur von Kranken od. höchst Üppigen und Verzärtelten, später auch von Soldaten zum Schutz gegen das strenge Klima des Nordens getragen, Hor. sat. 2, 3, 255. Sen. nat. qu. 4, 13, 10. Quint. 11, 3, 144. Mart. 14, 142 *lemm.*

fōcāneus, a, um (faux), **schlundartig,** palmes, Nebenschössling, der zwischen zwei anderen hervorwächst, Col. u. a.

focāris, e (focus), **zum Herd gehörig, Herd-,** lapis (v. Feuerstein), Isid. orig. 16, 4, 5.

focārius, a, um (focus), **zum Herd gehörig, Herd-,** subst., **a** focārius, iī, *m.,* der **Küchendiener,** Ulp. dig. 4, 9, 1. § 5. – **b** focāria, ae, *f.,* die Küchenmagd, Ulp. dig. 33, 7, 12. § 5. Pompon. dig. 33, 7, 15 pr. Paul. sent. 3, 6, 37. – insbes. = die Zuhälterin (Haushälterin) eines Soldaten, Cod. Iust. 5, 16, 2 u. 6, 46, 3.

focātius, s. focācius.

focilātio (focillatio), ōnis, *f.* (focilo), die **Bähung,** der **warme Umschlag,** Paul. ex Fest. 85, 5.

focilo (focillo), (āvī), ātum, āre (foveo), vermittelst der Wärme einen Halbtoten (Ohnmächtigen, Erstarrten usw.) **wieder ins Leben zurückbringen, wieder lebend machen,** alqm, Plin. ep. 3, 14, 4; 3, 16, 12 *ed. Keil:* (equus) cibariis focilatur, Pelagon. veterin. 30 (442 *Ihm*). – im Bild, alqm lenibus remediis, Sen. ep. 13, 14: societas reconciliationibus variis male focilata, nur kümmerlich wieder ins Leben gerufen, Suet. Aug. 17, 1. – Depon. Nbf. **focilor,** ārī, Varro vit. P. R. 2. fr. 7 (bei Non. p. 481, 12).

foculo, āre, **wärmen,** Non. p. 10, 1.

foculum, ī, *n.* (foveo), ein **Wärmemittel, a** im Allg., nam iam intus ventris fumant focula, Plaut. Pers. 104. – **b** ein Geschirr zum Wärmen der Speisen, die **Kasserolle,** Plaut. capt. 847.

foculus, ī, *m.* (*Demin.* v. focus), eine **kleine Feuerstätte, a** des Hauses, ein **kleiner Herd,** Plin. 35, 89. Apul. met. 7, 10. – meton. = **Herdfeuer,** Iuven. 3, 262. – **b** eine kleine **Kohlenpfanne** zum Wärmen, Cato r. r. 10, 3 u. 11, 5. Amm. 20, 11, 23. – **c** eine **Opferpfanne,** ein **Opferherd, kleiner Brandaltar,** Varro LL. 6, 14. Cic. de dom. 123. Liv. 2, 12, 13 (wo accenso ad sacrificium foculo). Sen. ep. 66, 48. Fronto ad Ver. imp. 2, 6. p. 133, 7 N. Tert. apol. 9.

focus, ī, *m.* (foveo), jede **Feuerstätte, I** eig.: **A** im Allg., Ov. fast. 3, 728. – **B** insbes.: **1** die **Feuerstätte** des Hauses, der **Herd, a** eig., Cic. u. a.: focum accendere, Ov.: focum succendere, Hieron.: removere a foco, vom Herd (vom Feuer) nehmen, Apic. – **b** übtr. wie unser **Feuerstätte, Haus und Hof, Familiensitz, Besitztum,** u. meton. = die **Familie** selbst, Hor. u. Tibull.: domo et focis patriis alqm eicere, Cic.: u. so in der Verbdg. arae focique, s. 1. āra *no.* IV, 1. – **2** die **Kohlenpfanne** zum Wärmen, Cato u. Sen. – als **Opferpfanne,**

Opferherd, Brandaltar, Ov. u. a. – **3** die **Brandstätte des Scheiterhaufens,** Verg. Aen. 11, 212. – **II** meton. = **a Feuer, Glut,** Prop. 4, 9, 10 u. 11, 52. Vulc. Gall. Avid. Cass. 4, 3. Oribas. fr. 1, 35 H.: focum facere, Schol. Iuven. 3, 214; 7, 24: sine foco coxerunt, Marc. Emp. 21. Vgl. Haase Greg. Tur. de curs. stell. 31. p. 39. – **b** ein **glühendes Eisen,** Veget. mul. 1, 28, 7; 3, 11, 4.

fodico, āre (fodio), **wieder u. wieder stechen, -stoßen,** stechend in etw. **wühlen,** latus, in die Seite stoßen (u. so ein Zeichen geben), Hor. ep. 1, 6, 51: valvarum latera, Amm. 24, 2, 15: latera, beim Foltern, Amm. 29, 1, 28. – übtr., animum, Plaut. Bacch. 64: fodicantibus iis rebus (in unserem Innern wühlen), quas malas esse opinemur, Cic. Tusc. 3, 35.

fodīna, ae, *f.* (fodio), ein Ort, wo Mineralien ausgegraben werden, die **Grube,** das **Bergwerk,** salis fodina, Vitr.: argenti fodina, Varro u. ICt.: auri fodina, Plin. u. ICt.

fodio, fōdī, fossum, ere (vgl. griech. βόθρος, Grube, βοθρόω u. βοθρεύω, graben), **I** *intr.* **graben,** in fundo fodere aut arare, Ter.: fodit; invenit auri aliquantum, Cic. – **II** *tr.:* **A graben,** d. i. **1 durch Graben bearbeiten, umgraben, a** übh.: argenti fodinas aut alia metalla, Varro: vineam, Cato u. Mart.: hortum, Plaut. u. Cato: humum, Verg. u. Boëth.: solum, Plin.: im obszönen Sinne, Ps. Mart. 7, 101, 4. – **b** prägn., **den Boden** um etw. **umgraben,** vites, Quint. 9, 4, 5: vitem quotannis, Ambros. hexaëm. 4, 1, 1. – **2 aufgraben, aufwühlen,** terram (v. Eber), Phaedr. 2, 4, 8: terras (v. Goldsucher), Flor. 4, 2, 11: poet., mersis aequora remis, Sil. 14, 359. – **3** = *effodio,* **a aufgraben, ausgraben,** argentum, Liv.: gypsum et e lapide coquitur et e terra foditur, Plin. – **b graben** = durch Graben machen, puteos, Caes.: fossam, Liv.: scrobes, Caes.: vallum, Tac.: cubilia, Verg.: specus, minieren, Vitr.: absol., fodientes, die Minierer, Liv. 38, 7, 8. – **4** = *defodere,* **eingraben** = **begraben,** mortuos, Mela 1, 9, 6 (1. § 57). – **B stechen, 1** eig.: **a durchstechen, durchbohren,** alqm stimulis, Plaut.: multos pugionibus, Tac.: militem hastā, Tac.: spumantis equi fodere calcaribus armos, Verg.: pectora telis, Ov.: aversos (elephantos) sub caudis, Liv.: repugnantes, einhauen in usw., Curt.: resistentium adversa ora, fugientium terga, von vorn-, von hinten einhauen in usw., Curt.: noli fodere (*sc.* latus), nur nicht so derb zugestoßen, Ter. Hec. 467: im obszönen Sinne, Priap. 52, 8. – **b ausstechen,** quid fodis immeritis, Phineu, sua lumina natis, Ov. art. am. 1, 339: et ecce inanes manibus infestis petit foditque vultus, Sen. Oedip. fr. (Phoeniss.) 42 *sq.* – **2** übtr.: **a** v. Schmerz, pungit dolor, vel fodiat sane, es sticht der Schmerz, ja er mag sich sogar einwühlen, Cic. Tusc. 2, 33. – **b reizen,** pectus in iras, Sil.: mentes invidiae stimulo, Sil. – ► Vulg. Perf. fodiit, Itala Tob. 8, 11: fodivit, Fulgent. mythol. 3, 9. p. 73, 21 *Helm.* – Archaist. *Infin. Pass.* fodīrī, Cato r. r. 2, 4. Col. 11, 2, 35; arb. 30, 2. Amm. 24, 6, 1. – Archaist. Nbf. fodo, āre (s. Paul. ex Fest. 84, 7), sicis fodantes, *Enn. ann. 504. – Nbf. nach der 2. Konj. fodent = fodiunt, Ven. Fort. 9, 2, 14: fodentes, Enn. ann. 504 *codd.* (s. vorher).

fodo, āre, s. fodio ►.

foecund... s. fecund...

foedē, *Adv.* (foedus), **garstig, scheußlich, grässlich, grauenhaft, greulich, abscheulich, schmählich, jämmerlich,** tempestas fit turbida foede, Lucr.: saeculum conditoris sui cruore foede maculatum, Val. Max.: multis hominibus iumentisque f. amissis, Liv.: f. exercere victoriam, Liv.: f. perire, Liv.: foedius pulsi, Liv.: foedissime agere causam, Cic.

foederālēs, ium, *m.* = *fetiales,* Gloss.

foederāticus, a, um (foederatus), **zu den Verbündeten gehörig, Bündnis-,** Iustin. nov. 147, 2 u. 148, 2.

foederātio, ōnis, *f.* (foedero), die **Verbindung, Vereinigung,** Eccl. u. Gloss.

foederātus, a, um (2. foedus), **verbündet, alliiert,** populus, Cic.: gentes, Suet.: civitas, Cic. u. Nep.: Mamertinorum solum f. atque pacatum, Cic. – Plur. subst., foederātī, ōrum, *m.,* die **Verbündeten,** tu, patrone foederum et foederatorum, Cic. Balb. 25.

foederifragus, s. foedifragus.

foedero, āvī, ātum, āre (2. foedus), **I durch ein Bündnis herstellen, -stiften,** concordiam, pacem, Amm.: amicitias, Hieron.: nascentem amicitiam, durch ein Bündnis befestigen, Flor. Verg. orat. an poët. p. 106, 19 H. – **II** durch ein Bündnis **verbünden,** iurgantes inter se, Paul. Non. ep. 27, 10: adhuc nomine est foederatus, Pacat. pan. 22, 5: m. *Dat.* (wem? mit wem?), foederari Cynicis, Iul. bei Augustin. op. imperf. c. Iul. 4, 43: Ptolemaeus rex foederatus nobis et socius, Amm. 14, 8, 15. Vgl. foederatus.

foedifragus, a, um (2. foedus u. frango), **den Bund brechend, bundbrüchig,** Poeni, Cic. de off. 1, 38: chaos, Mart. Cap. 9. § 912: hostes, qui foedera frangerent, ›foedifragos‹ non ›foederifragos‹ dixit (Laevius), Gell. 19, 7, 5.

foeditās, ātis, *f.* (foedus, a, um), die **Scheußlichkeit, Abscheulichkeit, Grässlichkeit, a** in physischer Hinsicht, Alpium, Liv.: vestitus, Cic.: vulnerum, Liv.: sordium ac squaloris, Sen.: odoris intolerabilis foeditas, Cic.: quaedam vix enarrabilis f. (hässliche Blässe), Quint. – Plur., Tert. ad nat. 2, 13. Arnob. 3, 14: superfluae foeditates (Unrat), Arnob. 2, 16. – **b** in moral. Hinsicht, turpificati animi, Cic.: decreti, Liv.: tanta f. supplicii, Liv.: cuius indignitati haec etiam f. accesserat, Iustin.: crescit in dies f. (Niederträchtigkeit) utrāque linguā notata, Plin. ep.: se ingenti foeditate maculavit, Vopisc. – Plur., exsecrandae foeditates, Apul. met. 8, 29 *extr.:* verborum foeditates, hässliche, schmutzige Ausdrücke, Salv. de gub. dei praef. p. 27 M.

foedo, āvī, ātum, āre (1. foedus), **verunstalten, entstellen, I** eig.: **a** übh.: canitiem pulvere od. infuso pulvere, Ov. u. Catull.: verberibus foedatus, Tac.: ne vestis Serica viros foedaret, Tac.: foedati ora (im G.) Galaesi, Verg.: foedati agri, schändlich zugerichtete, Liv.: non nihil in Sarmatarum habitum foedari, von der Missgestalt der S. etwas annehmen, Tac. – **b besudeln, beflecken,** alqd sanguine, Ov. u. Tac., od. cruore, Ov.: prägn., **mit Blut beflecken, blutig schlagen, übel** od. **schändlich zurichten, verwunden, zerfleischen,** crines, Verg.: unguibus ora et pectora pugnis, Verg.: ferro volucres, Verg.: foedare et proterere hostium copias, grässlich zusammenhauen, Plaut. – **c trüben, verdunkeln,** lumen (v. einer Wolke), Sall. fr.: serenos vultus, Verg.: hoc gaudium magnā clade in Samnio foedatum est, Liv. 7, 34, 1. – **II** übtr., **entstellen, schänden, besudeln, entweihen, entehren,** rem patriam et gloriam maiorum, Plaut.: egregia erga populum Romanum merita, Tac.: Aegyptum caedibus, Eutr.: multiplici clade foedatus annus, Liv.: alqm nefario scelere, Cic.: alqm vivum perenni miseriā, lebendig ewig quälen u. plagen, Cic. poët.

1. foedus, a, um (vgl. griech. πίθηκος für *φίθηκος, der Affe, der Hässliche), **garstig, widrig, ekelhaft, hässlich, scheußlich, abscheulich, greulich, grauenhaft, grässlich, schimpflich, verächtlich, entsetzlich, a** physisch: **α** v. Lebl.: sapor, Lucr.: odor, Plin.: locus, Sall.: f. et olidus venter, Sen.: f. oculi, stiere Augen, Sall.: tempestas, Verg. u. Liv.: strages (Gemetzel), Liv.: foeda omnia ac deformia visa (sunt), lauter grässliche und hässliche Missgestalten, Liv.: m. *Dat.* **für wen?** pestilentia foeda homini, grässlich, verderblich für den M., Liv. – m. 2. *Supin.:* foeda aspectu, Liv.: o rem non modo visu foedam sed etiam auditu! Cic.: cetera visu quam dictu foediora, Liv. – m. *Infin.* st. des 2. *Supin.,* horrida cernique foedaque contingi, Lucan. 3, 348: u. m. folg. *Acc.* u. *Infin.,* nec foedum alii nec turpe putarent praecones fieri, Iuven. 7, 5: versum in oratione fieri multo foedissimum est, Quint. 9, 4, 72. – **β** v. leb. Wesen: tibi videtur foedus, Ter.: hic corpore deformis est, aspectu foedus, Sen.: monstrum foedissimum, Cic.: cum ipse foedissimus esset, Quint. – volucres foedae, Tac.: cimices, foedissimum animal, Plin. – **b** moralisch: **α** v. Lebl.: facinus, Ter.: bellum foedissimum, Cic.: luxuria senectuti foedissima, Cic.: epularum foeda et inexplebilis libido, Tac. – *Compar.* m. *Infin.,* ludos vero non facere, quid foedius? Cic. ad Att. 15, 10. – m. 2. *Supin.,* foedum inceptu, foedum exitu, Liv.: foedum relatu, grausig zu erzählen, Ov. – **β** v. Pers.: homo, Sall.: Capito avaritiā et libidine foedus ac maculosus, Tac.: an ille ... foedior atque inquinatior in Cn. Pompeio accusando quam in universo senatu vituperando fuit? Cic.: foedissimus quisque, der Ärgste, Verworfenste, Tac.

2. foedus, eris, *n.* (fīdo), das **Bündnis, I** eig.: **a** zwischen Fürsten u. freien Staaten, **Friedensvertrag, Bundesvertrag, Bündnis,** foedus pacis, Vell.: tabulae foederis, Petron.: foederis pactum, Flor.: foedus facere cum alqo od. icere od. ferire, Cic., od. componere od. pangere, Verg.: foedus et amicitiam dare, Sall.: mittere se in foedera, eingehen, Verg.: foedus frangere, rumpere, violare, Cic., od. solvere, Verg. – non foedere pax Caudina, sed per sponsionem facta est, Liv. – **b** zwischen einzelnen, der **Bund, Vertrag,** die **Bestimmung,** die **Verbindung,** f. civile et humanum, Liv.: f. amicitiae, Freundschaftsbündnis, Ov.; u. so bl. foedus, Cic. de fin. 2, 83: f. hospitii, Iustin.: amorum, Liebesverbindung, Cic.: scelerum, Cic.: thalami, Ehe, Ov.: caelestia foedera, Ehen der Götter, Ov.: dare foedera per divos, Treue geloben (schwören), Tibull.: contra data foedera, gegen das gegebene (verpfändete) Wort, Ov. – **II** poet. übtr., die **Anordnung,** das **Gesetz,** Verg. u. a. – ► arch. Genet. Plur. foedesum, nach Varro LL. 7, 27. – arch. Nbf. foidus, Tab. Heracl. ap. Mazochi p. 410.

3. foedus, ī, *m.*, altlat. = hoedus, Paul. ex Fest. 84, 5.

foemina nebst den Abgeleiteten, s. fēmina etc.

foen…, s. fen…

foenīcopterus, s. phoenīcopterus.

foeteo (faeteo, fēteo), ēre, **übel riechen, stinken, I** eig.: anima (Atem) foetet uxori, Plaut.: acrimoniae foetentes, Col. – **II** übtr.: foetet tuos mihi sermo, ekelt mich an, Plaut. Cas. 727.

foetēsco, ere (*Inchoat.* v. foeteo), **stinkend werden,** foetescit aqua vetusta, Isid. 20, 3, 1.

foetido, āre (foetidus), **übelriechend machen,** os odore foetidant, *Cael. Aur. de morb. chron. 5, 11, 140.

foetidus (faetidus, fētidus), a, um, *Adi.* m. *Compar.* (foeteo), **übelriechend, stinkend, I** eig.: anima, Plaut. u. Titin. fr.: os, Cic.: corpus, Suet.: foetidiores deiectiones, Cels.: *Superl.*, Augustin. de mor. Manich. 16: ille foetidissimus serpens, Salv. adv. avar. 1, 1. – **II** übtr., **ekelhaft, widrig,** libido, Prud. perist. 2, 245.

foeto, s. fēto.

foetor (faetor, fētor), ōris, *m.* (foeteo), der **üble Geruch, Gestank, I** eig., Cic. u. a.: cadaveris, Eutr.: oris, der riechende Atem, Plin.: Plur. fetores stercoris, Ven. Fort. vit. Radeg. 23. – **II** übtr., das **Ekelhafte, Widrige,** Plur., Aug. b. Suet. Aug. 86, 1.

1. foetōsus, a, um (foeteo), **stinkend,** übtr., **widrig,** debilitatio, Th. Prisc. 1, 21.

2. foetōsus, a, um, s. 1. fētōsus.

foetulentus (fētulentus), a, um (foeteo), **übelriechend, stinkend,** Apul. apol. 7. Arnob. 7, 18.

foetus, s. 1. fētus.

foetūtīnae, s. fētūtīnae.

foidus, s. 2. foedus ►.

foleum, s. folium.

1. Fōlia, ae, *f.*, eine berüchtigte Zauberin aus Ariminum, die sich zeitweilig in Neapel aufhielt, Genossin der Kanidia, Hor. epod. 5, 42.

2. folia, ae, *f.*, vulg. Nbf. v. folium, das **Blatt,** Isid. 17, 9, 105. Dynam. 1, 21 u. 28; 2, 9 u. 10.

foliāceus, a, um (folium), **blätterig, blätterartig,** semen, Plin. 19, 42 u. 119.

foliātilis, e (folium), **von Blättern,** Ven. Fort. de vita s. Mart. 4, 535.

foliātūra, ae, *f.* (folium), das **Laubwerk,** Vitr. 2, 9, 13.

foliātus, a, um (folium), **I mit Blättern versehen, blätterig,** Plin. 21, 99 u. ö. Apul. met. 4, 2. – **II aus Blättern bestehend, -gemacht,** subst., foliātum, ī, *n.* (*sc.* unguentum) = nardinum, ein aus den Blättern der Narde u. verschiedenen anderen wohlriechenden Zutaten bereitetes kostbares Parfüm, Nardenparfüm, Plin. 13, 15. Mart. 11, 27, 9. Iuven. 6, 462: si foliata sitis, Durst (Verlangen) hast nach N., Mart. 14, 110, 2.

fōlīgo, s. fūlīgo.

foliolum, ī, *n.* (*Demin.* v. folium), das **Blättchen,** *Arnob. 2, 59 R. Ps. Apul. herb. 61.

foliōsus, a, um (folium), **blätterreich,** Plin. 25, 161. – Kompar., Plin. 12, 40.

folium, iī, *n.* (viell. zu griech. φύλλον), **I** das **Blatt** der Bäume, Kräuter, Blumen, Cic. u. Plin.: Sibyllae, ein (auf Blätter geschriebenes) Orakel der Sibylla, Iuven. 8, 126. – **II** insbes., das **Nardenblatt,** die **Narde,** Prud. cath. 5, 119. Pallad. 2, 18. Claud. in Eutr. 1, 226. – ► Nbf. folia, ae, *f.*, s. oben bes.

folleātus, a, um (follus), **blasebalgartig sich dehnend, schlotterig,** v. Schuh, Isid. 19, 34, 13.

folleo, ēre (follis), wie ein Blasebalg **auf u. nieder gehen, schlottern,** si pes laxā pelle (Schuh) non folleat, Hieron. epist. 22, 28.

follico, āre (follis), **wie ein Blasebalg fortwährend Luft (den Atem) einziehen und ausstoßen, pusten,** Tert. de pall. 3. p. 927, 7 *Oehl.* Veget. mul. 5, 75, 1. Apul. met. 9, 13: caligae follicantes, schlotternde, worin der Fuß hin und her wankt, Hieron. epist. 22, 34.

folliculōsus, a, um (folliculus *no.* II) **voller Bälge, -Häute,** Ps. Apul. herb. 54.

folliculus, ī, *m.* (*Demin.* v. follis), ein **kleiner** lederner **Sack, -Schlauch, I** eig.: **A** im Allg., Cic. u. Liv.: lupinus, Schlauch aus einer Wolfshaut, in den Vater- u. Muttermörder hineingesteckt wurden, Rhet. Her. – **B** insbes.: **1** der **Ballon, Windball,** im Ggstz. zu pila, Suet. Aug. 83. – **2** der **Blasebalg,** artis aerariae, aerarius, Cael. Aur. de morb. acut. 3, 17, 154 u. 156. – **3** als spät. mediz. *t. t.*: **a** übh.: ventris atque intestinorum folliculi, Cael. Aur. de morb. acut. 3, 17, 154. – **b** die **Urinblase,** Cael. Aur. de morb. chron. 4, 3, 24. Apic. 9, 412. – **c** der **Hodensack,** Cael. Aur. de morb. acut. 3, 17, 165; de morb. chron. 3, 8, 106: vollst. folliculus genitalis, Cael. Aur. de morb. chron 3, 8, 104. – **II** übtr., die **Hülse,** der **Balg,** die **Haut** der Getreidekörner, Hülsenfrüchte, Scriptt. r. r., Sen. u. a.: antequam (flos) de folliculo exeat, aufbricht, Col. – v. Körper, die **Hülle** der Seele, Lucil. 622.

folligena, ae, *c.* (follis u. gigno), **vom Blasebalg erzeugt,** voces, Anthol. Lat. 742, 63 (1143, 63).

follīnus, a, um (follis), **zum Schlauch (Blasebalg usw.) gehörig,** ohne Beleg angef. bei Prisc. 2, 58.

follis, is, *m.* (vgl. griech. θυλλίς, Sack, Beutel), ein lederner **Schlauch, I** im Allg.: pugilatorius, der mit der Faust fortgeschlagene Ball, der **Schlagball,** Plaut. rud. 721. – **II** insbes.: **1** der **Ballon, Windball,** Mart. 7, 32, 7; 14, 45, 2 u. 47, 2. – **2** der **Blasebalg,** Cic. u. a.: vollst. follis fabrilis, Liv.: folles fabrorum, Vitr. – übtr., v. der Lunge, folles spirant mendacia, bringen Lügen vor, Iuven. 7, 111: u. v. Magen, follis ventris, Macr. sat. 7, 4, 17. – **3** ein lederner **Geldsack, -Beutel,** Plaut. aul. 302. Iuven. 13, 61 u. 14, 281. Greg. Tur. hist. Franc. 5, 4. p. 195, 16: denariûm folles quingenti, CIL 2, 2046: decem folles, id est decem sacci, als eine Art Sparkasse der Soldaten, Veget. mil. 2, 20. – übtr., für ein Geldstück = 1/4 Unze, centum folles aeris, Lampr. Heliog. 22, 3. – **4** eine Art **Luftkissen** od. **Polster,** wie sie Heliogabalus seinen Gästen unterlegte, Lampr. Heliog. 25, 2.

follītim, *Adv.* (follis), **geldsackweise,** Plaut. Epid. 351 G.

folus, archaist. = holus (olus), Paul. ex Fest. 84, 5.

fōmen, inis, *n.* (foveo) = *nutrimentum,* Gloss. V, 202, 6.

fōmentātio, ōnis, *f.* (fomento), die **Bähung,** Ulp. dig. 32, 1, 70. § 7: frigida, Cael. Aur. de morb. acut. 2, 9, 51: capitis, Cael. Aur. de morb. chron. 3, 2, 23: fom. ad omnes tumores sive duritias, Pelagon. veterin. 25 = 337 *Ihm*: Plur., medicosae fomentationes, Cael. Aur. de morb. chron. 2, 1, 59.

fōmento, āre (fomentum), **bähen,** calidā alqm, Veget. mul. 2, 25, 3: os aquā, Cael. Aur. de morb. acut. 2, 29, 150.

fōmentum, ī, *n.* (st. *fovementum zu foveo), **I** der erwärmende **Umschlag** um einen kranken Teil des Körpers, **A** eig.: **a** die **Bähung,** das **Bähmittel,** calidum, umidum, siccum, Cels.: frigidum, Suet. – **b** insbes. der **Umschlag, Verband** für Wunden, vestem et fomenta dilargiri, Tac.: fomenta vulneribus nulla, Tac.: im Bild, ingrata fomenta volnus nil malum levantia, Hor. – **B** übtr.: **a** übh.: frigida curarum fomenta, Sorgen, die den Geist kalt, unempfindlich für Höheres machen, Hor. ep. 1, 3, 26. – **b** das **Linderungs-, Besänftigungsmittel,** dolorum, Cic.: fomenta animis adhibenda, Tac.: inde aliquod fomentum procellae petens, Val. Max. – **II** Nahrung des

Feuers, der **Zündstoff, Zunder,** Clodius b. Serv. Verg. Aen. 1, 176. Amm. 20, 7, 12.

fōmes, itis, *m.* (foveo), **I** die Nahrung des Feuers, der **Zündstoff, Zunder,** Verg., Plin. u. a. – übtr., ingenii, Gell.: insaniae, Augustin.: peccati, Prud. – **II** die **Wärme,** intepuit fomite fumeo, Prud. c. Symm. 1. praef. 25. – ► Gloss. u. Auct. inc. de idiot. gen. 578, 64 K. ›fomes u. fomis, τὸ φρύγανον (Reis, Reisig), τὸ πελέκημα (Span, Späne)‹. Vgl. Paul. ex Fest. 84, 17. Serv. Verg. Aen. 1, 176.

fōnēma, atis, *n.* (φώνημα), der **Lehrsatz,** Platonis fonemata, Front. ep. ad M. Anton. de eloqu. 3. p. 149, 23 N.

1. fōns, fontis, *m.* (v. fundo, s. Varro LL. 5, 123. Paul. ex Fest. 84, 16), **I** die **Quelle,** f. Bandusiae, Hor.: f. Aponi, Suet.: f. calidus, frigidus, Lucr. u. Ov.: fontes frigidi medicatique, Cels.: caldi frigidique fontes, Liv. epit.: benignissimus fons (im Bild = Urquell der Gnade), Sen.: f. perennis, Hirt. b. G.: putealis, Col.: suscitare et elicere fontem, Plin. ep.: fons aquae prorumpebat ab ea parte, Hirt. b. G.: solum pingue crebri fontes rigant, Curt.: fontes celeriter aestibus exarescebant, Caes.: quo facto repente perennis exaruit fons, Hirt. b. G.: in hac insula extrema est fons aquae dulcis, cui nomen Arethusa est, Cic.: im Bild, T. Livius lacteo eloquentiae fonte manans, Hieron. epist. 53, 1. – meton. (poet.) = **Quellwasser,** Verg. u. a. – **II** übtr., die **Quelle** = der Ursprung, die Ursache (oft verb. fons et caput, s. caput *no.* I, B a. E.), philosophiae, Cic.: iuris, Liv.: mali, Liv.: a fonte repetere, Liv. – ► ungew. Abl. Sing. fonti, nach Varro LL. 9, 112: arch. Abl. Sing. fontei, CIL 1, 199, 6: arch. Akk. Plur. fonteis, nach Charis. 129, 19.

2. Fōns, Fontis, *m.*, auch **Fōntus,** ī, *m.*, der Sohn des Janus, der Gott der Quellen, Cic. de nat. deor. 3, 52. Act. fr. arv. tab. 32 u. 43. (Plur. Fontes, CIL 2, 466; 6, 166 u. 6, 404): Fontis ara, am Janikulum, Cic. de legg. 2, 56: Form Fontus, Arnob. 3, 29. – Dav. **Fontinālis,** e, **zum Fons gehörig, fontinalisch,** porta, am Quirinal auf das Marsfeld zu, Liv. 35, 10, 12. Paul. ex Fest. 85, 3. CIL 6, 9921. – subst., Fontinālia, ium, *n.*, das Fest **des Fons,** an dem man die Brunnen bekränzte, das **Brunnenfest,** Paul. ex Fest. 85, 3: dass. Fontānālia, Varro LL. 6, 22.

fontālis, e (fons), **zur Quelle gehörig, Quell-,** aqua, Vitr. 8, 3, 1 R.: undae, Optat. de schism. Donat. 3.

Fontānālia, s. 2. Fōns.

fontāneus, a, um (fons), **aus (von)** od. **an der Quelle,** defluvia, Solin. 4. § 4: scaturigo, Solin. 37, 24. Isid. orig. 16, 13, 9: pars, Gromat. vet. 331, 12.

fontānus, a, um (fons), **aus (von) der Quelle,** aqua, Quellwasser (Ggstz. pluvialis), Cels. u. a.: unda, Ov.: ora, der Quellen, Ov. – subst., fontāna, ae, *f.*, die **Quelle,** Vopisc. Carin. 17, 5. Gromat. vet. p. 315, 28; 324, 2 u. a. – personif. als Gottheiten, Fontanus et Fontana, CIL 2, 150.

Fontēius, a, um, Name einer röm. *gens,* aus der am bekanntesten: M. Fonteius, für den Cicero die noch erhaltene Verteidigungsrede hielt (69 v. Chr.), Cic. ad Att. 1, 6, 1 u. Cic. pro Font. 1 *sqq.;* u. dessen Schwester Fonteia, eine Vestalin, Cic. Font. 36. – Andere Fonteii zur Kaiserzt. s. Heinrich Iuven. 13, 17. – *Adi.* **fontejisch,** Cic. de domo 116. – Dav. **Fontēiānus,** a, um, **fontejanisch, des Fontejus,** Cic. de har. resp. 57. CIL 6, 29782.

fonticola, ae, *c.* (fons u. colo), **in (an) der Quelle wohnend,** Augustin. de musis 3, 7.

fonticulus, ī, *m.* (*Demin.* v. fons), die **kleine Quelle,** der **kleine Brunnen,** Hor., Plin. ep., Vitr., Col. u. a.

fontigena, ae, *c.* (fons u. gigno), **in-, an der Quelle geboren,** doctae od. virgines, v. den Musen, Mart. Cap. 6. § 574 u. 9. § 908.

Fontinālis, s. 2. Fōns.

Fōntus, s. 2. Fōns.

for, fātus sum, fārī, (griech. φημί, dor. φαμί), **künden, kundtun,** bes. v. Göttern, Orakeln, Sehern usw., **I** im Allg., **sprechen, sagen** (Ggstz. tacere), ad alqm, Cic.: alqd, Verg.: talia fando, wenn man so etwas sagt, erzählt, Verg.: fare age, wohlan, sprich, Verg.: fando accepisse, Plaut., od. audisse, Cic. u. a., vom Hörensagen haben: omnes fandi virtutes, des Vortrags, Apul. apol. 95: for m. *Acc.* u. *Infin.*, Val. Flacc. 2, 132. – passiv, fasti dies sunt, in quibus ius fatur, Suet. fr. 114 (bei Isid. de nat. rer. 1, 4 u. bei Prisc. 8, 20). – *Partic.* fandus, a, um, **a** **aussprechlich** (Ggstz. infandus); dah. non fandus, **unaussprechlich, namenlos,** *neutr. plur.* subst., non fanda (namenloses Unheil) timemus, Lucan. 1, 634. – **b** **erlaubt, recht** (Ggstz. nefandus), respersae fando nefandoque sanguine arae, mit erlaubtem u. unerlaubtem Blut (= mit Blut von Opfertieren u. von getöteten Menschen), Liv. 10, 41, 3: non fanda (= nefanda) piacula, Lucan. 2, 176: *neutr.* subst., memor fandi et nefandi, des Rechts u. der Gottlosigkeit, Verg. Aen. 1, 543: omnia fanda nefanda malo permixta furore, Catull. 64, 405 (408). – **II** insbes.: **A** vom Dichter = **besingen,** Tarpeium nemus, Prop. 4, 4, 2. – **B** v. Weissager = **weissagen,** fata, Enn. ann. 19: fata fanda, Enn. fr. scen. 58.: absol., Verg. Aen. 1, 261. – ► Die vorkommenden Formen sind fatur, fantur, fabor, fabitur, farer: *Partic. Perf.* fatus; *Perf.* fatus sum u. eram; *Imper.* fare; *Infin.* fari (parag. farier, Verg. Aen. 11, 242); *Gerund.* fandi, fando; *Supin.* fatu; *Partic. Praes.* fans, fantis, fantem; für fantur s. Varro LL. 6, 52. Paul. ex Fest. 88, 11; für farer s. Augustin. conf. 1, 8).

forābilis, e (foro), **durchbohrbar,** Plin. 16, 227. – dah. mit einer Waffe **durchbohrbar** = **verwundbar,** nullo forabilis ictu, Ov. met. 12, 170.

forāgo, inis, *f.*, der **Fitzfaden,** das **Fitzband,** Symm. epist. 6, 68; vgl. Paul. ex Fest. 90, 12. Placid. gloss. V, 70, 4.

forāmen, inis, *n.* (foro), jede natürliche od. durch Kunst gebildete **Öffnung, der Gang, Zugang,** das **Loch,** **a** von Natur: profundum terrae f., Iustin.: foramina terrae, Lucr. u. Ov.: per ea foramina extrahitur piscis, Mela. – im Körper, for. auris, Gehörgang, Cels.: foramina intra caput maxima oculorum sunt, Cels.: foramina illa, quae patent ad animum a corpore, Cic.: oculi eius contabescent in foraminibus suis (in ihren Höhlen), Vulg. – **b** durch Kunst, for. acus, Nadelöhr, Vulg. Matth. 19, 24 u. Augustin. epist. 130, 2: for. trochleae, der Haken od. Ring eines Klobens, Vitr.: for. valvae, Petron.: operculi foramina, Liv.: parietum et fenestrarum foramina, Col.: convexa foramina retis, Ov.: tibia foramine pauco, mit wenig Löchern, Hor. terebrā foramen facere, cavare, Cels. u. Col.: prolabi in cloacae foramen, Suet.: foramine e terra emergere, Vell.: inventa in eo (scuto) foramina CXX, Caes.: neque porta neque ullum foramen erat, Sisenn. fr.: foraminibus et rimis aurem admovent, sie legen ihr Ohr an die Öffnungen (der durchbrochenen Felderdecke) u. Ritze, Tac.

forāmentum, ī, *n.* (Nbf. v. foramen), das **Loch** = τρώγλη, Gloss. II, 530, 11.

forāminārius, iī, *m.* (foramen), die in den Uferlöchern wohnende **Uferschwalbe** = τρωγλίτης, Gloss. III, 435, 53.

forāminātus, a, um (foramen), **durchbohrt, durchlöchert,** paries, Sidon. epist. 2, 2, 4: circuli loricarum, *ibid.* 3, 3, 5.

forāminōsus, a, um (foramen), **löcherig,** caro, Tert. de patient. 14.

forās, *Adv.* = θύραζε (eigentl. Akk. v. *forae), **I** **heraus, hinaus, nach außen, auswärts** (Ggstz. intro), **a** in Bezug auf leb. Wesen: **α** übh.: abire f., Plaut. u. Catull.: se ducere od. educere f., Ter.: egredi f., Plaut.: exire f., Komik.: alqm eicere, excludere, extrudere f., Ter.: ire f., Ov. u. (v. Bienen) Varro.: prodire f., Plaut. u. Phaedr.: progredi f., Plaut.: alqm pellere f., Ter.: alqm proicere f., Cic.: vadere f., Phaedr. – mit näheren Bestimmungen, ambulare hinc f., Plaut.: ire hinc f., Ter.: inde egredi f., Ter.: inde huc egredi f., Ter.: egredi domo f., Ter.: quisnam a nobis egreditur f.? Ter.: hinc ire f., Ter.: huc effugere f., huc f. puerum evocare, Ter.: portis se f. erumpere, Cic.: foribus procedere f., Plaut. – **β** in der Scheidungsformel: ei f., mulier! geh' aus meinem Haus! Plaut. Cas. 212: u. so uxor, vade f.! Mart. 11, 104. 1. – **b** in Bezug auf Lebl.: ferre cineres f., Verg.: f. necessum est, quidquid habeo, vendere, Plaut.: f. (außer Haus) dare pallium, Plaut.: ea (scripta) f. dare, Cic.: dicta f. eliminare, Hor.: in qua (domo) nihil geratur, quod f. perferendum sit, Cic.: evasit vox f., Poët. inc. bei Cic.: quae (vestigia) ubi omnia f. versa vidit, Liv. – m. *Genet.*, ea tabes si foras corporis prospiravit, Apul. apol. 50. – m. *Acc.*, extra urbem et foras portam (draußen vor dem Th.) loca sunt, in quibus truncantur capita damnatorum, Hieron. in Matth. 27, 33. – absol., aquam foras, vinum intro! Petron. 52, 7. – neben Substst., foras eiectus largior eius (animae), Lucr. 4, 957: foras castra, Vulg. Levit. 16, 27. – **II** (in der Vulgärspr.) = foris, **draußen, auswärts,** foras cenare, Petron. 30, 3: omnia foras parata sunt, Petron. 47, 5.

forātūra, ae, *f.* = foratus, Augustin. serm. 28, 4 *Mai.*

forātus, Abl. ū, *m.* (foro), das **Bohren,** Varro (?) bei Lact. de opif. dei 8, 6. Tert. de pall. 4.

forbea, ae, *f.* = φορβή, **Futter, Nahrung,** Paul. ex Fest. 84, 4.

forceps, cipis, *c.* (aus formus, heiß – θερμός u. capio, eig. das Heiße fassend), die **Zange, I** eig., die Z. der Metallarbeiter, Verg. Aen. 8, 453; georg. 4, 175. Ov. met. 12, 277. Hieron. epist. 18, 14. – als Marterwerkzeug, Ov. met. 6, 556 u. 9, 78. – als Instrument des Chirurgen, Verg. Aen. 12, 404. Cels. 7, 5, 2 u. 4: bes. zum Ausziehen der Zähne, Cels. 7, 12, 1. Lucil. 401 u. 403. Varro sat. Men. 441. – **II** übtr., eine Art Schlachtordnung, wo die Flügel auseinandergingen, die **Zange,** Cato de re mil. fr. 11 (bei Fest. 344 [b], 12). Amm. 16, 11, 3. – ► Genet. Plur. forcipium, Lucil. 401.

forctis = fortis, s. d.

forctus, s. horctus.

forcula, s. furcula.

Forculus, ī, *m.* (st. foriculus v. 1. foris), die **Gottheit der Türflügel,** Tert. de idol. 15. Augustin. de civ. dei 4, 8 *extr.*

forda, ae, *f.*, s. fordus, a, um.

fordeum, eī, *n.*, altlat. = hordeum, nach Quint. 1, 4, 14.

fordicīdia, ōrum, *n.* (forda u. caedo), die **Opferung trächtiger Kühe,** ein Fest der Göttin Tellus, Varro LL. 6, 15. Paul. ex Fest. 83, 3.

fordus, a, um (fero), **trächtig,** bos, Varro LL. 6, 15. Ov. fast. 4, 630. – subst., forda, ae, *f.* (*sc.* bos), eine **trächtige Kuh,** Col. 6, 24. § 3 u. 4. Ov. fast. 4, 631.

forēculae (*Demin.* v. fores) = *ostiola,* Paul. ex Fest. 84, 15.

forem, es, et etc. (aus fuerem, vom alten fuo, φύω, ich bin), I) forem, **1** = essem, esses etc., z. B. vellem, haec vana forent, Sall.: so auch in der *Coniug. periphr.* beim *Partic. Fut.*, laudaturi forent, Nep.: visuri forent, Nep. Vgl. Nipperd. Nep. Lys. 3, 5. – **2** = fuissem, es etc., Plaut. u. Ov. Vgl. Brix Plaut. mil. 49. – **II** *Infin.*, fore, **1** = futurum (am, os etc.) esse, Caes., Cic. u. Nep. – **2** = **geschehen werden,** Cic. u. Sall.: quid tandem tuis statuis fore arbitrabare, was doch glaubtest du, dass aus den St. werden würde, Cic.: sic enim fore, *ne* (= ut non) septimo die febris accedat, Cels. 3, 14. – **3** = esse, beim *Partic. Fut.*, facturos fore, Liv.: fore venturum, Cic.: auch nach *possum,* si quid possit remedium fore, Gell.: u. übh. = esse, im Spätlat.

1. **forēnsis,** e (forum), **zum Forum gehörig, I** im Allg., **zum Markt gehörig, darauf befindlich, Markt-,** factio u. turba, die Marktplatzpartei, der Haufe des Marktgesindels (müßige, sich auf dem Markt herumtreibende Leute, die sich leicht erkaufen ließen), Liv.: velut innati triviis ac paene forenses, im Verkehr des Marktes (öffentlichen Lebens) gewitzigt, Hor.: exercitatio, außer Haus, Col.: vestitus, Kleidung, die man nur beim Ausgehen anlegt, Staatskleidung, Liv.: so auch subst., forēnsia, ium, *n.* (*sc.* vestimenta), Staatskleider, Prunkgewänder, Suet. – **II zum Forum** als Platz für öffentliche, bes. gerichtliche Verhandlungen-, **zu den Gerichten gehörig, gerichtlich, Gerichts-,** causa, res, Cic.: opera, Nep.: genus dicendi, Quint.: poet., Mars, die öffentl. Beredsamkeit, Ov. – subst., forēnsis, is, *m.*, **der öffentliche Redner, Anwalt, Rechtsanwalt,** Quint. 5, 10, 27: Plur., Varro sat. Men. 147. Vitr. 6, 5 (8), 2.

2. **forēnsis,** e (foris), **äußerer, äußerlich, außen befindlich, -vorgehend,** auch **auswärtig** (Ggstz. internus, interior, domesticus), oft bei Ambros. (s. Rönsch Itala p. 338 *sq.*); außerdem proelium for. (Ggstz. internum), Heges. de bell. Iud. 5, 5 *in.*: studium, Apul. met. 4, 13: exoticus atque forensis sermo, Apul. met. 1, 1.

Forentum, ī, *n.*, Stadt in Apulien, j. *Forenzo,* Hor. carm. 3, 4, 16. Liv. 9, 20, 9. – Dav. **Forentānī,** ōrum, *m.*, die Einw. von Forentum, die **Forentaner,** Plin. 3, 105.

forfex, ficis, *c.* = φαλίς (Gloss.), die **Schere, I** eig.: **A** im Allg., Cels. 7, 21, 1. Col. 12, 44, 4: zur Wollschur, Calp. ecl. 5, 74. – **B** insbes.: **1** eine Art großer Scheren, griech. καρκῖνοι, an den Seilen eines Flaschenzugs befestigt, um Steine anzufassen, die dann so mit den Seilen in die Höhe gezogen wurden, ferrei forfices, Vitr. 10, 2, 2. – **2** die Schere der Barbiere, zum Abzwicken des Bartes, das **Zwickeisen,** Mart. 7, 95, 12: das Instrument, womit die Ärzte die Zähne zogen, die **Zange,** forfex dentalis od. dentaria, Gloss. – **II** übtr.: **a** die **Schere** des Krebses, Plin. 9, 97: der Heuschrecke, Plin. 32, 148: und der Käfer, Plin. 11, 97. – **b** eine scherenförmige Schlachtordnung, die **Schere** (auch forceps gen.), Veget. mil. 3, 17. Gell. 10, 9, 1. Vgl. forceps.

forfico, āre (forfex), **mit der Schere abschneiden** = ψαλίζω, Gloss. III, 479, 59.

forficula, ae, *f.* (*Demin.* v. forfex), eine **kleine Schere,** Plin. 25, 58: forficulis attondere caprinos utres, Apul. met. 3, 17.

forī, ōrum, s. forus.

1. **foria,** ae, *f.*, eine Krankheit der Schweine, der **Durchlauf,** Varro r. r. 2, 4, 5.

2. **foria,** ōrum, *n.*, die **Exkremente,** Non. 114, 11.

forica, ae, *f.*, ein **öffentlicher Abtritt,** Iuven. 3, 38. – Dav. **foricārius,** iī, *m.*, der **Pachter eines öffentlichen Abtritts,** Paul. dig. 22, 1, 17. § 5.

foricula, ae, *f.* (*Demin.* v. foris), der **Fensterladen,** Varro r. r. 1, 59, 1.

foriculārium, iī, *n.*, der **Durchfuhrzoll,** CIL 6, 1016.

forīnsecus, *Adv.* (foris u. secus), **I von außen** (Ggstz. intrinsecus), Col. u. a. – **II hinaus,** alqm f. vocare, Solin. 1, 120: alqm f. abicere, Apul. met. 9, 28.

forio, īre (foris), **ausmisten** = **kacken,** Schol. Iuven. 3, 38 u. Gloss.

foriolus, ī, *m.* (foria), **den Durchlauf habend,** Laber. com. 66.

1. **foris,** is, *f.* (verwandt mit θύρα; vgl. foras u. 2. foris), **I** die **Tür,** sowohl des einzelnen Gemaches als des ganzen Hauses, Plur. forēs, sofern sie zwei Flügel hat, die **Doppel-, Flügeltür** (griech. θύρα, θύραι), Cic. u. a.: foris cubiculi, Cic.: foris ferrata, Amm.: fores clatratae, Inscr.: fores duplices, Ov.: foris crepuit od. fores crepuerunt, es kommt jmd. heraus, Komik.: hae mihi patent semper fores, Ter.: fores pulsare, Ov. u. Sen. ep.: claudere forem cubiculi, Cic.: claudere fores, Tibull. u. Ov.: fores obserare, Nep., obdere, Ov.: foribus obdere pessulum, Ter.: fores aperire, Ter. u. Cic., recludere, Lucr. u. Petron., reserare, Tibull. u. Ov.: fores refringere, Liv.: fores moliri (erbrechen), Liv.: fores frangere, an der T. reißen, Plaut.: ad fores assistere, Cic., stare, Curt. – im Bild, artis fores aperire, Plin.: so auch quasi amicitiae fores aperire, Cic. – **II** übtr., die **Pforte, der Zugang, Eingang,** die **Öffnung,** equi aenei, Cic.: nassarum, Plin.

2. **forīs, A** *Adv.* = θύρασι (eig. Lokat. v. *forae), **I draußen, außerhalb** eines Ortes, **auswärts** (Ggstz. intra, intus), **a** im Allg.: intra vallum et foris, Nep.: utrum foris habeat exemplar, an intus, ob das Urbild sich außer ihm selbst od. in ihm selbst befinde, Sen.: alqd quaerere foris, Plaut. u. Cic. (s. Brix Plaut. mil. 638). – **b** insbes.: **α auswärts** = **außerhalb des Hauses, nicht zu Hause** (Ggstz. domi), f. cenare od. cenitare, Cic.: f. sunt, Ter.: domi forisque, Suet.: foris victores, domi trucidamur, Sen. rhet.: animus f. est (Ggstz. domi est), Plaut. – f. valde plauditur, bei den Leuten, Cic.: f. esse Gabinium, in der Leute Händen, d. i. verschuldet, Cic.: f. sapere, anderen klugen Rat erteilen (aber sich nicht), Ter. heaut. 923. – **β außerhalb der Kurie, des Senates,** Cic. ep. 1, 9, 20. – **γ außerhalb der Stadt, -des Staats, außerhalb Roms** (Ggstz. domi), Cic. u. Liv. – **II von draußen, von auswärts,** auch = aus der Fremde (Ggstz. domo, Cic. Phil. 3, 26, intus, Plaut. cist. 688), f. flagitare telum, Nep.: alqd f. petere, Cic. (u. so petita verba f., Hor.): f. venire, Lucr.: sumi aut *ex sua vi atque natura* aut assumi *foris,* Cic. de or. 2, 163; vgl. 2, 173. – a foris, von auswärts, Plin. 17, 227. – **B** *Praepos.* m. Akk., **außerhalb,** Apul. met. 1, 21. Cassiod. compl. 5. in Col. u. a. Eccl.

fōrma, ae, *f.* (vielleicht zu ferīre, schlagen, stoßen), die **Form, Gestalt, Figur, I** der **Umriss,** die **Gestalt** (als der sichtbare Abdruck u. das Gepräge des inneren Wesens: vgl. figura), **A** eig.: **1** im Allg.: corporis, Cic.: liberalis, Wuchs, Komik.: imperatoria (Iphicratis), Nep.: in formam panis redigere, Col.: ex quo colligitur terrarum forma rotunda (Rundung), Manil. 1, 235. – **2** insbes.: **a** das **Antlitz, Profil,** forma nostra reliquaque figura, Cic. de off. 1, 126: formae dignitas, *ibid.* 1, 130. – **b** die **schöne Gestalt, Wohlgestalt, Schönheit** (vgl. Mützell Curt. 3, 11 [29], 24), Ter., Cic., Tac. u. a. – meton., eine **Schönheit** = eine **Schöne,** Ter. eun. 566. Prop. 2, 5, 28 u. 2, 28, 53. – **B** übtr.: **1** im Allg., die **Form** = die Einrichtung, f. rerum publicarum, Staatsverfassung, Cic.: in formam provinciae redigere, Liv. u. Suet.: speciem principatus in regni formam convertere, Suet. – **2** insbes.: **a** der **eigentümliche Charakter,** das **Gepräge,** der **charakteristische Ausdruck** (χαρακτήρ), die **Grundform,** das **Ideal** von etwas, oft bei Cic. u. a. (auch vom Stil usw.; vgl. Göller Cic. or. 36. p. 107 *sq.*). – **b** die **Form, Fassung, Abfassung, Ausdrucksweise,** ut ad officii formam redeamus, Cic.: eius scripti talis forma fuit, Tac.: in edicto consulum scriptum ex veteri forma perpetua, Gell.: mandata regis Vologesis litterasque in eandem formam attulere, Tac.: quid et quā formā regum litteris rescribi placeret, Suet. – **c** die **Gestaltung, Beschaffenheit,** das **Gepräge,** die **Art,** formae (Lage des Bodens) cum duo genera sint, Varro: proelii f. mirabilis, Flor.: f. insolitae pugnae, Liv.: f. vitae, Tac.: sermonis publica f., Ov.: infinitae litium formae, Quint.: primae formae (Sorte) ferae, Sen. prov. 3, 6. – **d** die **Norm, Ordnung,** nach der verfahren wird, censualis, Schätzungsordnung, Ulp. dig. 50, 15, 4 pr. – ex forma, nach festem **Brauch,** Apul. met. 7, 25. – **II** die **Figur** = das **Gebilde, Bild,** die **Abbildung,** in der Baukunst der **Riss, Abriss, Grundriss, A** eig., Cic., Vitr. u. a.: formae virorum, Cic.: formae, quas in pulvere descripserat, mathem. Figuren, Liv.: geometricae formae, Cic. u. Apul.: unius et viginti formae litterarum aureae, Buchstabenzeichen, Cic.: aliae formae variaeque figurae, v. den Atomen, Lucr.: poet. (wie σχῆμα, τύπος, s. Drak. Sil. 15, 86), formae magnorum luporum, gewaltige Wolfsgebilde = gew. Wölfe, Verg.: so auch ferarum, Ov.: deorum, Ov. – **B** übtr.: **a** der **Abriss, Entwurf** (τύπος), von etwas, rei publicae, Cic.: officii (vorher descriptio officii), Cic.: totius negotii, Cic.: vitae beatae, Cic. – **b** die **Spezies** in der Logik (Ggstz. genus), Cic. u. Quint. – **c** die Verschiedenheit des *genus* und der Deklinationen, Konjugationen, die **Form, Flexionsform,** Varro LL. u. a. – **III** die **Form** als Modell od. Einfassung, **1** als Modell = **a** der Leisten des Schusters, der **Schuhleisten** (vollst. forma calcei, Ulp. dig. 9, 2, 5. § 3), Hor. sat. 2, 3, 106: f. caligaris (für caligae), muliebris (für Frauenschuhe), infantilis (für Kinderschuhe), Edict. Diocl. 9. *no.* 1. 2. 4. – **b** die **Form** zum Käse, formis buxeis caseum exprimere, Col. 7, 8, 7. – **c** die **Form,** das **Modell** zum Erzgießen (aus Stein, Ton usw.), Plin. 36, 168. – **d** der **Stempel** bei Münzen, das **Gepräge,** Ov., Sen. u. a. (s. Mützell Curt. 5, 2 [8], 11). – meton., **Münze** = ausgemünztes Geld, formae binariae, ternariae, Goldstücke im Wert von zwei, drei Golddenaren, Lampr. Alex. Sev. 38, 9: u. so denariorum formae, Denarstücke, Isid. orig. 6, 11, 3. – **e** ein **Schreiben,** eine **Verfügung,** ein **Reskript** der Kaiser, Capit. – **2** als Einfassung = **a** der Rahmen des Bildes, lignea, Vitr. 2, 8, 9. – **b** die **Einfassung,** der **Kanal,** die **Röhre** einer Wasserleitung, formae rivorum, Frontin. aqu.: aquaeductus, ICt. – dah. meton., die **Wasserleitung,** Frontin. aqu. 126. – ► Archaist. Genet., formai, Lucr. 2, 490.

fōrmābilis, e, *Adi.* m. *Compar.* (formo), **bildungsfähig,** Chalcid. Tim. 203 u. 225 u. Eccl.

fōrmāceus, a, um (forma), aus Lehmbacksteinen **geformt,** paries, Piseewand, Plin. 35, 169.

fōrmālis, e (forma), **I formal, formell, äußerlich,** pretium, Ulp. dig. 35, 2, 62. § 1. – **II zur Form gehörig,** d. i. **A zum Modell gehörig,** temperatura aeris tenerrimi, zum Modellformen geeignet, Plin. 34, 98. – **B an eine Form-, an ein Formular gebunden, förmlich,** verba, Cod. Iust. 6, 23, 26: epistula, förmliches Schreiben, eine Verfügung, ein Reskript des Landesherrn mit den gewöhnlichen Kurialien, »Zirkulare, Ausschreiben«, Suet. Dom. 13, 2. – *Adv.* **fōrmāliter,** Gloss. III, 523, 16.

fōrmāmentum, ī, *n.* (formo), die **Gestaltung, Bildung,** Plur. bei Lucr. 2, 819. Arnob. 3, 16.

formaster, trī, *m.* (formus), **Backwerk,** Titin. com. 166; vgl. Placid. gloss. V, 22, 3.

fōrmātio, ōnis, *f.* (forma), die **Gestaltung, Bildung,** oblonga fori, Vitr.: formationes columnarum, Vitr.: aedium sacrarum, Vitr. – übtr., morum, Sen. ep. 117, 19.

fōrmātor, ōris, *m.* (formo), der **Bildner,** universi, Sen. ad Helv. 8, 3: f. et ordinator rerum omnium, Augustin. de lib. arb. 3, 60 (u. so oft bei Eccl.). – übtr., imperii, Amm.: animi, Col.: morum, Plin. ep.: rector alienorum ingeniorum et formator, Quint.

fōrmātrīx, trīcis, *f.* (Femin. zu formator), die **Bildnerin,** Tert. de monog. 17 u. a. Eccl.

fōrmātūra, ae, *f.* (formo), die **Gestaltung, Bildung,** labrorum, Lucr. 4, 550 (absol. *ibid.* 554): Plur., formaturae variae, Arnob. 2, 23.

fōrmella, ae, *f.* (*Demin.* v. forma), eine **kleine Form,** zum Backen, Apic. 9, 441: u. konkr. = das Geformte, decem formellae casei, zehn frische Käse, zehn Käsebrötchen, Vulg. 1. regg. 17, 18.

Formiae, ārum, *f.*, Stadt der Aurunker an der Küste von Latium, im innersten Winkel des sinus Caietanus, berühmt durch Weinbau, Geburtsort des Stammvaters der röm. Familie Mamurra (s. d.), j. *Mola di Gaëta,* Cic. ad Att. 2, 13, 2. Liv. 35, 21, 4: Formiae steriles, Symm. epist. 1, 8. – Dav. **Formiānus,** a, um, **formianisch,** ager, Liv.: colles (Weinhügel), Hor.: decoctor, der röm. Ritter Mamurra (s. Māmurra), Catull. – subst., Formiānī, ōrum, *m.*, die Einw. von Formiä, die **Formianer,** Liv.: Formiānum, ī, *n.* (*sc.* praedium), ein Landgut bei Formiä, das **Formianum,** Cic.: dah. dies Formiani, die auf dem Formianum zugebrachten, Mart.

formīca, ae, *f.* (von μύρμηξ, äol. βύρμαξ, βόρμαξ), die **Ameise,** Plaut. trin. 410. Titin. com. 34. Cic. de nat. deor. 3, 21. Sen. de tranqu. anim. 12, 3. Plin. 11, 108. Verg. georg. 1, 186. Prop. 3, 13, 8. Ov. met. 7, 625: pinnatae formicae, Suet. Ner. 46, 1.

formīcābilis u. **formīcālis,** e (formica), **ameisenartig,** pulsus, griech. σφυγμὸς μυρμηκίζων, Cael. Aur. de morb. acut. 2, 27, 145; de morb. chron. 2, 14, 198.

formīcātio, ōnis, *f.* (formico), das **Ameisenlaufen,** das durch Wärzchen erzeute **Hautkribbeln, Hautjucken,** griech. μυρμηκιασμός, corporum formicationes, Plin. 28, 71. Cael. Aur. de morb. chron. 5, 1, 2: verendorum formicationes, Plin. 30, 72: formicatio eorum articulorum, qui tanguntur, Cael. Aur. de morb. chron. 5, 2, 30.

formīcīnus, a, um (formica, s. Prisc. 2, 59), **von Ameisen,** gradus, Ameisenschritt, Plaut. Men. 888.

formīco, āre (formica), griech. μυρμηκίζω, **I** v. der Haut = **jucken, als wenn Ameisen darauf herumliefen, kribbeln,** Plin. 30, 120. – **II** v. Puls, **geschwind-, aber dabei schwach schlagen,** formicans percussus venarum, Plin. 7, 171.

formīcōsus, a, um (formica), **voller Ameisen,** arbor, Plin. 10, 206.

formīcula, ae, *f.* (*Demin.* v. formica), eine **kleine Ameise,** Fronto ad Ver. imp. 2, 8. Augustin. epist. 137, 8; de civ. dei 22, 24, 5. p. 615, 22 D.[2] Arnob. 7, 34: f. parva, Apul. met. 6, 10: parvula, Arnob. 4, 26.

formīdābilis, e (formido, āre), **grausig, fürchterlich,** lumen (Auge), Ov.: sonus aliquis, Gell.: aspectus, Gell.: genus armorum, Amm.: dolores et metus, per se formidabiles res, Sen. ep. 123, 15; vgl. ep. 104, 25. – *Acc. neutr.* st. des *Adv.*, formidabile ridens, Stat. Theb. 8, 582.

formīdāmen, inis, *n.* (1. formido), das **Schreckbild,** bustorum formidamina, Apul. apol. 64.

formīdātio, ōnis, *f.* (formido), **das Furchtempfinden** = δειλία, Gloss. II, 267, 11.

formīdātor, ōris, *m.* (1. formido), **einer, der Abscheu empfindet,** mali (Ggstz. amator boni), Augustin. serm. 23, 18.

1. formīdo, āvī, ātum, āre (2. formido), **I** *intr.* **sich grausen, Grausen empfinden, sich heftig fürchten, in Angst sein,** ne formida, Plaut.: et intus paveo et foris formido, Plaut.: auro (für das G.) formidat Euclio, Plaut.: neque prius desinam formidare, quam etc., Cael. in Cic. ep. 8, 10, 1. – **II** *tr.* vor etw. **grausen, Grausen empfinden, sich heftig fürchten,** eius valentiam, Naev. fr.: omnia, Cic.: illius iracundiam, Cic.: malos fures, Hor.: nocturnos tepores, Hor.: ubi intravit animum pavor, id solum metuunt, quod primum formidare coeperunt, Curt.: nimis illum, Plaut.: aquae formidatae, Wasserscheu, Ov.: m. folg. *Infin.*, si isti formidas credere, dich sträubst, Plaut. Pseud. 316: ad haec ego naribus uti formido, Hor. ep. 1, 19, 45: has (delicias), quibus delectabatur, relinquere formidabat, Augustin. serm. 38, 7 (u. so m. *Infin.* auch Augustin. epist. 43, 8; de civ. dei 1, 9, 1. p. 14, 31 D.[2] Veget. mil. 2. praef. extr. p. 33, 4 L.). – m. folg. *ut* u. Konj., alqm non formido, ut etc., Vopisc. Tac. 2. § 2. – mit folg. *ne* u. Konj., Plaut. Amph. 304 u. a. m. folg. *si* u. Konj., Plaut. cist. 673.

2. formīdo, inis, *f.* (griech. μορμώ, Schreckgespenst, μορμολύττομαι, setze in Furcht), das **Grausen,** die **peinigende Furcht, I** eig.: **A** im Allg., Cic. u. a.: formidine nullā imbuti, Hor.: formidinem alci inicere, Cic. – Plur. formidines, Cic. Quinct. 47; Verr. 5, 23 u. a. Liv. 30, 28, 8. Plin. 28, 115. – **B** insbes., religiöse **Scheu, heiliger Schauer, heilige** ergreifende **Ehrfurcht, Heiligkeit,** prisca, Tac.: divom, Lucr.: religio et ex ea formido quaedam incussa est, Curt.: templum patriā formidine cultum, Sil.: exsistunt horribiles formidines, Cic. – **II** meton., das Grausen-, peinigende Furcht erregende **Schreckbild,** die **Scheuche,** Cic. u. a.: bes. (wie δεῖμα) das Wild und die Vögel zu scheuchen, die **Vogelscheuche,** der **Federlappen,** Sen. u. a. (auch Test. Galli im CIL 13, 5708 = *Bruns fontes* p. 275): formido furum aviumque, v. Priapus, Hor. sat. 1, 8, 4. – **III** personif., als allegorisches Wesen, Verg. Aen. 12, 335.

formīdolōsē (formīdulōsē), *Adv.* (formidolosus), **I mit Grausen,** *Compar.* formidolosius, Cato orat. 1. fr. 27. – **II grausenhaft, grausig, furchtbar,** Cic. u. a.

formīdolōsitās (formīdulōsitās), ātis, *f.* (formidolosus), die **Grausenhaftigkeit,** Eugipp. thesaur. 23.

formīdolōsus (formīdulōsus), a, um (2. formido), **I** *neutr.* **sich grausend, scheuend, scheu,** Ter. u. a.: v. Tieren, equus fiet formidolosus et contumax, Sen.: boves ad ingredienda flumina aut pontes formidolosi, Col. – m. folg. *Genet.*, formidolosior hostium, noch scheuer (furchtsamer) vor dem Feind, Tac. ann. 1, 62. – **II** *act.* **Grausen (Furcht) erregend, grausenhaft, grausig, furchtbar,** Cic., Sall. u. a.: bellum formidolosissimum, Cic.

formidus, a, um (formus), **warm,** *Paul. ex Fest. 83, 11 (Skaliger; die *codd.* deforma).

formio (phormio), ōnis, *m.* (φορμίον, s. Donat. Ter. Phorm. prol. 26), jede kleine Flechtarbeit von Binsen od. Schilf, wie **Matte,** Ulp. dig. 33, 7, 12. § 18: u. **Korb,** sparteus, Donat. Ter. Phorm. 1, 2, 72; vgl. Gloss. ›formio, κόφινος‹.

fōrmitās, ātis, *f.* (formo), die **Gestaltung,** Isid. orig. 6, 17, 4.

fōrmo, āvī, ātum, āre (forma), **I** einen Stoff **gestalten, bilden, A** eig.: materiam, Cic.: varie vultus, Plin.: comam in gradus, flechten, Suet.: lapsos capillos, Prop.: bildl., ea (verba) sicut mollissimam ceram ad nostrum arbitrium formamus et fingimus, Cic.: orationem, Cic.: versus citharā, zur Cithara singen, Plin. ep. – **B** übtr.: **1 bilden** = gehörig **einrichten, ordnen, regulieren,** regnum, Iustin.: formatis omnibus ad belli et ad pacis usus, Liv.: format natura nos intus ad omnem fortunarum habitum, Hor.: mores, Quint., mores adulescentis, Sen. rhet., mores iuventutis, Plin. pan.: formatus in admirationem, mit erkünsteltem Erstaunen, Suet.: provisa et formata cogitatio, ein vorbereiteter u. gehörig eingekleideter G., Quint. – **2** durch Unterricht und Gewöhnung **bilden, unterweisen, abrichten, zu** etw. **anleiten, stimmen,** an etw. **zu gewöhnen suchen** (vgl. Heinsius Sil. 11, 452. Walther Tac. ann. 4, 18. Pabst Tac. dial. 28), mentes (Herzen), Quint.: ingenia, Curt.: puerum dictis, Hor.: quia sic quisque dictis movetur, ut est ad credendum vel non credendum ante formatus, Quint. 5, 7, 8: ingenia legibus institutisque, Iustin.: artibus formatus, Col.: boves ad usum agrestem, Verg.: novos collegas in suos mores, Liv.: se in regis velut unici exempli mores, Liv.: m. *Dat.* (für), laetos rectoris formabat Scipio bello, Sil. 8, 546. – **3 bearbeiten, formen** = stimmen, animos (die Gemüter), Cic. Brut. 142: animum iudicum, auf die Herzen der Richter einwirken, Quint. 4, 1, 60. – **II** aus einem Stoff **gestalten, bilden = schaffen, A** eig.: **1** im Allg., vom Bildner, signum e marmore, Ov.: simulacrum hominis de pingui et molli luto, Lact.: signum in muliebrem figuram, Cic. – v. Maler, formatus cum cornibus Ammon, Ov. – v. Baumeister (poet.) = bauen, moenia urbis, Tibull.: classem, Verg. (vgl. Dissen Tibull. 2, 5, 23). – v. Schriftsteller = verfassen, librum, Plin. ep.: epistulas orationesque et edicta alieno ingenio, durch andere verfassen lassen, Suet. – subst. formatae (*sc.* litterae), Brief, Augustin. epist. 45, 3. – v. Schauspieldichtern = schaffen, darstellen, (auf der Bühne) vorführen, personam novam, Hor. – **2** insbes., mit der Zunge **bilden, aussprechen,** verba recte, Quint. 1, 12, 9. – **B** übtr., **bilden = schaffen, hervorbringen,** quattuor modis formatas in animis hominum deorum esse notiones, Cic.: morum autem putabant studia esse et quasi consuetudinem, quam partim exercitationis assiduitate, partim ratione formabant, Cic.: gaudia tacitā mente, sich vorstellen, Ov.: in futura consilium, Iustin.

fōrmōns..., s. formos...

fōrmōsē, *Adv.* (formosus), **schön, anmutig,** saltare, Prop. 2, 3, 17: cubare, Apul. met. 5, 22: *Compar.* bei Prop. 1, 2, 11. Quint. 8, 3, 10: *Superl.* bei Augustin. conf. 1, 7.

fōrmōsitās, ātis, *f.* (formosus), die **Schönheit** der Gestalt od. Bildung, Cic. de off. 1, 126. Apul. met. 9, 17.

fōrmōso, āre, (formosus), **schön machen,** foeda, Ven. Fort. vit. S. Mart. 1, 506.

fōrmōsulus (fōrmōnsulus), a, um (*Demin.* v. formosus), **gar wohlgestaltet, gar wohlgebildet,** uxor, Varro sat. Men. 176: iste formosulus tuus, Hieron. epist. 117, 10: formosuli nostri et torosuli, Hieron. in Iovin. 2, 14.

fōrmōsus (fōrmōnsus), a, um (forma) = εὐειδής, εὔμορφος (Gloss.), **wohlgestaltet, wohlgebildet, schön** von Gestalt (Ggstz. deformis, turpis), v. Menschen, Apollo, Verg. u. Tibull.: puer, Verg. u. Suet.: adulescens, Nep.: puella, Tibull.: virgo, Titin. fr.: mulier, Afran. fr. u. Hor.: alius formosus alius deformis est, Sen.: virgines formosissimae, Cic. – v. Tieren, pecus, Verg.: capra, Plaut.: iuvenca, Verg.: pavonum formosus grex, Phaedr. – v. lebl. Subjj., domus, Sen.: prata sine arte formosa, Sen.: at mihi cylindri vel quadrati (forma) videtur esse formosior, Cic. – v. Abstr., annus, Verg.: tempus, Frühling, Ov.: mors, Apul.: virtute nihil est formosius, Cic.

formucapēs (formus u. capio), **Feuerzangen,** *Paul. ex Fest. 91, 13.

fōrmula, ae, *f.* (*Demin.* v. forma), **I** die **Gestalt, Form, A** eig., prägn. = die Schönheit, Plaut. Pers. 229. – **B** übtr., **1** die **Norm,** der **Maßstab,** das **Gesetz,** die **Bestimmung, bestimmte** (konkrete) **Fassung,** das **Schema,** dicendi, Cic.: scribendi, Suet.: argumenti, Cic.: disciplinae, Cic.: consuetudinis, Cic.: ad formulam vivere, Cic.: ex sua formula vivere, Sen.: commeatus (Wagentross) ad certam formulam astrictus, den er auf ein bestimmtes Maß eingeschränkt hatte, Suet. – **2** insbes., **a** die **Vertragsformel,** das **Vertragsformular,** zwischen dem röm. Senat u. den Bundesgenossen, milites ex formula accipere od. paratos habere (v. den Bundesgenossen), Liv.: Lampsacenos in sociorum formulam referre, unter denselben Bedingungen wie bei anderen unter die B. aufnehmen, Liv.: nationem od. Africam in provinciae formulam redigere, zu einer Provinz machen, Vell. – **b** das **Formular,** der **Tarif,** die **Taxe** beim Zensus, censendi, Liv.: censum agere ex formula, Liv. – **c** als jurist. *t. t.*, **α** die **Formel,** das **Formular,** formulae postulationum, testamentorum, Cic.: stipulationum et iudiciorum, Cic.: earum rerum formulam componere, Val. Max. – **β** die **Formel,** die **Norm,** die der Prätor für Richter u. Parteien, od. die ein Jurist für seinen Klienten od. übh. aufstellt, als **Verfahren,** wie der Prozess rechtskräftig geführt u. entschieden werden soll, s. Cic. Quinct. 30; Rosc. com. 24; Mur. 29; ep. 7, 12, 2; de off. 3, 14, 60: formulam intendere iniuriarum, wegen J. klagbar werden, Suet.: formulā cadere, Sen. u. a., od. excĭdere, Suet., den Prozess verlieren. – übtr., haec formula Stoicorum, Vorschrift, Cic. de off. 3, 20. – **d** als mathem. *t. t.*, die **Formel,** geometriae sollertissimae formulae, Apul. flor. 15. p. 18, 11 Kr. – **II** die **Form** als Modell u. als Einfassung, u. zwar: **1** als Modell, **a** der **Leisten, Schuhleisten,** calcei, Amm. 31, 2,

6. – **b** die **Käseform,** der **geformte Käse,** formulae solidatae, Pallad. 6, 9, 2. – **2** als Einfassung, der **Kanal,** die **Röhre** einer Wasserleitung, Frontin. aqu. § 36.

fōrmulārius, a, um (formula), **zu den Rechtsformeln** od. **Gerichtsformeln (zum gemeinen Recht) gehörig,** advocatio formularia forensis, die Advokatur eines gewöhnlichen Rechtsanwalts (Ggstz. advocatio fisci), Spart. Anton. Get. 2, 4. – subst., fōrmulārius, iī, *m.*, ein **Kenner der Gerichtsformeln** (= ein gewöhnlicher Rechtsanwalt), Quint. 12, 3, 11.

formus, a, um (vgl. for-nax, for-nus); verwandt mit fer-veo, θερ-μός, **warm,** Paul. ex Fest. 83, 11; 84, 3; 91, 13. Plac. gloss. V, 22, 3. Non. 531, 28 (wo zu lesen a formo).

fornācālis, e (fornax), **zum Ofen gehörig, Ofen-,** dea, die Göttin der Backöfen (Fornax), Ov. fast. 6, 314. – subst., Fornācālia, ium, *n.*, das von Numa eingesetzte **Fest der Ofengöttin,** eine Art Dankfest für den ersten Genuss des neu gewonnenen Getreides, Varro LL. 6, 13. Ov. fast. 2, 527. Plin. 18, 8. Lact. 1, 20, 35. Fest. 253 (a), 16. Paul. ex Fest. 83, 8 u. 93, 11.

fornācārius, a, um (fornax), **zum Ofen gehörig, Ofen-,** servus, der Ofenheizer u. -reiniger, Ulp. dig. 9, 2, 27. § 9.

fornācātor, ōris, *m.* (fornax), der **Ofenheizer,** im Bad, der **Badheizer,** Paul. dig. 33, 7, 14.

fornācula, ae, *f.* (*Demin.* v. fornax), **I** ein **kleiner Ofen,** Vitr. 7, 10, 2: fornaculae balnearum, Fronto ad M. Caes. 1, 3 (2). p. 7, 6 N. – im scherzh. Doppelsinn vom bösen u. grimmigen Kopf des Tiberius, der in den Gluten seines Zorns alles verdirbt, Iuven. 10, 82. – **II** übtr. = der **Anfacher, Anstifter,** Apul. apol. 74.

fornāx, ācis, Genet. Plur. ācium, *f.* (s. formus), **I** der **Ofen** zum Heizen, Dörren, Backen u. Schmelzen, ardens, Cic.: calcaria, Cato: aeraria, Plin.: in ipso fornacium ore, Plin.: recoquunt fornacibus enses, Verg. – **II** personif., Fornāx = die **Göttin der Backöfen,** die man beim Dörren des Korns um Beistand anrief, Ov. fast. 2, 525. Lact. 1, 20, 35.

fornicāria, ae, *f.* (fornix), die **Hure,** Eccl. u. Gloss.

fornicārius, iī, *m.* (fornix), der **Hurer,** Eccl. u. Gloss.

fornicātim, *Adv.* (*fornico), **schwibbogenartig,** Plin. 16, 223.

1. fornicātio, ōnis, *f.* (*fornico), die **Wölbung,** der **Bogen, Schwibbogen,** lapidum, Sen. ep. 95, 53: parietum fornicationes, Vitr. 6, 8 (11), 3.

2. fornicātio, ōnis, *f.* (fornico), die **Hurerei,** Eccl. (auch im Plur.).

fornicātor, ōris, *m.* (fornico), der **Hurer,** Tert. de pud. 1 u. 16.

fornicātrīx, trīcis, *f.* (Femin. zu fornicator), die **Hure,** Eccl.

fornicātus, a, um (fornix), **gewölbt,** paries, Cic.: ambitus, Plin.: via, die Schwibbogenstraße (ein bedeckter Weg von der Stadt zum Marsfeld), Liv. 22, 36, 8.

fornico, āre u. **fornicor,** ārī (fornix), **huren,** Eccl.

fornix, icis, *m.*, die **Wölbung,** der **Bogen, Schwibbogen, I** im Allg.: parietis, Cic.: fornices aedificiorum, Plin.: pilis (pontis) fornices imponere, Liv.: camera lapideis fornicibus vincta, Sall.: poet., alti f. saxi, Höhle, Verg.: caeli ingentes fornices, Gewölbe, Enn. fr. – mit solchen fornices waren die Zugänge zu den fora überwölbt, duos fornices in foro boario etc. fecit, Liv. – **II** insbes., **A** Fornix Fabii, s. Fabius. – **B** als milit. *t. t.*: **a** eine **überwölbte Ausfallspforte,** Liv. 36, 23, 3. – **b** ein **bedeckter Weg,** Liv. 44, 11. § 5 u. 8. – **C** ein unterirdisches **Gewölbe,** als Aufenthaltsort der öffentl. Buhldirnen, ein **Bordell,** Hor. sat. 1, 2, 30; ep. 1, 14, 21. Sen. de vit. beat. 7, 3. Petron. 7, 4. Mart. 12, 61, 8. Iuven. 10, 239. – übtr., v. einem pathicus, Suet. Caes. 49, 1. – ► arch. furnix, Gloss. bei Löwe Prodr. p. 361.

fornus, ī, *m.* (s. formus), der **Ofen,** Varro vit. P. R. 1. fr. 41 (bei Non. 531, 33).

foro, āvī, ātum, āre, **bohren, durchbohren,** Plaut., Cels. u. a. – bildl., forati animi, löcherige, die nichts bewahren, Sen. de brev. vit. 10, 5.

Forōiūliēnsis u. **Forōiūliēnsium colōnia, Forōiūliēnse oppidum,** s. Forum Iulium unter forum *no.* II, B, 2, e.

forpex, picis, *f.* (umgestellt aus forceps, s. d.), die **Feuerzange,** Cato r. r. 10, 3 u. 11, 5. Suet. Aug. 75. Sidon. carm. 15, 184.

fors, Abl. forte, *f.* (v. fero), nur im *Nom.* u. *Abl. Sing.* gebr., ein **Ungefähr, blinder Zufall, I** appellat: **1** im Allg.: sed haec ut fors tulerit, Cic.: fors fuit, ut etc., es traf sich usw., Gell.: fors fuat (*i.e.* sit), hoffentlich läuft es gut ab! Gott gebe Glück dazu! Ter.: dah. b. Spät. fors fuat, ut etc., Symm. u. Auson.: fors fuat an = forsitan (s. d.), Fronto u. a. Vgl. Hildebr. Apul. apol. 92. – verb. forte aliquando, Ter.: forte temere, auf gut Glück, Ter. u. Liv.: u. forte temere casu, Cic. – **2** insbes.: **a** *Abl.* forte, **von ungefähr, zufällig, einmal** (Ggstz. consilio, industriā, prudens), Ter., Cic. u. a.: dah. bes. nach si, sin, ne, nisi u. dgl. = **etwa, vielleicht,** Cic. u. a. – aber si forte (*sc.* contingit) = εἰ τύχοι, im glücklichen Falle, wenn das Glück hold ist, Cic. de or. 3, 47; Mil. 104. – **b** *adv.* fors = fortasse, **vielleicht, sogar** (s. Wagner Ter. heaut. 715. Ladew. Verg. Aen. 11, 50), Ter., Lucr., Verg. u. a.: fors et, vielleicht auch, Verg. Aen. 2, 139. – **3** fors fortuna, der **glückliche Zufall,** das **gute Glück,** forte fortunā, Plaut.: casu aut forte fortunā, Cic.: forte fortunā affuit, zum guten Glück, Ter.: fortunāne an forte reperitur? Acc. fr. – **II** personif., als Gottheit: dea Fors, das **Ungefähr,** Ov. fast. 6, 775: saeva Fors, Catull. 64, 170: u. bes. Fors Fortuna, das **glückliche Ungefähr,** aedes Fortis Fortunae, Liv. 10, 46, 14: Fortunae Fortis honores, Ov. fast. 6, 773: o Fortuna! o Fors Fortuna! Ter. Phorm. 841 u. bl. Fors, Varro LL. 5, 74.

forsan (in Handschr., Glossen u. Not. Tir. 10, 49 auch forsam), *Adv.* (eig. fors an), **etwa,** Lucr., Liv. u. a.

forset = fors et, nach Serv. Verg. Aen. 2, 139 u. 11, 50.

forsit, *Adv.* (st. fors sit, es wäre ein Zufall), **vielleicht, etwa,** Hor. sat. 1, 6, 49.

forsitan (in Handschr. auch forsitam), *Adv.* (st. fors sit an), **vielleicht, etwa,** Ter., Cic. u. a.

fortāsse, *Adv.* (fors), **vielleicht, hoffentlich, wohl, etwa, möglich** od. **kann sein, dass, sollte, ich denke, a** bei Verben: dolent fortasse et anguntur, Cic.: beim *Coniunctiv,* fortasse dixerit quispiam, Cic.: im Zshg. beim *Infin.*, s. Cic. de legg. 2, 17: beim *Acc.* u. *Infin.*, s. Ter. Hec. 313. – **b** bei Adjektiven u. Adverbien: res f. verae, certae, graves, Cic.: incondite f., Cic. – **c** bei Zahlen = **etwa, ungefähr,** triginta fortasse versus, Cic.: aper f. trecentis auf etiam supra nummorum milibus emptus, Hor. – **d** absol.: *Syr.* Vah tardus es. *Chr.* fortasse, Ter.

fortāssean (st. fortasse an), **vielleicht, etwa,** Acc. fr., Varro u. Spät.

fortāssis, *Adv.* (aus forte an si vis), **vielleicht,** Plaut., Sen. rhet. u. a.

fortāx, ācis, *m.* (φόρταξ), der **Träger,** fornacis, die Grundlage, der steinerne Fuß, auf dem der Ofen steht, Cato r. r. 38, 1.

forte, s. fors.

fortēsco, ere (fortis), **tapfer werden,** Laev. b. Gell. 19, 7, 8.

forticulus, a, um (*Demin.* v. fortis), **a ziemlich kräftig** od. **stark,** von Pers., Hieron. epist. 66, 13. – **b hübsch** od. **gar standhaft, -mutig,** v. Pers., Cic. Tusc. 2, 45. Fronto ad amic. 1, 18. p. 186, 16 N. Apul. met. 8, 24: v. Lebl., carmina, Auson. lib. protrept. ad nep. (XIII), 1, 8. p. 36 Schenkl.

fortificātio, ōnis, *f.* (fortifico), das **Starkmachen, Stärken,** Cael. Aur. de morb. chron. 4, 3, 44.

fortifico, āre (fortis u. facio), **stark machen, stärken,** Augustin. serm. 46, 9: als mediz. *t. t.*, Th. Prisc. 4. fol. 315[a]. Cael. Aur. de morb. chron. 2, 4, 78; 3, 2, 38 u. 3, 7, 91.

fortiōsiter, *Adv.* = fortiter, Virg. gramm. epit. 8. p. 70, 6 *Huemer.*

fortis, e (altlat. forctis [XII tabb. b. Fest. p. 348, 15, wo forctes = die Vornehmen in Rom; vgl. Paul. ex Fest. 84, 8], vielleicht verwandt mit firmus, frētus), **stark, I** eig., im physischen Sinne = **A stark, dauerhaft und tüchtig,** malleus fortis, Amm.: fortior pons, Auct. b. Alex.: ligna fortissima, Caes.: caput leonis forte, Plin.: stomachus fortis, Plin.: fortes ad opera boves, tüchtige, Col. – **B** v. Menschen u. Pflanzen = von dauerhafter Gesundheit u. Körperbeschaffenheit, **gesund, kraftvoll, rüstig, stramm,** virgo, Afran. fr.: coloni, Verg.: u. Hor.: agricola, Hor.: ecquî [tibi] fortis visa est (eius soror)? Plaut.: contingat modo te filiamque tuam fortes invenire, bei vollem Wohlsein, Plin. ep.: plantae fortiores fient, werden erstarken, Pallad.: corpora fortissima, Quint. – dah. meton., **stark, kräftig** dem Gehalt nach = **nährend,** solidus ac fortis cibus, Lact.: fortiora legumina in cibo, Plin. – **C stark** an Streitkräften, cum accessione virium fortior (verstärkt) ad alios transiret, Iustin. – **II** übtr.: **A stark** der Macht usw. nach, *Compar.* fortior = κρείττων, **stärker = schwerer zu überwinden,** adeo illis fortior taciturnitatis cura, quam vitae, Iustin.: quānam verborum industriā causa infirmior fortior fieret, Gell. (vgl. τὸν ἥττω λόγον κρείττω ποιεῖν). – **B** dem Charakter nach = **kraftvoll, tüchtig, wacker, gediegen, voll Kraft u. Mut, voll Energie, energisch, mutvoll, mutig, tapfer** (Ggstz. timidus, ignavus), **1** von Pers. u. deren Gesinnung: familia, Plaut.: animus, Cic.: animus contra calamitates fortis et contumax, Sen.: fortior in dolore, Cic.: ut erat in dicendo non solum sapiens, sed etiam fortis, Cic.: vilicum assidue sedulum et fortem in operibus administrandis cognosse, Col.: vir fortissimus contra audaciam, Cic.: fortis ad pericula, Cic.: fortis ad arma, Ov.: nondum erant tam fortes ad sanguinem civilem, Liv.: poet. m. *Infin.*, tractare serpentes, Hor. carm. 1, 37, 26. – ut virum fortem decet, einem Ehrenmanne, Ter.: viri fortissimi, ehrenhafte, Cic. – ironisch, fortis! o du tapferer Mann! welch ein Heldenmut! Ter. Andr. 702. – insbes., von Soldaten = **tapfer, wacker** (Ggstz. ignavus), Cic. u. a.: manu fortis, persönlich tapfer, Nep.: oft verb. fortis ac strenuus, Cic., Liv. u. a. (vgl. Fabri Liv. 21, 4, 4. Fabri Sall. Cat. 51, 16): m. *Genet.*, fortissimus animi bellique, von hohem Mut u. großer Tapferkeit, Vell. 2, 27, 1. – Sprichw., fortes fortuna adiuvat, dem Mutvollen steht das Glück bei (vgl. unser »Frisch gewagt ist halb gewonnen«), Ter. Phorm. 203. Cic. Tusc. 2, 11: u. elliptisch fortuna fortes, Cic. de fin. 3, 16. – **2** v. lebl. Subjj.: **a** mit Energie ausgesprochen, -ausgeführt, **energisch, tapfer,** sententia, Cic.: consilia, Cic.: factum, Cic., u. öfter Plur. facta, Kriegstaten, Liv., Verg. u. a. (s. Mützell Curt. 7, 1 [3], 23): forte conatu opus, eine tapfere Tat, Vell.: alcis forti operā utor, es leistet mir jmd. wackere Dienste, Liv. – *neutr. pl.* subst., serae ad fortia (Kriegstaten) vires, Verg.: et facere et pati fortia Romanum est, mit Heldenmut zu handeln u. zu dulden, Liv. – **b** Energie-, Mut verratend, **energisch, mutvoll,** oculi, cupiditas, oratio, genus dicendi, Cic.: ingenium (Ggstz. ingenium tenue), Quint.

fortitās, ātis, *f.* (fortis) = fortitudo, Gloss.

fortiter, *Adv.* (fortis), **I stark, tüchtig,** astringere, Plaut.: fortius attrahere lora, Ov.: fortius figere pedem, schärfer auftreten (v. müden Stier), Eccl. – **II** übtr.: **a wacker, brav = eifrig,** absumere res, Hor.: venari, Nep. – **b energisch, mit Energie, unerschrocken, mutig, tapfer,** ferre dolorem, Cic.: bellum gerere, Cic.: fortiter fideliterque paratum esse ad dimicandum, Liv. fr.: fortius pugnare, Caes.: fortissime resistere, Caes.

fortitūdo, inis, *f.* (fortis), **I** die phys. **Tüchtigkeit, Dauerhaftigkeit, Haltbarkeit, Stärke, a** übh., Hieron. epist. 64, 10: galeae, Iul. Val. 2, 25 (9): vini, Macr. sat. 7, 6, 17: vinalis, *ibid.* 7, 7, 19 *sq.* – **b** die körperl. leb. Wesen: corporis, Macr. sat. 7, 9, 5: nervorum, *ibid.* 7, 11, 8: absol., Ggstz. imbecillitas, Lact. 2, 8, 28 u. 67. – **II** übtr., die **Tüchtigkeit, Energie, Unerschrockenheit, Tapferkeit** (Ggstz. timor, ignavia), Cic. u. a.: adversus alqm, tapferer Widerstand, Vell.: Plur. fortitudines = (einzelne) Beweise od. **Taten** der Tapferkeit, Cic. de off. 1, 78. Vitr. 10, 16 (22), 1: od. Beweise von Tüchtigkeit, fortitudines angelicae potestatis, Hieron. epist. 51, 5.

fortiusculus, a, um (*Demin.* v. fortis), **ziemlich stark** od. **kräftig,** Sutr. com. fr. bei Fulg. Myth. 3, 8.

fortuītē, *Adv.* (fortuitus), **zufällig,** Gloss. II, 73, 11.

fortuītō, *Adv.*, s. fortuītus.

fortuītū, *Abl., m.* (fortuitus; vgl. Prisc. 15, 24) = fortuito (s. fortuītus), Plaut. 263 *cod. B.* Plin. 8, 57 D. (Mayh. fortuitis). Solin. 2, 48 u. 30, 7 M. Lact. u. a. Spät. (s. Bünem. Lact. 1, 2, 1 u. 5, 20, 14. Muncker Hyg. astr. 2, 20. p. 393). – In Hdschrn. des Auctor ad Herennium, des Cicero u. a. oft Variante von fortuito, s. Hand Turs. 2, 742 *sq.* Madvig Cic. de fin. 5, 33.

fortuītus, a, um, mit langer *Penult.*, wie grātuītus (v. fors), **durch Zufall geschehend, -herbeigeführt, -veranlasst, -sich treffend, zufällig** (Ggstz. naturalis), **a** *adi.*: bonum, Cic.: oratio subita et fortuita, aus dem Stegreif gehaltene (extemporierte), Cic.: sermo, zufällig gewechseltes Gespräch, Tac.: naufragium, Tac.: mors, Ggstz. coacta, Tac.: caespes, vom Zufall dargebotener (= einfacher, natürlicher) Rasenplatz, Hor.: Ggstz., ut mensis, ut dies, ut nox, hora, tempestas, quae sunt naturalia; fortuita autem sacrificia, festi dies, nuptiae, Cic. part. or. 37. – **b** *subst.*, fortuīta, ōrum, *n.*, **Zufälligkeiten, Zufälle,** Tac. ann. 14, 3: u. **zufällige Güter, Äußerlichkeiten,** Tac. ann. 15, 48. – **c** *Abl. adv.* fortuītō, **zufällig, zufälligerweise, von ungefähr, aufs Geratewohl,** Cic. u. a.: casu et fortuito, Cic.: temere ac fortuito, Cic. – Nbf. fortuītū s. bes.

fortūna, ae, *f.* u. Plur. fortūnae, ārum, *f.* (fors), das **zufällige Schicksal,** ein **Ungefähr, Zufall, Glücksfall,** das günstige od. ungünstige **Los, Geschick, I** im Allg.: **A** appellat.: **α** *Sing.*: secunda, prospera, Glück, Ggstz. adversa, Unglück, Cic.: mala fortuna, Unglück, Sen. de clem. 1, 5, 3: beata fortuna, Apul. met. 5, 10: altera, Liv.: durior, Cic.: florentissima, Cic.: integra (Ggstz. afflicta), Cic.: nullane placatae veniet fortuna procellae, glückliches, günstiges Zeichen, Prop.: nondum alteram fortunam (den Wechsel des Glücks) expertus decessit, Liv.: fortunae se od. omnia committere, Cic., fortunae se od. sua permittere, Curt. u. Sen. (vgl. Mützell Curt. 3, 2 [5], 18. p. 35). – **β** *Plur.*, die **Glücksverhältnisse,** das **Geschick,** fortunae secundae, Cic.: fortunas suas laudare, Ter., accusare, Cic.: fortunas suas queri (beklagen), Plaut.: tu fortunas alterius litteris conscriptas in iudicium afferas? du solltest die Existenz eines anderen auf einem Papier vor Gericht mitbringen? Cic. – **B** personif., **Fortūna,** ae, *f.*, die **Schicksals-** od. **Glücksgöttin, Fortuna,** Cic. u. a.: ludus Fortunae, ein Spiel des Sch., Hor.; u. Fortunae pila, ein Ball des Sch., Aur. Vict. (v. Personen): Fortunae filius, Glückskind, Hor.: Fortunae Antiatinae, zwei Schwestern, die unter diesem Namen zu Antium verehrt wurden u. Orakelsprüche erteilten, Suet. – **II** insbes.: **A** ohne den Zusatz secunda od. adversa, **1** = *fortuna secunda,* das **gute Schicksal, Glück,** Cic.: fortunam sibi ipsum facere, Liv.: Hannibali alia in his locis bene gerendae rei fortuna oblata est, Liv. – dah. per fortunas provide, bei deinem Glück, ums Himmels willen, Cic. – **2** = *fortuna adversa,* das **Unglück, Missgeschick,** commiserari fortunam Graeciae, Nep.: arte emendare fortunam, Hor.: contra fortunam paratus armatusque, gegen die Schläge des Schicksals gerüstet u. gewappnet, Cic.: fortunae succumbere, Sen. rhet. – **B** das **Schicksal,** das **Los,** die äußere **Lage,** der **Stand,** die **Stellung,** der **Zustand,** die **Umstände, Verhältnisse, 1** eig.: **a** einer Pers.: magna, hoher Stand, Liv.: infima servorum, Cic.: homines eiusdem fortunae, Ps. Quint. decl.: gradus (Plur.) dignitatis fortunaeque, Liv.: similitudo fortunae, Tac.: ceteri fortunae paratus, Tac.: in utraque fortuna (Vermögensverhältnissen), Nep.: patre libertino humili fortunā ortus, Liv.: oneratus fortunae apparatibus suae, belastet mit allem Zubehör seines (hohen, fürstlichen) Ranges, Liv.: intra fortunam debet quisque manere suam, in seiner Sphäre, Ov. – **b** lebl. Subjj.: corporis, Körperzustand, Quint.: bona belli, Cic. – **2** meton.: **a** das **Los,** der **Teil,** cui cessit triplicis fortuna novissima regni, Ov. met. 5, 368. – **b** die **Glücksgüter,** das **zeitliche Vermögen, Hab und Gut, α** gew. Plur.: alci bona fortunasque adimere, Cic.: fortunis maximis ornatus, Cic.: fortunae (Habseligkeiten) exercitus, Caes.: u. so f. militum, Liv. – **β** selten Sing.: cum gratia fortunaque crevisset, Nep.: quo mihi fortunam, si non conceditur uti, Hor.: cuius ordinis, cuius generis, cuius denique fortunae (Vermögensklasse), Cic. Phil. 1, 30. – arch. Genet. Sing. fortunas, Naev. bell. Punic. I. *v. 6 Vahlen:* Dat. u. Abl. Fortunabus, CIL 5, 8929 u. 6, 182.

fortūnārius, a, um (fortuna), **vom Zufall herbeigeführt,** in haec et huiuscemodi fortunaria (Zufälligkeiten, zufällig eintretende Fälle) dispositis equis, Iul. Val. 1, 44 (41).

fortūnātē, *Adv.* (fortunatus), **gesegnet, beglückt, glücklich,** quam facile et quam fortunate evenit illi, obsecro, mulieri, quam liberare volt amator, Plaut. Epid. 243: bene et f. vivere, Plaut. mil. 706: semper feliciter, absolute, f. vivere, Cic. de fin. 3, 26: nihil satis scite aut f. gestum esse, Liv. 10, 18, 5.

Fortūnātiānus, s. Atilius.

fortūnātim, *Adv.* (fortuno), **zum Glück, zur Wohlfahrt,** Enn. ann. 108 u. Gloss.

1. **fortūnātus**, a, um, *PAdi.* (v. fortuno), **gesegnet, beglückt, glücklich, in glücklicher Lage,** **I** im Allg., v. Pers., homo, Cic.: o fortunate! Komik.: res publica, Cic.: quod bonum atque fortunatum sit, Plaut.: nihil nobis fortunatius, Cic.: fortunatissimus habetur, Cic.: fortunatorum insulae (griech. μακάρων νῆσοι), die Inseln der Seligen, das Elysium (nach griech. Sage im Ozean am Westrand der Erde), Plaut. trin. 549: dies. insulae Fortunatae, Mela 3, 10, 2 (2. § 102). Plin. 6, 202. Flor. 3, 22, 2. Sulp. Sev. dial. 1, 26, 2. Mart. Cap. 6. § 702: insulae, quas Fortunatas vocant, Oros. 1, 2, 11. p. 11, 10 Z. ebenso fortunata nemora, das Elysium, Verg. Aen. 6, 639. – poet., fortunatus laborum, glücklich in seinen Lebensmühen (= nachdem er die L. glücklich überstanden), Verg. Aen. 11, 416. – subst., fortūnātus, ein Glücklicher, ein Glückskind, Komik., Cic. u. a. (Sing. u. Plur.). – **II** insbes., **in glücklichen Vermögensumständen befindlich, begütert, wohlhabend,** fort. homo et nobilis, Cic.: quibus licet iam esse fortunatissimis, Caes.

2. **Fortūnātus**, s. Venantius.

fortūno, āvī, ātum, āre (fortuna), **beglücken, Glück und Segen** zu etw. **geben,** patrimonium tibi di fortunent, Cic.: eumque honorem tibi deos fortunare volo, Cic.: quamcumque deus tibi fortunaverit horam, damit beglücken, beschenken, Hor. – ► Archaist. fortunassint = *fortunaverint,* Afran. com. 80.

1. **Forulī**, ōrum, *m.*, ein Flecken im Sabinischen, j. *Città Tommasa,* Verg. Aen. 7, 714. Liv. 26, 11, 11. – Dav. **Forulānus**, a, um, **forulanisch, von Foruli,** vicani, CIL 9, 4399.

2. **forulī**, ōrum, *m.* (forus), **I** Fächer für Bücher = **Bücherbrett, Bücherbord, Bücherschrank,** Iuven. 3, 219. Suet. Aug. 31, 1. – **II** **niedere Schausitze,** Paul. ex Fest. 84, 14.

forum, ī, *n.* (verwandt mit foras u. foris), **I** übh. ein »länglich viereckiger freier Raum«, u. zwar: **1** als **Vorhof** des Grabes, XII tabb. bei Cic. de legg. 2, 61; vgl. Paul. ex Fest. 82, 12. – **2** als Teil der Kelter, wohin man die auszupressenden Trauben (Oliven usw.) legte, Varro r. r. 1, 54, 2. Col. 11, 2, 71. – **3** Plur., fora = fori, die Schiffsgänge, Gell. bei Charis. 71, 30.

II insbes.: **A** ein längliches Viereck als **Marktplatz, Markt,** wie sie auch bei den Alten fast in jeder Stadt teils zum Verkehr (Kauf u. Verkauf), teils zu öffentlichen Verhandlungen einer od. mehrere angelegt waren, s. Liv. 23, 19, 18 (Forum zu Präneste), Apul. met. 1, 25 (forum cuppedinis = »Naschmarkt« in Hypata in Thessalien). – ad forum ire, Ter.: rectā per forum redire, Phaedr.: statua Praeneste in foro statuta, Liv.

Von den Fora in Rom selbst werden am häufigsten erwähnt: **1** als Versammlungsorte übh.: **a** das älteste, das **forum Rōmānum** (Plin. 3, 66. Tac. ann. 12, 24) od. magnum od. vetus, gew. κατ' ἐξ. bl. forum (Liv. 1, 12, 8; 9, 40, 16. Cic. ad Att. 4, 16, 14 u. sonst oft bei diesen u. a.), eine durch Kunst geebnete Tiefe (154 m lang und 52 m breit), nordwestl. vom Fuße des kapitolin., südl. vom Fuße des palatin. Hügels begrenzt, um das schon Tarquinius Priscus Hallen anlegen ließ (Liv. 1, 35 *extr.*), zwischen denen dann Kaufleute ihre Buden u. Gewölbe (tabernae), bes. die Wechsler ihre Wechselbuden od. -tische (argentariae od. mensae) aufschlugen; später mit einer Menge öffentlicher Gebäude umbaut u. mit unzähligen Statuen geschmückt, Mittelpunkt des öffentlichen Lebens in Rom, wo der vornehme Römer eine bestimmte Zeit des Tages (vor Tische) zubrachte, um Geld- od. Rechtsgeschäfte abzumachen, an den gerichtlichen Verhandlungen teilzunehmen, Neuigkeiten zu hören u. dgl., aber auch der gemeine Römer sich einfand, um sich von den Vornehmen um seine Stimme angehen zu lassen, bes. aber um den müßigen Zuschauer abzugeben, namentlich gegen Abend, wo Wahrsager u. andere Gaukler auf dem Forum ihr Wesen trieben; vgl. Plaut. Curc. 475 *sqq.* Macr. sat. 2, 12, 14. Hor. sat. 1, 6, 113 *sq.* – Nahe an diesem, gleichs. als Erweiterung, lagen, bes. zu gerichtl. Verhandlungen dienend, **b** **forum Caesaris**, von Cäsar angelegt, Suet. Caes. 26, 2. Plin. 16, 236. – u. **c** **forum Augustī**, von Augustus erbaut (Suet. Aug. 29, 1) und mit einer herrlichen Elfenbeinstatue des Apollo geschmückt, Plin. 7, 183. Ov. fast. 5, 552. Ov. ex Pont. 4, 15, 16. Ov. trist. 3, 1, 27 (haec sunt fora Caesaris [sc. Augusti]); bl. forum gen. b. Iuven. 1, 128 (wo Apollo wegen der Gerichtsverhandlungen auf diesem F. iuris peritus heißt). – dah. die Anspielung auf diese drei Fora b. Sen. de ira 2, 9, 4. Mart. 3, 38, 4. Stat. silv. 4, 9, 15. – **d** **forum Traiānī**, von Trajan erbaut, forum, quod (Traianus) aedificavit, Eutr. 8, 5.

2 als bloße Marktplätze, **a** **forum bovārium** od. **boārium**, der **Rindermarkt,** zwischen dem Zirkus Maximus u. dem Tiber, mit einem erbeuteten ehernen Stier geschmückt (vgl. Ov. fast. 6, 478), for. bov., Varro LL. 5, 146 *cod. Goth.* Cic. Scaur. 23. Liv. 10, 23, 3; 22, 57, 6 (vgl. Drak. Liv. 35, 40, 8): for. boar., Varro LL. 5, 146 M. Liv. 21, 62, 2. Val. Max. 1, 6, 5 u. 2, 4, 7. Plin. 34, 10. Tac. ann. 12, 24. Paul. ex Fest. 30, 5: vulg. forum bobarium, Not. Tir. 56, 87. – **b** **forum olitōrium** (**holitōrium**), der **Gemüsemarkt,** südl. vom Theater des Marcellus, zwischen dem kapitolin. Hügel u. dem Tiber, wo die columna lactaria stand, an der man die Kinder aussetzte, Varro LL. 5, 146. Liv. 21, 62, 2 u. 4. Tac. ann. 2, 49. Paul. ex Fest. 118, 6. – Dort wohl auch das **forum coquīnum**, wo die Köche (die zu jedem Gastmahl besonders gemietet wurden) ihre Dienste anboten, Plaut. Pseud. 790. – **c** **forum piscārium** od. **piscātōrium**, der **Fischmarkt,** zwischen der basilica Porcia (neben der Kirche *di S. Tito*) u. dem Vestatempel, Varro LL. 5, 146. Plaut. Curc. 474. Liv. 26, 27, 3 u. 40, 51, 5. Col. 8, 17, 15. – **d** **forum cuppēdinis**, der **Naschmarkt,** bei den Kornelkirschbäumen (ad corneta) zwischen der sacra via u. dem Macellum, Varro LL. 5, 146 (in einer anderen Stadt, Apul. met. 1, 24).

3 vom Forum (bes. vom Forum Romanum) hergenommene **Redensarten,** u. zwar **a** als Mittelpunkt des öffentl. Lebens: scisti uti foro, du hast gelernt, dich in die Welt zu schicken, Ter.: de foro decedere, sich aus dem öffentl. Leben zurückziehen, nicht mehr öffentlich erscheinen, Nep.: verba de foro arripere, die Worte von der Straße aufgreifen (= sich der Worte des gewöhnl. Verkehrs bedienen), Cic. – **b** als Geschäfts-, bes. Wechslermarkt: triduum foro operam dare, sich auf dem Forum herumtreiben (Geldgeschäfte halber), Plaut.: iam triginta annos in foro versari, Geschäfte (als Kaufmann od. Wechsler) machen, Cic.: ratio pecuniarum, quae in foro versatur, auf dem Geldmarkt gang u. gäbe ist, Cic.: cedere foro, bankrott werden, Sen.: u. so foro mersus, bankrott, Sen.: fidem de foro tollere, den öffentl. Kredit vernichten, Cic. – **c** als Ort für Staatsverhandlungen, bes. Gerichtsgeschäfte: forum attingere, anfangen, Staatsgeschäfte zu treiben, bes. als gerichtl. Redner auftreten, Cic.: u. so in foro esse coepisse, Nep.: forum indicit, heißt sie das Forum zum Mittelpunkt ihrer gemeinschaftl. Angelegenheiten (Gerichte u. Verhandlungen) machen, Verg.: fori tabes, die Pest des Forums (d. i. die auf dem F. als Gerichtsort herrschenden niederen Leidenschaften u. dgl.), Tac.: omne forum (Markt = Volk) quem spectat et omne tribunal, Hor. ep. 1, 16, 57. – Sprichw., in alieno foro litigare, weder ein noch aus wissen (wie der, der vor einem fremden Forum prozessiert, dessen Gerichtsgang ihm unbekannt ist), Mart. praef. 12.

B übtr.: **1** ein **Handelsplatz,** Vaga, forum rerum venalium totius regni maxime celebratum, der besuchteste Handels- u. Stapelplatz, Sall. Iug. 47, 1.

2 die **Gerichts-** oder **Kreisstadt** einer Provinz, wo wegen des Zusammenströmens von Menschen Markttage u. Gerichtshöfe waren; dah. (v. Statthalter der Provinz) forum agere, Gerichtstag halten, Recht sprechen, Cic. – u. dav. Name vieler Städte, von denen bei den gelesensten Schriftstellern (sehr viele bei Plin. nat. hist.) vorkommen: **a** **Forum Appiī**, ein vom Zensor Appius Klaudius angelegter Marktflecken in Latium, an der via Appia (s. Appius), nach einigen j. *S. Donato,* Cic. ad Att. 2, 10. Hor. sat. 1, 5, 3. Plin. 3, 64 u. 14, 60. Anton. itin. 107, 4. Vulg. act. apost. 28, 15. CIL 10, 6824. – **b** **Forum**

Aurēlium, tuskischer Flecken an der aurelischen Straße (via Aurelia), von C. Aurelius Kotta kolonisiert, j. *Monte Alto*, Cic. Catil. 1, 24. – **c** **Forum Cornēlium**, Stadt der Lingones im zispadan. Gallien, vom Diktator Korn. Sulla angelegt. j. *Imola*, Cic. ep. 12, 5, 2. – **d** **Forum Gallōrum**, Flecken im zispadan. Gallien, j. *Casiel Franco*, Galba in Cic. ep. 10, 30, 2. **e** **Forum Iūlii** od. **Iūlium**, Stadt im narbon. Gallien, von Jul. Cäsar kolonisiert, j. *Fréjus*, Planc. in Cic. ep. 10, 15, 3 u. 17, 1. Tac. ann. 2, 63: dass. **oppidum Forōiūliēnse**, Tac. ann. 4, 5, u. **colōnia Forōiūliēnsis**, Tac. hist. 2, 14 u. 3, 42; ebenso **Forōiūliēnsium colōnia**, Tac. Agr. 4. – **f** **Forum Vocōnii**, Stadt der Salier im narbon. Gallien, j. *Le Luc* od. *Draguignan* (in der Provence), Planc. in Cic. ep. 10, 17, 1. Lepid. in Cic. ep. 10, 34, 1.

forus, ī, *m.* (ferio), eine »abgeteilte Fläche«; dah. **I** der **Gang**, **a** im Schiff, der **Schiffsgang** (vgl. Charis. 71, 29), Enn. u. Gell.: Plur. fori, Cic. u. Verg. – **b** fori, die durch Gänge abgeteilten Sitze im Schauspielhaus, die **Sitzreihen**, Liv. 1, 35, 8 u. a. – **II** der freie Raum um das Gartenbeet, der Gang, Col. poët. 10, 92. – **III** die Gänge zwischen den Waben, Verg. georg. 4, 250. – **IV** das **Spielbrett, Würfelbrett**, forum aleatorium calfecimus, Aug. bei Suet. Aug. 71, 3. – **V** = forum, **a** = forum *no.* I, 2, Isid. orig. 15, 6, 8. – **b** = forum *no.* II, Pompon. com. 38. Lucil. 146.

Fōsī, ōrum, *m.*, eine germanische Völkerschaft an der Fuse bei Hildesheim, Tac. Germ. 36, 2.

1. fossa, ae, *f.* (fodio), der **Graben**, **I** eig. u. meton.: **A** eig.: fossa vastissima, Cic.: fossam pedum viginti ducere, Caes.: vallum fossamque per tantum spatii ducere, Liv.: fossam facere, fodere, Liv., od. percutere, Plin. ep., od. deprimere, Hirt. b. G.: fossam obducere, praeducere, Caes.: vallo et fossā cingere, Cic.: fossas implere, Liv.: Plur. fossae, v. einem Graben in seiner Ausdehnung u. seinen verschiedenen Punkten, Caes. b. c. 3, 46, 5 (vgl. *no.* c). – Insbes.: **a** die **Grube**, das **Loch**, Lucr. 5, 482. Liv. 23, 47, 6. Auct. b. Afr. 50, 4. Tac. ann. 1, 65. Hor. sat. 1, 8, 28. Ov. fast. 4, 821 u. a. – **b** die **Wasserrinne**, der **Abflussgraben**, Verg. georg. 1, 326. – **c** der **Kanal**, das **Flussbett**, Rheni, Cic.: navigabilis, Tac.: advecta fossā onera, Plin. ep.: inchoare fossam ab Averno Ostiam usque, Suet.: ab lacu Averno navigabilem fossam usque ad ostia Tiberina deprimere, Tac.: Plur. fossae v. einem Kanal in seiner Ausdehnung u. seinen verschiedenen Punkten, fossae Cluiliae, Liv. 2, 39, 5: u. so Plin. 3, 34. Suet. Claud. 1, 2. – **d** die **Furche**, die gezogen wurde, um die Linie zu bezeichnen, auf der die Mauer einer zu gründenden Stadt errichtet werden sollte (vgl. Varro LL. 5, 143), Verg. Aen. 7, 157. Ov. fast. 4, 839. – **e** das **Grab**, CIL 6, 10185, wo usque at fotsa(m) = fossam. – **B** meton., die **Grenze**, Tert. adv. haeret. 10. – **II** übtr., wie βόθρος, von der weiblichen Scham, Priap. 83, 32; und v. After eines Cinäden, Iuven. 2, 10.

2. Fossa Cluilia od. **Cloelia**, s. Cloelius.

fossātum, -**ātus**, s. fosso *no.* I.

fossibilis, e (fodio), **ausgegraben**, foveae, Arnob. adv. nat. 2, 17 *Reiff.*

fossīcius, a, um (fossus, a, um), **ausgegraben**, creta, sal, Varro r. r. 1, 7, 8: arena, Varro r. r. 1, 7, 8. Vitr. 1, 2, 8 u. ö. Plin. 36, 175. Pallad. 1, 10, 1.

fossilis, e (fodio), **ausgegraben**, argilla, Caes. b. G. 6, 43, 1 (andere Lesart fusilis, w. vgl.): sal, Varro u. Cels.: arena, Plin. u. Pallad.: ebur Plin.: flumen, Kanal, Amm. 24, 6, 1.

fossio, ōnis, *f.* (fodio), **I** das **Graben**, **a** das **Umgraben** des Bodens, Cic. de nat. deor. 2, 25. Col. 4, 14, 2 u. a.: Plur., fossiones agri, Cic. de sen. 53. – u. das **Umgraben der Erde** um den Weinstock, Pallad. 4, 7, 2. Isid. 17, 5, 30. – **b** das **Graben** = Ausgraben, fossio puteorum u. Plur. fossiones puteorum, Vitr. 8, 6 (7), 12. – **II** meton., die **Grube**, Vitr. 8, 1, 5.

fosso, (āvī), ātum, āre (*Intens.* v. fodio), **I** = fodio, nur im *Partic.* subst., **a** fossātum, ī, *n.*, der **Graben**, Pallad. u. a. – insbes. = τάφος, das **Grab**, Gloss. – **b** fossātus, ī, *m.*, der **Graben** (franz. *fossé*), Gromat. vet.: finalis, *ibid.* – **II** **stechen, durchbohren**, fossari corpora telis, Enn. ann. 571.

fossor, ōris, *m.* (fodio) = σκαφεύς, ὀρυκτής (Gloss.), der **Gräber**, **I** eig.: **A** des Ackers, Weinberges, Verg., Col. u. a. – poet. übtr. = ein **gemeiner** u. **ungebildeter Mann**, Catull. 22, 10. Pers. 5, 122. – **B** im Bergwerk, der **Bergmann**, Vitr. 7, 8, 1. Calp. ecl. 4, 118: metallorum foss., Erzgräber, Hieron. adv. Iovin. 2, 6. Vgl. aurifossor. – **C** der **Minierer**, Stat. Theb. 2, 418. – **D** = κοπιάτης, der **Totengräber**, Murat. inscr. Christ. 1970 *no.* 1. 2. 3 u. 6. CIL 6, 9655. – **II** übtr., der **Hurer**, Auson. epigr. 65, 7. p. 213, 24 Schenkl.

fossōrius, a, um (fodio), zum **Stechen** od. **Graben geeignet**, pars (securis), Isid. 19, 19, 11. – subst. **fossōrium**, iī, *n.*, das **Grabscheit**, Isid. 20, 14, 7; vgl. Gloss. ›fossorium, ὄρυξ‹.

fossrīx, rīcis, *f.* (*Femin.* zu fossor), die **Gräberin**, ohne Beleg bei Charis. 44, 12.

fossula, ae, *f.* (*Demin.* v. fossa) = ὀρυγμάτιον, ein **kleiner Graben**, eine **kleine Grube**, ein **kleines Loch**, Col. 11, 3, 54. Gromat. vet. 342, 21 u. 360, 8: Plur., Cato r. r. 161, 4. Col. 12, 46, 3.

fossūra, ae, *f.* (fodio), **I** das **Graben**, Col. 4, 14, 2 u. a. Pallad. 10, 14, 2. – Plur., fossurae puteorum, Vitr. 5, 9, 8: fossurae montium, die Abtragungen, Suet. Cal. 37, 3: absol., tres fossurae, Col. 4, 28, 2. – **II** meton., der **Graben**, summa, Vitr. 8, 1, 4: superior, inferior, CIL 8, 2728, 26 u. 29: Plur., *ibid.* 8, 2728, 24.

fostia, ae, *f.*, archaist. = hostia, Paul. ex Fest. 84, 5.

fostis, is, *m.*, archaist. = hostis, Paul. ex Fest. 84, 5.

fōtor, ōris, *m.* (foveo), der **Pfleger**, nutritor et fotor, Augustin. serm. 23, 3.

fotsa, s. 1. fossa *no.* I, A, e.

fōtus, ūs, *m.* (foveo), das **Wärmen** (gew. im Abl. Sing. od. Plur.), **I** eig.: **a** im Allg., Amm. 21, 2, 3: solis, Lact. 1, 12, 7. Ambros. de off. 1, 14, 55. – u. das **Brüten** der Hühner, Chalcid. Tim. 222. – **b** als mediz. *t. t.*, das **Bähen**, Plin. 23, 14 u. a.: fotus (Nom. Sing.) ex aqua calida, Cael. Aur. de morb. chron. 2, 7, 97. – **II** übtr., Prud. c. Symm. 2, 584 u. a. Mart. Cap. 1. § 35. – ► Dat. fotuī, Cass. Fel. 62. p. 155, 11 *Rose.*

fovea, ae, *f.* (verwandt mit fundo), die **Grube**, **I** im Allg., Lucr. 2, 476. Verg. georg. 3, 558. – **II** insbes., **a** die **Fallgrube** für das Bild, uri foveis capti, Caes.: iacens in fovea lupus, Phaedr.: in foveam incīdere, Cic. – bildl., in foveam decīdere, Lact., paene in foveam decīdere, Plaut.: alqm foveā decipere, Plaut.: in quam foveam luxus et superbiae successuum continuatione pervenit, Macr.: irrefutata haec tamquam foveam praetergressa est, Lact. – **b** am menschl. Körper, genitales feminae foveae, v. Mutterleib, Tert. de anim. 19. – **c** die **Lücke** in einer Schrift, Tert. adv. Marc. 5, 13.

fovēla (fovella), ae, *f.* (foveo), die **Pflege, Labung**, Tert. de anim. 7.

foveo, fōvī, fōtum, ēre (verwandt mit faveo, favilla), eig. **nähren, erquicken, pflegen;** dah. **I** **wärmen, warm halten**, **A** eig.: **1** im Allg.: epulas foveri foculis ferventibus, Plaut.: pullos pennis, Cic.: ova, brüten, Plin.: pulli a matribus exclusi fotique, Cic.: sinu od. gremio, auf dem Schoß haben, auf den Schoß nehmen, Verg.: amplexu, umarmen, Verg. – **2** insbes., einen Körperteil usw. zur Stärkung **bähen, baden**, genua calido aceto, Col.: nares vapore calido, Cels.: vulnus lymphā, Verg.: artus, Ov.: ventrem alienum, maestum fovere, ex molito hordeo uti cataplasmā, Lucil. 813. – dah. poet.: **a** = **heilen**, ora, Verg. georg. 2, 135. – **b** übh. = **ruhen lassen, stützen**, colla, Verg. Aen. 10, 838. – **B** meton.: gleichsam **warm halten** = sich unausgesetzt wo aufhalten, sein Tun und Treiben haben, humum, Verg.: larem sub terra, Verg.: castra, sich im Lager verschanzt halten, Verg.: hiemem inter se luxu, quam longa, fovere, sie tun sich gütlich (schwelgen) den langen Winter hindurch, Verg. Aen. 4, 193. – **II** übtr.: **1** **bei sich hegen, lebendig erhalten**, alqd in pectore, Plaut.: famam inanem, die unbegründete (eitle) Meinung, Verg.: vota animo, Ov.: spem, Liv.: tenditque fovetque (Iuno) m. folg. *Acc.* u. *Infin.*, Verg. Aen. 1, 18. – **2** **hegen u. pflegen**, alqm, Cic.: sensus hominum, die Sinne kitzeln, Cic.: Caesaris in nos amorem, Cic. – **3** **begünstigen, unterhalten, unterstützen**, voluntatem patrum, Liv.: bella, Verg.: vitam, Tibull.: alcis spem, Liv.: alcis periculum, jmd. stürzen helfen, Plin. ep.: alqm certā spe, Liv.: ingenia et artes, Suet.: alias partes, Liv.: suum sanguinem fovere ac tollere, Tac. – ► Infin. fovēre gemessen, Lucil. 813. – vulg. Nbf. fovo, āre, wov.

Konj. Präs. Pass. fover = fovear, Ven. Fort. carm. 11, 9, 2. – vulg. fobeo, wov. Inf. fobēre, CIL 10, 478, 13.

fovimentum, s. fōmentum.

fovo, āre, s. foveo ►.

fraceo, ēre (fraces), **ranzig sein, stinken,** übtr. = missfallen (vgl. Paul. ex Fest. 90, 11. Placid. gloss. V, 22, 11), sin fracebunt condiciones, *Enn. tr. 401 (301) (Vahlen fr. scen. 344 flaccebunt).

fracēs, um, *f.* = ἐλαίου τρυγία (Gloss.), **Öldruse, Ölhefe,** Cato r. r. 64, 2. Col. 6, 13, 3.

fracēsco, fracuī, ere, (fraces), **in Gärung kommen, ranzig-, stinkend werden,** olea fracescit, Varro: oleum fracescit, Col.: terra fracescit, gährt, amalgamiert sich, Cato r. r. 128: sane sic iumentum liga (binde), quamdiu fracescat, Pelagon. veterin. 12 (211 *Ihm*).

fracidus, a, um (fraces), **teig, sehr weich,** von Früchten, Cato r. r. 64, 1: v. Fleisch, caput caninum fr., Pelagon. veterin. 12 (204 *Ihm*).

frāctāria, ae, *f.* (frango), der **Sprenghammer** des Bergmanns, Plin. 33, 71.

frāctē, *Adv.* (fractus), **weibisch,** loqui, Phaedr. append. 8, 2 M.

frāctio, ōnis, *f.* (frango), das **Brechen, Zerbrechen,** panis, Eccl.

frāctor, ōris, *m.* (frango), der **Zerbrecher,** fr. ligni, Augustin. c. Secund. 19: fractores ferularum, v. Parasiten, an denen die ferulae zerschlagen werden, Sidon. epist. 3, 13, 4.

frāctūra, ae, *f.* (frango), **I** das **Brechen, Zerbrechen,** calculi, Cels. 7, 26, 3. – **II** meton., der **Bruch** eines Körperteils, Cato, Cels. u. a.: Plur., Firm. math. 3, 13, 4.

1. frāctus, a, um, *PAdi.* (v. frango), **kraftlos, a** übh. **schwach, matt,** animus, Cic.: pronuntiatio, Plin. ep.: murmur soni, dumpf, Tac.: quid est tam fractum, tam minutum? Cic.; vgl. corruptum et omnibus vitiis fractum dicendi genus, gleichs. brüchig, Quint. – fractior spes, entmutigter, Cic. de amic. 59. – poet. m. folg. *Genet.*, fractus opum, geschwächt betreffs seiner Macht, Sil. 13, 876. – **b weichlich, weibisch, unmännlich,** vox, Iuven.: gressus, Petron.

2. frāctus, Abl. ū, *m.* (frango), das **Brechen,** Probi append. 192, 11 K.

fraen…, s. fren…

fragēsco, ere = frangi, Acc. tr. 26 u. 338.

fragilis, e (frango), **zerbrechlich, I** eig. u. meton.: **A** eig.: rami, Verg.: myrtus, Hor.: aristae, Ov.: aes malleis f., Plin.: poma, weniger saftreiche, trockene (Ggstz. sucosa), Cels. – **B** meton., **knatternd, prasselnd, knackernd,** laurus, Verg.: manus, Prop.: sonitus, Lucr. – **II** übtr., **zerbrechlich, hinfällig, a** = **vergänglich, unbeständig,** Cic. u. a.: vita fragilior, Plin. – **b** = **schwach, kraftlos, entnervt,** anni, Ov.: Pediatia, Hor.: eos (Romanos) foris invictos, domi fragiles esse, Iustin. – ► *Compar.* fragilior, Plin. 7. praef. § 5; 11, 97: *Superl.* fragilissimus, Acc. ann. fr. bei Prisc. 6, 84. Hieron. in Ezech. 4, 1. Arnob. 1, 51. Boëth. cons. phil. 3, 8, 12. p. 65 P.

fragilitās, ātis, *f.* (fragilis), die **Zerbrechlichkeit, I** eig., Plin. 12, 65 u. a.: Ggstz. flexibilitas, Augustin. c. Secundin. 19. – **II** übtr., die **Gebrechlichkeit, Hinfälligkeit, Vergänglichkeit,** generis humani imbecillitas fragilitasque, Cic.: naturae communis, Cic.: fr. humana, Plin. pan. u. a.: fragilitatis obliti, Sen.

fragiliter, *Adv.* (fragilis), **zerbrechlich** = **vergänglich,** ut vitrea laetitia comparetur fragiliter splendida, Augustin. de civ. dei 4, 3. p. 149, 8 D.[2]

fragium, iī, *n.* (frango), der **Bruch,** crurum, Apul. met. 9, 23.

fraglo, āre, s. fragro.

frāgmen, inis, *n.* (frango), **I** das **Brechen,** der **Bruch,** Sil. 1, 372. Val. Flacc. 3, 477: radii, die Strahlenbrechung, Chalcid. Tim. 241: offensantis linguae fragmen, die gebrochenen Laute der stammelnden Zunge, Min. Fel. 2, 1. – **II** ein **abgebrochenes Stück, Bruchstück,** im Plur. auch = **Trümmer,** ingens montis, Verg.: subsellii, Vell.: Plur., fragmina navigii, Ov.: subselliorum, Suet.: favorum, Col.: panis, Brocken, Suet.: taedas et fragmina ponere, Kienspäne u. Reisholz, Ov.

frāgmentum, ī, *n.* (frango), ein **abgebrochenes Stück,** ein **Bruchstück, Splitter,** im Plur. auch = **Trümmer,** lapidis, Cic.: saxi, Plin.: tegulae, Iul. Obs.: acutum (hastilis), Liv.: parvulum fr. ossis, Knochensplitter, Cels. – Plur., fragmenta saeptorum, Cic.: subsellii, Liv. epit.: tegularum, Liv.: navium, Sall. fr.: ramorum, Liv.: muricum ostrearumque, Mela: panis, Brocken, Lucil. u. Plin.: panis absumpti, Sulp. Sev. – poet. übtr., Emathiae fragmenta ruinae, Trümmer, Überbleibsel (des Heeres), Lucan. 9, 33.

fragor, ōris, *m.* (vgl. σφαραγέομαι, ich prassele, zische), **I** das **Zerbrechen,** Lucr. 1, 747. – **II** übtr., das **Krachen, Prasseln, Getöse,** einstürzender Häuser, Liv.: des Donners, Ov.: des Meeres, Verg.: caeli, Sen.: caelestis, Donner, Quint. cadentis Nili, Sen.: vocum lituorumque intonante fragore, Amm.: Plur., Verg. Aen. 5, 228. Val. Flacc. 5, 482: fragorem dare, krachen, prasseln, Lucr. u. Ov.: ebenso fragorem edere, Plin.: aquae per gradus cum fragore labentes, Sen. – dah. **a** der **laute Beifall,** durch Händeklatschen usw., Quint. 8, 3, 3. – **b** das **Gerücht,** Val. Flacc. 1, 753.

fragōsē, *Adv.* (fragosus), **mit Getöse,** *Compar.* fragosius, Plin. 16, 47.

fragōsus, a, um (fragor), **I voller Brüche, brüchig, zerbröckelt, A** eig.: fragosa putri corpore, Lucr. 2, 860. – **B** übtr., **rau, uneben, holperig,** silva, Ov. u. Ambros.: mons, Gratt. – von der Rede, oratio, Quint.: versus, Diom.: *neutr. plur.* subst., fragosis offendi, Quint. 9, 4, 116. – **II voller Getöse, krachend, rauschend,** lux, Val. Flacc.: torrens, Verg.

fragrāns, antis, *PAdi.* (v. fragro), **wohlriechend, duftend,** mella, Verg. georg. 4, 169; Aen. 1, 436: fragrantissimum unguentum, Apul. met. 10, 21: fragrantissimus spiritus, Mart. Cap. 1. § 85.

fragranter, *Adv.* m. *Compar.* (fragrans), **wohlriechend, duftend,** fragrantius spirare, stärker duften, Solin. 38, 6.

fragrantia, ae, *f.* (fragro), der starke **Wohlgeruch,** den eine Sache ausströmt, unguentorum, Val. Max. 9, 1. ext. 1: vestimentorum, Vulg. gen. 27, 27: bildl., bonorum morum, Ambros. in Luc. 6. § 15.

fragro (Nbf. fraglo), āre (zu ahd. *bracko,* Spürhund, mhd. *braehen,* riechen), von od. nach etw. **stark riechen, duften,** odore Assyrio, Catull.: unguento, Sall.: fragrantes thymo colles, Ps. Quint. decl.: suaviter flagrat unguentum, Augustin. – u. m. *Acc.* vinum, Solin.: bonum odorem, Ambros.: balsama, cinnama, Apul. Vgl. fragrans.

frāgum, ī, *n.* (aus *frāgrōm zu fragro, duften), **I** die **Erdbeere** (*Fragaria vesca,* L); Plur. fraga, Plin. 15, 98. Verg. ecl. 3, 92. Ov. met. 1, 104. – **II** das **Erdbeerkraut,** Ps. Apul. herb. 38.

framea, ae, *f.* (im Altdeutschen *brame,* Stachel, von *bremen,* stechen, woraus auch Bremse u. Brombeere), **I** der **Spieß, Speer** der Germanen mit kurzer eiserner Spitze, Tac. Germ. 6 u. 8. Gell. 10, 25, 2. Iuven. 13, 79. – **II** = romphaea (s. d.), Augustin. in psalm. 149, 12 u. a. Vulg. psalm. 16, 13. Isid. orig. 18, 6, 3.

Francī, ōrum, *m.*, die **Franken,** Claud. de cons. Stil. 1, 227. Vopisc. Procul. 13, 4. Eumen. pan. 18, 3 u. a.: Sing. Francus, ī, *m.*, der **Franke** (kollektiv), Eumen. pan. Constant. 21, 1. – Dav.: **A Francus,** a, um, **fränkisch,** lingua, Hieron. vit. Hil. 22. – **B Francia,** ae, *f.*, das **Frankenland, Franken,** Claud. de cons. Stil. 1, 237. Auson. prec. (VI) 29. p. 18 Schenkl u. Mosella 434. Eumen. pan. Constant. 10, 2. Amm. 30, 3, 7. – **C Francicus,** a, um, **fränkisch,** auxilia, Treb. Poll. Gallien. 7, 1: vota, Ven. Fort. carm. 9, 4, 8. – als Beiname = der **Besieger der Franken,** Vopisc. Prob. 11, 9. – **D Franciscus,** a, um, **fränkisch,** Isid. 18, 6, 9.

Franco, ōnis, *m.*, der **Franke,** Prob. cath. 10, 1 K.

frango, frēgī, frāctum, ere (gotisch *brikan,* ahd. *brehhan*), **brechen, zerbrechen, zerschmettern, zerstückeln, zermalmen, I** eig.: u. übtr.: **A** eig.: **1** im Allg.: anulum, Cic.: patinam, Hor.: alci crura, talos, Sen. u. Suet.: domum lapidum coniectu, Cic.: medium parietem farcire fractis caementis (mit Schutt), Plin.: laqueo gulam, die Kehle zuschnüren, erdrosseln, Sall.: cervices alcis frangere, jmdm. den Hals umdrehen, Cic.: caules, einknicken, Hor.: fores, an der T. reißen (rasseln), Plaut.: glaebas rastris, Verg.: panem minutatim (v. Christus), Lact.: exuvias boum aceto, erweichen, Val. Flacc.: comam in gradus, in Flechten brechen, -teilen, Quint.: torum, zusammendrücken = auf ihm sitzen, Mart.: undam ulnis, mit den E. brechend, -teilend durchschwimmen, Sil.: so auch amnem od. vadum nando, Lucan. u. Sil. – fluctus frangitur a saxo, bricht sich (zerschellt) an dem Felsen, Cic. – **2** insbes.: **a** Getreide **zerstoßen, zermahlen, schroten,** hordeum molis, Plin. 18, 72: grana molis, Plin. 18, 116 (vgl. utriusque [lapidis] attritu grana franguntur, Sen. ep. 90, 23): frumenta aquariis molis, Pallad. 1, 42: tracto pars frangit adorea saxo farra, Val. Flacc. 2, 448: frangere fruges saxo, Verg. georg. 1, 267 u. Aen. 1, 179: femina pro lana Cerealia munera frangit, Ov. ex Pont. 3, 8, 11: quodcumque est solidae Cereris, cava machina frangat, Ov. fast. 6, 381: hordea lenta iube scabrā frangat asella molā, Ov. medic. fac. fem. 58. – **b** (den Brechenden als leidend gedacht), unser etwas **brechen** = einen Bruch an einem Glied usw. erleiden, brachium, Cic. u. Cels.: crus, femur, Cels.: coxam, Plin. ep.: venando iugulum et costam, Spart.: pedem, Augustin.: cornu (v. der Ziege), Ov.: navem, Schiffbruch leiden, Rhet. Her.: u. so navem apud Andrum insulam, Ter.

B übtr.: **a** von einer fehlerhaften Einteilung, hoc est non dividere (einteilen), sed frangere (zerstückeln), Cic. – **b** etwas seiner physischen Stärke nach **brechen** = vermindern, quotiens (F) aliquam consonantium frangit, einen K. durch sein Dazwischentreten (zwischen ihn u. den Vokal) minder hörbar macht, Quint. 12, 10, 29 (*cf.* 1, 4, 11). – u. refl. se frangere, bersten, springen, v. Kälte u. Hitze, Varro u. Cic. (vgl. fractis aestibus, Cels.: glacies se frangit, Sen.). – fracti sonitus tubarum, die sich brechenden, bald stärkeren, bald schwächeren (»der schmetternde Hall«, Voß), Verg. georg. 4, 72. – **c** iter, vom Weg abgehen, die Richtung verlieren, Stat. Theb. 10, 183 u. 12, 232. – **d** eine Zeit **kürzen,** diem morantem mero, Hor. carm. 2, 7, 7. – **e** **schwächen, hemmen,** equorum cursum delicati minutis passibus frangunt, Quint. 9, 4, 113.

II bildl.: **1** **brechen** = **a** **schwächen, entkräften** (oft verb. mit debilitare, s. Manutius Cic. ep. 1, 9, 2. p. 57. Ruhnken Ov. her. 9, 6. Pabst Tac. dial. 39), nervos mentis, Quint.: vim, opes, Cic.: furorem alcis, Cic.: bellum proeliis, Cic.: audaciam, Cic.: se laboribus, Cic.: (Plato) me ipsā suā auctoritate frangeret, würde meine Ansicht erschüttern, mich bestechen, Cic.: sententiam alcis, den Vorschlag entkräften, Cic.: alcis consilium, vereiteln, Cic.: soriten, widerlegen, Cic. – m. *ab* u. Abl., alqm differendo pugnam ab impetu, in seinem Ungestüm lähmen, Eutr. 3, 9. – **b** = **verweichlichen,** pectora virorum durata carmine, Sil.: viros in Venerem, Petr.: histrio fractus in feminam, Hieron. epist. 79, 9. – **2** **brechen** = **a** **bändigen, bezähmen, überwältigen, bewältigen, bezwingen,** Corcyraeos, Nep.: se, Cic.: nationes, cupiditates, impetum, Cic.: concitatos animos, die erhitzten Gemüter durch Gewalt zur Ruhe bringen, Liv.: frangi cupiditate, metu, dolore, bewältigt, bezwungen werden von usw., Cic. – **b** = **mutlos machen, entmutigen, niederbeugen, demütigen** (Ggstz. erigere; vgl. Nep. Them. 1, 3), contumelia eum non fregit, Nep.: Clodium, Cic.: animos, Iustin.: dah. frangi animo u. bl. frangi, mutlos werden, Cic. u. Nep. – **3** jmds. **Sinn brechen,** jmd. **erweichen, auf andere Gedanken bringen,** fletus fregere virum, Liv.: te ut ulla res frangat, Cic.: alcis misericordiā frangi, Cic.: alqā re ita flecti animo atque frangi, ut etc., Cic. – **4** **brechen** = **verletzen,** fidem, dignitatem suam, foedus, Cic.: mandata, nicht gehörig ausrichten, Hor.

fratellī, ōrum, *m.,* s. fratillī.

frāter, tris, *m.* (altindisch *bhrā́tar-*, griech. φράτηρ, Mitglied einer φρατρία, d. h. Sippe, ahd. *bruoder*), der **Bruder, I** eig.: frater meus, Cic.: filius et fratris filius, Caes.: frater et soror, Nep., fratres sororesque, Sen.: uxor fratris, Schwägerin, Liv.: uxoris u. tuae uxoris frater, Schwager, Suet. u. Cic.: fratris filia, Nichte Sen.: consulis frater matre eādem genitus, leiblicher Br., Liv.: hic eius geminus est frater, Zwillingsbruder, Plaut.: u. so fratres gemini, Cic., od. (poet.) gemelli, Ov., Zwillingsbrüder: germanus, leiblicher Bruder, der dieselben Eltern, wenigstens den gleichen Vater hat, Cic.: fratres uterini, Brüder von **einer** Mutter, Cod. Iust. 5, 62, 21: dii fratres, Suet, od. fratres gemini, Ov., Kastor u. Pollux. – v. Hunden, Ov. met. 3, 220. Gratt. cyn. 299. – **II** übtr.: **A** fratres, **Geschwister, Bruder u. Schwester,** wie ἀδελφοί, Tac., Eutr. u. ICt.: decem quidam fratres fuerunt, quorum septem sunt mares, duo feminae, Augustin. – **B** das Geschwisterkind, der **Vetter,** wie ἀδελφός, **a** frater patruelis, der **Vaters-Bruderssohn,** Cic. Planc. 27; vgl. Cic. de fin. 5, 1 (L. Cicero *frater* noster, cognatione *patruelis*, amore *germanus*) u. Liv. 35, 10, 8 (pro fratre *germano*, non *patrueli* se petere aiebat). – u. im Zshg. gew. (wie ἀδελφός) bl. frater, Cic. Clu. 60. Cic. ad Att. 1, 5, 1. Ov. her. 8, 28. Ov. met. 13, 31 u. a. (s. Drak. Liv. 35, 10, 9. Ruperti Tac. ann. 3, 38, 1). – **b** der **Mutter-Schwestersohn,** Cic. post red. in sen. 25. – **c** der **Schwestermann, Schwager,** Liv. 28, 35, 8. – **C** **Bruder,** als Liebkosungswort, **a** = Freund, Timarch. b. Cic. Verr. 3, 155. Hor. ep. 1, 6, 54 u. a.: v. Tieren, salve, frater! Phaedr. 1, 31, 5 (der Esel zum Eber). – dah. frater als publiz. Ehrenname der Bundesgenossen, Caes., Cic. u. a. – **b** = Geliebter, Petron. 9, 2 u. a. – **D** fratres, wie ἀδελφοί, **Brüder,** von zusammengehörigen, gleichartigen Dingen, v. Bergen, Mela u. Plin.: positi ex ordine fratres, v. Schriften, Ov.: o nummi … vos estis fratres, Iuven. – ► vulg. Genet. Plur. fratruum, Itala (Wirc.) Ierem. 41 (48), 8. – eine falsche Form ist fratrium, CIL 5, 4430.

frāterculo, āre (fraterculus), **als Brüder zusammen heranwachsen,** übtr., fraterculabant mulieri papillae, schwollen gemeinsam an, Plaut. fr. b. Fest. 297 (b), 1.

frāterculus, ī, *m.* (*Demin.* v. frater), das **Brüderchen,** Iuven. 4, 98: als Liebkosungswort, Timarch. b. Cic. Verr. 3, 155.

frāternē, *Adv.* (*fraternus*), **brüderlich, wie ein Bruder, I** eig.: facere, Cic.: interrogare, Hieron. epist. 58, 5: huic tu epistulae non fraterne scriptae fraterne debes ignoscere, Cic. – **II** übtr. = innig, herzlich, ab alqo amari, Cic.

frāternitās, ātis, *f.* (fraternus), **I** die **Brüderlichkeit,** das **brüderliche Verhältnis, a** eig., Ps. Quint. decl. 16, 4: fraternitatis vinculum, Lact. 5, 6, 12: renovare fraternitatem, Vulg. 1. Mach. 12, 10. – **b** übtr., zwischen Bundesgenossen, Tac. ann. 11, 25. – **II** meton., die **Brüderschaft** = die **Brüder,** Cypr. epist. 15, 2 u. a. Eccl. (s. Paucker Spicil. p. 286 u. Suppl. p. 297).

frāterno, āre (= fraterculo s. d.), Paul. ex Fest. 91, 1.

frāternus, a, um (st. fraterinus, v. frater), **brüderlich, Bruder-, I** eig.: hereditas, vom Bruder kommende, Cic.: lyra, vom Bruder Merkur erhaltene, Hor.: nex, Brudermord, Hor.: fraternis Iuppiter subdidit undis, Meer, Ov. – **II** übtr.: **A** **brüderlich** = **verwandtschaftlich, vetterlich,** sanguis, Verg.: pectora, Val. Flacc. – subst., fraterna peto, die Waffen des Geschwisterkindes Achill, Ov. met. 13, 31. – **B** = **innig befreundet, freundschaftlich,** amor in nos, Cic.: animi, Hor.: foedus, Hor.

fratillī, ōrum, *m.,* **Troddeln, Fransen,** Paul. ex Fest. 90, 11. – Nbf. fratelli, Plac. gloss. V, 22, 23.

frātrābiliter, *Adv.* (*fratrabilis v. frater), **brüderlich,** CIL 4, 659.

1. frātria, ae, *f.* (fratrius), **des Bruders** od. **des Mannes Brudersfrau,** die **Schwägerin,** Paul. ex Fest. 90, 5. Non. p. 557, 9.

2. frātria, ae, *f.* (φρατρία), eine politische Volksabteilung in Athen, eine Unterabteilung der φυλή, wie in Rom die curia der tribus, Varro LL. 5, 85.

frātricīda, ae, *m.* (frater u. caedo), der **Brudermörder,** Cic. de domo 26. Nep. Timol. 1, 5. Not. Tir. 53, 11[a].

frātricīdium, iī, *n.* (fratricida), der **Brudermord,** Tert. de monog. 4 u. a. Eccl.

frātrissa, ae, *f.* (frater), **des Bruders Frau,** die **Schwägerin,** Isid. 9, 7, 17.

frātro, āre = fraterculo (s. d.), Placid. gloss. V, 22, 28. Vgl. Paul. ex Fest. 91, 1.

frātruēlis, is, *m.* (frater), **des Vaters Bruderssohn, Geschwisterkind** (s. Isid. 9, 6, 15), Hieron. epist. 22, 26.

fraudābilis, e (fraudo), **trügerisch,** Cassiod. var. 1, 37, 3 zw.

fraudātio, ōnis, *f.* (fraudo), die **Übervorteilung, Betrügerei** (Ggstz. fides [Ehrlichkeit], Cic. Cat. 2, 25), Plaut. asin. 257. Cic. de off. 3, 70: fraudationis causā latitare, Edict. bei Cic. Quinct. 60, gesta esse, Edict. bei Ulp. dig. 42, 8, 1.

fraudātor, ōris, *m.* (fraudo), der **Übervorteiler, Betrüger,** Cic. Flacc. 48. Phaedr. 1, 16 (18), 1: m. *Genet.*, fr. creditorum, Cic. Phil. 13, 26: beneficiorum, Sen. de ben. 4, 26, 3: praedae interceptor fraudatorque, Liv. 4, 50, 1.

fraudātōrius, a, um (fraudator), die **Betrüger betreffend,** ICt.

fraudātrīx, trīcis, *f.* (Femin. zu fraudator), die **Betrügerin,** Tert. de res. carn. 12.

fraudiger, gera, gerum (fraus u. gero), **betrügerisch,** suadelae, Tert. in genes. 114.

fraudo, āvī, ātum, āre (fraus), jmd. **übervorteilen, bevorteilen, betrügen, beeinträchtigen,** mit *Abl.* = jmd. um etw. **bevorteilen, betrügen,** u. übh. **um** etw. **bringen,** etw. **entziehen, vorenthalten, I** eig.: creditores, Cic.: se victu suo, Liv.: alqm cibo victuque, Liv.: alqm magnā pecuniā, Cic.: milites praedā, Liv.: alqm somno, Ov.: artus animā, Ov.: alqm testimonio, Vell.: alqm debitā laude, Quint.: nationes suā gloriā, Plin.: se victoriae fructu, Liv.: fraudari triumpho, um die Aussicht auf den Tr. gebracht werden, Liv. – m. dopp. *Acc.*, qui fraudant mercedem mercennarios, Itala Malach. 3, 6 bei Augustin. de civ. dei 20, 25. p. 472, 5 D.[2] – Partiz. subst., fraudāta, ōrum, *n.*, die unterschlagenen Summen, fraudata restituere, Caes. b. c. 3, 60, 5. – **II** übtr.: **A** etw. **durch Bevorteilung entziehen, schmälern, kürzen, unterschlagen,** stipendium equitum, Caes.: saturitate fraudatā, geschmälert, Plin.: propter fraudatas nuptias, entzogenen, nicht gewährten, Iustin. – **B hintergehen, betrügerisch verletzen,** legem, Ter. Clem. dig. 35, 1, 64. – ► arch. fraudassis = *fraudaveris,* Plaut. rud. 1345.

fraudulenter, *Adv.* m. *Compar.* (fraudulentus), **betrügerisch,** Cato orat. 70. fr. 3 (bei Non. 510, 21). Col. 1, 8, 18. Iustin. inst. 1, 26. § 11 u. 12. Ambros. in cant. cantic. 2. § 60: *Compar.* fraudulentius, Plin. 30, 89.

fraudulentia, ae, *f.* (fraudulentus), **die Neigung zum Betrügen, Betrüglichkeit,** Plaut. mil. 193 Br. Ambros. epist. 2. § 13 u. 16.

fraudulentus, a, um, *PAdi.* (fraus), **betrügerisch, gaunerisch,** ein **Gauner,** malitia, Plaut.: Carthaginienses, Cic.: dux, Hor.: venditio, Cic.: calliditas, Gell.: fraudulente (Vok.)! Plaut. – *Compar.*, tanto fraudulentior deus vester, qui etc., Tert.: *Superl.*, ex bonis pessimi et fraudulentissimi fiunt, Plaut.: fraudulentissimus hostis, Cassian.: magice fraudulentissima artium, Plin.: fraudulentissima fallacia, Augustin.

fraudulōsus, a, um (fraus), **voller Betrug, betrügerisch,** Paul. dig. 47, 2, 1.

fraus, fraudis, *f.* (altlat. frūs zu frustra, frustro), jede Handlung, die die Rechte eines anderen kränkt, der **Betrug,** das **hinterlistige Verfahren,** die **Tücke, Bosheit,** die **Gaunerei,** die **Übervorteilung, Täuschung, I** eig. u. meton.: **A** eig.: **1** im Allg.: fraus odio digna maiore, Cic.: fraude loci et noctis, Verg.: fraude caeli sereni deceptus, Verg.: montium fraude, Flor.: non hostium sed locorum fraude, Curt.: locorum fraude prior, durch die Tücke des Geländes uns überlegen, Tac.: in fraudem creditorum, um sie zu betrügen, ICt.: sine fraude, ohne Betrug, ehrlich, Cic. u. Liv.: fraude malā, betrügerisch, diebischerweise, Hor.: fraude ac dolo Hannibalis, Liv.: fraudem facere legi, Plaut. u. Liv., od. contra legem, Liv., od. senatus consulto, Cic., od. adhibere fraudem legi, Gell., umgehen, Eintrag tun: in fraudem legis, ICt. – Plur., omnes eius fraudes atque fallaciae, Cic.: fraudes libertorum, Tac. – **2** insbes., der **Selbstbetrug,** die **Selbsttäuschung,** der **Irrtum,** in fraudem incīdere, delabi, Cic., se induere, Lucr.: esse fraudi, Lucr.: dare alci fraudem, Lucr.: alqm in fraudem impellere, Cic.: quis deus te in fraudem egit? Verg. – **B** meton.: **1** = **Betrüger, Gauner,** Ter. heaut. 1033: fraus populi, Plaut. Pseud. 365: v. Tieren, Plur. bei Gratt. cyn. 82. – **2** durch Täuschung erzeugter **Schaden, Nachteil,** tuis nunc cruribus capitique fraudem capitalem hinc creas, Plaut.: alci fraudem ferre od. fraudi esse, schaden, zum Nachteil gereichen, Cic.: in eandem fraudem incīdes, Ter.: in fraudem agere, ins Verderben stürzen, Verg.: sine fraude esse od. fieri, Cic. u. a. (s. Müller Liv. 1, 24, 5). – **II** übtr., übh. das **Vergehen, Verbrechen,** die **Freveltat,** fraudem suscipere, Cic., od. committere, Hor.: fraudem capitalem admittere od. audere, Cic. u. Liv.: fraudes inexpiabiles concipere, Cic. – ► Genet. Plur. fraudium u. fraudum. – arch. Nbf. frūs, wov. Dat. Sing. frudi, Lucr. 1, 187: Abl. Sing. frude, CIL 1, 198, 64.

frausus, a, um, **der etwas Böses unternommen hat,** metuo, ne quam fraudem frausus sit, Plaut. asin. 286.

fraxineus, a, um (fraxinus), **von der Esche, von Eschenholz, eschen,** frons, Col.: manubria, Col.: trabes, Verg.: cuspidis hasta, Ov.: materia, Edict. Diocl. 12, 11.

1. fraxinus, a, um = fraxineus, Ov. her. 11, 76.

2. fraxinus, ī, *f.* (altindisch *bhūrjam* = ahd. *bircha,* die Birke), **I** die **Esche,** der **Eschenbaum** (*Fraxinus excelsior,* L.), Plin. 16, 63. Vitr. 2, 9, 11. Verg. ecl. 7, 65: sacra fr., CIL 12, 103: kollekt.: fraxino multā vestiri (v. Ufer), Plin. ep. 8, 8, 4. – **II** meton., der **eschene Wurfspieß,** Ov. met. 5, 143; 12, 324. Sil. 5, 549.

fraxo, āre (nach Bugge von fractus, frangere, wie taxare von tactus, tangere; also = öfter umbiegen), die **Wachen visitieren,** Paul. ex Fest. 91, 9. – Nbf. flaxo, āre, Placid. gloss. V, 569, 9.

Fregellae, ārum, *f.*, Stadt der Volsker in Latium am Liris, 328 v. Chr. von Rom kolonisiert, 126 v. Chr., weil es gegen Rom Partei nahm, gänzlich zerstört, j. *Ceprano,* Rhet. Her. 4, 22. Liv. 8, 22, 2. Sil. 5, 542. – Dav. **Fregellānus**, a, um, **fregellanisch,** Cic. u. a.: Plur. subst., Fregellānī, ōrum, *m.*, die Einw. von Fregellä, die **Fregellaner,** Liv.

Fregēnae, ārum, *f.*, Stadt in Etrurien, in einiger Entfernung von der See, seit 246 v. Chr. röm. Kolonie, beim heutigen Kastell *Guido* (am Fluss Arrone), Liv. 36, 3, 6.

fremebundus (fremibundus), a, um (fremo), **brummend, schnaubend, dröhnend, rauschend, brausend, lärmend, a** v. leb. Wesen, vor Wut, Ov. met. 12, 128 u. 14, 188: poet., gregis illapsus fremebundus, Sil. 3, 465. – **b** v. Lebl.: moles fremibunda (so!), Acc. tr. 392: cursus (Plur.), Amm. 22, 8, 24.

fremidus, a, um (fremo), **tobend,** turba, Ov. met. 5, 2.

fremitus, ūs, *m.* (fremo), jedes **dumpfe Getöse, -Geräusch, das Rauschen, Brausen, Dröhnen, Schnauben, Summen, Brummen, Murmeln, a** v. lebl. Subjj. u. Tieren: murmurantis maris, Cic.: terrae, Cic.: castrorum, Liv.: armorum, Cic.: equorum, Caes.: fremitus hinnitusque equorum, Liv.: canis, dumpfes Bellen, Knurren, Col.: leonis, Vulg.: apum, Verg. – Plur., rapidi fremitus, Lucr. 5, 1191; vgl. 6, 199 u. 270: fremitus iraeque leonum, Val. Flacc. 3, 237: terrae fremitus, Cic. de nat. deor. 2, 14. – **b** von Menschen: **α** das **Murmeln, Gemurmel,** egentium, Cic.: plausu volat fremituque, Verg.: urbis, das dumpfe Gerede, Räsonnieren der Leute, Plin. ep. – Plur., Curt. 4, 4 (18), 6: voces fremitusque, Curt. 10, 5 (16), 16: fremitus virorum semiferi, Val. Flacc. 6, 232. – **β** insbes., das **missbilligende Gemurmel,** das **Murren** (Ggstz. aperta vociferatio), gentis, Liv.: hinc assensione favoris, hinc fremitu invidiae, Val. Max.: fremitu aspernari, Tac.

fremo, fremuī, fremitum, ere (griech. βρέμω, ich brause, ahd. *brëmam,* nhd. brumme, ahd. *brëmo* = nhd. Bremse), ein dumpfes Getöse machen, **brummen, summen, dumpf brüllen, -brausen, -rauschen, schnauben, schwirren, I** *intr.:* **a** v. Tieren u. lebl. Subjj.: fremit equus, leo, lupus, Verg.: leo in viros potius quam in feminas fremit, brüllt an, Plin. (vgl. leonum est fremere vel rugire, Sall. fr.): fremit equus, Verg.: fremunt venti, Ov.: fremunt ripae, rauschen, Verg.: v. Abstr., in Ausonia arena terror fremit (brummt, poet. v. Löwen, der die Leute in Schrecken setzt), Mart. – **b** v. Menschen = **murmeln,** sich murmelnd **äußern,** simul ore fremebant, murmelten beifällig, erhoben ein Beifallsgemurmel, Verg.: laetitiā fremunt, erhoben ein freudiges Gemurmel, Verg.: omnes magno circum ore fremebant, wehklagten laut, Verg.: dira fremens, grimmig die Stimme erhebend, Verg.: acerba fremens, knirschend vor Schmerz, Verg.: *adversus* iniuriam decreti fremere, seinen Unwillen äußern, Liv.: Volscos Aequosque fremere *ob* communitam Verruginem, daß V. u. Äqu. unwillig seien wegen usw., Liv.: u. so patres non *pro* communicatis sed *pro* amissis honoribus fremere, Liv.: v. der Fama, illa fremens habitat sub nubibus imis, Val. Flacc.: rumor de tibicine fremit in theatro, das Gerücht murmelt, es geht ein dumpfes Gerede über usw., Phaedr. – **II** *tr.*: **1** **hermurmeln, murmelnd ertönen-, hören-, vernehmen lassen, im Geheimen vor sich** od. **unter sich äußern,** hymenaeum fremunt aequales, Pacuv. fr.: uno omnes eadem ore fremebant, Verg. – m. *Acc.* u. *Infin.*, falsas esse et a scriba vitiatas (litteras) fremebant, Liv.: adesse legiones gaudio alacres fremunt, Liv. – **2** **über etw. murren, unwirsch sein, in Unwillen ausbrechen, seinen Unwillen äußern,** etw. **unwillig vernehmen lassen, heftig (laut) äußern** od. **erklären,** hoc frementes Galli, Hor.: haec fremunt plebes, Liv.: quae ipsi inter se fremere occulti soliti erant, Liv. – m. *Acc.* u. *Infin.*, iam vero Arrius consulatum sibi ereptum fremit, Cic.: quem fremunt omnes praevaricatum (esse), den der allgemeine Unwille der unredlichen Prozessführung bezichtigt, Cic.: iam militibus castra urbemque se oppugnaturos frementibus, Liv.: M. Bruti epistulae frementes fibulas tribunicias ex auro geri, Plin. 33, 39. – **3** **murrend sich** gegen etwas **auflehnen,** imperia, Cass. b. Serv. Verg. Aen. 1, 56 (60). – **4** **lärmend** od. **tobend-, laut verlangen, auf etw. bestehen,** arma, Verg. Aen. 7, 460 u. 11, 453: bellum, Acc. tr. 488. – m. folg. *Acc.* u. *Infin.*, Liv. 8, 13, 1: m. folg. *ne* u. Konj., Tac. ann. 3, 45.

fremor, ōris, *m.* (fremo), **a** das **Knurren, Brüllen,** leonum indignati fremores, Apul. flor. 17. p. 27, 2 Kr. – **b** das **Murmeln, Stimmengewirr** sprechender Menschen, varius, Verg. Aen. 11, 297: verborum, Arnob. 1, 52: arma sonant, fremor oritur, Poët. bei Varro LL. 6, 67.

frēnārius, iī, *m.* (frenum), **einer, der Zäume verfertigt** = χαλινοποιός, Gloss. III, 309, 69.

frēnātor, ōris, *m.* (freno), der **Lenker,** equorum, Stat. Theb. 1, 27: poet., ingentis conti, Schleuderer, Val. Flacc. 6, 162. – übtr., infinitae potestatis domitor ac fr. animus, Plin. pan. 55, 9.

frendo, frēsum (frēssum), ere, **I** *intr,* **knirschen,** **a** (meist Partiz. frendēns) = vor Wut, Unwillen usw. **mit den Zähnen knirschen,** mit u. ohne dentibus, v. Menschen u. Tieren, Plaut., Cic. u. a.: tumidā frendens irā, Ov.: cassā frendens irā, Val. Flacc.: comitis frendens casu (über usw.), Sil.: dolor frendens, der knirschende = grimmige, Sen. – m. *Acc. resp.*, nec, machaera, audes dentes frendere, Plaut. fr. bei Non. 447, 18: m. *Acc. plur. neutr.* poet. st. des *Adv.*, irrita frendit, vergeblich, Stet.: frendentes immania, entsetzlich, Amm. – **b** als Naturlaut einiger Tiere, frende et fritinni suaviter (v. der Schwalbe), Poët. com. fr. bei Varro LL. 7, 104: frendit agrestis aper, Anthol. Lat. 762, 52 (233, 52): aprorum (est) frendere, Suet. fr. 161. p. 248, 1 R.: merulorum est frendere vel zinziare, *ibid.* p. 252, 2 R. – **II** *tr.*: **A** mit den Zähnen **zerknirschen,** übtr. übh. (= θλάω) **zermalmen,** fabam, schroten, Varro: saxo fruges, Acc. tr. fr. – oft im Partiz., faba fresa, Cels. u. Col., od. fressa, Edict. Diocl.: faba non fressa, ganze, Edict. Diocl.: ervum fresum, fresa cicera, Col. – **B** prägn., **knirschend-, zürnend beklagen,** noctes, Pacuv. tr. 10. – m. folg. *Acc.* u. *Infin.*, frendente Alexandro eripi sibi victoriam e manibus, indem A. knirschte (darüber wütend war), dass usw., Curt. 4, 16 (60), 3. – ► Nbf. nach der 2. Konjug., frendet, Gloss. u. Not. Tir. 94, 32: frendent, Augustin. de civ. dei 20, 30, 4. p. 485, 25 D.[2]: Infin. frendēre, Pacuv. tr. 10: Perf. frenduī, Vulg. psalm. 34, 16. Ven. Fort. vit. S. Mart. 3, 226.

frendor, ōris, *m.* (frendo), das **Knirschen,** dentium, Tert. de res. carn. 35: fremorem frendoremque pati (v. Vieh), Veget. mul. 5, 30, 1.

frenēticus, a, um, s. phrenēticus.

frenētizo, s. phrenītizo ►.

frēnī, ōrum, *m.*, s. frēnum.

frēniger, gera, gerum (frenum u. gero), **gezäumt,** ala, Reiterei, Stat. silv. 5, 1, 98.

frēno, āvī, ātum, āre (frenum), **I** **zäumen, aufzäumen,** equos, Hirt. b. G. u. Verg. – prägn., acies frenata, Reiterei (Ggstz. acies pedestris), Sil.: equites frenati, mit aufgezäumten Rossen (Ggstz. equ. infrenati), Auct. bell. Afr. u. Liv. – **II** übtr., **im Zaum halten,** **a** = **lenken, leiten, regieren,** iustitiā gentes superbas, Verg. Aen. 1, 523: qualibus orbem moribus frenet, Claud. de cons. Stil. 2, 2: Haemoniam primis Pelias frenabat ab annis, Val. Flacc. 1, 22. – **b** **zügeln, bezähmen, bändigen, hemmen, zurückhalten,** **α** leb. Objj.: subito turbine agmina iam procurrentia, Sil. 9, 418: regina, frena temet et siste impetum, Sen. Agam. 204: ne quis timore frenari eos dicere possit, *quominus* de eo libere querantur, Liv. 26, 29, 7. – **β** lebl. Objj.: **αα** konkr.: cursus aquarum (v. Eis), Verg.: demersis navibus claustra maris, Liv.: luctantes ventos vinclis et carcere (v. Äolus), Verg.: frenatam tot malis linguam resolvere, Plin. pan. – **ββ** abstr.: alcis furores, Cic.: voluptates temperantiā, Liv.: exigua cum materia frenaret impetum, Phaedr. – **c** **lenken, richten,** huc et illuc mollia ora (cervi) capistris, Ov. met. 10, 125. – ► parag. Infin. Präs. Pass. frenarier, Prud. psych. 191.

Frentānī, ōrum, *m.* (Φρεντανοί), ein Zweig der Samniter, mit Illyriern vermischt, der an der Ostküste Italiens, im südöstl. Teil des heutigen *Abruzzo Citeriore* im Neapolitanischen, nördlich vom Fluss *Frento,* j. *Fortore,* wohnte, Caes. b. c. 1, 23, 5. Cic. clu. 197: Sing. Frentānus kollektiv, Sil. 15, 567 (570). – Dav. **Frentānus,** a, um, **frentanisch,** ager, Liv.: regio, Plin.

frēnum, ī, *n.*, Plur., frēna, ōrum, *n.*, u. frēnī, ōrum, *m.* (frendo), das **Gebiss,** der **Zaum,** der **Zügel,** **I** eig. u. meton.: **A** eig.: frenum mulare, Edict. Diocl.: frenum equestre cum salibario (Gebiss) instructum, Edict. Diocl.: aurei freni, Sen.: frena caelata, Apul.: frena remittere, schießen lassen, verhängen, Ov.: ebenso frena dare, Ov.: frenos inhibere, anziehen, Liv. – im Bild, frena imperii, Zügel (Leitung) der Regierung, Ov.: frenos dare impotenti naturae, die Zügel schießen lassen, Liv.: alci frenos adhibere, zügeln, zurückhalten (Ggstz. calcaria alci adhibere, anspornen), Cic.: u. so temeritati frenos inicere, ignaviae subducere calcar, Sen.: frena addere feroci viro, zügeln, Sil.: irae frena ponere, seinen Zorn zügeln, Iuven.: voluptati frenos imponere, Lact.; u. so neque irato mihi habenas dedi umquam neque cupiditati non imposui frenos, Varro sat. Men. 177: voluptates sub freno tenere, Sen.: libidinibus frena permittere, Lact.: frena liberalitatis laxare, Hieron.: linguae frena relaxare, der Z. freien Lauf lassen, Gregor. M.: frena pudoris rumpere, Prop.: frenum od. frenos mordere, in den Zaum knirschen, seinen Gegnern die Zähne weisen (= sich nicht unterdrücken lassen wollen), Cic. u. Sen.; aber frena mordere, den Zaum annehmen, -sich gefallen lassen, Stat.: frenum accipere (annehmen, sich gefallen lassen), Verg. u. Liv.: u. so frenos recipere, Cic.: freni sunt iniecti vobis, Quirites, nullo modo perpetiendi, Val. Max.: quamdiu sciet ferre frenos, quos si quando abruperit vel aliquo casu discussos reponi sibi passus non erit, Sen. de clem. 1, 4, 2: abrumpet frenos pudicitia, Sen. de ben. 1, 10, 2. – **B** meton., frena = **gezäumte Rosse, Gespann,** Stat. Theb. 11, 244: Phaëthontia, Sil. 10, 540. – **II** übtr.: **1** das **Band,** die **Zusammenfügung,** tecti trementis saxea frena labant, die Bänder, Fugen, Stat. Theb. 10, 880. – Insbes. als mediz. *t. t.*, frenum = das **Bändchen,** womit die innere Vorhaut an der Eichel haftet, Cels. 7, 25. *no.* 2. – **2** freni, wie griech. χαλινοί, Quint. 1, 1, 37, als rhet. *t. t.*, sehr hart untereinander zusammenstoßende Buchstaben od. Silben, Mart. Cap. 5. § 514 u. § 518. – ► In Prosa scheint der Nom. Plur. freni u. Akk. Plur. frenos üblicher gewesen zu sein als frena, s. für den Nom. Sen. ep. 41, 6; de ira 1, 7, 4. Curt. 3, 13 (34), 10; 7, 10 (40), 16. Val. Max. 2, 9, 5 (auch Sil. 1, 240): für den Akk. in eig. Bed. Cic. top. 36. Liv. 1, 48, 6; in bildl. Bed. oft bei Cic., Liv. u. a.

frequēns, entis (verwandt mit farcio), häufig in Raum und Zeit, **I** im Raum, **A** aktiv, von einer Menschenmenge, Versammlung usw. = **zahlreich, in Menge** oder **in Masse anwesend** od. **versammelt, -sich einfindend, viel beisammen** (Ggstz. infrequens, pauci, singuli), legatio, Liv.: frequentissimus legationum conventus, Nep.: frequentes fuimus, Cic.: senatus frequens (»zahlreich« u. dah. »beschlussfähig«) convenit, Cic.: gentes numero (an Z.) frequentes, capite arma frequentes, Liv. – übtr., sententia, die viele Stimmen für sich hat, Plin. ep. 2, 11, 6. B) passiv, v. Örtlichkeiten usw. = **zahlreich besucht, gedrängt voll, volkreich, dicht bewohnt, dicht bebaut** (Ggstz. infrequens, desertus), **α** absol.: theatrum, Cic.: convivium, Suet.: municipium, Cic.: emporium, castellum, Liv.: provinciae, Vell. – **β** m. *Abl.* (s. Mützell Curt. 3, 1 [2], 11), loca frequentia aedificiis, Liv.: frequens custodiis locus, ein stark mit Wachen besetzter, Liv.: frequens cultoribus populus, stark angebauter Gau, Liv.: frequens acies armatis, eine dichtgedrängte Schlachtlinie, Liv.: vivarium frequens piscibus, Col.: utra pars vicis frequentior esset, Liv.: frequentissimum rotis iter, stark befahrener, Ps. Quint. decl. – **γ** mit *Genet.:* quod (mons) talis silvae frequens fecundusque erat, Tac. ann. 4, 65. – **II** in der Zeit, **A** aktiv, v. Pers., an einem Ort **oft** oder **fast immer anwesend (gegenwärtig), -sich einfindend, -sich einstellend, -anzutreffen, häufig, fleißig,** Platonis auditor, Cic.: erat Romae frequens, Cic.: cum alqo frequentem esse, mit jmd. oft zusammen sein, -häufig umgehen, Cic.: fr. in castris miles, ein im Lager immer zu findender, Cic. (sarkastisch von der fleißigen Anwesenheit am Spieltisch): und so eum frequentem ad signa sine commeatu fuisse, sei fast immer u. ohne Urlaub bei den F. zugegen gewesen, Liv.: fr. secretis, fleißiger Teilnehmer usw., Tac.: fr. contionibus, in Volksversammlungen auftretend, Tac.: conviva fr., ein gewöhnlicher, fast täglicher Gast, Mart. – m. *Infin.,* hic hominum casus lenire et demere fatis iura frequens, der so oft bei der Hand ist, das Leid der Menschen zu stillen usw., Stat. Theb. 7, 705 *sq.* – **B** passiv, **häufig stattfindend, -angewendet, -gebraucht, -angetroffen, häufig, ganz gewöhnlich,** pocula, reichliche, Cic.: lactucas frequentiores in cibo (zu oft genossen) officere claritati oculorum, Plin.: frequentes honores delati sunt, Nep.: latrocinia frequentiora, Pollio in Cic. ep.: frequentior familiaritas, Cic.: frequentissimum initium esse calamitatis securitatem, Vell.: quae in controversiis quoque sunt frequentia, Quint.: id cum est *apud* oratores frequentissimum, Quint.: m. *Dat.,* illud et poëtis et oratoribus frequens, Quint.: et illud frequens est, *ut* m. Konj., Quint. 3, 6, 8; Vgl. 4, 1, 75: frequens est, es kommt häufig vor, ist ganz gewöhnlich, dass usw., mit folg. *Acc.* u. *Infin.,* Plin. 8, 183. Paul. dig. 44, 2, 6. – ► Abl. Sing. gew. frequenti; Abl. frequente, Suet. Cal. 44, 2 u. Nero 20, 2 (vgl. infrequente, Plaut. truc. 230).

frequentāmentum, ī, *n.* (frequento), die **häufige Wiederholung** in der Rede, Plur., Gell. 1, 11, 12: quasi quaedam frequentamenta, immer wiederkehrende Häufungen von Wortschwall, Gell. 5, 1, 1.

frequentātio, ōnis, *f.* (frequento), **I** die **Häufung,** der **häufige Gebrauch, a** übh., Ps. Apul. Ascl. 3: fr. populorum, Augustin. serm. 218, 1. – **b** als rhet. *t. t.,* consequentium, Cic. part. or. 55: argumentorum, Cic. part. or. 122: densa verborum, Rhet. Her. 4, 27. – als Redefig., die **wiederholende Zusammenstellung** der durch die ganze Rede zerstreuten Hauptsachen, Rhet. Her. 4, 52. – **II** der **Haufen,** Cassiod. var. 8, 31, 5.

frequentātivus, a, um (frequento), **ein häufiges Tun anzeigend,** verba, Gell. 9, 6, 3. Diom. 345, 21: verborum qualitas, Diom. 344, 28: quia (lecto) frequentativum est ab eo, quod est ›lego‹, Porphyr. Hor. sat. 1, 6, 122: frequentativum est ›viso‹, ut ›verso, facesso‹, Serv. Verg. Aen. 2, 63.

frequentātor, ōris, *m.* (frequento), **I** der **fleißige Besucher,** prandiorum, Tert. de monog. 8 *extr.* – **II** der **Wiederholer, Fortsetzer,** Ps. Apul. Ascl. 29 *extr.* Serv. de cent. metr. 457, 19 (der fleißige Anwender).

frequentātō, *Adv.* (frequentatus), **häufig,** Apul. met. 9, 25.

frequentātus, a, um, *PAdi.* (v. frequento), **reich** an etwas, sententiis frequentatum, Cic. Brut. 325.

frequenter, *Adv.* (frequens), **häufig, I** = **zahlreich,** in **großer Zahl, in Menge,** cum ad eum fr. per eos dies ventitaturos se esse dixissent, Cic.: Romam inde fr. migratum est, Liv.: huic fr. interceditur, in großer Mehrheit, Cic. – **II** = **oft, fast immer** (Ggstz. raro od. semper), non modo non fr., verum etiam raro in veris causis circumscripte numeroseque dicendum est, Cic.: ut fr. et assidue consequamur artis rationem studio et exercitatione, Rhet. Her.: cum in gravissimas fr. legum, semper vero malae conscientiae poenas a semet ipsis improviso rerum exitu induantur, Quint. – adhibenda frequentius etiam illa ornamenta rerum sunt, Cic.: quod et M. Cicero scripto ad Brutum libro frequentius testatur, Quint. – translatione frequentissime sermo omnis utitur, Cic.

frequentia, ae, *f.* (frequens), **I** die **zahlreiche Gegenwart** leb. Wesen, konkret die **zahlreiche Versammlung** (bes. des Senats), die **große Anzahl, Menge, Volksmenge,** Cic. u. a.: vestra, Cic.: frequentiā ac multitudine, Cic.: maximā vulgi frequentiā, unter sehr großem Zudrang des Volkes, Nep.: frequentiā crescere, an Bevölkerung zunehmen (v. Rom), Liv.: basilicam habeo, non villam, frequentiā Formianorum, dadurch dass mich die F. überlaufen, Cic.: Ggstz., miscenda tamen ista et alternanda sint, *solitudo* (Einsamkeit) et *frequentia* (Geselligkeit), Sen. de tranqu. anim 17, 3: Plur., Hieron. adv. Iovin. 2, 9 *in.* – **II** das häufige Vorhandensein lebl. Ggstd., die **Häufigkeit, große Menge, Masse,** sepulcrorum, Cic.: epistularum, Cic.: matrimoniorum, Gell.: geniculorum, Plin.: caeli, Dichtheit, Vitr.: creber rerum frequentiā, an Fülle von Dingen u. Gedanken, Cic.

frequentito, āre (*Intens.* v. frequento), **sich einfinden, sich stellen,** v. Soldaten, Gell. 16, 4 *lemm.*

frequento, āvī, ātum, āre, **I** (nach frequens *no.* I) = **A** zahlreich anwesend machen, **1** übh., **a** Pers. = **zahlreich versammeln,** populum, Cic. de domo 89: scribas ad aerarium, Cic. Cat. 4, 15. – **b** übtr.: multa acervatim, viel in einem Haufen zusammennehmen, Cic. or. 85. – **2 vermehren, verstärken,** sagittariis copias suas, Auct. b. Afr. 20, 2. – **B** v. einer Menge = **zahlreich besuchen, a** eine Person zahlreich **besuchen, heimsuchen,** zu jmd. **hinströmen,** ihm **scharenweise zulaufen,** Marium, Sall.: ne coetu salutantium frequentaretur, Tac.: iuventutis concursu frequentari, durch das Zuströmen der Jugend gefeiert werden, Tac. – **b** eine Feierlichkeit **zahlreich besuchen, -feiern,** ludos, dies, ferias, Cic.: sacra, Ov.: dies sollemnes, Suet. – v. einem einzelnen, **mit seiner Gegenwart beehren, begehen** (s. Nipperd. Tac. ann. 14, 4), moris novi sacra, Ov.: Quinquatruum festos dies apud Baias, Tac.: sponsalia aut nuptias, Plin. ep.: quorundam illustrium exsequias usque ad rogum, Suet. – **c** einen Ort **belebt-, volkreich machen, stark besetzen, bevölkern,** urbes, Cic.: templa, Ov.: solitudinem Italiae, Cic.: Italiam XXVIII coloniarum numero, Suet.: ea (loca) consita arbustis pecore atque cultoribus frequentabantur, waren belebt, Sall.: piscinas, mit Fischen besetzen, -bevölkern, Col.: castaneta, vineam, mit Nachwuchs bepflanzen, Col. – übtr., est quasi luminibus distinguenda et frequentanda omnis oratio sententiarum atque verborum, gleichsam durch Schlagbilder zu heben u. zu beleben, Cic.: u. so genus orationis sententiis frequentatum, belebt, Cic. – **d** eine Versammlung **beleben,** zu einer V. ein **zahlreiches Publikum herbeiziehen,** contiones legibus agrariis (durch Ankündigung von Ackergesetzen), Liv. 6, 5, 1. – **II** (nach frequens *no.* II) = **A häufig-, fleißig-, gewöhnlich** bei jmd. od. an einem Ort sich **einfinden,** ihn **häufig-, fleißig-, gewöhnlich besuchen, gewöhnlich** in jmds. **Umgebung sein,** Pacarium, Tac.: domum, Cic.: scholas, Sen.: quae loca et nationes minus frequentata sunt, weniger häufig (von Reisenden usw.) besucht werden, Sall. – **B** jmd. häufig bei sich anwesend machen = **a häufig bei sich sehen,** alqm, Plaut. cist. 10. – dah. **b** übtr., etwas **häufig (wiederholt, gewöhnlich) anwenden, -vornehmen, wiederholen, immer erneuern,** verbi translationem, Cic.: Hymenaee frequentant, rufen einmal ums andere Mal H., Ov.: alcis memoriam retinere ac fr., Sen.: primas quasque partes in animo frequenta, vergegenwärtige dir recht oft im Geiste, Rhet. Her. – frequentata (esse) pavimenta ante Cimbricum (bellum) indicio est Lucilianus ille versus, Plin. 36, 185.

frēsus (frēssus), a, um, s. frendo.

fretālis, e (fretum), **I zur Meerenge gehörig,** Oceanus, der Kanal zwischen Frankreich und England, Amm. 28, 2, 1. – **II** subst., fretāle, is, *n.,* ein **Bratgeschirr,** eine **Bratpfanne,** Apic. 7, 275.

fretēnsis, e (fretum), **zur Meerenge gehörig,** mare, die Meerenge von Sizilien, Cic. ad Att. 10, 7, 1.

fretum, ī, *n.* u. **fretus,** ūs, *m.* (nach Porphyr. Hor. carm. 1, 14, 19 von ferveo), **I** die **Strömung, Flut** des Meeres, bes. die gegen das Gestade antobende, die **Brandung,** das **flutende, brandende Meer,** poet.

für das **Meer** übh., **A** eig. u. übtr.: **I** eig.: fr. recens, frische Meeresflut, Col.: favens fretus, Naev. fr.: fr. torrens, der tosende, Iustin. – fr. Oceani, Iustin.: fr. Hadriae, Hor.: fr. Euxinum, Libycum, Ov.: artantibus freti litoribus, Iustin. – Plur., Verg. u. Hor. – **2** übtr.: **a** v. Himmel, omnis caeli fretus, Enn. fr. scen. 382. – **b** die **Strömung** des Jahres, v. Frühling als der Übergangszeit der Kälte zur Wärme, fretus u. freta anni, Lucr. 6, 364 u. 374. – **B** bildl., das **Brausen, Wallen,** die Hitze, adulescentiae, Flor.: aetatis, Lucr.: invidiae, Gell. – **II** der Ort, wo das Meer einströmt, der **Sund,** die **Meerenge,** der **Kanal, a** im Allg.: fretorum angustiae, Cic.: Siciliense, Cic., u. Siciliae, Caes.: Oceani, M. von Gibraltar, Liv.: a Gaditano fretu, Cic. fr. bei Charis. 129, 8: tamquam in fretu, Cic. Sest. 18: perangusto fretu, Cic. Verr. 5, 169. – **b** insbes., die **Meerenge von Sizilien,** Cic. u. a. – ► Über die Form fretus s. Charis. 129, 8. Arnob. 1, 59.

1. frētus, a, um (vgl. firmus, fortis), **fest vertrauend, fest bauend,** sich **verlassend, voll Vertrauen** auf usw., im üblen Sinne = **übermütig, trotzend, pochend** auf usw., mit *Abl.*, intellegentiā vestrā, Cic.: qui voce freti sunt, Cic.: opulentiā, Nep.: bellis, Tac. – m. *Dat.* (s. Weißenb. Liv. 4, 37, 6), pietatei (= pietati) deûm, Naev. fr.: nulli rei praeterquam numero, Liv.: discordiae hostium, Liv. – m. folg. *Infin.*, naves fretae irrumpere pontum, trauen sich, wagen es usw., Stat. Theb. 6, 23. – m. folg. *Acc.* u. *Infin.*, satis fretus esse etiam nunc tolerando certamini legatum, Liv. 10, 5. § 5: fretus excipi posse (hostem), quā venturum (esse) sciebat, Curt. 7, 7 (32), 31.

2. frētus, Abl. ū, *m.* (1. fretus), das **Zutrauen, Vertrauen,** Symm. epist. 2, 82.

3. fretus, ūs, *m.*, s. fretum.

friābilis, e (frio), **zerreibbar, bröckelig,** Plin. 17, 29 u. a. Cael. Aur. de morb. acut. 2, 32, 172 u. 2, 37, 209.

fricābilis, e (frico), **zerreibbar, bröckelig,** Plin. 31, 113 D.

fricāmentum, ī, *n.* (frico), das **Reibmittel, Reiben, Frottieren,** Cael. Aur. de morb. acut. 2, 6, 27 u. a.

fricātio, ōnis, *f.* (frico), das **Reiben, Abreiben,** der Haut usw., das **Frottieren,** assidua, Col. 6, 12, 1 (wo *cod. Sang.* frictio): vehemens, Plin. 28, 53: capitis, Cael. Aur. de morb. chron. 1, 3, 59: fricationem adhibere, *ibid.* 3, 7, 92 u. 95: Plur., certo numero uti fricationum, Cael. Aur. de morb. chron. 3, 8, 146.

fricātor, ōris, *m.* (frico), der **Reiber,** Cael. Aur. de morb. chron. 3, 7, 92.

fricātūra, ae, *f.* (frico), das **Reiben, Anreiben,** Vitr. 7, 1, 4.

fricātus, Abl. ū, *m.* (frico), das **Reiben,** Plin. 13, 99 u. 23, 124.

fricium, iī, *n.* (frico), das zum Putzen der Zähne dienende **Zahnpulver,** Plin. Val. 1, 36.

frico, fricuī, frictum u. fricātum, āre, **reiben, abreiben, frottieren,** senes, Plaut.: mulas, Poëta bei Gell.: genua, jmds. Knie (als Bittender), Plaut.: corpus oleo, Mart.: oculos pollicibus leviter, Soran.: pavimenta, Vitr.: costas arbore, Verg.: diutius inter se fricari (v. zwei Hölzern), Sen.: ad modum palaestrae fricari eos convenit, Th. Prisc. 2, 15. – im obszön. Sinne, te duce lascivae fricantur anus, Anthol. Lat. 190, 8 R. – ► Partiz. frictus, Cato r. r. 156, 3. Sen. nat. qu. 2, 22, 1. Iuven. 6, 578; vgl. Prisc. 9, 36 u. 11, 34; fricātus, Vitr. 7, 1, 6 u. 7, 3, 6. Ser. Samm. 76.

frictio, ōnis, *f.* (frico), das **Reiben, Frottieren,** Cels. 2, 14; 3, 21 u. ö.: Plur., Cels. 3, 21 *extr.;* 3, 27, 3; 4, 16 (23) *extr.* u. ö.

frictōrium, s. frīxōrium.

frictrīx, trīcis, *f.* (frico), die **Reiberin,** im obszönen Sinne, griech. τριβάς, Tert. de resurr. carn. 16; de pall. 4 *extr.* u. a.

frictūra, ae, *f.* (frico), das **Abreiben,** obszön, Apul. met. fr. p. 717 *ed. Oud.*, p. 930 *not. crit. ed. Hildebr.*

1. frictus, a, um, s. frico u. frigo.

2. frictus, Abl. ū, *m.* (frico), das **Reiben,** frictu palmulari, Mart. Cap. poët. 8. § 805 *v.* 6.

frīda, frīdus, s. frīgidus a. E. ►.

frīgdāria, s. frīgidārius.

frīgdor, ōris, *m.* (frigidus), die **Kälte** (Ggstz. caldor), Ps. Soran. qu. medic. 109 (Rose Anecd. II, 259, 30); vgl. Gloss. III, 207, 20 u. IV, 443, 16.

frīgēdo, dinis, *f.*, die **Kälte,** aquilonia, Varro sat. Men. 77.

frīgefacio, ere (frigeo u. facio), **abkühlen** (Ggstz. calefacio), Prisc. 18, 152 (ohne Beleg).

frīgefacto, āre, **kühlen,** Plaut. Poen. 760 G.; rud. 1326 Sch.

frīgeo, ere (ῥιγέω), **erkaltet-, kalt sein** (Ggstz. calere, während algere = Frost empfinden, Ggstz. aestuare), **I** eig.: **1** physisch: ubi (ferramentum) frigere coepit (kalt wird), ad ignem refertur, Cels. 2, 17. p. 63, 37 D. – **2** animalisch, **kalt sein, frieren, erkaltet-, erstarrt sein,** totus friget, Ter.: valde metuo, ne frigeas in hibernis, Cic.: non frigent (summi pedes), Petron.: ubi extrema pars corporis friget, Cels.: vulnus frigente sanguine intumuit, Curt. – corpus frigentis, des Erkalteten, d. i. Toten, Verg.: frigent effetae in corpore vires, v. einem Alten, Verg. – Sprichw., sine Cerere et Libero friget Venus, Ter. eun. 732; auch angef. bei Cic. de nat. deor. 2, 60. – **II** übtr.: **A** gleichs. **eingefroren sein, untätig-, schlaff-, matt sein, alles Feuer verloren haben,** v. Lebl. auch = **stocken,** in re frigidissima *cales*, in ferventissima friges, Rhet. Her.: u. scherzh., quod tibi supra scripsi, Curionem valde *frigere*, iam *calet*, Cael. in Cic. ep.: frigens animis turba, Sil. – cum omnia consilia frigerent, da man durchaus nicht mehr wusste, was zu tun war, da guter Rat teuer war, Cic.: frigere ac torpere senis consilia, hätten alles Feuer u. Leben verloren, Liv.: sin ista frigebunt, Cic.: ubi friget (*sc.* sermo), Ter. – **B** **kalt lassen, kalt aufgenommen werden** (in Bezug auf Beifall, Zuneigung, Gunst), das. auch **unbeachtet bleiben, unwirksam sein, brach liegen,** ad populum, von einem Künstler, Cic.: plane iam frigeo, Cic.: ni mirum hisce homines frigent, Ter. – itaque (contio prima Pompei) frigebat, Cic. – ► Perf. frīxī, Charis. 244, 16. Diom. 371, 28 (ohne Beleg).

frīgero, āre (frigus), **kühlen, durch Kälte erfrischen,** Catull. 61, 30. Cael. Aur. de morb. acut. 3, 21, 208.

frīgēsco, frīxī, ere (frigeo), **kalt werden, erkalten, frösteln, erstarren, I** eig.: **a** physisch: eo melior quaeque (aqua) est quo celerius et *calefit* et *frigescit*, Cels. 2, 18. p. 66, 29 D.: frigescit oleum, Cato r. r. 156, 6: frigescit terra, Lucr. 6, 865. – im Bild, vide sis, ne maiorum tibi forte limina frigescant, du in den Häusern der Vornehmen eine kühle Aufnahme findest, Pers. 1, 108. – **b** animalisch: pallore frigescit sanguis, geht in kalte Blässe über, Quint.: ubi frigescere pedes manusque intellegit, Tac.: cum cruore siccato frigescens vulnus aggravaret dolorem, Curt.: quidam vir senectute frigescente (fröstelnd) non poterat calefieri, Hieron. epist. 52, 2. – **II** übtr., **erkalten, ermatten, erstarren,** frigescit affectus, Quint.: non patiamur igitur frigescere hoc opus (diese Wirkung), Quint.: Ulixi cor frixit prae pavore, Liv. Andr. fr. – ► Perf. frīxī, Liv. Andr. Odyss. fr. bei Serv. Verg. Aen. 1, 92; frīguī, Hieron. epist. 52, 2. Augustin. serm. 135, 8; 273, 4; 391, 3.

Frīgiānum, s. Phryges.

frīgidārius, a, um (frigidus), **zum Kalten gehörig,** aëneum, kaltes Wasser enthaltend, Vitr.: cella, das Kühlzimmer im Bad, Plin. ep.: cisterna, Petron.: maltha, zum kalten Bad, Pallad. – subst., frīgidārium, iī, *n.* **a** das **Kühlzimmer** im Bad, Vitr. 5, 11, 2. – **b** ein **kühler Ort,** zum Aufheben der Speisen, Lucil. 317 (wo synk. Plur. frigdaria).

frīgidē, *Adv.* (frigidus), **kalt,** nur übtr., **I lau, lässig,** alqd agere, Cael. in Cic. ep. 8, 10, 3. – **II frostig, ohne Feuer, matt, trivial, fade** (Ggstz. concitate, graviter), Quint. u. Gell.: dicta frigidius, Quint.: tum ille infantem suam frigidissime reportavit, Quint.

frīgidefacto, āre, **kühlen, abkühlen,** Plaut. rud. 1326 zw. (Schöll frigefacto).

frīgiditās, ātis, *f.* (frigidus), die **Kälte,** Cael. Aur. de morb. chron. 1, 1. § 1. Eustath. hexaëm. 1, 8. Boëth. in Aristot. praedic. 3. p. 175.

frīgidiusculus, a, um (frigidus), **ziemlich matt,** Gell. 3, 10, 16.

frīgido, āre (frigidus), **kühlen, kühl machen,** Cael. Aur. de morb. acut. 1, 17, 168 u. a.

frīgidulus, a, um (*Demin.* v. frigidus), **I ein wenig kalt,** Ps. Verg. Cir. 251 u. 348. – **II** übtr. **etwas matt,** Catull. 64, 131.

frīgidus, a, um (frigeo), **kalt, I** neutral, **kalt, frostig, kühl** (Ggstz. calidus), **A** eig.: **a** physisch, imber, Verg.: aqua, Quint. (vgl. suffundo): sub Iove frigido, in kalter Luft, Hor.: fr. rura, bereifte, Verg.: tecta, kalte Gemächer (weil die Bienen sich nicht in ihnen aufhalten, sie also nicht erwärmen), Verg.: annus, kalte Jahreszeit, Winter, Verg.: flumen frigidius, Cic.: frigidissima loca, Caes. – subst., **α** frīgida, ae, *f.* (*sc.* aqua), kaltes Wasser, Plaut., Cels. u. Suet. – **β** frīgidum, ī, *n.* das **Kalte,** Ggstz. calidum, Col. 3, 12, 3, Ggstz. fervens, Apul. de dogm. Plat. 1, 17: Plur. frigida, Ggstz. calida, Cic. de rep. 3, 13. Ov. met. 1, 19, Ggstz. ferventia, Apul. de mund. 21; u. insbes. Plur. frigida = kalte Gegenden (Striche), Ggstz. calida, Plin. 21, 36: ebenso frigidissima, Ggstz. calidissima, Plin. 15, 3. – **b** animalisch, anguis, Verg.: caput et pedes et manus, Cels.: alii sunt calidi alii frigidiores, Cels. – v. Sterbenden, Verg. u. Ov.: frigida leto lumina, todeskalte, Verg.: frigidus artus (an den Gl.), Tac. – v. Erschreckenden, frigidus obstitit circum praecordia sanguis, Verg. georg. 2, 484: licet formidine turpi frigida corda tremant, Sil. 2, 339. – **B** übtr.: **1** dem Gefühl od. der Tätigkeit nach **ohne Feuer, kalt, schlaff, lässig, lau, matt** u. dgl., ille lentus in dicendo et paene fr., Cic.: accusator frigidissimus, Cic.: equus fr. in Venerem, Verg.: u. so virgo non fr., Ov.: ardentem frigidus Aetnam insiluit, kaltblütig, Hor. – v. Lebl., in re frigidissima cales, in *ferventissima* friges, Rhet. Her.: litterae, Cic.: solacia, Ov.: curarum fomenta, unwirksame, matte, Hor. – **2** dem geistigen Inhalt usw. nach **frostig, matt, fade, trivial,** calumnia, Cic.: ea (verba), quae sint frigidiora, Cic.: frigidi et arcessiti ioci, Suet. – res, negotia, gleichgültige, Plin. ep., u. so res parvae et frigidae, Gell. – leve ac frigidum sit his addere, Suet. – **II** aktiv, **kalt** = **Kälte, Frost, Schauer erregend, -bringend,** v. Gestirnen, sidera, Ov.: Aquarius, Verg. – v. Fieber, febris, Plin.: quartana, Hor. – v. a. Zuständen, mors, Verg.: horror, Verg.: rumor, Schauer (Schrecken) erregendes, schauerliches, Hor. – ► synk. frīdus, frīda, CIL 4, 1291.

Frigiscus, s. Phrygiscus unter Phryges.

1. frīgo, frīxī, frīctum, ere (altindisch *bhṛjjáti,* griech. φρύγω), **rösten,** am Feuer **dörren,** Plaut., Varro, Cels. u. a.: faseoli fricti ex oenogaro, Apic. – ► Das Perf. frīxī Vulg. Ierem. 29, 22 u. (ohne Beleg) bei Charis. 245, 11 u. 247, 24. Diom. 371, 28; das Partiz. frīctus, Plaut. Bacch. 767 u. Poen. 326. Cels. 2, 30 u. ö. Plin. 29, 44. Sidon. epist. 8, 14, 5: Partiz. frīxus, Ser. Samm. 511. Veget. mul. 1, 13, 1; 3, 6, 10; 5, 27, 4 u. ö. Vulg. 2. regg. 6, 19 u. 17, 28. Vulg. 1. paral. 16, 3. Apic. 7, 329.

2. frigo, ere (Stammwort v. friguttio), Naturlaut der kleinen Kinder, **lallen,** Afran. com. 247.

3. frigo, ere = erigo, **emporrichten,** Acc. tr. 443 u. 461.

frīgor, ōris, *m.* (Nbf. v. frigus), die **Kälte,** Th. Prisc. 4. fol. 311, b. Augustin. serm. 40 *Mai.*

frīgoreticus, s. frīgoriticus.

frīgorificus, a, um (frigus u. facio), **kühlend** (Ggstz. calorificus), Gell. 17, 8, 14.

frīgoriticus (frīgoreticus), a, um (frigus), **fieberkrank,** Ven. Fort. vit. Radeg. 20. Greg. Tur. lib. vit. patr. 13, 1 u. ö.: *plur.* subst., Greg. Tur. in glor. mart. 100.

frīgoro, āre (frigus), **abkühlen,** Cael. Aur. de morb. acut. 3, 21, 208.

frīgorōsus, a, um (frigus), **frostig,** Schol. Iuven. 3, 190.

frīgus, oris, *n.* (ῥῖγος, vgl. frigeo), die **Kälte,** der **Frost,** die **Kühle** (Ggstz. calor, aestus), **I** eig.: **A** die physische, **1** im Allg.: vis frigoris et caloris, Cic.: nudum esse in frigore, Cic.: fere matutinis temporibus frigus est, ist es kühl, frisch, Cels. – Plur., frigora atque aestus tolerare, Caes.: non aestus, non frigora pati posse, Liv.: defit calori congregatio ac rursus eruptio; tunc frigora compescuntur et succedunt mox futura potentiora, Sen.: poet., picta Spartani frigora saxi, der bunte, kalte Estrich, Mart. – **2** insbes.: **a** die **kalte Witterung,** bes. die **Winterkälte,** propter frigora, Caes.: frigoribus, bei W., Col. – **b** meton., **α** der **Winter** (Ggstz. aestas), Verg.: frigoribus, im W., Verg. – **β** = ein **kaltes Land,** ein **kalter Ort,** frigus non habitabile, Ov. trist. 3, 4, 51: quodcumque iacet sub urbe frigus, Mart. 4, 64, 13. – **B** die animalische, qui frigus collegit, wer einmal stark fror, Hor. ep. 1, 11, 13. – Insbes., **a** die **Kälte,** der **Schüttelfrost** bei Eintreten des Fiebers, solet enim ante febres esse frigus, Cels.: aliae (febres) protinus a calore (Hitze) incipiunt, aliae a *frigore* (Kälte), aliae ab horrore (Frost, Schüttelfrost), Cels.: si percurrit (überläuft) corpus frigus aut calor, Cels. – **b** die **Kälte** des **Todes,** der **Todesschauer, Tod,** Verg. u. a. – **c** der **kalte Schauer** der Furcht, das **Entsetzen,** Verg. u. Ov. – **II** übtr.: **a** die Kälte in der Tätigkeit, d. i. die **Schlaffheit, Lässigkeit, Lauheit,** Cael. in Cic. ep. u. Ov.: frigus caritatis, Augustin. serm. 38, 10. – **b** die **frostige, kalte Aufnahme,** die **Kälte,** v. Ungunst, Ungnade, Hor. u. Sen.: Agrippina ex levi frigoris (Ungnade) suspicione Mytilenas se contulit, Suet. – von kalter, lauer Aufnahme, die ein Fragender, eine Rede usw. findet, Plin. ep. u. Quint. – **c** das **frostige Wesen,** die **Fadheit,** quaestionum et argumentorum, Quint. 2, 12, 6.

frīgusculum, ī, *n.* (*Demin.* v. frigus), **geringe Kälte, kalte Luft, -Temperatur,** si animae de frigusculis evenirent, Tert. de anim. 25.

friguttio (frigultio, fringultio, fringulio), īre (verlängerte Form v. 2. frigo), **I zwitschern,** v. Vögeln (vgl. Varro LL. 7, 104. Paul. ex Fest. 90, 14. Schol. Iuven. 14, 5), merulae in occultis tesquis fringultiunt, Apul. flor. 17, p. 27, 15 Kr.: fringulit et graculus, Anthol. Lat. 762, 28 (233, 28): graculorum est fringulire, Suet. fr. 161. p. 252, 1 R. – **II** übtr., **lispeln, lallen,** v. Menschen, haec anus admodum friguttit, Laev. bei Fulg. serm. antiqu. 19. p. 117, 12 H.: quid friguttis? Plaut. Cas. 267: u. so Fronto de eloqu. p. 146, 11 N. (friguttire). Apul. apol. 34 (fringultire). Sidon. epist. 7, 9, 3 (fringultire). – u. *tr.* = **herlispeln, herlallen,** vix singulas syllabas fringultiens, Apul. apol. 98 *extr.*: quasdam sugillatiunculas fringultiens, Cl. Mam. de stat. anim. 2, 9, 4.

fringilla (fringuilla), ae, *f.* u. **fringillus,** ī, *m.* (2. frigo), ein kleiner Vogel, viell. der **Fink** (noch j. ital. *fringuello*) od. der **Sperling, Spatz,** Form *-illa,* Paul. ex Fest. 90, 14: Form *-uilla,* Varro LL. 7, 104: Form *-illus,* Mart. 9, 54, 7. Vgl. Gloss. ›fringillus, σπίνος (wahrsch. »Fink«)‹ u. ›fringillus, στρουθός (Sperling, Spatz)‹.

fringulio u. **fringultio,** īre, s. friguttio.

Friniātēs, ium, *m.*, eine ligurische Völkerschaft am nördlichen Abhang der Apenninen, Liv. 39, 2. § 1 u. 9.

frio, (āvī), ātum, āre (zu altindisch *mrityati,* zerfällt, löst sich auf), **zerreiben, zerbröckeln,** u. refl. se friare od. gew. medial friari, **zerbröckeln, sich bröckeln,** glebae terrarum friatae, Lucr. 1, 888: friatum amomum, Plin. 12, 49. – refl., chalcitis friat se statim, Plin. 34, 117. – medial, quae (terra) cum fodiatur, facile frietur, Varro r. r. 1, 9, 7 (u. so Cels. 6, 6, 3 u. Plin. 12, 92): friari in micas (v. einem Edelstein), Plin. 12, 65.

Frīsiī, iōrum, *m.*, die **Friesen, Friesländer,** Tac. Germ. 34 u. a. – Dav. **Frīsius,** a, um, **friesisch,** nomen, Tac. ann. 4, 74.

frisio, ōnis, *f.*, ein Vogel, der **Kernbeißer,** noch j. ital. *frisone,* Plin. Val. 5, 42.

frit, das Oberste an der Ähre, das kleiner als ein Korn ist, noch Varro r. r. 1, 38 *extr.*

fritilla, s. fītilla.

fritillus, ī, *m.*, der **Würfelbecher,** Sen. apoc. 12, 3 u. 15, 1. Mart. 4, 14, 8. Iuven. 14, 5. Sidon. epist. 2, 8, 4: movere (schütteln) fritillum, Mart. 14, 1, 3. Vgl. pyrgus.

fritinnio, īre, **a** v. kleinen Vögeln, **zwitschern,** Varro sat. Men. 565. Suev. poët. fr. inc. I M. (bei Varro LL. 7, 104): v. der Schwalbe, Suet. fr. 161. p. 253 R. (wo falsch fintinnire): v. der Zikade, Suet. fr. 161. p. 254 R. Anthol. Lat. 762, 35 (233, 35). – **b** v. kleinen Kindern, **lallen,** Sen. epigr. 8, 5.

frīvolus, a, um (v. frio), **zerbrechlich, wertlos, I** eig., nur subst., frīvolum, ī, *n.*, eine **wertlose Kleinigkeit, Bagatelle,** nescio quid frivoli, Suet. Cal. 39, 2: u. so Plur. frīvola, ōrum, *n.* (= σκευάρια εὐτελῆ πάνυ, Gloss.; vgl. Paul. ex Fest. 90, 6. Isid. 9, 7, 26), ärmlicher Hausrat od. Haushalt, armselige Habe, Sen. contr. 2, 1 (9), 2. Sen. de tranqu. an. 1, 9. Ulp. dig. 13, 7, 11. § 5. Iuven. 3, 198 u. 5, 58. – **II** übtr., **wertlos, bedeutungslos, armselig, abgeschmackt, fade, al-**

bern, nichtig, **a** v. Lebl.: sermo, Rhet. Her.: iactatio, Sen. rhet.: iactantia, Quint.: insolentia, Phaedr.: plane frivola et frigida fides, Tertull.: iocus Plin.: convivia, Quint.: pisces, Apul.: quod est in primis frivolum ac scaenicum, Quint. – m. 2. *Supin.*, frivolum dictu, Plin. 7, 186. – Plur. subst., frīvola, ōrum, *n.*, **nichtssagende Worte (Vorwürfe),** Quint. 7, 2, 34; u. **unnütze Kleinigkeiten,** Capit. Albin. 5, 11. Vopisc. Aurel. 3, 1 u. Saturn. 11, 4: Ggstz. graviora, Apul. de deo Socr. prol. *in.* p. 1, 5 G. – **b** v. Pers., **läppisch,** frivolo amentique similis, Suet. Claud. 15, 1.

frīvusculum, ī, *n.* (von gleichem Stamme mit frīvolus), der **kleine Hader,** Ulp. dig. 24, 1, 32. § 12 M.

frīxo, āre (*Intens.* v. 1. frigo), **gehörig rösten,** Cael. Aur. de morb. acut. 1, 11, 77.

frīxōrium (frīctōrium), iī, *n.* (1. frigo), **I** die **Röstpfanne,** der **Tiegel,** Plin. Val. 2, 7. Augustin. enarr. in psalm. 101. serm. 1. § 4; vgl. Macr. de diff. 6. § 14. – **II dürres Holz, Reisig,** Arnob. in psalm. 101.

frīxōrius, a, um (1. frigo), **zum Rösten dienend,** frixoria patella = τηγάνη, Gloss. III, 255, 15.

frīxūra, ae, *f.* (1. frigo), die **Röstpfanne,** der **Tiegel,** Hieron. in Amos 7, 7. Ven. Fort. carm. 6, 10, 13.

frondārius, a, um (frons, dis), **zum Laub gehörig, Laub-,** fiscina, Plin. 18, 314.

frondātio, ōnis, *f.* (frons, dis), das **Ablauben, Laubscheren,** Col. 5, 6, 16.

frondātor, ōris, *m.*, (frons, dis), der **Laubstreifer, Laubbrecher, Baumscherer,** Catull. 64, 41. Verg. ecl. 1, 56 (57). Ov. met. 14, 649. Plin. 18, 314. Vgl. Schol. Bern. u. Serv. Verg. ecl. 1, 57 (nach denen frondator auch ein Vogel).

frondeo, ēre (frons, dis), **Laub haben, belaubt sein, belaubte Zweige haben, grünen,** Lucr., Verg., Hor. u. a.: m. *Abl.*, nigrā ilice (v. einem Hain), Ov.: arboribus (v. Ätna), Claud. – Partiz. frondēns, belaubt, Verg., Col. u. a. – Supin. fronditum, nach Prisc. 9, 48.

frondēsco, frondui, ere (*Inch.* v. frondeo), **Laub bekommen, belaubt werden, sich belauben, ausschlagen,** Cic. Tusc. 5, 37. Ov. met. 15, 561: in hederae faciem, Ov. met. 4, 395: cum arbores fronduissent, Greg. Tur. hist. Franc. 9, 17. p. 372, 12. – übtr., et simili frondescit virga metallo, Verg. Aen. 6, 144.

frondeus, a, um (frons, dis), **von** oder **aus Laub, belaubt, mit Laub bedeckt, Laub-,** ilex, Prudent.: nemus, Verg.: casa, Ov.: tecta, Laubdächer (poet. = belaubte Bäume), Verg.: cuspis, Zahnstocher aus Laubholz, Mart. – *neutr. pl.* frondea, ōrum = frondes, Itala (Taurin.) Marc. 11, 8.

frondicomus, a, um (1. frons u. coma), **belaubt,** loca, Prud. cath. 3, 102: pinus, CIL 8, 7759.

frondifer (frundifer), fera, ferum (1. frons u. fero), **Laub tragend, belaubt,** loci, Naev. tr.: nemus, Lucr. u. Sen. poët.: silvae, Lucr.: domus avium, Lucr.

frondifluus, a, um (1. frons u. fluo), wo das Laub abfällt, **ablaubend,** bruma, Boëth. consol. phil. 1. metr. 5, 14.

frondis, s. 1. frōns ►.

frondōsus, a, um (frons, dis), **voller Laub, reich belaubt,** vitis, Var. trag. fr.: ramus, Liv.: montes, Varro u. Verg.

1. frōns, frondis, *f.*, das **Laub,** der **belaubte Zweig,** das **Laubwerk,** **I** eig.: quernea, Cato: nigra, Hor.: nudi sine fronde, sine arbore campi, Ov. – Plur., via interclusa frondibus et virgultis, Cic.: frondibus laeti colles, Curt. – **II** meton., ein Kranz aus belaubten Zweigen, ein **Laubkranz,** eine **Laubkrone,** Hor. u. Ov. – ► Archaist. Nbf. **a** frondis, Ser. Samm. 189 u. 572. – **b** frōs, Varro fr. u. Varro r. r. 1, 24, 3 bei Charis. 130, 34. Gloss. V, 641, 66. – **c** frūs, frundis, *f.*, Enn. ann. 577: Plur. frundes, Enn. ann. 261. Vgl. Charis. 130, 29. Prisc. 1, 35.

2. frōns, frontis, *f.*, die **Stirn,** **I** eig.: **a** übh. (Ggstz. occipitium), oculi, supercilia, frons, vultus denique totus, Cic.: bovis, Caes.: taurina, Ov. (u. so taurus torvā fronte, Plin.): adversā fronte (vorn an der Stirn), Ov.: aber adversis frontibus (Stirn gegen Stirn) concurrere, Lucr., pugnare secum, Hor. – alcis attractior frons, Sen.: frontem contrahere, runzeln, Cic.: so auch frontem adducere, astringere, Sen., corrugare, Amm.: hingegen frontem exporgere (= exporrigere), Komik., od. explicare (entfalten), Hor., od. remittere, Plin. ep., aufheitern: frontem ferire od. percutere, sich vor die Stirn schlagen, als Zeichen des Unwillens, Cic.: so auch frontem caedere, Quint. – Sprichw., frons occipitio prior, die St. geht vor das H., d. i. die Gegenwart des Herrn nützt mehr als die des Verwalters, unser »selbst ist der Mann«, Cato r. r. 4. – **b** die **Stirn** als Ausdruck der Gemütsstimmung und des Charakters, s. Flach Mart. 1, 24, 4: fr. laeta, Verg.: sollicita, Hor.: tristis, Tibull.: verissimā fronte alqd dicere, mit der aufrichtigsten Miene, Cic.: haec ipsa fero fronte et vultu, ut puto, bellissime (d. i. mit heiterer Stirn u. Miene), sed angor intimis sensibus, Cic.: fronte occultare sententiam, Cic.: tabella, quae frontes aperit (d. i. mit heiterer Stirn stimmen lässt), mentes tegit, Cic.: fr. pristina, alte Ernsthaftigkeit, Cic.: proterva, freche Stirn, Frechheit, Hor. u. Augustin.: impudens, Augustin.: fr. durior, schamlose, Iuven.: salvā fronte (ohne Scham), Iuven.: homo frontis integrae, sittsam, ICt.: perisse frontem de rebus, die Zucht, Pers. – **II** übtr., die **Stirn** als der hervorragendste, vortretende Teil eines Gegenstandes, **A** die **Außenseite,** der **äußere Umfang, Rand,** **1** im Allg.: **a** eig.: fr. anuli, Lucr.: tabernae, Catull.: tympani, Vitr.: collem turritā cingere fronte, mit einem mit Türmen besetzten Außenwall, Sil. – **b** bildl., die **Außenseite,** das **Äußere,** das **äußere Ansehen,** der **Anschein,** fronte politus, Pers.: intra nihil habentia fronti suae simile, Sen.: minime blanda frons, das sehr wenig angenehme Äußere, Val. Max.: ubi frons causae non satis honesta est, Quint.: bes. oft prima frons, der erste Anschein, decipit frons prima multos, Phaedr.: dura primā fronte quaestio, Quint.: ex prima statim fronte diiudicare, Quint. – **2** insbes.: **a** der **Rand** einer Bücherrolle, frontes geminae, die beiden äußeren Flächen od. Basen einer Bücherrolle (gew. beschnitten, mit Bimsstein poliert u. gefärbt), Tibull. 3, 1, 13. Ov. trist. 1, 1, 11: fr. pumicata, Mart. 1, 66, 10: fr. nigra, Ov. trist. 1, 1, 8: voluminum frontes titulique, Sen. de tranqu. anim. 9, 6. – **b** als *t. t.* der Baukunst, frontes, die zwei Mauern, die die Fülle enthalten, die **Futtermauern,** Vitr. 2, 8. § 4 u. § 7. – **B** die **vordere Seite, Vorderseite, Fassade,** **1** im Allg.: lecti, Val. Max.: saeptorum, Frontin. aqu.: vehiculi, Amm.: fr. adversa (montis), Verg.: prima fr. libelli, die erste Seite, Ov.: atque haec in celebri carmina fronte (des Grabmals) notet, Tibull.: hos a fronte (vorn an der Straße) suos ponere penates, Ov. – **2** insbes.: **a** als *t. t.* der Baukunst, die **Vorderseite, Stirnseite, Fassade** eines Gebäudes, aedis (des Tempels), Vitr. 3, 2, 2: aedium (der Tempel), Vell. 1, 11, 3. – **b** als geogr. *t. t.*, die einer Gegend zugekehrte **Vorderseite, Front** einer Örtlichkeit, haec est quasi Germaniae frons, Tac.: Italiae, Plin.: litorum, Mela u. Plin.: fr. Caucasi solibus opposita, Plin.: Arabia angustā fronte sequentia litora attingit, Mela: scopulus frontem in apertum porrigit aequor, Ov.: cum Germaniam ad laevam et in fronte, Pannoniam ad dextram, a tergo sedium suarum haberet Noricos, Vell. – **c** als milit. *t. t.*: **α** übh. die **Vorderseite, Front** (Ggstz. latus, tergum), frons (munimentorum) in Etruriam spectans, Liv.: frons (castrorum) naturā tuta erat, Liv.: unā fronte contra hostem munire castra, Caes. – et a fronte et a tergo circumire hostem, Caes.: a fronte instare (Ggstz. ab latere urgere), Liv.: a tergo, fronte, lateribus tenebitur (wird man ihn fassen), si in Galliam venerit, Cic.: silvas evasisse, transisse aestuaria pulchrum ac decorum in frontem (für eine Bewegung nach vorn, für die Offensive), Tac. Agr. 33. – **β** die **vordere Linie, Front** des in Schlachtordnung aufgestellten Hauptheeres od. seiner Flügel, fr. recta, Ggstz. laevum od. dextrum cornu, Liv.: frons laevi cornus, Curt.: dextra frons, Tac.: prima frons, das Vordertreffen, Liv.: aequā od. aequatā fronte, Liv.: frontem primam tenere, im Vordertreffen stehen, Sen.: frontem aequare, Liv.: frontem dirigere, Quint.: in frontem dirigere (intr.) od. dirigi, eine Frontaufstellung nehmen, Liv. – **C** die **vordere, breite Seite,** die **Breite,** in fronte, in der Breite (Ggstz. in agrum, in die Tiefe), Hor. sat. 1, 8, 12. Petron. 71, 6: u. so in frontem (Ggstz. in terga, in latera), Plin.

17, 202. – frons als *masc.* im archaist. Latein (s. Brix Plaut. mil. 202) u. bei Vitr. 10, 11, 7 (wo frons transversarius, Querseite).

frontāle, is, *n.* (2. frons), **I** = προμετωπίδιον (Gloss.), das **Stirnblatt,** sowohl zum Schmuck als auch zum Schutz der Stirn der Pferde, Plur. bei Liv. 37, 40, 4. Plin. 37, 194. – **II** Plur. frontālia, die **vorderen Partien,** die **Vorderseite,** testudinis, Amm. 23, 4, 12.

frontātī, ōrum, *m.* (*sc.* lapides) [2. frons], die **Futtermauersteine,** Vitr. 2, 8, 7: frontati utrāque parte, die Durchbinder, Bindesteine (die quer durch die Mauer gehen, sodass sie auf beiden Seiten gesehen werden können, indem sie beide Futtermauern miteinander verbinden), *ibid.*

Frontīnus, Sextus Iulius (40–103 n. Chr.), ebenso tüchtig als Offizier u. Techniker im Felde wie als Zivilingenieur, Verfasser einer Sammlung von Kriegslisten in drei Büchern (strategematon libri III) u. einer Schrift in 2 Büchern de aquis urbis Romae. Von einer Schrift über Feldmesskunst sind Auszüge auf uns gekommen. Frontin war unter Nerva u. Trajan Aufseher der Wasserleitungen in Rom (curator aquarum), 100 n. Chr. Konsul und 101 Prokonsul in Britannien.

fronto, ōnis, *m.* (2. frons), **I** der **Breitstirnige,** Cic. de nat. deor. 1, 80. Arnob. 3, 14. – dah. **II Fronto,** als Beiname, unter dem bes. bekannt: M. Cornelius Fronto aus Cirta in Afrika (etw. 90–168 n. Chr.), Rhetor u. Sachwalter, hochverehrt als Prinzenerzieher von M. Aurelius u. L. Verus. Ein kleiner Teil seiner Schriften (Briefe, Reden u. eine Schrift de differentiis vocabulorum) wurde in Palimpsesten durch A. Mai aufgefunden. – Dav. **Frontōniānus**, a, um, **frontonianisch,** Sidon. u. ICt. – subst., Frontōniānī, ōrum, *m.*, die Schüler des Redners Fronto, Sidon.

frontōsus, a, um (2. frons), **I vielstirnig,** v. Janus, frontosior, Augustin. de civ. dei 7, 4 *extr.* – **II** übtr., **dreist,** Augustin. in psalm. 68. serm. 1. § 12.

frōs, s. 1. frōns ►.

Frūctesea, ae, *f.* (fructus), die Göttin des Feldertrags, Augustin. de civ. dei 4, 21. p. 171, 14 D².

frūctētum, ī, *n.* (fructus), die **Obstpflanzung,** Plur. bei Serv. Verg. ecl. 1, 40.

frūctifer, fera, ferum (fructus u. fero), **fruchttragend, fruchtbar,** arbores, Col. 11, 2, 46: vitis, Plin. 12, 112: sarmentum, Pallad. 3, 30, 3: ligna, Augustin. conf. 7, 13.

frūctificātio, ōnis, *f.* (fructifico), das **Früchtetreiben,** Serv. Verg. georg. 1, 145 u. Eccl. (auch im Plur.).

frūctifico, āre (fructus u. facio), **I** *intr.* **Früchte treiben** od. **tragen,** Calp. ecl. 4, 91. Tert. de res. carn. 52. Sulpic. Sev. dial. 1, 13, 3. Hieron. in Galat. 2, 19. – **II** *tr.* **befruchten,** omnia, Sedul. carm. pasch. 3, 10.

frūctuārius, a, um (fructus), **I** zur Frucht gehörig, **A** = **Frucht abwerfend, fruchttragend,** v. Tieren, Bäumen u. Gewächsen, Varro, Plin. u. a. – insbes., agri, quos fructuarios habent civitates, von denen die Gemeinden Fruchtgülten beziehen, Cael. in Cic. ep. 8, 9, 4. – **B** = **zur Aufbewahrung der Früchte dienlich,** pars (villae), Col. 1, 6, 1 u. 9. – **II zum Nießbrauch gehörig, ihn betreffend, Nießbrauchs-,** stipulatio, servus, ICt. – subst., frūctuārius, iī, *m.* u. frūctuāria, ae, *f.*, der **Nießbraucher,** die **Nießbraucherin,** der **Nutznießer,** die **Nutznießerin,** ICt.

frūctuōsē, *Adv.* (froctuosus), **mit Nutzen,** Isid. orig. 6, 19, 41. Augustin. serm. 359, 7 *in.* u. a. Eccl.: *Compar.* bei Augustin. epist. 41, 1.

frūctuōsus, a, um (fructus), **reich an Früchten, -an Ertrag, -an Gewinn, fruchtbar, einträglich, ergiebig, gewinnreich, ersprießlich, nützlich, I** eig.: ager, Cic.: praedium, Cic. u. Plin. ep.: locus opportunissimus et fructuosissimus, Caes.: palmites, Col.: arationes, Cic.: Falerna (vina) … tanto sunt fructuosiora, Varro: m. *Dat.* = für, loca soli pecori fructuosa, Amm. 23, 6, 60. – **II** übtr.: tota philosophia frugifera et fr., Cic.: virtus aliis fructuosa, Cic.: fructuosum est mit folg. *Infin.*, Cic. de off. 2, 64.

frūctus, ūs, *m.* (fruor), die **Nutzung,** der **Genuss, I** *in abstr.*: **A** eig., die **Nutzung** = **Nutznießung,** Plaut. Cas. 839. Cic. de or. 1, 2 u. 2, 22. Ulp. dig. 7, 8, 14. – **B** übtr.: ad animi mei fructum, zu meinem geistigen Genuss, Cic.: fructum oculis ex eius casu capere, Augenweide, Nep. – **II** *in concr.*, der **Genuss, Ertrag, Vorteil,** die **Früchte,** die **Einkünfte, A** eig.: praediorum, Cic.: metallorum, Liv.: pecuniae, die Zinsen, Caes.: pecuniae fructibus alere exercitum, mit seinen Renten, Cic.: Massici montis uberrumos quattuor fructus (Ernten) ebibere in una hora, Plaut. – der Äcker u. Bäume, fructuum genera, Varro LL.: arborum bacae terraeque fructus, Cic.: fructus arborum, Quint.: fructus percipere, demetere, Cic. – der Tiere, fructum edere ex se, Nutzen bringen, gewähren, Cic. – v. der Leibesfrucht, fructum ferre, Varro. – v. Provinzen, alci fructum ferre, Cic. – fructui esse alci, jmdm. von Nutzen sein, Nutzen bringen, v. Pers., Cic., v. Staat, Liv.: magno fructui esse alci, v. Meer, Liv. – in fructu esse, nutzbar sein, Plin.: in fructu habere, für nutzbar halten, Cic. – **B** übtr., die **Frucht,** der **Genuss, Gewinn, Lohn, Erfolg,** die **Wirkung,** divitiarum, der durch R. bereitete Genuss, Cic.: verae virtutis, Cic.: voluptatum omnium, Cic.: fructu laboris privatus, Sall.: fructus capere auctoritatis extremos, Cic.: fructum ferre od. capere od. percipere ex alqa re, Cic.: ebenso fructus decerpere ex alqa re, Hor.: praedae fructum sentire ex eo bello, Liv.: omnem fructum vitae superioris perdere, Cic. – ► Alter Genet. fructi, Cato r. r. 4. Turpil. com. 12 u. 87. Ter. adelph. 870. Auson. sept. sap. 3 (Chil.) 10: alter Genet. fructuis, Varro sat. Men. 295 u. 530: vulg. Abl. fructo, Itala (Cant.) Matth. 12, 33: vulg. Akk. Plur. fructos, Itala (Cant.) Matth. 21, 43. Itala (Rehd.) Luc. 3, 8 u. ö. – synk. Genet. Plur. fructûm, Heges. 3, 6, 4.

frūgālis, e (frux), **I zu den Früchten gehörig, Frucht-,** maturitas, Apul. de mund. 29. – II) **Nutzen bringend, A nutzbar eingerichtet,** villa frugalior, Varro r. r. 3, 2, 3. – **B tauglich,** von Menschen = **ordentlich** in seinen Geschäften, in der Wirtschaft u. in der Lebensart übh., **ordnungsliebend, wirtschaftlich, brav, bieder,** factus est frugalior, ein besserer Wirt, solider, Plaut.: ut frugalior sim quam volt (pater), Ter.: semper volui videri frugalior, Sen. rhet.: colonus frugalissimus, Cic.: homines sunt tota ex Asia frugalissimi, Cic. – ► Der Positiv frugalis kommt erst bei Spät. vor; die Früheren setzen dafür frugi.

frūgālitās, ātis, *f.* (frugalis), **I** (nach frugalis *no.* I) der **Vorrat an Früchten,** Apul. met. 9, 35. Ps. Quint. decl. 298. – **II** (nach frugalis *no.* II, B) die **Ordnungsliebe, Wirtschaftlichkeit, Mäßigkeit, Enthaltsamkeit** (Ggstz. luxuria, luxus), Cic. u. a.: frugalitas bonum, luxuria enim malum, Quint.: homo summae frugalitatis, Sen.: cognomen frugalitatis (der Beiname Frugi), Cic.: nullus illi nisi ex frugalitate reditus, Plin. ep.: frugalitatem colere, Sen. rhet.: frugalitatem inter copias servare coepisse, Veget. mil.: paulatim ad frugalitatem redire, Sen. rhet.: übtr., das **strenge Maßhalten,** quaedam eloquentiae fr., Quint. 12, 10, 21: quaedam dicendi fr., Macr. sat. 5, 1, 5.

frūgāliter, *Adv.* (frugalis), **ordentlich, wirtschaftlich, mäßig, enthaltsam,** Plaut. u. Cic.: fr. vivere (Ggstz. luxuriare), Sen. rhet.: *Compar.*, frugalius vivere, Lact. u. Ps. Quint. decl.

1. frūgēs, um, s. frūx.

2. Fruges, s. Phryges.

frūgēsco, ere (frux), **Früchte tragen,** Eccl.

frūgī, s. frūx.

frūgifer, fera, ferum (frux u. fero), **fruchttragend, fruchtbringend, fruchtbar, I** eig.: ager, Cic. u. Liv.: arbusta, Min. Fel.: Pallene fertilis ac fr. terra, Liv.: messis, Ov.: aristae, Sedul.: Ceres, Inscr.: numen, befruchtende, segenbringende, Ov.: nihil frugiferum in agro relictum, Liv.: emporium Thessalis quaestuosum et frugiferum, Liv. – m. *Abl.*, alimentis frugifera insula, Liv. 26, 40, 16. – **II** übtr.: tota philosophia fr. et fructuosa, Cic. de off. 3, 5: hoc illud est praecipue in cognitione rerum salubre ac frugiferum m. folg. *Acc.* u. *Infin.*, Liv. praef. § 10.

frūgiferātio, ōnis, *f.* = κάρπωμα, Gloss. II, 556, 35. = *fertilitas*, Gloss. II, 580, 50.

frūgiferēns, entis (frux u. fero), **fruchttragend, fruchtbar,** Lucr. 1, 3.

frūgilegus, a, um (frux u. lego), **Früchte sammelnd,** formicae, Ov. met. 7, 624.

frūgiparēns, entis (frux u. pario), **fruchtbringend,** Ven. Fort. carm. 3, 13, 12.

frūgiparus, a, um (frux u. pario), **fruchtbringend,** Lucr. 6, 1. Avien. Arat. 1054.

frūgiperdia, ae, *adi. gen. fem.* (frux u. perdo), **fruchtverlierend, fruchtabwerfend** (nach dem homer. ὠλεσίκαρπος), salix, Plin. 16, 110.

fruitio, ōnis, *f.* (fruor), das **Genießen,** Eccl. u. Gloss.

fruitus, fruitūrus, s. fruor.

frūmen, inis, *n.* (fruor), **I** ein **Brei** (puls) bei den Opfern, Arnob. 7, 24. – **II** = λάρυγξ, der **Kehlkopf** u. die **Kehle,** der **Schlund,** Donat. ad Ter. adelph. 5, 8, 27. Serv. Verg. georg. 1, 74; Aen. 1, 178.

frūmentāceus, a, um (frumentum), **aus Weizen, Weizen-,** farina, Veget. mul. 3 (2), 57: panis (Ggstz. hordeaceus panis), Hieron. epist. 37, 4.

frūmentārius, a, um (frumentum), **I** das **Getreide** od. **den Proviant betreffend, A** *adi.*: ager, Varro: spicae, Apul.: saccus, Frontin.: vasum, Porphyr.: lucra, Cic.: inopia, Getreidemangel, Caes.: navis, Proviantschiff, res, Getreidewesen, Proviant, Cic. u. Caes.: cicada, im Getreide befindlich, Plin.: lex, Cic.: mensor, ICt.: negotiator, Plin. – **B** *subst.*, **1** frūmentārius, iī, *m.* **a** der **Getreidelieferant, -händler,** Cic. u. a. – **b** Plur. frūmentāriī, iōrum, *m.*, die **Proviantierer, Proviantkolonnen** beim Heer, Hirt. b. G. 8, 35, 4. – später eine bes. Klasse u. Art **Furiere,** die dem Heer vorausgingen, um für Herbeischaffung des Proviants zu sorgen. – seit Hadrian eine Art **Gensdarmen,** die zu politischen Zwecken, namentl. als geheime **Polizeispione** benutzt wurden, Aur. Vict. de Caes. 39, 44. Spart. Hadr. 11, 4. Capit. Maxim. et Balb. 10, 3: Sing., Capit. Opil. Macrin. 12, 4. – **2** frūmentāria, ae, *f.* (*sc.* actio), die **Getreideverhandlung** (= Cic. II. Verr.. 3, 36), Prisc. 7, 62. Prob. inst. art. 60, 8 K. – **II getreidereich,** loca, Caes.: provincia, Caes.: provinciae, Cic.

frūmentātio, ōnis, *f.* (frumentor), **I** das **Getreide-, Futterholen,** das **Furagieren,** als milit. *t. t.*, Caes. u. a. (auch im Plur.). – **II** die **Getreideausteilung,** Suet. Aug. 40, 2 u. 42, 3. Tert. ad nat. 2, 8.

frūmentātor, ōris, *m.* (frumentor), der **Getreideherbeischaffer, I** durch Einkauf, der **Getreidekäufer, Getreidehändler, -lieferant,** Liv. 2, 34, 4. – **II** durch Furagieren, der **Futterholer, Furagierer,** als milit. *t. t.*, Liv. 31, 2. § 8 u. 36, § 8.

frūmentifer, fera, ferum (frumentum u. fero), **Getreide tragend,** Calabria, Iunior. descr. orb. p. 402 *Mai.*

frūmentor, ātus sum, ārī (frumentum), **I** *intr.* **Getreide-, Futter holen, furagieren,** pabulandi aut frumentandi causā, praedandi frumentandique causā, Caes.: materiari et frumentari, Caes.: fr. in propinquo agro, Liv.: alqm frumentatum mittere, Caes. u. Sall. – **II** *tr.* **mit Getreide versehen,** Aegyptum, Tert. ad nat. 2, 8.

frūmentum, ī, *n.* (fruor), **I** im Allg., das **Getreide,** Varro, Cic. u. a. – Plur. frumenta, die **Getreidearten,** Scriptt. r. r., Caes. u. a.: abundare frumentis (neben non defici opimis frugibus), Col. – übtr., frumenta (in den Feigen), die kleinen Kerne, Plin. – **II** insbes., der **Weizen** (gew. neben hordeum), Tac. Germ. 23. Edict. Diocl. 1, 1. Apul. met. 6, 10. Veget. mil. 1, 13. Valer. bei Treb. Poll. Claud. 14, 3. Mart. 12, 72, 5. Amm. 26, 8, 2. Vulg. deut. 8, 8 u. Ierem. 41, 8.

frūmo, ere (verwandt mit fruor), **genießen, verspeisen,** Isid. orig. 17, 3, 2.

frundifer, fera, ferum, s. frondifer.

frūnīscor, nītus sum, nīscī (verlängerte Form v. fruor), **genießen,** m. *Abl.*, summā gloriā, Q. Metell. Numid. fr.: vitā, Commodian.: m. *Acc.*, id frunisci non queunt, Nov. com. fr.: nisi malum frunisci nil potes, Plaut.: sic peculium tuum fruniscaris, Petron.: aeque ego fruniscor ac tu, Lucil. 554. – ► fruniscarus = fruniscaris, CIL 4, 2953.

fruor, fruitus u. frūctus sum, fruī (aus *frūgvor bezw. frūvor, gotisch *brūkjan,* ahd. *brūhhan,* brauchen), von etw. **Genuss haben, I** an etwas **sich laben** od. **erfreuen,** an etwas **Behagen** od. **Befriedigung finden** u. in diesem Sinne = etw. **genießen** (also engerer Begriff als uti [von etw. Gebrauch machen, es gebrauchen, benutzen] u. oft im Ggstz. zu diesem), **α** m. *Abl.*: bonis suis uti et frui, Cic.: tu voluptate frueris, ego utor, Sen.: cum victoriā posset uti, frui maluit, Flor.: fr. vitā, Cic., Sen. u. a.: luce, Cic.: voluptate, civitate, Cic.: caelo libero (freie Luft), Cic., Sen. u. a. (s. Bünem. Lact. 1, 20, 40): u. so liberiore caelo, Ov.: pace, Nep.: gaudio, Ter. u. Plin. pan.: votis, poet. = erreichen, was man wünschte, Ov.: amicitiae recordatione, sich laben an der E., sich mit Vergnügen erinnern, Cic.: poenā, Mart.: qui nunc te fruitur, Hor. – altlat. = *uti,* fraternis armis, Poët. trag. inc. fr. bei Rhet. Her. 2, 42. – **β** m. *Acc.*: pabulum, Cato: ingenium, Ter.: nuptias, Apul.: dah. im *Gerundiv,* fruenda sapientia, Cic.: ad rem fruendam oculis, um seine Augen daran zu weiden, Liv.: servetur facies illa fruenda mihi, Ov. – **γ** absol.: datur, fruare, dum licet, Ter. heaut. 345: satiatis et expletis iucundius est carere quam frui, Cic. de sen. 47: exsultabant et fruebantur (man gab sich dem Genuss hin), Tac. hist. 3, 83 *extr.*: agnoscebamus et fruebamur (sahen es mit Lust), cum etc., Plin. pan. 34, 4. – **II den Nießbrauch-, die Nutznießung** von etwas **haben,** aus etwas **Nutzen ziehen,** agrum Campanum fruendum locare, Liv.: fundis certis, Cic.: demus (agellum), quî (st. quo) fruatur, Ter. – ► Perf. fruitus est, Ulp. dig. 7, 4, 29 *pr.* CIL 10, 4728: fruita est, Hieron. epist. 127, 5: fruiti sumus, Sen. ep. 93, 7 (9): u. fructus sum, Vell. 2, 104, 3: sum fructa, CIL 9, 1837 (= *Buecheler* carm. epigr. 960: fructus es, Lucr. 3, 938 (940): Partiz. Fut. Akt. fruiturus, Cic. Tusc. 3, 38. Ulp. dig. 10, 3, 7. § 10. Ulp. fr. bei Prisc. 10, 13 (= ICtorum rell. p. 510 *ed. Huschke*). – Präs. fruitur passiv, res fruitur, Greg. Tur. de vita patr. 12. p. 712, 17.

frūs, s. fraus u. 1. frons a. E. ►.

Frusino, ōnis, *m.*, unbedeutende Stadt der Volsker in Latium, an der kampanischen Grenze, südöstl. von Ferentinum, j. *Frosinone,* Liv. 27, 37, 5. Iuven. 3, 224. Sil. 8, 400. – Dav. **Frusinās,** ātis, **frusinatisch,** ager, Liv.: fundus, Cic. – Plur. subst., Frusinātēs, ium, *m.*, die Einw. von Frusino, die **Frusinaten,** Liv.

frūstātim, *Adv.* (frustum), **brockenweise, in Brocken, stückchenweise, in kleinen Stücken,** Pompon. com. 177. Plin. 20, 99. Prud. psych. 720: fr. alqm consecare od. discerpere, Apul. met. 2, 7 u. 9, 37: fr. alqd concīdere, Apic. 4, 67 (wo Schuch frustratim).

frūstellum, ī, *n.*, s. frūstillum.

frūstillātim (frūstilātim), *Adv.* (frustillum), **brockenweise, in Brocken,** Pompon. com. 166. Plaut. Curc. 576.

frūstillum, ī, *n.* (*Demin.* v. frustum), ein **Stückchen, Bisschen,** frustilla haec ignea, Arnob. 2, 58: haec parvula, Arnob. 7, 25. – Nbf. frūstellum, Not. Tir. 104, 2.

frūstrā, *Adv.* (st. frusterā, *Abl.* v. *frūsterus, v. einer Nbf. frūsus = frausus v. fraudo u. dem Suffix terus, wie in extra, supra v. exterus etc.), **I täuschender-** od. **getäuschterweise, betrügerisch, irrtümlich, im Irrtum, irrig,** fr. esse, weit links sein, sich in seinen Plänen (Wünschen, Erwartungen) getäuscht sehen, Plaut. u. Sall. (s. Fabri Sall. Iug. 85, 6): m. *Genet.*, longe huius animi fr. es, Apul.: fr. habere, in der Erwartung täuschen, Tac. u. Amm.: ebenso fr. me ductare, foppen, Plaut. – **II** übtr.: **A erfolglos, ohne Erfolg, nutzlos, umsonst, vergeblich, vergebens,** Komik., Cic. u. a.: fr. esse (alci), fehlschlagen, nicht gelingen, misslingen (v. Plänen u. Vornahmen), Sall. u. a.: u. so utrisque frustra fuit, Tac.: fr. habere, außer Acht lassen, unbeachtet lassen (Ggstz. servare), Tac. – ellipt., nec fr., Hirt. b. G.: frustra; nam etc., Hor. – verb. fr. ac nequiquam, Catull.; u. asyndet., nequiquam frustra, Apul. – **B zwecklos, grundlos, ohne Zweck, ohne Grund** (s. Meißner Cic. Tusc. 1, 21), fr. tempus contero, Cic.: fr. laborare de etc., Quint.: fr. credere, Quint.: ut multi nec fr. opinantur, Suet.: non frustra affirmant, Quint.: de cuius maioribus fr. putamus iterandum, Spart. – ellipt., Quint. 9, 3, 60. – ► Bei Plautus frūstrā gemessen.

frūstrābilis, e (frustro), **fehlschlagend,** Arnob. 2, 22.

frūstrāmen, inis, *n.* (frustro), die **Täuschung,** Lucr. 4, 814.

frūstrātim, s. frūstātim.

frūstrātio, ōnis, *f.* (frustro), die **Täuschung** eines Glaubens, einer Erwartung, **a** = das **Irreführen** jmds., der bei jmd. veranlasste **Irrtum,**

das **Zum-Besten-Haben, Foppen,** in horum familiam hodie frustrationem iniciam maxumam, Plaut. Amph. 875: Plur., optumas frustrationes dederis in comoediis, du wirst die schönsten Beispiele für das Zum-Besten-Haben in der K. darbieten = auf der Bühne meisterlich den Betrogenen spielen, Plaut. most. 1152 Sch. – **b** = das vergebliche **Hinhalten,** die absichtliche **Verzögerung, Nichterfüllung, Vereitelung, Verfehlung** einer Erwartung, eines Planes, tanto maiorem iis frustratio dolorem attulit, Planc. in Cic. ep.: cum longo sermone habito dilatus per frustrationem esset, Liv.: omnis agricultura sine successu ac bono eventu fr. est, non cultura, eine vereitelte Erwartung, ein Fehlschlagen der Erwartung, Varro: grana ciceris in acum continuo et sine frustratione (ohne das Ziel zu verfehlen) inserere, Quint.: variis frustrationibus non sine risu differri, mit mancherlei leeren Hoffnungen hingehalten werden, Iustin. 9, 6, 8. – mit subj. *Genet.*, fr. Gallorum, Liv. 38, 25, 7. – m. obj. *Genet.*, cupiditatis, Col.: tantae rei, Liv.: frustrationem eam legis tollendae esse, Liv.

frūstrātor, ōris, *m.* (frustro), der **Hinhalter,** Tryphon. dig. 43, 16, 19: iudicum, Symm. epist. 10, 44.

frūstrātōriē, *Adv.* (frustratorius), **hinhaltend, täuschend,** Leo epist. 23, 2.

frūstrātōrius, a, um (frustrator), **hinhaltend, täuschend,** Modestin. dig. 22, 1, 41 u. Eccl.

frūstrātus, ūs, *m.* (frustro), die **Täuschung,** frustratui habere, zum Besten haben, foppen, Plaut. Men. 695: omnibus frustratui esse, von allen zum Besten gehabt (gefoppt) werden, Non. 6, 25.

frūstro, āvī, ātum, āre, u. *Depon.* **frūstror,** ātus sum, ārī (frustra), in der Erwartung **täuschen, -betrügen, foppen, vergeblich hinhalten, I** eig.: **α** *act.*, alqm, Plaut.: u. so custodes, Vell.: nos falsā atque inani spe, Liv.: frustrantur spe, Sall.: frustratus, hingehalten, Iustin.: m. *Genet.*, frustratus captionis, Gell. – **β** *Depon.:* alqm, Plaut.: se ipsum frustratur, er steht sich selber im Licht, Ter. u. Nep.: frustrari cum alios tum etiam me ipsum velim, Cic.: spes me frustrata est, Ter.: alqm spe auxilii, Liv.: exspectationem alcis, Plin. ep.: inceptus clamor frustratur hiantes, das Geschrei erstirbt im offenen Munde, Verg.: vincula, den F. entgehen, Solin. – absol., Cocceius vide ne frustretur, Cic. – **II** übtr. (nur im *Depon.*), **vereiteln, unnütz machen,** impensas, laborem, Col.: ictus, Curt.: parentum gaudia falsis lacrimulis, Catull.: ignavi cuiusque tenuissimas spes, Sall. fr.: improbas spes hominum, Plin. ep. – ► Parag. Infin. frustrarier, Plaut. Curc. 331.

frūstrum, s. frūstum ►.

frūstulentus, a, um (frustum), **voller Stückchen** (Fleisch), aqua, Plaut. Curc. 313.

frūstulum, ī, *n.* (*Demin.* v. frustum), ein **Stückchen, Bisschen,** Apul. met. 1, 19.

frūstum, ī, *n.* (zu griech. θραύω, ich zerbreche, θραυστόν, Zerbrochenes), **I** der **Brocken,** das **Stückchen,** der **Bissen,** hordeacei panis, Sen.: frusta esculenta, Speisebrocken, Cic.: in frusta secare, Verg. – **II** übtr.: **a** scherzh., frustum pueri! du Knirps von einem Buben! Plaut. Pers. 848. – **b** von allzu spezieller Zerstückelung der logischen Einteilung, minuta illa nec iam membra sed frusta, Quint. 4, 5, 25: philosophiam in partes non in frusta dividam, Sen. ep. 89, 2. – ► vulg. Nbf. **frūstrum,** nach Prob. app. (IV) 199, 3.

frutectōsus (frutētōsus), a, um (v. frutectum), **I** v. örtl. = **voller Gesträuch, Gebüsch,** Col. u. Plin. – **II** v. Gewächsen = **staudig, buschig,** Plin. 16, 153 u. a.

frutectum (frutētum), ī, *n.* (st. fruticetum von frutex), **I** das **Gesträuch, Gebüsch,** Sing., Plin. 25, 7: Plur., Col. 3, 11, 3. Plin. 18, 46. Gell. 19, 12, 9. Apul. met. 4, 1. – **II** übtr., der **Strauch,** Solin. 30, 25.

frutex, ticis, *m.*, (vgl. βρύω, hervorsprossen), die aus der Erde hervorsprossende **Staude,** der **Strauch, Busch, I** eig., Lucr., Ov., Col. u. a.: Plur. = das **Strauchwerk,** das **Gesträuch, Gebüsch,** Lucr. u. Varro: dass. im Sing. kollektiv, Phaedr. 1, 11, 4. – auch das **Stammende** eines Baumes, wo oft neue Zweige herauswachsen, Suet. Vesp. 5, 2. – **II** übtr., als Schimpfwort, wie etwa **Klotz** = Dummkopf, Plaut. most. 13. Apul. apol. 66. – ► Als *fem.* bei Mart. Cap. 3. § 225.

fruticātio, ōnis, *f.* (frutico), das **Hervorsprossen der Zweige,** die **Bestaudung,** Plin. 17, 7.

fruticēsco, ere (frutex), **Zweige hervortreiben, staudig werden,** Plin. 17, 257.

fruticētum, ī, *n.* (frutex), das **Gesträuch, Gebüsch,** Hor. carm. 3, 12, 12: fruticeta ac vepres, Suet. Ner. 48, 3.

frutico, āvī, ātum, āre, u. **fruticor,** ārī (frutex), **Zweige hervortreiben, staudig-, buschig werden, sich bestauden, ausschlagen, α** Form *-ico:* seges fruticat, Col.: salix fruticat e trunco, Col.: fruticat brassica, Plin. – **β** Form *-icor:* quam fruticetur (arbor), vides, Cic. ad Att. 15, 4, 2.

fruticōsus, a, um, *Adi.* m. *Compar.* u. *Superl.* (frutex), **I** v. Gewächsen = **voll junger Zweige, buschig, staudig,** Ov. u. Plin. – **II** v. Örtl. = **voll Gesträuch, voll Gebüsch,** litora, Ov.: mare, Plin.

Frutis, is, *f.* (frutex), Name der Venus, Solin. 2, 14: Nbf. Fruti, Paul. ex Fest. 90, 13. – Dav. **Frutinal,** ālis, *n.*, das Heiligtum der Venus Frutis, Paul. ex Fest. 90, 13.

frūx, frūgis, *f.* (fruor), die **Frucht, I** eig.: **a** die **Feldfrucht, Erdfrucht,** die **Getreide-** u. **Hülsenfrucht,** das **Getreide,** sterilis sine fruge, sine arbore tellus, Ov.: segetes sine fruge surgentes, Sen.: non omnem frugem neque arborem in agro reperire, Cic.: Plur., quae terra fruges ferre possit, Cic.: terrae fruges bacaeve arborum, Cic.: fruges atque bacae, Cic.: fruges et poma, Gell.: ubertas frugum atque fructuum, Cic.: ager frugum fertilis, Sall. – dah. medicatae fruges, Zauberkräuter, Verg. Aen. 6, 420. – **b** die **Baumfrucht, Baumfrüchte,** arbor curvetur frugibus, Col. poët.: quercus et ilex multā fruge pecus iuvet, Hor. – **II** übtr.: **A** die **Frucht, Früchte,** fruges industriae, Cic.: ingeniorum praecox genus non temere pervenit ad frugem, kommt nicht zur Reife, trägt keine Früchte, Quint.: bonam frugem libertatis ferre, Liv.: expertia frugis, was ohne moralischen Nutzen ist, Hor.: inseris aures fruge Cleantheā, mit kl. Frucht, d. i. Lehre, Pers.: frugem tuam periclitabor, Tauglichkeit Nutzbarkeit, Apul. – **B** insbes., die **moralische Tauglichkeit** = **Besserung,** se ad bonam frugem recipere, sich bessern, vernünftiger werden, Cic. Cael. 28: alqm ad frugem compellere, zur Vernunft bringen, Plaut. Bacch. 1085: ebenso alqm ad frugem corrigere, Plaut. trin. 118: quibus artibus ceteros homines ad bonas fruges utilitatemque perducebat, Schol. Caes. Germ. Arat. 287. p. 406 E.: multa alia ad bonam frugem ducentia, Hinweise zur Rechtschaffenheit u. Tugend, Gell. 13, 28 (27), 2: cum deviaret a fruge bona, Amm. 25, 4, 16. – dah. Dat. frūgī, adjekt. = (dem späteren) frugalis, **α** in seiner Art **etwas taugend, vernünftig handelnd, rechtschaffen, brav (ein braver Kerl, eine brave Haut), bieder, ordnungsliebend** (Ggstz. nequam), homo frugi, Cic.: servus frugi, Cic.: filius frugi, Sen. rhet.: frugi es, Ter.: si frugi est, wenn er seine Sache gut macht, Plaut.: Antonius frugi factus est, Cic.: sum bonus et frugi, Hor.: permodestus et bonae frugi, Cic.: vita frugi, Cic. fil. in Cic. ep.: m. *Genet.*, multarum rerum frugi vir, Fronto ad Anton. Pi. 3. p. 165, 4 N.: dah. Frugi, ein Beiname des L. Kalpurnius Piso, s. Calpurnius. – **β mit Sparsamkeit eingerichtet, sparsam, mäßig,** atrium, Plin. ep.: cena, Plin. ep.: victus, Quint. – ► Nom. frux, Enn. ann. 314 u. 431. Auson. edyll. 12 monos. de cibis 4. p. 135 Schenkl: archaist. Dat. fruge u. frugei = frugi, CIL 1, 1072 u. 1256. – Der urspr. Genet. frugis in bonae frugis wird anerkannt von Gell. 6 (7), 11, 2. Charis. 105, 1. Mar. Victorin. 1, 4. 8. p. 9, 13 *sqq.* (K).

Fryges, -gia, s. Phryges.

frygio, s. Phryges.

fū, *Interj.*, **pfui!** Plaut. most. 39; Pseud. 1294. Not. Tir. 17, 3. Vgl. Charis. 239, 10.

fuam, fuat, fuant = sim, sit, sint, s. 1. sum a. E.

fūcātē, *Adv.* (fucatus), **geschminkt,** *Compar.* fucatius, Auson. lib. protrept. (XIII) 1, 7. p. 36, 7 Schenkl.

fūcātio, ōnis, *f.* (fuco), **I** = βαφή (Gloss.), das **Schminken,** Acro Hor. carm. 3, 28, 10. – **II** übtr., die **Täuschung,** Eccl. (auch im Plur.).

fūcātus, a, um, *PAdi.* (v. fuco), **gefärbt,** übtr. = **geschminkt, aufgeputzt** (Ggstz. naturalis, sincerus, verus), nitor, Cic.: officia, Sen.

fr.: vernilitas, Plin. – *Compar.*, versus Homeri fucatior (Ggstz. simplicior et sincerior), Gell. 13, 27 (26), 3: *neutr. pl.* subst., omnia fucata et simulata a sinceris atque veris (secernere), Cic. de amic. 95.

1. fūcinus, a, um (*φύκινος), **mit Orseille gefärbt,** subst., fūcina, ōrum, *n.*, mit Orseille (statt mit Purpur) gefärbte Stoffe, Quint. 12, 10, 76.

2. Fūcinus, ī, *m.* (lacus), der größte See im südl. Italien, im Land der Marser, j. *Lago di Celano,* Liv. 4, 57, 7. Verg. Aen. 7, 759.

fūco, āvī, ātum, āre (1. fucus), **färben, I** im Allg.: vellera hyali colore, Verg.: tabulas colore, übertünchen, Tac.: color stercore fucatus crocodili, Schminke aus Krokodilmist, Hor.: ministri fucandae purpurae, Gesellen einer Purpurfärberei, Purpurfärber, Amm.: ephippia fucata, purpurrot gefärbte, Apul. – **II** insbes., zur Verschönerung färben, **schön färben, schminken, aufschminken,** colorem, Ov. (u. so fucatus candor et rubor, erkünstelte weiße u. rote Schminke, Cic.): corpora, Quint.: crinem, Hieron.: oculos circumducto nigrore, Cypr. de habit. virg. 14. – übtr., lepido quae sunt fucata sonore, Lucr.: isdem ineptiis fucata sunt illa omnia, Cic.: haec signa probitatis (sunt) non fucata (übertüncht) forensi specie, sed domestica inusta notis veritatis, Cic.: si veritas fucata mendacio est, Lact.: unum quodque genus (dicendi), cum caste pudiceque ornatur, fit illustrius, cum fucatur atque praelinitur (aufgeschminkt u. angestrichen wird), fit praestigiosum, Gell. 6 (7), 14, 11.

fūcōsus, a, um (1. fucus), **stark gefärbt,** geschminkt, übtr. = **aufgeputzt, zugestutzt, verfälscht, unecht, Schein-,** merx, Cic.: laudes, Cato fr.: amicitia, Cic.: mendax et fucosa superstitio, Heuchelei u. Scheinheiligkeit, Val. Max. – v. Pers., ex fucosis firmi suffragatores evadunt, Q. Cic. de petit. cons. 35.

1. fūcus, ī, *m.* (φῦκος), **I** eine an den Meeresklippen wachsende, rotfärbende Steinflechte, in deren Brühe die Römer der Wolle, die in Purpur getaucht werden sollte, erst einen Grund gaben, wodurch die darauf gesetzte Purpurfarbe das Durchdringende und Dauerhafte erhielt, die **Orseille** (*Lichen roccella,* L.), Plin. 26, 103. Quint. 12, 10, 75. – **II** übtr., jeder rote Farbstoff, **A** der **Purpur,** die **Purpurfarbe,** Hor.: Tyrius, Ov. – **B** v. rötlichen **Bienenharz** od. **Vorstoß** (propolis), Verg. georg. 4, 39. – **C rote Schminke,** Prop. u. Quint. – bildl., wie **Schminke** = **falscher Aufputz, angenommener Schein, Verstellung,** Cic. u. Quint.: mercem sine fucis gestat, Hor.: fucum, ut dicitur, facere, täuschen, Q. Cic., alci, Ter.: veritatem fuco et imitatione mentiri, Lact.: sine fuco ac fallaciis, unverhohlen u. ohne Hinterhalt, Cic.

2. fūcus, ī, *m.*, die **Brutbiene, Drohne,** Varro r. r. 3, 16, 19. Col. 9, 15, 1. Plin. 12, 26. Verg. georg. 4, 244. Phaedr. 3, 13, 2.

fūfae, *Interj.*, **pfui!** ohne Beleg angef. bei Charis. 239, 6.

Fūfētius, s. Mettius.

Fūfius, a, um, Name einer röm. *gens,* aus der am bekanntesten: Q. Fufius Calenus, Volkstribun 61 v. Chr., Verfasser des Gesetzes, dass nicht an jedem Gerichtstag ein Gesetzesvorschlag in den Komitien gemacht werden dürfe, Cic. ep. 5, 6, 1 u. a.: Legat Cäsars in Gallien u. Hispanien, Hirt. b. G. 8, 39, 4. Caes. b. c. 1, 87, 4. – *Adi.* **fufisch,** lex, Cic. ad Att. 4, 16, 5.

fuga, ae, *f.* (φυγή), das **Fliehen,** die **Flucht,** das **Entweichen, I** im engeren Sinne: **A** eig.: **1** im Allg.: fuga praeceps (wilde), Liv.: fuga trepida (hastige), Liv.: fuga timoris calliditatisque plena, eine höchst feige u. schlaue Fl., Hirt. b. G.: equi fuga, Iustin.: fuga Antonii a Mutina, Vell.: fuga ab urbe turpissima, Cic.: fuga ab Thermopylis, Liv.: Sertori per montes fuga, Sall. fr.: si hoc profectio et non fuga est, Liv.: fugā salutem petere, Nep.: ex fuga (von der Flucht aus, auf der Flucht) in templum Minervae se conicere (sich flüchten), Nep.: se fugā recipere ad alqm, Caes.: alqm ex fuga retrahere, Sall.: esse in fuga, Cic.: hostes in fugam convertere od. dare od. conicere, Caes., od. avertere, Liv., vertere, Liv., od. agere, Iustin.: fugam capere od. petere, Caes., od. in fugam se dare, se conferre, se conicere, Cic., od. fugae se mandare, Caes., od. se dare, Cic.: se in fugam effundere u. effundi in fugam, Liv. – fugam dare, fliehen, Verg.; od. entfliehen lassen, Gelegenheit zur Flucht geben, Verg., Hor. u. Hyg. – fugam facere, die Flucht ergreifen, fliehen, Sall. u. Liv.; u. in die Flucht schlagen, Cic. u. Liv. – immittere fugam, Begierde, zu entfliehen, Verg.: claudere fugam, Mittel, Gelegenheit zur Flucht, Liv.: u. so fugam explicare, Liv., reperire, Verg.: fugam inire, Val. Max. – fugam sistere, Liv. u. Val. Max.: foedam fugam sistere, Liv.: ni mature subveniretur, non posse sisti fugam, Curt. – fuga passim fieri coepta est, die Fl. wurde allgemein, Liv. – Plur., fugae servorum, Hor. ep. 2, 1, 121: fugae celeres, flüchtige Eilmärsche, Hor. carm. 4, 8, 15: quantae in periculis fugae proximorum, Cic. Mil. 69. – u. Plur. meton. = **Flüchtlinge,** signa fugarum, Col. poët. 10, 125: plane fugae merae, wahre Hasenfüße, die feigsten Memmen, Petron. 45, 13. – **2** insbes. die **Flucht aus dem Vaterland,** die **Landesflucht,** die **Verbannung,** das **Exil,** fuga Metelli, Cic.: Themistoclis fuga reditusque, Cic.: patuit quibusdam volentibus *fuga* (das freiwillige Exil) aut in *exilium* acti sunt, Liv.: semperne in sanguine, ferro, fuga versabimur? Sall.: ultima sed iustae nox erat illa fugae, Ov.: latā fugā damnari, nach einem bestimmten Verbannungsort verwiesen werden, Amm. 19, 12, 9: Plur., Tac. ann. 14, 64; hist. 5, 24; Agr. 45 (verb. exsilia et fugae). – meton. = der **Verbannungsort, Zufluchtsort,** Ov. her. 6, 158; ex Pont. 1, 2, 130. – **B** übtr., die **Scheu** vor usw., **Abneigung** gegen usw., laboris, bellandi, Cic.: fugā litterae vastioris, Cic.: culpae, Hor. – **II** im weiteren Sinne, das **Fliehen** = das schnelle Dahineilen, der **schnelle Lauf,** Verg. – die **rasche (Schiff-) Fahrt,** Verg.: facilem fugam exspectare, Verg. – übtr., fuga temporum, die Eile, Hor. – ► arch. Genet. fugai, Lucr. 1, 1047.

fugācitās, ātis, *f.* (fugax), die **Flucht** = φυγή, Gloss. II, 473, 39.

fugācius, *Adv.* im *Compar.* (fugax), **zum Fliehen geneigter,** utrum a se audacius an fugacius ab hostibus geratur bellum, ob die Kühnheit, mit der er, oder die Neigung zur Flucht, mit der der Feind den Krieg führe, größer sei, Liv. 28, 8, 3.

Fugālia, ium, *n.* (*sc.* sacra), das am 24. Febr. zum Andenken an die Vertreibung der Könige gefeierte Fest, das **Fest der Vertreibung,** Augustin. de civ. dei 2, 6.

fugātor, ōris, *m.* (fugo), der **Verjager,** mortis, Tert. adv. Marc. 5, 10.

fugātrīx, trīcis, *f.* (Femin. zu fugator), die **Verjagerin,** Tert. adv. Gnost. 15.

fugāx, ācis (fugio), **flüchtig, I** eig. = gern-, leicht-, schnell **fliehend, flüchtig dahineilend** (Ggstz. tardus), Palmus, Verg.: Parthus, Ov.: caprea, Verg.: comes atra (cura) sequitur fugacem, Hor.: Pholoë, die die Freier fliehende, die spröde, Hor.: lympha, Hor. – veloci fugacior aura, Ov.: fugacissimus hostis, dux, Liv.: erimus inter fortes fugacissimi, inter fugaces tardissimi, Sen. suas. 2, 7. – als Schimpfwort, v. einem Sklaven, »Davonläufer«, Ausreißer, Plaut. Pers. 421. – **II** übtr.: **A flüchtig, vergänglich, nur augenblicklich,** anni, Hor.: blanditiae, Plin. ep.: haec omnia brevia, fugacia, caduca existima, Cic.: bona fugacissima, Sen.: mortalis et fugax substantia, Hieron. – **B** mit *Genet.* = etw. **fliehend, vermeidend,** ambitionis, Ov.: gloriae, Sen.

fugēla (fugella), ae, *f.* (fugio) = fuga, die **Flucht,** maxima, Cato or. 12. fr. 1 (bei Prisc. 3, 8): magna, Apul. apol. 98.

fugiēns, entis, *PAdi.* (v. fugio), **I** *adi.* mit *Genet.* = **fliehend, scheu** vor usw., laboris, Caes. b. c. 1, 69, 3: doloris, Lact. 3, 8, 13: solitudinis (Ggstz. appetens communionis ac societatis), Lact. 6, 10, 18. – **II** *subst.* = φεύγων, der **Beklagte** (klass. reus), Cod. Iust. 2, 59, 2.

fugio, fūgī, fugitūrus, ere (griech. φεύγω, φυγή, altindisch *bhujati,* er biegt, gotisch *biugan,* ahd. *biogan,* nhd. biegen), **fliehen, I** *v. intr.* **fliehen, A** im engeren Sinne, **fliehen** = **davonlaufen, entlaufen, sich auf-und davonmachen, sich aus dem Staub machen** (Ggstz. manere), **1** im Allg.: **a** eig.: senex exit foras; ego fugio, Ter.: cervam videre fugere, sectari canes, Ter.: vos illi fugienti obsistite, Ov. – hinc, Plaut. u. Verg.: intro, Ter.: longe, Hor.: ita fugias, ne praeter casam, sprichw. = lauf' dem Löwen nicht in den Rachen, Ter. Phorm. 768. – a foro, Plaut.: ab ipsis altaribus extra forum, Val. Max.: de cavea (v. einem Eber), Mart.: e conspectu ilico, Ter. – ad caelum, Petron. poët.: in auras (z. B. v. einem Vogel), Verg.: ultra Sauromatas, Iuven. – **b** übtr.: omne animal appetit quaedam et fugit a (vor) quibusdam,

Cic. – quo fugerit interim dolor ille? Quint.: u. so ad verba … fugi, habe meine Zuflucht genommen, Petron.
2 insbes.: **a** v. Soldaten, **fliehen, ausreißen,** priore proelio eum fugisse, Suet.: pavor fugientium, Tac.: obsistere fugientibus, Suet.: fugientes persequi, Nep. – ex ipsa caede, Caes.: ex proelio, Cic.: ex acie, Suet.: sine ducibus per ignota itinera, Liv. – **b** v. Flüchtigen, **fliehen, flüchtig werden, α** v. politischen **Flüchtlingen,** cum magna pecunia (v. Korinther Demaratus), Cic.: a Troia (v. Äneas), Cic.: ex oppido, Caes.: nave ad salutem, Nep. – bes. von Verbannten (wie φεύγειν), **landesflüchtig werden,** ex patria, Nep., a patria, Ov.: de civitate, Quint.: in exsilium, Iuven. – **β** v. Sklaven, dem Herrn **entlaufen,** nec furtum feci nec fugi, Hor.: fugit mihi servus, Sen.
B im weiteren Sinne, **1** wie **entfliehen = wie im Flug enteilen, davoneilen, dahineilen,** Partiz. fugiēns, **flüchtig, enteilend;** selten von Pers., Camilla super amnem fugit, flieht (an den Speer gebunden), Verg.: rapido per aëra cursu … fugit, Sil.: fugiunt in nubila silvae Pyrenes, Sil. – gew. v. lebl. Subjj., currus fugiens (v. Sonnenwagen), Hor.: fugiens pinus (Schiff), Ov.: fugientia flumina, Hor.: pontus nunc ruit ad terram … nunc retro fugit, Verg.: fugiunt nubes, Hor.: spernit humum fugiente pennā, Hor.: nullum sine vulnere fugit missile, Stat. – bes. v. Örtl., **dem Blick enteilen, immer zurückweichen,** beim Kommen (v. der optischen Täuschung, durch die beim Einfahren in eine Meeresbucht die Ufer, je näher man vorwärts rückt, desto weiter in das Land einzudringen scheinen), portus fugiens ad litora, Prop.: u. so tandem Italiae fugientis prendimus oras, Verg. – beim Absegeln, fugere ad puppim colles campique videntur, quos agimus praeter navim, Lucr.
2 wie **fliehen,** prägn. = fliehend **schwinden, entschwinden, vergehen,** fugiunt e corpore saetae, Ov.: calidusque e corpore sanguis inducto pallore fugit, Ov.: fugiunt cum sanguine vires, Ov.: vita fugiens, Lucr.: ocelli fugientes, sterbende, Ov. – vinum fugiens, abstehender, Cic.: numquam fugiens rosa, welk und geruchlos, Lucan.: gratissima sunt poma cum fugiunt (teig werden), Sen. – memoriane fugerit (ob ihm das G. geschwunden sei) in annalibus digerendis, an etc., Liv. – v. der Zeit, fugit irreparabile tempus, Verg.: dum loquimur, fugerit invida aetas, Hor.: septimus octavo propior iam fugerit annus, Hor.: quod fugiens semel hora vexit, Hor.: mensis fugiens (v. Ende des Monats), Ov.
II *v. tr.* jmd. od. etwas od. vor jmd. od. etwas **fliehen, A** im engeren Sinne, vor jmd. **fliehen = davonlaufen,** cerva fugiens lupum, Liv.: lupus me fugit inermem, Hor. – So nun **a** v. Soldaten, velut qui currebat fugiens hostem, Hor. – **b** v. polit. Flüchtlingen, patriam, Verg.: Salamina patremque, Hor.: dah. patriae quis exsul se quoque fugit? flieht vor sich selbst? Hor.
B im weiteren Sinne: **1** etwas fliehen = **zu vermeiden** od. **zu entgehen suchen, meiden,** ihm **ausweichen, aus dem Wege gehen, a** eig.: concilia conventusque hominum, Caes.: urbes, Hor.: conspectum multitudinis, Caes.: vesanum poëtam, Hor.: percontatorem, Hor. – **b** übtr. (Ggstz. petere, expetere, sequi): **α** übh.: ignominiam et dedecus (Ggstz. expetere laudem), Cic.: mala (Ggstz. sequi bona), Cic.: nullam molestiam, Cic.: recordationes, Cic.: vituperationem tarditatis, Cic.: mors fugitur (Ggstz. vita expetitur), Cic.: petenda ac fugienda, Quint. – **β** fliehen = **scheuen, nicht mögen, nicht annehmen, ablehnen, entsagen, verschmähen, verwerfen,** amorem petere, pudorem fugere, Rhet. Her.: procurationem rei publicae, Nep.: iudicium senatus, Liv.: alqm iudicem, jmd. als R., Liv.: nullum saeva caput Proserpina fugit, hat je verschmäht = verschont, Hor. – m. folg. *Infin.*, neque illud fugerim dicere, ut Caelius: ›Qua tempestate Poenus in Italiam venit‹, Cic. de or. 3, 153: ut non sit dubium, quin turpiter facere cum periculo fugiamus, Cic. ad Att. 10, 8, 5: huic donis militaribus prius triumphum decorare fugiendum fuit, Cic. Mur. 11: u. so bei Lucr. 1, 1052. Hor. carm. 1, 9, 13. Verg. georg. 2, 265 u. a. Dichtern. – bes. Imperat. fuge = noli, **verschmähe** = wolle nicht, quid sit futurum cras, fuge quaerere, Hor.: o fuge te tenerae puerorum credere turbae, Tibull.
2 prägn., meidend **entgehen, entkommen, a** eig.: Acheronta, Hor.: insidiatorem praeroso hamo, Hor.: manus avidas heredis, Hor. – **b** übtr.: **α** übh.: sed tamen admiror, quo pacto iudicium illud fugerit, Hor. sat. 1, 4, 100. – **β** insbes., der Wahrnehmung, Erkenntnis usw. **entgehen,** aciem (oculorum), Cic.: u. so visus, Ov.: scientiam alcis, Cic.: memoriam alcis, Quint. – bes. alqd alqm fugit, es entgeht jmdm. etwas = es bleibt etwas von jmd. unbemerkt, unbeachtet, unerwähnt usw., fugit eos et praetervolat numerus, Cic.: non fugisset hoc homines Graecos, Cic.: illud alterum quam sit difficile te non fugit, Cic. – m. folg. *Infin.*, de Dionysio fugit me ad te antea scribere, es ist mir entgangen (= ich habe vergessen), Cic.: cui rei fugerat me rescribere, Cic. – m. folg. *Acc. c. Infin.*, neque vero id Caesarem fugiebat perterritum exercitum sustinere non posse, Caes. b. c. 1, 71, 1. – illud te non arbitror fugere m. folg. *quin* u. Konj., Cic. ep. 8, 14, 3. – Nbf. **a** nach der 1. Konj. fugarunt, Itala (Taurin.) Matth. 8, 33: fugabit, Itala (*cod. regin. Suec.*) Tob. 6, 8. – **b** Nbf. fugio, īre, wov. Perf. fugivi, CIL 15, 7176 (wo EUGIBI, d. i. verschrieben fugibi = fugivi); fugiit, fugierit, Eccl. (s. Rönsch Itala p. 285). – Partiz. Fut. fugitūrus, Ov. her. 2, 47. Plin. 9, 182. Curt. 7, 4 (16), 15 u. a.

fugitāns, antis, *PAdi.* (v. fugito), **fliehend, scheu vor** usw., m. *Genet.*, litium, Ter. Phorm. 623 (vgl. Charis. 100, 1. Diom. 311, 28. Prisc. 18, 21). Ambros. de off. 2, 21, 106 u. de excess. fratr. 2. § 99: proterviae, Ambros. de off. 1, 43, 210: corporis, passionum, Ambros. de fug. saec. 2, 7.

fugitātio, ōnis, *f.* (fugito), die **Flucht, Verbannung** = φυγάδευσις, Gloss. II, 473, 37.

fugitīvārius, iī, *m.* (fugitivus), **I** der **Aufsucher und Einbringer entlaufener Sklaven,** Flor. 3, 19, 7. Ulp. dig. 19, 5, 18: scherzh. übtr., v. Aufsucher entlaufener Schnecken, Varro r. r. 3, 14, 1. – **II** der **Hehler entlaufener Sklaven,** Cod. Theod. 10, 12, 1.

fugitīvus, a, um (fugio), **I** *adi.*, **flüchtig geworden, flüchtig,** servus, Vatin. in Cic. ep. (vgl. *no.* II, a): canis (Hündin), Plaut.: columbae, Plin.: apes fugitivae fiunt, werden flüchtig, fliegen fort, Varro. – mit folg. *ab* u. Abl., a dominis, a iure et legibus, Cic. – mit *Genet.*, loci, Plin.: finium suorum regnique, Flor.: patriae, Pacat. pan.: rei familiaris, Plin. ep. – übtr. v. Lebl., argentum, Ter.: oblivio, Varro LL.: gaudia, Mart.: successuum repentinorum voluptas, Pacat. pan. 19. – **II** *subst.*, der **Flüchtling, Ausreißer, a** v. flüchtig gewordenen Sklaven, Komik., Cic. u. a.: als Schimpfwort für Sklaven, Komik. u. Cic.: fugitivus et erro, Hor. – **b** v. entlaufenen Soldaten, der **Deserteur,** Claud. Saturn. dig. 48, 19, 16. § 5.

fugito, āvī, ātum, āre (*Intens.* v. fugio), **I** *intr.* **eifrig-, eilig fliehen,** Ter. eun. 847. Amm. 15, 9, 5. – **II** *tr.* jmd. od. etw. **fliehen, meiden,** alqm, Komik. u. Lact.: hanc provinciam, Plaut.: alcis conspectum, Ter.: quaestionem, Cic. Rosc. Am. 78: lucem, Fronto. – m. folg. *Infin.*, **sich scheuen** zu usw., Ter. Hec. 776. Lucr. 1, 658 u. 6, 1238.

fugitor, ōris, *m.* (fugio), der **Flüchtling,** Plaut. trin. 723.

fugium, iī, *n.* = fuga, Schol. Bern. Verg. georg. 3, 384.

1. fugo, s. fugio a. E. ►.

2. fugo, āvī, ātum, āre (fuga), **I fliehen machen, in die Flucht schlagen,** alqm, Caes. u. a.: verb. alqm fundere fugareque od. fugare fundereque, Sall. u. Liv., fundere atque fugare, Sall.: alqm caedere fugareque, Cic.: alqm victum fugare, Eutr.: alqm a Cumis, Liv.: alqm Tarentum, Eutr. – **II** übtr.: **A verjagen, vertreiben, entfernen, 1** im Allg.: alqm, Cic.: flammas a classe, Ov.: Phoebus fugat astra, Hor.: maculas ore, Ov. – **2** insbes., **ins Exil schicken,** Ov. ex Pont. 3, 5, 21 u. a.: Saturno rege fugato, Tibull. 2, 5, 9. – **B dahineilen lassen, forttreiben,** tela nervo, abschießen, Sil. 2, 91.

fulca, s. fulica.

fulcīmen, inis, *n.* (fulcio), die **Stütze,** der **Pfeiler,** Ov. fast. 6, 269.

fulcīmentum, ī, *n.* (fulcio), die **Stütze,** Ulp. dig. 33, 7, 12. § 19. Apul. met. 1, 16: übtr., Macr. sat. 7, 9, 6. Augustin. serm. 38, 25.

fulcio, fulsī, fultum, īre (vgl. ahd. *balcho*, der Balken), durch Streben, Pfeiler usw. **stützen, I** im Allg.: **1** eig.: porticum, Cic.: vitis fulta, Cic.: caelum vertice, poet. = tragen, Verg.: caput Pallantis fultum,

Verg.: pravis fultus male talis, Hor. – 2 übtr., **stützen, unterstützen, aufrecht erhalten, bestärken, nicht sinken lassen,** amicum, Cic.: rem publicam, Cic.: imperium, Cic.: serie genus (Familie), fortpflanzen, Prop.: Thermum litteris, in der Gesinnung bestärken, Cic.: aerumnis cor fulta, das Gemüt auf Trübsal gebettet, Pers.: priusquam totis viribus fulta constaret acies, auf alle ihre Streitkräfte gestützt, Liv. 3, 60, 9. – II prägn.: A **befestigen, verwahren,** postes, Verg.: ianuam serā, Ov. – B **festtreten,** pedibus positas fulcire pruinas (vgl. ἐρείδειν τὴν γῆν ποσί), Prop. 1, 8, 7. – C **stärken,** durch Essen und Trinken, stomachum frequenti cibo, Sen.: vino venas cadentes, Sen.: infantem solidioribus cibis, Arnob.: cibis fulta, Col. – ► Perf. fulcīvī, Prisc. 4, 15 (ohne Beleg): fulcīvīt, CIL 6, 1703: Partiz. fulcītus, a, um, Cael. Aur. de morb. chron. 2, 1, 46.

fulcipedia, ae, *f.* (fulcio u. pes), **Stützebein, Wackelbein, Trampeltier,** v. einer Trunkenen, die einer Stütze für ihre Füße bedarf, Petron. 75, 6.

fulcrum, ī, *n.* (fulcio), I die **Stütze** des Bettes, das **Gestell,** der **Pfosten, Stollen** des Ruhelagers, Speisesofas, Verg. Aen. 6, 604. Prop. 2, 13, 21. Ov. ex Pont. 3, 3, 14: ad fulcra lectorum sedentes, Suet. Claud. 32. – II meton., das **Ruhelager, Speisesofa,** Prop. 4, 7, 3. Iuven. 6, 22; 11, 95: fulcro plumeo (Flaumenbett) incubuit, Amm. 28, 1, 47.

fulctūra, s. fultūra.

Fulfulae, ārum, *f.*, Stadt der Samniter, viell. j. *Monte Fuscone,* Liv. 24, 20, 5.

fulgēns, entis, *PAdi.* (v. fulgeo), **glänzend, strahlend,** facies fulgentior, Sen. ep. 115, 4: quod in caelo fulgentissimum vident, Augustin. de doctr. Chr. 1, 7. – übtr., **ausgezeichnet,** iuvenis fulgentissimus, von glänzendem Verdienst, Vell. 2, 71, 1: fulgentissimum C. Caesaris opus, Vell. 2, 39, 1: fulgentissimum et caeleste os, glänzende Beredsamkeit (Ciceros), Vell. 2, 64, 3: duo fulgentissima cognomina patris et patrui (Scipionum), Val. Max. 3, 5, 1.

fulgenter, *Adv.* (fulgens), **blitzend, schimmernd,** nur im *Compar.* fulgentius, Plin. 10, 43: übtr., Plin. 22, 4.

fulgeo, fulsī, ēre (verwandt mit flagro, φλόξ, φλέγω), I **blitzen,** Iove od. caelo fulgente, wenn es blitzt, Cic.: si fulserit, wenn es geblitzt hat, Cic. – II übtr.: A v. Perikles, als gewaltigem Redner, fulgere, tonare, blitzen u. donnern, Cic. or. 29 (vgl. Quint. 2, 16 *extr.* v. dems. fulgurare ac tonare; beide als Übersetzung von Aristoph. equ. 530 *sq.* ἀστράπτειν, βροντᾶν). – B **blitzen = schimmern, strahlen, glänzen, leuchten,** 1 eig.: fulgent purpurā, Cic.: luna fulgebat, Hor.: tecta ebore et auro fulgentia, Cic.: oculi fulgentes, Hor. – 2 übtr., **hervorschimmern, -strahlen, -glänzen** = sich vorzüglich zeigen, sich hervortun, fulgebat iam in adulescentulo indoles virtutis, Nep.: virtus fulgens honoribus, Hor.: fulgens imperio Africae, Hor., sacerdotio, Tac. – ► Nbf. **fulgo,** ere (vgl. Sen. nat. qu. 2, 56, 2), wov. fulgit, Pompon. com., Lucil. u. Lucr.. fulgere, Tragic. vett., Lucil., Lucr., Verg. u. a.

fulgerātor, s. fulgurātor.

fulgero, s. fulguro.

fulgēsco, ere (fulgeo), **blitzen, schimmern,** Firm. math. 1, 10, 4. Not. Tir. 72, 14.

fulgetrum, ī, *n.* (fulgeo), der leuchtende **Blitz,** das **Wetterleuchten,** Caecinna bei Sen. nat. qu. 2, 56, 1. Plin. 2, 112 *sq.* u. a. – Nbf. **fulgetra,** ae, *f.*, Akk. Plur. fulgetras, Plin. 28, 25.

fulgidulus, a, um (*Demin.* v. fulgidus), **gar glänzend, -schimmernd,** miltos, Ter. Maur. 225.

fulgidus, a, um (fulgeo), **blitzend, schimmernd,** Lucr. 3, 363. Q. Cic. poët. in Anthol. Lat. 642, 15 (66, 15). Claud. in Ruf. 2, 351. Lampr. Alex. Sev. 13, 5: *Compar.*, Augustin. serm. 384, 1: fulgidior radio, Ven. Fort. carm. 8, 7, 352 *Migne* (= carm. append. I. p. 380. *v.* 352 *Leo*).

Fulginia, ae, *f.* (Φουλκίνιον, Strabo), Stadt in Umbrien, j. *Foligno,* Sil. 4, 547; 8, 461: Nbf. Fulginiae (Plur.), wov. Abl. Fulginis (= Fulginiis), Itin. Hieros. p. 613. – Dav.: a **Fulginās,** ātis, **fulginatisch,** Cic. fr. bei Prisc. 7, 70 (= Cic. fragm. p. 4. *no.* 3 u. 4 K.). – Plur. subst., Fulginiātēs u. Fulgināēs, ium, *m.*, die Einw. von Fulginia, die **Fulginiaten,** Form *-niātēs,* Plin. 3, 113. CIL 11, 5215: Form *-nātēs, ibid.* 11, 5217. – b **Fulginia,** ae, *f.*, die **Schutzgöttin** der Stadt Fulginia, CIL 11, 5223.

fulgitrua, uum, *n.*, **Blitze,** Hyg. fab. 183.

fulgo, ere, s. fulgeo ►.

fulgor, ōris, *m.* (fulgeo), I das **Blitzen, Blinken,** der **Schimmer,** 1 eig., candelabri, Cic.: solis, Plin. u. Augustin.: armorum, Hor.: auri fulgor, argenti nitor, candor eboris, Min. Fel. 23, 9. – Plur., omnes fulgores, Sen.: fulgores armorum, Tac.: cum stupet insanis acies fulgoribus, Hor.: alieno ex lumine an propriis luceat fulgoribus luna? Arnob. – 2 übtr., der **Schimmer, Glanz,** nominis, Ov.: gloriae, Val. Max.: honorum, Tac. – II insbes., der **Blitz,** sofern er leuchtet, das **Wetterleuchten,** Lucr., Verg., Sen. u. a.: Plur., fulgores et tonitrua, Cic. de div. 2, 44.

Fulgora, ae, *f.* (fulgur), die **Göttin des Blitzes,** Sen. b. Augustin. de civ. dei 6, 10, 3. p. 269, 24 D^2.

fulgorātor, s. fulgurātor.

fulgorītor, s. fulgurātor.

fulgur, uris u. oris, *n.* (fulgeo), I das **Blitzen, Blinken,** der **blitzende** od. **blinkende Glanz, -Schein,** der **Schimmer,** solis, flammai, Lucr.: galeae, Claud.: rapidum Aetnaeo fulgur ab igne iaci, Ov. – II insbes., der **Blitz** im Allg., sowohl insofern er leuchtet, das **Wetterleuchten,** als insofern er einschlägt, Cic. u. a. – condere fulgura publica, s. con-do. – personif. als Gottheit, Iuppiter Fulgur, Vitr. 1, 2, 5 u. CIL 1^2. p. 331. – ► Abl. Sing. fulgere, *Lucr. 4, 190 (189) Lachm. – Plur. fulgora, Cic. de div. 1, 12 (wo *cod. A* fulgera) u. 2, 42. Min. Fel. 5, 9.

fulgurālis, e (fulgur), **den Blitz betreffend,** libri, die Blitzbücher (die vom Blitz [seiner Deutung und Sühnung] handeln), Cic. de div. 1, 72.

fulgurātio, ōnis, *f.* (fulguro), das **Blitzen, Wetterleuchten,** Sen. nat. qu. 1, 1, 6 u. a.

fulgurātor, ōris, *m.* (fulguro), I der **Blitzeschleuderer,** CIL 2, 258*: auch fulgerator, CIL 6, 377: fulgorator, Serv. Verg. Aen. 3, 359. p. 405, 30 Thilo: fulguriator, CIL 11, 6363: fulgoritor, Lucil. sat. 26, 74. – II der **Blitzdeuter** (ein Haruspex, der auch wohl die vom Blitz getroffenen Gegenstände begrub), Cato oratt. 20. fr. 2 (bei Non. 63, 23). Cic. de div. 2, 109. Apul. de deo Socr. 7.

fulgurātūra, ae, *f.* (fulguro), das **Deuten der Blitze,** Serv. Verg. Aen. 1, 42.

fulgurātus, a, um (fulgur), **vom Blitz getroffen,** subst., fulgurāta, ōrum, *n.*, **vom Blitz getroffene Gegenstände,** omnibus fulguratis odor sulphuris inest, Sen. nat. qu. 2, 21, 2. Vgl. fulguritus.

fulgureus, a, um (fulgur), **blitzend,** Mart. Cap. 5. § 427.

fulguriātor, s. fulgurātor.

fulgurio, īvī, īre (fulgur), **blitzen,** fulgurivit Iuppiter, Naev. tr. 14.

fulgurītor, s. fulgurātor.

fulgurītus, a, um (fulgur), **vom Blitz getroffen,** arbores, Plaut. trin. 539. Lucil. 644* *Marx* (L. Müller 26, 74 fulgoritorem arborum; Stowasser fulguritantem): eum locum esse fulguritum, Varro LL. 5, 150: v. Pers., quasi f., Sen. de ira 3, 23, 6. – subst., fulgurītum, ī, *n.*, ein **vom Blitz getroffener Gegenstand,** Arnob. 5, 4: Plur., Arnob. 5, 1: ars fulguritorum, eine technische Anweisung zur Weihe der vom Blitz getroffenen Stätten, Serv. Verg. Aen. 6, 72. Vgl. fulguratus.

fulguro, āvī, ātum, āre (fulgur), I *intr.*: A **blitzen,** Iove tonante fulgurante, Libr. augur. bei Cic.: fulgurat, es blitzt, Sen. u. Plin. – übtr., v. gewaltigen Redner (vgl. fulgeo *no.* II, A), Quint. 2, 16, 19: u. v. dessen Rede, Plin. ep. 1, 20, 19. – B **blitzen = leuchten, schimmern, strahlen,** 1 eig.: aurum fulgurans, Apul.: vetito domus iam fulgurat auro, Stat.: ignis oculis fulgurat, Sil. – 2 übtr., **hervorblitzen, -leuchten,** proximus hydrochoi fulguret Oarion, Catull. 66, 94 (*al.* fulgeret): fulgurat in nullo umquam verius dicta vis eloquentiae, Plin. nat. hist. praef. § 5. – II *tr.* **blitzen lassen,** coruscationem, den Blitzstrahl werfen, Vulg. psalm. 143, 6. – ► fulgurātus, a, um, s. bes.

fulica, ae, *f.* (zu ahd. *pelicha,* nhd. Belche, griech. φαληρίς), das **Blässhuhn,** eine Art Wasservogel, Plin. 11, 124. Afran. com. 264. Verg.

georg. 1, 363. Ov. met. 8, 625. Fur. Ant. bei Gell. 18, 11, 4. Vgl. Isid. orig. 12, 7, 53. – synkop. **fulca**, Fur. Ant. fr. bei Gell. 18, 11, 4. – Nbf. **fulix**, icis, *f.*, Cic. poët. de div. 1, 14.

fuliculus, s. fulliculus.

fūlīginātus, a, um (fuligo), **berußt** = **schwarz gefärbt**, orbes (oculorum) stibio fuliginati, Hieron. epist. 54, 7.

fūlīgineus, a, um (fuligo), **dem Ruß ähnlich, rußig**, nubes, Petron. 108, 2: color, Arnob. 7, 50.

fūlīginōsus, a, um (fuligo), **voll Ruß, berußt**, lares, Prud. perist. 10, 261.

fūlīgo, ginis, *f.* (altind. *dhūlī*, Staub), **I** der **Ruß**, Cic. u. a.: f. fornicis, Sen. rhet.: des Lichtes, lucubrationum (bei nächtlichen Studien), Quint. 11, 3, 23. – bildl., verborum et argutiarum, Gell. 1, 2, 7. – **II** übtr. die **Schwärze zum Schminken** (gew. stibium, s. d.), Iuven. 2, 93.

fulix, icis, *f.*, s. fulica.

fulliculus, ī, *m.*, *Demin.* v. fulica, s. d., fulica, quas fulliculos (wohl richtiger fuliculos) dicunt, Schol. Bern. ad Verg. georg. 1, 363.

fullo, ōnis, *m.* (v. φαλός, glänzend), **I** der die Kleider walkt, reinigt und mit Kreide weiß macht, der **Walker, Tuchbereiter**, Plaut. aul. 508. Titin. com. 26 u. 27. Pompon. com. 27. Varro sat. Men. 539. Varro LL. 6, 43. Sen. nat. qu. 1, 3, 2: mola fullonis, Pompon. com. 13: officina fullonis od. fullonum, Plin. 35, 143 u. 175: taberna fullonis, Hieron. c. Rufin. 3, 36 *extr.*: villa fullonis, Ambros. in Lucam 7. § 14. – obszön, Nov. com. 95. Tert. de pall. 4. – Titel einer Komödie des Laberius, Gell. 16, 7, 3. – **II** übtr., der große od. weißgefleckte **Monatskäfer**, Plin. 30, 100.

fullōnico, āre, **waschen, reinigen** = πλύνω, Gloss. III, 406, 37 u. ö.

fullōnicus, a, um (fullo), **zum Walker gehörig, Walker-**, **I** *adi.*: pila, ein Walkertrog, Cato r. r. 14, 2. – **II** *subst.*: fullōnica, ae, *f.*, **a** (*sc.* ars) das **Walkerhandwerk**, die **Walkerei**, Vitr. 6. praef. § 7: fullonicam docere, Lact. 1, 18, 21. – **b** (*sc.* officina) die **Werkstatt des Walkers**, die **Walkerei**, Laber. com. 147. Ulp. dig. 39, 3, 3: dasselbe fullōnica, ōrum, *n.*, Ulp. dig. 7, 1, 13. § 8.

fullōnius, a, um (fullo), **zum Walker gehörig, Walker-**, pila, ein Walkertrog, Cato r. r. 10, 5: creta, Plin. 17, 46: aënae, Kessel, Plin. 24, 111 u. 27, 92: spina, Distel zum Aufkratzen der Haare des gewalkten Tuchs, Plin. 16, 244: urina, Plin. 28, 174: saltus, Sprung der Walker beim Walken, Sen. ep. 15, 4: ars, Plin. 7, 196. Non. 34, 1: fulloniae artis minister, CIL 13, 8345. – scherzh., cras mihi potandus fructus est fullonius, muss ich mich walken (von meinem Herrn prügeln) lassen, Plaut. Pseud. 782. – subst., **a** fullōnia, ae, *f.*, das **Walkerhandwerk**, die **Walkerei**, didicisse fulloniam, Plaut. asin. 907. – **b** fullōnium, iī, *n.*, die **Walkerwerkstätte**, die **Walkerei**, Amm. 14, 11, 31 u. 22, 11, 4; vgl. Gloss. ›fullonium, γναφεῖον‹.

fulmen, inis, *n.* (urspr. fulgmen v. fulgeo u. Suffix men), **I** der **Blitz**, der herabfährt und einschlägt, der **Blitzstrahl, Wetterstrahl, Donnerkeil**, fulmen cadit, s. cado *no.* I, A, a, α: fulmen decĭdit, s. 2. dēcido *no.* I, a, α: fulmine ici u. ictus, s. īcio *no.* I, 1: fulmine percutere alqm, Cic. u. Hyg.: fulmine percussus, Cic.: fulmine absumi od. interimi (umkommen), Capit. u. Vopisc.: ictu fulminis deflagrare, Cic.: inter fulmina et tonitrua, Cic.: minister fulminis, v. Jupiters Adler, Hor. – im Bild, dii boni, quas tenebras e quo fulmine nasci passi estis! welchen Wechsel von strahlendem Licht und von Dunkel ließet ihr (in dieser Familie) eintreten, Val. Max. 3, 5, 1. – **II** übtr.: **A** der Blitz, d. i. die zerschmetternde Kraft, fortunae, Cic.: tuo de fulmine partem deme, Ov.: dah. von jedem niederschlagenden Unglück, duo fulmina domum perculerunt, Liv.: ecce quartae (litterae) fulmen, der vierte Brief war ein Donnerschlag für mich, Cic.: v. den Hauern der Wildschweine, fulmen habent in dentibus, tötende Kraft, Ov. – poet. v. vernichtenden Strafurteil des Senates, f. iustum, Iuven. 8, 92. – **B** v. allem, dessen Gewalt man nicht widerstehen kann, der **Blitz, Wetterstrahl**, die **unwiderstehliche Kraft**, verborum, Cic.: dah. v. Helden (wie den beiden Scipionen in Spanien), duo fulmina imperii nostri, Cic.: Scipiades, belli fulmen, Lucr.: v. feurigen Augen, fulmina oculorum tuorum ferre non possum, Aur. Vict. epit. 1, 20: tune illa viri, quae vertice fundit, fulmina pertuleris? Sil. 11, 340.

fulmenta, ae, *f.* (urspr. fulcmenta, v. fulcio u. Suffix menta), **I** die **Stütze**, Cato r. r. 14, 1. Lucil. 160 u. 777. – **II** insbes., der **Absatz** am Schuh, Plaut. trin. 720.

fulmentum, ī, *n.* (urspr. fulcimentum, von fulcio u. Suffix mentum), **I** die **Stütze**, Vitr. 5, 1, 9. Cels. 2, 15 D. Solin. 20, 7. Amm. 23, 4, 5. Anthol. Lat. 671, 51 (288, 27): Aquitanicum, Säule aus aquitanischem Marmor, Sidon. epist. 2, 10, 4. *v.* 17. – **II** insbes.: **a** der **Bettpfosten**, in dem Sprichw.: fulmenta lectum scandunt, etwa = der Diener will mehr sein als der Herr, Varro b. Non. 206, 24. – **b** das **Hackbrett, Schneidebrett**, Apic. 2, 38.

fulmināris, e (fulmen), **Blitze schleudernd**, Iuppiter, CIL 5, 2474.

fulminātio, ōnis, *f.* (fulmino), das **Blitzeschleudern, Blitzen**, der **Blitz**, Sen. nat. qu. 2, 12 *in.*

fulminātor, ōris, *m.* (fulmino), der **Blitzeschleuderer**, Arnob. 6, 23. Apul. de mund. 37 (neben fulgurator u. tonitrualis).

1. fulminātus, a, um (fulmen), **Blitze tragend**, legio XII fulminata (bei Dio Cass. 55, 23 κεραυνοφόρον στρατόπεδον), viell. von ihren Schilden so benannt, auf denen Jupiter mit dem Donnerkeil dargestellt war, CIL 2, 4158; 3, 30 u. 509; 5, 534; 6, 3644; 11, 376.

2. fulminātus, a, um, s. fulmino.

fulmineus, a, um (fulmen), **zum Blitz gehörig**, **I** eig.: ignis, des Blitzes, Lucr. u. Ov.: ignes, Ov.: ictus, Donnerschlag, Hor. – **II** übtr., wie der Blitz **alles zerschmetternd, -tötend, mörderisch**, os apri, Ov.: ensis, Verg.: iubar, Petron. poët.: Mnestheus, Verg.

fulmino, āvī, ātum, āre (fulmen), **I** *intr.* **den Blitz herabschleudern, blitzen und donnern**, Iuppiter fulminans, Hor. carm. 3, 3, 6 u. Plin. 2, 21. – *impers.*, cum tonat, fulgurat, fulminat, cum serenat, Min. Fel.: boreae de parte trucis cum fulminat, Verg.: minore vi ad fulgurandum opus est quam ad fulminandum, Sen. – übtr., Caesar fulminat bello, Verg.: Marte fulminante, Plin. – **II** *tr.* **mit dem Blitz treffen, niederschmettern, -donnern**, Claud., Min. Fel. u. a. Eccl.: inferiora fulminantur, Sen.: fulminata abies, Serv.: fulminati, vom Blitz Getroffene, Plin. 2, 145. – übtr., quantā vi fulminet hostem, Claud. nupt. Hon. et Mar. 311: fulminatus hāc pronuntiatione, Petron. 80, 7.

fultor, ōris, *m.* (fulcio, s. Eutych. 455, 30), der **Stützer**, übtr., ecclesiae, Ven. Fort. carm. 2, 15, 19.

fultrīx, trīcis, *f.* (Femin. zu fultor), die **Stützerin**, Eutych. 455, 30 u. Anecd. Helv. 75, 13 (ohne Beleg).

fultūra, ae, *f.* (fulcio), **I** die **Stütze**, Sen. de ben. 6, 15, 7 u. nat. qu. 3, 27, 6: verb. fultura et substructio, Col. 1, 5, 9: Plur., Vitr. 6, 8 (11), 3; 10, 1, 2; 10, 16 (22), 11: verb. fulturae ac substructiones, Plin. ep. 10, 39 (48), 2. – **II** übtr., die **Stärkung** des Körpers durch Essen usw., Hor. sat. 2, 3, 154. Plin. ep. 1, 9, 4.

fulvaster, tra, trum (fulvus), **rotgelb**, radix, Ps. Apul. herb. 110.

Fulviānus, Fulviaster, s. Fulvius.

fulvidus, a, um (fulvus), **rotgelb**, Hieron. u. Gloss.

Fulvius, a, um, Name einer röm. *gens*, aus der am bekanntesten: M. Fulvius Flaccus, der als Anhänger des C. Gracchus auf Befehl des Senates getötet wurde, Cic. Cat. 1, 4; de domo 102. Sall. Iug. 42, 1. Vell. 2, 6, 6. Val. Max. 6, 3, 1: u. Fulvia, Gemahlin des bekannten Klodius, dann des Triumvirn Mark. Antonius, Cic. Phil. 2, 11. Vell. 2, 74, 3. Flor. 4, 5, 2. – Dav.: **A** **Fulviānus**, a, um, **fulvianisch**, stola, der Fulvia, Val. Max. – **B** **Fulviaster**, trī, *m.*, der **Nachahmer des Fulvius** im Lügen (v. Postumius), Cic. ad Att. 12, 44, 3.

fulvor, ōris, *m.* (fulvus), das **Rotgelb**, *Catull. 64, 100 B. (nach Ritschls Vorschlag): f. flammae, *Paul. ex Fest. 92, 20 (nach Bugges Vorschlag).

fulvus, a, um (verwandt m. flavus) = ξανθός (Gloss.), **rotgelb, dunkelgelb, braungelb** (dunkler als flavus), v. Löwen, Wölfen, v. Sand, Gold, Verg.: cera, Plin.: sidera, Tibull.: nubes, Verg.: caesaries, Verg.: comae, Ov.: aquila od. ales Iovis (wegen seiner gelblichen Augen), Verg.: *Compar.*, sputa fulviora vel spumosiora, Cael. Aur. de morb. acut. 2, 27, 144. – subst., fulvum, ī, *n.*, das **Rotgelb** usw., Solin. 17, 5.

fūmābundus, a, um (fumo), **rauchend,** fornax, Itala gen. 15, 17.

fūmāriolum, ī, *n.* (*Demin.* v. fumarium), das **Rauchloch,** übtr. v. der Öffnung eines Vulkans, durch die Rauch u. Dampf abziehen, Tert. de paenit. 12.

fūmārium, iī, *n.* (fumus), **I** die **Rauchkammer,** wo das Brennholz getrocknet, der Wein durch den Rauch milder gemacht wurde, Col. 1, 6, 19 *sq.* Mart. 10, 36, 1. Porphyr. Hor. carm. 3, 8, 12. – **II** = καπνοδοχεῖον (Gloss.), der **Rauchfang,** ein Loch in der Decke od. im Dach des Gebäudes, durch das der Rauch abzog, Vulg. Osëe 13, 3 u. bes. Hieron. in Osëe 13, 3 (wo es durch καπνοδόχη erklärt wird).

fūmātio, ōnis, *f.* (fumo), die **Beräucherung,** Plur. bei Cael. Aur. de morb. chron. 1, 4, 136 u. 5, 10, 119.

fūmātor, ōris, *m.* (fumo), **I** der **Weinräucherer,** CIL 9, 60*. – **II** der **Windmacher** = Betrüger, Acro Hor. ep. 1, 2, 28.

fūmēsco, ere (fumus), **Rauch von sich geben, rauchen, dampfen,** Isid. orig. 17, 8, 2.

fūmeus, a, um (fumus), **I voll Rauch, rauchig,** Verg. u. a.: vinum, geräuchert, im Rauch aufbewahrt, Mart. – **II** übtr., gleichs. **in Rauch aufgehend** = nichtig, cogitationes, Augustin. serm. 301, 4.

fūmidus, a, um (fumus), **I rauchig, rauchend, qualmend, dampfend,** taeda, Verg. (bildl. irai fax, Lucr.): lux, Plin.: altaria, Ov. – **II** übtr.: **A rauchfarbig,** chrysolithus, topazus, Plin. – **B nach Rauch riechend, räucherig,** virus, Plin. 14, 127.

fūmifer, fera, ferum (fumus u. fero), **rauchend, qualmend, dampfend,** ignes, nox, Verg.: limus, Sil.: fumiferae nubes, Epit. Iliad. 601 *Wernsdorf.*

fūmifico, āre (fumificus), **räuchern,** Dianae Arabico odore, Plaut. mil. 412.

fūmificus, a, um (fumus u. facio), **I Rauch machend,** cocus, Plaut. b. Varro LL. 7, 38. – **II** übtr. (v. Lebl.) = **rauchend, dampfend,** mugitus, Ov. met. 7, 114: faces, Prud. perist. 3, 118.

fūmigābundus, a, um (fumigo), **Rauch ausströmend,** fornax, Itala gen. 15, 17 (bei Ambros. de Abrah. 2, 9. § 67): terra, Vulg. sapient. 10, 7.

fūmigātio, ōnis, *f.* (fumigo), die **Räucherung, Beräucherung,** Plin. Val. 3, 7. Marc. Emp. 33.

fūmigium, iī, *n.* (fumigo), das **Räucherwerk,** sulphuris vivi, Th. Prisc. 1, 10: Plur., Th. Prisc. 3, 2 u. 3, 5.

fūmigo, āvī, ātum, āre (fumus u. ago), **I** *intr.:* **1 rauchen, dampfen,** montes fumigant, fumigabunt, Vulg. psalm. 103, 32 u. 143, 5: fumigantes globi (Nebelknäuel), Gell. 19, 1, 3: linum fumigans, der glimmende Docht, Vulg. Isai. 42, 3 u. Matth. 12, 20: titiones fumigantes, Vulg. Isai. 7, 4. – **2 räuchern, Rauchwerk** od. **Räucherwerk anzünden,** gegen schädliche Tiere, Schol. Bern. Verg. georg. 4, 241: gegen dämonische Einflüsse, ille bene novit fumigare, Augustin. serm. app. 279, 4. – **II** *tr.:* **1 räuchern, beräuchern,** alvos leviter, Varro: gallinaria, Col.: pulli fumigentur, Col. – **2 Räucherwerk anzünden,** mit etw. **räuchern,** fum. aromata, Vulg. 2. paral. 2, 4. – **3 durch Rauch schwärzen,** noctu parietes fumigatos (esse), Apul. apol. 58. p. 69, 4 Kr.

fūmo, āvī, āre (fumus), **rauchen, dampfen, qualmen,** agger fumat, Caes.: villae passim incendiis fumabant, Liv.: domus fumabat, die Esse des Hauses rauchte (= es wurde wacker gekocht und geschmaust), Cic.: arae sacrificiis fumant, Liv.: loca sulfure fumant, Verg.: recenti fossione terram fumare calentem, Cic.: tepidusque cruor fumabat ad aras, Verg.: trifidā fumantia flammā corpora, Ov.: equûm fumantia colla, Verg.: spumantibus equis atque fumantibus, Min. Fel.

fūmōsus, a, um (fumus), **voll Rauch, a** = **rauchend, qualmend, dampfend,** ligna, Cato: foci, arae, Ov.: December (weil da viel Feuer gemacht wird), Ov. u. Mart. – **b** = **verräuchert, eingeraucht, rußig,** cadus, Ov. (s. fūmārium): paries, Petron.: imagines, Bilder der Ahnen, Cic.: perna, geräucherter, Hor. – **c nach Rauch riechend, räucherig,** Plin. 18, 319.

fūmus, ī, *m.* (= altind. *dhūmá-ḥ,* Rauch, Dampf), der **Rauch, Dampf, Qualm, Brodem, I** eig.: fumus fornacis, Vulg.: fumus taedae, Apul.: fumus ganearum, Cic.: fumo excruciari, Cic.: fumum concipere, Vitr.: significationem per castella fumo facere, Caes.: fumo dare signum, Liv.: fumo significare m. folg. *Acc.* u. *Infin.,* Liv. 21, 27, 7 u. 32, 12, 1: ut fumo atque ignibus significabatur, Caes. b. G. 2, 7, 4. – Plur., fumi incendiorum procul videbantur, Caes.: ex aris ardentibus nidorem consectatur et fumos, Arnob.: quae tenuem exhalat nebulam fumosque volucres, Verg. (u. so oft bei Dichtern). – im scherzh. Doppelsinn, *Ph.* Vah! oculi dolent. *Ad.* Quor? *Ph.* Quia fumus molestus est, Rauch u. (bildl.) dummes Geschwätz, Unsinn (wie καπνός), Plaut. most. 890 *sq.* – sprichw., **α** vendere fumum od. fumos, Rauch (Dunst) verkaufen, d. i. Wind machen, mit leeren Vorspiegelungen (Versprechungen) abspeisen, Apul. apol. 60 *extr.* Mart. 4, 5, 7. Lampr. Alex. Sev. 36. § 2 u. 3: so auch alci vendere alqd per fumum od. fumis, jmdm. mit etw. Wind vormachen, Capit. Anton. Pius 11, 1. Lampr. Heliog. 10, 3: u. fumum (Dunst, Wind) vendere de alqo, Lampr. Alex. Sev. 23, 8. – **β** ire tendebat de fumo ad flammam, aus dem Regen in die Traufe, Amm. 14, 11, 12: so auch (tradi) de fumo (ut aiunt) in flammam, Amm. 28, 1, 26. – **γ** semper flamma fumo est proxima; fumo comburi nil potest, flammā potest, selbst die geringste Annäherung an das Unrecht führt zum Laster, Plaut. Curc. 53. – **δ** vertere omne in fumum et cinerem, in Rauch aufgehen lassen = durchbringen, Hor. ep. 1, 15, 39. – **II** meton.: fumi Massiliae, in Rauch aufbewahrter massilischer Wein, Mart. 14, 118, 1.

fūnāle, is, *n.,* s. fūnālis.

fūnālis, e (funis), **zum Seil (zur Schnur) gehörig, I** *adi.:* stridor, der Schnur am Schleuderriemen (s. funda *no.* I), Prud. psych. 293. – Insbes.: **a** = **aus einem Seil (Strick) bestehend,** cereus, Wachsfackel, Cic. de sen. 44. Val. Max. 3, 6, 4: dass. candela, Serv. Verg. Aen. 11, 143. – **b** = **an der Leine gehend, -ziehend,** funalis equus, griech. σειραφόρος ἵππος, das Pferd, das an der Leine, nicht am Joch zieht, das (wie wir sagen) auf der Wildbahn geht, das »Handpferd, Nebenpferd«, deren jedes Viergespann zwei hatte (eins zur Rechten u. eins zur Linken der ζύγιοι, iugarii, d. i. der im Joch ziehenden), Hyg. fab. 183. Suet. Tib. 6, 4. Stab. Theb. 6, 462: laevus Arion funalis eat, Auson. epitaph. 31, 10 zw. – **II** *subst.,* **fūnāle,** is, *n.,* die **Fackel, Wachsfackel** (vgl. Isid. orig. 19, 4, 1 u. 20, 10, 5), funalia lucida, Hor.: praelucere funalia iussit, Flor.: funalia ordine ducta, Art Kronleuchter, Claud.: dah. Sing. kollektiv = ein **Kronleuchter,** Ov. met. 12, 247. – übtr., die **Leuchte,** das **Licht,** tuae luculentae sapientiae funalia caliginare, Fulg. contin. Verg. p. 162 M.

fūnambulus, ī, *m.* (funis u. ambulo) = σχοινοβάτης(Gloss.), der **Seiltänzer,** Ter. Hec. prol. 4. Capit. Anton. phil. 12. § 12: elephanti funambuli, Suet. Galb. 6, 1: ut homines in theatris funambulum admirantur, Augustin. epist. 120, 5 *extr.* – übtr., tu funambule pudicitiae et castitatis, Tert. de pudic. 10. – ► Nbf. fūniambulus, Arnob. 2, 38. Augustin. epist. 9, 3 u. in psalm. 39, 9.

fūnārius, a, um, **I** *adi.,* **an der Leine gehend,** equus (s. fūnālis[equus] das Nähere), Isid. orig. 18, 35, 2. – **II** *subst.,* **Fūnārius,** iī, *m.,* Beiname des Gratianus, Vaters des Kaisers Valerianus, weil ihm selbst fünf Männer ein Seil nicht aus den Händen winden konnten, Amm. 30, 7, 2. Aur. Vict. epit. 45, 2.

fūnctio, ōnis, *f.* (fungor), **I** die **Verrichtung,** muneris illius, Cic. Verr. 3, 15: publicorum munerum, Cod. Iust. 10, 31, 31: m. subj. *Genet.,* labor est functio quaedam vel animi vel corporis gravioris operis et muneris, Cic. Tusc. 2, 35: ferocium generum functiones, Arnob. 7, 36. – **II** insbes.: **a** die **Dienstverrichtung, Amtsobliegenheit,** functiones publicae, Cod. Iust. 10, 31, 45: magistratus adiuvare ad functiones suas, Capit. Anton. Pius 8, 4. – **b Erlegung der Abgaben,** f. tributaria, Cod. Iust. 10, 22, 3: functiones tributariae, Sidon. epist. 7, 9, 21: functiones vectigalium, Cod. Iust. 4, 61, 6: functiones publicae, Cod. Iust. 3, 23, 2: annuas functiones persolvere, Symm. epist. 10, 48. – **c** das Überstehen des Erdenlebens, das **Vollenden** = Untergang, Tod, Arnob. 2, 27 u. a. – **d** die **Geltung,** der **Wert,** quae (res) in genere suo functionem recipiunt per solutionem, non specie, deren Geltung sich nur nach Qualität u. Quantität, nicht nach individuellen Eigenschaften bestimmt, die sogen. fungiblen od. vertretbaren Sachen, Paul. dig. 12, 1, 2. § 1.

funda, ae, *f.* (aus griech. σφενδόνη), **I** der **Schleuderriemen,** die **Schleuder,** eminus fundis sagittis reliquisque telis pugnare, Caes.: fundā mittere glandes et lapides, Liv.: fundis excutere lapides et sagittas, Curt.: fundā graviter ici, Liv.: in adversum os fundā vulnerari, Caes. – **II** meton.: **A** für das Geschleuderte, die **Kugel** (glans), Sil. 10, 152. – **B** von schleuderartig gestalteten Gegenständen: **1** ein trichterförmiges, am Rand mit Bleikugeln beschwertes Netz, das **Wurfnetz,** Verg. georg. 1, 141. – **2** wegen der Vertiefung, in der der Schleuderstein liegt, am Ring die Vertiefung, in der der Stein sitzt, der **Kasten** des Rings, als Übersetzung von σφενδόνη, (gemmam) fundā cludere od. includere, Plin. 37, 117 u. 126. – **3** ein **Geldsäckchen,** ein **Geldbeutelchen,** Phaedr. app. III, 6, 14 *Dressel.* Macr. sat. 2, 4, 31.

fundāmen, inis, *n.* (1. fundo), der **Grund,** fundamine magno res Romana valet, Ov. met. 14, 808: außerdem Hieron. in Galat. 4, 1 u. 2: Plur. fundamina alcis rei ponere od. iacĕre, Verg. u. Ov.: prima fundamina recuperatae libertatis instaurant, Oros. 2, 17, 14.

fundāmentālis, e (fundamentum), **zum Grund gehörig, Grund-,** lapis, Hieron. in Iob 38. Augustin. serm. 337, 4.

fundāmentāliter, *Adv.* (fundamentalis), **von Grund aus,** übtr., Romanas vires f. eruere, Sidon. epist. 3, 8, 2.

fundāmentum, ī, *n.* (1. fundo), der **Grund, I** eig.: fundamenta iacĕre, den Grund legen, Cic. u. Liv.: fundamenta agere, Cic.: fundamenta sic ponere, ut etc., Pallad.: a fundamento movere mare, Plaut.: a fundamentis disicere domum, arcem, Nep.: a fundamentis diruere Pteleum, Liv.: M. Flacci et L. Saturnini penates ab imis fundamentis eruti sunt, Val. Max. – **II** übtr., der **Grund,** die **Grundlage,** fundamentum et causa imperii sui, Sen.: pietas fundamentum est omnium virtutum, Cic.: iacĕre pacis fundamenta, Cic.: ponere fundamentum philosophiae, Cic.: ponere fundamenta consulatus, vitae, Sen.: fundamenta iacĕre salutis, Cic., oratoris futuri, Quint., futurae magnitudinis, Cic.

Fundānius, a, Name einer röm. *gens,* aus der bes. bekannt: C. Fundanius, Schwiegervater Varros, Varro r. r. 1, 2, 1, u. Fundania, Gemahlin Varros, *ibid.* 1, 1, 1. – ferner C. Fundanius, Freund Ciceros und von diesem verteidigt, Cic. ad Q. fr. 1, 2, 3. § 10. Q. Cic. de pet. cons. 19. – endlich Fundanius, Lustspieldichter zur Zeit des Horaz und von diesem wohl nur zunächst als glücklicher Nachbildner des Menander, Philemon usw. gerühmt, Freund des Mäcenas, Hor. sat. 1, 10, 42; 2, 8, 19. – Dav. **Fundāniānus,** a, um, **fundanianisch,** subst., Fundāniāna, ae, *f.* (verst. oratio), Ciceros Rede für C. Fundanius, Serv. Verg. georg. 2, 342.

Fundānus, a, um, s. Fundī.

fundātio, ōnis, *f.* (1. fundo), die **Gründung, Grundlegung,** fundationes eorum operum, Vitr. 3, 4, 1 (vgl. 6, 8, 1): aedium sacrarum, Vitr. 5, 3, 3: theatrorum et muri fundationes, Vitr. 5, 11, 6: terrae et profundi, Chalcid. Tim. 276.

1. **fundātor,** ōris, *m.* (1. fundo), der **Gründer, Stifter,** eig. u. übtr., urbis, Verg. Aen. 7, 678: terrae, Lact. 2, 1, 5: imperii Romani, CIL 2, 1969: cunctarum fund. et conditor rerum, Arnob. 2, 2: fund. securitatis publicae, CIL 10, 7284: quietis, CIL 6, 1139.

2. **fundātor,** ōris, *m.* (funda), der **Schleuderer,** Schol. Bern. Verg. georg. 1, 141.

fundātus, a, um, *PAdi.* (v. 1. fundo), **mit einem guten Grund versehen, I** eig.: quo fundatior exit (je mehr Grund hat) ex harenato directura, Vitr. 7, 3, 5. – **II** übtr., den Glücksumständen nach **fest begründet,** fundatissima familia, Cic. de domo 36, 96.

Fundī, ōrum, *m.*, eine Seestadt in Latium, zwischen Terracina u. Formiā, berühmt, wie die ganze Umgegend, wegen ihres guten Weines, j. *Fondi,* Cic. ad Att. 14, 6, 1. Liv. 41, 27, 11. Mela 2, 4, 9 (2. § 71). Hor. sat. 1, 5, 34. Serv. Verg. Aen. 1, 6. – Dav. **Fundānus,** a, um, **fundanisch,** ager, Cic.: vinum, Plin.: Amyclae, das fundanische Gebiet von Amyklā, Mart. – Plur. subst., **a** Fundānī, ōrum, *m.*, die Einw. von Fundi, die **Fundaner,** Liv. – **b** Fundāna, ōrum, *n.*, **fundanische Weine,** Mart. 13, 113.

fūndibalus, ī, *m.* (funda u. βάλλω), eine **Schleudermaschine,** Ambros. epist. 37, 40. Isid. orig. 18, 10, 2. Vgl. fundibulum.

fundibulārius, iī, *m.* (fundibulum), der **Schleuderer,** Vulg. 4 regg. 3, 25 u. a.

fundibulātor, ōris, *m.* (fundibulum), der **Schleuderer,** Veget. mil. 3, 14. p. 98, 1 L.

fundibulum, ī, *n.* (funda u. βάλλω), **I** die **Schleuder,** Vulg. 1. Machab. 6, 51. – **II** (v. fundo) = *traiectorium,* der **Trichter,** Gloss.

fundito, āre (*Intens.* v. fundere), **I** wieder und wieder **ausströmen lassen,** flammam velut ardenti capite, Flor. 4, 12, 16 H. – **II** übtr.: **A** herab-, hingießen = **niederstrecken,** volantes illos, Plaut. Poen. 482. – **B** loslassen, **1 abschleudern,** creberrima spicula, Amm. 24, 4, 16. – **2 dem Mund entströmen lassen, über die Lippen kommen lassen,** istaec verba, Plaut. Amph. 1033: u. so Plaut. asin. 896 (902); Poen. 273. – **3 ausbreiten,** refl. fund. se, sich ausbreiten, principium autem, unde latius se funditabat, emersit ex negotio tali, die erste Gelegenheit, seinen Wirkungskreis zu erweitern, erwuchs ihm aus folgendem Vorfall, Amm. 28, 1, 8. – ► Parag. Infin. funditarier, Plaut. Poen. 482.

funditor, ōris, *m.* (funda), der **Schleuderer,** als leicht bewaffneter Soldat, gew. im Plur., Caes. b. G. 2, 7, 1; b. c. 3, 4, 3 u. ö. Sall. Iug. 46, 7. Liv. 21, 21, 12: Sing. kollektiv, fund. Balearis, Liv. 27, 2, 6 u. 38, 29, 5.

funditus, *Adv.* (fundus), **I von Grund aus, a** eig.: monumenta delere, Cic.: templum destruere, Suet. – **b** übtr., **von Grund aus = völlig, gänzlich, ganz und gar,** evertere amicitiam, Cic.: vincere, perire, repudiare, Cic.: nec earum rerum quemquam funditus natura esse voluit expertem, Cic. – **II im Grund, in der Tiefe, a** eig., Lucr. 1, 993 u. 5, 497. Spart. Hadr. 12, 6. – **b** übtr., **im Innersten,** Catull. 64, 93.

1. **fundo,** āvī, ātum, āre (fundus), **I mit einem Boden versehen, den Grund** zu etwas **machen** od. **legen,** etwas **gründen** (vgl. Burmann Phaedr. 3, 9, 2), navem, carinam, Plaut.: puppim carinā, Ov.: arces, Verg.: urbem colonis, Verg.: sedem Veneri, Verg.: in eorum agro sedes Bastarnis, Liv.: parvas sibi aedes, Phaedr.: poet., fundatura citas robora naves, die den Grund bilden sollten zu usw., Ov.: dente tenaci ancora fundabat naves, befestigte am Grund, Verg. – **II** übtr.: **A begründen,** accurate non modo fundata, verum etiam exstructa disciplina (System), Cic.: nihil veritate fundatum, Cic. – **B festmachen, a** etwas **befestigen,** ihm **die Dauer sichern,** urbem legibus, Verg.: nostrum imperium, Cic.: suas opes, Curt.: res publica tam praeclare fundata, Cic.: possessio Tarentina Partheniis in aeternum fundata, Iustin.: pecunia fundata nitidis villis, sicher angelegt in usw., Hor. – **b** jmd. in etw. **festmachen,** si permanetis in fide fundati (fest im Glauben), Vulg. Col. 1, 23: fundati a doctore, gründlich unterrichtet, Lact. 6, 21, 4.

2. **fundo,** fūdī, fūsum, ere (zu Wurzel χυ von χέω = χέϝω, χῦτος, gotisch *giutan,* ahd. *giozan,* gießen), **gießen, fließen lassen, I** eig.: **1** Flüssigkeiten: sanguinem e patera, Cic.: pateram (das Gefäß = die Flüssigkeit im G.) vaccae media inter cornua, Verg.: humi merum, sprengen, Verg. – lacrimas, Verg.: lacrimas in vulnera, Ov.: ubertim lacrimas, Augustin.: sanguinem de regno, Verg. – von oben = **hinab-, herabgießen,** picem reliquasque res, quibus ignis excitari potest, Caes.: hanc (aquae magnam vim) locis superioribus in Caesaris partem, Auct. b. Alex. – medial = sich **ergießen, fließen, ausströmen,** Strymon funditur in sex lacus, Plin.: ingentibus procellis fusus imber, Liv.: funditur ater ubique cruor, Verg.: flamma fusa e capite, Liv. – **2** nicht-flüssige Körper: **a** = **ausschütten,** segetem in Tiberim, Liv.: nuces fusae (die [in den Fluss] hineingeschütteten), Liv. – **b** = **flüssig machen,** litterā fundente se, zerfließt, Plin. 13, 81. – dah. **α** als *t. t.* der Gießerei, **in Fluss bringen, gießen, schmelzen,** aes, Plin. 34, 5 u. 46. Iustin. 36, 4, 4. – **β** prägn., als mediz. *t. t.*, alqm, jmdm. flüssigen Leib machen, ihm ein Abführmittel geben (Ggstz. alqm comprimere, hartleibig machen), Cels. praef. p. 11, D. – **3** meton.:

a von etwas fließen machen, mit etwas **benetzen,** tempora multo mero, Tibull. 1, 7, 50. – **b** gießend machen, **gießen,** glandes, Auct. b. Afr.: fistulas, Vitr.: vitrum, Glas machen, Plin.: Theodorus Sami ipse se ex aere fudit, Plin. 34, 83. – **II** übtr.: **A** gleichs. **herab-, hingießen, 1** = **herab-, niederstrecken, a** im guten Sinne, medial = **sich hinstrecken, sich lagern,** fundi in alga, Val. Flacc. 1, 252. – oft im Partiz., **hingestreckt, gelagert, lagernd,** fusi sub remis nautae, Verg.: fusus humi (auf dem Boden), Verg. u. Mart.: humi suppliciter fusus, Amm.: fusus per herbam, Verg.: fusi in omnem partem campi, Verg. – **b** mit Gewalt zu **Boden-, niederstrecken, hinstrecken,** corpora (cervorum) humi, Verg.: alqm arcu, Val. Flacc.: alqm resupinum, Ov.: caesis ut forte iuvencis fusus humum viridesque super madefecerat herbas, Verg. – **2** (als milit. *t. t.*) eine Menge gewaltsam **forttreiben, -drängen, α** aktiv: hostes de iugis, Liv. 9, 43, 20: Gallos de delubris vestris, Liv. 6, 16, 2. – u. = eine feindl. Menge **aus dem Felde schlagen,** copias hostium, Caes. u. a.: Mardonium, Nep.: oft verb. alqm caedere fundereque, Cic., fundere fugareque, Liv. u. a., selten umgekehrt fugare fundereque, Liv. u. Vell. (vgl. Drak. Liv. 2, 54, 9; 38, 53, 2 u. Sall. Iug. 21, 2): primanos fundere sternereque, Tac. – **β** medial, **fortstürzen,** turpi fugā fundi, Liv. – **B loslassen, 1** Zusammengefasstes usw. **loslassen, lösen, schießen lassen, sich ausbreiten lassen,** comas, Lucan.: fusa late cauda, Plin.: poet., habenas fluviorum, Val. Flacc.: medial fundi = **sich ausbreiten,** vitis funditur, Cic. – **2** in die Ferne **loslassen, a** Geschosse u. dgl. = **werfen, schleudern, abschießen,** simul undique tela, Verg.: sagittam, Sil. – **b** andere Objekte, late od. latius incendium, verbreiten, Curt. – refl., luna per fenestram se fundebat, drang durch usw., Verg. – **3** lebende Wesen in Menge herausschicken, refl. = **herausstürzen, strömen,** plenis se portis, Verg.: se carcere, v. Pferden, Val. Flacc. – **4 ausströmen** = in Menge von sich geben, **a** v. Pers. = dem Mund **entströmen lassen,** sonos inanes, Cic.: haec dicta, Verg.: oracula, Cic.: preces pectore ab imo, Verg. (u. so preces f. bei Apul. met. 11, 3 *in.* u. oft bei den Eccl.); u. diras preces, grässliche Verwünschungen, Tac.: convicia in alqm, Ov. Vgl. Burmann Ov. met. 7, 590. – dah. v. Dichter, **ergießen, ausströmen lassen, dichten,** versus hexametros ex tempore, Cic.: grave plenumque carmen sine caelesti aliquo mentis instinctu, Cic. – **b** v. zeugenden Subjj. = **von sich geben, erzeugen,** Erzeugnisse des Bodens usw. **hervorbringen,** terra fundit fruges, Cic.: cum centesimo Leontini campi fundunt, tragen hundertfältig, Plin.: ova fundunt fetum, Cic.; vgl. Verg. ecl. 4, 40. – v. Menschen = **gebären** (bes. v. leichter u. müheloser Geburt), quem Maia fudit, Verg. Aen. 8, 139: spelunca, in qua virgo puerpera dominum fudit infantem, Hieron. epist. 108, 10: Pharez geminos fudit infantes, Hieron. epist. 123, 13. – **5** Vermögen usw. **vergeuden,** opes, Hor. ep. 2, 2, 121. – **III** bildl.: **A** im Allg., medial fundi = **sich aus- od. verbreiten,** utrumque eorum (virtutes et vitia) fundi quodammodo et quasi dilatari, Cic.: semper ex eo, quod maximas partes continet latissimeque funditur (was die bedeutendsten Teile umschließt u. am meisten in ihnen verbreitet ist), tota res appellatur, Cic. – **B** prägn.: **1 vergeuden, verschwenden,** tu verba fundis hic, sapientia? Ter. adelph. 769. – **2 ausströmen lassen,** multo vitam cum sanguine, Verg. Aen. 2, 532. – ► Parag. Infin. fundier, Ennod. carm. 1, 9, 103. Anthol. Lat. 649, 18 (543, 18).

fundula, ae, *f.* (funda), ein Gässchen, das keinen Ausgang hat, der **Sack,** die **Sackgasse,** Varro LL. 5, 145.

fundulus, ī, *m.* (*Demin.* v. fundus), **I** der **Blinddarm,** Varro LL. 5, 111. – **II** eine Art auf u. nieder gehender **Kolben,** Vitr. 10, 8, 1.

fundus, ī, *m.* (altind. *budhná-ḥ,* Grund, Boden, griech. πυθμήν, ahd. *bodam,* Boden), der **Grund, Boden, I** im Allg.: **1** eig. u. übtr.: **a** eig.: **α** eines Gefäßes usw., armarii, Cic.: ollae, Plin.: vas acuto fundo et patulo ore, Donat.: dolium a fundo pertusum, Liv.: in imo scrinii fundo, Sidon.: fundum caccabi perforare, Scrib. – **β** einer Örtl.: maris, Curt.: amnis, Plin.: (collis) satis latus, Grundfläche, Liv.: aequora ciēre fundo vom Grund aufwühlen, Verg.: exaestuat imo fundo (v. Ätna), Verg. – **b** übtr.: cenae, das Hauptgericht, Gell.: largitio non habet fundum, hat keinen Boden = kein Maß u. Ziel, Cic.: vertere fundo, von Grund aus zerstören, Verg.: v. Pers., fundum fieri legis, das Bestehen eines Gesetzes sichern, ein Gesetz genehmigen u. erlassen, Gell.; v. Bundesgenossen, Cic. (vgl. Garatoni Cic. Balb. 8, 19): ei rei pater sit fundus potior, offizielle Autorität, Machtvollkommenheit, Plaut. trin. 1123. – **2** meton., ein **Trinkgeschirr,** Mart. 8, 6, 9. – **II** insbes., **Grund u. Boden** eines Ackers, Feldes, das **Grundstück, Landgut** (als liegender Boden), Ter., Cic. u. a.: fundos decem et tres reliquit, Cic.: fundus populi Rom., vom Gebiet um Kapua, Cic.

fūnebris, e (funus), **I das Leichenbegängnis betreffend, Leichen-,** iusta, Bestattungsfeierlichkeiten, Leichenfeier, Liv.: pompa, Quint.: contio, Cic.: carmen, Quint.: laudatio, Quint. u. Plin. ep.: lamentatio, Cic.: epulum, Cic.: lectuli, Serv. Verg.: ludi, Liv.: rastri (der Totengräber), Sidon.: fax, Apul.: vestimentum, Trauergewand, Cic.: cupressus, Hor. – subst., fūnebria, ium, *n.,* **Leichengebräuche, Bestattungsfeierlichkeiten,** Cic. de legg. 2, 50. Plin. 7, 177. – **II** die **Leichen (Toten) betreffend, Leichen-, Toten-, 1** eig.: tunicae, Plin.: sacra, Menschenopfer, Ov.: auctoramentum, Blutgeld, Vell. – **2** poet. übtr., fähig, Leichen zu machen, **a unheilvoll, blutig,** signa (v. einem Brief), Ov.: bellum, Vell. u. Hor.: malum populis (für die V.) funebre, Plin. – **b todbringend, tödlich,** munera, Ov.: aculei, Amm.: funebris (volva) quotiens versa spiritum inclusit, Plin.

fūnerālis, e (funus), **zum Leichenbegängnis gehörig,** praemium, Augustin. serm. 72, 2 *Mai:* ludi, Didasc. Ter. adelph. et Ter. Hec.

fūnerārius, a, um (funus), **zum Leichenbegängnis gehörig, Leichen-,** actio, privilegium, ICt. – subst., fūnerārius, iī, *m.,* der **Leichenbesorger,** Firm. math. 3, 5, 23 u. 3, 9, 3.

fūnerāticius, a, um (funus), **zur Leiche gehörig, Leichen-,** subst., fūnerāticium, iī, *n.,* das **Leichengeld,** die **Leichenkosten,** Lex colleg. Aesc. et Hyg. im CIL 6,10234: dass. Plur. fūnerāticia, ōrum, *n.,* Pompon. dig. 11, 7, 30.

fūnerātio, ōnis, *f.* (funero), das **Leichenbegängnis,** Mart. Cap. 6. § 696.

fūnerēpus, ī, *m.* (funis u. repo) = σχοινοβάτης, der **Seiltänzer,** Apul. flor. 5 u. 18 *in.*

fūnereus, a, um (funus), **I zum Leichenbegängnis gehörig, Leichen-,** fax, Verg.: frons, d. i. Zypressenzweig, Verg. – **II Tod bringend** od. **verkündigend, unheilvoll,** dextra, Ov.: bubo, Ov.

fūnero, āvī, ātum, āre (funus), **I** jmds. **Bestattung veranstalten,** jmd. **bestatten,** filium mortuum, Sen.: mortuos, ICt.: cadaver alcis in suburbano Latinā viā, Suet.: funerari sollemni principum pompā, Suet.: funerari collato aere, Sen.: funerari impensā ducentorum milium, Suet.: funerari se iussit HS$\overline{XI}$, Plin.: funeratā eā et in rogum impositā, Val. Max.: cum (apes) defunctas progerunt funerantiumque more comitantur exsequias, Plin. – ► Depon. Nbf. **fūneror,** ātus sum, ārī, Capit. Pert. 14. § 9. – **II zur Leiche machen, töten,** Hor. carm. 3, 8, 7. Petron. 129, 1.

fūnesto, āvī, ātum, āre (funestus), **durch (Leichen) Mord** usw. **besudeln, -verunreinigen, -entehren, -entweihen,** aras ac templa hostiis humanis, Cic.: saxum illud Lemnium, Cic.: curiam, Cic.: funestet seque suosque, Catull.: gentem, Iuven.

fūnestus, a, um, *PAdi.* (funus), **I Leichen-, Tote betreffend, durch eine Leiche verunreinigt, -in Trauer versetzt, Leichen-, Trauer-, trauervoll, traurig,** vestis, Catull.: littera, der B. der Totenklage (αἶ αἶ), Ov.: agros funestos reddere, durch Leichen besudeln, Lucr.: familia f., wegen eines Todesfalles in Trauer versetzt, Liv.: ebenso domus f., Ov. – adeo ut quidam annales, velut funesti (als wären es nur Totenregister), nihil praeter nomina consulum suggerant, Liv. – **II** im weiteren Sinne: **a Unheil verkündend** od. **bringend, Verderben bringend, mit Unheil geschwängert, unheilvoll, trauervoll (traurig), verderblich,** omen, Prop.: volucris, Prop.: epistula, Vell.: fax, Cic.: tribunatus, Cic.: victoria f. orbi terrarum, Planc. in Cic. ep.: dies funestior, Cic. ad Att. 9, 5, 2: bellum funestissimum, Eutr. 5, 9: f. rei publicae (Dat.) pestis (v. einer Pers.), Cic.: funestum und funestius est m. *Infin. Praes. Pass.,* Cic. Quinct. 95. – **b todbringend,**

tödlich, manus, Ov.: securis, Cic.: morsus, Ov.: veternus, Hor.: v. Pers., **mordsüchtig, blutdürstig,** Caligula sceleratissimus et funestissimus, Eutr. 7, 12.

fūnētum, ī, *n.* (funis), bogenförmig gebundener Wein, eine Art von Weinlaube, Plin. 17, 174.

funginus, a, um (fungus), **von Pilzen, Schwämmen,** genus, Pilzart, Schwammart, Plaut. trin. 851.

fungo, s. fungor ►.

fungor, fūnctus sum, fungī, gew. *intr.* m. *Abl.*, im alten Latein nur *tr.* m. *Acc.*, mit etw. **fertig werden,** etw. **abmachen** = etw. **verrichten, vollbringen, vollziehen,** sich eines Geschäfts usw. **entledigen,** einer Sache **Genüge leisten,** ihr **genügen, nachkommen,** etwas **überstehen,** I im Allg.: α m. *Abl.:* officiis iustitiae, Cic.: muneribus corporis, Cic.: caede alcis, ermorden, Ov.: virtute fungi, Tapferkeit beweisen, Hor.: munere aedilicio, verwalten, Cic.: u. so honoribus, Nep.: vice cotis, vertreten die Stelle des usw., Hor.: si quo (munere) forte fungitur, wenn er etwa einen (Dienst) erweist, Cic.: multis urbium et castellorum oppugnationibus nec non directā quoque acie (offene Schlacht) feliciter functi, Vell. – more barbarorum, beobachten, Nep. – duplici numero militum equitumque, stellen, Vell.: focus fungitur accenso igne, hat Feuer, Ov. – functum esse dapibus, fertig geworden sein mit usw. = genossen haben, Ov.: lacrimis pro somno, weinen statt schlafen, Ov.: gaudio, der Freude pflichtschuldig Ausdruck geben, Tac.: functus sepulcro, begraben, Ov.: stipendio functum esse, den Dienst überstanden = ausgedient haben, Hirt. b. G. – β mit *Acc.:* officium, munus, Komik.: hominum officia, Tac.: militare munus, Nep.: senatoria munera, Suet.: suprema erga memoriam filii sui munia, Tac.: dah. im Gerundiv munus fungendum, Cic.: militia fungenda, Liv.: Partiz. Perf. passiv, nondum functo monumento, Paul. dig. 6, 1, 43: ministeria perperam functa, Tert. de praescr. haer. 29. – γ absol.: ex more, Auson.: fungi pro fultura, dienen statt usw., Col.: monumentum functum, Grabmal, in dem schon ein Toter gelegen hat, ICt. – Infinit. passiv, ait pretia rerum communiter fungi (geschätzt werden), Paul. dig. 9, 2, 33. – II insbes.: a leidend etw. **mitmachen,** mala multa, erleiden, Lucr.: neque ab ictu fungitur hilum, und achtet des äußeren Schlages nicht, Lucr.: u. absol., facere et fungi sine corpore, tun u. leiden, Lucr.: fungi cum corpore, Lucr. – b **vollenden,** gew. functum esse, **vollendet haben,** v. Überstehen des mühevollen Erdenlebens od. des Todes, α m. *Abl.:* longissimā statione mortali, Vell.: fato suo, Ov.: fato, Val. Max. u. a.: vitā, Gell., Lact. u. ICt.: morte, Ov. u. Vell. – β m. *Acc.:* diem, Iustin. 19, 1, 1. – γ absol., Auct. cons. ad Liv. 393. – Partiz. subst., functi = defuncti, die Vollendeten = Verstorbenen, Sen. poët., Stat. u. a. – c **einen Wert haben, geschätzt werden, gelten,** pretia rerum non ex affectu, sed communiter funguntur, Paul. dig. 35, 2, 63 pr. – ► Parag. Infin. fungier, Plaut. Cas. 951 (949). – Aktive Nbf. fungunt, CIL 12, 1590.

fungōsus, a, um (fungus), **schwammig, löcherig-, locker wie ein Schwamm,** medulla, Col.: caro, Plin. – *Compar.*, nostratibus (arundinibus) fungosior est natura, Plin. 16, 157.

fungulus, ī, *m.* (*Demin.* v. fungus), ein **kleiner** (essbarer) **Pilz,** Apic. 2, 107; 5, 190.

fungus, ī, *m.* (σφόγγος od. σπόγγος), I der **Erdschwamm, Pilz,** die **Morchel,** Plaut. Stich. 773. Cic. ep. 9, 15, 5. Cels. 5, 27, 12. Plin. 17, 223. Hor. sat. 2, 4, 20. Ov. met. 7, 393. – als Schimpfwort, **Pilz!** = Dummkopf, Plaut. Bacch. 1088. – II übtr.: A ein **schwammartiges Gewächs** am Menschen, Tert. de spect. 23: u. ein krankhafter Auswuchs (Pilze) an Ölbäumen, Plin. 17, 223. – B die **Lichtschnuppe,** Verg. georg. 1, 392.

fūniambulus, s. fūnambulus.

fūnicula, ae, *f.* (*Demin.* v. funis) = funiculus (s. d.), Charis. 125, 22 (ohne Beleg).

fūniculus, ī, *m.* (*Demin.* v. funis, s. Quint. 1, 6, 6), ein dünnes **Seil, -Tau,** ein **Strick,** eine **Schnur,** I eig.: a im Allg.: f. pedum XV, Cato: f. brevis, Gell.: f. a puppi religatus, Cic.: funiculi ardentes, Varro LL.: alqm funiculis constringere, Apul. – b insbes., die **Messschnur,** f. mensorum, Vulg. Zach. 2, 1: f. geometricus, Rufin. intpr. Orig. in num. 18. p. 223, 2 *Lomm.* – dah. meton., α der **Anteil,** f. hereditatis eius, Vulg. deut. 32, 9: sortis, Vulg. Mich. 2, 5. – β der **Weg, Pfad,** semitam et funiculum meum investigasti, Vulg. psalm. 138, 3. – γ die **Meeresküste,** qui habitatis funiculum maris, Vulg. Soph. 2, 5. – II übtr., als *t. t.* der Baukunst, die **Schnur** als Verzierung, funiculi capitellorum, die Schnuren, der Kranz am Säulenkapitell, Vulg. 3. regg. 7, 41 u. 42.

fūnis, is, *m.*, das **Seil,** der **Strick,** das **Tau,** funis nauticus, Tau, Fest.: funis nervinus, Veget. mil.: funes blattini, Eutr.: funis explicatur, wickelt sich ab, Vitr.: per funem demitti, Verg.: funibus in murum tolli, Eutr. – zum Gebrauch auf Schiffen, ancorarius funis, Ankertau, Caes.: funes, qui antemnas ad malos religabant, Caes.: bes. zum Befestigen der Schiffe am Land vom Hinterdeck aus, in Creta religare funem, Catull.: religare querno a stipite funem, Ov.: neque ancorae funesque subsistunt, neque etc., Caes.: funem solvere, Verg. u. Iuven.: haerentis in salo naviculae funem magis praecide quam solve, Hieron. epist. 53, 10. – v. Seil des Seiltänzers, per extentum funem ire, Hor.: per intentos funes ire, Sen.: per funem ambulare, Sen. – bildl. u. sprichw., ne currente retro funis eat rotā, damit der Spieß sich nicht umkehrt, Hor. carm. 3, 10, 10: funem reducere, seine Meinung ändern, Pers. 5, 118: funem ducere = befehlen, herrschen, dagegen funem sequi = gehorchen, dienen, Hor. ep. 1, 10, 48: ex arena funem efficere (ἐξ ἄμμου σχοινίον πλέκειν), von einer unmöglichen Sache, Col. 10. praef. §4. – ► funis *gen. fem.*, Lucr. 2, 1154; vgl. Quint. 1, 6, 5. Gell. 13, 20, 21.

fūnitortor, ōris (funis u. torqueo), der **Seiler,** = σχοινοπλόκος, Gloss. III, 309, 31.

fūnus, eris, *n.* (viell. zu gotisch *gaunon,* Klagelieder singen, klagen), die **feierliche Beerdigung, Bestattung** einer Leiche, das **Leichenbegängnis,** die **Leiche** (während exsequiae u. pompa ihre feierliche Begleitung, die Leichenfeier, u. zwar exsequiae durch Verwandte und Freunde, pompa durch Ahnenbilder u. a. Prunk): I eig. u. meton.: A eig.: *funus,* quo amici conveniunt ad *exsequias* cohonestandas, Cic.: habebat *funus* et *exsequias* quales meruit, Val. Max.: funus adiutare, bei der L. mit helfen, Ter.: funus indicere, Cic.: f. alci facere, Cic.: funus alci instaurare Verg.: paterno funeri omnia iusta solvere, Cic.: alci f. ducere, halten, besorgen, Cic.: in funus venire, zur L. kommen, Cic.: in funus prodire, mit zur L. gehen, Ter. Andr. 115 u. Cic.: so auch funus celebrare, Liv.: funera non potui comitare (= comitari), Ov.: funere efferre, efferri, funus effertur, s. 1. ef-fero: efferri sine ulla *funeris pompa,* Nep.: funus procedit (setzt sich in Bewegung), Ter.: funus alcis videre, jmds L. sehen = jmds. Tod erleben, Nep. – funus (alcis) ornare, Suet.: funus alcis ducere, die L. anführen (v. den Ahnenbildern), Hor.: statim a funere, Suet. – Plur., virorum fortium funera, Cic.: iustis funeribus confectis, Caes.: Plur. auch poet. v. der Bestattung eines einzelnen, Sil. 2, 184. – B meton. (poet.): 1 die **Leiche,** der **Leichnam,** meum, Prop.: lacerum, Verg., Plur. poet. v. **einer** Leiche, Val. Flacc. 3, 298. – übtr., v. den **Schatten, Manen** der Abgeschiedenen, Prop. 4, 11, 3. – 2 der **Tod,** u. insbes. der gewaltsame, der **Mord,** crudeli funere exstinctus, Verg.: sub ipsum funus, schon dem Tode nahe, Hor. – foedasti funere vultus, Verg.: edere funera, morden, Verg. – II übtr., der **Untergang,** das **Verderben,** der **Tod,** rei publicae, Cic.: funus imperio parabat, Hor. – meton. für die den Untergang bereitende Person, v. Gabinius u. Piso, paene funera rei publicae, der Untergang, die Zerstörer, Cic.

***fuo,** fuī, futūrus, ere (φύω), **sein,** s. 1. sum.

fūr, fūris, *c.* (φώρ), der **Dieb,** die **Diebin,** der **Spitzbube,** die **Spitzbübin,** I eig.: non fur, sed ereptor, Cic.: non fur, sed raptor, Augustin.: fur thesaurarius, Plaut.: fur nocturnus, Cic.: mali fures, Hor.: fures provinciales, Plünderer der Provinzen, Vopisc.: manufesto fur es mihi, Plaut.: fures estis ambae, Plaut. – v. literar. Diebe, exclamat furem, non poëtam fabulam dedisse, Ter. eun. prol. 23: priscorum Catonisque verborum ineruditissimus fur (v. Sallust), Suet. gr. 15. –

als Schimpfwort für Sklaven, **Spitzbube, Schurke, Schalksknecht,** Komik. u. Verg. (auch Cic. Tusc. 4, 48): manipulus furum, Ter. – **II** übtr., die **Raubbiene,** Varro r. r. 3, 16, 19.

Fura, ae, *f.*, eine uns unbekannte Göttin, Mart. Cap. 2. § 164.

fūrācitās, ātis, *f.* (furax), die **Neigung zum Stehlen,** argenti aurique, Plin. 10, 77.

fūrāciter, *Adv.* (furax), **diebisch,** omnium domos furacissime scrutari, Cic. Vatin. 12.

fūranter, *Adv.* (furans v. 1. furor), **diebischerweise,** Charis. 199, 18 (ohne Beleg).

fūrātim, *Adv.* (1. furor), **diebischerweise,** Plaut. truc. 4, 4, 29 (882) *Goeller.*

fūrātor, ōris, *m.* (1. furor), der **Dieb,** Tert. apol. 46 *extr.*

fūrātrīna, ae, *f.* (1. furor), das **Stehlen,** der **Diebstahl,** Apul. met. 6, 13 u. 10, 14. Iul. Val. 2, 15. p. 93, 26 *Kuebler.* – übtr., coniugalis, Ehebruch, Apul. met. 8, 3.

fūrātrīnus, a, um (furatrina), **zum Diebstahl gehörig, Diebs-,** deus, Fulg. myth. 1, 18.

fūrāx, ācis (1. furor), **diebisch,** homo avarus et f., Cic.: nihil est furacius illo, Mart.: furacissimae manus, Cic.: furacissimus ac nequissimus civis, Varro: ut (Autolycus) furacissimus esset, Hygin.

furca, ae, *f.* (verwandt mit fulcio), die **(zweizackige) Gabel, I** eig.: furcā detrudere alqm, Liv.: furcā bicorni levare terga suis, Ov. – sprichw., naturam expellas furcā (mit der G. = mit aller Gewalt), tamen usque recurret, Hor. ep. 1, 10, 24; vgl. furcilla. – **II** übtr.: **A** die **gabelförmige Stütze,** zum Stützen der Reben, valli furcaeque bicornes, Verg.: furcas subdere vitibus, Plin.: vitibus aptare sudes furcasque valentes, Verg.: zum Aufrechterhalten der Netze, die **Forkel (Firkel),** retia furcis sublevare, Plin.: zum Stützen eines Baues, furcae duodenos ab terra spectacula alta sustinentes pedes, Liv.: furcas subiere columnae, Säulen traten an die Stelle der Stützen, Ov.: furcae utrimque suspensae fulciebant casam, Sen.: ein Bock, den man unter den Wagen beim Anspannen setzte, damit er nicht umfiel, Edict. Diocl. 15, 9 (wo φοῦρκα). – **B** ein **gabelförmiges Tragreff,** die **Gabel,** Plaut. Cas. 438. – u. ein dem ähnliches Strafwerkzeug (zwei Hölzer, die, in Gestalt eines Λ zusammengefügt, Nacken und Rücken drückten, während die Hände an die beiden Enden gebunden waren), das **Gabelkreuz,** das Sklaven, die ein Vergehen begangen, mit sich herumtragen mussten, Plaut. Cas. 389, u. darin steckend gepeitscht wurden, Cic. de div. 1, 55. Liv. 2, 36, 1. Lact. 2, 7, 20: ebenso für Vater- (Mutter-, Geschwister-) Mörder, Liv. 1, 26, 10 (vgl. Bremi Suet. Claud. 34): u. für Staatsfeinde, Suet. Ner. 49, 2. Eutr. 7, 5. – ire sub furcam, bildl., in die schmählichste Knechtschaft geraten, Hor. sat. 2, 7, 66. – **C** eine gabelförmige Art **Galgen,** um Sklaven, Straßenräuber usw. daran zu hängen, Plin. u. ICt. – **D** ein gabelförmiges Joch, in das zahm zu machende junge Stiere gebracht wurden, die **Gabel,** Varro r. r. 1, 20, 2. – **E** cancrorum furcae, die **Scheren,** Apul. apol. 35. – **F** das **Gestell,** im Ggstz. zum Oberkörper (latus), deforme est in feminis furcam latere habere maiorem, Schol. Hor. sat. 1, 2, 93. – **G** ein **enger Pass** in Gestalt eines V, furcae Caudinae, Val. Max. 5, 1. ext. 5. u. 7, 2. ext. 17 (vgl. Caudium).

furceps, s. forceps.

furcifer, fera (furca u. fero), **I** *masc.* furcifer, der **Gabelkreuzträger** (s. furca *no.* II, B), als Schimpfwort, **Galgenstrick,** Komik., Cic. u. Sen. rhet. – **II** *fem.* (im obszönen Sinne) furcifera (*sc.* pars corporis), das **männliche Glied,** Petron. poët. 132, 8.

furcilla, ae, *f.* (*Demin.* v. furca), eine **kleine Gabel,** herbam versare furcillis, Heugabel, Varro: furcillae vitium, Stützen, Varro: bacula furcillaeque, Col. – sprichw., furcillā (mit der Gabel, d. i. mit aller Gewalt) extrudi, Cic. ad Att. 16, 2, 4: u. so Musae furcillis praecipitem eiciunt, Catull. 105, 2. – ► Nbf. furcillēs, Paul. ex Fest. 80, 17.

furcillātus, a, um (furcillo), **gabelförmig, zweispitzig,** Varro LL. 5, 117.

furcillēs, s. furcilla ►.

furcillo, āre (furcilla), **stützen,** übtr., fidem, Plaut. Pseud. 631.

furcōsus, a, um (furca), **gabelförmig,** Ps. Apul. herb. 8 u. 79.

furcula, ae, *f.* (*Demin.* v. furca), **I** = furcilla, eine **gabelförmige Stütze,** Liv. 38, 7, 9: zum Aufrechthalten der Netze, die **Forkel (Firkel),** Porphyr. Hor. epod. 2, 33 (wo vulg. forculae). – **II** ein **enger Pass** in Gestalt eines V, furculae Caudinae, Liv. 9, 2, 6; 9, 11, 3. Flor. 1, 16, 9, Eutr. 2, 9 (vgl. Caudium).

furculōsus, a, um (furcula), **gabelförmig,** Ps. Apul. herb. 57, 2.

furēns, entis, *PAdi.* im *Comp.* (furo), **wütend,** quis beluarum corde furentior? Claud. fesc. 1, 26.

furenter, *Adv.* (furens), **wütend, rasend,** bacchari, Santra tr. 2: irasci, Cic. ad Att. 6, 1, 12: agere, Amm. 26, 5, 7.

furfur, furis, *m.*, **I** der **Balg,** die **Hülse** des Getreides u. der Hülsenfrüchte, crassus (tritici), Plin. 18, 304: per cribrum effuso furfure (lentis), Plin. 22, 145. – **II** insbes., die **Kleie, a** eig., Sing., frumenti furfur, Gell. 11, 7, 5: qui alunt furfuri sues, Plaut. capt. 807 (Brix und Schöll furfuribus). – gew. Plur., frumenti furfures, Non. 69, 33: furfurum cremor, Cels. 6, 10: furfures hordeacei, Varro r. r. 2, 6, 4. Col. 12, 44, 3: siliginei, Scrib. 66: triticei, Varro r. r. 2, 5, 17: furfures modice a farina excreti, Col. 8, 4, 1: furfures increti (ungesiebte) ac sordidi multoque lapide salebrosi, Apul. met. 7, 15 *extr.*: furfuribus conspersus (mit Kl. angemachtes) panis, Phaedr. 4, 18, 4: si (urina) tamquam ex furfuribus factas nubeculas repraesentat, Cels. 2, 4. p. 35, 1 D. – **b** übtr., Plur. furfures, die **Schuppen** auf der Haut des menschl. Körpers, Plin. 23, 55: f. corporum, Plin. 35, 190: f. capitis, Plin. 20, 201: f. in facie, Plin. 22, 64.

furfurāceus, a, um (furfur), **kleienartig,** terebramina, Schol. Caes. Germ. Arat. p. 201, 2 *Breysig* u. daraus Fulg. myth. 2, 19.

furfurāculum, ī, *n.* (furfur), der **Bohrer,** *Arnob. 6, 14. Gloss. V, 599, 52 u. 62.

furfurārius, a, um (furfur), **zur Kleie gehörig, Kleien-,** pecunia, CIL 6, 222.

furfureus, a, um (furfur), **mit Kleie untermengt, Kleien-,** panis, Gell. 11, 7, 3.

furfuriculae, ārum, *f.* (*Demin.* v. furfur), **ganz feine Kleie,** Marc. Emp. 5 *extr.*

furfurōsus, a, um (furfur), **kleienartig, bräunlich,** color, Plin. 12, 125.

furia, ae, *f.* (furo), **I** die **Wut, Raserei** (infolge heftiger Leidenschaften, wie des Zorns, der Liebe, heftiger Begierde usw.), **a** der Menschen, furiae Aiacis Oilei, Verg.: furiae iustae, Verg.: furiae honestae, rühmliche Begeisterung, Stat.: muliebres furiae, die wahnsinnige Leidenschaft des Weibes, Liv.: huiusmodi furiae, tolle Ausschweifungen, Arnob.: furiis accensus et irā, Verg.: furiarum ac formidinis plena omnia ad hostes esse, Liv.: ubi concepit furias evicta dolore, in Wut geriet, Verg.: in furias ruunt, Liebeswut, Verg. – m. obj. *Genet.*, furiae auri, Wut (= Gier) nach G., Sil. 2, 500. – **b** der Tiere, furiae tauri, Mart.: libidinis exstimulari furiis, Col.: furiis ardebant (equi), Verg.: cum primum mitigatā furiā laxaverint oves animum, Apul. – **c** v. Lebl., ventorum furiae, Verg.: sonorae torrentum furiae, Claud.: hic vero Alcidae furiis exarserat atro felle dolor, Verg. – **II** personifiziert als Gottheit, **Furia,** ae, *f.*, die **Furie,** u. gew. Plur. **Furiae, A** die **Furien** (Alecto, Megaera u. Tisiphone, s. Fulg. myth. 1, 6), als Plagegeister u. Rächerinnen der Übeltaten, indem sie die Übeltäter, bes. Eltern- u. Verwandtenmörder (vgl. Voß Verg. georg. 3, 551 *sqq.*), durch innere Unruhe beständig peinigen u. rasend machen, das personifizierte böse Gewissen (vgl. Cic. de nat. deor. 3, 46), von röm. Dichtern dargestellt mit Fackeln, Schlangen in den Händen u. in den Haaren, Geißeln, die aus Schlangen gedreht sind, u. mit Schlangen gegürtet, eos (parricidas) agitent Furiae, Cic.: scelerum Furiis agitatus Orestes, Verg.: agitantibus Furiis sororis ac viri (interfectorum), Liv.: invocantibus Furias parentum (*i. e.* patris occisi), die Furien, die gleichs. von den erschlagenen Eltern zur Qual geschickt werden, Liv.: Furias fraternas concita, stachle die Furien an, dass sie das Verbrechen des Bruders strafen, Liv. – oft wurden sie auch als den schon verruchten Sinn zu immer schrecklicherer Tat verwirrend gedacht, Ov. met. 4, 471 u. Thiel Verg. Aen. 1, 41. p. 20: u. so Furiae Catilinae, der böse Geist Katilinas, der ihn zu Untaten treibt, Cic. parad. 4, 27.

– **B** übtr.: **a** v. wütenden, unsinnigen Menschen, eine **Furie,** ein **böser Dämon,** illa Furia, v. Klodius, Cic.: ebenso illa Furia religionum, Cic. – **b** v. Anstifter zu Untaten, hunc iuvenem tamquam furiam facemque huius belli odi ac detestor, Liv. 21, 10, 11.

furiālis, e, **I** v. furia *no.* I: **a** **furienmäßig, wütend, unsinnig,** incessus, Liv.: arma, der Bacchantinnen, Ov.: Erichtho, bacchantisch begeistert, Ov.: vox, Cic.: dah. **grässlich, schrecklich,** exitium, Val. Flacc. – furiāle, *adv.*, Stat. Theb. 6, 429. Claud. b. Get. 326. – **b** aktiv = **in Wut und Raserei versetzend,** vestis, Cic. poët.: aurum, Val. Flacc. – **II** v. furia *no.* II. = zu den Furien gehörig, **der Furien,** membra, Verg. Aen. 7, 415.

furiāliter, *Adv.* (furialis), **wie eine Furie, unsinnig, rasend,** Ov. fast. 3, 637. Porc. Latro in Catil. 37. Verecund. in cant. deuter. *no.* 26.

Fūriānus, a, um, s. Fūrius.

furiātilis, e (furia), **wütend,** cornu, der wütenden Kuh, Ven. Fort. vit. S. Mart. 3, 306 (wo Abl. -e).

furiātus, a, um, s. 1. furio.

furiāx, ācis, *Adi.* m. *Superl.* (furio), **wütend,** Ps. Cypr. de aleat. 6 u. 11.

furibundus, a, um (furo), **I** **sich der Wut hingebend, wuterfüllt, wutschnaubend, wütig,** fur. homo ac perditus, Cic.: taurus, Ov.: impetus, Cic. – **II** **sich der Begeisterung hingebend, von Begeisterung erfüllt, begeistert,** praedictio, Cic. de div. 1, 4.

Furīna (Furrīna), ae, *f.*, eine Göttin, die bei den Römern einen heiligen Hain hatte, deren Bedeutung aber unbekannt ist, Varro LL. 6, 19. Paul. ex Fest. 88, 16. Cic. ad Q. fr . 3, 1, 2. § 4: mit den Furien in Verbindung gesetzt bei Cic. de nat. deor. 3, 46 *sq.* – Dav. **Furīnālis** (Furrīnālis), e, **furinalisch, der Furina,** flamen, Varro LL. 5, 85 u. 7, 45. – Plur. subst., Furīnālia, ium, *n.*, das **Fest der Furina,** am 25. Juli, Varro LL. 6, 19. CIL 1[2]. p. 225 u. p. 323.

fūrīnus, a, um (fur), **zum Dieb gehörig, Diebs-,** forum, Plaut. Pseud. 791.

1. furio, āvī, ātum, āre (furia), **wütend-, rasend-, unsinnig machen, begeistern,** matres equorum, Hor.: vulgum, Sil.: matres, Stat. – furiātus, a, um, **wütend, rasend, unsinnig,** mens, Verg.: ignes, Ov.: mentes malis incursibus furiatae, Lact. 4, 27, 2.

2. furio, īre (furia), **wütend-, rasend-, unsinnig sein,** ut furiat, Sidon. carm. 22, 94: ludunt quippe ibi, non furiunt, Augustin. de civ. dei 6, 9, 1. p. 263, 18 D.[2]

furiōsē, *Adv.* (furiosus), **wütend, rasend, unsinnig,** aliquid f. facere, Cic. ad Att. 8, 5, 1: in alqm cum gladio furiosius irruere, Spart. Hadr. 12, 5: furiosissime qui dixit, Sen. contr 10, 5 (34), 21.

furiōsus, a, um, *Adi.* m. *Compar.* u. *Superl.* (furia), **voller Wut, -Raserei, wütend, rasend, unsinnig,** sowohl durch Geistesstörung als durch leidenschaftliche Aufregung (Ggstz. sanus), v. Pers., si furiosus est, XII tabb. fr.: pars exercitus, Planc. in Cic. ep.: orator, Liv.: mulier iam non morbo sed scelere furiosa, Cic. – übtr., v. Lebl., cupiditas Cic.: inceptum, Liv.: genus dicendi, Cic.: vota, Ov.: tibia, begeisternd, Ov.: peccatum furiosius, Hor.: contiones furiosissimae Publi, Cic.

Fūrius (altlat. Fūsius, s. Liv. 3, 4, 1. Quint. 1, 4, 13), a, um, Name einer röm. *gens,* aus der am bekanntesten: M. Furius Camillus, der als Verbannter die Gallier bei Ardea schlug u. dann, aus der Verbannung zurückberufen u. zum Diktator ernannt, Rom von den Galliern befreite, Liv. 5, 43 *sqq.* Cic. de rep. 1, 6; de domo 86. – A. Furius Antias, ein Dichter u. Freund des Q. Katulus, lebte um 100 v. Chr., Cic. Brut. 132. Gell. 18, 11, 2. Macr. sat. 6, 1, 3 u. 4. – M. Furius Bibaculus, ein röm. Dichter aus Kremona, Zeitgenosse des Horaz, Quint. 10, 1, 96. Tac. ann. 4, 34. Hor. sat. 2, 5, 41. – *Adi.* **furisch,** lex, dass niemandem, die nächsten Verwandten ausgenommen, mehr als tausend Asse vermacht werden sollten, Cic.: lex Furia Caninia, über die Freilassung der Sklaven, ICt. – Dav. **Fūriānus,** a, um, **furianisch,** poëmata, des A. Furius Antias, Gell. – subst., Fūriānī, ōrum, *m.*, die **Furianer** = die Soldaten des Furius Kamillus, Liv.

furnāceus, a, um (furnus), **zum Backofen gehörig, gebacken,** panis, Plin. 18, 105.

furnārius, a, um (furnus), **zum Backofen gehörig, Backofen-,** **I** *adi.:* casa, Backhaus, Bäckerei, Schol. Cruq. Hor. ep. 1, 11, 13. – **II** *subst.:* **A** furnārius, iī, *m.*, der **Bäcker,** Ulp. dig. 39, 2, 24. § 7. CIL 6, 9253 (als Sklave). Schol. Iuven. 7, 4. – **B** furnāria, ae, *f.*, die **Bäckerei,** castrensis, Feldbäckerei, Cic. bei Plin. 7, 135: furnariam exercere, Suet. Vit. 2, 1.

Furniānus, a, um (Furnius), **vom** (Künstler) **Furnius, furnianisch,** vasa, Plin. 33, 139.

furnātus, a, um (furnus), **im Ofen getrocknet,** Pelagon. veterin. 2 = 29 *Ihm.*

furnāx, ācis, *f.* = fornax (s. d.), Lucil. 291*.

furnix, s. fornix ►.

furnus, ī, *m.* (altlat. fornus [Varro b. Non. 531, 33], s. formus), der **Ofen** zum Backen, Rösten, Dörren, der **Backofen,** **a** übh.: alqm condere (schieben) in furnum pro rubido pane, Plaut.: alqd in furnum mittere (schieben), Apic.: alqd coquere in forno (= furno), Varro fr. u. Apic.: alqd in furno percoquere, Fest.: torreri in furno, Plin.: calefacere furnum ad panis coquendi modum (bis zur Brothitze), Pallad.: furnum claudere, Pallad.: furnos conducere, eine Bäckerei pachten, Iuven.: sic calet tamquam furnus, es ist warm wie ein Backofen, Petron. – der Backofen, das Backhaus, als Wärmeort von Frierenden benutzt u. auch, wie unsere Backstuben, als Ort, wo Neuigkeiten ausgekramt wurden, von Müßiggängern aufgesucht, Hor. sat. 1, 4, 37; ep. 1, 11, 13. – **b** der **Glühofen** im Hüttenwerk, solum furni, Vitr. 7, 8, 2.

1. furo, ere (zu griech. θυάζω, rase, θυιάς, Bacchantin), **I** **rasen, wüten,** von solchen, die wirklich ihres Verstandes nicht mächtig sind, usque eo commotus est, ut sine ulla dubitatione insanire omnibus ac furere arbitraretur, Cic.: eos furere et bacchari arbitratur, Cic.: num furis? rappelst du? Hor.: furere se simulavit, Cic.: furere coepisse, in den Zustand der Wut treten, in W. verfallen, Ulp. dig. – **II** übtr.: **A** v. lebenden Wesen = wie ein Rasender-, unsinnig sich benehmen oder handeln, **rasen, wüten, toben,** Catilina furens audaciā, Cic.: nostra iuventus furit, ist toll, Vell.: cui furitis, Stat.: beluae in suos acrius furunt, Curt.: furens Neptunus, poet. = die brausenden Wogen, Hor.: mit *Genet. loc.*, animi, Verg. u. Sil.: mit *Acc.*, furorem, Verg.: id, darin, Liv.: praecipuum caedis opus, in der Wut vollbringen, Stat.: u. so vix credenda, Sil. – m. *Acc.* u. *Infin.*, (Clodius) furebat a Racilio se contumaciter urbaneque vexatum, Cic.: Antonius praelatum sibi Octavium furens, Flor.: mit folg. *Infin.* = leidenschaftlich streben, ecce furit te reperire atrox Tydides, Hor. carm. 1, 15, 27: u. so Sen. Agam. 65. – Insbes.: **a** v. prophetisch Begeisterten, Verg. u. Ov. – **b** v. der Raserei in sinnlichen Begierden, bes. in der Liebe, libidinibus inflammatus et furens, Cic.: caeco raptus amore furit, Ov.: furens puer, Hor. – furere alqa, in ein Mädchen rasend verliebt sein (μαίνεσθαι ἐπί τινι), Hor. epod. 11, 6: u. so in alqa, Ps. Quint. decl. 289. – **c** v. dem, der sich über alle Pflichten hinwegsetzt und nur den Eingebungen einer frevelhaften Begierde folgt, s. Cic. Pis. 47. – u. **d** wie μαίνεσθαι = ausgelassen sein, schwärmen, dulce mihi est furere, Hor. carm. 2, 7, 28. – **B** v. Lebl., **a** **rasen, wüten, toben,** tempestas od. ignis furit, Verg.: fretum acrius furit, Curt.: aër furit procellis, Plin.: fulmen in sua templa furit, Lucan.: vesani vultus et furentia ora, Liv. – furit ardor edendi, Ov. – **b** **tobend-, lärmend verbreiten,** m. folg. *Acc.* u. *Infin.*, fama furit versos hostes, Sil. 7, 504. – ► *Perf.* furuī, Placid. gloss. V, 23, 12: furuit u. furuerunt bei Serv. Verg. Aen. 1, 41; 4, 469 u. 471: furuit, Orest. tr. 846: furuī u. furuisse, (Rufin.) comm. in Amos I. ad 1, 11 u. 12 u. ad 2, 1 *sqq.:* furuisse bei Coripp. Ioann. 7, 137; aber bei Plin. 33, 147 jetzt mit der Bamberger Hdschr. furit u. Sedul. carm. 1, 196 Gruner nach Hdschrn. ferverunt (vgl. Diom. 380, 11 ›*furisti* nemo dicit sed *insanisti*‹ u. Prisc. 8, 59 ›furo insanivi‹).

2. fūro, ōnis, *m.* (fur), der **Iltis,** das **Frettchen,** ital. *furetto,* Isid. orig. 12, 2, 39.

1. fūror, ātus sum, ārī (fur), **I** **stehlen, heimlich entwenden, stibitzen, wegstibitzen,** **a** übh.: aliquid, Cic.: haec, quae rapuit et furatus est, Cic.: de proxima villula spirantem (glimmende) carbunculum, Apul.:

pecuniam privatam ex templo, Quint.: tria milia pondo auri e Capitolio, Suet.: aber aliquid ex iis (rebus), Cic.: absol., ad furandum, Plaut.: furandi causā, Quint.: fallere ac furari per iocum fas erat, Suet. – **b** v. literarischen Diebstahl, librum ab alqo, Cic. ad Att. 2, 1, 1: verba antiqui Catonis, Poët. inc. bei Quint. 8, 3, 29: qui eorum scripta furantes pro suis praedicant, Vitr. 7. pr. § 3. – **II** übtr.: **A** **stehlen,** d. i. insgeheim u. unvermerkt **an sich ziehen, erschleichen,** civitatem, Liv.: speciem alcis, jemandes Gestalt annehmen, für jmd. gehalten werden, Prop. – u. **(insgeheim) entziehen,** patri equos, Verg. Aen. 7, 283: se, sich wegstehlen, Sil. 12, 300 u. 14, 561: se aegre, Apul. met. 7, 7 *extr.* – od. vor jmd. **verbergen,** in densis membra maniplis, Sil.: oculos labori, Verg.: vultus veste, poet. = bedecken, Sen. poët. – **B** **Handstreiche** gegen den Feind **ausführen,** Tac. ann. 3, 74; vgl. furtum *no.* II, B, 2. – ► Aktive Nbf., Fut. furabis, Itala Matth. 19, 18: Perf. furaverit, Symm. epist. 2, 48 (*al.* furetur): Infin. Perf. furasse, Fulg. myth. 2, 6: Partiz. Perf. furatus passiv, Apul. met. 10, 14.

2. furor, ōris, *m.* (furo), die **Raserei,** die **Wut,** **I** als physischer Zustand, die **Raserei, Tobsucht,** der **Wutausbruch,** die **Wut,** ira furor brevis est, Hor.: fere ira et concitatio furori sunt similia, Quint.: ubi maxime furor urget, Cels.: virgines velut captae furore eo cursu se ex sacrario proripuerunt, ut etc., Liv. – **II** übtr.: **A** v. Leb., als Geistes- od. Gemütsstimmung: **1** im engeren Sinne: **a** die **Raserei** bei der Bacchusfeier usw., maiorem orsa furorem, Verg.: face, ut hunc furor agitet, Catull.: beim Fest der Cybele, violenti signa furoris, Lucr.: venit in exemplum furor hic, Ov.: bildl., versatur mihi ante oculos aspectus Cethegi et furor in vestra caede bacchantis, Cic. Cat. 4, 11. – **b** die **Raserei** des Begeisterten, die **Verzückung, Begeisterung,** sine quodam adflatu quasi furoris, Cic.: feminae in furorem turbatae adesse exitium canebant, Tac.: negat sine furore Democritus poëtam magnum esse posse, Cic.: cuius furor consederit, Cic.: ut primum furor cessit, Verg.: Plur., vaticinos concepit mente furores, Ov. met. 2, 640. – **c** die **Wut** des Kämpfenden, die **Kampfwut, Kriegswut,** bellandi furor, Sil.: fur. Teutonicus, Lucan.: fur. armorum, Vell.: sic animis iuvenum furor additus, Verg.: sine me furere (austoben) ante furorem, Verg.: der Tiere, furor illorum (taurorum), Phaedr. – personif., Furor, im Gefolge des Mars, Verg. Aen. 1, 294. Sil. 4, 327. Stat. Theb. 3, 424 u. 7, 52. – **d** die **Wut** des Zornigen, tum regia Iuno acta furore gravi, Verg.: inceptum frustra submitte furorem, Verg.: populum Romanum egit in furorem praetexta C. Caesaris cruenta, Quint. – meton., **die Ursache des Zorns, -Unwillens,** ut tibi sim merito semper furor, Prop. 1, 18, 15. – **e** die **Raserei** der Liebenden die **wahnsinnige-, heftige Leidenschaft, Liebeswut,** amenti caeca furore, Catull.: intus erat furor igneus (glühende), Ov.: furori indulgere, Ov.: furorem vincere ratione, Ov.: ante omnes furor est insignis equarum, Geilheit, Brunst, Verg.: Plur., mille puellarum, puerorum mille furores, Hor.: mens tamen ut rediit, pariter rediere furores, Ov. – meton., der **Gegenstand der heftigen Leidenschaft,** sive mihi Phyllis, sive esset Amyntas, seu quicumque furor, Verg. ecl. 10, 38. – **2** im weiteren Sinne, das **wahnsinnige-, unsinnige Beginnen** jmds., der **Wahnsinn,** die **Tollheit, Verrücktheit, Verblendung,** **a** übh.: furore atque amentiā impulsus, Caes.: indomitus furore, Catull.: caeci furore, Verg.: idem furor et Cretenses lacerabat, Liv.: dignum furore suo habuit exitum, Vell. – furor est m. *Infin.*, Tibull. 1, 10, 33. Ov. met. 6, 170 u. art. am. 3, 172. Sen. ad Helv. 10, 6: u. so id primum aliis videri furor (Unsinn) m. folg. *Infin.*, Iustin. 18, 3, 11. – m. folg. *quod* (weil, dass), Iuven. 15, 35. – **b** insbes.: **α** **leidenschaftliche-, heftige Begierde,** nec minor in campo (Martio) furor est, Petron.: movit tantum vox illa furorem, Lucan.: m. obj. *Genet.*, prodigus vitae furor, Poët. inc.: impius lucri fur., Sen. poët.: fur. impendiorum, Suet.: quis vos agitat furor m. folg. *Infin.*, Sen. Thyest. 339; vgl. Sen. Phaedr. (Hippol.) 917. – **β** das **unsinnige-, maßlose Beginnen** derer, die sich gegen den Staat auflehnen, die **Verbissenheit, aufrührerische Gesinnung, Empörung,** fur. multitudinis, Cic.: abiecti hominis et semivivi fur., Cic.: comes od. dux illius furoris, Liv.: scelus ac furor tuus, Cic.: alcis effrenatus et praeceps furor, Cic.: Cinnani furores, Pacat. pan.: tribunicii furores, Liv.: alcis furorem frangere, Cic., armis compescere, Vell. – **B** v. Lebl., die **Wut,** das **Toben** der Stürme u. Gewässer, caeli furor aequinoctialis, Catull.: boreae dirus furor, Sil.: fur. maris, Tibull.: furores et rabies tanta caeli marisque, Verg.

Furrīna, Furrīnālis, s. Furīna.

fūrtificus, a, um (furtum u. facio), **Diebstahl begehend, diebisch,** v. Pers. Plaut. Epid. 12 L.: manus, Plaut. Pseud. 887 u. Pers. 226.

fūrtim, *Adv.* (fur), diebischerweise, übtr. = **verstohlen, insgeheim, unvermerkt,** Plaut., Cic. u. a.: Ggstz. palam, Ter., palam libereque, Cic.: Ggstz. vi aperte, Liv.: dissimulanter et furtim, Ggstz. simpliciter (unumwunden) et libere (frei heraus), Plin. ep. – furtim (durch heimliche Einfälle) magis quam bello (im offenen Krieg), Tac.

fūrtīvē, *Adv.* (furtivus), **verstohlen, unvermerkt,** clam furtive accepisse, Plaut.: f. agere gratias et in angulo et ad aurem, Sen.: f. data munera, Ov

fūrtīvus, a, um (furtum), **I** **gestohlen, entwendet, wegstibitzt,** virgines, Plaut.: res, Quint.: strigilis, Hor.: an (signa) noctu tamquam furtiva (wie gestohlenes Gut, wie Diebsgewinn) in aerarium deportabuntur? Liv. – **II** übtr., **A** **verstohlen, geheim, heimlich,** iter per Italiam, Cic.: quem furtivum partu edidit, heimlich an das Licht der Welt brachte, Verg.: victoria, erschlichener, Iustin.: libertas, jmdm. heimlich gegebene, Ov.: scriptum, die nicht jeder lesen kann, Gell. – bes. in Bezug auf geheime Liebesverhältnisse, amor, Verg.: hominum amores, Catull.: ioci, Ov.: viri, Buhlen, Ov.: furtivae conscia mentis, vertraut mit des Herzens Geheimnis, Ov. – **B** den Heimlichkeiten günstig, **geheim,** nox, Ov. am. 1, 11, 3.

fūrtum, ī, *n.* (fur), der **Diebstahl,** **I** eig. u. meton.: **A** eig.: furtum facere, einen Diebstahl begehen, stehlen, Cic. u. a.; u. vom literarischen Diebstahl, Tert.: furtum facere alcis rei, etwas stehlen, Cic.: alci furtum facere, jmd. bestehlen, ICt.: duo furta facere, ICt.: furti damnari, Cic.: foedera solvere furto, *i.e.* raptu (Helenae), Verg. – **B** meton., der **Diebstahl** = das **Gestohlene,** navis onusta furtis, Cic.: furta reddere, Cic.: furta ligurrire, Hor.: furtum profiteri (beim Zollamt deklarieren), Ps. Quint. decl. – **II** übtr., **geheime Handlung,** **A** im Allg.: furto laetatus inani, Verg.: furtum facere, heimlich speisen, Mart. 5, 50, 5: dah. furto, insgeheim, verstohlen, Verg., Plin. u. a. (s. Burmann Ov. her. 6, 43). – **B** insbes.: **1** **verstohlene Liebschaft, heimliche Zusammenkunft der Verliebten,** Verg., Tibull. u. Liv. – **2** der **Diebskniff, Schelmstreich, Schlich,** die **Schelmerei, Gaunerei,** das **Gaunerstück,** Verg. u. Ov. – oft von heimlichen, gegen den Feind vollführten Streichen, Hinterhalten, Überfällen u. dgl., der **Handstreich, Streich,** furta belli, Sall. fr. u. Verg., bellorum, Frontin. u. Amm.: furto, non proelio opus esse, Curt.: parva furta per occasionem temptantes, Liv.: hostis ultimam spem furto insidiarum temptans, Liv. Vgl. Weißenb. Liv. 21, 35, 10. Mützell Curt. 4, 4 (19), 15. – **3** ein **geheimer Vorwand,** cessationis, Q. Cic. in Cic. ep. 16, 26, 2. – ► arch. Genet. furtei, CIL 1, 206, 110.

fūrtus, ūs, *m.* (fur), das **Stehlen,** der **Diebstahl,** alqm furtus accusare, Iuven. 8, 113.

1. fūrunculus, i, *m.* (*Demin.* v. fur), **I** ein **elender Dieb, -Spitzbube** (Ggstz. rapax, frecher Räuber), Cic. Pis. 66. Tert. adv. Marc. 3, 16 *in.* CIL 4, 576. 1715. 1949. – **II** meton., ein **Nebenschößling** am Weinstock, neben einem anderen Schößling, Col. u. Plin.

2. fūrunculus, ī, *m.* (viell. eig. furvunculus v. furvus), der **Blutschwären,** Col. 5, 28, 8 *sq.* Plin. 20, 130 u. 220. Veget. mul. 5, 44, 2: ventriculus (der Eiterstock od. Eiterpfropf) furunculi, Cels. 5, 28, 8.

fūrvēscēns, tis (furvus), **dunkelnd,** Mart. Cap. 1. § 30.

fūrvus, a, um (eig. fusvus, verwandt mit fuscus), **kohlschwarz, rabenschwarz, finster,** **a** im Allg.: nubes, Lucr.: alae (des Schlafs), Tibull.: equus, Ov.: übtr., detestabili parricidio furvus dies, grauenhafter, Sen. contr. 1, 1, 23 K. – **b** v. der Unterwelt u. den auf sie sich beziehenden Ggstdn.: antra, die Unterwelt, Ov.: hostia, für die unteren Götter, Val. Max. u. Spart.: Proserpina, Hor.

fuscātio, ōnis, *f.* (fusco), die **Missbilligung, Geringschätzung** = κατάγνωσις, Gloss. II, 74, 55.

fuscātor, ōris, *m.* (fusco), der **Verdunkler, Verfinsterer,** caeli fuscator Eoi Corus, Lucan. 4, 66.

fuscina, ae, *f.* (stammverwandt mit furca), der **Dreizack,** des Neptun, Acc. tr. 400. Cic. de nat. deor. 1, 103. Suet. Cal. 52: des Netzfechters, Iuven. 2, 143. Suet. Cal. 30, 3. – die **Harpune** des Fischers, Petron. 109, 6. Ambros. de Tob. 7. § 26.

fuscinula, ae, *f.* (*Demin.* v. fuscina), eine **kleine dreizackige Gabel,** Vulg. exod. 27, 3 u. a.: fusc. tridens, Vulg. 1. regg. 2, 13.

fuscitās, ātis, *f.* (fuscus), die **Dunkelheit, Finsternis,** Apul. de mund. 33.

fusco, āvī, ātum, āre (fuscus), **I** *tr.* **bräunen, schwärzen,** **A** eig.: corpus, Ov.: ne fuscet inertia (Trägheit im Putzen) dentes, Ov.: quo (fulmine) icta fuscantur, Sen.: fuscat nube diem, verdunkelt, Val. Flacc.: u. so audimus detestabili parricidio fuscatum diem, Sen. rhet.: sol fuscabitur, Lact. – **B** übtr.: **a trüben,** hanc gaudiorum praesentium lucem tristium commemoratione, Pacat. pan. 3, 4. – **b schwärzen = beschimpfen,** alqm, Symm. epist. 1, 40. Sidon. carm. 7, 505. – **II** *intr.* **sich schwärzen,** Stat. silv. 3, 4, 66.

fuscus, a, um (vgl. furvus), **dunkel** der Farbe nach, **dunkelbraun, schwarzgelb, schwärzlich, I** eig.: purpura, Cic.: cornix, Cic.: Andromede, Ov.: fuisse dicitur fusco colore, Suet.: Aurelia cute (an der Haut, vom Teint) fusca, Auson.: fuscior lanterna, dunkel, nicht durchsichtig, Mart.: fuscior fraxinus, Plin.: fusciores orbes, Lact.: alius procerior, alius fuscior, alius flavior, Boëth. – nox fuscis tellurem amplectitur alis, Verg.: fuscis avibus, zur unglücklichen Stunde, Apul. – subst., mollia ne duris coëant, ne candida fuscis, Calp. ecl. 5, 71. – **II** übtr.: **a** dem Ton nach dunkel = **dumpf** (Ggstz. candidus, canorus), genus vocis, Cic. de nat. deor. 2, 146. Plin. 28, 58. Quint. 11, 3, 15: vox exigua et fusca, Suet. Ner. 20, 1. – **b** moralisch **schmutzig, heikel,** esse curae levioris fusciorisque, Apul. de mund. 25 *extr.*

fūsē, *Adv.* m. *Compar.* (fusus v. fundo), **I ausgebreitet,** fusius paulo, Quint. 11, 3, 97. – **II zwanglos, weitläufig, ausführlich,** dicere, Cic.: haec uberius disputantur et fusius, Cic.

fūsilārius, iī, *m.* (fundo), der **Gießer** = χύτης, Gloss. II, 479, 29.

fūsilis, e (fundo, ere), **gegossen, I** eig. = **geschmolzen, fließend, flüssig,** aurum, Ov. met. 11, 126: ferventes fusili ex argilla glandes, heiße Tonkugeln, Caes. b. G. 5, 43, 1 (and. fossili). – **II** übtr., **gegossen = gebildet,** numen, Prud. cath. 4, 40: vasa aenea, Mart. Cap. 8. § 860.

fūsio, ōnis, *f.* (2. fundo), das **Gießen, I** = der **Guss,** der **Ausguss, Ausfluss,** sanguinis, Ambros. in psalm. 48. serm. 16. § 11. – übtr., **a** physisch, f. tenuis stellarum, Vitr. 9, 5, 3: f. visus, Chalcid. Tim. 45 C.: mundum esse ... eius (dei) animi fusionem universam, Cic. de nat. deor. 1, 39: fusiones subtiles corporum, Chalcid. Tim. 236. – **b** ethisch, f. largae beatitudinis, Chalcid. Tim. 3. – **II** das **Gießen** = das **Schmelzen,** Cod. Theod. 9, 21, 3.

Fūsius, a, um, s. Fūrius.

fūsor, ōris, *m.* (2. fundo), **I** der **Gießer, Bildner** aus Metall, Ton usw., absol., Cod. Iust. 10, 64: aeris, Cassiod. var. 7, 5, 5. – **II** der **Gießer, Ausgießer** einer Flüssigkeit, Hieron. eccl. 3, 8: olearius, der Ölverzapfer, CIL 6, 1885: f. aquae = Aquarius (als Gestirn), Anthol. Lat. 615, 6 (481, 6).

fūsōrium, iī, *n.* (2. fundo), die **Gosse,** das **Gerinne,** Pallad. 1, 17, 1 u. 37, 4.

fūsōrius, a, um (2. fundo), **zum Gießen gehörig, Guss-,** opus, Vulg. exod. 32, 4 u. Gloss.

fūsterna, ae, *f.* (st. fusterina, *sc.* pars, v. fustis), der obere Teil der Tanne, der **Schopf,** das **Knorrenstück** (Ggstz. sappinus, das Schaftstück, der Schaft), Vitr. 2, 9, 7. Plin. 16, 196.

fūstibalus, ī, *m.* (fustis u. βάλλω), eine Kriegsmaschine, bestehend aus einem langen Stock mit einer Schleuder in der Mitte, der **Schleuderstock,** Veget. mil. 1, 16 u. ö.

fūsticulus, ī, *m.* (*Demin.* v. fustis), **I** ein **Stückchen Holz,** Apul. met. 6, 18. – **II** der **Stengel** der Gewächse, allii, Pallad. 1, 35, 6.

fūstīgo, āre (fustis), **mit dem Stock prügeln,** Cod. Theod. 9, 29, 2.

fūstis, is, Abl. ī, u. e, *m.*, ein längliches Stück Holz, der **Knüttel, Prügel, Stock,** Plaut. u. Hor.: zum Ausklopfen, Ausdreschen der Getreideähren, fustibus tundere (*al.* cudere), Col.: bes. als Strafwerkzeug zum Schlagen, Plaut., Cic. u. a.: u. zum Totwerfen (s. fūstuārium), centurionem fusti percutere, Vell.: decimum quemque fusti necare od. ferire, Tac.

fūstitudinus, a, um (v. fustis u. tundo), **mit dem Knüttel schlagend,** scherzh., insulae, die Knüttel-, Stockhäuser (ergastula), Plaut. asin. 34 L.

fūstuārium, iī, *n.* (*sc.* supplicium, v. fustis), das **Totwerfen mit Knütteln und Steinen,** als Strafe, bes. für die Soldaten, die die Fahnen verlassen od. sich sonst schimpflich aufgeführt hatten, von den Mitsoldaten selbst vollzogen, fustuarium merere od. mereri, Cic. Phil. 3, 14. Liv. 5, 6, 14: alqm fustuario necare, Serv. Verg. Aen. 6, 825.

fūstuārius, a, um (fustis), **zum Stock-, Prügel gehörig,** supplicium = fustuarium (s. d.), CIL 6, 1711. Cassiod. var. 4, 10, 3. Porphyr. Hor. ep. 2, 1, 154: u. so poena, Edict. Theoderic. 4: ultio, Cassiod. var. 8, 33, 2.

fūsum, ī, *n.*, s. 3. fūsus ►.

fūsūra, ae, *f.* (2. fundo), **I** das **Gießen, Schmelzen,** plumbi, Plin. 33, 106: Plur., lapis fusuris necessarius, Plin. 34, 100. – prägn., das bildende **Gießen,** der **Guss,** decem bases fusurā unā, Vulg. 3. regg. 7, 37, – **II** das **Sich-Ergießen,** der **Abfluss,** Plur., fusurae balnearum, Pallad. 1, 42.

1. fūsus, a, um. *PAdi.* (v. 2. fundo), **gegossen, hingegossen, I fließend** als mediz. *t. t.* = **flüssig,** alvus fusior (Ggstz. alvus constrictior), Cels. – **II** übtr.: **A lang hingestreckt, a** v. Pers., **lagernd,** fusus humi, Verg.: fusi sub remis nautae, Verg. – **b** v. Örtl. = **sich weithin erstreckend,** campi fusi in omnem partem, Verg. – **c** v. Körper = **breit, fleischig,** sunt fusa et candida corpora (Gallorum), Liv. 38, 21, 9 (vgl. das. multā carne). – **B** losgelassen, **1** = **frei fliegend, wallend,** crines, Verg.: fusus barbam, mit frei wallendem Barthaar, Verg.: toga, fliegende, übermäßig weite (Ggstz. toga restricta, zu enge), Suet. – **2** v. der Rede, **sich gehen lassend, zwanglos, redselig, weitläufig, breit,** genus orationis fusum atque tractum, Cic.: genus sermonis non liquidum, non fusum ac profluens, Cic.: poëma initio fusum, Quint.: numeri, Quint. – übtr., v. Schriftsteller, Herodotus, Quint.: magis fusus Aeschines, Quint.

2. fūsus, ūs, *m.* (2. fundo), das **Gießen,** der **Erguss,** Varro LL. 5, 123.

3. fūsus, ī, *m.*, **I** die **Spindel, Spille** zum Spinnen, Catull. 64, 327. Plin. 7, 196: verb. insilia ac fusi, radii, scapique sonantes, Lucr. 5, 1351: colus et fusus, Tibull. 2, 1, 64. Ov. met. 4, 229: colus compta et fusus cum stamine, Plin. 8, 194: inter fusos et calathos puellarum, Hieron. epist. 50, 5: fusum torquere, Plin. 28, 28. Iuven. 2, 55: fusum versare, Ov. met. 4, 221; 6, 22; her. 18 (19), 37: rotare fusum od. fusos, Hieron. epist. 107, 10. Prud. perist. 10, 239. – als Attribut der Parzen, suis dixerunt, currite, fusis ... Parcae, Verg. ecl. 4, 46: tunc sorores debuerant fusos evoluisse meos, damals hätten die Parzen mein Leben enden sollen, hätte ich sterben sollen, Ov. her. 12, 4. – **II** übtr., die **Sprosse, Quersprosse** an einer beweglichen Maschine, Vitr. 10, 2, 14. – ► Nbf. fūsum, ī, *n.*, ἄτρακτος, Auct. de idiom. gen. 580, 9: Plur. fūsa, ōrum, *n.*, Hieron. epist. 130, 15. Symm. laud. in Gratian. 9.

fūtātim (fundo) **reichlich, häufig,** Plaut. truc. 882 Schoell.

fūtilis, fūtilitās, fūtiliter, s. fūttilis, fūttilitās, fūttiliter.

***fūtio,** īre (futum = fusum, *Supin.* von fundo, wov. auch futis, futo u. a.), wov. effutio (w. vgl.), Prisc. 4, 25.

fūtis, is, Akk. im, *f.* (2. fundo), ein **Wassergeschirr,** Varro LL. 5, 119.

1. *fūto, āre (futum = fusum, *Supin.* v. fundo) [*Intens.* v. fundo], **hingießen, niederschlagen** (bildl. = arguo), *v. simpl.* zu confutare, refutare, Paul. ex Fest. 89, 3. Vgl. Gloss. ›futo, ἐλέγχω (ich überführe)‹ u. ›futat, ἐλέγχει (er überführt)‹.

2. futo, āvī, āre, *Intens.* v. *fuo, Paul. ex Fest. 89, 3. Gloss. V. 458, 20. – ► Corssen zieht 2. futo zu 1. futo u. korrigiert in den angeg. Stellen fuisse in fudisse, fuit in fudit.

fūtor, s. futūtor.

fūttilis (fūtilis), e (futum = fusum, *Supin.* v. 2. fundo), **I leicht ausgießbar,** subst., fūttile, is, *n.* (*sc.* vas), ein bei den Opfern der Vesta u. Ceres gebräuchliches Gefäß, mit weiter Mündung u. engem, spitzem Boden, sodass es nicht stehen konnte, weil das zu diesen Opfern bestimmte Wasser nicht auf die Erde gesetzt werden durfte, Donat. Ter. Andr. 3, 5, 3 u. Phorm. 5, 1, 19. Schol. Hor. de art. poët. 231. Lact. Plac. Stat. Theb. 8, 297; vgl. Paul. ex Fest. 89, 4. – **II leicht von sich gebend, nichts bei sich behaltend, A** eig.: canes, die den Kot leicht fallen lassen, Phaedr. 4, 18 (19), 33. – poet., glacies, das leicht durchbricht, zerbrechlich, Verg. Aen. 12, 740. – **B** übtr., **unzuverlässig, zerfahren, eitel, nichtig, unnütz, vergeblich** (vgl. Gloss. ›futilis, ἀχρήσιμος, εἰκαῖος‹) **a** v. Lebl.: opes, Sall. fr.: causa, Plin.: alacritas, laetitia, sententia, Cic.: sensus, nichtssagende, inhaltsleere Begriffe, Gell.: tempus f. et caducum, eitel, vergänglich, Plin. ep.: f. ictus, votum, Sil. – **b** v. Pers.: servus, Ter.: haruspex, Cic.: competitores, Gell. – Plur. subst., quis non odit vanos, leves, futtiles, Cic.: futtilum (= futtilium) est m. folg. *Infin.*, Enn. fr. scen. 307. – *Adv.* **fūttile, eitel, unnütz,** Plaut. Stich. 398. Enn. fr. scen. 309.

fūttilitās (fūtilitas), ātis, *f.* (futtilis), die **Nichtigkeit, Zerfahrenheit,** Cic. de nat. deor. 2, 70.

fūttiliter, *Adv.* (futtilis), **unnütz, vergeblich,** Non. 514, 13.

futuo, uī, ūtum, ere (verwandt m. *fuo), eine Frau **beschlafen,** ihr **beiwohnen,** aliquam, Mart.: mulier fututa, Catull. – absol., Catull., Hor. u. Mart. – ► vulg. futue = futui, CIL 4, 1516: synk. fuit = futuit, *ibid.* 4, 2868. – Nbf. nach der 2. Konj., Präs. futues, CIL 4, 2185 *sqq.*; 2260; 2274: futuet, *ibid.* 4, 1230.

futūrus, a, um (*Partic. Fut.* v. *fuo, dann zu sum gezogen), sein werdend, **künftig, zukünftig** (Ggstz. praesens), tempus, Cic.: res (Sing. u. Plur.), Cic.: malum, Cic.: utilitas, Cic.: histrio, Cic.: villicus, Col. – subst., **a** post futuri, noch Ungeborene, Sall. hist. fr. 1, 41 (45), 6. – **b** *neutr.*, futūrum, ī, *n.*, die **Zukunft,** ignarus facti futurique, Liv.: haud ignara futuri, Verg.: sollicitus futuri, Sen.: post futuri aestimatio, die Vorstellung von einer Fortdauer, Plin. 7, 190: videre in futurum, in die Z. schauen, Liv.: lex in post futurum loqui videbatur, schien eine Bestimmung für die Zukunft auszudrücken, Gell. 17, 7, 6: u. Plur. futūra, ōrum, *n.*, das **Zukünftige,** die **Zukunft** (Ggstz. praesentia, instantia), Cic. u. a.: futura prospicere, Cic.

futūtio, ōnis, *f.* (futuo), das **Beschlafen,** der **Beischlaf,** Catull. 32, 8 (Plur.). Mart. 1, 106, 6.

futūtor, ōris, *m.* (futuo), der **Beischläfer,** Mart. 1, 91, 6 u. 7, 30, 3. CIL 4, 1503 u. 2242: zsgz. fūtor, *ibid.* 4, 2248.

futūtrīx, trīcis, *f.* (Femin. zu fututor), **beschlafend, beiwohnend,** Mart. 11, 23, 4 u. 62, 10. CIL 4, 2204 (wo fututris).

G.

G, g, der siebente Buchstabe des lat. Alphabets, wahrsch. durch eine kleine graphische Abänderung des C entstanden, erst gegen 234 v. Chr. ins römische Alphabet aufgenommen. Daher auf der duilischen Inschrift noch MACISTRATOS (= magistratus), LECIONES (= legiones). – Als Abkürzung ist G in Inschr. = Gaius (statt des gewöhnlichen C), bei Legionszahlen = Gallica od. Gemina; GAL. = Galeria tribu; G. I. = Germania Inferior; G. L. = Genio loci; G. P. R. F. = Genio populi Rom. feliciter; G. S. = Germania superior u. dgl.

Gabalī, ōrum, *m.* u. **Gabalēs,** um, *m.*, eine Völkerschaft im südöstl. Teile des aquitan. Gallien, südöstl. von den Arvernern, im heutigen *Pays de Gevaudan* in den Sevennen, Caes. b. G. 7, 64, 6 u. 75, 2: Form *-ēs,* Plin. 4, 109. Sidon. carm. 24, 23. – Dav.: **A** **Gabalicus,** a, um, **gabalisch,** pagus, j. *Pays de Gevaudan,* Plin. 11, 240. – **B** **Gabalitānī,** ōrum, *m.*, die Einw. des *Gabalicus pagus,* die **Gabalitaner,** Sidon. epist. 5, 13, 2 u. 7, 6, 7.

gabālium, iī, *n.*, eine gewürzhafte Pflanze in Arabien, Plin. 12, 99.

gabalus, ī, *m.*, ein **Kreuz, Galgen,** Varro sat. Men. 24: als Schimpfwort, **Galgenvogel, Galgenstrick,** Macrin. b. Capit. Macrin. 11, 6. *v.* 2 (= Anthol. Lat. 801, 2 M.).

gabata, ae, *f.*, eine Art Speisegeschirr, eine **Schale, Schüssel,** Mart. 7, 48, 3 u. a. – vulg. Nbf. gavata, Ennod. carm. 2, 22 *lemm.* Ven. Fort. carm. 7, 24 *lemm.* u. 11, 10, 3.

Gabba, ae, *m.*, vollst. Apicius Gabba, berühmter Witzbold zur Zeit des Tiberius, Mart. 1, 41, 16. Iuven. 5, 4.

gabbarae, ārum, *f.*, **Mumien,** Augustin. serm. 361, 12.

Gabiēnsis, e, s. Gabiī.

Gabiī, ōrum, *m.* (spät. Nbf. **Gavis,** is, *f.*, Gromat. vet. 234, 15), eine früher nicht unbedeutende, aber schon zu Horaz' Zeit zum armseligen Flecken herabgesunkene Stadt in Latium, zwischen Rom u. Präneste, unweit des jetzigen *Lago di Castiglione,* Liv. 1, 53, 5. Verg. Aen. 6, 773. Hor. ep. 1, 11, 7. – Dav.: **A** **Gabiēnsis,** e, **gabiensisch,** ager, Plin. – **B** **Gabīnus,** a, um, **gabinisch,** via, von Gabii nach Rom, Liv.: Iuno, in Gabii verehrt, Verg.: urbs, die Stadt Gabii, Ov.: cinctus, s. cīnctus *no.* I. – Plur. subst., Gabīnī, ōrum, *m.*, die Einw., von Gabii, die **Gabiner,** Liv. – **C** (v. der Nbf. Gavis) **Gavīnās,** ātis, **gavinatisch,** territorium, Gromat. vet. 349, 28. – Plur. subst., Gavīnātēs, ium, *m.*, die Einw. von Gavis (Gabii), die **Gavinaten,** Gromat. vet. 349, 31.

Gabīnius, a, um, Name einer röm. *gens,* aus der am bekanntesten: A. Gabinius, der als Statthalter in Syrien den ägyptischen König Ptolemäus Auletes ohne Auftrag des röm. Senates in sein Reich wieder einsetzte, Caes. b. G. 1, 6, 4; b. c. 3, 4, 4; 3, 103, 5. – *Adi.* **gabinisch,** lex, Cic. – Dav. **Gabīniānus,** a, um, **gabinianisch,** des (A.) **Gabinius,** tempus, Cic.: milites, Caes. – als *nom. propr.*, **Gabīniānus,** ī, *m.*, ein berühmter Rhetor in Gallien, der zur Zeit Vespasians lebte, Tac. dial. 26.

Gabīnus, a, um, s. Gabiī.

Gabius Bassus, s. Gavius Bassus.

Gadara, ōrum, *n.* (τὰ Γάδαρα), Stadt in Palästina, nach Herodes I. Tode zu Syrien geschlagen, Plin. 5, 74. – Dav. **Gadarēus,** eī, *m.* (Γαδαρεύς), **aus Gadara,** Theodorus G., Suet. Tib. 57, 1.

Gaddir (Gadir), iris, *n.*, phöniz. Name für Gades (s. d.), Sall. hist. fr. 2, 26 (32). Plin. 4, 120. Avien. descr. orb. 100; or. mar. 267.

Gādēs u. **Gādīs,** ium, *f.*, eine Pflanzstadt der Phönizier auf der gleichnam. Insel im bät. Hispanien, mit einem berühmten Tempel des Herkules in der Nähe, j. *Cadix* auf der Insel *Leon,* Form Gades, Plin. 2, 169; 6, 214. Cic. ep. 10, 32, 1. Vitr. 10, 13, 1. Hor. carm. 2, 2, 11. Col. poët 10, 185. Mart. 5, 78, 26: Form Gadis (Nomin. Plur.), Plin. 3, 7: Akk. Gadis, Caes. b. c . 2, 18. § 2 u. 6; 2, 20, 1. Liv. 21, 21, 9. Vell. 1, 2, 4: Nbf. Gadis, is, *f.*, Plin. 3, 17; 4, 119. Prisc. perieg. 462. Schol. Iuven. 11, 162. – Dav. **Gādītānus,** a, um, **gaditanisch,** civitas, Gades, Cadix, Cic.: principes G., aus Gades, Caes.: conventus, Plin.: fretum, Flor.: columnae, die Säulen des Herkules, Apul. de mund. 6 *extr.*: subst., Gādītānus, ī, *m.*, ein **Gaditaner,** Gaditanus quidam, Plin. ep. 2, 3, 8: u. vorzugsw. der **Gaditaner,** von L. Kornelius Balbus aus Gades, Cic. ad Att. 7, 7, 6: Plur. Gādītāni, ōrom, *m.*, die Einw. von Gades, die **Gaditaner,** Cic. u. Caes.: u. Gādītānae, ārum, *f.*, **Gaditanerinnen** = üppige Lustdirnen als Tänzerinnen, Plin. ep. u. Iuven. (s. Heinrich Iuven. 11, 162).

Gādir, s. Gaddir.

Gādis, s. Gādēs.

gaesātī, ōrum, *m.* (gaesum), **mit einem** *gaesum* **Bewaffnete,** bes. als Bezeichnung mit dem *gaesum* bewaffneter Völkerschaften, die als eine Art »Lanzknechte« dienten, CIL 5, 536. Oros. 4, 13; viell. auch Hyg. de munit. castr. 29 (*codd.* getati). Serv. Verg. Aen. 8, 660. – Nbf. gaesātēs, CIL 8, 2728, 50.

gaesum, ī, *n.* (keltisches Wort), ein schwerer eiserner **Wurfspieß,** dessen sich besonders die Alpenvölker, aber auch andere Völkerschaften bedienten (vgl. Charis. 33, 29), Varro vit. P. R. 3. fr. 14 (bei Non. 555, 12). Caes. b. G. 3, 4, 1. Liv. 8, 8, 5 u. ö. Verg. Aen. 8, 662. Prop. 4, 10, 42. Stat. Theb. 4, 64. Sil. 2, 444. – ► gēsum geschr., Paul. ex Fest. 99, 2: u. gessum, Gloss. IV, 597, 13 u. ö.

gaesus, gallisches Wort, viros fortes Galli gaesos vocant, Serv. Verg. Aen. 8, 662.

Gaetūlī, ōrum, *m.* (Γαιτοῦλοι), eine Völkerschaft im nordwestl. Afrika, urspr. im Süden von Mauretania Tingitana, dann durch das nördl. Mauretania Cäsariensis, durch Numidien bis zu den Syrten hin, Sall. Iug. 19, 5. Flor. 4, 12, 40 – Dav.: **A** **Gaetūlia,** ae, *f.* (Γαιτουλία), die Landschaft der Gätuler, **Gätulien,** Plin. – **B** **Gaetūlus,** a, um, **gätulisch,** pastor, Plin.: civitas, Augustin.: poet. = **afrikanisch, libysch,** Syrtes, Verg. u. Hor.: leo, Verg. u. Hor.: murex, Hor. u. Ov. – **C** **Gaetūlicus,** a, um, **gätulisch,** purpura, Plin.: dah. Gaetūlicus, als Beiname, der **Gätuler** = der Besieger der Gätuler, Flor.

gagātēs, is, *m.*, vollst. gagates lapis, eine Art festes Erdpech, unsere **Gagatkohle, Glanzkohle,** Plin. 36, 141 (wo Nom.). Apul. apol. 45. p. 56, 2 Kr. (wo Nom.). Cael. Aur. de morb. chron. 1, 4, 67. Veget. mul. 1, 20, 2; 6, 12, 3 (wo überall Genet. gagatis). Mythogr. lat. 2, 3 (wo Akk. gagaten).

Gāia, Gāiānus, s. Cāius.

Gāius, s. Cāius.

galacticus, a, um (γαλακτικός), **milchartig,** inunctiones, Marc. Emp. 8. – subst., galacticae, ārum, *f.*, milchartige Speisen, Isid. orig. 20, 2, 31 (wo falsch galaticae).

galactītēs, ae, Akk. ēn, *m.* (γαλακτίτης) u. **galactītis,** tidis, *f.* (γαλακτῖτις), u. **galaxiās,** ae, *m.*, der **Milchstein,** ein milchfarbener, uns unbekannter Edelstein, Plin. 37, 162.

Galaesus (Galēsus), ī, *m.*, ein Fluss in Unteritalien, der die Fluren von Tarent bewässerte, j. *Galaso,* Liv. 25, 11, 8. Hor. carm. 2, 6, 10. Verg. georg. 4, 126.

Galanthis, idis, Akk. ida, *f.*, Dienerin der Alkmene, wird, weil sie die Göttin Lucina überlistete, von dieser in ein Wiesel (γαλῆ) verwandelt, Ov. met. 9, 316.

Galatae, ārum, *m.* (Γαλάται), die im 3. Jahrh. v. Chr. in einen Teil von Phrygien eingewanderte keltische Völkerschaft, die **Galater,** Cic. ad Att. 6, 5, 3. Plin. 8, 158. Schol. Iuven. 7, 16. – Sing. Galata, ae, *m.*, ein Galater, Claud. in Eutrop. 1, 59. – Dav.: **A** **Galatia,** ae, *f.*, die von den genannten Kelten besetzte Landschaft **Galatien** (auch Gallograecia gen.), j. *Ejalet Anadoli* u. *Karaman,* Tac. u. a. – **B** **Galaticus,** a, um, **galatisch,** Col. u. a.

galaticor, ārī (Galatae), die **Galater nachahmen,** d. i. jüdische Gebräuche mit christlichen vermengen, Tert. adv. psych. 14.

galaxiās, ae, *m.* (γαλαξίας, weiß wie Milch), **I** ein Stein, s. galactītēs. – **II** die **Milchstraße,** rein lat. circulus lacteus, via lactea, Macr. somn. Scip. 1, 4, 5 (Eyss. griech.). Mart. Cap . 1. § 97; 8. § 826 u. 835.

1. galba, ae, **I** *f.*, ein kleiner Wurm, nach Billerbeck der **Eschenbohrer** od. die **Larve des Eschenspinners** (*Bombyx aesculi,* L.), Suet. Galb. 3, 1. – **II** *m.* (in der gallischen Sprache) ein **Schmerbauch** (praepinguis), Zuname der sulpizischen *gens,* dessen Ursprung verschieden angegeben wird, s. Suet. Galb. 3, 1. – Dav. **Galbiānī,** ōrum, *m.*, die **Anhänger des** (Kaisers) **Galba, die Partei des Galba,** Tac. hist. 1, 51.

2. galba, s. calvus a. E.

galbaneus, a, um (galbanum), **aus Galban,** Verg. georg. 3, 415 u. 4, 264.

galbanum, ī, *n.* (χαλβάνη), **Galban, Mutterharz,** das Gummi von einer doldentragenden Pflanze in Syrien (*Bubon galbanum,* L.), Plin. 12, 126. Suet. Galb. 3, 1. Lucan. 9, 916 (Plur.): als Räuchermittel gegen Ungeziefer, Col. 8, 5, 18. Plin. 19, 180. Pallad. 1, 35, 8: im mediz. Gebrauch, Cels. 3, 21. p. 107, 12 D. Plin. 24, 21 *sqq.* u. a. – Nbf. **galbanus,** ī, *f.*, Vulg. Sirach 24, 21: griech. Nbf. **chalbanē,** ēs, *f.*, Marc. dig. 39, 4, 16. § 7.

galbeolus, ī, *m.* = *merops,* Schol. Bern. ad Verg. georg. 4, 14.

galbeum (calbeum), ī, *n.* u. **galbeus** (calbeus), ī, *m.* (verwandt mit καρπός), eine Binde um die Vorderhand, eine **Armbinde,** zu mediz. Gebrauch (in ein wollenes Tuch eingeschlagene Heilmittel), Suet. Galb. 3, 1 (wo Abl.). – Schmuck als Lohn für verdiente Krieger, Paul. ex Fest. 46, 19 *Muell. not. cr.;* vgl. 96, 6. – als Frauenschmuck, galbei linei, Cato origg. 7, 8 (bei Fest. 265, 3). – Dav. **galbiēnsis** (calbiēnsis), **mit einer Armbinde beschenkt (belohnt),** CIL 6, 710.

Galbiānī, s. 1. galba.

galbinātus, a, um (galbinum, galbinus), **mit einem Galbinum angetan, weichlich gekleidet,** Mart. 3, 82, 5.

galbineus, a, um (galbus) = galbinus (s. d.), Veget. mul. 3, 2, 22.

galbinus, a, um (galbus), **grüngelb, grünlich, gelblich,** cingillum, Petron. 67, 4: tunica, Vopisc. Aurel. 34, 2: avis, Mart. 13, 68, 1. – subst., galbinum, ī, *n.*, ein **grüngelbes Gewand,** als Tracht der Männer geckenhaft und weibisch, Plur. bei Iuven. 2, 97: dah. übtr., mores, weichliche, üppige. Mart. 1, 96, 9.

galbulus, ī, *m.* (galbus), **I** = ἴκτερος, ein kleiner, grüngelber Vogel, vermutl. die **Goldamsel,** Mart. 13, 68 (Übschr.) Schn. (*al.* galbula): ders. galgulus, ī, *m.*, Plin. 30, 94. – **II** die **Zypressennuss,** Varro r. r. 1, 40, 1.

galbus, a, um = χλωρός (Gloss.), **blassgelb, grüngelb, grünlich, gelblich,** nuces, Plin. 15, 90.

galea, ae, *f.* (vgl. griech. κυνέη, Hundsfell, dann der daraus gefertigte Helm, **I** ursprunglich ein **Helm** aus Leder u. mit Erz beschlagen, eine **Pickelhaube** (hingegen cassis = ein Helm aus Metall, eine Sturmhaube), dann der **Helm** übh., Cl. Quadr. ann. 1. fr. 12 (bei Gell. 9, 11, 7). Caes. b. G. 2, 21, 5 u. a.: loricae galeaeque aëneae, Cic. Verr. 4, 97: gal. venatoria, Jägerhelm, Nep. Dat. 3, 2. – **II** übtr.: **a** die **Mütze,** ›tiara‹ galea sacerdotis est, Schol. Iuven. 6, 516. – **b** die **Haube** auf dem Kopf der afrikanischen Hühner, Col. 8, 2, 2.

galear, āris, *n.* (galea), die **Perücke,** bes. der Schauspieler, C. Gracch. u. Varro bei Charis. 80, 9 u. 10. Suet. fr. p. 10, 16 R. Vgl. Diom. 489, 10. Paul. ex Fest. 96, 10.

galeāris, e (galear), **zur Perücke gehörig,** reticula, Claud. Quadrig. ann. 1. fr. 32 (b. Non. 222, 2).

galeārius, iī, *m.* (galea), der **Helmträger,** ein Soldatendiener, Trossbube, Sing. Caper 103, 3 K.: Plur., Veget. mil. 1, 10 u. 3, 6. p. 77, 5 L. (Lang galiarii).

galeiculum, s. galēriculum.

galēna, ae, *f.*, **I** der **Bleiglanz,** Plin. 33, 95 u. 34, 159. – **II** der **Ofenbruch,** Plin. 34, 159.

galeo, āvī, ātum, āre (galea), **behelmen, I** eig.: miseras puellas, Cinna fr. bei Non. 87, 28: in campo iubet galeari, den Helm aufsetzen (der auf dem Marsch auf der linken Schulter herabhing), Auct. b. Afr. 12, 3: galeatum sero duelli paenitet, es bereut zu spät, wer den Helm aufgesetzt hat, die Kampflust, Iuven. 1, 169. – Partiz. Perf. galeātus, a, um, **behelmt,** Minerva, Cic.: mulier, Iuven.: Zenobia ad contiones galeata processit, Treb. Poll. – **II** bildl.: prologus galeatus, zur Verteidigung bestimmter, Hieron. praef. s. script.: u. so principium galeatum, (Serg.) expl. in Donat. 486, 5 K.

galeobdolon, ī, *n.*, s. galeopsis.

galeola, ae, f. (*Demin.* v. galea), ein helmartig **vertieftes Geschirr,** Varro vit. P. R. 1. fr. 50 (b. Non. 547, 23 u. in Schol. Veron. in Verg. ecl. 7, 33. p. 75, 13 Keil).

galeolus, ī, *m.* (galea), ein Vogel = *merops* (s. d.), Suet. fr. 164. p. 257 R.

galeopsis, is, *f.* (γαλίοψις), auch **galeobdolon** (γαλεόβδολον) u. **galion** (γάλιον), iī, *n.*, die **Taubnessel,** Plin. 27, 81.

galeos, ī, *m.* (γαλεός), eine fleckige Haifischart, sonst mustela gen., Plin. 32, 25.

Galeōtae, ārum, *m.* (Γαλεῶται), die **Galeoten,** in Sizilien Name der Ausleger von Prodigien, Cic. de div. 1, 39.

galeōtēs, ae, *m.* (γαλεώτης), eine Art **Eidechsen,** rein lat. stellio gen., Plin. 29, 90.

galēriculum, ī, *n.* (*Demin.* v. galerum), **I** eine **kleine Kappe** aus Fell mit den Haaren, Frontin. 4, 7, 29. Mart 14, 50 *lemm.;* vgl. Charis. 80, 10; u. Gloss. ›galericulum, περιθήκη‹. – **II** insbes., eine **kleine Perücke,** Suet. Oth. 12, 1. Charis . 80, 10.

galērītus, a, um (galerus), **mit einer** behaarten **Kappe-, Haube bedeckt,** Prop. 4, 1, 29. – übtr., galerita avis, Haubenlerche (*Alauda cristata,* L.), Plin. 11, 121. Marc. Emp. 29: dass. subst., galērīta, ae, *f.*, Ser. Samm. 580; u. galērītus, ī, *m.* (*sc.* ales), Varro LL. 5, 76.

galērum, ī, *n.*, s. galērus.

galērus, ī, *m.*, **I** eine **Kappe** (Mütze) **aus Fell** mit den Haaren (griech. κυνέη), **A** im Allg., Verg. Aen. 7, 688; Ps. Verg. mor. 120: gentilis, Sil. 16, 456: Arcadius, Stat. Theb. 4, 303: bes. als Tracht der Priester, Varro fr. bei Gell. 10, 15, 32. Serv. Verg. Aen. 2, 683: u. des Merkur, Stat. Theb. 1, 305. Claud. rapt. Pros. 1, 78. – Nbf. galērum, Fronto bei Serv. Verg. Aen. 7, 688. Apul. apol. 22. Hieron. epist. 64, 13. – **B** insbes., die **Perücke** (vgl. Tert. de cult. fem. 2, 7), Suet. Ner. 26, 1. Avian. fab. 10, 7: flavus, Corn. Sever. bei Charis. 80, 8. Iuven. 6, 120. – **II** übtr., die **Rosenknospe,** Auson. edyll. 14, 25. p. 244, 16 Schenkl.

Galēsus, s. Galaesus.

galgulus, ī, *m.*, s. galbulus *no.* I.

galiārius, s. galeārius.

Galilaea, ae, *f.* (Γαλιλαία), eine Landschaft im nördl. Teil Palästinas, Plin. 5, 70. – Dav. **Galilaeus,** a, um, **galiläisch,** Eccl. – Plur. subst., Galilaeī, ōrum, *m.*, die **Galiläer,** Tac.

galion, iī, *n.*, s. galeopsis.

1. galla, ae, *f.*, der **Gallapfel,** Plin. 16, 26 *sq.* Cels. 5, 5. Verg. georg. 4, 267. – meton., ein herber, geringer Wein, Lucil. 501.

2. Galla, s. 1. Gallī.

3. Galla, s. 3. Gallus *no.* II.

Gallaecī, -cia, s. Callaecī.

Gallaicus, s. Callaecī.

1. Gallī, ōrum, *m.* (Γάλλοι), eine weitverbreitete keltische Völkerschaft, die urspr. zwischen dem Rhein u. der Garonne saß, dann in Schwärmen teils unter Bellovesus über die Alpen, teils unter Sigovesus zur Donau zog, später unter Brennus in Griechenland eindrang, von da Illyrien, Thrazien, Thessalien u. Mazedonien durchstreifte, Byzanz u. die Küste der Propontis eroberte, über den Hellespont ging, Troas erstürmte u. Nord-Phrygien erhielt, später sich weiter ausbreitete, mit Antiochus gegen die Römer kämpfte, aber seit Sulla treue Bundesgenossin der Römer blieb, Caes. b. G. 1, 31 u. a. Liv. 5, 33 *sqq.* – Sing. Gallus, ī, *m.*, der **Gallier,** Afran. com. 284. Caes. b. G. 3, 18, 1. Cic de or. 2, 266 u. Tusc. 4, 49. Sen. de ben. 6, 19, 4: u. Galla, ae, *f.*, die **Gallierin,** Liv. 22, 57, 6 (wo Gallus et Galla). – Dav. abgeleitet: **A Gallia,** ae, *f.* (Γαλατία), das Land der Gallier, **Gallien,** das das ganze heutige Frankreich, Belgien, einen Teil der Niederlande, einen großen Teil der Schweiz und das linksrheinische Deutschland in sich begriff, Caes. b. G. 1, 1: Gallia Belgica, Plin. 4, 105: G. bracata, Mela 2, 5, 1. Plin. 3, 31: Celtica, Plin. 4, 105: cisalpina, Caes. b. G. 6, 1, 2. Flor. 4, 4, 3. Suet. Caes. 29. Oros. 5, 22, 17: citerior, Suet. Caes. 30, 1 u. 56, 5: comata, Anton. bei Cic. Phil. 8, 27. Tac. ann. 11, 23. Suet. Caes. 22, 1. Lugdunensis, Plin. 4, 105 u. 107. Tac. hist. 1, 59 u. 2, 59: Narbonensis, Mela 2, 5, 1 (2. § 74). Tac. ann. 2, 62: togata, Anton, bei Cic. Phil. 8, 27. Hirt. b. G. 8, 24, 3. Suet. gr. 3; vgl. Mart. 3, 1, 2: transalpina, Varro r. r. 1, 7, 8: Cic. Mur. 89. Caes. b. G. 7, 1, 2. Suet. Caes. 29. Oros. 2, 7: ulterior, Cic. ep. 16, 12, 3. Caes. b. G. 1, 7, 1. – Plur. Galliae, bes. das transalpinische (jenseitige) Gallien nach seinen einzelnen Provinzen, Cic. ad Att. 8, 3, 3; de prov. cons. 3 u. 17. Caes. b. G. 4, 20, 3. Liv. 21, 21, 10. Tac. hist. 2, 11. Catull. 29, 20 u. a.: tres Galliae, quas Caesar vicerat, Liv. epit. 134. – **B** **Gallicānus**, a, um, **in** od. **aus der** *Gallica provincia* (s. unten Gallicus), **gallikanisch,** papaver, Cato fr.: vocabulum, Varro: verbum, Varro fr.: homo, Suet.: legiones, röm. Legionen in *Gallica prov.*, Cic.: Plur. subst., Gallicānī, ōrum, *m.*, die Einw. der *Gallica provincia,* die **Gallikaner,** Varro u. Cic. fr. – **C** **Gallicus**, a, um, **gallisch,** ager, Cic., od. provincia, Suet., ein Teil von Umbrien (südl. vom Rubikon, nördl. vom Äsis) als quästorische Provinz: copiae, Cic.: ventus, Nord-Drittel-Nordostwind, Vitr.: vox, Gell.: sermo, das in Gallien gesprochene Latein, Hieron. epist. 125, 6. – subst., gallica, ae, *f.* (*sc.* solea), eine (urspr. in Gallien übliche) ländliche Männersandale, der **Holzschuh** (ital. *galossia*), Cic. Phil. 2, 76. Edict. Diocl. 9, 12 *sqq.* – *Adv.* **Gallicē, gallisch,** Varro b. Gell. 2, 25, 8: dicere, Gell. 11, 7, 4: loqui, Sulp. Sev. dial. 1, 27, 4. – **D** **Gallulus**, a, um (*Demin.* v. Gallus), **gallisch,** Roma (v. der Stadt Aratus), Auson. ordo urb. nob. (XVIIII) 74. p. 100 Schenkl. – **E** **Gallus**, a, um, **gallisch,** mulieres, Sall. hist. fr. 4, 15 *ed. Dietsch.* (Kritz 4, 22 Galliae): miles, Liv. epit. 102: credulitas, Mart. 5, 1, 10.

2. Gallī, s. 3. Gallus *no.* II.

Galliambus (**os**), ī, *m.* (Gallus u. iambus), ein von den *Galli* (Priestern der Cybele) gesungenes Lied, ein **Galliambus,** Mart. 2, 86, 5. Quint. 9, 4, 6. Atil. Fortun. art. metr. 1, 4, 17; 2, 16, 2. – Dav.: **a** **Galliambus,** a, um, **galliambisch,** metrum, Diom. 514, 12 u. 17. – **b** **Galliambicus,** a, um, **galliambisch,** metrum, Serv. de cent. metr. 466, 26. Mar. Victorin. art. gr. 1, 11, 34. p. 46, 25 K.; 2, 9, 17. p. 95, 24 K.; 4, 1, 94. p. 154, 18 K.

gallica, s. 1. Gallī *no.* C.

Gallicānus, a, um, s. 1. Gallī *no.* B.

gallicārius, iī, *m.* (gallica, s. 1. Gallī *no.* C), der Verfertiger gallischer Schuhe, der **Holzschuhmacher,** Hieron. praef. in reg. S. Pachom. *no.* 6.

Gallicē, *Adv.*, s. 1. Gallī *no.* C.

gallicinium, iī, *n.* (1. gallus u. cano), das **Hahnengeschrei,** meton. = der Teil der Nacht, wo die Hähne krähen, das **Grauen des Tages** (vgl. Placid. gloss. V, 71, 11), Censor. 24, 2. Macr. sat. 1, 3, 12. Serv. Verg. Aen. 2, 268: noctis gallicinio, Apul. met. 8, 1: Plur., Petron. 62, 3. Amm. 22, 14, 4.

galliciola, gallicola, s. 2. gallicula.

gallicrūs (galli crus), crūris, n., **Hahnenfuß,** eine Pflanze, Ps. Apul. herb. 45.

1. gallicula, ae, *f.* (*Demin.* v. gallica. s. 1. Gallī *no.* C), ein **kleiner gallischer Holzschuh,** Hieron. in reg. S. Pachom. *no.* 101 u. 104 u. Gloss. (s. Löwe Prodr. p. 300. not. 3).

2. gallicula (gallicola, galliciola), ae, *f.* (gallum = callum), die **grüne** (äußere) **Walnussschale,** Placid. gloss. V, 24, 18. Vgl. unten gullioca.

Gallicus, a, um, s. 1. Gallī *no.* C u. 3. Gallus.

gallidraga, ae, *f.*, eine Pflanze, die **haarige Kardendistel** (*Dipsacus pilosus,* L.), Plin. 27, 89.

Galliiambus, s. Galliambus.

gallīna, ae, *f.* (1. gallus), die **Henne,** das **Huhn** (Ggstz. gallus), gall. altilis, eine Poularde, Petron.: villatica, rustica, Varro: Africana od. Numidica, Perlhuhn, Varro u. Publil. Syr. com. fr.: gallinae adeps, Scrib.: caro gallinarum, Cael. Aur.: gallinas educare, Pallad.: anatum ova gallinis supponere, Cic.: villa abundat agno, gallinā (kollekt. = gallinis), Cic.: gallina pipat, Varro fr.: gallina cecinit, eine H. hat gekräht, als ein Anzeichen, Ter. Phorm. 708: scherzh., an, obsecro hercle, habent quas gallinae manus? nam has (litteras) quidem gallina scripsit (vgl. unser »Krähenfüße«), Plaut. Pseud. 29 *sq.*: sprichw., albae gallinae filius, ein Glückskind, Iuven. 13, 141: als Liebkosungswort, Plaut. asin. 666: zur Bezeichnung einer Örtl., ad gallinas, ein Landhaus bei Rom, Plin. 15, 137. Suet. Galb. 1.

gallīnāceus (gallīnācius), a, um (gallina), **zu den Hühnern gehörig, Hühner-,** gallinaceus gallus, Plaut., Lucil. fr., Cic. u. a., auch bl. gallinaceus, Suet. u. a., Hahn, Haushahn: ebenso gallinacei mares salacissimi, Hähne, Col.; vgl. salacitas gallinacea, der Hähne, Col.: gall. pullus, Hühnchen, Komik., Scriptt. r. r., Liv. u. a.: ova, Varro: figura, Hyg.: fel, Cic.: fimus, Plin.: ius, Hühnerbrühe, Plin.: dass. ius gallinacei pulli, Cels., ius gallinacei, Plin.: gall. lac, s. lac: gallinacei crista, Hahnenkamm, Plin. – übtr. auf Pflanzennamen, cunila gallinacea (= origanum Heracleoticum), Wintermajoran, Plaut. trin. 935. Plin. 20, 170: pedes gallinacei, gefingerter Erdrauch, Plin. 25, 155. – Die Schreibung gallinacius oft die der besten Hdschrn. (s. Wagner Plaut. aul. 462) u. in Inschrn. (z. B. CIL 12, 4377).

gallīnārius, a, um (gallina), **zu den Hühnern gehörig, Hühner-,** **I** *adi.*: vasa, Col. 8, 8, 5 u. 8, 10, 6: scalae gallinariae (Hühnersteige) gradus, Cels. 8, 15. p. 356, 15 D. – insula Gallinaria, eine Insel im etrurischen Meer, den ligustischen Bergen gegenüber, die Hühnerinsel, j. *Isola d'Albengo,* Varro r. r. 3, 9, 17: silva Gallinaria, ein Fichtenwald in Kampanien, bei Linternum, Cic. ep. 9, 23; dass. poet. Gallinaria pinus, Iuven. 3, 307. – **II** *subst.*: **a** gallīnārius, iī, *m.*, der **Hühnerwärter,** Varro r. r. 3, 9, 7. Cic. de div. 2, 86 (viell. auch CIL 3, 373). – **b** gallīnārium, iī, *n.*, der **Hühnerstall,** Col. 8, 3, 1. Plin. 17, 51.

gallīnula, ae, *f.* (*Demin.* v. gallina), das **Hühnchen,** Arnob. 7, 8. Apul. met. 2, 11.

Gallio, ōnis, *m.*, **I** L. Iunius Gallio, ein röm. Rhetor, Zeitgenosse des Rhetors Seneka, Quint. 2, 1, 21; 9, 2, 91. Sen. contr. 10. praef. § 13. Tac. ann. 6, 3. – **II** L. Iun. Gallio Annaeus, Sohn des Rhetors Seneka, Adoptivsohn des Gallio *no.* I. Sen. ep. 104, 1. Tac. ann. 15, 73. Plin. 31, 62: Prokonsul in Achaja, Vulg. act. apost. 18, 12.

gallor, ārī, **schwärmen,** wie die *Galli* (Priester der Cybele), Varro sat. Men. 119 u. 150.

Gallograecia, ae, *f.* = Galatia (s. d.), Caes. b. c. 3, 4, 5. Liv. 37, 8, 4. Vell. 2, 39, 2. – Dav. **Gallograecus**, a, um, **galatisch,** Cic. – Plur. subst., Gallograecī, ōrum, *m.*, die **Galatier,** Liv.

gallula, ae. *f.* (*Demin.* v. galla) ein **kleiner Gallapfel,** Veget. mul. 3, 49, 3. Plin. Val. 1, 26.

gallulāsco, ere (1. gallus), **anfangen, männlich zu lauten, männlich klingen,** von der Stimme des Jünglings, Nov. com. 21.

Gallulus, a, um, s. 1. Gallī *no.* D.

1. gallus, ī, *m.* (eig. ›das gallische Tier‹), der **Haushahn, Hühnerhahn, Hahn,** Varro, Cic. u. a.: gallus gallinaceus, s. gallīnāceus: sub galli cantum, Hor.: gallorum cantus, Cic. – sprichw., gallus in suo sterquilino plurimum potest, jeder Hahn ist Herr auf seinem Mist (Hof) = jeder ist Herr in seinem Haus, Sen. apoc. 7, 3. – ► Genet. Plur. gallûm, Varro sat. Men. 140.

2. Gallus, Gallier, gallisch, s. 1. Gallī.

3. Gallus, ī, *m.* (Γάλλος), **I** ein Fluss in Phrygien, der bei der Stadt Modra entspringt u. sich in Bithynien mit dem Sangarios vereinigt, j. *Kadshasu,* Plin. 5, 147. Ov. fast. 4, 364. – Dav. **Gallicus**, a, um, **gallisch,** poet. = **phrygisch, trojanisch,** miles, Prop. 2, 13, 48 zw. – **II** (davon benannt) **Gallī**, ōrum, *m.*, Priester der Cybele, die sich selbst zu entmannen pflegten, die **Galli,** Liv. 37, 9, 9. Ov. fast. 4, 361: dafür schrzh. Gallae, ārum, bei Catull. 63, 12 u. 34: Sing. Gallus, ī, *m.*, Rhet. Her. 4, 62. Suet. Aug. 68. Mart. 11, 74, 2: – Dav. **Gallicus**, a, um, **gallisch,** turma, d. i. (übtr.) Priester der Isis (weil ihr Gottesdienst dem der Cybele glich), Ov. am. 2, 13, 18.

4. Gallus, ī, *m.*, als Beiname mehrerer röm. Geschlechter, aus denen am bekanntesten: Cornelius Gallus, ein Dichter, Redner u. Freund Vergils, endete durch Selbstmord, Asin. Poll. in Cic. ep. 10, 32 *extr.* Verg. ecl. 5, 64 u. 10, 3. Ov. am. 3, 9, 64. Quint. 10, 1, 93. Suet. Aug. 66, 1. Amm. 17, 4, 5.

galumma, s. calymma.

Gamala, ae, *f.* (Γάμαλα), eine wichtige Bergfestung in Palästina, am galiläischen Meer, Iustin. 15, 1, 6: von Vespasian erobert, Suet. Tit. 4, 3.

gamba, ae, *f.* (καμπή), das zwischen Huf u. Schienbein befindliche Gelenk, die **Fessel**, Pelagon. veterin. 14 u. 25 (219 u. 329 *Ihm.*). Veget. mul. 1, 56 *extr.* u. a.

gambōsus, a, um (gamba), **an der Fessel geschwollen**, animal, Veget. mul. 3, 30.

gamēliōn, ōnis, *m.* (γαμηλίων), der siebente Monat im attischen Jahre, ungefähr unser Januar, Cic. de fin. 2, 101.

gamella, ae, *f.* (*Demin.* v. gamma), ein **kleines Gamma**, Anecd. Helv. 96, 3.

gamma, ae, *f.*, aber auch wie im Griech. τὸ γάμμα *n. indecl.*, **I** der griech. Buchstabe Γ, das **Gamma**, der **G-Laut**, Auson. Technop. (XXVII) 12. de litt. monos. 21. p. 138 Schenkl: Plur., Serg. 476, 16 K. u. (daher) Anecd. Helv. 93, 15. – **II** übtr., bei den Schriftstellern vom Feldmessen, die **Gammagestalt** = die **rechtwinkelige Gestalt** der Äcker, Gromat. vet. 43, 16; 74, 13 u. a. – Dav. **gammātus**, a, um, **gammaförmig**, ager, *ibid.* 218, 2: lapis, *ibid.* 243, 5 u. a.: limes, *ibid.* 319, 7 u. a.: terminus, *ibid.* 406, 9.

gammarus, s. cammarus.

gammātus, a, um, s. gamma.

gānea, ae, *f.* u. **gāneum**, ī, *n.* (verwandt mit γάνος, Erquickung, γάνυμαι, sich ergötzen), das **Erfrischungshaus**, die **Garküche**, die **Kneipe**, als Sitz der Schlemmerei u. Liederlichkeit verrufen, dah. auch meton. = **Feinschmeckerei, Schlemmerei**, **α** Form *-ea*, Cic. Pis. 13. Sall. Cat. 13, 3. Liv. 26, 2, 15. Plin. pan. 49, 6. Tac. ann. 3, 52. Apul. apol. 57. – **β** archaist. Form *-eum*, Naev. com. 117. Plaut. asin. 887 u. Men. 703. Ter. adelph. 359. Varro sat. Men. 481.

gāneārius, a, um (ganea), **zur Garküche gehörig**, triclinium, Tafel der Schlemmer, Varro r. r. 3, 9, 18 zw.

gāneo, ōnis, *m.* (ganea od. ganeum), der **Schlemmer, Schwelger, Prasser**, Naev. com. 118. Ter. heaut. 1034. Varro sat. Men. 315. Cic. Cat. 2, 7. Sall. Cat. 14, 2. Sen. ep. 95, 41: Ggstz. continens, Lact. 3, 26, 7. – ► Genet. gānĕōnis gemessen, Prud. ham. 321. – Die Angabe des Prisc. (de accent. § 19), ganeo komme nur im Nom. u. Akk. vor, ist falsch (s. Val. Max. 6, 9. ext. 1, wo Abl.).

gāneum, ī, *n.*, s. gānea.

gangaba, ae, *m.* (pers. Wort), der **Lastträger**, Curt. 3, 13 (34), 7.

Gangaridae u. **Gangaridēs**, um, Akk. as, *m.*, eine Völkerschaft in Indien, am unteren Ganges, in Bengalen, Nom. *-ae*, Prisc. perieg. 1050. Avien. descr. orb. 1349: Nom. *-ēs*, Solin. 52, 8: Genet. nur *-um*, Plin. 6, 65. Iustin. 12, 8, 9. Verg. georg. 3, 27. Val. Flacc. 6, 67: Akk. nur *-as*, Curt. 9, 2 (7), 3, Oros. 3, 19, 4. – ► Vom Nom. Gangaridae ist die Form Gargaridae gut beglaubigte Variante; vgl. Tzschucke Mela vol. 3. part. I. p. 72 *sq.* Wernsdorf Poët. Lat. min. tom. 5. part. 1. p. 417.

Gangēs, is, Akk. em u. ēn, Abl. ē, *m.* (Γάγγης), der Hauptstrom Indiens, der dieses in zwei Teile teilt, intra u. extra Gangem, herrlich durch seine Größe, durch die Fruchtbarkeit seiner oft überschwemmten Ufer u. durch die Goldkörner u. Edelsteine, die er mit sich führt, Mela 3, 7, 6 (3. § 69). Curt. 8, 9 (30), 5. Verg. georg. 2, 137. Ov. met. 2, 249: Genet. Gangis, Plin. 7, 25: Akk. Gangēn, Cic. de rep. 6, 22. Mela 3, 7, 5 (3. § 67). Curt. 9, 2 (7), 2: Abl. Gangē, Mela 3, 7, 5 (3. § 67) *sq.* Plin. 6, 63 *sq.* Ov. met. 4, 21 u. a. – Dav. **A Gangēticus**, a, um (Γαγγητικός), **gangetisch**, Ov., Col. u. a.: raptor, vom Tigerjäger, Mart.: ales, vom Phönix, Auson. – **B Gangētis**, tidis, *f.* (Γαγγῆτις), **gangetisch**, poet. = **indisch**, terra, Ov. am. 1, 2, 47.

ganglion, iī, *n.* (γάγγλιον), eine Art von **Geschwulst**, ein **Überbein**, Veget. mul. 2, 30 (Cels. 7, 6 griechisch).

gangraena (gangrēna), ae, *f.* (γάγγραινα), der **kalte Brand, Knochenfraß**, wodurch ein Teil des Körpers abstirbt, Lucil. 53. Cels. 5, 26. *no.* 31 u. 34; 7, 33. Plin. 22, 125. – bildl., Varro sat. Men. 408.

gānio, īre (verw. mit γάνος), **schlemmen, prassen, sich der Wollust hingeben**, Gloss. (wo ›ganit, λαγνεύει‹; u. ›gannit, σκύζει‹, lies ›ganit, σκυζᾶ‹).

gannio, īre = κνυζᾶσθαι, **kläffen, bäffen**, **I** eig., von kleinen Hunden, Varro fr. b. Non. 550, 10. Fest. 177 (a), 17: v. Füchsen, Suet. fr. 161. p. 250, 1 R. Anthol. Lat. 762, 59 (233, 59). Hieron. vit. Hilar. 7. – **II** übtr., v. Menschen, **a** im üblen Sinne = **belfern**, von Zänkischen, Ter. u. a.: ad aurem, Afran. com. fr. – **b** im guten Sinne = **schäkern**, von einem Liebespaar, Apul. met. 3, 20.

gannītio, ōnis, *f.* (gannio), das harmlose **Gekläff** der kleinen Hunde usw., Fest. 177 (a), 21. Paul. ex Fest. 99, 1.

gannītus, ūs, *m.* (gannio) = κνυζηθμός, **I** das harmlose **Gekläff** der kleinen Hunde, Lucr. 5, 1068. – **II** übtr.: **a** von Menschen: **α** im üblen Sinne = das **Belfern** eines Zänkischen, allatrare alqm usque et usque et gannitibus improbis lacessere, Mart. 5, 60, 2. – **β** das **Schäkern**, laute **Kosen** mit einem Tier, placiti gannitus, Apul. met. 6, 27 *extr.* – **b** das **Zwitschern** der Sperlinge, constrepens, Apul. met. 6, 6. – **c** das **Gewinsel**, Nereïdis morientis gannitus tristis, Plin. 9, 9: tremulis gannitibus aëra pulsat, Auson. epigr. 107, 4. p. 228 Schenkl.

ganta, ae, *f.* (das deutsche »Gans«), die **weiße kleine Gans**, viell. die **Eidergans, Eiderente**, Plin. 10, 52.

Ganymēdēs, is, Akk. em u. ēn, *m.* (Γανυμήδης), Sohn des trojanischen Königs Tros, ein schöner Jüngling, den Jupiter nach der Mythe durch einen Adler gen Himmel holen ließ u. statt der Hebe zu seinem Mundschenken machte; später von den Astronomen unter dem Namen des »Wassermanns« unter die Sternbilder gesetzt, Hor. carm. 3, 20, 16. Cic. Tusc. 1, 65 (wo Akk. -ēn). Cic. de nat. deor. 1, 112 (wo Akk. -em). Cic. Tusc. 4, 71 (wo Genet. Ganymedi). Ov. met. 10, 155. Hyg. fab. 224. Hyg. astr. 2, 16 u. 29. – Dav. **Ganymēdēus**, a, um, **ganymedēisch**, Mart.: chorus, schöne Sklaven (Diener), Mart.

Garamantes, um, Akk. as, *m.* (Γαράμαντες), die **Garamanten**, ein Volk im inneren Afrika, jenseits der Gätuler, im heutigen *Fessan*, Verg. ecl. 8, 44. Verg. Aen. 6, 794 (Akk. -antas). Liv. 29, 33, 9. – Sing. **Garamāns** (Garamās), antis, *m.*, der **Garamante**, Sen. Herc. Oet. 1110. Prud. c. Symm. 2, 809 (Garamas bei Sil. 6, 705). – Dav.: **A Garamanticus**, a, um, **garamantisch**, carbunculi, Plin.: gemma, Plin. – poet. übtr. = **afrikanisch**, vates, signa, Sil. – Plur. subst., Garamantici = Garamantes, Schol. Iuven. 10, 150. – **B Garamantis**, tidis, *f.*, **garamantisch**, u. poet. übtr. = **afrikanisch**, Plin. u. Verg.

garātus, a, um (garon), **mit** *garum* **angemacht**, ofellae, Apic. 7, 270.

Gargānus, ī, *m.*, ein von Stürmen umbrauster Gebirgszug Apuliens, der in das Adriatische Meer ausläuft, j. *Monte di S. Angelo*, Mela 2, 4, 6 (2. § 65). Hor. carm. 2, 9, 7. Lucan. 5, 379. – Dav. **Gargānus**, a, um, **garganisch**, nemus, Hor. ep. 2, 1, 202: cacumina, Sil. 9, 33.

Gargaphiē, ēs, *f.* (Γαργαφία), ein der Diana geheiligtes Tal nebst Quelle in der Nähe von Plataä in Böotien, Ov. met. 3, 156. Plin. 4, 25.

Gargara, ōrum, *n.* (τὰ Γάργαρα), die oberste Spitze des Berges Ida in Mysien, mit einer gleichnam. Stadt (j. *Tschepini*) am Abhang, Mela 1, 18, 3 (1. § 93). Plin. 5, 122. Verg. georg. 1, 103. Stat. Theb. 1, 549: Nbf. Gargarum, ī, *n.* u. Gargarus, ī, *m.* (τὸ Γάργαρον), Dict. 2, 27. Vib. Sequ. p. 15, 23 *Burs.* Prisc. 5, 55. Phocas (V) 426, 16. Serv. Verg. Aen. 5, 732. Vgl. übh. Macr. sat. 5, 20, 1 *sqq.* – Dav. **Gargaricus**, a, um, **gargarisch**, Auson. epist. 24, 16. p. 187 Schenkl.

Gargaridae, s. Gangaridae.

gargaridio, āre, s. gargarizo.

gargarisma, atis, *n.* (γαργάρισμα), das **Gurgelwasser**, Th. Prisc. 1, 15.

gargarismatium, iī, *n.* (γαργαρισμάτιον), das **Gurgelwasser**, Marc. Emp. 15.

gargarisso, s. gargarizo.

gargarizātio, ōnis, *f.* (gargarizo), das **Gurgeln**, Cels. 6, 7, 8. Plin. 22, 120: Plur., Cels. 5, 22, 9 u. 6, 6, 38.

gargarizo, āvī, ātum, āre (γαργαρίζω), **sich gurgeln**, medicamentis,

Cels.: ex fico, mit Feigen, Cels.: u. alqd, mit etwas, Cels. u. Plin. – Nbf. **gargaridio**, āre, Varro b. Non. 117, 9; u. **gargarisso**, āre, Varro LL. 6, 96 Sp. Fronto ad M. Caes. 4, 6, p. 69, 14 N., wo gargarissabi = gargarissavi aus Nov. com. 109 (R.[2]).

Gargarus, s. Gargara.

Gargēttus, ī, *m.* (Γαργηττός), eine Gemeinde (δῆμος) in Attika, Geburtsort des Philosophen Epikur, der daher **Gargēttius** (ὁ Γαργήττιος), der Gargettier, heißt, Cic. ep. 15, 16, 1. Stat. silv. 1, 3, 94.

Gargilius, iī, *m.* röm. Name, unter dem bekannt ein zu Horaz' Zeit lebender junger Römer, erwähnt als Sonntagsjäger, bei Hor. ep. 1, 6, 58. – u. Gargilius Martialis, ein röm. Schriftsteller des 3. Jahrh. nach Chr., der über den Gartenbau schrieb, Pallad. 4, 9, 9. – Dav. **Gargiliānus**, a, um, **gargilianisch, des Gargilius,** fundus, Scaev. dig. 21, 1, 41. § 3.

garimatium, iī, *n.*, **Gelee,** Th. Prisc. de diaeta 5.

garismatium, iī, *n.* (garon), Ort, wo Garum gewonnen wird, Cassiod. var. 12, 22, 4.

Garocelī, s. Grāiocelī.

garoeneus, a, um (garoenum), **mit** *garoenum* **angemacht,** zema, Apic. 4, 147.

garoenum, ī, *n.* = *oenogarum*, eine mit *garum* angemachte Weinbrühe, Apic. 2, 43 u. 4, 149.

Garonna, s. Garumna.

garos, ī, *m.* (γάρος), ein uns unbekannter Fisch, Plin. 31, 93 u. 32, 148 (vgl. garum).

gārrio, īvī od. iī, ītum, īre (viell. verwandt mit γηρύω, dorisch γαρύω), **schwatzen, plaudern, plappern, I** eig.: **a** *intr.*: garris, Ter.: age modo sta, garri, Pompon. com. fr.: in iis (gymnasiis) philosophi garrire coeperunt, Cic.: *de* qua (natura deorum) philosophi garriebant, Lact. – **b** *tr.*: plura (schriftlich), Cic.: fabellas, zum Besten geben, Hor.: libellos, gleichs. schwatzend, d. i. im leichten Dialog zu Papier bringen, Hor.: alci alqd in aurem, Mart. – nugas (läppisches Zeug), Plaut.: cum coram sumus et garrimus quidquid in buccam (*sc.* venerit), Cic.: quam in praecipiti res humanae essent, vario sermone garrimus, Petron. – **II** übtr., von Tieren, z. B. von Fröschen, Mart. 3, 93, 8: v. Vögeln im Allg., Anthol. Lat. 762, 7 (233, 7): von der Nachtigall, Apul. flor. 17. p. 27, 16 Kr.

gārrītus, ūs, *m.* (garrio), das **Schwatzen, Plaudern, Geschwätz,** Sidon. epist. 8, 6, 9.

gārro, ōnis, *m.*, der **Schwätzer,** Gloss.

gārrulē, *Adv.* (garrulus), **schwatzhaft, geschwätzig,** Porphyr. Hor. sat. 1, 1, 120.

gārrulitās, ātis, *f.* (garrulus), die **Schwatzhaftigkeit,** die **Plapperhaftigkeit,** uxoris, Sen. rhet.: muliebris, Sen. rhet.: pueri facie et garrulitate amabiles, Suet.: ea garrulitas, quā sermones in vehiculo seruntur, Plin. ep. – der Elster, garr. rauca, Ov. met. 5, 678: der Krähe, ipsa ales est inauspicatae garrulitatis, Plin. 10, 30.

gārrulo, āre (garrio, s. Prisc. 8, 76), **schwatzen,** Fulg. myth. 1. praef. p. 20 M.

gārrulus, a, um (garrio), **schwatzhaft, geschwätzig, I** eig.: **a** von Menschen (Ggstz. mutus, mutus atque elinguis), Komik., Hor. Sen. u. a.: homo garrulus et acer, Varro fr.: quidam e turba garrulus, Phaedr.: garrula anus, delirus senex, Sen.: garr. populus, Val. Max.: natio in publicum muta, in angulis garrula, Min. Fel. 8, 4. – garr. lingua, Tibull. u. Ov.: socrus lingua, Val. Max.: vadimonia, Ov.: scientia, Rhet. Her.: huius infantiae garrula disciplina, Kindergeschwätz von Unterricht, Rhet. Her.: hora, die verplaudert wird, Prop. – **b** von Vögeln, hirundo, Verg.: cornix, perdix, Ov.: noctua, Plin.: cantus lusciniae, Plin. – **II** poet. übtr., wie **geschwätzig** = schwirrend, lispelnd, murmelnd, rieselnd, rivus, Ov.: lyra, Tibull.: umor, Calp.

garum, ī, *n.* (γάρον), eine kostbare Brühe (Sauce), die man aus mehreren kleinen marinierten Fischen, bes. dem scomber, früher aus dem garos, bereitete, Varro LL. 9, 66. Plin. 31, 93. Hor. sat. 2, 8, 46. Cels. 2, 25: gar. castum, Fastengarum, CIL 4, 2569; 4, 5661 u. 5662 (vgl. Plin. 31, 95): gar. sociorum, Sen. ep. 95, 25. CIL 4, 5659 (vgl. Plin. 31, 94).

Garumna, ae, *m.*, Grenzfluss zwischen Aquitanien und dem keltischen Gallien, der auf den Pyrenäen entspringt, j. *Garonne*, Caes. b. G. 1, 1. § 2 u. 6 *sq.* Mela 3, 2, 3 (3. § 20. 21. 23). Tibull. 1, 8, 11: Nbf. Garonna, Ven. Fort. 1, 19, 1; 1, 20, 17; 1, 21, 1. – Dav. **Garumnī**, ōrum, *m.*, die **Anwohner des Garumna,** wahrscheinlich Kollektivname der längs des Garumna wohnenden Völkerschaften, Caes. b. G. 3, 27, 1.

garus, s. garos.

garyophyllon, s. caryophyllon.

gassinadēs, is, Akk. ēn, *f.*, ein Edelstein aus Medien, Plin. 37, 163.

gastēr, eris, *f.* (γαστήρ), der **Bauch,** rein lat. venter, Cael. Aur. de morb. chron. 3, 8, 106 (wo griech. Akk. gastera).

gastrimargia, ae, *f.* (γαστριμαργία), die **Gefräßigkeit, Schlemmerei,** Eccl.

gastrimargus, ī, *m.* (γαστρίμαργος), der **Schlemmer,** Eccl.

gastrum, ī, *n.* (griech. ἡ γάστρα), ein **bauchiges Gefäß,** Petron. 70, 6 u. 79, 3. Gargil. Mart. de arb. pomif. 2, 5. Marc. Emp. 8.

Gatēs, ium, *m.*, eine Völkerschaft in Aquitanien, im j. *Gaure*, Caes. b. G. 3, 27, 1.

1. gau = gaudium, Enn. ann. 574.

2. gau = ξίφος, **Schwert,** Gloss. II, 31, 56.

gaudebundus, s. gaudibundus.

gaudenter, *Adv.* (gaudens v. gaudeo), **mit Freuden,** Eccl.

gaudeo, gāvīsus sum, ēre (aus *gāvideo, vgl. griech. γηθέω, dorisch γαθέω aus *γαϝεθέω, γαίω aus *γαϝίω, γαῦρος), **froh sein, sich innerlich freuen, Freude-, Wohlgefallen-, Vergnügen finden** (Ggstz. dolere, moleste ferre, contrahere frontem; während laetari = sich fröhlich zeigen, Freude äußern, Ggstz. lugere), **I** eig.: **A** im Allg.: **α** rein *intr.*: gaudeo, Ter.: gaudebam, Ter.: gaudeat an doleat, Hor.: si est nunc ullus gaudendi locus, Cic. – de Bursa te gaudere certo scio, Cic. – poet. in griech. Konstr. mit folg. *Partic.* (wie χαίρω ἀκούσας u. dgl.), gaudent scribentes, schreiben mit od. nach Herzenslust, Hor.: gaudet potitus, Verg. – m. *Dat. comm.*, tibi gratulor, mihi gaudeo, ich für meinen Teil, Cic.: gauderem tibi de victoria, quam praefers, Treb. Poll. – m. *in* u. Abl., in funere, Lucr.: in puero, Prop. – gew. m. *Abl. causae,* eig. »durch etw.« deutsch »an od. über etw.«, delicto dolere, correctione gaudere, Cic.: ingenio suo, sich seinem Hang nach Herzenslust überlassen, Liv.: gaudet equo acri, reitet vergnügt auf usw., Verg.: gressu gaudens incedit Iuli, Verg.: nec his dolendum nec illis gaudendum, Sen. – selten mit *Genet.* (nach dem Griech.), voti, Apul. 1, 24. – m. folg. cum, Plaut., Lucil. fr. u. a.; m. folg. quia, Plaut. Amph. 958: m. folg. si, Komik., Hor. u. a. – **β** *tr.*, gew. (in klass. Prosa immer) m. folg. *Acc.* u. *Infin.*, quae perfecta esse gaudeo, Cic.: quos sibi oblatos gavisus, Caes.: selten (poet. u. nachaug.) m. bl. *Infin.*, laedere gaudes, Hor.: funemque manu contingere gaudent, Verg.: gaudes discere, Sen.: laudari in bonis gaudent, Quint.: iterare culpam gaudebant, Tac.: nostra agmina percursare ripas gaudebant, Plin. pan. – m. folg. Satz m. *quod* (weil, dass), sane gaudeo, quod te interpellavi, Cic.: gavisus sibi, quod advocatum invenerat, Sen. – m. bl. *Acc.* (gew. m. *Acc. pronom.* oder m. homogen. *Acc.*): g. id (deshalb), Ter.: omnia haec mediocriter, Ter.: hoc aliud est, quod (worüber, weshalb) gaudeamus, Ter.: gaudium alcis, Ter. u. Cael. in Cic. ep.: alcis dolorem, Cael. in Cic. ep.: natorum fata, Stat.: advenientem, Fronto: dah. im Passiv, ista pars gaudenda mihi, Symm. – **B** insbes.: **1** in sinu gaudere, **sich im Stillen freuen,** Cic. Tusc. 3, 51. Sen. ep. 105, 3: ebenso in tacito sinu g., Tibull. 4, 13, 8: u. in se g., Catull. 22, 17. – **2** *Infin.*, gaudere (χαίρειν), »Freude, Heil«, als Begrüßungsformel, Celso gaudere refer, bring' dem C. meinen Gruß, Hor. ep. 1, 8, 1. – **II** übtr. (wie χαίρειν τινί) v. lebl. Subjj. = etw. **lieben, gern haben, gern sehen, gern hören,** murra gaudet rastris, Plin.: umore omnia hortensia gaudent, Plin.: gaudent praenomine molles auriculae, Hor.: brachia gaudentia loris, Prop.: scaena gaudens miraculis. Liv. – m. folg. *Infin.* = **es lieben,** ballaenae mire gaudentes ibi parēre, Plin. 9, 12 (u. so 21, 34 u. 47). – ► *Perf.* gavisi, Liv. Andr. Odyss. fr. b Prisc. 8, 47 u. Cass. Hem. 2. fr. 25 P. – Depon. Nbf. gaudeor, wov. gaudetur u. gaudeatur, Augustin. serm. 9, 19.

gaudiālis, e (gaudium), **fröhlich, freudevoll,** Apul. met. 2, 31 u. a.

gaudibundus (nicht gaudebundus), a, um (gaudeo), **sich der Freude hingebend,** gaudib. et laetus, Cypr. epist. 76, 4: m. *Dat.* (über), Apul. met. 8, 2.

gaudimōnium, iī, *n.* (gaudeo), die **Freude,** Petron. 61, 3. Vulg. Baruch 4, 34.

gaudium, iī, *n.* (gaudeo), die innere **Freude** (während laetitia der sich äußernde Frohsinn, die Fröhlichkeit, dah. auch verb. gaudium atque laetitia, Sall. Cat. 48, 1), **I** eig.: **A** subjektiv: **a** von der Freude der Menschen (Ggstz. dolor; u. Plur. gaudia, Ggstz. luctus), Komik., Cic. u. a.: gaudium periculosi saltus superati, Fr. über usw., Liv.: u. so libertatis novae, Flor.: consurgendi, Tac. dial.: prae gaudio, Ter.: gaudio (vor Freude) lacrumare, Ter. u. Liv.: gaudio triumphare, Cic.: alci manant gaudio lacrimae, Liv.: gaudio exsilire, Q. Cic., od. exsultare, Cic.: gaudio fungi, Tac.: alqm tanto gaudio afficere, quanto etc., Liv.: tacitum continere gaudium non potuerunt, quin etc., Liv. 30, 17, 5. – Plur. gaudia, bes. = »die einzelnen Äußerungen der Freude« (s. Fabri Liv. 22, 7, 12), Enn., Komik. Lucr., Cic., Liv. u. a.: in gaudiis esse, Ter.: alqm tantis gaudiis afficere, Plaut.: quibus gaudiis exsultabis! Cic. – **b** übtr. von der Freude lebloser u. abstr. Ggstd.: flos est gaudium arborum, Plin.: adamas opum gaudium, Plin. 20. praef. § 2. – **B** objektiv = das **Vergnügen,** das eine Sache gewährt, der **Genuss,** omissis pecuniae et corporis gaudiis, das V., was G. u. K. gewährt, Sall. fr.: gaudia corporis, Wollust, Sall.: vom Genuss der Liebe, Lucr. u. Liv.: – **II** meton. = das, was Freude-, Vergnügen macht, **a** v. Pers., **Freude, Vergnügen,** Prop. 1, 19, 9. Phaedr. 4, 20, 27. Petron. 79, 10: sua gaudia (Hoffnung), Verg. Aen. 10, 652. – **b freudige Nachricht,** cognito repente insperato gaudio, Gell. 3, 15, 1.

gaudivigēns, entis (gaudium u. vigeo), **von Freude belebt,** CIL 10, 2971.

Gaugamēla, ōrum, *n.* (Γαυγάμηλα, τά), ein kleiner Ort in Assyrien, nordwestl. von Arbela, wo Alexander den Darius schlug (331 v. Chr.), j. *Karmelis,* Plin. 6, 118. Amm. 23, 6, 22 – Spät. Nbf. Causamēla, ōrum, *n.*, Itin. Alex. 23 V.

1. gaulus, ī, *m.* (γαυλός), **I** ein ausgeschweiftes, kahnförmiges **Trinkgefäß,** eine **Trinkschale** (wie cymbium), Plaut. rud. 1319. – **II** (im Griech. mit verändertem Ton γαῦλος) ein ovalförmiges (phönizisches) **Kauffahrteischiff,** Gell. 10, 25, 5. Paul. ex Fest. 96, 5.

2. gaulus, ī, *m.* = *merops* (s. d.), Isid. orig. 12, 7, 34.

gaunacum, ī, *n.* (καυνάκη), ein persischer od. babylonischer **Pelz** von den Fellen gewisser Mäuse od. Wiesel, Varro LL. 5, 167. – Dav. **gaunacārius**, iī, *m.* (*sc.* artifex), der Verfertiger von solchen Pelzen, CIL 6, 9431.

Gaurus, ī, *m.*, ein Berg in Kampanien, berühmt wegen des Weins, eig. Teil einer Bergreihe, deren westl. Berg Gaurus, östl. Massicus, nördl. Falernus hieß, j. *Monte Gauro* (in *Terra di Lavoro*), Cic. de lege agr. 2, 36. Liv. 7, 32, 2. Flor. 1, 16, 5: Gaurus inanis (weil er wenig Wein gab), Iuven. 9, 57. – auch Gauranus mons od. Gaurani montes gen., Stat. Theb. 8, 546. Plin. 3, 60: u. Gaurani saltus, Flor. 2, 6, 28. – Dav. **Gaurānus**, a, um, **gauranisch,** Plin. u. a. (s. vorher).

gausapa, ae, *f.* u. **gausape**, is, *n.* u. **gausapum**, ī, *n.* u. **gausapēs**, is, *m.* (γαυσάπης), eine nur auf einer Seite zottige Art dicken wollenen Zeugs, **Fries** (hingegen amphimallum, der auf beiden Seiten zottige), teils zur Bekleidung, **Frieskleid,** teils zu Decken (auf den Tisch usw.), **Friesdecke,** gausapa, Petron. 28, 4: gausape, Lucil. 568. Hor. sat. 2, 8, 11: gausapum, Mart. 14, 152 *lemm.* Cass. ad Maecen. bei Prisc. 7, 55: Plur. gausapa, Ov. art. am. 2, 300. Sen. fr. 4. p. 419 H. (bei Prisc. 7, 56): gausapes (s. Prisc. 7, 55), August. bei Charis. 104, 12. – übtr., gausape balanatum, Backenborsten = borstiger, zottiger Bart, Pers. 4, 37. – Dav.: **A gausapātus**, a, um, **mit Fries gekleidet,** Sen. ep. 53, 3; de vit. beat. 25, 2. – übtr., apri, zottige, borstige, Petron. 38, 15. – **B gausapinus**, a, um, **aus Fries gemacht,** paenula, ein **Gewand** aus Fries, Mart. 14, 145 *lemm.*: dass. subst., gausapina, ae, *f.*, Mart. u. Petron.

gavata, ae, *f.*, s. gabata.

gāvia, ae, *f.*, ein Vogel, vermutl. **Möwe,** Plin. 10, 91 u. 204. Apul. met. 5, 28. Cael. Aur. de morb. chron. 1, 4, 119.

Gavīnās, -nātēs, s. Gabiī.

Gavis, is, *f.*, s. Gabiī.

Gavius Bassus, ein röm. Grammatiker im Zeitalter Trajans, Gell. 2, 4, 3. Macr. sat. 1, 9, 13. Lact. 1, 22, 9.

1. gaza, ae, *f.* (ein persisches Wort), der **Schatz,** zunächst der persischen Könige, dann jedes Fürsten, Königs, sowohl = die Schatzkammer als (u. zwar gew.) = die aufbewahrten Kleinodien u. Gelder, Persica, Eutr.: regia, Cic.: regiae gazae, Liv.: gaza Macedonum, Cic.: custos gazae regiae, königl. Schatzmeister, Nep. – poet., g. agrestis, ländlicher Besitz od. Vorrat, Verg. Aen. 5, 40. – Plur. wie unser **Schätze** = zeitliches Vermögen übh., Lucr., Hor. u. a. Dichter.

2. Gaza (Γάζα), ae, *f.*, eine Stadt in Palästina, im Philisterland, unweit des Meeres, von Alexander dem Großen erobert, noch j. *Gaza,* Mela 1, 11, 3 (1. § 64). Plin. 5, 68. – Dav.: **A Gazaeus**, a, um, **aus Gaza,** Cassiod. hist. eccl. 6, 4. – **B Gazēnsis**, e, **gazensisch,** Vulg. 1. Machab. 11, 62. Hieron. in vit. S. Hilar. – Plur. subst., Gazēnsēs, ium, *m.*, die Einw. von Gaza, die **Gazenser,** *ibid.* – **C Gazēticus**, a, um, **gazetisch,** Sidon. carm. 17, 15.

gazophylacium, iī, *n.* (γαζοφυλάκιον), die **Schatzkammer** = der **Kirchenschatz,** Hieron. epist. 14, 8. Augustin. serm. 356, 13.

gazophylāx, ācis, *m.*, der **Schatzmeister,** Gloss. III, 495, 21.

gazum, ī, *n.* (Nbf. v. gaza), der **Kirchenschatz,** Commodian. instr. 2, 13, 12 u. 2, 30, 14. – u. Plur. gaza, ōrum, *n.*, Troica gaza (Schätze übh.) reportat, Orest. tr. 290. Coripp. laud. Iustin. 4, 332.

Gebenna, Gebennicus, s. Cebenna.

Gedrōsī (Gedrūsī, Cedrōsiī), ōrum, *m.* (Γεδρωσοί), die Bewohner der Landschaft Gedrosia, Form *Gedrosi,* Plin. 6, 78: Form *Gedrusi,* Plin. 6, 94: Form *Cedr.*, Mela 3, 8, 4 (3. § 75). Curt. 9, 10 (38), 5. – Dav. **Gedrōsia**, ae, *f.*, eine persische Landschaft zwischen Karmanien u. Indien, längs des Indischen Ozeans, der größte Teil des heutigen *Beludschistan (Mekran),* Plin. 21, 62: dass. **Cedrōsis**, Mela 1, 2, 4 (1. § 12).

gehenna (geenna), ae, *f.*, die **Hölle,** Eccl. – Dav. **gehennālis**, e, **höllisch,** incendium, Cassiod. de amic. 22. § 32: poenae, *ibid.* 24. § 4.

Geidumnī, ōrum, *m.*, belgische Völkerschaft unter Oberhoheit der Nervier, Caes. b. G. 5, 39, 1.

Gela, ae, *f.* (Γέλα), Stadt an der Südküste Siziliens, am Fluss Gelas, in der jetz. *Terra Nuova,* Plin. 31, 73. Verg. Aen. 3, 702. Sil. 14, 218. – Dav.: **A Gelōus**, a, um (Γελῷος), **geloisch,** campi, Verg. Aen. 3, 701. – **B Gelēnsēs**, ium, *m.*, die Einw. von Gela, die **Gelenser,** Cic. Verr. 3, 103 u. a. – **C Gelānī**, ōrum, *m.*, die Einw. von Gela, die **Gelaner,** Plin. 3, 91.

Gelās, ae, *m.* (Γέλας), Fluss an der Südküste von Sizilien bei Gela, j. *Fiume di Ghiozzo,* Plin. 3, 89: Vokat. Gela, Ov. fast. 4, 470.

gelāsco, ere (gelo), **gefrieren,** Plin. 14, 132. Vgl. Aldh. in Class. auct. *ed. Mai* tom. 5. p. 560.

gelasiānus, ī, *m.* (γελάω, lachen), ein **Spaßmacher,** Sidon. carm. 23, 301.

gelasīnus, ī, *m.* (γελασῖνος), das **Grübchen,** das beim Lächeln auf der Wange entsteht, Mart. 7, 25, 6.

gelātio, ōnis, *f.* (gelo), das **Gefrieren,** der **Frost,** Plin. 17, 233. Frontin. aqu. 23: übtr., artuum, Erstarrung, Scrib. Larg. 179 u. 180.

Gelduba, ae, *f.*, Ortschaft der Ubier, jetzt Dorf *Gelb,* Plin. 19, 90. Tac. hist. 4, 26 u. ö.

gelefactus, a, um (gelu u. facio), **zu Eis geworden,** Ven. Fort. carm. 8, 6, 213.

Gelēnsēs, s. Gela.

gelicidium, iī, *n.* (gelu u. cado), der **Frost,** Varro u. Vitr.: Plur. b. Cato, Col. u. a.

gelidē, *Adv.* (gelidus), **eiskalt,** übtr. = mit kalter Ruhe u. Überlegung, Hor. de art. poët. 171.

gelidus, a, um, *Adi*, mit *Compar.* u. *Superl.* (gelu), **eiskalt, sehr kalt, I** eig.: nox, Verg.: aqua, Cic.; dass. subst. bl. gelida, Hor.: umor, Eis,

Verg.: hiems gelida ac nivosa, Liv.: December, Ov.: loca, Liv.: montes, Catull.: foci, nie angezündete, Ov.: tyrannus, von Boreas, Ov. – Fibrenas Lirem multo gelidiorem facit, Cic.: aquae gelidissimae, Plin. – **II** übtr., wie **kalt, eiskalt** = was eiskalt macht, tremor, Verg.: horror, metus, pallor, Ov.: sanguis, bei einem Greis, Verg.: mors, Hor.

Gellius, a, um, Name einer röm. *gens*, aus der am bekanntesten: A. Gellius, ein Grammatiker im 2. Jahrh. n. Chr., von dem eine Schrift, Noctes Atticae, noch erhalten ist.

gello, s. gillo.

gelo, āvī, ātum, āre (gelu), **I** *tr.* **gefrieren machen, A** eig.: alqd, Plin.: dah. gelārī, **gefrieren,** Col.: gelātus, a, um, **gefroren,** amnis, Plin. – poet., gelat ora pavor, Stat.: gelantur pavido pectore, erstarren vor Angst, Iuven.: gelātus, a, um, **eiskalt vor Schrecken, Furcht** usw., Lucan. – **B** übtr., **verdichten,** cum gelaverit se adeps, sich verdickt hat, geronnen ist, Scrib. Larg. 271. – **II** *intr.* **gefrieren,** marinae aquae tardius gelant, Plin.: vultus gelassent, Lucan.

Gelōn, ōntis, *m.* (γελῶν, lachend), eine Quelle in Phrygien, deren Wasser Lachen erregte, Plin. 31, 19.

Gelōnī, ōrum, *m.* (Γελωνοί), die **Gelonen,** eine szythische od. sarmatische Völkerschaft um den Borysthenes (in der heutigen »Ukraine«), die sich tätowierte (dah. picti Gel.), Mela 2, 1, 13 (2. § 14). Verg. georg. 2, 115; Aen. 8, 725. Hor. carm. 2, 20, 19: Sing. Gelōnus, ī, *m.*, der **Gelone,** kollekt., Verg. georg. 3, 461. Sil. 7, 242 u. 322. – Dav. **Gelōnus**, a, um, **gelonisch,** canes, Gratt. cyn. 195.

gelōria, s. glōria ►.

Gelotiānus, a, um, dem Gelotius angehörend, **gelotianisch,** Gelotiana domus, das **Haus des Gelotius,** CIL 6, 8663: dass. bl. Gelotiāna, ae, *f.*, b. Suet. Cal. 18, 3.

gelōtophyē, ēs, *f.* (*γελωτοφυή), eine Pflanze = batrachion (s. d.), Ps. Apul. herb. 8.

gelōtophyllis, idis, Akk. ida, *f.* (*γελωτοφυλλίς), eine Pflanze, deren Saft zu heftigem Lachen reizen soll, wahrsch. eine Art **Hahnenfuß,** Plin. 24, 163.

Gelōus, a, um, s. Gela.

gelū, ūs, *n.*, **gelum**, ī, *n.*, **gelus**, ūs, *m.*, die **Eiskälte,** der **Frost, I** eig. u. meton.: **A** eig.: rura gelu claudit hiems, Verg.: gelu rigere, Liv. – **B** meton., das Eis, vulpes aure ad glaciem appositā coniectat crassitudinem gelus, Plin.: poet. auch = **Schloßen,** geli fragor, Lucr. – **II** übtr., die **Eiskälte,** der **Frost** = hoher Grad von Mangel an Körperwärme, bei alten Leuten, Verg.: beim Tod, Lucan.: beim Entsetzen usw., Sen. poët. – ► Prisc. 5, 10 u. a. Grammatiker nehmen als allgemein gebräuchlich den Nom. gelu an, der sich jedoch bis jetzt nur aus Ps. Ov. nux 106. Vulg. Iob 37, 10; Zach. 14, 6 u. Oros. 4, 20, 35 nachweisen lässt; dagegen steht Nom. gelum Lucr. 6, 877. Varro r. r. 1, 45, 2: Genet. geli, Lucr. 5, 205 u. a.: Abl. gelo, Varro sat. Men. 467: Nom. gelus, Acc. tr. 390. Afran. com. 106. Cato r. r. 40, 4. Apul. met. 9, 32: u. dessen Akk. gelum, Cato origg. 2. fr. 30.

gemebundus, a, um (gemo), **seufzend, stöhnend,** Ov. met. 14, 188 M. u. K. Epit. Iliad. 349. Hieron. epist. 22, 25. Lact. de mort. pers. 18, 14.

gemellar, āris, *n.*, ein **Gefäß,** um das ausgepresste Öl hineinzulassen, Col. 12, 52, 10. – Nbf. **gemellārium**, iī, *n.*, Eccl.

gemelliparus, a, um (gemelli u. pario), **Zwillinge gebärend,** dea, od. diva, Latona, Ov. fast. 5, 542; met. 6, 315.

gemellus, a, um (*Demin.* v. geminus), **doppelt,** der Geburt nach, **zugleich geboren,** v. Zwillingen, **I** eig.: fratres, Zwillingsbrüder, Ov.: fetus, Ov. – subst., gemellus, ī, *m.*, der Zwillingsbruder, Catull.; Plur., gemelli, Zwillinge, Zwillingsgeschwister, Ov.: cetera paene gemelli fraternis animis, Hor.: von Tieren, Verg. – **II** übtr.: **A** im Allg., **doppelt, Doppel-,** poma, zwei Früchte an **einem** Stiel, Plin.: so auch vites, die zwei Trauben an **einem** Stiel haben, Plin.: quam (legionem) factam ex duabus gemellam (Doppellegion) appellabat, Caes. b. c. 3, 4, 1. – **B** wie Zwillinge **ähnlich,** pinus, uniones, Mart. – par nobile fratrum nequitiā et nugis pravorum et amore gemellum, Hor. sat. 2, 3, 244.

geminātim, *Adv.* (geminatus v. gemino), **doppelt,** Diom. 407, 8.

geminātio, ōnis, *f.* (gemino), die **Verdoppelung,** verborum, Cic. de or. 3, 206: vocalium, Quint. 1, 4, 10: accusativi geminatione factā, Quint. 7, 9, 10.

geminē, *Adv.* (geminus), **zweifach, doppelt,** Suet. fr. 113. p. 149 R.

geminitūdo, inis, *f.* (geminus), der **Unterschied zwischen Zwillingen,** Pacuv. tr. 61.

gemino, āvī, ātum, āre (geminus), **I** *tr.*: **1 verdoppeln,** favos, Varro: urbem, Liv.: mercedem, Ov.: honorem, Ov.: victoriae laetitiam, Liv.: ebrietas geminata libidine, Ov.: aera, zusammenschlagen, Hor.: nec aliud pomum ingeniosius geminatum est (durch Pfropfung, Okulierung), Plin.: so auch geminātus, a, um, verdoppelt, doppelt, sol, Cic.: victoria, Liv.: decus imperatoris, Val. Max. – **2** zwei Objj. **unmittelbar vereinigen, -aneinanderreihen, -aufeinanderfolgen lassen, unmittelbar wiederholen,** legionum castra, Suet.: in immensum ignes, Ov.: adeo prope geminata cacumina eorum montium sunt, ut etc., Liv.: geminata ac duplicata ponantur, Cic.: geminati consulatus, unmittelbar aufeinanderfolgende (28 u. 27 v. Chr.), Tac.: dah. m. *Dat. pers.* = mit jmd. **paaren,** serpentes avibus, tigribus agnos, Hor. de art. poët. 13. – **II** *intr.* **doppelt sein,** Lucr. 4, 449.

geminus, a, um (viell. v. geno = gigno), **doppelt** der Geburt nach, **zugleich geboren, Zwilling, I** eig.: pueri, Verg.: proles, Verg.: fratres gemini u. bl. gemini, Cic.: geminus frater, Plaut.: frater germanus geminus, leiblicher Zwillingsbruder, Plaut.: dah. Gemini, die Zwillinge, ein Gestirn, Varro u. Plin.: Castor, Ov., od. Pollux, Hor., Kastor u. Pollux: von **einem** Zwillingsbruder, geminissumus, Plaut. Pers. 830. – v. Lebl., gemini, griech. δίδυμοι, die **Hoden,** Solin. u. Amm. – **II** übtr.: **A** übh. **doppelt, a doppeltgestaltet,** Chiron, Zentaur, halb Mensch u. halb Pferd, Ov.: Cecrops, halb Grieche u. halb Ägypter, Ov. – **b** doppelt = **zweifach, zwei,** nuptiae, Ter.: lumen, Cic.: portae, Verg.: Ianus, Vell.: legio, Doppellegion (= aus zwei Legionen gebildete), Inscr. – od. = **beide,** pes, Ov.: pedes, Ov.: acies,Verg. – **B** wie Zwillinge **ähnlich, gleich,** geminus et simillimus nequitiā, Cic.: audacia, Cic.: quae (memoria) est gemina litteraturae quodammodo, der Zwillingsbruder der Buchstabenschrift, gleichs. eine zweite B., Cic.: illud vero geminum consiliis Catilinae et Lentuli, gleich, gemeinsam, Cic.

gemipōmus, a, um (geminus u. pomum), **doppelapfelig,** übtr., papillae, Auct. carm. ad Lydiam 17.

gemīsco, ere (*Inch.* v. gemo), **anfangen zu seufzen,** Claud. rapt. Pros. 3, 130 M.

gemitōrius, a, um (gemo), s. Gemōniae.

gemitus, ūs, *m.* (gemo), das **Seufzen,** der **Seufzer,** das **Ächzen, Stöhnen, Winseln, Gewinsel, Keuchen, Heulen, Brüllen, I** eig. u. meton.: **a** eig.: gemitus mugitusque (des Zornigen), Sen.: morientium, Liv.: caesorum, Amm.: leonis, tauri, equi, Verg.: beluae, Petron.: illa lamentatio et g. urbis, Cic.: gemitus vulnerum, infolge der Wunden, Liv.: m. obj. *Genet.*, gemitus atque ereptae virginis ira, lautes Wutgeheul über usw., Verg.: gemitus fit, Cic.: gemitum ciere, Verg.: gemitum od. gemitus dare, Ov.: gemitum de pectore ducere, Verg.: gemitus alto de corde petitos edere, Ov.: gemitum dare a pectore imo, Verg.: ingentem gemitum ad sidera tollere, Verg. – Plur., flebiles clamores gemitusque, Liv.: repetiti alte gemitus, Sen.: altiores gemitus, Sen. rhet.: tracti altius gemitus, Sen.: illi eiulatus et gemitus Philoctetae, Cic.: gemitus iraeque leonum, Verg.: audis gemitus compeditorum, Augustin.: quantos et mulierum et virorum gemitus esse factos, Cic. – **b** meton. = **Schmerz, Betrübnis,** Verg. Aen. 2, 413. – **II** poet. übtr., v. Lebl., das **Dröhnen, Getöse,** pelagi, Verg.: tellus dat gemitum, Verg. – ► Archaist. Genet. gemiti, Plaut. aul. 722: Akk. Plur. gemitos, Augustin. serm. 36, 2 *Mai:* Dat. u. Abl. Plur. gemitibus, Amm. 31, 14, 5. Cypr. epist. 30, 8.

gemma, ae, *f.*, **I** das **Auge,** die **Knospe,** am Weinstock, an Bäumen, Cic. u. a. – **II** der **Edelstein,** bes. der geschnittene, durchsichtige (während lapillus = der Edelstein, undurchsichtig, s. Serv. dig. 34, 2, 19. § 17), der **Juwel,** die **Gemme, A** eig. u. übtr.: **1** eig.: ulla gemma aut margarita, Cic.: vitrea, Glaspaste, Plin.: gemmarum sculptores, Isid.: gemmas faberrime sculpere, Apul. – **2** übtr., wie unser **Juwel, Kleinod = Schmuck, Zierde,** Mart. u. Sidon. – **B** meton.: **1** von Ggstdn. aus Edelsteinen: **a** = das aus Edelsteinen gemachte Trinkgeschirr, **Edelsteingeschirr,** bibere e gemma, Prop., od. gemmā, Verg.: gemmā ministrare, Sen. – **b** der **Siegelring,** das **Siegel,** gemmae damnum, Plin.: imprimere gemmam, Ov.: gemmā signari (v. Brief), Ov. – **2** = **Perle,** Prop., Mart. u. Amm. – **3** gemmae = die **Augen** des Pfauenschweifes, Ov. met. 1, 723.

gemmārius, a, um (gemma), die **Edelsteine betreffend,** ars, Steinschneidekunst, Vulg. exod. 39, 6: opus, Steinschneiderarbeit, *ibid.* 39, 29. – subst., gemmārius, iī, *m.*, der **Steinschneider, Juwelier,** Vulg. exod. 28, 11. CIL 6, 245 u. 6, 9435.

gemmāsco, ere (gemma), **Knospen bekommen,** Col. 5, 20 (21), 12 u. de arb. 22, 1. Plin. 17, 116.

gemmātus, a, um (gemma), **I** mit **Augen (Knospen) versehen,** Pallad. 4, 10, 2. – **II mit Edelsteinen (Juwelen, Perlen) besetzt, -geschmückt,** anulus, Liv.: monilia, Ov.: potoria, Plin.: Iuppiter (Statue des J.) aureus et gemmatus, Vopisc.

gemmēsco, ere (gemma), **zum Edelstein werden,** Plin. 37, 158.

gemmeus, a, um (gemma), **I aus Edelsteinen,** trulla, Cic. Verr. 4, 63: supellex, Sen. ep. 110, 12. – **II** übtr.: **A mit Edelsteinen geschmückt,** ephippia, Varro fr.: iuga, Ov.: dah. meton., prata, beperlte, Plin. ep. – **B dem Edelstein ähnlich, a** v. Gestalt, **juwelenförmig,** rotunditas, Plin. 18, 71. – **b** dem Glanz nach, **wie Juwelen schimmernd, in Farbenpracht schimmernd,** pictis plumis gemmeam caudam explicas (v. Pfau), Phaedr.: gemmei pavones Mart.: euripus, Plin. ep.: rumor, lichter Ruf, Mart.

gemmifer, fera, ferum (gemma u. fero), **I Edelsteine** (od. **Perlen) mit sich führend,** Ganges, Plin.: mare, Prop.: Hydaspes, Sen. poët. – **II Edelsteine (Juwelen, Perlen) tragend, mit Edelsteinen (Juwelen, Perlen) geschmückt,** aures, Sen. poët.: mensae, Claud.: corona, Val. Flacc.

gemmo, āvī, ātum, āre (gemma), **I Knospen-, Augen hervortreiben, -ansetzen,** Scriptt. r. r. u. Cic. – **II mit Edelsteinen besetzt sein, von Edelsteinen funkeln, A** eig.: sceptra gemmantia, Ov. met. 3, 264. – **B** übtr., **wie Edelsteine funkeln, -glänzen,** herbae gemmantes rore recenti, Lucr.: alae gemmantes pavonis, Mart.

gemmōsus, a, um (gemma), **voller Edelsteine, mit Edelsteinen besetzt,** monilia, Apul. met. 5, 8.

gemmula, ae, *f.* (*Demin.* v. gemma), **I** die **kleine Knospe,** Apul. met. 10, 29. Arnob. 3, 23. p. 127, 19 R. – **II** der **kleine Edelstein,** Fronto ep. ad M. Caes. 4, 3. p. 65, 9 N.: gemmula carbunculi, Vulg. Sirach 32, 7. – übtr., pupularum nitidas geminas gemmulas (adorent), Apul. Ἀνεχ. 9.

gemo, uī, itum, ere, **I** *intr.* **seufzen, ächzen, stöhnen, A** eig., absol., Cic. u. a.: hos *pro* me lugere, hos gemere, Cic.: inclamatio tot milium *sub* gladio gementium, Sen.: saepe indolescere, ut exulcerata et aegra corpora, quae *ad* tactus levissimos gemunt, Sen.: nullo gemit hic tibicina cornu, Iuven.: gem. desiderio alcis, Cic.: multum gemens, Phaedr.: multa gemens, Verg.: raucum gemens, Lucan. u. Sil.: acerba gemens, Ov. – **B** poet. übtr., **a** v. Tieren, **girren, klagen,** turtur gemit, girrt, Verg.: noctua gemit, krächzt, Prop.: illa gemens (capella), Avian.: feras cum hominibus gemere, Avian.: ad praesepe gemit leto moriturus inerti (equus), Ov. – **b** v. Lebl., **seufzen, ächzen = knacken, knarren, dröhnen,** plaustra gemunt, Verg.: gubernacula gemunt, Plin. ep.: malus celeri saucius Africo antennaeque gemunt, Hor. – m. *Abl.* **wovon?** gemuit parvo mota fenestra sono, Ov.: vesana misto conventu delubra gemunt, Claud. – m. *Abl.* **wodurch?** cuneis gemit grave robur adactis, Val. Flacc.: gemit impositis incudibus antrum, Verg.: gemit ultima pulsu Thraca pedum, Verg. – m. *sub* u. Abl., gemuit sub pondere cymba, Verg. Aen. 6, 413. – **c brummen, schelten,** Sen. de vit beat. 20, 6. – **II** *tr.* etwas od. jmd. **beseufzen, beklagen,** über etw. **seufzen, ächzen, klagen,** priusquam evenat quod in pauperie mea senex graviter gemam, Enn. fr.: haec gemebant boni, Cic.: quominus occulte vestrum malum gemeretis, Cic.: hic status unā voce omnium gemitur, Cic.: Ityn flebiliter gemens (v. der Prokne als Schwalbe), Hor.: multa gemens ignominiam, Verg.: m. folg. *Acc.* u. *Infin.*, Hor. ep. 1, 15, 7 u. 1, 20, 4. Ov. met. 3, 94. Mart. 9, 92, 2. – ► gemebit = gemet, Vulg. (Amiat.) prov. 29, 2.

Gemōniae, ārum, *f.* (*sc.* scalae), selten vollst. **Gemōniae scālae,** eine Art Treppe (viell. natürliche Felsenabsätze) am nordwestlichen Abhang des Kapitolin, wohin die Leichname der im Karzer Mamertinus Hingerichteten an einem Haken geschleift (s. bes. Val. Max. 6, 9, 13. Iuven. 10, 65) u. dann in den Tiber geworfen wurden, bl. Gem., Suet. Tib. 61, 4. Tac. ann. 3, 14: G. scalae, Val. Max. 6, 3, 3 u. 6, 9, 13. – von Plin. 8, 145 gradus gemitorii gen. (also v. gemo abgeleitet).

gemulus, a, um (gemo), **seufzend,** Apul. flor. 13.

gemursa, ae, *f.* (gemma, Knospe, Auge u. *ursa, Druck, zu urgeo, ursi), eine kleine **Geschwulst** zwischen den Fußzehen, Plin. 26, 8.

gena, ae, *f.*, gew. Plur. **genae,** ārum, *f.* (altind. *hánu-ḥ,* Kinnbacke, griech. γένυς, Kinn, gotisch *kinnus,* Wange, ahd. *kinni,* Kinnlade, Backe), **I** die fleischige Erhöhung unterhalb des Auges, zwischen Schläfe und Unterkiefer, deren Farbe Gemütsstimmung, Gesundheit, Krankheit usw. anzeigt, die **Wange,** Sing., Suet. Claud. 15, 4, Plur. = die **Wangen,** Cic., Hor. u. a. – zuw. auch, wie unser **Wange,** als edlerer Ausdruck für die ganze **Backe,** bes. als Sitz des Barthaares, genae leves, Quint.: tum mihi prima genas vestibat flore iuventa, Verg. – **II** meton.: **a** das **Augenlid,** imprimitque genae genam, Enn. fr. scen. 427. – Plur. = die **Augenlider,** pandite genas, Enn.: oculis rigentibus et genis stantibus, Plin.: ferro rescinduntur genae (der Hühner), Col. – **b** die **Augenhöhle,** expilatque genis oculos, Ov. met. 13, 562. – **c** die **Augen,** cornicum immeritas eruit ungue genas, die Augen der unschuldigen Krähen, Prop.: et patiar fossis lumen abire genis, Ov.

Genabum, s. Cenabum.

Genaunī, ōrum, *m.* (Γεναῦνοι), eine Völkerschaft in Vindelizien, neben den Breuni, Hor. carm. 4, 14, 10. – Andere Form **Genaunēs,** ium, *m.*, b. Plin. 3, 137.

Genava (nicht Geneva), ae, *f.*, Stadt der Allobroger an der Grenze der Helvetier, am Austritt der Rhone aus der Südspitze des Lakus Lemannus, j. *Genf,* Caes. b. G. 1, 6, 3; 1, 7, 1 *sq.* Itin. Anton. 347, 12. – Dav. **Genavēnsis,** e, **zu Genava (Genf) gehörig, von Genava (Genf),** CIL 12, 2606 u. 2607.

geneālogia, ae, *f.* (γενεαλογία), das **Geschlechtsregister,** Vulg. 1. Esdr. 2, 62 u. a.: Plur., Tert. de praescr. haer. 33.

geneālogus, ī, *m.* (γενεαλόγος), der Verfertiger eines Geschlechtsregisters, der **Genealog,** Cic. de nat. deor. 3, 44. Prud. apoth. 315: Plur. genealogoe, Censor. 4, 11.

gener, erī, *m.* (vgl. griechisch γαμβρός v. γαμέω), **I** der **Schwiegersohn, Eidam, a** im engeren Sinne vom **Tochtermann,** Cic. u. a.: gener et nurus, ICt. – u. vom zukünftigen T., dem Bräutigam der Tochter, Hor. u. Verg.: u. scherzh. vom Buhlen der Tochter, Hor. sat. 1, 2, 64. – **b** im weiteren Sinne vom Mann der Enkelin od. Urenkelin, Tac. ann. 5, 6 u. 6, 8 u. ICt. – **II** übtr., der **Schwestermann,** der **Schwager,** Nep. Paus. 1, 2. Iustin. 18, 4, 8. – ► Nbf. gener, eris, wov. Dat. generi, CIL 3, 1584: Plur. generes, CIL 8, 3492 u. 8, 7928: Dat. generibus, Acc. tr. 65.

generābilis, e (genero), **I erzeugbar,** opus, Manil. 1, 143. – **II schöpferisch,** Plin. 2, 116.

generālis, e (genus), **I zum Geschlecht, zur Gattung gehörig, Geschlechts-, Gattungs-,** maculae, Lucr. 1, 590: constitutio, Cic. de inv. 1, 10. – **II allgemein** (Ggstz. singuli, specialis), partes, Varro: genus, Sen.: causa, Sen. u. Quint.: quoddam decorum, Cic.: quaestio, Quint.: tamquam homo gen. (Ggstz. specialis), Sen. – ► Superl. bei Boëth. in Porphyr. dial. 1. p. 5 u. ö.; aber Sen. ep. 65, 14 Haase de causa generali quaerimus.

generālitās, ātis, *f.* (generalis), die **Allgemeinheit,** Donat. Ter. Phorm. 2, 3, 10. Serv. Verg. georg. 1, 21 u. a. Spät.

generāliter, *Adv.* (generalis), **allgemein, im Allgemeinen, überhaupt,** definire, Cic. de inv. 1, 39: Ggstz. specialiter, Sen. ep. 58, 16. Quint. 5, 7, 3 u. s., od. proprie, Quint. 3, 7, 7.

generāsco, ere (genero), **sich der Gattung** des Erzeugers **anpassen,** Lucr. 3, 743.

generātim, *Adv.* (genus), I **nach Geschlechtern, nach Stämmen, nach Gattungen, nach Klassen, klassenweise,** copias g. constituere, Caes.: omnibus gratias agere, Caes.: multa praeterea gen. (nach den verschiedenen Klassen der Besitztümer) ad avaritiam excogitabantur, Caes.: nulli fuerunt, qui illa artificiose digesta gen. componerent, Cic. – II **im Allgemeinen, überhaupt,** loqui de alqa re, Cic.: percensere, Liv.: tradere, Quint.

generātio, ōnis, *f.* (genero), I die **Zeugung, Zeugungsfähigkeit,** der Menschen, Plin. 20, 142 u. a.: der Tiere, Plin. 8, 187 u. a.: multiplex od. iterata (= παλιγγενεσία), Mythogr. Lat. 3, 6, 12 u. 21: deorum = θεογονία, die Theogonie (des Hesiod), Lact. 1, 5, 8: generationes passionis, Cael. Aur. de morb. chron. 3, 8, 108. – II meton., die **Generation** Menschen, Ambros. de off. ministr. 1, 25. § 121.

generātor, ōris, *m.* (genero), der **Erzeuger,** a leb. Wesen: nosse generatores (Stammväter) suos optime poterant (veteres et prisci viri), Cic. Tim. 38 M.: Acragas magnanimûm quondam generator equorum, der Züchter, Verg. Aen. 3, 704: v. Tieren, der **Beschäler,** Plin. 8, 174. – b einer Sache, der **Erschaffer,** speciei (der schönen Gestalt), Vulg. sap. 13, 3.

generātōrius, a, um (generator), **die Zeugung betreffend,** mos, Tert. adv. Val. 27. – subst., **generātōrium,** iī, *n.*, ein **Zeugungsmittel,** Ambros. in psalm. 118. serm . 18. § 11 u. a.

generātrīx, trīcis, *f.* (Femin. zu generator), die **Zeugerin,** Mela 1, 9, 1 (1. § 49). Augustin. c. litt. Petil. 2. § 81. Ambros. de Noë 28. § 106.

generātus, ūs, *m.* (genero), die **Erzeugung, Erschaffung,** Plur. bei Chalcid. Tim. 76.

genero, āvī, ātum, āre (genus), I **zeugen, erzeugen, hervorbringen, erschaffen, gebären,** im Passiv auch **entspringen, entsprießen, abstammen,** deus hominem generavit, Cic.: terra animalia generat, Iustin.: asina generare coeperit, Plin.: generari et nasci a principibus, Fürsten Dasein u. Leben zu verdanken haben, Tac. – semina, unde essent orta, generata, concreta, Cic.: exemplar generatum, erschaffenes (Ggstz. aeternum), Cic. Tim. 6. – II übtr., **hervorbringen, schaffen, machen, erfinden,** ignem, Iustin.: litem, Quint.: vom schöpferischen Talent eines Dichters, Redners, nihil ex se, Quint.: poëma, Quint.

generōsē, *Adv.* (generosus), **edel** = **hochherzig,** generosius perire, Hor. carm. 1, 37, 21.

generōsitās, ātis, *f.* (generosus), I **die edle Art, die edle Abkunft (Rasse),** das **edle Ansehen,** vini, Plin.: in ipsa ove satis generositatis ostenditur, Plin.: leoni praecipua g. tunc cum etc., edles Ans., Plin. – II die **Hochherzigkeit,** der **edle Mut,** leonis, Plin. 8, 50.

generōsus, a, um (genus), I **edel,** 1 von Geburt od. Beschaffenheit, v. Menschen, Cic. u. a.: generosior petitor, Hor.: fortissimum quemque generosissimum (existimo), Sall. – v. Tieren, sues, von edler Rasse, Plin.: vom Wein, vitis, Col.: vinum, Hor.: arbor generosior, Quint.: generosissima mala (Äpfel), Plin. – von Abstr., ortus amicitiae, Cic.: forma dicendi, vorzügliche, Cic. – 2 übtr., moralisch **edel** = **edelgesinnt, edelmütig, hochherzig, hochsinnig,** condiscipuli, Nep.: virtus, Cic.: mens, Ov.: mors, Sen. rhet.: generosissimi ferarum leones, Plin. – generosi animi est et magnifici iuvare, prodesse, Sen. – II **fruchtbar,** solum, Apul. met. 5, 29.

genesālia, *n. pl.* (genesis), das **Geburtsfest,** Not. Bern. 45. Not.Tir. 58, 95.

genesis, is, Akk. im u. in, Abl. ī, *f.* (γένεσις), I die **Zeugung, Schöpfung,** die **Genesis,** Pandoras, Plin. 36, 19. – als Titel für das erste Buch Mose, Tert. de orat. 6. – II übtr., die **Nativität, Konstellation,** Petron. 39, 8. Suet. Vesp. 14 u. Dom. 10, 3. Iuven. 6, 579 u. 14, 248.

genesta, s. genista.

genethliacus, a, um (γενεθλιακός), **zur Geburt-, zum Geburtstag gehörig,** I *adi.*: ratio, Nativitätstellerei, Arnob. 2, 69. – II *subst.*: A genethliacon, ī, *n.*, das **Geburtstagsgedicht,** Stat. silv. 2, 7 *lemm.* – B genethliacus, ī, *m.*, der **Nativitätsteller,** Varro fr. bei Augustin. de civ. dei 22, 28. Gell. 14, 1 *in.* (nach Madv. adv. crit. II, 581 auch Suet. Vitell. 14, 4 statt vernaculis zu lesen ›genethliacis‹). Suet. fr. p. 221, 12 R. – C genethliacē, ēs, *f.*, die **Nativitätstellerei,** Mart. Cap. 3. § 228 u. 9. § 894.

genethlialogia, ae, *f.* (γενεθλιαλογία), die **Nativitätstellerei,** Vitr. 9, 6, 2.

genetīvus (genitīvus), a, um (geno = gigno), I **angeboren,** imago, Ov.: nota, Muttermal, Suet. – nomina, Geburts-, d. i. Stamm-, Geschlechtsnamen, Ov. – II aktiv, **zeugend,** Apollo Genetivus, Varro b. Macr. sat. 3, 6. § 5. als gramm. *t. t.*, casus genetivus u. bl. genetivus, der **Zeugefall,** der **Genetiv,** Quint. u. a. (vgl. Gell. 20, 6, 8: casus interrogandi, quem genetivum grammatici vocant). – ► Die Schreibung genetivus überall die der besten Hdschrn.; vgl. Lachm. Lucr. 1, 1. p. 15.

genetrīx, trīcis, *f.* (Femin. zu genitor), I die **Zeugerin, Mutter,** Hor., Verg. u. Plin.: von der Cybele als Mutter der Götter, Verg.: Venus, als Stammutter des Geschlechts des Jul. Cäsar, der ihr unter diesem Namen einen Tempel erbaute, Suet. – II übtr., die **Erzeugerin, Urheberin, Mutter,** frugum, Ceres, Ov.: Miletus super octoginta urbium g., Mutterstadt, Plin.: cupiditatis, Laev. fr.: virtutum, Iustin. – ► Nbf. genitrīx, CIL 2, 3270. Hyg. fab. 9. p. 42, 20 *Schmidt.*

Geneva, ae, *f.*, s. Genava.

geniālis, e (v. genius), **zum Genius gehörig,** I vom Genius als Erzeuger: A = **dem Genius heilig, hochzeitlich, ehelich,** lectus, Brautbett, Ehebett, Cic., Hor. u. a. (s. Gräve Cic. Clu. 5 *extr.* Schmid Hor. ep. 1, 1, 87): so auch torus, Verg. u. Aur. Vict. (vgl. unten subst. genialis), pulvinar, Catull.: raptae, genialis praeda, puellae, Ov.: bella, bei der Hochzeit, Stat. – subst., a geniālis, is, *m.* (*sc.* torus, das **Ehebett,** Liv. 30, 12, 21 H. (Madvig lecto geniali, Weißenb. geniali toro). Iuven. 10, 334. – b geniālia, ium, *n.*, das Ehebett, Arnob. 4, 25. – c Geniālia, ium, u. iōrum, *n.*, das Fest des Genius, die **Genialien,** Charis. 33, 30 u. 42, 26; vgl. Lachm. Lucr. 1, 1. p. 15. – B übh. = **fruchtbar, gedeihlich,** copia pecudum, Plin.: sors, Plin. – II zum Genius als Teilnehmer an Freud u. Leid gehörig, von Ort u. Zeit, von Dingen, an denen man sich u. seinem Genius gütlich tut = **ergötzlich, erfreulich, festlich, heiter, freundlich, fröhlich, einladend, einnehmend,** rus, Ov.: hiems, Verg.: festum, Ov.: genialis dies, Freudentag, Festtag, Iuven.: praeda, Ov.: uva, Ov.: serta (beim Weintrinken), Ov.: vultus, Apul.: canities, Apul.: divi, von Ceres u. Bacchus, Stat.

geniālitās, ātis, *f.* (genialis), die **Ergötzlichkeit, Fröhlichkeit,** hostilis mensae, Amm. 30, 1, 22.

geniāliter, *Adv.* (genialis), **ergötzlich, heiter, fröhlich,** Ov. met. 11, 95. Apul. met. 10, 16.

geniātus, a, um (genius), **heiter, freundlich,** Cassiod. var. 1, 43, 4 u. a.: vultu (von G.) geniatus, Capit. Ver. 10, 6.

Genicīda, ae, *f.* (gena u. caedo), der **Backenschneider,** Beiname eines Lucius Iunius, offenbar Spitzname eines Barbiers, der beim Rasieren oft in die Backen schnitt, CIL 6, 7618.

geniculāris herba, eine uns unbekannte Pflanze, gut gegen Skorpionenbiss, Isid. orig. 17, 9, 83.

geniculātim, *Adv.* (geniculum), **knotenweise,** Plin. 21, 68. Schol. Iuven. *ed. Hoehler* p. 15, 18.

geniculātio, ōnis, *f.* (geniculo), das **Kniebeugen, Knien,** Tert. ad Scap. 4. Hieron. in Ephes. 3, 14.

Geniculātor, ōris, *m.* (geniculus) = Engonasi (s. d.), Schol. Germanic. Arat. 207. p. 399, 21 *Eyss.*

geniculātus, a, um (geniculum), I mit gebogenem Knie, subst., der **Kniende,** ein Gestirn, s. engonasi. – II **mit Knoten versehen, knotig,** culmus, Cic.: arundo, Plin.

geniculo, āre, u. **geniculor,** ārī (genu), **das Knie beugen,** alci (vor jmd.), Charis. 294, 6. Diom. 313, 21.

geniculōsus, a, um (geniculum), spätlat. = geniculatus *no.* II (s. d.), Ps. Apul. herb. 78.

geniculum, ī, *n.* (*Demin.* v. genu), **I** das **Knie,** bei Kindern, Varro LL. 9, 11: übh., Tert. de cor. mil. 3. Mart. Cap. 8. § 843. Veget. mul. 2, 28, 38: dissolutio geniculorum, das Zittern der Knie, Vulg. Nahum 2, 10. – **II** meton., der **Absatz, Knoten** an den Halmen des Getreides usw., Plin. 18, 56 u. a.

geniculus, ī, *m.* (*Demin.* v. genu, ein kleines Knie, meton.) als *t. t.* bei der Wasserleitung, der **Winkel,** wo zwei Röhren zusammenkommen, Vitr. 8, 6, 6.

genimen, inis, *n.* (geno = gigno), das **Gewächs,** die **Frucht,** Eccl.: Plur., Tert. adv. Valent. 3.

genista (genesta), ae, *f.*, die Pflanze **Ginst, Ginster** (*Spartium iunceum,* L.), Verg. georg. 2, 12 u. 434. Col. 1. praef. § 28. Plin. 16, 74. Mart. 1, 43, 5.

Genita Māna erat dea, quae menstruis praeerat, Plin. 29, 58.

genitābilis, e (geno = gigno), **die Zeugung befördernd, Zeugungs-,** tempus, Lucil. 1 (bei Varro LL. 5, 17): aura favoni, Lucr. 1, 11: partes, Arnob. 4, 28.

genitālicii, iōrum, *m.* (genitalis), *sc.* ludi, am Geburtstag des Kaisers gegebene zirzensische Spiele, *Capit. Pertin. 15, 5. Vgl. CIL 1^2, p. 302.

genitālis, e (geno = gigno), **zur Zeugung-, zur Geburt-, zur Hervorbringung gehörig, zeugend, erzeugend, befruchtend, fruchtbar, I** *adi.*: semina, Verg.: vis, Tac. (dah. nido vim genitalem affundere, besamen, Tac.): corpora, die Zeugungsstoffe, Elemente, Lucr.: menses, die Monate der Schwangerschaft, in denen die Geburt des Kindes möglich ist, Gell.: profluvium (feminae), monatliche Zeit, Plin.; od. (beim Mann) = *gonorrhoea,* Plin.: foedus, Ehebündnis, Stat.: pars genitalis, der Penis, Porph. Hor.: partes, Col., od. membra, Ov., od. loca, Col., Geburtsglieder, Geburtsteile. – ros, Plin.: anni hora, Frühlingszeit, Plin.: mundi genitale tempus (Geburtszeit), Lucr.: mensis, Gell.: dies, Geburtstag, Tac.: hora, Geburtsstunde, Tac.: solum, Vell. u. a., od. terra, Amm., od. sedes, Prud., Geburtsland, Vaterland, Geburtsort: domicilium, Geburtshaus, Ambros. – **II** *subst.*: **A** Genitālis, is, *f.*, Beiname der Diana, als Vorsteherin der Geburt, Hor. carm. saec. 16. – **B** genitāle, is, *n.* (*sc.* membrum, s. oben *no.* I), das **Geburtsglied, Schamglied,** kollekt. = die **Geburtsteile, Schamteile,** Cels. 4, 1. p. 122, 25 D.: concretum, Plin. 7, 69 D. (7, 46 M.): vastum (v. Penis), Apul. met. 10, 22: gew. Plur., Sen., Plin. u. a.: genitalia excīdere, Sen.: exsecare, Apul.: genitalia mutilare, sich beschneiden lassen (v. d. Juden), Spart.

genitāliter, *Adv.* (genitalis), **auf befruchtende Weise, fruchtbar,** Lucr. 4, 1250 B.

genitīvus s. genetīvus.

genitor, ōris, *m.* (geno = gigno), **I** der **Zeuger, Vater, Urheber,** Cic. u. a.: deûm, von Jupiter, Ov.: universi, Gott, Col.. so von Neptun, profundi, Ov. met. 11, 202: u. derselbe bl. genitor, Verg. Aen. 1, 716. – **II** übtr., der **Urheber,** vitiorum, Plin.: quae genitor produxerit usus, Hor.

genitrīx, s. genetrīx.

genitūra, ae, *f.* (geno = gigno), **I** die **Zeugung, Gebärung,** alitum quadrupedumque, Plin.: conchae, Plin. – **II** meton.: **a** der erzeugende **Samen,** Plin. 22, 83. – **b** das erzeugte **Geschöpf,** Eccl. – od. das erzeugte **Geschlecht,** Eccl. – **c** die **Geburtsstunde, Nativität,** gnarus geniturae eius, Spart.: reticere genituram suam, Suet.: Plur., genituraе hominum, Apul.: fatorum per genituras interpres, Nativitätsteller, Amm. 29, 1, 5.

genitus, ūs, *m.* (geno = gigno), die **Zeugung,** animalium, Apul. apol. 36: Plur., genitus aquatilium, *ibid.* 38 Kr. (*codd.* genita).

genium, s. genius a. E. ►.

genius, iī, *m.* (geno = gigno), **I** der **Genius** (eig. der »Leben-Erzeugende«) = der über die menschliche Natur waltende Gott, der bei der Erzeugung u. Geburt des Menschen wirkt, als sein **Schutzgeist** ihn durchs Leben begleitet u. sein Schicksal bestimmt u. selbst nach dem Verscheiden des Menschen in dem Lar fortlebt u. schützend fortwirken kann, s. Censor. 3. Amm. 21, 14, 3. Apul. de deo Socr. 16. Hor. ep. 2, 2, 187 *sqq.*: tuus malus genius, Flor. 4, 7, 8. – Wie der Mensch, so hatte auch jeder Ort (Gegend, Wald, Stadt, Haus, Tor), hatte jeder Staat, jede Herde, hatten einzelne Zustände, Eigenschaften u. Verrichtungen ihren Genius, der mit der Existenz des Ortes usw. innig verbunden war, Verg. Aen. 5, 95. Prud. adv. Symm. 2, 369 u. 444 *sqq.* Auson. Technop. (XXVII) 7. de dis *v.* 9 (gen. domuum). Iuven. 6, 22 (sacri fulcri). Liv. 21, 62, 9 (v. Genius der Stadt Rom). Mart. 7, 12, 10 (genius Famae): genius publicus (des Staates), Amm. 25, 2, 3: genius praetorii, CIL 2, 2643. – Man bat od. beschwor jemanden u. schwor bei seinem eigenen Genius und bei dem geachteter u. werter Personen (Sklaven bei dem G. ihres Herrn, Untertanen bei dem des Herrschers), Plaut. capt. 977. Ter. Andr. 289. Hor. ep. 1, 7, 94. Tibull. 4, 5, 8. Petron. 75, 2. Sen. ep. 12, 2. Suet Cal. 27, 3: Ulp. dig. 12, 2, 13. § 6. – An den Festtagen versöhnte man den Genius durch Blumen u. Wein, genium piare od. placare, Hor. ep. 2, 1, 143 *sq.*; de art. poët. 210; bes. am Geburtstag durch einen Kuchen (libum), Ov. am. 1, 8, 94: od. durch ein Festmahl u. Wein, Pers. 2, 3. – Dem froh Genießenden ist der Genius hold (albus), den Kopfhängern und aus Geiz sich das Dasein Verkümmernden abhold (ater, sinister), Hor. ep. 2, 2, 187. Pers. 4, 27. – daher war froher Lebensgenuss dem G. ebenso erwünscht wie dem Menschen selbst, woher die Redensarten: genio indulgere, »seinen Genius laben« = das Leben durch Frohsinn erheitern und, eingedenk seiner Flüchtigkeit, durch weisen Genuss es verlängern, Pers. 5, 151; vgl. genium curare mero = sich gütlich tun mit usw., Hor. carm. 3, 17, 14: u. so genio suo multa bona facere, seinem G. (= sich) gütlich tun, Plaut. Pers. 263. – aber genium suum defraudare (defrudare), seinen Genius betrügen = sich das Dasein-, sich den Lebensgenuss verkümmern, sich selbst das Nötigste abzwacken, Plaut. aul. 724 G. Lucil. 619. Ter. Phorm. 44; vgl. isti, qui cum geniis suis belligerant, parcipromi, die mit ihrem G. im Kriege liegen, jene Knauser, Plaut. truc. 183 L. – December geniis acceptus, den Genien willkommen (weil man in den Wintermonaten vom Landbau ruhte u. sich gütlich tat), Ov. fast. 3, 58. – ferner sapis ad genium = du hast Geschmack, scheinst Geschmack an guten Bissen zu finden, Plaut. Pers. 108: und so habes nec cor nec genium, weder Verstand noch Sinn für gute Bissen, Mart. 7, 78, 4. – aber victurus genium debet habere liber, muss einen Genius haben = es muss in ihm Anmut, geistvoller Witz (gleichs. als Genius) walten, Mart. 6, 7, 10. – u. vom Genius als dem Bestimmer der menschlichen Schicksale, nemo mathematicus genium indemnatus habebit, den Genius der Weissagung (der ihm die Zukunft eröffnet) = Erleuchtung u. richtige Kunde der Zukunft, Iuven. 6, 562. – suum genium propitiare, sich selbst, nicht der Gunst anderer (bes. des Fürsten) alles verdanken, Tac. dial. 9. – Vgl. Voß Verg. georg. 1, 302. p. 145 *sq.* Heß u. Pabst Tac. dial. 9. p. 60 *sq.* Hauthal Pers. 2, 3. p. 90 *sqq.* – **II** übtr., v. Gebern frohen Lebensgenusses, des Wohllebens, **Gönner,** wie die der Schmarotzer, Plaut. capt. 879; Curc. 301; Men. 138. – ► *Vocat.* geni b. Tibull. 4, 5, 9. – Nbf. genium, Ven. Fort. carm. 2, 9, 18 u. 5, 15, 3.

geno, genuī, genitum, ere (altind. *jánati,* griech. ἐ-γενόμην), die alte Form von gigno, wie genit, Varro r. r. 2, 2, 19: genunt, Varro sat. Men. 35: genat, Varro r. r. 1, 31, 4: genitur, Cic. de inv. 2, 122 u. de or. 2, 141 (in einer Testamentsformel altertüml. Stils). Ulp. dig. 30, 17, 1. Iulian. dig. 34, 5, 13 (14), 6. Arnob. 4, 21 *extr.*: genuntur, Varro r. r. 2, 6, 3: genamur, Censor. 3. 1: genendi, Varro r. r. 1, 40, 1: genendo, Censor. 3, 1: Infin. Präs. Pass. geni, Lucr. 3, 795: *Perf.* u. *Supin.* u. *Partic. Perf.* s. gigno.

gēns, gentis, *f.* (geno, alte Form v. gigno, vgl. γενεά), das von gleicher Abkunft-, von **einem** Stammvater Entsprossene, das **Geschlecht,** der **Stamm, I** im engeren Sinne, als Inbegriff mehrerer durch gemeinschaftl. Abstammung, gemeinschaftl. Geschlechtsnamen (nomen) und gemeinschaftl. Religionsgebräuche verbundener Familien (familiae, stirpes), das **Geschlecht,** der **Stamm,** die **Sippschaft** (urspr. patrizisch, nach Gestattung des Konubium zwischen Patriziern u. Plebejern auch plebejisch), **A** eig. u. übtr., **a** eig.: vir patriciae gentis, Cic.:

g. Cornelia (zu der die Scipiones, Lentuli u. a. gehörten), Liv.: qui quamvis periurus, sine gente, von niederem Stand, Hor.: patricii maiorum et minorum gentium, d. i. vom ersten u. zweiten Rang (jene von den Senatoren, die Romulus einsetzte, diese von den Senatoren, die Tarquinius schuf, abstammend), Cic. u. Liv. – dah. **b** übtr.: di maiorum gentium, die höheren; di minorum gentium, die niederen, Cic.: u. so auch qui quasi maiorum est gentium Stoicus, von der vorzüglichen Art, Cic. – u. v. Geschlecht der Tiere, wie: v. Bienen, Verg. u. Col.: v. Pferden, Verg.: v. Füchsen, Hunden, Ov. – **B** (poet.) meton. = einer aus dem Geschlecht, ein **Abkömmling,** heroës, salvete, deûm gens, Catull.: vigilasne, deûm gens, Aenea? Verg.: Tirynthia gens est, v. Fabius, Sil. – **II** im weiteren Sinne, als Inbegriff mehrerer einen gemeinschaftl. Stammnamen führender kleinerer Völkerschaften (nationes), ein **Stammvolk, Volksstamm,** dann auch für **Völkerschaft** übh., **A** im Allg.: **1** eig.: omnes gentes ac nationes, Cic.: exterae nationes et gentes, Cic.: Sueborum, Caes.: Sabina aut Volsca, Cic.: Cilicum, Cic.: gentem nullam video neque tam humanam atque doctam, neque tam immanem tamque barbaram, quae non etc., Cic. de div. 1, 2. – **2** übtr. = **a** das **Volk** = die **Gemeinde** einer Stadt, omnes eius gentis cives, Nep. – **b** meton. = **Gegend, Landschaft, Kanton, Gau** (griech. δῆμος), Cataoniam, quae gens iacet etc., Nep.: ipsum in eam gentem iturum, Liv. – **c** Genet. Plur. gentium partitiv, ubinam gentium sumus? wo sind wir denn in der Welt? Cic.: so auch abesse longe gentium, weit in der Welt, Cic.: ubi gentium, Sall.: ubicumque gentium, Cic.: quoque adducta est gentium, Plaut.: usquam gentium, irgendwo, Plaut.: nusquam gentium, nirgends, Ter.: u. so nec usquam gentium, Apul. – minime gentium, ganz u. gar nicht, beileibe nicht usw., Ter. – **B** insbes., Plur. gentes, die Völker = **1** die **Barbaren, Ausländer,** Auct. b. Hisp. 17, 4. Tac. Germ. 33, 3. – **2** die **Heiden,** Eccl. – **III** im weitesten Sinne = genus, das **Geschlecht** als Inbegriff mehrerer durch Geburt u. Ähnlichkeit zu **einer** Gattung gehöriger Individuen, gens humana, das Menschengeschlecht, Cic. de fin. 5, 65. – ► Genet. Plur. *gentum, Acc. tr. 580.

gentiāna, ae, *f.*, die Pflanze **Enzian,** Plin. 25, 71. Scrib. Larg. 167: gentiana radix, Cels. 5, 23, 3. Plin. 25, 100.

genticus, a, um (gens), einem Volk eigen, **völkisch, national,** Tac. ann. 3, 43; 6, 33. Tert. de anim. 39.

gentīlicius, a, um (gentilis), **I zum Geschlecht** (gens) **gehörig, Geschlechts-,** sacrificia, Cic., od. sacra, Liv., Opfer, die bei einem Geschlecht üblich sind: nomen, Suet. – **II national, Volks-,** vocabulum, Gell. 1, 9, 6. – u. insbes. = **heidnisch,** persecutio, Cassian. de incarn. Chr. 7, 30.

gentīlis, e (gens), **I aus demselben Geschlecht, -Stamm** (gens), **Geschlechts-, Stamm-,** manus, von den dreihundert Fabiern, Ov.: eloquentia, gentile domus nostrae bonum, Tac.: stemma, Suet. – dah. subst., gentīlis, is, *m.*, ein Geschlechtsverwandter, ein Gentile, g. tuus, Cic.: bes. Plur., Cic. u. a.: u. so gentiles deorum, Cic. – übtr., non g. poma, fremde Früchte, die dem Stamm nicht eigen sind, Calp. ecl. 2, 41. – **II aus demselben Volksstamm, aus derselben Nation, A** im Allg., **landsmännisch, vaterländisch, heimatlich, national, völkisch, einem Volk eigentümlich, für ein Volk charakteristisch** (s. Dräger Tac. ann. 12, 14), solum, Tac.: metallum, Sil.: religio, Tac.: levitas, Tac.: proprietates, Tert.: utilitas (des eigenen Volks), Tac. – subst., gentīlis, is, *m.*, ein Landsmann, Gell. 17, 17, 2. – **B** insbes.: **1 barbarisch, nichtrömisch,** subst., gentīles, ium, *m.*, die Barbaren, Nichtrömer, Auson. u. a. Spät. – **2 heidnisch,** poëta (v. Vergil), Hieron. epist. 7, 4 u. a. Eccl.: u. subst., gentīles, ium, *m.*, die Heiden, Eccl. – **3** als gramm. *t. t.*, das **Volk-**, die **Landsmannschaft bezeichnend,** in ›as‹ terminantia, quando sunt gentilia, Prisc. 7, 60.

gentīlitās, ātis, *f.* (gentilis), **I** die **Geschlechtsverwandtschaft, A** eig. u. übtr.: **a** eig., Cic. de or. 1, 176 u. Plin. pan. 37, 2: Plur. gentilitates, Gentilverbände, Varro LL. 8, 4. Cic. de or. 1, 173. Plin. pan. 39, 3. – **b** übtr., die **Namensverwandtschaft,** Plin. 23, 131: g. nominis sui, Amm. 23, 6, 55: g. Constantini nominis, Amm. 14, 1, 1. – **B** meton. = die **Geschlechtsverwandten,** die **Gentilen,** Varro fr., Plin. pan. u. a. – **II** das Volkstum; dah. **a** die **Nationalität,** meton. = die Nation, Min. Fel. 10, 4. – **b** das **Heidentum,** meton. = die heidnische Religion, Eccl. – u. = die Heiden, Eccl.

gentīliter, *Adv.* (gentilis), **I nach Landesart, in der Landessprache,** z. B. benennen, Solin. 11, 8; 20, 8. – **II auf heidnische Art, heidnisch,** Cypr. epist. 55, 6 u. a. Eccl.

gentīlitius, a, um, s. gentīlicius.

gentīlitus, *Adv.* (gentilis), **nach Landesart,** Tert. de pall. 3.

genu, ūs, *n.* (γόνυ), das **Knie, I** eig.: genuum orbis, die Kniescheibe, Ov.: per genua reptatio, Quint. – genu dextrum, Cic. poët. u. Suet.: laevum, Cic. poët.: tremulum, Sen. poët.: fine genus (bis ans Kn.) vestem succincta, Ov.: aqua ferme genus tenus alta, Liv.: stagnum altitudine genua non excedens, Plin.: alibi umbilico tenus aqua erat, alibi genua vix superavit, Liv. – genu nixus, Ov. u. Suet.: flexus genu, Tac.: obnixo genu scuto (das Kn. gegen den Sch. gestemmt), Nep. – accĭdere genibus alcis, Liv.: advolvi genua patrum, Tac.: provolvi genibus alcis, Tac.: alci od. alcis ad genua procumbere, Petron. u. Eutr.: submittere alci se ad genua, Suet.: attingere alcis genu, Liv.: amplecti od. complecti alcis genua, Petron. u. Sen.: comprehendere alcis genua, Petron.: genu ponere, das Knie beugen, Sen. rhet., Ov. u. a.: flexum genu submittere, Ov.: sponte genu submittere, Curt.: submissis genibus orare alqm, ut etc., Lact.: linqui animo et submitti genu coepit, in die Knie zu sinken, Curt. (u. so submissa genibus, in die Knie gesunken), Lucr. – alqm ad genua admittere, zum Fußfall lassen, Suet. – subito genua intremuēre timore, Ov.: signo pugnae dato ferocissimo militi paulum genua tremuerunt, Sen. – **II** übtr., der **Knoten** an einer Pflanze, genua ferulae, Plin. 13, 123. – ► Genet. Sing. genuis, Dat. genui u. genu, Mart. Cap. 3. § 293: Genet. Plur. genuorum, Vitr. 9, 4, 1: Dat. Plur. genubus, Sen. Thyest. 436. Mart. Cap. 3. § 293. – genua, zweisilbig gemessen, Verg. Aen. 5, 432 u. ö. – *Nom. sing. masc.* genus, Lucil. 162: *Acc. sing. neutr.* genus, Cic. Arat. 45 *sq.* u. a. Ov. phaen. bei Prob. ad Verg. georg. 1, 138: *Nom. sing.* genum, Fronto ad Marc. Caes. 5, 44 (59) *in.*

Genua, ae, *f.*, Küstenstadt in Ligurien, Hauptplatz für Bauholz, j. *Genova,* **Genua,** Liv. 21, 32, 5. Mela 2, 4, 9 (2. § 72). – Dav. **Genuātēs** (Genuateis), ium, *m.* u. **Genuēnsēs,** ium, *m.*, die Einwohner von Genua, die **Genuaten, Genuenser,** Sent. Minuc. im CIL 1, 199, 26 u. 27 = 5, 7749, 26.

genuāle, is, *n.* (genu), das **Knieband,** die **Kniebinde,** Ov. met. 10, 593: Plur., Not Tir. 79, 19.

genuīnē, *Adv.* (1. genuinus), **aufrichtig, ehrlich,** Cic. ad Q. fr. 2, 14 (15. litt. b.) § 2.

1. genuīnus, a, um (geno = gigno), **angeboren, angestammt, natürlich, I** eig.: genuinae domesticaeque virtutes, Cic.: pietas, ICt.: nequitia, Apul. – **II** übtr., **unverfälscht, echt,** Plauti fabula, Gell. 3, 3, 7.

2. genuīnus, a, um (genae), **zu den Wangen gehörig, Wangen-, Backen-,** dens, Augustin.: dentes, die Backenzähne, Cic. u. a. – subst., genuīnus, ī, *m.*, der **Backenzahn,** Iuven. 5, 69: Plur., Verg. catal. 5, 36: sprichw., genuinum in alqo frangere, auf einen tüchtig losbeißen, ihn derb durchhecheln, Pers. 1, 115.

Genumanus, s. Cenomanī.

genum, s. genu a. E. ►.

1. genus, eris, *n.* (geno = gigno, vgl. γένος), **I Geburt, Abstammung, Abkunft, Herkunft, Stand** (der Geburt nach), spez. = **hohe Abkunft, a** der Menschen, generis auctor, Vater, Ov.: generis socia, Blutsgenossin, Schwester, Ov.: gloria generis magni, Ov.: genus (hohe Abkunft) amborum, Ov.: genus regium, Vell. u. Sen.: g. patricium, Liv.: plebeium, Liv.: maternum, paternum, Cic. u. a.: dispari genere, dissimili linguā, Sall.: genere antiquior, Acc. fr.: genere Tarentinus, Suet.: Livia genere, probitate, formā Romanarum eminentissima, Vell.: genere et nobilitate facile primus, Cic.: Graeci genere, Nep.: genus a magno ducere (herleiten) Gradivo, Ov.: virtute non genere populo Romano commendari, Cic. – **b** der Tiere, volucres genus inde trahunt, Ov. fast. 6, 132. – **c** lebl. Ggstd., semper erit genus in pugna, die Abst. (der Welt) wird immer streitig bleiben, Manil. 1, 145.

II das **Geschlecht,** **A** im engeren Sinne: **1** der Zeit u. Abstammung nach, **a das Geschlecht, das Zeitalter, Menschenalter,** anticum genus, Lucr.: tertium sollers genus, Sen. poët.: Pyrrhae genus, Val. Flacc. – **b Volksstamm, Stamm, Nation,** genus Graium, Enn.: Hispanum, Liv., Italicum, Romanum, Sall.: ferox genus, Liv.: bellicosum utrumque genus, Liv.: Aetolorum g., Liv.: Scytharum g., Iustin.: Nomadum, Verg.: paulo sunt (Ubii) eiusdem generis ceteris humaniores, Caes. – **2** bloß der Abstammung nach, **a Stamm, Geschlecht, Haus, Familie,** gentum aut generum affinitas, Acc. tr.: fama generis et familiae, Quint.: nobilitas generis, Suet.: generis claritas, Quint.: auctores generis mei, Stammeltern, Ahnen, Cic.: genus Aemilium, Verg., Cilnium, Fabium, Liv.: g. Aeaci, Hor.: g. Corneliorum, Suet.: genere regio natum esse, Cic.: equestri, sed splendido genere natus, Vell.: summis gnati generibus, Plaut.: genus alto a sanguine Teucri prodere (fortpflanzen), Verg.: antiquitate generis florere, Nep. – **b** (poet.) ein einzelner od. einzelne aus dem Geschlecht, der **Spross, Abkömmling,** kollekt. = **Sprösslinge, Abkömmlinge,** genus deorum (v. Äneas), Verg.: Augustus Caesar, Divi genus, Verg.: Uraniae g. (v. Hymenaeus), Catull.: g. Adrasti (v. Diomedes, Enkel des Adrastus), Ov.: ab alto demissum genus Aenea (v. Augustus), Hor.: nepotum genus omne, Hor. – v. Tieren, catulum dedit ille leaenae iuravitque genus, Calp. ecl. 6, 5. – **3** der Fortpflanzung nach, das männliche u. weibliche Geschlecht, **a** eig., physisch genus virile, muliebre, Lucr. u. Cic.: femineum, Verg.: mixtum, Verg.: virorum omne genus, Liv. u. Ov. – **b** übtr., als gramm. *t. t.*, genus masculinum, Paul. ex Fest.: in nominibus tria genera, Quint.: in verbis quoque quis est adeo imperitus, ut ignoret genera et qualitates, Quint.

B im weiteren Sinne, das **Geschlecht,** als Gesamtheit gleichartiger lebender Wesen u. lebl. Ggstd., **1** v. lebl. Wesen: **a** übh., **Geschlecht, Gattung,** deûm genus, Enn.: divôm genus humanumque, Lucr.: g. humanum, Cic. u. a.: g. mortale, Lucr., immortale, Verg.: omne genus, Ov.: animale g., Lucr.: genus omne animantum, Lucr.: hominum pecudumque genus, Verg. – **b** insbes., **α** v. Menschen, **Gattung, Klasse, Rasse, Stand, Schlag, Kunst,** id hominum est genus pessumum, Ter.: quod genus hoc hominum? Verg.: genus hoc universum, diese gesamte Menschenklasse, Cic.: utrumque genus hominum, Nep.: omne genus copiarum, Nep.: eius generis homines, Cic.: amici, cuius generis penuria est, Cic.: istius generis asoti, Cic.: cuiusque generis homines, Sall.: omnis generis homines, Cic., od. aëneatores, Sen.: genus hominum ferum incultumque, Sall.: genus hominum agreste, Sall.: g. leoninum, Plaut.: militare g., Liv.: de fabrorum quoque ac ministrorum atque id genus (u. Leute dieses Schlags) numero, Suet.: conventus is, qui ex variis generibus (Elementen) constaret, Caes. – **β** v. **Tieren, Gattung, Klasse, Rasse,** g. alituum, Lucr.: genus omne volucrum od. avium, Ov.: aves omne genus, Varro: multa genera ferarum, Caes.: quinque milia omne genus ferarum, Suet.: genus acre, leones, Ov.: g. vipereum, Verg.: ovium summa genera duo, tectum et colonicum, Plin.: viginti milia equarum ad genus faciendum (um die Rasse fortzupflanzen) in Macedoniam missa, Iustin. – **2** v. lebl. Ggstdn., **Gattung, Klasse, Art, Zweig, Manier, Stil, a** eig.: **α** konkr. Ggstd.: cibi g., Caes.: g. loricarum, Nep.: fructuum genera, Varro LL.: arborum atque frugum genera, Iustin.: herbae id genus, Liv.: navigii id genus, Vell.: hoc amictus genus, Quint.: vasa omnis generis, Liv.: omnis generis arma od. tormenta, Liv.: omne genus frugum, Liv.; omne genus rerum missilia, Suet.: seminaria omne genus (aller Art), Varro: libri fatidici Graeci et Latini generis, Suet. – **β** abstr. Ggstd.: **αα** übh.: id genus imperii, Cic.: istud ipsum orationis genus, Cic.: omne genus eloquentiae, Quint.: machinae omnium generum, Sall.: genus poenae novum, Sall. – Aesopi genus, Gattung, Schriftgattung (Genre), Phaedr. 2. prol. 1: Doricum genus, Baustil, Vitr. 4, 3, 1. – hoc genus scribendi, Hor.: docendi g., Suet.: genera furandi, Cic.: verba id genus (derartige), Varro LL.: aliquid id genus (Derartiges) scribere, Cic.: alci concredere nugas hoc genus (derartige, dergleichen), Hor.: u. so alia hoc genus, Suet.: quod genus (von welcher Art) virtus est, Cic. – **ββ** als philos. *t. t.*, die **Gattung** (Ggstz. species od. pars, partes), Varro, Cic. u. a.: genus universum in species certas partiri ac dividere, Cic. – **b** übtr.: **α Art, Weise, Art und Weise, Manier,** quod hoc genus est, quae haec est coniuratio, Ter.: hoc genere optime etiam olea inseritur, Col.: ramos fortes eodem genere deposuit, Sen.: omni genere quod des adornandum est, Sen.: eo genere, quo Galba interemptus est, Suet.: quo enim melius genere negotium meum agere potuit? Sen.: cum maesti deliberaremus, quonam genere praesentem evitaremus procellam, Petron.: animam variis generibus emittunt, Sen.: peperit mihi tria nescio quae prodigia variis generibus inter se et me furentia, Sen. rhet. – **β Hinsicht, Rücksicht, Beziehung,** itaque uno genere, opinor, circumscribere habetis in animo genus hoc oratorum, quod etc., Cic.: magnus homo, sed varius in omni genere, Nep.: tota domus in omni genere diligens, durchgängig pünktlich, Cic.: quinquaginta navium classis instructa omni genere, Dict.: Galli Senones, gens naturā ferox, adeo omni genere terribilis fuit, ut etc., Flor. – ► Dat. Plur. genesibus, Censorin. 14, 12.

2. genus, ūs, s. genu ►.

Genusus, ī, *m.*, Fluss an der Grenze Mazedoniens im griechischen Illyrien, in den venetianischen Meerbusen mündend, j. *Iskumi*, Caes. b. c. 3, 74 *sq.* Liv. 44, 30, 10. Lucan. 5, 462.

geōdēs, Akk. ēn, *m.* (γεώδης, erdig, erdartig), ein uns unbekannter Edelstein, Plin. 36, 140.

geōgraphia, ae, *f.* (γεωγραφία), die **Erdbeschreibung, Geographie,** Cic. ad Att. 2, 4, 3. Amm. 20, 8, 10.

geōgraphicus, a, um (γεωγραφικός), **geographisch,** Amm. 23, 6, 13 u. 31, 2, 12: geogr. opus, eine Geographie (als Hand- u. Lehrbuch), Mart. Cap. 6. § 609.

geōgraphus, ī, *m.* (γεωγράφος), der **Erdbeschreiber, Geograph,** Amm. 22, 15, 4. Mythogr. Lat. 3, 6, 25.

geōmantia, ae, *f.* (γεωμαντία), das **Wahrsagen aus der Erde,** Isid. orig. 8, 9, 13. Mythogr. Lat. 3, 12.

geōmantis, is, *m.* (*γεωμάντις), der **Wahrsager aus der Erde,** Serv. Verg. Aen. 3, 359.

geōmeter, s. geōmetrēs.

geōmetra, s. geōmetrēs *no.* b.

geōmetrēs, ae, *m.* (γεωμέτρης), der **Feldmesser, Geometer, Mathematiker,** Cic., Vitr. u. a.: als **Lehrer der Geometrie (Mathematik),** Edict. Diocl. 7, 70. – ► **a** ge͡ōmētrēs gemessen bei Iuven. 3, 76. – **b** Nbf. auf -a, CIL 3, 6041. Capit. Anton, phil. 2, 2: abweichend gĕōmĕtra gemessen, Sidon. epist. 4, 11. *v.* 9. – **c** Nbf. geōmeter, Boeth. in Arist. analyt. prior. 1, 39 u. in Arist. top. 1, 8.

geōmetria, ae, *f.* (γεωμετρία), die **Feldmesskunst, Geometrie, Mathematik,** Cic., Vitr. u. a.

geōmetricālis, e (geometrica), **geometrisch,** mensa, der Messtisch, Boëth. art. geom. p. 393, 6 Fr.

geōmetricē, *Adv.* (geometricus) = γεωμετρικῶς, **geometrisch,** geometrice novisse, die Geometrie verstehen; Vitr. 10, 11, 2.

geōmetricus, a, um (γεωμετρικός), zur Feldmesskunst gehörig, **geometrisch,** funiculus, Messschnur, Rufin.: formae (Figuren), Cic. u. Apul.: rationes (Beweise), Ggstz. argumenta philosophorum, Cic.: ratio, Geometrie, Amm. u. Macr.: scientia, Plin. – subst., **a** geōmetrica, ae, *f.*, die **Geometrie,** Apul. flor. 18. p. 31, 2 Kr. Chalcid. Tim. 150. 355. – **b** geōmetricī, ōrum, *m.*, die **Geometer,** Isid. orig. 3, 21, 1. – **c** geōmetrica, ōrum, *n.*, geometrische Lehren, -Bestimmungen, **Geometrie,** alqm interrogare quaedam geometrica de dimensione quadrati, Cic. Tusc. 1, 57: geometrica didicisse, *ibid.*: ab alqo geometrica discere velle, Cic. de fin. 1, 20.

Geōrgī, ōrum, *m.* (Γεωργοί), die **Feldbauer,** ein Name sarmatischer Völkerschaften in der Krim, im Gegensatz zu den Nomaden, Mela 2, 1, 5 u. 11 (2. § 5 u. 11). Plin. 4, 83.

geōrgicus, a, um (γεωργικός), **zum Landbau gehörig,** carmen, ein Gedicht Vergils über den Landbau, Col. 7, 5, 10 u. 10. praef. § 3. – subst., geōrgicon, ī, *n.*, der **Landbau,** als Titel einer Schrift, Col. 11, 3, 2. – ebenso Plur. geōrgica, ōrum u. on, *n.*, als Titel eines Gedichts des Vergil, Gell. 13, 21 (20), 4. Suet. de vir. ill. 3. p. 16, 11 R. (= Diom. 483, 3 K.). Fulg. contin. Verg. p. 139 M.: in primo georgicon, Macr. sat. 5, 20, 1: in tertio georgicorum, Auson. cento nupt. (XXVIII) 4. p. 146, 22 Schenkl. – u. geōrgica, ae, *f.*, der **Landbau** (als Gedicht), Serv. Verg. georg. prooem. p. 129, 3. Fulg. contin. Verg. p. 138 M.

Geraesticus portus, ein Hafen bei der Stadt Teos in Ionien, Liv. 37, 27, 9.

Geraestos u. **-us,** ī, *f.* (Γεραιστός), Hafenstadt auf Euböa, bei dem gleichn. Vorgebirge, dem Vorgebirge Sunium gegenüber, j. *Geresto,* nach a. *Kastri,* Liv. 31, 45, 10. Mela 2, 7, 9 (2. § 107). Plin. 4, 63 u. 64.

geranion, iī, *n.* (γεράνιον), der **Storchschnabel,** eine Pflanze, Plin. 26, 108 *sqq.*

geranītis, tidis, *f.* (γερανῖτις), ein nach dem Hals des Kranichs benannter, uns unbekannter Edelstein, der **Kranichstein,** Plin. 37, 187.

gerdius, iī, *m.* (γέρδιος), der **Weber,** Lucil. 1057. Firm. math. 8, 25, 9.

Gereōnium, iī, *n.*, Stadt im Gebiet der Frentaner, j. *Torre di Zoppa,* Liv. 22, 18, 7 u. a.

gerēs, s. gerrēs.

Gergovia, ae, *f.*, Stadt der Arverner im aquitanischen Gallien, unweit des Flusses Elaver, auf dem südlichen Teil des Plateaus von *Gergoie* (*Puy de Dôme*), 6 km südlich von *Clermont,* Caes. b. G. 7, 4, 2 u. a.

Germalus (Cermalus), ī, *m.*, eine kleine hervortretende Spitze am unteren Teil des palatin. Hügels, wo später das templum Romuli stand (u. jetzt die Kirche *di S. Teodoro* od. *Toto* steht), Varro LL. 5, 54. Cic. ad Att. 4, 3, 3. Paul. ex Fest. 55, 4 (Cermalus).

germānē, *Adv.* (1. germanus), **echt,** animus germ. Romanus, Augustin. de civ. dei 2, 13. p. 68, 14 D.[2]

Germānī, ōrum, *m.*, die **Germanen,** ein bedeutender Völkerstamm, dessen Land im W. der Rhein, im S. die Donau, im O. die Weichsel, im N. das Meer begrenzte, s. bes. Caes. b. G. 2, 4 (über bie einzelnen Völkerschaften); 4, 1 *sqq.* u. 6, 11 *sqq.* (über die Sitten der Germanen). – Dav.: **A** **Germānus,** a, um, **germanisch,** herbae, Ov. art. am. 3, 163: pubes, Pers.: Germanā feritate ferocior, Vell. 2, 106, 2. – **B** **Germānia,** ae, *f.*, **a** das Land der Germanen, **Germanien,** Caes.: Plur. Germaniae, Ober- u. Niedergermanien, Tac. ann. 1, 34 u. a. – **b** meton. = die Germanen, Verg. georg. 1, 509. – **C** **Germānicus,** a, um, **zu Germanien gehörig, germanisch,** bellum, Caes.: insulae, Solin.: mare, Ostsee, Plin.: sermo, Suet.: Kalendae, der erste September, Mart. – subst., **Germānicus,** ī, *m.* **a** als Beiname, wegen der Niederwerfung der Germanen, Germanicus Caesar, Sohn des Drusus, des Bruders des Tiberius, Tac. ann. 1, 31 u. a. Suet. Tib. 15, 2 u. a.: Übersetzer der Phaenomena des Aratus, Lact. 1, 21, 38. – **b** (*sc.* nummus) eine Goldmünze mit dem Bildnis des Kaisers Domitian, Iuven. 6, 205. – u. dav. **Germāniciānus,** a, um, **in Germanien befindlich** od. **dienend,** exercitus (Sing. u. Plur.), Suet. Vesp. 6, 2 u. Oth. 8, 1. Capit. Albin. 1, 2. Eutr. 7, 17 u. 10, 15: ebenso Plur. subst., Germāniciānī, ōrum, *m.*, Suet. Tib. 25, 2 u. Galb. 20, 1.

Germānicia, ae, *f.* (Γερμανίκεια), Stadt in Kommagene, Geburtsort des Kirchenvaters Nestorius, Eckhel doctr. num. 3. p. 250 *sq.* – Dav. **Germāniciēnsis,** e, **aus Germanicia, germaniciensisch,** genere Germ., Cassiod. hist. eccl. 12, 4.

Germāniciāna, ae, *f.*, Stadt in Byzacium, Augustin. de bapt. contra Donat. 7, 6. – Dav. **Germāniciānēnsēs,** ium, *m.*, die Einw. von Germaniciana, die **Germanicianenser,** Augustin. epist. 251.

Germāniciānus, a, um, s. Germānī.

Germānicus, s. Germānī.

germānitās, ātis, *f.* (germanus), **I** die Verbindung zwischen Geschwistern, die **Brüderschaft, Schwesterschaft,** Cic. u. Liv.: nexus germanitatis, schwesterliches Band, Apul. – meton., **a** das **Brüderpaar,** sic Thebanorum germ. rupta (entzweit), Cypr. quod idol. etc. 8. – **b** die **leibliche Schwester,** Apul. met. 5, 27. – **II** übtr.: **a** v. Städten, die von einer u. derselben Stadt ihren Ursprung haben, fraterna, die **Verbrüderung,** Liv. 37, 56, 7. – **b** v. Dingen, eine **fast geschwisterliche Verbindung,** eine (verwandtschaftliche) **Ähnlichkeit** zwischen zwei Äpfeln, die an **einem** Stiel wachsen, Plin.: vini, zwischen Weinen, Plin.: haec eorum (digitorum, Fußzehen) speciosa germ., Lact. de opif. dei 13, 8.

germānitus, *Adv.* (1. germanus), **brüderlich, aufrichtig,** Pompon. com. 146. Augustin. epist. 120, 34.

1. **germānus,** a, um (wie germen v. geno = gigno), **leiblich, recht,** **I** eig., v. Geschwistern, die entweder einerlei Vater u. Mutter od. die bl. denselben Vater, aber nicht dieselbe Mutter haben (dann = Halbbruder, Halbschwester), frater, soror, Cic. u. a. – subst., **a** germānus, ī, *m.*, **Bruder,** Komik., Catull., Verg. u. a.: hi sunt gemini germani duo, Plaut.: g. duri Amuli, Ov.: v. Tieren, eius (arietis), Acc. Brut. 23. – **b** germāna, ae, *f.*, **leibliche Schwester,** Plaut., Verg. u. a.: duae germanae meretrices cognomines, leibliche u. Namensschwestern, Plaut.: g. Iovis, Verg.: mariti, Ov. – **II** übtr.: **A** in der traulichen Anrede, **traut,** germane Hector, Enn. fr. scen. 72: germana soror, Enn. ann. 41. – **B** **geschwisterlich, verschwistert,** germanum in modum, Plaut.: duas germanas (vites) cognovimus, Col.: sic fratres quasi et germanis casibus ... scelerum suorum poenas luerunt, Iustin. – *Compar.*, per germaniorem, ut ita dicam, et planiorem Trinitatis assumptionem, Hieron. Didym. de spir. scto. 7. – **C** **leiblich, leibhaftig = wirklich, wahr, echt,** iustitia, Cic.: ironia, die reine Ironie, Cic.: patria, Cic.: artis magistri, Cic.: Gallus, Sen.: germanissimus Stoicus, Cic. Acad. 2, 132.

2. **Germānus,** a, um, s. Germānī *no.* A.

germen, inis, *n.*(v. geno = gigno u. Suffix men, urspr. genmen, woraus gesmen, germen; vgl. 1. carmen a. Anf.), das **Erzeugte** = der **Keim, Spross, Stengel,** als **Knospe** od. als **Zweig,** **I** eig. u. bildl.: **A** eig., Verg. u. Plin.: germen madefactae frugis, Malzkeim, Oros. 5, 7. § 14 Z. – **B** bildl., der **Keim,** Lucr. 4, 1075 (1083). – **II** übtr.: **1** die **Frucht** des Baumes usw., Claud.: fulvum, Lucan. – germina cara maris, Edelsteine, Claud.: frontis, Horn, Claud. – **2** der **Sprössling, Abkömmling** u. kollektiv das **Geschlecht,** der **Stamm,** generosum, Ov.: servile, Iustin.: Tonantis germina, Sprösslinge = Töchter, Claud.: germina sua, seine Jungen, Nemes.

germināsco, ere (germen), **keimen, sprossen,** Ambros. de Cain et Abel 2, 8. § 26.

germinātio, ōnis, *f.* (germino), **I** das **Hervorsprossen,** Plin. u. Col. – **II** meton. = der **Spross,** Plin. 17, 124.

germinātus, Abl. ū, *m.* (germino), das **Hervorsprossen,** Plin. 15, 34 u. a.

germiniseca, ae, *m.* (germen u. sĕco), **einer, der den Spross abschneidet,** Varro sent. *no.* 173. p. 49 *ed. Devit.*

germino, āvī, ātum, āre (germen), **I** *intr.* **hervorsprossen, ausschlagen, aufkeimen,** Hor. epod. 16, 45. Plin. 13, 129. – **II** *tr.* **hervorsprießen lassen,** **a** = **bekommen,** v. leb. Wesen, capillum germinans partus, Plin.: vermiculi pennas germinant, Plin. – **b** = **erzeugen,** salvatorem, Vulg. Isai. 45, 8; vgl. Muncker Fulg. 1, 12. p. 45 (a).

1. **gero,** gessī, gestum, ere, **tragen,** **I** im Allg.: **A** eig.: terram, Liv.: saxa in muros, Liv.: Vulcanum (Feuer) in cornu, Plaut. **B** übtr.: **1** se gerere, **a** **sich betragen, sich benehmen, -verhalten,** se honeste, Cic.: se perdite (grundschlecht), Cic. ep.: se contumacius, Nep.: se excellentius in re publica, eine hervorragende Rolle im Staat spielen, Cic.: se sic gerendo, Nep.: sic se gerebat, ut etc., nahm eine solche Stellung ein, dass er usw., Nep.: sic me non solum *adversus* socios gesseram, sed etiam *adversus* hostes, Liv.: sic me *in* hoc magistratu geram, ut etc., Cic. – m. dopp. *Acc.*, dis se minorem, Hor.: se illis dignum, Sen.: se medium, sich neutral verhalten (halten), Liv.: se blandiorem in administratione rei publicae, Val. Max. – m. *pro* (wie) u. Abl., ita se iam tum pro cive gessisse, Cic. Arch. 11: se pro colonis gerere, Liv. 32, 2, 6: se pro milite gerere, sich für einen S. ausgeben, Modestin. dig. 48, 10, 27. § 2. – **b** **sich halten,** se et exercitum more maiorum, Sall.: me vosque in omnibus rebus iuxta geram, Sall.

2 machen, dass eine Handlung usw. vor sich geht = etwas **ausführen, besorgen, betreiben, vollziehen, vollführen,** quae gessimus, Cic.: haec dum Romae geruntur, vorgeht, Cic.: quid negotii geritur? Cic.: ab initio res quem ad modum gesta sit vobis exponemus, den ganzen Hergang der Sache, Cic. – u. die Formel hanc rem gero, ich merke auf, Plaut.: so auch hanc rem gere, merke, pass hier auf, Plaut. (s. Lorenz Plaut. Pseud. 190). – negotium od. rem bene od. male g. (griech. εὖ od. κακῶς πράττειν), ein gutes od. schlechtes Geschäft machen, gute od. schlechte Geschäfte machen, schlechte Wirtschaft treiben, sein Hauswesen, Vermögen schlecht verwalten, Cic. u. a.; aber im Krieg, negotium bene gerere, einen Handstreich ausführen, Caes.: rem od. res male g., Unglück (im Kampf) haben, Nep.: bei Prozessen um Mein u. Dein, at enim tu tuum negotium gessisti bene (hast ein gutes Geschäft gemacht). Gere et tu tuum bene, Cic. – aber rem od. res g., beschäftigt sein, v. Feldherrn = den Oberbefehl haben, den Krieg führen, quo cornu rem gessit, Nep.: res in Africa gessit, Nep.: Cnaeus terrā, Publius navibus rem gereret, Liv.: aber auch rem gerere, den Kampf bestehen, kämpfen, z. B. eminus, gladiis u. dgl., Liv. (s. Drak. Liv. 10, 43, 6, Fabri 23, 23, 2), gladiis res geri coepta est, das Schwert sollte nun entscheiden, Liv. – res magnas g., große Taten ausführen, Nep.: spes gerendi (*sc.* res), die Hoffnung, Taten auszuführen, Cic.: u. so absol., nam gerere quam fieri tempore posterius, re atque usu prius est, praktisch tätig sein, Sall. – alci morem gerere, s. mōs: tutelam alcis g., Vormundschaft über jmd. führen, ICt.: aber g. tutelam corporis, Vorsorge für den Körper tragen, Sen. – dah. res gestae, Taten, bes. Kriegstaten, Cic. u. a.: u. so auch subst., gesta, ōrum, *n.* = Kriegstaten, Nep.; u. = gerichtliche Verhandlungen, spät. ICt. u. Eccl.: cum alqo agere ex ante gesto, aus einem vormaligen Geschäft, Paul. dig. 15, 1, 47. § 4: ebenso gerenda, ōrum, *n.*, Amm. 16, 12, 18. – negotii gerentes, Geschäftsleute, Cic.; u. negotii bene gerentes, gute Geschäftsleute, Cic.; Ggstz. rei male gerentes, Plaut. – Insbes.: **a** ein Amt mit seinen Obliegenheiten **über sich nehmen, bekleiden, führen, verwalten,** rem publicam gerere atque administrare, den Staat über sich nehmen u. verwalten, Cic. (vgl. *no.* b): magistratum, Cic., od. honores, Nep., od. potestatem, Cic.: imperium, Nep.: civitatis sacerdotium, Vitr.: sine suffragio populi aedilitatem, Plaut. – u. als leitende Magistratsperson einen Staatsakt **anstellen, halten,** comitia, Cic.: censum (ais Zensor), Suet. – u. **b** bellum gerere, »Krieg führen« = (von einem Feldherrn) »die Kriegsoperationen leiten«, Caes., Nep. u. a.; u. = (von einem Volk oder Fürsten) in Krieg liegen, Feindseligkeiten mit den Waffen in der Hand ausüben, cum alqo od. adversus (adversum) alqm od. in alqm (alqd), Cic., Nep. u. a., od. contra alqm, Iustin. u. Eutr.: cum alqo (verbündet mit jmd.) adversus alqm, Nep., od. mit jmd. = unter jmd. (unter jmds. Kommando), Liv. – ebenso rem publicam (v. Feldherrn u. Soldaten in Bezug auf ihre Tätigkeit im Krieg) = »den Krieg für den Staat führen, für den Staat fechten« u. dgl., gew. mit dem Zusatz feliciter, prospere, egregie u. dgl., Cic., Caes. u. a. (vgl. Gronov Cic. de prov. cons. 6, 14. Drak. Liv. 2, 64, 5. Weißenb. Liv. 4, 24, 4. Gronov Liv. 8, 31, 2. Fabri Liv. 22, 25, 6).

3 eine Zeit **verbringen, hinbringen, verleben,** aetatem cum alqo, Sulpic. in Cic. ep.: primae adulescentiae tempus tantā inopiā g., ut etc., Suet. – dah. mit annum u. einer Ordinalzahl = **in** dem u. dem **Jahre stehen,** so u. so viel Jahre **alt sein,** annum gerens (*al.* agens) aetatis sexagesimum ac nonum, superque mensem ac diem septimum, 60 Jahre, 1 Monat u. 7 Tage alt, Suet. Vesp. 24. – u. so mit annos u. einer Kardinalzahl, annos gerens proxime quadraginta, Aur. Vict. epit. 44, 4.

4 prae se gerere = *prae se ferre,* **offen an den Tag legen, -zeigen, offen das Zeichen** von etwas **an sich tragen,** utilitatem, offenbar nützlich sein (v. Dingen), Cic.: perspicuam coniecturam, offenbar u. deutlich Vermutungen Raum geben, Cic.

II insbes., an sich **tragen = führen, haben, A** eig.: **1** im Allg.: vestem, Nep.: hastam, Verg.: centum oculos, Ov.: distentius uber (v. der Ziege), Hor.: vocemque et corpus et arma Metisci, Verg.: fratrum speciem, Sen. poët. (vgl. Mützell Curt. 3, 3 [7], 16): partum od. uterum, schwanger-, trächtig sein, Plin.

2 prägn., **tragen = haben** od. **zu haben pflegen** od. = **zeugen, hervorbringen,** insula Empedoclem gessit, Lucr.: quod permista (semina) gerit tellus, im Schoß birgt, Lucr.: platani malos gessere, Verg.: quidquid et herbarum Thessala terra gerit, Prop.

B übtr.: **1 an sich tragen,** falsum cognomen, einen falschen B. führen, Sen.: personam alcis gerere, jmds. Rolle spielen, jmd. vertreten, quam personam gerere velimus, Cic.: est proprium munus magistratus intellegere, se gerere personam civitatis, dass er den Staat vertritt, Cic. – dah. gerere alqm, jmds. **Rolle spielen,** jmds. **Amt ausüben** (s. Benecke Iustin. 32, 3, 1), non heredem regni, sed regem, sich nicht benehmen wie ein ..., sondern wie usw., Iustin.: civem patremque, vorstellen, Claud.: aedilem, Apul.: principem, als Fürst auftreten, Plin. pan.

2 in sich tragen, hegen, fortem animum, Sall.: amicitiam, Cic.: inimicitias cum alqo, Caes.: odium in alqm, Liv.: curam pro alqo, Sorge tragen, Verg.

2. gero, ōnis, *m.* (gero, ere), der **Träger,** foras gerones, Plaut. truc. 552 zw. (Leo foras egerones).

gerontēa, ae, *f.* (γεροντεία) = senecio, Ps. Apul. herb. 75.

geronticōs, *Adv.* (γεροντικῶς), **nach Art der Greise,** August. bei Suet. Aug. 71, 2.

gerontocomīum, iī, *n.* (γεροντοκομεῖον), ein **Hospital für alte Leute,** Cod. Iust. 1, 2, 19 u. a.

gerra, ae, *f.* (γέῤῥον), **geflochtene Ruten, Rutengeflecht,** Varro LL. 7, 55. Paul. ex Fest. 94, 4; vgl. Charis. 33, 14 u. 549, 13. – Plur. gerrae übtr. = **Lappalien, Possen, dummes Zeug,** Caecil. com. 101. Plaut. asin. 600; Epid. 233 Auson. Griphus (XXVI) 1. praef, p. 127, 16 Schenkl.

gerrēs, is, *m.*, der **Schrätz,** ein geringer Seefisch, Plin. 32, 148 (Jan u. Detl. mit den besten Hdschrn. girres). Mart. 3, 77, 7; 12, 32, 15 (wo *cod. Palat.* ebenf. girres hat). – Sprichw., addere garo gerrem, Kostbares zu Wertlosem gesellen, Arnob. 5, 44.

gerricula, ae, *f.* (*Demin.* v. gerres), **der kleine Schrätz,** ein geringer Seefisch, Plin. 32, 148.

gerrīnum, ī, *n.* (gerrae), **Narrenkleid,** Plaut. Epid. 233 G. (in einem wahrsch. unechten Vers).

gerro, ōnis, *m.* (gerrae, s. Placid. gloss. V, 24, 21), **der Maulaffe,** Plaut. truc. 551 Sch. Ter. heaut. 1033. *Auct. b. Alex. 53, 1 (Madvig); vgl. Paul. ex Fest. 40, 6 (wo cerrones).

gerula, s. gerulus.

gerulānus, ī, *m.* (gerulus), **der Träger, Lastträger,** corpus gerulanorum, CIL 6, 349*.

gerulifigulus, ī, *m.* (gerulus u. figulus), der **Helfershelfer,** flagitii, Plaut. Bacch. 381.

gerulo, ōnis, *m.* (gero), **der Träger,** Apul. met. 3, 28 *Helm.*

gerulus, a, um (gero), **I tragend,** subst., der **Träger,** die **Trägerin, a** *m.*, Plaut., Hor., Suet. u. a.: ger. lecticae, Schol. Iuven. 6, 477: geruli litterarum, Briefboten, Sidon. epist. 2, 11, 2. – **b** *f.*, die **Trägerin,** das **Kindermädchen,** Apul. met. 6, 4. Vulg. Ruth 4, 16. Tertul. de anim. 46: v. den eintragenden Bienen, Plin. 11, 24. – **c** *n.*, cornua potuum gerula, Solin. 20. § 5. – **II** der etw. **zu vollbringen bestimmt ist,** der **Vollbringer,** Paul. ex Fest. 95, 10; vgl. Gloss. ›gerulus, ἀχθοφόρος, ἀνύτης, διοικητής‹ u. ›geruli, πρακτῆρες‹.

gerundium, iī, *n.* (gero), als grammat. *t. t.* = das **Gerundium,** Diom. 356, 13. Prisc. 8, 44: dass. gerundi modus, Serv. in Donat. 412, 18 K. (Putsche gerundivum modum).

gerūsia, ae, Akk. ān, *f.* (γερουσία), **I** das **Sitzungsgebäude des Rates der Alten** bei den Griechen, das **Rathaus** (lat. senaculum), Varro LL. 5, 156. Paul. ex Fest. 94, 13. – **II** das **öffentl. Pflegehaus für alte** um den Staat verdiente **Männer,** Vitr. 2, 8, 10. Plin. 35, 172. Plin. ep. 10, 33 (42), 1.

gerūsiarchēs, ae, *m.* (γερουσιαρχής), **der Vorsteher der Gerusia,** CIL 10, 1893.

Gēryōn (Gēryo), onis, *m.* u. **Gēryonēs**, ae, *m.* (Γηρυών u. Γηρυόνης; Abl. Gērȳone gemessen, Sidon. carm. 13, 13), ein dreileibiger König (tergemius od. tricorpor od. trimembris) auf der hispanischen Insel Erytheia (später Aphrodisias gen.) im gaditanischen Meerbusen, dem Herkules seine schönen Rinder entführte, Nom. Geryon, Hyg. fab. praef. p. 12, 23 Schm. u. fab. 30. Tert. de pall. 4. Sen. Herc. fur. 491: Geryo trigeminus, Boëth. inst. arithm. 1, 19. p. 40, 26 Fr.: Genet. Geryonis, Sall. bei Serv. Verg. Aen. 7, 662. Iustin. 44, 4, 15: Akk. Geryonen, Hyg. fab. 30 (wo Geryonem trimembrem). Iustin. 44, 4. § 14 u. 16. Mart. 5, 49, 11 u. 5, 65, 12: Akk. Geryona, Avien. or. mar. 264: Nom. Plur., Geryones trimembres (von drei Männern), CIL 4, 2440. – Nom. Sing. Geryones, Plin. 4, 120. Ov. her. 9, 92. Sil. 13, 201. Claud. in Rufin. 1, 294: Genet. Geryonae, Prop. 3, 22, 9 H. Verg. Aen. 8, 202. Sil. 3, 422: archaist. Geryonai, Lucr. 5, 28: Akk. Geryonem, Hor. carm. 2, 14, 8: Abl. Geryone (ungewiss, ob von Geryon od. von Geryones), Verg. Aen. 7, 662. Liv. 1, 7, 4. Iustin. 42, 3, 4 u. 43, 1, 9. – Geryonis oraculum (bei Patavium in Italien), Suet. Tib. 14, 3. – Dav.: **A** **Gēryonāceus**, a, um, **geryonazëisch,** Plaut. aul. 554. – **B** **Gēryonēus**, a, um (Γηρυόνειος), **geryonëisch,** Apul. met. 2, 32.

geseorēta, ae, *f.*, ein Fahrzeug von uns unbekannter Form, Gell. 10, 25, 5.

Gesoriacus (Gessoriacus), ī, *m.* (*sc.* portus), Hafenort der Moriner (in der nördl. Pikardie), von wo aus man gewöhnlich nach Britannien übersetzte, später Bononia, j. *Boulogne,* Mela 3, 2, 7 (2. § 23). Plin. 4, 102. Suet. Claud. 17, 2. Itin. Anton. 363, 2. – dass. **Gessoriacēnsis portus**, Itin. Aton. 376, 2. – u. **Caesoriacum**, ī, *n.*, Flor. 1, 11, 8 u. 4, 12, 26 H.

gessum, s. gaesum.

gesta, ōrum, *n.*, s. 1. gero I, B, 2.

gestābilis, e (gesto), **tragbar,** Ambros. de Noë et arca 15, 52 *extr.* Cassiod. var. 1, 45, 7 u. 5, 42, 8.

gestāmen, inis, *n.* (gesto), **I** das Getragene = die **Tracht,** die getragene **Bürde, Last,** poet. der getragene **Schmuck,** clipeum g. Abantis, Verg.: gest. leve tutumque, Sen.: gestamina decent umeros, Waffen, Ov.: so die Bürde (Last) des Esels, Apul.: das Halsband, Val. Flacc.: die Perlen, Plin. – **II** das Tragende = die **Trage, Bahre,** g. sellae, g. lecticae, u. bl. gestamen, der Tragsessel, das Tragbett, die Sänfte, Tac.: g. conti, Val. Flacc.

gestātio, ōnis, *f.* (gesto), **I** aktiv, das **Tragen,** gestationes infantium, Lact. 3, 22, 10. – **II** passiv, das Getragen-, Gefahrenwerden, **A** eig., die **Ausfahrt, Lustfahrt** als **Bewegung,** lusus, gestationes, aurigationes, Gell. 6 (7), 8, 4: g. vehiculorum (auf Gefährten), Augustin. doctr. Chr. 1, 4: a gestatione fatigatus, Sen.: gestatione uti, Cels.: gestatio et corpus concutit et studio non officit, Sen.: in gestatione disserere, Sen. – **B** meton., der **Spazierweg,** die **Allee** u. dgl., Plin. ep. 1, 3, 1 u. a. CIL 6, 29774 u. 29775.

gestātiuncula, ae, *f.* (*Demin.* v. gestatio) = *res minuta,* Plac. gloss. V, 71, 24.

gestātor, ōris, *m.* (gesto), **I** der **Träger,** Plin. ep. u. a.: innocui gestator corporis Christus, Prud. apoth. 933. – **II** der der Bewegung wegen **Ausgetragene, Ausgefahrene,** Mart. 4, 64, 18.

gestātōrius, a, um (gesto), **zum Tragen dienlich,** sella, Tragsessel, Sänfte als Tragsessel (während lectica Sänfte als Tragbett), Suet. Ner. 26, 2 u. Vit. 16. Vulg. 2. Mach. 3, 27. Not. Tir. 91, 73. – subst., **a** gestātōria, ae, *f.*, der **Tragsessel,** die **Sänfte,** Sidon. epist. 8, 8, 3. – **b** gestātōrium, iī, *n.*, **der Tragsessel, die Sänfte,** Vulg. 2. Mach. 9, 8. – **c** gestātōria, ōrum, *n.*, **Tragstangen,** Augustin. quaest. in gen. 2. qu. 104 *extr.*

gestātrīx, trīcis, *f.* (Femin. zu gestator), die **Trägerin,** Val. Flacc. 4, 605.

gestātus, ūs, *m.* (gesto), das **Tragen,** Plin. 15, 103.

gesticulārius, iī, *m.* (gesticulus), der **Gebärdenspieler, Pantomimist,** Amm. 24, 4, 26. – Ebenso **gesticulāria**, ae, *f.*, die **Gebärdenspielerin, Pantomimistin,** Gell. 1, 5, 3.

gesticulātio, ōnis, *f.* (gesticulor), die **pantomimische Bewegung, Pantomime,** mollis quaedam digitorum, Suet. Tib. 68, 3: quieta et inaffectata, Apul. met. 10, 31: gesticulationes religiosae, Solin. 2, 26: pronuntiatio gesticulationibus molesta, Quint. 11, 3, 183: adhibito pueri ac tibicinis concentu gesticulationem tacitus peregit, Val. Max. 2, 4, 4.

gesticulātor, ōris, *m.* (gesticulor), der **Gebärdenspieler, Pantomimist,** corporis, Col. 1. praef. § 3.

gesticulor, ātus sum, ārī (gesticulus), **I** *intr.* **Gebärden machen, gestikulieren,** Apul. flor. 18. p. 28, 8 Kr. Suet. Dom. 8, 3: labellis, Fronto de orat. 1. p. 156, 16 N.: ad symphoniam, Petron. 36, 6. – **II** *tr.* **durch Gebärdenspiel-, pantomimisch ausdrücken,** carmina, Suet. Ner. 42, 2. Tert. de spect. 17 *Oehler:* Partiz. passiv, gesticulati motus, gestikulierende, pantomimische Bewegungen, Solin. 27. § 60.

gesticulus, ī, *m.* (*Demin.* v. gestus), **gestikulierende-, pantomimische Bewegung,** digitorum, Tert. apol. 19.

1. gestio, ōnis, *f.* (gero), **I** das **Verhalten,** pro herede, Ulp. dig. 11, 7, 14. § 8. – **II** die **Führung, Ausführung,** negotii, Cic. de inv. 1, 37 *sq.* u. a.

2. gestio, īvī u. iī, ītum, īre (gestus, ūs), **I** **Gebärden machen, Gesichter schneiden,** Gell. 11, 13, 10. – **II** prägn., durch Haltung u. Bewegung des Körpers Empfindungen, bes. Freude u. Verlangen, zu erkennen geben, sich freudig od. verlangend **gebärden,** **a** freudig = vor Freude **ausgelassen sein, in ausgelassene Freude ausbrechen, sich ausgelassen freuen, frohlocken,** vor Freude **übermütig sein,** laetitiā, Cic.: voluptate nimiā, Cic.: gestientes otio, durch die Ruhe übermütig, Liv.: quid gestiam? Ter.: übtr., laetitia efferatur et gestiat, Cic.: laetitia gestiens, ausgelassene Freude, Cic.: so auch animus gestiens rebus secundis, im Glück übergreifendes G., Liv. – v. Tieren, aves gestiunt, regen sich munter, Col.: quae (animalia) ut sunt edita ex utero, protinus in pedes suos erigi et gestire discursibus, Lact. – übtr., dialogorum libertate, frei ausschweifen in der Gesprächsform, Quint. 10, 5, 15. – **b** verlangend = **sein ganzes Dichten und Trachten** auf etwas **richten, ganz von dem Verlangen beseelt sein, das lebhafte Verlangen haben, seine größte Lust daran haben,** m. *Acc.*, nescio quod scelus gestiens, im Schilde führend, Apul. met. 8, 13: fasces, quos populus tribuit, quāre gestiuntur, heftig begehrt werden, Schol. Bern. Verg. georg. 2, 495. – m. *Infin.*, gestio promittere, Plaut.: gestio mihi dari etc., Ter.: tibi agere gratias, Cic.: senatum delere, Cic.: quidquid tumultuando adipisci gestierunt, Vell.: faba runcari non gestit, liebt es nicht, Plin. – m. *Acc.* u. *Infin.*, Plaut. asin. 788. Ter. Phorm. 260. Hor. sat. 1, 4, 37: absol. m. *Abl.* der Neigung, studio lavandi, ganz beseelt sein von usw., Verg. georg. 1, 387. – absol., scherzh., gestiunt mihi pugni, die F. jucken mir (= ich habe Lust zu prügeln), Plaut.: gestiunt mihi scapulae, der Rücken juckt mir (= verlangt nach Schlägen), Plaut. – ► Archaist. Imperf. gestibat, Gell. 15, 2, 1, gestibant, Plaut. asin. 315.

gestito, āre (*Frequ.* v. gero *no.* II), **I** **gewöhnlich an sich tragen** od. **führen, zu tragen pflegen,** anulum, machaeram, Plaut.: fistulam, Arnob.: Alexandrum expressum vel auro vel argento, Treb. Poll.: volucrem vocem, Plaut. – übtr., ea libertas est, qui pectus purum et firmum gestitat, Enn. fr. scen. 302. – **II** prägn., **tragen = haben** od. (*effectus pro causa*) **hervorbringen,** ficus poma non ramis tantum gestitans, sed et caudice, Solin. 32. § 34.

gestiuncula, ae, *f.* (*Demin.* v. 1. gestio) = *res minuta,* Gloss. IV, 412, 11 u. ö.

gesto, āvī, ātum, āre (*Intens.* v. gero), **I** **tragen, mit** od. **bei sich führen, an sich tragen,** **a** übh.: saxa, arma, Curt.: pharetram, Verg.: diadema, Suet.: sceptrum, Verg.: vitulum per agros, Tibull.: signum rei publicae manu, Suet.: dorso onera, Curt.: capite coronam, Suet.: puerum in manibus, Ter.: caput in pilo, Cic.: gemmam digito, Plin.: cibos secum, Lact.: in utero (*sc.* partum), schwanger od. trächtig sein, Plin.: alqm in sinu, bildl., jmd. im Herzen tragen, Ter. adelph. 709: so auch alqm in oculis, gleichs. auf den Händen tragen, Ter. eun. 401 *sq.:* meum animum gestas, kennst meine Gesinnung, Plaut. merc. 572: pectoribus equorum suspensa capita, Liv.: non obtunsa adeo pectora, Verg. – **b** etw. in einem Gefäß od. auf einem Trag- od. Fahrwerkzeug **tragen, fahren, tragen** od. **fahren lassen,** utribus aquam, Curt.: lecticā agnam, Hor.: navigio aurato sacerdotes, Curt. – Passiv, gestari, sich (vom Pferd, Wagen, in der Sänfte, zur Bewegung) **tragen lassen, reiten, fahren,** g. non vehiculo, sed equo, Plin. ep.: nunc gestemur, wollen uns (zu Pferd oder Wagen, in der Sänfte) Bewegung machen, Sen.: ebenso Aktiv gestare, **sich tragen** od. **fahren lassen,** Suet. Galb. 8, 1 u. Dom. 11, 1. – **II** prägn.: **1 austragen,** als Neuigkeit **hinterbringen,** crimina, Plaut. Pseud. 427: übtr. = **verbreiten,** verba, vitia, Sen. ep. 123, 8. – **2 herzutragen, herbei-, zuschleppen, herbeischaffen,** cibos et hortamina pugnantibus, Tac.: ex urbe atque Italia irritamenta gulae, Tac.

gestor, ōris, *m.* (gero), **I** der **Zuträger** der Nachrichten, der **Zeitungsträger,** gestores linguis, auditores auribus, Plaut. Pseud. 429. – **II** der **Besorger,** negotiorum, Scaev. dig. 49, 1, 24: auctor bellorum civilium atque gestor (Führer), Augustin. de civ. dei 2, 23 *in.*

gestuōsus, a, um (gestas, us), **stark Gebärden machend, stark gestikulierend,** manus, Gell.: gressus, graziöser, Apul.: puelli incessu gestuosi, Apul.

gestus, ūs, *m.* (gero), **I** die **Haltung, Stellung** od. **Bewegung** des Körpers, **A** im Allg.: itus gestus amictus eius, Titin. fr.: corporis, Cic.: edendi, beim Essen, Ov.: avium, das Schwingen der Vögel im Flug, Suet. – **B** insbes., die **Bewegung der Hände, das Gebärdenspiel** der Redner, Schauspieler (im Ggstz. zu motus = Bewegung des ganzen Körpers), motus gestusque, Suet.: histrionum non nulli gestus, Cic.: histrionici gestus, Cypr. u. Amm.: in gestu peccare, Cic.: gestum agere, Cic., od. componere, Quint. – **II** die **Besorgung, Verrichtung,** ICt.

gēsum, s. gaesum ►.

Geta u. **Getēs,** ae, Abl. ā, *m.* (Γέτης), der **Gete,** Plur. **Getae,** ārum, *m.* (Γέται), die **Geten** (stammverwandt oder identisch mit den Daci), eine thrazische Völkerschaft, zuerst zwischen dem Hämus u. Isterfluss, später aber durch die mazedon. Könige auf die Nordseite des Flusses gedrängt, Cic. ad Att. 9, 10, 3. Mela 2, 2, 3 (2. § 18). Ov. ex Pont. 2, 1, 67 u. 2, 7, 31. Sen. Phaedr. (Hippol.) 172. Vgl. Voß Verg. georg. 2, 497. p. 442 *sq.*; 3, 462. p. 648. – Sing. **Geta** u. **Getēs** (Γέτης), ae, *m.*, der **Gete** (meist kollektiv), Form *-a,* Avien. descr. orb. 442. Auson. edyll. 12 (de hist.), 22. p. 137, 4 Schenkl. Ven. Fort. carm. 6, 5, 218: Form *-ēs,* Ov. ex Pont. 1, 2, 108. Lucan. 2, 54. Stat. Achill. 2, 419. Sidon. carm. 7, 412: Abl. Getā, Ov. ex Pont. 1, 8. 6: Geta als Name eines Sklaven, Ter. adelph. u. Phorm.; u. als röm. Beiname, z. B. C. Licinius Geta, Cic. Clu. 119: u. der Kaiser Antoninus Geta, Spart. Anton. Get. 1 *sqq.* – Dav.: **A Getēs,** ae, *m.*, **getisch,** poëta, Ov.: Hebrus, Sen. poët. – **B Geticus,** a, um, **a getisch,** u. poet. = **thrazisch,** bellum, Vell.: sermo, Ov.: lyra, des Orpheus, Stat.: u. als Beiname, Spart. Anton. Get. 6. § 6. – *Adv.* **Geticē, getisch,** loqui, Ov. trist. 5, 12, 58. – **b des Kaisers** (Antoninus) **Geta,** nex, Spart. Anton. Get. 6, 5.

gēthyon, -yum, s. gētium.

Geticē u. **Geticus,** a, um, s. Geta.

gētium (gēthyum), iī, *n.* (γήτειον, γήθυον), der **Schnittlauch,** getium, Plin. 19, 105 u. 107 D.: gethyum, Plin. 19, 117 D.

Gētūlus, Gētūlia etc., s. Gaetūlī.

geum, eī, *n.*, **Benediktenkraut, Märzwurz** (*Geum urbanum,* L.), Plin. 26, 37.

gibba, ae, *f.* (gibbus, a, um), der **Buckel, Höcker,** Suet. Dom. 23, 2: übtr., Amm. 23, 4, 4.

1. gibber, a, um (s. 1. gibbus, a, um), **buckelig, höckerig,** bos, Varro: gallina, Varro u. Plin.: tuber gibberum, Maecenas in Sen. ep.: Murena gibber erat, Suet.: brevi corpore atque etiam gibber, Suet.: übtr., caput, wie ein Buckel hervorragend, Varro sat. Men. 156.

2. gibber, eris, *m.* (gibbus, a, um), der **Buckel, Höcker,** Lucil. 1179 bei Charis. 85, 8 (vgl. Charis. 85, 7 Akk. gibberem). Plin. 8, 179: erat acuto gibbere, Apul. flor. 14. p. 16, 4 Kr.

gibberōsus, a, um (gibber, eris; vgl. Charis. 85, 6), **buckelig, höckerig, I** eig., Firm. math. 3, 5, 6; 3, 6, 8 u. ö. Orbil. b. Suet. gr. 9. Gaius dig. 21, 1, 3. – **II** übtr.: sermones, gewundene, Fronto de eloqu. 1 *extr.* p. 148, 8 N.

gibbōsus, a, um (2. gibbus), **buckelig, höckerig,** Isid. qu. in Levit. 13, 3.

1. gibbus, a, um (wie gibber zu griech. κύπτω, κυφός, gebogen, gekrümmt), **gewölbt, konvex** (Ggstz. cavus, concavus), Cels. 4, 1. p. 121, 14 D.; 8, 1. p. 323, 6 D. u. ö.

2. gibbus, ī, *m.* (1. gibbus), der **Buckel, Höcker,** die **Geschwulst,** Iuven. 6, 109 u. 10, 294 u. 309. – meton. = der **Buckelige,** Lampr. Commod. 11, 2.

Gigant... s. Gigās.

gigarus, ī, *f.*, gallischer Name der Pflanze dracontium (s. d.), Marc. Emp. 10.

Gigās, gantis, *m.* (Γίγας), ein **Gigant,** gew. im Plur. Gigantēs, die »Giganten«, Söhne der Erde, Riesen mit Schlangenfüßen, die den Olymp erstürmen wollten, um Jupiter aus dem Himmel zu stoßen, aber durch Blitze von ihm getötet wurden (der Widerstreit der Elemente u. der ungeregelten Naturkräfte gegen die Ordnung in der Natur), Ov. met. 1, 152 *sqq.* Sil. 6, 182. Cic. de sen. 5: Sing. Gigas, Ov. ex Pont. 2, 10, 24. Val. Flacc. 4, 200. Boëth. inst. arithm. 1, 19, p. 40, 26 (Variante gigans): Akk. Giganta, Stat. Theb. 5, 569. Mart. 9, 50, 6. Sil. 12, 529: Genet. Plur. Gigantum, Cic. poët. Tusc. 2, 20. Hor. carm. 2, 19, 22. Mela 2, 3, 2. (2. § 36). Suet. Aug. 72, 3: Akk. Plur. Gigantas, Ov. met. 1, 152. Mart. 11, 52, 17. Sil. 12, 143. – übtr., übh. ein **Riese,** Vulg. gen. 2, 4 u. ö.: Nemrod gigas, Isid. orig. 14, 3, 12. – Dav.: **A Gigantēus,** a, um (Γιγάντειος), **gigantisch,** der **Giganten, a** eig. bellum, Ov.: ora litoris, bei Kumä u. Puteoli, wo die Giganten durch den Blitz erschlagen wurden, Prop. – **b** übtr. = **riesenhaft,** corpus, Sil. 5, 436: lacerti, Prud. ham. 147: genus, das Riesengeschlecht, Vulg. num. 13, 43. – **B Gigantomachia,** ae, *f.* (Γιγαντομαχία), der Kampf der Giganten mit den Göttern, der **Gigantenkampf,** Ampel. lib. mem. 8. § 14; auch Titel eines Gedichts des Klaudian.

gigēria, ōrum, *n.*, s. gizēria.

gignibilis, e (gigno), **erzeugbar,** non nihil a deo gignibile, Mar. Victorin. de gen. div. verb. 30.

gigno, genuī, genitum, ere (geno, w. vgl.), **zeugen, erzeugen, gebären, hervorbringen** (auch v. weibl. Wesen, s. Bünem. Lact. 1, 17, 9), **I** eig.: Herculem Iuppiter genuit, Cic.: Hecuba Alexandrum genuit, Cic.: pisces ova genuerunt, Cic.: deus animum ex sua divinitate genuit, Cic.: quae terra gignit, Cic.: natura nos genuit ad maiora quaedam, Cic.: ubi crocum gignitur, Curt.: India gignit beryllos, Plin. – dis genitus, erzeugt von usw., Verg.: genitus de sanguine nostro, Ov.: post geniti, die Nachgeborenen, die Nachkommen, Hor.: vaccam e terra genitam, Ov.: in od. sub cancro (Zeichen des Krebses) gigni, Manil. – mit *Dat. Gerund.*, (M. Antonius) perdundae pecuniae genitus, Sall. hist. fr. 3, 54 (65): vir demerendis hominibus genitus, Vell. 2, 102, 1. – m. *in* u. Akk., adulescens in omnium virtutum exempla genitus, Vell. 2, 116, 2. – Partiz. subst., gignentia, ium, *n.* »organische Körper, Geschöpfe, Gewächse«, Sall., Lact. u. a. (vgl. Dietsch Sall. Iug. 79, 6). – **II** übtr., **erzeugen, hervorbringen, verursachen,** permotionem animorum, Cic.: iram, Hor.: sitim, Plin. – ► Parag. Infin. gignier, Lucr. 3, 621; 6, 246 u. 808: vulg. Perf. Pass., unde sit gignitum, Solin. 20, 9.

gilarus, ī, *f.*, gallischer Name der Pflanze serpyllum (s. d.), Marc. Emp. 11.

gilbus, s. gilvus.

gillo, ōnis, *m.* (gelidus) = βαύκαλις, ein **Kühlgefäß** zum Abkühlen des Weins usw., Anthol. Lat. 117, 16 (1050, 16) u. 136, 1 (1070, 1). Cassian. coen. inst. 4, 16 u. 20. Vgl. Gloss. ›βαυκάλιον, gillo‹. – Andere Form gello, (Rufin.) de vit. patr. 3, 14. Gloss. IV, 346, 15 u. ö.

gilvus (spät. **gilbus** geschr.), a, um, **hellgelb** wie Honig, **honiggelb, isabellfarbig,** equi, Varro sat. Men. 358. Verg. georg. 3, 83: color (equi), Pallad. 4, 13, 4. Isid. orig. 12, 1, 48.

gingiber, s. zingiber.

gingidion, iī, *n.* (γιγγίδιον), eine Pflanze in Syrien, nach Sprengel die **französische Mohrrübe** (*Daucus Gingidium,* L.), Plin. 20, 33.

gingiliphus, ī, *m.*, das **schallende Gelächter,** Petron. 73, 4.

gingīva, ae, *f.*, das **Zahnfleisch,** Catull., Cels. u. a.: Plur., Catull., Cels. u. a.

gingīvula, ae, *f.* (*Demin.* v. gingiva), das **Zahnfleisch,** Veget. mul. 3, 22, 1: Plur., Apul. apol. 6.

gingrīna, ae, *f.* = γίγγρας, eine Art kurzer **Flöte** von kreischendem und klagendem Ton, Solin. 5. § 19.

gingrio, īre, **schnattern,** von Gänsen, Paul. ex Fest. 95, 5.

gingrītus, ūs, *m.* (gingrio), das **Schnattern** der Gänse, Arnob. 6, 20.

ginnus, ī, *m.* (γίννος) = hinnus, s. d.

girba, ae, *f.* (semitisches Wort), ein **Mörser,** worin Arzneistoffe u. dgl. zerstoßen werden, Min. Fel. p. 63, 5 u. ö.

gīro, āvī, ātum, āre, s. gȳro.

girrēs, s. gerrēs.

gīrus, s. gȳrus.

git, *indecl.* = μελάνθιον, **römischer Schwarzkümmel** od. der Same von *Nigella sativa,* L., Cels. 2, 33. Col. 6, 34, 1. Plin. 20, 182 u. Gramm.

gizēria, ōrum, *n.*, der **Magen und die Eingeweide** des Geflügels, noch jetzt franz. *gésier,* Lucil. 309. Petron. 66, 2. Apic. 4, 141 u. 181; 5, 200. – ► Die Hdschrn. weisen auf gizeria (nicht gigeria).

glabellus, a, um (*Demin.* v. glaber), **glatt, unbehaart,** Apul. met. 2, 17 u. a. Mart. Cap. 2. § 132.

glaber, bra, brum (aus **gladhro-*, glatt, verwandt mit gladius), **glatt, unbehaart, kahl** (Ggstz. crebro pilo, pilosus), **a** v. leb. Wesen u. deren Gliedern: oves, Plaut.: oves ventre glabro, Varro: quadrupedum dorsa pilosa, ventres glabri, Plin.: maritus cucurbitā glabrior, kahler, Apul.: glabra colla boum, Col. – Insbes. v. Lieblingssklaven römischer Wüstlinge, denen man die Haare vom Körper abschaben od. ausraufen ließ, um ihnen ein mädchenhaftes Ansehen zu geben, Sen. ep. 47, 7: Plur. subst. glabrī, ōrum, *m.*, enthaarte Sklaven, Buhlknaben, Sen. de brev. vit. 12, 5. Catull. 61, 142. Phaedr. 4, 5, 22. – **b** v. Lebl.: tapete, Caecil. com. 285 u. Turpil. com. 216: hordeum, Plin. 18, 75. – ► Nbf. glabrus, Hermae pastor 3, 9, 1.

glabrāria, ae, *f.* (glaber), im scherzh. Doppelsinne = **die glatte Sklaven liebt,** (s. glaber a. E.) u. = **die glatt geschoren,** d. i. ihres Vermögens beraubt **wird,** Mart. 4, 28, 7.

glabrē, *Adv.* (glaber), **glatt, unbehaart,** *Arnob. 1, 59. p. 38, 28 *Reiff.*

glabrēsco, ere (glaber), **glatt-, kahl werden,** Col. 2, 19, 2.

glabrētum, ī, *n.* (glaber), ein **glatter-, kahler Ort,** wo nichts wachsen will, Col. 2, 9, 9.

Glabrio, ōnis, *m.* (glaber), Beiname der gens Acilia, s. Acīlius.

glabritās, ātis, *f.* (glaber), die Glätte der Haut, die **Kahlheit,** Arnob. 3, 14 (Plur.).

glabro, āre (glaber), **glatt machen,** durch **Abbrühen** od. Absengen **enthaaren,** suem, Col. 12, 55, 4.

glabrus, s. glaber ►.

glaciālis, e (glacies), **eisig, voll Eis, mit Eis verbunden,** oceanus, Eismeer, Iuven.: hiems, Verg.: frigus, strenge, Ov.: rigor Caucasi montis, Val. Max.: regio (Ggstz. regio praefervida), Col.: plaga mundi, Plin.

glaciēs, ēī, *f.* (verwandt mit gelu), **I** das Eis, concreta gl., Curt.: dura et alte concreta glacies, Liv.: nuda infra gl., Liv.: gl. caerulea, Verg.: gl. fragilis, Ov.: hibernalis, Vulg.: lucidior glacie, Ov.: duratus glacie Danubius, Plin. pan.: aqua ex nive aut glacie, Cels.: glacies se frangit, Sen.: glaciem solvere, exsolvere, Lucr.: glaciem cum flumina trudunt (treiben), Verg. – Plur., glacies Hyperboreae, Verg. georg. 4, 517: crustae glacierum, Sidon. epist. 4, 6, 4: benedicite glacies et nives Domino, Vulg. Dan. 3, 70. – **II** meton., die **Sprödigkeit, Härte,** aeris, Lucr. 1, 493.

glaciēsco, ere (glacies), **zu Eis werden, gefrieren,** Plin. 20, 230.

glacio, āvī, ātum, āre, **I** *tr.* **zu Eis machen, A** eig.: nives, Hor.: glaciatae moles (vini), Plin.: glaciatus aër, Lact. – im Bild, metus corda glaciat, Stat. Theb. 10, 621. – **B** übtr., **gerinnen machen** od. **lassen,** caseum, Col.: lyncum umor glaciatur, erhärtet wie Eis, Plin. – **II** *intr.* **gerinnen,** Plin. 29, 56.

gladiārius, a, um (gladius), **zum Schwert gehörig, Schwert-,** negotiator, CIL 9, 3962. – subst., gladiārius, iī. *m.*, der **Schwertmacher, Schwertfeger,** CIL 13, 6677.

gladiātor, ōris, *m.* (gladius), **I** der mit dem Schwert Bewaffnete (s. Prisc. 8, 91), der **Fechter** in den Gladiatorenkämpfen (s. gladiātōrius), der **Gladiator** (entweder Sklaven, Gefangene od. Verbrecher, zuw. auch Freie, die sich gegen ein Kaufgeld [auctoramentum, dah. auctorati gen.] anwerben ließen und in Truppen, familia, unter einem Lehrer, lanista, magister, standen, der sie zu den Kämpfen einübte. **A** eig., Cic. u. a.: als Schimpfname, **Klopffechter, Bandit,** Cic. Verr. 3, 146; Rosc. Am. 17 u. 118; Phil. 5, 32 u. 7, 17. – **B** meton., gladiatores = **Gladiatorenkämpfe, -spiele,** gladiatores dare, Ter. u. Cic., edere, Suet.: gladiatoribus, bei den Gladiatorenspielen, Cic. u. a. – **II** der **Schwertmacher, Schwertfeger,** Tarrunt. dig. 50, 6, 6.

gladiātōricius, a, um (gladiator), **zu den Gladiatoren gehörig, Gladiatoren-,** bellum, Oros. 5, 24, 18 Z.: herba, eine uns unbekannte Pflanze, Marc. Emp. 16.

gladiātōrius, a, um (gladiator), **a zu den Gladiatoren gehörig, gladiatorisch, Gladiatoren-,** ludus, Cic.: familia, Cic.: arma, Aur. Vict.: vestis, Schol. Iuven.: certamen, Cic.: munus, spectaculum, das Gladiatorenspiel, der Gladiatorenkampf, Cic. u. Liv.: u. so ludi, Spart.: consessus, Versammlung zum Anschauen der Gladiatorenspiele, Cic.: locus, Schauplatz im Gladiatorenspiel, Cic. – gl. exercitus (Plur.), bella, Flor.: gladiatorio more, Flor.: gladiatoriā desperatione pugnare, Pacat. pan.: gladiatorium id quidem, ist Gladiatorenart, Cic. – **b** übtr., **gladiatormäßig, fechtermäßig, -artig,** caterva, Caecil. com. 38: animus, Ter. Phorm. 964. Augustin. serm. 20, 3 u. in psalm. 70, 1: totius corporis firmitas, Cic. Phil. 2, 63. – subst., gladiātōrium, iī, *n.*, **a** (*sc.* munus) das **Gladiatorenspiel,** Ascon. Cic. orat. in tog. cand. fr. 11 u. 12 p. 22 K. – **b** (*sc.* auctoramentum) das **Handgeld, Kaufgeld,** für das sich Freie zu den Gladiatorenkämpfen hergaben, Liv. 44, 31, 15.

gladiātrīx, trīcis, *f.* (Femin. zu gladiator), **die Gladiatorin, Fechterin,** Schol. Iuven. 6, 251.

gladiātūra, ae, *f.* (*gladior, ārī), der **Gladiatorenkampf,** Tac. ann. 3, 43. Prisc. 7, 70. Schol. Iuven. 6, 105.

gladiātus, a, um (gladius), **mit dem Schwert bewaffnet,** Prisc. 8, 91.

gladiola, ae, *f.* (gladius) = ξιφίον, eine Pflanze, **Schwertel,** Plin. Val. 1, 13.

gladiolum, ī, *n.* (*Demin.* v. gladium), das **kleine Schwert,** Plur., Messala b. Quint. 1, 6, 42.

gladiolus, ī, *m.* (*Demin.* v. gladius), **I** das **kleine Schwert,** Gell. 10, 25, 3. Apul. met. 2, 18. – **II** übtr.: **a das schwertförmige Blatt,** gl. narcissi, Col. 9, 4, 4. – **b** (wie ξιφίον) der **Schwertel,** eine Pflanze, Plin. 21, 108 u. a. Pallad. 1, 37, 2. Plin. Val. 2, 18.

gladium, iī, *n.*, s. gladius ►.

gladiunculus, ī, *m.* = gladiolus, Acta martyr. Polycarp. 13.

gladius, iī, *m.*(zu glaber, also ›das glatte‹), das messerförmige **Schwert** (zu Hieb und Stoß, während ensis das längere, mehr zum Hieb eingerichtete Schwert), **I** eig. u. meton.: **a** eig.: capulus gladii, Tac.: mucro gladii, Plin.: gladius vaginā vacuus (blankes), Cic.: gl. militaris, Sen.: gladius cruentus, Cic.: gladius cruore domini madens, Val. Max.: gladius, cui ad secandum subtilis acies est, Sen.: gladius, quo noxii iugulantur, Henkerschwert, Val. Max.: gladio accinctus, Liv. u. Tac., succinctus, Rhet. Her.: gladium stringere, Caes., destringere, Cic.: gladium (e vagina) educere, Cic.: gladium nudare, Ov.: gladium condere, einstecken, Tac.: alqm gladio insequi, Cic.: alci gladium intentare, Liv.: gladio incumbere, Rhet. Her.: transfigere se gladio, Vell.: traicere sibi gladio pectus, Auct. b. Afr.: traicere alqm gladio, Auct. b. Alex.: transfigere alqm gladio per pectus, Liv. – im Bild, suo sibi gladio hunc iugulo, mit seinen eigenen Waffen, d. i. widerlege ihn mit seinen eigenen Worten, Ter. adelph. 958 (vgl. quid igitur pugnes adversus eos homines, qui suo sibi gladio pereunt? Lact. 3, 28, 20): plumbeo gladio iugulari, mit schwachen Beweisen widerlegt werden, Cic. ad Att. 1, 16, 2: tuo gladio conficiatur defensio, Cic. Caecin. 82: destrictis gladiis fraudium (mit den scharfen Waffen des Betr.) simplicis puellae paventes cogitationes invadunt, Apul. met. 5, 19. – Sprichw., ignem gladio scrutari (griech. πῦρ μαχαίρα σκαλεύειν), das Feuer mit dem Schwert durchwühlen, von einem unsinnigen Beginnen, Hor. sat. 2, 3, 276. – **b** meton. = das mit dem Schwert Bewirkte, wie: gladii potestas od. ius, Gewalt über Leben u. Tod, Capit. u. ICt.: locare ad gladium, zum Gladiatorenkampf, Sen.: ebenso damnari ad gladium, ICt.: licentia gladiorum, Mordtaten, Cic.: ebenso sublatus modus gladiis, Lucan. – **II** übtr.: **a** als Titel einer Schrift, das **Schwert,** Suet. Cal. 49, 3. – **b** das **Pflugeisen,** Plin. 18, 172. – **c** das **Schwertholz** (sonst spatha), dessen man sich bei dem alten senkrechten Webstuhl statt des Kammes bediente, um den Einschlag damit zu schlagen u. das Gewebe dicht zu machen, deducunt habiles gladios filo gracilento, Enn. ann. 253. – **d** = ξιφίας, der **Schwertfisch,** Plin. 9, 3; 32, 15 u. 145. – ► Nbf. gladium. iī, *n.*, Lucil. 1187. Varro LL. 5, 116; 8, 45 u. bes. 9, 81. Varro r. r. 1, 48, 3: gladium, ξίφος, gladia, ξίφη, Gloss.; vgl. Quint. 1, 5, 16 (wo getadelt).

glaeba, -ālis etc., s. gleb…

glaesārius, s. glaesum.

glaesum (glēsum), ī, *n.* (dav. unser gleißen, d. i. glänzen), der **Bernstein,** Tac. Germ. 45. Plin. 37, 42. – Dav. **glaesārius** (glēsārius), a, um, **zum Bernstein gehörig, Bernstein-,** insula, die Bernsteininsel in der Ostsee, Plin. 4, 97; u. insulae, Plin. 37, 42.

glandārius, a, um (glans), **zur Eichel gehörig, Eichel-,** silva, Cato r. r. 1, 7. Varro r. r. 1, 7, 9.

glandicula, ae, *f.* = glandula (s. glandulae), Exc. e Charis. gr. 535, 23.

glandifer, fera, ferum (glans u. fero), **Eicheln tragend,** quercus, Lucr., Cic. poët. u. Ov.: arbores, Plin.: silva, Eichenwald, Gromat. vet. u. Serv. – *neutr. pl.* subst., glandifera Pannoniae, die eichelreichen Gegenden, Plin. 3, 147.

glandionida, ae, *m.* = *glandium* (s. d.), ein **Drüsenstückchen,** suillus, Plaut. Men. 210.

glandium, iī, *n.* (glans), ein **Drüsenstück** vom Schwein, als Leckerbissen, Naev. com. 65. Plaut. capt. 915 u. a. Plin. 8, 209; 36, 4. Prob. bei Prisc. 3, 44 (ohne Beleg).

glando, inis, *f.* = glans, Avien. orb. descr. 285 u. 1199. Ps. Cypr. poët. de resurr. mort. 226 H.

glandula, s. glandulae ►.

glandulae, ārum, *f.* (*Demin.* v. glans), **I** die **Mandeln, Drüsen** am Hals, Cels. u. a. – u. insbes., die **geschwollenen Mandeln (Drüsen),** Cels. 2, 1 *extr.* u. a. – **II** = glandium, ein **Drüsenstück, Halsstück,** bes. vom Schwein, als Leckerbissen, apri, Mart. 7, 20, 4: haedinae, Apic. 4, 117: porcellinae, Apic. 4, 173. – ► Sing., Marc. Emp. 15. fol. 107 (a), 49 *sqq.;* vgl. Charis. 37, 15 u. 155, 15. Prisc. 3, 44.

glandulōsus, a, um (glandula), **voll Drüsen,** Col. 7, 9, 1.

1. glanis, is u. idis, *m.* (γλάνις), ein mit dem Wels verwandter Fisch, Plin. 9, 145; 32, 148. – ► Plin. 32, 128 alle Hdschrn. Genet. glani.

2. Glanis, s. Clanis.

glāns, glandis, *f.* (griech. βάλανος), **I jede Kernfrucht,** als Dattel, Kastanie, Walnuss usw., bes. die **Eichel, Ecker** (auch als Nahrungsmittel des Viehs, bes. der Schweine, in alter Zeit auch der Menschen), fagea od. fagi, Buchecker, Plin.: gl. quernea et ilignea, Col.: querna, Tibull., iligna, Hor.: cassa, Plaut.: bubus glandem prandio depromere, Plaut.: glandibus vesci, Serv.: sic odium coepit glandis, Lucr. – **II** übtr.: **A** eine **Kugel** aus Blei od. Ton, wie sie die Schleuderer auf die Feinde warfen, plumbea glans, Cels.: glandes fundere (gießen), Auct. b. Afr.: eminus glande aut lapidibus pugnare, Sall.: glandes fundis in casas iacĕre, Caes.: faces et glandes in obsessos iaculari, Tac.: ne fluxā habenā volutetur in iactu glans, sed librata cum sederit, velut nervo missa excutiatur, Liv. – **B** die **Eichel** am männlichen Glied, Cels. 7, 25, 1 *sq.*

glarāns, antis (*glara = λήμη), **augenbutterartig,** oculorum epiphorae, Plin. Val. 4, 14.

glārea, ae, *f.* (zu Wurzel **ĝerā-*, zermalmen, zerreiben), der **Kies, a** eig.: terreno carens ac nuda glarea, Col.: arguti glarea rivi, Calp.: glarea fulva Tagi, Goldkörner, Gold, Rutil. Nam.: vias extra urbem glareā substruere, Liv.: eo loco pulvis, non glarea iniecta est, Cic. – Plur., aut glareae aut arenae, Pallad. 4, 11, 8: fluminum glareae, Pacat. pan. 28, 2: glareae Cocyti, Vulg. Iob 21, 33. – **b** bildl., sed ista, ut non excīdant animo, quasi glarea memoriae, crebrā lectione tunduntur, Augustin. de civ. dei 22, 8, 22. p. 579, 8 D.[2] – ► Vulg. Nbf. glāria, CIL 8, 2532 Fragm. B 9 (wo fossa glaria dura).

glāreōsus, a, um (glarea), **voller Kies, kiesig,** terra, Varro: arva, Col.: saxa, aus Kieseln zusammengeballte Steinmassen, Liv. – subst., glareosa, ōrum, *n.*, **kiesige Stellen,** Plin. 22, 133.

glāria, s. glārea.

glastum, ī, *n.* (gallisches Wort), **Waid,** Plin. 22, 2.

glattio, īre u. **glattito,** āre, Naturlaut der kleinen Hunde, Suet. fr. 161. p. 250, 1 R. Anthol. Lat. 762, 60 R. (wo Meyer 233, 60 glaucitat).

glaucēum, s. glaucion.

glauceus, a, um (glaucion), **vom großblätterigen Schöllkraut,** sucus, Scrib. Larg. 22.

glaucicomāns, antis (glaucus u. como, āre), **bläulichgrau behaart,** oliva, Iuvenc. 3, 623 M.

glaucina, ōrum, *n.* (glaucion), Salbe vom Saft der Glauzionpflanze (s. glaucion), **Glauzionsalbe,** Mart. 9, 26, 2. Pompon. dig. 34, 2, 21. § 1.

glaucio, īre, Naturlaut der Schafe, **blöken,** Polemo physiogn. p. 164. 9 Rose.

glaucion, iī, *n.* (γλαύκιον), eine Pflanze von bläulich schillernder Farbe, **großblütiges Schöllkraut** (*Chelidonium glaucium,* L.), Plin. 20, 206; u. bes. 27, 83. – Andere Form glaucēum, ēī, *n.* (γλαύκειον), Col. poët. 10, 104 (wo Plur.).

glauciscus, ī, *m.* (γλαυκίσκος), ein Fisch von bläulich schillernder Farbe, Plin. 32, 129 u. a.

glaucito, āre, s. glattio.

glaucōma, atis, *n.* (γλαύκωμα, τό), **I** eine Verdunkelung des Glaskörpers im Auge, der **grüne Star,** Plin. 29, 117. Veget. mul. 6, 27, 6. Prud. ham. 90. – **II** (archaist. Nbf. glaucūma, ae, *f.*) meton., der **blaue Dunst,** das **Blendwerk,** glaucumam alci ob oculos obicere, Plaut. mil. 148.

glaucōmaticus, a, um (glaucoma), **starblind,** Not. Tir. 91, 84.

glaucūma, s. glaucōma *no.* II.

1. glaucus, a, um (γλαυκός), **bläulich, grünlich, blaugrün, blassblau, lichtgrau, graublau,** equus, Blauschimmel, Verg. georg. 3, 82. Gratt. cyn. 503; vgl. Gell. 2, 26, 18. – v. den Augen, oculi, Col., Plin. u. a.: ardentes oculos intorsit lumine glauco, Verg.: u. meton.: v. der Pers., glauca uxor, blauäugige, Amm. 15, 12, 1. – v. der Farbe des Wassers, amictus Arethusae, Verg.: sorores, v. den Nerëiden, Stat.: austris spirantibus mare fieri glaucum et caeruleum, aquilonibus obscurius atriusque, Gell. – v. Pflanzen, pampinus, Acc. fr.: salix, Verg. u. Avian.: ulva, Verg.

2. glaucus, ī, *m.* (γλαῦκος), ein bläulich schillernder essbarer Seefisch, Ov. hal. 117. Plin. 9, 58.

3. Glaucus, ī, *m.* (Γλαυκός), **I** ein Fischer zu Anthedon, der sich durch den Genuss von Kräutern von göttlicher Begeisterung ergriffen und getrieben fühlte, ins Meer zu springen, wo Oceanus u. Tethys ihn in einen Meergott verwandelten, der, als Liebling des Nereus mit der Gabe der Weissagung beschenkt, mit den Nerëiden die Zukunft verkündigte, Ov. met. 13, 905 *sqq.* Verg. georg. 1, 437; Aen. 6, 36. Stat. Theb. 7, 335: Glauci chorus, die Nerëiden, Verg. Aen. 5, 823: Glaucum saltare, den Gl. pantomimisch darstellen, Vell. 2, 83, 2 (wo das ganze Kostüm des Tänzers angegeben wird). – **II** Sohn des Sisyphus, der von seinen eigenen Pferden zerrissen wurde, die Aphrodite, als sie ihre Macht von ihm verachtet sah, in Wut versetzt hatte, Verg. georg. 3, 267.

glaux, glaucis, *f.* (γλαύξ), auch eugalacton (εὐγάλακτον) gen., eine Pflanze, deren Genuss gute Milch erzeugt, nach Fraas (Synops. plant. p. 125) *Sennebiera Coronopus, Poir.,* Plin. 27, 82.

glēba, ae, *f.* u. **glaeba,** ae, *f.* (verwandt mit globus), **I** ein **Stückchen Erde,** der **Erdkloß,** die **Erdscholle,** Cic. u. a.: glaebas fecundas vertere vomere, Lucr.: glaebas dimovere aratro, Ov.: rastris glaebas frangere, Verg.: auro madidae glaebae, goldgesättigte, Ov. – meton.: **a** die **Scholie** = der **Acker, Boden,** terra potens ubere glaebae, Verg. Aen. 1, 531: ubere vix glaebae superat (Aegyptus illas insulas), Lucan. 3, 68: Eleusiniam glebam percolere, Apul. met. 11, 2: incolere fecundissimam glebam, Amm. 23, 6, 66. – **b** das **Land,** der **Landstrich,** glebae felices, Apul. met. 1, 1: medio se limite gleba Ausonis effundit, Avien. descr. orb. 482. – **II** übtr., übh. ein **Stück, Stückchen, Bisschen, Klümpchen, Knöllchen, Kügelchen,** turis, Lucr.: marmoris, Plin.: sevi ac picis glebae, Caes.: glebae aureae, Iustin.

glēbālis, e (gleba), **I aus Erdschollen bestehend,** agger, Amm. 23, 5, 15. – **II die Äcker betreffend,** collatio, Abgabe von der Scholle (vom Acker), Grundsteuer, spät. ICt.

glēbārius, a, um (gleba), **zu den Erdschollen gehörig,** bos, die Erdschollen gut durchpflügend, Schollenbrecher, Varro LL. 7, 74.

glēbātim, *Adv.* (gleba), **erdschollenweise,** Lact. de mort. persec. 23, 2.

glēbātio, ōnis, *f.* (gleba), die **Abgabe von der Scholle (von Grundstücken),** die **Grundsteuer,** Cod. Theod. 6, 2, 12.

glēbo, ōnis, *m.* (gleba) = *rusticus, arator,* Gloss.

glēbōsus (glaebōsus), a, um (gleba), **voller Klumpen, klumpig, knollig,** altera (terra Samia) glaebosior, Plin. 35, 191. – *neutr. pl.* subst., glebosa camporum, knollige Strecken, holprige Wegstrecken, Apul. met. 1, 2.

glēbula (glaebula), ae, *f.* (*Demin.* v. gleba), **I** ein **Klümpchen Erde,** eine **kleine Erdscholle,** Col. 1, 6, 23: nulla Atticae regionis glebula, Val. Max. 5, 3. ext. 3. – meton., **kleine Scholle, Äckerchen,** Iuven. 14, 166. Apul. met. 9, 35: glaebulas emi, Petron. 57, 6. – **II** übtr., übh. ein **Klümpchen, Knöllchen, Stückchen,** murrae, Vitr. 8, 3, 13: nivis, Scrib. Larg. 199: thus exiguum et odoris alicuius unam concremare glebulam, Arnob. 7, 12. p. 246, 27 R.: prägn., se glebulam ex Parthico metallo attulisse, Goldstufe, Plin. ep. 10, 74 (16), 3.

glēbulentus, a, um (gleba), **klumpig, aus Erde bestehend,** animalia, Apul. de deo Socr. 8.

glēchōn, ōnis, *m.* (γληχών), **Polei,** rein lat. pulegium (s. d.), Ps. Apul. herb. 92.

glēchōnītēs, ae, *m.* (γληχωνίτης), der **Poleiwein,** Col. 12, 25 *extr.*

glēsārius, s. glaesum.

glēsum, s. glaesum.

gleucinus, a, um (γλεύκινος), **aus Most, mit Most vermischt,** oleum, Col. 5, 22, 1. Plin. 15, 29. Cael. Aur. de morb. acut. 3, 3, 24.

gliccio, īre, Naturlaut der Gänse, **schnattern,** Suet fr. 161. p. 251, 3 R.

glicy, s. glycy.

glīnon, ī, *n.* (γλῖνος od. γλεῖνος), eine Art des Ahornbaums, Plin. 16, 67.

glīr, s. glīs ►.

glīrārium, iī, *n.* (glis), ein **Behälter für Haselmäuse,** gl. dissimili ratione habetur etc., Varro r. r. 3, 15, 1.

glīris, s. glīs ►.

glīs, glīris, *m.*, die **Haselmaus, Bilchmaus, Rellmaus,** der **Siebenschläfer** (*Sciurus glis,* L., *Glis esculentus,* Blumenb.), Varro fr. bei Charis. 131, 16. Plin. 8, 233. Petron. 31, 10. Apic. 8, 408: gliris pellis, Marc. Emp. 10: mus gliris degluptus, Marc. Emp. 16: glirium examina, Plaut. fr. bei Non. 119, 26: greges magni glirium, Varro r. r. 3, 2, 14: somniculosi glires, Mart. 3, 58, 36: in Bezug auf ihren Winterschlaf, etiam hic me optimus somnus premit, quo premitur glis, Laber. com. 4. – ► Archaist. Genet. Sing. glisis, *Naev. com. 65. – vulg. Nbf. glīr nach Charis. 90, 3 u. nach Prob. (IV) app. 198, 19; Nbf. glīris, nach Charis. 42, 3.

glīsco, ere (zu indogerm. **ĝlei-,* zunehmen, andrängen), **unvermerkt zunehmen, I** eig.: **A** im engeren Sinne, v. Feuer = **entglimmen, unvermerkt-, allmählich in Brand geraten** (vgl. Serv. Verg. Aen. 12, 9): gliscens labes, Sil. 14, 308: im Gleichnis, ad iuvenilem libidinem copia voluptatum gliscit illa, ut ignis oleo, Cic. Hortens. fr. 66 (bei Non. 22, 21). – **B** im weiteren Sinne: **a** an Umfang u. Kraft nach u. nach **zunehmen,** cutis gliscit, schwillt an, Stat.: gliscit asellus, turtur, wird dick u. fett, Col.: u. so terra gliscit stercore, quasi pabulo, Col.: ventus gliscens, Sall. fr. – **b** an Zahl **zunehmen, überhandnehmen,** gliscere numero (legiones), Ggstz. minui, Tac.: multitudo familiarum, quae gliscebat immensum, Tac.: gliscentibus negotiis, Tac. – **II** übtr.: **1** v. Leidenschaften u. Zuständen usw., **unvermerkt an Stärke gewinnen, unmerklich fortwirken und um sich greifen, -überhandnehmen, sich unvermerkt verbreiten,** Tyndaridis formae conflatus amore ignis, Alexandri Phrygio sub pectore gliscens, clara accendisset saevi certamina belli, Lucr. (vgl. oben *no.* I aus Cic. Hortens.): invidiam eam, suā sponte gliscentem, insignis unius calamitas accendit, Liv.: accenso gliscit violentia Turno, Verg.: gliscens in diem fama, Tac.: gliscentis discordiae remedium, Tac. – nec ultra bellum, gliscens iam aliquot per annos, dilatum, Liv.: ne glisceret neglegendo bellum, Liv.: fama gliscit gressu, Sil.: gliscente in dies seditione, Liv. Vgl. Drak. Liv. 6, 14, 1. – u. als Depon., ut maior invidia Lepido gllisceretur, Sempron. Asellio bei Non. 481, 5. – **2** v. Pers.: **a** an Reichtum od. Macht mehr u. mehr **zunehmen** = **sich weiter ausdehnen,** = **um sich greifen,** quā (*sc.* re publicā) tenui angustas domos (fuisse), postquam (res publica) eo magnificentiae venerit, gliscere singulos, nehme auch Reichtum u. Glanz bei den einzelnen überhand, Tac.: frustra Cassium amovisti, si gliscere et vigere Brutorum aemulos passurus es, Tac. – **b** v. einem Affekt **entbrennen, α** v. Freude = **sich innig freuen,** mit gaudio, Turpil. com. 191 (wo die Hdschrn. gliscor gaudio): absol., Stat. Theb. 8, 756. – **β** von Begierde **entbrennen,** vor Begierde **brennen,** ferro dulci, vor Kampflust, Stat.: regnare, Stat.

glisomarga, ae, *f.* (keltisches Wort), **Gleißmergel,** eine Art Mergel, Plin. 17, 46.

globātim, *Adv.* (globo), **klumpenweise, haufenweise,** Amm. 27, 9, 6. Gloss. IV, 84, 3 gregatim glouatim.

globeus, a, um (globus), **kugelrund,** forma, Chalcid. Tim. 75.

globo, (āvī), ātum, āre (globus), **I runden,** medial globari, sich runden, Plin.: forma mundi in speciem orbis globata, Plin. – **II zu einem Haufen versammeln,** globari, sich **zusammenhäufen, sich in einen Haufen versammeln,** Plin.: coturnices globatae properant, Solin.

globōsitās, ātis, *f.* (globosus), **die kugelrunde Gestalt, die Kugelgestalt,** terrae, Macr. somn. Scip. 1, 15, 16 u. a.: lunaris, Macr. somn. Scip. 1, 19, 23. – u. die **Krümmung,** aquae, Chalcid. Tim. 62.

globōsus, a, am (globus), **kugelförmig, kugelrund,** mundus, terra, Cic.: stellae gl. et rotundae, Cic.: saxum, Liv.: aquae superficies, gekrümmte, Chalcid. Tim. 62.

globulus, ī, *m.* (*Demin.* v. globus), das **Kügelchen, I** im Allg., Plin. 33, 89. – **II** insbes.: **A** eine **kugelförmige Speise, der Kloß,** Cato r. r. 79. Varro LL. 5, 107: bildl., melliti verborum globuli, schön gerundete Perioden, Petron. 1, 3. – **B** als mediz. *t. t.* = **Pille,** Scrib. Larg. 13 u. a.

globus, ī, *m.* (verwandt mit glēba), **I** jeder dichte, runde Körper, die **Kugel, A** eig. = σφαῖρα, grandiculi globi, Bleikugeln, Plaut.: gl. pilai, Lucr.: marmoreus, Claud. – solis et lunae, Lucr.: stellarum, Cic.: terrae, Cic.: in caelo animadversi globi, Feuerkugeln, Cic. – **B** übtr.: **1** der kugelförmige **Haufe, Klumpen, Ballen,** die kugelförmige **Masse, a** übh.: globus ignis, fortuitorum ignium, Feuerklumpen, Sen.: dass. globi flammarum, Verg. u. Plin.: globi nubium, Tac. u. Amm.: globi nivium, Macr.: crinium globi, Haarwulste, Apul.: globi sanguinis de corpore eius destillabant, Augustin. in psalm. 140, 4. – **b** insbes., **α** ein **Knäuel** Wolle, aliarum neta in globum collige, Hieron. epist. 130, 15. – **β** als Speise, der **Kloß,** globus farinae dilatatus, Varro LL. 5, 107: globos sic facito, Cato r. r. 79. – **2** v. Menschenmassen: **a** im Allg.: der **Haufe,** die **Schar,** globi militum, armatorum, Tac.: gl. circa Fabium, der den F. umstehende Haufe, Liv.: globus circumstans consulis corpus, Liv.: firmatae stationes densioribus globis, Tac.: quā globus ille virūm densissimus urget, Verg. – **b** insbes., ein **Verein** zu einem Zweck, der **Klub,** im üblen Sinne, die **Clique,** consensionis, Nep.: coniurationis, Vell.: nobilitatis, Sall. – **3** v. Abstr., globi argumentorum, Fronto ep. Gr. 7. p. 253, 15 N. – **II** = absis, die **Kreisbahn,** Chalcid. Tim. 79.

glōcido, āre = glocio, Paul. ex Fest. 98, 6.

glōcio, īre (κλώζω), Naturlaut der Henne, **glucken,** Col. 8, 5, 4.

gloctoro, āre, s. glōttoro.

glomerābilis, e (glomero), **auf einen Klumpen zusammengeballt,** Manil. 1, 221 u. 4, 522.

glomerāmen, inis, *n.* (glomero), eine **zusammengeballte Masse,** ein **geballtes Kügelchen,** Lucr. 2, 686 u. a.: Plur. = runde Atome, Lucr. 2, 454; u. Pillen, Ser. Samm. 999.

glomerārius, iī, *m.* (glomero) = qui ardet glomerare manum bello (Verg. Aen. 2, 315), Sen. contr. 1, 8, 13 B. (Kießling temerarius).

glomerātē, *Adv.* im *Compar.* (glomero), **gehäuft,** vox densata glomeratius, Auson. grat. act. (VIII) XV (68). p. 27 Schenkl.

glomerātim, *Adv.* (glomero), **haufenweise,** Cypr. epist. 5, 2. Macr. sat. 6, 4, 3. Diom. 407, 4 (ohne Beleg).

glomerātio, ōnis, *f.* (glomero), das Werfen der Vorderschenkel im Bogen, der **Trott,** v. Pferd, Plin. 8, 166.

glomero, āvī, ātum, āre (glomus), **zu einem Knäuel zusammenballen, aufwickeln, aufwinden,** **I** eig.: **A** im Allg.: lanam in orbes, Ov.: viscera glomerata, Ov.: venae glomerantur, Cels. – poet., annus glomerans (*sc.* se), das sich aufwindende Jahr = der Kreislauf des Jahres, Cic. poët. de div. 1, 19. – **B** insbes., Speisen **zu einer Kugel-, einem Kloß zusammenballen,** gl. offas ex ficis et farre mixto, Varro: puls manu glomerata, Fest.: frusta mero glomerata, Ov. – **II** übtr.: **A** v. Reiter, gl. superbos gressus, das Pferd stolz die Vorderschenkel im Bogen werfen lassen, stolz trottieren, im stolzen Trott einherreiten, Verg. georg. 3, 117; vgl. Macr. sat. 6, 9, 8 *sqq.* – **B** wie zu einem Knäuel, -einem Klumpen **zusammendrängen, häufen, auftürmen,** **a** Lebl.: tempestatem, Verg.: parvos ignis glomeratus in orbes, Manil.: übtr., clades saeclis glomerata, Cic. poët.: fas et nefas, Prud. – **b** lebende Wesen: agmina, Verg.: se, Verg. – medial glomerari, **sich zusammendrängen, sich häufen, sich aufstürmen,** glomerantur apes in orbem, Verg.: glomerantur legiones in testudinem, Tac.: glomerantur hostes, Verg.

glomerōsus, a, um (glomus), **knäuelartig, rund,** Col. 9, 3, 1.

glomus, eris, *n.* (Nbf. v. globus; s. Prisc. 1, 44), **I** der **Kloß,** als Speise, Paul. ex Fest. 98, 4; vgl. Varro LL. 5, 107. – **II** der **Knäuel,** lanae, Lucr. 1, 360. Hor. ep. 1, 13, 14: lini, Varro fr. bei Plin. 36, 91: staminis albi, Scrib. Larg. 142. – ► Erste Silbe lang (ō) b. Lucr. 1, 360.

glōria, ae, *f.* (griech. κλέος; eig. der Ruf, dann prägn.) der **Ruhm,** die **Ehre,** **I** eig.: belli, Caes.: doctrinae et ingenii, Cic.: dicendi, Quint.: in summam gloriam venire, Cic.: gloriam habere, consequi, capere, acquirere, Cic.: gloriam sequi, Cic.: alqm gloriā afficere, jmdm. R. verleihen, Cic.: quin ipsum Tiberim nolle prorsus accolis fluviis orbatum minore gloriā (Herrlichkeit) fluere, Tac. – Plur. gloriae = **Gelegenheiten zu Ruhm,** Rhet. Her. 3, 10. Sall. Iug. 41, 7. – **II** meton.: **A** objekt., das Ruhm Bringende, **a** übh.: ne armentis quidem suus honos aut gloria frontis (stolzer Stirnschmuck), Tac. Germ. 5. – **b** die **Ruhmestat,** Tac. ann. 2, 88: bes. Plur. gloriae = die **Ruhmestaten,** gloriae meretricum, Plaut.: veteres Gallorum gloriae, Tac.: gloriarum plenior quam illic est, Plaut. – **c** v. leb. Wesen, der **Ruhm,** die **Ehre,** die **Zierde,** taurus, pecoris od. armenti gloria, Tibull. 4, 1, 208. Ov. art. am. 1, 290. – **B** subj., die **Ruhmbegierde, Ruhmsucht,** der **Ehrgeiz,** im üblen Sinne = die **eitle Ruhmsucht** (griech. κενοδοξία), die **Hoffart** (griech. βαναυσία), eitle **Prunksucht, Prahlerei, Ruhmredigkeit,** Cic. u. a.: generandi mellis, Verg. – Plur., inanes flare glorias, mit eitlem Geprahle sich unaufhörlich breit machen, Gell. 1, 2, 6. – ► Nbf. **gelōria,** CIL 5, 6244.

glōriābilis, e, **prahlend** = καυχηματίας, Gloss. II, 34, 28.

glōriābundus, a, um (glorior), **sich rühmend, prahlend,** Gell. 5, 5, 4. Lact. 5, 13, 15.

glōriātio, ōnis, *f.* (glorior), das **Sich-Rühmen,** Cic. de fin. 3, 28 u. 4, 50. Auct. de idiom. gen. 581, 55 K. Vulg. Sirach 1, 11 u. 9, 22 u. öfter bei a. Eccl.

glōriātior, ōris, *Adi. Compar.* (glorior), **etwas prahlerisch,** Iul. Val. 2, 16 p. 98, 5 *Klueber.*

glōriātor, ōris, *m.* (glorior), der **Prahler,** magis sum tantae amicitiae cupitor quam gloriator, Apul. flor. 17. p. 26, 2 Kr. Vgl. Fronto de diff. (VII) 523, 10 K.

glōrificātio, ōnis, *f.* (glorifico), die **Verherrlichung,** Eccl.

glōrifico, āvī, ātum, āre (glorificus), **verherrlichen,** deum, Eccl.

glōrificus, a, um (gloria u. facio), **glorreich,** Itala Iob 9, 10 u. 34, 24. Cod. Iust. 2, 8, 7. § 2.

glōriola, ae, *f.* (*Demin.* v. gloria), **ein bisschen Ruhm,** vivum gloriolā suā perfrui, Cic. ep. 5, 12, 9: si tibi ita placuerit, etiam hisce eum ornes gloriolae insignibus, magst du ihn auch mit einem solchen Ehrenpöstchen bedenken, Cic. ep. 7, 5, 3: animus laudem atque rumusculos et gloriolam populi (beim V.) requirens, Hieron. epist. 105, 2.

glōrior, ātus sum, āri (gloria), **sich** einer Sache (mit od. wegen einer Sache) **rühmen,** mit etw. **prahlen, großtun, sich viel** mit etw. **wissen, sich viel** auf etw. **zugute tun,** in etw. **seinen Ruhm setzen** od. **suchen,** **α** absol.: tu ipse mihi gloriari videbare, Cic.: hic tu me gloriari vetas, Cic.: defendendi haec causā, non gloriandi eloquor, Cic. – m. Ang. **wie?** durch ein *Adv.* od. einen *Abl.*, aperte gloriari, Quint.: nimis, Cic.: insolenter, Cic.: falso, Apul.: iure, Cic.: quo modo ipse gloriari solet, Cic.: ita gloriari solent, Quint. (vgl. auch *no.* β u. γ). – m. Ang. **bei wem?** durch *apud* m. Akk., licet enim mihi apud te gloriari, Cic.: dicitur eo tempore glorians apud suos Pompeius dixisse non recusare se etc., Caes.: apud omnes intemperatissime, Apul. – m. Ang. **wem gegenüber? gegen wen?** durch *adversus* m. Akk., sed ne adversus te quidem gloriabor, Liv.: nec gloriandi tempus adversus unum est, Liv. – m. Ang. **wobei? wovor?** durch *in* m. Abl., in (bei) victoria vel ignavis gloriari licet, Sall.: hos quidem diutius in nostro conspectu (vor unseren Augen) gloriari magno nobis et dedecori et dolori est, Auct. b. Alex. – **β** m. *Abl.:* nominibus veterum, Cic.: alienis bonis, Phaedr.: vitiis solis, Tac.: malis eorum, Iustin.: iisdem amicis, Plin. pan.: iustitiā, Lact.: isto dicto, Aur. Vict.: nimis eo beneficio, Auct. b. Alex.: qui sordido vehiculo erubescit, pretioso gloriabitur, Sen.: Aegyptus alendis augendisque seminibus ita gloriata est, ut etc., rühmte sich des Gedeihens u. der Fruchtbarkeit seiner Saaten so, dass usw., Plin. pan. – m. Ang. **wie?** durch ein *Adv.*, suā victoriā tam insolenter, Caes.: immodice immodesteque non Hannibale magis victo ab se quam Q. Fabio, Liv. – m. Ang. an **wem?** durch *in* m. Abl., sed hoc non concedo, ut quibus rebus gloriemini in vobis, easdem in aliis reprehendatis, Cic.: rogo ergo, domine, ut honestis, ut spero, affectibus meis praestes ut non in me tantum verum et in amico gloriari iudiciis tuis possim, Plin. ep. – m. dopp. *Abl.*, socero illo, seiner als Schw., Ov. met. 6, 176 (vgl. unten mit dopp. *Acc.*). – **γ** m. *Genet.:* adoriae plenae gloriarer, Apul. met. 7, 16 *in.* – **δ** mit *de* u. Abl.: num quando vides Tusculanum aliquem de M. Catone illo in virtute principe gloriari? Cic.: si longiorem orationem non cupiditas gloriandi de me, sed necessaria criminum defensio facit, Liv.: m. Ang. **wie?** durch ein *Adv.*, quoniam pecunias aliorum despicis, de tuis beneficiis intolerantissime gloriaris, Cic. – **ε** mit *in* u. Abl. = in etw. seinen Ruhm setzen od. suchen, nobis quoque licet in hoc quodam modo gloriari, Cic.: propter virtutem enim iure laudamur, in virtute recte gloriamur, Cic. – **ζ** m. folg. *Infin.:* sustinuisse mihi gloriatur bellum Antoni togatus Cicero noster, Cic. ep. ad Brut. 1, 17, 2: nunc gloriantis quamlibet mulierculam vincere mollitiā amor Lycisci me tenet, Hor. epod. 11, 23 *sq.* – **η** m. folg. *Acc.* u. *Infin.:* vah, gloriare evenisse ex sententia? Ter.: is mihi etiam gloriatur se omnes magistratus sine repulsa assecutum? Cic.: id se reperisse Cassius gloriabatur, Cels.: nec inventos illis toto orbe pares viros gloriatur, Iustin. – m. Ang. **unter (bei) wem?** durch *inter* m. Akk., se alterum fore Sullam inter suos gloriatur, Caes.: Ptolemaeus inter suos belli metu pacem Gallos petere gloriatus est, Iustin. – m. Ang. **wie?** durch ein *Adv.*, quod insolenter adversarii gloriarentur L. Lentulum et C. Marcellum consules creatos, Hirt. b. G. – *in eo* multum gloriari solent m. folg. *Acc.* u. *Infin.* = darein ihren Ruhm zu setzen, dass usw., Cic. – m. Abl. u. m. *Acc.* u. *Infin.*, non ego secundis rebus nostris gloriabor, duos consules ac duos consulares exercitus ab nobis sub iugum missos, Liv. 23, 42, 7. – **θ** m. folg. indir. Fragesatz: gloriatus est expergefactā e somno Caesoniā quantum egisset, dum ea meridiaret, Suet. Cal. 38, 3. – **ι** mit *Acc.* = in Bezug auf usw., u. zwar gew. m. allg. *Acc. pronom.*, vellem equidem idem posse gloriari quod Cyrus, Cic.: in eum haec gloriantem impetum facit, Liv.: quod et ipse gloriatur in quadam sua epistula, worauf er sich viel weiß, Vopisc.: u. (zugl. m. *de* u. Abl.) ut *de* me ipso aliquid more senum glorier, Cic. – selten m. bestimmtem *Acc.*, rem ineptam, Vopisc. Procul. 12, 8: m. dopp. *Acc.*, victorem Pacorum Romanorum, von P. als Besieger der R. viel Rühmens machen, Iustin. 42, 4, 11 (vgl. oben m. dopp. *Abl.*). – dah. Partiz. Fut. Pass. gloriandus = **rühmenswert,** beata vita glorianda et praedicanda est, Cic.: nec in misera vita quidquam est praedicabile aut gloriandum, Cic.: tamquam honesta erubescenda sint et inhonesta glorianda, Augustin. – ► Spätlat. auch se gloriari, **sich rühmen,** et ego nomine hoc participato me glorier gloriatusque sim, Iul. Val. 2, 17 (5). p. 79, 20 K.

glōriōsē, *Adv.* (gloriosus), **I mit Ruhm, rühmlich,** qui res magnas manu saepe gessit gl., Naev. com. fr.: gl. triumphare, Cic.: reliqua gloriosius retinere, Sall. fr.: alqd gloriosissime et magnificentissime conficere, Cic. – **II ruhmredig, prahlend, prahlerisch, großtuerisch,** gl. amiciri, Plaut.: mentiri, Cic.: exordiri, Cic.: gloriosius de se praedicare, Cic.

glōriōsus, a, um (gloria), **I** objekt., **ruhmvoll, rühmlich,** mors, Cic.: honores, Nep.: gloriosius alci, Cic.: gloriosissimum factum, Cic.: magnificum illud etiam Romanisque hominibus gloriosum, *ut* Graecis de philosophia litteris non egeant, Cic. de div. 2, 5. – **II** subjekt., **a ruhmsüchtig, ehrgeizig, hochstrebend,** v. Pers., Cic. Tusc. 3, 73: animus, Suet. Claud. 1, 4: militis spiritus, Val. Max. 8, 14, 5. – **b ruhmredig, prahlerisch, großsprecherisch, aufgeblasen,** miles, Plaut. u. Cic.: gloriosus fuisti, Cic.: epistula, Plin. ep.: pavo, gloriosum animal, Plin.: nihil enim umquam neque insolens neque gloriosum ex ore eius exiit, Nep.

glōrius = gloriosus, Fronto de diff. (VII) 523, 10 K.

glōs, glōris, *f.* (γαλόως, s. Paul. ex Fest. 98, 5, od. γάλως, s. Exc. ex Charis. gr. 546, 28) = ἡ τοῦ ἀνδρός ἀδελφή (Gloss.), des Mannes Schwester, die **Schwägerin,** Modestin. dig. 38, 10, 4. § 6. Auson. edyll. 12. de hist. 13. p. 136, 22 Schenkl. – u. die **Brudersfrau,** nach Non. 557, 7.

glōsa, s. glōssa.

glōsārium, s. glōssārium.

glōssa (glōsa), ae, *f.* (γλῶσσα) = glossema (s. d.), eine **Glosse,** Auson. epigr. 128, 2. p. 217, 6 Schenkl. – als Titel von Sammlungen usw., Varro LL. 7, 10.

glōssārium (glōsārium), iī, *n.* (γλωσσάριον), ein Wörterbuch, in dem veraltete u. fremde Wörter erklärt werden, ein **Glossar,** Gell. 18, 7, 3.

glōssēma (glōsēma), matis, Genet. Plur. matum u. gew. matorum, *n.* (γλώσσημα), ein veraltetes-, fremdes-, fremdartiges Wort, das einer Erklärung durch ein bekanntes bedarf, ein **Glossem,** Varro LL. 7, 34. Asin. Poll. bei Suet. gr. 22. Quint. 1, 8, 15. – Plur. glossemata als Titel von Sammlungen solcher Wörter, Fest. 166 (b), 8 u. 181 (a), 18.

glōssēmaticus, a, um (γλωσσηματικός), **unbekannte und veraltete Wörter betreffend, glossematisch,** genus locutionum, Diom. 440, 2.

glōssopetra, ae, *f.* (γλῶσσα, Zunge, u. πέτρα, Stein), ein Edelstein, der menschlichen Zunge ähnlich, wahrsch. **versteinerter Haizahn,** Plin. 37, 164. Solin. 37, 19.

glōssula, ae, *f.* (*Demin.* v. glossa), eine **kleine Glosse,** Schol. Pers. 1, 95. Gloss. II, 359, 26 (wo ›glossula, λέξις‹).

glōttis, idis, *f.* (γλωττίς), ein Vogel, der die Wachtel auf ihrem Zug begleitet, Plin. 10, 67.

glōttoro, āre, Naturlaut des Storches, Anthol. Lat. 733, 7 (1079, 7), 762, 29 R. (223, 29 M. gloctorat).

glūbo, glūpsī, glūptum, ere, **abschälen, I** eig.: **a** *tr.:* salictum, Cato r. r. 33, 5: ramos, Varro r. r. 1, 55, 2: id granum, Paul. ex Fest. 98, 8. – bes. ein Tier **abdecken, schinden,** pecus, Paul. ex Fest. 98, 8. – **b** *refl.*, **sich abschälen,** Cato r. r. 17 u. 31. – **II** übtr., **ausschälen** = **berauben,** magnanimos Remi nepotes, Catull. 58, 5. – ► Futur. (nach der 2. Konj.) glubebit, Cato r. r. 17, 1 K.

glucidātus, a, um, s. clucidātus.

glūma, ae, f. (st. glubma v. glubo, s. Paul. ex Fest. 98, 8), die **Hülse,** der **Balg** des Getreides, Varro r. r. 1, 48, 1 u. 2.

***gluo,** ere, **zusammenziehen,** s. glūten, 1. glutus.

glūs, glūtis, *f.* = gluten (s. d.), Auson. edyll. 12. per interr. 10. p. 138, 2 Schenkl. Veget. mul. 5, 65, 2 u. 6, 14, 4. Vgl. Charis. 42, 10.

glut glut, Naturlaut der durch die enge Öffnung eines Gefäßes gluckenden Flüssigkeit, Anthol. Lat 1069, 16 (= Anthol. Lat. fasc. 2. praef. p. XLIV Riese).

glūten, inis, *n.* u. **glūtinum,** ī, *n.* (*gluo), der **Leim, I** eig., Form *-en* bei Verg., Cels. u. a.: Form *-um* bei Sall. fr., Cels. u. a. – **II** (Form *-um*) übtr., das **Band,** die **Verbindung,** Prud. cath. 9, 102. Hieron. epist. 3, 3. Ps. Apul. Asclep. 29.

glūtināmentum, ī, *n.* (glutino), die **zusammengeleimte Stelle,** beim Papier, Plur. bei Plin. 13, 81.

glūtinārius, iī, *m.* (gluten), der **Leimsieder,** CIL 6, 9443.

glūtinātio, ōnis, *f.* (glutino), das **Zusammenleimen,** übtr., die **feste Verheilung,** vulneris, Cels. 7, 27. p. 315, 23 D.: quo facilius glutinatio fieri solet, Cael. Aur. de morb. chron. 2, 12, 141: Plur., eius enim factae glutinationes, *ibid.* § 142.

glūtinātīvus, a, um (glutino), **zusammenleimend, -ziehend,** Ps. Apul. herb. 72 u. 77.

glūtinātor, ōris, *m.* (glutino), der Zusammenleimer der Bücherblätter, der **Buchbinder,** Lucil. 793. Cic. ad Att. 4, 4 (a), 1. CIL 10, 1735 u. 10, 6638 B 5.

glūtinātorium, iī, *n.* (glutino), ein **Mittel zum Verkleben,** Plur. bei Pelagon. veterin. 6 (§ 84 *Ihm*). Vgl. Gloss. II, 353, 22.

glūtinātōrius, a, um (glutino), **zusammenleimend, -ziehend,** Theod. Prisc. de diaeta 10.

glūtineus, a, um (gluten), **voller Leim,** Rutil. Nam. 1, 610.

glūtino, āvī, ātum, āre (gluten), **leimen, zusammenleimen, I** eig.: chartas, Plin. 22, 127: vitri fragmenta, Plin. 29, 51. – **II** übtr., als mediz. *t. t.*, **fest verheilen machen, schließen,** Passiv glūtinārī medial = **fest verheilen, sich schließen,** cicatrices, Plin.: orae vulneris se glutinarunt, Cels.: inter se tunicae glutinantur, Plin.

glūtinōsus, a, um (gluten), **voller Leim, leimig, zähe, klebrig,** terra, Col.: pus glutinosius, Cels.: cibus, Apul.: terra glutinosissima, Col.

glūtinum, ī, *n.*, s. glūten.

glūtto, s. gluttio.

glūto, s. glutto.

gluttinātus, ūs, *m.* (gluttio), das **Glucksen, Schluchzen,** Schol. Bern. Verg. georg. 3, 431.

gluttio (glūtio), īvī od. iī, ītum, īre, **verschlucken, verschlingen, a** eig.: collyras madidas, Plaut. Pers. 94: epulas, Iuven. 4, 28 (wo *Infin.* gluttisse): micularum minimum cum vino destillatum, Fronto ad M. Caes. 5, 40: salivam suam, Vulg. Iob 7, 19: aliquid, Vulg. Sirach 23, 22: camelum, bildl., Vulg. Matth. 23, 24. – **b** übtr., vocem, Plin. 10, 33: clamans glutitam mortem fortis victoriā Christi, Ps. Tert. adv. Marc. carm. 2, 268.

glutto (glūto), ōnis, *m.* (gluttio), der **Schlemmer,** Anthol. Lat. 1069, 17 (= Anthol. Lat. fasc. 2. p. XLIV Riese). Schol. Iuven. 4, 17 u. 29; vgl. Paul. ex Fest. 112, 2. Gloss. II, 358, 10 (wo ›gluto u. glutto, λαίμαργος‹).

1. **glūtus** (gluttus, glittus), a, um (eig. glutitus, Partiz. v. *gluo), zusammengezogen = **zäh, zusammenhaltend** (im Ggstz.zum Bröckligen), locus, Cato r. r. 45, 1 u. daraus Plin. 17, 125 (wo gluttus). Paul. ex Fest. 98, 7 (wo glittis, Variante gluttis).

2. **glūtus** (gluttus), ī, *m.* (glutio) = βρόγχος (Gloss.), der **Schluck,** Pers. 5, 112: gl. aceti, Th. Prisc. 4. fol. 313 a. – u. das **Verschlucken,** ciborum morsus et potionum glutus, Augustin. c. Iulian. Pelag. 4. § 71.

Glycera, ae, *f.* (Γλυκέρα), **I** berühmte Hetäre in Athen, Geliebte des Dichters Menander, Mart. 14, 187. – **II** Geliebte des Horaz, Hor. carm. 1, 19, 5; 1, 30, 3. – **III** Geliebte des Tibull, Hor. carm. 1, 33, 2.

Glyco u. **Glycōn**, ōnis, Akk. ōna, *m.* (Γλύκων), griech. Eigenname, unter dem bekannt: **a** ein berühmter Athlet, Hor. ep. 1, 1, 30. – **b** der Arzt des Pansa, Cic. ep. ad Brut. 1, 6, 2. Suet. Aug. 11. – **c** mit dem Beinamen Spyridion (Spiridion), ein berühmter Rhetor, Sen. suas. 1, 11 u. ö. Quint. 6, 1, 41. – Dav. **Glycōnius**, a, um, **von einem Glykon herrührend, glykonisch,** metrum, Sidon. epist. 9, 13, 2. *v.* 9. Diom. 510, 22. Serv. de cent. metr. 465, 10 K.: versus, Atil. Fortun. 2, 20 G. = p. 291, 25 K.

glycy (glicy), eos, *n.* (γλυκύ), **getrocknete Weintrauben, Rosinen,** Plin. Val. 1, 51 (wo Genet. gliceos).

glycymaris, idis, *f.* (γλυκυμαρίς), eine Art **Gienmuscheln,** Plin. 32, 147.

glycyrriza (glycyrrhiza), ae, *f.* (γλυκύρριζα), **Süßwurzel, Süßholz,** rein lat. dulcis radix, Plin. 11, 284 u. 22, 24. Veget. mul. 3, 9, 7.

glycysīdē, ēs, *f.* (γλυκυσίδη), **die Päonie, Gichtrose,** Plin. 27, 84. Scrib. Larg. 166 (wo Genet. -īdae). – Andere Form **glycysis,** idis, *f.*, Plin. 25, 29 D. Ps. Apul. herb. 64.

Gnaeus, ī, *m.*, ein römischer Vorname, der abgekürzt Cn. geschrieben wurde.

gnaphalium, iī, *n.* (γναφάλιον), ein wolliges Kraut, **Ruhrkraut, Wiesenwolle,** Plin. 27, 88. – Nbf. **gnaphalis,** Akk. ida, Marc. Emp. 29. fol. 129 (a) unten.

gnārē, *Adv.* (gnarus) = ἐντρεχῶς, **kundig,** Gloss. II, 35, 7.

gnārigātio, ōnis, *f.* (gnarigo) = *sermo,* Placid. gloss. V, 24, 23.

gnārigo, āvī, āre (gnarus) = narrare, Liv. Andr. b. Paul. ex Fest. 95, 16.

gnārio, īvī, īre (gnarus), **mitteilen, erzählen,** Paul. ex Fest. 95, 17. Gloss. II, 35, 12 (wo ›gnaritur, γνωρίζεται‹).

gnāritās, ātis, *f.* (gnarus), die **Kenntnis,** locorum, Sall. hist. fr. 3, 68 (78). Amm. 16, 2, 10. – ► Nbf. nāritās, Donat. Ter. adelph. 3, 3, 43.

gnāruris, e, archaist. = gnarus (vgl. Placid. gloss. V, 24, 17), Plaut. most. 100. Auct. prol. Plaut. Poen. 47. Auson. epist. 22, 2, 19. p. 184, 23 Schenkl. Arnob. 3, 22.

gnārus (vgl. (g)nosco, ignōro), a, um, **I** einer Sache **kundig,** in ihr **Kenntnis habend,** etw. **verstehend,** mit etw. **bekannt** (Ggstz. ignarus, nescius), mit *Genet.*, loci, Plaut.: locorum, Tac.: rei publicae, Cic.: Latinae linguae, Liv.: virgo gnara artis ex disciplina parentum, Iustin.: *Compar.*, Mantuanus poëta naturalium gnarior quam philosophaster Poenorum, Iulian. bei Augustin. op. imperf. c. Iulian. 5, 11. p. 907 Ben. – m. folg. indir. Fragesatz, eum gnarum fuisse, quibus orationis modis quaeque animorum partes pellerentur, Cic.: nemine gnaro aut opinante, quidnam coepturus esset, Suet. – m. folg. *Infin.* neben *Gen. Gerund.*, *eliciendi* animulas noxias et praesagia *sollicitare* larvarum perquam gnarus, Amm. 28, 1, 7. – m. folg. *Acc.* u. *Infin.*, Hasdrubal satis gnarus Hannibalem transitus quosdam pretio mercatum (esse), Liv.: gnari ex fuga finitumorum fugitivos ad se adventare, Sall. fr. – absol., custos gn., Tac. ann., 4, 67: turbarent gnarus, die das verstanden, *ibid.* 16, 5: Plur. subst., gnarissimi, die Kundigsten, Solin. 51 *extr.* – **II** passiv = **gekannt, bekannt** (Ggstz. ignarus, incognitus), gnarum id Caesari, Tac.: gnara Claudio cuncta, Tac.: rarissimo cuique piorum *gnara,* ceterum omnibus profanis *incognita,* Apul. apol. 12 *in.* – absol., conspicui eoque gnari, Tac. ann. 6, 35: iam prioribus gnaris, Apul. flor. 16. p. 21, 10 Kr. – ► Nbf. nārus, Varro LL. 6, 51. Cic. or. 158. Fest. 166 (b), 20.

gnāscor, altlat. für nascor, s. d.

gnāta, ae, *f.*, altlat. für nata, s. nāscor.

Gnatho, ōnis, *m.*, Name eines nichtswürdigen Schmarotzers bei Terenz; vgl. Cic. de amic. 93: dah. für einen nichtswürdigen Schmarotzer übh., Cic. Phil. 2, 15. – Dav. **Gnathōnicī,** ōrum, *m.*, **Schüler des Gnatho = Schmarotzer,** Ter. eun. 264.

Gnātia, ae, *f.*, s. 1. Egnātia.

gnātus, a, um, altlat. für natus, s. nāscor.

gnāvitās, gnāviter, gnāvus, s. nāvitās, nāviter, nāvus.

Gnidus, Gnidius, s. Cnidus.

gnōbilis, e, altlat. = nobilis, s. Fest. p. 174 (b), 27 *Muell. not. cr.*

gnōmē, ēs, *f.* (γνώμη), der **Sinnspruch, Denkspruch,** die **Sentenz,** brevicula, Fronto ep. ad M. Caes. 3, 11. p. 48, 16 u. 22 N.

gnōmicos, ē, on (γνωμικός), **als Denkspruch (Sentenz) dienend, in Form eines Denkspruchs (einer Sentenz),** enthymema, Iul. Vict. art. rhet. 11.

gnōmōn, onis, *m.* (γνώμων), **I** der **Zeiger, Weiser** an der Sonnenuhr, Vitr. 9, 1, 1. – **II** das **Winkelmaß,** Vitr. 1, 6, 14.

gnōmonicus, a, um (γνωμονικός), **den Sonnenweiser** oder **die Sonnenuhr betreffend, I** *adi.*: res, Vitr.: rationes, Vitr. – **II** *subst.*: **1** gnōmonica, ae, *f.* u. gnōmonicē, ēs, *f.* (γνωμονική sc. τέχνη), die Kunst, Sonnenuhren zu beurteilen u. zu machen, die **Gnomonik,** Form *-a,* Gell.: Form *-ē,* Vitr. u. Plin. – **2** gnōmonicī, ōrum, *m.*, Erfahrene in der Gnomonik, **Gnomoniker,** Solin. 37, 3.

gnōsco, ere (γνόω, γιγνώσκω, γινώσκω), die alte Form von nosco, Caecil. com. fr. inc. 38. – Parag. Infin. gnoscier, CIL 1, 196. lin. 27.

gnōsticē, ēs, *f.* (γνωστική), das **Erkenntnisvermögen,** Fulg. myth. 3, 10.

gnōsticī, ōrum, *m.* (γνωστικοί), die **Gnostiker,** Ketzer im zweiten Jahrhundert, Augustin. de haeres. 6. Isid. orig. 8, 5, 6.

gnōsticus, a, um (γνωστικός), die **Gnostiker betreffend, gnostisch,** heresis, Hieron. de vir. ill. 121.

Gnōsus (Gnōssus), ī, *f.* (Κνωσός, weniger gut Κνωσσός), eine der ältesten Städte Kretas, ehemalige Residenz des Minos (des Vaters der Ariadne), berühmt durch das von Minos erbaute Labyrinth und das Grabmal des Jupiter, Mela 2, 7, 13 (2. § 113); über das Grabm., Lact. 1, 11, 46 (vgl. Cic. de nat. deor. 3, 53). – Dav. **A Gnōsiacus** (Gnōss.), a, um (*Κνωσιακός), **gnosisch,** poet. = **kretisch,** rex, Ov.: carina, Ov. – **B Gnōsias** (Gnōss.), adis, *f.* (*Κνωσιάς), **gnosisch,** poet. = **kretisch,** Ov. art. am. 1, 293: subst., die **Kreterin** = Ariadne, *ibid.* 1, 556. – **C Gnōsis,** idis, Akk. ida, *f.*, **gnosisch,** poet. = **kretisch,** corona, die Krone der Ariadne, ein Gestirn, Ov.: subst., die **Kreterin,** für Ariadne, Ov. u. a. – **D Gnōsius** (Gnōss.), a, um (Κνώσιος), **gnosisch, a aus Gnosos,** Liv. u. Plin. – subst., Gnōsiī, iōrum, *m.* (Κνώσιοι), die Einw. von Gnosos, die **Gnosier,** wie alle Kreter berühmt als Bogenschützen, Liv. – **b** poet. = **kretisch,** übh., tellus, Kreta, Verg.: calami spicula Gnosii, Hor.: stella coronae, das Gestirn, die Krone der Ariadne, Hor.: dass. ardor Bacchi (weil Bacchus ihr diese Krone geschenkt haben soll), Col. – subst., Gnōsia, ae, *f.*, die **Kreterin** = Ariadne, Prop. 1, 3, 2.

gōbio, s. gōbius.

gōbius (cōbius), ī, *m.* (κωβιός, s. Prisc. 1, 26 u. 6, 70), ein Fisch, **Grundel, Gründling,** Ov. hal. 130. Mart. 13, 88, 2. – in Prosa gew. Nbf. **gōbio** (cōbio), ōnis, *m.*, Col. 8, 17, 12. Plin. 9, 175. Iuven. 11, 37: gobiones pisces, Cael. Aur. de morb. acut. 1, 17, 176 u. 2, 24, 139.

goerus, s. gȳrus.

goētīa, ae, *f.* (γοητεία), die **Zauberei,** Augustin. de civ. dei 10, 9.

Golgī od. **Golgoe** (Γολγοί), ōrum, *m.*, Stadt auf Cypern mit einem berühmten Aphroditetempel, Catull. 36, 14; 64, 96. – ► Nom. Golgoe, Plin. 5, 130 D.

gomia, s. gumia.

gomor, *n. indecl.* (עמר), ein hebr. Maß = 15 modii, Metrol. scriptt. p. 133, 11 u. 142, 9. Isid. 16, 26, 17. Cypr. ep. 69, 14. Vulg. Levit. 16, 16.

Gomorrha (Gomorra), ae, *f.* u. **Gomorrhum** (Gomorrum), ī, *n.*, die Stadt Gomorrha in Palästina, Form *-a,* Prud. psych. praef. 17. Vulg. gen. 10, 19 u. a. – Form *-um,* Solin. 35, 8. Tert. apol. 40 (wo Akk. Plur. Gomorra). – Dav. **Gomorrhaeus,** a, um, **gomorrhäisch,** Prud. ham. 842. – subst., Gomorrhaeī (Gomorraeī), ōrum, *m.*, die Einw. von Gomorrha, die **Gomorrhäer,** Vulg. Matth. 10, 15.

Gomphī, ōrum, *m.* (Γόμφοι), eine feste Stadt in Thessalia Hestiäotis, am östl. Ufer des Peneus, unweit der Quelle dieses Flusses am Pindus, j. *Skumbos* (mit Ruinen), Caes. b. c. 3, 80, 1. Liv. 31, 41, 6. – Dav. **Gomphēnses,** ium, *m.*, die Einw. von Gomphi, die **Gomphenser,** Caes. b. c. 3, 81, 1.

gomphus, ī, *m.* (γόμφος), der **Nagel, Pflock,** Tert. apol. 12. Stat. silv. 4, 3, 48. – u. gomphi = *invisibiles coniunctiones,* v. d. Atomen, Chalcid. Tim. 203.

gonger, s. conger.

gongylis, idis, *f.* (γογγυλίς), eine **runde Rübe,** Col. poët. 10, 421.

goniaea, ae, *f.*, ein uns unbekannter Edelstein, Plin. 37, 164.

gonorrhoea (gonorroea), ae, *f.* (γονόρρoια), der **Samenfluss** (rein lat. profluvium genitale od. seminis lapsus), Cael. Aur. de morb. acut. 3, 18, 178. Firm. math. 3, 6, 16.

gonnorroicus, a, um (γονορροϊκός), **am Samenfluss leidend,** *plur.* subst. gonnorroicī, ōrum, *m.*, Firm. math. 3, 12, 13 Sk. u. Kr.

Gordiānus, ī, *m.*, Name dreier röm. Kaiser, Capit. Gord. tr. c. 1 *sqq.* – Dav. **Gordiānus,** a, um, **gordianisch,** legio, CIL 3, 5768.

Gordium, iī, *n.* (Γόρδιον), Hauptstadt des Königs Gordius in Großphrygien, berühmt durch den gordischen Knoten (s. Gordius), Iustin. 11, 7, 3: über ihre Lage s. Liv. 38, 18, 10 *sqq.* Curt. 3, 1, 12 *sqq.* – Dav.: **a** **Gordiēnsis,** e, **gordiensisch,** Scrib. Larg. 172. – **b** **Gordius,** a, um, **gordisch,** tamquam nodus Gordius difficillimus, Amm. 14, 11, 1.

Gordius, iī, *m.* (Γόρδιος), König in Großphrygien, der vom Landmann zur Königswürde gelangte; er hatte an seinem Wagen einen unauflösbar geknüpften Knoten, von dem die Sage ging, dass der, der ihn löste, Herrscher ganz Asiens werden würde. Alexander der Große zerhieb den Knoten, Curt. 3, 1, 15 *sqq.* Iustin. 11, 7, 13 *sqq.*

Gordiūtīchos, *n. indecl.* (Γορδίου τεῖχος), ein Flecken in Karien, eine Tagereise südöstl. von Antiochia, Liv. 38, 13, 11.

Gordyaeī montēs, Gordyaeī montēs, s. Corduēna.

Gorgiās, ae, Akk. am u. ān, *m.* (Γοργίας), **I** griech. Sophist aus Leontini, Zeitgenosse des Sokrates, Cic. de or. 1, 103 (Akk. -am) u. de sen. 23 (Akk. -ān). – **II** Rhetor zu Athen, Lehrer des jungen Cicero, Cic. ep. 16, 21, 6.

1. Gorgō, gonis, *f.* (Γοργώ), Plur. Gorgones, Akk. gonas, die drei Töchter des Phorkus (Stheno, Euryale und Medusa), furchtbare, geflügelte, schlangenbehaarte und mit Schlangen gegürtete Jungfrauen, deren Anblick in Stein verwandelte, unter ihnen die furchtbarste Medusa (vorzugsw. Gorgo gen.), Mutter des Pegasus von Poseidon, der Perseus, von Polydektes entsendet, das Haupt abhieb, das Athene (Minerva) erhielt und auf ihrem Schild oder auf ihrem Brustharnisch trug, Sing., Ov. met. 4, 699. Verg. Aen. 2, 616. Manil. 5, 577: os Gorgonis, Medusenhaupt, Cic. Verr. 4, 124 (vgl. Sidon. carm. 15, 7 Gorgo [die G. = das Medusenhaupt] tenet pectus medium): Genet. Gorgonos, Claud. rapt. Proserp. 2, 26, vulg. Gorgonus, CIL 4, 2089: Akk. Gorgona, Verg. Aen. 8, 438. Fulg. myth. 3, 1. p. 103 M. – Plur., Verg. Aen. 6, 289. Plin. 6, 200: Akk. Gorgonas, Mart. 10, 4, 9. – Nbf. Gorgōn, Lucan. 9, 658. Stat. Theb. 2, 717. Mart. 9, 25, 5. Hyg. fab. praef. p. 12, 16 Schm. u. Hyg. fab. 161. p. 25, 12 Schm. – spät. **Gorgona,** ae, *f.* (Γοργόνα), Prud. perist. 10, 278. Hyg. astr. 2, 12. Serv. Verg. Aen. 6, 289. – Dav.: **A** **Gorgoneus,** a, um, **gorgonēisch, medusisch,** caput, Vitr.: crinis, Ov.: venenis Gorgoneis infecta, mit vergifteten Schlangenhaaren, wie Medusa, Verg.: equus, Pegasus, Ov.: lacus, die durch den Hufschlag des Pegasus entsprungene Quelle Hippokrene am Helikon, Prop. – **B** **Gorgonia,** ae, *f.*, die **Koralle,** weil sie, an die Luft gebracht, sogleich sich verhärtet, Plin. 37, 164.

2. gorgō (corgō), *Adv.* **zuverlässig,** Paul. ex Fest. 37, 6 (corgo). Placid. gloss. V, 24, 22 (gorgo). Gloss. II, 34, 47; 36, 51 (wo goreo, schreibe gorgo, ἀναμφιβόλως).

Gorgobina, ae, *f.*, Stadt der ausgewanderten Boier, an der Grenze von Aquitanien, viell. das j. *Charlieu* an der Loire oder *Gergeau* bei Orleans, Caes. b. G, 7, 9, 6.

Gorgōn u. **Gorgona,** s. 1. Gorgō.

Gorgoneus, -gonia, s. 1. Gorgō.

Gorgonidōniī campī, ōrum, *m.*, die **gorgonidonischen Gefilde,** scherzh. erdichteter Ländername bei Plaut. mil. 13 R. u. Fl. zw. (Brix u. Leo campis Curculioniis, Lorenz Crocodiloniis).

Gorgonifer, ferī, *m.* (1. Gorgo u. fero), der **Gorgonenträger,** Beiname des Perseus, CIL 6, 594*.

Gorgophona, ae, *f.* (Γοργοφόνη), die **Gorgotöterin,** Beiname der Minerva, weil sie den Perseus bei der Tötung der Medusa unterstützte (vgl. oben Gorgo), Ps. Cic. prid. cum iret in exs. 24.

Gortȳna, ae, *f.* (Γόρτυνα), die Hauptstadt der Insel Kreta, am Fluss Lethäus, Mela 2, 7, 12 (2. § 113). Lucan. 3, 186. – Nbf. **Gortȳnia** (Cortynia), ae, *f.*, Varro r. r. 1, 7, 6; u. rein griechisch **Gortȳn,** ȳnos, *f.* (Γόρτυν), Val. Flacc. 1, 709. – Dav.: **A** **Gortȳnius,** a, um (Γορτύνιος), **gortynisch,** Cic. – Plur. subst., Gortȳniī, ōrum, *m.*, die Einw. von Gortyna, die **Gortynier,** Nep. – poet. = **kretisch,** Verg. – **B** **Gortȳniacus,** a, um (Γορτυνιακός), **gortynisch,** Ov. – **C** **Gortȳnēnsis,** e, **gortynisch,** Scrib. Larg. 172. – **D** **Gortȳnis,** idis, *f.* (Γορτυνίς), **gortynisch,** Lucan.

gōrȳtus od. **-os** (cōrȳtus od. os), ī, *m.* (γωρυτός, eig. der Bogenhälter), der **Köcher,** Verg. u. a. Dichter. – ► cŏrȳtus gemessen bei Sidon. carm. 11, 56.

gossypinus, ī, *f.* od. **-um,** ī, *n.*, die **Baumwollenstaude** (*Gossypium arboreum,* L.), Plin. 12, 39 (wo Akk. -um). – Dass. **gossypion,** iī, *n.*, Plin. 19, 14 (wo Akk. -on).

Gothī, ōrum, *m.*, die **Goten,** eine Völkerschaft im nördl. Germanien, Treb. Poll. Claud. 9. § 9. Spart. Carac. 10, 6. Amm. 26, 4, 5. Oros. 7, 43, 1. Auson. epigr. 4, 10. p. 196, 14 Schenkl. CIL 6, 1196 u. 10, 7232 (wo Gōthi gemessen ist). – Sing. Gothus, ī, *m.*, der **Gote,** Treb. Poll. Claud. 9. § 4 *sqq.* (auch kollektiv). – Dav.: **a** **Gothia,** ae, *f.*, das **Gotenland,** Amm. 30, 2, 8. Oros. 7, 43. – **b** **Gothicus,** a, um, **gotisch,** bella, expeditiones, Treb. Poll. trig. tyr. 30. § 3 u. 11. – als Beiname, Gothicus, der Gotenbesieger, Spart. Anton. Get. 6, 6. Vopisc. Prob. 11, 9. CIL 6, 1112.

Gothōnēs (Gotōnēs), um, *m.*, eine germanische Völkerschaft am nördlichen Teil der Weichsel, Tac. Germ. 44 *in.*; ann. 2, 62.

Gothus, s. Gothī.

Gotīnī, ōrum, *m.*, eine germanische Völkerschaft, die ihre Sitze am Ufer der March hatte, Tac. Germ. 44 *in.*

grabātāris, is, *m.* (grabatus) = κλινοποιός, **der Verfertiger von Ruhebetten,** Gloss. III, 367, 28.

grabātulus, ī, *m.* (*Demin.* v. grabatus), ein **kleines Ruhebett,** Apul. met. 1, 11 u. a.

grabātum, s. grabātus.

grabātus (grabbātus), ī, *m.* (κράβατος), ein **niedriges Ruhebett** für Kranke u. Studierende, bes. aber als Möbel armer Leute, Varro LL. 8, 32. Lucil. 251. Catull. 10, 22. Cic. de div. 2, 129. Sen. ep. 20, 9. Mart. 6, 39, 4. Vulg. Amos 3, 12; Marc. 2, 4: grabatus argento inaurato tectus, Scaev. dig. 33, 7, 20. § 8. – Nbf. grabātum, ī, *n.*, Plur. bei Cael. Aur. de morb. acut. 2, 37, 195.

Gracchānus, a, um, s. Gracchus.

Gracchūris (Graccūris), ridis, *f.* (Gracchus; eig. Stadt des Gracchus), früher Isuris gen. Stadt der Vaskonen in Hispania Tarrac., von Sempronius Gracchus kolonisiert, beim j. *Corella,* Liv. epit. 41. Paul. ex Fest. 97, 1. – Dav. **Gracchuritānī** (Graccuritānī), ōrum, *m.*, die Einw. von Gracchuris, die **Gracchuritaner,** Plin. 3, 24.

Gracchus, ī, *m.*, ein Familienname des sempronischen Geschlechts, aus dem am bekanntesten die Volkstribunen u. Brüder Tib. u. C. Sempron. Gracchus, Söhne des Tib. Sempron. Gracchus u. der Kornelia, der Tochter des älteren Scipio Afrikanus, Rhet. Her. 4, 7 u. 4, 46 (wo synk. Genet. Plur. Gracchûm). Cic. de or. 1, 38; Brut. 27, 103; 33, 125 u. ö. – Dav. **Gracchānus,** a, um, **gracchanisch, des Gracchus, der Gracchen,** iudices, Cic.: leges, Vell.: tumultus, Val. Max.

graccito, āre, Naturlaut der Gänse, **schnattern,** Anthol. Lat. 762, 19 (233, 19).

Graccūris, -ritānī, s. Gracchūris.

gracilāns, antis u. **gracilēns,** entis = gracilis, Laev. fr. 22 M. (b. Non. 116, 8).

gracilentus, a, um (gracilis), **schmal, hager,** filum, Enn. ann. 253: equus, Gell. 4, 12, 2.

gracilēsco, ere (gracilis), **dünn werden, schmächtig-, schmal werden,** Amm. 17, 4, 7; 22, 8, 4 u. s.

gracilipēs, pedis (gracilis u. pes), **schlankfüßig,** Publil. Syr. 8. p. 304 R.[2]

gracilis, e, **schlank, schmal,** im üblen Sinne **hager, mager, dürr** (Ggstz. pinguis, obesus), **I** eig.: virgo, Ter.: corpus, Cels.: arbor, Plin.: comae, Ov.: via, Mart.: glans gracilior, Plin. 16, 19: crura gracillima, Suet. Ner. 51. – **II** übtr.: **a** **mager, dürftig, ärmlich,** clivi, Col.: ager, Plin.: vindemiae, Plin. ep.: Lar, Apul.: solum gracilius, Plin. 17, 186. – **b** = ἰσχνός, **dünn, fein,** vox, Iustin, 1, 2, 2. – **c** von der Rede u. vom Redner, **einfach, schlicht, schmucklos,** materia, Ov.: praefatio, Plin. ep.: orator, Quint. – ► Vorkl. Nbf. Fem. gracila, Lucil. 296: Plur., ut (virgines) gracilae sient, Ter. eun. 314. – ► Superl. gracilissimus, Not. Tir. 40, 76.

gracilitās, ātis, *f.* (gracilis), **die Schlankheit,** im üblen Sinne die **Hagerkeit, Magerkeit, I** eig., absol., Plin. u. Plin. ep.: mit *Genet.*, corporis, Cic.: crurum, Suet. – Plur., corporis gracilitates (Ggstz. habitus corporis opimi), Cic. Brut. 64. – **II** übtr., die **Einfachheit, Schlichtheit, Schmucklosigkeit** der Rede und des Redners, narrationis, Quint.: Lysiaca, Quint.

graciliter, *Adv.* (gracilis), **schlank, dünn, I** eig., Apul. met. 3, 3. – **II** übtr., **schlicht, einfach,** alia ornatius, alia gracilius dicere, Quint. 9, 4, 130.

gracilitūdo, inis, *f.* (gracilis) = gracilitas, Acc. tr. 88. Vgl. Gloss. V, 641, 78.

gracillo, āre, Naturlaut der Hühner, **gackern,** Anthol. Lat. 233, 25 M. (762, 25 R. cacillat).

gracilus, a, um, s. gracilis ►.

gracula, ae, *f.* (Femin. zu graculus), die **Dohle,** als Schmeichelwort, vestra gr., Salv. epist. 4. p. 162 M. Vgl. Gloss. ›gracula, κολοιός‹.

graculus, ī, *m.* = κολοιός (Gloss.), die **Dohle** (*Corvus monedula,* L.), Phaedr. 1, 3. *v.* 4 u. 9. Plin. 8, 101. Quint. 1, 6, 37. Mart. 1, 115, 5. Suet. fr. 161. p. 252, 1 R.: gr. Aesopi, Tert. adv. Valent. 12. – Sprichw., nihil cum fidibus graculo, die Dohle versteht nichts von Musik u. Poesie, Gell. praef. § 19. – ► gragulus, Varro r. r. 3, 16, 4; LL. 5, 76; vgl. Charis. 57, 19.

gradābilis, e (gradus), **beschreitbar,** fluvius, Iul. Val. 2, 26 (14). p. 92, 2 *Kuebler.*

gradālis, e (gradus), **Schritt für Schritt,** pugna, Diom. 477, 16.

gradārius, a, um (gradus), **Schritt für Schritt gehend,** equus, Lucil. 476: pugna, im Schritt, Diom. 477, 20. – übtr., Cicero quoque noster, a quo Romana eloquentia exsiluit, gradarius fuit, ging im Schritt, Sen. ep. 40, 11.

gradātim, *Adv.* (gradus), **I Schritt für Schritt,** Cic. u. a. – **II stufenweise = nach und nach,** Cic. u. a.

gradātio, ōnis, *f.* (gradus), **I** die **Errichtung der Stufen, Stufenerhöhung,** scalarum, Vitr. 5, 3, 3. – **II** = κλῖμαξ, die **Steigerung** im Ausdruck, eine Redefigur, wo immer das vorhergehende Wort wiederholt und durch ein stärkeres gesteigert wird, Rhet. Her. 4, 34. Cic. de or. 3, 207. Quint. 9, 1, 34. Augustin. de doctr. Chr. 4, 7, 11. Isid. orig. 2, 21, 4.

1. gradātus, a, um (gradus), **abgestuft, stufenartig,** corticum pollices, Plin. 13, 29: buxus, Plin. ep. 5, 6, 17.

2. gradātus, ūs, *m.* = gradatio *no.* II (s. d.), Iul. Rufinian. de schem. lex. 19.

gradibilis, e (gradior), **beschreitbar, besteigbar,** Caucasus arduus neque gradibilis, Auct. itin. Alex. 32 (75). Vgl. 1. gradilis.

gradiculī, ōrum, *m.* (*Demin.* v. gradus, eig. die Stüfchen) = κλῖμαξ, die **Steigerung** im Ausdruck (s. gradātio *no.* II), Aquil. Rom. 40.

1. gradilis, e (gradior), **schreitbar,** gressio, Pacuv. Paul. 5. p. 281 R.[2] (die Hdschrn. gradibilis).

2. gradilis, e (gradus), **I Stufen habend,** templum Genii, Amm. 23, 1, 6. – **II an den Stufen** (der Bäckerläden) **verteilt,** panis, Cod. Theod. 14, 17, 2 *sqq.* Schol. Iuven. 7, 174.

gradior, gressus sum, gradī (aus *gradhior), **Schritte machen, schreiten, einherschreiten** (Ggstz. currere), Cic. u. a.: quattuor pedibus, Macr.: longe, weit od. lang ausschreiten, Verg.: lente, Ov. – mit Ang. **wohin?** ad naves graditur, Verg.: fidenti animo ad mortem, Cic.: trans altas Alpes, Catull. – m. *Acc.* der Wegstrecke, viam recte graditur, Col. 6, 37, 11: arduum magis et angustum gradiantur iter, Sulp. Sev. app. epist. 2, 10. p. 239, 11 H.: übtr., v. Lebl., veris praenuntius ante pennatus graditur zephyrus, Lucr.: clamor foras gradiens, hinausbringendes, Lucr.

Grādīvicola, ae, *m.* (Gradivus u. colo), ein **Verehrer des Mars Gradivus,** Sil. 4, 222.

Grādīvus, ī, *m.* (nach Walde umbrischen Urspr.), der (in den Kampf) **Vorschreitende,** ein Beiname des Mars, Mars, Liv. 1, 20, 4: pater od. rex, Verg. Aen. 3, 35; 10, 542: u. subst., magnus Gradivus, Ov. met. 6, 427: bl. Gradivus, Ov. fast. 2, 861. Mart. Cap. 1. § 4. CIL 8, 2581.

gradus, ūs, *m.* (gradior), **I** der **Schritt, A** im Allg.: **1** eig.: militaris, Doppelschritt, Plaut.: praegrandi gradu, Pacuv. fr.: tardo gradu, Acc. fr.: gradum proferre pedum, Enn. fr. scen. 213: gradum facere, einen Schritt tun, Cic.: gradum inferre in hostes, anrücken, vorrücken gegen usw., Liv.: gradum conferre, handgemein werden, Liv., od. zum Gespräch (= eine Unterredung halten), Plaut. u. Verg.: ingentes gradus ferre, große Schritte machen, Ov.: gradum celerare, Verg., od. corripere, Hor., eilen: u. so gradum addere (*sc.* gradui), einen Schritt (rasch) nach dem anderen tun, Liv.: gradum suspendere (gradus suspensus), s. sus-pendo: gradum referre, zurückgehen, Liv.: gradum sistere, Verg. u. Curt., od. sustinere, Ov., Halt machen: citato gradu se proripere, schnell usw., Liv.: pleno gradu (im Geschwindschritt) ad castra hostium tendere, Liv.: u. so im Bild, ingressum pleno gradu non intermittemus, Trebon. in Cic. ep.: non gradu (schrittweise), sed praecipiti cursu (im Sturmlauf, Sturm) a virtute descitum, ad vitia transcursum, Vell.: (spondēus) habet stabilem quendam et non expertem dignitatis gradum (Schritt, Gang), Cic. – **2** bildl.: **a** der **Schritt** zu etw. (= Handlung, die einen Erfolg hat), primus gradus imperii factus est, der erste Schritt (zur Ausbreitung) unseres Reichs, Cic.: gradum fecit ad censuram, ist sogleich Zensor geworden, Liv.: gradus reditus mei, zu meiner R., Liv.: eo gradu via facta est ad consulatum, Liv. – **b** der **Anschritt** = das Herannahen, quem mortis timuit gradum, Hor. carm. 1, 3, 17. – **B** prägn., als *t. t.* der Fechtersprache, die von den Kämpfenden eingenommene **Stellung,** stare in gradu, Ov.: de gradu, stehenden Fußes (fechten usw.), Liv.: nescio, quid de gradu faciat, wie er zu Fuß kämpft, Sen. ep.: alqm gradu movere od. demovere, aus seiner St. vertreiben, Liv.: bildl., alqm de gradu deicere od. gradu depellere, einen aus seinem Vorteil verdrängen, aus der Fassung bringen, Cic., Nep. u. a.

II meton., die **Stufe, Staffel** einer Treppe, die **Sprosse** einer Leiter (als Stützpunkt u. als Schrittmaß der Auf- u. Absteigenden), **A** eig.: **a** im Allg.: gradus templorum, Cic.: scalarum gradus alios tollere alios incīdere, Cic.: alqm per gradus deicere, Liv.: per gradus decīdere od. labi, Liv.: per confragosos scalae gradus decīdere, Sulp. Sev.: per gradus saltare, von Sprosse zu Sprosse, Petron. – **b** insbes., Plur. gradus = die stufenartig aufgebauten Sitzreihen der Schaugerüste, Tribünen für Zuschauer (spectacula) im Theater, subitarii gradus et scaena, Tac. ann. 14, 20: u. so im Sing., at Novius collega gradu post me sedet uno, sitzt eine Sitzreihe tiefer als ich, bildl. = er steht eine Stufe (im Rang) tiefer als ich, Hor. sat. 1, 6, 40. – auf den Straßen bei öffentl. Aufzügen, Triumphen, spectaculorum gradus, Tac. ann. 14, 13.

B übtr., die **Stufe, Staffel, Abstufung, 1** konkr.: **a** als *t. t.* des Landbaus, ein **Spatenstich** als **Absatz,** secundus vel tertius gradus, Col. 3, 13, 9: gr. soli crudi, Col. 4, 1, 3. – **b** als astron. *t. t.* der **Grad** eines Kreises, Manil. 1, 581. – **c** eine **Runzel** auf dem Gaumen des Pferdes (deren zwölf gezählt werden), Veget. mul. 1, 22, 11: sanguinem detrahere gradu tertio de palato, Veget. mul. 2, 4 Schn. – **d** die **Flechte** des Haares, comam in gradus formare od. frangere, Suet. Ner. 51. Quint. 1, 6, 44: caput in gradus atque anulos comere, Quint. 12, 10, 47. – **2** abstr.: **a** als musik. *t. t.* die **Tonstufe, Stufe,** sonorum gradus, Cic. de or. 3, 227: omnes sonorum gradus, Cic. or. 59: ab ima (voce) ad summam ac retro multi gradus (sunt), Quint. 11, 3, 15. – **b** als gramm. *t. t.*, die **Stufe,** der **Grad** der Vergleichung, gradus (Plur.) comparationis, Diom. 324, 16: gr. positivus, Prisc. 8, 8: gr. absolutus od. primitivus (der Positiv), comparativus, superlativus, Charis. 112,

15*sq.* Diom. 324, 16*sq.* – **c** die **Stufe,** der **Grad** = die **Reihenfolge, Reihe,** **α** übh.: tertio gradu (Grad) primores civitatis scripserat (heredes), Tac.: complectitur inguina cortex perque gradus (stufenweise, sukzessive), uterum pectusque, Ov.: renuntiatio gradus habet, hat ihre Reihenfolge, erfolgt sukzessive, Cic.: a beatis ad virtutem, a virtute ad rationem video te venisse gradibus (stufenweise, sukzessive), Cic. – **β** die **Stufe** der **Zeit,** des Alters, gradus temporum, Cic. u. Quint.: gradus aetatis, Lucr. u. Vell.: omnes gradus aetatis, Cic.: inferior gradus aetatis, Varro: per aetatis gradus, Suet.: per omnes gradus aetatis, Suet.: pro gradu aetatis, Iustin.: opportunum quaerere gradum, einen gelegenen Zeitpunkt (zur Überfahrt nach Afrika), Val. Max. 3, 6, 1. – **d** der **Grad** der Verwandtschaft, der **Grad,** die **Stufe,** der **Rang,** den jmd. in der Familie und in der Freundschaft einnimmt, gradus cognationis, Sen. rhet.: ex gradu hereditario, Inscript.: gradus a consortio coniugii exceptus, verbotener Gr. der Verwandtschaft (bei Verheiratungen), Ambros.: remotus iam deficientis affinitatis gr., Plin. pan.: necessitudinum gradus, Cic.: ille gradu propior sanguinis, Ov.: gradu cognationis alqm attingere, Sen. rhet.: nullo gradu contingere Caesarum domum, Suet.: a matre alqm artissimo gradu contingere, Suet.: gradus plures sunt societatis hominum, Cic.: gradum (Rang) filii habere apud alqm, Liv.: ab illo traditi ad hunc gradum amicitiae tuae ascendimus, Curt.: quo propiore gradu amicitiae me contingis, hoc maius est dissimulationis tuae facinus, Curt. – **e** die **Stufe,** der **Rang** der Ehrenstellen, der Würden, gr. senatorius, Cic.: primus od. summus honoris gradus, Cic.: altior, altissimus od. amplissimus dignitatis gradus, Cic.: ascendere gradibus magistratuum, Cic.: altiorem gradum dignitatis ascendere od. consequi, Cic.: secundum gradum imperii tenere, Nep.: eodem gradu fuit apud Alexandrum, Nep.: suum cuique honorem et gradum redditum, Cic.: summum ad gradum claritatis venire, Laber. fr. – **f** die **Stufe, Abstufung** von Zuständen u. Verhältnissen aller Art übh.: infimus fortunae gr., Cic.: nulli contumeliarum gradus, Plin. pan.: ut gradus essent ambitionis inter aequales, Cic.: oratorum aetates et gradus persequi, Cic.: an censes non eosdem gradus oratorum vulgi iudicio et doctorum fuisse? Cic. – ► Archaist. Genet. Sing. graduis, Varro vit. P.R. 2. fr. 5 (bei Non. 494, 17). – Dat. gradu, Lucil. 965. – Nomin. Plur. (nach der 2. Deklin.) gradi, Itin. Hieros. p. 587 Wess. – Akk. Plur. (nach der 2. Dekl.) grados, Pacuv. tr. 172. CIL 3, 167.

Graea, ae, *f.* (Γραῖα), Stadt in Böotien, Stat. Theb. 7, 332.

Graeca, ae, *f.*, s. Graecī.

Graecānicē, Graecānicus, s. Graecī *no.* C.

Graecātim, *Adv.* (Graecus), **nach Art der Griechen,** amiciri, Tert. de pall. 4.

graecātus, a, um, s. graecor.

Graecē, s. Graecus unter Graeci.

Graecī, ōrum, *m.* (Γραικοί), die **Griechen,** Enn. ann. 356*. Enn. epich. 7 (fr. var. 54). Cic. Flacc. 64; de rep. 1, 5 u. a. – Sing. Graecus, ī, *m.* (Γραικός), ein **Grieche,** Cic. Flacc. 17: Graecus ignobilis, Liv. 39, 8, 3. – u. Graeca, ae, *f.*, eine **Griechin,** Graecus et Graeca, Liv. 22, 57, 6: Graecus Graecaque, Plin. 28, 12. – Dav. abgeleitet:

A **Graecus,** a, um (Γραικός), **griechisch,** pecus, (viell.) tarentinische Schafe, Plaut.: nux, die Mandel, Macr.: vocabulum, Gell.: litterae, die in Griechenland (bes. in Athen) blühenden Wissenschaften (Beredsamkeit, Philosophie usw.), Cic.: res Graecae, das Griechische, griechische Schriften, Cic. de or. 2, 152: historia Gr., röm. Geschichte in griech. Sprache, Cic. Tusc. 5, 112; aber Arrianus, scriptor Graecae historiae, einer griech. Geschichte, Capit. Gord. 2, 1: Graecā fide mercari, mit barem Geld, Plaut.: Graeco more bibere, Cic.: ludi, griechischen Inhalts, Cic.: via, vermutl. nach Großgriechenland, Cic. – Sprichw., ad Kalendas Graecas, s. Calendae. – subst., Graecum, ī, *n.*, **das Griechische = die griechische Sprache, -Literatur,** Graeco melius uti, Quint.: e Graeco in Latinum convertere, Cic.: ex Graeco transferre, Quint.: a Graeco ductum esse, Quint. – Plur., semper cum Graecis Latina coniunxi, Cic.: cum Graeca scribimus, Quint.: vertere Graeca in Latinum, Quint.: sicut in Graecis accĭdit, Quint. – *Adv.* **Graecē, griechisch, in griechischer Sprache,** scribere, Cic.: optime scire, Cic.: Gstz. nescire, Cic.: Graece nosti? verstehst du Griechisch? Vulg.: Alazon Graece huic nomen est comoediae; id nos Latine gloriosum dicimus, Plaut. – **B** **Graecia,** ae, *f.*, **Griechenland** (Ἑλλάς), **1** das eigentliche Griechenland im weitesten Sinne = alle Länder zwischen dem Ionischen u. Ägäischen Meer, wo griechisch gesprochen wurde, nebst Mazedonien u. Epirus, im engeren (meist röm.) Sinne = die Freistaaten, vom Peloponnes bis Thessalien und Epirus, Cic. de rep. 2, 8*sq.*; Tusc. 2, 36 u. s.: terra Graecia, Gell. 1, 1, 2: Graecia magna, Ov. her. 15 (16), 340. – **2** magna Graecia, **Großgriechenland** = die griech. Kolonien längs der Küste des tarentin. Meerbusens (wahrsch. so genannt im Gegensatz zu den wenigen übrigen griech. Kolonien in Italien), Sitz der Pythagoreer, die dort weise Staatseinrichtungen verbreiteten, Cic. de or. 2, 154; Tusc. 1, 38: maior Graecia gen. b. Ov. fast. 4, 64. Liv. 31, 7, 11: bl. Graecia, Liv. Andr. bei Fest. 162 (b), 26. Cic. Arch. 10. – aber (im Munde eines Griechen) Graecia exotica, Plaut. Meg. 236. – **C** **Graecānicus,** a, um, **von den Griechen stammend, -hergenommen, nach Art der Griechen** (gemacht, getragen, lebend u. dgl.), u. in diesem Sinne = **griechisch,** nomina, griech. Lehnwörter, Varro LL.: pavimentum, Plin.: toga, Suet.: milites, in griech. Üppigkeit lebend, Vulcat. Cass. – *Adv.* **Graecānicē,** Varro LL. 9, 89. – **D** **Graeculus,** a, um (*Adi. demin.*) **griechisch,** klass. gew. ironisch, negotium, echt griechisches, recht im kleinlichen Geiste der Griechen, Cic.: contio, Cic.: cautio chirographi, unzuverlässige, Cic.: homines, die guten Leutchen in Griechenland, Cic. u. Augustin.: faciles Graeculi, Augustin.: ancilla, Tac. – vitis, Col.: rosa, Plin. – subst., Graeculus, ī, *m.*, ein **Griechlein,** in Rom von griech. Philosophen u. Rhetoren, die in den Häusern der Großen als Schmarotzer sich zu den niedrigsten Diensten gebrauchen ließen, Cic. de or. 1, 102. Tac. dial. 3. Iuven. 3, 76*sqq.* – **E** **Graeciēnsis,** e, **griechisch,** Plin. u. Gell. – Nbf. **Graecēnsis,** CIL 6, 6561.

Graecigena, ae, *m.* (Graecus u. geno), ein **Grieche von Geburt,** Augustin. de civ. dei 18, 18, 3.

graecissātio, ōnis, *f.* (graecisso), das **Gräzisieren,** die **Nachahmung der griechischen Manier,** Plur. bei Schol. Pers. 1, 99.

graecisso, āre (γραικίζω), **gräzisieren,** **a** = **die griechische Manier nachahmen, im griechischen Ton gehalten sein,** Auct. prol. Plaut. Men. 11. – **b** **griechisch sprechen,** si quid adhuc a matre graecissat, von seiner Mutter her etwas griechisch spricht, Apul. apol. 98. p. 109, 6 Kr. – ► Nbf. graecizo, Leo epist. 133 *extr.* Consent. art. 376, 32 K.

graecitās, ātis, *f.* (Graecus), das **Griechische,** die **griechische Sprache,** facundia graecitatis, Cod. Theod. 14, 9, 3: translatores graecitatis, Hilar. in psalm. 2, 38.

graecizo, s. graecisso.

graecor, ātus sum, ārī, (Graecus), **die Griechen nachahmen, auf griechische Art leben,** Hor. sat. 2, 2, 11. – *Partic.* graecātus, a, um, **in griechischem Ton (Stil) gehalten,** epistula graecatior, Apul. apol. 87. – Plur. subst., graecātī, ōrum, *m.*, **Nachahmer der Griechen** in der Lebensweise, Tert. de pall. 4.

Graecostadium, iī, *n.* (γραικοστάδιον), viell. = Graecostasis, Capit. Anton. Pius 8, 2.

Graecostasis, is, Akk. im, Abl. ī, *f.* (γραικόστασις), der **Griechenstand,** ein ansehnliches Gebäude in Rom bei der Kurie, wo die Abgesandten der Griechen u. anderer fremder Völker sich aufhielten und auf Entscheidung des Senats warteten, Varro LL. 5, 155*sq.* Cic. ad Q. fr. 2, 1, 3.

Graeculio, ōnis, *m.* (Graecus) = Graeculus (unter Graeci *no.* D), verächtl. = ein **Griechenfinke,** Petron. 76, 10.

Graeculus, a, um, s. Graecī *no.* D.

Graecus, a, um, s. Graecī.

grafium, s. graphium.

gragulus, s. graculus ►.

Grāiī, (Grāī) , ōrum (poet. auch ûm), *m.* = Graeci, die **Griechen,** bes. als Heldenvolk der Vorzeit, Enn. ann. 356*. Pacuv. tr. 105. Plaut.

Men. 715. Catull. 68, 109 (Haupt Grai). Cic. de rep. 1, 58. Verg. Aen. 1, 467. Hor. ep. 2, 1, 19. Prop. 2, 6, 19. – Sing. Grāius, ī, *m.*, ein **Grieche,** Cic. de nat. deor. 2, 91. Verg. Aen. 3, 594. – Dav. **Grāius,** a, um, **griechisch,** homo, Enn.: urbes, Verg.: Hercules, Nep.: saltus od. mons od. Alpes, s. Alpēs *no.* I, 3.

Grāiocelī, ōrum, *m.* (Graiae [Alpes] u. Ocelum), eine gallische Völkerschaft in der Provincia auf den grajischen Alpen, um das jetzige *Bragella,* Caes. b. G. 1, 10, 4.

Grāiugena, ae, *m.* (Graius u. geno = gigno), ein **Grieche** von Geburt, Pacuv. tr. 364. Lucr. 1, 477. Verg. Aen. 3, 550 (wo Genet. Plur. Graiugenûm). Orest. tr. 970 (wo auch Graiugenûm). – attrib. = **griechisch,** Graiugenae reges, Stat. Theb. 6, 215.

Grāius, s. Grāiī.

grallae, ārum, *f.* (st. gradulae, v. gradior, wie rallum st. radulum von rado), **Stelzen,** übtr., animi grallae, Varro sat. Men. 323.

grallātor (gralātor), ōris, *m.* (grallae; anders Varro LL. 7, 69. Paul. ex Fest. 95, 12), der **Stelzengänger, -treter,** Plaut. Poen. 530. Varro sat. Men. 323. Arnob. 2, 38. Vgl. Gloss. ›grallatores, πανικὰ φοροῦντες‹.

grāma, ae, *f.*, die **Augenbutter** = λήμη, Gloss. II, 35, 1.

grāmen, inis, *n.* (viell. aus *grasmen zu griech. γράσις, Grünfutter), der **Stengel,** der die Kraft hat zu wachsen (crescere), **I** im Allg., der **Grasstengel,** das **Gras,** herba graminaque, Cato: graminis herba, die jungen Sprossen des Grases, Verg.: graminis herba pura, ein frischer u. junger Grashalm, Liv.: graminis herbae, Ov.: gr. molle, Hor., viride, Verg.: religatos rite videbat carpere gramen equos, Verg. – **II** insbes.: **A** die **Pflanze,** das **Kraut,** Verg., Quint. u. a.: Indum, Kostwurz (costum), Stat.: gramina serere, Iustin. – **B** der **Rohrstengel, das Rohr (Bambusrohr),** hastae de gramine, Ampel. lib. mem. 8, 10 (vgl. gramineus *no.* I, B). – **C das Hundskraut,** Plin. 24, 178.

grāmiae (grēmiae), ārum, *f.* (st. glamiae od. glamae, v. γλάμη = γλήμη, λήμη) die **Augenbutter,** Plin. 25, 155 (Jan u. Detl. gremiae); vgl. Paul. ex Fest. 96, 14. Non. 119, 18.

grāmineus, a, um (gramen), **I aus Gras, aus Kräutern, A** im Allg.: caespes, Ov.: corona (obsidionalis), welche die von einer Belagerung Befreiten ihrem Erretter gaben, Liv. – **B** insbes., **aus Rohr (Bambusrohr),** hastae, indische Rohrschafte, Bambusrohre, Cic. Verr. 4, 125. – **II grasig,** campus, Verg.: palaestra, Verg.

grāminōsus, a, um (gramen), **grasreich, voller Gras,** ager, solum, Col.

grāmiōsus, a, um (gramiae) = γλαμυρός, **voller Augenbutter, triefend,** oculi (ὀφθαλμοὶ γλαμυροί), Triefaugen, Caecil. com. 268 (aus Non. 119, 18 nach Merciers Konjektur; die Hdschrn. grammonsis, grammosis; Spengel graminosis).

gramma, atos, *n.* (γράμμα), **I Schriftzeichen, Buchstabe,** Prisc. 2, 43. Ps. Apul. herb. 106. – **II** ein Gewicht = $^1/_{24}$ Unze, ein **Skrupel,** Auct. de pond. 9 u. 25. Auct. carm. de libr. part. 16 (Metrol. scriptt. p. 99). Isid. orig. 16, 25, 12.

grammateūs, eōs, Akk. ea, *m.* (γραμματεύς), der **Schreiber, Sekretär** obersten Ranges = **Kanzler,** Apul. met. 11, 17.

grammatica, s. grammaticus.

grammaticālis, e (grammatica), **grammatisch,** plutei, Bücherbretter mit gramm. Werken, Sidon. epist. 2, 9, 4: palaestra, Sidon. carm. 23, 212: figurae, Sidon. epist. 7, 9, 1.

grammaticāliter, *Adv.* (grammaticalis), **grammatisch,** Treb. Poll. XXX tyr. 10, 5.

1. **grammaticē,** ēs, *f.*, s. grammaticus.

2. **grammaticē,** *Adv.* (grammaticus), **grammatisch,** Quint. 1, 6, 27.

grammaticomastīx, īgis, *m.* γραμματικομάστιξ), ein **Geißeler** (Verfolger) der **Grammatiker,** Auson. Technop. (XXVII) 13 *lemm.*

grammaticus, a, um (γραμματικός), **grammatisch, I** *adi.*: ars, Rhet. Her.: grammaticae artis magistri, Firm.: tribus grammaticas ambire, die Zünfte der Grammatiker, Hor. – **II** *subst.*: **A** grammaticus, ī, *m.*, der **Sprachkundige, -forscher,** als Erklärer u. Kunstrichter der Schriftwerke, der **Grammatiker, Philologe, Gelehrte,** Cic. u. a.: grammaticus sive Graecus sive Latinus, ein Lehrer der griech. od. latein. Sprache, ein Sprachmeister, Edict. Diocl. 7, 70. Vgl. Obbarius Hor. ep. 1, 19, 40. – **B** grammatica, ae, *f.* u. grammaticē, ēs, *f.*, die **Grammatik, Sprachwissenschaft** (Philologie), Form *-a,* Cic. u. Suet.: Form *-e,* Quint. 1, 4, 4. – **C** grammatica, ōrum, *n.*, **Grammatisches, Grammatik, Philologie,** Cic. de or. 1, 187.

grammatista, ae, *m.* (γραμματιστής), ein Lehrer in den Anfangsgründen der Sprache, **der Sprachmeister, Elementarlehrer,** Suet. gr. 4 u. 24. Vgl. Kopp Mart. Cap. 3. § 229.

grammatophylacium, iī, *n.* (γραμματοφυλάκιον), das **Archiv,** der **Ort,** wo öffentliche Schriften aufbewahrt werden, Ulp. dig. 48, 9, 19. § 6.

grammicus, a, um (γραμμικός), **in Linien bestehend, zu den Linien gehörig,** deformatio, Riss, Abriss, Vitr.: rationes, Vitr.

grammōnsus, grammōsus, s. grāmiōsus.

Grampius mōns, s. Graupius mōns.

grāna, ae, *f.*, s. granus.

grānārium, iī, *n.* (granum), der **Kornboden, Kornspeicher,** Varro LL. 5, 105: gew. im Plur. bei Plaut. truc. 523. Varro r. r. 1, 57, 1. Cic. de fin. 2, 84. Col. 1, 6, 10. Hor. sat. 1, 1, 53.

grānāsco, ere (granum), **zum** (fruchtbaren) **Kern werden,** bildl., Augustin. serm. 223, 2 *extr.*

grānāticus, a, um (granatum), **vom Granatapfel,** vinum, Cass. Fel. 47. p. 121, 9.

grānātim, *Adv.* (granum), **körnerweise, Korn für Korn,** Apul. met. 6, 10.

1. **grānātus,** a, um (granum), **mit Körnern-, Kernen versehen,** malum granatum, der Granatapfel, Col. 12, 42, 1. Plin. 13, 90. Scrib. Larg. 41. Pallad. 3, 29, 3. Macr. sat. 7, 6, 13. Vulg. num. 13, 24. – ders. subst. bl. grānātum, ī, *n.*, Col. 12, 46, 2. Plin. 13, 112.

2. **grānātus,** ūs, *m.* (granum), das **Einsammeln der Körner,** Cato r. r. 60.

grandaevitās, ātis, *f.* (grandaevus), das **hohe Alter,** Pacuv. tr. 162. Acc. tr. 68 u. 245.

grandaevus, a, um (grandis u. aevum), **hochbetagt,** Tiresias, Lucil.: Nereus, Verg.: dii, Plin.: senes, Tac.: mulieres iam grandaevae, Amm.: gr. aetas, Aur. Vict. de Caes. 13, 11 u. epit. 41, 25. – übtr., gr. consilia, eines Hochbetagten, Val. Flacc. 7, 348. – ► Kompar. grandaevior, Vigil. Trident. epist. 2, 3 (Patrol. ed. Migne Tom. XIII. col. 553 C).

grandēsco, ere (grandis), **groß werden, wachsen,** Lucr., Cic. poët. Col. u. a.: übtr., non ventre gravescere, sed mente grandescere, Augustin. epist. 150.

grandiculus, a, um (Demin. v. grandis), **ziemlich groß,** globi, Plaut. Poen. 481. – u. = ziemlich erwachsen, virgo, Ter. Andr. 814.

grandifer, fera, ferum (grandis u. fero), **höchst nutzbringend,** arationes grandiferae et fructuosae (einträgliche), Cic. Phil. 2, 101 (vgl. Mart. Cap. 5. § 511): loci facies palmis arboribus grandifera, Itin. Alex. 20 (51): übtr.: indoles, Nazar. pan. Const. 3, 4 *cod. M* (Bährens granifera).

grandificus, a, um (grandis u. facio), **groß-, edel handelnd, groß,** mens, Amm. 18, 6, 22.

grandiloquus (grandilocus), a, um (grandis u. loquor), **I großsprecherisch,** subst. ein **Großsprecher,** v. stoischen Tugendschwätzer, Cic. Tusc. 5, 89. – **II großartig, feierlich im Stil,** v. Redner u. Dichter, Cic. or. 20. Quint. 10, 1, 66: facultas, Mart. Cap. 5. § 436: grandiloqua illa sententia concilii Vagacensis, Augustin. epist. 108, 15: stilus, Serv. Verg. vit. (vol. 1. p. 2 *ed. Lion).*

grandineus, a, um (grando), **mit Hagel (Schloßen) vermischt,** Alcim. Avit. 3, 329 u. 5, 190.

grandino, ātus, āre (grando), **I** *impers.*, grandinat, **es hagelt, schloßt,** Sen. nat. qu. 4, 4, 1 (neben ningit). Aur. Vict. de vir. ill. 73, 7 (neben tonat). – übtr., sagittis, saxis grandinat, Pacuv. tr. Paul. 4. – **II** *tr.* **verhageln,** vinea grandinata est, Augustin. in psalm. 37, 13; 49, 22; 76, 5: übtr., iusto dei iudicio intrinsecus grandinantur, Augustin. serm. 8, 8.

grandinōsus, a, um (grando), **voll Hagel-, Schloßen,** Col. 3, 1, 6.

grandio, īre (grandis), **I** *tr.* **groß machen, vergrößern,** edita, Varro fr.

bei Non. 115, 5: testudineum alci grandibo (archaist. Fut.) gradum, jmdm. Beine machen (machen, dass er schneller zugeht), Plaut. aul. 49. – Passiv grandīrī medial = **groß werden, wachsen,** nec grandiri frugum fetum posse nec mitescere, Pacuv. tr. 142. – **II** *intr.* **groß werden, zunehmen, wachsen,** Cato r. r. 141, 2.

grandis, e (zu griech. βρένθος, Stolz, βρενθύομαι, ich gebärde mich stolz), **groß, I** eig.: **A groß** der Ausdehnung nach, **1** im Allg.: cella, Varro: patella, vas, Cic.: epistula, Cic.: liber, Nep.: litterae, Unzialbuchstaben, Cic.: oratio, große = lange, Cic.: hordea, großkörnige, Verg.: grandiores fetus agri, Cic.: grandissimus calix, Apul.: grandissima seges, Varro. – subst., grande, is, *n.* = τὸ μέγα, das Große, die Größe, Chalcid. Tim. 288. – *n. pl.* st. des *Adv.*, grandia incedere od. ingredi, mit großen Schritten einherschreiten, Amm. 22, 14, 3. Gell. 9, 11, 5. – **2** insbes., v. leb. Wesen = **groß** der Statur nach, **herangewachsen,** puer, Cic.: alumnus, Hor.: iam gr. Achilles, Iuven.: gr. bestia, Liv.: fera, Hochwild, Cels.: avis, Cels.: grandiores aves (Ggstz. minutae aves), Cels. – **B groß = bedeutend** dem körperl. (kubischen) Gehalt od. numerischen Wert nach, **stark,** vox, Cic.: pondus argenti, Cic.: pecunia, aes alienum, Cic. – *neutr. sing.* st. des *Adv.*, grande fremere, gewaltig, Stat. Theb. 12, 684. – **C** groß der Zeit nach, **a** v. Alter = **hoch, vorgerückt,** grandior aetas, Cic. – **b** v. Pers. = **bei Jahren, bejahrt, betagt,** grandis natu, Cic., od. aevo, Ov.: grandior natu, Cic. u. Suet.; u. bl. grandis, Cic. – **II** übtr.: **A** im Allg.: **groß** der Wichtigkeit nach = **bedeutend,** vitium, großer, starker, Cic.: res grandiores, Cic.: grandioribus exemplis uti, schlagendere B. anführen, Cic.: grandem dicam impingere alci, einen tüchtigen Pr., Ter.: non est grande m. folg. *Infin.*, non est grande garrire per angulos et medicorum tabernas, Hieron. epist. 50, 5. – **B** insbes.: **1** dem Ausdruck nach = **großartig, erhaben, hehr, feierlich** (Ggstz. tenuis), carmen, Cic.: oratio, Petron.: Ciceronis verba, Quint.: oratores grandes verbis, Cic.: nam (antiqua comoedia) et grandis et elegans et venusta, Quint.: *n. pl.* subst., professus grandia turget, Hor.: nec conamur tenues grandia, Hor.: grandia minute dicet, Cic.: grandia elate canit, Quint.: minuta est enim omnis diligentia; hic autem locus grandia requirit, Cic. – **2** der Gesinnung, dem Geiste nach = **edel, erhaben,** Thucydides rerum gestarum pronuntiator sincerus et grandis etiam fuit, Cic. Brut. 287.

grandiscāpius, a, um (grandis u. scapus), **großstämmig,** arbores, quae, ut ita dicam, grandiscapiae sunt, Sen. ep. 86, 21.

grandisonus, a, um (grandis u. sono), **erhaben klingend,** Sedul. carm. 1, 2.

grandităs, ātis, *f.* (grandis), **I** die **Höhe,** aetatis, Sisenn. hist. 4. fr. 115 (bei Non. 115, 12). – **II** die **Erhabenheit, Feierlichkeit** im Ausdruck, das **Erhabene, Feierliche,** verborum, Cic. Brut. 121: als Eigenschaft eines Schriftstellers, Plin. ep. 6, 21, 5.

granditer, *Adv.* (grandis), **I stark, gewaltig, tüchtig,** Eccl. – **II erhaben,** grandius sonare, Ps. Ov. her. 15, 30.

grandiusculus, a, um (grandis), **ziemlich groß** = ziemlich erwachsen (Ggstz. infans, parvulus), puellae, Augustin. conf. 9, 8: filii vel parvuli vel grandiusculi, Augustin. de civ. dei 19, 12, 2: ablactatur iam non infans, sed iam grandiusculus, Augustin. in psalm. 130, 13.

grando, inis, *f.*, **Hagel, Schloßen, Hagelwetter, Schloßenwetter,** Cic. u. a. (auch im Plur.): Tusci grandine excussi, ist vom H. getroffen, ist verhagelt, Plin. ep.: si grando contuderit vites, Hor.: verberatae grandine vineae, Hor.: optimorum virorum segetem grando percussit, Sen.: fructum grando decutiet, Sen.: fluvios fluere, flare ventos, grandines increpare, Min. Fel. – übtr., gr. saxea, ein Steinhagel, Auct. b. Afr. 47, 1: u. so gr. saxorum, Sil. 9, 578. – bildl., von einer durchdringenden Beredsamkeit, Auson. ep. 16, 2, 13. p. 175 Schenkl u. grat. act. (VIII) IV, 19. p. 22, Schenkl. – ► Als *masc.*, grando albus, Varro sat. Men. 557.

grāneus, a, um (granum), **aus Körnern,** subst., **grānea,** ae, *f.* (*sc.* puls), ein Brei aus gestoßenen Körnern, Cato r. r. 86. Hieron. paralip. 1, 23.

Grānīcus, ī, *m.* (Γρανικός), Fluss in Kleinmysien, berühmt durch die Schlacht Alexanders des Großen gegen die Perser im Jahre 334 v. Chr., wahrsch. das heutige *Kodsha Su* (od. Fluss von Demotika), Curt. 3, 1, 9. Vell. 1, 11, 4: bicornis, Ov. met. 11, 763.

grānifer, fera, ferum (granum u. fero), **Körner tragend, I** = **Körner schleppend,** agmen, Ameisen, Ov. met. 7, 638. – **II** = **Körner hervorbringend,** im Bild, *Nazar. pan. 3, 4 B. (aber *cod. M* grandifera).

Grannus, ī, *m.*, ein Beiname Apollos, wahrsch. mit Beziehung auf Aquisgranum, als örtliche Gottheit, CIL 3, 5871; 6, 36; 13, 6462 u. 7975.

grānomastīx, īgis, *f.* (granum u. mastix), der **körnige Mastix,** Isid. orig. 17, 8, 7.

grānōsus, a, um (granum), **voller Körner, -Kerne, körnig, kernig,** Plin. 21, 14 u. 31, 177.

grānulātim, *Adv.* (granus), **in Form von Zöpfen,** Commodian. instr. 2, 18 (19), 11.

grānulum, ī, *n.* (*Demin.* v. granum), das **Körnchen,** Claud. Mam. de statu anim. 1, 21. Plin. Val. 1, 2. Anthol. Lat. 1068, 4 M. = 741, 20 R.

grānum, ī, *n.* (vgl. gotisch *kaúrn*), das **Korn, Körnchen,** der **Kern,** turis, Plaut.: salis, Plin.: sinapis, Eccl.: tritici, Plaut. u. Eccl.: uvae, Ov. u. Val. Max.: fici, Cic.: piperis, papaveris, Plin.: marmoreum, Marmorkörnchen, gestoßener Marmor, Vitr. u. Pallad.

granus, ī, *m.*, der **Zopf,** Isid. orig. 19, 23, 7. – Nbf. grana, ae, *f.*, Itala Iudith 10, 3.

graphiārius, a, um (graphium), **zum Schreibgriffel gehörig,** theca, Griffelfutteral, Griffelbüchse, Suet. Claud. 35, 2. – dass. subst. graphiārium, iī, *n.*, Mart. 14, 21 *lemm.*

1. graphicē, ēs, *f.*, s. graphicus.

2. graphicē, *Adv.* (graphicus), **a wie nach einem Muster, fein, zierlich, ganz famos,** alqm graphice decere (v. Schuh), Plaut. Pers. 464: exornari gr. in peregrinum modum, Plaut. trin. 767: gr. prodire, Apul. met. 8, 27: nunc huic ego gr. facetus fiam, Plaut. Pers. 306. – **b malerisch = zierlich, fein,** satis munde atque gr. depingere alqd, Gell. 10, 17, 2; u. so Gell. 12, 4, 1; 14, 4 *lemm.*

graphicus, a, um (γραφικός), **zum Zeichnen gehörig, I** eig., nur subst., graphicē, ēs, *f.*, die **Zeichenkunst,** Plin. 35, 77. – **II** übtr.: **a malerisch** = höchst zierlich, -fein, delectatio graphicotera (*Compar. Graec.*), ein malerisches Linienspiel, Vitr. 4, 4 *extr.* – **b** v. Pers., **wie nach einem Muster gebildet, wie er im Buche steht, leibhaftig, ein Original** von usw., mortalis, Plaut.: servus, Plaut.: fur, nugator, Plaut. (s. Lorenz Plaut. Pseud. 497).

graphiolum, ī, *n.* (*Demin.* v. graphium), ein **kleiner Griffel,** übtr. (von der Gestalt) = ein kleines **Setzreis,** Ven. Fort. carm. 5, 15 *lemm.*

graphis, idis u. idos, *f.* (γραφίς), **I** das Werkzeug zum Zeichnen, der **Griffel,** die **Reißfeder,** Seren. b. Diom. 518, 1: vestigia graphidis, Umrisse, Skizzen, Plin. 35, 68. – **II** meton., das **Zeichnen,** die **Zeichenkunst,** Vitr . 1, 1. § 3 u. 4 u. 13.

graphium, iī, *n.* (γραφεῖον), das Werkzeug zum Schreiben (auf Wachstafeln), der (metallene) **Griffel,** Ov. am. 1, 11, 23. Sen. nat. qu. 4, 6, 3. Suet. Caes. 82, 2; Claud. 15, 4. Pelagon. veterin. 7 (§ 129 *Ihm*): rein lat. scriptorium, Suet. de vir. illustr. 103. p. 131, 7 *Reiff.*

grăsos, ī, *m.* (γράσος, Bocksgestank), eine Art **Seetang,** Plin. 13, 135 D. (Sillig u. Mayh. prason).

grassātio, ōnis, *f.* (grassor), die **Herumschwärmerei auf den Straßen,** Auson. perioch. Iliad. 10. Commodian. apol. 182: Plur., grassationes nocturnae, Plin. 13, 126. Vgl. Gloss. ›grassatio, λωποδυσία‹.

grassātor, ōris, *m.* (grassor), der **Herumschwärmer, Herumstreicher, I** im Allg., der **Müßiggänger, Bummler,** Cato de mor. fr. 2 (bei Gell. 11, 2, 5). – **II** insbes., der (des Nachts auf den Straßen die Leute nur aus Mutwillen neckende, häufig aber auch anfallende, beraubende u. mordende) **Herumschwärmer,** der **Raufbold, Wegelagerer, Bandit,** Cic., Quint. u. a.: nocturnus, Petron.: grassatores et sicarii, Suet. – ► crassator geschr., Gloss. V, 186, 11.

grassātūra, ae, *f.* (grassor), das nächtliche **Herumschwärmen auf den Straßen,** das **Wegelagern,** Plur., Suet. Tib. 37, 1. Claud. Saturnin. dig. 48, 19, 16. § 6. Vgl. Gloss. ›grassatura, λωποδυσία‹.

grassor, ātus, sum, ārī (*Frequent.* zu gradior), **schreiten,** u. zwar intensiv = tüchtig **losschreiten, I** im Allg.: **A** eig., Plaut. u. Ov.: in alqm (auf jmd.). Plaut.: u. poet. m. *Acc.*, cuspide turmas, angreifen, Stat. – v. Lebl., per omnes nervos articulosque umore pestifero grassante, Iustin. 23, 2, 4. – **B** übtr.: **1** übh. **losschreiten,** ad gloriam virtutis viā, Sall.: ad clara periclis, Sil. – bes. auf ein Besitztum = auf etw. **erpicht sein,** in possessionem agri publici, Liv. – **2 zu Werke gehen, verfahren, a** übh. irgendwie, iure, non vi, Liv.: legitimā viā, Val. Max.: ut in te hāc viā grassaremur, Liv.: veneno, zum Gift schreiten, Tac.: ferro, zu blutiger Gewalt schreiten, Tac.: cupidine atque irā, Sall.: consilio, Liv.: dolo, Tac.: obsequio, recht servil zu Werke gehen, um den Bart herumgehen, Hor. – **b** insbes., **hart zu Werke gehen, hart verfahren, wüten,** in senatum, Iustin.: adversus deos, Iustin.: u. m. bl. *Acc.*, Romam pestilentia grassabatur, überfiel, Aur. Vict. de Caes. 33, 5: absol., vis grassabatur, Tac.: ut paucorum potentia grassaretur, Tac.: iniquitate grassante licentius, Amm. – **II** insbes., **herumschwärmen, a** von jungen Leuten, müßig auf den Straßen **herumschwärmen, umhertoben** u. allerlei Mutwillen treiben (vgl. grassator), Tac. ann. 13, 25: iuventus grassans in Subura, Liv. 3, 13, 2. – **b** von Straßenräubern, **herumstreichen, wegelagern,** Petron. 117, 3. Apul. met. 8, 16 u. 17: in umbris, Anthol. Lat. 671, 67 (288, 43). – übtr., v. einem Fisch, Plin. 9, 45. – ► Parag. Infin. grassarier, Prud. ham. 649. – Aktive Nbf. grassabamus, Apul. met. 7, 7.

grātanter, *Adv.* (grator), **mit Freuden,** Aur. Vict. epit. 12, 3. Capit. Macr. 7, 1 u. Maxim. duo 14, 4. Amm. 19, 11, 7. Sulp. Sev. app. ep. 2. 7. p. 233, 18 H. Eugipp. vit. Severin. 19. CIL 6, 10154. – *Superl.* gratantissime, Euang. de nativ. Mariae 9.

grātātōrius, a, um (grator), **glückwünschend,** Sidon. epist. 5, 16, 3.

grātē, *Adv.* (gratus), **I mit Vergnügen, gern,** Cic. de fin. 1, 62. Ulp. dig. 26, 10, 3. § 1: *Compar.*, Ov. ex Pont. 3, 5, 18. Iustin. 12, 11, 2: *Superl.*, Macr. sat. 7, 2, 9. Heges. 1, 28, 7. – **II dankbar,** et grate et pie facere, Cic.: grate pieque alqm prosequi, Suet.: beneficia grate interpretari, Plin. ep.

grātēs, Akk. grātēs, Abl. grātibus, *f.* (gratus), der **Dank** (bes. der feierliche gegen die Götter), alci grates agere, Cic. (de rep. 6, 9) u. Liv., od. dicere, Verg.: laudes ago gratas gratesque summas, Plaut.: laudes et grates alci habere, Tac.: alci grates habere, Curt.: alci grates agere eā causā (deswegen), Plaut.: alci grates habere (wissen) atque agere (sagen), Plaut.: alci grates agere habereque, Curt.: *pro* tantis his totque victoriis grates diis immortalibus agere habereque, Liv.: grates referre, Ov., persolvere, Verg., erstatten, durch die Tat beweisen: superis decernere grates, Dankfest, Ov.: laudibus gratibusque venerari, Tac.: pleonast., quibus pro benefactis deberi tibi multas grates gratias, Plaut. Poen. 6.

grātia, ae, *f.* (gratus), die **Annehmlichkeit, Wohlgefälligkeit, I** subjektiv: **A** eig. = das **angenehme, wohlgefällige Wesen,** das **Wohlgefällige,** in vultu, Quint.: verborum, Quint.: gratia non deest verbis, Lieblichkeit, Prop.: in bildenden Künsten (Malerei usw.), das Gefällige, Quint.: von einer Örtlichkeit, villae, die Reize, Plin. ep.: v. Wein, vinis gratiam affert fumus, Plin.: v. Pers., der Liebling, ut unus quolibet in casu gratia nostra fores, Ov. ex Pont. 2, 3, 82. – dah. personif.: **Grātiae** (wie Χάριτες), die **Grazien, Huldgöttinnen,** Töchter des Zeus u. der Eurynome, gew. drei: Euphrosyne (festliche Freude), Aglaia (festlicher Glanz), Thalia (blühendes Glück), die die Anmut des durch Sitte u. Schönheitssinn geregelten, durch Schmuck und Freude gehobenen Beisammenseins versinnbildlichten, Hor. carm. 1, 4, 6; 3, 21, 22. Quint. 10, 1, 82: nach späterer Deutung auch Sinnbilder der Dankbarkeit, Wohltätigkeit, Sen. de ben. 1, 3, 2 *sq.*

B übtr.: **1** die **Gunst,** die man erweist, **Gefälligkeit, Willfahrung,** der **angenehme Dienst,** die **Gunstbezeigung,** der **Gefallen,** die **Gnade, a** übh.: nullam esse gratiam, quam non capere animus meus posset, Cic.: petivit in beneficii loco et gratiae, Cic.: alci gratiam dare, Ter., od. facere, Plaut., jmdm. willfahren: gratiam dicendi facere, zu reden gestatten, Liv.: u. so gratiam facere reddendi equi, Suet. – dah. **α** in gratiam alcis, jmdm. **zu Gefallen, zugunsten, wegen,** Liv.: in gratiam iudicii, weil das Volk ihn losgesprochen, Liv. – **β** *Abl.* gratiā **wegen** (eig. aus Gunst, Gefälligkeit), hominum gratiā, Cic.: eā gratiā, deswegen, Ter.: huius accusandi gratiā, Nep.: ineundae fugae gratiā, Val. Max.: laxandi levandique animi gratiā, Gell.: cibi aut potionis gratiā, Liv.: honoris gratiā (s. honor), Cic.: exempli gratiā, zum Beispiel, Cic. u. a. (vgl. exemplum *no.* III); vollst. pauca tamen exempli gratiā ponam, Quint.: verbi gratiā propter voluptatem, Cic.: dem Genet. vorangestellt, gratiā patris, Lamprid. Heliog. 31, 3. – **b** insbes., das **Erlassen** einer Sache aus Gefälligkeit, die **Nachsicht** bei usw., iurisiurandi, ICt.: criminum, Suet.: omnium tibi gratiam facio, Liv.: delicti gratiam facere, Nachsicht schenken, nachsehen, Sall.: de cena facio gratiam, bedanke mich, kann nicht kommen, Plaut. – **2** die **Erkenntlichkeit,** der **Dank,** gratiam ferre alcis rei, den Dank für etw. davontragen, Liv. (s. Fabri Liv. 22, 26, 4): ab utrisque parem gratiam trahere, Iustin.: gratiam persolvere dis, Cic.: gratias dicere, Apul. (ut pro eo honore vobis multas gratias dicerem, Apul. flor. 16 = 22, 15 Kr.): gratias agere, Dank abstatten, sagen, Cic.: agere gratias magnas od. ingentes, Ter., od. mirificas, Cic.: tibi gratias ago atque habebo summas, Plaut.: agere Romanis gratias, Eutr.: tantae erga me benevolentiae tuae tamque sincerae gratias ago debeoque plurimas, Augustin.: furtive agere gratias et in angulo et ad aurem, Sen.: *in* quo ei Pompeius gratias egerat, Cic. ep.: etiam *in* malis gratias agere, Lact.: alci gratias agere *de* matre, Cic.: senatui *pro* alqo gratias agere, Cic.: alci *pro* suo summo beneficio gratias agere, Cic.: agere ei maximas gratias *pro* beneficiis in matrem, coniugem liberosque impensis, Curt.: timerem ne arrogans esset ob ea laudare, *ob* quae gratias agerem, Plin. ep. 9, 31, 2: gratias se inter cetera etiam *ob* hoc agere, quod (weil) etc., Liv. 34, 50, 4 (u. so m. *ob* u. Akk. auch Treb. Poll. trig. tyr. 10, 9. Apul. flor. 16 *in.*): agere gratias incipit, *quod* (dass er) perfidi hominis insidias prudenter cauteque vitasset, Curt.: ago confusioni meae gratias, *quod* nihil in illo cubiculo vidi praeter matrem et patrem, Sen. rhet.: gratiarum actio, Danksagung, Cic.: ellipt., tamen, genio illius gratias (Dank dem G. jenes!), enatavi, Petron. 57, 10. – gratiam habere alci, Dank wissen, Cic.: u. so gratiam habere magnam od. maximam, Cic. u. Ter.: gratiam habere m. folg. *quod* (dass usw.), Cic., od. *qui* u. Konj. (dass er), Cic.: auch gratias habere (von zweien u. mehreren), Liv. 24, 37, 7: u. alci summas gratias habere (v. einem), Plaut. trin. 659: verb. (v. einem) alci maximas infinitasque agere atque habere gratias, quod (dass) etc., Vitr. 6. praef. 4: alci laudes gratiasque habere magnas, Plaut. asin. 545: gratiam referre, den Dank abtragen, in der Tat danken, Cic.; u. ironisch, vergelten, es einem wieder entgelten lassen (= sich rächen), Ter. u. Cic.: gratiam referre pro meritis, pro beneficiis, Caes.: gratiam referre bonam od. praeclaram, Cic.: od. meritam debitamque, Cic., od. iustam ac debitam, Cic.: gratiam referre parem, Gleiches mit Gleichem vergelten, Cic.: auch gratias referre, Cic. Planc. 101; Phil. 3, 39: ago tibi gratias, imperator auguste; si possem, etiam referrem, Auson. grat. act. 1. § 1: gratiam rependĕre, Ov., od. reddere, Sall.: v. Lebl., referre gratiam, v. Acker, wenn er Früchte trägt, Col.; u. gratiam reddere, v. Weinstock, Col. – nullum est neque sincerius neque acceptius genus gratiarum, quam quod etc., Plin. pan. – dah. **a** gratia est, ich danke, Ter.: gratia est (*sc.* tibi), ich bedanke mich = ich muss es abschlagen, Plaut.: dis gratia, cum ita ut volo est, ich danke Gott, wenn usw., Ter.: dis gratia u. gratia dis (verst. est), Gott sei Dank! Ter. u. Ov.: gratia magna Iovi, Tibull. – **b** Abl. Plur. grātiīs u. zsgzg. grātis, **ohne Entgelt (Vergeltung), ohne Bezahlung, umsonst** (Ggstz. pretio, mercede), quae (psaltria) quantum potest aliquo abicienda est, si non pretio, at gratiis, Ter.: gratiis exaedificari atque effici navem, Cic.: tibi gratiis stare navem, nichts koste, Cic.: gratis habitare, Cic.: cave, ne tibi gratis hic constet amor, Ov.: reges Parthos non potest quisquam salutare *sine munere;* tibi valedicere non licet *gratis,* Sen. – ► Bei den szenischen Dichtern (z. B. Plaut. asin. 194; Epid. 474 G. Ter. adelph. 744. Pompon. com. 110) überall nach den besten Hdschrn. gratiis.

II objektiv, **A** eig. = die **Gunst,** die man bei anderen genießt, das **Beliebtsein,** der **Kredit** (während favor die »Beifallsbezeigung«, die »Gunst« die man anderen erweist, insbes. die Volksgunst, Begünstigung), gratiam alcis sibi conciliare, Cic.: gratiam (magnam, summam) inire, Cic., ab alqo, Cic., od. apud alqm od. ad alqm, Liv., od. alcis, Curt., bei jmd. sich in Gunst setzen, Gunst erwerben, sich beliebt machen: ut aliquam mihi bonam gratiam quaesisse videar, Cic.: summam ab alqo gratiam inire, Caes.: ab alqo gratiam inisse, quod (weil, dass) etc., Cic.: quia plures ineuntur gratiae, Gunst bei mehreren, Cic.: in gratia esse, in Gunst stehen, beliebt sein, Cic.: L. Murenae provincia multas bonas gratias cum optima existimatione attulit, Cic. – Ggstz., quod apud alios *gratiam,* apud alios *offensionem* habet, Plin. 19, 9.

B übtr.: **1** das **gute Vernehmen (Verhältnis)**, in dem man mit jmd. steht, das **gute Einverständnis,** das **freundschaftliche Verhältnis,** die **Freundschaft,** in gratiam redire cum alqo, sich mit jmd. wieder aussöhnen, Cic. (dah. reditus in gratiam, Aussöhnung, Cic.): ebenso in gratiam reverti cum alqo, Liv. u. Petron., cum fato, Sen.: alqm apud alqm ponere in gratia u. in gratia maxima, in Gunst, in große Gunst setzen, Cic.: esse in gratia cum alqo, Cic.: dehinc spero aeternam inter nos gratiam fore, Ter.: in gratiam reducere od. restituere od. redigere, versöhnen, Ter.: porrigere mutuas in gratiam manus, Sen. rhet.: so auch componere gratiam inter eas, Ter.: per gratiam, in Güte, gutwillig, Plaut.: so auch per bonam gratiam, Plaut. (vgl. Brix Plaut. mil. 979): u. so per gratiam od. cum gratia, in Güte, gutwillig, Ter. u. Liv.; Ggstz. sine gratia, nicht in Güte, nicht gutwillig, Sen. rhet. (vgl. Lorenz Plaut. mil. 971): componere alqd cum bona gratia, in aller Güte, Ter.: u. so cum bona gratia alqm dimittere, Cic.: cum mala gratia, in Hass, Ter.: cum gratia imperatoris, zur Zufriedenheit des F., Liv. 29, 1, 9. – **2** die (durch Gunst, guten Kredit erlangte) **Macht,** das **Ansehen,** der **Einfluss,** Cic. u. a.

Grātiānopolis, is, Akk. im, Abl. ī, *f.,* Stadt im narbon. Gallien, j. *Grenoble,* Augustin. de civ. dei 21, 7, 2. Sidon. epist. 3, 14, 1. – Dav. **Grātiānopolitānus, aus** od. **bei Gratianopolis,** Ambros. gest. concil. Aquilei. § 62: fons Gr., Greg. Tur. de curs. stell. § 18: Auct. de sept. mirac. mund. praef.: fontes Gr., Greg. Tur. de curs. stell. § 31.

grātificātio, ōnis, *f.* (gratificor), die **Willfährigkeit, Gefälligkeit,** gr. et benevolentia, Cic. de nat. deor. 1, 122: gr. ipsius reginae, Plin. 21, 12: Sullana, Sullas Verwilligungen (Landanweisungen) an seine alten Soldaten, Cic. Mur. 42: so auch impudens, Cic. de lege agr. 3, 6.

grātifico, s. grātificor ►.

grātificor, ātus sum, ārī (gratus u. facio) = χαρίζομαι, **I** jmdm. eine Gefälligkeit erweisen = jmdm. **willfahren, sich willfährig** od. **gefällig zeigen,** m. bl. *Dat.,* alci, Cic.: alcis odiis, Tac.: mit folg. allgem. *Acc.,* hoc, nihil, darin, in nichts, Cic.; od. mit folg. homogen. *Acc.,* perversam gratiam, Ps. Sall. de rep. 1, 7, 5: od. mit de alqa re, wie χαρίζομαί τινος = von etw. gern od. freudig mitteilen, qui de eo, quod ipsis superat, aliis gratificari volunt, Cic. de fin. 5, 42. – **II** mit *Acc. rei* = etw. **willig darbringen, zum Opfer bringen, gern und freudig opfern** od. **aufopfern,** populo aliena et sua, Cic.: decus et libertatem alci, Sall. – ► Aktive Nbf., quod utilitas necessaria gratificat, Cassiod. var. 7, 6, 1: in qua gratificavit nos in dilecto, Vulg. Ephes. 1, 6.

grātificus, a, um (gratus u. facio), **I willfahrend, gefällig** (vgl. Placid. gloss. V, 24, 8. Isid. 10, 114), pectus, Paul. Petr. vit. S. Mart. 2, 716: dominus, Porphyr. paneg. ad Constant. 1, 6: gratifici sunt oculi Iudae ex vino, Rufin. Orig. in gen. hom. 17, 9. – **II Dank sagend,** loquelae, Paul. Nol. carm. 32, 2.

grātiīs, umsonst, s. grātia *no.* I, B, 2, b.

gratilla, ae, *f.,* eine Art **Kuchen** (libum), Arnob. 7, 24.

grātiōsē, *Adv.* (gratiosus), **aus Gunst,** Ulp. dig. 26, 7, 7. § 2: *Compar.* b. Ps. Ascon. II. Verr.. 1, 4, 11. p. 158, 17 *Orelli.*

grātiōsitās, ātis, *f.* (gratiosus), die **Annehmlichkeit,** Tert. adv. Marc. 1, 9 *in.*

grātiōsus, a, um (gratia), **I** von gratus *no.* I, A = **wohlgefällig, lieblich,** cum suaviter resonans vox ipsos versus gratiosiores faciat, Porphyr. Hor. sat. 1, 4, 74. – **II** von gratia *no.* I, B, 1: **A Gunst erweisend, gefällig, a** eig., absol., Cic. Planc. 46: apud Globulum fuisti gratiosior, Cic. Flacc. 76: si L. Natta in equitum centuriis voluit esse et ad hoc officium necessitudinis et ad reliquum tempus gratiosus, Cic. Mur. 73: gratiosi scribae sint in dando et cedendo loco, Cic. Brut. 290. – **b** übtr., **aus Gefälligkeit-, aus Gnade erteilt,** missio, Liv.: sententia, ICt.: patrocinium, Apul. – **B Gunst genießend, in Gunst stehend, begünstigt, beliebt, angenehm, a** v. Pers. (Ggstz. invisus), Cic. u. a.: non gratiosior quam etc., Cic.: cives gratiosissimi, Cic.: gr. apud alqm, Cic.: in sua tribu, Cic.: gratiosissimus in provincia, Cic.: subst., grātiōsus, ī, *m.,* der Begünstigte, der Günstling, Cic. Mur. 7. – colonia Augusti beneficiis gr., begünstigt, begnadigt, ICt. – **b** übtr., v. Lebl.: umbra, Plin.: causas apud te rogantium gratiosiores esse quam vultus, Cic.

grātīs, *Adv;* **umsonst,** s. grātia *no.* I, B, 2, b.

grātō, *Adv.,* Nbf. zu grate (s. d.) = ἡδέως, Gloss. II, 35, 51.

grātor, ātus sum, ārī (gratus), bei einem Ereignis usw. **seine Freude zu erkennen geben, I** um zu zeigen, dass das Ereignis uns angenehm ist = **seine Teilnahme zu erkennen geben** u. so **Glück wünschen,** alci, Verg.: sibi, Ov.: invicem inter se, Liv.: mit folg. *Acc.* u. *Infin.,* Dräger Tac. ann. 6, 21. Claud. VI. cons. Hon. 549. Sen. Oedip. 902 (881): u. so reduces (*sc.* eos esse), zur Rückkehr Glück wünschen, Verg. Aen. 5, 40: gr. mit folg. *quod,* Tac. ann. 14, 10. Aur. Vict. de orig. gent. Rom. 7, 4: absol., laudantes gratantesque, Tac.: ad gratandum se expedire, Tac. – **II** dass man dankbar ist = einer Gottheit **seinen freudigen Dank zu erkennen geben, freudig danken,** Ov. fast. 3, 418: u. so wohl auch Iovis optimi maximi templum gratantes ovantesque adire, Liv. 7, 13, 10.

Grāttius, iī, *m.,* ein röm. Männername, unter dem bes. bekannt ist: Grattius Faliscus, ein röm. Dichter, Zeitgenosse Ovids, dessen Gedicht liber cynegeticōn (von der Jagd und deren Zubehör, als Hunden usw.) noch erhalten ist, Ov. ex Pont. 4, 16, 34. – Dav. **Grāttiānus,** a, um, **grattianisch, eines Grattius,** vasa ex argento, Plin. 33, 139.

grātuītō, *Adv.* (gratuitus), **ohne Entgelt, ohne Lohn, unentgeltlich, ohne Absicht auf Gewinn, umsonst,** gr. aut levi fenore, Suet.: multorum causas non gravate et gratuito defendere, Cic. de off. 2, 66: gr. alqm obstringere, indem man Geld ohne Zinsen leiht, Suet.: gr. malus atque crudelis erat, ohne Anlass, Sall. – ► Sen. ep. 105, 3 Haase gratuitum, s. grātuītō a. E.

grātuītus, a, um (vgl. gratis), **ohne Entgelt-, ohne Bezahlung, ohne Lohn-, ohne Nutzen-, umsonst geschehend, unentgeltlich, nicht erkauft, frei, uneigennützig** (Ggstz. aere partus, mercennarius, conductus u. dgl.), suffragia, Cic.: comitia, ohne bezahlte (erkaufte) Stimmen, Cic.: gratuita et sine frumento stipendioque opera (wo sine frumento stipendioque die gratuita opera erklärt), Suet.: gratuita in Circo loca, Freiplätze (für das Volk), Suet.: subsellia gr., Freibänke, Suet.: lavatio gr., CIL 11, 6167: gratuitam pecuniam dare alci, ohne Zinsen leihen, Plin. ep.: verbis parcam; gratuita sunt, sind umsonst-, in den Wind gesprochen, Sen. – amicitia, Cic.: probitas, liberalitas, Cic. – odium aut est ex offensa ... aut gratuitum, ohne Anlass, Sen. ep. 105, 3 H. – ► Stat. silv. 1, 6, 16 grātŭītūm gemessen.

grātulābundus, a, um (gratulor), **sich in Glückwünschen ergehend,** Liv. 7, 33, 18. Suet. Galb. 19, 2: mit *Dat.* der Pers., velut gratulabundus patriae, Iustin. 6, 8, 13.

grātulābilis, e (gratulor), **beglückwünschend,** vox (Ggstz. vox tristis), Augustin. serm. 285, 6.

grātulātio, ōnis, *f.* (gratulor), **I** die **Freudenbezeigung** gegen jmd., die an den Tag gelegte **Freude,** die **Beglückwünschung,** der **Glückwunsch** (Ggstz. lamentatio, Cic. Mur. 86; comploratio, Val. Max. 1, 8. ext. 11), absol., Cic. u. a.: civium, Cic.: laudis nostrae, wegen usw., Cic.: so auch victoriae, Curt.: fungi mutuā gratulatione, sich gegenseitig beglückwünschen, Curt.: in sua gratulatione, an seinem Ehrentag (wo er Glückwünsche für seine Wahl zum Konsul erhielt), Cic. Mur. 88: Plur., militum et senatus populique gratulationes, Suet.: omni in hominum coetu gratiis agendis et gratulationibus habendis et omni sermone celebrabamur, Cic.: magni domum concursus ad Afranium magnaeque gratulationes fiebant, Caes. – **II** die **Dankbezeigung,** bes. ein **öffentliches Dankfest,** tam recens gr., Cic.: rei publicae bene gestae, wegen usw., Cic.: preces gratulationesque, Bitt- und Dankgebete, Cic.: alci gratulationem decernere, Cic.

grātulātor, ōris, *m.* (gratulor), der **Glückwünscher,** Mart. 10, 74, 1; außerdem in einem unechten Einschiebsel b. Cic. de fin. 2, 108.

grātulātōriē, *Adv.* (gratulatorius), **glückwünschend,** Augustin. conf. 8, 6.

grātulātōrius, a, um (gratulator), **glückwünschend,** epistula, Capit. Max. et Balb. 17, 1: cena, Iul. Val. 3, 34 (3, 31): solacia, *ibid.* 1, 13 (1, 6).

grātulor, ātus sum, ārī (für *grātitulor von grātes u. tollo), **seine Freude bezeigen, -zu erkennen geben,** u. zwar: **I** um zu zeigen, dass ein Ereignis usw. einem angenehm ist = **seine frohe Teilnahme zu erkennen geben, -laut werden lassen** u. so **Glück wünschen,** mit u. ohne *Dat. pers.* (s. Duker Flor. 4, 3, 5), ut tibi, quod feci per litteras, possem praesens gratulari, Cic.: gr. alci de filia, de reditu, Cic.: gr. de victoria, Liv.: (alci) in alqa re, bei etwas, Cic. u. a.: u. bl. alqā re (wegen etw.), Pan. vet. u. Apul.: m. *Genet.*, gr. serae vindictae, Apul. met. 7, 26; alci *ob* victoriam, Liv. epit. 45: m. *Acc. resp.*, adventum, in Betreff, wegen usw., Ter.: alci affinitatem viri optimi, Cael. in Cic. ep.: alci recuperatam libertatem, Cic.: alci victoriam, Liv.: alci od. apud alqm u. ohne *Dat. pers.* mit folg. *Acc.* u. *Infin.*, Cic. u. a.: alci (u. ohne *Dat. pers.*) m. folg. *quod* (dass usw.), Cic. u. a., od. m. folg. *cum,* Cic. ep. 9, 14, 6. – mit u. ohne *sibi* = **sich freuen, sich Glück wünschen,** mit *sibi,* Cic. ep. 3, 11, 2: ohne *sibi,* Ov. art. am. 3, 122. Suet. Tib. 60. – **II** um zu zeigen, dass man dankbar ist = einer Gottheit usw. **seine Dankbarkeit an den Tag legen, freudig danken** (s. Wagner Ter. heaut. 879. Spald. Quint. 6. praef. § 8. Duker Flor. 4, 3, 5), alci, Enn. fr. scen. 209., Komik., Quint. u. a.: alcis iudicio, Phaedr.: temporibus nostris *pro* ingenio tali, Plin. ep.

grātus, a, um (altind. *gūrtá-ḥ,* willkommen, *guráte,* begrüßt), **I** in Bezug auf die Sinne u. das Gefühl, **lieblich, anmutig, einnehmend, artig, hold, reizend,** im Superl. = **allerliebst,** Venus, Hor.: locus, Hor.: loca (Gefilde), Ov.: Antium, Hor.: aera, Hor.: gratus in ore vigor, Ov.: artes, Hor.: gratissima tellus (v. Delos), Verg. – **II** in Bezug auf Neigung u. Gesinnung: **1** objektiv: **a angenehm, wohltuend, behaglich, lieb, beliebt, erwünscht, willkommen,** oft verb. gratus et iucundus, iucundus et gratus, gratus acceptusque, gratus et acceptus, **α** v. Pers.: conviva, Hor.: gratior una tribus, Prop.: comitum gratissime, Ov.: mit *Dat.*, dea (Egeria) grata Camenis, Ov.: nemori gratissima coniunx, Ov.: Hephaestio gratissimus sibi, sein Liebling, Val. Max.: m. *apud* u. Akk., se non tam gratum apud regem quam invidiosum esse, Iustin.: Plur. subst. = angenehme Gesellschafter, Suet. Tib. 46. – **β** v. Lebl.: thyma, Hor.: dona mensae secundae, Verg.: grata in vulgus lex, Liv.: gratior it dies, Hor.: gratissima victoria, Cic.: mit *Dat.*, grata Minervae humus, Ov.: barbaris gratum spectaculum, Curt.: alcis oratio alci grata est, Cic.: gratior mihi celeritas tua quam ipsa res, Cic.: Ida profugis gratissima Teucris, Verg.: mit 2. *Supin.*, his ego gratiora dictu alia esse scio, Liv. 3, 68, 9: cuius vox auditu illi futura esset gratissima, Val. Max. 8, 14. ext. 1. – **b mit Dank aufgenommen, dankbar erkannt, dankenswert,** ista veritas, etiam si iucunda non est, mihi tamen grata est, Cic.: quae omnia mihi iucunda, hoc extremum etiam gratum fuit, Cic.: si, quod adest, gratum iuvat, Hor.: mihi id, quod fecisti, est gratissimum, du hast mich dadurch zu großem Dank verpflichtet, Cic.: u. so gratum est m. folg. *Infin.*, Cic.: gratum (gratissimum) mihi est m. folg. *quod* od. *si,* ich erkenne es mit (größtem) Dank, es ist (sehr) dankenswert, dass usw. od. wenn usw., Cic. u. a.: gratum (gratissimum) alci facere, sich jmd. zu (großem) Dank verpflichten, jmdm. einen (großen) Gefallen tun, faceres si causā meā, gratum esset, Phaedr.: gratissimum mihi feceris, si curaris, ut etc., Cic.: quod si eum interfecerit, multis sese nobilibus principibusque populi Romani gratum esse facturum, Caes.: u. alqd gratum (gratissimum) habere, Cato u. Sen. – **2** subjektiv, **dankbar** (Ggstz. ingratus), **a** eig. homo, Cic.: homo omnium gratissimus, Cic.: ille male gratus (undankbare), Ov.: gr. animus, Brut. in Cic. ep.: gratissimus animus, Cic.: gr. voluntas, Iustin.: memoria (Andenken), Cic.: gratus *in* od. *erga,* alqm, Cic., *adversus* alqm, Sen.: voluntas grata in parentes, Cic.: gratissimum munus in defunctos, Tac.: quo *in* te bene merito grati essent, bei deinem Verdienst um sie, Cic.: *pro* quibus beneficiis vix satis gratus videar, Sall. fr.: si bene de me meritis gratum me praebeo (mich dankbar erweise), Cic.: subst., grātus, ī, *m.*, der Dankbare, Cic. de legg. 1, 49. – **b** übtr., **dankbar = ergiebig,** terrae, Plin. pan. 31, 1.

Graupius mōns, ein Berg in Kaledonien, Tac. Agr. 29.

gravābilis, e (gravo), **beschwerend, beschwerlich,** Cael. Aur. de morb. acut. 1, 15, 136 u. a.

gravāmen, inis, *n.* (gravo), die **Beschwerlichkeit, drückende Last,** Cod. Iust. 5, 30, 5 u. a. Cassiod. var. 9, 2, 1. – Nbf. **gravāmentum,** ī, *n.*, Gloss. II, 34, 43 (wo Plur. gravamenta).

gravanter, *Adv.* (gravans v. gravor), **mit Missbehagen, ungern,** reguli Gallorum … haud gr. ad Poenum venerunt, Liv. 21, 24, 5 zw. (die Ausgaben gravate): gr. nostras suscipere iussiones, Cassiod. var. 4, 5, 1.

grāvastellus, ī, *m.* (*Demin.* v. *gravaster, vom griech. γραῦς; anders Paul. ex Fest. 96, 13), der **Graukopf,** Plaut. Epid. 620. – Dafür rāvistellus, Plaut. nach Paul. ex Fest. 272, 6 u. Fest. 273 (b), 21.

gravātē, *Adv.* (gravor), **mit Umständen, ungern,** gr. alci dare veniam, Plaut.: gr. ille primo, jener machte zuerst Umstände, Cic.: non od. haud gravate, ohne viele Umstände, ohne Weigerung, nicht ungern, Cic. u. a.: multorum causas non gravate et gratuito defendere, Cic. de off. 2, 66. – *Compar.*, manus et plantas ad saviandum gravatius porrigere, Fronto ad M. Caes. 4, 12. p. 75, 7 N.

gravātim, *Adv.* (gravor) = gravate, Lucr. 3, 387: haud gr., Liv. 1, 2, 3: non gr., Solin. 1, 76.

gravātio, ōnis, *f.* (gravo), die (körperl.) **Beschwerde,** post cibum, Cael. Aur. de morb. acut. 2, 32, 171: gravatio, quam Graeci κάρον appellant, Cael. Aur. de morb. acut. 3, 5, 53: gravatio, quam κάρωσιν vocant, Cael. Aur. de morb. chron. 4, 3, 33: Ggstz., gravatio atque tensio supinatis aegrotantibus et relevatio sedentibus, Cael. Aur. de morb. chron. 5, 10, 96.

gravēdinōsus, a, um (gravedo), **I mit Stockschnupfen behaftet, verschnupft,** Cic. Tusc. 4, 27. – **II Stockschnupfen erregend,** Plin. 18, 139.

gravēdo, inis, *f.* (gravis), **I** die **Schwere,** compedinis, Ps. Augustin. medit. 37, 8. – **II** prägn.: **A** die **Schwere** der Glieder, **a** übh., **Schwere der Glieder,** bes. die **Schwere-,** das **Eingenommensein des Kopfes,** die **Betäubung,** somnolenta, betäubende Wirkung, Apul. met. 10, 1: gravedinis crapulae, Plin. – übtr., magistriani timoris proiectā gravedine, Beklommenheit, Fulg. Verg. contin. p. 162 M. – **b** insbes., der **Stockschnupfen** (während destillatio narium = der fließende Schnupfen), griech. κόρυζα, βλέννα (s. Cels. 4, 2, 4), Cels. (auch im Plur.), Cic. u. a. – **B** die **Leibesschwere** der Schwangeren, Nemes. cyn. 132. – ► Nbf. gravīdo, Lucil. 820 *codd.* Catull. 44, 13. Plin. 28, 57 D.

graveolēns, entis (grave u. oleo), **übelriechend** (Ggstz. suaveolens), cenae, Apul. de mund. 35. Vgl. (getrennt) grave olens unter oleo.

graveolentia, ae, *f.* (graveolens), der üble Geruch, **Gestank,** halitus, stinkender Atem, Plin.: oris, narium, Plin.

gravēsco, ere (gravis), **I schwer werden,** übtr., = **a schlimmer-, heftiger werden, zunehmen,** gravescit aerumna, Lucr.: gravescit malum, Tac. – **b im Wert sinken,** peccato gravescit oratio, Ambros. in psalm. 118. serm. 22. § 5. – **c beschwert werden, anfangen Beschwerde zu empfinden,** Ambros. de virg. 1, 6, 25. – **II** insbes., v. weibl. Tieren, **trächtig werden,** Plin. 11, 236: non ventre gravescere, sed mente grandescere, Augustin. epist. 150: poet. übtr., nemus fetu gravescit, wird von Früchten beladen, Verg. georg. 2, 429.

graviditās, ātis, *f.* (gravidus), die **Schwangerschaft,** Plur. bei Cic. de nat. deor. 2, 119.

1. gravido, āvī, ātum, āre (gravidus), **schwängern,** alqam probro (= stupro), Caecil. com. 223: gravidari ex alqo, Aur. Vict. epit. 14, 8: ea crassitudo aquarum fetu gravidatur, Apul. de mund. 9 G. –

übtr., terra gravidata seminibus, geschwängert, befruchtet, Cic. de nat. deor. 2, 83.

2. gravĭdo, s. gravēdo ►.

gravidulus, a, um (*Demin.* v. gravidus), **schwanger,** conchae ... exinde gravidulae (davon geschwängert), Amm. 23, 6, 85.

gravidus, a, um (gravis; eig. beschwert, dah. insbes.) **schwanger,** von Tieren = **trächtig, I** eig.: **a** von Frauen: uxor, Liv.: mulier, eine Schwangere, Cels.: gravida ex alqo, Ter.: gravida de semine alcis, Apul.: gravida de adulterio, Augustin.: gravida puero, mit usw., Plaut.: alqam gravidam semine largo reddere, Lucr.: gravida est viro, von usw., Plaut.: virgo ex eo compressu gravida est facta, Ter.: cum iam esset gravida Auria, fratris uxor, Cic.: cum Augusto gravida nupsisset, Suet.: Aeginam Aesopi filiam gravidam fecit, Hyg. fab. 52. – subst., gravida, ae, *f.*, die **Schwangere,** Plaut. u. Plin. – **b** von Tieren: elephantus, Plaut.: pecus, Verg.: ursa, hyaena, Solin.: equa, bos, Plin.: canis, Iustin.: sus, Mart.: ovis (Ggstz. feta), Col.: hostiae, Tac. – v. Fischen, muraena, Hor.: ballaenae, Plin.: omnes (piscium cuiusdam generis feminae) ovis gravidae capiuntur, werden als Rogener gefangen, Plin. – v. Schaltieren, conchas impleri roscido conceptu; gravidas postea niti, Plin. – **II** übtr., wie unser **schwanger** = **voll** von usw., **angefüllt** mit usw., **fruchtbar** an usw., manus, bepackte, volle (Ggstz. steriles), Plaut.: ubera, Cic. poët.: aristae, Verg.: nubes, Ov. – m. *Abl.*, gratia gravida est bonis, Plaut.: gravidus armatis equus, Enn. fr. scen. 76: pharetra gr. sagittis, Hor.: gr. Amathus metallis, Ov.: gr. semine terrae, Ov.: ager gr. autumno, Verg.: urbs bellis gr., Verg.: Italia imperiis gr., Verg. – m. *Genet.*, mellis apes gr., Sil. 2, 220.

gravio, s. gravo ►.

gravipēs, edis, *m.*, die **Trappe,** Gloss.

gravis, e (altind. *gurú-h*, griech. βαρύς, gotisch *kaurus*), **schwer, I** an sich **schwer, wuchtig** (Ggstz. levis), **1** eig.: **a** v. Lebl.: **α** übh.: onus, Hor.: onus armorum, Caes.: pera, Phaedr.: catena, Ov.: arma, tela, Sen. u. Curt.: argentum, massives, Sen. – **β** v. Boden, **schwer, fett,** terra. Hor.: tellus, Verg. – **γ** v. Speisen, **schwer, schwer verdaulich,** cibus, Cic.: cena, Plin. ep.: gravissima bubula, Cels. – **b** v. leb. Wesen: **α schwer** = groß u. stark, Verg. Aen. 5, 447. – **β schwer** = **schwerbewaffnet,** agmen, Liv.: u. miles, Tac. – **γ schwer** = **schwerfällig,** canis (Ggstz. pernix), Col. 7, 12, 8. – **2** übtr.: **a** v. Ton, **tief, Bass-** (Ggstz. acutus), vox, sonus, Cic.: syllaba, unbetonte (Ggstz. acuta), Quint.: u. poet. übh. **tief, dumpf, stark,** vox, sonus, Ov.: fragor, Ov. – **b** als habituelle Eigenschaft leb. Wesen u. lebl. Ggstd.: **α wichtig, gewichtig, schwer ins Gewicht fallend, gewichtvoll, bedeutend** (Ggstz. levis), civitas, Sall. fr. u. Liv.: gravissima civitas, Tac.: epistula, Cic.: causa, Cic.: auctoritas, Cic.: nec umquam fuit apud populum gravior oratio, quam etc., machte mehr Eindruck auf das V., Cic.: v. Pers., vir, Sall. fr. u. Liv.: testis, auctor, Cic.: historicus, Nep.: auctoritate graviores, Cic. – **β würdevoll, erhaben, feierlich, majestätisch** (Ggstz. levis), plectrum, Ov.: numen, Cic.: bes. v. der Rede u. v. Redner, genus epistularum severum et grave (Ggstz. familiare et iocosum), Cic.: genus dicendi, oratio, Quint.: carmen, episches (Ggstz. molles versus), Prop.: Aesopus, Hor.: Aeschylus, Quint.: tum graves sumus, tum subtiles, Cic. – **γ charakterfest, konsequent** (Ggstz. levis), homo, Cic.: vir, Vell.: od. **ernst, besonnen, bedächtig, streng, hart** (Ggstz. blandus, iucundus), supercilium, Plin. pan.: senatus consultum, Cic.: sententia, Cic.: gravior (Cato) in laudando, Cic.: gravissimi domini, Cic.: quando tuus animus est natu gravior, den Jahren nach besonnener ist, Ter. heaut. 645. – **c** als ausgeübte Eigenschaft **α** übh., **schwer, wuchtig, drückend, heftig, stark, mächtig, gewaltig, hart, tüchtig, derb, arg, schlimm, furchtbar,** sol, Hor.: aestus, Hor.: frigus, Eutr.: aestas, Verg.: tempestas, Cic.: Africus, Tac.: alapa, Phaedr.: ictus, Hor.: sopor, somnus, Curt.: morbus, Nep.: vulnus, Caes.: bellum, Sall.: pugna, Eutr.: proelium, Nep.: imperium, Liv.: iniuriae, Cic.: contumeliae, Hor. u. Vell.: poena, Sall.: supplicium, Curt.: inimicitiae, Sall.: graviore verbo uti non libet od. nihil gravius dicam, gelinder gesprochen, Cic.: ne quid gravius in fratrem statueret, Caes.: quod si quid ei a Caesare gravius accĭdisset, Caes.: v. Pers., **gewaltig,** victor, Verg.: acies, Liv.: gravis ictu, mit gew. Schlag, Verg.: Nerëidum numen, schwer zürnend, Ov. – poet. *Acc.* grave (gewaltig) statt des *Adv.*, grave risit, gr. mugit, Stat.: gr. vociferaris, Val. Flacc. – **β schwer** dem numer. Wert nach, **hoch,** pretium, Sall. fr.: fenus, Suet.: vectigalia, Suet.: dah. **wertvoll, kostbar,** supellex, Plin. ep. – **γ groß** der Zahl nach, pavonum greges, Varro sat. Men. 183. – **d** als auf einen Ggstd. einwirkende Eigenschaft, **α** auf die Sinne, u. zwar auf den Geruchsinn, **stark, auffallend, empfindlich, ekelhaft, widerlich,** odor gr., iucunde od. suaviter gravis, Plin.: odor caeni gravis, Verg.: elleborus, Verg.: hircus, Hor. – u. auf den Geschmacksinn, **streng, bitter,** absinthius, Varro sat. Men. 440. – u. auf den Geruchsinn, **widerlich, stinkend,** sentina, Iuven. 6, 99: mullus iam gravis est, stinkt schon, Petron. poët. 93, 2. – **β** dem Körper **lästig, nachteilig, schädlich, ungesund,** aureum amiculum, Cic.: locus, Liv.: Minturnae, Ov.: solum caelumque, Tac.: anni tempus, Cic.: autumnus, Caes.: pestilentiā gravis annus, Liv. – **γ** übh. **schwer, beschwerlich, unbequem, empfindlich, hart, drückend, lästig, unerträglich, schädlich, herb, schlimm, traurig, unheilvoll, αα** v. Lebl.: opus, labores, Verg.: causa (Prozess), Quint.: fortuna, Caes.: senectus, Cic.: vita, Sall.: mors, Ov.: militia, Hor.: m. *Dat.*, alci gravis est militia, Curt.: hoc si tibi grave est, Nep.: hic dies nostris longe gravissimus fuit, Caes.: (alci) grave est m. folg. *Infin.*, Ter., Cic. u. Tac.: *in* populum Rom. grave est m. folg. *Infin.*, Cic.: grave duxi m. folg. *Infin.*, Cic.: u. gravis m. 2. *Sup.*, grave est dictu, Cic.: haec gravia auditu, Liv.: conatu quam effectu gravius, Liv.: u. *n. pl.* subst, gravia perpessus, Eutr.: passus graviora, Verg.: graviora minari, schlimmere Strafen, Ov. – **ββ** v. Pers., **beschwerlich, lästig, unangenehm, unerträglich,** adversarius, Cic.: accolae, Curt.: m. *Dat.*, alci odiosus et gr., Cic.: libertati Graeciae gravis, Liv.: gravis etiam eorum auribus, qui etc., Curt.: cogor ipse meis auribus esse gravis, Prop.: m. *in* u. Akk., gravis in rem publicam mater, Tac. – **II schwer** durch etw. = mit etw. **beschwert, beladen, belastet, geschwängert, stark besetzt, bedeckt, 1** eig., absol., agmen, Liv.: comitatus, schwerfälliger Tross, Curt.: arbor (fruchtbeschwert), Ov.: gew. m. *Abl.*, miles gr. armis, Liv.: quasi gravis vinculis, als wenn ihr die K. zu schwer wären, Plin. ep.: agmen praedā grave, Liv.: graves hostilibus spoliis naves, Liv.: gr. dextera iaculo, Ov.: gr. habenae auro, Ov.: barba gr. nimbis, Ov. – **2** übtr.: **a geschwängert, schwanger, trächtig,** uterus, Ov. (vgl. gravis maturo pondere venter, Ov.): graves fetae, Verg.: fit gravis, Ov.: sacerdos Marte gravis, Verg.: ballaenae utero graves, Plin. – **b beschwert, voll** von Speisen u. Getränken, **trunken** vom Schlaf, graves somno epulisque, Liv.: graves crapulā (Ggstz. sobrii), Curt.: mero ac vigiliis gravis, Curt. **c beschwert, beladen** mit einem phys. Übel usw., **schwach, krank** durch etw., corpus, Hor.: gew. m. *Abl.:* vulnere, Vell.: graves avide hausto umore, Curt.: m. *de* u. Abl., de vulnere, Val. Flacc. – **d beschwert, gebeugt** von Jahren, **hoch** an Jahren, **hochbetagt,** m. *Abl.*, gravis od. gravior aetate, Liv.: gr. senectute, Tac.: gr. annis, Verg. u. Hor.: gr. iam aetate et corpore, Vell.: iam aetate et viribus erat gravior, Liv.

Graviscae, ārum, *f.*, Stadt in Etrurien, in ungesunder, sumpfiger Gegend, einst zum Gebiet von Tarquinii gehörig, später von den Römern erobert u. kolonisiert, Cato origg. 2. fr. 20. Liv. 40, 2), 1. Verg. Aen. 10, 184. – Nbf. **Gravisca,** ae, *f.*, Vell. 1, 15, 2. – Dav. **Graviscānus,** a, um, **graviskanisch,** vina, Plin. – Plur. subst., Graviscānī, ōrum, *m.*, die Einw. von Graviscā, die **Graviskaner,** ICt. u. Inscr.

gravisonus, a, um (gravis u. sono), **stark tönend,** Serv. Verg. Aen. 1, 53 (als Erklärung von sonorus).

gravitās, ātis, *f.* (gravis), **I** die **Schwere, 1** eig., die **Schwere,** die **Wucht,** die **Last,** oneris, Ov.: armorum, Caes.: navium, Caes.: immobilis longitudine et gravitate haste, Liv.: moveri gravitate et pondere (v. d. Atomen), Cic.: me mea defendit gravitas, Ov. – **2** übtr.: **a** als habituelle Eigenschaft: **α** die **Tiefe** des Tons, gr. soni vel acumen, Mart. Cap. 9. § 932: fastigia vocum gravitasque, Mart. Cap. 3.

§ 268. – β das **Gewicht,** die **Gewichtigkeit,** der **Gehalt,** die **Bedeutung, Bedeutsamkeit,** der **Einfluss, Nachdruck,** civitatis, die bedeutende Macht, Caes.: sententiarum, Cic.: artium, Cic.: accessit iudiciis gravitas, Vell. – γ die **Würde** (das **würdevolle Benehmen**), die **Erhabenheit, Feierlichkeit, Majestät** (oft neben maiestas), augusta, Ov.: regentis, Ov.: oris, Liv.: bes. auch der Rede u. des Redners, dicendi, imponierende Beredsamkeit, Cic.: verborum, Quint.: Sophoclis, Quint. – δ die **Charakterstärke, -festigkeit, Konsequenz, Beständigkeit,** Caesaris, Cic.: viri, Curt.: imperii, Cic.: in quo gravitas et auctoritas est, Cic.: cum gravitate et constantia vivere, Cic.: u. der **Ernst,** die **Bedächtigkeit, Besonnenheit, Strenge, Härte** im Benehmen, Lacedaemoniorum, Nep.: comitate condita gr., Cic.: gravitate mixtus lepos, Cic.: gravitatis severitatisque personam sustinere, Cic. – **b** als auf andere einwirkende Eigenschaft: **α** die **Höhe** des Preises, annonae, sumptuum, Tac. – β die **Schärfe,** die **Hässlichkeit** des Geruchs, odoris, Plin. u. Tac.: dah. der **üble Geruch,** oris, animae, Plin.: halitus, Plin. – γ der **schädliche, nachteilige, ungesunde Einfluss,** die **Schädlichkeit, Ungesundheit,** caeli, Cic.: loci, Liv.: autumni, Sall. fr. – **II** das **Beschwertsein,** **a** das **Schwangersein,** die **Schwangerschaft,** meton. = die Leibesbürde, Ov. met. 9, 287. – **b** das **Beschwertsein,** die **Schwere, Schwerfälligkeit, Mattigkeit,** der **ungesunde, krankhafte Zustand,** si in sensibus ipsius est aliqua forte gravitas atque tarditas, Cic.: gr. corporis, Cic.: linguae, Cic.: aurium od. auditus od. audiendi, Schwerhörigkeit, Plin.: spiritus, schwerer Atem, Cels.: tristitia (Trübsinn) et gr. mentis (Schwermut), Sen.: Plur., capitis gravitates, Plin. 27, 130: gravitates oris et dentium, Plin. 37, 143. – **c** das **Gedrücktsein,** die **Schwäche** im Alter, senilis, Ov. met. 7, 478.

graviter, *Adv.* (gravis), **a** dem Ton nach **tief, dumpf** (Ggstz. acute), sonare, Cic u. Verg. – **b** **gewichtvoll, bedeutend,** de alqo gravissime iudicare, eine hohe (bedeutende) Meinung von jmd. haben, Caes. b. c. 2, 32, 2. – **c** **mit Nachdruck, eindringlich, heftig,** orationem gr. habere et sententiose, Cic.: gr. contionari, Suet. – **d** **mit Würde, würdevoll,** utrumque agere, Cic.: tractare illum locum, Cic. – **e** **schwer, wuchtig, tüchtig, heftig, gewaltig,** cadere od. concĭdere, Ov. u. Verg.: gravius accĭdere, Caes.: gr. ferire, Verg.: hasta gr. pressa, Verg.: gravius erumpere, Tac.: gr. se vulnerare, Curt.: gr. aegrotare coepisse, Cic.: gr. queri, conqueri, Cic.: gr. saucius, Cic. u. Suet.: gravius in alqm dicere, Ter.: gravius in alqm consulere, Sall.: u. gr. angi alqā re, Cic.: u. gravissime dolere, Caes. – **f** **ungesund,** se non gr. habere, nicht bedeutend krank sein, Cic.: gr. iacēre, schwer daniederliegen, Plin. ep. – **g** **lästig, empfindlich, drückend,** alqd gr. accipio, fero, es ist mir etw. lästig, empfindlich, drückend, Cic.: u. so gravius alqd tolero, ich empfinde etwas drückender, Tac.: gr. audire, Schlimmes hören, Ter. heaut. 614. – **h** **schwer** = schwerfällig, auriculas graviter audientes emendat, Plin. Val. 1, 11: gravius audire coepisse, schwerhörig werden, Cels. 6, 7. *no.* 7.

gravitūdo, inis, *f.* (gravis), die **Beschwerde,** das **Leiden,** arteriaca, Luftröhrenleiden, Vitr. 1, 6, 3: sine ructu et gravitudine, Magenbeschwerden, Apic. 3, 76: attestante gravitudine, Cael. Aur. de sign. diaet. pass. 66.

graviusculus, a, um (*Demin.* v. gravior, ius), **etwas tiefer,** sonus, Gell. 1, 11, 13.

gravo, āvī, ātum, āre (gravis), **I** Aktiv = **schwer machen, beschweren, belasten,** **A** *intr.* **einen Druck ausüben,** daemones a caelo deorsum gravant, erschweren den Aufblick zum Himmel, Min. Fel. 27, 2. – **B** *tr.*: **1** eig.: pennas, Ov.: membra (v. d. Leibesbürde), Ov.: alqm sarcinis, Tac.: alqm cum veste, Verg.: nodis gravatum robur, knotige, schwere Keule, Verg.: poma gravantia malos, Ov. – **2** übtr.: **a** etw. **schwerer-, schlimmer-, drückender-, fühlbarer machen, verschlimmern, verstärken, erhöhen,** invidiam matris, Tac.: mala alcis, Ov.: alqā re fortunam alcis, Ov.: iniusto fenore gravatum aes alienum, drückend geworden, Tac.: u. so ne obsidio ipsā multitudine gravaretur, Iustin. – **b** mit etw. **beschweren, belästigen, bedrängen,** auch durch etw. **ermatten,** **α** physisch: caput (v. Klima), Liv.: nec me labor iste gravabit, Verg.: dah. gravatus alqā re, mit etw. **beschwert,** durch od. von etw. **schwer, voll, ermattet, trunken,** gravatus telis, Curt., vulneribus, Liv.: gravatus cibo vinoque, vino somnoque, Liv.: oculi morte gravati, Ov.: gravata ebrietate mens, die von der Tr. verdüsterte Besinnung, Curt. – β politisch u. moralisch usw., officium, quod me gravat, Hor.: gravari iniuriis militum, Liv.: gravari militiā, keine Lust am Dienst haben, Liv.: gravati longinquā militiā, Iustin. – **II** Passiv gravor medial, **A** *intr.* **schwer daran gehen, es sich schwer ankommen lassen, Umstände machen, sich weigern,** ne gravere, Ter.: primum gravari coepit, quod etc., Cic.: ego vero non gravarer, si etc., Cic.: ille non gravatus (ohne weitere Umstände zu machen) ›Primum‹, inquit etc., Varro r. r. 1, 3. – m. *de* u. Abl., de nuptiis non gr., Donat. Ter. adelph. 5, 8, 15. – **B** *tr.* durch jmd. od. etw. **sich unangenehm berührt fühlen,** etw. **ungern gewähren** od. **annehmen,** gegen jmd. od. etw. **einen Widerwillen haben,** an jmd. od. etw. **Anstoß nehmen,** jmd. od. etw. **nicht mögen, lästig finden,** jmds. od. einer Sache **müde sein,** dominum, Plin. pan.: illum acerbum et sanguinarium, Sen.: ampla praetoria, Suet.: aspectum civium, Tac.: spem ac metum iuxta, Tac.: m. dopp. *Acc.,* alqm fratrem (als Br.), Sen. rhet.: u. gravor m. folg. *Infin.,* es **kommt mir schwer an, ich lasse es an mich kommen, ich lasse es mich verdrießen, ich mache Umstände, es ist mir zu viel** od. **es dünkt mich zu viel, ich weigere mich,** qui gravere litteras ad me dare, Cic.: rogo ut ne graveris exaedificare id opus, quod instituisti, Cic.: ut in colloquium venire invitatus (obgleich eingeladen) gravaretur, Caes.: legatus ire Fabio Gurgiti filio gravatus non est, Val. Max. – ► Nbf. gravio, Itala (Taurin.) Matth. 13, 15 auriculas eius obturo et oculos eorum gravio.

gregālis, e (grex), **I** **zur Herde gehörig, Herde-,** equae, Plin. 10, 181; pecua, Apul. met. 6, 22. – subst., gregālēs, ium, *m.*, die von derselben Herde, v. Pferden, Varro r. r. 2, 7, 6. – **II** übtr.: **A** **von derselben Gesellschaft, -Schar,** nur subst.: gregālēs, ium, *m.*, von Menschen, **Kameraden, Bekannte,** im üblen Sinne, **Spießgesellen,** Cic.: mit subj. *Genet.*, Catilinae, Cic. – **B** **aus dem großen Haufen, gemein,** **a** v. Lebl., **α** = **eines gemeinen Soldaten,** amiculum, Liv.: habitus, Tac. – β übh. **von gemeiner Art-, Sorte,** poma, Sen.: siligo, Plin.: tectorium, Sen. – **b** v. leb. Wesen: ego homo pauper sum, plebeius, mediocris, *gregalis,* Augustin. serm. 107, 8: asylum illud non cuiuslibet dei gregalis, sed Iovis ipsius sororis, Augustin. de civ. dei 1, 4. – ► ungew. Abl. Sing. gregale, Privil. vet. XXIV, 1, 27 u. 2, 26 u. ö. (CIL 3. p. 867 *sqq.*).

gregārius, a, um (grex), **I** **zur Herde gehörig,** pastor, Col. 6. praef. § 1: canis, der Hirtenhund, Porphyr. Hor. sat. 1, 7, 2: dass. subst., gregārius, iī, *m.*, der Hirt, Apul. met. 7, 15. – **II** übtr., **gemein,** **a** von Soldaten, milites, Gemeine (im Ggstz. zu den Offizieren), Cic., Sall. u. a.: u. subst. gregārius, iī, *m.*, der gemeine Soldat, Tac. hist. 2, 75: eques, Tac. hist. 3, 51: militia, Gamaschendienst, Iustin. 22, 1, 8. – **b** übh. **gemein** = schlecht, poëta, Sidon. epist. 9, 15, 1. *v.* 15.

gregātim, *Adv.* (grex), **I** **herdenweise,** von Tieren, Col. u. Plin. – **II** übtr.: **A** **haufen-, scharenweise,** von Menschen, Cic. u. a.: v. Sachen, Cypr. epist. 27, 1. – **B** **unter dem großen Haufen, unter den gemeinen Leuten,** accĭdit, ut nova genera morborum gr. sentirentur, Plin. 26, 4.

gregiculus, ī, *m.* (*Demin.* v. grex), eine **kleine Herde,** Augustin. epist. 93, 49.

grego, āvī, ātum, āre (grex), **zu einer Herde scharen,** übtr., Levitas ad se gregavit, Sulpic. Sev. chron. 1, 19, 6: Maeotidae ita se gregabant (scharten sich zusammen), quasi etc., Vopisc. Tac. 13, 1. Vgl. Gloss. ›gregat, ἀγελίζει, ἀθροίζει‹. – Passiv medial, **gregor,** ātus, ārī, **sich zu einer Herde scharen,** v. Tieren, Idaliae volucres ... iam longum caelo domoque gregatae, Stat. Ach. 1, 373: im Bild, nunc oves facti duce te gregantur pacis in aulam, Paul. Nol. 17, 200. – übtr., v. Menschen, **sich (zusammen)scharen,** totidem totidemque gregati ferte manus, Stat. Theb. 8, 668.

gremia, s. cremia.

gremiae, s. cremia.
gremiālis, s. cremiālis.
gremium, iī, *n.* (zu einer Wurzel **grem-*, fassen, umfassen), der **Schoß, I** eig.: gremio accipere alqm, auf den Sch. nehmen, Verg.: in gremio matris sedere, Cic. – im Bild, abstrahi e gremio patriae, Cic.: in gremio sepulta consulatus tui, Cic.: soror in fratris gremio consenescit, Cic.: in vestris pono gremiis, gebe es in eure Hand, Verg.: ad gremium praeceptoris, in Gegenwart u. unter der Leitung des Lehrers, Quint.: poet., gr. Tethyos, der Sch. der T. = der Meeresschoß, Claud.: sterni gremio telluris, auf der E. Schoß = auf die Erde, Verg. – **II** übtr.: **1** der **Schoß** = die Tiefe od. das Innerste, montis, Plin.: togae, Flor.: fluminis, das Flussbett, Claud.: gremium terrae mollire, das Innere, den Grund, Cic.: medio Graeciae gremio, mitten in Gr., Cic.: mare, quod litorum gremio accipitur, Mela. – **2** = ἀγκαλίς, δράγμα, ein **Armvoll,** ein **Bündel,** bes. = eine **Garbe,** Eccl. (s. Rönsch Itala p. 314). – arch. Akk. gremiu, CIL 1, 33. – Nbf. gremius, ἀγκάλη (= ἀγκαλίς), Auct. de idiom. gen. 574, 43 K.
gremius, iī, *m.,* s. gremium a. E.
gressibilis, e (gressus), **was gehen kann,** animal, Boëth. ad Aristot. περὶ ἑρμηνείας, 1, 74.
gressio, ōnis, *f.* (gradior), das **Schreiten,** der **Schritt,** der **Gang,** Pacuv. tr. Paul. 5: übtr., prima gr. antispastica, Diom. 505, 14 u. 30.
gressus, ūs, *m.* (gradior), das **Schreiten,** der **Schritt,** der **Gang, I** eig. u. übtr.: **1** eig.: delicatus et languidus, Phaedr.: pedes ad gressum compositi, brachia ad complexum, Col.: calx in gressu terram non contingit, Cels.: gressum tendere ad moenia, Verg.: gressum recipere, zurückgehen, Verg.: gressum inferre, hineingehen, Verg.: gressum ferre, gehen, Ov.: gressum ante ferre, vorausgehen, Verg.: gressum morari, Inscr.: gressum comprimere, stillstehen, innehalten, Verg.: gressum accelerare, Acc. fr., maturare, Val. Max.: genitoris anxios gressus levare manu, Aur. Vict. – **2** übtr.: **a** der **Lauf** eines Schiffes, huc dirige gressum, Verg. Aen. 5, 162. – **b** der **Gang** der Rede, gressus (Plur.) orationis et gestus (Lebhaftigkeit), Gell. 11, 13, 10. – **II** meton.: **1** der **Fuß,** ut ille immanis Xerxes mare terris immitteret et gressibus maria transiret, Arnob. 1, 5: stupuit laxatos currere gressus, Prud. dittoch. 46, 4 (184): et temptat gressus debilitatque pedes, Anthol. Lat. 633, 4 (535, 4): periscelides sunt crurum ornamenta mulierum, quibus gressus earum ornantur, Isid. orig. 19, 31, 19: praecedet in campum secundum gressus suos, Itala Habac. 3, 5 (bei Cypr. test. 2, 21). – **2** der **Schritt** als Längenmaß, Gromat. vet. 372, 2 u. 373, 9. – vulg. Akk. Plur. gressos, Itala (Fuld.) Hebr. 2, 13. Sulp. Sev. epist. 2, 5 *cod. Veron.*
gressūtus, a, um (gressus *no.* II, 1), **mit gutem Gangwerk versehen,** animal, Ps. Augustin. categ. 7; vgl. Gloss. IV, 347, 50 u. V, 544, 8.
grex, gregis, *m.* (zu griech. ἀφείρω, ich sammle), **I** die **Herde,** dux gregis, vom Stier, Ov.: grex suillus, ovillus, caprinus, bovillus, alte Formel bei Liv.: greges lanigeri, Verg.: gr. asinorum, Varro: greges armentorum reliquique pecoris, Cic.: greges nobilissimarum equarum, Cic.: gr. elephantorum, Sen. u. Plin.: cervorum, Rudel, Iustin. u. Amm.: porcorum, Iuven.: avium, Hor.: pavonum, anserum, anatum, Varro. – II) übtr.: **A** v. Menschen, die **Schar,** der **Schwarm, Kreis,** die **Gesellschaft,** im üblen Sinne auch die **Sippschaft, Clique,** der **gemeine-, große Haufe, 1** im Allg.: gr. hominum honestissimorum, Cic.: amicorum, Cic.: iuvenum, Liv.: feminarum nobilium, Curt.: venalium, Plaut.: servorum, Petron.: rabularum, Varro fr.: spadonum, Curt.: praedonum, Cic.: me in vestrum gregem recipiatis, Ter.: in grege annumeror, Cic.: ne servi quidem uno grege (alle miteinander) profugiunt dominos, Curt. – **2** insbes.: **a** v. Schauspielern u. Wagenkämpfern im Zirkus, die **Gesellschaft, Truppe, Bande,** Komik. u. a.: grex ryssata (= russata), Inscr.: gregem ducere, Suet. – **b** v. Priestern, die **Schar,** Chaldaeus, Iuven.: liniger, die Isisdiener, -priester, Iuven. – **c** v. Philosophen, die **Sekte,** philosophorum, Cic.: Epicuri, Hor. – **d** v. Soldaten, die **Schar, Rotte,** der **Trupp,** cum toto cecīdit grege, Sil.: oft grege facto, nachdem man sich eng zusammengeschlossen, in geschlossenem Zuge, Sall. u. Liv. – **B** v. Lebl., die **Schar,** virgarum ulmearum, Plaut.: hyadum, Ov.: Pleïadum, Sen. poët. – ► grex *gen. fem.,* Suet. fr. 309, 19 u. 20 *Roth.* Lucr. 2, 663. CIL 6, 2787; 6, 10069 u. 10092; vgl. Charis. 92, 30. Prisc. 8, 42.
grias, adis, *f.,* eine Pflanze in Lukanien, Ps. Apul. herb. 80.
gricenea, ae, *f.,* ein **dickes Tau,** Paul. ex Fest. 99, 4.
grillo (gryllo), āre (grillus, gryllus), **zirpen,** Naturlaut der Grillen u. Heimchen, Anthol. Lat. 962, 62 (233, 62).
grillus, s. 1. gryllus.
grīphus, ī, *m.* (γρῖφος, ein »Fischernetz«; dah. meton.) eine **verwickelte Aufgabe,** ein **Rätsel,** Gell. 1, 2, 4. Apul. flor. 9. p. 12, 3 Kr. Auson. edyll. 11 lemm. p. 129 Schenkl.
grōcio od. **crōco,** s. crōcio.
grōma (grūma), ae, *f.* (aus griech. γνῶμα), das **Messinstrument** der Feldmesser, ein doppeltes Diopterlineal, Gromat. vet. 170, 5; 180, 8. Hyg. de mun. castr. § 12. Paul. ex Fest. 96, 15. Lange Hyg. de mun. castr. § 12. p. 145 *sqq.*
grōmaticus, a, um (groma), **das Feld-** od. **Lagerabmessen betreffend,** disciplina, Cassiod. var. 3, 52, 2. – subst., grōmaticī, ōrum, *m.,* die **Feld-** od. **Lagermesskünstler,** als Schriftsteller, Hyg. de mun. castr. § 12.
gromphaena, ae, *f.,* eine Pflanze, nach Sprengel *Amaranthus tricolor* (L.), **Tausendschön,** Plin. 26, 40.
gromphēna, ae, *f.,* ein Vogel auf Sardinien, der dem Kranich ähnlich sein soll, Plin. 30, 146.
gronger, s. conger.
grosa, ae, *f.,* das **Schabeisen** eines Silberarbeiters, Arnob. 6, 14.
grossitās, ātis, *f.* (grossus), die **Dicke, Rauheit,** corpulentorum omnium grossitates, Ps. Augustin. solil. 20, 2.
grossitūdo, inis, *f.* (grossus), die **Dicke,** Vulg. Ierem. 52, 21. Vulg. 3. regg. 7, 26: duorum digitorum gr., Compend. Vitruv. 6. p. 293, 23 *Rose.*
grossulus, i, *m.* (*Demin.* v. grossus), eine **kleine unreife Feige,** Col. 5, 10, 10. Postum. Albin. ann. fr. bei Macr. sat. 3, 20, 5.
1. grossus, ī, *c.,* eine Feige, die den Winter über hinter dem Blatt nachwächst (ὄλυνθος) und wie die im Frühling vor dem Blatt ansetzende (πρόδρομος) selten reif wird und abfällt, die **Spätfeige,** die **unreife Feige** (vgl. Cassiod. in cantic. 2, 13), Cato r. r. 94. Cels. 5, 12. Plin. 17, 254. Macr. sat. 3, 20, 5. Vulg. cant. cantic. 2, 13.
2. grossus, a, um, **dick,** virga, Cassiod. hist. eccl. 10, 33: grossior vestis, Edict. Diocl. 7, 51. Sulp. Sev. dial. 1, 21, 4 (u. so im Kompar. auch Vulg. 1. regg. 12, 10; Ezech. 41, 25; 2. chron. 10, 10): grossiores (inscriptiones), Plin. n. h. praef. § 24: grossiori stilo, Acro Hor. ep. 2, 1, 244. textrina grossissima, Cassiod. in psalm. 29, 12. – übtr., grossa corda, raue, Augustin. in psalm. 113. serm. 1. § 4.
Grudiī, iōrum, *m.,* ein Volk im belgischen Gallien, in der Gegend von *Oudenarde,* Caes. b. G. 5, 39, 1.
gruīnus, a, um (grus), **vom Kranich, Kranich-,** adeps, Marc. Emp. 18.
gruis, s. grūs.
grūma, s. grōma.
grūmula, ae, *f.* (= *glumula, *Demin.* v. gluma), die **Hülse, Schale,** agrestis vitis grumulae, Ambros. de Elia 6, 18.
grūmulus, ī, *m.* (*Demin.* v. grumus), der **kleine Erdhaufen,** der **kleine Hügel,** Plin. 19, 112. Apul. met. 6, 10.
grūmus (grummus), ī, *m.* (zu nhd. Krume), der **Erdhaufen, Hügel,** Acc. tr. fr., Col. u. a.: grumus excellens naturā, Auct. b. Hisp.: grumi e terra, tumuli grumorum, Vitr.
grunda, ae, *f.* = στέγη, das **Dach,** Gloss.
grundio u. **grunnio,** iī, ītum, īre (vgl. Charis. 247, 4. Diom. 383, 20 *sq.* Aldh. de re gramm. in Class. auct. *ed. Mai* vol. 5. p. 570), **grunzen,** von Schweinen, Form grundio, Claud. Quadr. ann. 15. fr. 77 bei Diom, 383, 23 (grundibat). Laber. com. 82. Varro sat. Men. 2. Spart. Anton. Get. 5, 5: übtr., Caecil. com. 103 (grundibat). – Form grunnio, Suet. fr. 161. p. 249, 2. R. Plin. 32, 19. Iuven. 15, 22. Anthol. Lat. 762, 57 (233, 57); vgl. grunnitus.

grundītus, ūs, *m.* (grundio), das **Grunzen,** suis, Cic. Tus. 5, 116 (andere Lesart ›grunnitus‹).

grunnio, s. grundio.

grunnītus, ūs, *m.* (grunnio), das **Grunzen,** suis, Hieron. in Amos II. ad 5, 23. Augustin. de nat. et grat. 47.

gruo, ere, Naturlaut der Kraniche, Suet. fr. 161. p. 251, 2 R. Anthol. Lat. 962, 23 (233, 23). Vgl. Gloss. II, 36, 16 ›gruunt, γερανίζουσιν‹.

grūs, gruis, *m.* u. (gew.) *f.* (gruo), **I** der **Kranich,** Cic. de nat. deor. 2, 125. Cels. 2, 30. Verg. georg. 1, 375. Hor. epod. 2, 35 u. sat. 2, 8, 87. Plin. 11, 122: grus Balearicus, Laber. com. 47. – Nbf. gruis, is, *f.*, Phaedr. 1, 8, 7; vgl. Prob. app. (IV) 198, 22 ›grus non gruis‹. – **II** meton. (wegen der Ähnlichkeit mit einem Kranichschnabel) eine Art **Mauerbrecher,** der **Kranich** (sonst corvus, der Rabe gen.), Vitr. 10, 13, 3.

grussus, a, um = *setosus, pilosus, hirsutus,* Gloss.

gryllo, s. grillo.

1. gryllus, ī, *m.*, die **Grille,** der **Grashüpfer,** das **Heimchen,** das **Heupferd,** Plin. 29, 138 u. 30, 49: grillus geschr., Anthol. Lat. 762, 62 (233, 62). Isid. orig. 12, 3, 8.

2. gryllus, ī, *m.* (γρύλλος, Ferkel, Schweinchen), Plur. grylli (als *t. t.* der Malerei), eine bizarre Zusammensetzung von Tieren, **Tierkarikaturen,** Plin. 35, 114.

3. Gryllus, ī, *m.* (Γρύλλος), der Sohn des Xenophon, der in der Schlacht bei Mantinea (362 v. Chr.) fiel, zu dessen Andenken Aristoteles eine Schrift ›Γρύλλος‹ verfasste, dah. Aristoteles in Gryllo, Quint. 2, 17, 14.

Grȳnēus, a, um, s. Grȳnīa.

Grȳnīa, ae, *f.* (Γρύνεια) u. **Grȳnium,** iī, *n.* (Γρύνιον), alte feste Stadt in Äolis (in Mysien), mit einem prächtigen Tempel u. berühmten Orakel des Apollo, Plin. 5, 121; 32, 59: zur Satrapie von Phrygien gehörig, Nep. Alc. 9, 3. – Dav. **Grȳnēus,** a, um (Γρύνειος), **grynëisch, von** od. **aus Grynium,** nemus, Apollo, Verg.: poet. = apollinisch, vates, Sil.

Grȳpos, s. grȳpus *no.* II.

grȳps, grȳpis (grȳphis), Akk. Plur. grȳpas (grȳphas), *m.* (γρύψ), **I** der **Greif,** ein fabelhafter, vierfüßiger Vogel (ital. *grifone,* franz. *griffon,* span. *grifo*), Plin. 10, 136. Solin. 15, 22. Prisc. perieg. 703: am Wagen des Phöbus, Claud. VI. cons. Hon. 30 (wo Akk. Sing. grypha). Sidon. carm. 22, 67. – Nbf. grȳpus, ī, *m.*, Mela 2, 1, 1 u. 3, 7, 2 (2. § 1 u. 3. § 62). Plin. 7, 10 u. 33, 66. – **II** ein Raubvogel, wahrsch. der **Geier,** Vulg. Levit. 11, 13 u. deut. 14, 12. – Sprichw., iunguntur iam grypes equis = das Unmöglichste wird möglich, Verg. ecl. 8, 27. – ► Die aspirierte Form gryphis usw. gehört den Späteren an.

grȳpus, ī, *m.* (γρυπός), **I** Nbf. v. gryps, s. d. – **II** Grypos, als Beiname, die **Habichtsnase,** Iustin. 39, 1. § 9.

gubernābilis, e (guberno), **leitbar,** sive anima est mundus sive corpus naturā gubernabile, etwas unter der Leitung der Natur stehendes Körperliches, Sen. nat. qu. 3, 29, 2.

gubernāculum (poet. synkop. gubernāclum), ī, *n.* (guberno), das **Steuerruder, I** eig.: gub. modicum, Vulg.: gub. magnum, exiguum, Sen.: gubernacula ingentia et enormia, Apul.: navis gubernaculo parens, Sen.: navis gubernaculi impatiens, Curt.: piratica puppis (Schiff) orba gubernaclis, Claud.: ad gubernaculum accedere, Cic.: apponere (navi) utrimque gubernacula, Tac.: gubernaculis assidēre, Plin. pan.: gubernaclum contorquere quo libet unum, Lucr.: funduntur liburnicae armamenta et gubernaculum diffringitur, Suet.: alci gubernacula eripere (v. der Meereswoge), Sen.: gubernaculum flectere, Sen.: cum stridunt funes, curvatur arbor (Mastbaum), gubernacula gemunt, Plin. ep.: gubernaculum regere, Val. Max. (u. so scientia regendi gubernaculi, Sen.): gubernacula retorquere, nach dem Ufer zurücksteuern (= umkehren), Plin. pan.: gubernaclum multā vi forte revolsum, Verg.: tenere rapiente fluctu gubernaculum, Sen.: rectum cursum, recta gubernacula in periculum tenere, Plin. ep. – in der Vergleichung, ut cruribus velut gubernaculis demissis cursum dirigeret, Frontin. 3, 13, 6: piscium meatus gubernaculi modo regunt (caudae), Plin. 11, 264: velificatas alas quo libuit advertens modico caudae gubernaculo (Rudern), Apul. flor. 2. p. 2, 16, Kr. – **II** bildl., wie unser **Ruder, Steuer** = Lenkung, Leitung, Richtung, gew. von der des Staates als Schiff betrachtet, **α** gew. im *Plur.*: accedere ad rei publicae gubernacula, Cic. u. Liv.: alqm admovere publicae salutis gubernaculis, Plin. pan., od. publicis gubernaculis, Pacat. pan., od. ad rei publicae gubernacula, Plin. ep.: ad alqm gubernacula rei publicae deferre, Cic.: gubernacula rei publicae prehendere, Cic.: gubernacula urbis invadere, an das Ruder der Stadt treten, Flor.: ad gubernacula rei publicae sedere, Cic. u. Liv.: clavum tanti imperii tenere et gubernacula rei publicae tractare, Cic.: leges et gubernacula temperare, Vopisc.: senatum a gubernaculis deicere, populum e navi exturbare, Cic.: gubernacula imperii sui e manibus abicere, Val. Max. (vgl. cum cogar exire de navi non abiectis, sed ereptis gubernaculis, Cic.): depellere (verdrängen) alqm a publicis gubernaculis, Treb. Poll.: u. so depellere oratorem a gubernaculis civitatum, Cic.: a gubernaculis recedere, Q. Cic. – in anderen Beziehungen, arteriarum pulsus … observatione crebri aut languidi ictus gubernacula vitae temperat, bedingen die Richtschnur des Lebens, Plin. 11, 219: transferre ad alqm fortunarum suarum gubernacula, Nazar. pan. 27, 2. – **β** (selten) im *Sing.*: exercitus non habilis gubernaculo, nicht leicht sich dem Kommando fügend, nicht leicht zu kommandieren (befehligen), Vell. 2, 113, 2: gubernaculum rei publicae tenere, Lact. 1, 1, 14.

gubernanter, *Adv.* (gubernans v. guberno), **lenkend, leitend,** Cypr. epist. 48, 4.

gubernātio, ōnis, *f.* (guberno), **I** das **Steuern** eines Schiffes, Cic. de fin. 3, 24 u. 4, 76. – **II** übtr., die **Regierung, Lenkung, Leitung,** m. subj. *Genet.*, senatus, Cic.: m. obj. *Genet.*, tantarum rerum, Cic.: tui consilii, Cic.: rerum omnium, Chalcid.: Plur. gubernationes, Vulg. 1. Cor. 12, 28. Augustin. conf. 11, 2.

gubernātor, ōris, *m.* (guberno), **I** der **Steuermann,** Plaut., Cic. u. a.: gubernatoris ars, Cic.: scientia gubernatorum, Caes.: gub. bonus, pessimus, Quint. – **II** übtr. = der **Lenker, Leiter,** ventorum quasi gub., s. 1. ventus: gubernator contorsit equos, Enn. ann. 486: tracto pede quasi gubernator regeret iter, Sall. fr.

gubernātrīx, trīcis, *f.* (Femin. zu gubernator), die **Lenkerin, Leiterin,** v. Glück, Ter. eun. 1046: ista praeclara g. civitatum, eloquentia, Cic. de or. 1, 38: luna nocturni temporis g., Lact. de ira 13, 5.

Gubernī, s. Cugernī.

gubernio, ōnis, *m.* = gubernator, Isid. orig. 19, 1, 4.

gubernius, iī, *m.* = gubernator, Laber. com. 3 (aus Gell. 16, 7, 10), wo aber nach Ribbeck (Coroll. p. LXXXVI) gubernus zu schreiben ist.

guberno, āvī, ātum, āre (κυβερνῶ), **I das Steuerruder führen** od. **lenken, steuern, α** absol., tristi cum corde, Enn. ann. 482: bene aut male, Cic.: tranquillo mari, Liv.: ars gubernandi, Steuermannskunst, Quint. – Sprichw., gubernare e terra, aus sicherem Ort andere in Gefahr belehren wollen, Liv. 44, 22, 14. – **β** m. *Acc.*, **steuern, lenken,** navem, Enn. ann. 483. – **II** übtr.: **a** *intr.* **am Steuerruder sitzen,** das **Steuerruder führen, steuern,** meist noch im Bild, in tanta tempestate te gubernare non posse (v. Volkstribunen), Cic.: iam pridem gubernare me taedebat, Cic.: non est loquendum, sed gubernandum, Sen. – **b** *tr.*: **α** konkr.: **lenken,** iter pedibus, Flor. 3, 5, 16. – **β** abstr., **steuern, regieren, handhaben, lenken, leiten,** rem publicam, orbem terrarum, Cic.: ius, CIL 12, 103: motum fortunae, Cic.: ut commodum commune mutuis officiis gubernetur, Cic.: quo (bono) vita gubernari possit, Cic.: qui eos (pueros) gubernat animus, Ter.: illa tormenta gubernat dolor, Cic.: haec ratio non gubernat, Cic.: Caesar meis consiliis adhuc gubernatus, Cic.

gubernum, ī, *n.* = gubernaculum (vgl. griech. πηδόν u. πηδάλιον), Plur. bei Lucil. 578. Lucr. 2, 553 u. 4, 437.

gubernus, ī, *m.*, s. gubernius.

gubia (guvia), ae, *f.*, der **Hohlmeißel,** Veget. mul. 1, 26, 2. Isid. orig. 19, 19, 15.

Gugernī, s. Cugernī.

gula, ae, *f.* (aus *gela, altind. *gala-ḥ,* Kehle, ahd. *kelk*), der **Schlund,**

I eig. = die **Speiseröhre, Kehle,** Komik., Plin. u. a.: obtorta gula, Cic.: gulam laqueo frangere, erwürgen, Sall. – II meton., wie unser **Gurgel, Gaumen** = Feinschmeckerei, Schlemmerei, Genusssucht, irritamenta gulae, Sall. u. Tac.: ingenua, verwöhnte, Mart. u. Petron.: o gulam insulsam! welch alberner Fresssack! Cic.: gulae parens, ein Bauchdiener, Schlemmer, Hor.: u. so gulae ac ventri iugiter servientes, Säufer u. Fresser, Salv.: ventri ac gulae crapulosis libidinibus servientes, Firm.: proceres gulae, die größten Feinschmecker, Plin.

gulātor, ōris, *m.* (gula), der **Schlemmer,** Plur. Gloss. II, 36, 44.

gullioca ae, *f.*, die **grüne** (äußere) **Walnussschale,** Paul. ex Fest. 98, 12 (doch nach Löwe Prod. p. 298 *sqq.* richtiger gallicola od. gallicula, w. vgl.).

gulo, ōnis, *m.* (gula), ein **Schlemmer, Leckermaul** (vgl. Paul. ex Fest. 112, 2), Apul. apol. 32. Macrob. sat. 7, 12, 9.

gulōsē, *Adv.* (gulosus), **leckerhaft,** gulosius condire cibos, Col. praef. § 5: gulosissime nutrit, Tert. de res. carn. 1.

gulōsus, a, um (gula), der seine Kehle gern befriedigt, **fresshaft, gefräßig, leckerhaft, genusssüchtig,** I eig., v. Pers., Mart., Capit. u. a.: non sunt ad popinam dentibus, ore ac ventre contenti; oculis etiam gulosi sunt, Sen.: nihil est gulosius Santrā, Mart. – v. Lebl., fictile, leckere Speisen enthaltend, Iuven.: abstinentia, Hieron.: nil est tibi gulosius factum, Mart. – II übtr.: lector nimium gulosus, ein allzu wählerischer (auf blendende Darstellung u. witzige Pointen versessener) Leser, ein literarischer Feinschmecker, Mart. 10, 50, 5.

gūmen, s. cummi ►.

gumia, ae, *f.* (γέμω), ein **Leckermaul, Fresser, Schlemmer,** Lucil. 1066 u. 1237 (wo Müller gomiae). Apul. apol. 57; vgl. Paul. ex Fest. 112, 2.

guminasium, s. gymnasium.

gumma, s. cumma.

gummātus, a, um, s. cummātus.

gummi, s. cummi.

gummino, āre, s. cummino.

gumminōsus, a, um, s. cumminōsus.

gummis, s. cummi.

gummītio, ōnis, *f.*, s. cummītio.

gummōsus, a, um, falsche Lesart für cumminosus, s. d.

gummus, s. cummi ►.

gumnasium, s. gymnasium.

gunaecēum, s. gynaecēum.

gunna, ae, *f.*, der **Pelz** (als Gewand), Schol. Bern. Verg. georg. 3, 383. Anthol. Lat. 209, 4 R.

gupsārius, s. gypsārius.

gurdōnicus, a, um (gurdus), **dumm, tölpelhaft,** Sulpic. Sev. dial. 1, 27, 2.

gurdus, a, um, **dumm, tölpelhaft,** Laber. com. 13; vgl. Quint. 1, 5, 57.

gurga, ae, *f.* = gurges, der **Wasserstrudel,** Gromat. vet. 330, 19.

gurges, gitis, *m.* (verwandt mit gula, gurgulio), I **Strudel, reißende Strömung, reißende Flut** u. übh. **Tiefe, Abgrund** im Wasser, altus, Verg.: rapidus, Liv.: Rheni fossa gurgitibus illis redundans, Cic.: rapi gurgite, Liv.: hauriri gurgitibus, Liv.: u. »eine tiefe u. reißende Stelle«, Liv. 21, 5, 14: poet., alterno procurrens gurgite pontus, v. Ebbe u. Flut, Verg.: im Bild, vivo gurgite exundat, er quillt über aus lebendigem Born = sprudelt über von natürlicher Beredsamkeit (v. Cicero), Quint. 10, 1, 109: poet. v. tiefen, mit Stromschnellen versehenen Flüssen, **Flut, Tiefe, Abgrund,** Stygius, Totenreich, Ov.: turbidus (v. Acheron), Verg.: gurgitis huius (des Penēus) ima, Verg.: v. der hohen See, vom sturmbewegten Meer, **Flut, Tiefe, Abgrund,** gurges ponti, Cic. poët.: salsus g., Lucr.: Carpathius, Verg.: Hiberus, der westl. Ozean, Verg.: Atlanteus, Stat.: Oceani, Amm. – II übtr.: a v. Lebl., **Schlund, Pfuhl,** gurges turpitudinis, Val. Max.: libidinum, Cic. – b v. Pers., **Pfuhl** der Lüste, Laster, **Schlemmer, Prasser, Verschlemmer, Verprasser,** qui immensa aliqua vorago est aut gurges vitiorum turpitudinumque omnium, Cic.: gurges ac vorago patrimonii, Cic.: Alexander Magnus, vere ille gurges miseriarum, Oros.: ebenso absol., quem gurgitem! quam voraginem! Cic.: ille gurges atque helluo, Cic.: Apicius nepotum omnium altissimus gurges, Plin.: pecuniam prandiorum gurgitibus proluere, verschwenden, verprassen, Gell.

1. gurgulio, ōnis, *m.* (gurges), die **Gurgel, Luftröhre,** Varro u. a.: gurgulionibus insectis, Cic. fr.: gurgulione consecto, Amm.: huic gurgulio est exercitor, der Schlund, d. i. der Rausch, Plaut. trin. 1016.

2. gurgulio, ōnis, *m.*, s. 2. curculio.

gurguliōnius (curculiōnius), a, um (1. gurgulio), **zum Schlund** (**Rausch**) **gehörig,** campi curc., Rauschgefilde (= Zechgelage), *Plaut. mil. 13 (Brix).

gurgustiolum, ī, *n.* (*Demin.* v. gurgustium), eine kleine ärmliche Wohnung, eine kleine **Hütte,** eine elende od. dunkle **Kneipe,** Apul. met. 1, 23 u. 4, 10. Vgl. Placid. gloss. V, 24, 5.

gurgustium, iī, *n.* (gurges), eine ärmliche Wohnung, eine **Hütte;** eine elende od. dunkle **Kneipe,** modicum, Suet. gr. 11: in gurgustio habitare, Cic. de nat. deor. 1, 22: ex gurgustio prodire, Cic. Pis. 13: außerdem bei Ambros. de bono mort. 1, 5; de Iacob 2, 9, 38 u. a.

gūrus, s. gȳrus ►.

gūstābilis, e (gusto), **schmeckbar,** Ambros. de Noë 15, 52.

gūstātio, ōnis, *f.* (gusto), I das **Kosten, Genießen,** feniculi, Plin. Val. 4, 24: dulcedinis, Boëth. in Aristot. praedic. 2. p. 167. – übtr., mediocris gust. (litterarum), Cassiod. var. praef. § 15. p. 5, 11 *Mommsen.* – II meton.: 1 der **Geschmack** als Sinn, der **Geschmackssinn,** Ps. Soran. qu. medic. 51. Interpr. Iren. 1, 18, 1. – 2 das **erste Gericht, Vorgericht,** Petron. 21, 6 u. 31, 8. Hist. Apoll. 14.

gūstātor, ōris, *m.* (gusto), I der **Koster,** digitus, der Zeigefinger (mit dem man leckt, kostet) = δάκτυλος λιχανός, der Leckfinger, Hieron. in Isai. 11, 40, 12. – II = πρωτογεύστης, der **Vorkoster,** Gloss. II, 36, 40.

gūstātōrium, iī, *n.* (*sc.* vas), das **Essgeschirr,** die **Schüssel,** Plin. ep. 5, 6, 37. Petron. 34, 1. Mart. 14, 88 *lemm.*

gūstātus, ūs, *m.* (gusto), das **Kosten,** meton.: I der **Geschmackssinn, Geschmack,** Rhet. Her., Cic. u. a. – bildl., verae laudis gustatum non habere, kein Gefühl, keinen Sinn haben für w. R., w. R. nicht zu würdigen verstehen, Cic. Phil. 2, 115. – II die Geschmacksempfindung, die eine Sache erregt, der **Geschmack** einer Sache, pomorum, Cic.: (uva) peracerba gustatu, Cic.

gūsto, āvī, ātum, āre (altind. *jušátē*, genießt, griech. γεύω, gotisch *kausjan,* ahd. *kostōn,* kosten), unser »etwas od. von etwas **kosten**« = etwas weniges (ein paar Bissen) **zu sich nehmen, genießen** von usw., I eig.: aquam, Cic.: leporem et gallinam, Caes.: foris aliquantillum etiam quod gusto, id beat, nur das bisschen, was ich noch außer dem Hause esse, Plaut.: nec postea *cum* illo panem gustare potui, non si me occidisses, Petron.: quantulum *ex* ista fera dominus gustat? Sen.: ex quo (fonte) pecus nullum gustat, Vitr.: g. sanguinem alcis, Cic. – m. *de* u. Abl., de potione, Suet. Tit. 2. – absol., α übh.: gustandi sensus, Augustin.: subsulsa gustanti (herba), Plin.: acre gustatu (von Geschmack) alypon, Plin.: quorum nemo gustavit (einen Bissen genossen hat) cubans, Cic.: lavabatur, deinde gustabat (nahm er einen Imbiss, genoss er ein paar Bissen), Plin. ep.: in cubiculum se quasi gustaturus contulit, Sen. – β **das Voressen einnehmen,** gustantibus adhuc nobis repositorium allatum est cum corbe, in qua etc., Petron. 33, 3. – II übtr., etwas **kosten = genießen,** physiologiam primis, ut dicitur, labris, Cic. (vgl. 1. labrum): nullam partem sanae rei publicae, kennen lernen, Cic.: amorem vitae, genießen, schmecken, Lucr.: lucellum, zu schmecken bekommen = machen, Hor.: Metrodorum, eine Zeit lang hören, Cic.: studia litterarum sensu, Geschmack finden an usw., Cic.

gūstulum, ī, *n.* (*Demin.* v. gustum), ein kleines **Vorgericht,** ein **Imbiss,** Apul. met. 9, 33: scherzh. v. Kuss, Apul. met. 2, 10.

gūstum, ī, *n.*, s. gūstus *no.* II, B, 1, a.

gūstus, ūs, *m.* (gotisch *kustus,* ahd. *kust,* Prüfung), das **Kosten,** I im Allg., das (mäßige) **Genießen,** der (mäßige) **Genuss** von etwas, graminis cuiusdam, Quint. 5, 8, 1: sine crebro salis gustu, Plin. 31, 61. – II insbes., das **Kosten** einer Speise, um ihren Geschmack kennen zu lernen, das **Schmecken,** der **Geschmack,** **A** eig. u. übtr., **1** eig.: gustu explorare cibum, potum alcis, Tac., panis, potionis bonitatem, Col.: gustu libata potio, ein vorhergekostetes G., Tac. – **2** übtr., der **Vorschmack,** die **Probe,** das **Pröbchen,** Plin. ep.: dare alci gustum, Sen., gustum alcis rei, Col.: si hoc, quod gustui mittimus, non displicebit, *Fronto princ. hist. *in.* p. 202 N. (*cod.* gusto). – **B** meton.: **1** das Gekostete: **a** das **Vorgericht,** die **Vorspeise,** Mart. 11, 31, 4 u. a.: dass. Nbf. gūstum, ī, *n.*, Apic., 4, 181 *sqq.* Porphyr. Hor. sat. 1, 3, 6. – **b** ein **Schluck** Wasser, Petron. 77. § 7. **2** = *sapor,* der **Geschmack** einer Sache, **a** eig., Cels. u. a.: gustus vini austerior, Plin. – **b** übtr.: sermo prae se ferens in verbis proprium quendam gustum urbis, Quint. 6, 3, 17. – **3** = **gustatus,** der **Geschmack** als Sinn, der **Geschmackssinn,** Cels. 4, 26 (19). Col. 1, 8, 18: neben den anderen Sinnen (visus, auditus, tactus, odoratus), Gell. 6, 7 (6), 1 u. 19, 2, 1. Macr. 7, 9, 16. Augustin. epist. 137, 6. Ambros. in Luc. 7. § 113 u. 140. Schol. Bern. Verg. georg. 2, 246. – Form gusti = gustui, Petron. 76, 5 non mehercules mi haec iactura gusti fuit.

gutta, ae, *f.*, der **Tropfen,** **I** eig. u. übtr.: **A** eig.: guttae lacrimarum, Naev. tr. fr.: guttae imbrium quasi cruentae, Cic.: guttae minimae, minutissimae, Augustin.: g. sanguinea, Plin.: guttae manantis sanguinis, Curt.: g. Phaëthontis od. sucina, Bernstein, Mart.: Arabica (viell. Myrrhenöl), Apul.: im Bild, Veneris dulcedinis in cor stillavit gutta, Lucr. 4, 1051 *sq.* – **B** übtr.: **1** guttae, **Tropfen** = tropfenförmige Punkte od. Flecken, an Bienen, Verg.: an Eidechsen, Schlangen, Ov.: an Steinen, Plin. – **2** als *t. t.* der Archit., eine kleine Zierat unter dem Dreischlitz der dorischen Säulenordnung, **Tropfen,** auch bisw. **Kälberzahn** gen., Vitr. 4, 3, 4. – **II** bildl., ein **Tröpfchen, ein bisschen,** certi consilii, Plaut. Pseud. 397. – ► arch. Genet. guttai, Lucr. 6, 614.

guttātim, *Adv.* (gutta), **tropfenweise,** vide hunc meae in quem lacrimae g. cadunt, Enn. fr. scen. 206: quid sit, quod g. faciat pluviam labi, Arnob.: cor miserum meum, quod g. contabescit, Plaut.

guttātus, a, um (gutta), **getüpfelt, gesprenkelt,** color equi, Pallad. 4, 13, 4: Numidicae, Perlhühner, Mart. 3, 58, 15.

guttor, s. guttur ►.

guttula, ae, *f.* (*Demin.* v. gutta), das **Tröpfchen,** Plaut. Epid. 554 G. Fulg. myth. 3, 8: favorum guttulae, Paul. Nol. carm. 21, 427. – übtr. = **ein bisschen,** Lampr. Alex. Sev. 44, 9.

guttur, uris, *n.*, die **Gurgel, Kehle,** bei den Vögeln der **Kropf,** **I** eig.: **a** der Menschen, Cels., Sen. u. a.: tumidum od. turgidum, dicker Hals, Kropf, Iuven. 13, 162. Vitr. 8, 3, 20 (u. so guttura, dicke Hälse, Geschwülste am Hals, Plin. 19, 45 u. 28, 42): inferior, scherzh. = der After, Plaut.: guttur alci frangere, jmdm. das Genick brechen, Hor. – **b** der Tiere, suis, Plin.: atrum (corvi), Catull.: tria guttura pandens (Cerberus), Verg.: bes. als Sitz der Stimme der Vögel, modicos tremulo fundere e gutture cantus, Cic. poët.: liquidum tenui gutture cantat avis, Ov.: ovantes gutture corvi, Verg. – **II** meton., eine **gefräßige Gurgel** = die Fresshaftigkeit, Iuven. 2, 114. – ► guttur als *masc.*, Nom. bei Varro sat. Men. 237: Akk. gutturem, Nov. com. 118. Plaut. aul. 304 G.; mil. 835 u. trin. 1014. Lucil. 1167. Gargil. de cura boum § 2. – Nbf. guttor, Gloss. IV, 347, 56 u. V, 544, 12.

gutturnium, iī, *n.* (gutta), die **Gießkanne,** Paul. ex Fest. 98, 13. – Nbf. cuturnium, Paul. ex Fest. 51, 5.

gutturōsus, a, um (guttur), **I** **mit einem Kropf, kropfig,** Ulp. dig. 21, 1, 12. § 2. Paul. ex Fest. 112, 2. Schol. Iuven. 13, 162. – **II** = λαίμαργος mit der Kehle tätig, **gefräßig,** Gloss. II, 36, 41.

guttus (gūtus), ī, *m.* (gutta), ein **Krug** mit engem Hals u. kleiner Öffnung, aus dem die Flüssigkeit tropfenweise herausfloss, eine **Kanne,** griech. ἐπίχυσις, πρόχοος, als Ölkrug, Samius, Gell. 17, 8, 5; bes. für das Öl zum Salben nach dem Bad, Iuven. 3, 263; 11, 158. – als Weinkrug ärmerer Leute bei Tisch, bes. aber zu Libationen, um den Wein tropfenweise auf die patera (Opferschale) zu gießen, Varro LL. 5, 124: cum patera guttus, Hor. sat. 1, 6, 118: guttus faginus, Plin. 16, 185.

guvia, s. gubia.

Gyaros, ī, *f.* (Γύαρος), u. **Gyara,** ōrum, *n.* (Γύαρα, τά), eine der Zykladen im Ägäischen Meer, unfruchtbar u. unwirtlich, zur Kaiserzeit Verbannungsort, j. *Chiura* od. *Iura,* Cic. ad Att. 5, 12, 1. Verg. Aen. 3, 76. Tac. ann. 3, 68 *sq.* Iuven. 10, 170: Form *-ara,* Iuven. 1, 73. – Nbf. Gyara, ae, *f.*, Varro bei Plin. 8, 104 u. *ibid.* 8, 222.

Gyās, ae, Akk. ān, *m.* u. **Gyēs,** ae, Akk. ēn, *m.* (Γύης), **I** ein hundertarmiger Riese (centimanus), Hor. carm. 2, 17, 14. Ov. trist. 4, 7, 18 (Akk. Gyān). Hyg. fab. 273. p. 148, 19 Schm. Stat. Theb. 2, 610; 5, 223. Sil. 1, 439. – **II** ein Gefährte des Äneas, Verg. Aen. 1, 222 u. ö.

Gȳgaeus, a, um, s. Gȳgēs.

Gȳgēs, is u. ae, Akk. ēn, *m.* (Γύγης), **I** ein Günstling des Königs Kandaules in Lydien, und nachdem er diesen ermordet, selbst König, Cic. de off. 3, 38 u. 78; vgl. Iustin. 1, 7, 17 *sq.* (wo Dat. Gygi). – Dav. **Gȳgaeus,** a, um (Γυγαῖος), **gygäisch,** meton. = **lydisch,** lacus G. od. stagnum G. (λίμνη Γυγαίη, Hom.), ein See bei Sardes, Prop. – **II** ein schöner gnidischer Jüngling, Hor. carm. 2, 5, 20; 3, 7, 5. – ► Das y ist überall lang; in den Stellen, wo es kurz gemessen werden müsste, liest man jetzt richtiger Gȳes (s. d.); vgl. Bentl. Hor. carm. 2, 17, 14.

Gylippus, ī, *m.* (Γύλιππος), ein Spartaner, Feldherr der spartanischen Hilfstruppen im Kampf der Syrakusaner gegen die Athener (414 v. Chr.), Iustin. 4, 4, 7 *sqq.* Tibull. 4, 1, 199.

gymnas, adis, *f.* (γυμνάς), das **Ringen,** die **Ringübung,** Stat. silv. 4, 1, 44. Prud. c. Symm. 2, 517: Plur., Stat. Ach. 1, 358.

gymnasiarchēs, ae, *m.* (γυμνασιάρχης) = gymnasiarchus (s. d.), Firm. math. 4, 21, 5. CIL 3, 86*.

gymnasiarchus, ī, *m.* (γυμνασίαρχος), der **Vorsteher eines Gymnasiums,** der **Gymnasiarch,** Cic. Verr. 4, 92. Val. Max. 9, 10. ext. 2; 9, 12. ext. 7. Sidon. epist. 2, 2, 6. Not. Tir. 108, 13.

gymnasium (gumnasium, guminasium), iī, *n.* (γυμνάσιον), das **Gymnasium,** ein öffentlicher Platz der Städte Griechenlands, wo nackt von Knaben u. Männern Leibesübungen (im Laufen, Ringen usw.) angestellt wurden, der »Turnplatz« u. übh. »Tummelplatz« für die Jugend, Plaut. Amph. 1011 u. Bacch. 425. Varro r. r. 1, 55, 4. Varro r. r. 2. praef. 2. Cic. de rep. 3, 44. Plin. ep. 10, 40 (49), 2. Quint. 2, 8, 3: virgineum (in Sparta), Prop. 3, 14, 2: aula omnis Spartanis gymnasiis durior, Pacat. pan. 13, 4. – dah. scherzh., alqm habere gymnasium, zum Tummelplatz seiner Prügel machen = tüchtig abprügeln, Plaut. aul. 410: gymnasium flagri, der »Tummelplatz der Geißel«, von einem, der oft gegeißelt wird, Plaut. asin. 297. – Die Gymnasien waren zugleich die Versammlungsorte der Philosophen u. Sophisten (vgl. Academia, Lyceum), Cic. de or. 1, 56. Liv. 29, 19, 12. Plin. ep. 1, 22, 6: Academiae gymn., Liv. 31, 24, 9. Hieron. epist. 53, 1 (wo cuius [Platonis] doctrinam Academiae gymnasia personabant): dah. transi gymnasia, mustere die G. = (meton.) wirf einen Blick auf die Weisen dieses Volkes, Iuven. 3, 115. – oft auch Begräbnisorte berühmter Männer, Sulpic. in Cic. ep. 4, 12, 3. Nep. Timol. 5, 4. – Zur Nachahmung der athenischen Gymnasien Academia u. Lyceum (s. d.) hatte Cicero auf seinem Tuskulanum zwei gleichnamige Gartenanlagen geschaffen, s. Cic. de div. 1, 8; vgl. Tusc. 2, 9. – u. für **Übungsschule** übh., **Bildungsschule,** gymn. litterarum, Sidon. epist. 1, 6, 2: gymn. liberalis eruditionis, Ennod. epist. 1. – ► Die gedehnte Form guminasium findet sich Varro r. r. 1. 55, 4 *cod. P.* Catull. 63, 60 (Ellis).

gymnasticus, a, um (γυμναστικός), **gymnastisch,** exercitus, Plaut. rud. 296: certamen, Iul. Val. 3, 49 (27), Plaut. most. 151. – gedehnte Form guminasticus als Titel einer Komödie des Nävius, s. Ribbeck Comic. fragm.² p. 15.

gymnicus, a, um (γυμνικός), **gymnisch, gymnastisch,** ludus, Isid. orig. 18, 17, 1: ludi, Cic. Tusc. 2, 62 u. ep. 5, 12, 8. Treb. Poll. Gallien. 3, 7 (dies. bl. gymnici, Hyg. fab. 273. p. 147, 4. Schm. Isid. orig. 18, 18): certamen, Cic. de inv. 2, 2. Sen. de ira 2, 14, 3. Suet. Aug. 98, 6: agon, Plin. ep. 4, 22, 1. Hieron. de vir. ill. 22. Cod. Theod. 15, 7, 3: palaestricae disciplinae et gymnicae artes, Aldh. de laud. virg. 1. – subst., gymnicī, ōrum, *m.*, **Gymniker, Gymnastiker,** Vopisc, Car. 19, 2.

gymnosophistae, ārum, *m.* (γυμνοσοφισταί), **indische Weise,** die heutigen **Brahminen,** Einsiedler der strengsten Art unter ihnen, die sich alle Bequemlichkeiten versagten, Plin. 7, 22. Solin. 52, 25. Apul. flor.

15. p. 18, 13. Hieron. epist. 53, 1. Ambros. epist. 37, 37; vgl. Cic. Tusc. 5, 77. Val. Max. 3, 3. ext. 6.

gynaecēum (gunaecēum) u. **gynaecīum**, iī, *n.* (γυναικεῖον), **I** bei den Griechen = der innere Teil des Hauses, wo die Frauen wohnten, die **Frauenwohnung,** Plaut. most. 755. Ter. Phorm. 862. Cic. Phil. 2, 95. Vgl. Isid. orig 15, 6, 3. – **II** zur röm. Kaiserzeit, **a** das **Serail** eines Kaisers, Lact. de mort. pers. 21, 4. – **b** eine kaiserl. **Zeugfabrik,** eine Anstalt, in der Frauen u. Mädchen mit Spinnen u. Weben beschäftigt waren, Veget. mil. 1, 7 *in.* Cod. Iust. 9, 27, 5. Cod. Theod. 9, 27, 7. – Dav. **gynaeciārius,** iī, *m.*, der **Aufseher einer Zeugfabrik,** Cod. Theod. 10, 20, 3. Cod. Iust. 11, 7. § 2 u. 3.

gynaecōnītis, Akk. in, *f.* (γυναικωνῖτις) = gynaeceum (*no.* I), Vitr. 6, 7 (10), 2. Nep. praef. § 7: Ggstz. andronitis, Gell. 17, 21, 33.

Gyndēs, is, *m.* (Γύνδης), ein Fluss im südl. Assyrien, der in den Tigris mündet (von Cyrus, der auf seinem Zug gegen Babylon beim Übersetzen eines seiner weißen Rosse verlor, in 360 Kanäle [so viel Tage im persischen Jahr] abgeleitet), j. *Kerah* od. *Karah Su,* Tibull 4, 1, 141. Sen. de ira 3, 21, 1.

gypsārius (gupsārius), a, um (gypsum), **in Gips arbeitend,** plastes, Edict. Diocl. 7, 30.

gypseus, a, um (gypsum), **I aus Gips,** Victoriola, Spart. Sev. 22, 3. – **II übergipst,** facies g., Hieron. epist. 38, 3.

gypgo, āvī, ātum, āre (gypsum), **mit Gips überziehen, übergipsen,** vas, lagoenam, Col.: vas, Apic.: sal candidum, Fest. – Partiz. gypsātus, a, um, **übergipst,** pes = Sklavenfuß (weil man die als Sklaven zu verkaufenden Gefangenen mit Gips bezeichnet haben soll), Tibull. u. Ov.: gypsatissimis manibus, mit ganz übergipsten Händen (wie sie Schauspieler zu haben pflegten, die Frauenrollen zu spielen hatten), Cic. ep. 7, 6, 1.

gypsoplastēs, ae, *m.* (γυψοπλάστης), der **Gipser,** der **Stukkaturarbeiter,** Cassiod. var. 7, 5, 5.

gypsum, ī, *n.* (γύψος), **I** der **Gips,** Cato r. r. 39, 1. Cels. 2, 33. Col. 12, 16, 4. Sen. nat. qu. 3, 25, 1. Plin. 14, 120 u. 36, 182. Iuven. 2, 4. – **II** meton., ein **Gipsbild,** Iuven. 2, 4.

gyrgillus, ī, *m.*, eine Aufzugsmaschine, Winde, die **Haspel,** Isid. orig. 20, 15, 2.

gyrīnus, ī, *m.* (γυρῖνος), die noch unausgebildete Brut der Frösche, die **Kaulquappe,** Plin. 9, 159.

gȳro, āvī, ātum, āre (gyrus), **I** *v. tr.*: **1 in einem Kreis herumdrehen,** se, Veget. mul. 2, 5, 2. – übtr., orbis gyratus, rund geformt, Plin. 5, 62. – **2 um** od. **bei** etwas **herumgehen,** herba gyrat arbores, Soran.: omnes greges, Vulg. genes. 30, 32: vallem, Vulg. Iudith 13, 12. – **II** *v. intr.* **sich herumdrehen, sich herumbewegen, herumgehen,** post tergum eorum, Vulg. 2. regg. 5, 23: per viam, Vulg. 1. Machab. 13, 20: per omnes domos infrontate (frech), Fulg. expos. serm. antiqu. p. 564 M.: per meridiem (v. der Sonne), Vulg. eccl. 1, 6: u. so quia gyrando inferiore invenitur orbis parte caelestis, Ambros. in psalm. 118. serm. 12. § 20.

Gyrtōn, ōnis, *f.* (Γυρτών) u. **Gyrtōnē,** ēs, *f.* (Γυρτώνη), Stadt in Thessalien, zwischen dem Titaresius u. Peneus, j. Ruinen bei *Tatari,* Form *-tōn,* Liv. 36, 10, 2; 42, 54, 6. Plin. 4, 32; Form *-tōne,* Sen. Troad. 831 (Mela 2, 3, 1 Parthey Corutra).

gȳrus, ī, *m.* (γῦρος), der **Kreis, a** übh.: angustissimum habet dies gyrum, Sen.: linea in gyrum reflexa, Kreislinie, Mart. Cap.: in gyrum (ringsherum) euripo addito, Suet.: componere in gyro (ringsherum), Apic.: maeandros facere et gyros (v. Weg), Amm.: bildl., in illis dialecticae gyris atque maeandris consenescas, Gell. 16, 8, 17. – **b** der in der Bewegung (bes. im Flug, im Lauf) beschriebene **Kreis,** lineae in gyrum reflexae, Kreislinien, Mart. Cap.: gyrum trahere, Windungen machen, sich winden (v. der Schlange), Verg.: gyros per aëra ducere, kreisen (v. Vögeln), Ov.: flectitur in gyrum (miluus), Ov.: volat ingenti gyro (telum), Verg.: apes gyros volatu edunt, Plin.: grues gyros quosdam in decoro cursu peragunt, Plin.: redit (vulpes) in gyrum, er kehrt im Kr. zurück, Ov.: eludit (Camilla) gyro interior, Verg.: iactari volubilibus gyris (v. Frauen), Amm. – bes. in Bezug auf Pferde, gyros dare, Kreiswendungen machen, die Pferde im Kreis tummeln, Verg.: in gyros ire od. gyrum carpere, im Kr. laufen (v. Pferden), Ov. u. Verg.: ebenso variare gyros, Tac.: meton., gyrum (die Bahn) pulsare equo, das Ross in der B. tummeln, Prop. 3, 14, 11. – bildl., in gyrum rationis et doctrinae duci, sich von der V. usw. leiten lassen, Cic.: ex ingenti quodam oratorem immensoque campo in exiguum gyrum (enge Laufbahn) compellere, Cic.: angustissimo gyro ingeniorum impetus refringere, das Feuer der G. in allzu enge Grenzen einengen u. dadurch erkalten machen, Plin. ep. – **c** poet., v. Kreislauf der Zeit, bruma nivalem interiore diem gyro trahit, Hor.: simili gyro, in gleichem Zeitlauf, Phaedr. – ► Nbf. gūrus, Catull. 66, 6 Schw.: vulg. goerus, Non. 20, 26 u. 490, 20; viell. (nach Haupt) auch Prob. app. 197, 28 (wo Keil gyrus, non girus, wie auch Apic. 8, 369 in giro).

Gythēum u. **-īum**, iī, *n.* (Γύθειον) u. **Gythium**, iī, *n.* (Γύθιον), Stadt u. Hafen an der Ostküste des lakonischen Meerbusens, Arsenal der Stadt Sparta, j. *Paleo-Polis,* Form *-ēum,* Cic. de off. 3, 49. Liv. 34, 29, 2. Form *-īum,* Mela 2, 3, 9 (= 2 § 51). – Dav. **Gytheātēs,** ae, *m.* (Γυθεάτης), **gytheatisch,** sinus, Plin. 4, 16.

H.

H, h, achter Buchstabe des latein. Alphabets, die schwächste Gutturalis, dem Spiritus asper (urspr. H, dann geteilt u. die linke Hälfte F für den Spiritus asper, die rechte ⅃ für den Spiritus lenis gebraucht, das ganze Zeichen aber für den Vokal η beibehalten) in Zeichen u. Laut gleich, daher von den Grammatikern zuw. für eine bloße Bezeichnung des Hauchlautes (aspiratio) gehalten; vgl. Quint. 1, 5, 19. Gell. 2, 3, 1. Als **An-** u. **Inlaut** verbindet sich h mit jedem Vokal, doch war seine Schreibung durch alle Zeiten der lebenden Sprache ziemlich unsicher, dah. honus für onus, harundo für arundo; dagegen aruspex für haruspex, erus für herus u. dgl. – als **Auslaut** findet sich h nur in den Interjektionen ah u. vah.

h ging in der Wortbildung in c über vor t, z. B. traho, tractum, veho, vecto, u. schmolz mit s in x zusammen, z. B. traxi, vexi.

Als **Abkürzung** ist H = hic u. dessen Kasus; ferner = habet, hastata (cohors), heres, honos u. a. – HAR. = haruspex. – H. C. = Hispania citerior. – H. S. = hic situs (est): H. S. S. = hic siti sunt. – HH. = heredes: H. E. T. = heres ex testamento: H. N. S. = heredem non sequitur. – ► Nur uneig. gehört hierher HS (= sestertium), da H hier die durchstrichene Zahl II bezeichnet.

habēna, ae, *f.* (habeo), eig. die »Halte«, dah. **I** der **Riemen,** womit man etwas anhält od. nachlässt, **1** eig., der R. des Wurfspießes, Lucan.: der Schleuder, Verg.; meton. = die Schleuder selbst, Lucan.: des Helms, Val. Flacc.: der Schuhriemen, Gell.: der Geißel od. Peitsche, u. meton. = die Geißel od. Peitsche selbst, Hor. u. a. – **2** übtr., ein **Streifen** der Haut, der ausgeschnitten wird, tenuis habena excīdenda est, Cels. 7, 17. – **II** insbes., der **Zügel** (gew. im Plur.), **A** eig. u. übtr.: **1** eig.: habenas effundere, Verg., od. admittere, Val. Flacc., immittere, Val. Flacc., od. dare, Varro fr. u. Verg., schießen lassen, verhängen: habenas adducere od. premere, anziehen, Verg.: dass. habenas comprimere, Claud. u. Anthol. – **2** poet. übtr., von den Segeln, immittit habenas classi, er fährt mit vollen Segeln, Verg.: nec moderator (navis) habenis utitur, gebraucht die Segel, Ov. – **B** bildl.: **1** im Allg.: habenae legum, trag. incert. bei Cic.: amicitiae habenas adducere, remittere, Cic.: fluminibus immittere totas habenas, Ov.: irarum omnes effundit habenas, Verg.: furit immissis Vulcanus habenis, Verg. – **2** insbes., die **Zügel** = **Lenkung, Leitung, Regierung,** populi, Ov.: rerum (des Staates), Verg.: tenendae rei publicae habenas probrosā ignaviā et desperatione laxavit, Eutr. – ► vulg. avēna, Dracont. carm. 6, 76.

habentia, ae, *f.* (habeo), die **Habseligkeit,** das **zeitliche Vermögen,** Auct. prol. Plaut. truc. 21.

habēnula, ae, f. (*Demin.* v. habena *no.* I, 2), ein **schmales Streifchen** Fleisch, das aus der Wunde geschnitten wird, Cels. 7, 7 *no.* 8 u. a.

habeo, uī, itum, ēre, das deutsche **haben** und **halten, I** eig.: **A** im engeren Sinne: **1** an sich (in der Hand, am Hals usw.) **haben** = **halten, führen, tragen, a** übh.: iaculum, quod manibus habemus, Ov.: coronam alteram in capite, alteram in collo, Cic.: anulum in digito, Ter.: fenum in cornu, Hor. (s. fēnum): vestis bona quaerit haberi, getragen zu werden, Ov. – v. Lebl., arma hic paries habebit, Hor.: nulla taberna meos habeat neque pila libellos, in keinem Buchladen, an keinem Pfeiler mögen meine Schriften feil hängen, Hor.: altera vestes ripa meas habuit, auf dem anderen Ufer lagen meine Kleider, Ov. – **b** als wesentlichen Bestandteil an sich **haben,** quae feminae duplices papillas habent, Cic. fr.: hos habuit vultus, Ov. – v. Lebl., pedum calidus pulvis vestigia habebat, Ov.: pars secreta domus tres habuit thalamos, Ov.: tunicae manicas habent, Verg.: tabulae habentes clavorum cacumina, Val. Max. – **c** = **führen, handhaben,** tractantes ferrum et arma habentes parēre, Iustin.: nec immensa barbarorum scuta perinde haberi quam pila et gladios, Tac. – **d halten** = hinhalten, dorsum ad lucem (gegen das L.), Augustin. conf. 4, 16.

2 von Örtl. = **in seinem Bereich aufgenommen haben, umschließen, festgebannt halten,** me confectum curis infelix habuit thalamus, Verg.: me quoque pontus haberet, Ov.: Tartara habent Pantoiden, Hor.

3 von Schriften in Bezug auf ihren Inhalt, wie **haben** = **enthalten,** nihil enim (epistula) habebat, quod non vel in contione recte legi posset, Cic.: editio habebit omnia, Quint.: quod nulla annalium memoria habeat, Liv.: pro C. Cornelio et Tito Annio Quintum Acilium et C. Herennium habent quidam annales, Liv.

B im weiteren Sinne: **1** (wie ἔχειν), **im Besitz-, in seiner Gewalt haben, a** = als Bewohner **innehaben, bewohnen,** Capuam, Liv.: silvas, Flor.: moenia, Verg.: urbem, Sall. Vgl. Korte Sall. Cat. 6, 1. – **b** als Feind **besetzt halten,** hostis habet muros, Verg.: hostis habet portus, Val. Flacc. Vgl. Burmann Val. Flacc. 3, 45. – **c** als Herrscher **im Besitz haben, beherrschen** (vgl. Duker Flor. 4, 2, 22. Korte Sall. Cat. 6, 1), urbem Romam a principio reges habuere, Tac.: Siciliam et Sardiniam per legatos, verwalten, Flor.: habeo, non habeor a Laide (ἔχω, ἀλλ' οὐκ ἔχομαι), v. Geliebten, Cic. – animus habet cuncta neque ipse habetur, Sall.: ventis aëra habendum permittere, zum Beherrschen überlassen, Ov. – **d** wirklich im Besitz, in Händen, als Eigentum **haben, α** = **besitzen** (während streng juristisch tenere = physisch besitzen, possidere = rechtlich besitzen, s. Florentin. dig. 46, 4, 18 tu meum habes, tenes, possides, u. bildl., Plin. ep. 1, 16, 1 totum me tenet, habet, possidet; u. korresp. mit possidere b. Phaedr. 4, 4, 10 *sq.*), gemmas, argentum, Hor.: vectigalia magna divitiasque, Hor.: honeste divitias, modeste opes, besitzen u. gebrauchen, einen edlen usw. Gebrauch machen von usw., Sall. u. Tac.: pretium habes, du hast deinen Lohn weg, Hor.: quod habet (Ggstz. quod ei deest), Sen.: me enim tabulas tuas habere (in Händen haben) et proferre oportuit, Cic. – ex animi sententia uxorem h., Cic.: quid mulieris uxorem habes? was hast du für ein Weibsbild zur Frau? Ter.: Roma poëtas habet, Hor. – absol. (wie ἔχειν) = **Besitz** (**Besitzungen**) **haben, ansässig sein, Vermögen haben, wohlhabend sein** (vgl. Gräve u. Korte Cic. ep. 7, 29, 2. Drak. Sil. 5, 264. Burmann Phaedr. 3. prol. 21), habere in Bruttiis, Cic., in Veiente agro, Liv.: habet idem in nummis, habet in praediis urbanis, er hat etwas an barem Geld, er hat einige Besitzungen bei der Stadt, Cic.: nos quod simus, quod habeamus, id omne abs te habere, Cur. in Cic. ep.: habendi cupiditas, Habsucht, Rutil. Lup.; dass. habendi amor, Verg. u. a.; u. habendi cupido, cura, studium, Plin. ep., Phaedr. u. Aur. Vict.: dass. *qui habet* (der Reiche), ultro appetitur; *qui est pauper,* aspernatur, Nep. fr. 5, 4: u. habentes (wie οἱ ἔχοντες) = die Wohlhabenden, Ggstz. non habentes (οἱ οὐκ ἔχοντες) = die Armen, Lact. 5, 8, 7. – **β** wie ἔχειν u. unser **haben** = **in Besitz nehmen, erlangen, bekommen,** anne habebit ariola? *Dae.* non feret, Plaut.: quam ille se habiturum non dubitabat, Nep. – **γ** habere alqd sibi, etwas **für sich haben** = **behalten** (s. Matthiä Cic. Sull. 26), sibi hereditatem, Cic.: sibi haberent honores, sibi imperia, sibi provincias, Cic. – dah. die Ehescheidungsformel: res tuas tibi habeas od. habe od. habeto, behalte od. nimm deine Sachen für dich, Plaut. Amph. 928. Sen. suas. 1, 7; contr. 2, 5 (13), 9. Apul. met. 5, 26: istam suas res sibi habere iussit, heißt sie für sich geschieden leben, Cic. Phil. 2, 69: scherzh. übtr., apage sis amor; tuas tibi res habeto, wir sind geschiedene Leute, Plaut. trin. 267 L. – **e** Tiere zur Zucht, Benutzung, zum Unterhalt usw. **haben, halten** (s. Burmann Phaedr. 3, 3, 4), pecus, Varro, Verg. u. a.: habens quidam pecora, ein Viehbesitzer, Viehzüchter, Phaedr.: canes potius acres paucos quam multos, Varro. – u. **f** eine Person zu irgendeinem

Zweck **bei sich haben,** domi divisores, Cic. ad Att. 1, 16, 12. – bes. alqam, Plaut. u. a.: quis heri habuit Chrysidem? Ter. Vgl. Westerhof Ter. Andr. 1, 1, 58. – **g** übh. in seiner Gewalt **haben,** habesne hominem? hast du ihn (ertappt)? *Ph.* Quidni habeam! Ter.: u. bildl., habeo viros, ich habe sie (= ich kenne nun ihre Gesinnung), Phaedr.

2 in irgendeiner äußeren Lage dauernd **haben, halten, a** in seiner Umgebung, alqm secum, bei od. um sich haben, Nep.: alqm ad manum, bei der Hand (zu seinen Diensten) haben, Nep.: catervas flagitiosorum circum se, Sall.: in partibus Pallantem, auf seiner Seite haben, Tac. – **b** an einem Ort usw. **halten = bleiben-, stehen lassen,** aegros in tenebris, Cels.: milites in stativis castris, Sall.: exercitum inter hiberna Romanorum, Sall.: pecora et armenta inter silvas, Iustin.: aquam caelestem sub dio in sole, Col.: bildl., pudicitiam in propatulo, öffentlich feilbieten, Sall.: arma procul, die W. fern halten = den Krieg vermeiden, Tac. – dah. **c** mit dem Nbbgr. der gehemmten Bewegung, wie **halten = festhalten,** senatum in curia inclusum, eingeschlossen halten, Cic.: alqm in vinculis, in custodia, Sall.: aber auch in custodiam haberi, in Haft gebracht werden u. bleiben, Liv. u. Tac.: dah. haberi in Syria, in S. in Gewahrsam gehalten werden, Tac. – quae res eos in magno diuturnoque bello inter se habuit, verwickelt hielt, verwickelte, Sall.: semper eos in armis accolae Galli habebant, nötigten sie, immer unter den W. zu bleiben, Liv.

3 *refl.*, sich irgendwo gehaben = **sich aufhalten, wohnen,** quis istic habet? Plaut.: ubi hic Moschis habet? Afran. fr.: ubi nunc adulescens habet? Plaut.: in delubro, ubi aeditumus habere solet, Sacr. Arg. bei Varro LL. 5. § 50 u. 52: qui Syracusis habet, Plaut.: multi habent in praediis, quibus etc., Varro: qui in eo loco habebant, Dict.: praecipit fortunatorum habituram loco, Apul.: animae pauxillum in me habet, Naev. com. fr.

II übtr.: **A** im engeren Sinne: **1** im Allg.: alqd in manibus, unter den Händen = in der Arbeit haben, Cic.; od. gleichs. schon in Händen (= ganz nahe bevorstehend) haben, z. B. victoriam, Liv. – alqd semper in ore atque animo, im Munde u. im Gedanken haben, -führen, Cic. – in animo od. bl. animo, im Sinn haben = Willens sein, mit folg. *Infin.*, Cic. u. a. – aber alqm in animo, jmd. in Gedanken haben, seiner eingedenk sein, Sall.; vgl. ante oculos, vor Augen haben = eingedenk sein, Iustin.: tecum habeto, behalte es (in Gedanken) bei dir, behalte es für dich, Plaut. Pers. 246: u. so verum (aber) haec tu tecum habeto, Cic. ad Att. 4, 15, 6: secreto hoc audi, tecum habeto, Cic. ep. 7, 25, 2. – hic habuit studia suorum ardentia, war im Besitz von usw., hatte für sich, Cic. Planc. 20. – neque quies gentium sine armis neque arma sine stipendiis neque stipendia sine tributis haberi queunt, kann man bekommen od. schaffen, Tac. hist. 4, 74.

2 mit Zuständen des Leibes u. der Seele als Objekt, die man an od. in sich hat, wie unser **haben, a** übh.: vulnus, Ov.; u. vulnus grave (bildl. von der Liebeswunde), Ov.: dah. als *t. t.* der Fechter, hoc habet, das (der Hieb) sitzt, Verg.; u. bildl., certe captus est, habet, er ist gefangen, getroffen (von einem Verliebten), Ter.; u. hoc habet, das trifft, das (dieser schlaue Plan) wird seine Wirkung nicht verfehlen, Plaut.; od. als Beifallsruf, hoc habet (gut getroffen), solutust, Plaud. rud. 1143 (vgl. übh. Lorenz Plaut. most. 700). – febrem (febrim), ein Fieber haben, Cic.: capitis dolorem, Quint. – mit Zuständen der Seele, animum fortem, Cic.: bonum animum de alqo, Sall.: amorem erga alqm, odium in alqm, haben, hegen, Cic.: spem de alqo, Cic.: alci fiduciam, Vertrauen zu jmd. hegen, Cic. – timorem, Nep.: metum, Prop. – vim in inquirendo, Strenge (haben u.) zeigen, Cic.: studium et officium erga alqm, zeigen, Cic. – **b** als wesentliche Eigenschaft **(an sich) haben,** neque modum neque modestiam habere victores, weder Maß noch Ziel kennen, Sall.: habebat hoc omnino Caesar, hatte das an sich, an der Art, Cic.: u. Sardus habebat ille Tigellius hoc, Hor. – v. Lebl., quae tamen has vires habet herba, Ov.: quid pulchri constructus acervus habet, hat Schönes an sich, Hor.: habet pacem vultus, Ov.: locus nihil religionis habet, hat (an sich), Cic.: hae litterae, cum leguntur, invidiosam atrocitatem verborum habent, wenn man diesen Brief so liest, so haben die Worte etwas Herbes, was erbittert, Cic.: res maritimae (Seekrieg) ... ut quae celerem atque instabilem motum haberent, eigen sei, Caes.: virtus hoc habet, ut etc., hat das Eigentümliche (die eigentümliche Wirkung), Cic.: u. so habet hoc sollicitudo, quod omnia necessaria putat, Plin. ep.: habet atrocitatis aliquid legatio, hat einen drohenden Charakter, Cic. – u. dah. **c** etwas **haben = in sich schließen, mit sich bringen, notwendig mit** etwas verbunden **sein,** etw. **gewähren, verursachen,** etw. **notwendig zur Folge haben,** notwendig **erfordern** (vgl. Held Caes. b. c. 1, 63, 2. Schömann Cic. de nat. deor. 1, 45), pons habet circuitum, Caes.: castrorum mutatio quid habet? was hat die V. des L. zur Folge? Caes.: beneficium habet querelam, Cic.: avaritia pecuniae studium habet, Sall.: pars ea longam et difficilem habet oppugnationem, Caes. – u. am Menschen selbst = gewisse Affekte **erregen, verursachen,** misericordiam spoliatio consulatus magnam habere debet, Cic. – viri saepe excellentis ancipites variique casus habent admirationem exspectationem, laetitiam molestiam, spem timorem, Cic.

3 = wie unser **halten, a** in einen Zustand versetzen u. darin erhalten (vgl. Brix Plaut. Men. 579), mare infestum, fortdauernd unsicher machen, Cic.: alqm sollicitum = tüchtig plagen (mit Bitten), Plaut.; u. = beständig in Sorge setzen, Cic.: anxium me et inquietum habet petitio Sexti, Plin. ep.: Numidas toto die proelio intentos, in Atem erhalten, Sall.: neque ea res me falsum habuit, ich fand mich nicht darin getäuscht, Sall.: gratia Pompeium impunitum habuit, machte ihn fortwährend straflos, Vell. – **b** jmd. auf irgendeine Art u. Weise **halten, behandeln,** mit *Advv.*, z. B. alqm male, jmd. schlecht halten = schlecht erziehen, Plaut.; od. = übel mitspielen, -mitnehmen, belästigen, Sen. (v. Menschen u. Göttern) u. Caes. (v. Soldaten) u. Cels. (v. Krankheiten). – alqm bene et pudice, jmd. gut u. sittsam halten (erziehen), Plaut.: exercitum luxuriose, üppig halten, Sall.: pudicitiam parum honeste, nicht sonderlich in Ehren halten, Sall.: alqm liberalissime, sehr ehrenvoll behandeln, Cic. – mit *Abl.* der Art u. Weise, alqm levi, laxiore, duro imperio, eine gelinde usw. Herrschaft über jmd. üben, Sall. u. Tac.; vgl. Fabri Sall. Iug. 64, 5. – (matrem et uxorem Darii) haberi ut reginas praecepit, Iustin. – plebes paene servorum habetur loco, wird fast wie Sklaven behandelt, Caes. – **c** jmd. od. etwas zu irgendeinem Zweck **haben, halten = dienen lassen,** alqm ludibrio, jmd. zum Gespött haben, zum Besten haben, Cic.: rem publicam quaestui, Cic.: alqam pro uxore, Suet. – **d** an jmd. einen od. etw. **haben,** in vobis liberos, parentes, consanguineos habeo, Curt. 6, 9 (33), 12: maiora in eo obsequia habituros, Iustin. 8, 6, 6.

4 für etwas **halten** = in der Meinung für das u. das **ansehen, α** mit *Acc.* des Prädikats, alqm deum, parentem, Cic.: deos aeternos et beatos, Cic.: alqd non dubium, Auct. bell. Hisp.: im Passiv mit Prädikats-*Nom.* = für etwas **gelten,** (Mercurius alter is est) qui sub terris idem Trophonius habetur, Cic.: ea spolia opima habentur, quae etc., Liv. – m. *Nom.* u. *Infin.*, quae ubi cognita et iam iamque Bosporum invasurus habebatur, man vermutete, dass er usw., Tac. ann. 12, 15. – **β** mit *pro* u. Abl.: alqm pro hoste, für seinen Feind ansehen, Liv.: alqd pro certo, für gewiss halten, Cic. u. a.: alqd pro non dicto, als nicht gesagt ansehen, Liv. – **γ** mit in numero (od. bl. numero) u. Genet. od. mit *in* u. Abl. = unter etwas **rechnen, zählen,** alqm in numero oratorum, alqm numero hostium, Cic.: alqm in summis ducibus, Nep.: in inimicis, Sall.: Sisena Perses inter fideles socios habebatur, Curt. – si non id, quod amittitur, in damno (als Verlust), sed quidquid relinquitur, pro munere habituri sitis (für ein Geschenk ansehen), Liv.: dona omnia in benignitate habebantur, Sall.: omnia quae secundum naturam fiunt, sunt habenda in bonis, Cic.: saltationem habere inter exercitationes, Quint.: non est illa cothurnatas inter habenda deas, Ov.: litterae inter malas artes habitae, Lact. – **δ** m. *Dat.* der Bestimmung = zu etwas **aufnehmen, anrechnen,** alqd sibi studio, sich ein Geschäft aus etw. machen, Ter.: alqd religioni, sich aus etwas ein Gewissen machen, Cic.: duritiam voluptati, als eine Lust ansehen, Sall.: paupertas probro haberi coepit, zum

Schimpf angerechnet zu werden = als Schimpf zu gelten, Sall. – **ε** mit *Advv.*: parum h., für zu wenig halten = nicht damit zufrieden sein, Ggstz. satis h., für hinlänglich halten, damit zufrieden sein, beide mit folg. *Infin.*, Sall. Iug. 31. § 9 u. 20. – **ζ** haberi mit *Genet. qual.*, so u. so **gehalten (geachtet) werden, gelten,** cuius auctoritas in his regionibus magni habebatur, hochgehalten wurde, viel galt, Caes. b. G. 4, 21, 7: parvi habitis, quae per Leonam Constantius scripserat, nicht weiter beachtet, Amm. 21, 1, 4: hic summo in Arvernis ortus loco et magnae habitus auctoritatis, galt für einen Mann von gr. A., Caes. b. G. 7, 77, 3.

5 etwas **halten** = vor sich gehen lassen, **a** = etwas **anstellen, vornehmen,** comitia, concilium plebis, senatum, Cic.: auspicia, Liv.: nihil sine auspiciis, Cic.: certamina, Schlachten liefern, Flor. – vom Vornehmen, Unternehmen einer Reise, eines Marsches (s. Bremi Nep. Eum. 8. § 7). iter quo habeat, omnes celat, wohin er seinen Marsch richtet, wohin er marschiert, Nep.: iter Aegyptum, Sardiniam, Caes. u. Cic.: iter ad legiones, den Legionen entgegenmarschieren, Caes.: gentes, per quas iter habebant, Iustin.: nullas nisi sanguine fuso gaudet habere vias, Lucan. – **b** = mündlich **halten, vortragen,** querelas apud alqm de alqo, Klage führen bei jmd. über einen, Cic.: orationem huius modi od. talem, Sall. u. Curt.: hanc orationem in aliquo conventu agrestium, Cic.: orationem in senatu, Cic.: orationem adversus Aeschinem (v. Demosthenes), Hieron.: orationem od. sermonem cum alqo, ein Gespräch halten mit usw., Cic.: sermo inter nos habitus in Cumano, Cic. – h. verba, reden, sprechen, Cic. u. a.: cum alqo, Sall., in alqm, Tac. (vgl. Fabri Sall. Iug. 9, 4): verb. verba atque orationem od. verba orationemque adversus rem publicam, Caes. u. Liv. – h. dialogum, halten = schreiben, Cic. – **c** eine Zeit (absichtlich) so u. so **hinbringen, verbringen,** h. aetatem procul a re publica, Sall.: ubi adulescentiam habuere, Sall.: h. diem luculente, den Tag in Freuden verbringen, Plaut.

6 **halten** = beobachten, ordines, Sall. Iug. 80, 2.

7 meton. = jmdm. etwas **geben, gewähren,** alci honorem = jmdm. einen Ehrensold geben, zahlen, Cic.; od. = jmdm. Ehre erweisen, Tac. u. a.

8 *refl.*, se habere u. bl. habere, **a** **sich gehaben, sich befinden, sich verhalten,** **α** v. Pers., **αα** vom körperl. Befinden, graviter se habere, schwer krank sein, Cic.: ego me bene habeo, Tac.: Tullia nostra *recte valet,* Terentia *minus belle habuit,* Cic.: singulos (saucios), ut se haberent, rogitans, Liv.: Partiz. subst., male habentes, die Kranken (Ggstz. sani, die Gesunden), Augustin. in psalm. 38, 18. – **ββ** v. der Lage, se recte, Titin. fr.: se bene, praeclare, Cic.: se parce ac duriter, Ter.: bene se habet, der ist gut aufgehoben, ihm ist wohl (v. einem Verstorbenen), Liv. epit. 114. Val. Max. 3, 2, 13. Sen. ep. 24, 10. Flor. 4, 2, 68: sic habemus, in dieser Lage befinden wir uns, Cic. – **β** v. Lebl., **sich verhalten, beschaffen sein,** mores ita se habent, Sall.: res sic od. ita se habet, u. bl. sic od. ita se habet, Cic. (vgl. Benecke Cic. Lig. 28): Romae autem se res sic habent, zu R. steht es nun dermalen so, Cic.: ut nunc res se habet, Liv.: res praeclare se habeat, si etc., es wäre vortrefflich, wenn usw., Cic.: male enim se res habet, Cic.: bl. bene habet, es steht gut, Cic., Liv. u. a. (s. Drak. Liv. 6, 35, 8. Torren. Val. Max. 5, 10, 2. p. 517. Bünem. Lact. 7, 1, 1): sic habet, so verhält es sich, Hor. – ingenium vestrum luminis instar habet, ist wie ein Licht (beschaffen), Ven. Fort. carm. 3, 8, 10. – **b** **sich gehaben** mit jmd. = **zu tun (zu verhandeln) haben,** cedo quicum habeam iudicem. *Gr.* Habe cum hoc, Plaut. rud. 1380 *sqq.*

B im weiteren Sinne: **1** im Allg.: **a** **haben** = **besitzen,** habere ius actionis, abdicandi, Quint.: h. ius in omnes, Lucan.: h. suae vitae modum, seinen eigenen Lebensplan, Ter.: dimidium facti qui coepit habet, Hor. – **b** mündlich od. schriftlich von jmd. **haben** (s. Meißner Cic. Tusc. 1, 119), habes epilogum, da hast du usw., Cic.: habes, ut brevissime potui, genus iudicii et causam absolutionis, Cic.: habes consilia nostra, da hast du usw., das sind usw., Cic.: tantum habeto, so viel wisse, Cic. – **c** **es (seinen Willen) haben** = die Folgen zu tragen haben (als Formel dessen, der etw. ungern zugibt), habeas, du magst es haben, Ter.: immo habeat, Ter.: vincerent ac sibi haberent, Suet.

2 von außen her **haben** = **bekommen,** malum habebis, dir wird's sehr übel ergehen, Plaut.: non nullam invidiam habere ex eo, quod etc., den Unwillen der Menschen einigermaßen erregt haben, weil usw., Cic.: h. dissimiles naturas, casus, Cic.: h. talem vitae exitum, Nep.

3 in einem gewissen Verhältnis od. in einem gewissen Zustand haben, mit Prädik.-*Acc.* = **haben** als usw. od. zu usw., od. mit *inter* u. Akk., od. mit *pro* u. Abl., **a** m. Prädik.-*Acc.*: **α** eines *Subst.*: Valerium Flaccum in consulatu censuraque collegam h., Nep.: sororem Persei uxorem habere, Eutr.: digni sumus, quos habeas tui consilii participes, Cic. – **β** eines *Adi.* od. *Partic. Perf. Pass.*: **αα** eines *Adi.*: habeo alqm acerbum, es zeigt sich jmd. erbittert gegen mich, Cic.: alqm inimicum, jmd. zu seinem Feind haben, Ter.: multos adversos, Sall.: habebantur fidelissimi, zeigten sich als usw., Sall.: habeo te ereptum ex etc., ich habe dich = sehe dich usw., Curt.: virtus clara aeternaque habetur, Geisteskraft ist ein herrlicher u. ewiger Besitz, Sall. Vgl. Dietsch Sall. Cat. 1, 4. – **ββ** eines *Partic. Perf. Pass.*, um anzuzeigen, dass das Objekt in eine bestimmte Beschaffenheit versetzt von dem Subjekt beherrscht u. besessen werde, docemur auctoritate legum domitas habere libidines, die Begierden vollkommen zu bändigen, Cic.: causas omnes sobrii oratores percursas animo et prope dicam decantatas habere debent, Cic.: fac ut habeas, nos quidem ita scriptum habemus, mache, dass du es (so in deinen Büchern eingetragen) hast usw., Cic. – So werden besonders gebraucht cognitum, perspectum, exploratum, deliberatum, persuasum, propositum, susceptum habere = etwas als ein Erkanntes usw. innehaben, Cic. u. a. – **b** mit *inter* u. Akk.: inter fideles socios habebantur, Curt. – **c** m. *pro* u. Abl.: audacia habetur pro muro, den Furchtlosen umgibt sein Mut wie eine schützende Mauer, Sall.

4 von Zuständen, jmd. in seiner Gewalt = **ergriffen haben,** nox te habet, die Nacht des Todes hält dich umfangen, Val. Flacc.: timor, metus, ira alqm habet, Ov.: habet sua quemque dies, jeden ereilt sein Tag, Val. Flacc.

5 wie ἔχειν u. **haben,** **a** m. *Acc.*, gleichs. in Vorrat **haben,** incipe, si quid habes, Verg.: nisi quid habes ad hanc, einzuwenden hast, Cic. – **b** mit folg. *Infin.* = das Vermögen haben, etwas zu leisten, **α** = **in der Lage sein, können,** in multis hoc rebus dicere habemus, Lucr.: habeo etiam dicere, ich könnte noch anführen, Cic.: haec habui dicere, das hatte ich zu sagen, Cic.: pro certo illud habeo affirmare, Cic.: de Alexandrina re tantum habeo polliceri m. folg. *Acc.* u. *Infin.*, Cic.: an melius quis habet suadere, hat od. weiß einer etwas Besseres zu raten, Hor. – **β** (bei den Eccl.) = **müssen,** quod haereses haberent existere, Lact.: quod carne indui haberet in terra, Lact.: de qua Christus nasci habebat, Tert. Vgl. Bünem. Lact. 4, 12, 15 u. 4, 18, 22 u. 4, 30, 2. – **c** mit folg. Relativsatz od. indir. Fragesatz = **wissen,** nihil habeo, quod ad te scribam, ich habe, weiß nichts an dich zu schreiben, Cic.: ecquid habes, quod dicas? Cic.: nihil habeo, quod accusem senectutem, Cic. – non habeo, quid scribam, ich weiß nicht, was ich schreiben soll, Cic.: nec quid mandem habeo (ich weiß nicht, was ich auftragen soll), nihil enim praetermissum est; nec quid narrem, novi enim nihil, Cic. – **d** mit folg. *Partic. Fut. Pass.*, **haben = müssen,** statuendum respondendum habere, zu bestimmen, zu beantworten haben, Tac.: habemus enitendum, haben uns zu bemühen, Plin. ep. vgl. Pabst Tac. dial. 1. p. 2 *sq.* – ► haben = habesne, Plaut. Pseud. 1163; trin. 89 u. 964; truc. 680. – archaist. habessit = *habuerit,* Cic. de legg. 2, 19. – Parag. *Infin.* haberier, Plaut. mil. 594. – vulg. Partiz. habiens, Grom. vet. 327, 22; 328, 1 u. 11. Itala (ev. Palat.) Luc. 3, 1; 15, 4; 19, 17.

habile, *Adv.* (habilis) = habiliter (s. d.), Gloss. II, 316, 20.

habilis, e (habeo), **I** **leicht zu handhaben, handlich, lenksam, beweglich, behend, geschmeidig, elastisch,** arcus, Verg.: currus, Ov.: papillae, Ov.: mit *Abl.* (durch), gladius brevitate h., Liv.: navis velis h., leicht segelndes, Tac.: v. Pers., dic habilem, quaecumque brevis, Ov.:

haec habilis (handlich) brevitate suā est, Ov. – **II** übtr., **handlich = passend, bequem, geeignet, geschickt, gewandt, tauglich, fähig, tüchtig, rüstig, a** physisch: **α** v. Lebl., galea, gut passender, Verg.: iuventa, Tac.: vigor, Verg.: corpus minus h., siecher, Vell.: mit *Dat.*, figura corporis habilis et apta ingenio humano, Cic.: Aegyptum habiliorem annonae publicae reddere, Suet.: h. lateri clipeus, Verg.: aetas feturae h., Verg.: m. *Dat. Gerund.*, rubens (ferrum) non est habile tundendo (lässt sich nicht gut hämmern), Plin.: nidi (hirundinum) occultandis habiles pullis, Plin.: m. *ad* n. Akk., calceus habilis et aptus ad pedem, Cic.: gladius ad propiorem h. pugnam, Liv.: m. *ad* u. Akk. Gerund., loca habilia ad plantandum, Amm.: m. *in* u. Akk., naves habiles in omnia, quae usus posceret, Flor 4, 11, 6. – **β** v. Pers., m. *Dat.*, exercitus h. gubernaculo, leicht zu führen, Vell.: gens equis tantum h., nur als Reiter brauchbar, Liv.: h. armis, waffenfähig, Vell.: h. militiae, dienstfähig, Curt.: parum h. proelio, Tac.: lectuli otio quam labori proeliorum habilior, Val. Max. 5, 7, 1: mit *Dat. Gerund.*, nondum portandis habiles gravioribus armis, Sil.: m. *ad* u. Akk., habiles ad aratra Labici, Sil.: ad latrocinia habiles, Amm. – m. folg. *Infin.*, Lucan. 3, 553. Stat. Theb. 4, 225. – **b** geistig: **α** v. Lebl.: negotia, Sen.: m. *ad* u. Akk., numquam ingenium idem ad res diversissimas, parendum atque imperandum, habilius fuit, Liv. – **β** v. Pers., m. *Dat.*, h. publico muneri, Suet.: m. *Dat. Gerund.*, h. capessendae rei publicae, Tac.: m. *ad* u. Akk. Gerund., ut acutior quis atque habilior sit ad inveniendum, Quint.: m. *in* (in) u. Abl., sunt autem quidam ita in eisdem rebus habiles, ut etc., Cic. – ► *Superl.* habilissimus, Cels. 2, 1. p. 28, 23. Not. Tir. 7, 66[c].

habilitās, ātis, *f.* (habilis), die **geschickte Anlage,** die **Geschicklichkeit,** hab. sui (der Körper), Cl. Mam. de stat. anim. 1, 12, 2: hab. vitalis, Interpr. Iren. 5, 7, 1: Plur., habilitates corporis, Cic. de legg. 1, 27.

habiliter, *Adv.* (habilis), **leicht, bequem, behend,** Liv. epit., Mela u. a.

habitābilis, e (habito), **I bewohnbar, wohnlich,** regiones habitabiles (Ggstz. omni cultu propter vim frigoris aut caloris vacantes), Cic.: cinguli (terrae), Cic.: casae, Plin.: orae, Hor.: tellus hab. olim, Ov.: quamvis angustum pedem (areae) dispositio fecit habitabilem, Sen.: ut negaret ullas in Oceano aut trans Oceanum esse terras habitabiles, Sen. – **II bewohnt,** Sil. 1, 541.

habitāculum, ī, *n.* (habito), der **Wohnplatz,** die **Wohnung** der Menschen, hab. pastorum, Vulg.: agrestia habitacula, Amm.: in Romano solo apud Toxiandriam locum habitacula sibi figere, Amm. – der Tiere, leonis, Gel.: avium, Pallad. – übtr. vom Körper als W. der Seele, Prud. cath. 10, 40. Pacat. pan. 5, 3. Augustin. serm. 368, 1.

habitātio, ōnis, *f.* (habito), **I** das **Wohnen,** habitationis mansio, Pallad. 1, 9, 1. – **II** meton.: **1** die **Wohnung,** sumptus habitationis, Cic.: mercedes habitationum annuae, Hausmiete, Mietzins, Caes.: haec mihi dedita est habitatio, Plaut. – **2** der **Mietzins,** die **Hausmiete,** Suet. Caes. 38, 2.

habitātiuncula, ae, *f.* (*Demin.* v. habitatio), eine **kleine Wohnung,** Salv. de gub. dei 5, 38 u. a. Eccl.

habitātor, ōris, *m.* (habito), der **Bewohner, a** der **Bewohner** eines Hauses u. dgl., der **Hausbewohner,** bes. der **Mieter,** tumultu habitatorum territus, Liv. 21, 62, 3: inesse aliquem non solum habitatorem in hac caelesti ac divina domo, sed etiam rectorem et moderatorem, Cic. de nat. deor. 2, 90: multae fabricae ipsae devoratae sunt cum habitatoribus, Treb. Poll. Gallien. 5, 3: sensit Alexander, testa cum vidit in illa magnum habitatorem (Diogenem), Iuven. 14, 311 *sq.*: grando incussa tectis sine ullo habitatoris incommodo crepitat ac solvitur, Sen. ep. 45, 9: nec iam clarissimorum virorum receptacula habitatore servo teruntur, die Landgüter ber. M. werden nicht mehr von Sklaven (als Besitzer) bewohnt, Plin. pan. 50, 3: tuam (domum) in Carinis mundi habitatores Lamiae (nette Mieter aus der lamischen Familie) conduxerunt, Cic. ad Q. fr. 2, 3, 7. – **b** der **Bewohner** eines Landes u. dgl., der **Einwohner,** civitas habitatoribus vacua, Amm. 24, 2, 3: Balearium insularum habitatores, Veget. mil. 1, 16: feri sunt illic habitatores pagorum omnium atque pugnaces, Amm. 23, 6, 44: ortis maioribus iurgiis inter habitatores (oppidi) et vetitos, Amm. 31, 5, 5: in hac Taurica insula Leuce sine habitatoribus ullis Achilli est dedicata, Amm. 22, 8, 35: sunt e terra homines non ut incolae (Insassen) et habitatores, sed quasi etc., Cic. de nat. deor. 2, 140: physici habitatores eius (lunae) lunares populos nuncupaverunt, Macr. somn. Scip. 1, 11, 7.

habitātrīx, trīcis, *f.* (Femin. zu habitator), die **Bewohnerin,** absol., anima est habitatrix, caro habitaculum, Augustin. serm. 368, 1. – m. *Genet.*, vallis, Vulg. Ierem. 21, 13: Aegypti, *ibid.* 46, 19: columba domorum semper blanda hab., Isid. orig. 12, 7, 60: habitatrices eas (feras) malarum solitudinum nominatis, Iul. Val. 3, 16. p. 117 (b) *ed. Paris.*: anima, id est habitatrix corporis, Augustin. in euang. Ioann. 1. tract. 8, 2. – mit *in* u. Abl., flumineis hab. Nais in oris, Auson. Mosella 82.

habitio, ōnis, *f.* (habeo), das **Haben** (näml. im Herzen), debitio enim gratiae, non habitio, cum pecunia confertur, Gell. 1, 4, 7.

habitīvus, a, um (habitus), **einen Zustand an sich bezeichnend,** verbum, Charis. 165, 34 u. 166, 4.

habito, āvī, ātum, āre (*Frequ.* v. habeo), **I** *tr.*: **A oft etwas haben, zu haben pflegen,** epicrocum, comas, Varro b. Non. 318, 25 u. 27. – **B bewohnen,** urbes, Verg.: Gelonon, urbem ligneam, Mela: oppidum Uscudamam, Eutr.: casas, Verg. – im Passiv = **bewohnt werden, zum Wohnsitz dienen,** vix pars dimidia (urbis) habitabatur, Liv.: colitur ea pars (urbis) et habitatur frequentissime, Cic.: arx procul iis, quae habitabantur, Liv.: Scythiae confinis est regio habitaturque pluribus ac frequentibus vicis, Curt.: nobis habitabitur orbis ultimus, Ov.: Alpes quidem habitari, coli, Liv.: raris habitata mapalia tectis, Verg.: agellus habitatus quinque focis, Hor.: campi olim uberes magnisque urbibus habitati, Tac.: vestigia habitati quondam soli, Plin.: quae sit tellus habitanda (sibi) requirit, Ov. – **II** *intr.*: **A** irgendwo **sich befinden** (wie habeo), dah. **wohnen,** hodieque ibi, Liv.: alibi, Liv.: unā (zusammen), Fronto: peregre, Liv.: interius (mehr im Innern des Landes), Mela: pagatim, Liv.: laxius, contractius, Sen.: bene (bequem), Nep.: anguste, Val. Max.: iunctis liminibus, Ps. Quint. decl.: ad od. (gew.) apud alqm, bei jmd., in jmds. Haus, Cic.: cum alqo, mit jmd. zusammen, Cic.: habito triginta milibus (aeris), die Miete kostet mich 30000 Asse, Cic.: nunc si quis tanti (für diesen Preis) habitat, Vell.: populus habitat duabus urbibus, Liv.: h. locis pestilentibus, Varro: Athenis, Nep.: Romae, Capuae, Liv.: iuxta forum, intra Palatium, Suet.: secundum montem, Plin.: sub tegulis, Suet.: sub his tectis habitavere securi, Sen.: h. ad litora, Verg.: circum Aternum, Varro LL.: in casis et tuguriis, Varro: in Co insula, Quint.: primo in Subura modicis aedibus, post autem pontificatum maximum in Sacra via domo publicā, Suet.: in via (an der Landstraße, Ggstz. devium esse), Cic.: in montibus vicatim, Liv.: gratis in alieno, Cic. – Passiv unpers., habitari, ait Xenocrates, in luna (es gebe Bewohner auf dem Mond), Cic.: ibi habitabatur frequenter, die Gegend war sehr stark bewohnt, Liv.: quibus (vicis) frequenter habitabatur, die stark bewohnt waren, Liv. – absol., posse nos habitare sine marmorario ac fabro, Sen.: Argos habitatum (um da zu wohnen) abire, Nep. – Partiz. subst., habitantes, die Bewohner, Einwohner, Ov. met. 14, 90 (wo Genet. Plur. habitantum): oppidum valetudine habitantium infame, Mela 1, 16, 1 (1. § 83): habitantes Lilybaei (zu L.), Liv. 29, 26, 7: ad occasum habitantes (Ggstz. orientis incolae), Plin. 2, 180. – bildl., ingenium Galbae male habitat, wohnt in einer schlechten Hülle, Macr.: metus habitat in vita beata, Cic.: animus cum curis habitans, Cic. – **B** übtr.: **a** wo **heimisch sein** = immer wo sein od. bleiben, in foro, Cic.: in culina, immer in der K. stecken, Petron.: in oculis, immer vor Augen sein, Cic.: quorum in vultu habitant oculi mei, Cic.: tecum habita, »kehre bei dir ein« = untersuche dich selbst, Pers.: *peregrinatus est* eius animus in nequitia, non *habitavit,* Val. Max. 6, 9. ext. 1. – **b** bei einer Sache **bleiben = sie fast einzig betreiben, sich fast immer damit beschäftigen, sie zu seinem Hauptstudium machen,** in hac una ratione tractanda, Cic.: in eo genere rerum, Cic. – **c** bei einer Sache im Reden **sich aufhalten,** ibi commorer, ibi habitem, ibi haeream, hier verweile ich, darauf baue ich, daran halte ich fest, Cic.: quonam modo ille in bonis haerebit et habitabit suis? seinen eigenen Grund u. Boden behaupten u. benutzen, Cic.

habitūdo, inis, *f.* (habeo), die (äußere) **Gestalt,** das **Äußere,** corporis, Ter., Rhet. Her. u. a.: ancillae, Apul. – Plur., tam variae habitudines corporis, Apul. apol. 14.

habituor, ārī (2. habitus), mit irgendeiner körperlichen Beschaffenheit versehen-, mit etw. **behaftet sein,** malo suco habituari, Cael. Aur. de morb. chron. 1, 4, 79: fortitudine, *ibid.* 4, 8, 109.

habiturio, īre (*Desider*, v. habeo), **haben wollen,** Plaut. truc. 150 zw.

1. **habitus,** a, um, *PAdi.:* (v. habeo), irgendwie **gehalten, genährt,** equus male h., Masur. Sabin. bei Gell. 4, 20, 11: corpulentior videre atque habitior (ziemlich gut genährt), Plaut. Epid. 10 L.: u. so si qua est (virgo) habitior paulo, Ter. eun. 315: eques habitissimus (höchst wohlgenährter), Masur. Sabin. bei Gell. 4, 20, 11. Vgl. Paul. ex Fest. 102, 1.

2. **habitus,** ūs, *m.* (habeo), das »Sich-Gehaben«; dah. **I** die **äußere Erscheinung,** das **Äußere,** das **Aussehen,** die äußere **Gestalt,** die äußere (schöne od. unschöne) **Haltung, Stellung** des **Körpers** u. seiner Teile, **A** im Allg., mit u. ohne corporis, Sen., Curt. u. a.: oris, Gesichtsbildung, Cic.; u. verb. oris et corporis, Curt.: h. oris lineamentaque, Liv.: h. haud indecorus, Curt.: Plur., habitus corporis opimi, Cic.: moderati aequabilesque, Cic. – auch augenblickliche **Haltung, Stellung, Lage,** hab. sedentis, Suet.: h. corporis quiescenti quam defuncto similior (v. der Leiche des älteren Plinius), Plin. ep.: illorum (iratorum) habitum intuere, Sen.: diversus est habitus ascendentium et descendentium, Sen.: durante adhuc habitu, in quo mors quemque deprehenderat, Curt. – prägn., die **Wohlgestalt,** lupi, Ambros. de virgg. 2, 4, 28. – **B** insbes., die äußere Erscheinung in Anordnung des Putzes, der Kleidung od. Rüstung, die **Tracht,** das **Äußere,** **1** eig., oft verb. habitus atque vestitus, habitus vestitusque, habitus cultusque, cultus habitusque, Cic., Liv. u. a. (vgl. Gronov Liv. 20, 27, 11. Fabri Liv. 23, 34, 6. Burmann Suet. Caes. 44). – u. so hab. vestis, Liv. u. Curt.: hab. virginalis, Cic.: fabrilis (eines Schmiedes), Arnob.: nuptialis, Augustin.: citharoedicus vel tragicus, Eutr.: regum Persarum, Iustin.: pastorum, Liv. – **2** meton., die **Kleidung** selbst (woher das franz. *l'habit*), venatorius h., Vopisc.: venatorum h., Frontin.: luxurians h., prachtvolle Kleidung, Kleiderluxus, Sen. rhet.: permutato cum uxore habitu, Quint.: sparsi per domos occulto habitu, Tac.: im Bild, suo habitu vitam degere, im eigenen Rock (nicht in geborgtem Schmuck) sein L. hinbringen, Phaedr. 1, 3, 2. – **II** übtr.: **A** die **Beschaffenheit,** der **Zustand,** die **Lage,** pecuniarum, die Vermögensverhältnisse, Liv.: Italiae, Cic.: domicilii, Col.: locorum, Sen. rhet.: maris, Val. Max.: concussum et labentem civitatis statum in pristinum habitum revocare, Val. Max. – si ex habitu novae fortunae et novi, ut ita dicam, ingenii, quod victor sibi induerat, spectetur, Liv.: naturae ipsius habitu prope divino, durch beinahe gottähnliche Naturanlage, *Cic.* – **B** insbes. (wie ἕξις), **1** = der passive **Zustand,** die **Stimmung** des Körpers od. der Seele, **a** übh.: in integerrima aetate, optimo habitu, vom besten Befinden, Cic.: virtus est animi habitus naturae modo atque rationi consentaneus, Cic.: et hic quidem Romae tamquam in tanta multitudine habitus animorum fuit, Tac. – dah. **b** die **Stimmung,** = **Gesinnung,** provinciarum, Tac.: quis fuerit eo tempore civitatis habitus, Vell. – **2** als philos. *t. t.* = die erworbene **Eigentümlichkeit,** die **persönliche** (individuelle) **Eigenschaft,** Cic. de inv. 1, 36 u. 2, 30.

habrodiaetus, ī, *m.* (ἁβροδίαιτος), der **weichlich Lebende,** der **Verwöhnte,** Plin. 35, 71.

habrotonum u. **-us,** s. abrotonum.

hāc, *Adv.* (*Abl.* v. hic, *sc.* parte od, viā), **auf dieser Stelle, von** od. **auf dieser Seite, hier,** Komik., Cic. u. a.: hāc atque illāc, hier u. dort = überall, Ter.: so hāc atque hāc, Augustin.: hāc pergam, quā via longum compensat iter, Sen. poët. – hāc … hāc, Plin. ep. 5, 6, 19. Verg. Aen. 1, 467 *sq.* Prop. 1, 3, 14.

hācpropter, *Adv.* (hic u. propter), **deswegen,** Varro sat. Men. 213.

hāctenus, *Adv.* (eig. hāc parte tenus), **bis dahin, I** eig. zur Angabe des Ziels im Raum = bis **dahin,** bis **hierher, so weit,** hactenus dominum est illa secuta suum, Ov. trist, 1, 10, 22; u. so Verg. Aen. 6, 62. Ov. am. 2, 11, 16 u. a. – u. »bis so weit = in diesem Umfang«, Ov. met. 13, 700; vgl. Tac. Germ. 35. – **II** übtr.: **A** zur Angabe jedes Ziels; **1** **bis hierher, so weit** = **bis zu dieser Stelle** in einer Schrift (im Gegensatz zu dem, was noch folgt od. was man aus Gründen nicht folgen lässt), h. Attico vivo edita (haec) a nobis sunt, Nep.: h. mihi videor de amicitia quid sentirem potuisse dicere: si qua praeterea sunt etc., Cic.: h. fuit, quod caute a me scribi posset, so weit geht das, was … konnte = so viel konnte usw., Cic. – dah. (elliptisch) zur Abschließung einer längeren Untersuchung oder Rede: sed haec h., aber davon so weit, -so viel (griech. καὶ ταῦτα μὲν δὴ ταῦτα = »das wäre denn nun das«), Cic. u. a.: u. bl sed h., Cic.: h. Trogus, so weit Tr., Plin.: u. bl. hactenus, Ov. (s. Haupt Ov. met. 2, 610): sed de litteris hactenus, Cic.: h. de olea et oleo, Plin.: sed de his h., Macr. – u. bei Übergängen zu etwas Neuem, sed haec h.: nunc ad ostenta veniamus, Cic.: u. so mit folg. iam, Plin., od. mox, Col. – **2** zur Angabe des Ziels, bis zu dem jmd. in seinem Urteil, seiner Rede, seinem Handeln geht, **bloß so weit, bloß bis zu dem Punkt, nur dies, nur so viel** (s. Nipperd u. Dräger Tac. ann. 14, 51. Bünem. Lact. 4, 26, 6), h. reprehendet, si qui volet; nihil amplius, Cic.: quare tibi h. mando etc., Cic.: h. indulsisse iuvat, Verg.: h. Vitellius voluerat, Tac. – **3** zur Beschränkung einer Handlung auf einen gewissen Punkt, -Umfang, wie unser: **insoweit** = **insofern, dermaßen,** mit folg. *quoad, quod,* Cic. u. a.: mit folg. *si,* Sen.; m. folg. Fragewort (z. B. hactenus consultans, veneno an ferro vel quā aliā vi), Tac.: m. folg. *ut* od. *ne* m. Konj. (zur Angabe des Endzwecks), Cic. u. a. – **B** zur Angabe des Ziels in der Zeit = **bis hierher, bis jetzt, bis zu diesem Zeitpunkt,** Verg. Aen. 11, 823. Liv. 7, 26, 6. Ov. met. 5, 250. Flor. 1, 11, 5 u. a. nachaug. Prosaiker. – ► In der Tmesis, hāc itidem tenus oderis, Gell. 1, 3, 30.

1. **Hadra,** s. Hadria *no.* 1.

2. **hadra,** ae, *f.* = *lapis,* Schol. Bern. Verg. georg. 2, 158.

Hadria (Adria), ae, *f.* **I** Stadt Italiens im Pizenischen, Stammort der Vorfahren des Kaisers Hadrian, j. *Atri,* Liv. 24, 10, 10. Mela 2, 4, 6 (2. § 65). Spart. Hadr. 1. § 1. Sil. 8, 439: Atria (Ἀτρία) geschr., Tac. hist. 3, 12 H.: u. Hadra, Schol. Bern. Verg. georg. 2, 158. – **II** eine von den Tuskern gegründete, später von Korinth kolonisierte reiche Handelsstadt, zwischen dem Padus u. Athesis, unweit ihrer Mündungen, die dem Adriatischen Meer den Namen gab, noch j. *Adria,* Liv. 5, 33, 7. Iustin. 20, 1, 9: Hadriae mare, Prop. 1, 6, 1. – meton. (*gen. masc.*) = das **Adriatische Meer,** Varro sat. Men. 421. Hor. carm. 1, 3, 15. Plin. 3, 119. Tac. hist. 3, 12 u. 42 (s. Tzschucke u. Weichert Mela 2, 2, 2). – Dav.: **A** **Hadriacus** (Adriacus), a, um (Ἀδριακός), **adriatisch,** aequor, Prop.: undae, Verg.: unda, Avien. – **B** **Hadriānus,** a, um (Ἀδριανός), **zu Hadria gehörig, hadrianisch,** ager (das Gebiet von Hadria *no.* I), Liv.: mare, Cic. u. Hor.: Nbf. Atrianus culex, Mart. 3, 93, 9. – Plur. subst., Hadriānī, ōrum, *m.*, die Einw. von Hadria (*no.* I), die **Hadrianer,** Liv. – **C** **Hadriāticus,** a, um, **adriatisch,** mare H., Caes., Liv. u. a.; u. poet. dass. subst. bl. Hadriāticum, ī, *n.*, Catull. 4, 6.

Hadriānālis, s. 2. Hadriānus.

Hadriānia, s. 2. Hadriānus.

Hadriānopolis, eos, Akk. im, Abl. ī, *f.* (Ἀδριανούπολις), **Hadrianopel,** Name vieler nach dem Kaiser Hadrian benannter Städte, Spart. Hadr. 20, 4. – speziell, eine Stadt in Thrazien am Einfluss des Tonsus in den Hebrus, vorher Uscudama gen., j. *Adrianopel* od. *Edrene,* Amm. 14, 11, 15; 31, 6, 1 u. a. Itin. Anton. 137, 3.

1. **Hadriānus,** a, um, s. Hadria.

2. **Hadriānus,** ī, *m.*, vollst. P. Aelius Hadrianus, geb. 76 n. Chr., röm. Kaiser von 117 bis 138 n. Chr., Spart. Hadr. 1 *sqq.* Eutr. 8, 5 *sqq.* Aur. Vict. de Caes. 14. – Dav. **A** **Hadriānālis,** e, **zu Hadrian gehörig, Hadrian-,** sodalis, CIL 14, 3610. – **B** **Hadriānia,** iōn, *n.*, das zu Ehren Hadrians (zu Ephesus) gefeierte Fest, die Hadriansfeier, CIL 3, 296 u. 297.

Hadriāticus, a, um, s. Hadria.

hadrobōlon, ī, *n.* (*sc.* gummi, v. ἁδρόβωλος, aus groben Stücken od. Klumpen bestehend), ein schwarzes Gummi vom Baum bdellium, Plin. 12, 35.

hadrosphaerus, um (ἁδρόσφαιρος), **großblätterig,** Beiname einer Art der Narde, nach Plin. 12, 44.

Hadrūmētum, **-mētīnus,** s. Adrūmētum.

haedilia, ae, *f.* (haedus), das **Zicklein, Geißlein,** Hor. carm. 1, 17, 9. Vgl. Gloss. III, 432, 38 »αἰρίφιον, haedilia«.

haedillus, ī, *m.* (*Demin.* v. haedus), das **Böckchen,** als Schmeichelwort, Plaut, asin. 667.

haedīnus (aedīnus), a, um (haedus), **von jungen Ziegenböcken,** coagulum, Varro: pelliculae, Cic.: pelles, Sen. u. Val. Max.: glandulae, Apic.: caro, Cael. Aur. – subst. haedīna (aedīna), ae, *f.*, **Ziegenbockfleisch,** Cael. Aur. de morb. acut. 1, 11, 95. Apic. 8, 360 u. 361.

Haeduēs = Aedui, s. Auson. parent. 6, 6. p. 43 Schenkl.

Haeduī, s. Aeduī.

haedulus, ī, *m.* (*Demin,* v. haedus), das **Böckchen,** Iuven. 11, 65.

haedus (aedus), ī, *m.*, **I** das **Böckchen,** der **junge Ziegenbock,** haedorum grex, Verg.: tenellulus h., Catull.: haedi maximi et pulcherrimi, Varro: haedum iugulare, Ov.: kollektiv, abundat (villa) porco, haedo, Cic. de sen. 56. – **II** übtr., haedi, die **Böcklein,** zwei Sterne an der Vorhand des Fuhrmanns, deren Aufgang Sturm u. Regen verkündete, haedorum dies, Verg. georg. 1, 205: haedi pluviales, Verg. Aen. 9, 668: haedorum sidere exorto, Amm. 19, 9, 1: pridie Nonas Octobres haedi oriuntur vespere, Col. 11, 2, 73: contra haedi exiguum iaciunt mortalibus ignem, Cic. poët. de nat. deor. 2, 110: Sing., impetus orientis haedi, Hor. carm. 3, 1, 28. – ► In der Bauernspr. ēdus, Varro LL. 5, 97. CIL 8, 2728, 64, in der Vulgärspr. aedus, Varro LL. 5, 97. Quint. 1, 5, 20. Apic. 8, 362 u. 369. – Nbf. fēdus u. hēdus, Paul. ex Fest. 84, 5 *Thewr.:* fēdus od. (Variante) faedus, Vel. Long. (VII), 11, 5.

Haeduus, s. Aeduī.

haemachātēs, ae, *m.* (αἱμαχάτης), der **Blutachat,** Plin. 37, 139.

haematinus, a, um (αἱμάτινος), **blutig, blutrot,** Plin. 36, 197 (198).

haematītēs, ae, *m.* (αἱματίτης), der **Blutstein,** eine Art roter Eisenstein, Plin. 36, 129 u. 130 (wo Dat. heteroklit. haematiti) u. a.

haemēsis, is, Akk. in, *f.* (*αἵμησις), die **Blutentzündung,** der **Blutunterlauf** der Augen, Th. Prisc. 1, 10.

Haemimontus (Aemimontus), ī, *m.*, eine thrazische Provinz am Hämus zur Zeit der spät. röm. Kaiser, Vopisc. Aur. 17, 2. Treb. Poll. Claud. 11, 3. Amm. 26, 10, 4. Notit. dign. Imp. occid. c. 1. – Dav. **Haemimontānī** (Aemimontānī), ōrum, *m.*, die Einw. der Provinz Hämimontus, die **Hämimontaner,** Amm. 27, 4, 11. Sext. Ruf. 9.

Haemōn, onis, Akk. ona, *m.* (Αἵμων, vgl. αἷμα), Sohn des Kreon, Bräutigam der Antigone, Ov. trist. 4, 202; Ib. 559. Hygin. fab. 72.

Haemonia, ae, *f.* (Αἱμονία), **Hämonien,** der alte Name Thessaliens, Hor. carm. 1, 37, 20. Ov. ex Pont. 1, 4, 31: Haemonia terra, Ov. rem. 249. – Dav.: **A** **Haemonidēs,** ae, *m.* (Αἱμονίδης), der **Hämonide** = der **Thessalier,** im Plur. v. den Argonauten, Val. Flacc. 4, 506. – **B** **Haemonis,** idis, *f.*, die **Hämonide,** die **Thessalierin,** Ov. her. 13, 2: Plur., Lucan. 6, 436 u. 590. – **C** **Haemonius,** a, um, **a** **hämonisch** = **thessalisch,** puppis, das Schiff Argo, Ov.: iuvenis, Jason, Ov.: puer od. heros, Achilles, Ov.: equi, die Rosse des Achilles, Ov.: dextra, die Rechte des Achilles, Stat.: maritus, Pyrrhus, Sohn des Achilles, Stat. – dah. meton. (weil Thessalien das Land der Zauberei war), artes, Zauberkünste, Ov. art. am. 2, 99. – **b** übtr. = **thrazisch,** Sil. 10, 11.

haemoptois, idis, *f.*, das **Blutspucken,** Isid. orig. 4, 7, 16.

haemoptyicus, a, um (αἱμοπτυϊκός), **blutspuckend,** Plur. subst., haemoptyici, Cael. Aur. de morb. chron. 3, 2, 35. Marc. Emp. 16 (wo falsch haemoptoicis).

haemorrhagia, ae, Akk. ān, *f.* (αἱμορραγία), der **Blutfluss,** bes. durch die Nase, Plin. 23, 132. Not. Tir. 111, 72.

haemorrhoia, ae, *f.* (αἱμόρροια), der **Blutfluss** (als mediz. *t. t.*), Plur. bei Th. Prisc. 3, 6 *extr.* u. 7 *in.*

haemorrhoicus (aemorroicus), a, um (αἱμορροϊκός), **die Hämorrhoiden habend,** Plur. subst., Firm. math. 3, 2, 14; 4, 11, 6 u. ö.

haemorrhoida, ae, *f.* (αἱμορροΐς, Cels. 6, 18, 9), die **Hämorrhoidalader,** die **goldene Ader,** (als mediz. *t. t.*), Plin. 23, 137. Cael. Aur. de morb. chron. 5, 1, 2.

haemorrhois, idis, Akk. Plur. idas, *f.* (αἱμορροΐς), **I** die **Hämorrhoidalader,** die **goldene Ader,** (als mediz. *t. t.*), Cael. Aur. de morb. chron. 3, 6, 81; 5, 4, 71. Amm. 30, 6, 5. – **II** eine Schlangenart, bei deren Biss Blut hervorströmte, viell. die **Sandotter,** Cels. 5, 27, 7. Plin. 20, 50. Lucan. 9, 806. Ven. Fort. carm. 8, 6, 195 (wo emorrois).

haemorrhoissa u. **-oūsa,** ae, *f.*, **am Blutfluss leidend,** **α** Form *-oissa,* mulier, Ven. Fort. vit. S. Leob. 20: filia, Augustin. serm. 77, 6 *lemm.* – **β** Form *-ousa,* Ambros. in Luc. 6. § 60.

Haemus (Haemos), ī, *m.*, (Αἷμος), ein Gebirge des nördl. Thraziens, j. der **große Balkan,** Liv. 40, 21, 2. Hor. carm. 1, 12, 6.

haerēd..., s. hered...

haereo, haesī, haesūrus, ēre (aus *haeseo), **hängen, stecken, kleben, festsitzen,** **I** im Allg.: **1** eig.: pugnus in mala haereat, Ter.: classis in vado haerebat, Curt.: haerens in salo navicula, Hieron.: haerens tabulae (v. Schiffbrüchigen), Hieron.: h. in equo, Cic., od. equo, Hor., fest zu Pferde sitzen, sich gut im Sattel halten, sattelfest sein: os devoratum fauce cum haeret lupi, Phaedr.: terra radicibus suis (mit ihren W.) haereat, Cic.: pars superiori ossi malarum haeret, Cels.: duabus haerentes hastis, Liv.: cuspis in tergis visa est haerere, schien haften zu wollen, Ov.: haeret pede pes, es haftet Fuß an Fuß, Verg.: h. in complexu alcis, Quint., od. amplexibus, Ov., jmd. fest umarmt halten: h. osculo, Liv.: vix ossibus haerent, hängen in Haut u. Knochen, Verg. – v. Gestirnen, **fest stehen** (Ggstz. discurrere), nec enim est quod existimes septem sola discurrere, cetera haerere, Sene ben. 4, 23, 4. – im Bild, v. Übeln, haerere visceribus civitatis, Liv.: in visceribus Graeciae, Liv. – **2** übtr.: **a** an einem Ort **festsitzen, verweilen,** hic haereo, Cic.: h. circa muros urbis, Curt. – **b** h. alci, an jmd. **beständig sich anschließen, wie eine Klette hängen, ihm nicht von der Seite gehen,** Plin. ep. u. Verg.: ebenso lateri alcis, Plin. pan.: apud alqam (meretricem), sich hängen an usw., Plaut.: comes haeret, Mart.: haeret ager Mario, verbleibt ihm, Mart. – im feindl. Sinne, haerere in tergo od. in tergis od. bl. tergis hostium, dem F. auf dem Nacken sitzen, Liv., Tac. u. Curt.: so auch h. visceribus cervi, Verg. – **c** **ein (bloßes) Anhängsel bilden, sich anhängen,** ne in turba quidem haerere plebeium, Liv.: conviva nec ultimus haesi, Mart. – **d** **hängen, festhängen, festsitzen, haften, festhängen bleiben,** von etw. **nicht lassen,** in od. bei etw. **bleiben, aushalten, beharren,** od. **sich** in etw. **verfangen,** von etwas **nicht loskommen (fortkommen)** od. **sich nicht losmachen können,** haerere in iure ac praetorum tribunalibus, Cic.: dolor animo infixus haeret, Cic.: haeret animo tuo gaudium, Plin. pan.: in oculis, immer vor Augen (gegenwärtig) sein, Cic.: in vultu patris, den V. fest ansehen, Ov.: visae cupidine virginis haeret, er betrachtet lange mit Sehnsucht die J., Ov.: memoria rei in populo haerebit, Cic.: in memoria, Cic.: in pectore, Ov.: haerent infixi pectore vultus verbaque, Verg.: menti, vorschweben, Ov.: crimen haeret in alqo, Cic.: peccatum haeret alci, Cic.: in eadem sententia, Cic.: haeret in causa semper, Cic.: in iis poenis, quae etc., sich verfangen, Cic.: haerent repetundarum criminibus, Tac.: circa libidines, Suet. – haeret mihi, es haftet mir im Gedächtnis, es ist mir erinnerlich, m. folg. indir. Fragesatz, Traian. in Plin. ep. 10, 95 (96). – **II** mit dem Nbbegr. der gehemmten Bewegung = **wie angewurzelt stehen bleiben, stecken bleiben, stutzen, stocken,** **1** eig.: aspectu territus haesit continuitque gradum, Verg.: lingua haeret metu, stockt vor F., Ter.: vox faucibus haesit, Verg.: h. in salebra, s. salebra. – sprichw., s. aqua (*no.* I, A, d) u. 2. lutum (*no.* I). – **2** übtr.: **a** **stocken** = **aufgehalten-, in seinem Fortgang gehemmt werden, aufhören,** Aeneae manu victoria haesit, Verg.: amor haesit, Ov. – **b** **stocken** = **in Verlegenheit sein, keinen Rat wissen,** haerebat nebulo, Cic.: haerere homo, versari, rubere, Cic.: haereo quid faciam, Ter.: in nominibus, die N. nicht erraten können, Cic.

haerēs, ēdis, s. hērēs.

haerēsco, ere (haereo), **hängen, stecken bleiben,** Lucr. 2, 477 u. 4, 740. Paul. Nol. carm. 10, 267.

haeresiarcha u. **-ēs,** ae, *m.* (αἱρεσιάρχης), das **Haupt einer Sekte,** Eccl.

haeresis, eos, Akk. im, Abl. ī, Genet. Plur. eōn, *f.* (αἵρεσις, das Erwählte, dah.), **I** die **Lehrart,** das **Dogma,** die **Schule** eines Philosophen usw., rein lat. secta, Cic. u. a.: nova, Varro fr.: Menippea, Varro fr.: Cynica, Laber. com. fr.: scherzh. Vestoriana, Cic.: Pythagoras quique eius haeresim fuerunt secuti, Vitr. – u. bei den Eccl. = von der Kirche abweichendes **Dogma,** eine kirchliche **Sekte,** z. B. Ariana, Hieron. epist. 127, 5. Sidon. epist. 7, 6, 2: plurimae sectae et haereses, Lact. 4, 30, 2: aliarum haereseon radix, Hieron. epist. 51, 3. – **II** der Beruf, das **Geschäft,** navalis, Cod. Theod. 13, 6, 9 (die Hdschr. haeresim). – ► Genet. Plur. haeresum, Augustin. serm. 9, 3. – Bei den Eccl. auch hĕresis geschrieben u. gemessen, z. B. Nomin. Heresis (personifiz.), Prudent. psych. 710 u. 725: Akk. heresin, Prudent. ham. 64 Dr. u. heresem, Vict. Vit. 2, 69.

haereticus, a, um (αἱρετικός), einer Sekte zugetan, bes. die vom kanonischen Lehrbegriff abweicht, **ketzerisch,** Eccl. – subst., haereticus, ī, *m.*, der **Ketzer,** Eccl.

haesitābundus, a, um, **in einem fort** (vor Verlegenheit) **stotternd,** Plin. ep. 1, 5, 13.

haesitanter, *Adv.* (haesitans v. haesito), **schwankend, unentschlossen,** intellegebas primo titubanter atque haesitanter, Augustin. serm. 117, 17.

haesitantia, ae, *f.* (haesito), das **Stocken,** linguae, das **Stottern,** Cic. Phil. 3, 16.

haesitātio, ōnis, *f.* (haesito), **I** das **Stocken** im Reden, das **Stottern** (vor Verlegenheit), quanta haesitatio tractusque verborum! Cic. de or. 2, 202: deformis h., Quint. 11, 2, 48. – **II** das **Schwanken,** die **Unentschlossenheit, Bedenklichkeit,** Cic. ep. 3, 12, 2. Sen. de vit. beat. 8, 6. Plin. ep. 6, 27, 1. Tac. ann. 1, 80; hist. 1, 39: Plur., Mart. Cap. 2. § 130. Vulg. epist. ad Phil. 2, 14. – **III** der **Zweifel,** par haesitatio est, es ist ebenso zweifelhaft, Plin. 36, 28.

haesitātor, ōris, *m.* (haesito), der **Unentschlossene,** sum et ipse in edendo haesitator, tu tamen meam quoque cunctationem tarditatemque vicisti (hast mich übertroffen in usw.), Plin. ep. 5, 11, 2.

haesito, āvī, ātum, āre (*Frequ.* v. haereo = *haeseo), **stecken-, kleben-, hängen bleiben, I** eig.: in vadis, Liv.: absol., Caes. – sprichw., s. 2. lutum *no.* I. – **II** übtr., **stocken, A** mit der Zunge, linguā, stottern, Cic. de or. 1, 115: si dixit aliquid verbis haesitantibus, Cic. de dom. 134. – **B** vor Unentschlossenheit, Unsicherheit, **Anstand nehmen, sich bedenken, unentschlossen-, verlegen sein, unsicher sein, schwanken,** cum haesitaret Catilina, da K. stockte, nicht mit der Sprache herauswollte, Cic.: non haesitans respondebo, Cic.: inter spem et desperationem, schweben, Curt.: u. so inter laetitiam et metum, Val. Max.: diu multumque haesitavi, quid facere deberem, Plin. ep.: interdum haesitare, an potius in laevum detorqueret agmen, Curt. – haesitans (unsicher [weil er des Stoffes nicht sicher war]) in maiorum institutis, Cic. – m. *Infin.*, haesitans mori morti et vitae vivere, Augustin. conf. 8, 11. – Passiv. unpers., biduum, quo de mutando rei publicae statu haesitatum erat, hin u. her beratschlagt worden war, Suet. Claud. 11, 1: unde si haesitatum fuerit, mox quaeratur, Cassiod. var. 6, 19, 3: Abl. absol., multum ac diu haesitato, Apul. apol. 33.

hāgētēr, -ēris, Akk. -ēra, *m.* (ἁγητήρ), der **Wegweiser, Führer,** Hercules, Plin. 34, 56.

hagiographa, ōrum, *n.* (ἁγιόγραφα), die dritte Abteilung der Bücher des alten Testaments, Eccl.

hahae! u. **hahahae!** *Interj.*, Ausdruck des Vergnügens über einen erreichten Zweck, etwa wie unser **gottlob!** od. **ah, da haben wir's!** (1. Spengel Ter. Andr. 754), Form hahae, Plaut Pseud. 1052. Ter. Andr. 754: Form hahahae, Plaut. Pseud. 946; Poen. 768. Ter. eun. 426.

Halaesa, -laesīnus, s. Halēsa.

Halaesus, s. Halēsus.

halagora, as, *f.*, der **Salzmarkt,** Plaut. Poen. 1313.

hālātus, ūs, *m.* (halo), der **Hauch** der Wohlgerüche, der **Duft,** Mart. Cap. 1. § 7 u. a.

halcēdo, -cēdonia, s. alcēdo, -cedonia.

halcyōn, -onēus od. **-onius,** s. alcyōn.

Halcyonē, s. Alcyonē.

halcyonides, s. alcyōn a. E.

hālēc, s. allēc.

Halēs, ētis, *m.*, Fluss in Lukanien, j. *Alento,* Cic. ep. 7, 20, 1; ad Att. 16, 7, 5.

Halēsa (Halaesa), ae, *f.* (Ἄλαισα), bedeutende Stadt auf Sizilien, j. Ruinen nordwestl. von dem Flecken *Tusa,* Cic. Verr. 2, 19 u. 185. Sil. 14, 218. – Dav. **Halēsīnus** (Halaesīnus), a, um, **halesinisch, von** od. **aus Halesa,** civitas, Cic.: regio, Solin.: fons (= Halesus *no.* I), Prisc. perieg.: Dio, Cic. – Plur. subst., Halēsīnī, ōrum, *m.*, die Einw. von Halesa, die **Halesiner,** Plin. 3, 91.

Halēsus (Alēsus), ī, *m.*, **I** ein Quellbach bei der Stadt Halesa auf Sizilien, der ruhig rieselte, bei Flötenspiel aber stieg, nach Reichard j. *Pittineo,* Col. poët. 10, 268; vgl. Solin. 5, 20. Prisc. perieg. 499 (wo fons Halesinus). – **II** (Halaesus) ein Nachkomme Agamemnons, Ov. am. 3, 13, 32 u. a.: H. Agamemnonius, Verg. Aen. 7, 723 *sq.*

hālēx, s. allēc.

Haliacmōn (Aliacmōn), onis, Akk. onem u. ona, *m.* (Ἁλιάκμων), ein Fluss in Mazedonien, der in den Thermäischen Meerbusen mündet, j. *Vistriza* (bei den Türken *Indje Kara*), Caes. b. c. 3, 36 *sq.* Liv. 42, 53, 5. Claud. b. G. 179.

haliāetos (u. **-etus**), u. **haliaeetos** (u. **-etus**), ī, *m.* (ἁλιάετος u. ἁλιαίετος), der **Meeradler, Fischadler, Fischaar** (*Falco Haliaëtus,* L.), Plin. 10, 10 (Form *-aëtus*), in den Nisus, Vater der Szylla, verwandelt wurde, Ov. met. 8, 146 (Form *-aeëtos*); vgl. Ps. Verg. Cir. 536 (Form *-aeëtus*).

Haliartus, ī, *f.* (Ἁλίαρτος), Stadt in Böotien am See Kopaïs, j. Ruinen auf einem Felsen bei *Mazi,* Nep. Lys. 3, 4. Liv. 42, 46, 9. Stat. Theb. 7, 274 (wo Hiliartos). – Dav. **Haliartiī,** ōrum, *m.* (Ἁλιάρτιοι), die Einw. von Haliartus, die **Haliartier,** Liv. 42, 44, 4.

halica, s. alica.

halicācabon, ī, *n.* (ἁλικάκαβον), od. **halicācabus,** ī, *f.*, eine Pflanze, vermutlich die **Judenkirsche,** Cels. 5, 20. *no.* 3. Plin. 21, 180.

Halicarnassus u. **Halicarnāsus,** ī, *f.* (Ἁλικαρνασσός, Ἁλικαρνασός), die schönste Stadt in Karien, Geburtsort der Historiker Herodot u. Dionysius, sowie der Dichter Hekatäus u. Kallimachus, berühmt durch das Grabmal des Mausolus, j. *Bodrum (Boudroum),* Cic. Tusc. 3, 75. Liv. 37, 10, 11. – Dav.: **A Halicarnassēnsēs,** ium, *m.*, die Einw. von Halikarnassus, die **Halikarnasser,** Liv. 33, 20, 12. – **B Halicarnasseūs** eī, *m.* (Ἁλικαρνασσεύς), aus **Halikarnassus gebürtig,** Cic. u. a. – **C Halicarnassiī,** iōrum, *m.*, die Einw. von Halikarnassus, die **Halikarnassier,** Tac. ann. 4, 55.

halicastrum, s. alicastrum.

Halicyae, ārum, *f.* (Ἁλικύαι), Stadt auf Sizilien bei Lilybäum, j. *Salemi,* *Prisc. 4, 28 (Hertz). – Dav. **Halicyēnsis,** e, **halizyensisch, aus Halizyā,** civitas, Cic. Verr. 3, 13: Eumenidas, Cic. Verr. 5, 15: Sopater quidam fuit H., Cic. Verr. 2, 68. – Plur. subst., Halicyēnses, ium, *m.*, die Einw. von Halizyā, die Halizyenser, Cic. Verr. 3, 91.

halieūs (alieūs) = ἁλιεύς, der **Fischer,** Titel des 10. Buches des Apicius, Apic. lib. 10 *lemm.*

halieuticus (alieuticus), a, um (ἁλιευτικός), **zum Fischen gehörig,** boletar, Treb. Poll. Claud. 17, 5. – Plur. subst., Halieutica, ōn, *n.* (ἁλιευτικά), ein Gedicht des Ovid, Plin. 32, 11; vgl. Vopisc. Numer. 11, 2.

halimon, ī, *n.* (ἅλιμον), die **strauchartige Melde** (*Atriplex halimus,* L.), Plin. 17, 239; vgl. 22, 73.

haliphloeos, ī, *f.* (ἀλίφλοιος), **Meerrinde,** eine Art Eichen, Plin. 16, 24.

halipleumōn, onis, *m.* (ἁλιπλεύμων) **Meerlunge, Seelunge,** ein Fisch, Plin. 32, 149.

hālito, āre (*Intens.* v. halo), **stark aushauchen,** flammam halitantes, Enn. fr. scen. 184.

hālitus, ūs, *m.* (halo, āre), der **Hauch, I** der **Atem,** efflavit extremum halitum, Cic. poët. Tusc. 2, 22. – halitus graveolentia od. gravitas, stinkender Atem, Plin.: dass. hal. oris, Plin.: übtr., oris rhetorici hal., Prud. c. Symm. 1. praef. 77. – **II** der **Dunst, Duft,** die **Ausdünstung,** terrae, Lucr. u. Quint.: Averni, Val. Flacc.: solis, Hitze, Col.: caloris, Col.: Plur., huiusmodi halitus (der Äpfel) celeriter acina corrumpunt, Col.: halitibus vastis (fatum) subducet urbes, Sen. – **III** der **Wind,** Rutil. Nam. 1, 105.

hallēc, s. allēc.

hallelūiā (allelūiā), *Interj.* (hebr., v. halal, hillēl, preisen, u. jāh, Abkürzung für Jahve), **lobet den Herrn! gelobt sei Gott!** Hieron. epist. 108, 26. Augustin. epist. 36, 18 u. in psalm. 105, 1. Prud. cathem. 3, 72. Sidon. epist. 2, 10, 4. *v.* 26. Paul. Nol. carm. 37, 56 (epist. 32. ad Sever. 5 *extr.*, wo hallēlūia gemessen ist). – Dav. **hallelūiāticus,** a, um, **Gott preisend, -lobend,** psalmi, Augustin. psalm. 105, 1.

1. hallēx, s. allēc.

2. hallex, s. 2. allex.

hallūc..., s. aluc...

hallus, s. allus.

halmyrax, agis, Akk. aga, *m.* (ἁλμύραξ), der **Salpeter,** der von selbst aus der Erde herausblüht, Plin. 31, 106.

halmyridion, iī, *n.* (ἁλμυρίδιον, etwas salzig), eine Art **Kohl** (*Convolvulus saldanella,* L.), Plin. 19, 142.

hālo, āvī, ātum, āre, **I** *intr.* **hauchen, duften,** arae sertis recentibus halant, Verg.: aurae, quae de gelidis halabant vallibus, wehten, Ov. – **II** *tr.* **aushauchen, ausduften, ausdünsten,** nectar, Lucr.: graves sulphuris auras, Lucr.: vapores, Mart.

halophanta (halofanta), ae, *m.* (ἁλοφάντης), scherzh. nach συκοφάντης gebildet, also eig. der Angeber der gegen das Verbot Salz Ausführenden; dah. wie sycophanta, übtr. = **Halunke, Schurke,** Plaut. Curc. 463. Comic. pall. inc. fr. 20.

halōs, Genet. ō, Akk. ō, *m.* (ἅλως, ω, die Tenne, die rund zu sein pflegte; dah. meton.) der **Hof** um Sonne od. Mond, rein lat. corona, Sen. nat. qu. 1, 2, 1.

halōsis, Akk. in, *f.* (ἅλωσις), die **Eroberung,** Petron. 89, 1.

haltēres, ērum, Akk. ēras, *m.* (ἁλτῆρες), Bleistücke, die man bei Springübungen zur Verstärkung des Schwunges in den Händen hielt, die **Wuchtkolben** od. **Hanteln** unserer Turnplätze, Mart. 7, 67, 6; 14, 49, 1 (rein lat. manipuli, s. Cael. Aur. de morb. chron. 5, 2, 38).

hālūcinātio, hālūcinor etc., s. alucus...

Haluntium, -tīnus, Haluntīnus s. Aluntium.

1. halus, ī, *f.,* eine Pflanze = *sil,* Plin. 26, 42 Sill. u. Detl.

2. Halus, ī, *f.,* Stadt in der assyr. Landschaft Apolloniatis, in der Gegend von Artemita, viell. das j. *Galula,* Tac. ann. 6, 41.

Halyattēs, s. Alyattēs.

Halys, yos, Akk. ym u. yn, *m.* (Ἅλυς), Fluss in Paphlagonien in Kleinasien, berühmt durch die siegreiche Schlacht des Cyrus gegen Krösus, j. *Kisil-Irmak* (d.i. der rote Fluss), Cic. poët. de div. 2, 115. Liv. 38, 16, 13 u. 25, 7. Curt. 4, 11 (43), 5. Chalcid. Tim. 169: Croeso fatalis H., Lucan. 3, 272.

halysis, is, *f.* (ἅλυσις, Kette), der **Hof** um Sonne u. Mond, Apul. de mund. 16.

hama (ama), ae, *f.* (ἄμη), der **Feuereimer,** alioqui nullus usquam in publico sipho, nulla hama, Plin. ep.: dispositis hamis vigilare cohortem servorum noctu iubere, Iuven.: sciendum est praefectum vigilum per totam noctem vigilare debere et coërrare calceatum cum hamis et dolabris, Paul. dig.

hamadryas (amadryas), adis, Akk. Plur. adas, *f.* (ἁμαδρυάς), eine **Baumnymphe,** die im Baum wohnt und mit ihm lebt und stirbt, Sinnbild des Pflanzenlebens, poet. meist für **Baum- und Waldnymphe** übh., Stat. silv. 1, 3, 63: Plur., Verg. ecl. 10, 62. Prop. 2, 32, 37. Ov. met. 1, 690; 14, 624; fast. 2, 155: griech. Dat. Hamadryasin, Prop. 1, 20, 32.

hamarthrītis, is, *f.* (ἅμα u. ἀρθρῖτις), die **allgemeine Gicht,** Cael. Aur. de morb. chron. 5, 2, 28.

hamartigenīa, ae, *f.* (ἁμαρτιγένεια), der **Ursprung der Sünde,** ein Gedicht des Prudentius.

hāmātilis, e (hamo), **I mit Haken-, Angeln geschehend,** piscatus, das Angeln, Plaut. rud. 299 (angef. bei Fronto de fer. Als. 3. p. 224, 18 N.). – **II** = hamatus, **hakig,** spiculum scorpii, Tert. adv. Gnost. 1.

hāmātor, ōris, *m.* (hamo), der **Angler, Fischer,** Plur., Gloss. V, 601, 32.

hāmātus, a, um (hamus), **hakig, I** eig.: **A** = **mit Haken versehen,** ungues, Ov.: arundo, Ov.: sentes, stachelige, Ov. – **B haken-** od. **angelförmig gekrümmt,** hamata uncinataque corpora, Cic.: corpuscula angulata et hamata, Cic.: ensis = *harpe,* Ov. – **II** übtr., munera, gleichs. angelnde, eigennützige, Plin. ep. 9, 30, 2.

hamaxa (amaxa), ae, *f.* (ἅμαξα), ein schwerer vierräderiger **Lastwagen,** Capit. Maxim. duor. 6, 9.

Hamaxobioe (Amax.), ōrum, *m.* (Ἁμαξόβιοι), ein szythisches Nomadenvolk, das sein Hab u. Gut immer auf Karren mit sich herumführte, Mela 2, 1, 2 (2. § 2), wo Amax. – Sing., Hamaxobio instabilior, Tert. adv. Marc. 1, 1.

hamiger (amiger), erī, *m.* (hama u. gero), **einen Feuereimer tragend,** Querol. ed. Peiper p. 7, 17.

Hamilcar, aris, *m.* (Ἀμίλκας), Name karthagischer Männer, von denen zu nennen: **I** der Sohn des Gisgo, anfangs glücklicher Feldherr gegen Agathokles, später bei einem Ausfall der von ihm belagerten Syrakusaner gefangen und ermordet, Iustin. 22, 3, 6 *sqq.* Cic. de div. 1, 50. Val. Max. 1, 7. ext. 8. – **II** (mit dem Beinamen Barca) Vater des berühmten Hannibal, Feldherr der Karthager im ersten punischen Krieg, Nep. Hamilc. 1 *sqq.* Iustin. 41, 5, 4. Cic. de off. 3, 99. Sil. 1, 77; 13, 732. – ► Genet. auch Hamilcāris gemessen, s. Val. Prob. bei Gell. 4, 7, 2; vgl. Hannibal.

hāmio, ōnis, *m.* (hamus), eine Fischart, die geangelt wurde, Isid. orig. 12, 6, 33. Nbf. **āmio,** Gloss. III, 488, 36.

hāmiōta, ae, *m.* (hamus), der **Angler,** Plaut. rud. 310: hamiotae aucupesque, Varro sat. Men. 55.

hammītis (ammītis), idis, *f.* (ἀμμῖτις), ein uns unbekannter Edelstein, dem Fischrogen ähnlich, Plin. 37, 168. – Nbf. **ammītes,** ae, *m.* (ἀμμίτης), Isid. orig. 16, 4, 29.

hammochrȳsos u. **-us** (ammochrȳsos u. -us), ī, *m.* (ἀμμόχρυσος, Sandgold), ein uns unbekannter (Edelstein viell. **Katzengold,** Plin. 37, 188. Solin. 37, 13. Isid. orig. 16, 15, 5.

hammodytēs (ammodytēs), ae, *m.* (ἀμμοδύτης, Sandkriecher), eine afrikanische Schlangenart, die **Ammodyten-Natter,** die im Sand lebt und demselben an Farbe gleicht, Solin. 27, 33. Isid. 12, 4, 39. Lucan. 9, 716. Iul. Val. 3, 19 (17).

Hammōn, s. Ammōn.

hammonitrum, ī, *n.* (ἀμμόνιτρον), eine **Mischung von Sand und mineralischem Laugensalz,** woraus das weiße Glas hervorging, Plin. 36, 194.

hāmo, āre (hamus), nach etwas od. jmd. **angeln,** bildl. = nach etw. trachten, jmd. zu fangen suchen, artis severae si quis hamat effectus, wer gründlich Wissenschaft studieren will, Petron. poët. 5. *v.* 1: alii adnictat, alium hamat (āmat), Naev. com. 76.

hāmotrahōnes alii piscatores, alii qui unco cadavera trahunt, Paul. ex Fest. 102, 14.

hamula, ae, *f.* (*Demin.* v. hama), ein **kleiner Wassereimer,** Col. poët. 10, 387. Vulg. 3. regg. 7, 40 u. 45.

hāmulus, ī, *m.* (*Demin.* v. hamus), ein **kleiner Haken,** ein **Häkchen,** piscarius, Angel, Plaut. Stich. 289. – als chirurg. Werkzeug, Cels. 7, 7. *no.* 4 u. 7.

hāmus, ī, *m.,* der **Haken, I** eig.: **1** im Allg.: hami ferrei, Caes., bicipites hami, Sidon.: hamis auroque trilix, Ringel, Verg.: abdidit ferrum curvo tenus hamo, bis an den gekrümmten Bügel des sichelförmigen Schwerts, Ov.: velut hamis inuncari alci rei, sich an etwas gleichs. anhäkeln, Col. – **2** insbes.: **a** der **Angelhaken,** die **Angel,** Cic. u. a.: hamum iacere, Plin. ep. – im Bild, hamum vorat, er beißt an (= lässt sich betören), Plaut.: so auch hamum voras, Ambros.: munera mittere in hamo, die Wurst nach der Speckseite werfen, Mart.: insidiatorem praeroso hamo (nachdem man den Köder verschlungen [die Geschenke genommen] hat) fugere, Hor. – **b** der **Haken** als chirurg. Instrument, retusus, Cels.: hamis alqd excipere, Cels. – **c** ein eiserner **Kamm** zum Hecheln des Flachses, et ipsa (stuppa) pectitur ferreis hamis, Plin. 19, 17. – **II** übtr., von Hakenförmigem, **a** die **Krallen** des Habichts, hami curvi, Ov. met. 11, 342. – **b** der **Stachel, Dorn** eines Strauchs, Ps. Ov. nux 115. – **c** eine Art Backwerk, etwa ein **Hörnchen,** Apul. met. 10, 13. – ► spätlat. auch āmus, Anthol. Lat. 286 *no.* LIV *lemm.* (p. 198 R.).

Hannibal, balis, *m.* (Ἀννίβας, phönizisch Channibaal, Günstling des Baal), Name karthagischer Männer, von denen am berühmtesten Hannibal, des Hamilkar Barks Sohn, Feldherr im zweiten punischen Krieg, Todfeind der Römer, von Scipio Afrikanus bei Zama in Afrika 202 v. Chr. geschlagen, Nep. Hann. 1 *sqq.* Liv. lib. 21 *sqq.* Enn. ann. 381. Hor. carm. 4, 8, 16. Cic. de or. 1, 210. – Appell., ein **Hannibal** = unversöhnlicher Feind, ein Todfeind der Römer, novus H., Cic. Phil. 13, 25: alter H., Aur. Vict. de Caes. 37, 2: Mithridates, odio in Romanos Hannibal, Vell. 2, 18, 1. – ► Genet. usw. Hannibālis etc. gemessen, Enn. fr. var. 13. Varro sat. Men. 55; vgl. Val. Prob bei Gell. 4, 7, 2.

Hanno, ōnis, *m.* (Ἄννων), Name karthagischer Männer, von denen am berühmtesten der Feldherr Hanno, der die Westküste von Libyen jenseits der Säulen des Herkules befuhr u. eine Reisebeschreibung in punischer Sprache schrieb (um 500 v. Chr.), Plin. 5, 8. – Nbf. **Hannōn,** Sil. 2, 285; 4, 771; 16, 674.

Hanūbius, s. Anūbis ►.

hapalopsis, idis, *f.* ἁπαλός u. ὄψον), Name eines Gewürzes, Plaut. Pseud. 836.

hapalus, a, um, s. apalus.

haphē, ēs, *f.* (ἁφή, eig. das Berühren, dah. meton.) der gelbe **Staubsand,** mit dem sich die Ringer nach dem Einsalben bewarfen, damit die Gegner sie packen konnten, Mart. 7, 66, 5: scherzh. übtr. vom Staub beim Gehen, Sen. ep. 57, 1.

hapsis, s. apsis.

hapsus, ī, *m.* (ἅψος, Verbindung, Glied), ein **Flausch, Büschel,** agni, Eutych. bei Cassiod. de orthogr. 9. p. 201, 4 K.: lanae sulphuratae, Cels. 4, 13 (6). p. 138, 21 D.: lanae mollis, Cels. 7, 26. *no.* 5. – Vgl. Caper 110, 6 K. ›hapsus lanae vellera, non apsus.‹

hara, ae, *f.*, ein **kleiner Stall** für Tiere, für Gänse, Steige, Scriptt. r. r.: bes. für Schweine, Schweinestall, -Koben, Scriptt. r. r., Tibull., Cic. u. a.: hara suis, als Schimpfwort, Plaut. most. 40. – Auch ara geschr., s. Prisc. 2, 14.

hardulātio, s. arundinātio.

harēna etc., s. arēna etc.

Harii (Arii), ōrum, *m.*, eine zu den Lygiern gehörige Völkerschaft in Germanien, Tac. Germ. 43.

hariola (ariola), ae, *f.* (hariolus), die **Wahrsagerin,** Plaut. mil. 693 (neben haruspica) u. a.

hariolātio (ariolātio), ōnis, *f.* (hariolor), die **Wahrsagung, Weissagung,** Cornelii sacerdotis, Gell. 15, 18, 3. – Plur., superstitiosae hariolationes, Enn. fr. scen. 57 (b. Cic. de div. 1, 66).

hariolor (ariolor), ātus sum, ārī (hariolus), **I wahrsagen, weissagen,** Plaut. mil. 1256; asin. 579. Ter. adelph. 202. Cic. ad Att. 8. 11, 3 (v. Kassandra). Apul. de deo Socr. 18 (v. Kalchas). Vulg. 1. regg. 15, 23 u. 4. regg. 21, 6: gratiis, Pompon. com. 110: quaestus causā, Cic. de div. 1, 132: scherzh. übtr., Plaut. asin. 316: alqd naribus, Apul. met. 2, 7. – **II faseln, in den Tag hinein reden,** Ter. Phorm. 492.

hariolus (ariolus), ī, *m.* (*Demin.* v. *harius, ἱερεύς), der **Wahrsager, Weissager,** zunächst eine Art Leute, die (bes. im Zirkus zu Rom) denen, die weder auswärtige Orakel noch Chaldäer oder Haruspices befragen konnten, teils als Nativitätssteller, teils als sortilegi dienten, Enn. fr. scen. 319, dann **Wahrsager** (auch **Opferschauer**) übh., Plaut. truc. 602. Rhet. Her. 4, 62. Cic. de div. 1, 4. Phaedr. 3, 3. *v.* 1 u. 5. Iustin. 1, 4, 3. Apul. de deo Socr. 20 u. apol. 41 (als Opferschauer). Vulg. Levit. 19, 31 u. ö.: neben haruspex, Plaut. Amph. 1132. Ter. Phorm. 708. Cic. de nat. deor. 1, 55: neben haruspex u. augur, Cato r. r. 5, 4. – ► Nbf. fariolus (wegen der Ableitung von for), Donat. Ter. Phorm. 4, 4, 28. Ter. Scaur. 11, 6 u. 13, 10. Gloss. IV, 74, 20 u. ö. – Genet. Plur., **ariolûm, Apul. de deo Socr. 7.**

harior, s. fārior.

harispex, s. haruspex ►.

harmamaxa, s. armamaxa.

Harmodius, s. Aristogītōn. – Appell. = Tyrannenmörder, unde enim miserae civitati tot Harmodios? Sen. de tranqu. anim. 5, 1.

harmogē, ēs, *f.* (ἁρμογή), **I** die **geschickte Mischung** der Farben, Plin. 35, 29. – **II** der **Einklang,** die **Harmonie,** Varro sat. Men. 351.

1. **harmonia,** ae, *f.* (ἁρμονία), **I** die **Harmonie, Übereinstimmung,** der **Einklang** in der Musik (rein lat. concentus, consonantia), Cic. Tusc. 1, 20 u. (Plur.) 1, 41. Vitr. 5, 4, 6. Censor. fr. 11, 1. – zwischen Seele (Geist) u. Körper, Lucr. 3, 118 u. 131. Censor. fr. 12, 5. Macr. somn. Scip. 1, 14, 19: der sinnlichen Triebe, Lucr. 4, 1240 (1248): von der Harmonie der Sphären (caeli), Plin. 2, 84. Macr. somn. Scip. 1, 5, 15. Mart. Cap. 7. § 737. – **II** meton., die **Melodie,** der **Gesang,** Prud. cath. 3, 90.

2. **Harmonia,** ae, *f.* (Ἁρμονία), Tochter des Mars u. der Venus Gemahlin des Kadmus, Mutter der Semele, Ino usw. (vgl. Cadmus), Hyg. fab. 6 u. 148. Ov. art. am. 3, 86.

harmonicē, ēs, *f.* (ἁρμονική *sc.* τέχνη), die **Harmonik, Tonlehre,** Vitr. 5, 3, 8. – Dass.

harmonica, ae, *f.*, Vitr. 5, 4, 1. Censor. fr. 11, 1.

harmonicus, a, um (ἁρμονικός), **das richtige Verhältnis darstellend, im Einklang stehend, harmonisch,** Varro LL. 10, 64: ratio, eine ausgleichende Berechnung, Plin. 2, 248. Chalcid. Tim. 55 u. 267: disciplina, Chalcid. Tim. 32: tinnitus (Plur.), Mart. Cap. 1. § 27.

harpa, ae, *f.*, die **Harfe,** Ven. Fort. carm. 7, 8, 63.

harpaga, ae, *f.* (ἁρπάγη) = harpago, der **Raubhaken,** Sisenn. hist. 4. fr. 82 (b. Non. 556, 21).

1. **harpago,** āvī, ātum, āre (v. ἁρπάγη), **entern,** übtr. = **rauben,** absol., Plaut. Pseud. 139: cyathum et cantharum, *ibid.* 957: alci aurum, Plaut. aul. 201: harpaget cum furibus, quod queat, Plaut. Bacch. 657.

2. **harpago,** ōnis, *m.* (griech. ἁρπάγη v. ἁρπάζω), die **Hakenstange** zum Einreißen von Mauern usw., der **Enterhaken** zum Heranziehen eines feindl. Schiffes (wie manus ferrea, doch mit dem Unterschied, dass manus ferrea = der unmittelbar an einer Kette befestigte Haken, harpago = die an einer Kette hängende Stange, vorn mit einem eisernen Haken), Caes. b. G. 7, 81, 1. Auct. b. Hisp. 16, 2: zum Entern, Caes. b. c. 1, 57, 2. Liv. 30, 10, 16. Plin. 7, 209: mit manus ferrea identifiziert, Curt. 4, 2 (9), 12 (wo griech. Akk. Plur. harpagonas). – übtr., als Schimpfwort v. einem Menschen, ein **Enterer, Mausehaken,** Plaut. trin. 239.

Harpagus, ī, *m.* (Ἅρπαγος), ein vornehmer Meder, Minister des Astyages, Iustin. 1, 4 *sqq.*

harpastum, ī, *n.* (ἁρπαστόν v. ἁρπάζω), der **Fangball** (mit Lumpen, Federn usw. ausgestopft), mit dem zwei Parteien spielten, wobei jeder denselben auf seiner Partei zu erhalten suchte, Mart. 4, 19, 6; 7, 67, 4 (vgl. Nov. com. 23 pilā raptim ludere).

harpax, agis, Akk. aga, *c.* (ἅρπαξ), **an sich reißend, räuberisch,** Plin. 35, 176 u. 37, 37. – Harpax als Person in der Komödie, Plaut. Pseud. 653 u. 1009.

harpē, ēs, *f.* (ἅρπη), **I** die **Sichel,** Val. Flacc. 7, 364. – bes. ein Schwert, das an seiner geraden Klinge einen sichelförmigen Ansatz hat, das **Hakenschwert, Sichelschwert** (rein lat. falcatus od. hamatus ensis, lunatum ferrum) des Merkur, Val. Flacc. 4, 390: von Merkur dem Perseus zum Töten der Medusa geliehen, Ov. met. 5, 69: dah. Cyllenis harpe, Ov. met. 5, 176. Lucan. 9, 662. – **II** der **Edelfalke** (*Falco gentilis,* L.), Plin. 10, 204.

Harpocratēs, is, *m.* (Ἁρποκράτης), ein aus Ägypten in Rom eingewandertes Götterwesen, gew. als **Genius des Schweigens** betrachtet u. daher im Bild mit auf den Mund gelegtem Finger dargestellt, Varro LL. 5, 57. Tert. apol. 6: dah. übtr., alqm reddere Harpocratem, Schweigen auferlegen, Catull. 74, 4.

Harpy̆acus, a, um (Harpyia), **den Harpyien angehörig, Harpyien-,** manus, Anthol. Lat. 333, 8 R.

Harpy̆ia (dreisilbig), ae, *f.* (Ἅρπυια), **I** *Plur.* Harpyiae, die **Harpyien,** gleichs. die, **Raffinnen,** unbestimmte mythische Wesen räuberischer Natur, als geflügelt gedacht, Verg. Aen. 3, 365: Plur., Verg. Aen. 3, 212 *sqq.* Hor. sat. 2, 2, 40. Hyg. fab. 14. – **II** appell. v. einem räuberischen Menschen, Sidon. epist. 5, 7, 4. Rutil. Nam. 1, 608 *sq.* (wo viersilbig).

Harūdēs, um, *m.*, eine germanische Völkerschaft zwischen Rhein, Main u. Donau, wohl aus Nordjütland stammend, Überbleibsel des zimbrischen Zuges (im j. Baden-Württemberg), Caes. b. G. 1, 31, 10 u. a.

haruga, s. arviga.

harund..., s. arund...

haruspex (aruspex), picis, *m.*, Plur. haruspices, **I** etruskische, auch in Rom einheimische Weissager, die namentlich wegen Verhütung des durch außerordentliche Anzeichen, bes. Fehlgeburten, gedrohten Unglücks u. über Entführung vom Blitz getroffener Gegenstände aus den Eingeweiden der Opfertiere (bes. aus Herz, Leber, Lunge u. Galle) Bescheid gaben, **Opferschauer, Haruspices,** Cic. de div. 1, 85; Cat. 3, 19; de legg. 2, 21. Sall. Cat. 47, 2: neben hariolus, s. d. – **II** übtr., im Allg. = **Weissager, Seher,** vanus, Prop. 3, 13, 59: Armenius, Iuven. 6, 548. – ► Nbf. harispex, CIL 5, 5704 (arispex) u. 12, 3254 (harispex): arrespex, CIL 1, 1348.

haruspica (aruspica), ae, *f.* (haruspex), die **Weissagerin,** Plaut. mil. 693 (neben hariola).

haruspicālis (aruspicālis), e (haruspex), **zu den Haruspices gehörig, Haruspikal-,** ars, Serv. Verg. Aen. 4, 56.

haruspicia (aruspicia), ae, *f.* = haruspicium (s. d.), Plin. 7, 203.

haruspicīnus, a, um (haruspex), **das Opferschauen betreffend,** libri, Cic. de div. 1, 72. – subst., haruspicīna, ae, *f.* (*sc.* ars) die **Opferschau,** als Kunst, haruspicina et auguratio, Lact.: haruspicinae disciplina, Cic.: haruspicinam facere (treiben), Cic.

haruspicium, iī, *n.* (haruspex), die **Weissagerei-, Weissagekunst** aus den Opfern, die **Opferschau,** Catull. 90, 2. Suet. Vesp. 5, 2. Censor. 17, 6. Auson. epig. 69, 4. p. 215 Schenkl.

harviga, s. arviga.

hāsa, s. 1. āra ►.

Hasdrubal (Asdrubal), alis, *m.*, Name mehrerer Karthager; bes. **I** Sohn des Mago, Begründer der Macht Karthagos, zwölfmal Feldherr, gest. um 480 v. Chr. auf Sardinien, Iustin. 19, 1, 1 *sq.* – **II** Bruder des berühmten Hannibal, nächst ihm der tüchtigste Feldherr im zweiten punischen Krieg, Liv. 27, 49. § 2 *sqq.* Sil. 15, 410 *sqq.*; 15, 582. – **III** tapferer Feldherr im Krieg gegen Masinissa, später im dritten punischen Krieg gegen die Römer nach Karthagos Fall als Gefangener nach Rom geführt, wo er starb, Liv. epit. 51. Flor. 2, 15, 16. Val. Max. 3, 2. ext. 8. – ► Genet. usw. auch Hasdrubālis etc. gemessen, nach Val. Prob. bei Gell. 4, 7, 2; vgl. Hannibal. – Dav. **Hasdrubaliānus,** a, um, zu Hasdrubal gehörig, **des Hasdrubal,** funus, Sidon. epist. 1, 5. § 7 *Luetjoh.*

hasēna, s. arēna ►.

1. hasta, ae, *f.* (gotisch *gazds,* Stachel, ahd. *gart,* Gerte), die **Stange, der Stab, Schaft, I** im Allg.: hastae gramineae, s. grāmineus: hastae de vitibus, Thyrsusstäbe, Calp. – **II** insbes., der **Spieß, A** eig.: **1** zum Werfen, der **Wurfspieß,** der **Speer,** Plaut., Cic. u. a.: hastae cuspis, Iustin.: aeratae od. acutae od. praeacutae cuspidis hasta, Ov.: hasta amentata, Cic.: ferrata, Liv.: praelonga, Tac.: pura, s. pūrus: velitaris, Liv.: militaris, Suet.: hastā proiectā, Nep.: infestā hastā, Verg.: hastam iacĕre, Verg.: hastam eminus conicere, Verg.: inter bellatoris equi cava tempora conicere hastam, Verg.: eminus hastis aut comminus gladio uti, Cic.: hastam dextrā vibrare, Curt.: hastas vibrare ante pugnam, Cic.: hastam speciosissime contorquere, Quint.: hastam in latus contorquere, Verg.: amentatas hastas torquere oratoris lacertis viribusque (im Bild), Cic.: praelongas hastas protendere, Tac.: hastam evellere, Cic., e corpore iacentis evellere, Curt.: extrahere e vulnere hastam, Curt.: alqm hastae cuspide in fronte vulnerare, Iustin.: caput alcis praefixum hastae circumferre, Suet.: hastae insistere, auf einem (liegenden) Speer stehen, Aur. Vict. – sprichw., hastas abicere, wie unser sprichw. »die Flinte ins Korn werfen« = den Mut verlieren, Cic. Mur. 45. – **2** zu anderem Gebrauch: **a** bei öffentl. Versteigerungen u. Verpachtungen aufgesteckt, zur Bezeichnung des Orts u. der öffentlichen, obrigkeitlichen Gewalt, h. venditionis, Cic.: hasta infinita, endlose Versteigerung, Cic.: hastam pro aede Iovis Statoris ponere (aufstecken), Cic.: sub hasta vendere, Liv., od. hastae subicere, Suet., subhastieren, d. i. öffentlich versteigern: ad hastam publicam accedere, öffentliche Versteigerung von Staatsgefällen, Nep.: ebenso ad hastam suam (= censorum) accedere, Liv.: emere ab hasta, s. emo: emptio ab hasta, Cic.: ius hastae, Versteigerungsrecht, Tac. – **b** beim Gericht der *centumviri* aufgesteckt, Mart. 7, 62, 7: dah. hastam centumviralem cogere, ein Zentumviralgericht einberufen, Suet. Aug. 36. – **c** zur Schmückung der Haare der Bräute, indem man damit die Haare voneinander teilte, Ov. fast. 2, 560. – **d** statt des Zepters, da die Könige ebenfalls Spieße statt der Zepter trugen, Iustin. 43, 3. § 3. – **B** übtr. = das männliche Glied, Priap. 45, 1. – ► Schreibung asta (wegen der Ableitung von asto), Varro LL. 5, 115. – CIL 10, 135 ist hastis puris duodus (st. duabus) Versehen des Steinmetzen.

2. Hasta, ae, *f.*, s. 1. Asta.

hastārius, a, um (hasta), **I zum Spieß gehörig,** censio, Paul. ex Fest. 54, 12. – **II zur Auktion gehörig, Auktions-,** praetor, CIL 6, 1365. – subst., hastārium, iī, *n.*, **1** das **Auktionslokal,** Gloss. IV, 21, 51 u. ö. (astarium). – **2** das **Auktionsprotokoll,** Tert. apol. 13; ad nat. 1, 10.

hastātus, a, um (hasta), **mit einem Wurfspieß versehen, -bewaffnet, I** *adi.*: acies, Tac.: Bellona, Sil. – **II** *subst.* hastātī, ōrum, *m.*, **A** mit Speeren Bewaffnete, **Speerträger,** Curt. 3, 3 [8], 20. – **B** insbes., die **Hastaten** der röm. Legion, die im Treffen das erste Glied bildeten u. aus zehn Kompanien bestanden, Liv. u. a. – dah.: **a** primus hastatus (*sc.* ordo), die erste Kompanie der Hastaten, Cic., Caes. u. a.: so auch secundus h., Liv.: u. vollst. decumus ordo hastatus, Liv. – **b** primus (secundus) hastatus (*sc.* centurio), der Hauptmann der ersten (zweiten) Kompanie der Hastaten, Veget. mil. 2, 8: centurio hastatus primus leg. IIII., CIL 2, 1681: adstato (so!) et principi et primipilo leg. VII. gem., *ibid.* 11, 5215.

hasticus, a, um (hasta), **mit Speeren versehen,** fala, Plaut. most. 357 *Schöll.*

hastifer, ferī, *m.* (hasta u. fero) = δορυφόρος, der **Lanzenträger,** Plur. hastiferī, ōrum, *m.*, CIL 12, 1814 (wo astiferi) u. 13, 7281.

hastīle, is, *n.* (hasta), der **Schaft, I** im Allg. der **Schaft,** die **Stange,** der **Pfahl,** candelabri, Vulg. exod. 25, 31: arcus, Amm. 22, 8, 37: detorta hastilia, krumme Pfähle, Sen. de ira 1, 6, 1. – als Stütze der jungen Reben, Verg. georg. 2, 358. Col. 4, 12, 1. Plin. 17, 212: u. anderer Pflanzen, Hieron. in Augustin. epist. 75, 22. – als Treibstock, Calp. ecl. 3, 21. – **II** insbes., der **Schaft** des Wurfspießes, **A** eig.: bipalme spiculum hastili semicubitali infixum, Liv.: missile telum hastili abiegno, Liv.: ferrum, quod ex hastili in corpore remanserat, Nep.: hastili nixus, Cic. – poet. übtr., densis hastilibus horrida myrtus, v. den Zweigen, Verg. Aen. 3, 23 (vgl. Verg. georg. 2, 447. Gratt. cyn. 127 *sqq.*). – **B** (poet.) meton., der ganze **Wurfspieß, Speer,** Verg. u. a.

hastina, ae, *f.* (hasta), der **Speer,** Eutych. bei Cassiod. de orthogr. 9. p. 202, 11 K.; vgl. Gloss. II, 68, 21 ›hastina, δόρυ, ἀκόντιον‹.

1. hastula, ae, *f.* (*Demin.* v. hasta), **I** nach hasta *no.* I: hastula regia, **Königsstab,** eine Pflanze = asphodelus, Plin. 21, 109 Jan (Detl. assula regia). Scrib. Larg. 254 (wo astula regia). Ps. Apul. herb. 33. – **II** nach hasta *no.* II = ein **kleiner Speer,** Fronto de or. 1. p. 158 22 N.

2. hastula, s. assula.

Hateriānus, a, um, **von einem** Juristen **Haterius herrührend, hateriansich, des Haterius,** ius, Cic. ep. 9, 18, 3.

1. hau! *Interj.*, s. au!

2. hau = haud, s. d.

haud (haut) u. altlat. **hau**, *Adv.*, **eben nicht, gerade nicht, wohl nicht,** u. stark verneinend = **wohl gar nicht, wohl ganz u. gar nicht, keineswegs, bei weitem nicht,** a im Allg.: α neben Verben, z. B. h. abhorreo, Liv.: h. ambigo, Liv.: h. celabis, Plaut.: h. convenit, Acc. fr.: h. dubito, Cic.: h. moror, Plaut.: hau scio (als **ein** Wort hauscio), Komik.: haud scio, Cic.: bes. hauscio od. haud scio, an etc., Komik., Cic. u. a., od. haud sciam, an etc., Cic. (s. an). – β neben Adjektt., z.B. h. absurdus, Liv.: h. aequus, Plaut. u. Hor.: h. alienus, Liv.: h. consimilis, Plaut.: h. dissimilis, Liv.: h. dubius, Liv. (s. Drak. Liv. 34, 43, 5): h. fallax, Val. Max.: h. ignobilis, Hor. u. Liv.: h. magnus, Plaut.: h. bonus, h. malus, Plaut.: h. mediocris, Cic.: h. mirabile est, Ter.: haud pauci, Liv.: h. surdus, Liv. – γ neben Pronom., z. B. h. alius, Plaut. u. Liv.: h. quisquam, schwerlich jemand, sicherlich niemand, Komik. u. Liv.: h. quisquam alius ante, Liv.: haud quicquam, schwerlich irgendetwas, Ter.: h. tantus, Liv.: h. ullus, Liv.: h. meum est, Acc. fr. – δ neben Subststt. ohne u. mit Präposit., z. B. haud iniuriā, Liv.: h. ab re duxi, Liv.: cum h. e re publica esset, Liv.: h. per ambages, Liv.: h. sine causa, Liv. – ε neben Adverbien, die einen negativen Sinn haben, z. B. h. aegre pati, Liv.: h. ambigue, Liv.: h. dubie, ganz unzweifelhaft, Sall. u. Liv.: h. gravate, h. gravatim, Liv.: h. impigre, Sall. fr. u. Liv.: h. impune, Verg. u. Liv.: h. parum, Liv.: h. procul, Liv.: h. secus, Liv.: hau multo secus, Liv. Andr. com. – neben anderen Adverbien, h. aeque, Liv.: h. facile, Liv. u. Col.: h. longe, Caes.: h. ita longe, Nep.: h. mediocriter, Liv.: h. omnino, Liv. u. Cels.: h. ita multo post, Liv.: h. satis dignus, Liv.: h. tam facile dictu est, Liv.: h. vidi magis, es fällt mir gar nicht ein, ich denke nicht daran, ich dächte gar! (mit aus dem Vorhergehenden zu ergänzendem Ausdruck), Plaut. (s. Brix Plaut. capt. 559). – b in Gegensätzen, haud ... sed, Enn., Komik., Cic., Catull. u. Verg.: hau ... verum, Plaut.: sed ut ... ita haud, Cic.: haud quia ... sed quia, Hor.: quod ni ... haud, Cic.: quod si ... haud, Cic.: u. mit Auslassung der Partikeln, me, haut uxorem ulciscitur, Plaut.: factionis Barcinae opibus, haud sane voluntate principum in imperio positus, Liv. – c m. Negationen, neque haud, haud non od. nil, Komik.: haud ... nec, Verg. – d korrespondierend mit anderen Partikeln, haud ... tam, Liv. u. Tac.: haud tantum ... quantum, Liv. – Vgl. übh. Hand Tursell. 3, 14 *sqq.* Otto Tac. ann. 1, 14. p. 113 *sq.*; u. über hau Lorenz Plaut. most. 770.

haud-dum (haut-dum), *Adv.*, **noch nicht, nicht einmal noch,** Liv. 2, 52, 4; 10, 6, 2 u. 25, 10; 22, 12, 6; 28, 2, 1; 29, 11, 1; 33, 11, 2. Sil. 2, 332.

haud-quāquam (haut-quāquam), **auf keine Weise, keineswegs, durchaus nicht,** α bei Verben, z. B. h. contemnere, Liv.: h. mirandum est, Cic. – β mit Adjektiven, z. B. h. par, Sall.: h. dubius, Liv.: h. incruentus, Liv.: h. mediocris, Acc. fr. u. Cic. – γ m. Pronom., z. B. h. idem animus, Liv.: h. tanta alacritas erat, Liv. – δ m. Substst., z. B. h. contemptor habebatur, Liv.: h. sui detractor, Tac. – ε m. Adverbien, z. B. h. stolide, Liv.: h. prospere, Liv.: h. tam efficax, Liv.

haurio, hausī, haustum, īre (für *hausio, viell. zu griech. αὔω für *αὔσω, schöpfe), **schöpfen,** d. i. I im Allg., eine Flüssigkeit usw. mit einem Schöpfgefäß heraufziehen, -holen, u. meton. ein Gefäß ausleeren, A eine Flüssigkeit **schöpfen,** 1 eig.: aquam ex puteo, Cic.: de dolio (s. 1. dōlium), Cic. – 2 übtr.: a **heraufholen,** suspiratus, tief aufseufzen, Ov. – b **ausgraben, ausreißen,** terram, Ov.: arbusta ab imis radicibus, Lucr.: haurit arenas ungulā, reißt auf, greift tief ein in usw., Stat. Theb. 2, 46. – c jmds. Blut **vergießen,** sanguinem, Cic. u. a.: cruorem, Ov.: hauriendus aut dandus est sanguis, wir müssen (fremdes) Blut vergießen oder (eigenes) lassen, Liv.: vgl. Fabri Liv. 22, 51, 7. Korte Lucan. 1, 13. Vorstius Val. Max. 2, 8, 7. Bünem. Lact. 5, 1, 8. – d **aufsammeln,** cineres hausti, Ov.: pulvis haustus, Ov. – e **wegraffen** = töten, v. den Waffen, alqm haurit ensis, Verg. Aen. 2, 600. – 3 bildl.: a im Allg.: ut ea a fontibus potius hauriant, quam rivulos consectentur, Cic.: hauris de faece, du schöpfst von der Hefe (= führst auch die schlechten Redner an), Cic.: haurire ex vano, aus unzuverlässigen Quellen schöpfen (v. Geschichtschreiber), Liv. – b insbesond. = **entnehmen,** sumptum ex aerario, Cic.: ex parvo, Hor. – B meton., schöpfend leermachen, **ausschöpfen, ausleeren, austrinken,** 1 eig.: pateram, Verg.: pocula ore, Ov.: haustus crater, Ov. – 2 übtr.: a **durchbohren, durchstechen,** latus gladio, Verg. u. Curt.: pectus gladio, Cl. Quadrig. fr.: pectora ferro, Ov.: ictu ventrem atque inguina, Liv.; vgl. Drak. u. Weißenb. Liv. 7, 10, 10. Sil. 5, 524. Mützell Curt. 7, 2 (8), 27. Heräus Tac. hist. 1, 41. Haupt Ov. met. 5, 126. – b **vertun,** sua, Tac. ann. 16, 18: patrias opes (wie ἀντλεῖν πατρῴαν κτῆσιν), Mart. 9, 82, 4. – c **vollenden,** per nigra silentia vastum iter, Stat. Theb. 1, 369: caelo medium sol igneus orbem hauserat, Verg. georg. 4, 427. – 3 bildl.: a **durchdringen,** exsultantia haurit corda pavor pulsans, durchdringt tief die Brust, Verg. georg. 3, 105. – b **erschöpfen, entkräften,** Italiam et provincias immenso fenore, Tac. ann. 13, 42 *extr.* – c (wie ἀντλεῖν τύχην u. dgl.) = **ausstehen, erdulden,** calamitates, Cic.: supplicia scopulis, Verg. – II insbes., **schöpfen** = **einschöpfen, in sich schöpfen,** 1 eig.: a übh.: alveus haurit aquas, lässt es eindringen, Ov.: lucem, an das Licht streben, Verg. – b insbes., **schlürfen, trinken,** sanguinem caprinum, venenum, Aur. Vict.: hauriendum sanguinem laniandaque viscera nostra praebere, Liv.: non respirare in hauriendo, Plin. – 2 übtr.: a **hinunterschlingen, verschlingen, verzehren,** cibos integros, Col.: solidos cervos, Plin.: ardentes ore carbones, Val. Max. – v. Lebl., aggerem ac vineas incendium hausit, Liv.: multos hausit flamma, Liv.: cunctos incendium hausit, Tac.: Pompei theatrum igni fortuito haustum, Tac.: multos hausere gurgites, Liv.: arbores in profundum haustae (sunt), stürzten, Liv.: hauriri urbes terrae hiatibus, Plin.; vgl. Mützell Curt. 4, 3 (12), 4. Dräger Tac. ann. 3, 72. Heräus Tac. hist. 4, 60, 17. – poet., pariter pallor ruborque purpureas hausere genas, zogen gleichs. die Wangen in sich = überströmten die W., Stat. – b insbes., mit den Augen od. Ohren **verschlingen** = gierig auffassen (s. Forbiger Verg. Aen. 4, 159), vocem his auribus hausi, Verg.: strepitumque exterritus hausit, vernahm, Verg. – 3 bildl.: a im Allg.: alqd cogitatione, in G. in vollen Zügen trinken, Cic.: animo spem inanem, schöpfen, Verg.: hoc animo hauri, nimm es zu Herzen, Verg.: expugnationes urbium, populationes agrorum, raptus penatium hauserant animo, hatten sich im Geiste geweidet an usw., Tac.: fontes adire remotos atque haurire praecepta vitae beatae, gleichs. schöpfen, Hor.: studium philosophiae acrius, dem St. der Ph. zu eifrig obliegen, Tac.: artes u. dgl., in sich aufnehmen, Tac. (vgl. Pabst Tac. dial. 28 *extr.*). – b insbes., irgendeine Freude od. ein Leid gleichs. **einschlürfen,** voluptates, Cic.: insolitas voluptates, Tac.: illum dolorem vel acerbissimum, jenen so bitteren Kelch des Leidens leeren, Cic. – ► Archaist. *Imperf.* hauribant, Lucr. 5, 1322: *Perf.* haurierint, Varro LL. fr. 14, p. 267 M., haurierant, Vulg. Ioann. 2, 9 *cod. Fuld.*: *Supin.* hauritu, Apul. met. 2, 15: *Part. Perf. Pass.* hauritus, Apul. met. 3, 24 u. 6, 13: *Part. Fut. act.* haurituros, Iuvenc. 2, 253. Dracont. carm. ined. 2, 124 D., hausurus, Verg. Aen. 4, 383. Sil. 7, 584; 16, 11. Stat. Ach. 1, 667. Claud. rapt. Pros. 3, 267: *Perf.* hausus sum als *Depon.*, foramen quo Ditem patrem ... fama est lucem hausum (esse), Solin. 5, 15.

haurītōrium, iī, *n.* (haurio) = ἀντλητήριον, das **Schöpfgefäß,** Augustin. in euang. Ioann. tract. 15, 14 u. 25, 10 u. a. Eccl.

hauscio od. getrennt **hau scio**, s. haud u. scio.

haustio, ōnis, *f.* (haurio), das **Schöpfen,** Prisc. 4. 8. Vgl. Gloss. V, 569, 54.

haustor, ōris, *m.* (haurio), der **Schöpfer,** aquarum, Wasserschöpfer, Firm. math. 8, 29, 6: aquae, Trinker, Lucan. 9, 591. – Insbes., der **Probierer** des Weins (bei der Weinlieferung), CIL 6, 1785 (wo austores).

haustrum (austrum), ī, *n.* (haurio), die **Schöpfmaschine,** das **Schöpfrad** (s. Non. 13, 5), Lucr. 5, 515.

haustus, ūs, *m.* (haurio), I das **Schöpfen** = das Heraufholen, 1 eig.: profundus, Col. 1, 5, 1: facilis, Iuven. 3, 227: inter marinas aquas dulcium haustus est, Mela 2, 4, 4 (= 2. § 63). – als publiz. *t. t.*, aquae haustus, das **Recht des Wasserschöpfens** (aus einer Quelle), das **Schöpfrecht,** die **Quellenbenutzung** (als Recht), Cic. Caecin. 74.

Ulp. dig. 8, 3, 3. § 3 (wo auch haustus *ex* fonte privato). – **2** meton., das **Geschöpfte,** aquarum, geschöpftes Wasser, Verg. georg. 4, 229: arenae, eine Hand voll S., Ov. met. 13, 526. – **II** das **Schöpfen** = das Einziehen, **A** im Allg.: caeli, das Atmen, Einatmen der Luft, Curt.: ignis haustu se ludibrio hostis eximere, durch Verschlucken von Feuer, Flor.: apibus esse haustus aetherios, ätherischer Hauch, Verg. – **B** insbes., das **Trinken,** konkret der **Trunk, Zug, Schluck,** fontium, Curt.: humani cruoris, Min. Fel.: exiguis haustibus inde bibere, Ov. fast. 3, 274: poculum haustui admovere, Iul. Val. 2, 24 (8). – konkr., h. aquae, Liv. u. Ov.: h. veneni, Suet. fr.: a te decurrit ad meos haustus liquor, Phaedr. – bildl., fontis Pindarici, Trunk aus p. Quell (= Nachahmung p. Dichtungsart), Hor.: haustus iustitiae bibere, Quint.

haut, s. haud.

hautdum, s. haud-dum.

hautquāquam, s. haud-quāquam.

havē, haveo, s. 1. aveo.

heautontīmōrūmenos, ī, *m.* (ἑαυτὸν τιμωρούμενος), der **Selbstpeiniger,** ein Lustspiel des Terenz, Ter. heaut. prol. 5 (lat. ipse se poeniens, s. Cic. Tusc. 3, 65).

hebdomada, ae, *f.* (hebdomas), eine **Anzahl von sieben,** Claudius hebdomadam duplicem trahit, Auson. Caes. (XXI) 1, 22. p. 113 Schenkl: annorum, librorum, Gell. 3, 10, 17. – insbes., eine **Anzahl von sieben Tagen** (vgl. hebdomas), Gell. 3, 10, 14. Censor. 11, 8. Hieron. epist. 98, 25. Vulg. genes. 29, 27 *sq.*; exod. 34, 22 u. a.

hebdomadālis, e (hebdomas), **wöchentlich,** Sidon. epist. 9, 3, 5.

hebdomadārius, iī, *m.* (hebdomas), der **Schaffner für eine Woche,** Eccl.

hebdomadicus (ebdom.), a, um (ἑβδομαтικός), **hebdomadisch** = **kritisch, entscheidend für die** (von den Stufenjahren abhängenden) **Schicksale,** anni, Firm. math. 4, 20, 3.

hebdomas, adis, Akk. ada, *f.* (ἑβδομάς), der **siebente, kritische Tag** bei Krankheiten und dgl. (nicht unsere »Woche«, welche Zeitabteilung die Alten gar nicht kannten), Censor. 14. § 6 u. 7: quarta, der vierte siebente Tag der Entwicklung des Menschen im Mutterleib, Varro fr. bei Gell. 3, 10, 7; u. der vierte siebente Tag bei Krankheiten, Cic. ep. 16, 9, 3: septima, der siebenmal siebente Tag (als die Anfangsperiode der Entwicklung des Menschen im Mutterleib), Varro fr. bei Gell. 3, 10, 7: hebdomades lunae, jedesmal der siebente Tag des Monats (dem die Alten eine besondere Wirkung zuschrieben), Gell. 15, 2, 3: mysterium hebdomadis et ogdoadis, Hieron. epist. 53, 2. – ► Nbf. hebdomada, s. bes.

Hēbē, ēs, *f.* (Ἥβη), die **Jugend,** als Göttin, Tochter des Jupiter, Mundschenkin der Götter vor Ganymedes, Gattin des Herkules, Catull. 68, 116. Ov. met. 9, 400.

heben..., s. eben...

hebeo, -ēre, **stumpf sein, I** eig.: ferrum nunc hebet? Liv. 23, 45, 9. – **II** übtr., **stumpf sein** = nicht mehr lebhaft-, tätig sein, hebet sanguis (im Greis), Verg.: hebet sensus temporis adversi, Ov.: hebet ardor, Val. Flacc.: hebet homo, Tac.

hebes, hebetis, Abl. hebetī, **stumpf** (Ggstz. acutus), **I** eig.: **a** der Schneide nach: mucro (ensis), Ov.: machaera, Plaut.: gladius, Ov.: ferrum, Iuven.: secures, Iuven.: tela, Curt.: u. (im Bild) non dubito, quin ea tela (Pfeile), quae coniecerit inimicus, quam ea, quae collega patris emisit, leviora atque hebetiora esse videantur, Cic. de har. resp. 2. – subst., hebetia, ium, *n.*, **stumpfe Gegenstände (Werkzeuge),** Quint. 2, 12, 8. – **b** der Gestalt nach, **stumpf, abgestumpft,** angulus, Gromat. vet. 41, 3: lunae et nascentis et senescentis alias hebetiora, alias acutiora videntur cornua, Cic. Acad. 2. fr. 6: quo latiora (ossa scapularum) quāque parte sunt, hoc hebetiora, Cels. 8, 1. p. 326, 24 D. – **c** der Wirkung nach: hebeti pectus tantummodo contudit ictu, versetzte der B. nur eine Quetschung, Ov. met. 12, 85. **II** übtr.: **A** physisch **stumpf, a** gleichs. der Schärfe nach, von den Sinnen u. Sinneswerkzeugen: sensus omnes hebetes et tardos esse arbitrabantur, Cic.: sensus oculorum atque aurium hebetes, Liv.: nec est ullus hebetior sensus in vobis (verst. quam sensus audiendi), Cic.: aures hebetiores (Ggstz. oculi acres atque acuti), Cic.: hebes acies oculorum, Cic., u. (im Zshg.) bl. acies hebes, Cels., hebetior, Suet.: hebes obtutus, Apul.: hebetes visus, Sen. poët.: uterque oculus naturā hebes, Plin.: oculi hebetes, Col. u. Plin., hebetiores, Plin. u. Suet. – graviter hebes sine voce, Ven. Fort. – **b** der Empfindung nach, **ohne Gefühl, unempfindlich, abgestorben,** caro (tumoris, tuberculorum), wildes Fleisch, Cels. 7, 6 u. 7, 13: ossa gingivarum, Cels. 6, 15: cui torpet bebes locus ille, Ov. art. am. 3, 799: hebes os, appetitloser Mund, Ov. ex Pont. 1, 10, 7. – v. leb. Wesen, filius incessu tardus, sensu hebes, Plin. 7, 76. Solin, 1, 92. – **c** der Tätigkeit nach, **stumpf, träge, schwerfällig, ohne Geschick, α** v. Körper u. v. leb. Wesen: gracile corpus infirmum, obesum hebes est, Cels.: auster totum corpus efficit hebes, Cels.: in hebeti pigritia ferox, Apul. met. 8, 33. – v. leb. Wesen, hebes in voluptate (admissarius), nicht hitzig, Col.: hebes ad sustinendum laborem miles, Tac.: exercitus numero hominum amplior, sed hebes infirmusque, Sall. – **β** v. der Rede: quasdam (litteras, Buchstaben) velut acriores parum efficimus et aliis non dissimilibus sed quasi hebetioribus permutamus, Quint. 1, 11, 4: quod (spondeus) est e longis duabus, hebetior videtur et tardior, Cic. or. 216. – v. Redner, hebes (schwerfällig) linguā, magis malus quam callidus ingenio, Ps. Sall. de rep. 2, 9, 1. – **d** der physischen Wirkung nach, für den Gesichtssinn = **matt,** color (floris) non hebes, grelle, Ov.: hebes unitate surdā color (berylli), Plin.: carbunculus hebetior, Plin.: lux, Avien. Arat.: hebes vicinā nocte dies, Stat. – für den Geruchssinn = **geruchlos,** genus orsini hebes (Ggstz. odoratum), Plin. 21, 67. – für den Geschmackssinn = **geschmacklos, fade,** quamvis gustu non sit hebes (uva), Col. 3, 2, 24.

B geistig **stumpf, abgestumpft, a** der Schärfe nach = **abgestumpft, stumpfsinnig, blödsichtig, blöde, dumm, α** v. Geiste usw.: ratio hebetem facit aciem ad contemplandas miserias, stumpft die Schärfe des Geistes ab für usw., Cic.: ad ulteriora non prospicit mens hebes, Sen.: id licet hinc quamvis hebeti cognoscere corde, mit halben Sinnen, Lucr.: adeo hebetis atque obtunsi cordis inter initia iuventae existimatus, ut etc., so blöde und stumpfsinnig, Val. Max.: hebeti ingenio esse, Cic.: hebeti ingenio atque nullo, stumpfsinnig, ja ganz geistlos, Cic.: ingenii esse tardi et hebetis (Ggstz. ingenii esse mobilis et erecti), Sen.: hebetiora ut sint hominum ingenia, Cic.: animo hebeti atque claudo pro exercito uti volunt, Ps. Sall. – v. Geisteskräften, hebes memoria, ein schwaches Gedächtnis (Ggstz. mem. acris, ein starkes G.), Cic. de or. 2, 357. – v. Zuständen, adulescentia bruta et hebes, Sen. de ben. 3, 37, 3 (4). – **β** v. leb. Wesen: hebes et rudis, nec hebes nec rudis, Cic.: vecors et prope hebes, Aur. Vict.: homines hebetes (Ggstz. homines acuti, homines ingeniosi), Cic.: hebetes illi et supra modum tardi, Plin. ep.: animalium hebetissima, Plin.: me hebetem molestiae reddiderunt, Cic.: quod fortuitum fuisse, quis adeo hebes inveniretur, ut crederet, Tac.: aliud est *in* communi vita et vulgari hominum consuetudine (esse) nec hebetem nec rudem, Cic.: non est hebes *ad* id quod melius sit intellegendum, Cael. in Cic. ep. – **b** der Tätigkeit nach, **nicht tief eingehend, oberflächlich,** oratio, Quint.: rhetorica interdum paulo hebetior, Cic.: ratio hebes, Plin. – **c** der Empfindung nach: dolor hebes, kalte (nicht warme) Teilnahme, Cic. ad Att. 8, 3, 4. – ► Arch. Akk. Sing. hebem, Caecil. com. 81. Enn. ann. 426 bei Charis. 132, 6: Abl. Sing. gew. hebetī.

hebēsco, ere (*Inchoat.* v. hebeo), **stumpf werden I** eig.: acumina (gladiorum) densis ictibus hebescebant, Amm. 16, 12, 54. – **II** übtr.: **A** physisch **stumpf werden, sich abstumpfen, a** gleichs. der Schärfe nach, v. den Sinnen u. Sinneswerkzeugen, hebescunt sensus, Plin.: hebescebant oculi, Suet. – **b** der Tätigkeit nach, **erlahmen,** hebescere dextras, Sil. 8, 19. – **c** der physischen Wirkung nach, für den Gesichtssinn = **erblassen,** fulgor hebescere caeli per subitum coepit, Sil.: nec frustra adversus impios hebescere sidera, ihren Schein verlieren, Tac. – **B** geistig oder moral. **stumpf werden, sich abstumpfen, sich abschwächen, a** v. der Schärfe des Geistes usw.: si mentis acies se ipsa intuens non numquam hebescit, Cic.: at nos vicesimum iam diem patimur hebescere aciem horum auctoritatis, wir lassen das scharfe Schwert der uns hier erteilten Vollmacht schon zw. T. rosten, Cic. – v. Zuständen, hebescere virtus coepit, der Sinn für Tugend begann zu ersterben, Sall. Cat. 12, 1. – **b** v. Perf.: hebescere et languere nolle, nicht in Stumpfsinn u. Trägheit versinken wollen, Cic.: per fastidium et contumaciā hebescere (erlahmen), Tac.: excitari quosdam ad meliora magnitudine rerum, hebescere alios (andere in Schlaffheit versinken), Tac.

hebetātio, ōnis, *f.* (hebeto), die **Stumpfheit,** oculorum, Plin. 28, 58. – nascitur ex assiduitate laborum animorum hebetatio quaedam ac languor, Abstumpfung und Abgespanntheit, Sen. de tranqu. anim. 17, 5. – cur Christianis temporibus imputant hebetationem ac robiginem suam, quā foris crassi, intus exesi sunt, Oros. 4, 23, 10.

hebetātrīx, trīcis, *f.* (hebeto), **stumpf-, matt machend,** umbra, verdunkelnde, Plin. 2, 57.

hebetēsco, ere (*Inchoat.* v. hebeo) = hebesco, **stumpf werden,** acies pupillae hebetescit, Cels. 6, 6. *no.* 37: donec hebetescat ex aliqua parte dolor, Scrib. Larg. 56.

hebeto, āvī, ātum, āre (hebes), **stumpf machen, abstumpfen, I** eig.: gladios, Liv.: hastas, Liv.: ferrum hostium, Liv.: aciem ferri, Plin.: fabri idem obtundunt et hebetant, Donat. – **II** übtr., wie **stumpf machen, abstumpfen = erschlaffen machen, schwächen, entkräften, a** übh.: flammas, Ov.: sidera (erbleichen machen, v. Tag), Ov.; vgl. umbrā terrae lunam hebetari, Plin.: gemmas, Plin.: odorem, Plin.: vires rei publicae, Iustin.: humus hebetata carie vetustatis torpet, Col.: arcus pluviā hebetati, erschlafft, Aur. Vict. – **b** die Sinneswerkzeuge und Sinne, alci visus, Verg.: aures, Cels.: aurium sensum, Sen. rhet.: aciem oculorum, Plin.: sensus, Plin.: hebetati oculi, Lact.: caligine visus hebetabitur, Solin. – **c** den Geist, ingenia, Plin. ep. u. pan.: mentem, Cels.

hebetūdo, inis, *f.* (hebes), die **Stumpfheit, Gefühllosigkeit,** sensuum quinque, Macr. somn. Scip. 1, 14. § 12: istorum, Augustin. de civ. dei 7, 21: cicatrices hebetudine torpentes, Cael. Aur. de morb. chron. 3, 4, 58.

Hebraeī, ōrum, *m.* (Ἑβραῖοι), die **Hebräer = Juden,** Tert. apol. 18. Lact. 2, 13, 8. – Dav.: **A Hebraeus,** a, um, **hebräisch = jüdisch,** Tac. u. a. – **B Hebraicus,** a, um (Ἑβραϊκός), **hebräisch,** Hieron., Lact. u. a.: Nbf. **Hebrēicus,** Ps. Cypr. de mont. Sina et Sion 2. p. 105, 11 u. 13 H. – u. *Adv.* **Hebraicē,** Hieron. epist. 108, 26. Lact. 4, 7, 7. Vulg. Esther 3, 7 u. ö.: Nbf. **Hebrēicē,** *Adv.*, Hieron. de vir. ill. 5. Ps. Cypr. de mont. Sina et Sion 1. p. 105, 8 H.

Hebrus, ī, *m.* (Ἕβρος), Hauptstrom des eig. Thraziens, auf dem Skomiusgebirge entspringend, im Altertum fast sprichw. seiner Kälte wegen, berühmt durch den Mythos des an seinen Ufern von den Bacchantinnen zerrissenen Orpheus, Hor. ep. 1, 3, 3. Verg. georg. 4, 463 u. bes. 523 *sqq.* Ov. met. 11, 50: sacer, Ov. her. 2, 114.

Hecabē, ēs, *f.*, eine von den fünfzig Töchtern des Danaus, Hyg. fab. 170. p. 33, 12, versch. von Hecuba, s. d.

Hecalē, ēs, *f.* (Ἑκάλη), ein armes, altes Weib, bei dem Theseus, als er gegen den marathonischen Stier auszog, gastliche Aufnahme fand, Ov. rem. 747. Plin. 12, 88. Apul. met. 1, 23. – Da sie für des Helden glückliche Rückkehr dem Jupiter ein Opfer gelobt hatte, vor der Rückkehr aber starb, so stiftete Theseus selbst dem Jupiter ein jährl. Opfer (Ἑκαλήσιον ἱερόν; u. Jupiter selbst Ἑκαλήσιος); dah. digna sacris Hecales, Petron. poët. 135. § 8. *v.* 16.

Hecataeus, ī, *m.* (Ἑκαταῖος), aus Milet, Sohn des Hegesander, ein berühmter Geschichtschreiber u. Geograph (etwa 549–477 v. Chr.), Plin. 6, 55. Solin. 19, 2 u. 40, 6: Hec. Milesius, Avien. or. mar. 42.

Hecatē, ēs, *f.* (Ἑκάτη) u. **Hecata,** ae, *f.*, die »Fernhinwirkende«, Tochter des Titanen Persäos od. Perses u. der Asteria, eine thrazische Gottheit, die seit der titanischen Urzeit im Himmel, auf Erden u. im Meer waltet, Glück, Segen u. Gedeihen verleiht u. entzieht, bald mit mystischen Gottheiten vermengt, wie als Jägerin u. Jugendpflegerin mit Artemis (Diana), als Mondgöttin mit Persephone (Proserpina), eine furchtbare unterirdische Gottheit, bei Dichtern dreileibig od. wenigstens dreiköpfig (Verg. Aen. 4, 511. Ov. met. 7, 194. Sen. Phaedr. 420), die Zaubermittel lehrt und kräftigt, Ov. her. 12, 168; u. begleitet von den stygischen Hunden, bes. als gespenstische nächtliche Zaubergöttin (dah. bei Zaubereien u. Beschwörungen angerufen) auf Kreuzwegen, an Gräbern, bei dem Blut Ermordeter weilt u. nächtlich mit den Seelen der Toten umherschwärmt, Hor. sat. 1, 8, 33. Tibull. 1, 2, 52 (54). Ov. met. 14, 405: deren Nähe dann mit Geheul die erschrockenen Hunde verkündigen, Stat. Theb. 4, 428. – Dav.: **A Hecatēis,** idos, *f.*, **hekatēisch = zauberisch,** herba, Ov. met. 6, 139. – **B Hecatēius,** a, um, Hekate (= Diana) betreffend, **hekatēisch,** Stat. – poet. = **zauberisch,** carmina, Ov. – ▶ Nbf. Hecata, wov. Genet. Hecatae, Tibull. 1, 2, 52 H. mit *cod. A* u. *V* (Bährens 54 Hecates mit *cod. G*): Akk. Hecatam, Cic. de nat. deor. 3, 46. Apul. met. 11, 5: Abl. Hecatā, Arnob. 2, 71 u. 3, 29.

hecatombē, ēs, Akk. ēn, *f.* (ἑκατόμβη), ein feierliches Opfer von hundert Ochsen od. anderen Tieren, übh. jedes große öffentliche Opfer, eine **Hekatombe** (s. Capit. Maxim. et Balb. 11, 5), hec. pura ac puta, Varro sat. Men. 98: hecatomben promittere, Iuven. 12, 101. Vopisc. Tac. 12, 1: hecatomben facere (darbringen, opfern), Varro sat. Men. 100. Capit. Maxim, duo 24, 7: Plur., celebratis hecatombis, Treb. Poll. Gallien. 9, 4. – Dav. *Demin,* **hecatombion,** iī, *n.*, eine **kleine Hekatombe,** Sidon. carm. 9, 205.

hecatompolis, Akk. im, *f.* (ἑκατόμπολις), **mit hundert Städten, hundertstädtig,** Creta, Isid. orig. 14, 6, 15.

hecatompylos, on (ἑκατόμπυλος), **hunderttorig,** Akk. hecatompylos Thebas, Amm. 17, 4, 2; 22, 16, 2: heteroklit. Plur. hecatompylae, Hyg. fab. 275.

hecatonstȳlos, on (ἑκατόνστυλος), **hundertsäulig,** theatrum, Hieron. chron. Euseb. *no.* CCXLIX.

hecatontas, adis, Akk. Plur. adas, *f.* (ἑκατοντάς), die **Hundertzahl,** Hieron. in Amos 2, 5, 3. Mart. Cap. 7. § 745 u. 746. Interpr. Iren. 1, 15, 2: griech. Dat. Plur. hecatontasin, Interpr. Iren. 5, 30, 1.

Hector, oris, Akk. orem u. ora, *m.* (Ἕκτωρ), des Priamus Sohn, Gemahl der Andromache, der tapferste der trojanischen Helden, von Achilles getötet, Cic. Tusc. 1, 105. Verg. Aen. 2, 270 *sqq.* Ov. art. am. 1, 441: Genet. usw. auch Hectŏris gemessen, Enn. fr. scen. 82 u. 172, Hectŏrem, *ibid.* 101. – Dav. **Hectoreus,** a, um (Ἑκτόρεος), **hektorēisch,** Verg. u. a.: sonent Hectoreas poëtae veteres pugnas, Amm. – (poet.) meton.: **a = trojanisch,** Verg. – **b** (weil die Römer von den Trojanern abstammen wollten) = **römisch,** Sil.

Hecuba, ae, *f.* u. **Hecubē,** ēs, *f.* (Ἑκάβη), Gemahlin des Königs Priamus in Troja, die als Gefangene mit den von Troja heimziehenden Griechen in den thrazischen Chersones kam u. dort dem Polymestor, dem Mörder ihres letzten Sohnes Polydorus, die Augen ausriss, der ihr dann weissagte, dass sie zur Hündin werden, in das Meer stürzen u. ihr Grab den Schiffern ein Wahrzeichen werden würde, was der Sage nach auch geschah, Ov. met. 13, 423 *sqq.* Plaut. Men. 714 u. 716. Cic. Tusc. 3, 63. Vgl. Cynos sema. – appellat., eine **Hekuba** = ein altes, garstiges Weib (Ggstz. Andromache), Mart. 3, 76, 4.

hecyra, ae, *f.* (ἑκυρά), die **Schwiegermutter,** ein Lustspiel des Terenz.

hedera (edera), ae, *f.*, **Efeu, Wintergrün** (*Hedera Helix,* L.), womit sich die Weintrinker u. Dichter bekränzten, auch der Bacchusstab (thyrsus) umwunden wurde, oft kollektiv, tabernacula protecta hederā, Caes.: hederae folia decerpere, Curt.: hederā coronari Bacchico ritu, Macr.: anus hederā coronatae, Varro LL.: hederis redimitus (v. einer Pers.), Vell.

hederāceus (ederāceus) od. **hederācius** (ederācius), a, um (hedera), **I aus-, von Efeu,** frons, Cato: baca, Col.: vas, Cato. – **II efeugrün,** calcei, Vopisc. Aur. 49, 7: patina argentea, mit künstlichem Efeu umgeben, Gallien. b. Treb. Poll. Claud. 17, 5.

hederātus, a, um (hedera), **mit Efeu geschmückt,** frons (Stirn), Calp. ecl. 10, 28: pompae, Festzüge des Bacchus, Paul. Nol. carm. 26, 278: Liber, Tert. de cor. mil. 7.

hederiger, gera, gerum (hedera u. gero), **Efeu tragend,** Catull. 63, 23.

hederōsus, a, um (hedera), **efeureich,** antrum, Prop. 4, 4, 3.

Hedessa, s. Edessa *no.* II.

hēdus, ī, *m.*, s. haedus ►.

hēdychrum, ī, *n.* (ἡδύχρουν), **süßduftende Salbe, Parfüm, Balsam,** Cic. Tusc. 3, 46.

hēdyosmos, ī, *m.* (ἡδύοσμος), **Krauseminze,** Plin. 35, 181.

hēdyphagetica, ōrum, *n.* (*ἡδυφαγετικά), **Leckerbissen,** Titel eines Gedichts des Ennius, Apul. apol. 39.

hēdypnois, idis, Akk. ida, *f.* (ἡδυπνοΐς), eine **Art der Zichorie,** Plin. 20, 75.

hēdysma, atis, *n.* (ἥδυσμα), eine **süßduftende Zutat** zu Salben, **Parfüm, Balsam** (odor), Ggstz. stymma (s. d.), Plin. 13, 7.

hēgemōn, onis, *m.* (ἡγεμών), der **Vorangehende,** als *t. t.* der griech. Metrik, v. pyrrichius, Diom. 475, 10.

hēgemonicon, ī, *n.* (ἡγεμονικόν), das **leitende Prinzip** der Handlungen, Tert. de res. carn. 15. Chalcid. Tim. 213.

hehae, *Interj.* = hahae, Enn. fr. scen. 447 (bei Varro LL. 7, 93).

hei! *Interj.*, s. ei.

heia, s. eia.

heic, s. 2. hīc.

hēiulito (heiiulito), s. ēiulito.

hēiulo, **-lor**, s. ēiulo.

helciārius, iī, *m.* (helcium), der kleinere Schiffe stromaufwärts zieht, der **Schiffzieher, Treidler,** Mart. 4, 64, 22. Sidon. epist. 2, 20.

helcium, iī, *n.* (v. ἕλκω, ziehen), das **Kummt, Halsjoch,** Apul. met. 9, 12 u. 22.

helcysma, matis, *n.* (ἕλκυσμα), **Silberschlacken,** Plin. 33, 105.

Helena, ae, *f.* u. **Helenē**, ēs, *f.* (Ἑλένη), Tochter der Leda von Jupiter, Schwester des Kastor, Pollux u. der Klytämnestra, Mutter der Hermione u. Gemahlin des Königs Menelaus, wurde ihrer Schönheit wegen von Paris nach Troja entführt; diese Entführung veranlasste jenen zehnjährigen Krieg gegen Troja, Plaut. Bacch. 947 u. 963. Cic. Phil. 2, 55. Verg. Aen. 3, 363 *sq.*: Form -ē, Hor. carm. 4, 9, 16. Ov. her. 16, 279: alte digammierte Form Belena, nach Quint. 1, 4, 15. Prisc. 1, 23. – appellat., eine **Helena** = eine verführte Frau, eine Ehebrecherin (Ggstz. Penelope), Mart. 1, 62, 6: u. so Plur., Helenae sequuntur Alexandros, Hieron. epist. 128, 3. – Wenn im Sturm zwei Flämmchen an das Schiff kamen, so nannten die Schiffer diese Erscheinung Kastor u. Pollux; erschien nur eins, Helena, Plin. 2, 101. – ► Felena geschr., CIL 1, 1501.

helenium, iī, *n.* (ἑλένιον), eine Pflanze, viell. **der Gamander,** Cels. 5, 11. Plin. 21, 59 u. a. – Nbf. elenium, iī, *n.*, Apic. 1, 5 u. 16.

Helenius, s. 2. Acrōn *no.* III.

Helenus, ī, *m.* (Ἕλενος), Sohn des Königs Priamus, ein Weissager, Verg. Aen. 3, 295 *sqq.* Cic. de div. 1, 89.

helēoselīnon od. **helīoselīnon**, ī, *n.* (ἐλειοσέλινον), **Sumpfeppich, Sellerie** (*Apium graveolens,* L.), Plin. 20, 117 (heleos.). Plin. 19, 124 u. Pallad. 5, 3, 2 (helios.).

helepolis, Akk. im, *f.* (ἑλέπολις), die **Stadteinnehmerin,** die **Stadteroberungsmaschine,** eine Belagerungsmaschine von erstaunlicher Größe, Vitr. 10, 16 (22), 3 *sqq.*; vgl. Amm. 23, 4, 10 *sqq.*

Hēliacus (Ēliacus), a, um (Ἡλιακός), den **Helios** (Sonnengott) **betreffend,** Heliaca (Eliaca) tradere, dem Helios (im Mithrasdienst) Opfer darbringen, CIL 6, 750.

Hēliades, um, s. 1. Hēlias.

helianthes, is, *n.* (*ἑλίανθες, v. ἕλιξ u. ἄνθος gebildet, wie helichrysos), **Rankenblume,** ein myrtenartiges Gewächs, Plin. 24, 165.

1. **Hēlias**, adis, *f.* (Ἡλιάς), Plur. Hēliades, Töchter des Sol u. Schwestern des Phaëthon, deren Tränen über letzteren in Bernstein, sie selbst in Pappelbäume (oder Erlen) verwandelt wurden, Ov. met. 2, 340 *sqq.*: nemus Heliadum, Pappelbäume, Ov. met. 10, 91: Heliadum lacrimae, Bernstein, Ov. met. 10, 263: dass. gemma Heliadum, Mart. 9, 14, 6.

2. **Hēlīās**, s. 2. Ēlīās.

helica, ae, *f.* (ἑλίκη), das **Gewinde,** die **Windung des Schneckengehäuses,** quasi helicae inflexione, Cic. Tim. 31 M.

Helicāōn, onis, *m.* (Ἑλικάων), Sohn des Antenor, des Erbauers von Patavium (Padua), Helicaonis orae, die patavinischen, Mart. 10, 93, 1. – Dav. **Helicāonius**, a, um, **helikaonisch,** poet. = **patavinisch,** Mart. 14, 152, 2.

Helice, ēs, Akk. ēn, *f.* (Ἑλίκη), I als Städtename: A Seestadt in Achaja, im J. 372 v. Chr. durch ein Erdbeben vernichtet, Ov. met. 15, 293. Plin. 2, 206. Sen. nat. qu. 6, 23, 4. Schol. Bob. ad Cic. Flacc. p. 232, 18 B. (wo Akk. -em). – B Stadt in Mösien, j. *Ikliman* od *Itchiman,* Itin. Anton. 136, 1. – II der **große Bär,** ein Gestirn, Cic. Acad. 2, 66. Ov. fast. 3, 108. – dah. meton., der **Norden,** Sen. Herc. Oet. 1539 (1543). Gratt. cyn. 55.

helichrȳsos u. **-us**, ī, *m.* (ἑλίχρυσος), **Goldranke,** ein efeuartiges Gewächs mit goldgelber Blume od. Frucht, Plin. 21, 65 u. 66.

Helicōn, ōnis, Akk. ōnem u. ōna, *m.* (Ἑλικών), ein Gebirge in Böotien, bes. der eigentl. Berg in der Nähe von Thespiä, mit einem Apollotempel u. Musenhain, bei den Türken j. *Zagara,* Varro r. r. 3, 16, 7. Verg. Aen. 7, 641. Hor. ep. 2, 1, 128. Ov. met. 5, 254. Plin. 4, 8. Mart. Cap. 1. § 10: Heliconis alumnae, v. den Musen, Ov. fast. 4, 193. – Dav.: A **Helicōniades**, um, *f.* (Ἑλικωνιάδες), die **Bewohnerinnen des Helikon,** v. den Musen, Lucr. u. Pers. – B **Helicōnis**, idis, *f.* (Ἑλικωνίς), helikonisch, silva, Stat. – C Helicōnius, a, um (Ἑλικώνιος), **helikonisch,** collis, Lucr.: mons, Catull.: Tempe, Ov.: mella, Claud.

hēliocallis, idis, Akk. ida, *f.* (*ἡλιοκαλλίς), anderer Name der Blume helianthes, Plin. 24, 165.

hēliocamīnus, ī, *m.* (ἡλιοκάμινος), ein zur Sonnenseite gelegenes Zimmer, zum Winteraufenthalt, Plin. ep. 2, 17, 20. Ulp. dig. 8, 2, 17 *pr.*

helīochrȳsos, ī, *m.*, s. helichrȳsos.

Hēliodōrus, ī, *m.* (Ἡλιόδωρος), I ein berühmter Rhetor zu Horaz' Zeit, Hor. sat. 1, 5, 2. – II ein berühmter Arzt u. Operateur zu Juvenals Zeit, appell. = der »Operateur«, Iuven. 6, 372.

Hēliogabalus, ī, *m.*, Varius, röm. Kaiser (v. 218–222 n. Chr), als solcher auch M. Aurelius Antoninus u. bl. M. Antonius od. Heliogabalus Antoninus gen., Lampr. Heliog. 1 *sqq.* Aur. Vict. de Caes. 23, 1. Eutr. 8, 22. Oros. 7, 18, 5. Serv. Verg. Aen. 7, 180.

Hēliopolis, eos, Akk. im, *f.* (Ἡλιούπολις, dah. auch Heliupolis, Charis. 47, 16. CIL 6, 423), I Stadt in Cölesyrien, j. *Baalbek* (mit prächtigen Ruinen eines von Antoninus dem Frommen dem Jupiter geweihten Tempels), Plin. 5, 80. Macr. sat. 1, 23. § 10. – II Stadt in Unterägypten, mit einem berühmten Sonnentempel, das »On« od. »Beth-Schemesch« der Bibel, j. Ruinen beim Dorf *Matare* (*Matarea*), Cic. de nat. deor. 3, 54. Macr. sat. 1, 23, 10. Vulg. gen. 41, 45 u. 46, 20. – Dav.: A **Hēliopolītēs**, ae, *m.* (Ἡλιουπολίτης), **zu Heliopolis gehörig,** nomos H., das Gebiet von Heliopolis, Plin. – Hēliopolītae, ārum, *m.*, die Einw. von Heliopolis, die **Heliopoliten,** Plin. – B **Hēliopolītānus**, a, um, **heliopolitanisch,** civitas, Amm.: deus, Macr.: Iuppiter, Inscr.: Nbf. dii Heliupolitani, CIL 3, 138. – Plur. subst., Hēliopolitānī, ōrum, *m.*, die Einw. von Heliopolis, die **Heliopolitaner,** CIL 10, 1579.

Hēlios od. **-ius**, ī, *m.* (Ἥλιος) = Sol, Augustin. de civ. dei 22, 22, 3. p. 606, 13 D^2. (synk. Heli sacerdos). – griech. Genet. Heliu trapeza (Ἡλίου τράπεζα), Mela 3. § 87.

hēlioscopios, iī, *m.* (ἡλιοσκόπιος), eine Pflanze von der Gattung tithymallus, Plin. 26, 69.

hēlioscopium, iī, *n.* (ἡλιοσκόπιον), eine Art des heliotropium, Plin. 22, 57.

helīoselīnon, s. helēoselīnon.

hēliotropium, iī, *n.* (ἡλιοτρόπιον), I die **Sonnenwende,** eine Pflanze, die sich immer nach dem Lauf der Sonne richtet, rein lat. solstitialis herba, **Krebsblume, Warzenkraut,** Plin. 2, 109 u. a. Isid. orig. 17, 9, 37. – II der **Sonnenwendestein,** ein Edelstein von lauchgrüner Farbe u. blutroten Adern, unser grün u. braun gestreifter **Bandjaspis,** Plin. 37, 165. Solin. 27, 36. – heliotropius lapis bei Prisc. perieg. 254: heliotropios gemma bei Mart. Cap. 1. § 75.

Hēliūpolis, **-polītānus**, s. Hēliopolis.

Hēlius, s. Hēlios.

helix, icis, *f.* (ἕλιξ, alles Gewundene; dah.) **I** der **Winde-, Kriechefeu,** Plin. 16, 145 *sqq.* – **II** die **Wickelweide,** eine Art der Bachweide, Plin. 16, 177. – **III** eine Schneckenart = actinophoros, Plin. 32, 147. – **IV** ein **Schnörkel** am Kapitell der korinthischen Säulenordnung, minores helices, Vitr. 4, 1, 12.

Hellada, ae, *f.*, vulg. Nbf. v. Hellas, **Griechenland,** Vulg. 1. Mach. 8, 9. Vict. Vit. 1, 51. Cassiod. hist. trip. 6, 1.

Helladicus, a, um (Ἑλλαδικός), **griechisch,** Plin. 35, 75. Mart. Cap. 6. § 587. Cassiod. hist. trip. 4, 39 u. a. – Plur. subst., Helladicī, ōrum, *m.*, die **Griechen,** Cassiod. hist. trip. 1, 4.

Hellas, ados n. adis, *f.* (Ἑλλάς), das eig. **Mittel-Griechenland** (im Ggstz. zur Peloponnes), Vitr. 4, 1, 4. Mela 2, 3, 3 (2. § 37) u. ö. Plin. 18, 60 u. 201.

Hellē, ēs, *f.* (Ἕλλη), des Athamas und der Nephele Tochter, die, um der Verfolgung ihrer Stiefmutter Ino zu entgehen, mit ihrem Bruder Phrixus auf einem goldenen Widder nach Kolchis flüchtete, aber in der Meerenge, die nach ihr Hellespont genannt wurde, ertrank, Prop. 2, 26, 5. Ov. fast. 3, 857 *sqq.*: mater Helles, Ov. her. 19, 123.

hellebor..., s. ellebor...

Hellēn, ēnis, *m.* (Ἕλλην), Sohn des Deukalion, König in Thessalien, Stammvater der Hellenes = Griechen, Plin. 4, 28.

Hellēspontus, ī, *m.* (Ἑλλήσποντος) **I** das Meer der Helle = die schmale Stelle der Meerenge zwischen Sestus u. Abydus bis nach Dardanus hin, der **Hellespont,** über den Xerxes auf seinem Zug nach Griechenland eine Brücke schlug, Cic. de fin. 2, 112. Ov. met. 13, 407. – **II** übtr., der an der Meerenge gelegene Küstenstrich, sowohl auf europäischer als auf asiatischer Seite, ja sogar die beiderseitige Küste der Propontis, Cic. ep. 13, 53, 2; II. Verr.. 1, 63: *Acc. loc.* Hellespontum (nach dem H.), Nep. Paus. 2, 1; Ages. 4, 4. Liv. 37, 31 6: meton. = die Bewohner dieses Küstenstriches, Nep. Timoth. 3, 1 – Dav.: **A** **Hellēspontiacus**, a, um (Ἑλλησποντιακός), **hellespontisch,** Priapus (weil in Lampsakus am Hellespont geboren u. verehrt), Verg.: deus = Priapus, Ov.: proelia, Amm. – **B** **Hellēspontiās**, ae, Akk. ān, *m.* (Ἑλλησποντιάς), bei einigen Alten = caecias, Plin. 2, 121. – **C** **Hellēsponticus**, a, um, **hellespontisch,** fretum, Mela 1, 2, 2 (1. §10). Sibylla, Varro fr. (bei Lact. 1, 6, 12): satrapia, Iul. Val. 3, 58 (34). – **D** **Hellēspontius**, a, um (Ἑλλησπόντιος), **hellespontisch,** ora, Catull. 18, 4: Sibylla, Lact. epit. 5, 1. – subst., Hellēspontius, iī, *m.*, ein **Anwohner des Hellespont,** Cic. ep. 13, 53, 2: Plur., Plin. 5, 123.

hēlluātio, ōnis, *f.* (helluor), die **Schwelgerei,** Treb. Poll. Gallien. 4, 3: Plur., Cic. post red. in sen. 13.

hēlluo (hēluo), ōnis, *m.*, der **Verprasser,** der **Schwelger und Prasser,** absol., Ter. heaut. 1033. Turpil. com. 1. Cic. Pis. 41. Gell. 6 (7), 16, 2: m. *Genet.*, helluo patrimonii, Cic. Sest. 26.

hēlluor (hēluor), ātus sum, ārī (helluo), **schwelgen und prassen,** Catull. 29, 16. Cic. Sest. 111: cum alqo, Cic. de prov. cons. 14: in patrimoniis, all sein Hab und Gut verprassen, Gell. 2, 24, 11. – übtr., quasi helluari libris (gleichs. in den Büchern schwelgen). Cic. de fin. 3, 7: cum alqo rei publicae sanguine, Cic. de domo 124.

Hellusiī, iōrum, *m.*, eine sarmatische Völkerschaft, Tac. Germ. 46, 6.

helops (elops, ellops), opis, *m.* (ἕλλοψ), eine Art Störe, nach e. der **Scherg,** nach a. der **Sterlet** (rein lat. acupenser), Enn. fr. var. 39*. Lucil. 1276. Varro r. r. 2, 6, 2. Ov. hal. 96. Col. 8, 16, 9. Plin. 32, 153. Quint. 5, 10, 21. Gell. 6 (7), 16, 15.

Helōrus od. **Helōrum**, s. Elōrus.

Hēlōtes, falsche Lesart st. Hilotae, s. d.

hēluātio, s. hēlluātio.

hēlūcus, s. ēlūcus.

hēluo, hēluor, s. hēlluo, hēlluor.

helvella, ae, *f.*, jedes kleine **Küchenkraut** (s. Paul. ex Fest. 103, 7), Titin. com. 162 (wo elvella). Cic. ep. 7, 26, 2.

helvenācus od. **-cius**, a, um (helvus), **blassrot, gelblich,** Col. u. Plin.

helveolus, a, um = helvolus, Cato r. r. 6, 4. Varro r. r. 1, 25.

Helvētiī, iōrum, *m.*, die **Helvetier,** die alten Bewohner der jetzigen Schweiz (die zur Römerzeit einen Teil des belg. Galliens ausmachte u. in vier Kantone [pagi] geteilt war), Caes. b. G. 1, 1 *sqq.* Cic. de prov. cons. 33. – Dav. **Helvētius** u. **Helveticus**, a, um, **helvetisch,** Caes.

Helviānus, s. 2. Helvius.

***helvidus**, s. elbidus.

Helviī u. **Helvī**, ōrum, *m.*, eine kleine Völkerschaft in Gallia provincia, Caes. b. G. 7, 7, 5 (wo Helvii). Plin. 3, 36 (wo Helvi); mit dem Hauptort Alba Helvorum od. Alba Helvia (j. *Alps* bei *Viviers*) Plin. 14, 43. Dav. **Helvicus**, a, um, **helvisch,** vinum, Plin. 14, 18.

1. helvius, a, um = helvolus, Plin. 14, 46.

2. Helvius, iī, *m.*, vollst. P. Helvius Pertinax, geb. 126 n. Chr., röm. Kaiser 192 n. Chr., Capit. Pertin. 1 *sqq.* – Dav. **Helviānus**, a, um, **des Helvius,** sodales, Spart. Sev. 7, 8.

helvolus, a, um (helvus), **blassrot, gelblich,** Col. 3, 2, 23 u. 3, 21, 3.

helvus, a, um (vgl. ahd. *gelo*, gelb), **honiggelb, isabellfarben** (s. Paul. ex Fest. 99, 12), Varro r. r. 2, 5, 8. Col. 3, 21, 3.

helxīnē, ēs, *f.* (ἑλξίνη), **I** eine niedrige, stachelige Pflanze, die eine Art Mastix lieferte, Plin. 21, 94. – **II** eine sonst perdicium gen. Pflanze (*Parietaria officinalis*, L.), Plin. 22, 41.

hem! *Interj.*, **siehe! ei! o! ach!** (bei Verwunderung, Freude, Betrübnis usw.), Ter. u. Cic.; vgl. em u. ehem.

hēmerēsios, on (ἡμερήσιος), **von einem Tag, eintägig,** absolvit uno die tabellam, quae vocata est hemeresios puero picto, Plin. 35, 124.

hēmeris, idis, *f.* (ἡμερίς, d. i. zahm), die edle Eiche mit süßen Früchten, viell. die **Sommereiche,** Plin. 16, 22 u. 26.

hēmerobion, iī, *n.* (ἡμερόβιον), das **nur einen Tag lebende Tier,** erumpit volucre quadrupes, nec ultra unum diem vivit, unde hemerobion vocatur, Plin. 11, 120.

hēmerocalles, is, *n.* (ἡμεροκαλλές, nur einen Tag schön), die **Trichterglitze,** eine Lilienart, Plin. 21, 59.

hēmerodromos, ī, Nom. Plur. oe, Akk. Plur. os, *m.* (ἡμεροδρόμος), der **Tagesläufer, Eilbote, Kurier,** Nep. Milt. 4, 3. Liv. 31, 24, 4.

hēmicadium, iī, *n.* (ἡμικάδιον), ein halber cadus, Isid. orig. 20, 7, 1. Vgl. Not. Tir. 91, 65.

hēmicillus, ī, *m.* (ἥμισυς, halb, u. κιλλός, Esel), ein **halber Esel,** als Schimpfwort, *Cic. ad Att. 13, 51, 1 zw. (Baiter Micyllus, Wesenb. u. Müller micillus).

hēmicrānia, ae, *f.* (ἡμικρανία), **Kopfschmerz an der Hälfte des Kopfes, Migräne,** Plin. Val. 1, 1 *extr.* Marc. Emp. 2. Cael. Aur. de morb. chron. 1, 1, 4. – Nbf. **hēmicrānium**, iī, *n.*, Plin. Val. 1, 8. Ps. Apul. herb. 53. – Dav. **hēmicrānicī** (hēmigrānicī), ōrum, *m.*, **mit Migräne Behaftete,** Th. Prisc. 2, 1.

hēmicyclium, iī, od. ī, *n.* (ἡμικύκλιον), **I** der **Halbkreis,** Vitr. 5, 1, 8; 9, 7 (8), 5 *sq.* Plin. ep. 5, 6, 33. – **II** übtr.: **a** ein **halbrunder Sitz,** auf dem, je nachdem sein Umfang kleiner od. größer war, eine od. mehrere Personen Platz haben konnten, Cic. de amic. 2. Sidon. epist. 2, 2, 4: wie sie aus Stein auch auf öffentlichen Plätzen zum Ausruhen und zur Unterhaltung angebracht waren, Suet. gr. 17. – **b** eine halbkreisförmige Art **Sonnenuhren,** Vitr. 9, 8, 1.

hēmicyclius (ēmiciclius), a, um (ἡμικύκλιος), **halbkreisförmig,** emicicliores termini, Gromat. vet. 344, 16.

hēmicyclus, ī, *m.* (ἡμίκυκλος), der **Halbkreis,** Chalcid. Tim. 326: caeli, Ambros. in psalm. 118. serm. 12. § 20.

hēmicylindrus, ī, *m.* (ἡμικύλινδρος), der **Halbzylinder,** Vitr. 9. praef. 14.

hēmidexius, a, um (ἡμιδέξιος, v. ἡμι = ἥμισυς u. δέχομαι), **die Hälfte** (eines Hexameters) **enthaltend,** Plot. de metr. 3, 60. p. 514, 28 K. u. 11, 6. p. 544, 15 K.

hēmigrānicī, ōrum, *m.*, s. hēmicrānia a. E.

hēmīna (ēmīna), ae, *f.* (ἡμίνα), ein Gemäß für Flüssigkeiten (= 1/2 sextarius) und feste Stoffe (= 1/16 sext., etwa = 0,44 Liter), etwa **Nöselchen, Viertelchen,** bes. für Wein, Cato r. r. 57, 1. Plaut. mil. 831. Sen. de ira 2, 33, 4: dann hem. aquae, Cels. 4, 5 (2). p. 127, 21 D. Cael. Aur. de morb. acut. 1, 15, 125: olei et aceti, Cels. 5, 19. *no.* 1: sanguinis, Sen. de tranqu. anim. 14, 3: tritici, Cels. 4, 26 (19). p. 152, 32

D. – als Gemäß übh., heminae iniquae (falsche), Pers. 1, 130. – emina geschr. Gromat. vet. 375, 2 *sqq.* Apic. 8, 363.

hēmīnārium, iī, *n.* (hemina), ein **Geschenk von dem Maße einer** *hemina,* Quint. 6, 3, 52.

hēmiolios u. **-us,** a, on u. um (ἡμιόλιος), **anderthalb,** bei Bezeichnung einer arithmetischen Proportion, wie drei zu zwei, rein lat. sesquialter, Gell. u. a. (vgl. Vitr. 3, 1, 6).

hēmionion, iī, *n.* (ἡμιόνιον), **I** = teucrion (s. d.), Plin. 25, 45 (Detl. hemioneon). Ps. Apul. herb. 57. – **II** = asplenos (s. d.), Plin. 26, 41 (Detl. hemionium) u. 27, 34 (Detl. hemionon).

hēmisphaerium, iī, *n.* (ἡμισφαίριον), **I** die **Halbkugel, Hemisphäre** des Himmels, Naev. bei Varro LL. 7, 7. Hyg. astr. 4, 13. Macr. somn. Scip. 1, 15, 4. Chalcid. Tim. 66: der Erde, Mela 1, 1, 2 (1. § 4). Mart. Cap. 6. § 602 u. 8. § 873. Gromat. vet. 62, 1. – griech. Genet. ēmispēriou, Gromat. vet. 62, 1. – **II** das **Kugelgewölbe,** die **Kuppel,** Varro r. r. 3, 5, 17. Vitr. 5, 10 (11), 5.

hēmistichium, iī, *n.* (ἡμιστίχιον), ein **halber Vers,** Schol. Gronov. in Cic. II. Verr.. 1, 46. p. 403, 7 B. Mar. Victorin. art. gramm. 1, 13, 3. p. 54, 8 K. (wahrsch. unecht). Suet. vit. Lucani p. 51. 8 R.

hēmistrīgium, iī (ἡμι = ἥμισυς u. striga), eine **halbe** *striga* als Maß = 30 Fuß, Hyg. de munit. castr. § 1.

hēmithea, ae, *f.* (Femin. zu hemitheus), eine **Halbgöttin,** Serv. Verg. Aen. 2, 21.

hēmitheus, ī, *m.* (ἡμίθεος), ein **Halbgott,** Mart. Cap. 2. § 156 u. § 160: Caesar h., Inscr. b. Serv. Verg. ecl. 9, 47.

hēmitonion u. **-um,** iī, *n.* (ἡμιτόνιον), ein **halber Ton,** Vitr. 1, 1, 8 u. 5, 4, 3. Hyg. astr. 4, 14. Macr. sat. 2, 1, 22. Mart. Cap. 9. § 930 u. § 963. Chalcid. Tim. 45 u. 46. Gromat. vet. 184, 16.

hēmitriglyphus, ī, *m.* (ἡμιτρίγλυφος), ein **halber Dreischlitz,** Vitr. 4, 3, 7.

hēmitritaeus (**-os**), ī, *m.* (ἡμιτριταῖος πυρετός), **I** das **halbe Tertianfieber,** Mart. 2, 40, 1. Ser. Samm. 491. Th. Prisc. 4. f. 314ᵇ. Plin. Val. 3, 1, 2: hemitritaeo laborare, Cypr. de sing. cler. 9: maiore hemitritaeo aegrotare, Cael. Aur. de morb. acut. 2, 22, 133: hemitritaeo pariter arrepti, Hieron. vita Hilar. 14. p. 35, 5 M. – **II** übtr., **mit dem halben Tertianfieber behaftet,** Mart. 4, 81, 3.

hēmitritāicus, a, um (ἡμιτριταϊκός), **halbdreitägig,** febris, das halbe Tertianfieber (vgl. den vor. A.), Marc. Emp. 30. Cael. Aur. de morb. acut. 2, 10, 66 u. de morb. chron. 1, 4, 105.

hemitrītis, Akk. in, *f.* = hemitritaeus (s. d.), Th. Prisc. 4. f. 311ᵇ.

hemo, ōnis, *m.,* s. homo ►.

hemōnus, s. hūmānus ►.

hendecachordus (endecachordus), a, um (ἕνδεκα u. χορδή), **elfsaitig,** Boëth. inst. mus. 1, 20. p. 210, 28 Fr.

hendecagōnus (endecagōnus), ī, *m.* (ἕνδεκα u. γωνία), das **Elfeck,** Boëth. art. geom. p. 423, 1 Fr.

hendecasyllabos, on od. um (ἑνδεκασύλλαβος), **elfsilbig,** subst., **a** hendecasyllabum, ī, *n.* (*sc.* metrum), das **elfsilbige Versmaß,** hend. Phalaecium, Diom. 509, 11. – **b** hendecasyllabos, ī, *m.* (*sc.* versus), der **elfsilbige Vers,** Diom. 509, 21 u. 23: Plur., hendecasyllabi, elfsilbige Verse (wie die phaläzischen u. sapphischen), Catull. 12, 4. Sen. contr. 7, 4 (19), 7. Plin. ep. 4, 14, 8 u. 7, 4, 1. Quint. 1, 8, 6.

Henetī, ōrum, *m.,* s. 1. Venetī.

Hēniochī, ōrum, *m.* (Ἡνίοχοι), ein Volk im asiatischen Sarmatien, Plin. 6, 12. Val. Flacc. 6, 43. – Dav. **Heniochius** u. **Heniochus,** a, um, **heniochisch,** Plin. u. Ov.

1. Hēniochus, ī, *m.* (ἡνίοχος), der **Fuhrmann,** ein Gestirn, rein lat. auriga, Hyg. astr. 2, 13. Plin. 18, 312. Manil. 1, 362.

2. Hēniochus, s. Hēniochī.

Henna (Enna), ae, *f.* (Ἔννα), Stadt in der Mitte Siziliens, mit einem berühmten Tempel der Ceres (Demeter), wohin eine spätere Mythe den Raub der Proserpina (Persephone) versetzte, j. *Castro Giovanni,* Cic. Verr. 3, 192. Liv. 24, 38. § 3 *sqq.* Ov. fast. 4, 422. Lact. 2, 4, 28 *sq.* – Dav.: **A Hennaeus** (Ennaeus), a, um (Ἐνναῖος), **hennäisch,** moenia, Henna, Ov.: aequor, Col. poët.: subst., Hennaea, ae, *f.,* die Hennäerin = Proserpina, Lucan. – **B Hennēnsis,** e, **hennensisch,** ager, Cic.: Ceres, Cic. u. Lact.: Plur. subst., Hennēnsēs, ium, *m.,* die Einw. von Henna, die **Hennenser,** Cic. u. a.

hēpar (ēpar), patis, *n.* (ἧπαρ), **I** die **Leber,** rein lat. iecur, Marc. Emp. 22. – **II** der **Leberfisch** (ἥπατος), Plin. 32, 149.

hēpatia, ōrum, *n.* (*Plur.* v. ἡπάτιον), **Leberchen, Leberteilchen,** als kostbares Gericht, Lucil. 310. Petron. 66, 7. Apul. apol. 41.

hēpatiārius a, um (hepar), **zur Leber gehörig, Leber-,** morbus Plaut. Curc. 239.

hēpatiās (ēpatiās), ae, *c.* (ἡπατίας), **von** od. **an der Leber,** Cael. Aur. de morb. chron. 3, 8, 106.

hēpaticus (ēpaticus), a, um (ἡπατικός), **I die Leber betreffend, Leber-,** morbus, Isid. orig. 4, 7, 21: Plur. subst., hepatici, Leberkranke, Plin. 27, 130 u. a. – **II leberähnlich, leberfarbig,** aloë, Pallad. 11, 14. § 8 u. 13.

hēpatītēs, ae, *m.* (ἡπατίτης), der **Leberstein,** eine Art Blutstein, Plin. 36, 147.

hēpatītis, idis, *f.* (ἡπατῖτις), **leberartig,** aloë, Marc. Emp. 8, 1. – subst. = der **Leberstein,** ein uns unbekannter Edelstein, Plin. 37, 186.

hēpatizon, ontis, *n.* (ἡπατίζον, *Partic.* v. ἡπατίζω), **leberähnlich, leberfarbig,** Plin. 34, 8.

Hēphaestias, adis, *f.* (Ἡφαιστιάς, eine der liparischen Inseln, viell. j. *Vulcanello,* Isid. orig. 14, 6, 37.

Hēphaestio, ōnis, *m.* (Ἡφαιστίων), berühmter Feldherr u. Freund Alexanders des Großen, Nep. Eum. 2, 2. Curt. 3, 12 (31), 15 u. a.

hēphaestītis (idos), *f., sc.* gemma, ein uns unbekannter Edelstein, Plin. 37, 166. Isid. orig. 16, 15, 15.

hephthēmimerēs, Akk. ēn, *f.* (ἑφθημιμερής, *scil.* τομή), der Versabschnitt (die Verszäsur) nach der ersten Hälfte des vierten Fußes, bes. im Hexameter und jambischen Trimeter, rein lat. semiseptenaria (verst. insectio), Diom. 497, 9 u. 23. Serv. de cent. metr. 457, 10. Terent. Maur. 1681 u. ö.

hepsēma, atis, *n.* (ἕψημα), **eingekochter Most, Mostmus,** rein lat. sapa (s. d.), Plin. 14, 80.

heptabolus (eptabolus), a, um (ἑπτά u. βάλλω), **siebenmündig,** lacus, Vitr. 8, 2, 6 R.

heptachordus (eptachordus), a, um (ἑπτάχορδος), **siebensaitig, siebenstimmig,** Boëth. instit. mus. 1, 20. p. 207, 24 *sqq.*

heptagōnus (eptagōnus), a, um (ἑπτάγωνος), **siebeneckig,** Vitr. 8, 2, 6. Boëth. inst. arithm. 2, 15 u. 16 u. a.

heptamyxos, on (ἑπτάμυξος), **mit sieben Tüllen,** Ambros. apol. David alt. 9, 49.

heptaphōnos, on (ἑπτάφωνος), **siebenmal ertönend, siebenfaches Echo gebend,** Plin. 36, 100.

heptaphyllon, ī, *n.* (ἑπτάφυλλον), das **Siebenblatt,** eine Pflanze, rein lat. septifolium, Ps. Apul. herb. 116.

heptapleuros, ī, *f.* (ἑπτάπλευρος, siebenseitig), eine Pflanze aus der Gattung plantago (Wegebreit), Plin. 25, 80.

heptapylos, on (ἑπτάπυλος), **siebentorig,** Thebae, Apul. met. 4, 9. – heteroklit. heptapylae Thebae, Hyg. fab. 275. Lact. Stat. Theb. 3, 198.

heptas, adis, *f.* (ἑπτάς), die Zahl **sieben,** Mart. Cap. 2. § 108 u. a.

heptasēmos, on u. **heptasēmus,** um (ἑπτάσημος), **sieben Zeitmoren habend, siebenzeitig,** als *t. t.* der Metrik, rein lat. septenarius, Diom. 500, 6. Mart. Cap. 9. § 978.

heptastadium, iī, *n.* (ἑπταστάδιον), ein **Damm von sieben Stadien,** Amm. 22, 16, 10.

heptasyllabus, a, um (ἑπτασύλλαβος), **siebensilbig,** Mar. Victor. 4, 3, 30. p. 164, 35 K.

heptateuchus, ī, *m.* (ἑπτάτευχος), die fünf Bücher Mosis (Pentateuch) mit den Büchern Josuas u. der Richter, der **Heptateuch,** Sidon. epist. 5, 15, 1.

heptēris, is, *f.* (ἑπτήρης), die **siebenruderige Galeere** (die auf jeder Seite sieben Ruderbänke hat), der **Siebenruderer,** Liv. 37, 23, 5 u. 37, 24, 3. Not. Tir. 110, 4.

1. hera, s. era.

2. Hēra, ae, *f.* (Ἥρα), die Göttin **Hera** der Griechen, die Juno der Römer, Solin. 2, 10. – Dav. **Hēraea**, ōrum, *n.* (Ἡραῖα), das **Herafest** (mit öffentlichen Spielen verbunden), Liv. 27, 30, 9.

Hērāclēa (in Hdschrn. auch Hērāclīa), ae, *f.* (Ἡράκλεια), die **Heraklesstadt (Herkulesstadt),** Name vieler Städte, von denen am bekanntesten: **I** Stadt in Großgriechenland mit einem Hafen am Fluss Siris, eine Kolonie der Tarentiner, Geburtsort des Malers Zeuxis, berühmt durch die Schlacht des Pyrrhus gegen die Römer, j. Ruinen beim Schloss *Policoro,* Liv. 1, 18, 2. Cic. Arch. 6 u. 8. Mela 2, 4, 8 (2. § 68). Flor. 1, 18, 7. Oros. 4, 1. – **II** Stadt in Phthiotis (Thessalien), bei Thermopylä, Kolonie der Spartaner, vorher Trachis gen., Liv. 28, 5, 13 *sq.* u. Iustin. 13, 5, 8. – **III** Stadt in Bithynien am Schwarzen Meer (dah. Pontica), eine Kolonie der Milesier, noch j. *Herakle* od. *Erekli,* Liv. 42, 56, 6. Iustin. 16, 3 *sqq.* – **IV** sehr alte Stadt auf Sizilien am Halykos, sonst Minoa (Μινώα) gen., eine Kolonie von Kreta, jetzt Ruinen bei *Torre di Capo Bianco* an der Mündung des Plataniflusses, Cic. Verr. 2, 125. Liv. 24, 35, 6. – **V** Heraclea Sintica (Sintice) od. ex Sintis, Stadt in der mazedon. Landschaft Päonia, am westl. Ufer des Strymon, j. *Melenik,* Caes. b. c. 3, 79, 3. Liv. 42, 51, 7. – Dav.: **A Hērācleēnsis**, e, zu Heraklea in Bithynien gehörig, **herakleensisch,** Liv. 24, 20, 15. – **B Hērācleēnsēs** (in Hdschrn. auch Hērācliēnses), ium, *m.*, die Einw. von Heraklea, die **Herakleenser,** Cic. – **C Hērācleōtēs**, ae, *m.* (Ἡρακλεώτης), **aus Heraklea, herakleotisch,** Menander, Varro: Dionysius ille, Cic.: tractus, Plin. – Plur. Hērācleōtae, ārum, *m.*, die Einw. von Heraklea, die **Herakleoten,** Cic. – **D Hērācleōticus**, a, um (Ἡρακλεωτικός), **herakleotisch,** nux, Opp. bei Macr.: origanum, Plin.: cancri, Plin.

Hērācleopolis, is, *f.* (Ἡρακλέους πόλις), Stadt in Ägypten auf einer Nilinsel, j. Dorf *Ahnas,* Mart. Cap. 6. § 676 (der die Insel selbst fälschlich H. nennt). – Dav. **Hērācleopolītēs**, ae, *m.*, **von Herakleopolis, herakleopolitisch,** nomos, Plin. 36, 84: Plur. subst., Hērācleopolītae, ārum, *m.*, die Einw. von Herakleopolis, die **Herakleopoliten,** Plin. 36, 86.

Hērācleōtēs, s. Hērāclēa.

Hērācleōticus, a, um, s. Hērāclēa.

Hērāclēum, ēi, *n.* (Ἡράκλειον), Stadt in Mazedonien, an der Grenze Thessaliens, zwischen Dium u. Tempe, Liv. 44, 2 *sqq.*

Hērāclēus u. **Hērāclīus** (u. -īos), a, um (Ἡράκλειος), **zu Herakles (Herkules) gehörig, Herakles-, Herkules-, herkulisch, α** Form *-ēus:* fabulae, Iuven, 1, 52: herba, quae Heraclea et panacea dicitur, Pelagon. veterin. 28 (399 *Ihm*). – **β** Form *-īus* (-īos): lapis, sowohl = der Probierstein für das Gold, auch lapis Lydius, griech. ἡ Λυδία λίθος, gen. (wahrsch. der flachmuschelartige edle Kieselschiefer), Plin. 33, 126, als = der Magnet (von den Alten fälschlich von einer unbekannten Stadt Heraclea abgeleitet), Plin. 36, 127. – alterum genus (panaces) Heraclion vocant et ab Hercule inventum tradunt, Plin. 25, 32.

Hērāclīa, ae, *f.*, s. Hērāclēa.

Hērāclīdēs, ae, *m.* (Ἡρακλείδης), **I** ein **Nachkomme des Herakles (Herkules),** ein **Heraklide,** Vell. 1, 2. § 1 u. 3. Solin. 2, 10. Cl. Mamert. pan. Maxim. 9. 4. – **II** Heraclides Ponticos od. Ponticus, aus Heraklea am Pontus, griech. Philosoph, Schüler des Plato u. Speusippus, später des Aristoteles, Varro sat. Men. 81 u. 445. Cic. Tusc. 5, 8 u. a. – **III** Heraclides Ponticus der jüngere, ein Grammatiker, Gell. fr. bei Prisc. 6, 61.

Hērācliēnses, s. Hērācliēnses (unter Heraclea).

Hērāclītus, ī, *m.* (Ἡράκλειτος), **I** berühmter griech. Philosoph aus der Stadt Ephesus (ungefähr ums J. 500 v. Chr.), bes. bekannt durch seine trübe Ansicht vom menschlichen Leben (man sagte von ihm, er weine immer, wie von Demokrit, er lache immer). Seine Schriften, die er im Dianatempel zu Ephesus niederlegte, waren außerordentlich dunkel. In der Natur nahm er zwei Grundkräfte an, den Streit (ἔρις, sonst νεῖκος) u. die Einigkeit (ἁρμονία od. φιλία), Cic. de div. 2, 133; de fin. 2, 15: Heracliti secta, Apul. de dogm. Plat. 1, 2. – **II** Heraclitus Tyrius, ein akadem. Philosoph, Cic. Acad. 2, 11.

Hērāclīus, s. Hērāclēus.

1. Hēraea, ōrum, *n.*, s. 2. Hēra.

2. Hēraea, ae, *f.* (Ἡραία), feste Stadt in Arkadien am östlichen Ufer des Alpheus, jetzt Ruinen bei *Aianni* oder *St. Iohannes,* Liv. 28, 7 *sq.* u. a.

herba, ae, *f.* jede halmartig emporsprossende **Pflanze, Halm, Kraut, Gras** (Sing. oft kollektiv), **I** im Allg., verb. stirpes et herbae, Pflanzen u. Kräuter, Cic.: herbae virgultaque, Lucr.: herbae frondesque, Ov.: omne herbarum radicumque genus, Liv. – m. Genet., h. graminis, Grashalm, Verg.: u. so graminis herba pura, Liv. – m. Adjj., herbae palustres, Sumpfpflanzen, Liv.: h. irrigua, Wiesengrün, Plaut.: herbae laetae, Verg.: h. multa, üppiger Graswuchs, Hor.: h. solstitialis, Plaut. u. Plin.: h. viridis, Verg. – m. Verben, umida (tellus) maiores herbas alit, Verg.: gignendae herbae non alius (amnis) est aptior, Curt.: herbis prata convestirier, Enn. u. Lucr.: internatae herbae feno reserventur, Col. – als Futter für Tiere, salsae herbae, Verg.: immemor herbae victor equus, Verg.: in eodem prato bos herbam quaerit, canis leporem, ciconia lacertam, Sen.: desecare herbas, Caes. – als Nahrung der Menschen im Naturzustand oder aus Not, haec (quercus) erat et teneri caespitis herba cibus, Ov.: vivere herbis, Hor., herbarum radicibus, Sen.: victu pasci simplicis herbae, Verg.: volsis pascere alqm radicibus herbae, Verg.: herba, ubi necesse est, non pecori tantum sed homini nascitur, Sen. – als **Grünware, Küchenkraut,** eas herbas herbis aliis condiunt, Plaut.: fungos, helvellas, herbas omnes ita condiunt, ut nihil possit esse suavius, Cic.: hoc ubi confusum sectis inferbuit herbis, Hor. – zur Bekränzung, corona ex asperis herbis, Cic.: cornu cingere recentibus herbis, Ov. – als botanische u. mediz. **Pflanze, Kraut, Heilkraut,** herba lapathi, Hor.: h. muralis, Cels.: h. parietaria u. parietina, Aur. Vict. u. Amm.: h. sanguinalis, Cels.: herbae fortes, Ov., salutares, Ov. u. Sen.: fallax herba veneni, Ov.: terra medicas fundit herbas, Plin.: herbis curare vulnus, Liv.: ipse lectas Pagasaeis collibus herbas temperat, Ov. – als Zauberkraut, herba nigri veneni, Verg.: herbae magicae, Plin.: herbae Hecateae, Ov.: potentes, Ov.: cantatae, Ov.: herbarum potentia, Ov.: Paeoniis revocatus herbis et amore Dianae, Verg.: excīdere herbas atque incantata lacertis vincula, Hor. – Sing. kollektiv u. Plur. als Sitz od. Lager, **Gras, Rasen,** alta nativo creverat herba toro, Prop.: fusus (fusi) per herbam, Verg.: in herba se abicere, Cic.: in herba recumbere, Cic.: herbā requiescere, Ov.: iuvat prope rivum somnus in herba, Hor.: victor per herbas, ›aura veni‹, dixi, im Gras (hingestreckt), Ov. – Plur. als Weideplatz, **Trift, Anger,** herbae Albanae, Hor.: Aventinae, Ov.: communes, Hor.: mille greges illi totidemque armenta per herbas errabant, Ov. – als Tummelplatz, ludentes Panes in herba, Ps. Verg. cul. 114. – ein Grashalm als Zeichen der Unterwerfung überreicht (s. Paul. ex Fest. 99, 7); dah. sprichw. herbam dare od. porrigere, sich für besiegt erklären, Afran. com. 145. Varro fr. bei Serv. Verg. Aen. 8, 128. Plin. 22, 8. – **II** insbes.: **a** die **Pflanze,** der **Halm** des Getreides (vollst. frumenti herba, Verg. georg. 1, 134, od. seminis herba, Ov. fast. 1, 154), Sing. kollekt. u. Plur. auch das im Halm stehende **Getreide,** die **Saat,** h. recens, Ov.: h. sterilis, Ov.: herbae non fallaces, Cic.: iam altae in segetibus herbae, das auf den Saatfeldern schon hoch aufgeschossene Getreide, Liv.: frumenta, quae iam in herbis erant, im H. standen, Liv.: ex hordeo alterum caput grani (Keimspitze) in radicem exit, alterum in herbam, wird zum Halm, Plin.: illa herba (Pflanze), quae in segetem frugemque ventura est, Sen.: seges altera in herba est, ist im zweiten Halm, sprießt (schoßt) von neuem auf, Pers.: hoc (triticum) nondum est in herba lactente, Sen.: saepe Ceres primis dominum fallebat in herbis, Ov.: primis segetes moriuntur in herbis, Ov. – Bildl., adhuc tua messis in herba est, noch steht dein Korn auf dem H. (= noch ist für dich die Zeit der Ernte nicht gekommen), Ov. her. 16 (17), 263: omnis illa laus velut in herba vel flore praecepta (gleichsam im grünen Halme oder in der Blüte schon geerntet) ad nullam certam et solidam pervenit fragem, Tac. dial. 9. – **b** das **Unkraut** (vollst. mala herba, Cato r. r. 50, 1, od. sterilis herba, Curt. 4, 1 [4], 21), officiant laetis ne frugibus herbae, Verg. georg. 1, 69: bis segetem densis obducunt sentibus herbae, *ibid.* 2, 411.

herbāceus, a, um (herba), **grasartig, grasfarbig, grasgrün,** folia herbacei coloris, grasgrüne, Plin.: flos h., Plin.

herbānus, a, um (herba), **Gras fressend,** subst. herbānae, ārum, *f.* (*sc.* bestiae od. ferae), **Grasfresser** (v. Tieren), CIL 10, 6012.

herbārius, a, um (herba, s. Diom. 326, 14), **zu den Kräutern gehörig, Kräuter-,** ars, Kräuterkenntnis, Botanik, Plin. 7, 196: elephantus, Cur. urb. reg. 8, **I** herbārius, iī, *m.*, der **Kräuterkenner, Botaniker,** Plin. 20, 191 u. 25, 174. – **II** herbāriae, ārum, *f.* (*sc.* bestiae od. ferae), **Grasfresser** (v. Tieren), CIL 10, 7295. – **III** herbārium, iī, *n.*, ein **Pflanzenbuch, Kräuterbuch,** Cassiod. instit. div. litt. 31. Isid. orig. 4, 10, 4.

herbāticus, a, um (herba), **Gras fressend,** animalia, Grasfresser, Solin. 27. § 27. Vopisc. Prob. 19, 4: dass. ferae, CIL 8, 7969.

herbeo, s. herbo.

herbēsco, ere (herbeo, s. Charis. 253, 3), **zu grünen Halmen aufsprießen,** viriditas herbescens, das hervorsprossende Grün des Getreides, Cic. de sen. 51: ibi campi semper herbescunt (grünen), Amm. 31, 2, 19: herbescere campos, Ambros. hexaëm. 3, 9, 42: herbescit ager cum herbam generat, Beda de orthogr. 274, 24 K.

herbeus, a, um (herba), **grasfarbig,** oculi, gelbgrün unterlaufene (wie die der Gelbsüchtigen), Plaut. Curc. 231.

herbido, āre (herbidus), **ein grasartiges (grünes) Ansehen geben,** Mart. Cap. 1. § 75.

herbidus, a, um (herba), **I grasreich, kräuterreich, Gras-, Kräuter-,** locus, mons, Liv.: campus, Varro u. Liv.: Epiros, Ov.: insulae herbidae omnes arundine et iunco, Plin. ep.: herb. lac, Kräutermilch, Plin. – **II grasartig, a** der Beschaffenheit nach, virgultum herbidum magis quam arbustum (baumartig), Solin. 27, 48. – **b** der Farbe nach, **grasgrün,** folium herbidi coloris, Plin. 12, 56: velamina, Claud. in Rufin. 2, 109: lux, Prud. psych. 863.

herbifer, fera, ferum (herba u. fero), **grasreich, kräuterreich,** colles, Ov. met. 14, 9: Acis, Ov. fast. 4, 468: Pelius mons, Plin. 25, 94.

herbigradus, a, um (herba u. gradior), **Graswandler, -lerin,** poet. v. der Schnecke, Poët. b. Cic. de div. 2, 133.

herbilia, s. ervilia.

herbilis, e (herba), **mit Gras gefüttert,** anser, Lucil. 1106 (b. Serv. Verg. georg. 1, 129); vgl. Paul. ex Fest. 100, 13.

herbipotēns, entis (herba u. potens), **der Kräuter kundig,** Boëth. cons. 4. metr. 3, 9.

Herbita, ae, *f.* (Ἕρβιτα), Stadt im Innern Siziliens, j. *Nicosia,* Cic. Verr. 3, 75. – Dav.

Herbitēnsis, e, **herbitensisch,** Cic.: subst., Herbitēnsēs, ium, *m.*, die Einw. von Herbita, die **Herbitenser,** Cic.

herbitum, i, *n.* (herba), **Kräuterwerk,** Isid. orig. 17, 7, 55.

herbo, āre (herbo), **voll grünen Grases sein,** prata herbantia, grasreiche Wiesen, Apul. met. 7, 15.

herbōsus, a, um (herba), **I grasreich, kräuterreich,** loca, Cato: campus, Hor.: flumen, Verg.: stramenta herbosissima, Cato. – moretum h., mit grünen Kräutern angemacht, Ov. – **II grasgrün,** marmor, Sidon.: calcei, Mart. Cap.

herbula, ae, *f.* (*Demin.* v. herba), ein **kleines Kraut, ein Kräutchen (Kräutlein), Pflänzchen (Pflänzlein), Graspflänzchen,** Cic. de nat. deor. 2, 127. Sen. de vit. beat. 9, 2. Quint. 1, 3, 5. Apul. met. 10, 30: als **Zauberkraut,** Apul. met. 2, 28 u. 3, 23.

herbum, ī, *n.*, Variante von ervum (s. d.), Pelagon. veterin. 2 (24 *Ihm*). Pallad. 1, 24, 3; 1, 34, 5. Veget. mul. 1, 56, 23; 2, 48, 3 u. ö. – Nbf. hervum, Edict. Diocl. 1, 16.

herbuscula, ae, *f.* (*Demin.* v. herba), das **Graspflänzchen,** Mart. Cap. 2. § 100.

hercēus (hercīus), a, um (ἑρκεῖος od. ἕρκειος), **zum Vorhof gehörig,** Iuppiter Herceus (ἑρκεῖος), als Beschützer von Haus, Hof u. Herd, im Vorhof (ἕρκος), wo er seinen Altar hat, der Hauspatron (rein lat. penetralis), Hyg. fab. 91. Sen. Agam. 469 u. 830. Paul. ex Fest. 101, 2. Schol. Lucan. 9, 979. Serv. Verg. Aen. 2, 469 u. 506. – arae Herceae, des Hauspatrons Jupiter, Lucan. 9, 979.

hercīsco (ercīsco), ere, ein Erbgut, eine Erbschaft **zerschlagen, teilen,** in der Verbdg.: herciscunda familia, Erbschaftsverteilung, CIL 1, 205. II. lin. 54 *sq.* (wo erc.) Cic. de or. 1, 237. Cic. Caecin. 19. Apul. met. 9, 27. – Übtr., de proprietate soli, immo viae herciscundae contendentes, welchen Weg wir einschlagen sollten, Apul. met. 6, 29.

hercīus, a, um, s. hercēus.

Hercle, s. Herculēs.

Hercolēs, s. Herculēs.

herctum (erctum), i, *n.* (hercisco), das eingeschlossene Gehöft; insbes. das **Erbgut, Erbe,** herctum ciēre, das Erbgut (die Erbschaft) teilen, Cic. de or. 1, 237: ercto non cito, Gell. 1, 9, 12. Vgl. Donat. b. Serv. Verg. Aen. 8, 642. Paul. ex Fest. 82, 16.

Herculānēnsis, s. Herculāneum.

Herculāneum, eī, *n.*, **I** Stadt in Kampanien, 7 km östl. von Neapel (westlich vom heutigen Flecken *Torre del Greco*), die zur Zeit des Kaisers Nero durch ein Erdbeben teilweise verwüstet, dann unter Titus i. J. 79 n. Chr. durch den Ausbruch des Vesuv gänzlich verschüttet, im J. 1720 n. Chr. unter dem heutigen *Portici* und einem Teil des heutigen *Resina* wieder entdeckt u. teilweise ausgegraben wurde, Sisenn. hist. 4. fr. 54 (bei Non. 207, 9). Vell. 2, 16, 2. Sen. nat. qu. 6, 26, 5. Mela 2, 4, 9 (2. § 70). Plin. 3, 62. Flor. 1, 16, 6. – Dav.: **A Herculānēnsis,** e, **herkulanensisch,** fundus Cic.: oppidum, Sen.: litus, Sen.: plebs, CIL 10, 1435. – subst., in Herculanensi, auf dem herkulanensischen Gebiet, Cic.: Herculanēnses, ium, *m.*, die Einwohner von Herkulaneum, die **Herkulanenser,** CIL 10, 1492. – **B Herculāneus** u. **Herculānus,** a, um, **herkulanisch,** Herculanea ficus, Cato r. r. 8, 1. Cloat. bei Macr. sat. 2, 16, 1. Plin. 15, 70 u. 72: Herculanea via, der nach Herkulaneum führt, Cic. de lege agr. 2, 36: ders. Herculana via, Flor. 4, 8, 6: Herculaneus pagus, CIL 10, 3772: ders. Herculanus pagus, *ibid.* 6664. col. 2 a. E. – **II** Stadt in Samnium, nach Reich. j. *M. Arazzo,* Liv. 10, 45, 10.

Herculāneus u. **-lānus,** a, um, s. Herculāneum u. Hercules.

Hercule, s. Herculēs ►.

Herculēs, is, *m.* (Ἡρακλῆς), ein griechischer Nationalheld, Sohn Jupiters von der Alkmena, Gemahl der Deïanira (dah. Herculis uxor, Ov. trist. 2, 405), als Gott Gemahl der Hebe (dah. Herculis uxor, Ov. fast. 6, 65 u. 78), der sich durch Ausrottung von wilden Tieren u. Räubern um seine Zeitgenossen verdient machte. Die Mythe lässt ihn von der Juno unaufhörlich verfolgt werden, und Eurystheus legte ihm zwölf schwere Arbeiten (Herculis athla, s. āthlon) auf, die er alle glücklich verrichtete. Man betrachtete den Herkules als den Geber des Reichtums (πλουτοδότης), weshalb man ihm auch den Zehnten des gewonnenen Reichtums opferte, s. Lorenz Plaut. most. 972. Heindorf Hor. sat. 2, 6, 12; auch als den Begleiter und Führer der Musen (μουσαγέτης), Hercules Musarum, Suet. Aug. 29, 5. – Die Parabel von Herkules am Scheidewege (Cic. de off. 1, 118; ep. 5, 12, 3) ist eine Dichtung des Prodikus, von dem sie Xenophon (memorab. 2, 1. § 21 *sqq.*) entlehnt hat. – ► Genet. auch Herculi bei Plaut. Pers. 2 u. rud. 822. Cic. Acad. 2, 108. Tac. ann. 12, 13. Symm. ep. 6, 44; vgl. Varro LL. 8, 26 u. Charis. 132, 17. – Dat. Sing. auch Herculei, CIL 1, 1113 u. a., Hercolei, *ibid.* 1, 1145 u. a., Hercule, *ibid.* 1, 1134: Plur. Hercules, Varro bei Serv. Verg. Aen. 8, 564. Verr. Flacc. bei Serv. Verg. Aen. 8, 203. Arnob. 4, 15. Augustin. de civ. dei 18, 12. p. 270, 32 D.², Genet. Herculum, Tert. de spect. 11, Dat. od. Abl. Herculibus, Varro LL. 10, 49. – Nbf. Ercules, Erculis, Erculi, Erculem, Ercule, s. Varro LL. 8, 16. – Hercules od. Hercule u. in der Umgangssprache Hercle als Beteuerungsformel der Römer = **beim Herkules!** Cic. u. a.: dafür mehercules od. mehercule, Cic., od. mehercle, Ter.: hercle mit anderen Versicherungswörtern, hercle certe, Ter.: hercle sane od. sane hercle, Komik., Rhet. Her. u. Cic.: licet Hercules m. folg. Konj., Cic. Rosc. Am. 31; Verr. 3, 145. Vgl. (über die Formen) Benecke Cic. de imp. Pomp. 54. Zumpt Cic. Verr. 3, 144. p. 565 u. 4, 14, 32. p. 682. – Dav.: **A Herculānus,** a, um, **herkulisch,** pes, lang, groß, Gell. 1, 1, 3. – **B Herculāneus** (u. **-ius**), a, um, **herkulisch,** pars, der zehnte Teil (decima), den man dem Herkules zu opfern pflegte,

Plaut.: formicae, die größten, Plin.: ebenso urtica, Plin.: machaera (macera), gewaltiges, Capit.: mater = nymphaea, Ps. Apul. herb. 67: unus tibi nodus, sed Herculaneus restat, noch ist **ein** Knoten, aber ein herkulischer (= sehr schwieriger) zu lösen übrig, Sen. ep. 87, 38. – subst., Herculānia, ae, *f.*, eine Pflanze = *sideritis,* Ps. Apul. herb. 72. – **C** **Herculeus**, a, um, **herkulisch, des Herkules, Herkules-,** labor, Hor.: hospes, d. i. Kroton, der den Herkules aufnahm, u. dah. urbs hospitis Herculei, die Stadt Kroton, Ov.: Trachin, von Herkules erbaut, Ov.: hostis, Telephus, des Herkules Sohn, Ov.: sacra, Herkulesdienst, Aur. Vict.: litora, bei Herkulaneum, Prop.: gens, das fabische, Ov.: urbs, Herkulaneum, Ov.: arbor, der (dem Herkules heilige) Pappelbaum (*Populus alba,* L.), Verg.: astrum, das Sternbild des Löwen, Mart.: metae, die Säulen des Herkules, Sil. – **D** **Herculīnus**, a, um, **herkulisch,** Prisc. 2, 58. – **E** **Herculius**, a, um, Beiname des Kaisers Maximianus; vgl. *Spanh.* de usu numm. 12, 495. – u. dav. **Herculiānī**, ōrum, *m.*, die Ehrenlegion des Max., die **Herkulianer,** Amm. 22, 3, 2; 25, 6, 2.

Hercynia silva, ae, *f.*, das **hercynische Waldgebirge** = die Gebirgskette, die im Norden der Donau von Westen nach Osten Germanien in zwei Teile teilt, Caes. b. G. 6, 24*sq.* Mela 3, 3, 3 (3. § 29), Tac. Germ. 28. – auch gen. Hercynia, ae, *f.*, b. Tac. ann. 2, 45: saltus Hercynius bei Tac. Germ. 30, 3. Isid. orig. 12, 7, 31: Hercynium iugum b. Plin. 4, 100. – Dav. Hercyniae aves, Isid. orig. 12, 7, 31.

Herdōnea (Herdōnia), ae, *f.*, Stadt in Apulia Daunia, von Hannibal zerstört, von den Römern wiederaufgebaut, j. *Ordona* am Fluss *Carapella,* Liv. 25, 21, 1; 27, 1, 3. Sil. 8, 567. – Dav. **Herdōniēnsēs**, ium, *m.*, die Einw. von Herdonia, die **Herdonienser,** Plin. 3, 105.

here, s. herī.

hērēdēs = heres, der Erbe, habebis gentes heredes (als Erbe), Commodian. apol. 376.

hērēdifico, āre (heres u. facio), bei jmd. **zum Erben einsetzen,** alqm, Interpr. Iren. 4, 22, 1.

hērēdiolum, ī, *n.* (*Demin.* v. heredium), ein **kleines Erbgut** (s. Placid. gloss. V, 25, 23), quattuor iugerum avitum h., Col. 1. praef. § 13: h. tenue, Gell. 19, 7, 1: h. exiguum, Apul. apol. 101: num ipsum heredioli pretium invidiosum est? *ibid.*: herediolum, maiorum regna meorum, Auson. de hered. (XII) 2, 1. p. 35, 1 Schenkl. – Nbf. **hērēdiolus**, ī, *m.*, sterilis, Apul. flor. 11.

hērēdipeta, ae, *m.* (heredium u. peto), der **Erbschleicher,** Petron. 124, 2. Schol. Iuven. 3, 129. Porph. Hor. ep. 2, 2, 191. Not. Tir. 51, 98.

hērēditāriē, *Adv.* (hereditarius), **auf dem Wege der Erbschaft, erbschaftsweise,** possidere alqd, Vulg. Ezech. 46, 16.

hērēditārius, a, um (hereditas), **I** die **Erbschaft betreffend, erbschaftlich,** auctio, Cic.: lites, Quint.: ex gradu hereditario, CIL 6, 17078. – **II** = κληρονομιαῖος (Gloss.), **erblich, geerbt, als Erbschaft hinterlassen,** agri, Plin. ep.: cognomen, Cic.: regnum, Plin.: bellum, Flor.: hereditarium et paternum bonum, Sen.: onus, ein lästiges Erbstück (v. einem Menschen), Sen.: controversia, Cic.

hērēditās, ātis, *f.* (heres), die **Erbschaft** (sowohl = das Erben als = das Geerbte), **a** eig.: domus ab avunculo hereditate relicta, Nep.: her. sine sacris, s. sacrum a. E.: hereditate possidere, Cic.: hereditatem adire, Cic.: alci hereditas ab alqo permagna venit, Cic.: Plur., mihi hau saepe evenunt tales hereditates, Plaut.: hereditates a civibus Romanis capere, Cic.: multas hereditates bonitate consequi, Nep. – **b** übtr., her. gloriae, Cic.: scientiae, Iustin. – ► Genet. Plur. öfter hereditatium.

hērēdito, āvī, āre (heres), **I** **erben,** Eccl. – **II** **zum Erben einsetzen,** alqm, Augustin. serm. 22, 3 *Mai.*

hērēdium, iī, *n.* (heres), das **Erbgut,** Varro r. r. 1, 10, 2. Nep. Cat. 1. § 1. Plin. 19, 50. Vgl. Paul. ex Fest. 99, 19.

herēmitis, tidis, *f.*, s. erēmītis.

Herennius, a, um, Name einer röm. *gens,* aus der bes. bekannt: C. Herennius, Volkstribun im J. 80 v. Chr., Sall. hist. fr. 2, 12 (62). – Herennius Senecio, Freund Plinius des J., unter Domitian hingerichtet, Tac. Agr. 2 u. 45. Plin. ep. 1, 5, 3; 3, 11, 3 u. a. – Dav. **Herenniānus**, a, um, **herennianisch, des Herennius,** coheredes, Cic. ad Att. 13, 6, 2.

hērēs (ērēs, haerēs), ēdis, *c.* (viell. abgeschwächte Form v. χῆρος, verwaist), der **Erbe,** die **Erbin,** **I** eig.: h. ex asse, der Totalerbe, Haupterbe, Plin. ep. u. Mart. (vgl. as): ebenso h. bonorum omnium, Liv., u. h. primus, Ps. Quint. decl.: secundus, der Beierbe, der substituierte Erbe, der eintritt, wenn der eig. Erbe die Erbschaft nicht erwerben kann od. will, Cic. u. a.: heres ex dodrante, Nep., ex tertia parte, Cic.: eius heredes, Quint.: heres sum alcis od. alci, Cic.: alqm heredem scribere, facere, instituere, Cic.: alqm heredem bonorum omnium relinquere, Val. Max.: nondum in Pompei locum repentinus heres successerat, Cic.: heredem habuit, quem voluit, Val. Max. – Sing. kollekt., nec multus intra limen heres est, Sen. contr. 2, 1 (9), 7. – v. Frauen, testamento fecit heredem filiam, Cic. II. Verr.. 1, 111; vgl. Cic. de rep. 3, 17. Ov. her. 9, 110. Gaius dig. 37, 7, 2: si sua heres filia patri cum fratribus, Tryphon. dig. 37, 7, 9: clara heres, Ven. Fort. carm. 8, 6, 44. – **II** übtr.: **A** der **Erbe** = Nachfolger, Academiae, Cic.: regni, Liv. – **B** scherzh. = der **Besitzer, Eigentümer,** Plaut. Men. 477. – **C** = stolo, Plin. 16, 173. – **D** personif., Heres Martea, eine nach Antritt einer Erbschaft verehrte Göttin, Paul. ex Fest. 100, 2. – ► Archaist. Akk. herem, Naev. com. 58. Paul. ex Fest 100, 2. – Abl. Sing. heredi, CIL 1, 200. lin. 23. – Schreibung eres, z. B. CIL 13, 6230 (Plur. eredes), haeres, z. B. CIL 10, 3645.

hēresis, s. haeresis.

herī, *Adv.* (v. χθές, urspr. χές, lat. HES, wovon erst hesi, dann heri), **I** **gestern,** Cic. u. a. – **II** übtr., **vor kurzem, jüngst, neulich,** ICt. u. Tert.: hodie atque heri, heute u. gestern, wie χθὲς καὶ πρώην (gestern und vorgestern) = jüngst, neulich, noch vor kurzem, Catull. – ► Nbf. here, b. Plaut., Cic. u. a.; vgl. Quint. 1, 4, 8.

hēricīnus, s. ēricīnus.

herifuga (erifuga), ae, *m.* (herus u. fugio), **vor seinem Herrn fliehend,** Catull. 63, 51.

herīlis, s. erīlis.

Hērillii, Hērillus, s. Ērillus.

hērināceus, s. ērināceus.

herīnus, a, um (heri), **gestrig,** Plin. Val. 2, 30.

hēritūdo (ēritūdo), inis, *f.* (herus) = δεσποτεία, die **Herrschaft,** Gloss. Labb. – hingegen eritudo, servitudo, Paul. ex Fest. 83, 1.

Herma, s. Hermēs.

Hermaeum, ī, *n.* (Ἕρμαιον od. Ἑρμαῖον), eig. ein Tempel des Hermes, dann Eigenname: **I** eines Fleckens in Böotien an der Küste, Liv. 35, 50, 9. – **II** eines Gartensaales, das **Hermäum,** Suet. Claud. 10, 1.

hermafrodītus, s. hermaphrodītus.

Hermagorās, ae, Akk. ān, *m.* (Ἑρμαγόρας), **I** ein griechischer Rhetor aus Rhodus, der etwa in der 2. Hälfte des 2. Jahrh. v. Chr. mit einem besonderen rhetorischen System auftrat, Cic. de inv. 1, 8 u. Brut. 263. Quint. 3, 9, 16 u. 3, 11, 8. – **II** ein griech. Rhetor aus Temnos in Äolis, Zeitgenosse des Augustus u. Tiberius, Schüler des Theodorus von Gadara, Quint. 3, 1, 18. – Dav. **Hermagorēī**, ōrum, *m.*, die Schüler des Hermagoras (*no.* I), die **Hermagoreer,** Quint. 7, 4, 4.

hermaphrodītus (hermafrodītus), ī, *m.* (ἑρμαφρόδιτος), der **Hermaphrodit, Zwitter,** mit beiderlei Geschlechtsteilen, Titin. com. 112 (hermafr.). Plin. 7, 34 u. 11, 262. Gell. 9, 14, 6: biformes hermaphroditique nascentur, Firm. math. 7, 25, 2. p. 270, 12 Kr. u. Sk. – *adi.*, equae hermaphroditae, Plin. 11, 262.

Hermathēna, ae, *f.* (Ἑρμαθήνη), eine Doppelbüste des Merkur u. der Minerva auf **einem** Postament, Cic. ad Att. 1, 1, 5 u. 1, 4, 3.

hermēneuma, atis, *n.* (ἑρμήνευμα), die **Erklärung, Auslegung,** rein lat. enarratio, Sen. exc. contr. 9, 3. § 4. = p. 453, 7 K.

Hermērāclēs, is, *m.* (Ἑρμηρακλῆς), Merkur u. Herkules auf **einem** Postament stehend, Akk. Plur. Hermeracles, Cic. ad Att. 1, 10, 3.

Hermerōs, ōtis, *m.* (Ἑρμέρως), **Eros als Herme,** Plin. 36, 33 (wo Plur. Hermerotes).

Hermēs (Herma), ae, *m.* (Ἑρμης, der Gott Hermes), **I** jede Büste, die in einen viereckigen Fußpfeiler od. in eine Säule auslief, eine **Herme,** wie sie bes. in Athen auf mehreren öffentlichen Plätzen und vor den Eingängen der Tempel und Häuser standen, Cic. ad Att. 1, 8, 2. Nep. Alcib. 3, 2 (an beiden Stellen Plur. Hermae): dafür truncus Hermae, Iuven. 8, 53. – **II** Hermes Trimaximus (= Τρισμέγιστος, Beiname des ägyptischen Hermes), ein Schriftsteller des 2. Jahrh. n. Chr., der altägyptischen, pythagoreischen u. platonischen Ideen wieder Eingang zu verschaffen suchte, Amm. 21, 14, 5.

Hermīnius, iī, *m.* (mons), Gebirge im südöstl. Portugal, j. *Sierra de la Estrella,* Auct. b. Alex. 48, 4.

Hermionē, ēs, *f.* u. **Hermiona,** ae, *f.* (Ἑρμιόνη), **I** Tochter des Menelaus von der Helena, Gemahlin des Orestes, Vell. 1, 1, 3. Ov. ex Pont. 2, 11, 15. Tert. de anim. 46. – **II** Stadt in Argolis, jetzt *Kastri,* Liv. 31, 45, 1. Mela 2, 3, 8 (2. § 50). – Dav. **Hermionicus,** a, um (Ἑρμιονικός), **hermionisch,** ager, Liv. 31, 44, 1.

Hermionēs, um, *m.*, einer der fünf Hauptstämme Germaniens, unter dem man besonders die Stämme zwischen der Elbe u. Weichsel zusammenfasste, Tac. Germ. 2, 7. Plin. 4, 100.

Hermodōrus, ī, *m.*, ein ausgezeichneter Rechtsgelehrter aus Ephesus, dessen Rats und Beihilfe sich die Dezemvirn bei Abfassung der zwölf Tafelgesetze bedienten, wofür ihm ein Standbild auf dem Forum in Rom errichtet wurde, Cic. Tusc. 5, 105. Plin. 34, 21.

Hermogenēs, s. Tigellius *no.* II.

Hermū aedoeon (Ἑρμοῦ αἰδοῖον), **Hermes-Scham (Schamglied),** ein uns unbekannter Edelstein, Plin. 37, 166 (167 D.).

hermūbotanē, ēs, *f.* (Ἑρμοῦ βοτάνη, Hermeskraut), **Bingelkraut,** auch hermubasilion gen., Ps. Apul. herb. 82.

Hermula, ae, *m.* (*Demin.* v. Herma), eine **kleine Herme,** Schol. Iuven. 8, 54. Gloss. IV, 65, 28; V, 194, 38 u. ö.: als Grenzsäule, Grenzstein, Cassiod. var. 3, 51, 4. Gromat. vet. 341, 26.

Hermundūrī, ōrum, *m.*, eine germanische Völkerschaft, im Quellgebiet der Elbe, Vell. 2, 106, 2. Tac. Germ. 41, 2; ann. 2, 63 u. a. Capit. Anton. phil. 22, 1 u. 27, 10.

Hermū poa, ae, gr. Akk. ān, *f.* (Ἑρμοῦ πόα, Hermeskraut), **Bingelkraut,** Plin. 25, 38.

Hermus, ī, *m.* (Ἕρμος), der Hauptfluss Lydiens, der Goldkörner mit sich führte, j. *Sarabad* od. *Kodos, Ghiediz Chai,* Verg. georg. 2, 137. Mela 1, 17, 3 (1. § 89).

herna, ae, *f.* = *saxum,* sabinisch nach Asper u. Serv. Verg. Aen. 7, 684: marsisch nach Paul. ex Fest. 100, 15.

hernia, ae, *f.*, der **Bruch** als Leibesschaden, Cels. 7, 18. p. 296, 1 D.: ingens. Mart. 3, 24, 9. Arnob. 7, 34: Nbf. hirnia, κήλη, Gloss. II, 68, 49.

Hernicī, ōrum, *m.* (Ἑρνικοί), eine Völkerschaft in Latium, nördlich über dem Trerusfluss, Liv. 2, 22, 4. Cic. Phil. 6, 13. Paul. ex Fest. 100, 15: Sing. Hernicus, ī, *m.*, der **Herniker,** kollektiv, Iuven. 14, 180. – Dav. **Hernicus,** a, um, **hernicisch,** ager, Liv.: saxa, Verg. – subst. **Hernicum,** ī, *n.*, das **hernicische Gebiet,** Liv.

herniōsus, a, um (hernia), **einen Bruch habend,** patruus, Verg. catal. 5, 39. Vulg. Levit. 21, 20. Marc. Emp. 33. Porphyr. Hor. sat. 1, 1, 105: Nbf. hirniosus, κηλήτης, Gloss. II, 348, 63: Plur. subst. = **Bruchleidende,** Lampr. Hel. 25, 6.

1. **hēro,** s. 1. ēro.

2. **Hērō,** (Erō), ūs, Akk. ō u. on, *f.* (Ἡρώ), die schöne Priesterin der Aphrodite zu Sestus in Thrazien, Geliebte des Leander aus Abydus, der allnächtlich zu ihr über den Hellespont schwamm, bis er auf einer dieser Fahrten den Tod in den Wellen fand, worauf sie sich von dem Turm stürzte, auf dem sie ihn jedes Mal erwartet hatte, Ov. am. 2, 16, 31 (wo Akk. Heron). Serv. Verg. georg. 1, 207 (wo Akk. Ero). – Dav. **Hērōus,** a, um, **zur Hero gehörig, Hero-,** turres, Lucan. 9, 955.

Hērōdēs, is, *m.* (Ἡρώδης), **I** Herodes der Große, König von Judäa († 2 n. Chr.), ein reicher Fürst, dessen Haupteinkünfte aus den Dattelpflanzungen in der fruchtbaren Ebene von Jericho flossen, Hor. ep. 2, 2, 184: Veranstalter des bethlehemitischen Kindermordes, Macr. sat. 2, 4, 11: Herodis dies, Sabbat, Pers. 5, 180. – Dav. **Hērōdiānus,** a, um, **herodianisch, des Herodes,** crudelitas, Augustin. serm. 109, 1 *Mai.* – **II** ein berühmter u. reicher Sophist aus Marathon in Attika, Freund der beiden Antonine, Lehrer des Verus und des Gramm. Gellius, Gell. 1, 2 *in.* – ► Genet. auch Herodae, Charis. 6, 61 (ohne Beleg).

Hērōdiānus, s. Hērōdēs *no.* I.

herōdio, ōnis, *m.* u. **herōdius,** iī, *m.* (ἐρωδιός), ein Vogel (franz. *héron*), der **Reiher,** Vulg. Levit. 11, 19 u. deut. 14, 16.

Hērodotus, ī, *m.* (Ἡρόδοτος), aus Halikarnassus in Karien (geb. 484 v. Chr.), Vater der griech. Geschichtschreibung, der erst nach vielen Reisen an die Bearbeitung seiner Geschichte (in 9 Büchern) ging († 415 v. Chr. zu Thurii in Unteritalien), Vitr. 8, 3, 27. Cic. de or. 2, 55. Quint. 10, 1, 73.

hērōicē, *Adv.* (heroicus), **heroisch,** Macr. sat. 5, 14, 5.

hērōicus, a, um (ἡρωϊκός), **a zu den Heroen gehörig, heroisch,** tempora, Cic.: saeculum, Macr.: personae, Cic.: Ilios heroicis casibus clara, Amm. – **b** als gramm. *t. t.,* **heroisch** = **episch,** metrum, Auson.: carmen, Quint.: versus, Auson., Amm. und Gramm. – subst., hērōicus, ī, *m.*, ein **epischer Dichter,** Sidon. epist. 4, 1, 2.

hērōida, ae, *f.*, lat. Form v. herois (s. d.), Fulg. myth. 1. paef. p. 4 M.

hērōīnē, ēs, *f.* (ἡρωΐνη), die **Halbgöttin, Heroine,** Sing., Prop. 2, 2, 9: Plur. heroinae, Prop. 1, 13, 31 u. 1, 19, 13.

hērōis, idis, Akk. Plur. idas, *f.* (ἡρωΐς), die **Halbgöttin, Heroide,** veteres heroidas aequas, Ov. am. 2, 4, 33: heroides ac deae, Suet. Ner. 21, 3: griech. Dat. Plur. heroisin, Ov. trist. 5, 5, 43. – heroides, Titel der Episteln des Ovid, nach Prisc. 10, 54.

Hērophilē, ēs, *f.* (Ἡροφίλη), eine Priesterin Apollos, Marpessia, die erythräische Sibylle, Tibull. 2, 5, 68.

hērōs, ōis, *m.* (ἥρως), ein Held aus der vorhomerischen Zeit von halb göttlicher, halb menschlicher Abkunft, wegen seiner ausgezeichneten Taten nach seinem Tod unter die Götter versetzt, ein **Heros, Halbgott, I** eig.: non illi quisquam bello se conferet heros, Catull.: Troius, von Äneas, Verg.: Laërtius, v. Ulixes, Ov. – **II** übtr., ein **Heros** = ein ausgezeichneter Mann, **Ehrenmann,** h. noster Cato, Cic.: heroibus nostris, d. i. Kassius u. Brutus, Cic.: ironisch v. Klodius, Cic.

Hērostratus, ī, *m.* (Ἡρόστρατος), ein Epheser, der, um berühmt zu werden, den Dianentempel zu Ephesus anzündete. Trotz des Verbotes, seinen Namen zu nennen, hat ihn Theopomp der Nachwelt überliefert, Solin. 40, 3.

1. **hērōus,** a, um (ἡρῷος), **a die Heroen betreffend, heroisch,** labores, Stat. silv. 4, 7, 2. – subst., hērōum, ī, *n.*, **α** das Denkmal eines Heroen oder außerordentlichen Mannes übh., ein **Heroum,** Plin. 10, 18. – **β** = *asphodelus,* Plin. 22, 67. – **b** als gramm. *t. t.,* **heroisch** = **episch,** pes, eines epischen Verses (Hexameters), Cic. u. a.: versus, epischer Vers (Hexameter), Cic., Ov. u. a.: carmen, Prop. u. Quint. – subst., **1** hērōus, ī, *m.*, ein **epischer Vers,** Quint. 9, 4, 88 *sq.* Ter. Maur. *v.* 2262: experiri se heroo (in heroischer, epischer Versart), Plin. ep. 7, 4, 3. – **2** hērōa, ōrum, *n.*, heroische Gedichte, lascivus in herois, Quint. 10, 1, 81.

2. **Hērōus,** a, um, s. 2. Hērō.

herpēs, ētis, *m.* (ἕρπης, »kriechend«), **I** eine eigentüml. bösartige Form der Geschwüre, die sich aus anderen Geschwüren entwickelt, bei Spät. = eine pustulöse Ausschlagkrankheit (vgl. Cels. 5, 28, 3), Plin. 26, 145. Ps. Apul. herb. 3. *no.* 18. – **II** ein Tier, herpes, quo praecipue sanantur quaecumque serpunt, Plin. 30, 116.

herpēsticus, a, um (ἑρπηστικός), **sich ausbreitend, um sich fressend,** gangrena, Lucil. 53.

Hersilia, ae, *f.*, Gemahlin des Romulus, Liv. 1, 11, 2. Ov. met. 14, 848.

hērūca, s. ērūca.

Herulī (Erulī), ōrum, *m.*, die **Heruler,** eine nordgermanische Völkerschaft vom Stamm der Hermionen, Amm. 28, 1, 3. Treb. Poll. Claud. 6. § 2. – Sing. Herulus, ī, *m.*, der Heruler (kollektiv), Sidon. carm. 7, 236.

herus, ī, *m.*, s. erus.

hervum, s. herbum.

Hēsiodus, ī, *m.* (Ἡσίοδος), der älteste griechische Dichter nach Homer, aus Kumä in Äolien gebürtig, aber in Askra in Böotien erzogen (dah.

Ascraeus, ὁ Ἀσκραῖος, gen.), Cic. de nat. deor. 1, 36. Quint. 10. 1, 52: griech. Genet. Hesiodu in Zitaten, wie Hesiodu γυναικῶν κατάλογος, Diom. 483, 1. – Dav.: **A** **Hēsiodēus** (Hesiodīus), a, um (Ἡσιόδειος), **hesiodēisch,** Cic. u. Sidon. – **B** **Hēsiodicus,** a, um, **hesiodisch,** Serv. Verg. georg. 2, 176.

Hēsiona, ae, *f.* u. **Hēsionē,** ēs, Akk. ēn, *f.* (Ἡσιόνη), die Tochter des Königs Laomedon in Troja, die Herkules von einem Seeungeheuer errettete und dem Telamon zur Gemahlin gab, Form *-a,* Varro LL. 7, 107. Verg. Aen. 8, 157. Plin. 35, 114. Gell. 10, 25, 3: Form *-ē,* Hyg. fab. 31. Mart. spect. 27, 10. Ov. met. 11, 211 *sqq.*

Hesperia, ae, *f.*, s. Hesperius.

Hesperides, um, *f.*, s. Hesperis.

Hesperis, idis, Akk. Plur. idas, *f.* (Ἑσπερίς), **I** **abendlich,** subst. = die **Nachtviole** (*Hesperis tristis,* L.), weil sie des Abends stärker riecht als am Tag, Plin. 21, 39. – **II** **gegen Abend gelegen, abendländisch,** aquae, d. i. italische (weil Italien für die Griechen gegen Abend lag), Verg. Aen. 8, 77. – subst., Hesperides, um, *f.* (αἱ Ἑσπερίδες Νύμφαι), die **Hesperiden,** Töchter der Nacht (drei, nach anderen vier, ja sieben), die auf einer Insel des Ozeans, jenseit des Atlas, am äußersten Westrand der Erde wohnten, wo sie einen Garten mit goldenen Äpfeln (Hesperidum mala, Orangen) besaßen, die von einem niemals schlummernden Drachen mit hundert Köpfen bewacht wurden, Varro r. r. 2, 1, 6. Cic. de nat. deor. 3, 44. Mela 3, 10, 3 (3. § 100). Solin. 31, 4. Ov. met. 11, 114: Hesperidum horti, Solin. 24, 4: Hesperidum mala od. poma (s. oben), Verg. ecl. 6, 61. Stat. silv. 3, 1, 158: Hesperidum draco, Varro sat. Men. 299: Hesperidum insulae (αἱ Ἑσπερίδες νῆσοι), die Inseln der Hesperiden, Plin. 6, 201. Solin. 56, 13. – ▶ Nom. Hesperidae, wov. Abl. Hesperidis, Schol. Iuven. 5, 152.

Hesperius, a, um (ἑσπέριος), **hesperisch** = **nach Abend zu gelegen, abendländisch,** fretum, Abendmeer, Ov.: axis, Okzident, Ov.: rex, Hesperus od. Atlas, Ov.: terra, das Abendland = Italien, Verg.: ebenso Latium, Verg. – subst., **Hesperia,** ae, *f.* (*sc.* terra), **Hesperien** = das **Abendland,** teils Spanien, Hor., teils Italien, Verg.

Hesperus od. **-os,** ī, *m.* (ἕσπερος), der **Abendstern,** Varro, Cic. u. a.: dux noctis Hesperus, Sen. Med. 886 P.: stella *Lucifer* (Morgenstern) interdiu, noctu *Hesperus* ita circumeunt ad infimum hemisphaerium ac moventur, ut indicent quot sint horae, Varro r. r. 3, 5, 17.

hesternō, *Adv.*, s. hesternus.

hesternus, a, um (vgl. heri für *hesi, analog m. hodiernus), **gestrig, von gestern,** dies, Cic.: nox, Ov.: convivium, Liv.: cena, Plin. pan.: disputatio, Cic.: panis, von gestern, einen Tag alt, Cels.: merum, gestern getrunken, Iustin.: corolla, von gestern = gestern aufgesetzt, Prop.: Quirites, von gestern, frischgebackene (v. kaum erst frei gewordenen Sklaven), Pers. – Plur. subst., hesterna, ōrum, *n.*, das Gestrige, die gestrigen Vorfälle usw., hesternorum immemores, Quint. 11, 2, 6. – Dav. **hesternō,** *Adv.*, **am gestrigen Tage, gestern,** Sisenn. Miles. fr. bei Charis. 200, 20. Cic. Vat. 3 *codd.* Auson. epigr. 70 (74), 1. p. 215 Schenkl. Sulpic. Sev. dial. 3, 1, 1; 3, 2, 1; 3, 5, 2: h. vel cras, Cassiod. dial. p. 538, a (*ed. Garet*).

Hestiaeōtis, idis, *f.* (Ἑστιαιῶτις), eine Landschaft Thessaliens zwischen dem Olympus u. Ossa, Plin. 31, 13.

hestiātēris, idis, Akk. ida, *f.*, eine Pflanze mit gewissen Zauberkräften, Plin. 24, 165.

Hēsus, ī, *m.*, s. 1. Ēsus.

hetaeria, ae, *f.* (ἑταιρία), die **Verbrüderung, Verbindung,** bes. zu religiösen Zwecken, rein lat. sodalitas, Traian. in Plin. ep. 10, 34 (43), 1. Plin. ep. 10, 96 (97), 7.

hetaericos, ē, on (ἑταιρικός, ή, όν), **kameradschaftlich, der Kameraden,** altera equitum ala, quae hetaerice (die der Kameraden [d. i. geborenen Mazedonier]) appellabatur, Nep. Eum. 1, 6.

heterocliton, ī, *n.* (ἑτερόκλιτον), **ein Wort, das** (in einzelnen Kasus) **eine abweichende Deklination zulässt,** ein **Heterokliton** (z. B. poēma, Dat. u. Abl. poēmatis), Charis. 35, 31. Prisc. 7, 82 (vgl. 17, 62 ›ἑτερόκλιτα, id est diversiclinia‹).

heterocrānia, ae, *f.* (ἑτεροκρανία), **einseitiges Kopfweh, Migräne,** Marc. Emp. 2: Plur. = Arten der Migräne, Plin. 31, 99.

heteromēces, is, *n.* (τὸ ἑτερόμηκες), ein längliches Viereck, das **Rechteck, Oblongum,** Censor. fr. 7, 3 (Boëth. inst. arithm. 2, 31. p. 124, 15 griechisch).

heteroplocus, a, um (ἑτεροπλοκός), **verschieden verflochten,** als metr. *t. t.,* Diom. 481, 13.

Hetrūria, Hetrūscus, s. Etrūria etc.

hetta = res minimi pretii; dah. non hettae te facio, du giltst mir keinen Pfifferling, bist mir ganz gleichgültig, Paul. ex Fest. 99, 16 *sq.*

hēū! *Interj.*, **I** als Ausdruck der Verwunderung = **ha! ah!** Plaut. Men. 908 u. a. Vgl. eu. – **II** als Ausdruck des Schmerzes, der Klage = **ha! ach! wehe!** heu me miserum! Cic.: heu stirpem invisam! Verg.: heu dolor! heu lacrimae! ach! der Schm.! ach! die Tr.! Sil.: foederis heu taciti! Prop. 4, 7, 21.

Heuresis, is, *f.* (εὕρεσις), der **Tag der Findung,** ein Festtag des ägyptischen Gottes Osiris, im Monat November, menol. rust. in CIL 1. p. 281.

heureta od. **heuretēs,** ae, *m.* (εὑρετής), der **Erfinder, erfinderische Mensch,** Plaut. Pseud. 700 R.

hēūs! *Interj.* **he! höre! hört! holla!** (s. Spengel Ter. Andr. 84), heus puer! Ter.: heus tu! quid agis? höre du usw., Cic.: heus! heus! (holla! holla!) ... aperite ostium, Ter.

hexachordos, on, *n.* (ἑξάχορδος), **sechssaitig, sechsstimmig,** machina, von der Wasserorgel, Vitr. 10, 8, 2.

hexaclinon, ī, *n.* (ἑξάκλινον), ein **sechssitziges Sofa,** Mart. 9, 59, 9.

hexaēmeron, -um, ī, *n.* (ἑξαήμερον), die **sechs Tage der Erschaffung der Welt,** Ambros. epist. 45, 1. Cassiod. inst. div. litt. 1. Hieron. de vir. ill. 37.

hexagōnum (exagōnum), ī, *n.* (ἑξάγωνον), das **Sechseck,** Col. 5, 2, 10. Gromat. vet. 107, 1 u. (exag.) 356, 12. Isid. orig. 15, 8, 2 (Variante hexagonium). – Nbf. **hexagōnium,** iī, *n.*, Ambros. hexaëm. 5, 21, 69. – u. **exagōnus,** ī, *m.*, Boëth. inst. arithm. 2, 6. p. 91, 3. Fr. u. a. Gromat. vet. 249, 10.

hexahedrum, ī, *n.* (*ἑξάεδρον), das **Sechsseitige** = das Sechseck, Chalcid. Tim. 53.

hexameter, tra, trum (ἑξάμετρος, sechsmaßig), **sechsfüßig** (als *t. t.* der Metrik), metrum, Isid. orig. 1, 38, 6. – bes. hex. versus od. versus hex., Lucil., Cic. u. a.: ders. subst. bl. hexameter, trī, *m.*, der sechsfüßige Vers, der Hexameter, Quint. u. spät. Gramm.: Nbf. **hexametrus,** ī, *m.*, Ter. Maur. *v.* 2105. Victorin. de metr. 209, 7 K.

hexaphoros, on (ἑξάφορος), **I** **zu sechs** eine Last **tragend,** phalangarii, sechs Lastträger, die zusammen auf Tragbäumen eine Last tragen, Vitr. 10, 3, 7. – **II** **von sechs zusammen getragen,** subst., hexaphorum, ī, *n.* (ἑξάφορον), eine **von sechs Männern getragene Sänfte,** Mart. 2, 81, 1; 6, 77, 10.

hexaptōtos, on (ἑξάπτωτος), **alle sechs Kasus habend,** forma, Consent. 351, 22 u. 31 (rein lat. senaria forma, Charis. 150, 22). – subst. hexaptōta, ōrum, *n.*, Nomina, die alle sechs Kasus haben, Prisc. 5, 77. Isid. orig. 1, 6, 43.

hexapylon, ī, *n.* (ἑξάπυλον), ein mit sechs Zugängen nebeneinander versehenes Tor in Syrakus, Liv. 24, 21, 7 u. a.

hexas, adis, *f.* (ἑξάς), die Zahl **sechs,** Mart. Cap. 2. § 108.

hexasēmus, a, um (ἑξάσημος), **sechs Zeitmoren habend, sechszeitig** (als *t. t.* der Metrik), Mar. Victorin. art. gr. 1, 11, 61. p. 49, 17 K.

hexastichus, a, um (ἑξάστιχος), **sechszeilig,** hordeum h., viell. unsere **Himmelsgerste** (*Hordeum caeleste,* L.), Col. 2, 9, 14.

hexastȳlos, on (ἑξάστυλος), **sechssäulig,** Vitr. 3, 2, 7.

hexasyllabus, a, um (ἑξασύλλαβος), **sechssilbig** (*t. t.* der Metrik), pedes, Mar. Victorin. 1, 11, 54. p. 48, 25 K. Mall. Theod. de metr. 588, 2 K.

hexēcontalithos, ī, *m.* (ἑξηκοντάλιθος, die Farben von sechzigerlei Steinen habend), ein uns unbekannter Edelstein, Plin. 37, 167. Solin. 31, 3.

hexēmerum, s. hexaēmerum.

hexerēmis, is, *f.* (ἕξ u. remus) = hexeris (s. d.), Isid. orig. 19, 1, 23. Vgl. Gloss. IV, 71, 7.

hexēris, is, *f.* (ἑξήρης), die **sechsruderige Galeere,** der **Sechsruderer,** Liv. 29, 9, 8 u. Val. Max. 1, 8. ext. 11.

hexis, is, Akk. in, Abl. ī, *f.* (ἕξις), die **Fertigkeit,** Sen. contr. 7. praef. § 2.

hiāsco, ere (hio), **sich spalten, -öffnen,** von der Nuss, Cato r. r. 17, 2.

hiaspis, s. iaspis.

hiātio, ōnis, *f.* (hio), das **Klaffen, Gähnen,** Apul. de orthogr. § 22. p. 100 *Osann.*

hiātus, ūs, *m.* (hio), die weit offenstehende, tief hinabgehende **Öffnung,** die **Kluft,** der **Schlund,** **I** eig.: terrae, Sen. u. Suet.: caeli, Plin.: speluncae, Verg.: corticis, Spalte, Calp.: vulneris, Amm.: Plur., hiatus vasti, Sen.: hiatus terrae, Ov. u. Treb. Poll.: repentinis terrarum hiatibus, Cic. de nat. deor. 2, 14: motus hiatusque terrarum, Augustin. – bes. h. oris (des Mundes), Cic.; u. absol. = der weit offenstehende Mund od. Rachen, offene Mund, offene Rachen, Verg. u. a. – u. so quid dignum tanto feret hic promissor hiatu, solch Mundaufreißens Wertes (v. der pomphaften Ankündigung), Hor. – **II** übtr.: **A** das **Schnappen** nach etwas = die **Gier** nach usw., praemiorum, Tac. 4, 42: gladiatorii spectaculi, Augustin. conf. 6, 8: Plur., novos hiatus aperire, immer den gierigen Rachen offen haben, Amm. 29, 1, 19. – **B** das Zusammentreffen zweier Vokale in der Rede, das **Klaffen,** der **Hiatus,** Cic. or. 77. Quint. 9, 4, 33. Gell. 6 (7), 20, 6.

Hibēr, s. Hibēres.

Hibēres, um, *m.* (Ἴβηρες) od. gew. **Hibērī** (Ibēri), ōrum, *m.*, die **Hiberer (Iberer),** **I** die Bewohner der Landschaft Hiberia in Hispanien, Plur. Form Hiberi, Verg. georg. 3, 408. Lucan. 4, 10. CIL 13, 8007: Genet. Hiberûm, Catull. 9, 6. Avien. descr. orb. 479 u. or. mar. 552. – Sing. Form Hibēr, Hor. carm. 2, 20, 20. Lucan. 6, 258 u. 7, 755. Sil. 1, 656; 4, 470; 16, 306. – **II** die Bewohner der Landschaft Hiberia (s. unten) in Asien, von Pompejus besiegt, Plur. Form Hiberi, Monum. Ancyr. 5, 53. Liv. epit. 101. Aur. Vict. de vir. ill. 77, 6. Plin. 3, 21. Flor. 3, 5, 21. Tac. ann. 6, 33. Eutr. 8, 3: u. Hiberes, Akk. Hiberas, Mela 3, 5, 6 (3. § 41). – Sing. Hiber (nach Prisc. 7, 12), Val. Flacc. 5, 166 u. 559; 6, 507 750: Dat. Hibero, Val. Flacc. 7, 235. – Dav.: **A** **Hibēria,** ae, *f.* (Ἰβηρία), **1** Hispanien diesseits der Säulen des Herkules, Hor. carm. 4, 5, 28. Vell. 2, 40, 1. Flor. 3, 5, 28. Eutr. 6, 14. Iustin. 44, 1, 1. – **2** eine Landschaft in Asien, j. *Georgien,* Hor. epod. 5, 21. Val. Flacc. 6, 120. – **B** **Hibēriacus,** a, um, **hiberisch,** poet. = **hispanisch,** terrae, Sil. 13, 510. – **C** **Hibēricus,** a, um (Ἰβηρικός), **hiberisch,** auch poet. = **hispanisch** übh., glans, Varro sat. Men. 403 bei Gell. 6 (7), 16, 5: herbae (= spartum), Auct. bei Quint. 8, 2, 2: funes (aus Pfriemenkraut), Hor. epod. 4, 3: mare, der westl. Ozean, Col. 8, 16, 9: terrae, Sidon. carm. 23, 154. – **D** **Hibērus,** a, um, **hiberisch,** poet. = **hispanisch,** terra, Lucil. 467 u. 490: gurges, im westl. Ozean, Verg. Aen. 11, 913: mare, der westl. Ozean, Val. Flacc. 2, 34: populi, Mart. Cap. 6. § 665: lorica, aus tarrakonensischem Eisen, Hor. carm. 1, 29, 15: minium, Prop. 2, 3, 11: piscis, die (bei Neukarthago gefangene) Makrele (scomber), Hor. sat. 2, 8, 46: equus, CIL 2, 2660: pastor triplex, Geryon, Ov. met. 9, 184: vaccae od. boves, des Geryon, Ov. fast. 6, 519. Mart. Cap. 6. § 642: nodi, Stat. Theb. 4, 266: extremi Solis Hiberae domus, Val. Flacc. 3, 730. – ► Die aspirierte Form Hiber… (nicht Iber…) steht überall in den besten Handschriften und in den Inschriften.

1. **Hibēris,** *f.* = Hiberia, Sil. 4, 59 *codd.*

2. **hibēris,** idis, Akk. ida, *f.* (ἰβηρίς), eine Pflanze, die **Giftkresse,** Plin. 25, 87 *sq.* u. 25, 134.

hīberna, ōrum, *n.*, s. hībernus.

hībernāculum, ī, *n.* (hiberno), **I** der **Winteraufenthalt,** Plin. ep. 2, 17, 7: Plur. b. Vitr. 1, 2, 4; 7, 4, 4. – **II** insbes., als milit. *t. t.,* Plur. hibernācula, ōrum, *n.* = die **Zelte** zum Winterlager u. in diesem Sinne das **Winterlager,** die **Winterquartiere,** hibernacula lignea ferme tota erant, Liv.: hibernacula aedificare, Liv.: nudare tegulis muros urbis ad tegenda hibernacula sua, Liv.: hibernacula mature communire, Liv.: legiones in hibernacula deducere, Caes.: in hibernacula milites deducere, Liv.: legiones extemplo Pisas in hibernacula mittere, Liv.: copias ex hibernaculis extrahere, Nep.

hībernālis, e (hibernus), **winterlich,** glacies, Vulg. sapient. 16, 29.

hībernātio, ōnis, *f.* (hiberno), das **Überwintern** = παραχειμασία, Gloss. III, 450, 28; 482, 9.

Hibernia, ae, *f.*, das heutige *Irland,* Caes. b. G. 5, 13, 2. Apul. de mund. 7. – ► Andere Formen Iūverna od. Iūberna (Ἰουερνία), Mela 3, 6, 6 (3. § 53). Iuven. 2, 160: Ierne, ēs, *f.* (Ἰέρνη), Claud. laud. Stil. 2, 251. – Dav. **Hibernius,** a, um, **bei Irland,** fretum, *Apul. de mund. 6.

1. **hīberno,** āvī, ātum, āre (hibernus) = χειμάζω, **I** **überwintern,** **A** im Allg., Varro r. r. 1, 8, 6 u. 2, 2, 9: in sicco (v. Schiffen), Liv. 29, 1, 14. – **B** insbes., als milit. *t. t.,* die **Winterquartiere beziehen,** ubi sis hibernaturus perscribas ad me velim, Cic.: hib. Nemetocennae, Hirt. b. G.: Pellae, Liv.: Demetriade, Liv.: in Tarraconis maritimis, Flor. – **II** wie hiemare = χειμάζειν, **stürmisch sein, stürmen,** hibernat meum mare, Pers. 6, 7 u. dazu Schol.

2. **hībernō,** *Adv.*, s. hībernus.

hībernus, a, um (hiems), **winterlich, Winter-,** **I** eig.: tempus, Cic.: tempus anni, Auct. b. Alex.: mensis, Cic. u. (Ggstz. aestivus mensis) Sen.: annus, Winterzeit, Hor.: sol, Cels.: aër, Vitr.: imber, Mela: Lycia, wo sich Apollo den Winter über aufhält, Verg.: Alpes, winterlich, kalt, Hor.: occĭdens, die Winterabendseite, Liv. u. Vitr.: pirum, Winterbirne, Plin.: castra, Winterlager, Winterquartier, Cato fr., Liv. u. a.: legio, in Winterquartieren liegend, Suet.: expeditio, Liv.: vigiliae, schlaflose Winternächte, Gell.: rosa, Mart. – Insbes. subst., **A** hībernum, ī, *n.*, **a** die **Winterzeit,** in hiberno, Min. Fel. 34, 11: Abl. adv. hībernō, zur W. (Ggstz. aestate), Plin. 6, 197. Venul. dig. 42, 8, 25. § 6. Solin. 5, 8. Cypr. ep. 37, 2. Pallad. 12, 8, 1. Cael. Aur. de morb. chron. 3, 1, 2. Dosith. fab. Aesop. 17 *extr.* p. 37 *ed. Boecking*: verno potius quam hiberno, Varro r. r. 3, 16, 21: verno hibernoque, Greg. Tur. de curs. stell. § 24 H. – **b** = hibernaculum, Cic. ad Q. fr. 3, 1, 2. – **B** hīberna, ōrum, *n.*, **a** (*sc.* castra) das **Winterlager,** das **Winterquartier** (Ggstz. aestiva), dies hibernorum, die Zeit des Aufenthalts im W., Caes.: terna hiberna, das dritte W. (poet. = der dritte Winter), Verg. Aen. 1, 366: ibi hiberna aedificare, Liv.: in Belgis omnium legionum hiberna constituere, Caes.: cohortes in hiberna mittere, Cic.: exercitum in hiberna in Sequanos deducere, Caes.: Fabium cum sua legione remittere in hiberna, Caes.: exercitum in hibernis collocare, Caes.: in hiberna proficisci, mature ad hiberna proficisci, Sall.: in hiberna Antiocheam concedere, Liv.: cum tribus legionibus circum Samarobrivam trinis hibernis hiemare, Caes.: ibi hiberna habere, Liv.: tres legiones ex hibernis educere, Caes.: ex hibernis discedere, egredi, Caes.: milites mense Ianuario ex hibernis in expeditionem evocare, Sall. – **b** (*sc.* stabula), der **Winteraufenthalt** des Viehs, das **Wintergehege** (Ggstz. aestiva), Varro r. r. 2, 1, 26. Marcian. dig. 32, 1, 67. – **II** übtr., **winterlich = stürmisch,** mare, Hor.: ventus, Verg. – *neutr. Sing. adv.*, increpui hibernum, Auct. prol. Plaut. rud. 69.

1. **Hibērus** (nicht Ibērus), ī, *m.* (Ἴβηρ), ein Fluss in Hispanien, j. *Ebro,* Cato origg. 7. fr. 4 (bei Non. 151, 8). Caes. b. c. 1, 60, 2. Liv. 21, 2, 7 u. fr. 91. Mela 2, 6, 5 (2. § 90). Plin. 3, 21. Flor. 3, 17. § 7 u. 15. Iustin. 44, 1, 1. Mart. Cap. 6. § 623. Prisc. 7, 12.

2. **Hibērus,** s. Hibēres.

hibīscum, ī, *n.* (ἰβίσκος), der **Ibisch** od. **Eibisch** (*Althaea officinalis,* L.), Cels. 4, 31 (24). p. 157, 28 D. Plin. 19, 89 u. 20, 29. Calp. ecl. 4, 32: gregem compellere hibisco (poet.), in den Eibisch treiben, Verg. ecl. 10, 1. – ► Nbf. ebīscum, Scrib. 80 u. 82, od. evīscum, Plin. Val. 1, 6: u. hibīscus, ī, *f.*, Serv. Verg. ecl. 2, 30. Ps. Apul. herb. 38. Apul. de orthogr. 23. p. 100 *Osann;* vgl. Gloss. (wo hibiscus u. hibiscum).

hibrida (hybrida, ibrida), ae, *c.* (aus ὕβρις, älter υ-ιβρις), von zweierlei Abkunft, der **Mischling, Bastard,** **a** v. Tieren, bes. von einer zahmen Sau u. einem wilden Eber, Plin. 8, 213; vgl. Mart. 8, 22: von einem Jagdhund u. Hirtenhund, Porphyr. Hor. sat. 1, 7, 2. – **b** v. Menschen, wenn der Vater ein Römer od. Freigeborener, die Mutter eine Ausländerin od. Sklavin ist, Plin. 8, 213. Auct. b. Afr. 19, 4. Hor. sat. 1, 7, 2 (hybr.). Suet. Aug. 19, 1 (ibr.). Mart. 6, 39, 2.

1. hic, haec, hoc, *Pronom. demonstr.* **dieser, diese, dieses** (v. dem in unmittelbarer Nähe [in Raum, Zeit und Vorstellung] Befindlichen, dah. in gerichtl. Reden von der Partei des Redners, in Briefen von der ersten Person und von allem, was zu dem Schreibenden in nächster Beziehung steht), **I** im Allg.: hic avunculus, Cic.: genus hoc, Cic.: hoc docere, haec dicere, Cic. – verb. hic ipse, Cic.: hic ille, hic iste, hic talis, quidam hic, Komik., Cic. u. a. (s. über hic est ille, hoc est illud Brix Plaut. capt. 784. Klotz u. Spengel Ter. Andr. 787. Müller Liv. praef. § 10). – hic ... ille, hic ... iste u. dgl., **dieser ... jener** (zuw. auch **jener** od. **ersterer ... dieser,** wenn sich nämlich hic auf das der Wortstellung nach Entferntere, aber dem Gedanken nach Nähere bezieht), Cic. – hic oft auf einen folg. Gedanken hinweisend, der durch einen Satz mit qui, od. im *Acc.* u. *Infin.*, od. durch einen Satz m. quod od. quia, m. ut od. ne ausgedrückt wird, Cic. – haec et haec, **das und das, dieses und jenes,** z. B. scire, Quint. – *n. sing.* hoc subst., quidquid ego huius feci, alles, was ich in dieser Sache getan habe, Ter. heaut. 961: m. *Genet.*, hoc commodi est, quod etc., Cic.: hoc litterularum exaravi etc., Cic.: hoc mihi iuris cum venia dabis, das, was Rechtens ist, was ich als mein Recht beanspruche, Hor. (vgl. Fritzsche Hor. sat. 1, 4, 104). – absol., Plur. haec, **α** = **diese Stadt, dieser Staat,** haec delere, haec vastare, Cic.; s. Halm Cic. Cat. 1, 21. – **β** = das **ganze sichtbare Weltgebäude,** Cic. de nat. deor. 1, 23 u. a.; vgl. Ochsner Ecl. Cic. p. 1 *sq.* – **II** insbes.: **A** auf etwas mit dem Finger hinweisend, bes. auf sich selbst, **dieser da, der da,** statt ich (griech. ὅδε; vgl. Brix Plaut. capt. 148 u. trin. 172. Meißner Ter. Andr. 310. Wagner Ter. heaut. prol. 13), tu si hic sis, aliter sentias, Ter.: so hic homo = *ego,* huic homini = *mihi,* Komik.: hunc hominem = *me,* Hor.: hunc in collum, auf diesen meinen Hals, Plaut. – huius non facio, nicht so viel = nicht das Geringste, Ter. – **B** mit bes. Beziehung auf die Zeit, **dieser, diese, dieses** = **gegenwärtig, jetzt, jetzt gewöhnlich,** status hic rerum, Cic.: hi mores, Cic.: haec magnificentia, Liv.: his temporibus, Cic.: his duobus mensibus, in den letzten zwei M., Cic.: so auch his annis viginti, Sall. – hoc (Akk.) aetatis, in diesem Alter, Plaut.: hoc noctis, in dieser N., Plaut. (s. Brix Plaut. trin. 787). – absol., Plur. haec, die jetzigen Zustände, Cic. ep. 5, 13, 3. – ► Genet. huius einsilbig bei Plaut. Amph. 266 u. Auct. prol. Plaut. Amph. 51 u. 96: Dat. huic in der Regel bei Dichtern einsilbig, z. B. Verg. ecl. 2, 53; georg. 1, 171 u. a. (zweisilbig bei Avien. descr. orb. 22 u. Sidon. carm. 7, 145). – Archaist. Kasusformen: *Dat. sing. fem.* hae, Cato r. r. 14, 3: Plur. *nom. masc.* hic, Enn. ann. 436. Plaut. Pseud. 822. Varro LL. 6, 73: *fem.* haec, Turpil. com. 41. Plaut. Bacch. 1142 u. a. Ter. Andr. 656 u. a. Lucr. 3, 599. Catull. 64, 320 M. Tibull. 3, 5, 71 M. Varro LL. 5, 75 u. 96 137. Cic. Tusc. 1, 22 u. a.: *Genet. plur.* horont, CIL 1, 1007: *Dat.* u. *Abl.* hibus, Plaut. Curc. 506; vgl. Varro LL. 8, 78. Charis. 54, 19.

2. hīc u. arch. **heic,** *Adv.*, **hier, I** eig. = **an diesem Ort, an dieser Stelle, hier bei uns,** Komik., Cic. u. a.: hic in fano, hic in proximo, hic ante aedes, Plaut.: m. folg. *Genet.*, hic viciniae (hier in der N.), hic proximae viciniae (hier in der nächsten Nähe), Komik. (s. Brix Plaut. mil. 273. Meißner, Ter. Andr. 70), dah. hic ... illic, hier ... dort, an einem Ort ... an dem anderen, Plaut. u. Verg. – **II** übtr.: **A hier** = **hierin, hierbei, in diesem Falle, bei dieser Gelegenheit, unter solchen** od. **bei so bewandten Umständen,** Cic. u. a.: bes. um eine gewisse Unzufriedenheit od. Missbilligung dessen auszudrücken, was andere gesagt u. getan haben = **und nun, und da,** hic tu miraris, Cic.; vgl. Kritz Sall. Cat. 52, 11. – **B** v. der Zeit, **hier, da** = **hierauf, alsdann, nunmehr,** Cic. u. a.

hice, haece, hoce, *Pronom. demonstr.* (verstärktes hic) = **dieser (diese, dieses) da, a** übh., Komik., Cic. u. a. – u. fragend, **hicine,** haecine, hocine, **dieser** usw. **da?** Komik., Cic. u. a. – **b** mit bes. Beziehung auf die Zeit, **dieser (diese, dieses) gegenwärtige** od. **jetzige, dieser heutige,** hosce aliquot dies, Ter. eun. 151 u. heaut. 752: huncine solem tam nigrum surrexe mihi! Hor. sat. 1, 9, 72. – ► Im Nom. Plur. auch hisce (s. Brix Plaut. trin. 877), z. B. Plaut. mil. 486 u. 1334. Ter. eun. 269 (vgl. Prisc. 12, 26. Formul. vet. bei Liv. 9, 10, 9): Genet. Plur. verkürzt horunc, Plaut. Amph. 356 u. a. Ter. Phorm. 290. CIL 1, 1007; u. harunc, Plaut. mil. 1016 u. a. Ter. heaut. 746. Über die allein richtige Schreibung hice s. Ritter Ter. Andr. 1, 1, 5.

Hicetāon, onis, *m.* (Ἱκετάων), Sohn des Königs Laomedon in Troja, Apul. de deo Socr. 18. Dict. 4, 22. – Dav. **Hicetāonius,** a, um (Ἱκεταόνιος), **hiketaonisch, des Hiketaon,** Thymoetes, des H. Sohn, Verg. Aen. 10, 123.

Hicetās, ae, *m.* (Ἱκέτας), aus Syrakus, einer der älteren Pythagoreer, der zuerst die Lehre von der Kreisbewegung der Erde aufgestellt haben soll, Cic. Acad. 2, 123.

hicine, s. hice.

hictericus, s. ictericus.

hidrogar... s. hydrogarum.

hiemālis, e (hiems), **I winterlich, des Winters, Winter-,** tempus, Winterszeit, Cic.: dies, Wintertag, Col.: nimbus, Ov.: aquae, Sall.: pluviae, Greg. Tur.: vis, Winterkälte, Cic.: provinciae, kalte, Plin.: loca, wo man sich im Winter aufhält, Pallad.: so aedificium, Acro: faba, die im Winter gesät wird, Plin.: anuli aestivi et hiemales, im Winter u. im Sommer getragene, Schol. Iuven. 1, 28. – *n. plur.* subst., hiemālia = hiberna, das **Winterquartier** (Ggstz. aestiva), Valer. b. Vopisc. Aurel. 11, 6. – **II** übtr., **stürmisch, dem Sturm ausgesetzt,** navigatio, Cic. – **hiemnālis** geschr., Not. Tir. 69, 27.

hiemātio, ōnis, *f.* (hiems), die **Auswinterung, Überwinterung,** Varro r. r. 3, 16, 34.

hiemnālis, s. hiemālis ►.

hiemo, āvī, ātum, āre (hiems), **I** *intr.*: **A den Winter** irgendwo **zubringen, überwintern, a** übh.: mediis in undis, Hor. ep. 1, 16, 71: assidue in urbe, Suet. Aug. 72, 1. – **b** insbes., v. Soldaten, **Winterquartiere beziehen,** ubi piratae fere quotannis hiemare soleant, Cic.: h. in Gallia, Caes.: in provincia, Sall.: in Epiro, Cic.: h. cum alqo, Caes. u. Sall.: in his locis legionem hiemandi causā collocare, Caes.: ceterum exercitum in provinciam, quae proxima est Numidiae, hiemandi gratiā collocare, Sall.: Ephesum hiematum (um da zu überwintern) exercitum reduxit, Nep.: hiemando continuare bellum, Liv. – **B Winterwetter sein,** unpers., hiemat, es ist Winterwetter, Col. u. Plin. – dah. **stürmisch sein,** mare hiemat, Hor.: dies hiemat, Plin. – **II** *tr.* **kalt werden lassen, gefrieren lassen,** aquas, Plin.: hiematur lacus, friert zu, Plin.

hiemps, s. hiems.

Hiempsal, alis, *m.*, **I** Sohn des Königs Micipsa in Numidien, Sall. Iug. 5, 7; 11, 3. Flor. 3, 8, 4. Suet. Caes. 71. – **II** König von Numidien, Freund des Pompejus, Cic. de lege agr. 1, 10; 2, 58; Vat. 12. Sall. hist. fr. 1, 39 (44).

hiems (hiemps), hiemis, *f.* (altind. *himá-s,* griech. χεῖμα, χειμών), **I regnerisches Wetter, stürmisches Wetter, Sturm,** hiemis magnitudo, Cic. Planc. 96. qui (gubernator) navem ex hieme marique scopuloso servat, Nep. Att. 10, 6: oft bei Dichtern, z. B. eois intonata fluctibus hiems, Hor.: saevit hiems, Ov.: dum pelago desaevit hiems, Verg.: non hiemes illam (aesculum), non flabra neque imbres convellunt, Verg.: ut tristis turbinum toleraret hiemes, mare cum horreret fluctibus, Acc. fr.: poet. übtr.: **Sturm, Heftigkeit, heftige Gewalt,** flammea diri montis (des Vesuvs) hiems, Stat. silv. 3, 5, 72 *sq.*: u. so ignea hiems, Val. Flacc. 4, 509: ferrea hiems, Waffensturm, Stat. Theb. 5, 386. – **II** insbes., die **Regenzeit,** der **Winter,** weil dieser in Griechenland u. Italien vornehmlich in Regen u. Stürmen besteht, **A** eig.: **1** im weiteren Sinne, die den Herbst u. eigentl. Winter in sich begreifende Jahreshälfte (Ggstz. aestas; vgl. Ulp. dig. 43, 20, 1. § 31 u. 32), hiems perpetua, Sen., assidua, Mela: tristis, Liv.: Arabes campos hieme et aestate peragrantes, Cic.: hiemem et aestatem iuxta pati, Sall.: aestas abiit, sed alter illam annus reducet; hiems cecĭdit (ist verschwunden), referent illum sui menses, Sen.: hiems praeteriit, imber abiit, Ambros.: Plur. hiemēs, um, *f.*, Cic. de nat. deor. 2, 49. Caes. b. G. 4, 20, 1 u. a. – **2** im engeren Sinne = der eig. **Winter** (die drei Monate vom Wintersolstitium bis zum Frühlingsäquinoktium, d. h. vom 22. Dezember bis zum 22. März, nach dem landwirtschaftl.

Kalender der Römer aber vom 10. od. 11. Nov. bis zum 8. od. 9. Febr.), s. Col. 11, 2, 84. Plin. 2, 125: h. anni, Suet. Caes. 35, 1. Gell. 3, 10, 5. Apul. apol. 72; vgl. Serv. Verg. Aen. 1, 125. – personif., Verg. Aen. 3, 120: glacialis Hiems, Ov. met. 2, 30. – **B** meton.: **1** = **Kälte, Frost,** letalis h. in pectora venit, Ov.: tu spectas hiemem succincti lentus amici, Mart.: bildl., h. amoris mutati, Erkalten der Liebe, Ov. – **2** = **Jahr,** plures hiemes, ultima hiems, Hor. carm. 1, 11, 4: post certas hiemes, Hor. carm. 1, 15, 35.

hiera, ae, *f.* (ἱερά), die **heilige** (rein lat. sacra), **I** Beiname eines Gegengiftes, Scrib. Larg. 99 u. 156. – **II** viell. Beiname eines Kranzes (corona), hieran fecimus, Sen. ep. 83, 4 (5).

hierā botanē, Genet. hierās botanēs u. hierae botanis, Akk. hierān botanēn, *f.* (ἱερὰ βοτάνη, heiliges Kraut), **Taubenkraut, Eisenkraut,** sonst peristereon u. rein lat. verbenaca gen., Plin. 25, 105. Pelagon. veterin. 1. (14 *Ihm*). Ps. Apul. herb. 4.

hierăcion u. **-ium,** iī, *n.* (ἱεράκιον), **I** (Form *-on*) das **Habichtskraut,** Plin. 20, 60. – **II** die **Habichtssalbe,** eine flüssige Augensalbe, Plin. 34, 114.

hierăcītis, idis, *f.* (ἱερακῖτις), der **Habicht-** od. **Falkenstein,** ein uns unbekannter Stein, Plin. 37, 167 u. 197.

hierăcium, iī, *n.*, s. hierăcion.

Hierā Cōmē, s. 1. Cōmē *no.* I.

Hierāpolis, is, Akk. im, Abl. ī, *f.* (Ἱεράπολις), Stadt in Großphrygien, bemerkenswert durch Verehrung der Cybele u. durch die in der Nähe befindlichen mineralischen heißen Quellen, die Ruinen beim j. *Pambuk* (*Tambuk*) *Kalessi,* Plin. 2, 208. Apul. de mund. 17. Amm. 14, 8, 7. Vulg. Coloss. 4, 13: Hierapoli Phrygiae, Vitr. 8, 3, 10. – Dav.: **A Hierāpolītae,** ārum, *m.* (Ἱεραπολῖται), die Einw. von Hierapolis, die **Hierapoliten,** Plin. 5, 105. – **B Hierāpolītānus,** a, um, **von Hierapolis,** episcopus, Hieron. de vir. ill. 8.

hierăticus, a, um (ἱερατικός), **heilig, zum religiösen Gebrauch,** charta, Plin. 13, 74.

Hierēmiās, s. Ieremiās.

Hiericūs, ūntis, *f.* (Ἱερικοῦς, οῦντος, ἡ), die Stadt **Jericho** in Palästina, Plin. 5, 70 u. 13, 44. – Nbf. Ierichō (Ἱεριχώ), Prud. psych. 536: Akk. Ierichon, Prud. ham. 480.

Hiero u. **Hierōn,** ōnis, *m.* (Ἱέρων), **I** Hiero I., Beherrscher von Syrakus (v. 477–467 v. Chr.), an dessen Hof Pindar u. Simonides, sowie auch Bacchylides, Epicharmus u. Äschylus eine Zeitlang lebten, Cic. de nat. deor. 1, 60 u. 3, 83. – **II** Hiero II., Sohn des Hierokles, ebenfalls Herrscher von Syrakus (269–215 v. Chr.), im ersten pun. Krieg zuerst Gegner, dann Freund der Römer, Plaut. Men. 411. Varro r. r. 1, 1, 8. Cic. Verr. 4, 29. Liv. 21, 49, 3. Iustin. 23, 4, 1 *sqq.* Sil. 14, 80. – Dav. **Hierōnicus,** a, um, **hieronisch, des Hiero** (II.), lex, Cic. Verr. 2, 32 u. 34.

Hierocaesarēa, ae, *f.* (Ἱεροκαισάρεια), Stadt in Lydien, nahe an der Grenze von Äolis, viell. j. *Semech,* Tac. ann. 2, 47. – Dav. **Hierocaesariēnsēs,** ium, *m.*, die Einw. von Hierocäsarea, die **Hierocäsarienser,** Tac. ann. 3, 62.

Hieroclēs, is, *m.* (Ἱεροκλῆς), ein griech. Rhetor aus Alabanda, später in Rhodus, Zeitgenosse Ciceros, Cic. Brut. 325; de or. 2, 95; or. 231.

hierodūlus, ī, *m.* (ἱερόδουλος), der **Tempeldiener,** Firm. math. 8, 21, 11 u. 8, 29,10.

hieroglyphicus, a, um (ἱερογλυφικός), **hieroglyphisch,** formarum notae, Amm. 17, 4, 8: litterae, Macr. sat. 1, 21, 12.

hierographicus, a, um (ἱερογραφικός), **hierographisch, sinnbildlich,** litterae, Amm. 22, 15, 30.

Hierōn, s. Hiero.

hieronīcae, ārum, *m.* (ἱερονικαί), **Sieger in den heiligen Kampfspielen,** Suet. Ner. 24, 1 u. 25, 1.

Hierōnicus, a, um, s. Hiero.

Hierōnymus, ī, *m.* (Ἱερώνυμος), **I** Enkel Hieros II., Beherrscher von Syrakus, der von den Römern zu den Karthagern abfiel und in einer Verschwörung umkam, Liv. 24, 4 *sqq.* – **II** H. Rhodius (Zeitgenosse des Ptolemäus Philadelphus), ein griech. Philosoph aus der peripat. Schule, der das höchste Gut in die Freiheit vom Schmerz setzte, Cic. de fin. 2, 6; Tusc. 5, 84 u. a. – **III** ein Kirchenlehrer im vierten Jahrh., Sulp. Sev. dial. 1, 8 *sq.*

hierophanta od. **-tēs,** ae, *m.* (ἱεροφάντης), der Einführer in den (geheimen) Gottesdienst, der **Hierophant,** Arnob. 5, 25. Hieron. adv. Iovin. 1, 49: hierophantae agrorum (auf dem Land), Cod. Theod. 16, 4, 10.

hierophantria, ae, *f.* (ἱεροφάντρια), die **Hierophantin,** CIL 6, 1780.

hierophylax, acis, *m.* (ἱεροφύλαξ), der **Tempelhüter, Küster,** rein lat. aedituus, Scaev. dig. 33, 1, 20. § 1 (wo heteroklit. Dat. hierophylaco).

Hierosolyma (Ierosolyma), ōrum, *n.* (Ἱεροσόλυμα), die Hauptstadt Judäas, von Titus erobert u. zerstört, noch j. *Ierusalem* (vom Kaiser Hadrian Aelia Capitolina gen.), Cic. Flacc. 67. Tac. ann. 5, 9 *sqq.* Tac. hist. 5, 2 u. 11. Flor. 3, 5, 30. Suet. Aug. 93. Sulp. Sev. dial. 3, 18, 1. Lact. 4, 13, 24. Mart. Cap. 6. § 679: heteroklit. Hierosolyma (Ierosolyma), ae, *f.*, Nomin., Sulp. Sev. chron. 2, 33, 4: omnis Ieros., Vulg. Matth. 2, 3: Genet. Hierosolymae, Sulp. Sev. chron. 1, 1, 3; 1, 42, 1 u. 2, 30, 2: oft Akk. Hierosolymam (Ierosolymam), Plin. 27, 15 D. Tert. adv. Marc. 5, 3. Hieron. epist. 5, 1. Vulg. 1. Mach. 1, 22; 2. Mach. 3, 9 u. ö. Sulp. Sev. chron. 1, 41, 5 u. ö. CIL 6, 944. – Nbf. Solyma, ōrum, *n.*, Mart. 11, 94, 5 (vgl. Solymi): und **Hierusălēm** (auch Ierusălēm), bei den Eccl. (s. Obbar. Prud. psych. 811 *not. cr.* die Belegstellen). – Dav.: **A Hierosolymārius,** scherzh. Beiname des Pompejus = der **»Held von Jerusalem«,** weil sich P. viel auf seine asiatischen Eroberungen einbildete, Cic. ad Att. 2, 9, 1. – **B Hierosolymīta,** ae, *m.* (Ἱεροσολυμίτης), ein **Bewohner von Jerusalem,** Hieron. in Ioann. Hierosol. *no.* 19: Plur., Interpr. Iren. 3, 21, 2. – **C Hierosolymītānus** (Ierosolymītānus), a, um, **von Jerusalem,** episcopus, Hieron. epist. 51, 1 *lemm.*: regnum, Augustin. de civ. dei 17, 21.

hieto, āre (*Intens.* v. hio, st. hiato), **I** *intr.* = χασμῶμαι (Gloss.), **den Mund aufsperren, gähnen,** Caecil. com. 274. Plaut. Men. 449. Gn. Mattius bei Diom. 345, 9. – **II** *tr.* **weit aufreißen, weit öffnen,** hietantur fores, Laber. com. 89.

hilarē, *Adv.* (hilarus, s. Charis. 200, 15), **heiter, fröhlich, aufgeräumt, vergnügt** (Ggstz. triste, maeste), acceptus hilare atque ampliter, Plaut.: se hilare praebere, Afran. fr.: hil. in templum Iovis se conferre, Rhet. Her.: hil. vivere, Cic.: Saturnalia agitare hil. prorsum ac modeste, Gell.: hilarius loqui, Cic.: illa quae hilarius et quasi exsultantius scripsi, Plin. ep.: quo laetius atque hilarius pullulent, Col.

hilarēsco, ere (hilaris), **I** *intr.* **heiter-, fröhlich-, vergnügt werden,** Varro b. Non. 121, 11. Augustin. in psalm. 62, 16 u. a. Eccl. – **II** *tr.* **aufheitern, erheitern,** sermo hilarescens, Augustin. conf. 5, 13.

1. hilaria, ae, *f.* (hilaris), die **Heiterkeit,** Laber. com. 52.

2. hilaria, ium, u. iōrum, *n.*, s. hilaris.

hilariculus, a, um (*Demin.* v. hilarus), **ziemlich heiter,** vultus, Sen. ep. 23, 4.

hilaris, e, u. **hilarus,** a, um (ἱλαρός), **heiter, fröhlich, aufgeräumt, vergnügt, jovial** (Ggstz. tristis, maestus), homo hilaris, Varro fr.: animus hilaris, Cic.: esse vultu hilari atque laeto, Cic.: vita hilara, Cic.: convivae hilari, Cic.: vox hilaris, Quint.: equorum hilaris hinnitus, Apul.: color hilaris, Plin.: se alci dare hilarum, Plaut.: hilaris m. *Inf.*, tune ille hilaris comisque videri? Stat. silv. 2, 1, 168. – hilariores litterae, Cic.: hilarissimus conviva, Plaut. – subst., hilaria, ium u. iōrum, *n.* (*sc.* sollemnia), das im Frühlingsäquinoktium der Cybele zu Ehren begangene **Freudenfest,** Macr. sat. 1, 21, 10 (wo hilaria). Lampr. Alex. Sev. 37, 6 (wo hilariis). Vopisc. Aurel. 1, 1 (wo hilaribus).

hilaritās, ātis, *f.* (hilaris), die **Heiterkeit, Fröhlichkeit,** der **Frohsinn,** die **heitere Laune** (Ggstz. tristitia), **a** eig., Varro fr., Cic. u. a.: similis ebrietati hilaritas, Mela. – Plur., ceterae hilaritates, Sen. ep. 23, 3. – **b** übtr.: hil. feriarum, Sen. contr. 1. praef. § 15: diei, fröhlicher, heiterer Tag, Col. 9, 18: arboris, Plin. 17, 118.

hilariter, *Adv.* (hilaris, s. Charis. 200, 15), **heiter, fröhlich, aufgeräumt,** Vulg. sap. 6, 17. Augustin. de civ. dei 5, 26. p. 239, 31 D.[2] (auch Variante bei Rhet. Her. 3, 24 u. 4, 68).

hilaritūdo, inis, *f.* (hilaris) = hilaritas, Plaut. mil. 677 u. rud. 422.

hilaro, āvī, ātum, āre (hilaris), **fröhlich-, aufgeräumt machen, aufheitern, erheitern, a** lebende Wesen, deren Gemüt usw., hos (patres) ubi facundo tua vox hilaraverat ore, Ov.: huius suavitate maxime hilaratae Athenae sunt, Cic.: quaerentesque picas mirum in modum hilarari, si interim audierint id verbum, Plin.: hilarate aere (*al.* herae) citatis erroribus animum, Catull.: omnes enim iucundum motum, quo sensus hilaretur, Graece ἡδονήν, Latine voluptatem vocant, Cic.: cuius vultum intrantes *tristem,* abeuntes *hilaratum* putant, Plin. – **b** Lebl.: multo convivia Baccho, Verg.: quarum (reversionum) intervallo (sol) tum quasi tristitiā quādam contrahit terram, tum laetificat, ut cum caelo hilarata (ein heiteres Ansehen zu bekommen) videatur, Cic.: quae (mansiones) hiemi parantur, ita sunt constitutae, ut possit eas hiberni solis totus propemodum cursus hilarare, Pallad.

hilarōdos, ī, *m.* (ἱλαρῳδός), ein **Sänger** oder **Dichter lustiger Lieder,** Paul. ex Fest. 101, 10.

hilarulus, a, um (*Demin.* v. hilarus), **ziemlich heiter, so recht heiter, ein heiteres Geschöpf,** Laev. fr. bei Charis. 288, 10. Cic. ad Att. 16, 11, 8.

hilarus, a, um, s. hilaris.

hīlla, ae, *f.* (*Demin.* v. hīra, s. Paul. ex Fest. 101, 6), **I** gew. im Plur. = die **kleineren vorderen Därme** der Tiere außer der Schafe, bei den Menschen u. Schafen lactes gen., Plin. 11, 200. – übtr., übh. = **Darm,** Plur. **Därme, Eingeweide,** Laber. com. 145: obszön, Laber. com. fr. bei Non. 121, 11. – **II** meton., eine Art Würste, etwa **Knackwurst,** Hor. sat. 2, 4, 60.

hīllum, s. 2. hīlum.

Hīllur..., s. Illyr...

Hīlōtae u. **Īlōtae,** ārum, *m.* (Εἱλῶται), die **Heloten,** Name der spartanischen Leibeigenen, die die Felder ihrer Herren bestellen mussten, Abkömmlinge der ursprünglichen Landesbewohner, die ihre Feldmark an die Dorier verloren hatten, Form Hil. bei Nep. Paus. 3, 6: Form II. bei Liv. 34, 27, 9.

1. hīlum, ī, *m.* (Nbf. v. filum, ein **»Fäschen«;** vgl. Paul. ex Fest. 101, 8. Varro LL. 5, 111), im Akkus. »ein Fäschen« = **ein Geringes,** Lucr. 3, 516 u. 4, 513. – meist mit der Negat., neque (nec) hilum, **nicht ein Fäschen = nicht das Geringste, -Mindeste** (vgl. ne pilum quidem b. Cic. ad Att. 5, 20, 6) u. im Abl. »um ein Fäschen« = **im Geringsten,** non hilum proficere, Lucil. 1021: nil igitur mors est ad nos neque pertinet hilum, Lucr.: neque dispendi facit hilum, Enn. ann. 14: neque ... hilo minus propere, quam pote peribit, Plaut.: hilo non rectius vivas, Lucil. 458.

2. hīlum od. **hīllum,** ī, *n.* = hilla (s. d.), Charis. 102, 15 *sq.*

Hīlur..., s. Illyr...

himantopūs, podis, *m.* (ἱμαντόπους, ποδος), das **Riemenbein** (rein lat. loripes) = **Schlappbein, Schleppbein, I** ein langbeiniger, am Wasser lebender Vogel, Plin. 10, 130. – **II** Plur. **Himantopodes,** um, *m.* (Ἱμαντόποδες), eine Völkerschaft in Äthiopien, Plin. 5, 46. Mela 3, 10, 3 (3. § 103). Solin. 31, 6.

Himella, ae, *f.*, ein Bach im Sabinischen, der südwestlich in den Tiber fließt, j. *Aia,* flumen Himellae, Verg. Aen. 7, 714.

Hīmera, ae (Ἱμέρα), **I** *m.*, Name zweier Flüsse auf Sizilien, die aus verschiedenen Quellen auf dem Berg Nebrodes entspringen u. von denen der eine nach Norden (j. *Fiume di S. Leonardo*), der andere nach Süden (j. *Fiume Salso*) fließt, Liv. 24, 6, 7: *gen. fem.*, Sil. 14, 223. – Nbf. Himerās, ae, *m.* (Ἱμέρας), Vitr. 8, 3, 7. – **II** *f.*, Stadt an der Westseite des Himeraflusses (s. *no.* I), die einzige griech. Republik an der Nordküste Siziliens, eine Kolonie von Zankle, von Hannibal verwüstet, Cic. Verr. 2, 35, 86: heteroklit. Hīmera, ōrum, *n.*, Ov. fast. 4, 475. – Dav. **Hīmeraeus,** a, um (Ἱμεραῖος), **himeräisch, aus Himera,** Plin. 35, 61.

Hīmerās, s. Hīmera *no.* I.

hin, *neutr. indecl.*, ein hebräisches Maß für Flüssigkeiten = congius (s. d.), Vulg. exod. 29, 40; vgl. Metrol. scriptt. 139, 8. p. 140, 30 H.

hinc, *Adv.*, **I von hier, von da, A** eig., Cic. u. a. – a nobis hinc profecti, Cic.: hinc Romā qui veneramus, Cic. – prägn., **von hier** = aus dieser Welt, Augustin. conf. 6, 11. – **B** übtr.: **1** = **hieraus, daher,** Cic. u. a.: hinc illae lacrimae, Ter. – u. **von da** = von diesem Menschen, hinc scibo iam, ubi siet, Ter. adelph. 361: u. so vel hilarissimum convivam hinc indidem (von eben da = von ebendemselben Menschen = von mir) expromam tibi, Plaut. mil. 666. – u. **hiervon** (von dieser Sache) **ab,** hinc quantum cuique videbitur decīdere atque amputare, Cic. de or. 1, 65. – **2** in der Zeit: **a von jetzt an, von nun an,** quam si hinc ducentos annos fuerim mortuus, Plaut.: hinc consules coepere creari, Eutr.: quisquis es, amissos hinc iam obliviscere Graios, Verg. – **b von da an, dann, darauf,** hinc toto praeceps se corpore ad undas misit, Verg.: sacra hinc et immolationes nefandas, Tac.: orsus hinc a pietatis ostentatione, Suet.: Suetonius hinc Paulinus biennio prosperas res habuit, Tac. – **II von (auf) dieser Seite** (Ggstz. illinc), Cic. u. a.: oft verb. hinc illincque od. hinc atque illinc, auf der und jener Seite, auf beiden Seiten, Cic., Liv. u. a.: so auch hinc ... illinc, Liv.: hinc ... hinc, Liv.: hinc atque hinc, Verg.: hinc ... hinc ... hinc ... illinc, Liv.: hinc inde, hinc et inde, von beiden Seiten, Suet.

hinnībilis, e (hinnio), **wiehernd,** Apul. de dogm. Plat. 3. p. 265 H. (p. 267 *Oud.*): übtr., exscreatus, Cael. Aur. de morb. chron. 5, 10, 119.

hinnībundē, *Adv.* (hinnio), **fort und fort wiehernd,** equae hinnibunde inter se spargentes terram calcibus, Claud. Quadrig. ann. 16. fr. 78 P. (b. Non. 122, 14 Quicherat equae hinnibundae).

hinnicula, ae, *f.* = hinnula (s. d.), Ps. Augustin. serm. app. 265, 5.

hinnienter, *Adv.* (hinniens), **wiehernd,** Non. 122, 14 (Amm. 28, 4, 34 Hertz).

hinnio, īvī od. iī, īre, **wiehern, I** eig., v. Pferden, Lucr., Quint. u. a.: hinniens cantus, des Zentauren Chiron, Sidon. poët. – Partiz. subst., hinnientēs, ium, *m.*, die **Wieherer,** v. den Pferden, Laev. fr. 10 (bei Apul. apol. 30): balantium vel hinnientium vel mugientium greges, Apul. de deo Socr. 5. – **II** übtr., **vor geiler Lust aufwiehern,** statim ut mulieres viderint, hinniunt, Hieron. adv. Iovin. haeres. *c.* 50.

hinnītus, ūs, *m.* (hinnio), das **Wiehern,** equi, Cic., equorum, Liv.: equinus, Amm.: hinnitum edere, Iustin. u. Val. Max.: edere hinnitus, Ov., hinnitus canoros, Suet.: hinnitum tollere, Hor., effundere, Sil.: quantum hinnitum! Lucil. 1275 – ► Abl. Plur. hinnitibus, Ov. met. 2, 154. Sil. 4, 66.

hinnula, ae, *f.* (hinnulus), ein weibliches Hirschkalb, eine junge **Hindin,** Arnob. 5, 39.

hinnuleus (hīnuleus, innuleus, īnuleus), ī, *m.* (hinnus), **I** ein **junges Maultier,** das **Maultierfüllen,** Varro LL. 9, 28. – **II** = νεβρός, ein männliches **Hirschkalb,** ein **junger Hirsch, -Rehbock,** Hor. carm. 1, 23, 1 (wo Hertz inuleus liest). Plin. 28, 150. Prop. 3, 13, 35 (Müller hin.). Plin. 28, 150. Solin. 19, 16 M. (inn.): hinnuleus cervus, Scrib. Larg. 13.

hinnulus, ī, *m.* (hinnus), **I** ein **junges Maultier,** *Titin. com. 140. Maecen. bei Suet. vit. Hor. p. 45 R. Plin. 8, 172. Vulg. prov. 5, 19; cant. cantic. 2, 17. Isid. orig. 12, 1, 21; vgl. Gloss. ›innulus, ὁ ἐξ ἵππου καὶ ὄνου‹ – **II** = hinnuleus *no.* II (s. d.), Ambros. de Isaac et anim. 6. § 50 u. de interpell. Iob et David 2, 1, 3; vgl. Gloss. ›innuli, νεβροί‹.

hinnus, ī, *m.* (ἴννος), das **Maultier** (von einem Pferdehengst und einer Eselin, hingegen mulus von einer Pferdestute und einem Esel), Varro r. r. 2, 8. § 1 u. 6. Col. 6, 37, 5. – Nbf. **ginnus,** ī, *m.* (γίννος), ein kleines verkrüppeltes Maultier, Plin. 8, 174. Mart. 6, 77, 7.

hio, āvī, ātum, āre (vgl. griech. ἔ-χαν-ον, ahd. *ginēn*), **klaffen, gähnen, I** *intr.* **klaffen, sich auf-, sich auseinandertun, bersten, sich öffnen, aufgesperrt sein, offen sein, A** im Allg.: **1** eig.: hiavit humus multa, vasta et profunda, Sall. fr.: cum terra aestibus hiat, Col.: nec flos ullus hiat pratis, Prop.: concha hians, Cic.: oculi hiantes, Plaut. u. Plin.: ipse (chamaeleon) hianti semper ore, Plin.: hianti ore captare aquam, Curt. – **2** übtr., v. der Rede, **klaffen, lückenhaft zusammenhängen,** hiantia loqui, Cic.: hians compositio, lückenhafter Zusammenhang, Tac. dial.: insbes., **einen Hiatus machen,** oratio hiat, oratio hians, Quint. – **B** insbes., v. leb. Wesen, **den Mund-, den Ra-**

chen-, den Schnabel auftun od. aufsperren, **I** eig.: v. Menschen, Verg.: v. Tieren, Verg., Hor. u. Plin. – **2** übtr., **den Mund aufsperren, a** vor Verlangen nach etwas gleichs. **lechzen = schnappen, begierig trachten,** domus hiare ac poscere aliquid videtur, Cic.: Verrem avaritiā hiante atque imminente fuisse, Cic.: corvus hians, vom Erbschleicher, Hor.: emptor hians, Hor.: hiantes in magna fortuna cupiditates, die bei hoher Lebensstellung gierigen Gelüste, Tac. – **b** vor Staunen **Mund und Nase aufsperren** = über etwas **staunen, stutzen,** Verg. georg. 2, 508: vulgus ad magnitudinem praemiorum hiabat, die Leute staunten über die große Freigebigkeit, Tac. hist. 3, 55. – **c** vor Langweile **Maulaffen feil haben, gaffen,** hians desidiā populus, Sil. 11, 35. – **I** *tr.* mit geöffnetem Mund hervorbringen: **A** = **ausspeien,** cruores ex ore, Val. Flacc. 6, 706. – **B ertönen lassen,** fabulam, aus der Maske hervorschreien, Pers. 5, 3: carmen tacitā lyrā, hervorhauchen, Prop. 2, 31, 6.

hippacē, ēs, *f.* (ἱππάκη), **I Pferdekäse,** Plin. 28, 131. – **II Pferdelab,** Plin. 28, 205; irrtümlich als Pflanze bei Plin. 25, 83.

hippaco, hippacare est celeriter animam ducere, ab equi halitu, qui est supra modum acutus, Paul. ex Fest. 101, 7.

hippaginēs, um, *f.* = hippagogoe, Gell. 10, 55, 5. Paul. ex Fest. p. 101, 3.

hippagōgoe, ōn, Akk. ūs (ους), *f.* (αἱ ἱππαγωγοί, s. Paul. ex Fest. 101, 3), **Pferdefähren = Transportschiffe für Reiterei,** Liv. 44, 28, 7.

hippalus, ī, *m.*, der **Westwind,** Plin. 6, 100 u. 104.

Hipparchus, ī, *m.* (Ἵππαρχος), ein Mathematiker und Astronom aus Nicäa (um 160 v. Chr.), Cic. ad Att. 2, 6, 1.

hippēgus, ī, *f.* (ἱππηγός), ein **Transportschiff für Reiterei,** Plin. 7, 209.

hippeus, eī, *m.* (ἱππεύς, eques), der **Rossstern,** ein Komet, Plin. 2, 90.

Hippiās, ae, *m.* (Ἱππίας), **I** Sohn des Pisistratus, Cic. ad Att. 9, 10, 3. Gell. 9, 2, 10. – **II** ein berühmter Sophist aus Elis, Zeitgenosse des Sokrates, Cic. Brut. 30 u. a.

hippicē, ēs, *f.* (ἱππική), das **Reiten, Pferderennen,** Cod. Iust. 3, 43. *c.* 3 (griech. *c.* 1).

hippito, āre = *oscito,* Gloss. IV, 524, 30.

hippius, a, um (ἵππιος), **in Bezug auf Rosse u. Reiterei stehend, Ross-, Reiter-** (rein lat. equester), Neptunus, Paul. ex Fest. 101, 11: pes (Versfuß) = molossus, Diom. 479, 5. – subst., hippius, iī, *m.* = hippeus (s. d.), Serv. Verg. Aen. 10, 272.

Hippo, ōnis, *m.* (Ἱππών), Name mehrerer Städte: **I** zwei Städte in Afrika (dah. Hippo uterque, Plin. 6, 212): **A** Hippo rēgius (Ἱππὼν βασιλικός), in Numidien, j. *Bona,* Liv. 29, 3, 7. Auct. b. Afr. 96, 1: bl. Hippo b. Sil. 3, 259 u. Liv. 29, 4, 2. – Nbf., Hippōna Rēgiēnsis, Cassian. de inc. Chr. 7, 27. – **B** Hippo diarrhytus (Ἱππὼν διάῤῥυτος), in Africa propria, j. *Benizert* od. *Biceria,* Mela 1, 7, 2 (1. § 34). – Dav. **Hippōnēnsis,** e, **hipponensisch,** colonia = *Hippo diarrh.,* Plin. ep.: sinus, Mela u. Plin. – Plur. subst., Hippōnēnsēs, ium, *m.*, die Einw. von Hippo, die **Hipponenser,** Plin. – **II** Stadt der Karpetaner im tarrakon. Hispanien, j. *Yepes* (südl. von Toledo), Liv. 39, 30, 2: Hippo nova, Plin. 3, 10. – **III** Stadt im Bruttischen, jetzt *Monte Leone* (an der Südseite des Busens von Eufemia), Plin. 3, 93.

hippocamēlus, ī, *m.* (*ἱπποκάμηλος), das **Rosskamel,** ein fabelhaftes Tier, halb Ross, halb Kamel, Auson. epigr. 65, 9. p. 213 Schenkl.

hippocampos u. **-us,** ī, *m.* (ἱππόκαμπος), das **Seepferdchen** (*Syngnathus Hippocampus,* L.), Plin. 32, 93 u. 149, rein lat. caballio marinus, s. caballio.

hippocentaurus, ī, *m.* (ἱπποκένταυρος), der **Hippozentaur,** ein fabelhaftes Geschöpf, halb Mensch, halb Pferd, Cic. Tusc. 1, 90 u. a. Plin. 7, 35. Quint. 6, 3, 90. Schol. Iuven. 3, 205 (wo ippoc.). Not. Tir. 108, 34.

hippocomus, ī, *m.* (ἱπποκόμος), der **Pferdewärter, Pferdeknecht,** Cod. Theod. 8, 5, 37.

Hippocratēs, is, *m.* (Ἱπποκράτης), ein berühmter Arzt von der Insel Kos, aus der Familie der Asklepiaden (um 436 v. Chr.), Varro r. r. 1, 4, 5. Cic. de or. 3, 132. – Dav. **Hippocraticus,** a, um, **hippokratisch,** laniena, die Metzelei der Ärzte (Wundärzte), Prud. perist. 10, 498 (wo Hippŏcrătĭca gemessen ist).

Hippocrēnē, ēs, *f.* (ἵππου κρήνη), **Rossquelle,** eine Quelle am Helikon, die das Musenpferd Pegasus mit dem Huf geschlagen haben soll (Pers. prol. 1. scherzh. durch fons caballinus übersetzt), Ov. fast. 5, 7.

Hippodamē, ēs, Akk. ēn, *f.* u. **Hippodamēa** od. **īa,** ae, *f.* (Ἱπποδάμη, -δάμεια), **I** die Tochter des Önomaus, Königs von Pisa in Elis, der sie nur dem zur Gattin geben wollte, der ihm im Wettrennen zuvorkommen würde. Pelops siegte durch List, indem er den Wagenlenker des Önomaus, den Myrtilos, bestach, dass er die Nägel an den Wagenrädern seines Gebieters nicht einsetzte, und so das Ziel der Rennbahn mit Rossen, die ihm Poseidon geschenkt, vor Önomaus, dem im Rennen der Wagen zerbrach, erreichte, Form *-ē,* Verg. georg. 3, 7: Form *-ēa,* Enn. fr. scen. 358 (= Trag. inc. fr. 109 R.[2] bei Cic. Tusc. 3, 26): Form *-īa,* Prop. 1, 2, 20. Ov. her. 8, 70 (68): dah. regnum Hippodamiae sprichw. = ein großes Glück, Prop. 1, 8, 35. – **II** die Gattin des Pirithous (auch Deidamia u. Ischomache gen.), Form *-ē,* Ov. met. 12, 210: Form *-īa,* Ov. her. 17, 248.

hippodamus, ī, *m.* (ἱππόδαμος), der **Pferdebändiger,** poet. = **Reiter,** Mart. 7, 57, 2.

hippodromos od. **-us,** ī, *m.* (ἱππόδρομος), die **Rennbahn** für Rosse u. Wagen, der **Zirkus,** bei den Griechen häufig mit den Gymnasien verbunden, Plaut. Bacch. 431: bei den Römern in Privatgärten od. Villen, Plin. ep. 5, 6,19. Mart. 12, 50, 5. Sidon. epist. 2, 2, 10.

hippolapathon, ī, *n.* (ἱππολάπαθον), der **Rossampfer,** eine Pflanze, Plin. 20, 232.

Hippolytē, ēs, *f.* u. **Hippolyta,** ae, *f.* (Ἱππολύτη), **I** Königin der Amazonen, Schwester der Antiope u. Melanippe, die den von Ares geschenkten Gürtel trug, den ihr Herkules auf Befehl des Eurystheus abnahm, worauf sie selbst (od. ihre Schwester Antiope) dem Begleiter des Herkules, Theseus, als Gattin anheimfiel, dem sie den Hippolytus gebar, Form *-ē,* Hyg. fab. 30 u. 143. Verg. Aen. 11, 661. Prop. 4, 3, 43. Iustin. 2, 4, 23 (der in seiner Erzählung abweicht): Form *-a,* Plaut. Men. 200. – **II** die Gemahlin des Akastus, beschuldigte den Peleus, weil er in ihr unzüchtiges Verlangen nicht willigte, bei ihrem Gemahl unkeuscher Absichten, Magnessa Hippolyte, Hor. carm. 3, 7, 18.

Hippolytus, ī, *m.* (Ἱππόλυτος), der Sohn des Theseus von der Hippolyte od. Antiope, wurde von seiner Stiefmutter Phädra, weil er in ihr unkeusches Ansinnen nicht willigte, bei seinem Vater verleumdet, deshalb von diesem verwünscht, darauf von den scheu gewordenen Pferden zerrissen, aber von Äskulap wieder lebendig gemacht; er wurde unter dem Namen Virbius (den auch sein Sohn erhielt), zu Aricia als Heros verehrt, Ov. met. 15, 497 *sqq.* Cic. Tusc. 4, 27; de off. 1, 33. Verg. Aen. 7, 761 *sqq.*

hippomanes, *n.* (ἱππομανές), **Rossbrunst, Rosswut, I** der **Brunstschleim,** eine klebrige Feuchtigkeit aus der Scham der Stuten, Verg. georg. 3, 280. Tibull. 2, 4, 58. Prop. 4, 5, 18. – **II** das **Pferdegift,** die **Pferdemilz,** ein zäher Körper auf der Stirn des neugeborenen Füllens, Plin. 8, 165. Solin. 45, 17. Schol. Iuven. 6, 132: von Verg. Aen. 4, 515 umschrieben durch nascentis equi de fronte revolsus amor. – Beides brauchten die Alten zu Liebestränken u. Buhlzauber, s. Iuven. 6, 133. Verg. Aen. 4, 515 *sq.*; vgl. Voß Verg. georg. 3, 281 p. 593 *sq.*

hippomarathrum, ī, *n.* (ἱππομάραθρον), **Rossfenchel, wilder Fenchel,** nach a. die sizilische **Nussdolde,** Plin. 20, 255 *sqq.* u. a.

Hippomenēs, ae, *m.* (Ἱππομένης), **I** der Gemahl der Atalanta, des Schöneus Tochter (s. 1. Atalanta), Ov. met. 10, 575 *sqq.* Priap. 15, 1. Hyg. fab. 185. Serv. Verg. Aen. 3, 113: Vok. Hippomene, Ov. met. 10, 632. – **II** Vater der Limone, wovon **Hippomenēis,** idis, *f.*, die **Hippomenēide** (Tochter des Hippomenes) = Limone, Ov. Ib. 333.

Hippōna, s. Hippo *no.* I, A.

Hippōnax, actis, *m.* (Ἱππῶναξ), ein Jambendichter aus Ephesus (lebte 540 v. Chr. zu Klazomenā, dah. auch Clazomenius zubenannt), Erfinder des σκάζων (hinkenden Jambus), dessen beißende Gedichte einige so zur Verzweiflung brachten, dass sie sich erhängten, Cic. de nat. deor. 3, 91. – Dav. **Hippōnactēus,** a, um (Ἱππωνάκτειος), **hipponaktēisch,** praeconium, beißend, Cic. ep. 7, 24, 1: in oratione Hipponacteos (σκάζοντας) effugere vix posse, Cic. or. 189.

Hippōnēnsis, s. Hippo.

hippopērae, ārum, *f.* (ἱπποπῆραι), der **Mantelsack** eines Reiters, Sen. ep. 87, 9.

hippophaes, *n.* (ἱπποφαές), eine Pflanze, eine Art Euphorbia, viell. *Euphorbia spinosa* (L.), Plin. 21, 91 u. 22, 29.

hippophaeston, ī, *n.* (ἱππόφαιστον), eine stachelige Pflanze, viell. *Centaurea Calcitrapa* (L.), Plin. 27, 92.

hippophamia, s. hippophonia.

hippopheon, ī, *n.*, **Nagelkrautklebe**, Plin. 26, 55.

hippophlomos, ī, *f.* (ἱππόφλομος) = morion *no.* II (s. d.), Plin. 25, 148.

hippophobas, adis, Akk. ada, *f.* (ἱπποφοβάς), s. Achaemenēs (unter Achaemenes).

hippophonia, ōrum, *n.*, ein jährl. Fest der Amazonen, Iul. Val. 3, 44 (25). (3, 45 *ed. Mai* hippophamia).

Hippopodes, um, *m.* (ἱππόποδες), die **Pferdefüßler**, ein Volk im Norden, Mela 3, 6, 8 (3. § 56). Plin. 4, 95.

hippopotamus, ī, *m.* (ἱπποπόταμος), das **Flusspferd, Nilpferd**, Plin. 5, 10. Solin. 24, 10 u. 14. Capit. Gord. 33, 1. Vopisc. Firm. 6, 2. Amm. 22, 15, 21: equi fluviales, quos hippopotamos vocant, Ambr. hexaëm. 5, 1, 4. – Nbf. **hippopotamios**, iī, *m.* (ἵππος ποτάμιος), Varro LL. 5, 78. Mela 1, 9, 3 (1. § 52). Plin. 6, 173 D.; 8, 95 M.; 11, 160 D.; 28, 121 D.; 32, 139 D.

hippos, ī, *m.* (ἵππος), ein uns unbekannter Seefisch, wahrsch. das **Seepferdchen**, Plin. 32, 149.

hipposelīnum, ī, *n.* (ἱπποσέλινον), die **Pferdesilge**, eine Art Eppich, Plin. 19, 124 u. 163. Pallad. 5, 3, 2. Isid. orig. 17, 11, 3.

Hippotadēs, ae, Akk. ēn, *m.* (Ἱπποτάδης), der Nachkomme des Hippotes, der **Hippotade**, Amastrus, Verg. Aen. 11, 674: Beiname des Äolus, als Enkel des Hippotes, Ov. met. 4, 663; 14, 224: Hippotadae regnum, die äolischen (liparischen) Inseln, Ov. met. 14, 86.

hippotoxota, ae, *m.* (ἱπποτοξότης), der **Bogenschütze zu Pferde**, der **berittene Bogenschütze** (rein lat. eques sagittarius), Caes. b. c. 3, 4, 5. Auct. b. Afr. 19, 6.

hippūris, idis, Akk. in, *f.* (ἵππουρις, Roßschweif), eine Wasserpflanze mit rossschweifähnlichen Haaren, rein lat. equisetum, Plin. 26, 132 *sqq.* Ps. Apul. herb. 39.

hippūrus od. **-os**, ī, *m.* (ἵππουρος), ein Fisch, viell. der **Goldkarpfen, Stutzkopf** (*Coryphaena Hippurus*, L.), Plin. 9, 57 u. 32, 149. Ov. hal. 95.

hippus, ī, *m.*, s. hippos.

hīr u. **īr** (Stamm χερ, wov. χείρ) = θέναρ, lat. vola (Gloss. u. Charis. 42, 15. Prob. cath. 11, 19), die **hohle Hand**, Lucil. sat. 22, 3 M. – Außerdem bei den **Gramm.** (wo gew. **ir**), die es bald für deklinabel (Genet. **hiris, hirris**), bald für indeklinabel, bald für ein *masc.*, bald für ein *neutr.* halten, s. **Charis. 24, 20; 35, 28; 42, 15; 546, 36. Prisc. inst. 5, 18; 6, 45; de nom. § 6.**

hīra, ae, *f.*, der **Leerdarm** (νῆστις, auch intestinum ieiunum gen.), nach Paul. ex Fest. 101, 6. – Plur. hirae übh. = **Eingeweide** u. deren Windungen, Plaut. Curc. 238. Apul. de dogm. Plat. 1, 15. Arnob. 7, 24 u. 25.

hirciae, ārum, *f.*, eine Art **Füllsel**, Arnob. 7, 24.

hircigena, ae, *m.* (hircus u. geno = gigno), **vom Bock erzeugt**, Anthol. Lat. 682, 2 R.

hircīnus (hirquīnus), a, um (hircus), **I vom Bock, von Böcken, Bocks-**, hirc. sanguis, Plin. u. Solin., hirqu. sanguis, Plin.: hirc. sidus, Steinbock, Prud.: hirqu. u. hirc. folles, von Bockshaut, Hor. u. Plin.: u. so hirc. uter vinarius, Plin.: barba hirqu. od. hirc., Bocksbart (eines Menschen), Plaut. u. Amm.: u. so hirc. barbitium, Apul. – subst., hircīnum, ī, *n.* = κρέας τράγειον, **Bockfleisch**, Gloss. II, 458, 7. – **II einen Bocksgestank habend**, alae, Plaut. Poen. 873 *Schöll.*

hircipēs, pedis, *m.* (hircus u. pes), der **Bocksfüßige**, v. Pan, Mart. Cap. 9. § 906.

hircōsus, a, um (hircus), **bockicht, stinkend wie ein Bock** (vgl. Isid. orig. 10, 147, wo ircosus), senex, Plaut.: subulcus, Mart.: gens hirc. centurionum, Pers.: hirc. osculum, Mart. – subst., hircōsī, ōrum, *m.*, Stinkböcke (v. Menschen), Mart. 9, 475: Ggstz. unguentati, Sen. fr. 114 H.

hirculus, ī, *m.* (*Demin.* v. hircus), **I** das **Böckchen**, Priap. 86 (87), 16. – **II** eine uns unbekannte Pflanze, Plin. 12, 46.

hircuōsus, a, um (hircus), **bocksartig**, deus (v. Pan), Apul. met. 5, 25.

hircus (hirquus, altlat. ircus, s. Varro LL. 5, 97. Quint. 1, 5, 20, doch auch Hor. de art. poët. 220 *codd. optt.* Censorin. 14, 7 H.), ī, *m.*, **I** ein alter, ausgewachsener **Ziegenbock, Bock** (Ggstz. capra, capella), Varro, Verg. u. a.: in Bezug auf seinen Gestank, olere hircum, einen Bocksgestank haben, Hor. u. Sen.: polypus an gravis hirsutis cubet hircus (Bock = Bocksgestank) in alis, Hor.: in Bezug auf seine Geilheit, Verg. u. Poëta bei Suet. u. a. – sprichw., s. mulgeo. – **II** übtr., als Schimpfwort gegen Menschen, **stinkender Bock, Stinkbock**, Plaut. u. Catull., ein **geiler Bock**, Plaut. u. Suet.

hirnea, ae, *f.*, ein **Krug**, als Trinkgefäß, Plaut. Amph. 429 u. 431; od. ein **Asch**, als Backform, Cato r. r. 81. – ► Form **hirnia**, Diom. 326, 22.

hirniola, ae, *f.* (*Demin.* v. hirnia, s. hirnea), ein **kleiner Krug**, Diom. 326, 22.

hirniōsus, s. herniōsus.

hirnula, ae, *f.* (*Demin.* v. hirnea), ein **kleiner Krug**, Nbf. irnēla, Paul. ex Fest. 105, 12.

hirpex, s. irpex.

Hirpī, ōrum, *m.*, eine uralte sabinische Familie nahe bei Rom im Gebiet der Falisker, Plin. 7, 19. Solin. 2. § 26.

Hirpīnī (Irpīnī), ōrum, *m.* (nach Serv. Verg. Aen. 9, 785 u. Paul. ex Fest. 106, 1 benannt von hirpus, irpus), eine samnitische Völkerschaft in Unteritalien, von der Mündung des Kalorflusses bis zum Aufidus, Liv. 22, 61, 11 u. a.: meton. = das **Gebiet der Hirpiner**, das **Hirpinische**, Liv. 22, 13 *in.* u. s. – Dav. **Hirpīnus** (Irpīnus), a, um, **hirpinisch**, ager, fundus, Cic.: pubes, Sil.

hirpus od. **irpus**, ī, *m.*, der **Wolf**, sabinisch nach Serv. Verg. Aen. 11, 785, samnitisch nach Paul. ex Fest. 106, 1.

hirquīnus, a, um, s. hircīnus.

hirquitallio (irquitallio), īre (hirquus = hircus), **eine stärkere-, männliche Stimme bekommen**, von heranwachsenden Knaben, Censor. 14, 7; dah. solcher Knabe **hirquitallus** (irquitallus), ī, *m.*, Censor. 14, 7. Paul. ex Fest. 101, 4 u. 105, 5. Vel. Long. 60, 3 K. Eutych. bei Cassiod. de orthogr. 9. p. 201, 28 K.; vgl. Gloss. ›irquitalus (so!), νηπιώτατος‹.

hirquus, ī, s. hircus.

hirrio, īvī u. iī, īre, **winselnd knurren**, von Hunden, wenn sie nicht laut bellen, Sidon. epist. 7, 3, 2; vgl. Paul. ex Fest. 101, 9. Diom. 370, 28 (wo Perf. ohne Beleg).

hirrītus, ūs, *m.* (hirrio), das **winselnde Knurren** der Hunde, Sidon. epist. 9, 16, 3. *v.* 10.

hīrsūtia, ae, *f.* (hirsutus), die **struppige Beschaffenheit**, das **Struppige**, hirs. pili, Solin. 30, 26: Plur., setarum hirsutiae nullae, Solin. 25, 10.

hīrsūtus, a, um (Nbf. v. hīrtus), **struppig, rau, stachelig**, **I** eig.: **a** v. Lebl.: supercilium, Verg.: comae, Ov. u. Curt.: crines, Ov.: hirsuta setis leonis vellera, Ov.: hirsuta barbis cutis, Prud.: hirsuti serrae dentes, Greg. Tur.: h. castaneae, Verg.: folia, Ps. Apul. herb.: folia hirsutiora, Plin. – poet., imagines, Bilder alter Römer, die die Verfeinerungen noch nicht kannten, Ov. – **b** v. leb. Wesen: aliae (animantium) villis vestitae, aliae spinis hirsutae, Cic.: feminae toto corpore hirsutae, Mela: capillo raro, hirsutus cetera (sonst), Suet.: ferae, leo, canis, Ov.: Hiems canos hirsuta capillos, mit struppigem Weißhaar, Ov. – **II** übtr.: **rau, schmucklos**, Getae, Ov. ex Pont. 3, 5, 6: nihil est hirsutius illis (annalibus), Ov. trist. 2, 259.

Hīrtius, a, um (v. hīrtus), Name einer röm. *gens*, aus der am bekanntesten: A. Hirtius, Freund Cäsars, Verfasser des 8. Buches von Caes. bell. Gallic., der i. J. 43 v. Chr. mit seinem Mitkonsul Pansa im siegreichen Kampf gegen Antonius bei Modena fiel, Cic. ad Att. 7, 4, 2. Q. Cic. in Cic. ep. 16, 27, 1. Varro bei Arnob. 5, 8. – Dav. **A Hīrtīnus**, a, um, **hirtinisch, des Hirtius**, proelium, Asin. Pollio in Cic. ep. 10, 33, 4. – **B** **Hīrtiānus**, a, um, **hirtianisch, des Hirtius,** ius, Cic. ep. 9, 18, 3: sermo, Cic. ad Att. 10, 4, 11.

hīrtus, a, um (vgl. hīrsūtus), **struppig, borstig, rau,** **I** eig.: **a** v. Lebl.: comae, Curt.: crinis, capilli, Ov.: capillus, Apul.: genae, Hieron.: pilus, Plin.: setae, Ov.: toga, Quint.: tunica, Nep.: hirtiora folia, Ps. Apul. herb. 71. – v. Örtl., aequor, Prud.: hirta dumis saxa, Stat.: spinigeris stirpibus hirtus ager, Prud. – *n. pl.* subst., per hirta dumis et aspera, an Dornbüschen u. vorspringenden Steinen, Amm. 27, 12, 10. – **b** v. leb. Wesen: **α** v. Tieren: pecus hirtum atque solox, Lucil.: capellae, Ov.: oves, von struppiger Wolle, Varro: caudae nudae hirtis (*sc.* animalibus), ut apris, parvae villosis, ut ursis, Plin. – **β** v. Menschen, dumalibus hirta setis (femina), Mart. Cap. 4. § 329. – **II** übtr., **rau,** in Sitten, Denk- u. Lebensart, ingenium, Hor. ep. 1, 3, 22: Marius, Vell. 2, 11, 1.

hirūdo, dinis, *f.*, der **Blutegel** (im gemeinen Leben sanguisuga, w. vgl.), Plin. 8, 29. Col. 6, 18, 1. Plaut. Epid. 187. Gargil. de cur. boum 14 (wo irudo): im Bild, Hor. de art. poët. 476: übtr., hir. aerarii, Cic. ad Att. 1, 16, 11.

hīrula, s. hīlla *no.* I.

hirundineus, a, um (hirundo), **zu den Schwalben gehörig, Schwalben-,** adventus, Sidon. epist. 2, 14, 2.

hirundinīnus, a, um (hirundo), **zu den Schwalben gehörig, Schwalben-,** nidus, Plaut. rud. 598. Mart. 11, 18, 20: sanguis vel fel, Plin. 30, 133. – subst., hirundinīna, ae, *f.*, eine Pflanze = *chelidonia*, Ps. Apul. herb. 73.

hirundinus, a, um (hirundo), **zu den Schwalben gehörig, Schwalben-,** fimus, Plin. Val. 2, 23.

hirundo, dinis, *f.*, **I** die **Schwalbe,** Plin. 10, 72 u. 10, 92 *sqq.* Plaut. rud. 604. Verg. georg. 1, 377: hirundinum nidi, Plin. 7, 194 (vgl. Verg. georg. 4, 307. Sen. ep. 122, 12): pullus hirundinis, Cels. 4, 7 (4, 4, 1). p. 130, 19 D. Iuven. 10, 231: hirundinum pulli, Plin. 29, 128: sanguis hirundinis, Cels. 5, 5: stercus hirundinis, Cels. 5, 8. – als Frühlingsbote (vgl. Rhet. Her. 4, 61. Col. 11, 2, 21), h. prima. Hor. ep. 1, 7, 13: veris praenuntia h., Ov. fast. 2, 853. – als Liebkosungswort, Plaut. asin. 694. – **II** die **Meerschwalbe,** der **fliegende Seehahn** (*Exocoetus volitans* od. *evolans,* L.), Plin. 9, 81 u. 32, 149.

hīsco, ere (zsgz. aus hiasco), **klaffen,** klaffend **sich auftun, -sich öffnen,** **I** im Allg.: aedes hiscunt, Plaut.: ut vitio venae tabularum saepius hiscant, Lucr.: hiscere nempe tibi terra roganda fuit! Ov. – **II** insbes., **nur den Mund auftun, nur einen Laut von sich geben, mucken, mucksen,** hiscas, du brauchst nur den Mund aufzusperren, Catull.: non oculos attollere, non hiscere audebat, Curt.: respondebisne ad haec aut omnino hiscere audebis? Cic.: cum diu silentium fuisset nec consules aut *pro* foedere tam turpi aut *contra* foedus hiscere possent, Liv.: quid profecto *contra* hisceres non haberes, Boëth.: nec *adversus* dictatoriam vim aut tribuni plebis aut ipsa plebs attollere oculos aut hiscere audebant, Liv.: quis antea loqui, quis hiscere audebat? Plin. pan.: m. allg. *Acc.*, hem, vereor plus quam fas est captivam hiscere, Acc. fr.: nec Telemoniades hiscere quicquam audet, nur den Mund aufzutun, Ov.; vgl. Mützell Curt. 6, 9 (36), 32. Bünem. Lact. 5, 19, 14: poet. m. bestimmtem *Acc.*, reges et regum facta, den schwachen Versuch machen, zu besingen, Prop. 3, 3, 3 *sq.*

Hispal, alis, *n.*, u. gew. **Hispalis**, is, Akk. im, Abl. ī, *f.*, Stadt im bätischen Hispanien, j. *Sevilla,* Form *-al,* Mela 2, 6, 4 (2. § 88). Plin. 3, 11. Sil. 3, 392: Form *-alis,* Asin. Pollio in Cic. ep. 10, 32, 3. Caes. b. c. 2, 18, 1 u. 20, 4. Auct. b. Alex. 56, 5. Isid. orig. 15, 1, 71. – Dav.: **A** **Hispalēnsis**, e, **hispalensisch,** conventus, Plin. 3, 7 u. 11. – **B** **Hispalēnsēs**, ium, *m.*, die Einw. von H., die **Hispalenser,** Tac. hist. 1, 78.

Hispānī, ōrum, *m.*, die **Hispanier,** Cic. ad Q. fr. 1, 1, 9. § 27. Liv. 21, 27, 2: Sing. Hispānus, ī, *m.*, der Hispanier, kollektiv bei Rhet. Her. 4, 45. – Dav.: **A** **Hispānia**, ae, *f.* (bei den Griechen Ἰβηρία, dah. auch lat. Hiberia), **Hispanien** = die ganze pyrenäische Halbinsel, die nach der Flussscheide des Hiberus (j. *Ebro*) in zwei Hälften zerfiel, in Hispania citerior (den nordöstlichen Teil, später Hisp. Tarraconensis gen.) u. in Hispania ulterior (den südlichen und westlichen Teil, später Lusitania u. Baetica gen.), Cic. u. a.: Hisp. citerior u. ulterior, Caes., Liv. u. a. – Plur. Hispaniae (in Bezug auf die angegebene Einteilung), Cic. u. a. – **B** **Hispānicus**, a, um, **hispanisch,** gladius, Claud. Quadrig. fr.: verbum, Varro fr. u. Suet.: fretum, Suet.: vitis, Col. – **C** **Hispāniēnsis**, e, in Hispanien sich aufhaltend, -befindlich, -vorgefallen usw. (nicht eig. da heimisch), **hispaniensisch,** v. Dingen u. Personen, non Hispaniensis natus sed Hispanus, nicht von einem Römer in Hispanien abstammend, sondern ein eingeborener Hispanier, Vell. 2, 51, 3: legatus, ein römischer Legat in Hispanien, Cic.: bellum, der Kr. Cäsars gegen die Söhne u. Legaten des Pompejus in Hispanien, Vell.: u. dah. triumphus, nach diesem Krieg, Vell.: u. casus, der Ausgang des Kriegs gegen des Pompejus Legaten in Hisp., Cic.: iter, nach Hispanien, Cic.: exercitus, ein römisches Heer in Hispanien, Tac.: oceanus, Plin.: aestus maritimi, Cic.: Rhodani ostium, nach Hispanien zu, Plin.: molae, auf hispanische Art gemacht, Cato: gladius, Liv. – Nbf. **Hispānēnsis**, e, Paul. ex Fest. 61, 1 (wo H. negotiatores). – **D** **Hispānus**, a, um, **hispanisch,** populi, Liv.: mare, Plin.: gladius, Liv.: nomen, Quint. Vgl. Hispaniensis. – *Adv.* **Hispānē**, **hispanisch,** Enn. ann. 503.

hīspidus, a, um, **rau, borstig, struppig,** **I** eig.: **a** v. Lebl.: facies, Hor. u. Lact.: frons, Verg.: corpus squamis hispidum, Plin.: terra silvis et rupibus hispida, Macr.: ager, wild, unangebaut, Hor.: quod (arbor Medica) spinulentis fastigiis hispida turgescat, Solin.: hispidorum veprium frutices, Sidon.: h. callis, Amm.: poet., h. proelia, Stat. – **b** v. leb. Wesen: **α** v. Tieren, h. sus, Phaedr.: aper setis insurgentibus spinae h., Apul.: armis hispidi apri, Amm.: gallina hispida plumis, Augustin. – **β** v. Pers.: pilosus atque h., Vopisc. Firm. 4, 1: Boreas glacie nivali h., Claud. rapt. Pros. 1, 71: frontem cum cornibus auxit hispidus, Val. Flacc. 6, 533. – **II** übtr., h. auris, unempfindlich für das Schöne, Gell. 10, 3, 15.

1. **hister**, trī, *m.*, s. histrio.

2. **Hister**, trī, *m.* (Ἴστρος), bei den Griechen der Name der **Donau,** bei den Römern die untere Donau bis zu ihren Mündungen (dagegen Danuvius = die obere Hälfte bis zum Wasserfall von Orsova; vgl. Plin. 4, 79, bei Dichtern ohne Unterschied gebr.), Liv. 39, 45, 4 u. 40, 21, 2. Mela 2, 1, 8 (2. § 8). Curt. 4, 11 (44), 13. Iustin. 2, 5, 10. Verg. georg. 3, 350: binominis, Ov. ex Pont. 1, 8, 11. Sil. 1, 326: Histro fallacior, weil der H. viele Strudel hatte, Tert. adv. Marc. 1, 1. – meton. = der **Donaubewohner,** Claud. VI. cons. Hon. 648. – Dav. **Histricī**, ōrum, *n.*, die **Anwohner des Isters** (in Bessarabien), Mela 2, 1, 7 (2. § 7).

histōn, ōnis, Akk. Plur. ōnas, *m.* (ἱστών), der Ort, wo gewebt wird, die **Weberei,** Varro r. r. 1, 2, 21.

historia, ae, *f.* (ἱστορία), **I** die **Kunde, Kenntnis,** si quid in ea epistula fuit historiā dignum, Cic. ad Att. 2, 8, 1. – meton., der **Wissensstoff, Inhalt,** liber multae variaeque historiae refertus, Gell. 1, 8, 1. – **II** übtr.: **A** die schriftliche **Erzählung** von etw. Geschehenem od. Gehörtem (nach Verrius Flaccus = rerum cognitio praesentium), eine **Geschichte,** **a** eig.: maxima de nihilo fiet historia, Prop.: historiae amarae, Hor. – **b** meton., **Gegenstand des Gesprächs,** tu quoque uti fieres nobilis h., Stadtgespräch, Prop. 1, 15, 24. – **B** die **historische Kenntnis,** die **Geschichtsforschung,** ut est in omni historia curiosus, Cic. Tusc. 1, 108. – **C** insbes., die systematische Darstellung von Geschichten (dah. oft im Plur.), die **Geschichte,** das **Geschichtswerk,** u. zwar sowohl die geschichtlich beglaubigte Erzählung einzelner Sagen u. Begebenheiten (als ein Ganzes, Ggstz. fabula) als auch der gesamte Inhalt der Vergangenheit, h. Graeca, röm. G. in griech. Sprache, Cic.: Romana, Val. Max.: h. Italici belli et civilis, Cic.: h. fabularis, Mythengeschichte, Mythologie, Suet.: historiae Graecae, Cic.: historiae scriptor, Gell.: historiarum scriptor, Quint., auctor, Vell.: historiae Graecae scriptor, Capit.: Romanae historiae scriptor, Hieron.: scriptores historiae Augustae, Vopisc.: historiam scribere, Plaut. u. Cic.: historias scribere, Nep.: illorum temporum historiam relinquere, Nep.: historiam edere, Suet.: quod frequenter in historiis legimus, Sen.: historias plures (complures) novisse, mehrfache geschichtliche Kenntnisse haben, Vitr.: personif., quem (den Hyginus) propter antiquitatis notitiam Polyhistorem multi, quidam historiam (die leibhaftige Geschichte) vocabant, Suet. gr. 20.

historiālis, e (historia), **historisch, geschichtlich,** cognitio, Augustin. de civ. dei 10, 32, 1. p. 455, 9 D.[2]: diligentia, Sidon. epist. 6, 12, 7.

historiāliter, *Adv.* (historialis), **geschichtlich, historisch,** Schol. Bern. Verg. bucol. 9. prooem. p. 827 H. u. Schol. Bern. Verg. bucol. 9, 39 u. bei spät. Eccl.

1. **historicē,** *Adv.* (historicus), **geschichtlich,** Plin. ep. 2, 5, 5. Hieron. in Galat. 10, 9 u. 10.

2. **historicē,** ēs, *f.* (ἱστορική *sc.* τέχνη), **I** die **Geschichtskunde,** Diom. 482, 31. – **II** die **Erklärung der Schriftsteller,** Quint. 1, 9, 1.

historicus, a, um (ἱστορικός), **geschichtlich,** genus, Cic.: fides, Ov. u. Donat. (bei Cic. historiae fides): scriptor, Amm.: uti historicā linguā, Sen.: historico nitore, Quint. – subst., historicus, ī, *m.*, der **Geschichtsforscher, Geschichtskundige, Geschichtschreiber,** Cic. u. a.: historicorum more scribere m. folg. *Acc.* u. *Infin.*, Plin. ep. Vgl. Bremi Nep. Pelop. 1, 1.

historiographus (historiografus), ī, *m.* (ἱστοριογράφος), der **Geschichtschreiber,** Capit. Gord. iun. 21. § 4. Ambros. epist. 42, 2. Victorin. in Cic. rhet. 1. § 19. Cassiod. hist. eccl. 1, 1. Th. Prisc. 4, 2. Fulg. myth. 1, 26. Hieron. in Galat. 2, 14.

Histrī (Istrī), ōrum, *m.* (Ἴστροι), die **Istrier,** Einw. von Istrien, Plaut. Men. 235. Liv. 41, 11, 3. Mela 2, 3, 13 (2. § 57). Iustin. 32, 3, 15. – Dav.: **A Histria,** ae, *f.* (Ἰστρία), **Istrien,** eine Gegend an der Grenze Illyriens, Liv. 39, 55, 4 u. 41, 1, 4. Mela 2, 3, 10 (2. § 56). Nep. fr. 7, 7. – **B Histriānī,** ōrum, *m.*, die Einw. von Istrien, die **Istrianer,** Iustin. 9, 2, 1. – **C Histricus,** a, um (Ἰστρικός), **istrisch,** bellum, Liv. 39, 55, 4 u. 41, 1, 1: ostrea, Plin. 22, 62. – **D Histrus,** a, um, **istrisch,** testa, Mart. 12, 63, 2.

Histricī, s. 2. Hister.

histriculus, ī, *m.*, *Demin.* v. histrio (s. d.), Tert. de pall. 4.

1. **histricus,** a, um (hister), **zu den Schauspielern gehörig, Schauspieler-,** imperator, Direktor der Schauspielergesellschaft, Auct. prol. Plaut. Poen. 4: imperium, Direktion über die Schauspieler, *ibid.* 44.

2. **Histricus,** s. Histrī.

histrio, ōnis, *m.* (Grundform hister, eig. der pantomimische Tänzer, -Schauspieler, Pantomime, s. Liv. 7, 2, 6. Val. Max. 2, 4, 4; dann) **I** der **Schauspieler** im Allg., Plaut., Cic. u. a.: h. tragicus, Plin.: h. comoediarum, tragoediarum, Plin.: aulae od. aulicus, Hofschauspieler, Suet. u. Spart.: histriones (tragische Schauspieler) et comoedi, Quint.: quod histrio gesticulatur, Apul.: histrionis ritu mutatā repente personā, Amm. – u. davon II) übtr., ein ärztlicher **Marktschreier, Scharlatan,** Cels. 5, 26, 1.

histriōnālis, e (histrio), **schauspielerisch, Schauspieler-,** modi, Tac. dial. 26: objektiv, studium, für die Schauspieler, Tac. ann. 1, 16: favor, Tac. dial. 29.

histriōnia, s. histriōnius.

histriōnicus, a, um (histrio), **zu den Schauspielern gehörig, der Schauspieler, Schauspieler-,** gestus (Sing.), Amm. 30, 4, 19: gestus (Plur.), Cypr. ad Donat. 8. Amm. 14, 6, 18 u. 18, 7, 7. Ambros. de off. 1, 18, 73: motus (Plur.), Ambros. in Luc. 6. § 5, fluxi corporis motus (Plur.), *ibid.* § 8: litterae, Tert. ad nat. 1, 10: bellum non Parthicum sed histrionicum, Capit. Ver. 8, 11: operas histrionicas locare, Ulp. dig. 32, 1, 73. § 3. – subst., histriōnica, ae, *f.*, die **Schauspielkunst,** Lampr. Heliog. 12, 1.

histriōnius, a, um (histrio), **zu den Schauspielern gehörig, der Schauspieler, Schauspieler-,** insanum auspicium haut aliter histrionium est, *Caecil. com. 181: histr. poēta, *Fronto ad M. Caes. 4, 13. p. 76, 7 N.: histr. gestus, *Gell. 1, 5 *lemm.* (In allen drei Stellen die Hdschrn. histrionum.) – subst., histriōnia, ae, *f.* (*sc.* ars), die **Schauspielkunst,** Sen. exc. contr. 9, 2. p. 450, 3 K. Macr. sat. 2, 10, 12: histrioniam facere, Auct. prol. Plaut. Amph. 90. u. 152: histrioniam exercere, Petron. fr. 10 *ed. Anton.*

histrix, s. hystrix.

Histrus, s. Histrī.

hiulcātio, ōnis, *f.* (hiulco), das **Klaffen der Worte,** der **Hiatus,** Mar. Plot. Sacerd. 454, 19 K.

hiulcē, *Adv.* (hiulcus *no.* I, B, 1), **klaffend** (= durch viele Hiatus unterbrochen, Ggstz. aequabiliter), loqui, Cic. de or. 3, 45.

hiulco, (āvī), ātum, āre (hiulcus), **spalten,** agros (v. der Hitze), Catull. 68, 62: u. so hiulcati agri, Ven. Fort. carm. 6, 12, 6.

hiulcus, a, um (st. hiulicus, v. hio), **klaffend, gespalten, offen, A** eig.: hiulca siti arva, lechzend, Verg.: h. vulnus, Sidon.: ubi (Caucasus) dehiscit hiulcis iugis, facit portas, Solin. – **B** übtr.: **1** im Allg., v. häufigen Zusammenstoßen der Vokale, concursus verborum, jähes Voneinanderklaffen, Cic.: voces, klaffende, Cic.: versus = λαγαροί, Diom. 500, 11. – subst., hiulca, ōrum, *n.*, das Klaffen der Worte, Quint. 9, 4, 16: dass. hiulcae, ārum, *f.* (*sc.* voces), Mart. Cap. 5. § 514 u. § 516. – **2** insbes., gleichs. mit weit offenem Mund **schnappend, lechzend, gierig,** gens, Plaut. trin. 287 L. – **3 öffnend,** fulmen, alles zerschmetternd, Stat. Theb. 1, 26.

hōc, *Adv.* (hic, haec, hoc) = *huc,* **hierher, dahin,** Plaut. capt. 329 u. ö. (s. Brix u. Lorenz Plaut. mil. 766 = 759). Verg. Aen. 8, 423. CIL 10, 5921 u. 7457: et hoc et illoc (= *illuc*), Petron. 39, 8. – übtr., hoc non voluntas me impulit, Plaut. merc. 321.

hocediē, verlängerte Form von hodie, Mar. Victorin. 1, 4, 10. p. 9, 19 K.

hodiē, *Adv.* (aus *hō diē infolge Tonanschlusses verkürzt) **an diesem Tage, am heutigen Tage, heute, I** eig. (Ggstz. heri od. here, gestern, cras, morgen), nam mihi hodie est natalis dies, Plaut.: hodie postremum me vides, Ter.: numquam omnes h. moriemur inulti, Verg.: si orationem meam, de qua h. ad te scripsi, legeris, Cic.: h. ego utique Letum capiam, Val. Max.: h. quid egisti? Plin. ep.: si cenas h. mecum, Hor.: h. sunt Nonae Sextiles, Cic.: h. mane Dolabella venit, Cic. – Ggstz., heri aut h., Plaut.: qui dedit hoc hodie, cras, si volet, auferet, Hor.: ubi est hodie quae lyra fulsit heri, Ov.: res hodie minor, here quam fuit, atque eadem cras deteret exiguis aliquid, Iuven.: non hodie sobrius, cras ebrius; hodie pacificus, crastinā die litigiosus, Ambros. – **II** übtr.: **a heute, heutigentags, in der jetzigen Zeit, jetzt, gegenwärtig,** quae mens est hodie, cur eadem non puero fuit? Hor.: caudam antiqui penem vocabant; at h. penis est in obscenis, Cic.: si etc. … h. hanc gloriam atque hoc orbis terrae imperium teneremus? Cic.: vobis grates ago habeoque, quod hodie salutem meam vestrae praeponitis, Curt. – **b noch heute, noch heutzutage, noch gegenwärtig, noch bis heute, noch bis auf diese Stunde** (s. Fritzsche Hor. sat. 2, 2, 40), ita mea ancilla quae fuit hodie, sua nunc est, Plaut.: tria praedia vel nobilissima Capitoni propria traduntur, quae hodie possidet, Cic.: quem vivere h. aiunt, Cic.: quo facto is h. saltus Graius appellatur, Nep.: sunt enim h., quibus illustratur forum, ingenia, Quint.: an quicquam hodie (bis heute) est factum indignius? Ter.: bes. h. quoque, **auch noch heute, selbst heutzutage noch,** Cic. u. a.: hodieque, **und (auch) noch heute,** Cic. u. a. (s. Müller Liv. 1, 17, 9); aber (nachaug.) hodieque, **auch = noch heute,** Vell., Sen., Val. Max. u. a. – **c noch heute = alsbald, sogleich, auf der Stelle,** Ter. eun. 463. Cic. pro Tull. 53. Hor. sat. 2, 7, 21. – **d** bei Drohungen, Anwünschungen od. Beteuerungen, wie zuw. unser **je, jemals,** Komik. (s. Spengel Ter. Andr. 196 u. 866. Brix Plaut. Men. 218. Lorenz Plaut. Pseud. 1180). – ► Bei Plautus zuw. hŏdie gemessen.

hodiēque, s. hodiē.

hodiernus, a, um (hodie), **I heutig** (Ggstz. hesternus, crastinus), edictum, Cic.: dies, Cic.: haec tam exigua disputatio hesterni et hodierni diei, Cic.: hodierno die, Cic.: hodierno et crastino die, Liv.: ad (bis auf den) hodiernum diem, Cic. – subst., in hodiernum (*sc.* diem), bis auf den heutigen Tag, bis heute, Plin. 13, 30. Apul. apol. 38. Min. Fel. 21, 7. – **II** heutig = **jetzig,** sermo, Cic. de legg. 1, 57: tempus, Censorin. 16, 1.

hodoeporicon, ī, *n.* (ὁδοιπορικόν, *sc.* σύγγραμμα), die **Reisebeschreibung,** Hieron. epist. 108, 8.

hoedus, hoedīnus etc., s. haedus etc.
holcē, ēs, *f.* (ὁλκή), ein **Gewicht**, eine **Drachme**, Auct. de pond. 19.
holcus, ī, *m.* (ὁλκός), eine Grasart, **Mäusegerste** (*Hordeum murinum*, L.), Plin. 27, 90.
holero, s. olero.
holisatrum, s. olusatrum.
holitor, s. olitor.
holobērus, s. holovērus.
holocarpōma, atis, *n.* (ὁλοκάρπωμα), ein **aus Früchten bestehendes Brandopfer**, Apul. de not. aspir. 35. p. 106 *Osann.*
holocarpōsis, is, *f.* (ὁλοκάρπωσις), die **Darbringung eines aus Früchten bestehenden Brandopfers**, Eccl.
holocaustōma u. **-cautōma**, matis, *n.* (ὁλοκαύστωμα u. -καύτωμα) u. **holocaustum**, ī, *n.* (ὁλόκαυστον), ein Opfer, das ganz verbrannt wird, ein **Brandopfer**, Eccl.; vgl. Beda 274, 21 K. Auct. de dub. nom. 585, 6.
holocaustos, on (ὁλόκαυστος) u. **holocaustus**, a, um, **zum Brandopfer bestimmt**, hostia, victima, Cypr. test. 3, 15 u. 20.
holocaustōsis, is, *f.* (ὁλοκαύστωσις), die **Darbringung eines Brandopfers**, Eccl.
holocaustum, s. holocaustōma.
holocaustus, s. holocaustos.
holocautōma, s. holocaustōma.
holochrȳsos, on (ὁλόχρυσος), **ganz golden**, anulus, Marc. Emp. 29. – subst., holochrȳsos, ī, *f.*, eine Art der Pflanze basilisca, Plin. 21, 48 u. 148. Ps. Apul. herb. 128.
holoclēros (ὁλόκληρος), **in allen seinen Teilen unversehrt** = *integer*, August. bei Suet. Claud. 4, 1.
holocyron, ī, *n.* (ὁλόκυρον poetisch st. χαμαίπιτυς) = *chamaepitys*, Ps. Apul. herb. 27.
holographus, a, um (ὁλόγραφος), **ganz-, eigenhändig geschrieben, autographisch**, Eccl.
holoporphyrus, a, um (ὁλοπόρφυρος), **ganz purpurn**, vestis, Isid. orig. 19, 22, 14 (griech. b. Varro sat. Men. 229).
holoschoenus, ī, *m.* (ὁλόσχοινος), eine Art Binsen, Plin. 21, 113.
holosēricātus, a, um (holosericus), **ganz in Seide gekleidet**, Plur. subst., holosericati (Ggstz. pannosi), Augustin. in psalm. 85, 3.
holosēricoprāta, ae, *m.* (ὁλοσηρικός u. πράτης), der **Händler mit echt seidenen Waren**, Inscr. bei Marini papir. diplom. p. 113 u. 252 (wo vulg. olosiricoprata).
holosēricus (olosēricus), a, um (ὁλοσηρικός), **ganz seiden**, vestis, Lampr. Heliog. 26, 1 u. Alex. Sev. 40, 1. Vopisc. Aurel. 45, 4 und Tac. 10, 4. Symm. ep. 4, 8.
holosidērus, a, um (ὁλοσίδηρος), **ganz eisern**, Th. Prisc. 1, 20.
holosphȳrātos, on (ὁλοσφύρητος, dor. ὁλοσφύρατος), **ganz** mit dem Hammer **getrieben, massiv, gediegen**, aes, Plin. 33, 82.
holosteon, ī, *n.* (ὁλόστεον), eine Pflanze, **weißlicher Wegerich** (*Plantago albicans*, L.), Plin. 27, 91.
holothūria, ōrum, *n.* (ὁλοθούρια), eine Art Seewürmer (*Holothuria Priapus*, L.), Plin. 9, 154.
holovērus (holobērus), a, um (ὅλος u. verus), **ganz echt, ganz purpurn**, vestimenta, Cod. Iust. 11, 8, 4: vestes, Cod. Theod. 10, 21 *lemm.*
holovitreus, a, um (ὅλος u. vitreus), **ganz von Glas**, spät. Eccl.; vgl. Gloss. Scal. V, 606, 38 (wo olovitreum).
holus, eris, *n.*, s. olus.
holusatrum, s. olusatrum.
holusculum, s. olusculum.
Homērus, ī, *m.* (Ὅμηρος), der älteste und berühmteste unter den griech. Dichtern u. der Vater der epischen Dichtkunst (um 850 v. Chr.). Cic. Brut. 40 u. Arch. 19 (über seinen Geburtsort). Hor. de art. poët. 74 u. 401. Ov. am. 3, 9, 25. Quint. 10, 1, 46 *sqq.* – Dav.: **A Homēriacus**, a, um, **homerisch**, Achilles, *Hor. de art. poët. 120 M.: notae, Priap. 68, 4. – **B Homēricus**, a, um (Ὁμηρικός), **homerisch**, versus, Cic.: Agamemno, Cic.: senex, v. Nestor, Plin. ep.: oratores, im Homer, Auson. – **C Homērida**, ae, *m.* (Ὁμηρίδης), der **Nachahmer des Homer** (= ein Kykliker), Plaut. truc. 485 (Bergk; Schöll Thrasonida). – **D Homērista**, ae, m. (ὁμηριστής), **einer, der Homers Gedichte vorträgt**, ein **Rhapsode**, Petron. 59, 3. – **E Homērius**, a, um (Ὁμήρειος), **homerisch**, Suet. Ner. 47, 1. – **F Homērocento**, ōnis, *m.* (ὁμηροκέντρων), **ein aus homerischen Versen zusammengestoppeltes Gedicht**, Eccl. – **G Homēromastīx**, īgis, *m.* (ὁμηρομάστιξ), **Geißel** (d. i. **Tadler**) **des Homer**, v. Zoilus, Vitr. 7. praef. 8. Plin. praef. 28 (wo Akk. Plur. Homeromastigas). – übtr., jeder **heftige und unzeitige Tadler**, Plin. praef. § 28.
homicīda, ae, *c.* (homo u. caedo), der **Menschentöter**, der **Mörder**, die **Mörderin**, Cic. u. a.: als *fem.*, Sen. contr. 1, 2, 5. – im guten Sinne von Hektor, nach dem homer. ἀνδροφόνος, Männer-, Menschenwürger, Hor. ep. 17, 12.
homicīdālis, e (homicida), **mörderisch**, animae, Augustin. serm. 8, 7.
homicīdiālis, e (homicidium), **den Mord betreffend, mörderisch**, spectaculum, Interpr. Iren. 1, 6, 3: sententia, *ibid.* 3, 16, 8.
homicīdiāliter, *Adv.* (homicidialis), **mörderisch, als Mörder**, se praebere, Interpr. Orig. in Matth. 14.
homicīdiātor, ōris, *m.*, der **Mörder**, Gloss. III, 508, 8.
homicīdium, iī, *n.* (homicida), **I** der **Totschlag, Mord**, Sen. rhet. u. a.: homicidii reus, Quint.: in homicidio convictus, Plin.: homicidium facere, Quint. u. a., perpetrare, Vulg.: sacrilegii et homicidii simul accusari, Quint.: homicidia compescimus et singulas caedes, Mord u. Totschlag an einzelnen, Sen.: sacra Mithriaca homicidio polluit, Lampr. – **II** die **Hinrichtung**, hom. exercere, v. Scharfrichter, Ps. Quint. decl. 1, 10: erunt publicis homicidiis praepositi, Firm. math. 3, 5, 26.
homīlēticus, a, um (ὁμιλητικός), **homiletisch**, libri, Hieron. adv. Rufin. 1, 3.
homīlia, ae, *f.* (ὁμιλία), die **Rede vor dem Volk**, Isid. orig. 6, 8, 2.
homo, inis, *masc.* (altlat. hemo; vgl. nemo), der **Mensch, Mann, I** im Allg., der **Mensch** im Ggstz. zum Tier (bestia od. belua), als *masc.* auch unser **Mann** im Allg. (hingegen vir im Ggstz. zur Frau, u. bes. da, wo man mit »Mann« den Begriff der Stärke u. Tüchtigkeit verbindet), im Plur. homines, **Menschen, Leute**, Cic. u. a.: homo adulescens od. adulescentulus, ein junger (unerfahrener, leichtsinniger) Mensch (Mann), Ggstz. homo senex, ein alter (bedächtiger) Mann, Komik.: h. servus, Sklavenseele, Ter.: h. nemo od. nemo homo, keine Menschenseele, kein Mensch, Ter., Cic. u. a. (s. Ruhnken Ter. eun. 3, 5, 1): h. Romanus, ein Mann von Rom, ein geborener Römer, Cic.: so auch Plur. homines Romani, Cic. (und so oft verstärkend bei Völkernamen): illustres homines, ausgezeichnete Männer, Cic.: clarissimus h., Cic. – im Ggstz. zur Frau, mi homo et mea mulier, vos saluto, Plaut. – inter homines esse = leben (z. B. cum inter homines esset, bei Lebzeiten), Cic.; Ggstz. inter homines esse desinere, sterben, ICt. (dafür inter homines agere desinere, Tac.); u. = unter Leuten sein, mit Leuten od. der großen Welt umgehen, numquam inter homines fuisse, Cic. Rosc. Am. 76. – paucorum hominum esse, nur für wenige Menschen sein = mit wenigen umgehen, sich selten machen, paucorum hominum et mentis bene sanae, der ist nur für wenige vernünftige Menschen, Hor.: *Th.* Immo sic homo est perpaucorum hominum (er ist für wenige nur). *Gn.* Immo nullorum arbitror, si tecum vivit, Ter.: u. im Wortspiel, acipenser iste paucorum hominum est, ist nur für wenige (= macht sich selten, wird selten gefunden, u. = reicht nur für wenige hin), Scip. fr. – monstrum hominis, Ungeheuer von einem Menschen, abscheulicher Mensch, Ter.: so auch odium hominis, verhasster Mensch, Cic. – tu homo (du Mensch, du Menschenkind) adiges me ad insaniam, Ter. – hominum (von allen Menschenkindern) homo stultissime, Ter.: u. so optimus hominum es homo, Plaut.: hic homost hominum omnium praecipuus, Plaut. – **II** insbes.: **A** prägn., **1** der **Mensch** od. **Mann** als solcher, in seiner äußeren od. individuellen Erscheinung, tantundem erat in homine, quantum in ingenio, Sen. exc. contr. 3. praef. § 3. p. 242, 5 K. – **2** der Mensch in Bezug auf seine Vorzüge u. Gebrechen, **a** ein **Mann**,

Mensch = der die höheren u. gesteigerten Ansprüche an das Wesen eines Menschen befriedigt, eum nihil hominis esse, sei ein Mensch ohne alle höheren Vorzüge, Cic.: hominem ex homine tollere od. exuere, dem Menschen das nehmen, was ihn zum Menschen (von menschlichem Fühlen u. dgl.) macht, Cic.: te beluam ex utero, non hominem fudit, Cic. fr. – dah. besonders ein Mensch, der menschlich fühlt, homo sum (bin ein Mensch, habe ein menschliches Herz, fühle menschlich), nihil humani a me alienum puto, Ter.: si quidem homo esset, menschliche Gefühle hätte, Cic. – und = ein **Mann von Verstand, -Wort, -Tatkraft,** ein **tüchtiger Mann,** si homo esses od. esset, Ter. u. Cic. (vgl. Westerh. Ter. adelph. 1, 2, 27): si vis homo esse (ein Mann von Wort), recipe te ad nos, Cic.: homines visi sumus, wir ließen uns als tüchtige Leute sehen, Cic. – **b** wie unser **Mensch, Menschenkind** = fehlendes Wesen, quia homo est, menschlich irrte, Cic.: summi enim sunt, homines tamen, musterhaft sind sie (die Redner) nämlich wohl, aber doch Menschen (u. deshalb nicht ohne Fehler), Quint.: nemo non nostrum peccat, homines sumus (Menschenkinder), non dei, Petron. – **c** für **freies-, gebildetes Wesen** (da Sklaven nur als Sachen galten), hominem inter homines feci, zum Menschen unter Menschen, Petron.: hominem me inter homines esse voluit, ein Mensch unter Menschen, Petron. – **d** ultra hominem od. homines, supra homines, über die menschliche Natur hinaus, ultra hominem efferatus, Amm. 27, 12, 11: ultra homines se efferens, Amm. 26, 8, 13; vgl. 31, 10, 19: augendi regni cupiditate supra homines flagrans, Amm. 18, 4, 1. – **B** mit Nachdruck statt eines Pronomens = *is, hic, ille,* wie unser **der** od. **jener Mann** (**Mensch**) = er, dieser, jener, von dem eben die Rede ist, valde hominem diligo, Cic.: nosti os hominis, Cic.; vgl. Halm Cic. Sest. 22. p. 123. Jordan Cic. Caecin. 19. p. 174*sq.* Kühner u. Klotz Cic. Tusc. 1, 49. Dietsch u. Kritz Sall. Iug. 70, 5. Bremi Nep. Dat. 10, 3. Fabri Liv. 21, 4, 9. Burmann Phaedr. 2, 5, 19. – dah. auf sich hinweisend: hic homo, der Mann = ich, Komik. u. Hor.; vgl. Wagner Ter. heaut. 356. Fritzsche u. Orelli Hor. sat. 1, 9, 47. – **C** der **Bursche, Sklave,** homo P. Quincti, Cic.: Eros Marci homo, Inscr.: im Plur. = die **Leute** (Sklaven), arcesse homines, Plaut.: u. = die **Angehörigen** übh., a tuis hominibus abesse, Cic. – **D** Plur. homines = **Hausväter, Kolonisten** mit ihren Familien, Liv. 34, 45, 1 (vgl. 32, 29, 4, wo dafür familiae). – **E** im Ggstz. zur Reiterei homines = **Fußgänger, Fußvolk,** Caes. b. c. 2, 39, 4. Liv. 22, 52, 4. – **F** meton., **a** das **Erdenleben,** die **Welt,** cum maritus homine discesserit (geschieden ist), Solin. 52, 32. – **b** die **Mannbarkeit, Zeugungskraft,** Mart. 9, 42, 10. – ► Archaist. Genet. homenis, Prisc. 6, 15: Dat. homoni, Plaut. trin. 1130 R.²: Akk. homonem, Enn. ann. 138: Genet. Plur. homonum, *Nov. com. 88 R.²: Abl. Plur. homonibus, Plaut. trin. 1018 R.² – Genet. Sing. hominus, CIL 1, 200. lin. 60 u. 63. – Archaist. Akk. huminem, nach Prisc. 1, 35, hemona nach Paul. ex Fest. 100, 5. – homo ist nirgends *gen. fem.*, sondern steht überall als Gattungsbegriff Mensch im Ggstz. einerseits zur Gottheit, andererseits zum Tier (vgl. Charis. 102, 22), s. Plaut. Amph. 769. Cic. Clu. 199. Sulpic. in Cic. ep. 4, 5, 4. Verg. Aen. 1, 327. Iuven. 6, 284.

homoeomerīa, ae, Akk. ān, *f.* (ὁμοιομέρεια), die **Ähnlichkeit der Teile,** Lucr. 1, 830; vgl. Serv. Verg. Aen. 4, 625.

homoeoprophoron, ī, *n.* (*ὁμοιοπρόφορον), der **Fehler des Gleichlauts** in aufeinanderfolgenden Wörtern (wie: O Tite, tute Tati, tibi etc., Enn. ann. 109), Mart. Cap. 5. § 514.

homoeoptōton, ī, *n.* (ὁμοιόπτωτον), **gleiche Abfälle** (**Ausgänge**) der Kasus, Charis. 282, 12 Diom. 447, 12 (griech. bei Quint. 9, 3, 78*sqq.* Rutil. Lup. 2, 13. Aquil. Rom. de fig. sent. 25).

homoeōsis, is, Akk. in, Abl. ī, *f.* (ὁμοίωσις), die **Ähnlichmachung,** Pompei. comment. art. Donat. 312, 14 K.

homoeoteleuton, ī, *n.* (ὁμοιοτέλευτον), **gleichartige Ausgänge** (wie unsere Reime), Charis. 282, 9. Diom. 447, 5 (griech. bei Quint. 9, 3, 78*sqq.* Rutil. Lup. 2, 14. Aquil. Rom. de fig. sent. 26. Mart. Cap. 5. § 532).

homoeūsios u. **homoūsios**, on (ὁμοιούσιος u. ὁμοούσιος), **von gleichem Wesen** (Ggstz. anomoeusios), Hieron. epist. 17, 2 u. a. Eccl.

Homolē, ēs, *f.* (Ὁμόλη), ein Berg im phthiotischen Thessalien, Verehrungsort des Pan, Verg. Aen. 7, 675. – Dav. **Homolōis**, idis, *f.* (Ὁμολωΐς), **homoloisch** (portae), Tore im thessalischen Theben, Stat. Theb. 7, 252; 8, 354.

homologī, ōrum, *m.* (ὁμόλογοι), mit dem Grundstück auf jeden neuen Erwerber übergehende Ackerbürger (rein lat. ascripticii), Cod. Theod. 11, 24, 6. § 3.

homōnyma, ōrum, *n.*, s. homōnymus.

homōnymia, ae, *f.* (ὁμωνυμία), die **Gleichnamigkeit,** Fronto de diff. (VII) 525, 14 K.

homōnymus, a, um (ὁμώνυμος), **gleichnamig,** nomina, Prisc. 15, 38. Consent. 341, 18 K.: appellationes, Interpr. Orig. in psalm. 36. hom. 4. – subst., homōnyma, ōrum, *n.* (ὁμώνυμα), **gleichnamige Wörter, Homonymen,** Quint. 8, 2, 13.

homotonos, on (ὁμότονος), **gleichmäßig gespannt,** quodsi (brachia) non homotona fuerint, impedient directam telorum missionem, Vitr. 1, 1, 8.

homoūsios, on, s. homoeūsios.

homullulus, ī, *m.* (*Demin.* v. homullus), ein **Menschlein,** nach Prisc. 3, 34.

homullus (falsch homulus), ī, *m.* (*Demin.* von homo), ein **Menschlein** = **armer, schwacher Mensch,** ein **Schwächling,** Varro sat. Men. 92. 242. 487. Lucr. 3, 912: hic h., dieses erbärmliche Subjekt, Cic. Pis. 59.

homuncio, ōnis, *m.* (*Demin.* v. homo, s. Prisc. 3, 34), ein **Menschlein,** als geringes, schwaches Geschöpf (im Ggstz. zur vollkommenen Gottheit usw.), ein **schwaches Erdenkind,** Ter. eun. 591. Cic. Acad. 2, 134. Aug. bei Suet. vit. Hor. p. 46 R. Sen. ep. 116, 7. Petron. 34, 7. Iuven. 5, 133. Apul. met. 9, 7. Augustin. conf. 9, 3.

homunculus, ī, *m.* (*Demin.* v. homo, s. Prisc. 3, 34), ein **Menschlein,** bes. als armes, schwaches Geschöpf, ein **armer** (**schwacher**) **Mensch, armes** (**schwaches**) **Erdenkind** (im Ggstz. zur vollkommenen Gottheit usw.), Plaut., Cic. u. a.: belli homunculi (Leutchen), Varro sat. Men. 333 (bei Gell. 13, 11, 3).

honestāmentum, ī, *n.* (honesto), der **Schmuck,** die **Zierde,** der **Anstand,** Sen. ep. 66, 2: Plur., Ps. Sall. de rep. 2, 13, 2. Apul. apol. 4. Cod. Theod. 12, 1, 4: huiuscemodi translationes habitas esse pro honestamentis orationis, für einen passenden Redeschmuck, Gell. 10, 26, 9.

honestās, ātis, *f.* (honestus), **I** die **Ehre,** das **Ansehen** bei der Welt, honestatem amittere, Cic.: studiosissimi appetentissimique honestatis, Cic.: honestatis gratiā, ehrenhalber, Cic. – Plur. honestates, »Auszeichnungen«, die einem zuteil werden, Cic. Mur. 87: u. meton., omnes honestates civitatis, alle ehrenwerten Bürger, Cic. Sest. 109. – **II** die **Ehrbarkeit, Ehrenhaftigkeit, Anständigkeit,** der **äußere Anstand, 1** im Allg.: vitae, Cic.: ab omni honestate remota, dem Anstand ganz zuwider, Nep.: hinc (pugnat) honestas, illinc turpitudo, Cic. – übtr., v. Lebl., der **Anstand,** die **Schönheit,** in rebus, Cic.: testudinis, Cic. – **2** insbes., als philos. *t. t.*, die wahre Ehrbarkeit = die **moralische Würde, Tugend,** Cic. de fin. 2, 48.

honestē, *Adv.* (honestus), **I anständig, mit Anstand, mit Ehren, ehrenhaft, ehrenhalber** (Ggstz. turpiter), cenare, Cic. u. Sall.: se gerere, Cic.: vivere, tugendhaft leben, Cic. u. Sall.: mori, Sen. u. Curt.: in pugna h. cadere, Cic. – minoris HS triciens praetorium hominem honeste non posse damnari, Cic.: h. dicere, ein Wort im guten Sinne gebrauchen, Non. 121, 21. – sinum ad ima crura deduxit, quo honestius caderet, Suet. – quae in nostris rebus non satis honeste, in amicorum fiunt honestissime, Cic. – v. Lebl., fastigium non honeste vergit in etc., Cic. – **II ehrbar** = ansehnlich, h. geniti, von ehrbarer Abkunft, Liv. 26, 2, 11: u. so h. natus, Suet. Aug. 43, 3.

honestitās, ātis, *f.* (honestus) = ἀξιολογότης, ἀξιοπιστία, die **Ehrenhaftigkeit, Glaubwürdigkeit,** Gloss. II, 231, 47 u. 52.

honestitūdo, inis, *f.* (honestus) = honestas, Acc. tr. 16 u. 501.

honesto, āvī, ātum, āre (honestus), **I ehren** = **Ehre und Ansehen verschaffen,** vor den Augen der Welt **auszeichnen, -Glanz verleihen,**

hervorheben, alqm, Cic.: alqm laude, honore, Cic. u. Sall.: domum, currum, Cic. – **II** **beehren** = **begaben,** alqm beneficiis, Apul. met. 7, 15.

honestus, a, um (honor), **I** **ehrenhaft, ansehnlich, anständig, schicklich, ehrenvoll, ehrenwert** (Ggstz. turpis, pravus), **1** im Allg.: res, Rhet. Her.: magna laus et honesta oratio, ein achtbares Wort, Cic.: victoria, Liv.: ordo, militärische Ehrenstelle, Liv.: honestarum rerum egens, standesgemäß zu leben nicht vermögend, Sall.: dies honestissimus, Cic. – m. 2. *Supin.*, honestumne factu sit an turpe (sittlich gut od. sittlich schlecht) dubitant id, quod in deliberationem cadit, Cic. de off. 1, 9; vgl. Cic. ep. 8, 9, 4: in qua omnia dictu prona sunt, honesta susceptu, Lact. 1, 1, 11: quid honestum dictu saltem seditioni praetenditur muliebri? Liv. 34, 3, 8. – honestum u. honestius u. honestissimum est mit folg. *Infin.* od. *Acc.* u. *Infin.*, Cic. u. a. – subst., **α** honestum, ī, *n.*, die **sittliche Würde** des Menschen, die **Moral,** die **Tugend,** Cic.: m. *Adi.*, rigidi servator honesti (v. Kato), Lucan. 2, 389. – **β** honesta, ōrum, *n.*, das **Sittlichgute** (Ggstz. non honesta, das Nichtsittliche), Sen. ep. 92, 4. – **2** insbes.: **a** **wohlgestaltet, hübsch, schön** (vgl. Ruhnken Ter. Andr. 1, 1, 96), facies, Ter.: eunuchus, Ter.: asinus, Varro: os, Verg.: dignitate erat honestā, Nep.: equus *ad* speciem honestus, Apul. de deo Socr. 23: v. Lebl., Sicyonia honesta, Lucil. 1161: armamenta idonea ad usum et honesta *ad* contemplationem (von Ansehen), Apul. flor. 23. – subst., honestum, ī, *n.*, die »Schönheit, etwas Schönes«, Hor. sat. 1, 2, 84. – **b** übtr., **schönklingend** (aber nur scheinbar wahr), honestae causae abeundi, schickliche Vorwände, Lucr.: honestum et probabile nomen, Cic.: honesta oratio est, das klingt recht schön! das ließe sich wohl hören! Ter. u. Cic. – **II** **in Ehre und Ansehen stehend, ansehnlich, ehrenwert, ehrbar,** familia, Cic.: homo honestus, honestissimus, Cic.: honesto loco natus, Cic.: honesto genere, von gutem Hause, von angesehener Geburt, Nep. – bes. als Ehrentitel der Ritter, vir honestus od. honestissimus, Cic. – subst., honestī, ōrum, *m.*, **Leute von Stand, von Ansehen, angesehene-, vornehme-, ehrenwerte Leute, Honoratioren,** Hor., Quint. u. a.

honor, s. honōs.

honōrābilis, e (honoro), **I** **ehrenhaft, ehrenvoll,** haec ipsa sunt honorabilia, quae videntur levia atque communia, salutari, appeti, decedi, assurgi etc., Cic. de sen. 63: nomine honorabiliore theurgian vocant, Augustin. de civ. dei 10, 9, 1. – **II** **geehrt, angesehen,** personae, Amm. 30, 4, 16: eo quod esset (Ioakim) honorabilior omnium, Vulg. Daniel 13, 4.

honōrābiliter, *Adv.* (honorabilis), **mit Ehre und Ansehen,** Capit. Macrin. 5, 3. Amm. 29, 2, 11.

honōrandus, a, um, *PAdi.* (honoro), **ehrwürdig,** *Superl.* bei Paul. Nol. epist. 46.

honorārius, a, um (honor), **I** **ehrenhalber geschehend, -gegeben, -erwählt, Ehren-,** vinum, frumentum, als Ehrengeschenk für den Statthalter, Cato fr. u. Cic.: tumulus, Kenotaph, Suet.: arbiter, Cic.: arbitria, Cic.: opera, Cic.: ludi, dem Volk zu Ehren gegebene, Suet.: munus (Amt), Gell.: codicilli, spät. ICt. – delectare honorarium (est), geschieht ehrenhalber, den Zuhörern zu Ehren, Cic. – subst., honōrārium, iī, *n.*, das **Ehrengeschenk,** und nur in diesem Sinne = **Honorar,** ICt. u. Spät.: h. decurionatus, das Geschenk-, die Abgabe an den kaiserl. Fiskus für das Dekurionat, Traian. in Plin. ep. 10, 113 (114) *in.* – **II** **auf der Amtswürde und Gewalt eines röm. Magistrats beruhend,** ius, das aus den Erlassen der Magistrate, bes. aus denen des Prätors fließende Recht, ICt.: actio, ICt.

honōrāte, *Adv.* (honoratus), **mit Ehren, auf ehrenvolle Weise,** Vell. 2, 129, 3. Tac. hist. 4. 63 N. (Halm u. Heräus honoratā custodiā habuerant). – *Compar.*, Iustin. 5, 4, 13. Val. Max. 5, 1, 11. – *Superl.*, Val. Max. 2, 10, 2 u. 5, 1 ext. 4.

honōrātio, ōnis, *f.* (honoro), die **Ehrenbezeigung,** Ehre, Arnob. 7, 13. Mart. Cap. 1. § 7. Paul. ex Fest. 97, 8.

honōrātus, a, um, *PAdi.* m. *Compar.* u. *Superl.* (v. honoro), **I** **geehrt, in Ehre u. Ansehen stehend, angesehen, ehrwürdig,** v. Lebl. auch = **ehrenvoll** (Ggstz. inhonoratus, inglorius), **a** von Pers., Cic. u. a.: viri, Cic.: collegae, Liv.: multo illustrior atque honoratior, Nep.: qui apud me honoratior fuit, Cic.: apud plebem, pro qua dimicaverit, nihilo se honoratiorem fore, Liv.: genus illist unum pollens atque honoratissimum, Plaut. – **b** v. Lebl.: praefectura, Cic.: ministeria, Curt.: cani, Ov.: rus, als Ehrengeschenk verliehen, Ehrenacker, Ov.: militia honoratior, Liv.: nusquam est senectus honoratior, Cic.: decretum honoratissimum, Liv.: locus honoratissimus, Vell.: te honoratā memoriā prosequar, Val. Max. – **II** **durch ein hohes Amt (eine hohe Ehrenstelle) geehrt** od. **ausgezeichnet, hochgestellt,** vir, homo, Cic.: honorati quattuor filii, Cic.: senes, Tac.: honoratiori parēre malle, Vell.: filios honoratissimos reliquit, Vell.: poet. übtr., comae h., einer höheren Magistratsperson, Ov. ex Pont. 2, 2, 90.

Honōriadēs, -riānus, -rias, s. Honōrius.

honōrificē, *Compar.* honorificentius, *Superl.* honorificentissime, *Adv.* (honorificus), **mit Ehren, ehrenvoll,** h. alqm appellare, Hirt. b. G.: respondere h. Marrucinis, Cic.: alqm h. excipere, Suet.: nec liberalius nec honorificentius potuisse tractari, Cic.: alqm honorificentissime appellare, Cic.: alqm liberalissime atque honorificentissime tractare, Cic.

honōrificentia, ae, *f.* (honorificus), **I** die **Ehrerweisung,** das **ehrerbietige Betragen** gegen jmd., Capit. Anton. phil. 20, 2. Spart. Sev. 4, 1. Vopisc. Aur. 25, 6. Symm. epist. 6, 35 u. 36; 7, 76 a. Eccl. – **II** die Ehre, v. einer Person, Vulg. Iudith 15, 10.

honōrifico, āre (honorificus), **ehren, Ehre erweisen,** alqm, Eccl.

honōrificus, a, um, *Compar.* honorificentior, *Superl.* honorificentissimus (honor u. facio), **Ehre und Ansehen bringend, ehrenvoll, auszeichnend, glänzend** (Ggstz. contumeliosus, deformis), senatus consultum, Cic. u. Caes.: decretum, Vell.: mentio, Vell.: senectus, Cic.: quod multo apud Graecos honorificentius est, quam apud Romanos, Nep. Eum. 1, 5: honorificentissima verba, Cic.: honorificentissimum senatus consultum, Cic. – m. *Dat. pers.* (für), aliam orationem non tam honorificam audientibus quam sibi deformem habuisse, Liv. 45, 44, 20. – m. *in* u. Akk., cum tu ipse mihi dixisti orationem meam non solum in te honorificam, sed etiam in tuos collegas contumeliosam fuisse, Cic. ep. 5, 2, 3.

honōriger, gera, gerum (honor u. gero), **Ehre bringend, ehrenvoll,** Tert. de virg. vel. 10.

honōripeta, ae, *m.* (honor u. peto), **einer, der nach** (äußerlicher) **Ehre strebt,** Apul. de dogm. Plat. 2, 15.

Honōrius, iī, *m.*, der Sohn des Kaisers Theodosius I. u. Bruder des Arkadius, Beherrscher des weströmischen Reichs († 423 n. Chr. zu Ravenna), Aur. Vict. epit. 48, 19. Claud. nupt. Hon. et Mar. 118. – Davon **A** **Honōriadēs,** ae, *m.*, der **Honoriade** (= Sohn des Honorius), Claud. nupt. Honor. et Mar. 341. – **B** **Honōriānus,** a, um, **honorianisch, des Honorius,** thermae, Cod. Theod. 15, 1, 50. – **C** **Honōrias,** adis, *f.*, **honoriadisch,** sorores, Töchter des Honorius, Claud. laud. Seren. 131.

honōro, āvī, ātum, āre (honor), **I** **ehren, Ehre erweisen,** alqm, Cic.: virtutem, Liv.: alqm luctu, Aur. Vict.: plebei scitum, quo oneratus sum magis quam honoratus, mehr beschwert (belastet) als geehrt, Liv. – **II** mit etwas **beehren,** **A** **auszeichnen, belohnen,** alqm sellā curuli, Liv.: populum congiariis, Vell.: alqm dignis muneribus, Aur. Vict.: certantium quemque, Suet.: legato honorari, ein Legat bekommen, ICt. – **B** **verherrlichen, zieren,** diem illum, Liv.: lyram flore, Petron. – ► Depon. Nbf. **honōror,** ātus sum, ārī, Solin. 1, 123 u. 2, 26. Ampel. lib. mem. 2, 5.

honōrōsus, a, um (honor), **höchst ehrenvoll,** Isid. orig. 10, 118.

honōrus, a, um (honor), **I** **Ehre bringend, ansehnlich, ehrenvoll,** Ov. u. Tac. – **II** **ansehnlich, edel,** Stat. Theb. 5, 40.

honōs u. **honor,** ōris, *m.*, **I** die **Ehre, Ehrenbezeigung,** **A** im Allg.: honorem alci habere od. tribuere, Cic., od. praestare, Ov., od. honore alqm afficere, Cic., Ehre erweisen: ebenso alci honores habere, Plaut. u. Caes.: alci honores suae domi habere maxumos, Plaut.: u. honore alqm augere, Caes.: reddere suum alci od. cuique honorem,

Liv.: in honore habere, Cic.: in honore esse, Cic.: esse (gereichen) alci summo honori, Cic.: alqd in honorem adducere, zu Ehren (in Ansehen) bringen, Cic.: honori ducitur, wird für eine Ehre gehalten, Sall.: malus h., Beschimpfung, Metell. bei Gell.: h. exsilii, ehrenvolle Verweisung, Tac.: honorem praefari, Cic., od. dicere, Cic., »mit Ehren zu melden« sagen (bei anstößigen Dingen, die man aussprechen will): ebenso h. sit auribus, mit Ehren zu melden, Curt. – honoris causā od. gratiā, ehrenhalber, um jmdm. eine Aufmerksamkeit zu erweisen, aus persönlicher Rücksicht auf jmd., z. B. quem honoris causā od. gratiā nomino, Cic.: quod mandasti, feci honoris gratiā, Plaut.: alcis honoris causā od. gratiā, jmdm. zu Ehren, um (ihm usw.) eine Aufmerksamkeit zu erweisen, um jmdm. einen Beweis seiner Achtung zu geben, aus persönlicher Rücksicht auf usw., Alcumenae honoris huius gratiā, Plaut.: honoris sui causā, Plaut.: Matrinii honoris causā, Cic.: honoris Divitiaci et Aeduorum causā, Caes.: Romanorum honoris causā, Liv.: honoris mei causā, Cic.: honoris causā tui, Plaut.: vestri honoris causā, Ter.: honoris tui habendi causā, Gell. 14, 1, 11: dafür ad honorem alcis, Liv.: ad honorem atque amplitudinem tuam, Cic.: in Iunonis honorem, Hor.: in honorem patris, Sen.: in honorem meum, Sen.: in honorem sexus, Quint., virtutis, Flor. (vgl. Duker Flor. 1, 3, 1). – in der Paronomasie im Ggstz. zu onus, z. B. onus (Beschwer) est honos (Ehr), qui sustinet rem publicam, Varro LL.: non honor est sed onus, Ov.: non honori sed oneri esse, Rutil. Lup. – supremus honor, die letzte Ehre = das Begräbnis, Verg.: dass. supremus humanae condicionis honor, Val. Max., u. supremitatis honor, Amm.: ebenso communi in morte honore carēre, Cic., u. mortis honore carēre, Verg. u. Ov.: u. sepulturae honore (die E. des B.) non carēre, Cic. u. Val. Max. – **B** insbes.: **a** der **Ruhm,** der **Wert,** den man einer Sache beilegt, etiam Pramnio (vino) honos durat, Plin. 14, 54: sunt in honore et Creticae (cepae), sind geschätzt, Plin. 19, 104. – **b** die **Achtung** gegen jmd., Verg. Aen. 12, 57. – **c** die **Ehrenstelle,** das **Ehrenamt,** honoris gradus, Ehrenstufe, Cic.: honore acto, Liv.: honores petiit, Nep.: honoribus amplissimis perfunctus, Cic.: ad honores ascendere, Cic., od. pervenire, Liv.: honores capere, Suet.: honores inire (antreten), Ggstz. honores finire (niederlegen), Vell.: honorem per quinquennium agitare, den Beamten spielen, Tac.: curuli honore uti, Liv.: honore abire, Liv. – **d** die **Auszeichnung,** der **Ehrentitel,** h. militaris, Liv. 3, 51, 2. – **e** die **tätige Ehre,** **α Belohnung** für einen geleisteten Dienst, der **Ehrensold,** h. medici, das Honorar für den Arzt, Cic.: medico honorem habere, Cic., od. reddere, Augustin.: honoris sui causā laborare, Cic. – **β** den Göttern angetane Ehre, bes. ein **Opfer,** Verg., Ov. u. Liv. – od. **ein Ehrenfest,** Verg. Aen. 5, 601. – **γ** das **Lob, Loblied,** Baccho suum dicemus honorem, Verg. georg. 2, 393. – **C** personif., Honos, der **Gott der** (äußerlichen) **Ehre,** der unmittelbar an dem Tempel der Virtus seinen Tempel hatte und dem man mit unverhülltem Haupt opferte, Cic. Verr. 4, 121. Liv. 27, 25, 7 *sqq.* Val. Max. 1, 1, 8. Augustin. de civ. dei 4, 21. p. 171, 15 D.[2]: archaist. Genet., ad aedem Honorus, CIL 1, 577. col. 2. lin. 11. – **II** poet. übtr., die **Zierde,** der **Schmuck,** die **Pracht, Schönheit,** h. ruris, v. den Feldfrüchten, Hor.: silvarum, Laub, Verg.: cinctus honore (Kranz) caput, Ov.: oculis laetos afflarat honores, Verg.: h. croceus, goldgelbe Farbe, Sil. – ► Die Form honos, zu Ciceros Zeit die gewöhnliche, war zu Quintilians Zeit veraltet, s. Quint. 1, 4, 13. Vgl. Osann Cic. de rep. 1, 53. p. 108.

honus, honustus, s. onus, onustus.

hoplītēs, ae, *m.* (ὁπλίτης), der **Schwerbewaffnete,** Plin. 35, 71; nach Harduin dort = ein **schwerbewaffneter Wettläufer** (ὁπλιτοδρόμος).

hoplomachus, ī, *m.* (ὁπλομάχος), der **schwerbewaffnete Streiter, -Gladiator,** Sen. exc. contr. 3. praef. § 10. p. 244, 9 K. Mart. 8, 74, 1. Suet. Cal. 35, 2: Firm. math. 7, 23, 5 (oplom.).

1. hōra, ae, *f.* (ὥρα), **I** die **Zeit** im Allg., mihi forsan, tibi quod negarit, porriget hora, Hor.: numquam te crastina fallet hora, Verg.: appropinquante horā partus eius, Lact. – **II** eine bestimmte, abgemessene Zeit: **A** die **Jahreszeit,** arbor omnibus horis pomifera, Plin.: verni temporis hora, Hor.: flagrantis atrox hora Caniculae, Hor. – **B** eine bestimmte Tageszeit, die **Stunde,** **1** eig.: prima hora, von 6–7 Uhr morgens, Plin. ep. u. Mart.: in horam vivere, sich nicht um das Künftige kümmern, Cic.: horā ante venit, eine Stunde vorher, Brut. in Cic. ep.: horam amplius moliebantur, über eine Stunde, Cic.: ad horam, zur Stunde, auf die Stunde, Sen.: in horam, von St. zu St., Hor.: in horas, St. um St., mit jeder St., Cic., Hor. u. a.: unā horā, Liv., od. in una hora, Plaut., od. in hora, Cic., in einer Stunde: hora quota est? wieviel Uhr ist es? Hor.: horae legitimae, vorgeschriebene Stunden, über die hinaus der Redner nicht reden darf, Cic.: quod dum veniat condictum tempus cenae, tarde ire (schleichen) horas queruntur, Sen.: mensis erat October, tertius idus Oct., horam non possum certam tibi dicere, Sen.: bonum mihi affers unius horae aut fortasse momenti, Lact. (vgl. übh. momentum *no.* I, A, 2, b, ββ): homo od. amicus omnium horarum, für Scherz u. Ernst gleich gut aufgelegt, Quint. u. Suet. – **2** meton., horae, ārum, *f.*, die **Uhr,** mittere ad horas, Cic.: moveri horas, Cic.: horas inspicere, Petron. – ► Archaist. Genet. Sing. horai, Lucr. 1, 1016. – Vulg. Abl. Plur. horabus, CIL 11, 2611.

2. Hora, ae, *f.*, röm. Name der vergötterten Hersilia, die man als Göttin der Jugend ansah u. mit dem Quirinus vereint im Olymp dachte, Enn. ann. 117. Ov. met. 14, 851. Gell. 12, 22, 2.

Hōrae, ārum, *f.* (Ὧραι), die **Horen** = die Göttinnen der regelmäßig wiederkehrenden Naturordnung, der Jahreszeiten u. ihres Wechsels, die gütig (mites) im Kreislauf der Zeiten Menschen und Göttern manches ersehnte Gut bringen, Ov. fast. 1, 125: als Schöpferinnen alles Schönen in Begleitung der Chariten, Apul. met. 10, 32: als Zeitigerinnen Dienerinnen des alles zeitigenden Sonnengottes, Ov. met. 2, 118 *sqq.* Val. Flacc. 2, 92.

hōraeos (-us), a, on od. um (ὡραῖος), **rechtzeitig,** **a** v. Fischen, rechtzeitig eingesalzen = **mariniert,** scomber, Plaut. capt. 851. – **b** v. Honig, rechtzeitig ausgenommen, **reif,** subst., hōraeon, ī, *n.*, reifer Sommerhonig, Plin. 11, 36: Nbf. ōrēum, Apic. 7, 295.

hōrālis, e (hora), **von einer Stunde,** spatium, Ven. Fort. vit. Mart. 4, 364.

hōrārium, iī, n. (hora), die **Uhr,** ex aqua fecit horarium, Censor. 23, 7.

Horātius, a, um, Name einer röm. *gens,* aus der die Drillinge Horatii stammten, die die albanischen drei Curiatii besiegten, Liv. 1, 24 *sqq.* (deren Schwester Horatia, Liv. 1, 26 14.). – Ebenso Horatius Cocles, der sich dem Heer Porsenas auf der Brücke allein widersetzte, Liv. 2, 10. Sen. ep. 120, 7. – Q. Horatius Flaccus, Sohn eines Freigelassenen aus einem horazischen Hause (geb. am 8. Dez. 65 v. Chr., gest. am 27. Nov. 8 v. Chr.), der größte unter den römischen Dichtern in Lyrik u. Satire, von sehr ehrenwertem Charakter, dah. auch von Mäcenas besonders begünstigt u. mit einem kleinen Landgut beschenkt, Ov. trist. 4, 10, 49. Quint. 10, 1. § 94 u. 96: bl. Flaccus, Lact. 2, 4, 3. – Dav. **Horātiānus,** a, um, **horatianisch,** H. ille Atabulus (s. Hor. sat. 1, 5, 78), Gell. 2, 22. § 25.

horcīsta, ae, *f.*, verderbt aus orchestra (s. d.), Cassiod. var. 4, 51, 8 zw.

horconia (vitis), eine Rebenart in Kampanien, Plin. 14, 35.

horctus u. **forctus** = *bonus,* Gloss. V, 503, 35; 570, 17. Vgl. Paul. ex Fest. p. 102, 12.

Horcus, s. Orcus ►.

hordeāceus u. **-ius** (ordeāceus), a, um (hordeum), **die Gerste betreffend, aus Gerste bestehend, Gersten-,** farina, Cato u. Plin.: furfures, Varro: panis, Cels., Sen. u. a.: hordeacei panes (Ggstz. frumentacei panes, Weizenbrote), Hieron.: pira, Gerstenbirnen (= die zur Gerstenernte reif werden), Col.

hordeārius (ordeārius), a, um (hordeum), **I zur Gerste gehörig, von der Gerste benannt, Gersten-,** pruna u. pira, die zur Gerstenernte reif werden, Plin. – aes, die Jahrgelder, die unverheiratete Frauen (Witwen u. Mädchen) zur Unterhaltung der Ritterpferde zahlen mussten, Gaius inst. 4, 27 (jetzt liest man hordiarium); die Sache auch Liv. 1, 43, 9 u. Cic. de rep. 2, 36, wo es Waisen (orbi) sind, erwähnt. – gladiatores, qui hordearii vocabantur, Gersten(brot)esser (wegen ihrer Untüchtigkeit auf geringere Kost gesetzte), Plin. 18, 72. – **II der Gerste ähnlich** = **aufgebläht,** rhetor, Suet. rhet. 2.

hordēius, a, um = hordeaceus, Plaut. Cas. 494 (wo hordājās gemessen ist).

hordeolus (ordeolus), ī, *m.* (*Demin.* v. hordeum), das **Gerstenkorn** im Auge, Marc. Emp. 8. Th. Prisc. 1, 10 u. 4. fol. 312 b. Plin. Val. 1, 18. Isid. orig. 4, 8, 16.

hordeum (ordeum), ī, *n.*, (st. *horsdeum, griech. κριθή, ahd. *gersta*) die **Gerste**, panis ex hordeo, Plin.: umor ex hordeo aut frumento, Tac.: tumentes multo sacci hordeo, Phaedr.: hordeum serere, Varro LL.: hordeum demetere, Cato, desecare, Caes.: zur Strafe wegen Feigheit vor dem Feind den Soldaten statt Weizen gegeben, cohortibus, quae signa amiserant, hordeum dari iussit, Liv.: iis legionibus ... per septem annos hordeum ex senatus consulto datum est, Frontin.: cohortes, si quae cessissent loco, decimatas hordeo pavit, Suet. – Plur. (von Quint. 1, 5, 16 verworfen), Plin. 18, 56; außerdem oft bei Dichtern, z. B. hordea nuda, Ov.: serere hordea campis, Verg.: hordea ingenti fenore reddat ager, Ov.: misceri tosti iubet hordea grani, Ov. – ► altlat. Form fordeum, nach Quint. 1, 4, 14.

hordiārius, s. hordeārius.

hordiātus, a, um, s. hordior.

Hordicālia, ium, *n.* (hordus), ein **Fest**, an dem trächtige Kühe geopfert wurden, Varro r. r. 2, 5, 6.

hordiolum, ī, *n.* (*Demin.* v. hordeum), ein **Gerstenkörnchen** = κριθάριον, Gloss. III, 363, 66.

hordior, ārī (hordium = hordeum), **durch Gerstenfutter krank sein, sich (im Gerstenfutter) überfressen haben,** v. Tieren, qui hordiantur, Pelagon. veterin. 5. (47 *Ihm*): Partiz. hordiātus, Pelagon. veterin. 19. (278 *Ihm*).

hordus, a, um = fordus, **trächtig,** subst., horda, ae, *f.*, eine **trächtige Kuh,** Varro r. r. 2, 5, 6.

hōria (ōria), ae, *f.*, ein **Fischerkahn,** Plaut. rud. 910 u. 1020. Plaut.: Cacist. fr. bei Fulg. expos. serm. p. 174 M. Gell. 10, 25, 5; vgl. Non. 533, 20.

hōrilegium, s. hōrologium.

hōriola (ōriola), ae, *f.* (*Demin.* v. horia,), ein **kleiner Fischerkahn,** Plaut. trin. 942. Gell. 10, 25, 5.

horior, īrī (ὄρω), **antreiben, ermuntern,** Enn. ann. 432.

horisticē, ēs, *f.* (ὁριστική), die **Definition,** als theoretischer Teil der Grammatik, Diom. 426, 16.

horitor, ārī (*Intens.* v. horior), **antreiben, ermuntern,** Enn. ann. 346*.

horizōn, ontis, Akk. ontem, onta, *m.* (ὁρίζων = begrenzend), **I** die Kreislinie, die den Himmel in zwei gleiche Teile teilt u. bestimmt, was wir sehen u. nicht sehen können, der **Horizont, Gesichtskreis** (rein lat. finiens circulus u. bl. finiens, finitor), Sen. nat. qu. 5, 17, 3. Manil. 1, 665. Macr. somn. Scip. 1, 15, 17. Hyg. astr. 1, 4: horizon vel finitor, Mart. Cap. 8. § 826. – **II** bei der Sonnenuhr, die durch den Mittelpunkt gezogene Linie, die den Mittagskreis in zwei gleiche Halbkreise teilt, der **Horizont,** Vitr. 6, 1, 5 u. 9, 7, 6.

hormīnum, ī, *n.* (ὅρμινον), **Scharlei, Scharlachkraut** (*Salvia horminum*, L.), Plin. 18, 96 u. 22, 159.

hormiscion, iī, *n.* (v. ὁρμίσκος), ein uns unbekannter Edelstein, vielleicht das **gelbe Katzenauge,** Plin. 37, 168.

hōrnō, *Adv.* (hornus), **heuer,** Plaut. most. 159. Lucil. 273. Varro sat. Men. 142: Ggstz. anno (vor'm Jahre), Lucil. 781.

hōrnōtinus, a, um (hornus), **heurig, von diesem Jahr,** nuces, Cato: frumentum, Cic.

hōrnus, a, um (zu griech. ὥρος, das Jahr), **heurig, von diesem Jahr,** messis, Varro fr.: vina, Hor.: agni, Prop. – subst., hōrnus, ī, *m.*, der **heurige Ertrag** an Wolle, Milch, Käse usw., Calp. 2, 71.

hōrologiārius, a, um (horologium), **mit einer Uhr versehen,** templum, CIL 3, 1070.

hōrologium, iī, *n.* (ὡρολόγιον), die **Uhr** (es sei Sonnen- od. Wasseruhr), s. bes. Vitr. 9, 8. § 2 *sqq.* Plin. 2, 187; außerdem Varro r. r. 3, 5, 17. Cic. ep. 16, 18, 2. CIL 2, 1685: hor. ex aqua, Vitr. 9, 8, 4: hor. solarium, Plin. 7, 213: mechani horologia instituentes, Chalcid. Tim. 64: qua propter horologium vobis unum, quod solis claritas indicet, praeparasse cognoscor, Cassiod. inst. div. litt. 30. – Nbf. hōrilegium, iī, *n.*, CIL 2, 4316.

Hōros, s. Hōrus.

hōroscopicus, a, um (horoscopos), **I die Stunden anzeigend,** gnomon, Firm. math. 8, 18, 1: vasa, Plin. 2, 182. – **II die Nativität betreffend,** libri, Fulg. myth. 1, 12. Mythogr. Lat. 1, 115. – subst., hōroscopica, ae, *f.*, die **Nativitätsstellerei,** Mythogr. Lat. 3, 13.

hōroscopīum, iī, *n.* (ὡροσκοπεῖον), ein bei der Nativitätsstellung gebrauchtes Werkzeug, das **Horoskop,** Sidon. epist. 4, 3, 5.

hōroscopo, āre (ὡροσκοπέω), **die Geburtsstunde anzeigen,** Manil. 3, 296. Firm. math. 5, 1, 5 u. ö.

hōroscopos, on (ὡροσκόπος), **I die Stunde anzeigend,** vasa, Sonnenuhren, Mart. Cap. 6. § 595. – **II die Nativität anzeigend,** subst. hōroscopos, ī, *m.*, **a** der **Nativitätssteller,** Schol. Pers. 5, 18. – **b** der **Stand der Gestirne in der Geburtsstunde** eines Menschen, die **Nativität,** Pers. 6, 18. Manil. 3, 190. 200. 205. 504. Augustin. de civ. dei 5, 2 *extr.*

horreārius, iī, *m.* (horreum), der **Magazinaufseher, -verwalter,** Ulp. dig. 9, 3, 5. § 3 u. a. Kellerm. vigil. Rom. laterc. I, 3, 63. p. 5 (wo abgek. HO.); Inscr. bei Marini Atti p. 484 (wo abgek. HOR. LEG. = horrearius legionis): bildl., horr. dominicus, Augustin. serm. 269, 15.

horreāticus, a, um (horreum), **zum Magazin gehörig, Magazin-,** species, die aufgespeicherten Früchte, Cod. Theod. 11, 14, 3.

horrendē, *Adv.* (horrendus), **schrecklich,** Vulg. sap. 6, 6; 17, 3. Prisc. 17, 11. Serv. in Donat. 439, 2 K.

horrendus, a, um (Partic. v. horreo), **haarsträubend, I schaudervoll, schrecklich,** monstrum, Verg.: nox, Ov.: carmen, Liv.: Sibylla, frommen Schauer erregend, schauervoll, Verg. – m. 2. *Supin.*, utraeque horrendae aspectu, Hor.: horrendus visu Mezentius, Verg.: res horrenda relatu, Ov.: horrendum dictu, Verg. – *neutr. adv.*, horrendum stridens belua, Verg.: arma horrendum sonuēre, Verg.; vgl. ›horrendum‹ clamat pro ›horrende‹, Prisc. 17, 11: Plur., horrenda circumsonantibus Alemannis, Amm. 27, 10. § 10. – **II staunenswert, bewundernswert,** Verg. Aen. 11, 507.

horrentia, ae, *f.* (horreo), das **Schaudern,** Tert. adv. Marc. 4, 24.

horreo, uī, ēre (altind. *hŕ̥ṣyati*, starrt), eig. **rau sein,** dah. **I** von etwas **starren, 1** eig.: **α** mit *Abl.* des Teils, der an etw. emporstarrt: horret seges aristis, Verg.: phalanx horrens hastis, Liv.: ipsi tergis ferarum et ingentibus telis horrentes, Tac. hist. 2, 88: terga horrentia setis, Ov.: draco horrens squamis, Ov.: mare horret fluctibus, starrt von usw. = wogt auf von usw., Acc. fr. – poet., horrebant saevis verba minis, Ov. – **β** absol.: horrentia suum terga, Verg.: u. vom Boden, von Örtl., **von Frost starren, rau-, kalt sein,** terram uno tempore *florere*, deinde vicissim *horrere*, Cic.: u. vom Wetter, tempestas toto horret in anno, Ov. – **2** übtr.: **emporstarren,** von den Haaren = **sich emporsträuben,** hastae horrentes, Verg.: capilli, comae horrent, Tibull. u. Ov.: horrent ac subriguntur capilli, Sen.: promissā barbā, horrenti capillo, Plin. ep. 7, 27, 5: dah. Partiz. horrēns, **stachelig, struppig,** rubi, Verg.: capillus, Tac. u. Plin. ep.: v. Pers., vir bonus pulverulentus et horrens (Ggstz. nitidus et unctus), Sen. – **I** v. lebenden Wesen, deren Haut bei Frost sich zusammenzieht, indem sie die sogenannte Gänsehaut überläuft, od. deren Haare bei Furcht usw. sich emporsträuben (vgl. Varro LL. 6, 49), **A** vor Frost **zusammenschauern, sich schütteln, zittern,** Ov. u. a. Dichter: so auch draco horret, schüttelt sich (als er erwacht ist), Val. Flacc. – **B** vor Furcht usw. **zusammenfahren, schauern, schaudern, zittern, sich entsetzen, a** *intr.* v. Menschen u. Tieren, Ter., Ov. u. a.: horreo animo, Cic.: quae cum a te tractantur, horrere soleo, pflegt mich ein Schauer zu überlaufen, Cic.: m. folg. Fragesatz od. Finalsatz (mit *ne*), horreo (ich schaudere vor Angst), quemadmodum accepturi sitis, Cic.: ut, quorsus eruptura sit (ista dominatio), horreamus, Cic.: eo plus horreo, ne etc., Liv.: horret animus, ne quid inconsulte ac temere fiat, Liv. – **b** *tr.* vor etw. **schaudern** = vor etw. **zurückbeben, -sich scheuen,** vor od. über etwas **sich entsetzen,** crudelitatem alcis, Caes.: crimen,

Cic.: tela, Liv. (vgl. Schmid Hor. ep. 1, 17, 39. Fabri Liv. 21, 53, 2). – mit folg. *Infin.*, horreo dicere, Liv.: horret animus referre, Liv.: non horreo in hunc locum progredi, Cic.: quamquam animus meminisse horret, sich vor der Erinnerung sträubt, Verg. – m. folg. *Acc.* u. *Infin.*, sancti horruerunt coli se pro diis, Augustin.: pro vana imagine imperii, quod gererent, veram iustamque mox in se versuram potestatem horrebant, Liv.: m. folg. *Acc.* u. *Infin.* u. m. bl. *Infin.* zugl., non tam quia imminui agrum, quam quia accolas sibi quisque adiungere tam efferatae gentis homines horrebat, Liv. 10, 10, 11.

horreolānus, a, um (horreum), **mit verschiedenem Gemengsel** (wie in einer Vorratskammer) **gefüllt,** Apic. 8, 384.

horreolum, ī, *n.* (*Demin.* v. horreum), eine **kleine Scheune,** ein **kleiner Speicher,** Val. Max. 7, 1, 2.

horrēsco, horruī, ere (*Inchoat.* v. horreo), von etw. **rau-, uneben werden;** dah. **I** v. etw. **starren, 1** eig.: brachia horrescunt villis, Ov.: h. setis, Ov.: seges (*i.e.* acies) horrescit ensibus strictis, Verg.: horrescit telis exercitus, Enn. ann. 393. – vom Meer, mare coepit horrescere, aufzuwallen, Cic. fr.: u. so poet., v. der wogenden Saat, segetes altae campique natantes lenibus horrescunt flabris, wogen auf und nieder, Verg.: vom Wetter, quaenam subitis horrescit (braust auf) turbida nimbis tempestas, Sil. – **2** übtr., **emporstarren, sich emporsträuben,** mollis horrescit coma, Sen. Agam. 711 (749). – **II** vor Furcht, Schrecken, Staunen usw. **zusammenfahren, a** *intr.* **schauern, schaudern, zittern,** von Menschen u. Tieren, Ter., Cic. u. a.: animi horrescit, Pacuv. 294. – **b** *tr.*: **α** vor etwas **schaudern, zittern,** h. morsus futuros, Verg.: h. mortem, Stat. – m. folg. *Infin.*, quod sacrificium nemo vir adspicere non horruit, Cic. de har. resp. 37: horrescit animus omnia recensere, Amm. – **β mit tiefem Staunen-, mit Verwunderung wahrnehmen,** quem ter ovantem Iuppiter horruerat, Petron. poët. 123. *v.* 240 *sq.*

horreum, eī, *n.* (wohl zu haurio), jede **Vorratskammer,** jedes **Lager, a** des Getreides und anderer Vorräte, die **Scheune,** das **Magazin,** der **Speicher** (vollst. horreum frumentarium, Scaevol. dig. 41, 1, 60: penuarium, Ulp. dig. 33, 9, 3. § 11), clavis horrei, Cic.: horrea privata, Cic.: horrea publica, Lampr.: horrea frugum plena, Ambros.: pensile horreum (für Oliven), Col.: horrea ponere, anlegen, Liv., constituere, errichten, anlegen, Caes.: apertis horreis pretia frugum levare, Tac.: alia virtutis suae horrea (se) reperisse existimantes, indem sie das Auffinden dieser neuen Kornspeicher als das Werk ihrer Tapferkeit betrachteten, Amm. – v. der Vorratskammer der Mäuse, Verg. georg. 1, 182: der Bienen, Verg. georg. 4, 250: der Ameisen, Ov. trist. 5, 6, 39. – **b** des Weines, das **Lager** (vollst. horreum vinarium, Scaevol. dig. 33, 7, 7), Hor. carm. 3, 28, 7. Sen. ep. 114, 26. Paul. dig. 18, 1, 76. – **c** anderer Gegenstände, z. B. der Waren, das Magazin, Warenlager, Lagerhaus, Ulp. dig. 10, 4, 5: der Bücher, bildl., totum horreum excutere, meinen ganzen Vorrat ausschütten, Sen. ep. 45, 2. der Statuen, Plin. ep. 8, 18, 11: des Silbergeräts, die Silberkammer, Paul. dig. 34, 2, 32. § 4: des ländl. Wirtschaftsgeräts, Col. 1, 6, 7. – ► Vulg. Nbf. **horreus,** eī, *m.*, CIL 2, 3222.

horribilis, e (horreo), **haarsträubend, I schaudervoll, entsetzlich,** formidines, Cic.: horribiles miserique casus, Cic.: horribiliorem speciem praebere, Caes.: m. *Dat.* (für), ille fulgor rutilus horribilisque terris, Cic.: horribile est m. *Infin.*, horribile est causam capitis dicere, horribilius priore loco dicere, Cic. Quinct. 95. – **II** insbes.: **A erschrecklich = staunenswert,** sed hoc τέρας horribili vigilantiā, celeritate, diligentiā est, Cic. ad Att. 8, 9, 4. – **B schauervoll = ehrwürdig** secretum, Petron. 21, 3.

horribiliter, *Adv.* (horribilis), **staunenswert,** Aurel. b. Fronto ep. ad M. Caes. 2, 3 (6) extr. p. 29, 4 N. Augustin. de civ. dei 1, 8 *extr.*: *Compar.* horribilius, Augustin. de civ. dei 4, 3. p. 149, 8 D.[2]

horricomis, e (horreo u. coma), mit emporstehenden Haaren, **struppig,** canis, hircus, Apul. met. 4, 19 u. 7, 11.

horridē, *Adv.* (horridus), **rau,** nur übtr., **I ohne Schmuck,** vivere, Cic.: dicere, mit prägnanter Kürze reden, Cic.: horridius utetur ornamentis, unverfeinert, Cic. – **II rau = streng, hart,** manipulatim adlocuti sunt Proculus et Firmus praefecti, ex suo quisque ingenio mitius aut horridius, Tac. hist. 1, 82.

horridulus, a, um (*Demin.* v. horridus), **I starrend, strotzend,** caput, Lucil. 524: papillae, Plaut. Pseud. 68. – **II rau, struppig, a** eig.: horriduli filii, rudes, pusilli, Mart. 10, 98, 9. – **b** übtr., v. der Rede, **rau,** im guten Sinne = **gar zu einfach** od. **schlicht,** im üblen Sinne = **ungehobelt, ungeschlacht,** orationes, Cic. or. 152: tua illa … horridula mihi atque incompta (schmucklos) visa sunt, Cic. ad Att. 2, 1, 1: horridula (ungeschlachten) eius verba et rudia flosculos Tullianos appellans, Amm. 29, 1, 11. – **III** vor Kälte **schaudernd,** comes, Pers. 1, 54.

horridus, a, um (horreo), **I rau, zottig, stachelig, struppig, starrend, 1** eig.: horridus in iaculis et pelle Libystidis ursae, Verg.: hastilibus horrida myrtus, Verg.: silva dumis horrida, Hor.: barba, Cic.: caesaries, Ov.: iecur, raue (Ggstz. iecur nitidum), Cic. – sus, Verg.: paelex, Iuven. – m. 2. *Supin.*, cimex horridus attactu, Ser. Samm. 931. – **2** übtr., **a** v. Geschmack, **widrig, hässlich,** sapor, Plin. 34, 129. – **b rau, grob** von Fleisch, pomum, Plin. 13, 43. – **c** übh. **rau = widrig,** tempestas, Plin.: campus, Cic.: horridior locus, Ov. – **d rau, ohne Glätte, ohne Schliff = zurückstoßend, abstoßend, ungehobelt, ungeschlacht,** im guten Sinne = **schmucklos, einfach, schlicht,** v. Pers., in Lebensweise, Benehmen u. Rede, Tubero vitā et oratione horridus, Cic.: horridus vultu, Germ. Arat. 198: miles, Liv.: virgo, Ter.: gens, Verg.: Marius hirtus atque horridus, nachlässig im Äußeren u. rau (ungehobelt) im Wesen, Vell. – v. der Lebensweise, vita, Cic. – v. der Rede (Ggstz. nitens, nitidus, s. Piderit Cic. or. 20. Müller Liv. 2, 32, 8), modus dicendi, Liv.: oratio, Cic.: quaedam horridiora verba, Cic.: numerus h., ungeregelter, Hor. – **II schauernd, schaudernd** vor Kälte, **1** eig.: si premerem ventosas horridus Alpes, Ov. – aktiv = **schaurig kalt,** December, Mart.: bruma horrida gelu, Verg. – **2** übtr., **schauderhaft, entsetzlich, schrecklich,** grando, procella, fata, Verg.: horridiores aspectu esse (v. Menschen), Caes. – ruta silvestris horrida ad effectum est, Plin. 20, 131. – m. 2. *Supin.*, risu et auditu horrida, Sen Oedip. 227. – u. dafür m. *Infin. Praes. Pass.*, animalium turba, horrida aspici, Sen n. qu. 3, 19, 1: horrida cerni foedaque contingi, Lucan. 3, 347 *sq.*

horrifer, fera, ferum (horror u. fero), **I Schauder bringend, schaurig kalt,** Aquilonis stridor, Acc. fr.: aurae aquilonis, Cic. poët. de nat. deor. 2, 111: boreas, Ov.: nix, Val. Flacc. – **II** übtr. = **schreckenvoll, schrecklich,** prodigia, Pacuv. fr.: Erinys, Ov.: aestus, Lucr. – ► Synkop. Genet. Plur. horriferûm, Pacuv. tr. 82.

horrificābilis, e (horrifico), **Grausen erregend, grausenhaft,** luctus, *Acc. tr. 617.

horrificē, *Adv.* (horrificus), mit (heiligem) **Schauer,** Lucr. 2, 609 u. 4, 36.

horrifico, āvī, atum, āre (horrificus), **I rau-, uneben machen,** flatu placidum mare matutino horrificans zephyrus, aufwallen machend, aufkräuseln lassend, Catull. 64, 269 *sq.* (vgl. Hom. Il. 7, 63: Ζεφύροιο ἐχεύατο πόντον ἔπι φρίξ). – **II schaurig machen, A schrecklich machen,** galeas, Sil. 3, 389: dignitatem, der W. ein furchtbares Ansehen geben, Flor. 3, 21, 10. – **B Schauder-, Schrecken verursachen, einflößen,** mentes, Claud. bell. Get. 250: absol., Verg. Aen. 4, 465.

horrificus, a, um (horror u. facio), **I** struppig gemacht, **struppig,** caesaries, Lucan. 2, 372. – **II Schaudern-, Grausen-, Entsetzen erregend, grausenhaft, entsetzlich, schrecklich,** bustum, Lucr.: letum, Verg.: poena, Gell.: dies, v. Todestag, CIL 10, 2483.

horripilātio, ōnis, *f.* (horripilo), das **Emporstarren der Haare,** Vulg. Sirach 27, 15.

horripilo, āre (horreo u. pilus), **I von Haaren starren,** Apul. met. 3, 24. – **II** übtr., **sich sträuben, sich entsetzen,** Augustin. specul. in psalm. 118, 120.

horrisonus, a, um (horreo u. sono), **schrecklich tönend, -rauschend, -sausend,** fragor, Lucr.: fremitus, cardo, Verg.: fretum, Cic. poët.: flagellum, Val. Flacc.

horror, ōris, *m.* (horreo) = φρίξ, φρίκη, das »Rauwerden«; dah. **I** v.

Lebl.: **1** das **Starren, a** eig., das **Aufstarren** einer vorher glatten Oberfläche, vom »heftigen Aufwallen, Wellenschlag« des Meeres, pontus non horrore tremit, Lucan. – vom »Erbeben« des Erdbodens, commissam aciem secutus ingens *terrae tremor;* nisi illum *horrorem soli* virorum discursus et mota vehementius arma fecerunt, Flor. – **b** übtr., die **Rauheit,** ille horror dicendi, jene raue Sprache, Quint. 8, 5, 34. – **2** das **Emporstarren-, Sich-Aufsträuben** der Haare, nec ullo horrore comarum terribilis, Val. Flacc.: poet., nullo horrore comarum (des Laubes) excussae laurus, Lucan. – **3** die **starrende Höhe** eines Gebirges, par horrore, par vertice, par ille nivibus Alpinis Pyrenaeus, Flor. Verg. or. an poët. p. 107, 23 H. – **II** von Menschen: **1** das **Zusammenfahren** (sodass einen die Gänsehaut überläuft), der **Schauer, Schauder,** vor Kälte, der **Frostschauer,** bes. wie φρίκη = »Fieberschauer, Fieberfrost, Schüttelfrost« (vgl. Cels. 3, 3), **a** eig.: horror validus, Cels.: horrores frigidi, Plin.: horrores febrem praecedentes, Scrib. Larg.: febrium cum horrore et multa membrorum quassatione, Sen.: aquilo horrores excitat, Cels.: horror atque etiam febricula permanet, Cels.: Atticam doleo tam diu: sed quoniam iam sine horrore est, spero esse, ut volumus, Cic. – bei leidenschaftlicher Aufregung, bes. bei Furcht, Angst usw., tremulus maestis orietur fletibus h., Prop. (u. so Ov. met. 9, 345, indem in den Ästen noch menschl. Gefühl war): ciere horrorem membris, Lucr.: mihi frigidus horror membra quatit, gelidusque coit formidine sanguis, Verg. – **b** meton., von dem, was Schauer verursacht, nix et caerulei Boreae ferus abstulit horror, Frostschauer, Kälte, Val. Flacc.: multifidus ruptis e nubibus horror effugit, poet. vom Hagel, Val. Flacc.: validi ferri naturae frigidus h., des Eisens mächtige Natur, sein kalter Schauder, Lucr.: serrae stridentis acerbus h., scharfes, durchschauerndes Geräusch, Lucr. – **2** der **Schauder** = **a** das sich durch Stocken des Blutes, Sträuben des Haares, Stierheit des Blicks usw. kundgebende **Grausen, Entsetzen** (griech. φρίκη), ea res me horrore afficit, Plaut.: di immortales, qui me horror perfudit, Cic.: horror ingens spectantes perstringit, Liv.: me luridus occupat horror, Ov.: incertis lymphata horroribus urbs, Stat.: horror est mit *Infin.,* quod spectare … quoque horror est, was schauerlich mit anzusehen ist, Plin. 28, 4. – meton., der **Schrecken,** v. Pers., Scipiades, belli fulmen, Carthaginis h., Lucr. 3, 1032; vgl. Val. Flacc. 1, 744: v. einer Botschaft, interea patrias saevus venit horror ad aures, die Schreckensbotschaft, Val. Flacc. 8, 134. – **b** der **heilige Schauer** vor der Gottheit u. allem Heiligen, die **heilige-, ehrfurchtsvolle Scheu** (vgl. Lucan. 3, 411), hic numinis ingens h., Val. Flacc.: arboribus suus h. inest, Lucan.: animos horrore imbuere, Liv.: perfusus horrore venerabundusque, Liv. – **c** v. Schauer der Freude, der **Wonneschauer,** laetus per artus horror iit, Stat. Theb. 1, 494. – u. so vom Schauer freudiger Bewunderung, his ibi me rebus quaedam divina voluptas percipit atque horror, quod sic natura etc., Lucr. 3, 29 *sq.*

hōrsum, *Adv.* (zsgzg. aus huc vorsum), **hierherwärts, hierher,** Plaut. mil. 304 u. rud. 172. Ter. eun. 219 u. Hec. 450.

Horta, ae, *f.,* Stadt in Etrurien am Einfluss des Nar in den Tiber, j. *Orte,* Paul. ex Fest. 4, 8 (bei Plin. 3, 58 Hortānum gen.). – Dav. **Hortīnus,** a, um, **hortinisch,** classes, Verg. Aen. 7, 716.

Hortalus, ī, *m.,* Beiname des Quintus Hortensius, Cic. ad Att. 2, 25, 1. Suet. Tib. 47.

hortāmen, inis, *n.* (hortor), das **Ermunterungsmittel,** die **Ermunterung,** Liv., Ov. u. a.: Plur. b. Tac. u. Val. Flacc.

hortāmentum, ī, *n.* (hortor), die **Ermunterung, Aufmunterung,** das **Ermunterungs-, Aufmunterungsmittel,** Sall. u. a.: Plur. b. Liv. u. a.

Hortānum, ī, *n.,* s. Horta.

hortāria, ae, *f.* (hortus), **Zwiebelpfeffer** (*Sedum Cepaea,* L.), Apic. 6, 224 u. 10, 470.

hortātio, ōnis, *f.* (hortor), die **Aufmunterung, Ermunterung,** Cic. u. a.: hortatio *ad* promittendum Pamphilo quod iubetur, Donat.: Plur. contiones hortationesque, anfeuernde Ansprachen, Cic.: hortationes ad philosophiam (als Titel), Suet.: hortatione agere cum alqo, ermunterungsweise verfahren bei jmd., Cic.: insbes. hortatio remigum nautarumque, die Aufmunterung d. R. u. M. durch Taktschlag u. Zuruf, Liv. 40, 4, 12 (vgl. hortator).

hortātīvē, *Adv.* (hortativus), **ermunternd,** Porphyr. Hor. epod. 16, 23 (24).

hortātīvus, a, um (hortor), **zur Auf-** od. **Ermunterung dienlich, Ermunterungs-,** adverbia (wie *eia, age* u. dgl.), Prisc. 15, 35: modus, der Imperativ, Diom. 338, 33.

hortātor, ōris, *m.* (hortor), der **Aufmunterer, Ermunterer, I** im Allg., absol., isto hortatore, auctore, intercessore, Cic.: hortator bonus, Ov.: m. obj. *Genet.,* animorum, Ov.: studii, zum usw., Cic.: caedis, Cic.: pugnae, Ov.: m. *Genet. Gerund.,* hort. belli Romanis inferendi, Treb. Poll.: audendi in tempore consideratus hort., Amm.: m. *ad* u. Akk. Gerund., auctores hortatoresque ad me restituendum tam multi fuerunt, ut etc., Cic. post red. ad Quir. 9: m. *ut* u. Konj., accedebat hortator assiduus Sallustius, ut etc., Cic. ad Att. 1, 11, 1. – **II** insbes.: **a** als milit. *t. t.,* der **Ermutiger, Anfeuerer** der Soldaten, rex ipse hortator aderat, Liv.: Marcellus mediam aciem hortator testisque praesens firmabat, Liv. – **b** = κελευστής (lat. auch pausarius, portisculus), der **Rudermeister,** der die Ruderer im Takt hält und durch Zuruf zur Arbeit ermuntert (s. Non. 151, 19. Isid. orig. 19, 2, 4). Plaut. merc. 696. Enn. ann. 480. Ov. met. 3, 619. CIL 6, 10075.

hortātōrius, a, um (hortor), **zur Aufmunterung dienlich, aufmunternd,** irrisio, Augustin. conf. 8, 11 *extr.:* mandata, Ambros. cant. cantic. 3. § 3: m. *ad* u. Akk., locus hortatorius ad fidem, Ambros. in Luc. 8. § 30.

hortātrīx, trīcis, *f.* (Femin. zu hortator), die **Aufmuntererin, Ermuntererin,** blanda h. voluptas, Pacuv. tr. 195: h. animosi gloria leti, Stat. Theb. 9, 717: illa supra umeri altitudinem elata velut h. manus, ermahnende Hand, Quint. 11. 3, 103: absol., Augustin. serm. 301, 1.

hortātus, ūs, *m.* (hortor), das **Aufmuntern, Ermuntern,** im Sing. gew. nur im *Abl.* (Dat. Sing. hortatui bei Macr. sat. 7, 5. § 5), huius hortatu, Cic.: id fecisse aliorum consilio, hortatu, auctoritate, Cic.: hortatu L. Valerii Flacci … Romam demigravit, Nep.: suorum omnium hortatu, Caes.: ille monendo laudat et hortatu comprobat acta suo, Ov.: absol., multos laude et hortatu accendens, Tac. – Plur., mutui hortatus, Tac.: soliti hortatus, Ov.: laeti hortatus, Val. Flacc.: m. obj. Genet., hortatus laudum, Sil. 12. 67.

Hortēnsiānus, a, um, s. 2. Hortēnsius.

hortēnsis, e (hortus), **zum Garten gehörig, Garten-,** lira, Col. 9, 4, 4.

1. hortēnsius, a, um (hortus), **zum Garten gehörig,** in ihm **wachsend, Garten-,** bulbi, Plin.: batis, Plin. – Plur. subst., hortēnsia, ōrum, *n.,* **Gartengewächse, Gartenfrüchte,** Plin. 19, 131 u. a.; synkop. hortēsia, Cic. nach Vel. Long. 79, 2 K.

2. Hortēnsius, a, um, Name einer röm. *gens,* aus der am bekanntesten: Q. Hortensius Hortalus, ein berühmter Redner zu Ciceros Zeiten, s. bes. Cic. Brut. 2, 6; 88, 301 *sqq.* Tac. ann. 2, 37: Besitzer großer Fischteiche, Varro r. r. 3, 17, 3. – u. dessen Tochter Hortēnsia, ae, *f.,* ebenf. als Rednerin berühmt, Val. Max. 8, 3, 3; vgl. Quint. 1, 1, 6. – *Adi.* **hortensisch,** lex (vom Diktator Q. Hortensius i. J. 288 v. Chr. eingeführt), Cic. – Dav. **Hortēnsiānus,** a, um, **hortensianisch, des Hortensius,** Val. Max. u. Suet. – *neutr. pl.* subst., illa Hortensiana, eine philos. Schrift Ciceros, die den Titel Hortensius führte, Cic. ad Att. 4, 6, 3.

hortīlio, ōnis, *m.* = *horti custos,* Gloss, Scal. V, 601, 35.

Hortīnus, a, um, s. Horta.

horto, s. hortor ►.

hortogōn…, s. orthogon…

hortor, ātus sum, ārī (zsgzg. aus horitor, *Intens.* von horior, viell. verwandt mit altind. *háryati,* begehrt, ahd. *gerōn,* begehren), **antreiben, aufmuntern, ermuntern** zu etwas (Ggstz. dehortari, deterrere), gew. mit dem Nbbgr. der Teilnahme u. des wohlwollenden Zuredens, dah. auch jmdm. **Mut einsprechen,** ihn **trösten, I** im Allg.: **a** v. Pers., alqm, Plaut., Cic., Caes. u. a. – m. folg. *ut* u. Konj., ipsus hortatur me frater, ut etc., Acc. fr.: ille extemplo illam hortabitur, ut eat propere, Plaut.: magno opere te hortor, ut etc., Cic. – m. folg. *ne* u. Konj., hortatur eos, ne animo deficiant, Caes.: moneo hortorque vos, ne etc., Sall. – m. bl. *Coniunctiv,* hortatur non solum ab eruptionibus caveant, sed etiam etc., Caes.: hortatur ad cetera, quae levia sunt, parem animum gerant, Sall. – m. 1. *Supin.* wechselnd m. *ut* u. Konj., neque ego vos ultum iniurias hortor, magis uti requiem capiatis, Sall. hist. fr. 3, 61, 17 (3, 82, 17). – m. folg. *Infin.*, hortamur fari, quo sanguine cretus quive fuat, Verg.: cum legati hortarentur accipere (munera), Nep.: fortitudo patientiam in medium procedere hortata est, Val. Max. – m. *ad* u. Akk., ad diligentiam, Quint.: ad deditionem, Suet.: populum ad vindicandum, Sall.: senatum ad excidendum Antium, Liv.: omnes ad bibendum, Gell.: eos ad capessendam fortitudinem, Val. Max. – m. *in* u. Akk., paribus Messapum in proelia dictis, Verg.: Gentium in amicitiam secum et cum Macedonibus iungendam, Liv.: in patrum vulnera liberos, Vopisc. – m. *de* u. Abl., de Aufidiano nomine nihil te hortor, Cic.: hort. de custodia ac defensione urbis, Caes.: hort. Libonem de concilianda pace, Caes. – m. folg. *Acc.* der Sache (s. Nipperd. Tac. ann. 11, 3), fugam (zur Fl.), Trac. inc. fr.: pacem (zum Fr.), Cic., pacem amicitiamque, Nep.: bellum, Iustin.: inediam et lenem exitum, Tac. – absol., circumire, hortari, Sall.: hortantibus iis, quos etc., Caes.: multis hortantibus, Sall.: petit atque hortatur ut etc., Caes. – **b** v. lebl. Subjj., Umständen, **auffordern,** quos magis dominationis spes hortabatur, quam inopia, Sall. – m. *ad* u. Akk., multae res ad hoc consilium Gallos hortabantur, Caes.: id me non modo non hortatur ad disputandum, sed etiam deterret, Cic. – m. *in* u. Akk., illa (ira) in amorem hortatur, haec in odium, Sen. – m. folg. indir. Fragesatz, multae res eum hortabantur, quare etc., Caes. – m. folg. *Infin.*, rei publicae dignitas minora haec relinquere hortatur, Cic.: res ipsa hortari videtur supra repetere ac paucis instituta maiorum domi militiaeque disserere, Sall. – **II** insbes., in der Militärspr., die Soldaten **ermutigen, anfeuern,** an sie **eine Ansprache halten,** suos, Caes. u. Sall.: milites, Sall.: m. dopp. Acc., pauca milites pro tempore hortatus, nach kurzer Ansprache an die Soldaten, wie sie Zeit u. Umstände erforderten, Sall. Iug. 49, 6. – ► **a** Parag. Infin. hortarier, Plaut. merc. 696. – **b** Aktive Nbf. horto, āvī, āre (vgl. Prisc. 8, 25); Präs. hortat, Plaut. asin. 512 Fl. (518 G.), (*al.* orat): Perf. hortavi, Sen suas. 5, 8: dah. hortor, ārī, passiv (vgl. Gell. 15, 13, 1), ab amicis hortaretur, Varro fr. inc. p. 339 *ed. Bip.* (bei Prisc. 8, 20). – hoste hortato beim Auct. b. Hisp. 1, 5 wahrsch. verderbt.

hortuālis, e (hortus), **zum Garten gehörig, Garten-** (Ggstz. agrestis), Ps. Apul. herb. 70 u. 80 99.

hortulānus, a, um (hortus), **zum Garten gehörig, Garten-,** secessus, Tert. de paenit. 11: asparagi (Ggstz. asp. agrestes), Edict. Diocl. 6, 34. – subst., hortulānus, ī, *m.*, der **Gärtner, Gartenaufseher,** Macr. sat. 7, 3, 20. Apul. met. 9, 39 u. 40: ortulanus, CIL 6, 9473.

hortulo, ōnis, *m.* (hortus), der **Gärtner,** Sidon. epist. 5, 14, 2.

hortulus, ī, *m.* (*Demin.* v. hortus), **I** das **Gärtchen,** Catull. u. a.: hortulus, qui Academiae iunctus fuit, Apul.: gew. hortuli, ōrum, *m.*, eine **kleine Anlage,** ein **kleiner Park,** Cic. u. a.: pomaria hortulique, Fronto: reliquit hortulos quinque iugerum, Suet.: Epicurus hortulos suos irrigavit, Cic. de nat. deor. 1, 120. – collis hortulorum, der spätere mons Pincius, j. *Monte Pincio,* mit Gartenanlagen (bes. mit den berühmten des Lukullus), Suet. Ner. 50. – **II** eine Abteilung eines Weinberges, Col. 4, 18, 2.

hortus, ī, *m.* (v. χόρτος), jeder eingezäunte oder sonst abgegrenzte Ort; dah. **I** altlat. = *villa,* XII tabb. fr. b. Plin. 19, 50. Vgl. Paul. ex Fest. 102, 11. – **II** der **Garten,** maceria horti, Liv.: hortus aedium, Liv.: hortus apricus, Cic.: propinquus cubiculo hortus, Liv.: hortum conducere, Cic.: rigando horto manus locare, Plin. ep. – Plur. hortī, ōrum, *m.*, = **Gartenanlagen, Park,** amoenitas hortorum, Cic.: horti paterni, Cic., materni, Sen.: privati alcis horti, Privatpark, Tac.: horti pensiles, Curt. u. Lact.: dare nataliciam in hortis, Cic.: hortis suis se occultare, Cic. – horti Epicuri (in Athen), in denen er lehrte, Cic. de fin. 5, 3 u. a. – horti Caesaris, Cäsars Gartenanlagen zu Rom auf dem rechten Tiberufer, in der Gegend der heutigen *Porta Portese,* Hor. sat. 1, 9, 18. Suet. Caes. 83, 2; vgl. Tac. ann. 2, 21. – collis hortorum, der Pincius, auf dem die berühmten Gärten des Lukullus lagen, Suet. Ner. 50. Iuven. 10, 334; vgl. hortulus. – hortorum praepositi, Gartenaufseher, Firm. math. 3, 5, 25: dasselbe supra hortos, CIL 6, 4346. – meton., ein **Gartengewächs,** ein **Gemüse,** Cato, Hor. u. Plin.

Hōrus, ī, Akk. on, *m.* (Ὧρος), der Gott der Sommersonnenwende bei den Ägyptern, mit Apollo verglichen, mit Harpokrates vermengt und wie dieser als Knabe dargestellt, Macr. sat. 1, 21. § 13.

hospes, pitis, *m.*, selten *f.* (aus *hosti- potis, der Gastherr), **I** *subst.:* **A** der **Fremde, Fremdling,** der sich eine Zeitlang irgendwo aufhält als **Gast,** u. insofern er mit dem Wirt in Gastfreundschaft steht = der **Gastfreund,** Komik., Cic. u. a. – m. Ang. **woher?** hospes Zacyntho, Plaut. merc. 940 G. – in der Anrede an einen uns fremden Menschen, salve hospes! grüß Gott, guter Freund! Flor. Vergil. or. an poët. *in.* – übtr., ein **Fremdling** = **unbekannt, unerfahren** in usw., adeone hospes (es) huiusce urbis? vos hospites in nostra urbe versamini? Cic.: fateor enim callidum quendam hunc et nulla in re tironem ac rudem nec peregrinum atque hospitem in agendo esse debere, Cic. – **B** der, der einen Fremdling als Gast aufnimmt u. bewirtet, der **Wirt,** u. insofern er mit dem Fremdling in Gastfreundschaft steht = der **Gastfreund,** Cic. u. a. – insbes., **Quartiergeber, Wirt** der Soldaten, Petron. 85, 1. Tac. hist. 2, 66; 3, 41. – **II** *adi.:* **A** **fremd, ausländisch,** gemma, Pallad.: tecta, Stat. – **B** **gastlich, wirtlich,** cymba, Stat. silv. 5, 1, 252. – ► Femin. zu hospes gew. hospita (s. d.); doch auch hospes selbst als *fem.* Acc. tr. 51: hospes amica, Ov. fast. 6, 510: hospes Aurora, Stat. Theb. 6, 272: Thebais hospes, Sen Agam. 318: hospes tua, Apul. met. 2, 6. – Genet. Plur. auch hospitium, Liv. 4, 35, 4. – vulg. Nbf. **hospis,** Not. Tir. 110 (aber Gloss. II, 378, 2 ξένος hospes, nicht hospis).

hospita, s. *hospitus.

hospitālis, e (hospes), **I** zu den Gästen od. **Gastfreunden gehörig, Gast-, Gastfreunds-,** cubiculum, Liv.: deversorium, Liv. beneficia, Liv.: aves, die einem Gast vorgesetzt werden, Varro: sedes, wo einer als Gast ist, Cic.: caedes, Ermordung des Gastfreundes, Liv.: tessera, das Kennzeichen, das der Gastfreund vorzeigte, um als Gast aufgenommen zu werden, Plaut. u. Inscr.: Iuppiter, Schützer der Gastfreundschaft, Cic.: di, Cic.: aquae, Wasser, das gleichs. ein Gast ist im See, durch den es fließt, Plin.: nullum hospitale ius in iis servandum censuerunt, Liv. – subst., hospitālia, ium od. iōrum, *n.*, die **Gastzimmer,** Vitr. 6, 7 (10), 4 u. (auf der Bühne) 5, 7, 8. – **II** **gastlich, gastfreundlich, wirtlich,** domus, Cic.: homo hospitalissimus, Cic.: pectus, gegen alle Menschen freundschaftliches, Hor.: invitatio benigna et h. fuit, Liv.: m. *in* (gegen) u. Akk., Cimonem Athenis etiam in suos curiales Laciadas hospitalem fuisse, Cic. de off. 2, 64. – übtr., tellus, Plin.: umbra, zu Gast ladender, Hor.: nihil est hospitalius mari, wegen der vielen Häfen, Flor. – subst., **a** hospitāles, ium, *m.*, die **Gastfreunde, Wirte,** Plin. 9, 26. – **b** **gastfreundschaftliche Rücksichten,** Liv. 42, 24, 10.

hospitālitās, ātis, *f.* (hospitalis), **I** die **Gastfreundlichkeit, Gastlichkeit,** Cic. de off. 2, 64. Mart. 4, 64, 28. Oros. 1, 11, 2. Cassiod. var. 10, 3, 6. – **II** der **Aufenthalt in der Fremde** (als Gast), die **Wanderschaft,** Macr. somn. Scip. 1, 21, 34.

hospitāliter, *Adv.* (hospitalis), **gastfreundschaftlich, gastfreundlich,** Liv. u. a.

hospitātor, ōris, *m.* (hospitor), der **Einkehrer als Gast,** Apul. met. 4, 7.

hospitia, ae, *f.*, s. hospitium ►.

hospitiolum, ī, *n.* (*Demin.* v. hospitium), **1** eine **kleine Herberge,** Ulp. dig. 9, 3, 5. § 1. Hieron. epist. 42, 3; 108, 14; 123, 14. – **2** = **Wohnhaus,** Gregor. Tur. mir. 1, 11.

hospitium, iī, *n.* (hospes), **I** die **Gastfreundschaft** als Verhältnis zwischen zwei Gastfreunden, **A** eig.: mihi cum alqo hospitium est, Cic., od. intercedit, Caes.: alcis hospitio usus sum, Caes.: hospitium cum alqo facere, Cic., od. iungere, Liv., od. coniungere, Cic.: hospitium renuntiare (aufkündigen), Liv. – **B** meton. = **Gastfreunde,** Rhet. Her. 1, 8. – **II** insbes., die betätigte Gastfreundschaft, die **Erweisung der Gastfreundschaft, gastliche Aufnahme, Bewirtung,** **A** eig.:

hospitium liberale, Cic.: alqm hospitio accipere od. excipere, gastlich aufnehmen, beherbergen, Cic., Liv. u. a. (s. Giese Cic. de div. 2, 97. Lambin Hor. sat. 1, 5, 2. Drak. Liv. 29, 11, 6 u. Sil. 17, 1. Burmann Ov. her. 12, 29): ebenso alqm hospitio recipere, Caes., Ov. u. a.: alqm hospitio agresti accipere, ländlich bewirten, Cic.: alqm hospitio magnificentissimo accipere, aufs Prächtigste bewirten, Cic.: alqm hospitio invitare, Cic.: poet., hospitio arenae prohiberi, vom Landen, Verg. – Plur., assidua devertentium hospitia, Col.: artum solvere hospitiis (Dat.) animum, Hor.: servus ab hospitiis, für die Aufnahme fremder Gäste, CIL 6, 7290. – **B** meton., die **Herberge,** das **Quartier, Gastzimmer,** publicum, Liv.: parare hospitium, Cic.: adducere od. deducere alqm in hospitium, Liv. u. Plin. – praetorianae cohortes … per hospitia (Quartiere in der Stadt) dispersae, Suet. – übtr., vom Aufenthalt, Lager, Ruheort der Tiere, Verg. u. Plin. – lebl. Ggstd., qui hospitio lucis fruitus est annis XXXVIII, CIL 10, 4728: u. scherzh., nec confidentiae usquam hospitium (Einkehr, Unterkunft) est nec devorticulum (Ausflucht) dolis, Plaut. capt. 523. – ► Nbf. hospitia, ae, *f.,* Prob. app. (IV) 194, 18.

hospitor, ārī (hospes) = ξενίζομαι (Gloss. u. Dosith. 60, 1 K.), irgendwo **als Gast einkehren, zeitweilig sich aufhalten, verweilen,** **a** eig., Petron. 77, 4. Cod. Theod. 7, 8, 4. Porphyr. Hor. sat. 1, 5, 38. Vulg. act. apost. 21, 16. – **b** übtr., gew. v. lebl. Subjj., absol., Sen de vit. beat. 33, 3. Plin. 17, 149: m. *in* u. Abl., Sen ep. 31, 11 u. 108, 10. Plin. 6, 65. – Aktive Nbf., Christus in utero Mariae hospitabat, Augustin. serm. 160, 3 *Mai.* (Nov. bibl. patr. I. p. 358).

***hospitus,** a, um, nur in der Form **hospita** (zu hospes als *fem.* u. *neutr. plur.*), **I als Fremder, als Gast kommend** od. **gekommen** od. **aufgenommen, fremd,** pubes, Val. Flacc.: turba, Val. Flacc.: anus, Gell.: avis, Stat.: navis, Ov.: aequora, Verg. – m. *Dat.,* coniunx hospita Teucris, eine Fremde, eine Ausländerin für die T. (v. der Lavinia), Verg. Aen. 6, 93. – subst., hospita, ae, *f.,* eine **Fremde,** ein **Gast,** Ter. u. Cic. – **II gastfreundlich, gastlich, wirtlich,** gew. subst., hospita, die **Gastfreundin, Wirtin,** Cic. u. a. – poet. übtr., v. Lebl., terra, Verg.: tellus, Ov.: litora, Verg.: inter vina hospita, Val. Flacc. – m. *Dat.,* tunc hospita Tarraco Baccho, Sil.: unda (*sc.* gelu concreta) hospita plaustris, worüber Wagen gehen, Verg.

hostia, ae, *f.* (hostio = ferio, ich schlage; eig. »die Geschlagene«, dah.) das **Schlachtopfer, Opfertier, Opfer,** gew. nur zur Versöhnung der Götter, das **Sühnopfer, I** eig.: maxima, Cic.: humana, Cic., Sall. fr. u. a.: hostiae maiores (Ggstz. hostiae lactentes), Cic. – hostias immolare, Cic., od. mactare, Verg., od. caedere, Suet.: hostiis immolare, Cic., od. sacrificare, Liv., od. rem divinam facere, Liv. – hostiarum munera offerre, Greg. Tur. – **II** übtr., eine Sterngruppe am Zentauren, Hyg. astr. 3, 37. – ► Arch. Form ostia, CIL 1, 819. fostia, nach Paul. ex Fest. 84, 5.

hostiātus, a, um (hostia), mit **Opfertieren versehen,** Plaut. rud. 270.

hosticapas (hostis u. capio) = *hostium raptor,* Paul. ex Fest. 102, 13.

hosticus, a, um (hostis), **I fremd, ausländisch,** hosticum hoc mihi domicilium est, Athenis domus est, Plaut. mil. 450. – **II dem Feind gehörig, feindlich,** manus, Plaut.: falae, Plaut.: acies, Varro fr.: tellus, Ov.: terra, Hyg. grom.: moenia, Hor.: ensis, Hor.: ager, Liv. – subst., hosticum, ī, *n.,* das **Feindesland,** das **feindliche Gebiet,** in hostico, Liv.: in hosticum, Eum. pan.: ex hostico, Plin. pan.: hostico tamquam pacato, Liv.

hostifer, fera, ferum (hostis u. fero), **feindselig,** Manil. 1, 430 zw.

hostificē, *Adv.* (hostificus), **feindselig,** Acc. tr. 82.

hostificus, a, um (hostis u. facio), **feindselig,** o dirum hostificumque diem! Acc. tr. 80: qui columnis ac postibus meis hostificum quoddam et nefarium omni imbutum odio bellum intulistis, Cic. de domo 60.

Hostilia, ae, *f.,* Flecken im zisalpinischen Gallien, von wo aus die Straße nach Verona abging, Geburtsort des Kornelius Nepos, j. *Ostiglia,* Plin. 21, 73. Tac. hist. 3, 9. Itin. Anton. 282, 4.

Hostilīna, ae, *f.* (2. hostio), die Göttin des Getreides, die das Gleichwerden der Ähren bewirkte, Augustin. de civ. dei 4, 8. p. 156, 3 D.^{2}.

hostīlis, e (hostis), **I zum Feind gehörig, feindlich, des Feindes, der Feinde, Feindes-, a** übh.: terra, Cic.: ripa, Vell.: naves, Hor.: domus (Ggstz. pacata), Liv.: expugnatio, Cic.: exercitus, Vell.: cadavera, Sall.: metus, vor den Feinden, Sall. – *neutr. pl.* subst., qui medius inter pacata et hostilia fluit (zwischen Freundes u. Feindes Land), Danubius ac Rhenus, Sen nat. qu. 6, 7, 1. – **b** als *t. t.* der Haruspizin, pars, der Teil der Leber und anderer Eingeweide, der eine Beziehung zum Feind hat (s. familiāris), Lucan. 1, 621. – **II feindlich = feindselig,** manus, Plaut.: odium, Cic.: hostilem in modum, Cic.: hostile quid, etwas Feindseliges, eine Feindseligkeit, Sall.: adversus suos hostilis, Sen.: m. *Dat.,* cuius (Hannibalis) non vigiliae tantum sed etiam ipsa quies hostilis imperio nostro fuit, Val. Max. 1, 7. ext. 1. – *neutr. pl.* subst., hostīlia, ium, *n.,* **Feindseligkeiten,** facere, Sall.: audere, Liv.

hostīlitās, ātis, *f.* (hostilis), die (ausgeübte) **Feindseligkeit, Unbill,** Cassiod. var. 4, 50, 1 u. a. Eccl.

hostīliter, *Adv.* (hostilis), **feindlich, feindselig,** quid ille fecit h., quod hic aut non fecerit aut faciat? Cic.: pleraque loca h. cum equitatu accedere, Sall.: agrum circa h. depopulari, Liv.: h. diripere, Liv. u. Suet.: sternit h. omne (armentum), Ov.

Hostīlius, a, um, Name einer röm. *gens,* aus der am bekanntesten Tullus Hostilius, der dritte römische König, Liv. 1, 22 *sqq.* Cic. de nat. deor. 2, 9. – *Adi.* **hostilisch,** curia, vom König Tullus Hostilius erbaut, Liv. u. Val. Max.: lex, Iustin. instit.

hostīmentum, ī, *n.* (2. hostio), die **Gleichmachung, Vergeltung,** Acc. tr. 194. Enn. fr. scen. 133. Plaut. asin. 172. Vgl. Serv. Verg. Aen. 2, 156. Paul. ex Fest. 102, 10.

1. hostio, īre, **schlagen, treffen, verletzen,** Enn. fr. scen. 178*. – übtr., **verletzen,** voluntatem tuam, Laev. fr. 1 M. (bei Non. 121, 17 *sqq.*).

2. hostio, īre, **gleichmachen,** s. Augustin. de civ. dei 4, 8. p. 156, 3 D.^{2} – übtr. = **vergelten,** ferociam, Pacuv. tr. 346. – absol., Plaut. asin. 377. Vgl. Fest. p. 270 (b), 27.

hostiola, ae, *f.* (*Demin.* v. hostia), ein **kleines Opfertier** = θυμάτιον, Gloss. II, 329, 49; 496, 73.

hostis, is, *c.,* (got. *gasts,* ahd. *gast,* Fremdling, Gast), **I** der **Fremde, Fremdling, Ausländer** (= peregrinus, Ggstz. civis, s. Varro LL. 5, 3. Cic. de off. 1, 37. Macr. sat. 1, 16, 14), Plaut. trin. 102; Curc. 5. Hor. ep. 1, 15, 29. Ambros. de off. 1, 29, 141. – **II** insbes., ein kriegführender Fremder = der **Feind** im Felde und Kriege, griech. πολέμιος, (Ggstz. pacatus), sowie der offene **Feind** des Vaterlandes übh. (Ggstz. civis; dagegen inimicus = der Feind von Gesinnung, ἐχθρός, Ggstz. amicus; adversarius = der Gegner, Widersacher übh., ἀνταγωνιστής, **A** eig.: socii atque hostes, Sall.: cives hostesque, Liv.: hostes atque cives permixti, Sall.: pacatus an hostis sit, Cic.: maritimus ille et navalis hostis, der zur See u. zu Schiffe kommt, Cic.: cives, hostes iuxta metuere, Sall.: impransus non qui civem dignosceret hoste, Hor.: Pompeius saepius cum hoste conflixit, quam quisquam cum inimico concertavit, Cic.: omnes nos statuit ille non inimicos, sed hostes, Cic.: vicimus perfidos hospites, imbelles hostes, Liv.: se, cum primum posset, hostem fore populo Romano, als Feind auftreten gegen usw., Liv.: Hannibal natus adversus Romanos hostis, Liv.: hostem alqm iudicare, für einen Feind (des Vaterlandes) erklären, Cic.: Sing. kollekt., obsessus multo hoste locus, Sen ad Marc. 9, 3. – *fem.,* capta hostis, feindliche Gefangene, Liv. 30, 14, 2: ille uxorem, tu hostem luges, Curt. 4, 11 (45), 4. – poet., vom Stein im Brettspiel, Ov. art. am. 2, 208. – **B** übtr. = ein offener, tätlich verfahrender, erbitterter **Feind** in Privatverhältnissen, **1** im Allg.: h. omnium hominum, Cic.: h. omnium bonorum, Sall. fr.: m. *Dat.,* dis hominibusque hostis, Cic. (s. Drak. Liv. 41, 16 *extr.*). – als *fem.,* Ov. her. 6, 82; art. am. 2, 461. – v. Tieren, genitus hostis pecoris, v. Löwen, Catull.: rhinoceros hostis elephanto, Plin.: v. Abstrakten, licentia studiorum perniciosissima hostis, Feindin, Quint. 2, 2, 10: si facultatem dicendi hostem veritatis invenerit, Quint. 12, 1, 2. – **2** insbes.: **a** ein Feind in der Liebe = der **Nebenbuhler,** Prop. u. Ov. – **b** vor Gericht = der **Gegner** (= adversarius), Plaut. Curc. 5. – ► Archaist. Form fostis, Paul. ex Fest. 84, 5.

hostissim, *Adv.* (hostis), **feindlich,** Plaut. truc. 892 *Schoell.*

hostōrium, iī, *n.* [*sc.* lignum] (v. 2. hostio), ein **Werkzeug zum Gleichmachen,** Prisc. 6, 24 und Gloss.

hostus, ī, *m.*, der bei einer einmaligen Ölpressung erzeugte Ertrag, Cato r. r. 6, 2. Varro r. r. 1, 24, 3.

hūc, *Adv.* (hic), **hierher, hierhin, I** im Raum, **hierher, hier herein, hier heraus, hier herab,** od. **hierhin, hier hinein, hier hinaus, hier hinab, hier hinauf,** od. **dahin, da hinein, da hinaus, da hinab, da hinauf, darauf,** auch in Bezug auf Pers. = hierher zu mir u. dgl., procede tu huc, Ter.: ego cum illo abii huc, Plaut.: accede huc ad me, Ter.: huc ades, komm her zu mir, Verg.: inde huc veniet postea, Plaut.: ego huc transeo in proximum ad meam vicinam, Plaut.: ex Andro commigravit huc viciniae, hierher in die N., Ter. Andr. 70 (wo Spengel viciniam). – tum huc tum illuc, Cic.: nunc huc nunc illuc, bald hierhin, bald dahin, Verg.: huc et illuc, od. huc atque illuc, od. huc illuc, Cic., od. huc illucve, Cels., od. huc illucque, Plin., od. poet. huc et huc, Hor., od. huc atque huc, Verg., hier- u. dorthin, auf diese u. jene Seite. – **II** übtr., in anderen Verhältnissen, **hierhin, hierzu, hierauf (darauf, auf dieses), für diesen Zweck,** od. **dahin, dazu, bis zu dem Grade,** huc te pares, Cic.: opus est huc (zu diesem Zweck) limatulo tuo et polito iudicio, Cic.: huc (zu diesen) accedunt Alaudae etc., Cic.: accedat huc, Cic.: huc addunt, Caes.: huc adde od. adice, Ov.: huc evasit, verfiel darauf, Ter.: igitur huc intendit, dahin ging sein Streben, Tac. – huc pertinet nobile illud apud Graecos volumen Heraclidis, Plin.: quod autem posui ... huc pertinet, ut etc., Quint. – rem huc deduxi, ut etc., Cic.: huc iam reduxerat rem, ut etc., Caes.: res huc erat deducta, ut etc., Caes.: m. folg. *Genet.*, huc confidentiae venisse, so weit in der usw., Tac.: huc malorum ventum esse, Curt.

hūcine, *Adv.*, **bis dahin? so weit?** hucine tandem omnia reciderunt? ist es endlich so weit mit der ganzen Sache gekommen? Cic. Verr. 5, 163: hucine, Micipsa pater, beneficia tua evasere, ut etc.? Sall. Iug. 14, 9: hucine rerum venimus? Pers. 3, 15.

hūc-usque, *Adv.*, **bis hierher, so weit, I** dem Ort nach, **a** eig.: ubi ex alto h. penetravit, Mela 2, 5, 7 (2. § 83): h. exercitum duxit, Plin. 6, 174. – **b** übtr.: h. cogitationes tuas mitte, Sen.: deinde h. pervenies, ut etc., Sen.: h. provecta crudelitas, Plin.: simulatio h. procedit, ut etc., Quint. – **II** der Zeit nach, **bis hierher, bis jetzt,** Cl. Mam. pan. Maximin. 12, 1 u. genethl. 18, 1 u. a. Paneg. vet. (s. Hand Turs. 3, 108 *sq.*).

hui! *Interj.*, Ausruf des Staunens, der Verwunderung, des Unwillens, der Erbitterung, des Hohns, **ah! ha! ach! aha! wie? was?** hui, homunculi quanti estis! eiecti ut natant! Plaut. rud. 154: hui, quam diu de nugis! Cic.: hui, quam timeo quid existimes! Cic.: hui, quam velim scire, utrum ista sollicito animo an soluto legas! Cic.: hui, tam cito? ridiculum, Ter.: hui, babae, basilice te intulisti et facete! Plaut.: hui (aha!), fratrem reliquit! num est hoc non plus annum obtinere provinciam? Cic.: *De.* Salvos sit; spero, est similis maiorum suorum? *Sy.* Hui! (Wie?) Ter.

hūiusce-modī = huiusmodi, Cic. u. a., bes. oft bei Sall. (s. Dietsch Sall. Cat. 51, 32).

hūius-modī, von der Art, derartig, ex huiusmodi principio, Cic.: huiusmodi aliquid, so etwas, Ter.: me huiusmodi esse, Ter.: id erat huiusmodi, ut etc., Cic.: nonnullae huiusmodi sententiae dicebantur, ut etc., Caes.

hulcus, eris, *n.*, s. ulcus.

hūmānē, *Adv.* (humanus), **I menschlich, auf menschliche Art, wie es sich für einen Menschen ziemt,** dah. **gemäßigt, mit Ergebung, ruhig** (s. Meißner Cic. Tusc. 2, 65), saepius poëtice quam h. locutus es, Petron.: Paullus non h. (in nicht sehr gemäßigtem Ton) de provincia loquitur, Cael. in Cic. ep.: vix h. pati, Ter.: morbos toleranter et h. ferre, Cic.: humana h. ferre, Cic.: si qui forte, cum se in luctu esse vellent, aliquid fecerunt humanius, in ihrem Tun eine etwas ruhigere Stimmung zeigten, Cic.: ironisch, intervalla humane commoda, ein hübsch gemächlicher (= ein ziemlich großer) Zwischenraum, Hor. ep. 2, 2, 70. – **II menschenfreundlich, gefühlvoll, liebreich, leutselig, freundlich,** fecit h., Cic.: ille autem, quod Puteolos persequitur, humane, quod queritur, iniuste, Cic.: quam h. nobiscum hiems egerit, Sen – *Compar.* humanius, Plin. 16, 78. – *Superl.* humanissime, Cic. ad Q. fr. 3, 1, 6. § 20. Cic. fil. in Cic. ep. 16, 21, 3. Petron. 8, 2. – ► vulg. omane, CIL 14, 2934.

hūmānitās, ātis, *f.* (humanus), **I** die **Menschennatur, Menschlichkeit,** die **menschliche Würde,** das **menschliche Gefühl** (im Ggstz. zur wilden Natur des Tieres), **1** eig.: humanitas, ad quam homo effingitur, Sen.: omnem humanitatem exuere, Cic.: commune humanitatis corpus, der moralische Gemeinkörper, Cic.: natura tibi dedit, ut humanitatis non parum haberes, menschliches Gefühl, Cic.: fac id quod est humanitatis tuae (was du dir als Mensch schuldig bist), ne quid aliud cures hoc tempore, nisi ut quam commodissime convalescas, Cic. – **2** meton., die **Menschheit** = **menschliche Gesellschaft,** das **menschliche Geschlecht,** Apul. de dogm. Plat. 1, 16. Min. Fel. 8, 2. Arnob. 2, 46 *extr.* – **II** insbes.: **A** = φιλανθρωπία, die **Menschenliebe, Menschenfreundlichkeit, Leutseligkeit,** das **liebreiche Wesen,** die **Freundlichkeit** im Umgang mit anderen (Ggstz. inhumanitas, superbia), Cic. u. a.: edictorum (in den Ed.), Cic.: adversus minores h., Sen nat. qu. 4. praef. § 18. – **B** = παιδεία, **a** die **feinere-, höhere Bildung** (Ggstz. immanitas), die bes. aus einer vertrauten Bekanntschaft mit Dichtern, Rednern, Geschichtschreibern u. den zu ihrem Verständnis nötigen Kenntnissen entsteht (vgl. Ellendt Cic. de or. 1, 35), propterea quod (Belgae) a cultu atque humanitate provinciae longissime absunt, Caes.: quid esse potest magis proprium humanitatis, quam sermo facetus ac nulla in re rudis, Cic.: communium litterarum ac politioris humanitatis expers, Cic.: de studiis humanitatis ac litterarum loqui, Cic. – **b** (als Folge der höheren Bildung) der **feine Geschmack, das feinere Gefühl für Anstand und Schicklichkeit,** die **feine Lebensart,** (orator) inops quidam humanitatis atque inurbanus, Cic.: ea, quae multum ab humanitate discrepant, grobe Verstöße gegen Anstand u. Schicklichkeit, Cic.

hūmāniter, *Adv.* (humanus), **I menschlich,** ferre, mit Ergebung tragen, Cic.: vivere, das Leben recht menschlich genießen, Cic. – **II** insbes., **leutselig, gefühlvoll, freundlich, höflich,** litterae h. scriptae, Cic. fr.: fecit h. Licinius, qui etc., Cic. – *Compar.* u. *Superl.* s. hūmānē.

hūmānitus, *Adv.* (humanus), **I menschlich, auf menschliche Art,** ursi h. strati, Plin. 10, 174: si quid mihi h. accidisset, wenn mir etwas Menschliches begegnet (wenn ich ums Leben gekommen) wäre, Cic. Phil. 1, 10: u. so si cui quid vostrûm h. acciderit, CIL 6, 10242: u. si quid me fuerit h., Enn. ann. 125: u. si quid eam h. attigisset, Apul. apol. 100. – **II menschlich** = **wie es einem Menschen geziemt,** ferre humana h., Afran. com. 290: quicquam facere h., Turpil. com. 165. – dah. = **leutselig, freundlich,** non h. (unmenschlich) tractare alqm, Ter. heaut. 99.

hūmāno, ātus, āre (humanus), **zum Menschen machen, verkörpern,** Cassiod. in psalt. praef. p. 1 (b) *ed. Garet:* verbum propter nos humanatum, Cassiod. hist. eccl. 6, 22.

hūmānus, a, um (homo), **menschlich, I** im Allg.: facies, Cic.: genus (Geschlecht), Cic.: gentes, Liv.: casus, Ov.: ignes, Feuer, die die Menschen täglich zu ihrem Gebrauch machen, Plin.: vita, Cic.: res humanae, menschliche Dinge od. Angelegenheiten, das Irdische, die irdischen Güter, das Diesseits, die Welt (Ggstz. res divinae), Cic. u. a.; u. menschliche Begebenheiten, Schicksale, Cic. u. a.: h. vox, Liv. fr. u. Plin.: hostia, Menschenopfer, Cic., Sall. fr. u. a.: cibi, Menschenfleisch, Flor.: dapes, Menschenfleisch, Ov., Menschenkot, Plin.: urina, Augustin.: scelus, gegen die Menschen, Liv.: conspectus ab utraque acie aliquanto augustior (habitu) humano visus, er erschien beiden Heeren als ein übermenschliches Wesen, Liv.: voluptas humanissima, Cic. – humanum est, das ist etwas Menschliches, Ter. adelph. 471. Cic. Verr. 5, 117. – humano quodam modo, auf eine echt menschliche Weise, Quint. 10, 3, 15. – subst., **a** hūmānus, ī, *m.*, ein menschliches Wesen, einer aus dem Menschengeschlecht, Romulus humano maior, Ov. fast. 2, 503: ebenso Plur. humani, menschliche Wesen, Menschenkinder, Lucr. 3, 80 u. 835. Varro sat. Men. 289: u. Genet. Plur. synkop., aeternûm humanûm (= deorum hominumque) sator, Pacuv. tr. 295. – b hūmāna, ae, *f.* (*sc.* caro), **Menschenfleisch,** Tert. de anim. 32. – c hūmānum, ī, *n.*, Menschliches = menschliches Wesen, menschliches Geschick, menschliches Gefühl u. dgl., bes. im Genet. bei nihil u. ähnl., z. B. Satyris praeter effigiem nihil humani, Mela 1, 8, 10 (1. § 48): si in Pompeio quid humani evenisset, Sall. hist. 5, 16 (20): homo sum; humani nil a me alienum puto, Ter. heaut. 77. – d hūmāna, ōrum, *n.*, α die **menschlichen Dinge, -Angelegenheiten,** die **irdischen Güter** od. **Schwächen,** das **Irdische** (Ggstz. caelestia, divina), de divinis atque humanis cernitur, Plaut.: divina atque humana (göttl. u. menschl. Recht) promiscua habere, Sall.: humana miscere divinis, Liv.: humana (die menschlichen Schwächen) ad deos transferre (Ggstz. divina [die göttlichen Eigenschaften] ad nos), Cic.: deos non humana neglegere fremunt, Liv.: agentibus divina (Opfer, Auspizien) humanaque (u. Befehle, Anordnungen) consulibus, Liv. – β **was zum Los der Menschen gehört, was einen Menschen treffen kann, die menschlichen Begebnisse, -Leiden, -Schicksale,** ferre humana, Cic., humana humanitus od. humane, Afran. fr. u. Cic.: omnia humana tolerabilia ducere, Cic.: fortuna humana fingit artatque ut lubet, Plaut. – II insbes.: A **menschlich = menschenfreundlich, leutselig, liebreich, freundlich** (Ggstz. inhumanus, superbus), erga alqm, Cic.: homo humanissimus, Cic.: ingenium, Cic.: sensus humanissimus, Planc. in Cic. ep. – B **von feiner Bildung, fein gebildet** (Ggstz. immanis), gens humana atque docta (Ggstz. immanis atque barbara), Cic.: Syracusani homines periti et humani, Cic.: Scipio homo humanissimus, Cic. – C **menschlich, dem Menschen angemessen,** vestis humanior, anständigere Kleidung, Petron. 117: cibi humaniores, Cael. Aur. de morb. chron. 2, 14, 209. – dah. = **ungehindert, ungehemmt,** respiratio humanior, Cael. Aur. de morb. acut. 2, 1, 2. – ► Archaist. hemonus, Paul. ex Fest. 100, 5 (›hemona‹ humana dicebant).

humātio, ōnis, *f.* (humo), die **Beerdigung,** das **Begräbnis,** Cic. Tusc. 1, 102 u. 104.

humātor, ōris, *m.* (humo), **einer, der beerdigt, begräbt,** Lucan. 7, 797.

hūmectātio, hūmecto, hūmectus, s. ūmectātio, ūmecto, ūmectus.

hūmefacio, s. ūmefacio.

hūmeo, s. ūmeo.

humerāle, humerulus, s. ūmerale, ūmerulus.

humerus, s. umerus.

hūmēsco, s. ūmēsco.

hūmidē, hūmido, s. ūmidē, ūmido.

hūmidulus, s. ūmidulus.

hūmidus, s. ūmidus.

hūmifer, hūmifico, hūmificus, s. ūmifer etc.

hūmigo, s. ūmigo.

humiliātio, ōnis, *f.* (humilio), die **Erniedrigung,** Tert. de virg. vel. 13. Vulg. Mich. 6, 14. Ambros. de off. 1, 48, 237 u. a. Eccl.; vgl. Löwe Prodr. 131.

humilifico, āre (humilis u. facio), **erniedrigen,** Tert. de paenit. 9.

humilio, āvī, ātum, āre (humilis), **erniedrigen,** Eccl. (vgl. Bünem. Lact. 4, 18, 22).

humilis, e (humus), **niedrig, I** eig.: **a niedrig** im Ggstz. zum Hohen (Ggstz. procerus [langgewachsen], altus, celsus), arbusculae, Varro: ara, Val. Flacc.: Italia, Verg.: avis volat humilis, Verg.: munitio humilior, Caes.: arbores et vites et quae sunt humiliora, Cic.: solum humillimum, Iustin.: *n. pl.* subst., ballistae in humiliora ex supernis valentes, die von oben herab nach der Tiefe wirkten, Amm. – v. der Statur, dem Wuchs, **niedrig, klein,** corpusculum, Sen.: staturā esse humili et corpore exiguo, Nep.: brevi atque humili corpore homines, Gell.: quorum neminem adeo humilem esse, ut etc., Curt. – humiles Cleonae, das kleine, winzige, Ov. – **b niedrig, flach** im Ggstz. zum Tiefen (Ggstz. altus), fossa, Verg. u. Tac.: radix insulae, flacher, seichter Grund, Plin. ep. – **II** übtr.: **A** dem Stand, dem Rang, dem Ansehen usw. nach **niedrig, gering, tiefgestellt** (Ggstz. honestus, opulentus), **a** v. Pers. u. deren Stand: humilibus parentibus natus, Cic.: admodum humili loco natus, Val. Max.: humili fortunā ortus, Liv.: humillimae sortis homo, Liv. epit.: humillimo loco natus, Aur. Vict.: humillimus de plebe, Liv.: quis apparitor tam humilis etc., Cic. – subst., humilis, is, *m.*, ein **Geringer,** Hor., Quint. u. a.: u. so *Compar.* humilior, Quint.: u. im Plur., humiles, Ggstz. non improbi, Cic., Ggstz. honesti, Quint., Ggstz. sublimes, Phaedr.: u. im *Compar.* humiliores (Ggstz. superiores), Quint. – und dem Ansehen, der Macht nach **unbedeutend, schwach** (Ggstz. opulentus, potens), Cic. u. a.: civitas, Caes.: alqm humiliorem redigere, Caes.: quos et quam humiles accepisset, wie u. in welchem Zustand der Erniedrigung er sie getroffen hätte, Caes.: subst., ex humili potens princeps, Hor.: u. Plur. humiles, Ggstz. praepotentes, Val. Max.: humiliores, Ggstz. opulentiores, Hirt. b. G. – u. in Bezug auf Verdienste **tiefstehend, unansehnlich** (Ggstz. amplus), homines humiles (Ggstz. amplissimi viri), Balb. et Opp. in Cic. ep. – u. in Bezug auf innere Vorzüge, mihi quidem videntur homines, cum multis rebus humiliores et infirmiores sint (tiefer stehen u. schwächer sind), hac re maxime bestiis praestare, quod loqui possunt, Cic. – u. vom Schriftsteller, in Bezug auf die Behandlung des Stoffes **alltäglich, gewöhnlich,** Quint. 10, 1, 87. – **b** v. lebl. Subjj. = **niedrig, gering, alltäglich, unedel,** vestitus, Nep.: ars, Cic.: curae humiles et sordidae, die niedrigen u. verächtlichen Sorgen (des alltäglichen Lebens), Plin. ep.: verbum h., alltägliches, unedles, Cic.: *n. pl.* subst., et obscena vitabimus et sordida et humilia (niedrige Ausdrücke), Quint. 8, 2, 2. – **B** der Gemütsstimmung nach (= ταπεινός), **a niedergeschlagen, kleinmütig, verzagt, feig,** humili animo (mit Kleinmut) ferre, Cic.: (consulum) humiles mentes, Cic. – **b unterwürfig, demütig,** v. Bittenden od. deren Rede usw., non ego dedignor h. supplexque precari, Ov.: prece et obsecratione humili ac supplici uti, Cic.: orari humili et supplici oratione, Cic.: in humiles demissa preces, Claud. – **c unterwürfig, kriechend, knechtisch,** neque nos simus tam humiles, ut, quae laudamus, inutilia credamus, Quint.: assentator humillimus, Vell. – **C** v. der Darstellung = **ohne höheren Aufschwung, niedrig** (Ggstz. sublimis), oratio h. et abiecta, Cic.: demissus atque h. sermo, die bescheidene u. niedere Sprache des gewöhnlichen Lebens, Cic.: humillimum genus dicendi, Augustin. – *n. pl.* subst., sublimia humilibus miscere, erhabene Worte mit niedrigen, Quint. 8, 3, 60. – ► *Superl.* gew. humillimus; doch vulg. auch humilissimus, Ps. Cypr. adv. Iud. 6.

humilitās, ātis, *f.* (humilis), **I** die **Niedrigkeit** im Ggstz. zur Höhe, arborum, Sall.: navium, Caes.: animalium, kleine Statur, Cic.: siderum, niedere Stand, Cic. – meton., die **Niederung,** cum supra saxa perpetua sint, infra humilitas pruinosa, Eumen. grat. act. 6, 8. – **II** übtr.: **A** die **Niedrigkeit** des Standes, generis, Sall.: natalium, Plin.: alcis humilitatem despicere, jmds. niedrigen Ursprung verachten, Cic. – die Schwäche des Ansehens, der Macht, die **Unbedeutendheit, geringe Macht, Ohnmacht, Erniedrigung,** Caes. u. a.: Ggstz. amplitudo, Quint. – v. Dingen = die **Geringfügigkeit,** h. rerum, Plin. – **B** (= ταπείνωσις) v. der Gemütsstimmung: **a** die **Niedergeschlagenheit, Verzagtheit,** habet humilitatem metus, etwas Niederdrückendes, Cic. Tusc. 3, 27. – **b** das **gedrückte, unterwürfige, demütige Wesen,** die **Gedrücktheit,** die **scheinbare Demut** (Ggstz. magnificentia, arrogantia, superbia), saepe magnificentia plus proficit quam humilitas et obsecratio, Cic.: et deiecto (capite) humilitas et supino arrogantia ostenditur, Quint.: causam dicentium, Liv.: asinorum, Plin. – als Tugend, **Demut,** animi, Lact.: alcis, Sulpic. Sev.

humiliter, *Adv.* m. *Compar.* u. *Superl.* (humilis), **I** eig., **nicht hoch von der Erde, niedrig** (Ggstz. alte), humilius rami arborum servandi sunt, niedrig zu halten, Pallad. 3, 13, 3. – **II** übtr.: **A** im Allg.: eadem enim facta claritate vel obscuritate facientium aut tolluntur altissime aut humillime deprimuntur (aufs Tiefste herabgewürdigt), Plin. ep. 6, 24, 1. – **B** insbes., **unterwürfig, kriechend, knechtisch, zaghaft, feig,** sentire, Cic.: servire (Ggstz. superbe dominari), Liv.: ferre infamiam, Sen.: *audacter* territas, *humiliter* placas, Rhet. Her. 4, 28.

humilito, ātus, āre (humilis), **erniedrigen,** maternum genus, Schol. Bob. ad Cic. or. pro Sulla 25. p. 364 B.: celsitudinem potestatis, Amm. 30, 4, 2: horret nunc reminisci, quo iustitio humilitati tot rerum apices visebantur, Amm. 29, 2, 15: quemadmodum me complanaveris humilitatis montibus et collibus cogitationum mearum. Augustin. conf. 9, 4.

humilitūdo, inis, *f.*, Nbf. v. humilitas, Gloss. II, 582, 6.

humilo, āre (humilis), **erniedrigen,** Coripp. Ioann. 6, 494 u. 7, 404.

humo, āvī, ātum, āre (humus), **I** einen Toten **mit Erde bedecken, beerdigen, begraben** (s. Varro LL. 5, 23), alqm, Lucr., Cic. u. a.: caesorum reliquias uno tumulo, Suet.: mori et humari debere eos (catulos) obrutos, terrā, Plin. – poet., me tegat arborea deviā terrā coma, aut humer ignotae cumulis vallatus arenae, Prop. 3, 16, 29. – **II** übtr. = θάπτειν, einen Leichnam übh. **bestatten** (d. i. verbrennen und die Gebeine in einen Aschenkrug sammeln), Nep. Eum. 13, 4.

hūmor, hūmōrōsus, s. ūmor, ūmōrōsus.

humus, ī, *f.* (altind. *kšāḥ*, Erde, Erdboden, griech. χθών, χθονός Erdboden, χθαμαλός, niedrig, χαμαί, auf der Erde), die **Erde,** der **erdige Boden,** der **Erdboden,** das **Erdreich, I** eig.: humus iniecta, Cic.: pabulum humi, Kräuter, Gras usw., Sall.: humum mordere (ὀδὰξ ἑλεῖν γαῖαν b. Hom.), vor Schmerz in die Erde beißen, Verg.: repere per humum, auf der Erde, Hor.: propter humum volare, an der Erde, nahe an der Erde, Ov.: deicere in humum vultum, Ov. – dah. humi, wie χαμαί, **an-, auf der Erde, an-, auf dem Boden, zu Boden,** quae humi arido atque arenoso gignuntur, Sall.: humi iacēre, Cic.: stratus humi, Liv. u. Val. Max.: prosternere alqm humi, Verg. u. Ov.: se od. corpus humi abicere, Curt. u. Plin.: Ggstz. sublime (in der Luft), z. B. Theodori nihil interest, humine an sublime putescat, Cic. Tusc. 1, 102. – humo, **α von der Erde, vom Boden,** surgere, Ov.: membra levare, Ov.: ventus arenam humo excitavit (jagte auf), Sall. – **β auf dem Boden,** sedēre, Ov.: iacēre, Ov. u. Phaedr. – **γ aus dem Boden,** fundit humo facilem victum iustissima tellus, Verg.: hominem appellari, quia sit humo natus, von der Erde stamme, Quint. – **δ in der Erde, zur Erde,** figere plantas, Verg.: condere alqm, Verg. – **II** meton, (u. poet.) der **Erdboden** = die **Gegend,** das **Land,** h. Punica, h. Pontica, Ov. – ► Als *masc., Acc.* humum humidum, Gracch. u. Laev. fr. bei Prisc. 6, 85. – *Abl.* humu, Varro sat. Men. 422 u. 531.

Hūnnī (Hūnī), ōrum, *m.*, die **Hunnen,** ein wilder asiatischer Völkerstamm, der 375 n. Chr. in zahllosen Horden über den mäotischen See drang, die Goten aus ihren Wohnsitzen an der nördlichen Küste des Pontus vertrieb und fast das ganze Abendland überflutete, Claud. in Rufin. 1, 321 u. a.: beschr. Amm. 31, 2. – Nbf. **Chūnī,** ōrum, *m.*, Auson. epigr. 1, 8. p. 195, 2 Schenkl. Sing. Chūnus, ī. *m.*, Claud. in Eutr. 2, 238. Sidon. carm. 5, 475; 7, 236 u. 323. Dav. **Hūniscus,** a, um, **hunnisch,** equus, Veget. mul. 4, 6 *sq.*

hyacinthaeus, a, um (hyacinthus), **Hyazinthen-,** Ven. Fort. carm. 8, 4, 270 u. a.

Hyacinthia, iōrum, *n.*, s. 1. Hyacinthus.

hyacinthinus, a, um (ὑακίνθινος, **I** die **Hyazinthen betreffend, Hyazinthen-,** flos, Hyazinthe (der Alten, nicht die unsrige, s. 2. hyacinthus), Catull. 61, 93 (88). – **II hyazinthenfarbig. violettblau, stahlblau,** color, Vulg. Esther 1, 6: laena, Pers. 1, 32. Hieron. epist. 22, 13 *extr.*: vestimenta, Hieron. in Ezech. 16, 10: tunica, Vopisc. Bonos. 15, 8 Iordan (Peter ianthinas). Vulg. Levit. 8, 7: pallium, Vulg. num. 4, 6 u. 9: ansulae u. ansae, von violettblauer Seide, Vulg. exod, 26, 4 u. 36, 11.

hyacinthizōn, ontis, Akk. Plur. ontas (ὑακινθίζων), der Hyazinthe (der Farbe nach) ähnelnd = **hyazinthenfarbig,** berylli, Plin. 37, 77. Solin. 52, 63 (66).

1. Hyacinthus (od. **-os**), ī, *m.* (Ὑάκινθος), ein lazedämonischer Jüngling, von Apollo geliebt, aber auch von ihm durch einen unglücklichen Wurf getötet, indem Zephyrus, der Nebenbuhler Apollos, aus Eifersucht den von Apollo geworfenen Diskus dem schönen Knaben an den Kopf trieb, worauf aus seinem Blut nach der Mythe die Blume Hyazinthe (s. 2. hyacinthus) entsprosste, in deren Blätterstreifen man die Buchstaben AI AI, als Wehklagelaut Apollos, od. das *Y*, als Anfangsbuchstaben des Namens Hyazinthus, fand, Ov. met. 10, 184–215. Plin. 21, 66. – Dav. **Hyacinthia,** iōrum, *n.* (Ὑακίνθια), das **Hyazinthusfest,** ein dreitägiges Fest, das die Lazedämonier jährlich dem Hyazinthus zu Ehren feierten, indem am ersten Tag Heroen- u. Totenopfer, an den beiden übrigen apollinische Festzüge u. Wettspiele stattfanden, Ov. met. 10, 219.

2. hyacinthus, ī, *m.* u. (b. Plin.) *f.* (ὑάκινθος), **I** eine Blume (vgl. 1. Hyacinthus), die **Hyazinthe** der Alten (nicht die unsere), entw. die **violettblaue Schwertlilie** (*Iris germanica.* L.) od. der **Garten-Rittersporn** (*Delphinium Aiacis,* L.), rein lat. vaccinium, Plin. 21, 34 u. 66. Col. 9, 4. 4. Verg. ecl. 3, 63 u. georg. 4, 183. Vgl. (ausführl.) Voß Verg. georg. 4, 137. p. 779 *sqq.* – **II** übtr.: **1** ein hyazinthenfarbiger Edelstein, ein dunkler **Amethyst,** Plin. 37, 125 u. 126. Solin. 30, 32. Claud. nupt. Hon. et Mar. 88. Capit. Maximin. 1, 8 u. 27, 8. Hieron. epist. 130, 7. Vulg. cant. cantic. 5, 14 u. apoc. 21, 20. CIL 2, 3386. – **2 hyazinthenfarbige** (**violett-blaue**) **Seide,** gew. neben purpura, Vulg. exod. 25, 4; 26, 1 u. ö.

hyades, um, Akk. as, *f.* (ὑάδες = die Regnenden), die **Hyaden,** sieben, das Haupt des Stiers bildende Sterne (Gell. 13, 9, 6), deren Aufgang in der Frühe vom 7. bis 21. Mai gewöhnlich Regen andeutete, dah. pluviae, Verg. Aen. 3, 516: u. tristes, Hor. carm. 1, 3, 14. – nach der Fabel Töchter des Atlas u. Schwestern (nach anderen Töchter) des Hyas (s. d.), auch Schwestern der Plejaden, Ov. fast. 5, 164 *sqq.* – Sing. Hyas, adis, *f.*, kollektiv b. Stat. silv. 1, 6, 22. Claud. b. Gild. 497. – Die alten Römer leiteten das Wort von ὗς, das Schwein, ab u. übersetzten es suculae, worüber Cicero (de nat. deor. 2, 111) u. Plinius (18, 247) spotten, die es richtig von ὕειν (regnen) herleiten.

hyaena (yaena), ae, *f.* (ὕαινα), **I** die **Hyäne,** das **Grabtier,** Plin. 8, 105 u. 11, 177. Solin. 27, 23. Col. 2, 9, 9. Capit. Gord. 33, 1. Ov. met. 15, 410. Lucan. 6, 672: hyaenae oculi, Plin. 37, 168: hyaenae fel, Scrib. Larg. 38: hyaenae corium, Scrib. Larg. 172. – **II** ein Seefisch aus der Gattung der **Schollen,** Plin. 32, 154.

hyaenius, a, um (hyaena), **hyänisch,** gemma h., ein uns unbekannter Edelstein, der in den Augen der Hyänen gefunden werden soll, Plin. 37, 168. Solin. 27, 25, Isid. orig. 16, 15, 25.

hyalinus, a, um (ὑάλινος), rein lat. vitreus, **I gläsern, aus Glas,** sphaera, Fulg. myth. 1. praef. p. 26 M.: pulvis, Mart. Cap. 6. § 575. – **II glasgrün,** Mart. Cap. 1. § 66 *sq.* u. a.

hyaloīdēs, is, (ὑαλοειδής), **glasgrün,** umor, Th. Prisc. 4, 2 *extr.*

hyalopyrrichum, ī, *n.*, eine rötliche Art des Bernsteins, Plin. 37, 33 D. (andere lesen sualiternicum, s. d.).

hyalus, ī, *m.* (ὕαλος), **I** das **Glas** (rein lat. vitrum), color hyali, glasgrüne Farbe, Verg. georg. 4, 335. – **II glasgrüne Farbe,** Auson. Mos. 418. Prud. perist. 12, 53.

Hyampolis, is, Akk. im, *f.* (Ὑάμπολις), eine schon von Homer genannte Stadt im östl. Phokis, j. Ruinen von *Voydhani,* Liv. 32, 18, 6. Plin. 4, 27. Stat. Theb. 7, 345.

Hyantes, um, Akk. as, *m.* (Ὕαντες), ein alter pelasgischer Volksstamm in Böotien, Plin. 4, 26. – Dav.: **A Hyantēus,** a, um, **hyantēisch,** poet. = **böotisch,** Aganippe, Ov.: aqua, die kastalische Quelle, Mart. – **B Hyantius,** a, um (Ὑάντιος), **hyantisch,** poet. = **böotisch,** sorores, v. den Musen, Stat.: u. so Camenae, Sidon. – subst., Hyantius, iī, *m.*, der **Hyantier, Böotier,** von Aktäon, dem Enkel des böotischen Königs Kadmus, Ov. met. 3, 147.

Hyarōtis, idis, Akk. im, *m.* (Ὑάρωτις), ein Fluss in Indien, der von den emodischen Bergen kommt, j. *Rawi,* Curt. 9, 1 (2), 13.

1. Hyās, antis, *m.* (Ὕας), ein Sohn des Atlas u. Bruder (nach anderen Vater) der Hyaden (Hyades), sidus Hyantis, die Hyaden, Ov. fast. 5, 734: Akk. Hyān, Ov. fast. 5, 179.

2. Hyas, adis, *f.*, s. hyades.

Hybia, ae. *f.* u. **Hyblē,** ēs, *f.* (Ὕβλα), **I** ein Berg auf Sizilien, reich an Bienenkräutern, Form *-a,* Mela 2, 7, 16 (2. § 118). Plin. 11, 32. Ov. Ib. 197. Ov. trist. 5, 13, 22. Sil. 14, 200. Mart. 7, 88, 8 u. a.: Form *-ē,* Ov. art. am. 3, 150 M. (Riese Hyblae). – Dav. **Hyblaeus,** a, um, **hyblä-**

isch, apes, Verg.: mel, Pelagon. veterin.: mella, Mart.: avena, theokritisch, Calp. – **II** Name dreier Städte auf Sizilien (parva, maior u. minor), wov. **Hyblēnsēs**, ium, *m.*, die Einw. von Hybla, die **Hyblenser,** Cic. Verr. 3, 102.

hybrida, s. hibrida.

Hydaspēs, is, Akk. em, gew. ēn, *m.* (Ὑδάσπης), **I** ein Fluss in Indien, der in den Acesines fällt, j. *Behut* od. *Djelun,* Mela 3, 7, 6 (= 3. § 69). Curt. 4, 5 (21), 4 u. 8, 12 (43), 13. Iustin. 13, 4, 20. Stat. Theb. 8, 237: Medus, Verg. georg. 4, 211: fabulosus, Hor. carm. 1, 22, 7 *sq.*: poet. = der Orient, tremor Hydaspis (v. Pompejus), Petron. poët. 123. *v.* 239. – Dav. **Hydaspēus,** a, um, **hydaspëisch,** Claud. u. Sidon. – **II** Name eines indischen Sklaven, fuscus H., Hor. sat. 2, 8, 14.

hydatis, idis, *f.* (ὑδατίς), ein wasserfarbener Edelstein, Mart. Cap. 1. § 75.

hyderos, ī, *m.* (ὕδερος), die **Wassersucht,** Cael. Aur. de morb. chron. 3, 8, 97 *sq.* (wo auch der Unterschied von hydrops).

hydra, ae, *f.* (ὕδρα), **I** eine **Wasserschlange,** als Ungeheuer der Mythe, wie die mit 50 Rachen in der Unterwelt bei Verg. Aen. 6, 576. – bes. aber hydra Lernaea u. bl. hydra, die vielköpfige Schlange im See Lerna (s. Lerna), der, als ihr Herkules die Köpfe abschlug, statt jedes abgeschlagenen Kopfes zwei andere wuchsen, worauf der Held sie dadurch tötete, dass er mit Hilfe seines Wagenlenkers Iolaos die Stellen, wo die Schlangenköpfe sich erneuerten, mit Holzbränden ausbrannte, Varro sat. Men. 299. Lucr. 5, 27. Hor. carm. 4, 4, 61: dah. videto, ne hydra sit tibi et pellis (d. i. das Geringere, Leichtere), Hercules autem (das Schwerere, Wichtigere) relinquatur, Cic. de or. 2, 71: Lernaeas pugnet ad hydras = unterzieht sich den größten Gefahren, Prop. 2, 24, 25. – **II** *nom. propr.*, **Hydra,** ae, *f.* **A** die lernäische Schlange als Mutter des Zerberus, Cic. poët. Tusc. 2, 22. – **B** die **Wasserschlange,** ein Gestirn, sonst Anguis gen., Cic. Arat. 292.

hydragōgia, ae, *f.* (ὑδραγωγία), die **Wasserleitung,** der **Kanal,** Varro sat. Men. 290.

hydragōgos, on, (ὑδραγωγός), **Wasser abführend** (rein lat. aquiducus), medicamina, Cael. Aur. de morb. chron. 3, 8, 119.

hydraletēs, ae, *m.* (ὑδραλέτης), die **Wassermühle,** *Vitr. 10, 5, 2.

hydrargyrus, ī, *m.* (ὑδράργυρος), künstlich bereitetes **Quecksilber,** Plin. 33, 64 u. a.

hydrastina, ae, *f.* (ὑδράστινα), **Waldhanf,** Ps. Apul. herb. 114.

hydraula, s. 1. hydraulia.

hydraulēs, ae, *m.* (ὑδραύλης), der **Wasserorgelspieler,** Petron. 36, 6 (Abl. hydraule). Suet. Ner. 54 (Akk. -am). Mart. Cap. 9. § 924 (Akk. Plur. -as).

1. hydraulia (hydraula), ōrum, *n.*, **Wasserorgeln,** rein lat. aquatica organa, Mythogr. Lat. 3, 12.

2. hydraulia, ae, *f.* = hydraulus, die **Wasserorgel,** Serv. Verg. ecl. 7, 21.

hydraulicus, a, um (ὑδραυλικός), **hydraulisch,** machinae, Wasserorgeln, Vitr. 1, 1, 9 u. 9, 9 (8), 4: dies. organa, Plin. 7, 125. Suet. Ner. 41, 2. Amm. 14, 6, 18.

hydraulus, ī, *m.* (ὕδραυλος), die **Wasserorgel,** Cic. Tusc. 3, 43. *Vitr. 10, 8, 1. Plin. 9, 24.

hydreuma, atis, *n.* (ὕδρευμα), der Wasserplatz (aquatio), wo die Karawanen für die Kamele Wasser schöpfen, die **Brunnenstation,** der **Brunnen,** *Plin. 6, 102 u. 103. Solin. 54, 7 (die *codd.* an beiden Stellen hydreum).

hydreus, a, um (hydra), zur Wasserschlange gehörig, **Wasserschlangen-,** germen, Mart. Cap. 7. § 729.

hydria, ae, *f.* (ὑδρία), der **Wasserkrug,** aquae, Vitr. 8. praef. 4; dann Krug, **Urne** übh. (rein lat. urna; bei Cicero nur in griech. Verhältnissen), Cic. Verr. 2, 47; 4, 32 u. 97. Vulg. gen. 24, 14 u. ö.: zum Losen, Cic. Verr. 2, 27: als Aschenkrug, CIL 6, 36584: zum Aufheben des Mehls, Vulg. 3. regg. 17, 12. Sulp. Sev. chron. 1, 43, 5.

hydrīnus, a, um (hydrus), **von der Wasserschlange,** vulnus, Prud. perist. 10, 885: caput, Turrib. epist. *c.* 2 (an Leo epist. lib. 15).

hydrius, a, um (v. ὕδωρ, das Wasser), **zum Wasser gehörig,** puer, der Wassermann, ein Gestirn, Prud. apoth. 622.

hydrocēlē, ēs, *f.* (ὑδροκήλη), der **Wasserhodenbruch,** tumidae hydrocelae, Mart. 12, 83, 3: et hydrocelas et sarcocelas et enterocelas similiter (procurabit), Th. Prisc. 1, 26. – Dav. **hydrocēlicus,** a, um (ὑδροκηλικός), **mit einem Wasserhodenbruch behaftet,** Plin. 30, 74 (wo Plur. subst.).

hydrochoos, ī, *m.* (ὑδροχόος, Wassergießer), der **Wassermann,** ein Gestirn, Catull. 66, 94.

hydrogarum, ī, *n.* (ὑδρόγαρον), **mit Wasser versetztes Garum,** Lampr. Heliog. 29, 5. Apic. 2, 44; vgl. garum. – Dav. **hydrogarātus** (hidrogarātus), a, um, mit **Wassergarum versehen** od. **verbunden,** Apic. 2, 15.

hydrogerōn, ontis, *m.* (ὑδρογέρων), eine Pflanze = *senecio* (s. d.), Ps. Apul. herb. 75.

hydrolapathon, ī, *n.* (ὑδρολάπαθον), **Wasserampfer** (*Rumex aquaticus,* L.) Plin. 20, 232.

hydromantīa, ae, Akk. ān, *f.* (ὑδρομαντεία), die **Weissagung aus dem Wasser,** Plin. 37, 192. Augustin. de civ. dei 7, 35. Isid. orig. 8, 9, 13. Mythogr. Lat. 3, 12.

hydromantis, is, *m.* (ὑδρόμαντις), der **aus dem Wasser Wahrsagende, der Hydromant,** Serv. Verg. Aen. 3, 359.

hydromeli, itis, *n.* (ὑδρόμελι), **Honigmet** (aus Wasser u. Honig), Plin. 14, 113 u. a. – Nbf. **hydromel,** mellis, *n.*, Th. Prisc. 2. chron. 2 u. 17. Plin. Val. 1, 32.

hydrophobia, ae, *f.* (ὑδροφοβία), die **Wasserscheu,** Cael. Aur. de morb. acut. 3, 9, 98 *sqq.* (rein lat. formidatae aquae b. Ov. ex Pont. 1, 3, 24).

hydrophobicus, a, um (ὑδροφοβικός), die **Wasserscheu betreffend,** passio, die Wasserscheu, Cael. Aur. de morb. acut. 3, 9, 99 u. 3, 16, 137.

hydrophobus, a, um (ὑδροφόβος), **wasserscheu,** homines, Cael. Aur. de morb. acut. 3, 9, 99: iumenta, quae dicuntur hydrophoba, Veget. mul. 5, 30, 1: limus salivae sub linguam rabiosi canis datus in potu hydrophobos fieri non patitur, Plin. 29, 99.

hydrophylax, phylacis, *m.* (ὑδροφύλαξ), der **Aufseher über das Wasser,** der **Wasserinspektor,** Cod. Iust. 11, 43 (42), 10.

hydrōpicus, a, um (ὑδρωπικός), **an der Wassersucht leidend, wassersüchtig,** venter, Soran.: hydr. servus, Macr. sat. 2, 7, 6: hydropicus quidam homo, Vulg. Luc. 14, 2: ii, qui hydropici sunt, Cels. 7, 15: atqui si noles sanus, curres hydropicus, Hor. ep. 1, 2, 34. – subst., hydropicus, ī, *m.*, der Wassersüchtige, Veget. mul. 5, 6, 1. Ambros. in Luc. 7. § 195: Plur., Cels. 4, 2, 1. p. 124, 36 D. Plin. 20, 8 u. 219.

hydrōpisis, is, *f.* (ὑδρώπισις), die **Anlage zur Wassersucht,** Plin. 20, 43.

hydrōpismus, ī, *m.* (ὑδρωπισμός), die **Wassersucht,** Cael. Aur. de morb. acut. 1, 14, 108 u. de morb. chron. 3, 8, 133.

hydrōps, ōpis, Akk. ōpem u. ōpa, *m.* (ὕδρωψ, die **Wassersucht,** Cels. 3, 21. Cael. Aur. de morb. chron. 3, 8, 96 *sqq.* Hor. carm. 2, 2, 13. – Plur. hydropes, die verschiedenen Arten der Wassersucht, Cael. Aur. de morb. chron. 3, 8, 98. – übtr., das **Sich-Aufblähen** des Hoffärtigen, die **Hoffart,** Cl. Mam. de anim. 3, 8. Sidon. epist. 9, 9, 4.

hydros, s. 1. hydrus.

Hydrūntīnus, s. 2. Hydrūs.

Hydrūntum, s. 2. Hydrūs.

1. hydrus, ī, *m.* (ὕδρος), **I** die **Wasserschlange, Hyder,** bei Dicht. auch für **Schlange** übh., **1** eig., Plin. 29, 72: hydr. marinus, Plin. 6, 98. Solin. 54, 6. Mart. Cap. 6. § 699. – Schlange übh., z. B. Verg. georg. 2, 141 u. 3, 545. Ov. met. 13, 803: Cadmeus h., Val. Flacc. 7, 76: Echionius h., Val. Flacc. 8, 343. – als Attribut in den Haaren der Furien u. der Medusa, Verg. Aen. 7, 447. Ov. met. 4, 801. Lucan. 9, 673. Val. Flacc. 2, 195: hydri Gorgonei, Claud. rapt. Pros. 2, 225: u. der Bellona, Claud. in Eutr. 2, 111. – dah. caderent a crinibus hydri, er würde die Furien nicht mit Schlangenhaaren gebildet haben, es würde ihm sein poetisches Feuer vergangen sein, Iuven. 7, 70. – **2** meton., **a Schlangengift,** Sil. 1, 322. – **b** der **aufgetriebene Leib** der Schwangeren, Ven. Fort. carm. 8, 3, 330. – **c** eine Art Backwerk, Plin. Val. 5, 24 *sqq.* – **II** *nom. propr.*, **Hydros,** ī, *m.*, die **Wasser-**

schlange, als Gestirn, sonst Hydria od. Anguis gen., Germanic. Arat. 423 u. 429.

2. Hydrūs, ūntis, *m.* (Ὑδροῦς) und lat. **Hydrūntum**, ī, *n.*, Stadt an der Ostküste von Kalabrien, j. *Otranto*, Cic. ep. 16, 9, 2. Plin. 3, 101. Itin. Anton. 521, 1: Form *-ūntum*, Liv. 36, 21, 5. Plin. 3, 100. Itin. Anton. 118, 4. – Hydrus mons (*m.*), ein in der Nähe liegender Berg, Mela 2, 4, 7 (2. § 66): avius Hydrus, von Berg u. Stadt, Lucan. 5, 375. – Dav. **Hydrūntīnus**, a, um, **aus** od. **bei Hydruntum, hydruntinisch,** mare, Cassiod. var. 1, 2, 2: Plur. subst., Hydrūntīnī, ōrum, *m.*, bie Einw. von Hydruntum, die **Hydruntiner,** CIL 10, 1795.

Hyēttus, ī, *f.* (Ὑηττός), eine Stadt in Böotien, nördl. vom See Kopals, beim heutigen *Strobiki*, Plin. 36, 128.

Hygīa, ae, *f.* (ὑγεία, zsgz. aus ὑγίεια), **Hygia,** die Göttin der Gesundheit, Plin. 34, 80. Mart. 11, 60, 6. CIL 3, 242 u. 6, 19.

hygra, ae, *f.* (v. ὑγρός, liquidus), eine Augensalbe, vielleicht = hygremplastrum, Scrib. Larg. 37.

hygremplastrum, ī, *n.* (ὑγρέμπλαστρον), ein **flüssiges Pflaster,** Plin. 34, 155.

hygrophobia, ae, *f.* (ὑγροφοβία), die **Scheu vor allem Flüssigen,** wie Wasser, Wein usw., Cael. Aur. de morb. acut. 3, 9, 98.

Hȳlaeus, ī, *m.* (Ὑλαῖος, der Waldmann), ein Zentaur, der von der Atalanta getötet wurde, als er ihr nachstellte u. aus Eifersucht ihren Freier Milanion mit einer Keule schwer verwundete, Ov. art. am. 2, 191. – Nach Verg. georg. 2, 457 fällt er im Kampf mit den Lapithen. – Dav. **Hȳlaeus**, a, um, **hyläisch,** des **Hyläus,** ramus (Keule), Prop. 1, 1, 13.

Hylās, ae, Akk. ān, *m.* (Ὕλας), Sohn des Thiodamas (Thiodamanteus, Prop. 1, 20, 6), jugendlicher Freund des Herkules u. dessen Begleiter auf der Argonautenfahrt. In Mysien, wo die Argonauten landeten, ging Hylas aus, um für das Mahl des Herkules Wasser zu schöpfen, u. wurde von den Nympen der Quelle, die seine Schönheit reizte, in die Flut hinabgezogen, Verg. ecl. 6, 43 *sqq.* Ov. art. am. 2, 110.

hȳlē, ēs, *f.* (ὕλη), die **Materie,** der **Stoff,** Macr. somn. Scip. 1, 12, 11 u. sat. 1, 17, 69. Chalcid. Tim. 123. – übtr., die schriftl. **Materialien,** Attei. b. Suet. gr. 10.

Hyllus, ī, *m.* (Ὕλλος), Sohn des Herkules von der Deïanira u. Gemahl der Iole, Ov. her. 9, 44 u. 168. Stat. Theb. 8, 508.

1. Hymēn, enis, *m.* (Ὑμήν), **I** der Gott der Vermählung, -der Hochzeiten, **Hymen,** Ov. her. 6, 44; met. 1, 480 u. a. – verb. Hymen Hymenaeus, Catull. 62, 5 u. a. Ov. her. 14, 27 u. a. – **II** meton., das **Hochzeitslied,** Hymen cantatus, Ov. her. 12, 137.

2. hymen, inis, *m.* (ὑμήν), das **Häutchen,** bes. das **Jungfernhäutchen,** Serv. Verg. Aen. 4, 99.

hymenaeos od. **-us**, ī, *m.* (ὑμέναιος), **I** das **Hochzeitslied,** das bei der Heimführung der Braut gesungen wurde, der **Brautgesang** (vgl. epithalamium), **A** eig., Plaut. Cas. 799. Ter. adelph. 907: h. clarus (jauchzendes), Lucr. 1, 97. – hymenaeon canere, Ov. met. 12, 215: hymenaeum cantare, Plaut. Cas. 809. Ter. adelph. 905, occentare, Plaut. Cas. 806, increpare, Turpil. com. 166, fremere, Pacuv. tr. 113: canere hymenaeos, Verg. Aen. 7, 398. – **B** (meist Plur.) meton., der **Brautzug,** die **Hochzeitsfeier, Hochzeit,** Verg. Aen. 4, 127. Catull. 66, 11: Plur., Catull. 64, 20 u. 141. Verg. Aen. 1, 651. – übtr., **Vermählung** = Begattung, Verg. georg. 3, 60. Avien. progn. 437. – **II** wie Ὑμέναιος = Hymen, der Gott der Vermählung, -der Hochzeiten, **Hymenäus,** Varro sat. Men. 39. Ov. met. 10, 2. Stat. silv. 2, 7, 87. Tert. de praescr. haer. 3. Serv. Verg. Aen. 4, 99 u. a.: verb. Hymen Hymenaeus, Catull. 62, 5. Ov. her. 14, 27.

hymenāicus, a, um, **zum Hochzeitsgesang gehörig, hymenäisch,** metrum, Serv. de cent. metr. 460, 16 K. Plot. de metr. comp. 3, 66. p. 517, 4 K.

hymenēius, a, um (ὑμενήϊος), **zur Hochzeit gehörig, Hochzeits-,** lex, Mart. Cap. poët. 7. § 725. v. 9: tripudia, Mart. Cap. 2. § 132.

Hymēttos u. **Hymēttus**, ī, *m.* (Ὑμηττός), Berg in Attika, reich an Bienenkräutern u. vortrefflichem Marmor, Cic. de fin. 2, 112. Hor. carm. 2, 6, 14. Ov. art. am. 3, 687. Plin. 4, 24 u. a.: Form *-os*, Mart. 7, 88, 8. Val. Flacc. 1, 397. Apul. met. 1, 1. – Dav. **Hymēttius**, a, um (Ὑμήττιος), **hymettisch,** mella, Hor.: trabes, Balken aus hymettischem Marmor, als Aufsatz auf Säulen, Hor.: columnae, Plin.

hymnidicus, a, um (hymnus u. dīco), **Hymnen singend,** angelorum chori, Augustin. medit. 35, 2: auch subst. hymnidicus, ī, *m.*, der **Hymnensänger** (= **Psalmist**), Eccl.

hymnifico (ymnifico), ātus, āre (hymnus u. facio), im **Lobgesang preisen, lobpreisen,** hymnificatus choro Christus, Commodian. instr. 2, 19, 22.

hymnio, īre (ὑμνέω), **Hymnen singen,** Prud. perist, 1, 118.

Hymnis, idis, *f.* (Ὑμνίς), Name einer griech. Hetäre, als Titel einer Komödie des Cäcilius Statius, Cic. de fin. 2, 22; vgl. Caecil. com. 64 *sqq.* p. 45 R.[3] – u. Name der Geliebten des Lucilius, Lucil. 888. 894. 940. 1193. – ► Genet. Hyminis, CIL 1, 1206: Dat. Hymini, *ibid.* 1, 1059.

hymnisonus, a, um (hymnus u. sono), **lobsingend,** Paul. Nol. carm. 22, 200.

hymnizo, āre (ὑμνίζω), **I** *intr.* **einen Lobgesang anstimmen,** Eccl. – **II** *tr.* **lobpreisen,** Eccl.

hymnodīco, ere (hymnus u. dico), **im Lobgesang preisen,** lobpreisen, Eccl.

hymnodicus, a, um (hymnus u. dīco), **lobsingend,** Firm. math. 8, 25, 1.

hymnologus, ī, *m.* (ὑμνολόγος), der **Lobsänger, Hymnensänger,** Firm. math. 3, 5, 33 u. 3, 10, 3. CIL 6, 9475.

hymnus, ī, *m.* (ὕμνος), ein **Lobgesang** auf die Gottheit, eine **Hymne,** Sen fr. 88. Beda de art. metr. 256, 29 K. Prud. cath. 4, 75 u. a. Eccl.: divinorum scriptor hymnorum, Psalmist, Lact. 4, 8, 14: hymnos cantare coeperunt, Augustin. de civ. dei 22, 8, 8. p. 573, 9 D.[2] – ► Nbf. **hymnum**, ī, *n.*, Gloss. IV, 298, 23. Ps. Cypr. app. carm. 5 *lemm.* p. 305 H.

hyophthalmus, ī, *m.* (ὑόφθαλμος), **Schweinsauge,** die auch Aster Atticus u. rein lat. inguinalis (Schamkraut) gen. Pflanze, Ps. Apul. herb. 61.

hyoscyaminus, a, um (ὑοσκυάμινος), **aus Bilsenkraut,** Plin. 23, 94.

hyoscyamus (**-os**), ī, *m.* u. **hyoscyamum**, ī, *n.* (ὑοσκύαμος), das **Bilsenkraut,** Nom. *-amus*, Plin. 25, 35. Marc. Emp. 30: Nom. *-amos*, Veget. mul. 3, 12, 5. Ps. Apul. herb. 5: Nom. *-amum*, Cels. 2, 33 u. 3, 18. – verderbte Nbf. iusquiamus, Plin. Val. 1, 14 *extr.* u. 1, 58. Dynam. 2, 10. Pallad. 1, 35, 5 *vulg.*

hyoseris, is, *f.* (ὑόσερις), eine der Endivie ähnliche Pflanze, nach Sprengel die **schwarze Flockenblume** (*Centaurea nigra*, L.), Plin. 27, 90.

Hypaepa, ōrum, *n.* (τὰ Ὕπαιπα), ein Städtchen in Lydien, südwestl. von Sardes, am südl. Abhang des Tmolus, i. *Birghe* od. *Beréki*, Ov. met. 6, 13. Petron. 133, 3. – Dav. **Hypaepēnī**, ōrum, *m.* (Ὑπαιπηνοί), die Einw. von Hypäpa, die **Hypäpener,** Tac. ann. 4, 55.

hypaethros, on (ὕπαιθρος), **unter freiem Himmel befindlich, unbedeckt, offen,** ambulatio, Vitr.: aedes, aedificium, u. subst. bl. hypaethros, ī, *f.*, ein Tempel, dessen Mitte ohne Dach ist, Vitr.

hypallagē, ēs, *f.* (ὑπαλλαγή), die **Verwechslung** (rhet. Fig.), Serv. Verg. Aen. 1, 9 u. 2, 98 3, 61.

Hypanis, is, Akk. im u. in, *m.* (Ὕπανις), **I** ein Fluss im europ. Sarmatien, j. *Bog*, Cic. Tusc. 1, 94. Verg. georg. 4, 370. Solin. 14, 1 *sq.* – **II** = Hypasis (s. d.), Solin. 52, 7.

Hypasis, is, Akk. im, *m.* (Ὕφασις), der östlichste Fluss Indiens, bei dem Alexander der Gr. den Rückzug antrat, j. *Beah* od. *Beyah* (sanskrit. *Vipâsâ*), Curt. 9, 1 (6), 35: auch Hypanis gen., Solin. 52, 7.

Hypata, ae, *f.* (Ὕπατα), Stadt der Änianen in Thessalien, in der Nähe des Sperchius, berüchtigt wegen der Zauberkünste ihrer alten Weiber, noch j. *Hypati* od. *Neopatra*, bei den Türken *Patrajik*, Liv. 36, 16, 4. Apul. met. 1, 5. – Dav.: **A Hypataeus**, a, um (Ὑπαταῖος), **hypatäisch, aus Hypata,** exsul, Liv. – Plur. subst., Hypataeī, ōrum, *m.*, die Einw. von H., die **Hypatäer,** Liv. – **B Hypatēnsis**, e, **hypatensisch,** ager, Liv.

hypate, ēs, *f.* (ὑπάτη *sc.* χορδή), die **unterste Saite** des ältesten u. einfachsten griech. Tonsystems, die den tiefsten Ton gibt, Vitr. 5, 4, 6 u. a. Censor. fr. 12, 3.

hypatoïdēs, des (ὑπατοειδής, δές), **wie die Saite** *hypate* (ὑπάτη), **der Saite** *hypate* **entsprechend,** melopoeïa, Mart. Cap. 9. § 965 *sq.*

hypēcoon, ī, *n.* (ὑπήκοον), eine Pflanze, die **liegende Lappenblume** (*Hypecoum procumbens,* L.), Plin. 27, 93.

hypelatē, ēs, *f.* (ὑπελάτη) = *hypoglottion,* Plin. 15, 131.

hypēnemius, a, um (ὑπηνέμιος), **windig,** ovum, Windei, Plin. 10, 160 u. 166.

hyperaeolius, a, um (ὑπεραιόλιος), **hyperäolisch,** eine griech. Tonart, Cassiod. de music. p. 557 (a) *ed. Garet.*

hyperaustēros, on (ὑπεραυστηρός), **überherb,** vinum (rein lat. austerius vinum), Cael. Aur. de morb. chron. 3, 2, 35.

hyperballontes, Akk. as, *m.* (ὑπερβάλλοντες), die **überzähligen,** dies, von den Schalttagen, Solin, 1. § 42.

hyperbaton, ī, *n.* (ὑπερβατόν), die Trennung zweier grammatisch zusammengehöriger Wörter od. Redeteile durch andere, die **Wortversetzung,** das **Hyperbaton,** eine rhet. Figur, Quint. 8, 6, 62. Plin. ep. 8, 7, 2. Charis. 275, 6. Diom. 460, 23: rein lat. verbi od. verborum transgressio, Quint. 8, 6, 67 u. 9, 3, 91: od. transcensio, Isid. orig. 1, 36, 16: synchysis, id est hyperbati longa confusio, Serv. Verg. Aen. 3, 348.

hyperbolaeoe, Genet. ōn (ὑπερβολαῖοι, οἱ, v. ὑπερβολή), die obersten Töne in den Tonleitern, die aus vier od. fünf Tetrachorden zusammengesetzt waren, Vitr. 5, 4, 7 u. 5, 5.

hyperbolē, ēs, *f.* (ὑπερβολή), die **Hyperbel, Übertreibung,** eine rhet. Fig., Quint. 8, 6, 62. Sen. de ben. 7, 23, 1 *sq.* Macr. sat. 4, 2, 4. Charis. 275, 23. Diom. 461, 21 (Cic. top. 45 griech.).

hyperbolicē, *Adv.* (hyperbolicus), mit **Übertreibung,** dicere, Hieron. in Isai. 2, 5, 25 u. in Galat. 4, 15 u. 16.

hyperbolicus, a, um (ὑπερβολικός), **übertrieben,** scaturrigines, Sidon. epist. 4, 3, 4.

Hyperborēī, ōrum, *m.* (Ὑπερβόρειοι, die »über den Boreas hinaus Wohnenden«), die **Hyperboreer,** ein fabelhaftes Volk, dessen Wohnsitze man in den äußersten Norden (den die Griechen nach der frühesten Erdkunde in Thrazien annahmen) setzte, Cic. de nat. deor. 3, 57. – Dav.: **A Hyperborēus,** a, um, **hyperborëisch, nördlich,** glacies, Verg.: ursa, Lucan.: triumphus, des Domitian über die *Catti* u. *Daci,* Mart. – **B Hyperboreānus,** a, um, **hyperboreanisch,** Hieron. in chron. Euseb. ad ann. ante Chr. 1560.

hypercatalēcticus, a, um, spätlat. Form für hypercatalectus (s. d.), Serv. Verg. ecl. 8, 78. – ► Bei Diom. u. a. Gramm, falsche Lesart für hypercatalectus, s. d.

hypercatalēctus, a, um (ὑπερκατάληκτος), **hyperkatalektisch,** d. i. mit einer od. mehreren überzähligen Silben am Ausgang, Diom. 502, 7. Prisc. part. XII vers. Aen. 1, 4. p. 460, 5 K. Serv. de cent. metr. 457, 14 K. Serv. Verg. Aen. 3, 128.

hyperdōrius, a, um (ὑπερδώριος), **überdorisch,** eine griech. Tonart, Cassiod. de music. p. 557 (a) *ed. Garet.*

Hyperīa, ae, *f.* (Ὑπέρεια), eine Quelle im phthiot. Thessalien, die in der alten Stadt Pherä entsprang, Plin. 5, 29. Val. Flacc. 4, 375.

hyperiastius, a, um (ὑπεριάστιος), **überionisch,** eine griech. Tonart, Cassiod. de music. p. 557 (a) *ed. Garet.*

hyperīcon, ī, *n.* (ὑπέρεικον) = *chamaepitys,* Plin. 26, 85.

Hyperīdēs, is, Akk. em u. ēn, *m.* (Ὑπερείδης), ein berühmter Redner und Staatsmann zu Athen, Zeitgenosse des Demosthenes, Cic. de or. 1, 58. Quint. 10, 1, 77.

Hyperīōn, onis, Akk. ona, *m.* (Ὑπερίων, der »Sohn der Höhe«), **I** Sohn des Uranus und der Gäa, einer der Titanen, Gemahl der Theia und Vater des Helios (Sol), der Selene (Luna) und Eos (Aurora), dah. Hyperione natus = *Sol,* Ov. met. 4, 192. – **II** appell. = Helios od. Sol (der Sonnengott) selbst, Ov. met. 8, 565: Hyperionis urbs (= Heliopolis, s. d.), *ibid.* 15, 406: Hyperionis aedes, der Sonnentempel daselbst, *ibid.* 15, 407. – Dav.: **A Hyperīonidēs,** ae, *m.* (Ὑπεριονίδης), der **Hyperionide** (Sohn des Hyperion od. Sol), von Äetes, Val. Flacc. 5, 472. – **B Hyperīonis,** idis, *f.*, die **Hyperionide,** von der Aurora, Ov. fast. 5, 159. – **C Hyperīonius,** a, um, **hyperionisch,** zu **Hyperion gehörig, a** zum eig. Hyperion, Sol, Avien. Arat. 396. – **b** zum Sol gehörig, **Sonnen-,** lampas, Sil. 15, 214: currus, Val. Flacc. 2, 34.

Hypermēstra (nicht Hypermnēstra), ae, u. -**ē**, ēs, *f.* (Ὑπερμνήστρα), die jüngste der Danaiden, die allein ihren Gatten Lynceus am Leben ließ (s. Danaus), Ov. her. 14, 1 *sqq.* Prop. 4, 7, 63 u. 67.

hypermīxolydius, a, um (ὑπερμιξολύδιος), **über die mixolydische Tonart hinausgehend, zum höchsten Akkord gehörig,** modus, Censor. fr. 12, 2. Boëth. inst. mus. 4, 47. p. 344, 3.

Hypermnēstra, s. Hypermēstra.

hyperocha, ae, *f.* (ὑπεροχή), der **Überrest,** Tryphon. dig. 20, 4, 20.

hyperochius, a, um (ὑπέροχος), **hervorragend,** andere **übertreffend,** victor, CIL 10, 1947 (wo victori hyperichio).

hyperphrygius, a, um (ὑπερφρύγιος), **überphrygisch,** eine griech. Tonart, Cassiod. de music. p. 557 (a) *ed. Garet.*

hypersarcōsis, is, *f.* (ὑπερσάρκωσις), das **Überwachsen mit Fleisch,** Marc. Emp. 9.

hyperthyrum, ī, *n.* (ὑπέρθυρον), der **Fries** an der Oberschwelle, im Plur. die Verzierungen über der Tür, außer dem Sturz, also **Fries** u. **Kranz,** Vitr. 4, 6. § 2 u. 4.

hyphear, pheatos, *n.* (ὕφεαρ), die **Mistel** in Arkadien, Plin. 16, 245 *sq.* u. a.

hyphen, *n. indecl.* (ὑφ' ἕν), **das Hyphen,** als gramm. Figur, wenn zwei Wörter zusammengesprochen werden, Diom. 434, 36. Prisc. de accent. § 6. p. 520, 8 K.

hypnalē, ēs, *f.* (ὑπναλή), eine Art **Ottern,** Solin. 27, 31.

hypnōticus, a, um (ὑπνωτικός), **einschläfernd,** Th. Prisc. 2, 18. – subst., **hypnōticē**, ēs, *f.*, ein **einschläferndes Kraut,** Ps. Apul. herb. 74.

hypoaeolius, a, um (ὑποαιόλιος), **unteräolisch,** eine griech. Tonart, Cassiod. de music. p. 557 (a) *ed. Garet.*

hypobasis, is, *f.* (ὑπόβασις), das **Fußgestell,** die **Basis** eines Denkmals, CIL 6, 327.

Hypobolimaeus, ī, *m.* (ὑποβολιμαῖος), der **Untergeschobene,** Name eines Lustspiels des Menander, Quint 1, 10, 18 u. 10, 1, 70.

hypobrachys, Akk. yn (ὑπόβραχυς, etwas kurz), das Versglied –◡––– Diom. 481, 19.

hypobrychium, iī, *n.* (ὑποβρύχιον), der **ersäufende Wasserstrudel,** Tert. de idol. 24. Not. Tir. 110, 21.

hypocausis, is, Akk. im, Abl. ī, *f.* (ὑπόκαυσις), die **Heizung von unten,** ein in die Länge geführter kanalförmiger Ofen, aus dem die Hitze in das hypocauston strömte, s. Vitr. 5, 10, 1 *sqq.* (vgl. Schneider Vitr. tom. II. p. 383 *sq.*).

hypocaustērium, iī, *n.* = hypocauston (s. d.), Compend. Vitruv. 16. p. 300, 18 *Rose.*

hypocauston u. **-um**, ī, *n.* (ὑπόκαυστον), der gewölbte hohle Raum unter dem Fußboden des Zimmers, in den die Hitze aus der hypocausis (s. d.) einströmte, das Zimmer erwärmte und dann von Röhren aufgefangen u. durch die Wandungen nach dem oberen Stock geleitet wurde, das **Heizgewölbe,** Plin. ep. 2, 17, 11 u. 23; 5, 6, 42. Stat. silv. 1, 5, 59.

hypocaustus, a, um (ὑπόκαυστος), **von unten geheizt,** diaetae, Ulp. dig. 32, 55. § 3 M.

hypochondria, ōrum, *n.* (ὑποχόνδρια), die **Seitenweichen, Hypochondrien,** rein lat. praecordia, Th. Prisc. de diaeta 10. – Nbf. hypochondria, ae, *f.*, Oribas. nach Appel de gen. neutr. p. 53.

hypochyma, atis, *n.* (ὑπόχυμα) = hypochysis (s. d.), Marc. Emp. 8.

hypochysis, is, Akk. im, Akk. Plur. is, *f.* (ὑπόχυσις), der **Star** im Auge, rein lat suffusio oculorum, Plin. 25, 143. Veget. mul. 3, 17, 2. Chalcid. Tim. 243.

hypocistis, idis und idos, *f.* (ὑπυκιστίς), eine Schmarotzerpflanze auf der Cistusstaude (*Asarum hypocistis,* L.), deren Saft in der Arznei gebraucht wurde, Cels. 5, 7 u. 5, 23, 1. Plin. 24, 81 u. 26, 49. Scrib. Larg. 112. 113. 170. Plin. Val. 2, 18. – ► Die Schreibung der besten Hdschrn. ist hypocistis (nicht hypocisthis).

hypocoriasis, is, *f.* (ὑποκορίασις), eine Krankheit unter dem Augapfel (beim Vieh), Veget. mul. 3, 16, 1.

hypocorisma, atis, *n.* (ὑποκόρισμα), als gramm. *t. t.*, das **Verkleinerungswort, Deminutivum,** Charis. 37, 9 u. 13.

hypocoristicōs, *Adv.* (ὑποκοριστικῶς), in **Deminutivform** (rein lat. per deminutionem), Fest. 286 (a), 3.

hypocrisis, is, Akk. in, Abl. ī, *f.* (ὑπόκρισις), die Nachahmung der Sprache u. Gebärden einer Person, Donat. vit. Verg. 11. p. 61, 8 R. Vulg. Matth. 23, 28 u. Tim. 4, 2. Sidon. epist. 8, 14, 6.

hypocrita, ae, *m.* u. **hypocritēs,** ae, *m.* (ὑποκριτής), **I** der **Mime,** der den Vortrag eines Schauspielers mit Gebärdenspiel begleitete, Quint. 2, 17, 12 u. 11, 3, 7 (Akk. *-tēn*), Suet. Ner. 24, 1 (Abl. *-tā*), – **II** übtr., der **Heuchler** (s. Isid. orig. 10, 118), Vulg. Iob 8, 13 u. Matth. 6, 2.

hypodiāconus, ī, *m.* (ὑποδιάκονος), der **Unterdiakonus,** Cod. Theod. 16, 2, 7 u. Eccl.

hypodidascalus, ī, *m.* (ὑποδιδάσκαλος), der **Unterlehrer,** Cic. ep. 9, 18, 4.

hypodōrius, a, um (ὑποδώριος), **unterdorisch, zum tiefsten Akkord gehörig,** modus od. tonus, eine griech. Tonart, Censor. fr. 12, 2. Boëth. inst. mus. p. 342, 13 Fr. Cassiod. de music. p. 557 (a) *ed. Garet.*

hypodyma, atis, *n.* (ὑπόδυμα), die **Hüllen der Brusteingeweide,** Cael. Aur. de morb. chron. 1, 4, 75.

hypogaeos, on (ὑπόγαιος), **unterirdisch,** loca, Cael. Aur. de morb. acut. 2, 37, 191. – subst., **hypogaeum** (ypogaeum), ī, *n.* (ὑπόγαιον), ein **unterirdisches Gewölbe,** bes. das **Grabgewölbe,** Petron. 111, 2 B.[5] (Vulg. hypogēum). CIL 6, 9433 u. 28804.

hypogēson, ī, *n.* (ὑπόγεισον), die **große Art von Hauslauch,** die in den Dachrinnen wächst, Plin. 25, 160.

hypogēum, ī, *n.* (ὑπόγειον), ein **unterirdisches Gewölbe, Kellergeschoss,** Vitr. 6, 8, 1. Vgl. hypogaeum.

hypoglōssa, ae, *f.* (ὑπόγλωσσον), **Zungen-Mäusedorn,** ein kleiner Strauch (*Ruscus hypoglossum,* L.), Plin. 27, 93.

hypoglōttion, iī, *n.* (ὑπογλώττιον), ein Strauch, **breitblätteriger Mäusedorn** (*Ruscus hypophyllum,* L.), Plin. 15. 131.

hypographum, ī, *n.* (ὑπόγραφον), der **vorläufige Entwurf,** das **Konzept,** Augustin. b. Donat. vit. Verg. 12.

hypoiastius, a, um (ὑποιάστιος), **unterionisch,** tonus, eine griech. Tonart, Cassiod. de music. p. 557 (a) *ed. Garet.*

hypolīpticus, a, um (ὑπολειπτικός), **zurückbleibend,** Chalcid. Tim. 74.

hypolydios, a, um (ὑπολύδιος), **unterlydisch,** Name eines Akkords in dem ältesten griech. Tonsystem, Censor. fr. 12, 2. Boëth. inst. music. p. 342, 13 Fr.

hypolysos, ī, *f.* (ὑπολύω), eine Pflanze, sonst artemisia gen., **Beifuß,** Ps. Apul. herb. 11.

hypomēlis, idis, *f.*, eine säuerliche Obstfrucht, Pallad. 13, 4, 1 zw.

hypomnēma, atis, *n.* (ὑπόμνημα), eine (schriftliche) **Bemerkung, Notiz,** Cic. ad Att. 15, 23 u. Cic. fil. in Cic. ep. 16, 21, 8 (wo heteroklit. Abl. Plur. hypomnematis).

hypomnēmatographus, ī, *m.* (ὑπομνηματογράφος), rein lat. commentariensis, der **Kontrolleur,** spät. ICt.

hypomochlion, iī, *n.* (ὑπομόχλιον), die **Unterlage unter dem Hebel,** Vitr. 10, 3, 2 (griech.) u. 3 (lat.).

hypophora, ae, *f.* (ὑποφορά), der **Einwand** von Seiten des Gegners, als rhet. *t. t.*, Mart. Cap. 5. § 563.

hypophrygius, a, um (ὑποφρύγιος), **unterphrygisch,** modus od. tonus, eine griechische Tonart, Censor. fr. 12, 2. Cassiod. de music. p. 557 (a) *ed. Garet.*

hypōpium, iī, *n.* (ὑπώπιον), die **Gegend unter dem Auge,** Th. Prisc. 1, 10.

hypopodion, iī, *n.* (ὑποπόδιον), die **Fußbank,** Paul. sent. 3, 6, 65.

hypostasis, is, Akk. im, Genet. Plur. eōn, *f.* (ὑπόστασις), die **Person, Persönlichkeit,** Cod. Iust. 1, 1, 6. Hieron. epist. 15, 3 u. 4 (wo Plur.).

hypotaurium, iī, *n.* (ὑποταύριον), die Stelle zwischen Hodensack u. After, Veget. mul. 2, 18, 2.

hypotēnūsa, ae, *f.* (ὑποτείνουσα), die **Hypotenuse,** mathem. *t. t.*, Gromat. vet. 190, 11 u. 14; 298, 1. Boëth. art. geom. p. 408, 20 Fr. – Dav. **hypotēnūsālis,** e, **die Hypotenuse betreffend,** Gromat. vet. 249, 24. Boëth. art. geom. p. 412, 5 u. 414, 26 Fr.

hypothēca, ae, *f.* (ὑποθήκη), das **Pfand, Unterpfand,** die **Hypothek** (zuw. von pignus unterschieden, wo dann pignus auf bewegliche, hypotheca auf unbewegliche Dinge geht), Cic. ep. 13, 56, 2 u. ICt. – Dav. **hypothēcārius,** a, um, **hypothekarisch,** ICt.

hypotheticus, a, um (ὑποθετικός), **hypothetisch** (rein lat. condicionalis), conclusio, Eulog. in somn. Scip. p. 406, 17 B.: syllogismus, Cassiod. de syllog. p. 542 (b) *ed. Garet.* – Plur. subst., hypothetici, ōrum, *m.*, **Hypothesenmacher,** v. Mathematikern, Ps. Apul. de dogm. Plat. 3. p. 276 H.

hypotrachēlium, iī, *n.* (ὑποτραχήλιον, der untere Teil des Halses), *t. t.* der Archit. = das glatte Glied der Säule zwischen Rinken u. Kapitäl, der **Säulenhals,** Vitr. 3, 2 *sq.* u. a.

hypotrīmma, atis, *n.* (ὑπότριμμα), eine scharfe Brühe aus allerhand gewürzten Zutaten, **scharfe Kräuterbrühe,** Apic. 1, 34 (Schuch hypotrima).

hypozeugma, matis, *n.* (ὑπόζευγμα), eine rhet. Figur, die **Verbindung** mehrerer Subjekte mit einem erst am **Ende** des Satzes erscheinenden Prädikat, Diom. 444, 20.

hypozeuxis, is, Akk. in, Abl. ī, *f.* (ὑπόζευξις), eine rhet. Figur, die **Anknüpfung** besonderer Prädikate, wenn mehrere Subjekte aufeinander folgen (rein lat. subiunctio od. subinsertio od. subnexio; Ggstz. hypozeugma), Charis. 280, 18. Diom. 444, 21. Beda de schem. p. 608, 21 H.; vgl. Iul. Rufin. de schem. lex. 4. p. 49 H.

hypozygos, ī, *f.*, mit u. ohne membrana (ὑπόζυγος), das **Brustfell, Rippenfell, Seitenfell,** Cael. Aur. de morb. chron. 2, 11, 127; 5, 10, 92 u. 94.

Hypsipylē, ēs, *f.* u. **Hypsipyla,** ae, *f.* (Ὑψιπύλη), Tochter des Thoas, Königin des Weiberstaates zu Lemnos. Sie rettete, als die Frauen daselbst alle Männer töteten, ihren Vater, nahm den Jason nebst den übrigen Argonauten auf u. gebar von ihm zwei Söhne, Ov. her. 6, 132 u. 153. Stat. Theb. 4, 737 *sqq.* Val. Flacc. 2, 90 *sqq.* Hyg. fab. 15. Arnob. 4, 26 (wo Akk. Plur. Hypsipylas = Frauen wie Hypsipyle): Hypsipyles patria, Lemnos, Ov. met. 13, 399. – Dav. **Hypsipylēus,** a, um, **hypsipylēisch,** tellus, Lemnos, Ov. fast. 3, 82.

hypsōma, atis, *n.* (ὕψωμα), die **Höhe,** Tert. ad Scapul. 4.

Hyrcānī, ōrum, *m.* (Ὑρκανοί), die Bewohner von Hyrkanien (s. unten Hyrcania), die **Hyrkaner,** Mela 1, 2, 5 (1. § 13). Tac. ann. 6, 36. Catull. 11, 5. – Macedones Hyrcani, die mit Mazedoniern vermischte kleine Gemeinde der Hyrkaner in Lydien, Tac. ann. 2, 47. – Dav.: **A Hyrcānus,** a, um, **hyrkanisch,** mare H., das Kaspische Meer, Prop. u. Aur. Vict.; u. dav. sinus H., Prop.: campus H., der Macedones Hyrcani (s. oben), Liv.: canis H., Lucr.: H. tigres, Verg. – **B Hyrcānius,** a, um (Ὑρκάνιος), **hyrkanisch,** mare, Plin. 6, 36. – subst., **Hyrcānia** ae, *f.* (Ὑρκανία), das Land der Hyrcani in Asien zwischen Medien, Parthien u. dem Kaspischen Meer, Cic. Tusc. 1, 108. Lucan. 3, 268. Mela 3, 5, 7 (3. § 43). – vulg. Nbf. Yrcānia, Schol. Iuven. 10, 162.

Hyrgalētici campī, die **hyrgaletischen Gefilde,** an der Grenze Phrygiens u. Kariens, Plin. 5, 113.

Hyriē, ēs, *f.* (Ὑρίη), Stadt u. See in Böotien, Plin. 4, 26. Ov. met. 7. 371.

Hyriēus, eī, Akk. ea, *m.* (Ὑριεύς), Vater des Orion, Ov. fast. 5, 499 u. 535. Schol. Caes. Germ. 331. p. 413, 11 *Eyss.* – Dav. **Hyriēus,** a, um, **hyriēisch,** proles, Orion, Ov. fast. 6, 719.

hyrpex, s. irpex.

Hyrtacidēs, ae, *m.* (Ὑρτακίδης), der **Hyrtacide** (Sohn des Hyrtakus), v. Nisus, Verg. Aen. 9, 176 *sqq.*

hysex, icis, *m.*, eine uns unbekannte Tiergattung, Plin. Val. 5, 26. – Dav. **hysicīnus,** a, um, **vom Hyser,** pelles hys., Plin. Val. 5, 33.

hysgīnum, ī, *n.* (ὕσγινον, τό, v. einem Strauch ὑσγή, wahrsch. der galatische Name für πρῖνος, die Kermeseiche), eine dunkelrote Farbe, die zwischen Scharlach u. Purpur das Mittel hielt, **Karmesin,** Vitr. 7, 14, 1. Plin. 9, 140; 21, 62 u. 170. Paul. dig. 32, 1, 78. § 5.

hyssōpītēs, ae, *m.* (ὑσσωπίτης οἶνος), **Ysopwein,** Col. 12, 35, Plin. 14, 109 u. 20, 65.

hyssōpum (hysōpum), ī, *n.* (ὕσσωπον) u. **hyssōpus** (hysōpus), ī, *f.* (ὕσσωπος), der **Ysop** (*Hyssopus officinalis,* L.), Form *-um,* Cels. 4, 15 (8) u. a. Plin. 25, 136; 26, 23 u. a. Scrib. Larg. 49. 100. 270. Ser. Samm. 479. Plin. Val. 3, 21: Form *-us,* Cels. 4, 8 (4, 4. *no.* 2). p. 131, 14 D. Col. 7, 5, 22 (aber *cod. Sang.* hyssopum).

Hystaspēs, is u. ī, *m.* (Ὑστάσπης), Vater des persischen Königs Darius, Dareus Hystaspi filius, Nep. regg. 1, 2. Iustin. 1, 10, 6: Hystaspes Darii pater, Amm. 23, 6, 32.

hystera, ae, *f.* (ὑστέρα), die **Gebärmutter,** Interpr. Iren. 1, 31, 2.

hystericus, a, um (ὑστερικός), **hysterisch,** Mart. 11, 7, 11 u. 71, 1.

hysterologia, ae, *f.* (ὑστερολογία), die **Erwähnung des Späteren an erster Stelle,** das **Hysteron proteron** (griech. auch πρωθύστερον), als rhet. *t. t.,* Serv. Verg. Aen. 7, 10 u. 9. 816.

hystriculus, a, um (hystrix), **dichthaarig, rauhaarig,** bes. am Hintern, **rauarschig** (δασύπρωκτος, Gloss.), puer, Tert. de pall. 4: pusio, Arnob. 5, 25 R. (*cod. P* abgekürzt striculi). – bildl., histriculae et lividae mentis homo, Hieron. adv. Rufin, 1, 30 Vall.

hystrix (histrix), tricis. *f.* (ὕστριξ), das **Stachelschwein,** Plin. 8, 125. Calp. ed. 6, 13. Claud. eidyll. 2, 1 *sqq.* (wo Mask.).

DER NEUE GEORGES

AUSFÜHRLICHES
LATEINISCH-DEUTSCHES
HANDWÖRTERBUCH

AUS DEN

QUELLEN ZUSAMMENGETRAGEN

UND MIT

BESONDERER BEZUGNAHME AUF SYNONYMIK UND ANTIQUITÄTEN
UNTER BERÜCKSICHTIGUNG DER BESTEN HILFSMITTEL

AUSGEARBEITET

VON

KARL ERNST GEORGES

ACHTE VERBESSERTE UND VERMEHRTE AUFLAGE

VON

HEINRICH GEORGES

ZWEITER BAND

I—Z

HANNOVER UND LEIPZIG
HAHNSCHE BUCHHANDLUNG
1918

DER NEUE GEORGES

AUSFÜHRLICHES LATEINISCH-DEUTSCHES

HANDWÖRTERBUCH

AUS DEN QUELLEN ZUSAMMENGETRAGEN
UND MIT BESONDERER BEZUGNAHME
AUF SYNONYMIK UND ANTIQUITÄTEN
UNTER BERÜCKSICHTIGUNG DER BESTEN HILFSMITTEL
AUSGEARBEITET VON

KARL-ERNST GEORGES

ZWEITER BAND

I – Z

HERAUSGEGEBEN VON

THOMAS BAIER

BEARBEITET VON

TOBIAS DÄNZER

Auf der Grundlage der
8., verbesserten und vermehrten Auflage
von Heinrich Georges,
Hannover und Leipzig 1913,
neu bearbeitet 2013.

Die Neuausgabe wurde gefördert durch den
Wilhelm-Weischedel-Fonds der WBG.

Die Deutsche Nationalbibliothek verzeichnet diese Publikation
in der Deutschen Nationalbibliografie;
detaillierte bibliografische Daten sind im Internet über
http://dnb.d-nb.de abrufbar.

Die Herausgabe des Werkes wurde durch
die Vereinsmitglieder der WBG ermöglicht.
Redaktionelle Mitarbeit: Katharina Zinner
Typographie und Satz: SatzWeise, Föhren

Besuchen Sie uns im Internet: www.wbg-wissenverbindet.de

Leinenausgabe: ISBN 978-3-534-25214-5
Lederausgabe: ISBN 978-3-534-25757-7

Elektronisch sind folgende Ausgaben erhältlich:
eBook (PDF): 978-3-534-73531-0
eBook (epub): 978-3-534-73532-7

I.

I, i, neunter Buchstabe des griech.-lat. Alphabets; diente bei den Römern als Zeichen für vokalisches und konsonantisches i. Als Abkürzung ist I = idem, infra, impensa, iter, Iuno, Iuppiter u. a. – IDQ. = iidemque. – I. H. F. C. = ipsius heres faciundum curavit. – IM. = immunis. – IMP. = imperium, imperator.

Iacchus, ī, *m.* (Ἴακχος), **I** Gottheit der eleusinischen Mysterien, mit Dionysos identifiziert, Cic. de legg. 2, 34. Catull. 64, 251. – **II** meton. = **Wein,** Verg. ecl. 6, 15. Colum. poët. 10, 309.

iaceo, cuī, citūrus, ēre (*Intr.* zu iacio; eig. geworfen sein, dah.) **liegen, sich gelagert haben** (Ggstz. stare, stehen, pendēre, hängen), **I** eig.: **A** im Allg.: **a** v. leb. Wesen: iacere humi, Cic. u. a.: in gramine, Ov.: u. m. bl. *Abl.*, viduo cubili, lecto, Ov.: silvis agrisque viisque corpora iacent, Ov.: quousque duro castrorum iacebis cubiculo, Sen. contr. 1, 8, 2. – ad alcis pedes, Cic.: sub arbore, Verg.: super corpus alcis, Ov.: per vias, Ov.: supina iacendi positio, das Liegen auf dem Rücken, Cael. Aur. de morb. chron. 5, 10, 117. – v. Tieren, quem circa tigres … iacent, Ov.: vacca iacet et lente revocatas ruminat herbas, Ov.: pisces iacentes (= cubantes), gew. in der Tiefe der Gewässer ruhig liegende Plattfische, Halbfische, Colum. 8, 17, 9. – **b** v. Lebl.: pernam … facito in aqua iaceat, Plaut.: in litore (v. einem Schiff), Sen. rhet.: in collo od. bl. collo, b. Haaren, Ov. (vgl. capilli naturā vel arte iacentes, Sen.): iacent dispersa per agros sarcula, Ov.: venti, quidquid sabuli in campis iacet, converrunt, Curt.: pedamenta iacentia statuenda sunt, Colum.: lora iacentia, die entfallenen Zügel, Ov.: per quos (triginta dies) raro umquam nix minus quattuor pedes alta iacuit, Liv.

B insbes., **1** wie κεῖσθαι, ruhend liegen: **a** v. Ruhenden, Schlafenden = **liegen, ruhen, schlafen,** in lecto, Cic.: in lectulo, Capit.: quid prosunt multa cubicula? in uno iacetis, Sen.: in antro Silenum somno videre iacentem, Verg. – gew. absol., ad quartam iaceo; post hanc vagor, Hor.: nam pransus iaceo, Catull.: custodes furtim transgressa iacentes, Tibull. – **b** v. Speisenden = **zu Tisch liegen** (gewöhnlich accumbere), Ov., Sen. u. a. (s. Heinsius Ov. her. 12, 179): cornu sinistro stibadii, Sidon. – **c** v. Kranken = **(krank) daniederliegen, krank sein,** cura, ut valeas, ne ego, *te iacente,* bona tua comedam, Cic.: hic cum iaceret morbo confectus gravi rex urbis, Phaedr.: iacuit diu in sudore letali, Augustin.: graviter iacere, Plin. ep.: sine spe iacere, Sen.: tamquam in eodem valetudinario iacere, gleichsam in demselben Spital liegen (= an demselben Übel leiden), Sen. – **d** v. Gefangenen, in carcere, Sen. contr. 1, 3, 2.

2 zu Boden gestreckt **daliegen: a** v. Besiegten = überwunden-, ohnmächtig **daliegen,** Arge, iaces, Ov.: per me iacet inclitus Hector, Ov.; vgl. Bach Ov. met. 1, 720. – **b** von Leichnamen = unbeachtet-, unbegraben **(da)liegen,** istic nunc, metuende, iace! Verg.: tu iaces et in cadaveris similitudinem usque resoluta es, Ps. Quint. decl.; vgl. Burmann Phaedr. 1, 24, 10. – **c** v. Toten = **(tot) daliegen,** rupto iacuit corpore, Phaedr.: et causa litis regibus Chryse iaces, Sen. poët.: vetito nudus iaciture sepulcro, Stat.: tu nisi caves, iacebis, wirst du ein Kind des Todes sein, Claud. Quadrig. fr.: von Gliedern Toter, artus morte iacent, liegen im Tode gestreckt, Lucr. – bes. von im Kampf Gefallenen = **liegen, gefallen-, umgekommen sein,** pro patria, Ov.: ut proximi iacentibus (auf die Gefallenen) insisterent, Caes.: tot fortissimi viri, qui circa eum cumulati iacent, Liv.; vgl. Staveren Nep. Thras. 2, 6. Thiel Verg. Aen. 1, 99. Ruhnken Ov. her. 14, 2.

3 v. Reisenden usw. = wo **liegen bleiben** = wo liegend **verharren,** in oppido aliquo mallem *resedisse,* quoad arcesserer … Brundisii *iacere* in omnes partes est molestum. *Propius accedere* quomodo … possum? Cic. ad Att. 11, 6, 2.

4 übtr., wie κεῖσθαι: **a** v. Örtl.: **α** = **liegen, gelegen sein,** bes. v. niederwärts liegenden Örtl., terrae iacentes ad Hesperum, Plin.: locus iacet inter Apenninum et Alpes, Brut. in Cic. ep.: Asia iacet ad meridiem et austrum, Europa ad septentriones et aquilonem, Varro LL.: iacet inter eos (saltus) campus, Liv.: inter Aegyptum et Aethiopas arenarum inculta vastitas iacet, Sen.: castra Punica ac Romana inter iacebat campus, Liv. (vgl. interiaceo): urbes in campis iacent, Iustin.: absol., despiciens terras iacentes (die untenliegenden), Verg.; vgl. Benecke Iustin. 22, 5, 5. Thiel Verg. Aen. 1, 224. Drak. Sil. 12, 132. – v. Gewässern, aqua iacens infra libram maris, Plin. – übtr., v. Völkern, **liegen = hausen, wohnen,** haec gens iacet supra Ciliciam, Nep. – **β** = **ausgebreitet daliegen, sich erstrecken,** hanc super in speculis summoque in vertice montis planities ignota iacet, Verg.: tantum campi iacet, Verg.: perpetua vallis iacet usque ad mare Caspium, Curt.: v. Gewässern, iacent inter eos (montes) solemque immania ponti aequora, Lucr. – **γ niedrig-, tief gelegen sein,** iacentia (niedrigen) et plana Urbis loca, Tac.: u. so loca iacentia (Ggstz. loca edita), Sen.: domus depressa, caeca, iacens, Cic. fr. – **δ** v. zerstörten Orten = **in Schutt u. Trümmern liegen,** cui nec arae patriae domi *stant,* fractae et disiectae *iacent,* Enn. fr. scen. 89: iacet Ilion ingens, Ov.; vgl. Ruhnken Ov. her. 1, 3. – **ε** v. Gewässern, **ruhig-, still liegen,** iacet sine murmure pontus, Lucan.: stagna iacentis aquae, Lucan.: stagna iacentia, Sil.; vgl. Heinsius Sil. 5, 583. – **b** v. Gewändern = **schleppen,** praeverrunt latas veste iacente vias, Ov.: nimium demissa iacent tibi pallia terrae, Ov. – **c** v. Gliedern usw., **herabliegen = gesenkt sein,** tardā gravitate iacentes (gesenkten = schläfrigen) vix oculos tollens, Ov. – vultus attolle iacentes (kraftlos [im Tode] gesenkten), Ov.: u. so von einem Sterbenden, iacensque vultus languido obtutu stupet, Sen. poët.

II bildl., **A** im Allg.: dum timent ne aliquando *cadant,* semper *iacent,* Quint.: priora tempora in ruinis rei publicae *nostrisque iacuerunt,* waren vereinigt mit usw., Cic.: vide, quid narrent, ecquae spes sit denarii, an cistophoro Pompeiano iaceamus, durch pompejanische (leichtere) Cistophoren zu Schaden kommen, Cic. ad Att. 2, 6. § 2. – quae (invidia) quidem, ut omnia mortalia, infra tuam magnitudinem iacet, reicht nicht herauf bis zu deiner Gr., Tac. ann. 14, 54: Marii, Sullae etc. infra Pallantis laudes iacebunt, werden weit zurückstehen hinter usw., Plin. ep. 8, 6, 2: nobilitas sub amore iacet, steht der L. nach, Ov. her. 4, 161.

B insbes.: **1** gleichs. in einen Zustand **versunken liegen, versunken sein,** von Menschen, in amore, Lucr.: in maerore, Cic.: in oblivione, Cic. – v. Lebl., vita in tenebris et maerore iacet, Lucr.: in eodem silentio multa alia oratorum officia iacuerunt, lagen begraben, Cic.

2 danieder-, zu Boden liegen, a v. denen, die aller Macht u. alles Ansehens im Staat beraubt sind = **niedergedrückt-, ohnmächtig-, machtlos sein, α** übh.: iacere (sei in der Volksgunst gesunken) Caesarem offensione populari, Cic.: non modo extollere iacentem, sed etiam amplificare eius pristinam dignitatem, Cic.: ab hoc igitur viro quisquam bellum timet, qui in pace *iacere,* quam in bello *vigere* maluit? quamquam ille numquam *iacuit;* erat enim in desiderio civitatis, in ore, in sermone omnium, Cic.: per se afflictum et iacentem, Cic.: si iacens tecum ageret, Cic.: si magnus vir cecĭdit, magnus iacuit, Sen.: ille *potens,* alii, sordida turba, *iacent,* Ov.: pauper ubique iacet, ist überall verachtet, Ov. – dah. **β** bes. von solchen, die sich um ein Staatsamt bewerben, aber ohne Aussicht auf einen günstigen Erfolg sind = **nicht emporkommen können, aller Aussicht beraubt-, hoffnungslos sein, alles Vertrauen verloren haben,** videsne tu illum tristem (*sc.* candidatum)? *iacet,* diffidit, abiecit hastas, Cic.: C. Marius cum a spe consulatus longe abesset et iam septimum annum post praeturam *iaceret,* hoffnungslos hingebracht hatte, Cic. – u. **γ** von

Dingen, die **unbeachtet-, vernachlässigt liegen** od. **-bleiben, im Argen liegen, hintangesetzt werden, nicht in Aufnahme kommen,** *dominetur* (falsa invidia) in contionibus, *iaceat* in iudiciis, Cic.: philosophia iacuit usque ad haue aetatem, Cic.: iacent ea semper, quae improbantur, Cic.: *iacent* beneficia Nuculae, *friget* patronus Antonius, Cic. – nomen iacet in adversariis, steht unbeachtet (= ist in das Hauptbuch noch nicht eingetragen), Cic.: so auch quomodo tibi tanta pecunia iacet? Cic. – **b** v. Mutlosen = **niedergedrückt-, zu Boden gedrückt sein,** Cnaeus noster ut totus iacet? non animus est etc., Cic.: scias me ita dolere, ut non iaceam, Cic.: amici est ... niti et efficere, ut amici *iacentem* (niedergebeugten) *animum* excitet, Cic. – **c** v. Pers. u. Behauptungen, die widerlegt worden sind = **zu Boden liegen, zusammenstürzen** (s. Garatoni Cic. Mil. 18. p. 222 *sq.*), iacent hi suis testibus, Cic.: iacet igitur tota conclusio, Cic.: iacet omnis ratio Peripateticorum, Cic. – **d** v. Dingen, die lässig od. gar nicht mehr betrieben werden, wie unser **daniederliegen = ins Stocken geraten sein,** ganz **aufhören,** ars tua iacet, Ov.: iacebit opera fabrilis, Sen.: iudicia iacebant, Cic.: omnis hic dilectus iacet, Cic.: iustitia *vacillat* vel *iacet* potius omnesque eae virtutes, quae etc., Cic.: virtutem iacere, es sei rein aus mit der T., Cic. – **e** dem Wert nach **niedrigstehen,** iacent pretia praediorum, Cic.: nunc ista omnia iacere puto propter nummorum caritatem, Cic.: so auch agri iacent, Petron.

3 ungebraucht **daliegen, a** v. Worten = zu freiem Gebrauch **vorliegen, zu Gebote stehen** (verba) iacentia sustulimus e medio, Cic. de or. 3, 177. – **b** von Kapitalien, ne pecuniae otiosae iaceant, Plin. ep. 10, 64 (62), 1. – **c** von herrenlosem Gut = **ohne Besitzer-, herrenlos sein,** ne bona iaceant, ICt.: hereditas iacet, ICt.

4 matt **daliegen = matt-, schläfrig-, dämisch** usw. **sein,** probus (puer) ab illo segni et iacente plurimum aberit, Quint.: si modo ita exploratā aure homo sit, non surdā nec iacenti, Gell.: ut sonis tum placidis tum citatis aut demissam iacentemque (schleppende) orationem eius erigeret (um den schwachen u. schleppenden Redeton zu beleben), aut ferocientem saevientemque cohiberet, Gell.: nervorum sine sensu iacentium torpor, der gefühllosen u. ertöteten N., Sen. – ► Partiz. Fut. iacitūrus, Stat. Theb. 7, 777 (wo Vok. iaciture).

Iacetānī, ōrum, *m.*, eine Völkerschaft im nordöstlichen Teil von Hispania citerior am Fuß der Pyrenäen, im heutigen Katalonien, Caes. b. c. 1, 60, 2.

iacio, iēcī, iactum, ere (zu griech. ἵημι = **ji-jemi*), **werfen, I** übh. **werfen, A** eig.: **1** im Allg.: rem in manus, Lucr.: lapides in murum, Caes.: totas arbores in altum, Curt.: fulmen in terras, in mare, Lucr. u. Cic.: lapides post terga, Ov.: armorum magnam multitudinem de muro in fossam, Caes.: faces atque aridam materiem de muro in aggerem eminus, Caes.: in alqm scyphum de manu, Cic.: alqm in praeceps, stürzen, Tac.: u. so se in profundum, Cic.: se ex muris in praeceps, Curt.: se e culmine turris, Ov.: tela, Lucr. u. Ov.: tela manu, Verg.: tela tormentis, Caes.: plumbum (fundā), Ov.: leae iaciebant corpora saltu undique, Lucr.: ciconiae pedes ante se iaciunt, Plin. – **2** insbes.: **a** als *t. t.* des Würfelspiels, einen Würfel **werfen,** talos, Plaut.: talum ita, ut rectus assistat, Cic.: prägn., einen Wurf **werfen,** iacit volturios quattuor, Plaut. Curc. 357: tu male iactato, tu male iacta dato, Ov. art. am. 2, 204: iacta alea est, s. 2. ālea. – **b auswerfen,** ancoram, Caes. u. a.: ancoram de prora, Verg. – dah. **über Bord werfen,** merces, ICt. – **c herab-, hinabstürzen,** in profundum, Cic.: se e culmine turris, Ov. – **d wegwerfen, von sich werfen,** scuta, Plaut. trin. 1034: vestem procul (weit), Ov. met. 4, 357. – **e zuwerfen,** oscula, Tac. hist. 1, 36. – **f vorwerfen,** alqm canibus dilaniandum, Dict. 3, 14 u. 4, 3. – **g hin-, ausstreuen, verbreiten,** flores, Verg.: umorem in corpus, Lucr.: odorem, Lucan.: arbor poma iacit, Ov. – dah. **ausstreuen** = äen, triticum, Varro LL.: semen, Verg. u. Ov.: farra, Ov. – **B** bildl.: **1** im Allg., **werfen, schleudern,** alcis caput in mediam contentionem dissensionemque civilem, Cic.: in alcis caput verba superba, Prop.: iacere et immittere iniuriam in alqm, Cic.: contumeliam in alqm, Cic.: probra in feminas illustres, Tac.: futuris caedibus semina, Tac.: odia in longum, Tac.: talia verba favillae, Prop. – per ambages insidiarum minas, ausstoßen, Liv. – iacere mittereque ridiculum, Cic. – **2** insbes., in der Rede, im Gespräch **hinwerfen, fallen lassen, vorbringen, sich verlauten lassen, äußern,** assiduas querelas, Cic. poët.: suspicionem, Cic.: quod iacis obscure, Cic.: condicionum mentionem, Vell.: vera ac vana, Liv. – m. *Acc.* u. *Infin.*, inter alias res iacit oportere decreta omnia rescindi, Sall.: finem adesse imperio inter se aut inter amicos iaciunt, Tac. – absol. m. *de* u. Abl., per ambages de lacu Albano, Liv.: de habitu cultuque, Tac. – **II** prägn., **aufwerfen, aufrichten, errichten, gründen, setzen, legen,** aggerem, Caes.: moles in mare, Auct. b. Afr.: vallum, Liv.: fundamenta urbi, Liv.: muros, Verg. – im Bild, fundamenta pacis, Cic.: gradum atque aditum ad rem, Cic.: salutem in arte, Verg.

Iācōb, *m. indecl.*, Sohn des Isaak u. der Rebekka, einer der Patriarchen, Vulg. genes. 25, 25. Iuvenc. 2, 265. Alcim. Avit. poëm. 5, 363. Prud. cath. 2, 73 u. 12, 186; ham. 452.

iactābilis, e (iacto), geeignet zum Hin- u. Herwerfen, **beweglich,** umeri, Cassiod. hist. eccl. 7, 2.

iactābundus, a, um (iacto), **I hin und her werfend,** mare Ionium violentum et vastum et iactabundum, stürmische, Gell. 19, 1. § 1. – **II** übtr., **gern prahlend,** in Graecae facundiae gloria, Gell. 15, 2. § 2.

iactāns, antis, *PAdi.* (v. iacto), **sich rühmend, a** im üblen Sinne, **sich brüstend, prahlend, prahlerisch, α** m. *Genet.*: tumidus ac sui iactans et ambitiosus institor eloquentiae, Quint. 11, 1, 50. – **β** absol.: insolens, arrogans, iactans, Cic. fr.: epistulae iactantes et gloriosae, Plin. ep. – *Compar.* iactantior, zu sehr prahlend mit seiner Wichtigkeit, Verg., Hor., Plin. ep. u. a. – *Superl.*, plebis iactantissimus amator, Spart. Hadr. 17, 7. – **b** im guten Sinne, **hochgesinnt, erhaben,** iactantior Roma, Stat.: iactantior aula, Claud.

iactanter, *Adv.* (iactans), **prahlend, prahlerisch,** Amm. 27, 2, 3. Augustin. c. Iul. Pelag. 5, 36 *extr.* – *Compar.*, nulli iactantius maerent, quam etc., auf hervortretendere Weise, Tac. ann. 2, 77: iactantius (zu ruhmredig) litteras ad alqm componere, Tac. hist. 3, 53: u. so im *Compar.* auch Amm. 18, 8, 4. Prud. ham. 170; psych. 181.

iactantia, ae, *f.* (iacto), **I** aktiv = das **Anpreisen, Lobpreisen, eitle Zur-Schau-Tragen,** das **Prunken** mit usw., sui, Tac. ann. 2, 46. Lampr. Alex. Sev. 63, 5: ingenii, Quint. 12, 8, 3: Plur. hominum iactantiae, die Lobpreisungen, Itin. Alex. 41 V. – **II** passiv u. medial: **a** passiv, das **Gerühmtwerden,** der gezollte **Beifall,** das gezollte **Lob,** iact. privata, Plin. ep. 1, 8, 13. – **b** medial, das **Sich-Rühmen,** das **Prahlen, Prunken,** die **Prahlerei, Ruhmredigkeit,** die **Prahlsucht,** ambitio et iact., Plin. pan.: iact. superbiens, Augustin.: opinio iactantiae, Quint.: iact. inanis, Quint.: iact. absurda sinistraque, Pacat. pan.: ambitiosa in loquendo iact., Quint.: frivola in parvis iact., Quint.: verborum iact., Wortprunk, Tac.: Plur., vaniloquentiae et iactantiae barbari, Iul. Val. 2, 25. p. 89, 23 *Kuebler.*

iactanticulus, a, um (*Demin.* v. iactans), **etwas prahlend,** Augustin. c. Acad. 3, 8; de doctr. Christ. 4, 26 u. a. Schol. Iuven. 11, 34.

iactātio, ōnis, *f.* (iacto), **I** aktiv = das **Hin-** u. **Herwerfen, -bewegen,** das **Schütteln, Rütteln, Erschüttern, 1** eig.: **a** im Allg.: togarum, Mamert. grat. act.: ferramentorum ac manuum, Augustin.: cervicum (v. Pferden), Curt.: vulneris, vulnerum, Liv. u. Curt. – **b** insbes.: **α** das **Schütteln** beim Fieber, corporis, Cels. 3, 9: absol., Cels. 3, 11 *extr.* u. 4, 20 (13) *extr.* – **β** die **mit Gebärden verbundene Bewegung,** corporis, Cic.: manus, Quint.: dagegen iact. gestus, zu lebhafte Gebärden, Quint. 2, 12, 9 H. – **2** übtr.: **a** das **Ausstoßen von Worten,** die **Rederei,** Cod. Iust. 2, 20, 9. – **b** das prahlerische **Anpreisen, Lobpreisen,** das **Prahlen** mit etw., virtutis, Curt.: cultus, Tac.: eruditionis, Quint. – eloquentia forensis iactationem habuit in populo, Cic. – **II** passiv u. medial = das **Hin- und Hergeworfenwerden,** das **Sich-Hin-und-Herwerfen, 1** eig.: **a** im Allg.: das **heftige Schwanken,** maritima, Liv.: fluctuum marini aestus, Donat.: navis, Cic. u. Liv. fr.: Plur., intempestivi iactationum (Schwanken der Schiffe) cursus, Fulg. – **b** das Sich-Hin- u. Herwerfen, der **unstete Aufenthalt,** Sen. ep. 2, 1. – **2** übtr.: **a** die **Aufregung,** animi, Dict. 3, 3:

Plur., iactationes animorum, Cic. Tusc. 5, 15. – **b** die **schwankende Haltung,** der **Wankelmut,** animi, Liv. 24, 6, 9. – **c** der gezollte **Beifall,** popularis, Cic.: iactationem habere in populo, Cic.: vox ad iactationem composita, auf den B. der Menge berechnet, Flor.: homines, cum rem destruere non possunt iactationem eius (den ihr gezollten Beifall, das ihr gespendete Lob) incessunt, Plin. ep. – **d** die **Prahlerei, Ruhmredigkeit,** alcis, Cic.: verborum, Großsprechereien, Cic.: ventosa iact., Fulg.: dicendi vitiosa iact., verkehrte Prunkrednerei, Quint.: iact. eloquentiae (über B.), Quint.

iactātor, ōris, *m.* (iacto), der **Prahler** mit etwas, rerum a se gestarum, Quint. 11, 1, 17: civilitatis, Suet.: proprii honoris, Claud. – m. *Infin.*, ille sub hiberno somnos educere caelo iactator, Sil. 11, 404.

iactātus, ūs, *m.* (iacto), das **Hin- u. Herwerfen, Schwingen, Schütteln, Rütteln,** maris, Plin. 14, 118: iactatu pelagi, Lucan. 8, 761: – absol., quid est homo? quodlibet quassum vas et quolibet fragile iactatu, Sen. ad Marc. 11, 3: argentum vivum ceteras eius (auri) sordes exspuens crebro iactatu fictilibus in vasis, Plin. 33, 99: Plur., quarum (pennarum) iactatibus, Ov. met. 6, 703: fit pugna acerrimā iactatuum crebritate, Itin. Alex. 24 (60).

iactitābundus, a, um (iactito), **prahlerisch,** Sidon. epist. 3, 13, 11.

iactitātio, ōnis, *f.* (iactito), die **marktschreierische Anpreisung,** Ambros. de Helia 8.

iactitātor, ōris, *m.* (iactito), der **Sich-viel-Wisser** auf etw., **Prahler** mit etw., Alcim. Avit. epist. 4. p. 31, 16 *Peiper*.

iactito, āvī, āre (*Intens.* v. iacto), **I** öffentlich **vortragen,** ridicula intexta versibus, Liv. 7, 2, 11. – **II sich** auf etw. **viel wissen,** come officium iactitans, Phaedr. 2, 5 (6), 16 *ed. Eyssenh.* nach Rigaltius' Konjektur (die Hdschrn. iactans officium come; Orelli u. Dreßler iactans officio comam; L. Müller u. Havet iactans officium, comes): m. folg. *Acc.* u. *Infin.*, aliquem exstitisse, qui se Ioannem esse iactitaverit, sich für I. ausgegeben habe, Sulp. Sev. vit. Mart. 24, 3.

iacto, āvī, ātum, āre (*Intens.* v. iacio), (wiederholt od. mit Hast) **werfen, I** übh. **werfen, A** eig.: **1** im Allg.: ludicre saxa, Enn.: fulmina, Ov.: faces, Ov.: incendia dextrā, Ov.: alqm de muro, Enn.: de muro vestem argentumque, Caes.: e muris semetipsos cum coniugibus ac liberis in praeceps, Curt.: in consulis domum quadrantes, Liv.: ardentes faces in vicinorum tecta, Cic.: brachium in latus, Quint.: lumina in alcis vultum, Ov.: flammas ad culmina, Verg.: ignem od. ardentes taedas ad fastigia, Verg.: ossa post tergum, Ov.: effetos cinerem immundum per agros, Verg. – **2** insbes.: **a** als *t. t.* der Würfelspieler, einen Würfel **werfen,** talos, Aug. bei Suet. Aug. 71, 2: numeros eburnos, Ov. art. am. 2, 203: u. prägn., einen Wurf **werfen,** basilicum, Plaut. Curc. 359: absol., tu male iactato, tu male iacta dato, Ov. art. am. 2, 204. – **b auswerfen,** rete, Cels. dig. 19, 1. 12. – **c abwerfen, wegwerfen,** merces, Plaut.: arma multa passim, Liv.: iugum, Iuven.: pecunias suas, ohne Grund abzahlen, Ulp. dig. – **d hin-, ausstreuen, verbreiten,** semen, säen, Varro r. r.: odorem late, Verg.: undique florem, Ov.: suam propriam de corpore lucem, Lucr. – **e zuwerfen,** basia, Phaedr. 5, 7, 28: m. *Dat.* (wem?), devexae redae basia, Iuven. 4, 117. – **f** als Futter **hinwerfen, vorwerfen,** candidum panem (dem Hund), Petron. 64, 8: u. so frusta, Phaedr. 3, 7, 22: intestina canibus nostris, Apul. met. 7, 22. – **B** übtr., mündlich **hinwerfen, ausstoßen, schleudern, fallen lassen, sich verlauten lassen, vorbringen,** minas, Cic.: suum terrorem falso, drohen mit usw., Cic.: versus, Liv.: preces, Ov.: multa digna et vera verba in alqm, Augustin.: probra od. querimonias in alqm, Liv.: iocosa dicta in adversarios, Liv. – m. folg. *Acc.* u. *Infin.*, qui se legitimum debitoris heredem esse iactat, sich ausgibt für usw., Scaevol. dig. 2, 15, 3. § 2. – **II** prägn., **hin und her werfen, -bewegen, schütteln, schwingen, A** eig.: **1** im Allg. oculos, Lucr.: cerviculam, Cic.: brachium, Caes.: brachia, colla, Ov.: togas, Ov.: cornua, Catull. caestus, Ov.: bidentes, den Karst öfters schwingen (= eifrig mit dem K. arbeiten), Verg.: saxa saxis (gegen Steine) et habentem semina flammae materiem, herumschleudern, Ov.: i. se, sich (vor Schmerz) hin u. her w., Cic.: iactatur aër motu, Lucr.: iactata flamine navis, Ov.: iactari fluctibus in Ionio (mari), umhergetrieben werden, Ov.: u. so et terris iactatus et alto, Verg.: iactabimur unā, Ov.: iactari tempestate, Cic.: iactari cum variis casibus, tum saevitiā maris, Vell.: iactari aestu febrique, sich vor Fieberglut hin u. her w., Cic.: iactatus crinis per auram, Ov.: iactatae pennae, Ov.: iactata per orbem fax, Ov. – **2** insbes., **Gebärden machend hin u. her bewegen,** brachia in numerum, Lucr.: manus, v. Tänzer, Prop. u. Ov., v. Redner, Quint.: refl., se, v. Redner, Cic. – **B** übtr.: **1** im Allg.: **hin u. her treiben,** curas pectore, Verg. – medial, iactabatur nummus, der Geldkurs schwankte, Cic. – refl., opiniones se iactantes, sich durchkreuzende, Cic. – v. Pers., refl. iactare se od. Passiv iactari, z. B. se in causis centumviralibus, sich breitmachen, Cic.: se in re publica non valde, sich für den St. nicht sonderlich rühren, Cic.: se tribuniciis actionibus, sich mit tribunizischen Gesetzesvorschlägen befassen, Liv.: forensi labore iactari, sich auf dem Forum herumschlagen, Cic. – inter spem metumque iactari, immerfort zwischen F. u. H. schweben, Tac. u. Amm. – iactari multos per labores, durch vielerlei Bedrängnis hindurchgehen, Verg.: iactari per varia bella, in versch. Kr. herumgeworfen werden, Iustin.: u. so iactari variis casibus, Vell. u. Quint. – **2** insbes.: **a plagen, beunruhigen,** iactari morbis, Lucr.: morbo iactatur eodem, Hor.: iactatur domi suae, Cic.: iactari animo atque in dies magis magisque aestuare desiderio, Dict. 3, 3. – **b** etwas **wiederholt zur Sprache bringen, -berühren, -erwähnen, hin und her besprechen,** rem in contione, Cic., in senatu, Liv.: rem sermonibus, Liv.: alqm beatum, laut preisen als einen Gl., Hor.: fabula iactaris in urbe, bist das Stadtgespräch, Ov. – *impers.*, iactatum est in contionibus nequiquam de etc., Liv. – **c mit** etwas **um sich werfen, sich brüsten, prahlen, sich rühmen, sich vermessen, sich viel wissen, sich auf** etwas **viel zugute tun,** etw. **zur Schau tragen,** genus et nomen, Hor.: gratiam urbanam, Caes.: verbis gloriam, Phaedr.: carmina Nymphis (Dat.), gegen die N. prahlen mit usw., Ov.: u. so habuisti quod (womit) tyranno iactares, Sen. contr. 9, 4 (27), 6. – m. folg. *Acc.* u. *Infin.*, z. B. Romam vos expugnaturos, si quis duceret, fortes linguā iactabatis, Liv. 23, 45, 9: quo te iactas, Alcmenā nate, creatum, Ov. met. 9, 23: nobilem apud Chaeronaeam victoriam sui operis fuisse iactavit, Curt. 8, 1 (3), 23: immodice iactans suum militem in obsequio duravisse, Tac. ann. 4, 18: im Passiv m. *Nom.* u. *Infin.*, quae Hadrianus ipse composuisse iactatur, Spart. Hadr. 14, 7. – m. folg. *quod* u. Konj., iactavit quod non laqueo strangulata neque in Gemonias proiecta foret, Tac. ann. 6, 25. – **d** refl. iactare se, **α sich rühmen, prahlen, großtun, sich breit machen,** quam se iactare solebat, Cic.: tribuniciis se actionibus, Liv.: hoc se, Varro fr.: se in bonis Roscii, Cic.: in eo se in contione, Cic.: se alci, gegen jmd. prahlen, renommieren, Liv. 35, 49, 3. Ov. her. 12, 175: se de Calidio, Cic.: se de genere, Hieron.: se de Cleopatrarum Ptolemaeorumque gente, sich der Abstammung von der K. u. den P. rühmen, Treb. Poll.: m. *Genet.*, se iustitiae, Hieron. epist. 23, 34. – m. dopp. *Acc.*, se iactare formosum, Phaedr. 3, 8, 6. – im Gerund., non iactandi mei causā, nicht um zu renommieren, Ps. Quint. decl. 268. – **β** v. Benehmen, refl. se iactare u. medial iactari, sich so u. so **gebaren, betragen,** se magnificentissime in illo loco, Cic.: se in insperatis ac repentinis pecuniis sumptuosius insolentiusque, Cic.: v. einem Redner, non ita se iactare potuit, Cic. – medial, exsultare in somno immoderateque iactari, Cic. – ► Parag. Infin. Pass. iactarier, Lucr. 6, 556.

iactūra, ae, *f.* (iacio), **I** das **Überbordwerfen,** in mari iacturam facere, Sachen über Bord werfen, Cic. de off. 3, 89: gubernator, ubi naufragium timet, iacturā, quidquid servari potest, redimit, Curt. 5, 9 (26), 3. – meton., iacturae summa, der durch das Überbordwerfen erzeugte Verlust, ICt. – **II** übtr.: **A** die **Aufopferung** von etwas, die **Einbuße,** der **Verlust,** das **Opfer** von usw. (vgl. Plin. ep. 1, 12. § 1 *iacturam* gravissimam feci, si *iactura* dicenda est tanti viri *amissio*), rei familiaris, Cic.: operum tanto labore factorum, Liv.: iuris, causae, Cic.: alcis rei iacturam facere, Cic., od. accipere, Liv., od. pati, Col., erleiden: iacturas rei familiaris facere, Cic.: iactura facta in animula, Sulp. in Cic. ep.: iacturam criminum facere, sie übergehen, Cic.:

iacturam capitis amissi (des verlorenen Kapitals) restituere, Liv.: maior Romanis quam pro numero iactura (Verlust in der Schlacht) fuit, Liv. – **B** meton., bes. im Plur., die **Aufopferung** = der mit Opfern verbundene **Aufwand,** die **Opfer, Geldopfer (Geschenke), Kosten,** Cic. u. a.; vgl. Held Caes. b. G. 6, 12, 1. Arntzen Plin. pan. 12, 2. p. 65.

iactūrārius, iī, *m.* = qui frequenter patitur iacturam, Gloss. IV, 28, 25 u. ö. Vgl. *Loewe* Gloss. Nom. p. 166.

iactus, ūs, *m.* (iacio), das **Werfen, I** im Allg.: das **Werfen, Schleudern,** der **Wurf,** fulminum iactus (Sing.), Tac.: fulminum iactus (Plur.), Cic.: telorum i., Val. Max.: iactus (Plur.) sagittarum, Abschießen, Solin.: ad teli iactum pervenire, auf Schussweite, Curt.: intra teli iactum, innerhalb der Schussweite, Verg.; Ggstz. extra teli iactum, Curt.: extra omnem teli iactum, Sen.: iactu se dedit aequor in altum, schwang sich hinab usw., Verg.: übtr.: fortuitus iactus vocis, die zufällig ausgestoßene Äußerung, Val. Max. 1, 5, 9. – **II** insbes.: **1** als *t. t.* des Würfelspiels, das **Werfen,** der **Wurf,** u. meton., der **Wurf** = die geworfenen Zahlen, talorum iactus (Sing. u. Plur.), Prop. 3, 10, 27. Ov. art. am. 3, 353: tesserarum prosper iactus, Liv. 4, 17, 3: extremus ac novissimus iactus, Tac. Germ. 24: quasi quom ludas tesseris, si illud quod maxume opus est iactu non cadit, Ter. adelph. 740: ob iactum (Venerium) cantharo mulsum date, Plaut. asin. 906. – **2** das Auswerfen des Netzes; dah. meton. der **Wurf, Zug, Fang** = alle auf einmal gefangenen Fische, retis, ICt., u. absol., Val. Max. 4, 1. ext. 7. – **3** das Wegwerfen; dah. meton., das Weggeworfene, der **Wegwurf,** inter purgamenta et iactus cenantium, Sen. contr. 9, 2 (25), 4. – **4** das **Überbordwerfen, a** eig.: mercium, ICt.: iactu decīdere (sich abfinden) cum ventis, Iuven.: iactum mercium facere, über Bord werfen, ICt. – **b** meton., das **über Bord Geworfene,** iactum ex nave factum ferre, ICt. – **5** das **Aufwerfen,** aggeris, Vulg. Ezech. 17, 17.

iaculābilis, e (iaculor), **zum Werfen geeignet, schleuderbar, Wurf-,** telum, Ov. met. 7, 680: pondus, Stat. Theb. 6, 658: m. *Dat.,* telum nulli deo iac., das kein G. schleudern kann, Claud. in Eutr. 2, 167.

iaculāmentum, ī, *n.* (iaculor), das **Wurfgeschoss,** Non. 556, 24.

iaculātio, ōnis, *f.* (iaculor), das **Werfen, Schleudern,** absol., fulminatio est iaculatio cum ictu, Sen.: iac. equestris, Plin. u. Firm.: iac. voluntaria (*sc.* spinarum), Solin. – m. *Genet.,* iac. fulgoris, Apul.: iaculationes saxorum, Apul.: m. *in* u. Akk., testarum in mare iaculationes, Min. Fel. 3, 5. – übtr., haec velut iac. dictorum, Quint. 6, 3, 43.

iaculātor, ōris, *m.* (iaculor), der **Schleuderer, Abwerfer, I** im Allg.: evulsis truncis Enceladus iaculator audax, Hor. carm. 3, 4, 55: iac. fulminis, v. Jupiter, Stat. Theb. 12, 562. Arnob. 4, 22. – **II** insbes.: **A** der **Fischer** mit dem Wurfnetz (rete iaculum), Plaut. fr. bei Isid. orig. 19, 5, 2. – **B** als milit. *t. t.,* der **Wurfschütze,** i. Lycotas, Ov.: i. Maurus, Liv.: iaculatores Numidae, Liv.: missis a Boccho iaculatoribus ad conficiendos leones, Sen.: equo iaculator Hibero, CIL 2, 2660.

iaculātōrius, a, um (iaculor), **zum Werfen** od. **Schießen dienlich,** campus, Ulp. dig. 9, 2, 9 *extr.:* übtr., iac. preces, Augustin. epist. 120 (?).

iaculātrīx, trīcis, *f.* (Femin. zu iaculator), die Schleuderin des Jagdgeschosses, die **Schützin** (v. der Diana), Ov. met. 5, 375; fast. 2, 155 u. epist. 19, 229.

iaculātus, ūs, *m.* (iaculor), das **Werfen, Schleudern,** Tert. de spect. 18 (Plur.).

iaculo, s. iaculor ►.

iaculor, ātus sum, ārī (iaculum), **I** *intr.* **den Wurfspieß schleudern, 1** eig.: totum diem i., Cic.: magnam laudem consequi equitando, iaculando, Cic.: iaculantium ictus deerraturos negant, Plin. – **2** übtr., mit Worten **losziehen,** probris procacibus in alqm, Liv. 42, 54, 1: sententiis obliquis in uxorem, Quint. 9, 2, 73. – **II** *tr.:* **A werfen, schleudern, 1** eig.: ignes, Verg.: gravem medios silicem in hostes, Ov.: urceolum fictilem in caput alcis, Petron.: fulmina, Plin. u. Apul.: lucem, umbram, Plin.: duros imbres, v. Jupiter, Colum. poët.: pura (palea) eo veniet, quo ventilator eam iaculabitur, Colum. – *refl.,* i. se, **sich stürzen,** se in confertissima hostium tela, Flor. 1, 14, 3: se in profunda praecipitem, Solin. 7, 17: se praecipiti iaculatus pondere, Lucan. 2, 155. – **emporspringen, sich emporschwingen,** absol., v. einer Schlange, Plin. 8, 100: ex ea parte se iac. atque emicare, v. Flammen, Apul. de mund. 3: avium more se in altum (v. Seiltänzer), Claud. Mall. Theod. cons. 319. – **sich fortbewegen,** in eas partes sese, Plin. 2, 92. – **2** übtr.: verbum, Lucr. 4, 1129 (1137): sententias vibrantes digitis, Quint. 11, 3, 120: dicta in calvos stigmososque, Petron. 109, 8: convicia in alqm, Augustin. de civ. dei 2, 5. – **B** nach etwas **werfen, schießen, 1** eig.: cervos, Hor.: arces sacras, Donnerkeile schwingen auf usw. (v. Jupiter), Hor.: pedes elephantorum, Plin.: aëra misso vacuum disco, Ov. – **2** übtr., etwas **zu erjagen suchen,** nach etwas **jagen** = nach etwas streben, ringen, multa, Hor. carm. 2, 16, 17. – ► Parag. Infin. iacularier, Arnob. 6, 16. – Aktive Nbf. iaculat, CIL 8, 2581: iaculabat, Ven. Fort. vit. S. Martin. 2, 139: iaculasse, Isid. orig. 18, 7, 8: iaculatur passiv, Isid. orig. 18, 7, 9: iaculari passiv, Apul. de mund. 16: iaculātus, a, um, passiv, Lucan. 3, 568. Tert. de spect. 30. Arnob. 5, 10. Augustin. de civ. dei 2, 5. Ven. Fort. vita S. Mart. 3, 285.

iaculum, ī, *n.,* s. iaculus.

iaculus, a, um (iacio), was geworfen wird, **Wurf-, I** *adi.:* rete iac., das Wurfnetz, Plaut. truc. 35 u. asin. 100. – **II** *subst.:* **A** iaculus, ī, *m.,* ἀκοντίας, eine schnell zufahrende Schlangenart, die **Schießschlange,** Plin. 8, 85. Lucan. 9, 720 u. 823. Ven. Fort. carm. 8, 6, 195. – **B** iaculum, ī, *n.,* **1** das **Geworfene,** der **Wurf,** illud iaculum (geworfene Steinchen), Min. Fel. 3, 6: missilium caelestium iacula, Apul. de mund. 3: iacula floris serti et soluti, Apul. met. 10, 32. – **2** insbes., **a** das **Wurfnetz,** Ov. art. am. 1, 763. Auson. epist. 4, 56. p. 161, 6 Schenkl: u. vom Wurfnetz des gladiator retiarius, Isid. orig. 18, 54. – **b** der **Wurfspieß,** hic iaculo bonus, Verg.: bina iacula gestare, Suet.: iaculum emittere, Quint.: fervefacta iacula in casas iacĕre, Caes.: exercitum Caesaris iaculis configere, Auct. b. Afr.: eos iaculis convulnerare, Auct. b. Afr.: iaculis celeriter consumptis ad gladios certationem revocarunt, Sisenn. fr.

Iāder, *n. indecl.* (Ἰάδερα), Stadt in Illyrien, j. *Zara Vecchia* mit Ruinen, Mela 2, 3, 13 (2. § 57). Plin. 3, 140 u. 141 152. Lucan. 4, 405. Itin. Anton. 272, 1 u. 496, 7. CIL 6, 221. – Dav. **Iādertīnī,** ōrum, *m.,* die Einw. von Jader, die **Jadertiner,** Auct. b. Alex. 42, 3.

iāiūno, s. iēiūno ►.

iāiūnus, a, um, s. iēiūnus.

Iālysos, ī, *f.* (Ἰήλυσος), Stadt auf der Insel Rhodus, noch j. *Jaliso,* Mela 2, 7, 4 (2. § 101). Plin. 5, 132. – Dav. **Iālysius,** a, um, **jalysisch,** poet. = rhodisch, Telchines, Ov. met. 7, 365.

Iālysus, ī, *m.* (Ἰάλυσος), Heros eponymos der Stadt Jalysos auf Rhodus, Cic. de nat. deor. 3, 54: seine von Protogenes gefertigte Statue war im Altertum berühmt, Plin. 35, 102. Cic. or. 5; Verr. 4, 135. Gell. 15, 31, 3.

iam, *Adv.* (zum Pronom.-Stamm *i- von is), **jetzt, bereits, schon, I** temporell, zur Bezeichnung der Zeit eines Besprochenen als bloßen Zeitmomentes: **A** im Gegensatz zu der fernern Vergangenheit und Zukunft = **im Augenblick,** d. i. **a** in der unmittelbaren Gegenwart = **jetzt eben, soeben, gerade,** D. faciam. P. At iam hoc, jetzt, auf der Stelle, Ter.: reddere qui voces iam scit puer, der eben zu sprechen weiß, Hor.: non quia iam sint, sed quia saepe sint, Cic.: plenum vino, non plenum vini iam dicitur, Quint. – iam iamque, jeden Augenblick, alsbald, Cic. u. a. (s. Kraner Caes. b. c. 1, 14, 1. Meißner Cic. Tusc. 1, 14): iam nunc, eben jetzt, iam tum, eben damals, Cic.: iam dudum, alsbald, sofort, Verg., Ov. u. a.: cum iam, als eben (gerade), Cic.: iam ... cum, eben (gerade), als usw., Cic. u. a. (s. Fritzsche Hor. sat. 1, 5, 20): iam ut, eben als, sobald als, Plaut. u. Ter. – **b** in der eben vergangenen Zeit = **soeben, eben erst,** illa his, quae iam posui, consequentia, Cic. – **c** in der nächst zukünftigen Zeit = **augenblicklich, alsbald, sofort, sogleich, gleich,** iam redeo, Plaut.: omitte, iam adero, Ter.: iam dabitur, Ter.: iam opus est (ich brauche es gleich). *G.* iam feres (du sollst es gleich haben), Plaut.: viginti iam usust filio argenti minis: face id ut paratum iam sit, Plaut.: quam haec pulchra sint, ipse iam dicet, Cic. – iamiam, im Augenblick, Plaut. u. a.: iamiamque, in diesem od. im nächsten Augenblick, Cic. u. a.: iam tum, gleich damals, Cic. – dah. **α** zur Vergegenwärtigung des Zeitpunktes einer Handlung, die man als nächstens eintretend ankündigt = **sogleich, bald,** iam te premet nox, Hor.: iam subrepet iners aetas, Tibull.: iam scies, Petron. – **β** in Befehlen und Aufmunterungen = **gleich, jetzt, nun,** quid miserum, Aenea, laceras? Iam parce sepulto, Verg.: sed iam age, carpe viam, Verg. – **γ** in ungeduldigen Fragen = **gleich,** iamne imus? Plaut.: quid iam? was nur gleich? oft b. Plaut.

B zur Andeutung, dass die Tätigkeit aus der Vergangenheit od. Zukunft in die Gegenwart hinüberreicht: **a** aus der Vergangenheit = **schon, nachgerade, bereits, bisher,** satis diu iam hoc saxum volvo, Ter.: Nestor tertiam iam aetatem hominum vivebat, Cic.: septingentos iam annos amplius unis moribus vivunt, Cic. – u. so iam diu, iam dudum, iam pridem, schon längst, Cic. u. a. – **b** aus der Zukunft = **nun, von nun an, nunmehr, nun schon,** nulla mihi res posthac potest iam intervenire tanta, Ter.: iam ex sermone hoc gubernabunt doctius porro rem, Plaut.: at non sunt iam immortali ulla pericula, Lucr.: iam concedo, non esse miseros, qui mortui sunt, Cic. – surgere iam (nun, nunmehr) tempus, Catull.: iam tempus agi res, Verg. – So mit Negationen: non iam od. iam non = **nun nicht mehr,** Cic., oder = **noch nicht,** Cic.: iam nemo, niemand mehr, Cic.

C zur Andeutung, dass die Sache unerwartet frühzeitig sich zeigt od. unerwartet lange her ist od. längst erwartet u. verspätet erscheint: **a** unerwartet frühzeitig = **schon,** iamne abis? du gehst schon (so frühzeitig)? Plaut.: iam advesperascit, Ter.: iam scio, quid vis dicere, Ter.: omnes iam istius generis legationes erant constitutae, Cic.: labores aut *iam* exhaustos aut *mox* exhauriendos, Liv. – u. so non iam = nicht schon, Nep. – **b** unerwartet lange her = **schon, bereits,** iam plus anno scio, Plaut.: iam biennium est, cum mecum rem coepit, Plaut. – **c** längst erwartet und verspätet = **erst, endlich, nun,** iam sero diei, erst spät am Tage, Tac.: ohe, iam (nun, endlich) desine deos, uxor, gratulando obtundere, Ter.: putamus enim utile esse, te aliquando iam rem transigere, Cic.: iam tandem ades ilico, Plaut. – ► Oft mit anderen Zeitbestimmungen verb.: iam nunc, iam tum, iam ante, Cic.: iam olim, Ter. u. Verg. – iam a prima adulescentia, Cic.: iam inde ab adulescentia, Ter.: iam ab illo tempore, cum etc., Cic. – iam aliquando (s. vorher), Cic.: iam tandem (s. vorher), Plaut.

II in anderen Verhältnissen: **A** zur Andeutung, dass unter gewissen Umständen etwas ungehindert, sogleich, bestimmt eintrete = **dann bestimmt (gewiss), so bestimmt (gewiss),** accede ad ignem hunc, iam calesces plus satis, Ter.: da mihi hoc, iam tibi maximam partem defensionis praecideris, Cic. – dah. **a** oft im Nachsatz der Zeit-, Kausal- u. Bedingungssätze, um den Nachsatz bestimmt als Folge des Hauptsatzes anzukündigen = **dann bestimmt (gewiss), so bestimmt (gewiss),** ut semel inclinavit pugna, iam intolerabilis Romana vis erat, Liv.: id tu iam intelleges, cum in Galliam veneris, Cic.: si iubeat eo dirigi, iam in portu fore classem, Liv. – u. **b** zum Anknüpfen und Anreihen dessen, was sich als Folge unmittelbar an das Vorhergehende und Vorhergenannte anschließt = **nun, so nun,** quae cum ita sint, iam praedico, eum etc., Liv.: idem et perornatus et brevis. Iam in altercando invenit parem neminem, Cic. – u. so iam porro, iam denique, Cic.: et iam, Cic.: iam primum, allererst nun, Liv. (s. Müller Liv. 1, 1, 1). – oft mit dem Nbbegr. der Steigerung = **vollends, sogar,** iam illa, quae naturā, non litteris assecuti sunt, neque cum Graecia neque ulla cum gente sunt conferenda, Cic.: so bes. iam vero, Cic.: et iam = »und sogar«, Cic.

B bei Übergängen zu etwas Neuem und bei Aufzählungen = **ferner, übrigens, außerdem,** iam si obsignatas non feret etc., Plaut.: testudines autem etc. … Iam gallinae avesque reliquae etc., Cic.: oculi … et aures …: itemque nares …: iam gustatus …: tactus autem, Cic. – dah. iam … iam = **bald … bald,** Plaut., Hor., Vell. u. a.: u. iam … iam … iam, Vell. u. Flor.: iam … iamque, Auct. eleg. ad Messal. 45: iamque … iam, Verg.: iamque … iamque, Verg.

C determinativ, um Begriffe entweder auf sich zu beschränken = **eben, gerade,** od. zu steigern = **gar, wirklich, vollends, a** bei *Pronom.:* iam hoc quoque iniquissime comparatum est, Cic.: iam illud non sunt admonendi, Cic. – **b** bei *Adii.:* non scire quidem barbarum iam videtur, Cic. – bes. beim *Compar.* = **noch,** quid est, quod iam amplius exspectes? Cic.: hic iam plura non dicam, Cic. – **c** bei *Numeral.* = **gerade,** sunt duo menses iam, Cic. – **d** m. Partikeln: non iam, eben nicht, Cic.: ut iam = dass gerade, oder = wenn schon, wenn auch wirklich, od. = wie auch, Cic.: si iam, wenn gerade, wenn nun, Cic.: nunc iam = jetzt gerade, u. = schon jetzt, Cic.: tum iam, damals gerade, Cic.: iam ut m. Konj., gesetzt, dass nun wirklich od. gar (v. einem äußersten Fall), Caes. b. G. 3, 9, 6. Liv. 34, 32, 13. Sen. contr. 1, 2, 7.

iambelegus, a, um (ἰαμβέλεγος), **aus einem Jambus und einem Elegus bestehend,** metrum, Serv. de cent. metr. 9, 17. p. 466, 14 K. Plot. art. gr. 3, 11, 2. p. 543, 20 K.

iambēus, a, um (ἰαμβεῖος), **jambisch,** trimetri, Hor. de art. poët. 253.

iambicus, a, um (ἰαμβικός), **jambisch,** pes, versus, Diom.: hexameter, dessen sechster Fuß ein Jambus ist, Diom.: numerus, Mart. Cap. – subst., iambicus, ī, *m.*, ein **Jambendichter** = Satiriker, Apul. apol. 10.

iambōdēs, is (ἰαμβώδης), **jambenartig,** pes, Diom. 482, 3.

iambographus, ī, *m.* (ἰαμβογράφος), ein **Jambenschreiber, Jambendichter,** Mar. Victorin. (VI) 81, 35 K.

iambus, ī, *m.* (ἴαμβος), **I** ein **jambisches Versglied** , Hor. de art. poët. 251. – **II** meton., ein **jambischer Vers,** ein **jambisches Gedicht,** Cic. u. a.: iamborum scriptor (= ἰαμβογράφος), Quint. u. Vopisc. – ► griech. Akk. iambon, Stat. silv. 2, 2, 115. Ter. Maur. 2568.

iamdūdum, s. iam *no.* I, A u. B.

iamiam, s. iam *no.* I, A.

Iāna, ae, *f.*, vulgär = Diana, in zweifacher Weise gedeutet, **I** als **Mondgöttin,** Varro r. r. 1, 37, 3; vgl. Nigid. bei Macr. sat. 1, 9. § 8. – **II** als weibliche Parallele zu Janus, Tert. ad nat. 2, 15.

Iānālis, e, s. Iānus.

iāneus = ianitor, Paul. ex Fest. 103, 10 (u. danach Zander Carm. Sal. I, 20). – Nbf. iānius, Prob. de nom. (IV) 214, 31.

Iāniculum, ī, *n.* (v. Ianus, s. Solin. 2, 5), der »Janushügel«, ein Höhenzug auf dem rechten Tiberufer, wo in früheren Zeiten der Sage nach eine von Janus erbaute Burg (arx) gestanden haben soll, Liv. 1, 33, 6. Ov. fast. 1, 246. – Dass. **Iāniculāris mōns,** Serv. Verg. Aen. 6, 784.

Iānigena, ae, *c.* (Ianus u. gigno), **Kind des Janus,** Ov. met. 14, 381.

iānitor, ōris, *m.* (ianua), der **Pförtner, Türhüter, I** im Allg.: cellula ianitoris, Suet.: ianitor carceris, Cic.: ian. invisus, Hor.: domus haec angusta sapientis nullis asservatur ianitoribus, Sen. rhet.: domus regiae ianitores, Firm.: si ianitor semper in porta, Hieron.: ianitorem esse in caelo, Lact. – **II** insbes., **a** von Janus als Pförtner des Himmels, caelestis aulae, Ov. fast. 1, 139. – **b** vom Zerberus als Pförtner der Unterwelt, ian. immanis aulae, Hor.: ingens, Verg. u. Claud.: Stygius ian., turbidus Orci ian., Claud. – ► Archaist. Nom. **iānitos,** nach Varro LL. 7, 27.

iānitrīcēs = εἰνάτερες, die **Ehefrauen von Brüdern,** Modestin. dig. 38, 10, 4. § 6. Isid. orig. 9, 7, 17.

iānitrīx, trīcis, *f.* (Femin. zu ianitor), die **Türsteherin, Pförtnerin,** Plaut. Curc. 76: übtr., laurus ianitrix Caesarum, vor den Palästen der C. stehend, Plin. 15, 127.

Iānium, iī, *n.* = Dianium (s. Diāna), Oros. 5, 12, 6 *codd.*

iānius, s. iāneus.

iantāculum, s. ientāculum.

ianthinus, a, um (ἰάνθινος), **veilchenfarbig, violett,** color, Plin. 21, 45: vestis, Plin. 21, 27: vestimenta, Hieron. in Ezech. 16, 10: tunicae, Vopisc. Bonos. 15, 8: pelles, Vulg. exod. 25, 5 u. ö.: velamen, Vulg. num. 4, 25. – subst., **a** ianthinum, ī, *n.*, das **Violett,** Ulp. dig. 32, 70. § 13: calceavi te ianthino (mit violettem Schuhwerk), Vulg. Ezech. 16, 10. – **b** ianthina, ōrum, *n.*, **violette Kleider,** Mart. 2, 39, 1.

ianthis, thidis, *f.* (ἰανθίς), eine **veilchenblaue Blume,** Marc. Emp. 17.

ianto, s. iento.

iānua, ae, *f.* (zu altind. *yāti,* geht); vgl. Iānus, **I** die **Tür,** bes. die **Haustür,** claustra ianuae, Val. Max.: ianua carceris, Vell.: ianua patens (Ggstz. ianua clausa), Liv.: domus suae ianuam pulsare, Apul.: pandite atque aperite ianuam istam, Plaut.: ianuam aperire, eine T. öffnen, Ov.; u. eine Tür machen (nach der Gasse zu), Scaev. dig.: ianuam claudere, Cic., occludere (Ggstz. recludere), Plaut.: ianuam reserare, Ov.: cunctis ianua nostra patet, Tibull.: ianuā egredi, Val. Max.: quaerere alqm a ianua, an der Haustür nach jmd. fragen, Cic. – II übtr., die **Tür,** die **Pforte,** der **Eingang, Zugang,** Ditis, Verg.: sepulcri od. leti, Ov.: maris gemini, v. Bosporus, Ov.: eam urbem sibi Asiae ianuam fore, Cic.: bildl., ianuā ingredi in causam, Cic.: ianua animi frons est, Cic.: adeo illa actio mihi aures hominum, illa ianuam famae patefecit, Plin. ep.: claudenda est ianua belli, Sil.

Iānual, -ālis, s. Iānus a. E.

Iānuārius, s. Iānus a. E.

Iānus, ī, *m.,* I alter italischer Gott der Türen und Tore, von den Alten schon verschieden aufgefasst; sein Bild erscheint hauptsächlich auf Münzen als Doppelkopf (daher Ianus bifrons). Er soll die Burg Ianiculum erbaut haben, a Iano Ianiculum (conditum), Solin. 2, 5. Ihm war der Januar heilig, dah. Iani mensis, Monat Januar, Ov. fast. 2, 48. – Überhaupt waren ihm, wie der Anfang des Jahres und Tages, so auch alle Anfänge geweiht, penes Ianum sunt prima, penes Iovem summa, Varro b. Augustin. de civ. dei 7, 9: Ianus pater, Verg. Aen. 8, 357. Hor. ep. 1, 16, 59. Iuven. 6, 394. – ► Nbf. Diānus, Iovi Diano, CIL 5, 783. – arch. Genet. Ianus, Porphyr. Hor. ep. 1, 20, 1: Dat. Ianui, Lib. pontif. bei Fest. 189 (a), 17: Abl. Ianu, CIL 10, 4660. – arch. Ianes, Carm. Sal. I, 2 *Zander:* Abl. Iane, Carm. Sal. fr. nach Tert. apol. 10 u. ad nat. 2, 12. – II appellat.: 1 ein verdeckter **Durchgangsbogen** (s. Cic. de nat. deor. 2, 67), und zwar: a ein von Numa angelegter verdeckter **Durchgangsbogen** am Fuße des Argiletum, dessen beide Öffnungen nach Osten und Westen gerichtet waren, geschmückt mit der Bildsäule des Janus, weshalb dieser Doppelbogen als Tempel galt, Liv. 1, 19, 2. Vell. 2, 38, 3. – b ein **Nebendurchgang** der *porta Carmentalis,* dextro Iano portae, Liv. 2, 49, 8. – c ein verdeckter **Durchgang** aus einer Straße in die andere, Suet. Dom. 13, 2: bes. aber die Durchgänge, die durch die das Forum rings umgebenden Säulengänge u. Tabernen führten; bekannt sind besonders drei, Ianus summus u. imus (Hor. ep. 1, 1, 54) u. Ianus medius, unter dem od. in dessen Nähe die Kaufleute, Wechsler und Buchhändler saßen, s. Cic. de off. 2, 87; Cic. Phil. 6, 15. Ov. rem. 561. – 2 poet.: a = der Monat **Januar,** Ov. fast. 2, 1. – b = das **Jahr,** venturi Iani, Auson. epist. 20, 13. Anthol. Lat. 910, 78 R. – Dav. abgel.: A **Iānālis,** e, von Janus erhalten, **janisch,** virga, Ov. fast. 6, 165. – B **Iānuālis,** e, **zu Janus gehörig, janisch,** a *adi.:* porta, Varro LL. 5, 165. – b *subst.:* Iānual, ālis, *n.* (*sc.* libum), ein Kuchen, der dem Janus dargebracht wurde, Paul. ex Fest. 104, 18 (vgl. Ov. fast. 1, 127). – C **Iānuārius,** a, um, **zu Janus gehörig, januarisch,** Ianuarius mensis, Cic., u. bl. Ianuarius, Caes., der Monat **Januar, Jänner.** – dah. wieder Iānuārius, a, um, **zum Januar gehörig, des Januar,** Kalendae Ianuariae, Cic.: Nonae Ianuariae, Colum.: Idus Ianuariae, Caes. – ► Abl. Plur. Ianuaris, CIL 1, 199, 35.

Iānuspater = Ianus pater, Gell. 5, 12, 5.

Īapetus, ī, *m.* (Ἰάπετος), ein Gigant, Gatte der Klymene, Vater des Atlas, des Epimetheus u. Prometheus, Verg. georg. 1, 279. Lact. 2, 10, 7 *sq.:* genus Iapeti, Prometheus, Hor. carm. 1, 3, 27; u. ders. satus Iapeto, Ov. met. 1, 82. – Dav. **Īapetīonidēs,** ae, *m.* (Ἰαπετιονίδης), der **Japetionide** (Sohn des Japetus), d. i. Atlas, Ov.: im Plur. = Prometheus u. Epimetheus, Claud.

Iaphet, *m. indecl.,* Sohn Noahs, Vulg. genes. 1, 9, 18 *sqq.* Victor, genes., 3, 87.

Iāpydes (Iāpudes), um, Akk. as, *m.* (Ἰάπυδες) eine Völkerschaft im nordwestl. Illyrien, Liv. 43, 5, 3. Cic. Balb. 32: regio Iapydum, Plin. 3, 127: Form Iapudes, CIL 13, 8007 (wo Akk. Iapudas). Acta triumph. a. u. 625 im CIL 1^2. p. 48 (wo Abl. Iapudibus). – Dav.: A **Iāpys,** pydis, **japydisch,** Timavus, Verg. georg. 3, 475. – B **Iāpydia** (Iāpudia), ae, *f.,* das Gebiet der Japyder, **Japydien,** Tibull. 4. 1, 108. Plin. 3, 129 u. 140: Iapudia geschr., Sall. hist. fr. inc. 12 (fr. 2, 24). CIL 5, 3346 (wo Genet. Iapudiai).

Iāpygia u. **Iāpygius,** s. Iāpyx.

Iāpys, s. Iāpydes.

Iāpyx, pygis, Akk. pyga, *m.* (Ἰάπυξ), I Sohn des Dädalus, der sich in Italien niederließ und der Landschaft Japygia (s.u.) den Namen gab, Plin. 3, 102. – II der **Japygier,** A als Name eines apul. Flusses. Plin. 3, 102: Iapygis arva, Apulien, Ov. met. 15, 52. – B als Name eines Windes, der den Griechen aus Apulien kam, der Westnordwestwind, günstig denen, die von Brundisium aus nach Griechenland überfahren wollten, Hor. carm. 1, 3, 4. Verg. Aen. 8, 710. Gell. 2, 22, 21. Ampel. 5, 2: vollst. ventus Iapyx, Gell. 2, 22, 23: Iapyx ventus, Apul. de mund. 14 (Goldbacher Iapygeum [*sc.* ventum], Thomas bl. Iapyga): Iapyx sive favonius, Veget. mil. 4, 38. p. 155, 3 L. – C *adi.* = **japygisch,** Garganus, Verg. Aen. 11, 247: Daunus, Ov. met. 14, 510. – Dav. **Iāpygius,** a, um (ιαπύγιος), **japygisch** = **apulisch** od. **kalabrisch,** Apuliae promontorium, Ampel. 5, 2: Acra Iapygia, s. Acra. – subst., **Iāpygia,** ae, *f.* (Ἰαπυγία), eine Landschaft in Großgriechenland, ein Teil von Kalabrien, j. *Terra d'Otranto,* Plin. 3, 102. Ov. met. 15, 703. Apul. de mund. 14; vgl. Serv. Verg. georg. 3, 475 (wo Iapigia geschr. ist).

Iarba u. **Iarbās,** ae, *m.,* ein afrikanischer König, Nebenbuhler des Äneas, Form *-a,* Ov. fast. 3, 552: Form *-as,* Verg. Aen. 4, 36 u. 196. – Dav. **Iarbīta,** ae, *m.,* der **Jarbite** = Mauretanier, Hor. ep. 1, 19, 15.

Iārdanis, nidis, *f.,* die **Jardanide** (Tochter des Jardanus), d. i. Omphale, Ov. her. 9, 103.

Ias, adis, *f.* (Ἰάς), **ionisch,** Prisc. 2, 39.

Īasidēs, ae, *m.* (Ἰασίδης), der **Jaside** (Sohn od. Nachkomme des Jasius), Verg. Aen. 5, 843 (wo Vokat. Iaside): v. Adrastus b. Stat. Theb. 1, 541.

iāsinē, s. īasiōnē.

Īasiōn, ōnis, *m.,* s. 1. Īasius.

īasiōnē, ēs, *f.* (ἰασιώνη), eine Pflanze mit weißer Blüte, wahrsch. die **große Zaunwinde** (*Convolvulus sepium,* L.), Plin. 21, 105 u. 22, 82 *Ian* (Detl. iasine).

Īasis, idos, *f.,* die **Jaside** (Tochter des Jasius), d. i. Atalanta, Prop. 1, 1, 10.

1. Īasius u. **Iāsius,** a, um, s. 2. Īasius u. Iassus.

2. Īasius, iī, *m.* (Ἰάσιος), I ein argivischer König, Vater der Atalanta, Hyg. fab. 70 u. 99. – Dav. **Īasius,** a, um, **iasisch** = **argivisch,** virgo, d. i. Io, Val. Flacc. 4, 353. – II ein kretischer Landmann, Geliebter der Ceres (d. i. Freund des Feldbaues), Verg. Aen. 3, 168. Ov. am. 3, 10, 25. – ders. **Īasiōn,** ōnis, Akk. ōna, *m.* (Ἰασίων), Ov. met. 9, 423.

Īāsōn, onis, *m.* (Ἰάσων), I Sohn des Äson, des Königs in Thessalien, Anführer der Argonauten, die nach Kolchis segelten, um das goldene Vlies zu holen (vgl. Medea), Cic. Tusc. 4, 69. Ov. met. 7, 5. – mense quidem brumae cum iam mercator Iason clausus et armatis obstat casa candida nautis, während des Schneemonds selbst, wo Iason der Kaufmann Sperre leidet u. die weißen Buden vor den bewaffneten Schiffern (Argonauten) stehen (nach der schon alten Ansicht, dass Iason, ein schlauer Kaufmann, mit den Argonauten eigentl. auf eine Handelsspekulation ausgefahren sei, u. mit Anspielung auf die Tatsache, dass in Rom in der Säulenhalle des Agrippa die inneren Wände mit einem großen Gemälde verziert waren, welches Iason mit den Argonauten vorstellte, u. dass in diesen Säulenhallen die Kaufleute ihre mit Leinwand überzogenen Buden aufschlugen, also das Gemälde versperrten u. unsichtbar machten), Iuven. 6, 153 *sq.* – Nbf. Iāso, Ov. am. 2, 14, 33; 2, 18, 23. Tac. ann. 6, 34. CIL 1, 1389 u. 1390. – Dav.: A **Iāsonidēs,** ae, *m.* (Ἰασονίδης), der **Iasonide** (männliche Nachkomme des Iason), iuvenes, Thoas u. Eunus, Söhne des Iason, Stat. Theb. 6, 340. – B **Iāsonius,** a, um (Ἰασόνιος), **iasonisch,** carina, das Schiff Argo, Prop.: remex, die Argonauten, Ov. – II ein Tyrann in der alten Stadt Pherä, Zeitgenosse des Epaminondas, Cic. de off. 1, 108. Nep. Timoth. 4, 2. Val. Max. 9, 10. ext. 2.

iaspachātēs, ae, *m.* (ιασπαχάτης), eine Art Achat, der **Iaspachat,** Plin. 37, 139.

iaspideus, a, um (iaspis), **jaspisartig,** gemma, Plin. 37, 156 *Ian* (Detl. iaspidis).

iaspis, idis, *f.* (ἴασπις), der **Jaspis,** ein grüner Edelstein, Plin. 37, 115. 118. 119. Lucan. 10, 121. Stat. Theb. 7, 659. Claud. IV. cons. Hon. 591. Avien. orb. terr. 469 u. 1322. Prisc. perieg. 755 u. 1020. Mart. 5, 11, 1 (wo Akk. Plur. iaspidas). Tert. adv. Marc. 2, 10 (wo Akk. iaspin). Vulg. exod. 28, 18; Isai. 54, 12 (wo Akk. iaspidem). Mart. Cap. 1. § 75: gemma iaspis, CIL 2, 2060 *extr.*: fulva, wahrsch. unser Topas, Verg. Aen. 4, 261. – als Schmeichelwort, iaspi (Vok.) figulorum, Augustin. bei Macr. sat. 2, 4, 12. – Nbf. hiaspis, Iuven. 5, 42.

iaspius, a, um (iaspis), **aus Jaspis, Jaspis-,** lapilli, Maecen. carm. fr. 1, 5 (Isid. orig. 19, 32, 6).

iasponyx, ychis, *f.* (ἰασπόνυξ), der **Jasponyx,** eine Art Jaspis mit wolkigen u. schneeweißen Stellen, Plin. 37, 118.

Iassus (Iāsus), ī, *f.* (Ἴασσος, Ἴασος), eine feste u. reiche Stadt in Karien, mit einem Hafen, j. *Askem* od. (richtiger) *Asyn Kalessi,* Liv. 32, 33, 7. – Dav.: **A** **Iassius** (Iāsius), a, um (Ἰάσιος), **iassisch,** sinus, Meerbusen an der Westküste Kariens, jetzt **Meerbusen von Askem** oder **Asym Kalessi,** Plin. – subst., Iassiī, ōrum, *m.*, die Einw. von Jassus, die **Jassier,** Plin. – **B** **Iassēnsēs**, ium, *m.*, die Einw. von Jassus, die **Jassenser,** Liv.

Iastius, a, um (Ἰάστιος), **ionisch,** sonus, eine der fünf Grundtonarten in der griech. Musik, Mart. Cap. 9. § 935. Cassiod. de music. p. 557 (a) *ed. Garet.*

iātralīptēs, ae, *m.* (ἰατραλείπτης), der **Jatralipte,** urspr. ein Gehilfe des Arztes bei Einreibungen usw. (reunctor medici, Plin. 29, 4), dann auch der Arzt selbst, der durch äußere Mittel und Vorschreiben einer geregelten Lebensweise heilt, Plin. ep. 10, 5 (4), 1; 10, 6 (22), 1; 10, 10 (5), 1: in Bädern, Petron. 28, 3; vgl. aliptes. – Dav. **iātralīpticē**, ēs, *f.* (ἰατραλειπτική *sc.* τέχνη), die **Kunst des Jatralipten,** Plin. 29, 4.

iātrīa, ae, *f.* (ἰατρεία), das **Heilen,** die **Heilung,** Alcim. Avit. epist. 83 (74) mit *cod. S.*

iātromēa, ae, *f.* (ἰατρόμεια), die **Hebamme,** CIL 6, 9477 u. 9478.

iātronīcēs, ae, *m.* (ἰατρονίκης), **Besieger der Ärzte,** Inscr. b. Plin. 29, 9.

iātrosophistēs, ae, *m.* (ἰατροσοφιστής), ein **Arzneigelehrter,** Fulg. myth. 3, 7.

Iavolēnus, ī, *m.*, Priscus, ein Rechtsgelehrter zur Zeit Trajans, Plin. ep. 6, 15, 2 u. a.

Iaxamatae, ārum, *m.* (Ἰαξαμάται), eine Völkerschaft am Mäotischen See, Val. Flacc. 6, 146. Amm. 22, 8, 31: dies. Ixamatae (Tzschucke u. Frick) od. Xamatae (Parthey), Mela 1, 19, 17 (1. § 114).

Iaxartēs, is, *m.*, ein Fluss im Nordosten der persischen Landschaft Sogdiana, jetzt *Sir-Darja* (auch *Sir Sihon),* Mela 3, 5, 6 (3. § 42). Amm. 23, 6, 63.

Iāzyges, um, *m.* (Ἰάζυγες), eine sarmatische Völkerschaft an der Donau, Ov. trist. 2, 191. Tac. ann. 12, 29. – Sing. **Iāzyx**, ygis, *m.*, der Jazyger, adj. = **jazygisch,** Ov. ex Pont. 4, 7, 9.

ibei, s. ibi ►.

Ibēr… s. Hibēr…

ibēris, s. 2. hibēris.

1. Ibērus, ī, *m.*, s. 1. Hibērus.

2. Ibērus, a, um, s. Hibēres.

ibex, bicis, *m.*, der **Steinbock,** Plin. 8, 214. Vulg. 1. regg. 24, 3; Iob 31, 1. Sulp. Sev. dial. 1, 16, 3: Nbf. ibix, Vulg. (Amiat.) Isai. 34, 11.

ibi, *Adv.* (vom Pronominalstamm *i - [is]), **I** **daselbst, da, dort,** Enn., Komik., Cic. u. a.: m. folg. *Genet.*, ibi loci, Plin. 6, 30: korresp. mit a. Adverbb., ibi … hic, Plin.: ibi … alibi, Cels.: ibi … ubi, Cic.: ubi … ibi, Komik.: ibi … unde, Vell. – bei einem Verbum der Bewegung, **da = dahin,** cum ibi venerimus, Gaius dig. 1, 2, 1 *extr.* – **II** übtr.: **A** **da, dann, alsdann,** ibi infit, Liv.: ibi ira est suppressa, von nun an, Liv.: ibi demum, dann erst, Ter.: so auch ibi tum, Cic.: ibi vero, dann erst recht, Sall. – **B** **daselbst, da, dabei, darin,** ibi (bei dem) imperium fore, ubi victoria fuerit, Liv.: u. so ibi (bei ihm) animum parem tantae potestati esse, Liv.: ibi nos reperiet, Cic.: ibi exercuit, Sall.: ibi sum, ibi nunc sum, ich bin dabei (= ich denke daran), Ter.: ibi (in diesem Fall) omnibus ire dormitum odiost, Plaut. – ► arch. ibei, CIL 1, 204. col. 2. lin. 10.

ibicīnus, a, um (ibex), **vom Steinbock,** fimus, Plin. Val. 5, 45.

ibī-dem, *Adv.* (ibi u. Demonstrativsuffix dem, wie in i-dem u. dgl.), **I** **ebenda,** Komik., Cato, Cic. u. a.: hic ibidem, an ein und derselben Stelle, Cic.: korresp., ubi … ibidem, Plaut.: ibidem … ubi, Plaut. u. Iustin.: mit folg. *Genet.*, ibidem loci, Plaut. cist. 529. – bei einem Verbum der Bewegung, **ebendahin,** ibidem trahere, Plaut. trin. 203 u. a. – **II** übtr., **ebendarin, ebendabei,** Cic. Caecin. 28, Verg. georg. 3, 500. – ► ibĭdem gemessen bei Plaut. Bacch. 313 u. a. Iuven. 3, 80. Paul. Nol. carm. 19, 48.

ībis, Genet. ībidis, Akk. ībim u. ībin, Abl. ībide, Plur. ībēs u. ībidēs, Genet. ībium, Akk. ībēs u. ībidas, *f.* (ἶβις), der **Ibis,** ein Wasservogel, ital. *curli (Falcinellus,* L.), der heilige Vogel der großen Mutter Isis, von ihrem Dienst unzertrennlich, Plin. 8, 97; 10, 75. 87. 134. Plin. 30, 142 (wo Genet. ibium). Solin. 32, 32. Cic. Tusc. 5, 78; de nat. deor. 1, 82 u. 101. Mela 3, 8, 9 (3. § 82), wo Akk. ibidas. Vgl. Heinrich Iuven. 15, 3. – Titel eines Schmähgedichts des Ovid nach einem ähnlichen Gedichte des Kallimachos.

ibīscum, s. hibīscum.

ibix, s. ibex.

ibrida, s. hibrida.

ībus, *Abl. plur.* v. is, s. d.

Ībycīus, s. Ībycus.

Ībycus, ī, *m.* (Ἴβυκος), ein griechischer Lyriker aus Rhegium, Zeitgenosse des Hipponax und Anakreon, lebte um 540 v. Chr. zu Samos, bekannt dadurch, dass er Kraniche zu Zeugen seiner Ermordung anrief, Cic. Tusc. 4, 71. Stat. silv. 5, 3, 152. – Dav. **Ībycīus**, a, um (Ἰβύκειος), **ibycisch, des Ibykus,** metrum, Serv. de cent. metr. 461, 15. 22. 24.

īcades, dum, *f.* (εἰκάδες), s. īcas.

Īcadius, iī, *m.* (Ἰκάδιος), ein berüchtigter Seeräuber, Cic. de fato 5. – ders. **Icadiōn**, ōnis, *m.*, Lucil. 1292; vgl. Paul. ex Fest. 106, 5.

Īcaria, ae, *f.* (Ἰκαρία), Insel im Ägäischen Meer, j. *Nicaria,* Mela 2, 7, 11 (2. § 111). – Īcaros gen. bei Plin. 4, 68 u. a.

Īcariōtis, Īcaris, s. 1. Īcarius.

1. Īcarius, iī, *m.* (Ἰκάριος), Sohn des Öbalus, des Königs in Lazedämon, Bruder des Tyndareus, Vater der Penelope, die Ulixes in einem Wettlauf mit ihren Freiern als Preis gewann, Ov. her. 1, 81. Hyg. fab. 56. – Dav.: **A** **Īcariōtis**, tidis, *f.* (Ἰκαριωτίς), die **Ikariotide** (Tochter des Ikarius) = Penelope, Prop. 3, 13, 10. Ps. Verg. cul. 265. – (poet.) *adi.* **ikariotisch,** tela, Ov. ex Pont. 3, 1, 113. – **B** **Īcaris**, ridos, *f.* (Ἰκαρίς), die **Ikaride** (Tochter des Ikarius) = Penelope, Ov. Ib. 391 M [2].

2. Īcarius, iī, *m.* = 1. Icarus, s. d.

3. Īcarius, a, um, s. 1. u. 2. Icarus.

Īcaros, ī, *f.*, s. Īcaria.

1. Īcarus, ī, *m.* (Ἴκαρος, bei den Griechen gew. Ἰκάριος), ein Athener, Vater der Erigone, der unter Pandions Regierung den nach Attika kommenden Dionysos (Bacchus) gastlich aufnahm. Zum Dank gab ihm der Gott die Rebe u. Schläuche mit Wein. Mit diesen Schläuchen fuhr er auf einem Wagen umher u. verteilte die Gabe des Gottes, wodurch er der Begründer des Weinbaues wurde. Hirten, die den von übermäßigem Rausch Trunkenen für vergiftet hielten, töteten u. begruben ihn. Seine Tochter Erigone suchte ihn u. fand, durch seinen treuen Hund Mära geleitet, sein Grab. In ihrem Schmerz erhängte sie sich an dem Baum, unter dem ihr Vater begraben lag. Zeus od. Dionysos versetzte alle drei als Gestirne an den Himmel, den Ikarus samt seinem Becher als Bootes od. Arkturus, die Erigone als Jungfrau, die Mära als den Hundsstern, Prop. 2, 33, 29. Tibull. 4, 1, 10. Ov. met. 10, 450. Hyg. fab. 224: Icarius gen. b. Hyg. fab. 130 u. 224; astr. 2, 4. – Dav. **Īcarius**, a, um (Ἰκάριος), **ikarisch,** boves, der große Wagen (als Gestirn), Prop.: canis, der Hundsstern, Ov.

2. Īcarus, ī, *m.* (Ἴκαρος), Sohn des Dädalus, floh mit seinem Vater, der sich und ihm künstliche Flügel gefertigt hatte, aus Kreta. Dädalus hielt sich nahe über der Erde, Ikarus aber, vergeblich gewarnt, schwang sich höher, sodass durch die Sonnenwärme das Wachs seiner Fittiche schmolz und er in das Meer hinabstürzte, das nach ihm das Ikarische heißen soll, Ov. met. 8, 195 *sqq.* Hyg. fab. 40. – Dav.

Īcarius, a, um (Ἰκάριος), **ikarisch,** Ic. mare, das Ikarische Meer (der Teil des Ägäischen Meeres, der die Insel Ikaros od. Ikaria [j. *Nicaria*] umströmt u. wohl nach dieser benannt ist), Plin. u. Apul.: dass. Icar. pelagus, Claud., aquae, Ov., fluctus, Hor.: u. dass. subst. bl. Icarium, Ov. fast. 4, 282: u. dav. Ic. litus, Ov., od. Asiae litora, Plin.

īcas, adis, *f.* (εἰκάς, die Zahl zwanzig), Plur. icades, Akk. -das (εἰκάδες), der dem Epikur zu Ehren gefeierte **zwanzigste Tag** jedes Monats (weil der 20. des Gamelion Epikurs Geburtstag), Plin. 35, 5; vgl. Cic. de fin. 2, 101.

iccircō, s. id-circō.

Iccius portus, s. Itius portus.

Icelos, ī, *m.* (ἴκελος, ähnlich), Bruder des Morpheus, Ov. met. 11, 640.

Icenī, ōrum, *m.*, eine Völkerschaft in Britannien, etwa im heutigen *Glamorgan-* u. *Monmouthshire,* Tac. ann. 12, 31 *sq.* u. a.

ichneumōn, onis, *m.* (ἰχνεύμων), **I** die **Pharaonsmaus,** die den Krokodileiern nachstellt, Plin. 8, 88. Solin. 32, 25. Cic. de nat. deor. 1, 101. Vitr. 8, 2, 7. Mart. 7, 87, 5. Nemes. cyn. 54: enhydrus ichneumonis genus, Amm. 22, 15, 19. – **II** der **Afterraupentöter,** eine Art Insekten (*Sphex sabulosus,* L.), Plin. 10, 204 u. 11, 72.

ichnographia, ae, *f.* (ἰχνογραφία), der **Entwurf, Grundriß,** Vitr. 1, 2, 2.

Ichnūsa, ae, *f.* (Ἰχνοῦσα), der ältere griechische Name der Insel Sardinien, wegen der Ähnlichkeit mit einer menschlichen Fußsohle (ἴχνος), Plin. 3, 85. Sil. 12, 358.

ichthyocolla, ae, *f.* (ἰχθυόκολλα), **I** der **Fischleim,** die **Hausenblase,** Cels. 5, 2; 5, 19. *no.* 7 u. 8. Plin. 7, 198 u. 32, 73. – **II** der Fisch selbst, wovon jener gewonnen wird, der **Hausen** (*Acipenser Huso,* L.), Plin. 32, 72 (73).

Ichthyophagī, ōrum, *m.* (ἰχθυοφάγοι), **Fischesser,** Name mehrerer Völker, die von Fischen leben, Plin. 6, 95 u. a.: griech. Genet. Plur., Ichthyophagōn insulae, Plin. 6, 151.

īcio od. **īco**, icī, ictum, ere, mit einem Stoß od. Schlag erreichen = **treffen, I** eig. u. meton.: **1** eig.: ic. femur, Plaut.: fuscinā ici vidulum, Plaut. fr.: lapide ictus, Caes.: pugno (von einem Faustschlag) ictus, Liv.: sagittā ictum esse, Treb. Poll.: fundā graviter ictum esse, Liv.: adversum femur (vorn an dem Sch.) tragulā graviter ictus, Liv.: ictus fragmento subsellii, Liv. epit. u. Val. Max.: quod e tabulato eius noctu lapide ictus esset, Gell.: gravi vulnere ictus, Liv.: ab apro ictus et occisus est, Lact.: Gallum umbone ictum deturbat, Liv.: corruit icta, sie stürzte getroffen zusammen, Liv. – Victoria (Statue der V.) vento icta (durch einen Windstoß) de podio decĭdit, Spart.: bes. vom Einschlagen des Blitzes, fulmen lauri fruticem non icit, Plin.: laurus sola fulmine non icitur, Plin.: cum fulmine icta sunt (animalia), Sen.: fulmine ictus, Liv., od. e caelo ictus, Cic.: so ictae (fulgure) dapes, Tac.: dah. poet. ictum caput, ein vom Wein betäubter, ein benebelter Kopf, Hor. sat. 2, 1, 24 *sq.* (vgl. Archiloch. fr. 38 *ed. Lieb.* ›οἴνῳ συγκεραυνωθεὶς φρένας‹; u. Ov. rem. 146 multo tempora *quassa* mero). – ibi haud secus quam pestifero sidere icti pavebant, wie vom Pesthauch eines bösen Gestirns getroffen = in panischen Schrecken versetzt, Liv. 8, 9, 12. – im Bild, im Allg., domestico vulnere ictus, durch häusliches Leiden tief verwundet, Tac. Agr. 29. – u. das Bild vom Einschlagen des Blitzstrahls, haec enim certe petebantur, cum in me ... illa flamma illorum temporum coniciebatur. Excepi, et pro patria solus exarsi, sic tamen, ut vos isdem ignibus circumsaepti me primum ictum pro vobis et fumantem videretis, Cic. de har. resp. 45: nec vellent ictae (des vom Blitzstrahl des Verderbens getroffenen) limen adire domus, Ov. trist. 5, 4, 34. – **2** meton. (von dem dazu nötigen Bestätigungsopfer), icere foedus, ein **Bündnis machen, -schließen,** Cic. u. Liv. – **II** übtr., *Partic.* ictus (wie βεβλημένος), von irgendeinem äußeren Umstand od. einem heftigen Gemütszustand **unangenehm berührt, aufgeregt, beunruhigt, betroffen,** ictus novā re, Liv.: ictus rebellione, Liv.: metu icta, Liv.: conscientiā ictus, Liv.: desideriis icta, tief durchdrungen von Sehnsuchtsschmerzen, Hor. – ► Gebräuchliche Formen sind nur icit, iciunt, icere, Perf. icit, iceram, iceras, icero, icisse, Passiv Präs. icitur, icimur, Perf. ictus est u. Partiz. ictus; vgl. Brix Plaut. mil. 28. – Die Form ico führt Prisc. 10, 17 an, die Form icio aber (analog dem iacio) nehmen Gell. 4, 17, 8 u. Prisc. 10, 3 an; beide Formen Anecd. Helv. 220, 23. – Nach Caper bei Prisc. 10, 17 ist eigentl. īco zu messen, Lukrez aber misst auch im Präs. īcit.

īcōn, onis, *f.* (εἰκών), als rhet. *t. t.*, ein **Bild** = ein **Gleichnis,** Apul. de not. aspir. § 24. – Plin. 8, 215 Detl. u. Mayh. fictas cerā nuces.

īconicus, a, um (εἰκονικός), **nach dem Leben dargestellt** = mit Porträtähnlichkeit u. in Lebensgröße, statua, Plin. 34, 16: simulacrum aureum, Suet. Cal. 22, 3: duces, Plin. 35, 57.

īconisma, atis, *n.* (εἰκόνισμα), das **Abbild,** Gloss. IV, 88, 52. – übtr., das **Bild,** die **Vergleichung,** iconismatum pulchritudo, Volusian. in Augustin. epist. 135, 1.

īconismus, ī, *m.* (εἰκονισμός), die **Abbildung, treue Darstellung,** Sen. ep. 95, 66.

Iconium, iī, *n.* (Ἰκόνιον), Stadt in einer sehr fruchtbaren Gegend Lykaoniens, j. *Kuniah* oder *Cogni,* Cic. ep. 3, 5, 4 u. a.

īconographia, ae, *f.* (εἰκονογραφία), die **Darstellung im Gemälde,** Not. Tir. 78, 13 (wo iconografia).

īcosahedrum, ī, *n.* (εἰκοσάεδρον), ein von zwanzig Flächen begrenzter Körper, ein **Zwanzigflach** (mathem. *t. t.*), Chalcid. Tim. 326.

īcosaprōtī, ōrum, *m.* (εἰκοσάπρωτοι), die **zwanzig Ersten,** deren Würde **īcosaprōtīa**, ae, *f.* (εἰκοσαπρωτεία), Arcad. Charis. dig. 50, 4, 18. § 26.

icteriās, ae, *f.* (ἰκτερίας *sc.* λίθος), ein uns unbekannter gelber Edelstein, Plin. 37, 170.

ictericus, a, um (ἰκτερικός), **gelbsüchtig, mit der Gelbsucht behaftet,** mater, Iuven. 6, 565. – Plur. subst., ictericī, ōrum, *m.*, die **Gelbsüchtigen,** Plin. 20, 87. Ambros. cant. cantic. 4. § 4. u. in psalm. 118. serm. 10. § 23.

icterus, ī, *m.* (ἴκτερος), ein kleiner gelblicher Vogel, dessen Anblick von der Gelbsucht (ἴκτερος) befreien soll, für den galgulus (die **Goldamsel)** gehalten von Plin. 30, 94.

ictio, ōnis, *f.* (icio) = βολή, der **Wurf,** Gloss. II, 258, 36.

ictis, tidis, Akk. tim, Akk. Plur. tidas, *f.* (ἰκτίς), das **Frettchen,** Plaut. capt. 184. Plin. 29, 60.

ictuātus, a, um (icio), ictuatus sanguine, von einem Schlaganfall **getroffen,** Greg. Tur. hist. Franc. 6, 36. p. 276, 1.

ictus, ūs, *m.* (icio), der **Stoß, Schlag, Hieb, Stich, Schnitt, Schuss, Wurf, I** im Allg.: **a** eig. von Stoß- u. Stichwaffen, v. Schneidewerkzeugen, gladiatorius, Stich, Cic.: ambiguus (unsicherer), Liv.: contrarius ictus, vom Gegner geführter Stoß, Stoß des Gegners, Cic. u. Liv.: gravior ictus, Plin. pan., graviores ictus, Tac.: ictus irritus, Fehlstoß, Tac.: caeci ictus, ohne sicheres Ziel: Liv.: falsus ictus, falsch gezielter Wurf, Tac., Ggstz. certus ictus, sicher gezielter Wurf, Tac.: primus ictus (Schwertstreich), qui tumultuosissimus est, Sen.: eodem ictu, mit **einem** Schnitt, Tac.: iaculantium ictus (Plur.), Plin.: gladiorum ictus telorumque missus (Plur.), Auct b. Hisp.: ictus securis, Liv.: lapidum, pilorum, telorum, Caes.: cuspidis, Verg.: scorpionis, Schuss, Caes.: sagittarum ictus, Sing., Liv., Plur., Liv. u. Eutr.: ictu levi saucia, Tac.: ictus errat (geht fehl), Ambros. – v. Stoß eines Ebers mit den Hauern, Hor. u. Ov. – v. Stich usw. schädlicher Tiere, ictus serpentis, scorpionis, aranei, Cels.: vesparum, Plin.: a bestiis ictus, morsus, impetus, Cic. – v. anderen Schlagwerkzeugen, m. subj. *Genet.*, ictus virgae (an einen Felsen), Lact.: ictus ferae, Rutenstreich, Greg.: arietis, Liv.: calcis, Fußtritt, Tac.: pugni, Faustschlag, Treb. Poll.: alae, Flügelschlag, Plin.: ictu pinnarum pugnare, Plin.: vehementi ictu remorum concitata fugā Punica classis, die unter Aufbietung aller ihrer Ruderkräfte entfloh, Val. Max.: m. obj. *Genet.*, ictus capitis, Schlag an den Kopf, Rhet. Her. 3, 27: scherzh. perfacile ego ictus perpetior argenteos, Plaut. most. 621. – v. Blitzschlag, fulminis ictus, Cic.: ictus fulmineus, Hor. – v. Stich der Sonne, ictus solis, Hor. u. Ov. – v. Stich (= der stechenden Empfindung) in der Brust, Rhet. Her. – v. Schlagfluss, ictus sanguinis, quem morbum Graeci ἀπόπληξιν vocant, Aur. Vict. epit. 16, 5. – sub ictu calvariae, bei einer die Hirnschale treffenden äußeren Gewalt, Cels. 8, 4. p. 335, 30

D. – ictus pollicis, Anschlagen der Saiten mit usw., Hor.: citharae, das Schlagen, Spielen der usw., Plin. – ictibus aëra rumpere, in einzelnen Stößen in die Höhe steigen (vom Wasser), Ov. – **b** übtr., ictus calamitatis, Schlag, Cic.: ictu simili feriri, von einem ähnlichen Schlag (des Schicksals) getroffen werden, Quint.: fortunae ictus excipere, Sen.: voluptas non habet ictum, hat keinen starken Reiz, Cic.: subiti ictus sententiarum, Schlageffekte, Sen. ep. 100, 8. – **II** insbes.: **A** der feindliche **Ansturm, Angriff,** uno ictu contendere, Auct. b. Afr.: sub ictum dari, dem Angriff-, den Geschossen der Feinde preisgegeben werden, Tac.: nemo duraret, si rerum adversarum eandem vim assiduitas haberet, quam primus ictus (Anfall), Sen. – dah. wie sprichw., ictu primo, mit dem ersten Anlauf (Wurf) = mit **einem** Male, Plin.: singulis velut ictibus bella transigere, allemal gleichs. auf **einen** Wurf, Tac.: eodem ictu temporis, im selben Augenblick, gleichzeitig, Gell.: u. so uno ictu frequenter impellunt sententiae, Quint.: sub ictu habere, vor Augen haben, Sen.: extra ictum ponere, außer Schusslinie, d. i. außer Gefahr, Sen.: sub ictu nostro positum, in unserer Gewalt, Sen.: sub ictu esse, in Gefahr sein, Sen., od. vor Augen sein, Sil. – **B** der **Niederschlag** mit der Hand, mit dem Fuß, um den Takt zu bezeichnen, der **Taktschlag, Takt,** ictus primus ad extremum similis sibi, Hor.: pedum digitorumque ictu, Quint. – **C** der **Pulsschlag,** ictus creber aut languidus, Plin. 11, 219. – **D** meton., ictus foederis, das Schließen eines Bündnisses, Lucan. 5, 372. Val. Max. 2, 7, 1.

īcuncula, ae, *f.* (*Demin.* v. icon), ein **kleines Ebenbild,** ein **Püppchen,** puellaris, Suet. Ner. 56 R. (Madvig imaguncula).

Īda, ae, *f.* u. (poet.) **Īdē,** ēs, *f.* (Ἴδη, dor. Ἴδα), **I** als weibl. Name, Verg. Aen. 9, 177. Mart. 1, 71, 2. CIL 10, 2367: Titel einer Komödie des Afranius, Fest. 206 (b), 8; vgl. Afran. com. 188 R.[2] – **II** als Örtl.: **A** ein hohes Gebirge, das in Phrygien beginnt u. durch Mysien (also auch durch die Landschaft Troas) sich erstreckt, dessen höchster Gipfel der Berg Gargaros war, berühmt als Verehrungsstätte der Cybele, j. *Ida,* Mela 1, 18, 2 (1. § 91). Plin. 5, 122 u. a. Varro sat. Men. 364. Verg. Aen. 2, 801. Ov. am. 1, 15, 9. – **B** ein hoher Berg in der Mitte der Insel Kreta, auf dem Jupiter erzogen wurde, Ov. am. 3, 10, 25: Idaeus mons bei Mela 2, 7, 12 (2. § 113). – Dav. **Īdaeus,** a, um (Ἰδαῖος), **zum Ida gehörig, idäisch, a** in Phrygien u. Troas, parens deūm, Verg., od. mater, Cic., Cybele: mons, Mela, od. collis od. iugum, Ov., der Berg Ida: naves, trojanische, Hor.: pastor, Cic., od. iudex, od. hospes, Ov., Paris: cinaedus, Ganymedes, Mart.: ders. bl. Idaeus, Petron. 83, 3: convivia, Auct. itin. Alex. 8, 19. – poet. = **römisch** (weil die Römer von den Trojanern abstammen), Sil. – **b** auf Kreta, mons, der Berg Ida, Verg. u. Mela: Dactyli od. Digiti, s. dactylus *no.* VII: bustum, das Grab Jupiters, Mart. – Prop. 3, 1, 27 wird der phrygische Berg Ida mit dem kretischen verwechselt.

Īdalia, s. Īdalium.

Īdaliē, ēs, *f.* (Ἰδαλίη), Beiname der Venus vom Vorgebirge Idalium (s. d. folg. A.), Ov. met. 14, 694.

Īdalium, iī, *n.* (Ἰδάλιον), Vorgebirge und Stadt auf der Insel Cyprus mit einem Tempel u. heiligen Hain der Venus, Verg. Aen. 1, 681 u. a. – Dav. **Īdalius,** a, um (Ἰδάλιος), **idalisch,** poet. = **cyprisch,** Venus, Verg.: domus, Verg.: vertex, Prop.: sorores (die Grazien), Claudian. 10, 101. – subst., Īdalia, ae, *f.* (*sc.* terra), die Gegend um Idalium, Verg. Aen. 1, 693.

Īdas, ae, Akk. ān, *m.* (Ἴδας), ein Männername, Verg. Aen. 9, 575 u. 10, 351. Ov. met. 5, 90 u. 8, 305.

id-circō (iccircō), *Adv.* (id u. circus), **um deswillen, deswegen, deshalb,** absol., Plaut. merc. 34, Ter., Cic. u. a.: mit folg. *quod* od. *quia,* Ter., Cic. u. a. (u. so non solum idcirco, quia ... verum etiam quia, Lact.): m. folg. *si,* Cic. u. a.: m. folg. *ut* od. *ne* u. Konj., Cic. u. a.: m. folg. *qui* u. Konj., Cic.: m. folg. *quo* (damit desto) facilius u. Konj., Caes.

Īdē, s. Īda.

idea, ae, *f.* (ἰδέα), das **Urbild,** die **Idee,** das **Ideal,** Sen. ep. 58, 18 u. 1926. – ► Sen. ep. 65, 7 u. in den meisten Ausgaben des Cicero griech. geschrieben, aber in vielen Handschriften latein.; vgl. idos.

ideālis, e (idea), **in der Idee stehend, ideal,** Mart. Cap. 7. § 731 u. a.

ī-dem, ea-dem, i-dem (v. is u. dem Suffix dem), **derselbe, der nämliche** (zur Bezeichnung der Identität einer Person od. Sache), Cic. u. a.: eundem excellere pluribus rebus, dass ein und derselbe usw., Cic.: idem velle atque idem nolle, dasselbe, das Nämliche, Sall.: amicus est tamquam alter idem, ein anderes Selbst, ein zweites Ich, Cic. – zuweilen = **auch, ebenfalls, zugleich,** idem ego contendo, ich behaupte auch, Cic.: suavissimus et idem facillimus, Cic.: doppelt = **zugleich und; sowohl ... als auch; zugleich ... zugleich,** tuus idem et idem noster, Cic.: idem maestitiam reprehendit, idem iocum, Cic. – konstr. **a** mit folg. *qui, atque (ac), et, ut, quam, quasi, cum* u. dgl., z. B. eadem virtus, quae in proavo, Cic.: idem valere, ac etc., Cic.: non eadem nobis et illis necessitudo impendet, Sall.: isdem verbis, ut actum est, Cic.: eandem potestatem, quam si lata esset lex, Cic.: eodem loco est, quasi ... non esset, Cic.: in eadem mecum Africa geniti, Liv.: eodem mecum patre genitus, Tac. (vgl. über idem cum Weißenb. Liv. 30, 12, 15). – mit folg. *Dat.,* idem facit occidenti, er handelte gleich dem usw., Hor. de art. poët. 467; u. so auch Lucr. 3, 1036. Cic. ep. 9, 6, 3. Iustin. 2, 4, 10. – *neutr.* subst. (s. Burm. Ov. fast. 1, 46. Bünem. Lact. 5, 4, 1), idem iuris, das nämliche Recht, Cic.: idem operis, Lact.: eodem loci, auf eben der Stelle, Cic. – **b** mit *et* od. *que* = **und zwar,** Asia ista referta et eadem delicata, Cic.: certissimi iidemque acerrimi, Cic.: esse uno et eodem statu, in ein u. demselben, Cic.: uno eodemque tempore, zu ein u. derselben Zeit, Cic.: uno atque eodem die, Suet. – ► In *Inscr.* u. *codd.* der Nom. Sing. des Mask. auch isdem u. öfter eidem der Dat. Sing. īdem; der Dat. Sing. des Femin. eaedem, Anthol. Lat. 1536, 2 M.; der Nom. Plur. bei Dichtern auch idem; Dat. u. Abl. Plur. gew. isdem. – Ablat. e͡odemque, e͡ademque dreisilbig, Verg. ecl. 8, 80; Aen. 10, 487: Akk. Plur. e͡osdem zweisilbig, Prop. 4, 7, 7 *sq.*

identidem, *Adv.* (viell. aus idem itidem), **zu wiederholten Malen, wiederholt, ohne Unterlass, unaufhörlich, immerwährend, immer wieder,** Plaut., Catull., Cic. u. a.

identitās, ātis, *f.* (idem), die **Wesenseinheit, Identität,** Eccl.

id-eō, *Adv.* **deswegen, darum, daher,** absol., Plaut., Cic. u. a.: mit folg. *quod, quia, quoniam,* Cic. u. a.: m. folg. *ut* od. *ne* u. Konj., Cic. u. a.: m. folg. *quo* (damit desto) facilius u. Konj., Varro LL. 5, 90: m. folg. *quin* u. Konj., Liv. 2, 15, 2.

idiographus, a, um (ἰδιόγραφος), **eigenhändig geschrieben,** liber Vergilii, Originalhandschrift, Gell. 9, 14, 7.

idiologus, ī, *m.* (ἰδιολόγος), der **Verwalter (Verweser) des kaiserl. Privateigentums** (ἴδιος λόγος) in Ägypten, CIL 10, 4862: ders. procurator hidilogi (= τοῦ ἰδίου λόγος), CIL 3, 6756 (hidilogi); vgl. 6757 (idiulogi).

idiōma, atis, *n.* (ἰδίωμα), die **Eigentümlichkeit,** das **Charakteristische** im Ausdruck, Charis. 291, 2.

idiōta u. **idiōtēs,** ae, *m.* (ἰδιώτης), ein unwissender, ungelehrter, unerfahrener Mensch, im Gegensatz zu dem, der eine Kunst od. Wissenschaft versteht, der **Uneingeweihte, Ungebildete, Nichtkenner, Laie, Pfuscher, Stümper,** Lucil., Cic. u. a. (vgl. Oehler Tert. ad martyr. 1. p. 3). – ► Der Nomin. idiota steht Vitr. 6, 8 (11), 10. Augustin. epist. 137, 12. Vulg. 1. Corinth. 14, 24: Nomin. idiotes, Tert. adv. Prax. 9.

idiōticē, *Adv.* (idioticus), **I** = ἰδιωτικῶς, **in gewöhnlicher Sprechweise,** Interpr. Iren. 1. praef. § 3. – **II** = ἀκαίρως, **unpassend,** Interpr. Iren. 5, 30, 1.

idiōticus, a, um (idiotes), **unwissend, ungebildet,** Tert. de testim. anim. 1.

idiōtismos, ī, *m.* (ἰδιωτισμός), die **gemeine Sprechweise,** der **Idiotismus,** Sen. contr. 2, 3 (11), 21 u. 7. praef. § 5.

Idisiaviso, Name eines campus an der Weser, Tac. ann. 2, 16.

Idmōn, onis, *m.* (Ἴδμων), Vater der Arachne, Ov. met. 6, 8. – Dav. **Idmonius,** a, um, **idmonisch,** Arachne, Tochter des Idmon, Ov. met. 6, 133.

īdōlatrīa, s. īdōlolatrīa.

īdōlēum, ēī, *n.* u. **īdōlīum,** īī, *n.* (εἰδωλεῖον), ein **Götzentempel,** Eccl. – ► Abl. īdōlĭō gemessen bei Prud. apoth. 186 u. a.

īdōlicus, a, um (εἰδωλικός), **zu den Götzen gehörig, Götzen-,** Tert. de idol. 13. Paul. Nol. carm. 22, 61 (wo īdŏlicus gemessen ist).

īdōlīum, s. īdōlēum.

īdōlolatrēs, ae, *m.* (εἰδωλολάτρης), ein **Götzendiener,** Tert. de idol. 1 u. 14 a. Eccl.

īdōlolatrīa, ae, *f.* (εἰδωλολατρεία), der **Götzendienst,** Tert. de idol. 1 u. a. Eccl. – Nbf. īdōlatrīa, Ps. Cypr. de aleat. 5; Salv. ad. eccl. 1, 1 u. 60.

īdōlolatris, tris, *f.* (*εἰδωλολατρίς), **dem Götzendienst ergeben,** pars, Ps. Cypr. de mont. Sina et Sion 3. p. 107, 2 H. – subst., die **Götzendienerin,** Prud. ham. 404 *ed. Heins.* (die Hdschrn. idololatrix, was nach Heinsius eine falsche Wortbildung ist).

īdōlon u. **-um,** ī, *n.* (εἴδωλον Bild, Gestalt, dah.) **I** das körperliche **Schattenbild** eines Abgeschiedenen, die **Erscheinung,** das **Gespenst,** Plin. ep. 7, 27, 5. – **II** bei den Stoikern das **Bild in der Seele,** die **Vorstellung,** rein lat. spectrum, in der Form eidolum, Lucil. 753 (Cic. de fin. 1, 21 griech.). – **III** im Kirchenlatein = ein **Götzenbild,** Eccl.: idolorum venerator, cultor, cultrix, Eccl.: idola colere Augustin. de doctr. Chr. 4, 7, 17: deficere a cultu idolorum et ad religionem novam damnatā vetustate transire, Lact. de mort. pers. 2, 6. – ► Bei den Eccl. im Vers oft idŏlum gemessen, z. B. Prud. c. Symm. 2, 48. Sedul. 5, 146. Iuvenc. in exod. 813.

īdōlothytus, a, um (εἰδωλόθυτος), **einem Götzenbild geopfert, -dargebracht,** voluptates, dem Götzendienst frönend, Tert. de spect. 13. – subst., īdōlothytum, ī, *n.*, ein **Götzenopfer,** Tert. de idol. 10 u. 13. Ps. Cypr. de dupl. martyr. 29 *in.*

īdōlum, s. īdōlon.

Īdomenĕūs, eī, Akk. ea, *m.* (Ἰδομενεύς), Deukalions Sohn, König auf Kreta, Enkel des Minos, Verg. Aen. 3, 122 (wo Akk.); 3, 401. Ov. met. 13, 358. Hyg. fab. 81. Sen. 21, 4 (wo Genet. u. Akk.). Epit. Iliad. 777 (wo Genet).

idōneē, *Adv.* (idoneus), **I auf geeignete Weise, gehörig,** Cic. de inv. 1, 20. Apul. met. 4, 28. – m. *ad* u. Akk., nondum ad innitendum idonee, Apul. flor. 16. p. 22, 12 Kr. – **II hinlänglich, mit gehöriger Sicherheit,** ICt. – ► *Compar.* idonius, Tert. de pall. 3.

idōneitās, ātis, *f.* (idoneus), die **Tauglichkeit, Geschicklichkeit,** servi, Augustin. serm. 296, 4.

idōneus, a, um, durch seine Eigenschaften zu einer Bestimmung **geeignet, berufen,** zu einem Behufe **genügend** (griech. ἐπιτήδειος), **gut genug, I** aktiv, **geeignet,** etwas zu leisten = **tauglich, fähig, tüchtig,** konstr. **α** m. *Dat.* od. m. *ad* od. *in* u. Akk.: eius Falernum mihi semper idoneum visum est deversorio, Cic.: deligere castris idoneum locum, Caes.: vixi puellis nuper idoneus, um Mädchen warb ich sonst mit Geschicklichkeit, Hor.: idonea nuptiis, heiratsfähige, mannbare, Ps. Quint. decl.: verna idoneus arti cuilibet, Hor.: non ego sum laudi, non natus idoneus armis, von Geburt berufen zu usw., Prop.: genus hominum minime militiae idoneum, Liv.: quoscumque moribus aut fortunā novis rebus idoneos credebat, Sall.: quod eam (legionem) maxime novis consiliis idoneam rebatur, zugänglich für meuterische Pläne, Tac.: m. *Dat. Gerund.*, quae animalia, ut sunt edita ex utero, statim aëri tolerando idonea esse, Lact de opif. dei 3, 1. – m. *Genet. Gerund.*, et (aeonas) idoneos efficere generandi in se agnitionem patris, Tertull. adv. Valent. 11: m. *ad* u. Akk., idonei ad hoc negotium, Cic.: armamenta idonea ad usum, Apul.: tempus idoneum, locus opportune captus ad eam rem, Cic.: m. *ad* u. Akk. Gerund., locus ad aciem instruendam opportunus atque idoneus, Caes.: situm regionis maxime idoneum ad muniendum locum credidit esse praeter amnem Aoum, Liv.: est enim ratio mensque sapientis ad iubendum et deterrendum idonea, Cic.: ad scribendum demonstrativa idonea, Quint.: M. Pomponius Andronicus habebatur minus idoneus ad tuendam scholam, Suet. – m. *in* u. Akk., idonei in eam rem, Liv.: materiae in hoc idoneae, ut etc., Quint.: in nullam spem, Sen. – m. 2. *Supin.*, manus ferrea et alia annexu idonea, Sall. hist. fr. 3, 21 (22). – **β** m. *Infin.*: iam idonei spiritum trahere, sobald wir fähig sind, Atem zu schöpfen, Sen. ep. 102, 23: fons rivo dare nomen idoneus, genügend, groß genug, Hor. ep. 1, 16, 12. – **γ** absol.: navis, paries, tüchtig, fest genug, ICt.: hereditas, eine genügende, ICt.: satis superque idonea clades, alles u. mehr als man von einer N. erwarten kann, eine vollkommene N., Flor.: tempus studiis obsequendi suis, Nep.: verba minus idonea, (für die Sachen, die sie bezeichnen sollen) weniger geeignet (Ggstz. verba maxime cuiusque rei propria), Cic. – von Pers., die das, was sie leisten sollen, wirklich leisten, **tauglich, tüchtig, gut, genügend,** nullum habentibus statum quilibet dux erat idoneus, gut genug, Vell.: debitor, zahlungsfähiger, Plin. ep. u. ICt.: conductor, guter P., Plin. ep. – von Gewährsmännern, non mihi satis idonei auctores (genügen mir nicht ganz), qui a te probantur, Cic.: nullis aut parum idoneis auctoribus, ganz ohne od. ohne genügende Gewähr, Suet. – v. Zeugen, si enim sunt *viri boni,* me adiuvant; sin autem *minus idonei,* me non laedunt, Cic. – v. Anklägern, queruntur accusatores idoneos se non habere; qui accusare possunt, iudiciorum auctoritatem desiderant, Cic. – v. Stilisten, scriptor idoneus, guter, klassischer, Gell. 10, 26, 5. – m. *Infin.* als Subjekt, idoneum (= *non alienum*) visum est dicere etc., Sall. Iug. 96, 2.

II passiv, **geeignet,** etwas zu leiden, zu empfangen usw. = für etwas **empfänglich,** einer Sache **wert, würdig** (dah. oft korresp. mit dignus), konstr. **α** gew. mit folg. *qui* u. Konj. (wie dignus): itane tandem idoneus (gut genug) tibi videor esse, quem tam aperte fallere incipias dolis, Ter.: rem idoneam de qua quaeratur, et homines dignos quibuscum disseratur, putant, Cic.: tibi fortasse idoneus fuit nemo quem imitarere (nachahmenswert), Cic. – **β** mit *Abl.:* res humiles et indignas viris fortibus [vel viros fortes propterea] contemnere oportere nec idoneas dignitate suā iudicare, mit ihrer Würde vereinbar, Rhet. Her. 3, 5. – **γ** m. *Infin. Praes. Pass.:* si accendi sunt idonea, Sen. nat. qu. 1, 15, 1. – **δ** absol.: eius vis valet multum, cum est complexa idoneam naturam, ein empfängliches Gemüt fand, Cic. – v. Pers. = eine Wohltat usw. **verdienend,** einer Wohltat usw. **würdig,** saepe idoneis hominibus indigentibus (würdigen Armen) de re familiari impertiendum, Cic.: minus idoneum praemio afficere, Cic. – u. = eine Strafe **verdienend, straffällig,** novum illud exemplum a dignis et idoneis (von Strafwürdigen u. Straffälligen) ad indignos et non idoneos (auf Unschuldige u. nicht Straffällige) transfertur, Sall. Cat. 51, 27. – ► Spätlat. *Compar.* idoneor (von Charis. 115, 22 verworfen), Ulp. dig. 18, 2, 4. § 6 u. 43, 29, 3. § 12. Paul. dig. 47, 23, 2 (überall *cod. Flor.).* Augustin. serm. 121, 6 *Mai:* idonior, Callistr. dig. 26, 2, 18 u. 50, 6, 6 (5). § 11 (*cod. Flor.).* Tert. adv. Hermog. 18; de anim. 18. – Im klass. Latein Kompar. u. Superl. umschr. mit magis, maxime, also magis idoneus, Ter. Phorm. 721. Vell. 2, 12, 2. Quint. 2, 8, 7 u. 11, 1, 20, maxime idoneus, Sall. Iug. 76, 3. Quint. 1, 11, 12 u. 6, 3, 104.

īdos, *n.* (εἶδος), das **Ansehen,** die **Gestalt,** dann **Bild** übh., rein lat. species, Sen. ep. 58, 17 *sqq.*

Īdūlis, e (Idus), **zu den Iden gehörig,** ovis, das an den Iden dem Jupiter geopfert wurde, Macr. sat. 1, 15. § 16. Paul. ex Fest. 104, 17 (vgl. Ov. fast. 1, 56).

Idūmē, ēs, *f.* u. **Idūmaea,** ae, *f.* (Ἰδουμαία), Landschaft in Palästina, an Judäa u. Arabia Petraea grenzend, auch meton. für Palästina, Lucan. 3, 216. Val. Flacc. 1, 12: Form *-maea,* Plin. 5, 68. – Dav. **Idūmaeus,** a, um (Ἰδουμαῖος), **idumäisch,** poet. = **palästinisch,** palmae, Verg.: triumphi, über Judäa, Mart.

iduo, āre, nach Macr. sat. 1, 15. § 17 ein etruskisches Wort, das Macrobius mit dividere zusammenbringt.

Īdūs (auf Inschr. Edus u. Eidus), Īduum, *f.* (ID, VID, s. iduo), die Monatsmitte, der fünfzehnte Tag im März, Mai, Juli u. Oktober, in den übrigen Monaten der dreizehnte, die **Iden,** Idus Martiae, Cic. u. Eutr.: Idus Iuniae, Varro: proximis Idibus, Cic.: Idibus Martiis, Cic.: res ante Idus acta sic est, Cic.: post Idus Martias, Cic.: circiter Idus Septembres, Cic.: haec senatus consulto perscribuntur a. d. VII. Idus Ianuarias, Caes.

Idyia, ae, *f.* (Ἰδυῖα), die Mutter der Medea, Cic. de nat. deor. 3, 48. Hyg. fab. 25.

īdyllium, iī, *n.* (εἰδύλλιον), ein kleineres, zierlich darstellendes Gedicht, meist ländlichen Inhalts, **Idyll, Hirtengedicht,** jedoch keineswegs an diesen Kreis von Gegenständen gebunden, s. Plin. ep. 4, 14, 9.

iecinerōsus u. **iocinerōsus,** a, um (iecur, iocur), **leberkrank,** Plur. subst., **Leberkranke,** Form iecin. bei Marc. Emp. 22: Form iocin. bei Scrib. Larg. 105 u. 169.

iecor, s. iecur.

iecoriticus, a, um (iecur), **leberkrank,** Marc. Emp. 22.

iecorōsus, a, um (iecur), **leberkrank,** Sidon. epist. 5, 14, 1. Cael. Aur. de morb. chron. 3, 4, 49 *sqq.*

iecunānus, ī, *m.* (*iecun = iecur) = *victimarius* (s. d.), Paul. ex Fest. 114, 12.

iecur, Genet. iecoris u. iecinoris, *n.* u. **iocur,** iocineris, *n.* (altind. *yákr̥t,* griech. ἧπαρ), die **Leber,** iecur anserinum od. anseris (als Leckerbissen), Mart., Plin. u. a.: iecur bubulum, Cels.: iecur columbae, Cels.: iecur hircinum, Cels.: iecur porcinum od. suis feminae (als Leckerbissen), Apic. u. Plin.: caput iocineris, Liv.: cerebrum, cor, pulmones, iecur; haec enim sunt domicilia vitae, Cic. – nach dem Glauben der Alten Sitz der Affekte, bes. der sinnl. Liebe u. des Zorns, non ancilla tuum iecur ulceret ulla puerve, Hor.: fervens difficili bile tumet iecur, Hor.: quantā siccum iecur ardeat irā, Iuven.: rabie iecur incendente feruntur, Iuven. – u. Sitz des Verstandes, en cor Zenodoti, en iecur Cratetis! Bibac. poët. bei Suet. gr. 11 *extr.* – ► In Bezug auf die Kasusformen ist zu bemerken, dass Varro u. Cicero iecoris, Livius iocineris (s. Alschefski u. Weißenb. Liv. 8, 9, 1), Celsus iecinoris (dah. auch 5, 18. *no.* 5 iecinori zu schreiben ist), Plinius bald iecoris, bald iocineris, Valerius Maximus iocineris gebraucht (vgl. Charis. 30, 15). Der Genet. iocinoris wird v. Charis. 48, 20 ohne Beleg angeführt u. ist nur zuw. in den Schriftstellern Variante von iocineris (wie z. B. Cels. 5, 18, 5 Daremberg iocinoris). Genet. Plur. iocinorum steht Paul. ex Fest. 90, 4. – Nom. iocur öfter bei Plin. nat. hist. u. bei Apic., z. B. 2, 40 *ed. Schuch.* – Nom. iecor, Diom. 422, 16.

iecusculum u. **iocusculum,** ī, *n.* (*Demin.* v. iecur), eine **kleine Leber,** iec., Cic. de nat. deor. 2, 33. Macr. sat. 7, 14, 1: ioc., Plin. 11, 196. Arnob. 4, 12. Apic. 4, 116 u. 137.

iēientāculum, ī, *n.* (iēiento), das **Frühstück,** Plaut. Curc. 72 u. 73 (nach Fleckeisen).

iēiento, āvī, āre (iei-unus), **frühstücken,** Afran. com. 19 u. 43.

iēiūnātio, ōnis, *f.* (ieiuno), das **Fasten,** Eccl. (auch im Plur.).

iēiūnātor, ōris, *m.* (ieiuno), ein **Fastender,** Eccl.

iēiūnē, *Adv.* (ieiunus), **mager, trocken** im Reden, **ohne Saft und Kraft,** de alqa re iei. et exiliter disputare, Cic.: iei. et infirme dicere, Plin. ep.: infecunde atque ieiune laudare, Gell.: haec dicuntur fortasse ieiunius, Cic. de fin. 3, 19.

iēiūnidicus, a, um (ieiunus u. dicere), **saft- und kraftlos redend,** Gell. 6 (7), 14, 5 H.

iēiūniōsus, a, um (ieiunium), **fastenreich, ganz nüchtern,** neque ieiuniosiorem nec magis ecfertum fame vidi, Plaut. capt. 466.

iēiūnitās, ātis, *f.* (ieiunus), die **Leere,** **I** der **leere Magen,** das **Hungern,** Plaut. merc. 574: pavonum iei., *Amm. 28, 4, 34: interpositā diei unius ieiunitate, Cael. Aur. de morb. acut. 1, 11, 82; vgl. 2, 21, 128. – **II** übtr.: **1** die **Leere** an Feuchtigkeit, die **Trockenheit,** calida umoris iei., Vitr. 2, 6, 4: calcis, Vitr. 7, 3, 7: tegularum, Vitr. 7, 4, 3. – **2** die **Trockenheit, Magerkeit, Dürftigkeit, Saft- u. Kraftlosigkeit, Schlichtheit** der Rede, des Vortrages, Cic. Brut. 285; or. 20; Tusc. 2, 3: verb. inopia et ieiun., Cic. Brut. 202: m. subj. u. obj. *Genet.,* illorum ieiunitas bonarum artium (in den edlen Wissenschaften), Cic. de or. 2, 10.

iēiūnium, iī, *n.* (ieiunus), **I** das **sich Enthalten von Speise,** das **Fasten,** **1** eig., Hor., Liv. u. a.: iei. solvere, unterbrechen, Ov.: iei. ponere, beendigen, Ov.: iei. instituere Cereri, Liv.: iei. interponere, Sen.: ieiunio aegrum vexare, Cels.: ieiunium indicere, Hor.: bildl., utinam saltem tam opimā mensā iam annosum *ab* stilo tuo ieiunium excipias, Augustin. epist. 42. – **2** meton. (poet.) = **a** der **Hunger,** ieiunia pascere, solvere, sedare, Ov. – **b** der **Durst,** undae ieiunia, Lucan. 4, 332. – **II** übtr., die **Magerkeit,** eines Tieres, Verg. georg. 3, 128: des Ackers = Unfruchtbarkeit (Ggstz. luxuria), Colum. 3, 12, 3.

iēiūno, āre (ieiunus), **fasten, sich der Speise enthalten,** Eccl.: unpers., ieiunatur, Sidon. epist. 5, 14, 3: Partiz. subst., ieiunantes, die Fastenden (Ggstz. manducantes, die Speisenden), Augustin. epist. 36, 5. – bildl., *ab* hoc saeculo quodam modo ieiunare, sich zurückhalten, Augustin. serm. 125, 7. – ► vulg. iaiuno, Itala (Cant.) Luc. 3, 20; act. apost. 10, 30 u. 13, 3.

iēiūnus (bei Plautus auch iāiūnus), a, um, **nüchtern, mit leerem Magen,** **I** eig., meton. u. übtr.: **1** eig.: ante triduo habent ieiunas (oves), halten im Zustand der Nüchternheit, Varro r. r. 2, 11, 9: ita ieiunus, ut ne aquam quidem gustarim, Cic.: Fames, Ov.: os, Plin.: saliva, nüchterner Speichel, Plin. – **2** meton.: **a** **hungrig,** Cic. u. a. – **b** **durstig,** Prop.: ieiuna cupido, Durst, Lucr. – **3** übtr.: **a** **leer** von usw., **ohne** etwas (als Fehler), corpora suco ieiuna, Lucr.: intestinum, der leere Darm, Leerdarm, Cels. – **b** insbes., **mager, unfruchtbar,** ager, Cic.: quid ieiunius (*sc.* hoc saxo)? Sen. – **c** poet. = **wenig,** sanies, Verg. georg. 3, 493. – **II** bildl.: **A** im Allg.: imperii divitiarumque avidi ieiunique, gierig u. hungrig nach usw., Iustin.: ieiunae huius orationis aures, unbekannt mit usw., Cic. – **B** insbes.: **a** **mager, unfruchtbar, kraftlos,** cognitio, Cic.: calumnia, Cic. – **b** **trocken, mager, saft- u. kraftlos,** oratio, Cic.: res, Cic.: ars, Quint.: Antonius ieiunior, Cic. – **c** **unbedeutend,** si non ieiunum hoc nescio quid, quod ego gessi, et contemnendum videbitur, nicht unbedeutend u. geringfügig erscheint, Cic. ep. 15, 4, 14: nam mihi paulo hoc volgatius et ieiunius videtur, Fronto ep. ad Anton. imp. et inv. 2, 6. p. 108, 12 N. – **d** geistig u. moralisch leer = **beschränkt, armselig, erbärmlich, fade,** illud vero pusilli animi et ipsā malevolentiā ieiuni et inanis, das aber verrät eine kleine Seele und selbst bei der Bösherzigkeit eine armselige und läppische Denkungsart, Cic.: nihil in me perfidiosum et insidiosum et fallax in amicitia, sed ne humile quidem aut ieiunum (Albernes, Fades) debes agnoscere, Cic.

ientāculum u. **iantāculum,** ī, *n.* (iento, ianto), das einfache **Frühstück** (beim Frühaufstehen von Schwelgern, schwächlichen Personen u. Kindern genommen, vgl. prandium), ient., Apul. met. 1, 2 u. 1, 18: iant., Suet. Vit. 13, 1. Mart. 1, 87, 3 u. 14, 223, 1. Nigid. fr. bei Isid. orig. 20, 2, 10.

ientātio, ōnis, *f.* (iento), das **Frühstücken,** Firm. math. 2, 10 (wo Plur.).

iento u. **ianto,** āvī, āre, **frühstücken,** iento, Varro sat Men. 278: ianto, Suet. Vit. 7, 3. Mart. 8, 67, 10.

Ieremiās, ae, *m.,* der Prophet **Jeremias,** Prud. ham. 450. Iuvenc. 3, 269. – auch Hieremīās, ae, *m.,* Lact. 4, 11, 4. Commod. apol. 221.

Ierichō, *fem. indecl.* (Ἱεριχώ), die Stadt **Jericho** in Palästina, Vulg. num. 22, 1 u. ö. Prud. psych. 536; ham. 480 (wo Obbar. Akk. Iericho, Dressel Iericho̅n). – Dav. **Ierichontīnus** od. **Ierichuntīnus,** a, um, **in** od. **aus Jericho,** solitudo Ierichont., Vulg. Ierem. 39, 5: meretrix Ierichunt., Augustin. c. mendac. § 32.

Iērnē od. **-a,** s. Hibernia.

Ierosolyma, -mītānus, s. Hierosolyma.

Ierusalēm, *fem. indecl.,* s. Hierosolyma.

Iēsūs, Genet. ū, *m.* (Ἰησοῦς), **I** **Jesus,** Lact. 4, 12, 6. Prud. cath. 1. 81 u. a. Iuvenc. 4, 599. – **II** **Josua,** Vulg. Matth. 1, 1 u. a. Lact. 4, 5, 6; 4, 17, 9. Prud. cath. 12, 173.

Iētae, ārum, *m.,* s. Ios.

Īgilium, iī, *n.,* eine kleine Insel im Tyrrhenischen Meer an der Küste von Etrurien, j. *Giglio,* Caes. b. c. 1, 34, 2. Mela 2, 7, 19 (2. § 122). Rutil. Nam. 1, 325.

igitur, *Adv.,* unter diesen Verhältnissen, **so, sonach,** **I** im Allg.: sei (= *si*) in ius vocat, ni it antestator, igitur im (= *eum*) capito, XII tabb.: quando habeo anulum, igitur rationem mearum fabricarum dabo, Plaut. – dah. igitur tum, igitur deinde, sodann, Plaut.: igitur demum, dann nun erst, Plaut. – igitur ut, sodass, deshalb dass, Plaut. – **II** insbes.: **A** bei einer notwendigen logischen Schlussfolge = **also,**

demnach, sonach, folglich, e Lacedaemoniis unus, cum Perses hostis in colloquio dixisset glorians, solem prae iaculorum multitudine et sagittarum non videbitis: in umbra igitur, inquit, pugnabimus, Cic.: si mentiris, mentiris. Mentiris autem: igitur mentiris, Cic. – **B** in Fragesätzen = **also, denn,** ecquis est igitur te excepto, qui illud aut fieri noluerit aut factum improbarit? ist denn nun wohl einer usw., Cic.: in quo igitur loco est? credo equidem in capite, Cic.: quid igitur faciam? was mache ich denn nun? Ter.: dices, quid igitur causae fuit? was war denn die U.? Cic. – in der ironischen od. sarkastischen od. unwilligen Frage, igitur hocine est amare? Plaut.: dicet aliquis: haec igitur est tua disciplina? Cic.: oblitusne es igitur fungorum illorum, quos apud Niciam? Cic.: quin igitur ad diripiendos thesauros discurrite? Curt. – **C** bei Imperativen = **also, so ... denn, nun so,** animadverte igitur, rectene hanc sententiam interpreter, Cic.: fac igitur, quod etc., Cic.: igitur exprome nobis etc., Tac. dial.: ganz gew. vide igitur, Cic. (s. Görenz Cic. Acad. 2, 96). – u. beim Konjunktiv, sit igitur cura elocutionis quam maxima, dum sciamus, Cic. – **D** (wie οὖν) nach Abschweifungen, Episoden u. Parenthesen, um den Faden der Rede wieder anzuknüpfen = **also, sage ich,** cum Patrone Epicureo ... Is igitur Patro, Cic.: scripsi etiam (nam ab orationibus disiungo me fere), scripsi igitur etc., Cic. Vgl. Bremi Nep. Thras. 4, 3. Fabri Sall. Cat. 54, 1. Mützell Curt. 3, 2 (4), 2. – **E** um mehreres Gesagte zusammenzufassen, od. auch, um die Rede bis zu einem gewissen Abschluss zu bringen = **nun, nun aber,** pro imperio, pro exercitu, pro provincia etc., *pro his igitur omnibus rebus* nihil aliud a vobis, nisi huius temporis memoriam postulo, Cic.: nunc ad demonstrativum genus causae transeamus. – In huiusmodi *igitur* causa principium sumetur aut etc., Rhet. Her. – ► igitur steht gern nach einem oder zwei Wörtern, oder sogar zuletzt nach mehreren eng verbundenen Wörtern, doch auch zuerst (z. B. häufig so bei Sall., selten bei Cic., z. B. Tusc. 1, 9 u. 1, 11).

īgnāruris, e (in u. gnaruris), **unwissend,** Gloss. II, 76, 35; 79, 33 ›ignarures, ἀγνοοῦντες‹.

ī-gnārus, a, um (in u. gnarus), **I** aktiv, **unerfahren, unwissend, unbekannt** mit etwas, etwas **nicht ahnend, ohne Ahnung, arglos,** mit *Genet.*, physicorum, Cic.: belli, Sall.: rei, Iustin.: pavendi, keine Furcht kennend, Amm.: faciendae orationis, Cic.: ignari malorum suoram, Sen.: mentes rudes et omnium ignarae, Quint.: magna pars Pisonis ignari, den P. (von Person) nicht kennend, Tac.: haud ignarus sum opinionis alterius, Liv.: litterarum ignarus, Tac.: artis esse ignarum alicuius, Arnob.: poet., ignara mariti, unverheiratet, Hor.: ante malorum, uneingedenk, Verg.: curarum ignara voluptas, unbekannt mit (= ohne) S., Stat. – m. *de* u. Abl., de caede Galbae ignari, Tac. hist. 1, 67. – m. folg. *Infin. Praes. Pass.*, placito ignara moveri Atropos, Stat. Theb. 3, 67. – mit folg. *Acc.* u. *Infin.*, non sumus ignari multos studiose contra esse dicturos, Cic.: ignarus nondum (eum) a censoribus in senatorium ordinem allectum (esse), Val. Max.: ignarus non omnes esse rogandos, Ov. – m. folg. indir. Fragesatz, ignari, quid queat esse, quid nequeat, Lucr.: ignaro populo Romano, quid ageretur, Cic.: ignarus, belli quae in dies fortuna novaret, Liv.: haud ignari, quanta invidiae immineret tempestas, Liv.: ignari, an (ob) impetrassent, Tac.: haud ignaro imminet fortuna, ich weiß recht wohl, welches Schicksal mir bevorsteht, Liv.: ignaris omnibus, parare quae mox usui forent, Sall.: quem ignarum inermumque centurio confecit, Tac. – subst., ab imperito dicendi ignaroque, Cic.: *Superl.*, an nescis quae sit haec res? *Si.* Iuxta cum ignarissimis, Plaut. Pseud. 1161. – **II** passiv, jmdm. **unbekannt, fremd,** m. *Dat.*, regio hostibus ignara, Sall.: proles ignara parenti, Ov.: *n. pl.* subst., per occulta et vigilibus ignara (verdeckte u. den W. unbekannte Gänge), Tac. – *Superl.*, quaedam (sidera) sunt aliis (terris) omnino ignarissima, Gell. 14, 1, 13. – absol. (vgl. Fabri Sall. Iug. 18, 6), ignari montes, Verg.: ignara lingua, Sall.: *n. pl.* subst., avidus ignara cognoscendi, Dict. 2, 37.

īgnāvē u. **īgnāviter**, *Adv.* (ignavus), **I träge, ohne Energie, mit Unlust,** ignave dicere multa, unkräftig, müßig, Hor.: curam ignaviter quaeris, Lucil. fr.: an ego, cum omnes caleant, ignaviter aliquid faciam? Hirt. in Cic. ep.: *Compar.*, summas carpere ignavius herbas, Verg. georg. 3, 465. – **II** insbes., **feig, feigherzig,** ne quid timide, ne quid ignave faciamus, Cic. Tusc. 2, 55.

īgnāvēsco, ere (ignavus), **träge werden,** Tert. de anim. 43 *extr.*

īgnāvia, ae, *f.* (ignavus), **I** die **Lässigkeit, Trägheit,** als **Mangel an Tatkraft, an Energie,** Ggstz. industria, Sall., Ggstz. labor, Cels.: qui exaedificaret suam incohatam ignaviam (Taugenichtsleben), Plaut.: Plur., Gell. 9, 5, 6. – u. insbes., die **Feigheit, Feigherzigkeit,** Ggstz. fortitudo, Cic.; u. Ggstz. virtus, Sall. – **II** übtr., v. lebl. Subjj., das **Unkräftige, Unwirksame,** odoris, Plin. 12, 119.

īgnāviter, *Adv.*, s. īgnāvē.

īgnāvo, āre (ignavus), **träge-, mutlos machen,** Acc. tr. Aen. 9 R[2].

ī-gnāvus, a, um (in u. gnavus), *Adi.* m. *Compar.* u. *Superl.*, **I lässig, träge, ohne Energie, untüchtig, faul, bequem,** ein **Faulpelz (Taugenichts), 1** eig.: **a** im Allg. (Ggstz. strenuus, industrius), senectus, Cic.: apes, Verg.: anni, Ov.: homo ignavior, Cic.: te sene senum omnium neminem esse ignaviorem, Plaut.: homo ignavissimus, Cic.: poëta ignavissimus, höchst elender, Gell.: ille ignavissimus, Erztaugenichts, Erzschuft, Plaut.: si non fecero ei male aliquo pacto, me esse dicito ignavissimum, Plaut. – m. *ad* u. Akk., haud ignavus ad ministeria belli iuvenis, Tac. ann. 2, 78: ignavissimus ad opera ac muniendum hostis, Liv. 9, 4, 8. – mit *Genet.*, legiones operum et laboris ignavae, Tac. ann. 11, 18. – m. *Infin.*, et ignavus rediturae parcere vitae, Lucan. 1, 462. – **b** insbes., **feig, feigherzig** (Ggstz. fortis, strenuus, bonus, aber auch audens, ferox), ignavus miles et timidus, Cic. (vgl. illis timidis et ignavis esse licet, qui etc., Liv.): strenuus aut ignavus miles, Liv.: canis, Hor.: hostis ignavissimus, Liv. – m. *Abl. loc.*, ut quisque ignavus animo, procax ore, Tac. hist. 2, 23. – mit *in* u. Akk., ferox in suos, ignavus in hostes, Amm. 22, 4, 7. – subst., īgnāvus, ī, *m.*, der Feige, Feigling, die Memme, Sall.: Plur., Cic. u. a. – **2** übtr., v. Lebl.: **a** übh. = **untätig, kraftlos, fade,** gravitas, unbeweglich, Verg.: so auch globus, Plin.: partes, ohne Kraft, ohne Geruch, Plin.: cornicula, ohne Nutzen, ohne Gebrauch, Plin.: sucus, unwirksam, Plin.: nemus, unfruchtbar, Verg.: lux, Tag, an dem man untätig ist, Iuven.: ne illa quidem significationis eiusdem repetitio ignava et frigida videri debet, darf uns fade (nichtssagend) und matt erscheinen, Gell.: ego odi homines ignavā operā, unnützer, brotloser, Pacuv. fr.: Galliae ignavum conferunt stipendium, in Trägheit u. Feigheit, Vell. – **b** insbes., dem Geschmack nach **fade, ungenießbar,** diluti salis et fellis ignavi, Auson. epist. 11. praef. p. 170, 3 Schenkl: m. *Abl.*, quaeque gustu ignava sunt et quae sapore tristia, Auson. epist. 15, 7. p. 173 Schenkl. – **II** aktiv = **träge machend,** frigus, aestus, Ov.: dolor, Plin.: dah. ratio (ἀργὸς λόγος), Vernunftschluss von dem Verhängnis, der die Menschen träge machen muss, Cic.: so auch genus interrogationis, Cic.

īgneo, ēre, **heiß sein, glühen,** Prisc. 9, 28 (ohne Beleg).

īgneolus, a, um (*Demin.* v. igneus), **gar feurig,** Prud. cath. 3, 186.

īgnēsco (īgnīsco), ere (ignis, s. Prisc. 9, 28), **zu Feuer werden, in Feuer-, in Brand geraten, sich entzünden, I** eig., u. zwar: **A** im engeren Sinne, Lucr. 6, 301. Cic. de nat. deor. 2, 118. Ov. met. 15, 847: sol maximum sidus aetheris medii limite ignescit, Censor. fr. 3, 2. – **B** im weiteren Sinne: **a** v. der Farbe, color ignescens, aufflammende, Plin. 37, 21. – **b** vom Gesicht, **erglühen = erröten,** et tristes ignescunt sanguine vultus, Stat. Theb. 3, 78. – **II** übtr., v. Leidenschaften = **entbrennen,** Rutulo ignescunt irae, Verg.: amor ignescit menti, Colum. poët.: ignescentia odia, Stat. – v. Pers. = v. einer Leidenschaft **erglühen,** virgo ignescens penitus, Sil.: furiis ignescit opertis, Val. Max.: cupiditatibus ignescit, Augustin.: m. folg. *Infin.*, hinc ardore pari nisuque incurrere muris ignescunt animi, Sil. 13, 179 *sq.* – ► Passiv ignescitur, Laber. com. 26.

īgneus, a, um (ignis), **feurig, aus Feuer bestehend, brennend,** brennend **heiß, I** eig.: **A** im engeren Sinne: sol, sidera, Cic.: ardor, Rhet. Her.: aestas, die Glut des Sommers, Hor.: Aetne, Ov.: lavacra, Cael. Aur.: currus (Eliae), Feuerwagen, Hieron.: vis, das reinere Feuer als

Urelement des Heraklit, Cic. de nat. deor. 3, 35. – **B** im weiteren Sinne, **feuerfarbig, flammend** wie Feuer, astra, Verg.: purpura, Val. Flacc.: color, Feuerfarbe, Plin. – **II** übtr., **glühend, feurig, lebhaft, hitzig,** furor, Ov.: vigor, Verg.: Tarchon, Verg. – ► Vok. Sing. ignee, Prud. cath. 10, 1.

īgnia = vitia vasorum fictilium, Paul. ex Fest. 1, 74 *Thewr.*

īgniārius, a, um (ignis), **zum Feuer gehörig, Feuer-,** lapis, Marc. Emp. 33. – *neutr. plur.* subst., īgniāria, Feuerstoffe, Zündstoffe (v. Holzarten), Plin. 16, 207.

īgnicāns, antis (ignis), **flammend, feuerfarbig,** grana, Iul. Val. 3, 21 (33).

īgnicolor, ōris, u. **īgnicolōrus,** a, um (ignis u. color), **feuerfarbig,** Iuvenc. 4, 155 u. 560.

īgnicomāns = ignicomus, Avien, Arat. 8.

īgnicomus, a, um (ignis u. coma), **mit feurigem Schweif-, mit feurigen Strahlen versehen, feuerfarbig,** leo, Nemes. cyn. 214: sol, Auson. epist. 7, 8. p. 164 Schenkl.

īgniculum, ī, *n.*, s. īgniculus ►.

īgniculus, ī, *m.* (*Demin.* v. ignis), ein **Feuerchen, kleines, schwaches Feuer,** ein **Flämmchen, I** eig., Plin. u. a. – im weiteren Sinne = das **Flammende** eines Edelsteins, Plin. 37, 90 u. a. – **II** übtr.: **1** die **Heftigkeit,** desiderii, brennende, heiße Sehnsucht, Cic. ep. 15, 20, 2. – **2** der **Funke,** der **erste Anfang, Zündfunke,** virtutum, Cic.: iacit igniculos viriles, wirft (zeigt) Funken männlicher u. entschlossener Sinnesart, Cic. – ► Nbf. īgniculum, ī, *n.*, Fulgent. mythol. 3, 4. p. 63, 22 *Helm.*

īgni-factus, a, um (*ignifacio), **erhitzt, glühend, heiß,** lapides molares, Th. Prisc. 2, 2, 15.

īgni-fer, fera, ferum (ignis u. fero), **Feuer tragend, feurig,** aether, Cic. poët. fr. u. Lucr.: axis, Ov.: tauri, Val. Flacc. – übtr., hortatus, Sil. 17, 294.

īgni-fluus, a, um (ignis u. fluo), **Feuer sprühend,** Claud. III. cons. Hon. 196. Auct. laud. Herc. 10, 127 u. 137.

īgni-gena, ae, *m.* (ignis u. geno = gigno), der **Feuergeborene,** Beiname des Bacchus (s. 1. Bacchus *no.* I), Ov. met. 4, 12.

īgnīnus, a, um (ignis), **im Feuer stehend,** igninus iste, dieser Feuermann, Apul. met. 7, 20 zw.

īgnio, īvī, ītum, īre (ignis), **feurig-, glühend machen, heiß machen, erhitzen, anzünden,** Cypr. ad Fortun. 11. p. 339, 1 H. Augustin. epist. 149, 33 u. in psalm. 65, 16. Prud. perist. 10, 1078. Chalcid. Tim. 39 B. u. 351. Iul. Val. 3, 6 (3): ignito aëre (Abl. absol.), Chalcid. Tim. 318: sales igniti, Th. Prisc. 2, 15 *in.*: ferrum ignitum, Plin. Val. 2, 18: aqua ignita, Firm. de err. 3, 5: pelles sole ignitae, Cael. Aur. de morb. chron. 3, 8, 112. – ► īgnītus, *Adi.*, s. bes.

īgni-pēs, pedis (ignis u. pes), **feuerfüßig** = reißend schnell, equi, Ov. met. 2, 392. Stat. Theb. 1, 27: tauri, Mart. spect. 27, 7.

īgni-potēns, entis (ignis u. potens), **feuermächtig,** lux, Avien. Arat. 710. – u. **Beherrscher des Feuers,** Beiname des Vulkan, Verg. Aen. 8, 710; 12, 90. Epit. Iliad. 105.

īgnis, is, Abl. e u. ī, *m.* (altind. *agnī-h)*, das **Feuer, I** eig.: **A** im engeren Sinne: **1** im Allg.: ignis aëre purior, Ov.: ignis multus, Caes.: vivus ignis, lebendiges Feuer = brennende Kohlen, Vell.: e cavernis maris ignium eruptio, Sen.: versare in igne, am F., Hor.: ignem concipere od. comprehendere, Feuer fangen, Cic. u. Caes.: ignem accendere, Verg.: ignem ab igne capere, Feuer (Licht) am Feuer (Licht) anzünden, Cic.: operibus ignem inferre, Caes.: alqm igni cremare, necare, interficere, Caes.: dare alimenta igni, Curt.: dare alqd igni, Val. Flacc., ignibus, Prop.: ferro ignique, s. ferrum *no.* II, 2. – aestivi ignes, Prop.: illi sempiterni ignes, quae sidera et stellas vocatis, Cic.: malleoli ignesque, Feuerstoffe, Auct. b. Alex. – im Bild, von verderbenbringenden Zuständen od. Pers., die **Flamme,** der **Brand,** quem ille obrutum ignem reliquerit, ita ut toties novum ex improviso incendium daret, eum se exstincturum, Liv.: ne parvus hic ignis incendium ingens exsuscitet, Liv.: et Syphacem et Carthaginienses, nisi orientem illum ignem oppressissent, ingenti mox incendio arsuros, Liv. – **2** insbes.: **a** die **Feuersbrunst,** pluribus simul locis, et iis diversis, ignes coorti sunt, Liv. 26, 27, 5: idem annus gravi igni urbem affecit (suchte heim), Tac. ann. 6, 45. – **b** das **Wachtfeuer,** ignes Thessali, Hor.: ignes fieri prohibuit, Caes.: ignibus exstinctis, Liv. – **c** der **Feuerbrand,** Plur., ignibus armata ingens multitudo facibusque ardentibus tota collucens, Liv.: instrumenta necis ferrumque ignesque parantur, Ov. – **d** die **Flamme** des Scheiterhaufens, der **brennende Scheiterhaufen,** in ignem ponere, Ter.: alienis ignibus ardent, Ov.: ignes supremi, Begräbnisflamme, Ov. – **e** der **Feuerstrahl = Blitzstrahl,** der **Blitz,** ignis coruscus, Hor.: Plur., ignes trisulci, rutili, Ov.: elisi nubibus, Ov.: saevi (v. **einem** Blitz), Ov. – **f** das **Feuer, Licht** der Gestirne, ignes curvati lunae, feurige Sichel, Hor.: ignes minores, die kleineren Lichter des Himmels, die Sterne, Hor. – **B** im weiteren Sinne: **a** die **Glut, Hitze,** ignes solis, Ov.: u. so siderei, Phoebei, Ov.: diurni, die Tagesglut, Ov.: aëris, Ov. – **b** das **Feuer,** der **Glanz, Schimmer,** das **Funkeln,** der Gestirne, Hor.: der Edelsteine, Mart.: der Metalle, Claud.: der Augen, Cic. Tim. 49. – **c** das **Feuer** der Wangen, die **Röte,** Cic. Tim. 40 M. Stat. Ach. 1, 516: dah. sacer ignis, die sogenannte »Rose«, das »Antoniusfeuer«, od. sonst heftige Entzündungen des Körpers, Verg.: von der Rose (erysipelas) unterschieden, Cels. – **II** übtr.: **1** im Allg.: quidam divinus ignis ingenii et mentis, Cic. fr.: huic ordini novum ignem subieci, d. i. Grund zum Hass, Cic.: igni spectatus, der die Feuerprobe ausgehalten, Cic.: ebrietas ignis in igne fuit, der Rausch goss Öl in das Feuer, Ov. – **2** insbes., das leidenschaftliche Feuer, die Glut, **a** die **Glut der Begeisterung,** aetherii ignes, Ov. fast. 1, 473: laurigeri ignes, Stat Ach. 1, 509. – **b** das **Feuer,** die **Glut der Liebe,** die **Liebe,** Hor. u. Ov.: castissimi ignes Porciae, Val. Max.: secundus, Liebe, Ehe, Prud.: miseram tuis dicens ignibus uri, Hor. – meton., die **Flamme** = die geliebte Person selbst (vgl. Prisc. de XII vers. Aen. § 62), Hor. epod. 14, 13: meus ignis, Verg. ecl. 3, 66. Ov. am. 2, 16, 11: tuus ignis, Ov. am. 3, 9, 50. – **c** die **Zornesglut, Wut,** exarsere ignes animo, Verg. Aen. 2, 575: saevos irarum concipit ignes, Val. Flacc. 1, 748.

īgnīsco, s. īgnēsco.

īgnispicium, iī, *n.* (ignis u. specio), das **Weissagen aus dem Feuer,** die **Feuerdeutung,** Plin. 7, 203.

īgnītābulum, ī, *n.* (ignio), das **Feuerzeug,** Solin. 11, 19; vgl. Paul. ex Fest. 105, 7. – übtr., **Anreizungsmittel,** Macr. sat. 2, 8. § 4.

īgnītulus, a, um (*Demin.* v. ignitus), **gar feurig,** Tert. ad nat. 1, 10.

1. īgnītus, a, um (v. ignis), **feurig, glühend,** liquor, Cic. bei Serv. Verg. Aen. 6, 33: aether, Apul. de mund. 1: sidus, Vopisc. Car. 8, 5: globus iste ignibus lucifer, Chalcid. Tim. 247: lapides, Mart. Cap. 1. § 75: vinum naturā ignitius, Gell. 17, 8, 10: draconis effigies ignitissima, Iul. Val. 3, 56 (31). – übtr., ingenium, Prud. ham. 544: istius verbi ignita vis, Paulin. in Augustin. epist. 121, 18: ille morsus dentis igniti, Sidon. epist. 1, 11, 4: voto pennatior de spe voti ignitior, Itin. Alex. 29 (69).

2. īgnītus, a, um, *Partic.* v. ignio, s. d.

3. īgnitus, *Adv.* (ignis), **auf dem Wege des Feuers, durch Flammen,** Cassiod. var. 3, 47, 5 (Mommsen imitus).

īgnivagus, a, um (ignis u. vagot), nach Art des Feuers umherfahrend, **wie ein Lauffeuer,** Mart. Cap. 9. § 896. Coripp. Ioann. 4, 24 u. 6, 371.

īgnivomus, a, um (ignis u. vomo), **Feuer speiend,** sol, Ven. Fort. carm. 3, 9, 3.

ī-gnōbilis, e (in u. gnobilis = nobilis), **unbekannt** (Ggstz. nobilis), **I** dem Ruf nach **unbekannt, unberühmt, ruhmlos, gemein, a** v. Pers., homo, Cic.: legati, Liv.: non ignobilis dicendi magister, Cic.: civitas, Caes.: ign. ferae, Curt.: nec ignobiles *in* officiis civilibus, Quint. 2, 4, 27. – *Superl.*, ignobilissimi alioqui, Plin. 35, 28. – **b** v. Lebl.: urbs, Liv.: haud ign. urbs, Liv.: argentaria non ign., Cic.: libellus, Auson.: reditus, Liv.: mors, Curt.: pax, Eutr. – *Compar.*, innocentius iam est quodcumque et ignobilius, Plin. 23, 34. – **II unbekannt** der Geburt nach, **von niederer (geringer) Herkunft (Abkunft), niedrig, gemein,** virgo, Ter.: familia, Cic.: vulgus, Verg.: M. Agrippa ignobilis loco, Tac.

īgnōbilitās, ātis, *f.* (ignobilis), die **Unbekanntheit, I** dem Ruf nach, die **Unberühmtheit, Ruhmlosigkeit,** Cic. u. a.: ignobilitas aut humilitas, Cic. – Plur., Firm. math. 3, 5, 39. – **II** der Geburt nach, die **Niedrigkeit der Geburt,** die **niedere (geringe) Abkunft (Herkunft),** der **niedere Stand,** paterna, Liv.: generis, Cic.: uxorum, Cic.: virorum, Ov. – übtr., vini, Colum. 3, 21, 10.

īgnōbiliter, *Adv.* (ignobilis), **unansehnlich, auf gemeine Art,** pauxilla aedes ign. ad culmen fastigata, Solin. 56, 16: funus ign. est sepultum, Eutr. 7, 23 *extr.*

īgnōbilito, āvī, āre (ignobilis), **verunehren** (Ggstz nobilem facere), alqm, Augustin. serm. 166 3 *Mai.* Vgl. Not. Tir. 7, 72[a].

īgnōminia, ae, *f.* (in u. gnomen = nomen), eig. Beraubung des guten Namens; dah. der **Schimpf,** die **Beschimpfung,** auch als Strafe, wodurch der zu Bestrafende beschimpft und dem Spott anderer preisgegeben wird, die **Brandmarkung durch Schimpf** (namentlich durch den Zensor od. beim Heer durch den Feldherrn), ignominiam accipere, Caes., suscipere, Cic.: ignominiam alci iniungere od. inferre, Liv., od. inurere, Cic.: ignominiam exstinguere, Cic.: ignominiā alqm afficere, Cic.: ignominiā notare, durch Schimpf brandmarken (v. Zensor), Cic., u. milites, Curt.: ignominiam habere, Cic.: ignominia est (es ist schimpflich), m. folg. *Infin.*, Plin. 18, 13: per ignominiam, auf schimpfliche Art, mit Schimpf, Cic.: per ignominiam dimitti, Tac. – m. subj. *Genet.*, senatus, Cic.: mortis, Cic.: m. obj. *Genet.*, familiae, Nep. – Plur., Sicilia tot hominum iniquitates ignominiasque perpessa, Cic. Verr. 3, 64.

īgnōminio, (āvī), ātum, āre (ignominia), **beschimpfen,** Gell. 8, 15 *lemm.*

īgnōminiōsē, *Adv.* mit *Compar.* u. *Superl.* (ignominiosus), **mit Schimpf, schimpflich,** pugnare, Eutr. 4, 24: ab hominibus magis nullis ignominiosius eos tractari, quam a vobis, Arnob. 4, 30: ignominiosissime fugere, Oros. 7, 7, 13.

īgnōminiōsus, a, um (ignominia), **voll Schimpf u. Schande, schimpflich,** dominatio, Cic.: fuga, Liv.: v. Menschen, **beschimpft,** bes. v. Zensor **durch Schimpf gebrandmarkt,** oft (im Sing. u. Plur.) subst., Quint. u. a.: ignominiosissimum caput, Tert.: quod ignominiosissimum est, Augustin.

īgnōminium, iī, *n.*, Nbf. v. ignominia (s. d.), Commodian. instr. 1, 19, 1. – Isid. orig. 5, 27, 25 Otto ignominia. – ► Da in der Stelle bei Commodian steht ›non ignominium est‹, so könnte es auch von ignominius = ignominiosus herkommen.

īgnōrābilis, e (ignoro), **unbekannt,** non ignorabile, Cic. de inv. 2, 99: litterae ignorabiles, Apul. met. 11, 22: iacetis ergo prorsus ignorabiles, nec fama notos efficit, Boëth. cons. phil. 2. carm. 7, 21: *Compar.*, alterum autem illud ignorabilius obscuriusque est, Gell. 9, 12, 4.

īgnōrābiliter, *Adv.* (ignorabilis), **auf unbekannte Art,** Apul. met. 3, 17.

īgnōranter, *Adv.* (ignorans v. ignoro), **1 unwissend,** Cypr. epist. 63. *c.* 1 u. 17. Vulg. Sirach 14, 7 u. a. Eccl. – **2 unwissentlich,** Ggstz. scienter, Augustin. c. duas epistul. Pelag. 3, 5.

īgnōrantia, ae, *f.* (ignoro), die **Unkenntnis** von etwas, die **Unerfahrenheit** in etwas m. subj. *Genet.*, lectorum (der Leser), Nep.: m. obj. *Genet.*, loci, Caes., od. locorum, Suet.: viae, Sen.: bonarum rerum, Nep.: praeteritae culpae, Quint.: absol., Cic. u. a.: per ignorantiam, Spät. – Plur., Vulg. psalm. 24, 7 u. Sirach 23, 3.

īgnōrātio, ōnis, *f.* (ignoro), **I** die **Unbewusstheit,** dah. **Unfreiwilligkeit,** Cic. top. 64. – **II** das **Nichtkennen,** die **Unkenntnis** (Ggstz. scientia), locorum, Cic.: futurorum, Cic.: iuris, Cic.: causarum, Cic.: sui, Cic.: regis, das Nichtkennen des K. von Person, Curt.: m. subj. *Genet.*, ignoratio et inscitia improbe dicentium, Gell.: absol., Cic. u. a.: Plur., Vulg. Sirach 23, 2.

īgnōro, āvī, ātum, āre (ignarus), etwas **nicht kennen** oder **nicht kennen wollen, keine Kenntnis** von etw. **haben** od. **nehmen,** über etw. od. jmd. in **Unwissenheit sein, von** etw. od. jmd. **nichts wissen** (Ggstz. alqd od. alqm intellegere), auch jmd. **von Person nicht kennen** (s. Fabri Liv. 21, 43, 14. Benecke Iustin. 13, 1, 11), **α** m. *Acc.*: ius ignorare neque tenere, Plaut.: ignoro causam, Cic.: id vos ignorare nolui, ich wollte es euch nicht verhehlen, Nep.: Aegyptiorum morem quis ignorat? Cic.: eventus belli non ignorans, Caes.: ign. alcis faciem, jmd. von Gesicht (von Person), Sall.: alqm, Komik., Cic., Nep. u. a. (s. Gronov Iustin. 13, 1. § 11 u. bes. Broukh. Prop. 2, 2, 56): u. so mulierem, Liv.: deum, von Gott (vom Dasein Gottes) nichts wissen, Lact.: me ignoras, du kennst mich (meinen Charakter) noch nicht, Ter. – Passiv, ignoraretur forsitan ista fides, Ov.: pater ignoratur, man will den Vater nicht kennen, Ter. – Partiz. ignorans im Plur. subst., die Unwissenden, Ggstz. scientes, Lact. 2, 5, 16. – **β** m. folg. *Infin.*, causas dicere, Claud. nupt. Hon. 186: descriptas servare vices operumque colores cur ego si nequeo ignoroque poëta salutor? Hor. de art. poët. 86 *sq.* – **γ** m. folg. *Acc.* u. *Infin.*: quis ignorabat Cn. Pompeium fecisse foedus, eādem in causa esse Mancinum, Cic.: sunt enim ignorantis, cum de aeternitate dicatur, de mente dici, quae, Cic. Tusc. 1, 80: neque ignoro toto illo tempore tantum effici, quantum etc., Quint.: neque illud ignoro in iisdem fere, qui significandi gratiā adhibentur, esse et ornatum, Quint.: im Passiv mit folg. *Nom.* u. *Infin.*, ignorabatur esse Chremes, Donat. Ter. Andr. 5, 1, 20. – **δ** m. folg. indir. Fragesatz: cum id quam vere sit ignores, Cic.: si iuvenis regnum accepisses, minus equidem mirarer ignorasse te, quam gravis aut amicus aut inimicus esset populus Rom., Liv.: non ignoro, quanti eius nomen putetis, Cic.: si ignoramus, quid sit virtus, una sit an plures separatae aut innexae, Sen. – quis ignorat od. non ignoro m. folg. *quin* u. Konj., Cic. Flacc. 64. Quint. 12, 7, 8. Sulpic. Sev. dial. 1 (2), 3, 8. – **ε** m. folg. *de* u. Abl., ignorat etiam de filio, Cic. ad Att. 8, 14, 3. – **ζ** absolut: an vero vos soli ignoratis? Cic.: ignorantes facere alqd (Ggstz. coactos od. volentes scientesque), Sen. – Partiz. īgnōrātus, a, um, **a nicht gekannt, unbekannt,** ars, Hor.: ignoratum a Syracusanis sepulcrum, Cic. – **b nicht erkannt, unbemerkt, unentdeckt,** Sall. u. Tac. – **c unbewusst,** dah. **unfreiwillig, unverschuldet** (Ggstz. voluntarius), Cic. top. 63 u. 64. – ► Parag. Infin. Pass. ignorarier, Ter. Phorm. 931.

īgnōscēns, entis, *PAdi.* (v. ignosco), **verzeihend, versöhnlich,** animus ignoscentior, Ter. heaut. 645.

īgnōscenter, *Adv.* (ignoscens), **versöhnlich,** Donat. Ter. adelph. 1, 1, 28.

īgnōscentia, ae, *f.* (ignosco), die **Verzeihung,** Interpr. Iren. 4, 15, 2: im Plur. b. Gell. 6 (7), 3, 47.

īgnōscibilis, e (ignosco), **verzeihlich,** Castric. b. Gell. 13, 21, 1.

ī-gnōsco, nōvī, nōtum, ere (in u. gnosco = nosco), etw. **nicht kennen wollen, nachsehen, verzeihen,** jmd. **begnadigen,** m. *Dat. rei* od. *pers.*, Cethegi adulescentiae, Sall.: haesitationi meae, Cic.: vitiis, Hor.: tibi ignosco, Nep.: ignoscite matri, Ov.: orat, ut sibi ignosceret, Caes.: m. *Acc. rei*, klass. nur m. allg. *Acc.*, wie hoc, Cic.: pleraque, Vell.: omnia sibi, Vell.: peccatum, Plaut.: factum istuc, Ter.: ignota peccata, Auct. b. Afr.: dementia ignoscenda (verzeihlich), Verg.: u. so causa ignoscenda, Gell.: sed ea (culpa) quin sit ignoscenda, Ter.: m. folg. *si* oder *quod* (dass), ignoscite, si etc., Cic.: mihi ignoscas, quod etc., Cic.: absol., acceptā iniuriā ignoscere quam persequi malebant, Sall.: ignoscendi ratio, das Verzeihen, Cic.: ignoscendo populi Romani magnitudinem auxisse, Sall. fr. – ► *Partic. Fut. act.* ignoturus, Cato origg. 5, 10 u. Cic. Cato fr. 15 M. (beide bei Prisc. 10, 18). Spart. Pesc. 4, 5: ignosciturus, Piso fr. bei Prisc. 10, 18. Ambros. de Noë 13, 47.

īgnōtitia, s. in-nōtitia.

1. ī-gnōtus, a, um, *Partic.* v. ignosco, s. d.

2. ī-gnōtus, a, um (in u. gnotus = notus), *Adi.* m. *Compar.* u. *Superl.*, **I** passiv = nicht gekannt, **unbekannt, fremd** (Ggstz. notus), **1** im Allg.: **a** v. leb. Wesen, absol. Plaut., Cic. u. a.: ignoto consule diffusus Bacchus, unter einem der Zeit nach unbekannten, längst vergessenen, Lucan. 4, 379: quod longinqua eoque ignotior gens erat, Liv.: si adhibebit fidem, etsi ignotus, notust; si non, notus ignotissimust, Plaut.: inter Avernales haud ignotissima nymphas, Ov.: favos ignotus (unbemerkt) adedit (stelio), Verg. – mit *Dat.*, omnibus ignotus nautis, Nep.: exercitus ignotus adhuc duci suo, Liv.: ignotus plerisque et obscurus (Ggstz. urbibus notus et populis), Sen.: plurimis ignotissimi gentibus, Cic. – subst., īgnōtus, ī, *m.*, ein **Unbekannter,** ignotus alienusque, Plaut.: oft Plur. ignoti (Ggstz. noti), Cic. u. a.: ignoti inter se et ignorantes, Liv. – **b** v. Lebl.: forma, Nep.: arbor, Ov.: regio, Curt.: terra, Verg.: ignotae eā tempestate terrae, Liv.: origo, Vell.: ius obscurum et ign., Cic.: alter (dies) in vulgus ignotus, Cic.: haud ignotae belli artes inter se, Liv.: cucurbitae ignotiores, Th. Prisc.: ignotiora maria, Liv.: obscuriora et ignotiora verba, Quint. – m. *Dat.*, iter ignotum hostibus, Curt.: ignotae Parthis virtutes, Tac.: ille tibi non ignotus cursus animi, Cic. – **2** prägn., **von unbekannter (niederer) Herkunft, niedrig** (Ggstz. generosus), mater, Hor.: Achivi, Ov.: hic ignotissimus Phryx, Cic.: ignotissimus quaesturae candidatus, Suet.: Plur. subst., ignoti, Leute von unbekannter (niederer) Herkunft, Menschen ohne Ahnen, Hor. sat. 1, 6, 6 u. 24. – **II** aktiv (das Partiz. Perf. akt. vertretend), **α** absol. = nicht kennend, **der** jmd. (ihn) od. etw. **nicht kennt, unbekannt** mit etw. (damit), ne quis tamen erret ignotus, Ps. Quint. decl. 6, 2. – gew. Plur. subst.: ignoti (Ggstz. noti), Rhet. Her. 3, 12 u. 4, 63. Cic. Verr. 5, 75; ep. 5, 12, 7. Nep. Ages. 8, 1. Curt. 5, 12 (34), 20. Phaedr. 1, 11, 2. Avian. fab. 5, 17. – **β** (wie ἄγνωστος) m. *Genet.*, **unbekannt** mit etw., einer Sache **unkundig,** iteris, Naev. tr. 36: iuris sui, Callistr. dig. 49, 14, 2. § 7.

Iguvium, iī, *n.*, Stadt in Umbrien, j. *Gubbio* od. *Eugubio* (mit Überresten eines Theaters u. eines Tempels, wo man in einem Gewölbe neun [von denen zwei verloren gingen] Bronze-Tafeln in umbrischer Sprache fand). Caes. b. c. 1, 12. Cic. ad Att. 7, 13, 7. Sil. 8, 460. – Dav. **Iguvīnī,** ōrum, *m.*, die Einwohner von I., die **Iguviner,** Caes. b. c. 1, 12, 1; od. **Iguvīnātēs,** ium, *m.*, die **Iguvinaten,** Cic. Balb. 47.

īle, is, *n.* u. Nbf. **īleum** od. **īlium,** ī, *n.*, gew. Plur., īlia, ium, *n.* = λαγών, gew. Plur. λαγόνες, **I** der **Unterleib** von den untersten Rippen bis an die Scham, die **Weichen, Dünnen, α** *Sing.*, ile, Serv. Verg. ecl. 7, 26 u. Aen. 7, 499: ›λαγών, ile, ileum‹, Gloss.: ilium, Marc. Emp. 36: u. ilium, λαγών, Exc. ex Charis. 554, 17: u. ile (*al.* ilium), die Scham, Catull. 63, 5. – Abl. Sing. ilio im Wortspiel mit Ilio von Ilion, Poëta bei Serv. Verg. Aen. 7, 499. – **β** *Plur.*: vitia ilium, Plin.: dolor nimius iliorum atque ossium, quae a pube usque ad ilia perveniunt, quae Graeci ephebia appellaverunt, Cael. Aur.: iliis feminae latera sua annectit, Cels.: hoc morbi genus ab ilibus oriri solet, Cels.: suffodere ilia equis, Liv.: ilia ducere, schwer u. tief atmen, keuchen, Hor.: dass. ilia trahere, Plin.: u. ima longo ilia singultu tendere, Verg.: assiduis singultibus ilia quatere, Apul.: risu dissolvere ilia sua, das Zwerchfell erschüttern, Petron.: rumpantur ut ilia Codro, er mag zerplatzen, Verg. – Dat. Plur. iliis, Cels. 4, 1 *extr.* – **II** poet. übtr., **a** ilia = der **Magen u. die Gedärme, die Eingeweide,** o dura messorum ilia! Hor.: bei Tieren, Hor., Mart. u. Iuven. – **b** der **Bauch** eines Gefäßes, Iuvenc. 2, 141.

īleāticus, ī, *m.* (ileos), der **mit Darmverschlingung Behaftete,** Cael. Aur. de sign. diaet. pass. 44.

īleos (īleus), ī, *m.* (εἰλεός), eine **Darmverschlingung,** mit Entzündung, Koterbrechen usw. verbunden (rein lat. intestinorum tormentum, s. Cael. Aur. de morb. acut. 3, 17, 138 *sq.*), Plin. 20, 53; 30, 59 u. a. Plin. Val. 2 33.

Ilerda, ae, *f.*, befestigte Haupstadt der Ilergeten im tarrakon. Hispanien am Sikorisfluss (bekannt aus Cäsars Krieg gegen die Legaten des Pompejus, Afranius u. Petrejus, und durch die Gefangennahme beider Feldherren mit ihrem ganzen Heer i. J. 49 v. Chr.), j. *Lerida,* Caes. b. c. 1, 41 *sqq.* Hor. ep. 1, 20, 13 u. a.

Ilergaonēs, um, *m.* u. **Ilergavonēnsēs,** ium, *m.* od. **Illurgavonēnsēs,** ium, *m.*, eine Völkerschaft im Osten des tarrakon. Hispanien, neben den Edetanern (etwa in Nordvalencia u. dem südlichen Katalonien), Plin. 3, 20. Liv. 22, 21, 6. Caes. b. c. 1, 60, 2. – Dav. **Illurgavonēnsis,** e, **illurgavonensisch, der Illurgavonenser,** cohors, Caes. b. c. 1, 60, 4.

Ilergaonia, ae, *f.*, die Hauptstadt der Ilergaones (s. Ilergaonēs), Liv. fr. libr. 91.

Ilergētēs, um, *m.*, eine weitverbreitete Völkerschaft im tarrakon. Hispanien (deren Gebiet fast ganz Arragonien nördlich des Ebro nebst dem Gebiet von Lerida umfasste), mit der Hauptstadt Ilerda (s. d.), Liv. 21, 22, 3 u. a. Plin. 3, 21.

īleum, s. īle.

īleus, s. īleos.

īlex, icis, *f.*, eine Art Eiche mit stacheligem Laub u. kleiner Eichel, **Stecheiche** od. **Steineiche** (*Quercus ilex,* L.), griech. πρῖνος, Plin. 16, 19. Sall. Iug. 93, 4. Suet. Aug. 92, 2. Hor. epod. 2, 23 u. ö. Verg. ecl. 6, 54 u. ö. Ov. met. 7, 586 u. ö.: neben quercus, Enn. ann. 188. Hor. carm. 3, 23, 10 u. ep. 1, 16, 9. Verg. georg. 3, 334. Vulg. Isai. 44, 14. – meton. = **Eicheln,** Mart. 14, 70, 2.

1. **Īlia,** ae, *f.*, s. Īlion.

2. **īlia,** ium, *n.*, s. īle.

1. **Īliacus,** a, um, s. Īlion *no.* A.

2. **īliacus,** a, um (ileos), **mit Darmverschlingung verbunden,** passio, Cael. Aur. de morb. acut. 3, 17, 171 u. 3, 21, 206: morbus, Ps. Hippocr. ep. apud Marc. Emp. fol. 84 (b), 35 *ed. Ald.*: dolor, Cael. Aur. de morb. acut. 3, 20, 195. – subst., īliacī, ōrum, *m.*, **an Darmverschlingung Leidende,** Cael. Aur. de morb. acut. 3, 17, 173. Plin. Val. 2, 33. Th. Prisc. 2, 1, 9.

Īliada, ae, *f.*, Nbf. v. Ilias, die **Iliade,** das bekannte Gedicht Homers, Solin. 1, 100.

Īliadēs, s. Īlion *no.* B u. E.

Īlias, adis, *f.*, s. Īlion.

ī-licet, I = ire licet, **man kann gehen! lasst uns gehen! geh! A** eig.: ilicet. Quid hic conterimus operam frustra? Ter.: ilicet, ne te admisce! Ter.: ilicet arti in malam crucem, das Handwerk mag zum Henker gehen! Plaut. – **b** übtr.: **a** als Ausruf derer, die eine Sache verloren geben = **es ist aus!** actum est, ilicet, Plaut. u. Ter.: ilicet, desine, iam conclamatum est, Ter. – **b** als Ausruf derer, die eine Sache als geschehen ansehen = **es ist zu spät!** ilicet, vadimonium ultro mi hic facit, Plaut. Epid. 685. – **II** = īlico, **alsbald, sofort, sogleich,** ilicet in muros totā discurritur urbe, Verg.: numero ilicet obruimur, Verg.: ilicet nidum sibi construit, Ov.: ilicet arrectae mentes, Val. Flacc.

īlicētum, ī, *n.* (ilex), der **Eichenwald,** Mart. 12, 18, 20.

īliceus, a, um (ilex), **von-, aus Eichen, eichen,** trabes, Stat Theb. 6, 101: pali, Gromat. vet. 138, 21.

īlicinus, a, um (ilex), **von Eichen, eichen,** glans, die Eichel, Acro Hor. sat. 2, 4, 40.

ī-licō (illicō), *Adv.* (aus in *sloco, ältere Form für in loco), **I an dem Ort, auf der Stelle,** manete ilico, Caecil. fr.: ilico hic consiste, Ter.: sta ilico, Ter. – **II** übtr.: **A dahin, dorthin,** Turpil. com. 105. – **B** v. der Zeit, **auf der Stelle = alsbald, sogleich,** Pacuv. fr., Komik., Cic. u. a.: ilico oppido, sogleich auf der Stelle, Plaut.: ilico ubi od. ubi ilico, sobald als, Komik.

1. **Īliēnsēs,** ium, *m.*, s. Īlion *no.* D.

2. **Īliēnsēs,** ium, *m.*, eine Völkerschaft auf Sardinien, nach Mela die ersten Einwohner dieser Insel, Liv. 40, 19, 6. Mela 2, 7, 19 (2. § 123).

Īliēnsis, e, s. Īlion *no.* D.

īlīgneus, a, um (ilex), **von-, aus Steineichen, eichen,** frons, Cato u. Colum.: subscudes, Cato: manubria, Colum.

īlīgnus, a, um (ilex), **von** od. **aus Steineichen, eichen,** glans, Hor.: pedes, Ter.: corona, aus Eichenlaub, Caecil. com.

Īlion od. **Īlium,** iī, *n.* (Ἴλιον), u. **Īlios,** iī, *f.* (Ἴλιος), die auch Troja genannte Hauptstadt des trojanischen Gebiets zwischen den Flüssen Simoïs und Skamander, von den Griechen nach zehnjähriger Belagerung erobert u. zerstört, Cic. de div. 1, 24. Petron. 50, 5. Verg. Aen. 1, 68 u. a. Ov. met. 6, 95 u. a.: Ilion alta (wegen des Begriffs urbs), Ov. met. 14, 467: Ilium heroicis casibus clarum, Amm. 22, 8, 3: Form *-os,* Hor. carm. 4, 9, 18. – Eine später an der Küste erbaute, von den Römern für das alte Ilium gehaltene u. für frei erklärte Stadt, mit einem Tempel der Minerva, ist gemeint b. Liv. 35, 43, 3; 37, 9, 7.

Dav.: **A Īliacus,** a, um (Ἰλιακός), **zu Ilion (Troja) gehörig, trojanisch,** classis, Verg.: muri, Amm.: tempora, Vell.: carmen, über den troj. Krieg, Hor.: Macer, als Dichter über den troj. Krieg, Ov.: amores, des Paris u. der Helena, Mart. – poet. = **römisch** (da Äneas Ahnherr der Römer), Sil. – **B** **Īliadēs**, ae, *m.*, der **Trojaner**, v. Ganymedes, Ov. met. 10, 160: ders. Il. puer, Ov. trist. 2, 406. – **C** **Īlias**, ados, Akk. ada. Akk. Plur. adas, *f.* (Ἰλιάς), **a** die **Trojanerin**, Plur. Iliades, Verg. Aen. 2, 580 u. a. – **b** die **Iliade**, das bekannte Gedicht Homers, Ilias Homeri, Varro fr.: conditor Iliados, Iuven. u. Auson.: Ilias illa, Cic.: Graecorum iste morbus fuit quaerere prior scripta esset Ilias an Odyssea, Sen.: interrogare ergo atriensem coepi, quas in medio picturas haberet? ›Iliada et Odyssian‹ inquit, Petron.: totam ex Helena non probat Iliada, Prop.: Ilias quid est nisi adultera, was ist der Stoff der Ilias anderes als usw. (mit Anspielung auf Helena als Trojanerin), Ov. trist. 2, 371: east odiorum Ilias, so droht ihm eine ganze Ilias von Hass, *Plaut. mil. 743; u. danach tanta malorum impendet Ilias, so droht uns eine ganze Ilias von Unglück (so unglückschwanger hängt über uns, wie einst über Ilium, der Himmel), Cic. ad Att. 8, 11, 3: übtr., Ilias est futura, Gedicht, wie die Ilias, Ov.: u. so Plur., tum vero longas condimus Iliadas, Prop. 2, 1, 14. – **D** **Īliēnsis**, e, **trojanisch**, bellum, Serv. Verg. Aen. 2, 44. – Plur. subst., Īliēnsēs, ium, *m.*, die Einw. von Ilion, die **Ilienser**, Vitr., Liv. u. a. – **E** **Īlius**, a, um, **trojanisch**, Verg. – subst., **α** Īliī, ōrum, *m.*, die **Ilier, Trojaner**, facta Iliorom, Plaut. – **β** Īlia, ae, *f.*, die **Ilierin** = Rhea Sylvia, Tochter des Numitor, Mutter des Romulus u. Remus, Verg. – u. dav. **Īliadēs**, ae, *m.*, der **Iliade** (Abkömmling von der Ilia) = Romulus u. Remus, Ov.: Remus Iliades, Sen.: Iliadae fratres, Romulus u. Remus, Ov.

Īliona, ae, *f.* u. **Īlionē**, ēs, *f.*, **I** (Form Ilione), die älteste Tochter des Königs Priamus und Gemahlin des Polymestor, des Königs in Thrazien, Verg. Aen. 1, 653. – **II** (Form Iliona) – Hekuba, Cic. Acad. 2, 88: Ilionam edormit, die Rolle der Hekuba, Hor. sat. 2, 3, 61.

Īlionēus (Ἰλιονεύς), eī, Akk. ēa, *m.*, **1** ein Trojaner im Gefolge des Äneas, Verg. Aen. 1, 521 u. 611. – **2** ein Sohn der Niobe, Ov. met. 6, 261.

Īlios, iī, *f.*, s. Īlion.

īliōsus, a, um (ile), **krank an den Gedärmen**, Plur. iliosi subst., Plin. 20, 26.

Īlīthyīa, ae, *f.* (Εἰλείθυια), die Göttin der Kreißenden, die **Geburtshelferin** (rein lat. Iuno Lucina), Hor. carm. saec. 14. Ov. am. 2, 13, 21; met. 9, 283.

Iliturgī (Illiturgī), ōrum, *m.*, eine Stadtgemeinde in Hispania Baetica, beim j. *Andujar*, Liv. 23, 49, 5 u. ö. Plin. 3, 10 (wo Illiturgi); vgl. Prisc. 6, 13. – Dav. **Iliturgitānī**, ōrum, *m.*, die Einw. von Iliturgi, Liv. 8, 19, 2.

1. Īlium, s. Īlion.

2. īlium, s. īle.

Īlius, a, um, s. Īlion.

illā, *Adv.* (urspr. Abl. Femin. von ille), **I** ***auf jener Seite, auf jenem Wege, dort,*** Plaut. u. Tac. – **II** bei Verben der Bewegung, **dorthin,** hac vel illa cadit, da- u. dorthin, Plin. ep. 2, 17, 18: forte revertebar festis Vestalibus illa, qua (wo) etc., Ov. fast. 6, 395.

il-labefactus, a, um (in u. labefacio), **unerschüttert, unerschütterlich,** bildl., concordia, Ov. ex Pont. 4, 12, 30: quae (affinia vincula) semper maneant illabefacta, *ibid.* 4, 8, 10.

il-lābor, lāpsus sum, lābī (in u. labor), **in** od. **an** od. **auf** etw. **gleiten, sinken, fallen, I** eig.: **a** v. leb. Wesen, m. *Dat.*: antennis illabitur ebria serpens, Claud. 3. cons. Stil. 367: notae iugis illabitur Aetnae, Claud. rapt. Pros. 3, 330: coniugis illabi lacrimis, unter den Thr. der G. dahinsinken, Lucan. 5, 281. – **b** v. Lebl.: **α** übh.: illa (machina) mediae minans illabitur urbi (v. trojan. Pferd), Verg. Aen. 2, 240: rapidus fervor *per* pingues unguine taedas illapsus, Sil. 14, 427 *sq.*: si fractus illabatur orbis, wenn auch krachend (über mich) hereinstürzt der Weltkreis, Hor. carm. 3, 3, 7. – **β** v. Flüssigkeiten, **hinab-, hineingleiten, hineinfließen, -fallen,** quo (*sc.* in stomachum) illabuntur ea, quae accepta sunt ore, Cic. de nat. deor. 2, 135: mit *Dat.*, ad decumum a Mileto stadium (amnis Maeander) lenis illabitur mari, Plin. 5, 113: quā (wo) Nar Tyberino illabitur amni, Lucan. 1, 475. – **II** übtr., m. *ad* u. Akk., si ea voluptas esset, quae ad sensus cum suavitate afflueret et illaberetur, Cic. de fin. 1, 39. – m. *in* u. Akk., sensim pernicies illapsa in civium animos, Cic. de legg. 2, 19. – m. *Dat.*, animis illapsa Voluptas, Sil. 15, 95: da, pater, augurium atque animis illabere nostris, Verg. Aen. 3, 89: quod tam facile illabatur humanis sensibus, Ambros. de off. 2, 7, 29. – m. *per* u. Akk., combibat illapsos ductor *per* viscera luxus, Sil. 11, 400.

illabōrātus, a, um (in u. laboro), **I** **unbearbeitet,** terra, Sen. ep. 90, 40. – **II** **ohne Mühe** u. **Arbeit bereitet, -erworben, mühelos,** oratio, Quint. 4, 1, 60: fructus (Plur.), Quint. 12, 10, 79: haec omnia fluunt illaborata, hat einen ungezwungenen Fluss, Quint. 10, 1, 111: ut virtutem obviam et illaboratam habeamus, ungesucht u. ohne Mühe haben, Quint. 12, 2, 2.

illabōriōsus, a, um (illaboro) = ἀκάματος, **rastlos,** Gloss. II, 222, 8.

il-labōro, āre (in u. laboro), **sich abmühen** bei usw., domibus (beim Bau der Häuser), Tac. Germ. 46, 5.

illāc, *Adv.* (urspr. Abl. von ille + ce), **I** **da, dort,** hac atque illac od. hac illac, hier u. da, da u. dort, Ter. – **II** **dorthin,** übtr., illac facere, auf jener Seite stehen, zu jener Partei gehören, Cic. ad Att. 7, 3, 5 M.

il-lacerābilis, e (in u. lacerabilis), **unzerreißbar,** spolium, Sil. 5, 138.

il-lacessītus, a, um (in u. lacesso), **ungereizt, unangefochten,** Tac. Germ. 36 u. Agr. 20.

il-lacrimābilis, e (in u. lacrimabilis), **ohne Tränen, tränenlos** (ἀδάκρυτος), **I** aktiv, **nicht weinend = erbarmungslos,** Pluto, Hor. carm. 2, 14, 6: urna, Auson. epitaph. 30 (36), 3. p. 78 Schenkl. – **II** passiv = **unbeweint,** Hor. carm. 4, 9, 26.

il-lacrimo, āvī, ātum, āre (in u. lacrimo), bei od. über etwas **weinen, Tränen vergießen,** etwas **beweinen, I** eig.: **a** v. den Augen, **dabei tränen,** magisque si praeter haec oculi lumen refugiunt et illacrimant, Cels. 2, 6. – **b** v. Pers., m. *Dat.*, patris pestibus, Cic. poët.: morti alcis, Liv. u. Tac.: caedibus parentum, Tac.: malis, Ov.: errori, Liv.: alcis casu (Dat.), Nep.: fortunae Darei, Curt. – m. folg. *quod* (daß), Plin. ep. 3, 7, 13. – m. folg. *Acc.* u. *Infin.*, illacrimabunt quondam florentem et tot bellorum superstitem muliebri fraude cecidisse, Tac. ann. 2, 71. – absol., sic ait illacrimans, Verg.: si paulum potes, illacrima, Hor.: et illacrimavit et vicem suam conquestus est, Suet.: illacrimasse dicitur partim gaudio tantae perpetratae rei, partim vetustā gloriā urbis, Liv.: talibus illacrimant noctemque diemque querelis, Sil.: longos trahens spiritus et nonnumquam illacrimans, Apul.: ebur (das elfenbeinerne Götterbild) maestum illacrimat templis, weint vor Wehmut in T., Verg. – **II** übtr., v. Lebl., **tränen, träufeln,** fons illacrimet putei non sede profundā, Colum. poët. 10, 25. – u. *tr.* = **träufeln lassen,** gummi, quod truncus illacrimat, Gargil. Mart. med. 53.

il-lacrimor, ātus sum, ārī (in u. lacrimor), bei od. über etwas **weinen,** etwas **beweinen,** alcis morti illacrimari, Cic. de nat. deor. 3, 82: precibus calamitosorum, Callistr. dig. 1, 18, 19: alcis mortem, Iustin. 11, 12, 6: absol., illacrimare, weine dazu, Hor. sat. 2, 5, 103.

illacrimōsus, a, um (in u. lacrimosus), **unbeweint,** obitus, Amm. 14, 11, 24.

illāc-tenus, insofern, Gell. 16, 19, 11.

illacuo, s. il-laqueo.

illaedibilis, e (in u. laedo), **unverletzlich,** Isid. ord. creat. 10, 9.

il-laedo, laesūrus, ere (in u. laedo), **nicht verletzen,** Dracont. carm. de deo 2, 172.

illaesibilis, e (in u. *laesibilis v. laedo), **unverletzlich,** Eccl.

illaesus, a, um (in u. laedo), **unverletzt, unangefochten,** v. Pers., Tibull., Ov., Sen. u. a.: integer omnibus membris et illaesus (Ggstz. debilis aut luscus), Sen.: Calvia Crispinilla apud Galbam Othonem Vitellium illaesa, Tac.: corpus inventum integrum, illaesum, Plin. ep.: übtr., habere illaesam famam, Augustin.

il-laetābilis, e (in u. laetabilis), **unerfreulich, traurig,** ora, Verg.: munus, Stat.: omen, portentum, Amm.

illaevigātus, s. il-lēvigātus.

il-lāmentātus, a, um (in u. lamentatus) = ἄκλαυστος, **unbeklagt,** Vulg. 2. Mach. 5, 10.

illāpsus, ūs, *m.* (illabor), das **Hineinschlüpfen, -fallen,** serpentino illapsu, Ambros. ep. 45, 10: gregis illapsu fremebundo territus, Sil. 3, 463. – u. das **Hineinfließen,** umoris, Colum. 2, 2, 11.

illaqueātio, ōnis, *f.* (illaqueo), das **Umgarnen,** Isid. epist. 6, 3.

1. illaqueātus, a, um, s. il-laqueo.

2. illaqueātus, a, um (in u. laqueatus), **nicht verstrickt, nicht gefangen,** Paul. ex Fest. 113, 9.

il-laqueo, āvī, ātum, āre (in u. laqueo), **verstricken, umgarnen, I** eig.: volucres, Prud. cath. 3, 41. – **II** übtr.: saevos navium duces, Hor. carm. 3, 16, 16: illaqueatus omnium legum periculis, Cic. de har. resp. 7. – Nbf. **illacuo,** Pacuv. tr. 210 (wo cur illacuetur hic?).

il-largio, īre (in u. largio), **an** jmd. **reichlich spenden,** pecuniam illargibo tibi, Cato bei Non. 470, 27.

il-lātābilis, e (in u. *lato u. dieses von latus, a, um), **ohne Breite,** Übersetzung von ἀπλατής bei Gell. 1, 20, 9.

il-latebro, āre (in u. latebra), in **Schlupfwinkel verbergen, verstecken,** se, Claud. Quadrig. bei Gell. 17, 2, 3.

illā-tenus, *Adv.*, **insofern,** Fronto de fer. Als. 4. p. 231, 3 N. Apul. apol. 82.

illātio, ōnis, *f.* (infero), das **Hineintragen, Hineinbringen, I** eig.: **A** im Allg.: mortui, Beerdigung, Ulp. dig. 11, 7, 2. § 3 u. ö. – **B** insbes., das **Darbringen, a** die **Abgabe, Steuer,** Cassiod. var. 2, 16, 4. Itala exod. 30, 14: ill. tributorum, Cod. Theod. 11, 1, 2: illationes provinciarum, Val. imp. bei Vopisc. Aurel. 9, 2. – **b** das **Opfern,** sanguinis et cruoris, Arnob. 4, 30. – **II** übtr.: **A** im Allg., das **Antun, Verursachen, Zufügen, Beibringen,** stupri, Paul. sent. 5, 4. § 1: ipsa huius falsitatis illatio sive, ut expressius dicatur, impressio, Augustin. epist. 7, 3. – **B** insbes., die **logische Schlussfolge,** der **Schluss,** Ps. Apul. de dogm. Plat. 3. p. 269 H.

illātīvus, a, um (infero), **schließend,** Ps. Apul. de dogm. Plat. 3. p. 270 H.: particulae, Diom. 416, 18.

illātor, ōris, *m.* (infero), der **Zufüger,** iniuriae (Ggstz. acceptor), Boëth. cons. phil. 4, 4. p. 84, 30 *Obb.*: poenae, Gregor. in Iob 9, 35.

illātrīx, trīcis, *f.* (Femin. zu illator), die **Darbringerin, Verleiherin,** felicitatis, Augustin. c. Iulian. 4, 50 *in*.

il-lātro, āre (in u. latro), etwas **anbellen,** manibus, Lucan. 6, 729: absol., Sil. 13, 845.

il-laudābilis, e (in u. laudabilis), **unlöblich, nicht nennenswert,** Stat. silv. 5, 5, 33. Gell. 2, 6, 17.

il-laudandus, a, um (in u. laudandus), **unlöblich,** Tert. adv. Marc. 3, 6.

il-laudātus, a, um (in u. laudatus v. laudo), **ungelobt, ungerühmt, ruhmlos,** Busiris, Verg. georg. 3, 5 (vgl. Gell. 3, 6, 3): anima, Sil. 14, 632: facta ipsi non ill. Tonanti, Stat. Theb. 11, 11: admirante nullo illaudatus ingloriosus subit portum, Plin. ep. 9, 26, 4.

il-lautus, a, um, s. il-lōtus.

ille, illa, illud, Genet. illīus, Dat. illī, *Pronom. demonstr.* (viell. aus **isle*), **jener, jene, jenes** (bezeichnet in Bezug auf den Sprechenden zunächst einen Gegenstand als in der Nähe des Besprochenen, dann übh. das sowohl im Raum als in der Zeit oder in der Vorstellung dem Redenden entfernter Liegende u. weniger Interessante, dah. auch das einer dritten Person Angehörige, an einem dritten Ort Befindliche, Ggstz. hic [dieser], der in der unmittelbaren Nähe [in Raum, Zeit od. Vorstellung] Befindliche), **a** im Allg.: *ista* beatitas … cur aut in solem *illum* aut in *hunc* mundum … cadere non potest? Cic.: loco ille (Catilina) motus est, cum est ex urbe depulsus, Cic. – in der Zeit, qui illorum temporum historiam reliquerunt, Cic.: Q. Catulus non antiquo illo more, sed hoc nostro fuit eruditus, Cic.: ex illo, seit jener Zeit, seitdem, Verg. u. Ov. – in der Vorstellung, quod προσκυνεῖν illi (die der Vorstellung entfernter liegenden Griechen) vocant, Nep.: si fiat melior Ennii, quam Solonis oratio. *Hic* enim *noster:* Nemo me lacrumis decoret, inquit. At vero sapiens *ille:* Mors mea ne careat lacrumis, Cic.: aber melior et tutior est certa pax, quam sperata victoria; *haec* (pax) in tua, *illa* in deorum manu est, jener (der Friede) liegt in deiner, dieser (der Sieg) in Gottes Hand, Liv.: sapientius nostri, quam Graeci: *illi* (die Griechen) … *nos* etc., Cic.

b zuw. wird durch ille auf das Subjekt od. Objekt eines Satzes zurückgewiesen, wo nach deutschem Sprachgebrauch diese Zurückweisung ganz überflüssig erscheint, sic oculos, sic *ille* manus, sic ora ferebat, Verg.; u. so Cic. de or. 1, 91. Hor. carm. 4, 9, 51; sat. 2, 3, 204. – Parmenides, Xenophanes minus bonis quamquam versibus, sed tamen illis versibus (aber doch in Versen) increpant eorum arrogantiam, Cic.

c in attributiver Beziehung zu einem Subst. = **jener** (im guten und üblen Sinne) **wohlbekannte, jener berühmte (herrliche usw.)** oder **jener berüchtigte,** unser **ein,** vafer ille Sisyphus, Hor.: ille Epaminondas, Cic.: illa Medea, Cic.: mit einem Anstrich von Ironie, ipsi *illi* philosophi etiam *illis* libellis, quos de contemnenda gloria scribunt, nomen suum inscribunt, Cic. – dah. auch verb. hic ille = dieser so herrliche u. dgl., instat hic nunc ille annus egregius, Cic.; u. so Tibull. 1, 3, 93 (wo ille auf die Herrlichkeit des Tages geht) u. s. – u. ohne Subst., hunc illum poscere fata reor, Verg.

d zur Hervorhebung eines Prädikats od. Attributs: **α** verb. ille quidem = **er allerdings, er zwar, er freilich,** ludo et ioco uti illo quidem licet, sed etc., Spiel und Scherz, sie sind uns zwar gestattet, aber usw., Cic.: o hominem semper illum quidem aptum, nunc vero etiam suavem, Cic. – **β** ille, zur Hervorhebung eines einen Begriff beschränkenden od. näher bestimmenden Attributs, accepimus patres vestros, asperrimos illos ad condicionem pacis, legatos tamen … misisse, eure Väter, sie, die so schwer an Friedensvorschläge gingen usw., Liv. – bei Entgegensetzung vom Attribut, non ille … sed hic, s. Cic. or. 45: orator, non ille vulgaris, sed hic excellens.

e bei Ankündigung von etwas Folgendem, wie unser **dieser, der,** namentl. im Neutrum = **dieses, das,** illud animarum corporumque dissimile, quod animi valentes morbo tentari non possunt, corpora possunt, Cic.: illud perlibenter audivi, te esse etc., Cic.: u. im Ggstz. *haec* dicta sunt: *illa* (das Folgende), Colum. – dah. ille (wie hic) mit einem Zeitbegriff (wie annus, dies, mensis), von dem laufenden, jetzt eingetretenen und dauernden Zeitabschnitt, illum esse vigesimum annum, das sei das zwanzigste Jahr, Sall.

f verb. hic et (atque) ille = **der und jener, der und der, der eine und der andere,** flagret amore malo cum hic atque ille, Hor. – u. ille aut (vel) ille, ille et ille, **der oder der, der und der, dieser und jener,** quaesivit, num ille aut ille defensurus esset, Cic.: commendo vobis illam et illum, Suet.: in illo vel in illo templo, Augustin. de civ. dei 1, 2. – ► Verstärkt *illece, illace* etc., **jener (dieser) da,** Plaut., Cato u. Varro. – illemet, illemet ipse, Diom. 332, 11. – Genet. illi, Cato oratt. fr. 40, 5. – Genet. bei Dicht. oft illĭus gemessen. – Archaist. ollus u. olle, s. ollus.

il-lecebra, ae, *f.* (illicio), die **Anlockung, Anreizung, Lockung, I** eig.: **1** im Allg.: maxima est ill. peccandi impunitatis spes, Cic.: dedere se vitiorum illecebris, Cic. – **2** insbes., v. der Zauberei, ill. frugum, Behexung des Getreides, wenn man es von des Nachbars Feld auf das seine lockt usw., Apul.: exercere illecebras magiae, Hererei, Apul. – **II** meton.: **A** v. einer lockenden, verführerischen Person, der **Lockvogel,** Plaut. asin. 151 u. a. – **B** eine Pflanze = **Mauerpfeffer,** Plin. 25, 162.

il-lecebro, āre (illecebra), **anlocken,** Augustin. serm. 310, 1. Isid. sent. 2, 28, 2.

illecebrōsē, *Adv.* (illecebrosus), **lockend, verführend,** *Compar.* b. Amm. 30, 5, 7.

illecebrōsus, a, um (illecebra), **voll Lockungen lockend, verführerisch,** ill. cantus Sirenarum, Ambros.: sapor, Prud.: insidiae, Amm.: in mundo tot impuris voluptatibus illecebroso, Augustin. de civ. dei 1, 27. – *Compar.*, quia istoc inlecebrosius fieri nil potest, Plaut. Bacch. 87. – *Superl.*, illecebrosissima voluptas, Augustin. epist. 153, 7.

illectāmentum, ī, *n.* (illecto), das **Anlockungsmittel,** die **Lockung,** Apul. apol. 98.

illectātio, ōnis, *f.* (illecto), die **Anlockung,** das **Lockmittel,** Plur. bei Gell. 18, 2, 1.

il-lecto, āvī, āre (*Intens.* v. illicio), **anlocken,** Augustin. de genes. ad litt. 9. § 25. Ps. Tert. poët. adv. Marc. 2, 67. Ambros. in Luc. 7. § 144. Paul. ex Fest. 117, 9. Cl. Sacerd. 1, 23.

illectrīx, trīcis, *f.* (illicio), die **Anreizerin,** Cassian. coll. 20, 10 u. 22, 6. Cassiod. de amic. 23.

1. **illēctus,** a, um (in u. lectus v. lego), **I nicht zusammengelesen,** stipula, Gaius dig. 50, 16, 30. – **II nicht gelesen, ungelesen,** Ov. art. am. 1, 469. Apul. flor. 18. p. 29, 14 Kr.

2. **illectus,** a, um, s. il-licio.

3. **illectus,** ūs, *m.* (illicio), die **Lockung, Anlockung** im Wortspiel bei Plaut. Bacch. 55. – außerdem *Abl.* inlectu, Auct. itin. Alex. 27 (65). Iul. Val. 3, 17 p. 133, 24 K.

illēgitimē, *Adv.* (illegitimus), **ungesetzlich, gesetzwidrig,** Gaius inst. 1, 89.

il-lēgitimus (in-lēgitimus), a, um, **ungesetzlich, gesetzwidrig, unerlaubt,** Paul. sent. 5, 4, 15.

illepidē, *Adv.* (illepidus), **unfein, unzart, abgeschmackt,** Plaut. Bacch. 1169. Hor. ep. 2, 1, 77: non satis scite ac paene etiam ill., Gell. 18, 13, 5: non ill., Plin. 8, 207.

il-lepidus, a, um (in u. lepidus), **unfein, unzart, widerlich, witz- und geistlos,** v. Pers., Caecil. com. fr., Plaut. u. Gell.: v. Lebl., illepidus, rudis libellus, Auson.: deliciae ill. atque inelegantes, Catull.: dictum Baeticorum non illepidum, Plin. ep.: verba novitatis durae et illepidae, Gell.

il-lētālis, e (in u. letalis), **unsterblich, ewig,** Gloss.: Plur. subst. inletales = immortales, Gloss. V, 601, 58.

il-lēvigātus (in-lēvigātus), a, um, **nicht geglättet,** übtr., sonus, rauer, Diom. 500, 17.

1. **illex** (inlex), licis (v. illicio), **lockend, anlockend, verführerisch,** esca illex, Lockspeise, Solin. 27, 28: formae ill., Cypr. de zel. et liv. 2: oculi, buhlerische, Apul. apol. 76: ars, Prud. c. Symm. 2, 6: os blandi iudicis, Prud. perist. 14, 16. – subst., **a** *f.*, ein **Lockvogel,** Plaut. asin. 221. – **b** *c.*, übtr., **Anlocker, -erin, Verführer, -erin,** illex animi Venus, Apul. apol. 31: malae rei tantae fuimus inlices, Plaut. Poen. 745: illices voluptates, Lact. 7, 27: 1: mala illex peccati indignatio est, Ambros. de off. 1, 21, 90.

2. **illēx,** lēgis (v. in u. lex), **gesetzlos, ohne Gesetz lebend, sich nicht nach den Gesetzen richtend,** Caecil. com. 60.

illī, *Adv.* (eig. alter Lokat. **illoi* od. **illei* v. ille), **dort, I = an jenem Ort** (s. Ussing Plaut. Amph. 245. Brix Plaut. capt. 275. Lorenz Plaut. mil. 255. Spengel Ter. Andr. 745), dum in portu illi ambulo, Plaut.: iube domum ire; iam ego illi ero, Plaut.: illi ubi, Komik. – **II dabei,** in od. **bei jener Sache,** Ter. adelph. 116.

il-lībābilis, e (v. in u. libo), **unverminderlich, unverkürzbar,** sapientia illibabilis est tamquam lux et claritas solis, Lact. 2, 7, 3.

il-lībātē, *Adv.* (illibatus), **unvermindert, ungeschmälert,** Gregor. epist. 7, 33.

il-lībātus, a, um (in u. libo), **unvermindert, unverkürzt, ungeschmälert, ungeschwächt, unversehrt, unverletzt, a** übh.: divitiae, Cic.: virginitas, Val. Max., vires, Liv.: ut eo imperium illibatum referrent, Liv.: se illibatam Germanorum gloriam servavisse, Tac.: Ggstz., si corpus illibatum (untadelig) fortuna praestiterit, quam si ex aliqua parte mulcatum (irgendwie mangelhaft), Sen. ep. 66, 23. – **b** als gramm. *t. t.* = ἀπληγής, **unverkürzt, vollständig,** illibati versus = ἀπληγεῖς, Diom. 498, 24 u. 30.

il-līberālis, e (in u. liberalis), **I unedel,** dem Charakter u. Benehmen nach, servum haud illiberalem praebes te, Ter.: te in me illiberalem putabit, ungefällig, Cic. – **II** übtr.: **A** unedel = **gemein, unanständig,** facinus, Ter.: quaestus, Cic.: genus iocandi, Cic.: est enim (artificium), etiamsi minus necessarium ad bene dicendum, tamen ad cognoscendum non illiberale, gereicht ihre Erlernung einem Menschen von guter Erziehung zur Zierde, Cic. – **b knickerig, schmutzig geizig, filzig,** adiectio, Liv. 38, 14. § 14.

illīberālitās, ātis, *f.* (illiberalis), **I** das **unedle Benehmen,** die **Ungefälligkeit,** ill. Curii, Cic. ad Att. 8, 6, 5. – **II** die **Kargheit, Knickerei, Filzigkeit,** illiberalitatis avaritiaeque suspicio, Cic. de off. 2, 64.

illīberāliter, *Adv.* (illiberalis), **I unedel, niedrig, gemein,** patris diligentiā non ill. institutus, ganz gut, sorgfältig erzogen, Cic.: illib. a vobis factum est, ihr habt unedel gehandelt, Ter. – **II knickerig, schmutzig geizig, filzig,** facere, Cic.: aestimare (schätzen), Cic.

il-līberis, e (in u. liberi) = ἄπαις, **kinderlos,** Tert. adv. Marc. 4, 34.

1. **illic,** aec, uc, *Pronom. demonstr.* (ille-ce), **jener da, jene da, jenes da,** illic homo superstitiosus est, Plaut.: mihi illaec vero ad rastros res redit, Ter.: meum illuc facinus, mea stultitia est, Plaut.: quo illic it? Plaut.: ubi illic est, scelus? Ter.: illuc aetatis qui sit, in dem Alter steht, Plaut. mil. 659. – dah. illicinest? Plaut. Pseud. 954: illancine mulierem alere cum illa familia? Ter. heaut. 751.

2. **illīc,** *Adv.* (1. illic), **I** v. Raum = **dort, da, daselbst, A** im Allg., iam illic faxo erit, Plaut.: illic sum atque hic sum, Plaut.: foris illic extra scaenam, Plaut.: illic sub aqua, Plaut.: gubernator Hannibalis illic sepultus, Sall. fr.: equitum vero operam illic fuisse utilem, quo sint profecti, Caes.: illic ibi demumst locus, ubi etc., Plaut. capt. 1000. – **B** prägn., wie ἐκεῖ u. unser **dort** = in jener Welt, im Jenseits, Prop. u. Ov. Vgl. Burmann Prop. 1, 19, 13. – **II** übtr.: **A** auf Personen, **dort** (s. Heräus Tac. hist. 2, 47, 7), nec erit mirabilis illic aut Stratocles aut cum molli Demetrius Haemo, Iuven.: bellum a Vitellio coepit, et initium illic (auf jener Seite) fuit, Tac.: profana illic omnia, quae apud nos sacra, Tac. – **B** auf Sachen, **dort, dabei, in diesem Fall, bei dieser Gelegenheit,** res publica et milite illic et pecuniā vacet, Liv.: ego illic me autem assimulabam quasi stolidum, Plaut.: illic, ubi, Quint. 9, 4, 51: Ggstz. hic … illic, Ter. Andr. 458 u. 638.

il-liceor (in-liceor), ērī, **anlocken, verführen,** oculi inlicentur, Plin. 14, 141 *cod. M.*

illicibilis, e (illicio), **lockend, anlockend, verführerisch,** Lact. 7, 27 *in.* (*al.* illices).

illicine, s. 1. illic.

il-licio, lexī, lectum, ere (in u. lacio), **anlocken, anreizen,** meist im üblen Sinne = zu etw. **verlocken, verführen,** nach etwas **lüstern machen, I** im üblen Sinne: alqm, Cic. u. a.: milites per dona, Aur. Vict.: alqm in fraudem, Ter.: coniugem in stuprum, Cic.: alqm ad bellum, Sall.: alqm ad transitionem, Liv.: ad se, Plin. – mit *ut* u. Konj., Lucr. 2, 788 u. 5, 169. Liv. 10, 17, 6. Lact. 2, 12, 18: m. bl. *Coniunctiv,* Tac. ann. 6, 36: m. *Infin.,* Tac. ann. 2, 37 u. 4, 12. Amm. 16, 10, 18. – poet. übtr., saltus, mit Netzen umstellen, Naev. tr. 32. – **II** im guten Sinne, **auffordern, aufmuntern = bewegen, gewinnen,** m. *ad* u. Akk., populum ad magistratus conspectum, Varro LL. 6, 94: adhortatu principis *ad* ornandam urbem illecti sunt, Vell. 2, 89, 4. – inlexe = *illexisse,* Plaut. merc. 51 G. Acc. tr. 205.

illicitātio, ōnis, *f.* (illicito), die **Verlockung,** Cassian. coll. 5, 4 u. 6. Greg. Tur. hist. Franc. 9, 39. p. 395, 25 *Arndt.*

illicitātor, ōris, *m.* (in u. licitor), der **Scheinkäufer,** der nur zum Schein auf etwas bietet, um einen anderen Käufer höher zu treiben, Cic. de off. 3, 61; ep. 7, 2, 1; vgl. Paul. ex Fest. 115, 14 (durch emptor erklärt).

illicitē, *Adv.* (illicitus), **unerlaubt,** ICt. u. a.

illicito, āre (*Intens.* v. illicio), **verlocken,** Ennod. vit. S. Epiph. p. 379, 24 *Hartel.*

illicitus, a, um (in u. licitus), **unerlaubt** (Ggstz. licitus), exactiones, Tac.: coetus (Plur.), Traian. in Plin. ep.: voluptates, Sen.: lampas caeli, der Blitz (weil das von ihm Getroffene nicht berührt werden durfte), Stat.: illicitum duxisse nihil, nichts für unerl. gehalten haben, Claud.: res illicitissima atque indignissima, Augustin. epist. 202. – *neutr.* subst. = **Unerlaubtes,** ire per illicitum, Stat. Theb. 1, 223: öfter Plur., per licita atque illicita foedatus, Tac.: impia aut illicita dicere, Gell.: illicita confirmare aut necessaria impedire, Plin. ep.

illicium, iī, *n.* (illicio), **I** die **Anlockung,** das **Anlockungsmittel,** Varro r. r. 3, 16, 22 u. 31. – **II** als publiz. *t. t.* = die **Zusammenberufung** des **Volkes,** Varro LL. 6, 94.

illicō, s. ī-licō.

il-līdo, līsī, līsum, ere (in u. laedo), **I** an od. in etw. **schlagen, stoßen, A** an etw. **anschlagen, anstoßen,** filia parieti illisa, Suet.: aequora scopulis illisa, Verg.: catenas capiti suo, Vell.: manum umeris, Sen.: parmas genibus, Amm.: caput foribus, Suet.: caput in postem lapideum ianuae, Vell.: lateri algam, Verg.: navis in proximum vadum illiditur, Curt.: quam (navem) petrae fluctus illiserat, Curt.: volnus manu, mit rauer Hand berühren, Cic. poët.: gemma illisa, wenn man daran schlägt, Plin.: si propter ingestae illisaeque nubes strepunt, Sen.: linum illisum in silice, Plin.: tela arbustis illisa, Tac.: fluctus se illidit in litore, Quint.: quorum faucibus in febre illiditur spiritus, die beim Fieber röcheln, Cels. – **B** in etw. **hineinschlagen, stoßen,** **a** eig.: dentes labellis, Lucr.: saxeam pilam vadis, Verg.: Africus prima quaeque congesta pulsu inlisa mari subruit, Curt.: ill. caestus in ossa, Verg.: u. bl. ill. dentem, Hor. – **b** poet. übtr., wohin **stoßen, treiben, jagen,** alqm pelago, aufs Meer, d. i. zur Schiffahrt zwingen, Val. Flacc. 7, 53: avidos cursus in alqm, richten, Stat. Theb. 11, 517. – **II** **zerstoßen, zerschlagen, zerschmettern,** crura, Varro r. r. 3, 7, 10: serpens compressa atque illisa morietur, Cic. de har. resp. 55.

illigāmentum, ī, *n.* (illigo), der **Bund** zum Aufbinden, Salv. de gub. dei 7, 19. § 83 H.

illigātio, ōnis, *f.* (illigo), das **Anbinden, Festbinden,** circulorum alterna, Mart. Cap. 2. § 201: Plur., nodorum posse illigationibus coërceri, Arnob. 5, 2.

il-ligo, āvī, ātum, āre (in u. ligo), **anbinden,** **I** im engeren Sinne: **a** eig.: malos antennasque validis funibus, Liv.: litteras in iaculo, Caes.: aratra iuvencis, Hor.: clitellas oneribus, Liv.: vivos mortuis, Capit.: manus post tergum, Liv.: duabus admotis quadrigis in currus earum distentum illigat Mettium, Liv. – **b** übtr.: **α** **binden = verbindlich machen, an sich ketten,** alqm pignoribus, Cic.: alqm conscientiā, Tac.: alqm stupro, Tac.: sociali foedere se cum Romanis, Liv. – **β** an gewisse Bedingungen knüpfen, non iis condicionibus illigabitur pax, (rex) ut movere bellum possit, Liv. 33, 12. § 13 H. – **II** im weiteren Sinne: **A** an od. in etw. **fügen, anbringen, befestigen,** **a** eig.: crustas in aureis poculis, Cic. Verr. 4, 54: cymbia argentea aureis crustis, ICt. – **b** übtr.: sententiam verbis, Cic.: omnes lepores in oratione, Cic.: paeana in solutam orationem, Cic. – **B** mit dem Nbbgr. der gehemmten freien Bewegung = **verwickeln, verstricken,** **a** eig.: se locis impeditis, sich der freien Bewegung berauben, Tac.: illigatus praedā, beladen, Tac. – **b** übtr.: alqm lento veneno, unschädlich machen, Tac.: illigari Romano bello, Liv., bello externo, Tac.: sermonibus eiusmodi nolle personas tam graves illigari, Cic.: ita sunt angustis et concisis disputationibus illigati, haben sich verstrickt, verfangen, Cic.: illigatus peste interimor textili, Cic. poët.

illim, *Adv.* = illinc, **von dort** (auch = von der Person od. Sache), Pompon. com. 90. Plaut. Men. 799; Poen. 455 u. 987. Ter. Hec. 297. Lucr. 3, 879. Cic. ad Att. 7, 13 litt. b. § 7 u. ad Att. 9, 14, 2 u. 11, 17, 3. Cic. de harusp. resp. 42; Phil. 2, 77. – u. in der Zeit, **von da an,** illimque usque ad nostram memoriam, *Sall. Iug. 114, 2 D.

il-līmis, e (in u. limus), **schlammlos, schlammfrei,** fons, rein, Ov. met. 3, 407.

illīmitātus, a, um (in u. limito), **unabgegrenzt, unwegsam,** loca, Auct. itin. Alex. M. 20 (50): terra, Serv. Verg. georg. 3, 354.

il-līmo, (āvī), ātum, āre (in u. limus), mit Lehm u. dgl. **bewerfen,** Colum. 9, 7, 4. Act. martyr. S. Vincent. 8 *Ruinart.*

illinc, *Adv.* (illim-ce), **I** **von dort,** iube illos ill. abscedere, Plaut.: ubi ill. rediero, Ter.: fugit ill., Cic. – **II** übtr., **von-, auf jener Seite, von jenem,** Plaut. rud. 973. Cic. Phil. 2, 77. Cic. ad Att. 9, 7, 4: illinc … hinc, Curt. 4, 14 (52), 5: ill. facere, auf jener Seite stehen, (= jener Partei angehören), *Cic. ad Att. 7, 3, 5 W. – Vgl. hinc *no.* II.

illinīmentum, ī, *n.* (illinio), das **Anstreichen,** Plur. b. Cael. Aur. de morb. chron. 3, 8, 132.

il-linio, s. il-lino ►.

il-lino, lēvī, litum, ere (in u. lino), **I** **in** od. **auf** etw. **streichen,** **A** **einstreichen,** ceram sociis, in die Ohren der G., Ov. art. am. 3, 314: aurum vestibus illitum, in die Kl. eingewebte Goldfäden, Hor. carm. 4, 9, 14. – **B** **aufstreichen,** auf etw. **streichen, schmieren, streichend auftragen,** oculis nigra collyria, Hor.: cretam figularem corpori, Cels.: adurentia ex oleo, Cels.: si multum auri tecto quoque eius illinitur, Sen.: quodcumque semel chartis illeverit, auf das P. so geschmiert (hingesudelt) hat, Hor.: quodsi bruma nives Albanis illinet agris, hinbreiten wird über usw., Hor. – **II** mit etw. **bestreichen** u. übh. mit etw. **überziehen,** recenti calce illitum cubiculum, ein frisch getünchtes Zimmer, Val. Max.: malleolos pice, Plin.: palatum alcis noxio medicamine, Tac.: pocula ceris, Ov.: porticus illita auro, Calp.: bracatis illita Medis porticus, bemalt, Pers.: purpurā atque auro illitae vestes, mit P. u. G. durchwebte, Sen. poët. – im Bild, color venustatis non fuco illitus, geschminkt, Cic.: id donum inimicorum veneno illitum fore, in Gift getaucht, Liv.: vita illita maculā, besudelt, Sil. – ► Nbf. **illinio,** wovon: illinies, Itala genes. 6, 14 (bei Ambros. de Noë et arca 6. § 15). Th. Prisc. 1, 2. Veget. mul. 1, 13, 3 u. 3, 34, 3: illinito (Imperat.), Marc. Emp. 19 *extr.*: illinire, Cels. 5, 20, 1 D. Colum. 12, 46, 5: Passiv, illinitur, Plin. Val. 1, 1 (dreimal): illiniuntur, *ibid.*: illinirentur, Sulp. Sev. chron. 1, 15, 1: illiniri, Tert. de pud. 20. Garg. Mart. de arb. pomif. 1, 1: illinitus, Plin. Val. 1, 1 (dreimal). Th. Prisc. 1, 10. Ps. Apul. de herb. 85, 3: illiniendus, Th. Prisc. 2. chr. 9.

il-liquefactus, a, um (in u. liquefacio), **in Fluss gesetzt (gebracht),** crebris quasi cuneolis illiquefactis, Cic. Tim. 47: tamquam illiquefactae voluptates, Cic. Tusc. 4, 20.

il-līquor, līquī (in u. liquor), **hineinfließen,** illis cochleis de caelo nihil illiquitur, Symm. epist. 1, 27 (33), wo aber die viell. richtigere Variante liquitur.

illīsio, ōnis, *f.* (illido), das **Anschlagen, Anstoßen,** illisio dentium atque stridor, Cael. Aur. de morb. chron. 1, 4, 65: Plur., scopulorum illisiones, Hieron. epist. 43, 3.

illīsus, Abl. ū, *m.* (illido), das **Anschlagen, Anstoßen,** illisu aquarum, Sil. 17, 246: occursantis linguae illisu, Apul. met. 2, 10: absol., illisu repercussus ventus, Plin. 2, 132.

illitio, ōnis, *f.* (illino od. illinio), das **Aufstreichen,** Marc. Emp. 19. fol. 113 (a), 32 *Ald.*

il-litterātus, a, um (in u. litteratus), **I** **ungelehrt,** **a** v. Menschen = **unwissend, nicht wissenschaftlich gebildet** (vgl. Sen. de ben. 5, 13, 3 sic illitteratum dicimus non ex toto rudem, sed ad altiores litteras non perductum), vir non ill., Cic.: libertus non ill., Plin. ep.: Ligures illitterati mendacesque, Cato fr.: ill. villicus, ohne die geringste Schulbildung, der weder lesen noch schreiben kann, Colum. – **b** v. Lebl., **ungelehrt, unwissenschaftlich,** Plin. ep.: multa … nec illitterata videantur, Cic.: litterae illitteratissimae, ohne allen Aufwand von Gelehrsamkeit, Plin. ep. – **II** = ἄγραφος, **ungeschrieben,** Gell. 11, 18, 4: pax, Paul. ex Fest. 113, 8. – **III** **unartikuliert, illitterati** sonitus, v. den Interjektionen, Prisc. 15, 41: ill. vox, Prisc. 1, 1.

illitus, Abl. ū, *m.* (illino), das **Aufstreichen, Bestreichen,** Plin. 26, 151 u. a.

illix, s. 1. illex.

illō, *Adv.* (ille), **I** (eig. *Dat.* illoi) **dahin,** **A** im Raum = **dahin, dorthin,** Komik., Cic. u. a.: cum illo advenio, Ter. – **B** übtr., **dahin** = zu der Sache, haec omnia eodem illo pertinere, Caes. b. G. 4, 11, 4: illo spectat, Ulp. dig. 47, 10, 7. § 2. – **II** (eig. *Abl.* illoi) = *ibi,* **dort,** Ulp. dig. 48, 5, 23. § 3.

illōc, *Adv.* (1. illic) = illuc, **dahin, dorthin,** **I** im Raum, post illoc quam veni, Plaut. truc. 647: ut pro illo iubeam me illoc ducier, Ter. eun. 572: hoc et illoc (dahin und dorthin) quadrat, Petron. 39, 8. – **II** in anderen Verhältnissen, sed illoc potius revertar, Claud. or. fr. im CIL 13, 1668, I, 40.

il-locābilis (inlocabilis), e (in u. loco), **nicht an den Mann zu bringen, nicht anbringbar,** virgo, Plaut. aul. 191.

il-locālis, e (in u. localis), **nicht örtlich, ohne Ort** (Ggstz. localis), Cl. Mam. de stat. anim. 1, 5. p. 38, 20 u. 2, 7. p. 120, 11 *Engelbrecht.*

illocālitās, ātis, *f.* (illocalis), die **Unörtlichkeit,** Cl. Mam. de stat. anim. 1, 17. p. 64, 8 u. 1, 19. p. 68, 23 u. 1, 27. p. 97, 15 *Engelbrecht.*

illocāliter (inloc.), *Adv.* (illocalis), **nicht örtlich,** Cl. Mam. de stat. anim. 1, 18. p. 66, 12 u. 2, 7. p. 121, 8 *Engelbrecht.*

illōrsum, *Adv.* (ille u. versum), **dorthinwärts,** Cato fr. inc. 21 b. Paul. ex Fest. 27, 10 u. Iul. Valer. 1, 18. p. 28, 14 *Kuebler.*

il-lōtus (illautus, illūtus), a, um (in u. lotus od. lautus v. lavo), **I ungewaschen, ungereinigt, unrein, α** Form illotus (Ggstz. lotus, s. Quint. 1, 4, 13), v. Pers., Tert. de paenit. 11 *in.*: ill. faex vini, Plin. 23, 63. – sprichw., illotis manibus od. pedibus, mit ungewaschenen Händen oder Füßen = ohne gehörige Sorgfalt u. Vorbereitung, Gaius dig. 1, 2, 1. Gell. 1, 9, 8. Macr. sat. 1, 24. § 12: übtr., illotus sermo, unanständiges, Auct. decl. in Sall. 1. § 1. – **β** Form *illautus* (*inlautus*), Titin. com. 1: sudor, unrein, schmutzig, Verg. georg. 3, 443 *Ribb.*: übtr., epigramma non illautum, nicht unanständiges, Capit. Macr. 11, 3. – **γ** Form *illūtus:* vinacei illuti, Cato r. r. 147: toralia illuta, Hor. sat. 2, 4, 84 Hold. u. Fr.: echini illuti, nicht vom Seewasser gereinigt, Hor. sat. 2, 8, 52 Hold. u. Fr. (Vulg. inlotus): qui per altissimos gurgites pedem ferebat illutum, Arnob. 2, 56: sprichw., inlutis manibus (s. vorher *no.* α), Plaut. Poen. 316.

il-lūbrico, āre (in und lubrico), **schlüpfrig machen, schlüpfrig bewegen,** membra, Apul. met. 2, 7.

illūc, *Adv.* (ille), **I** räumlich = **dorthin, dahin, A** eig.: **a** im Allg., accede illuc, Ter.: illuc regredere ab ostio, Plaut.: adversarios illuc suos contraxisse copias, Nep.: illuc, ubi, Komik.: illuc, unde, Catull. u. Plin. ep.: huc illuc, Sall., huc atque illuc, Cic., huc et illuc, Hor., hier- u. dorthin. – **b** prägn., **dorthin** = in jene Welt (in die Unterwelt), cum illuc ex his vinculis emissi feremur, Cic. Tusc. 1, 75. – **B** übtr.: **a dahin** = zu jener Sache, quo res haec pertinet? illuc, Hor.: illuc (darauf) praevertamur mit folg. quod, Hor.: Civilis illuc intenderat, Tac.: bes. zum Thema, sed illuc revertor, Nep.: ut illuc revertar, Cic.: itaque nunc illuc redeo, in quo tu me ante laudabas, Cic.: illuc, unde abii, redeo, Hor. – **b dahin** = zu demselben od. denselben Menschen, illuc (näml. ad Tiberium) cuncta vergere, Tac.: qui illuc factus institutusque venisset, für jene Partei zugestutzt und eingeschult, Cic. Vgl. Otto Tac. ann. 1, 3, 2. *not.* 33. – **II** zeitlich, **dahin,** illuc usque (bis dahin) fidus, Tac. ann. 15, 54. – m. *Genet.*, illuc aetatis qui sit, in dem Alter steht, Plaut. mil. 659.

il-lūceo, ēre (in u. luceo), **a** zu od. bei etw. **leuchten,** pix atra tuo capiti inluceat, Plaut. capt. 597. – im Bild, tota domus tua veri fulgore solis illuceat, Ambros. in psalm. 118. serm. 19. § 39. – **b** übtr., **erhellen,** sed tum illucebit, si etc., Firm. math. 5, 3, 2. p. 127, 31.

il-lūcēsco (illūcīsco), lūxī, ere (in u. lucesco od. lucisco), **I anfangen hell zu scheinen, A** eig.: **a** *intr.*: cum tertio die sol illuxisset, Cic. de nat. deor. 2, 96: cum illucescerent elementa mundi, Ambros. in Luc. 5, 5. – insbes. v. Tag = **anbrechen,** illucescet aliquando ille dies, Cic.: illuxit dies, Verg.: mit folg. *Dat.*, nocte, cui illuxit dies caedis, Suet. – **b** *tr.*, jmd. **bescheinen,** ut mortales illuciscas luce clarā et candidā, Plaut. Amph. 547; u. so alqm, Plaut. Bacch. 256. – **B** übtr., **leuchten = sich zeigen,** cum populo Romano vox et auctoritas consulis repente in tantis tenebris illuxerit, Cic. de leg. agr. 1, 24: clarissimum deinde Homeri illuxit ingenium, Vell. 1, 5, 1. – **II** *impers.*, illucescit, **A** eig., **es wird hell, der Tag bricht an, es tagt,** cum primum illucescere coepisset, Aur. Vict.: ubi illuxit, Liv.: illuxit, amici, eamus ad raptae patrem, Sen. rhet.: citius illuxit, Sen. rhet. – **B** übtr., **es erhellt** = wird klar, si illuxerit, Cod. Iust. 5, 71, 10.

il-luctor, ārī (in u. luctor), **in-, bei-, mit** etwas **kämpfen,** teneris meditans verba illuctantia labris, von einem lallenden Kind, dem das Reden schwer wird, Stat. Theb. 4, 790.

illūcubrātus, a, um (in u. lucubratus), **nicht bei Licht,** d. i. **nicht gehörig bearbeitet,** Sulp. Sev. ep. 3. § 3.

il-lūculāsco, ere (in u. lux), **heranbrechen,** cum serenus dies inluculascit lumine incohato, Fronto epist. ad Anton. 1, 5. p. 103, 14 N.

īl-lūdio, āre (in u. *ludio), **über** etwas **spötteln,** Gell. 1, 7, 3.

illūdium, iī, *n.* (in u. ludium), das **Spielwerk, Blendwerk,** Tert. de res. carn. 16.

il-lūdo, lūsī, lūsum, ere (in u. ludo), **hinspielen, I** im guten Sinne: **1** im Allg., an etw. **hinspielen,** mit *Dat.*, ima videbatur talis illudere palla, umspielen, Tibull. 3, 4, 35. – **2** prägn., **a** etwas schriftl. gleichs. **spielend hinwerfen,** alqd chartis, mit spielender Leichtigkeit zu Papier bringen, Hor. sat. 1, 4, 139. – **b** etwas gleichs. mit etwas **bespielen,** illudunt auro vestes, durchweben leicht mit Goldfäden (sodass die Goldstickerei hier u. da im Purpur hervorschimmert), Avien. descr. orb. 1260 (viell. zu lesen includunt, wie inclusas auro vestes, Verg. georg. 2, 464): illusa pictae vestis inania, Prud. perist. 14, 105. **II** (= ἐμπαίζω) im üblen Sinne, mit jmd. od. etwas **sein Spiel treiben, a** spottend, **höhnend** = mit jmd. od. etw. **sein Gespött treiben,** jmd. od. etwas **verspotten, verhöhnen, α** mit *Dat.*: capto, Verg.: signis et aquilis (Romanorum) per superbiam, Tac. – alcis dignitati, auctoritati, Cic.: rebus humanis, Hor.: per lasciviam rebus Romanis, Tac. – **β** m. *in* u. Akk.: ego te pro istis dictis et factis ulciscar, ut ne impune in nos illuseris, Ter. eun. 942. – **γ** mit *in* u. Abl.: adeon videmur vobis esse idonei, in quibus sic illudatis? Ter. Andr. 758. – **δ** m. *Acc.*: satis superbe illuditis me, Ter.: miseros illudi nolunt, Cic.: quid autem turpius quam illudi, Cic.: ill. probrosis sermonibus divum Augustum, Tac. – ill. relatum caput eius tamquam praematurā canitie deforme, Tac.: ipsa praecepta (rhetoricorum doctorum), Cic.: illud nimium acumen (Ggstz. admirari ingenium), Cic.: eam artem, Cic.: virtutem verbis superbis, Verg. – **ε** absol.: hos sic illudere, dass diese so ungebunden ihr Spiel treiben, Cic.: illuseras heri inter scyphos, quod dixeram controversiam esse etc., Cic. – dah. illudens = spottend, ironisch, quae cum dixisset in Albutium illudens, Cic.: hanc sapientiam sibi ipsi detrahere, eis tribuere illudentem, qui eam sibi arrogant, Cic. – **b** täuschend mit jmd. sein **Spiel treiben** = jmd. **zum Besten haben** u. so **täuschen, betrügen, α** mit *Dat.*: illusit dehinc Neroni fortuna per vanitatem ipsius, Tac. – **β** m. *Acc.*: Cretenses omnes, Nep.: artem illusus deponas, Hor.: multis vadimoniis desertis saepe illusi ac destituti, Cic.: illusi pedes, die, wenn sie meinen stehen zu können, sich darin täuschen (dies nicht vermögen), die wackeligen, Hor. – **γ** absol.: saevitiam Neronis per istiusmodi imagines illusisse, die Tyrannei des N. habe vermittelst Blendwerks solcher Art ihr (täuschendes) Spiel getrieben, Tac. – **c** misshandelnd, beschädigend, verletzend, verderbend mit jmd. od. etw. **sein Spiel** od. **seinen Spott treiben,** einem Ggstd. **übel mitspielen,** an einem Ggstd. **seinen Mutwillen auslassen, sich mutwillig vergreifen,** jmd. od. etw. **mutwillig misshandeln** u. dgl., **α** m. *Dat.*: cui (frondi) silvestres uri … illudunt (benagend benaschen), Verg.: tamquam in summa abundantia pecuniae illudere, das G. mutwillig vergeuden, mit dem G. spielen, Tac.: u. so viribus principis, Tac. – bes. im obszönen Sinne, v. der Schändung, matri alcis, Tac.: feminarum, et quidem illustrium, capitibus, Suet.: pueritiae alcis, Tac. – **β** m. *Acc.*: Quintilii Vari corpus, Tac.: vitam (das Lebensglück) filiae, mutwillig, leichtsinnig aufs Spiel setzen, Ter. – im obszönen Sinne, nonnullas mulierculas, Min. Fel.: aetatulam alcis, Apul.: suum sexum profane ac petulanter, Lact.

illūminātē, *Adv.* (illumino), **erleuchtet, lichtvoll,** dicere, Cic. de or. 3, 53.

illūminātio, ōnis, *f.* (illumino), die **Erleuchtung, I** eig., der Sonne, Macr. sat. 1, 18, 13: vultus tui, Ambros. in psalm. 43, 12. – **II** übtr., Tert. adv. Herm. 15.

illūminātor, ōris, *m.* (illumino), der **Erleuchter,** übtr., Eccl., z. B. Augustin. serm. 216, 9.

illūminātrix, trīcis, *f.* (Femin. zu illuminator), **die Erleuchterin,** Isid. orig. 7, 10, 1.

illūminātus, a, um, *PAdi.* (illumino), **beleuchtet, lichtreich,** übtr. – herrlich, illa illuminatissima caritas, Augustin. serm. 34, 5.

il-lūmino, āvī, ātum, āre (in u. lumino) **erleuchten, hell-, licht machen, I** eig.: **1** im Allg.: vias illuminat igni, Stat.: cuncti gladiis et facibus instructi noctem illuminant, Apul.: ea (tabulata) parvis ab oriente singulis illuminari fenestellis, Colum.: ab eo (sole) luna illuminata, Cic.: illuminantes flammae, Cassiod. – **2** insbes.: **a mit Licht (Augenlicht) versehen,** caecos, Cypr. quod idola etc. 13. – **b** einer Sache **Schimmer** od. **Glanz verleihen, einen hellschillernden Ton geben,** purpura illuminat omnem vestem, Plin. 9, 127: rufum colorem virenti sensim albo, einen helleren Ton geben, Gell. 2, 26, 8: auro capita columnarum, CIL 3, 138. – oft illuminatus alqā re, von etw. **durchschimmert, glänzend,** corona fulgentibus gemmis illuminata, Rhet. Her.: corona (aureis ramentis) illuminata, Capit.: litterae auro inluminatae, scyphi auro inluminati, cantharum auro inluminatum, CIL 8, 6982. – **II** übtr.: **a gehörig (erst recht) ins Licht setzen, aufklären,** fidem alcis, Vell.: quaedam ill. interponendo aliquid sui, Quint. – **b** einer Sache **Licht u. Glanz verleihen,** sie **verherrlichen,** rerum naturae corpus eloquentiā, Vell.: nisi Thebas unum os Pindari illuminaret, Vell.: Philoctetes alumnus Meliboeam illuminat, Mela. – bes. als rhet. *t. t.*, pulchritudinem rerum claritas orationis illuminat, Quint.: ill. orationem sententiis, Cic.: concinnitas, quae verborum collocationem illuminat iis luminibus, quae etc., Cic.

il-lūminus, a, um (in u. lumen), **ohne Licht, dunkel,** Apul. met. 6, 2.

il-lūnis, e (in u. luna), **mondleer, ohne Mondschein,** nox illunis, Sil. 15, 616, Amm. 17, 2, 3: nox illunis aut nubila, Plin. ep. 6, 20, 14. – Nbf. **illūnius,** a, um, Apul. met. 4, 18 u. 9, 33.

Illurgavonēnsēs, s. Ilergaonēs.

Illuricus, Illurius, s. Illyriī.

illūsio, ōnis, *f.* (illudo), **I** die **Verspottung, Ironie, a** übh., Quint. 8, 6, 54. Vulg. Sirach 27, 31 u. a. Eccl.: subsannatio et ill., Vulg. psalm. 78, 4: Plur., Vulg. Isai. 66, 4. – **b** als rhet. *t. t.*, griech. διασυρμός od. χλευασμός, Cic. de or. 3, 202. Quint. 9, 1, 28. – **II** die **Täuschung, eitle Vorstellung,** unde impleta est anima mea illusionibus, Augustin. de ver. rel. 34. § 64 (u. so öfter bei Eccl., s. Paucker Subind. p. 423).

illūsor, ōris, *m.* (illudo) der **Spötter, Verspotter,** Eccl.

illūsōrius, a, um (illudo), **zum Verspotten geeignet, verspottend,** vestis, Augustin. de consens. euang. 3, 13. § 46: distinctio, Iulian. b. Augustin. op. imperf. c. Iulian. 5, 25: adoratio, Ambros. in Luc. 10, 23. – subst. illūsōrium, iī, *n.*, der **Spott,** Gloss. II, 477, 22.

illūster, s. il-lūstris.

illūstrāmentum, ī, *n.* (illustro), das **Verschönerungsmittel,** Plur. bei Quint. 11, 3, 149.

illūstrātio, ōnis, *f.* (illustro), **a** als rhet. *t. t.* = ἐνάργεια, die **Anschaulichkeit, anschauliche Darstellung,** Cic. bei Quint. 6, 2, 32 (aber wahrsch. von Quint. selbst statt perspicuitas, Cic. Acad. 2, 17, gesetzt). – **b** die **Erscheinung,** adventus sui, Vulg. 2. Thess. 2, 8. Vgl. Gloss. ›illustratio, ἐπιφάνεια ἡ ἐκ δόξης‹.

illūstrātor, ōris, *m.* (illustro), **der Erleuchter, Verherrlicher,** rerum (v. Gott), Lact. 2, 9, 5: prosapiae suae, CIL 6, 1706: huius vitae ill. Antonius, Hieron. epist. 22, 36: cordis mei, Augustin. conf. 10, 31, 46: absol., ill. deus, Augustin. de gen. c. Manich. 2, 16. § 24.

illūstrātus, ūs, *m.* (illustris), die **Würde u. der Titel eines** *vir illustris*, Cod. Iust. 3, 1, 13. § 8.

illūstria, ae, *f.* (illustris), die **Berühmtheit,** parentum, Schol. Bern. in Lucan. 5, 207: paterna, *ibid.* 6, 420.

il-lūstris, e (in u. lustro), **im Lichte** od. **Glanze stehend, erleuchtet, hell, lichtvoll, licht, strahlend, I** eig.: stella, lumen, locus, domicilia, Cic.: die iam illustri, als es schon heller Tag war, Curt.: ostio et lumine illustriore, Varro: solis candor illustrior est, Cic. – **II** übtr.: **1 in die Augen fallend, lichtvoll, deutlich, offenbar, einleuchtend, anschaulich** (Ggstz. obscurus, occultus), res, Cic.: oratio, Cic.: rationes, Cic.: mei multi et illustres sermones habiti, meine vielsachen und unzweideutig getanen Äußerungen, Cic.: quae vero, cum de facto non ambigitur, quaeruntur, qualia sint, ea si ex reis numeres, et innumerabilia sunt et *obscura*, si ex rebus, valde et modica et *illustria* (in die Augen fallend), Cic.: est enim plus aliquanto illustre (augenscheinlich) quam illud dilucidum, Cic. – **2 hervorstechend, a** der Geburt, dem Stand usw. nach, **hochstehend, angesehen vornehm,** vir, Liv.: homo, Liv.: adulescens, Caes. u. Nep.: illustriore loco natus, Caes.: illustri magis quam nobili ortus familiā, Vell.: homines illustres honore ac nomine, Q. Cic.: equites et divitiis et genere ill., Liv.: de antiquis illustrissimus quisque pastor erat, Varro. – **b** dem Ruf nach, **bekannt, berühmt,** vir, Suet.: homines, Cic.: vir ill. gloriā militari, Eutr.: loci, Vell.: res populi Romani, Nep.: est eius nomen quam Solonis illustrius, Cic.: huius in re militari illustre factum, Nep.: huius illustrissimum est proelium apud Plataeas, Nep. – im üblen Sinne = **berüchtigt,** unum illud, quod ita fuit illustre notumque omnibus, ut etc., Cic. Verr. 5, 34. – **c** übh. **ins Auge fallend, glänzend, bedeutend** (Kompar. = **von einiger Bedeutung), ausgezeichnet,** statua, lorbeergeschmückte, Tac.: rerum illustrium disputationes, oratorische Glanzpartien, Cic.: res (Ereignis) illustrior, Caes.: legatio illustrior, Nep.: causa (Rechtsfall), Cic.: privata vita, Eutr.: ingenium, Tac.: claram et illustrem orationem efficere, einer R. Ruhm u. Auszeichnung verschaffen, Tac.: eius in omni vita nihil est ad laudem illustrius quam ipsa calamitas, diente nichts mehr zur Verherrlichung seines Ruhms, Cic. – ► Nbf. *masc.* illuster, Val. Max. 4, 1, 5 u. 4, 3, 11. Gesta in senat. pro recip. cod. Theod. *in.* p. 82* (Haenel). Marc. Emp. de medicam. p. 83 *Ald.*

illūstrius, *Adv. Compar.* u. **illūstrissimē,** *Adv. Superl.* (illustris), **lichtvoller, anschaulicher, deutlicher,** numquam illustrius dicere od. dixisse, Cic. ep. 10, 19, 1; de domo 27: quae omnia illustrius apparent, Apul. apol. 83: haec omnia illustrius commemorabuntur et planius, cum etc., Arnob. 2, 4: quis hostis et quid genus ... Q. Claudius primo annalium purissime atque illustrissime descripsit, Gell. 9, 13, 4.

il-lūstro, āvī, ātum, āre (illustris), **erleuchten, I** eig.: quā sol habitabiles illustrat oras, Hor.: vicino splendore proxima illustrat sol, Mela: cuius (candelabri) fulgore collucere atque illustrari Iovis optimi maximi templum oportet, Cic.: ergastulum angustis illustratum fenestris, Colum. – **II** übtr.: **1 ins Licht setzen, a ans Licht** od. **zutage bringen** (Ggstz. occultare), im Passiv **ans Licht** od. **zutage kommen** (Ggstz. occultari), si illustrantur, si erumpunt omnia, Cic. Cat. 1, 6: fore ut ea consilia, quae clam essent inita, illustrarentur, Cic. Cat. 3, 20. – **b beleuchten, erläutern, aufklären, aufhellen,** verum, Cic.: ius obscurum, Cic.: philosophiam veterem illam a Socrate ortam Latinis litteris, Cic.: genus hoc scriptionis nondum satis Latinis litteris illustratum, Cic. – **2** gleichs. **in einen Licht-** od. **Strahlenglanz hüllen, Glanz verleihen, verschönern** (Ggstz. obscurare), **a** rhetorisch, illustrant eam (orationem) quasi stellae quaedam translata verba atque immutata, Cic.: quid admirabilius quam res splendore illustrata verborum, Cic.: ill. orationem sententiis, Cic.: eo vel maxime illustrari ornarique orationem, Quint.: de illustranda oratione (über die Verschönerungsmittel der Rede) dicere, Cic. – **b** moralisch **einen Glanz verleihen, verherrlichen, auszeichnen, berühmt machen,** im Passiv = **berühmt werden,** alqm, Cic., Nep. u. a.: familiam, Suet.: eloquentiam, Cic.: per divini spiritus viros tragoediam, Vell.: amplitudinem alcis, Cic.: longe clarius hoc opus, Quint.: veritatem (Ggstz. pravitate ingeniorum turbare), Lact.: alqm laudibus, jmdm. Ruhm u. Ehre bringen, Cic.: humilius genus factis, Quint.: alqd Musā, Hor.: illustrari bello, sich im Kr. auszeichnen, Vell.: vina illustrata Messallae potu, Plin.: tecta hospitio suo, Stat.

il-lūtibarbus, a, um (illutus u. barba), **mit ungesäubertem Bart,** Apul. flor. 3. p. 4, 5 *Helm.*

il-lūtilis, e (illūtus), **unauswaschbar,** odor, Pestgeruch, Plaut. Men. 168 *Ritschl.*

1. il-lūtus, a, um (in u. lavo), **unbenetzt,** pes, Arnob. 1, 46.

2. il-lūtus, a, um, s. il-lōtus.

il-luviēs, ēī, *f.* (in u. lavo), **I** das **Übertreten des Wassers,** die **Überschwemmung,** Iustin. 2, 1, 14; 2, 6, 10. – **II** meton.: **A** das überströmende **Gewässer,** placida, Tac. ann. 12, 51. – **B** durch den Regen **aufgelöste, aufgeweichte Stellen,** Curt. 8, 14 (47), 4. – **C** der gleichs. angeschwemmte **Schmutz, Unflat, 1** eig.: hic cruciatur fame, frigore, illuvie, Lucil. 599 *sq.*: morbo illuvieque peresus, Verg.: illuvie obsitus, Tac.: obesa illuvies, schmutziger Leib, Colum. – **2** übtr.: **A** in ästhet. Beziehung, verborum sordes et ill., Fronto de orat. p. 158, 18 N.: vendere illuviem (den alten Kram), Sen. fr. 55. – als Schimpfwort, germana ill., Plaut. most. 40. – **b** in moral. Beziehung, mortalium curarum ill., Mart. Cap. 8. § 812: arce a nobis omnem saeculi illuviem, Ps. Cypr. orat. 1. p. 145, 13 H.: inde lavatur naturae ill. (= die Erbsünde), Prud. apoth. 925.

illūviōsus, a, um (illuvies), **voller Unflat**, Non. 413, 7.

Illyriī, ōrum, *m.*, eine Völkerschaft, die ihren Wohnsitz zwischen dem Adriatischen Meer u. Pannonien, im heutigen Dalmatien u. Albanien, hatte, Liv. 10, 2, 4: Nbf. Hilurii, Plaut. Men. 235 *codd.* (Ritschl Ilurii). – Dav.: **A** **Illyrius**, a, um, **illyrisch**, ager, Cato origg. 5, 8. – subst., **Illyria**, ae, *f.*, die Landschaft **Illyrien**, Prop. 1, 8, 2 u. im Plur. (weil aus dem röm. u. griech. Illyrien bestehend) Prop. 2, 16, 10. Ov. trist. 1, 4, 19. – **B** **Illyriciānus**, a, um, **illyrisch**, gens, Valer. imp. bei Treb. Poll.: exercitus, Spart.: paenula, Treb. Poll.: omnes, Cod. Theod. – **C** **Illyricus** (Illuricus, Hilluricus, Hiluricus), a, um, **illyrisch**, mare, Cic.: exercitus, Tac.: gentes, Mela: bellum Hilluricum, Fast. Venus. im CIL $1.^2$ p. 66: Hilurica facies videtur hominis, Plaut. trin. 852. – subst., Illyricum, ī, *n.*, **Illyrien**, Varro, Cic. u. a. – **D** **Illyris**, ridis, *f.*, **illyrisch**, ora, Ov.: Epidamnos, Lucan. – subst., **Illyrien**, Mela u. Ov.

Īlōtae, ārum, *m.*, s. Hīlōtae.

Ilurii, s. Illyriī.

Īlus, ī, *m.* (Ἶλος), **I** des Tros Sohn, des Ganymedes u. Assarakus Bruder und Vater des Laomedon, Erbauer von Ilion, Verg. Aen. 6, 650. – **II** = Iulus (s. d.), Verg. Aen. 1, 268.

Ilva, ae, *f.*, Insel westl. von Etrurien, berühmt wegen ihrer Eisengruben, j. *Elba*, Verg. Aen. 10, 173. Liv. 30, 39, 2. – v. den Griechen Aethalia (Αἰθαλία) gen., Liv. 37, 13, 3. Plin. 3, 81.

im = in, s. 1. in a. E. ►.

Īmachara, ae, *f.*, Stadt auf der Ostseite Siziliens, j. *Maccara*, wov. **Īmacharēnsis**, e, **imacharensisch, aus Imachara**, Leontes Imach., Cic. Verr. 5, 15: Imach. ager, *ibid.* 3, 47. – Plur. subst., Īmacharēnsēs (Īmacar.), die Einw. von Imachara, die **Imacharenser**, *ibid.* 3, 100.

imāginābilis, e (imago), **in der Einbildung bestehend**, Boëth. cons. phil. 5. pros. 4 u. 5. p. 107 u. 110 *Obb.*

imāginābundus, a, ium (imaginor), **sich dem Gedanken** an etw. **hingebend, sich** etw. **lebhaft vorstellend**, ipsum carnificem, Apul. met. 3, 1.

imāginālis, e (imago), **bildlich**, Interpr. Iren. 1, 14, 5 u. 5, 8, 3 a. Eccl.

imāginālīter, *Adv.* (imaginalis), **durch ein Bild, bildlich**, Augustin. de gen. ad litt. 12, 5 u. 6.

imāginārīē, *Adv.* (imaginarius), **nach der Einbildung, nach der Phantasie**, Augustin. c. epist. Manich. 43, 49. Sidon. epist. 2, 10, 4. Isid. qu. in genes. 18, 5.

imāginārius, a, um (imago), **I** **zum Bild gehörig, Bild-**, pictor, Wandmaler, Edict. Diocl. 7, 9: plastes, Bildner von Tonformen zu Statuen, *ibid.* 7, 29. – subst., imāginārius, iī, *m.* = imaginifer (s. d.), Veget. mil. 2, 7. – **II** **nur den Schein habend, nur in der Einbildung und dem Schein nach bestehend, Schein-**, fasces, Liv.: imaginariae militiae genus, eine Art von Titular-Soldaten, Suet.: paupertas, Sen.: venditio, ICt.: ille imag. et scaenicus rex, jener Schein- u. Theaterkönig, Flor.

imāginātio, ōnis, *f.* (imaginor), die **Einbildung, Vorstellung**, libidinum imaginationes in somno, wollüstige Träume, Plin. 20, 68: provincias Orientis secretis imaginationibus agitare, seine Phantasie in einsamen Stunden mit den Pr. des Or. beschäftigen, Tac. ann. 15, 36.

imāgineus, a, um (imago), **I** **abbildend**, figurae, Ven. Fort. vit. S. Mart. 2, 276. – **II** übtr., **nur scheinbar**, poena, Sedul. carm. 1, 187.

imāginifer, ferī, *m.* (imago u. fero), der **Träger des kaiserl. Bildes** (als eines Feldzeichens), der **Bildträger**, Veget. mil. 2, 7. CIL 13, 1895 u. 7705.

imāgino, (āvī), ātum, āre (imago), **als Bild** od. **im Bild wiedergeben, abbilden**, Gell. 16, 18, 3. Ps. Apul. Ascl. 3 *extr.*: terra digitis suis imaginata, Lact. 5, 13, 21: imaginata figuratio, Firm. de err. 4, 1.

imāginor, ātus sum, ārī (imago), sich etwas in ein Bild bringen, in der Seele vergegenwärtigen, **sich ausmalen, sich vorstellen**, im Schlaf u. übh. **träumen**, divitum silvas, Sen. rhet.: illorum fercula, Plin.: Venerem per somnia, träumen von usw., Plin.: balinea imaginatur et fontes, seine Einbildungskraft beschäftigen nur Bäder und Quellen, Plin. ep.: feneratores perdiderunt tabellas, quibus avaritia falso laeta divitias imaginatur, Sen. – m. folg. indir. Fragesatz, imaginor enim, qui concursus, quae admiratio te, qui clamor, quod etiam silentium te maneat, Plin. ep.: imaginare tecum, quantus ille sit fulgor tot sideribus inter se lumen miscentibus, Sen. – m. folg. *Acc.* u. *Infin.*, Calpurnia uxor imaginata est collabi fastigium domus, Suet. Caes. 81, 3: u. so Plin. ep. 1, 14, 9 u. 5, 5, 5. – ► Partiz. Perf. passiv, imaginatae illae blanditiae, Augustin. solil. 1, 14, 25.

imāginōsus, a, um (imago), **voller Einbildungen, -Phantasien, sich der Phantasie hingebend**, Catull. 41, 8.

imāgo, inis, *f.* (vgl. aemulus), das **Bild, Bildnis** als Nachbildung, das **Abbild**, griech. εἰκών, bes. ein **Brustbild**, **I** objektiv, **A** eig.: **1** als Werk der Plastik od. der Malerei: **a** im Allg.: imago ficta alcis, Büste, Cic.: imago picta, Gemälde (Porträt), gemaltes Brustbild, Plin. u. Cic.: huius facti picta imago, Val. Max.: in bibliotheca sua ponere imagines municipum suorum, Plin. ep.: als Bild jmds. im Stein des Siegelrings, est signum notum, imago avi tui, Cic.: imagines deûm, Götterbilder, Tac.: deorum, die Penatenbilder, Ascon.: imago cerea, Wachspuppe, Hor. sat. 1, 8, 43. – dah. auch der **Bauriss**, Stat. silv. 3, 1, 117; vgl. Plin. 28, 15. – **b** insbes., imagines (maiorum), die **Bilder der Vorfahren, Ahnenbilder**, Wachsmasken nach dem Leben geformt (dah. auch cerae gen.), die aufzustellen nur die das Recht hatten, die ein kurulisches Amt, also von der Ädilität an aufwärts, verwaltet hatten. Diese imagines wurden in tempelartigen Schränken (armaria), die im Atrium an der Wand angebracht waren (dah. fumosae imagines, Cic. Pis. 1. Sen. ep. 44, 5), aufbewahrt, jede imago mit einem Lorbeerkranz geschmückt, und unter jeder imago stand als Aufschrift (titulus) der Name des Verstorbenen, seine Würden u. seine Verdienste; die einzelnen imagines waren durch Laubgewinde verbunden, die an festlichen Tagen samt den Lorbeerkränzen erneut wurden, s. Sen. de ben. 3, 28, 2. Plin. 35, 6. Tac. dial. 8. Bei feierlichen Leichenzügen wurden die imagines der Leiche in der Art vorgetragen, dass Menschen, die in Größe u. übriger Figur den vorzustellenden Personen glichen, diese Wachsmasken vor das Gesicht nahmen u. in der jedem zukommenden Tracht nebst allen gebührenden Insignien vor dem lectus einherzogen, Hor. epod. 8, 11. Plin. 35, 6 *sqq.* Prop. 2, 13, 19. Suet. Cal. 23, 1.

2 als natürliches **Abbild** in körperlicher u. geistiger Hinsicht, **a** übh.: hic, qui adest, imago animi et corporis tui, constantissimus atque optimus filius tuus, Cic.: en iuvenem, inquit, effigiem atque imaginem eius, quem etc., Liv.: Alexis imago Tironis, das Ebenbild, Seitenstück, Cic.: imaginem belli navalis agitare, ein Seemanöver abhalten, Flor.: imaginem alcis ferre, jmds. Abbild tragen = jmds. Gestalt angenommen haben, sich für jmd. ausgeben, Plaut. mil. 151. Auct. prol. Plaut. Amph. 141 u. capt. 39. – imago animi vultus est, indices oculi, Cic.: imago solis, lunae, das Abbild, der Widerschein, Lucr. u. Verg. – **b** das schriftliche **Nachbild**, explicate descriptionem imaginemque tabularum, die Abschrift u. das Nachbild = die getreue Abschrift, Cic. Verr. 2, 190.

3 (wie εἴδωλον) v. Schatten-, Traum- u. Phantasiebildern, **a** = **Schattenbild, Schatten** der Abgeschiedenen, imagines mortuorum, Cic.: magna mei sub terras ibit imago, Verg.: in somnis inhumati venit imago coniugis, Verg.: semper tua dicar imago, dein dich liebender Schatten, Prop.: num (*al.* non) vanae redeat sanguis imagini, dem körperlosen Sch., Hor. carm. 1, 24, 15 (vgl. *no.* b). – **b** = **Traumbild**, imago somni od. noctis, Ov.: imagines somniorum, Suet.: nocturnae imagines, Tibull.: nocturnae quietis imago, Tac.: imago vana, Trugbild, Hor. carm. 3, 27, 40 *sq.* (vgl. *no.* a): decipior melioris imagine somni, Ov. – **c** = **Gespenst**, Plin. ep. 7, 27, 6. – **d** (wie simulacrum bei Lukrez) als *t. t.* der epikureischen Philos. = das dem Geist vorschwebende **Abbild** eines gesehenen oder gedachten Gegenstandes, s. Cic. de div. 2, 137.

4 das **Echo** als Nachahmung der Stimme, ubi non resonant imagines, Varro: alternae deceptus imagine vocis, Ov.: cuius recinet ioco-

sa nomen imago, Hor.: laus bonorum virtuti resonat tamquam imago, Cic.
5 das **Wortbild,** die **Parabel** (παραβολή), die **Fabel,** hāc ego si compellor imagine, Hor.: haec a te non multum abludit imago (Fabel von den Fröschen), Hor.: solebat Attalus hāc imagine uti: Vidisti aliquando canem etc., Sen. ep. 72, 8: invenio imagines, Sen. ep. 59, 6. Vgl. Rhet. Her. 4, 62. Cic. de inv. 1, 49.
B übtr.: 1 im Allg.: haec conficta arbitror a poëtis esse, ut effictos nostros mores in alienis personis expressamque imaginem nostrae vitae cotidianae videremus, ein treues Abbild (= eine treue Darstellung), Cic.: recordatio meorum temporum, quorum imaginem video in rebus tuis, Cic.
2 insbes., im Ggstz. zur Wirklichkeit = das **Scheinbild, Schattenbild, Trugbild, Phantom,** der **Schein,** a übh., Quint. 10, 1, 16; 10, 5, 17. – b mit dem Nebenbegr. des Täuschenden, Pompeium imagine pacis, Lepidum specie amicitiae deceptos, Tac.: deceptum imagine decoris, durch ein Trugbild der Ehre, Liv.: biduum imagine cognitionis absumptum, mit dem Schein usw., Tac.: tamquam imago servitii, Tac.: misera et ingrata imago industriae, Schein von Tätigkeit (den man sich gibt), Plin. ep.: his quoque imaginibus iuris spretis, Trugbilder (Vorspiegelungen) eines rechtlichen Verfahrens, Liv. – c mit dem Nbbegr. des Wesenlosen, der **Schatten,** si denique imaginem iudiciorum aut simulacrum aliquod futurum reliquum credidisset, Cic.: imaginem rei publicae nullam reliquerunt, keinen Schatten, keine Spur, Cic.: imaginem urbis magis, quam urbem fecerat, Flor.: umbra et imago equitis Romani, Schatten und leerer Name, Cic.: imago tribuniciae potestatis sine vi, Vell.
II subjektiv: 1 **das Bild,** in dem sich etwas unseren Blicken darstellt = der **Anblick,** die **Erscheinung,** im. venientis Turni, Verg.: plurima mortis imago, häufig bot sich das Bild-, der Anblick des Todes dar, Verg.: exercitum imagine caesorum insepultorum tardatum ad proelia, Tac.: varia pereuntium forma et omni imagine mortium, in jeglicher Gestalt der Tod zu schauen, Tac.
2 die **Vorstellung,** die man von etwas hat oder sich macht, der lebhafte **Gedanke** an etwas, ponti tristis imago, Ov.: tantae caedis imago, Ov. – si te nulla movet tantae pietatis imago, Verg.: es tumidus genitoris imagine falsi, Ov.: poenae in imagine tota est, beschäftigt sich ganz mit dem Gedanken an die (zu vollziehende) Strafe, Ov.: tua (an dich), pater Druse, imago, Tac.

imāguncula, ae, *f.* (*Demin.* v. imago), ein **Bildchen,** quinque imagunculae matronarum, Cic. ad Att. 6, 1, 25: puerilis, Suet. Aug. 7, 1: puellaris, Suet. Ner. 56 *Ihm.*

imbalnitiēs, ēī, *f.* (in u. balneum), der **im Bad nicht abgewaschene Schmutz,** Lucil. 600.

imbēcillis, s. im-bēcillus ►.

imbēcillitās, ātis, *f.* (imbecillus), die **Schwäche, Gebrechlichkeit,** I eig.: 1 im Allg. (Ggstz. fortitudo), corporis, Cic.: virium, Cic.: valetudinis, Cic.: materiae, leichte Bauart, Caes. – 2 insbes., die **schwächliche Gesundheit, Kränklichkeit** jmds., Suet.: Ggstz. sanitas, s. Quint. 12, 10, 15. – II übtr., die **Schwäche,** sociorum, Ohnmacht (Ggstz. potentia), Iustin.: generis humani, Cic.: als Gefühl = das **Gefühl, Bewusstsein der Schwäche,** Cic. de rep. 1, 39. – insbes. v. geistiger Schwäche, **Haltlosigkeit, Mangel an Energie,** consilii, Cic.: animi, Caes.: mentis inconstantia, imbecillitas, levitas, Cic.: imb. Niciae nostri, Cic.: magistratuum, Cic.

imbēcilliter, *Adv.* (imbecillus), **schwach,** Augustin. epist. 120, 6 *extr.* – gew. Kompar. imbecillius, auf minder entschiedene Weise, z. B. horrere dolorem, Cic.: assentiri, mit wenig Charakterstärke, Cic.

imbēcillor, ārī (imbecillus) = ἀσθενῶ, **ich bin schwächlich, kränkele,** Dosith. 60, 2. Gloss. II, 247, 34.

im-bēcillus, a, um (vgl. baculum), **schwach, gebrechlich, kraftlos,** I eig. (Ggstz. validus, valens, robustus, fortis), 1 im Allg.: a übh.: filius, Cic.: agnus, Col.: oculi, Sen.: imbecillior sexus, das schwächere (weibl.) Geschlecht, Augustin.: imbecillissimus sanguis, Sen.: imbecilli oculi *ad* sustinendum comminus solem, Sen. nat. qu. 1, 17, 2: *n. pl.* subst., promiscue enim (pestilentia) imbecilla robustaque invadit, Sen. de ira 3, 5, 1: imbecillissima moenium, die schwächsten Stellen, Sen. ep. 59, 12. – b v. Speisen u. Getränken, **nicht kräftig, nicht nährend** (Ggstz. valens, validus), vina, Plin.: prout (vinum) ingenio imbecillum aut validum fuit, Macr.: imbecillissimam vero materiam esse omnem caulem oleris, Cels. – c v. Heilmitteln, **unwirksam** (Ggstz. valens), sed nescio quomodo imbecillior est medicina quam morbus, Cic. ad Att. 10, 14, 2. – 2 insbes., körperlich **schwächlich, kränklich** (Ggstz. valens), Cic. u. a.: imbecillior valetudine, Cic. – subst., imbecilli, Schwächliche, Cels. 1, 2 *in.*: ebenso imbecilliores, schwächlichere Subjekte, Cels. 7, 26, 5. – II übtr.: 1 im Allg., **schwach, ohnmächtig, unbedeutend,** regnum, Sall.: suspicio, Tac. – 2 insbes., geistig **schwach, haltlos, ohne Energie,** accusator, Cic.: animus, Cic. u. Liv.: ingenium, Plin. pan. – ► Nbf. **imbēcillis,** e, Cic. Hortens. fr. 72. p. 320 M. (b. Non. 300, 33 *codd.*). Sen. de ira 2, 34, 1 u. 3, 28, 3; de clem. 2, 6, 4. Aur. Vict. de Caes. 19, 3 u. epit. 19, 3. Not. Tir. 68, 66 (wo imbicilis).

imbellia, ae, *f.* (imbellis), die **Untauglichkeit zum Krieg,** Gell. 5, 5. § 5. Vgl. Paul. ex Fest. 114, 11.

im-bellis, e (in u. bellum), I **unkriegerisch,** 1 im Allg.: multitudo, v. Frauen, Liv.: lyra, Hor.: telum, kraftloses, Verg.: tres sumus imbelles, wehrlose, schwache, Ov.: di, von Venus und Kupido, Ov.: fulgor auri, Quint.: maior numerus, sed imbellior, minder kriegstüchtig, Tac. hist. 4, 33 *extr.* – 2 insbes., **nicht tapfer, feige,** Cic. u. Liv.: res imbelles, feiges Benehmen, Cic. – II **ohne Krieg, friedsam, ruhig,** 1 eig.: annus (Ggstz. bellicosus), Liv.: columba, Hor.: Tarentum, Hor. – 2 poet. übtr., übh. **ruhig, still,** fretum, Stat. silv. 3, 5, 84: somnus, Stat. Theb. 3, 256. – ► Nbf. **imbellus,** a, um, m. *adversus* u. Akk., Dict. 2, 15.

imber, bris, Abl. brī u. (seltener) bre, *m.* (ὄμβρος, altind. *abhrá-ḥ,* Gewölk), der herabstürzende, heftige, starke **Regen,** bes. der **Schlagregen, Platzregen, Regensturz, Regenguss, Gewitterregen** (während pluvia der Regen als benetzendes Regenwasser, wohltätiger Landregen), I eig.: magnus, maximus, Cic.: densissimus, Verg.: hibernus, Mela: imber lactis, Milchregen, Cic.: lapideus, saxeus, Steinregen, Liv. u. Sil.: so auch lapidum, sanguinis, Cic.: guttae imbrium quasi cruentae, Cic.: tectum, quo imbris vitandi causā succederet, Cic. piscinae servandis imbribus (Regenwasser), Tac.: imbres undique et omnia procellis saevientia, Sen. rhet.: magnos et assiduos imbres habemus, Cic.: neque soles nimis urguent neque ultra debitum imbres cadunt, Sen. rhet. (vgl. cado): frumenta anni tempore atque imbribus procubuerant, Caes. – sprichw., s. crībrum. – II übtr.: A jedes **Unwetter,** supra caput astitit imber, Verg.: grandinis imbres, Hagelschlag, -wetter, Lucr. – B poet. = jede **Feuchtigkeit, jedes Nass,** aequoris imber, Ov.: spumeus imber, Stat.: amicos irrigat imbres, Verg.: gelidus, kaltes Wasser, Lucr.: calidus, warmes, Ov.: pluvius imber, Regenwasser, Ov.: u. so pluvialis imber, Ps. Cypr.: fluminis imber, Flusswasser, Ov.: tortus, Hagel, Verg.: sanguineus, Stat.: nectaris, Claud.: vini, Pallad.: vespertini roris, Pallad.: crebrae porriginis, Seren. Samm. 45: imbres lacrimarum, Augustin. enarr. in psalm. 6, 10: imbre per indignas usque cadente genas, ein Strom von Tränen, Ov.: u. so inque sinum maestae labitur imber aquae, Ov. – C v. einer regenartig herabstürzenden Menge, ein **Regen,** ferreus ingruit imber, Verg. Aen. 12, 284.

im-berbis, e, u. **im-berbus,** a, um (in u. barba), **ohne Bart, bartlos,** v. jungen Leuten (Ggstz. barbatus), α Form *imberbis,* Cic. de nat. deor. 1, 83 u. 3, 83. Cic. Cat. 2, 22. Liv. b. Charis. p. 95, 21. Min. Fel. 22, 6. – β Form *imberbus,* Lucil. 1058. Varro b. Charis. 95, 19 u. b. Non. 493, 30. Cic. de domo 37. Cic. de lege agr. 1. fr. 3 (b. Charis. 95, 20). Hor. ep. 2, 1, 85 u. de art. poët. 161.

im-bibo, bibī, ere (in u. bibo), **in sich trinken, einsaugen,** I eig.: nidorem, Plin. 24, 135. – o truces oculi! meritas ipsi tenebras non imbibistis? Nazar. pan. 12, 3. – II übtr.: A **in sich aufnehmen,** vanam opinionem, Gell.: animo malam opinionem de alqo, Cic.: ingenio artes paternas, Auson.: tantum certamen animis, ins Herz **fassen,**

Liv. – B **sich vorsetzen, sich vornehmen,** memor eius, quod initio consulatus imbiberat, Liv. 2, 47, 12. – m. folg. *Infin.*, Lucr. 3, 995 u. 6, 72. Cic. Quinct. 27.

im-bīto, ere (in u. bito), **hineingehen,** meam domum ne inbitas, Plaut. Epid. 145.

imbonitās, ātis, *f.* (in u. bonitas), das **Unsanfte,** die **Rauheit,** Tert. ad martyr. 3 *in.*

im-bracteo, (āvī), ātum, āre (in u. bracteo), **mit Blättchen von Metall überziehen,** Amm. 25, 1, 12: auro imbracteari, vergoldet werden, Amm. 14, 6, 8 u. 17, 4, 15.

imbractum, ī, *n.* (ἐμβρέχω) = *embamma* (s. d.), Apic. 8, 359.

imbrex, bricis, Genet. Plur. bricum, *c.* (imber), der (zum Ableiten des Regens auf dem Dach angebrachte) **Hohlziegel,** I eig.: tempestas confringit tegulas imbricesque, Plaut.: inter duos imbrices, Plin.: angusti imbrice tecti, mit einem niedrigen Dach von Hohlziegeln, Verg. – II übtr.: A eine **kleine Rinne** zum Tränken der Tiere, Colum. 9, 13, 6. Pallad. 4, 15 *in.* – B die **hohle Hand** zum Beifallklatschen, Suet. Ner. 20, 3. – C die **Scheidewand** in der Nase, narium, Arnob. 3, 13. – D imbrex porci, ein Rippenstück am Schwein, **Schweinsschäufelchen,** als Delikatesse, Mart. 2, 37, 2.

imbriālis, e (imber), **zum Regen gehörig, Regen-,** aqua, Cael. Aur. de morb. chron. 2, 13, 167; 5, 10, 122.

imbricātim, *Adv.* (imbricatus, s. 1. imbrico *no.* II), **hohlziegelförmig,** Plin. 9, 103.

imbricitor, ōris, *m.* (imber u. cieo od. cio), der **Erreger des Regens,** spiritus austri imbricitor, Enn. ann. 444. – Beiname Jupiters, Apul. de mund. 37. – Beiname Apollos, Macr. sat. 1, 17, 49.

1. **imbrico,** āvī, ātum, āre (imbrex), I **mit Hohlziegeln decken,** Sidon. epist. 2, 2, 5. – II **hohlziegelförmig machen;** dah. imbricatus, a **hohlziegelförmig,** vertebrae, Plin. 11, 1: simiae ungues, Plin. 11, 247: folium per margines imbricatum, Plin. 15, 127. – b **hohlziegelartig gelegt,** caementa imbricata inter se, hohlz. ineinander gefügt, Vitr. 2, 8, 1.

2. **imbrico,** āre (imber), = ὀμβρέω, **einzetteln,** deinde super imbricato quae trita erunt, Gargil. de cur. boum § 23. – Nbf. (nach der 3. Konjug.) ›imbricitur, ὀμβροῦται, βρέχεται‹ Gloss. II, 77, 30.

imbriculus, ī, *m.* (*Demin.* v. imbrex), ein **kleiner Hohlziegel,** Isid. orig. 19, 10, 14.

imbricus, a, um (imber), **regnerisch, Regen bringend,** auster, Plaut. merc. 877 G: solstitium, Macr. sat. 5, 20, 14: tempestas, Paul. ex Fest. 109, 1.

imbridus, a, um (imber), **regnerisch,** caelum, Solin. 4, 5. Pallad. 2, 13, 1.

imbrifer, fera, ferum (imber u. fero), **Regen bringend,** ver, Verg.: auster, Ov.: procellosus et imbr. caeli status (Ggstz. quietus caeli status), Colum. – poet., Nilus, überschwemmend, Mart. 1, 61, 5.

imbrifico, ātus, āre (imber u. facio), I **regnen machen, in Regen auflösen,** nubes, Mart. Cap. poët. 1. § 123. – II **beregnen, benetzen,** Mart. Cap. 6. § 584: im Bild, imbrificabit terram sapientia veritatis, Augustin. in psalm. 101. serm. 2. § 14.

imbrigenus, a, um (imber u. geno = gigno), **vom Regen erzeugt,** aquae, Anthol. Lat. 136, 4 (1070, 4).

imbrīlis, e, **zum Regen gehörig, Regen-,** aqua, Cass. Fel. 29. p. 54, 4: lavacra imbrilia, Rose Anecd. II. p. 199 § 39.

Imbros u. **Imbrus,** ī, *f.* (Ἴμβρος), eine Insel im nördl. Teil des Ägäischen Meeres nahe bei Lemnos u. Samothrace, j. *Embro,* Form *-os,* Mela 2, 7, 8 (2. § 106): Form *-us,* Liv. 33, 30, 11 u. 35, 43, 4. Plin. 4, 72. – Dav. **Imbrius,** a, um, **imbrisch,** terra, Ov. trist. 1, 10, 18.

imbrūmārī dicuntur, quibus fastidium est ciborum. Edacitas enim Graece βρῶμα appellatur, Isid. orig. 5, 35, 6.

im-bubino, āre (in u. bubino), **mit dem Monatlichen besudeln,** Lucil. 1186 (b. Paul. ex Fest. 32, 1).

im-bulbito, āre (in u. βόλβιτον), **bekacken,** Paul. ex Fest. 32, 1.

imbuo, buī, būtum, ere (*imbu, vgl. altind. *ambu,* Wasser), mit etwas **tränken, befeuchten, benetzen,** in etwas **eintauchen,** sodass eine Sache Farbe, Geruch usw. bekommt, I eig.: palmulas in aequore, Catull.: lanam liquoribus, Colum.: oscula nectare, Hor.: phialam nectare, benetzen (poet. = mit Wein anfüllen od. einweihen), Mart.: vestem sanguine, Ov.: sagittas, damit verwundet werden, Ov.: farina fermento imbuta, gesäuertes Mehl, Gell.: odore imbuta testa, Hor.: imbuti sanguine gladii, Cic.: sanguine consulis Romani militis imbutae manus sunt, Vell. – II übtr.: A **benetzen, erfüllen, besudeln, beflecken, anstecken,** gladium scelere, Cic.: aures promissis, Curt.: pectora pietate, Liv.: so auch imbutus nece, Ov.: imbutus maculā sceleris, Cic.: bellum odio imbutum, Cic.: imbutus crudelitate, Cic., superstitione, Cic., admiratione, Liv. – B etwas **zeitig beibringen,** jmd. zu od. an etwas **gewöhnen, unterrichten,** jmdm. **Geschmack** an etwas **beibringen** od. **beizubringen suchen,** jmd. in etw. **einweisen,** oft auch = in etw. **erst einführen,** mit etw. **nur erst bekannt machen, einweihen, mit** etw. **vertraut machen,** auch mit etw. **ausstatten, erfüllen,** se studiis, Cic.: alqm opinionibus, Cic.: vitiis, Liv.: militem licentiā saevitiāque, Tac.: nam si te regeret pudor, sive adeo cor sapientiā imbueret, Pacuv. fr.: nec quicquam (= nec ullā re) imbuuntur, Tac.: pectora religione, Cic.: (legiones) imbutae favore Othonis, Tac.: is, qui et doctrinā mihi liberaliter institutus et aliquo iam imbutus usu et satis acri ingenio esse videatur, Cic.: imbutus cognitionibus verborum, Cic.: imbutus rudimentis militiae, Vell.: elementis studiorum etsi non instructus, at certe imbutus sit, Tac.: quasi non perfunctus litteris, sed imbutus, Suet.: litteris saltem leviter imbutus, Quint.: litterulis Graecis imbutus, nur oberflächlich mit der griech. Literatur bekannt, Hor.: an tu dialecticis ne imbutus quidem est? hast du nicht einmal ein bisschen Logik gelernt? Cic.: Aper omni eruditione imbutus, mit einem Anflug von allgemeiner (enzyklopädischer) Bildung, Tac.: nos ita a maioribus instituti atque imbuti sumus, ut etc., Cic. – m. *ad* u. Akk., imb. socios *ad* officia legum, Tac.: ad excidium urbium imbutus (Scipio), Flor.: ad quam legem non instituti sed imbuti sumus, nicht unterwiesen, sondern durch Gewöhnung gelangt sind, Cic.: sic litteris talibusque doctrinis ante excoli animos et ad sapientiam concipiendam imbui et praeparari decet, Cic. fr.: m. *in* u. Akk., alqm *in* disciplinas dialecticas inducere atque imbuere, einführen u. einweihen, Gell. 16, 8, 1. – mit *Infin.*, nec (Iudaei) quicquam prius imbuuntur (nichts wird ihnen eher eingeschärft), quam contemnere deos, Tac. hist. 5, 5; u. so Prud. perist. 9, 36. Min. Fel. 6, 1. – C (poet.) etw. gleichs. **einweihen, zuerst kennenlernen, probieren, beginnen,** latrocinia militum, Flor.: imbue opus tuum, Ov.: terras vomere, zuerst pflügen, Val. Flacc.: cursu prima imbuit Amphitriten, ist zuerst geschifft, Catull.: exemplum palmae primae, das erste Beispiel geben, Prop.

imbūtāmentum, ī, *n.* (imbuo), der **Unterricht,** Fulg. Myth. 1. p. 15 M.

imitābilis, e (imitor), I **nachahmbar,** v. Pers., Plin. ep. u. Quint.: v. Lebl., orationis subtilitas, Cic.: exemplar vitiis im., Hor.: ea, quae in oratore maxima sunt, imitabilia non sunt, Quint.: *Compar.*, neque est imitabilior alia (gemma) mendacio vitri, Plin. 37, 112. – II **zur Nachahmung geneigt,** cum essent homines imitabili docilique naturā, Vitr. 2, 1, 3.

imitāmen, minis, *n.* (imitor), die **Nachahmung, Kopie,** Ov. met. 11, 626: Plur., Ov. met. 4, 445 u. a.

imitāmentum, ī, *n.* (imitor), die **Nachahmung,** das **Abbild,** Olympiaci Iovis, Amm. 22, 13, 1: facis im. aereum, *ibid.* 17, 4, 15. – Plur., simulacra et imitamenta, Gell. 6 (7), 5, 7: consulum et priorum principum imitamenta, Amm. 16, 10, 14: imitamenta sacrilega, Augustin. c. Faust. 22, 17: lacrimae vel dolorum imitamenta, wären sie auch nur das erzwungene Bild des Schmerzes, Tac. ann. 3, 5 *extr.*: tristitiae imitamenta, das Gaukelspiel der Trauer, Tac. ann. 13, 4: veterum Romanorum imitamenta praeferre (zur Schau tragen), Tac. ann. 14, 57: quis enim tam parvis oblectare animum imitamentis possit, si vera cognoverit, Sen. contr. 2, 1 (9), 13.

imitātio, ōnis, *f.* (imitor), I die **Nachahmung,** im üblen Sinne = die **Nachäffung,** A im Allg. (Ggstz. veritas, verum), Cic. u. a. – B als rhetor. *t. t.:* **I** die **Nachahmung** eines Redners, Rhet. Her. 1, 3. – **2** die **Nachahmung** als die den Naturlaut nachahmende Bezeichnung eines Tons, die **Onomatopöie,** wie *mugire, vagire* etc., Rhet. Her. 4, 42. – **C** der **Nachahmungstrieb,** Quint. 1, 3, 1. – **II** konkr., die **Nachahmung, Kopie** (als Bild einer Person usw.), cum est arduum similitudinem effingere ex vero, tum longe difficillima est imitationis imitatio, Plin. ep. 4, 28, 3.

imitātīvus, a, um (imitatio) = μιμητικός, **zur Darstellung durch Nachahmung geeignet,** Porph. Hor. sat. 1, 2, 129. Dosith. 57, 1 K. Diom. 482, 14.

imitātor, ōris, *m.* (imitor), der **Nachahmer, I** im Allg., Cic. u. a. – v. Abstr., imitator naturae mos, Cic. Hortens. fr. 71. p. 320 M. – im üblen Sinne = der **Nachäffer,** Plur., Hor. ep. 1, 19, 19. – **II** = mimus (s. d.), CIL 6, 4886.

imitātōrius, a, um (imitor), **zur Nachahmung dienlich,** disciplina, Augustin. serm. 57, 1 *Mai.* – od. **aus Nachahmung hervorgegangen,** peccatum, Augustin. c. Iulian. Pelag. 6. § 77.

imitātrīx, trīcis, *f.* (Femin. zu imitator), die **Nachahmerin,** von Vögeln, Ov. u. Plin.: v. Abstr., imitatrix boni, voluptas, Cic.: naturae im. ars, Auson.: harum (disciplinarum) imitatrices esse coquinariam et unguentariam, Apul.

imitātus, Abl. ū, *m.* (imitor), die **Nachahmung,** mendicantis imitatu, Auson. perioch. Odyss. 14.

imito, āre, **nachahmen,** malos, Liv. Andr. tr. 1: alcis opus, Varro b. Non. 473, 20: is puer, quem imitari pueris omnibus volo, Valer. imp. b. Vopisc. Prob. 4, 2. – Partiz. Perf., s. imitor.

imitor, ātus sum, ārī (mit imago zu aemulus), **I** schon Vorhandenes **nachahmen, nachmachen, nachtun,** nachahmend **darstellen, A** eig.: **a** v. Pers.: amictum alicuius aut statum aut motum, Cic.: chirographum, Cic.: falso manum (Handschrift) alcis, Eutr. – alqm, jmd. nachahmen, es jmdm. nachtun, Cic., alqm in aliqua re, Nep.: oratorem, Cic.: alcis consuetudinem, Nep.: vitia, Cic.: praeclarum factum, Cic.: fuit igitur stulta calliditas perverse imitata prudentiam, Cic.: in adeundis periculis consuetudo imitanda medicorum est, Cic.: tu mihi maxime imitandus videbaris, Plin. ep.: opera ardua imitatu, Val. Max. 4, 6 *in.* – Partiz. Perf. imitātus, passiv, **nachgeahmt, nachgemacht,** imitata et efficta simulacra, Cic. Tim. 8 M.: affectus ficti et imitati (Ggstz. affectus veri), Quint. 11, 3, 61: imitata voluptas, Ov. met. 9, 481: imitato murmure, Avian. fab. 5, 17. – **b** v. Lebl. = **gleichkommen, ähnlich sein,** umor potest imitari sudorem, Cic.: cornua lunam imitata, dem Mond ähnlich, Ov. – **B** poet. übtr., etwas durch etwas Ähnliches **ersetzen,** ferrum sudibus, Knüttel statt der Schwerter gebrauchen, Verg.: pocula vitea acidis sorbis, statt des Weins die Säure des Speierlings trinken, Verg. – **II** (wie μιμεῖσθαι) noch nicht Dagewesenes **darstellen, ausführen, ausdrücken** (indem das im Geiste vorher entworfene Bild als Basis der Nachahmung gedacht wird; vgl. Ellendt Cic. de or. 2, 92), alqd penicillo, Cic.: capillos aere, Hor.: poet. putre solum (namque hoc imitamur arando), einen ähnlichen Boden wollen wir durch Pflügen darstellen, Verg. georg. 2, 204. – gaudium, an den Tag legen, zeigen, Tibull.: so auch maestitiam, Tac. – ► Parag. Infinit. imitarier, Plaut. capt. 485. Lucr. 5, 1377. – vulg. Schreibung emitor, CIL 6, 30103, 6 et nos antiquorum emitemur tempora.

īmitus, *Adv.* (imus), **vom Untersten, aus dem Grund,** Gell. 2, 20, 4. Apul. met. 4, 12. Cassiod. var. 3, 47, 5 M.

immaculābilis, e (in u. maculo), **unbefleckIich,** conscientia, Auson. grat. act. (VIII) 14 (63). p. 27, 8 Schenkl.

immaculātus, a, um (in u. maculo), **unbefleckt,** Lucan. 2, 736. Amm. 19, 2, 9 u. 21, 14, 5. Lact. 6, 2, 13. Vulg. exod. 29, 1 u. 1; Petr. 1, 20 u. a. Eccl.: *Superl.* illa immaculatissima puritas, Augustin. de nat. et grat. 63.

im-maculo, āvī, āre (in u. maculo), **beflecken,** Firm. math. 1, 3, 8; 2, 30, 14 u. ö.

im-madēsco, maduī, ere (in u. madesco), **nassfeucht werden,** v. der Erde, v. Boden, Ov. met. 6, 396. Plin. 17, 39. Amm. 20, 11, 25: tenuis graviore favonius austro immaduit, Stat. silv. 3, 1, 73: credibile est lacrimis immaduisse genas, Ov. trist. 1, 9, 34.

im-madido, āre (in u. madidus), **benetzen, befeuchten,** Ambros. de exc. fratr. 2, 12; in Luc. 7. § 20.

immadidus, a, um (in u. madidus) = ἔνυγρος, **wasserreich, nass,** Avien. progn. 84.

im-māne u. **im-māniter,** *Adv.* (immānis), **ungeheuer, I** eig., **ungeheuer, unmäßig,** immaniter clamare, Gell. 1, 26, 8. – **II** übtr., **furchtbar, wild, schrecklich, α** Form *-e:* leo imm. hians, Verg.: imm. fremunt torrentes, Claud. – **β** Form *-iter:* imm. saevire per ea loca, Amm.: imm. vivere, Augustin. – **γ** Compar.: immanius efferascere, Amm. 18, 7, 5. – ► In den Stellen, in denen immane bei Dichtern mit sonare, hiare, fremere u. vgl. verbunden steht, ist es eig. Akk. des Neutrums, s. Verg. georg. 3, 239; Aen. 7, 510; 10, 726; 12, 535. Claud. Mall. Theod. cons. 237.

im-maneo, ēre (in u. maneo), **I** bei etw. **bleiben,** Itala act. apost. 21, 24. Augustin. de genes. ad litt. 2, 4. – **II anhaften,** Augustin. de civ. dei 1, 28, 1.

im-manifēstus, a, um (in u. manifestus), **nicht deutlich hervortretend,** Rufin. in metr. Ter. 559, 26 K.

im-mānis, e (in u. altlat. manus = bonus), *Adi.* m. *Compar.* u. *Superl.*, **ungeheuer, I** der Gestalt, Größe, Menge nach, **ungeheuer groß, riesig, unermesslich, außerordentlich,** immani corporum magnitudine homines, Caes.: immanis magnitudinis hostis, Vell.: imm. corpus, Riesenleib, Verg.: immani corpore serpens, Lucr.: anguis, Liv.: poculum, Cic.: antrum, vulnus, Verg.: templa, Verg.: pecuniae (Geldsummen), Cic.: ingens immanisque praeda, Cic.: acta Herculis, Ov.: amicorum frequentia, Vell.: immaniore tonitru, Vopisc.: immanissimis proeliis, Eutr.: im Neutrum absol., immane quantum (griech. ἀμήχανον ὅσον), es ist ungeheuer wie sehr, ungemein, Tac. hist. 3, 62: u. dafür immane quanto angori fuit, immane quantum animi exarsere, Sall. fr.: vino et lucernis Medus acinaces immane quantum discrepat, Hor.: u. vollst., immane dictu est, quanti et quam multi mortales postea ad Pompeium discesserint, Ps. Sall. de rep. 1, 2, 7. – **II** übtr., der Beschaffenheit, dem Wesen nach **ungeschlacht, unmenschlich, furchtbar, graus, wild, schrecklich, entsetzlich,** hostis ferus et immanis, Cic.: fera atque immanis belua, Cic.: immanis belua feraque, Suet.: taetra et immanis belua, Cic.: immanes (wild) aliae bestiae, aliae cicures (zahm), Cic.: immanium bestiarum delenitor (v. Orpheus), Apul.: esse immani (bestialischen) acerbāque naturā, Cic.: tauri sunt immanes moribus, Mela: mores feri immanisque natura, Cic.: tantum facinus, tam immane, Verg.: immanis in antro bacchatur vates, schrecklich rast, Verg.: flumen, wilder, Verg.: u. so saxa, Verg.: bestiae immaniores, Cic.: immaniores canes, Cic.: scelere ante alios immanior omnes, Verg.: immanissimus quisque, Cic.: immanissima facta, Suet. – m. 2. *Supin.*, immanis visu, Val. Flacc. 1, 208: immanis paratu, *ibid.* 2, 510: immane dictu! (als Ausruf), Flor. 1, 10, 6. – m. *Infin.*, constitit immanis cerni immanisque timeri, Stat. Theb. 6, 731. – subst., quamvis fabulosa et immania credebantur, noch so Undenkbares u. Entsetzliches, Tac. ann. 4, 11.

immānitās, ātis, *f.* (immanis), die **Entsetzlichkeit, I** der phys. Größe, Beschaffenheit nach: serpens inusitatae immanitatis, Gell. 6, 3, 1: imm. frigoris, Iustin. 2, 1, 6. – **II** der moral. Beschaffenheit nach, die **Entsetzlichkeit, Ungeschlachtheit, Unmenschlichkeit, ungeheure Wildheit,** der **rohe Stumpfsinn,** die **tierische Gefühllosigkeit, Bestialität, a** eig.: facies, Claud. Quadrig. fr.: ista verborum, unmenschliche Art sich auszudrücken, Cic.: priorum temporum, Barbarei, Plin. pan.: parricidii, Quint.: vitiorum, facinoris, Cic.: morum, Cic.: animi, Cic.: gentium, Cic.: Antonii tanta est non insolentia, sed immanitas, ut etc., Cic.: imm. in aspernandis voluptatibus, Cic.: absol., feritas quaedam atque agrestis imm., Cic.: nec enim magnitudo (animi) ista est, sed immanitas, Sen. – Plur., crudelitas omnibus tyrannicis immanitatibus turpior, Capit. Macr. 12, 3. – **b** meton.: non solum cum exercitu suo, sed etiam cum omni immanitate barbariae (entmenschten Horden der Barbaren) bellum inferre nobis, Cic. Phil. 5, 37: in hac tanta immanitate versari, unter so schrecklichen Unmenschen, Cic. Rosc. Am. 150.

immāniter, *Adv.*, s. im-māne.

im-mānsuētus, a, um, *Adv.* (in u. mansuetus), **ungezähmt, unbändig, wild,** bos, Sen.: gens, ungebildet, Cic.: ingenium, Ov.: quid immansuetius? Sen. ad Helv. 6, 5: ventus immansuetissimus, Ov. her. 17 (18), 37.

im-marcēscibilis, e (in u. marcesco), **unverwelklich, unvergänglich,** Eccl. u. Gloss.

im-māsso, āre (in u. māssa), **zu Brei zerkauen,** Isid. orig. 11, 1, 52.

im-masticātus, a, um (in u. mastico), **ungekaut,** Cael. Aur. de morb. chron. 3, 3, 46.

immātūrē, Adv. (immaturus), **unzeitig,** Vell., Sen. rhet. u. a. – *Compar.*, haud immaturius redito Apul. met. 6, 16.

immātūritās, ātis, *f.* (immaturus), **I** die **Unzeitigkeit, Nichtreife,** sponsarum, Suet. Aug. 34, 2. – **II** die **unzeitige Rührigkeit,** das **vorschnelle Benehmen,** Cic. Quinct. 82.

im-mātūrus (in-mātūrus), a, um, **unreif, I** eig.: **a** v. Früchten, frons, Quint.: pira, uvae, Cels.: amomum, Plin. – **b** von Geschwüren, metuo, ne (vomicam) immaturam secem, Plaut. Pers. 315. – **c** v. leb. Wesen u. deren Alter usw., **unreif, noch nicht mannbar,** puellae, Suet. Tib. 61, 5: m. *Dat.*, dum esset immatura aetas nuptiis, Donat. Ter. Andr. 443. – prägn., gallorum imm. cantus, das Krähen der noch nicht mannbaren (jungen) Hähne, Quint. 11, 3, 51. – **II** übtr., **unzeitig, zu früh, a** von Lebl.: caesura arboris (Ggstz. tempestiva), Plin.: mors, Lucr., Catull., Cic. u. a.: interitus, Cic.: obitus, Suet.: amor, Lucr.: consilium, Liv. u. Suet.: morum senilis auctoritas immatura (unnatürlich) adulescentibus creditur, Quint. – **b** von leb. Wesen: immatura licet, tamen huc non noxia veni, Prop.: infans, qui conceptus erat, immaturus est editus, Suet.: ut si filius immaturus obisset, Hor.: quamquam tibi immaturo vita erepta, Sall. – prägn., imm. funus, die Leiche des vor der Zeit Gestorbenen, Quint. 6. praef. § 3.

im-mediātus, a, um (in u. medius), **unvermittelt,** propositio imm. et non necessaria, Boëth. Arist. anal. post. 1, 25. p. 543.

im-medicābilis, e (in u. medicabilis), **unheilbar,** vulnus, Ov.: telum, dessen Wunde unheilbar ist, Verg.: übtr., ira, Sil.: postquam immedicabile visum seditio, sei nicht zu stillen, Sil.

immeditātē, *Adv.* (immeditatus), **ungekünstelt, kunstlos, prunklos,** Gell. praef. § 10.

im-meditātus, a, um (in u. meditatus), **ungekünstelt, kunstlos, natürlich,** incessus, Apul. met. 2, 2: multorum animalium immeditati sonores, Apul. flor. 17. p. 26, 21 Kr.

im-mēio, ere (in u. meio), in etw. **hineinharnen,** vulvae, obszön übtr. v. Beischlaf, Pers. 6, 73.

im-memor, oris (in u. memor), **uneingedenk, I** des Vergangenen **uneingedenk, vergessend, a** übh., absol., v. Pers., Verg.: immemor ingenium, Vergesslichkeit, Cic.: m. *Genet.*, milites immemores sacramenti, unbekümmert um usw., Liv.: pristini decoris, Curt.: nec Romanarum rerum imm., Cic.: haud illa sui imm. umquam, keinen Augenblick die Besonnenheit verlierend, Val. Flacc.: offensarum et inimicitiarum imm. fuit, Eutr.: v. Lebl., quietis imm. nox, Liv. – m. folg. *Infin.*, nihilst suom qui officium facere immemor est, Plaut. Pseud. 1104. – m. folg. *Acc.* u. *Infin.*, immemor Chaeream Cassium nominari, Suet. Cal. 57, 3. – **b ohne sich dankbar zu erinnern, undankbar,** m. *Genet.*, beneficii, Ter. u. Sall.: tanti meriti, Verg.: eorum omnium commodorum et immemores et ingrati in se, Auct. b. Hisp.: absol., v. Pers., iuvenis, Catull.: verb. ingratus et immemor, Ov.: mens, Catull.: durum et imm. pectus, Sen. – **II** des Gegenwärtigen od. Zukünftigen **uneingedenk,** an etw. **nicht mehr denkend, unbekümmert, unbesorgt, arglos,** eine Sache **nicht achtend, ohne Rücksicht auf** etw., zuw. auch **rücksichtslos, pflichtvergessen,** absol., v. Pers., Verg.: pectus oder mens, Catull.: m. *Genet.*, sui, Ov. u. Curt.: tanti parentis ac viri, Vell.: mandati tui, Cic.: libertatis, die Fr. nicht achtend, Liv.: disciplinae militaris, Curt.: armorum (an Krieg), Liv.: omnium difficultatum, Liv.: salutis, Curt.: equus immemor herbae (des Futters), Verg.: m. *Genet. Gerund.*, quia interiecta peditum acies (eos) immemores fecerat sequendi equites, sie nicht hatte daran denken lassen, die R. zu verfolgen, Liv. – **III** aktiv = **vergessen machend,** v. d. Lethe, amnis, Stat. silv. 5, 2, 96: gurges, Sil. 16, 478. – ► Abl. Sing. immemore, Fronto ad M. Caes. 3, 3. p. 42, 16 N.

im-memorābilis, e (in u. memorabilis), **I passiv: a nicht erwähnenswert** = vergessenswert, spurcidici versus immemorabiles, Auct. prol. Plaut. capt. prol. 56. – **b unaussprechlich,** spatium, Lucr. 6, 488. – **II** aktiv, der von etw. nicht reden will, **schweigsam,** ut illaec … fuit immemorabilis, wie vergesslich tat sie nicht, Plaut. cist. 538.

im-memorātio, ōnis, *f.* (in u. memoro), das **Nichteingedenksein,** dei, Vulg. sap. 14, 26.

im-memorātus, a, um (in u. memoro), **nicht erwähnt, nicht erzählt,** nec tu iam metris meis immemoratus eris, unbesungen, Auson. parent. (XV) 22, 1. p. 51 Schenkl. – Plur. subst., immemorāta, ōrum, *n.*, noch nicht Erzähltes, Neues, Hor. ep. 1, 19, 33.

im-memoris, e (in u. memor), **uneingedenk,** Caecil. com. 31.

immēnsitās, ātis, *f.* (immensus), die **Unermesslichkeit, unermessliche Größe,** latitudinum, altitudinum, Cic. de nat. deor. 1, 54: Plur., immensitates camporum, *ibid.* 2, 98.

immēnsiter, *Adv.* (immensus), **unermesslich,** Alcim. homil. de rogat. *ant. med.*

immēnsūrābilis, e (in u. metior), **unermesslich,** Hieron. in Ephes. 4, 7. Cl. Mam. de stat. anim. 2, 4, 1.

immēnsūrātim, *Adv.* (immensuratus), **unermesslich, übermäßig,** Salv. de gub. dei 6, 6.

immēnsūrātus, a, um (in u. metior), **unermesslich, übermäßig,** Salv. adv. avar. 1, 11. – immensuratus als Übersetzung von ἀμετροεπής, **im Reden kein Maß haltend, geschwätzig,** Ign. epist. interpol. ad Ephes. 9.

im-mēnsus, a, um (in u. metior), **unermesslich = unmäßig groß,** mare, Cic.: magnitudo, Cic.: campus, Cic.: via, Ov. – tempus, Cic.: nox, Ov. – cupiditates, Rhet. Her.: immensissimae voluptates, Spart. – subst., immēnsum, ī, *n.*, das **Unermessliche, Unendliche** = die unmäßige Größe, ungeheure Strecke, der unermessliche Raum, altitudinis, unermessliche Tiefe, Liv.: loci, Liv.: Olympus in immensum editus, Cic. fr.: per immensum, durch eine ungeheure Strecke od. Weite, Ov.: ad immensum, bis ins Unendliche, ungemein, augere, Liv.: ebenso in immensum pertingens, ungemein weit, Sall. Iug. 48, 3: immenso plus, mehr als zu sehr, d. i. ungemein, übermäßig, Plin.: immenso mercari, ungemein teuer, Plin.: immensum est dicere, man wird nicht fertig, Ov. – *Adv.* immēnsum, **ungemein, ungemein weit** usw., crescere, Ov.: attolli, Tac.: aucto mari, Sall. fr.: immensum quantum, unmäßig, ungemein, Plin.

im-meo, āre (in u. meo), in etw. **hineingehen,** m. *Dat.*, Nilo, Plin. 8, 91: opertis cisternis, Pallad. 1, 17, 4: absol., immeans spiritus, Plin. 11, 226.

im-merēns, entis (in u. mereo), **unverdient, unschuldig,** v. Menschen, Ter., Nep., Hor. u. a. – v. Lebl., interdum quae immerentia sunt (was keine Schuld daran hat) supremi fati titulum occupant, Val. Max. 9, 12, 8. – *Adv.* **immerenter,** Val. Max. 6, 2. ext. 1.

im-mergo, mersī, mersum, ere (in u. mergo), in etw. **eintauchen, untertauchen,** tauchend **einsenken,** tauchend **hineinstecken, versenken, I** eig.: manus in aquam, Plin.: immersus in flumen, Cic.: imm. alqm undā, Verg.: Cydno corpus suum, Val. Max.: immersas faces exstinguit (fons), Mela. – medial immergi u. refl. se immergere, z. B. ubi Ister amnis immergitur, ins Meer fällt, Plin.: se in aquam, Plin.: se flammis, Val. Max.: immersus profundis voraginibus lacus, Firm. – **II** übtr., übh. **versenken, tief hineinstecken, verstecken,** manus, Ov.: manum in os leonis, Iustin.: partem arboris terrae, Col. – medial immergi u. refl., se immergere, z. B. stella in pectore Leonis immergitur, versteckt sich, Plin.: ebenso se aliquo in ganeum, Plaut.: se in contionem, Plaut.: se inter mucrones hostium, eindringen, Iustin. – übtr., imm. se in consuetudinem alcis, sich einnisten, Cic.: se studiis suis acrius, sich vertiefen in usw., Sen. – **III** *intr.*, credo aliquem immersisse, Plaut. rud. 397: quom parum immersti (= immersisti) ampliter, Plaut. Bacch. 677.

immeritō, s. im-meritus.

im-meritus, a, um (in u. mereo), **I** aktiv = der etwas nicht verdient od. verschuldet hat, **unschuldig, schuldlos,** gens, Verg.: vestis, Hor.: immeritos perdunt, Lact. – m. folg. *Infin.*, immeritus mori, der nicht verdient zu sterben, Hor. carm. 3, 2, 11. – **II** passiv = was man nicht verdient od. verschuldet hat, **unverdient, unverschuldet** (Ggstz. meritus), laudes haud imm., Liv.: opes, Mart.: testis meriti atque immeriti triumphi, Liv.: immerito meo, wider mein Verschulden, Plaut. – immeritō, *Adv.*, **unverdient, ohne Schuld,** Ter. u. Cic.: haud od. non imm., nicht unv., mit Recht, Liv.: nec od. neque imm. (als Parenthese), und zwar mit Recht, Quint. – so auch immeritissimo, ganz unverdienterweise, Ter. Phorm. 290.

im-mersābilis, e (in u. merso) = ἀβάπτιστος, **unversenkbar,** adversis rerum immersabilis undis, nicht zu bewältigen, Hor. ep. 1, 2, 22.

immersio, ōnis, *f.* (immergo), das **Untertauchen, Versenken,** Arnob. 2, 7. Schol. Gron. in Cic. pro lege Manil. 15. p. 439 B.

im-mētātus, a, um (in u. meto), **unabgemessen,** iugera, Hor. carm. 3, 24, 12.

im-migro, āvī, ātum, āre (in u. migro), **hineinziehen, einziehen, I** eig.: ubi illo immigrat, Plaut.: in domum et in paternos hortos, Cic. – **II** übtr.: in ingenium suum, sein eigener Herr werden, Plaut.: ut ea (translata) verba non irruisse in alienum locum, sed immigrasse in suum diceres, keine (Metapher) habe sich am ungehörigen Ort eingedrängt, sondern jede habe die ihr gebührende Stelle eingenommen, Cic.

imminentia, ae, *f.* (immineo), **I** der **baldige Eintritt,** hiemalis temporis, Gregor. epist. 7, 6 *extr.* – **II** das **Bedrohen,** die **drohende Nähe,** instantia atque imminentia fraudis, Nigid. b. Gell. 9, 12, 6: imm. gladiorum, Faust. b. Augustin. c. Faust. 16, 5.

im-mineo, ēre (zu ϝ **men-*, emporragen; vgl. ē-mineo, prō-mineo), über etw. **herragen, sich über** etw. **herneigen, I** eig., v. Bäumen, populus antro imminet, Verg.: pinus villae imminens, Hor.: quercus ingens arbor praetorio imminebat, Liv.: nemus desuper imminet, ragt darüber her, Verg. – v. Örtl., die **über** etw. **herragen,** einen Ort **beherrschen, dicht-, hart an** etw., **anstoßen, -angrenzen, ganz in der Nähe liegen,** caelum imminet orbi, Verg.: imminet aequoribus scopulus, Ov.: collis urbi imminet, Verg.: tumulus moenibus imminens, Liv.: carcer imminens foro (hart am Forum) aedificatur, Liv.: imminet mari is lacus, Liv.: nisi quod (urbes) imminerent Italiae, Liv.: insulae Italiae imminentes, Liv. (vgl. Fabri Liv. 21, 7, 7. Fabri u. Wölffl. Liv. 21, 49, 1). – manus capiti alcis imminens, erhoben gegen, Curt. 8, 1 (3), 20. – absol., turris ingens imminebat, Liv.: imminet a tergo mons, Mela: ut castellum in urbe velut arcem imminentem haberet, Liv. – v. Mond, lunā imminente, bei Mondschein, Hor. – **II** übtr.: **A** über jmd. od. etw. hereinzubrechen **drohen,** jmd. od. etwas **bedrohen, a** v. Übeln usw., die **drohen, über** jmds. **Haupt schweben = nahe bevorstehen, bald eintreten,** mors, quae propter incertos casus cotidie *imminet,* propter brevitatem vitae numquam potest *longe abesse,* Cic.: imminentis et ipsis facies mali ante oculos erat, Curt.: imbrium divina avis imminentum (für imminentium), Hor. carm. 3, 27, 10: quae imminent non vident, Cic.: imminentes domini, die künftigen, Tac.: u. so imminentis (principis) iuventa, Tac. – m. *Infin.*, castris capi imminebat, Flor. 4, 7, 9. – Partiz. subst., imminentium nescius, nichts wissend von dem, was ihm bevorstand, Tac.: imminentium intellegens, sein bevorstehendes Schicksal ahnend, Tac. – **b** v. Pers. u. lebl. Subjj., die etw. od. jmd. **bedrohen,** gegen etw. od. jmd. **loszubrechen drohen,** etw. od. jmd. **hart bedrängen,** ihm **dicht auf den Fersen (dem Nacken) sitzen,** castra Romana Carthaginis portis immineant, Liv.: muris iterum imminet hostis, Verg.: (navis) quae quinqueremi imminebat, Curt. – (rex) imminens fugientium tergis, Curt.: (Alexander) Dareo imminens, Curt.: haud ignaro imminet fortuna, Liv. – absol., videt hostes imminere, Caes.: imminebant enim Seleucus, Lysimachus, Ptolemaeus, Nep. – imbres imminentes, Hor.: gestus imminens, drohende Gebärde, Cic.: haud ignari, quanta invidiae immineret tempestas, Liv. – **B** mit dem Nebenbegr. des Strebens, der Begierde nach etw., **a** etw. **an sich zu reißen drohen,** etw. **bedrohen, sich** einer Sache zu **bemächtigen suchen,** imminent duo reges toti Asiae, Cic.: sic imperio, quod dedignor, immineo! Curt.: si alieno imminet, Sen.: quae (plebs) fortunis vestris imminebat, Cic.: huius mendicitas aviditate coniunctā in fortunas nostras imminebat, Cic. – **b** übh. **nach** irgendetw. **trachten, -eifrig streben, auf** etw. **lauern,** in victoriam, in occasionem, Liv.: ad caedem, Cic.: occasioni, Curt.: deditioni, zur Üb. geneigt sein, Curt. – Partiz. subst., ideo caduca memoria est futuro imminentium, darum fällt alles aus dem G., weil man nur auf das achthat, was kommen werde, Sen. de ben. 3, 3, 4.

im-minuo, uī, ūtum, ere (in u. minuo), **vermindern, I** im Allg.: **A** eig.: copias, Cic.: pretium, Plin.: numerum praetoriarum cohortium, Aur. Vict.: verbum imminutum, verkürzt, Cic.: si quae in membris prava aut debilitata aut imminuta (verkrüppelt) sunt, Cic. – **B** übtr., **vermindern, verringern, beeinträchtigen, schmälern,** aestivorum tempus, Sall.: quantum hinc imminuat, von da wegnehme, Hor.: multum enim interest, utrum laus imminuatur an salus deseratur, Cic.: imminuitur aliquid de voluptate, Cic.: de aspectu nihil imm., dem Ansehen (des Gebäudes) keinen Eintrag tun, Vitr.: postquam se dolor imminuit, Ov.: cum hostium res tantis augescere incrementis cerneret, suas imminui, Liv. – **II** prägn., **schwächen, entkräften, A** eig.: vires, Lucr.: corpus otio, animum libidinibus, Tac.: virginem, schwächen, Lact. u. Apul.: mente paululum imminutā, geistig etwas geschwächt, etwas schwachsinnig, Sall. Iug. 65, 1; aber imminuta mens eius obstitit, sein (von Natur) beschränkter G., Tac. ann. 6, 46. – **B** übtr., **schwächen, verkümmern, verkleinern, verletzen, verderben,** maiestatem, Liv.: libertatem, Cic.: Bocchi pacem, die Friedensaussichten des B. stören, Sall.: quod bellum exspectatione eius (Pompei) attenuatum atque imminutum est, moralisch entkräftet und geschwächt, Cic.: Rufum Faenium, herabsetzen, Tac. ann. 14, 57: Augusta se violari atque imminui querebatur, sie werde mit Geringschätzung behandelt, herabgewürdigt, Tac. ann. 2, 34.

imminūtio, ōnis, *f.* (imminuo), **I** die **Verminderung,** corporis, Verkrüppelung, Cic. de fin. 5, 47. – **II** übtr., **1** die **Verminderung,** die **Schmälerung, Beeinträchtigung,** rerum, Quint.: malorum, Quint.: dignitatis, Cic.: criminis, Entkräftung, Quint.: Plur., imminutiones malorum, Lampr. Comm. 14, 5 P. – **2** als rhet. Figur = λιτότης, die scheinbare **Verkleinerung** des Ausdrucks (z. B. non minime für maxime), Cic. de or. 3, 207. Quint. 9, 3, 90.

1. **imminūtus,** a, um (in u. minutus), **unvermindert, ungeschmälert, unverletzt,** ICt.

2. **imminūtus,** a, um, *PAdi.* (v. imminuo), **vermindert,** cum modus intercalandi interdum *cumulatior,* interdum fieret *imminutior,* Solin. 1. § 44.

im-misceo, miscuī, mixtum, ēre (in u. misceo), **hineinmischen, einmischen, einmengen, in** od. **unter** etw. **mischen, mengen, I** eig.: **a** Lebl.: semina corporibus, Lucr.: summis ima, Ov.: immixta fulgura ventis, Ov.: nives caelo prope immixtae, Liv.: potiones cibo immixtae, Cels. – poet., imm. manus manibus, handgemein werden, Verg. Aen. 5, 429. – **b** v. leb. Wesen: veteribus militibus tirones, unterstecken unter usw., Liv.: vos meorum militum corpori, Curt.: togati immixti turbae militum, Liv.: elephanti militum agmini immixti, Curt.: imm. se pavonum gregi, Phaedr.: alienae se familiae venali, Quint.: se mediis armis, Verg.: se peditibus, v. Reitern, Liv.: immixtus castris hostium, eingedrungen in usw., Vell. – **II** übtr., **hinein-, einmischen, ein-, untermengen, mit verbinden (verknüpfen), mit hineinziehen, a** Lebl.: vota timori, Verg.: varios casus, Liv.: preces, damit vereinigen, Verg.: sortem regni cum rebus Rom., verflechten, Liv. – **b** Pers.: se nocti, im Dunkel verschwinden, Verg.: u. so se nubi atrae, Verg.: se colloquiis montanorum, Liv.: se negotiis alienis, se alienis causis, ICt.: ne affinitatibus, ne propinquitatibus immisceamur, uns eindrängen, Liv.: quibus necessitudinibus immiscere (innig zu verbinden) te mihi parem, Tac.: Galeria imperatoris uxor non immixta tristibus, unbeteiligt an finsteren Taten, Tac.: periculis eius immixti, mit hineingezogen in usw., beteiligt an usw., Tac. – ► Parag. Infin. immiscerier, Verg. georg. 1, 454. – Partiz. immer immixtus, nirgends immistus.

im-miserābilis, e (in u. miserabilis), **I** **nicht bemitleidet,** si non periret immiserabilis captiva pubes, ohne Erbarmen, Hor. carm. 3, 5, 17. – **II** **erbarmungslos,** Serv. Verg. Aen. 6, 315.

immisericordia, ae, *f.* (immisericors), die **Unbarmherzigkeit,** Tert. de spect. 20.

immisericorditer, *Adv.* (immisericors), **unbarmherzig,** Ter. adelph. 663. Augustin. de lib. arbitr. 3, 9. § 28 *extr.* Cassiod. in psalm. 118, 87.

immisericors, cordis (in u. misericors), **unbarmherzig,** v. Pers., Cic. de inv. 2, 108. Gell. 14, 4, 3. Vulg. Ierem. 50, 42. Ambros. enarr. in psalm. 1. § 9 *extr.:* v. Lebl., flucti, Acc. tr. 33.

immissārium, iī, *n.* (immitto), ein mit dem Wasserwerk durch Röhren verbundener Kasten, aus dem das Wasser der Wasserleitung nach verschiedenen Seiten hin verteilt wird, der **Einfang, Röhrkasten,** Vitr. 8, 6, 1.

immissio, ōnis, *f.* (immitto), **I** das **Hineinlassen,** Ulp. dig. 8, 5, 8. § 5. – übtr., das **Anstiften,** ipsius, Ps. Augustin. serm. app. 75, 2. – **II** das **Emporschießenlassen, Wachsenlassen,** sarmentorum, Cic. de sen. 53.

immissulus, s. immusulus ►.

1. **immissus**, Abl. ū, *m.* (immitto), das **Hineinlassen,** lucis immissu, Macr. sat. 1, 18, 11.

2. **immissus**, a, um, s. im-mitto a. E.

im-mītigābilis, e (v. in u. mitigo), **nicht zu stillen, nicht zu besänftigen,** Cael. Aur. de morb. chron. 4, 3, 33.

im-mītis, e (in u. mitis), **ungelinde, unmild, herb,** **I** eig.: uva, Hor.: raphanus, wilder, Plin.: fructus (Ggstz. fr. dulcis), Plin.: in frugibus et pomis matura dicuntur quae neque cruda et immitia sunt neque caduca atque decocta, sed tempore suo adulta maturataque, Gell. 10, 11, 3. – **II** übtr., **unmild, unhold, unsanft, unglimpflich** = streng, hart, rau, grausam, wild (Ggstz. mitis, placidus), **a** v. Menschen u. menschlichen Dingen, asper et imm., Suet.: impotens sum, crudelis sum, immitis, Sen. rhet.: Claudius naturā immitis, Liv.: imm. et implacabilis eius viri animus, Liv.: imm. tyrannus, v. Pluto, Verg.: imm. oculi, Ov.: imm. mandata, Tac.: eo immitior, quia toleraverat, Tac. ann. 1, 20. – **b** v. Tieren, lupus imm. et acer, Ov.: immitior hydro, Ov. met. 13, 804: serpens immitissimum animalium genus, Plin. 10, 207. – **c** v. lebl. Subjj.: ventus, Tibull.: caelum, Plin. ep.: ara, wegen der Menschenopfer, Ov.: locus, Plin.: caedes, unmenschliches Gemetzel, Liv.: mors, der bittere (weil frühzeitige), Tibull. – *Acc. neutr.* adv., stridor immite rudentum sibilat, Sil. 17, 256. – Plur. subst., ut placidis coëant immitia, Hor. de art. poët. 12.

im-mitto, mīsī, missum, ere (in u. mitto), **I** **hineinschicken, hinein-** od. **hin- (gehen** usw.) **lassen,** **A** eig.: **1** im Allg.: alqm in urbem (Ggstz. emittere urbe), Cic.: servos ad spoliandum fanum, Cic.: corpus in undam, Ov.: alqm mediis flammis, Ov.: equum ad legionem tironum, lossprengen auf usw., Galb. in Cic. ep.: iuvencos (*sc.* in Romanos), losstürzen lassen, Nep.: canes, hetzen, Verg.: naves pice completas in classem Pompeianam, treiben lassen, Caes.: arietem in aedificia, spielen lassen, Auct. b. Alex.: se in specum, hinabstürzen, Liv.: immitti undis, sich stürzen, Ov. – **2** insbes.: **a** als milit. *t. t.,* **losschicken, vorgehen lassen, sich stürzen lassen,** equitatum, Caes.: cohortes in hostes, Auct. b. Afr.: se in medios hostes, Cic. u. Liv.: in urbem praecipiti saltu se immittere, Curt. – **b** **hinwerfen, hinschleudern, abschießen,** tela, Caes.: tela tormentis, Caes.: tela in alqm, Cic. u. Caes.: pila in hostes, Caes.: calicem in faciem alcis, Petron. – **c** **einsenken, einlassen,** tigna machinationibus in flumen, Caes.: trabes insuper immissae, oben eingefügte Querbalken, Caes. – **d** **hinleiten, hineinleiten,** aquam canalibus, Caes.: mare in Lucrinum lacum, Suet.: inter ambas (Europam et Africam) pelagus immissum est, Mela. – **e** v. Örtl., **sich hineinerstrecken lassen,** refl. se immittere u. medial immitti, **sich hin-** od. **hineinerstrecken,** v. Örtl., promunturia, Mela: se ad occasum, Mela: Thracia in Illyricos penitus immissa, Mela. – **f** **einsetzen, einpfropfen,** feraces plantas, Verg. georg. 2, 80. – **g** **einschießen, einwirken,** lentum filis aurum, Ov. met. 6, 68. – **h** **umwerfen, umnehmen,** circa oneratas veste cervices laticlaviam mappam, Petron. 32, 2. – **i** als publiz. *t. t.,* jmd. als Besitzer in etw. **hineinlassen,** jmd. **in Besitz** von etw. **setzen,** tu praetor in mea bona quos voles immittes? Cic. II. Verr.. 1, 142. – **B** übtr.: **1** im Allg.: alqd (in) aures suas, sich zu Ohren gehen lassen, Plaut. capt. 548 u. Epid. 335: corpus puerperae in aliquam valetudinem, in irgendeine Krankheit versetzen (v. einem Umstand), Ulp. dig. 21, 1, 14. § 2: vixque (mundus) soluta suis immittit verba figuris, fügt kaum sich den Worten, die frei von den Fesseln des Maßes die Sprache mir bietet, Manil. 1, 24: hic corrector in eo ipso loco, quo reprehendit, immittit (lässt sich entschlüpfen) imprudens ipse senarium, Cic. or. 190. – **2** insbes.: **a** wider jmd. **schicken, anstiften, anstellen,** immissus a Cicerone, Sall.: immissus in rem publicam, Cic.: iacĕre et imm. nefariam iniuriam in alqm, antun wollen, Cic. – **b** **zuschicken, verursachen, beibringen, einflößen,** Teucris fugam atrumque timorem, Verg.: amorem, Sen. poët. – **II** **fortlassen, freilassen,** **A** = **schießen lassen, herablassen,** iuga (*i.e. equos iugales*), Verg.: frena, Verg.: habenas classi, bildl. = mit vollen Segeln fahren, Verg.: rudentes, ausspannen, Plin. ep. – **B** **emporschießen-, wachsen lassen,** vitem, Varro: palmes laxis immissus habenis, der ungehindert wachsen kann, Verg. – dah. immissus, a, um, **lang herabhängend,** barba, Verg. u. Sen. rhet.: capilli, Ov. – ► Synkop. Perf. immisti, Sil. 17, 353: Infin. Perf. inmisse, Lucan. 8, 643.

1. **im-mixtus**, a, um (in u. mixtus), **unvermischt,** vinum, Auson. epigr. 20 (18), 12. p. 201, 16 Schenkl.

2. **im-mixtus**, a, um, *Partic.* v. immisceo, s. d.

īmmō (īmō), *Adv.* (vielleicht aus *en-emo, ich nehme an), zur Bezeichnung einer berichtigenden Antwort, dah. bald = **ja vielmehr, ja sogar, allerdings,** bald = **o nein, nein vielmehr, im Gegenteil,** häufig mit etiam, vero, enimvero, magis, potius verb., oft bes. in der Umgangssprache des Plaut., Ter., Cic. u. a.: verum vis dicam? *Da.* Immo etiam! ja allerdings, Ter. – vivit? immo in senatum venit, ja sogar, Cic. – causa non bona est? immo optima, ja, und zwar sogar usw., Cic. – qui hoc? intellexistin? an nondum ne hoc quidem? *Da.* Immo callide, o ja, ganz vortrefflich, Ter. – familiarem? immo alienissimum, nein vielmehr, Cic. – silebitne? immo vero obsecrabit, nein vielmehr sogar usw., Cic. – Ego sum Orestes. Immo enim vero ego sum, inquam, Orestes, Pacuv. fr.: sic hunc decipi? *Do.* Immo enim vero, Antipho, hic me decipit, Ter. – an censes … non necesse esse? immo prorsus ita censeo, nein vielmehr im Gegenteil usw., Cic. – u. so immo contra ea, nein im Gegenteil, Liv. 41, 24, 8: so auch immo contra, Sen. ep. 23, 3 u. 119, 9. Sen. de ira 2, 27, 2; ad Marc. 5, 6; ad Polyb. 15 (34), 2. Labeo dig. 33, 7, 5 u. 38, 2, 51: immo forsitan et contra, Labeo dig. 41, 3, 49: u. immo e diverso, Suet. Dom. 9, 1. – immo si scias mit u. ohne Objekt od. indir. Fragesatz, zur unbemerkten Berichtigung des Vorigen und zur Einführung einer ganz entgegengesetzten Ansicht, **ja wenn du wüsstest,** Komik. (s. Lorenz zu Plaut. Pseud. 728 = 749): ebenso immo si audias (ja wenn du hörtest) meas pugnas, fugias manibus dimissis domum, Plaut. Epid. 451 G. –

im-mōbilis, e (in u. mobilis), **unbeweglich,** **I** eig.: terra, Cic.: cervix, steifer Hals, Fronto: phalanx, cunei (als milit. *t. t.*), Liv. u. Curt.: immobilior scopulis, Ov.: res immobiles, unbewegliche Dinge, Immobiliarvermögen, ICt. – **II** übtr.: **A** im Allg.: donec princeps immobilem se precibus et invidiae iuxta ostendit, sich gleich unbeweglich zeigte gegen usw., Tac.: stupor mentis, empfindungslos, Lact.: animus, untätiger, Plin.: Ausonia, das bisher unkriegerisch gewesen war, still gesessen hatte, Verg. – immobilis *adversum* lasciviam vulgi, Tac. hist. 4, 2. – **B** insbes. = **unveränderlich, unerschütterlich,** pietas, Suet. Vit. 3, 1. – ► Abl. Sing. immobile, Ven. Fort. vita S. Mart. 3, 259.

immōbilitās, ātis, *f.* (immobilis), die **Unbeweglichkeit,** **I** eig.: aquae, Iustin. 36, 3, 6: absol., Tert. adv. Herm. 36 *extr.* Cael. Aur. de morb. acut. 2, 37, 195: – **II** übtr., die **Unveränderlichkeit,** consilii sui, Vulg. Hebr. 6, 17: animi, Gefühllosigkeit, Lact. 6, 17, 23.

immōbiliter, *Adv.* (in u. mobiliter), **unbeweglich, unveränderlich, unverändert** (Ggstz. mobiliter), declinare hoc nomen, Pompei. comment. art. Donat. 16. p. 179, 32 K. – übtr., Cassiod. in psalm. 99 concl. (p. 315, b *ed. Garet):* imm. credere m. folg. *Acc.* u. *Infin.*, Augustin. conf. 12, 20.

immoderantia, ae, *f.* (moderor), die **Unmäßigkeit,** ventris, Tert. de bapt. 20.

immoderātē, *Adv.* (immoderatus), **ohne Maß, ohne Regel,** **I** eig.: moveri imm. et fortuito, Cic.: vox imm. profusa, unartikuliert, Cic.: imm. effunditur spiritus, Quint. – **II** übtr., **maßlos, über die Maßen, unmäßig, zügellos,** vivere, Cic.: immoderatius ferre casum incommodorum suorum, über sein Ungemach die Fassung verlieren, Cic.: immoderatius liceri, ins Tageslicht hinein bieten, Suet.: immoderatissime laetari, Spart.

immoderātio, ōnis, *f.* (immoderatus), der **Mangel an Mäßigung, die Unmäßigkeit,** potus, Ambros. de Elia et ieiun. 12. § 44: pugnandi, Heges. 5, 7: libidinis, Augustin. de ord. 1. § 4: efferri immoderatione verborum, sich in maßloser Rede ergehen, Cic. Sull 30: Plur., liberare orbem a tyrannicis immoderationibus, v. d. zügellosen Herrschaft, Firm. math. 1, 10, 13. – absol., Augustin. de music. 9. *no.* 15.

im-moderātus, a, um, *PAdi.* (in u. moderatus), **ohne Maß, maßlos,** **I** eig., **unermesslich, unendlich,** cursus, Cic.: aether, Cic. poët. – **II** übtr., **maßlos, kein Maß haltend = alles Maß** (alle Grenzen) **überschreitend** od. **übersteigend, unmäßig, unbeschränkt, ungezügelt, zügellos, unbändig,** mulier, Cic.: Alexander, Cic.: potus, Cic.: libertas, Cic.: incendium, Sall.: ut ne immoderata … sit oratio, ungeregelt, Cic.: cui paene concessum est immoderatum in lacrimas ius, non immensum tamen, Sen.: vox immoderatior, Cels. b. Quint.: immoderatissima luxuria, Suet. – *n. pl.* subst., immoderata semper cupere, Sall. Cat. 5, 5.

immodestē, *Adv.* (immodestus), **maßlos, taktlos, ungebührlich, unbescheiden,** amare, Plaut.: immodice immodesteque gloriari Hannibale victo ab se, Liv.: imm. atque intemperanter facere omnia, Quint.

immodestia, ae, *f.* (immodestus), **a** die **Maßlosigkeit, Taktlosigkeit,** das **maßlose-, ungebührliche Betragen,** die **Unbescheidenheit, der Übermut,** die **Übergriffe,** excors imm., Plaut.: imm. publicanorum, Tac.: histrionum, Tac.: spectantium, Tac. – **b** insbes., als milit. *t. t.*, der **Mangel an Disziplin,** die **Insubordination, Zuchtlosigkeit,** adversariorum, Nep. Lys 1, 2: militum vestrorum, Nep. Alc. 8, 5.

im-modestus, a, um (in u. modestus), **maßlos, taktlos, unbescheiden, übermütig, frech,** v. Pers., fautores histrionum, Tac.: in vino quam imm. fuisti, Ter. – v. Lebl., mores, Plaut.: largitio, Sen. rhet.: genus iocandi, Cic.

immodicē, *Adv.* (immodicus), **unmäßig, ohne Maß u. Ziel,** **I** eig.: mare adeo imm. fluens, ut etc., Mela: si sanguis ex vulnere imm. fluat, Plin.: frequenter id potius quam imm. facere, Colum. – **II** übtr.: lingua acerba et imm. libera, Liv.: immodice immodesteque gloriari Hannibale victo ab se, Liv.: insolenter et imm. abuti indulgentiā populi Romani, Liv.: imm. sibi arrogare eloquentiam, im Übermaß, Quint.: hāc potestate imm. ac superbe usum esse, Liv.

im-modicus, a, um (in u. modicus), **das Maß überschreitend, unmäßig,** **I** eig.: rostrum, Ov.: frigus, Ov.: tempestates, Suet.: oratio, unmäßig lang, Plin. ep.: si (Nilus) immodicus superfluxit tardeque decessit, Sen. – **II** übtr., **weder Maß noch Ziel haltend, ungemäßigt, ungezähmt, anspruchsvoll,** **a** v. Pers.: assiduus potius quam immodicus, Quint. – m. *in* u. Abl., in appetendis honoribus immodicus, in gerendis verecundissimus, Vell.: in augendo numero, Liv. – m. *Abl.*, immodicus linguā, Liv. u. Tac.: immodicus saevitiā, Tac.: Gracchi legibus immodici, Lucan.: tum verbis tum rebus immodicus, Suet. – m. *Genet.*, gloriae, Vell.: laetitiae, Tac.: libidinis, Col.: cupiditatis, Itin. Alex.: fugae, Sil.: m. *Genet. loc.*, animi immodicus, Sall. hist. fr. inc. 114 (113): corpore ingens, animi immodicus, Tac. hist. 1, 53. – **b** v. Lebl.: lingua, Liv.: oratio, Plin. ep.: imperia, Liv.: licentia crudelitatis, Vell.: voluptas immoderata et immodica, Sen.: quarum (rerum) immodica cupido inter mortales est, Liv. – *n. pl.* subst., immodica cupere, Sen. de ben. 1, 9, 2.

im-modulātus, a, um (in u. modulatus), **unmelodisch,** poëmata, Hor. de art. poët. 263.

immoenis, s. im-mūnis.

immolātīcius, a, um (immolo), **geopfert,** caro, Augustin. epist. 47, 4. – subst., immolātīcium, iī, *n.*, **Opferfleisch,** nos morticino et immolaticio non vescimur, Augustin. c. Faust. 13, 31 *in.*

immolātio, ōnis, *f.* (immolo), das **Opfern,** die **Opferung** (vgl. Isid. orig 6, 19, 31), Iphigeniae, Quint. 2, 13, 13: absol., in ipso immolationis tempore, in ipsa immolatione, Cic. de div. 1, 119 u. 2, 37: Plur., immolationes nefandae, Opferhandlungen, Tac. ann. 3, 13.

immolātor, ōris, *m.* (immolo), der **Opferer,** Cic. de div. 2, 36: peregrinorum, v. Busiris, Oros. 5, 1, 16: nati unici, Prud. cath. 12, 48.

im-mōlītus, a, um (in u. molior), wo **aufgeführt,** quae in loca publica inaedificata immolitave privati habebant, intra triginta dies demoliti sunt, Liv. 39, 44, 4: ne quis in iis locis quid in aedificatum inmolitumve habeto, Tab. Heracl. (Lex Iulia municip.) im CIL 1, 206 lin. 70.

im-molo, āvī, ātum, āre (in u. mola), **mit Opfermehl, Opferschrot** (mola salsa) **bestreuen,** **I** im Allg.: boves immolati, Cato origg. 2. fr. 27. Vgl. Serv. Verg. Aen. 4, 57. – **II** prägn., **opfern,** **A** eig.: hostias, Cic.: hostias maiores ad praeconem et ad tibicinem, Cic.: hostias omnibus locis, Hirt. b. G.: animalia capta, Caes.: bovem, scrofam, suem, Aur. Vict.: homines, Cic.: luctuosum immolatae Iphigeniae sacrificium, Val. Max.: mit *Dat.* u. *Acc.*, bovem Dianae, Liv.: Musis bovem, Cic.: Dianae vitulum, Cic.: m. bl. *Dat.*, Aeanti ut deo, Val. Max.: unpers., cum pluribus dis immolatur, Cic.: m. *Abl.* des Opfers, maioribus hostiis, Liv.: Iovi singulis bubus (v. den beiden Konsuln), Liv.: unpers., quibus hostiis immolandum cuique deo, Cic.: Iovi tauro, verre, ariete immolari non licet, Macr. – absol., ille anguis, qui Sullae apparuit immolanti, Cic.: in agro Nolano ante praetorium, Cic.: in Capitolio, Liv.: ante altaria, Val. Max.: seu Romae seu Praeneste immolare vellet, Liv.: cum *de* alia re immolaret, Cic.: unpers., interisse cor cum immolaretur, Cic. – **B** übtr., **a** **opfern, hinopfern** = töten, alqm, Verg. Aen. 12, 949. Phaedr. 4, 6, 9: quattuor iuvenes inferias umbris, Verg. Aen. 10, 519. – **b** **opfern** = darbringen, humilitatem animae suae deo, Tert. de cult. fem. 2, 9: paenitentiam deo, Tert. de pudic. 10: cui curia, cui populus suffragiis immolat (huldigt), Tert. de anim. 33. – ► parag. Infin. immolarier, Prud. perist. 10, 345.

im-morior, mortuus sum, moritūrus, morī (in u. morior), in od. **auf** od. **über** od. **bei** etw. **sterben,** aquis, Ov.: tormentis, Sen. rhet.: sorori, sterbend aus die (tote) Schwester fallen, Ov.: apes immoriuntur in melle, Plin.: v. Gliedern, vulneri immoritur manus, Sen. poët.: manus immortua, ersterbende, Lucan. – übtr., **für etw. sterben (bleiben); bei** etw. **sich halb zu Tode arbeiten = sich abquälen,** legationi, Quint.: studiis, Hor.

im-moror, ātus sum, ārī (in u. moror), in od. **bei** etw. **verweilen, -sich aufhalten,** **I** eig.: sedecim annis Italiae, Iustin.: nidis, Col.: meridiano (zur Mittagszeit) immorans, daselbst verweilend, Plin.: imm. in hac vita, Augustin.: v. Lebl., humillimo solo eandem aquam diutissime immoratam, Iustin.: quod repulsa (intestina) inguinibus immorentur (sitzen bleiben), Cels.: renibus immoratus, Cael. Aur. – **II** übtr.: terrenis, Quint.: honestis cogitationibus, Plin. ep.: XV annis pacandae Asiae, mit der Unterwerfung Asiens zubringen, Iustin.: certis ingeniis immorari et innutriri oportet, Sen.: in hoc, Quint.: in suo sermone, Augustin.: v. Lebl., itaque ei remissioni credendum est, quae etiam immoratur (andauert), Cels. 3, 11 *extr.*

im-morsus, a, um (in u. mordeo), **I** **eingebissen, derb gebissen,** immorsā hastā, noch in die L. beißend, Stat. Theb. 2, 628: immorso collo, Prop. 3, 8, 21. – **II** übtr., **derb gebeizt, durchgebeizt** (von scharf u. sauer schmeckenden Dingen), stomachus, Hor. sat. 2, 4, 61.

im-mortālis, e (in u. mortalis), **unsterblich** (Ggstz. mortalis), **I** eig.: di, Cic.: animi, natura, Cic. – subst., immortālis, is, *m.* = ein **Unsterblicher,** ex immortali procreati, Cic.: Plur., immortālēs, ium, *m.*, die **Unsterblichen** = die Götter, Varro LL. – *neutr.* immortale *adv.*, imm. vivere, Commodian. instr. 1, 34, 19. – **II** übtr.: **A unsterblich = unendlich, unvergänglich, unauslöschlich, ewig, a** v. Lebl., memoria, Cic. u. Nep.: ingenium, Quint.: fructus amoris, Cic.: odium, Iustin.: tributa, Tac.: Falernum (vinum), ewigen Ruhms, Mart.: immortales gratias ago, unendlichen od. außerordentlichen, Planc. in Cic. ep.: amicitiae immortales, inimicitiae mortales esse debent, Liv.: opera edere immortalia, Liv.: quae (pugna Leuctriaca) immortalis sit necesse est, Nep. – **b** v. Pers., senatus, Tac.: nemo ignaviā immortalis factus est, Sall.: subst., immortales, Name einer Abteilung des persischen Fußvolks, Curt. 3, 3 (7), 13. – *Adv.*, immortale virens, Val. Flacc. 7, 362: immortale tumens, Stat. Theb. 4, 833. – **B unsterblich = höchst glücklich, selig,** immortalis ero, si etc., Prop. 2, 14, 10: si ..., fiam immortalis in illis, Prop. 2, 15, 39.

immortālitās, ātis, *f.* (immortalis), die **Unsterblichkeit** (Ggstz. mortalitas), **I** eig. u. meton.: **A** eig.: animorum, Cic.: Plur., vide, ne virtutibus hominum isti honores habeantur, non immortalitatibus, den unsterblichen Naturen, Cic. de nat. deor. 3, 46. – **B** meton., der **unsterbliche Teil** (Ggstz. corpus), Curt. 10, 6 (19), 7. – **II** übtr.: **A** die **Unsterblichkeit** = die **Unvergänglichkeit, Ewigkeit, unvergängliches Leben** im Andenken der Menschen, **unsterblicher, unvergänglicher Ruhm,** rei publicae, Cic.: gloriae, Cic.: mortem imm. consequitur, Cic.: immortalitati commendare od. tradere, verewigen, Cic.: immortalitatem mereri, Cic. – **B Unsterblichkeit** = das **höchste Gut, höchste Glück, die Seligkeit,** Plaut. merc. 603. Ter. Andr. 960.

immortāliter, *Adv.* (immortalis), **unsterblich, I** eig., Augustin. conf. 4, 2 u. a. – **II** übtr. = **überschwänglich, unendlich,** gaudeo, Cic. ad Q. fr. 3, 1, 3. § 9.

immortālitus, *Adv.* (immortalis), **von Gott, durch göttliche Schickung,** Turpil. com. 89.

im-mōtus, a, um (in u. moveo), **unbewegt, unbeweglich, ohne sich zu bewegen, -zu regen, unerschüttert, unverrückt, fest, still, ruhig, I** eig.: **a** v. Lebl.: **α** übh.: arbores ita incīderunt, ut *immotae* (unbewegt, unangerührt) starent, *momento levi impulsae* (durch einen leichten Anstoß erschüttert) occīderent, Liv.: immota manet (aesculus), Verg.: terrarum pondus sedet immotum, Sen.: stat immotum mare, Sen. rhet. (vgl. trans Suionas aliud mare pigrum ac prope immotum, Tac.): quae (Symplegades) nunc immotae perstant, Ov.: immotamque (tellurem) coli dedit, Verg.: saepe sub immotis praesepibus vipera delituit, Verg.: orbis immotis annum non sentit arenis, bei nicht umgearbeitetem (unbebautem) S., Lucan.: immotus aër et serenus, Plin.: sereno et immoto (windstillem) die, Tac. – mit *ab* u. Abl. od. mit bl. *Abl.*, portus ab accessu ventorum immotus, geschützt vor den W., Verg. Aen. 3, 570. – sinapi atque coriandrum sede suā immota (ohne versetzt zu werden) permanent, Colum. 11, 3, 29. – **β** v. Körper u. dessen Gliedern: verberat immotum vivo serpente caput, Lucan.: immotum caput fixa cum fronte tenetur, Lucan.: praebenti immotam cervicem caput praecisum est, Liv. fr.: immotus praebet mugitibus aures, Ov.: aut immota omnino aut nimium mobilia (supercilia), Quint.: immoto eius vultu excipitur, Tac. – **b** v. leb. Wesen: **α** übh.: stat gravis Entellus nisuque immotus eodem, Verg.: sub Iove duravit multis immota diebus, Ov.: immoti terrā surgente tenentur, Lucan.: incredibilem febrium ardorem immotus (ohne sich zu regen) opertusque transmittit, Plin. ep.: inconcussus ipse et immotus non secus ac piaculum aliquod trahebatur, Plin. pan.: aves, ut immotae facile pinguescant, in obscuro continentur, Sen.: sic immotum animal arbitrio medentis expositum est, Colum. – **β** v. der Schlachtreihe: fert sonitus immota phalanx, Val. Flacc.: in (trotz) tot circumstantibus malis mansit aliquamdiu immota acies, Liv.: adversus incitatas turmas stetit immota Samnitium acies, Liv.: legio gradu immota velut cuneo erupit, Tac. – **II** übtr., **a unverändert, ununterbrochen, ungestört,** pax, Tac. ann. 4, 32; 15, 27 u. 46. – **b unverändert, unveränderlich, sicher, fest,** nihil immotum, nihil tranquillum relinquebat, Vell.: immota manet fatis Lavinia coniunx, Liv.: manent immota tuorum fata tibi, Verg.: mens immota manet, Verg.: felicis animi immota tranquillitas, Sen.: constantia libera est, inviolabilis, inconcussa, immota, Sen.: si mihi non animo fixum immotumque sederet (der Entschluss fest u. unerschütterlich bei mir stände), ne etc., Verg.: immotum adversus eos sermones fixumque Tiberio fuit m. folg. *Infin.*, Tac. ann. 1, 47. – **c unerschüttert, ungerührt,** v. Pers., Tac. u. a.: animus, Tac.: animus immotus et torpens, Lact.

im-mūgio, iī, īre (in u. mugio), **I** in etw. **hineinbrüllen, -pfeifen,** procella antemnae immugit, Sil. 17, 256. – **II dazu erbrüllen, brüllend (tosend** usw.) **einstimmen, einstimmend erdröhnen,** Verg. Aen. 3, 674; 11, 38 u. spät. Dichter.

im-mulgeo, ēre (in u. mulgeo), **hineinmelken** in usw., alvi lacteam opem, Liv. Andr. tr. 37: lac in dolore (oculi) aut epiphora, Plin. 28, 72: ubera labris, in die Lippen, Verg. Aen. 11, 572. Ambros. in Luc. 8. § 75.

immundābilis, e (mundo), **unauslöschlich,** vitium, Tert. de pudic. 20.

immundē, *Adv.* (immundus), **unsauber,** Iul. Obsequ. 115.

immunditia, ae, *f.* (immundus), die **Unreinlichkeit,** Plaut. Stich. 747 u. Eccl.: Plur., Colum. 1, 6, 11; 12, 3, 8; 12, 52 (50), 21. Ulp. dig. 43, 23, 1. § 2. Tert. de res. carn. 47 u. oft bei den Eccl. (s. Bünem. Lact. 4, 16, 8).

immunditās, ātis, *f.* (immundus) = ἀκαθαρσία, die **Unreinlichkeit,** Gloss. II, 241, 26.

immunditiēs, ēī, *f.* (immundus), die **Unreinlichkeit,** Eccl.

1. im-mundus, a, um (in u. 1. mundus), **unrein, unsauber, schmutzig** (Ggstz. mundus), humus, Cic. fr.: homo, Plaut. u. a.: Sabinae, Ov.: mulier (durch die Menstruation), Pallad.: canis, Hor.: ager, wild verwachsen, Pallad.: immundior lapsus aliquis, Plin. 14, 119: nilo mundius hoc, nihiloque immundior ille, Catull. 97, 3: immundius aliquid timere, Sen. nat. qu. 5, 4, 2: liquet mihi immundissimos fuisse, Sen. ep. 86, 12: cloaca turpis immundissimo aspectu, Plin. ep. 10, 98 (99), 1. – Plur. subst. immundae, ārum, *f.*, **unsaubere Frauen,** Cic. ad Att. 9, 10, 2. – übtr., dicta, Hor. de art. poët. 247.

2. im-mundus, ī, *m.* (in u. 2. mundus), der **Unputz,** Tert. de habit. mul. 4.

im-mūnio, īvī, īre (in u. munio), **dort** (bei ihnen) **befestigen,** praesidium, bei ihnen einen festen Waffenplatz anlegen, Tac. ann. 11, 19.

im-mūnis (alte Schreibart immoenis, z. B. Plaut. trin. 24. Acc. tr. 364 R[2]), e (in u. munis, zu munus, munia), **I frei** von Leistungen: **1** für den Staat: **a frei** von Abgaben, **abgabenfrei, steuerfrei, geschossfrei,** civis, Plaut.: cives apud Iugurtham immunes, Sall.: ager, Cic.: mit *Genet.*, portoriorum, Liv. 38, 44, 4: m. *ab* u. Abl., immunes ab omni opere, Suet. Claud. 25, 3. – **b** von Ausbesserung der Wege, Cic. Font. § 17. – **c** von Kriegsdiensten, **dienstfrei,** m. *Abl.*, immunis militiā, Liv. – m. *Genet.*, immunes militarium operum, Liv.: ceterorum immunes, nisi propulsandi hostis, Tac. – **2** für Privatzwecke: **a** frei von Leistungen, mit *Genet.*, bos curvi imm. aratri, Ov.: imm. operum, Ov.: absol., tellus imm., Ov. – **b frei von Beiträgen, nichts beitragend,** bei einem gemeinschaftlichen Mahle (ἀσύμβολος), fucus, Verg.: non ego te meis immunem meditor tingere poculis, Hor.: ne omnino, ut dicitur, immunes et asymboli veniremus, Gell. – dah. **geschenklos, ohne Geschenke,** Hor. ep. 1, 14, 33. – **II** übtr.: **A nicht dienstfertig,** Plaut. u. Cic. Vgl. Klotz u. Seyffert Cic. de amic. 50. – meton., immoene est facinus, ein undankbares Geschäft, m. folg. *Infin.*, Plaut. trin. 24. – **B frei, unberührt, rein** von etw., m. *Genet.*, boni, mali, caedis, Ov.: delictorum paternorum, Vell.: animus vitiorum imm., Sen. – m. *Abl.*, calamitate, vitiis, Vell. – m. *ab* u. Abl., domus imm. ab omnibus arbitris, ungestört von usw., Vell.: terrarum pars immunis a periculo, Sen.: dentes imm. a dolore, Plin.: ut ab ea plaga immunes faceret Hebraeos, Lact.: nec potest esse immunis a sanguine, qui voluit effundi,

Lact. – absol., manus, die reine Hand, Hor.: occasio, freie, ungehinderte, Vell.: immune caelum est, noch unberührt, Sen. poët.: natura locorum iussit, ut immunes (unverletzt, unbeschädigt) mixti serpentibus essent, Lucan.: u. so immunis rediit, Solin. – ► Abl. Sing. auch immune, in der Amtsbezeichnung ex immune, CIL 8, 2618. col. b lin. 7 u. 12 u. col. c lin. 2.

immūnitās, ātis, *f.* (immunis), **I** das **Freisein-, der Erlass von Steuern u. sonstigen Leistungen,** dann übh. **Vergünstigungen** u. **Privilegien** aller Art, Cic. u. a. (auch im Plur., z. B. Cic. Phil. 1, 3): m. folg. *Genet.*, omnium rerum, Caes.: cunctarum rerum, Iustin.: Plur., immunitates dare, Cic.: veteres immunitates adimere, Suet. – **II** übtr., das **Freisein** von etw., magni muneris, Cic. Acad. 2, 121. – Genet. Plur. auch immunitatium, Cic. Phil. 2, 35.

im-mūnītus, a, um (in u. munitus), **I unverwahrt, unbefestigt, a** v. Lebl., oppida castellaque, Liv. 22, 11, 4: Sparte, Ov. met. 10, 169: *n. pl.* subst., immunita terrae huius, die unbefestigten Punkte, Vulg. genes. 42, 12. – **b** v. Pers. = **unbeschützt,** inermes atque immuniti, Apul. met. 8, 5. – **II ungepflastert,** via, Cic. Caecin. 54.

immurmurātio (inmurm.), ōnis, *f.*, das **Murren,** beluarum minax, Ennod. opusc. IIII. vita B. Antoni p. 390, 25 *Hartel.*

im-murmuro, (āvī), ātum, āre (in u. murmuro), **bei, in** od. **gegen** etw. **murren, murmeln,** silvis immurmurat auster, Verg.: immurmurat agmen (*sc.* mihi), Ov.: quae tigris non filiis suis mitis immurmurat, Augustin. de civ. dei 19, 12, 2. p. 374, 32 D.[2]: secum immurmurat intus, Manil.: secum immurmurat irae, Sil.: tacitāque immurmurat aure, Stat.: immurmurantes audire ventos, Amm.: qui diris immurmurata secretis mentis et corporis venena composuit, Cod. Theod.

im-mūsicus, a, um (in u. musicus), **unmusikalisch,** Tert. apol. 1.

immusulus (inmusulus) od. **immusilus**, ī, *m.*, ein uns unbekannter Vogel aus dem Geier- od. Falkengeschlecht, Plin. 10, 20. Arnob. 2, 59 u. 7, 16 (wo immusilus). – nach Paul. ex Fest. 112, 3 (vgl. 113, 16) = ossifraga (Seeadler, Beinbrecher). – Fest. 197, 12 immissulus (wohl verschrieben statt immusilus).

1. **im-mūtābilis**, e (immuto), **verändert,** Plaut. Epid. 577.

2. **im-mūtābilis**, e (in u. mutabilis), **unwandelbar, unveränderlich,** spatia, Cic.: causa, Cic.: aeternitas, Cic.: necessitas, Quint.: res stabilis et imm., res imm. et aeterna, Cic.: nec magis immutabile *ex* vero *in* falsum, Cic. de fato 18. – v. Pers., inter sanctos eius nemo imm., Vulg.: concordi populo nihil esse immutabilius, nihil firmius, Cic.

immūtābilitās, ātis, *f.* (2. immutabilis), die **Unwandelbarkeit, Unveränderlichkeit,** Cic. de fato 17. Augustin. serm. 117, 9.

immūtābiliter, *Adv.* (2. immutabilis), **unveränderlich,** Cels. dig. 45, 1, 99. § 1. Apul. de mund. 36.

immūtātio, ōnis, *f.* (immuto), **I** die **Veränderung,** die **Vertauschung** in der Rede, ordinis, Cic.: verborum, Cic.: faciebat barbarismos immutatione, cum *c* pro *g* uteretur, Quint. – **II** insbes. als rhetor. Fig. = ἀλλοίωσις, μετωνυμία, die **Vertauschung der Worte,** der **metonymische Ausdruck,** die **Metonymie,** Cic. de or. 3, 207. Quint. 9, 1, 35: Plur. bei Cic. or. 94.

immūtātor, ōris, *m.* (immuto), der **Veränderer,** Oros. 7, 43, 6.

1. **immūtātus**, a, um (in u. mutatus), **unverändert,** Cic. de inv. 2, 162. – übtr., der Gesinnung nach, videt me immutatum, Ter. Andr. 242.

2. **immūtātus**, a, um, *Partic.* von immuto, s. d.

im-mūtēsco, mūtuī, ere (in u. mutesco), **verstummen,** Quint. 10, 3, 16. Stat. Theb. 5, 542.

im-mutilātus, a, um (in u. mutilatus), **unverstümmelt, I** eig.: corpus, Sall. hist. fr. 4, 40 (4, 48). – **II** übtr. = **unverkürzt,** Cod. Theod. 4, 22, 1.

im-mūto, āvī, ātum, āre (in u. muto), **I umändern, umwandeln,** im üblen Sinne = **verschlechtern, a** Lebl.: ordinem verborum, Cic.: nomen, Quint.: aliquid de institutis priorum, Cic.: Saturni stella nihil immutat sempiternis saeculorum aetatibus, *quin* eadem isdem temporibus efficiat, macht keine Veränderung, sondern usw., Cic. de nat. deor. 2, 52. – **b** Pers., der Gesinnung nach, prosperis rebus immutari, Cic.: me immutarunt tibi, Cic.: animum tuum immutatum significabant, Cic.: non possum immutarier, Ter. – **II** insbes., als rhet. *t. t.*, **A metonymisch gebrauchen,** Ennius immutat Africam pro Afris, Cic. or. 93. – immutata verba, Metonymien, Cic. de or. 3, 169; or. 92. – **B allegorisch gebrauchen,** immutata oratio = ἀλληγορία, die **Allegorie,** Cic. de or. 2, 261. – ► Parag. Infin., immutarier, Ter. Andr. 275; eun. 225; Phorm. 206. – arch. inmutassis = inmutaveris, Plaut. aul. 585 G.

īmō, *Adv.*, s. īmmō.

im-pācātus, a, um (in u. pacatus), **nicht friedfertig, unfriedsam, unruhig,** v. Pers., Verg., Amm. u. a.: vita, Sen.: pelagus, Claud.: *Compar.*, pertinacior et impacatior multitudo, Augustin. epist. 85, 30.

im-pācificus, a, um (in u. pax u. facio), **unfriedfertig,** Ambros. in psalm. 43. § 12.

impaenitendus, a, um (in u. paenitet), **nicht zu bereuen,** Apul. met. 11, 28.

impaenitēns, impaenitentia, impaenitūdo, s. impoenitēns, impoenitentia, impoenitudo.

impaestātor (inpaest.), ōris, *m.*, **einer der die** τέχνη ἐμπαιστική **ausübt,** d. i. die Kunst, Figuren in das Metall hineinzuarbeiten, Corp. inscr Lat. 8, 9427.

impāges, is, *f.* (impingo), die **Anschlagleiste,** Vitr. 4, 6, 5; vgl. Paul. ex Fest. 108, 5.

im-pallēsco, palluī, ere (in u. pallesco), bei od. über etwas **blass werden, erbleichen,** eventu, Stat. Theb. 6, 805: nocturnis chartis, beim nächtlichen Studieren, Pers. 5, 62.

im-palpābilis, e (in u. palpo) = ἀψηλάφητος, **unbetastbar,** Eccl.

im-palpebrātio, ōnis, *f.* (in u. palpebro), die **Unbeweglichkeit der Augenlider,** Cael. Aur. de morb. chron. 2, 5, 87.

impancro, āvī, āre, **mit voller Wucht** über etw. **herfallen,** hercules iam in regiam arcam impancrarunt, Varro sat. Men. 587; vgl. Non. 59, 20.

im-pār, paris (in u. par), **I ungleich, ungerade,** der Länge, Zahl u. Zeitdauer nach (Ggstz. par, aequalis), **a** eig.: mensae pes, Ov.: si toga dissidet impar, sich schief zieht, Hor.: stellarum numerus par an impar sit, nescitur, Cic.: par et impar ludere, Gerade u. Ungerade, Hor. u. Aug. bei Suet.: modi impares, Hexameter u. Pentameter, Ov.: numeri impares an aequales, Cic. – **b** übtr., **ungleich, ungleichartig, verschieden,** clamor, Liv.: benevolentia, Cic.: m. *Genet.*, formae et animi (in) Hor. – **II** insbes., einem anderen den Kräften usw. nach **ungleich, nicht gewachsen, 1** im Allg.: **a** eig.: ceteris maior, tibi miles impar, Hor.: impar nimio ardori civium, Tac.: Thraex impar munerario, Suet.: infelix puer atque impar congressus Achilli, Verg.: velut impar dolori, unterliegend, Suet.: impar honoribus, Suet. – m. *Abl. resp.*, impares numero, Tac.: omni parte virium impar, Liv.: nec facies impar nobilitate, Ov. – **b** übtr.: v. dem, worin man nicht gewachsen ist, **ungleich,** pugna, Verg.: certamen, Ov. – mit folg. *Infin.*, tangi impar, nicht könnend usw., Gratt. cyn. 61. – **2 nicht ebenbürtig,** maternum genus impar, Tac.: materno genere impar, Sall.: quia iuncta impari esset, Liv.: Tiberium spreverat ut imparem, Tac.: aequat omnes cinis; *impares* nascimur, *pares* morimur, Sen. – ► Abl. Sing. gew. impari; doch auch (des Metrums wegen) impare, Verg. ecl. 8, 75. Ps. Verg. Cir. 372. Lucan. 7, 682.

imparātio, ōnis, *f.* (imparatus), der **Mangel an Verdauung,** stomachi, Marc. Emp. 20.

im-parātus, a, um (in u. paratus), **unvorbereitet, ungerüstet, nicht versehen** mit usw., verb. inermis atque imp., Caes.: incautus atque etiam imp., Caes.: imp. aggredior ad dicendum, Cic.: imp. cum a militibus, tum a pecunia, Cic.: omnibus rebus imparatissimis, ohne irgendwelche Vorbereitung, Caes. b. c. 1, 30, 5.

im-pārēns, entis, *PAdi.* (in u. pareo), **ungehorsam,** Paul. ex Fest. 109, 2.

im-parilis, e (in u. parilis), **ungleich,** Aur. Vict. de Caes. 14, 9.

imparilitās, ātis, *f.* (imparilis), die **Ungleichheit, Verschiedenheit,** Gell. 14, 1, 22. – u. insbes., die **Ungleichmäßigkeit,** als Übersetzung von *soloecismus,* Sinn. Capito b. Gell. 5, 20, 1.

impariliter, *Adv.* (imparilis), **ungleich,** Augustin. quaest. in hept. 2, 177, 3.

imparitās, ātis, *f.* (impar), die **Ungleichheit** (Ggstz. paritas), Boëth. art. arithm. 1, 5 u. a.

impariter, *Adv.* (impar), **ungleich**, Hor. de art. poët. 75.

im-participābilis, e (in u. participo), **unteilhaftig**, Hieron. in Didym. de spir. scto 61.

impartilis, e (in u. partilis), **unteilbar**, Cl. Mam. de stat anim. 3, 5, 2. Vgl. impertilis.

im-partio, s. im-pertio.

im-partior, s. im-pertio.

im-pāsco, ere (in u. pasco), **an** od. **auf** einem Ort **weiden lassen**, nur passiv impasci = **an** od. **auf** einem Ort **weiden**, quibus (locis) impascitur pecus, Colum. 6, 5, 2: ac neque suem velimus impasci, darauf (auf der Wiese) weiden lassen, Colum. 2, 17 (18), 1.

impassibilis, e (in u. passibilis) = ἀπαθής, **empfindungslos, leidenschaftslos, affektlos**, Eccl. (s. Bünem. Lact. 1, 3, 23).

impassibilitās, ātis, *f.* (impassibilis) = ἀπάθεια, die **Empfindungs-, Leidenschaftslosigkeit, Affektlosigkeit**, Hieron. epist. 133, 3: divina, Leo serm. 71, 2.

impassibiliter, *Adv.* (impassibilis), **in einer keinen Leiden unterworfenen Weise**, Eccl.

im-pāstus, a, um (in u. pasco), **ungefüttert, hungrig**, leo, Verg.: canes, Ambros.: volucres, Lucan.: leonum ora, Ambros.

impatibilis, s. 1. impetibilis.

im-patiēns, entis (in u. patiens), *Adi.* m. *Compar.* u. *Superl.*, das griech. ἀπαθής, **I unvermögend** etw. **zu ertragen**, etw. **nicht gern ertragend (erduldend), nicht geneigt zu leiden, -zu erdulden, ungeduldig**, **a** v. Pers., laborum, Ov.: vulneris, Verg.: irae, seines Zorns nicht Herr, Ov.: veritatis, der W. unzugänglich, Curt.: dominationis, dem Zwang widerstrebend, Plin. pan.: facetiarum, empfindlich gegen usw., Macr.: morae, wegen des V. ungeduldig, Suet.: so auch morarum, Amm.: quietis, dem die R. unerträglich (verhasst) ist, mit der R. nimmer befreundet, Vell. u. Sen.: societatis, sich in kein geselliges Zusammenleben fügend, ungesellig, Tac.: obsidionis, nicht imstande, bei einer B. auszuharren, Tac.: contumeliarum ferendarum, Sen.: viri, voll Abneigung gegen, Ov.: frigoris, Mela: solis, pulveris, tempestatum, Tac.: maris, Petron.: impatientissimus famis, Colum.: terra frugiferarum arborum impatiens, Tac. Germ. 5: elephanti impatientissimi frigoris, Solin. – m. folg. *Infin.*, imp. ultra gemitu cohibere furorem, Sil.: imp. nescire torum, Claud. – absol., impatiens et aeger animi, Lact.: calidus et imp. dux, Eutr.: heros impatiens, Val. Flacc. – **b** übtr., v. Lebl., cera imp. caloris, Ov.: navis imp. gubernaculi, Curt.: impatiens frigoris (v. Gewächsen), Mela: pisum impatientissimum frigorum, Plin. – absol., animus, ungeduldig im Zorn, seiner nicht Herr, Ov.: gaudium, maßlose, Min. Fel.: impatientissima sollicitudo, Gell. – nihil impatientius imperitiā, Macr. 7, 4, 30. – **II empfindungslos, A** im Allg., **gefühllos**, Ov. am. 3, 7, 36. Lact. 5, 22, 5. – **B** philos. *t. t.* der Stoiker, **empfindungslos, unanregbar** = **leidenschaftslos** aus Grundsätzen, Sen. ep. 9, 1.

impatienter, *Adv.* (impatiens), **mit Ungeduld, ungeduldig, unerträglich**, Tac., Plin. ep. u. a.: lactucis imp. indulgere, unmäßig, Vopisc. – *Compar.* bei Plin. ep. 6, 1, 1. Tac. Germ. 8. Iustin. 12, 15, 3; 32, 3, 2. Solin. 7, 29; *Superl.* bei Plin. ep. 9, 22, 2.

impatientia, ae, *f.* (impatiens), **I** die **Abneigung**, etw. **zu ertragen**, das **Ertragen** von etw. **mit Ungeduld**, die **Ungeduld, Unenthaltsamkeit** bei etwas, frigorum, Plin.: veneris, Apul.: nauseae, Ekel vor der S., Suet.: caritatis, liebevolle Empfindlichkeit, Tac.: retinere silentii impatientiam, die Unfähigkeit zu schweigen beibehalten, dabei bleiben, nicht schweigen zu können, Tac. – absol., culpa impatientiae, Gell. 1, 13, 3: ad impatientiam (Schwäche) dilabi, Tac. ann. 15, 63: alqm impatientiae reum agere, wegen Unenthaltsamkeit (in Bezug auf sinnl. Lüste), Val. Max. 6, 7, 1. – **II** die ἀπάθεια der Stoiker, die **Empfindungslosigkeit, Unanregbarkeit, Leidenschaftslosigkeit**, Sen. ep. 9, 2.

im-pausābilis, e (in u. pauso), = ἀδιάλειπτος, **unausgesetzt, ununterbrochen**, Fulg. myth. 1, 6. Mythogr. Lat. 2, 12 u. 3, 6, 23: als Übersetzung von Alecto (Ἀληκτώ), die nie Rastende, Mythogr. Lat. 1, 109. – Dav. **impausābiliter**, *Adv.* = ἀδιαλείπτως, **unausgesetzt, ununterbrochen**, Cael. Aur. de morb. chron. 3, 2, 20.

impavidē, *Adv.* (impavidus), **unerschrocken**, Liv. 30, 15, 8; 39, 50, 8. Cael. Aur. de morb. acut. 1, 11, 97 u. de morb. chron. 4, 3, 30.

im-pavidus, a, um (in u. pavidus), **unerschrocken, beherzt**, vir, Hor.: pectora, Liv.: somnus, Sen.

im-peccābilis, e (in u. pecco), **fehlerfrei, sündenfrei**, Gell. 17, 19, 6.

impeccantia, ae, *f.* (in u. peccantia), die **Sündlosigkeit**, Hieron. c. Pelag. 1, 25 u. 2, 16.

impedātio, ōnis, *f.* (impedo), das **Bepfählen**, das **Stützen** (der Weinstöcke) **durch Pfähle**, Colum. 4, 13 *in.*

im-pedico, āre (in u. pedica), **verstricken, fangen**, alqm cassibus mille, Amm. 30, 4, 18.

impedīmentum, ī, *n.* (impedio), **I** das, wodurch man verwickelt oder zurückgehalten wird, schneller vorwärts zu kommen, das **Hindernis**, **a** eig.: cogita compeditos primo aegre ferre onera et impedimenta crurum, Sen. de tranqu. anim. 10 *in.* – **b** übtr.: impedimenta naturae diligentiā industriāque superare, Cic.: impedimentum alci facere od. inferre, Cic., od. afferre, Tac.: esse impedimenti loco od. impedimento, Caes. u. Cic.: non modo *nullo adiumento* esse, sed potius *maximo impedimento,* Rhet. Her. 2, 16. – utrisque impedimentum *ad* rem gerendam fuit, Liv.: ut *ad* omnes conatus regis impedimento esset, Liv. (s. Weißenb. Liv. 44, 46, 2): Gallis magno ad pugnam erat impedimento, quod etc., Caes. – scio, quae tibi causa fuerit impedimento, *quo minus* praecurrere adventum meum in Campaniam posses, Plin. ep. 6, 28, 1: Caepio impedimento est, *quo setius* (= *quo minus*) feratur (lex), Rhet. Her. 1, 21. – **II** insbes., im Plur. = das **Gepäck** eines Reisenden od. eines Heeres, sofern es den Zug aufhält, die **Bagage**, wozu auch Packknechte, Wagen u. Lasttiere gehören (während sarcina das Reisebündel, der Tornister der Reisenden u. Soldaten ist, dah. oft verb. impedimenta ac sarcinae), **a** eines Reisenden, impedimenta exspectanda sunt, quae Anagniā veniunt, Cic.: obviam fit ei Clodius, expeditus, in equo, nullā raedā, nullis impedimentis, Cic.: actuariis autem minutis Patras accedere sine his impedimentis non satis visum est decorum, Cic.: übtr., pleni sunt eiusmodi impedimentis (solchen Wustes) grammaticorum commentarii, Quint. 1, 8, 19. – **b** eines Heeres, totius exercitus impedimenta, Caes.: magnus numerus impedimentorum, Packpferde, Caes.: calones et impedimenta, Caes.: impedimenta et sarcinas invadere, Liv.: omnes impedimentis exuere, Liv.: arma impedimentaque amittere, Nep.: impedimenta diripere, Liv.

im-pedio, īvī u. iī, ītum, īre (in u. pes, vgl. expedio), eig. mit Fußfesseln **fesseln;** dah. übh. **I verwickeln, verstricken, A** eig.: se in plagas, Plaut.: crura visceribus, Ov.: pisces reti, Plaut.: poet., orbes orbibus, verschlungene Kreise bilden, Verg. – insbes., eine Örtlichkeit **unwegsam machen, verbauen**, saltum munitionibus, Liv.: ea quae plana sunt novo munimenti genere, Curt. – **B** übtr.: **1 verwickeln, verwirren**, se nuptiis, Ter.: te ipse impedies, Cic.: mentem dolore, Cic. – **2 verhindern, hemmen, abhalten**, alqm, Cic. (dah. nisi te impedivisti, wenn du dich nicht schon gebunden hast, wenn du nicht verhindert bist, Cic.): prospectum, Sall.: alcis profectionem, Caes.: iter, Liv.: aquam, ins Stocken bringen (versetzen), Frontin. aqu.: triumphum (v. Umständen), Cic.: solutio impeditur, die Zahlung stockt, Cic.: impediri flumine, Caes., domestico bello, Curt. – mit *ab* u. Abl., alqm a vero bonoque, Sall.: se a suo munere non imp., Cic.: mit *Abl.* (an, von), alqm fugā, Tac. ann. 1, 30; eloquentia Q. Hortensii ne me dicendo impediat, non nihil commoveor, Cic. Quinct. 1. – m. folg. *quo minus* u. Konj., varii rerum colores inpediunt prohibentque quominus etc., Lucr. 2, 786: illud non est, quod te impediat, quo minus etc., Sen. ep. 50, 7: ne virus quidem istud me inpediet, quo minus etc., Sen. de vit. beat. 18, 2: non videri Sthenium impediri interdicto, quo minus etc., Cic. Verr. 2, 100: imperavi Philotimo ne impediret, quo minus etc., Cic. ad Att. 2, 4, 7: libero tempore, cum nihil impedit, quo minus etc., Cic. de fin. 2, 33: nec aetas impedit, quominus etc., Cic. de sen. 60: ne quis impediretur, quominus etc. Nep. Cim. 4, 1. – m. folg. *ne* u. Konj., alqd me impedit, ne etc., Cic. de fato 1 u. Planc. 104: impedior, ne etc., Cic. de nat. deor. 3, 81. Sall. Cat. 30, 4: ab alqo impedior, ne etc., Sall. Iug. 39, 4: alqā re impedior, ne etc., Cic. Sull. 92; de dom. 19; ep. 11, 10, 1. Nep. Milt. 5, 3. Liv. 6, 31, 2 u. 41, 15, 9. – m. folg. *quin* u. Konj., ne quid impediare, quin etc., Rhet. Her. 3, 1. – nihil impedit m. folg. *Infin.*, Lucr. 3, 322. Ov. ex Pont. 1, 1, 21: alqd alqm impedit m. folg. *Infin.*, Cic. de or. 1, 163; de nat. deor. 1, 87; de off. 2, 8. Verg. Aen. 11, 21. Arnob. 1, 59: alqā re impedior m. folg. *Infin.*, Cic. Rab. Post. 24. – m. *ad* u. Akk., quos (liberos) ad capiendam fugam naturae et virium infirmitas impediret, Caes.: ut nullius amicitiā ad pericula propulsanda impediremur, Cic.: cum rapiditate fluminis ad transeundum impedirentur, Caes. – m. *in* u. Abl., non oportere sese a populo Romano in suo iure impediri, Caes. b. G. 1, 36, 2. – m. *Dat.* = hinderlich sein, Varro LL. 9, 20. Schol. Iuven. 11, 175; 14, 49. – II **umgeben, umwickeln,** alqm amplexu, Ov.: caput myrto, Hor.: crus pellibus, Hor.: equos frenis, den Zaum anlegen, Ov.: vitta impedit comas, Ov. – ► Tmesis inque pediri = *impedirique,* Lucr. 3, 482. – arch. Nbf. indupedio, s. bes.

impedītio, ōnis, *f.* (impedio), die **Hinderung,** das **Hindernis,** die **Hemmung,** das **Hemmnis,** sine impeditione, Vitr. 1, 5, 3: animus liber omni impeditione curarum, Cic. de div. 1, 115: obstacula impeditionis, Arnob. 2, 13 *extr.*

impedito, āre (*Intens.* v. impedio), **verhindern,** Stat. Theb. 2, 590.

impedītor, ōris, *m.* (impedio), der **Verhinderer,** Augustin. de civ. dei 10, 10 u. serm. 352, 6.

impedītus, a, um, *PAdi.* m. *Compar.* u. *Superl.* (v. impedio), **gehindert, gehemmt,** I eig.: a (bes. als milit. *t. t.*) **durch Gepäck aufgehalten, -verhindert, schwer bepackt, mit Sack und Pack, noch unterm Gepäck, nicht zum Kampf gerüstet, noch nicht schlagfertig** (Ggstz. expeditus), miles, Caes. u. a.: hostes, Liv.: agmen, Liv. u. a. – b v. Örtl., **unwegsam, schwer zugänglich,** silva, Caes.: montes avii et impediti, Curt.: saltus impeditior, Liv.: itinera impeditissima, Caes.: locus impeditissimus ad iter faciendum, Brut. in Cic. ep. – II übtr.: a übh., **behindert, gehemmt, aufgehalten,** solutio, stockende, Cic.: omnium impeditis animis, indem aller Gemüter beschäftigt waren, Caes.: nec in bella gerentibus nec in impeditis (die nicht frei sind in ihren Bestrebungen), Cic. – b **schwerfällig,** magnus et impeditus ancillarum puerorumque comitatus, Cic.: impeditissimae orationes, Tac. (vgl. Quint. 8, 6, 42). – c **in verwickelter-, misslicher Lage befindlich, verwickelt, misslich,** tempora rei publicae, Cic.: impeditissima res publica, Sall. fr.: *religiosi* enim *dies* dicuntur tristi omine infames impeditique, Gell. 4, 9, 5.

impedo, āre (in u. pedo), **pfählen, durch Pfähle stützen,** vineam vehementioribus statuminibus, Colum. 4, 16, 2.

impeirator (inp.), s. imperātor a. E. ►.

impeirium, s. imperium a. E. ►.

im-pello, pulī, pulsum, ere (in u. pello), I etw. od. an etw. **anschlagen, anstoßen,** ianuam digito, klopfen, Trabea com. fr.: chordas, schlagen, Ov.: sensus, Lucr.: maternas impulit aures luctus Aristaei, traf das Ohr, Verg. – II **fortstoßen,** A stoßend **in Bewegung setzen, antreiben, forttreiben,** 1 eig.: rotalem machinam, in Betrieb setzen, Sulp. Sev.: navem remis, Verg.: remos, Verg.: sues, hintreiben, Plin.: semen impellit urinam, treibt den Urin, Plin.: capulo tenus ferrum, Sil.: in meos ferrum flammamque penates inpulit, Ov.: sagittam nervo, abdrücken, Ov.: impulsae segetes aquilonibus, hin u. her getrieben, Ov.: lintea, die Segel schwellen (v. Wind), Hor.: florem, Blüte hervortreiben, Plin.: montem in latus, Verg.: alqm in fugam, Cic.: ut arbores *immotae* (unangerührt) starent (fest standen), *momento levi impulsae* (durch einen geringen Anstoß erschüttert) occĭderent, Liv. – 2 übtr.: a im Allg.: alqm quovis sermone, stören, Hor.: alqm in hunc casum, in dieses Unglück stürzen, Cic. – b insbes., jmd. zu etw. **antreiben, bewegen, verleiten, bringen, reizen,** alqm ad scelus, ad bellum, ad artem, Cic.: in arma, Tac.: ad res iniustas impelli, Cic.: impellere alqm in fraudem, in sermonem, in spem, Cic.: alqm, ut etc., Ter., Cic. u. a.: alqm in eam mentem, ut etc., Cic.: m. bl. *Coniunctiv,* Argum. 1 ad Plaut. mil. *v.* 10: m. folg. *Infin.*, Liv. 22, 6, 6. Verg. Aen. 1, 11. Hor. carm. 3, 7, 14. Ov. am. 2, 12, 22. Tac. ann. 6, 45 u. a. Iustin. 3, 1, 3: bl. alqm, Cic. u. a.: so auch impulsus irā, aus Zorn, Caes.: impulsus occasione, Caes.: absol., Cic. u. a. – B prägn., einer Person oder Sache **einen** solchen **Stoß geben,** dass sie zu Fall kommt = **ihr den letzten Stoß geben,** sie **über den Haufen werfen, umstoßen, zu Fall bringen** (vgl. Korte Lucan. 1, 149), 1 eig.: ilicem, Lucan.: cecĭdit impulsus, Sen. poët. – bes. als milit. *t. t.*, **zum Weichen bringen** (s. Heräus Tac. hist. 4, 34, 6), hostes, Liv.: hostem, Tac.: aciem, Liv. u. Lucan. – 2 übtr.: alqm praecipitantem, einem Stürzenden noch einen Stoß geben (= einen Unglücklichen noch unglücklicher machen), Cic.; vgl. qui, ut me paulum inclinari timore viderunt, sic impulerunt, ut etc., Cic.: animum labantem, Verg.: alqm ruentem, den schon Fallenden zum Sturz bringen, Tac. – bellum, dem Ende nahebringen, Lucan.: mores, den letzten Stoß geben = zugrunde richten, Plin.: impulsas Vitellii res audietis, einen Stoß erlitten, Tac. – ► Parag. Infin. impellier, Lucr. 6, 1058. – Vulg. Partiz. Perf. Pass. impulitus = impulsus, Ps. Cypr. de Sina et Sion 9. p. 113, 19 H.

im-pendeo, ēre (in u. pendeo), **herein-, herüberhängen,** I eig.: cervicibus, über dem Nacken, Cic.: super tegulas, Plaut.: saxum impendēre Tantalo, Cic.: montes impendentes, Cic.: arbor in aedes impendet, ICt.: tantae in te impendent ruinae (bildl.), Plaut. – m. *Acc.*, mare quae impendent, Lucr. 1, 326: impendebat autem sellam istam vertigo quaedam ad modum mundi figurata, Iul. Val. 3, 53 (29). – II übtr., gleichs. **über** jmds. **Haupt schweben = nahe bevorstehen, nahe sein,** absol., impendet scelus, Cic.: ventus, Verg. – mit *Dat.* od. *Praepos.*, omnibus terror impendet, Cic.: in me terrores impendent, Cic.: magnum etiam bellum impendet *a* Parthis, Cic.: impendentia *ex* ruinis incendiisque urbis pericula, Vell. – m. *Acc.*, subito tanta te impendent mala, Ter. Phorm. 180: quae res me impendet, Lucil. 1227.

impendia, ae, *f.* = impendium, CIL 6, 629, 5.

impendiō, *Adv.* (impendium), **reichlich = bedeutend, außerordentlich, recht sehr, bei Weitem, weit,** α beim Positiv: imp. sollicitus, Amm.: imp. mirus, Amm. – β beim Komparativ: impendio magis, bei Weitem mehr, Ter. u. Cic.: impendio minus, Plaut.: impendio venustius, Gell. – γ bei Verben, catulos diligere, Solin.: excusare, Apul.: alqm resalutare, Hieron.: suadere m. folg. Konj., Apul.

impendiōsus, a, um (impendium), **viel Aufwand machend,** Plaut. Bacch. 396.

impendium, iī, *n.* (impendo), der **Aufwand** = die **Unkosten,** die **Kosten,** I im Allg.: A eig.: reditus et impendia (civitatis), Plin. ep.: sine impendio, Cic.: impendio privato, auf eigene Kosten, Liv.: publico impendio, auf Unkosten des Staats, Liv.: requirere impendia, quae maxima fecit (verursacht hat), Plin. ep.: reposcere rationem impendiorum, quae in educationem contulerit, Quint. – B übtr.: 1 die **Aufopferung,** der **Aufwand** an Arbeit usw., humanum, Plin.: operae, Plin.: nulla fodiendi impendia, Plin. – 2 die **Unkosten = Einbuße, Verlust, Schaden,** tantulo impendio ingens victoria stetit, kostete so wenig, Curt.: parvo impendio, Curt.: ovium boumque impendio, mit Verlust, Plin.: probitatis impendio, auf Unkosten der usw., Quint. – II insbes., die für ein Darlehen aufzuwendenden Unkosten = die **Zinsen, Interessen,** Cic. ad Att. 6, 1, 4: übtr., Cic. Brut. 16: magni impendia mundi, Tribut, Stat. silv. 3, 3, 88. – ► Nbf. impendia, ae, *f.*, s. bes.

im-pendo, pendī, pēnsum, ere (in u. pendo), **aufwenden, verwenden,** eig. u. übtr., sumptum, Cic.: pecuniam in alqam rem, Cic.: pecuniam in alqa re, ICt.: HS octogies pro introitu novi sacerdotii, Suet.: vitam usui alcis, Tac.: vitam vero, Iuven.: studia erudiendis iuvenibus, Quint.: nihil sanguinis in socios, Ov.: certe nihil in me impendisti, Sen.: non erunt tam amentes, ut operam, curam, pecuniam impendant in eas res, quas vobis gratas fore non arbitrentur, Cic.: ad incertum casum et eventum certus quotannis labor et certus sumptus impenditur, Cic.: quid (opus est) tantos sumptus vel fingendis vel colendis imaginibus impendere, Lact.: quid censetis eos voluisse impendere laboris, operae, pecuniae, ne haec biremis ascriberetur? Cic.: laborem impendēre alci rei, Verg.

im-penetrābilis, e (in u. penetrabilis), **I undurchdringlich,** cetrae, Plin.: superior pars corporis (crocodili) dura et imp., Sen.: circumspectis quae *impenetrabilia* quaeque *pervia,* Tac. – mit *Dat.,* silex imp. ferro, Liv.: specus imp. imbribus, Plin.: arca imp. aquis, wasserdichte, Sulp. Sev. – m. *adversus* u. Akk., tegimen adversus ictus imp., Tac. hist. 1, 79. – m. *ad* (zu) u. Akk., tergus hippopotami imp. ad scuta galeasque, ist zu Sch. u. H. brauchbar u. und., Plin. 8, 95. – **II** übtr., **unüberwindlich, unbezwingbar, unzugänglich,** ut sis imp., Sen.: pudicitia Agrippinae imp., Tac. – m. *Dat.,* luctibus, Sil.: mens imp. irae, Sil.

impēnsa, ae, *f.* (impensus, a, um, v. impendo), der **Aufwand,** die **Auslagen,** die **Kosten, I** eig. u. übtr.: **A** eig.: impensae cenarum, Hor.: impensae itineris, Suet.: aedificii dilabentis, Suet.: impensae publicae, Tac.: omnes impensae (Auslagen) ad ductus et castella et lacus pertinentes, Frontin. aqu.: quia impensa pecuniae facienda erat, Liv.: impensam facere in alqd, Kosten auf etwas verwenden, Cic.: verb. impensam ac sumptum facere in alqd, Varro: stultas et supervacuas impensas facere, Ps. Quint. decl.: impensam imponere alci rei, Liv.: impensam praestare alci, Liv.: impensam de publico praestare (aus Staatsmitteln bestreiten), Vitr.: impensae parcere, Liv.: impensā alcis, auf jmds. Kosten, Plin. u. Suet.: impensā exiguā, Suet.: nullā impensā, ohne Kosten, Cic.: publicā impensā, Suet.: sine publica impensa, ohne Kosten des Staats (sodass der Staat nichts bezahlt), Liv. – **B** übtr., der **Aufwand,** die **Verwendung** einer Sache übh. zu irgendeinem Zweck, cruoris sui, Aufopferung, Ov.: officiorum, Liv.: operum, der Mühe, Verg.: impensis meis, auf Kosten meines Rufs (guten Namens), Nep. Phoc. 1, 4. – **II** meton., die **Erfordernisse, Bedürfnisse,** das **Material,** die **Masse,** die **Zutaten,** sacrificii, Petron. 137, 6: zum Ziegelstreichen, Edict. Diocl. 7, 15 u. 16. CIL 6, 1585 b 15: zum Bauen od. Ausbessern, Pallad. 1, 9, 4. Frontin. aqu. 124. Iul. Obs. 87 (28): imp. pumicea, testacea, Pallad. 1, 13, 2 u. 1, 40, 5: impensae aedificandi causā theatri dudum congestae, Amm. 29, 6, 11: zu einer Speise, Apic. 8, 372 u. 375. – ► Über impensa = **Mörtel.**

impēnsātio, ōnis, *f.* (impenso), die **Aufwendung, Aufreibung,** corporis, Isid. orig. 4, 7, 25.

impēnsē, *Adv.* (1. impensus), **I mit großem Aufwand, mit großen Kosten, kostspielig,** alqm humare, Iustin.: impensius unge caules, Pers.: bibliothecas impensissime reparare, Suet. – **II** übtr., **angelegentlich, dringend, inständig, heftig, über die Maßen,** milites retinere, mit Strenge, Liv.: cupere, Ter.: petere od. rogare, ut etc., Plin. ep.: ab alqo petere orareque imp., ut etc., Gell.: impensius orare, ut etc., Liv.: nunc eo facio id impensius, Cic.: cupiditate eādem imperii multo impensius accendi, Liv. – zur Steigerung, ad alias res est imp. inprobus, Plaut. Epid. 566: homo imp. doctus, Gell. 10, 24, 11: imp. placere, Gell. 11, 18, 18.

impēnsio, ōnis, *f.* (impendo) = δαπάνη (Gloss.), die **Aufwendung,** der **Aufwand,** Ennod. epist. 5, 11 u. dict. 10. Gregor. epist. 1, 37. – Plur. (als Erklärung vom Plur. sumptus), Pompei. gramm. comment. art. Donat. 257, 11 K.

1. impēnso, āre (*Intens.* v. impendo), **aufwenden, verbrauchen,** Gloss. IV, 355, 1.

2. impēnsō, *Adv.,* s. 1. impēnsus.

impēnsor, ōris, *m.* (impendo), der **Betätiger,** verus caritatis imp., Augustin. epist. 192, 2.

1. impēnsus, a, um, *PAdi.* (v. impendo), reichlich verwendet, **I** eig., v. Preis, **teuer, hoch,** impenso pretio, Cic. u. a.: u. so bl. impenso, Hor. sat. 2, 3, 245. – iniurias atrociores impensiore damno (Geldbuße) vindicare, Gell. 20, 1, 32. – **II** übtr.: **A** den Kosten nach **teuer, kostspielig,** ingrato homine nihil impensius est, Plaut. Bacch. 394. – **B** dem Grade nach **bedeutend, angelegentlich, nachdrücklich, dringend,** voluntas bonorum, Cic.: voluntas (Neigung) erga alqm, Liv.: opera, Gell.: cura impensior, Ov. u. Tac.: verba impensiora, Val. Max.: impensissimae preces, Suet. Tib. 13, 2.

2. impēnsus, Abl. ū, *m.* (impendo), der **Aufwand,** Symm. epist. 1, 11 (5) *Seeck.*

imperābiliter, *Adv.* (impero), **gebieterisch,** Cato bei Charis. 202, 11 K.

imperātio, ōnis, *f.* (impero), das **Geheiß,** die **Anordnung,** trina, Boëth. inst. arithm. 2, 1.

imperātīvē, *Adv.* (imperativus), **befehlend,** Ulp. regul. tit. 24. § 1. Donat. Ter. Andr. 3, 2, 10. Cassian. collat. 21, 14.

imperātīvus, a, um (impero), **I befehlend,** modus, Diom. 339, 32 K. u. a. Gramm.: sententiae, Isid. – **II** passiv = **anbefohlen,** feriae, von den Behörden angeordnete, außerordentliche, Macr. sat. 1, 16. § 5 *sq.*: officium (Ggstz. voluntarium), Salv. adv. avar. 2, 9.

imperātor, ōris, *m.* (impero), jeder **Befehlshaber, Vorgesetzte, Gebieter, I** eig.: **A** im Allg.: familiae (des Hausgesindes), Plaut.: imp. histricus, Direktor der Schauspieler, Plaut.: imp. populus, Tac.: populus est imp. omnium gentium, Cic.: vitae, Sall.: vitae necisque, Plin.: im Wortspiel mit imperare provinciam (ein Amt anweisen), Plaut. mil. 1159 u. 1160. – **B** insbes., der **oberste Befehlshaber** beim Heer, der **Feldherr,** griech. στρατηγός, Caes., Cic. u. a. – dah. ein Ehrentitel, den ein Feldherr nach einem ansehnlichen Sieg von Heer und Senat erhielt, Caes., Cic. u. a.: als Titel gew. dem Namen nachgesetzt, Cn. Pompeio Cn. F. Magno Imperatori, Cic. ep. 5, 7 *lemm.* – **II** übtr.: **A** Beiname Jupiters, Cic. Verr. 4, 129. – **B** der Sieger im Schachspiel, Vopisc. Proc. 13, 2. – **C** seit Cäsar (s. Suet. Caes. 76, 1) ein Titel der Herrscher u. dem Namen bald vor-, bald nachgesetzt (vgl. *no.* I, B), der **Herrscher, Gebieter, Gewalthaber** (s. Nipp. Tac. ann. 1, 3), imp. Augustus, Suet.: Otho imp., Suet.: Vespasianus imp., Plin. ep.: imp. Nerva, Plin. ep. – dann absol. = röm. **Kaiser,** Suet. u. Plin.: scaenicus (auf der Bühne auftretender), von Nero, Plin. pan. – ► inpeirator, CIL 2, 5041. – Nbf. induperator, s. bes.

imperātōriē, *Adv.* (imperatorius), **wie ein Feldherr, eines Feldherrn würdig,** Treb. Poll. Claud. 6, 2: dah. **gebieterisch,** Heges. 1, 40, 4.

imperātōrius, a, um (imperator), **I feldherrlich, des** od. **eines Feldherrn (Imperators),** nomen, Cic.: partes, Caes.: forma, G. eines F., gebieterische, imponierende, Nep.: ius, laus, virtutes, labor, Cic.: navis, Admiralsschiff, Plin.: verba, gebieterische, Ps. Quint. decl.: haud imperatorium ratus (es eines Imperators nicht würdig achtend) m. folg. *Infin., Tac. ann.* 2, 11. – **II kaiserlich,** decus, Tac.: uxor, Tac.: genesis, onera, Suet.: sella, Spart.

imperātrīx, trīcis, *f.* (Femin. zu imperator), die **Gebieterin,** ut esset animae tamquam imperatrici suae caro subditiva, Ambros. de instit. virg. 2. § 11. – u. insbes. die **Befehlshaberin** (General im Unterrock), Cic. Cael. 67.

imperātum, ī, *n.,* s. im-pero *no.* I, α.

imperātus, Dat. uī, Abl. ū, *m.* (impero), der **Befehl,** die **Order,** Dat., Ambros. de fuga saec. 2, 8: Abl., imperatu ducis, Amm. 18, 6, 10: imperatu eiusdem Gratiani, Amm. 31, 7, 4.

im-perceptus, a, um (in u. percipio), **a nicht wahrgenommen, unentdeckt,** fraus, Ov. met. 9, 711. – **b unerforscht,** minora maioribus imperceptiora sunt, Gell. 14, 1, 24.

im-perco, ere (in u. parco), **schonen,** imperitae huic impercito, Plaut. Cas. 833. – absol., imperce (schone dich), quaeso, Plaut. Amph. 500.

im-percussus, a, um (in u. percutio), **nicht angestoßen,** impercussos nocte movere pedes, geräuschlos, Ov. am. 3, 1, 52.

im-perditus, a, um (in u. perdo), **noch nicht vernichtet, noch verschont,** Verg. Aen. 10, 430. Sil. 9, 161. Stat. Theb. 3, 84.

imperfectē, *Adv.* (imperfectus), **unvollkommen, unvollständig,** Gell. 2, 8 *in.* Amm. 22, 16, 16.

imperfectio, ōnis, *f.* (imperfectus), die **Unvollkommenheit, Unvollständigkeit,** Augustin. de gen. ad litt. 1, 4 u. a.: Ggstz. perfectio, Augustin. in Galat. 12.

im-perfectus, a, um (in u. perfectus), **unvollendet, unvollständig, unvollkommen** (Ggstz. perfectus), **I** im Allg.: theatrum Niceae maximā iam parte constructum, imperfectum (unausgebaut) tamen, Plin. ep.: fossa imperfecta, Plin.: novissimus imperfectusque liber od. commentarius, Hirt. b. G.: aut imperfecta res est aut perfecta, ICt.: infans adhuc imp., Ov.: cibus, unverdaute, Iuven. (so auch quidquid assumptum est, imperfectum [unverdaut] protinus reddunt, Cels.): verba, Ov.: sermo, Quint.: reliquum corpus imperfectum ac rude relinquere, Cic.: u. so librum od. opus imperfectum relinquere, Suet.: pars imperfecta manebat, Verg. – *neutr.* subst., imperfecto nec absoluto simile pulchrum esse nihil potest, Cic.: Plur. imperfecta loqui, gebrochen reden, Plin. – *Compar.*, insuavius hoc imperfectiusque est, Gell. 1, 7, 20. – **II** insbes., sittlich **unvollkommen** (Ggstz. sapiens), ad imperfectos et mediocres et male sanos hic meus sermo pertinet, non ad sapientem, Sen. de tranqu. anim. 11, 1.

im-perfossus, a, um (in u. perfodio), **undurchbohrt, undurchstochen,** ab omni ictu, Ov. met. 12, 496.

imperfund(it)iēs, ēī, *f.* (in u. perfundo), der **Unflat,** die **Unreinlichkeit,** Lucil. 600.

imperiābiliter, f. L. statt imperabiliter, s. d.

imperiālis, e (imperium), **kaiserlich, Kaiser-,** fasces, Aur. Vict.: statuta, ICt.: ornamenta, Capit.: molestia, Aur. Vict.: potestas, Ambros.: leges, Augustin. – *neutr. plur.* subst., imperium et *omnia imperialia* (allen den Thron umgebenden Glanz) sic horruit, ut etc., Capit. Pertin. 13, 1.

imperiāliter, *Adv.* (imperialis), **kaiserlich,** Cod. Iust. 6, 51, 1 *extr.*

imperiōsē, *Adv.* (imperiosus), **gebieterisch, herrisch, tyrannisch,** non severe neque imp. praecipere, Gell. 2, 29, 1: ›imperabiliter‹ pro nimis imperiose, Charis. 202, 11: alqm propter perfidiam interimere paene imperiosius quam humanius, Varro bei Non. 287, 20.

imperiōsus, a, um (imperium), **I herrschend, gebietend, mächtig,** populus, Großmacht, Cic.: dictatura, Liv.: virga, die Faszes, Ov.: imperiosissimi XII fasces, Val. Max.: m. *Genet.*, artes imperiosissimae humanae mentis, Plin.: imper. sui, Plin., u. sibi, Hor., über sich. – **II** im üblen Sinne, **gebieterisch, herrisch, tyrannisch,** philosophus, Cic.: familia imperiosissima, Liv.: übtr., imperiosius aequor, Hor.: carmina, Zauberformeln, Lucan.: cupiditas, Cic.

imperītē, *Adv.* (imperitus), **ungeschickt, einfältig,** nec imp., Cic.: imperite absurdeque fictum, Cic.: pauca ex Gorgia Platonis imp. excerpta, Quint.: quid potuit dici imperitius, quam etc., Cic. Balb. 20: cum est illud imperitissime dictum de populis fundis, *ibid.* 27.

imperītia, ae, *f.* (imperitus), die **Unerfahrenheit, Unwissenheit, Ungeschicklichkeit, Unkunde,** absol., Sall. u. a.: m. subj. *Genet.*, legati, hostium, Sall.: iuvenum, Tac.: m. obj. *Genet.*, rerum, Sen.: verborum, Gell.: inveniendi quid quaeque res exigat, Sen. – Plur., grammaticus insolentiarum et imperitiarum plenus, Gell. 6 (7), 17 *lemm.*

imperito, āvī, ātum, āre (*Intens.* v. impero), **I** *tr.* **befehlen,** aequam rem imperito, Hor. sat. 2, 3, 188: manebat metus, ne quis principum eadem imperitaret, Tac. ann. 12, 54: m. folg. *Infin.*, Plin. 11, 26: m. folg. *ne* u. Konj., Plaut. capt. 244. – **II** *intr.* **zu befehlen haben** über usw., **befehlen, befehligen, beherrschen,** pro iure meo, Plaut.: si Nero imperitaret, Tac.: lubido imperitandi, Sall. – m. *Dat.*, Pseudulo, Plaut.: Mauris omnibus, Sall.: oppido, Liv.: legionibus, Hor.: proximis, Flor.: equis, Hor.: Passiv unpers., quod superbe avareque crederent imperitatum victis esse, Liv.: quippe avare et superbe imperitatum sibi esse credebant, Curt.

im-perītus, a, um (in u. peritus), in etw. **unerfahren, ohne Erfahrung,** in etw. **unbewandert,** einer Sache **unkundig,** mit etw. **nicht vertraut,** ein **Laie** od. **Pfuscher** in etw. (Ggstz. peritus, callidus), **α** m. *Genet.:* imperitus nandi (Ggstz. peritus nandi), Liv. u. Tac.: iuris civilis non imperitus, Cic.: imperitus rerum (Verhältnisse), Caes.: homo imperitus morum, ohne Kenntnis des Charakters der Menschen, nicht weltklug, Cic.: homo omnium rerum imperitus, ohne alle Lebenserfahrung, Cic.: homines nostrae consuetudinis imperiti, Caes. – subst., imperitus dicendi ignarusque, Cic. – **β** m. *in* u. Abl.: in his (doctrinis) non imperitus, Vitr.: in verbis adeo imperitus, Quint.: in testationibus faciendis esse imperitum, Quint. – **γ** m. *ad* u. Akk., rudes et imperitas aures ad male audiendum habens, Apul. apol. 3 *extr.* – **δ** absol.: homines imperiti, Cic.: medicus imperitus, ein Pfuscher, Cels.: imperitissimae gentes, Cels. – ingenium imperitum, Plaut.: initium imperitum, Quint. – v. Pers. oft subst., callidum imperitum fraudasse dicitur, Cic.: bes. im Plur., Cic. u. a.; Ggstz. prudentes, Sall.; Ggstz. artifices, Plin. ep.: so auch im *Compar.* u. *Superl.* subst., imperitiores quidam, Quint.: contio, quae imperitissimis constat, Cic.

imperium, iī, *n.* (impero), **I** der **Befehl, Machtspruch,** das **Gebot,** der **Auftrag,** die **Anordnung, A** im Allg.: imperio Iovis, Verg., pueri, Ov.: imperiis assuetus (cervus), Verg.: ad omne imperium suum parati et intenti, Curt.: imperium accipere, Befehl bekommen, Liv.: imperium exsequi, vollziehen, Ter.: imperium abnuere, den Gehorsam verweigern, Liv.: imperiis patris oboedientem esse, Plaut.: alqm imperio (auf B.) alcis confodere, Flor. – Plur., decumarum imperia, die Zehntauflagen, Cic. Verr. 4, 111. – **B** insbes., die **Verordnung** des Arztes, Plin. pan. 22, 3. – **II** die **Macht, zu befehlen, Gewalt** der Eltern, der Herrschaft über das Gesinde usw., **A** im Allg.: domesticum, Cic.: summa imperii custodiae, Oberbefehlshaberamt über die Gefängnisse, Nep.: esse sub imperio matris, Ter.: iussa deûm imperiis egere suis, Verg.: imperium habere in alqm, Ter.: est mihi imperium in re, Plaut.: übtr., terra numquam recusat imperium (agricolae), Cic.: pro imperio, vermöge der Macht, zu befehlen, als Gebieter, gebieterisch, Ter. u. Liv.: imp. sui, Selbstbeherrschung, Plin.: immoderati *adversus* se imperii fuit, Sen.: animi imperio, corporis servitio magis utimur, den G. haben wir zum Herrschen, den K. mehr zum Dienen, Sall. – **B** insbes.: **1** die (höchste) **Gewalt, a** in einer Stadt, im Staat od. Land, die **Gewalt, Amtsgewalt, Obergewalt, Staatsgewalt,** das **Regiment,** die **Regierung,** die **Herrschaft, Oberherrschaft,** unius imperium, die Alleinherrschaft, Liv.: acerbitas imperii, Nep.: provinciae, Caes.: imperio eius, unter seiner Regierung, Liv.: regere urbem imperio, als König, Liv. (u. so populi, non regum imperio regi, Curt.): cadere sub populi Rom. imperium, Cic.: sub populi Rom. imperium redigere, Caes.: de imperio decertare od. dimicare, Cic.: in imperio esse, im Besitz der Gewalt sein, herrschen, regieren, Liv.: summo imperio esse, die höchste Gewalt in Händen haben, Cic.: regum timendorum *in* proprios greges, reges *in* ipsos imperium est Iovis, Hor. – **b** von einem einzelnen Amt, wie des Konsuls, Statthalters, die **Amtsgewalt,** Cic.: dah. im Plur. imperia, Befehlshaberstellen, Ehrenstellen in der Provinz (Ggstz. magistratus, d. i. in der Stadt), Suet.: so auch extraordinaria, Suet. (vgl. Bremi Suet. Caes. 54). – **c** v. der kaiserlichen **Regierung,** imperii singularis regimen, Monarchie, Lact.: in imperium vocitari, Vopisc.: militaribus usque ad imperium gradibus evectus, Treb. Poll.: imperium recipere, deponere, Suet.: ducatus et imperia ludere, Generalissimus u. Kaiser, Suet. Ner. 35, 5. – **2** die **Gewalt über das Heer,** der **Oberbefehl,** die **Befehlshaberstelle,** das **Kommando,** summum imperium, Cic.: summa imperii, Cic. u. Nep.: maritimum, Oberbefehl zur See, Caes. u. Nep.: imperia magistratusque, Würden im Krieg u. Frieden, Nep.: magistratus gerere, imperia suscipere, Lact.: dare alci imperium, Cic. u. (Ggstz. demere) Sall. fr.: in imperio od. in imperiis esse, Feldherr sein, eine Feldherrnstelle bekleiden, Suet. u. Tac.: cum imperio esse, ein Kommando (einen Oberbefehl) haben, Cic.: cum summo imperio et potestate esse, Inhaber der höchsten Militär- u. Zivilgewalt sein, Cic.: alci imperium prorogare, Cic. u. Liv.: classem imperio praesens regebat, befehligte die Fl. in eigener Person, Plin. ep. – duo imperia, einzelne militärische Würden, Liv. – ironisch, imperium iudiciorum tenere velle, in den G. kommandieren, nach Willkür schalten wollen, Cic. Verr. 2, 77. – **C** meton.: **1** der **Befehlende, a** (wie ἀρχαί) = **obrigkeitliche Behörde, Beamte,** in conspectu summi imperii, Val. Max. 9, 12 ext. 1: erat plena lictorum et imperiorum provincia, Caes. b. c. 3, 32, 4. – **b Militärbehörden,** imperia et potestates, Militär- u. Zivilbehörden, Cic. Phil. 2, 52; de legg. 3, 9: u. **kommandierende Offiziere, Befehlshaber,** Auct. b. Alex. 67, 1. – **2** der Befehligte, Regierte, **a** das **Verwaltungsgebiet,** imperium tuum, Cic.

ep. 1, 7, 6. – **b** ein großes, unter einem Herrscher stehendes **Reich,** wie das römische, das röm. **Reich,** der röm. **Staat,** finium imperii nostri propagatio, Cic.: immensum imperii corpus, Tac.: adiectis Britannis imperio, Hor. – dah. **c** das **Reich,** der **Staat** = die Untertanen, Plin. nat. hist. praef. § 2. Plin. pan. 10, 6. – ► impeirium, CIL 2, 5041.

im-periūrātus, a, um (in u. periuro), **bei dem man keinen Meineid schwört** oder **zu schwören wagt,** aquae (Styx), Ov. Ib. 78.

im-permisceo (in-permisceo), permixtus, ēre, **einmischen,** impermixtum esse alci rei, Boëth. de cons. phil. 5. pros. 5. Boëth. de rhet. cogn. 8 u. 9 (in Class. auct. *ed. Mai* vol. 3. p. 322 *sq.*).

im-permissus, a, um (in u. permitto), **unerlaubt,** Hor. carm. 3, 6, 27.

1. **im-permixtus** (impermistus), a, um (in u. permisceo), **unvermischt,** Lucil. 1196. Ambros. de Noë 3, 7; ep. 65, 4 *extr.*

2. **im-permixtus,** a, um, s. im-permisceo.

im-permūtābilis, e (in u. permutabilis), **unveränderlich,** Censor. fr. 1, 2. – *Adv.* **impermūtābiliter,** Rustic. c. Acephal. p. 1203 *Migne.*

im-permūtātus, a, um (in u. permuto), **unvertauscht,** Boëth. in Aristot. categ. 2. p. 142.

im-pero, āvī, ātum, āre (in u. paro), **anbefehlen, befehlen, gebieten,** **I** im Allg.: **α** m. *Acc.:* quae imperarentur facere dixerunt, Caes.: ex libidine leges imperantur, Sall. fr.: alci nuptias locupletis propinquae, Quint.: imperata impensa, Quint. – Partiz. subst., imperātum, ī, *n.*, das **Befohlene,** die **Order,** imperatum u. imperata facere, Caes.: ad imperatum non venire, Caes. – **β** m. folg. *Infin.:* signa extemplo canere, Acc. fr.: animo otioso esse, Ter.: sibi omnia assentari, Ter.: frumentum comportare, Sall.: iniuriae oblivisci sibi imperavit, Val. Max.: flectere iter sociis, Verg.: im Passiv, haec ego procurare et idoneus imperor et non invitus, es liegt mir ob od. (medial) ich lege mir auf, Hor. ep. 1, 5, 21: in easdem lautumias etiam ex ceteris oppidis deduci imperantur, Cic. Verr. 5, 68. – u. m. folg. *Acc.* u. *Infin.*, bes. m. *Acc.* u. *Infin. Pass.*, Cato, Lucr., Cic. u. a. – **γ** m. folg. indir. Fragesatz, quin tu quid faciam impera, Ter.: quae volo simul imperabo, Ter.: quantum quisque daret pro facultatibus imperabat (bestimmte), Nep. – **δ** m. folg. *ut* u. Konj., Cic. u. a.: m. folg. *ne* u. Konj., Ter. u. Caes.: m. bl. *Coniunctiv,* alant imperat classem, Ov.: stringerent ferrum imperavit, Liv.: huic imperat, quas possit, adeat civitates, Caes. – **ε** mit *Gerund.*, optimis insternendum vestimentis, Auct. b. Hisp. 33, 3. – **ζ** absol.: si quid opus est, impera, Plaut.: impera si quid vis, Plaut.: omnia faciam, impera, Ter. – **II** insbes.: **A** über jmd. **gebieten, herrschen,** jmd. **befehligen** (Ggstz. alci parēre, oboedire, servire), **1** eig.: **a** übh.: liberis suis, Ter.: gentibus, Nep.: illo imperante, unter seinem Oberbefehl, Nep. – vocari ad imperandum, um Befehle zu empfangen, Sall.: ebenso adesse ad imperandum, Cic. – bildl., sibi, Cic.: cupiditatibus, Cic.: irae, bezähmen, Ov.: animo, sich überwinden, Curt.: nunc imperare animo nequeo quin, cur periturus essem, scirem, Liv.: ego non possum mihi imperare, quin doleam, Sulp. Sev.: cum, ut ea solveret, sibi imperare non posset, es nicht über sich gewinnen, Cael. in Cic. ep.: tamquam nescias, cui imperem, über wen ich verfüge, Sen. – **b** **regieren, herrschen,** bes. **Herrscher, Alleinherrscher (König, Kaiser) sein,** imperare coepisse, die Regierung antreten, Plin. pan.: recusabas imperare, Plin. pan.: triduo tantum imperavisse, Treb. Poll.: qui unā die factus est imperator, aliā die visus est imperare, tertiā interemptus est, Treb. Poll.: Titum invitum et a militibus coactum imperasse, Treb. Poll.: imperare (Gordianum) coëgerunt, Capitol.: Iulius Caesar, qui postea imperavit (Alleinherrscher war), Eutr.: Philippus, qui post eum imperavit, Eutr.: alqo imperante, unter jmds. Regierung, Eutr. – **2** übtr.: **a** **zu viel zumuten, Gewalt antun,** voci suae, Plin. ep.: plenis oculis et umentibus, Sen.: patrimonio, Sen. – **b** vom Landbau, **bearbeiten,** agris, Sen.: arvis, Verg.: vitibus, Colum. – **B** eine Leistung **anordnen, anbefehlen,** **1** als *t. t.* des Privatlebens: imp. cenam, Cic.: u. so non domi imperaram, hatte zu Hause keine Befehle (wegen des Essens) gegeben, Cic. – **2** als publiz. u. milit. *t. t.*, eine Leistung, Lieferung **anbefehlen, zu stellen** od. **zu liefern auflegen,** frumentum sibi in cellam, Cic.: pecunias privatis, Nep.: naves civitatibus, Nep.: u. so equites, obsides civitatibus, Caes.: u. bl. obsides, Cic.: arma, Caes.: milites, Caes.: m. dopp. *Acc.*, quem (numerum frumenti) ei civitati imperas emendum, Cic. Verr. 3, 173. – **C** v. Ärzten, **verordnen,** alqd, Cels. 7, 20. Sen. de ira 1, 16, 4: v. den Hebammen, Ter. Andr. 484 (aber imperantes sibi, seine Kunden, v. einem Arzt, Alfen. dig. 38, 1, 26). – **D** als publiz. *t. t.*, die Bürger zu den Comitia centuriata **beordern, rufen,** exercitum (das Volk), Varro LL. 6, 88 u. 95. Gell. 15, 27, 4: u. so scherzh. Plaut. capt. 155 u. (im Doppelsinn) Plaut. cist. 58. – **E** als gramm. *t. t.*, imperandi modus, der **Imperativ,** Mart. Cap. 3. § 234: imperandi declinatus, die Abänderung des Imperativs, Varro LL. 10, 32. – ► Archaist. Form imperassit = *imperaverit,* Cic. de legg. 3, 6. – Nbf. indupero, s. bes.

im-perpetuus, a, um (in u. perpetuus), **nicht beständig,** Sen. ep. 72, 7.

im-perscrūtābilis, e (in u. perscrutor), **unerforschlich,** Cassiod. hist. eccl. 1, 14. Hilar. in psalm. 129, 2.

im-persōnālis, e (in u. personalis), **unpersönlich,** verba, Charis. 253, 5: verborum significatio, Diom. 337, 34: verborum modus, Diom. 341, 21.

im-persōnāliter, *Adv.* (impersonalis), **nicht persönlich, ohne Benennung der Person,** Florent. dig. 45, 3, 15. – als gramm. *t. t.* = **unpersönlich,** Macr. de diff. 20. § 3. Donat. ad Ter. Andr. 1, 1, 102 u. 2, 3, 29.

im-persōnātīvus, ī, *m.* [*sc.* modus] (in u. persona), der **unpersönliche Modus,** d. i. der **Infinitiv,** Diom. 340, 37.

im-perspicābilis, e (in u. perspicabilis), **undurchschaubar,** Ambros. de fide 3, 14. § 110. Cassiod. de anim. 3. Hilar. de trin. 2, 6; in psalm. 129, 1.

im-perspicāx (in u. perspicax), **undurchsichtig, versteckt,** calliditas, Augustin. serm. 155, 3 *Mai* (Nova bibl. patr. 1. p. 155).

im-perspicuus, a, um (in u. perspicuus), **undurchschaubar, versteckt,** iudicum ingenia, Plin. ep. 1, 20, 17.

im-perterritus, a, um (in u. perterreo), **unerschrocken,** Verg. Aen. 10, 770. Sil. 14, 187. Ambros. in psalm . 37. § 50; vgl. Quint. 1, 5, 65.

im-pertilis, e (in u. partilis), **unteilbar,** Augustin. de mus. 6, 17. § 57. Claud. Mam. de stat. anim. 3, 5, 2 u. a. Eccl.

im-pertinēns, entis (in u. pertineo), **nicht dazu gehörig,** Mart. Cap. 1. § 43.

im-pertio (in-partio), īvī u. iī, ītum, īre, jmdm. von etwas **seinen Teil geben, mitteilen,** ihm etw. **zuteilen, zukommen lassen, schenken, widmen** (vgl. Stürenb. Cic. Arch. 10. p. 68 *ed.* 1.), **α** *alci de alqa re* od. *alci alqd,* z. B. indigentibus de re familiari, Cic. – alci civitatem, Cic.: alci multam salutem, herzlich grüßen lassen, Cic.: partem oneris alci, Cic.: tempus cogitationi, Cic. dolorem suum alci, Cic.: aliis gaudium suum, Liv.: m. dopp. Akk., se talem alci, erweisen, Cic.: alci tempus, Tac.: laudem alci, Cic.: unum diem alci, Cic.: locum sessui, Apul.: u. ohne *Dat.*, veniam, Apul.: si quid novisti rectius istis, candidus imperti, Hor.: signa praeterea benevolentiae permulta a bonis impertiuntur, Cic. – **β** *alqm alqā re,* z. B. alqm osculo, Suet.: alqm nuntio, Plaut.: alqm honesto legato, bedenken, Apul.: alqm plurimā salute, herzlich grüßen, Ter. (u. so absol., vicinos impertio, begrüße ich, Plaut.): m. bl. *Abl.*, salute inpertit plurimā et plenissimā, Lucil. 739. – Passiv, quibus (doctrinis) aetas puerilis impertiri debet, in denen unterwiesen werden muss, Nep.: nullo honore impertitus = *donatus,* Suet. – Partiz. subst., impertīta, ōrum, *n.*, Vergünstigungen, Rechte, Liv. 21, 41, 13. – ► Archaist. Fut. impertibis, Nov. com. 11. – Imperf. impertibant, Fronto de fer. Als. 3. p. 228, 16 N. – Depon. Nbff. impertiri, Ter. adelph. 320, impartiri, Sen. ad Polyb. 7 (26), 3. Vulg. Tob. 4, 9: impertiar, Phaedr. 6, 1, 5. Verg. ep. bei Macr. sat. 1, 24, 11. Vulg. Roman. 1, 11: impertire (Imperat.), Apul. met. 3, 22. Auson. parent. 28, 1 (aber Cic. ad Brut. 1, 12, 1. Liv. 38, 36, 8. Quint. 12, 11, 18. Ps. Apul. Ascl. 22 jetzt die aktive Form). – Die Schreibung impartio (s. oben zu Depon. Nbf.) auch noch Mamert. grat. act. 21, 3. Cassian. coll. 21, 6.

impertītio, ōnis, *f.* (impertio), die **Mitteilung,** beneficii, Iulian. b. Augustin. op. imperf. c. Iul. 5, 9: honoris, Arnob. 2, 3.

impertītīvus, a, um (impertio), **mitteilend,** Prisc. 13, 21.

im-perturbābilis, e (in u. perturbo), **ungestört,** Oros. apol. 28, 13. Augustin. conf. 2, 10 u. 4, 11; epist. 248, 2 u. a. Eccl.

im-perturbātio, ōnis, *f.* (in u. perturbatio), die **Ungestörtheit, Gelassenheit,** als Übersetzung von ἀπάθεια, Hieron. epist. 133, 3.

im-perturbātus, a, um (in u. perturbo), **ungestört, ungetrübt,** os, Ov. Ib. 558: venarum imp. mobilitas, Sen. nat. qu. 6, 14, 2: imp. otia, Sil. 15, 58: imperturbata publicis occupationibus quies, Sen. ep. 73, 10. – v. Pers. usw., **ohne Affekte, affektlos, ruhig,** Sen. ep. 85, 2 *sqq.*: animus imp., Sen. ep. 66, 6: audio imperturbatus, interritus, Plin. ep. 9, 13, 8.

im-pervius, a, um (in u. pervius), **undurchschreitbar, unpassierbar,** amnis, Ov.: iter, Tac.: lapis ignibus impervius, feuerfester, Tac.

im-pes, petis, *m.* (in u. peto, wie praepes v. prae u. peto) = impetus, I das **schnelle, heftige Andrängen,** der **Andrang, Anlauf,** der **Ungestüm, Sturm,** capere impetis auctum, Lucr.: magno impete, Laev. fr.: impete vasto ferri, Ov.: in iuvenes certo impete ferri, Ov.: trudunt (venti) res ante ruuntque impetibus crebris, Lucr. 1, 293: Pannoniis nunc impete retrudentibus, nunc concitantibus, Itin. Alex. 24 (60). – II das Sichhinerstrecken, die **Strecke, Weite, Länge, Tiefe,** Lucr. 4, 414; 5, 910; 6, 340. – ► Nom. aufgestellt von Prisc. 6, 55 ohne Beleg, sonst nur im *Genet.* u. *Abl. sing.* u. im *Abl. plur.* gebr.

1. **impetibilis** (impatibilis), e, I passiv = **unleidlich, unerträglich** (Ggstz. patibilis, tolerabilis), clades, Acc. fr.: dolor, Cic.: cruciatus, Plin.: imp. est chamaeleon coraci, Solin.: impetibile est m. folg. *Infin.*, Symm. epist. 9, 113. – II aktiv = **unempfindlich, empfindungslos,** Lact. 2, 8, 38; 7, 20, 7.

2. **impetibilis,** e (impeto), auf jmd. **einstürmend,** Ambros. in Luc. 7. § 13; de virginit. 18. § 113.

impetīginōsus, a, um (impetigo), **mit einem** (chronischen) **Ausschlag behaftet, räudig,** Ulp. dig. 21, 1, 6. § 6: oculi, Th. Prisc. 1, 10.

impetīgo, inis, *f.* (impeto), der **chronische Ausschlag,** die **Räude,** der **Schorf,** bei Menschen u. Tieren, s. Cels. 5, 28, 17. Plin. 20, 4. Paul. ex Fest. 109, 15. – Plur. impetigines, räudige Stellen, Colum. 6, 31, 2. Plin. 20, 83. – an Feigenbäumen, der **Schorf,** Plin. 17, 223.

impetīx = impetigo (s. d.), Paul. ex Fest. 109, 15.

im-peto, ere (in u. peto), I auf jmd. **losgehen, ihn anfallen, angreifen,** alqm, Varro r. r. 3, 7, 7 u. 3, 16, 8. Curt. 10, 7 (22), 5 *Vogel* u. spät. Dichter u. Eccl. – II übtr., a jmdm. **anliegen,** m. folg. *Acc.* u. *Infin.*, Amm. 31, 12, 14. – b jmd. **beschuldigen,** alqm edacitatis, Sidon. epist. 7, 910: u. so Partiz. Perf. subst., impetiti, die Angeschuldigten, Cassiod. hist. eccl. 5, 34.

impetrābilis, e (impetro), I passiv = **leicht erlangbar, erreichbar,** venia, Liv. u. Tac.: triumphus, pax, Liv.: Iunonis votum facere impetrabile, Prop. – II aktiv = **leicht erlangend, -auswirkend, -durchsetzend, -ausrichtend, rüstig,** dux, Amm.: non potuit venire orator magis ad me imp., mich überzeugender (πιθανώτερος), Plaut.: impetrabilior qui vivat nullus est, Plaut. merc. 605. – übtr. von Lebl., efficaciae impetrabilis rex, im Durchführen seiner Unternehmungen glücklich, Amm.: dies, ein ersprießlicher (an dem mein Wunsch erfüllt worden ist), Plaut. – Dav. **impetrābilius,** *Adv.* im *Compar.*, **erreichbarer,** Symm. oratio pro patre 4.

impetrātio, ōnis, *f.* (impetro), die **Erlangung, Auswirkung, Errungenschaft, Vergünstigung,** Cod. Iust. 2, 58, 2. Cod. Theod. 11, 22, 4: petitionem saepe impetratio sequitur, Donat. Ter. Andr. 2, 1, 15. – im Plur. b. Cic. ad Att. 11, 22, 1 u. Augustin. de serm. dom. 2, 10. § 36.

impetrātīvus, a, um (impetro), zur Erlangung geeignet, **erlangt,** augurium, Serv. Verg. Aen. 6, 190.

impetrātor, ōris, *m.* (impetro), der **Erlanger, Auswirker,** Cod. Theod. 12, 6, 3: veniae deplorator et imp., Augustin. serm. 83, 6.

impetrātus, Abl. ū, *m.* (impetro), die **Erlangung, Auswirkung,** Ambros. de fide 5, 6 (2). § 77.

impetrio, īvī, ītum, īre (*Desid.* v. impetro), etw. **durch günstige Wahrzeichen** (durch Auspizien od. Eingeweideschau) **zu erlangen suchen,** Cic. de div. 1, 3 u. 28 a.: impetritum est, es ist so gut wie erlangt, die Auspizien geben gute Anzeige, Plaut. asin. 259. – Partiz. subst., a impetrītum, ī, *n.*, das **erlangte** günstige **Wahrzeichen** aus der Eingeweideschau od. aus den Auspizien, Val. Max. 1, 1, 1. – b impetrītae, ārum, *f.* (*sc.* precationes), **Formeln zur Erlangung** (eines günstigen Wahrzeichens), Ggstz. depulsoriae, Plin. 28, 11.

im-petro, āvī, ātum, āre (in u. patro), I etwas, wonach man gestrebt hat, **erlangen, auswirken, durchsetzen, es dahin bringen,** honor dignitate impetratus, Cic.: optatum, den Wunsch erhalten, Cic.: non impetrare ab animo potuit, ut etc., es über sich bringen, Liv.: incipere multo facilius est, quam impetrare, Plaut. – bes. durch Bitten, Vorstellungen **erlangen, auswirken,** uti ea, quae vellent, impetrarent, Caes.: eā re impetratā, Caes.: ubi ea (amicitia societasque) impetrata (sunt), Sall.: alci ordinem (Kompanie), Plin. ep.: alci aures (Gehör), Quint.: alci civitatem (Bürgerrecht) a Caesare, Cic.: alci latum clavum, quaesturam a Caesare nostro, Plin. ep.: vitam, Liv. epit.: a Scipione soli sibi vitam, Val. Max.: veniam (Erlassung) exilii *pro* Annaeo Seneca, simul praeturam, Tac. – m. folg. bl. *Coniunctiv*, m. folg. *ut* od. *ne* od. *ut ne* u. Konj., tandem impetravi abiret, Plaut.: impetrabis a Caesare, ut tibi abesse liceat, Cic.: rogando impetravit, ut paterentur se dicere, Vitr.: aliquando et a solo impetravi, ut alienas (arbores) alat, Plin.: impetrato (nachdem durchgesetzt worden war), ut manerent, Liv.: tributum penděre ne cogerentur, impetraverunt, Curt.: suadeo a te impetres, ne sis nugax, Petron.: a servis impetrari vix potest, ne eam supellectilem fastidiant, Val. Max.: ceteri quoque impetrant, ne retineantur, Cic. Verr. 2, 71: impetrant, ut ne iurent, Cic. II. Verr.. 1, 123. – m. folg. *Acc.* u. *Infin.*, Agrippina in oppidum Ubiorum veteranos coloniamque deduci impetrat, Tac. ann. 12, 27: u. so Amm. 14, 1, 3. – im Zshg. absol. (verst. id, haec, s. Spengel Ter. Andr. 528. Seyffert Cic. de amic. 39. Held Caes. b. G. 1, 9, 1; 2, 12, 3), si impetro, Ter.: impetras, facile impetras, Plaut.: non potes impetrare, Plaut.: impetrabit te advocato atque arbitro, Plaut.: haec si tecum patria loquatur, nonne impetrare debeat? Cic.: cum ab proximis impetrare non possent, ulteriores temptant, Caes.: regem hominem esse, a quo impetres, ubi ius, ubi iniuria opus sit, von dem man erlangen kann, was einem gerade vorteilhaft ist, Recht oder Rechtswidrigkeit, Liv. – m. *de* u. Abl. (s. Held Caes. b. G. 5, 36, 2 u. b. c. 1, 22, 4), ut de indutiis impetrarent, Caes.: sperare, ab eo de sua ac militum salute impetrari posse, Caes.: de agro Veientibus restituendo impetratum (est), Liv. – II als *t. t.* der Religionssprache = impetrio, **als günstiges Wahrzeichen zu erlangen suchen,** fulmina, Plin. 2, 140. – ► Alter *Infin. Fut. act.* impetrassere, Plaut. aul. 687; mil. 1128 u. a.

impetuōsē, *Adv.* (impetuosus), **ungestüm,** Acro Hor. carm. 1, 16, 12 u. 1, 29, 11.

impetuōsus, a, um (impetus), **ungestüm, heftig,** Epit. Iliad. 919. Firm. math. 5, 12.

impetus, ūs, *m.* (impeto), das **Vorwärtsdrängen,** die **vorwärts drängende** od. **-schießende Bewegung,** I im Allg.: 1 eig.: animalia quaedam impetum habent, incedunt, transeunt, können sich frei vorwärts-, fortbewegen, Sen.: cursum habent quaedam (signa, Statuen) et impetum (haben eine laufende u. vorwärtsstrebende Stellung), sedent alia vel incumbunt, Quint. – 2 übtr.: a der rasche Lauf eines Fahrzeuges, der **Schuss,** natantis impetus trabis, Catull.: quinqueremis praelata impetu, im Schuss vorbeifahrend, vorbeischießend, Liv. – b der **Umschwung** eines Himmelskörpers, ingens caeli imp., Lucr.: impetum caeli admirabili cum celeritate moveri, Cic.: poet., quieti corpus nocturno impetu dedi, im Umschwung der Nacht, Acc. fr. – c **der Druck** einer Last nach unten, die **Schwere,** magnum impetum habere, Vitr.: gravescit impetus, Lucr.

II insbes., das **Ansetzen,** der **Anlauf, Aufschwung,** A eig.: 1 v. leb. Wesen: a übh.: tum rursus impetu capto (angesetzt, ausgeholt) enituntur, Liv.: abiectis armis ultimas oppidi partes continenti impetu (in ununterbrochenem Anlauf od. Lauf) petere, Caes.: uno impetu (in **einem** Zug, auf **einen** Ansatz) epotare, Plin. – b = ὁρμή, der feindliche **Anlauf,** das **Andrängen, Anrennen, Anprallen,** der **Angriff, An-**

fall, Überfall, auf eine Person usw., multitudo terrebat eum clamore, voltu, saepe impetu, Sall.: ut eorum iratos animos atque horribiles impetus deprecetur, Cic.: in Pompeium impetum facere, den P. anfallen, Cic.: in bona alcis, in alcis bona fortunasque, in reliquas omnes fortunas impetum facere, herfallen über usw. (= gewaltsam in Beschlag nehmen), Cic.: fit impetus in alqm, Cic.: impetum alcis comprimere (zurückschlagen), Cic.: impetum morari, Curt. – als milit. *t. t.*, ad primum impetum, Liv.: primo impetu pulsi, Caes.: cum primus secundusque impetus retudisset inferentem se ferociter hostem, Liv.: impetum facere in alqm, Caes. u. a., in agros, Liv.: impetum dare (machen), Liv.: impetum dare in alqm, in agrum Romanum, Liv.: impetum sustinere, ferre, Caes.: nec primum impetum barbarorum Silanus, nec secundum Manlius, nec tertium Caepio sustinere potuerunt, Flor.: impetum militum supprimere (Einhalt tun), Liv.: ubi in omnes partes nequiquam impetus capti, jeder Anlauf fehlschlug, Liv.: magna subsidia habet res publica expedita, quibus subito impetu (Dat.) ac latrocinio parricidarum resistat, Planc. in Cic. ep. 10, 24, 3. – **2** v. Lebl. = **a** der gewaltige **Andrang,** die **Gewalt,** der **Ungestüm,** v. Flüssen, fluminis, Curt.: adversi fluminis (Ggstz. tranquillitas), Liv.: magno impetu erumpentes fluvii, Sen.; vgl. Burmann Phaedr. 3. prol. 59. – v. Meer, in magno impetu maris atque aperto, Caes. – v. Winden, tantos impetus ventorum (Stürme) sustineri, Caes. – v. Feuer, impetus ignis, die Gewalt des F., Lucr. – **b** als mediz. *t. t.*, impetus febris, der Paroxysmus, Cels.: podagrae, Anfall des P., Plin.: sanguinis, Blutsturz, Aur. Vict. – pituitae in facie, feuchter Ausschlag, Plin.: oculorum, entzündlicher Augenfluss, Plin.

B übtr.: **1** v. Pers.: **a** der **Schwung** des Geistes, der **Aufschwung,** velut repetito spatio sumere impetum, Plin. ep.: resumere impetum fractum omissumque, Plin. ep.: ut aliter in ea (oratione) nec impetus (Schwung) ullus nec vis esse possit, Cic. – impetus divinus, göttliche Eingebung, Begeisterung, Enthusiasmus, Cic.: u. so impetus sacer, Ov.: u. calorem et impetum sequentes, Quint. – **b** (wie ὁρμή), der **Drang, Trieb, α** das **drängende Verlangen,** die **Neigung,** animi, Cic.: dicendi, Cic.: imperii delendi, Cic.: impetu rapi ad omnes affectus, Curt.: impetus est m. folg. *Infin.*, ich habe Neigung, -Lust, trage Verlangen zu usw., Ov. u. a. Dichter (vgl. Ruhnken Ov. her. 4, 38). – **β** der **rasche Entschluss (Plan),** impetum capere alcis rei, den raschen E. (Pl.), schnell den E. (Pl.) fassen zu usw., den kühnen Gedanken haben zu usw., occidendi regis, Curt., in scaena canentem Neronem aggrediendi, Tac., moriendi, Suet., expeditionis Germanicae, Suet. Vgl. Mützell Curt. 5, 12 (32), 1. – **c** die **Aufwallung** des Gemütes, ut laetus primo gaudentium impetu fuerat, in der ersten Aufw. der Freude, im ersten Freudentaumel, Tac.: animus revolvens iras, etiam si impetus offensionis languerat, selbst wenn die Aufw. des gekränkten Gemütes vorüber war, Tac.: Plur., impetus acres, Tac.: impetus antiqui, altbiedere Aufwallungen, Tac. – **d** der **Ungestüm** im Reden u. Handeln, C. Gracchi, Tac. dial.: multitudinis, der U., die Wut des Pöbels, Iustin.: impetu magis, quam consilio, Liv.: impetu potius bella quam perseverantiā gerere, Tac. – **2** v. Abstr., der **Drang, Ungestüm, Sturm,** tantus impetus cursusque rerum (der Ereignisse), Curt.: non minor impetus fortunae, Iustin.: tanti belli impetus, ein so gewaltiger Kriegssturm, Cic. – ► Dat. Sing. impetu, Planc. in Cic. ep. 10, 24, 3 (s. oben *no.* II, A, 1, b); Dat. u. Abl. Plur. impetibus bis jetzt ohne Beleg, wenn man impetibus Lucr. 1, 293 als Abl. Plur. von impes u. nicht von impetus ansieht. Vgl. impes.

im-pexus, a, um (in u. pecto), **I ungekämmt,** Verg. u. a. – **II** übtr., **1** = **ungeschmückt, schmucklos,** vidua impexa luctu, Tac. ann. 16, 10 Nipp. u. Halm (*codd.* u. Dräger implexa). – **2** = **rau,** antiquitas, Tac. dial. 20, 3.

impiāmentum, ī, *n.* (impio), die **Entweihung,** altaris impiamenta, Cypr. epist. 65, 3.

im-pico, (āvī), ātum, āre (in u. pico), **verpichen,** amphoram diligenter, Colum. 12, 29: umbilicum, Gargil. Mart. de arb. pornif. 2, 13: pediculos uvarum durā pice, Colum. 12, 44, 1.

impiē, *Adv.* (impius), **gottlos, pflichtvergessen,** imp. ingratum esse, Cic.: aliquid impie scelerateque committere, Cic.: imp. loqui, Suet.: imp. deserere regem, Curt. – *Superl.* impiissime, Hieron. Didym. de spir. scto 13. Salv. adv. avar. 3, 4. § 21.

impietās, ātis, *f.* (impius), die **Pflichtvergessenheit, der Mangel an Liebe und Ehrfurcht, die Gottlosigkeit, Ruchlosigkeit** (Ggstz. pietas), **a** übh., Cic. u. a. – Plur., Cic. de legg. 1, 40. Vulg. Levit. 26, 41; deut. 9, 4; 2 Mach. 8, 33. – **b** insbes., die Ruchlosigkeit gegen die Fürsten, das **Majestätsverbrechen,** alci impietatem obicere, Plin. pan. 33, 3: alqm impietatis reum postulare, als Majestätsverbrecher belangen, Plin. ep. 7, 33, 7: Albucilla defertur impietatis in principem, Tac. ann. 6, 47.

im-pigēns, entis (in u. piget), **unverdrossen = unaufhörlich,** Cael. Aur. de morb. acut. 3, 11, 102.

im-piger, gra, grum (in u. piger), **unverdrossen, nicht träge, rastlos, rüstig, rührig,** equus, Hor.: ingenium, Sall.: militia, Liv. – in scribendo, Cic.: ad labores belli, Cic.: in itineribus, Cic.: manu, Tac. – m. folg. *Genet. resp.*, militiae, Tac. ann. 3, 48: urbanae militiae, Tac. hist. 1, 87: m. folg. *Genet. part.*, impiger fluminum Rhodanus, der schnellste, Flor. 3, 2, 4: m. folg. *Infin.*, Hor. carm. 4, 14, 22. Claud. in Rufin. 1, 240.

impigrē, *Adv.* (impiger), **unverdrossen, rastlos, eifrig, ohne Zögerung,** de nocte multa imp. exsurgere, Plaut.: imp. promittere auxilium, Liv.: mori, Curt.: haud imp. pugnare, Sall. fr.: haud imp. tueri moenia, Liv.

impigritās, ātis, *f.* (impiger), die **Unverdrossenheit,** Cic. de rep. 3, 40.

impigritia, ae, *f.* (impiger), die **Unverdrossenheit,** Ambros. de Noë 2, 3; de Iacob 2, 2, 8. Non. 125, 20.

impilia, ium, *n.* (in u. 2. pilus), eine dicke u. warme Fußbedeckung von Filz, **Socken,** Plin. 19, 32. Ulp. dig. 34, 2, 5. § 4.

impiliārius, iī, *m.* (impilia), der **Sockenfabrikant,** CIL 6, 33862.

im-pilo, āvī, āre (in u. pilus), jmdm. in die Haare kommen, übtr. jmd. **schelten,** Placid. gloss. V, 28, 23.

im-pingo, pēgī, pāctum, ere (in u. pango), etw. od. mit etw. **an** od. **gegen** etw. **stoßen, -schlagen, -werfen, I** eig.: pugnum in os, Plaut.: sibi asciam in crus, Petron.: se in columnas, Sen.: u. bl. imp. (se) in lapides, über Steine od. Blöcke stolpern, Lact. 2, 3, 3. Min. Fel. 3, 1: quae (nos) in aliena litora impingunt (schleudern), Sen. – caput parieti, Plin. ep.: lapidem alci, Phaedr.: uncum alci, Cic.: fustem alci, Cael. in Cic. ep.: litoribus impactus, Tac.: alci crassas compedes, anlegen, Plaut.: laqueum, umwerfen, Sen.: calcem Graeculis, einen Fußtritt geben = ihnen den Abschied geben, Petron. 46, 5. – navem, anstoßen mit usw., Quint.: u. so clitellas, Hor. – **II** übtr.: **A** jmdm. etw. **aufnötigen, auf (über) den Hals schicken, an den Hals werfen, aufdringen,** alci calicem mulsi, in die Hand drücken, aufdringen, Cic.: alci epistulam, epistulam ingentem, vors Gesicht halten, Cic. u. Sen.: alci Ovidium suum (seinen Ov. = einen Vers des Ov.), Sen.: egestas Catilinam patriae suae impegit, Flor. – übtr., alci dicam, Ter.: alci crimen, Hieron.: beneficium, Sen. – **B** jmd. wohin **treiben, -jagen,** agmina muris, Verg.: hostes in vallum, Tac.: alqm in litem, Sen.: in arma, Lucan.: impingi Flavianis, auf die Fl. (als Feinde) stoßen, geraten, Tac. – imp. alqm in mortem voluntariam, in maximos errores, in vitia, Lact. (s. Bünem. Lact. 2, 3, 3). – ► Parag. Infin. impingier, Plaut. capt. 734.

impinguātio, ōnis, *f.* (impinguo), das **Fettmachen,** Eccl.

impinguēsco, ere (in u. pinguesco), **fett werden,** Hieron. in Isai. lib. XVI. c. 58. p. 592, 32 *Migne.*

impinguis, e (in u. pinguis), **fett,** Heges. 3, 26, 2.

impinguo (āvī), ātum, āre (impinguis), **I** *tr.* **fett machen,** Eccl. – **II** *intr.* **fett werden,** Apic. 8, 375.

impio, āvī, ātum, āre (impius), **moralisch beflecken,** me impiavi, ich habe gesündigt, Plaut. rud. 191 Sch.: sacra, Min. Fel.: oculos, Pacat.: cor, Prud.: ferrum sanguine, Prud.

impite = impetum facite, Paul. ex Fest. 109, 17 (wo man impitte = impetite [v. impeto] vermutet).

im-pius, a, um (in u. pius), **gottlos, pflichtvergessen, gewissenlos, frevelnd, verrucht,** **I** eig.: civis, Cic.: Fama, Verg.: saecula, Verg.: impios deos invocare, die (dem Fürsten) verderblichen Götter anflehen (bei Zaubereien), Tac.: filius meus impiissimus, Macrin. dig. 28, 5, 48. § 1: u. so *Superl.* v. Pers. auch Auson. grat. act. 9, 41. p. 24, 28 Schenkl. Hieron. epist. 66, 5. Augustin. epist. 36, 29. Cassian. de incarn. Chr. 7, 30. Salv. de gub. dei 1, 6. – impius *erga* parentes, Suet.: impius *circa* pullos, Isid.: – subst., nefarius impiusque, Cic. de off. 2, 51: Plur., poenae in impios, Cic.: qui tantum tibi misit impiorum, räudiges Pack (v. Dichtern), Catull. – **II** übtr., v. dem, was von Gottlosen usw. geschieht u. dgl., **gottlos, verrucht,** bellum, Cic. u. a., od. arma, Verg., gegen Recht u. Brauch geführt (wie gegen das Vaterland usw.): ensis, Ov.: facta, Ov.: venenum, verderbliches, Ov.: tura, bei Freveln verbraucht, Ov.: Tartara, wo die Gottlosen wohnen, Verg.: impiissimum admissum, Tert. ad nat. 1, 10: impiissima insania, Augustin. de civ. dei 1, 1 *extr.*: impiissimus dominatus, *ibid.* 7, 33: impiissima eius consectatio, Cassian. coll. 17, 19: impiissima defensio, Arnob. iun. de deo trin. 1, 3: impia verba *in* deos, Tibull. – Plur. subst., impia aut illicita dicere, Gell. 1, 15, 17. – herba impia, vermutl. »französisches Ruhrkraut« (*Gnaphalium gallicum,* Sm.), Plin. 24, 173.

im-plācābilis, e (in u. placabilis), **unversöhnlich, unerbittlich** (Ggstz. exorabilis), v. Pers., absol., Liv. u. a.: immitis et impl. animus, Liv.: impl. in alqm, Cic. u. Liv., alci, Cic., Liv. u. a.: veteri odio, Liv.: delictis, Spart. – v. Lebl., odium, Nep. u. Tac.: iracundiae (Ggstz. irae exorabiles), Cic.: ira, Ov.: motus, nicht zu stillende Gärung, Tac.

implācābilitās, ātis, *f.* (implacabilis), die **Unversöhnlichkeit,** Amm. 14, 1, 5 u. 26, 10, 13. Cassian. coen. inst. 8, 10.

implācābilius, *Adv.* im *Compar.* (implacabilis), **unversöhnlicher,** implacabilius alci irasci, gegen jmd. unversöhnlichen Hass fassen, Tac. ann. 1, 13: graves simultates callide eoque implacabilius nutrire, Tac. hist. 3, 53.

im-plācātus, a, um (in u. placo), **unbesänftigt,** Charybdis, unversöhnliche, grausame, Verg. Aen. 3, 420: gula, ungesättigte G., ungestillte Fressgier, Ov. met. 8, 845: implacatus ad severitatem, Cic. Rosc. Amer. 85.

im-placidus, a, um (in u. placidus), **unsanft, rau, wild,** genus, Hor.: Mars, divûm implacidissime, Stat. – übtr., v. Lebl., ignis, Stat.: fores, Prop.

im-plago, āre (in u. plaga), **ins Netz bringen, verstricken,** in retia sua, bildl., Sidon. epist. 9, 9, 15.

implanātor, ōris, *m.* (implano), der **Betrüger,** Ps. Cypr. de sing. cler. 3.

im-plano, āvī, āre (in u. 2. planus), **betrügen,** Vulg. Sirach 15, 12 u. 34, 11.

implānus, a, um (in u. 1. planus), **uneben,** Plur. subst., inter implana urbis, zwischen den Höhen der Stadt, Aur. Vict. de Caes. 27, 2.

im-plēbilis, e (impleo), **anfüllend,** Cael. Aur. de morb. chron. 3, 8, 139.

im-plecticus, a, um (implecto), **sich mit Mühe umdrehend, unbeweglich,** bos, Veget. mul. 5, 28 zw.

im-plecto, plexī, plexum, ere (in u. plecto), **hineinflechten, -schlingen, verschlingen,** **I** eig.: hirudines implectuntur dentibus, Apul.: aurum crinibus implexum, Plin.: manibus implexis, mit verschlungenen Händen, Sen.: implexae crinibus angues (*Acc.*) Eumenides, deren Haar mit Schlangen durchflochten, Verg.: angues inter se cratium modo implexi, Plin. – **II** übtr.: series implexa causarum, die ineinandergreifende Kette von Ursachen, Sen. de ben. 4, 7, 2: u. so videbimus an rerum omnium certus ordo ducatur, et alia aliis ita implexa sint (eins so ins andere greift), ut etc., Sen. nat. qu. 1, 1, 4: vidua implexa luctu continuo, ununterbrochener Trauer sich ganz hingebend, Tac. ann. 16, 10 *codd.* u. Dräger (Nipp. u. Halm impexa). – Partiz. *neutr. pl.* subst., non superfluis vel implexis (verwickelte Dinge) atque ambiguis occupare animum, Ambros. de off. 1, 26, 122.

implēmentum, ī, *n.* (impleo), das **Eingenommensein,** implemento capitis affici, Cael. Aur. de morb. chron. 1, 5, 148. Th. Prisc. 4. fol. 317, a.

im-pleo, plēvī, plētum, ēre (in u. *pleo), **vollmachen, anfüllen,** **I** eig. u. übtr.: **A** im Allg., **anfüllen, vollfüllen, vollgießen,** **a** eig.: fossas, Liv.: amphoram ad summum, Plaut.: m. *Abl.*, mero pateram, Verg.: os aquā, W. in den M. nehmen, Sen.: gremium frustis, Cic.: uterum generoso semine, Ov.: impletae cibis vinoque venae, Liv.: m. *Genet.* (wie ἐμπίμπλημι), omnes angulos furum, Plaut.: ollam denariorum, Cic.: multos codices earum rerum, quibus etc., Cic.: mit *de* u. Abl., volumina de istis rebus, Cic. – **b** übtr., **anfüllen, erfüllen,** m. *Abl.*, alqm fustibus, vollhauen, Plaut.: urbem lamentis, Liv.: caput calido oleo, begießen, benetzen, Cels.: mit *Genet.*, fusti fissorum caput, Plaut. – vites od. uvae se implent, werden voll, strotzen von Beeren, Col. – ducentis navibus omnem oram Italiae Siciliae Sardiniaeque, an der g. Küste von I. usw. Landungen vornehmen, Liv.: maria terrasque foedā fugā, bedecken, Liv.: urbs deinde impletur, wird heimgesucht von ansteckenden Krankheiten, Liv.: impl. aures alcis, jmdm. in den O. liegen, Liv. 45, 31, 6. Curt. 10, 1 (4), 28 (vgl. *no.* II, B, 5).

B insbes.: **1** **erfüllen, sättigen, zur Genüge zu essen geben, mit Speise und Trank anfüllen,** implentur Bacchi carnisque, sie sättigen sich mit usw., Verg.: si quis interdiu se implevit, Cels. – **2** **schwanger** od. **trächtig machen,** **a** v. Menschen, alqam, Ov.: uterum, schwanger werden, Iustin.: mit *Abl.* der Leibesfrucht, ingenti illam implet Achille, Ov. – **b** v. Tieren, Colum. – **c** uterus tamquam implens (*sc.* se), gleichs. schwanger, d. i. stark, dick, fleischig, Colum. – **3** **zunehmen machen,** corpora (vom zunehmenden Mond), Ggstz. corpora inanire, Plin. – dah. **a** **aufschwellen,** alqm (v. der Wassersucht), Cels.: flatus vela implet, Plin. – **b** **voll-, fleischig-, fett machen,** implet corpus modica exercitatio, Cels.: tenuis homo *implere* se debet, plenus *extenuare,* Cels. – **4** eine bestimmte Zahl **vollzählig machen, ergänzen** (wie ἀναπληροῦν), **a** eig.: triginta legionum instar impleverat, Vell.: ut quidquid gregi deperierit, ex fetibus impleatur, Paul. sent.: implentur validae tirone cohortes, Lucan.: implere equestres facultates, was am Ritterzensus fehlt, zuschießen, Plin. ep. – **b** übtr., eine Zahl, ein Maß, eine Größe **vollkommen ausfüllen, -erreichen,** impleta ut essent sex milia armatorum, Liv.: in quibus eques triginta milia implebat, Curt.: modius grani sexdecim libras implet, wiegt volle 16 Pf., Plin. – arboris crassitudo quattuor hominum ulnas complectentium implet, Plin. – v. Mond, luna quater iunctis implerat cornibus orbem, Ov.: cum orbem sidus implevit (Ggstz. sidus se curvare coepit in cornua), Curt.: cum aut inchoatur luna aut impletur, Tac.

II bildl.: **A** im Allg.: **erfüllen,** totam Italiam nominis sui, Liv.: florem iuventutis spei animorumque, mit H. u. Mut erfüllen, -beseelen, Liv.: omnia potestatis suae, Liv.: omnia terrore, omnia tumultu ac terrore, Liv. – portentum anxiis pectus implevit curis, Liv.: alqm spe, Iustin.: populares laudibus Scipionis, unter seinen L. verbreiten, Liv. – Turnum nuntius implet, Verg. – ceterorum rudes animos, dem unerfahrenen Sinne der übrigen einreden, Tac.

B insbes.: **1** mit etw. **sättigen, befriedigen, stillen,** sese regum sanguine, Cic.: se caedibus, Sil. – cum osculis, cum lacrimis dolorem meum implevero, Tac.: comitum visu fruitur miseranda suarum, impleri nequit, sich nicht satt genug sehen, Val. Flacc. – **2** eine Lebenszeit **vollenden,** vitae cursum, Plin.: finem vitae sponte an fato, des Lebens Ende finden, Tac. – dah. implevisse mit einer Jahreszahl = so u. so viel Jahre od. das so u. so vielte Jahr **verlebt haben** = so u. so **alt sein,** quater undenos decembres, Hor.: annum septimum et sexagesimum, Plin. ep.: nondum annos quattuordecim, Plin. ep. – **3** etw. in der Rede, durch die Darstellung **hervorheben, als wichtig darstellen,** oft b. Quint.; s. Spalding Quint. 5, 13, 56. – **4** jmds. Stelle **ausfüllen,** jmd. im Amt usw. **vertreten,** vicem alcis, Plin. ep.: locum principem, Tac.: censorem, Vell. 2, 95. – **5** **erfüllen, Genüge tun, befriedigen, ausfüllen,** aures alcis (jmds. Ohr = Geschmack), Cic. or. 104. Tac. hist. 1, 90 (vgl. oben *no.* I, A, b): oculos insolito spectaculo, seine Augen weiden an dem ungew. Sch., Plin. pan.: promissum, das Versprechen erfüllen, Plin. ep. (so auch non polliceri, quod non possim implere, Cic.): impletum est omne consilium (Absicht), Tac.: munia sua, Tac.: officium, Eccl.: officium publicum, Plin. ep.: so auch officii partes od. bl. partes, Plin. ep. u. Ov.: spem, Plin. ep.: leges alcis, Ov.: legem, Vulg.: fata, dem Willen des Fatums entsprechen, die Verheißungen des F. ins Werk setzen, Liv.: laetitiam illius diei, zur Genüge darstellen, Vell.: vera bona, quae in virtutibus posita sunt, in vollem Maße besitzen, Tac.: non advocati fidem, sed inimici amaritudinem implesse, nicht den unbefangenen Sachwalter, sondern den ganz erbitterten Feind gemacht haben, Plin. ep. – ► Synk. Formen implesti, implestis, implerunt, implessem, implesse.

implētio, ōnis, *f.* (impleo), die **Erfüllung,** Hieron. in Isai. 11, 40, 3 *sqq.* Salv. de gub. dei 2, 2 u. a. Eccl.

implētor, ōris, *m.* (impleo), der **Erfüller,** prophetarum, der die Pr. mit dem Geiste der Weissagung Erfüllende, Augustin. c. litt. Petil. 2. § 33 *extr.* u. a. – impl. legis, Augustin. serm. 170. § 2 u. a.

implexio, ōnis, *f.* (implecto), die **Verflechtung, Verwicklung,** Mart. Cap. 2. § 176.

implexus, Abl. ū, *m.* (implecto), die **Verflechtung, Verwicklung, Verschlingung,** Plin. 2, 166 u. 9, 164.

implicāmentum, ī, *n.* (implico), die **Verwicklung,** Augustin. epist. 243, 5; enarr. in psalm. 17. § 34 u. s.

implicātio, ōnis, *f.* (implico), die **Verflechtung** untereinander, **I** eig.: nervorum, Cic. de nat. deor. 2, 139. – **II** übtr.: **1** die **Verflechtung,** **a** im Allg.: locorum communium, Einflechtung von Gemeinplätzen, Cic. de inv. 2, 100. – **b** (wie πλοκή) als rhet. Fig., Iul. Rufin. de schem. lex. 14. – **2** die **Verwicklung, Verwirrung,** rei familiaris, Cic. Sest. 99: sine implicatione intellectus loqui, Donat. Ter. Andr. 2, 5, 1.

implicātūra, ae, *f.* (implico), die **Verwicklung,** Plur. bei Sidon. epist. 9, 9, 15.

implicātus, a, um, *PAdi.* (v. implico), **verwickelt, verworren,** partes orationis, Cic.: vox, Sen.: *Compar.*, per artus tremore diffuso implicatior ad loquendum, etwas gehindert im Reden, Amm. 26, 6, 18: *Superl.*, quaestio ista obscurissima et implicatissima, Gell. 7 (6), 2, 15: implicatissimum aenigma, Augustin. conf. 11, 22 *in.*: ista tortuosissima et implicatissima nodositas, Augustin. conf. 2, 10 *in.*

implicīscor, ī (implico), **in Verwirrung geraten, wirr werden,** Plaut. Amph. 729 (wo parag. Infin. impliciscier). Fronto ep. ad M. Caes. 3, 13. p. 51, 14 N.

implicitē, *Adv.* (implicitus v. implico), **verwickelt, verworren,** Cic. de inv. 2, 69.

implicito, āre (*Frequ.* v. implico), **tief einsenken,** tela propinquis, Dracont. carm. de deo 2, 293.

implicitus, a, um, *PAdi.* (implico), **verwickelt,** in natura rerum atque animorum altissima et implicitissima veritas sentiebatur, Augustin. epist. 1, 2.

im-plico, plicuī, plicitum u. plicāvī, plicātum, āre (in u. plico), **I** in etw. **hineinfalten, -wickeln, -schmiegen, verwickeln,** **A** im Allg.: **1** eig.: eam (epistulam) epistulae ad te scriptae, Fronto: se dextrae, sich anschmiegen an usw., Verg.: acies inter se, Verg.: orbes, ineinander schlingen, Verg.: implicari remis, sich mit den Rudern verwickeln, Liv.: implicitus laqueis, in Schlingen verwickelt, Ov.: implicatae rates, Sall. fr. – implicitus prägn. = impl. morbo, s. Flach Mart. 1, 91, 6. – **2** übtr.: **a** **in** etw. **fest** od. **tief einsenken,** vim suam naturis hominum, Cic.: poet., ignem (Feuer der Liebe) ossibus, Verg. – **b** in etw. **verwickeln,** alqm bello, Verg.: se admiscere atque impl. hominum vitiis, Cic. fr. – insbes., implicari od. se implicare alqā re, in etwas **verwickelt werden, geraten,** graviore morbo implicitus, Caes. b. c. 3, 18, 1: gravi morbo est inplicitus, Liv. 40, 56, 8: in morbum implicitus, Nep. Cim. 3, 4 u. Ages. 8, 6: negotiis, Cic.: tantis rebus, Nep.: consiliis eius, sich einlassen in usw., Tac.: familiaritatibus, freundschaftliche Verbindungen anknüpfen, Cic.: multarum aetatum oratoribus, in Berührung kommen mit usw., Cic.: se societate civium, Cic.: quibus applicari (sich anzuschließen) expediet, non implicari (sich an sie zu ketten), Sen. ep. 105, 5. – **B** prägn., **in Verwirrung-, in Unordnung bringen, verwirren,** **a** physisch: impl. ac perturbare aciem, in gänzliche V. bringen, Sall. Iug. 59, 3. – **b** geistig: alqm incertis responsis, Liv.: tanti errores implicant (nos), Liv.: (vinum) iam sanos implicitos facit, verwirrt, macht ängstlich, Cael. Aur. de morb. acut. 3, 8, 87. – **II** **um** etw. **herumschlingen,** **A** im Allg.: pedes, Verg.: brachia collo, die Arme um den Hals schlingen, Verg.: lacertos circum colla, Verg. – **B** prägn., **herumschlingend umwinden, umflechten, umfassen, umschlingen,** tempora ramo, Verg.: crinem auro, Verg.: comam laevā, Verg.: implicat elabi volentem, Ov.: manum, jmd. bei der Hand fassen, Val. Flacc.

implōrābilis, e (imploro), **um Hilfe anrufbar,** Val. Flacc. 1, 573.

implōrātio, ōnis, *f.* (imploro), das **Anrufen um Hilfe,** das **flehentliche Gebet,** der **flehentliche Hilferuf,** m. subj. *Genet.*, illius, Cic. Verr. 5, 163: m. obj. *Genet.*, deûm, Liv. 22, 5, 2: omnium deorum et hominum et civium, Cic. de or. 2, 196: absol., invidiosa, Quint. 9. 2, 38.

im-plōro, āvī, ātum, āre (in u. ploro), **I** unter Tränen u. Flehen **rufen,** **A** im Allg.: nomen filii, den Sohn unter Tränen beim Namen rufen, Cic. Verr. 5, 129: u. so nomine Turnum, Verg. Aen. 12, 652. – **B** insbes., jmd. od. jmds. Beistand od. Hilfe flehentlich in der Not **anrufen, anflehen,** deos, Cic.: alqm ad (in) auxilium, Iustin.: alcis auxilium, misericordiam, Cic.: alcis fidem, Acc. tr. u. Cic.: memoriam Heracliti, das Gedächtnis des H. um Beistand anflehen = sich an H. mit der Bitte wenden, seinem Gedächtnis zu Hilfe zu kommen, Cic. – **II** von jmd. etw. **flehentlich erbitten, erflehen,** jmd. um etw. **flehentlich bitten,** **A** im Allg.: auxilium ab alqo, Cic. u. Caes.: m. folg. *ne* u. Konj., quae (mulieres) milites passis crinibus flentes implorabant, ne se in servitutem Romanam traderent, Caes. – **B** insbes., von der Gottheit, vom Himmel usw. etw. **sich erbitten, erflehen,** cum me ... res publica implorarit, Cic.: aquas caelestes, Hor. – ► Nbf. endoploro s. bes.

im-plumbo, āvī, āre (in u. plumbo), **Blei eingießen, mit Blei ausgießen,** Vitr. 10, 2 (6), 11.

im-plūmis, e (in u. pluma), **I** **ohne Federn, ungefiedert, kahl,** pulli, Hor.: fetus (avis), Verg., Plin. u. Ambros.: volucris, Augustin.: Calais Zetesque, flügellos, Ov.: poet., coni, ohne Gebüsch, Sil. – **II** übtr., **ohne Haar, kahl,** Plin. 8, 219.

im-pluo, pluī, ere (in u. pluo), **I** *intr.* **hinein-, herabregnen,** deorsum quo impluebat dictum impluvium, Varro LL. 5, 161. – m. *in* u. Akk., in cuius (fani) quandam aream non impluit, Plin. 2, 210. – m. *Dat.*, Peneus summis aspergine silvis impluit, Ov. met. 1, 572 *sq.*: immane turgescit (lacus), ita ut arborum comis ... superiectae asperginis fragor impluat, Sidon. epist. 2, 2, 16. – absol., rorabit et leviter impluet, und ein wenig regnen, Sen. nat. qu. 1, 6, 2 (1): ebenso priusquam impluerit, Colum. 2, 8, 5. – scherzh. übtr., malum quom impluit ceteris, ne impluat mi, wenn es für die anderen Schläge regnet, dass mir's nicht regnet, Plaut. most. 871. – **II** *tr.* **beregnen,** *impluviatus* color, quasi fumato stillicidio *implutus,* Non. 548, 18.

impluviātus, a, um (impluvium), **I** **von der Gestalt eines** *impluvium,* inducula, Plaut. Epid. 223. – **II** **wassergrau, blaugrau,** color, Non. 548, 18.

impluvium, iī, *n.* (impluo), der undebeckte innere Raum des cavaedium, der auf allen vier Seiten von bedeckten Gängen eingeschlossen wurde, der mittlere **freie Hofraum,** das **Impluvium** (vgl. compluvium), Varro LL. 5, 161. Plaut. Amph. 1108. Ter. Phorm. 707: in das man vom Nachbarhaus sehen u. einsteigen konnte, Plaut. mil. 158 *sq.* u. 173 *sqq.*: in Palästen mit Bäumen u. Statuen besetzt, Liv. 43, 13, 6. Cic. II. Verr.. 1, 61 u. 147. Vgl. Ps. Ascon. Cic. II. Verr.. 1, 61 *impluvium,* locus sine tecto in aedibus, quo impluere imber in domum possit.

impoenitendus, a, um, s. impaenitendus.

impoenitēns, entis (in u. poeniteo), **nicht bereuend,** cor, Hieron. in Isai. 12, 40, 27. Vulg. Rom. 2, 5.

impoenitentia, ae, *f.* (in u. poenitentia), das **Nichtbereuen,** die **Reuelosigkeit,** Hieron. in Isai. 18, 65, 23. Augustin. serm. 71, 22 *sq.*

impoenitūdo, inis, *f.* (in u. poeniteo), das **Nichtbereuen,** Greg. in 1. reg. 5, 2, 40.

im-poenītus, a, um = impunitus, **ungestraft, straflos,** Gell. 11, 18, 16 u. a.

impolītē, *Adv.* (impolitus), **schmucklos, schlicht,** Cic. de or. 1, 214. Augustin. conf. 5, 6.

impolītia, ae u. (altlat.) as, *f.* (impolitus), das **Unterlassen des Putzens,** die **schlechte Wartung** des Pferdes von Seiten des röm. Ritters, s. Gell. 4, 12, 2. Paul. ex Fest. 108, 4.

im-polītus, a, um (in u. polio), **ungeglättet,** **I** eig.: linum, ungeklopftes, Fest. 317 (a), 32: saxum, unbehauener, Vulg. deut. 27, 6: u. so lapis, Quint. 8, 6, 63. Vulg. Iosue 8, 34. Vulg. 1. Esdr. 5, 8 u. 6, 4. – **II** übtr.: **a** **ungefeilt, unausgebildet, ungebildet,** forma ingenii admodum impolita et plane rudis, Cic.: genus hoc eorum, qui sibi eruditi videntur, hebes atque impolitum, Cic.: Timaeus ipsā compositione verborum non impolitus, einer gewissen Glätte nicht entbehrend, Cic.: ex quibus (grammaticis) si quis erit plane impolitus, Quint. – *Compar.* descriptio inpolitior, Veget. mil. 2, 4. – **b** **unvollendet,** res, Cic. de prov. cons. 34.

im-pollūtus, a, um (in u. polluo), **unbefleckt,** v. Pers., Tac. ann. 16, 26: virginitas, Tac. ann. 14, 35: vulva, Ambros. serm. 51, 7: fides, Sil. 13, 679: quaeve humana superant aut divina impolluta sunt? Sall. hist. fr. 1, 41 (45), 11.

im-pōno, posuī, positum, ere (in u. pono), **I** **hineinlegen, -setzen, -stellen** in usw., konstr. mit *Dat.* od. m. *in* u. Akk., **A** eig.: pedem in undam, Plaut.: in aliena aedificia fenestras et ostia, ICt.: alqm sepulcro, begraben, Ov.: coloniam in agro Samnitium, Liv. – praesidium, Liv.: praesidium Abydi (zu A.), Medione (zu M.), Liv.: praesidium arci, Curt. – **B** übtr., jmd. **in** eine gewisse Lage **bringen, hineinziehen,** cuius amicitia me paulatim in hanc perditam causam imposuit, Cael. in Cic. ep.: alqm periculo, Petron.

II **auf etw. setzen, legen, stellen, aufsetzen, auflegen,** **A** eig.: **1** im Allg.: alci coronam, Cic.: bovi clitellas, Cic.: dona aris, Verg.: herbam vulneri, Curt.: alqm rogo, Verg., od. in rogum, Cic.: alqm in ignem, Ter.: eo (*sc.* in equos), Caes.: in equum, in plaustrum, Liv.: iumento, Gell.: axi (= Wagen), Stat.: dextram in caput Numae, Liv.: diadema alci od. capiti alcis, Cic. u. Liv. epit.: ingenti mole sepulcrum, ein gewaltiges Grabmal errichten, Verg.: libum Iano, opfern, Ov.: pedem super cervicem, Curt.: admissarium od. marem equae, die Stute vom Hengst bespringen lassen, Colum. 6, 36, 4. – **2** insbes., **α** als naut. *t. t.,* imp. in naves, im Zshg. auch bl. imponere, **einschiffen, an Bord bringen,** legiones equitesque in naves, Caes.: aeris magnum pondus ad militarem usum in naves, Caes.: omnia sauciata corpora in rates, Sall. fr.: exercitum Brundisii, Cic.: milites vetustissimā nave, Suet.: navis, *in qua* est impositus, Lact.: ut semel imposita est pictae Philomela carinae, Ov.: quo (damit desto) maior numerus militum posset imponi, Caes.: per istos quae volebat clam imponenda, Cic. Verr. 4, 23. – **β** als mediz. *t. t.* = einen Verband, ein Heilmittel usw. auf ein Glied, eine Wunde **auflegen,** fibulas (vulneri), Cels.: spongiam vulneri, Cels.: medicamentum, Cels.: apta dolori medicamina, Dict. – u. so imponi, v. Heilmitteln, **aufgelegt werden,** vulneribus od. in vulnera, Plin.: super umbilicum contra tormenta vulvae, Plin. – **γ** als *t. t.* der Baukunst, **ein Stockwerk aufsetzen,** supra suum aedificium, Paul. dig. 8, 2, 24. – **B** übtr.: **1** über etw. als Aufseher, Wächter (Wache), Befehlshaber **aufstellen, setzen,** vilicum, Cic.: consulem populo, Cic.: regem Macedoniae, Liv.: alqm legionibus, Tac.: custodem in hortis (in den G.) fructus servandi gratiā, Nep.: centuriones ad portas oppidi et custodias, Auct. b. Afr. – **2** **auflegen, auferlegen,** mit dem Nbbegr. des Lästigen = **aufbürden,** frenos animo alcis, Liv. – in alqm onus hoc omne, Plaut.: alci onus, Cic.: alci labores, Caes.: vectigal agris, Cic.: stipendio insuper imposito, Liv.: alci negotium, Cic.: leges, Cic.: consul est impositus is nobis, quem etc., Cic.: invidiam belli consuli, Sall. – alci impositum est m. *Infin.*, Verg. Aen. 8, 410. Sil. 10, 656. – **3** jmdm. **etwas aufheften, -aufbinden (einen Bären aufbinden), etwas weismachen,** d. i. jmd. **hinters Licht führen, hintergehen, täuschen,** m. bl. *Dat.*, praefectis Antigoni, Nep.: Herculi minime vafro, Sen.: Catoni egregie, Cic.: aliis, Sen.: morbo, Sen.: so auch si mihi imposuisset aliquid (*Nom.*), wenn ich durch irgendetwas getäuscht worden wäre, Cic. ad Att. 15, 26, 4. – *impers.*, utcumque imponi vel dormienti posset, Petron. 102, 4.

III **an** etwas **setzen, legen,** **A** eig.: claves portis, Liv.: manum calathis, Ov. – **B** übtr.: **1** im Allg.: extremam manum imponere alci rei, Verg., od. ultimam manum, Vell., od. summam manum, Plin., od. manum supremam, Ov., die letzte Hand anlegen, zu Ende bringen: impensam alci rei, Kosten auf etwas verwenden, Liv.: finem imponere alci rei, Liv., od. clausulam, Colum., ein Ende setzen, machen: finem imponere bello, Tac.: modum alci rei, Maß und Ziel setzen, Liv. – **2** gleichs. »anfügen«, **a** im guten Sinne = **beilegen,** alci nomen imponere, teils mit *Genet.* des Namens, huic praedae ac direptioni cellae nomen, Cic.: vitiis virtutis nomen, Quint.: teils m. *Acc.* des Namens, etiam nomen ei rei, quod ante non fuerat, κατάληψιν imposuit, Cic.: filiis duobus Philippum atque Alexandrum et filiae Apamiam nomina imposuerat, Liv. – so auch imp. cognata vocabula rebus, Hor.: Scipionem, Afranium nusquam latrones et parricidas, quae nunc vocabula imponuntur, saepe ut (wie) insignes viros nominat, Tac. – imp. maiestatem verendam, Ov. – **b** im üblen Sinne = **zufügen, antun, verursachen,** alci vulnus, plagam, vim, Cic.: labem, Liv. – ► Archaist. *Perf.* inposivi, Caton. orat. fr. bei Fronto epist. ad Anton. Imper. 1, 2. p. 100, 7 N.: imposivit, Plaut. rud. 357. Cato orat. 2. p. 37, 8: *Infin. Perf.* imposisse, Plaut. most. 434. – *Partic. Perf.* synkop. impostus, Lucr. 5, 543. Verg. Aen. 9, 716. Iuvenc. 1, 514 u. a. Dichter.

impopulābilis (inp.), e = *inlaesus,* Gloss. IV, 97, 1 u. ö.

imporcitor, ōris, *m.* (imporco), der **Einfurcher,** die dem Einfurchen vorstehende Gottheit, Fab. Pict. b. Serv. Verg. georg. 1, 21; vgl. Paul. ex Fest. 108, 9 (nach dem es = der Pflüger, der die porcas [Ackerbeete] zwischen den Furchen aufwirft).

imporco, (āvī), ātum, āre (in u. porca), **einfurchen,** semen, Colum. 2, 10, 6.

importābilis, e (in u. portabilis), **a** eig., **unertragbar,** arietes, Cassiod. var. 7, 6, 6. – **b** übtr., **unerträglich,** onus, Tert. adv. Marc. 4, 27: malum, Cassiod. var. 9, 2, 1.

importābiliter, *Adv.* (importabilis), **auf unerträgliche Weise,** facere omnia, Cassiod. hist. eccl. 7, 29.

im-porto, āvī, ātum, āre (in u. porto), **I** **hineintragen, -führen, -bringen,** aus dem Ausland **einführen** (Ggstz. exportare), commeatus in urbem, Caes.: importari vinum ad se non sinunt, Caes.: importata iumenta, Caes.: alqd longe imp., Varro. – **II** übtr.: **A** **einführen,** linguam Graecam, Plin.: non esse nos transmarinis nec importatis artibus eruditos, Cic.: quid Neriene seu Nerio nomen importet, wie es mit der Einführung des Namens N. oder N. sich verhält, Gell. 13, 23 (22) *lemm.* – **B** **verursachen, bringen,** cladem familiae, Pacuv. fr. 178: alci detrimentum, Cic.: calamitatem, Cic.: alci suspicionem aliquam, bei jmd. irgendwie V. erregen, Cic.: odium libellis, Hor.: fecunditatem, Plin.: grandines importat Corus, Plin.

importūnē, *Adv.* (importunus), **I** **unpassend,** immitti (v. einem Vers), Gell.: pugillares repetere, zur Unzeit, Paul. dig. – **II** **schroff, barsch, rücksichtslos, unverschämt, ungestüm,** insistere, Cic.: vexare, Iustin.: importune (unverschämt) precabantur, ut etc., Gregor. dial. 1, 9 *med.*: importunius alci insultare, Lact.: importunissime facere, Gell.

importūnitās, ātis, *f.* (importunus), **I** die **unbequeme-, ungünstige Lage,** loci, Gell. 3, 7, 5. – **II** die **Unumgänglichkeit, Unleidlichkeit, Unausstehlichkeit, Schroffheit, Barschheit, Rücksichtslosigkeit, Unverschämtheit, Scheußlichkeit,** aniculae, Ter.: matris, Cic.: animi, Cic.: scelerum, Cic.

im-portūnus, a, um (in u. portus), eig., wo man nicht gut fahren kann (wie opportunus, zur Fahrt bequem), **unzugänglich,** **I** der örtl. Lage nach **unzugänglich, unbequem, ungünstig gelegen** für einen Zweck, locus machinationibus, Sall.: Armenia id temporis importuna, Tac. – Plur. subst., importuna locorum, Sil. 3, 540. – **II** übtr.: **1** v. der Zeit, **ungünstig,** tempus, Cic. de or. 2, 20. – **2** v. Zuständen = **unbe-**

quem, ungelegen, lästig, tempestas, Plaut.: pauperies, Hor.: morbus importunior, Cels. – importunum est m. folg. *Infin.*, vi tamen regere patriam importunum est, ist unbequem, hat seine großen Schwierigkeiten, Sall. Iug. 3, 2. – **3** v. Pers. u. deren Benehmen od. Handlungen, wegen der Härte unzugänglich = **unumgänglich, schroff, barsch, rücksichtslos, unverschämt, brutal, ungestüm,** mulier, Cic.: senex, Ter.: tyrannus, Cic.: Cyclops alter, multo importunior, Cic.: hostis importunissimus, Cic. – mors, Ov.: importunissimae libidines, Cic.: vultus, Cic. – importunus (poet. = *importune*) transvolat, Hor.: ebenso importunus amat laudari, über alle Gebühr, Hor.

im-portuōsus, a, um (in u. portuosus), **ohne Hafen,** mare, Sall. u. Tac.: litus, Liv. u. Plin. ep.: importuosissima insula, Plin.

im-pos, potis (in u. potis), **I** einer Sache **nicht mächtig, nicht Herr,** etw. **nicht in der Gewalt habend,** animi, unfähig, sich zu beherrschen, Plaut. u. Apul.: u. so mentis, Suet. u. Lact.: u. sui, seiner nicht Herr, Sen. phil. u. Sen. poët.: verborum suorum, Fronto: damni, nicht ertragen könnend, Apul. – **II nicht teilhaft, ohne** etw., veritatis, Apul. de deo Socr. 3.

impositīcius, a, um (impono), **angelegt, beigefügt, I** eig.: canthari, angesetzte, Paul. dig. 30, 1, 41. § 11. – **II** übtr., **beigelegt, zugelegt,** nomina, die den Dingen beigelegten Grund-, Stammnamen, Varro LL. 8, 5: casus (Ggstz. naturales), *ibid.* 10, 61. – causa, aufgelegte Urs., d. i. eine Dienstbarkeit (Ggstz. naturalis od. publica), Ulp. dig. 39, 1, 5 u. a. ICt.

impositio, ōnis, *f.* (impono), **I** das **Auflegen,** manus od. manuum, Augustin. serm. 99, 10. Vulg. act. apost. 8, 18. Vulg. 1. Tim. 4, 14 u. a. Eccl. – **II** übtr., als gramm. *t. t.* = die **Beilegung,** verborum, vocabulorum, Grund-, Stammbenennungen (von Wörtern, die nicht abgeleitet sind), Varro LL. 5, 3; 8, 5; 10, 51 u. (Plur.) 53: imp. unius (casus), Varro LL. 7, 32.

impositīvus, a, um (impono), **beigelegt,** nomina, Grundnamen, Plin. 28, 33.

impositor, ōris, *m.* (impono), **einer, der sich einen Namen beilegt,** Varro LL. 7, 1 u. 2.

impositus, Abl. ū, *m.* (impono), das **Darauflegen,** impubium impositu, Plin. 28, 41.

im-possibilis, e (in u. possibilis), **I unmöglich,** Quint. u. a.: impossibile est m. folg. *Infin.*, Hieron. epist. 22, 6 *extr.*: Kompar. impossibilior, Augustin. serm. 184, 1. – **II unvermögend,** non imp. erat m. folg. *Infin.*, Vulg. sap. 11, 18.

impossibilitās, ātis, *f.* (impossibilis), die **Unmöglichkeit,** Tert. de bapt. 2. Apul. met. 6, 14.

impostor, ōris, *m.* (= impositor, v. impono), der **Betrüger,** Ulp. dig. 21, 1, 4. § 2. Hieron. epist. 38, 5 u. 54, 5.

impostūra, ae, *f.* (= impositura, v. impono), die **Betrügerei, Fälschung,** Treb. Poll. Gallien. 12, 5. Ulp. dig. 47, 20, 3. § 1. Cypr. epist. 49, 2. Augustin. enarr. in psalm. 33. serm . 2. § 14 u. a. Eccl.

impotābilis, e (in u. potabilis), **untrinkbar,** Hieron. epist. 78. mans. 5.

im-potēns (in-potēns), entis, Abl. ente u. entī, **I nicht mächtig, ohnmächtig, schwach,** homo, Cic.: cesserat impotens tellure, Hor. – Plur. subst., impotentēs, ium, *m.*, die Schwachen, Cic. – **II** eines Ggstds. **nicht mächtig, nicht Herr, A** im Allg., m. *Genet.*, equi regendi, Liv.: suarum rerum, sich selbst nicht regieren könnend, Liv.: irae, Liv.: laetitiae, Liv.: mit Infin., quid libet sperare, vermessen hoffend, Hor. carm. 1, 37, 10. – **B** prägn., unfähig, seine Leidenschaften (bes. Ehrgeiz u. Herrschsucht) zu beherrschen, **leidenschaftlich, unbändig, zügellos, übermütig, herrschsüchtig, despotisch, a** eig.: homo, Cic. u. a.: animus, Ter. u. Cic.: impotens militibus, übermütig, despotisch gegen usw., Iustin.: mea (amica) est impotens, procax, Ter. heaut. 227 Fl. (Wagner petens). – victoria eos ipsos ferociores impotentioresque reddit, Cic.: homo impotentissimus, Cic. – **b** übtr., v. Lebl., **α** v. Konkr., **rasend, wild,** aquilo, Hor.: bruma, Mart.: impotentia freta, wilde Fluten, Catull. – **β** v. Abstr., **zügellos, übertrieben, maßlos,** dominatio, Nep.: iniuria, crudelitas, rabies, Liv.: laetitia, postulatum, Cic. – in multo impotentiorem rabiem subito accensi, Liv. – impotentissimus dominatus, Cic.: impotentissima dominatio, Liv.

impotenter, *Adv.* (impotens), **I ohnmächtig,** elephanti impotentius iam regi, schon fast nicht mehr zu lenken, Liv. 27, 48, 11. – **II ohne Maß und Ziel, zügellos, unbändig, despotisch,** Auct. b. Alex., Liv. u. a.: *Superl.*, Sen. de ben. 4, 17, 2.

impotentia, ae, *f.* (impotens), **I** das **Unvermögen,** die **Ohnmacht,** Ter. adelph. 607. – **II** die **Unbändigkeit, Zügellosigkeit, Ausgelassenheit,** bes. in Hinsicht auf Ehrgeiz u. Herrschsucht, der **Despotismus,** Cic., Tac. u. a.: animi, Sisenn. hist. fr.: libidinum, Plin.

im-praegno, (āvī), ātum, āre (in u. praegnans), **schwängern,** eig. u. übtr., Mythogr. Lat. 2, 85 u. Eccl.

im-praeiūdicātus, a, um (in u. praeiudico), **nicht vorher entschieden,** Placid. gloss. V, 28, 15.

im-praemeditātus, a, um (in u. praemeditor), **unvorbereitet,** visio, Mart. Cap. 2. § 99.

im-praeparātus, a, um (in u. praeparatus), **unvorbereitet,** Hieron. in Ephes. 6, 11.

impraepedītē, *Adv.* (impraepeditus), **unbehindert,** Amm. 17, 10, 5; 22, 12, 7; 26, 6, 11 G. u. 27, 10, 2.

im-praepedītus, a, um (in u. praepedio), **unbehindert,** cursus, Amm. 21, 5, 6: ni Sauromaci praesidia ... impraepedita reverterint, Amm. 30, 2, 4.

im-praepūtiātus, a, um, mit unbeschnittener Vorhaut, **unbeschnitten,** Tert. de monog. 11.

im-praescientia, ae, *f.* (in u. praescientia), das **Nichtvorherwissen,** Tert adv. Marc. 2, 7.

im-praesentiārum (zsgz. aus in praesentia harum), **bei der gegenwärtigen Lage der Dinge, gegenwärtig, für jetzt** (vgl. Placid. gloss. V, 27, 17), Cato r. r. 144, 4. Fannius b. Prisc. 13, 12. Nep. Hann. 6, 2. Tac. ann. 4, 59. Fronto ad M. Caes. 4, 8. p. 71, 6 N. Apul. flor. 16. p. 23, 3 Kr. (wo nunc impr.) u. apol. 65. Min. Fel. 5, 1. Cypr. epist. 43, 4. Hieron. epist. 123, 6. Vulg. exod. 22, 15 u. ö. Vgl. Auct. de oct. partt. or. 5, 13 (Class. auct. 5, 84). Haase Misc. 3, 19.

im-praestābilis, e (in u. praestabilis), **untauglich,** Firm. math. 8, 29, 10. Salv. de gub. dei 4, 11.

im-praevāricābilis, e (in u. praevaricor), **ohne Fehl, ohne Sünde,** sacerdotium, Ambros. de fuga saec. 3, 16.

im-prānsus, a, um (in u. pransus), **der nicht gefrühstückt hat, ohne Frühstück, noch nüchtern,** Plaut. Amph. 254 u. a. Hor. sat. 2, 2, 7; 2, 3, 257; ep. 1, 15, 29.

imprecātio, ōnis, *f.* (imprecor), das **Anwünschen, a** von etw. Gutem, pontificis, der Segen, Hieron. epist. 130, 2. – **b** v. etw. Bösem, die **Verwünschung, Verfluchung** jmds., alcis, Sen. ep. 94, 53: absol., dira, Sen. de ben. 6, 35, 4. Plin. 5, 45: cuncta devotio et impr., Vulg. 3. regg. 8, 38: Plur., dirarum imprecationes, Min. Fel. 7, 4: imprecationes nefariae, Amm. 29, 1, 25.

im-precor, ātus sum, ārī (in u. precor), **I anwünschen, a** Gutes, alci bene, Petron.: alci salutem (beim Niesen), Apul.: alci multos annos, Hieron. – **b** Böses, litora litoribus contraria, Verg.: alci infelicia maria (unglückliche Seefahrt), Sen.: alci sollicitudinem et metum et maius aliquod malum, Sen.: alci diras poenas, Plin.: alci diras, Tac.: alci mortem, Suet.: populo tales filias talesque coniuges, Suet.: hoc tibi pro meritis et talibus imprecor ausis, ut facias illud, quod, puto, lingua, facis, Mart. 7, 24, 8. – **II** zu etwas **beten,** jmd. **anrufen,** incrementa solis, Apul. met. 2, 28: deum patrem, Hieron. de perp. virgin. 2.

imprēnsibilis, e (in u. prehendo), **unbegreiflich,** Gell. 11, 5, 4.

impressē, *Adv.* m. *Compar.* (impressus v. imprimo), **eindringlich, nachdrücklich,** Cael. Aur. de morb. chron. 3, 7, 87 (wo *Compar.*): übtr., Tert. de exhort. cast. 3 u. de carn. Christ. 12.

impressio, ōnis, *f.* (imprimo), **I** das **Ein-** od. **Abdrücken,** der **Abdruck,** in Wachs usw., Apul. de dogm. Plat. 1, 6: signaculi, Schol. Iuven. 1, 68: nummorum, das Geldprägen, Augustin. de doctr. Chr. 2, 25. – **II** übtr.: **A** als rhet. *t. t.*: **1** v. der Aussprache, explanata vocum impr., die Fähigkeit, die Töne zu artikulieren, Cic. Acad. 1, 19. – **2** beim orator. Numerus, impressiones, Hebungen u. Senkungen, Cic. de or. 3, 185. – **B** als philos. *t. t.* = der **Eindruck** der Erscheinungen auf die Seele, im Plur. b. Cic. Acad. 2, 58. – **C** das **Eindringen,** **1** das feindl. Eindringen, der **Angriff, Einfall, Überfall,** **a** im Krieg: cum suis ex superiore parte impressionem facere, Varro LL.: cuneo (mit usw.) impressionem facere, eindringen, Liv.: impressionem facere in fines hostium, Hirt. b. G., in castra, Varro, in sinistrum cornu, Liv.: dant impressionem, sie machen einen Angriff, dringen ein, Liv.: non ferre impressionem Latinorum, Liv. – **b** im bürgerl. Leben, non impr., non occasio, non vis, Cic.: me vi et impressione evertere, Cic.: omnis impressio (gewaltsame Verfahren) et tumentia provocat et dolorem gemmat, Cael. Aur. de morb. acut. 3, 8, 92. – **2** das **Drängen** der Menschenmenge, das **Gedränge,** turbae et impressioni se committere, Fronto ep. ad M. Caes. 5, 30. p. 84, 25 N., der mit dem *cod.* inpraessioni schreibt.

impressior, ōris, *PAdi.* (imprimo), **tiefer liegend,** oculi impressiores, Auct. physiogn. b. Rose Anecd. 1, 106, 21.

impresso, āre (*Intens.* v. imprimo), **tüchtig eindrücken,** Coripp. Ioann. 5, 371 u. 6, 347.

impressus, ūs, *m.* (imprimo), der **Eindruck,** Prud. psych. 273.

im-pretiābilis, e (in u. pretium), **unschätzbar,** Cassiod. var. 4, 1, 3; 9, 6, 6 u. 11, 1, 7.

im-prīmīs (viell. besser in primis), *Adv.* (in u. primus), **vor allen anderen, vor allem, hauptsächlich,** Cic., Sall. u. a.

im-primo, pressī, pressum, ere (in u. premo), **hinein-, eindrücken,** **I** im Allg., durch Drücken fest in-, an- od. auf etwas fügen = **hineindrücken, andrücken, aufdrücken,** **A** eig.: exemptā scutulā cortici imprimitur ex alia cortex par, eingedrückt, eingesetzt, Plin.: radix ephemeri cavis et exesis dentibus imprimitur, Plin.: in curia duas tabulas parieti impr., zwei Gemälde in die Wände einsetzen, Plin. – umidaque impressa siccabat lumina lana, daran- od. daraufgedrückte, Prop.: ubi acutissimam videt stirpem, imprimens corpus, daraufdrückend, Plin.: impresso genu, mit daraufgestemmtem Knie, Verg. – **B** poet. übtr., sich aufstemmend **drücken,** non levior cippus nunc imprimit ossa? drückt leichter der Grabstein nun die Gebeine? Pers. 1, 37. – **II** insbes., drückend in etw. dringen lassen = **hinein-, eindrücken,** eindringlich **aufdrücken,** **A** übh.: os cucurbitulae corpori aptare et imprimere, Cels.: aratrum muris impr., über die Mauer gehen lassen, Hor.: poet., impressit dentes haemorrhois aspera Tullo, ergriff mit Wut, Lucan. – litteras quoque, quas in Europam mitteret, veteris anuli gemmā obsignabat, his, quas in Asiam scriberet, Darei anulus imprimebatur, Curt. – **B** übtr.: **1** eindrückend-, eingrabend usw. machen = **eindrücken, aufdrücken,** **a** im Allg.: orbitam, Cic.: sulcum altius, etwas tiefer ziehen, Cic.: osculum (einen Kuss), Mart.: u. so osculum labiis, Min. Fel.: digitum labiis, Augustin.: morsum, einen Biss beibringen (von Schlangen), Colum.: impressum vulnus falce, dente, ungue, Colum. u. Plin.: foramen, bohren, Pallad.: solo piscinas, graben in usw., Pallad.: u. so puteum, Pallad. – im Bild, qui est locus, in quo non exstent huius fortitudinis tum vero humanitatis impressa vestigia? Cic. – **b** insbes., eine Figur drückend in od. auf etw. abformen = **eindrücken, einprägen, einbrennen, aufdrücken, abdrücken,** sigillum in cera, Cic.: humi rostro A litteram, Cic.: signum pecori, numerum acervis, Verg.: ovi nomina sua, Calp.: epistulam, ignoti anuli sigillo impresso, Siseni dari iusserat, Curt.: dente labris notam, Hor.: memoria tabulis publicis impressa, Cic.: im Bild, quorum lectione duplex imprimeretur rei publicae dedecus (Schandmal), Cic. Phil. 5, 16: nulli non imprimere aliquid, quod effugere non posset, einem jeden ein Schandmal aufdrücken, einen Schandnamen anhängen, Sen. contr. 10. praef. 10. – **c** übtr., als philos. *t. t.*, v. dem Einprägen (Einpflanzen) von Ideen, Begriffen u. dgl. in die Seele, visum obiectum imprimet illud quidem et signabit in animo suam speciem, Cic.: primum esse deos, quod in omnium animis eorum notionem impresserit ipsa natura, Cic.: cum visa in animis imprimantur, bei den Eindrücken, die die Erscheinungen auf die Seele machen, Cic.: quae in animis imprimuntur inchoatae intellegentiae, similiter in omnibus imprimuntur, sich in der Seele ausdrücken, von der Seele aufgefasst werden, Cic.: notitiae eiusmodi visis impressae, auf solchen Erscheinungen beruhend, Cic.: menti subtiliter impressa, vom Geist scharf aufgefasst, Cic. – **2** eindrückend mit etw. bedrücken = **a** **beschreiben,** an imprimi quasi ceram animum putamus? Eindrücke erleide wie das Wachs (in der Schreibtafel), Cic. Tusc. 1, 61. – **b** **besiegeln,** signo suo impressae tabellae, Liv. 37, 10, 7. – **c** **auslegen, belegen,** crater impressus signis, Verg.: impressae auro exuviae, Lucan. – **d** mit einer Fußspur bedrücken, im Bild, quae cum viderem tot vestigiis impressa, ut in iis errari non posset, Cic.: horum flagitiorum iste vestigiis omnia municipia, praefecturas etc. impressit, von solchen Niederträchtigkeiten ließ er Spuren in allen M. usw. zurück, Cic. – **III** in die Tiefe **drücken, eindrücken,** ne imprimatur iacentibus molibus solum, Colum. 3, 13, 1.

imprīncipāliter, *Adv.* (in u. principaliter), **ganz besonders,** Cael. Aur. de morb. acut. 2, 9, 55.

improbābilis, e (in u. probabilis), **missbilligenswert, verwerflich,** **a** v. Lebl.: motus animi, Sen.: argumentum, Plin.: rationes, Cels.: non impr. mos, ICt. – **b** v. Pers., non impr., Veget. mil. 1, 8.

improbābiliter, *Adv.* (improbabilis), **verwerflich,** Sidon. epist. 1, 11, 13. Rufin. hist. eccl. 1, 3.

improbātio, ōnis, *f.* (improbo), die **Missbilligung, Verwerfung** (Ggstz. probatio, approbatio), ista omnis, Cic.: testium, Rhet. Her.: improbatione hominis uti, Cic.

improbātor, ōris, *m.* (improbo), der **Missbilliger, Verwerfer** (Ggstz. probator), malorum, Apul. de deo Socr. 16. Tert. de patient. 5: improbatores tui (Genet.), Augustin. op. imperf. c. Iulian. 1, 52 *extr.*

improbātus, a, um, *PAdi.* (improbo), **verworfen, verrufen,** libri improbatae lectionis, verbotene B., Ulp. dig. 10, 2, 4. § 1: auctores impr., Sen. de tranqu. anim. 9, 6: libris illectus improbatusve, Apul. flor. 18. p. 29, 14 Kr.: improbatissimus homo, Gell. 18, 3 *lemm.*

improbē, *Adv.* (improbus), **I** **nicht gut,** **1** eig.: dicere, unrichtig, falsch, Gell. 15, 5, 1 u. 9, 4. – **2** übtr., **unrecht, unredlich, unbillig,** facere multa, viel Böses tun, Cic.: de alqo dicere, Cic.: estne aliquid, quod improbius fieri possit? ist noch eine unredlichere (schlechtere) Handlungsweise möglich? Cic. – **II** **übermäßig, übertrieben,** **1** eig.: improbius natus, mit einem ungewöhnlich starken männlichen Glied versehen, Suet.: intestinum impr. prominet, Marc. Emp. – **2** übtr., **unverschämt, frech,** decerpere oscula, Catull.: improbissime respondere, Cic.

improbitās, ātis, *f.* (improbus), die moralische **Schlechtigkeit, Unredlichkeit,** absol., Cic. u. a.: alicuius, Cic.: cordis humani, Plin.: Plur., vestrorum improbitates, Augustin. epist. 108, 18: omnes impr., Salv. de gub. dei 4, 14, 65. – übtr., die **Verwegenheit, Unverschämtheit, Frechheit,** raubsüchtiger u. bösartiger Tiere, simiae, Schelmerei, Cic.: alitum, muscae, Plin.

improbiter, *Adv.* (improbus), **unrecht,** Petron. 66, 7 zw. (Bücheler u. Heräus improbe).

improbito, āvī, āre (*Intens.* v. improbo), **stark missbilligen, ganz verwerfen,** Gell. 20, 1, 11.

im-probo, āvī, ātum, āre (in u. probo), **nicht für gut finden, als untauglich (ungehörig) zurückweisen, nicht anerkennen, missbilligen, verwerfen** (Ggstz. probare, approbare, defendere), multorum opera, Cic.: frumentum, Cic.: utrumque consilium, Caes.: iudicium, umstoßen, Cic.: mores alcis, Ov.: qui domi aetatem agerent, propterea sunt improbati, Enn. fr.: m. dopp. *Acc.*, alqm testem (als Z.), Cic. Rosc. com. 45. – dah. improbandus, a, um, **verwerflich,** improbando gaudio exsultare, Val. Max. 4, 8, 3. – *n. pl.* subst., bonus iudex damnat improbanda, non odit, Sen. de ira 1, 16, 7. – *PAdi.* improbātus, s. bes.

improbōsus, a, um (improbus), **übertrieben, unmäßig,** Ps. Cypr. de sing. cler. 26.

improbulus, a, um (*Demin.* v. improbus), **etwas keck (dreist), ein keckes (dreistes) Kerlchen,** Iuven. 5, 73.

im-probus, a, um (in u. probus), **I** unter dem rechten Maß bleibend = **nicht gut, schlecht** (Ggstz. probus, bonus), **1** eig.: merces, Plaut.: panis, Mart.: postes improbiores, Plaut.: defensio, Cic.: v. Pers., hominum ego avaritiā factus sum improbior (ein weniger angesehener) coquus, Plaut. Pseud. 802. – **2** übtr., moralisch **schlecht, unredlich, schelmisch, schurkisch, arg, böse, boshaft, gottlos, unbillig, ungerecht, ungesetzlich,** homo, Cic.: factum, Plaut.: dicta, frevelhafte, Ov.: testamentum, Cic.: lex improbissima, Cic.: rumores improbissimi, Cic. – malus improbior fit, Sall.: improbum est (es ist unredlich, unbescheiden) m. folg. *Infin.,* Quint. 5, 6, 1 u. 7, 1, 61. – subst. = der Schlechte, Unredliche, der Schelm, callidus impr., Cic.: u. so Plur. improbi (Ggstz. boni), Cic. – **II** das gewöhnliche Maß überschreitend, **A** der Größe nach, **unermesslich, allzu groß, übermäßig,** genua, Colum. 6, 1, 3: labra, Charis. 102, 2: barbarum villus, Plin. 12, 73: arva, Val. Flacc. 1, 510 u. 2, 631: tegmina, *ibid.* 6, 702. – **B** dem Grade nach, **übertrieben, übermäßig, arg, 1** eig.: labor, nie rastende Arbeit, rastloser Fleiß, Verg.: conatus, Sen.: lumen, allzu starkes, Sen.: mons, gewaltig erschüttert, mit gewaltiger Wucht, Verg.: ora, gieriger (des Löwen), Verg.: rabies ventris, unersättlicher Hunger, Verg.: somnus, Mart. – so auch anser, anguis, gefräßig, unersättlich, Verg. – **2** übtr.: **a** im Allg., **übertrieben, unsinnig,** puer, arg, grausam, Verg.: amor, unsinnige, greuliche, Verg. u. Hor.: res etiam deo improba, sehr schwierig für usw., Plin.: spes improbas habere (hegen), Quint – **b keck, dreist, verwegen,** Aeneas, Verg.: ales, Verg.: ausum, Plin.: bes. als mildernder Ausdruck für *impius, scelestus,* **frech, schamlos, unverschämt,** Siren, Hor.: facies, Quint.: m. *Genet.,* nympha improba conubii, eine lüsterne, Stat. Theb. 7, 300. – **c schändlich = unkeusch,** verba, carmina, Ov.: übtr., satureia, geil machend, Mart.

im-prōcērus, a, um (in u. procerus), **von niederem Wuchs, unansehnlich von Wuchs, knirpsig,** pecora, Tac. Germ. 5, 2: corpora eorum (puerorum) improcera fieri, Gell. 4, 18, 1.

im-prōcreābilis, e (in u. procreo), **nicht zu erschaffen,** Apul. de dogm. Plat. 1, 5.

im-prōdictus, a, um (in u. prodictus), **nicht verschoben, nicht verlegt,** dies, Cic. de domo 45.

im-professus, a, um (in u. profiteor), **I der sich nicht** zu etw. **angegeben hat,** servus, ICt.: vel improfessi, ohne sich zum Judentum zu bekennen, Suet. Dom. 12, 2. – **II** passiv = beim Zollamt **nicht angezeigt, undeklariert,** Ps. Quint. decl. 341 *lemm.*

im-prōlēs, is (in u. proles), **noch kinderlos,** Mar. Victorin. 1, 4, 73, p. 20, 10 K.; vgl. Gloss. II, 86, 4 ›improles, ἄγονος, ἄτεκνος‹.

im-prōmiscus, a, um (in u. promiscus), **unvermischt,** Gell. 1, 7, 6; 12, 4, 3.

im-prōmptus, a, um (in u. promptus), **nicht bei der Hand, nicht rasch,** imprompto iam Arminio ob continua pericula, nicht mehr so ganz rüstig, Tac. ann. 2, 21. – m. *Abl.,* quia infacundior sit et linguā impromptus, weil ihm die fließende Rede fehle und er eine schwere Zunge habe, Liv. 7, 4, 5: so auch sermone impromptus Latio, Auson. edyll. 2, 9. p. 33, 9 Schenkl.

im-prope, *Adv.* (in u. prope), **ganz nahe,** caelo, Tert. de exh. cast. 10 (Oehler prope).

improperanter, *Adv.* (in u. properanter), **nach und nach,** Auson. epitaph. (XVII) 32, 3.

improperātus, a, um (in u. propero), **unbeschleunigt,** vestigia, Verg. Aen. 9, 798.

improperiter, *Adv.* (improperus), **langsam,** ne quid igitur videretur impr. in re tali fecisse, custodem equi gladio perfodit, Iul. Val. 2, 27. p. 94, 21 *Kuebler.*

improperium, iī, *n.* (impropero), der **Schimpf,** die **Beschimpfung** (ὄνειδος, Gloss.), Eccl. (s. Bünem. Lact. 4, 18, 32).

im-propero, āre (in der Vulgärsprache verderbt aus improbro, v. in u. probro, wov. auch ex-probro u. opprobro) = ὀνειδίζω (Gloss.), etwas **schimpflich vorwerfen, vorrücken,** m. bl. *Dat. pers.* = jmdm. **Vorwürfe machen,** alqd, Vulg. psalm. 73, 10; sap. 2, 12 u. a.: alci, Petron. 38, 11. Vulg. psalm. 73, 18. Commodian. instr. 2, 10, 3.

improperus, a, um (in u. properus), **langsam, zögernd,** Sil. 3, 96.

improprīē, *Adv.* (improprius), **uneigentlich,** haud impr. appellari manum (v. Elefantenrüssel), Plin. 10, 29: quasi impr. et inscite dictus, Gell. 7 (6), 6, 2: parum integre atque impr. loqui, Gell. 17, 1, 1: ›candenti‹ dicere pervulgate et impr. pro ferventi favilla, Gell. 17, 10, 18: impr. exponere parabolas, Interpr. Iren. 2, 28, 9.

improprietās, ātis, *f.* (improprius), der **uneigentliche Gebrauch,** verbi, Gell. 1, 22. § 21.

im-proprius, a, um (in u. proprius), **uneigentlich, nicht eigentlich zukommend, unpassend,** griech. ἄκυρος, bes. als *t. t.* der gramm. Sprache, nomen, Quint.: cognomen, Plin. – *neutr.* subst., improprium = ἄκυρον, das Unpassende, Schiefe, Quint. 8, 2, 3: u. Plur. impropria, unpassende Ausdrücke, Quint. 10, 3, 20.

im-prōpūgnātus, a, um (in u. propugno), **nicht verfochten, nicht verteidigt,** Gell. 1, 6, 4. Amm. 26, 5, 12 u. a.

imprōspectē, *Adv.* (improspectus), **unvorsichtig,** Eccl.

im-prōspectus, a, um (in u. prospicio), **unabsehbar** (der Tiefe nach), Aetna, Auct. Aetnae 342 zw. (Haupt Aetnae introspectus).

im-prōsper, a, um (in u. prosper), **unglücklich, ungünstig,** claritudo, Tac.: fama, Tac.: partus, Gell. – m. *Dat.,* quod esset improsperum rei publicae, Schol. Bob. ad Cic. Mil. 38. *no.* 2. p. 290, 20 B.

imprōsperē, *Adv.* (in u. prospere), **unglücklich,** Colum. 1, 1, 16. Tac. ann. 1, 8. Gell. 9, 9, 12.

imprōsperitās, ātis, *f.* (in u. prosperitas), das **Unglück,** Chalc. Tim. 42 E. Donat. ad Verg. Aen. 3, 247.

im-prōtēctus, a, um (in u. protego), **unbedeckt, unverteidigt,** Gell. 13, 28 (27), 4. Amm. 21, 8, 1; 24, 1, 4 u. a.

imprōvidē, *Adv.* (improvidus), **unvorsichtig,** Liv. 27, 27, 11. Colum. 6, 17, 1. Curt. 3, 11 (27), 8 u. 4, 16 (62), 17.

imprōvidentia, ae, *f.* (in u. providentia), die **Unvorsichtigkeit,** Tert. adv. Marc. 2, 23.

im-prōvidus, a, um (in u. providus), **I** etwas **nicht ahnend,** einer Sache **sich nicht versehend,** absol., improvida pectora, Verg.: improvidos incautosque hostes opprimere, Liv. – m. *Genet.,* impr. futuri certaminis, Liv.: impr. huius mali, Plin. – **II** prägn., **achtlos, arglos, unbesorgt, unbekümmert, unvorsichtig, a** v. Pers.: **α** absol.: impr. et creduli senes, Cic.: impr. et neglegentes duces, Cic.: improvidas hominum mentes occupare, Cic. – **β** m. *Genet.,* impr. futuri, Tac.: impr. consilii, Tac. – **γ** mit *Infin.,* Sil. 4, 284. – **b** übtr., v. Lebl.: impr. aetas (puerorum), Cic.: quae (tela) et ipsa caeca et improvida feruntur, blindlings u. unbekümmert (wohin sie fliegen), Plin. ep. 4, 22, 5.

imprōvīsē, *Adv.* (improvisus), **unversehens,** Ps. Tert. poët. adv. Marc. 2, 12 (wo imprōvīsē gemessen ist).

imprōvīsō, *Adv.* (improvisus), **unversehens, unvermutet,** Plaut. asin. 310. Lucil. 1320. Cic. Verr. 2, 182 u. a. Caes. b. G. 1, 13, 5. Liv. 29, 32, 2 u. a.

im-prōvīsus, a, um (in u. provideo), **nicht vorausgesehen, unvermutet,** res, Cic.: adventus, Cic.: cum hoc illi improvisum atque inopinatum accidisset, Cic.: improvisi aderunt, Verg.: quo improvisior graviorque pestis fuit, Tac. ann. 2, 47: quanto improvisior trepidatio eius est, tanto etc., Apul. de mund. 9. – *neutr.* subst., dux sibi delectos retinuerat ad improvisa, für unvorhergesehene Fälle, Tac. hist. 5, 16. – dah. de od. ex improviso, »unversehens, unvermutet, so wie von ungefähr«, Komik., Cic. u. a.

im-prūdēns, entis, Abl. ente, selten entī (in u. prudens), **I nicht vermutend, sich nichts versehend, nichts ahnend, unversehens** (Ggstz. sciens), verb. insciens atque imprudens dico atque facio omnia, Ter.: de hac re imprudens, Ter. Andr. 227: alqm imprudentem aggredi, Caes., opprimere, Nep.: imprudens praeteriisse videris, Cic.: imprudente Sullā, wider Vermuten oder Wissen Sullas, Cic. – **II** prägn.: **a unwissend, unkundig,** legis, Cic.: maris, Liv.: laborum (v. Weinstock), Verg.: mit folg. *Infin.,* quo ruis inprudens dicere fata, Prop. 5, 1, 71: mit folg. *Acc.* u. *Infin.,* non imprudens usurum eum rabie, Curt. 8, 8 (26), 2. – insbes., **unerfahren,** adulescens, Ter. eun. 430. –

b **unweise, unklug, unverständig, einsichtslos, unvorsichtig** (Ggstz. sapiens), v. Pers., Sen. de const. sap. 19, 1. Tac. ann. 1, 70. Eutr. 10, 17. Ov. met. 10, 182: *Superl.* b. Sen. ep. 90, 33: v. Abstr., consilium, Petron. 102, 3. – Plur. subst., Unverständige, Kurzsichtige, Phaedr. 1, 24, 12.

imprūdenter, *Adv.* (imprudens), **I** **wider Wissen, unwissend, aus Unwissenheit, unversehens, absichtslos,** illud impr., geschieht aus Unwissenheit, Cic. Acad. 1, 22: impr. interimi, Vell. 1, 2, 1. – **II** **unklug,** nihil impr. facere, Caes. bei Cic. ad Att. 10, 8. litt. B. § 1: haud impr. speculari, Vell. 2, 118, 2: non impr. feceris, si etc., Nep. Hann. 2, 6: *Compar.*, ad flammam imprudentius accedere, Ter. Andr. 130.

imprūdentia, ae, *f.* (imprudens), **I** das **Unabsichtliche,** die **Absichtslosigkeit,** teli missi, Cic.: quo ne imprudentiam quidem oculorum adici fas fuit, unversehens einen Blick zuwerfen, Cic.: cadunt in ignorationem atque in imprudentiam perturbationes animi, fallen in den Kreis des Unfreiwilligen und Unabsichtlichen, Cic.: iam facta et eventus aut *consilii* sunt aut *imprudentiae,* sind entweder absichtliche oder unabsichtliche, Cic.: per imprudentiam, unversehens, unabsichtlich, Cic. or. 189; ep. 3, 10, 9 (vgl. *no.* II, 2). – **II** prägn.: **1** die **Unkenntnis, Unkunde,** eventus, Liv. 4, 39, 6. – absol., imprudentiā paene admissum facinus, Sall.: si quid fecerim imprudentiā lapsus (vorher Ggstz. nihil me scientem deliquisse), Liv. – **2** die **Unklugheit, Unvorsichtigkeit,** der **Unverstand,** Dionis, praetorum, Nep.: per imprudentiam, aus U., Cic. Verr. 2, 57 (vgl. *no.* I): u. so propter imprudentiam labi (sich vergehen), einen dummen Streich machen, Caes.

im-pūbēs, beris, u. **im-pūbis,** e (in u. pubes), **nicht mannbar, unreif, unerwachsen** (Ggstz. pubes), **a** Form *-bes:* filius, unerwachsen, Cic.: puer, Ov. fast. 2, 239: qui diutissime impuberes permanserunt, die Keuschheit bewahren, Caes. – Plur. subst., impuberes = die Knaben, Caes. b. c. 3, 14, 3. – **b** Form *-bis* (s. Drak. Liv. 2, 13, 10): puer, Plin.: filius, Tac.: corpus, Hor. epod. 5, 13: anni, Ov. met. 9, 418: genae, Ov. met. 3, 422: malae, noch unbehaart, Verg. Aen. 9, 748. – Plur. subst., impubes, **α** = die **Knaben,** Liv. 2, 13, 10: Ggstz. puberes, Liv. 9, 14, 11: Ggstz. seniores, Liv. 42, 63, 10. – **β** = die **Haare Unerwachsener,** die **Knabenhaare,** impubium impositu, Plin. 28, 41.

im-pudēns, entis, Abl. ente u. entī (in u. pudens), **unverschämt, schamlos,** v. Pers., Plaut., Cic. u. a.: tu es impudens! Cic.: tum impudentior videretur, si etc., Cic. – übtr., os, Ter.: epistula, Plaut.: oratio plane imp. et impudica, Fronto: imp. mendacium, Cic.: pecunia, unv. viel Geld, Cic.: quid hoc impudentius dici aut fingi potest? Cic.: impudentissimae litterae, Cic.: nomen impudentissimum, Cic. fr.

impudenter, *Adv.* (impudens), **schamlos, unverschämt, ungebührlich,** nimis pol imp., Liv. Andr. fr.: imp. impudens, Plaut.: imp. facere, Ter.: imp. mentiri, Cic.: uti verbo non imp., Cic.: quae tanta res est, ut imp. ficta sit, Liv.: *Compar.*, multo impudentius dicere, Cic. ep. 9, 22, 4: *Superl.*, impudentissime mentiri, Cic. Verr. 4, 16: facere hoc quoque ut cetera impudentissime, Plin. ep. 4, 9, 14.

impudentia, ae, *f.* (impudens), die **Unverschämtheit, Schamlosigkeit,** Plaut., Cic. u. a.: imp. frontis, Hieron.: quā fronte, quo corde, quā impudentiā, Augustin.

impudīcē, *Adv.* (impudicus), **unzüchtig,** Sen. contr. 1, 2, 12. Tert. de idol. 2. Vulg. thren. 5, 13: *Superl.* bei Eutr. 8, 22.

impudīcitia, ae, *f.* (impudicus), die **Unzüchtigkeit, Unkeuschheit, Unzucht,** bes. = παιδεραστία, **unkeusche Knabenliebe** (Ggstz. libidines, unkeusche Frauenliebe), Plaut., Suet. u. a.: Plur. impudicitiae, Salv. adv. avar. 1, 1. – ► arch. *Genet.* impudicitiai, Plaut. Amph. 821.

im-pudīcus, a, um (in u. pudicus), **I** **schamlos, unverschämt,** facinus, Plaut. rud. 393: odor urcei, scheußlicher, Mart. 12, 32, 16. – **II** **unzüchtig,** homo, Cic.: consul impudicissimus, Cic.: oscultando quidpiam impudicior, Plaut. – bes. v. Päderasten, Lampr. u. Priap.: imp. morbus, Vitr. – übtr., P. Clodii imp. impudentia, Cic.: Plur. subst., omnes impuri impudicique, Cic.: molles et impudici, Vitr. 2, 8, 12: os, Tac.: matrimonium, Suet.: digitus, der mittelste Finger (als dem männl. Glied ähnlich), Mart. 6, 70, 5. Priap. 56, 1. Isid. orig. 11, 1, 71 (ders. bl. impudicus, Gromat. vet. 371, 26).

impudōrātē, *Adv.* (in u. pudoratus), **unverschämt,** Interpr. Iren. 1, 27. *c.* 2 u. 4.

impūges (inpūges) = ἄπυγος, Gloss. II, 243, 30: qui minores naticas (Arschbacken) habet, Gloss. II, 584, 40.

impūgnātio, ōnis, *f.* (impugno), der **Angriff,** die **Bestürmung,** Cic. ad Att. 4, 3, 3. Hieron. Isai. 5, 18, 2.

impūgnātor, ōris, *m.* (impugno), der **Bekämpfer,** Ambros. in psalm. 118. serm. 13. § 6. Cassiod. var. 1, 9, 3 u. a.

im-pūgno, āvī, ātum, āre (in u. pugno), jmd. od. etw. **anfechten, angreifen,** **I** eig., als milit. *t. t.:* terga hostium, Liv.: patriam, Liv.: Syracusas, belagern, Iustin.: absol., Caes. u. Iustin. – **II** übtr.: **a** handelnd gegen jmd. od. etw. **ankämpfen, kämpfen,** regem, Sall.: morbum, Plin.: veneficiis impugnari, Suet. – **b** mit Worten usw. **anfechten, angreifen, bekämpfen** (Ggstz. defendere), plebem, Liv.: actores causarum, Quint.: dignitatem alcis, Cic. fr. u. Hirt. b. G.: sententiam, Tac.: opus, kritisieren, Ov.: absol., tempus impugnandi, Cic. – ► Partiz. Präs. Genet. Plur. synk. impugnantum, Ennod. vit. Epiph. p. 359, 15 H.

impulitus, s. im-pello ►.

impulsio, ōnis, *f.* (impello), **I** der **Anstoß,** corporis, Donat. Ter. Andr. 3, 4, 21: virtutis alicuius (irgendeiner Kraft) impulsionibus torqueri, Arnob. 2, 58. – **II** übtr., **a** die **äußerliche Anregung, Veranlassung, Einwirkung, der Eindruck von außen,** Cic. Tim. 17: Plur., impulsiones rerum, Arnob. 7, 28. – **b** der **Trieb, Antrieb, plötzliche Einfall** (Ggstz. ratiocinatio), Cic. de inv. 2, 17 u. 19; 2, 20. – m. *ad* u. Akk., omnis ad omnem animi motum impulsio et, si ita res feret, mitigatio, alles, was zur Aufregung der Leidenschaften und nach Umständen zur Besänftigung dient, Cic. de or. 3, 118: ad hilaritatem imp., die Erregung der Heiterkeit, Versetzung in eine heitere Stimmung (durch Scherz, witzige Reden), griech. χαριεντισμός, eine Redefigur, Cic. de or. 3, 205. Quint. 9, 1, 31 u. 9, 2, 3.

impulso, āre = προπηλακίζω, Placid. gloss. II, 420, 2.

impulsor, ōris, *m.* (impello), der **Antreiber, Anreger, Veranlasser,** profectionis meae, zu usw., Cic.: me impulsore, auf meinen Antrieb, auf mein Anstiften, Ter.: u. so impulsore Chresto, Suet.: Caesare impulsore atque auctore, Cic.: ne pravis impulsoribus paci belloque male consuleret, Tac.

impulstrīx, trīcis, *f.* (Femin. zu impulsor), die **Antreiberin,** Non. 150, 29 (viell. richtiger impultrix, wie expultrix).

impulsus, ūs, *m.* (impello), das **In-Bewegung-Setzen,** **I** eig., die **Fortbewegung,** das **Fortschieben,** der fortbewegende **Stoß, Anstoß, äußere Antrieb,** corporum, Plin.: scutorum, Cic.: ianuae, das Anklopfen an die Tür, Sen.: turbae, das Andrängen des Volks, Suet.: nullo velorum impulsu, wenn kein Wind die Segel schwellt, Plin. – **II** übtr.: **1** der **Antrieb,** die **Anregung, Anreizung** jmds. zu etw., impulsu meo, suo, vestro, Cic.: impulsu eorum, Caes. – **2** der **innerliche Trieb, -Antrieb, plötzliche Einfall,** Cic. de inv. 2, 19. – Abl. Plur., impulsibus, Apul. de mund. 12.

im-pulvereus, a, um (in u. pulvereus), **staublos,** übtr. = mühelos, impulverea, ut dici solet, incruentaque victoria, Gell. 5, 6, 21.

im-pūnctus, a, um (in u. pungo), **ohne Punkte, ohne Tüpfel,** crystallum, rein, Apul. met. 2, 19.

impūne, *Adv.* (impunis), **ungestraft,** **I** eig., **frei von Strafe, ohne Strafe,** facere Cic. u. Caes.: habere, Ter., od. ferre, Cic., etw. ungestraft getan haben, ohne Strafe davonkommen, bei etw. frei (von Strafe) ausgehen: u. so haud od. non imp. feres, Ov.: aber non imp. feremus, dulden, ohne zu strafen, Ov.: impune esse, ungestraft bleiben (v. Taten u. Worten), Cic. ep. u. a.: impune videri, sich ungestr. sehen lassen, Ov.: u. so impune esse alci, Plaut., Liv. u. Tac.: alci non imp. cedere (hingehen), Sen. rhet.: imp. relinqui, ungestraft bleiben, Sil.: imp. iniuriam accipere, ungerochen sich misshandeln lassen, Sall.: non imp. abire (abziehen, wegkommen), Caes. u. Lact.: libertate usus est, quo impunius dicax esset, Cic. Quinct. 11: impunissime tibi vendere hasce aedes licet, Plaut. Poen. 411. – **II** übtr., übh. **ohne Nachteil, ohne Gefahr, sicher,** in otio esse, Cic.: revisere aequor, Hor.: inter haec vadosa perfretasse, Solin.

impūnis, e (in u. poena), **ungestraft, ohne Nachteil,** non iam impunem me credebam fore, Apul. met. 3, 6. – ▶ impune esse, imp. habere gehören zum Adv. impune, s. d.

impūnitās, ātis, *f.* (impunis), die **Ungestraftheit, I** eig., **Straflosigkeit, Sicherheit vor der Strafe** (Ggstz. poena), impunitas peccandi, Cic.: alci veniam et impunitatem dare, Cic.: impunitatem desertoris petere, Quint. – mit *ab* u. Abl., quorum impunitas fuit non modo a iudicio, sed etiam a sermone, Cic. Rabir. Post. 27. – **II** übtr., übh. die **furcht-** u. **straflose Sicherheit,** die **ungebundene Freiheit,** die **Ungebundenheit, Zügellosigkeit,** gladiorum, Cic. u. Vell.: flagitiorum, Cic.: superfluens iuvenili quādam impunitate et licentiā, Cic.

impūnītē, *Adv.* (impunitus), **ungestraft,** Cic. de fin. 2, 59. Mat. in Cic. ep. 11, 28, 3: impunitius, Fest. p. 173 (a), 8.

im-pūnītus, a, um (in u. punio), **I ungestraft, ungeahndet, straflos,** libido impunitior, Liv.: non diu proditoribus impunita res fuit, Liv.: multorum impunita scelera ferre, Cic.: hanc iniuriam ignominiamque nominis Romani inultam impunitamque dimittere, Cic.: si istius haec iniuria impunita discesserit, Cic.: nullius umquam impunitam stultitiam transire passus est, Sen. rhet. – v. Pers., Pompeium gratia impunitum habuit (ließ straflos ausgehen), Vell.: alqm impunitum dimittere, Rhet. Her. u. Sall. – **II** übtr., **ungebunden, uneingeschränkt, zügellos,** omnium rerum libertas, Cic.: mentiendi licentia, Cic. fr.: mendacium, Cic.

impūrātus, a, um, *PAdi.* (v. impuro), moralisch **unflätig, schuftig,** als Schimpfwort **Schandkerl, gemeiner Kerl, Schuft,** homo impuratus, Lucil. 66: ille od. hic impuratus, Ter.: impuratissime, Plaut. rud. 751: impuratissima capita, Apul. met. 9 10.

impūrē, *Adv.* (impurus), **unrein;** dah. übtr. = **schändlich, abscheulich, verrucht,** multa facere, Cic.: imp. atque flagitiose vivere, Cic.: impurissime despici, Cic. ad Att. 9, 12, 2.

im-pūrgābilis, e (in u. purgabilis), **nicht zu rechtfertigen, unentschuldbar,** impurg. crimen, Amm. 22, 3, 8.

impūritās, ātis, *f.* (impurus), die moral. **Unflätigkeit,** Capit. Macrin. 7, 8. Vulg. Levit. 5, 3: Plur., Cic. Phil. 2, 6. Ambros. de off. 1, 28, 136. Salv. de gub. dei 4, 14, 65; 6, 5 *extr.*

impūritia, ae, *f.* (impurus), die moral. **Unflätigkeit,** im Plur. b. Plaut. Pers. 411.

impūro, āre (impurus), **verunreinigen, schänden,** Isid. diff. 1. § 230.

impurpurātus, a, um (in u. purpura) = ἐμπόρφυρος, **mit Purpur verbrämt,** vestis, Charis. 31, 30.

im-pūrus, a, um (in u. purus), **I unrein,** matris alvus, Ov. Ib. 219: medicamina (= venena), Flor. 2, 20, 7, – **II** übtr., **unrein, befleckt, a** m. *Abl.:* adulescens omni libidine impurus, Petron. 81, 4. – **b** m. *ab* (von Seiten) u. Abl.: non erat ille ab uno tantummodo sexu impurus, sed tam virorum quam feminarum avidus, Sen. nat. qu. 1, 16, 2. – **c** absol., **unflätig = schändlich, schuftig, lasterhaft, sittenlos,** leno, Plaut.: homo, ein Wüstling, Ter., Cic. u. Sen.: animus, Sall.: adulterium, Catull.: historia, Ov.: homo non impurus, kein unebener, ganz ehrenwerter, Ter.: u. so anus haud impura, ganz nette, ganz ehrenwerte, Ter.: quid impurius, quam retinuisse talem adulteram, Quint.: hic impurissimus, dieser erzgemeine Kerl, Plaut. Men. 853: orationem ex ore impurissimo evomuit, Cic. Phil. 5, 20.

imputātio, ōnis, *f.* (imputo), die **Anrechnung, Berechnung,** Callistr. dig. 35, 1, 82: Plur., Dig. 35, 1, 80.

imputātīvus, a, um (imputo), **zurechnend, beschuldigend,** Tert. adv. Marc. 2, 25.

imputātor, ōris, *m.* (imputo), der **Anrechner,** von dem, der sich viel darauf einbildet, dass er anderen Gutes tut, Sen. de ben. 2, 17, 6.

1. **imputātus,** a, um (in u. puto, reinigen, beschneiden), **unbeschnitten,** buxus, Plin. 17, 163: vinea (Weinstöcke), Hor. epod. 16, 44.

2. **imputātus,** a, um, *Partic.* v. imputo, s. d.

im-puto, āvī, ātum, āre (in u. puto, rechnen), **anrechnen, in Rechnung bringen, I** eig. u. meton.: **1** eig.: plus imputant seminis iacti, quam quod severint, Colum.: sumptus alci, ICt.: hoc non imputo in solutum, rechne ich nicht als Zahlung an, Sen. ep. 8, 10. – **2** meton. = jmdm. etwas **schenken, widmen,** alci nectar, alci otia, Mart. – **II** übtr., jmdm. od. sich etw. als Verdienst od. Schuld **anrechnen, a** als Verdienst **anrechnen, in Rechnung bringen, sich ein Verdienst aus** etw. **machen,** officia alci, Sen.: alci beneficium, Phaedr.: quis mihi plurimum imputet, wer mich am meisten sich verpflichtet, Tac.: imputant, quod transeant, Plin. ep.: hoc quod secundum posuit nemo alius *pro* beneficio imputavit, Sen. contr. 9, 24, 11. – **b** jmdm. als Schuld **zurechnen, zuschreiben, beilegen,** auf ihn **schieben,** ihm **Schuld geben,** alci natum, Ov.: culpam, Plin.: caedem, Quint.: fugam innocentiae, Curt.: aliquid tempori, Curt.: tibi imputabis, si etc., Plin. ep.

im-putrēsco, truī, ere (in u. putresco), **darin verfaulen, -verwesen,** Col. 6, 17, 5.

imputribilis, e (in u. putribilis), **unverweslich, der Fäulnis nicht unterworfen** (Ggstz. putribilis), Eccl.

imputribiliter, *Adv.* (imputribilis), **unverweslich,** Augustin. epist. 27, 2.

imulus, a, um (*Demin.* v. imus), der, die, das **allerunterste,** auricilla, Catull. 25, 2.

īmus, a, um, s. īnfer *no.* III, B.

1. **in,** *Praepos.* mit *Acc.* = εἰς, u. mit *Abl.* = ἐν **in, I** mit *Acc.* = **in** das Innere eines Raums (sei es eine Tiefe od. Fläche) **hinein** (Ggstz. ad, das nur die Annäherung eines Gegenstandes bezeichnet), **in, auf, nach, gegen, A** im Raum (als Tiefe od. Fläche): **1** zur Angabe der Bewegung: *ad* urbem vel potius *in* urbem exercitum adducere, Cic.: deus *ad* homines venit, immo, quod propius est, *in* homines, Sen.: in umeros suos efferre, Cic.: in aram confugere, auf den A. (auf die Stufen des A.), Nep.: mittere in Asiam, Nep. – eine Menge als Raum gedacht, se in medios hostes immittere, Cic.

2 (wie εἰς) zur Angabe der Richtung = **hin … zu, nach … hin, nach, wärts,** conspicere sursum in caelum, Plaut.: in orientem, Tac.: – in agrum, s. 1. ager *no.* I, d u. e. – in latus, seitwärts, Cels. u. Quint.: in dextrum, in sinistrum (laevum), rechts, links, Cels., Stat. u. a. – in ventum, windwärts, Lucan. – dah. in … versus = **nach … hin, wärts** (zur genaueren Bestimmung der Richtung), in Galliam versus, Sall.: in Italiam versus, Serv. in Cic. ep.: in meridiem versus, Curt.

B in der Zeit: **1** zur Angabe der Zeit, bis in die hinein sich etw. erstreckt = **in … hinein, bis in … hinein,** dormire in lucem (Tag), Hor.: dicere in noctem, Plin. ep.: boves pariunt in decem annos, Col.: alqd in omne tempus perdidisse, in alle Zeit hinein = für alle Zeit, für immer, Cic.

2 zur Angabe des Zeitpunktes, der für etw. od. für den etw. bestimmt ist = **für, auf,** magistratum creare in annum, Liv. (vgl. Drak. Liv. 4, 55, 6): in multos annos praedicere, Cic.: alqm invitare in posterum diem, Cic.: differre alqd in posterum diem, Cic., in crastinum, Cic. – m. *usque* = **bis auf,** wie usque in adventum eius tenuit urbem, Liv. – So insbes., in diem, **α** auf einen Tag = auf kurze Zeit, auf heute, Liv. u. Ov.: in diem vivere, nur für den Tag, in den Tag hinein, Cic. u. a. – **β** = auf einen bestimmten Tag, Zahlungstermin, fundum emere in diem, Nep. **γ** Tag für Tag, täglich, in diem rapto vivere, Liv.: in diem et horam, Hor. **δ** (= in diem futurum) fürs Künftige, für die Zukunft, in diem istuc est fortasse, quod minaris, Ter.: in diem poenas praesentis fraudis di reservant, Cic. **ε** von Tag zu Tag, Plin. 5, 73. – in dies od. in singulos dies, **αα** = auf einzelne Tage, von Tag zu Tag (NOgstz. in perpetuum), Cic. u. a. **ββ**= mit jedem einzelnen Tag, täglich, Cic. – in horas, stündlich, Hor. – in singulos annos, von Jahr zu Jahr, Jahr für Jahr, Liv. – in tempus, für die Umstände, Cic.: praesens in tempus, Cic. – so auch in futurum, in posterum, in aeternum, in perpetuum, in praesens, s. futūrus etc.

C in anderen Verhältnissen: **1** bei Angabe räumlicher Größen zur Bezeichnung der Richtung nach irgendeiner Dimension = **in,** *in longitudinem* (in die od. in der L.) milia passuum CCXL, *in latitudinem*

CLXXX patēre, Caes.: murum *in altitudinem* pedum sedecim fossamque perducit, Caes.; vgl. Drak. Liv. 38, 59, 6.

2 zur Angabe des Übergangs aus einem in das andere (in eine andere Gestalt, einen anderen Zustand usw.) = **in,** mutare in alqm od. alqd, s. 1. mūto: in sollicitudinem versa fiducia est, Curt.

3 zur Bezeichnung der Teile, auf die sich eine Einteilung erstreckt, in die sie das Ganze zerlegt = **in,** Gallia est omnis divisa in partes tres, Caes.: in duodecim menses describere annum, Cic. – ebenso bei Verteilung zur Bezeichnung der einzelnen, denen etwas zugeteilt wird = **auf,** describere censores binos in singulas civitates, zwei Z. auf jeden einzelnen St., Cic.: sextantes conferuntur in capita, auf den K. (Mann), kopfweise, Liv.: quaternos denarios in singulas vini amphoras portorii nomine exigere, Liv.: frumentum assibus in modios aestimatum, Liv.

4 zur Angabe der Bestimmung, des Endzwecks, wozu etwas dienen soll od. geschieht = **zu, für, behufs,** nullam pecuniam Gabinio, nisi in rem militarem datam, Cic.: alqo mitti in praesidium (zur Besatzung), Liv.: in supplementum classis dari, Liv.: alqm in id certamen legere, Liv.: in spem genitus, auf die Hoffnung hin, Curt.: in spem victoriae, Curt.: praecepta dare in alqd (in Beziehung auf etwas), Cic.: in haec obsides accepti, dafür, deshalb, Cic.; vgl. unten nach *no.* 6 Anm. ▸ a. E. – dah. auch zur Bezeichnung des beabsichtigten od. unbeabsichtigten Erfolgs einer Handlung = **zu, wegen** (klass. alcis rei causā), cibo in vitam, non in voluptatem uti, Vell.: turres in propugnaculum villae subiectae, Sen.: in hoc, Hor., Ov., Vell. u. a.; vgl. Madvig Opusc. I. p. 167 (nach dem Cic. Clu. 188 in familiae luctum atque in privignorum funus nupsit = *in lugentem* [*morte filiorum*] *familiam innupsit*).

5 zur Angabe des Angemessenen, der Beschaffenheit, der Art u. Weise des Geschehens, **a** = **gemäß,** in rem esse, dem Interesse gemäß, sachgemäß sein, Komik., Sall. u. a. (s. Liv. 22, 3, 2 u. Sall. Cat. 20, 1). – tradere regnum in fidem alcis, seinem Wort gemäß = auf sein Wort, Sall. – **b** = **auf, nach,** vaticinantis in modum, Liv.: hostilem in modum, Liv.: praeclara classis in speciem, Cic. – in eandem sententiam loqui, Cic.: iudicium accipere in ea ipsa verba, quae Naevius edebat, Cic.: foedus in haec verba fere conscriptum, Liv.: iurare in verba alcis, auf die W., Hor. u. a. – in plumam, nach Art der F., wie die F., Verg.: in barbarum, nach Art eines B., wie ein B., Tac. (vgl. Oudend. Apul. met. 3, 10. p. 191. Hildebr. Apul. met. 6, 29. p. 504). – so auch in universum, im Ganzen, im Allgemeinen, Liv.: in vicem, Cic. u. Caes., od. in vices, Ov., wechselweise.

6 zur Bezeichnung des Gegenstandes (gleichs. des Ortes), auf den Handlungen od. Gemütsstimmungen, freundliche od. feindliche, gerichtet sind = **gegen, a** Handlungen: alqm in os laudare, ins Gesicht loben (κατὰ στόμα ἐπαινεῖν), Ter. – de servis quaerere in dominos, Cic.: in consules designatos legem decernere, Cic.: carmen scribere in alqm, gegen od. auf jmd., Nep. – **b** Gemütsstimmungen: bono animo esse in alqm, Caes.: impietas in deos, Cic.: amor in patriam, Cic.: munificentia in alqm, Sall.: perindulgens in patrem, acerbe severus in filium, Cic.

▸ in mit Akk. steht (wie εἰς) zuw. da, wo das Verbum, auf das es sich bezieht, nicht eine Bezeichnung der Richtung **wohin?** sondern die Angabe des **wo?** also in mit Abl. zu erfordern scheint; wobei eine Prägnanz der Konstruktion zugrunde liegt, indem sich der Begriff einer Bewegung mit einmischt, wie: alqm in carcerem asservari iubere, in das G. bringen u. dort verwahren lassen, Liv.: in Tusculanum futurum esse, kommen wollen, Cic.: adesse in senatum, in den S. gehen od. zum S. kommen, Cic.: esse (= *venisse*) in potestatem, gekommen sein, Cic. u. a.: ebenso habere in potestatem, bekommen haben, Sall. u. a. (vgl. Drak. Liv. 2, 14, 4): alci esse in mentem, in die Gedanken kommen, einfallen, Plaut.: alci in conspectum esse, Suet. u. dgl. – Als *Acc.* der Bestimmung, des Endzwecks (s. oben *no.* C, 4) sind aber zu erklären: Galliam retinere in senatus populique Romani potestatem, Cic.: ferri lecticulā ut in funebrem pompam, Tac.: in medium relinquere, unentschieden lassen, Tac.: probari in vulgus, in vulgus gratum esse, in vulgus ignotus, beim V., Cic.: res esse in vadimonium coepit, es kam zum Bürgenstellen, Cic.

II mit *Abl.* = ἐν, zur Bezeichnung des Seins in einem Raum, im Inneren einer Sache (wobei das Innere nicht bloß als das einer Tiefe, sondern auch als das einer Fläche [das, was innerhalb des Umfangs derselben ist] zu denken), **A** im Raum: **1** im Allg., **in, an, auf,** esse in Sicilia, Cic.: dicere in senatu, Cic.: coronam habere unam in capite (auf dem K.), alteram in collo (an dem H.), Cic.: sedere in solio, Cic.: navigare in Italia, an J., an der Küste von I., Cic.: castra in limite locat, an dem Grenzwall, Tac. – zuw. = **vor, unter,** in oculis esse, vor Augen sein (bildl.), Cic.: in manibus habere (eig. u. bildl., s. 2. mānus), Cic.

2 (wie ἐν) von dem Umgebensein von-, Stecken usw. in einer Kleidung = **in, mit,** esse in veste domestica, Ov.: in lugubri veste, Curt.: in crepidis, Suet.: in Persico et vulgari habitu, Curt.: formari in cornibus, Ov. – in Waffen, **in, mit, unter,** patriis ad Troiam missus in armis, Verg.: horridus in iaculis, Verg.: excubare in armis, Caes. – in Fesseln u. Banden = **in,** in vinculis et catenis esse, Liv.

B in der Zeit: **1** zur Angabe der Zeit, **a** im Verlauf od. während deren etw. geschieht = **im Verlauf, innerhalb, während,** in multis annis, Nep.: in omni aetate, in extremo tempore aetatis, Cic.: in sex mensibus, Cic.: in diebus paucis, Ter.: ter in mense, ter in anno, Varro u. Cic.: in pueritia od. adulescentia, Nep. u. Suet. – so auch bei uneig. Zeitbestimmungen, in bello, Cic.: in pace et per indutias, Sall.: semel in vita, Cic.: in itinere, Caes.: in qua potestate (während welches Amtes) Pheras cepit, Nep. – dah. **b** auch beim *Abl.* des Gerundium u. der Gerundiva, um den Begriff der Zeitdauer auszudrücken = **bei, während,** in deliberando, bei der Überlegung, Cic.: in quaerendis suis, beim Suchen der S., Caes.

2 zur Angabe eines Zeitpunktes (bes. eines entscheidenden), einer Zeitlage, der Zeitumstände, **a** übh.: nolo me videat hoc in tempore, gerade jetzt, Ter.: in tali tempore, Liv. – in eo est, ut etc., es ist auf dem Punkt, dass usw., Liv. u. Nep. – **b** insbes., in tempore (= ἐν καιρῷ), zu rechter Zeit, Ter. u. Liv.: so auch in ipso tempore, Ter.

C in anderen Verhältnissen: **1** zur Angabe von Umständen, Verhältnissen u. Zuständen, in denen sich etwas befindet od. unter denen etw. geschieht = **in, bei, unter,** in hac solitudine careo omnium colloquio, Cic.: in vino (beim Weintrinken) immodicum esse, Ter.: in tanta paupertate decessit, ut etc., Nep.: magno in aere alieno (bei = ungeachtet) maiores etiam possessiones habent, Cic. – u. zur Bezeichnung von Pers. od. Sachen, auf deren Zustand od. Verhältnis sich etwas bezieht = **bei, in Betreff, hinsichtlich,** in hoc homine non accipio excusationem, Cic.: ausurum se in tribunis, quod princeps familiae ausus in regibus esset, Liv.: idem in bono servo dici solet, Cic. – in una urbe (indem ihr **eine** Stadt erobert) universam ceperitis Italiam, Liv. 26, 43, 3. – u. (im Briefstil u. Dialog) ohne Beziehung auf das Verbum des Hauptsatzes, in reliquis officiis (hinsichtlich der usw.), cui tu tribuisti praeter me, ut domum ventitares? Cic.

2 mit *Abl.* eines Verbalsubstantivs od. Adjektivs, um die Tätigkeit od. den Zustand anzuzeigen, in dem etwas ist = **in,** in motu esse, Cic.: in maximis esse luctibus, Cic.: in integro tota res est, Cic.: moderatio in difficili est, Liv.; u. so in facili, in promiscuo, in obscuro u. dgl., s. facilis etc.

3 zur Bezeichnung des Objekts, in dem sich der Unterricht, die Bildung zeigt = **in, an,** erudire in iure civili, Cic.: in bonis litteris educatus, Cic.: exercere mentem in alqa re, Cic.

4 bei esse u. inesse, um die Pers. od. Sache, in der etwas ist od. der etwas gehört, zu bezeichnen = **in,** quanta auctoritas fuit in Metello, Cic.: haec est societas, in qua omnia insunt, Cic.: quibus in rebus ipsi interesse non possumus, Cic.

5 zur Angabe einer Klasse od. Anzahl von Gegenständen, zu der etwas gehört = **unter,** Pausanias ceperat complures Persarum nobiles atque in his nonnullos regis propinquos, Nep.: u. so oft in his bei Caes. u. a.: in quibus Catilina, Sall.: in Epaminondae virtutibus commemoratur saltasse eum commode, Nep.

► Zuw. steht in mit Abl. da, wo man im Deutschen in mit Akk. erwartet u. im Lateinischen auch oft setzt, wie: introrumpere in aedibus, einbrechen im H. = in das H., Plaut.: infundere in naribus, Colum. – ebenso übtr., gratum esse in alqo, bei = gegen jmd., Cic.; u. dgl. m. – Die verschiedene Konstruktion der Verba **legen, stellen, setzen** u. a. s. unter diesen.

► arch. u. vulg. im, CIL 1, 1104 u. 11, 4391. Inscr. christ. (aus Rom) Fabretti 323, 445. – arch. u. vulg. en, CIL 1, 195, 5; 1, 199, 12; 1009. v. 14; 1220. v. 3 (Anthol. Lat. 1274, 3 M.). CIL 8, 8635 (Anthol. Lat. 1274, 14 M.). – arch. endo, Enn. ann. 576; fr. var. 23. XII tabb. I, 2 Sch. (bei Fest. p. 313 [a], 7) u. III, 3 u. 4 Sch. (bei Gell. 20, 1, 45). Lex vet. bei Gell. 5, 19, 9. Lucil. 1075. Varro r. r. 3, 17, 10. Lucr. 6, 890. Cic. de legg. 2, 19. Paul. ex Fest. 77, 3. – arch. indu, Enn. ann. 238 u. 445*. Lucil. 970 u. 1230. Lucr. 2, 1096; 5, 102. Vgl. Placid. gloss. V, 29, 13.

2. in, *Praeverbium,* **1** entsprechend der Präposition = griech. ἐν, in der Zusammensetzung mit Verben, wo die Präposition in der Regel ihre gewöhnliche Bedeutung **darin, daran, darauf, dabei** behält, im Deutschen aber oft vom Verbum getrennt und zum Substantiv gezogen werden muss. – **2** Verneinungswort = griech. ἀ-, ἀν-, deutsch **un-,** wie infans, indoctus. – Vor f u. s wurde es mit gedehntem Selbstlaut gesprochen, wie inficetus, insipiens; in anderen Zusammensetzungen, wie indoctus, mit geschärftem. – Vor p geht das n in in über in m, wie in imputo, vor l, m u. r aber wird es assimiliert, wie in illudo, immuto, irruo u. dgl.

3. īn = isne, s. 1. eo a. E. ►.

īna, ae, *f.* (ἴς, Akk. ἶνα), eine **Papierfaser,** Marc. Emp. 31; vgl. Paul. ex Fest. 81, 4 u. 104, 14.

in-abruptus (in u. abrumpo), a, um, **unabgerissen, unabgebrochen,** catena, Stat. silv. 5, 1, 44.

in-abscondibilis, e (inabscondo) = ἄκρυπτος, **verborgen,** Gloss. II, 224, 11.

in-abscondo, scōnsum, ere, **verbergen,** Iren. 1, 5, 4.

in-absolūtus, a, um (in u. absolvo), **unvollendet, unvollständig,** Apul. de dogm. Plat. 1, 5.

in-abstinenter, *Adv.* = *inpatienter,* Gloss. IV, 90, 18 u. ö.

in-abstinentia, ae, *f.,* die **Unenthaltsamkeit,** Ennod. epist. 4, 12.

in-abstractus, a, um, **I** = ἀχώριστος, **unzertrennbar,** Boëth. de trin. 1. p. 1121. – **II** = ἀνυπεξαίρετος, **nicht ausgenommen,** Boëth. de trin. 2. p. 152, 6 u. 10 *Peiper.*

in-accēnsus (in u. accendo), a, um, **nicht angezündet, nicht entzündet,** ignes, Sil. 1, 96: übtr., pectus Veneri, Claud. rapt. Pros. 1, 225.

in-accessibilis, e, **unzugänglich,** Porphyr. Hor. sat. 2, 1, 20. Cl. Mam. genethl. 9, 3 u. Eccl. Vgl. Rönsch Heges. p. 294.

inaccessibilitās, ātis, *f.* (inaccessibilis), die **Unzugänglichkeit** eines Ortes, Arnob. in psalm. 138.

in-accessus, a, um (in u. accedo), **unzugänglich, a** eig.: lucus, Verg.: arx, Plin. pan.: aditus, Flor.: rupes, Vulg.: montes scopulis (durch F.)., Plin.: saltus, Plin. u. Flor.: Rhaeticarum Alpium inaccessus ac praeceps vertex, Tac.: terras diluvialis irruptio inaccessas reliquit, Solin.: *neutr. pl.* subst., vagi per inaccessa mapalium, durch die unz. Wohnstätten, Tac. hist. 4, 50. – **b** übtr., **unerreichbar,** formositas, Apul. met. 4, 28: pulchritudo, Amm. 31, 16, 7: Pindarus, quem Flaccus imitationi inaccessum fatetur, Macr. sat. 5, 17, 7.

in-accrēsco, ere, **heranwachsen,** Tert. adv. gnost. 1.

in-accūsābilis, e, **unanklagbar,** Eccl. u. Gloss.

in-accūsātus, a, um (in u. accuso), **unangeklagt,** Tert. apol. 49.

in-acēsco (inacīsco), acuī, ere, **einsauern** = durchaus **sauer werden,** v. der Milch, Plin. 28, 135: v. Speisen, Scrib. Larg. 104: v. Früchten, Gargil. Mart. de pom. 14 (wo inaciscunt). – übtr., haec tibi per totos inacescant omnia sensus, verdrieße dich, Ov. rem. am. 307: si tibi inacuit nostra contumelia, Apul. met. 5, 10.

Īnachidēs, -chis, s. Īnachus.

Īnachius, s. Īnachus.

Īnachus (Īnachos), ī, *m.* (Ἴναχος), Stromgott u. erster König von Argos, Sohn des Oceanus u. der Tethys, Vater des Phoroneus u. der Io von einer melischen Nymphe od. seiner Schwester Argeia, genannt nach dem Fluss Inachus (j. *Najo*) in der peloponnesischen Landschaft Argolis, Hor. carm. 3, 19, 1. Ov. am. 3, 6, 103. Mela 2, 3, 9 (2. § 51): Io, Inachi filia, Lact. 1, 11, 20. – Dav. **A Īnachidēs,** ae, *m.* (Ἰναχίδης), der Nachkomme des Inachus, der **Inachide,** v. Epaphus (Enkel des Inachus), Ov. met. 1, 753: v. Perseus, *ibid.* 4, 720: Inachidae, die Inachiden = Argiver, Stat. Theb. 3, 366. – **B Īnachis,** chidos, Vok. chi, Akk. Plur. chidas, *f.* (Ἰναχίς), **inachisch,** ripa, des Flusses Inachus, Ov. – subst., die **Inachide** (Tochter des Inachus), d. i. Io, Prop. u. Ov.: Plur. Inachides = die Argiverinnen, Stat. u. Claud. – **C Īnachius,** a, um (Ἰνάχιος), **a inachisch,** iuvenca, Io, Verg.: heroinae, die Danaiden, weil sie von Inachus abstammten, Prop.: Argi, von Inachus erbaut, Verg. – **b argivisch, griechisch,** urbes, Verg.

in-āctuōsus, a, um, **untätig,** Augustin. de civ. dei 4, 16. Serv. Verg. Aen. 3, 587.

ināctus, a, um, s. inigo.

inadc..., s. inacc...

inaddūcibiliter, *Adv.* = ἀπερισπάστως, **nicht hin und her gezogen, ungehindert,** Itala 1. Corinth. 7, 35; vgl. Rönsch Itala S. 150.

in-adfectātus, a, um, s. in-affectātus.

in-adībilis, e (in u. adeo), **unzugänglich** (Ggstz. adibilis), tum ergo deus inadibilem terram (um Ravenna) adibilem reddidit, Cassiod. hist. eccl. 11, 18: quod sit deus inadibilis, Fortun. bei Augustin. c. Fortun. 1, 3: m. *Dat.,* lacus vestigio inspectoris inadibilis est, Sidon. epist. 2, 2, 16.

inadp..., s. inapp...

inadscēnsus, a, um, s. in-āscēnsus.

inadsp..., s. inasp...

inadsuētus, a, um, s. in-assuētus.

inadt..., s. inatt...

in-adūlābilis, e, **der Schmeichelei unzugänglich,** iudex, Gell. 14, 4, 3.

in-adulterātus, a, um (in u. adultero), **unverfälscht,** regulam veritatis inadulteratam habentes, Interpr. Iren. 3, 15, 1.

in-adustus, a, um (in u. aduro), **unangebrannt, unversengt,** corpus, Ov. her. 12, 93: fratres, Prud. apoth. 131.

in-aedifico, āvī, ātum, āre, **I an-, in-, bei-, auf** etw. **bauen, erbauen, aufbauen,** parietes clivulo, Colum.: sacellum in domo, Cic.: alqd in locum, Liv.: supra pilas, ICt. – quae (tecta) celeriter erant inaedificata, dort aufgebaut, Hirt. b. G. – übtr., lapidem nido, einfügen, Plin., poet., nubila nubilis inaedificata, aufgetürmt, Lucr. – bildl., adulescens, quantumcumque imponere illi avunculus, et, ut ita dicam, inaedificare (ihm auftürmen) voluisset, laturus, Sen. ad Marc. 2, 3. – **II bebauen, verbauen, zubauen,** locum, Scaev. dig. 13, 7, 43 *in.* – sacella, Cic.: vicos plateasque, verbarrikadieren, Caes.: u. so portas, Liv.

in-aequābilis, e, **ungleichmäßig, ungleichförmig** (Ggstz. aequabilis), **a** der Oberfläche nach, **ungleich, uneben,** campester locus (Ggstz. qui totus aequabiliter in unam partem vergit), Varro: solum, Liv. – **b** der Beschaffenheit nach, venarum percussus, Plin.: motus inaequabiles et varii, Cic.: incertum est et inaequabile, quicquid ars tradit, Sen. – **c** der Zahl nach, **ungleich,** greges maiorum (suum), Varro r. r. 2, 4, 22.

inaequābilitās, ātis, *f.* (inaequabilis), **I** die **Ungleichförmigkeit, Ungleichheit,** Arnob. 2, 55. – **II** als gramm. *t. t.* = ἀνωμαλία, die **Ungleichförmigkeit, Anomalie,** sermonis, Varro LL. 9, 1.

inaequābiliter, *Adv.* (inaequabilis), **ungleichmäßig, ungleich** (Ggstz. aequabiliter), ova maturescunt, Varro r. r. 3, 9, 8: censuram gerere, Suet. Claud. 16, 1: varie et inaequ. provinciam regere, Suet. Galb. 9.

in-aequālis, e, **I ungleich, uneben** (Ggstz. aequalis), **1** eig.: colles, Liv.: loca, Tac.: mensa, nicht gerade stehend (weil ein Bein zu kurz ist), Mart.: calices siccare inaequales, bald volle, bald halbvolle Becher trinken, Hor.: triangula inaequalibus lateribus, Quint. – **2** übtr., **a** übh.: varietas, Cic.: munificentia, Liv.: multae poenitio, Gell.: nihil est ipsā aequalitate inaequalius, Plin. ep.: res inaequalissimae, von sehr ungleichem Wert, Suet.: autumni, unbeständige, Ov.: u. v. Pers., poëta, Sen. rhet.: vixit inaequalis, unbeständig, Hor. – **b** **ungesund, krank,** spät. Eccl.; vgl. Rönsch Heges. p. 303. – **II** aktiv = **uneben machend,** tonsor, ungleich (in Stufen) scherend, Hor. ep. 1, 1, 94: procellae, das Meer aufregend, Hor. carm. 2, 9, 3.

inaequālitās, ātis, *f.* (inaequalis), **I** die **Ungleichheit, Unähnlichkeit** (Ggstz. aequalitas), Varro LL. 8, 28. Quint. 11, 3, 44 u. 79: coloris, Quint. 12, 9, 17: Plur., Colum. 3, 12, 3: temporum, Plin. 2, 177. – **II** insbes.: **a** als gramm. *t. t.* = ἀνωμαλία, die **Ungleichförmigkeit, Anomalie,** declinationum, Gell. 2, 25, 3. – **b** als mediz. *t. t.*, die **Ungesundheit, Krankheit,** Ambros. hexaëm. 3, 10 u. a.: inaequ. aëris, Cael. Aur. de morb. acut. 2, 37, 192.

inaequāliter, *Adv.* (inaequalis), **ungleich, in ungleicher Weise,** inaequ. eminentes rupes, Liv.: onera inaequ. convoluta, unordentlich durcheinander gewälzte (Ggstz. onera immota), Sen.: is (campus) inaequ. sinuatur, Tac.: inaequ. findi, Colum.: neve non solum inaequ. alios nimium deprimatis ex sociis vestris, alios praeter modum extollatis, Liv.

inaequātus, a, um (in u. aequo), **ungleich,** Paneg. in Mess. 43.

in-aequo, āre, **gleichmachen,** haec levibus cratibus terrāque inaequat, macht sie (diese Gräben) durch Überdeckung mit leichtem Flechtwerk u. Erde mit der Straße gleich, Caes. b. c. 1, 27, 4.

in-aestimābilis, e, **I** **unschätzbar, unberechenbar, unzählbar** (s. Bünem. Lact. 1, 16, 7), **1** eig.: hominum numerus, Lact. 1, 16, 7: vermiculorum agmen, Lact. de mort. pers. 39, 9: mortuorum acervi, Amm. 16, 12, 63: turmae, Amm. 29, 5, 38: magnitudo, Chalcid. Tim. 25 A. – **2** übtr.: **a** worüber sich kein sicheres Urteil fällen lässt, **nicht sicher zu berechnen, unberechenbar,** nihil tam incertum nec tam inaestimabile, quam animi multitudinis, Liv. 31, 34, 3. – **b** **unschätzbar, von unschätzbarem Wert, unvergleichbar,** quod e grege se imperatorum, velut inaestimabilem, secrevisset, Liv.: gaudium, Liv.: bonum, Sen.: momentum occasionis, Val. Max.: nimia et inaest. potestas, Lact. – **II** **nicht schätzbar, keine** (relative) **Schätzung zulassend,** griech. ἀπαξίαν ἔχων (Ggstz. aestimabilis, ἀξίαν ἔχων), Cic. de fin. 3, 20.

inaestimābiliter, *Adv.* (inaestimabilis), **unschätzbar, unberechenbar,** Eccl.

inaestimātus, a, um (in u. aestimo), **nicht geschätzt, ungeschätzt,** praedia, Ulp. dig. 23, 3, 10. § 1. Scaevol. dig. 23, 4, 29 pr.: fundus, Tryphon. dig. 23, 3, 75.

in-aestuo, āre, **in** etw. **erbrausen,** Boëth. de cons. 1. metr. 6, 2. – bildl., quodsi meis inaestuet praecordiis libera bilis, wenn im Busen mir ungehemmt (entfesselt) erbrauset zürnender Eifer, Hor. epod. 11, 15: succensi stomacho fellis inaestuans (impietas), Prud. c. Symm. 1. praef. 58.

in-affectātus, a, um (in u. affecto), **ungekünstelt, nicht geziert,** capillitium, Apul.: veritas verborum, Plin. pan.: oratio, Quint.: color, Quint.: gesticulatio, Apul.

in-aggerātus, a, um (in u. 1. aggero), **aufgehäuft, zu einem Hügel aufgeworfen,** Sidon. epist. 3, 12, 5. *v.* 5.

in-agitābilis, e, **unfähig, sich zu bewegen,** aër iners et inag., Sen. nat. qu. 5, 5, 2.

inagitātus, a, um (in u. agito), **unbewegt,** inagitata remigio vastitas (maris), Sen. suas. 1. § 2: nec (tellus) potuerit imbres inagitata transmittere, Sen. nat. qu. 3, 11, 5. – übtr., **unbeunruhigt,** inagitati terroribus, Sen. ep. 75, 17.

in-albeo, ēre, **hell sein,** ut primum tenebris abiectis dies inalbebat, Apul. met. 7, 1 *in.*

inalbēsco, ere (inalbeo), **eine weißliche Farbe annehmen, weißlich werden, abblassen,** venae sub lingua inalbescunt, Cels. 2, 7. p. 44, 9 D.: totum corpus cum pallore quodam inalbescit, Cels. 3, 24: id vitium (carbunculus) supra quoque procedens inalbescit, Cels. 5, 28. *no.* 1: et ex verbis ardentibus labrorum siccitas inalbescat, Arnob. 1, 17 *extr.*

in-albo (archaist. indalbo), āre, **I** *tr.* **hell machen,** Apul. met. 10, 20. – **II** *intr.* **hell sein, tagen,** ut primum tenebris abiectis indalbabat, Enn. ann. 212*.

in-algēsco, ere, **erkalten,** Cels. 3, 3.

in-aliēnātus, a, um (in u. alieno), nicht mit einem fremdartigen Stoff vermischt, **unverfälscht,** Scrib. Larg. 214.

in-alligo, (āvī), ātum, āre, **daraufbinden,** Marc. Emp. 34.

In-alpīnus, a, um, **auf den Alpen wohnend, Alpen-,** populi, Plin. 3, 47: gentes, Suet. Aug. 21, 1. – Plur. subst., Inalpīnī, ōrum, *m.*, **Alpenbewohner, -völker,** Brut. in Cic. ep. 11, 4, 1. Plin. 3, 37.

in-altero, āre, **eins im anderen zusammenfassen (subsumieren),** Tert. de virg. vel. 4.

in-alto, āvī, ātum, āre, **erhöhen,** bildl., humiles, Paul. Nol. 21, 738.

in-amābilis, e, **unliebenswürdig, unlieblich, unangenehm, widerlich** für andere, homo, Plaut.: regnum (*sc.* inferorum), Ov.: palus, vom Styx, Verg.: id genus operis, Plin. ep. – *Compar.*, nihil est inamabilius quam diligens stultitia, Sen. contr. 7, 5 (20), 11.

in-amārēsco, ere, **bitter (zur bitteren Galle) werden,** Hor. sat. 2, 7, 107.

in-amārico, āvī, āre (in u. amarus), **I** *tr.* **erbittern,** deum, Augustin. in psalm. 5. *no.* 15. – **II** *intr.* **erbittert werden,** alci (auf jmd.), Augustin. in psalm. 75, 8.

in-amātus, a, um (in u. amo), **ungeliebt,** Iaccho haud inamatus ager, weinreicher, Sil. 12, 527.

in-ambitiōsus, a, um, **keinen Ehrgeiz erweckend, anspruchslos, harmlos,** rura, Ov. met. 11, 765.

inambulātio, ōnis, *f.* (inambulo), **I** das **Auf- und Abgehen (-spazieren),** Rhet. Her. 3, 27. Cic. Brut. 158. – poet., das Hinundherschwanken, lecti, Catull. 6, 11. – **II** meton., der **Spaziergang** (als Ort), Vitr. 1, 3, 1. Plin. 14, 11.

in-ambulo, āvī, āre, **hin u. her gehen, auf und abgehen, -spazieren, umhergehen** (Ggstz. consistere in loco), ante lucem domi, Cic.: paululum in porticu, Cic.: in xysto maternorum hortorum, Sen.: in Lycio, Cic.: ante tabernaculum, Liv.: non longe ab alcis aedibus, Cic.: cum pallio crepidisque in gymnasio, Liv.: cum Cotta in porticu, Cic.: in foro cum filio clientibusque paucis otiose, Liv.: ad mare inambulando litore (an dem Gestade) pervenire, Min. Fel.: per muros (auf den M.), Liv.: inter eos, Vulg.: absol., eo cum venio, praetor *quiescebat,* fratres illi Cibyratae *inambulabant,* Cic.: cum quidem pransus, nudis pedibus, tunicā solutā, manibus ad tergum reiectis, inambularet, Asin. Poll. in Cic. ep.: dum veniunt amici, solus filio procul stante multa secum animo volutans inambulavit, Liv.: et non inhabitabunt nec inambulabunt, Vulg.: unpers., inambulandum est, Plaut. asin. 682.

in-āmissibilis, e, **unverlierbar,** Augustin. de civ. dei 22, 30, 3. p. 633, 1 D.[2] u. a. Eccl.

in-amoenus, a, um, **unergötzlich, reizlos, ohne Anmut,** regna, Ov. met 10, 15: Cocytos, Stat. Theb. 1, 89: id genus operis, Plin. ep. 9, 10, 3.

inānēsco, ere (inanis), **I** **leer werden,** Amm. 23, 6, 86. Augustin. de music. 6, 13. – **II** übtr., **eitel werden,** Augustin. conf. 10, 39, 64.

ināniae, ārum, *f.* (inanis), die **Leerheiten,** scherzh. nach arāneae gebildetes Wort b. Plaut. aul. 84.

inānilocus, a, um, s. ināniloquus.

inānilogista, ae, *m.*, **einer, der vergeblich redet,** Plaut. Pseud. 255.

inānilogus, a, um, s. ināniloquus.

ināniloquium, iī, *n.* (inanis u. loquor) = κενοφωνία, die **leere Rede,** Itala 2. Timoth. 2, 16.

ināniloquus (inanilocus, inanilogus), a, um (inanis u. loquor), **vergeblich redend,** Plaut. Pseud. 255 zw.

in-animal, ālis, **unbelebt, unbeseelt,** Interpr. Iren. 5, 7, 1.

in-animālis, e, **unbelebt, unbeseelt,** gew. subst., animale et inanimale, Charis.: ut omnia constarent ex vacuo et solido, ex animali et inanimali, Tert. – meist im Plur., animalia inanimaliaque omnia, Liv. 21, 32, 7 (die Hdschrn.; Weißenb., Wölffl. u. Madvig inanimaque): inanimalia et incorporalia, Tert.: vel inanimalia vel muta, Macr.

in-animāns, antis, **unbelebt, unbeseelt,** stellae animantes et inanimantes, Firm. math. 1, 2, 11.

in-animātus, a, um, **unbelebt, leblos,** Hieron. in Daniel ad 3, 1. Boëth. Aristot. analyt. prior. 1, 4. p. 471 *sq.* – ► Bei Cicero u. Seneca haben die besten Hdschrn. überall inanimus, s. Madvig Cic. de fin. 4, 36.

inānīmentum, ī, *n.* (inanio), die **Leere,** inanimentis explementum quaerito, Plaut. Stich. 173.

in-animis, e (in u. anima), **I hauchlos, nicht wehend,** venti, Apul. met. 1, 3. – **II leblos, gefühllos, fast entseelt,** v. Pers., Apul. met. 1, 14 u. 25.

in-animus, a, um (in u. anima), **unbelebt, unbeseelt, leblos** (Ggstz. animatus, animans), Rhet. Her., Cic. u. a. – *neutr.* subst., cum inter *inanimum* et *animal* hoc intersit, quod etc., Cic.: u. so Plur. inanima, Ggstz. animata, animantia, Cic. u. Lact.; Ggstz. animalia, Liv. 21, 32, 7 (s. oben inanimalis).

in-ānio, īvī, ītum, īre (inanis), **I leer machen, ausleeren** (Ggstz. implere), spatium, Lucr.: alvum, Plin.: vesicam, Plin. – Partiz. subst., inānītum, ī, *n.*, das **Leere** (Ggstz. plenum), Tert. de res. carn. 4. – **II** übtr., **entkräften,** fortia mortis, Commodian. apol. 312.

in-ānis, e, **leer, ledig** (Ggstz. plenus, completus, confertus, onustus), **1** eig.: **A** im Allg.: vas, domus, Cic.: granum, Plin. – homo, ledig, ohne Last, Plaut. – equus, ohne Reiter, Cic.: navis, ohne Bemannung, unbemannt, Caes., ohne Ladung, unbeladen (Ggstz. onusta), Cic. u. Caes.: funda, leere (ohne Schleuderstein), Sen.: laeva, leere Linke (ohne goldenen Ring), Hor.: litterae, inhaltsleere, Cic.: syngraphae, ungültige Wechsel, Cic.: tumulus, Verg.: umbra (von Toten), körperloser, Ov.: so auch imago, Ov., u. vulgus, Ov.: inania regna, Verg., od. inania Tartara, Ov., Reich der körperlosen Schatten, Unterwelt: corpus, unbeseelter, toter (griech. ἀπολελοιπὸς ψυχὴν σῶμα), Cic.: funus, ohne Leichnam (weil der Körper in einen Schwan verwandelt wurde), Hor.: vultus, ohne Augen, Sen. poët.: lumina, blind, Ov.: galea, leerer (als nicht mehr vom Kopf gefüllter), abgenommener, Verg. u. Ov. (Ggstz. galea plena, vom aufgesetzten Helm, Sil.): leo, Löwenhaut, Stat.: vulnus, hohle, Ov.: Gaurus, klüftig, Iuven. – m. *Genet.*, inane lymphae dolium, Hor.: corpus inane animae, Ov.: m. *Abl.*, epistula inanis aliquā re utili et suavi, Cic.: tota insula cultoribus inanis est, Sall. fr.: m. *ab* u. Abl., inanis a marsupio, Prud. perist. 2, 104. – *neutr.* subst., ināne, is, *n.*, der leere Raum (Ggstz. plenum), infinitum, Cic.; insbes. der leere Luftraum, est in rebus inane, Lucr.: per inane od. per inania, durch die Luft, Cic., Verg. u. a.: u. die hohle Stelle, die Mine, Liv. 38, 7, 9. – **B** insbes.: **1 mit leeren Händen, a** ohne etw., von dem, der zum Einkauf usw. einer Sache ausging, redire, Cic.: u. (wie κενεός) v. dem, dem etwas abgenommen wurde, was er zurückbringen sollte, reverti, Cic.: u. v. dem, der ohne Geschenke zur Geliebten kommt, si pulset inanis, Prop. – **b leer = arm, unbemittelt,** Plaut.: civitas, Cic. – od. = **unbereichert,** egentes inanesque discedere, Cic. – od. = **ausgeleert, ausgeplündert, ausgesogen,** Siciliam inanem offendere (antreffen), Cic. – **2 mit leerem Magen, nüchtern, hungrig,** venter, Hor. sat. 1, 6, 127: v. Pers., parasitus, Plaut. Stich. 231: siccus, inanis sperne cibum vilem, Hor. sat. 2, 2, 14. – **II** übtr.: **1** übh. **leer** an etw. (Ggstz. plenus), mit *Genet.*, omnia nonne plena consiliorum, inania verborum videmus? Cic.: quae inanissima prudentiae reperta sunt, Cic.: pectus inane deorum, gottverlassen, Sil. – **2 leer, hohl, gehaltlos,** elocutio, Cic.: verba, Verg.: nihil est inane, Quint. – subst., ināne, is, *n.*, das **Leere, Hohle,** d. i. **Außerwesentliche** (Ggstz. solidum, das Gediegene, Wesentliche), Hor.: u. so Plur. = unwesentliche **Äußerlichkeiten (Elemente),** belli, famae, honoris, Tac.; vgl. Heräus Tac. hist. 2, 69, 7. – **3 grundlos, unbegründet, nichtig,** motus, Cic.: causa, Verg. u. Ov.: credulitas, Tac.: locationes falsae atque inanes (angebliche, fingierte), Cic.: subst., inānia (*n. pl.)*, das Unbegründete, falsa et inania, Tac.: inania famae, Tac.: convictis inanibus, Lact. – **4 leer, eitel, nichtig, nutzlos, erfolglos, vergeblich,** cogitationes, Cic.: contentiones, Cic.: opera, minae, Hor.: spes, Verg.: tempora, Ov.: subst., inānia (*n. pl.)*, nichtige Dinge, eitel Dunst, captare, Hor. de art. poët. 230. – **5 eitel, eingebildet, selbstgefällig, gefallsüchtig, aufgeblasen, hochtrabend,** animus, Cic.: cupiditates, Cic.: ambitio, Hor.: superbia, Sall.: inaniora ingenia, Liv.: inanissimi homines, Lact. 2, 17, 8. – subst., **a** inānēs, ium, *m.*, **eitle Toren, Gecken** (v. Dichterlingen), Hor. sat. 1, 4, 76. – **b** *neutr.* ināne, **Eitles** usw., nihil est in me inane, Cic.: specie inanium, bloßer Äußerlichkeiten, Tac. – ► Nbf. inānus, a, um, Schol. Iuven. 15, 23, wo vacui capitis durch inani capitis erklärt wird. CIL 6, 28239 ›zetema plenum et inanum‹.

inānitās, ātis, *f.* (inanis), die **Leere, I** eig., der **leere Raum,** der **hohle Raum,** die **Höhlung,** Cic., Sen. und Plin. ep.: oris, Mundhöhle, Quint.: mihi inanitate iam dudum intestina murmurant, Leere des Magens, Plaut. – **II** übtr.: **1** die **Leere, Hohlheit, Gehaltlosigkeit,** das **Scheinwesen,** Cic. Tusc. 3, 3; de fin. 1, 44: Plur., quaedam inanitates verborum et imaginum, leerer Wortschwall und nichtige Gaukeleien, Gell. 13, 8, 2. – **2** die **Eitelkeit,** das **Nichtige,** votorum, Amm. 26, 2, 2. – **3** die **Einbildung, Selbstgefälligkeit,** inanitas tumens, Amm. 17, 13, 27.

ināniter, *Adv.* (inanis), **a eitel, grundlos, unbegründet,** Catull., Hor. u. Cic. – **b nutzlos, vergeblich,** exercere artes, Ov. met. 2, 618. – **c eitel, eingebildet, selbstgefällig, großmäulig,** Cic. Tusc. 4, 13. Amm. 16, 4, 2: inaniter arrogans, ein schreckliches Großmaul, Gell. 9, 11, 6.

inānītio, ōnis, *f.* (inanio), die **Ausleerung** (Ggstz. repletio), Isid. orig. 4, 6, 11.

in-ante, *Adv.*, **nach vorn,** Commodian. instr. 2, 5, 7. Veget. mil. 1, 20 u. a. Spät.

inānus, a, um, s. in-ānis a. E. ►.

in-apertus, a, um, **nicht zulassend, nicht Raum gebend,** fraudi, Sil. 7, 26.

in-apparātio, ōnis. *f.*, das **Ungerüstetsein,** der **Mangel an Zubereitung,** Rhet. Her. 2, 7.

in-apprĕhensibilis, e, **unbegreiflich, unverständlich,** Cael. Aur. de morb. acut. 1, 3, 38 u. Eccl.

inapprehēnsibiliter, *Adv.* (inapprehensibilis), **unbegreiflich,** Interpr. Iren. 1, 7, 1.

in-aquo, āre, **zu Wasser machen, in Wasser verwandeln,** Cael. Aur. de morb. acut. 1, 14, 118.

in-aquōsus, a, um, **wasserarm,** Eccl. – subst., inaquōsa (*n. pl.)*, **wasserlose Stellen,** Tert. de bapt. 1.

1. in-arātus, a, um (in u. aro), **ungepflügt, brach,** terra, Verg.: tellus, Hor.: arva, Ov.

2. in-arātus, a, um, *Partic.* v. inaro, s. d.

inarculum, ī, *n.*, s. 1. arculus *no.* b.

in-ārdēsco, ārsī, ere, **I** an etwas **zünden, -brennend haften,** alcis umeris, auf jmds. Sch. brennen, Hor. epod. 3, 18. – **II entbrennen, sich entzünden, A** eig.: arbusculae in igne ut ferrum inardescentes, Plin.: nubes inardescit solis radiis, wird feuerrot, Verg.: inardescunt genae, erröten, Sen. poët.: oculi vi sanguinis inardescunt, Cypr. – **B** übtr., leidenschaftlich **entbrennen, a** v. Affekten, amor specie praesentis inarsit, Ov.: affectus omnis languescat necesse est, nisi voce, vultu etc. inardescat, Quint. – **b** v. Pers., cupidine vindictae inard., Tac. ann. 6, 32: in colloquia alcis inard., Augustin. epist. 71, 2.

in-ārēsco, āruī, ere, **eintrocknen, vertrocknen,** cum (fici maturae) inaruerunt, Varro: ignorant, quam celeriter lacrimae inarescant, Curt.: qui (bulbi contriti) ubi inaruerunt, efficiunt, ut etc., Cels.: buxus aperto caelo inarescit, Plin. ep.: fons inarescit (versiegt), Plin. ep.: cum tectorium inaruit, Colum.: opus inarescere, Vitr.: nihil facilius quam lacrimas inarescere, Quint. – inar. sole (v. Schlamm), Plin.: ardore solis (v. einem Baum), Pallad.: vi solis (v. Erdpech), Tac.: in sole (v. Blättern), Plin.: in vesica sua (v. Urin), Plin.: paulum capiti (am Kopf), v. einem Heilmittel, Plin. – übtr., ne (liberalitas) nimiā profusione inarescat, versiege, Plin. ep. 2, 4, 4.

in-argento, āvī, ātum (in u. argentum), **mit Silber überziehen, versilbern,** aes, Paul. sent. 5, 25, 5 *ed. Huschke.* – bes. Partiz. **inar-**

gentātus, a, um, **mit Silber überzogen, versilbert,** lamna tenuis aerea inaurata aut inargentata, Plin. 21, 5: lectus inarg., Augustin. serm. 14, 6: lecti inarg., Paul. dig. 33, 10, 3 *pr.*: lecti inargentati vel inaurati, *ibid.* § 3: ligna inaurata et inargentata, Vulg. Baruch 6, 7 (vgl. *ibid.* 6, 50; 6, 56; 6, 70).

inargūtē, *Adv.* (inargutus), **ohne Scharfsinn, geistlos,** non inargute, Gell. 12, 13, 19.

in-argūtus, a, um, **ohne Scharfsinn, geistlos,** sententia non inarguta, Ulp. dig. 7, 5, 5. § 1.

Īnarimē, ēs, *f.* (εἰν Ἀρίμοις, Hom. Il. 2, 783) = Aenaria, Verg. Aen. 9, 716. Ov. met. 14, 89: vgl. Inarime a Graecis dicta Pithecusa, Mart. Cap. 6. § 644.

in-aro, āvī, ātum, āre, **I einackern, einpflügen,** Scriptt. r. r. u. a. – **II beackern,** solum, Plin.: agrum, ICt.: duris inarata vomeribus novalia, Ambros. – übtr., stigmatibus vultum, Ambros. exhort. virgin. 12. § 83.

in-articulātus, a, um, **unartikuliert,** vox (Ggstz. vox articulata), Prisc. 1, 1. Serg. expl. in Donat. 487, 5: ut sollemne est mutis, inarticulatum nescio quid ore hiante clamabit? Arnob. 2, 23.

in-artificiālis, e, **nicht kunstmäßig, nicht kunstgerecht,** als rhet. *t. t.* für das griech. ἄτεχνος (Ggstz. artificialis, ἔντεχνος), probatio, Quint.: genus argumentorum, Mart. Cap.

inartificiāliter, *Adv.* (inartificialis), **nicht kunstgemäß, nicht kunstgerecht** (Ggstz. artificialiter), in re se gerere, Quint. 2, 17, 42.

in-āscēnsus, a, um (in u. ascendo), **unbestiegen,** rostra, inascensus superbiae principum locus, die vom Hochmut anderer Kaiser nicht betretene (vermiedene) Stätte, Plin. pan. 65, 3

in-aspectus, a, um (in u. aspicio), **nicht erblickt, ungesehen,** Stat. Theb. 1, 50.

in-aspicuus, a, um (in u. aspicio), **unsichtbar,** Auson. epist. 23, 22. p. 186 Schenkl.

in-assātus, a, um (in u. asso), **gehörig gebraten, -geschmort,** Plin. 30, 74 u. 88.

in-assero, āre (in u. asser), **mit Latten (dünnen Balken) bedecken,** asseribus abiegnis, CIL 1, 577. col. 2. lin. 1.

in-assīgnātus, a, um (in u. assigno), **unangewiesen,** Gromat. vet. 52, 4 u. 84, 1.

in-assuētus, a, um, **ungewohnt, ungewöhnlich,** equus, Ov.: manus (Plur.), Ov.: opus alci, Claudii or. fr.: sermonis genus, Sulp. Sev. – inassuetum (est) m. folg. *Infin.*, Sil. 3, 236.

in-attāminātus, a, um (in u. attamino), **unbefleckt, unversehrt,** Tert. de coron. 15 zw. (Oehler intaminatus).

in-attenuātus, a, um (in u. attenuo), **unvermindert, ungeschwächt,** fames, Ov. met. 8, 844.

in-attingibilis, e (in u. attingo), **unantastbar,** Isid. sent. 2, 7, 5.

in-attrītus, a, um (in u. attero), **unabgerieben,** aurum, Paul. Nol. 10, 254.

in-audāx, ācis, **nicht kühn = zaghaft,** raptor, Hor. carm. 3, 20, 3.

inaudībilis, e (in u. audio), **unhörbar,** Censor. 3, 1.

inaudientia, ae, *f.*, der **Ungehorsam,** Cyprian. epist. 34, 2.

in-audio (archaist. indaudio), īvī od. iī, ītum, īre, etw. ins Gehör eingehen lassen, etw. als Nachricht, bes. als Heimlichkeit **hören, vernehmen,** inaudivi illam fabulam, Ter.: alqd de alqo, Cic.: de alqa re ex alqo, Cic.: mit folg. *Acc.* u. *Infin.*, Plaut.: dah. re inauditā fore, ut etc., Cic.

inaudītiuncula, ae, *f.*, ein **kleiner Ohrenschmaus** = eine kleine Vorlesung, Plur. bei Gell. 5, 21, 4.

1. **inaudītus,** a, um (in u. audio), **I ungehört, 1 = noch nicht gehört, a** im engeren Sinne, vocis inauditi sonus, Lucr.: inaud. criminatio, Cic.: sententiae, Iustin. – **b** im weiteren Sinne, wovon man bis jetzt keine Kunde (Kenntnis) gehabt hat, **unerhört, bis jetzt noch unbekannt, noch nicht dagewesen, ungewöhnlich,** agger inaud., Caes.: mare inaud. atque incognitum (zus. = bis jetzt völlig unbekannt), Vell.: inaud. volucres, Tac.: invisitatus atque inauditus hostis, Liv.: nova acies inaudita ante id tempus invisitataque, Liv.: vectigalia nova atque inaud., Suet.: maribus non invisa solum sed etiam inaudita sacra, Cic.: inaud. atque insolens verbum, Caes. fr.: inaud. verba, Cic.: o novum atque inauditum ad principatum iter! Plin. pan.: novum est, non dico inusitatum, verum etiam inauditum, Cic.: inauditum habetur m. folg. *Acc.* u. *Infin.*, quia triumphali supplicio affici virginem inauditum habebatur, Tac. ann. 5, 9: *Compar.*, hominum nescias invisitatius an inauditius genus, Iul. Val. 3, 14 (17). – *neutr. pl.* subst., se praeter ceteros inaudita atque incognita pati, er erdulde ein unerh. und nie dagewesenes Geschick, Suet. Ner. 42, 1. – **2 ungehört = unverhört,** rea, Tac.: alqm inauditum damnare, Iustin.: alqm inauditum et indefensum damnare, Tac.: alqm inauditum punire, Suet.: statuit aliquid parte inauditā alterā, Sen. poët.

2. **inaudītus,** a, um, *Partic.* v. inaudio, s. d.

inaugurātio, ōnis, *f.* (inauguro), der **Anfang,** Tert ad Valent. 11.

inaugurātō, s. in-auguro *no.* I.

in-auguro, āvī, ātum, āre, **I** *intr.* **Augurien anstellen, die Weissagevögel befragen,** Palatium Romulus, Remus Aventinum ad inaugurandum templa capiunt, Liv. 1, 6, 4: m. folg. indir. Fragesatz, inaugura, fierine possit, quod nunc ego mente concipio, Liv. 1, 36, 4. – *impers.*, inauguratum est, Plaut. asin. 259. – u. *Abl. Partic. absol.*, inaugurātō, **nach-, mit Anstellung der Augurien,** Liv. 1, 36, 3 u. 5, 52, 2. – **II** *tr.* durch Befragen des Vogelfluges eine gewisse Heiligkeit geben, einen Tempel usw. **einweihen** (Ggstz. exaugurare), locum, Liv.: templum, Cic.: centurias, Liv.: übtr., qualis erat terris, quem Tibris inaugurat, annus? Claud. VI. cons. Hon. 12. – einen Priester usw. **weihen, einsetzen,** flaminem, Cic. u. Liv.: regem sacrificum, Liv.: augurem, Liv.: übtr., cenā et poculis magnis inauguratur (dux latronum), Apul. met. 7, 9.

inaurātor, ōris, *m.* (inauro), der **Vergolder,** Firm. math. 3, 3, 23; 4, 21, 6 u. ö. CIL 6, 95.

inaurātūra, ae, *f.* (inauro), die **Vergoldung,** Plur. bei Gromat. vet. 97, 8 = Metrol. ed. Hultsch p. 59, 11.

1. **in-aurātus,** a, um, **nicht mit Gold bedeckt, -geschmückt,** Titin. com. 1.

2. **inaurātus,** a, um, s. in-auro.

inaurēs, ium, *f.*, s. in-auris.

in-aurio, īre (in u. auris), **I** jmdm. **das Vermögen zu hören erteilen, hören machen,** surdos, Lact. epit. 45, 2 (wo synk. Imperf. inauribat). – **II erhören,** inauri orationem meam, Itala psalm. 55, 1.

in-auris, is, *f.* (in u. auris), **a** Sing., der **Ohrring,** das **Ohrgehänge,** Vulg. Ezech. 16, 12 u. Osēe 2, 13: in. aurea, Vulg. Iob 42, 11 u. prov. 25, 12: übtr., ein **Nasenring** als Schmuck, Hieron. in Ezech. 4, 16, 12. – **b** Plur., das **Ohrgehänge,** die **Ohrringe** (s. Isid. orig. 19, 31, 10), Plaut. Men. 541. Plin. 9, 172 u. 32, 16. Lampr. Alex. Sev. 51, 3. Vulg. genes. 24, 22, u. 30; exod. 32, 2 u. a.: inaures virorum, als Amulett, Augustin. epist. 245, 2.

inaurītus, a, um (inaurio), **gehörlos,** animalia inodora inauritave, Gell. 6 (7), 6, 1 Hertz [2].

in-auro, āvī, ātum, āre, **mit Gold überziehen, vergolden, I** eig.: aes, Vitr. u. ICt.: tegulas aereas, Plin. – Häufiger im *Partic,* **inaurātus,** a, um, **vergoldet,** statua, Cic.: vestis, mit Gold gewirkt, Ov.: so auch palla, Rhet. Her.: vasa, Plin.: pellis arietis, das goldene Vlies, Enn. fr. scen. 251: columna aurea extrinsecus inaurata (Ggstz. solida, massive), Cic.: lamna tenuis aerea inaurata aut inargentata, Plin. – im *Compar.*, omni patagio inauratior pavo, Tert. de pall. 3. – **II** scherzh. übtr., **in Gold fassen** = sehr reich machen, Cic. ep. 7, 13, 1. Hor. ep. 1, 12, 9.

inauspicātō, *Adv.* (inauspicatus), **ohne richtig angestellte (ohne richtige) Auspizien,** Cic. de div. 1, 33. Liv. 21, 63, 7. Val. Max. 1, 6, 6.

in-auspicātus, a, um, **I wobei keine Auspizien angestellt werden,** lex, ohne Auspizien angenommenes, Liv. 7, 6, 11. – **II** übtr.: **a von schlimmer Vorbedeutung, unglücklich,** nomen, Plin.: locus, Petron.: inauspicatissimum iudicatur, Plin. 28, 26. – **b unverhofft,** successus, Ennod. epist. 1, 5: bona, *ibid.* 4, 29.

in-ausus, a, um (in u. audeo), **ungewagt,** ne quid inausum aut intractatum sceleris dolive fuisset, Verg.: nil linquere inausum quae potui infelix, Verg.: nil intemptatum Selius, nil linquit inausum, Mart.: quid enim per hos dies inausum intemeratumve vobis? Tac.: sciat (animus) nihil inausum esse fortunae, Sen.

in-auxiliātus, a, um (in u. auxilio), **ununterstützt,** Vulg. sap. 12, 16.

in-avārus, a, um, **nicht habsüchtig,** Cassiod. var. 1, 3, 4 u. 6, 9, 5.

in-āversibilis, e (in u. aversus v. averto), **unveränderlich,** Ps. Apul. Ascl. 40.

in-āvertibilis, e (in u. averto), **unabwendbar,** ipsius ira, Itala Iob 9, 13.

in-b..., s. im-b...

in-caeduus, a, um, **nicht gehauen, nicht geschlagen, nicht abgetrieben,** silva, Ov. u. Stat.: lucus, Ov.: montes, Serv. Verg. ecl. 5, 63.

incaelestis, e = ἐπουράνιος, **himmlisch,** Plur. subst., Itala (Clarom.) Hebr. 8, 5.

in-caenātus, a, um, s. in-cēnātus.

in-caenis, e, s. in-caenis.

in-caeno, āre, s. in-cēno.

incalātiōnēs (*incalo) = *invocationes,* **Anrufungen,** Paul. ex Fest. 107, 17.

incalātīvē, *Adv.* (*incalo) = *vocative,* **anrufend,** Paul. ex Fest. 114, 14.

in-calcātus, a, um (in u. casco), **unbetreten,** humus, Paul. Nol. 16, 119.

in-calēsco, caluī, ere, **I** *intr.* **warm-, heiß werden, erglühen, a** v. Lebl.: incalescente sole, Liv. u. Oros.: tempus anni incalescens, Colum.: aestas suo tempore incaluit, Sen.: fons ab occasu ita incipit incalescere, ut etc., Solin.: nec (adamas) umquam incalescit, Isid.: lacrimis incaluisse togam, Prop. – **b** v. Pers., sowohl durch Getränke als durch Affekte gemütlich **erwärmt (warm)** od. **erhitzt werden, erglühen, in Feuer geraten, begeistert werden,** incaluerant vino, Liv. u. Tac.: mero, Curt.: nocte ac laetitiā (durch die nächtliche Fröhlichkeit), Tac. – Cicero tarde commovetur, raro incalescit, Tac.: *ad* (für) magnas (cogitationes) incalescit, Tac.: animi equorum incaluere, Ov.: incaluit deo quem clausum pectore habebat, Ov. – bes. von Liebe, ipsa quoque incalui, Ov.: vidit et incaluit pelagi deus, Ov. – **II** *tr.* **warm machen,** incalescente vino, da man vom W. schon warm wurde, Amm. 30, 1, 20.

in-calfacio, ere, **erwärmen, erhitzen,** Ov. met. 15, 735 u. fast. 4, 919.

in-callēsco, ere, **dickhäutig werden,** Eccl.

in-callidē, *Adv.,* **ungeschickt,** non incallide, nicht ungeschickt = gar geschickt, tergiversari, Cic. de off. 3, 118: conquirere, Gell. 7, 3, 45: opposuisse hoc Tullianum, Gell. 12, 13, 19.

in-callidus, a, um, **unklug, nicht gescheit,** praktisch **unerfahren, ungeschickt,** gew. m. vorhergeh. Negat., servus non inc., Cic.: non inc. homines, Cic.: iuvenis inc., nicht eben weltklug, Tac. – iudex inc. formae, Sabin.: fuit in iure non inc., Capit.

in-callo, āre (in u. callus od. callum), **dickhäutig machen,** Veget. mul. 2, 27 *in.*

in-candēsco, canduī, ere, **weiß werden, I** im Allg.: torta remigio spumis incanduit unda, schäumte weiß auf, Catull. 64, 13. – **II** insbes., **erglühen, sich entzünden,** incanduit aether, Claud.: ea pars aestatis, quae nimiis caloribus incandescit, Frontin. aqu.: rursum cum (aquae) ortu solis incanduerunt, Solin.: incandescit eundo (plumbum), Ov.: pars magna terrarum alto pulvere incanduit, glühte in tiefem Sand, Plin. pan.: tempestas (Witterung) toto autumni incanduit aestu, Verg. – übtr., invidiae quondam stimulis incanduit atrox Alecto, Claud. in Rufin. 1, 25: studii mei ardor incanduit, Symm. epist. 1, 90.

in-candido, āre, **weiß machen, weißwaschen,** ut illic te post multas maculas cum spiritu sancto Christi sanguis incandidet, Firm. de err. relig. 28, 1.

in-cānēsco, cānuī, ere, **I sich weißgrau überziehen, weißgrau schimmern,** ornusque incanuit albo flore piri, Verg. georg. 2, 71: ubi ipse gelu magnoque incanuit imbre Caucasus, Val. Flacc. 6, 611. – **II** übtr., vor Alter **grau werden, ergrauen,** cum pigra incanuit aetas, Sil. 3, 328: ego autem senui et incanui, Vulg. 2. regg. 12, 2.

incantāmentum, ī, *n.* (incanto), die **Zauberformel,** Plin. 28, 10. Amm. 16, 8, 2 u. 29, 2, 3.

incantātio, ōnis, *f.* (incanto), die **Zauberei, Zauberformel,** Vulg. Ierem. 8, 17: Plur., Tert. de hab. mul. 2. Firm. math. 5, 5. Vulg. exod. 7, 11. Acro u. Porphyr. Hor. epod. 5, 75.

incantātor, ōris, *m.* (incanto), der **Zauberer,** Tert. de idol. 9. Porphyr. Hor. ep. 2, 2, 209. Augustin. serm. 376, 4; quaest. in genes. 2. qu. 22 u. 23. Vulg. deut. 18, 11 u. a. Isid. orig. 8, 9, 15. Schol. Bern. Verg. ecl. 8, 71.

in-canto, āvī, ātum, āre, **I** *intr.* **wo singen,** sepiculae (= *in sepicula*), Apul. met. 8, 20. – **II** *tr.:* **A** eine Zauberformel gegen jmd. **hersagen, hermurmeln, hersingen,** carmen malum, XII tabb. tab. VIII, 26 bei Plin. 28, 17 (wo archaist. incantassit = incantaverit). – **B** übtr.: **1 durch Zaubersprüche weihen,** vincula (Liebesknoten), Hor. sat. 1, 8, 49. – **2 bezaubern,** quod mihi emolumentum fuerit incantandi (*sc.* illam)? Apul.: incantata mulier, Apul.

in-cānus, a, um, **ins Grau übergehend, fast grau,** homo, Plaut. rud. 125: menta hirci, Verg.: barba, Colum.: caput, Suet.: poet., saecula, Catull.

in-capābilis, e (in u. capio), **unfassbar, ungreifbar** (Ggstz. capabilis), Augustin. serm. 199, 2 u. a. Eccl.

in-capāx, pācis, **unfähig zu usw., nicht empfänglich** für usw., absol., Eccl.: mit *Genet.,* sacramenti, Prud.: virtutis, Augustin.: caelestium praeceptorum, Salv. – mit folg. *Infin.,* solvi posse, Prud. perist. 10, 348.

in-capistro, āvī, āre, **Halfter anlegen,** bildl., **verstricken,** erroribus, Apul. met. 11, 20.

in-captus, a, um (in u. capio), **ungefangen,** nihil (piscium) remansit incaptum, Hieron. in Ezech. XIV, 47. p. 495, 42 *Migne.*

incaraxo, s. incharaxo.

in-carcerātus, a, um (in u. carcero), **eingekerkert,** Augustin. epist. 238, 3 u. a. Eccl.

incarnātio, ōnis, *f.* (incarno), die **Fleischwerdung = Menschwerdung** Christi, Eccl.

in-carno, ātus, āre (in u. carno), **zu Fleisch machen,** im Passiv = **zu Fleisch werden** = Mensch werden, v. Christus, Eccl.: bes. Partiz. incarnātus, Eccl.

in-cāseātus, a, um (in u. caseus), eig. = mit Käse versehen, übtr. = **mit Fülle (Reichtum) gesegnet,** montes, Augustin. conf. 9, 3 (mit Anspielung auf mons coagulatus, montes coagulati, Vulg. psalm. 67, 16 u. 17).

incassum, s. 2. cāssus *no.* II.

in-cassus, a, um, **vergeblich,** non incassa futura temptamina, Sulp. Sev. dial. 3, 10, 3.

in-castīgātus, a, um (in u. castigo), **ungezüchtigt, ungetadelt,** Hor. ep. 1, 10, 45.

in-castrātūra, ae, *f.* (in u. castro), der **Ausschnitt,** Vulg. exod. 26, 17; 36, 22.

in-catholicus, a, um, **nicht katholisch,** Plur. subst., incatholici, Cassiod. de anim. 12.

incautē, *Adv.* (incautus), **unbehutsam, unbedachtsam, unvorsichtig, sorglos** vor Gefahr, **arglos,** verb. inc. et stulte, Cic.: inc. et nimis fortiter, Plin. ep.: inc. et od. atque inconsulte, Quint. u. Liv.: inc. apud alqm esse, Plin. ep. – *Compar.,* paulo incautius custodias in muro dispositas videre, Caes.: incautius sequi, Caes. – *Superl.,* se ipsos incautissime prodere, Augustin. de mor. Manich. *extr.*

in-cautēla, ae, *f.,* die **Unvorsichtigkeit,** Salv. de gub. dei 6, 10 u. a. Eccl.

in-cautus, a, um, *PAdi.,* **I unbehutsam, unbedachtsam, unvorsichtig, nicht** od. **weniger auf der Hut, sorglos** vor Gefahr, **arglos** (Ggstz. cautus, praeparatus), homo inc. et rusticus, Cic.: homo simplex et inc., Plin. ep.: ut praeparati incautos aggredi possetis Liv.: incautum crudeli morte sodalis excipit, Verg.: ut rebus secundis avidi, ita adversis incauti, Tac.: quod ego non suspicans incautior fuissem, Cic. ep. 9, 24, 1: incautissimus, quia credulus, Sidon. epist. 8, 11, 4. – m. folg. *ab* u. Abl., inc. a fraude, Liv.: ab secundis rebus, Liv. – m. folg.

Genet., inc. sui, Stat.: futuri, Hor. – mit folg. *ad* u. Akk., inc. ad credendum pavor, Liv. – incautum est m. *Infin.*, Plin. ep. 3, 19, 4. – **II** passiv, wovor man sich nicht hütet od. hüten kann: **1 unverwahrt, unbewacht, unsicher,** iter hostibus inc., Tac.: tenebrae inc., Lucr.: quod neglexeris incautum atque apertum habeas, Liv.: repente incautos agros invasit, Sall. fr. – **2 unvorhergesehen, unvermutet, unverhofft,** scelus, Lucr.: ictus, Sil.: sic est incautum, quidquid habetur amor, Prop.

incavillātio, ōnis, *f.* (incavillor), die **höhnische Verspottung,** Paul. ex Fest. 107, 15 u. Gloss. V, 210, 6.

in-cavillor, ātus sum, ārī, **höhnisch verspotten, verhöhnen,** Gell. 5, 5 *lemm.* u. Gloss. V, 210, 7.

in-cavo, āre, **hohl machen,** Colum. 4, 25, 2.

in-cēdo, cessī, cessum, ere, **I** *intr.* **einherschreiten, daher-, dahinschreiten, herzuschreiten, -treten, A** eig., v. leb. Wesen: **a** übh., absol., incedunt pueri, ziehen (reiten) auf, Verg.: incedenti passim victimae caesae, Suet.: non ambulamus, sed incedimus, gehen nicht ungeniert, sondern mit abgemessenen Schritten, Sen.: qui claudos praecipiebat incedere, gehen hieß, Arnob.: m. *Advv.* (wie?), magnifice, Liv.: molliter, einen sanften Gang haben, Ov.: durius, einen schwerfälligen Gang haben, Ov.: m. *Acc. adv.*, grandia (mit großen Schritten), Amm. 22, 14, 3: m. *Abl.* (mit) od. m. *cum* u. Abl., passu inerti, Ov.: pedibus (zu Fuß), Plin. pan. u. (Ggstz. equis, zu Pferd) Iustin.: omnibus laetitiis, Cic.: cum silentio, Plin. ep.: od. m. attribut. *Adii.* od. *Substt.*, rectus incedit (Ggstz. incurvatur, geht gebückt), Capit.: decoratus ovansque victoriā incedens, Liv.: quam taeter incedebat, Cic.: si pedes incedat, zu Fuß, Liv.: altus incedit, er trägt den Kopf hoch, geht stolz einher, Sen.: meo superbus incedis malo (wegen meines Missgeschicks), Hor.: quae incedo divûm regina, als K., Verg.: alci incedo laevus, zur Linken, Eutr.: pudeat te illum ausum umquam esse incedere tamquam tuum competitorem, Cic.: m. lokal. *Advv.* od. *Abl.*, huc, Plaut.: propius, Tac.: quācumque incederet, Cic.: incessit quā duxit praedae spes, Liv.: mediā nave, Verg.: m. *Praeposs.*, a foro domum vagus incedit tota in urbe, Ov.: ad templum, Verg.: incedunt per ora vestra magnifici, Sall.: per urbem, Verg.: super fretum, Lucan.: inter consules, Aur. Vict. – **b** als milit. *t. t.*, **sich in Marsch setzen, einherziehen, -marschieren, heran-** od. **dahinziehen, -marschieren, an-** od. **aufrücken, losmarschieren, los-, vorrücken,** absol., agmen reliquum incedere coepit, Liv.: m. *Advv.* od. *Abl.* (wie?), paulatim, Sall.: sensim, Liv.: lentius, Curt.: quā segnius Hispanorum signa incedebant, Liv.: quadrato od. munito agmine, Sall.: m. *Adii.*, cum signis frequentes incedunt, Sall.: m. lokal. *Advv.*, propius incedens, Tac.: m. *Praeposs.*, per urbem, Liv.: per oras, Liv.: usque ad portas urbis, Liv.: in erumpentes, Liv.: in perculsos Romanos acrius, Sall.: mit *Dat.* des Zweckes (zu), incessit dux itineri et proelio, Tac. ann. 1, 51. – **B** übtr.: **1** v. Pers.: praesidio Veneris malitiae lenonis contra incedam, will entgegentreten, Plaut. rud. 693. – **2** v. Lebl.: **a** v. phys. Zuständen, zeitl. **hereinbrechen, anbrechen, anheben,** ubi crepusculum incesserit, Colum.: postquam tenebrae incedebant, Tac.: incedere noctis tenebras dolet, Sil.: foedum anni principium incessit, Tac.: ubi senectus aut morbus incessit, Mela: m. *in* u. Akk. (über jmd.), cum tanta incessit in ea castra vis morbi, ut etc., Liv.: pestilentia incesserat pari clade in Romanos Poenosque, Liv. – **b** von Nachrichten od. Gerüchten, **eintreffen, Platz greifen, im Gange sein, gehen,** non rumor interea, sed undique nuntii incedunt, qui afferrent etc., Tac.: rumor incesserat od. occultus rumor incedebat od. fama incessit mit folg. *Acc.* u. *Infin.*, Tac. – **c** v. polit. Zuständen u. v. Affekten, **eintreten, Platz greifen, sich erheben, sich entspinnen, sich verbreiten,** tanta commutatio (Umschwung der Stimmung) incessit, ut etc., Sall.: incessit timor Sabini belli, Liv.: magnus incesserat timor sagittarum, Caes.: nec mihi cuncta complectendi cupido incessit, Val. Max.: incessit cupido od. religio od. spes m. folg. *Acc.* u. *Infin.*, Curt. u. Liv.: m. *Dat. pers.* = bei jmd. **Platz greifen, sich einschleichen,** jmd. **beschleichen, anwandeln,** regibus incessit discordia, Verg.: gravis cura patribus incessit, ut etc., Liv.: cupido incessit animo sortis eius implendae, Curt.: incedebat deterrimo cuique licentia impune probra et invidiam in bonos excitandi, Tac. – **II** *tr.* **beschreiten, A** eig., einen Ort **beschreiten, betreten,** scaenam, Tac.: fontem aquae Marciae nando, Tac.: Aegyptum (Ggstz. excedere Aegypto), Iustin. – **B** übtr., v. Zuständen u. Affekten, jmd. **befallen, beschleichen, überkommen, anwandeln,** magnus plebem metus incessit, Liv.: alqm valetudo adversa incessit, Tac.: Pannonicas legiones seditio (Geist des Aufruhrs) incessit, Tac.: tanta simul admiratio miseratioque viri incessit omnes, ut etc., Liv.: timor deinde patres incessit, ne etc., Liv.: ingens animos militum desperatio incessit, Curt.: cupido incessit alqm m. folg. *Acc.* u. *Infin.*, Sulp. Sev. chron. 1, 38, 6; 2, 16, 3.

inceido, s. 2. in-cīdo a. E. ►.

in-cēlātus, a, um (in u. celo) = ἄκρυπτος, **unverhohlen,** Gloss. II, 224, 11.

in-celeber, bris, bre, u. **in-celebris**, e, **unbekannt, unberühmt,** vallis, Sil. 8, 377: eius libri non incelebres, Gell. 5, 14, 1: u. non inc. v. Pers., Gell. 1, 22, 6. Macr. 1, 7, 3 (wo Nom. Sing. Mask. incelebris).

incelebrātus, a, um (in u. celebro), **unveröffentlicht,** ab alqo, Tac. ann. 6, 7: multa per invidiam scriptorum incelebrata sunt, Sall. hist. fr. 1, 57 *ed. Kritz* (1, 55 *ed. Dietsch* celata sunt).

incelebris, s. in-celeber.

in-cēnātus, a, um, **noch nicht gespeist habend, hungrig,** Plaut. Cas. 776 u. 788; Pseud. 846 u. a. Cato r. r. 127, 2 u. 156, 4. Scrib. Larg. 140. Vulg. Daniel 6, 18.

incendefacio, fēcī, ere (incendo u. facio), **in Brand setzen,** Treb. Poll. Claud. 8, 2 Iord. (Peter incendi fecit).

incendiālis, e (incendium), **zur Feuersbrunst gehörig, Feuer-,** tunica, beim Feuer getragene, Tert. ad nat. 1, 18.

incendiārius, a, um (incendium), **eine Feuersbrunst verursachend, anzündend,** avis, Plin. u. Lampr.: telum, Amm.: oleum, Veget. mil. – subst., incendiārius, iī, *m.*, der **Brandstifter, Mordbrenner,** Tac. ann. 15, 67. Suet. Vit. 17, 2. Ps. Quint. decl. 9, 21.

incendiōsus, a, um (incendium), **brennend, hitzig,** loci fervor inc., Cael. Aur. de morb. chron. 5, 10, 94: nisi forte acrior aut incendiosa fuerit defluxio, *ibid.* 4, 3, 50: folia gustu remordentia et incendiosa, Ps. Apul. herb. 59: solis fervor incendiosior, Fulg. myth. 1, 15.

incendium, iī, *n.* (incendo), der **Brand,** das brennende **Feuer, I** eig. u. meton.: **1** eig.: **a** die **Feuersbrunst,** inc. excitare, Cic., conflare, Liv., facere, Cic.: conclamatum in vicino incendium, es ertönte der Feuerruf, Sen. – **b** das **Feuer,** die **Glut,** der **Brand,** die **Hitze,** sideris, Plin.: auster Africae incendia cum serenitate affert, Plin.: palla novam incendio nuptam abstulit, Hor.: quae stomacho incendia praebent nostro, Lucr. – **2** meton., **Feuerbrand, Fackel,** incendia poscit, Verg.: iactas incendia dextrā, Ov. – **II** übtr.: **a** der **Brand,** die **helle Flamme,** das **Feuer,** die **Glut** des Krieges, Aufruhrs usw., belli civilis, Cic.: militaris tumultus, Vell.: civitatis, Cic.: urbis, Caes.: huic tanto incendio succurrere, Cic.: incendium meum (den mich bedrohenden Brand) ruinā restinguam, Sall.: aluistis hoc incendium, quo nunc ardetis, Liv.: quibus nos olim adiutoribus illud incendium (die katilin. Verschwörung) exstinximus, Cic. – **b** das **Feuer,** die **Glut** der Leidenschaften, cupiditatum, invidiae, Cic.: irae, Liv.: nostrae incendia mentis, unsere Seelenqualen, Catull.: bes. der Liebe, amoris, Vell.: absol., movere incendium, Ov.: sedare incendium, Ov. – **c** die **Steigerung,** annonae (des Getreidepreises), Ps. Quint. decl. 12, 4: Plur., Manil. 4, 168.

in-cendo, cendī, cēnsum, ere (in u. *cando), **in Feuer setzen, anzünden, anbrennen, entzünden, I** eig. u. meton.: **A** eig.: **a** im Allg.: corpus, den Leichnam, Cic.: cupas pice refertas, Caes.: tus et odores, Cic.: lychnos, Verg.: absol., nec incendit nisi ignis, Quint. – **b in Brand setzen, anzünden, einäschern,** urbem, Cic.: aedificia vicosque, Caes.: alcis domum, Sen.: classem, Cic.: oppida, Caes. – **c** als mediz. *t. t.* = das Fieber **entzünden,** febriculam, Cels.: incensi aestus, brennende Hitze (des Fiebers), Verg. – **B** meton.: **1** etw. **anzünden** = auf etwas Feuer machen, altaria, Verg.: aras votis (Dat.), den

Altar für die gelobten Opfer anzünden, Verg. – **2** in od. an etw. Feuer bringen = **a** **heiß machen, heizen,** leni igne et tenuibus admodum lignis fornacem, Colum. 12, 29, 3. – **b** (als mediz. *t. t.*) den Körper usw. **erhitzen,** potio quam dilutissima, ut et sitim tollat nec corpus incendat, Cels.: si caput in sole protegit, ne incendatur, Cels. – **c** (v. Feuer selbst) = **erleuchten, erhellen,** luna incensa radiis solis, Cic.: squamam incendebat fulgor, Verg. – **II** übtr.: **1** **in Feuer setzen, entzünden, entflammen, reizen,** **a** mit pers. Objj.: alqm, Ter.: animos iudicum in alqm, aufhetzen, Cic.: desine me incendere querellis, Verg.: insbes. **zu Liebe entzünden,** alqm, Verg. u. Ov. – dah. incendi, **entbrennen, entzündet-, gereizt werden,** amore, desiderio, Cic.: dolore, Nep.: dictis, Verg.: incensus irā (Ggstz. placatus), Cic.: equus incensus calcaribus, Hirt. b. G.: adeo erat incensus, ut etc., erbittert, aufgebracht, Nep.: in minime gratum spectaculum animo incenduntur, Liv. 1, 25, 2 W. (Hertz u. Müller intenduntur). – **b** m. abstr. Objj. = **entzünden, anfachen, erregen,** cupiditatem, odia, Cic. – **2** **vergrößern, steigern,** annonam (den Getreidepreis), Teuerung herbeiführen, Varro: vires, Verg.: luctum, Verg.: haec fletu, Tac. – **3** gleichs. in Feuer setzen = **erfüllen,** caelum clamore, Verg.: regiam luctu, Iustin. – **4** **in Brand stecken, verderben, zugrunde richten,** genus tuum, Plaut. trin. 675: campos, Stat. Theb. 1, 631.

in-cēno, āre, **darin speisen,** incenante eo, Suet. Tib. 39.

incēnsio, ōnis, *f.* (incendo), **I** das **Anzünden, Verbrennen,** Vulg. num. 11, 3: turis, Arnob. 7, 29. – prägn., das **Opfer,** hae sunt summae incensiones dei, Ps. Apul. Ascl. 40. – **II** das **In-Brand-Stecken, Anzünden, Einäschern,** Capitolii, Cic. Cat. 3, 9: incensione urbem liberare, Cic. Sull. 33.

incēnsītus, a, um (in u. censeo), **noch unabgeschätzt, noch nicht in die Zensuslisten eingetragen,** Cod. Theod. 10, 23, 1.

incēnsor, ōris, *m,* (incendo), **I** der **Anzünder,** Apul. mund. 26: messium incensores, Claud. Saturn. dig. 48, 19, 16. § 9: codicum sauctorum inc., Augustin. c. Gaud. Donat. 2. § 8. – **II** übtr., der **Entzünder, Aufreger,** Amm. 31, 9, 4.

incēnsum, ī, *n.* (incendo), **I** = θυμίαμα, das **Räucherwerk,** der **Weihrauch,** incenso inposito, CIL 6, 10248, 14: incensum (deo) offerre, Cypr. epist. 69, 8. Sulp. Sev. chron. 1, 47, 4. – **II** das **Opfer,** Tert. adv. Iud. 5. Vulg. sap. 18, 21; Sirach 45, 20 u. a. – **III** das **Lichtanzünden,** hora incensi, Ambros. de virgin. 3.

1. incēnsus, a, um (in u. censeo), der vom Zensor nicht geschätzt worden ist od. sich nicht hat schätzen lassen, **ungeschätzt,** populus per multos annos inc., Liv.: hominem incensum vendere, Cic. – Plur. subst., lex de incensis lata, Liv. 1, 44, 1.

2. incēnsus, a, um, **I** *Partic.* v. incendo, s. d. – **II** *PAdi.*, im Bild, **entbrannt, heiß,** Phlegrā nobis incensior (*al.* infensior) aether, Claud. rapt. Pros. 3, 201. – übtr., **a** vom Redner, **feurig,** in meditando vehemens et incensus, Cic. Brut. 88. – **b** v. Leidenschaften, **heiß, hitzig,** incensior libido, Porphyr. Hor. sat. 1, 2, 120.

incentio, ōnis, *f.* (incino), das **Blasen** auf Instrumenten, incentiones tibiarum, Gell. 4, 13, 3: so Plur. absol., Gell. 16, 11, 2.

incentīvus, a, um (incino), **I** **anstimmend,** tibia, Diskantflöte (Ggstz. succentiva), auch bildl. = die Hauptsache, das Vornehmste, Varro r. r. 1, 2, 15. – dass. subst., illa theatralis incentiva (*sc.* tibia), Ambros. in Luc. 7. § 237. – **II** übtr., **anregend, reizend,** lues, Prud. ham. 250. – subst., incentīvum, ī, *n.*, ein **Anreizungs-, Reizmittel** (vgl. Haase Misc. 2, 21), Oros. u. a. Spät.; m. subj. *Genet.*, Spartanae tibiae, Pan. vet. inc.: laudis, Arnob.: m. obj. *Genet.*, audendi, Amm.: vitiorum, Hieron.: peccaminis, Prud.: velut inc. torpentis in se amoris, Mar. Victorin.: sunt incentiva amoris (*al.* amatori), Donat.

incentor, ōris, *m.* (incino), **I** der **Anstimmer, Vorsänger,** Avien. perieg. 896. Isid. orig. 6, 19, 13 (neben accentor u. succentor) u. Eccl. – **II** übtr., der **Anreizer, Erreger, Anstifter,** lacrimarum, Paul. Nol.: turbarum, Amm.: malorum, Vulg.: civilis belli, Oros.: absol., incentore Mario, auf Anstiften des M., Oros. 5, 20, 4.

incentrīx, trīcis, *f.* (Femin. zu incentor), die **Anreizerin,** Hieron. in Tit. 2, 3. Gloss. V, 503, 65 (Plur.).

inceps = deinceps, Paul. ex Fest. 107, 12.

inceptio, ōnis, *f.* (incipio), **I** das **Anfangen, Beginnen,** tam praeclari operis, Cic. Acad. 2, 119: patrociniorum, Apul. apol. 66. – absol., Ggstz. depositio, Quint. 11, 3, 46: Plur. principia ipsa inceptionesque, Donat. Ter. Andr. 3, 1, 13. – **II** meton., das **Unternehmen, Vorhaben,** Ter. Andr. 218.

inceptīvus, a, um (incipio), **anfangend, anhebend,** als gramm. *t. t.*, verbi littera, Anfangsbuchstabe, Diom. 367, 2: particula (wie verum), Donat. Ter. eun. 317 u. adelph. 168.

in-cepto, āvī, āre (*Intens.* v. incipio), **I** **anfangen, vorhaben, beginnen,** dic, quo iter inceptas? Plaut. truc. 130: magnum inceptas, si illud exspectas, quod nusquamst, Plaut. Curc. 144: vah, vide quod inceptat facinus, Ter. heaut. 600: quid inceptat? *ibid.* 734. – m. folg. *Infin.*, Plaut. Curc. 24 u. trin. 1030. Gell. 1, 11, 3 u. 17, 21, 33. Lampr. Heliog. 28, 6. – **II** *intr.* mit jmd. **anfangen, anbinden** = sich in Streit einlassen, cum alqo, Ter. Phorm. 629.

inceptor, ōris, *m.* (incipio), der **Anfänger, Beginner,** Ter. eun. 1035: carminis, Avien. Arat. 1.

inceptum, ī, *n.* (incipio), das **Beginnen, Unternehmen, Vorhaben,** inc. ullum, Cic. Catil. 2, 27: inc. temerarium, vanum, Liv.: inc. subitum, Verg.: inc. non succedebat, Liv.: id si fecissent, incepta prospera futura, Nep.: inceptum exsequi, Val. Max.: incepta patrare, Sall.: in incepto perstare, Liv. u. Ov.: inceptum peragere, CIL 3, 3935: inceptum omittere, Sall.: ab incepto desistere, Liv.: incepto desistere, Verg., Liv. u. Vell., absistere, Liv.: incepto abire, Tac.: nec hāc re incepto moveri poterat, Val. Max.: hostem ab incepto retinere, Sall.: Catalinae inceptis favere, Sall.

inceptus, ūs, *m.* (incipio), **a** das **Anfangen, Beginnen** (Ggstz. exitus od. finis), foedum inceptu, foedum exitu, Liv. praef. § 10: nullum certum nec inceptum nec finem habuit, Prisc. 8, 43: magno in omnia inceptu veneram, groß war der Anlauf, mit dem ich an alles gegangen war, Sen. ep. 108, 15. – **b** übh., das **Unternehmen,** im Plur. b. Val. Flacc. 6, 124.

incerāmenta, s. interāmenta.

incerniculum, ī, *n.* (incerno), **I** das **Sieb,** der **Durchschlag,** Lucil. 681. Cato r. r. 13, 1. – **II** als wörtl. Übersetzung von τηλία (eig. Sieb, dann) ein viereckiges Gestell, auf dem die Mehlhändler bei den Griechen Mehl u. Graupen feilhielten, **Mehl-, Graupenkasten,** Plin. 8, 175.

in-cerno, crēvī, crētum, ere, **einsieben, daran-** od. **darübersieben,** mit dem Sieb **bestreuen,** eo terram cribro, Cato.: liba farris semine, Varro fr.: super fricaturam marmor, Vitr.: piper album cum sale nigro incretum, Hor.

in-cēro, āvī, ātum, āre, **mit Wachs überziehen,** eas (tabulas), *Varro sat. Men. 76: intus canaliculum, mit W. ausgießen, Cels. 8, 8, 1. – scherzh. übtr., genua deorum, die Kn. der G. mit wächsernen Votivtafeln bedecken (vgl. Apul. apol. 54), d. i. den Göttern Gelübde tun, od. die Kn. der G. durch beständiges Antasten u. Küssen schmierig, schmutzig machen (vgl. Prud. c. Symm. 1, 203), d. i. inbrünstig zu den Göttern flehen, Iuven. 10, 55: u. so genua Dianae, Prud. apoth. 457: lapides, Prud. ham. 404.

incertē, *Adv.* (incertus), **ungewiss, zweifelhaft,** Enn. fr. scen. 241. Pacuv. tr. 302. Plaut. Epid. 505 u. 545 *cod.* A (incerto *cod.* B).

incertitūdo, inis, *f.* (incertus), die **Ungewissheit,** Gregor. epist. 1, 50; in 1. regg. 2, 4, 20 u. 3, 5, 10. Philostr. haeres. 112.

1. incertō, *Adv.* (incertus), **nicht gewiss,** admodum inc. scire, Plaut. Pseud. 962. – Plaut. Epid. 505 u. 545 *cod.* A incerte.

2. incerto, āre (incertus), **I** **unbestimmt, ungewiss machen,** sermonem singultu lacrimoso, undeutlich, unvernehmlich machen, Apul. met. 5, 13: cursus spatio prospectum sui nobis incertat (von einem Schiff), *ibid.* 11, 16. – **II** übtr., jmd. **ungewiss machen,** alqm, Pacuv. tr. 156: alcis animum, Plaut. Epid. 545.

in-certus, a, um, **ungewiss** (Ggstz. certus), **I** objektiv = **ungewiss, unzuverlässig, unbestimmt,** **A** im Allg.: iter, Caes.: casus, Cic.: responsum, Liv.: rumor, Suet., rumores, Caes.: clamores, wirre Durcheinanderrufe, Liv.: aetas (puerilis) lubrica et incerta, Cic.: honos ille instabilis et inc., Lact.: res inc. (Ggstz. res stabilis), Sen.: nihil incertius vulgo, Cic.: spes incertissima, Cic.: amicus certus in re incerta cenitur, in der Not, Enn. fr. scen. 210. – *neutr. pl.* subst., stabiliora (meliora) incertis, Cic. top. 70. – **B** insbes.: **a** **noch nicht recht** od. **völlig sichtbar, trübe, düster, dunkel,** sol (Frühlingssonne), Ov.: luna, Verg.: tres soles, Verg. – **b** **unsicher treffend, unsicher,** securis, Verg. Aen. 2, 224. – **c** **unsicher** = ohne festen Halt, acus, Mart.: crines, unordentlich, Ov.: vultus, verstörte Mienen, Cic. – **II** subjektiv: **A** **unbestimmt** = worüber man keine Gewissheit hat, **a** *adi.*: nuptiae, Ter.: os, lallend, unverständlich, Ov. – m. folg. indir. Fragesatz, incertus (unentschieden) infans, mas an femina esset, Liv.: u. so incerti socii an hostes essent, Liv.: Alexander, incertum, quā fide culturus, si perinde cetera processissent, pacem cum Romanis fecit, Liv. 8, 17, 10: confessus est quidem, sed incertum utrum quia verum erat, an quia graviora metuebat, si negasset, Plin. ep.: u. im Abl. absol., multi annantes navibus, incerto prae tenebris, quid aut peterent aut vitarent, foede perierunt, Liv. – **b** *subst.*, incertum, ī, *n.*, das **Ungewisse,** die **Ungewissheit,** ne cuius incerti auctor esset, Liv.: in incerto esse, Sall., Liv. u. Tac., od. habere, Sall., in U. sein: ad od. in incertum revocare, in U. setzen, Cic.: in incerto relinquere, Tac. hist. 2, 33.: Plur. incerta belli, die Wechselfälle des Kr., Liv.: fortunae, Liv. u. Plin. ep.: incerta casuum, Liv.: incerta Oceani vitare, die unsichere Fahrt auf dem Ozean, Tac.: per incerta (Zufälligkeiten) maris et tempestatum cotidie volvi, Tac.: Ggstz. *certa* amittimus, dum *incerta* petimus, Plaut. – **B** übtr. auf die **Person, in Ungewissheit, ungewiss, schwankend,** m. folg. indir. Fragesatz, cum inc. essem, ubi esses, Cic.: inc. sum, quid dicam, Ter.: incerti, quidnam esset, Sall.: diu quid ageret incertus, Suet. – m. *Genet.*, inc. animi, Ter., Sall. fr. u. a. (s. Heräus Tac. hist. 3, 55, 15, wozu noch Ter. Hec. 121): consilii, Ter.: sententiae (in seiner Ansicht), Tac.: inc. ultionis, ob er sich rächen sollte, Tac.: rerum summarum, Enn.: rerum omnium u. bl. omnium, Liv.: futurorum, Plin. ep.: inc. rerum suarum, über seine Lage, Liv.: inc. locorum, in der G. nicht gehörig orientiert, Auct. b. Afr.: patris (in Betreff des V.), Pacat pan. – m. *Abl.*, incerti metu, Val. Flacc. 3, 602. – absol., me incerto, ohne mein Wissen, Plaut.: ne incertus siem, Ter.: ne me suspensum incertumque dimittas, Plin. ep. – ► Genet. Plur. incertûm, Pacuv. tr. 43.

incēspitātor, s. caespitātor.

incessābilis, e (in u. cesso), **unablässig, unaufhörlich,** Cypr., Cael. Aur. u. a.

incessābiliter, *Adv.* (incessabilis), **unablässig, unaufhörlich,** Hieron., Firm. u. a.

incessāns, antis (in u. cesso), **unablässig,** plagae, Gregor. epist. 4, 31: virtus, Cassiod. complex. act. apost. 11.

incessanter, *Adv.* (incessans), **unablässig,** Cod. Iust. 11, 42, 10 *extr.* Sidon. epist. 8, 11, 8 u. Eccl.

in-cesso, cessīvī u. cessī, ere (*Intens.* v. incedo), auf jmd. od. etw. **losgehen, eindringen,** jmd. od. etw. **angreifen, anfallen,** **I** eig.: iaculis saxisque alqm, Liv.: feras telis, Sen.: hostem, Curt.: muros, Verg. – absol., inc. telis, Ov.: stercore et caeno, Suet. – **II** übtr., **angreifen,** jmd. **verfolgen,** **a** übh.: alqm bello, poenis, Stat. – **b** mit Worten **anfallen, auf** jmd. **lossticheln, losziehen,** jmd. **schmähen, tadeln,** alqm dictis protervis, Ov.: alqm conviciis, maledictis, Suet.: iuvenes obiurgatione iustā, Gell.: alqm ut tumidiorem, Quint.: nationes totas, Quint. – **c** mit Beschuldigungen **angreifen, beschuldigen, anklagen,** alqm criminibus, Tac.: alqm occultis suspicionibus, Tac.: uxorem Vitellii, tamquam superbe saeveque egisset, Tac.

incessus, ūs, *m.* (incedo), das **Einhergehen,** der **Gang,** **I** eig.: **A** im Allg.: rarus inc. nec ita longus, Cic.: inc. citus modo, modo tardus, Sall.: incessu furiali, als Furien einherschreitend, Liv.: inc. tener et mollis, Sen.: inc. fractus, Quint.: incessum fingere, Cic.: tot hominum iumentorumque incessu dilapsa est (nix), Liv.: Plur., tardi siderum incessus, Sen.: iussos incessus exprimere, Ov. – **B** insbes., das feindl. **Vorgehen, Vordringen, Einrücken,** der **Einfall,** primo incessu solvit obsidium, Tac.: civitas Atheniensium turbido incessu exterrita, Tac.: incessu Parthorum sine acie pulsi Hiberi, Tac.: Plur., tres incessus (Marschlinien), totidem agmina parantur, Tac. ann. 3, 74. – **II** meton., der **Eingang, Zugang,** alios incessus hostis claudere, Tac. ann. 6, 33.

incestātor, ōris, *m.* (incesto), der **Schänder,** Eccl.

incestē, *Adv.* (1. incestus), **unrein (nicht rein), befleckt, sündlich,** Cic. u. a. – *Compar.*, agit incestius res suas, Arnob. 5, 20.

incestificus, a, um (incestus u. facio), **sich verunreinigend, eine böse Tat begehend,** Sen. Oedip. fr. (Phoen.) 223.

incesto, āvī, āre (1. incestus), **beflecken, schänden,** **I** im Allg.: classem funere, Verg.: aras, Stat.: diem, Stat.: patriis lunare venenis iubar, Claud. – **II** insbes., durch Unzucht, thalamos novercae, Verg.: puellam, Plaut.: virginem Vestalem, Porphyr. Hor.: filiam, Tac.: socrum Faustinam, Capit.: invicem se coram ipso, Suet.

incestum, ī, *n.*, s. 1. incestus.

incestuōsus, a, um (2. incestus), **unkeusch, blutschänderisch,** coitus, Gregor. epist. 14, 17: *m. plur.* subst., *ibid.*

1. incestus, a, um (in u. castus), moralisch u. religiös **unrein, befleckt,** **I** im Allg., **unsittlich, sündhaft, schmutzig, gottlos, frevelhaft** (Ggstz. integer), os, Cic.: manus (Plur.), Liv.: medicamen, Ov.: mens, Aur. Vict.: aves, **blutbefleckte,** unreine, Stat.: concessa apud Iudaeos, quae nobis incesta, Tac. – subst., incestus, der **Frevler** (Ggstz. integer), Hor. carm. 3, 2, 30. – **II** insbes., **durch Unzucht befleckt, unzüchtig, unkeusch, blutschänderisch** (Ggstz. castus), **a** v. Pers.: iudex, verbuhlter (v. Paris), Hor.: princeps, Plin. pan. – m. *in* u. Akk., in extraneos (andere) casti, in vosmet ipsos incesti, Tert. ad nat. 2, 20. – **b** v. Lebl.: flagitium, stuprum, Cic.: sermo, Liv.: amor, Tac.: matrimonium, mens, Lact. – subst., incestum, ī, *n.*, die **Unzucht, Blutschande,** adulteria, incesta, Cic. Tusc. 4, 75: sororum (mit den Schw.) incesta, Suet.: incesti reus, Vell.: incesti cum sorore reus, Suet.: incesti falso suspecta, Aur. Vict.: Vestales incesti compertae, Varro fr.: incestum facere, Cic.: incestum cum filia committere, Quint.: ab incesto id ei loco nomen factum est, Liv.: alqam damnare incesti, Liv., Quint. u. Plin. ep.: alqm incesto liberare (freisprechen von usw.), Cic.

2. incestus, ūs, *m.* (1. incestus *no.* II), die **Unzucht, Blutschande,** Cic. Brut. 122 u. 124; Mil. 59; Phil. 3, 74. Gell. 13, 21 (20), 19 *sq.*

incharaxo, āre (ἐγχαράσσω), **einen Einschnitt** in etw. **machen,** etw. **aufschlitzen,** Apic. 6, 228.

inchoāmen, inis, *n.* (inchoo), das **Beginnen, Anfangen,** der **Anfang,** Carm. ined. ed. Hagen 19, 14.

inchoāmenta, ōrum, *n.* (inchoo), die **Grundlagen, Elemente,** Mart. Cap. 3. § 326 u. 6. § 576.

inchoātē, *Adv.* (inchoatus), **anfangsweise, angefangen** (Ggstz. consummate), Augustin. de genes. ad litt. 6, 11. § 19.

inchoātio, ōnis, *f.* (inchoo), das **Beginnen,** die **Grundlegung, Vorbereitung,** der **Entwurf,** Boëth. inst. arithm. 2, 6: m. *Genet.*, magnarum rerum, Boëth. ad Cic. top. 1. p. 271, 26 B.: pacis, Augustin. de serm. dom. 1, 19, 56; u. so öfter bei Eccl.

inchoātīvus, a, um (inchoo) = ἀρκτικός, **anfangend, den Anfang bedeutend,** verba, Charis. 252, 10. Diom. 343, 1.

inchoātor, ōris, *m.* (inchoo), der **Anfänger** einer Sache, mortis, Prud. ham. praef. 27: etiam formabilium inch. deus atque creator, Augustin. de genes. ad litt. 1, 14. § 28.

inchoo (in den besten Hdschrn. auch incoho), āvī, ātum, āre, etw. **anlegen, anfangen, beginnen, antreten, einleiten,** worauf nachher fortgebaut, fortgearbeitet, was nachher fortgesetzt werden kann (Ggstz. perficere, peragere, ad exitum perducere, absolvere, consummare), **I** *tr.*: **A** im Allg.: **α** m. *Acc.*: a principiis mundum, Cic.: novum delubrum, Cic.: templum inchoatum pro magnitudine dei, dessen Anlage der Gr. des G. entspricht, Liv.: signum, Cic.: hominem (v. der Natur), Cic.: res, quas (communis intellegentia) in animis nostris inchoavit, wozu sie den Grund gelegt hat, Cic.: scherzh., exaedificare inchoatam ignaviam, den Anfang des Lasters fortbauen, Plaut. – cum aut inchoatur luna aut impletur, Tac.: Favonius ver inchoans, Plin.: inch. vindemiam, Plin.: inch. annum, antreten, Tac.: u. so sextum officii annum, Tac. – inch. sermonem, Sen. u. Quint.: pulcherrimum facinus ab alqo, Curt.: inchoata initia (belli) a Philippo, der Krieg wurde eingeleitet durch Ph., Liv.: inch. mentionem affinitatis, vorläufig zur Sprache bringen (Ggstz. rem consummare), Liv.: plures reges, im Voraus bestimmen, Plin.: aras nocturnas, auf n. A. zu opfern beginnen, Verg. – β m. folg. *Infin.*, Lucr. 3, 183. Lucan. 10, 173. Pallad. 13, 2. – γ *Partic. Perf.* subst., ab inchoato (von Grund aus) exstruere domum, Colum., scholam, Inscr. – **B** insbes.: **1** durch eine Darstellung etw. **zu begründen suchen,** etw. **zu beschreiben-, darzustellen-, zu schildern versuchen,** etw. **einleiten,** philosophiam (das Studium der Ph.) multis locis, Cic.: res attingere versibus his atque inchoare, Cic.: quod mihi inchoasti de oratoribus, Cic.: quod hic liber inchoat, Quint. – **2** im Senat **den Antrag stellen, es zur Sprache bringen,** inchoante Caesare de etc., Tac.: inchoantibus primoribus, Tac. – **3 beginnen,** prägn. = zu reden anfangen, rursus inchoat Ismene, Stat. Theb. 8, 623. – **4** *Partic. Perf.* inchoātus, a, um, prägn. **nur angefangen = unvollendet, unvollkommen, mangelhaft** (Ggstz. perfectus), cognitio, officium, Cic.: inauditiunculae rudes inchoataeque, Gell.: verba inchoata et incondita, Gell. – *neutr.* Plur. subst., perfecta anteponuntur inchoatis, Cic. – **II** *intr.* **beginnen, anfangen, den Anfang nehmen,** inchoante mense, Pallad.: ut munus inchoet ab etc., Sidon.

incibo, āre (in u. cibus), **füttern,** Schol. Iuven. 10, 231.

in-cicur, cicoris, **ungezähmt, wild** (vgl. Paul. ex Fest. 108, 2), Pacuv. tr. 386.

1. in-cido, cidī, ere (in u. cado), **hineinfallen, -stürzen, in-, auf** etw. **fallen, stürzen, I** von ungefähr: **A** eig.: in foveam, Cic.: in flammas, Mart.: incidit saxum in crura, Cic.: si qua in oculos inciderint, Plin.: incidit turris super agmina, Verg.: ad terram (v. Pers.), Verg. – mit folg. *Dat.*, capitibus nostris, Liv.: quoties aut cassidi tuae aut clipeo gravior ictus incideret, Tac. – mit *Acc.*, ballista obruit quos inciderat, Plin.: accidit noctibus, ut (coturnices) vela incidant, Solin. – **B** übtr.: **1** wohin **fallen** = wohin **geraten,** von ungefähr **gelangen, kommen,** in insidias, Cic.: in hos inexplicabiles laqueos, Quint.: fortuito in sermonem vestrum, zu eurem Gespräch hinzukommen, Cic.: in alcis manus, Cic.: inter catervas armatorum, Liv.: incidere alci od. in alqm, auf jmd. stoßen, jmdm. zufällig begegnen, Cic. – qui (oculi) quocumque inciderunt, Cic. u. a.: tot divitum paupertas subita in oculos incidit, Sen.: circumlatis oculis, ut incidēre (= inciderunt, *sc.* oculi) in Calin quendam, Curt. – m. bl. *Acc.*, meas potissimum manus, Apul. met. 6, 8: proximam convallem, Apul. met. 6, 14: fatales laqueos, Vulcat. Gallic. Avid. Cass. 2. § 2; vgl. Lact. epit. 29, 1. – **2** der Zeit nach wohin **fallen, treffen,** in hunc diem incidunt mysteria, Cic.: quorum aetas in eorum tempora, quos nominavi, incidit, Cic. – mit bl. *Acc.*, nonnumquam accidebat, ut menses qui fuerant transacti hieme, modo aestivum modo autumnale tempus inciderent, Solin. 1. § 44. – **3** in eine Krankheit, in ein Übel, in einen Gemütszustand usw. **fallen, verfallen,** in morbum, Cic.: in morbum de integro, Cic.: ex partu in febrem, Cels.: in febriculam, Planc. in Cic. ep. – in aes alienum, Cic.: in fraudem, Ter.: in errorem, Iustin.: in eadem vitia, Iustin. (u. so dum alterum vitium *devitabat, incidebat* – in alterum, Sen. rhet.): in imperiorum, honorum, gloriae cupiditatem, Cic.: in furorem et insaniam, Cic.: in amorem, Hyg. – m. bl. *Acc.*, caecitatem, Ambros. de Tobia 2: repente hunc morbum, Plin. Val. 3, 7: infirmitatem contractam [ex laboribus], CIL 8, 2728, 84: offensam, Auson. sept. sap. 7 (Pittac.), 10. p. 116, 6 Schenkl.: iram, Lact. Plac. narr. fab. 1, 10: amorem, *ibid.*14, 1. – **4** von ungefähr **in** oder **auf** etwas **fallen, geraten,** in etwas **hineingeraten, in** od. **auf** etw. **kommen, auf** etw. **verfallen, a** v. Pers.: quod in id rei publicae tempus non incideris, sed veneris, Cic.: in eam ipsam mentionem, Cic.: casu in eorum mentionem, Cic.: in eum sermonem (auf das G. kommen), qui tum fere multis erat in ore, Cic.; vgl. quae res tandem inciderat? worauf war denn das Gespräch gekommen? Cic.: aber inc. in sermonem (*sc.* hominum), in das Gerede der Leute kommen, Cic.: u. so inc. in varios sermones, Cic. Vgl. oben *no.* B, 1. – in huiusmodi amicitias casu, Cic.: in alterum (genus iniustitiae), Cic. – in Diodorum, der Meinung des D. beitreten, Cic. – **b** v. Lebl.: quae cogitatio si non incidisset, wäre ich nicht auf diesen G. verfallen, Cic.: incidit mihi in mentem, kommt mir in den Sinn, fällt mir ein, Ter. u. Cic.: so auch incidit mihi suspicio, Ter. (s. Spengel Ter. Andr. 359): dicam verum, ut aliud ex alio incidit, einfällt, Ter. – **5 vorfallen, sich zutragen, sich begeben, sich ereignen, eintreten, hereinbrechen, dazwischenkommen,** quorum ubi aliquid incidit, Cels.: quorum si quid forte incidit, Cels.: navigabo, nisi si quid inciderit, Sen.: malle frustra operam insumptam quam quicquam incidisse, etwas passiert sei, Liv.: si cum dolore oculorum et cervicis iste casus incidit, Cels.: cum dolor intus incidit-, Cels.: incidit bellum, Nep.: si qua clades incidisset, Liv.: ne quod periculum incideret, Nep.: incidunt saepe tempora, cum etc., Cic.: quaestio incidit de alqa re, Eccl.: consultatio incidit de alqa re, Liv.: incidit de uxoribus mentio, es kam das Gespräch auf die Fr., Liv.: so incidit sermo de Catullo Messalino, Plin. ep.: u. nuper cum incidisset mentio M. Catonis, das G. auf M. C. kam, Sen. – forte ita incidit m. folg. *ut* u. Konj., Liv. 6, 34, 6; 26, 23, 1; 28, 17, 13; 38, 58, 9. Auct. b. Afr. 1, 3. Auct. b. Hisp. 3, 5 u. 6, 4; od. m. folg. *ne* u. Konj., Liv. 1, 46, 5. – m. *Dat. pers.* od. *rei* = **begegnen, widerfahren,** ei derepente tantus morbus incidit, Plaut.: multis tales casus inciderunt, Cic.: si quid durius tibi inciderit, Prop.: incidit amori calamitas, Ter.: narrationes incidentes (Ggstz. ipsius causae et negotii), nebenher sich darbietende, nebensächliche, Mart. Cap. 5. § 551: so status incidentes (Ggstz. principales), Mart. Cap. 5. § 443 u. § 450 u. § 459. – **II** absichtlich: **A** eig.: **1** in einen Ort **hineinstürzen,** mit *Dat.*, patentibus portis, Liv.: castris, Liv. – v. Flüssen, **sich ergießen** in usw., hi duo amnes confluentes incidunt Oriundi flumini, Liv. – **2** feindlich jmd. **anfallen, überfallen, angreifen,** in hostem, Liv.: m. *Dat.*, ultimis, Liv. – **B** übtr., v. Zuständen usw., in etw. **einfallen,** jmd. **überfallen,** eo anno pestilentia gravis incidit in urbem agrosque, Liv.: terror incidit exercitui, Caes.: bellator deus animo incidit, ergreift, Verg. – ► *Partic. Fut. act.* incāsūrus, Plin. 2, 97.

2. in-cīdo, cīdī, cīsum, ere (in u. caedo), **I einschneiden, einen Einschnitt machen, in** etw. **schneiden, hauen, 1** im Allg.: arborem, in einen Baum, Caes.: (u. im Passiv arbor inciditur, man schneidet in den B., Plin.: incisae servant mea nomina fagi, Ov.): alcis manum, jmdm. in die H. hauen, Auct. b. Hisp.: digitorum nervos, Lampr.: marmora incisa notis publicis, mit von Staats wegen eingehauenen Inschriften, Hor.: folia incisa, Einschnitte habende, Plin.: pulmo incisus, die gespaltene (mit Einschnitten), Cic. – **2** insbes.: **a einschneiden = eingraben, einätzen,** alqd (leges, decreta) in aes, Cic., Liv. u. a., od. alqd in aere, Plin. pan. (vgl. Schwarz Plin. pan. 75, 1): indicem in aeneis tabulis, Suet.: in tabolam ahenam, CIL 1, 196, 26: nomina civitate donatorum in tabula, Cic.: in basi grandibus litteris P. Africani nomen, Cic.: amores arboribus, Verg.: fastos marmoreo parieti, Suet.: tribus nunc locis cum Perseo foedus incisum litteris (mit B.) esse, Liv.: u. bl. inc. leges (*sc.* in aes), Cic.: u. so incidi iussisti, ließest sie in (auf ehernen Tafeln eingegrabenen) Listen aufnehmen, Plin. pan. – **b** etwas schneidend **machen,** dentes, Zähne in die Säge hineinschneiden, Ov.: faces, Verg. – **c be-** od. **verschneiden,** pinnas, Cic.: vites, Verg. – **II durchschneiden, durchhauen, zerschneiden, zerhauen, A** eig.: **1** im Allg.: linum, Cic.: funem, Verg. u. Tac.: cervicem, Sen. rhet.: fistulas aquarias, Capit.: venam, venas, öffnen, Cels., Tac. u. Suet. – **2** insbes. als mediz. *t. t.* = **sezieren,** corpora mortuorum, Cels.: nocentes homines vivos, Cels. – **B** übtr.: **1 unterbrechen, abbrechen, stören,** poëma, Cic.: sermonem alci, Liv.: ludum, Hor.: omnem deliberationem, aufheben, Cic.: genus vocis incidens, unterbrochen, hier und da innehaltend, Cic. – **2 abschneiden, benehmen, wegnehmen,** spem omnem, Liv.: spem m. folg. Akk. u. Infin., Liv.: ipsam quam premimus horam casus incidit, Sen. – **3 beschneiden = kurz abtun,** media, Cic. Phil. 2, 47. – **4 kassieren, für ungültig erklären, vernichten,** testamentum, tabulas (testamenti), ICt. – ► arch. inceido, CIL 1, 196, 26.

incīduus, in Hdschrn. st. incaeduus, s. d.

inciēns, entis (verwandt mit ἐγκύων, ἔγκυος), **trächtig**, pecus, Colum.: ovis, Varro: sus, Plin.: scrofa, Arnob.: pavo, Colum.: palmae incientes progeminantesque, Colum. 4, 27, 1.

incīle, is, *n.*, s. incīlis.

incīlis, e (st. incidilis v. incīdo), **eingeschnitten**, fossa, ein Abzugsgraben, Cato u. ICt. – subst., incīle, is, *n.*, der **Abzugsgraben**, Cato u. Colum. – im Bild, tamquam in quodam incili iam omnia adhaeserunt, alles stockte, wie in einem Graben, der keinen Abzug hat, Cael. in Cic. ep. 8, 5, 3.

incīlo, āre, **schelten, tadeln**, Acc. tr. 41 u. 430 458. Pacuv. tr. 136. Lucil. 1035. Lucr. 3, 961. Vgl. Löwe Prodr. p. 336.

in-cinefactus, a, um, **zu Asche geworden**, Commodian. instr. 1, 41, 12 *Oehler* (Ludwig in igne facta).

in-cinero, āre (in u. cinis), **zu Asche brennen**, mustelam, Sex. Placit. de medic. 20, 1.

in-cingo, cīnxī, cīnctum, ere, **umgürten**, **I** eig.: incinctus mercator, Ov.: incingi zonā, Ov.: incinctus cinctu Gabino, Liv. – medial, incingitur angue, Ov.: incincta Diana, Ov.: incincti lares, Ov.: incingere lauro, umkränze dich mit L., Ov. – **II** übtr., **umschließen, umgeben**, urbes moenibus, Ov.: incincti Hercyniā silvā campi, Vell.: Arcadiam undique, rings umwohnen, Mela: oppidum portu saloque incingitur, Mela.

incingulum, ī, *n.* (incingo), der **Gürtel**, Non. 47, 25.

in-cino, ere (in u. cano), **I** *intr.*: **1** **blasen**, modulis lenibus (v. Tibicen), Gell. 4, 13, 1. – **2** **ertönen**, signa incinuerunt, Varro LL. 7, 37. – **II** *tr.* **ertönen lassen, anstimmen**, singend, varios ore modos, Prop. 2, 22, 6: blasend, modos et frequentamenta quaedam varia (v. Tibicen), Gell. 1, 11, 12.

in-cipesso, s. incipisso.

in-cipio, cēpī, ceptum, ere (in u. capio), eig. anfassen, angreifen; dah. etw. **anfangen, beginnen**, mit etw. **den Anfang machen** (Ggstz. desinere, relinquere, desistere), **I** *tr.*: **A** im Allg.: **α** mit *Acc.*: iter, Plaut.: bellum (Ggstz. bellum deponere), Sall.: proelium, Sall.: pugnam, Liv.: opus, Liv.: facinus, Sall.: quid incipiam? Ter. – Passiv, proelium incipitur, Sall.: saxis glandibusque proelium incipitur, Tac.: satis cito incipi victoriam, Tac.: inceptam oppugnationem relinquere, Caes.: per ver incipiendus erat (annus), Ov. fast. 1, 150: quod finitur inceptum est, Lact. – **β** absol. (Ggstz. desinere, deponi), sapere aude, incipe, Hor.: puto illum pridie incipere, postero die finire (aufhört), Petron.: ut (epistula) saepe incipere, saepe desinere videatur, Plin. ep.: ut incipiendi ratio fuerit, ita sit desinendi modus, Cic. – m. *ab* u. Abl., a fine, Sen., ab ultimo, Sen. rhet.: ab iisdem verbis plura acriter et instanter incipiunt et in iisdem desinunt, Quint.: si non ab eo, quo modo desitum erit, deinceps incipietur, Cic.: optime manus a sinistra parte incipit, in dextra deponitur, Quint. – m. bl. *Abl.* **womit?** verbum petant, quo incipiant, Quint. 10, 7, 21. – **B** prägn., zu reden, zu singen **beginnen, anfangen**, absol.: sic statim rex incipit, Sall.: incipe, Damoeta; tu deinde sequere, Menalca, Verg.: incipit ›mi Pamphile etc.‹, Ter. – m. *ab* u. Abl., incipiam ab honore publico, Varro LL.: a Iove incipiendum, Cic.: *unde* igitur potius incipiam quam *ab* ea civitate, quae tibi una in amore atque deliciis fuit, aut *ex* quo potius numero quam *ex* ipsis laudatoribus tuis? Cic. II. Verr.. 4, 3. – **II** *intr.* **anfangen, den Anfang nehmen, beginnen** (Ggstz. desinere), tum incipere ver arbitrabatur, Cic.: incipiente febriculā, Cic.: die incipiente (Ggstz. die iam in vesperum declinante), Colum.: mox Idumaea incipit, Plin. – m. *Abl.* **womit? wo?** frigoribus incipit annus, Ov. fast. 1, 149.: tertius Europae sinus Acroceraunicis montibus incipit, finitur Hellesponto, Plin. 4, 1: mit *Abl.* **wann?** quamquam censuissent patres, ut principium anni inciperet mense Decembri, Tac. ann. 13, 10. – mit *cum* (zugleich mit) u. Abl., cum hoc (aequinoctio) corus incipit, Plin. 2, 126. – m. *Adv.* **wo?** si explorandum est, ubi controversia incipiat, Quint. 7, 1, 8. – m. *Infin.*: iter ingredi, Enn. fr.: iter facere, Caes.: aegrotare, Varro fr.: inc. bella gerere, Cic.: loqui, das Wort ergreifen, Cic.: diaetā curare, Cic.: maturescere, v. Getreide, Caes.: ictus erat, quā crus esse incipit, Ov.: ut homines mortem vel optare *incipiant* vel certe timere *desistant*, Cic.: antequam incipiat marcescere, Veget. mul. – ► Archaist. Konj. Perf. incepsit, Paul. ex Fest. 107, 20.

incipisso, ere (incipio), **eifrig beginnen, in Angriff nehmen**, m. *Acc.*, Plaut. capt. 532 u. mil. 237: m. *Infin.*, Plaut. capt. 802 u. trin. 884.

in-circum, *Praep.* m. *Acc.*, **ringsum**, inc. eum locum, Varro LL. 5, 25 u. 6, 92.

in-circumcīsus, a, um (in u. circumcido), **unbeschnitten**, Eccl.

in-circumscrīptus, a, um (in u. circumscribo), **uneingeschränkt**, Eccl. u. Gloss.

in-circumspectus, a, um, **unbesonnen, unüberlegt**, Cassian. coll. 12, 2. Oros. 2, 6, 14.

incīsē u. **incīsim**, *Adv.* (incīdo), **in kurzgegliederter Rede**, Cic. or. 212 (incise); 213 u. 225 (incisim).

incīsio, ōnis, *f.* (incīdo), **I** eig.: **a** der **Einschnitt** in den Körper, ne incisio vulnus exasperet, Ambros. in psalm. 37. § 42. – **b** das **Schneiden** im Körper, interiorum, Veget. mul. 2, 11, 2. – **II** übtr.: **a** als rhet. *t. t.*, der **Einschnitt, Abschnitt** einer Periode (= incisum), griech. κόμμα, Cic. or. 206 u. a. – **b** als gramm. *t. t.*, die **Zäsur**, Diom. 497, 5 (wo Plur.).

incīsor, ōris, *m.* (incīdo), der **Zerschneider, Zerleger**, Alcim. Avit. epist. 86 (77).

incīsum, ī, *n.* (incīdo), als rhet. *t. t.*, der **Einschnitt, Abschnitt**, einer Periode (griech. κόμμα), Cic. u. Quint.

incīsūra, ae, *f.* (incīdo), **I** der **Einschnitt, Schnitt**, Plin. 11, 231. Pallad. 4, 1, 2: Plur., Vulg. Levit. 21, 5. – **II** insbes.: **A** der natürliche **Einschnitt** in der Hand, die **Linie**, Plin.: an den Insekten usw., Plin. – **B** in der Malerei, die **Trennung des Schattens vom Licht**, Plin. 33, 163.

incīsus, Abl. ū, *m.* (incīdo), der **Einschnitt**, Plin. 16, 60.

incitābilis, e (incito) = παροξυντικός, **ermunternd**, Gloss. II, 399, 11.

incitābulum, ī, *n.* (incito), das **Anreizungsmittel**, ingenii virtutisque, Gell. 15, 2, 3.

incitāmentum, ī, *n.* (incito), das **Anreizungs-, Aufmunterungsmittel**, die **Anreizung, der Antrieb**, der **Stachel, Sporn**, (s. Mützell Curt. 4, 10 [41], 24), **a** v. Lebl., absol., id maximum erat bellantibus incitamentum, Curt. 8, 14 (48), 11. – m. subj. *Genet.*, inc. tubarum, Amm. 21, 12, 12. – mit obj. *Genet.*, incitamenta animi, Sen.: magna cogitationis incitamenta, Plin. ep.: inc. cupidinis, Tac.: incitamenta irarum, Tac. – inc. periculorum et laborum, Cic.: incitamenta victoriae, Tac.: inc. educandi, Plin. pan. – mit *ad* u. Akk., pugnabat pro rege nominis fama, deinde desperatio, magnum ad honeste moriendum inc., Curt. 9, 5 (19), 6. – Ggstz., omnia animarum *placamenta* vel *incitamenta*, Apul. de deo Socr. 13. – **b** v. Pers., m. obj. *Genet.*, uxor, quae incitamentum mortis et particeps fuit, Anreizerin, Tac. ann. 6, 29. – m. *ad* u. Akk., Dareus curru sublimis eminebat, et suis ad se tuendum et hostibus ad incessendum ingens inc., Curt. 3, 11 (27), 7.

incitātē, *Adv.* (incitatus), **rasch, heftig**, incitatius ferri, fluere, v. der Rede, Cic. or. 67 u. 212: incitatius peragrare, Chalcid. Tim. 81; vgl. 92 u. 108.

incitātio, ōnis, *f.* (incito), das **Antreiben, Anregen**, **I** aktiv (übtr.) = das **Erregen, Anfeuern**, die **Aufregung**, animi iudicis, Cic. de or. 2, 183: languentis populi, Cic. de or. 2, 35. – **II** passiv = das **Angetriebensein**, die **rasche Bewegung**, **A** eig.: sol tantā fertur incitatione, ut etc., wird mit solcher Gewalt vorwärts getrieben, dass usw., Cic. Acad. 2, 82. – **B** übtr., **a** v. der Rede, vis atque inc. orationis, Gewalt u. Schwung, Cic. de or. 1, 161. – **b** v. Geiste, **der innere Trieb, -Drang**, mentis inc. et permotio divina, Cic. de div. 1, 89: quaedam animi inc., Caes. b. c. 3, 92, 3: inc. eius, Amm. 14, 1, 10.

incitātor, ōris, *m.* (incito), der **Anreizer, Aufhetzer**, Fronto de eloqu. 1, 1. p. 146, 4 N. Amm. 28, 1, 51. Prud. perist. 10, 67: alio incitatore, Ggstz. suā sponte, Cypr. epist. 20, 3.

incitātrīx, trīcis, *f.* (Femin. zu incitator), die **Anreizerin**, mit obj. *Ge-*

net., libidinum, Lact. de ira dei 23, 22: licentiae, Nazar. pan. 34, 1: mit *ad* u. Akk., ad vitia, Arnob. 2, 30.

incitātus, a, um, *PAdi.* m. *Compar.* u. *Superl.* (v. incito), **beschleunigt, rasch, schnell, schleunig, I** eig.: equo incitato, equis incitatis, in gestrecktem Galopp, spornstreichs, Cic. u. Caes.: incitatissima conversio, Cic. – **II** übtr.: **1** im Allg.: cursus in oratione incitatior, Cic.: alter (Thucydides) incitatior fertur, Cic.: hoc fuit tempus viris armis incitatissimum, Flor. – **2** insbes.: **a** v. Pers., gemütlich **aufgeregt,** incitatior mulier, Apul.: legio incitatissima, As. Poll. in Cic. ep. 10, 32, 4. – **b** v. Affekten, **heftig,** incitatissimum odium, Val. Max. 1, 8, 6.

incitēga, ae, *f.* (ἐγγυθήκη), ein Gestell mit Löchern, worauf die unten oft spitzen Amphoren gestellt wurden, Paul. ex Fest. 107, 3.

in-cito, āvī, ātum, āre, **in rasche Bewegung setzen, antreiben, anregen, I** eig. u. übtr.: **A** eig. (Ggstz. tardare), equos, Caes.: hastas, Val. Flacc.: naves remis, Caes.: currentem, s. curro. – refl. se incitare u. medial incitari, sich in schnelle Bewegung setzen, **seinen Lauf beschleunigen,** alii ex castris sese incitant, stürzen aus usw., Caes.: ex alto se aestus incitat, dringt heran, Caes. – stellarum motus tum incitantur, tum retardantur, Cic. – **B** übtr., **erregen, aufregen, antreiben, anspornen, anstacheln, anfeuern, reizen, anreizen** (Ggstz. reprimere, refrenare, languefacere), **1** im Allg.: alcis animum (Ggstz. sedare, lenire), Cic.: studium, Cic.: sitim, Ov.: suos sensus voluptarios omnes, Cic.: incitatā illā suā vecordi mente, in heftiger Aufregung seines wahnsinnigen Geistes, Cic. – alqm cupiditate imitandi, Cic.: alqm ad studium, Cic.: ad id bellum, Caes.: his vocibus in se dictatorem, Liv. – **2** insbes.: **a divinatorisch anregen, begeistern,** Pythiam, Cic.: quasi mente incitati, Cic. – **b** feindlich **aufregen, reizen, aufreizen, aufbringen,** alqm in alqm, Cic., od. contra alqm, Hirt. b. G.: civitas ob eam rem incitata, Caes. – **II** prägn., **wachsen machen, vergrößern, A** eig.: **1** im Allg.: amnis hibernus incitatus pluviis, Liv. 44, 8, 6. – **2** insbes., als *t. t.* des Landbaus = das Wachstum eines Baumes befördern, einen Baum **treiben,** vitem, Colum. u. Pallad. – **B** übtr.: **a steigern,** eloquendi celeritatem, Cic.: poenas, verschärfen, Tac. – **b** Passiv incitari, **lebhafter werden** (v. Farben), Ggstz. relanguescere, Sen. nat. qu. 1, 3, 13.

1. **in-citus**, a, um (in u. cieo), **unbewegt, unbeweglich,** v. Stein (calx) im Spielbrett, den man nicht mehr ziehen kann, **matt,** dann übtr., von dem, der in der äußersten Not lebt, s. Isid. orig. 18, 67; dah. sprichw., alqm ad incitas (*sc.* calces) redigere od. ad incitas redigi, **schachmatt machen** od. **werden** = jmd. **in die größte Verlegenheit, -Not, aufs Äußerste bringen** od. **geraten,** Plaut. Poen. 907; trin. 537: so ad incitas deprimi intolerandi tributi mole, Mamert. grat. act. 9, 1: u. so auch ad incita adigere, Lucil. 513: u. ad incita redire, aufs Äußerste kommen, Lucil. 101: u. ellipt., ad incitas, Charis. 93, 27.

2. **in-citus**, a, um (in u. cieo), **in rasche Bewegung gesetzt, stark bewegt, schnell,** Lucr., Verg. u. a.

3. **in-citus**, Abl. ū, *m.* (in u. cieo), die **rasche Bewegung,** assiduo mundi incitu, Plin. 2, 116.

in-cīvīlis, e, **ungebührlich (unrecht), tyrannisch, ungerecht,** principatus, Lampr.: verba, Gell.: ingenium, Eutr.: animi (Charakter), Aur. Vict. – satis incivile est m. folg. *Infin.*, ICt. – *neutr. plur.* subst., multis incivilibus gestis, nachdem er viele Ungebührlichkeiten (Ungerechtigkeiten) begangen hatte, Eutr. 10, 13.

incīvīlitās, ātis, *f.* (incivilis), die **Unmanierlichkeit, Ungebührlichkeit,** Amm. 18, 2, 7 u. 29, 5, 6. Cassiod. var. 4, 12, 3 u. 7, 39, 2.

incīvīlitier, *Adv.* (incivilis), **ungebührlich, tyrannisch,** Cassiod. var. 5, 37, 2 u. ICt. – *Compar.* incivilius, Flor. 1, 26, 8 u. a.

inclāmātio, ōnis, *f.* (inclamo), der **Zuruf, Anruf,** Tert. adv. Marc. 4, 41 *in.*

inclāmito, āre (*Intens.* v. inclamo), jmd. **anschreien,** heftig **anfahren,** etiam inclamitor quasi servos? Plaut. Epid. 711 G.

in-clāmo, āvī, ātum, āre, **laut seine Stimme erheben, mit lauter Stimme rufen, I** im Allg.: **α** mit Ang. **wen?** od. **was?** im *Acc.*: **αα** m. Ang. **wen?** jmd. **anrufen,** jmdm. **zurufen,** jmd. **anschreien, anfahren,** jmdm. **zuschreien,** alqm nomine, Liv., nomine suo, Lact.: comitem suum semel et saepius, Cic.: alqm acriter, Plaut.: alqm magnā voce, Liv.: delphinus inclamatus a puero, Plin.: poet., mihi non oculos quisquam inclamavit euntes, rief meinen Namen aus und drückte mir die Augen zu, Prop. 4, 7, 23. – zugl. m. folg. Absichtssatz durch *ut* m. Konj., puerum, ut illum abigeret, inclamavit, Val. Max.: ohne *Acc. pers.*, ad vocem unius, qui, ut ferirent, inclamavit, Liv.: m. folg. indir. Fragesatz, pastorum unus inclamat alios, quid cessarent, Liv. – **ββ** m. Ang. **was?** im *Acc.*, nomen alcis, Cael. b. Quint. – atque id magnā voce ter quaterve inclamavit (rief er aus): ›bovinator est‹, Gell. – od. im *Acc.* m. *Infin.*, praetorem accensum solitum esse iubere, ubi ei videbatur horam tertiam esse, inclamare horam tertiam esse, Varro LL. – m. folgendem direktem Fragesatz, adversarius ... ›quo tu turpissime‹? magnā voce inclamat, Hor. – **β** m. Ang. **wem? od. gegen wen? αα** m. Ang. **wem?** im *Dat.*, timidae puellae, Ov.: zugl. m. folg. Absichtssatz durch *ut* u. Konj., Albanus exercitus inclamat Curiatiis, uti opem ferant fratri, Liv. – **ββ** m. Ang. **gegen wen? = wem?** durch *contra* od. *in* mit Akk., contra alqm voce quam maximā, Aur. Vict.: zugl. mit Ang. **was?** im *Acc.* u. *Infin.*, repente in eum, qui id faciebat, videre se quid faceret magnum inclamavit, schrie dem laut zu usw., Gell. – **II** insbes., v. Hilfsbedürftigen, um Beistand **laut seine Stimme erheben, einen Hilferuf ergehen lassen,** absol., nemo inclamavit patronorum, Cic.: ita te para, ut, si inclamavero, advoles, Cic. – mit *Acc.* = um Hilfe **anrufen,** deûm atque hominum fidem, Gell. 17, 19, 3.

in-clārēsco, clāruī, ere, **I** eig., **hell werden,** et mane inclaruerat, Vulg. exod. 19, 16: ubi vero primum dies inclaruit, Amm. 25, 1. § 1. – **II** übtr., **bekannt-, berühmt werden,** v. Pers., discipulo Niciā, Plin.: his artibus, Plin. pan.: auro caelando, Plin.: commentario Zmyrnae edito ita inclaruit, ut etc., Suet. – v. Lebl., neque mea fortuna neque tua gloria inclaruisset, Tac.: quae artes pluribus inclaruēre exemplis, Plin.

in-clārus, a, um, **unbekannt,** Symm. epist. 3, 4.

in-claudibilis (in u. claudo), **unschließbar, irrational,** Placid. gloss. V, 26, 14.

in-claudicābilis, e (in u. claudico), **nicht hinkend,** pes, Placid. gloss. V, 26, 13.

in-clausibilis, e, **unverschließbar,** Placid. gloss. V, 26, 13.

in-clēmēns, mentis, **unglimpflich, schonungslos, unerbittlich streng,** non senatus inclementior fuit, quam vos universi, Cic.: dictator, Liv.: inclementiori verbo appellare, Liv.: aulae Siculae inclementissimus incubator, Macr.

inclēmenter, *Adv.* m. *Compar.* (inclemens), **unglimpflich, schonungslos, unerbittlich streng, hart** (s. Bünem. Lact. 5, 10, 2), dicere od. loqui alci, dicere in alqm, Plaut.: inclementer invehi in alqm, Tac.: inclementius invehi in alqm, Liv.: inclementius puniri, Amm.

inclēmentia, ae, *f.* (inclemens), die **Unglimpflichkeit, Schonungslosigkeit, unerbittliche Strenge, -Härte,** divûm, Verg.: *adversus* reos, Tac.: übtr., mortis, Verg.: caeli, raue Luft, raues Klima, Iustin.

inclīnābilis, e (inclino), **sich leicht neigend,** animus in pravum, Sen. ep. 94, 40.

inclīnāmentum, ī, *n.* (inclino), als gramm. *t. t.* = **Abbeugungs-, Ableitungsendung** eines Wortes (wie *-osus* in *vinosus*), Nigid. b. Gell. 4, 9, 2

inclīnātio, ōnis, *f.* (inclino), das **Sich-Neigen,** die **Neigung, Biegung, Krümmung, I** eig.: **A** im Allg.: incl. corporis, Quint., im Zshg. bl. incl., Cic., das **Sich-Bücken:** incl. incumbentis in mulierculam Verris, Quint.: incl. lateris unius (des Schiffes), Plin.: iam inclinatio maris (erat), Sen.: altera inclinatio, quā (terra) in latera nutat, Sen.: vertebrarum, quae in spina sunt, inclinationes, Einbiegungen der Rückenwirbel, Cels. – **B** insbes.: **1** als Übersetzung des griech. κλίμα, incl. caeli, die Neigung der Erde vom Äquator an gegen die Pole, die **Polhöhe, Himmelsgegend,** Vitr. u. Gell.: dass. incl. mundi, Vitr. – **2** als gramm. *t. t.*, die **Abbeugung** eines Wortes von einem Stamm, die **Ableitung,** Varro LL. 9, 1 u. 9, 114. – **3** als rhet. *t. t.*, incl. vocis, das **Steigen und Sinken,** der **Wechsel** der Stimme, wenn der Redner bald in den höchsten, bald in den tiefsten Tönen spricht, Cic. Brut. 158. Sen. suas. 2, 10: Plur., Quint. 11, 3, 168. – **II** übtr.: **A** im Allg., die **Neigung, Wendung, Hinneigung,** fieri quaedam ad meliorem spem inclinatio visa est, Cic.: inclinatio animi ad asperiora, Sen.: ut ad alia, sic etiam ad moriendum inconsulta animi inclinatio, Sen. – **B** insbes.: **1** die wohlwollende **Neigung, Hinneigung, Zuneigung,** voluntatis u. voluntatum, Cic.: senatus et populi, Lampr.: iudicum ad nos, Quint.: Plur., variae in hunc aut illum Vitellii inclinationes, Tac. – **2** die **Wendung** = die veränderte **Richtung,** der **Wechsel** der Verhältnisse usw., ratio (Geist) atque inclinatio temporum, Cic.: minimis momentis maximae inclinationes temporum fiunt, Cic.: fit ad meliorem spem inclinatio, Cic.: quae essent in re publica rerum inclinationes et momenta temporum, Cic.: fieretque cum eo mira quaedam fortunae inclinatio, Iustin.: utendum inclinatione eā ratus, veränderten Stimmung, Tac.

inclīnātīvus, a, um (inclino) = ἐγκλιτικός, **zur Zurückwerfung des Akzents geeignet, enklitisch,** pronomina, Prisc. 17, 55: coniunctiones, Prisc. part. XII vers. Aen. § 26.

1. **inclīnātus,** a, um, *PAdi.* (u. inclino), **geneigt;** dah. **I** übtr.: **1** der Zeit nach **sich neigend, höher,** senectus, Calp. 5, 13. – **2** dem Ton nach **steigend und sinkend, wechselnd,** sonus, Rhet. Her.: vox, Cic.: inclinatā ululantique voce canere, Cic. – **II** übtr.: **1** dem Bestehen nach, **zur Neige gehend, sinkend, gesunken,** domus, Verg.: res, Liv.: fortuna, Cic. – **2** der Ansicht od. dem Sinn nach zu etw. od. jmd. **sich neigend, geneigt,** ihm **zugetan, a** der Ansicht nach: inclinatae ad suspicionem mentes, Tac. – **b** dem Sinn nach: nihil magnopere ad patrum aut plebis causam inclinati, Liv.: nihilo inclinatioribus ad pacem animis, Liv. 3, 2, 12: plebs inclinatior ad Poenos fuerat, Liv. 23, 46, 3.

2. **inclīnātus,** Abl. ū, *m.* (inclino), die **Abbeugung, Abbeugungsendung** der Wörter, quod (verbum) simili inclinatu dicatur, Gell. 3, 12, 2.

1. **inclīnis,** e (inclino), **sich neigend, sich beugend,** Val. Flacc. 4, 308. Min. Fel. 3, 6.

2. **inclīnis,** e (in u. clino), **sich nicht neigend, unveränderlich,** Manil. 1, 598.

in-clīno, āvī, ātum, āre (in u. *clino = κλίνω), **hinneigen, hinbeugen, umbeugen, -legen, lenken, ab- und hinlenken, I** *act.*: **A** eig.: **1** im Allg.: genua arenis (auf den S.) Ov.: caput in latus, in umerum dextrum, Quint.: pollicem intus, Quint.: malos (die Masten), Liv.: super Actaeas arces cursus, Ov.: aquas ad litora, hinleiten, Ov.: cum fretum aestu inclinatum est, sobald die Strömung in der Meerenge abwärts ging, Liv. – **2** insbes.: **a zum Wanken** od. **Sinken bringen,** stantem inclinare (Ggstz. inclinantem excipere), Cic. de or. 2, 187. – **b** zum Beischlaf **hinlegen, hinstrecken,** alqam, Iuven.: se cum liberta, Plaut. – **c** als gramm. *t. t.* = **durch Ableitung bilden,** *ingeniosus, formosus* ... quae pariter ab *ingenio* et *forma* inclinata sunt, Gell. 4, 9, 12; vgl. 3, 12, 3: quod vocabulum (equitare) e vocabulo ›equitis‹ inclinatum est, Gell. 18, 5, 9. – od. durch Deklination **beugen,** ›partim‹ hoc in loco adverbium est neque in casus inclinatur, wird nicht dekliniert, Gell. 10, 13, 1. – **B** übtr.: **1** im Allg., **hinneigen, hinwenden,** omnem culpam in alqm, Cic.: onera in dites a pauperibus, Liv. – in hanc sententiam inclinavit animos, gewann die G. für usw., Liv.: haec animum inclinant, ut credam, macht mich geneigt zu glauben, Liv.: miseratio iudicem inclinat, macht zur Milde geneigt, Quint. – **2** insbes.: **a** einer Sache **eine andere-,** bes. **schiefe** od. **falsche Wendung** od. **Richtung geben** und sie so **herabbringen,** omnia simul inclinante fortunā, Liv., eloquentiam, Quint. – **b** einer Sache **eine entscheidende Wendung-, eine Entscheidung-, den Ausschlag geben,** fraus rem inclinavit, Liv.: res inclinata est, ist der Entwicklung nahe, Cic. – **II** refl. se inclinare u. bl. inclinare, od. medial inclinari (wie κλίνειν), **sich neigen, A** eig.: **1** im Allg.: terra inclinatur, Lucr.: inclinari ad iudicem (Ggstz. reclinari ad suos), Quint. – **2** insbes.: **a** als milit. *t. t.*, v. der Schlachtreihe usw., **sich neigen** = **wanken, weichen,** acies inclinatur od. inclinat, Liv.: inclinare in fugam, Liv.: acies inclinat in neutram partem, wankt, Liv.: res inclinatur in fugam, Liv.: rem inclinatam restituere, Liv. – **b** v. der Sonne, v. der Tageszeit = **sich neigen,** zum Nachmittag u. bes. zum Abend, inclinato in pomeridianum tempus die, Cic.: u. bl. sol se meridie inclinavit, Liv.: sol inclinat, Iuven.: inclinare meridiem sentis, Hor.: quia inclinabat dies, Tac.: quamquam in vesperam inclinaverat dies, Curt.: inclinato die, Plin. ep.: inclinato ad vesperam die, Curt – **c** v. Krankheit u. Fieber = **sich neigen,** morbis ad sanitatem inclinantibus, Cels.: inclinatae in deterius principia valetudinis senserat, Vell. – dah. **sich mindern, abnehmen,** morbus inclinatus, Cels.: febris se inclinat, Cels.: inclinatā quidem febre, sed adhuc tamen inhaerente, Cels. – **d** von der Farbe, **sich zu etw. neigen,** ihm **nahekommen,** cotonea colore ad aurum inclinato, goldfarbig, Plin.: herba coloris in luteum inclinati, schmutzig gelb, Plin. – **B** übtr.: **1** im Allg.: paulum inclinari timore, wanken, Cic.: fortuna se inclinat, neigt sich (zum Schlimmeren), wendet sich, Caes. – **2** insbes., der Ansicht od. dem Sinn nach zu jmd. od. etw. **sich neigen, a** der Ansicht nach, ad Stoicos, Cic.: sententia senatus inclinat ad pacem, Cic.: inclinant animi ad bellum, ad pacem, Liv.: ad laudes Senecae, Tac.: inclinati ad credendum animi, Liv. u. Tac.: inclinatae ad suspicionem mentes, Tac.: quocumque vestrae mentes inclinant atque sententiae, Cic. – m. folg. *Acc.* u. *Infin.*, inclinavit sententia, quod tutius censebant, universos ire, Liv. 28, 25, 15. – m. folg. *ut* u. Konj. (s. Drak. Liv. 28, 25, 15. Müller Liv. 1, 24, 1), inclinat animus, ut etc., Liv.: inclinavit sententia, ut in Thessaliam agmen demitteret, Liv.: multorum eo inclinat sententia, ut etc., Liv.: huc potius eius vita famaque inclinat, ut etc., sein Leben u. die Meinung von ihm spricht mehr dafür, dass usw., Tac. – **b** dem Sinn, der Meinung nach, zu etwas **sich neigen** = **geneigt sein,** pluribus hisce, Hor.: in stirpem regiam studiis, Curt.: in Gotarzen per occulta et magis fida, Tac.; vgl. 1. inclinatus *no.* II, 2. – ► parag. Infin. Präs. Pass. inclinarier, Avien. phaen. 1479.

in-clitus, s. in-clutus.

in-clūdo, clūsī, clūsum, ere (in u. cludo, claudo), **I einschließen, A** persönl. Objj. = **einsperren,** parietibus deos, Cic., vivos homines, Capit.: alqm in cella Concordiae, Cic.: plurimos duces hostium in triumpho ductos carcere inclusisse, Liv.: propter iniustam dominatus cupiditatem in carcerem quodammodo ipsum sese inclusisse (v. Dionysius), Cic.: incl. in praedonum custodias tantum numerum civium Romanorum, Cic.: corpora furtim caeco lateri, Verg.: ut ne ab hoc quidem carcere, cui inclusa est, teneri queat, Sen.: incl. se munitae urbi cum magna manu popularium, Curt.: ibi in carcere includi, Liv.: includi in carcere inter fures nocturnos, Liv.: consule in carcere incluso, Cic.: dux regiā inclusus, Liv.: includere sese Heracleae u. Heracleam, Liv.: incl. se moenibus, Liv.: animus in corpore inclusus, Cic.: deus inclusus corpore humano, Cic.: multis talium operum artificibus de industria inclusis, versammelt, angestellt, Liv. 29, 35. 8. – im Bild = **einschränken,** nullis neque temporis neque iuris inclusus angustiis, quo minus etc., weder durch die Zeit, noch durch das Recht beengt, Liv. 24, 8, 7. – **B** sächl. Objj.: **1 einschließen, a** = **einfügen, einlassen,** emblemata in scaphiis aureis, Cic.: sui similem speciem in clipeo Minervae, Cic.: typos in tectorio atrioli, Cic.: huc aliena ex arbore germen, einpfropfen, Verg.: capitis effigiem portae, Val. Max.: serpentis exuvias aureae armillae, Suet.: verba versu, in den Vers bringen, Cic.: sententiam versibus, in Versen verfassen, Hor.: orationem libro, schriftlich aufsetzen, Liv.: tempora fastis, verzeichnen, Hor. – **b umschließen** = umgeben, smaragdum auro, in G. fassen, Lucr.: suras auro, Verg.: inclusae auro vestes, Verg.: ossa pristini corporis inclusa murrā, Mela. – **2** (als Episode) **einfügen,** orationem in epistulam, Cic. ep.: alqd orationi, Cic. – **3 begrenzen,** Callipidas (die Kallipiden in Sarmatien) Hypanis includit, Mela: plaga Ponto ac Maeotide includitur, Mela. – v. Pers., **abgrenzen,** Agrippa unam (Asiae partem) inclusit ab oriente Phrygiā, Lycaoniā, ab occidente Aegaeo mari etc., Plin. 5, 102. – **II verschließen, verstopfen, versperren, hemmen, A** eig.: alci os spongiā, Sen.: viam, Liv. – vocem (die Sprache), Cic. u. Liv.: spiritum, Liv. u. Plin.:

inclusit dolor lacrimas, Stat. – **B** übtr.: **1** **verschließen** = völlig bedecken, emplastrum prioris gemmae locum includat, Pallad. 7, 5, 4. – **2** der Zeit nach **schließen, endigen,** omnes potiones aquā frigidā, Cels.: huius actionem vespera inclusit, Plin. ep.: sed iam debeo epistulam includere, Sen.: forsitan includet crastina fata dies, Prop. – ► arch. Infin. Präs. Pass. includei, CIL 1, 205. col. 1, 44 u. 47.

inclūsio, ōnis, *f.* (includo), **I** die **Einschließung, Einsperrung,** Bibuli, Cic. Vatin. 24. – **II** die **Versperrung, Verengerung,** faucium, Th. Prisc. 2, 16. – **III** als rhet. Fig. = ἐπαναδίπλωσις, der **Gebrauch desselben Wortes zu Anfang und am Schluss eines Satzes,** Rufin. de schem. lex. 9.

inclūsor, ōris, *m.* (includo), **einer, der** Gold und Edelsteine **einfasst,** auri et gemmarum, Hieron. in Ierem. 5, 24. – absol. = der **Juwelier,** Vulg. Ierem. 24, 1 u. 29, 2. Hieron. in Ezech. 4.

in-clutus (inclitus), a, um (in u. clueo), **vielbesprochen, vielgenannt, weitbekannt, berühmt, ruhmreich,** **a** v. Pers.: Venus, Lucr.: Ulixes, Hor.: populi regesque, Liv.: augur, Liv.: poëta, Sen.: familiae maxime inclutae, Liv. 1, 7, 12: Ninnii Celeres incluti nobilitate ac divitiis, Liv.: Saguntini fide atque aerumnis incluti, Sall. fr.: dux inclutissimus, Colum. 1, 4, 2. – mit *Genet.*, incluta leti (Lucretia), Sil. 13, 821. – **b** v. Lebl.: iudicium, Enn.: templum, Liv.: maxime inclutum in terris oraculum, Liv.: leges Solonis, Liv.: urbs incluta specu, Sall.: inclutus magnitudine Athos mons, Liv.: gloria (Palamedis) incluta famā, Verg.: claritudo inclutissima, Cato fr. bei Gell. 3, 7, 19.

1. incoāctus, a, um (in u. cogo), **ungezwungen,** omne honestum iniussum incoactumque est, Sen. ep. 66, 17.

2. incoāctus, a, um (in u. cogo = gerinnen machen), **geronnen,** caseus recens inc., Apul. met. 8, 19 H. (Eissenh. u. Helm inchoatus).

incoctilis, e (incoquo), **mit einem Metall überzogen,** hederae dependentes incoctiles, CIL 8, 6982, 5: subst., incoctilia, ium, *n.* (*sc.* vasa), verzinnte Gefäße, Plin. 34, 162.

incoctio, ōnis, *f.* (incoquo), das **Einkochen,** Cael. Aur. de morb. chron. 4, 3, 62.

1. in-coctus, a, um (in u. coquo), **ungekocht,** caro, Fab. Pict. bei Gell. 10, 15, 2: ova, Marc. Emp. 16: quidquid est, incoctum non expromet, bene coctum dabit, Plaut. mil. 208.

2. in-coctus, a, um, *Partic.* v. incoquo, s. d.

in-coenātus, a, um, s. in-cēnātus.

in-coeno, āre, s. in-cēno.

in-coeptus, a, um (in u. coepio), **ohne Anfang** (Ggstz. interminus), Apul. de mund. 37.

in-coërcitus, a, um (in u. coërceo), **unbeschränkt, schrankenlos,** affectus, Iulian. bei Augustin. op. imperf. c. Iul. 4, 41.

in-cōgitābilis, e, **I** aktiv = ἀνόητος, **unbedacht, unbesonnen,** v. Pers., Plaut. mil. 544. Lact. 1, 8, 3. – **II** passiv = **undenkbar, unbegreiflich,** dementia, Amm. 15, 3, 7: illa incogitabilis effigientiae immensitas, Mart. Cap. 9. § 922. – est incogitabile m. folg. *Acc.* u. *Infin.*, Frgm. iur. Rom. Vat. 75 *extr.*

incōgitāns, antis, (in u. cogito), **unbedacht, unüberlegt,** Ter. Phorm. 155 u. 499. Auson. sept. sap. 8 (Periand.), 15. p. 111 Schenkl.

incōgitantia, ae, *f.* (incogitans), die **Unbedachtsamkeit, Unüberlegtheit,** Plaut. merc. 27.

incōgitātē, *Adv.* (incogitatus), **unüberlegt,** Interpr. Iren. 2, 16 (?).

incōgitātus, a, um (in u. cogito), **I** passiv, **1** **unüberlegt** (Ggstz. meditatus), opus, Sen.: alacritas, Sen. – *neutr. plur.* subst., incogitata dicere, aus dem Stegreif reden, Apul. de deo Socr. prol. *in.* p. 102 H. (p. 2, 4 G.). – **2** **undenkbar,** supplicia, Sen. Herc. Oet. 300. – **II** aktiv, **1** ohne vorher nachgedacht zu haben, **aus dem Stegreif,** ne incogitati dicere cogerentur de rebus ingentibus, Lampr. Alex. Sev. 16, 2. – **2** **unbedacht, unüberlegt,** animus, Plaut. Bacch. 612.

in-cōgito, āre, **gegen** jmd. **auf** etw. **denken,** etw. **ausdenken,** fraudem alci, Hor. ep. 2, 1, 122.

in-cōgnitus, a, um, **I** nicht erkannt = **A** **unbekannt,** incognita res, Cic.: aut falsa aut incognita res, Cic.: inc. natura hominum, Cic.: inauditum atque incognitum ante mare, Vell.: incognitae ad id tempus insulae, Tac.: inc. felicitas, unerhörte, Flor.: ubi causa incognita est, Cels.: habere alqm incognitum, nicht kennen, Suet. – mit *Dat.*, vocabula nobis inc., Cic.: inc. famae orbis terrarum, selbst der Sage unb. Welt, Liv.: inc. oculis nostris, nicht gesehen, Ov.: quae omnia fere Gallis erant incognita, Caes. – mit folg. indir. Fragesatz, mihi fratrem incognitum qualis futurus esset dederunt, Cic. – *neutr.* subst., incognito assentiri, Cic.: u. Plur., incognita pro cognitis habere, Cic. – **B** (als gerichtl. *t. t.*) **ununtersucht,** incognitā re iudicare, Cic.: alqm causā incognitā condemnare, Cic.: incognitā causā ab alqo trahi ad poenam, Curt.: ne quid de absente incognitā causā statuatis, Sall. – **II** (nach cognosco *no.* II) **nicht für das Seine erkannt,** subst., incōgnita, ōrum, *n.*, das von den Eigentümern Unerkannte, Liv. 5, 16, 7.

incōgnōscibilis, e (in u. cognosco), **unverständlich,** Eccl.

in-cōgnōsco, ere, von etw. **Kenntnis nehmen,** quisnam esset, Apul. flor. 19. p. 32, 20 (Krüger ipse cognosceret u. Helm utine cognosceret).

in-cohaerēns, entis (in u. cohaereo), **unzusammenhängend,** Boëth. inst. mus. 1, 1. p. 179, 19 Fr.

in-cohibilis, e, **I** was nicht zusammengehalten werden kann, **unhandlich,** genus oneris, Gell. 5, 3, 4. – **II** nicht zu hemmen, **unaufhaltbar,** Amm. 14, 2, 14; 21, 11, 16; 24, 1, 5.

incoho, s. inchoo.

incoinquinābilis, e (in u. coinquino), **unbefllecklich,** Eccl.; dav. **incoinquinābiliter,** *Adv.*, Eccl.

incoinquinātus, a, um (in u. coinquino), **unbefleckt, unbesudelt,** Vulg. sap. 3, 13 u. 8, 20. Augustin. gen. ad litt. 10, 17, 31 u. a. Eccl.

incola, ae, *c.* (incolo), der **Einwohner, Bewohner,** **I** im Allg.: **a** v. Menschen, incolae Syracusani, Cic.: incolae Uticenses, Auct. b. Afr.: incolae veteres, Iustin.: Pythagorei incolae paene nostri, Landsleute, Cic.: quem locum Catabathmon incolae appellant, Sall.: m. *Genet.*, mundi, Cic.: incolae eius insulae, Nep.: incolae loci, Liv., eius loci, Iustin.: inc. montis, Ov.: inc. silvarum, Sen. poët.: incolae nemoris, Curt.: incolae novarum urbium, Cic.: incola *ab* Tarquiniis, von T. eingewandert, Liv. 4, 3, 11. – poet., incola turba, der heimische, Ov. fast. 3, 582. – **b** v. Tieren, aquarum incolae, Cic.: quaedam stagni incola, Phaedr.: incolae domuum mures, Plin. – **c** v. Gewächsen, Winden, **einheimisch, heimisch, inländisch,** arbor, Plin.: aquilones, Hor. – **d** v. Flüssen, incolae Padi, in den Po fließende, Plin. – **II** insbes. = μέτοικος, der nicht eingebürgerte **Insasse** (Ggstz. civis), Cic. Verr. 4, 26 u. 130; de off. 1, 125. – ► incola als *fem.* bei Catull. 64, 228. Ov. fast. 3, 582. Phaedr. 1, 6, 6. Prud. ham. 942. CIL 6, 124. – arch. Dat. Plur. incoleis, CIL 1, 1418, 2.

1. incolātus, ūs, *m.* (incolo) = παροικία, das **Wohnen** an einem Ort, bes. als Insasse (Fremder), ICt., Eccl. u. Inscr. (s. Oehler Tert. apol. 22). – übtr., aëris, Tert. apol. 22: per incolatum spiritus sancti, Tert. de res. carn. 6. – ► Dat. Sing. incolatui, Tert. ad nat. 2, 6.

2. incōlātus, a, um (in u. 1. cōlo), **nicht durchgeseiht,** Plin. Val. 2, 30.

in-colo, coluī, cultum, ere, **I** *tr.* **bewohnen,** Delum, Cic.: urbem, Cic.: v. Gottheiten, sanctissimae deae, quae illos Hennenses lacus lucosque incolitis, Cic. Verr. 5, 188: v. Tieren, aves feraeque, quae incolunt terras, Orac. vet. bei Liv. 25, 12, 6: quaedam animalia, quibus aquam terramque incolendi gemina natura est, Amphibien, Flor. 3, 6, 6. – *Partic.* subst., incolentēs, ium, *m.*, die Einwohner, Liv. u. Sen. – **II** *intr.* **wohnen, seinen Wohnsitz haben,** wo **ansässig** od. **sesshaft** sein, salsis locis pisculentis, Plaut. rud. 907: late Scytharum campis, Varro sat. Men. 426: cis od. trans Rhenum, Caes.: circa Ticinum amnem, Liv.: inter mare Alpesque, Liv.: oppidum Numidarum, nomine Vacca, ubi et incolere et mercari consueverant multi mortales, Sall.: neque longius anno remanere uno in loco incolendi causā licet, Caes.: non parvum agri modum ad incolendum (um da zu wohnen, zum Wohnplatz) accepit, Aur. Vict.

incolomis, -mitās, s. in-columis, incolumitās.

in-color, ōris = ἄχροος, **farblos,** Gloss. II, 254, 48.

in-colōrātē, *Adv.*, nicht beschönigt = **ohne Anführung einer Ursache,** Ulp. dig. 4, 4, 18. § 1.

in-columis (incolomis), e (vgl. calamitas u. clades), **unversehrt, wohlbehalten, frisch, munter, noch am Leben befindlich** (s. Dräger u. Nipp. Tac. ann. 14, 1), v. Pers., Cic., Caes. u. a.: naves, Caes.: patria, Auct. b. Afr.: suos incolumes reducere, Caes.: incolumem se recipere, Caes.: se incolumem nullo modo fore arbitrari od. putare, einem Bankrott entgehen, vor einem B. bewahrt bleiben werden, Cic. m. *ab* u. Abl., a calamitate, Cic. Planc. 12. – *Compar.*, quod deteriores sunt incolomiores, Claud. Quadrig. ann. 1. fr. 9 (b. Gell. 17, 2, 16). – *Superl.*, incolumissima fides, Iulian. bei Augustin. op. imperf. c. Iul. 14, 75. – ► Abl. auch incolume, Pompon. com. 157[1]. Iordan. Get. 11, 68 u. 49, 257.

incolumitās (incolomitās), ātis, *f.* (incolumis), die **Unverletztheit,** die **Erhaltung,** alcis, Cic. u. a.: mundi, Cic.: perpetua civitatis, Rhet. Her.: incolumitatem deditis polliceri, Caes.: donare alqm incolumitate od. veniā et incolumitate, Amnestie erteilen, amnestieren, Vell. u. Suet.: pro incolumitate principis vota suscipere, Tac.: gaudere patriae incolumitate, Sen.: ex tot tamque gravibus procellis civilibus ad incolumitatem pervenire, wohlbehalten in den sicheren Hafen gelangen, Nep. – Plur., Cic. Deiot. 40. Arnob. 2, 13.

incomes, itis, *c.* = sine comite, Paul. ex Fest. 107, 21.

in-cōmis, e, **unfreundlich,** incomis et tenebrosa vita, Macr. sat. 1, 7. § 23.

incōmiter, *Adv.* (incomis), **ohne Witz,** haud inc., Flor. 4, 8, 4 H.

in-comitātus, a, um (in u. comitor), **unbegleitet, ohne Begleitung,** **a** eig., v. Frauen, Varro u. Verg.: Hercules, Claud. Mam.: funera, Lucr.: lectica, Sen.: poet., incomitata vestigia ferre, Sil. 9, 101. – **b** übtr., v. Abstr., externis virtus incomitata bonis, Ov. ex Pont. 2, 3, 36: numquam incomitata virtus, Ambros. de off. 1, 35, 176.

in-comitio, āre (in u. comitium), **öffentlich schimpfen, beschimpfen,** Plaut. Curc. 400; vgl. Paul. ex Fest. 107, 5.

incomium, iī, *n.*, Name eines unbekannten Bestandteiles von Salben, Veget. mul. 4, 28, 18.

incomma, ae, *f.* u. **incomma** (encomma), atis, *n.* (ἔγκομμα), das **Rekrutenmaß** (Gloss. IV, 352, 3, wo incoma), Veget. mil. 1, 5. Hieron. in Iov. 2. *no.* 34 (wo enc.).

in-commendātus, a, um, **nicht empfohlen, keiner Schonung empfohlen,** poet. = preisgegeben, tellus (*sc.* ventis), Ov. met. 11, 434.

in-commēnsūrābilis, e, **unmessbar,** Boëth. inst. arithm. 1, 17 *extr.*

incomminus = *propius* (Euseb. eccl. hist. 4, 24), Gloss. V, 420, 35.

in-commiscibilis, e, **unvermischbar,** Tert. de anim. 12.

in-commōbilitās, ātis, *f.* (in u. commobilis), die **Unbeweglichkeit, Unempfindlichkeit,** als Übersetzung des griech. ἀοργησία, Apul. de dogm. Plat. 2, 4.

incommodē, *Adv.* (incommodus), **unpassend, unbequem, ungelegen, ungünstig, zur Unzeit,** moram obicere, Plaut.: venire, Cic.: dicere, Varro: accĭdere, Caes.: se gerere, Colum.: incommodius mecum actum est, Cic.: quod ipsā iactatione incommodius fit, Sen.: incommodissime navigare, Cic.

incommodesticus, a, um, ein scherzh. nach venaticus gebildetes Wort = *incommodus,* Plaut. capt. 87.

incommoditās, ātis, *f.* (incommodus), **a** das **Unbequeme, Unangenehme, Ungelegene, Unleidliche, Ungünstige,** einer Sache od. Pers., inc. alienati illius animi, Cic.: temporis, Liv.: incommoditate abstinere, Unhöflichkeit, Plaut. – Plur. b. Plaut. aul. 533. Ter. heaut. 932. Arnob. 2, 16. – **b der Nachteil, Schaden,** Ter. Andr. 567. – **c** die **Unpässlichkeit,** Heges. 1, 45. § 9 u. 11.

incommodo, āvī, ātum, āre (incommodus), **I** *intr.* **unbequem sein, beschwerlich** od. **lästig fallen, im Wege stehen, beeinträchtigen, Nachteil zufügen** od. **bringen,** jmd. **seine Ungnade fühlen lassen,** **a** v. Pers., absol., Ter. Andr. 162: m. *Dat.*, inimicis, Cic. ad Q. fr. 1, 2, 3. § 10: nihil alteri, Cic. Quinct. 51: *impers.*, Gell. 1, 25, 15 u. 6 (7), 17, 3. – **b** v. Lebl., Cic. de fin. 5, 50. Apul. met. 8, 3. – **II** *tr.* **beschwerlich machen, erschweren, verhindern,** navigationem, Ulp. dig. 43, 12, 1. § 15: usum, Ulp. dig. 43, 21, 1. § 1: si incommodatur ad usum manus, Ulp. dig. 21, 1, 14. § 6.

incommodum, ī, *n.*, s. in-commodus *no.* II.

in-commodus, a, um, **unangemessen, unbequem, ungelegen, unangenehm, ungünstig, lästig, beschwerlich, drückend, nachteilig** (Ggstz. commodus), **I** *adi.*: **a** v. Lebl.: onus, Curt.: non incommoda aestate statio, Caes.: non incommodā voce, ohne ein unfreundliches Wort, Liv.: valetudo, Unpässlichkeit, Cic. ep.: inc. bellum, inc. ac difficile bellum, Liv.: inc. colloquium, Cic.: in rebus eius incommodis, Cic.: ain tu tibi incommodum evenisse iter? Ter.: *The.* Nisi tibi incommodum (est). *Sim.* Immo commodum, Plaut. – incommodum est m. *Infin.*, Ter. Hec. 153 u. 417. Cels. 6, 2: so auch non incommodum videtur m. Infin., Cic. de inv. 1, 57 u. Nep. reg. 3, 5. – *Compar.*, non incommodiore loco, quam etc., Cic. ep. 7, 3, 5: ut actori incommodior esset exhibitio, Ulp. dig. 10, 4, 11. § 1: *Superl.*, res eius incommodissimae, Cic. Clu. 161. – **b** v. Pers., jmdm. **unbequem, lästig,** gegen jmd. **unleidlich (grob),** homo, Hor.: infidus, incommodus, Eutr.: uxor importuna atque inc., Plaut.: alci incommodum esse, Plaut. u. Cic.: cum vicini Veientes incommodi magis quam graves essent, Liv. epit.: legatus Romanus, ne alieno tempore incommodus observaretur, Pergamum concessit, Liv.: non dubitem, quin incommodus ac molestus videri tibi possit, Curt. – *Compar.*, carcinus ingressus Herculis pedes et crura lanians incommodiorem faciebat eum, quam ipsa excetra, Ampel. 2, 4. – **II** *subst.*, incommodum, ī, *n.*, **a** die **Unbequemlichkeit,** tu igitur, ut scripsisti; nec id *incommodo tuo,* sodass es dir unbequem (unangenehm) wäre, Cic.: quod ipse, cui debes, *incommodo tuo* exacturum negat, nicht gegen deine Neigung von dir verlangen zu wollen verspricht, Cic. – **b** der **Übelstand,** die **Unannehmlichkeit, Beschwerde,** das **Gebrechen,** bes. euphemist. = die **Beeinträchtigung,** der **Nachteil, Schaden,** das **Unglück,** die **Niederlage,** incommoda corporum, vesicae, Plin.: corporum virilium incommoda, Sen.: te commoveri incommodo valetudinis tuae, Cic.: incommodo affici, Cic.: alci incommodum ferre, Cic., od. afferre, Caes., od. dare od. importare, Cic.: incommodum capere od. accipere, Cic.: aliquid cotidie acerbi atque incommodi nuntiatur, Rhet. Her.

in-commōtē, *Adv.* (in u. commotus), **unbewegt, fest,** Cod. Iust. 1, 1. post. leg. 7.

in-commūnicābilis, e (in u. communico), **a nicht mitteilbar,** Chalcid. Tim. 51 C. Vulg. sap. 14, 21 u. Eccl. – **b nicht mitgeteilt,** Chalcid. Tim. 3.

in-commūnicātus, a, um (in u. communico), **gemeinsam gezeugt** mit jmd., incommunicati alteri (mit einem a.) filii, Iul. Val. 1, 13 (20).

in-commūnis, e, **a nicht gemeinschaftlich,** Tert. de pall. 3 *extr.*: *Compar.*, Boëth. Aristot. top. 3, 2. p. 682. – **b unbestimmt, zweideutig,** verba, Gell. 12, 9, 1.

in-commūtābilis, e, **unveränderlich** (Ggstz. commutabilis), verbi principia, Varro LL.: hic rei publicae status, Cic.: eadem ordinis ratio, Boëth.: consilium, Augustin.: deus simplex et incomm., Augustin.

incommūtābilitās, ātis, *f.* (incommutabilis), die **Unveränderlichkeit,** Augustin. conf. 12, 12; serm. 6, 4 u. 7, 7 u. a. Eccl.

incommūtābiliter, *Adv.* (incommutabilis), **unveränderlich,** Augustin. epist. 147, 47 u. a.

incommūtātus, a, um (in u. commuto), **unveränderlich,** Augustin. de mor. Manich. 11.

in-comparābilis, e, **unvergleichbar, unvergleichlich,** **a** v. Pers.: magister, Quint. 1, 2, 11: maritus, CIL 11, 863: coniux, CIL 5, 69 u. 9, 1741 (wo incumbar. [so!]): *Superl.*, alumnus incomparabilissimus, CIL 6, 1487. p. 851: coniux dulcissima et incomparabilissima, CIL 10, 2030. – **b** v. Abstr.: invicti animi sublimitas, Plin. 7, 94: vita, CIL 11, 1502: decor, Vulg. Iudith 10, 4: clamor, *ibid.* 14, 18: *Compar.*, et quanto incomparabilior est illa divinitatis gloria, Ambros. de Isaac et anim. 8. § 78. – ► vulg. incomparāvilis, CIL 14, 1010 u. 1767. – Abl. Sing. auch incomparabile, CIL 8, 3166.

incomparābilitās, ātis, *f.* (incomparabilis), die **Unvergleichbarkeit,** Eccl.

incomparābiliter, *Adv.* (incomparabilis), **ohne Vergleichung,** Oros. 5, 24, 20 u. Eccl.: beim *Compar.* = **ungleich,** plura, pulchrior, Eccl.

incomparātus, a, um (in u. comparo), **unvergleichbar,** incomparatissimus, CIL 6, 16086.

incomparāvilis, s. in-comparābilis ►.

in-compassibilis, e, **nicht mitleidend,** pater, Tert. adv. Prax. 29 u. a. Eccl.

in-compellābilis, e (in u. compello, āre), **unanredbar, unnennbar,** Rufin. 2. invect. in Hieron. *no.* 29 *extr.* u. a. Eccl.

in-compertus, a, um (in u. comperio), **noch nicht in Erfahrung gebracht, noch unerforscht, noch unausgemacht, noch unbekannt, unsicher,** inc. navigatio, Plin.: etiam tum inc. magnitudo, Plin.: aedificia incomperta hostibus, Tac.: di maioribus inc., Prud.: inter cetera vetustate incomperta hoc quoque in incerto positum, Liv.: origo atque natura eius incomperta est mihi, Plin.: incomperta via est, Lucil. iun.: ne quid incompertum deferret, Liv. – incompertum est od. habeo m. folg. indir. Fragesatz, ciconiae quonam e loco veniant aut quo se referant incompertum adhuc est, Plin.: id *utrum* parum ex intervallo sit conspectum, *an* dolus aliquis suspectus fuerit, incompertum est, Liv.: qualis sit ea, incompertum habeo, Plin.

in-competēns, entis, **unzustimmend, unpassend,** Th. Prisc. 2, 17.

incompetenter, *Adv.* (incompetens), **unziemlich,** Cod. Iust. 1, 3, 19. Cassiod. var. 5, 14, 3 u. a. Eccl.

incomplētus, a, um (in u. compleo), **unvollständig,** Firm. math. 5, 2, 4.

incompositē, *Adv.* (incompositus), **nicht wohlgeordnet, a nicht geschlossen, nicht in geschlossenen Abteilungen** u. so **ungeordnet,** hostis neglegenter et inc. veniens, Liv.: inc. fugere (Ggstz. sensim et intrepidum se recipere), Curt. – **b** übtr., im Reden, **ungeschickt, plump,** Quint. 10, 2, 17: sonare, Augustin. conf. 5, 6.

in-compositus, a, um, **I nicht zusammengesetzt = einfach,** Ambros. hexaëm. 1, 7, 25 u. epist. 81, 8. Boëth. inst. arithm. 1, 17. – **II nicht wohlgeordnet,** theatrum, unregelmäßig, nicht regelmäßig gebaut, Plin. ep.: incomposito pede currere versus Lucili, mit stolperndem Fuße, Hor. – Insbes. **a nicht in gehöriger Stellung,** v. Fechter, armis incompositus, Tac. dial. 26. – **b nicht geschlossen, nicht in geschlossenen Abteilungen stehend** od. **marschierend** (oft verb. m. inordinatus, s. d.), agmen, Liv.: ebenso hostes, Liv.: incompositi (nicht gehörig geschlossen) *adversus* equestrem procellam, Liv. 10, 5, 7. – **c ungelenk, plump, holperig, regellos, kunstlos, α** v. der Bewegung des Tänzers, rudis (steife) atque inc. motus corporum, Val. Max.: incompositi motus, Verg. – **β** v. der Rede u. v. Redner, versus, Liv.: oratio, Quint.: rudis (steif) in plerisque et inc. (Aeschylus), Quint. – **d** v. Charakter, **unbändig,** insipientes, incompositi, Vulg. Roman. 1, 31.

in-comprehēnsibilis, e, **unerfassbar, unergreifbar** (Ggstz. comprehensibilis), **I** eig.: parvitas arenae, Colum. 10. praef. 4: brevitas, Macr. somn. Scip. 1, 16, 10: fuga, unerreichbare, Solin. 20, 7: praesens autem, quod medium est, adeo exiguum et inc. est, ut etc., Censor. 16, 4. – *neutr.* subst., constare ex comprehensibili et incomprehensibili, Tert. apol. 48. – **II** übtr.: **A** im Allg., das Bild vom Ringer hergenommen, **nicht fassbar, dem nicht beizukommen ist,** ut est in disputando inc. et lubricus, Plin. ep. 1, 20, 6. – **B** insbes.: **1** mit dem Verstand **nicht fasslich, unbegreiflich,** causa, Cels. 1. praef. p. 6, 2 D.: partis huius praecepta, Quint. 9, 1, 24: brevitas, Chalcid. Tim. 43 A.: iudicia, Vulg. Roman. 11, 33: incomprehensibilis cogitatu (v. Pers.), Vulg. Ierem. 32, 19. – *neutr. pl.* subst. = unbegreifliche Dinge, Vulg. Iob 9, 10. – **2 unerreichbar, unbeschränkt, maßlos, unendlich,** opus (Aufgabe), Sen. ep. 94, 14: vita, Sen. nat. qu. 6, 32, 11: cuius immensum et inc. arbitrium (Willkür) est, Sen. ad Helv. 10, 11.

incomprehēnsibiliter, *Adv.* (incomprehensibilis), **unerfassbar,** u. übtr. = **unbegreiflich,** Iren. 3, 16, 1.

incomprehēnsus, a, um (in u. comprehendo), **nicht begriffen, unbegreiflich,** Mart. Cap. 7. § 738.

incomprēnsus, a, um (in u. comprendo), **nicht begriffen, unbegreiflich,** Lact. 3, 2, 6. Prud. apoth. 812.

incōmptē, *Adv.* (incomptus), **ungeschmückt, schlicht, roh, I** eig.: dolare, Amm. 31, 2, 2. – **II** übtr.: laudare, Stat. silv. 5, 5, 34.

in-cōmptus, a, um, **ungepflegt, a** physisch, ungues, unbeschnittene, Cic. fr.: signa, ungeputzte, nicht blanke, Tac.: apparatus, einfache, Tac.: bes. v. Haupt- u. Barthaar, **ungepflegt, ungeordnet, ungekämmt,** capilli, Hor. u. Ov.: incomptior capillus, Suet.: inc. caput, Hor.: u. v. Pers., horridus, incomptus (das Haupt- und Barthaar ungepflegt), Tac.: nudis incompta capillis, Ov.: poet., longos incompta capillos, Tibull. – **b** geistig, **α** v. der Gesinnung, **ungeschminkt, geradeaus gehend,** militaris viri sensus incompti, Tac. ann. 15, 67. – **β** v. der Rede usw., **ungekünstelt, ohne Zierat, kunstlos, schmucklos, schlicht, roh** (Ggstz. comptus), oratio, Cic. u. Liv.: versus, Verg.

inconcessibilis, e (in u. concedo), **unzulässig,** Tert. de pudic. 9 *extr.*

in-concessus, a, um (in u. concedo), **nicht verstattet, nicht vergönnt** (s. Bentl. Hor. carm. 3, 6, 27), **I unerlaubt,** hymenaei, Verg. Aen. 1, 651: ignes (bildl.), Ov. met. 10, 153: faces (bildl., Leidenschaft), Val. Max. 7, 3, 10: voluptas, Ov. am. 3, 4, 31: spes, Ov. met. 9,635: error, Val. Max. 8, 2, 2: maleficia, Apul. apol. 25: divinitas, Augustin. in euang. Ioann. 79, 2: Nilus inconcessus (schrankenlos) erumpit, Sen. nat. qu. 4, 2, 22. – **II** prägn., **versagt** = unerreichbar, unmöglich, alci inconcessum est m. folg. *Infin.*, Quint. 10, 2, 26.

inconciliātus, a, um (in u. concilio), **unversöhnt,** Boëth. Arist. categ. syll. introd. p. 564.

in-concilio, āvī, āre, **I** (nach concilio *no.* I) **durch Intrigen** (Gelegenheitsmacherei usw.) **verführen,** (ins Unglück) **hineinreiten,** inconciliastin eum, qui mandatust tibi? Plaut. trin. 136: ne inconciliare quid nos porro postules, lass dir's nicht einfallen, uns in Zukunft etwas einzubrocken (= Ungelegenheiten zu bereiten), Plaut. most. 613; u. so de quibus loci mei aut ordinis hominem constat inconciliari, si loquatur, Sidon. epist. 3, 9, 1: *Lem.* Et me haud par est (hunc ludificare). *To.* Credo eo, quia non inconciliat, quom te emo, meinst du etwa, weil er nicht intrigierte, als ich dich kaufte, Plaut. Pers. 834. – **II** (nach concilio *no.* II) **betrügerisch an sich bringen,** copias omnes meas (all meinen Reichtum), Plaut. Bacch. 551.

inconcinnē, *Adv.* (inconcinnus), **ohne Geschick, ungereimt,** Apul. met. 10, 9.

inconcinnitās, ātis, *f.* (inconcinnus), der **Mangel an Harmonie,** Apul. de dogm. Plat. 2, 4.

inconcinniter, *Adv.* (inconcinnus), **ohne Geschick,** non inc., Gell. 10, 17, 2.

in-concinnus, a, um, ungefügig, **ungereimt, ungeschickt,** non inc. (v. einer Pers.), nicht ohne Geschick, mit Kunst u. Gewandtheit, Hor. ep. 1, 17, 29: qui in aliquo genere inconcinnus et multus est, ungereimt (gegen den Anstand) verfährt, Cic. de or. 2, 17: asperitas agrestis et inconcinna gravisque, bäurisch rohes Wesen und unschicklich plumpes Betragen, Hor. ep. 1, 18, 6: versus absurdi et inconcinni (plumpe, abgeschmackte), Amm. 15, 5, 37.

in-concrētus, a, um, **unkörperlich,** substantia, Nazar. pan. 14, 2.

inconcussē, *Adv.* (inconcussus), **unerschüttert, unangefochten, fest,** Cod. Theod. 11, 61, 6. Augustin. epist. 88, 22.

in-concussus, a, um (in u. concutio), **I unerschüttert,** immotus inconcussusque (v. einer Pers.), Plin. pan. 82, 2: terrae inconcussae manent, Sen. nat. qu. 6, 14, 2. – **II** übtr., **unerschüttert, unerschütterlich, unangefochten, fest,** inconcussus iniuriā, v. Pers., Sen.: valetudo, Sen.: gaudium, Sen.: pax, Tac.: constantia, stabilitas, Lact.: immobilis et inconcussa firmitas, Cypr.

in-condemnātus, a, um (in u. condemno), **nicht verurteilt,** Cato orat. 8. fr. 1. Itala act. apost. 16, 37.

inconditē, *Adv.* (inconditus), **ungeordnet, ungeregelt, kunstlos, plump,** discedere, Amm.: edere ac potare, Apul.: tantam contumeliam imponere, Aur. Vict.: nihil tam inc. cogitari potest, quod non possimus somniare, Cic. – bes. v. der Rede, versus Graecos dicere, Cic.: historiam scripsere Sallustius *structe,* Pictor *incondite,* Fronto.

in-conditus, a, um (in u. condo), **I** (nach condo *no.* I) **nicht gemacht, nicht geschaffen,** Tert. adv. Hermog. 18. – **II** (nach condo *no.* II):

A **nicht aufbewahrt,** **a** v. Früchten (fructus), Colum. 1, 5, 6. – **b** v. Toten usw., **nicht bestattet, nicht begraben,** corpora, Lucan. 6, 101: per patris cineres, qui inconditi sunt, Sen. contr. 7. praef. § 7. – **B** **ungeordnet, ungeregelt, regellos, kunstlos, ungeschlacht, unförmlich, plump,** acies, Liv.: multitudo, Vell.: homines, undisziplinierte, Tac.: ordo ramorum, Plin.: clipei, Flor.: senatorum turba, Suet.: libertas, Liv.: vita, Sall. fr.: blanditiae, Plin. – v. der Rede u. Poesie, dicendi genus, consuetudo, Cic.: verba, Cic.: carmina, Liv.: inc. militaris iocus, Liv.: inconditus sensus, rohe Gesinnung, Curt.: haec incondita iactabat, Verg. – *neutr.* subst., alicuius inconditi dissipata aliqua sententia, Cic. or. 233.

incōnexio, s. in-connexio.

incōnexus, s. inconnexus.

in-cōnfectus, a, um (in u. conficio), **unvollendet,** Hieron. epist. 119, 1.

incōnfūsibilis, e (in u. confundo), **unbeirrbar** = nicht außer Fassung zu bringen, operarius, Vulg. 2. Timoth. 2, 15.

incōnfūsibiliter, *Adv.* (inconfusibilis), **ohne Verwirrung,** Claud. Mam. de stat. anim. 1, 15. Cassiod. in psalm. 9, 1.

in-cōnfūsus, a, um, **nicht verwirrt,** **I** eig., Claud. de VI. cons. Hon. 623. – **II** übtr. = nicht betreten, nicht außer Fassung, Sen. de ira 1, 12, 2; nat. qu. 3. praef. 13.

in-congelābilis, e (in u. congelo), **nicht gefrierbar,** aqua, Gell. 17, 8, 16.

in-congressibilis, e (in u. congredior), **unzugänglich,** Tert. adv. Marc. 2, 27.

incongruē, *Adv.* (incongruus), **unschicklich, unpassend,** Macr. sat. 5, 13, 31. Augustin. in Hieron. epist. 67, 5. Serv. Verg. Aen. 2, 57: non incongrue, Mart. Cap. 9. § 891.

in-congruēns, entis, **inkonsequent, ungereimt,** sententia alcis dissoluta atque inc., Plin. ep. 4, 9, 19: quod est incongruens et absurdum, Lact. 3, 8, 35. – m. *Dat.*, Stoica disciplina pleraque est et sibi et nobis incongruens, Gell. 12, 5, 5. – incongruens est m. folg. *Infin.*, incongruens atque ineptum est non in pectore sed in labris habere bonitatem, Lact. 3, 16, 4: m. folg. *ut* u. Konj., esse autem perversum et incongruens, ut simulacrum hominis a simulacro dei colatur, Lact. 2, 17, 6: u. so Lact. 4, 30, 6. – *Superl.*, Augustin. de dono persev. 61.

incongruenter, *Adv.* (incongruens), **unpassend,** Tert. de bapt. 19. Augustin. in heptat. 1, 59.

incongruentia, ae, *f.* (incongruens), die **Unangemessenheit, Ungereimtheit,** Eccl.

incongruitās, ātis, *f.* = ἀσύμβαμα, das **unvollständige Prädikat beim intransitiven Verbum** (Ggstz. congruitas), Prisc. 18, 4.

in-congruus, a, um, **nicht übereinstimmend, unpassend, unangemessen, ungereimt,** inc. adiectiones, Faust. bei Augustin. c. Faust. 32, 5: probationes, Chalcid. Tim. 40 E.: propositiones incongruae od. inter se incongruae, Ps. Apul. de dogm. Plat. 3. p. 265 *sq.* (H.): aliquid in his … incongruum vel dubium iudicatur, Symm. epist. 4, 8; vgl. Boëth. inst. mus. 4, 17 u. art. geom. p. 418, 3 Fr.: incongruum videtur m. folg. *Infin.*, Veget. mil. 2, 19.

inconiugus, a, um (in u. coniungo), **nicht mit allen Personen verbindbar,** verba (Ggstz. coniuga personis pronomina), Prisc. 17, 60.

in-coniūnctus, a, um, **unverbunden,** Boëth. inst. arithm. 2, 32. Boëth. Aristot. anal. prior. 1, 25. p. 488.

incōnīvēns, s. in-connīvēns.

incōnīvus, a, um, s. in-connīvus.

in-connexio, ōnis, *f.*, die **Unverbundenheit,** als rhet. Fig. = ἀσύνδετον, die Weglassung der Verbindungspartikeln, das **Asyndeton,** Iul. Rufinian. de schem. lex. 20.

inconnexus (incōnexus), a, um (in u. connecto), **unverbunden, unzusammenhängend,** Auson. Technop. (XXVII) 2, 5. p. 132 Schenkl. – als metr. *t. t.* = ἀσυνάρτητος, von Versen, in denen verschiedene Rhythmen durch ein minder festes Band verknüpft sind, Mar. Victorin. art. gr. 2, 7, 7. p. 88, 21 K. u. 3, 2, 5. p. 102, 31 K.

in-connīvēns (incōnīvēns), entis (in u. conniveo), **a** **die Augen nicht schließend,** mit **offenen Augen,** Gell. 2, 1, 2. – **b** v. den Augen, **sich nie schließend, stets offen,** Amm. 29, 2, 20 G. (*cod. V* inconnivis oculis).

in-connīvus (incōnīvus), a, um (in u. conniveo), **a** **die Augen nicht schließend,** vigilia, Apul. met. 6, 14. – **b** v. den Augen, **sich nie schließend, immer offen,** Apul. met. 2, 22. Amm. 29, 2, 20 *cod. V* (vgl. inconnivens).

in-cōnscius, a, um, **nicht wissend,** m. *Genet.* (um), gerendorum, Mart. Cap. 6. § 575. – absol., me inconscio, ohne mein Wissen, Cassiod. var. 10, 4, 1 u. so nobis inconsciis, Cassian. inst. 6, 20.

in-cōnscrīptus, a, um (in u. conscribo), **nicht gehörig** (schriftlich) **abgefasst,** verba, Serv. Verg. ecl. 2, 4.

in-cōnsentāneus, a, um, **unpassend, unschicklich,** Mart. Cap. 5. § 436. – inconsentaneum videbatur m. folg. *Infin.*, Mart. Cap. 3. § 228.

in-cōnsentiēns, entis (in u. consentio), **nicht übereinstimmend,** Boëth. Aristot. lib. de interpr. p. 433.

in-cōnsequēns, entis, **nicht folgerichtig, folgewidrig,** locutio, Ascon. Cic. I. Verr.. § 25. p. 138, 9 B. u. § 55. p. 151, 17 B. Prisc. 17, 76 u. praeex. § 15. Cael. Aur. de morb. chron. 2, 13, 172. Interpr. Iren. 5, 20, 1. Vgl. perinconsequens.

incōnsequenter, *Adv.* (inconsequens), **folgewidrig, mit sich selbst im Widerspruch,** Cael. Aur. de morb. acut. 3, 4, 36 u. 3, 17, 172.

incōnsequentia, ae, *f.* (inconsequens), die **Nichtfolge,** rerum, die Inkonsequenz, Quint. 8, 6, 50.

incōnsīderāns, antis (in u. considero), **unbedachtsam, unüberlegt,** im *Superl.* b. Tert. adv. Marc. 2, 29.

incōnsīderanter, *Adv.* (inconsiderans), **unbedachtsam, unüberlegt,** Ulp. dig. 26, 10, 3. § 17. Hieron. epist. 108, 20.

incōnsīderantia, ae, *f.* (inconsiderans), die **Unüberlegtheit, Unbesonnenheit, Verblendung** (griech. ἀβλεψία), Cic. ad Q. fr. 3, 9, 2. Suet. Claud. 39, 1. Cassian. de incarn. praef.

incōnsīderātē, *Adv.* (inconsideratus), **unüberlegt, unbesonnen,** tractare alqd, Rhet. Her. 4, 60: agere, Cic. de off. 1, 103: inc. loqui, Gell. 17, 1, 1: ista tam inc. dicere, Cic. Tusc. 1, 12: libri inc. scripti, *ibid.* 1, 6: nimis inc. concludere hanc rationem, Cic. de fato 31: inc. pupillum abstinere hereditate, Ulp. dig. 26, 10, 3. § 17. – *Compar.*, inconsideratius proeliari, Val. Max. 1, 5, 9: inconsideratius commoveri, Augustin. conf. 9, 9.

incōnsīderātio, ōnis, *f.* (in u. considero) = inconsiderantia (s. d.), Salv. de gub. dei 1, 11.

incōnsīderātō, *Adv.*, **unüberlegt, unbedacht,** Tert. de praescr. haer. 1 Oehler.

in-cōnsīderātus, a, um, **I** passiv = **unüberlegt, unbedacht = übereilt,** cupiditas, Cic.: pietas, Sen. rhet.: inconsideratissima temeritas, Cic. – **II** aktiv v. Pers. = **unüberlegt, unbedacht, unbesonnen,** Rhet. Her., Cic. u. Quint.: inconsideratior in secunda quam in adversa fortuna, Nep.: Polus iuvenili calore inconsideratior, Quint.

in-cōnsitus, a, um (in u. 1. consero), **unbesät,** Varro LL. 5, 36.

in-cōnsōlābilis, e, **untröstbar,** übtr. = **durch keinen Trost heilbar,** vulnus, Ov. met. 5, 426: malum, Amm. 29, 2, 14: maeror, Ambros. de Elia et ieiun. 16. § 60: omnium malorum incrementum inc., Heges. 2, 9, 213.

in-cōnsonāns, antis = (ἀνάρμοστος **unpassend,** Pompei. gramm. comm. in Donat. de barb. (V) 287, 10 K. Chalcid. Tim. 47 D. Boëth. inst. mus. 1, 10. Augustin. c. Faust. 33, 3. – *Adv.*

incōnsonanter, Iren. 1, 21, 2 u. 5, 20, 1. Cassiod. in psalm. 58. Ps. Soran. qu. med. 20.

in-cōnsonantia, ae, *f.* = ἀσυμφωνία, der **Mangel an Einklang,** der **Missklang,** die **Dissonanz,** Prisc. 8, 4 u. Eccl.

in-cōnsonus, a, um, **nicht zusammentönend, unharmonisch,** Boëth. inst. mus. 1, 20. p. 206, 5 Fr. u. 2, 27. p. 260, 3 Fr.

in-cōnspectus, a, um (in u. conspicio), **unbedachtsam,** ne in sermonibus forte inconspectum aliquid super aetate atque vita clariorum virorum diceremus, eine unb. Äußerung tun, Gell. 17, 21, 1.

in-cōnspicuus, a, um, **I** eig., **unsichtbar,** stella superioribus inconspicua, Mart. Cap. 8. § 838: quis igitur dubitet globi devexioris opposit alia inconspicua fieri atque alia velut sphaerae curvationibus eminere? Mart. Cap. 6. § 593. – **II** übtr., **ruhmlos,** non inconspicua tamen mors omnium, Flor. 4, 2, 67.

in-cōnstāns, stantis, **unbeständig, inkonsequent, veränderlich, schwankend, unsicher,** qua in re mihi ridicule es visus esse inconstans, Cic.: nec inc. testis sit, Quint.: vir duplex animo, inc. est in omnibus viis suis, Vulg.: quid inconstantius deo? Cic.: populus in omnibus inconstantissimus, Sen. – übtr., venti, Plin.: litterae, Cic.: progressum praecipitem, inconstantem reditum videt, er sieht, ein Schritt vorwärts wäre sein Fall, ein Schritt rückwärts eine Inkonsequenz, Cic. – *neutr. pl.* subst., dum peragunt vernum Iovis inconstantia tempus, Calp. ecl. 5, 45.

incōnstanter, *Adv.* (inconstans), **unregelmäßig, unbeständig, inkonsequent, schwankend, unsicher,** anhelare, Lucr.: inc. immoderateque prodire, Auct. b. Afr.: loqui, nicht folgerecht sprechen, Cic.: ita negare inc., ut etc., Liv.: inconstantius agere, M. Aurel. in Fronto ep. ad M. Caes. 3, 2. p. 40, 18 N.: haec inconstantissime dicuntur, in dieser Behauptung ist nicht die geringste Konsequenz, Cic. de fin. 2, 88.

incōnstantia, ae, *f.* (inconstans), die **Unbeständigkeit, Inkonsequenz, Veränderlichkeit,** mentis, Cic.: frontis et hominum, Quint.: fulgoris, Plin.: absol., quid est inconstantiā turpius? Cic.: famam inconstantiae pertimescere, Cic.

in-cōnsuētus, a, um, **I** **ungewohnt, ungewöhnlich,** salsitudo, Vitr. 1, 4, 11: sermo, Vitr. 5. praef. § 2. – **II** **ungewöhnt,** alci rei, Sil. 11, 282.

incōnsultē, *Adv.* (1. inconsultus), **unüberlegt,** Cic. u. a.: multa inconsulte dicta factaque, Liv.: verb. inconsulte et incaute, Liv., inconsulte ac temere, Cic., inconsulte et audacter (Ggstz. consulte et timide), Liv.: inconsultius processisse, Caes. b. c. 1, 45, 6.

incōnsultō, *Adv.*, s. 1. in-cōnsultus a. E.

1. in-cōnsultus, a, um (in u. consulo), **I** **nicht zu Rate gezogen, nicht befragt,** inconsulto senatu, Liv. 36, 36, 2: inconsulto se, Suet. Tib. 52, 2: me inconsulto, Amm. 17, 5, 12: inconsulto fratre, Augustin. epist. 63: te inconsulto, Ambros. epist. 6, 43: inconsulto possessore, Symm. epist. 5, 18: inconsultis atque ignorantibus nobis, Symm. epist. 4, 8: antraque maesta silent inconsultique recessus (v. Orakel), Claud. VI. cons. Hon. 29: inconsultā potestate superiore, Amm. 27, 2, 9. – übtr., inconsultā pietate, Cod. Theod. 15, 1, 37: inconsultā clementiā, Cod. Theod. 15, 15, 1. – **II** **unberaten, ohne Rat,** Verg. Aen. 3, 452. Lucan. 1, 498. – **III** **unbedachtsam, unüberlegt, unbesonnen** (Ggstz. circumspectus), v. Pers., homo inc. et temerarius, Cic.: turba inc., Liv.: populi inconsultiores, Veget. mil.: mit *Infin.*, Sil. 8, 545. – v. Lebl., ratio (Verfahren), Cic.: largitio, Liv.: audacia, Liv.: bene consultum inconsultum est, si quid inimicis usui est, Plaut.: sensus inconsultior, Fronto: dolor inconsultior, Nazar. pan.: duo nomina inconsultissima, Iul. Val.: inconsultissimum ac stultissimum est m. folg. *Acc.* u. *Infin.*, Salv. adv. avar. 1, 3. – subst., incōnsultum, ī, *n.*, das **unüberlegte Verfahren,** die **Unbedachtsamkeit,** Sil. 8, 217. – *Adv.* incōnsultō (*Abl.*), **unüberlegt, unbedachtsam,** Rhet. Her. 3, 8. Ulp. dig. 28, 4, 1 pr. u. § 3. Paul. dig. 37, 2, 1.

2. incōnsultus, Abl. ū, *m.* (in u. consulo), das **Nicht-zu-Rate-Ziehen,** inconsultu meo, ohne mich zu Rate zu ziehen, Plaut. trin. 167.

in-cōnsummātio, ōnis, *f.*, die **Unvollkommenheit,** Tert. adv. Val. 10. Itala sap. 3, 16.

in-cōnsummātus, a, um, **I** **unvollendet,** Ambros. de fide 2, 15. § 129. – *neutr. pl.* subst., diminuta inconsummataque (Ggstz. integra absolutaque), Boëth. cons. phil. 3, 10. p. 58, 15 *Obb.* – **II** **unausgebildet,** v. Pers., Amm. 21, 10. § 8 u. 31, 14, 8: rami, Vulg. sap. 4, 5.

in-cōnsūmptus, a, um (in u. consumo), **unverzehrt, unvermindert,** **a** v. Konkr., Ov. met. 7, 592 u. ex Pont. 1, 2, 41. – **b** v. Abstr., iuventa, ewige, Ov. met. 4, 17.

in-cōnsūtilis, e (in u. consuo), **nicht zusammengenäht, ohne Naht,** tunica, Vulg. euang. Ioann. 19, 23. Augustin. serm. 218, 9.

in-cōnsūtus, a, um (in u. consuo), **nicht zusammengenäht, ohne Naht** (Ggstz. consutus), tunica, Hieron. epist. 22, 19.

in-contāminābilis, e, **unbefleckbar** (Ggstz. contaminabilis), Eccl. – *Adv.* **incontāminābiliter,** Eccl.

in-contāminātus, a, um (in u. contamino), **unbefleckt, rein,** facies, Varro: agnus, Vulg.: ne quid sinceri, ne quid incontaminati sit, Liv.: *Superl.*, a quibus longe absunt, ut incontaminatissimi perseverent, Augustin. de civ. dei 9, 16, 1. p. 390,18 D.².

incontanter, s. incunctanter.

incontātus, a, um, s. incunctātus.

in-contemplābilis, e, **nicht betrachtbar, nicht beschaulich,** Eccl.

in-contemptibilis, e, **unverächtlich,** Eccl.

in-contentus, a, um (in u. contendo), **ungespannt,** fides, Cic. de fin. 4, 75.

in-contiguus, a, um, **unberührbar,** deus, Arnob. 7, 3.

in-continēns, entis, **I** **nicht bei sich behaltend,** inc. uterus urinam genitalem reddit, Plin. 8, 168. – **II** sich nicht in den gehörigen Schranken haltend, **unenthaltsam, ungenügsam,** homo, Plaut.: Tityos, lüsterner, Hor.: manus, freche, Hor.: Ggstz., hodie *frugi*, crastinā die *incontinens*, Ambros. epist. 7. § 22. – mit *Genet.*, nihil est tam violentum et incontinens sui, quam magna vis undae, Sen. nat. qu. 3, 30, 6.

incontinenter, *Adv.* (incontinens), **unenthaltsam, unmäßig,** inc. bis die cibum sumere, Cels. 1, 3: nihil inc. facere, Cic. de off. 3, 37.

incontinentia, ae, *f.* (incontinens), **I** das **Nichtverhalten** als Unvermögen, urinae, Plin. 20, 161 u. a. – **II** die **Unenthaltsamkeit** in seinen Begierden, bes. die **Ungenügsamkeit, Begehrlichkeit,** der **Eigennutz,** incontinentia intemperantiaque, Cic.: et cupiditas et inc., Cic.: intolerantia et inc., Gell.: inc. adversariorum, Rhet. Her. – obszön, silex ebibit Iovialis incontinentiae foeditatem, Arnob. 5, 10.

incontingēns, entis, *Adi.* = non contingens, Boëth. ad Aristot. perist. 2, 383.

in-contrā, *Praep.* m. *Acc.*, **gegenüber,** inc. Iordanem, Itin. Ant. 21.

incontrādīcibilis, e (in u. contradico), **unwidersprechlich,** quid incontradicibilius? Tert. adv. Marc. 4, 39.

incontrectābilis, e (in u. contrectabilis), **unbetastbar,** Augustin. serm. 214, 7 u. Spät.

incontumācia, ae, *f.*, die **Charakterlosigkeit,** Salv. de gub. dei 4, 12.

in-conveniēns, entis, **I** **nicht übereinstimmend, unähnlich** (Ggstz. similis), non inc. corpus et par est color, Phaedr. 3, 13, 6: haec nostra facta non subita nec inconvenientia, sed similia illis cogitationibus etc., *Cass. in Cic. ep. 12, 13, 1: sequentium ac priorum inter se inc. positio, Quint. 1, 5, 51. – **II** übtr., **unpassend, unschicklich, unziemlich,** inimicorum vox, Vulg. sap. 18, 10: m. *Dat.*, Apul. de mund. 27. Lact. 1, 11, 42. Ambros. in psalm. 118. serm. 13. § 11: est enim inconveniens deo, *ut* eiusmodi potestate sit praeditus, Lact. de ira 3, 1. – *neutr. pl.* subst., Chalcid. Tim. 179.

inconvenienter, *Adv.* (inconveniens), **unschicklich,** Chalcid. Tim. 138. Augustin. de trin. 2, 9 u. a. Eccl.

inconvenientia, ae, *f.* (inconveniens), die **Nichtübereinstimmung,** Tert. adv. Marc. 4, 16: litterarum, Macr. de diff. 23. § 3: dictorum, Hilar. in epist. ad Galat. 28.

in-conversibilis, e, der Ordnung nach **nicht umdrehbar** (Ggstz. conversibilis), Augustin. de music. 5, 21.

in-convertibilis, e, **I** **unveränderlich,** Eccl. – **II** **unbekehrbar,** ad catholicam fidem, Paul. vit. Ambros. 17.

inconvertibilitās, ātis, *f.* (inconvertibilis), die **Unveränderlichkeit,** Eccl.

inconvertibiliter, *Adv.* (inconvertibilis), **unveränderlich,** Eccl.

in-convolūtus, a, um (in u. convolvo), **unverhüllt,** Amm. 29, 2, 21.

in-convulsus, a, um (in u. convello), **unerschüttert, unaufgehoben,** pensio vectigalium, Cod. Theod. 5, 13, 14: rescriptorum simplicitas, *ibid.* 12, 14, 1: si ea, quae paulo ante conclusa sunt, inconvulsa (unwiderlegbar) servantur, Boëth. cons. phil. 4, 1. p. 72, II *Obb.*: außerdem auch Ennod. dict. 21. p. 490, 16 H. Valent. novell. 30 u. 31. Anecd. Helv. 41, 1.

in-cōpiōsus, a, um, **ohne Vorräte,** inc. solitudo (Ggstz. salubritas Aegyptia), Tert. de ieiun. 5.

in-coprio, āre (in u. κόπρος), eig. mit Mist bewerfen; übtr., **bescheißen** = betrügen, alqm, Commodian. instr. 1, 19, 6; vgl. Gloss. IV, 423, 1 ›scurra, qui incopriatur (lies incopriat).‹

in-coquo, coxī, coctum, ere, **I** in od. mit od. **an (zu)** etw. **kochen, -abkochen, A** im Allg.: cotoneas melle, Plin.: sucum cum melle, Cels.: allium fabae, Cels.: radices Baccho (in W.), Verg.: mali Medicae grana esculentis (an das Essen), Plin.: erucas, Hor.: semina floresque et sucos acres, Ov.: absol., si crusta panis incoquatur, Plin. – **B** prägn.: **1** in etw. abkochen = **eintauchen, färben,** incocta cerastis spicula, Sil.: vellera Tyrios incocta robores, Verg. – übtr., incoctum generoso pectus honesto, erfüllt, durchglüht, Pers. 2, 74: u. so quos autem plena iustitia et maturitas virtutis incoxerit, Lact. 7, 21, 6. – **2** ein Metall an etwas kochen = etwas mit einem Metall **überziehen,** album (plumbum) aereis operibus, sie verzinnen, Plin.: argentum, versilbern, Plin. – **II abkochen, A tüchtig kochen, braten,** fructus non admodum sole incocti, Gell.: incoctae admisso sole medullae, Lucan.: tertia (Furia) fumantes incoquet igne genas, Ov.: ut quae sunt in umidis, incocta et fervefacta mitescant, Lact.: dah. incocti corpora Mauri, von der Sonne verbrannt, geschwärzt, Sil. – **B** abkochend verdichten, **einkochen,** ladani sucum incoqui sole, Plin. 12, 73.

in-cōram, *Adv.*, **I in Gegenwart,** mit *Genet.*, omnium, Apul. met. 7, 21 u. 9, 10: sui, Apul. met. 9, 15 u. 10, 5: absol., Symm. epist. 3, 3 u. 10, 7. – **II** prägn., **öffentlich,** Apul. met. 10, 23.

in-corōnātus, a, um (in u. corono), **unbekränzt,** simulacra, Apul. met. 4, 29.

in-corporābilis, e (in u. corporo), **unkörperlich,** Tert. adv. Marc. 3, 17.

in-corporālis, e, **unkörperlich** (Ggstz. corporalis), Sen. u. Quint.: nomina, etwas Unkörperliches bezeichnende, abstrakte, Prisc. – Plur. subst., incorporālia, ium, *n.* (Ggstz. corpora u. corporalia), Sen.

incorporālitās, ātis, *f.* (incorporalis), die **Unkörperlichkeit,** Macr. somn. Scip. 1, 5, 13; 1, 11, 12. Tert. de anim. 7. Boëth. inst. arithm. 2, 31. p. 124, 1 Fr.

incorporāliter, *Adv.* (incorporalis), **unkörperlich, ohne Körper,** Eccl.

incorporātio, ōnis, *f.* (incorporo), **I** die **Verkörperung, Fleischwerdung,** bes. Christi, Chalcid. Tim. 2 (u. ö.) u. Eccl. – **II** die **Einverleibung,** Cod. Theod. 10, 9, 1 *sqq.*

in-corporeus, a, um, **unkörperlich, körperlos** (Ggstz. corporeus), Gell., Macr. u. Eccl.

in-corporo, āvī, ātum, āre, **I verkörpern,** Prud. cath. 12, 80. Chalcid. Tim. 44 A u. 210. Augustin. epist. 31, 5. – **II** gleichs. **einverleiben, einfügen,** repagula, quibus incorporati sunt funes, Amm. 23, 4, 6: alci effigies animalium, einätzen, Solin. 22. § 20: bona, dem Fiskus einverleiben, Fragm. vet. ICt. de iure fisci § 14.

in-corrēctus, a, um, **unverbessert,** opus, Ov. trist. 3, 14, 23.

incorrigibiliter, *Adv.*, **unverbesserlich,** Isid. sent. 3, 2, 6.

incorruptē, *Adv.* (incorruptus), **unbefangen,** ipsā naturā incorrupte atque integre (vorurteilsfrei) iudicante, Cic. de fin. 1, 30: et haud scio an incorruptius (ii iudices iudicabunt) quam nos, Cic. Marc. 29: scite atque inc. locutus est, Gell. 13, 21, 4.

in-corruptēla, ae, *f.*, die **Unvergänglichkeit, Unverweslichkeit,** Eccl.

in-corruptibilis, e (Ggstz. corruptibilis), **unvergänglich,** Eccl. u. Gloss.

incorruptibilitās, ātis, *f.* (incorruptibilis), die **Unvergänglichkeit,** Tert. u. a. Eccl.

incorruptibiliter, *Adv.* (incorruptibilis), **unvergänglich, unverweslich,** Eccl.

in-corruptio, ōnis, *f.*, die **Unvergänglichkeit, Unverweslichkeit,** Tert. u. a. Eccl.

in-corruptīvus, a, um, **unvergänglich,** Eccl.

in-corruptōrius, a, um, **unvergänglich,** Eccl.

in-corruptus, a, um, **unverdorben, unversehrt, I** eig.: sucus et sanguis, Cic.: templum, Liv.: praeda, Tac.: incorruptā sanitate esse, kerngesund, Cic.: lignum incorruptius, Plin. – mit *ab* u. Abl., incorruptum et a fraude advehentium et a neglegentia frumentum, Sen. de brev. vit. 19, 1. – **II** übtr., **unverdorben, a** v. Lebl. = **unverletzt, unverfälscht, unbefangen,** monumenta (geschichtl. Denkmäler), Liv.: sensus, animus, Cic.: iudicium, Liv. u. Lact.: origo, echter, Plin.: pura et inc. consuetudo (Sprachgebrauch), Ggstz. vitiosa et corrupta, Cic.: incorrupto ducis honore, unbeschadet, Tac.: quonam modo incorruptum foret, wie es am zuverlässigsten zu erfahren wäre, Tac. – **b** v. Pers. u. deren Lebenswandel = **unverführt** od. **unverführbar, unbestochen, unbestechlich, unbescholten,** testis, virgo, Cic.: vita, Tac.: quis custos incorruptior? Col.: custos incorruptissimus, Hor.: incorruptus *adversus* blandientes, Tac. hist. 1, 35.

incoxo, āvī, āre (zu coxim), **niederkauern, niederhocken,** nate, Pompon. com. 97.

in-crasso, āvī, ātum, āre (in u. crassus), **verdicken,** Eccl.

in-creātus, a, um (in u. creo), **nicht erschaffen,** Ambros. hexaëm. 1, 1. § 1. Hieron. in Didym. de spir. scto 8 *in.* Claud. Mam. de stat. anim. 2, 4.

in-crēbrēsco, crēbruī, in Hdschrn. auch **incrēbēsco,** crēbuī, ere, **häufiger werden, I** eig.: ubi videt increbrescere pugnas, Sil. 10, 1. – **II** übtr. = **zunehmen, überhandnehmen, sich verbreiten,** increbrescit (wird frischer) ventus, Cic. u. Liv., auster, Caes., aura, Hor.: numerus, Cic.: fama belli, Liv.: consuetudo, Cic.: sermo nonnullorum, Cic.: annonae caritate increbrescente, Val. Max.: incr. spiritu, schneller Atem holen, Val. Max.: inde rem ad triarios redisse, cum laboratur, proverbio increbuit, ist zum häufigen (fast gewöhnlichen) Sprichwort geworden, Liv.: cum hoc nescio quo modo increbruisset m. folg. *Acc.* u. *Infin.*, Cic. de or. 1, 82. – Ggstz., quod iustitia *rarescit,* iniquitas *increbrescit,* Tert. apol. 20.

in-crēbro, āvī, āre, **anhäufen,** noctes, Plaut. truc. 50.

incrēdendus (incredundus), a, um (in u. credo), **unglaublich,** fabula, Apul. met. 2, 12: frugum illecebrae, Apul. apol. 47: caerimoniarum incr. potentiae, Apul. flor. 15. p. 18, 10 Kr.

in-crēdibilis, e, **I** passiv: **A unglaublich** (Ggstz. credibilis), **a** eig.: auditu, Cic.: dictu, Cic. u. Nep., od. memoratu, Sall.: dictu audituque m. folg. *Acc.* u. *Infin.*, Curt. 10, 5 (14), 3: incredibile dictu est, *ut* etc., Iustin. 12, 9, 8: incredibile hoc mihi obtigit, unerwartet, Ter.: incredibile quantum, ungemein, Iustin.: *Compar.*, atque hoc quoque incredibile est, immo incredibilius, Sen. – subst., incrēdibilia, ium, *n.*, **unglaubliche Dinge,** Sall. u. Sen. – **b** übtr., **unglaublich** = außerordentlich, celeritas, Vell.: fides, vis ingenii, Cic.: furor, Cic. u. Vell. – **B unglaubwürdig, keinen Glauben verdienend, unzuverlässig,** v. Pers., Plaut. Bacch. 614. – **II** aktiv = **ungläubig,** Ps. Apul. Ascl. 28 u. Eccl. (s. Rönsch Itala p. 332 f.).

incrēdibilitās, ātis, *f.* (incredibilis), **I** die **Unglaublichkeit** einer Sache, Ulp. dig. 48, 5, 29 pr. – **II** = ἀπιστία (Gloss.), die **Ungläubigkeit,** der **Unglaube,** Ps. Apul. Ascl. 27.

incrēdibiliter, *Adv.* (incredibilis), **unglaublich, außerordentlich,** delectari, Cic.: pertimescere, Cic. – *Compar.*, alqd utilius quam incredibilius putare credendum, Augustin. epist. 1, 3.

incrēditus, a, um (in u. credo), **ungeglaubt,** vaticinia Cassandrae, Apul. de deo Socr. 18.

incrēdulē, *Adv.* (incredulus), **ungläubig,** Augustin. serm. 75, 3 *Mai.*

incrēdulitās, ātis, *f.* (incredulus), der **Unglaube,** Apul. met. 1, 20. Hieron. epist. 60, 17.

in-crēdulus, a, um = ἄπιστος, **I** aktiv = **ungläubig,** Hor. de art. poët. 188. Quint. 10, 3, 11 u. 12, 8, 11. Vulg. num. 20, 10 u. ö. Heges. 1, 40, 8. – **II** passiv = **unglaublich,** res, Gell. 9, 4, 3: quod si cui videtur incredulum, Hieron. praef. in Iob.

incrēdundus, a, um, s. incrēdendus.

incrēmento, āvī, āre (incrementum), **an Wachstum zunehmen, sich vermehren,** Augustin. c. lit. Pet. 3, 54. Val. Prob. comment. in Verg. p. 3, 23 *Keil.*

incrēmentulum, ī, *n.* (*Demin.* v. incrementum), das **Wachstum,** die **Zunahme,** Apul. met. 5, 12.

incrēmentum, ī, *n.* (incresco), das **Wachstum,** die **Zunahme, Fortbildung, I** eig. u. übtr.: **A** eig., v. Wachstum der Weinstöcke, Cic.: der Flüsse, ICt.: animalia parvi incrementi, Größe, Colum.: pisces minuti incrementi, Colum.: herbae validioris incrementi, Colum.: ovorum, Colum.: lucis, Plin.: cuius sali defectus vel incrementa, Solin.: incrementa deminutionesque lunae, Lact.: decrementa incrementaque lunaria, Augustin.: incrementa lunae (Ggstz. damna lunae), Sidon. poët.: incrementa luminis mensis (Ggstz. dispendia), Apul.: incrementum capere, wachsen, zunehmen, v. Mond usw., Colum. – B übtr.: 1 im Allg.: bonorum (Ggstz. malorum imminutio), Quint.: urbis, Liv.: incrementa pretiorum, die Steigerung der Fruchtpreise, Ambros.: summo bono afferre incr. diem, Cic.: virtus tua semper in incremento erit, Curt.: capere incrementa virium (polit. Kräfte), Iustin.: quibus ruina urbis tantum incrementi dedisset, Iustin.: quae res Philippo maxima incrementa egregiae indolis dedit, Iustin.: ingenti incremento rebus auctis, Liv.: huius (Macedoniae) sicuti incrementa modica, ita termini perangusti fuere, Iustin.: illis incrementis (Wachstum an Ehren u. Würden, Steigen) fecit viam, Vell.: omnia incrementa sua sibi debere, durch seine eigene Kraft sich emporschwingen (v. Cicero), Vell.: incrementa regni affinitate Philippi acquirere, Iustin.: incrementis urbis invidere, Iustin. – 2 insbes., als rhet. Figur als Art der amplificatio (Vergrößerung) = die **Steigerung** des Ausdrucks, griech. αὔξησις, Quint. 8, 4, 3 u. 28. – II meton.: 1 das, wodurch od. woraus etwas wächst, der **Anwuchs, Zuwuchs, Nachwuchs,** incremento multitudinis, Liv.: incremento renovare exercitum, Curt.: legata cum incremento restituere, mit den Zinsen (die eine gute Verwaltung verschafft hatte), Suet.: si provincialis saltem sollemnia (das Gewöhnliche) praebeat, nedum incrementa (die höheren Ansätze), Amm.: magnorum praefectorum et ducum haec (dieser Pagendienst) incrementa sunt et rudimenta (eine Pflanz- u. Übungsschule), Curt. – viperei dentes, populi incrementa futuri, der Anwuchs künftigen Volkes, Saat, aus der ein Volk erwachsen soll, Ov. met. 3, 103. – 2 (poet.) das, was man wachsen macht = der **Sprössling** (θρέμμα), Iovis, Verg. ecl. 4, 49 u. Ps. Verg. Cir. 397: C. Valerius incr. maximum annorum, CIL 9, 1853. Vgl. Hildebr. Apul. met. 5, 28 extr. – 3 das, was wachsen macht, ein **Mittel, das das Wachstum befördert,** Fronto de diff. (VII) 526, 1 K.

increpātio, ōnis, *f.* (increpo), das **Anfahren, Schelten,** Tert. adv. Marc. 4, 7 u. 5, 20. Donat. Ter. Andr. 3, 4, 17 u. 4, 1, 43: Plur., Augustin. de doctr. Chr. 4, 4. § 6.

increpātīvē, *Adv.* (increpo), **scheltend,** Acro Hor. ep. 2, 2, 154 H. Sidon. epist. 6, 9, 1 u. Eccl.

increpātor, ōris, *m.* (increpo) = ἐπιτιμητής, der **Schelter, Tadler,** Augustin. in euang. Ioann. tract. 37, 5 *extr.*

increpātōrius, a, um (increpo), **scheltend,** Sidon. epist. 9, 7, 5.

increpito, āvī, ātum, āre (*Intens.* v. increpo), I *intr.* **auf** jmd. **zuschreien,** a ermunternd = **zurufen,** tum Bitiae dedit increpitans, Verg. Aen. 1, 738. – b tadelnd = **anfahren, schelten,** ob invidiam tibi increpitarent, Prop. 2, 26, 15. – II *tr.* **zuschreien,** A jmd. mit Worten **anfahren, hart anlassen, schelten, höhnen,** 1 eig., absol. od. alqm, Verg. u. a.: verbis, Liv.: incr. vocibus, *quod* etc., Caes. b. G. 2, 30, 3: increpitare atque incusare reliquos Belgas, *qui* (dass sie) m. Konj., Caes. b. G. 2, 15, 5: caecum audentius hostem increpitans, ›procul‹, inquit, ›abi‹, Stat. Theb. 11, 669. – pertinaciam praetoris, Liv.: aestatem seram, Verg.: cum ab sociis increpitaretur, *cur* etc., Oros. 4, 1, 15 Z. – m. *Genet.*, jmd. wegen etw. **schelten,** einer Sache **hart beschuldigen,** alqm morae, Sil. 8, 263: alqm segnitiae, Sil. 9, 6. – 2 poet. übtr., abstrafend **schlagen,** pectora languentia dextrā, Stat. Theb. 10, 132. – B jmdm. etw. **vorwerfen,** alci rugas, Prop.: alci ignaviam, Val. Max.

increpitus, Abl. ū, *m.* (increpo), das **Anfahren, Schelten,** Apul. de deo Socr. 19. Tert. adv. Marc. 4, 8.

in-crepo, āvī, ātum, u. klassisch u. gew. (bei Cic. immer) uī, itum, āre, I *intr.:* A **rauschen, rasseln, klappern, prasseln, sausen,** 1 eig.: α übh.: clipeo, Verg.: malis (mit den Zähnen), Verg.: increpuere arma, Liv.: discus increpuit, Cic.: grandines increpant, Min. Fel.: increpui hibernum, ich habe Wintersturm erregt, Plaut. rud. prol. 69. – β v. Tönen, **ertönen, erschallen,** cum lituo signum sollemniter increpasset, Iul. Val. 1, 12 (19). – 2 übtr., **laut werden, sich verlauten lassen, verlauten, sich regen,** simul atque increpuit suspicio tumultus, artes nostrae ilico conticescunt, Cic.: unde si quid increparet terroris, Liv.: si quid adversi increpuisset, Fronto: quidquid increpuisset, ad salutis suae dispendium existimans factum aut cogitatum (esse), Amm.: quidquid increpuerit, Catilinam timeri, Cic. – B **zuschreien, zurufen,** increpat ultro, Verg. Aen. 9, 127 u. a. – C m. *in* u. Akk., **auf** etw. **losziehen, schmähen,** in Fulvi similitudinem nominis, Liv. 27, 1, 9. – II *tr.:* A etw. **erdröhnen lassen,** nubes, Ov. met. 12, 52: increpuit quantis viribus unda latus! Ov. trist. 1, 4, 24. – dah. **erschüttern, betäuben,** pectus, Hor. epod. 17, 28. – B etw. **rauschen-, ertönen-, erschallen-, hören lassen, verlauten lassen,** α m. *Acc.* des Instruments usw.: lyram, Ov.: ter cruentatas manus, in die blutigen Hände klatschen, Ov. – β m. *Acc.* des Tons usw.: tubā ingentem sonitum, Verg.: hymenaeum, Titin. fr.: minas, Prop.: haec in regem increpans, Liv. – C **anrauschen,** 1 im Allg.: totus timeo, ita me increpuit Iuppiter, hat angedonnert, Plaut. Amph. 1077. – 2 insbes.: a jmd. **laut anrufen,** α **laut scheltend anrufen, anfahren, hart anlassen, ausschelten, verhöhnen,** nimis ferociter legatos nostros, Plaut.: Tullium nomine, Liv.: equitem clarā voce, Liv.: alqm verbis, Liv.: alqm voce gravissimā, Suet.: maledictis omnes bonos, Sall.: valli angustias saltu, verhöhnend überspringen, Flor.: m. dopp. *Acc.*, alqm desertorem proditoremque, Tac.: alqm tamquam emendatorem senatus et multis et vehementer, Plin. ep.: alqm graviter, quod (dass er) etc., Liv.: legatos tamquam m. Konj., Plin. ep.: alqm lyrā, ne etc., gleichs. antönen, d. i. die Laute rühren u. jmd. warnen, dass er nicht usw., Hor. – m. folg. *Acc.* u. *Infin.* = **höhnisch zurufen, -nachrufen,** simul increpante, qui vulneraverat, habere quaestorem, quae imperator esset militibus minatus, Liv. – m. folg. *quod,* Tac. hist. 1, 74. – m. folg. indir. Fragesatz, cum undique duces, victisne cessuri essent, increparent, Liv. 3, 60, 11. – m. *Acc.* od. *Dat. pers.* u. allg. *Acc. pronom.*, num quid increpavit filium? Plaut.: hoc alicui nostrum sic increpet ipsa, Lucr.: haec excurrentibus in publicum pavidis increpat, Liv.: haec *in* regem Romanum increpans, Liv. – m. *Genet.*, jmd. wegen etw. **schelten,** ihn einer Sache **hart beschuldigen,** alqm avaritiae, segnitiae, Suet.: ultro ipse levitatis et inconstantiae increpitus, Apul. – im Passiv m. *Nom.* u. *Infin.*, **beschuldigt werden,** rescriptis minacibus acceptis, quibus increpabatur Maxentio favisse, Aur. Vict. epit. 39, 7. – β **ermuntern,** boves stimulo, Tibull.: morantes aeris rauci canor increpat, Verg. – b über etwas **mit Unwillen klagen, sich beklagen, jammern,** absumptum Itym, Prop. – m. folg. *Acc.* u. *Infin.*, suā natā dignam vixisse sororem, Prop. – c etw. **vorwerfen, vorrücken, tadeln,** perfidiam, Cic.: mollitiem ignaviamque, Liv.: scrobem ut humilem et angustam, Tac. – mit folg. *Acc.* u. *Infin.*, victos timeri increpans hostes, Liv.: graviter increpuit tanti censorem habitare, Plin.: nostrā vereor ne fraude peremptum increpet, Val. Flacc. – ► Dep. **increpor,** ātus sum, ārī, **schmähen,** Gloss. IV, 527, 14.

in-crēsco, crēvī, ere, I **an** od. **in** etwas **wachsen, anwachsen, einwachsen,** squamae cuti increscunt, Ov.: gravis increvit mutatis insula membris, Ov.: taedia animalium capillis non increscunt, Plin. – II **anwachsen, im Wachstum zunehmen,** A eig.: increscunt aquae, Mela: increscit fons (Ggstz. deficit), Plin.: increscunt lacrimis flumina, Ov.: (ferrea seges) iaculis increvit acutis, wuchs (schoss) auf zu spitzen Lanzen, Verg. – B übtr., **wachsen, zunehmen, sich steigern, steigen,** 1 im Allg.: increscit morbus (Ggstz. minuitur), Cels.: increscit valetudo, tussis, Plin. ep.: increscit certamen, Liv.: increscit audacia, Liv.: increvit dolor, Ov.: animis irae magis increscunt, Verg.: ingenium alcis increscit amplissimis operibus, gewinnt an Schwungkraft, Plin. ep. – 2 insbes., als rhet. *t. t.*, **sich steigern,** Quint. 8, 4, 2.

incrēto, āre (creta), **mit Kreide bestreichen, weiß anstreichen,** Petron. 102, 14. Veget. mul. 5, 17, 4.

1. incrētus, a, um (in u. cerno), **ungesiebt,** furfures, unreine, Apul. met. 7, 15.

2. incrētus, a, um, *Partic.* v. incerno, s. d.

in-crībro, (āvī), ātum, āre (in u. cribro), **darüber sieben,** terrā super minutā incribratā, Plin. 17, 76 D.

in-crīminātio, ōnis, *f.*, die **Schuldlosigkeit, Unsträflichkeit,** Tert. de res. carn. 23.

in-crīspātio, ōnis, *f.* (in u. crispo), das **Kräuseln,** Augustin. epist. 112, 22 u. a.

incruentātus, a, um (in u. cruento), **unblutig, von Blut unbefleckt,** Ov. met. 12, 497 (in der Tmesis, inque cruentatus): nec incruentati, doch nicht ohne ihr Blut (dabei) vergossen zu haben, Tac. hist. 4, 37 H. (*al.* incruenti).

incruentē, *Adv.* (incruentus), **ohne Blut, ohne unser Blut zu vergießen** (griech. ἀναιμωτί), Prud. perist. 10, 1094.

in-cruentus, a, um, **unblutig, ohne Blutverlust** (gew. mit der Negation haud, neque), Ggstz. cruentus, **a** vom Kampf usw. = kein Blut kostend, nicht mit Blutvergießen verbunden, ohne Blutvergießen erkämpft, errungen usw., haud incr. proelium, Liv.: incr. victoria, Sall. u. Curt. (u. so nec Romanis incruenta victoria fuit, Liv.): incr. pax, Tac. – **b** von Soldaten, ohne ihr Blut zu vergießen-, mit heiler Haut-, unverwundet davonkommend, exercitus, Sall.: miles, Liv.: non incruentis centurionibus, nachdem die Z. schwere Wunden empfangen (davongetragen) hatten, Vell.

incrūstātio, ōnis, *f.* (incrusto) = μαρμάρωσις, πλάκωσις, (Gloss.), das **Überziehen mit Marmor,** die **Marmorbekleidung, -täfelung,** Procul. dig. 8, 2, 13. § 1: incr. marmorea, CIL 3, 6671: Plur., incrustationes, loricationes, Paul. dig. 50, 16, 79. § 2.

in-crūsto, āvī, ātum, āre, **I mit einer Kruste überziehen, inkrustieren, a** übh.: ollam sapā et farre, Varro r. r. 3, 14, 1: totam maceriam lapide aut tectorio intrinsecus, *ibid.* 3, 15, 1: materia incrustatur alumine, Iustin. 36, 3, 7: calices his (herbis) incrustantur, werden bestrichen, Scrib. Larg. 135: incr. vas sincerum, beschmutzen, Hor. sat. 1, 3, 56: incrustatus calix, bestrichener, Lucil. 135. – **b mit Marmor überziehen, -täfeln,** parietem communem, Procul. dig. 8, 2, 13. § 1: incrustati parietes, Varro sat. Men. 533. – **II** prägn., **als Stukkaturarbeit anbringen,** scit albarius tector multa alia ornamenta praeter simulacra parietibus incrustare, Tert. de idol. 8.

incubātio, ōnis, *f.* (incubo, āre), **I** das **Liegen** auf den Eiern, das **Brüten,** Plin. 10, 152 u. a. – **II** übtr., der **unrechtmäßige Besitz,** Cod. Iust. 7, 38, 3.

incubātor, ōris, *m.* (incubo, āre), **I** der **Lieger,** fani, der divinatorische Schläfer im Tempel, Tert. de anim. 49. – **II** der **unrechtmäßige Besitzer** von etwas, Macr. somn. Scip. 1, 10, 16. Cod. theod. 16, 10, 20. Serv. Verg. Aen. 7, 266.

incubātrix, trīcis, *f.* (Femin. zu incubator), **sich darüber lagernd,** nox, Augustin. serm. 28, 4 *Mai.*

incubito, āvī, ātum, āre (*Intens.* von incubo, āre), **I beliegen, brüten,** Colum. 8, 14, 9. – **II** obszön, iam incubitatus es, bist schon mitgenommen, Plaut. Pers. 284.

incubitus, ūs, *m.* (incubo, are), **I** das **Daraufliegen auf** usw., assiduo incubitu calefactae (carnes), Solin. 26, 5: m. *Genet.* (auf), dextri lateris, Plin. 28, 54. – **II** insbes., das **Brüten,** Plin. 10, 152 u. 153.

1. in-cubo, klassisch u. gew. uī, itum, nachaug. u. selten āvī, ātum, āre, **in** od. **auf** etw. **liegen, I** im Allg.: super circense tomentum, Sen.: stramentis, Hor.: cortici, Liv.: vesti, Iustin.: purpurā atque auro, Sen. poët.: m. *Acc.*, folles, Apul.: caespitem ut torum, Fronto. – poet. übr. (= *incumbo*), inc. ferro, sich ins Schwert stürzen, Sen. Phaedr. (Hipp.) 254. – **II** insbes.: **A** v. divinatorischen Schlaf = ἐγκοιμᾶσθαι, an einem geheiligten Ort **sich niederlegen, -schlafen,** um durch Träume über die Zukunft überhaupt oder (v. einem Kranken) über seine Krankheit von der Gottheit Belehrung zu erhalten, in fano, Plaut.: in Pasiphaae fano, Cic.: Aesculapii sacello (*Dat.*), Solin.: pellibus, Verg.: tumulis, Mela: Iovi, im Tempel des J., Plaut. – **B** v. Vögeln, brütend auf etw. **sitzen, 1** eig.: **a** auf dem Nest, nidis, Ov.: super exaggeratam variis odoribus struem sibi incubat (v. Phönix), Mela. – **b** über den Eiern, sie **bebrüten,** ovis, Colum.: ova, Varro u. Petron.: ova incubita, Plin. – absol. = **brüten,** incubandi cupiditas, Colum.: cum incubant (gallinae), Varro: ovum incubanti gallinae subducere, Suet. – **2** übtr.: **a über** od. **auf** einem Besitztum (bes. einem unrechtmäßigen, s. Ps. Ascon. Cic. II. Verr.. 1, 116. p. 192, 1 B.) **brüten** = es sorgsam, geizig bewachen, -hüten, pecuniae, Cic.: defosso auro, divitiis, Verg.: acervis auri argentique, Sen.: publicis thesauris, Liv.: largiris nihil incubasque gazae, Mart.: velut clausis thesauris, Quint. – **b über** od. **auf** etw. **brüten, α** einer Sache **obliegen, sich** einer Sache **hingeben,** m. *Dat.*, rei publicae actibus, Capit. Anton. phil. 8, 13: rebus ineptissimis, Treb. Poll. Gallien. 12, 6: dolori suo libenter haerere et inc., seinem Schm. nachhängen u. ihn hegen, Sen. ad Marc. 1, 1. – **β** nicht von etwas **ablassen,** etw. **unablässig bedrohen, -belagern,** gew. m. *Dat.*, inhaerens atque incubans Italiae, Flor. 2, 6, 57: spumanti alveo, Sil. 4, 602: armento, Sen. Thyest. 733: absol., in ipsis urbis faucibus, Flor. 1, 10, 2. – dah. **c** übh. **unrechtmäßig zurückhalten, -besitzen,** rei alienae, spät. ICt. – **C** an einem Ort **liegen** = sich aufhalten, rure, Plaut.: cupressifero Erymantho, Ov.: tabernulam, Apul.: lucos consitos, Apul. – **D** übtr., **1** v. Lebl.: **a sich** über einem Ort **gelagert** (= verbreitet) **haben,** nox profundo incubans mari, Curt.: ponto nox incubat atra, Verg.: caelum, quod incubat urbi, Val. Flacc.: ipse aër, qui desuper incubat, Tert. – **b** (v. Örtlichkeiten) **dicht** an einem Ort **liegen** = **dicht** an ihn **stoßen, -angrenzen,** iugum incubans mari, Plin. 6, 53. – **2** von Pers., sorgend, wachend für etwas **einstehen, tätig sein,** pro salute patriae, Val. Max. 5, 6. ext. 5. – ► Partiz. Fut. Akt. incubātūrus, Tert. de anim. 48.

2. incubo, bōnis, *m.* (s. 1. in-cubo), **I** der auf vergrabenen Schätzen liegt u. sie bewacht, der **Schatzgeist,** Petron. 38, 8 (= Pluto od. Orkus). Porphyr. Hor. sat. 2, 6, 12. – **II** das sogenannte Alpdrücken, Cael. Aur. de morb. chron. 1, 3. Tert. de anim. 44. Isid. orig. 8, 11, 104: ab incubone deludi, Scrib. Larg. 100.

incubus, ī, *m.* (incubo, āre), das sogenannte **Alpdrücken,** das der gemeine Mann den Waldgöttern (Faunen u. Sylvanen) zuschrieb, Augustin. de civ. dei 15, 23. Serv. Verg. Aen. 6, 776. Isid. orig. 8, 11, 103 (vgl. 2. Fatuus a. E.).

incūdis, s. incūs ►.

1. in-cūdo, (cūdī), cūsum, ere, **schmieden, bearbeiten,** incusa auro dona, Pers. 2, 52: lapis incusus, ein geschärfter Stein für die Handmühle, Verg. georg. 1, 275 (auch angef. bei Colum. 7, 1, 3).

2. incūdo, s. incūs ►.

incūdum, s. incūs ►.

inculcātē, *Adv.* (inculcatus v. inculco), **dringend, nachdrücklich,** inculcatius commendare, Augustin. serm. 162, 2.

inculcātio, ōnis, *f.* (inculco), das **Einprägen,** Tert. apol. 39.

inculcātor, ōris, *m.* (inculco), **I** der **Niedertreter,** diaboli, Tert. adv. gnost. 6. – **II** der **Einschärfer,** rationis, Cassiod. var. 12, 1, 5.

in-culco, āvī, ātum, āre (in u. calco), **I eintreten, festtreten, -rammen, 1** im Allg.: aream, Colum.: lapides, Colum.: obrutum semen paviculā, Colum. – **2** festtretend mit etwas bedecken = **zutreten,** foramen cinere, Pallad.: quidquid nimis inculcatum obsitumque aliquā re erat, Gell. – **II** in etw. **hineinrammen, -pressen, -stopfen, A** eig.: **1** im Allg.: pannos, Colum.: lanam morsibus caninis (in die Wunde von einem Hundebiss), Plin.: farcimina comminutis inculcata pulmonibus, Arnob.: conciclā inculcatus pullus, Apic. – **2** insbes., in die Rede **einschieben, einschalten,** bes. im üblen Sinne = **einzwängen, einflicken, einschachteln,** verba Graeca, Cic.: leviora, Cic.: inania verba, Cic. – prägn., ἀρχέτυπον crebris locis inculcatum mit Zusätzen bereichert, Cic. ad Att. 16, 3, 1. – **B** übtr.: **1** dem Gedächtnis recht **einprägen, einschärfen, eintrichtern, einbleuen, einkauen,** alqd memoriae iudicis, Quint.: inculcatae pueris persuasiones, Quint.: tradatur vel etiam inculcetur, Cic.: m. folg. *Acc.* u. *Infin.*, inculcatum est Metello et Velleio te aratores evertisse, Timarch. epist. in Cic. Verr. 3, 156: mit folg. *ut* u. Konj., inculcarisne, ut C. Pisonem, generum meum, nominaret? Cic. Vat. 26. – **2** einer Sache od. Pers. **aufdrängen, aufdringen,** imagines oculis, Cic.: se alcis auribus, Cic.: libertatem, Cic. ep. ad Brut.: auctorem suum ingerere et inculcare, Sen.

inculpābilis, e, **untadelhaft, tadellos,** Solin. 30, 32. Avien. Arat. 28 u. Eccl.

inculpābiliter, *Adv.* (inculpabilis), **untadelhaft, ohne Tadel,** Eccl.

inculpātē, *Adv.* (inculpatus), **ohne Tadel, tadellos,** Ambros. de Iacob et vit. beat. 2, 3. § 12. Hieron. in Matth. 5, 10, 61. CIL 5, 8587.

inculpātim, *Adv.* (inculpātus), **ohne Tadel,** Cod. Theod. 6, 30, 20

inculpātio, ōnis, *f.* (inculpo), die **Unschuldigung,** Boëth. Aristot. top. 8, 4. p. 729.

inculpātus, a, um (in u. culpo), **untadelhaft, unbescholten,** Ov., Gell. u. a.: *Superl.,* Gell. 14, 2, 5.

in-culpo, āre, **anschuldigen,** Porphyr. Hor. sat. 1, 10 *in.* Boëth. Aristot. top. 8, 4. p. 730.

incultē, *Adv.* (1. incultus), **I ohne Verfeinerung, ohne feinere Lebensgenüsse,** vivere, Cic.: ebenso incultius agere u. agitare, Sall. – **II** v. Redner, **kunstlos, ohne Eleganz,** non inc. dicere, Cic.: inc. horrideque dicere, Cic.

1. **in-cultus,** a, um, **unbearbeitet, I** eig.: **A unangebaut, unkultiviert,** locus (Ggstz. locus cultus od. consitus), Cic. u. Quint.: ager (Ggstz. cultus), Varro LL. u. Cic.: regio, Cic.: via, ungebahnter, Cic.: arenarum vastitas, Sen.: trames, einsamer, Prop.: quid incultius oppidis? Cic. – subst., inculta, ōrum, *n.,* **unangebaute-, öde Stätten, Einöden** (Ggstz. culta), Verg. Aen. 1, 308. Liv. 27, 8, 18. Vulg. Ezech. 36, 36: m. *Genet.,* inculta itinerum, Plin. 25, 87: Apennini inculta, Ambros. epist. 39, 3. – **B ungeschmückt, ungeordnet, ungepflegt, verwildert, vernachlässigt** im Äußeren, comae, Ov.: so auch canities, Verg.: genae, Ov.: inculto hoc sub corpore, unter der rauen Außenseite, Hor. – homines intonsi et inculti, Liv.: equus, ungeschirrt (ohne Zügel u. Satteldecke), Lucan. – **II** übtr., **ungebildet, ohne Bildung, ungehobelt, mit dem Weltton unbekannt, ungeschlacht, verwildert, roh,** ingenium, Hor.: indocti incultique, Sall.: Gaetuli asperi incultique, Sall.: homo, ut vitā, sic oratione durus, incultus, horridus, Cic.: mores, Sall.: inculta atque rusticana parsimonia, Cic.: versus, ungefeilte, Hor.

2. **in-cultus,** ūs, *m.,* die **Nicht-Pflege, I** eig., das **Verfallenlassen,** suos honores (Ehrendenkmale) desertos per incultum et neglegentiam, Liv. 42, 12, 7: incultu, tenebris etc., Sall. Cat. 55, 4. – **II** übtr., der **Mangel an Bildung,** ingenium incultu torpescere sinunt, Sall. Iug. 2, 4.

incumba, ae, *f.* (incumbo), der **Impost, Kämpfer,** ein vorspringendes Gesims am Nebenpfeiler, das den Bogen eines Gewölbes trägt, Vitr. 6, 8, 4.

in-cumbo, cubuī, cubitum, ere, **sich auf** od. **an** etwas **legen, beugen, stemmen, I** eig.: **A** im Allg.: toro, Verg.: remis, Verg. u. Curt.: scutis, Liv.: cumulatis in aqua sarcinis insuper, Liv.: ad alqm, sich niederbeugen, Ov.: super alqm, Ov.: super praedam, sich über die B. legen, Petron.: ad quandam fenestram, Augustin.: in alqm, sich stemmen, anlehnen, Curt.: in gladium, Cic. u. a., od. gladio, Rhet. Her. u. Val. Max. od. ferro, Ov., Val. Max. u. a., od. gladium, Plaut., sich in sein Schwert stürzen (sodass man sich entweder verwundet od. tötet): Aiacem suum in spongiam incubuisse, sein Ajax habe sich in den Schwamm gestürzt, d. i. sei durch den Schwamm vertilgt worden (scherzh., da Ajax sich in sein Schwert stürzte), Aug. b. Suet.: eiecto armo, Verg.: incumbunt alia (signa), andere (Statuen) haben eine sich aufstützende Stellung, Quint.: ita levis incumbat (laste) terra defuncto tibi, Carm. epigr. 197 *Buecheler.* – **B** insbes.: **1** von Pers., **a** als milit. *t. t.,* feindl. auf jmd. usw. **losdrängen, losgehen, sich werfen,** suo et armorum pondere in hostem, Liv.: totis viribus nostris in Macedoniam, Liv.: sagittariis, Tac.: absol., a fronte, Tac. – **b** übh. **sich** jmdm. **entgegensetzen, sich** gegen jmd. **aufwerfen,** jmdm. **zusetzen,** alci, Tac.: in alqm, Cic. u. a.; vgl. Heräus Tac. hist. 3, 10, 6. – **2** von lebl. Subjj.: **a dicht an** etw. **stehen, -stoßen,** laurus incumbens arae, Verg.: silex incumbebat ad amnem, Verg.: in parietem, ICt.: mare, ans Meer, Plin. – **b auf** od. **über** etw. **her-, hereinstürzen, hereindringen, mit Macht eintreten,** incubuit terris cohors febrium, Hor.: saevior armis luxuria incubuit, Iuven.: Pergamum incubuit sibi, stürzte zusammen, Sen.: tempestas incubuit silvis, Verg.: magna vis venti in mare incubuit, Quint.: ubi acrior per spiramenta cavernarum ventus incubuit, Iustin.: incubuere maria, haben sich hineingedrängt ins Land, Plin.: cum incubuere morbi, Solin. – **II** übtr.: **A** im Allg., **sich zu** etw. **hinneigen,** einer Sache **nachhängen,** sich **auf** etw. **legen, sich** einer Sache **befleißigen,** etw. **sich angelegen sein lassen, zu** etw. **drängen,** idem volunt omnes ordines, eodem incumbunt municipia, coloniae, tota Italia, Cic.: huc incumbat orator, Quint.: quocumque incubuerit (orator), nach welcher Seite hin er sich müht = welchen Eindruck er nur immer hervorbringen will, Cic.: in causam, in id studium, Cic.: in Caesaris cupiditatem, sie unterstützen, Cic.: omni studio ad id bellum, Cic.: et animis et opibus in id bellum, Caes.: toto pectore novae cogitationi, Tac. dial.: ubi incubuit (nachhing) iusto mens aegro dolori, Ov.: inclinatio voluntatum incubuit ad bonum virum, Cic.: ad salutem rei publicae, Cic.: toto pectore ad laudem, Cic.: ad lenitatem etc., Cic.: ad quae recuperanda, Cic. ep.: ad parandam classem, Auct. b. Alex.: ad excidium Cremonensium, drängen zu usw., Tac.: poet., m. bl. *Acc.,* opus, Gratt. cyn. 244: haustus Palladios, Stat. Theb. 6, 575: m. allg. *Acc.,* haec incumbe, Cic. Planc. 45. – m. folg. *Infin.,* Verg. georg. 4, 249. Tac. hist. 2, 10. – m. folg. bl. *Coniunctiv,* Liv. 10, 15, 8. – absol., si incubueris, Sen. ep. 34, 4: inc. ocius, Verg. Aen. 8, 444. – **B** insbes.: **1** einer Sache vollends **den Druck-, den Ausschlag geben,** alci rei, Liv. 3, 16, 5: fato, befördern, beschleunigen, Verg. Aen. 2, 653. – **2** jmd. **mit voller Gewalt treffen,** auf jmd. **schwer lasten,** ut iam inclinato (*sc.* iudici) reliqua incumbat oratio, Cic. de or. 2, 324: invidia mihi incumbit, Tac. ann. 14, 54. – **3** jmdm. als Schuldigkeit **obliegen,** iudici incumbit officium, ICt.: ei incumbit probatio, ICt.: haec incumbit nobis necessitas, ut etc., Augustin. epist. 75, 13.

in-cumulātio, ōnis, *f.* (in u. cumulo), die **Anschwellung,** buccarum, dick aufgeschwollene Backen, Pausbacken, Arnob. 3, 14 H. (Reifersch. cumulatione).

incūnābula, ōrum, *n.,* **I** die **Windeln** u. **Wickelbänder,** in die Wiegenkinder eingewickelt werden, Plaut. Amph. 1104; truc. 905. – **II** meton., die **Wiege, 1** = der Geburtsort, früheste Aufenthalt, -Wohnsitz, incunabula nostra, Enn. in Cic. ep.: Iovis, Ov. – **2** die erste Kindheit, die Kinderjahre, infantiae incunabula, Val. Max.: locus incunabulorum, der Geburtsort, Suet.: inde ab incunabulis, Liv. – **3** = der Ursprung, der erste Anfang, incunabula nostrae veteris puerilisque doctrinae, Cic.: incunabula studiorum Fronto: non alienum fuit de oratoris quasi incunabulis dicere, Cic.: ab ipsis dicendi (der Redekunst) velut incunabulis, Quint.: non incunabula haec tibi, Caesar, et rudimenta, waren das nicht deine ersten Taten, o Kaiser, und die ersten Heldenproben, Plin. pan.

incunctābilis, e (in u. cunctor), **unbedenklich, nicht zu bezweifeln,** illud quoque incunctabile est, ut etc., Arcad. dig. 22, 5, 21. § 1. – *Adv.* **incunctābiliter,** Alc. Avit. homil. 11, 2. p. 121, 24 *Peiper.*

in-cunctāns, antis (in u. cunctor), **nicht säumend, ohne zu säumen, ungesäumt,** Iul. Val. 2, 9 (25). p. 85, 27 K. Paulin. Petroc. de vita Martini 5, 132.

incunctanter, *Adv.* (incunctans), **unweigerlich, ungesäumt,** Komiker, Lact. u. a. (s. Bünem. Lact. 1, 15, 26).

incunctātus (incontātus), a, um (in u. cunctor, contor), **ungesäumt,** Apul. met. 5, 14.

in-cupidus, a, um, **sehr begierig,** mit *Genet.,* maiores vestri incupidiores liberûm fuere, Afran. com. 361.

in-cūrābilis, e = ἀθεράπευτος (Gloss.), **unheilbar,** Th. Prisc. 2. chron. 7. Cael. Aur. de morb. acut. 2, 37, 191; de morb. chron. 2, 12, 143 u. 3, 8, 107. Cassiod. hist eccl. 2, 6.

incūrābiliter, *Adv.* (incurabilis), **unheilbar,** CIL 4, 3034[c].

in-cūrātus, a, um, **I ungeheilt,** ulcera, Hor. ep. 1, 16, 24. – **II unbesorgt,** Vopisc. Aur. 28, 1.

incūria, ae, *f.* (in u. cura), **I** **der Mangel an Sorgfalt,** die **Sorglosigkeit, Nachlässigkeit,** der **Leichtsinn,** abs. Hor., alcis, Tac. – **II** der **Mangel an Pflege,** die **Vernachlässigung** einer Sache, die **Unbekümmertheit** um etw., abs. Cic., Nep. u. a.: m. obj. *Genet.*, rei necessariae, Cic.: operis, Tac.

incūriōsē, *Adv.* (incuriosus), **sorglos, nachlässig,** agere, Liv.: pueritiam inc. agere, Tac.: legere temere et inc., Gell. – *Compar.*, incuriosius agere, Liv. 29, 32, 2; außerdem Plin. 16, 110. Veget. mil. 1, 7. p. 11, 11 L. Iul. Val. 1, 18 (11). p. 21, 19 K.

incūriōsitās, ātis, *f.* (incuriosus), die **Sorglosigkeit, Nachlässigkeit,** Eccl.

in-cūriōsus, a, um, **I** aktiv = **sorglos, unbekümmert, gleichgültig, fahrlässig,** in capite comendo, Suet.: m. *Abl.*, iuventā, Tac.: pace, Tac.: m. *Dat.* (= in Betreff), melioribus, Tac.: serendis frugibus, Tac.: m. *Genet.*, proximorum, Plin. ep.: periculi, Apul.: aetas incuriosa suorum, Tac. (vgl. Nipperd. Tac. ann. 14, 38. Heräus Tac. hist. 1, 49). – **II** passiv = **nachlässig, vernachlässigt, nachlässig behandelt,** infrequens statio nostra incuriosaque tum ab armis, Sall. hist. fr. 4, 65 (66): inc. finis, Tac. ann. 6, 17: historia, Suet. Galb. 3, 3: agnus, mageres, Apul. flor. 2 *extr.* p. 3, 2 Kr.

in-curro, currī (auch cucurrī), cursum, ere, **einherlaufen, -rennen,** **I** **einherschießen, sich ergießen,** v. Flüssen, nec torrentes incurrunt, Cic.: torrentia (*sc.* flumina) praecipiti alveo incurrunt, Curt.: inde torrens per saxa incurrit, Curt. – **II** absichtlich **gegen** jmd. **einherstürmen, auf** jmd. od. etw. **losrennen,** jmd. **angreifen,** **A** eig.: **1** im Allg.: inc. in columnas, sprichw. = mit dem Kopf gegen die Wand rennen, Cic. or. 224: m. *Dat.*, armentis, Ov. met. 7, 546. – **2** insbes., als milit. *t. t.*: **a** gegen einen Feind **anrennen, anstürmen,** jmd. **angreifen, auf** jmd. **einen Angriff machen,** in confertissimos hostes, Sall.: in Romanos, Liv.: in stationes hostium, Liv. – m. *Dat.*, levi armaturae hostium, Liv.: ab latere Mauris, Sall. – mit bl. *Acc.*, hostium latus, Liv.: novissimos, Tac.: iumenta (v. einem tollen Hund), Apul.: eos a tergo, Sall. fr.: absol., suos iam incurrentes tuba revocavit, Nep. – **b** in ein Land feindl. **einfallen, einen Einfall machen,** in Macedoniam, in agrum alcis, Liv. – **B** übtr., inc. in alqm, **losziehen,** jmd. **durchziehen,** in alqm tantā libertate verborum, Trebon. in Cic. ep.: in tribunos militares, Liv. – **II** zufällig gegen jmd. **anlaufen, -anrennen,** jmdm. **in den Wurf kommen, auf** jmd. **stoßen, auf** od. **in** etw. **geraten,** **A** eig.: inc. atque incĭdere in alqm, Cic. Planc. 17: im Bild, neque quemquam offendet oratio mea, nisi qui se ita obtulerit, ut in eum non invasisse (losgerannt), sed incucurisse (mir in den Wurf gekommen) videamur, Cic. Sest. 14: m. bl. *Acc.*, venantium agmen, Sulp. Sev. dial. 2, 9, 6. – absol., quis est tam Lynceus, qui in tantis tenebris nihil offendat, nusquam incurrat (anrennt), Cic. ep. 9, 2, 2. – **B** übtr.: **1** übh.: inc. in oculos, v. Pers. = vor Augen kommen, Cic.; v. Lebl. = in die Augen fallen, Quint.: non solum in oculos, sed etiam in voculas malevolorum (v. Lebl.), geraten, Cic.: inc. oculis (v. Lebl.), fallen, Sen.: m. bl. *Acc.*, quoniam deus videntium sensus incurrit (fällt), Ps. Apul. Ascl. 8. – **2** v. Örtl. = örtlich an etw. **anstoßen** = angrenzen, privati agri, qui in publicum Cumanum incurrebant, Cic. de leg. agr. 2, 82. – **3** v. Pers.: **a** **auf** jmd. od. etw. **stoßen,** m. *in* u. Akk., auf etw. beim Lesen, Reden, Schreiben **stoßen, kommen,** in alqd, Cic. – **b** in ein Übel **fallen, geraten,** ihm **anheimfallen, verfallen,** in morbos, Cic.: in fraudem, Cic.: in varias reprehensiones, Cic.: in odia hominum, Cic. – spätlat., mit bl. *Acc.* (s. Bünem. Lact. 2, 7, 23. Muncker Lact. Plac. fab. 1, 10), crimen loquacitatis, Lact.: crimen stultitiae, Arnob.: crimen, Cod. Iust.: offensam, Vopisc. Aur.: aliquid, quod videatur iniustum, Lampr.: im Passiv, incursus angor, die jmd. befallen hat, Sidon. epist. 8, 9, 2. – **c** **gegen** etw. **verstoßen,** in quod praeceptum incurro, Augustin. serm. 9, 14. – **4** v. Zeiten u. Ereignissen, **a** **eintreffen, vorfallen, vorkommen,** incurrunt tempora, Cic.: incurrebat haesitatio, ICt.: cum nihil vitii mulieris incurrit, ICt. – u. m. *in* u. Akk., jmd. **treffen, betreffen,** jmdm. **begegnen,** bei etw. **eintreten, mitwirken, konkurrieren,** casus, qui in sapientem potest incurrere, Cic.: in aliquem bene meritum, Cic.: nulla est disputatio, in quam non aliquis locus incurrat, Cic. – u. jmdm. **zufallen, zuteil werden,** doleo aurum, quod in istum incurrit, Augustin. serm. 21, 10. – m. bl. *Acc.*, jmdm. **sich aufdrängen,** ingratos quoque memoria cum ipso munere incurrit, Sen. de ben. 1, 12, 1. – **b** auf eine Zeit **fallen, treffen,** in ipsas etesias, Cic.: in alqm diem, Cic.: m. *Dat.*, circensibus, Suet.

incursātio, ōnis, *f.* (incurso), der **Einfall, Überfall, Angriff,** Heges. 5, 51, 2. Non. 44, 27.

incursāx, ācis (incurso), **zu Einfällen** (in die Nachbarländer) **geneigt,** Sidon. epist. 8, 12, 3.

incursim, *Adv.* (incurro), **eiligst,** Caecil. com. 46. Fronto epist. ad Verum 2, 3. p. 133, 14 N.

incursio, ōnis, *f.* (incurro), **I** das **Anlaufen,** der **Andrang,** atomorum, Cic. de nat. deor. 1, 114. – **II** insbes., der feindl. **Anfall, Angriff,** inc. seditionis, Cic.: inc. atque impetus armatorum, Cic.: subitae latronum incursiones, Sen.: incursiones a suis corporibus arcere, Lact. – u. (als milit. *t. t.*) der **feindliche Einfall, Überfall, Streifzug,** incursionem facere in fines Romanos, Liv.: Cheruscos ab Suebis iniuriis incursionibusque prohibere, sicherstellen gegen Unbill u. Einfall von Seiten der Sueben, Caes.: subitas hostium incursiones sustinere, Hirt. b. G.

incursito, āre (*Intens.* v. incurso), **I** absichtlich **gegen** jmd. **einherstürmen, auf** jmd. **eindringen, losgehen,** in alqm, Sen. de vit. beat. 27, 1: absol., Sen. de ira 2, 35, 5. – **II** zufällig **gegen** jmd. **anlaufen, anrennen,** in alqm, Sen. de ira 3, 6, 4. – bildl., totā vitā incursitamus, stoßen an, Sen. ep. 110, 7.

incurso, āvī, ātum, āre (*Intens.* v. incurro), **I** absichtlich **gegen** jmd. **einherstürmen, auf** jmd. **eindringen,** jmd. **angreifen,** **a** eig., bes. als milit. *t. t.*, in hostem, Liv.: in aciem, Liv. – m. bl. *Acc.*, ubi vivos homines mortui incursant boves, Plaut.: inc. alqm pugnis, Plaut.: obvios, Tac.: Canninefates, Tac.: aciem, Tac.: armenta vel greges, Amm.: agros, einfallen, Streifereien machen in usw., Liv. – im Passiv, agmen incursatum ab equitibus, Liv.: agrum suum ab accolis Gallis incursari ac vastari, Liv. – **b** übtr.: in amicos atque inimicos, feindselig verfahren, Rhet. Her.: incursabit in te dolor, wird dich befallen, auf dich übergehen, Cic. – absol., quodsi febris incursat, überfällt, Cels. – **II** zufällig **auf** etw. **zulaufen, an** etw. **anlaufen, anrennen, anstoßen,** **a** eig.: ramis, Ov.: rupibus, Ov. – **b** übtr.: oculis, in die Augen fallen, begegnen, Quint.: cui nullus alius color incursaverit, mit keiner anderen Farbe vermischt, Plin. – Depon. Nbf. **incursor,** wov. incursatur, Iul. Val. 3, 10 (3, 4).

incursōrius, a, um (incurro), wo **hineinlaufend,** wohin **sich erstreckend,** terminus, Gromat. vet. 336, 23.

incursus, ūs, *m.* (incurro), das **Andringen,** der **Andrang, Ansturm,** **I** eig.: **a** lebl. Subjj.: fluminis, Plin. ep.: aquarum, undarum, Ov.: pluviarum procellarumque, Colum.: sanguinis, Lucan.: solis (Sonnenstrahlen), Colum.: incursus (Plur.) tempestatum, das Einbrechen der Stürme, Quint.: u. so saevi tempestatis incursus, Ps. Quint. decl.: incursus (Plur.) morborum, Anfälle, Fulgent. u. Ps. Quint. decl. – **b** leb. Wesen, der feindl. **Anlauf, Anfall, Angriff,** der Tiere, incursus (Plur.) luporum, Verg.: sternitur incursu (apri) nemus, Ov. – der Menschen, bes. als milit. *t. t.*, aditus atque incursus (Vorwärtsstürmen) ad defendendum, Caes.: illa quae sapientem tuentur et a flamma et ab incursu tuta sunt, Sen.: impetus armati ceterorumque inc., Cic.: inc. equitum, Caes.: primo incursu, Liv.: Plur., assidui barbarorum incursus, Suet. Vesp. 8, 4. – **II** übtr.: incursus animus varios habet, nimmt verschiedene Anläufe = fasst versch. Entschlüsse, Ov. met. 9, 152.

in-curvābilis, e, **unbiegsam,** pedes elephantorum, Cassiod. var. 10, 30, 2.

incurvātio, ōnis, *f.* (incurvo), die **Krümmung, Einbiegung,** materiae, Plin. 17, 207: caudae, Hyg. astr. 3, 16. – übtr., sui cordis inc., Verkehrtheit, Augustin. epist. 81, 9.

incurvātūra, ae, *f.* (incurvo), die **Krümmung, Einbiegung,** Plac. gloss. V, 36, 20.

incurvēsco (incurvīsco), ere (incurvus), **sich krümmen, sich einbiegen,** Enn. fr. scen. 153. Non. 122, 16 (incurvisco).

incurvicervīcus, a, um (incurvus u. cervix), **mit eingebogenem Nacken,** pecus, Pacuv. tr. 408.

incurvīsco, s. incurvēsco.

incurvitās, ātis, *f.* (incurvus), die **Krümmung, Einbiegung,** marina, Chalcid. Tim. 62.

incurvo, āvī, ātum, āre (incurvus), **einbiegen, krümmen, biegen,** **I** eig.: **A** im Allg.: bacillum, Cic.: remos, Catull.: arcum, Verg.: membra incurvata dolore, Ov.: medial, robur et olea incurvantur, krümmen sich, Plin. – u. v. Pers., quae tanta necessitas hominem ad sidus erectum incurvavit et defodit, hat sich bücken gemacht (vom Bergbau), Sen. nat. qu. 5, 15, 3: Passiv incurvari, gekrümmt-, gebückt gehen, Sen. ad Polyb. 7, 1 u. (Ggstz. rectus incedo) Capit. Anton. Pius 13, 1. – v. Örtl., tum sinus alter non longe ab Ilio litora incurvat, Mela: ora eius (Asiae) se ingenti ambitu incurvat, Mela. – **B** prägn. = *paedicare,* Mart. 11, 44, 5. – **II** übtr.: **A** im Allg., **niederbeugen, niederschlagen,** magnum animum non incurvat iniuria, Sen.: laudatur is, quem non incurvat (paupertas), Sen. – **B** insbes., jmd. zum Mitleid bewegen, **erschüttern,** alqm querellā, Pers. 1, 91.

in-curvus, a, um, **krumm, gekrümmt, a** v. Lebl.: bacillum, Cic.: folium, Plin.: aratrum, Verg.: litus, Mela: pontus ad formam Scythici arcus maxime incurvus, Mela. – **b** v. Pers., **gekrümmt, gebückt,** Ter. u. Rhet. Her.: incurvus umeris, Plin.

incūs, cūdis, *f.* (incūdo), der **Amboss,** Cic. u. a. – Sprichw., uno opere eandem incudem diem noctemque tundere, immer, Tag u. Nacht, an demselben Amboss stehen u. darauf loshämmern = immerfort ein u. dasselbe treiben od. vorbringen, Cic. de or. 2, 162: u. so eandem incudem diu noctuque tundere, Amm. 18, 4, 2; 28, 4, 26: esse inter malleum et incudem, Hieron. homil. 3. – im Bild, haec mihi incus est; procudam ego hinc hodie multos dolos, Plaut.: iuvenes in ipsa studiorum incude positi, noch in der Bildung begriffen, Tac. dial.: male tornatos incudi reddere versus, ganz umschmelzen, umarbeiten, Hor.: praeter hoc poscis, ut Horatianā incude formatos Asclepiadeos tibi quospiam transmittam, Sidon. epist. 9, 13, 2. – ► Nbf. **a** **incūdis,** ἄκμων, Paul. ex Fest. 79, 7. Auct. de idiom. gen. 577 (a), 23. – **b** **incūdo,** Ven. Fort. vit. S. Mart. 4, 21. – **c** **encūdo,** Gloss. III, 368, 53. – **d** **incūdum,** Ven. Fort. misc. 2, 9, 11 (Abl. incudo).

incūsābilis, e (incuso), **beschuldigenswert,** im *Compar.* incusabilior, Tert. ad nat. 1, 12. – *Adv.* **incūsābiliter,** Gelas. epist. 1, 17.

incūsātio, ōnis, *f.* (incuso), die **Beschuldigung,** Cic. de or. 3, 106. Donat. Ter. Andr. 5, 4, 7 u. Phorm. 2, 3, 12.

incūsātīvus, a, um (incuso), **anklagend,** als gramm. *t. t.,* subst. incūsātīvus, ī, *m.* (*sc.* casus), der **Akkusativ,** Diom. 314, 16.

incūsātor, ōris, *m.* (incuso), der **Ankläger,** Cod. Iust. 12, 36, 18. § 8.

in-cūso, āvī, ātum, āre (in u. causa), jmd. od. etw. **beschuldigen, sich über** jmd. od. etw. **beschweren,** alqm, Caes.: alqm graviter ob defectionem, Liv.: alqm probri, Plaut.: alqm luxus et superbiae, Tac.: iniurias Romanorum, Liv.: factum alcis, Ov.: alienam culpam, Quint.: quietem Africani nostri somniantis, Cic. de rep. 6, 7 B. (bei Macr. somn. Scip. 1, 2, 5, wo Jan accusant): *in* Blaesum multa foedaque, Tac. ann. 5, 7: m. folg. *Acc.* u. *Infin.,* Liv. 24, 1, 10 u. ö. Tac. ann. 3, 38; 4, 17 u. 6, 27: im Passiv m. folg. *Nom.* u. *Infin.,* Tac. ann. 6, 3. Amm. 14, 11, 24: m. folg. *quod* u. Konj., Plin. ep. 6, 20, 12. Tac. hist. 3, 38: m. folg. indir. Fragesatz, Verg. Aen. 11, 471. – *Partic. Perf.* incūsātus, zum Vorwurf gemacht, zur Last gelegt, Colum. u. Plin.

incussor, ōris, *m.* (incutio), der **Anschläger** an usw., Paulin. Petroc. de vita Martini 5, 285.

incussus, Abl. ū, *m.* (incutio), das **Anstoßen, Anschlagen,** arietis, Sen. de const. sap. 6, 4: armorum, Tac. hist. 4, 23: silicis, Prud. cathem. 5, 7.

in-custōdītus, a, um (in u. custodio), **I** **unbewacht, unverwahrt,** ovile, Ov.: boves, Ov.: limina, Mart.: transitus (Plur.), Tac.: urbs, unbesetzt, Tac. – v. Pers., secreti et incustoditi, unter sich u. unbeobachtet, Tac. – **II** übtr.: **A** *pass.:* **1** **nicht beobachtet, nicht beibehalten, unterlassen,** observatio dierum, Tac. ann. 15, 55. – **2** **nicht verhehlt, nicht geheim gehalten,** amor, Tac. ann. 12, 4. – **B** *act.:* **sich nicht in Acht nehmend, unvorsichtig,** incustoditus nimis et incautus, Plin. ep. 6, 29, 10.

1. **incūsus,** a, um (in u. cudo), **unbehauen, rau,** Auson. epigr. 92, 4 *Scaliger* (Schenkel incurvus).

2. **incūsus,** a, um, *Partic.* v. incudo, s. d.

in-cutio, cussī, cussum, ere (in u. quatio), **anschlagen, anstoßen,** an od. auf etwas **schlagen, stoßen,** **I** im Allg.: **A** eig.: pedem terrae, Quint.: scipionem in caput, Liv.: arietem muro, Liv.: alci colaphum, einen Backenstreich geben, Iuven. – **B** übtr.: incussi articuli, angeschlagen, durch das Anschlagen verletzt, Plin. – inc. mentem, erschüttern, Val. Flacc.: inc. verecundiam, verletzen, Ambros. – **II** insbes., nach od. auf jmd. **hinschleudern, -werfen,** nach etw. **hinüberschleudern, -werfen,** **A** eig.: faces et hastas, tela, Tac.: ictus ossibus incussi, auf die Knochen fallend, Curt.: imber grandinem incutiens, Curt. – **B** übtr., jmdm. **einflößen, einjagen, erregen, verursachen** (s. Benecke Iustin. 38, 7, 8. Bünem. Lact. 5, 1, 17), alci morbum, Plaut.: iram, Enn.: alci timorem, Cic., od. metum, Liv.: religionem animo, Liv.: superstitionem, Curt., populo superstitionem, Iustin.: errorem, Cic.: blandum per pectora amorem, Lucr.: suavem alci in pectus amorem, Lucr.: desiderium urbis, Hor.: aliquid negotii alci, Hor.: bellum, drohe mit Kr., Hor.: minas, Ov.: vim ventis, Verg.: alci foedum nuntium, die erschütternde Schreckensbotschaft zurufen, Liv.

indāgābilis, e (indagare), **forschend, untersuchend,** ratio, Gromat. vet. 394, 5. Cassiod. in psalm. 145, 1.

indāgātio, ōnis, *f.* (1. indago), das **Aufspüren, Aufsuchen, Erforschen,** initiorum, Cic. Tusc. 4, 69: veri, Cic. de off. 1, 15: inopinati rariorisque verbi, Gell. 18, 2, 6: vetustatis, Arnob. 5, 8: Plur., die **Forschungen, Untersuchungen,** indagationes vocis scandentis, Vitr. 5, 3, 8: hae indagationes mathematicae, Vitr. 5, 5, 1.

indāgātor, ōris, *m.* (indago), der **Aufsucher, Aufspürer,** v. Jäger, der Aufsp. des Wildes im Lager (vgl. vestigator), Varro LL. 5, 94 Sp. (Müller quas indagatur). Isid. orig. 10, 282: apium, der Aufsp. von Bienenschwärmen, Colum. 9, 8, 12: aquarum = aquilex (s. d.), Colum. 2, 2, 20. – übtr., der **Erforscher,** ind. celatûm (= celatorum), Plaut. trin. 241: ind. rerum naturalium, Naturforscher, Ser. Samm. bei Macr. sat. 3, 16, 7: huius disciplinae curiosus ind., Boëth. art. geom. p. 410, 2 Fr.: veteres geometricae artis indagatores subtilissimi, *ibid.* p. 425, 26 Fr.: aeneus gnomon indagator umbrae, Vitr. 1, 6, 6.

indāgātrīx, trīcis, *f.* (Femin. zu indagator), die **Aufspürerin = Erforscherin,** philosophia, ind. virtutis, Cic. Tusc. 5, 5 (vgl. Apul. de mund. praef. *in.* Prisc. 8, 4): avaritia, latentium ind. lucrorum, Val. Max. 9, 4 *in.:* virorum, Non. 23, 1.

indāgātus, Abl. ū, *m.* (1. indago), die **Umzingelung,** Apul. met. 7, 7.

indāgēs, is, *f.* (1. indago), das **Aufspüren, Aufsuchen, Erforschen,** Eccl.

1. **indāgo,** āvī, ātum, āre (ind[u] u. agere), **aufspüren,** **I** eig.: videmus hominibus sensus iniectos ad ea discernenda, quae tactu quaeque naribus auribusque et oculis indagantur, Colum. 3, 10, 9: v. Jägern, ind. bestiarum cubilia, Sen. de vit. beat. 14, 4: feras, Apul. met. 8, 4: v. Jagdhunden, canis natus ad indagandum, Cic. de fin. 2, 39. – Depon. Nbf., vestigator a vestigiis ferarum, quas indagatur, Varro LL. 5, 94 M. (Spengel ferarum quasi indagator). – **II** übtr., **1** = aufsuchen, erforschen, forschen, vias inusitatas, Cic.: indicia, Cic.: intervalla siderum a terra, Plin.: extera mundi, Plin.: externa et barbaros ritus, Plin.: aliena, Apul.: convenit iudici futuro *de* pluribus indagare, Donat.: tu *quidquid* indagaris *de* re publica facito ut sciam, Cic.: m. folg. indir. Fragesatz, acutissime tota provincia, quid cuique esset necesse, indagare et odorari solebat, Cic.: Depon. Nbf., qui altius indagantur, negant hoc caelum ab initio factum, Chalcid. Tim. 277. – **2** = **nach etw. haschen,** misericordiam, Gell. 6 (7), 3, 18. – ► Parag. Infin. indagarier, Plaut. merc. 623.

2. indāgo, inis, *f.*, die **Umzingelung, I** eig.: **a** als *t. t.* der Jägerspr. = die **Umzingelung, Umstellung** des Waldes, saltus indagine cingere, Verg.: latos indagine cingere agros, Ov.: colles indagine claudere, Tibull.: campum velut indagine insidiis circumdare, Hirt. b. G.: quādam indagine inclusum esse, gleichs. wie ein Wild eingelappt sein, Flor.: ad Equitii vertuntur indaginem (Hinterhalt), Amm.: velut indagine (wie bei einer Treibjagd) dissipatos Samnites agere, Liv.: testamenta et orbos velut indagine eius capi, in sein ausgespanntes Netz fallen, Tac. – **b** poet. v. der Zirkumvallationslinie, Lucan. 6, 42. – **II** übtr.: **A** im Allg.: mille poenarum indagine inclusi, von tausend Str. umzäunt, Plin. pan. 35, 2. – **B** insbes., die **Aufsuchung, Erforschung,** die **Untersuchung, a** übh.: cuppediarum, Gell.: nidoris, Schnüffeln nach dem Küchengeruch, Amm.: veritatis, Amm.: rectae perfectaeque rationis, Amm.: Plur., Aristotelem multis doctrinam persuasisse indaginibus, Plin. 9, 16 D. (Mayh. insignibus). – **b** die richterliche **Untersuchung,** auch im Plur., Amm. u. spät. ICt.

indāgor, ārī, s. 1. indāgo *no.* I u. II.

indāgus, a, um (indago), **aufspürend,** Placid. gloss. V, 26, 10.

indalbo, s. in-albo.

indamnus, indampnus, s. indemnis.

indaudio, s. in-audio.

in-de, *Adv.* (aus *imde von is, mit der Adverbialendung), **von da, daher, I** im Raum, inde colles insurgunt, Liv.: inde abiens, Ter.: reversus inde, Vell.: non exeo inde ante vesperum, Cic.: inde per Ligures Apenninum transiit, Nep.: mit folg. *ab* u. Abl., inde a Stygia unda prospiciens, Verg.: m. *Genet.*, inde loci, von da, Cic. Arat. 327 (573). – **II** übtr.: **A daher, a** = **daraus, davon,** d. i. aus (von) der Sache, von dem Stoff usw., inde omnia scelera ac maleficia gignuntur, Cic.: inde libertatis captare auram, unde etc., Liv. – inde plerisque sunt vestes, Curt.: inde nives fieri, Ov. – v. Anfang, inde a principio iam impudens epistula est, Plaut.: si, unde necesse est, inde initium sumetur, Cic. – v. Ursache u. Folge, eum (agrum) ego ex iure Quiritium meum esse aio; inde ibi ego te ex iure manu consertum voco, Cic.: manibusque datas contingere habenas gaudet et invito grates agit inde parenti, Ov.: primo stupor omnes admiratione rei tam atrocis defixit; silentium inde aliquamdiu tenuit, Liv.: oft inde est quod, daher kommt es, dass, inde est quod Plato clamat m. folg. *Acc.* u. *Infin.*, Sen.: inde est quod prope omnes nomine appellas, Plin. pan. – partitiv, stant calices; minor inde fabas, olus alter habebant, Ov.: equos respondit, oreas mihi inde, tioi cape flagellum, Cato fr.: nec quidquam omnino inde dubitabam, Augustin. – **b davon, daher,** d. i. von den Menschen, quod inde oriundus erat, Liv.: inclinari opes ad Sabinos rege inde sumpto videbantur, Liv.: partitiv, nati filii duo; inde ego hunc maiorem adoptavi mihi, Ter. – **B** in der Zeit, **a hierauf,** Caes., Nep. u. Liv.: verb. deinceps inde, Cic.: inde loci, hierauf, Lucr. 5, 443 u. a. – **b von da, von der Zeit an,** inde usque repetens, Cic.: inde ita magnos nostram ad (bis zu) aetatem fuisse, ut etc., Cic. – **c** mit *ab* u. Abl. = **von ... an,** inde ab ineunte aetate, Plaut. trin. 305: gew. mit vorhergeh. iam, z. B. iam inde a pueritia, iam inde ab adulescentia, Ter.: iam inde ab infantia, Plin. pan.: iam inde a principio, Cic.: iam inde ab initio, Liv.: iam inde antiquitus, Liv.: iam inde ab incunabulis, Liv.: inde usque a pueritia, Tac.

indēbitē, *Adv.* (indebitus), **wider die Gebühr, nicht aus Schuldigkeit,** Paul. dig. 22, 3, 25. § 4 *extr.* u. Eccl.

in-dēbitus, a, um (in u. debeo), **nicht gebührend,** praemia, Ov.: non indebita regna posco meis fatis, unbeschert (von Gott), Verg. – *neutr.* subst., indēbitum, ī, n., das Nichtgebührende, Nichtschuldige, ICt.: indebitum exigere, Augustin. serm. 27, 3.

in-decēns, centis, **unschicklich, unanständig, hässlich, a** v. Lebl.: risus, Suet.: status signorum, Vitr.: nasus, morbus, Mart.: nihil est indecentius, quam etc., Sen. rhet.: indecentissima rubore facies, Petron.: indecentissimum est materiae unius simplex principium, triplices epilogos inveniri, Sidon. epist. 9, 1, 2. – **b** v. Pers., Petron. 128, 3. Mart. 5, 14, 7.

indecenter, *Adv.* m. *Compar.* u. *Superl.* (indecens), **unschicklich, unanständig, hässlich,** Sen. u. a. – *Compar.*, Sen. ep. 27, 5. – *Superl.*, Quint. 8, 3, 45.

indecentia, ae, *f.* (indecens), die **Unschicklichkeit,** der **Verstoß gegen das Schickliche,** Vitr. 7, 5, 6. Cael. Aur. de morb. chron. 3, 8, 107.

1. in-deceo, ēre, **übel lassen, übel anstehen,** alqm, Plin. ep. 3, 1, 2.

2. in-deceo, ēre, **wohl anstehen,** v. der Kleidung, Gell. 6 (7), 12, 2.

in-dēclīnābilis, e, **I unbeugsam, unveränderlich, fest,** animus, Sen. u. Amm.: iudex, Amm.: iustitia, Sen.: indecl. series rerum et catena, Gell. – **II** als gramm. *t. t.*, **undeklinierbar** (Ggstz. declinabilis), nomen, Diom. 309, 10. Serv. Verg. Aen. 2, 14: obliquus (casus), Diom. 309, 34.

indēclīnābiliter, *Adv.* (indeclinabilis), **unveränderlich, unablässig,** Chalcid. Tim. 40 A. Augustin. de civ. dei 9, 22 *extr.* u. a. Eccl.

in-dēclīnātus, a, um (in u. declino), **unverändert, beständig,** v. Pers., indeclinatus amico, Ov. ex Pont. 4, 10, 83: amicitia, Ov. trist. 4, 5, 24.

in-dēclīvis, e, **unabschüssig,** Chalcid. Tim 34 B. u. 93.

in-decor, ōris = indecoris, Charis. 85, 27. Prisc. 6, 47.

in-decōrābiliter, *Adv.* (indecoro), **unanständig,** indec. alienos alunt, Acc. tr. 258.

indecōrē, *Adv.* (indecorus), **a übel lassend, unschön, hässlich,** prominere, Cels.: insignia proicere, Curt. – *Compar.*, sententiae non indecorius cinctae, Fronto ad Ant. imp. 1, 2. p. 96, 21 N. – **b unanständig, unschicklich,** ne quid ind. effeminateve faciat, Cic.: fit contra quoque frequenter non ind., Quint.

in-decoris, e, **unrühmlich, schmählich,** v. Pers., Verg. u. a. – v. Lebl., vita, Acc. tr. 193: obitus (Plur.), Val. Flacc.

in-decoro, āre, **schänden, entstellen,** alqm, Acc. tr. 459. Hor. carm. 4, 4, 36 (*al.* dedecorant).

in-decōrus, a, um, **nicht geziemend, ungeziemend** (Ggstz. decorus), **a** der äußeren Erscheinung usw. nach, **unziemlich, unanständig, übel lassend, unschön, hässlich,** forma, Tac.: habitus, Curt.: status, Quint.: motus (Plur.), Liv.: indecora vel voce vel gestu pronuntiatio, Quint.: subst., indecōrae, ārum, *f.* (*sc.* mulieres), **hässliche Weiber,** Cic. ad Att. 9, 10, 1. – m. *Dat.* (für), impudens, tumultuosa, iracunda actio omnibus indecora, steht niemand wohl an, Quint. 11, 1, 29: u. *neutr. pl.* subst., senex ut indecora canis (für die grauen Haare) deponeret, Sen. nat. qu. 1, 17, 4. – mit 2. *Supin.*, uva eius indecora visu, sapore iucunda, Plin. 12, 28. – **b** ethisch, **nicht geziemend, ungeziemend, unschicklich, unanständig, unehrenhaft, unrühmlich, α** v. Lebl.: si nihil malum, nisi quod turpe, inhonestum, indecorum, pravum, Cic.: quod enim viriliter animoque magno fit, id dignum viro et *decorum* videtur; quod contra, id ut turpe sic *indecorum,* Cic.: deinde quod quaesitur satisne pium tutum, *gloriosum* an *indecorum* sit, Sall. fr.: pulvis non ind., Hor.: ind. herniae nomen, Cels.: maternum genus impar nec tamen ind., Tac. – m. *Dat.*, indecora saeculo studia, Plin. pan.: nec quicquam indecorum iudici faciens, Sen.: nihil indecorum nec bono nec viro feci, Sen.: non tamen sint indecora dicentibus, Quint. – indecorum est (alci) mit *Infin.*, quam indecorum est, de stillicidiis cum apud unum iudicem dicas, amplissimis verbis et locis uti communibus, de maiestate populi Romani summisse et subtiliter (*sc.* dicere), Cic.: nec Macedonibus Persas imitari indecorum (esse), Curt. – **β** v. Pers., **unrühmlich,** Trebellius indecorus et humilis, Tac. Agr. 16.

in-dēfatīgābilis, e (in u. defatigo), **unermüdlich,** Sen. de ira 2, 12, 4.

in-dēfatīgātus, a, um (in u. defatigo), **unermüdet,** Sen. ad Marc. 18, 1.

in-dēfectus, a, um (in u. deficio), **unvermindert, ungeschwächt,** Tert. de pall. 3. Apul. de deo Socr. 4.

indēfēnsē, *Adv.* (indefensus), **unverteidigt,** Cod. Iust. 4, 18, 2 *extr.*

in-dēfēnsus, a, um (in u. defendo), **unbeschützt, unverteidigt, a** mit Waffen, Capua deserta indefensaque, Liv.: sic Capitolium clausis foribus indefensum et indireptum conflagravit, Tac.: Campania bellum sinu indefensa recepit, Sil.: hic praebituri vos telis hostium estis indefensi, inulti? Liv.: queri indefensos se et neglectos, Liv. – **b** mit Worten vor Gericht usw. gegen Beschuldigungen, ne indefensa uxor exitio daretur, Tac.: ut te inauditum et indefensum vulgus imperitum primo rumore rapiat, Tac.: non enim inauditum et indefensum saeculum nostrum patiar hāc vestrā conspiratione damnari, Tac. dial.

indēfessē, *Adv.* (indefessus), **unermüdet,** Spart. Hel. 5, 10. Auson. grat. act. (VIII) 17 (77). p. 29, 16 Schenkl. Chalcid. Tim. 123.

indēfessim, *Adv.* (indefessus), **unermüdet,** Sidon. epist. 3, 2, 4. Claudian. Mam. 1, 6. 7. 21.

in-dēfessus, a, um, **unermüdet,** Verg., Tac., Plin. pan. u. a.: Ggstz. *defessa iubendo* est saeva Iovis coniunx; ego sum *indefessus agendo,* Ov. met. 9, 198 *sq.*

in-dēficiēns, entis (in u. deficio), **unablässig, nicht abnehmend,** Eccl.

indēficienter, *Adv.* (indeficiens), **unablässig,** Augustin. conf. 12, 11.

in-dēfīnībilis, e (in u. definio), = ἀτέλεστος, Gloss. IV, 423, 41.

indēfīnītē, *Adv.* (indefinitus), **unbestimmt,** Gell. 2, 24, 7: Ggstz. particulariter u. universaliter, Mart. Cap. 4. § 396.

in-dēfīnītus, a, um, **unbestimmt,** verbum est indefinitum, quod Graeci appellant ἀπαρέμφατον, Gell. 1, 7, 6: indefinitus namque inexplicabilisque sermo fit, Gell. 16, 2, 3: proloquiorum partes ind., Mart. Cap. 4. § 399: res ind., superstitio ind., Chalcid. Tim. 345: subst., indēfīnītum, ī, *n.,* Ggstz. particulare u. universale, Mart. Cap. 4. § 396.

in-dēflētus, a, um (in u. defleo), **unbeweint, unbeklagt,** animae, Ov. met. 7, 611.

in-dēflexus, a, um (in u. deflecto), **ungebeugt, I** eig., **unverändert,** cursus stellarum, Apul. de deo Socr. 2. – **II** übtr., **ungeschwächt,** maturitas aetatis, das reife, ungeschwächte Alter, Plin. pan. 4, 7: cupiditas, Amm. 17, 5, 10: saevitia, Amm. 27, 9, 4.

in-dēiectus, a, um (in u. deicio), **nicht herabgeworfen,** domus tanto indeiecta malo, nicht zu Boden geworfen durch usw., Ov. met. 1, 289.

in-dēlassātus, a, um (in u. delasso), **unermüdet,** labor, Manil. 5, 63.

in-dēlēbilis, e, **unvertilgbar, unvergänglich,** decus, Ov. ex Pont. 2, 8, 25: nomen nostrum, Ov. met. 15, 876: mentis ac virtutis suae nomen, Lact. 7, 11, 6: memoria, Gaudent. serm. 2.

in-dēlectātus, a, um (in u. delecto), **unergötzt,** ille non indelectatus nequitiā meā, Petron. 87, 4.

in-dēlībātus, a, um (in u. delibo *no.* II, B), **ungeschmälert, unverletzt,** opes, Ov. trist. 1, 5, 28: virgo, Sil. 15, 271.

in-dēlīberātus, a, um (in u. delibero), **unüberlegt,** Cassiod. var. 7, 8, 4 u. 12, 22, 7.

in-dēlictus, a, um (in u. delinquo), **schuldlos, makellos,** Acc. tr. 384.

indemnātio, ōnis, *f.* = ἀζήμιον, die **Schadloshaltung,** Gloss. II, 219, 18.

in-demnātus, a, um (in u. damnatus v. damno), **unverurteilt, ohne verurteilt worden zu sein** (Ggstz. damnatus), civis, Vell., cives, Cic. u. Liv.: noli hunc indemnatum perdere, Plaut.: si hoc indemnato indictā causā non liceat, Liv.: quo supplicio dominos *indemnatos* afficiebat, hoc servos *damnatos* liberabat, Cic.: ut aut occideretur *indemnatus* aut *damnatus* viveret, Sen. rhet. – übtr., antequam fata poscant, indemnatum (*sc.* a Parcis) spiritum effundere, den noch nicht zum Ausgehen bestimmten Atem ausströmen lassen, d. i. freiwillig sein Leben opfern, Petron. 111, 11 (vgl. Stat. Theb. 8, 26): scherzh., nunc ibo, ut pro re agam praeturam et ius dicam larido, et quae pendent indemnatae pernis auxilium ut feram, Plaut. capt. 907 *sq.*

indemnis, e (damnum), **schadlos, verlustlos,** Sen., ICt. u. Augustin. serm. 28, 2 *Mai.* – Nbf. indamnus, Gloss. II, 583, 20. Nbf. indampnus, Gloss. III, 451, 37; 483, 42.

indemnitās, ātis, *f.* (indemnis), die **Schadloshaltung,** Amm. 21, 16, 17 u. ICt.

in-dēmōnstrābilis, e, **unerweislich,** Ps. Apul. de dogm. Plat. 3. p. 273 u. 277 H.

in-dēmūtābilis, e, **unveränderlich,** Eccl.

indēmūtābiliter, *Adv.* (indemutabilis), **unveränderlich,** Eccl.

indēnūntiātus, a, um (in u. denuntio), **unangekündigt,** sors, Sen. suas. 2. § 2: arma, *ibid.* 5. § 2.

indepīscor, pīscī = indipiscor, Paul. ex Fest. 106, 14; vgl. Non. p. 128, 33.

in-dēplōrātus, a, um (in u. deploro), **unbeweint,** Ov. met. 11, 670 u. trist. 3, 3, 46.

in-dēprāvātus, a, um (in u. depravo), **unverdorben, von jeder Verderbnis frei,** virtus, Sen. ep. 76, 19.

in-dēprecābilis, e (in u. deprecor), **durch Bitten unabwendbar,** poena, Gell. 1, 13, 3.

indēprehēnsibilis, e (in u. deprehendo), **unbemerkbar,** Ps. Quint. decl. 4, 15 u. 8, 11. CIL 14, 64 (wo indeprehensivilis).

in-dēprehēnsus u. **indēprēnsus,** a, um (in u. deprehendo od. deprendo), **unbemerkt, unbemerkbar, unerspähbar,** ind. et irremeabilis error, dem man nicht auf den Grund kommen kann, Verg. Aen. 5, 591: vestigia, Stat. Theb. 6, 565: retinacula, Prud. ham. 141.

indepto, āre, **erreichen,** Paul. ex Fest. 106, 11.

indeptus, a, um, s. indipīscor.

in-dēscrīptus, a, um (in u. describo), **unabgeteilt,** vites, Colum. 3, 21, 4: agri, Sidon. carm. 2, 412.

in-dēsecābilis, e (in u. deseco), **unzerschneidbar,** Hilar. de trin. 4, 8.

in-dēsertus, a, um, **nimmer verlassen = unvergänglich, ewig,** indeserta meo pectore regna gere, Ov. am. 2, 9, 52.

in-dēses, sidis, **unträge,** non ind., nicht untüchtig, Gell. 6 (7), 22, 4.

in-dēsinēns, entis (in u. desino), **unaufhörlich,** spät. Eccl.

indēsinenter, *Adv.* (indesinens), **unaufhörlich,** Acro Hor. carm. 2, 9, 9. Cassiod. hist. eccl. trip. 3, 7.

in-dēspectus, a, um (in u. despicio), **unabsehbar,** Tartara, Lucan. 6, 748.

in-dēspōnsātus, a, um (in u. desponso), **unverlobt** (Ggstz. desponsatus), Ambros. in Luc. 2. § 2.

in-dēstrictus, a, um (in u. destringo), **ungestreift, ungeritzt = unverletzt,** Ov. met. 12, 92.

indēterminābilis, e (in u. determino), **unbestimmbar,** Eccl.

indēterminātē, *Adv.* (indeterminatus), **unbegrenzt, unbestimmt,** Boëth. Aristot. elench. soph. 3. p. 726.

in-dēterminātus, a, um (in u. determino), **unbegrenzt, unbestimmt,** agri, Cassiod. var. 3, 52, 5: übtr., genealogiae, Tert. de praescr. haer. 33: potentia, Boëth. inst. arithm. 1, 1. p. 9, 19 Fr. u. 2, 35. p. 132, 16 Fr.: aevum, Chalcid. Tim. 101 u. 281: duitas, *ibid.* 295.

in-dētōnsus, a, um (in u. detondeo), **mit ungeschorenem Haupthaar = mit reichem Haarwuchs,** Ov. met. 4, 13.

in-dētrībilis, e (in u. detero), **unabreibbar, unabnutzbar,** soliditas, Paul. Nol. epist. 16.

in-dētrītus, a, um (in u. detero), **unabgerieben, unabgenutzt,** Tert. de res. carn. 58.

in-dēvītātus, a, um (in u. devito), **unvermieden, unvermeidbar,** telum, Ov. met. 2, 605.

indēvius, a, um, **unentwegt,** indevia recti pectora, Sill. 8, 316 *Bauer.*

indēvōtē, *Adv.* (indevotus), **unehrerbietig,** Ambros. in Luc. 7, 9. § 28.

in-dēvōtio, ōnis, *f.,* die **Unehrerbietigkeit, a** gegen Menschen, Ambros. de Elia 17, 62. – **b** gegen Gott, die **Gottlosigkeit, Irreligiosität,** Eccl. – **c** gegen Obrigkeit u. Gesetze, der **Ungehorsam,** ICt.

in-dēvōtus, a, um, **unehrerbietig** gegen Obrigkeit u. Gesetze, **ungehorsam,** spät. ICt. u. Eccl.

index, dicis, *c.* (1. indico), der **Anzeiger, I** eig., v. Menschen, **A** im Allg., der **Entdecker, Angeber,** Cic. u. a. – **B** insbes., der **Angeber, Verräter, Spion,** Cic. u. a.: nullo sub indice, auf keines Angebers Veranlassung, Ov. – **II** übtr., v. lebl. Subjj.: **A** im Allg., der **Anzeiger,** die **Anzeigerin,** die **Anzeige,** das **Kennzeichen,** der **Entdecker, Verräter,** die **Verräterin** usw. (vgl. Mützell Curt. 5, 10 [29], 13), vox, index stultitiae, Cic.: vox est mentis index, Quint.: auctoris anulus index, Ov.: digitus index, der Zeigefinger, Hor. sat. 2, 8, 16. Isid. orig. 11, 1, 70; u. bl. index, Cic. ad Att. 13, 46, 1 (scherzh.). Gromat. vet. 371, 25. – **B** insbes.: **1** das **Register, Verzeichnis,** der **Katalog** (vollst. liber index), ind. philosophorum, Sen.: ind. poëtarum, Quint.: vollst. scribam tibi tres libros indices, Varro. – u. **kurzer**

Inhalt, Inhaltssumme, hic enim est legis index, ut etc., Cic. Phil. 1, 20. – 2 der **Titel,** die **Aufschrift,** einer Schrift, libri, Cic.: orationis P. Scipionis, Liv.: auf einem Gemälde, einer Statue, Tibull. u. Liv. – 3 der **Probierstein,** Ov. met. 2, 706.

Indī, ōrum, *m.* (Ἰνδοί), die Bewohner Indiens, die **Indier,** Mela 1, 2, 3 (1. § 11). Catull. 11, 2. Cic. de div. 2, 96: ihre Sitten, Mela 3, 7, 3 (3. § 63). – Sing. Indus, ī, *m.*, der **Indier,** kollektiv, Verg. georg. 2, 172. Ov. art. am. 3, 130; u. = ein indischer Elefantenführer (elephanti magister), der **Kornak,** Liv. 38, 14, 2. – poet.: a = **Äthiopier,** Verg. georg. 293. – b = **Araber,** Ov. fast. 3, 720 (Sing. kollektiv). – Dav.: A **India,** ae, *f.* (Ἰνδία), die größte Landschaft Asiens, reich an Elfenbein u. Perlen, eingeteilt in Hinterindien (India extra Gangem, vor Christus den Alten wenig bekannt) und Vorderindien (India intra Gangem), Cic. u. a. – B **Indiānus,** a, um, **indisch,** CIL 13, 8519. – C **Indiacus,** a, um, **indisch,** vermis, qui est corniger, v. Seidenwurm, Eustath. hexaëm. 8, 8. p. 954 a. E. – D **Indicus,** a, um (Ἰνδικός), **indisch,** elephantus, Ter.; ders. pecus Indica, Mart.: ebur, Hor.: u. so dens, Elfenbein, Mart.: imperator, v. Bacchus, Lact.: victoria, des Bacchus, Lact.: scuta, Curt. – subst., Indicum, ī, *n.*, das **Indigo,** ein blaues Pigment, zum Malen u. Färben gebraucht, Vitr. u. Plin.: nigrum, Tusche, Plin. – E **Indus,** a, um (Ἰνδός), **indisch,** ebur, Verg.: dens, Elfenbein, Ov.: conchae, Perlen, Prop.

India, -iacus, -iānus, s. Indī.

indicābilis, e (indico), **anzeigend,** Cael. Aur. de morb. acut. 2, 3, 13.

indicātio, ōnis, *f.* (indico), die **Anzeige des Preises,** der **Ansatz,** die **Taxe,** mellis, Plin. 22, 109: temeraria, Ulp. dig. 19, 1, 13. § 3. *Sa.* Indica, fac pretium. *Do.* Tua merx est, tua indicatiost, Plaut. Pers. 586.

indicātīvē, *Adv.* (indicativus), **aussageweise, durch Aussage,** Prisc. de praeex. rhet. 2, 8. p. 553, 3 *Halm* (p. 432, 4 *Hertz*).

indicātīvus, a, um (indico, āre), **zum Aussagen, zum Anzeigen geeignet,** modus u. subst. bl. indicativus, der Indikativ, Donat. Ter. Andr. 2, 3, 7. Diom. 338, 24. Prisc. 8, 63. Exc. ex Charis. 562, 21. Mart. Cap. 3. § 310.

indicātūra, ae, *f.* (indico), die Anzeige des Wertes einer Sache, die **Taxe,** der **Preis,** Plin.: dolorum, für die Heilung, Plin.

1. **indīcēns,** entis (in u. dīco), **einer, der nicht sagt,** me indicente, ohne mein Geheiß, Ter. adelph. 507. Liv. 22, 39, 2.

2. **indīcēns,** *Partic.* v. indīco, s. d.

indicīna, ae, *f.* (index), a die **Anzeige, Angabe,** bes. vor Gericht, Sen. contr. 9, 3 (26), 1 u. 9, 5 (28), 4. Apul. met. 7, 25. – b = μήνυτρον (Exc. ex Charis. 553, 22), der **Angeberlohn,** Apul. met. 6, 8.

indicium, iī, *n.* (index), die Anzeige, I = die **Angabe, Aussage, Entdeckung,** A eig.: coniurationis, Cic.: indicium facere, Plaut. u. Ter.: Herculi facere indicium de furto boum, Lact.: indicia exponere et edere, Cic.: indicium deferre ad alqm, Tac.: ea res est Helvetiis per indicium enuntiata, Caes.: patefactis indiciis et confessionibus suis, Cic. – indicium profiteri, sich zur Anzeige verstehen, freie u. offene Anzeige (Angabe) machen, Aussage tun, aussagen, mit der Sprache herausgehen (vor Gericht usw., bes. um Straflosigkeit zu erlangen), Sall. u. a. (s. Fabri Sall. Iug. 35, 6. Döring Plin. ep. 3, 16, 9): dass. ind. offerre, Tac., u. deferre, Curt. – B übtr.: a die **Erlaubnis** (vor Gericht usw.) **eine Anzeige** od. **Angaben zu machen, eine Aussage zu tun,** die Mitschuldigen anzeigen zu dürfen, indicium postulare, Cic. ad Att. 2, 24, 4: tibi indicium postulas dari, Cic. div. in Caecil. 34. – b die **Belohnung der Anzeige (Aussage),** partem indicii accipere, Cic.: indicium alci dare, ICt. – II = das **Anzeichen,** das **Kennzeichen, Merkmal,** der **Beweis,** sceleris, Cic.: veneni, Cic.: indicium edere, Lucr. u. Varro LL.: indicio esse alci rei, Nep., od. alcis rei, od. de alqo, Ter., od. mit folg. indir. Fragesatz, Ter. u. Nep.

indicīva, ae, *f.* (index), der **Angeberlohn,** Iul. Vict. art. rhet. 4, 4. p. 212, 28 *ed. Bait.* (p. 390, 8 *ed. Halm*). Vgl. indicina.

1. **indico,** āvī, ātum, āre (*Intens.* v. 2. *indīco*), **anzeigen, entdecken, offenbaren, verraten, bekannt machen, vorbringen,** I im Allg.: bene dissimulatum amorem et celatum, Ter.: rem patri, Ter., od. dominae, Cic.: hoc consilium patri, Liv.: de sorore eius, Ter.: alci de epistulis, Cic. – dolorem lacrimis, Cic.: vultus indicat mores, Cic.: hoc res ipsa indicat, Ter.: se indicare, sich zeigen, wie man ist, Cic.: im Passiv m. dopp. *Nom.*, cum res non gesta indicatur, sed ut sit gesta ostenditur, Quint. 9, 2, 40. – m. *Acc.* u. *Infin.*, ad eam venies indicans te amare, Ter.: nonne indicat non posse illa probanda esse sapienti? Cic.: indicare necessariis periclitantis in difficili spem esse, Cels.: me tabulā sacer votivā paries indicat uvida suspendisse potenti vestimenta maris deo, Hor.: quae res indicabat populares esse, Sall.: im Passiv m. *Nom.* u. *Infin.*, scutorum, gladiorum, frenorum pilorumque etiam multitudo deprehendi posse indicabatur, Cic. Mil. 64. – m. folg. indir. Fragesatz, contentus indicare, quod factum sit, quo sit modo factum, Quint.: mihi quidem illud etiam peracerbum fuit, quod sunt alter alteri quid pararent indicati (weil sie erfuhren), Plin. ep.: quod quem ad modum fiat, mox indicabo, Cels.: dicendi autem genus quod fuerit in utroque, orationes utriusque etiam posteris indicabunt, Cic. – II insbes.: A gerichtlich usw. ein Verbrechen **anzeigen, angeben, verraten, aussagen,** conscios, Cic.: de coniuratione, Sall.: de homine (coniurato), Sall. – m. folg. indir. Fragesatz, indica, qui illud aurum abstulerit, Pompon. com. 109. – B **den Wert** od. **Preis** einer Sache **bestimmen,** etw. **taxieren,** fundum alci, Cic.: ut sciam, quanti indicet, Plaut. – arch. indicasso für indicavero, Plaut. Poen. 888: indicassis für indicaveris, Plaut. aul. 608 u. rud. 1028.

2. **in-dīco,** dīxī, dictum, ere, I **ansagen, ankündigen, bestimmen, öffentlich bekanntmachen,** A im Allg.: diem concilii, comitia, Liv.: diem comitiis, Liv.: funus, durch den Herold öffentlich ansagen (damit das Volk zur Leichenbegleitung erscheine), Cic. u. Suet. (vgl. indictivus): ferias, Suet.: inimicitias, Cic.: alci bellum, Cic. u. a. (übtr., sibi bellum, sich schaden, Cic.: bellum ventri, Hor.): spectaculum finitimis, Liv. – m. Ang. **wohin?** totius Galliae concilium Bibracte, Caes.: concilium Aetolis Heracleam, Liv.: exercitum Aquileiam, beordern, Liv.: so auch exercitum ad portam Esquilinam in posteram diem, Liv.: Boeotis consilium in posterum diem, Liv.: comitia decemviris creandis in trinum nundinum, Liv. – m. folg. *Infin.*, ita adesse nobis indictum erat, Fronto ep. ad M. Caes. 4, 5. p. 68, 5 N. – m. *ut* u. Konj., cum in diem certam ut ad lucum Ferentinae conveniant indicit, Liv. 1, 50, 1. – B insbes., **eine Leistung anbefehlen, auflegen,** tributum, Liv.: multam, Plin.: alci argenti pondus, Tac.: mortem, Tac.: familiaribus cenas, sich zu Gaste bitten bei usw., Suet. – II **dazu sagen,** carmen, Iul. Val. 1, 4 (5). – ► Imperat. indice, Plaut. Pseud. 546.

indictīcius, a, um (2. indico), **angesagt,** onera, Cassiod. var. 5, 14, 6 (Mommsen superindict.).

indictio, ōnis, *f.* (indico), die **Ansage, Ankündigung,** I im Allg.: ind. funeris, Fest. 254 (a), 34: ind. belli, Flor. 4, 10, 2. – II insbes.: A die **Ansagung, Auferlegung** einer Leistung, operarum, muneris, ICt. – u. meton., die auferlegte außerordentliche **Steuer,** die **Auflage,** Plin. pan. u. a. – B die **Zeitrechnung von fünfzehn Jahren,** Cod. Theod. 11, 18, 3: secunda, CIL 5, 1822 (*a. 524 p. Chr.*).

indictiōnālis, e (indictio), **zur Auflage (Steuer)** od. **Abgabe gehörig,** augmentum, Steuererhöhung, Amm. 17, 3, 5.

indictīvus, a, um (2. indico), **angesagt,** funus, öffentlich durch den Herold angesagtes (damit das Volk zur Leichenbegleitung erscheine), feierliches (Ggstz. funus tacitum, Ov. trist. 1, 3, 22), Fest. 334 (b), 27. Varro LL. 5, 160; 7, 3, 24. Paul. ex Fest. 106, 13.

1. **indictus,** a, um (in u. 2. dico), I **nicht gesagt, ungesagt,** A im Allg., Ter. u. Liv.: ind. carminibus nostris, unbesungen, Verg.: nescio quid indictum (noch von keinem gesagt), Gell. – B insbes., im gerichtl. *t. t.*, indictā causā, **ohne Verhör, ohne Verteidigung,** alqm capitis condemnare, Cic.: damnari, Cic.: civem occīdere, Cic.: alqm trucidare, Curt. – II **unaussprechlich,** deus indictus, innominabilis, Apul. de dogm. Plat. 1, 5.

2. **indictus,** a, um, *Partic.* v. 2. indico, s. d.

indiculum, ī, *n.* (*Demin.* v. index) = δειγμάτιον, eine **kurze Angabe,**

ein **kurzes Beispiel,** Symm. epist. 6, 48 (49); 7, 81 (82). Arnob. iun. confl. 1, 17: Plur., Ps. Augustin. serm. 66, 3. Alc. Avit. epist. 28, 30.

Indicus, a, um, s. Indī.

indi-dem, *Adv.* (inde u. Affix dem), **I** im Raum = **ebendaher,** Liv. u. a.: mit Angabe des Ortes, indidem Thebis, ebenfalls aus Th., Nep.: indidem Ameriā, Cic.: indidem ex Achaia, Liv.; vgl. Drak. Liv. 25, 15, 7. – **II** übtr., **ebendaher,** d. i. von (aus) eben der Sache od. Pers., Pacuv. fr., Cic., Liv. u. a.: hinc ind., Plaut.; vgl. Oudend. Apul. met. 2, 1. p. 83.

in-differēns, entis (in u. differo), **keinen Unterschied habend, sich nicht unterscheidend, gleichgültig, indifferent, a** v. Lebl., sed venit in breves (syllabas), quamvis habeatur indifferens ultima, Quint. 9, 4, 93: rhythmo indifferens est, ne (enklit.) … an etc., Quint. 9, 4, 48. – dah. als *t. t.* der stoischen Philos., indifferens = ἀδιάφορον (s. Gell. 9, 5, 5), weder gut noch böse, **gleichgültig,** ein **Mittelding,** Cic. de fin. 3, 53. Sen. ep. 82, 10 u. 117, 9. Gell. 12, 5, 4. – **b** v. Pers., **gleichgültig** bei etwas, circa victum, kein Kostverächter, Suet. Caes. 53.

indifferenter, *Adv.* (indifferens), **I ohne Unterschied,** Quint. u. a.: non ind. vivere, nicht alles essen, Scrib. Larg. – **II gleichgültig,** Suet. Dom. 23, 1.

indifferentia, ae, *f.* (indifferens), das **Nicht-Verschiedensein,** die **Gleichheit,** Gell. 13, 3, 6. Ps. Quint. decl. 8, 12. Hieron. in Didym. de spir. scto 1, 20.

in-difficulter, *Adv.*, **ohne Schwierigkeit, leicht,** aquas haurire, Cl. Mam. de stat. anim. 1, 21: incunctanter atque indiff. efficere, Augustin. de civ. dei 10, 15.

indi-gena, ae, *c.* (indu [= in] u. gigno), **eingeboren, einheimisch, inländisch,** subst. ein **Eingeborener, Inländer** (Ggstz. advena), **a** v. Menschen, ne maiores quidem eorum *indigenas,* sed *advenas* Italiae cultores, Liv.: coloni ind., Colum.: ind. Latini, Verg. – **b** v. Tieren u. Lebl., bos, aper, Ov.: ex frumento potio, Flor.: vinum, Plin.: venti, Gell. – ► Genet. Plur. indigenûm, Prud. c. Symm. 2, 501.

indigēns, entis, s. ind-igeo.

indigentia, ae, *f.* (indigeo), **I** das **Bedürfen,** das **Bedürfnis, a** übh.: Cic. de amic. 27 u. 51 100. Sen. ep. 101, 8. Chalcid. Tim. 287: verb. inopia atque ind., Cic. de amic. 29: Plur., naturales indigentiae, Chalcid. Tim. 204. – **b** als **Fehler** = die **Ungenügsamkeit,** Cic. Tusc. 4, 16 u. 21. – **II** das **Nicht-Haben,** das **Ermangeln,** der **Mangel,** panum (an Br.), Vulg. Amos 4, 6: cibi, Heges. 5, 21 *in.:* quid est malitia nisi boni indigentia? Ambros. de Isaac 7. § 60: Plur., non est expletio ista indigentiarum, Augustin. serm. 345, 5.

indigenus, a, um (indu [= in] u. gigno), **eingeboren, einheimisch, inländisch,** indigenum sermonem excolui, Apul. met. 1, 1 (Koziol indigenam).

ind-igeo, guī, ēre (indu [= in] u. egeo), **I an** etw. **Mangel haben (es mangelt** jmdm. **an** etw.), einer Sache **bedürfen, bedürftig sein, α** m. *Genet.,* porti, Turpil. fr.: omnium rerum, Plaut.: armorum, Nep.: Ggstz., quarum et *abundemus* rerum et quarum *indigeamus,* Lucil. 308. – **β** m. *Abl.:* iis rebus, quae ad oppugnationem castrorum sunt usui, Caes.: quibus rebus indiguerunt, adiuvit, Nep.: cum praecipue Lacedaemonii indigerent pecuniā, Nep.: Passiv unpers., si vero indigetur hoc genere, Pallad. 8, 4, 1. – **γ** m. allg. *Acc.:* nihil ind., Varro LL. 5, 92: ne quid ex his indigeat architectus, Vitr. 1, 1, 14. – **δ** Partiz. indigēns absol., ita utrumque (corpus et animus) per se indigens (mangelhaft, unzureichend) alterum alterius auxilio eget, Sall. Cat. 1, 7: *Superl.* m. *Genet.,* aquarum indigentissimae (an W. großen Mangel habende) terrae, Iul. Val. 3, 1. – subst., indigēns, entis, *m.,* der **Dürftige, Bedürftige,** indigens et mendicus, Vulg. deut. 15, 4: gew. Plur., Cic. de off. 2, 52 u. de fin. 2, 118. Eutr. 7, 19. – **II** einer Sache **bedürfen,** etw. **nötig haben, brauchen, nicht entbehren können, a** v. leb. Wesen, **α** m. *Genet.:* mei, illius, Cic.: minime alterius, Cic.: huius patris, Ter.: argenti, Lucil. fr.: non auri, non argenti, Cic.: pecuniae (Ggstz. habere pecuniam), Cic.: opis eius, Nep.: tui consilii, Cic.: indigens somni, schlaftrunken, Suet.: anser indigens ciborum, Colum. – **β** m. *Abl.:* aliis, Cic.: cibo, Suet.: longinquis auxiliis, Liv.: ope virtutum alienarum, Plin. pan.: ferri auxilio non ind., Iustin.: non ind. clementiā ullius, Plin. ep.: annis triginta medicinā non ind., Nep.: cohortatione non ind., Cic.: monitione, Suet. – **γ** m. *Infin.*, **ich habe nötig, es verlangt mich,** sed hoc plane indigeo discere, quid sit ›penus‹, Gell. 4, 1, 6: multum eis arbitrer profutura, si non indigeant libris posthac Hieronymi coërceri, Sulp. Sev. dial. 1, 21, 5. – **b** v. Lebl.: **α** m. *Genet.:* aliquid (eorum), quorum indiget usus, eins der notwendigsten Wirtschaftsgeräte, Verg.: totius corporis et ipsius linguae motus et exercitationes non tam artis indigent quam laboris, Cic.: hoc bellum indiget celeritatis, Cic. – **β** m. *Abl.:* oleo utraeque (cotes) indigentes, Plin.: aula indiget oleo, Gell.: a quo, quod indigent potu, poma dicta esse possunt, Varro: est enim disputatio illa multā et anxiā curā et circumspicientiā indigens, Gell.: cum plurimis amicitiis fortuna principum indigeat, Plin. pan. – ► Depon. Nbf. **indigērī,** Itala (Verc.) Ioann. 16, 30.

indīgeriēs, ēī, *f.* = *indigestio,* Marc. Emp. 30. Regal. S. Bened. 39. Anthim. 66.

1. ind-iges, getis, *m.* (v. indu [= in] u. aio), die **angerufene,** d. i. **einheimische Gottheit,** bes. der **einheimische Heros,** v. Äneas u. den Äneaden, den Ahnen der Römer, die nach ihrem Tod als Schutzgötter des Landes verehrt wurden, **α** Sing., v. Äneas, ind. Aeneas, Verg. Aen. 12, 794; vgl. Gell. 2, 16, 9: deus ind., Tibull. 2, 5, 43: pater ind., Solin. 2. § 15: Iuppiter ind., Liv. 1, 2, 6. – **β** Plur., v. den Äneaden, patrii di indigetes, Verg. georg. 1, 498: dii ind., Liv. 8, 9, 6 u. a. – übtr., v. den vergötterten Kaisern, Arnob. 1, 64.

2. ind-iges, is (indigeo), **bedürftig,** Pacuv. tr. 328 (bei Cic. de or. 2, 193).

indīgestē, *Adv.* (indigestus), **ungeordnet,** Gell. praef. 3. Macr. sat. praef. § 3.

in-dīgestibilis, e, **unverdaulich,** Th. Prisc. de diaeta 6. Cael. Aur. de morb. acut. 2, 9, 55; de morb. chron. 4, 6, 90.

in-dīgestio, ōnis, *f.*, der **Mangel an Verdauung,** Veget. mul. 1, 21, 3 u. 2, 7, 1. Cael. Aur. de morb. acut. 2, 39, 225. Hieron. epist. 22, 6. Augustin. serm. 28, 2. Schol. Pers. 3, 99. Schol. Iuven. 1, 146; 5, 49.

1. in-dīgestus, a, um (in u. digero), **I ungeordnet,** chaos, rudis indigestaque moles, Ov.: turba, Plin.: simplicitas, Plin.: circumlocutio, Amm. – **II** noch nicht auf organischem Wege zerteilt, **a unverdaut,** Macr. sat. 7, 7. § 9. – u. **an Unverdaulichkeit leidend,** stomachus, Schol. Iuven. 3, 188: v. leb. Wesen, Schol. Iuven. 1, 143: indigesta *ex* hordeo animalia, Veget. mul. 3, 53, 1: Plur. subst., indigesti, Cael. Aur. de morb. acut. 3, 21, 198. – **B** noch nicht zersetzt, **trübe,** urina indigesta u. indigestior, Oribas. frgm. Bern. 2, 4. p. 7. lin. 12 u. 23.

2. indīgestus, ūs, *m.* (in u. digero), die **Unverdaulichkeit,** stomachi, Schol. Iuven. 4, 67.

indigetāmenta (indigitāmenta), ōrum, *n.* (indigeto) = ἱερατικὰ βιβλία (Gloss.), die **Anrufungsformeln,** eine offizielle Sammlung von Gebetsformeln, worin Gebete zu den göttlichen Mächten zusammengestellt waren, deren Hilfe in einem bestimmten Fall in Anspruch genommen werden musste und von denen keine übergangen werden durfte, wenn ein günstiger Erfolg des Gebetes eintreten sollte, Serv. Verg. georg. 1, 21: indigetamentorum libri, Censor. 3, 4: indigetamenta Pompiliana, des Numa, Arnob. 2, 73.

indigeto (indigito), āre (indiges), *t. t.* der Religionsspr., eine Gottheit nach Anleitung der indigetamenta (w. vgl.) **anrufen, zu ihr beten** (vgl. Paul. ex Fest. 114, 3. Serv. Verg. Aen. 12, 794), deam, Varro fr. bei Non. 152, 34; vgl. Macr. sat. 1, 12, 21: Tiberinum, Serv. Verg. Aen. 8, 330: Vestales ita indigetant, Macr. sat. 1, 17, 15. – precem, zum Gebet seine Zuflucht nehmen, Tert. de ieiun. 16.

indignābundus, a, um (indignor), **seinen Unwillen auslassend,** m. folg. indir. Rede im *Acc.* m. *Infin.,* Liv. 38, 57, 7: m. folg. dir. Rede, Suet. Cal. 35, 3. Gell. 19, 9, 8.

indignāns, antis, *PAdi.* (v. indignor), **unwillig, entrüstet, unmutig, ungeduldig, a** v. Leb., m. *Genet.,* mullorum genus indignantissimum servitutis, Colum. 8, 17, 7. – **b** v. Lebl.: verba, Ov.: venti, aequor, Ov.

indignanter, *Adv.* (indignans), **unwillig, mit Unwillen,** Amm. 15, 1, 3 u. 27, 3, 5. Arnob. 3, 7.

indignātio, ōnis, *f.* (indignor), **I** der **Unwille,** der **Unmut,** die **Entrüstung,** Hirt. b. G. u. a.: indignationem movere, erregen, Liv.: m. folg. *si,* indignatio Aequos et Volscos incessit, si etc., Liv. – Plur. indignationes, Äußerungen des Unwillens, der Entrüstung, Liv. 1, 10, 1; 3, 48, 9; 25, 1, 9. Sen. contr. 7. praef. § 2. Arnob. 1, 26; 4, 30; 5, 20. Firm. de err. 6, 2. – **II** übtr.: **a** als rhet. *t. t.,* die **Erregung des Unwillens,** Cic. de inv. 1, 100 (auch im Plur.). Quint. 4, 3, 15. – **b** als spät. mediz. *t. t.,* die **krankhafte Anreizung, Erregung, Gereiztheit, Entzündung,** Th. Prisc. 1, 27. Veget. mul. 2, 35 u. a.: vulneris, Veget. mul. 3, 13, 3: gutturis et uvae, Th. Prisc. 2, 6: iecinorum, Plin. Val. 4, 28: taedio et indignatione stomachi, Donat. Ter. Andr. 1, 3, 11: Plur., fervores testium vel indignationes, Th. Prisc. 1, 24. – **c** meton., das Unwillen Erregende, die **Unanständigkeit,** Ps. Quint. decl. 5, 1.

indignātiuncula, ae, *f.* (*Demin.* v. indignatio), **kleiner Unwille,** ein **Anflug von Entrüstung,** indignatiunculam, quam in cuiusdam amici auditorio cepi, non possum mihi temperare quo minus per epistulam effundam, Plin. ep. 6, 17, 1.

indignātīvus, a, um (indignor), a) = θυμικός, **reizbar, zum Unwillen (Zorn) geneigt,** Tert. de anim. 16. – **b** als gramm. *t. t.,* **Unwillen anzeigend,** subst., indignātīva, ae, *f.* (*sc.* coniunctio), Dosith. 51, 3. Diom. 417, 11.

indignē, *Adv.* (indignus), **I unwürdig, unehrenvoll, schmachvoll, auf empörende Weise,** alqm iniuriā afficere, Ter.: indignissime cervices frangere civium Rom., Cic.: indignissime perire, Caes. – **II mit Unwillen, unwillig, unmutig, entrüstet,** ind. passus, darüber entrüstet, Cic.: ind. pati m. folg. *Acc.* u. *Infin.,* Cic.: eam (quam) rem ind. ferre, darüber entrüstet sein, Iustin.: id od. quod ind. ferens, im Unwillen darüber, Curt. u. Suet.: ind. ferre m. folg. *Acc.* u. *Infin.,* Nep. u. Phaedr.: m. folg. *quod* u. Konj., Phaedr. u. Val. Max.: hoc ind. ferre m. folg. *quod* u. Konj., Cic. Rosc. Am. 141: vobis autem, iudices, quid hoc indignius aut quid minus ferendum videri potest? Cic.

indignitās, ātis, *f.* (indignus), **I** die **Unwürdigkeit, Untüchtigkeit** (Ggstz. dignitas), hominis, Cic.: accusatoris, Cic. – **II** übtr.: **A** das in jmds. Benehmen u. Behandlung liegende **Unwürdige, Entrüstende, Empörende,** die **unwürdige, empörende Behandlung,** das **empörende Benehmen,** die **Ungebühr,** die **Niederträchtigkeit,** Cic. u. a.: hominum insolentium, Cic.: iniuriae, Cic.: indignitate servos vincere, Cic.: omnes indignitates contumeliasque perferre, Caes.: haec indignitas angebat animos m. folg. *Acc.* u. *Infin.,* Liv. 4, 51, 6. – **B** meton., das **Gefühl des Unwürdigen,** der **Unwille, Unmut,** die **Entrüstung, Erbitterung,** Cic. u. Liv.

indigniter, *Adv.* (indignus), **unwürdig,** CIL 1, 1008, 3 (Anthol. Lat. 1341, 3 M.).

indigno, āvī, āre (indignus), **entwürdigen,** me indignavit condignatio tua (deine Würdigung), Acta martyr. S. Didymi 4.

indignor, ātus sum, āri (indignus), etwas **für unwürdig-, für unanständig-, für empörend halten,** über etwas **unwillig-, unmutig-, entrüstet sein** oder **werden, sich entrüsten, a** v. Pers.: alqd, Cic. u. a.: de alqa re, Auct. b. Hisp.: pro alqo (zu jmds. Gunsten), Ov.: mit folg. *quod,* Caes. u. Liv.: mit folg. *quandoque,* Hor.: mit folg. *si,* Sulpic. in Cic. ep., Val. Max. u. a.: mit folg. *Acc.* u. *Infin.,* Cic. ep., Caes. u. Liv.: m. folg. *Infin.,* Lucr., Ov., Liv. 34, 5, 13. Vell. 2, 119, 4. Quint. 1, 1, 8 u. 1, 2, 10. – dah. indignandus, a, um, worüber man unwillig werden muss, **Unwillen verdienend,** Ov. u. Val. Flacc. – **b** übtr. v. lebl. Subjj.: **α** übh.: pontem indignatus Araxes, Verg.: suam vicem, Liv.: freta indignantia, Ov. – **β** als spät. mediz. *t. t.,* krankhaft **erregt-, gereizt werden, sich entzünden,** ne percussu tumentia indignentur, Cael. Aur. de morb. acut. 3, 3, 13: faucibus indignatis, Th. Prisc. 1, 15: loca indignantia iuvat, Th. Prisc. 2. chron. 13. – ► Parag. Infin. indignarier, Lucr. 3, 868. – indignāns als *PAdj.* s. bes.

1. **in-dignus**, a, um, **unwürdig, I** = durch seine Eigenschaften einer Person od. Sache **unwürdig, unwert,** passiv = etw. (ein Übel od. ein Gut) **nicht verdienend,** aktiv = zu etw. **nicht befähigt,** zu etw. **ungeeignet, unbefugt, unberechtigt, α** m. *Abl.:* ind. iniuriā hāc, Ter.: illo supplicio indignus fuit, Curt.: omni honore indignissimus, Cic.: tanto indignissime nato, Stat. – **β** mit *Genet.:* magnorum haud unquam ind. avorum, Verg. Aen. 12, 649: nec dextrā (an Tapferkeit) indignus avorum, Sil. 8, 383: gratiae dei et misericordiae indign., Vict. Vit. 3, 51: indign. rei tantae, *idem* 3, 61. – **γ** m. *Dat.,* maiestati indigna divinae, Augustin. de civ. dei 6, 6. – **δ** mit *ad* u. Akk., ut qui capere intellectu nequiverint ad ea etiam legenda videantur indigni, Boëth. theol. 1. praef. p. 150, 20. – **ε** m. 2. *Supin.:* digna atque indigna relatu vociferans, Verg. Aen. 9, 995: enimvero id auditu dicere indignum esse, Liv. 34, 58, 4. – **ζ** m. folg. indir. Fragesatz: quaero abs te: iine, qui postulabant, indigni erant, qui impetrarent? Cic.: modo, quos, ut socios haberes, dignos duxisti, haud indignos iudicas, quos in fidem receptos tuearis, Liv. – aktiv, at tu indignus, qui faceres (contumeliam), unbefugt, Ter. – **η** m. folg. *ut* u. Konj., cum indigni ut a vobis redimeremur visi simus, Liv. 22, 59, 17. – **θ** m. folg. *Infin.:* fabula nota quidem, sed non indigna referri, Ov.: indigni fraternum rumpere foedus, Hor. – **ι** absol. (sodass der Gegenstand, dessen jmd. unwürdig ist od. wozu er nicht befugt ist, aus dem Zusammenhang ergänzt werden muss; vgl. Cic. Tusc. 4, 46 u. Hor. sat. 2, 2, 103), divitias quivis, quamvis indignus, habere potest, Cic.: quibus (comitiis) ut indigni praeterirentur, Liv.: calamitates hominum indignorum (derer, die sie nicht verdienen) sublevare, Cic.: cur eget indignus (unverdient) quisquam, te divite? Hor.: illud exemplum ab dignis et idoneis (Strafwürdigen u. Straffälligen) ad indignos et non idoneos (Unschuldige u. nicht Straffällige) transfertur, Sall. Cat. 51, 27. – v. Lebl.: **αα** passiv: et indigno circumdat vincula collo, Ov. – **ββ** aktiv: indignis percussit pectora palmis, unbefugten, Ov.: u. so pulsata indignis saepe queror manibus, Prop.

II übtr., v. dem, dessen jmd. od. eine Sache nicht würdig ist, od. was jmd. nicht verdient hat, **unwürdig, unwert, unverdient,** dah. auch **ungeziemend, ungeeignet, unangemessen, α** m. *Abl.:* indignum est sapientis gravitate et constantiā defendere etc., Cic.: neque quidquam fecit Datames, quod suā fide esset indignum, Nep.: etiam fortunā indignum videbatur, si etc., Plin. pan. 77 *extr.* – **β** m. *Genet.:* indigno gloriae suae decreto, Val. Max. 9, 2. ext. 8. – **γ** m. *Dat.,* quam indigna (sunt) nomini Christiano m. folg. *Infin.,* Tert. de cult. fem. 2, 5. – **δ** m. *ad* u. Akk., hoc adiutorii genus inconveniens fluori sanguinis et indignum ad constrictionem, Cael. Aur. de morb. chron. 2, 13, 183. – **ε** m. 2. *Supin.,* non indignum relatu, Solin. 7, 12. – **ζ** absol., **unwürdig, unangemessen = schmachvoll, abscheulich, schändlich, empörend,** hoc uno sol non quicquam vidit indignius, Cic.: filii eius egestas indignissima, Cic.: ind. facinus, Ter.: amor (unwürdige, treulose), Verg.: hiemes, unangemessene, zu harte, Verg.: indignum in modum multari, Liv.: indignis modis accipi, Ter.: quae futura in eum exempla indigna dicunt, Ter. – *n. pl.* subst., indigna (Unwürdiges, Unverschuldetes) perpeti, Nep. Phoc. 4, 3: digna atque indigna od. (asyndet.) digna indigna pati, Sen. ad Marc. 10, 6. Verg. Aen. 12, 811: digna atque indigna canere, Val. Flacc. 2, 115. – dah. indignum est mit folg. *Infin.* od. *Acc.* u. *Infin.,* teils = es ist **unangemessen, ungeeignet, unschicklich,** non indignum videtur memorare, Sall.: indignum duxit (grandem piscem) ad venales deferre, Fronto; teils = **es ist eine Ungerechtigkeit, es ist hart,** nec fuit indignum superis, bis sanguine nostro Emathiam pinguescere, Verg.: sata exuri, dirui tecta, misera magis, quam indigna patienti esse, Liv.; teils = **es ist unwürdig, -entehrend, -schimpflich, -schmachvoll, -empörend, -eine Schande, -eine Schmach,** indignum est a pari vinci aut superiore, indignius ab inferiore, Cic.: u. id vero indignum (schmachvoll) visum, ab tumultuario auxilio castra Romana terreri, Liv.: tum vel hoc indignissimum est vos idoneos habitos, per quorum sententias iusque iurandum id assequantur, Cic.: so auch pro indignissimo habere m. folg. *Acc.* u. *Infin.,* Liv. – u. der Ausruf facinus indignum od. indignum facinus m. folg. *Infin.* od. *Acc.* u. *Infin.,* **es ist** od. **wäre schändlich, abscheulich, empö-**

rend, dass od. wenn usw., fac. ind.! sic circumiri, Ter.: fac. ind.! epistulam ... neminem reddidisse, Cic.: quam ind. fac.! ancillam aere emptam (esse) suo, Ter. – u. als parenthet. Ausruf: indignum facinus! Ter., proh facinus indignum! Sen. rhet., u. bl. indignum! Hor. u. a. = **es ist schändlich, abscheulich, empörend, welche Schande! welche Schmach!** u. dgl.; vgl. Ruhnken Ter. Andr. 1, 1, 118. Bentley Hor. sat. 2, 5, 79.

2. in-dignus, a, um (indignor), **unwillig,** Itin. Alex. 5 (12).

indigus, a, um (indigeo), **I bedürftig,** m. *Genet.*, Verg., Tac. u. a., u. m. *Abl.*, Lucr. 5, 223: absol., Ov. ex Pont. 4, 3, 44 M. (nach Riese unechter Vers): pauper et indigus (dürftig), Stat. silv. 3, 1, 102. – **II** übtr., nach etw. **begierig,** servitii, Lucan. 9, 254.

indiguus, a, um (indigeo), **bedürftig,** m. *Genet.*, Apul. met. 9, 12. Paul. Nol. 16, 196 u. 27, 4.

in-dīligēns, entis, **I** aktiv = **unachtsam, nachlässig, saumselig, nicht energisch,** v. Pers., **a** im Allg.: vide quaeso, ne quis tractet illam (Bacchidem) indiligens, Plaut. Bacch. 201: si indiligentiores fuerint, Caes. b. G. 7, 71, 3. – m. *Genet.*, memoriae rerum non indiligens, Gell. 15, 28, 1. – **b** insbes., in Verwaltung des Hauswesens, Vermögens **nachlässig, leichtsinnig,** Komik. (s. Westerh. Ter. adelph. 4, 5, 50): u. so pater familias non ind., ein sorgsamer, Nep. Att. 4, 3. – **II** passiv = **vernachlässigt,** hortus, Plin. 19, 57.

indīligenter, *Adv.* (indiligens), **unachtsam, nachlässig, leichtsinnig,** Plaut. mil. 28. Cic. de inv. 2, 11; ad Att. 16, 3, 2. – *Compar.* indīligentius, Caes. b. G. 2, 33, 2.

indīligentia, ae, *f.* (indiligens), der **Mangel an Sorgfalt, -an Energie,** die **Unachtsamkeit, Nachlässigkeit,** Aeduorum, Caes.: m. obj. *Genet.*, litterarum missarum, in usw., Cic.: veri, in Untersuchung der Wahrheit, Tac.: quaesiti verbi, Fronto.

in-dīlūcēsco, ere, **licht werden, grauen,** cum iam ferme dies indilucesceret, Iul. Val. 3, 27 (17 *extr.*).

in-dīmēnsus, a, um (in u. dimetior), **unermesslich, unzählig,** Amm. 19, 2, 4.

in-dīmissus, a, um (in u. dimitto), **nicht von sich gelassen,** uxor, Tert. adv. Marc. 4, 34.

in-dīnōscibilis, e, **unerkennbar, ununterscheidbar,** Itin. Alex. 21 Volkm. (Mai 20 u. *ed. Paris.* 50 non dinoscibile).

indipīsco, ere = indipiscor, Plaut. asin. 279 u. aul. 775. Vgl. Gloss. II, 312, 32; III, 451, 47.

indipīscor, deptus sum, dipīscī (indu u. apiscor), **habhaft werden, I** eig., **erfassen, ergreifen, erreichen,** indeptum esse navem manu ferreā iniectā, Liv. 26, 39, 12: u. so ceteras (triremes), quas (quinqueremis Romana) indepta esset, mulcasset, Liv. 28, 30, 12: nec indipisci (einholen) iam volatilem quiens, Apul. met. 6, 5: simul atque hominem leti secura quies est indepta, Lucr. 2, 211 *sq.* – **II** übtr.: **1 erreichen, a** physisch, **erlangen,** largiter mercedis, Plaut. rud. 1315: apud reges armis, arte duellicā divitias magnas indeptum (esse), Plaut. Epid. 451 G.: multum in cogitando dolorem indipiscor, Plaut. trin. 224. – **b** politisch **erlangen, überkommen,** eius regnum, Sulp. Sev. chron. 1, 51, 5 u. 53, 1; 2, 6, 1 19, 5: honorem (Ggstz. amittere), Augustin. de civ. dei 5, 4. – **c** geistig **erfassen, erreichen,** alqd animo, fest im Sinn behalten, Gell. 17, 2, 1: amoenitates et copias ubertatesque verborum, vollständig ausdrücken, Gell. 12, 1, 24. – **2 beginnen, anfangen,** pugnam, Gell. 1, 11, 8. – ► indeptus, a, um, passiv, Cod. Iust. 12, 24, 14. Ennod. pro synodo p. 302, 19 H.

in-dīreptus, a, um (in u. diripio), **ungeplündert,** Capitolium clausis foribus indefensum et indireptum conflagravit, Tac. hist. 3, 71.

indisciplīnātio, ōnis, *f.* (in u. disciplina), der **Mangel an Zucht,** die **Zuchtlosigkeit,** Eccl.

in-disciplīnātus, a, um (in u. disciplina), **zuchtlos, liederlich,** Eccl.

in-dīscissus, a, um (in u. discindo), **unzertrennt,** tunica, Hieron. epist. 15, 1: übtr., discidia, Anthol. Lat. 936, 3 (684, 3).

in-dīsco, ere, **genau lernen,** Schol. Iuven. 6, 474.

in-discrepāns, antis (in u. discrepo), **nicht abweichend, gehörig,** mercium pretium, Augustin. epist. 216, 6.

indiscrepanter, *Adv.* (indiscrepans v. discrepo), **ohne Abweichung,** Boëth. inst. arithm. 2, 38 *extr.*

indiscrētē, *Adv.* (indiscretus), **ohne Unterschied,** Plin. 11, 174. Spart. Pesc. Nig. 3, 1. Amm. 15, 3, 3 u. 22, 11, 10. Boëth. inst. mus. 1, 7. Iul. Val. 1, 36 (35). Ambros. de Iob 5, 6, 17. – *Compar.*, Itin. Alex. 14 (37) u. 51 (116).

indiscrētim, *Adv.* (indiscretus), **ohne Unterschied,** Solin. 30, 10. Cod. Theod. 16, 2, 47.

indiscrētio, ōnis, *f.*, die **Unbilligkeit, Rücksichtslosigkeit** (franz. *indiscrétion*), Hieron. in Didym. de spir. scto 36 u. a. Eccl.

in-discrētus, a, um (in u. discerno), **I ungetrennt, unzertrennlich,** caput, Plin.: agricultura, Varro: sed meā quidem sententiā iuncta ista atque indiscreta sunt, Quint.: ita sunt inter se conexa et indiscreta omnia, ut etc., Quint.: quidam his indiscretis nominibus utuntur, Cels.: hostium terga caesuris adero indiscretus, Amm.: suum cuique sanguinem (d. i. Kinder) indiscretum, sed maxime principibus, eigenes Blut sei von jedem unz., bleibe jedem, aber usw., Tac. – **II** übtr., **ununterschieden, ohne Unterschied, a** v. leb. Wesen: proles indiscreta suis, ununterscheidbar den Ihrigen, Verg.: ad eam diem indiscreti (ohne Standesunterschied) inibant (*sc.* locos), Tac.: multos occīdere et indiscretos, Sen. – **b** v. Lebl.: convivia cum iisdem indiscreta vicissim habens, ohne Standesunterschied, Eutr.: indiscretis vocibus (durcheinanderschreiend) pretia vacationum ... incusant, Tac.: quod hinc vel illinc appellere indiscretum (einerlei) et innoxium est, Tac.: adeo omnia indiscreta (verworren, verwirrt) sunt diversissimis artibus, ut quicquid mundus muliebris vocabatur, sarcinae viriles sint, Sen.

indiscrīminābilis, e (in u. discrimino), **ununterscheidbar,** Claud. Mam. de statu anim. 2, 10.

in-discrīminātim, *Adv.*, **ohne Unterschied,** quibus nos in hoc libro utemur ind. et promiscue, Varro b. Non. 127, 21.

indiscussē, *Adv.* (indiscussus), **unerörtert,** Eccl.

indiscussibilis, e (in u. discutio), **nicht zu erörtern, unbestreitbar,** auctoritas, Claud. Mam. de stat. anim. 2, 12, 5.

in-discussus, a, um (in u. discutio), **unerörtert,** Eccl.

indisertē, *Adv.* (indisertus), **unberedt,** non ind. laudare alqd, Cic. ad Q. fr. 2, 1, 3.

in-disertus, a, um, **unberedt, wortarm** (Ggstz. loquax), homo, Cic.: interpres (Übersetzer), Cic.: übtr., prudentia, Cic.

in-disiūnctim, *Adv.*, **unverzüglich, sofort,** Claud. Mamert. de stat. anim. 1, 12. p. 54, 4 *Engelbrecht.*

in-dispēnsātus, a, um (in u. dispenso), **unverteilt, ungeregelt, übermäßig,** nisus, Sil. 16, 341.

indispositē, *Adv.* (indispositus), **unordentlich, regellos,** Sen. ep. 124, 19.

in-dispositus, a, um, **I unordentlich,** apud Vitellium omnia indisposita, war alles in Unordnung, Tac. hist. 2, 68. – **II unvorbereitet,** v. Pers., me valde indispositum invenit (epistula), Augustin. epist. 69 *in.*

in-disputābilis, e, **unbestreitbar,** testimonium, Cassiod. var. 12, 21, 3.

in-dissecābilis, e (in u. disseco), **unteilbar,** Isid. orig. 3, 5, 4.

in-dissimilis, e, **nicht unähnlich,** Varro LL. 9, 40 zw. Hieron. in Didym. de spir. scto 36.

in-dissimulābilis, e (in u. dissimulo), **unverhohlen,** Gell. 10, 22, 24. Iulian. b. Augustin. op. imperf. c. Iul. 1, 1 u. 1, 98.

indissimulanter, *Adv.* (in u. dissimulo), **unverhohlen,** Augustin. c. Faust. 16, 1 *extr.* u. a. Eccl.

in-dissociābilis, e, **unzertrennlich,** Eccl. – Dav. **indissociābiliter,** *Adv.*, Eccl.

in-dissolūbilis, e, **unauflöslich, unauflösbar, I** eig.: nodus, Plin. 11, 81: machina, Chalcid. Tim. 32 B.: opera, *ibid.* 41 A.: nexus, *ibid.* 146: anima, *ibid.* 228. – v. Menschen, Cic. Tim. 40. Lact. de opif. dei 4, 6. – **II** übtr.: quaestio, Hieron. in Isai. 3, 6, 9. – v. Menschen, et Paulo quidem Catenae inditum est cognomentum, quod in complicandis calumniarum nexibus erat indissolubilis, weil keiner sich von ihm losmachen (sich ihm entwinden) konnte, Amm. 15, 3, 4.

indissolūbiliter, *Adv.* (indissolubilis), **unauflöslich, unauflösbar,** Chalcid. Tim. 31 C. Claud. Mam. de stat. anim. 2, 2 *extr.*

in-dissolūtus, a, um (in u. dissolvo), **unaufgelöst,** Cic. Tim. 40. Boëth. inst. mus. 1, 3. p. 189, 23 Fr.

in-dīstanter, *Adv.* (in u. disto), **I ungetrennt, ohne Absetzen** der Stimme (vorher dafür sub uno accentu et uno spiritu), Prisc. 2, 1. – **II ohne Unterschied, ohne Ausnahme,** Amm. 27, 9, 4. *Amm. 28, 2, 10.

indīstīnctē, *Adv.* (indistinctus), **ohne Unterschied,** ind. atque promiscue annotare, Gell. praef. § 2: nummos ind. legare, im Allgemeinen, Ulp. dig. 32, 1, 75: Iulianus ind. scribit, ohne Annahme eines Unterschiedes, Paul. dig. 4, 8, 32. § 6.

in-dīstīnctus, a, um, **ununterschieden, unabgesondert, ungeordnet, I** eig., Catull. 64, 283. Quint. 8, 2, 23. Ambros. de incarn. dom. sacr. 9. § 100. – **II** übtr., **ungeordnet = undeutlich, unklar, verworren,** defensio, Tac. ann. 6, 8: confusum et ind. vocabulum, Gell. 10, 20, 9: indistincta et confusa fient, quae legero, Gell. 13, 30, 5. – v. Redner, non indistinctus (Cicero), Quint. 12, 10, 39.

indīviduē, *Adv.* (individuus), **ungetrennt, unzertrennlich,** Eccl.

indīviduitās, ātis, *f.* (individuus), die **Unteilbarkeit, Unzertrennlichkeit,** puncti media indiv., Boëth. cons. phil. 4, 6. p. 89, 13 *Obb.*: animae, Tert. de anim. 51: matrimonii, Tert. de monog. 5.

in-dīviduus, a, um, was ungetrennt bleibt, **I ungeteilt, unzertrennt, A** eig.: arbores ind., mit ungespaltenem Stamm (Ggstz. arb. dividuae), Plin. 16, 122. – **B** übtr.: **a ungeteilt** = gleichmäßig, pietas, Ps. Quint. decl. 5, 3. – **b** (v. Zusammensein, -leben) **ungetrennt, unzertrennlich,** comitatus virtutum, Sen.: contubernium, Apul.: divinitas, Arnob.: quidquid ad eas alimenti pervenit, individuum est, kann sich nicht weiter verteilen, Colum.: v. Pers.: apud Capreas individui, Tac. ann. 6, 10. – **II** = ἄτομος, **unteilbar, untrennbar,** von den Atomen, corpora, Cic. u. a.: corpuscula, Amm.: principia, Manil. – subst., indīviduum, ī, *n.*, ein **Atom,** Cic.; Plur., Cic. u. Arnob.

indīvīsē, *Adv.* (indivisus), **ungeteilt, gemeinschaftlich,** spät. Eccl. – Ps. Ascon. II. Verr.. 1. § 143.

in-dīvīsibilis, e, **unteilbar,** Diom. 421, 17. Tert. de anim. 51. Isid. orig. 3, 5, 3. – *Adv.* **indīvīsibiliter,** Tert. de anim. 51 u. a. Eccl.

indīvīsim, *Adv.* (indivisus) = ἀδιακρίτως, **nicht unterschieden,** Acta martyr. 11ª, 22.

in-dīvīsus, a, um (in u. divido), **ungeteilt, I** eig.: equi, qui ungulas indivisas habent, ungespaltene, Varro r. r. 2, 7, 2. – **II** übtr.: o rerum media indivisaque magnis fratribus, v. der dem Jupiter, Neptun u. Pluto gemeinsamen Erde, Stat. Theb. 8, 312: ut non (quisquam) quicquam privatae rei habuerit, sed omnia communia et indivisa omnibus fuerint, veluti unum cunctis patrimonium esset, Iustin 43, 1, 3: ind. honos, Sil. 8, 9: ind. negotium, Amm. 21, 12, 9. – pro indiviso, auf ungeteilte Weise, **ungeteilt, a** = **in** od. **zu gleichen Teilen, gleich viel, gleichmäßig,** Sen. u. Plin. – **b** = **gemeinschaftlich,** Cato: possidere, Plin.

in-dīvulsus, a, um (in u. divello), **ungetrennt,** comes, Macr. sat. 1, 11. § 25: indivulsa per itinera divina comitata, Augustin. epist. 32, 4.

in-do, didī, ditum, ere, **I (hin)eintun, -machen, -setzen, -fügen = stecken, A** eig.: guttam vini in os, Plaut.: pinnam in os (um sich zu erbrechen), Suet.: cataplasmata in dentem, Cels.: ossa cineremque aquae, Gell.: venenum potioni regis, Curt.: alqm lecticae, Tac.: marmoreo leoni oculos e zmaragdis, Plin.: auro speculum, in G. fassen, Sen.: fenestras, Plaut. – **B** übtr.: **1 einführen,** novos ritus, Tac. hist. 5, 4. – **2 beibringen, einflößen, verursachen,** terrorem, Tac.: immane quantum suis pavoris et hostibus alacritatis, Tac.: alci odium, Tac. – **II auf** od. **an** etwas **tun, -setzen, -legen, A** eig.: cicilendrum in patinas, Plaut.: ignem in aram, Plaut.: alci compedes, anlegen, Plaut.: u. so bl. ind. vincula, oft b. Tac.: castella rupibus, erbauen, Tac.: u. so urbem monti, Flor.: pontes, darüberschlagen, Tac.: custodes inditi, beigegebene, Tac. – verba Catonis huic commentario indidissem, si etc., hätte eingefügt, eingeschaltet, Gell. – **B** übtr., **beilegen, geben,** ind. alci nomen, cognomen, vocabulum, z. B. hoc nomen indiderant, Tac., u. nomen (insulae) Cyzicus indidit, Mela: mit *Genet.* des Namens, omne igitur hoc, quicquid est, cui mundi caelique nomen indidimus, Mela: m. *Dat.* des Namens, propterea huic urbi nomen Epidamno inditum est, Plaut.: Superbo ei Romae inditum cognomen, Liv.: mit Ang. **von wem?** durch *inde* od. durch *ab* od. *ex* u. Abl., inde cognomen familiae inditum, Liv.: inde et Minervae cognomen inditum est, Mela: Syrtes, quibus nomen ex re inditum, Sall.: Fabio ex victoria cognomen Allobrogico inditum, Vell.: puero ab inopia Egerio nomen inditum, Liv.: quod illi vocabulum indiderant ex nomine urbis, Tac.

in-docibilis, e, **ungelehrig** (Ggstz. docibilis), Ambros. in psalm. 47. § 21 *extr.* u. spät. Eccl.

indocibilitās, ātis, *f.* (indocibilis), die **Ungelehrigkeit,** Rufin. Orig. in psalm. 32. homil. 5, 1.

in-docilis, e, **I nicht lehrbar, A** v. dem, der nicht unterrichtet werden kann, **nicht belehrbar, nicht unterrichtbar, ungelehrig, schwer** etw. **lernend, 1** eig.: homo, Cic.: hirundo, Plin.: grex, Hor. – mit *Genet.*, pacis modique, Sil. 12, 726: rerum, Claud. epigr. 2, 9: rationis, Frontin. 1, 11, 13: caeli, Plin. 18, 226. – m. *Dat.*, quieti, Sil. 11, 11. – m. *Infin.*, Hor. carm. 1 1, 18. Sil. 13, 310 u. a. Lucan. 5, 539. Stat. Theb. 6, 313 u. silv. 5, 2, 33. Claud. rapt. Pros. 1, 69 u. 2, 30. – **2** meton., ungelehrt = **unwissend, unkundig, unerfahren,** genus, Verg.: auriga, Sil. – m. *Genet.*, indocilis caeli agricola, Plin. – u. = **ungebildet, roh,** guttur (avis), Ov. – u. = **ungeschickt** zu etw., terra ind. Cereri, Sil.: arbores indociles nasci alibi, Plin. – **B** von dem, was nicht gelehrt werden kann, **unlehrbar,** usus disciplina, Cic. Acad. 2, 2. – **II nicht gelehrt, ungelernt,** viae, Prop. 1, 2, 12: numerus, kunstlose, Ov. trist. 4, 1, 6.

indocilitās, ātis, *f.* (indocilis), die **Ungelehrigkeit,** Apul. de dogm. Plat. 2, 4.

indoctē, *Adv.* (indoctus), **ungelehrt, ungeschickt,** verba haud indocte facere, Plaut. Pers. 563: quae qui videat, non indocte (ohne wissenschaftliche Bildung) solum, verum etiam impie faciat, si deos esse neget, Cic. de nat. deor. 2, 44: dicam ego indoctius (mehr als Laie), Gell. 12. 5, 6.

in-doctus, a, um, **nicht unterrichtet, ungelehrt, ungebildet (ohne wissenschaftliche Bildung), ungeschickt,** griech. ἀμαθής, **a** v. Menschen, Rhet. Her., Cic. u. a.: tiro et indoctus (Ggstz. exercitatus et doctus), Sen.: Themistocles cum in epulis recusaret lyram, habitus est indoctior, Cic.: Plur. subst., docti indoctique, Augustin.: indoctiores (Ggstz. doctiores), Augustin.: indoctissimi (Ggstz. doctissimi), Cic. – m. *Genet.*, pilae discive, Hor. de art. poët. 380: Tiro haudquaquam rerum litterarumque veterum indoctus, Gell. 7, 3, 8: mit allg. *Acc.*, homo pleraque alia non ind., Gell. 9, 10, 5. – m. *Infin.*, iuga ferre nostra, Hor. carm. 2, 6, 2. – **b** übtr., v. Lebl.: manus, Quint.: mores, Plaut.: brevitas, Quint.: errores, Val. Max.: canet indoctum, kunstlos, Hor.

in-dolātilis, e, **unbehaubar,** bildl. = **unbildsam,** homo, Sidon. epist. 5, 5, 3.

indolātus, a, um (in u. dolare), **unbehauen,** Arnob. 6, 11 u. 7, 49. Hieron. epist. 98, 22.

in-dolēns, entis (in u. doleo) = ἀπηλγηκώς, **unempfindlich gegen den Schmerz,** Hieron. in Ephes. 4.

indolentia, ae, *f.* (indolens) = ἀπονία (Porphyr. Hor. ep. 1, 6, 65), das **Freisein von Schmerz,** die **Schmerzlosigkeit, Unempfindlichkeit gegen den Schmerz,** Cic. Tusc. 3, 12 u. a. Sen. ep. 66, 45 u. 87, 19: m. *Genet.*, sectionis, U. gegen den Schm. der usw., Macr. sat. 7, 9, 13.

ind-olēs, is, *f.* (indu u. alesco), **I** die **angeborene Beschaffenheit,** die **natürliche Eigenschaft, A** im Allg.: arborum, Gell.: quae indoles in savio est! Plaut.: servare indolem, v. Früchten, Liv. – **B** insbes., das **Naturell** des Menschen, die **angeborene Begabung,** die **(natürliche) Anlage,** das **Talent,** die **Neigung,** ingenii nostri, Plaut.: animi, Curt.: bona ind., Cic.: ind. virtutis od. ad virtutem, Cic.: indoles virtutum atque vitiorum, Liv.: futurae dignitatis, Iustin.: praeclara ind. ad dicendum, Cic. – Plur., bonae et utiles animi indoles, Gell. 19, 12,

5. – **II** der **Anwuchs,** der **Nachwuchs, die Nachkommenschaft,** die **Jugend,** auch **Sohn, Kind** (vgl. Fest. 309[a], 19 *sqq.* Non. 456, 30), natorum, Sen. Phaedr. (Hipp.) 877 u. Herc. Oet. 908: Romana, Macr. sat. 6, 6, 1: Abrahae, Ambros.: omnem nobilitatis indolem (den ganzen jungen Adel) excerpere, Val. Max. 7, 3, 2.

in-dolēsco, in-doluī, ere (*Inchoat.* zu doleo), **Schmerzen empfinden, I** körperl., v. Gliedern usw., **schmerzen, wehtun,** locus tactu indolescit, Cels.: oculi indolescunt, Plin. – m. *Acc.*, etw. **schmerzlich empfinden,** v. Pers., tactum hominum velut vulnera, Iustin. 12, 13, 9. – **II** gemütlich, v. Menschen, bei od. über etw. **Schmerz empfinden, sich betrüben,** etw. **schmerzlich empfinden,** absol., Cic. u. a.: m. *Abl. causae,* populi Romani contumeliā, Tac.: nostris malis, Ov.: facto, Ov.: m. *Acc.*, id ipsum, Ov.: humanas miserias, Apul.: m. *Acc.* u. *Infin.*, Cic. u. Ov.: m. folg. *quod* od. *quia,* Ov.

1. indolōria, ae, *f.* (in u. dolor) = indolentia, Cic. fr. K. 10 M. u. Eccl.

2. indolōria, *n. pl.* (in u. dolor) = *anodyna,* **schmerzlos machende-, schmerzstillende Heilmittel,** Cael. Aur. de morb. chron. 2, 4, 79; vgl. Gloss. ›indoloria, ἀνάλγητα‹.

indolōrius, a, um (in u. dolor), **schmerzlos,** Hieron. in Ephes. 4, 17–19.

in-domābilis, e, **unbezähmbar,** Plaut. Cas. 811: tauri, Mythogr. Lat. 2, 136: mors, Augustin. serm. 37, 2 *Mai:* indomabili corde sunt, Vulg. Ezech. 2, 4.

in-domitus, a, um (in u. domo), **I ungezähmt, ungebändigt, wild, a** v. leb. Wesen: bos, Varro: pastores, Caes.: gentes, Sen.: mulier, Plaut.: poet., Mars, hitziges Gefecht, Verg. – **b** übtr., v. Lebl.: ingenia Gallorum, Liv.: cupiditates, Cic.: furor, Cic.: libido, Cic.: amor, Ov. – **II unbezähmbar, unbezwingbar, unüberwindlich, a** v. Pers.: Achilles, Sen. poët.: Hercules, Sen. poët.; u. v. dems., ille genitus Iove, Plin. pan. – **b** übtr., v. Lebl.: dextra, Ov.: mors, Hor.: ager, ein ungepflügter A., eine Wildnis, Tac.: aurum igni indomitum, Plin.: Falernum, unverdaulicher, Pers.: tarditas, Plin.: ira, Verg.

in-dōnātus, a, um (in u. dono), **unbeschenkt,** Lampr. Heliog. 28, 6.

in-dormio, īvī, ītum, īre, **auf, bei** od. **über** etwas **schlafen, einschlafen, a** v. leb. Wesen, m. *Dat.*, unctis cubilibus, Hor.: congestis saccis, Hor.: alienis amplexibus, Petron. – im Bild, m. *Dat.* od. m. *in* u. Abl., **bei** etw. **einschlafen,** etw. **verschlafen,** tantae causae, Cic.: huic tempori, Cic.: longae desidiae, in einem langen, trägen Schlaf liegen, Plin. ep.: malis suis, bei seinem U. sorglos schlafen, Curt.: segnis animus indormiens sibi, vor sich hinträumender (träumerischer), Sen.: in isto homine colendo tam indormivisse diu, so manche gute Gelegenheit, diesem Mann eine Verehrung zu erweisen, verschlafen haben, Cic. – **b** übtr., v. Gliedern, **einschlafen** = gefühllos werden, erstarren, Veget. mul. 5, 23, 15 u. 46, 2.

in-dormīsco, ere, **in Schlaf verfallen, einschlafen,** tanto torpore indormiscunt, ut nec caelesti tubā evigilent, Augustin. epist. 1, 2.

in-dōtātus, a, um, **nicht ausgestattet, ohne Aussteuer, I** eig.: **a** v. Pers.: virgo, Ter. u. (Ggstz. locuples) Sen.: soror, Hor.: uxor, Sen. rhet.: Plur. subst., indotatae (Ggstz. dotatae), Ter. Phorm. 938. – **b** v. Lebl.: nuptiae, Val. Max.: tanti praemia facti, die un. B. für usw. (= das als Mitgift der Tochter versprochene Königreich), Ov. – **II** übtr.: ars, arm (ohne die Mitgift der Beredsamkeit), Cic. de or. 1, 234: corpora, nicht ausgestattet (mit den Dingen, die man den Verstorbenen mit auf den Scheiterhaufen gab), ohne Totengeschenke, Ov. met. 7, 609.

indōtiae, s. indūtiae ►.

indotueor, s. in-tueor ►.

indouco = induco, s. d.

indrutico, āre, **üppig-, geckenhaft sein,** Aldh. de laud. virgin. c. 17.

indu, altlat. = in, **in,** indu foro, Enn. ann. 238: indu mari, Enn. ann. 445*. – öfter in Zusammensetzungen, s. indipīscor etc.

indubiē, *Adv.* (indubius), **unzweifelhaft,** Cassiod. fr. in Auct. class. tom. 3. p. 355 u. a. spät. Eccl.

in-dubitābilis, e, **unzweifelhaft,** genus causae, Quint.: signum, ICt.: ind. veritas, Chalcid. Tim.: ind. sermo rectusque, Arnob.: si modo indubitabile est, Quint.

indubitābiliter, *Adv.* (indubitabilis), **a unzweifelhaft, ohne Zweifel,** Arnob. 5, 37. – **b unbedenklich,** ind. pergens, Serv. Verg. Aen. 5, 2.

indubitandus, a, um (in u. dubito), **unzweifelhaft,** Augustin. epist. 82, 7.

indubitanter, *Adv.*, **ohne Zweifel,** ICt. u. a.

indubitātē, *Adv.* (indubitatus), **ohne Zweifel, unzweifelhaft,** Liv. epit. 70. Gromat. vet. 56, 21. Marc. Emp. 8. Tert. adv. Marc. 1, 9. Interpr. Iren. 3, 2, 2: *Superl.* indubitatissime, Oros. 3, 23, 67.

indubitātim, *Adv.* (indubitatus), **ohne Zweifel, unzweifelhaft,** Gloss. IV, 91, 35 u. V, 210, 40.

indubitātō, *Adv.* (indubitatus), **ohne Zweifel,** Boëth. cons. phil. 3, 11 lin. 98. p. 80 *Peiper* (auch Variante bei Tert. adv. Marc. 1, 9. p. 56, 26).

indubitātus, a, um (in u. dubito), **außer Zweifel, unzweifelhaft,** populi Romani princeps, Sen.: signa, Quint.: mors, Iustin.: spes, Plin.: quidquid pro causa videtur, quasi indubitatum pronuntiant, Quint.: *Compar.*, illius aetatis fluxus indubitatior est, Ulp. dig. 43, 13, 1. § 8.

in-dubito, āre, an etw. **zweifeln,** m. *Dat.*, suis viribus, Verg. Aen. 8, 404: tuis moribus, Stat. silv. 3, 5, 110.

in-dubius, a, um, **unzweifelhaft,** exempla, Quint. 5, 13, 24: innocentia, Tac. ann. 14, 45.

indūciae, s. indūtiae.

in-dūco (arch. indouco, CIL 1, 201 lin. 6. 10. 13. 14), dūxī, ductum, ere, **I** (v. duco = ziehen) **überziehen, A** etwas **über** etwas **ziehen,** um es zu bedecken, **1** im Allg.: tectorium, Cic.: coria super lateres, Caes.: colorem picturae, Plin.: aurum ligno, Plin.: marmora rebus, Ov.: varias plumas membris, Hor.: dah. umbras terris, Hor.: nubes terris, Ov.: nubilum, Plin. ep.: nubem, Liv.: pontem, darüber (über den Fluss) schlagen, Curt. – im Bild, alci magnitudine suā caliginem, jmd. verdunkeln, Vell. 2, 36, 1: cicatricem pati, quam nihil aeque ac necessitas ipsa et dies longa et satietas doloris inducit, verharschen macht, Plin. ep. 8, 5, 3. – **2** insbes., Kleidungsstücke usw. **anziehen** (vgl. induo *no.* I), soleas ligneas in pedes od. in pedibus, Rhet. Her.: manibus caestus, Verg.: alci calceum od. laevum calceum, Suet. u. Plin. – poet. m. *Acc.*, tunicā inducitur artus, Verg. Aen. 8, 457.

B überziehen mit etwas, um es zu bedecken, **1** im Allg.: scuta pellibus, Caes.: brachia pennā, Ov.: poet., inducta cornibus aurum victima od. iuvenca, mit vergoldeten Hörnern, Ov. – **2** insbes.: **a** mit einem Kleidungsstück **bedecken,** albenti amictu umeros, Stat. silv. 5, 2, 67: indumenta, quibus erat indutus, calciamenta, quibus erat inductus, Apul. flor. 9. p. 10, 19 Kr. – **b überziehen = ausfüllen, ebnen,** solum, Plin. 2, 194. – **c** Geschriebenes in den Wachstafeln **ausstreichen, durchstreichen** (Ggstz. relinquere, stehen lassen), nomina, Cic.: substituti nomen, ICt. – dah. **aufheben, für ungültig erklären, zurücknehmen, rückgängig machen,** alci datum (als gegeben) inducere, Cic.: senatus consultum, locationem, Cic.: locationes, Liv.: decretum, Suet.

C eintragen = einschreiben in sein Ausgabe- und Einnahmebuch, in rationibus, Cic.: pecuniam in rationem, in Rechnung bringen, Cic.: alci agros pecuniā ingenti, anrechnen, zuschreiben, Cic.

II (v. duco = führen) **hinein-** od. wohin **führen, -leiten, -bringen, A** eig.: **1** im Allg.: alqm huc, herlocken, Ter.: milites in pugnam, Liv.: exercitum in Macedoniam, Liv., Aegyptum, Liv.: oves in rura, Varro: Romam deûm matrem, Plin. ep.: messorem arvis, Verg. – inter sacra et vota vincula et laqueum, herbeibringen, Tac.: nubila, heraufführen, Ov.: u. so suos ortus (v. der Aurora), Verg. – **2** insbes.: **a** jmd. wo **einführen, α** in eine Wohnung, in regiam habitandi causā, Caes. – bes. als Gattin **heimführen,** Lolliam, Tac.: aliquam gravidam penatibus suis, Tac.: filiae novercam, eine St. ins Haus bringen, Plin. ep. – **β in die Arena** od. **auf die Bühne führen, -bringen, aufziehen-, auftreten lassen, aufstellen, aufführen,** im Passiv = **aufziehen, auftreten, zur Aufführung kommen,** gladiatores, Cic. ep.: iuvenes armatos, Liv.: elephantum in circum, Plin. ep. – personam Britannici iureconsulti, Cic.: inducta est Afranii togata, quae Incendium inscribitur, Suet. – **γ** jmd. zum Verhör **vorführen,** alqm in senatum, Suet. u. Plin. ep., in curiam, Suet. – **b** als

Anführer Truppen in den Kampf **heran-, herbeiführen,** turmas, Verg.: phalangem, Curt.: turmas cum elephantis in recusantes, Curt.: hos subruendo vallo, Tac. – **c** ein Gewässer wo **hineinleiten,** aquam in domos, Auct. b. Alex.: mare urbi, Suet.

B übtr.: **I** im Allg.: alqm in errorem, Cic.: in hanc consuetudinem scribendi, Cic.: novum verbum in linguam, Cic.: discordiam in civitatem, Cic.: litteras quodam modo in corda discentium, Augustin. de civ. dei18, 39. – **2** insbes.: **a antun, verursachen,** iniuriam adversus liberos testamento, Gaius dig. – **b** animum od. in animum ind., **α es über sich gewinnen, sich in den Kopf setzen, sich entschließen, sich vornehmen,** m. folg. *Infin.,* Komik., Cic. u. a. (s. Brix Plaut. trin. 237. Drak. u. Müller Liv. 1, 17, 4. Weißenb. Liv. 27, 9, 9. Müller Liv. 2, 5, 7. Sall. Cat. 54, 4): m. folg. *ut* od. *ne* od. (bei vorhergeh. Negation) *quin* od. *quo minus* u. Konj., **es übers Herz bringen, es über sich gewinnen,** potuit inducere animum, ut patrem esse sese oblivisceretur, Cic.: animum inducere non potui, ut illum tanto in maerore aspicerem, Cic.: illos patres plebem induxisse in animum, ut (id) infesto exsuli proderent, Liv.: inducere animum possum, ne aegre patiar, Plaut.: non potuisse se inducere in animum, quin ... eum vindicaret, Liv.: non sustinui inducere in animum, quo minus illi eodem die facturum me indicarem, quod etc., Plin. ep. – **β die Überzeugung gewinnen, sich überzeugen,** m. folg. *Acc.* u. *Infin.,* induc. in anim., Ter. heaut. tim. prol. 49; Hec. 292. Liv. 2, 54, 5 u. 27, 12, 7: ind. anim., Plaut. Pers. 66. Ter. Andr. 572. Apul. apol. 56 u. 87. – **γ** ind. animum ad od. in alqd, **den Geist richten auf** usw., ind. rursus animum suum ad meretricem, seine Neigung richten auf usw., Ter.: amici iacentem animum excitare inducereque in spem cogitationemque meliorem, bessere H. u. G. in ihm zu wecken, Cic. – **c zu** etw. **bringen, bewegen, veranlassen, verleiten, verführen, verlocken,** vide, quo me inducas, Ter.: alqm ad bellum, Nep.: ad misericordiam, ad pudendum, ad pigendum, Cic.: vocibus adulantium in spem induci, Tac.: mit folg. *ut* u. Konj., alqm vera ut esse credat quae mentibimur, Plaut.: alqm, ut mentiatur, Cic.: quae te causa ut provinciā tuā excederes induxit? Liv. – m. folg. *Infin.,* tua me virtus inducit noctes vigilare serenas, Lucr. 1, 142: designatum consulem Memmium Pollionem ingentibus promissis inducunt sententiam expromere, quā etc., Tac. ann. 12, 9. – absol., promissis, pretio, spe ind. alqm, Cic.: inductus spe, cupiditate, Cic. – dah. **verleiten, anführen = täuschen,** alqm, Cic. u. Tibull. – **d einführen, auftreten lassen, α** eine Pers. od. Sache redend, quos ipsos induxi loquentes, Cic.: muta quaedam loquentia, Cic.: Gygen, Cic.: gravem personam, Cic.: Scipionem de re publica disputantem, Augustin.: m. *Infin.,* inducit matrem familias precari Apollinem, Porphyr. Hor. carm. saec. 33; u. so Porphyr. Hor. ep. 1, 16, 73. – u. ein Gespräch, sermonem hominum, Cic.: sermo inductus a tali exordio, eingeleitet worden, Cic. – **β** eine Sitte, Sprache u. dgl. **einführen = aufbringen,** morem novum iudiciorum in rem publicam, Cic.: sermo insiticius et inductus, fremde (Ggstz. patrius), Plin. ep.: si nihil inductum et quasi devium loquimur, Fremdes, Ungehöriges, Plin. ep.: m. *hoc* u. folg. *ut* u. Konj., an hoc inducimus, ut non demus beneficia, Sen. de ben. 3, 10, 1. – m. folg. *ut* u. Konj., inductum in rem publicam, uti duo seu plures summae potentiae dissimiles cognomento ac potestate dispari sint, Aur. Vict. de Caes. 13, 12. – **e** jmd. **in** etw. **einführen** = über etw. belehren, **α** m. dopp. *Acc.,* Aeonas naturam coniugiorum, Tert. adv. Val. 11. – **β** mit *Acc. pers.* u. *in* u. *Acc. rei,* alqm in disciplinas dialecticas inducere (einführen) atque imbuere (einweihen), Gell. 16, 8, 1. – **f** gleichs. **auftreten lassen, aufführen = vorbringen,** rationem Epicuri, Cic.: causam, Cic.: dubitationem, den Schwankenden spielen, Tac.

► Synkop. Perf. induxti, Ter. Andr. 883. – altlat. induxis = induxeris, Plaut. capt. 149. – Imperat. induc, Augustin. serm. 47, 24, arch. induce, Pompon. com. 95. Varro r. r. 3, 2, 18.

inductibilis, e (induco), **I zum Überstreichen (Umschlag) geeignet,** Cael. Aur. de morb. acut. 2, 37, 201 u. 203. – **II** übtr., **verführerisch,** inductibile genus eorum, *Cato fr. bei Plin. 29, 14 (Ribbeck).

inductīcius, a, um (induco) = ἐπείσακτος (Gloss. II, 310, 42), **eingeführt, angenommen,** animae, Augustin. de duab. anim. § 18.

inductilis, e (induco), **zum Überziehen geeignet,** aeramentum, Erzbeschlag, Edict. Diocl. 7, 28.

inductio, ōnis, *f.* (induco), **I** das **Hineinführen,** das **Einführen, A** eig.: **1** das **Auftretenlassen** in der Arena, iuvenum armatorum, Liv. 44, 9, 5. – **2** das **Hineinleiten** des Wassers, inductiones aquarum, Bewässerungen, Cic. de nat. deor. 2, 152. – **B** übtr.: **1** ind. animi, der **feste (entschiedene) Vorsatz,** Cic. Tusc. 2, 31; ep. 1, 8, 2; ad Q. fr. 1, 1, 11. § 32. – **2** als Redefig.: **α** personarum ficta ind. = προσωποποιία, die **erdichtete Einführung** von Personen, die **Personendichtung,** Cic. de or. 3, 205. – **β** erroris ind. = ἀποπλάνησις, die **Verleitung zum Irrtum,** das **Irreführen,** Cic. de or. 3, 205. – **3** = ἐπαγωγή, die Beweisführung durch Anführung ähnlicher Beispiele u. Fälle, die **Induktion,** Cic. de inv. 1, 51; top. 42. Quint. 5, 10, 73; 5, 11, 2 *sqq.* – **4** = ὑπόθεσις, die **Annahme, Voraussetzung,** Prisc. 18, 87. – **II** das **Überziehen, a** meton., der **Überzug,** das schützende Dach des Theaters, des Marktes usw. aus übergespanntem Segeltuch, velorum inductiones, Vitr. 10. praef. § 3. – **b** das **Überstreichen** der Wand mit Kalk, das **Tünchen,** Pallad. 1, 15. – **c** der **Umschlag,** das **Bähmittel,** Cael. Aur. de morb. acut. 2, 27, 216. – **d** das **Ausstreichen, Durchstreichen** des Geschriebenen auf der Wachstafel usw., im Sing. u. Plur., ICt.

inductīvē, *Adv.* (induco), **nachgebend, einlenkend,** Cael. Aur. de morb. chron. 1, 5, 157.

inductīvus, a, um (induco) = ὑποθετικός, **zur Annahme (Voraussetzung) geeignet,** Prisc. 18, 88. Boëth. Arist. anal. post. 1, 9. p. 530.

inductor, ōris, *m.* (induco), **I einer, der Schläge aufzieht,** der **Durchprügler,** Plaut. asin. 551. – **II** = ἐμβιβαστής, der **Leithund,** Gloss. III, 361, 34. – **III** ind. litterarum, als Übersetzung von γραμματοεισαγωγός, der **Einführer in die Schriften,** Augustin. de civ. dei 18, 39. p. 315, 4 D.[2] – **IV** der **Betrüger,** Gloss. IV, 124, 35.

inductōrium, iī, *n.* (induco), der **Überzug, Umschlag,** Plin. Val. 1, 3.

inductōrius, a, um (induco), **verleitend,** Augustin. contra Acad. 1, 4.

inductrīx, trīcis, *f.* (Femin. zu inductor), die **Verleiterin, Betrügerin,** Apul. de deo Socr. prol. p. 110 H. (p. 4, 7 G.).

inductūra, ae, *f.* (induco), der **Überzug,** Cael. Aur. de morb. acut. 3, 17, 148.

inductus, Abl. ū, *m.* (induco), der **Antrieb,** die **Verleitung,** huius persuasu et inductu, Cic. fr. bei Quint. 5, 10, 69: quod alieno inductu fecerit, Rhet. Her. 2, 26.

indūcula, ae, *f.* (induo), ein **Unterkleid** der Frauen, Plaut. Epid. 223 G.

indugredior, gredī (indu u. gradior) = ingredior, Lucr. 4, 313 (342) u. 365 (367).

in-dulco, āvī, ātum, āre, **I süß machen,** Eccl. – **II** übtr., **süß reden,** Eccl.

indulgēns, entis, *PAdi.* (v. indulgeo), **I nachsichtsvoll, nachsichtig, gnädig, gütig** (Ggstz. severus), pater, Nep.: irarum indulgentes ministri, dienstwillige Helfer ihrer Erbitterung, Liv.: civitas *in* captivos minime indulgens, Liv. – indulgentius nomen maternum, Cic.: avunculus indulgentissimus, Sen.: indulgentissime Imperator, gnädigster usw., Plin. ep.: indulgentissimum in filios fuisse patrem, Sen. rhet. – **II** passiv, dem Nachsicht zuteil wird, **zärtlich geliebt,** Ps. Quint. decl. 10, 13.

indulgenter, *Adv.* (indulgens), **a nachsichtsvoll, nachsichtig, gnädig, gütig,** nimis ind. loqui, Cic.: captivos ind. habere, Liv. – *Compar.* indulgentius, Liv. fr. u. a.: *Superl.* indulgentissime, Sen. u. a. – **b** im üblen Sinne, **sich gehen lassend, leidenschaftlich, unmäßig,** his (calicibus) uti, Hadr. imp. bei Vopisc. Sat. 8, 10: voluptati aurium indulgentissime deditus, Solin. 9, 14.

indulgentia, ae, *f.* (indulgens), **I** die **Nachsicht, Güte, Gnade, Huld, nachsichtige Liebe, Zärtlichkeit** (Ggstz. severitas), naturalis, Cic.: dei, Sen.: nimia patris, Val. Max: Plur. indulgentiae, Gnadenerweisungen, Auson. grat. act. XVI, 72. p. 28, 21 Schenkl. Eumen. grat. act. Constant. 12, 2: indulgentiae principales, fürstliche Gnadenerlasse, Firm. math. 4, 14. – m. obj. Genet., filiarum, gegen die T., Cic.: corporis, Nachgiebigkeit gegen den K., Cic. – m. *in* u. Akk.: eius nimia in Lepidum, Planc. in Cic. ep.: tanta Hannibalis in captivos, Liv.: Plur., indulgentiae suae in Aquilienses, CIL 5, 7992. – v. Lebl., fortunae, Liv. u. a.: caeli, milder H. (= milde Witterung), Verg. – **II** übtr., das **Erlassen, a** der Strafe, der **Straferlass,** indulgentias petere, Capit. Anton. Pius 6. § 3. Eumen. grat. act. Constant. 8, 3 u. a. – dah. der christl. **Ablass,** Eccl. – **b** der Steuern, der **Steuererlass,** Eumen. grat. act. Constant. 1, 3 u. a.: Plur., Amm. 16, 5, 15.

indulgeo, dulsī, dultum, ēre, **I** *intr.* gegen jmd. **gefällig-, willfährig sein,** jmdm. **in allem zu Willen sein, nachsehen, Nachsicht haben** mit usw., **durch die Finger sehen, A** eig.: sibi, Cic.: sic sibi indulsit, ut etc., ließ sich so gehen, dass usw., Nep.: nihil (in nichts) his indulsit Antonium violandum, Nep.: ardori alcis, Liv.: amori, Plin. ep.: precibus, Plin. ep.: debitori, Nep.: peccatis, Cic.: archaist. mit *Acc. pers.*, Afran. com. 389. Ter. eun. 222; heaut. tim. 988: u. im Passiv, quando animus eorum laxari indulgerique potuisset, wenn sie von ihren Arbeiten geistig ausruhen und ihrem eigenen Vergnügen nachhängen können, Gell. praef. § 1. – **B** übtr.: **1** bei etw. **sich gehen lassen,** einer Sache **nachhängen, sich hingeben, Raum geben, sich allzu sehr ergeben, freien Lauf lassen, frönen,** vino, Verg.: prae omnibus oleribus lactucis impatienter, Vopisc.: pomis vehementer, Lampr.: non plus quam sextario vini, nicht mehr trinken als usw., Iustin.: somno, Tac.: lacrimis, Ov.: luxuriae, Curt.: dolori, Nep.: ordinibus, erweitern, Verg.: animo, Ov.: novis amicitiis, Cic.: *impers.*, si aviditati indulgeretur, Liv.: archaist. m. *Acc.*, iram nimis, Lucil. 900. – **2 abwarten, besorgen,** valetudini, Cic.: labori, Verg.: hospitio, den Gast pflegen, Verg. – **II** *tr.* **gestatten, erlauben, bewilligen, geben, schenken, A** im Allg.: alci sanguinem suum, zum Opfer bringen, Liv. 40, 15, 16: alci commeatum, Plin. ep. u. a.: essedario rudem, einem den Fechterstab und somit die Entlassung geben, Suet.: patientiam flagello, sich geduldig geißeln lassen, Mart.: largitionem (Ggstz. abnuere), Tac.: condemnationes, bei den V. Begnadigung eintreten lassen, Lampr. – m. folg. *Infin.*, Sil. 14, 672. Stat. Theb. 1, 500 u. 9, 317. – im Passiv, abolitio, quae indulgetur, ICt.: participatu imperatoriae potestatis indulto, Capit. – **B** insbes., se ind. alci, **sich überlassen, sich preisgeben,** se tribuno, Iuven. 2, 165: – sese videndum alci, Stat. silv. 4, 6, 37. – ► Supin. indulsum (neben indultum), Prisc. 9, 51 ohne Beleg.

indulgitās, ātis, *f.* (indulgeo) = indulgentia, Cael. Antip. 7. fr. 48 (bei Serv. Verg. georg. 2, 345). Sisenn. hist. 3. fr. 46 (b. Non. 126, 8).

indultor, ōris, *m.* (indulgeo), der **Begünstiger, Beförderer,** legis, Tert. adv. Marc. 4, 9. – u. der **Begnadiger,** criminum, Isid. de vir. ill. 8. § 10.

indultum, ī, *n.* (indulgeo), **I** die **Erlaubnis,** Cod. Theod. 3, 10, 1 u. 4, 15, 1. – **II** die **Bewilligung,** das **Geschenk,** Gloss. IV, 91, 27.

indultus, Abl. ū, *m.* (indulgeo), die **Verwilligung,** Sidon. epist. 1, 11, 13 u. a.

indūmentum, ī, *n.* (induo), der **Anzug,** die **Kleidung,** die **Hülle,** Aur. Vict. u. a.: oris, Maske, Bassus b. Gell. – im weiteren Sinne = die **Umkleidung,** der **Überzug,** die **Hülle,** boletorum, Sen. nat. qu. 4, 13, 10 H.: testeum, Macr. Somn. Scip. 1, 11, 12: ind. u. indumenta carnis, v. Körper, Lact. 6, 13, 5. Prud. cathem. 9, 99: indumento iustitiae velari, Lact. 6, 13, 12.

in-duo, duī, dūtum, ere (= ἐνδύω; Ggstz. exuo), **antun, I** eig. = **anziehen, anlegen** (dagegen amicire = umnehmen, umwerfen), alci tunicam, Cic.: sibi torquem, Cic.: capiti suo personam, Fronto (u. bildl. personam philosophi, Cic.): vestes umeris, Ov.: vestem, Suet.: praetextam, die konsularische Prätexta anlegen (= das Konsulat wirklich verwalten), Plin. pan.: galeas, aufsetzen, Caes.: arma alci, Liv.: capillis induta laurus, Ov.: anulum articulis, Ov., u. bl. anulum, Cic., anstecken: scalas, eine Leiter über den Kopf nehmen, Ov. – im Passiv (gew. im Partiz. Perf.), m. *Abl.*, indui veste, Ter.: socci, quibus indutus esset, Cic.: indutus galeā, Verg.: sancto Caesaris auro, Sil.: indutus duabus quasi personis (Masken, bildl. = Rollen), Cic.: m. *Acc.*, muliebrem amictum induebantur, Heges. 4, 25, 2: ostrinum indutus supparum, Varro fr.: longam indutae virgines vestem, Liv.: pallam inauratam indutus, Rhet. Her.: indutus chlamydem Tyriam, Ov.: bracas indutus, Tac.: thoracem indutus, Curt.: tunica quam erat induta, Plin. ep.: quidlibet indutus, Hor.: interim nequis quin eius aliquid indutus sies, Plaut. – **II** übtr.: **A** im Allg.: **1 bekleiden** = mit etw. **umgeben, bedecken, versehen,** di induti specie humanā, Cic.: beluae quaedam formā hominum indutae, Cic.: Aegyptus tantis segetibus induebatur, ut etc., Plin. pan.: induere avem, die Gestalt eines Vogels annehmen, Apul.: alci speciem latronis, jmd. als Straßenräuber darstellen, Liv. – homines in vultus ferarum, verwandeln, Verg.: so auch quos scopulis induit, Val. Flacc. – arbor induit se in florem, kleidet sich, hüllt sich in Blüte ein, Verg.: in flore novo pomis se induit arbos, zeigt in der Blüte das Obst, Verg.: cratera coronā, bekränzen, Verg.: vites se induunt uvis, sind umgeben mit usw., voll von usw., Colum.: cum venti se in nubem induerint, sich einhüllten, Cic.: mit *Acc.*, induitur aures aselli, wird versehen mit O., Ov. – **2** gleichs. **anziehen, anlegen, a sich** selbst, **sich zuteilen, sich aneignen, annehmen** (vgl. Bünem. Lact. 2, 16, 3), sibi cognomen, Cic.: illorum sibi nomina, quasi personas aliquas, Lact.: externa vocabula, Lact.: sibi novum ingenium, Liv.: falsam sibi scientiae persuasionem, Quint.: munia ducis, Tac.: mores Persarum, Curt.: imaginem mortis (= *somnum*), Cic.: proditorem et hostem, die Rolle des V. u. F. übernehmen, Tac.: diversa, verschiedene Gesinnungen annehmen (verschiedenen Parteien angehören), Tac. – u. **sich** in etw. **einlassen, auf** etw. **eingehen,** etw. **beginnen,** societatem, seditionem, Tac.: hostilia adversus alqm, Tac. – **b** einem anderen **zuteilen, mitteilen, geben, verschaffen, beibringen, verursachen,** alci amorem sui, Gell.: vino vetustatem, Plin.: fictam orationem personis, Quint.: eloquentiam pueris, Petron.: maxime positas in affectibus causas propriis personis, Quint. – **B** insbes., ind. se in alqd od. se alqā re, **sich** in etw. **verwickeln,** in etw. **treten, fallen, stürzen, 1** eig.: se in laqueum, Plaut.: se vallis, Caes.: se hastis, Liv. – sese mucrone (*al.* mucroni), sich in sein Schwert stürzen, Verg. Aen. 10, 682 *sg.* – **2** übtr., **sich** mit etw. **verflechten, sich** in etw. **verwickeln,** in etw. **geraten,** se ita rei publicae, ut etc., sich so mit dem St. verflechten usw., Sen. – se in laqueos, Cic.: se in captiones, Cic.: absol., Cic. – ebenso Passiv medial, indui confessione suā, sich in seinem eigenen G. fangen, Cic.: indui in poenas legum, Quint. – ► Partiz. Perf. Pass. ungew. induitus, Itala (cod. Fuld.) Ephes. 6, 14. – Partiz. Fut. Akt. induiturus, Tert. adv. Prax. 12.

indupedio, īvī, ītum, īre, altlat. = impedio, Lucr. 1, 240 u. 2, 102.

induperātor, ōris, *m.*, altlat. = imperator, Enn. ann. 83. 326. 347. 565*. Lucr. 4, 964; 5, 1225.

indupero, āvī, āre, altlat. = impero, Enn. ann. 427* (wo Genet. Plur. Partiz. Präs. induperantum). Poët. b. Hyg. fab. 221 (= Anthol. Lat. 882, 7 R. od. 937, 7 M.).

in-dūrēsco, dūruī, ere, **hart werden, sich verhärten, I** eig.: stiria induruit, Verg.: antequam grana indurescant, Colum.: vetus condyloma iam induruit, Cels.: limus interdum *in* crustam indurescit, Frontin. aqu. – **II** übertr.: **A** körperl.: corpus ipso induruit usu, härtete sich ab, Ov.: sic veneficiis corpus induruit, ut saxa reverberet, Sen. rhet.: totos induruit artus, erstarkte, Lucan. – **B** moralisch: ante animum nostrum formare incipimus et recorrigere, quam indurescat pravitas eius, Sen.: franges enim citius quam corrigas, quae in pravum induruerunt, Quint. – v. Pers., indulsit vitiis; simul et emarcuit et induruit, Sen.: miles induruerat pro Vitellio, hielt unerschütterlich treu zu V., Tac.: tam obstinate magis ac magis (Atticum) induruisse, bleibe mehr u. mehr hartnäckig u. unerschütterlich bei seinem Entschluss, Plin. ep.

in-dūro, āvī, ātum, āre, **I** *v. tr.* **hart machen, härten, verhärten, A** eig.: nivem indurat Boreas, Ov.: ind. attritu arborum costas (v. Schweinen), Plin.: aciem (ferri), stählen, Plin.: ceteros articulos induratos hoc molliebat, Cels. – **B** übtr.: **a** physisch: quod (litus) non numquam longa tranquillitas *mollit,* saepius frequens et contrarius fluctus *indurat,* zu einem angenehmen ... zu einem unfreundlichen Aufenthalt macht, Plin. ep. 2, 17, 27. – **b** moralisch, **härten, stählen,** animum, Sen.: frontem, schamlos machen, Sen.: pueritiam *ad* futurae militiae patientiam (v. Fluss Eurotas), Sen. rhet.: sic *ad* labores bellicos indurantur, Iustin.: se *adversus* omnia, quae incĭdere possunt, Sen. – oft *Partic.* (auch im *Compar.*), induratus resistendo hostium timor, der Widerstand macht den Feind gegen die Furcht hart, Liv.: assiduis bellis indurata virtus Macedonum, Iustin.: Germanis quid induratius *ad* omnem patientiam? Sen. de ira 1, 11, 3. – **II** *v. intr.* **hart werden, sich verhärten, A** eig.: quae (creta) si induraverit, Veget. mul. 5, 81, 2. – **B** übtr., physisch **erstarken,** ubi aetas induravit, Cels. 5, 28, 9.

1. Indus, ī, *m.* u. **Indus,** a, um, s. Indī.

2. Indus, ī, *m.* (Ἰνδός), **I** Hauptfluss Indiens, der in das Erythräische Meer mündet, j. *Sind,* Cic. de nat. deor. 2, 130. Vitr. 8, 2, 6. Ov. trist. 5, 3, 24. – **II** der auch Calbis (Κάλβις) genannte Fluss Phrygiens u. Kariens, in der Nähe von Cibyra, jetzt *Quingi* od. *Tavas,* Liv. 38, 14, 2. Plin. 5, 103.

indūsiārius, iī, *m.* (indusium), der **Verfertiger von Übertuniken,** Plaut. aul. 509.

indūsiātus, a, um (indusium), **mit einer Übertunika angetan,** Plaut. Epid. 231.

indūsio, āre (indusium), **bekleiden, ausstaffieren,** pueri calamistrati pulchre indusiati, Apul. met. 2, 19: alqā re, Mart. Cap. 1. § 65 u. 2. § 114.

indūsium, iī, *n.* (induo), die **obere Tunika, Übertunika** (während die untere subucula hieß), Varro vit. P. R. 1. fr. 37 (b. Non. p. 542, 24). Varro LL. 5, 131 (der intusium schreibt und es von intus ableitet).

1. industria, ae, *f.* (industrius), die **beharrliche, nachhaltige, energische Tätigkeit,** die **Rührigkeit, Energie,** das **tätige Auftreten,** der **rege, nachhaltige Fleiß,** die **Betriebsamkeit** (Ggstz. segnities, ignavia), Cic. u. a.: verb. labor atque industria, Nep., industria et labor, Tac.: hominum novorum ind., Cic.: ind. in agendo, Cic.: militaris industria circa quaerendos et continendos latrones, Fronto: itineris (im Reisen), Suet.: industriam in alqa re ponere, Cic.: mihi in perferendo labore industriam non defuturam, Cic.: maxima industria est m. *Infin.,* quibus maxima industria videtur salutare plebem, denen es als höchster Grad menschlicher Tätigkeit erscheint, Sall. Iug. 4, 3. – industriā, Plaut., Plin. u. a., od. de industria, Cic., od. ex industria, Liv., od. ob industriam, Plaut., mit Fleiß (Absicht, Vorsatz), geflissentlich, absichtlich, vorsätzlich: sine industria, unabsichtlich, Cic. – Plur., Plaut. most. 348. Rhet. Her. 3, 14. Cic. Verr. 4, 81. Vitr. 1, 1, 12; 7. praef. § 4 u. 9. praef. § 2. Arnob. 2, 67.

2. Industria, ae, *f.,* Stadt in Ligurien, am Padus (Po), nach Mannert j. *Casale,* nach Reichard die Ruinen bei *Verrua* am Einfluss der *Dora Baltea* in den Po, Plin. 3, 49. – Dav. **Industriēnsis,** e, **industriensisch,** CIL 5, 7468.

industriē, *Adv.* (industrius), **emsig, angelegentlich, eifrig, mit Fleiß,** Cato fr., Caes. u. a.: diligenter industrieque, Caes.

industriōsē, *Adv.* (industriosus), **angelegentlich, eifrig,** Cassiod. var. 5, 1, 2. Ps. Suet. vit. Iuven. – *Compar.,* verba industriosius quaerere, Fronto ad M. Caes. 4, 3. p. 62, 15 N. – *Superl.* industriosissime, Cato origg. 2. fr. 2.

industriōsus, a, um (industria), **sehr betriebsam, sehr tätig,** Campania, Cassiod. var. 8, 33, 3.

industrius, a, um (aus indu und struo), **beharrlich, tätig, regsam, betriebsam** (Ggstz. segnis, ignavus), Cic. u. a. – *Compar.* industrior, Plaut. most. 150, u. industriior, Cato orat. 36. fr. 2. u. C. Gracch. orat. fr. bei Prisc. 3, 8 (Bergk industrior).

indūtiae, ārum, *f.* (wie indutilis v. induo, dah. = tempus indutum od. insertum, d. i.) eine Schaltzeit, die die Kriegszeit auf eine Weile unterbricht, die **Waffenfrist,** der **Waffenstillstand, I** eig.: in indutiis esse, Liv.: indutias petere ab alqo, Nep.: indutias postulare, Sall.: indutias annorum octo impetrare, Liv.: indutias dare, indutias biennii dare, indutias in centum annos dare, Liv.: indutias facere (schließen), Cic.: sine dolo indutias conservare, Nep.: indutias per scelus violare, Caes.: indutias od. indutiarum fidem rumpere, Liv.: indutias tollere, Liv.: cum quasi tacito consensu indutiae essent, Iustin.: aliter nec indutias nec spem pacis ullam esse, Liv.: indutiarum praeteriit dies, Nep.: per (während) indutias, Sall., in pace et per indutias, Sall. – **II** übtr.: **A Waffenstillstand = Ruhe** im Wortstreit usw., Plaut., Plin. ep. u. a.: in der Liebe, Ter. eun. 60. – **B** insbes.: **1** die **Frist** bei Zahlung der Steuer (noch jetzt ital. *indugio*), Cassiod. var. 5, 34, 1. – **2** die **Stille,** noctis, Apul. met. 2, 26. – ► Archaist. Sing. indutia, nach Gell. 19, 8, 13 (ohne Beleg). – archaist. Form indotiae, Cic. legg. 2, 21.

indūtilis, e (induo), **leicht hineinfügbar,** vomis, Cato r. r. 135, 2.

Indutiomārus, i, *m.,* Fürst der Treverer, von Labienus getötet, Caes. b. G. 5, 3 *sq.* u. a.

indūtōrius, a, um (indutus), **zum Überwerfen geeignet,** pellis, Paul. sent. 3, 6, 79.

indūtus, nur Dat. ui u. Abl. Plur. ibus, *m.* (induo), das **Anziehen** des Kleides, die **Bekleidung,** konkr., der **Anzug,** die **Kleidung,** prius *indutui,* tum *amictui* quae sunt, tangam, Varro LL. 5, 131: mundissima lini seges inter optimas fruges terrā exorta non *modo indutui* et *amictui* sanctissimis Aegyptiorum sacerdotibus, sed *opertui* quoque rebus sacris usurpatur, Apul. apol. 56: illa vestis decenter indutui est, quae non trahit pulverem, Symm. epist. 3, 10: eam (tunicam) dicimus muliebrem, quae de eo genere est, quo indutui mulieres ut uterentur est institutum, Varro LL. 10, 27: ea, quam indutui gerebat, vestis, Tac. ann. 16, 4: habebat indutui ad corpus tunicam interulam, Apul. flor. 9. p. 10, 19 Kr. – Plur., horrentes indutibus rigidis, Amm. 24, 2, 5: indutibus imperatoriae maiestatis apud Nicaeam ornatus, Amm. 30, 7, 4.

induviae, ārum, *f.* (induo), der **Anzug,** die **Kleider,** Plaut. Men. 191. Prud. psych. 578 u. c. Symm. 2, 288. Salv. de gub. dei 1, 43 u. 5, 21. Vgl. Isid. orig. 12, 4, 47.

induviēs, *f.,* Nbf. v. induviae (s. d.), der **Beuteschmuck,** Gell. 9, 13, 3.

induvolāns, s. in-volo a. E. ►.

inebrae (inhibrae), Vögel, die bei den Augurien etwas verbieten, Paul. ex Fest. 109, 19. Serv. Verg. Aen. 2, 246. Isid. orig. 12, 7, 77. Vgl. Gloss. ›inebra, ὄρνεον μαντευτικόν‹.

inēbriātor, ōris, *m.* (inebrio), der **Berauscher,** sanctorum, Tert. adv. Marc. 5, 18.

in-ēbrio, āvi, ātum, āre, **trunken machen, berauschen, I** eig.: palma vescentes inebriat, Plin.: inebr. alqm, Vopisc.: inebr. se, Augustin.: alqm vino, Hyg.: vino inebriari, Tert. u. Hieron.: multo vino inebriari, Sen.: aqua in agro Caleno, quā homines inebriantur, Val. Max.: inebriati dracones, die trunkenen, Plin. – **II** übtr., **sättigen, tränken, a** mit einer Feuchtigkeit, uvae vino suo inebriantur, Plin.: radices inebriatae, ersäuft, Plin.: bes. v. Farben, amethystum absolutum inebriatur Tyrio, Plin. – **b** übh.: spiritu aëris flatibus venenatis inebriato, Sidon. epist. 1, 5, 8. – aurem, vollschwatzen, Iuven. 9, 113.

in-edāx, ācis = ὀλιγοφάγος, **nicht gefräßig, mäßig im Essen,** Gloss. II, 382, 1.

in-edia, ae, *f.* (in u. 1. edo), **I** das **Nichtessen,** das **Fasten,** das **Hungern,** inedia cibi, Sulp. Sev. dial. 1, 4, 7: genua inediā succidunt, Plaut. Curc. 309: corpus patiens inediae, algoris, vigiliae, Sall.: vigiliis et inediā necatus, Cic.: inediā consumi, Cic. u. Scrib. Larg., od. confici, Tac.: inediā mori, Gell.: inediam sustinere, tolerare, Cels. – **II** die **Hungersnot,** inediae dispellere metum, Amm. 14, 7, 5.

inēditus, a, um (in u. 2. edo), **noch nicht herausgegeben** (bekannt gemacht), iuvenes, quorum inedita cura (Ausarbeitung = Schriften) est, Ov. ex Pont. 4, 16, 39.

in-effābilis, e, **unaussprechlich,** verba, Plin. 28, 20. Augustin. epist. 147, 31: nomina, Plin. 5, 1: fraudes, Apul. met. 8, 8: misericordia, Augustin. de fid. et symb. 9, 18.

ineffābilitās, ātis, *f.* (ineffabilis), die **Unaussprechlichkeit,** Augustin. epist. 147, 31 u. a. Eccl.

ineffābiliter, *Adv.* (ineffabilis), **unaussprechlich,** Augustin. serm. 117, 8 u. 126, 7 u. a. Eccl.

in-effectus, a, um (in u. efficio), **unausgeführt, unvollendet,** Hieron. in Didym. de spir. scto 5, 8 *in.*

inefficāciter, *Adv.* (inefficax), **ohne Wirkung, vergeblich,** Paul. dig. 49, 8, 2. § 1. Cod. Iust. 6. 35, 2. Symm. epist. 6, 53.

in-efficāx, cācis, **unfähig,** etw. **hervorzubringen,** vox ineff. verborum, Sen. de ira 1, 3, 7. – dah. **unwirksam, schwach,** ratio, Sen.: furoris exitus, Ambros.: genus animalium ineff. bello est, Veget. mil.: constat inefficax machinamentum reddi, si inveniatur inferius, *ibid.* – *Compar.*, fit ex candido aero squama longe Cypriā inefficacior, Plin. 34, 109.

ineffigiābilis, e (in u. effigio), **nicht abzubilden,** Tert. de anim. 24.

ineffigiātus, a, um (in u. effigio), **ungestaltet,** fetus ineffigiatus informisque, Gell. 17, 10, 3: ineff. anima, Tert. de anim. 9.

ineffugibilis, e (in u. effugio), **unentfliehbar, unvermeidlich,** Apul. de mund. 38. Vulg. sap. 17, 16.

inēlabōrātus, a, um (in u. elaboro), **I nicht ausgearbeitet, nicht studiert,** oratio, Sen. de tranqu. an. 1, 13: deliciae, Cassiod. var. 8, 31, 4. – **II ohne Arbeit gewonnen,** pabulum, Ambros. in Luc. 7. § 124.

in-ēlegāns, antis, **ungewählt, geschmacklos, unschön, unästhetisch,** gew. m. vorhergeh. Negat., ratio non in., Cic.: sermo non in., Suet.: copia orationis non in., Cic.: ne sint (deliciae tuae) illepidae et inelegantes, Catull. – ► Abl. Sing. ineleganti, Plin. 21, 169.

inēleganter, *Adv.* (inelegans), **ungewählt, geschmacklos, unschön,** historia non in. scripta, Cic.: in. dividere, ohne logische Feinheit, unlogisch, Cic.: composuit et ›De vita sua‹ octo volumina, magis inepte quam ineleganter, Suet.

in-ēlegantia, ae, *f.*, der **Mangel an Wahl, -an Unterscheidung,** iuris (im Rechtsverhältnis), Gaius instit. 1. § 84: agrestis in consultando inelegantia, Chalcid. Tim. 156.

in-ēlīmātus, a, um (in u. elimo), **unvermindert,** velocitas, Ennod. epist. 5, 7. p. 129, 23 *Hartel.*

in-ēliquātus, a, um (in u. eliquo), **ununtersucht,** Augustin. op. imperf. c. Iulian. 1, 27.

in-ēlixus, a, um, **leicht gesotten,** Apic. 6, 217 u. 8, 385.

in-ēloquēns, entis, **unberedt,** Lact. de opif. dei 20, 5. Augustin. locut. de genes. 2, 27.

inēloquibilis, e (in u. eloquor), **unaussprechlich,** Lact. 7, 5, 9 u. a.

in-ēluctābilis, e, **unentringbar, I** eig., **undurchdringbar, undurchwatbar,** caenum, Stat. Theb. 9, 502: ineluctabiles navigio paludes, Sen. nat. qu. 6, 7, 2: Scyllae inel. unda, Anthol. Lat. 653, 23 (286, 23). – **II** übtr., **unbewältigbar, unabwendbar** (vgl. Ruhnken Vell. 2, 57, 3), servitus, unabschüttelbar, Sen.: error, Chalcid. Tim.: propositum, unerschütterlich, Arnob.: bes. vom Schicksal, vis fatorum, Vell.: fatum, tempus, Verg.: necessitas, Arnob.

in-ēluctātus, a, um (in u. eluctor), **unüberwunden,** Ennod. opusc. I. p. 297, 15 *Hartel* u. dict. I. p. 426, 21.

in-ēluibilis, e (in u. eluo), **unauswaschbar, unauslöschlich,** fucus, Lact. 7, 20, 9: maculae, Lact. de ira 23. § 24.

in-ēmendābilis, e, **unverbesserlich, unheilbar,** pravitas, Quint. 1, 1, 37: oris incommoda, Quint. 11, 3, 12: iste affectus, Sen. de ira 3, 41, 4: inem. est enim error, qui etc., Val. Max. 7, 2, 2.

inēmendātus, a, um (in u. emendo), **unverbessert,** auch im *Compar.*, Serv. Verg. Aen. 1, 566 u. Eccl.

in-ēmeribilis, e (in u. emereo), **nicht erwerbbar,** Tert. de res. carn. 18.

in-ēmorior, ēmorī, in od. bei etw. **sterben,** spectaculo, Hor. epod. 5, 34.

in-ēmptus (inēmtus), a, um (in u. emo), **a ungekauft,** fundos inemptos fore, seien als nicht gekauft zu betrachten, ICt.: inemptum facere alqd, den Kauf von etw. aufheben, ICt.: *neutr. pl.* subst., cum milites inempta diriperent, alles ohne Bezahlung wegnahmen, Spart. Sev. 7, 3. – prägn., **ungekauft = selbst erzeugt, selbst erworben,** res, Ov.: dapes, Colum., Verg. u. Hor.: poma, Priap.: lepus, auf dem eigenen Besitztum gejagt, Mart. – **b unerkauft,** consulatus, Tac. hist. 2, 60: honores, Plin. praef. 1, 9: favor, Claud. VI. cons. Hon. 607: salus, nimmer erkäufliches Heil, Claud. edyll. 6, 70.

in-ēmundābilis, e (in u. emundo), **unabwaschbar,** caenum, Innoc. in Augustin. epist. 181, 1.

in-ēnārrābilis, e, **unerzählbar, unbeschreiblich, unsäglich, unerklärlich,** tabes, Liv.: labor, Liv.: natura fluminum, Sen.: incredibilis atque inen. pietas., Vell.: hoc vero inenarrabile est, quod fit adversus eos, Lact.

inēnārrābiliter, *Adv.* (inenarrabilis), **unbeschreiblich, unsäglich,** Augustin. conf. 3, 20 *no.* 28; Liv. 41, 15, 2 (Weißenborn u. Hertz iecur omne inenarrabili tabe absumptum).

inēnārrandus, a, um (in u. enarro), **unbeschreiblich,** Hilar. de trin. 5, 32 u. 11, 23.

inēnārrātīvus, a, um (in u. enarro), **nicht zum Erzählen geeignet,** Tert. adv. Val. 27.

inēnārrātus, a, um (in u. enarro), **unerklärt, unaufgelöst,** aenigma, quod reliquimus inenarratum, Gell. 12, 6, 1: verba haec, quae reliquimus inenarrata, Gell. 19, 14, 4.

in-ēnatābilis, e (in u. enato), **nicht entschwimmbar,** Tert. de idol. 24.

in-ēnōdābilis, e (in u. enodo), **nicht entwirrbar, I** eig. = **verworren,** capillus, Apul. apol. 4. – **II** übtr., **unauflöslich, unerklärbar, unerklärlich,** Acc. tr. 75. Cic. de fato 18: ros, Arnob. 2, 14.

in-ēnōrmis, e, **nicht unmäßig,** proceritas, Apul. met. 2. c. 2.

in-ēnūntiābilis, e (in u. enuntio), **unaussprechlich,** Censor. 19, 3.

in-eo, iī, (selten īvī), itum, īre, **I** *intr.* **hinein-, hingehen, eingehen, A** eig.: in urbem, Liv.: neque iniit hāc, Plaut.: ad alterum, Gell.: ut ovans iniret, einziehen sollte (in die Stadt), Tac. – **B** übtr., der Zeit nach **angehen, anfangen, beginnen, den Anfang nehmen,** ineunte anno, Suet.: iniens aetas, das angehende Alter = die Jünglingsjahre, Cic.: u. so oft ineunte aetate, ab ineunte aetate, Cic.: ineunte adulescentiā, Cic. u. Nep.: ab ineunte adulescentiā, Cic. ep. u. Tac. – **II** *tr.* in etwas **hineingehen,** zu etw. **hingehen,** etw. **betreten, A** eig.: **1** im Allg.: viam, Cic.: urbem, Liv.: agrum Romanum, Liv.: domum, Cic.: tentoria, Plin. pan.: convivia, zu Gastereien, Cic. – **2** insbes.: **begatten, beschlafen,** von Tieren, **bespringen,** reginam, Suet.: Pasiphaën (v. Stier), Suet.: matrem (das Weibchen), Varro: im Passiv, ineuntur canes a partu sexto mense, Plin.: vaccam initam, Liv. – **B** übtr.: **1** jmd. **befallen, anfallen,** init te numquam febris? Plaut. fr. inc. b. Paul. ex Fest. 110, 11. – **2** eine Zeit **antreten, beginnen,** initā aestate, Caes.: initā proximā aestate, Caes.: initā hieme, Caes.: decus hoc aevi (dieses glänzende, goldene Zeitalter) te consule inibit, Verg. – **3** eine Tätigkeit, ein Amt usw. **antreten, übernehmen, beginnen,** bes. als milit. u. publiz. *t. t.*, non iter, sed proelium, Curt.: u. so proelium, Cic.: bellum cum alqo, Liv. – magistratum, consulatum, Cic.: honores (Ggstz. finire), Vell.: tribunatum, sacerdotium, Vell.: imperium, Suet.: ipse ego paulipser pro te munera tua inibo, will für dich dein Amt versehen, Verg. – **4** einen Zustand od. eine Tätigkeit **eingehen = vornehmen, anstellen, sich** in etwas **einlassen, sich** einem Geschäft usw. **unterziehen,** aliquam viam (einen Weg einschlagen), quā etc., Liv.: fugam, sich auf die Fl. begeben, Val. Max.: cursus, anstürmen, Verg. – numerum inire, eine Zählung vornehmen, abhalten, Caes.: u. inire numerum interfectorum, Liv. – rationem alcis rei, etwas überrechnen, überschlagen, rationem quaestus, Cic.; übtr. = etwas überschlagen, überlegen, ermessen, Cic., Liv. u. a.: initā subductāque ratione, mit vollständiger Verstandesberechnung, Cic. – in. horum aestimationem, Sen.: mensuram agrorum, Colum.: societatem, eingehen, schließen (vgl. εἰσιέναι ἐς σπονδάς), Cic.: u. so foedus, Prop. u. Isid.: indutias, Plin. pan. – consilium, s. cōnsilium *no.* II, a. – gratiam, s. grātia *no.* II, A: formam vitae, eine gewisse Lebensart ergreifen, Tac.: somnum, schlafen, Verg.: suffragia, votieren, Liv.: nexum, Liv.: imperia, vollziehen, Stat. – m. *Infin.*, **sich vornehmen,** quā ratione vitam vivere inierit, considerandum est, Apul. apol. 24. – ► Perf. init = iniit, Lucr. 4, 337 (314). Stat. Theb. 1, 69; 7, 439; 8, 107; 11, 124. – Perf. inivi Vopisc. Proc. 12, 7; inivimus, Curt. 8, 7 (24), 1 H. u. Z. (Vogel iniimus).

ineptē, *Adv.* m. *Compar.* u. *Superl.* (ineptus), **unpassend, I zu unrechter Zeit,** Caecin. in Cic. ep. 6, 7. § 1. – **II unschicklich, ungereimt, läppisch,** Cic. u. a.

ineptia, ae, *f.* u. **ineptiae,** ārum, *f.* (ineptus), **a** Sing., die **Ungehörigkeit, Verkehrtheit, Albernheit** im Handeln u. Reden, Plaut. merc. 26. Ter. eun. 741 u. adelph. 749. Prud. c. Symm. 1, 146 u. 2, 57. – **b** Plur., **Ungehörigkeiten (ungehörige Dinge), Verkehrtheiten, Albernheiten, Torheiten, Phantastereien, Fadheiten, Spielereien, Tändeleien, Geschwätz, törichte Einfälle, Unsinn,** im Handeln u. Benehmen, o tristes ineptias! Caecil. com. fr.: humiles ineptiae, gemeine Späße (v. Tänzen), Petron.: mimicae ineptiae, Sen.: hominum ineptiae ac stultitiae, Cic.: nugae ineptiaeque maximae, Plaut.: nec tu quid facias ineptiarum, Catull.: ut eos partim scelerum suorum, partim etiam ineptiarum paeniteat, Cic.: quos certum habeo dicturos me ineptiis meis plausisse, habe meinen eigenen törichten Liebhabereien das Wort geredet (mein Steckenpferd geritten), Tac. – im Denken, Reden und Schreiben, mit subj. *Genet.*, iurisconsultorum istae ineptiae, Sen.: aliae ineptiae verba quaerentium, Sen.: mit obj. *Genet.*, sententiarum ineptiae, Suet.: mit *Pron. poss.* u. *Adii.*, si qui forte mearum ineptiarum lectores eritis, Catull.: quid ad istas ineptias abis? inquies, Cic.: ut ad pauca redeam ac mittam illius ineptias, Ter.: ridere ineptias Graecas, Sen.: pellantur ergo istae ineptiae paene aniles (alberne Ansichten der alten Weiber), Cic.: curavit notitiam historiae fabularis usque ad ineptias et derisum (bis zum Läppischen u. Lächerlichen), Suet. – als Titel einer Schrift u. übh. von Schriften, libellos ineptiarum (Einfälle), qui nunc iocorum (Schwänke) inscribuntur, componere instituit, Suet. gr. 21.

ineptio, īre (ineptus), **ungereimt-, albern-, töricht handeln** od. **reden, Unsinn schwatzen,** miser Catulle, desinas ineptire, Catull. 8, 1: u. ineptis (als Ausruf), du faselst! dummes Zeug! Ter. Phorm. 420; adelph. 934: ludere aliquid atque ineptire, Fronto ep. ad M. Caes. 4, 17. p. 73, 23 N.: apud quem igitur libentius ineptiam, quam cui displicere non possum? Augustin. epist. 3, 5.

ineptiola, ae, *f.* (*Demin.* v. ineptia), eine **Lapperei,** Auson. Griphus (XXVI) 1, 11. p. 127 Schenkl.

ineptitūdo, inis, *f.* = ineptia, Caecil. com. 61. Gloss. V, 643, 12.

in-eptus, a, um (in u. aptus), **I unpassend, untauglich,** chartae, Makulatur, Hor. ep. 2, 1, 270. – **II** übtr., **ungehörig, unpassend, unschicklich, ungereimt, läppisch, abgeschmackt,** lenitas patris, Ter.: causa, ungenügender Grund, Ter.: negotium, Cic.: lusus (Plur.), Ov.: rei ineptae inservire, Val. Max.: *neutr.* subst., nihil habere insolens aut ineptum, Cic. – v. Pers., homo, Quint. u. a.: Crispinus, Hor.: Graeculus, Cic.: subst., age, inepte, Ter.: eho, inepta, Ter.: quae narrare inepti est, Caecil. com. fr.: u. so bes. Plur. inepti = Leute, die alles übertreiben, Leute von verdorbenem Geschmack, Pedanten, Gecken, Cic. bei Suet. Caes. 56, 2; vgl. Cic. de or. 2, 17 (wo der Singul. ineptus definiert wird). – *Compar.*, risu inepto res ineptior nulla est, Catull.: nam quid est ineptius, quam etc., Cic.: utrum ineptior fuerit, qui etc. … an qui etc., Sen.: *Superl.*, figurae ineptissimae, Quint.: res ineptissimae, Treb. Poll.: ineptissimum est m. folg. *Infin.*, Quint. 1, 7, 2. Sidon. epist. 9, 3, 7.

in-equitābilis, e = ἄνιππος, **nicht zu bereiten,** von der Beschaffenheit des Bodens, auf dem man keine Reiterei gebrauchen kann, **für Reiterei untauglich** (Ggstz. equitabilis, ἱππάσιμος), campus, Curt. 8, 14 (47), 4.

in-equito, āre, **auf** etw. **einherreiten, -fahren, I** eig., m. *Dat.*, patentibus campis, Flor. 4, 12, 20: horrenti fascino, Arnob. 4, 7. – m. *Acc.*, Aurora caelum inequitabat, befuhr den Himmel = brach an, Apul. met. 3, 1 *in.*: Aurorā commodum inequitante, einherfuhr, anbrach, Apul. met. 6, 11. – **II** übtr., inequ. alci, jmd. **verhöhnen,** frustra alci, Arnob. 7, 30 *in.*: u. so philosophiae, Macr. sat. 7, 15. § 15: tam foedis mysteriis, Arnob. 5, 20.

inerctus (erctum) = indivisus, Paul. ex Fest. 110, 8.

in-ermis, e, u. **in-ermus,** a, um (in u. arma), **unbewaffnet, ohne Waffen, wehrlos, I** eig.: **a** im Allg., v. Pers., Cic. u. a.: gingiva, zahnlos, Iuven.: Nilus famā tantum, inermi quaesitu cognitus, ohne Krieg, Plin. – **b** prägn., v. Pers. = **ohne Waffenmacht,** v. Ländern = **von Truppen entblößt** (vgl. Heräus Tac. hist. 2, 81), legati, Tac.: ager, Liv.: Achaia Asiaque, Tac. – **II** übtr., v. Pers., in. in philosophia, nicht gut gerüstet, nicht gut beschlagen, Cic.: von Lebl.: in. carmen, unkriegerisch, stachellos, niemand verletzend, Prop. u. Ov. – ► Beide Formen (-is u. -us) sind durch die besten Hdschrn. auch bei Cic. gesichert, s. Jordan Cic. Caecin. 60. p. 240.

inerrābilis, e (in u. erro), **nicht irrend, stetig,** Apul. de dogm. Plaut. 1, 11; de mund. 2: Ggstz. errabilis, motus, Suet. fr. 127*. p. 204, 3 *Reiff.*: stellae, Fixsterne, Ambros. epist. 44, 3: übtr., computatio, Augustin. de civ. dei 21, 8.

1. inerrāns, antis (in u. erro), **nicht irrend,** stellae eae, quae inerrantes vocantur, Fixsterne, Cic. de nat. deor. 2, 54: u. so stellae inerrantes, *ibid.* § 55: stellae vel inerrantes vel vagae, Lact. 2, 5, 18.

2. inerrāns, antis, *Partic.* v. inerro, s. d.

inerrātē, *Adv.* (in u. erro), **unbeirrt, ohne zu irren,** Cassiod. in cant. 7, 2.

in-errātum, ī, *n.*, der **Nicht-Irrtum,** Boëth. inst. arithm. 1. praef. p. 5, 8 Fr.

in-erro, āre, **I** *intr.* in od. an od. auf etwas **herumirren, -schweifen, a** eig., v. Pers., mit *Dat.*, montibus, Plin. ep.: mensis (an den T.), Plin. ep.: *in* filios, an seine S. sich verirren, Min. Fel. 31, 4. – **b** übtr., v. Lebl.: languidus ignis inerrat aedibus, Stat.: memoria imaginis inerrat oculis, schwebt vor den Augen, Plin. ep.: si versus noster … summo vel inerret *in* ore, Tibull. 4, 1, 201. – **II** *tr.* v. Tanzenden, decoros ambitus, schweben in usw., Apul. met. 10, 29.

in-ers, ertis (in u. ars), **I** ohne Kennen u. Können, **ungeschickt, einfältig** (vgl. Lucil. 452. Cic. de fin. 2, 115), tam iners, tam nulli consilii sum, Ter.: poëta in., Cic.: tendis iners retia mihi, nicht listig genug, Prop.: tineas pasces inertes, Hor. ep. 1, 20, 12. – **II** ohne regsame Tätigkeit u. Kraft, **untätig, schlaff, träge, unkräftig, untüchtig, unwirksam, wirkungslos, A** im Allg.: **a** v. Menschen u. menschl. Zuständen, gerro, iners (Faulpelz), fraus, Ter.: parens (Ggstz. navus filius), Cic.: homo inertior, ignavior proferri non potest, Cic.: non me inertiorem esse confitear quam opificem quemquam, Cic.: corpora, v. Kindern, Frauen u. Greisen, schwache, wehrlose, Verg.: senectus iners, ignava, Cic.: vita iners, Tibull.: otium inertissimum, Cic. – m. *Genet.*, homines belli inertes, Naev. bell. Pun. 1. fr. XVII (b. Macr. sat. 6, 5, 9). – **b** v. Tieren, pecora, schwaches, schüchternes Wild, Verg.: gallina ad pariendum in., Colum.: in Venerem in., Colum. – **c** übtr., v. Lebl. u. Abstr.: **α** im Allg.: aqua, regungsloses = stehendes, Ov. u. Sen.: aequora, regungsloses = windstilles, Lucan.: stomachus, nicht verdauend, Ov.: terra, träge, unbeweglich, Hor.: pondus, regungsloses, Ov.: ignis, matt, kraftlos, Sil.: tranquillitas, gänzliche Windstille, Sen. – avenae, tauber, Calp. – versus, Hor.: studia, unfruchtbare, Tac.: querelae, unnütze, Liv.: ignavum atque iners genus interrogationis, träge, müßige, Cic. – **β** von der Zeit, in der nichts geschieht, **müßig, träge,** horae, Hor.: tempus, *dolce far niente,* Ov. – **γ** v. Speisen, **matt** von Geschmack, **nicht pikant,** caro, Hor.: sal, taubes, Plin. – **δ** aktiv, **träge-, schlaff machend, erschlaffend,** frigus, Ov.: somni, Ov. – **B** insbes., **feig** (Ggstz. fortis), Cic. u. a. (s. Halm Cic. Sest. 43): verb. iners atque imbellis, Liv. – Dav. *Adv.* **inerter, inertissimē,** Charis. 185, 10 *sq.*

inertia, ae, *f.* (iners), **I** die **Ungeschicktheit, Untüchtigkeit** eines Menschen, Auct. b. Alex. 10, 5. Auct. b. Afr. 31, 5. Petron. 135, 6: Plur., Cic. part. or. 35. – **II** die **Trägheit, Unlust zur Arbeit, Gemächlichkeit, Verdrossenheit** (Ggstz. labor), Cic. u. a.: inquieta, geschäftiger Müßiggang, Sen.: im Ggstz. mit folg. *Genet.*, qui tantas et tam infinitas pecunias non *propter inertiam laboris* (Unlust zur Arbeit), sed *propter magnificentiam liberalitatis* repudiarit, Cic. Rosc. com. 24. – **III** ohne Tadel = das **Unbeschäftigtsein,** die **Gemächlichkeit, Behaglichkeit,** non tamen ut omnino ab inertia mea et quiete discederem, Plin. ep. 1, 6, 1.

inerticula, ae, *f.* (*Demin.* v. iners) = amethystus (ἀμέθυστος), eine Redensart, die guten, aber nicht berauschenden Wein lieferte, Colum. 3, 2, 24. Plin. 14, 31.

inērudītē, *Adv.* (ineruditus), **ungebildet, ungeschickt,** Gell. 6 (7), 3, 12: non iner., höchst sinnreich, Quint. 1, 10, 33.

in-ērudītio, ōnis, *f.* der **Mangel an Bildung,** Vulg. Sirach 4, 30.

in-ērudītus, a, um, **ungebildet, ungeschickt,** von Pers., Cic. u. a.: priscorum verborum ineruditissimus fur, Suet. gr. 15. – übtr., v. Lebl., voluptates, rohe, Quint.: modo ne quis illud tam ineruditum absurdumque respondeat, Cic.

in-ēsco, āvī, ātum, āre, **I anködern, ankörnen,** durch eine Lockspeise **anlocken, a** eig.: animalia cibo inescantur, Petron. 140, 15. – **b** übtr.: hominem, Sen.: homines, Ter.: inescare illicereque multitudinem, Vell.: nos caeci specie parvi beneficii inescamur, Liv.: rex Asiā et Europā quodam modo inescatus, Flor. – **II** mit Speise usw. **anfüllen, sättigen,** largissimae cenae reliquiis inescati canes, Apul. met. 7, 14; liberalibus cenis inescatus, *ibid.* 10, 15: acerrimo gravique odore sulfuris inescatus atque obnubilatus, *ibid.* 9, 24: sellulariis quaestibus inescati, nachdem sie einmal den Magen gefüllt, Amm. 30, 4, 20.

in-ēvectus, a, um (in u. evehi), **hinaufgefahren, -gestiegen,** Ps. Verg. cul. 100 u. 341.

in-ēvītābilis, e, **unvermeidlich, unausweichbar,** fulmen, Ov.: malum, Sen.: crimen, unablehnbarer Vorwurf, Tac. – *neutr. pl.* subst., non vitare inevitabilia, Sen. ep. 30, 7.

inēvītābiliter, *Adv.* (inevitabilis), **unvermeidlich,** Augustin. enchir. 13; serm. 162, 4. Boëth. de cons. phil. 5, 3. p. 102, 35 Obb. u. a. Eccl.

in-ēvolūtus, a, um (in u. evolvo), **unaufgerollt = ungeöffnet,** liber, Mart. 11, 1, 4.

in-ēvulsibilis, e (in u. evello), **untrennbar,** Augustin. c. Donat. 3, 10.

in-exāminātus, a, um (in u. examino), **ungeprüft, ununtersucht,** Mart. Cap. 9. § 895. Firm. math. 1, 2. Chalcid. Tim. 51 C.

in-excitābilis, e, **unerweckbar,** somnus, tiefer, Sen. ep. 83, 15.

in-excītus, a, um (in u. excieo), **unerregt = ruhig,** Verg. Aen. 7, 623. Stat. Ach. 2, 353.

in-excoctus, a, um (in u. excoquo), **nicht ausgesogen,** gleba, Sidon. carm. 7, 380.

in-excōgitābilis, e (in u. excogito), **unersinnbar, unbegreiflich,** Eccl. – *Adv.* **inexcōgitābiliter,** Eccl.

inexcōgitātus, a, um (in u. excogito), **noch nicht ersonnen,** novum et inexc. ante remedium, Plin. 36, 107.

in-excruciātus, a, um (in u. excrucio), **ungemartert,** denique ne Matthian quidem inexcruciatum necavit, Heges. 5, 22, 1.

in-excultus, a, um (in u. excolo), **ungeschmückt,** villae inexc. et rudes, Gell. 13, 24 (23), 1.

in-excūsābilis, e, **unentschuldigbar, unablehnbar, unweigerlich,** ne te retrahas et inexc. absis, Hor.: tempus, Ov.: onera, ICt.: necessitas, Chalcid. Tim. – *Compar.*, Ambros. de vocat. gent. 2, 4.

inexcūsābiliter, *Adv.* (inexcusabilis), **unablehnbar, unweigerlich,** Eccl.

in-excūsātus, a, um, **unentschuldigt,** Ambros. de Iacob et vit. beat. 2, 2, 1 *in.*

in-excussus, a, um (in u. excutio), **unerschüttert, unerschrocken,** Ps. Verg. cul. 300.

in-exercitātus, a, um (in u. exercito), **I unbeschäftigt, mit körperlicher Arbeit nicht beschäftigt** (Ggstz. exercitatus), homo, Cels. praef. p. 12, 25 D.: corpora, ohne Bewegung, Sen. nat. qu. 3, 19, 2. – **II ungeübt,** histrio, Cic.: miles, Cic.: copiae, Nep.: homo non hebes neque inexercitatus, Cic.: diserta quidem sed inexercitata et eiusmodi certaminum rudis Helvidii sapientia, Tac. dial.: cum iidem docti facere illud, indocti inexercitatique non possimus, Quint. – mit Ang. **wozu?** prompti et non inexercitati *ad* dicendum, Cic. Brut. 136.

inexercitus, a, um (in u. exerceo), **ungeplagt,** otiosus et inex., Tert. ad nat. 2, 2: alqm non inexercitum relinquere, Macr. sat. 7, 8, 1.

in-exēsus, a, um (in u. exedo), **unverzehrt,** Min. Fel. Oct. 35, 3.

in-exhaustus, a, um (in u. exhaurio), **I unerschöpft,** urbes, unausgeplünderte, Sil. 14, 686. – pubertas, ungeschwächte, Tac. Germ. 20. – **II unerschöpflich,** metalla, Verg. Aen. 10, 174.

in-existēns, s. in-exsistēns.

in-exitiābilis, e, **nicht verderblich,** Heges. 4, 14.

in-exōrābilis, e, **unerbittlich, I = durch Bitten unerweichbar, -unabwendbar, a** v. Pers.: iudex, Cic.: in alqm, Cic. u. Curt.: adversus alqm, Liv.: contra alqm, Gell.: m. *Dat.*, delictis, Tac.: m. *ad* u. Akk., civis qui *ad* supplicium sumendum *in* omnes partes sit inexorabilis, Rutil. Lup. 2, 9 *extr.*: si nos inexorabiles *ad* ignoscenda peccata fuerimus, Augustin. de fid. et symb. 10. § 22: absol., immisericos atque inexorabilis, Gell.: facere alqm inexorabilem, Pacuv. tr. fr.: Ggstz., inimicis te placabilem, amicis *inexorabilem* praebes, Rhet. Her. 4, 21 u. 58. – **b** v. Lebl.: res, Liv.: disciplina, unerbittlich strenge, Tac.: odium, Sen. rhet. u. Ov. – **II = durch Bitten unerreichbar,** Val. Flacc. 5, 321.

inexōrābilitās, ātis, *f.* (inexorabilis), die **Unerbittlichkeit,** Serv. Verg. Aen. 12, 199. Schol. Bern. ad Verg. georg. 3, 68.

inexōrābiliter, *Adv.* (inexorabilis), **unerbittlich,** Donat. Ter. Andr. 1, 2, 18.

inexōrātus, a, um (in u. exoro), **I unerbeten,** beneficia, Arnob. 3, 24. – **II unerbittlich,** cum ille coeptis fervidus atque inexoratus instaret, Augustin. c. Cresc. Donat. 3. § 50 *extr.*

inexpectātus, s. inexspectātus.

inexpedībilis, e (in u. expedio), **unumgänglich,** mora, Amm. 31, 13. § 15.

in-expedītus, a, um, **nicht ungehindert, I** v. Lebl.: **a verwickelt,** ibi sicut pugna inexpeditior in angustiis, ita caedes atrocior fuit, Liv. 24, 16, 3 H. (Madvig impeditior). – **b ungeläufig,** inexpeditissimum vobis est m. folg. *Infin.*, Arnob. 5, 36. – **II** v. Pers., **saumselig,** in rebus obeundis, Arnob. 7, 43.

in-experienter, *Adv.*, **unerfahren,** Boëth. Arist. top. 2, 3.

in-experientia, ae, *f.*, die **Unerfahrenheit,** Tert. de anim. 20.

inexperrēctus, a, um (in u. expergiscor), **unerweckbar,** Ov. met. 12, 317.

in-expers, pertis, **ganz unteilhaft,** m. *Genet.*, Bacchi, Avien. descr. orb. 920: famae, *ibid.* 1391. – *Compar.*, qui sunt inexpertiores, Interpr. Iren. 1. praef. § 1.

in-expertus, a, um, **I** aktiv = etw. **noch nicht aus Erfahrung kennend,** von etw. **noch nichts wissend,** mit etw. **noch unbekannt, noch nicht vertraut,** einer Sache **noch ungewohnt,** m. *Genet.*, lasciviae, Tac.: humanarum rerum non inexperti, Augustin.: m. *Dat.*, bonis inexpertus atque insuetus, Liv.: m. *ad* u. Akk., animus ad contumeliam inexpertus, Liv.: absol., inexperti, Hor. – **II** passiv: **A noch unbekannt,** arces, unbetreten, Sil. 3, 496. – **B unversucht, unprobiert,** ne quid inexpertum relinquat, Verg. Aen. 4, 415: nec Philippus quicquam inexpertum omisit, Curt. 3, 6 (16), 14: qui nihil inexpertum, nihil metu omissum relinquatis, Curt. 9, 2 (10), 27. – **C noch nicht (durch die Erfahrung) kennen gelernt, 1** im Allg., **in der Praxis noch nicht vorgekommen, unerlebt, noch unbekannt,** genus quaestionis, Plin. ep.: carmen, Stat. – **2** prägn., **noch unerprobt, noch unbewährt, a** v. Pers.: Rufus bellis inexp., Tac.: legiones bello civili inexp., Tac. – **b** v. Lebl.: puppis, Ov.: fides, Liv. u. Curt.

in-expiābilis, e (in u. expio), **I unversöhnlich,** homo, Cic.: übtr., odium, Liv.: bellum, hartnäckiger, Cic. u. Liv. – **II unsühnbar, durch keine Sühne tilgbar,** religio, Cic.: poenae, Cic.: scelus, fraus, Cic.: sacra, Lact.

inexpiābiliter, *Adv.* (inexpiabilis), **untilgbar,** Augustin. de gen. ad litt. 11, 13 u. a.

inexpiātus, a, um (in u. expio), **ungesühnt, ungetilgt,** dedecus, Augustin. epist. 118, 2.

in-explānābilis, e, **unerklärlich,** Mart. Cap. 4. § 329.

in-explānātus, a, um **undeutlich, unvernehmlich,** lingua, Plin. 11, 174.

in-explēbilis, e (in u. expleo), **I** passiv = **unersättlich, a** eig.: stomachus, Sen. ep. 89, 22. – m. *Genet.*, scorpiones cum sitiunt, sunt inexplebiles potus, Plin. 11, 88. – **b** übtr.: **α** v. Lebl.: populi fauces, Cic.: cupiditas, libido, Cic.: animus, Sen.: desiderium videndi, Val. Max. – m. *Genet.*, inexplebilis honorum Marcii fames, Flor.: epularum foeda et inexpl. libido, Tac.: luporum animi inexplebiles sanguinis, Val. Max.: inexpl. honoris Marii cupiditas, Ampel. – **β** v. Pers., m. *Genet.*, vir inexpl. virtutis veraeque laudis, voll unersättlicher Begierde nach Verdienst u. w. R., Liv. 28, 17, 2: ubi colloquia, quorum inexplebilis eram? Sen. ad Helv. 15, 1. – m. *ad* u. Akk., ad omne lucrum inexplebilis, Apul. apol. 20. – **II** aktiv = **nicht sättigend,** cratera, Apul. flor. 20.

inexplētus, a, um (in u. expleo), **ungesättigt, unersättlich, a** eig.: alvus, Stat.: übtr., inexpl. lumine spectare formam, sich nicht satt sehen können an der G., Ov.: inexpletus lacrimans, sich nicht satt weinen könnend, unmäßig weinend, Verg. – **b** übtr.: amor, Stat.: curae, Val. Flacc.: flagitatorum rapacitas, Amm.: Babylonis voluptas, Hieron. in Isai. 13, 47, 2 *extr.*

in-explicābilis, e, **unentwickelbar, unentwirrbar, unauflöslich, I** eig.: laqueus, Quint. 5, 10, 101: vinculum, Curt. 3, 1 (2), 16. – **II** übtr.: **A unentwirrbar** = durch Schwierigkeiten **unüberwindlich, unausführbar** usw., inexplicabiles continuis imbribus viae, ungangbare, Liv.: murus, undurchdringlicher Wall, Sen.: morbus, unheilbare, Plin. ep.: bellum, endloser, Tac.: legatio, unausführbare, Cic.: u. so res difficilis et inexplicabilis, Cic.: facilitas, zu keinem Ergebnis-, Erfolg-, zu nichts führende, Liv.: multitudo, endlose, unzählige, Plin. – de singulis disserere inexplicabile est, ist unmöglich, Plin. 23, 32. – **B** durch seine Dunkelheit usw. **unauflösbar, unerklärbar, unerforschlich,** ambiguitas, Gell. 14, 2, 3: haec inexplicabilia esse dicitis, Cic. Acad. 2, 95.

inexplicābiliter, *Adv.* (inexplicabilis), **I unentwickelbar, unentwirrbar,** Augustin. epist. 118, 16. – **II unauflöslich, unerklärlich,** Apul. met. 2. c. 2 zw.

inexplicātus, a, um (in u. explico), **unerklärt, unerforscht,** Arnob. 7, 12.

inexplicitus, a, um (in u. explico), **I unentwirrt, unentwirrbar,** tractus (anguis), Prud. cath. 3, 153. – **II unerklärlich, unerforschlich, dunkel,** dicta, Stat. Theb. 2, 511: Platones, Mart. 9, 47, 1.

inexplōrāte, *Adv.* (inexploratus), **nicht untersucht,** non inexpl., Gell. 5, 19, 5.

inexplōrātō, s. in-explōrātus.

in-explōrātus, a, um (in u. exploro), **nicht untersucht, unerkundet,** folglich **unbekannt,** agmen, Liv.: stagni vada, Liv.: sed tum adeo vicina etiam inexplorata erant, ut etc., Liv. – dah. *Abl.* inexplōrātō = ohne vorher Kundschaft einzuziehen, pabulatum cohortes mittere, Liv.: proficisci, Liv.; vgl. Drak. Liv. 6, 30, 4.

in-expressus, a, um (in u. exprimo), **unausgedrückt, undeutlich,** Schol. Lucan. 3, 415. Heges. 5, 45, 13.

in-expūgnābilis, e, **unbezwinglich, uneinnehmbar, unüberwindlich, I** eig.: **a** im engeren Sinne: murus, Sen.: urbs munitionibus et naturali situ inexpugnabilis, Liv.: inexpugnabilis terrestri ac maritimo situ urbs (v. Syrakus), Liv.: ibi alto et munito loco arcem inexpugnabilem fore, Liv. – v. Pers., inexp. exercitus, Iustin.: incolae, Curt.: Perustae angustiis saltuum paene inexpugnabiles, Vell. – **b** im weiteren Sinne: gramen, unausrottbares, Ov.: terra, unzerschlagbare, undurchbrechbare, Plin.: via, ungangbarer, Liv. – **II** übtr.: necessitas dormiendi, Cels.: finitio verborum, Quint.: m. *Dat.*, inexp. amori pectus, Ov.: naturalis affectio inexp. rationi, Sen. – v. Pers., volumus eum, qui beatus sit, tutum esse, inexpugnabilem, saeptum atque munitum, Cic. Tusc. 5, 41: m. *adversus* u. Akk., inexp. vir adversus insidias, Sen. nat. qu. 4. praef. § 11.

inexpūgnābiliter, *Adv.*, **unüberwindlich,** Alc. Avit. homil. 24. p. 145, 5 *Peiper.*

inexpūgnātus, a, um (in u. expugno), **unerobert, unbesiegt,** übtr., voluntas, Paul. Nol. epist. 18, 5.

in-exputābilis, e (in u. exputo), **unberechenbar,** numerus, Colum. 9, 4, 6.

in-exsaturābilis, e, **unersättlich,** appetitus, Arnob. 2, 40. Oros. 3, 18, 10 Z. u. 7, 37, 9 Z.

in-exsistēns, entis (in u. exsisto), **darin** od. **dabei existierend,** Eccl.

in-exsolūbilis, e (in u. exsolvo), **unauflösbar,** Ambros. de bened. patriarch. 4, 23; epist. 9, 70. – *Adv.* **inexsolūbiliter,** Cassian. coll. 1, 20, 5.

in-exspectātus, a, um, **unerwartet,** v. Pers., Ov. met. 12, 65. – v. Lebl., Cic. u. a.: *neutr. pl.* subst., inexspectata plus aggravant, Sen. ep. 91, 3.

in-exstīnctus, a, um (in u. exstinguo), **unausgelöscht, unauslöschlich, I** eig.: ignis, Ov. fast. 6, 297: ignes, *ibid.* 3, 428. – **II** übtr.: fames, ungestillter, Ov.: libido, unersättliche, Ov.: nomen, unvergänglicher, Ov.

in-exstinguibilis, e, **unauslöschlich, I** eig.: flamma, Lact.: ignis, Vulg. u. Heges.: ignes, Arnob.: lucerna, die ewige L., Augustin. – **II** übtr., **unvertilgbar, unvergänglich,** sitis, unstillbarer, Scrib. Larg.: consuetudo, Varro fr.: fecunditas, Arnob. Vgl. übh. Rönsch Itala p. 111.

inexstinguibiliter, *Adv.* (inexstinguibilis), **unauslöschlich,** inexst. se ira iudicis accendit, Gregor, in Iob 18, 35.

inexstirpābilis, e (in u. exstirpo), **unausrottbar,** Plin. 15, 84.

in-exsuperābilis, e, **unübersteigbar, unersteigbar, unüberwindlich, I** eig.: Alpes, Liv.: munimentum, Liv.: paludes inexsuperabilis altitudinis, Liv.: *Compar.*, Macedonico bello inexsuperabilior saltus ad amnem Aoum fuit quam hic, Liv. 36, 17, 3. – **II** übtr.: **A unübertrefflich,** inexsuperabilia haec erant, hierin war er unübertr., Liv.: bonum, Sen. – **B unüberwindlich,** v. Pers., Vell. u. Sen.: vis fati, Liv. – *neutr. pl.* subst., inexsuperabilibus vim afferre, das Unmögliche erzwingen (möglich machen) wollen, Liv. 38, 20, 8.

in-extermināblis, e (in u. extermino), **unausrottbar, unvertilgbar, ewig,** Vulg. sap. 2, 23. Claud. Mam. de statu anim. 2, 3.

inextimābilis, e = ἀνείκαστος, **unschätzbar, unvergleichbar,** Eccl. Vgl. Gloss. II, 81, 30 u. ö.

in-extrīcābilis, e (in u. extrico), **unentwirrbar, unlösbar, I** eig.: labyrinthus, Varro fr.: exitus (labyrinthi), Mythogr. Lat.: error, Irrgänge, aus denen man sich nicht herausfinden kann, Verg. (u. so errores, bildl., Lact. 3, 17, 17): u. so litus, Sil.: cortex, unablösbare, Plin. – **II** übtr.: incomperta et inextricabilia, Plin.: vitia, unheilbare, Plin.: perfectio, unbeschreibliche, Plin.

inextrīcābiliter, *Adv.* (inextricabilis), **unentwirrbar, unauflöslich,** Apul. met. 11, 25.

in-exūstus, a, um (in u. exuro), **unverbrannt, uneingeäschert,** si (aedificia) inexusta reservarentur, Heges. 5, 42, 2.

īn-fabrē, *Adv.*, **ungeschickt, kunstlos,** von Kunstsachen, vasa non inf. facta, Liv. 36, 40, 2: inf. sculptum, Hor. sat. 2, 3, 22: übtr., barbarica pestis commissa inf., Pacuv. tr. 271.

īn-fabricātus, a, um (in u. fabrico), **I** eig., **unbearbeitet,** robora, Verg. Aen. 4, 400: forma, Augustin. serm. 117, 3. – **II** übtr. = **kunstlos,** verba, confabulatio, Ennod. epist. 2, 6; 8, 59.

īnfacētē (īnficētē), *Adv.* (infacetus), **unfein, ohne Witz, witzlos, plump, abgeschmackt,** haud infac., Vell. 2, 33, 4: non infac., Suet. Vesp. 20: non inficete, Fronto laud. fum. et pulv. p. 212, 12 N. – *Superl.*, pictus inficetissime Gallus, Plin. 35, 25.

īnfacētiae (īnficētiae), ārum, *f.* (infacetus), **Abgeschmacktheiten,** Catull. 36, 19 (*infic.*).

īn-facētus u. **īn-ficētus,** a, um, **unfein, ohne Witz, witzlos, plump, abgeschmackt,** homo non infac., ein feiner Mann, Cic.: idem infaceto est infacetior rure, Catull.: übtr., mendacium non infic., Cic.: dictum non infac., Suet.: o saeculum insapiens et infacetum, Catull.

īnfācundia, ae, *f.* (infacundus), die **Ungeläufigkeit in der Sprache,** der **Mangel an Leichtigkeit des Ausdrucks,** Gell. 11, 16, 9.

īn-fācundus, a, um, **unberedt,** inf. iuvenis, Petron.: vir acer nec infacundus, Liv.: princeps neque infacundus neque indoctus, Suet.: vir inopi linguā et infacundus, kein Zungenheld u. gewandter Redner, Gell.: ne infacundus quidem adversus (gegenüber) nimiam eloquentiam collegae, Liv. – *Compar.*, quia infacundior sit et linguā inpromptus, Liv. 7, 4, 5.

īn-faeco, āre (in u. faex), **verunreinigen,** Tert. de anim. 53 *extr.*

īn-falsātus, a, um (in u. falso), **verfälscht,** Augustin. c. Faust. 13, 4 *extr.* u. a.

īnfāmātio, ōnis, *f.* (infamo), das **Verschreien,** Iulian. b. Augustin. op. imperf. c. Iul. 2, 56. Non. 263, 8.

īnfāmātor, ōris, *m.* (infamo), der **Verschreier, Ehrabschneider,** Eccl.

īnfāmia, ae, *f.* (infamis), der **üble Ruf,** das **üble Gerücht,** worin ein Mensch od. eine Sache steht, u. die daraus entstehende **Schande,** der **Schimpf,** die **Schmach** (während ignominia die Beschimpfung, der mit Schande verbundene Verlust äußerer Ehre u. Ehrenzeichen), **I** eig.: **α** absol.: res est mihi infamiae, Ter.: in infamia esse, Ter.: infamiā aspergi, Nep.: infamiā flagrare, Cic.: infamiam capere, Hirt. b. G.: infamiam habere, Caes.: subire infamiae maculam, Iustin.: subire infamiam sempiternam, Cic.: infamiam inferre, Cic., od. movere, Liv., verursachen: infamiam delere, Cic.: infamiam sarcire, Caes. – Plur., Plaut. Pers. 347. Arnob. 6, 1: infamias subire, Tac. ann. 4, 33. – **β** m. obj. *Genet.*: duarum legionum, der Schimpf wegen der beiden Legionen, Caes.: pecuniae, die Schmach, Schande (wegen) der Geldgier, Vell. 2, 33, 2. – **II** meton., **a** das Gefühl der Schmach, das **Schmachgefühl,** rubore et infamiā, im Scham- u. Schmachgefühle, Tac. hist. 4, 62. – **b** von dem, der etwas in üblen Ruf setzt, **Schimpf, Schande,** infamia silvae, v. Kakus, Ov. fast. 1, 551: nostri infamia saecli, Ov. met. 8, 97. – ► Nbf. infamium s. bes.

īn-fāmis, e (in u. fama), **I berüchtigt, verrufen, verschrien,** v. Pers., alqā re, Cic.: ob alqd, Tac.: absol., filius, Quint.: male audit, infamis est, Sen.: Plur. subst., obsceni et infames, Lampr. Alex. Sev. 15, 2. – v. Lebl., corpus, Liv.: vita, Cic.: annus, Liv.: Alpes frigoribus infames, Liv.: infames scopuli, Acroceraunia, Plin. ep.: digitus, v. Mittelfinger, Pers.: carmen, Zauberformel, Ov.: materia, griech. ὑπόθεσις ἄδοξος, Gell. – **II in üblen Ruf bringend, entehrend, schmachvoll, schimpflich,** tabella, Cic.: palmae, Cic.: nuptiae, Liv.: pax, Eutr.: infamissima vilitas, Cod. Iust. 10, 31, 34: mors infamissima, Serv. Verg. Aen. 12, 603: alci infame est m. folg. *quod,* August. b. Suet. vit. Hor. p. 46, 11 R.; mit folg. *Acc.* u. *Infin.*, Auct. b. Alex. 34, 2. Quint. 3, 7, 21.

īnfāmissimē, *Adv.* im *Superl.* (infamis), **höchst schmählich, zum größten Skandal,** Capit. Pert. 13, 8.

īnfāmium, iī, *n.*, Nbf. v. infamia (w. vgl.), Isid. orig. 5, 27, 26. Ennod. vit. Epiphan. p. 359, 22 *Hartel.*

īnfāmo, āvī, ātum, āre (infamis), **in üblen Ruf-, in Schande bringen, Unehre machen, berüchtigt machen, verschreien, I** eig.: **a** übh.: alqm, Nep. u. a.: alqd, Cic. u. a. – **b** eine Frau **entehren,** Dianam (v. Jupiter), Schol. Caes. Germ. Arat. 17. p. 382, 6 E. – **II** übtr., **verdächtigen, anschwärzen,** rem, Liv.: fidem, Quint.: alqm secretis criminationibus, Tac.: m. *Genet.*, alqm apud alqm temeritatis, Sen.: alqm impudicitiae, Aur. Vict.

īnfāmus, a, um, Nbf. v. infamis, Lucil. 11*.

īn-fandus, a, um (in u. fari), wie unser **unsäglich = abscheulich, unnatürlich, unerhört,** von Pers., homo, *Acc.* fr.: Cyclopes, Verg.: Senones, Sil.: v. Lebl., corpus eius impurum et inf., Cic. Sest. 117: inf. legatorum caedes, Liv.: stuprum Lucretiae, Liv.: epulae, Liv.: labores, Verg.: casus, Verg.: dies, Verg.: mors, dolor, Verg.: m. 2. *Supin.*, infanda memoratu hebetis iumenti gula, Apul. met. 10, 15. – *Superl.*, quod ab eis immanissimum atque infandissimum dicitur, Augustin. de civ. dei 6, 8, 1. p. 261, 24 D.[2] – subst. infanda, ōrum, *n.*, **unerhörte Dinge** (das **Unerhörte), Untaten,** multa infanda, Liv.: omnia infanda facere et pati, Liv.: dira et infanda vaticinari, Plin.: poet., infanda furens, abscheulich wütend, Verg. Aen. 8, 489: *Superl.*, infandissima ferre, Var. trag. 1 (b. Quint. 3, 8, 45). – dah. infandum od. infanda! **abscheulich!** Verg.: u. infandum dictu, Sil.

īn-fāns, antis (in u. fari), **I** der nicht reden kann, **stumm, A** im Allg., Cic. de div. 1, 121; vgl. Gell. 5, 9 *in.* – übtr., statua, Hor. sat. 2, 5, 40. – **B** prägn., v. Kindern, die noch nicht recht sprechen können, *adi.* = **noch sehr jung, noch klein,** *subst. comm.* = **ein kleines Kind, 1** eig. u. meton.: **a** eig.: filius, Cic.: pueri, Cic.: puer infans semestris, ein kleiner Kn. von sechs Monaten, Val. Max.: infantes conditores urbis, v. Romulus u. Remus, Liv.: infantior quam meus est mulio, Varro sat. Men. 367. – *subst. comm.*, Abl. immer infante, **α** ein **kleines Kind,** ingenuus inf. semestris, Liv.: infantibus parcere, Caes.: infantem suam reportavit, Quint.: quartum intra mensem defunctā infante, Tac.: infantes parentibus orbatae, Plin. ep.: natus infans, ein neugeborenes K., Vitr. u. a.: dass. editus infans, Plin.: ab infante, Colum., u. (v. mehreren) ab infantibus, Cels., von Kindheit an. – **β** ein **Kind im Mutterleib,** Liv. u. a.; vgl. Ruhnken Suet. Aug. 63, 1. – **b** meton.: **α** (poet.) = **kindlich, Kindes-,** pectora infantia, Ov.: infanti vagiat ore puer, kindlich lallend, Ov.; vgl. Heinsius Ov. her. 9, 86. – **β kindisch, läppisch,** omnia fuere infantia, Cic. ad Att. 10, 18, 1: velut infans efficitur, er wird kindisch, Plin. Val. 1, 1. – **2** übtr., **noch jung,** catuli, Plin.: boletus, ein junger Pilz, Plin.: si infans fuerit aetas patientis, Cael. Aur. de morb. chron. 1, 4, 77. – **II** der sich nicht zu reden getraut = **ohne Gabe der Rede, ohne Rednergabe, nicht beredt, a** eig.: infantes et insipientes homines (Ggstz. magni ac diserti homines), Cic.: nihil accusatore Lentulo infantius, Cic.: ne infantissimus existimarer, Cic.: dum caute et expedite loqui volunt, infantissimi reperiuntur, Rhet. Her.: largire comptum carmen infantissimo, Prud. perist. 10, 3: – poet. übtr., pudor, unberedte (verlegene Scham), Hor. sat. 1, 6, 57. – **b** meton.: Fannii historia neque nimis est *infans,* neque perfecte *diserta,* zeigt zwar keinen auffallenden Mangel der Rede, aber auch keinen ganz beredten Ausdruck, Cic. Brut. 101. – **III** passiv = infandus, **unaussprechlich, unerhört,** facinus, Acc. tr. 189. – ► Nbf. īnfās, CIL 6, 520. – Genet. Plur. gew. infantium (z. B. Liv. 10, 23, 12); doch auch infantum, Plin. ep. 6, 20, 14 K.

īnfantārius, a, um (infans), »mit Kindern sich abgebend«, **I** im guten Sinne = der **Kinderfreund,** die **Kinderfreundin,** Mart. 4, 87, 3. CIL 11, 5623. – **II** im üblen Sinne, infantarii, **Kinderopferer,** v. den Christen, die beschuldigt wurden, dass sie Kinder schlachteten u. opferten, Tert. ad nat. 1, 2.

īnfantia, ae, *f.* (infans), **I** das **Unvermögen zu sprechen (reden), A** im Allg.: linguae, Lucr. 5, 1029. – **B** prägn., das **kindliche Alter,** wo man noch nicht recht sprechen kann, die **Kindheit,** die einige bis zum siebenten Jahr ausdehnen, **1** eig. u. meton.: **a** eig.: primae aetatis inf., Macr.: Remi Romulique, Tac.: eius, Quint.: ab infantia, Vulg. Tob. 1, 10: ab infantia sua, Vulg. Iudic. 13, 5: ab infantia sua usque in praesens, Vulg. gen. 46, 34: statim ab infantia, Plin. ep. 4, 13, 9: iam inde ab infantia, Plin. pan. 26, 3: prima ab infantia, Tac. ann. 1, 4: a prima infantia, Capit. Anton. phil. 2, 1: in infantia, Eutr. 8, 11. – bildl., haec erit infantia eius (populi Romani), Flor. praef. § 5. – **b** meton.: **α** die **Kindheit, Jugend** = die Kinder, Plin. 32, 24. Quint. 1, 1, 26: reptans adhuc inf., Macr. sat. 1, 11, 1: Plur., tot infantiae trucidatae, Tert. ad nat. 1, 7. – **β** das **kindische Wesen,** desidia quorundam et infantia, Suet. gr. 4. – **2** übtr., die **Jugend** der Tiere, Gewächse u. anderer Dinge, asini, Plin.: vinum cum in infantia est, Macr. – **II** der **Mangel an Rednergabe,** die **Unfertigkeit im Reden,** Rhet. Her., Cic. u. a.

īnfanticīda, ae, *m.* (infans u. caedo), der **Kindermörder,** Tert. apol. 4; ad nat. 1, 15.

īnfanticīdium, iī, *n.* (infanticida), der **Kindermord,** Tert. apol. 2.

īnfantīlis, e (infans), **I Kindern gehörig, Kinder-, kindlich,** vestis, Ulp. dig. 34, 2, 25. § 9: aetas, Augustin. serm. 174, 7: anima, Kinderseele, Augustin. de gen. ad litt. 10, 7, 10: formae, Schusterleisten für Kinderschuhe, Edict Diocl. 9, 4: infantile bellum in domibus gerebatur, vom bethlehemit. Kindermord, Augustin. serm. 111, 2: blandimenta, Iustin. 17, 3, 20. – **II** übtr., **noch klein,** uterus, Apul. met. 5, 11.

īnfanto, āre (infans), wie ein Kind **nähren** od. **füttern,** Tert. adv. Marc. 1, 14.

īnfantula, ae, *f.* (*Demin.* v. infans), ein **kleines Mädchen,** Apul. met. 10, 28. Sidon. epist. 7, 2, 6.

īnfantulus, ī, *m.* (*Demin.* v. infans), ein **kleines Kind,** Apul. met. 8, 15. Nazar. pan. Constant 16, 6. Hieron. Isai. 3, 7, 16 u. a. Eccl.: attrib., inf. filius, Augustin. de civ. dei 22, 8, 20. p. 577, 6 D.[2]: ipsis veluti infantulis doctrinae initiis erudiri, Hilar. in psalm. 108, 1.

īn-farcio (īn-fercio), farsī (fersī), farsum (fersum) u. fartum (fertum), īre, **I hineinstopfen,** in eas partes largum salem, Colum. 12, 53 (55),

2: cruminis turpe lucrum, Prud. psych. 459: parietes (formacei) inferciuntur verius quam struuntur, Plin. 35, 169: densis geniculis et in se infarctis, ineinander gedrängte, Plin. 27, 115 *Detl.* (*Jan* liest in se fractis). – im Bild, neque inferciens (einflickend) verba quasi rimas expleat, Cic. or. 231: inf. micas de minutiloquio Aristotelis, Tert de anim. 6. – **II** **vollfüllen, vollstopfen,** bracteas (bratteas) infercire leviore materiā, Plin. 33, 25: se cibo, Lact. de mort. pers. 49, 3: hiatus crinibus infarsus, Tert. de pall. 4: caro stercoribus infersa, Tert adv. Marc. 3, 10. – ► Vulg. Perf.-Formen, inferciverit, Itin. Alex. 53 (102): infarciverat u. inferciverat, Porphyr. Hor. sat. 1, 8, 39. – Partiz. infarsus, Tert. de pall. 4, infersus, Tert. adv. Marc. 3, 10, infarctus, Plin. 27, 115 *Detl.*

1. īnfās, s. īn-fāns a. E. ►.

2. īnfās = nefas, Gloss. III, 483, 69.

īnfāstīdītus, a, um (in u. fastidio), **unverschmäht, nicht widerlich,** Eccl.

īn-fāstīdībilis, e, **nicht zu verschmähend,** sedulitas, Cassiod. inst div. litt. 16.

īn-fatīgābilis, e, **unermüdlich,** cursus, Plin.: pugna, Val. Max.: militia, Lact.: animus, Sen.: constantia, Val. Max.

īnfatīgābiliter, *Adv.* (infatigabilis), **unermüdlich,** Augustin. serm. 94, 3. Cassian. instit. 5, 17, 2 u. ö.

īnfatīgātus, a, um (in u. fatigo), **unermüdet,** Mart. Cap. 6. § 582.

īn-fatuo, āvī, ātum, āre (in u. fatuus), **I** **betören,** alqm, Cic. Flacc. 47. Sen. suas. 2, 23: alqm mercede publicā, Cic. Phil. 3, 22: alqm verbis, Auct. b. Afr. 16, 1: infatuatur amoribus mulierum, Hieron. epist. 125, 1: v. abstr. Subjj., pro sua quemque portione adulatio infatuat, Sen. ep. 59, 13: m. abstr. Objj., consilium alcis, Vulg. 2. regg. 15, 31. – **II** übtr.: infatuatum sal, geschmackloses, Hieron. epist. 2, 6.

īn-faustus, a, um, **I** aktiv = **ungünstig, keinen Segen bringend, unglücklich,** inceptum, Plin.: omen, Plin.: auspicium, Verg.: nomen, Verg.: dies, Tac.: introitus, Tac.: puppes, Verg. – subst., īnfaustum, ī, *n.*, das **Unglück,** infausto Atheniensium, beim U. der A., Plin. 16, 169. – **II** passiv = **unglücklich,** v. Pers., infaustus bellis, Tac. ann. 12, 10: vicus duabus cladibus notus infaustusque, Tac. hist. 2, 23.

īn-favōrābilis, e, **ungünstig, unbillig,** sententia, Cels. dig. 37, 6, 6. – *Adv.* **īnfavōrābiliter,** Ulp. dig. 50, 2, 2. § 6.

īnfēco, āre, s. īn-faeco.

īnfectio, ōnis, *f.* (inficio), **I** das **Färben,** capillorum, Th. Prisc. 1, 1: purpurae, Ambros. apol. David 8, § 45: inf. decolor, Chalcid. Tim. 50 D.: inf. vultus et coloratio, das Dunkeln u. Bräunen, Chalcid. Tim. 158. – **II** übtr., die **Schändung,** raptae mulieris, Iul. Val. 3, 31 (20).

īnfectīvus, a, um (inficio), **zum Färben geeignet, Färbestoff enthaltend,** *neutr. plur.* subst., īnfectīva, ōrum, *n.*, aus Kräutern gezogene Farben, Tinkturen, Vitr. 7, 14, 2.

īnfecto, āre (*Intens.* v. inficio), gleichs. **vergiften = trüben,** publicam pacem, *Apul. met. 2, 18 H.

īnfector, ōris, *m.* (inficio) = βαφεύς (Gloss.), der **Färber,** Varro sat. Men. 325 B[5]. Cic. ep. 2, 16, 7. Sen. nat. qu. 3, 25, 4. Marc. Emp. 1: inf. crocotarius, Plaut. aul. 521 (auch bei Non. 549, 27): infectores lanarum, Plin. 20, 59: attrib., inf. sucus, Färbestoff, Plin. 11, 8.

īnfectōrius, a, um (infector), **färbend, zum Färben dienlich,** Marc. Emp. 4. – *neutr.* subst., infectōrium, iī, *n.* = βαφεῖον, die **Färberei** Gloss. II, 256, 39 u. ö.

īnfectrīx, tricis, *f.* (Femin. zu infector), die **Färberin,** attrib. = **färbend,** pluraliter infectores et haec infectricia (Färbemittel), Augustin. art. gramm. 6 *Mai.*

1. īn-fectus, a, um (in u. facio), **I** (nach facio *no.* I, A) = **unbearbeitet** (Ggstz. factus), argentum, Liv.: aurum, Verg.: rudis atque inf. materies, ungezimmertes, Petron.: corium, ungegerbte (Ggstz. confectum), Edict. Diocl. 8, 6 u. 7: so pellis, *ibid.* 8, 11 *sqq.*: pili infecti, Edict. Diocl. 11, 1. – **II** (nach facio *no.* I, B) **A** = **ungetan, ungeschehen, unverrichtet, unvollendet,** damnum infectum, künftiger Schaden, Cic. top. 22. Cic. II. Verr.. 1, 146. Plin. 36, 6: scelus inf., Verg. Aen. 6, 742: pro infecto habere, für ungetan, ungeschehen halten, Cic.: infectum fieri nequit, Ter.: infecto cursu, Prop.: infectā re, unverrichteter Sache (Ggstz. perfectā re), discedere, Caes., redire, Quint., abducere exercitum, Liv.: so auch infectis rebus discedere, Nep.: u. infecto negotio Cirtam redire, Sall., in castra cum exercitu reverti, Sall.: infectā victoriā ohne gesiegt zu haben, Liv.: infectā pace, ohne den Fr. zustande zu bringen, Ter. u. Liv.: infecto bello, ohne den Krieg fortzusetzen, Liv.: reddere infectum, ungeschehen machen, rückgängig machen, Plaut. u. Hor.: *neutr. pl.* subst., facta atque infecta canere, Wahres und Erdichtetes, Verg. Aen. 4, 190: u. so facta, infecta loqui, Stat. Theb. 3, 430. – **B** übtr., **untunlich, unmöglich,** Sall. Iug. 76, 1. Apul. met. 1, 20.

2. īnfectus, a, um, s. īn-ficio.

3. īnfectus, Abl. ū, *m.* (inficio), das **Färben,** Plin. 8, 193.

īnfēcundē, *Adv.* (infecundus), **unfruchtbar,** übtr. = **sparsam,** infecunde atque ieiune laudare, Gell. 19, 3, 2.

īnfēcunditās, ātis, *f.* (infecundus), die **Unfruchtbarkeit,** biennii proximi, Sall. hist. fr. 3, 1 (90): agrorum, Colum. praef. § 1: terrarum, Tac. ann. 4, 6: inf. naturalis (apium), Plin. 11, 50: quod sustentare posset inopiam futurae infecunditatis, Ambros. de off. 2, 16, 83.

īn-fēcundus, a, um, **unfruchtbar,** regio, litora, Mela: sponte suā quae se tollunt in luminis oras, infecunda quidem, sed laeta et fortia surgunt, Verg.: infecundior materia, Colum. 2, 4, 7, annus, Prud. c. Symm. 2, 955. – m. *Abl.* (an usw.), ager arbore infecundus, Sall. Iug. 17, 5. – bildl., (ingenii) fons, Ov. trist. 3, 14, 34.

īnfēlīcitās, ātis, *f.* (infelix), **I** die **Unfruchtbarkeit,** Quint. 10, 2, 8. – **II** die **unglückliche Lage,** die **Unglückseligkeit, Armseligkeit,** das **Unglück,** haruspicum, Cic.: inf. alcis in liberis, Liv.: Carthaginis, Flor.: operosa, Sen.: Plur., Firm. math. 4, 16, 10. Tert. adv. Valent. 3.

īnfēlīciter, *Adv.* (infelix), **unglücklich,** alci obviam fieri, Ter.: totiens inf. temptata arma capere, Liv.: apud Cannas cum Carthaginiensibus dimicare inf., Val. Max. – *Compar.* infelicius, Sen. contr. 10, 4 (33), 3 (aber nicht mehr Quint. 8, 6, 33). – *Superl.* infelicissime, Augustin. de civ. dei 12, 14. p. 531, 22 D[2].

īnfēlīcito, āre, s. īnfēlīco.

īnfēlīco, āre (infelix), **unglücklich machen, strafen,** di te (od. hunc od. illum) infelicent! Caecil. com. 114 R. (die Hdschrn. infelicitent). Plaut. Cas. 246 u. Epid. 13. Plaut. merc. 436 (die Hdschrn. infelicitent). Plaut. Poen. 449; rud. 885: Hercules istum infelicet cum sua licentia, Plaut. rud. 1225.

īn-fēlīx, īcis, Abl. gew. īcī, **I** **unfruchtbar,** tellus frugibus infelix, Verg.: oleaster, Verg.: lolium, Verg.: arbor, Cato fr. u. Plin.: arbor infecunda et infelix, Apul. – **II** übtr.: **A** dem nichts zu Glücke geht = **unglücklich,** **a** v. Pers. auch subst., der **Unglückliche,** Cic. u. a.: ne infelicior domi quam militiae esset, Liv.: homo miserrimus atque infelicissimus, Cic. – m. *Genet.*, animi, im usw., Verg.: fidei, Sil.: culpae, Sil. – mit *Abl.* (durch), infelix operis summā, Hor. de art. poët. 34. – m. *in* u. Abl., mulier in omnibus rebus infelix, Domit. bei Quint. 9, 3, 66. – **b** übtr., v. Lebl., patria, Verg.: ingenium, Plin.: victus, Verg. – **B** aktiv = **Unglück bringend** od. **verkündend, unheilvoll, unselig, unglücklich** für jmd., **1** im Allg.: **a** v. Pers.: qui rei publicae sit inf., Cic. – **b** übtr., v. Lebl.: forma puellae, Liv.: terra inf. Prometheo, Prop.: infelicissima ligna, Cic. Mil. 33: u. infelix lignum (Kreuz), Sen. ep. 101, 14: thalamus, exsilium, Verg.: fama, Verg.: maria (Schiffahrt), Sen. rhet.: consilium, Liv.: opera, eine Mühe, mit der man sich ohne Not quält, eine verlorene Mühe, Quint.: poena (Plage), Quint.: arma infelicia abicere, Tac.: consilia infelicia, Tac. – **2** insbes., inf. arbor, ein **Unglücksbaum, arger Baum,** ein Baum von dunklen Früchten, die den unterirdischen Göttern geweiht waren (Ggstz. der arbor felix, ein Glücksbaum, dessen Früchte den oberen Göttern geweiht waren, s. Macr. sat. 2, 16 [3, 20]. § 2 *sqq.*; vgl. Plin. 16, 108), an dem man aber auch die Missetäter aufhängte, Vet. lex b. Liv. 1, 26, 6 u. Cic. Rab. Perd. 13.

īnfelōx, ōcis, angef. von Prisc. de accent. § 34.

īnfēnsē, *Adv.* (infensus), **erbittert, gehässig, feindselig,** infense invectus, Tac. ann. 5, 3. – infensius pro vallo pugnare, Liv. 34, 15, 5:

quis Isocrati est adversatus infensius? Cic. or. 172: tanto infensius caesi, quanto etc., Tac. ann. 4, 81: infensius loqui, Tac. hist. 3, 24.

īnfēnsio, ōnis, *f.* (infensus) = δυσμένεια, die **Gehässigkeit, Feindschaft,** Gloss. II, 281, 56.

īnfēnso, āre (infensus), **feindselig sein** gegen usw., jmd. **beunruhigen,** pabula (die Furagierenden), Tac. ann. 6, 34: Armeniam bello, *ibid.* 13, 37: absol., quasi infensantibus deis, zürnenden, *ibid.* 13, 41.

īn-fēnsus (in u. *fendo), a, um, **erbittert, aufgebracht** gegen jmd. aus Hass od. Zorn, **feindselig, gehässig, a** v. Pers., hostis, Liv.: rex irā infensus, Liv.: infensissima multitudo, Augustin. c. Pelag. 6. § 34: mit *Dat.*, infensus alci, Verg. u. Tac.: infensus virtutibus princeps, Tac.: nullis tamen infensior quam vernaculis et mathematicis, Suet.: m. *in* u. Akk., eo infensioribus in se quam in illum iudicibus, Liv. 39, 6, 5: m. *adversum* u. Akk., inf. miles adversum eludentes, nicht Standhaltenden, Tac. – **b** v. Lebl.: animus, Cic.: hasta, Verg.: quasi infensa valetudo, Tac.: servitium infensius, bitterere, Tac.: opes principibus infensae, gefährlich, Tac.

īnfer u. gew. **īnferus**, a, um, *Compar.* īnferior, *Superl.* īnfimus u. īmus, a, um (inferus = altindisch *ádhara-h,* der untere; infimus = altind. *adhamá-h,* der unterste), der, die, das **untere, I** *Posit.*: **A īnfer** (Ggstz. super), super inferque vicinus, Cato r. r. 149, 1. – **B īnferus**, a, um (Ggstz. superus), **1** im Allg.: limen superum inferumque, Plaut.: fulmina, die aus der Erde kommen sollen, Plin.: infera in loca (untere Gegend) obire, untergehen, v. Gestirnen, Cic. Arat.: mare inf., das untere Meer, d. i. das Tuskische (Ggstz. mare superum, das Adriatische), Cic. u. a. (im Briefstil auch ohne mare, z.B. iter ad superum, navigatio infero, Cic. ad Att. 9, 5, 1). – **2** insbes., der **untere** = der **in der Unterwelt befindliche, unterirdische, a** übh.: superus an inferus deus, Liv. Andr.: inferi di (Ggstz. superi), Cic. u. a.: per flumina iuro infera, Ov. – subst., īnferus, ī, *m.* (*sc.* locus), die **Unterwelt,** die **Hölle,** Ven. Fort. carm. 3, 9, 79: porta inferi, Vulg. Isai. 38, 10 u. Matth. 16, 18. – **b** v. Verstorbenen, īnferī, ōrum, u. ûm, *m.*, die **Unterirdischen,** die **Abgeschiedenen, Verstorbenen, Toten,** die **Unterwelt,** di, quibus est potestas motus superûm atque inferûm, Enn. fr.: vanos esse inferorum metus (Furcht vor usw.), Sen.: elicere animas inferorum, Cic.: Cerberus apud inferos, in der Unterwelt, Cic.: ab inferis excitare od. revocare, von den Toten auferwecken, Cic.: umbras inferûm excitare, Plin.: ab inferis exsistere, von den Toten auferstehen, aus der Unterwelt kommen, Liv.

II *Compar.* **īnferior**, *neutr.* īnferius, Genet. iōris, der **untere** (Ggstz. superior), **1** dem Ort nach, limen, Varro: labrum, Unterlippe, Caes.: pars, Rhet. Her. u. Caes.: locus, Caes.: in inferius ferri, herabsinken, Ov.: ex inferiore loco, auf der Erde, unten, nicht auf dem Tribunal (χαμόθεν), dicere, Cic.: Plur. subst., inferiores, die im unteren Teil der Stadt Wohnenden, Auct. b. Alex. 6, 3. – **2** übtr.: **a** dem Grad nach, v. Ton, **gesenkter,** modi inferiores (Ggstz. elati, gehobene), Quint. 11, 3, 17. – **b** der Reihenfolge nach, versus, der Pentameter, Ov. am. 1, 1, 3: inferiores quinque dies, die letzteren f. T., Varro LL. 6, 13. – **c** der Zeit nach **später, jünger,** aetate inferiores, Cic.: erant (motus nostrae civitatis) inferiores quam illorum aetas, qui loquebantur, Cic. ep. – **d** der Zahl nach **schwächer,** inferior numero navium, Caes.: copiis inferior, Nep. – **e** dem Rang u. Stand nach, **niederer, niedriger, tiefer, geringer, unbedeutender** (Ggstz. superior), gradus, Cic.: ordo, Cic.: ordines (Stellen, Chargen), Caes.: inferioris iuris magistratus, ein niederer Beamter, Liv.: omnibus inferior, Ov.: ne inferior esset soror marito, Capit.: humanos casus virtute inferiores putare, Cic. – subst., inferior, der **Niedrigere, Geringere** (Ggstz. honestus, superior, par), Cic. u. a.: Plur. (Ggstz. superiores, aequi), Rhet. Her., Cic. u. a. – **f** der Kraft u. Macht nach **geringer, schwächer, nachstehend, unterliegend** (Ggstz. superior), oft inferiorem esse = **unterliegen, nachstehen, untergeordnet sein,** ei, qui affecti iniuriis ad opem iudicum supplices inferioresque confugiunt, Cic.: quemadmodum causa inferior dicendo superior esse posset, Cic.: ubi nostros non esse inferiores intellexit, Caes.: si inferiores fuissent, Auct. b. Alex. – m. *Abl.*, inferior animo, Caes., velocitate, Iustin.: dignitate non inferior, Cic.: inferiorem esse fortunā, Cic. – m. *in* u. Abl., *in* iure civili non inferior quam magister fuit, Cic.: quem ego *in* hoc praesertim intellegam prudentiā non esse inferiorem quam me, usu vero etiam superiorem, Cic.: inferiorem esse in agendo (Ggstz. superiorem discedere), Cic. – zugl. m. *Abl. pers.*, Alexandro virtute inferior, Iustin.: gens nullā Gallicā gente opibus aut famā inferior, Liv. – m. *Dat. pers.*, vir gravis et nullā arte cuiquam inferior, Sall. hist. fr. 2, 87 (86). – subst., inferiores, **Schwächere,** Iustin. 5, 2, 12 u. 8, 1, 3: insbes. schwächere Schüler, Quint. 2, 3, 4.

III *Superl.* **īnfimus** (īnfumus), a, um, u. **īmus**, a, um (Ggstz. summus), **A īnfimus** (īnfumus), a, um, der **unterste, letzte, 1** eig.: **a** übh.: solum, Caes.: terram esse infimam, Cic.: cum scripsissem haec infima, Unterste, Letzte, Cic.: ab infimo, von unten auf, Caes., od. ganz unten, Caes. – **b** partitiv, zur Bezeichnung des untersten Teils, ad infimum Argiletum, an der untersten Stelle des A., Liv.: ad infimos montes, an den Fuß des Gebirges, Nep.: ab infima ara, vom untersten Teil des A., Cic.: in infimo foro, am untersten Ende des F., Plaut. – **2** übtr., der **unterste** dem Rang, Stand usw. nach = **geringste, niedrigste,** infimo loco natus, von sehr geringer od. niedriger Geburt, Cic.: faex populi, Cic.: condicio servorum, Cic. – subst., infimus, der Niedrigste, Geringste (im Volk), Ggstz. summus, Amm. 19, 9, 2: gew. Plur. infimi (Ggstz. summi), Cic. u. a. – übtr., precibus infimis, durch demütiges Bitten, demütig, alqd impetrare ab alqo, Liv.: petere, ut etc., Liv. – ► Kompar. infimior, Interpr. Iren. 2, 12, 7. Itala euang. Ioann. 2, 10.

B īmus, a, um, der **unterste, 1** eig.: **a** übh.: conviva imus, der zu unterst liegt, Hor. – subst., ab imo, von unten an, Caes. u. a.: ab imo suspirare, tief aufseufzen, Ov.: imo, unten, in der Tiefe, Ov.: ex imo, von Grund auf, Ov.: in imum deferri, zu Boden sinken, Cels. – *neutr. pl.* subst., ima, das Unterste (Ggstz. summa), Ov. u. Quint.: ima cornuum, die Wurzeln, Liv.: ima montis, der Fuß des B., Plin. u. Tac.; insbes., der Grund, die Tiefe, ima gurgitis, fontis, Ov.: maris, Plin.: u. prägn. = die Unterwelt, Ov. met. 10, 47. – **b** partitiv, der **unterste Teil** = **unten an, in, auf** u. dgl., cauda, Schwanzspitze, Ov.: gurges, unterste Tiefe des Str., Ov.: pulmonibus imis, tief in den L., Ov.: in ima aure, Plin.: in fundo imo, Verg.: a summo (stipite) ad imum, Volc. Cass.: imo ex pectore, aus tiefer Brust, Catull., ab imo pectore, Verg.: ab imis unguibus (Fußspitzen) ad verticem summum, Cic.: so auch ad imos pedes, bis auf die Fußzehen, Suet.: subst., ab imo, am untersten Ende, Caes.: ebenso in imo, Cels., ad imum, Liv. u. Cels. – **2** übtr.: **a** dem Grad nach, v. Ton, der **tiefste,** sonus summus, medius, imus, Plin.: vox ima (Ggstz. vox summa), Hor. u. Quint.: oratio perfecta non est, nisi ab imo ad summum omnibus intenta nervis consentiat, Quint. – **b** der **unterste** der Reihe od. dem Rang nach, nihil nostra intersit, utrum ab summo an ab imo an a medio nomina eorum dicere incipiamus, Rhet. Her. 3, 30. – subst., superi imique deorum, Ov. fast. 5, 665: maximi imique, die Höchsten u. Niedrigsten, Sen. de clem. 1, 1, 9. – **c** der **letzte** der Zeit nach, mensis, Ov. fast. 2, 52. – dah. ad imum, bis ans Ende, bis zuletzt, Hor. de art. poët. 126; u. (= franz. *enfin*) am Ende, zuletzt, Hor. ep. 1, 18, 35.

īn-ferāx, ācis, **unfruchtbar,** silvae, Hieron. homil. 2: labor, Boëth. inst. arithm. 2, 2. p. 80, 13 Fr.

īn-fercio, s. īn-farcio.

īnferī, ōrum, *m.*, s. īnfer.

īnferiae, ārum, *f.*, s. 1. īnferius, a, um.

īnferiālis, e (inferiae), **zum Leichenbegängnis gehörig,** officia, Apul. met. 8, 7.

īnferior, s. īnfer.

1. īnferius, a, um (infero), **dargebracht, geopfert,** vinum, die Menge Wein, die man den Göttern widmete od. opferte, ehe man den Wein selbst kostete, die Spende, das Trankopfer (griech. χοή), Cato r. r. 132, 2 u. 134, 4. Arnob. 4, 16: vgl. Paul. ex Fest. 113, 2. – subst., īnferiae, ārum, *f.*, **a** Opfer zu Ehren der Verstorbenen, die **Totenopfer** (χοαί), inferias publice instituere, Suet.: inferias (alci) mittere, Lucr., Verg. u. Iustin.: alci inferias afferre, Cic.: (alci) inferias dare,

Ov., Suet. u. a.: se inferias (als T.) dare, Solin.: alci inferias facere, Tac.: alci debitas inferias persolvere, Sen.: alci inferias immolare, Verg. – b das **Grabmal,** et nostri (= nostris) voltus derigis (= dirigis) inferieis (= inferiis), CIL 9, 1837, 2.

2. īnferius, I *Adv.*, s. īnfrā. – II *Adi. neutr.*, s. īnfer *no.* II.

1. īnfermentātus, a, um (in u. fermento), **ungesäuert,** panes, Paul. Nol. carm. 23, 47.

2. īnfermentātus, s. īnfermento.

īnfermento, ātus, āre, **einsäuern,** panis optime infermentatus, Plin. Val. 5, 7 *in.* – übtr., si nequitiae spiritu infermententur animae, Rufin. Orig. homil. in num. 23. *no.* 7.

īnfernālis, e (infernus), **unterirdisch,** dii, Gloss. III, 504, 31: Iuppiter, Pluto, Prud. c. Symm. 1, 388: nox, Alcim. Avit. poëm. 2, 290.

īnfernās, ātis (infernus), **unterländisch** = von der Gegend des unteren (Tuskischen) Meeres her (Ggstz. supernas), abies, Vitr. 2, 9, 17. Plin. 16, 197: terra, Mart. Cap. 6. § 603: navicularii, der aus dem Tuskischen Meer kommenden Schiffe, CIL 6, 1022.

īnfernē, *Adv.* (infernus), **unten,** Lucr. 6, 597 u. 764 (wo infernĕ gemessen).

īnfernus, a, um (īnfer), der **unten befindliche,** der **untere,** I im Allg.: mare, das Tuskische, Lucan.: partes, Cic.: stagna, unten im Lande, Liv. – subst., īnferna, ōrum, *n.*, der **Unterleib,** Plin. 25, 51 u. a. Tert. de res. carn. 61. – II insbes., **unterirdisch,** a = **unter der Erde,** via, Veget. mil.: gurges, Ov. – subst., īnfernum, ī, *n.*, die **Tiefe** der Erde, ex inferno audiri, Iul. Obsequ. 105 (45): ab inferno ad caelum ferri (v. einem Geräusch), *ibid.* 106 (46). – b **unterirdisch = in der Unterwelt befindlich** od. **hausend, der Unterwelt (dem Tartarus) entstiegen,** dei, Liv.: rex, v. Pluto, Verg.: Iuno, v. der Proserpina, Verg.: Diana, v. der Hekate, Val. Flacc.: iudices, Augustin.: monstra, Sen.: canes, Hor.: catervae, Tibull.: tenebrae, Hor.: rota, des Ixion, Prop.: palus, v. Styx, Ov. u. Lact.: ratis, des Charon Kahn, Prop.: meatus, Apul.: aspectus, Tac. – subst., α īnfernus, ī, *m.* (*sc.* locus), αα die **Unterwelt,** Hippolytus ab inferno reversus, Acro Hor. carm. 4, 7, 25. – ββ die **Hölle,** Ambros. in psalm. 48. § 22 u. 24. Vulg. Iob 17, 13; psalm. 9, 18 u. a. – β īnfernī, ōrum, *m.*, die im Reich der Toten Befindlichen, die Unterwelt (Ggstz. superi), Prop. 2, 1, 37; 2, 28, 49. – γ īnferna, ōrum, *n.* (*sc.* loca), die Unterwelt (Ggstz. caelestia), Solin. 43, 2. Tac. hist. 5, 5. Sen. Herc. fur. 427. – bei den Eccl. = die **Hölle** (Ggstz. caelum), z. B. Lact. 6, 3, 11. Vulg. Iob 21, 13.

īn-fero, intulī, illātum, īnferre, **hinein-** od. **hintragen, -bringen, -werfen, in, an, auf, zu** etwas **werfen, -bringen, -setzen** usw., I eig.: A im Allg.: alqd domum, Colum.: alqd in ignem, Caes.: ignes tectis, Feuer anlegen, anzünden, Cic.: ignem gentibus, Hor.: scalas ad moenia, Liv.: spolia templo, Liv.: semina arvis, Tac.: alqm in equum, aufs Pferd setzen, Caes.: in scopulum, treiben, Liv. – B insbes.: a **beisetzen, begraben,** alienum, Cic.: corpus eodem, Nep. – b **auf die Tafel bringen, -setzen, aufsetzen,** mensam secundam, Plin.: lancem, Plin.: aliis atque aliis vasis cibi inferebantur, Vulg. Esther 1, 7. – c **bringen, eintragen** (vom Rechnen usw.), rationes, Cic.: pecuniam aerario, Plin. ep.: in rationes, ICt, od. rationibus, Colum., in Rechnung bringen: rationibus inferri, in Rechnung kommen, Suet.: dah. **anrechnen,** sumptum civibus, Cic. – d **beitragen, in die Kasse zahlen,** vigesimam, Plin. pan.: tributum alci, Colum. – e **darbringen, opfern,** spumantia cymbia lacte, Verg.: honores Anchisae, Verg.: satura lanx, quae referta variis multisque primitiis in sacro apud priscos dis inferebatur, Diom. 485 *sq.* – f manus alci, Cic., od. in alqm, Cic., an jmd. Hand legen: alci vim, Gewalt antun, Cic. – g signa, **den Feind angreifen,** Liv.: signa in hostem, Caes., od. hostibus, Auct. b. Afr.: dictator dextro cornu *adversus* Faliscos, sinistro *contra* Veientem Capitolinus Quinctius intulit signa, Liv. – h bellum m. *Dat.* od. m. *in* u. Akk. des Landes, ein Land **mit Krieg überziehen, die Offensive** gegen ein Land **ergreifen,** Cic. u. Nep.: bellum alci, mit Krieg überziehen, bekriegen, Cic.: ebenso bellum contra patriam, Cic.: inf. arma, Krieg anfangen, mit Krieg überziehen, Liv. u. Curt.: ebenso usque a rubro mari arma inf. Italiae, Italien bekriegen, Nep. – i pedem, **den Fuß hinein-** od. **hinsetzen,** d. i. **hinein-** od. **hingehen,** Cic.: in aedes, Plaut.: so auch gressum, Verg.: nostro limine intulit pedes, setzte den Fuß über die Schwelle, Prop. – u. feindl., pedem inferre, auf jmd. **losgehen,** jmd. **angreifen,** alci, Liv.: so auch gradum, pugnam, Liv. – k refl. u. medial: α refl., se inferre, **hinein-** od. **hingehen, sich begeben,** bes. mit dem Nbbgr. der Schnelligkeit, **sich hinein-** od. **hereinstürzen,** feindl. = **eindringen, einfallen,** lucus, quo se persaepe inferebat, Liv.: se per medios, Verg.: se foribus, Verg.: se flammae, Vell. – absol., viden ignavum, ut se inferat, wie er einhertritt, Plaut.: ut magnifice infert sese, Plaut. – feindl., effusi se stantibus vobis intulerint, Liv.: adeo concitato impetu inferre se, ut etc., Liv. – β medial, inferri in urbem, Liv.: in ignes medios equo, Liv.: flumen mari Hadriatico infertur, Liv. – II übtr.: A im Allg.: artes Latio, Hor.: nefas, einführen, Curt.: terrorem in oppida, verbreiten, Curt.: se in periculum, stürzen, Cic.: se ipse inferebat et intro dabat, mischte sich ein, Cic. – B insbes.: a **vorbringen,** crimina, Cic.: sermonem de alqa re, das G. auf etw. bringen, Cic.: mentionem alcis rei, einer Sache Erwähnung tun, etw. in Anregung bringen, Liv.: causam, Caes., alci, wider jmd., Auct. b. Afr.: alci causam belli, einen Vorwand suchen (vom Zaun brechen), ihn zu bekriegen, Cic.: causam iurgii, herbeiziehen, Phaedr. – b **zufügen, beibringen, einflößen, einjagen,** vim, antun, Curt.: alci terrorem, alci mortem, periculum, Cic.: terrorem in alqm, Liv.: sibi voluntariam necem, Lact.: spem alci, Caes. – c **erregen** od. **zu erregen suchen, eintreten lassen, veranlassen,** moram, cunctationem, Caes.: misericordiam, invidiam, Cic.: iniurias in alqm, Cic. – d **folgern, schließen, einen Schluss ziehen,** Cic. de inv. 1, 87. Quint. 5, 11, 27. – ► Ungew. Fut. inferebis, Apic. 4, 159 *cod.*: Partiz. infertus, Apul. met. 4, 26 *cod. F.*

īnfersus, u. **īnfertus,** s. īn-farcio.

īn-fertilis, e = ἄγονος (Gloss. II, 216, 58), **unergiebig, unfruchtbar,** fertiles et infertiles possessiones, Iulian. Antec. constit. 111, 2.

īnfertilitās, ātis, *f.* (infertilis) = ἀγονία (Gloss. II, 216, 57), die **Unfruchtbarkeit,** Hieron. Orig. in Ezech. homil. 4, 1 u. 2.

īnfertor, ōris, *m.* (infero) = παραθέτης (Gloss.), der **Speiseauftrager, Truchsess,** Ascon. Hor. sat. 2, 8, 72. Schol. Iuven, 5, 83; 9, 109; 11, 142.

īnferus, a, um, s. īnfer.

īn-fervefacio, fēcī, factum, ere, **darin kochen lassen,** Cato r. r. 123. Colum. 12, 17, 2. – Passiv, infervefio, factus sum, Scrib. Larg. 271 u. Colum. 9, 13, 5.

īn-ferveo, ferbuī, ēre, **sich erhitzen, aufsieden, kochen,** facito bis aut ter inferveat, Cato r. r. 108, 1: mel Atticum ter infervere facito, Colum. 12, 38, 5: facies ut inferveat, Apic. 4, 176: passum infervet, donec crassitudinem sordium habeat, Cels. 5, 25, 4. Vgl. infervesco.

īnfervēsco, ferbuī, ere (*Inchoat.* zu inferveo), **sich erhitzen, aufsieden (aufbrausen),** worin **kochen,** fabae tertia pars infervescat, Cato: mulsum quod inferbuit, Cels.: sive (fungi) *ex* oleo inferbuerunt, sive piri surculus *cum* his inferbuit, Cels.: ne infervescat aqua sole, in der Sonne heiß werde, Plin.: hoc ubi confusum sectis inferbuit herbis, Hor.: poet., solem infervescere fronti arcet, auf die St. zu brennen, Sil. 13, 341. – übtr., inferbui sperando et exsultando in misericordia tua, Augustin. conf. 9, 4, 9.

īnfēstātio, ōnis, *f.* (infesto), die **Anfeindung, Beunruhigung,** Tert. apol. 1 u. a. Eccl.: Plur., Heges. 5, 2, 27. Gloss. V, 415, 69.

īnfēstātor, ōris, *m.* (infesto), der **Anfeinder, Beunruhiger,** Plin. 6, 143. Itin. Alex. 35 (81).

īnfēstātus, a, um (infesto), **beunruhigt,** Superl. tempora infestatissima, Oros. 1. prol. § 9 Z.

īnfēstē, *Adv.* (infestus), **feindlich, feindselig, als entschiedener Gegner,** Liv. 26, 13, 7. Vell. 2, 45, 3. Apul. met. 7, 18 *extr.* – *Compar.*, Liv. 2, 55, 5; 44, 4, 4: verb. infestius atque inimicius, Liv. 28, 29, 8. – *Superl.*, Quint. 12, 8, 10: verb. inimicissime atque infestissime, Cic. Quinct. 66.

īnfēstīviter, *Adv.* (infestivus), **unartig,** non inf., ganz artig, Gell. 9, 9, 9.

īn-fēstīvus, a, um, **unartig, rücksichtslos,** subagresti homo ingenio et infestivo, Gell. 1, 5, 3.

īnfēsto, āvī, ātum, āre (infestus), **anfeinden, angreifen, gefährden, unsicher machen, beunruhigen, plagen, a** eig.: greges Numitoris, Iustin.: se frequenter invicem, Mela: munitiones, Auct. b. Alex.: latus dextrum, Ov.: hostem unguibus rostroque (v. einem Raben), Liv. epit.: praetereuntes sagittis venenatis, Solin.: mare infestatum latrociniis, Vell.: maria infestare, Lact.: iter infestari latrociniis nuntiatur, Sen.: absol., duo corvi hinc et inde infestantes, Suet. – **b** übtr.: mediam (zonam) aestus infestat, ultimas frigus, Mela: virtutem intellego animosam et excelsam, quam incitat quicquid infestat, Sen. rhet.: huic (dem Übel), a quo saepe infestantur, occurrunt, Sen.: vanā superstitione rudes animos, mit törichtem Aberglauben einfältige Seelen anstecken, Colum.: assiduis devertentium hospitiis rem familiarem, dem Hausstand Abbruch tun, Colum.: dolor praecordia infestat, Cels.: aloë non infestat stomachum, Plin.: absol., quod si tussis infestabit, potio sumenda erit, Cels.

īnfēstus, a, um (in u. *fendo; vgl. de-fendo u. mani-festus), **I** aktiv = **anfallend, angreifend, belästigend, beunruhigend, feindlich auftretend, feindlich, gefährlich, bedrohlich, schwierig, a** v. leb. Wesen; **α** übh.: Atrides, Diana, Ov.: contio, Curt.: spectatores, Suet.: provincia Gallia, Cic.: animus infestissimus, Cic.: m. *Dat.*, oft verb. alci invisus infestusque, infestus invisusque, Liv. u. Curt.: canes leonibus maxime infesti, Curt.: regiones alienae sibique infestae, Curt.: regi infesta plebes, Sall.: gens infestissima nomini Romano, Sall.: mit *in* u. Akk., infestus in suos, in omnia maria, Cic.: m. *ob* u. Akk., ob aemulationem infestus, Curt. 4, 7 (27), 4. – **β** als milit. *t. t.* = **zum Angriff fertig, schlagfertig, feindlich vorgehend (offensiv), in Angriffskolonnen formiert,** infesto exercitu in Numidiam procedere, Sall., in agrum Albanum pergere, Liv.: ab Tibure infesto agmine profecti, Liv. – **b** v. Lebl.: **α** übh.: fulmen, Verg.: cornua, Phaedr.: manus (Plur.), Ov. u. Curt.: corporibus nostris infestas manus admovere, Curt.: infestis oculis conspici, Cic.: quae est tam infesta ira? was ist das für eine Erbitterung? Liv.: *n. plur.* subst., infesta, ōrum, *n.* (Ggstz. secunda), das Unglück, Drangsal, Hor. carm. 2, 10, 13. – **β** als milit. *t. t.*, v. Feldzeichen, Waffen, die zum Angriff dienen (s. Heräus Tac. hist. 1, 31, 15), infesta contra populum Rom. arma ferre, gegen das r. V. feindlich auftreten, Iustin.: infestis signis, in Angriffskolonnen, angriffsweise, Caes. u. a.: infesta sarissa, eingelegte, scharfe, Curt.: hastā infestā, mit eingelegter, gefällter Lanze, Liv. u. Verg.: u. so infestā lanceā, Hirt. b. G.: infesto spiculo od. telo, Liv. u. Auct. b. Afr.: infestis cuspidibus, Cic.: infestis mucronibus, Tac.: infestis pilis, mit geschwungenen od. wurfbereiten Speeren, Caes.: infestā pilā, Tac. – **II** passiv = Angriffen **ausgesetzt, belästigt, beunruhigt, gefährdet, bedroht, unsicher, nicht geheuer, wehrlos** (Ggstz. tutus), locus, Liv.: annus, unruhig, Liv.: mare, Vell.: iter, Cic., itinera, Caes.: statio, Cic.: vita filii, Cic.: minus tamen quam alias infesta civitas fuit, Liv.: si huius salus ob eam ipsam causam esset infestior, Cic.: infestissima Ciliciae pars, Cic.: agrum infestum facere od. reddere, Liv.: regionem infestam efficere, Liv.: mare infestum habere, beunruhigen, unsicher machen, Cic.: u. so vias infestas habere, Cic.: m. *Abl.* (von, durch), via illa incursionibus barbarorum infesta, Cic.: infesta terra colubris, Ov.: ita quoque interiora urbis infesta telis erant, Curt.: saltus nunc frequentioribus latrociniis infestior factus est, Cic.: m. *ab* u. Abl., multo eum infestiorem agrum ab nobilitate esse, quam etc., Liv.

īn-fībulo, āre, **zuheften, I** im Allg.: infibulati sacrificabant flamines, Paul. ex Fest. 113 15. Serv. Verg. Aen. 4, 262. – **II** insbes: **A** als mediz. *t. t.*, **infibulieren** (vgl. fibula *no.* I, c, β), Cels. 7, 25, 3. – **B** (synkop. infiblo) als *t. t.* der Kochkunst, **zuheften,** Apic. 8, 372.

īnficētus, -ficētē etc., s. infac...

īnficiae etc., s. īnfitiae etc.

1. **īnficiēns,** entis (in u. facio), **nichts tuend, untätig,** v. Menschen, Varro LL. 6, 78: v. Bienen, Varro r. r. 3, 16, 8.

2. **īnficiēns,** entis, *Partic.* v. inficio, s. d.

īn-ficio, fēcī, fectum, ero (facio), mit etwas **anmachen,** d. h. mit etwas so vermischen, dass es dessen Geschmack od. Farbe annimmt u. so seine natürliche Beschaffenheit wenn nicht verliert, doch verändert, **I** im Allg.: hoc (dictamno) fusum labris splendentibus amnem (= *aquam*) inficit, macht das Wasser mit Diktamnum an = teilt ihm seine Kraft mit, indem sie den Saft aus den Stengeln ausdrückt, Verg.: pinnas, quas meo gremio nectarei fontis infeci, mit nektarischem Quell befeuchtet, Apul.: aër infectus (verseuchte), Plin. – carnes lasere infectae, angemacht, Apul.: alieno sapore infici, den Geschmack von anderen Dingen annehmen (v. Oliven), Plin.: mel infectum fronde, der den Laubgeschmack angenommen hat, Plin. – poet., Scythas tepidā Phoebus inficiet rotā = beleuchten u. erwärmen, Sen. poët.

II insbes.: **A** mit einer Farbe anmachen, **tränken = färben, 1** eig.: lanas, Plin.: infecta conchylio lana, Plin.: cera etiam, quā ungere solent naves, inficitur (*sc.* colore Veneto), wird damit gefärbt, Veget. mil. – v. Bemalen, se vitro (v. den Britanniern), Caes.; vgl. Britanni vitro corpora (am K.) infecti, Mela: palpebrae infectae mulieribus, Plin.: lumina caeruleis infecta notis, Claud. – v. Färben, Tränken mit Blut, aequor, rives sanguine, Hor.: undas hostili cruore, Val. Max.: quem locum Galba moriens sanguine infecerat, Tac.: cum quidem eius civili sanguine non inquinatas solum manus, sed infectas ait, Sen. rhet: infectas sanguine habere manus, Prop.: arma sanguine sparsoque infecta cerebro, Verg.: so auch bl. inf. flumina, Lact.: infecta maria, Plin. pan. – v. Färben der Wolken durch die Sonne, sic ut nubes infici possint, ita sol ad hoc apte ponendus est, Sen. – v. Bräunen, Schwärzen der Sonne usw., infecta lintea, schwarze Segel, Catull.: infecti sole populi, Plin.: (Phoebus) flammā propiore nudos inficit Indos, Sen. poët.: veluti infecta fumo iaspis, Plin. – v. Verdunkeln des Tageslichts durch Rauch usw., nigri volumina fumi infecere diem, Ov.: (Megaera) Phoebi serenos inficit radios, Claud. – v. Verdunkeln des Feuers der Augen, nox oculorum infecerat ignes, Claud. – v. Röten der Wangen, des Antlitzes, niveas infecerat igni solque pudorque genas, erglühen lassen, Claud.: rubor igneus inficit ora, Lucan.: ut virgo deducta marito inficitur teneras, ore rubente, genas, die Wangen der Braut erglühen, Tibull. – v. Entfärben der Gesichtsfarbe, ora pallor albus inficit, Hor.: infectae pallore genae, Claud.

2 übtr., **benetzen, tränken** (puer) iam infici debet iis artibus, quas si dum est tener combiberit, ad maiora veniet paratior, Cic. de fin. 3, 9: qui magisterio quodam et ductu vitae colorat mores adulescentium et velut murice probitatis inficit, Ambros. de off. 1, 43, 211: quemadmodum lana quosdam colores semel ducit, quosdam nisi saepius macerata et recocta non perbibit, sic alias disciplinas ingenia, cum accepere, protinus praestant; haec (*sc.* sapientia) nisi alte descendit et diu sedit et animum non coloravit, sed infecit, nihil ex his, quae promiserat, praestat, dem G. nicht die volle Färbung, sondern nur einen äußeren Anstrich gegeben, Sen. ep. 71, 31: crebrae et muliebribus blandimentis infectae epistulae, Tac. hist. 1, 74.

B mit etwas Schädlichem, mit Gift usw. anmachen, **tränken = vergiften, 1** eig.: nos sagittas tingimus ..., flumina inficimus, Plin. – ubi fontes potu infecit (serpens), Sen.: pocula veneno infecta, Iustin. – poet., Gorgoneis Alecto infecta venenis, angetan mit den Schlangenhaaren (u. daher vergiftend), Verg. – vom Vergiften, Verpesten, Anstecken durch pestilenzialische Dünste und Krankheiten, quique halitus exit ore niger Stygio vitiatas inficit herbas, Ov.: infectum caelum, Claud.: corrupitque lacus, infecit pabula tabo, Verg.: infice tabe tuā natarum Cecropis unam, Ov.: aliquis locus urinā infectus, Schol. Pers. 1, 112.

2 übtr., **vergiften, verpesten, anstecken, beflecken** (aber stärker als inquinare), nos umbris, deliciis, otio, languore animum inficimus, Cic.: qui teneros et rudes cum acceperunt, inficiunt et flectunt, quo volunt, Cic.: diu in istis vitiis iacuimus; elui difficile est; non enim inquinati sumus (befleckt), sed infecti (angesteckt), Sen.: ut cupiditatibus principum et vitiis infici solet tota civitas, sic emendari et corrigi continentiā, Cic.: qui hinc integri et sinceri Romam eunt

... imbuti illinc et infecti Romanis delenimentis redeunt, Liv.: legiones velut tabie infectae, Tac.: rex hostium artibus infectus, Tac.: ebenso homines superstitione infecti, Tac. – vereor, ne hoc, quod infectum est, serpat longius, die jetzige Ansteckung = der bereits angerichtete Schaden, Cic. ad Att. 1, 13, 3. – poet., aliis sub gurgite vasto infectum eluitur scelus, das Verbrechen, von dem sie angesteckt wurden, der Sünde Schandfleck, Verg. Aen. 6, 741 *sq.*

īnficior, ārī, s. īn-fitior.

īn-fidēlis, e, der keine Treue hält, dem man also nicht trauen kann, **ungetreu = unehrlich, unzuverlässig, unredlich, I** im Allg., Cic. u. a.: obsecro, infidelior mihi ne fuas, quam ego sum tibi, Plaut.: infidelissimi socii, Cic. – v. Lebl., silex structurae infidelis, Plin.: infidelis recti magister est metus, Plin. pan.: terram infidelem nec feracem criminans, Auson. epist. 22, 21. p. 184 Schenkl. – **II** insbes. = ἄπιστος, **ungläubig, heidnisch,** Salv. de gub. dei 5, 1. § 1 u. a. Eccl. (s. Rönsch Itala p. 333).

īnfidēlitās, ātis, *f.* (infidelis), **I** die **Untreue, Unehrlichkeit, Unzuverlässigkeit, Unredlichkeit,** absol., Caes. u. Cic.: m. subj. *Genet.*, eius, Hirt. b. G.: amicitiarum, Cic.: varietas atque inf. exercitus eius, Planc. bei Cic.: Plur., vide, quantae (sint) infidelitates in amicitiis, Cic. Mil. 69. – **II** insbes., der **Unglaube, Abfall vom Glauben,** Vulg. sap. 14, 25.

īnfidēliter, *Adv.* (infidelis), **ungetreu, unredlich,** Cic. ep. ad Brut. 2, 1, 2. Vulg. Isai. 21, 2: *Superl.* infidelissime, Salv. c. avar. 3, 13. § 58 H.

īn-fīdus, a, um, dem man nicht trauen kann, **ungetreu = unsicher, unzuverlässig** (Ggstz. fidus), **I** v. Pers. u. deren Gesinnung, **α** absol.: amicus, Cic.: scurra, Hor.: vir, Prop.: gentes, Cic.: fratres, Verg.: Persae, Hor.: civitas Rhodiorum, Sall.: Numida ingenio infido, Sall.: infidos celas; ego sum tibi firme fidus, Plaut. mil. 1015. – **β** m. *Dat.:* istis infidus, Sall. hist. fr. 1, 48 (51), 15. – **γ** im Ggstz. m. *ad* u. Akk., gens ut segnis ad pericula, ita infida ad occasiones (bei sich darbietenden Gelegenheiten, nämlich den Römern Schaden zuzufügen), Tac. ann. 14, 23. – **II** v. Lebl.: fides, Iustin.: societas regni, Liv.: consilia (Ratschläge), Tac.: pax, Liv.: fuga, Liv.: facinora, Liv.: mare, unsicheres, tückisches, Lucr. u. Plin. pan.: u. so portus Strophadum (weil die Troer dort von den Harpyien belästigt wurden), Ov.: sedes, Plin.: gratia malorum tam infida est quam ipsi, Plin. ep.: nihil est enim stabile quod infidum est, Cic.

īn-fīgo, fīxī, fīxum, ere, **hineinheften, -schlagen, -stechen, -bohren, I** eig.: **1** im Allg.: gladium hosti in pectus, Cic.: ferrum pectori alcis, Tac.: sagitta corpori infixa, Curt.: signum (Fahne), Cic.: pila, Liv.: cornua, Verg.: alqm scopulo (Dat.), schmettern gegen usw., Verg.: hasta infigitur portae, bleibt stecken, Verg.: sagitta infigitur arbore mali, Verg.: infigere dentes in vulnere, einbeißen, Curt.: pila infixa, Liv.: infixa corpori extrahere, was im Körper steckt, Plin.: sidera certis infixa sedibus, Cic. – **2** prägn., **aufheften = beibringen,** natis oscula, Sil. 12, 738: infixum sub pectore vulnus, Verg. Aen. 4, 689. – **II** übtr., **befestigen, einprägen, heften,** alqd animo, auditori, einprägen, Quint.: cura erit infixa animo, Cic.: animus infixus est in patriae caritate, geheftet, fest gerichtet auf usw., Cic.: res memoriae infixa, Liv.: in hominum sensibus positum atque infixum est, fest gegründet, Cic. – infixum est, es ist fest beschlossen, -fester Vorsatz, m. folg. *Infin.*, Sil. 4, 330; 10, 643: m. folg. *Gerund.*, Vologesi vetus et penitus infixum erat arma Romana vitandi, Tac. amn. 15, 5. – ► Partiz. infictus, navis vel inficta vel fracta, Callistr. dig. 47, 9, 7.

īnfigūrābilis, e (in u. figuro), **unförmlich,** Amm. 24, 4, 15.

īnfigūrātus, a, um (in u. figura) = ἀνείδεος, **gestaltlos,** Interpr. Iren. 1, 15, 5 u. a. Eccl.

īnfimās, ātis = infimatis (s. d.), Prisc. 12, 17.

infimātis (īnfumātis), e (infimus), **einer von den Untersten** (Ggstz. summatis), ego infimatis infimus (accubet), Plaut. Stich. 493. Vgl. Prisc. 12, 17.

īnfimitās, ātis, *f.* (infimus), die **Niedrigkeit,** Amm. 17, 13, 12 u. a. Augustin. 1. music. 9. *no.* 15.

īnfimo, (āvī), ātum, āre (infimus), **erniedrigen** (Ggstz. sublimare), deos, Apul. met. 1, 8: ad miserias, Apul. de deo Socr. 4: infimatus (Ggstz. celsus), Mart. Cap. 6. § 595 u. infimari (Ggstz. sublimari), Mart. Cap. 8. § 849.

īnfimus, a, um, s. īnfer.

īn-findo, fidī, fissum, ere, **einschneiden, I** = schneidend einfügen, telluri sulcos, Verg. ecl. 4, 33: poet. übtr., sulcos (mari), rudern, schiffen, Verg. Aen. 5, 142. – **II** = **durchschneiden,** poet. übtr., salum, durchsegeln, Val. Flacc. 1, 687.

īn-fingo, ere, **sich vorstellen,** alqd concipere animo et infingere cogitatione, Chalcid. Tim. 326.

īnfīnībilis, e (in u. finio), **unendlich,** Mart. Cap. 2. § 203. Apul. de dogm. Plat. 1, 5.

īnfīnītās, ātis, *f.* (in u. finis), die **Unbegrenztheit, Unendlichkeit, unendliche Weite,** infinitas locorum innumerabilitasque mundorum, Cic. de nat. deor. 1, 73 (Anaximander) infinitatem naturae dixit esse, e qua omnia gignerentur, Cic. Acad. 2, 118: Plur. infinitates mundorum, Amm. 15, 1, 4: absol., in infinitatem omnem peregrinari, das unermessliche Weltall durchwandern, Cic. Tusc. 5, 114.

īnfīnītē, *Adv.* (infinitus), **I grenzenlos, bis ins Unendliche,** partes secare et dividere, Cic.: concupiscere, Cic.: quod faciendum est paene inf. in perorando, Cic.: infin. crescit, infin. minuitur, Augustin. epist. 3, 2. – **II unbestimmt, allgemein,** Gell. 14, 7, 9: dah. auch **abstrakt,** inf. ponere alqd, Cic. de or. 2, 66.

īnfīnītio, ōnis, *f.* (infinitus), die **Unendlichkeit,** infinitio ipsa, quam ἀπειρίαν vocant, Cic. de fin. 1, 21.

īnfīnītīvus, a, um (infinitus), **unbestimmt,** als gramm. *t. t.*, modus inf. u. subst. bl. infinitivus, der Infinitiv, Diom. 340, 34. Prisc. 8, 43.

īnfīnītō, *Adv.* (infinitus), **unendlich,** s. īnfīnītus, *no.* I, 2, c, α.

īnfīnītus, a, um (in u. finio), **nicht durch Grenzen bestimmt, I unbegrenzt, grenzenlos, unendlich** (Ggstz. finitus), **1** eig., dem Raum nach: altitudo, Cic.: ingens infinitumque pelagus, Mela: inf. materia, Cic.: mundus finitus infinito similis, Cic.: nihil cum habet extremum, infinitum sit necesse est, Cic.: magnitudines infinitissimae, Boëth. inst. arithm. 1, 4. – **2** übtr.: **a** der Zeit nach, **unbegrenzt, unendlich, endlos, unaufhörlich,** tempus, Cic.: longa diei infinita aetas, Lucr.: bellum, auf Leben u. Tod, Nep.: u. so odium, Cic.: hoc fructu tanto desine studia tua infinitā istā cunctatione fraudare, Plin. ep. – **b** der Zahl nach, **grenzenlos, unendlich viel** od. **zahlreich, zahllos, unzählig,** opera, Spart.: muscae, Lampr.: equitatus, Auct. b. Afr.: populi, Eutr.: rapinae, Eutr.: infinitus prope et innumerabilis numerus annorum, Gell.: societas, Cic.: inf. temporum od. causarum varietas, Cic.: m. *Abl.* (an), eorum iuventus infinita numero, immensa corporibus, Vell. 2, 106, 1. – **c** der Ausdehnung, dem Umfang, dem Maß od. Grad nach, **grenzenlos, endlos, unendlich (unendlich groß** od. **reich), unermesslich, unabsehbar, maßlos,** pondus, Iustin.: auri argentique pondus, Eutr.: magnitudo, Caes.: silva (Stoff), Cic.: potestas, Liv.: pretium, ICt.: labor, Cic.: occupationes, Nep.: cura (Sorgfalt), Quint.: pollicitationes, Asin. Poll. in Cic. ep.: spes, Cic.: amor, Val. Max.: infinitum est (es ist eine endlose Aufgabe, es würde kein Ende nehmen) m. *Infin.*, Cic. ep. 1, 9, 23. Quint. 5, 10, 18 u. 11, 3, 121. – subst., īnfīnītum, ī, *n.*, das **Unendliche, Unermessliche, α** absol., sectio in infinitum, Quint.: immensum quiddam et infinitum est, quod vobis debemus, Cic.: infinitum refert et lunaris ratio, Plin.: ne in infinitum abeamus, damit ich nicht die Beispiele ins Unendliche vermehre, Plin.: ad infinitum augere alqd, Plin.: ad infinitum crescere (v. Preis), Plin.: ad infinitum pervenire, eine unbegrenzte Stärke erlangen, Quint.: in infinito, ohne Einschränkung, ICt.: infinitum quantum, über alle Maßen, Plin.: infinito (unendlich) praestare ceteris eiusdem generis, Plin.: infinito se antecedebat, Sen. contr. exc. 3. praef. 6: infinito magis od. plus, unendlich mehr, Quint.: ut flammae infinito (unendlich) acrior vis est, Sen. de ben. 2, 27, 3. – **β** m. *Genet.*, eine **unendliche Menge,** infinitum auri atque argenti, Eutr. 6, 16: auri gemmarumque, Eutr. 9, 15: infinitum muscarum, Lampr. Heliog. 26, 9. – **II unbestimmt** = ohne Bestimmung von Person u. Zeit, **a** als rhet.

u. philos. *t. t.*, **unbestimmt, abstrakt** (Ggstz. definitus, certus), infinitior distributio, Cic.: res od. quaestio (Gegenstand der Rede), Cic.: res infinitior, Cic.: coniunctiones od. conexa, unbestimmte Aussagen, unbestimmter Folgesatz, Cic.: sin cuiquam nimis infinitum videtur, quod ita posui, ›quacumque de re‹, Cic. – **b** als gramm. *t. t.*, vocabula, Varro LL.: verbum inf., der Infinitiv, Quint.: ebenso modus infinitus, der Infinitiv, Ouint.: articuli (wie quis, quem, quoius), Varro LL.: sensus, Varro LL.

īnfio, s. īn-fit.

īnfirmātio, ōnis, *f.* (infirmo), die **Entkräftung, I** = **Widerlegung,** rationis, Cic. de inv. 1, 18 u. 2, 62. – **II** = **Ungültigmachung,** rerum iudicatarum infirmatio u. infirmationes, Cic. de lege agr. 2, 8 u. 10: infirmationes iudicationum, Mart. Cap. 5. § 461.

īnfirmē, *Adv.* (infirmus), **a ohne Halt, haltlos,** ieiune et infirme dicere, Plin. ep. 1, 20, 21. – **b kleinmütig,** tonitrua et fulgura paulo infirmius expavescebat, Suet. Aug. 90. – **c unzuverlässig,** socii inf. animati, Cic. ep. 15, 1, 3.

īnfirmis, e = infirmus, **schwach,** lapides, Amm. 20, 6, 6. Vgl. Rönsch Itala S. 274.

īnfirmitās, ātis, *f.* (infirmus), die **Schwäche, I** eig., die physische, **1** im Allg.: **a** leb. Wesen, deren Körper usw.: puerorum, Cic.: corporis, Cic.: oculorum, Plin. ep.: naturae, Sall., naturae et virium, Caes.: valetudinis, Cic.: aetatis, Cic.: meton., das **schwache Geschlecht** = die Frauen, Liv. 34, 7, 15, od. = Kinder, Quint. 2, 2, 14. – **b** lebl. Subjj.: aedificii, Mangel an Festigkeit, Baufälligkeit, ICt.: vini, Mangel an Haltbarkeit, Colum. – **2** insbes., in Bezug auf Gesundheit, die **Schwäche, Mattigkeit, Unpässlichkeit, Krankheit,** Suet. u. Iustin.: uxoris, Plin. ep.: veteris infirmitatis tussicula, Plin. ep.: incĭdere infirmitatem contractam [ex laboribus], CIL 8, 2728, 84: Plur., infirmitates meorum, Plin. ep. 8, 16, 1: infirmitates Aegypti pessimae, Vulg. deut. 7, 15. – **II** übtr.: **a** die geistige **Schwäche, Ohnmacht, Unzulänglichkeit,** humana, Tac.: hominum, Cic.: discentium, Quint.: naturae, Quint.: animi, Kleinmut, Mutlosigkeit, Cic.: mentis, Sen.: ingenii, Tac.: memoriae, ICt.: nostra inf., unsere schwache Kraft, Quint.: in dolore ferendo inf., Quint.: alqd infirmitati (dem Mangel an Talent) aut invidiae assignare, Caecin. in Cic. ep. – **b** die moralische Schwäche, **Unselbständigkeit, Unzuverlässigkeit,** Gallorum, Caes.: bonorum, Cic.: levitas infirmitasque iudiciorum (der Gerichte = der Richter), Cic.

īnfirmiter, *Adv.* (infirmus), **I nicht fest, ohne Halt,** vitulamina inf. posita, Vulg. sap. 4, 4. – **II** übtr., **haltlos, a** geistig, quod si fuerit a vobis dictum, quam infirmiter invalideque dicatur, ipsa rerum inaequalitas indicabit, halt- u. kraftlos, Arnob. 7, 45. – **b** moralisch, carnis sensus inf. pavidus, der mattherzige, zaghafte Sinn, Augustin. de civ. dei 1, 11.

īnfirmo, āvī, ātum, āre (infirmus), **schwächen, entkräften, I** eig.: corpus, nervos, Cels.: alvus hominem infirmat, Cels.: ne ex latere novo munimenta madore infirmarentur, Sall. fr. – promiscuis militum commeatibus legiones, (an Streitkräften) schwächen, Tac. – **II** übtr.: **1** im Allg., **schwächen, erschüttern,** fidem testis, Cic.: horum (ducum) alterum sic fuisse infirmatum conscientiā scelerum et fraudum suarum, ut etc., Cic. – **2** insbes., **entkräften, a** = **widerlegen,** res leves, Cic.: quae vos Academici infirmatis atque tollitis, Cic. – **b außer Kraft setzen = für ungültig erklären,** acta illa atque omnes res superioris anni, Cic. Sest. 40: unam tollendo legem ceteras, Liv.: testamentum, ICt.: graviter ferens aliquid a se pactum infirmari, Vell.

īnfirmor, ārī (infirmus), **schwach-, entkräftet-, siech-, krank sein,** Vulg. Ioann. 4, 46 u. 11, 2; act. apost. 9, 37 u. a. Gregor. epist. 12, 31. – Partiz. subst., īnfirmantēs, ium, m., **Schwache, Sieche = Kranke,** Sulpic. Sev. vit. Martin. 18, 5; epist 2, 12.

īnfirmus, a, um, **schwach** (Ggstz. validus, valens), **I** eig., physisch **schwach, 1** im Allg.: vires, Cic.: caput, Hor.: classis, Cic.: sapor, Colum.: arbor infirmissima, Plin.: valetudo infirmissima, Cic. – v. leb. Wesen, senex (Ggstz. praevalens iuvenis), Liv.: debilis et infirmus (Ggstz. validus), Lampr.: sexus inf. (Ggstz. validior), das schwache (weibl.) Geschlecht, Augustin.: pecus, Ov. – mit *ad* u. Akk., infirmi homines ad resistendum, Caes. – m. *adversus* u. Akk., fama, infirmissimum adversus viros fortes telum, Curt. – subst., infirma lineae, die »schwachen Teile«, Plin. 9, 145: infirmiores (Ggstz. valentiores), Varro r.r. 3, 16, 35. – **2** insbes.: **a** körperl. **angegriffen = abgespannt,** sum admodum infirmus, Cic. Acad. 1, 14. – u. = **unwohl, unpässlich, krank** (Ggstz. valens), Cels. u. Plin. ep. – **b** v. Nahrungsstoffen, *Compar.* = **weniger nahrhaft** (Ggstz. firmior, valentior), *Superl.* = **am wenigsten nahrhaft** (Ggstz. valentissimus, validissimus), panis, Cels.: res, Cels. – **II** übtr.: **A** im Allg., **schwach, gewichtlos,** cautiones, Cic.: senatus consultum, unwirksamer (Ggstz. validum), Tac.: nuptiae, ungültige, Ter.: res infirma ad probandum, Cic. – **B** geistig u. moralisch **schwach, a** geistig **schwach,** bald = **zaghaft,** animus, Caes.: animo infirmo esse, kleinmütig sein, Cic.: desiderium, Tac.: infirmiores, die Zaghaften, Furchtsamen, Caes. b.c. 1, 3, 5. – bald = **schwachsinnig, von Vorurteilen abhängig, abergläubisch,** sum paulo infirmior, ich bin ein minder starker Geist, Hor. sat. 1, 9, 71. – **b** moralisch, **ohne Festigkeit des Charakters, unzuverlässig,** animus, Ter.: homines infirmissimi, Colum.

īn-fit, *v. defect.* = incipit (zu fio), **I er (sie) fängt an,** m. folg. *Infin.*, Plaut. asin. 343, Lucr. u. Verg.: absol., infit (anima), sie ergreift die Initiative ihrer Tätigkeit, Prud. apoth. 804. – **II** prägn., **er (sie) beginnt, hebt an** (zu reden), talia, Apul. met. 6, 11. – m. folg. *Acc.* u. *Infin.*, Liv. 3, 71, 6. – m. folg. dir. Rede, Enn. fr., Verg., Liv. u. a. – ► īnfiunt, Mart. Cap. 2. § 220.

īnfiteor, s. īn-fitior.

īnfitiābilis, e (infitior) **ableugbar,** non inf. coniectura, Augustin. c. sec. resp. Iul. 6, 30: minime inf. arithmeticae disciplinae auctoritas, Chalcid. Tim. 15.

īnfitiae, ārum, *f.* (infitior), das **In-Abrede-Stellen,** nur in der Verbindung: infitias ire od. ire infitias, etw. **in Abrede stellen, ableugnen,** von etw. **nichts wissen wollen** (Ggstz. fateri, confiteri), gew. m. vorhergeh. Negation = **kein Hehl haben, anerkennen, a** eine Tatsache: **α** m. (gew. allgem.) *Acc.:* omnia infitias ire, quae dudum confessa est, Plaut.: quod nemo it infitias (als Parenthese), Nep.: amicitiam, quae nobis cum Philota fuit, non infitias eo, Curt. – **β** m. folg. Fragesatz: quī lubet … ire infitias mihi facta quae sunt? Plaut. Men. 396. – **γ** m. folg. *Acc.* u. *Infin.:* infitias eunt mercedem se belli Romanis inferendi pactos (esse), Liv. – m. vorhergeh. allg. *Acc.*, quorum alterum neque nego neque infitias eo, nos enixe operam dedisse, ut etc., Liv. – **δ** m. folg. *quin* u. Konj., non (nec) eo infitias od. infitias eo, quin etc., Frontin. aqu. 72. Gell. 2, 26, 7; 19, 8, 5. – **ε** absol. = **es in Abrede stellen, davon nichts wissen wollen, Ausflüchte machen,** si hoc palam proferimus, infitias ibit,Ter.: infitias ire coepit filio, Plaut. Bacch. 259: non ibo infitias, Tac. – **b** Empfangenes vor Gericht **in Abrede stellen, sich aufs Leugnen legen,** absol., calumniae causā, Paul. dig. 10, 2, 44. § 4.

īnfitiālis, e (infitiae), **in Abrede stellend, ablehnend,** quaestio, Cic. top. 92: status, Quint. 3, 6, 15 u. 32.

īnfitiātio, ōnis, *f.* (infitior), das **In-Abrede-Stellen,** das **Leugnen,** als gerichtl. *t. t.*, **a** einer Tatsache: negatio infitiatioque facti, Cic.: inf. beneficii, Sen.: infitiatione uti, Quint.: minus scisse quid actum sit pertinaci infitiatione contendere, Amm.: nostrae fere causae infitiatione (durch Leugnen des Verbrechens) defenduntur, Cic. – **b** das **Ableugnen** des als Darlehen od. zum Aufheben erhaltenen Geldes usw., infitiando depositum nemo facit furtum; nec enim furtum est ipsa infitiatio (verst. depositi), ICt.: Plur., furta, fraudes, infitiationes (Veruntreuungen), Sen. de ira 2, 9, 4.

īnfitiātor, ōris, *m.* (infitior), der **In-Abrede-Steller** = der **Ableugner, Leugner, Ausflüchtemacher,** bes. im Schuldenwesen, von solchen, die vor Gericht immer mit Ausflüchten bei der Hand sind, um eine Zahlungsfrist zu erhalten od. von einer Verbindlichkeit befreit zu werden, infit. ac fraudulentus, Sen.: infit. lentus, Cic.: o fallax atque infit., Mart.: infitiator soluti, Sidon.: si ille infitiator probasset iudici ante petitam (eingeklagt) esse pecuniam, quam esset coepta deberi (als es fällig geworden), Cic.

īnfitiātrīx, trīcis, *f.* (Femin. zu infitiator), die **Ableugnerin**, placitae fidei fraus infitiatrix, Prud. psych. 630.

īn-fitior, ātus sum, ārī (in u. fateor), etw. **in Abrede stellen, leugnen (ableugnen, verleugnen)**, von etw. **nichts wissen wollen**, etw. **nicht anerkennen** (Ggstz. confiteri), m. vorhergeh. Negation auch = etw. **kein Hehl haben, anerkennen**, **a** eine Tatsache: **α** m. *Acc.*: crimen, Cic.: rem manifestam, Plin. ep.: facinus, Curt.: cum id posset *infitiari*, repente praeter opinionem *confessus est*, Cic.: mori malle falsum fatendo quam verum infitiando dolere, Cic.: fama factis infitianda tuis, Ov.: progenies haud infitianda parenti, Ov.: Varro Sophocleo non infitiande cothurno, Mart.: m. dopp. *Acc.*, nos amicos, uns als Fr. verl., Ov. ex Pont. 1, 7, 27. – **β** m. folg. *Acc.* u. *Infin.* od. m. bl. *Infin.*: tanto magis infitiandum totum posse extra corpus durare genique, Lucr.: m. vorherg. Negation, neque ego in hoc me hominem esse infitiabor umquam, Cic.: ne possis infitiari (te) dixisse, quae dixeris, Curt.: non est infitiandum Hannibalem tanto praestitisse ceteros imperatores prudentiā, quanto etc., Nep.: neque infitiari possent aut iudicio semel aut comitiis bis ab se peccatum esse, Liv.: in der Frage, an ego poteram infitiari me esse hominem et communem naturae sensum repudiare? Cic.: num infitiari potes te illo die meis praesidiis, meā diligentiā circumclusum commovere te contra rem publicam non potuisse? Cic. – **γ** passiv, non infitiari potest m. folg. *quin* u. Konj., neque item infitiari posse, quin alia causa in praemio sit, alia in poenis, Gell. 6 (7), 3, 40. – **δ** absol.: earum rerum nullam sibi iste neque infitiandi rationem neque defendendi facultatem reliquit, Cic.: cui (statui) ab infitiando nomen dederunt, Quint. – **b** **ableugnen,** Empfangenes od. Versprochenes, bes. vor Gericht, depositum inf., ICt.: depositum non inf., Iuven.: praedas, quas promiserat, wegen der (den Soldaten) versprochenen Beuteverteilung Ausflüchte machen, von der versp. B. nichts wissen wollen, Flor. – absol., qui petebat (Kläger) et qui infitiabatur (Ausflüchte machender Schuldner), Varro LL.: quid si infitiatur? quid si omnino non debet? Cic.: quae autem accusantium ac defendentium, eadem petentium et infitiantium ratio est, Quint. – **c** **absprechen, verweigern**, passiv, Floro legatum ex testamento infitiatum esse, Cic. Cluent. 162: Capitolia nostrae infitiata lyrae, Stet. silv. 3, 5, 32.

īn-flābello, āre, **einhauchen**, ignem elementis, Tert. adv. Valent. 23.

īnflābilis, e (inflo), **I** **aufblasbar,** viscus, v. der Lunge, Lact. de opif. 11, 4. – **II** **blähend,** cibi, Cael. Aur. de morb. acut. 2, 40, 233; 3, 17, 139 u. a.

īn-flagro, āre, **in Brand setzen, anzünden,** nullo inflagrante halitu, Solin. 5, 23.

īnflāmen, inis, *n.* (inflo), das **Aufgeblasensein**, die **Aufschwellung**, buccarum inflamina, Fulg. myth. 3, 9. Mythogr. Lat. 1, 125.

īnflammanter, *Adv.* (inflammo), **entflammend, glühend,** Gell. 10, 3, 13.

īnflammātio, ōnis, *f.* (inflammo), **I** das **In-Brand-Setzen, a** das **Anzünden**, die **Brandlegung, -stiftung**, der **Brand**, portarum, Nazar. pan. 21, 2: inferre inflammationem tectis, die Brandfackel in die H. tragen, Cic. de har. resp. 3: im Bild, Caesaris furor imperium quodam quasi diluvio et inflammatione corripuit, Flor. 4, 2, 3. – übtr., animorum, die flammende Begeisterung (der Dichter), Cic. de or. 2, 194. – **b** die **Beleuchtung,** solis, Chalcid. Tim. 87. – **II** als mediz. *t. t.* = die **Entzündung,** oculorum, Cels.: aurium, Plin.: aurium inflammationes doloresque, Cels.: inflammationem excitare, Cels.: inflammationem levare, Cels.: inflammationes discutere, Plin.

īnflammātrīx, trīcis, *f.* (inflammo), die **Entflammerin, Entzünderin,** übtr., Amm. 14, 1, 2: Plur., Mamert. grat. act. 3, 3.

īn-flammo, āvī, ātum, āre, **I** **in Flammen setzen, anzünden, anbrennen** (Ggstz. restinguere, löschen), **a** eig.: taedas iis ignibus, qui ex Aetna erumpunt, zum Leuchten anz., Cic.: haec omnia vidi inflammari, Enn. fr. scen. 97: infl. classem, urbem, Cic.: Atheniensium fana, Cic.: horrea, Suet.: epistulam alcis, Cic. – **b** übtr., **entflammen, entzünden, erregen, reizen,** animos, Cic.: populum in alqm, Cic.: cupiditates, Cic.: odium, Cic.: inflammari ad cupiditates, Cic.: inflammatum esse a pueritia ad gloriam, Cic.: inflammatus insolitā victoriā, erhitzt, Cic.: nisi inflammatus ipse (orator) et ardens accesserit, feurig u. glühend, Cic. – v. Feuer der Beredsamkeit, Cic. or. 99 u. de or. 2, 209. – **II** als mediz. *t. t.* = **entzünden,** lienem, Cels.: vulnera ac morbos, Plin.: bovem, Plin. – *Partic. neutr.* subst., inflammāta, ōrum, *n.* = entzündete Teile, Plin. 28, 223.

īnflātilis, e (inflo), **I** **zum Blasen geeignet, Blas-,** instrumentum, Cassiod. de mus. 1, 1. – **II** **aufgeblasen,** infl. et tumida extollentia, (Ignat.) epist. ad Trall. 7.

īnflātio, ōnis, *f.* (inflo), das **»Sich-Aufblasen«**, **I** eig.: **a** das **Aufbrausen** des Windes, der sich erhebende **Wind,** Sing. u. Plur., Prisc. de ventis in Anecd. Graec. et Graecolat. ed. Rose 1. p. 53 *sqq.* – **b** das **Aufschwellen,** die **Aufschwellung** = das Steigen des kochenden Wassers, aqua in se recipiens fervoris validam inflationem, Vitr. 8, 3, 3: emissis inflationibus, *ibid.* – **c** als mediz. *t. t.*, **α** das **Aufschwellen,** insbes. die **Blähung,** stomachi, Colum.: intestinorum, Scrib. Larg. u. Cael. Aur.: inflationem facere od. parere (verursachen), Colum. u. Plin.: inflationem magnam habere, starke Bl. verursachen (v. den Bohnen), Cic.: in nostris corporibus ex cibo fit inflatio, Sen.: urgueri inflationibus, Scrib. Larg. – **β** infl. praecordiorum, Brustentzündung, Suet. Aug. 81, 2. Cael. Aur. de morb. chron. 1, 4, 104. – **II** übtr., das **Sich-Aufblähen** vor Hochmut, iactavit se: sed inflatio est ista, non plenitudo, Augustin. serm. 36, 11 *extr.*

īnflātius, *Adv.* im *Compar.* (inflatus), **mit vollen Backen = übertriebener,** inflatius commemorare, Caes. b. c. 2, 39, 4: haec ad eum latius atque inflatius perscribebat, Caes. b. c. 2, 17, 3: litteras per omnes provincias dimittere latius inflatiusque multo, quam res erat gesta, Caes. b. c. 3, 79, 4: ne forte de isto integritatis bono vos inflatius extulistis, Augustin. de civ. dei 1, 28, 1: fabulari inflatius m. folg. *Acc.* u. *Infin.*, Amm. 22, 16, 10.

īnflātor, ōris, *m.* (inflo), **a** **der Aufbläher, Verführer zum Hochmut,** Augustin. epist. 194, 13. – **b** der **Sich-Aufblähende = Hochmütige,** Anthol. Lat. 682, 7 R.

īnflātrīx, trīcis, *f.* (Femin. zu inflator), **aufblähend, zum Hochmut verführend,** Augustin. serm. 118, 5 *Mai.*

1. **īnflātus**, a, um, *PAdi.* (v. inflo), **I** **aufgeblasen, aufgeschwollen, strotzend, sich erhebend,** collum, Cic.: capilli, fliegende, Ov.: vestis inflatior, Tert.: cui altera bucca inflatior erat, Suet. – **II** übtr.: **a** **zornig,** animus, Cic. u. a. – **b** **aufgebläht, stolz, übermütig** (Ggstz. timidus; vgl. Drak. Liv. 37, 12, 4. Weißenb. Liv. 24, 32, 3), m. *Abl. loc.*, inflatus animo, Val. Max. 7, 1, 2: m. *Abl. causae*, laetitiā, spe, Cic.: successu tantae rei, Liv.: iactatione, Liv.: m. *Dat.*, puteali et feneratorum gregibus, gegenüber den usw., Cic.: absol., ipse iuvenis haud dubie inflatior redierat, Liv. 39, 53, 8. – **c** **schwülstig,** oratio, Rhet. Her.: explicatio (Ggstz. infracta et in morem cantici ducta), Sen.: orator, Quint.: rhetor, Suet.

2. **īnflātus**, ūs, *m.* (inflo), **I** das **Blasen,** tibicinis, Cic.: eae (tibiae) si inflatum non recipiunt, man keinen Ton hineinbringen kann, Cic. – **II** das **Einhauchen,** aliquo instinctu inflatuque divino, göttliche Eingebung, Cic. de div. 1, 12.

īn-flecto, flexī, flexum, ere, **einbeugen,** nach innen **beugen, krümmen, I** eig.: bacillum, Cic.: capita inflectentes, das Haupt zurückwerfend (v. Bacchantinnen), Catull.: capillum, Suet.: cum ferrum se inflexisset, Caes.: infl. nullum umquam vestigium sui cursus, niemals von der Richtung ihres Laufes abweichen, Cic.: infl. vestros oculos, auf sich ziehen, Cic.: medial, inflecti, sich beugen, sich krümmen, einen Bogen bilden, sinus ab litore ad urbem inflectitur, Cic.: sinus alter usque ad sinem provinciae inflectitur, Mela. – **II** übtr.: **a** lebl. Objj.: **α** übh. **beugen,** ius civile, Cic.: magnitudinem animi, herunterstimmen, Cic. – **β** die Stimme od. Tonart **beugen, modulieren,** voces cantu, Tibull.: inflexā ad miserabilem sonum voce, Cic.: modum canendi, Boëth. inst. mus. 1, 1. p. 185, 25 Fr.: volet (orator) inclinatā voce videri gravis et inflexā miserabilis, Cic.: sonus inflexus, die mittlere Tonart, Cic. or. 57. – γ die Rede **geschmeidig machen,** orationem, Cic. u. Sen. rhet. – δ einen Namen **abbiegen, umwandeln,** suum nomen ex Graeco nomine, Cic. de rep. 2, 35. – od. **ableiten,** inflexo iustitiae nomine, Boëth. in Cic. top. 3. p. 316, 12 B. – ε als gramm. *t. t.,* **zirkumflektieren, gedehnt aussprechen** (Ggstz. acuere), Arnob. 1, 59. Mart. Cap. 3. § 269. – **b** eine Person od. deren Sinn **beugen, bewegen, rühren,** alqm leviter, Cic.: sensus animumque labantem, Verg.: precibus inflectere nostris! lass dich durch unsere B. bewegen! Verg.: *non* luctus gemitus virorum mulierum immanem eorum animum *inflexit, quin* … dignitate alios, alios civitate eversum irent, Ps. Sall. de rep. 2, 4, 2.

īnflētus, a, um (in u. fleo), **unbeweint,** Verg. Aen. 11, 172. Val. Flacc. 6, 651. Auson. parent. 10, 1. p. 47, 1 Schenkl.

īn-flexibilis, e, **unbeugsam,** übtr., **a** physisch, dolor = *opisthotonos,* Plin. 28, 192: crementum collorum, Cael. Aur. de morb. acut. 3, 6, 65. – **b** geistig u. moralisch, iudicium, Sen.: obstinatio, Plin. ep.: obnixe inflexibilis mansit, Amm.

īnflexibiliter, *Adv.* (inflexibilis), **unbeugsam, ungeschmeidig, unfügsam** (Ggstz. flexibiliter), Augustin. quaest. in exod. qu. 18 u. a.

īnflexio, ōnis, *f.* (inflecto), das **Beugen,** die **Beugung, I** eig.: quasi helicae inflexio, Cic. Tim. 31: laterum inflexio fortis ac virilis, eine kräftige u. männliche Haltung der Brust, Cic. de or. 3, 220: dextrae manus infl., Cassiod. in psalm. 100 concl. p. 317, b (*ed. Garet*): dextra inflexio Bospori, Ämm. 22, 8, 14: circulorum, Chalcid. Tim. 56: Plur., inflexiones dorsi, Iulian. bei Augustin. op. imperf. c. Iul. 3, 187. – **II** übtr., als gramm. *t. t.,* die **Beugung, Abbeugung,** in adverbio temporum significationes non de eiusdem soni inflexione nascuntur, Macr. de diff. c. 19. § 4; vgl. Inc. auct. de verbo c. 6. § 3 *ed. Jan:* parva nominis infl., Boëth. in Cic. top. 3. p. 316, 12 B.: quoniam dura huius nominis per omnes casus inflexio est, Abwandlung, *ibid.* p. 331, 34 B.: nominis inflexio in adverbium, Boëth. de diff. top. 2. p. 870.

īnflexuōsus, a, um (inflecto), **unbeugsam, sich nicht krümmend,** serpens, Isid. orig. 12, 4, 26. Vgl. Gloss. IV, 93, 45.

1. īnflexus, ūs, *m.* (inflecto), die **Beugung, Krümmung,** Iuven. 3, 235: Plur., Arnob. 2, 20. – übtr., modulationis, Veränderung, Sen. de brev. vit. 12, 4.

2. īnflexus, a, um (in u. flecto), **ungebeugt** = undekliniert, Mart. Cap. 3. § 305.

īnflīctio, ōnis, *f.* (infligo), das **Auferlegen,** multae, Cod. Theod. 14, 17, 2.

īnflīctus, Abl. ū, *m.* (infligo), das **Anschlagen,** dentium et labiorum, Arnob. 3, 18.

īn-flīgo, flīxī, flīctum, ere, **I** etwas an etwas **schlagen,** in terram pedem, Val. Max.: alci securim, Cic.: cratera viro, Ov.: puppis inflicta vadis, Verg. – übtr., cum ex eo, ut a Catulo in Philippum, in eum ipsum aliquid, qui lacessivit, infligitur, auf den Angreifer selbst geschleudert wird, Cic. de or. 2, 255. – **II** prägn., **durch Schlagen zufügen, a** eig.: alci plagam, vulnus, Cic. – **b** übtr., etwas **zufügen, antun,** alci sempiternam turpitudinem, Cic.: procellam rei publicae, einen Sturm über den St. heraufbeschwören, Val. Max.: damnum, ICt. – dah. **auferlegen,** alci usuras, ICt.

īn-flo, flāvī, flātum, āre, **I hineinblasen, A einblasen,** aquam in os, Cato r. r. 90: inflatus ventus, Vitr. 8, 3, 2. – **B** in ein Instrument **blasen, a** ein Instr. **blasen,** bucinam, Varro LL.: tibias, Cic.: ebur, Verg.: calamos leves, Verg.: tubam inscienter, Liv.: absol., simul inflavit tibicen, a perito carmen agnoscitur, Cic. Acad. 2, 86: u. (übtr.) paulo inflavit vehementius, schlug einen volleren Ton (in seiner Darstellung) an, Cic. de legg. 1, 6. – **b** einen Ton **blasen,** eum sonum, qui etc., Cic. de or. 3, 225: classica inflantur, der Ton der Tuba erschallt, die Kriegstrompeten schmettern, Verg. georg. 2, 539: übtr., etw. **ausposaunen,** ad vicem bellorum civilium inflabant litui quaedam colorata laesae crimina maiestatis, die Lärmtrompete ließ verlauten von usw., Amm. 19, 12, 1: quae (medicamenta) non tam ad utilitatem curandi quam ob caritatem emendi mulomedicorum cupiditas inflaverat, Veget. mul. 6, 7, 4. – **II aufblasen, 1** eig.: **a aufblasen, aufschwellen machen, aufblähen,** im Passiv auch = **aufschwellen, aufbauschen,** ambas buccas, Hor.: utrem, Hor.: rugosam pellem (v. Frosch), Phaedr.: u. so (v. Frosch) se u. se validius, Hor. u. Phaedr.: carbasus (Segel) inflatur austro, Verg.: collum inflatum, vesicae inflatae, Cic.: capilli inflati, aufgebauschte, Ov.: amnis inflatus (aquis), Liv. – **b** als mediz. *t. t.,* **α an-** od. **aufschwellen** (trans.), **aufdunsen** (trans.), im Passiv **an-** od. **aufschwellen** (intrans.), **aufdunsen** (intrans.), u. insbes. **aufblähen,** absol. = **blähen** (intrans.), cutem, Cels.: corpus, Scrib. Larg., corpora, Pers. (wie bei Wassersüchtigen); aber auch corpora = aufblähen (v. den Bohnen), Ov.: ventrem (v. Bohnen), Cic.: absol., inflant omnia legumina, Cels.: Partiz. subst., omnia inflantia, alles Blähende, Cels. – **β entzünden,** partes, quas attigerit, Cael. Aur. de morb. acut. 3, 4, 46. – **c** einen Ton, Laut mit vollen Backen **hervorblasen, hervorschnauben,** aliquid extenuatur, inflatur, es wird bald ein Piano, bald ein Forte angebracht, Cic. de or. 3, 102: nolo (exire) inflata verba, schnaubende, Cic. de or. 3, 41. – **2** übtr.: **a** im Allg.: inflatus et tumens animus, eine (von einer Leidenschaft) aufgewühlte und erregte Seele, Cic. Tusc. 3, 19. – **b** insbes., **α** jmd. = jmds. **Zuversicht (Selbstvertrauen) schwellen machen, -erhöhen, -steigern,** dah. auch im guten Sinne = jmd. **erheben** u. **ermutigen, anfeuern,** im üblen Sinne = jmd. **aufblasen, aufgeblasen** od. stolz **machen,** alqm, Hor. u. Quint. (im Bild, inflari aurā superbiae, Cassiod. var. 2, 3, 4): animos, Liv.: animos impios, Curt.: animos spe falsā, Liv.: Aetolos vanā spe, Liv.: eorum animos *ad* intolerabilem insolentiam, Liv.: u. oft inflatus m. *Abl.* (voll Zuversicht, -Selbstvertrauen, angefeuert, im üblen Sinne = aufgeblasen, stolz, übermütig), tanto errore, Cic.: falso nuntio, Liv.: opinionibus, Liv.: laetitiā, spe, Cic.: iactatione, Liv. – **β** einen Affekt **steigern,** spem alcis, jmd. in seiner H. bestärken, z. B. isdem mendaciis et regis spem, Liv. 35, 42, 5: solitā vanitate spem eius, Curt. 3, 2 (5), 10.

īn-flōrēsco, flōruī, ere, **anfangen zu blühen, Blüte zeigen,** Claud. de laud. Stil. 3, 124.

inflovium, s. īnfluvium.

īn-fluēsco, ere (*Inchoat.* v. influo), **hineinfließen,** Cassiod. var. 12, 12, 1.

īn-fluo, flūxī, flūxum, ere, **I hinein-** od. **wohin fließen, -strömen, A** eig.: a mari, quo Rhenus influit, Caes.: huc Lycus influit, Ov.: Rhenus in Oceanum influit, Caes.: m. bl. *Acc.,* lacum, Caes.: terras (v. Meer), Mela: absol.: influens mare, Mela: influens amnis, Curt.: prout ille (Nilus) magnus influxit aut parcior, Sen. – **B** übtr.: **1 hineinfließen, unvermerkt hineinkommen, sich einschleichen, sich einschmeicheln,** in aures, Cic.: in universorum animos, Cic.: paulatim sermone Graeco in proximas Asiae civitates influente, Quint.: voces illae influebant auribus meis, Augustin.: dolor influit menti, Auct. cons. ad Liv. – **2 hineinströmen,** in großer Menge **hineinstürzen, eindringen, a** v. Pers.: influxisse eo (dahin) Scythas, Plin.: influentes in Italiam Gallorum maximae copiae, Cic.: m. *Dat.,* Italiae, Ps. Quint. decl.: absol., Arcades, qui sub Euandro duce influxerant, Flor. – **b** v. Abstr., **herzukommen, eindringen, zuströmen,** negotia influentia, Plin. pan.: tantum bonum nobis influere, zuteilwerden, Sen.: dah. **sich mitteilen,** fortuna influens, günstig, Sen. – **II einfließen lassen,** übtr., si influat ille convicium et inundet aures meas contumeliis, Ambros. de off. 1, 48, 234.

influus, a, um (influo), **einfließend,** Paul. Nol. carm. 15, 107.

influvium (arch. inflovium), iī, *n.,* der **Hineinfluss,** CIL 1, 199, 7.

īn-flūxio, ōnis, *f.* (influo), **I** die **Einströmung,** influxio sui, quam Graeci ἀπόῤῥοιαν (Ausströmung) vocant, Cael Aur. de morb. acut 2, 37, 192. – u. = κατάῤῥοος, der **Katarrh,** Cael. Aur. de morb. chron. 2, 7, 94. – **II** der **Einfluss,** materialis, Macr. somn. Scip. 1, 12, 10.

1. īnflūxus, ūs, *m.* (influo), die **Einströmung,** stellarum influxus (Plur.), Firm. math. 1, 1.

2. īn-flūxus, a, um, **nicht schwankend, feststehend,** influxa est satis fides, Avien. or. mar. 256.

īn-fodio, fōdī, fossum, ere, **I eingraben, einscharren, vergraben, verscharren,** Numae Pompilii religiosa quaedam post mortem eius,

Varro LL.: fruges, Verg.: pecuniam, Augustin.: libros, Plin.: hic (hier), Pers.: ibi, ubi telum erat infossum, Nep.: inf. ibidem sarmenta, Cato: procul ab eo loco hominem (mortuum), Nep.: taleas in terram, Caes.: ea subter terebinthum, Vulg.: corpora terrae, Verg.: infossus puer, Hor. – poet. übtr., machen, dass etwas eindringt, saxum perfractae cassidis aera ossibus infodiens, Sil.: vulnera infossa cerebro, tief eingedrungen, Stat. – **II** **ein-** od. **aufgraben** = grabend machen, locum alte, Colum.: sulcum, lacum, Colum.

īnfoec..., s. infec...

īnfoederātus, a, um (in u. foedero), **nicht verbündet,** Tert. de praescr. 12.

īn-fōrmābilis, e, **der keine (andere) Gestalt annimmt,** deus, Tert adv. Prax. 27.

īnfōrmātio, ōnis, *f.* (informo), die **Bildung,** **a** durch Unterricht, **α** der **Unterricht,** die **Unterweisung, Belehrung,** ad eruditionem informationemque nostram, Augustin. epist 12 *extr.*: ad informationem eorum, qui etc., Vulg. 1. Timoth. 1, 16. – **β** die erlangte **Bildung,** o praeclara informatio doctrinarum, o herrliche Weltweisheit! Amm. 29, 2, 18. – **b** durch Darlegung, die **Darlegung, Erläuterung, Deutung,** verbi, des W. (auf das es ankommt), Cic. part. or. 102. – u. als rhet. Fig. = χαρακτερισμός (s. charactērismos), Auct. de schem. dian. 10. p. 72, 31 H. – **c** das Bild in der Vorstellung, **α** die im Geiste *a priori* (ursprünglich) vorhandene **Vorstellung,** antecepta animo quaedam inf., Cic. de nat. deor. 1, 43: in animo insita inf. quaedam dei, *ibid.* 1, 100. – **β** das aus der objektiven Erkenntnis hervorgehende Bild, die *a posteriori* vorhandene **Vorstellung,** unius verbi imagine totius sententiae inf., die Vorstellung von einem vollständigen Gedanken unter dem Bild eines einzigen Wortes, Cic. de or. 2, 358.

īnfōrmātor, ōris, *m.* (informo), der **Bildner, Bilder,** populi, Tert. adv. Marc. 4, 22: ecclesiarum, Iulian. in Augustin. op. imperf. c. Iul. 2, 236.

informīdātus, a, um (in u. formido), **ungefürchtet,** Sil. 15, 241.

īnfōrmis, e (in u. forma), **I** **ungeformt, unförmlich, gestaltlos, formlos,** res, Rhet. Her.: alvei, Liv.: caro, Plin. – **II** übtr., **ungestaltet, hässlich anzusehen, garstig, entstellt,** nec sum adeo informis, auch bin ich nicht so gar übel gebaut, Verg. – cadaver, Verg.: color, Tibull.: terra, Verg.: hiems, Hor.: exitus, Tac.: sors, Tac.: letum, v. Erhängen, Verg. – *Compar.,* nihil est illis (auro et argento) ... informius, Sen. ep. 94, 58.

īnfōrmitās, ātis, *f.* (informis), die **Unförmlichkeit, Gestaltlosigkeit,** Chalcid. Tim. 284 u. 311. Tert. adv. Herm. 42. Augustin. conf. 12. *c.* 19, 21 u. 22.

īnfōrmiter, *Adv.* (informis), **hässlich,** sonare, Augustin. conf. 12, 29 u. a. Eccl.

īn-fōrmo, āvī, ātum, āre, **eine Gestalt geben,** bildend **gestalten, formen, bilden,** **I** eig.: ingentem clipeum, Verg.: his informatum manibus iam parte politā fulmen erat, unter ihren (der Zyklopen) Händen befand sich ein Blitz noch in Arbeit, der schon zum Teil geglättet war, Verg.: cera informat Martem castamve Minervam, Plin. ep. (in Versen): quartā hebdomade caput et spina, quae est in dorso, informatur (bildet sich), Varro bei Gell. 3, 10, 7: sarmentis conexus velut funis informabitur in eam crassitudinem, ut etc., Colum.: quae (areae) sic informandae sunt (sind anzulegen), Colum. – **II** übtr.: **a** organisch **bilden,** animus a natura bene informatus, wohl organisiert, Cic. de off. 1, 13. – **b** durch Unterweisung (Unterricht) **bilden, befähigen, abrichten, unterrichten,** eae artes, quibus aetas puerilis *ad* humanitatem informari solet, Cic. Arch. 4: informat *ad* hoc adumbratum indicium filium, Cic. Sull. 52. – **c** durch die Darstellung **ein Bild (Ideal) von** etw. ausstellen, etw. **entwerfen, einleiten, darstellen, schildern,** oratorem, Cic. u. Quint.: causam, Cic.: non nominatim, sed generatim proscriptionem, Cic.: mit folg. indir. Fragesatz, haec erunt de corpore animoque dicenda, quibus quasi informatum sit, quid hominis natura postulet, Cic. – **d** in der Vorstellung **bilden,** **α** *a priori* **bilden;** dah. informatum esse, im Geiste **sich gebildet-, gestaltet haben,** als Bild (Vorstellung, Idee) **ursprünglich liegen,** Cleanthes quidem noster quattuor de causis dixit in animis hominum informatas deorum esse notiones, Cic. de nat. deor. 2, 13: quod ita sit informatum anticipatumque mentibus nostris, ut homini, cum de deo cogitet, forma occurrat humana, weil die Vorstellung und vorgefasste Idee in unserem Verstand liege, Cic. de nat. deor. 1, 76. – **β** *a posteriori* in der Vorstellung **bilden, sich denken, sich vorstellen,** neque sapientem neque Stoicorum civitatem, Tac. dial.: informari cogitatione, in der Phantasie sich bilden (entstehen), Cic.: eos (deos) ne coniecturā quidem informare posse, Cic.: petitorum haec est adhuc informata cogitatio, so habe ich mir bis jetzt meine Ansicht über die Bewerber gebildet, Cic.

īnforo, āre (in u. forum), **vor Gericht verklagen,** im obszön. Wortspiel mit incomitiare bei Plaut. Curc. 401 *sq.*

īn-fortūnātus, a, um, **unglücklich,** homo, Ter.: nihil me infortunatius, Cic. ad Att. 2, 24, 4: infortunatissimus maritus, Apul. met. 4, 27.

īnfortūnitās, ātis, *f.* (in u. fortuna), das **Unglück** (Ggstz. felicitas), Gell. 6, 1, 5 H. (dagegen Bünem. in ders. Stelle bei Lact. epit. 29, 9 importunitas).

īnfortūnium, iī, *n.* (*infortunus von in u. fortuna), das **Unglück, Ungemach,** **a** übh., Cod. Iust. 5, 70, 6. Boëth. phil. cons. 3, 7. Apul. met. 9, 23 u. 31; 10, 5. Macr. sat. 7, 2, 5 u. 7, 3, 11: Plur., tua infortunia (Leiden), Hor. de art. poët. 103: vitia et infortunia, Apul. de dogm. Plat. 2, 10 *extr.*: post emensa infortunia, Macr. sat. 7, 2, 9: ex filiorum infortuniis maximos dolores consequi, Firm. math. 8, 24: his turbinum infortuniis percitus, durch die (über das Heer) wie Ungewitter hereinbrechenden Unfälle, Amm. 19, 7, 8. – **b** in der Sprache des gemeinen Lebens euphemistisch = **Züchtigung, Strafe, Prügel,** ferres infortunium, es sollte dir übel bekommen, Ter.: habiturum infortunium, Liv.: invenies infortunium, Plaut.: infortunio alqm mactare od. multare, Plaut.

īnfossio, ōnis, *f.* (infodio), das **Eingraben,** Pallad. 3, 16.

īnfrā (statt inferā [*sc.* parte], v. infer od. inferus), **I** *Adv.*: **1** eig.: **a** im Allg.: **α** *Posit.*: **unten, unterhalb, darunter,** auch (nach Verben der Bewegung) **nach unten, unten hin,** mit kompar. Begriff auch = **weiter unten** od. **unten hin, tiefer unten,** magno numero iumentorum in flumine supra atque infra constituto, Caes.: innumeros supra infra, dextrā sinistrā deos esse, Cic.: ossa infra supraque coniuncta, Cels.: cum supra saxa perpetua sint, infra humilitas perpetua, Paneg. vet.: gentibus innumeris circumque infraque relictis, Ov.: in superiore parte navigare tantum, infra etiam natare concessum, Plin. ep.: an mare quod supra memorem, quodque alluit infra, Verg.: onerariae duae paulo infra delatae sunt, Caes.: humum infra (in der Tiefe) moliri, Tac.: v. Platz bei Tisch, discubuēre in summa Antonius et infra scriba Sertori Versius, Sall. fr.: Nomentanus erat super ipsum, Porcius infra, Hor. – in Schriften, earum (litterarum) exemplum infra scripsi od. scriptum est, Cic. u. Sall.: augendo enim quod est infra, necesse est extollat id, quod supra positum est, Quint. – *infra, quā* (tiefer unten, wo) summa vertebra cum capite committitur, Cels. 2, 23 *extr.*: ipsius (stomachi) partes, quae sunt *infra quam* id (weiter unten als das), quod devoratur, Cic. de nat. deor. 2, 135; vgl. Varro r. r. 1, 41, 3. Plin. 16, 123: infra quam solet esse (unter der gewohnten Erhebung) fuit (Tellus), Ov. met. 2, 278. – **β** *Compar.* īnferius, **weiter unten, tiefer unten, weiter hinab, tiefer hinab,** altius (zu hoch) egressus caelestia tecta cremabis, inferius (zu tief) terras, Ov. met. 2, 136 *sq.*: inferius suis (tiefer als die ihrigen) fraternos currere Luna admiratur equos, Ov. met. 2, 208: virtutem non flamma, non ruina inferius adducet, Sen. ep. 79, 10. – inferius maiestate suā rati, es unter ihrer Würde haltend, Tac. ann. 3, 3. – in Schriften, persequar inferius m. folg. *Acc.* u. *Infin.*, Ov. trist. 2, 263. – *inferius quam* (weiter unten als wo) collo pectora subsunt te fixit (iaculum), Ov. met. 12, 420. – **b** insbes., **unten** = in der Unterwelt, non seges est infra, non vinea culta, sed audax Cerberus etc., Tibull. 1, 10, 35. **2** übtr.: **a** der Größe nach, **darunter,** alter (crocodilus) illi similis, multum infra magnitudine, Plin. 28, 108. – **b** der Zeit nach, **später,** Ciceronis temporibus paulumque infra, Quint. 1, 7, 20. – **c** dem

Grad nach, *Compar.* inferius, dem Ton nach **tiefer,** descendit (vox) pro utriusque rei modo altius vel inferius, Quint. 11, 3, 65. – **d** dem Maß nach, **weniger,** nec supra modum laudabant, nec *infra quam* decebat, Amm. 15, 8, 6. – **e** dem Rang und Ansehen nach, **tiefer,** nec fere umquam infra ita descenderent, ut ad infimos pervenirent, Liv. 1, 43, 11: liberos eius ut multum infra (tief unter sich stehend) despectare, Tac. ann. 2, 43.

II *Praepos.* m. *Acc.*, **1** eig., im Raum, **unter, unterhalb,** auch (bei Verben der Bewegung) **hinunter zu, unten hin an,** in lectica cubans ad mare infra oppidum, Cic.: infra eum locum, ubi pons erat, Caes.: infra hanc (Saturni stellam) propius a terra Iovis stella movetur, Cic.: videndum est pus supra articulum, an infra (*sc.* articulum) nascatur, Cels.: demitti infra pectus manum, Quint.: infra caelum et sidera nox cadit, Tac. – v. Platz bei Tisch, accubuerat supra me Atticus, infra (*sc.* me) Verrius, Cic.: illa (Placentia) infra eum accubans, Liv.: ii, qui infra ipsum cubabant, Curt. – delata confestim materia omnis infra Veliam, Liv.: infra mortuos amandari od. infra omnes mortuos amandari, Cic.

2 übtr.: **a** der Größe nach, **unter,** hi sunt magnitudine paulo infra elephantos, Caes.: reliquae (quinqueremes) infra hanc magnitudinem, Auct. b. Alex. – **b** der Zahl nach, **weniger als,** latitudo (ipsius paeninsulae) nusquam infra duo iugera, Plin. 6, 18. – **c** der Zeit nach, **später als,** Homerus non infra superiorem Lycurgum fuit, Cic. Brut. 40. – **d** dem Rang, Wert u. Ansehen nach, **unter, geringer als, tiefer als,** est tibi non infra speciem, Prop.: Parmenio haud multum infra magnitudinis tuae fastigium positus, der nur wenig unter dem Rang deiner Hoheit steht, Curt.: me infra aetatem filii sui posuit, Liv. – tace tu, quem ego esse infra infumos omnes puto homines, Ter. Eun. 489: in poëtis non Homero soli locus est aut Archilocho, sed horum vel secundis vel etiam infra secundos, Cic.: neque Neroni infra servos ingenium, Tac.: infra servos cliens, Vell.: artes infra se positae, Hor.: res humanas infra se positas putare, Cic.: ut omnia, quae homini accĭdunt, infra se esse iudicet, Cic.: nihil infra se putabat, nisi quod infra consulem esset, Plin. pan.: e quo infra se et Caesarem videret et rem publicam, Vell.

īnfrāctio, ōnis, *f.* (infringo für *infrango), das **Zerbrechen,** Prisc. part. XII vers. Aen. § 219: übtr., infractio quaedam animi et demissio, eine Art Gebrochensein (Zerknirschung) u. förmliches Fallenlassen des Mutes, das Geknickt- u. Gebeugtsein (= Kleinmut u. Niedergeschlagenheit), Cic. Tusc. 3, 14.

īnfrāctor, ōris, *m.*, der **Zerbrecher, īnfrāctrīx,** trīcis, *f.*, die **Zerbrecherin, īnfrāctūra,** ae, *f.*, das **Zerbrechen,** der **Bruch,** Prisc. part. XII vers. Aen. § 219 (alle v. infringo).

1. īnfrāctus, a, um (in u. frango), **ungebrochen, I** eig.: clunes infractos fero, Plaut. fr. bei Paul. ex Fest. 61, 17. – **II** übtr., **ungebrochen, ungebeugt,** fractae opes infractos animos reppererunt, Symm. epist. 1, 3, 4: infractus et hoc Antonius spectaculo, Hieron. vit. Paul. 8 zw. (nicht bei Migne).

2. īnfrāctus, a, um, *Partic.* u. *PAdi.* v. infringo, s. d.

3. īnfrāctus, ūs, *m.* (infringo), das **Zerbrechen,** Prisc. part. XII vers. Aen. § 219. Auct. in anal. gramm. *edd. Eichenfeld et Endlicher* p. 437.

īnfrā-forānus, a, um, **unterhalb des Forums befindlich,** collegium, CIL 9, 1685.

īn-fragilis, e, **I unzerbrechlich,** Plin. 20. prooem. § 2. – **II** übtr., **ungeschwächt, stark,** vox, Ov. trist. 1, 5, 53: animus, Sen. de vit. beat. 9, 4. Consol. ad Liv. 354.

īn-fremo, fremuī, ere, **brummen,** dumpf **brüllen, brausen, schnauben** u. dgl., aper infremuit ferox, grunzte, Verg.: immane sub ira infremuit leo, brüllte, Sil.: Minoïa frustra infremuit manus, Val. Flacc.: ense velut stricto quotiens Lucilius ardens infremuit, knirschte, Iuven.: vasto murmur hiatu infremuit, Lucan. – übtr., bellum infremuit, schnob (wie ein Sturmwind) einher, Sil. 3, 230.

īnfrēnātio, ōnis, *f.* (infreno), die **Bezähmung,** libidinis, Tert. adv. Marc. 1, 29.

1. īnfrēnātus, a, um (in u. frenatus von freno), **ohne Zaum,** equites, auf ungezäumten Pferden (Ggstz. equ. frenati), Liv. 21, 44, 1: übtr., **ungezügelt,** lingua, Cassiod. hist. eccl. 12, 4.

2. īnfrēnātus, a, um, *Partic.* v. infreno, s. d. **īn-frendo,** ere, **zu knirschen beginnen, knirschen,** dentibus infrendens, Verg. Aen. 3, 664: stridore dentium, Amm.: vocibus horrendis, vor Freude, Amm.: abs., instat infrendere, Ps. Verg. cul. 177: infrendite, Tert. apol. 12: prägn., alci, mit den Zähnen knirschen gegen jmd., d. i. zornig auf jmd. losgehen, jmd. bedrohen, Stat. Theb. 8, 580.

īnfrēnis, e, u. **īnfrēnus,** a, um (in u. frenum), **I ohne Zaum,** equus infrenis, Verg. Aen. 10, 750. Amm. 19, 8, 7: prägn., Numidae infreni, auf ungezäumten Pferden, Verg. Aen. 4, 41. – **II** übtr., **ungezügelt, ungezähmt, ungehemmt,** tenacia (equi) infrena, Enn. fr.: cursus infrenus, Colum. poët.: lingua infrenis, Gell. u. Amm.: infrenus manat de vulnere sanguis, Ser. Samm.

īn-frēno, āvī, ātum, āre, **mit einem Zaum versehen, I** eig., ein Pferd **aufzäumen,** equum, Liv.: equus infrenatus, Liv. u. Ps. Quint. decl.: poet., infrenare currus, den Wagen bespannen, die Pferde vor den Wagen spannen, Verg.: prägn., infrenati manipli, auf gezäumten Pferden, Sil. 4, 314. – **II** übtr.: **a befestigen,** navigia pluribus ancoris, Plin. 9, 100. – **b zähmen, bändigen, hemmen,** impetus, Plin. 32, 2: horum alterum sic fuisse infrenatum conscientiā scelerum et fraudium suarum, ut etc., Cic. Pis. 44: lascivias carnis infrenans, Ambros. in Luc. 9. § 8: laude meā infrena te, ne etc., Vulg. Isai. 48, 9.

īnfrēnus, s. īnfrēnis.

īnfrequēns, entis, Abl. entī, **nicht häufig** in Raum u. Zeit (Ggstz. frequens), **I** im Raum, **A** aktiv, v. einer Menschenmenge = **nicht zahlreich, nicht in Masse, in geringer Anzahl (-versammelt, -sich einfindend),** hostes, Liv.: agmen, Liv.: copiae infrequentiores, Caes.: senatus infr., nicht zahlreich u. dah. nicht beschlussfähig, Cic.: sum et Romae et in praediis infrequens, es fehlt mir daran (an Sklaven, Dienern), Cic. – **B** passiv, von Örtl. usw. = **nicht zahlreich besucht, -bewohnt, -besetzt, einsam, nicht volkreich,** pars urbis infrequens aedificiis erat, Liv.: alvi paucitate plebis infrequentes, Colum.: signa infr. (armatis), schwache Heerhaufen, Liv.: causa, schwach besuchte (weil unbedeutende) gerichtliche Verhandlung, Cic. – subst., infrequentissima urbis (*sc.* loca), Gegenden der Stadt, die am wenigsten bewohnt sind (Ggstz. frequentia aedificiis loca), Liv. 31, 23, 4. – **II** in der Zeit, **A** aktiv, v. Pers. = an einem Ort **nicht oft** od. **selten anwesend,** wo **nicht häufig,** in etw. **nicht fleißig, 1** eig.: cultor deorum, nicht fleißiger, seltener, Hor.: lector Plauti, Gell.: miles, ein nicht bei der Truppe befindlicher, Cinc. bei Gell. 16, 4, 5 (vgl. Paul. ex Fest. 112, 7): u. so infrequens rei militaris, Rhet. Her.: u. übtr. infr. militia (Dienst bei der Buhlerin), Plaut. – **2** übtr., in etwas **unwissend, unerfahren,** vocum Latinarum, Gell. 13, 24, 4. – **B** passiv = **nicht sehr gewöhnlich, -gebräuchlich, selten,** vocabulum, usus, Gell.

īn-frequentātus, a, um, **nicht sehr gebräuchlich,** metrum, Sidon. epist. 9, 15, 1.

īnfrequentia, ae, *f.* (infrequens), **I** die **geringe Anzahl,** senatus, Cic. u. a. (vgl. infrequens *no.* I, A). – **II** der **Volksmangel** an einem Ort, die **Einsamkeit** eines Ortes, locorum, Tac. ann. 14, 27.

īn-frico, fricuī, fricātum, selten frictum, āre, **I** etw. **einreiben,** alqd (alci rei), Colum. u. Plin. – **II** mit etw. **einreiben,** dentes mobiles (cervino cornu), Plin. 28, 178.

īnfricolo, āre (Frequ. v. infrico), **oft einreiben,** oculum, Pelagon. veterin. 31 (*Ihm* § 467 infriculato).

īn-frīgēsco, frixī, ere, **kalt werden,** Cels. 5, 25, 4. Veget mul. 5, 27, 3.

īnfrīgidātio, ōnis, *f.* (infrigido), das **Sich-Abkühlen, Erkalten,** sudoris subita infr., Veget. mul. 2, 1, 4: infr. multa corporis, Isid. orig. 4, 7, 25.

īnfrīgido, ātus, āre, **abkühlen,** Th. Prisc. 2. chr. 9. Cael. Aur. de morb. chron. 1, 1, 44. Schol. Iuven. 7, 194 (wo synk. Perf. infrigdatus fuit).

īnfringo, frēgi, frāctum, ere (in u. frango), **I einbrechen, einknicken,** mitten durch **brechen, abbrechen, zerbrechen, zerknicken, 1** eig.: lilia, Ov.: cornu, abbrechen, Ov. (aber tibia infracto cornu, mit umgebogenem H., Ov.): palmam in manibus (bildl.), Curt.: hastam, Liv.: remum, Cic.: articulos od. manus, mit den Fingern knacken, Quint. u. Petron.: radii infracti resiliunt, Plin.: infringitur unda genibus, Val. Flacc. – **2** übtr.: **a** physisch **knicken,** **α** übh. **brechen, schwächen, entkräften,** rigorem frigidae (des kalten Wassers), Sen.: primum excursum vimque militum, Caes.: impetum, Tac.: exercitus virtutem, Tac.: alqm propemodum, zu Boden drücken, Cic.: annis et morbo infractior, Sulp. Sev. chron. 1, 38, 9. – **β** die Zunge od. Stimme od. Töne **brechen,** infringitur lingua, die Z. stockt, Lucr.: infr. vocem, nur noch lallen, Sen. rhet. (infracta alcis vox, piepende, Gell.): voces infractae, lallendes Kosen, Arnob.: u. so almae nutricis blanda atque infracta loquela, lallendes Kosen, Lucr.: molles cantus et infracti (lallende), Sen. ep. 90, 19. – **γ** den Rhythmus od. eine Periode der Rede gleichs. einknicken, **brechen, kurz abbrechen, verstümmeln,** numeros, Cic.: verborum ambitum, Cic.: u. oratio infracta, ein matter Vortrag (Ggstz. inflata), Sen.: Partiz. subst., infracta et amputata loquuntur, in kurz abgebrochenen u. verstümmelten Sätzen, Cic. – **b** jmds. Herz (Gemüt, Mut) od. einen Affekt **brechen, schwächen, entkräften, lähmen, sinken machen** od. **lassen, demütigen, entmutigen,** alcis animum, Liv.: animos eorum, Liv.: spes alcis infringitur, Cic.: avaritia infringitur alqā re, Tac.: infractus furor tuus, Cic.: ira infracta constitit, Ov.: Partiz. v. der Pers., nec (Venus) Iovis imperio fatisque infracta (gebeugt, gedemütigt) quiescit, Verg.: numquam infractos et abiectos recessisse, gebrochenen und ganz niebergebeugten Mutes, Curt.: u. prägn. v. der Rede, oratio fuit summissa et infracta, war die eines Demütigen u. (an Mut) Gebrochenen, Liv. – **c** einen polit. od. moral. Zustand usw. **brechen, erschüttern, untergraben, vereiteln,** **α** übh.: Samnitium res, Liv.: alcis potentiam, Tac.: Drusi tribunatum, Cic.: conatus adversariorum, Caes.: alcis gloriam, Cic.: veritas pluribus modis infracta, Tac. – **β** prägn., **die Macht** eines Staats od. einer Pers. **brechen,** jmd. polit. **niederwerfen, demütigen,** Gallias, Vell.: u. infringi armis alcis, Vell.: infracta Iuno, Verg. – **d** eine Verordnung, einen Vertrag u. dgl. **entkräften, schmälern, kraftlos (ungültig) machen,** alcis dicta, Tac.: consulis ius, Tac.: pacem, Eutr.: tributa, mindern, herabsetzen, Tac. – **II** an etw. **anschlagen, schmettern,** aulam in caput, Plaut.: alci plus quingentos colaphos, Ter.: liminibus lumbos, Hor.: cratera viro, Ov.: poet., digitos sonanti citharae, rühren, schlagen, Stat. Ach. 1, 575.

īn-frio, āvī, ātum, āre, **hineinreiben, einbröckeln,** pavaverem, Varro: arida medicamenta, farinam in aquam, Cato: salem vulneribus, Colum.

īn-frōns, frondis, **unbelaubt,** ager, ohne Sträucher u. Bäume, Ov. ex. Pont. 4, 10, 31.

īnfrontātē, *Adv.* (in u. frons = Stirn), **schamlos, frech,** Fulg. expos. serm. 564, 5 M.

in-frūctifer, era, erum, **unfruchtbar,** (Augustin.) ad fratr. erem. serm. 3.

īnfrūctuōsē, *Adv.* m. *Compar.* (infructuosus), **ohne Frucht, ohne Nutzen,** Eccl.

īnfrūctuōsitās, ātis, *f.* (infructuosus), die **Verdienstlosigkeit,** Tert. de res. carn. 33. Cassian. coll. 14, 14.

īn-frūctuōsus, a, um, **I** **unfruchtbar,** vitis, Colum. arb. 8, 4: vinea, *ibid.* 6, 5: arbores (Ggstz. frugiferae), Porph. Hor. ep. 16, 46. Ulp. dig. 7, 1, 13. §4. Vulg. Iud. 12: lignum, Vulg. Iob 24, 20: corona laurea, id est folia infructuosa, Aur. Vict. epit. 1, 11. – **II** übtr., **fruchtlos, unergiebig, erfolglos, unnütz,** **a** v. Lebl.: epistula, Sen. rhet.: preces, Plin. ep.: militia, wenig einträglicher, Tac.: inanis et infr. laus, Tac. dial.: opera (Werke), Vulg.: labor, Augustin.: infructuosum est mit folg. *Infin.*, bis in sabbato ieiunare in homine, qualis fuerat ille Pharisaeus, infructuosum est, Augustin. epist. 36, 7: tempora orationibus occupare nec inutile tibi arbitraris nec infructuosum, Fronto ep. ad Antonin. imp. 2, 2. p. 105, 11 N. – **b** v. Pers., Vulg. Tit. 3, 14.

īn-frūgifer, fera, ferum, **unfruchtbar,** Schol. vet. ad Hor. carm. 2, 15, 4. Vict. Tonn. de paenit. 20.

īnfrūnītē, *Adv.* (infrunitus), **albern, einfältig,** Herm. past. 3, 9, 2.

īnfrūnītus, a, um (in u. fruniscor), **ungenießbar, albern, einfältig,** mulier, Sen.: animus, Sen.: copia, Macr.: anima, Vulg.

īnfūcātim, *Adv.* (infucatus), **ungeschminkt,** Epist. pont. Felic. 13, 4.

1. īnfūcātus, a, um (in u. fuco), **ungeschminkt,** bildl., si infucata (die ungeschminkte Wahrheit) vultis audire, Arnob. 2, 47.

2. īnfūcātus, a, um (in u. fuco), **geschminkt,** bildl., vitia, durch Auftragen von Schminke entstandene, aufgeschminkte, Cic. de or. 3, 100.

īnfūdibulum, s. īnfundibulum.

īnfula, ae, *f.* (aus **n̥dh-lā*, woraus **enfla, infula*, zu *ϝ*nedh-*, binden; vgl. nodus), eine bald breit um den Kopf gelegte, bald turbanartig gewundene, weiße u. scharlachrote Binde aus Wolle, eine **Wollbinde,** die vermittels der vitta um die Stirn befestigt wurde, sodass die Enden der vitta zu beiden Seiten herabhingen, als Kennzeichen religiöser Weihe u. Unverletzlichkeit der gewöhnliche Kopfschmuck der Priester u. Vestalinnen, Cic. u. a.: in der spät. Kaiserzt. auch der Magistrate u. Kaiser, Spart. u. spät. ICt.: ebenso Schutzflehender u. Friedensgesandter, Caes., Liv. u. a.: als Zeichen heiliger Bestimmung u. erhaltener Weihe auch den Opfertieren um den Kopf gewunden, Verg., Liv. u. a.: u. an den Türpfosten der Tempel u. heiligen Gebäude (s. Lucan. 2, 355) befestigt. – Der mit der infula Geschmückte flößte eine gewisse heilige Scheu ein: dah. hae litterae (die Philosophie) apud mediocriter malos infularum loco sunt, sind den nicht ganz Schlechten ein Gegenstand heiliger Scheu (unantastbar), Sen. ep. 14, 11: ipsas miserias infularum loco habet, sein Elend flößt eine gewisse heilige Scheu ein, Sen. ad Helv. 13, 6: u. his insignibus atque infulis imperii Romani venditis, v. den eig. unantastbaren Staatsländereien, Cic. de lege agr. 1, 6.

īnfulātus, a, um (infula), **mit einer** ***infula*** **geschmückt,** **a** v. Pers., Suet. Cal. 27, 2: mystae, Sidon. carm. 9, 206: rex, mit dem Diadem geschmückt (v. David), Prud. cath. 9, 5. – **b** v. Opfertieren, bos et ovis infulis caerulis infulati, CIL 11, 1420, 20. – **c** v. Gebäuden, sacerdotum Valeriorum domus, Prud. perist. 4, 79.

īn-fulcio, fulsī, fultum, īre, **I** **einstopfen,** per vim ore diducto infulciri cibum iussit, Suet. Tib. 53, 2. – **II** übtr., **hineinfügen, anbringen,** alqd epistulae, Sen.: omnibus locis hoc verbum, Sen.: nomen Severi, Capit.

īn-fulgeo, fulsī, ēre, **aufleuchten,** Eccl.

īnfumātis, e, s. infimātis.

īnfūmātus, a, um (in u. fumus), **eingeräuchert,** cerebrum, Plin.: haec … per dies viginti infumata, Plin.

īnfumus, a, um, s. īnfer *no.* III, A.

īnfundibulum, ī, *n.* (infundo), **I** **der Trichter,** Cato u. a.: per infundibulum imbibi, Plin.: bibere infundibulo apposito plus orcā, Vopisc. Vgl. Auct. de idiom. gen. 583, 50 ›infudibulum (so!) χώνη‹, u. Not. Tir. 37, 85 (wo infundibalum). – **II** in der Mühle der Trichter über dem oberen Mühlstein, der **Rumpf,** Vitr. 10, 5 (10), 2.

īn-fundo, fūdī, fūsum, ere, **I** **hinein-, eingießen, hinein-, einschütten, hineinfließen (einströmen) lassen,** im Passiv auch = **sich ergießen,** **A** eig.: **1** im Allg.: **a** flüssige Körper, sincerum est nisi vas, quodcumque infundis acescit, Hor.: infantium fletum infuso lacte compescimus, Sen.: aquam sine modo infusam vomitu egerere, Curt.: Oceanus Atlanticum mare infundens (in das Mittelmeer), Plin.: aquam infuso paludis umore mitescere, Curt.: Ggstz., lacus ad margines plenus neque *exhaustis* aquis minuitur, neque *infusis* augetur, Plin. 2, 226. – mit *in* u. Akk., alqd in aliquod vas, Cic.: aquam in manus nivatam, Petron.: ceram in eam formam gypsi, Plin.: alci aurum in os, Plin.: mare in salinas, Plin.: oceanus infusus in multos sinus, Plin.: portus usque in sinus oppidi et ad urbis crepidines infusi, Cic. de rep. 1, 43. – mit *Dat.*, vinum reticulo aut cribro, Sen.: lucernis occidentibus oleum, Petron.: sibi (aquam), Plin.: aurum suum statuis, Iustin.: Euphrates circa eam (Seleuciam) praefluenti infusus Tigri, Plin.: haud secus ac tectis urbis Vulcania pestis cum sese infudit, Sil. – **b** nicht flüssige Körper, in vino veteri fabam,

Pelagon. veterin. 6 *in.*: in singulos modios olivae salis cocti singulos sextarios, Colum. 12, 49, 10: aureos nummos largiter in sinum Danaës, Lact. 1, 11, 18: cum sol in aliquem clausum locum infusus est, hineingeströmt ist, Sen. nat. qu. 5, 1, 2. – 2 insbes.: a als mediz. *t. t.*, **eingießen, einspritzen,** alqd in aurem, Plin., in naribus, Plin.: alqd naribus, auribus, Plin.: acetum vulneri, Cels.: alqd per nares, Colum. u. Plin.: alqd per cornu, Colum., per cornu faucibus, Pelagon. veterin.: latices inserto cornu, Verg.: alqd vaso ligneo in os, Gargil.: alqd clystere, Plin.: u. so alqd ex inferiore parte, Cels. – b als Trank od. Nahrung **einschenken, einschütten,** alci venenum, Cic. Phil. 11, 13: iumentis hordea lassis, Iuven. 8, 154. – c prägn., eingießend **füllen,** ceris opus, Phaedr. 3, 13, 9: maius alci poculum, füllen, einschenken, Hor. epod. 5, 77. – B übtr.: 1 im Allg.: rebus lumen infundens suum, auf alle Dinge niederschauend, Sen. Hippol. (Phaedr.) 160: ita se in eius (fortunae) sinum infudit, ut etc., warf sich so dem Gl. in die Arme, Val. Max. 3, 4, 4: fluminis modo fortunis complurium sese repentinus infudit, untergrub, wie ein reißender Strom, das Glück vieler, Amm. 14, 5, 6: fortunae saevientis procellae tempestates alias rebus infudere communibus, führten anderes Ungemach über den Staat herein, Amm. 14, 1, 1. – 2 insbes., a eine Menschenmenge **einströmen lassen,** gew. refl. se infundere od. passiv infundi medial = **hinein-, einströmen, eindringen,** Esquilinā Collināque portā geminum urbi agmen, Flor.: se turmis agilibus, Amm.: hinc illa immensa agmina infusa, Curt.: dah. infusus populus, das zahlreich versammelte, Verg. – b die Rede, Töne od. abstr. Objekte gleichs. **hineingießen, einflößen, einströmen-, eindringen (dringen) lassen,** Passiv medial = **einströmen, eindringen,** orationem in aures, Cic.: aliquid eiusmodi auribus eius, Amm.: ex his quae didicit aliqua magorum sensibus, Amm.: per aures nunc voce nunc pectine cantum, Sil.: ea vitia in civitatem, Cic.: animas terrae, Ov.: infusa per artus mens, Verg.: animus aut infixus aut infusus in mundo, Cic.: Ggstz., nihil ex illius (Themistoclis) animo, quod semel *esset infusum,* umquam *effluere* potuisse, Cic. de or. 2, 300. – c medial infundi im üblen Sinne, sich **eindrängen,** cum homines humiliores in alienum eiusdem nominis infunderentur genus, Cic. Brut. 62: cum in urbem nostram est infusa peregrinitas, Cic. ep. 9, 15, 2.

II **hingießen, hinschütten, an** od. **auf** od. **über** etw. **gießen, -schütten,** Passiv medial = **sich ergießen, sich verbreiten,** A eig.: a flüssige Körper, nimbum desuper, Verg.: merum super altaria, Suet.: largos umeris rores, Verg.: ceram rasis tabellis, Ov.: resinam sibi, über sich gießen (schütten), Auct. b. Alex.: caligo torrentis modo infusa terrae, Plin. ep.: amnis litori infusus, Mela: maria tot milibus passuum terrae infusa, Plin. – b nicht flüssige Körper, pulverem, Catull.: generis eiusdem furfures, Colum.: gemmas litoribus (vom Meer), Curt.: ingentem vim sagittarum ratibus, die Fl. mit einem gewaltigen Pfeilregen überschütten, Curt.: nix infusa, Verg.: ignis infusus, Liv.: tepor solis infusi, Plin. ep.: iam sole infuso, mit Aufgang der S., Verg.: nudos umeris infusa capillos, mit über die Sch. herabwallenden H., Ov. – B übtr.: a (poet.) infusus mit *Dat.* v. Pers. = **hingegossen, hingestreckt** in od. an usw., gremio, Verg.: collo mariti, den G. umschlingend, Ov. – b etw. Gutes od. Schlimmes gleichs. **ausschütten** über usw., decus victoriae modo abiectae urbis ruinis, Val. Max.: hos pueris monitus, Pers.: maiora detrimenta civitati, über den St. bringen, Iustin.: alci opprobrium, Ps. Quint.

III gießend **befeuchten, begießen, benetzen, durchnässen,** si uvam nimis imber infuderit, Pallad.: si lassus (bos) sub onere vehementer est infusus in pluvia, Veget. mul.: mit *Abl.*, aceto napos, Colum.: antidoti eius affusione radices vitis, Pallad.: acido comam butyro, Sidon.: si pluviis infusa fuerint (fena), Pallad.: vino infusus (begossen) vel affusus (angegossen), v. Betrunkenen, Macr.

īn-fusco, āvī, ātum, āre, **dunkel machen, bräunen, schwärzen,** I eig.: barba infuscat pectus illuvie scabrum, Poët. trag. bei Cic.: summa ieiunā sanie infuscatur arena, Verg.: aquam atramento, Plin.: colorem rubrum nigro, Gell.: vellera maculis pullis, bräunlich sprenkeln, Verg. – II übtr.: a die Stimme od. den Ton **dumpf-, belegt machen, dämpfen,** vox naturā infuscata, dumpf, belegt, Sen. contr. 1. praef. § 16: infuscatur ex inopinato (lusciniae sonus), Plin. 10, 81. – b sprachlich **entstellen,** nec eos aliqua barbaries domestica infuscaverat, die nicht durch einen gewissen angeborenen barbarischen Ton ihre Sprache entstellt hatten, Cic. Brut. 258. – c einen Stoff od. Zustand **verdunkeln, verfälschen, verderben, trüben, beflecken,** merum, Plaut.: saporem vini, Colum.: victoriae gloriam saevitiae maculā, Iustin.: gloriosam militiam seditionibus, Iustin.: vicinitas non infuscata malevolentiā, Cic.: ne defraudatione Glycerii infuscaretur finis fabulae, verhunzt (verpfuscht) würde, Donat. Ter. Andr. 5, 6, 17: nunc pol ego metuo ne quid infuscaverit (verpfusche), Plaut. mil. 526.

īn-fuscus, a, um, **ins Braune übergehend, bräunlich,** Colum. 9, 3, 1 u. 9, 10, 1.

īnfūsio, ōnis, *f.* (infundo), I aktiv: A das **Hineingießen, Einspritzen,** ischiadicorum, Plin.: ovi, Scrib. Larg.: olei, Hieron.: infusio in oleo, Klistier von Öl, Plin.: infusiones veneni noxiae, Ambros. apol. David 3. § 11 *in.* – B das **Begießen, Benetzen,** theriacae, Pallad.: caelestis, Regen, Pallad.: inf. velleris, Färbung, Ambros. apol. David 8. § 45. – II medial = das **Sich-Ergießen, Hineinfließen,** umoris, Cael. Aur. de morb. chron. 3, 8. § 99 u. 154.

īnfūsor, ōris, *m.* (infundo), der **Eingießer,** bildl., fidei, Prud. cath. 4, 11.

īnfūsōrium, iī, *n.* (infundo), ein **Gefäß zum Eingießen,** die **Kanne,** Vulg. Zachar. 4, 2.

Ingaevones, um, *m.* (Ingauer, αὐτόχθονες), Name des niederdeutschen Sprach- od. Völkerstamms am Nordmeer, Tac. Germ. 2. Plin. 4, 96 (Detlefsen Inguaeones).

Ingaunī, ōrum, *m.*, die **Ingauner,** ein Stamm der Ligurer östlich der Alpen, am Abhang der Apenninen, Liv. 40, 41, 6, deren Hauptstadt **Album Ingaunum,** Varro r. r. 3, 9, 17. Plin. 3, 48 od. **Albingaunum** (*cod. Med.* Albigaunum), Tac. Hist. 2, 15, j. *Albengo,* u. die Einwohner **Albingaunī Ligurēs,** Liv. 29, 5, 2.

ingemēsco, s. ingemīsco.

in-gemino, āvī, ātum, āre, I *tr.* **verdoppeln, wiederholen,** voces, ictus, Verg.: ingeminat me miserum! er wiederholt die Worte »ich Unglücklicher!« Ov.: vulnera lateri, Verg.: dolorem, Auson.: flagella timoris et pudoris, Augustin. – II *intr.* **sich verdoppeln, sich vermehren,** ingeminant curae, Verg.: poet., ingeminant plausu, bezeigen einmal über das andere ihren Beifall, Verg.: ingeminant commotis questibus aestus, Val. Flacc.

ingemīsco (ingemēsco), gemuī, ere (*Inchoat.* v. ingemo), I *intr.* **aufseufzen, aufstöhnen, aufächzen,** α absol.: nemo ingemuit, nemo inclamavit, Cic.: Aeacus ingemuit, Ov.: ingemuit et etc., Verg. u. Ov.: pueri Spartiatae non ingemiscunt verberum dolore laniati, Cic.: hic cum exclamasset Laelius ingemuissentque vehementius ceteri, leniter arridens Scipio … inquit, Cic.: ingemuistis modo voce huius auditā, Liv.: accepto poculo mediā potione repente velut telo confixus ingemuit, Iustin. – v. Lebl., tantum ingemiscit (knistert) ignis, Sen. poët.: ingemuit limen, Ov.: ingemuit solum, Ov. – β m. *in* u. Abl.: puto te in hoc aut *risisse* aut *ingemuisse,* Cic.: in quo tu quoque ingemiscis, Cic.: una illa in re servitutis oblita civitas ingemuit, Cic. – γ m. *ad* u. Akk.: multitudo ad conspectum regis fletumque miserabilem ingemuerat, Liv.: ad tactum vitiorum vestrorum, Sen. ep.: ad omnem eius mentionem ingemiscens, Suet. Aug. 65, 4. – δ m. *Dat.* (bei, über): quem vidit nemo ulli ingemiscentem malo! Cic. poët.: ing. condicioni suae, Liv.: fletu nostro, Verg.: eius minis, Liv.: morti (alcis), Curt.: exiliis alcis, Ov.: malis aeternis (Ggstz. bonis perpetuis frui), Val. Max.: ingemiscamus illis, quae patiebamur, Plin. pan. – ε m. *Abl.* (bei, über), (luce) repertā, Verg. Aen. 4, 692: morte alcis, Curt. 9, 3 (13), 20: vestro casu, Val. Max. 5, 10, 2. – ζ m. folg. Relativsatz, quando aliquid dignum nostro nomine emisimus, ingemiscamus, Cic. ep.: quotiescumque me viderit, ingemiscet, Cic.: quantum ingemiscant patres nostri, si videant etc., Liv.: ingemuit nostra cohors, cum etc., Cic.: quis pro indignitate ingemescat, cum etc., Flor. – II *tr.* bei od. über etwas **aufseufzen,** etw. **beseufzen,**

α m. *Acc.*: quid ingemiscis hostem iudicatum Dolabellam? Cic. Phil. 13, 23: ing. interitum, Verg.: minus iacentem, Stat.: suos casus graviter, Apul.: longaevitatem peregrinationis, Ambros.: suam vicem, Amm.: ingemiscenda (beklagenswerte) clades, Amm. – β m. *Acc.* u. *Infin.*: a senatu iudicatum (esse) hostem populi Romani Dolabellam ingemiscendum est, Cic. Phil. 13, 23: homines in deos grassari non ingemiscendum est? Min. Fel. 8, 3: tunc crassos transisse dies ingemuere, Pers. 5, 61: ingemuit citro non satis esse suo, Mart. 9, 59, 10.

in-gemmēsco, ere, **zum Edelstein werden,** Isid. orig. 16, 14, 7.

in-gemo, ere, I *intr.* **bei** od. **über** etw. **seufzen, sich abhärmen, sich abarbeiten,** mit *Dat.*, bidenti, Lucr.: aratro (v. Stier), Verg.: laboribus, Hor.: agris, Tac.: consuetis fatis, Val. Flacc. – absol. m. *Abl.* **wodurch?** v. Lebl., omne dei rapidis nemus ingemit alis, Val. Flacc. 1, 577. – II *tr.* etwas **beseufzen,** caesos patres, Sen. Herc. Oet. 1785: hos annos, Stat. silv. 3, 3, 137. – Die Stellen mit Perf. s. ingemīsco.

in-genero, āvī, ātum, āre, I **anerschaffen, einpflanzen, einflößen, einhauchen,** tantam in illis animalibus (*sc.* canibus) ad venandum cupiditatem ingenerasse naturam proditum est, Curt.: non ingenerantur hominibus mores, Cic.: natura ingenerat amorem, Cic.: animum esse ingeneratum a deo, Cic.: societas, quam ingeneravit natura, Liv.: vitandi atque inferendi ictus subtiliorem rationem legionibus ingeneravit, Val. Max.: qui aeternum Romano imperio spiritum ingeneravit, Val. Max. – *Partic.* ingenerātus, a, um, **eingepflanzt** = angeboren, ingenerata familiae frugalitas, Cic. – II schaffend **erneuern,** Catull. 61, 215.

ingeniātus, a, um (ingenium), **von Natur beschaffen, -geeignet, geartet, beanlagt,** a v. Lebl.: bene ing. primordia, Gell. 12, 1, 17. – b v. Pers.: lepide ing., Plaut. mil. 731: homines ita ingeniati, ut etc., Chalcid. Tim. 328: ingeniatus ad astutiam, Apul. flor. 18. p. 30, 7 Kr.

Ingeniculātus, ī, *m.* (in u. geniculum), der **Kniende,** ein Gestirn (s. engonasi), Vitr. 9, 4, 5.

ingeniculo, āvī, āre (in u. geniculum), mit u. ohne se = **die Knie beugen, knien,** ingen. se, Hyg. astr. 2, 6: bl. ing., Lampr. Heliog. 5, 4 u. Eccl.

Ingeniculus, ī, *m.* (in u. geniculum), **der Kniende,** ein Gestirn (s. engonasi), Firm. math. 8, 17, 4.

ingeniolum, ī, *n.* (*Demin.* v. ingenium), **geringer Geist, geringe Begabung,** Eccl.

ingeniōsē, *Adv.* (ingeniosus), **begabt, geistreich, erfinderisch, kunstsinnig,** ista tractare, Cic. Acad. 2, 87: res collocare, Cic. de inv. 1, 8: nec minus ing. nequam, ein geriebener Bösewicht, Vell. 2, 68, 1: *Compar.*, nec aliud pomum ingeniosius geminatum est, Plin. 15, 12: declamavit longe ingeniosius, Sen. contr. 2, 1 (10), 9: *Superl.*, homo ingeniosissime nequam, Vell. 2, 48, 3.

ingeniōsitās, ātis, *f.* (ingeniosus), **Reichtum an Begabung,** totius ingeniositatis ac sapientiae puero, CIL 6, 33929.

ingeniōsus, a, um (ingenium), I **von guter Art, geschickt** zu etwas, ager ad segetes, Ov.: terra colenti, fruchtbar, Ov.: vox sonis mutandis, Ov. – II v. Menschen usw. = **begabt, geistreich, erfinderisch, kunstsinnig,** Cic. u. a.: in od. ad alqd, Ov.: in alqa re, Plin. u. Mart.: quo quisque est sollertior et ingeniosior, Cic.: homo ingeniosissimus, Cic. – übtr., simulatio, Plin. pan.: argumentum, geistvoll erdacht, Plin.: res est ingeniosa dare, das Geben erfordert viel Verstand, Ov. – ► Nbf. Superl. ingenuosissimus, CIL 6, 26112.

1. **ingenitus,** a, um (in u. gigno), **ungezeugt, ungeboren,** deus, Arnob. 1, 31: pater, Paul. Nol. carm. 1, 227 (Auct. class. ed. Mai 5, 379): Macedoniani spiritus sanctus, quem neque *genitum* neque *ingenitum* credimus, Consent. in Augustin. epist. 119, 1 *extr.*: quomodo possunt *ingenitus* et *genitus* esse unius naturae atque substantiae? Ambros. de incarn. domin. 7. § 79.

2. **ingenitus,** a, um, *Partic.* v. ingigno, s. d.

ingenium, iī, *n.* (in u. gigno), die **angeborene, natürliche Art** u. **Beschaffenheit, Natur,** I einer Sache (vgl. Fabri Sall. or. Cottae § 9), arvorum, Verg.: campi, Tac.: loci caelique, Tac.: lactis, Gell.: caeli mores solique ingenia, Plin.: loci, Sall.: oris et vultus, natürliche Gesichtsbildung, Plin.: ingenio (= *sponte suā*) arbusta ubi nata sunt, Naev. tr. fr.: constabat (insulas) suopte ingenio alimenta mortalibus gignere, Sall. fr. – II eines Menschen, A in Bezug auf das Gemüt, 1 im Allg., **die Naturanlage, das Temperament, die Sinnes-** u. **Gemütsart, das Herz, der Charakter,** novi ingenium mulierum, Ter.: ingenium bonum, liberale, durum, inhumanum, Ter.: mobile, Plin. ep.: ingeniorum ferocia, Vell.: antiquum ingenium obtines, alte Art, Ter.: ingenio suo vivere, Liv.: suo ingenio uti, Tac.: redire ad ingenium, auf die alten Sprünge kommen, Ter.: fretus ingenio eius, auf sein gutes Herz, Plaut. – 2 insbes., der angeborene **Mut,** ing. forte, Enn. ann. 414: firmum, Enn. fr. scen. 25: nullum est ingenium tantum neque cor tam ferum, quod non labascat linguā, mitescat malo, Acc. tr. 684: quinque elegit, quorum ingenia validissima erant, Sall. Iug. 103, 2: augete ingenium viris fortibus, Sall. hist. fr. 1, 48 (51), 20. – B in Bezug auf Intelligenz: 1 im Allg., die **angeborene Fähigkeit, natürliche Anlage,** der **natürliche Verstand, Kopf,** tardum, acerrimum, acutum, magnum, Cic.: pulcherrimum, Plin. ep.: ingenii acies, Nep., ingenii acumen, scharfer, durchdringender V., Cic.: promptus ingenio, ein fähiger Kopf, Liv.: cum ingenio (mit Verstand) versari in alqa re, Cic.: extremi ingenii esse, ein gar arger Schwachkopf, ganz unfähig sein, Liv.: ingenio (Anlage) egregio ad miserias natus sum, Ter. – 2 insbes., **Begabung, Scharfsinn, Erfindungsgeist, Phantasie** u. **geistiges Talent, Geist, Witz,** a eig.: accusatoris, Cic.: ad fingendum, Cic.: aemulandi, Solin.: nam et animi et ingenii celeres quidam motus esse debent, Gemüt u. Phantasie müssen eine gewisse Beweglichkeit besitzen, Cic.: Plur., cum ipsi doctrinā et ingeniis abundarent, Cic.: certis ingeniis inmorari et innutriri oportet, Sen. – b meton.: α v. der Pers. selbst, **Begabung, Geist, Talent,** Cic. Brut. 147; de rep. 2, 2. Liv. 21, 4, 3: Plur., Vell. 1, 16, 2 u. 17, 5 u. a. Sen. ad Polyb. 27, 1. Suet. Aug. 89, 3 u. Vesp. 18. – β eine **sinnreiche Erfindung,** ein **sinnreicher, kluger Einfall,** exquisita ingenia cenarum, sinnreich ausgewählte Gerichte, Plin. pan. 49, 7. – ► Mask. Nbf. Akk. ingenium mitem, Ven. Fort. carm. 4, 26, 15.

ingenius, iī, *m.*, s. ingenium ►.

in-gēns, gentis (zu gens, Geschlecht, vgl. unser »ungeschlacht«, d. i. was unserem Geschlecht nicht zukommt, über die Größe od. Art unseres Geschlechtes hinausgeht), **sehr (überaus) groß (stark), außerordentlich, gewaltig, ungeheuer,** I eig.: corpus, Curt.: campus, Cic.: aquae, Liv.: pecunia, Cic.: numerus, Cic.: clamor, Liv. – *Superl.*, rotae ingentissimae, Veget. mil.: ingentissima moles, Augustin. – *neutr. pl.* subst., ingentia lucrari, Amm.: ingentia largiri, Amm. – II übtr.: flagitium, gratiae, Ter. – exitus, Verg.: bellum, Ov.: genus, Verg.: animus belli (im Kr.) ingens, domi modicus, Sall.: ingentissima strages, Augustin. – m. *Abl.*, vir famā ingens, ingentior armis, Verg.: mente bonus, ingenio ingens, Auson.: ingens viribus, Liv. – m. *Genet.*, ingens ipse virium atque animi, Sall. fr.: femina ingens animi, Tac.: ingens rerum (an Macht), Tac. – mit folg. *Infin.*, Sil . 10, 215. – ► *Compar.* ingentior, Verg. Aen. 11, 124. Symm. epist. 8, 31. – *Superl.* ingentissimus, Veget. mil. 4, 8. Augustin. serm. 53, 12. Pompei Comment. (V), 300, 30.

ingenuē, *Adv.* (ingenuus), I **anständig, standesgemäß,** educatus, Cic. de fin. 3, 38. – II übtr., **aufrichtig, offenherzig, frei heraus, freimütig,** aperte atque ingenue confiteri, Cic.: ingenue pro suis dicere, Quint.

ingenuitās, ātis, *f.* (ingenuus), I **der Stand eines freigeborenen Menschen, die edle Geburt** od. **Abstammung, der Adel,** Cic., Liv. u. a.: ornamenta ingenuitatis, Cic.: Plur., Arnob. 2, 76. – II übtr. **die Aufrichtigkeit, Freimütigkeit, Offenherzigkeit, der offene Charakter,** Cic. Acad. 1, 33. Plin. 35, 66.

Ingenuos, s. in-genuus ►.

ingenuōsus, a, um, s. ingeniōsus ►.

in-genuus, a, um (in u. gigno), I **einheimisch, nicht fremd,** fons, Lucr.: tophus, da gewachsen, natürlich, Iuven. – II **angeboren, natürlich,** indoles, Plaut.: color, Prop. – III **frei** (= von freien Eltern) geboren, A eig., Cic. u. a. – B übtr.: a edel, anständig, animus, vita, artes, studia, timiditas, Cic.: gula, empfindliche Kehle, Mart. – b aufrichtig, offenherzig, edelmütig, homo, Cic.: fastidium, Cic. – c schwächlich (weil Freigeborene weniger ertragen können als Sklaven), vires, Ov. Trist. 1, 5, 72. – ► Als Eigenname Nomin. Sing. Ingenuos, CIL 3, 158 u. 4255.

in-gero, gessī, gestum, ere, **hinein-, in** od. **auf** etw. **tragen, -gießen, -schütten, -werfen, -tun,** I eig.: aquam (*sc.* in urnam), gießen, Plaut.: aquam in salinas, Plin.: stercus vitibus, Colum.: ligna foco, Tibull.: nunc tela, nunc saxa, Liv.: saxa in subeuntes, Liv.: iacula in hostem, Curt.: pugnos in ventrem, prügeln, Ter.: so auch verbera, Curt. u. vulnera, Tac. – alci osculum, beibringen, geben, Suet.: equis ocimum, geben, Plin.: alci calices amariores, eingießen, einschenken, Catull. – refl., se ingerere, **sich hineinbegeben, sich hineinstürzen,** sacratis aedibus se ultro, Vulg.: semet ignibus, Mela. – II übtr.: 1 im Allg., refl., ingerere se omnium oculis, sich zeigen, Iustin.: se periculis, sich stürzen in usw., Sil.: u. medial, facies ingesta sopori, erscheinend im Schlaf, Claud. – 2 **antun,** a **verhängen,** sibi mortem, Augustin. de civ. dei 1, 27: supplicia, Sen. Med. 461. – b mit dem Mund antun = jmdm. **vorhalten, zu Gemüte führen,** gegen jmd. **ausstoßen,** praeterita, Cic.: voces graves coram, Tac.: vocis verborumque quantum voletis ingerent et criminum in principes, Liv.: probra, Liv.: contumelias, Tac.: convicia alci, Hor.: multa mala, Ter.: omne probri genus, Suet.: alci m. folg. *Acc.* u. *Infin.*, jmdm. zurufen, Suet. Aug. 54. – 3 **aufdrängen, aufdringen,** auf jmd. **wälzen,** alci nomen, Tac.: alci omnia imperia, Iustin. – alqm (als Richter den Parteien), Cic.: refl., se, sich (zu einem Amt) zudrängen (Ggstz. se subtrahere), Plin. pan.: u. se alci, sich jmdm. aufdr., Iuven. – v. Lebl., se oculis, Sen. u. Lact., se oculis et sensibus, Min. Fel.; u. ingeri oculis (v. der Wahrheit), Sen.: ingeri oculis atque auribus nostris (v. Beispielen), Sen.; vgl. Bünem. Lact. 1, 5, 2: ebenso se ing. in oculos, Sen. ep. 105, 3. – ► Imperativ inger, Catull. 27, 2. Gloss. II, 79, 53. Vgl. Haupt Opusc. III, 643.

in-gestābilis, e, **nicht zu tragen, unerträglich,** onus, Plin. 7, 41.

ingestio, ōnis, *f.* (ingero), I eig.: a **das Einführen, -gießen,** liquentis plumbi, Cod. Theod. 9, 24, 1: plurima liquoris, Cael. Aur. de morb. chron. 3, 8, 152. – b das **Vorbringen,** vocis primae, Mart. Cap. 5. § 459. – II übtr., die **Auferlegung, Verhängung,** poenae, Augustin. op. imperf. c. Iul. 6, 27.

ingestus, ūs, *m.* (ingero), **das Geben, Verleihen,** immortalitatis, Tert. de res. carn. 42.

in-gīgno, genuī, genitum, ere, **einpflanzen,** I eig. herbas nocentes rupibus ingenuit tellus, Lucan. 6, 439. – II übtr.: natura ingenuit homini cupiditatem veri videndi, Cic.: natura tantam ingenuit animantibus conservandi sui custodiam, Cic.: his ingenita est visendi ignota cupido, Manil. – *Partic.* ingenitus, a, um, **eingepflanzt** = angeboren, cum sic hominis natura generata sit, ut habeat quiddam ingenitum quasi civile atque populare, Cic. de fin. 5, 66: ing. nobilitas, Tac.: vitia, Suet.: Ggstz. *affectata* aliis castitas, tibi *ingenita et innata,* Plin. pan. 20, 2.

in-glomero, āre, **aufhäufen,** Stat. Theb. 1, 351.

in-glōriōsus, a, um = ἄδοξος (Gloss.), **nicht ruhmreich, ohne Ruhm, ruhmlos,** Plin. ep. 9, 26, 4 K. Arnob. in psalm. 130: ingloriosum est m. *Infin.*, Varro sent. *no.* 149 *Riese.*

in-glōrius, a, um (in u. gloria), **ruhmlos, nicht berühmt,** v. Pers., Cic. u. a.: vita, Cic.: mit *Genet.*, militiae, Tac. hist. 3, 59: ausi, Sil 12, 9: inglorium arbitrabatur m. folg. *Infin.*, Tac. Agr. 9. – übtr., **unansehnlich,** cassis, ohne Busch, Stat.: rex apium, Verg.

in-glūtio (gluttio), īre, **hinunterschlucken,** Isid. orig. 4, 9. § 9.

ingluviēs, ēī, *f.* (versetzt aus ingulvies, v. in u. gula, s. Paul. ex Fest. 112, 2. Philarg. Verg. georg. 3, 431), I **der Vormagen der Vögel, der Kropf, die Kehle, der Hühner,** Colum.: der Schlangen, Verg.: der Menschen, Apul. – auch die äußere **Kehle,** die **Kehlmuskeln,** iis margaritis collos filiarum tuarum despoliabis, ut cuius tandem ingluvies turgida ornetur? Fronto ep. ad M. Caes. 2, 16. p. 38, 4 *sq.* N. – II meton., die **Gefräßigkeit, Völlerei,** ventris, Gregor. in Iob 33, 65: Vitellius notabilis ingluvie et voracitate, Eutr.: avi cur atque parentis praeclaram ingratā stringat malus ingluvie rem, Hor.: nec contenta illa ingluvies fuit maris sui copiis, Macr.: ingluviûm (metaplast. Genet. Plur.) voluptates, Augustin. serm. 16, 4.

ingluviōsus, a, um (ingluvies), **gefräßig,** Paul. ex Fest. 112, 2. Gloss. V, 211, 31.

in-grandēsco, granduī, ere, **groß werden,** Colum. 2, 10, 15 u. a.

ingrātē, *Adv.* (ingratus), I **ohne Annehmlichkeit,** Ov. u. Plin.: dah. **nicht gern,** nominare, Plin. – II **undankbar, mit Undankbarkeit,** Cic. u. a.: ingrate ferre alqd, etwas mit Undank hinnehmen, Tac. hist. 1, 52. – dah. übtr., **umsonst, ohne Nutzen,** Pallad. 7, 5, 1.

ingrātia, ae, *f.* (ingratus), **der Undank,** Tert. de paenit. 1 u. 2. – häufiger im *Abl.*, ingratiis alcis, **wider** jmds. **Willen** (eigentlich mit jmds. Undank), ingr. amborum, Plaut.: ingr. tuis, Plaut.; absol. ingratiis u. zsgz. ingratis = **wider Willen, ungern,** Komik., Cic. u. a. – ► Die Form ingrātiīs immer bei den Komik. (s. Brix Plaut. capt. 405), aber ingrātīs bei Lucr. 3, 1067 u. in der Prosa bei Cic. u. a. (wiewohl Cic. Tull. 5 von Baiter u. Kayser, in drei Stellen der Reden von C. F. W. Müller u. Nep. Them. 4, 4 von Halm ingratiis nach den Hdschrn. geschrieben wird). Vgl. Zumpt Cic. Verr. 4, 19. p. 670. Oudend. u. Hildebr. Apul. met. 1, 26. p. 80 *Oud.* Hand Turs. 3, 379 ff.

ingrātificus, a, um (ingratus u. facio), **undankbar handelnd,** Argivi, Acc. tr. 364 (bei Cic. Sest. 122).

ingrātiīs u. **ingrātīs**, s. ingrātia.

ingrātitūdo, dinis, *f.* (ingratus), I die **Undankbarkeit,** Sen. de rem. fort. 10, 7 H. Ennod. epist. 6, 16. Cassiod. var. 5, 8, 1. – II das **Missfallen,** die **Ungnade,** Cassiod. var. 1, 30, 2.

in-grātus, a, um, **unangenehm,** I im Allg., **unangenehm, unlieb, unfreundlich, widrig, unbeliebt,** a v. Lebl., frons, unfreundliche, störrische Miene, Prop.: vita, Jammerleben, Hor.: otium, unwillkommene, Hor.: labor, Verg. (vgl. *no.* II, B): ingrati successus hominum, Ov.: fuit haec oratio non ingrata Gallis, Caes.: ne invisa dis immortalibus oratio nostra aut ingrata esse videatur, Cic.: quorum sermo (Stil) ieiunus est et ingratus, Lact.: Tiberio haud ingratum accĭdit turbari res Orientis, Tac. – b v. Pers., alci non ingratus, bei jmd. **nicht unbeliebt, gar wohl gelitten,** Tac. ann. 6, 30. – II unangenehm durch Nichtbezeigen von Dankbarkeit = A **undankbar, unerkenntlich,** homo, Ter., Cic. u. a.: patria, Cic. u. a.: forum, Ov.: ingrata tua, die nicht leicht zufrieden gestellt wird, Prop.: ingrati animi crimen horreo, Cic.: nihil cognovi ingratius, Cic. ad Att. 8, 4, 2.: ingratissimus omnium, Sen.: ingratissimi cives, Curt.: tam impie ingratus esse (audet), ut etc., Cic. – m. *in* u. Akk., ingratus in amicos, Rhet. Her.: in Democritum, Cic.: duas maximas orbis terrarum urbes ingratas uno prope tempore in principes inventas, Romam ingratiorem, Liv. – m. *adversus* od. *contra* u. Akk., ingratus adversus beneficium, Sen.: vir adversus merita ingratissimus, Vell. 2, 69, 1: mulier contra patronum suum ingrata, Paul. dig. 4, 2, 21 *pr.* – mit *Dat.* (gegen), suae condicioni, Lact.: caelestibus beneficiis, Lact.: manifestis beneficiis, Augustin.: tot tantisque beneficiis dei, Sulp. Sev. – mit *Genet.*, salutis, wegen usw., Verg. Aen. 10, 666. – mit *in* u. Abl., ingratus in referenda gratia, Caes. b. c. 3, 1, 6. – v. Lebl., cinis, die den Dienst nicht vergelten kann, Verg.: ingluvies, unersättliche, Hor.: ager non ingr., fruchtbarer, Mart. – *neutr.* subst. = **der Undank,** alqm ingrati postulare, Sen. exc. contr. 3. praef. § 17. – B objektiv, **undankbar, danklos = nicht mit Dank erkannt, nicht dankbar erkannt, keinen Dank empfangend** od. **bringend, unersprießlich,** dona odiosa ingrataque, Plaut.: labor, Sall. (vgl. *no.* I, a): pericula, Verg.: odores, Ov.: umeri, Stat.: et id erit ingratum, du wirst keinen Dank dafür ernten, Ter.: sin ingrata esse sciam, Cic.: omnia sunt ingrata, Catull.: mit *ad* (bei) u. Akk., ingratum ad vulgus iudicium, Liv. 1, 26, 5.

in-gravanter, *Adv.*, **unweigerlich,** Gregor. epist. 5, 37 u. a. Eccl.

ingravātē, *Adv.*, **unweigerlich, nicht ungern,** Amm. 17, 10, 10 u. 18, 2, 6.

ingravātio, ōnis, *f.* (ingravo), I die **Beschwerung, Last,** Cod. Theod.

7, 13, 7. – **II** die **Verhärtung,** cordis, Augustin. quaest. in gen. 2, qu. 30 *in.*

in-gravēsco, ere, **I** *intr.*: **A** **an Schwere zunehmen, schwerer werden,** **1** eig.: sal vix credibili pondere ingravescit, Plin. 31, 79. – v. weibl. Pers., **schwanger werden,** Lucr. 4, 1242 (1250), wo in der Tmesis inque gravescunt. – **2** übtr.: **a** im guten Sinne, **ernstlicher werden,** hoc (philosophiae) studium cotidie ingravescit, Cic. ep. 4, 4, 4. – **b** im üblen Sinne: **α** **beschweren, belästigen, lästig werden,** aetas ingravescens od. iam ingravescens, Cic.: aevo ingravescente, Spart., od. ingravescente aevo, Eutr.: annona ingravescit, Caes.: quae res (annona) ingravescere consuevit, Caes.: fenus ingravescens, die immer mehr drückende Schuldenlast, Liv.: v. einer Örtl., nec umquam (cryptoporticus) aëre pigro ac manente ingravescit, Plin. ep. 2, 17, 19. – **β** **an Heftigkeit zunehmen, steigen, schlimmer-, ärger-, misslicher werden, sich verschlimmern,** v. Winden, Lucr. 6, 570. – v. phys., polit. u. gemütl. Zuständen, ingravescit morbus, Cic., vis morbi, Suet.: ingravescente in dies valetudine, Vell.: ingravescens tussis, Suet.: ingravescit in dies malum intestinum (die schlimmen Zustände im Innern), Cic.: fames (Hungersnot) ingravescens, Suet.: ingravescens bellum, Liv.: ingravescente post haec altius curā, Suet. – v. Pers., **αα** **kränker werden,** mox ingravescit, Plin. ep. 2, 20, 5. – **ββ** **es immer ärger treiben, schwieriger werden,** alter (Caesar) in dies ingravescit, Cic. ad Att. 10, 4, 2: falsis (bei dieser Täuschung) ingravescebat, Tac. hist. 3, 54: milites cotidie ingravescebant, Capit. Max. et Balb. 13, 5. – **B** **schwerfällig werden, sich beschwert fühlen** (Ggstz. levari, sich erleichtert fühlen), et corpora quidem exercitationum defatigatione ingravescunt, animi autem exercendo levantur, Cic. de sen. 36. – **II** *tr.* **ärger machen, verschlimmern,** ut omnia, quaecumque gessero, omnes motus ingravescant, ita etiam seditio intramurana bellum mihi gravissimum peperit, Vopisc. Aurel. 38, 3. – ► Nbf. ingravīsco, Amm. 14, 7, 6 G. u. Not. Tir. 27, 82.

1. **in-gravido,** āre, **beschweren,** Augustin. conf. 7, 5 *extr.* – insbes. = **schwängern,** Paul. Nol. carm. 24, 253.

2. **ingravīdo,** inis, *f.*, die **Beschwerung,** Gregor. epist. 9, 104.

in-gravīsco, s. in-gravēsco ►.

in-gravo, āvī, ātum, āre, **schwerer machen, beschweren,** **I** eig.: puppem utrimque, Stat. Theb. 5, 402. – **II** übtr.: **a** **beschweren, beschwerlich** od. **lästig fallen, belästigen,** ingravatus morbo, Spart. Sev. 21, 10: absol., ingravantibus annis (durch die Last der Jahre), Phaedr. 5, 10, 3: si non saevitia hiemis ingravat, Plin. 19, 166. – **b** **drückender-, schlimmer-, ärger machen,** illa (coniugis imago) meos casus ingravat (erschwert mir mein Los), illa levat (erleichtert es), Ov. trist. 3, 4, 60: ingravatum est proelium od. bellum, es entbrannte ein heftiger Kampf od. Krieg, Vulg. 1. Mach. 9, 17 u. Iudic. 20, 34: ingravat haec (es steigert diese Klagen) saevus Drances, Verg. Aen. 11, 220: ingravat (es erhebt schwere Klage) ad caelum sublatis Scipio palmis m. folg. dir. Rede, Sil. 4, 669. – **c** moralisch **verhärten,** Pharaon ingravavit cor suum, Vulg. exod. 8, 15: ingravatum est cor Pharaonis, Vulg. exod. 7, 14; 8, 32 u. a.

in-gredior, gressus sum, gredī (in u. gradior), **I** *intr.*: **A** **hinein-** od. **hinschreiten, -gehen,** **a** eig., v. Pers., in navem, in templum, in fundum, Cic.: intra finem eius loci, Cic.: intra munitiones, Caes.: ad deos penates (= in die Heimat), Iustin.: castris, Verg.: in vitam, Cic. – v. Lebl., sinus (Meerbusen) modice in litora ingreditur, Mela 2, 3, 1 (2. § 35). – **b** übtr., **auf** etw. **eingehen, sich an** etw. **machen, sich in** etw. **einlassen,** in eam orationem, Caes.: in causam, Cic.: in bellum, Cic.: in spem libertatis, Cic.: in rem publicam, anfangen, dem Staat zu dienen, Auct. b. Afr.: ad ea quae vultis, Cic.: ad dicendum, Cic.: ad explicandam rationem sententiae meae, Cic.: quo cum ingressus esses, Cic.: absol., et eras iam ipse ingressus, hattest schon den Weg dahin eingeschlagen, Cic. – **B** **einherschreiten, -gehen,** tardius, Cic.: pedibus, Curt.: in urbe media, Gell.: in arvis, Verg.: per funes, Quint.: per nudam infra glaciem, Liv.: per publicum, Plin. pan.: elephanti gregatim ingrediuntur, Plin.: tamen ingredi aliquid eodem modo debet, muss er ein wenig auf die eben angegebene Weise spazieren gehen, Cels.: grandia ingrediens, mit großen Schritten einherschreitend, Gell. 9, 11, 5: morbo aut aetate aeger ad ingrediendum invalidus est, Gell. – vestigiis patris (bildl.), Cic.: vestigiis proelii (bildl.), der Spur des K. folgen, den Sieg verfolgen, Hirt. b. G. – **C** der Zeit nach **angehen, = anfangen, den Anfang nehmen,** vere ingresso, Lucan. 10, 224. – **II** *tr.*: **A** **in** od. **auf** etw. **gehen,** etw. **betreten,** v. Pers.: illam domum, Cic.: curiam, regiam, Liv.: carpento Capitolium, Tac.: curru urbem, Suet.: viam, Cic.: pontem, Cic.: insulam (v. Schlangen), Mela: mare, zur See gehen, Cic.: infestā classe mare, Mela: bildl., vestigia patris, Liv.: pericula, Cic. – v. Lebl., ingreditur nostrum pelagus terras, Mela: Euphrates primum Syros, tum Arabas ingressus, Mela. – **B** feindl. auf jmd. **losgehen,** jmd. **angreifen,** hostem, Dict. 3, 7: vor Gericht, Latinium Latiarem, Tac. ann. 6, 4. – **C** der Zeit nach **antreten, beginnen,** **a** eig.: iter, Cic.: consulatum, Quint.: ver, Lucan.: annum aetatis decimum, Quint.: u. so undevicesimum annum, Vell. – **b** **beginnen, anfangen, sich in** etw. **einlassen,** orationem, Cic.: rationem studiorum, Cic.: priusquam ingrediar hanc partem, Quint.: m. folg. *Infin.*, eas res mandare monumentis, Cic.: ›de divinatione‹ scribere his libris, Cic.: dicere, Cic.: Itala per Graios orgia ferre choros, Prop.: u. so absol., **anheben** = anfangen zu reden, ingressus u. sic ingressus, m. folg. dir. Rede, Verg. Aen. 4, 107; 6, 867: u. ingressus est sic loqui Scipio m. folg. dir. Rede, Cic. de rep. 2, 1, 1. – ► Arch. indugredior, Lucr. 1, 82; 4, 313 (342) u. 365 (367).

ingressio, ōnis, *f.* (ingredior), **I** der **Eintritt** in usw., **a** eig.: fori, Cic. Phil. 5, 9. – **b** übtr., der **Eingang** = der Anfang, Cic. or. 11. – **II** das **Einherschreiten, Einhergehen,** der **Gang,** Cic. or. 201.

ingressum, ī, *n.* (ingredior), der **Eingang,** Plur. bei Gromat. vet. 303, 2 *sq.*

ingressus, ūs, *m.* (ingredior), **I** der **Eintritt,** **1** eig. u. meton.: **a** übh., der **Eintritt, Eingang,** der **Einzug,** Antonii ingr. in castra, Vell. 2, 63, 2: ingr. tuus, Plin. pan. 5, 4; 22, 5: haec tibi in ipso ingressu meo (gleich bei meinem Eintr. in die Provinz) scripsi, Plin. ep. 10, 17 (28), 4: fuit ingressus Severi odiosus atque terribilis, Spart. Sev. 7, 3: alqm ingressu arcere, Auson. XXV. Bissula 1, 3. p. 125, 3 Schenkl. – **b** das feindl. **Eindringen** in eine Stadt, der feindl. **Einfall** in ein Land, per alveum veterem, qui siccatus ingressum praebebat, urbem intravit, Frontin. 3, 7, 4: hostiles ingressus praesidiis intercipere, Tac. ann. 15, 3. – **c** meton., der **Eingang** als Ort, trinis ingressibus, Prud. psych. 843. – **2** übtr.: **a** das **Eingehen** auf etwas, Cannensis pugnae temerarius ingr., die unbes. Annahme der usw., Val. Max. 4, 5, 2: operum ingressus (Plur.), die Ausführung der Werke, Vitr. 1, 1, 16. – **b** der **Eingang** = der **Anfang** (Ggstz. finis), utriusque operis, Quint.: in ingressu, im Eingang = in der Vorrede, Quint.: ingressus capere, seinen Anf. nehmen, Verg.: Ianus Iunonius, quasi non solum mensis Ianuarii, sed mensium omnium ingressus tenens, Macr.: in ingressu adulescentiae suae, Augustin. – **II** das **Einherschreiten,** der **Gang,** ingressus, cursus, accubitio, inclinatio, sessio, Cic.: ingr. celsior, Plin.: non ingressu modo defici, sed et visu, Suet.: tarditatibus in ingressu uti mollioribus, Cic.: ingressu prohiberi, keinen freien Schritt tun (sich nicht rühren) können, Caes.: quaedam terrae ad ingressus tremunt, Plin.

ingruentia, ae, *f.* (ingruo), das **Hereinbrechen,** periculorum, Augustin. serm. 52, 2 *Mai.* Vgl. Du Cange *in v.*

in-gruo, gruī, ere (in u. *gruo, verwandt mit ruo), mit Heftigkeit **hereinbrechen, hereinstürzen,** **a** v. Menschen u. Tieren, Plaut. u. Plin.: ingruit Italis, Verg.: ingruente in Italiam Annibale, Tac. – **b** übtr., v. Lebl., **hereinbrechen, ankommen, befallen,** nec ubique tarde (spät), nec celeriter aestas ingruit, Colum.: morbi ingruunt in remiges, Liv., od. gentibus, Plin.: periculum, bellum ingruit, Liv. u. Verg.: ingruens bellum, Tac.: ingruentia tela, Tac.: ingruentia mala, Tac.: ingruebat nox, Tac.: ab cuniculo (Mine) ingruens periculum, Liv.

Inguaeones, s. Ingaevones.

inguen, inis, *n.*, der vordere Teil des Leibes an den Hüften, die **Dünne,** Plur. = die **Dünnen, Weichen, Leistengegend, Schamseiten,** **I** eig. u.

übtr.: a eig., Sing., Verg. u. Cels.: öfter Plur. b. Verg. u. Ov. – b übtr., an Gewächsen = die Stelle, wo der Zweig am Stamm ansitzt, Plin. – II meton.: a = der **Unterleib,** Ov. u. a. – b euphemist. = das **Schamglied,** Plur. die **Schamteile,** Hor. sat. 1, 2, 116: nihil ab inguine tutum, Brunst, Iuven. – c = **Geschwulst in der Schamgegend,** Cic. u. Cels. – ► Akk. inguinem bei Schol. Iuven. 10, 238.

inguina (inguināria), ae, *f.* (inguen) = inguen *no.* II, c (s. d.), Isid. orig. 4, 6, 19. Oribas. 9, 23 u. 25.

inguinālis, is, *f.* (inguen), **Schamkraut,** Plin. 26, 92. Ps. Apul. herb. 61.

ingurgitātio, ōnis, *f.* (ingurgito), die **Völlerei,** Augustin. epist. 29, 11 u. (Plur.) Firm. math. 5, 8: m. *Genet. Gerund.*, ingurgitatio vescendi ac bibendi, das Sich-toll-u.-voll-Fressen und -Saufen, Augustin. epist. 36, 11.

in-gurgito, avi, ātum, āre (in u. gurges), hineinstrudeln, d. i. I wie einen Strudel **hineingießen, hineinstürzen,** merum ventri suo, Apul. met. 4, 7. – refl., se caeno (v. Schwein), Lact. 4, 17, 21: Rhodanus paludi sese ingurgitat nomine Lemanno, Amm. 15, 11, 16, umor ex his non universus ingurgitans (im Strudel eindringend) ..., sed quomodo sititur destillans, Plin. 17, 15. – im Bild, se in tot flagitia, sich in den Strudel so vieler Laster stürzen, Cic. Pis. 42: se in alcis copias, in jmds. Reichtum schwelgen, Cic. Phil. 2, 65. – II insbes, jmd. usw. in Getränke u. Speisen wie in einen Strudel **hineintauchen = sich toll und voll trinken lassen,** ing. singulos crebris poculis, Apul.: ingenium crebris poculis, seinen Verstand ersäufen in usw., Gell. – refl., se ingurgitare, **sich den Bauch vollschlingen, sich toll und voll fressen und saufen** (von der Völlerei Ergebenen), absol. b. Cic. de fin. 2, 23: se in vinum, Plaut.: se vino, Lact. u. Augustin.: usque ad vomitum se ing., Augustin. – u. so medial, temeto ingurgitatus, toll u. voll gesoffen im usw., Macr.: anus ingurgitata, Petron. – im Bild, qui (Ennius) ›degustandum‹ ex philosophia censet, ›non in eam ingurgitandum‹, sich in ihr gleichs. zu berauschen, Gell. 5, 16, 5 (nach Enn. fr. scen. 377).

ingūstābilis, e (in u. gusto), **ungenießbar,** fons, Plin. 2, 238: bacae acerbae et ingustabiles cunctis animantibus, Plin. 16, 105.

ingūstātus, a, um (in u. gusto), **noch nie vorher gekostet (genossen),** ilia rhombi, Hor. sat. 2, 8, 30.

in-gūsto, āre, **zu kosten geben,** Iovi sanguinem, Tert. adv. gnost. 7.

in-habilis, e, I **unhandlich, schwer zu handhaben, unlenksam,** navium genus, Liv.: navigia, Curt.: navis, Liv.: vastorum corporum moles, Curt.: mit *Dat.*, numquam tamen maiores quadraginta milium copias duxit, inhabile regenti ratus quidquid excederet, Inc. pan. Const. 5, 1: mit *ad* u. Akk. Gerund., quorum telum ad remittendum inhabile imperitis est, Liv. 24, 34, 5. – II übtr., **unpassend, unbequem, untauglich, ungeschickt, unfähig, untüchtig,** a physisch: α v. Lebl.: pondus, Curt.: viam vel iter invium vel inhabile facere, Ulp. dig.: m. *Dat.*, quod hostibus inhabile, Tac.: habet enim acre quiddam atque expeditum et calori concitationique non inhabile (passt ganz gut zu usw.), Quint.: inh. labori et audaciae valetudo, Tac.: m. *Dat. Gerund.*, terra procreandis foetibus inhabilis, Colum. 2, 1, 2: m. *ad* u. Akk. Gerund., ficus inhabiles ad edendum, ungenießbare, Cassiod. in cantic. 2, 13: tegimen inhabile (hinderlich) ad resurgendum, Tac. hist. 1, 79. – β v. leb. Wesen, m. *Dat.*, boves labori et culturae patrii soli non inhabiles, Colum.: omnibus his rebus mulierem facere inhabilem, Cic. fr.: m. *Dat. Gerund.*, inferendis ictibus inhabiles, Tac. ann. 3, 43: asini oneri ferendo non inhabiles, Apul. met. 7, 23. – b geistig, α v. Lebl., m. *Dat.*, exercitationes, quarum labor spiritum (die geistige Kraft) exhaurit et inhabilem intentioni ac studiis acrioribus reddit, Sen. ep. 15, 3. – β v. leb. Wesen, m. *Dat.*, doctores, qui professioni suae inhabiles videbantur, Spart.: si is, cui omnis ex studiis gratia, inhabilis studiis fuerit, Plin. ep.: m. *ad* u. Akk., multitudo inhabilis ad consensum, Liv.: inh. ad imperium, Vopisc.: m. *ad* u. Gerund., inhabilis ad parendum, Tac. hist. 2, 87: m. *Infin.*, Callist. dig. 50, 2, 11.

1. **in-habitābilis,** e = ἀοίκητος, **unbewohnbar,** regio, insula, Mela: terrae, Lact.: terrae maximas regiones inhabitabiles atque incultas videmus, Cic.: alqm locum aestus inhabitabilem efficiunt, Mela: circulus arcticus et antarcticus, qui ob nimiam vim frigoris inhabitabiles sunt, Ampel.

2. **inhabitābilis,** e (inhabito), **bewohnbar,** duae inhabitabiles orae terrae, Arnob. 1, 2 *cod. P.* (Reiffersch. habitabiles).

inhabitātio, ōnis, *f.* (inhabito), das **Bewohnen,** konkr. = die **Wohnung,** Eccl.

inhabitātor, ōris, *m.* (inhabito), der **Bewohner,** Ulp. dig . 9, 3, 5. § 12 u. 47, 5, 1. § 6 u. Eccl.

inhabitātrīx, trīcis, *f.* (Femin. zu inhabitator), **die Bewohnerin,** domorum (v. der Turteltaube), Isid. orig. 12, 7, 60 zw. (Lindsay habitatrix).

in-habito, āvī, ātum, āre, I *tr.* einen Ort **bewohnen,** nobile solum, Petron.: eum secessum, Ov.: Galliam, Aur. Vict.: Dolopeidem urbem, Hyg.: nec ante dimidiam ferme longitudinem eius orae, quae spectat aestivom orientem, inhabitatur illa regio, Plin.: istoc corpus inhabitatum diu pone, Sen. ep. 102, 27: übtr., variae indumentorum formae, quarum pars gentilitus inhabitantur, gleichs. bewohnt (= getragen) wird, Tert. de pall. 3: terram miseriae sempiternus horror inhabitat, Vulg. Iob 10, 22. – II *intr.* wo **wohnen,** in corio asini, Apul.: in ea insula, Dict.: in eius (arboris) ipsa cariosa stipite, Apul.: nix cum cadit, aves caeli *ubi* inhabitent non habent, Ambros. in Luc. 7. § 16. – Partiz. subst., inhabitantēs, ium, *m.*, die Einwohner, Plin. ep. 7, 27, 6. – übtr., ut inhabitet in me virtus Christi, Vulg. 2. Cor. 12, 9.

in-haereo, haesī, haesum, ēre, **in** od. **an** etwas **hängen, stecken, schweben, kleben, angewachsen sein,** I eig.: angit inhaerens, Verg.: lingua inhaeret, klebt an, Cic.: inh. ad saxa, Cic.: tergo, Ov.: sidera sedibus suis inhaerent, Cic.: visceribus, Cic.: corpore, Verg. – II übtr.: tergo, auf dem Nacken sitzen (bildl.), Liv.: u. so tergis fugientium, Curt.: alci semper, anhängen, treu ergeben sein, Ov.: studiis, Ov.: cogitationibus, nachhängen, Val. Max.: oculis, vor Augen schweben, Ov.: u. so oculis animisque, Vell.: in mentibus, haften, Cic.: virtutes voluptatibus inhaerent, haben stets ihre Wurzel im V., Cic.: inhaeret in visceribus illud malum, hat sich festgesetzt, Cic.: opinatio inhaerens, Cic.

inhaerēsco, haesī, haesum, ere (*Inchoat.* v. inhaereo), **ich bleibe** wo **hängen, stecken, kleben,** in sordibus, Cic.: dextram amplexus inhaesit, Verg.: canis inhaesuro similis, als würde er ihn (den Hasen) eben fassen, Ov. – bildl., poëtae inhaerescunt penitus in mentibus, haften tief im Geiste, Cic. Tusc. 3, 3.

inhālātio, ōnis, *f.* (inhalo), **das Anhauchen, der Hauch,** suavissimae inhalationes, Cassiod. de anim. 10.

inhālātus, Abl. ū, *m.* (inhalo), **das Anhauchen, der Hauch,** patentis oris inhalatu cinnameo, Apul. met. 2, 10.

in-hālo, āvī, ātum, āre, I *intr.:* A **anhauchen,** cerae, Lact. de ira dei 10, 20. – B von etwas **duften,** inhalantes horti floribus, Ambros. hexaëm. 5, 21. § 69. – II *tr.:* A **anhauchen,** alqd, Apul. met. 2, 5. – B jmdm. etwas **zuhauchen,** cum isto ore foetido taeterrimam nobis popinam (den Geruch der genossenen Speisen) inhalasses, Cic. Pis. 13.

inhērēdito, āre (in u. heres), **zum Erben machen** od. **einsetzen,** Vulg. 4. Esdr. 7, 67.

inhianter, *Adv.* (inhio), mit aufgesperrtem Mund, übtr. = **begierig,** Augustin. conf. 8, 9 u. epist. 112, 8.

inhiātio, ōnis, *f.* (inhio), a **das Gieren** nach etwas, **die Gier,** Cod. Theod. 10, 10, 15. – b das **Aufsperren des Mundes,** vor Verwunderung usw., Treb. Poll. Gallien. 9, 5.

in-hibeo, buī, bitum, ēre (in u. habeo), I **einhalten, Einhalt tun, anhalten, hemmen, hindern, abhalten, zurückhalten,** a im Allg.: alqm, Cic. u. a.: in der Rede unterbrechen, Curt.: boves, Colum.: equos, Ov.: copias barbarorum, Suet.: tela, Liv.: frenos, Liv.: übtr., impetum victoris, Liv.: si te illius acerba imploratio et vox miserabilis non inhibebat, Cic.: posse (te) *a* turpi mentem inhibere probro, Catull.: m. folg. *Infin.*, velut tacitā quādam verecundiā inhibemur plus nobis credere, Quint. 10, 1, 18; vgl. Plin. 2, 69: m. folg. *ne* od.

quin od. *quo minus* u. Konj., manu suos inhibens, ne … capesserent proelium, Curt.: eo se inhibitum ac remollitum, quo minus … in praecipitium propelleret, Suet.: inhiberi nullo modo potuit, quin decimare velle perseveraret, Suet.: nec tamen potuit inhibere, quo minus (statuae) Romae ponerentur, Plin. 34, 31. – **b** als naut. *t. t.*, inhibere (puppim) remis, Lucan. u. Curt., od. bl. inhibere (*sc.* navem remis), Cic., od. navem retro inhibere, Liv., nach dem Hinterdeck zu rudern, ohne zu wenden, rückwärts rudern, um den Schein der Flucht zu vermeiden. – **II** **hinhalten,** übtr., **gegen jmd. in Anwendung bringen, anwenden, gebrauchen, ausüben,** modum, Liv.: damnum (Geldstrafe usw.), Liv.: imperium (Amtsgewalt), Liv.: supplicia alci, Cic.: imperium (Landeshoheit) in deditos, Liv.

inhibitio, ōnis, *f.* (inhibeo), **das Hemmen,** remigum, das Rückwärtsrudern (s. in-hibeo *no.* I, b), Cic. ad Att. 13, 21, 3.

in-hieto, āre, **nach etwas schnappen,** dum Africani vocem divinam inhietat avidis auribus, mit gespitzten Ohren und aufgesperrtem Mund horcht auf usw., *Porcius Licinus poët. bei Suet. de poët. 11 = vit. Ter. 1. p. 27 *Reiff.* (Fleckeisen).

in-hio, āvī, ātum, āre, **hingähnen,** **I** v. lebl. Subjj., vor Begierde nach etw. **sich gähnend öffnen,** inhiat Cocytia nubes (Sturmwolke), Val. Flacc. 4, 495: rabidam canum vim oraque sicca ferunt trepidorum inhiasse luporum, hätten danach gelechzt, Stat. Theb. 1, 626. – **II** v. leb. Wesen: **a** vor Begierde nach etwas **den Mund aufsperren,** nach etwas **schnappen,** absol., adesurivit et inhiavit acrius lupus, Plaut. trin. 169. – m. *Dat.*, uberibus lupinis (v. Romulus), Cic.: omnibus cadaveribus (v. Raben), Macr.: iam agmine toto pistris adest, miseraeque inhiat iam proxima praedae, Val. Flacc. – bildl., nach etwas **schnappen, gieren, gierig trachten,** auf etw. **begierig lauern,** m. *Dat.*, Parthico auro, regiis thesauris (v. Krassus), Flor.: lucro, Sen. rhet.: alcis hortis, alcis opibus, Tac.: sub specie sororiae ultionis Asiae, Iustin.: dominationi, Tac.: omnia, quibus volgus inhiat, ultro citroque fluunt, Sen.: mors casuro inhiat populo, Sil. – m. *Dat. Gerund.*, si tu aut conservandis opibus aut cumulandis facultatibus inhies, Salv. adv. avar. 2, 13, 63. – m. *Acc.* (s. Wagner Plaut. aul. 192. Lorenz Plaut. mil. 707 = 715), inhiat aurum, ut devoret, Plaut.: undique pecuniam, Amm.: u. so alcis hereditatem, Plaut.: alcis mortem, Caecil. com. fr.: varios pulchrā testudine postes, mit Verlangen (Gier) hinblicken auf usw., Verg.: illum (militem) inhiant omnes, Plaut.: inhiat quod nusquam est, er schnappt nach einem Nichts, Plaut.: ceteraque hoc genus blandimenta fortunae inhiat ille qui vulgo dives vocatur, Censor. 1, 1 H. – m. *in* u. Akk., inhians in te, dich anlechzend (= mit gierigem Verlangen nach dir hinblickend), Lucr. 1, 36. – m. *ad* u. Akk., ad occupandum orientem cum magnis copiis inhiabat, Lact. de mort. pers. 9, 5. – absol., congestis undique saccis indormis inhians (voller Gier nach mehr), Hor. sat. 1, 1, 71: inertes ad quae niti nolunt votis (Abl.) inhiant, Varro sent. *no.* 118. p. 270 Riese. – **b** vor Neugierde, Erwartung nach od. in etw. **hingaffen, mit weit geöffnetem Mund** nach etw. **hinsehen, -hinhören,** m. *Dat.*, pecudum reclusis pectoribus inhians spirantia consulit exta, Verg. Aen. 4, 64: primis inhiantia dictis agmina, Val. Flacc. – m. *Acc.*, dum (Terentius) Africani divinam inhiat vocem avidus auribus, mit gespitzten Ohren und aufgesperrtem Mund horcht auf usw., Porcius Licinus poët. bei Suet. de poët. 11 (= vit. Ter. 1). p. 27 *Reiff.* (doch s. in-hieto). – **c** vor Staunen bei etw. **Mund und Nase aufsperren, hingaffen,** tenuit inhians tria Cerberus ora, Verg.: turba … attonitis inhians animis, ut (wie) regius ostro velet honos leves umeros, ut etc., Verg.

in-hīsco, ere = ἐπιχαίνω, nach etwas **schnappen,** Gloss. II, 312, 55.

inhonestāmentum, ī, *n.* (inhonesto), die **Unehre, Schande,** C. Gracch. orat. fr. inc. b. Isid. orig. 2, 21, 4. Apul. apol. 3.

in-honestās, ātis, *f.*, **die Unehre, Schande,** Tert. adv. Marc. 5, 5 *extr.*

in-honestē, *Adv.*, **I** **mit Unehren, unehrenhaft, unrühmlich, entehrend, schimpflich,** neque (esse) inhoneste m. folg. *Acc.* u. *Infin.*, Vell. 2, 37, 4. – **II** **unanständig, unsittlich, schändlich** (Ggstz. honeste), parare divitias, Ter. Andr. 797: alqm accusare, Cic. ad Att. 2, 1, 9: quod factum ab eo esse inhoneste et improbe, Gell. 10, 19, 1: *Compar.*, libertis inhonestius indulgere, Capit. Ver. 8, 6.

in-honesto, āre (inhonestus), **entehren, schänden,** palmas, Ov. trist. 4, 8, 19.

in-honestus, a, um, **I** **unehrenhaft, entehrend, unrühmlich, schimpflich, schmählich,** **1** im Allg.: **a** v. Lebl.: vulnera, Ov.: vita, Sall. u. Tac.: mors, Liv.: exitus non inh., Prop.: responsum, Plin. ep.: pax, Tac. – m. 2. *Supin.*, an hoc inhonestum et inutile factu necne sit addubites? Hor. sat. 1, 4, 124. – inhonestum non est m. *Infin.*, Gell. 6 (7), 3, 46. – **b** v. Pers.: ignotā matre inhonestus, verunehrt durch usw., Hor. sat. 1, 6, 36: Vitellius ventre et gulā sibi inhonestus, sich selbst entehrend, Tac. hist. 2, 31: homo turpissimus atque inhonestissimus, Cic. Rosc. Am. 50. – **2** der äußeren Erscheinung nach, **hässlich, unflätig,** vulnus, Verg. Aen. 6, 497: v. Pers., homo, Ter. eun. 357: quam inhonestae (virgines) solae sint domi, *ibid.* 938. – **II** **unanständig, unsittlich, schändlich,** lubido, Sall.: nihil quod sit iniustum atque inhonestum, Cic.: consaepta omnia foeda et inhonesta sunt, Cael. in Cic. ep.: quid hoc ioco inhonestius, Val. Max. 7, 8, 9: inhonestissima cupiditas, Cic. – m. 2. *Supin.*, coram qua (familiae subole) neque dicere fas erat quod turpe dictu, neque facere quod inhonestum factu videretur, Tac. dial. 28.

in-honōrābilis, e, **ungeehrt,** Tert. adv. Marc. 3, 17 *in.*

inhonōrātio, ōnis, *f.* (inhonoro), die **Verunehrung,** Vulg. sap. 1, 38.

in-honōrātus, a, um, **I** **ungeehrt, durch kein Amt geehrt** od. **ausgezeichnet, ohne Amt, ohne Ehrenstelle,** dah. auch **unansehnlich** vor der Welt, vita, Cic.: honoratus atque inhonoratus, Liv.: inhonoratior triumphus, Liv. – **II** **durch keine Belohnung geehrt** od. **ausgezeichnet, unbelohnt, unbeschenkt,** Liv. u. a.: inhonoratum alqm dimittere, Liv.: quod (Aetoli) omnium Graeciae gentium inhonoratissimi post eam victoriam essent, den schlechtesten Lohn ernteten, Liv. 35, 12, 4.

inhonōrē, *Adv.* (inhonorus), **ehrlos,** Cassiod. var. 6, 18, 3.

in-honōrificus, a, um, **unehrenvoll, ehrenrührig,** ob factum dictumve inhonorificum, Sen. de const. 10, 2.

inhonōris, e = inhonorus *no.* I (s. d.), Eutr. 10, 15 H. Iul. Val. 1, 32 *Mai* (*cod. T* inhonorus).

inhonōro, āre (inhonorus), **entehren, verunehren,** Eccl. (vgl. Rönsch Itala p. 194).

inhonōrus, a, um, **I** **nicht in Ehren (Ansehen) stehend, unangesehen,** civitas, Plin.: Hercules, Plin.: ipse non inhonorus hoc labore, Iul. Val. 1, 32 K.: neque (familiares) inhonoros sinens, Eutr. 10, 15 (Hartel inhonores). – **II** **hässlich anzusehen,** facies, schlechtes Ansehen, Sil.: pomum, Plin.: signa, nicht geputzte, Tac.

in-horreo, ēre, **I** von etw. **starren,** haud secus quam vallo saepta inhorreret acies, von Schanzpfählen umgürtet starrte, Liv. 8, 8, 10. – **II** übtr., **emporstarren,** sich **emporsträuben,** aper pilis inhorrentibus, Apul. met. 8, 4. – ► Alle Stellen mit Perfektformen s. unter inhorresco.

in-horrēsco, horruī, ere (*Inchoat.* v. inhorreo), **I** am Körper usw. **rau werden,** von Haaren usw. **starren,** **1** eig.: **a** im Allg.: bombycas … fieri primo papiliones parvos nudosque, mox frigorum impatientiā villis inhorrescere, rau u. haarig werden, Plin.: gallinae inhorrescunt (sträuben die Federn auf) et se excutiunt, Plin.: aper inhorruit armos, sträubte (vor Zorn und Kampflust) die Borsten am Bug empor, Verg.: trifolium inhorrescere (sich rau macht) et folia contra tempestatem surrigere certum est, Plin. – v. Ährenfeld, spicea iam campis messis inhorruit, starrte von Ähren, Verg. – v. Gewässern, inhorrescit mare, braust auf, Pacuv. fr. u. Curt.: subito fluctibus inhorruit mare, Sen. rhet.: inhorruit unda tenebris, starrte-, wogte empor von schwärzlichen Fluten, Verg.: inhorruit concussus undarum globus, Sen. poët.: ruptis riparum terminis aucti inhorruere torrentes, Amm. – **b** insbes., **von Frost starren, rau sein,** cum tristis hiems aquilonis inhorruit alis, Ov. Ib. 201: quae (hiems) subito asperior inhorruerat, Sulp. Sev. vit. Mart. 3, 1. – aër inhorrescit nivibus et glacie, Apul.: et mox gelatus umor rigore frigoris inhorrescit, Apul.

– 2 übtr., **emporstarren, sich sträuben,** mihi pili inhorruerunt, Petron. – II v. lebenden Wesen, deren Haut sich zusammenzieht, indem sie die sogenannte Gänsehaut überläuft, oder deren Haare bei Furcht sich sträuben: A **zusammenschauern, sich schütteln, zittern,** inhorrui frigore, Petron.: tenui exceptus inhorruit aurā, Stat.: sub primo tactu aquae calidae summa cutis inhorrescit, Cels. – vor Fieberfrost, cum primum aliquis inhorruit et ex horrore incaluit etc., Cels. – B vor Furcht **zusammenfahren, -schauern, -beben, erbeben, sich entsetzen,** 1 eig.: dicitur inhorruisse civitas, Cic. fr.: domus principis inhorruerat, Tac.: inhorrescet ad subita, Sen.: inhorrescit vacuis, bebt zusammen bei ihrer Leere, Tac. – *tr.* = **vor** etwas **erbeben,** vim tantae severitatis, Aur. Vict. de Caes. 24, 4. – 2 poet. übtr., v. Lebl. = **erbeben, erzittern,** inhorruit aër; et gemuit parvo mota fenestra sono, Ov. ex Pont. 3, 3, 9: mobilibus veris adventus inhorruit foliis, Hor. carm. 1, 23, 5.

in-hortor, ātus sum, ārī, auf jmd. **hetzen,** canes alci, Apul. met. 8, 17. – Partiz. passiv, canes in eorum exitium inhortati, Apul. met. 9, 36.

in-hospitālis, e, I **unwirtlich, ungastlich,** Scytharum vastitas, Varro sat. Men. 426: Caucasus, Hor. epod. 1, 12: Pontus, Phaedr.: Syrtes, Ps. Quint. decl.: litus, Plin. pan.: übtr., duritia, von einem Baum, der die Einpfropfung nicht annimmt, Plin. – II meton., **ungastlich = gegen das Recht der Gastfreundschaft verstoßend,** feritas, Plin. 6, 1.

inhospitālitās, ātis, *f.* (inhospitalis), die **Ungastlichkeit,** Cic. Tusc. 4, 25 u. 27. Tert. adv. Marc. 4, 24. Vulg. sap. 19, 13.

inhospitāliter, *Adv.* (inhospitalis), **ungastlich,** Tert. adv. Marc. 4, 24.

in-hospitus, a, um, **ungastlich, unwirtlich,** tecta, Ov.: Syrtis, Verg.: haec (Icaros) est inhospita, Solin.: loci facies inhospita solibus, Itin. Alex.: gens inh. et bellicosa, Solin.: poet., terra Baccho, wo kein Wein wächst, Sil. 1, 237. – subst., inhospita, ōrum, *n.*, unwirtliche Gegenden, Sil. 4, 751 u. 6, 308.

inhūmānātio, ōnis, *f.* (inhumanatus), die **Menschwerdung,** Cod. Iust. 1, 1, 5 *extr.* u. 6. § 4.

inhūmānātus, a, um (in u. homo), **Mensch geworden,** Cod. Iust. 1, 1, 6. § 1.

inhūmānē, *Adv.* (inhumanus), **unmenschlich, lieblos,** Ter., Cic. u. a.: inhumanius dicere, Cic. de amic. 46.

inhūmānitās, ātis, *f.* (inhumanus), die **Unmenschlichkeit** (Ggstz. humanitas), I **Roheit, unmenschliches Betragen, Grausamkeit, Barbarei,** Cic. u. a. – II insbes., der **Mangel an Lebensart, das unfeine Wesen,** die **Unhöflichkeit,** das **rücksichtslose Benehmen,** die **Lieblosigkeit,** Cic.

inhūmāniter, *Adv.* (inhumanus), **unartig, unhöflich, rücksichtslos,** Cic. II. Verr.. 1, 138; ad Q. fr. 3, 1, 6. § 21. Spart. Hel. 5,10. Vgl. inhumane.

in-hūmānus, a, um, I **unmenschlich,** A **roh, gefühllos, hart, grausam, barbarisch,** homo, scelus, Cic.: vox, eines Menschen unwürdige Äußerung, Cic.: quis inhumanior? Cic.: homo inhumanissimus, Ter. – inhumana securitas, unnatürliche Sorglosigkeit, Tac. hist. 3, 83. – B insbes.: a **unhöflich, unartig, ungefällig, rücksichtslos, lieblos,** Cic. u. a.: adversus alqm, Sen.: inhumanum est mit *Infin.*, Quint. 1, 6, 35. – b **unkultiviert, ungebildet,** locus, Cic.: aures, Cic. – II **unmenschlich, göttlich,** mensa, Apul. met. 5, 8: paene inh. sententia, Apul. de deo Socr. 5.

in-humātus, a, um (in u. humo), **unbegraben, unbeerdigt,** Cic. u. a.

in-hūmectus, a, um, **nicht feucht,** cum itaque inhumectum atque siccum fuerit corpus, Cael. Aur. de morb. acut. 2, 37, 207.

in-hūmigo, āre, s. inūmigo.

in-humo, āre, **mit Erde bedecken,** taleas, Plin. 17, 130.

in-ibi, *Adv.*, **daselbst,** I im Raum, Cato, Cic. u. a. – II übtr.: A in der Zeit = **darin, in dem Augenblick, gerade** (= ilico), Gell. 1, 3 *in.* – inibi est = in eo est, es ist nahe daran, steht vor der Tür, wird bald geschehen, ist auf dem Punkt od. an dem, Caecil. com. 189: aut inibi esse aut iam esse confectum, Cic. Phil. 14, 5: inibi est m. folg. *ut*, atque inibi, ut plecteretur, fuit, Gell. 4, 20, 8. – B v. der Zahl = **darin, darunter,** Auct. argum. ad Plaut. capt. 5. Auct. b. Afr. 23, 1.

in-icio, iēcī, iectum, ere (in u. iacio), I **hineinwerfen, -stürzen, -legen, -tun, -lassen,** 1 eig.: semen, Plin.: ignes (*sc.* in domum), Cic.: exhaustis tectis ignes, Liv.: faces tectis od. castris, Flor. u. Tac.: viscera flammae, Quint.: manum foculo, Liv.: eo (= in eas naves) militibus iniectis, an Bord gebracht, Caes. – inicere per clysterem u. bl. inicere, klistieren, Cael. Aur. de morb. chron. 1, 4, 89 u. 4, 3, 35. – refl., se in ignem, Ter.: se medium in agmen, Verg.: se in hostes, Cic. – 2 übtr.: a animus se inicit in alqd, versenkt sich in etwas, Cic. de nat. deor. 1, 54. – b **einjagen, einflößen, beibringen, verursachen, veranlassen,** alci metum, Caes.: alci formidinem, Cic.: alci timorem, Cic., terrorem, Cic.: hostibus terrorem ac fugam, Liv.: spem, Cic.: suspicionem, Nep.: admirationem, Nep.: scrupulum, Cic.: alci mentem, ut audeat m. *Infin.*, Cic.: tumultum, Cic.: rixam, Vell.: certamen iniustum inter primores civitatis, Liv.: verba, dreinreden, dazusagen, Ter. – c im Gespräch **hinwerfen, einfließen-, verlauten lassen,** alci nomen alcis, Cic.: periculo mortis iniecto, mit dem T. gedroht, Tac.: mentionem de Capitolini furtis, Hor.: cum mihi in sermone iniecisset m. folg. *Acc.* u. *Infin.*, Cic.: absol., quia nuper iniecit, Cic.: Bruto cum saepe iniecissem de ὁμοπλοία, Cic. – II **auf-, an** etw. **werfen, legen,** A im Allg.: taedas ad fastigia, Val. Flacc.: securim alci, Cic.: ingentem vim telorum elephantis, Curt.: pontem flumini, schlagen, Liv.: terram alci, Verg.: brachia collo, mit den Armen umschlingen, Ov.: ebenso iniectis manibus, Prop. – B insbes.: 1 **anwerfen, anlegen, überwerfen, umwerfen,** lorum in collum, Vell.: sibi vestem, Ov.: pallium alci, Cic., od. in alqm, Plaut.: frenos alci, Cic.: manicas alci, Plaut.: alci catenas, Cic.: vincula, Verg.: so auch vincula animo, Cic.: laqueum, die Schlinge umwerfen, um ihn zu binden, Liv.: cervicibus laqueum, Suet. – 2 als *t. t.* des gew. u. des öffentl. Lebens: inic. alci manum, **Hand an einen legen,** a um ihn festzuhalten, zum Stillstehen zu bringen, manum phrenetico, am Kragen packen; Petron. 115, 5: dah. im Bild, mihi veritas manum iniecit, Cic.: cum sibi iniecerat manum, Sen. rhet.: qui scribenti manum inicit, Vell. – b seinen Rechtsanspruch an einem Ggstd. **mit Gewalt durchsetzen,** etw. **als sein Eigentum** ohne richterliche Entscheidung **in Besitz nehmen, -sich zueignen,** manum virgini venienti, Liv.: si nihil quisquam apud illum invenerit, quo (quoi?) manus iniciat, Sen.: in iura, Ov.: u. im Bild, manum Parcae, Verg.: manum splendidis coniugiis, eine gl. Heirat zu machen suchen, Val. Max.: quieti eius manus inieci, habe ihn mit Gewalt aus seiner Ruhe herausgerissen, Plin. ep. – c bei Ladung vor Gericht, alci manum, Plaut. Pers. 70: alqm manum, Plaut. truc . 762. – ► iniexit = *iniecerit,* Plaut. Pers. 70. – iniacta = *iniecta,* Catull. 64, 153 *Schwabe.*

iniectio, ōnis, *f.* (inicio), I **das Hineinwerfen, -fügen,** 1 eig., als mediz. *t. t.*, **die Einspritzung,** Cael. Aur. de morb. chron. 5, 4, 69. – u. insbes. das **Klistier,** Cael. Aur. de morb. acut. 1, 17, 167; de morb. chron. 5, 1, 10. – 2 übtr.: a **die Einflößung, Eingebung,** Tert. de pud. 13 *in.* – b **der Einwurf,** Tert. ad Hermog. 10. – c als rhet. Fig. = ἐπιβολή, das **Anheben mehrerer Sätze mit demselben** od. **einem synonymen Wort,** Aquil. Rom. § 44. – II das **Anlegen,** ini. manus, als Akt der gewaltsamen Besitznahme, Quint. u. a.

iniectiōnāle, is, *n.* (inicio), das **Klistier,** Th. Prisc. 4, 8.

iniectīvus, a, um (inicio), das **Einbringen betreffend,** status, Gromat. vet. 25, 9 u. a.

iniecto, āre (*Intens.* v. inicio), I **hineinwerfen,** sese in scaphas, sich hineinschwingen, Amm. 14, 2, 2: dextram, die Rechte einschlagen, geben, Sil. 3, 183. – II **anlegen,** manum od. manus m. *Dat.*, Hand an etw. legen, die Hand nach etw. ausstrecken (eig. u. übtr.), Lucan., Stat. u. Amm.: vim naturae, antun, Amm.

iniectus, ūs, *m.* (inicio), I das **Hineinwerfen, -fügen,** unguium levi iniectu, das Einschlagen, Plin. 8, 60. – übtr., animi in corpus, Lucr. 2, 740. – II das **Daraufwerfen, Hinwerfen, Überwerfen,** konkret der **Überwurf, Aufwurf,** iniectu pulveris, Plin.: iniectu multae vestis, Tac.: quamvis levi iniectu operto capite (leonis), Plin.: novo iniectu solidat graves arenas, Stat. – übtr., quod oculorum susciperet iniectum, den Blick der Augen aushielt, Arnob. 1, 60.

inigo, ēgī, āctum, ere (in u. ago), **hinein-, hintreiben,** capram in arcem, Varro: oves in stabula, Varro: equum in oves, Fronto: supra eum carpentum, Varro LL.: navem onustam linguis hostium Romam, Fronto: gregem iumentorum od. pecus, darauf (auf das Getreide) treiben, Varro. – anus eum praeceps inegit, stürzte ihn herab, Apul. met. 4, 12.

inimīcālis, e (inimicus), **feindlich,** stimuli, Sidon. epist. 1, 3, 2.

inimīcē, *Adv.* (inimicus), **feindlich, feindselig,** insectari alqm, Cic.: non inimice agere cum alqo, Cic. – de nullis quam de vobis infestius aut inimicius consuluerunt, Liv. – si inimicissime atque infestissime contendere (rechten) perseveret, Cic.

inimīciter, *Adv.* (inimicus), altlat. = inimice, Auct. inc. (nicht Enn.) b. Prisc. 15, 13. Acc. didasc. fr. I. M. (b. Non. 514, 22). Claud. Quadrig. ann. 3. fr. 41 (b. Gell. 3, 8, 8). Tuberon. hist. 4. fr. 5 (b. Charis. 202, 13).

inimīcitia, ae, *f.* (inimicus), **die Feindschaft, feindselige Stimmung, -Gesinnung** (Ggstz. amicitia), Tragic. vett., Plaut., Cic. Tusc. 4, 21 u. a. – gew. im Plur. = **die Feindschaft, das feindselige Verhalten** od. **Benehmen, die feindselige Haltung, Feindseligkeiten,** cum alqo mihi inimicitiae sunt od. intercedunt, ich habe usw., Cic.: inimicitias gerere, Cic., exercere, Sall.: inimicitias suscipere, Cic., deponere, Anton. in Cic. ep., od. ponere, Cael. in Cic. ep.

inimīco, āvī, ātum, āre (inimicus), **verfeinden, entzweien,** ira miseras inimicat urbes, Hor. carm. 4, 15, 20: ferrugineum venenum (v. Neid) inimicat pectora, Auson. epist. 25, 59. p. 192, 5 Schenkl: hostiles inimicent classica turmas, zum Kampf erbittern, Stat. Theb. 2, 419: quod facinus vos nosque inimicat, Sidon. epist. 5, 19, 1.

inimīcor, ārī (inimicus), **feindselig (feindlich) gesinnt sein,** desine inimicari, Vulg. Sirach 28, 6: cor suum vastat inimicando, Augustin. conf. 1, 18. § 29. Rufin. Orig. homil. in psalm. 3, 12.

in-imīcus, a, um (in u. amicus), **I** aktiv = **feindlich, A** eig. = **feindselig, gehässig, ungünstig, abhold, a** *adi.* (Ggstz. amicus), animus, Cic.: inimicus alci, Cic.: inimicus cenis sumptuosis, Cic.: cum ei omnia inimica fuerint, Cic.: consilia cum patriae tum sibi inimica, Nep.: inimicior eram huic quam ipsi Caesari, Cic.: regem nec *inimiciorem* ulli populo quam Carthaginiensibus nec *amiciorem* quam Romano affirmabant, Liv.: nec quicquam inimicius, Cic.: animorum motus inimicissimi, Cic. – v. Lebl., **nachteilig,** raphani dentibus inimici, Plin.: odor nervis inimicus, Hor.: utrumque ad corpus alendum inimicum, Varro: inimicum est m. *Infin.*, es taugt nicht, Hor. sat. 1, 5, 49. Plin. 17, 203: u. so inimicissimum omnium est m. *Infin.*, Cels. 4, 30 (23). – **b** *subst.*, inimīcus, ī, *m.*, **der Feind** (Ggstz. amicus), plenior inimicorum, Cic.: multo acrius otii et communis salutis inimici, Cic.: inimīca, ae, *f.*, **die Feindin,** alcis, Cic. – inimicissimi Sthenii, die ärgsten Feinde des St., Cic. – **B** poet. übtr. = *hostilis,* v. kriegführenden Feinden, **feindlich,** terra inimica, Verg.: tela, Verg. – **II** passiv (wie ἐχθρός) = **verfeindet, verhasst,** gener invisus inimici soceri, der verhasste Schw. eines verhassten Schw., Tac. ann. 1, 55 zw. (andere gener invisus, inimici soceri, verfeindet die Sch.): m. *Dat.*, dis inimice senex, Hor. sat. 2, 3, 123: virgini Pleuron inimica divae (Dianae), Sen. Troad. 837 (831). – ► Genet. Plur. inimicûm, Plaut. asin. 280.

in-imitābilis, e, **unnachahmlich,** morum dulcedo ac suavitas, Vell.: opera, Quint.: hoc opus, Ambros.

in-incusābilis, e, **nicht beschuldigenswert,** Iren. 2, 17, 10.

in-initiābilis, e (in u. initium), **ohne Anfang,** Hilar. in psalm. 138, 35.

in-initiātus, a, um (in u. initio), **unangefangen,** Claud. Mam. de stat. an. 1, 23.

in-intellegēns, entis, **unverständig, was keine Vernunft hat,** Cic. Tim. 10 zw.

in-intelligibilis, e, **unverständlich,** Ambros. de off. 1, 14 u. a. Eccl. – *Adv.* **inintelligibiliter**, Rustic. contra Aceph. p. 1197 *Migne.*

in-interpretābilis, e, **unerklärlich,** Eccl.

in-interpretātus, a, um (in u. interpretor), **unerklärt,** Hieron. epist. 29, 4.

in-inventibilis, e (in u. invenio), **unauffindbar, unergründlich,** Tert. adv. Herm. 45.

in-invēstīgābilis, e, **unerforschlich,** Tert. adv. Herm. 45 u. a. Eccl.

inīquē, *Adv.* (iniquus), **I ungleich,** dividere, Aur. Vict.: concertatio iniquius comparata, Ter.: iniquissime comparatum est, Cic. – **II** übtr.: **a unbillig,** Cic. u. a. – **b nicht gelassen,** iniquissime ferre alqd, über etw. sich gar nicht zufrieden geben können, sehr ungehalten sein, Suet. u. Lact.

inīquitās, ātis, *f.* (iniquus), **I** das in sich selbst **Ungleiche, a** eig., die **Ungleichheit** des Bodens, die **Unebenheit,** loci, Caes. u. Liv.: Plur., iniquitates locorum, Liv. 9, 38, 5 u. 38, 22, 3. – **b** übtr., die **Schwierigkeit, Ungünstigkeit,** loci, Liv. 2, 65, 5. – temporis, temporum, Cic.: rerum, Caes. – **II** die **Ungleichheit,** das **ungleiche Verhältnis, a** eig.: ponderis, Apul. met. 7, 17. – dah. das **Übermaß,** operis (der Arbeit), Colum. 2, 4, 6. – **b** übtr., die **Unbilligkeit, Ungerechtigkeit, unbillige-, ungerechte-, übertriebene Forderung, unbillige Strenge, Härte,** hominis, Cic.: exitii, Tac.: Plur., ducum et potestatium iniquitates, Plin. 28, 106: iniquitates magistratuum, Plin. pan. 80, 4: iniquitates maximae, Cic. Verr. 3, 40: omnes iniquitates, Cic. ad Att. 1, 11, 2: iniquitates tuae, Vulg. Iob 35, 6. Augustin. serm. 40, 5: fraudes et iniquitates, Tert. de spect. 2 *extr.*: Sicilia tot iniquitates ignominiasque perpessa, Cic. Verr. 3, 64: obtinere (durchsetzen) iniquitates, Tac. hist. 2, 84. – ► Genet. Plur. auch iniquitatium, Tert. de spect. 2 *extr.*

inīquo, āre (iniquus), **unwillig machen,** aequum animum indigna iniquat contumelia, Laber. com. 65.

in-īquus, a, um (in und aequus), **I** in sich selbst **ungleich, uneben, schief, abschüssig, 1** eig.: dorsum, Verg.: mons, Ov.: locus, Caes. u. Liv.: ascensus, Liv.: locus iniquior, Caes. – **2** übtr.: **a unbequem, ungünstig, nachteilig, gefährlich,** locus, Caes.: aequo aut iniquo loco, Liv.: palus iniqua nesciis,Tac.: caelum iniquum ad maturanda semina, Mela: vina iniqua capiti, Plin.: defensio angustior et iniquior, gleichs. auf einem ungünstigen Gelände, Cic. – **b** der Zeit nach **ungünstig, ungelegen,** tempus, Liv. – **c** v. Gemüt, sich nicht gleichbleibend, **nicht mit Gleichmut, nicht gelassen,** iniquae mentis asellus, verdrießlicher, Hor.: animo iniquo ferre, ungehalten sein, m. *Acc.*, über usw., Cic.; m. *Acc.* u. *Infin.*, darüber, dass usw., Quint.: ebenso animo iniquo pati, Ter. u. Liv.: animo iniquissimo mori, mit dem größten Widerwillen, höchst ungern (Ggstz. animo aequissimo), Cic. de sen. 83: utrum aequo an iniquo animo mortem subieris, iam nihil refert, Lact. 3, 27, 8. – **II** der Beschaffenheit od. Eigenschaft nach einem anderen **ungleich;** dah. **1** eig., **das rechte Maß nicht haltend** = **a zu groß,** pondus, Verg.: sol, Sonnenhitze, Verg.: passus, Val. Flacc.: pretium, ICt. – **b zu klein,** pondus, ICt.: hemina, Pers. – **2** übtr.: **unbillig, ungerecht,** iudex, parteiischer, Ter.: lex, Hor.: causa, Ter.: condicio, Cic.: sors, Verg. u. Liv. fr.: sors iniquissima, Liv.: casus, Verg. (s. Thiel Verg. Aen. 6, 475): quid iniquius dici potest? Cic.: iniquum est (es ist ein unbilliges Verlangen) m. *Infin.*, Plaut. capt. 61: iniquum est u. non iniquum est m. folg. *ut* u. Konj., Lact. 6, 23, 29. Salv. adv. avar. 3, 4, 17. – subst., **α** inīquus, ī, *m.*, der **Unbillige, Ungerechte,** Catull., Hor. u. Quint.: Plur. (Ggstz. aequi), Cic. u. a. – **β** inīquum, ī, *n.*, das **Unbillige,** die **Unbilligkeit,** Ter., Hor. u. a.: Plur., per aequa per iniqua, durch billige od. unbillige Zugeständnisse, so od. so, Liv. 2, 32, 7. – **c abgeneigt, ungünstig-, übel gesinnt, ungnädig, feindlich, aufsässig, gehässig,** alci, Cic.: in alqm, Ter.: caelestes, Ov.: oculi, scheele, neidische, Ov.: u. so vultus, Ov.: animo iniquissimo infestissimoque alqm intueri, Cic. Verr. 5, 144. – Plur. subst., inīquī, ōrum, *m.*, **die Feinde, Widersacher,** Ter., Cic. u. a.: oft verb. aequi iniqui; aequi iniquique, Freund u. Feind, Liv. (s. Fabri Liv. 22, 26, 5).

initiālis, e (initium), **I am Anfang stehend** (Ggstz. finalis), Mar. Victorin. art. gramm. 2, 2, 40. p. 74, 11 K. Censorin. 11, 8. – **II anfänglich, ursprünglich,** status, Gromat. vet.: origo, Apul.: sapientia, Amm. – subst., **a** initiālēs, ium, *m.*, die zuerst in ein Kollegium Eintretenden, die **Gründer** eines Kollegiums, CIL 6, 631. –

b initiālia, ium, *n.*, **der geheime Gottesdienst,** initialia Cereris adire, Capit. Anton. phil. 27, 1.

initiāmenta, ōrum, *n.* (initio), **I** die **Einleitung,** Boëth. art. geom. p. 423, 24 Fr. – **II** die **Einweihung** in einen Geheimdienst usw., Sen. ep. 90, 28.

initiātio, ōnis, *f.* (initio), die **feierliche Begehung** eines Geheimgottesdienstes, Suet. Ner. 34, 4 u. Eccl.

initiātor, ōris, *m.* (initio), **I** der **Beginner** (Ggstz. consummator), Tert. adv. Marc. 4, 22. – **II** der **Einweiher** in usw. mysteriorum dei, Hieron. Didym. de spir. scto 50.

initiātrīx, trīcis, *f.* (Femin. zu initiator), die **Beginnerin,** Eccl.

initio, āvī, ātum, āre (initium), **I anfangen,** im Passiv medial = den **Anfang nehmen,** ver tum initiatur, cum etc., Firm. math.: pluviā initiante, Pallad.: ex his initiata sunt cetera, Tert. – iurgium initiatum, Cod. Iust. – **II einführen, A einweihen, 1** in einen geheimen Gottesdienst, bes. den der Ceres, alqm Cereri eo ritu, Cic.: alqam Bacchis, als Mitglied in die Zusammenkünfte der Bacchanalien aufnehmen, Liv.: alqm magicis cenis, Plin.: turbae sacris divinis initiatae, Apul. – übtr., puerum, in die Bürgerrolle einschreiben, Ter.: studiis initiari, Quint.: aliis litteris, andere Studien treiben, Plin. ep. – **2** im Kirchenlat. = **taufen,** Tert. monogr. 8. de Io. Bapt. – **B** einen Gebrauch feierlich **einführen, aufnehmen,** iam eos (libros) deprehendes initiasse ritus omnium religionum, Min. Fel. 7, 2.

initium, iī, *n.* (ineo, īre), der **Eingang,** der **Anfang, I** im Allg. (Ggstz. exitus, eventus), initium belli, orationis, Cic. u. Caes.: initio anni, Suet.: initium dicendi sumere, machen, Cic.: initium caedis od. confligendi facere, Cic.: initium belli facere, losschlagen, Cic.: initium capere ab od. ex etc., Caes. u. Quint.: initium ducere ex alqa re, Quint.: pauca repetere ab initio, Tac.: altiore initio repetere alqd, Tac.: si non ab ultimo initio repetere volemus, Rhet. Her.: ut male posuimus initia, sic cetera sequentur, Cic. – ab initio, von Anfang an (nur von der Zeit), z. B. quod tibi et esse antiquissimum et ab initio fuisse, Cic.: cui consuli non animus ab initio, non fides ad extremum defuit, Cic. – initio (*Abl.*), zu Anfang, anfänglich, anfangs, z. B. quemadmodum initio senatus censuit, Cic.: iste, qui initio proditor, deinde perfuga fuit, Cic.: u. so korresp. initio ... mox, Suet.: initio ... mox ... novissime, Suet. – inter initia, anfangs, Tac. hist. 3, 18. – **II** insbes., u. zwar meist im Plur.: **A** die **Anfangsgründe** einer Wissenschaft, omnis disciplinae, Quint.: initia mathematicorum, die ersten Regeln, -Lehrsätze der Mathematik, Cic. – **B** bei den Physikern = die **Uranfänge, Elemente, Grundstoffe** (griech. στοιχεῖα), Cic. Acad. 1, 26. Cic. Tusc. 1, 91. Vell. 2, 123, 3. – **C** der **Ursprung,** die **Abstammung, Herkunft,** obscura, Tac.: clara Iudaeorum, Tac.: natus obscurissimis initiis, aus ganz niedrigem Stand, Vell. 2, 76, 4. – **D** der **Regierungsanfang,** initiis Tiberii auditis, Tac. – **E** das **Prinzip,** cognoscendi initium, das Erkenntnisprinzip, Cic. Acad. 2, 29. – **F** der **Anlass,** die **Veranlassung,** Ter. Hec. 821. Quint. 3, 11, 5. – **G** die **Auspizien,** mit denen alles begonnen wurde, Curt. 5, 9 (26), 4. – **H** initia, ein **geheimer Gottesdienst,** zu dem nur der Eingeweihte Zutritt hat, wie der der Ceres, sonst der eleusinische gen., Varro, Cic. u. a.: der bacchische = die Bacchanalien, Liv. – meton., v. Dingen, die bei derartigen gottesdienstlichen Zusammenkünften gebraucht wurden, Catull. 63, 9. – **I** initia = primitiae (ἡ ἀπαρχή), populo et Levitis initia dare, Itala (Colb.) 3 Esdr. 1, 8 u. 9. – ► arch. endoitium, Paul. ex Fest. 76, 9.

inito, āre (*Intens.* v. ineo, īre), **hineingehen, betreten,** loca horrida, Pacuv. tr. 1.

initus, ūs, *m.* (ineo, īre), **I das Herankommen, A** eig., **die Ankunft,** Lucr. 1, 13. – **B** übtr., das **Beginnen,** der **Anfang,** Lucr. 1, 383 u. a. – **II** die **Begattung, Bespringung,** Plin. u. Ov.

iniūcundē, *Adv.*, doch nur im *Compar.* iniucundius (iniucundus), **unfreundlich,** eae res, quae mihi asperius a nobis atque nostris et iniucundius (zu unfr.) actae videbantur, Cic. ad Att. 1, 20, 1.

iniūcunditās, ātis, *f.* (iniucundus), das **Unangenehme, Widrige,** ne quid habeat iniucunditatis oratio, Cic. de nat. deor. 2, 138.

in-iūcundus, a, um, **I unangenehm, unerfreulich, widrig, lästig,** Cic. u. a.: minime nobis iniucundus labor, Cic. – v. Pers., levis quidem, sed non iniucundus tamen auctor, Quint. – **II unfreundlich,** ut erat comis bonis, ita *adversus* malos iniucundus, Tac. Agr. 22.

in-iūdicātus, a, um (in u. iudico), **I nicht verurteilt, nicht förmlich vor Gericht gestellt,** Cato oratt. 8. fr. 1. – **II unentschieden,** causa, Cael. Aur. de morb. acut. 2, 1, 8: alqd iniudicatum relinquere, Quint. 10, 1, 67. Gell. 5, 10, 15.

in-iugātus, a, um (in u. iugo), **nicht ins Joch gespannt, unangejocht,** Sidon. epist. 9, 16, 3 *in carm. v.* 71.

in-iugis, e (in u. iugum), **I noch nicht ins Joch gespannt, der noch kein Joch getragen hat,** hostia, Macr. sat. 3, 5, 5: boves, Paul. ex Fest. 113, 19. Fulg. exp. serm. antiqu. 10. p. 115, 1 K. – **II verbindungslos,** als gramm. *t. t.*, versus iniuges (= ἀζυγεῖς, ἀσύνδετοι), ohne Verbindungspartikeln, asyndetische, Diom. 498, 25 u. 499, 2.

iniūnctio, ōnis, *f.* (iniungo), die **Auferlegung,** Sidon. epist. 9, 2, 1.

1. **iniūnctus,** a, um (in u. iungo), **unverbunden,** Tert. ad uxor. 2, 2.

2. **iniūnctus,** a, um, *Partic.* v. iniungo, s. d.

in-iungo, iūnxī, iūnctum, ere, **I hineinfügen,** fenestellis scandulas, Colum.: arborem scrobi, hineinsetzen, Pallad. – **II anfügen, A** eig.: opera et vineas muro, vineas et aggerem muro, mit der M. in Verbindung setzen, Liv.: tecta iniuncta muro portisque, die bis zur M. u. bis zu den T. reichten, Liv.: area iniuncta domui, ICt.: ini. marem feminae, sich begatten lassen mit usw., Colum.: sarmenta, anbinden, Pallad.: pondus, Colum. – **B** übtr.: **1 zufügen, antun, verursachen,** alci iniuriam, ignominiam, Liv.: detrimentum rei publicae, Brut. in Cic. ep.: alci poenam, ICt. – **2 auflegen, auferlegen, aufbürden, auftragen,** civitatibus servitutem, Caes.: alci laborem, onus, leges, Liv.: alci munus, Liv.: nec vero nova tibi iniungimus, wir tragen dir hiermit kein neues Geschäft auf, Plin. pan.: nec sibi ullius rei moram necessitatemque iniungebat, quin etc., ließ sich durch nichts, selbst wenn es die Notwendigkeit einer Sache erheischte, aufhalten, Auct. b. Alex. 44, 4 D. – iniungere (mit u. ohne alci) m. folg. *ut* u. Konj. = die Notwendigkeit auferlegen, es zur Pflicht machen, auftragen u. dgl., Plin. ep. 2, 18, 1; 3, 18, 1. Sidon. epist. 7, 9, 1: verb. iniungo et pro rei magnitudine rogo, ut etc., Plin. ep. 4, 13, 10.

in-iūrātus, a, um, der noch nicht geschworen hat, **nicht vereidigt** (Ggstz. iuratus), v. Pers., Plaut., Cic. u. Liv.: iuravi linguā: mentem iniuratam gero, Cic. poët: Plur. subst., iniūrāti, ōrum, *m.*, **Nichtvereidigte,** Quint. 5, 7, 5.

iniūria, ae, *f.* (iniurius), jede widerrechtliche Handlung = das **Unrecht,** die **Rechtsverletzung, Ungerechtigkeit, Gewalttätigkeit** (vgl. Cic. de off. 1, 41), **I** eig.: **A** im Allg.: iniuriam facere, Unrecht tun, Cic. poët.: iniuriam alci inferre od. imponere od. facere, Cic., od. offerre, Ter., od. afferre, Quint., od. in alqm immittere od. iacĕre, Cic., od. iniuriā alqm afficere, Ter.: iniuriam accipere, Cic.: iniuriam facile pati, Pacuv. fr.: iniuriam propulsare, Cic., od. repellere, Liv., od. defendere, Caes.: tibi a me nulla orta est iniuria, Ter.: contra ius et iniurias omnes munitum esse, Sall.: iudicii, Härte des Ausspruchs, Liv.: iniuria tua (das du begangen hast), Cic.: u. so tuae tibi occurrunt iniuriae, Cic.: iniuria sua, ihm angetan, Sall.: sociorum, den B. angetan, Sall.: iniuriae *in* populum Romanum, Liv. 44, 1, 10: praetor decernit iniuriam, etwas Widerrechtliches, Cic.: dah. per iniuriam, mit Unrecht, widerrechtlich, Cic.: iniuriā, mit Unrecht, Cic.: haud iniuriā, nicht mit Unrecht, nicht ohne Grund, Curt. – **B** insbes.: **1** die **Entehrung** eines Mädchens, iniuriam fecisse filiae, Plaut. – u. **Verführung** übh., teneriores annos ab iniuria sanctitas docentis custodiat, Quint.: spretae formae, Schimpf, Schmach wegen der usw., Verg. – **2** als gerichtl. *t. t.* = **Beleidigung, Injurie, Unbill** als Rechtsverletzung, actio iniuriarum, Injurienklage, Cic.: iniuriarum dicam alci scribere, einen Injurienprozess machen, Ter.: agere iniuriarum, wegen Injurien klagen, ICt.: una iniuria est tecum, Injurienprozess, Ter. – **3** die **unbillige Strenge, Härte,** paterna, Ter. – **4** übh. **Verletzung, Schaden,** frigorum, Plin.: vinculorum, Iustin.: serpentium,

Stiche, Bisse, Plin.: foribus facere iniuriam, Plaut.: quidquid ex illa (regula) mutaveris, recti iniuria est, ist eine Verletzung der geraden Linie, eine Abweichung von der g. L., Sen.: ab iniuria oblivionis alqm asserere, der Vergessenheit entreißen, Plin. ep.: sine iniuria, Colum. u. Suet.: sine pluviarum iniuria (Einwirkung), Frontin. aqu. – II meton.: 1 das **widerrechtlich (unrechtmäßig) Genommene,** pertinaces ad obtinendam iniuriam, Liv. 29, 1, 17. – 2 die **Rache wegen eines erlittenen Unrechts,** die **Strafe** für usw., caedis, Verg.: consulis, Liv.

iniūriē, *Adv.* (iniurius), **widerrechtlich,** Naev. tr. 40.

iniūrio, āvī, ātum, āre (iniuria) = ὑβρίζω (Gloss.), **gewalttätig behandeln,** Lucil. sat. 2, 3 M. (Marx inpuratum). Cassiod. var. 10, 30, 6 u. 12, 11, 1 u. Eccl.

iniūriōsē, *Adv.* (iniuriosus), **widerrechtlich, ungerecht, frevelhaft,** ini. sedulus, Auson. prof. 3, 30. p. 57 Schenkl: in magistratibus decernere, Cic. ad Q. fr. 1, 1, 7. § 21: sacra coniugalia tractare, Val. Max. 2, 9, 2: magistratum tractare, Pompon. dig. 1, 2, 2. § 24: aliquid ini. facere, Ulp. dig. 47, 10, 32: nequaquam ini. nobis iniuriam imponi sinatis, Lex Papia b. Charis. 202, 9: quod velim temere et ini. de illo suspicati sint homines, Cic. ad Brut. 1, 13, 1: inde ab Antinoo ini. afficitur, Auson. perioch. Odyss. 17. – *Compar.*, mercatores iniuriosius tractare, Cic. de imp. Pomp. 11. – *Superl.*, quae in eos qui iuste vivunt iniuriosissime cogitantur, Augustin. de quaest. 83. *no.* 82.

iniūriōsus, a, um (iniuria), I **widerrechtlich handelnd, unrechtmäßig, ungerecht, frevelhaft,** appetitio alienorum, Rhet. Her.: vita, Cic.: venti (freche), pes, Hor.: alqm verbis iniuriosissimis lacerare, Augustin. epist. 36, 3. – iniuriosum est m. folg. *Infin.*, rapto vivere, Sen. ep. 70, 28. – v. Pers., superbus et iniuriosus (subst.), Sen.: iniuriosi *in* proximos, Cic.: *adversus* patrem iniuriosior, Sen. contr. 2, 4 (12), 5: genus hominum iniuriosissimum, Hadrian. bei Vopisc. Saturn. 8, 5. – II insbes., **verletzend,** ictus, Plin. 17, 227.

in-iūrius, a, um (in u. ius), **ungerecht** (s. Brix u. Lorenz Plaut. mil. 436. Wagner Plaut. aul. 691 u. Ter. heaut. 320), v. Pers., Komik.: quia sit iniurium, Cic. de off. 3, 89: iniurium est, mit Unrecht, Komik.: iniurium est m. folg. *Acc.* u. *Infin.*, Plaut. aul. 699. Liv. 43, 5, 5; m. folg. *Infin.*, Ter. Hec. 72. Apul. met. 11, 6. Auson. Griphus (XXVI) 1. p. 128, 10 Schenkl. – Nbf. **iniūrus,** a, um, Naev. tr. 40. Plaut. Pers. 408. Vgl. Paul. ex Fest. 110, 1 ›iniurum = periurum‹.

in-iūro, āvī, āre, **einschwören, den Eid** (auf das Gesetz als Richter) **ablegen,** CIL 6, 10298, 17.

iniūrus, s. in-iūrius a. E.

iniussō, *Adv.* = iniussu, Spart. Hadr. 5, 6.

iniussū (Ggstz. iussu), **ohne Befehl, ohne Geheiß,** mit *Genet.* der befehlenden Person, domini, Cato r. r. 5, 3: iniussu populi senatusque, imperatoris, praetoris, Cic.: u. iniussu meo, Cic.: iniussu suo, Caes.: u. bl. iniussu, z. B. pugnare, Liv.: iniussu ac temere longius progredi, Auct. b. Afr.

iniussus, a, um (in u. iubeo), **ungeheißen, von selbst, aus freien Stücken,** iniussae veniunt ad mulctra capellae, Hor.: iniussa virescunt gramina, Verg.

iniūste, *Adv.* (iniustus), **ungerecht, unrecht,** facere, Cic.: multa iniuste fieri possunt, es können viele Ungerechtigkeiten geschehen, Cic.: iniuste facta, ungerechte Handlungen, Cic.: morbus non iniuste terret, nicht ohne Grund, Cels.: iniustissime nihil officere alci, Sall.

iniūstitia, ae, *f.* (iniustus), die **Ungerechtigkeit,** das **ungerechte Verfahren,** die **ungerechte Strenge, -Härte,** Ter. u. Cic.: totius iniustitiae nulla capitalior est, von allen Ungerechtigkeiten ist keine usw., Cic.: Plur., exprobrante illis peccata et iniustitias, Lact. 4, 16, 12. – Nbf. **iniūstitium,** iī. *n.*, Gloss. III, 451, 82; 482, 5.

iniūstō, *Adv.* (iniustus), **ungerecht,** Itala Iob 35, 6.

in-iūstus, a, um, **ungerecht,** I eig. (Ggstz. iustus, aequus), homo, Cic.: noverca, harte, strenge, Verg.: iracundia, Cic.: multa iniusta fiunt, Ter.: cum rex iniustus esse coepit, Cic.: iniustius homine, Ter.: accusatores iniustissimi, Lact.: incommoda iniustissima, Cic.: ini. regna, unrechtmäßig erworbene, Ov.: dens (des Neids), Ov. – iniustum est m. folg. *ut* u. Konj., Augustin. de civ. dei 19, 21, 2. p. 390, 28 D.² – subst. iniūstum, ī, *n.*, das Ungerechte, die Ungerechtigkeit, metu iniusti, Hor. sat. 1, 3, 111: aliquid facere iniustum, eine U. begehen, Lact. 5, 13, 15. – II übtr.: a **drückend, schwer, lästig,** onus, Cic.: fascis, Verg. – b **nicht gehörig, ungleich,** vires, Stat. Theb. 6, 767.

in-iuvenēsco, ere, **wieder jung werden, sich verjüngen,** quibus (remediis) et Aeson iniuvenescebat, Mythogr. Lat. 2, 138.

in-l..., s. il-l...

in-m..., s. im-m...

in-nābilis, e (in u. no), **nicht schwimmend, nicht fließend,** unda, nicht flutende, Ov. met. 1, 16.

in-nārrābilis, e, **unaussprechlich, unerzählbar,** Lact. de Phoen. 54. Not. Tir. 43, 64.

in-nāscibilis, e, **der, die, das nicht geboren werden kann,** Eccl.

in-nāscor, nātus sum, nāsci, I **in-, auf** etwas **wachsen, -geboren werden,** filix innascitur agris neglectis, Hor.: aquis herbae virentes innascuntur, Plin.: salicta innata ripis, Liv.: innatus murex, Ov. – v. leb. Wesen, armis innasci innutririque, Sen.: Fauni velut innati triviis, Hor.: eodem solo innati, Iustin. – II übtr., **in** od. **bei** etw. **(naturgemäß) entstehen,** in hac elatione animi cupiditas innascitur, Cic.: cupiditas belli gerendi innata est, Caes. – ► Partiz. innātus, a, um = **angeboren, natürlich, naturgemäß entstanden,** fulgor, Plin.: cognitiones, Cic.: insita quaedam vel potius innata cupiditas, Cic.: alacritas naturaliter innata omnibus, Caes.: iracundia et temeritas, quae maxime illi hominum generi est innata, Caes.: omnibus innatum est et in animo quasi insculptum esse deos, Cic.: ut (hoc) in animis eorum insitum atque innatum esse videatur, Cic.: Ggstz., *affectata* aliis castitas, tibi *ingenita et innata,* Plin. pan. 20, 2: *neutr. pl.* subst., innata atque insita (Ggstz. assumpta et adventicia), Cic. top. 69.

in-nato, āvī, ātum, āre, I **hineinschwimmen,** in concham hiantem, Cic. de nat. deor. 2, 123. – II **auf** od. **in** etw. **schwimmen,** A eig., m. *Dat.*, homines flumini innatant, Plin.: lactuca acri innatat stomacho, Hor.: m. *Acc.*, undam innatat alnus, Verg.: absol., innatant insulae, schwimmen darauf, Plin. ep.: liquor innatat, schwimmt oben auf, Tac.: u. so innatantia folia, Mela. – im Bild, innatans verborum facilitas, die Leichtigkeit des Ausdrucks, die nur auf der Oberfläche sich hält (in das innere Wesen der Dinge nicht eindringt), Quint. 10, 7, 28. – B übtr., **in** od. **auf** od. **über** etw. **fließen, sich ergießen,** Tiberis innatat campis, Plin. ep.: Nilus innatat terrae, Plin.: innatat unda dulcis freto, Ov.: innatat undā crinis, wallt, bewegt sich wallend, Val. Flacc.

1. innātus, a, um (in u. nascor), **ungeboren, nicht geboren,** Eccl.

2. innātus, a, um, *Partic.* v. innascor, s. d.

in-nāvigābilis, e, **nicht schiffbar,** Liv. 5, 13, 1. Lact. 7, 16, 11.

in-nāvigo, āre, **darin, darauf, dort zu Schiff fahren,** Mela 2, 1, 1 (2. § 1). Avien. or. mar. 167. Ps. Apul. Ascl. 25.

in-necto, nexuī, nexum, ere, **umknüpfen, umschlingen, verknüpfen, verschlingen,** I eig.: comas, Verg.: fauces laqueo, Ov.: vincula gutturi, Hor.: palmas armis, Verg.: capiti diadema, Aur. Vict.: cornibus arentes ramos, aufbinden, Sil.: innecti cervicibus, umfassen, Tac.: inter se innexi rami, Liv.: isque (sinus) ab ima parte leviter innexus, Cels. – II übtr.: A im Allg.: causas morandi, eine nach der anderen vorbringen, Verg.: plures moras, Stat.: fraudem clienti, Verg. – B insbes.: 1 **verwickeln, verstricken,** mentem, Sen. poët.: conscientiae alcis innexus, Tac. – 2 **verbinden,** Hyrcanis innexus per affinitatem, Tac.: separatae sint virtutes aut innexae, unter sich verbunden, Sen. – ► Parag. Infin. innectier, Prud. apoth. 905 u. psych. 357.

innervis, e (in u. nervus), **entnervt,** animus, Sidon. epist. 1, 6, 3.

innigro, āre (in u. niger), **einschwärzen, schwarz färben,** ne et dentes innigrentur, schwarz werden, Sex. Placit. de medic. 28, 1.

in-nītor, nīxus sum, nītī, **sich auf** od. **an** etwas **stemmen, -stützen, -anlehnen,** I eig.: in cubitum, Nep.: in fratrem, Plin.: scutis, Caes.: cuspide parmāque, Liv.: hastā, Liv.: baculo, Ov. u. Sen. rhet.: umeris, Tac.: assuetis fulmentis (v. wilden Tieren), Solin.: templa innixa columnis, Ov.: artium adminiculis (bildl.), Tac. dial.: patri, Tac.: servis duobus, Plin. ep.: u. (im Bild) non secus ac praesenti tibi innixus, tuis umeris se patriamque sustentans, Plin. pan.: fractae hastae, Stat.: alis, fliegen, Ov.: inn. idonee, auftreten (v. Schritt), Apul. – innixum sidus = *Engonasi* (s. d.), Avien. – syllabae nostrae in b litteram et d innituntur adeo aspere, ut etc., laufen aus in usw., schließen mit usw., Quint. 12, 10, 32. – II übtr.: salutem suam incolumitate Pisonis inniti, Tac.: omnia curae unius innixa, Quint.: uni viro, Messio, fortuna hostium innititur, Liv. 4, 28, 7. – ► Partiz. Perf. gew. innīxus, selten innīsus, wie Tac. ann. 2, 29 u. 15, 51. Plin. ep. 10, 52 (60). Ampel. 14, 2; aber Ov. met. 15, 726. Liv. 28, 15, 5 u. 44, 33, 9 jetzt innixus.

in-no, āvī, ātum, āre, **in** od. **auf** etwas **schwimmen,** I im Allg., v. leb. Wesen, absol. = **darin-, darauf (obenauf) schwimmen,** partim submersae partim fluitantes et innantes beluae, Cic. de nat. deor. 2, 100: Nymphae innabant pariter fluctusque secabant, Verg. Aen. 10, 222: innantibus beluis, Suet. Ner. 12, 1. – m. Ang. **womit?** vel innare temere contextis ratibus parant, Amm. 14, 2, 10. – m. *Dat.* **worauf?** dummodo innare aquae possent, Liv. 21, 26, 9: pueros fluviis innare docebit, Colum. poët. 10, 388. – poet. m. *Acc.* **worauf?** fluvium (v. der Klölia), Verg. Aen. 8, 651: rapaces fluvios (v. Tieren), Verg. georg. 3, 142. – II prägn.: a **auf** etwas **zu Schiff fahren, -segeln,** etw. **befahren,** quo levior classis vadoso mari innaret, Tac. ann. 1, 70: u. so. v. der Flotte, pelago, Sil. 12, 448. – v. leb. Wesen, poet. m. *Acc.*, Stygios lacus, Verg. Aen. 6, 134. – b **auf** etw. **schwimmen** = dahinströmen, innans Maricae litoribus Liris (weil der Liris in seinem langsamen Lauf viele Sümpfe bildet), Hor. carm. 3, 17, 7.

innōbilitātus, a, um (in u. nobilito), **unadelig, unedel, von niedrigem Rang** (Ggstz. nobilitatus), Lampr. Heliog. 4, 3.

in-nocēns, entis, Abl. gew. ente, **unschädlich,** I eig.: innocentis pocula Lesbii, Hor.: vinum innocentius, Plin.: cibus innocentior, Plin. – II übtr.: A **unschädlich,** epistulae, Cic.: contentiones, ohne Bitterkeit geführte, Vell. – B **unschuldig = unsträflich, harmlos, unbescholten, rechtschaffen, uneigennützig** (Ggstz. nocens u. bei Kirchenschr. Ggstz. peccator), homo innocens, Cic., innocentissimus, Cic.: praetor inn., Cic.: vilissimum scortum, sed patriciis innocentius, Flor.: vita, Plin.: aetas, Cypr.: sanguis, unschuldiges Blut, Tac.: loca pura atque innocentia, friedliche, Tac. – m. *Abl.*, vitā innocentissimus, Vell. 2, 2, 2: m. *Genet.*, factorum, in usw., Tac. ann. 4, 34. – subst., Rhet. Her. 2, 3, 5. Sall. Cat. 54, 5.

innocenter, *Adv.* (innocens), **unschuldig = unsträflich, harmlos, rechtschaffen, rechtlich,** vivere, Quint.: innocentius agere, Tac.: vita innocentissime acta, Auct. decl. in Sall.

innocentia, ae, *f.* (innocens), I die **Unschädlichkeit,** des Wildes, Plin.: fumi, Pallad. – II übtr., die **Unschuld = Unsträflichkeit, Harmlosigkeit, Rechtschaffenheit,** insbes. die **Unbescholtenheit, strenge Rechtlichkeit, Uneigennützigkeit** (Ggstz. avaritia), Cic. u. a. – meton., die **Unschuld** = die Unschuldigen, innocentiam iudiciorum poenā liberare, Cic. de or. 1, 202.

innocuē, *Adv.* (innocuus), **ohne Schaden, unschädlich,** evadere, v. Pfeilen, Suet. Dom. 19: übtr., vivere, unsträflich, Ov. art. am. 1, 640.

in-nocuus, a, um, I aktiv = **unschädlich,** A eig.: herba, Ov.: alci, Plin.: litus, sicher, Verg. – B übtr., **unschuldig = unsträflich, rechtschaffen,** homo, Ov.: agere causas innocuas, der Unschuldigen, Ov.: m. *Genet.*, innocuus vitae, Lucan. 9, 8. – II passiv = **unbeschädigt, unversehrt, unverletzt,** carinae, Verg.: turres, Claud.: iter, unangefochten, Tac.: arca (Arche) in illo mundi diluvio innocua ferebatur, Ambros. – ► Vulg. Nbf. **innocus,** Rossi inscr. christ. Vol. I. *no.* 370 (*a.* 388).

in-nōdo, āvī, ātum, āre, **verknüpfen,** I eig., **zuschnüren,** guttur, Amm. 28, 6, 27: altis cervicibus cito laqueus innodatur, Ambros. in psalm. 118. serm. 8. § 44. – II übtr.: spiris categoricis lubricas quaestiones, Sidon.: causa non multis ambagibus innodata, Cod. Iust.

innōminābilis, e (in u. nomino), **unnennbar,** deus, Apul. de dogm. Plat. 1, 5 (bei Tert. adv. Valent. 37 zw.).

innōminātus, a, um (in u. nomino), **ungenannt,** Donat. vit. Verg. 16 u. a. Spät.

innōminis, e (in u. nomen), **namenlos,** innominis vel potius omninominis (v. Gott), Ps. Apul. Ascl. 20.

in-nōtēsco, nōtuī, ere, I **bekannt werden,** a eig., m. *Abl.*, inn. libellis nostris, Ov.: turpi fraude, Phaedr.: petulanti picturā, Plin. – mit folg. *Acc.* u. *Infin.*, ex quo innotuit tutori (dem Vormund bekannt wurde, der V. erfuhr) se esse tutorem, ICt.: absol., quod ubi innotuit, Liv. 22, 61, 4: veraque et falsa more famae in maius innotuēre, Tac.: ubi Apulis innotuit, Iustin. – b übtr., **deutlich-, klar werden,** innotescente iam luce, Amm. 19, 8, 1: ut liquido mens operis de quo loquimur innotescat, Macr. somn. Scip. 1, 1, 3. – II **bekannt machen, offenbaren,** Spät.: semet ipsos, sich selbst angeben, Cassiod. – ► innōtīsco, Ven. Fort. praef. § 3 *codd. C* u. *M.*

in-nōtitia, ae, *f.*, die **Unwissenheit,** Vitr. 3. prooem. 3 (wo Rose ignotitiam): quibus uti per innotitiam (weil man von ihnen gar nicht mehr einen rechten Begriff hat) non queunt, Gell. 16, 13, 9.

in-nōto, āvī, āre, **bezeichnen, anmerken,** Hyg. astr. 4, 1 *in.* zw. – chrismate innotatus, Prud. cath. 6, 128.

innovātio, ōnis, *f.* (innovo), die **Erneuerung, Veränderung,** Ps. Apul. Ascl. 30. Augustin. serm. 362, 29 u. a. Eccl.

innovātor, ōris, *m.* (innovo) = καινιστής, der **Erneuerer,** Gloss. II, 336, 5.

in-novo, āvī, ātum, āre, **erneuern, verändern,** plurima, ICt.: animas corporibus innovatis suscitare, Lact.: se ad suam intemperantiam, seiner früheren Zügellosigkeit von Neuem sich hingeben (Raum geben), Cic. Pis. 89.

innox (in u. noceo), **unschädlich,** Isid. orig. 10, 125. CIL 13, 2413 u. ö. Vgl. Gloss. ›innox, ἀβλαβής‹.

innoxiē, *Adv.* (innoxius), **unschädlich, ohne Schaden,** I eig., Plin. 31, 102. Vopisc. Aurel. 4, 6. – II übtr., **unsträflich, rechtschaffen,** homo munificus et innoxie popularis, Plin. ep.: inn. deum colere, Min. Fel.

in-noxius, a, um, I aktiv = **unschädlich,** A eig.: animalia indigenis innoxia, Plin.: vitis viribus (bibentium) innoxia, Plin.: anguis, Verg.: medicamentum, Sen.: potio, Tac.: vulnera, heilbare, Plin.: saltus, sicher, gefahrlos, Plin. – B übtr., **unschädlich, unschuldig, schuldlos, harmlos,** v. Pers., Sall., Liv. u. a.: animus innoxiior, Cato oratt. 10. fr. 2 (bei Prisc. 3, 8). – innoxia liberorum aetas, Tac. hist. 3, 68. – m. *Genet.*, criminis innoxia, Liv. 4, 44, 11: initi consilii in caput regis innoxius, Curt. 8, 8 (29), 21. – II passiv, A **unverletzt, unbeschädigt, unangefochten, unangetastet, ungefährdet, gefahrlos,** ipsi innoxii, Sall.: innoxius abire permissus est, Amm.: navigia inn., Curt.: iter inn., Tac. – m. *ab* u. Abl., ut innoxium abs te me inrideas, Plaut. aul. 221: gens a saevo serpentum innoxia morsu, Lucan.: faba a curculionibus innoxia, Colum. – innoxium est m. folg. *Infin.*, Tac. hist. 3, 47. – B **unschuldig = unverschuldet,** paupertas, Tac.: mors Demetrii, Iustin.

in-nūbilo, āre, **umwölken, trüben,** übtr., Solin. 53, 24 u. Augustin. epist. 69, 1.

in-nūbilus, a, um, **unbewölkt,** semper inn. aether, Lucr. 3, 21.

innūbis, e (in u. nubes), **wolkenlos, heiter,** dies, Sen. Herc. Oet. 238.

in-nūbo, nūpsī, nūptum, ere, **hineinheiraten,** I eig.: quo innupsisset, wo hinein sie geheiratet hatte, Liv. 1, 34, 4: nostris thalamis, an meine Stelle als Gattin treten, Ov. met. 7, 856. – II übtr., **übergehen,** Lucil. 260.

innubus, a, um (in u. nubo), **unverheiratet, unvermählt, ehelos,** v. weibl. Pers., Sibylla, Ov.: Pallas, Prop.: martyr (Märtyrin), Prud. – poet. übtr., laurus, der jungfräuliche (weil Daphne, die in einen L. verwandelt wurde, unverheiratet blieb), Ov. met. 10, 92.

innucleātus, a, um (in u. nucleus), **nicht ausgekernt,** uvae, Plin. Val. 1, 47; 2, 21; 3, 25.

innuleus, innulus, s. hinnuleus, hinnulus.

in-numerābilis, e, **unzählig, zahllos, ohne Zahl,** multitudo, pecunia u. pecuniae, Cic.: exempla, Cic.: statuae, Plin. pan.: homines, Cic.: copiae (Truppen), Curt.: annorum series, Hor.: numerus annorum, Gell.

innumerābilitās, ātis, *f.* (innumerabilis), die **Unzahl, zahllose Menge,** mundorum, Cic.: atomorum, Cic.: subolum, Arnob.

innumerābiliter, *Adv.* (innumerabilis), **unzählige Male,** Lucr. 5, 274. Cic. de or. 3, 201; de div. 1, 25.

in-numerālis, e, **unzählig,** Lucr. 2, 1086.

innumerātus, a, um (in u. numero), **ungezählt, unzählig,** Ps. Tert. adv. Marc. carm. 2, 17. Rufin. Orig. in num. homil. 1, 1.

in-numerōsus, a, um, **unzählig, zahllos,** manus, Coripp. Ioh. 6 (5), 662: domini, Hilar. in psalm. 122, 6.

in-numerus, a, um, **unzählig, zahllos,** numerus, Lucr. u. Gell.: gentes, Verg.: miles, Ov., Plin. u. Tac.: pecunia, Tac.: numeri (Rhythmen, Melodien), Plaut. (epigr.) u. Auson.: animi corporisque virtutes, Eutr.: cura, Plin. – subst., innumerum, ī, *n.*, die Unzahl, in innumero aerumnae, Fulg. fr.

in-nuo, nuī, ere, **zuwinken, einen Wink geben, I** eig.: abiens mi (= mihi) innuit, Ter.: stabat innuebatque digito similis vocanti, Plin. ep.: si innuerim, Ter.: ubi innuerint, Liv. – **II** übtr., **kennzeichnen,** aqua innuitur his signis esse tenuis, Vitr. 7, 4 (5), 2.

in-nūptus, a, um (in u. nubo), **unverheiratet, unvermählt, I** eig. u. übtr.: **a** v. einem Mädchen, puella, Verg.: Phoebe, Ov.: übtr., bos, Sen. poët. – subst., innūpta, ae, *f.*, eine Unverheiratete = Jungfrau, inn. praegnans, Arnob. in Luc. 2. § 2: Plur. bei Catull. 62, 6 u. 64, 78. Verg. Aen. 12, 24. Prop. 3, 19, 25: Ggstz., praeferre nuptis innuptas, Augustin. c. Faust. 30, 4. – **b** v. Mann, Tert. de pudic. 16. – **II** meton.: innuptae nuptiae, griech. γάμος ἄγαμος (Eurip. Hel. 698), eine Ehe, die keine ist, eine unglückliche, unselige Ehe, Poët. tr. fr. inc. 80 (bei Cic. de or. 3, 219).

in-nūtrībilis, e, **nicht nährend,** Cael. Aur. de morb. acut. 2, 9, 55.

in-nūtrio, īvī, ītum, īre, **in** od. **bei** etwas **nähren, ernähren, -erziehen,** im Passiv = **in** od. **bei** etw. **aufwachsen,** castris innutriri, im Lager erzogen werden, Sil.: so innasci innutririque armis, Sen.: homo innutritus mari Plin. ep.: amplis innutritus opibus, Suet.: innutritus caelestium praeceptorum disciplinis, Vell.: innutritus pessimis (in allen Lastern), Tac.: certis ingeniis inmorari et innutriri (sich nähren) oportet, Sen.

1. **innūtrītus,** a, um (in u. nutrio), **nicht genährt, ohne Nahrung,** Cael. Aur. de morb. acut. 1, 17, 177.

2. **innūtrītus,** a, um, *Partic.* v. innutrio, s. d.

Īnō, ūs u. ōnis, Akk. Inō u. Inōnem, *f.* (Ἰνώ), Tochter des Kadmus, Gemahlin des thebanischen Königs Athamas (s. Athamās), Cic. Tusc. 1, 28; de nat. deor. 3, 39: Akk. Inun, Mart. Cap. 3. § 292. – Dav. **Inōus,** a, um (Ἰνῷος), **inoisch, der Ino,** Melicerta, Verg.: sinus, Ov.: arae, wo Ino den Phrixus opfern wollte, Val. Flacc.: Isthmus, wo die von Athamas der Ino zu Ehren eingerichteten isthmischen Spiele gefeiert wurden, Stat.

inobaudientia, ae, *f.* (*inobaudio), der **Ungehorsam,** Tert. adv. Marc. 4, 17 *extr.*

in-oblector, ārī, **sich an** etw. **ergötzen,** in alqo, Tert. adv. Hermog. 18.

in-oblīterātus, a, um (in u. oblitero), **unverlöscht, unvergessen,** scientia, Tert. de anim. 24.

in-oblītus, a, um (in u. obliviscor), **nicht uneingedenk,** Ov. ex Pont. 4, 15, 37.

inoboediēns, entis (inoboedio), **ungehorsam,** Augustin. Serm. 353, 2 u. a. Eccl.

inoboedienter, *Adv.* (inoboediens), **ungehorsam,** Augustin. de civ. dei 14, 17.

inoboedientia, ae, *f.* (inoboediens), der **Ungehorsam,** Eccl.

in-oboedio, īre, **nicht gehorchen,** Gloss. II, 233, 52; 390, 2.

inoboedus, a, um, **ungehorsam,** Arnob. 7, 43.

in-obrutus, a, um (in u. obruo), **unüberschüttet, unbegraben,** Ov. met. 7, 356.

in-obsaeptus, a, um (in u. obsaepio), **ohne Zaun, offen,** foramina, Lact. de opif. dei 8, 7.

in-obscūrābilis, e (in u. obscuro), **nicht zu verdunkeln,** Tert. de anim. 3.

in-obsequēns, entis, **ungehorsam,** m. *Dat.*, materia saepe inobsequens arti est, Sen. nat. qu. prol. § 16: inobs. frenis equi, Sen. Hipp. (Phaedr.) 1068 (1077): absol., contumaces et inobsequentes, v. Pers., Tert. adv. Marc. 4, 17 *extr.*

inobsequentia, ae, *f.* (inobsequens), der **Ungehorsam,** Iul. Val. 2, 16 (2, 5).

in-observābilis, e, **unbemerkbar, unmerklich,** error, Catull. 64, 115: cursus, Plin. 2, 77.

inobservāns, antis (in u. observo), **unachtsam,** Pallad. 1, 35, 12. – *Adv.* **inobservanter,** Ignat. epist. ad Trall. 6.

in-observantia, ae, *f.*, **I** die **Unachtsamkeit,** Quint. 4, 2, 107. – **II** die **Nichtbeobachtung der Ordnung,** die **Unordnung, Unregelmäßigkeit,** Suet. Aug. 76, 2.

in-observātus, a, um, **unbeobachtet, unbemerkt,** sidera, Ov.: tempus eius rei inobs. et incertum, Sen.: v. leb. Wesen, Ov., Frontin. u. Mart.

in-obsolētus, a, um, **nicht veraltet,** vestimenta, Tert. de res. carn. 58.

in-occiduus, a, um, **nicht untergehend, I** eig.: axis, Nordpol, Lucan. 8, 178. – **II** übtr.: ignes, nicht ausgehend, Claud.: visus (Plur.), immer wachend, Stat.

in-occo, āvī, ātum, āre, **eineggen,** semen, Colum.: id, quod sparseris, Colum.

inōciōsus, s. in-ōtiōsus.

inoculātio, ōnis, *f.* (inoculo), das **Okulieren,** Scriptt. r. r. u. Plin.

inoculātor, ōris, *m.* (inoculo), der **Okulierer,** Plin. 18, 329.

in-oculo, āvī, ātum, āre (in u. oculus), **I okulieren, A** eig.: arborem, Apul.: arbores ficorum, Colum.: ficum, Pallad. – **B** übtr., **einpflanzen,** iustitiae affectum pectoribus, Macr. somn. Scip. 1, 1, 5. – **II schmücken,** bullis aureis inoculatus, Apul. met. 6, 28.

in-odio, ātus, āre (in u. odi), **hassen,** Vulg. exod. 5, 21 *cod. Lugd.* Carm. epigr. 1606, 14 *Buecheler.* Not Tir. 46, 89 (inodiatus).

in-odōro, āre, **riechend machen,** halitum mandentium, Colum. 11, 3, 22.

in-odōrus, a, um, **geruchlos, a** = ohne Geruch, urnae ossa inodora dabit, ohne Salben u. Wohlgerüche, Pers. 6, 35. – **b** = ohne Geruchsinn, animalia, Gell. 7, 6, 1 H. – *Compar.*, proximum Zmyrnaeum (tragoriganum) inodorius, Plin. 20, 177 *Detl.*

inoffēnsē, *Adv.* (inoffensus), **ohne Anstoß, ohne Hindernis, ungehindert,** Oros. 6, 1, 8. Chalcid. Tim. 248. Ambros. apol. David 3. § 9; in psalm. 118. serm. 10. § 43. Cassiod. var. 11, 36, 2. Th. Prisc. 2, 2, 5. – *Compar.* inoffensius, Gell. 7 (6), 2, 8. Itin. Alex. 23 (57) u. 29 (67).

in-offēnsus, a, um, **I unangestoßen,** meta, unberührte, Lucan. 8, 201: pedem inoffensum referre, Tibull 1, 7, 62. – **II** übtr., **ungehindert, ohne Anstoß (Hindernis), unaufgehalten, ununterbrochen,** siccitate et amnibus modicis inoffensum iter, Tac.: mare inoff., Verg.: via, Mart.: lumen oculorum, ein gutes Gesicht, Pallad.: ecquid regionis abundantiam inoffensa transmitteres, Plin. ep. – v. Abstr., inoff. ac molliter elapsa oratio, Sen.: cursus honorum, Tac.: velocitas, der rasche Verlauf, Sen.: valetudo, Gell.: vita, glückliches, Ov.

in-officiōsus, a, um, **I pflichtwidrig, a** v. Personen = **seine Pflicht aus den Augen lassend,** privignus, Apul.: mit *Genet.* od. *Dat.* gegen **wen?** humana gens inofficiosa dei, Tert.: si libertus inofficiosus patrono sit, Ulp. dig. – **b** übtr., v. Vornahmen usw., **pflichtwidrig, unpflichtmäßig** = den Pflichten der Liebe gegen die nächsten Verwandten nicht entsprechend, **lieblos,** testamentum, ein pfl. od. liebl. T. (in dem die nächsten Verwandten des Erblassers [Kinder, Eltern, Geschwister] unverdienterweise nicht gehörig [d. h. nicht mit dem Pflichtteil] bedacht werden), Cic. u. a.: ebenso voluntas patris, Cod. Iust.: donatio, dos, durch die ein zum Pflichtteil Berechtigter beim Tode des Schenkers in seinen Rechten verletzt wird, Cod. Iust.: actiones, Cod. Iust. – **II rücksichtslos,** in alqm, Cic. ad Att. 13, 27, 1.

in-olēns, entis, **nicht riechend, geruchlos,** Lucr. 2, 850.

in-olēsco, olēvī, olitum, ere, **I** *intr.* **in** od. **an** etw. **wachsen, einwachsen, anwachsen, A** eig., m. *Dat.*, udo libro (Bast), Verg. georg. 2, 77:

quo gurgite tradunt duritiem lapidum mersis inolescere ramis, Sil. 8, 581: absol., v. Pfropfreis usw., Colum. 4, 22, 5; de arb. 5, 4. – **B** übtr.: penitusque necesse est multa (mala, Gebrechen) diu concreta modis inolescere miris, Verg. Aen. 6, 737 *sq.*: inoleverat linguae vox, Gell.: quae nosti, meditando velis inolescere menti, Auson.: inolevit hoc vitium humanis mentibus, Ambros.: in plures libros mendae indoles inolevit, hat sich fortgepflanzt, Gell.: in omnes luxuriae pudor, parsimoniae cultus inolevit, Pacat. pan. – **II** *tr.* **einpflanzen,** übtr., natura induit nobis inolevitque amorem nostri et caritatem, Gell.: eiusmodi semina nostri amoris inolesti, Auson.: lepra vetustissima iudicabitur atque inolita cuti, Vulg. – ► Synkop. Perf. inolesti, Auson. grat. act. (VIII) 18 (79). p. 29, 25 Schenkl.

in-ōminālis, e (in u. omen), **von übler Vorbedeutung, unglücklich,** dies, Unglückstag, Gell. 5, 17, 3. Macr. sat. 1. 16. § 26.

in-ōminātus, a, um (in u. omen), **fluchbeladen, unselig,** cubilia, Hor. epod. 16, 38.

in-opāco, āre, **beschatten,** Colum. 8, 15, 4.

inoperātus, a, um (in u. opero), **I** aktiv = **unbeschäftigt, untätig,** Tert. adv. Marc. 2, 11. – **II** passiv = ἀκατέργαστος, **unbearbeitet, roh,** Ambros. de fide 3, 14. § 113.

in-operor, ātus sum, ārī, **wirken, hervorbringen,** Tert. adv. Marc. 5, 17.

in-opertus, a, um (in u. operio), **unverhüllt,** corpora, Prud. cath. 3, 117: übtr., inop. ac confessa veritas, Sen. de vit. beat. 30, 1 (od. de otio sap. 3, 1).

inopia, ae, *f.* (inops), **I** die **Mittellosigkeit,** der **Mangel,** die **Armut, Not** (Ggstz. copia), **1** absol.: **a** eig., v. Mangel an zeitlichem Vermögen, Cic. u. a.: suis opibus aliorum inopiam levare, Nep.: inopiam tolerare mercede manuum, Sall.: ad pudendam inopiam delabi, an den Bettelstab kommen, Tac.: inopia aerarii, erschöpfter Staatsschatz, Liv.: Plur., divitias multae res faciunt, non multae inopiae (vervielfachter Mangel), Sen. ep. 87, 39. – **b** an Lebensmitteln, Cic., Liv. u. a.: in Rhodiorum inopia et fame summāque annonae caritate, Cic.: inopia locorum, Vell. u. a. – **c** an anderen Dingen, inopiā (aus Not), Plaut. Pseud. 799: ut illum animum cupidum inopiā incenderet, durch Entbehrung (Entziehung des Liebesgenusses), Ter. heaut. 367. – **d** übtr., v. der Gedankenleere des Redners, Cic. Brut. 202. – **2** relat. = der **Mangel,** die **Armut** an etwas, die **geringe Zahl** od. **Menge** (s. Fabri u. Weißenb. Liv. 23, 22), **a** eig.: frumentaria, Caes. – od. mit *Genet.*, argenti, Plaut.: frugum (Ggstz. copia frugum), Cic., Liv. u. Suet.: loci, an Platz, Liv.: omnium rerum u. bl. omnium, Liv.: bonorum (an Patrioten), Sall.: iuniorum, Liv.: liberorum capitum, Liv.: advocatorum, Tac. – **b** übtr.: inopia veri, Tac.: sermonis, Wortkargheit in der Unterhaltung, Sen.: consilii, Ratlosigkeit, Cic. – **II** die **Hilflosigkeit, Ratlosigkeit,** Cic. Quinct. 5 u. 84; Rosc. Am. 20; Clu. 57.

in-opīmus, a, um, **sehr reichlich,** satietas, Oros. 3, 5, 3 Z.

in-opīnābilis, e, **unvermutet, unerwartet,** latebra, Gell.: res nova et inop., Aur. Vict.: impetus, Amm.: materia, (ὑπόθεσις ἄδοξος), Gell.

in-opīnāns, antis, **nicht (nichts) vermutend, wider Vermuten, unvermutet,** alqm inopinantem aggredi, Caes., od. opprimere, Caes., occupare, Sen.: alqm inopinantem interimere, Suet.: inopinante Curione, Caes.

inopīnanter, *Adv.* (inopinans), **unvermutet,** Suet. Tib. 60.

inopīnātē, *Adv.* (inopinatus), **unvermutet,** Chalcid. Tim. 145. Augustin. conf. 8, 6, 14 u. Cassiod. hist. eccl. trip. 3, 4.

inopīnātō, *Adv.* (inopinatus), **unvermutet,** Liv. 26, 6, 9. Aur. Vict. de Caes. 29, 2.

in-opīnātus, a, um, **I** passiv = **unvermutet, überraschend, α** übh., res, Cic.: malum, Caes.: bellum, Iustin.: finis vitae, Suet.: cum hoc illi inopinatum accīdisset, Cic.: inopinatissimus sensus, Augustin. de trin. 7, 1. – subst., inopīnātum, ī, *n.*, **etwas Unvermutetes,** nihil inopinati, Cic.: haec sunt inopinata, Cic.: ex inopinato, unvermutet, Cic. u. a.: verb. repente ex inopinato, Suet. – **β** als philos. *t. t.* = παράδοξος, Sen. ep. 81, 11. Quint. 9, 2, 23. – **II** aktiv = **nichts vermutend,** inopinatos invadere, Liv.: alqm inopinatum opprimere, Liv. u. Val. Max.

inopīnō, *Adv.* (inopinus), **unvermutet,** Marc. Emp. 14. fol. 104 (b), 5 Ald.

in-opīnus, a, um (in u. opinus [v. opinor], wie necopinus v. nec u. opinus), **unvermutet,** visus, Ov.: quies, Verg.: siccitas, Plin. pan.: hosti sonus tubarum, fulgor armorum, quanto inopina, tanto maiora offunduntur, Tac. – v. Pers., inopina labēre, Val. Flacc.: inopini visebantur, Amm.

inopiōsus, a, ūm (inopia), **bedürftig,** consili, Plaut. Poen. 130.

inoppidātus, a, um (in u. oppidum), **keine Stadt habend, -bewohnend,** Sidon. epist. 5, 13, 2.

inopportūnē, *Adv.* (inopportunus), **ungelegen,** Augustin. c. Faust. 22, 72 *in.;* qu. euang. 2, 18.

inopportūnitās, ātis, *f.* (inopportunus), die **ungelegene (ungünstige) Zeit,** navigationis, Idac. chron. ad ann. a Chr. nat. 467.

in-opportūnus, a, um = ἄκαιρος (Gloss.), **ungelegen,** Oros. de libert. arbitr. 29.

in-ops, opis, **I mittellos, A** = **arm, 1** absol., **a** eig., v. Menschen (Ggstz. copiosus, dives, locuples, opulentus,) Cic. u. a.: inops inter magnas opes, hablos unter der Habe Last (= mittellos bei reichen Mitteln), Hor.: ad alienam opem inops, Liv.: inops alienas opes expecto, Sall.: inopem iter ingredi, ohne Geldmittel, Liv.: subst., inops, der Mittellose, Arme (Ggstz. dives), Plaut., Nep. u. a. – v. Lebl., insula, Liv.: aerarium inops et exhaustum, geldarm u. erschöpft, Cic.: cupido, die nie zu stillende Habsucht, Hor. – **b** übtr.: **α arm** an Worten, an Gedanken, an Stoff, **mager** (Ggstz. copiosus, locuples, abundans), lingua, oratio, Cic.: disciplina, Cic.: causa, Cic. – **β armselig, dürftig, ärmlich,** epulum, Macr.: vita, Vell.: senecta, Ov.: sturnus, Mart.: inopis animi esse, Hor. – **2** relat., **arm** an etw., **entblößt** von etw., etw. **entbehrend, ohne** etw., m. *Genet.* od. m. *Abl.* od. m. *ab* u. Abl., **a** eig.: pecuniae (Ggstz. praedives), Liv.: regio inops aquarum, Curt.: somni cibique, schlaf- u. appetitlos, Ov.: auxilii, Liv.: copiarum (an Proviant), Vell.: messium (v. einer Insel), Liv.: fortunae, Tac.: rerum, leer an Gehalt (v. Versen), Hor.: paterni ruris et fundi (infolge der Ackerverteilung), Hor.: verborum u. verbis, Cic.: amicorum u. ab amicis, Cic.: agitandi inops, ohne Mittel zum Lebensunterhalt, Sall. hist. fr. 1, 41 (45), 11. – **b** übtr.: humanitatis, Cic.: consilii, ratlos, Liv. u. Curt.: rationis, ratlos, Stat.: pacis, Ov.: mentis (Verstand), Ov.: so auch animi, Verg. – **B** = **machtlos, ohnmächtig, unvermögend,** subst. der **Machtlose,** Liv. 4, 48, 13 u. 42, 30, 6: Ggstz. potens, Liv. 2, 3, 4; od. potentior, Liv. 9, 1, 8 u. 29, 8, 8: Plur. inopes, Ggstz. potentes, Sall. hist. fr. 4, 61 (19), 17. – m. folg. *Infin.*, Prop. 2, 10, 23. – **II hilflos, ratlos,** inopes relicti a duce, Cic.: solari inopem, Verg. – ► Abl. Sing. gew. inopi.

in-optābilis, e, **nicht wünschenswert, unangenehm,** officina, Apul. met. 9, 12.

in-optātus, a, um, **unerwünscht, unangenehm,** Sen. exc. contr. 8, 6, 5.

Īnōpus, ī, *m.* (Ἰνωπός), ein Fluss auf der Insel Delos, Plin. 2, 229. Val. Flacc. 5, 105.

inōrābilis, e (in u. oro), **unerbittlich,** *Acc. b. Non. 487, 15.

in-ōrātus, a, um (in u. oro), **nicht förmlich vorgetragen,** inorata atque inaudita virginitatis causa, Ambros. epist. 6, 1: re inoratā, ohne die Sache förmlich vorgetragen zu haben, Enn. fr. scen. 13. Cic. Rosc. Am. 26.

inōrdinābiliter, *Adv.* (*inordinabilis), **unordentlich,** Ps. Soran. qu. med. 184 u. de puls. (peri sfigm.) p. 279, 11 *Rose.*

in-ōrdinālis, e, **unordentlich, gegen die Regel,** Ps. Cypr. sing. cler. 6.

inōrdināliter, *Adv.* (inordinalis), **gegen die Regel, unordentlich,** scarificare, Cael. Aur. de morb. acut. 3, 4, 36.

inōrdināte, *Adv.* (inordinatus) = ἀτάκτως (Gloss.), **unordentlich, der Ordnung zuwider,** agere, Cels. 4, 32 (25): redire, Cels. 3, 3: ambulare, Vulg. 2. Thess. 3, 6; außerdem Ps. Cypr. sing. cler. 2.

inōrdinātim, *Adv.* (inordinatus), **unordentlich, ohne Ordnung,** incedere, Amm. 19, 7, 3.

in-ōrdinātio, ōnis, *f.*, die **Unordnung,** Ps. Apul. Ascl. 26. Cod. Iust. 3, 43, 3. Vulg. sap. 14, 26.

in-ōrdinātus, a, um, **nicht geordnet,** v. Soldaten = **nicht in Reih und Glied stehend** od. **marschierend** (dagegen incompositus = nicht in wohlgeordneten, d. i. geschlossenen Abteilungen), dispersi, inordinati exibant, Liv.: inordinati atque incompositi obstrepunt portis, in völliger Unordnung, Liv.: u. so. exercitus incompositus inordinatusque incedit, Liv.: exercitum incompositum inordinatumque procedere, Curt.; vgl. Heerw. Liv. 22, 50, 8. Fabri Liv. 23, 27, 5. – subst., inōrdinātum, ī, *n.*, die **Unordnung,** ex inordinato in ordinem adducere, Cic. Tim. 9: sciens ordinatorum fortunam confusis inordinatisque praestare, Chalcid. Tim. 30 A.

inōrmis, e (in u. norma), **übermäßig groß,** Spart. Anton. Get. 6, 2 P. (Jordan enormis). CIL 6, 1771, 25 [e] normis. Auct. vit. Cypr. 12 (tom. 3. p. 111, 7 H.). – *Compar.*, non debet prologus inormior esse quam fabula, Spart. Hel. Ver. 1, 3 P. (Jordan enormior).

inōrmitās, ātis, *f.* (inormis) = enormitas, die **Übermäßigkeit, übermäßige Größe,** Cod. Theod. 8, 5, 30 zw. (Hänel enormitas).

inōrnātē, *Adv.* (inornatus), **schmucklos,** dicere, Rhet. Her. 4, 42: multa nova sunt addita, ut arbitror, non inornate, Fronto epist. ad am. 14. p. 183, 19 N. – *Compar.*, res inornatius scribere, Fronto ad Verum imp. ep. 2, 1. p. 126, 13 N.

in-ōrnātus, a, um, **ungeschmückt, schmucklos,** **I** eig.: mulier, Cic.: comae, Ov. – **II** übtr.: **A** im Allg., als rhet. *t. t.*: nuda et in. inventio, Rhet. Her.: verba, schlichte (Ggstz. ornata), Hor. u. Augustin. conf. 5, 6: oratio, Quint.: orator, Cic. – **B** insbes., **ungepriesen,** Hor. carm. 4, 9, 31.

in-ōrno, āre, **schmücken,** Tert. de anim. 19 u. adv. Val. 12.

in-ōro, āre (in u. ora), **den Rand** einer Sache **bekränzen,** calicem, Tert. de res. carn. 16.

in-ōrus, a, um (in u. os), **mundlos,** ostreae, Turpil. com. 23.

in-ōtiōsus, a, um, ohne Muße, **viel beschäftigt** (griech. ἄσκολος), actio, *Quint. 11, 3, 183 zw. (Halm u. Meister negotiosa).

Īnōus, a, um, s. Īnō.

inovāns, antis (in u. ovo), **sehr frohlockend,** Apul. met. 11, 15 H.

in-p..., s. im-p...

in-quaesītus, a, um (in u. quaero), **I** **ungesucht,** Tert. adv. Marc. 5, 3. – **II** **ununtersucht,** cur re inquaesitā colligor? Naev. com. 13.

inquam, is, it, *Perf.* inquiī, *verb. defect.* (aus *insquam; vgl. 2. inseco), **ich sage, spreche,** wird einem oder mehreren Wörtern, die angeführt werden, nachgesetzt, unser **sage (sagte) ich, sagt (sagte) er** usw., ohne bestimmtes Subjekt auch = **sagt man, heißt es** (s. Holstein Cic. de fin. 2, 93. p. 107), **a** bei Anführung der Worte jemandes, Alcibiades, quoniam, inquit, victoriae repugnas etc., weil du, sprach Alcibiades usw., Nep.: est vero, inquam, signum, es ist, sage ich, ein usw., Cic.: eccum me, inque, sprich, »hier bin ich«, Ter. – so auch die noch vorkommenden Formen: inquimus, Hor.: inquitis, Arnob.: inquiunt, Cic.: inquiat, Rhet. Her.: inquiebat, Cic.: inquii, Catull. 10, 27: inquisti, Cic.: inquies, Cic. u. a.: inquiet, Cic.: inque, Plaut. u. Ter.: inquito, Plaut.: inquiens, oft bei den Eccl.: das Präs. inquio st. inquam nur bei spät. Eccl. u. bei Prisc. 10, 2 (der irrtümlich als Beleg Cic. de or. 2, 256 zitiert, wo in quo steht). – m. *Dat.*, inquii puellae, Catull.: inquit mihi, Cic.: inquit ei, qui etc., Liv.: io, inquis puero tuo, Fronto (vgl. Fabri Liv. 22, 6, 4). – zuw. (etwa statt unserer Anführungszeichen »...«) wenn schon ein Wort vorhergegangen ist, das die direkte Rede ankündigt, exclamat: »Adspice, imperator«, inquit, Liv.; vgl. Ruhnken Rut. Lup. p. 20. – **b** bei Wiederholungen, **sage ich, wiederhole ich,** hunc unum diem, hunc unum, inquam, diem etc., diesen einzigen Tag, diesen einzigen Tag, Cic. – u. nach Parenthesen, nostra est enim (si ... sumus), nostra est, inquam, omnis etc., Cic. – **c** bei Einwendungen, z. B. non solemus, inquit (sagt man), ostendere, Cic. Acad. 2, 60. – **d** voranstehend, Varus inquit: Quid dicis? Sen. ep. 122, 13.

in-quassātus, a, um = ἀσάλευτος, **unerschüttert,** Gloss. II, 247, 11.

1. in-quiēs, ētis, *f.*, die **Unruhe,** nocturna, Plin. 14, 142: labor vigiliarum et inquies, anstrengende u. rastlose Nachtstudien, Gell. 19, 9, 5: infantis (im Mutterleib), Tert. de anim. 25.

2. in-quiēs, ētis, **unruhig,** nox, dies, Tac. – v. Pers. usw., Sall. u. Tac.: animus, Vell.: inquies animi od. animo, ein unruhiger Kopf, Sall. fr. u. Tac.: moribus inquies, Tac.: nec animo tantum, verum etiam corpore ipso ad libidinem inquies et petulans, Apul. met. 2, 16. – ► Abl. inquieti, Apul. met. 9, 42.

inquiēsco, ere (inquies), **beunruhigen,** ›inquiesco te, οὐκ ἐφησυχάζω σοι‹, Auct. de idiom. cas. 569, 2 K.

inquiētātio, ōnis, *f.* (inquieto), die **Beunruhigung,** Sen. suas. 2. § 1. Marc. Emp. 8, 1. Greg. in cant. 3, 5.

inquiētātor, ōris, *m.* (inquieto), der **Beunruhiger,** Tert. de spect. 23. Cod. Theod. 6, 10, 1.

inquiētē, *Adv.* (inquietus), **ohne Ruhe, ohne Aufhören,** Vulg. 2. Thess. 3, 11. – *Compar.* inquietius, Amm. 15, 5, 4 u. 27, 3, 2.

inquiēto, āvī, ātum, āre (inquietus), **beunruhigen, nicht zur Ruhe kommen lassen, behelligen,** omne quod circumfluit mare, Sen. rhet.: convivas suos, Sen.: alqm litibus, Sen.: mentem, Sen.: victoriam, erschweren, Tac.: im Passiv, num alio genere furiarum declamatores inquietantur? Petron.: multis undique libellis et tam querulis inquietor, Plin. ep.: huius nos nimius amor timoribus inquietat, sollicitudinibus onerat, contumeliis obicit, Sen.

inquiētūdo, dinis, *f.* (inquietus), die **Unruhe,** die **Beunruhigung, Belästigung, Anfechtung,** **a** übh., Eccl. u. spät. ICt. – **b** als mediz. *t. t.*, capitis, Solin.: tussiculae, Cael. Aur.: febrium ac dolorum, Cael. Aur.: absol. = Fieberunruhe, Marc. Emp.

inquiētus, a, um, **ohne Ruhe, unruhig** (Ggstz. quietus), **I** eig.: **a** der Bewegung nach, inquietae et sine vento fluctuantes aquae, Sen.: inqu. Hadria, das wogende Adr. Meer, Hor.: inqu. aër, Sen.: ventus, Plin. ep. – **b** der Tätigkeit nach, inq. inertia, geschäftiger Müßiggang, Sen. de tranqu. anim. 12, 3: nec *tranquillior nox* diem tam foede actum excepit; lux (der Tag) deinde *noctem inquietam* insecuta est, Liv. 5, 42, 6. – **II** übtr.: **a** **unruhig** in Bezug auf Sinn u. Gemüt, ii qui semper inquieti sunt et ii qui semper quiescunt, Sen. ep. 3, 5: inqu. praecordia, das unruhevolle (geängstigte) Herz, Hor. epod. 5, 95: inqu. animus (Gemüt), Liv. 1, 46, 2: inqu. pectus, Vopisc. Car. 13, 1: mobilis et inquieta homini mens data est, Sen. ad Helv. 6, 6: inter affectus inquietissimos rem quietissimam, fidem, quaeris? Sen. de ben. 7, 26, 5. – **b** polit. keine Ruhe haltend, homo, Liv. 3, 46, 2: provincia, Suet.: Gallia, Suet.: nihil inquietum agere, Amm.: gens hominum inquietissima, Vopisc. Sat. 1 (7). § 1. – m. *in* u. Akk., in externos aut in domesticos motus inquieti, Iustin. 41, 3, 8.

inquilīna, ae, *f.* (inquilinus), die **Bewohnerin** ohne Eigentumsrecht, die **Insassin,** übtr., Varro sat. Men. 495. Tert. de res. carn. 46.

inquilīnātus, ūs, *m.* (inquilinus), das **Bewohnen** ohne Eigentumsrecht, Eccl.

inquilīnus, ī, *m.* (= incolinus, v. incolo), der **Bewohner,** **I** = der Bewohner eines fremden Besitzes, bes. eines fremden Hauses (σύνοικος), der **Insasse, Mieter** (Ggstz. dominus, der Eigentümer), **A** im Allg., Cic. u. a.: privatarum aedium et insularum, Suet.: praediorum alcis, Suet.: regionum, Iustin.: inquilinum recipere (einnehmen), ICt. – übtr., v. Cicero, inquilinus civis Romae, ein fremder Bürger (weil er nicht in Rom geboren war), Sall.: von Schülern, die die Vorlesungen zwar fleißig, aber ohne großen Nutzen besuchen, quos ego non discipulos philosophorum, sed inquilinos voco, Sen. – **B** insbes., der Mitbewohner eines fremden Hauses, der **Hausgenosse,** Sen. ep. 56, 4. Mart. 1, 87, 12; vgl. Paul. ex Fest. 107, 1. – **II** der **Bewohner = Anwohner, Einwohner,** Padi inquilini, Plin. 21, 73: carcerum inquilini, Amm. 30, 5, 6.

inquināmentum, ī, *n.* (inquino), der **Schmutz, Unflat, Unrat, Niederschlag,** Vitr. 8, 4, 2. Gell. 2, 6, 25. Paul. ex Fest. 11, 12 u. Eccl.: bildl., Ambros. de off. 1, 13, 65.

inquinātē, *Adv.* (inquinatus), **unrein** (in Bezug auf die Wahl der Worte), loqui, Cic. Brut. 140 u. 258.

inquinātio, ōnis, *f.* (inquino), die **Befleckung,** Vulg. sap. 14, 26. Augustin. de civ. dei 2, 4 u. a. Eccl.

inquinātus, a, um, *PAdi.* (inquino *no.* II), **befleckt, schmutzig,**

schändlich, homo vitā omni inquinatus, Cic.: vox inqu., Val. Max.: dextra inquinatior, Catull.: an ille foedior aut inquinatior in Cn. Pompeio accusando quam in universo senatu vituperando fuit? Cic.: nihil illo homine inquinatius, Cic.: sermo inquinatissimus, sehr schmutzig, Cic.: ratio inquinatissima, Cic.: vita inquinata u. inquinatissima, Val. Max.: cupiditas inquinatissima, Augustin. – vom Ausdruck, **unrein, unedel,** Cic. or. 163 u. de opt. gen. 7.

in-quino, āvī, ātum, āre (in u. Stamm CUN, wov. auch cunio u. caenum; vgl. Paul. ex Fest. 50, 16), **beschmieren, I** im Allg., **beschmieren** = mit Lehm, dicker Farbe usw. **bestreichen, überstreichen, übertünchen, 1** eig.: parietem limo, Vitr. 7, 3, 11: color arte compositus inquinat corpus, non mutat, Petron. 102, 15: bis murice vellus inquinatum, Mart. 4, 4, 6. – **2** übtr.: litteris satis inquinatus est, er hat einen hinreichenden wissenschaftlichen Anstrich, Petron. 46, 7: diu in istis vitiis iacuimus, elui difficile est; non enim inquinati sumus, sed infecti, sie kleben uns nicht bloß äußerlich an, sondern sie sind in unser Inneres gedrungen, Sen. ep. 59, 9.

II im üblen Sinne, **beschmieren = beschmutzen, besudeln, beflecken, verunreinigen, trüben, 1** eig.: **a** übh.: vestem, pallium, Plaut.: vestimentum candidum (v. Sand), Vitr.: vestimenta, ICt. u. Eccl.: lanam, Varro: manus, Plaut.: digitum, Catull.: si oliva inquinata sit, lavandum, Plin.: mel inquinatum, unreiner, Varro. – m. *Abl.*, luto inquinari (beim Schanzen), quia sanguine nollent, iubebantur (milites), Flor.: u. so ut diceret fodientes luto inquinari debere, quia madere sanguine nollent, Veget. mil.: aqua turbida et cadaveribus inquinata, Cic.: inqu. aquam venenis od. medicamentis (Zaubermitteln), Ov. u. Hyg.: nihil aut minimum aquā pluviā inquinatur (aqua Marcia), Frontin.: inqu. hoc medicamento manus, Scrib. Larg. merdis caput (am K.) inquinari corvorum, Hor. – im Passiv m. *ab* u. Abl., neque inquinatus ab aliquo inquinamento is locus fuerit, Vitr. 8, 5 (6), 2. – absol., hoc medicamentum non inquinat, Plin. iun. de med. 2, 26. – **b** durch Unzucht **beflecken,** infans cum paribus (Gespielen) inquinata sum, Petron. 25, 5. – **2** übtr.: **a besudeln, beflecken, begeifern, verunglimpfen, verdächtigen, verunzieren, entstellen, trüben,** amplexus tuos, Ov.: nuptias et genus et domos, Hor.: famam alterius, Liv.: omnem splendorem honestatis, Cic.: innoxios, verdächtigen (in Verdacht bringen), Curt.: inquinat egregios adiuncta superbia mores, Claud. – m. *Abl.*, lignum contumeliā (v. Fröschen), Phaedr.: eos agros ereptos rei publicae turpissimis possessoribus, Cic.: senatum libertorum filiis lectis, Liv.: amplissimi honoris maiestatem tam taetro facinore, Val. Max.: pulcherrimam victoriam crudelitate, quanta in nullo hominum fuit, Liv. epit.: domesticis vitiis atque flagitiis se inqu., Cic.: omnibus se sceleribus inqu., Aur. Vict. u. Eutr.: omnibus flagitiis vita inquinata, Cic.: vita libidine, vino, ludicrae artis amore inquinata, Val. Max.: inqu. versus Vergilii reprehensione spurcā et odiosā, Gell.: splendidis nominibus illuminatus est versus, sed proximus inquinatus insuavissimā litterā, Cic.: utinam (Afranius) non inquinasset argumenta puerorum foedis amoribus, Quint. – **b** durch einen schlechten Zusatz an Farbe u. Gehalt schlechter machen, **verfälschen,** aere tempus aureum, Hor. epod. 16, 64.

inquio, s. inquam.

in-quīro, quīsīvī, quīsītum, ere (in u. quaero), **I nach** etwas **suchen,** etw. **aufsuchen,** corpus alcis, Liv.: sedes, Iustin.: latrones, nach den R. fahnden, Augustin. c. Gaudent. 1. § 23. – im Bild, veram illam honestatem expetens, quam unam natura maxime inquirit, aufzusuchen versteht, Cic. – **II** suchend od. forschend in etw. eindringen = etw. **prüfen, untersuchen,** nach etw. **nachforschen,** es **erkunden, A** im Allg.: nimis diligenter in ea, quae etc., Cic.: in se, Cic.: in annos, Ov.: de opere, Quint.: de se atque Hercule, Tac. – m. *Acc.*, omnia ordine, Liv.: vitia alcis, Hor.: m. folg. Fragesatz, in eum, quid agat, quem ad modum vivat, inquiritur, Cic.: cum inquiritur, quid etc., Cic. – **B** als gerichtl. *t. t.* = die **nötigen Aufschlüsse-, Beweismittel zur Klage** gegen jmd. **erforschen,** in competitores, Cic.: in Siciliam, Cic.: de rebus capitalibus, Curt.: de iis (sermonibus), quorum etc., Liv. – **III** jmd. **ausfragen, ausforschen,** multos de rebus obscurissimis, Cassiod. inst. div. litt. praef. p. 508 (b) *ed. Garet.* – ► Perf. inquisii, Paul. dig. 47, 2, 67 (66). § 4; zsgz. inquisisti, Augustin. epist. 197, 5: inquisieris, Vulg. deut. 17, 4: Plusqu.-Perf. inquisisset, Vulg. Hebr. 12, 17: inquisissent, Liv. 22, 7, 11: Infin. Perf. inquisisse, Liv. 40, 14, 7.

inquīsītē, *Adv.* (inquisitus v. inquiro), mit gehöriger Untersuchung, **eingehend,** Gell. 1, 3, 9. – *Compar.*, Gell. 1, 3, 21.

inquīsītim, *Adv.*, **untersuchungsweise,** Script. rer. Long. 501, 3 *Waitz.*

inquīsītio, ōnis, *f.* (inquiro), **I** das **Suchen, Aufsuchen, Zusammensuchen,** novorum militum, Curt.: corporum, Plin., corporum mortuorum, Solin.: cave, ne inquisitioni mihi sis, lass dich ja nicht suchen, bleib hübsch bei der Hand, Plaut.: ut documenta sumere volentibus longae inquisitionis labor absit, Val. Max.: Plur., nescire te fingis, quantos labores circa tuas inquisitiones (beständiges Suchen nach dir) sustinuerimus, Apul. met. 6, 8. – **II** die **Untersuchung, Erforschung, A** als philos. *t. t.*: veri inquisitio atque investigatio, Cic. de off. 1, 13. – **B** als gerichtl. *t. t.*, die **Einleitung einer gerichtlichen Untersuchung, eines inquisitorischen Verfahrens** gegen jmd. = die **Beschaffung der nötigen Belastungszeugen und Beweismittel zur Klage** gegen jmd., candidati, gegen den K., Cic.: accusatoris, des A. wider den Beklagten, Cic.: inquisitionem annuam impetrare, ein Jahr Zeit, um Beweismittel u. Zeugen (aus Asien) herbeizuschaffen, Tac. ann. 13, 43.

inquīsītīvus, a, um (inquiro), **nachforschend,** Prisc. 18, 146.

inquīsītor, ōris, *m.* (inquiro), **I** der **Aufsucher, a** verdächtiger Personen, der **Häscher, Spion,** Suet. Caes. 1, 2: inquisitores algae, die selbst das Meergras durchsuchen, Iuven. 4, 49. – **b** der **Aufspürer** des Wildes, Plin. 8, 147. – **II** der **Untersucher, Erforscher, Forscher, A** als philos. *t. t.*: inq. rerum, Cic. bei Augustin. c. Acad. 2, 11, 26: veritatis, Augustin. c. Acad. 1. § 24: rerum naturae, Sen. nat. qu. 6, 13, 2: absol., Conon diligens et ipse inquisitor, Sen. nat. qu. 7, 3, 3. – **B** insbes., als gerichtl. *t. t.* der **Beschaffer der nötigen Belastungszeugen und Beweismittel zur Klage,** vom Kläger od. Anwalt des Klägers, der **Inquirent,** Cic. I. Verr.. 6. Sen. de ben. 5, 25, 2. Plin. ep. 3, 9, 29. Tac. ann. 15, 66.

1. **inquīsītus,** a, um (in u. quaero), **ununtersucht,** Plaut. Amph. 847 u. 1017.

2. **inquīsītus,** a, um, *Partic.* v. inquiro, s. d.

inquoquo, s. in-coquo.

in-r..., s. ir-r...

īn-saepio, saeptus, īre, **einhegen, einzäunen,** insaeptus ingenti muro, Sen. de ben. 4, 19, 1.

īnsaeptio, ōnis, *f.* (insaepio), die abgeteilte Fläche, die **Kante,** Plur. bei Sen. nat. qu. 1, 7, 3.

1. **īnsaeptus,** a, um, s. īn-saepio.

2. **īnsaeptus,** a, um (in u. saepio), **uneingezäunt,** Paul. ex Fest. 111, 13.

īn-saevio, īre, **in Wut geraten,** pro alqo, Cassiod. var. 1, 37, 2. – m. folg. *ut* u. Konj. = den grimmigen Plan fassen, insaeviebant, ut occīderent illum, Itala gen. 37, 38 (bei Ambros. de Ioseph patr. 3, 11).

īn-salūber, bris, e, u. **īn-salūbris,** e, *Adi.* m. *Compar.* u. *Superl.*, **I ungesund** (Ggstz. salubris), gravis et insalubris aestas, Sen.: ins. fundus, Plin. u. Colum.: cibi, Curt.: hic (fluvius), quia limum vehit, insalubris est potui, Curt.: Belus amnis insaluber potu, Plin. 36, 190: manet quod est insalubrius, Gell.: vinum insaluberrimum, Plin.: tempus insaluberrimum, Plin. ep. – **II** übtr., **unersprießlich,** in Africa meridiem vineas spectare ... viti inutile, colono insalubre est, Plin. 17, 20.

īnsalūbriter, *Adv.* (insalubris), **undienlich, unheilsam,** Salv. adv. avar. 3, 1, 4 u. 3, 2, 9.

īn-salūtātus, a, um (in u. saluto), **ungegrüßt, a** brieflich usw., Sidon. epist. 4, 10, 1 u. 9, 9, 3. – **b** beim Abschied, **ohne Abschied,** Hieron. epist. 3, 1 (vit. Paul.). Ennod. ep. 7, 4: in der Tmesis, inque salutatam linquo, Verg. Aen. 9, 288.

īn-sānābilis, e, **unheilbar, I** eig.: morbus, Cic. u. Sen.: vulnus, Curt.: caput tribus Anticyris insanabile, Hor. – **II** übtr.: **a** v. Zuständen, dolor, Quint. u. Plin. ep.: contumeliae, Cic.: laetari, quod nihil insanabilius esset, Liv. – **b** v. der Sinnesart, **unverbesserlich,** ingenium, Liv. 1, 28, 9: ne offensus insanabilior redderetur, Augustin. epist. 186, 1.

īnsānābiliter, *Adv.* (insanabilis), **unheilbar,** Cael. Aur. de morb. chron. 5, 2, 45. Marc. et Faust. in libr. prec. ad Imp. p. 19 *ed. Sirm.*

īn-sanctus, unheilig, gottlos = ἀνόσιος, Gloss. IV, 351, 42.

īnsānē, *Adv.* (insanus), **unsinnig, toll** (auch wie dieses = »sehr heftig«), amare, Plaut. Curc. 177 (Götz insanum): estur ins. bene (verzweifelt gut), Plaut. mil. 24 Lor. (Brix u. Ribbeck insanum bene). – *Compar.*, in silvam ne ligna feras insanius, Hor. sat. 1, 10, 34. – *Superl.*, ut insanissime desperentur, Augustin. epist. 69, 2: Manichaeorum errori insanissime acquiescimus, Augustin. de civ. dei 1, 20. p. 35, 4 D.[2]

īnsānia, ae, *f.* (insanus), die **Vernunftlosigkeit, Tollheit, I** als Krankheit, Cels. 3, 18, 2 *sqq.* – **II** als Eigenschaft = **A** das **unsinnige Betragen, a** eig., Cic. u. a.: belli, unsinnige Begierde nach usw., Verg.: concupiscere alqd ad insaniam, bis zum Tollwerden = sehr heftig, Cic.: Plur., **tolle Streiche,** insaniae agitant senem, Plaut. aul. 642 G.: insaniae populares (der Demokraten), Cic.: noli putare tolerabiles horum insanias nec unius modi fore, Cic. – **b** übtr., der **Unsinn** bei etw., das **Übertriebene, der unsinnige (übertriebene) Aufwand,** villarum, vestium, Cic.: libidinum, unsinnige Ausschweifungen, Cic.: res ad hanc insaniam (unsinnige Verschwendung) venerit, Liv. – **B** (wie μανία) die **Verzückung** = die poetische Begeisterung, amabilis (liebliche), Hor. carm. 3, 4, 6.

īnsānio, īvī u. iī, ītum, īre (insanus), **vernunftlos-, närrisch-, toll sein, I** als mediz. *t. t.*, v. Menschen, Cels. 2, 7. p. 42, 29 D. u. 3, 18. p. 101, 33 D. (oft Partiz. insaniens, insanientes subst., s. Cels. 3, 18. p. 102, 21 u. 29 D.): v. Tieren Plin. 27, 101. – **II toll** od. **unsinnig sein, -handeln, den Verstand verloren haben, rappeln, a** eig.: ex amore, Plaut., od. amore, Plin., vor Liebe: ex iniuria, infolge erlittenen Unrechts, Ter. u. Liv.: nisi ego insanio, Cic.: insanire iuvat, sich (ausgelassener) Freude hinzugeben, Hor.: insanire cum ratione, bei vollem Verstand ein Narr sein, Ter.: ebenso insanire certā ratione modoque, methodisch unsinnig handeln, Hor. – v. lebl. Subjj., insaniens Bosporus, der tobende, Hor. carm. 3, 4, 30. – **b** übtr.: insanis! als Ausruf = du bist nicht gescheit! Ter.: homo insanibat, war toll = machte eine übertriebene Forderung, Ter.: insanire tibi videris? von vergeblicher Nachahmung, Cic.: in Tusculano coepi insanire, von zu großer Baulust, Rhet. Her.: insanit statuas emendo, wie toll versessen sein auf den Ankauf von St., Hor.: insanit in libertinas, vergeudet an Freigelassene auf unsinnige Art sein Vermögen, Hor.: ad quae ardent atque insaniunt (worauf wie toll und versessen sind) studia matronarum, Hieron. epist. 130, 7: ut in theatris cotidie certatim *pro* histrionibus insanirent (sich wie toll gebärdeten), Augustin. de civ. dei 1, 32 *extr.* – mit *Acc.*, hilarem insaniam, Sen.: similem (errorem), auf ähnliche Art toll sein, Hor.: sollemnia, ein Modenarr, Hor.: seros amores, Prop. – ► Synkop. Imperf. insanibat, Ter. Phorm. 642.

īnsānitās, ātis, *f.* (insanus), die **Ungesundheit,** Varro sat. Men. 133. Cic. Tusc. 3, 8 u. 10.

īnsāniter, *Adv.* (insanus), **unsinnig,** Pompon. com. 17.

īn-sānus, a, um, ungesund; dah. **I** passiv = **A seelenkrank = vernunftlos, toll, wahnsinnig,** gew. Plur. insani subst., **Wahnsinnige,** Cic. u. Sen. – **B** übtr.: **1** v. dem, der von einer Leidenschaft beherrscht ohne Vernunft handelt = **toll, unsinnig, wahnsinnig, wütend,** subst., der, die **Tolle, Unsinnige,** der **Narr, a** v. Pers. usw.: homo flagitiis insanus, Cic.: contio, Cic.: uter est insanior horum? Hor.: homo insanissimus, Plaut.: Fimbria inter eos, qui ipsi quoque insaniunt, insanissimus, Cic. – subst., insane, Hor.: abin hinc, insana? Ter.: cur insano serviat? Ter.: insani sapiens nomen ferat, Hor. – **b** v. Lebl.: **α tobend,** fluctus, Verg.: ventus, Tibull. – **β voll unsinnigen Lärms,** forum, Verg., Prop. u. Tac. dial. – **γ** übtr., **unsinnig** = übertrieben groß, -hoch, -heftig, moles, Cic.: montes, Liv.: trepidatio, Liv.: amores, Hor.: gaudia, Augustin.: cupiditas insanior, Cic. – *neutr. adv.* insanum, unsinnig, verzweifelt = ungeheuer, ins. magnum negotium, Plaut.: insanum bona porticus, Plaut.: ins. valde deamat, Plaut. fr.: estur ins. bene, Plaut.; vgl. Lorenz Plaut. most. 895. Brix Plaut. trin. 673. – **2 verzückt** = begeistert, vates, Verg. Aen. 3, 443. – **II** aktiv = **toll-, wahnsinnig machend,** aqua, Ov.: laurus, Plin.: herba, Ser. Samm.: fames, der zum Wahnsinn treibt, Lucan.

īnsapiēns, s. īn-sipiēns ►.

īn-sapōro, āre, **schmackhaft machen,** vina marinis permixtionibus, Cassiod. var. 12, 4, 3.

īn-sarcio, īre, **hineinstopfen,** nummos in calceos sibi, Porphyr. Hor. sat. 1, 8, 39.

īn-satiābilis, e, *Adi.* m. *Compar.* (in u. satio), **I** passiv = **nicht zu sättigen, unersättlich,** sitis, Cael. Aur.: profunda et ins. gula, Sen.: lupus, Ov.: avarae et ins. manus, Curt.: ins. avaritia, Sall.: cupiditas, Cic.: m. *Genet.*, spectaculi (v. den Augen), Sen. ad Helv. 8, 6: sanguinis (v. der Tomyris), Iustin. 1, 8, 13: laudis, Val. Max. 8, 14. ext. 2. – m. *Abl.*, humanus animus insatiabilis eo, quod fortuna spondet, nie befriedigt durch das, was usw., Liv. 4, 13, 4. – **II** aktiv = **nicht sättigend, keinen Überdruss erregend, unerschöpflich,** pulchritudo, Cic.: supplicium, Liv.: insatiabilior species, Cic.

īnsatiābilitās, ātis, *f.* (insatiabilis), die **Unersättlichkeit,** Amm. 31, 4, 11.

īnsatiābiliter, *Adv.* (insatiabilis), **unersättlich,** Lucr. 3, 905 u. 978. Plin. ep. 9, 6, 3. Tac. ann. 4, 38.

īnsatiātrīx, īcis, **unersättlich,** mors, Ven. Fort. carm. 2, 4, 12.

īnsatiātus, a, um (in u. satio), **ungesättigt, unersättlich,** ardor eundi, Stat. Theb. 6, 305: amor habendi, Prud. psych. 478.

īn-satietās, ātis, *f.*, die **Unersättlichkeit,** Plur. = **unersättliche Begierden,** b. Plaut. aul. 487 G.

īn-saturābilis, e (in u. saturo), **unersättlich,** abdomen, Cic. Sest. 110: venter impiorum, Vulg. prov. 13, 25: tria (drei Dinge) sunt insaturabilia, *ibid.* 30, 25.

īnsaturābiliter, *Adv.* (insaturabilis), **unersättlich,** Cic. de nat. deor. 2, 64. Ven. Fort. carm. 3, 9, 79.

īnsaturātus, a, um (in u. saturo), **ungesättigt,** noverca insaturata odiis, Avien. Arat. 183.

īnsaturus, a, um (in u. saturus), **ungesättigt,** Coripp. Ioh. 3, 368; vgl. saturus unter satur a. E. ►.

īnsauciātus, a, um (in u. saucio), **unverwundet,** Eccl.

īn-scalpo (scalpsī), scalptum, ere, **I bekratzen,** aurem minimo inscalpens digitulo, sich hinter dem Ohr kratzend, Donat. Ter. Phorm. 2, 2, 1. – **II eingraben, einätzen,** sunt in columnarum spiris inscalptae lacerta atque rana, Plin. 36, 42: protinus inscalpunt sacrato in marmore formam, Lact. Phoen. 153.

īn-scendo, scendī, scēnsum, ere (in u. scando), **hinein-, hinaufsteigen, besteigen, I** im Allg.: in currum, Plaut.: in lectum (Ggstz. descendere inde), Plaut.: in lembum, Plaut.: in arborem, Plaut.: in rogum ardentem, Cic. de div. 1, 47: supra pilam, Cato. – m. bl. *Acc.*, quadrigas, Plaut.: navem, Plaut.: vehiculum, Fronto: equum, Suet.: pisces, auf die F. treten, Apul.: im Passiv, inscenso equo, Suet. – absol., inscendo, ich steige (in das Schiff) ein, gehe an Bord, Plaut. mil. 116. – **II** zur Begattung **aufsteigen, bespringen,** alqam, v. Esel, Apul. met. 7, 21.

īnscēnsio, ōnis, *f.* (inscendo), das **Einsteigen, an Bord Gehen,** in navem, Plaut. rud. 503. – u. das **Besteigen,** eius saxi, Itin. Alex. 43 (99).

īnscēnsus, Abl. ū, *m.* (inscendo), das **Bespringen,** equarum, Apul. met. 7, 14.

īnsciē, *Adv.* (inscius), **unwissend, aus Einfalt,** Apul. de deo Socr. 3. Fronto ad M. Caes. 4, 3. p. 62, 12 N.

īn-sciēns, entis, **unwissend, I** = **wider Wissen** (Ggstz. sciens), insciens prosilui, Plaut.: feci insciens, Ter.: me insciente, Plaut. u. Cic.: inscientibus cunctis, Liv.: certo scio te inscientem atque imprudentem dicere ac facere omnia, dass du alles wider Wissen u. Willen tust, Ter.: utrum inscientem vultis contra foedera fecisse an scientem? Cic. – **II** = **ungeschickt** Ter. Phorm. 59.

īnscienter, *Adv.* (insciens), **unwissentlich, ungeschickt, einfältig,** facere, Cic. Acad. 2, 17; top. 33: tuba a Graeco insc. inflata, Liv. 25, 10, 4. – *Superl.*, inscientissime interpretari, Hyg. astr. 2, 12.

īnscientia, ae, *f.* (insciens), das **Nichtwissen** (Ggstz. scientia), **I** die **Unwissenheit = Unkenntnis, Unbekanntschaft** mit usw., insc. mea, nostra, Cic.: m. subj. *Genet.*, insc. praecipientium, Tac.: vulgi, Caes.: ducum, Liv.: hostium, Caes.: m. obj. *Genet.*, locorum, Caes.: eius (lini) usus, Caes.: tradendi, Quint. – **II** insbes., das philosophische **Nichtwissen,** das zur Forschung treibt (Ggstz. scientia, das [gründliche] Wissen), Cic. Acad. 1, 41; de nat. deor. 1, 1 u. a.

īn-scindo, ere, **nach innen zerreißen, zerfleischen,** iacentes (v. Hunden), *Apul. met. 8, 17 H.

īnscītē, *Adv.* (inscitus), **ungeschickt, plump,** si quid scis me fecisse inscite aut improbe, Plaut.: naves insc. factae, Liv.: insc. comparare (vergleichen) alqd cum alqa re, Cic.: non inscite inepteque, Gell.: inscitissime petere, Hyg. bei Gell. 10, 16, 5.

īnscītia, ae, *f.* (inscitus), **I** das **Ungeschick,** die **Unerfahrenheit, Unüberlegtheit,** der **Unverstand,** die **Verkehrtheit** (Ggstz. prudentia), absol., Komik., Liv. u. a.: in proferendis pedibus, Quint.: mit subj. *Genet.*, barbarorum, Cic.: gubernatoris, Cic.: ducum, Liv.: Plur., Pannoniorum inscitiae, Fronto princ. hist. p. 207, 14 N. – m. obj. *Genet.*, belli, Nep. u. Liv.: earum rerum, quae quasi in arte traduntur, Cic.: negotii gerendi, Cic.: seminum eligendorum, Colum.: aedificandi, Tac.: disserendi, Cic. – inscitia est m. *Infin.*, Acc. tr. 215. Plaut. Curc. 185; od. m. *Acc.* u. *Infin.*, Ter. eun. 1071. – **II** der **Mangel an Verständnis,** die **Unkenntnis, Unwissenheit,** m. subj. *Genet.*, per inscitiam ceterorum = ceteris insciis, Tac.: inscitia legionum, Tac.: m. obj. *Genet.*, temporis, die Verkennung der Verhältnisse, Cic.: sanctarum legum, Hor.: rei publicae (des öffentlichen Lebens), Tac.: temporum, Plin. ep.: rerum, Hor.: litterarum, Tac. dial. – m. *erga* (in Betreff) u. Akk., erga domum suam, Tac. ann. 11, 25. – m. folg. indir. Fragesatz, multorum inscitia, qui aut unde hostes advenissent, Liv. 7, 12, 2.

īnscītulus, a, um (*Demin.* v. inscitus), **ungeschickt,** ancillula, *Afran. com. 386.

īn-scītus, a, um, **I ungeschickt, unverständig, töricht, ungereimt,** stultus inscitusque, Plaut.: mulier, Plaut.: inscitum offere iniuriam, Tac.: non insc. iocus, Suet.: quid autem est inscitius, quam etc., Cic. de nat. deor. 2, 36 u. de div. 2, 127: inscitissimus, Plaut. most. 1135: non inscitum visum est m. folg. *Acc.* u. *Infin.*, Gell. 10, 20, 2. – **II unkundig, unwissend,** tibi postea uni dicam, ne inscitiores (die Unwissenderen) audiant ac discant, Gell. 19, 10, 14.

īn-scius, a, um, **I** aktiv = **unwissend, unkundig, α** absol.: homo, Cic.: medici inscii imperitique, Cic.: quem inscii misistis, ohne es zu wissen, Cic.: tu, me inscio, notes etc., wider mein Wissen, Cic. – **β** mit *Genet.*: omnium rerum, Cic.: culpae, frei von usw., Verg.: Numida gens inscia freni, Sil.: equus inscius aevi, das die Kräfte seiner Jahre nicht kennt, Verg. – **γ** m. *de* u. Abl.: de malitia, ICt. – **δ** mit *Infin.*: sutrinas facere, Varro sat. Men. 211: imperii flectere molem haud inscius, Stat. Theb. 3, 387 *sq.* – **ε** mit allg. *Acc. pronom.*: at scribis ea quae fuisti inscius, Turpil. com. 65. – **ζ** m. folg. indir. Fragesatz: inscii, quid in Aeduis gereretur, Caes. b. G. 7, 77, 1. – **II** passiv, **unbewusst = unbekannt,** trames, Apul. met. 5, 26. – ► Abl. Plur. inscieis, Catull. 61, 222 *Schwabe.*

īn-scrībo, scrīpsī, scrīptum, ere, **I in-, auf-, an** etwas **schreiben, 1** eig.: vestris monumentis nomen suum, Cic.: nomen tumulo, Quint., vexillis, Suet.: alci stigmata, Sen.: in illis libellis nomen suum, Cic.: alqd in basi, Cic.: alqd in alcis sepulcro, als Inschrift setzen, Cic. u. Lact. (vgl. Bünem. Lact. 1, 11, 46). – im Bild, **ein-** od. **aufprägen,** orationem in animo, Cic.: sit inscriptum in fronte uniuscuiusque civis, es muss einem jeden Bürger auf der Stirn geschrieben stehen, Cic. – **2** übtr.: **a zuschreiben = beilegen, zueignen,** sibi nomen philosophi, Cic. Tusc. 5, 73. – **b** gleichs. etwas als Urheber auf etwas schreiben = **als Urheber** von etwas **bezeichnen,** dextram alcis leto, Ov.: deos sceleri, als Vorwand für den Frevel gebrauchen, Ov. – **II** etwas **beschreiben, bezeichnen, A** im Allg.: **eine Auf-, In-, Überschrift auf** etwas **setzen,** statuas, Cic.: aras, Suet.: inscripta lintea, gezeichnete Tücher (im Bad), Iuven.: inscr. epistulam patri, einem Brief an den Vater die Überschrift geben, ihn adressieren, Cic.: fasciculus, qui est M'. CURIO inscriptus, an M. C. adressiert ist, Cic. – eosque (libellos) rhetoricos inscribunt, Cic.: liber, qui Oeconomicus inscribitur, den Titel führt, Cic.: u. so liber, qui inscriptus est Hortensius, Cic. – aedes venales, zum Verkauf öffentlich ausbieten (eig. an das Haus schreiben, dass es zu verkaufen ist), Plaut.: so auch aedes, zum Vermieten ausbieten, Ter.: alqm litteratorem, einen als L. ausbieten (da verkäufliche Sklaven mit einem Täfelchen auf der Brust, auf dem man ihre Fertigkeiten verzeichnete, feilgeboten wurden), Suet.: flores inscripti nomina regum, mit dem N. der K. bezeichnet, Verg. – sua quemque deorum inscribit facies, bezeichnet (macht kenntlich) so deutlich, als wäre der Name darauf geschrieben, Ov. met. 6, 74: versā pulvis inscribitur hastā, Verg. Aen. 1, 478. – Partiz. subst., īnscrīpta, ōrum, *n.*, Überschriften, Titel (von Büchern), Gell. praef. § 9. – **B** prägn., **brandmarken,** Plin., Iuven. u. Mart.

īn-scrīptilis, e, **unschreibbar** (Ggstz. scriptilis), Diom. 420, 13.

īnscrīptio, ōnis, *f.* (inscribo), **I** das **Daraufschreiben, A** eig.: nominis, Cic. de domo 51. – **B** meton. = die **Anklage,** ICt. – **II** das Beschreiben, **A** im Allg., u. zwar meton., die **Auf-, Inschrift** einer Statue usw., die **Überschrift,** der **Titel** eines Buches, Cic. u. Plin. ep.: Plur., Quint. 1, 5, 20. – **B** prägn., das **Brandmarken,** frontis, Petron. 103, 2 u. 106, 1: Plur., inscriptiones frontis, Sen. de ira 3, 3, 6.

īnscrīptor, ōris, *m.* (inscribo), der **Aufzeichner** der Namen auf einem Denkmal, CIL 6, 29942.

īnscrīptūra, ae, *f.* (inscribo) = inscriptio, Tert. adv. Valent. 30 zw.

1. īnscrīptus, a, um (in u. scribo), **I ungeschrieben, nicht aufgeschrieben** (Ggstz. scriptus), iustitia, Chalcid. Tim. 6: alia esse scripta, alia inscripta, Quint. 3, 6, 37. – **II** insbes.: **A** bei dem Zollamt nicht zur Versteuerung angegeben, **undeklariert,** dah. **unverzollt, unversteuert,** Lucil. 722: pecus, Varro r. r. 2, 1, 16. – **B** wovon in den Gesetzen nichts verordnet ist, im Gesetzbuch **nicht verzeichnet, nicht besonders erwähnt,** maleficium (= ἄγραφον ἀδίκημα), Sen. exc. contr. 3. praef. § 17 u. 5, 1 *lemm.* Quint. 7, 4, 36. Ps. Quint. decl. 252 *in.* u. a.

2. īnscrīptus, a, um, *Partic.* v. inscribo, s. d.

īnscrūtābilis, e, *Adi.* m. *Compar.* (in u. scrutor), **unerforschlich,** Eccl.

īn-scrūtor, ārī, **vergeblich suchen,** in domo Liae, Augustin. de genesi § 113.

īn-sculpo, sculpsī, sculptum, ere, **I eingraben, einschnitzen, A** eig.: sua et patrum nomina, Iustin.: m. *Dat.*, litteras tabellae, Quint.: summam patrimonii saxo, in Stein hauen (meißeln), Hor.: elogium tumulo, Suet.: incisa et insculpta sunt publicis aeternisque monumentis praetoria ornamenta Pallantis, sic quasi foedera antiqua, sic quasi antiquae leges, Plin. ep.: im Passiv auch m. *Abl. loc.*, foedus insculptum columnā aeneā, Liv. 2, 33, 9. – **B** übtr., **einprägen,** natura in mentibus insculpsit, Cic.: omnibus innatum est et in animo quasi insculptum esse deos, Cic. – **II mit einer Inschrift versehen,** dentes eburneos gentis suae litteris, Val. Max. 1, 1. ext. 2.

īn-secābilis, e, **unzerschneidbar, unzertrennlich, unteilbar,** Sen.: corpora, Atome, Vitr. u. Quint.: so auch semina, Lact.

1. īn-seco, secuī, sectum, āre, **I einschneiden** in usw., **zerschneiden,** alqd dentibus, mit den Z. ankauen, Rhet. Her.: gurguliones, abschneiden, Cic. Tull. 21: corpora mortuorum, die Leichen öffnen, Plin.: u. so insecare aperireque humana corpora, Gell.: cutem, einen Einschnitt in die H. machen, Liv.: folia insecta pectinum modo, Plin. – Partiz. subst., īnsecta, ōrum, *n.*, **Kerbtiere, Insekten,** Plin. 11, 1 u. a. – **II hineinschneiden,** ut in ipsa pronuntiatione eas res, quas demonstrabimus, inserere atque insecare videamur in animis auditorum, einzupflanzen u. einzupfropfen, Rhet. Her. 3, 24.

2. īnseco (īnsequo) = ἐνέπω, archaist., **ansagen,** insequis, Placid. gloss. V, 29, 20: Imperat. inseque, Enn. nach Paul. ex Fest. 111, 11 u. Gloss.

II, 86, 53, aber insece, Enn. ann. 326 u. Liv. Andr. Odyss. fr. bei Gell. 18, 9, 5: insexit, Enn. fr. inc. 36: Partiz. Fut. Pass. insecenda, Cato fr., s. Gell. 18, 9, 1 *sqq.*

īnsectanter, *Adv.* (insector), **gehässig,** vituperari, Gell. 19, 3, 1.

īnsectātio, ōnis, *f.* (insector), das **Verfolgen,** **I** eig.: hostis, Liv. 21, 47, 2. – **II** übtr., die **Ausfälle** gegen jmd., die **Verhöhnung, Verunglimpfung,** alcis, Liv.: fortunae, Quint.: temporum Claudianorum obliqua insectatio, halbverdeckte Vorwürfe gegen usw., Tac. – nec sine occulta in Mucianum insectatione, Tac. hist. 3, 53. – Plur., **Verhöhnungen, Hohnreden, Schimpf-** u. **Spottreden, Neckereien,** insectationibus petitus, Tac.: per insectationes et nuntios ad proelium vocari, Tac.

īnsectātor, ōris, *m.* (insector), der **Verfolger, Verhöhner, Eiferer** gegen etw., plebis, Liv.: vitiorum, Quint.: religionis Christianae, Eutr. 10, 16 *extr.*: suae pudicitiae, Augustin.

īnsectio, ōnis, *f.* (2. inseco), die **Erzählung,** Plur. insectiones, vorklass. nach Gell. 18, 9. § 11.

īnsecto, āre, s. īnsector ►.

īnsector, ātus sum, ārī, feindl. **verfolgen, drängen,** **I** eig.: aquila insectans alias aves et agitans, Cic.: impios insectantur Furiae, Cic.: poet., herbam rastris, das Unkraut fleißig ausjäten, Verg. – **II** übtr., **verfolgen, durchziehen, verhöhnen, verunglimpfen,** alqm maledictis, Cic.: alqm vehementius, inimice, Cic.: audaciam improborum, Cic.: vitia, Plin. ep. – ► Partiz. Perf. passiv, ab iis insectatus, Auct. b. Afr. 71, 4. – Aktive Nbf., nos insectabit lapidibus, Plaut. capt. 593 u. Poen. 528.

1. īnsectus, a, um = non sectus, Paul. ex Fest. 111, 14.

2. īnsectus, a, um, *Partic.* v. inseco, s. d.

īn-secundus, a, um, **unglücklich,** proelium, Eutr. 9, 24 H. u. Dr.; vgl. Not. Tir. 57, 64.

īn-secus, *Adv.* = εἰς ἐγγύς, **nahe,** Gloss. II, 86, 47.

īnsecūtio, ōnis, *f.* (insequor), die **Verfolgung,** Apul. met. 8, 16. Augustin. in psalm. 29. § 8 u. a. Iul. Val. 2, 19. p. 103, 12 K.

īnsecūtor, ōris, *m.* (insequor), der **Verfolger,** Tert. apol. 5. Apul. met. 8, 2.

īnsēdābiliter, *Adv.* (in u. sedo), **unstillbar, unauslöschlich,** Lucr. 6, 1174.

īn-sēdulus, a, um = ἀσπούδαστος, **nicht eifrig,** Gloss. II, 248, 24.

īn-segestus, a, um (in u. seges), **ungesät, unbestellt,** malum, Plaut. truc. 314 *Leo.*

īn-semel, *Adv.*, **auf einmal,** *Stat. silv. 1, 6, 36. Flor. prooem. § 3 u. 2, 20, 1. Gaius dig. 18, 1, 35. § 7.

īn-sēmino, āvī, ātum, āre, **I** **einsäen, einpflanzen,** übtr., morbum visceribus, Gell. 19, 5, 3: voluit deos inseminare omni animae initia intellectus, initia sapientiae, Augustin. serm. 117, 11. – **II** **befruchten,** **A** eig.: terra ex caelestium imbrium conceptionibus inseminata, Vitr. 8. praef. § 1: non putavit id satis esse nisi propagationibus inseminando curaret augendam (bildl.), Vitr. 7. praef. § 4: generat universa inseminando fovendo perducendo alendo augendoque, v. Phöbus (der Sonne), Macr. sat. 1, 17, 35: res, Macr. sat. 1, 17, 68. – **B** übtr., befruchtend **hervorbringen, zeugen,** deos, v. Jupiter, Arnob. 2, 70.

īn-senēsco, senuī, ere, **in** od. **bei** od. **über** etwas **alt werden,** libris, Hor.: negotiis, Tac.: nostris malis, Ov.: singulis actionum partibus, Quint.

īnsēnsātē, *Adv.* (insensatus), **unsinnig, unvernünftig,** Vulg. sap. 12, 23.

īnsēnsātio, ōnis, *f.* (insensatus), die **Unvernunft, Torheit,** Interpr. Iren. praef. § 2.

īn-sēnsātus, a, um, **unvernünftig,** lapis, gefühllos, Augustin. serm. 24, 6.

īn-sēnsibilis, e, **I** passiv = **unempfindbar,** **A** eig.: morbus, Ser. Samm. 34. – subst., īnsēnsibilia, ium, *n.* (Ggstz. sensibilia), Lact. 2, 2, 17; 2, 5, 1. Ps. Apul. Ascl. 19. – **B** **unbegreiflich,** Gell. 17, 10, 17. – **II** aktiv = **empfindungslos, gefühllos,** elementa, Lact. 1, 11, 54: digitorum suorum figmenta, Lact. 4, 1, 2. – simulacrum, Lact. 6, 13, 13 u. 7, 3, 7. – subst., īnsēnsibile, is, *n.*, das **Empfindungslose** (Ggstz. sensu praeditum), Lact. 2, 8, 38.

īnsēnsibilitās, ātis, *f.* (insensibilis), die **Empfindungslosigkeit, Gefühllosigkeit,** defuncti corporis, Ambros. de bono mort. 7, 26: absol., Augustin. de gen. ad litt. § 24 (vgl. insensualitas). Boëth. Arist. top. 2, 3. p. 677. Claud. Mam. de stat. anim. 1, 3.

īnsēnsibiliter, *Adv.* (insensibilis), **gefühllos,** Eccl.

īn-sēnsilis, e, **empfindungslos,** Lucr. 2, 866 u. 888 u. a. Chalcid. Tim. 52 A.

īn-sēnsuālis, e, **empfindungslos,** res, Cassiod. var. 2, 40, 12.

īnsēnsuālitās, ātis, *f.* (insensualis), die **Empfindungslosigkeit,** *insensibilitas* quaedam, vel si melius *insensualitas* dicitur, Augustin. de gen. ad litt. § 24: ins. lapidis, Augustin. c. Faust. 15, 4.

īn-sēparābilis, e, **unzertrennlich,** Sen. u. a.: *Compar.* b. Augustin. de trin. 15, 23.

īnsēparābilitās, ātis, *f.* (inseparabilis), die **Unzertrennlichkeit,** Eccl.

īnsēparābiliter, *Adv.* (inseparabilis), **unzertrennlich,** Macr. somn. Scip. 1, 22. Lact. 3, 11, 14 u. a.

īn-sēparātus, a, um, **ungetrennt,** Tert. adv. Prax. 9 u. 18.

īn-sēpio, insēptio, s. insaep...

insēptus, a, um, s. 1. īnsaeptus.

īn-sepultus, a, um (in u. sepelio), **unbegraben, ohne** (eigentliches) **Begräbnis,** insepulti acervi civium, Cic.: insepulti patris ossa, Iustin.: alqm insepultum proicere, Liv.: insepultum perisse, Liv.: isque me defodit insepultum in hisce aedibus, Plaut. most. 502. – übtr., vita ins., Naev. tr. fr.: mors ins., ohne erfolgendes Begräbnis, Sen.: sepultura ins., ein B., das so gut wie keines ist = ein unseliges, fluchwürdiges B., Cic.

1. īnsequenter, *Adv.* (insequor) = protinus, **sofort,** Non. 376, 19.

2. īnsequenter, *Adv.* (in u. sequor), **ohne gehörige Folge, ohne Zusammenhang,** Gell. 10, 29, 4.

īn-sequo, s. 2. īnseco.

īn-sequor, secūtus sum, sequī, **unmittelbar nachfolgen,** (sogleich) **darauf folgen, auf dem Fuße folgen, verfolgen,** **I** im guten Sinne, **1** eig., absol., proximus huic, longo sed proximus intervallo, insequitur Salius, Verg.: insequitur acies ornata armataque, Liv.: vestigiis (Abl.) insecutus, Tac.: m. *Acc.*, agmen, Curt.: temere insecutae Orphea silvae, Hor.: dah. poet., arva semine iacto, durchwandeln, begehen, Verg.: fugientem lumine pinum, mit dem Blick verfolgen, Ov. – **2** übtr.: **a** übh.: a tergo insequens aetas, Poët. b. Cic.: insequitur aquae mons, Verg.: vidisse post insequi cum fragore nimbum, Liv.: insequitur clamor virûm, Verg.: protinus altior insecutus est somnus, trat sofort ein, Curt.: alcis facta suspicio insequitur, Cic.: u. meton., mors insecuta est Gracchum, ereilte den Gr., Cic. de div. 2, 62. – **b** der Reihenfolge u. Zeit nach, **unmittelbar-, sogleich darauf folgen,** **α** der Reihenfolge nach, postremam litteram detrahebant, nisi vocalis insequebatur, Cic.: Partiz. subst., ex *prioribus* geometria probat *insequentia,* Quint. – **β** der Zeit nach: hunc proximo saeculo Themistocles insecutus est, Cic.: bes. Partiz., annus insequens, Hirt. b. G. u. Liv.: insequentes consules, consulatus, Liv.: nocte insequenti, Hirt. b. G. – **c** in der Rede **die Sache weiter verfolgen,** pergam atque insequar longius, Cic. Verr. 3, 51: itaque insequebatur, Cic. de nat. deor. 3, 44. – **d** m. *Infin.* od. m. *ut* u. Konj. = **sich daran machen, darauf ausgehen,** convellere vimen, Verg. Aen. 3, 32: non te insequor ut erudiam, Cic. de or. 2, 10. – **II** im üblen Sinne, feindl. **auf dem Fuße folgen, nachsetzen, verfolgen,** **1** eig., absol., qui insequitur, der Verfolger, Ov.: pars cedere, alii insequi, Sall.: cupide insequentes, Auct. b. Afr.: cupidius insecuti, Caes.: m. *Acc.*, cedentes, Caes.: strenue hostem, Liv.: alqm gladio stricto, Cic.: alqm clamore ac minis, Cic.: alqm in abditas regiones, Sall. – **2** übtr., **verfolgen** = feindl. verfahren gegen usw., hart zusetzen, **a** übh., alcis familiares, Nep.: poëtas, Tac. dial.: u. alqm bello, Verg.: homines benevolos contumeliā, Cic.: poet., ora protervis manibus, Ov.: saxum morsibus, Ov. – **b** mit Worten **verfolgen, zusetzen, verhöhnen, durchziehen, mit Vorwürfen überhäufen, gegen** jmd. od.

etw. **losziehen, zu Felde ziehen,** alqm, Quint. u. Plin. pan.: alqm irridendo, Cic.: vitia orationis, Quint.: delicta regum, Iustin.: vitae eius turpitudinem, Cic.

īnserābiliter, *Adv.* (in u. sera), **unaufschließbar,** Itin. Alex. M. 43 (100).

īn-serēnus, a, um, **nicht heiter, trübe,** Hyas, Stat. silv. 1, 6, 21.

1. īn-sero, sēvī, situm, ere, **einsäen, einpflanzen, einpfropfen, I** eig.: **A einsäen,** frumentum, Colum. 5, 7, 3. – **B einpfropfen, pfropfen, a** im Allg.: pirum bonam in pirum silvaticam, Varro: omne genus surculi omni generi arboris, Colum.: ex arbore in arborem, Varro: sarmentum, Colum. – Partiz. subst., īnsitum, ī, *n.*, das **Gepfropfte,** das **Pfropfreis,** Varro u. Colum. – **b** prägn., mit Pfropfreisern versehen, **pfropfen,** vitem, oleam, Colum.: arbutum fetu nucis, Verg.: insita mala, Verg.: insita arbor, Colum. – **II** übtr.: **A** gleichs. **einpfropfen,** stirps alieni generis insita (utero mulae), Colum. 6, 36, 2. – in Calatinos Atilios insitus, einverleibt, Cic. Sest. 72: insitus (eingeschoben) et adoptivus, Tac. ann. 13, 14. – **B einpflanzen,** haec (eloquentia) *inserit* novas opiniones, *evellit* insitas, Cic.: vitia, Hor. – Partiz. īnsitus, a, um, **eingepflanzt, angeboren, angestammt,** von Natur od. durch Erziehung usw. **eigen,** virtus, opinio, Cic.: natura, der Volkscharakter, Liv.: amor ille penitus insitus animo, Cic.: insitus menti cognitionis amor, Cic.: lex est ratio summa insita in natura, quae etc., Cic.: hoc naturā insitum est, ut etc., Cic. – ut esset insitum militibus nostris aut vincere aut emori, Cic. de off. 3, 114: huic populo ita fuerat libertas insita, ut etc., Cic. – **C vereinigen,** animos corporibus, Cic. Tim. 44.

2. īn-sero, seruī, sertum, ere, **hineinfügen, - stecken, -tun, -bringen, I** eig.: **A** im Allg.: collum in laqueum, Cic.: cibum alci in os, Cic.: per clostrum, qua (wo) se commissura laxaverat, quattuor denarios in tabernam, Sen.: calceo pedem, Amm.: laevam tunicis manum, Ov.: gemmas soleis, Curt.: uno lino decies HS, an **eine** Schnur für eine Million Sest. (Perlen) anreihen, Tert.: seram posti, Ov.: ossa inserta catenis et implicita, Plin. ep.: ins. ex propinquo telum, eindringen lassen, hineinstoßen, Liv.: trecentos, hineinpacken (in ein Schiff), Hor.: insertae fenestrae, die in die Wände eingelassenen Fensteröffnungen, Verg.: praedia agris meis vicina atque etiam inserta, darin liegende, Plin. ep. – oculos in alcis pectora, den Blick dringen lassen, Ov.: oculos suos secretis, Cypr.: u. oculos huic miraculo, den Blick werfen auf usw., Val. Max. – ins. se turbae, sich hineinbegeben in usw., Ov. art. am. 1, 605. – **B** insbes.: **a** als *t. t.* der Gärtnerspr., **einpfropfen,** quidquid inserueris, vimine diligenter ligato, Colum. de arb. 8, 2: inserantur fructuosae arbores vel gemmis vel surculis, mögen okuliert od. gepfropft werden, Hieron. epist. 125, 11: non insertae arbores fici sed sponte natae, Porphyr. Hor. epod. 16, 46: surculus insertus, Colum. de arb. 8, 3. – **b** als *t. t.* der Weberei, den Einschlag durch den Aufzug (vermittels des Weberschiffchens) **schießen,** subtemen (radiis) ins., Ov. met. 6, 56. Sen. ep. 90, 20. – **II** übtr.: **A hineinbringen, einmischen, einfügen, einschalten,** falsa vitiaque, Vell.: iocos historiae, Ov.: narrationes orationibus, Quint.: alqd huic loco, Vell.: tantae rerum magnitudini hoc, qualecumque est, Vell.: nomen suum verum carmini, Lact.: deos minimis rebus, Liv.: poet., alqm vitae, beim Leben erhalten, Stat.: nomen famae, berühmt machen, Tac. dial. – ins. se, sich in etw. **einmischen,** inserentibus se centurionibus, Tac.: se bellis, Ov.: sese fortunae, sich dem Glück aufdrängen, Tac. (vgl. ignobilitatem suam magnis nominibus, Tac.). – **B** insbes., **einreihen, einverleiben,** alqm vatibus, choro, Hor.: stellis, unter die Sterne versetzen (= Unsterblichkeit verleihen), Hor.: insertus familiae, numero civium, Suet.

īn-serpo, serpsī, serptum, ere, **überschleichen,** übtr., inserpere murmur arenis, Claud.: ei commodum lanugo malis inserpebat, der Bart zeigte sich eben erst auf den Wangen, Apul.: somnus inserpit curis, Stat.

īnsertātio, ōnis, *f.* (inserto), das **Hineinfügen,** Cael. Aur. de morb. chron. 1, 1, 43.

īnsertio, ōnis, *f.* (2. insero), **I** die **Einfügung,** Chalcid. Tim. 12. – **II** das **Einpfropfen, Pfropfen,** Isid. orig. 17, 6, 2: oleastri, Augustin. epist. 140, 50: Plur., insertiones surculorum, Macr. sat. 1, 7, 25.

īnsertīvus, a, um (2. insero), **eingepfropft,** stirps (bildl.), Calp. decl. 24.

īnserto, āvī, ātum, āre (*Intens.* v. 2. insero), **hineinfügen, -stecken,** sinistram clipeo, Verg.: manum leonibus, in den Rachen der Löwen, Sen.: omni parti atque particulae (corporis) sese ins. (v. Falernerwein), dringen in usw., Cael. Aur.

īn-servio, īvī, ītum, īre, **dienen, I** eig., als Untertan, als Vasall **dienstbar sein,** reges inservientes, die dienstbaren, Tac. hist. 2, 81. – **II** übtr., **dienen, A = zu Diensten-, zu Willen sein, Gefälligkeiten erweisen,** alci, Cic. u. a.: alqm, Plaut. most. 190 u. 216. – auribus, Gell.: legibus, Gell.: temporibus, sich nach den Umständen richten, Nep.; vgl. passiv, nihil est inservitum a me temporis causā, es war gar nicht nötig, den Mantel nach dem Wind zu hängen, Cic. – **B** einer Sache **ergeben sein, eifrig nachkommen, sie fördern, eifrig betreiben,** commodis, artibus, honoribus, Cic.: voluntati dei, gehorchen, Gregor. Tur.: ineptae rei, sich einem abgeschmackten Geschäft unterziehen, Val. Max.: legibus rationibusque omnium definitionum, Gell.: inservi (*sc.* valetudini) et fac omnia, Cic. – m. *Acc.*, inserviendumst consilium, wohl zu vollziehen, Plaut. Poen. 927. – ► Imperf. inservibat, Sil. 7, 341: Fut. inservibis, Plaut. most. 216.

īn-servo, āre, **I bewahren, erhalten,** vires integras, Amm. 31, 15, 11 *cod. V.* – **II beobachten, achtgeben,** fata, Stat. Theb. 6, 935: volucres, Stat. Theb. 8, 194: inservante novercā, Stat. Theb. 10, 886.

īnsessor, ōris, *m.* (insideo), **I** der **Fahrgast, Passagier** eines Schiffes, Iul. Val. 1, 1. – **II** der **Besetzer,** viarum, Wegelagerer, Symm. epist. 2, 48.

1. īnsessus, a, um (in u. sīdo), nicht ansässig = **ohne festen Wohnsitz,** gentes, Gromat. vet. 137, 7.

2. īnsessus, a, um, Partic. v. insideo u. insido, s. d.

īnsībilātor, ōris, *m.* (insibilo), der **Einzischler** (ins Ohr), veneni (verderblicher Lehren), Augustin. in euang. Ioann. 1. tract. 8. § 6.

īn-sībilo, āre, **I** *intr.* **hineinzischen, -sausen, -brausen,** ubi trux insibilat eurus, murmura pinetis fiunt, Ov. met. 15, 603: membris insibilat ignis, Sil. 12, 616: per os eius vox antiqui serpentis insibilat, Ps. Augustin. – **II** *tr.* **zischend einhauchen,** Sil. 2, 626.

īn-siccābilis, e, **nicht auszutrocknen, nicht austrocknend,** fons, Augustin. in psalm. 41, 2 *extr.*: ins. gelu pagina, Sidon. epist. 9, 16, 2.

īnsiccātus, a, um (in u. sicco), **nicht getrocknet,** vulnera putri insiccata cruore, Stat. Theb. 3, 364: ins. cruor, Stat. Theb. 8, 246.

īnsicia, s. īsicium.

īnsiciārius, iī, *m.*, s. īsiciārius.

īnsiciātus, a, um, s. īsiciātus.

īnsiciolum, s. īsiciolum.

īnsicium, s. īsicium.

īn-sideo, ēre (in u. sedeo), **I** *intr.* **in** od. **auf** etw. **sitzen, 1** eig.: **a** im engeren Sinne, in hydra (v. Raben), Hyg. astr. 2, 40: m. *Dat.* od. *Abl.*, immani et vastae beluae, Cic.: equo, Cic., Liv. u. a.: curru, Naev. com. fr. u. Sen. poët.: toro, Ov.: ligneo solio, Suet.: equus qui (cui?) insidetur, Gell. 18, 5, 8. – **b** im weiteren Sinne, **seinen Sitz (Wohnsitz) haben,** ad introeuntium dextram (v. einem Volk), Mela 3, 5, 4 (3. § 38): penitus (im Innern, v. d. Penaten), Cic. de nat. deor. 2, 68. – **2** übtr.: **a** v. Konkr., in etw. **sitzen, haften,** insidens capulo manus, fest am Griff liegende, Tac. ann. 2, 21: quod (iecur) prominens leviter ventriculo insidet (auf dem Magen ruht), Cels. 4, 1. p. 121, 15 D. – **b** v. phys. u. abstr. Zuständen, in etw. **seinen Sitz haben, wohnen,** wo **haften,** einer Sache **anhaften,** dolor pedibus insidebat, Plin. ep. – insidet quaedam in optimo quoque virtus, Cic.: in exulcerato animo facile fictum crimen insidet, macht Eindruck auf das verw. G., Cic.: quod aut aliae cuius desiderium insideat rei, Lucr.: omen laetum insidebat animis, Liv.: absol., deorum assidua insidens cura, Liv.: his insidentibus malis, Cic.: si ex ipsorum domestico incommodo nullus dolor insideret, Cic. – **II** *tr.* **besetzt halten, 1** im Allg.: vias, Plin. pan. 26, 1: u. als milit. *t. t.*, locum, Liv. 21, 54, 3 u. 22, 28,

7: fauces (saltus), Liv. 35, 11, 2. – übtr., v. Örtl., Ioppe Phoenicum insidet collem praeiacente saxo, liegt oben auf einem H., Plin. 5, 69. – **2** insbes., **innehaben = bewohnen,** ea loca, Tac. ann. 12, 62.

īnsidia, ae, s. īnsidiae ►.

īnsidiae, ārum, *f.* (insideo), eig. das Darinsitzen (ἐνέδρα), der **Hinterhalt, I** eig.: **a** die Menschen, insidias locare, Liv., collocare, Caes.: insidias instruere, Liv.: insidias in montibus componere, Iustin.: cavere ac struere invicem insidias, Liv.: insidiae cooriuntur, Tac. – **b** der Ort, milites in insidiis collocare, Caes.: signa in insidiis ponere, Cic.: invadere ex insidiis, Sall.: insidias intrare, Caes.: in insidias deductus occīditur, Iustin. – **II** übtr.: **a** die **Nachstellung, Hinterlist, Heimtücke,** der **Verrat,** hinterlistige, heimtückische **Anschläge, heimliche Kunstgriffe** (bes. auch des Redners), insidiarum expers, Sen.: insidiarum adversus alqm conscius, Suet.: insidias vitae facere od. ponere, Cic.: insidias ponere contra alqm, Cic.: insidias alci parare, Cic., nectere, Val. Max.: insidias opponere, tendere, collocare, struere, adhibere, comparare, Cic.: alci insidias instruere, Iustin.: insidias componere, Tac.: insidias componere alci, Tibull.: insidias disponere, Quint.: insidias dare, Plaut.: insidias machinari, Lact.: insidias portare, Ov.: evadere alcis nocturnas insidias, Suet.: per insidias, hinterlistig, Cic.: so auch insidiis od. ex insidiis, Cic. – m. objekt. *Genet.,* sibi has urbanas insidias caedis atque incendiorum deposcere, für sich die Ausführung der Mordüberfälle und Brandstiftungen hier in der Stadt in Anspruch nehmen, Cic. Cat. 2, 6. – **b** der **Trug,** die **Täuschung,** m. subj. *Genet.,* noctis, Verg.: aetatis, Quint.: absol., omnibus insidiis temptatus, Suet. Cal. 10, 2. – ► Sing. insidia, Ven. Fort. vit. S. Mart. 1, 101. Itala sap. 14, 24; Hos. 5, 1; act. apost. 20, 3. Gloss. II, 362, 61; dagegen von Augustin. locut. in heptat. 7 verworfen.

īnsidiātōr, ōris, *m.* (insidior), **I** ein **im Hinterhalt liegender Soldat,** Hirt. b. G. 8, 18, 4. Auct. b. Afr. 66, 2. Iustin. 13, 8, 6. – **II** übtr., der **Wegelagerer, Nachsteller, Verräter, Räuber,** Cic. u. a.: viae, Cic. Cat. 2, 27: imperii, Nep. de regg. 2, 2: Ggstz. petitus insidiis, Liv. 40, 10, 1.

īnsidiātrīx, trīcis, *f.* (Femin. zu insidiator), **im Hinterhalt lauernd,** manus, Amm. 24, 4, 29; 27, 10, 11. – übtr., die **Nachstellerin,** insidiatrices aures, Ambros. in Luc. 5. § 42: aviditas rapiendi, quae insidiatrix saepe Romani militis fuit, Amm. 23, 5, 21; vgl. 31, 4, 10: m. *Dat.,* utilitatibus publicis insidiatrix audacia, Edict. Diocl. prooem. § 30 M.

1. īnsidio, āre (insidiae) = insidior, Callistr. dig. 48, 9, 28. § 11.

2. īnsidio, īre = insidēre, Ven. Fort. carm. 1, 21, 30.

īnsidior, ātus sum, ārī (insidiae), **I im Hinterhalt liegen, -lauern,** m. *Dat.,* gegen jmd. **im Hinterhalt liegen** od. **lauern,** absol., Caes. u. a.: m. *Dat.,* hostibus, Ov.: navibus, Auct. b. Alex.: ovili (v. Wolf), Verg.: m. *ad* u. Akk., bestiae, quae insidiabantur ad praedam, Augustin. serm. 2, 2 *Mai.* – **II** im weiteren Sinne, **eine Falle legen, Nachstellungen bereiten, nachstellen, a** = jmdm. **nach dem Leben trachten,** absol. od. alci, Cic. u. a.: m. *Acc.,* coepit puellam velut aemulam crudelissimis laqueis mortis insidiari, Apul. met. 10, 24. – **b** übh., **etwas im Schilde führen, einen Anschlag machen** (gegen usw.), **es absehen** (auf usw.), **eine Falle legen, auflauern, misstrauisch aufpassen** (auf etw.), m. *Dat.,* Piraeo (gegen den P.), Nep.: somno maritorum, Cic.: tempori od. temporibus, Liv. u. Vell.: absol., non enim id agit (auditor), ut insidietur et observet, sed iam favet, Cic.: saepe (orator) praeparat, dissimulat, insidiatur, Quint.: v. Lebl., illud insidiantis fortunae fuit, war eine Tücke des Sch., Quint.: cum (mens) insidiatur, Quint.: quod (genus orationis) non insidietur, Quint.

īnsidiōsē, *Adv.* m. *Superl.* (insidiosus), **hinterlistig, heimtückisch, ränkevoll,** Cic. u. a. – *Superl.* insidiosissime, Cic. ad Q. fr. 1, 3, 8.

īnsidiōsus, a, um (insidiae), **hinterlistig, heimtückisch, ränkevoll, gefährlich, a** v. lebl. Subjj.: bellum, Cic.: itinera, Suet.: insidiosus et plenus latronum locus, Cic.: clementia alcis, Cic.: simulationes, Cic.: verba, Ov.: facies oculis insidiosa meis, Ov.: condicio insidiosissima, Plin. – **b** v. Pers.: amici, Cic.: quis insidiosior? Cic.: insidiosissimus princeps, Plin. pan.

īn-sīdo, sēdī, sessum, ere, *intr.* u. *tr.* **in** od. **auf** etwas **sich setzen, -sich niederlassen, I** im Allg.: in dorso (v. Reiter), Curt. – m. *Dat.,* duobus sedilibus iunctis, Cels.: equo per festinationem, Vopisc.: arboribus navium (v. Vögeln), Augustin.: floribus (v. Bienen), Verg.: fastigio Capitolii (v. Bienen), Tac.: littera i sibi insidit, es können zwei i miteinander verschmolzen werden, Quint.: digitos insidere membris, sich eindrücken, Ov. – m. *Acc.,* currum, Naev. fr.: locum, Stat.: apex fessis insiditur astris, die Gestirne ruhen auf usw., Stat.: insessum diris avibus Capitolium, Vögel haben sich darauf gesetzt, Tac.: horrendis insessa cubilia monstris, Stat. – **II** insbes.: **A sich** wo **niederlassen,** um da zu wohnen, iugis, Verg.: mit *Acc.,* cineres patriae, Verg.: übtr., inscia Dido, insidat quantus miserae deus, Verg. – **B** wo **sich festsetzen, festen Fuß fassen,** einen Ort **besetzen, 1** eig., bes. als milit. *t. t.,* m. *Dat.,* silvis, Verg.: silvestribus locis, Liv.: m. *Acc.,* tumulos, Liv.: viam, itinera, Liv.: arcem insedit milite, Tac.: insessae fauces Epiri, Liv. – v. Lebl., iugum cervicibus insidat, sitze fest auf dem Hals, Colum.: vapor insedit Apuliae, hat sich gelagert über usw., Hor.: semen in locis insedit, hat Wurzel gefasst, Cic. – **2** übtr., **sich festsetzen, sich fest einprägen, einwurzeln,** im Perf. auch = **tief sitzen, haften,** in memoria, Cic.: in animo, Cic.: macula penitus iam insedit in nomine, Cic.: m. *Dat.,* nec (dicta vitiose) insidere illi sinat, Quint.: utriusque clamor auribus insederat, beiden tönte in den O. nach, Plin. pan.: dum illa verba memoriae insidant, Quint.: absol., nam (cogitatio) penitus insederat, Cic. – ► Formen eines Perf. insīdi in den Hdschrn. von Naev. com. 107. Sil. 5, 3 u. 12, 487. Tac. ann. 3, 61 u. 16, 27, wo man jetzt meist Formen vom Perf. insedi aufgenommen hat.

īnsīgne, is, *n.,* s. īnsīgnis *no.* II.

īnsīgnificātivus, ī, *m.* [*sc.* modus] (in u. significo), der **unbestimmte Modus,** v. Infinitiv, Diom. 340, 38.

īnsīgnio, īvī, ītum, īre (insignis), **I mit einem Zeichen versehen, zeichnen,** pueri insigniti, mit einem Mal gezeichnet, Plaut. fr. bei Fest. 375 (a), 19: euglyphus, id est bene insignitus, Ambros. in psalm. 118. serm. 16. § 42. – Partiz. subst., īnsīgnīta, ōrum, *n.,* **blaue Flecken, Kontusionen,** Plin. 27, 18 u. 128. – **II einprägen, aufprägen,** m. *Dat.,* materiis mollibus formas, Chalcid. Tim. 50 E.: cerae formas, *ibid.* 311 (vgl. 331): quae omnia in anima fieri eidemque insigniri palam est, *ibid.* 37 C.: m. *in* u. Abl.: in animis tamquam insignitae notae veritatis, Cic. de div. 1, 64: quarum rerum nullum subest quasi corpus, est tamen quaedam conformatio insignita et impressa in intellegentia, quam notionem voco, Cic. top. 27: ins. mentibus cognita, Chalcid. Tim. 26 C. – **III** mit einem Kennzeichen **bezeichnen, 1** im Allg., **bezeichnen, kenntlich machen, kennzeichnen, brandmarken, a** übh.: Postumius nullā tristi notā est insignitus, Liv.: tot facinoribus foedum annum etiam di tempestatibus et morbis insignivere, Tac.: annus funeribus, calamitatibus insignitus, Tac. u. Suet.: ceteri duces dum peractum bellum putant, finem eius insignivere, Tac. – **b** andeutungsweise **bezeichnen, -kenntlich machen,** alqm, Plin. ep. 8, 22, 4. – **2** vor anderen **auszeichnen, hervorstechen lassen, herausputzen, schmücken,** im Passiv **sich auszeichnen, hervorstechen (abstechen),** agros tropaeis, Verg.: clipeum Io auro insignibat, schmückte Io (als Figur) in Gold, Verg.: oratorem vestibus fucatis, auffallend herausputzen, Tac. dial.: barbā geminā insigniri inferiore labro (an der Unterlippe), Plin.: nec insigniri (gegen die Menge), Sen. ep. – ► Synk. Imperf. insignibat, Verg. Aen. 7, 709. Claud. rapt. Pros. 1, 247: insignibant, Stat. Theb. 7, 56: insignibar, Apul. met. 11, 24.

īnsīgnis, e (in u. signum), **I** *adi.,* durch ein Abzeichen vor anderen **kenntlich, erkennbar, unterscheidbar, hervorstechend, auffallend,** im guten u. üblen Sinne, **1** eig.: vestis, Liv.: vestis insignis auro et purpurā, Curt.: bos maculis insignis et albo, Verg.: uxores insignes auro et purpurā, Liv.: insignis hosti, conspicuus suis, Tac.: Phoebus insignis crinibus, Ov.: insignes debilitate aliquā corporis, offenbar am Körper Gebrechliche, Suet.; vgl. insignes aut aliquā parte membrorum inutiles, Curt.: insignis, gezeichnet, gebrandmarkt, totā cantabitur urbe, Hor.: insignis ad deformitatem, auffallend hässlich, Cic. – **2** übtr., **auffallend, sich auszeichnend, ausgezeichnet,** auch **beispiellos, unerhört,** homo omnibus insignis notis turpitudinis, gebrandmarkt, Cic.: improbitas, Cic.: vis, Cic.: virtus Scipionis posteris erit clara et insignis, wird im hellsten Lichte strahlen, Cic.: maxime illustre atque insigne periurium, Cic.: gaudia, Liv.: annus insignis incendio ingenti, Liv.: ins. calamitas, Liv.: insigniora monumenta, Liv.: insignissima religio, Tert.: insigne aliquid facere alci, jmdm. einen Denkzettel anhängen, jmdm. etwas am Zeuge flicken, Ter.: insignem iniuriam facere, Plaut.: illa, quae insignia ac paene vitiosa sunt, imitari, Cic. – mit *Genet.*, insignis libidinum, Tert. de pall. 4. – m. *ad* u. Akk., insignes ad laudem viri, Cic.: insigne ad irridendum vitium, Cic. – m. *Infin.*, insignis ventos anteire lacerto, Sil. 16, 561. – Kompar. insignior, Superl. insignissimus.

II *subst.*, **īnsīgne,** is, *n.*, das **Kennzeichen, Abzeichen, A** im Allg., Cic. u. a.: nocturnum, ein Nachtsignal, Liv.: insignia morbi, Hor.: insigne veri, ein Merkmal, Cic.: quod erat insigne (was ein Zeichen war, bedeutete, dass) eum ... facere, Cic. – **B** insbes.: **1** das **Abzeichen,** die **Zierde, Auszeichnung** der Magistrate usw., insigne, milit. Abzeichen, Plaut. Bacch. 70: insigne vestis latus clavus, Suet.: ins. galeae, Liv.: insigne inimicum umeris gerebat, vom Gürtel des Pallas, den Turnus als Schmuck trug, Verg. – bes. v. königl. **Diadem,** ins. regni, Aur. Vict.: regium capitis insigne, Curt.: u. bl. insigne regium, z. B. capiti alcis imponere, Tac.: insigne regium, quod ille de capite suo abiecerat, reposuit, Cic.: u. bl. ins. capitis, z. B. Sarmatiae rex insigni capitis decorus, Sen. – am Schiff die Figur, die auf den Bug des Schiffes geschnitzt od. gemalt war u. die Person od. den Gegenstand vorstellte, nach dem das Schiff benannt war, das **Wahrzeichen** (griech. παράσημον), navis Alexandrina, cui erat insigne Castorum, Vulg. act. apost. 28, 11. – öfter Plur., insignia = die **Abzeichen, Insignien,** imperatoris, Caes.: sacerdotum, Liv.: regia, Cic.: triumphi, Tac.: militaria, der Offiziere (viell. am Helm), Caes. – übtr., insignia virtutis, gloriae, Auszeichnungen, Cic. – **2** die bei festlichen Gelegenheiten aufgestellten **Prachtstücke,** s. Cic. or. 134. – übtr., quasi verborum insignia, Glanzpunkte, Cic.: haec quae sunt orationis lumina et quodammodo insignia, Cic.; vgl. Jahn Cic. or. 135.

īnsīgnītē, *Adv.* m. *Compar.* (1. insignitus), **auffallend, ausgezeichnet, außerordentlich, unerhört, beispiellos, schreiend, himmelschreiend,** Plaut., Cic. u. a.; vgl. Lorenz Plaut. mil. 558. Brix Plaut. Men. 1010.

īnsīgniter, *Adv.* (insignis), **I kenntlich, hervortretend, bezeichnend,** Apul. met. 8, 2. Gell. 1, 15, 20 u. 19, 7, 2. – **II auffallend, ausgezeichnet,** Cic. u. a. – *Compar.*, insignius ornari, Nep. Ages. 3, 2. – *Superl.*, insignissime docere, Hier. in Euseb. chron. ad a. Chr. 46.

īnsīgnītor, ōris, *m.* (insignio), der **Steinschneider,** der **Graveur,** artifices insignitoresque gemmarum, Augustin. de civ. dei 21, 4, 4. p. 494 D.²

1. īnsīgnītus, a, um, **I** *Partic.* v. insignio, s. d. – **II** *PAdi.*: **A kenntlich, deutlich,** imago, Cic.: notae veritatis, Cic. – **B auffallend, in die Augen fallend, ausgezeichnet, außerordentlich, unerhört, beispiellos, schreiend, himmelschreiend** (s. Dräger u. Nipperd. Tac. ann. 3, 70): imagines, Cic.: iniuriae, Cato fr.: quo magis insignita sit forma, Rhet. Her. 3, 37: insignitior contumelia, ignominia, Liv.: insignitius flagitium, Tac.: m. *Abl.* (durch), Capito insignitior infamiā fuit, Tac. ann. 3, 70.

2. īnsīgnītus, a, um (in u. signum), **mit einer Fahne versehen,** insignita fere tum milia militum octo, nach Fahnen abgeteilt, Enn. ann. 332.

īnsīgnus, a, um = insignis, Commod. apol. 507 (wo insigni reges).

īnsile, is, *n.* (insilio, hineinspringen), die **Spule,** um die das Garn des Einschlags gewickelt wurde, um es durch den Aufzug zu bringen, griech. κανών, ἀντίον, Lucr. 5, 1351.

īn-silio (archaist. īnsulio), siluī (suluī), sultum, īre (in u. salio), *intr.* u. *tr.* **in** od. **auf** etwas **springen, I** im Allg.: **a** eig.: huc, Ov.: in phalangas, Caes.: in equum, Liv.: de navi in scapham, Plaut.: tergo, Ov. u. Plin. ep.: prorae puppique, Ov.: supra tignum, Phaedr.: insuper (oben auf) lumbos meos, Apul. met. 7, 18. – m. *Acc.* (s. Heinsius Val. Flacc. 6, 208), equum, Sall. fr.: equos, Apul.: equum sublimitus, Fronto: Aetnam, Hor.: undas, Ov.: tauros, Suet.: puppim, Lucan. – absol., leo insilit saltu, fällt an, Plin.: insilibat, obturbabat, Gell. – palmes in iugum insilit, Plin. 17, 175. – **b** übtr.: metuo, ne hodie maximum in malum cruciatumque insuliamus, ans Unglückskreuz kommen, Plaut. mil. 279. – **II** insbes.: **a** eig., zur Begattung **bespringen,** admitti ad tigres bestias, a quibus insiliri et nasci ex eodem foetu canes acerrimos, Isid. orig. 12, 2, 28. – **b** übtr., auf etw. **losziehen,** in nostram religionem protervissime, Augustin. de civ. dei 5, 22. p. 234, 30 D.² – ► Perf. insilivit, Liv. 8, 9, 9. Solin. 45, 13. Vulg. 1. regg. 11, 6. Heges. 5, 19: synkop. Imperf. insilibat, Gell. 9, 11, 7.

īnsimilo, āre, s. īn-simulo.

īn-simul (franz. ensemble), *Adv.*, **zugleich,** Stat. silv. 1, 6, 36.

īnsimulātio, ōnis, *f.* (insimulo), die **Beschuldigung, Anklage** gegen jmd., criminis, Cic. Verr. 5, 23: probrorum, Cic. Font. 39.

īnsimulātor, ōris, *m.* (insimulo), der **Beschuldiger, Ankläger,** Apul. apol. 30. Pacat. pan. 43, 4.

īn-simulo, āvī, ātum, āre, jmd. unter Aufstellung von wahrscheinlichen (wahren od. erdichteten) Beschuldigungen übh. u. vor Gericht einer Schuld **zeihen, bezichtigen,** bes. fälschlich = jmd. **verdächtigen,** ihm etw. **andichten, α** mit *Acc.* der Pers.: ins. alqm insontem, Plaut.: alqm falso, Cic.: alqm falso crimine, Liv., od. falsis criminibus, Ov., od. falsis criminationibus, Vell. – Verginii servus *ut* percussor insimulatur, Tac. hist. 2, 68. – **β** m. folg. *Acc.* u. *Infin.*: queruntur, quod eos insimulemus omnia incerta dicere, Cic.: insimulant hominem discessisse, Cic.: insimulant eum (Ulixem) tragoediae simulatione insaniae militiam subterfugere voluisse, Cic. – u. im Passiv m. folg. *Nom.* u. *Infin.*, M. Agrii argentarii servus, Alexander A. Fanni servum occīdisse insimulatus est, Val. Max. 8, 4, 1; u. so Iustin. 5, 1, 1. Amm. 14, 5, 3. – **γ** m. *Acc.* der Pers. u. *Genet.* der Schuld, alqm probri, Plaut. u. Cic.: alqm probri falso (fälschlich), Plaut.: alqm proditionis, Caes.: se peccati, quod etc., Cic. – u. m. Abl. crimine u. *Genet.* der Schuld, insimulari proditionis crimine, Liv., repetundarum crimine, Quint. – **δ** m. *Acc.* der Pers. u. *Acc.* der Schuld, alqm falso facinus tam malum, Plaut. Amph. 859. – **ε** m. bl. *Acc.* der Schuld, quod ego insimulo, Cic.: callidam malitiam inimici, Liv.: im Passiv m. bl. *Nom.*, neque aliud quam patientia aut pudor insimulari posset, Liv. 29, 20, 3.

īn-sincērus, a, um, **I unrein, verdorben,** cruor, verwesendes, Verg. georg. 4, 285: acies (oculorum), Prud. hamart 4. – **II** übtr.: **a unaufrichtig,** philosophus, Gell. 5, 3, 7: oblatio, Ambros. de Cain et Abel 2, 6. § 18: insincerum proferentes quidquid etc., Ambros. in psalm. 118. serm. 11. § 20 *extr.* – **b unrein,** spiritus (Geister), Cypr. quod idol. etc. 6 *in.* Min. Fel. 26, 7.

īnsinuātio, ōnis, *f.* (insinuo), **I** der **Eingang durch einen engen** od. **gekrümmten Weg,** ponti, Avien. descr. orb. 397. – **II** übtr.: **A** der eindringliche Eingang der Rede, um die Herzen der Zuhörer zu gewinnen, die **Einschmeichelung,** Rhet. Her., Cic. u. Quint.: Plur. malae insinuationes, Firm. math. 6, 3, 7. – **B** die schriftliche **Mitteilung, Bekanntmachung,** Cod. Iust. 8, 54, 32 u. 36.

īnsinuātor, ōris, *m.* (insinuo), der **Einschmeichler,** Eccl.

īnsinuātrix, trīcis, *f.* (Femin. zu insinuator), die **Einschmeichlerin,** attrib. = **einschmeichelnd,** Eccl.

īn-sinuo, āvī, ātum, āre, **I in den Sinus (Busen) stecken,** manum, Tert. de res. carn. 28: manus, Apul. met. 9, 5. – **II** in das Innere von etwas, tief in etwas **gelangen-, eindringen lassen, A** eig.: aestum per saepta domorum, strömen lassen, Lucr.: ordines quācumque intervalla data essent insinuare, die Glieder in die Lücken der Feinde eindringen lassen, Liv.: extrinsecus insinuata anima, Lucr.: poet., tibi insinuentur opes, mögen zufallen, Prop. – refl. se insinuare u. bl. insinuare u. medial insinuari = **eindringen, durchdringen,** quā te insinuaveris, retro via repetenda, Liv.: Tigris mari se insinuat, vereinigt sich mit dem Meer, Curt.: flumen inter valles se insinuat, Liv.: insinuare in forum, Cic.: in locum fraudi obnoxium, Gell.: se inter corpus et arma, Liv.: se inter equitum turmas, Caes.: medial, vox in aures insinuata, Lucr. – m. dopp. *Acc.*, pecudes alias se, sich in andere Tiere verpflanzen, Lucr. 1, 116. – **B** übtr.: **1** im Allg.: alqm animo Caesaris, beim Kaiser in Gunst setzen, beliebt machen, Plin. pan. – öfter refl. (mit u. ohne se), wie ins. (se) in alcis familiaritatem od. ins. in alcis consuetudinem, sich mit jmd. auf sehr vertraulichen Fuß setzen, Cic.: in amicitiam insinuavit cum matre et mecum simul blanditiis, muneribus, donis, Plaut.: divom metus insinuavit pectora, Lucr.: ins. se in philosophiam, sich einschleichen, Cic.: so auch se insinuare od. bl. insinuare alci, jmds. Wohlwollen sich im hohen Grade gewinnen, Cic. u. a.: u. medial, insinuari Augusto, mit A. innig befreundet werden, Suet. – se in sermonem hominum, sich auf eine feine Art einlassen, Cic.: se ad causam, sich den Weg zur Sache bahnen, Rhet. Her.: u. so. bl. penitus in causam, eindringen, Cic. – **2** insbes.: **a** in einen Geheimdienst **einweihen,** adest tibi dies, quo ... per istas meas manus piissimis sacrorum arcanis insinueris, Apul. met. 11, 22. – **b** gleichs. **einimpfen, einpflanzen** = beibringen, vitam moresque feris mentibus, Aur. Vict. de orig. gent. Rom. 3, 3. – **c bekannt machen, mitteilen, sagen, einflüstern, α** übh., (alci) alqd, ICt u. Spät.: alci de alqa re, Macr. u. a. Spät.: ins. alci m. folg. *ut* u. Konj., Macr. u. Spart.: mit folg. *Acc.* u. *Infin.*, Macr. u. a. Spät.: mit folg. indir. Fragesatz, Macr. u. Dict. – bes. durch Unterricht **beibringen,** ut brevi consecutus (aufgefasst) quae insinuaverat grammaticus esse dicatur, Treb. Poll. 28, 2.

īnsipidus, a, um (in u. sapidus), **unschmackhaft,** sapor, Firm. math. 2, 12: ultra betam incoctam insipidi, Paul. Nol. ep. 39, 4. – übtr., lege omnes libros propheticos, non intellecto Christo, quid tam insipidum et fatuum invenies? Augustin. in euang. Ioann. 2. tract. 9. § 3.

īn-sipiēns, entis, Abl. ente u. entī, *Adi.* m. *Compar.* u. *Superl.* (in u. sapiens), **unverständig, unklug, töricht, albern, verkehrt** (Ggstz. prudens, acutus ad etc.), Sing. u. Plur. auch subst., Plaut., Cic. u. a. – im Sinne der Stoiker, **unweise,** subst. insipientes, die Unweisen (Ggstz. sapientes), Cic. Tusc. 3, 9 u. 10. – ► Nbf. īnsapiēns, Catull. 43, 8 H. Schol. Bob. ad Cic. Sest. 53. *no.* 2. p. 304, 16 B.; aber Caper de Orth. V II, 110, 7 K. ›*insipiens,* non *insapiens*‹.

īnsipienter, *Adv.* (insipiens), **unverständig, unklug, töricht, albern,** Plaut., Cic. u. a.

īnsipientia, ae, *f.* (insipiens), der **Unverstand,** die **Torheit,** insipientia est m. *Infin.*, Plaut. Amph. prol. 36; mil. 878; Poen. 1090. – im Sinne der Stoiker, die **Unweisheit** (Ggstz. sapientia), Cic. Tusc. 3, 10.

īnsipio, ere (in u. sapere), **faseln,** vobis videor quasi multae luxuriae ebrius mentis insipere (nicht recht bei Verstand zu sein)? Symm. epist. 1, 8.

īn-sipo, sipuī, ere, **hineinwerfen,** Pompon. com. 50 u. 86. Cato r. r. 85 (vgl. Paul. ex Fest. 105, 11): Präs. Pass. insipitur, Varro LL. 5, 105.

īn-sisto, stitī, ere, **I auf** etwas **sich stellen, sich hinstellen, hintreten, auftreten,** konstr. mit *in* u. Akk. od. Abl., mit bl. *Abl.*, m. *Dat.*, m. *Acc.* u. absol., **A** eig.: **1** im Allg.: in sinistrum pedem, Quint.: ille cingulus lunae, in quo qui insistunt etc., auftreten = stehen, Cic.: insistere in terra, auf den Boden treten, Curt.: digitis (auf die Fußzehen), Ov.: summis digitis (auf die Fußspitzen), Sen. rhet.: iacentibus, auf die Gefallenen, Caes.: campis, Tac.: margine ripae, Ov.: virgā solum, quo insistebat, denotavit, Val. Max.: plantam, limen, auf den Fuß, auf die Schw. treten, Plaut. u. Verg.: firmiter od. firme, fest auftreten, festen Fuß fassen, Caes. u. Suet.: pedum primis vestigia plantis, zuerst auftreten (v. kleinen Kindern), Verg.: ins. vestigiis alcis, in jmds. Fußtapfen treten, -wandeln (bildl.), Cic. u. a.: u. so nimium fraternis vestigiis, Sen. rhet.: dissolutis membris insistere (auftreten) nequibat, Tac. – v. Örtl., nec desunt villae, quae secutae fluminis amoenitatem margini insistunt, auf dem R. festen Fuß fassen, d. i. aufgebaut sind, Plin. ep. 8, 8, 6. – **2** insbes.: **a** einen Weg usw. **betreten, einschlagen,** ihn **wandeln,** iter, Plaut. u. Liv. (s. Brix Plaut. capt. 791): vestigia certa viae, Lucr. – **b** mit dem Nebenbegr. der feindl. Nähe = jmdm. **auf dem Fuße folgen, auf dem Nacken sitzen,** ihn **hart bedrängen,** ihm **zusetzen,** referentibus pedem, Liv.: dies noctesque hostibus, Liv. – **B** übtr.: **1** im Allg.: quam insistam viam u. quā quaerere insistam viā, Ter.: perge tenere istam viam, quam institisti, Cic.: iter, quod insistis, ego quoque probo, Liv.: viam domandi, Verg.: absol., ne impulsus irā prave insistas, einen verkehrten Weg einschlägst, Ter.: in tanta gloria insistentes (zu gewärtigen haben), ut omnia humana leviora videri debeant, Cic. – **2** insbes.: **a** etwas **mit Eifer und Tätigkeit vornehmen, -betreiben, -verfolgen,** einer Sache **zusetzen, bei** od. **in** etw. **beharren,** an etw. **festhalten,** in dolos, Plaut.: u. so totus et mente et animo in bellum insistit, wendet seine ganze Aufmerksamkeit u. Tätigkeit auf den Krieg, Caes.: ad spolia legenda foedamque etiam hostibus spectandam stragem, sich anschicken, Liv. 22, 51, 5: mit bl. *Acc.*, munus, Cic.: quam rationem belli insisterent, welche Art der Kriegführung, Caes.: u. so rationem doli, Plaut.: hanc rationem, Plaut. (s. Brix Plaut. mil. 774): insiste hoc negotium, Cic.: mit *Dat.*, muris, Liv.: ei rei, Liv.: rebus magnis, Tibull.: spei, Tac.: studiis, Quint.: temporum notis, die Epochen der Geschichte durchforschen, Vell.: honoribus, Plin. ep.: acrius obsidioni, Curt.: perdomandae Campaniae, Tac.: absol., sic institit ore, fuhr fort, Verg. Aen. 12, 47. – **b hinter** jmd. **hersein,** dass er etw. tut, jmdm. **zusetzen,** quod nimium institerat viventi, Hor. sat. 2, 5, 88: insistere atriensibus, ut supellectilem exponant, Colum. 12, 3, 9. – **II** (mit dem Nbbgr. der gehemmten Bewegung) **stehen bleiben, stillstehen, A** eig.: insistentibus et irridentibus, qui etc., indem stehen blieben usw., Tac.: u. so stellae insistunt, stehen (scheinbar) still, Cic. – **B** übtr.: **1** in der Rede **Halt machen, a Halt machen, innehalten, (den Zusammenhang) abbrechen,** quae cum dixisset paulumque institisset, ›Quid est?‹ inquit, Cic.: quid est cur claudere aut insistere orationem malint, quam cum sententia pariter excurrere? Cic.: efficiendum est nobis, ne fluat oratio, ne vagetur, ne insistat interius, Cic.: insistentes clausulae, Quint.; vgl. Jahn Cic. or. 170. – **b bei** etwas **stehen bleiben = verweilen,** ut si singulis (peccatorum gradibus) *insistere* velim, *progredi* iste non possit, Cic.: vitiis amicae, Ov.: cum *in* rebus singulis insistas et intellegas, quid quisque concedat, Cic. – **2 bei** etwas **fest beharren,** importune, Cic.: crudelitati, Tac.: m. folg. *Infin.*, flagitare Cornutum, ut etc., Cic.: sequi, Cic.: orare dictatorem, Liv. – **3 Anstand nehmen = zweifeln,** in reliquis rebus, Cic. Acad. 2, 107. – ► Vgl. für das *Perf.* den Artikel insto.

īnsitīcius, a, um (insero, evi), **I eingefügt,** somnus, Mittagsschlaf, Varro r. r. 1, 2, 5. – **II** insbes., **eingepfropft,** übtr., mulus, nicht aus eigenem Geschlecht entsprossen, Varro: ebenso asinus, Apul.: sermo hic ins. et inductus, aus dem Ausland zu uns verpflanzte u. bei uns eingeführte (Ggstz. sermo patrius), Plin. ep. 4, 3, 5.

īnsitio, ōnis, *f.* (insero, evi), **I** das **Einpfropfen, Pfropfen,** Lucr. 5, 1359 (1361). Sen. ep. 112, 2. Colum. 3, 9, 6 u. a.: Plur. insitiones, die mannigfaltigen Arten des Pfropfens, Cic. de sen. 54. Colum. 3, 9, 6 u. a. – **II** meton.: **A** das **Gepfropfte,** Colum. de arb. 8, 3. Pallad. 5, 2, 2. – **B** die **Zeit des Pfropfens,** Ov. rem. 195.

īnsitīvus, a, um (insero, evi), **gepfropft, I** eig.: pira, Hor. epod. 2, 19. – **II** übtr.: **a von auswärts (aus der Fremde) eingeführt, fremd,** quaedam disciplinae, Cic. de rep. 2, 34: artes, Aur. Vict. de Caes. 11, 3. – **b unecht, untergeschoben,** Gracchus, Cic.: liberi, Phaedr.: heres, durch Adoption angenommener, Sen. rhet.: alimentum lactis, von einer anderen Person als der Mutter, Gell. – *neutr. pl.* subst., insitiva virtutum, Ambros. epist. 2, 8.

īnsitor, ōris, *m.* (insero, evi), der **Pfropfer,** Prop. 4, 2, 17. Plin. 18, 329. – als Gottheit, der **Gott des Pfropfens,** Serv. Verg. georg. 1, 21.

īnsitus, Abl. ū, *m.*, (insero, evi), das **Pfropfen,** Plin. 15, 52.

īn-sociābilis, e, **unvereinbar, unverträglich,** indomita et ins. gens, Liv.: regnum, Tac. u. Curt. – m. *Dat.*, nurui, Tac.: homines generi humano insociabiles, nicht umgänglich, Liv.

īn-sociālis, e, **nicht in die Gesellschaft passend, ungesellig,** Porphyr. Hor. ep. 1, 18, 6.

īn-sōlābiliter, *Adv.* (in u. solor), **untröstlich,** dolere, Hor. ep. 1, 14, 8.

īn-solēns, entis, Abl. gew. ente (in u. soleo), **ungewöhnlich, I wider Gewohnheit,** quid tu Athenas insolens? Ter. Andr. 907. – **II ungewohnt, A** einer Sache **ungewohnt,** infamiae, Cic.: belli, Caes.: audiendi, quae faceret, Tac.: in dicendo, ungeübt im Reden, Cic.: poet., insolens emiratur, staunt des Anblicks ungewohnt mit Befremdung an, Hor. – **B** gegen Gewohnheit u. Sitte verstoßend, -verfahrend, **1** von Worten, **ungewöhnlich, auffallend, übertrieben,** verbum, Cic. u. a. – **2** vom Benehmen: **a übertrieben, unmäßig** im Aufwand = verschwenderisch, v. Pers., in aliena re (Ggstz. in sua re egentissimus), Cic.: non fuisse insolentem in pecunia, Cic. – **b** im Benehmen gegen andere, sich **überhebend, keck, schnöde, unverschämt, lästig, übermütig, α** v. Pers. u. personif. Abstr., Cic. u. a.: exercitus, siegesstolz, Hor.: ne in re nota et pervulgata multus et insolens sim, Cic. de or. 2, 358; u. so Cic. de sen. 31: utrum secundis rebus *insolentiores,* an adversis *timidiores* essent, Hirt. b. G.: Pannonia insolens bonis longae pacis, Vell.: victoria, quae naturā insolens et superba est, Cic.: homines insolentissimi, Cael. in Cic. ep.: insolentissimi Numantinae artis spiritus, Val. Max. – **β** vom Benehmen selbst, alacritas, Cic.: laetitia, Hor.: ostentatio, Cic.: nomen insolentissimum, Quint. – **C** nicht an Besucher gewöhnt, **einsam,** Pallad. 12, 4, 2: loca, Apul. de mund. 18.

īnsolenter, *Adv.* (insolens), **ungewöhnlich, I wider Gewohnheit** (Ggstz. vulgo), evenire *vulgo* soleat, an *insolenter et raro,* Cic. de inv. 1, 43. – **II ungewohnt, A** in der Rede, **auffallend übertrieben,** eis festivitatibus insolentius abuti, Cic. or. 176. – **B** im Benehmen, **über Gebühr, a** im Aufwand, se insolentius iactare, Cic. Cat. 2, 20. – **b** gegen andere, **schnöde, keck, unverschämt, übermütig,** nostros insequi, Caes.: se efferre, Cic.: insolentissime obequitare, Val. Max.

īnsolentia, ae, *f.* (insolens), **I** das **Ungewohnte** einer Sache, loci, Cic.: fori iudiciorumque, Cic.: huius disputationis, Cic.: rerum secundarum, Unfähigkeit, das Glück zu ertragen, Cic. – **II** das **Ungewöhnliche, A** das **Ungewöhnliche, Auffallende, Übertriebene, Gezierte im Ausdruck,** peregrina, Cic.: verborum, Cic.: vocis istius, Gell.: Plur., insolentias verborum respuere, Gell. – **B** das **Übertriebene,** die **Übertreibung** im Aufwand u. dgl., die **Verschwendung** (Ggstz. continentia), Cic. Verr. 3, 106; Phil. 9, 13; ep. 9, 20, 1. – **C** die **Überhebung, Keckheit, Unverschämtheit,** der **Übermut,** Cic. u. a.: sermonis, der anmaßende Ton der R., Liv. – Plur., noxiorum insolentiae, Phaedr. 3, 20, 31: grammaticus insolentiarum et imperitiarum plenus, Gell. 6 (7), 17 *lemm.*

īn-solēsco, ere (in u. soleo), **ungewöhnlich werden, I** physisch **erstarken, zunehmen,** simul coepit Caelo vox insolescere, Tert. ad nat. 2, 12. p. 379, 10 *Oehler:* novem mensibus uterus insolescens, Hieron. in Helvid. § 18. – **II** ethisch, **sich unangemessen benehmen, das rechte Maß überschreiten, ausarten,** neque ipse gaudium moderans et magis insolescente Plancinā, Tac. ann. 2, 75: m. *ad* u. Akk., ad superbiam ferociamque et immodicum modum, Tiro b. Gell. 6 (7), 3, 15. – **III sich überheben, dreist-, keck-, übermütig werden,** v. Pers., si quando insolescerent, Tac.: ins. sublatius, Amm.: rebus secundis, Tac., secundis rebus, Iustin.: eo modo minume posse putabant per licentiam insolescere animum humanum, Sall.

īn-solidus, a, um, **ohne Festigkeit, haltlos,** herba, schwaches, Ov. met. 15, 203.

īnsolitē, *Adv.* (insolitus), **wider Gewohnheit,** Augustin. de doctr. chr. 2, 23 *extr.*

īn-solitus, a, um, **I** aktiv = einer Sache **ungewohnt,** m. *Genet.,* pars ins. rerum bellicarum, Sall.: genus armis ferox et insolitum serviti, Sall. fr.: insoliti eius tumultus equi, Liv. – m. *ad* u. *Akk.,* insolitus ad laborem exercitus, Caes. b. c. 3, 85, 2. – m. *Infin.,* anima insolita arietari, Sen. de tranqu. an. 1, 11. – absol., cur pudentissimas lectissimasque feminas in tantum virorum conventum insolitas invitasque (gegen ihre Gewohnheit u. gegen ihren Willen) prodire cogis? Cic.: insolitae fugiunt in flumina phocae, gegen ihre Natur, Verg. – **II** passiv, **a** = **ungewohnt, fremd,** labos od. labor, Sall., Ov. u. Quint.: domicilium, Cic.: cubile (Ggstz. cotidianum), Cels.: tempus (Ggstz. solitum), Sen. rhet.: nova atque ins. libertas, Liv.: metus, timor, Sall.: haec insolita mihi ex hoc loco ratio dicendi, Cic.: *masc.* subst., rabidi ieiunia ventris insolitis adigunt vesci, Sil. 2, 472: *neutr.* subst., machinas etiam, insolitum sibi (etwas ihnen Ungewohntes), ausi, Tac. hist. 4, 23. – **b ungewöhnlich, selten,** res, Lucr. u. Sall.: animalium partus, Tac.: facies, Sall.: genus pugnae, Curt.: victoria, Cic.: dentium stridor, Cels.: immodicus insolitusque clamor, Plin. ep.: priscum aliquod aut insolitum verbum, Cic.: m. *Dat.* (wem?), insolitus feminis habitus, Iustin.: insolita mihi loquacitas, Cic.: *neutr.* subst., novum et moribus veterum insolitum, etwas Ungewöhnliches, Tac. ann. 12, 37: insolitum est, es ist ungewöhnlich, etwas Ungewöhnliches, m. folg. *Infin.,* Callistr. dig. 48, 19, 27 pr.: m. folg. *ut* u. Konj., Plin. pan. 60, 6.

īn-sollers, ertis, **nicht künstlerisch ausgebildet,** Boëth. de syll. categ. 2. p. 591. – Dav. *Adv.* **īnsollerter,** Boëth. in Porph. dial. 1, 1.

īnsōlo, āvī, ātum, āre (in u. sol), etwas der Sonne aussetzen, um es zu erwärmen, zu dörren usw., etwas **sonnen,** uvas, Colum.: humus insolatur, wird erwärmt, Colum.: dies insolatus, sonniger (= heiterer) Tag, Colum.

īn-solūbilis, e, **unlösbar, I** eig., **unauflösbar,** vinculum (bildl.), Macr. somn. Scip. 1, 6. § 24: colligatio (bildl.), *ibid.* § 28. – **II** übtr.: **A unlösbar** = **unbezahlbar,** creditum, Sen. de ben. 4, 12, 1. – **B unauflösbar** = **unvergänglich,** aeternitas, Ps. Apul. Ascl. 40. – **C unwiderlegbar, unstreitig,** signum, Quint. 5, 9, 3.

īnsolūbilitās, ātis, *f.* (insolubilis), die **Unauflösbarkeit,** Sidon. epist. 4, 11, 2.

īnsolūbiliter, *Adv.* (insolubilis), **unauflösbar,** Macr. somn. Scip. 1, 6. § 23. Augustin. de civ. dei 21, 10, 1.

īnsolūtus, a, um (in u. solvo), **I unabgelöst, ungetrennt,** Gromat. vet. 6, 29. – **II** übtr., **ungelöst,** quaestionem reliquisse insolutam, Augustin. de civ. dei 15, 23, 1.

īnsomnia, ae, *f.* (insomnis) = ἀϋπνία, die **Schlaflosigkeit,** Tragic. et Comic. vett., Suet. u. a.: Plur., insomniis fatigari, Sall.: alqm insomniis occīdere, Sall. fr.: insomniis carere, keine schlaflosen Nächte haben, Cic.

īnsomnietās, ātis, *f.* (insomnis), die **Schlaflosigkeit,** Plin. Val. 5, 5 *extr.* u. 5, 35: Plur., Th. Prisc. 2, 1 u. 2, 2 *in.*

īnsomniōsus, a, um (insomnia), **schlaflos,** Cato r. r. 157, 8.

īn-somnis, e (in u. somnus), **I schlaflos,** v. leb. Wesen, alii pervigiles et insomnes, Plin. pan.: insomnes magis quam pervigiles, Tac.: draco, Ov.: insomne et experrectum est animal canis, Sen. rhet.: v. Lebl., ins. nox, Verg., Tac. u. a.: oculi, Stat. – **II schlaflos machend,** curae, Claud. in Rufin. 1, 38.

īnsomnitās, ātis (insomnis), die **Schlaflosigkeit,** Schol. Pers. 3, 84.

1. īnsomnium, iī, *n.* (dem griech. ἐνύπνιον nachgebildet), der **Traum,** das **Traumbild, Traumgesicht,** Sing. b. Tac. u. Spät.: Plur. b. Verg., Sen. u. a.

2. īnsomnium, iī, *n.* (in u. somnus) = ἀϋπνία, die **Schlaflosigkeit,** Pilatus insomnio exagitatus uxoris, Augustin. serm. 28, 2 *Mai:* insomnia portare ocellis, Prop. 2, 25, 47: insomnia vigiliasque tollere, Plin. 20, 82: insomnia saeva, Val. Flacc. 1, 329: longa insomnia, Val. Flacc. 7, 6: longo mulcent insomnia penso, Val. Flacc. 2, 140. Vgl. insomnia.

īnsonābiliter, *Adv.* (in u. sonabilis), **lautlos, ohne ein hörbares Wort zu sprechen,** Augustin. epist. 147, 37.

īnsonāns, antis (in u. sono), **lautlos,** vocales (Ggstz. sonae u. semisonantes), Isid. orig. 1, 4, 4 *Otto.*

īn-sono, sonuī, sonitum, āre, **I** *intr.* **ertönen, erschallen, erdröhnen, sich hören lassen,** calamis, Ov.: Boreae spiritus alto insonat Aegaeo, Verg.: unda insonuit, Ov.: insonuit vento nemus, es dröhnte, Ov.: nervus insonuit ab arcu, Ov.: insonuere tubae, Lucan.: flagello, mit der Peitsche knallen, Verg.: terrificis latratibus ultra rugitum (v. Hunden), Solin.: scribentis capiti catenis, über dem H. rasseln, Plin. ep.: quis hic subitus insonuit tumultus? Sen. rhet. – insbes.

absol., **sich räuspern, laut husten,** Quint. 11, 3, 121. – **II** *tr.* **ertönen-, erschallen lassen,** verbera, knallen lassen, Verg. Aen. 7, 451: verbere signa, Claud. VI. cons. Hon. 625: nobile carmen, Stat. silv. 2, 7, 114.

īn-sōns, sontis, Genet. Plur. sontium, **unschuldig** (Ggstz. sons), **I** = **schuldlos,** tribunus, Sall. fr.: crimine regni, Liv.: probri, Plaut.: culpae, Liv. – Plur. subst., insontes sicut sontes circumvenire, Sall. – **II** poet. übtr. = **unschädlich,** Cerberus, Hor.: casae, Ov.

īn-sonus, a, um, **geräuschlos, lautlos** = leise, still, vestigium, Apul.: passus, gressus, Amm.: litterae, stumme (Ggstz. sonantes, Vokale, semisonantes, Halbvokale), Apul. de mund. 20 (vgl. Isid. orig. 1, 4, 4).

īnsōpībilis, e (in u. sopio), **nicht einzuschläfern,** igniculi, nicht auszulöschende, Mart. Cap. 1. § 7: u. so flamma, Mart. Cap. 9. § 910.

īn-sōpītus, a, um (in u. sopio), **der sich nicht einschläfern lässt, stets wachsam,** draco, Ov. met. 7, 36. Lucan. 9, 357: übtr., **unauslöschlich,** ignes semper inocciduos insopitosque manere iussit, Claud. rapt. Pros. 3, 400 *sqq.*

īn-sopor, ōris, **schlaflos,** vigil, Ov. her. 12, 101.

īn-sordēsco, sorduī, ere, **schmutzig-, garstig werden,** Sidon. epist. 2, 2, 16 u. 5, 13, 1. Rutil. Nam. 1, 617.

īn-sordido, āre, = ῥυπαίνω, **schmutzig machen, beschmutzen,** Gloss. III, 157, 41.

īn-spargo, s. īn-spergo.

īn-speciātus, a, um, **ungestalt[et],** substantia, Tert. adv. Val. 10 *extr.*

īn-speciōsus, a, um, **ungestalt[et], hässlich,** puer non insp., Petron. 74, 8.

īnspectābilis, e (inspecto), **sehenswert, ansehnlich** = ausgezeichnet, pax et victoria, Gell. 4, 18, 3.

īnspectātio, ōnis, *f.* (inspecto), das **Ansehen,** die **Betrachtung,** Tert. adv. Marc. 2, 17; 4, 35: ruris, Chalcid. Tim. 158.

īnspectātor, ōris, *m.* (inspecto), der **Mitanseher,** calamitatum suarum, Mythogr. Lat. 1, 150: inspectatores spectatoresque meritorum, Chalcid. Tim. 188.

īnspectio, ōnis, *f.* (inspicio), das **Hineinsehen,** auf etw. **Hinsehen,** das **Ansehen, Anschauen, Betrachten, I** eig.: **A** im Allg.: speculi, Apul. apol. 13: metalli, der Anblick, Cassiod. var. 9, 3, 5. – **B** insbes.: **1** die **Einsicht, Durchsicht,** das **Nachschlagen** von Geschriebenem, tabularum, Quint.: rationum, Trai. b. Plin. ep.: librorum (der sibyllin. Bücher), Vopisc.: plurium codicum, Augustin. – **2** die **Besichtigung, a** v. der Hebamme, virginis insp., insp. et visitatio, Ambros. epist. 5, 2; 5, 8 u. 10; 5, 19: genitalium secretorum, *ibid.* 5, 5. – **b** v. Käufer eines Ackers, prima insp., Colum. 1, 4, 1: inspectionis formula, *ibid.* – **c** als milit. *t. t.*, die **Musterung,** insp. armorum, Veget. mil. 3, 4, p. 70, 15 L. – **II** übtr., die **Betrachtung = Untersuchung, Überlegung,** Sen., Quint. u. a.: fulminis, über den Bl., Sen.: dah. die **Theorie,** im Gegensatz zur Praxis, Quint.

īnspectīvus, a, um (inspicio) = θεωρητικός, **betrachtend, erwägend, theoretisch** (Ggstz. activus, actualis), positiones, Prisc. praeex. 11, 32 Hertz (p. 559, 23 Halm): philosophiae pars, Isid. orig. 2, 24. § 10 *sq.* Cassiod. in psalm. 3 *extr.* p. 17 (b) *Garet:* mentis sublimitas, Gromat. vet. 394, 5.

īnspecto, āvī, ātum, āre (*Intens.* v. inspicio), **auf** etwas **hinsehen,** etwas **mit ansehen, bei** etwas **zusehen,** illinc procul istuc, Plaut.: per impluvium, Plaut.: de tegulis, Plaut. – quod utinam inspectare possis timorem de illo meum, Brut. in Cic. ep. ad Brut.: inspectata spolia Samnitium, der Anblick der von den S. erbeuteten Waffen, Liv. – absol., ego inspectavi, Plaut.: oft (bei Cic. nur) alqo inspectante, vor jmds. Augen, z. B. utroque exercitu inspectante, Sisenna fr.: inimicum meum me inspectante amplexabantur, Cic.: inspectante exercitu interfici, Cic.: cotem inspectante et rege et populo novaculā esse discissam, Cic.: accĭdit inspectantibus nobis, quod dignum memoriā visum, Caes.

īnspector, ōris, *m.* (inspicio), **I** eig.: **1** der **Betrachter, Beschauer,** Sen. de ben. 1, 9, 3. – **2** insbes., der **Besichtiger, Untersucher,** Ulp. dig. 13, 6, 10. § 1. – namentl. der Untersucher der Äcker in den Provinzen in Bezug auf ihre Bonität u. ihren Ertrag (um danach die Höhe der Steuer zu bestimmen), Cod. Theod. 11, 1, 31 u. a. Cod. Iust. 11, 57 *lemm.* Symm. epist. 2, 2 u. 6, 9 *Seeck.* – **II** übtr., der **Hineinseher,** cordis (ins Herz), Augustin. serm. 50, 3 u. a.

īnspectrīx, trīcis, *f.* (Femin. zu inspector), die **Besichtigerin,** Ambros. epist. 5, 10.

īnspectus, ūs, *m.* (inspicio), die **Betrachtung, I** eig., die **Besichtigung** von Seiten des Opferschauers, iecoris, Amm. 22, 1, 2. – **II** übtr., das **Anschauen,** die **Betrachtung,** propius inspectus, Sen. contr. 2, 1 (9), 21: universi, Sen. ep. 92, 6: Plur., unus in inspectus rerum educitur, Manil. 4, 901.

īn-spērābilis, e, **nicht zu hoffen, unverhofft,** nuntius, Amm. 15, 5, 17: victoria, *Gell. 4, 18, 3 (Hertz).

īn-spērāns, antis (in u. spero), **nicht hoffend, wider Hoffen,** insperanti mihi et Cottae, sed valde optanti utrique nostrum cecĭdit, ut etc., Cic.: fierent nuptiae insperante hoc, Ter. – insperans aetas, CIL 10, 5495.

īnspērātē, *Adv.* (insperatus), **unverhofft,** Vulg. sap. 11, 8. Cassiod. var. 7, 6, 4.

īnspērātō, *Adv.* (insperatus), **unverhofft, unvermutet,** Lucil. 1093. Plaut. aulul. argum. 1, 14. Apul. met. 9, 38. – *Compar.* insperatius, Val. Max. 3, 8. ext. 2.

īnspērātus, a, um (in u. spero), **I ungehofft, unverhofft, unvermutet,** tellus, Verg.: spes, Plaut.: gaudium, Ter. u. Curt.: pax, Liv.: insperatae repentinaeque pecuniae, Cic.: hoc insperatum omnibus consilium, Cic.: o Hanno, insperatissime mihi tuisque filiis, salve, Plaut. Poen. 1127. – *neutr.* subst., ex insperato, unverhofft, unvermutet, Liv. u. Vell.: insperata assecutus, Sen. – **II gegen alle Hoffnung eintretend, unerwartet, unvermutet,** insperata lux, Verg.: incommodum, Rhet. Her. u. Cic.: motus (Unruhen), Amm.: insperatum et nec opinatum malum, Cic.: nihil tam inopinatum nec tam insperatum accĭdere potuit, Liv.

īn-spergo u. **īn-spargo,** spersī (sparsī), spersum (sparsum), ere (in u. spargo), **I hinein-** od. **daraufstreuen, -sprengen, -spritzen, einstreuen, -spritzen, 1** eig.: molam et vinum, Cic.: salem contritum, Cels.: aridum (semen dracunculi) *in* potionem, Plin.: aridam oenanthen *super* ulcus, Cels.: farinam potioni, Plin.: papaver panis rustici crustae, Plin. – **2** übtr.: **a** übh.: velut si egregio inspersos reprehendas corpore naevos, Hor. sat. 1, 6, 67: fama, quae semper insparsis mendaciis alitur, Min. Fel. 28, 6. – **b** insbes., schriftl. **einstreuen,** multam talium locutionum copiam his vulgo annotamentis, Gell. 1, 7, 18. – **II bestreuen, bespritzen, besprengen,** oleam sale, Cato: inspergi ulcera debent alumine scissili, Cels.: siccata (oenobreches) inspersa vino albo, Plin.

īnspersio, ōnis, *f.* (inspergo), **das Aufstreuen,** cineris, Pallad. 4, 9, 13.

īnspersus, Abl. ū, *m.* (inspergo), **das Aufstreuen,** cineris, Apul. met. 7, 22.

īnspex, icis, *m.* (inspicio), **der Beschauer,** avium, **Vogelschauer** (sonst auspex), CIL 2, 5078.

īn-spicio, spēxī, spectum, ere (in u. specio), **I** in etw. **(hinein)blicken, (hinein)sehen,** auf etwas **hinsehen, A** eig.: **1** im Allg.: intro, Plaut.: inspicere tamquam in speculum in vitas omnium, Ter.: m. bl. *Acc.*, marsupium, Plaut.: faciem, Iuven.: speculum, Phaedr.: speculum saepe ac diligenter, Apul.: unpers., inspicitur, man hat einen Einblick, Ov. met. 13, 43. – **2** insbes., etw. **einsehen,** in etw. **nachsehen, a** = lesen, libros, Plaut. u. (die sibyllin. Bücher) Liv.: vollst. libros Sibyllinos, Frontin. aqu. 7: leges, Cic.: verba, Ov.: litteras, Tac.: codices Graecos, Augustin. epist. 149, 3: absol., inspicere (*sc.* libros Sibyllinos) *de* ludis Apollini reque divina facienda, Liv. 25, 12, 11. – **b** = durchlesen, rationes, Trai. in Plin. ep.: rationes suas, Sen. rhet. – **B** übtr., **durchblicken, genau erkennen** od. **kennen lernen,** alqm a puero, Cic.: alqm propius, Sen., penitus, Plin. ep.: alqm familiariter, mit jmd. vertrauten Umgang haben, Plin. pan.: mores alcis, Quint.: mulieris sententiam, Plaut.: villicus inspectus experimentis, durch Erfahrung erprobter, Colum.: mit folg. indir. Fragesatz, tum ego qui et quantus esset altissime inspexi, Plin. ep.: qui non solum quid expediat, sed etiam quid deceat inspexerit, Quint. – II **ansehen, besichtigen, in Augenschein nehmen, beschauen,** A eig.: 1 im Allg.: procul, Iustin.: ferramenta pugnantium, Suet.: signum publicum, Cic.: diligentius signa, Petron.: pueros nobiles, Suet.: cum Romam inspexerit Eos, überschaute, Ov.: im Bild, tenue est mendacium; perlucet, si diligenter inspexeris, wenn du sie genau (bei Licht) besiehst, Sen. ep.: m. folg. indir. Fragesatz, **nachsehen,** quid discat, Cic. – 2 insbes.: a als Käufer, domum venalem, Suet.: candelabrum, Cic.: equos, Hor.: omnes partes corporis (eines verkäuflichen Sklaven), Sen. rhet. – b als Abgesandter **untersuchen** (s. Fabri u. Wölffl. Liv. 21, 6, 3), rem, Liv.: sociorum res, Liv. – c (als milit. *t. t.*) **inspizieren, mustern, Musterung halten,** arma militis, Cic.: classem, Auct. b. Alex.: arma, viros, equos, Liv.: singulos milites (Mann für Mann), Liv. – d als Opferschauer usw., iocinera, Vitr.: exta, Tac.: fibras, Ov.: ranarum viscera, Iuven. – e als Arzt oder Hebamme, morbum alcis, Plaut. Pers. 316: virginem, untersuchen, Ambros. epist. 5, 9: inspiciendam se praebere (v. einer Jungfrau), *ibid.* 5, 8. – f als Spion, domos (v. troj. Pferd), Verg. Aen. 2, 47. – B übtr., **untersuchen, genau erwägen,** querelam (v. Richter), Petron. 15, 2. – m. folg. Fragesatz, tu tantum inspice qui novus paratur an possit fieri vetus sodalis, Mart. 1, 54, 6. – ▶ Archaist. inspexim = *inspexerim,* Plaut. Men. 597 R. (Brix mit den besten Hdschrn. inspexi).

īnspicium, iī, *n.* (inspicio), die **Besichtigung,** extorum inspiciis, Tert. adv. Marc. carm. 1, 12.

īnspīco, āre, einspitzen = **einzacken,** faces ferro acuto, Verg. georg. 1, 292.

īnspīrāmentum, ī, *n.* (inspiro), **das Einhauchen,** Plur. bei Cael. Aur. de morb. chron. 2, 13, 150.

īnspīrātio, ōnis, *f.* (inspiro), I **das Einhauchen, Einatmen,** pausabilior, Cael. Aur. de morb. chron. 2, 13, 150: animae, Chalcid. Tim. 26. – meton., **der Lebenshauch,** Chalcid. Tim. 55, 3. – II **die Eingebung,** litteraria, Solin. 7, 23: divina, Tert. de pat. 1: prophetarum veridica, Chalcid. Tim. 255.

īnspīrātor, ōris, *m.* (inspiro), **der Einhaucher, Einflößer,** furoris divini (v. Apollo), Cael. Aur. de morb. chron. 1, 5, 144: animarum, Cassian. de inc. Chr. 7, 5.

īn-spīritālis, e, **ungeistig,** Paul. Nol. epist. 22.

īn-spīro, āvī, ātum, āre, I *intr.* **in-, auf** etwas **wehen, -blasen,** A im Allg.: inspirantes ramis arborum aurae, Quint.: conchae, auf einer Muschel blasen, Ov. – B als gramm. *t. t.*, einen Buchstaben **aspirieren,** m. *Dat.*, primae litterae, Gell. 2, 3, 2. – II *tr.:* A in etw. **hineinblasen, -wehen,** auf etw. **hinhauchen,** etw. **anhauchen, -wehen,** a eig.: foramen, in ein Loch, Plin.: granaria aquilonibus inspirentur, Colum. – b übtr., mit dem Hauch der Begeisterung usw. anhauchen = **begeistern,** alqm, Iustin. – vom Redner = **entflammen, in Feuer setzen,** quibus viribus inspiret (orator), Quint. – B **einblasen, einhauchen, einflößen,** a eig.: alqd per scriptorium calamum, Cels.: alqd gravitati aurium per fistulas, Plin.: animam homini, Colum.: vipeream animam, Ov.: graves animas, Ov.: venenum, Ov.: venenum morsibus, Verg.: se (Fames) viro inspirat, Ov. – b übtr., **Affekte einhauchen, einflößen,** alci occultum ignem, Verg.: magnam mentem, Verg.: iram, misericordiam, Quint.: alci fortitudinem, Curt. – C einen **Ton anblasen** = auf einem Blasinstrument **angeben,** fistulā brevi graviusculum sonum, Gell. 1, 11, 13.

īn-spisso, ātus, āre, **verdicken,** Veget. mul. 3, 30, 1. Marc. Emp. 36.

īn-spoliātus, a, um (in u. spolio), **unberaubt, ungeplündert,** v. Pers., Sen. contr. 10, 1 (30). § 3 u. 10 11. Quint. 7, 1, 33: v. Lebl., fanum, Ps. Sall. de rep. 1, 2. § 7: arma, nicht geraubte, Verg. Aen. 11, 594.

īn-spūmo, āre, **schäumen,** Tert. apol. 12.

īn-spuo, spuī, spūtum, ere, I *intr.* in etwas **hineinspucken** od. **-speien,** in od. auf etw. **spucken (speien),** alci in frontem, Sen.: in faciem alcis, Sen.: si inspuisset (*sc.* in oculos), Suet. – II *tr.:* 1 etw. **anspucken (anspeien),** os eius, Serv. Verg. Aen. 2, 247. – 2 etw. in etw. (hinein)spucken, sal oculis iumentorum inspuitur, Plin. 31, 105.

īn-spurco, āvī, āre, **besudeln,** pecuniam, Sen. ep. 87, 16.

īn-spūto, āre, **anspeien,** alqm. Plaut. capt. 553 (wo parag. Infin. insputarier) u. *ibid.* 555 (wo insputari).

īn-stabilio, īre, **befestigen,** Hyg. de munit. castr. § 54.

īn-stabilis, e, I aktiv: A = **nicht feststehend, ohne festen Stand,** ubi pedes inst. ac vix vado fidens ... perverti posset, Liv.: aures imas instabiles facit, lässt nicht feststehen, Ov.: u. so inst. cymbae, Verg.: naves, Ov. u. Curt.: tellus, Ov. met. 1, 16. – B übtr.: a **schwankend, unstet, unsicher,** gradus, Curt.: ingressus, Liv.: volutatio, ungleichmäßige Bewegung (des Schiffs), Plin.: pars instabilis nutat, Tibull. – hostis inst. ad conserendas manus, der beim Handgemenge nicht standhält, Liv. – b **unstet, unbeständig,** manus, unstete = räuberische, Curt.: motus (rerum maritimarum), Caes. – animus, Verg.: fortuna, Tac.: fortuna incerta instabilisque, Pacuv. fr. – II passiv = **unbestehbar = nicht geeignet, um darauf zu stehen,** (locus) ad gradum inst., darauf zu fußen unhaltbar, Tac.

īnstabilitās, ātis, *f.* (instabilis), der **Unbeständigkeit,** mentis, Plin. 24, 162: tuae mentis, Schol. Pers. 3, 115: morum, Ambros. de Cain et Abel 1, 10. § 42: alcis, Arnob. 7, 44. p. 278, 9 R.

īnstabiliter, *Adv.* (instabilis), **unbeständig,** genus humanum inst. fluidum, Augustin. conf. 13, 20. *no.* 28.

īnstāns, antis, *PAdi.* (v. insto), I = ἐνεστώς, was eingetreten ist, **gegenwärtig,** tempus (Ggstz. tempus praeteritum u. tempus consequens), Rhet. Her. u. Quint. – subst., īnstāns, antis, *n.*, im Augenblick Eintretendes, unmittelbar Bevorstehendes, Gegenwärtiges (Ggstz. futurum), Cic.: u. so Plur. īnstantia, ium, *n.* (Ggstz. praeterita, futura, vetusta [längst Vergangenes], recentia [eben Vergangenes]), Cic. u. a.; vgl. Nipperd. Tac. ann. 4, 69. – II **drängend, drohend, bestürmend, dringend, zudringlich, angelegentlich,** in exprobrando et coarguendo acer atque instans (gestus), Quint. 11, 3, 92: gestus instantior, Quint.: species instantior, Tac.: petitor instantissimus et molestissimus, Augustin. epist. 130, 15: instantior cura, Tac.

īnstanter, *Adv.* (instans), **mit großer Heftigkeit, leidenschaftlich, dringend,** dicere, Quint.: pronuntiare, Plin. ep.: petere, Plin. ep. – instantius concurrere, Tac., flagitare, Suet.: acrius et instantius ›si frater‹, inquit, ›tuus etc.‹, Plin. ep. – instantissime compellere, Apul.: desiderare in senatu instantissime, ut etc., Gell.: praeclaris studiis instantissime deditus, Aur. Vict.

īnstantia, ae, *f.* (insto), eig. das Auf-dem-Nacken-Sein: dah. I übtr., **die Gegenwart, unmittelbare Nähe,** Cic. de fato 27: instantia atque imminentia fraudis, Nigid. bei Gell. 9, 12, 6. – II übtr.: a die **Emsigkeit,** der **anhaltende Fleiß,** Plin. ep. 3, 5, 18: Ggstz. tarditas, Solin. 2, 46. – b die **Heftigkeit** im Reden, Plin. ep. 5, 8, 10. – c das **Anhalten** im Bitten und Fordern, **inständiges Bitten, Drängen,** ICt. u. Eccl.

īnstar, *n. indecl.* (aus instare), eig. das Einstehen, »Sicheinstellen« des Züngleins an der Waage, der »Einstand«, dah. der **gleiche Gehalt = Betrag,** I bl. instar, a übh.: quantum instar in ipso! ein Mann von welchem Gehalt! d. i. welch auffallende Erscheinung! Verg. Aen. 6, 865. – gew. mit *Genet.* = **der Gehalt (Betrag) von** etw., **so groß, so viel wie** etw., **im Betrag, in der Größe von** etw., **ganz nach der Art von** etw., **ganz wie** etw., navis cybaea maxima triremis instar palam aedificata sumptu publico, Cic.: cuius (equi) instar pro aede Veneris Genetricis dedicavit, ein Seitenstück zu diesem Ross, Suet.: nemo istorum est quin abs te munus fundi urbani instar exspectet, ein Geschenk im Betrag (Wert) eines usw., Cic.: ut instar muri (ganz wie eine natürliche M.) hae saepes munimenta praebeant, Caes.: instar montis equum divinā Palladis arte aedificant, Verg.: lumen (Auge) Argolici clipei od. ingentis clipei instar, Verg. u. Ov.: agmen agens Clausus magnique ipse agminis instar, Verg.: insulsissimus est homo nec sapit pueri instar bimuli, Catull.: cuius viri magnitudo multorum voluminum instar exigit, erfordert den Umfang v. B., Vell.: L. Scipio parvum instar eorum, quae spe ac magnitudine animi concepisset, receptas Hispanias ducebat, hielt die Wiedereroberung von H. nur für eine kleine Probe der Pläne, die sein hoher Geist für die Zukunft gemacht hatte, Liv.: instar veris (dem Fr. gleich) enim voltus ubi tuus affulsit populo, Hor.: exhorruit aequoris instar, Ov.: duces vestros reorum instar (ganz wie Verbrecher) vinctos habet, Curt.: hic centum homines electos appellatosque patres habuit instar consilii publici, die einen Staatsrat bildeten, Vell. – oft instar alcis od. alcis rei esse, instar habere, instar obtinere, **die Größe (den Umfang) von** etw. **haben, so groß, so viel, so gut sein wie** usw., **so viel ausmachen** od. **gelten wie** usw., **die Stelle von** etw. **einnehmen** od. **vertreten, einer Sache gleich sein** od. **gleich zu achten sein,** ea (epistula), quae voluminis instar erat, Cic.: Erana, quae fuit non vici instar, sed urbis, Cic.: Neapolis et Tycha, nomina ea partium urbis et instar urbium sunt, Liv.: unique illi (genti Corneliae) instar atrii Capitolium est, Val. Max.: Plato mihi unus est instar omnium, Cic.: ab his mittitur Gylippus solus, sed qui instar omnium auxiliorum erat, Iustin.: unus is innumeri militis instar erit, Ov.: mihi Pompeius meus instar est Alexandri, Val. Max.: quae navis, si in praedonum pugna versaretur, urbis instar habere inter illos piraticos myoparones videretur, Cic.: quia aedes excelsiore loco positae instar arcis habere viderentur, Val. Max.: ut omnia ex altera parte collocata vix minimi momenti instar habeant, Cic.: terram in medio mundo sitam ad universi caeli complexum quasi puncti instar obtinere (die Stelle des Mittelpunkts einnehme), quod κέντρον illi vocant, Cic.: ambitus terrae totius ad magnitudinem universitatis instar brevis obtinet puncti, nimmt die Größe eines Punktes ein, Amm.: haec est ἄλη, in qua nunc sumus, mortis instar, Cic.: latēre (verborgen zu sein) mortis erat instar turpissimae, Cic. – ebenso alcis rei instar putare od. reri, einer Sache **gleich achten (halten),** idque si accĭdat, mortis instar putemus, Cic.: patrocinio vero se usos aut clientes appellari mortis instar putant, Cic.: instar ego perpetui congiarii reor affluentiam annonae, ganz wie ein fortwährendes Geschenk erscheint mir der Üb. an Getreide, Plin. pan. – **b** bei Mengeangaben, **ein Betrag von, so viel wie,** de Magonis (libris) dempsit instar librorum octo, Varro: mearum epistularum nulla est συναγωγή, sed habet Tiro instar septuaginta, Cic.: cohortes quaedam, quod instar legionis videretur, Caes.: cohortium trium instar in terram exposuerat, Auct. b. Alex.: L. Cincio praetori ad obtinendam Siciliam Cannenses milites dati duarum instar legionum, Liv.: videretis vix duarum male plenarum legiuncularum instar in castris regis, Liv. – **II** (spätlat.) ad instar *m. Genet.*, **ganz so wie,** aquae ad instar montis intumescentes, Vulg.: est namque vallis, quae continuis montibus velut muro quodam ad instar castrorum clauditur, Iustin.: lactucae veteres et insuaves illae, quae seminis enormi senectā ad instar scoparum in amaram caenosi sucus cariem exolescunt, Apul.: ad instar speculi reddit imaginem gratiorem, Apul.: aedificavit in Iuda domos ad instar **(so groß wie)** turrium, Vulg. – mit *Pronom.*, ad hoc instar (ganz ebenso) mundi salutem tuetur deus, Apul. de mund. 32 *extr.*

īnstaurātīcius, a, um (instauro), **erneuert,** dies, an dem die Schauspiele erneuert werden, Macr. sat. 1, 11, 5.

īnstaurātio, ōnis, *f.* (instauro), **I** die **Erneuerung, Wiederholung, a** einer Festlichkeit, sacrorum, Liv. 5, 52, 9. Val. Max. 1, 7, 4: ludorum, Cic. de har. resp. 23. – **b** einer Tätigkeit, pugnae, Gell. 15, 18, 2. – **c** eines Ausdruckes, valet haec repetitio instaurationque eiusdem rei sub alio nomine, in ›manubiis‹ et in ›praeda‹? Gell. 13, 25 (24), 9. – **II** die **Wiederherstellung, In-Stand-Setzung, Ausbesserung,** armorum, Veget. mil. 3, 25. p. 120, 3 L.[2]: huius operis, Eumen. pan. pro rest. schol. 4, 1: refectio operum publicorum et templorum inst., Eumen. pan. Constant. 21, 2: inst. templi, Vulg. 4. regg. 12, 7: domus dei, Vulg. 2. paral. 24, 27.

īnstaurātīvus, a, um (instauro), **erneuert, wiederholt,** ludi, Cic. de div. 1, 55.

īnstaurātor, ōris, *m.* (instauro), der **Erneuerer, Wiederhersteller,** non ut veterum instaurator, sed ut conditor, Amm. 27, 3, 7. Außerdem Alcim. Avit. ad soror. 438.

īn-stauro, āvī, ātum, āre (vgl. griech. σταυρός, σταυροῦν), **aufstellen, I ins Werk setzen, veranstalten, bereiten, anstellen,** opus, Plin.: monumenta sibi, Plin.: sibi tunicas, Plin.: choros, Verg.: certatim epulas, Tac.: sacrum dis loci, Tac. – **II** prägn.: **1 von Neuem veranstalten, erneuern, wiederholen, a** eine Festlichkeit, sacrificium, Cic.: sacra, Liv. u. Tac.: ludos, Liv.: ludos diem unum, Liv.: prägn., diem donis, den Tag mit Opfergaben festlich einweihen, Verg. Aen. 4, 63. – **b** eine Tätigkeit, scelus, caedem, Cic.: rapinas et incendia, Sall. fr.: bellum, Auct. b. Alex., novum de integro bellum, Liv.: talia Grais instaurate, lasst solches noch einmal geschehen, aber den Griechen, Verg. Aen. 6, 530. – **c** ein Bündnis, societatem, Suet. Ner. 57, 2. – **2 wiederherstellen,** auffrischen, Gallias, Vopisc.: urbes, Treb. Poll.: vinum, Plin.: silentio vires loquendi, Macr.: instaurati (sunt) animi *m.* folg. *Infin.*, Verg. Aen. 2, 451.

īn-sterno, strāvī, strātum, ere, **I bedecken, überdecken,** inst. cavernam paleā, Plin.: instrati ostro alipedes, Verg.: equus tuus speciosius instratus erit (prächtiger gesattelt), quam uxor vestita? Liv.: equi instrati frenatique, gesattelte u. gezäumte, Liv.: equi pulvillis instrati, Fronto: inst. delicate arceram, Gell.: torus modice instratus, ein nur mit wenigen Decken bedecktes Lager, Suet.: instratus pellibus lectulus, Capit.: instrata cubilia fronde, Lucr. – *Partic.* subst., instrātum, ī, *n.*, die **Decke,** über das Vieh usw., Cato u. a. – **II** auf etwas **hinbreiten, hinlegen, aufschlagen,** pulpita (Gerüst) modicis tignis, Hor. de art. poët. 279: pontibus instratis (durch darüber geschlagene Br.) coniunxit litora Xerxes, Poët. vet. b. Ter. Maur. 1160. – poet., sese caris ignibus, sich darüber hinwerfen, Stat. Theb. 12, 800.

īnstīgātio, ōnis, *f.* (instigo), **die Anstachlung,** die **Anreizung, der Antrieb,** auditorum, Rhet. Her. 2, 47: praedonum instigationes, Lact. 5, 19, 2: illorum instigationes, Augustin. de civ. dei 2, 25 *extr.:* novercales, Aufhetzereien, Gaius dig. 5, 2, 4.

īnstīgātor, ōris, *m.* (instigo), **der Anstachler, Anreizer, Antreiber,** sibi quisque dux et instigator, jeder kommandierte u. trieb sich selbst, Tac. hist. 1, 38: si quid invitis quoque nobis naturā fit, superfluus instigator agitabo, Auson. epist. 17 *extr.* p. 178, 7 Schenkl: mit *Genet. pers.*, inst. pueruli huius, Apul. apol. 74: m. *Genet. rei* (zu), inst. insaniae, Arnob. 5, 7: talium peccatorum suasor et inst. occultus, Augustin. de civ. dei 14, 3, 3: videris accusationis instigator fuisse, Papin. dig. 3, 2, 20.

īnstīgātōrius, a, um (instigo), **zum Aufhetzen geeignet, aufhetzend,** verba, Cassian. coll. 16, 20.

īnstīgātrīx, trīcis, *f.* (Femin. zu instigator), **die Anstachlerin, Anreizerin, Aufwieglerin,** acerrima instigatrix adversum Galbianos, Tac. hist. 1, 51: immodesta stimulatrix infestaque et importuna inst., Mar. Mercat. subnot. 5, 1.

īnstīgātus, Abl. ū, *m.* (instigo), die **Anreizung,** Ulp. dig. 9, 1, 1. § 6.

īn-stīgo, āvī, ātum, āre (στίζω, ich steche, wov. auch instinguo), **anstacheln, anreizen, anspornen, aufhetzen,** alqm, Ter. u. a.: rapidum (canum) agmen, Ov.: canem in alqm, Petron.: alqm in alqm, Liv.: in arma, Vell. u. Tac.: alqm in furorem, Lact.: milites populi Romani contra rem publicam, Auct. b. Afr.: sequentem studiis, Verg.: variis vocibus alas, Verg.: m. *Infin.*, laedere, Lucr. 4, 1074 (1082): m. *ut* u. Konj., Ter. Phorm. 547: absol., age, instiga, Ter.: instigante deā, Liv.: instigante te, auf dein Betreiben, Cic.: instigante etiam magnitudine aeris alieni, Suet. – übtr., iracundiam, Sen.: iram iudicis (Ggstz. lenire), Tac.: libidines, Lact.: vires, anregen, Stat.: avium instigati (wilde) clangores, Apul. flor. 17. p. 27, 1 Kr. – sprichw., s. curro.

īnstīllātio, ōnis, *f.* (instillo), das **Einträufeln,** canini lactis, Plin. 29, 133: urinae humanae, Pallad. 12, 10.

īn-stīllo, āvī, ātum, āre, **I** etwas **einträufeln, einflößen,** oleum lumini, Cic.: merum in ignes, Ov.: squamam aeris per fistulam, Cels. – übtr., praeceptum auribus, Hor.: aliqua instillavit ac tradidit, Sen.: tuae litterae, quae mihi quiddam quasi animulae instillarunt, Cic. ad Att. 9, 7, 1 M. – **II auf** etw. **träufeln = auf** etw. **tropfenweise fallen,** saxa Caucasi, Cic. poët. Tusc. 2, 25.

īnstimulātor, ōris, *m.* (instimulo), der **Aufstachler, Aufreizer** zu etwas, seditionis instimulator et concitator tu fuisti, Cic. de domo 11.

īn-stimulo, āre, **anstacheln, aufstacheln, anreizen,** alqm, Ov.: Venerem verbis, Ov.: alqm voce, Sil.: falso instimulati parentes, durch einen falschen Grund veranlasst, ICt.

īnstīnctor, ōris, *m.* (instinguo), der **Anreizer, Anstifter,** acerrimus belli, Tac. u. Amm.: sceleris, Tac.: dissensionum, Amm.

īnstīnctus, ūs, *m.* (instinguo), die **Anreizung, Eingebung,** der **Antrieb,** instinctu divino, Cic.: instinctu decurionum, Tac.: non impetu et instinctu nec ore uno fluens, nicht aus Erregung u. Begeisterung u. einem Mund strömend, Tac. ann. 14, 16: instinctu Musarum, Lact.: instinctibus daemonum, Lact. 4, 30, 1: sequi classici vocantis instinctum, Ps. Quint. decl. 4, 19.

īn-stinguo, stīnxī, stīnctum, ere (στίζω, ich steche, wov. auch instigo), **anstacheln, antreiben,** Christus intus instinxerat, Tert. de anim. 26: universa deinde instincta (est) *in* bellum Achaia, Vell. 1, 12, 1. – öfter Partiz. īnstīnctus, a, um = angestachelt, angereizt, angetrieben, **angefeuert, begeistert (voll Mut),** belua instincta rabie, Curt.: furore et audaciā, Cic.: tibiarum cantu, Cic.: vocibus, furiis, Liv.: divino spiritu, Liv.: *in* sacros dei ululatus instinctus, Iustin. 12, 7, 8: absol., vixdum finierat Maternus concitatus et velut instinctus, Tac.: instincti glomerant gressus, Sil.: instinctos ruentesque ita disposuit, ut etc., Tac.

īn-stīpo, āre, **dicht hineinstopfen,** Marc. Emp. 10. – übtr., vinum in culleum, gepresst-, ganz dicht einfüllen, Cato r. r. 113.

īn-stipulor, ātus sum, ārī, **festsetzen, ausbedingen,** Plaut. Pseud. 1069 L.; rud. 1381 L. Not. Tir. 67, 30.

īnstita, ae, *f.* (in u. sto), **I** der **Besatz,** die (in viele Falten gelegte) **Falbel** an der *tunica* einer röm. Dame, Hor. sat. 1, 2, 29. Ov. art. am. 1, 32. – meton. = **vornehme Dame, Matrone,** Ov. art. am. 2, 600. – **II** übtr.: **A** eine **Binde,** um Hände und Füße zu binden, Petron. 20, 3 u. 97, 4: den Körper zu unterbinden, Scrib. Larg. 133. – **B** der **Gurt** am Bettgestell, institae, quibus sponda culcitam ferebat, Petron. 97, 4.

īnstitio, ōnis, *f.* (insisto), das **Stillstehen,** stellarum errantium cursus, praegressiones (Vorrücken), institiones, Cic. Tusc. 1, 62.

īnstitium, iī, *n.* (insisto), der **Stillstand,** solis inst. = solstitium (s. d.), Menol. rust. Colot. (mens. Iun.) im CIL 1^2. p. 280.

īnstitor, ōris, *m.* (insto), der über die Bude eines Kaufmanns usw. gesetzte **Aufseher** u. der mit den Waren eines Kaufmanns, Fleischers usw. hausierende **Verkäufer, Krämer, Kleinhändler,** Hor., Liv. u. a.: ipse institor mercis, der selbst (obgleich der Herr) als Umträger seine Waren feilbot, Liv.: cauponis, ICt., od. popinae, Sen., Kellner, Aufwärter: unguentarius, Inscr. – übtr., libidinis, der die Unzucht gewerbsmäßig betreibt, Val. Max. 6, 1, 6: eloquentiae, Auskramer, Zur-Schau-Träger, Quint. 8, 3, 12; 11, 1, 50: u. so si (philosophia) non institorem, sed antistitem nacta est, nicht einen bloßen Zurschauträger (einen Gleisner), sondern einen wirklichen Priester, Sen. ep. 52, 15.

īnstitōrius, a, um (institor), **die** *institores* **betreffend,** actio, ICt. – subst., īnstitōrium, iī, *n.*, das Geschäft eines *institor* (s. d.) der **Klein-, Einzelverkauf,** Suet. Ner. 27, 3.

īn-stituo, tuī, tūtum, ere (in u. statuo), **I hinein-, hinstellen, -setzen,** **A** eig.: vestigia nuda sinistri pedis, Verg.: arborem, Suet.: olera nostris manibus, Aur. Vict. – **B** übtt.: **1** im Allg.: argumenta in pectus multa, viele Betrachtungen (über sie) im Herzen anstellen, Plaut. most. 86: alqm in animum, an jmd. sein Herz hängen, Ter. adelph. 38: animum ad cogitandum, sich zum Denken sammeln, Ter. Phorm. 240. – **2** als Norm **aufstellen,** exemplum, Quint.: iusiurandum, Suet.: quae instituerant, ihre Lehrsätze, Quint. – **II** mit dem Nbbegr. des Veranstaltens, Bereitens = **aufstellen, A** eig.: **1 aufstellen, anstellen,** als milit. *t. t.* = **formieren,** aciem duplicem, Caes.: duas legiones ex omni copia, quam etc., Sall.: remiges ex provincia, Caes.: tabellarios certos, Cic.: m. dopp. *Acc.*, alqm heredem, tutorem, jmd. zum E., zum V., Cic.: aliquos sibi amicos, sich als Fr. zulegen, Cic. – **2 errichten, anlegen, zurüsten, den Bau** usw. von etw. **beginnen, unternehmen,** turrim, pontes, naves, Caes.: vineas, Cic.: prata nova (Ggstz. antiqua renovare), Colum.: laureas, pflanzen, Suet.: bibliothecam, Plin.: dapes, Verg.: convivia, Suet.: solem, erschaffen, Lact. – **B** übtr., **1** im Allg., zu etw. **Anstalten** od. **Einrichtungen treffen,** etw. **veranstalten, beginnen, unternehmen,** delectum, Cic.: historiam, Cic.: iter, viam, Cic.: actionem, die Klage einleiten, Cic.: condicionem, aufstellen, Cic.: sibi quaestum, verschaffen, Plaut. u. Cic.: matutine pater, *unde* homines operum primos vitaeque labores instituunt, Hor. sat. 2, 6, 21: m. folg. *Infin.* = **Anstalten treffen, beginnen, Hand anlegen, es unternehmen, es sich zur Aufgabe machen, sich vornehmen, sich entschließen,** artem scribere, Rhet. Her.: historias scribere, Nep.: topica Aristotelea conscribere, Cic.: castra munire, Caes.: facere theatrum, den Bau eines Th. beginnen, Vell.: oppidum oppugnare, Cic.: tempus eius interficiendi quaerere, Nep. – **2** insbes.: **a einsetzen, einführen, einrichten, anordnen, verordnen,** portorium, Cic.: censum, dies festos, Liv.: ludos, Ov.: collegium figulorum, Plin.: legem, poenam, Cic.: in re militari multa instituit, führte er viele neue Einrichtungen ein, Suet.: m. folg. *ut* u. Konj. = es einführen, so einrichten, Cic. Tusc. 5, 58 u. a. Suet. Caes. 20, 1 u. a.: u. so m. bl. *Coniunctiv*, Suet. Caes. 41, 3: m. folg. *quod* u. Konj., Curt. 8, 1 (4), 29: m. folg. *Infin.*, quos ab initio habere secum instituerat, Caes. b. G. 7, 13, 1: m. folg. *Acc.* u. *Infin. Pass.*, frumentum plebi dari instituerat, Vell. 2, 6, 3: locum oracula capi instituere, Val. Max. 8, 15 ext. 3: compitales Laris ornari bis anno instituit, Suet. August. 31, 4: absol., ut instituerat, wie er es eingeführt hatte, nach seiner Gewohnheit, Caes. (s. Schneider Caes. b. G. 5, 1, 1 *not. cr.* Kraner Caes. b. G. 6, 3, 4). – **b** schon Vorhandenes **feststellen, ordnen, regeln,** civitates, Cic. (s. Ellendt Cic. de or. 1, 36): civitatum mores, Sall.: ita ab adulescentia vitam instituisse, ut etc., habe seinem Leben eine solche Richtung gegeben, Sall.: familia bene instituta, Quint. – **c** jmd. für einen bestimmten Zweck **unterweisen, unterrichten, bilden, erziehen,** oratorem, Quint. homines liberi liberaliterque instituti, Gell. – instituere elephantos, abrichten, dressieren, Curt. 8, 14 (50), 39. – alqm artibus, Quint.: alqm ad dicendum, Cic. – quis enim *de* isto genere non docuit, non instituit? hat Unterricht u. Anweisung gegeben, Cic. de or. 3, 148. – m. *Infin.*, alqm Latine loqui, Colum. 1, 1, 12: Pan primus calamos cerā coniungere plures instituit, Verg. ecl. 3, 32 (u. so *ibid.* 5, 30 u. georg. 1, 148): amphora fumum bibere instituta consule Tullo, ein Krug, den man gleichs. den Rauch zu trinken anwies, den man den Rauch trinken ließ, Hor. carm. 3, 8, 11. – Partiz. subst., instituendi, instituentes, instituti, Sidon. epist. 5, 7, 3. – ► Archaist. Perf. institivi, Plaut. most. 86 R. (Schoell institui): istituvi (= instituvi), CIL 8, 9975: istituvisse, *ibid.* 9976.

īnstitūtio, ōnis, *f.* (instituo), **I** die **Einrichtung,** rerum, Cic.: institutionem suam conservare, seiner Gewohnheit (seiner Art) treu bleiben, Cic. – **II die Anweisung,** der **Unterricht,** doctoris, Cic.: Cynica, Grundsätze, Tac.: quaedam genera institutionum (Methoden), Suet.

īnstitūtor, ōris, *m.* (instituo), **I** der **Errichter, Einrichter, Anleger** usw., sordidissimorum artificiorum, Betreiber, Sen. de ben. 6, 17, 1 (Gertz institores): materiae, Schöpfer, Lact: et hominis et universitatis creator et institutor, Tert.: institutores veteres, Gründer (einer Stadt), Amm. – **II** der **Unterweiser, Lehrer,** mentis, Augustin. epist. 257 *extr.*: morum et actuum imperialium, Treb. Poll. trig. tyr. 3, 1: litterarum, im Lesen, Edict. Diocl. 7, 66: ineptarum religionum, Lact. 1, 22, 7: Plur., institutores (Hofmeister) eorum, Pacat. pan. 8, 5: absol., Lampr. Comm. 1, 7.

īnstitūtōrius, a, um (instituo), **zum Unterweisen (Unterrichten) geeignet, unterweisend, unterrichtend,** ars, Pompei. comm. 165,17 (nach Steups sicherer Vermutung).

īnstitūtum, ī, *n.* (instituo), **I** nach instituo *no.* I, A, das **Erschaffene,** Plur. instituta, die geschaffenen Dinge, die **Schöpfungen,** Lact. 7, 9, 2. – **II** nach instituo *no.* II, B = **1** das **Unternehmen, Vorhaben,** die **Absicht,** non ad nostrum institutum pertinet, Cic.: neque tam facile interrupta contexo quam absolvo instituta (begonnene Arbeiten), Cic. – **2** jede durch Sitte, Gewohnheit, Verfassung entstandene **Einrichtung, Anordnung** des häuslichen u. bürgerlichen Lebens (dah. oft mit lex verb.), maiorum, Cic.: meretricium, Cic.: institutum vitae capere, einen Lebensplan ergreifen, Cic. – ex instituto, der Ordnung, dem Herkommen gemäß, Liv. 6, 10, 6; 45, 13, 8. – **3** die **Anweisung,** im Plur. auch die durch Unterricht beigebrachten **Grundsätze,** mores, instituta, facta, Cic.: praecepta institutaque philosophiae, Cic.: optimis institutis mentem infantium informare, Quint.

īn-sto, stitī, stātūrus, āre, *intr.* u. *tr.*, **I auf** od. **über** etwas **stehen,** saxo in globoso, Pacuv. tr. 367: übtr., cuius rei simulacrum et imago ante oculos semper nobis versatur et instat, vor Au. schwebt u. steht, Lucr. 2, 113: m. *Acc.*, rectam instas viam, du hast den rechten Weg betreten = hast ganz recht, Plaut. asin. 54. – **II** mit besonderen Nebenbegrr.: **A** mit dem Nbbegr. der Nähe, **dicht-, hart hinterher sein, 1** eig.: vestigiis, auf dem Fuße folgen (bildl.), Liv. 27, 12, 9. Flor. 4, 11, 8. – **2** übtr.: **a** v. Pers.: **α herandringen, vordringen,** jmd. **hart bedrängen,** ihm **zusetzen, auf** ihn **eindringen,** ihn **hart verfolgen,** jmdm. **nachdrängen, αα** übh., absol., Cic. u. a.: adversario, Cic.: nunc identidem nosmet ipsi nobis instemus, uns einander selbst antreiben, Rhet. Her. – **ββ** als milit *t. t.*, absol., hinc, Verg.: acrius oder cupidius, Caes.: ferro, Cic.: curru (zu W.), Ov.: m. *Dat.*, hosti, Liv.: cedenti, Liv.: fugienti, Eutr.: pertinaciter hosti fugienti, Frontin.: fugientibus, Ov.: m. *Acc.*, hostes Nep. Epam. 9, 1 u. Eum. 4, 2 *Lupus: impers.*, si instetur, Liv. 2, 44, 11: ubi instaretur, Tac. ann. 3, 21. – **β** eine Sache **unablässig-, emsig betreiben, sich** einer Sache **mit Eifer widmen,** operi, Verg.: coeptis, Tac.: obsidioni acriter, Curt.: m. *Acc.*, currum, den Bau des W., Verg.: dah. **nicht ablassen, fest darauf bestehen, darauf dringen, drängen,** m. folg. *Infin.*, Spartam reportare, Pacuv. fr.: poscere recuperatores, Cic.: m. folg. *Acc.* u. *Infin.*, ego illud sedulo *negare* factum (esse), ille *instat* factum (esse), Ter. Andr. 147 (vgl. Plaut. merc. 242): m. allg. *Acc.* u. *de* m. Abl., unum instare de indutiis, auf dem einen, hinsichtlich des W., bestehe er fest, Caes.: absol., alci instanti negare alqd, Cic. – **γ** jmdm. **zusetzen,** jmd. **drängen, in** jmd. **dringen,** jmd. **bestürmen, dringend bitten,** absol., Komik., Cic. u. a.: acrius pater instat, Ter.: evincunt instando, ut etc., Liv.: u. inst. od. alci instare m. folg. *ut* u. Konj., Cic. u. a.: u. m. bl. Konj., Curt. 4, 16 (62), 18: acriter inst. m. folg. *ne* u. Konj., Plaut. Cas. 341. – **b** von der Zeit, v. Umständen, **drängen, nahe bevorstehen, zunächst vorliegen, drohen,** tantum me instat exiti, Plaut.: nox instat, Sall.: dies instat, quo etc., Cic.: hiems instat, Liv.: partus prope instat, Ter.: bellum instat, Caes. u. Liv.: periculum instat (auch ab alqo), Cic.: instantes clades, die Not, die man vor Augen sah, Liv.: alci iter instat, Cic.: nihil mihi instat, Liv.: satis est quod mihi instat de Milone (wegen des M.), Cic. – **B** mit dem Nbbegr. der gehemmten Bewegung = **stehen bleiben,** in medio triclinio, Suet. Tib. 72, 3: iugis, sich auf den Höhen festsetzen, Verg. Aen. 11, 529. – ► Partiz. Fut. Akt. īnstātūrus bei Liv. 10, 36, 3. Frontin. 2, 6, 10.

īnstrāgulum, ī, *n.* (insterno), die **Decke, Oberdecke** (im Bett), Cato r. r. 10 u. 11.

īnstrātum, ī, *n.*, s. īn-sterno *no.* I.

1. īnstrātus, a, um (in u. sterno), **unbedeckt, unbestreut,** cubile, Verg. georg. 3, 230.

2. īnstrātus, a, um, *Partic.* v. insterno, s. d.

3. īnstrātus, Abl. ū, *m.* (insterno), die **Sattelung** = das **Sattelzeug,** equus regio instratu ornatus, Plin. 8, 154.

īnstrēnuē, *Adv.* (instrenuus), **nichts unternehmend,** v. Kriegern = **feig,** non instr. mori, mutig sterben, Iustin. 17, 2, 1.

īn-strēnuus, a, um, **nicht betriebsam, nichts unternehmend, lässig,** homo, Plaut. most. 106: animus non instr., Ter. heaut. 120. – v. Kriegern = **unentschlossen, feig,** non instr. dux, mutiger, Suet. Vesp. 4, 5.

īnstrepito, āre (*Intens.* v. instrepo), **anrauschen, ansummen,** floribus, Ven. Fort. carm. 3, 9, 26.

īn-strepo, puī, pitum, ere, **ertönen, ächzen, knirschen, knarren,** sub pondere axis instrepat, Verg. georg. 3, 173: non dentibus umquam instrepis horrendum, Claud. Mall. Theod. cons. 223: mit *Acc.* = ertönen lassen, lamentabiles questus, Apul. met. 2, 27.

īn-strīdo, ere, in etw. **hineinzischen, zischend hineinfahren,** pelago, Sil. 14, 436.

īn-stringo, strīnxī, strictum, ere, **I straff anziehen, zusammenziehen, 1** im Allg., Isid. orig. 19, 10, 1. – **2** prägn., **binden, umbinden,** alqm vinculis, Ps. Quint. decl. 5, 16: adhuc feralibus amiculis instrictus, Apul. met. 10, 12: instricta fides gemmis, eingefasst mit E., Ov. met. 11, 167 M. u. R. (Korn distincta). – **II** übtr., **anreizen,** non modo non repressit, sed instrinxit etiam nos ad elegantiam Graecae orationis verbis Latinis adfectandam, Gell. 17, 20, 7: quo dolore paelicatus uxor eius instricta, Apul. met. 8, 22.

īnstrūctē, *Adv.* im *Compar.* (instructus), **mit großen Zurüstungen,** ludos opulentius instructiusque (mit größeren Zurüstungen) quam priores reges fecit, Liv. 1, 35, 7.

īnstrūctilis, e (in u. struo), **nicht zusammengefügt,** Tert. de anim. 14.

īnstrūctio, ōnis, *f.* (instruo), **I** das **Hineinfügen, Einfügen, Einlassen,** tubulorum in cloacas, Vitr. 5, 9, 7. – **II** das **Herrichten, 1** die **Errichtung, Erbauung, Aufführung,** novi balinei, Trai. in Plin. ep.: munimentum instructione variā inaccessum, durch mancherlei Vorrichtungen, Amm. – **2** das **Ordnen, In-Ordnung-Stellen, -Aufstellen,** die **geordnete Aufstellung,** signorum, das Aufpflanzen, Cic.: militum, Rhet. Her. u. Cic.: u. so instructionis lex est, ut etc., Veget. mil. 3, 14. p. 97, 10 L.[2] – **3** die **Unterweisung, Belehrung,** futuri temporis, Arnob. 5, 15 R.

īnstrūctor, ōris, *m.* (instruo), der **Einrichter, Zubereiter,** operis (murorum), Erbauer, Cypr. quod idol. etc. 2: parietum, Cassiod. var. 7, 5, 5: hi sunt conditores instructoresque convivii, Cic. post red. in sen. 15.

īnstrūctūra, ae, *f.* (instruo), **I** der **Einbau,** die **Einfriedigung,** Gromat. vet. 347, 8: Plur., *ibid.* 255, 25 u. 349, 14. – **II** die **Anordnung, A** der Soldaten = die **Schlachtordnung,** Frontin. strat. 2, 3, 17. – **B** der Rede = der **Bau,** Fronto ad Marc. Caes. 1, 8 (2, 1). p. 22, 3 N. (Naber compositionis structuraeque).

1. īnstrūctus, a, um, *PAdi.* (v. instruo), **I ausgerüstet, ausgestattet, versehen** mit etw., Graecia instructa copiis, Cic.: decem vitiis instructior, Hor.: rebus instructissimus, Cic.: clementiā et liberalitate instructissimus, Val. Max.: nihil ad irritandas illiciendasque immodicas cupiditates instructius est, mit geeigneteren Mitteln versehen, Curt. – **II unterwiesen, unterrichtet,** artibus, Cic.: in iure civili, Cic.: a doctrina, Cic.: instructior a iure civili, Cic.: omnis ad perniciem instructa domus, Plaut.: ad dicendum instructissimus a natura, Cic.

2. instrūctus, Abl. ū, *m.* (instruo), **I die Ausstattung, das Rüstzeug, a** eig. = ἀποσκευή, die **Habe,** Augustin. quaest. in genes. 2. qu. 47, 1. – **b** im Bild = Gedankenstoff (neben ornatus, Ausschmückung = Redeschmuck), quocumque (oratio) ingreditur, eodem est instructu ornatuque comitata, Cic. de or. 3, 23. – **II** die **Anweisung,** instructu tuo, Paulin. in Augustin. epist. 24, 3.

īnstrūmentum, ī, *n.* (instruo), **Gerätschaft** aller Art, **Werkzeug, Rüstzeug, Geschirr, Mobiliar, Hausrat, I** eig.: **α** *Sing.*: instrumentum villae, Cic., od. rusticum, Phaedr., od. bl. instrumentum, Cic., das landwirtschaftliche Gerät (Inventar), die Ackergerätschaften: regium, Suet.: regale, Iustin.: venatorium, Plin. ep.: militare, Caes.: hibernorum, Caes.: unius mensae, Sen.: omne instrumentum sutrinae vendere, Porphyr. Hor. sat. 1, 3, 130: belli, Cic.: triumphorum, eine Art Garderobe, Requisiten (an Kleidern usw.) für die auf dem Theater aufgeführten Triumphzüge, Suet.: u. so scaenarum, Paul. ex Fest.: imperii, Dokumente, Senats- u. Volksbeschlüsse usw. (die im Kapitol aufbewahrt wurden), Suet. – absol. = Reisegeräte, Cic. ad Att. 12, 32 *extr.* – **β** *Plur.*: instrumenta necis, Ov.: corporis, Colum.: luxuriae, v. Gewändern, Iustin.: instrumenta anilia, Kleidung, Tracht, Ov.: bellica, Sen.: culinarum argentea, Iustin.: flagella ceteraque servilis metus instrumenta, Strafwerkzeuge, Iustin.: flagitiosi operis instrumenta, v. den Geschlechtsteilen, Apul. – absol., das landwirtschaftliche Gerät, die Ackergerätschaften, Pallad. 1, 43, 1. – Zieraten an Büchern, Ov. trist. 1, 1, 9. – **II** übtr.: **A** das, was einem zu Gebote steht, der **Vorrat,** oratoris, Cic.: causarum, Cic. – **B** das **Hilfsmittel, Beförderungsmittel,** regni, Cic.: instrumenta ad obtinendam sapientiam, Cic.: instrumenta luxuriae, Mittel u. Werkzeuge zur Unterhaltung der Üppigkeit, Sall.: instrumenta oratoris, Künste u. Fertigkeiten, Quint. – **C** das **Beweismittel, Zeugnis,** die **Urkunde,** instr. tribunatus (für das), Cic. Mil. 33: publicum, Suet. Cal. 8, 5. – u. bei Eccl. das **Testament,** z. B. Cassian. de coen. inst. praef. *in.*

īn-struo, strūxī, strūctum, ere, **I hinein-, einfügen,** tigna, Caes. b. c. 2, 9, 7: contabulationem in parietes, Caes. b. c. 2, 9, 1: in cloacarum parietibus tubulos, Vitr. 5, 8, 7. – **II herrichten, A herrichten = aufrichten, errichten, aufführen, anlegen,** muros, Nep.: machinationem, Caes.: aggerem, Hirt. b. G.: in altum editas arces, Sen.: mensas, wieder herrichten, Verg.: tuguria conchis (aus M.), Curt. – **B herrichten = anrichten, herstellen, veranstalten, bereiten, beschaffen, a** eig.: apud alqm epulas instr. parareque, Liv.: instr. convivium barbarā opulentiā, Curt.: convivia sumptuose, Lact. – **b** übtr.: omnes sycophantias instr. et comparare, Plaut.: instr. fraudem, Liv.: (alci) insidias, Catull., Liv. u. Iustin.: inter concordantes odia, stiften, Iustin.: dicta factaque omnia ad fallendum, auf Betrug berechnen, Liv.: iam instructa sunt in corde consilia mea, schon gefasst, Ter. – **C herrichten = anschaffen** (s. Lorenz Plaut. mil. 738), alci aurum atque ornamenta, Plaut.: alci aurum atque vestem muliebrem, Plaut.: agrum atque aedes (sibi), Plaut. – übtr., serviendae servituti servos sibi, Plaut. mil. 745. – **D = einrichten, ausstatten, aus-** od. **zurüsten, versehen, 1** im Allg.: **a** eig.: **α** Lebl.: tabernaculum omni luxu, Curt.: vias copiis, besetzen, Tac.: agrum, mit Schiff u. Geschirr versehen, Liv.: domum suam in provincia, sich häuslich einrichten, Cic.: domus instructa od. aedes instructae, ein möbliertes Haus, Cic.: emit instructos hortos, mit dem Inventar, Cic. – **β** eine Person: alqm viatico, Vell.: cultibus Alciden suis, Ov.: frumento et stipendio victorem, Iustin.: instr. filiam, ausstatten, Suet. – **b** übtr.: **α** Lebl.: illa exercitatio, quam extremo sermone instruxit Antonius, jene Übung, zu der A. Anleitung gegeben hatte, Cic.: instruere augereque ab omni parte grammaticam, Suet: causam, mit den nötigen Beweismitteln ausstatten, Plin. ep.: accusationem et petitionem (Bewerbung) adornare atque instr., mit allen Mitteln betreiben, Cic.: vitam, vitam humanam, Lact. – **β** Pers.: alqm mandatis, Liv.: se armare et instr. irā, Ov.: dei ritibus instruitur, rüstet sich mit usw., Ov. – **2** insbes.: **a** als milit. *t. t.*: **α ausrüsten, rüsten,** exercitum, Liv.: classem, bemannen, Quint u. Iustin. (dah. classis instructa atque ornata, Cic.): alqm armis, Verg. u. Tac. dial.: partem quartam militaribus armis, Sall.: classem omnibus rebus, Caes.: insidias, aufstellen, Liv.: proelium, Eutr.: bellum, Cic. – **β geordnet aufstellen, ordnen, in Ordnung (Schlachtordnung) aufstellen,** exercitum, aciem, Cic.: agmen, Curt.: copias, Quint.: suas copias, Caes.: elephantos, Liv.: *contra* has tam praeclaras Catilinae copias sua praesidia suosque exercitus, Cic.: *contra* Afros aciem, Eutr.: *adversus* Samnites primam ac tertiam legionem dextro cornu, *adversus* Gallos pro sinistro quintam et sextam, Liv.: suos pugnae, Sall. fr.: se proelio, Sall. fr.: Romanus dimicationi ultimae instructus intentusque, zum E. gerüstet u. schlagfertig, Liv.: instr. exercitum in aciem, Cic.: statio composita instructaque in subitos tumultus, für jeden unerwarteten Zufall schlagfertig aufgestellt, Liv. – **b** in etw. **unterweisen, unterrichten,** zu etw. **anweisen, vorbereiten, bilden, tüchtig machen,** alqm, Ter., Cic. u. a.: testes, Cic.: alqm arte suā, Ov.: pectus dictis, Ov.: alqm ad omne officii munus, Cic.: ad iustitiae munera (v. der Philosophie), Lact.: alqm ad caedem alcis, Liv.: instruar consiliis idoneis ad hoc negotium, ich kann mir manchen guten Rat geben lassen, Cic.: m. folg. indir. Fragesatz (quā ratione), Quint. 10, 1, 4. Vgl. 1. instructus. – ► Synkop. Perf. instruxti, Plaut. mil. 981.

īn-studiōsus, a, um, **nicht eifrig** in etwas, medicinae neque instudiosus neque imperitus, Apul. apol. 40.

īn-suādibilis, e (in u. suadeo), **unberatbar, unbelehrbar,** civitas, Oros. 7, 37, 8: ne ista insuasibilia esse videantur, Hilar. epist. ad Galat. 70. – *Adv.* **īnsuādibiliter,** s. Paucker Suppl. I. p. 413.

īnsuāsibilitās, ātis, *f.* (in u. *suasibilis), die **Unüberredbarkeit,** Hieron. in Ephes. 5, 6.

īnsuāsibiliter, *Adv.* **einem Rat nicht zugänglich,** Augustin. categ. decem c. 17.

īnsuāsum, ī, *n.*, das **Schmutzigbraun, Rußbraun,** Plaut. truc. 271 *Schoell.* Paul. ex Fest. 111, 9. vgl. 2. suasum.

īn-suāvis, e, **nicht süß, nicht lieblich, unangenehm, I** für die Sinne: aqua, Vitr.: odor, Colum.: herba cibo non ins., Plin.: quid insuavius quam clamor etc., Rhet. Her. 3, 22: insuavissima littera, sehr übellautender (kakophonischer), Cic. or. 163: u. so praepositio, Cic. – **II** für das Gemüt: homo, Hor.: vita, Cic.: cuius eloquentia non insuavis est, Lact.

īn-suāvitās, ātis, *f.* (insuavis), die **Unlieblichkeit, Anmutlosigkeit,** Gell. 1, 21, 4. Tert. de paenit. 10; ad martyr. 3. Cael. Aur. de morb. acut. 2, 19, 115.

īnsuāviter, *Adv.* (insuavis), **nicht lieblich, misstönend,** Boëth. inst. mus. 1, 8 u. 5, 11.

īn-subditīvus, a, um, **nicht untergeschoben,** Tert. adv. Val. 27 *extr.*

Īnsuber, s. Īnsubrēs.

īnsubidē, *Adv.* (insubidus), **ungeschickt, einfältig,** Gell. 1, 2, 4: non ins., Macr. sat. 7, 14, 3.

īn-subidus, a, um, **ungeschickt, einfältig,** v. Pers., Gell. 19, 9, 9: v. Lebl., vultus, Schafsgesicht, Lampr. Commod. 17, 3: scitamenta, Gell. 18, 8, 1. – *Compar.*, nihil est prorsus istis insubidius, Gell. 6, 1, 2: u. so Gell. 13, 20, 4.

īnsubiectus, a, um (in u. subicio) = ἀνυπότακτος, **nicht unterworfen,** absol., v. Christus (Ggstz. subiectus), Hieron. epist. 55, 5: m. *Dat.*, afflatu nostri oris, Prud. ham. 699 *Dressel:* oculis, Avien. progn. 87.

īnsublum, s. īnsubulum.

Īnsubrēs, ium u. um, *m.*, die **Insubrer,** eine Völkerschaft im zisalpin. Gallien, deren Hauptstadt *Mediolanum* (j. Mailand) war, Cic. Balb. 14, 32. Liv. 5, 34, 9; 30, 18, 1. Plin. 3, 124 u. 125. – Sing. Īnsuber, bris, *m.*, ein Insubrer, Cic. Pis. 34: Insuber (Peter Insubris) Mediolanensis, Spart. Did. Iul. 1. § 2. – *Adi.* Īnsuber, bris, bre, **insubrisch,** eques, Liv. 22, 6, 3.

īn-substantīvus, a, um, **wesenlos,** Ambros. hexaëm. 1, 2, 7 u. a. Eccl.

īn-subtīlis, e, **nicht scharfsinnig,** dah. non ins., **gar scharfsinnig,** Papin. dig. 30, 1, 11. – *Adv.* **īnsubtīliter,** Ulp. dig. 2, 14, 7. § 6 u. a.

īn-subulo, āre (in u. subula), **durchstechen,** Isid. orig. 19, 29, 1.

īnsubulum (insublum), ī, *n.* = ἀντίον (Gloss.), der **Schaft** des Geschirres am Webstuhl, Isid. orig. 19, 29, 1.

īnsucco, s. īnsūco.

īn-sūcidus (insuccidus), **nicht feucht, trocken,** tepor, Augustin. serm. app. 17, 1 (?).

īnsūco (insucco), āvī, ātum, āre (in u. sucus), **eintauchen, benetzen, anfeuchten,** Colum. 9, 13, 5 u. a. Cael. Aur. de morb. acut. 3, 8, 77.

īn-sūdo, āre, **in-, bei** etwas **in Schweiß kommen, ein wenig schwitzen,** libellis insudat manus, Hor. sat. 1, 4, 72: labori, Calp. ecl. 5, 10: *in* alea vel *in* iocis inutilibus, Ps. Augustin. serm. app. 280, 4. – absol., in tepidario, Cels. 1, 4: ubi insudarit, *ibid.*

īnsuēfactus, a, um (*in-sueo u. facio), **daran gewöhnt, dazu abgerichtet,** Caes. b. G. 4, 24, 3.

īn-suēsco, suēvī, suētum, ere, **I** *intr.* sich an etwas gewöhnen, **an** etwas **gewöhnt werden,** m. *Dat.*, corpori, Tac. – m. *ad* u. Akk., ad disciplinam, Liv. – m. *Infin.*, imperare, Plaut.: mentiri, Ter.: potare, Sall.: paratā victoriā frui, Liv. – **II** *tr.* **an** etwas **gewöhnen,** insuevit pater hoc me, Hor.: pecus aquā, Colum.: insuesci debent, Colum.: ita se a pueris (von Jugend an) insuetum, Liv. 24, 48, 6: u. ins. alqm m. folg. *Infin.*, Lucr. 4, 1274 (1282).

īnsuētē, *Adv.* (insuetus), **wider Gewohnheit,** Cael. Aur. de morb. chron. 5, 3, 54. – *Compar.* b. Augustin. epist. 137, 5.

īnsuētūdo, inis, *f.* (insuetus), das **Ungewohnte** einer Sache, cibi, Spart. Sever. 16, 2.

1. īnsuētus, a, um, *Partic.* v. insuesco, s. d.

2. īnsuētus, a, um (in u. suesco), **I** eine Sache **nicht gewohnt,** m.

Genet., laboris, Caes.: navigandi, Caes.: maiorum rerum, unerfahren in usw., Rhet. Her. – m. *Dat.*, moribus, Liv. – m. *ad* u. Akk., ad stabilem pugnam, Liv.: corpora insueta ad onera portanda, Caes. – m. *Infin.*, acies inferre pedestres, Verg.: vera audire, Liv.: vinci, Liv. – II passiv = **ungewohnt** = **ungewöhnlich,** species, Liv.: solitudo, Liv.: iter, Verg.: poet., insuēta (n. pl.) st. des *Adv.* = **ungewöhnlich,** rudere, Verg. Aen. 8, 248.

īnsufficiēns, entis (in u. sufficio), **unzureichend, unzulänglich,** Tert. adv. Herm. 15.

īnsufficienter, *Adv.* (insufficiens), **unzureichend,** Soran. Lat. p. 31, 17.

īnsufficientia, ae, *f.* (insufficiens), die **Unzulänglichkeit,** Tert. ad uxor. 1, 4. Boëth. cons. phil. 3. pros. 3. p. 46, 4 *Obb.*

īnsufflātio, ōnis, *f.* (insufflo), das **Einblasen, Einhauchen,** Marc. Emp. 1. Plin. Val. 1, 26. Ambros. de parad. 1, 5, 29 u. a. Eccl.: naribus aceti insufflatio, Cael. Aur. de morb. chron. 1, 4, 136.

īn-sufflo, āvī, ātum, āre, **einblasen, einhauchen, anhauchen,** Eccl., Veget. mul. u. Cael. Aur.

īnsula, ae, *f.* (viell. aus *en salo, »ἡ ἐν ἁλὶ οὖσα«; vgl. salum), die **Insel,** das **Eiland,** I eig.: insula Britannia, Cic.: Cercina Africi maris insula, Tac.: insula parva, Liv.: insula cultorum egens, Liv.: insula adhuc hominibus vacua, Sall. fr.: insula inde paulatim facta, Liv.: insulae fortunatorum, s. 1. fortūnātus: alci insulam in lacu Prilio vendere, Cic. – Name eines Stadtteils von Syrakus, der durch einen schmalen Meeresarm von der übrigen Stadt getrennt war, Cic. Verr. 4, 117. – II übtr., ein Haus ohne Vorhof u. Nebengebäude, wie jetzt gewöhnlich die Häuser unserer Städte sind, entweder einzeln liegend od. nur durch einen engen Zwischenraum (angiportus, Zwinger) von anderen getrennt. Die meisten insulae in Rom lagen hinter den umfangreichen herrschaftlichen Häusern (domus) nebeneinander gereiht und wurden ganz od. stockweise an minder bemittelte Leute vermietet, die inquilini (Mietsleute) u. später insularii hießen; die Aufsicht führte ein Sklave (insularius gen.), der auch die Miete einzog, Cic. u. a.: v. mehreren derartig zusammenstehenden Häusern, insofern sie **einem** Herrn (insulae dominus) angehörten, Cic. Cael. 17. Suet. Caes. 41, 3: domus (Paläste) et insulae, Tac. ann. 15, 41 *in.* – ebenso ein **Tempel,** als alleinstehendes Gebäude, Eccl. (vgl. Iustin. 32, 2, 2).

1. īnsulānus, ī, *m.* (insula), ein **Inselbewohner,** Plur., Cic. de nat. deor. 3, 45.

2. īnsulānus, a, um (insula), **zu den Inseln gehörig, eine Insel bewohnend, Insel-,** Cari insulani populi fuerunt, Serv. Verg. Aen. 8, 725: pauci homines et insulani, Pacat. pan. 23, 3: insulanarum peritus precum, bei der Bestallung auf der Insel ausgesprochen, Sidon. epist. 9, 3. p. 537, 3 Sav.

īnsulāris, e (insula), **zur Insel gehörig, Insel-,** I *adi.*: ambitus, Amm.: poena, Verbannung auf eine Insel, Amm. – II *subst.*, īnsulārēs, ium, *m.*, die **Bewohner eines Miethauses** (s. īnsula *no.* II), Iustin. 32, 2, 2.

īnsulārius, iī, *m.* (insula *no.* II), I der **Mieter** in einer *insula,* Petron. 95, 8. Ulp. dig. 1, 15, 4. – II der Sklave, der die Aufsicht über die Insel als Gebäude hat und die Miete einzieht, der **Hausmann, Hausverwalter,** Pompon. dig. 50, 16, 166 u. a. ICt.

īnsulātus, a, um (insula), **zur Insel gemacht,** Apul. de mund. 34.

īnsulcātio, ōnis, *f.* (insulco), das **Furchen** des Bodens, Iul. Val. 1, 24 (31).

īn-sulco, āre, **furchen,** Not. Tir. 95, 85 (insulcat).

īnsulio, s. īn-silio.

īnsulōsus, a, um (insula), **voller Inseln,** Amm. 23, 6, 10.

īnsulsē, *Adv.* (insulsus), **abgeschmackt, fade, ungereimt, albern,** loqui, Cic.: non insulse interpretari, nicht ohne Witz, Cic.: multa gerere crudeliter et insulse, Eutr.: locus non minus insulse quam absurde commentus, Apul. – *Compar.*, nihil potest dici insulsius, Gell. 16, 12, 6. – *Superl.*, postea hoc etiam addidit insulsissime, Gell. 12, 2, 6.

īnsulsitās, ātis, *f.* (insulsus), die **Abgeschmacktheit,** das **Fade,** Graecorum, Cic.: villae, geschmacklose Anlage, Cic.: insulsitate offendere, durch ihre Ungeschliffenheit, Aur. Vict.

īn-sulsus, a, um (in u. salsus), **ungesalzen, unschmackhaft,** I eig.: amurca, Colum. 2, 9, 10 u. 11, 2, 29. Pallad. 3, 8 u. 4, 8, 1: sal, Vulg. Marc. 9, 49: aut poterit comedi insulsum, quod non est sale conditum? Vulg. Iob 6, 6: *Compar.*, si cibus insulsior fuerit, contristamur, Hieron. epist. 22, 40. – prägn., o gulam insulsam! die an unschmackhaften Dingen Gefallen findet, Cic. ad Att. 13, 31, 4. – II **abgeschmackt, geistlos, ungereimt, albern,** fatuus est, insulsus, tardus, Ter.: est etiam in verbo positum non insulsum genus, Cic.: adulescens non tam insulsus quam inverecundus, Cic.: acutus nec insulsus homo, nicht ohne Witz, Cic.: insulsissimus est homo, Catull. 17, 12: baro, Petron.: insulsissima bestia (v. einem Elefanten), Tert.: Ggstz., qui te ex insulso salsum feci operā meā, Plaut. rud. 517. – subst., īnsulsae, ārum, *f.* (*sc.* mulieres), **alberne Geschöpfe,** Cic. ad Att. 9, 10, 2.

īnsultābundus, a, um (insulto), **spottend, voller Hohn,** Augustin. epist. 35, 3.

īnsultanter, *Adv.* (insultans v. insulto), **verhöhnend,** Donat. Ter. eun. 5, 4, 4. Augustin. serm. 88, 18 u. a. Eccl.

īnsultātio, ōnis, *f.* (insulto), I das **Hinanspringen,** Solin. 52, 20. – II übtr.: **a** als rhet. *t. t.*, der Anlauf, Quint. 8, 5, 11. – **b** die **Verhöhnung,** der **Hohn, Spott,** absol., Augustin. de genes. c. Manich. 2, 21, 33. Oros. 7, 34, 8: Plur., Augustin. serm. 96, 3: insultationes suae, Arnob. iun. in psalm. 136: m. subj. *Genet.*, hostium, Val. Max. 7, 8, 4: barbarorum, Flor. 4, 12, 36.

īnsultātor, ōris, *m.* (insulto), der **Spötter,** Augustin. c. Faust. 15, 9 u. serm. 105. § 11.

īnsultātōriē, *Adv.* (insultatorius), **höhnisch, mutwillig,** Sidon. epist. 1, 7, 1.

īnsultātōrius, a, um (insulto), **höhnisch, spöttisch,** Tert. adv. Marc. 5, 10 *extr.*

īnsultātrīx, trīcis, *f.* (Femin. zu insultator), die **Spötterin,** Hieron. in Isai. 5, 23, 1.

īnsulto, āvī, ātum, āre (*Intens.* v. insilio), I eig., **an-, in-, auf** etwas **springen,** fores, an die Tür, Ter.: floribus, auf den Blumen herum, Verg.: busto, Hor.: fluctibus, in die Wellen, Ov.: aquis, ins Wasser, Tac.: nemora, im wilden Taumel durchtanzen, Verg. – II übtr., **an** jmd. **seinen Mutwillen auslassen,** jmdm. **übel mitspielen,** jmd. **verspotten, verhöhnen,** alci, Cic. u. a.: alqm, Sall. fr.: principis cubiculum, seinen Spott treiben mit usw., Tac.: patientiam alcis, Tac.: in horum miserias, Rhet. Her.: in rem publicam, Cic.: omnium capitibus, allen auf den Köpfen herumtanzen, d. i. nach Belieben mitspielen, Suet.: abs., tribunus insultans, Tac. – III vor Freude aufspringen, **frohlocken,** victor insultans, Verg.: cernis, ut insultent Rutuli? Verg.: non insultabo vehementius, Cic.: insultet morte meā (über meinen Tod), Prop.

īnsultūra, ae, *f.* (insilio), das **Aufspringen** aufs Pferd (Ggstz. desultura), scherzh. bei Plaut. mil. 280.

īn-sum, īnfuī, inesse, **in-, an-, auf** etwas **sein, sich befinden,** I eig.: nummi octingenti in marsupio infuerunt, Plaut.: anulus digitis inest, Ov.: comae insunt capiti, Ov.: ferrum, quale hastis velitaribus inest, Liv.: placet enim satis et arbustis animam inesse, Sen. – II übtr., **in** etwas **sein, -liegen,** einem Ggstd. **innewohnen, anhaften,** m. *in* u. Abl., ni vis boni in ipsa inesset forma, Ter.: vitium aliquod inesse in moribus, Cic.: in superstitione inest timor, Cic.: quibus in artibus prudentia maior inest, Cic.: prorsus in facie voltuque vecordia inerat, Sall. – m. *Dat.*, quo maior auctoritas sermoni inesset, Sall.: cui virile ingenium inest, Sall.: illi genti plus inest virium quam ingenii, Nep.: ut imperfecto huic viro malitiae quaedam vis inest, Sen.: quod eximium orationi eius inest, Plin. ep.: malignitati falsa species libertatis inest, Tac. – absol., multus lepos inerat, Sall.: praecipua pedum pernicitas inerat, Liv.

īnsūmentum, ī, *n.* (insuo) = ἐπίβλημα, der aufgesetzte **Flicken,** der **Flicklappen,** Itala (Verc.) Marc. 2, 21 u. Luc. 5, 36.

īn-sūmo, sūmpsi, sūmptum, ere, I **an** od. **auf** etwas **wenden, anwenden,** teruncium in alqm, Cic.: sumptum in rem, Cic.: operam frustra, Liv.: operam in alqa re, Tac. dial.: operam libellis accusatorum,

Tac.: curam alci rei, Tac.: paucos dies reficiendae classi od. componendo animo, Tac. – **II** **an sich nehmen,** medium latus (zur Wohnung), Stat. Theb. 2, 39. – übtr., mentes dignas coeptibus, Stat. Theb. 12, 643. – **III** **erschöpfen, schwächen,** corpus insumentia, die den Körper schwächenden Mittel, Cael. Aur. de morb. chron. 2, 2, 60: corporis virtus insumpta, Cael. Aur. de morb. acut. 2, 37, 213.

īnsūmptio, ōnis, *f.* (insumo), **I** der **Aufwand,** Cod. Theod. 6, 24, 3. – **II** **die Erschöpfung,** corporis, Cael. Aur. de morb. acut. 2, 38, 220.

īn-suo, suī, sūtum, ere, **einnähen, I** im Allg.: **a** einen Stoff: intra capita insuitur pellis mollis, Varro: linea (der Strick) purpurā vel quolibet alio conspicuo colore (Lappen von purpurner oder jeder anderen auffälligen Farbe) insuitur, Colum.: terga boum plumbo insuto ferroque rigebant, v. Cästus, Verg. – **b** jmd. in etw.: alqm in culleum, od. bl. culleo, s. culleus: patrio femori insui, Ov.: insutus pelle iuvenci, Ov. – **II** insbes. = **einsticken,** aurum vestibus, Ov. art. am. 3, 131: absol., si Phryges insuerent, Tert. de cult. fem. 1, 1.

īn-super, I *Adv.*: **A** eig.: **1** **oben darauf,** ins. camera lapideis fornicibus vincta, Sall.: ins. inicere centones, Caes., humum, Liv.: ferrum ins. iactare, Cato: cumulatis in aquas sarcinis ins. incumbere, Liv.: ins. bipedales trabes immittere, Caes.: cecĭdit et sonitum simul ins. arma dederunt, Enn. fr. – **2** **von oben her,** gravis ins. ictus, Lucan.: iugum ins. imminens, Liv.: specus multo ins. fimo onerare, Tac. – **B** übtr., **obendrein, noch überdies,** Komik., Liv. u. a.: ins. etiam od. etiam ins., Komik., Rhet. Her. u. Liv.: insuper quam, Liv. – insuper habere, für überflüssig halten = **nicht beachten, missachten, verschmähen,** eam constantiam non ins. habere, Gell. 1, 19, 8: ins. hab. lacrimas, Apul. met. 4, 25: visus es mihi ins. habuisse, uti etc., Fronto ad M. Caes. 4, 3. p. 65, 13 N.: non ins. hab. m. folg. *Infin.*, Gell. 4, 1, 18. – **II** *Praep.* m. *Acc.*, **oben darauf auf,** ins. arbores trabem planam imponito, Cato: ins. coronas simae faciendae sunt, Vitr.: ins. lumbos meos insiliens, Apul. – ► Lucr. 6, 192 u. 6, 521 wird aliis, sowie Verg. Aen. 9, 274 his richtig als Dativ genommen.

īn-superābilis, e, **I** **unübersteigbar, ungangbar,** transitus, Liv.: via, Liv. – **II** übtr., **unüberwindlich, unbesiegbar,** cohortes, Frontin.: genus ins. bello (im Kr.), Verg.: u. so caput ins. bello, Ov.: incorruptus sit vir externis et insuperabilis, Sen. – valetudo, unheilbare, Plin. ep.: fatum, unvermeidliches, Ov.: quaedam necessitas fati, Gell.

īnsuperābiliter, *Adv.* (insuperabilis), **unübersteigbar, unüberwindlich,** Chalcid. Tim. 312. Augustin. de civ. dei 5, 8.

īnsuperātus, a, um (in u. supero), **unüberwunden, unüberwindlich,** Maximian. eleg. 1, 34.

īn-surgo, surrēxī, surrēctum, ere, **sich aufrichten, sich erheben, aufstehen, I** eig.: **A** v. leb. Wesen: **a** im Allg.: si forte prolapsus est, attolli et insurgere haud licitum, sich aufhelfen zu lassen u. aufzustehen, Tac. Germ. 39. – **b** insbes., sich auf den Zehen **erheben, sich heben,** um sich zu einer Tätigkeit mehr Kraft zu geben, **α** von Kämpfern, die sich auf die Zehen erheben, um dem Hieb von oben nach unten mehr Nachdruck geben zu können, ostendit dextram insurgens (sich hebend) Entellus et alte extulit se (holte weit aus), Verg.: altior insurgens, Sil. (vgl. Drak. Sil. 5, 294): insurgere tripudiantes in clipeum rursusque subsīdere, Veget. mil. 2, 23. p. 57, 17 L.[2]: u. so von der Schlange, die sich gegen jmd. erhebt, arduus insurgens, sich hoch aufbäumend, Verg.: sibilat insurgens capiti … serpens, Sil. – **β** v. Ruderern, die sich von den Ruderbänken erheben, um sich mit desto größerer Kraft auf die Ruder aufstemmen zu können (vgl. ἐπιῤῥώεσθαι ἐλάτῃσι b. Apollon. Rhod. 2, 661), insurgite remis, werft euch mit Macht auf die Ruder, Verg.: insurgit transtris, Val. Flacc.; vgl. Verg. Aen. 3, 207. Burmann Val. Flacc. 2, 14. – **γ** v. Steigenden, iugum, hinaufklimmen auf usw., Apul. met. 1. c. 2. – **B** v. lebl. Subjj. = **aufsteigen, sich erheben, a** übh.: iam malus (Mastbaum) insurgit, Apul. met. 11, 16: subitam glomerari pulvere nubem prospiciunt Teucri ac tenebras insurgere campis, Nacht aufsteigen über dem Gefilde, Verg. Aen. 9, 34: ab oriente usque ad meridialem altitudinem sol insurgit, Augustin. de genes. ad litt. 2, 14, 29. – **b** v. Örtl. u. dgl., inde colles insurgunt, Liv. 22, 4, 2 (Hertz adinsurgunt): pone tergum insurgebat silva, Tac.: acuta silex speluncae dorso insurgens, Verg.: crista nitenti insurgens cono, Sil. – **c** vom Wind usw., entstehend **sich erheben,** aquilo insurgit, Hor.: fremitus insurgere opertos, Val. Flacc. – **d** v. Gewässern, vastius insurgens decimae ruit impetus undae, Ov. met. 11, 530: Atax usque eo solitus insurgere, ut se ipse non capiat, Mela 2, 6, 6 (2. § 81). – **II** übtr.: **a** vom Aufstreben nach Macht u. Ansehen = **sich erheben,** Caesar paulatim insurgere, Tac.: Romanas opes insurgere, Tac. – **b** vom dichterischen od. rednerischen Aufschwung = **sich erheben, einen höheren Schwung nehmen,** Horatius insurgit aliquando, Quint.: insurgit mens, oratio, Quint. – **c** vom Anstreben geistiger Kraft, **sich** für od. gegen etwas **erheben, α** im guten Sinne, invigilare publicis utilitatibus et insurgere, sich mühen (recht tätig sein) für usw., Plin. pan. 66, 2. – **β** im üblen Sinne = **gegen** etwas od. jmd. **sich erheben, aufstehen,** suis regnis, Ov.: saevior in miseros fatis Delius insurgit, tritt auf, verfährt gegen usw., Stat.

īnsurrēctio, ōnis, *f.* (insurgo), die polit. **Erhebung,** ut fiant insurrectiones aliorum adversus alios, Interpr. Orig. in Matth. 36.

īnsusceptus, a, um (in u. suscipio), **nicht über sich genommen,** Auct. consol. ad Liv. 197.

īn-suspicābilis, e, **unvermutet,** Vulg. Sirach 11, 5 u. a. Eccl. – *neutr. plur. subst.*, novem insuspicabilia cordis, Vulg. Sirach 25, 9.

īnsustentābilis, e (in u. sustento), **unerträglich,** dolor, Lact. de mort. persec. 49, 4. Cael. Aur. de morb. acut. 2, 16, 100: dominatio, Lact. 7, 16, 4.

īnsusurrātio, ōnis, *f.* (insusurro), das **Einzischeln, Einflüstern,** Capit. Anton, phil. 19, 11. Chalcid. Tim. 167.

īn-susurro, āvī, ātum, āre, **einzischeln, einflüstern, a** *intr.*: alci, Cic.: in aurem alcis, Cic.: in aures, Cic.: ad aurem familiariter, Cic. – **b** *tr.*: alci cantilenam, Cic.: nomen, vota, Sen.: aliqua adversus alqm, Capit: übtr., Favonius ipse insusurrat navigandi nobis tempus esse, flüstert uns zu, Cic. Acad. 2, 147.

īnsūtus, Abl. ū, *m.* (insuo), das **Einnähen,** Apul. met. 7, 4.

in-tābēsco, tābuī, ere, **schmelzen, zergehen, sich verzehren, vergehen, dahinschwinden,** cera igni intabescit, Ov.: intabescit glans medio caelo, Ov.: vitis intabescit, geht ein, Colum.: interminato cum semel fixae cibo intabuissent pupulae, erlöscht waren (vor Begierde), Hor. – v. Menschen, dolori (vor Schmerz), Sen.: intabescant relictā (virtute), vor Neid sich verzehren, Pers.: orator perpendendis coagmentandisque eis (verbis) intabescens, Quint.: poet. vom (personif.) Neid, intabescit videndo, Ov. met. 2, 780.

in-tāctilis, e, **unberührbar, unfühlbar,** Lucr. 1, 437.

1. in-tāctus, a, um (in u. tango), **unberührt, I** im Allg.: nix, noch ungeschmolzener (von früheren Jahren her erhaltener), Liv.: cervix iuvencae, vom Joch unberührt, Verg.: thesauri, Hor.: Britannus, unbesiegt, Hor.: intactum ferro corpus, Liv.: bellum intactum trahi, ohne etwas für die Fortsetzung od. Beendigung des Krieges zu tun, Sall.: intactis assidere muris, ohne sie anzugreifen, Liv.: int. saltus, noch unbetretener, poet. = noch unbesungener, Verg.: int. Graecis carmen, von den Gr. noch nicht behandelte Dichtungsart, Hor.: mihi ne hic quidem locus intactus est omittendus, unbehandelt, Quint. – quid intactum nefasti liquimus, Hor. – **II** insbes.: **a** **unverletzt, unversehrt,** oft verb. integer et (atque) intactus, integer intactusque, Liv. u. Sil. (vgl. Drak. Liv. 8, 10, 6): prope intacti evasere, Liv.: Pallas (*m.*), Verg. – **b** **unberührt = keusch, rein,** Pallas (*f.*), Hor.: cui pater intactam dederat, Verg.: intactior omni Sabinā, Iuven. – **c** intactus alqā re od. ab alqa re, **unberührt = noch frei** von usw., infamiā, cupiditate, religione, Liv.: superstitione, Tac.: intacta perniciosis consiliis plebs, Vell.: regnum bello intactum, Sall. fr.: intactus ab sibilo, ohne ausgezischt zu werden, Cael. in Cic. ep.: ab alieno imperio intacti, Iustin.

2. in-tāctus, ūs, *m.*, die **Unberührbarkeit,** Lucr. 1, 454 (wahrsch. unecht).

intāminātē, *Adv.* (intaminatus), **unbesudelt, unbefleckt,** Interpr. Iren. 3, 2, 2.

intāminātus, a, um (in u. *tamino, wovon auch contamino etc.), **unbesudelt, unbefleckt,** Hor. carm. 3, 2, 18. Ambros. de off. 2, 6, 37. Heges. 5, 1.

in-tāmino, āre, **besudeln, entweihen,** templum, Heges. 2, 10, 4.

in-tardo, ātus, āre, **verweilen,** Cael. Aur. de morb. acut. 1, 4, 43. – Partiz. subst., intardata corporibus emovere, Cael. Aur. de morb. chron. 2, 3, 70.

1. in-tēctus, a, um, **I unbedeckt, a** übh.: aqua (Ggstz. contecta), Plin. ep.: domus, ohne Dach, Sall.: u. so stabulum, Apul. – **b unbekleidet, unbeschirmt, ohne Rüstung,** pedes, Tac. u. Apul.: corpus, Sall. fr., Sen. u. a.: capite intecto, Tac.: latera intecta, Amm.: v. Pers., Sall. fr., Tac. u. a. – **II** übtr., **offen = offenherzig, aufrichtig** (Ggstz. obscurus), Tac. ann. 4, 1.

2. intēctus, a, um, *Partic.* v. intego, s. d.

integellus, a, um (*Demin.* v. integer), **ziemlich unangetastet, noch mit heiler Haut davonkommend,** Cic. ep. 9, 10, 3; verb. castus et integellus, Catull. 15, 4.

integer, gra, grum (eig. intager, v. ꝑtag zu tango, »tasten«; also =) **unangetastet, unversehrt, I** in physischer Hinsicht: **a unberührt = unbenutzt, unübersetzt,** comoedia, Ter. heaut. prol. 4: eum Plautus locum reliquit integrum, Ter. adelph. prol. 10.

b unversehrt = unverwundet, unverstümmelt, unverletzt (Ggstz. saucius, vulnere affectus, truncus u. dgl.), Cic., Caes. u. a.: oft verb. integer et (atque) intactus, integer intactusque, Liv. u. Sil. (s. Drak. Liv. 8, 10, 6): integros pro sauciis arcessere, Sall.: ex integris truncos (infantes) gigni, Plin.: cecĭdit Cethegus integer, unverstümmelt, Iuven.: nasus integer, Iuven.

c von der Fäulnis unversehrt, **frisch,** v. Speisen, aper (Ggstz. aper vitiatus, anbrüchiger), Hor. sat. 2, 2, 92.

d unversehrt, unvermindert = noch ganz, sublicae, quarum pars inferior int. remanebat, noch ganz stehen geblieben war, Caes.: recens et int. malum, frischer u. ganzer A., Suet.: aedes integrae (Ggstz. aedes vitiosae), ICt.: amnis Iordanes unum atque alterum lacum integer (unvermindert, in gleicher Stärke) perfluit, Tac. – insbes. v. Vermögen = **ganz, voll, ungeschmälert,** opes integrae (Ggstz. opes accīsae), Hor.: integris patrimoniis exsulare, Suet: fortuna integra (Ggstz. fortuna afflicta), Cic.: *neutr.* subst., quibus fortuna in integro (unangetastet) est, Tac. hist. 3, 2. – v. äußerer Ehre = **ungeschmälert, unverletzt,** fama, Sall.: existimatio, Cic. – u. v. der Person, famā et fortunis integer, im vollen Besitz seines Rufes u. Vermögens, Sall. fr.: subst. integri, Unverschuldete, gute Haushalter (Ggstz. sumptuosi, Verschwender), Curt. 10, 2 (8), 10.

e unvermischt (ἀκήρατος), **rein,** fontes, Lucr. u. Hor.: vinum, Colum.: sapor (vini), Hor.: *neutr. pl.* subst., anteponantur integra contaminatis, Cic.

f v. Plünderungen, von den Plagen des Krieges u. dgl. **verschont geblieben,** loca trans flumen int., Caes.: gentes int., Cic.: gens a cladibus belli integra, Liv.: omnibus rebus integri incolumesque, Cic.

g ungeschwächt den Kräften nach = unentkräftet, nicht erschöpft, noch frisch, bei voller Kraft (Ggstz. fessus, defessus, fatigatus, affectus; vgl. Drak. Liv. 8, 10, 5), **α** v. leb. Wesen, bes. v. Soldaten, Caes. u. a.: integer eques equique, Tac.: integrior exercitus, Nep.: integer in omni voce, der seine Stimme in voller Gewalt hat, Rhet. Her. – **β** vom Körper usw., integris corporibus animisque fessos adorti, Liv.: diuturnitate pugnae hostes defessi proelio excedebant, alii integris viribus succedebant, Caes.: integerrimas vires militi servabat, Liv.

h ungeschwächt der Jungfräulichkeit nach = **unbefleckt, unentehrt, rein** (vgl. ἀκήρατος παρθένος b. Eurip.), filia, Plaut.: virgo, Catull.: ut virgo ab se integra siet, Ter.: liberos coniugesque suas integras ab istius petulantia conservare, unangefochten, Cic.

i unversehrt der Gesundheit nach, **α** v. Pers., **bei vollem Wohlbefinden, ganz gesund, ganz wohl,** si integer futurus esset aeger, Cels.: antequam ex toto (aeger) integer fiat, Cels. – im Bild, neu patiamini licentiam scelerum quasi rabiem ad integros contactu procedere, Sall. hist. fr. 1, 48 (51). – **β** vom Körper usw. = **gesund, unverdorben** (Ggstz. corruptus, vitiosus), corpus, caput, Cels.: corpora sana et integri sanguinis, Quint.: si sanguis crassus et niger est, vitiosus est: si rubet et pellucet, integer est, Cels. – **γ** v. Gesundheit u. Alter = **blühend,** valetudo, Cic.: aetas, Blüte der Jugend, Ter. u. Suet. (vgl. Ruhnken Ter. Andr. 1, 1, 45): integrā aetate ac valetudine, in der Blüte seines Alters u. seiner Gesundheit, Suet: poet., integer aevi, in der Blüte des Alters, Verg. u. Sil.: u. so integer aevo, Auct. consol. ad Liv.: integer annorum, Stat.

k unverkürzt der Zeitdauer nach, **ganz,** annus, Cic.: integro die, zu Anfang des Tages (sodass man den Tag noch ganz vor sich hat), Hor.

l unvermindert seiner ursprünglichen Beschaffenheit nach, **voll, ganz, frisch,** v. körperlichen u. äußeren Zuständen, **α** übh.: integram famem ad ovum affero, Cic.: illud principium novi et integri laboris, damit fing die Arbeit gleichs. neu u. von vorne an, Liv.: rursus tamquam ad integrum bellum cuncta parat, frischen Krieg, Sall.: integra causa, ein noch nicht gebrauchter Vorwand, Ter. (vgl. *no.* II, A, a). – subst., integrum, ī, *n.* (Ggstz. corruptum), Tert. de res. carn. 4. – dah. de integro, ganz von frischem, ganz von vorne, Cic. u. a.: u. so ex integro, Colum., Tac., Suet. u. a.: u. ab integro, Cic. II. Verr.. 1, 147. Verg. ecl. 4, 5. – **β** als publiz. *t. t.*: alqm od. alqd in integrum restituere, in den vorigen Stand setzen, -wieder einsetzen (s. restituo), damnatum, Cic. u. Caes.: praedia, Cic.: civitatem, Iustin.

II in geistiger u. moralischer Hinsicht: **A** in geistiger: **a** von dem, was noch beim Alten ist, in dem noch nichts getan ist = **unausgemacht, unentschieden, unverloren** u. dgl., bellum, Tac.: alias ut uti possim causā hāc integrā, Ter.: causam integram alci reservare, Cic.: re integrā, Cic.: non scilicet re integrā, sed certe minus infractā, Cic.: iudicium integrā re, an perditā fieri? Cic.: adoptandi iudicium integrum (steht in freier Hand), Tac.: in integro mihi res est od. est (mihi) integrum, ich habe (man hat) in od. über etwas noch freie u. ungebundene Hand, es steht etwas noch in meiner Gewalt, Cic.: u. so ut id integrum iam non esset, Cic.: *de* centurionibus res est in integro, Cic.: alci non integrum est m. *Infin.*, non est integrum Cn. Pompeio consilium iam uti tuo, Cic. Pis. 58: m. *ut* u. Konj., atque ei ne integrum quidem erat, ut ad iustitiam remigraret, Cic. Tusc. 5, 62 u. so Cic. Mur. 8. – sibi integrum reservare de alqo od. de alqa re, sich freie Hand lassen, freie Hand behalten, Cic. – integrum dare, freie Hand-, freie Gewalt geben, Cic.

b v. dem, der noch ein »Neuling« in irgendeiner Sache ist, rudem me et integrum discipulum accipe, nimm mich als einen unwissenden Neuling in die Schule, Cic.: a populi suffragiis integer, Sall. fr.: integer urbis, unbekannt mit den Vergnügungen u. Verführungen der Stadt, Val. Flacc.

c geistig gesund = **vernünftig, freien Geistes, vorurteilsfrei, unbefangen, leidenschaftslos,** integer mentis od. animi, Hor.: mens int., Hor.: incorrupti atque integri testes, Cic.: adhuc integer, noch nicht von Liebe geblendet, Hor.: integris animis, mit unbefangenem Sinn, Tac.: si ad quietem integri (freien Geistes) iremus, Cic. – integrum se servare, unparteiisch, Cic.: integer laudo, uneigennützig, Hor.: iudicium int., consultatio int, Tac.: quid hāc quaestione dici potest integrius? quid incorruptius? Cic.

B in moralischer Hinsicht: **a unverdorben,** integri et sinceri (Ggstz. imbuti Romanis delenimentis), Liv.: ingenium int., Sall.: ipsius bona integraque natura, Tac.

b an dessen Lebenswandel kein Flecken wahrzunehmen ist, **unbescholten, sittenrein, lauter** (oft verb. integer castusque, s. Meißner Cic. Tusc. 1, 72), homo, Cic.: Diana, die reine, jungfräuliche (ἁγνή), Hor.: nemo integrior, Cic.: castissimus homo atque integerrimus, Cic.: integer vitae scelerisque purus, unbescholtenen (Lebens-)Wandels, Hor.: integer a coniuratione, unschuldig an der Verschwörung, Tac. – proconsulatus, uneigennütziges, Tac.: vita integerrima, Cic.

c unangetastet = ungeschmälert, fides, unverbrüchliche, unwandelbare, Tac.: parum integrā veritate, mit zu wenig Beobachtung der reinen Wahrheit, Suet.: nullum esse ius tam sanctum atque integrum (unantastbar), quod non eius scelus atque perfidia violarit et imminuerit, Cic. – ► *Compar.* integrior, Nep. Eum. 9, 6, *neutr.* integrius, Cels. 7, 27: *Superl.* integerrimus, Cic. de domo 60. Caes. b. c. 1, 85, 2. Liv. 6, 7, 1: vulg. *Superl.* integrissimus, CIL 2, 1085; 9, 2878 u. 10, 30.

integimentum, integmentum, ī, *n.* = integumentum, s. d.

in-tego, tēxī, tēctum, ere, **bedecken, überdecken, überziehen,** villam, Plaut.: tentoria, Hirt. b. G.: quaenam nunc porticus illam integit? Prop.: densa nebula saltum omnem camposque circa intexit, Liv. – m. *Abl.*, reliquam partem scrobis viminibus ac virgultis, Caes.: stramento omnia tecta, Liv.: ventriculus atque intestina pingui ac tenui omento teguntur, Plin.: cum loci altitudine tum vallo etiam integi Romanos, Liv.

integrāsco, ere (integro, s. Prisc. 8, 72), **sich erneuern, von Neuem angehen,** hoc malum (Qual) integrascit, Ter. Andr. 688.

integrātio, ōnis, *f.* (integro), **die Wiederherstellung, Erneuerung,** amantium irae amoris integratio est, Ter. Andr. 555: amici inopiam rei familiaris integratione sustentare, Symm. epist. 3, 73.

integrātor, ōris, *m.* (integro), der **Wiederhersteller, Erneuerer,** Tert. apol. 46 *extr.*

integrē, *Adv.* (integer), **unversehrt, I** in physischer usw. Hinsicht = **unverderbt, sprachrichtig, rein,** dicere, Cic.: loqui, scribere, Gell. – **II** in geistiger u. moralischer Hinsicht: **a** = **vorurteilsfrei, unbefangen, unparteiisch,** incorrupte atque integre iudicare, Cic.: sordes atque avaritiam alcis mutare, Tac. – **b** = **unbescholten, uneigennützig,** in privatorum periculis caste integreque versari, Cic.: ubi integre sancteque egit, Tac.: Africam integerrime administrare, Suet.

integritās, ātis *f.* (integer), die **Unversehrtheit, I** in physischer Hinsicht: **a** = die **Unversehrtheit, Erhaltung, α** eig.: corporis, Cic.: unguiculorum, Cic.: integritatis testes mihi desunt (im Doppelsinn mit *no.* II), Phaedr. – insbes., die **Jungfernschaft,** virginalis, Augustin. de civ. dei 1, 19: obstetrix virginis cuiusdam integritatem manu velut explorans, Augustin. de civ. dei 1, 18. – **β** meton., das **Ganze** (Ggstz. pars, partes), Macr. somn. Scip. 2, 14, 8 u. 7, 16, 12: universa philosophiae integritas, Macr. somn. Scip. 2, 17, 17. – **b** die **Lauterkeit, Reinheit,** incorrupta quaedam sermonis Latini integr., Cic. Brut. 132. – **c** die **Frische** des Geistes u. der Empfindung, Cic. Acad. 2, 52. – **d** der **gesunde-, unverdorbene Zustand,** valetudinis, Cic.: mentis, ICt. – absol. = Gesundheit, Cels. 3, 3 u. a. – **II** in moralischer Hinsicht = die **Unbescholtenheit, Unschuld, Uneigennützigkeit** (Ggstz. fraus), Cic. u. a.: verb. integritas et continentia, Cic.: integr. hominis, lautere Absicht, Cic.: integr. vitae, Cic.

integriter, *Adv.* (integer) = integre, verworfen von Charis. 202, 19.

integritūdo, inis, *f.* (integer), **die Unverdorbenheit,** animi, die redliche Gesinnung, Traian. b. Ulp. dig. 29, 1, 1.

integro, āvī, ātum, āre (integer), **I wiederherstellen, a wieder zurechtbringen, einrenken,** artus in pravum elapsos, Tac. hist. 4, 81. – **b ergänzen,** mare, Lucr. 1, 1032. – **c erneuern,** lacrimas, seditionem, pugnam, fugam, Liv.: carmen, Verg. – **II** geistig **auffrischen,** animus defessus audiendo admiratione integratur, Cic. de inv. 1, 25: modicis honestisque inter bibendum remissionibus refici integrarique animos ad instauranda sobrietatis officia existumavit, Gell. 15, 2, 5.

integulātus, a, um (in u. tegula), **mit Ziegeln gedeckt,** solarium, Augustin. enarr. in psalm. 128, 11.

integumentum, ī, *n.* (intego), die **Überdeckung, Bedeckung, Decke, Hülle, I** eig.: ea legio linteata ab integumento consaepti, in quo sacrata nobilitas erat, appellata est, Liv. 10, 38, 12: lanx cum integumentis, quae Iovi apposita fuit, decĭdit de mensa, Liv. 40, 59, 7: vestis aut pellis, quae iis integumento erant, Aur. Vict. de orig. gent. Rom. 13, 2: integumenta carnalia, Ambros. de Isaac et anima 4. § 16. – **II** übtr.: **A** die verhüllende, verbergende **Decke,** die **Hülle,** frontis, Cic. post red. in sen. 16: haec flagitiorum integumenta, Cic. Cael. 47: istius insignis nequitia frontis involuta integumentis, Cic. Pis. 12: lubenter enim te evolutum illis integmentis (integum.) dissimulationis tuae nudatumque perspicio, Cic. de or. 2, 350. – **B** die schützende **Bedeckung** = der **Schutz, Schirm, Schild,** illius sum integumentum corporis, Plaut. Bacch. 601: istaec ego mi semper habui aetati integumentum meae, Plaut. trin. 313.

intellēctibilis, e (intellego) = intellegibilis, Eccl.

intellēctio, ōnis, *f.* (intellego), das **Verstehen, I** im Allg. = die **Auslegung,** quid sibi vult intellectio ista? Tert. ad nat. 2, 12. – **II** als rhet. *t. t.*: **a** als erster Teil der Rhetorik neben der inventio u. dispositio, Sulp. Vict. inst. or. 4. – **b** die **Synekdoche,** Rhet. Her. 4, 44.

intellēctīvus, a, um (intellego) = θεωρητικός, **auf Erkenntnis beruhend, theoretisch,** Augustin. de gen. ad litt. 12, 7. Prisc. praeex. rhet. 11, 32. p. 559, 23 H. (= p. 439, 25 K.).

intellēctor, ōris, *m.* (intellego), der **Versteher,** Augustin. epist. 148, 15 u. serm. 128, 10: int. legis, Augustin. serm. 136, 4: perfectiores scripturarum intellectores, Schriftgelehrte, Interpr. Iren. 3, 21, 2.

intellēctuālis, e (intellectus), **geistig,** Mart. Cap. 2. § 202 u. a. Tert. adv. Valent. 32. Augustin. de gen. ad litt. 12, 7 u. a. Eccl.

intellēctuālitās, ātis, *f.* (intellectualis), die **Fähigkeit,** etw. **zu begreifen,** Tert. de anim. 38 *extr.*

intellēctuāliter, *Adv.* (intellectualis), **geistig,** Boëth. de trin. 2 u. a. Eccl.

intellēctus, ūs, *m.* (intellego), das **Innewerden, I** das **Wahrnehmen, Merken, Erkennen, Empfinden** (die **Empfindung)** vermittels der äußeren Sinne u. des Verstandes, intellectus in cortice protinus peritis, der Kenner erkennt den Baum sogleich an der Rinde, Plin.: nec est intellectus ullus in odore vel sapore, man kann durch G. oder G. das Gift nicht wahrnehmen, Plin.: utique (sapor) nullo intellectu sui est, Sen.: int. saporum, Plin.: citra intellectum acrimoniae, Plin. – **II** das **geistige Verständnis, A** aktiv = das **Verstehen, Erkennen,** das **Einsehen,** die **Einsicht,** der **Begriff,** die **Vorstellung,** die **Idee,** die man von etw. hat, **1** im Allg.: int. boni, mali, Tac.: int. sermonis patrii, Plin.: deorum, Sen.: Plur., Chalcid. Tim. 304 u. 342: intellectu consequi alqd, Quint.: alcis rei intellectum amittere, Sen.: est vanum atque intellectu carens (unverständig) m. folg. *Infin.*, Cael. Aur. de morb. chron. 3, 8, 99. – **2** insbes.: **a** das **Verständnis** für Kunstwerke usw., der Geschmack für etw., rudis Corinthiorum int., Vell. 1, 13, 5. – **b** das **Erkenntnisvermögen,** die **Einsicht,** der **Verstand,** Sen. u. a.: vollst. int. animi, die intellektuelle Einsicht, Quint.: intellectu carere, ICt. – **B** passiv = das **Verständnis** = das Verstandenwerden, der **Sinn, Begriff,** die **Bedeutung,** die in etw., bes. in einem Wort, liegen, oft bei Quint. u. a.: intellectum habere, verstanden werden (Ggstz. ignorari), Tac.: intellectu carere, unverständlich sein, Sen. – in obscenum intellectum sermo detortus, Quint.: verba quaedam diversos intellectus habent, ut *cerno*, Quint. – ► vulg. Abl. intellecto, Itala (Cant.) Luc. 2, 47.

intellegēns, entis, *PAdi.* (v. intellego), **Einsicht habend** in etw., **sich** auf etw. **verstehend, einsichtig, einsichtsvoll, verständig, I** im Allg.: **a** v. Pers.: doctus et int. vir, Cic. – mit *Genet.*, eius generis intellegens, Cic. – **b** übtr.: v. Lebl.: iudicium, Cic.: *Compar.*, intellegentior mens, Augustin. retract. 1, 19. – **II** insbes.: **A sich** auf eine Wissenschaft od. Kunst **verstehend, kunstverständig,** ein **Kenner** von etw., homo ingeniosus et intellegens (Ggstz. idiota), Cic.: in hisce rebus int. esse, Cic. – subst., intellegentes, die Kenner (Ggstz. vulgus), Cic. – **B sich** auf jmd. (= auf jmds. Charakter usw.) **verstehend,** ein **Kenner** jmds., principis nostri, Plin. ep. 6, 27, 2.

intellegenter, *Adv.* (intellegens), **mit Einsicht, mit Verstand,** audiri, Cic. part. or. 28: lectitare, Plin. ep. 5, 16, 3. Außerdem Itala psalm. 46, 4. Hilar. in psalm. 52, 10.

intellegentia, ae, *f.* (intellego), **I** die **Vorstellung,** der **Begriff,** die **Idee,** Cic. de fin. 3, 21: Plur., Cic. de legg. 1, 26; 1, 30; 1, 59. – **II** die **Einsicht, Erkenntnis,** das **Verständnis, A** im Allg.: quia difficilis erat animi, quid aut qualis esset, intellegentia, Cic.: intellegentiam iuris habere, Cic.: somniorum intellegentiam condere, Traumdeutungskunst, Iustin. – **B** insbes.: **a** die **Einsicht** in eine Wissenschaft od. Kunst, das **Kunstverständnis,** der **Geschmack,** Cic.: int. pecuniae quaerendae, Cic. – **b** das **Erkenntnisvermögen,** die **Einsicht** u. in diesem Sinne auch = der **Verstand,** int. communis, Cic.: mens intenta infixaque nostra int., Cic.: fretus intellegentiā vestrā, Cic.: quod in nostram intellegentiam cadit, Cic.: res sub intellegentiam cadentes, Cic.: in gustatu et odoratu intellegentia, etsi vitiosa, est quaedam tamen, Cic.

intellegibilis, e (intellego), **I** sinnlich **wahrnehmbar,** Macr. somn. Scip. 1, 6, 19. – **II verständlich, begreiflich, denkbar,** Sen. ep. 124, 2. Chalcid. Tim. 137. Augustin. solil. 1, 1: *Compar.,* Boëth. de divis. 1. p. 642: *neutr. pl.* subst., Chalcid. Tim. 350.

intellegibiliter, *Adv.* (intellegibilis), **verständlich, begreiflich, denkbar** (Ggstz. sensibiliter), Chalcid. Tim. 137. Augustin. epist. 13, 3 u. a. Eccl.: *Compar.,* intellegibilius exponere, Gromat. vet. 1, 9.

intel-lego, lēxī, lēctum, ere (inter u. lego), die charakteristischen Merkmale unterscheidend **innewerden, verstehen, I** vermittels der Sinne u. des Verstandes **innewerden, merken, verspüren, wahrnehmen, fühlen, empfinden** u. dgl., ex vultu cuiusdam ephori insidias sibi fieri intellexit, Nep.: de gestu intellego, quid respondeas, Cic. – intellecturis auribus uti, Ov.: percussi corticis sono pabulum subesse intellegunt, Plin. – vestigia hominum intellegi a feris, gespürt werden, Plin. – ut aquae salsae non intellegatur sapor, Plin. – nullos intellegit ignes, Ov.: cum frigus contra temporis consuetudinem intellexeris, Colum.: perfundere caput calidā (aquā) et postea frigidā saluberrimum intellegitur, Plin. – in istis studiis viventi non intellegitur (gefühlt), quando obrepat senectus, Cic. – m. bl. Verstand = **merken, wahrnehmen, abnehmen, entnehmen, ersehen, erkennen,** im Passiv = **erhellen,** intellexi (habe ersehen) ex tuis litteris, te audisse, Cic.: intellexti, du hast's gemerkt, richtig, Ter.: ex quo intellegitur od. intellegendum est od. intellegi potest m. folg. *Acc.* u. *Infin.* od. m. folg. indir. Fragesatz (mit quam, quantus, uter etc.), Cic. u. Nep.: propositio ex se intellegitur, erhellt aus sich selbst, ist an sich klar, Cic. – im Passiv m. dopp. *Nom.,* quae (mala Punica) vero ab his sapore proxima vinosa diximus, utiliora paulo intelleguntur (hält man für etwas nützlicher), Plin. 23, 106. – m. *in* u. Abl., quoniam non intellexerunt in operibus domini, Lact. 4, 13, 18. – *Abl. absol.* intellecto m. folg. indir. Fragesatz, intellecto in quos saeviretur, Tac. ann. 1, 49: intellecto quantum bellum suscitaret, Iustin. 38, 3, 6. – **II** vermittels des Erkenntnisvermögens etwas **innewerden, zur Einsicht** von etwas **gelangen, einen** (deutlichen) **Begriff-, eine** (deutliche) **Vorstellung-, eine Idee** von etwas **bekommen** od. mit etwas **verbinden,** etwas **denken, sich denken (vorstellen), einsehen, verstehen,** dah. auch deutsch bald = **meinen** (der **Meinung sein),** bald = **wissen, A** im Allg.: haec reputent isti, qui negant animum sine corpore se intellegere posse; videbunt, quem in ipso corpore intellegant, Cic.: id, quo ne in deo quidem quidquam maius intellegi potest, Cic.: nec vero deus ipse, qui intellegitur a nobis, alio modo intellegi potest, nisi etc., Cic.: int. magna ex parvis, Cic.: haec dumtaxat in Graecis intellego, quae etc., Cic.: intellegi necesse est esse deos, Cic.: corpus quid sit intellego, Cic.: intellego quid loquar, ich weiß recht wohl, was ich sage, Cic. – cuivis facile intellectu fuit, quam (wie) etc., Nep. – intell. alqd sub alqa re, in alqa re, per alqd, etw. **unter** usw. etw. **verstehen,** illa est εὐταξία, in qua intellegitur ordinis conservatio, Cic. de off. 1, 142; vgl. Macr. sat. 1, 23, 5: intellego sub hoc verbo multa, Sen. contr. 1, 2, 15; vgl. 9, 5 (28), 10: quamvis per *nemo* homo intellegatur, addidit tamen, Donat. Ter. eun. 3, 5, 1; vgl. Macr. sat. 1, 17, 12. – u. so mit dopp. *Acc.* = etwas unter etwas **verstehen,** quasi sanguinem quid intellegis? Cic.: quid ergo hoc loco honestum intellegit, quem intellegimus divitem? Cic.: quae si vobis pax et concordia intelleguntur (versteht ihr nun darunter Frieden usw.), Sall. hist. fr. 1, 41 (45), 25: ebenso quod pacis est insigne toga, hoc intellegi volo (will ich das darunter verstanden wissen), m. folg. *Acc.* u. *Infin.,* Cic. – m. folg. *Acc.* u. *Infin.,* die Einsicht gewinnen, **sich zum Bewusstsein bringen, der Meinung sein,** ipsi intellegamus naturā gigni sensum diligendi, Cic. de amic. 32; u. so Cic. Tusc. 1, 100; Cat. 4, 10. – im Passiv m. *Nom.* u. *Infin.,* ex quo (di) esse beati atque aeterni intellegantur (gedacht werden), Cic. – hoc nomine (νόημα) donarunt ea, quae non dicunt, verum intellegi volunt, verstanden wissen wollen, Quint. – non intellegendi solum, sed etiam dicendi auctor, Meister im Denken u. im Vortrag, Cic.: homo ad duas res, ad intellegendum (Denken) et ad agendum (Handeln) est natus, Cic. – in der Umgangssprache: *Ph.* intellextin, verstanden? *Th.* Probe, Ter.: und in Antworten: intellego, ich verstehe = sehr wohl, Komik.: non intellexi, ich habe (es) nicht verstanden, Suet. – tacete, quaeso, Quirites, inquit; plus ego enim quam vos quid rei publicae expediat intellego, ich verstehe besser, was usw., Val. Max. – **B** insbes.: **1** etwas **verstehen** = sich auf etwas **verstehen, ein Kunstverständiger-, ein Kenner sein, a** eine Wissenschaft, faciunt intellegendo ut nil intellegant, das heißt denn doch vor lauter Kritik kritiklos sein, Ter. Andr. prol. 17: dicere enim bene nemo potest, nisi qui prudenter intellegit, eine richtige Einsicht hat, Cic. Brut. 23. – **b** ein Kunstwerk u. dgl., tamen non multum in istis rebus intellego, Cic.: meum intellegere (meinen Kunstverstand, Geschmack) nullā pecuniā vendo, Petron. – **c** eine Sprache **verstehen,** alcis linguam, Petron. 73, 3. Sen. apoc. 5, 2: linguam avium, Pacuv. tr. 83. – **2** sich auf jmds. Charakter **verstehen,** jmds. **Wesen** u. **Wert erkennen,** jmd. **richtig zu schätzen-, zu beurteilen wissen** (Ggstz. alqm ignorare), alqm, Vell. u. a.: alqm parum, Sen.: alqs falsus intellegitur, Tac. Vgl. Ruhnken Rut. Lup. 1, 4. p. 16. Döring Plin. ep. 6, 27, 2 u. 8, 23, 5. – ► Synkop. *Perf.* intellexti, Plaut. rud. 1103. Ter. Andr. 201 u. a. Cic. ad Att. 13, 32, 2. – Archaist. *Indic. Perf.* intellegit, Lucr. 6, 17: *Coniunct. Perf.* intellegerint, Sall. hist. fr. 1, 41 (45), 23: *Coniunct. Plusquamperf.* intellexes, Paut. cist. 625.

intellig..., s. intelleg...

Intemeliī (Intimeliī), ōrum, *m.,* ein Stamm der Ligurer östlich der Alpen am Abhang der Apenninen, Cael. in Cic. ep. 8, 15, 2: Intemelii Ligures, Liv. 40, 41, 6. – Dav. **Intemelium,** iī, *n.,* der Hauptort der Intemelier an der ligurischen Küste, j. *Ventimiglia,* Varro r. r. 3, 9, 17: vollst. Albintemelium (-timilium), Tac. hist. 2, 13 *in.*

intemerābilis, e (in u. temero), **unverletzlich,** Claud. Mam. de stat. anim. 1, 3. Anthol. Lat. 941, 71 (283, 71).

intemerandus, a, um (in u. temero), **unbefleckbar, unverletzlich,** Val. Flacc. 5, 642.

intemerātē, *Adv.* (intemeratus), **unverfälscht,** Cod. Theod. 15, 5, 3.

intemerātus, a, um (in u. temero), **unbefleckt, unverletzt, unentweiht, makellos, lauter, a** v. Pers.: intemeratus, impollutus, Tac.: int. coniugum et liberorum corpora, Tac.: Penelope mansit ... inter tot iuvenes intemerata procos, Ov.: Sophia ... intemeratior cunctis virginibus, Mart. Cap. 1. § 6. – **b** v. Lebl.: munera, des Weines lautere Gabe, Verg.: castra incorrupta et intemerata servare, Tac.

in-temero, āre, **verletzen, schänden, entweihen,** Placid. gloss. V, 28, 9.

intemperābilis, e (in u. tempero), **nicht zu mäßigen,** Cael. Aur. de morb. chron. 1, 4, 124.

in-temperāns, antis, **ungemäßigt, I** eig., Apul. de dogm. Plat. 1, 17: *Compar.* intemperantius b. Sen. ad Helv. 6, 5. – **II** übtr.: **a maßlos** im Benehmen, **ungebührlich, unbesonnen, ungestüm, schrankenlos, schonungslos, übermütig, frech,** v. Pers., intemperantis est (es ist indiskret) m. folg. Infin., Cic.: in augendo eo intemperantior, Liv.: v. Lebl., libertas, gloria, Cic. – **b maßlos** in Neigungen u. Begierden, **kein Maß haltend, unmäßig, unenthaltsam,** v. leb. Wesen, viri, Cic.: fera, Sen.: intemperantissima pecus, v. Piso, Cic.: int. *in* alqa re, Cic., *ad* alqd, Suet.: v. Lebl., adulescentia, Cic.: intemperantissimae perpotationes, Cic.

intemperanter, *Adv.* (intemperans), **a maßlos, ohne Mäßigung, ohne Maß im Benehmen, ungebührlich, unbesonnen, schrankenlos, ungestüm,** int. abuti et otio et litteris, Cic.: intemperantius sequi, Liv.: intemperantius opibus suis uti, Cic.: id apud omnes intemperantissime gloriari, Apul. – **b unmäßig** in Begierden u. Neigungen, concupiscere, Nep.: intemperantius haurire, Curt.

intemperantia, ae, *f.* (intemperans), **I** die **ungemäßigte Beschaffenheit,** der **Ungestüm,** caeli, Sen. de const. sap. 9, 1. Colum. 1. prooem. 1. – **II** übtr., der **Mangel an Mäßigung, -an Selbstbeherr-**

schung, **a** die **Maßlosigkeit** im Benehmen gegen Gleiche u. Niedere = **widerrechtliche Anmaßung, Übermut** (Ggstz. aequitas), gegen Höhere = **Widersetzlichkeit, Auflehnung** (Ggstz. obsequium), Cic., Nep. u. a. – **b** die **Maßlosigkeit** in Neigungen u. Begierden, die **Unmäßigkeit, Ausschweifung,** m. obj. *Genet.*, vini (im W.), Liv.: risus (im L.), Plin.: libidinum (in den B.), Cic.: litterarum (in den Wissenschaften), Sen. – m. subj. *Genet.*, intemp. civitatis, donec unus eligatur, multos destinandi, Tac. – absol., multorum matrimoniorum experientiam quasi legitimae (privilegierter) cuiusdam intemperantiae signum esse credentes, Val. Max.: morbo et intemperantiā (Unm. in Genüssen) perire, Suet.

intemperātē, *Adv.* (intemperatus), **maßlos, ohne Maß, übertrieben,** immoderate et intemperate vivere, Cic.: eis est usus intemperatius, Cic.

in-temperātus, a, um, **I** = ἄκρατος, **unvermischt,** vinum, Cael. Aur. de morb. acut. 3, 17, 158. – **II ungemäßigt, maßlos, übertrieben,** intemperatā nocte, in tiefer N., Ov.: int. quaedam benevolentia, Cic.: intemperatissimae perpotationes, Cic. – v. Pers., fui paulo ante intemperatior quam debui, ungehaltener, Cic. Vat. 1.

in-temperiae, ārum, *f.* (intempero), das **stürmische Wetter,** der **Sturm,** calamitates intemperiasque prohibessis, Cato r. r. 141, 2. – übtr., quae te intemperiae tenent? welch Unwetter ist in dich gefahren? = bist du toll? Plaut. mil. 434 u. Epid. 475 (vgl. Plaut. aul. 71 u. 642): intemperiarum negotiorumque pleni, Unruhen, Gell. praef. § 19.

in-temperiēs, ēī, *f.*, die **ungemäßigte Beschaffenheit, I** von der Witterung, solis aut anni, zu große Hitze oder schlechtes Wetter des Jahres, Colum.: caeli, ungewöhnliche Beschaffenheit der Luft, Tac., wechselnde, ungesunde Witterung, ungünstiges Klima, Liv.: aquarum, maßlose Regengüsse, Liv.: verna intemperies (die unbeständige Frühlingswitterung) varians calores frigoraque, Liv. – **II** übtr.: **A** ein **Ungewitter** = ein Unglück, intemperies modo in nostram advenit domum, Plaut. capt. 911. – **B der Mangel an Mäßigung,** das **ungemäßigte (ungestüme) Betragen, der Übermut, die Widersetzlichkeit,** illius amici, Cic. ep.: mulierum, Gell.: cohortium, Tac.: Plur., has eius (Xanthippes) intemperies in maritum Alcibiades demiratus, Gell. 1, 17, 2. – **C** die **ungezügelte Begierde, Ausschweifung,** unius ex illis viris, Cic. de rep. 3, 63: ebrietatis (in der Trunkenheit), Iustin. 12, 13, 10.

intempestīvē, *Adv.* (intempestivus), **zur Unzeit,** int. accedere, Cic.: omnia int. agere, Liv.: illud (munusculum) int. remittere, Sen.: int. lascivire, Gell.: int. occupato alludere, Phaedr.: haud int., Vell.: non int., Colum.

intempestīvitās, ātis, *f.* (intempestivus), die **Unzeit,** Gell. 3, 16. § 21.

intempestīviter, *Adv.* (intempestivus), **zur Unzeit,** Gell. 4, 20 *lemm.*

in-tempestīvus, a, um, **unzeitig, I** zur Unzeit geschehend usw., **der Zeit und den Umständen nicht gemäß, der Zeit** nach **unangemessen, unpassend, unschicklich, a** im Allg.: in disceptando aliquotiens erat ind., er überschritt manchmal die Ordnung, Amm.: epistula, Cic.: timor, Ov.: lacrimae, Tac.: honos, Tac.: gula, weder Zeit noch Stunde beobachtende, Suet. – *Compar.*, quid hoc ioco intempestivius? Val. Max. 7, 8, 9. – **b** prägn., **unzeitig = zur Unzeit handelnd,** anseres clangore intempestivi, die zur Unzeit schreien, Plin.: examinatores, Amm. – **II** noch nicht im rechten Zeitpunkt befindlich, v. der Leibesfrucht, **unzeitig = noch unreif,** intempestivo partu extracto, Amm. 29, 2, 17.

in-tempestus, a, um (in u. *tempestus, v. tempus gebildet wie scelestus v. scelus), »ungünstig der Zeit od. der Witterung nach«, **I** der Zeit nach: int. nox, »die tiefe, totenstille Nacht«, die nicht durch Handlungen der Menschen in Zeitabschnitte eingeteilt wird, Enn. bei Varro, Cic. u a. – personifiziert, Nox intempesta (die unheimliche Nacht), die Mutter der Furien, Verg. Aen. 12, 846. – **II** der Witterung nach, **a ungesund,** Graviscae, Verg. Aen. 10, 184. – **b stürmisch,** Tonans, Stat. Theb. 2, 154.

in-temporālis, e, **I ohne Zeit, ewig,** Apul. de dogm. Plat. 2, 20. Prud. perist. 10, 316. – **II unzeitig,** cibus, Cael. Aur. de morb. acut. 1, 10, 65: somnus, *ibid.* 3, 18, 176.

intemporālitās, ātis, *f.* (intemporalis), die **Unzeitigkeit,** somni, Cael. Aur. de morb. acut. 1, 9, 64: tonsurae, *ibid.* 1, 15, 120: non amittere intemporalitatem suam, Arnob. iun. de trino deo 2, 21.

intemporāliter, *Adv.* (intemporalis), **unzeitig,** Cael. Aur. de morb. acut. 2, 9, 50 u. de morb. chron. 1, 4, 87.

intempto, s. intento.

intenditus, s. in-tendo ►.

in-tendo, tendī, tentum, ere, **I hin- (entgegen-), herstrecken, hinrichten, -wenden,** wohin **strecken, spannen, lenken, richten, wenden, 1** eig.: **a** übh.: brachia, Ov.: manum, Tac., palmas, Ov.: dextram ad statuam, Cic.: aciem acrem in omnes partes, Verg.: oculos in vultum legentis, Iustin.: brachia remis, die R. ergreifen, Verg.: manus verberibus ultro, entgegenstrecken, Tac. – **b** wohin **richten, strecken, zücken, zielen,** v. Waffen, tela, Sall.: hastas, vorstrecken, Liv.: tormenta, die Geschütze bedienen, Curt.: sagittam, abschnellen, Verg.: telum in iugulum, Plin. ep.: tela iugulis civitatis, Cic.: im Bild, de ducentis nummis primum intendam ballistam in senem, will ich auf den Leib rücken, Plaut. Bacch. 709. – **2** übtr.: **a** *tr.*: **α** seine Bewegung wohin **einschlagen, antreten, sich anschicken** zu usw., iter ad od. in mit Akk., Liv.: fugam eodem, Curt.: fugam ad Euphratem, Curt: longe diversam (in ganz verschiedener Richtung) fugam, Curt.: longiorem fugam, Curt.: novum alveum, sich bahnen, Curt. – **β** seinen Geist usw., wohin **richten, wenden, lenken,** illuc mentem, Quint.: animum eo (dahin) od. quo (wohin), Cic.: mentem od. animum in alqd, Cic.: animum ad alqd, Cic.: oculos mentesque ad pugnam, Caes.: animum alci rei, Hor. u. Quint.: bl. intendere alci rei, Min. Fel. 7, 5 u. 17, 9: considerationem in alqd, cogitationes ad alqd, Cic.: sensus ad alqd, Cic.: curam in alqd, Liv.: omnes curas in alqm, Curt.: dolorem in ultionis solacia, Iustin. – **γ** eine Tätigkeit usw. feindlich gegen jmd. **richten, erheben, anstrengen,** über jmd. **verhängen,** eo bellum, Liv.: totum bellum in Hispaniam Hannibalemque, Liv.: periculum alci od. in alqm, Cic.: fallaciam in alqm, auf den Leib (Pelz) rücken mit usw., Ter.: alci dolum, eine Falle legen, Curt.: alci probra ac minas, ausstoßen gegen usw., Tac.: alci litem od. actionem perduellionis, Cic.: crimen in alqm, Liv.: u. adulterii crimen alci, Suet. – **b** *intr.* od. refl.: **α** wohin seine Richtung (Wegrichtung) nehmen, **sich wenden, seinen Weg nehmen od. einschlagen,** quo intendam? Ter.: quo intenderat (sein Reiseziel), in Manliana castra pervenit, Cic.: u. (bildl. in der Rede) ante ... quam illuc proficiscare, quo te dicis intendere, Cic. – **β sein Streben auf** etw. **richten,** wohin **sein Ziel richten,** huc igitur intendit, dahin ging sein Streben, Tac.: u. so huc potius intenderet, Tac.: ea (natura) non satis proficere potuisset, nisi eodem (ebendahin) studio atque imitatione intendisset, Cic.: itaque, quocumque intenderat, res adversae erant, Sall.: v. Lebl., ubi Marius haruspicis dicta eodem intendere (ebendahin zielen, -hindeuten) videt, Sall. – **γ seine Aufmerksamkeit auf** etw. **richten, auf** etw. **spannen, aufmerken, achten, lauern,** in rem novam, Quint.: ad nuptias Cleopatrae, Iustin. Vgl. 1. intentus. – **δ** seine geistige Tätigkeit auf etw. **richten,** einer Sache sich **widmen, ergeben sein,** nach etw. **streben,** mit etw. **sich beschäftigen,** in Italiam resque urbis, Tac.: ad publicas curas, Tac.: se alienis negotiis, Tac. Vgl. 1. intentus. – **II anspannen, spannen, 1** eig.: **a** übh.: arcum, Cic.: chordas, Cic.: citharam, Censor.: vela, Verg.: fauces, Cic.: cutem, Phaedr. – **b** prägn., **α** m. *Dat.* od. absol. = **spannen, ausspannen,** coronas postibus, Ov.: vincula stuppea collo, Verg.: retia ad feras capiendas, Donat. Ter. Andr. 4, 3, 18: spissae nubes se intendunt (caelo), überziehen den H., Curt.: primis se intendentibus tenebris, mit eben anbrechender D., Liv. – **β** m. *Abl.* = mit etw. **bespannen, beziehen,** tabernacula carbaseis velis, Cic.: sellam loris, Quint.: locum sertis, Verg.: citharam nervis, Quint.: brachia tergo, mit dem Cästus umwinden, Verg.: gracili geminas stamine telas, Ov. – **2** übtr.: **a anspannen, anstrengen,** ingenium, Sall.: animum, Cic.: se ad firmitatem, Cic. – **b** etw. **anstreben, sich zu** etw. **anschicken,**

etw. **beabsichtigen,** consilium, Ter.: si Antonius quod animo intenderat perficere potuisset, Cic.: neque quod intenderat perficere potest, Sall.: m. folg. *Infin.*, fugā salutem petere intenderunt, Caes.: in potestatem redigere animo intendit, Tac.: m. folg. *ut* u. Konj., intendentes, ut oratores fiant, Quint.: u. (mit vorherg. allg. *Acc.*) non quod intenderat, ut Adherbalis potiretur, efficere potuit, Sall. – c **anspannen, steigern, heben, erhöhen,** α extensiv, vocem, Verg. u. Quint.: spiritum (das Atmen), Curt. – β intensiv, alimentorum pretia, Tac.: officia (Diensteifer), Sall.: odium, formidinem, metum, Tac.: leges, schärfen (Ggstz. mitigare), Plin. ep.: vera, übertreiben, Tac. – d **zu beweisen suchen, behaupten,** id, quod intenderat, confirmare, Cic.: m. folg. *Acc.* u. *Infin.*, Lupus intendere coepit, se oportere ... facere, Cic.: od. absol., quomodo nunc intendit, Cic. – ► Vulg. Fut. intendebis, Itala (psalt. Veron.) Habac. 3, 9: vulg. Partiz. Perf. intenditus, Fronto fer. Als. 3. p. 225, 18 N.

in-tenebrico, ātus, āre, **verfinstern,** Eccl.

in-tenebro, āre, **verfinstern,** Eccl.

intēnsē, *Adv.* (intensus), **aufmerksam,** intensius, Fronto fer. Als. 3. p. 227, 7 N. Schol. Iuven. 11, 15: intensissime, Augustin. mor. eccl. 19.

intēnsio, ōnis, *f.* (intendo), die **Spannung,** rigida oculorum et maxillarum, Scrib. Larg. 225: Plur., calorem suum intensionibus ac remissionibus temperare (v. der Sonne), Sen. nat. qu. 7, 1, 3.

intēnsus, a, um, *PAdi.* (intendo), I **heftig, stark,** im *Compar.* bei Nazar. pan. 23, 2. – II **gespannt, aufmerksam,** im *Superl.* bei Augustin. mor. eccl. 31.

intentātio, ōnis, *f.* (intento), I das **Ausstrecken** nach etwas, ne oculi ad intentationem subitam digitorum (wenn man die Finger auf einmal nahe daran bringt) comprimantur, Sen. de ira 2, 4, 2. – II übtr., das **Bedrohen** mit usw., Tert. apol. 46 *in.*

in-tentātor, ōris, *m.*, der **Nicht-Versucher,** malorum (zum Bösen), Vulg. epist. Iacobi 1, 13. Augustin. de pecc. merit. 2, 4.

1. **intentātus,** a, um (in u. tento), I **unangetastet,** v. Pers., Hor. carm. 1, 5, 13. Sen. Med. 61. – II übtr., **unangetastet, unberührt, unversucht,** iter, ungebahnter, Tac.: haec intentata manebat sors rerum, Verg.: cur certaminis huius intentata mihi fortuna relinquitur? Ov.: videbis nihil humanae audaciae intentatum, Sen.

2. **intentātus,** a, um, *Partic.* v. intento, s. d.

intentē, *Adv.* (intentus), I **gespannt,** audiri, Quint. 2, 2, 13: intentius contemplari, Amm. 24, 2, 12: exspectare intentissime, Lampr. Heliog. 14, 5. – II **angestrengt, mit aller Kraft, angelegentlich,** intente instanterque pronuntiare, Plin. ep. 5, 19, 6: intente observare alqm, Vulg. 2. paral. 33, 13: oft im *Compar.*, ea multo intentius petere in vita, Rhet. Her.: alqm intentius admonere, ut etc., Liv.: intentius bellum apparare, Liv.: eo intentius Vologeses premere obsessos, Tac.

intentio, ōnis, *f.* (intendo), I das **Hingerichtetsein,** übtr., a die **Spannung, Aufmerksamkeit, Achtsamkeit,** absol., Cic. u. a.: velut fatigatus intentione stomachus iudicis, die durch angestrengte Aufmerksamkeit erschöpfte Geduld des R., Quint.: m. subj. *Genet.*, audientis, Plin. ep.: vultus, Tac.: animi, mentis, Quint.: m. obj. *Genet.*, lusus, Liv.: rerum, Quint. – b das **Ansinnen** = die **Anklage, Beschuldigung** (Ggstz. depulsio), Rhet. Her. u. a.: accusatoris, delatoris, ICt. – c die Behauptung von Seiten des Beklagten, der Einwand, spät. ICt. – II das **Gespanntsein,** 1 eig., die **Anspannung, Spannung,** absol., Cels. 5, 26, 34 u. a.: nervorum, Colum. 6, 6, 1: aëris, spiritus, Sen. nat. qu. 2, 6, 2 *sqq.* – 2 übtr.: a die **Anspannung, Anstrengung** (Ggstz. remissio), animi, Cic.: cogitationum (des Denkens), Cic.: dah. m. obj. *Genet.*, der **Eifer,** quidquid velis obtinendi, Plin. ep.: rei familiaris obtinendae, Plin. ep. – b die **Absicht,** das **Vorhaben,** adversariorum, Cic.: haec enim intentio tua, ut libertatem revoces, Plin. ep.: cogitationes et intentiones cordis, Vulg. Hebr. 4, 12. – c als philos. *t. t.*, der Vordersatz in der Logik, die **Intention,** Quint. 5, 14, 6. – d als *t. t.* der Musik, der **Grad der Spannung des Tons,** die (hohe, mittlere, tiefe) **Stimmung,** Plur., Quint. 11, 3, 40. Censor. fr. 12, 3: übtr., ipsius corporis intentio quaedam, Cic. Tusc. 1, 19. – e die **Hebung, Steigerung, Zunahme** (Ggstz. remissio), vocis, Sen.: soni, Quint.: summi doloris, Sen.

intentīvus, a, um (intendo), **steigernd,** Prisc. 15, 36.

intento, āvī, ātum, āre (*Intens.* v. intendo), **ausstrecken, hinrichten,** I im Allg.: manus ad sidera, Petron.: oculos in alqm, Petron. – II insbes., drohend u. feindselig gegen jmd. **ausstrecken, -hinrichten,** A eig.: manus in alqm, Liv., od. alci, Sen., bl. manus, Tac.: alci volumen, (drohend) entgegenhalten, Cic.: sicam alci, gegen jmd. zücken, Cic. – B übtr.: a jmdm. mit etw. **drohen,** jmd. **bedrohen, drohend** etw. **gegen** jmd. **wenden,** jmdm. etw. (Schlimmes) **zuzufügen suchen,** arma Latinis, die Latiner mit Krieg bedrohen, Cic.: alci mortem, Verg.: mortem ipsam et intentatam non timere, Lact.: periculum intentatur ab alqa re, steht bevor, Quint. – b insbes., jmd. mit einer Beschuldigung vor Gericht **bedrohen,** eine Beschuldigung jmdm. **aufzubürden suchen,** crimen invicem, Quint. 3, 10, 4.

1. **intentus,** a, um, I *Partic.* v. intendo, s. d. – II *PAdi.* m. *Copar.* u. *Superl.*, 1 **heftig, stark,** febris, Cels.: impetus intentior, Sen.: Ggstz., ut altera pars orationis lenis atque summissa, sic haec intenta ac vehemens esse debet, Cic. de or. 2, 211. – 2 **gespannt** (bildl.), a **gespannt** = voll Erwartung, animus, Cic.: omnes milites intenti (mit gespannter Aufmerksamkeit) pugnae proventum exspectabant, Caes.: intentiores utrimque custodiae, beide Teile waren mehr auf ihrer Hut, Liv. – cum Maria corde intentissimo pasceretur, Augustin., serm. 104, 1: mutato vultu intentissimus cogitare coepi, Augustin. conf. 8, 12. – m. Ang. **worauf?** durch *in* od. *ad* od. *adversus* alqd od. durch bl. *Dat.*, **auf** etw. **gespannt, mit Spannung wartend, -lauernd, auf** etw. **achtend, -aufmerksam,** in omnem occasionem, Liv.: ad id tantum, Liv.: adversus omnes motus Philippi, Liv.: mens intenta malis, Ov. – m. folg. *quam,* z. B. intenti, quam mox signum daretur, Liv. 5, 45, 1: m. folg. *si* (ob), intenti paratique, si lacesserentur, Liv. 35, 11, 9; vgl. Frontin. 1, 5, 16: m. folg. *sive ... sive,* z. B. intentus, sive Etruria se interim sive Latini aut Hernici moverint, wachsam auf alle Bewegungen, sei es von E. od. von den L. od. H., Liv. 6, 6, 13. – b voll Aufmerksamkeit auf eine Vornahme, mit *Dat.* od. m. *ad* od. m. *in* u. Akk. = **aufmerksam auf** etw. **achtend, eifrig mit** etw. **beschäftigt,** um etw. **bemüht,** auf etw. **bedacht,** operi agresti od. rustico, Liv. u. Liv. epit: libello, Flor.: servilibus officiis, Sall.: intentus morti, Tac.: agendo Galliarum censui intentus, Tac.: celerandae victoriae intentior, Tac.: non ante umquam Volscos nec ducibus legendis nec exercitui scribendo intentiores fuisse, Liv.: inter id instruendae fraudi aliquanto intentior quam muniendis castris aut ulli militari operi, Liv.: publicas ad curas, tätig in Amtsgeschäften, Tac.: intentior (bereitwilliger) ad dicto parendum, Liv.: toto in hoc intentus est animo, Sen. – m. *pro* u. Abl., populus Romanus multo acrior intentiorque pro ultione Reguli quam pro victoria fuit, Flor. 2, 2, 26. – mit *Abl.* = durch etwas **angezogen, in Spannung erhalten,** aliquo negotio intentus, Sall. – bes. v. Soldaten, **gespannt auf den Kampf, schlagfertig,** absol., oft verb. paratus et intentus, intentus paratusque, armatus intentusque, Sall., Liv. u. Tac.: m. *Dat.*, dimicationi ultimae instructus (gerüstet) intentusque, Liv. 1, 15, 2: m. *ad* od. *in* u. Akk., exercitus ad proelium intentus ornatusque, Tac. hist. 3, 63: cum adunata omnis classis et intenta in navale bellum esset, Iustin. 2, 12, 18. – c **angestrengt, rüstig, rastlos, eifrig,** v. Pers., Sall. u. a.: curae intentiores, Liv.: intentissima cura, Liv. – v. Soldaten, **diensteifrig, stramm im Dienst,** Tac. – d gesteigert = **streng,** intentiorem fore disciplinam, Tac. ann. 12, 42. – e **ernsthaft, im Ernst,** Ggstz. risu, Tac. ann. 13, 3: Ggstz. in speciem, Tac. ann. 1, 52.

2. **intentus,** ūs, *m.* (intendo), die **Anspannung, Ausdehnung,** intentu aëris, Apul. apol. 15. – dah. das Ausstrecken, palmarum intentus (Plur.), Cic. Sest. 117.

in-tepeo, ēre, **lau sein,** Prop. 4, 1, 124 (L. Müller si tepet). Pers. sat. 6, 7. Stat. Theb. 2, 377. – Das Perf. intepui gehört zu intepesco, s. d.

intepēsco, tepuī, ere (*Inchoat.* v. intepeo), **lau werden,** Ov., Colum. u. Sen.: übtr. = abnehmen, paulatim intepescente saevitiā, Petron. 94,

5: vitium, quod in aliis non numquam intepescit, Amm. 14, 5, 5: ne ardor intepesceret, Amm. 31, 15, 3.

inter (altindisch *antar,* innen, innerhalb, zwischen, ahd. *untar*), I *Adv.* = μεταξύ, **zwischen, dazwischen,** nur noch poet. bei spät. Dicht., stetit arduus inter pontus, Val. Flacc.: tibi tot motibus inter diviso, durch so viele dazwischenliegende Berge, Val. Flacc. (vgl. πολλά μεταξὺ οὔρεα, Hom.). Vgl. Prisc. 14, 35 ego curro inter).

II *Praep.* m. *Acc.,* zur Bezeichnung des Vorhandenseins eines Gegenstandes in der Mitte oder im Umkreis eines od. mehrerer, **zwischen, unter, in der Mitte von, im Umkreis von, umgeben von** u. dgl., A eig., im Raum, 1 im Zustand der Ruhe: erat inter ceteram planitiem mons saxeus, Sall.: inter Euboeam continentemque, Nep.: ager Tarquiniorum, qui inter urbem ac Tiberim fuit, Liv.: dem Nomen nachgesetzt, Faesulas inter Arretiumque, Liv. – moror inter aras, templa, Cic.: assequitur inter lucos hominem, Cic.: insula inter vada sita, Tac.: inter vicos aut inter vias manere, zwischen den St. = auf den St., Suet.: inter signa atque vexilla, umgeben von usw., Suet. – v. Sichbefinden usw. **unter** einer Menge, cum (Hercules) inter homines esset, Cic.: inter multos saucios consul relictus, Liv.: inter multitudinem sociorum Italici generis … tres Campani equites erant, Liv.: dem Nomen nachgesetzt, extremos inter euntem, Hor.: u. vom Nomen getrennt, utinam inter errem nuda leones, Hor. – unus eminet inter omnes in omni genere dicendi, Cic. – inter alia prodigia et carne pluit, Liv. – u. bei Pers. zur Angabe des Wohnorts, inter figulos, in der Töpferstraße, Varro LL.: inter falcarios, in der Sensenmacherstraße, Cic.: inter lignarios, in der Holzhändlerstraße, Cic.

2 im Zustand der Bewegung = **zwischen, unter, zu** (vgl. Thiel Verg. Aen. 12, 437), inter densas fagos assidue veniebat, Verg.: te magna inter praemia ducet, Verg.: inter stationes hostium emissi, Liv.

B übtr.: AA in der Zeit: 1 zur Angabe zweier Zeitpunkte (oder Zeitereignisse), zwischen die etwas fällt = **zwischen,** luce inter horam tertiam et quartam tenebrae obortae fuerant, Liv.: facito inter nonas et idus Martias, Colum.: ut dies XLV inter binos ludos tollerentur, Cic.: inter Lavinium et Albam Longam coloniam deductam triginta fere interfuere anni, Liv.

2 zur Angabe einer Zeit, in die etwas fällt, in deren Verlauf etwas geschieht = **unter, während, im Verlauf von,** inter ipsum pugnae tempus, Liv.: inter noctem, Liv.: inter omne tempus pater spectaculo esset, Liv.: inter decem annos, Cic.: inter annos XIV, Caes.: inter tot annos, Cic. – ebenso bei uneig. Zeitbestimmungen (Ereignissen usw. in der Zeit) = **unter, während, bei,** inter hunc tumultum, Liv.: inter colloquia cunctationemque, Liv.: haec inter cenam Tironi dictavi, Cic.: canit inter opus, Tibull. – u. beim Gerundium u. Gerundivum = **während, bei,** inter agendum, Verg. u. a.: inter ludendum, Quint.: inter rem agendam, Plaut.

BB in anderen Verhältnissen: 1 zur Angabe von Umständen, Verhältnissen u. Zuständen, unter denen etwas stattfindet, in denen sich etwas befindet = **unter, bei, in,** inter verbera et cruciatus, Liv.: inter fugae pugnaeque consilium oppressi, Liv.: inter tanta vitia imbecilla aetas … tenebatur, unter so groben Lastern gefesselt gehalten, Sall.: nobis inter has turbas (bei = ungeachtet d. V.) senatus tamen frequens flagitavit triumphum, Cic.: minari inter iocum, unter Scherzen, beim Sch., Suet. – inter ambiguos, quis etc., da man schwankte, wer usw., Tac.: inter haec parata atque decreta, bei diesen Vorbereitungen usw., Sall.

2 zur Angabe einer Klasse od. Anzahl: a unter der jemand sich als der u. der zeigt od. gilt = **unter,** feroces et inquieti inter socios, ignavi et imbelles inter hostes erant, Liv.: potens vir inter sui corporis homines, Liv. – adulescens inter suos et honestus et nobilis, Cic.: in oratoribus admirabile est quantum inter omnes unus excellat, Cic. – u. so bei Komparativen u. Superlativen (statt des partitiven Genetivs), quae celebrior inter ceteras ac nobilior habetur, Lact.: ipse honestissimus inter suos numerabatur, Cic. – b unter die jmd. zu zählen ist, gewählt wird usw. = **unter,** inter philosophos reddendus est, Quint.: inter patres lectus, Liv.: inter patricios allecti, Suet.

3 bei Verteilung zur Angabe der einzelnen, denen etwas zugeteilt wird = **unter,** inter se plurimorum bona publicata dividere, Nep.: officia partiri inter se, Cic.

4 zur Angabe der Parteien od. Gegenstände, zwischen denen zu entscheiden usw. ist = **zwischen,** inter Marcellos et Claudios patricios iudicare, Cic.: inter has sententias diiudicare, Cic.: inter diversas opiniones difficilis est electio, Quint.: inter duas leges quaerere, Quint.

5 zur Angabe der Gegenstände, zwischen denen ein Unterschied besteht = **zwischen,** nihil interest inter te et quadrupedem, Cic.: multa sunt alia, quae inter locum et locum plurimum differunt, worin sich ein Ort vom anderen wesentlich unterscheidet, Cic.: sit hoc discrimen inter gratiosos cives atque fortes, Cic.

6 zur Angabe zweier Beschaffenheiten, zwischen denen sich eine Gattung hält = **zwischen,** colorem inter aquilum candidumque, Suet.: crateritis inter chrysolithum et electrum colorem habet, Plin.

7 zur Angabe zweier Zustände usw., zwischen denen man in Zweifel schwebt = **zwischen,** inter metum et iram cunctatus, Tac.: bellum inter et pacem dubitabant, Tac.: anceps crimen est inter retinentem et exigentem, Curt.

8 zur Angabe der Personen, zwischen denen ein freundlicher oder feindlicher Verkehr besteht od. zustande gebracht wird = **zwischen,** quae saepissime inter me et Scipionem de amicitia disserebantur, Cic.: pacem inter duas potentissimas civitates conciliavit, Nep.: amicitiam nisi inter bonos esse non posse, Cic. – inter quos magna fuit contentio, Nep.: inter Hectora atque inter Achillem ira fuit capitalis, Hor. – quae inter nos sit (was unter uns gesagt sei), ego illas posueram, Sen. – dem Nomen nachgesetzt, quae si quos inter societas aut est aut fuit, Cic.

9 mit einem Pronomen zum Ausdruck der Reziprozität (Wechselbeziehung der Tätigkeit zweier od. mehrerer Subjekte aufeinander), in den Verbindd.: a inter se, inter nos, inter vos, inter ipsos = **einander, untereinander, gegenseitig, miteinander,** α bei Verben: amare inter se, Ter., Cic. u. a.: timere inter se, Nep.: aspicere inter se, Cic.: quasi nunc non norimus nos inter nos, Ter.: quod inter nos liceat dicere, unter uns gesagt, Cic.: u. so quod inter nos est, Sen.: hoc mirabilius, quod vos inter vos risum tenere possitis, Cic. – colloqui inter se, miteinander, Cic.: ludere inter se (nos), Plaut. u. Suet.: inter se cornibus pugnare, Varro: inter se repugnare, Cic. – β bei Substst.: ita effici complexiones atomorum inter se, Cic.: non patiar, ut caedes civium inter se fiat, Cic.: auxerat inter se opinionem, die wechselseitige Achtung, Liv.: circa quem (tropum) et grammaticis inter ipsos et philosophis pugna est, Quint. – γ bei Adjektt. u. Adverbb.: inter se nondum satis noti, Liv.: inter se inimicos esse, Hyg.: placide modesteque inter se rem publicam tractare, in gegenseitiger Friedfertigkeit u. Mäßigung, Sall. Vgl. Fabri Liv. 21, 39, 9. – b inter se auch zur Andeutung eines gegenseitigen Verhältnisses, in das durch fremde Einwirkung Personen gesetzt werden, ratio et oratio conciliat homines inter se, Cic.: quae res eos in magno diuturnoque bello inter se habuit, Sall. – c inter se, inter ipsos zum Ausdruck der gegenseitigen Nähe, Ähnlichkeit u. des Gegenteils = **einander, voneinander,** Marius colles propinquos inter se occupat, Sall.: postquam haud procul inter se erant, Sall.: duobus locis haud longe inter se castra faciebant, Sall. – res inter se similes, Cic. u. Quint.: quamquam et ii ipsi inter se dissimiles fuerunt, Quint.: pessuma ac diversa inter se mala, Sall.: diversa causarum inter ipsas condicio, Quint.: inter se contrariae opiniones, Quint.

CC in besonderen Formeln u. adverbialen Ausdrücken: a inter manus, s. 1. manus *no.* I, A, h. – b inter vias, unterwegs, Komik. u. CIL 8, 2728. – c inter exempla esse, zum Beispiel dienen, Tac. u. Sen.: u. so inter exempla haberi, Solin. – d inter sicarios, wegen Meuchelmords, accusare, Cic.: quaestio inter sicarios, Cic. – e inter pauca u. (v. Menschen) inter paucos, ganz besonders, Liv. u. a.: inter paucos disertus, beredt wie wenige, Quint. – f inter cuncta, vor allem, Hor. ep. 1, 18, 96. – so auch inter omnia, Curt. 3, 3 (8), 17. – inter cetera, vor allem, namentlich, Liv. 37, 12, 8. Suet. Cal. 48, 2. – **g** inter alia, unter anderem, cum Thrasea inter alia dixisset, ›vis ergo etc.‹, Plin. ep. 3, 16, 10. – **h** inter haec, inter quae = *interea* (s. d.), inzwischen, Liv., Curt. u. a. (s. Mützell Curt. 3, 1, 1). – **i** inter moras, mittlerweile, Plin. ep. 9, 13, 20. Suet. Ner. 49, 2: u. so inter aliquas moras, Suet. Aug. 78, 2: inter eas moras, Sall. Iug. 74, 2. – **k** inter initia, inter principia, anfangs, Cels.

► **a** Solözist. inter hominibus, Augustin. conf. 1, 18 *extr.* – **b** seinem Kasus nachgesetzt, z. B. quos inter, Plaut. merc. 752. Cic. de amic. 83: Faesulas inter Arretiumque, Liv. 22, 3, 3. Vgl. Hand Turs. 3. p. 408. *no.* 41. – **c** In der Zusammensetzung bezeichnet inter: **α** dazwischen, wie intercedere, interponere. – **β in Zwischenräumen, hin u. wieder,** wie interaestuare, intermittere, intervisere. – **γ unter, nieder, zugrunde,** wie interire, interficere.

inter-aestuo, āre, **dazwischen-, dabei in Unruhe sein,** ingenio, Ambros. hexaëm. 5, 11. § 35.

interāmenta, ōrum, *n.* (inter), das **innere Holzwerk** (die statumina u. costae) der Schiffe, Liv. 28, 45, 15.

Interamna, ae, *f.*, **I** eine Stadt in Umbrien, am Fluss Nar, umschlossen von einem Kanal dieses Flusses, Geburtsort des Geschichtschreibers Tacitus u. des gleichnamigen Kaisers, j. *Terni,* Varro LL. 5, 28. Cic. Mil. 46. Tac. hist. 3, 63, 2. – **II** eine Stadt in Latium, am Fluss Liris, nach e. j. *Teramo,* Cic. Phil. 2, 105. Liv. 26, 9, 3: Nbf. Interamnium, iī, *n.* (Ἰντεράμνιον, Ptol.), Flor. 3, 21, 27. – Dav. **1 Interamnānus**, a, um, **aus Interamna** (am Liris), Cic. Mil. 46 (Müller Interamnas). – **2 Interamnās**, ātis, **interamnatisch,** aus **Interamna** (am Liris), C. Causinius Scola Interamnas, Cic. Mil. 46 (Halm Interamnanus): in agro Interamnati, Liv. 10, 39, 1. – subst., Interamnātēs, tium, *m.*, die Einw. von Interamna, die **Interamnaten, a** von I. in Umbrien, Cic. ad Att. 4, 15, 5. Varro r. r. 3, 2, 3. Plin. 3, 113: Nbf. Interamnītes, tium, CIL 9, 5084. – **b** von I. am Liris, Plin. 3, 64.

1. interamnānus, a, um (inter u. amnis), **zwischen zwei Flüssen,** terrae, Lampr. Alex. Sev. 56, 6. – subst., interamnānum, ī, *n.*, das **von einem Fluss rings umgebene Gebiet,** Iul. Val. 3, 45 (25).

2. Interamnānus, s. Interamna *no.* II, 1.

Interamnās, s. Interamna *no.* II, 2.

Interamnium, s. Interamna *no.* II.

interamnus, a, um (inter u. amnis), **zwischen zwei Flüssen,** spatium int., Solin. 32, 1. Vgl. 1. interamnanus.

interāneus, a, um (inter), **inwendig, innerlich,** vomica, Scrib. Larg. 96. – subst., **a** interāneum, ī, *n.*, der **Mastdarm,** Plin. 32, 105. – **b** interānea, ōrum, *n.*, die **Eingeweide, Gedärme,** Colum. 9, 14, 15. Plin. 8, 100 u. 20, 117. Solin. 10, 17. CIL 6, 1770.

inter-aptus, a, um, **miteinander verbunden,** in der Tmesis inter singillariter apta, Lucr. 6, 1065.

inter-ārēsco, ere, **austrocknen, vertrocknen,** v. Erzen (= rösten), Vitr. 7, 8, 2: v. leb. Wesen, Vitr. 8. praef. § 3. – übtr., nihil interarescere debet, nichts darf versiegen, Cic. Tusc. 5, 40.

interātim, *Adv.* (inter), vorklass. = interim, Paul. ex Fest. 111, 1.

inter-bibo, ere, **wegtrinken, austrinken,** Plaut. aul. 558: mare, Naev. tr. 57.

inter-bīto, ere = intereo, **untergehen,** Plaut. most. 1096.

inter-blandior, īrī, **dazwischen schmeicheln,** obsequiis meis, Augustin. conf. 9, 12.

intercalāris, e (intercalo), **zum Einschalten gehörig, Schalt-, I** eig.: dies, Plin.: mensis, Ascon. ad Cic. Mil. p. 30, 12 K. Macr., Censor. u. CIL 1^2, 1099: Kalendae, der erste Tag eines Schaltmonats, Cic.: interc. Kalendae priores, der erste Tag des ersten eingeschalteten Monats (da von Cäsar, um das Jahr in Ordnung zu bringen, zwei Monate eingeschaltet wurden), Cic. Vgl. intercalarius. – **II** übtr.: interc. versus, ein **Kehrvers, -reim,** Serv. Verg. ecl. 8, 21.

intercalārius, a, um (intercalo), **zum Einschalten gehörig-, Schalt-, a** v. der Zeit, die eingeschaltet wird: mensis, Cic., Liv. u. Censor. (s. Müller u. Weißenb. Liv. 1, 19, 6): hoc anno intercalatum est: tertio die post Terminalia Kalendae intercalariae fuēre, mit dem dritten Tag nach den Terminalien begann der erste Tag des Schaltmonats, Liv. 43, 11, 13; vgl. 45, 44, 3. – **b** v. der Zeit, in die eingeschaltet wird, annus, Plin. 2, 130 u. 18, 207.

intercalātio, ōnis, *f.* (intercalo), das **Einschalten,** eines Tages, Plur. bei Plin. 2, 122: eines Monats, Macr. sat. 1, 13, 14.

intercalco, āre (inter u. calco), **dazwischentreten, eintreten,** Colum. 12, 45, 2.

inter-calo, āvī, ātum, āre, eig. »ausrufen (bekanntmachen), dass etwas eingeschaltet worden ist«; dah. **I einschalten,** unum diem, Macr.: unum diem quarto quoque anno, Suet.: menses duodetriginta, Censor.: absol., **einschalten, einen Schalttag** od. **Schalttage einschieben,** intercalandi licentia, Suet.: illi (Graeci) confecto ultimo mense, Romani non confecto Februario sed post vicesimum et tertium diem eius intercalabant, Macr.: quia de intercalando non obtinuerat, Cael. in Cic. ep.: *impers.*, si intercalatur Kal. Maiis, Cato: ita ut duodecim annis continuis non intercalaretur, Plin.: cum scies, Romae intercalatum sit necne, Cic.: hoc anno intercalatum est u. intercalatum est eo anno, Liv. – **II aufschieben,** poenam, Liv. 9, 9. § 2.

intercapēdino, āre (intercapedo), **unterbrechen;** dah. **A intercapēdināns**, antis, **unterbrechend, nachlassend,** Fulg. myth. 1. praef. p. 6, 8 H. – **B intercapēdinātus**, a, um, **unterbrochen,** Mart. Cap. u. Cael. Aur.

intercapēdo, inis, *f.* (intercapio, s. Prisc. 4, 9), die **Unterbrechung,** intercapedo molestiae, Cic. de fin. 1, 61: iurisdictionis, Suet: intercapedinem scribendi facere, eine U. im Schreiben eintreten lassen, Cic. fil. in Cic. ep. 16, 21, 1: post longam intercapedinem, Suet.: post intercapedinem temporis, Plin. ep.: nullā morae intercapedine, Augustin. conf. 13, 33: Plur., Vitr. 5. praef. 4.

inter-capio, ere, dazwischen wegnehmen = **unterbrechen,** als Stammwort von intercapedo angef. bei Prisc. 4, 9.

Intercatia, ae, *f.*, befestigter Ort im Land der Vaccäer in Hispanien an der Straße von Asturia nach Cäsaraugusta, nach einigen in der Gegend des h. *Rioseco* bei *Palencia,* nach a. in der Gegend des h. *Benavente,* Liv. epit 48. Aur. Vict. de vir. ill. 58, 2. Val. Max. 3, 2, 6. – Dav. **Intercatiēnsis**, is, *m.*, **aus Interkatia,** ein **Interkatier,** Plin. 37, 9: Plur. – die Einw. von Interkatia, die **Interkatier,** Plin. 3, 26.

inter-cēdo, cessī, cessum, ere, **dazwischengehen** od. **dazwischentreten, I** eig.: inter singulas legiones impedimentorum magnum numerum intercedere, ziehe ein großer Tross einher, Caes. b. G. 2, 17, 2: huc si quis intercedat (dazwischenkomme) tertius, pereat fame, Plaut. most. 1106. – **II** übtr., **A** v. Lebl.: **a** v. Mond, **dazwischentreten** (zwischen Sonne u. Erde), intercedente lunā, Plin. 2, 49. – **b** v. Pflanzen, **dazwischenstehen,** viae plures intercedentibus buxis dividuntur, Plin. ep. 5, 6, 34. – **c** v. Örtlichk., **dazwischentreten = dazwischenliegen,** palus, quae perpetua intercedebat, Caes.: silvae, quae intercedunt inter ipsos atque Ariovistum, Caes.: plaga intercedens, Mela. – **d** v. der Zeit, **dazwischen vergehen, -verlaufen, inzwischen verlaufen,** intercessere pauci dies, Liv.: nox nulla intercessit, interfectus est C. Gracchus, Cic.: vix annus intercesserat ab hoc sermone, cum ille accusavit, Cic.: nullus dies temere intercessit, quo non ad eum scriberet, Nep. – **e** v. Ereignissen, **dazwischen eintreten, als Zwischenfall eintreten,** saepe in bello parvis momentis magni casus intercedunt, Caes.: si nulla aegritudo huic gaudio intercesserit, Ter.: inter bellorum curas res parva intercessit, Liv.: quotiens inter virum et uxorem aliquid iurgii intercesserat, Val. Max. – **f** v. Verhältnis zwischen zwei Personen oder Dingen = **bestehen, stattfinden,** inter nos vetus usus intercedit, Cic.: intercedunt mihi inimicitiae cum eo, Cic.: inter quos magnarum rerum non solum aemulatio, sed obtrectatio tanta intercedebat, quanta etc., Nep. – **B** von Pers. usw., **dazwischentreten, a** verhindernd = etwas **verhindern,** gegen etwas **Einspruch erheben, sich widersetzen** (bes. von den Volkstribunen, die ihr Veto einlegten gegen Senatsbeschlüsse usw.), legi, Cic.: alci, Cic.: iniquitatibus magistratuum, Plin. pan.: praetori non intercedere tribunos, quominus etc., Liv.: nihil intercedi, quominus etc., es stehe nichts im Wege, dass usw., Liv. – Sulpicius intercesserat, ne exsules reducerentur, Rhet. Her.: quod ne fieret, consules amicique intercesserunt, Hirt. b. G.: de cognomine, Suet. – absol., intercessurum (se) etiam, si etc., Cic.: mandata patriae intercedunt, Iustin. – **b** vermittelnd = den **Vermittler machen,** als Vermittler **eintreten,** für jmd. **sich ins Mittel legen,** cum *inter* Aiacem et Hectorem decertantes armis intercederet, Gell.: ad leniendam invidiam intercessit his verbis, Suet.: et nullum meum minimum dictum non modo factum pro Caesare intercessit, quod etc., weil ich kein noch so unbedeutendes Wort gesprochen, geschweige einen Schritt zur Vermittlung getan, Cic.: cum vestra auctoritas intercessisset, ut etc., da ihr als Vermittler die Verfügung hattet ergehen lassen, dass ich usw., Cic. – **c** in Geldsachen = **gutsagen, sich verbürgen,** pro alqo, Cic.: magnam pecuniam (für eine hohe Summe) pro alqo, Cic.

interceptio, ōnis, *f.* (intercipio), die **Wegnahme,** poculi, Cic. Clu. 167. Hilar. in psalm. 51, 18. Cassiod. in psalm. 49, 20 (Plur.).

interceptor, ōris, *m.* (intercipio), der **Unterschlager,** praedae interceptor fraudatorque, Liv. 4, 50, 1: donativi, Tac. hist. 3, 10: alienae litis (Streitobjekts), Liv. 3, 72, 4: divini beneficii, Vereitler, Val. Max. 9, 11, 4.

interceptus, Abl. ū, *m.* (intercipio), die **Wegnahme,** Fulg. myth. 3, 10. p. 78, 23 H.

intercessio, ōnis, *f.* (intercedo), **I** die **Dazwischenkunft,** das **Dazukommen,** Gell. 14, 2, 7. – **II** übtr.: **A** der **Widerspruch,** die **Einsprache,** Cic.: tribunicia, Tac.: intercessionem facere, Gell., remittere, Liv. – **B** die **Vermittlung,** Cic. u. a.: bes. in Geldsachen, das **Gutsagen** für jmd., Cic. u. a. – **C** die **Vollziehung,** spät. ICt.

intercessor, ōris, *m.* (intercedo), **I** der Einrede tut, der **Widersprecher,** der **Einspruch Erhebende,** der **Verhinderer durch Einspruch,** Cic.: legis, Liv.: dictaturae, Cic.: malae rei, Cic. – **II** der für jmd. od. etw. **Eintretende,** der **Gutsager, Vermittler, Bürge,** Cic. Rosc. Am. 110. Cic. ep. 7, 27, 1: in Geldsachen, Sen. ep. 119 *in.*: intercessorem quaerere, Ps. Quint. decl. 300: res acta in Rufini cuiusdam domo intercessoribus et deprecatoribus ipso Rufino et Calpurniano, Apul. apol. 60. – **III** der **Vollzieher,** spät. ICt.

intercessus, ūs, *m.* (intercedo), **I** das **Dazwischentreten, -vergehen** der Zeit, parvo hoc temporis intercessu, Zwischenzeit, Oros. 5, 15, 22. – **II** das vermittelnde **Dazwischentreten,** die **Dazwischenkunft,** intercessu alcis, Salv. de gub. dei 1, 11. § 54 H. Dict. 5, 14 u. a.: alqm intercessu suo servare, Val. Max. 5, 4, 2: me vestro intercessui vel favori insinuo, Alcim. epist. 8: übtr., intercessu auctoritatis suae prohibere, ne etc., Imp. Diocl. et Const. inter frgm. iur. anteiust. p. 75 *Mai.*

1. inter-cīdo, cīdī, cīsum, ere (inter u. caedo), **I** ein Ganzes in der Mitte **durchschneiden, durchstechen, durchgraben,** sodass sein Zusammenhang unterbrochen wird, mitten **durchbrechen,** **a** eig., olivas acuto calamo, Pallad.: quā (securiculā) intercidantur radices, Plin. – montem, Cic.: Isthmon, Quint.: pontem, abbrechen, Liv.: aedes, niederreißen, ICt.: venas fontis cuniculis, abgraben, Hirt. b. G. – **b** übtr., **α** übh.: colles intercisi vallibus, durchschnitten von usw., Auct. b. Alex.: iugum mediocri valle a castris eorum intercisum, war getrennt von diesem Lager, Hirt. b. G.: insula ab Italia freto intercisa, Sen. – **β** **ab-, unterbrechen,** plura rogantis verba, den B. nicht weiterreden (nicht ausreden) lassen, Sen.: intercisus versus, Sen. rhet.: et sententias intercidere et verba corrupte pronuntiare, Gell. – intercisi dies = Tage, an denen des Morgens u. Abends keine öffentlichen Geschäfte vorgenommen werden dürfen, Varro LL. u. Macr. – **II** in einem Ganzen hier u. da Teile herausschneiden, **a** **verschneiden,** arundinetum, Colum. 4, 32, 4. – **b** übtr., intercisa valles, der durch das Tal gebildete Einschnitt, Auct. b. Alex. 73, 3. – **c** **Blätter** aus einem Rechnungsbuch **herausschneiden und** es so **fälschen,** commentarios, Plin. ep. 6, 22, 4: rationes dominicas, Ulp. dig. 11, 3, 1. § 5.

2. inter-cido, cidī, ere (inter u. cado), **I** **dazwischenfallen,** **a** eig., telum vanum intercidit, Liv., oder intercidit inter arma corporaque, Liv. – **b** übtr., **dazwischen eintreten, -vorfallen,** si quae interciderunt, Cic. ep. 5, 8, 3. – **II** **dazwischen durchfallen,** **a** eig.: quod intercidit, was zwischen durch (den Schwarm der Vögel) auf die Erde fiel, Liv. 3, 10, 6. – **b** übtr.: **α** **verloren gehen,** litterae intercidunt, Liv.: claves portarum neglegentiā intercidisse, Liv.: intercidunt ova, Plin. – **β** dem **Gedächtnis entfallen,** m. memoriā, Liv. u. Val. Max.: bl. interc., Ov. u. Tac.: u. alci interc., Hor. – **γ** **außer Gebrauch kommen,** (Ggstz. invalescere), v. Wörtern usw., Quint. 10, 2, 13 u. s. – **δ** **zugrunde gehen, untergehen, verloren gehen, verschwinden, aufhören,** v. Lebl., muta ista et inanima intercidere, Tac.: huius morte etiam Atheniensium virtus intercidit, Iustin.: bene rei gerendae occasiones interciderunt, Liv.: v. Pers., pereant amici, dum inimici unā intercidant, Poët. bei Cic.: multi fortuitis casibus interciderunt, Tac.: ut in posteritatem Scytharum genus per feminas intercidat, Iustin.

Intercīdōna, ae, *f.* (intercīdo), eine der drei Schutzgottheiten (Intercidona, Pilumnus u. Deverra) des Hauses einer Wöchnerin, die als Schutz gegen den Silvanus betrachtet wurden. Um diesen Schutz sinnbildlich auszudrücken, gingen drei Männer des Nachts um die Wohnung der Wöchnerin: der eine hieb mit einem Beil in die Schwelle, der andere stieß darauf mit einer Mörserkeule, der dritte fegte sie mit dem Besen, damit durch diese Sinnbilder der Kultur (denn die Bäume fällt man nicht ohne Beil, das Mehl bereitet man nicht ohne Mörserkeule, die Früchte häuft man nicht ohne Besen) Silvan abgeschreckt werde, des Nachts in das Haus zu dringen und die Frau zu quälen, Varro b. Augustin. de civ. dei 6, 9, 2. p. 264, 2 D.[2].

intercilium, iī, *n.* (inter u. cilium) = μεσόφρυον, der **Zwischenraum zwischen den Augenbrauen,** Gloss. II, 368, 27 u. III, 247, 26.

inter-cino, ere (inter u. cano), **dazwischensingen,** Hor. de art. poët. 194.

inter-cipio, cēpi, ceptum, ere (inter u. capio), etwas mitten im Fallen, in seinem Gang, Lauf, Flug **auffangen, wegfangen, aufheben,** **I** eig.: pila, Caes.: alqd sago, ne tellurem attingat, Plin. – naves, Caes.: commeatus, Caes. u. Liv.: litteras, auffangen, unterschlagen, Cic.: complures hostium, Caes.: hostes laqueis, Mela: columbae ab accipitre interceptae, Varro. – venenum, das für einen anderen bestimmte Gift wegtrinken, Cic.: hastam, von dem für einen anderen bestimmten Speer getroffen werden, Verg. – **II** übtr.: **1** jmdm. etwas **entreißen, entziehen, rauben,** alci urbem, Ov.: alqm neci, Ov.: agrum ab alqo, Liv.: pecunias e publico, unterschlagen, Tac.; vgl. interceptarum pecuniarum reus, Suet.: dah. intercepta colla, aus der Mitte weggenommen, Ov. met 6, 379. – honorem, Ov.: gloriam, Curt.: usum aurium, des Gehörs berauben, Curt.: spiritum, den Atem gänzlich benehmen, Sen. rhet.: spem anni, Ov.: poet., Cererem (das Getreide) in spicis, Ov. – **2** jmd. vor der Zeit-, unverhofft **wegraffen,** jmd. **dem Dasein entreißen,** alqm veneno, Tac. u. Suet.: rex mortalitate interceptus, Plin. ep.: urbs intercepta, verschlungen, versunken, Apul.: si me fata intercepissent, Quint.: interceptus (vom Tode überrascht) quoque magnum sibi vindicat locum, Quint. – **3** **unterbrechen, abschneiden,** **a** eine örtl. Verbindung, omnia opportuna loca inter consulum castra, Liv.: medium iter, Liv.: hostium ingressus praesidiis, Tac.: praeceps in salum murus pedestre interceperat iter, Curt. – **b** die Rede, sermones medios, Quint. 6, 4, 11.

intercīsē, *Adv.* (intercisus), **unterbrochen, nicht zusammenhängend,** dicere, durch Trennung an sich zusammengehöriger Wörter, Cic. part. or. 24: haec intercise commeminimus, stückweise, Gell. 11, 2, 5: intercise dictum, synkopiert, Gell. 15, 3, 4.

intercīsio, ōnis, *f.* (intercīdo), das **Zerschneiden, Zerhauen,** securis (mit dem B.), Varro b. Augustin. de civ. dei 6, 9, 2. p. 264, 2 D.[2] – als *t. t.* der Feldmesskunst, intercisiones, Zerschneidungen, Gromat. vet. 2, 4 u. 110, 11.

intercīsīvus, a, um (intercīdo), zum Zerschneiden geeignet, **zerschneidend, vernichtend,** limites, Gromat. vet.: ager, durch limites intercisivi durchschnitten, *ibid.*

inter-clāmo, āre, **dazwischenschreien,** Amm. 31, 13, 1.

inter-clāvium, iī, = παρυφή, der **angewebte Saum,** Gloss. III, 323, 52.

inter-clūdo, clūsī, clūsum, ere (inter u. cludo, claudo), **absperren, abschneiden, I** etw. jmdm. **versperren, abschneiden, verhindern, benehmen,** commeatum inimicis, Plaut.: suos commeatus, Liv.: iter, Cic.: omnia itinera, Caes.: viam, Liv.: aditus (in Ciliciam) parvis praesidiis, Cic.: alci exitum, Liv.: alci fugam, Cic.: vocem, Cic. u. Iustin.: animam (Atem), Varro, Liv. u. a.: u. so spiritum (Atem), Liv. u. a.: spiritum et vocem, Liv. – bildl., omnes seditionum vias, Cic.: aditum alci ad causam, Cic.: defensio interclusa respirat, Cic. – **II** jmd. **absperren, A** = jmd. von etw. **abschneiden,** alqm ab exercitu, Caes.: alqm ab oppido, a suis, Liv.: alqm commeatu, re frumentariā, Caes.: alqm itinere, Caes. – bildl., itaque intercludor dolore (werde verhindert), quo minus ad te plura scribam, Cic. ad Att. 8, 8, 2. – **B** jmd. durch etw. **absperren, a** = **einschließen,** alqm in iis insidiis, quas etc., Cic.: angustiis intercludi, Caes.: Caesarem duobus exercitibus et locorum angustiis facile intercludi posse, Caes. – **b** = **decken, bedecken,** Amazoniā latus peltā, Stat. silv. 5, 1, 131.

interclūsio, ōnis, *f.* (intercludo), **I** die **Absperrung,** animae, das gänzliche Ausgehen, Cic. de or. 3, 181: destruere interclusionem, Augustin. de peccat. merit. et remiss. 1. § 69. – **II** die **Parenthese,** Quint. 9, 3, 23.

intercolumnium, iī, *n.* (inter u. columna), der **Raum zwischen zwei Säulen,** die **Säulenweite,** Rhet. Her. 3, 29. Val. Max. 9, 15, 1: Plur., Cic. II. Verr.. 1, 51. Vitr. 3, 2, 6 u. 4, 3, 5. Vulg. 1. regg. 7, 31: intercolumnia ambulationis, der Raum zwischen den Säulen des Ganges zum Auf- u. Abgehen, Cic. ad Q. fr. 3, 1, 2. § 5.

inter-culco, āre, s. intercalco.

inter-curro, currī, cursum, ere, **I** *intr.*: **A dazwischenlaufen, 1** übtr., **hindurchlaufen** = **dazwischenliegen, sich dazwischen befinden,** latitudine freti intercurrentis, Plin.: intercurrit distantia formis, Lucr.: folium intercurrentibus spinis, Plin. – **2** bildl.: **a dazwischentreten, sich ins Mittel schlagen,** Cic. Phil. 8, 17. – **b mit unterlaufen** = sich einmischen, alterum genus est narrationis, quod intercurrit nonnumquam, Rhet. Her.: his laboriosis exercitationibus dolor intercurrit nonnumquam, Cic. – **B unterdessen** wohin **eilen,** Veios ad confirmandos militum animos, Liv. 5, 19, 4. – **II** *tr.* **durchlaufen, zurücklegen,** intercurso spatio maris, Amm. 15, 10. § 10.

intercurso, āre (*Intens.* v. intercurro), **I dazwischenlaufen, sich dazwischenwerfen,** Liv. 21, 35, 1. – **II** übtr., **hindurchlaufen** = **dazwischenliegen, sich dazwischen befinden,** Lucr. 3, 262 (in der Tmesis). Plin. 3, 151; 14, 42; 15, 88.

intercursus, Abl. ū, *m.* (intercurro), **I** das **Dazwischenlaufen,** die **schnelle Dazwischenkunft** (s. M. Müller Liv. 2, 29, 4), intercursu consulum, suorum, Liv.: intercursu tribunorum, Tac.: repentino per turmas suas viam dantis intercursu, Liv. – **II** übtr., intercursu lunae, Sen. de ben. 5, 6, 5: nox horrida ac terribilis intercursu luminis diri, Sen. nat qu. 3, 27, 10.

inter-cus, cutis (inter u. cutis), **I unter der Haut befindlich,** aqua, die Wassersucht, Plaut. Men. 891. Cic. de off. 3, 92: morbus aquae intercutis, Suet. Ner. 5, 2: Hieron. vit. Hilar. 37 M.: aquam in animo habere intercutem, Lucil. 764: ebenso subst., intercus, cutis, *f.*, die Wassersucht, Cael. Aur. de morb. chron. 3, 8, 105: Plur., *ibid.* § 114. – intercutia stupra, v. der Päderastie, Cato oratt. 8. fr. 2 (vgl. intercutitus). – **II** übtr., **innerlich, inwendig,** vitia, Gell. 13, 8, 5.

intercutītus (inter u. cutis) = vehementer cutitus, id est valde stupratus, Paul. ex Fest. 113, 3; vgl. inter cutem flagitatos dicebant antiqui mares, qui stuprum passi essent, Paul. ex Fest. 110, 23: u. intra cutem caesus, Tert. de pall. 4: u. intercutibus stupris obstinatus, Cato oratt. 8. fr. 2.

interdiānus, a, um (inter u. dies), **während** od. **im Lauf des Tages,** sator (Ggstz. nocturnus), Faust. bei Augustin. c. Faust. 18, 3: cibus, Mittagessen (Ggstz. vespertinus), Cael. Aur. de morb. chron. 3, 7, 95.

interdiārius, iī, *m.* = ἡμεροκλέπτης, **einer, der am Tage stiehlt,** Gloss. II, 89, 40.

inter-dīco, dīxī, dictum, ere, **I untersagen, verbieten, 1** im Allg.: **α** *alci alqā re* od. *alqo* (s. Drak. Liv. 5, 3, 8): Romanis omni Galliā, Caes.: feminis purpurae usu, Liv.: alci domo, Suet., domo suā, Quint., u. bl. domo, Tac.: alci domo et provinciis suis, Suet.: alci admiratione rerum, Sen.: im Passiv, interdici non poterat socero (Dat.) genero (Abl.), Nep.: unpers., male rem gerentibus (Dat.) patriis bonis (Abl.) interdici solet, Cic.: meretriciis amoribus interdictum iuventuti, Cic.: interdictum est mari (Abl.) Antiati populo (Dat.), Liv.: ei Italiā et Hispaniā, in qua ortus erat, interdictum est, wurde aus I. u. H. verbannt, Tac. – **β** *alqm alqā re,* nur im Passiv, illi vero omni iure atque honestate interdicti, Q. Metell. Numid. b. Gell. 17, 2, 7: philosophi urbe et Italiā interdicti sunt, Gell. 15, 11, 4: dives ille cibo interdicitur, Apul. flor. 23, p. 36, 11 Kr. – **γ** *alci alqd* (vgl. Gronov Sen. ep. 18, 13): alci rem capitalem, Cato oratt. 10. fr. 5: alci convictum hominum, Val. Max.: histrionibus scaenam, Suet.: alci patriam, Iustin.: alci orbem (terrarum), Ov.: ohne *Dat. pers.*, usum amethystini coloris, Suet.: im Passiv, religio druidarum interdicta civibus, Suet.: ohne *Dat. pers.*, interdicitur vini potus quinis diebus ante et postea, Plin.: magia ista iam inde antiquitus duodecim tabulis propter incredundas frugum illecebras interdicta, Apul.: bes. im *Abl. absol.*, nullo proposito praemio, sed etiam interdicto, Cic. Balb. 26: aulā interdictā, urbe interdictā, Suet. – **δ** *alci de alqo:* interdixi tibi de medicis, Cato ad Marc. fil. de medic. fr. 1. p. 77, 9 *ed. Iordan.* – **ε** alci m. *Infin.*: alci arte suā uti, Paul. dig. 48, 19, 43: cum sibi interdixerit habere, interdixit et poscere, Sen. de vit. beat. 18, 3: cum tibi cupere interdixero, Sen. ep. 116, 1. – u. ohne *Dat. pers.* m. folg. *Acc.* u. *Infin. Pass.*, pari severitate interdixit commeatus peti, Suet. Galb. 6, 2. – **ζ** (mit u. ohne *Dat. pers.*) m. folg. *ne* od. *ut ne* u. Konj.: interdico, ne extulisse extra aedes puerum usquam velis, Ter.: interdicit atque imperat (zus. = er verbietet nachdrücklich) Cassivellauno, *ne* Mandubracio *neu* Trinobantibus noceat, Caes.: im Passiv, sed id neque feci adhuc nec mihi *ne* faciam interdictum puto, Cic.: ex quo etiam Pythagoriis interdictum putatur, *ne* fabā vescerentur, Cic.: neque est interdictum aut a rerum natura aut a lege aliqua atque more, *ut* singulis hominibus *ne* amplius quam singulas artes nosse liceat, Cic. – **η** im Zshg. absol.: interdixit hariolus, haruspex vetuit, Ter. Phorm. 708: ad scaenicas quoque et gladiatorias operas et equitibus Romanis aliquando usus est, verum priusquam senatus consulto interdiceretur (es verboten wurde), Suet. Aug. 43, 3. – **2** insbes., als publiz. *t. t.*: **a** interdicere alci aquā et igni od. aquā atque igni od. aquā ignique, jmdm. »Wasser und Feuer untersagen« = die förmliche u. verschärfte Verbannung gegen jmd. aussprechen, Cic. Phil. 1, 23 u. a. Caes. b. G. 6, 44, 3. Vell. 2, 24, 2 u. 45, 1. Tac. ann. 3, 38 u. 68: auch igni atque aquā, Tac. ann. 4, 21 u. 6, 30: im Passiv unpers., ut aquā et igni nobis interdicatur, Brut. in Cic. ep. 11, 1, 2. – **b** sacrificiis interdicere, absol., »vom Gottesdienst ausschließen«, ähnlich unserem »in den Kirchenbann tun«, Caes. b. G. 6, 13, 6. – **II verordnen, befehlen, einschärfen, 1** im Allg., m. folg. *ut* u. Konj., familiae valde interd., ut uni dicto audiens sit, Cic. de rep. 1, 61. – **2** als publiz. *t. t.* v. Prätor = **ein Interdikt ergehen lassen,** bes. bei Klagen über den Besitz, **a** eig.: de vi, Cic. Caecin. 22: m. folg. *ut* u. Konj., praetor interdixit, ut unde deiectus esset eo restitueretur, Cic. Caecin. 80. – **b** übtr., bei einer Klage (bes. über Mein und Dein) **sich des** prätor. **Interdikts bedienen, seine Klage auf das** prätor. **Edikt begründen,** Quint. 3, 6, 71 u. ICt. – ▶ Synkop. Plusquamperf. interdixem, Catul. poët. b. Gell. 19, 9, 14 (Anthol. Lat. 53, 3 M.).

interdictio, ōnis, *f.* (interdico), das **Untersagen, Verbieten,** das **Verbot,** finium, Liv.: certorum locorum, ICt.: bes. aquae et ignis, die förmliche u. verschärfte Verbannung, Cic. de dom. 78.

interdictor, ōris, *m.* (interdico), der **Untersager, Verbieter,** Eccl.

interdictōrius, a, um (interdico), **zum Untersagen (Verbieten) geeignet, untersagend, verbietend,** praeceptum, Verbot, Salv. adv. avar. 3, 17, 73 H.

interdictum, ī, *n.* (interdico), der Zwischenspruch, **I** das **Verbot,** interdicta mea, Plaut.: mit subj. *Genet.*, Caesaris, Cic.: duodecim tabularum, Plin.: sceleris, Cic.: numen interdictumque deorum immortalium, Cic.: contra interdictum regis, Iustin. – absol., interdicta minacia, Amm.: interdicti metuentes auctoritatem, Amm. – **II** als publiz. *t. t.*, Verwaltungsentscheidung des römischen Magistrates mit imperium, ein prätor. **Interdikt,** Cic. u. a.

interdigitālia, ium, *n.* (inter u. digitus) = interdigitia (s. d.), Plin. Val. 2, 52.

interdigitia, ōrum, *n.* (inter u. digitus), **Auswüchse** (Warzen usw.) **zwischen den Fingern und Zehen,** Marc. Emp. 34.

inter-diū, *Adv.*, **den Tag über, bei Tage** (Ggstz. noctu), Cato, Caes. u. a.: Ggstz. nocte, Liv. u. a., noctibus, Fronto: noctu an interdiu, Rhet. Her., nocte an interdiu, Liv.: interdiu an noctu, Liv.: interdiu nocte, Liv.: interdiu et noctu od. noctuque, Cels. – Archaist. Nbf. **interdiūs** bei Plaut. asin. 599 u. a. (s. Brix Plaut. capt. 726). Cato r. r. 83. Varro r. r. 2, 10, 5. Gell. 17, 10, 11.

inter-do, datum, dare, **dazwischengeben,** nec mora nec requies interdatur ulla fluendi, Lucr. 4, 225 (227); vgl. 6, 931. – dah. **verteilen,** ut (cibus) recreet vires interdatus (durch den Leib), Lucr. 4, 865: Perf. interdidī, Not. Tir. 12, 79[a]. – Andere Form **interduo, dafür** od. **darum geben,** ceterum qui sis, qui non sis, floccum non interduim (Konjunktiv Präs.), Plaut. trin. 994: ebenso ciccum non interduo od. interduim, s. ciccum.

interduātim, *Adv.* (inter), vorklass. = interdum, **zuweilen,** Paul. ex Fest. 111, 1.

inter-ductus, Abl. ū, *m.* (*inter-duco), das Dazwischenziehen; dah. die **Interpunktion,** Cic. or. 228.

interduim, s. inter-do.

inter-dum, *Adv.*, **I zuweilen, manchmal** (Ggstz. crebro, frequenter), Cic. u. a.: interdum … interdum, Cic.: interim … interdum, Quint.: interdum … non numquam, Ter. u. Cic.: modo … interdum, Sall., Prop. u. a.: modo … modo … interdum, Nep. u. Suet.: interdum … alias, Cic. – **II unterdessen, mittlerweile,** Modest. dig. 40, 5, 15 u. a. Spät.

interduo, s. inter-do.

inter-eā, *Adv.* (aus inter u. dem *Abl.* ea), **I unterdessen, mittlerweile, unter der Zeit, inzwischen, 1** eig., Cic. u. a.: vorklass. interea loci, Plaut. u. Ter.: interea cum, als im Fortgang der Zeit, Cic. Clu. 175. – **2** übtr., wie **indessen** = **jedoch,** Cic. ep. 5, 12 *extr.* Verg. georg. 1, 83: cum interea, Cic. Clu. 82. Liv. 5, 54, 5: tamen interea, Catull. 101, 7. – **II bisweilen, manchmal,** Sil. 7, 394. Th. Prisc. 1, 19; 2. chr. 4, 9; 3, 4 u. a.

interemo, s. inter-imo a. E. ►.

interemptibilis, e (interimo), **vernichtbar, tötbar,** Tert. adv. Marc. 3, 6.

interemptio, ōnis, *f.* (interimo), die **Vernichtung, Ermordung,** Tert. adv. Prax. 27. Porc. Latro decl. in Cat. 10.

interemptor, ōris, *m.* (interimo), der **Mörder,** absol., Treb. Poll. trig. tyr. 8, 7. Prud. cath. 12, 114. Augustin. in euang. Ioann. 79, 2: mit *Genet.*, fratris sui, Vell. 2, 129, 1: puellae, Val. Max. 6, 1, 2: invenies professos sapientiam, qui vim afferendam vitae suae negent et nefas iudicent ipsum interemptorem sui fieri, Sen. ep. 70, 14.

interemptōrius, a, um (interimo), **tödlich,** Augustin. de lib. arbitr. 3, 25. Isid. orig. 17, 7, 7 u. 17, 10, 18.

interemptrīx, trīcis, *f.* (Femin. zu interemptor), die **Mörderin,** fratris, Lact. 1, 10, 9: übtr., pudoris, Tert. de spect. 17.

interemptus, ūs, *m.* (interimo), die **Ermordung,** causa interemptus exstitit, Lact. Plac. narr. fab. lib. 11 *extr.* (p. 271 M.).

inter-eo, iī, itum, īre, in etw. **untergehen, sich verlieren, I** eig.: ut interit *in* magnitudine maris Aegaei stilla mellis, Cic.: prima flamma incerta, modo interiens, modo resurgens, Sen.: saxa intereunt venis, vermischen sich mit den A., Auct. Aetnae. – **II** übtr., **untergehen, verloren gehen, zugrunde gehen, umkommen, a** v. Lebl.: intereunt sacra, Cic., litterae, Cic.: interit ignis, Cic., aestas, Hor.: semina (Sprösslinge) intereunt, Colum.: naves naufragio intereunt, Caes.: usus interit, ist vergeblich, Caes.: pecunia interit largitione magistratuum, geht Null für Null auf, Nep.: possessio, der Besitz hört auf, ICt.: summum illud (numen) et aeternum neque imitabile neque interiturum (vergänglich), Tac. – **b** v. Menschen: fame aut ferro, Caes.: morbo, ex vulnere, Curt.: interii, ich bin verloren, unglücklich, Ter.: intercam, ich will des Todes sein, Hor. – ► Partiz. interitus, a, um, **untergegangen, umgekommen,** multis utrimque interitis, Claud. Quadrig. ann. fr. 96 (bei Prisc. 9, 49): eam interitam dedere, Sidon. epist. 2, 10, 1 (Lütjoh. interemptam). – vulg. Imperf. interiebat, Heges. 4, 15, 2, interiebant, Sulp. Sev. chron. 2, 30, 3 *cod. P* (aber Caes. b. G. 7, 82, 1 interibant). – vulg. Fut. interiet, interient, Grom. vet. 351, 4*sq.* – Perf. interivi, Apul. met. 7, 7, gew. interii usw. – zsgz. Perf.-Formen interisset, Lact. 1, 12, 8: interissent, Cic. de div. 2, 20: interisse, *ibid.* 1, 119.

inter-equito, āre, **dazwischenreiten,** ipse interequitans, Liv. 34, 15, 4: interequitantes alarii, Liv. 35, 5, 10: mit *Acc.*, ordines, Liv. 6, 7, 3: agmina, Curt. 4, 15 (47), 1.

inter-erro, āre, **dazwischen umherirren,** Avien. or. mar. 219. Min. Fel. 10, 5: übtr., Prud. cath. 6, 43.

inter-fātio, ōnis, *f.* (interfor), das **Dazwischenreden, Unterbrechen der Rede, I** der eigenen Rede, die **Zwischenrede,** Quint. 4, 2, 50. – **II** der Rede eines anderen, das **Unterbrechen,** das **Ins-Wort-Fallen,** Cic. Sest. 79.

interfectibilis, e (interficio), **tödlich,** Ps. Apul. herb. 89.

interfectio, ōnis, *f.* (interficio), das **Töten,** die **Ermordung,** Treboni, Brut. in Cic. ep. ad Brut. 2, 3, 5: Clodi, Ascon. ad Cic. Mil. p. 29, 13 K.: regis, Oros. 2, 3, 6. – u. der **tödliche Ausgang** einer Krankheit, deliratio desinens in interfectionem celerem, Cael. Aur. de morb. acut. 1. pr. § 4.

interfectīvus, a, um (interficio), **tödlich,** morbus, Cael. Aur. de morb. acut 1. praef. § 12 u. a.

interfector, ōris, *m.* (interficio), **I** der **Mörder,** domini sui, Curt.: fratris, Iustin.: parentis sui, Iustin.: eorum (quorum) interfectores, Cic.: absol., Liv., Val. Max. u. a. – **II** übtr., der **Vernichter,** veritatis, Tert. de carne Chr. 5: animarum, oft bei Lact. (s. Bünem. Lact. 5, 19, 1).

interfectōriē, *Adv.* (interfectorius), **tödlich,** Augustin. c. epist. Parmen. 3. § 14.

interfectōrius, a, um (interficio), **tödlich,** Augustin. de lib. arbitr. 3, 25. Isid. orig. 17, 7. *no.* 7. – subst., interfectōrium, iī, *n.*, das **Vernichtungsmittel,** culpae, Ambros. de Elia et ieiun. 10, 37 *extr.*

interfectrīx, trīcis, *f.* (Femin. zu interfector), die **Mörderin,** alcis, Tac. ann. 3, 17. Hyg. fab. 122. Orest. tr. 201. Vulg. Tob. 3, 9. Augustin. de civ. dei 1, 19, 2: übtr., immodica atque interfectrix (tödlich) tanta abstinentia iudicatur, Cael. Aur. de morb. acut. 3, 8, 95.

interfeminium, iī, *n.* (inter u. femen), die **weibliche Scham,** Nov. com. 41 R.^{2} (Plur.). Apul apol. 33 u. 34.

interfemus (oris, *n.*) = μεσομήριον, der **Raum zwischen den Hüften,** Gloss. II, 368, 16: Plur. interfemora = μεσομήρια, Gloss. III, 176, 23; 249, 3.

interficio, fēcī, fectum, ere (inter u. facio), **1** wegmachen, **A** = **aufzehren, verzehren,** fragmenta panis, Lucil. 1157: ubi ille torrus (torris) esset interfectus flammeus, verbrannt, Acc. tr. 452. – **B zugrunde richten, zunichte machen, a** Lebl.: herbas, Cic. fr.: messes, Verg. – übtr., usum, fructum, Plaut.: virginitatem, Apul.: salubritatem, Augustin. – **b** leb. Wesen, **aufreiben, niedermachen, ermorden, umbringen, töten,** anum siti fameque, Plaut.: alqm fame, Liv.: alqm veneno, Sall. fr.: alqm insidiis, Cic.: alqm igni atque omnibus tormentis excruciatum, Liv.: bl. alqm, Caes., Sall. u. a.: se, Serv. Sulpic. in Cic. ep. 4, 12, 2. Caes. b. G. 5, 37, 6. Liv. 31, 18, 7 u. a. (gew. ipse se interficit, ipsi se interficiunt): se ipsum, Eccl.: Crassum suāpte interfectum manu, Cic. de or. 3, 6: interf. feras, Lucr.: exercitum, aufreiben, Nep. u. Eutr. (s. Tzschucke Eutr. 3, 20). – prägn. = mit dem Schwert **hinrichten,** Petrum cruci affixit et Paulum interfecit, Lact. de mort. pers. 2, 6. – **C** jmd. **um** etwas **bringen,** einer Sache **berauben,** mit *Abl.* (um), alqm paene vitā et lumine, Plaut. truc. 518: virum et filium eodem tempore venenis clam datis vitā, Gell. 12, 7, 2. – **II** **unterbrechen,** sermonem, Apul.: negotium, spät ICt.

interfinium, iī, *n.* (inter u. finis), die **Zwischengrenze, Scheidelinie,** Isid. orig. 11, 1, 48.

inter-fio, fierī (Passiv zu interficio = interficior), **zugrunde gerichtet werden, umkommen, vergehen,** Plaut. trin. 532. Lucr. 3, 870.

inter-fluo, flūxī, flūxum, ere, **dazwischenfließen, mitten innen fließen, mitten** od. **zwischen** etw. **hindurchfließen, a** v. Gewässern: quantum interfluit fretum? Liv. 41, 23, 16: amnes, qui interfluunt, Mela: quia (amnes) non adeo interfluunt, weil sie keinen so großen Raum durchfließen, Curt.: aquis interfluentibus, Mela: angusto freto interfluente, Plin.: amne interfluente, Plin. – m. *Acc.,* Naupactum et Patras, Liv.: media moenia, Curt.: medium oppidum, Plin.: Romanos Cheruscosque, Tac. – m. *Dat.,* interfluens urbi Tiberinus, Flor. 1, 4, 2: quamvis flumina piscosa et amoena pinguibus arvis interfluant, Sen. de ben. 6, 7, 3. – im Passiv, hae insulae interfluuntur, Apul. de mund. 4. – **b** v. flüssigem Erz, m. *Dat.,* aurum argentumque cumulo rerum aliarum interfluens, Liv. 28, 23, 4 *W.* (Müller liest interfulgens). – **c** v. anderen Dingen, iumenta, sarcinae, corpora exanima interfluunt, schwimmen durcheinander, Tac. ann. 1, 70.

interfluus, a, um (interfluo), **dazwischenfließend,** Plin. u. Stat. – subst., interfluum, ī, *n.* = fretum, die **Meerenge,** Avien. or. mar. 312: Plur., medii interflua ponti, Avien. descr. orb. 404.

inter-fodio (fōdī), fossum, ere, **durchgraben, zerstechen,** pupillas, Lucr. 4, 714: salicis interfossis radicibus, Pallad. 11, 12, 2.

inter-for, fātus sum, fārī, **dazwischenreden,** jmd. (bes. einen öffentlich Sprechenden) im Reden **unterbrechen,** ihm **ins Wort fallen,** alqm, Verg., Liv. u. Plin. ep.: absol., Liv. – ► 1. *Pers. Praes.* ungebr.

inter-frīgēsco, ere, **dazwischen erkalten,** übtr. = **dazwischen einschlafen,** captiosum silentium, per quod res interfrigescat, Fragm. iur. Rom. Vatic. § 155.

interfringo, frēgī, ere (inter u. frango), **zerbrechen,** Cato r. r. 44 u. (von da), Plin. 17, 127.

inter-fugio, ere, **dazwischen fliehen,** Lucr. 6, 332 (wo Tmesis).

inter-fulgeo, ēre, **dazwischenglänzen;** *Part. Praes.* interfulgens, Liv. 28, 23, 4 *M.;* vgl. interfluo.

inter-fundo, fūdī, fūsum, ere, **dazwischengießen, -schütten;** medial interfundi, **dazwischenfließen, sich ergießen,** noviens Styx interfusa, der neunfach strömende, Verg.: interfusum mare, Plin. pan.: mit *Acc.,* pelagus interfunditur oras, Avien.: interfusa nitentes vites aequora Cycladas, Hor. – übtr., liventibus maculis interfusus, gefleckt, Amm.: u. so maculis (sanguineis) interfusa genas, die Wangen (blutig) unterlaufen, Verg.: nox interfusa, die dazwischenliegende N., Stat.

inter-furo, ere, **durchwüten, durchrasen,** orbem alternum, Stat. Ach. 1, 395.

interfūsio, ōnis, *f.* (interfundo), das **Dazwischenfließen,** Lact. 7, 3, 25.

inter-garrio (īvī), ītum, īre, **dazwischenschwatzen,** pauculis verbis intergarritis, Apul. apol. 17.

intergerīvus (nicht intergerīnus), a, um (intergero), **dazwischengefügt,** Plin. 13, 82: paries, Zwischenwand (zwischen zwei Häusern), CIL 6, 29960. – subst., intergerīvī, ōrum, *m.* (*sc.* parietes), die **Zwischenwände, Futtermauern,** Plin. 11, 23 u. 35, 173; vgl. Paul. ex Fest. 110, 21 *Muell. not. cr.*

intergero, ere, **dazwischenfügen,** Paul. ex Fest. 110, 21.

intergressus, Abl. ū, *m.* (*intergredior), die **Dazwischenkunst,** intergressu gravissimae disputationis, durch höchst bedeutungsvolle Zwischenbemerkung, Min. Fel. Oct. 15, 1.

inter-hio, āre, **sich dazwischen öffnen,** Tert. apol. 48.

inter-iaceo, ēre, **dazwischenliegen,** **α** absol.: interiacebat campus, Liv.: illa brevissima terra, quae interiacebit, Plin. ep.: transitu od. viā interiacente, Plin. ep.: solum interiacens, Plin. pan. – **β** m. folg. *Dat.:* campus interiacens Tiberi ac moenibus Romanis, Liv.: id spatium, quod sulcis interiacet, Colum. – übtr., sed his ipsis media interiacent multa, Quint. 11, 3, 18. – **γ** m. folg. *Acc.:* regio, quae duas Syrtes interiacet, Plin. 5, 27: quidquid Asopon veteresque interiacet Argos, Stat. Theb. 3, 338 (aber in Stellen wie Liv. 7, 29, 6 u. 27, 41, 4 ist inter von iaceo zu trennen und als nachgestellt zu den beiden vorhergehenden Substantiven zu ziehen). – **δ** mit folg. *inter* u. Akk.: haec inter eam (insulam) et Rhodum interiacet, Plin. 4, 60.

inter-iacio, Nbf. v. intericio, Tac. ann. 2, 10 *extr.* (wo interiaciebat).

inter-ibī, *Adv.,* **I** **unterdessen,** Plaut. capt. 951 u. a. Afran. com. 138. Apul. apol. 73. – **II** **daselbst,** CIL 1, 196, 20.

interibilis, e (intereo), **vergänglich, sterblich,** Gromat. vet. u. Eccl.

inter-icio (inter-iacio), iēcī, iectum, ere, dazwischenwerfen, **dazwischensetzen, dazwischen einsetzen, -einfügen, dazwischenstellen (-aufstellen), dazwischenpflanzen, I** eig., im Raum: **a** lebl. Objj.: saxa, Caes.: rubos sentesque, Caes.: bes. Partiz. interiectus, a, um, **dazwischenliegend, -befindlich,** interiectae solitudines, Cic.: aër interiectus inter mare et caelum, Cic.: regio interiecta inter Romam et Arpos, Liv.: nasus oculis interiectus, Cic.: quasi longo intervallo interiecto, Cic. – **b** leb. Wesen: legionarias cohortes, Caes.: sagittarios, Caes.: sagittarios inter equites, Caes.: interiectus equiti pedes, Tac.: interiectus exercitus Raetiam Iuliasque Alpes, Tac. – **II** übtr.: **1** im Allg.: idque interiecit inter individuum atque id etc., Cic.: interiectus inter philosophos et eos, qui etc., in der Mitte stehend, Cic. – **2** insbes.: **a** der Zeit nach **einfügen, einschieben, dazwischen eintreten** od. **verlaufen lassen,** inter Novembrem et Decembrem mensem duos alios, Suet.: moram, Tac.: librum, in der Zwischenzeit verfertigen, Cic.: inter horum aetates interiectus Cato, in der Mitte liegend, Cic.: oft im *Abl. absol.,* interiecto anno, nach Verlauf eines J., Cic.: so auch interiectis aliquot diebus, Caes.: interiecto spatio, nach einiger Zeit, Caes. – **b** mit Worten **einmischen,** pleraque Latino sermone, Cic.: preces et minas, mit Bitten u. Drohungen sich ins Mittel legen, Tac.

interiectio, ōnis, *f.* (intericio), **I** das **Dazwischenwerfen, Dazwischensetzen, Einschieben, 1** eig.: pontium, Cassiod. var. 12, 18, 2: binûm medietatum, Chalcid. Tim. 40: media, *ibid.* 8 u. 9. – **2** übtr., als rhet. u. gramm. *t. t.:* **a** die **Einschaltung,** brevis, Quint. 4, 2, 121: verborum, beiläufige Erwähnung, Rhet. Her. 1, 9. – **b** der **Zwischensatz,** die **Parenthese,** Quint. 8, 2, 15 u. a. Rufin. de schem. lex. 12. Carm. de figuris 118. p. 68, 1 H. – **c** die **Interjektion,** Quint. 1, 4, 19. Charis. 238, 19. Diom. 366, 13. Prisc. 15, 40. Prisc. de accent. § 48. Augustin. in euang. Ioann. tract. 51, 2 u. doctr. Chr. 2, 11, 16 (wo erklärt). – **II** das Dazwischentreten in der Zeit, der **Zwischenraum,** si vero interiectionibus capere cuiusque generis fructum aveat, Colum. 3, 21, 6.

interiectīvē, *Adv.* (interiectivus), **nach Art einer Interjektion,** proferri, Prisc. 15, 42.

interiectīvus, a, um (intericio), **dazwischengesetzt,** Gromat. vet. 41, 8 u. 72, 16.

1. **interiectus,** a, um, s. inter-icio.

2. **interiectus,** ūs, *m.* (intericio), **I** das **Dazwischenwerfen, -setzen,** Apul. de deo Socr. prol. p. 2, 15 *Goldb.* (= p. 2, 19 *Thom.*). Chalcid. Tim. 11. – **II** das **Dazwischentreten, a** im Raum, interpositu interiectuque terrae (zwischen Sonne u. Mond), Cic. de nat. deor. 2, 103. – **b** in der Zeit, der eingetretene **Verlauf,** die eingetretene **Frist,** interiectu temporis, in der Zwischenzeit, Tac.: interiectu noctis, nach V. einer Nacht, Tac.: interiectum dierum paucorum petere, Tac.

inter-im, *Adv.,* **I** **unterdessen, A** eig.: **a** **mittlerweile, inzwischen,** Komik., Cic., Caes. u. a.: hoc interim tempore, Cic.: interim eo tempore, Eutr.: nunc interim, Plaut.: cum interim, Pompon. com., Sall. u. a.: interim dum, Komik., Caes. u. a. – **b** **vor der Hand, für jetzt, vorerst, einstweilen,** Caes., Tac., Quint. u. a. – **B** übtr., **indessen** = **bei alledem, jedoch,** Plaut. Quint. u. a. – **II** **mitunter, zuweilen, bisweilen, manchmal,** Sen. rhet. u. phil., Quint. u. a. (s. Spalding Quint. 1, 1, 8. Gronov Sen. de ben. 6, 42. Duker Flor. 1, 26, 6). – dah. interim ... interim, zuweilen ... zuweilen, bald ... bald, Quint.: semper ... sed etiam interim, Quint.: interim ... non numquam ... saepe, Quint.: saepe ... et interim, Quint.

inter-imo, ēmī, ēmptum (ēmtum), ere (inter u. emo), »aus der Mitte wegnehmen u. wegschaffen«, **I** Lebl. = **aus dem Weg räumen, vernichten, ein Ende machen,** vitam suam, Plaut.: sacra, Cic.: sensum, benehmen, Lucr. – übtr., dilationem, ICt. – **II** leb. Wesen = **aus dem Weg räumen, aus der Welt schaffen,** alqm, Plaut., Cic. u. a.: stirpem fratris virilem, Liv.: se, sich entleiben, Plaut., Cic. u. a.: alqm ferro, Nep., gladio, Curt., laqueo, Hor., veneno, Hor. u. Suet.: interimi crucis supplicio, Arnob., scelere, Suet., dolo inimicorum, Suet., fraude magis quam virtute alcis, Vell.: interim. alqm per fraudem, Suet., per insidias, Curt. – übtr., illaec interemit me modo oratio, gab mir den letzten Stoß, Plaut.: u. so me exanimant et interimunt hae voces Milonis, diese Äußerungen des M. erfüllen mich mit Todesangst, Cic. – ► Urspr. Form **interemo.**

interior, interius, ōris, *Adi. Compar.*, **intimus**, a, um, *Superl.* (inter), **I interior**, der **innere, A** eig.: **1** im Allg.: pars aedium, Cic.: domus, Verg.: interiore epistulā, gegen die Mitte des Briefes, Cic.: torus, sponda, der der Wand des Zimmers nähere Teil des Lagers (Ggstz. prior, der vordere), Ov. u. Suet.: rota, das innere, der Rennbahn zugewandte, dem Ziel nähere, Ov.: ille radit iter laevum interior, hält mehr links nach innen (dem Ziel näher) die Bahn, Verg.: poet., Falernum interiore notā, von der hinten im Weinkeller liegenden, also edleren Sorte, Hor. – et *medius* iuvenum non indignantibus ipsis ibat; et *interior*, si comes unus erat, d. i. (als der vornehmere) zur Rechten des Begleiters (gehend), Ov. (vgl. exteriorem ire unter exter *no.* II). – interior ictibus, innerhalb der Schussweite, Liv. – subst., interiora, um, *n.*, die **inneren Teile, α** des Hauses, aedium Sullae, Cic. ad Att. 4, 3, 3. – **β** die **inneren Teile** des Körpers, bes. die **Eingeweide,** Cels. 1. praef. p. 7, 25 D.; 4, 1. § 2 u. a. Veget mul. 1, 39 (2, 11), 2. – **γ** der Früchte, der **Kern,** nucleorum, Scrib. Larg. 184. Plin. Val. 5, 5 u. 31. – **δ** das **Innere** der Stadt, urbis, Curt. 4, 6, 22: meton. = die Einwohner, die Belagerten, Amm. 20, 11. § 11. – **2** insbes.: **a** geogr. *t. t.* = **entfernter, tiefer im Land, im Binnenland, binnenländisch,** terrae, Mela: nationes, Cic. – subst., interiora, um, *n.*, die **inneren Gegenden,** das **Innere** eines Landes, z. B. Germaniens, Vell. 2, 108, 1 u. 110, 3: interiora regni, Liv. 42, 39, 1. – **b** übtr., dem Mittelpunkt näher = **kleiner, kürzer,** vom Kreislauf, gyrus, Hor.: cursus, Cic. – **B** übtr.: **1** im Allg.: interior periculo vulneris, gleichs. innerhalb der Schussweite der G. (vgl. vorher *no.* A, 1), frei von usw., Liv. – nos autem *illa externa* (sein äußeres Tun) cum multis, *haec interiora* (seinen inneren Wert) cum paucis ex ipso saepe cognovimus, Cic. Acad. 2, 4. – **2** insbes.: **a enger, vertrauter, geheimer,** societas, Cic.: amicitia, Cic.: interius est eiusdem esse civitatis, Cic.: consilia, Nep.: litterae (Brief), Cic. ep. 3, 10, 9; 7, 33, 2 (vgl. *no.* 2, b, β): potentia, einflussreiche Stellung, Einfluss im Kabinett, Tac.: aulici, Suet. – **b tiefer, α** tiefer eingehend, timor, Cic.: cura, Sil. – **β** eine tiefere Forschung verlangend, interiores et reconditae litterae (Wissenschaften), Cic. de nat. deor. 3, 42.

II *Superl.* **intimus**, a, um, der **innerste, A** eig.: tunica, Gell.: Macedonia, das Innerste von Mazedonien, Cic.: spelunca, das Innerste der H., Phaedr.: in eo sacrario intimo, Cic. – *neutr. pl.* subst., die **innersten Teile,** das **Innerste,** corporis, Chalcid. Tim. 55: intima Ponti, die von der Küste weit entfernten Landstriche am P., Vell. 2, 40, 1. – **B** übtr.: **1** der **innerste** = wirksamste, vis Scipionis, Cic.: vires, Tac. – **2** der **innerste** = **tiefste,** d. i. die tiefste Forschung verlangende, disputatio, Cic.: artificium, Cic.: philosophia, Cic.: disputatio est intimae artis, gehört in das innerste Gebiet der Kunst, Cic. – *neutr. pl.* subst., das **Innerste,** intima mentis, Chalcid. Tim. 138. 237. 246. – **3** der **engste, vertrauteste, geheimste,** amicus, Cic. (so auch intimi amicorum, Tac.): amicitia, familiaritas, Nep.: intimus est consiliis eorum, sehr vertraut mit usw., Ter.: intimus alci, jmds. ganz vertrauter Freund, Cic. u. Nep. – subst., intimus, ī, *m.*, der **ganz vertraute Freund,** Catilinae, Cic.: ex meis intimis, Cic.

interitio, ōnis, *f.* (intereo), der **Untergang,** die **Vernichtung, a** lebl. Subjj.: interitionem od. interitiones non recipere, der Vernichtung nicht ausgesetzt sein, Vitr. 2, 2, 1 u. 8. praef. § 1. – **b** leb. Wesen: aratorum, das Zugrunderichten, Cic. Verr. 3, 125: duorum centurionum, Auct. b. Hisp. 24, 6: absol., Auson. perioch. Odyss. 24. Arnob. 2, 62 u. 63.

inter-itus, ūs, *m.* (intereo), der **Untergang,** das **Verschwinden,** die **Vernichtung, a** lebl. Subjj.: legum, Cic.: vitae, Gell.: pro me est repentina eius coloris facies (Erscheinung) et repentinus interitus (Verschwinden), Sen.: im Plur., omnium interitus atque obitus, Cic.: totarum urbium interitus, Sen. – **b** leb. Wesen: immaturus, Cic.: voluntarius, Cic.: Caesaris, Cic.: consulum, Cic.: regum domesticorum, das Aussterben, Iustin.: u. so generis, Val. Max.: m. *Abl.* (durch), exercitus nostri interitus ferro, fame, frigore, pestilentiā, Cic. Pis. 40: Plur., ortus, interitus, Cic. de nat. deor. 1, 42.

inter-iungo, iūnxī, iūnctum, ere, **I untereinander verbinden, vereinigen,** dextras, Liv. 22, 30, 6: equum equis, Stat. Theb. 6, 308. – **II** auf der Reise die Zugtiere **eine Zeitlang abspannen, rasten lassen,** lassos equos, Mart. 3, 67, 7. – absol., **Rast halten, rasten,** bildl., ad Camenas, Mart.: brevissimo somno utor et quasi interiungo, Sen.: medio die, Sen.

interius, I *Compar. Adi.*, s. interior. – **II** *Compar.* v. intra, s. intrā.

inter-lābor, lābī, **dazwischengleiten, -fallen, -schlüpfen, -fliegen, -fließen,** stellis interlabentibus, Stat. Theb. 2, 649: nervis interlabentibus, Sil. 6, 18: in der Tmesis, inter enim labentur aquae, Verg. georg. 2, 349. – m. *Dat.*, tenebris aethrae, Avien. Arat. 44. – m. *Acc.*, v. Flüssen, urbem, Avien. perieg. 1093: lucos, Amm. 22, 8, 17. – übtr., der Zeit nach **dazwischen verstreichen** od. **verfließen,** tantis interlabentibus annis, Claud. b. Gild. 346.

inter-lateo, ēre, **inmitten-, dazwischen verborgen sein,** Sen. nat. qu. 6, 16, 4 H.

inter-latro, āre, **dazwischenbellen,** peccatis interlatrantibus, Paulin. in Augustin. epist. 25, 4.

interlēctio, ōnis, *f.* (interlego), das **Dazwischenlesen,** Tert. ad uxor. 2, 6.

inter-lego, ere, **dazwischen-, hier und da ablesen, -abbrechen,** poma quaeque vitiosa, Pallad. 3, 25, 16 (vgl. 7, 5, 1; 8, 3, 1): in der Tmesis, uncis carpendae manibus frondes interque legendae, Verg. georg. 2, 366.

inter-līdo, līsī, līsum, ere (inter u. laedo), **I aus der Mitte herausstoßen,** litteram, Gav. Bass. bei Macr. sat. 2, 14, 3. – **II** mitten hineinstoßen, **einstoßen,** gravem dentem, Paul. Nol. carm. 10, 261.

inter-ligo, āre, **dazwischenbinden, unterbinden,** Stat. Theb. 7, 571.

interlinītus, ūs, *m.* (*interlinio), Nbf. f. interlitus, s. d., Gloss. IV, 99, 23.

inter-lino, lēvī, litum, ere, **I dazwischenstreichen, bestreichen, überziehen,** caseum oleo, Plin.: caementa interlita luto, Liv.: muri bitumine interliti, Curt. – **II** Urkunden durch Überschmieren einzelner Wörter-, **durch Ausstreichen** od. **Ausradieren fälschen,** tabulas corrumpere atque interlinere, Cic.: codicem, Cic.: testamentum, Cic.

interlitus, ūs, *m.* (interlino), die **Fälschung durch Ausradieren,** Gloss. IV, 252, 10.

interlocūtio, ōnis, *f.* (interloquor), das **Dazwischenreden, a** die **Zwischenrede,** der **Einwurf,** vor Gericht, Quint. 5, 7, 26: Plur., Gell. 14, 2, 18. – **b** prägn., ein gerichtlicher **Zwischenspruch, Zwischenbescheid, Nebenurteil,** auch im Plur., ICt. u. Augustin. c. Cresc. Donat. 4. § 58.

interloquium, iī, *n.* (interloquor), die **Zwischenrede,** die **Einrede,** Donat. Ter. eun. 2, 2, 23.

inter-loquor, locūtus sum, loquī, **dazwischenreden, I** im Allg.: = jmds. Rede unterbrechen, sicin mihi interloquere? Ter. heaut. 691. – übtr., interloquentibus rivulis, dazwischenplätschern, Itin. Alex. 20 (51). – **II** als gerichtl. *t. t.*, **a eine Einrede (einen Einwurf) machen,** convenerat, ne interloquereris, Sen. de clem. 1, 9, 9: ipse raro et breviter interlocutus, Plin. ep. 7, 6, 6: eventurum, ut (iudex) aliter atque aliter eadem in causa eodemque in tempore sentire et interloqui videatur, Gell. 14, 2, 19: m. allg. *Acc.*, permitte mihi aliquid interloqui, Sen. de ben. 4, 26, 1. – **b** prägn., während des Prozesses **einen Zwischenbescheid geben, ein Zwischenurteil ergehen lassen,** ICt.

interlūcātio, ōnis, *f.* (interluco), das **Lichten** der Bäume, Plin. 17, 257.

inter-lūceo, lūxī, ēre, **I dazwischen** od. **hier u. da hervorscheinen, -schimmern,** quia terrena quaedam atque etiam volucria animalia plerumque interlucent (im Bernstein), Tac. Germ. 45, 4: quarum (avium) pennae per obscurum emicant et interlucent, Solin. 20, 3: lilia luteolis interlucentia sertis, Prud. psychom. 354. – unpers., noctu interluxisse, es sei plötzlich hell u. wieder dunkel geworden, Liv. 29, 14, 3. – **II** übtr.: **A hervorscheinen, erblickt werden, sich zeigen,** ut (loci) distincti interlucere possint, Rhet. Her. 3, 31: quibus inter gradus dignitatis et fortunae aliquid interlucet, ein Unterschied sich zeigt, Liv. 1, 42, 4: rari per vias interlucent, Ps. Quint. decl. 12, 2. – **B durchscheinen, durchsichtig sein,** interlucet corona (militum), Verg. Aen. 9, 508: acies, Frontin. 2, 3, 16. Veget. mil. 3, 14.

inter-lūco, āvī, ātum, āre (inter u. lux), einen Baum **lichten,** adultas oleas, Plin. 17, 93: densitatem ramorum, Plin. 17, 214.

inter-lūdo, ere, **dazwischenspielen,** Auson. Mos. 76: interludamus epistulis, Ambros. epist. 47, 4.

interlūnis, e (inter u. luna), **im Neumond,** nox, Amm. 19, 6. § 7.

interlūnium, iī, *n.* (interlunis), die **Zeit des Neumonds,** der **Neumond,** Ggstz. plenilunium (Vollmond), Plin. 7, 38 u. 18, 324. Not. Tir. 69, 1: Plur., interluniorum dies (Plur.), Veget. mil. 4, 41. p. 159, 13 L[2]: sub interlunia, Hor. carm. 1, 25, 11.

inter-luo, luī, ere, **I dazwischen-, dabei waschen,** manus, Cato r. r. 132. – **II dazwischenspülen,** von Gewässern = **dazwischenfließen, mitten durchfließen** od. **durchströmen,** mit *Acc.*, fretum, quod Capreas et Surrentum interluit, Tac. ann. 6, 1: (Nereus) abscissos interluit aequore montes, Claud. rapt. Pros. 1, 143: quos (Paropanisadas) Ortogordomaris interluit fluvius, Amm. 23, 6, 70: absol., quidquid aquarum terras interluit, Augustin. de civ. dei 16, 17: im Passiv, urbs (Babylon) amni interluitur Euphrate, Solin. 56, 2. – prägn., **dazwischenspülend wegwaschen,** Plaut. fr. bei Isid. orig. 5, 26, 17. – ► In Hdschrn. oft verwechselt mit interfluo, w. vgl.

interluviēs, ēī, *f.* (interluo), ein **dazwischenfließendes Wasser,** Solin. 22, 14: angusta fluminis, Amm. 24, 2, 4.

inter-maneo, ēre, **dazwischenbleiben,** Lucan. 6, 47.

inter-māno, āre, **dazwischen hinströmen,** Chalcid. Tim. 214.

inter-medius, a, um, **zwischen** etwas **befindlich,** der (die, das) **mittelste,** Paul. Nol. carm. 26, 637.

intermēnstruum, ī, *n.*, s. inter-mēnstruus.

inter-mēnstruus, a, um, **zwischen zwei Monaten,** intermenstruo tempore, zur Zeit des Mondwechsels, Cic. de rep. 1, 25: lunā intermenstruā dimidiāque, zur Zeit des Neumonds, Plin. 18, 322. – subst., intermēnstruum, ī, *n.* (*sc.* tempus), die **Zeit des Mondwechsels,** der **Neumond,** Varro r. r. 1, 37, 1. Cic. de rep. 1, 25.

inter-meo, āre, **dazwischengehen, mitten durchgehen,** mit *Acc.*, Plin. 5, 126.

intermēstris, e (inter u. mensis), **zwischen zwei Monaten,** a mensibus *intermestris* dictus, Varro LL. 6, 10: intermestri lunāque dimidiatā, zur Zeit des Neumonds, Cato r. r. 37, 3 (und von da bei Plin. 16, 194).

inter-mico, micuī, āre, **zwischen** etwas **hindurchscheinen, -schimmern,** m. *Dat.*, rutilum squamis intermicat aurum, Claud. – m. *Acc.*, tenebras nimbosque intermicat ignis, Val. Flacc. – absol., cernis, ut ingentes murorum porrigat umbras campus, et e speculis moriens intermicet ignis? Stat.: caelum subtextum caligine cernebatur obscurā et … ad usque meridiem intermicabant iugiter stellae, Amm.: intermicantia astrorum lumina, Lact.: intermicantes gemmae, Salv. – übtr., virtus in operibus humanae animae intermicat, Iulian. bei Augustin. op. imperf. c. Iul. 1. 37.

intermīnābilis, e (in u. termino), **unbegrenzt, unendlich, a** im Raum, Boëth. inst. arithm. 1, 1. p. 9, 24 Fr. u. 1, 24. p. 50, 2 Fr. Boëth. inst. mus. 2, 3. p. 228, 11 Fr.: fundi int., Salv. c. avar. 1, 4, 18. – **b** in der Zeit, Tert. adv. Marc. 2, 3 u. a. Eccl.

interminātio, ōnis, *f.* (interminor), die **Androhung,** Cypr. ep. 4, 4. Cod. Theod. 8, 7, 21 u. 16, 5, 18. Donat. Ter. Andr. 1, 2, 31.

1. **interminātus,** a, um (v. in u. termino), **unbegrenzt, grenzenlos, unendlich, I** eig.: immensa et interminata in omnes partes magnitudo regionum, Cic. de nat. deor. 1, 54: interminati saeculorum cursus, Iul. Val. 1, 31 (33). *v.* 22: quod ei (materiae) interminata magnitudo, Apul. de dogm. Plat. 1, 5: nec sit in hoc mundo aliquid interminatum, Apul. de mund. 38. – **II** übtr.: interm. cupiditas imperii, Vell. 2, 33, 2: petendi licentia, Amm. 30, 4, 18: genealogiae, Vulg. 1. Timoth. 1, 4.

2. **interminātus,** a, um, s. inter-minor.

interminis, e (in u. terminus), **unbegrenzt, unendlich,** mundus, Iul. Val. 1, 30 (33).

inter-minor, ātus sum, ārī, **I bedrohen, androhen,** mit folg. *Acc.* u. *Infin.*, Plaut. asin. 363: fore interminatus, ut etc., Lact. epit. 27, 2: m. folg. *ut* u. Konj., partim interminatus est illis (befahl ihnen ernstlich), partim blando sermone persuasit, ut pergerent ad Sanctum sacerdotem, Paulin. vit. Ambros. 45. – *Partic. Perf.* passiv, interminata poena, Cod. Theod. 16, 5, 60. – **II unter Drohungen untersagen, verpönen,** alci hoc, Ter. eun. 830: mit folg. *ne* u. Konj., Plaut. capt. 791. Ter. Andr. 496. Gell. 15, 22, 8: alci mit folg. *ne* u. Konj., Rutil. Lup. 1, 7. – *Partic. Perf.* passiv, cibus interminatus, Hor. epod. 5, 39: poenae interminatae, Cod. Iust. 12, 38, 16. § 7.

in-terminus, a, um, **ohne Grenzen, unbegrenzt, a** eig.: Oceanus, Avien. perieg. 74. – **b** übtr. = **endlos, ohne Ende** (Ggstz. incoeptus, ohne Anfang), stellarum lapsus, Apul.: felicitas, Auson.: bona longis intermina saeclis, Prud. c. Symm.

inter-misceo, miscuī, mixtum, ēre, **dazwischen-, untermischen, I** eig., m. *Dat.*, alci rei satureiam, Colum. u. Plin.: lapidem terrae minutae, Plin.: alci undam, Verg.: absol., his intermixtis, Scrib. Larg. – **II** übtr.: **a** lebl. Objj.: Graecas glossulas, Schol. Pers. 1, 95: patriis petita verba foris, Hor. sat. 1, 10, 29: cum clamor esset intermixtus gemitu, Auct. b. Hisp. 31, 6. – **b** leb. Wesen, **untermischen, dazwischenmischen, -stecken,** m. *Dat.*, turbam indignorum interm. dignis, Liv.: intermixti hostibus, Liv.: absol., intermixti domini, Sen.: intermixtis mulieribus, Iustin.

intermissio, ōnis, *f.* (intermitto), das **Aussetzen,** das **zeitweilige Nachlassen** od. **Aufhören,** die **Unterbrechung,** epistularum, Cic.: officii, Cic.: febris, Cels.: verborum, das Abgebrochene der Sätze, Cic.: per intermissiones has intervallaque, durch öfteres Nachlassen (vgl. vorher si *uno tenore* peragitur), Liv.: sine intermissione, Curt. 8, 2 (10), 35: sine ulla intermissione, Cic. de nat deor. 1, 114: sine ulla temporis intermissione, Cic. fr.: si furiosus habet intermissionem, ICt.

intermissus, Abl. ū, *m.* (intermitto), das **Nachlassen, Absetzen,** sine intermissu cantus, Plin. 10, 81.

inter-mitto, mīsī, missum, ere, **I** *tr.*: **A** dazwischenkommen lassen = **dazwischenlegen,** trabes paribus intermissae spatiis, Caes.: valle intermissā, diesseits eines Tales, Caes.: intermissā nocte, da inzwischen die Nacht hereingebrochen war, Caes. – **B** dazwischenlassen = **dazwischen leer lassen, frei-, offen-, unbesetzt lassen, 1** eig.: pars oppidi a flumine intermissa, Caes.: planities collibus intermissa, Caes.: loca custodibus intermissa, Liv.: quā erat opus intermissum, eine Lücke hatte, Caes.: intermissa munimenta, moenia, Lücken in den Bef., in den M., Liv.: nunc continua nunc intermissa tecta villarum, bald fortlaufende, bald freistehende, Plin. ep.: mediocribus spatiis intermissis, in mäßigen Abständen, Caes.: perexiguo intermisso spatio, Caes.: intermissis circiter passibus CCCC, in einer Entfernung von usw., Caes. – **2** übtr.: **a** eine Tätigkeit usw. auf kürzere od. längere Zeit **unterlassen, einstellen, aussetzen, unterbrechen** (während omittere = gänzlich unterlassen, ganz einstellen), studia, Cic.: proelium, iter, Caes.: ludorum solemnia, Liv.: cultum agrorum, Liv.: ob iustitium solita munia, Tac.: paulisper otium, Plin. ep.: laborem, Ov.: non intermisso navigandi labore, Caes.: mit folg. *Infin.*, alci litteras mittere, Cic.: obsides dare, Caes.: non ille intermisit affirmare se sine mora venire, Cic.: bei vorherg. Negation interm. m. folg. *quin* u. Konj., hoc opus numquam intermittendum est, *quin* (ohne dass es) omnibus instauretur annis, Colum. 7, 17, 2. – Passiv medial = **aussetzen, nachlassen,** mediā circiter nocte vento intermisso, Windstille eingetreten war, Caes.: paulum intermissā flammā, Caes.: u. so intermissa verba, abgebrochene, Ov.: aber verba ab usu cotidiani sermonis intermissa, aufgegebene, Cic.: intermissus tamdiu mos, unterlassene, Plin. ep.: intermissa libertas, das eine Zeitlang gehemmte freie Wort (Ggstz. lib. retenta), Cic. – **b** eine Zeit **aussetzen, vorbeigehen-, verstreichen lassen, unbenutzt lassen,** ne quem diem intermitterem, has dedi litteras, Cic.: triduo intermisso, brevi tempore intermisso, quinque intermissis diebus, nach Ablauf von usw., Caes.: intermisso spatio, nach einiger Zeit, Caes. – m. *ab* u. Abl., ut reliquum tempus ab labore intermitteretur, ausgesetzt, gerastet würde, Caes. – m. *ad* u. Akk., nulla pars nocturni temporis ad laborem intermittitur, wird für die A. nicht unbenutzt gelassen, Caes. – bei vorhergehender Negation mit folg. *quin* u. Konj., numquam unum intermittit diem, quin semper veniat, Ter.: neque ullum fere diem intermittebat, quin quid in quoque esset animi ac virtutis suorum perspiceret, Caes.: totius hiemis nullum tempus intermiserunt, quin trans Rhenum legatos mitterent, Caes. – **c** ein Amt **zeitweilig unbesetzt lassen,** intermissis magistratibus, nachdem die weltlichen Ämter zeitweilig unbesetzt gelassen, suspendiert waren, Caes. b. G. 7, 33, 4. – **d** eine Provinz **für jetzt aufgeben,** Eutr. 9, 15. – **II** *intr.* **aussetzen, absetzen, nachlassen,** quā (wo) flumen intermittit, Caes.: sic canere coepisse, ut nihil intermitterent, ohne abzusetzen, Cic.: aves intermittentes bibunt, setzen beim Trinken ab, Plin.: hostes subeunt, non intermittunt, rücken unaufhaltsam heran, Caes.: non intermittunt interim cotidiana proelia, Hirt. b. G.: febris intermittit, ist ein Wechselfieber, Cels.: tertiana, quae ex toto intermittit, Cels.: Ggstz., si (vitia eius) non desinent, intermittent, Sen. ep. 29, 8.

intermixtio, ōnis, *f.* (intermisceo), das **Dazwischenmischen,** nullā intermixtione alienorum, Mar. Victorin. 1, 18, 19. p. 64, 25 H.

inter-morior, mortuus sum, morī, unter der Hand und unvermerkt **hinsterben, absterben,** **I** eig., Suet. Ner. 42, 1. – **II** übtr.: **A absterben, zugrunde gehen, hinschwinden,** v. Gewächsen, Cato: intermoriuntur radices, Plin.: ignis, Curt. – übtr., candor, in hoc aevo res intermortua paene, Ov.: civitas intermoritur, Liv.: intermoriuntur reliquiae coniurationis, Cic.: memoria intermortua, Cic.: contiones intermortuae, wie abgestorben, tot, ohne Leben, Cic.: nullum officium tuum apud me intermoriturum (esse), Bithyn. in Cic. ep. 6, 16 *extr.* – **B fast hinsterben, in Ohnmacht fallen,** Liv. u. a.

inter-moveo, ēre, **dazwischenziehen,** sulcos stilo, Symm. epist. 8, 69.

inter-mundia, ōrum, *n.* (inter u. mundus) = μετακόσμια (= τὰ μεταξὺ κόσμων διαστήματα, Diog. Laert. 10, 89), die **Zwischenräume zwischen den Welten, Weltenzwischenräume, Zwischenwelten,** in denen, nach Epikurs Meinung, die Götter ein ewiges und seliges Leben führten, ohne Teil an der Bildung u. Regierung der Welt zu haben oder sich um die Menschen zu kümmern, in Sicherheit bei der Zerstörung der Welten, Cic. de fin. 2, 75; de nat. deor. 1, 18; vgl. de div. 2, 40.

inter-mūrālis, e, **zwischen den Mauern befindlich,** amnis, Liv. 44, 46, 7.

inter-mūto, (āvī), ātum, āre, **untereinander vertauschen,** intermutatis manibus, kreuzweise gelegten, Tert. de bapt. 8.

inter-nāscor, nātus sum, nāscī, **dazwischen wachsen, -hervorwachsen,** herbae internascentes, Plin.: internata virgulta, Liv.: internatae herbae, Colum. – mit *Dat.*, internatae saxis herbae, Tac.: vada altioribus (den tieferen Stellen des Meeres) internata, Sen. rhet.

internatium, iī, *n.* (inter u. nates) = spina sacra (ἱερὸν ὀστοῦν), das **heilige Bein** (ein Teil des Beckens), Fronto ep. ad amic. 1, 13 (1, 16). p. 182, 19 N.

inter-nato, āre, **dazwischenschwimmen,** zwischen etw., m. *Acc.*, Avien. or. mar. 129 u. 410.

internē, *Adv.* (internus), **innerlich, inwendig,** Auson. epist. 5, 21. p. 163, 11 Schenkl.

internecīda, ae, *m.*, **einer, der durch Testamentsfälschung einem anderen das Leben raubt,** nach Isid. orig. 10, 149 u. Gloss.

inter-necio u. (in den besten Hdschrn. des Cic.) **internicio,** ōnis, *f.* (interneco), die **völlige Tötung, vollständige Aufreibung, totale Niederlage,** der **völlige Untergang,** civium, Cic.: Gallorum, Cic.: facere interneciones hostium, Colum.: ad internecionem adducere gentem, Liv.: alqm ad internecionem vincere, völlig besiegen (schlagen), Eutr.: ad internecionem deleri, völlig vernichtet werden, Liv.: Lucerini ad internecionem caesi, Liv.: prope ad internecionem gente ac nomine Nerviorum redacto, Caes.: inter se ad internecionem concurrunt, kämpfen bis auf den Tod, Suet.: Hispaniam citeriorem ad internecionem vastare, Sall. fr.: persequi alqm ad internecionem, Curt.; dah. übtr., vineta ad internecionem perducere, Colum.: intern. memoriae, das gänzliche Erlöschen (Aufhören) des Andenkens, Plin.

internecium, iī, *n.* (interneco), das **Hinmorden, Töten,** Isid. orig. 5, 26, 17. Not. Tir. 75, 24.

internecīvē, *Adv.* (internecivus), **mit gänzlicher Zerstörung, mörderisch,** Amm. 27, 9, 6 u. 30, 3, 7.

inter-necīvus u. (bei Cicero) **inter-nicīvus,** a, um (interneco), **gänzliche Vernichtung drohend** od. **mit sich führend, mörderisch, tödlich,** bellum, Cic. u. a.: genus morbi, Gell.: odium, Iustin.: invidia perniciosum inter homines malum maximeque internecivum, Fronto.

inter-neco, (āvī), ātum, āre, **hinmorden, I** eig.: hostes, Plaut. Amph. 189. – **II** übtr., **vernichten,** culmum, Prud. apoth. praef. 50: glebae macie internecante sementes, Amm. 23, 6, 50. – ► Partiz. internectus, Prisc. 4, 8.

inter-necto, ere, **dazwischen verknüpfen,** ut fibula crinem auro internectat, wie die Heftel mit Gold durchschlinget das Haar, Verg. Aen. 7, 816: et efflantes libet internectere plagas (Wunden), verbinden, Stat. Theb. 8, 168: ut harmonici modulantes organa inter duos extimarum fidium limites alias internectunt medias dispari strepitu tinnituque chordas, Chalcid. Tim. 40.

internicio, s. inter-necio.

internicīvus, s. inter-necīvus.

inter-nīdifico, āre, **dazwischen hineinnisten,** Plin. 10, 95.

inter-nigro, āre, **dazwischen schwarz sein,** equae maculis internigrantibus albae, mit schwarzweiß gesprenkeltem Fell, Stat. Theb. 6, 336: spatiis internigrantibus, durchbrochen von dunklen Lücken, Claud. eidyll. 2, 14.

inter-niteo, nituī, ēre, **I zwischen** etwas **hindurchscheinen, -schimmern,** praecipue obscuritas terrori erat; nam etiamsi quā (hier u. da) sidera internitebant, continenti fronde tectae arbores conspicere prohibebant, Curt.: varietas caeli, nunc internitente lucis fulgore, nunc condito, Curt.: (zmaragdi) tellure internitent, Plin. – **II** aus einer gleichartigen Fläche **an einzelnen Stellen (hin und wieder) hervorleuchten, -schimmern,** gemmae internitentes, Curt.: caeli fulgor internitens, hin u. wieder erglänzend, Curt.

internoctātio, ōnis, *f.* = παννυχίδες, eine **Nachtfeier,** Gloss. III, 452, 64 u. 483, 55.

inter-nōdium, iī, *n.* (inter u. nodus), **I der Raum zwischen zwei Gelenken** od. **Knoten,** an den Schenkeln der Menschen u. Tiere, Ov. u. Varro: an Gewächsen, Mela u. Colum. Vgl. Tzschucke Mela 3, 7, 2 (tom. 3. part. 3. p. 248). – **II** Plur., internōdia meton. (poet.) = die **Beine,** Calp. ecl. 1, 26.

inter-nōsco, nōvī, nōtum, ere, voneinander **unterscheiden,** nunc internosse ut nos possitis facilius, Plaut. Amph. prol. 142: dignum atque indignum, Pacuv. fr.: geminos, Cic.: fures, Cic.: quae internosci a falsis non possunt, Cic.: ut internoscat, visa vera sint, anne falsa, Cic.

internūndinum, ī, *n.* (inter u. nundinae), die **Zeit zwischen zwei** *nundinae* = sieben bis acht Tage, Macr. sat. 1, 16, 35.

internūntia, s. inter-nūntius.

inter-nūntio, āre, **Unterhandlungen pflegen,** mit folg. indir. Fragesatz, utri transgrederentur, Liv. 42, 39, 4.

inter-nūntius, a, um, »zwischen zwei Parteien od. Personen Botschaft tragend od. etwas vermittelnd«, nur subst. = **Zwischenträger, -erin, Unterhändler, Unterhändlerin, Bote, Botin, Vermittler, Vermittlerin, a** *masc.* b. Komik., Caes. u. a.: pacis, Curt.: Iovis interpretes internuntiique, v. den Auguren, Cic. – **b** *fem.*: aves internuntiae

Iovis, Cic.: columbae internuntiae fuere, Plin. – c *neutr. plur.*: ea quae sunt internuntia sentiendi, die sinnlichen Werkzeuge, Apul. de dogm. Plat. 1, 16.

internus, a, um, **im Innern befindlich,** der **innere, inwendige** (Ggstz. externus), I im Allg.: ignes, Sen.: arae, im Innern des Hauses befindlicher Altar, Ov.: mare, ein Binnenmeer, Plin., u. das Mittelmeer (Ggstz. externum, das Atlantische Meer), Plin. – subst., interna, ōrum, *n.*, a das **Innere,** mundi, Plin.: domorum, Amm. – bildl., interna veritatis, die innerste Tiefe der W., Amm. 15, 5, 23. – b die **Eingeweide,** Veget. mul. 1, 39 (2, 11), 1 u. a.: amara internorum tormenta, Vulg. 2. Mach. 9, 5. – II insbes., der **innere** = im Innern des Staates od. der Familie hausend usw., **einheimisch** (Ggstz. externus), mala, Sall. hist. fr. 4, 61 (19), 13: discordiae, Tac.: bellum, Tac.: pavor, Tac. – *neutr. pl.* subst., ad interna praevertere, sich zuvor zur Heimatsgeschichte wenden, Tac. ann. 4, 32.

in-tero, trīvī, trītum, ere, **hineinreiben, hineinbrocken,** eo (dahinein), Cato: alqd potioni, Plin.: panes in alveolo, Vulg.: alqd ex aceto, Plin.: glans intrita cum salsa axungia, Plin.: sprichw., tute hoc intristi (= intrivisti); tibi omnest exedendum, Ter. Phorm. 318: tibi quod intristi (= intrivisti) exedendum est, Auson. Bissula (XXV) 2. praef. 5. p. 125, 16 Schenkl. – Partiz. intrītus, a, um, **eingebrockt,** panis in aquam, Varro: hordeum in aqua, gewässert, Varro. – subst., a intrīta, ae, *f.*, α die **Märte, Kaltschale,** intrita panis e vino, Weinkaltschale, Cels. u. Plin. – β der **Teig,** die **Masse** aus Kalk, Ton usw., Plin.: laterum, der Ziegelsteine, Plin. – b intrītum, ī, *n.*, die **Märte,** intritum lacte confectum, Apul. met. 11, 16.

inter-ōrdinātus, a, um, **dazwischengeordnet,** trabes, aneinander geblattete Balken, Vitr. 10, 14, 2.

interōrdinium, iī, *n.* (inter u. ordo), der **Raum zwischen zwei Baumreihen,** Colum. 3, 13, 3 u. a.

inter-pateo, ēre, I **dazwischen offen sein,** Macr. u. a. – II prägn., **sich dazwischen hineinerstrecken,** haec (terra) interpatet, Augustin. c. ep. Manich. § 24: dein Syria per speciosam interpatet diffusa planitiem, Amm. 14, 8, 8: senos pedes a tergo inter singulas acies in latum diximus interpatere debere, Veget. mil. 3, 15: haec fistula spiritalis ad os quoque interpatet, Lact. de opif. dei 11, 9.

inter-pedio, īre = impedio, **verhindern,** Macr. sat. 7, 12, 38. Augustin. de music. 6, 7, 19 u. a.

interpellātio, ōnis, *f.* (interpello), I die **Unterbrechung,** a der Rede, das **In-die-Rede-Fallen,** die **Unterbrechung,** Cic. u. a. – als rhet. Fig., Quint. 9, 2, 2 (vgl. 9, 1, 31). – b einer Tätigkeit, die **Störung,** opportuna, Plin. ep.: in litteris sine ulla interpellatione versari, Cic. – II die gerichtl. **Belangung, Klage,** ICt.

interpellātor, ōris, *m.* (interpello), I der **Einsprucherhebende,** 1 übh., Augustin. serm. 107. § 2 u. 5. – 2 prägn., der **Unterbrecher,** der **Störer,** alieni sermonis molesti interpellatores, Rhet. Her. 2, 16: ubi se oblectare sine interpellatoribus posset, Cic. de off. 3, 58. – II der einer Frau **Unzucht Zumutende,** der **Verführer zur Unzucht,** matrimoniorum, Paul. dig. 47, 11, 1.

interpellātrīx, trīcis, *f.* (Femin. zu interpellator), die **Einsprucherhebende,** vidua int. duri iudicis (beim usw.), Hieron. epist. 60, 11.

inter-pello, āvī, ātum, āre (inter u. *pello, āre, *Intens.* v. pello, ere), I jmdm. **in die Rede fallen,** jmd. (durch Dazwischenreden) **unterbrechen,** absol. = **eine Einrede vorbringen, Einspruch erheben,** A im Allg.: crebro dicentem, Caes.: loquentem ducem (v. einem Geschrei), Liv.: nihil te interpellabo; continentem orationem audire malo, Cic.: interpellando (durch Einreden) atrocitatem facti leniebant, Sall. – B prägn.: 1 etwas als **Einrede vorbringen,** nisi vero illud dicet, quod et in Tetti testimonio priore actione interpellavit Hortensius, Cic. II. Verr.. 1, 71. – 2 sowohl eine Person in etwas als eine Handlung, einen Zustand durch Einspruch oder eine sonstige Unterbrechung **stören, hindern, aufhalten,** etwas **unterbrechen, hintertreiben,** a v. Pers.: alqm in iure suo, Cic.: alqm, ne etc., Liv., od. quo minus, Brut. in Cic. ep.: alqm numquam interp., quin etc., Mat. in Cic. ep. – comitia, Liv.: otium bello, Curt.: satietatem epularum ludis, Curt.: caloribus crebris interpellari, mitgenommen werden, Amm.: neque (se) populi Romani potestatem aut consilium aut sententiam interpellaturum (wolle vorgreifen der usw.), Ascon. ad Cic. Mil. § 13. p. 31, 10 K. – b v. Lebl.: alveolum, das Flussbett sperren, v. Gestein, Curt.: u. so specus, Curt.: partam iam praesentemque victoriam, Caes.: e provinciis … interpellat iudicium Marcelli, Cael. in Cic. ep.: haec tota res interpellata bello (die durch den Kr. eine Störung erlitten hatte) refrixerat, Cic.: fame et siti interpellante, Suet.: quod vivo Philippo exspectatum, morte eius interpellatum est, Liv.: nisi abstinentiā interpellata sagina fuerit, Iustin. – m. *Infin.*, quantum interpellet (soweit es hindert) inani ventre diem durare, Hor. sat. 1, 6, 127. – II jmd. mit Fragen, Bitten usw. **hin und wieder angehen, bestürmen, überlaufen, bei** ihm **einkommen,** A im Allg.: ne ream quidem interpellare desiit, ›*Ecquid paeniteret*‹, Suet.: cum a Ceballino interpellatus sum, da mir von C. Anträge gemacht wurden, Curt.: qui adiri interpellarique posset, den man angehen oder bei dem man einkommen könnte, Suet. – B insbes.: 1 jmdm. **unsittliche Anträge machen, Unzucht zumuten,** mulierem, Paul. dig. 47, 11, 1. – 2 bei jmd. wegen Bezahlung einkommen, jmd. **mahnen,** ICt. – ► Genet. Plur. des Partiz. Präs. interpellantum, Sidon. epist. 5, 14, 2.

interpēnsīva, ōrum, *n.* (inter u. pendeo), **Zwischenbalken, Stichbalken, Querbalken,** Vitr. 6, 3, 1.

inter-plico, āre, I **dazwischen-, hineinflechten, -fügen,** Stat. Theb. 2, 282. – II **durchflechten, umgeben,** alba puniceas interplicat infula cristas, Stat. Theb. 4, 218.

interpolāmentum, ī, *n.* (interpolo), die **Verfälschung,** alienorum, Claud. Mam. de stat. anim. praef.

interpolātim, *Adv.*, **unterbrochen,** Augustin. scala par. 12 (Migne 40, 1004).

interpolātio, ōnis, *f.* (interpolo), a die **hier und da gemachte Veränderung, Umgestaltung,** Plin. 13, 75. Interpr. Iren. 3, 21, 3. – b die **Täuschung,** Tert. de praescr. haer. 38.

interpolātor, ōris, *m.* (interpolo), der **Verfälscher, Verderber,** Eccl.

interpolātrīx, trīcis, *f.* (Femin. zu interpolator), die **Veränderin, Verderberin,** Eccl. u. a. Spät.

interpolis, e, und die Nebenf. **interpolus,** a, um (inter u. polio), durch Glätten **neugestaltet, aufgestutzt, aufgeschoren,** I eig., von Kleidungsstücken usw. durch den Walker, vestis (Ggstz. sincera), Fronto ep. de oration. p. 161, 1 N.: interpola vestimenta (Ggstz. nova), Marc. dig. 18, 1, 45. – II übtr.: veteres (mulieres), aufgestutzt, Plaut. most. 274: ars, neugestaltet, Plin. 29, 11.

interpolo, āvī, ātum, āre (interpolis), I **aufstutzen, zustutzen, zurichten,** togam praetextam quotannis, aufkratzen, aufscheren, frisch appretieren, Cic. ad Q. fr. 2, 10 (12), 3: novā picturā opus lepidissimum, Plaut. most. 262: veteratores (servos), Ulp. dig. 21, 1, 37. – II aufstutzend **entstellen, fälschen, verfälschen, nachmachen,** tura, Plin. 12, 59: eādem terrā lacte dilutā tectoriorum albaria, Plin. 35, 194: antiquior materiae origo, nunc vitri similitudine interpolata, Plin. 36, 197: im Bild, qui laeta Christi culta fur interpolat addens avenas aemulas, Prud. apoth. praef. 45. – bes. Schriften, scripturas divinas, Ambros. de fide 5, 16. § 193: priorem textum (litterarum), Amm. 15, 5, 12: semper aliquid demendo, mutando, interpolando, Cic. II. Verr.. 1, 158.

interpolus, a, um, s. interpolis.

inter-pōno, posuī, positum, ere, **dazwischensetzen, -stellen, -legen,** I eig.: 1 im Allg.: Numidas inter eos, Auct. b. Afr.: equitatui praesidia levis armaturae, Hirt. b. G.: elephantos, Liv. – 2 insbes.: a zwischenhinein anbringen = **einschalten, einschieben,** menses intercalarios, Liv.: iis (sonis), quos interposuerunt, inserunt alios, Quint. – b in der Rede schriftlich od. mündlich **einschieben, einschalten,** ne *inquam* et *inquit* saepius interponeretur, Cic.: licet interponere, Nep.: subinde interponenti precibus ›*Quid respondebo patri meo?*‹ Quint.: nullum verbum, Cic. – II übtr.: A eine Zeit **dazwischen eintreten lassen, verstreichen lassen,** spatium ad recreandos animos, Caes.: spatio interposito, nach einiger Zeit, Cic. u. Liv.:

interposito die, nach Verlauf eines Tages, Cels.: u. so diebus aliquot interpositis, Varro: singulis interpositis horis, nach Verlauf je einer St., Cels.: interposita nox, die inzwischen eingetretene Nacht, Cic. u. Liv. – dah. etwas der Zeitfolge nach zwischen etwas **dazwischen nehmen, -genießen,** frigidam (cibis), Plin. 28, 55. – **B** einen Zustand usw. **dazwischen eintreten lassen, dabei obwalten lassen,** moram, verziehen, Caes.: nullam moram insequendi Antonium, Cic.: nullam moram, quin etc., keinen Augenblick verlieren, zu usw., Cic.: tridui morā interpositā, nach einer Verzögerung von drei T., Caes.: non longa cunctatio interponitur, Tac.: illo tantum interposito discrimine, nur mit dem U., Cels.: neque ullā belli suspicione interpositā, da kein Verdacht obwaltete, eintrat, Caes. – operam, studium, laborem, Cic. – **C** vermittelnd od. hindernd **ins Mittel treten lassen, aufstellen, geltend machen,** mit etwas vermittelnd oder hindernd **dazwischentreten,** mit etwas hindernd **sich entgegensetzen, a** ein Urteil, eine Entscheidung, eine Strafe usw.: iudicium suum, edictum, Cic.: decretum, eine Entscheidung abgeben, Cic. u. Caes.: poenas compromissaque, Cic. – suum consilium meo, Liv.: exceptionem actioni, ICt.: auctoritatem, Cic.: intercessionem suam (v. Volkstribun), Val. Max.: multas querelas de re publica, Cic. – **b** einen Grund oder etwas als Grund **eintreten lassen, vorschützen, geltend machen, als Vorwand gebrauchen** od. **benutzen,** neque colloquium interpositā causā tolli volebat, Caes.: causam interponens, se collegas exspectare, Nep.: gladiatores interpositi sunt, Cic.: postulata haec ab eo interposita esse, *quo minus* quod opus esset ad bellum a nobis pararetur, er habe seine Forderungen in keiner anderen Absicht geltend gemacht, als uns an den zum Krieg nötigen Rüstungen zu hindern, Cic. ad Att. 7, 15, 3. – **c** sein Wort, einen Eid usw. gleichs. bei etwas **als Pfand einsetzen, verpfänden,** privatim fidem suam, Sall.: in alqd od. in alqa re fidem suam, sein Wort dabei geben, Caes.: iusiurandum, dabei eidlich sein Wort geben, den Eid der Verschwiegenheit leisten, Liv.: sponsio interponeretur, Liv. – **D** eine Person als Mittelsperson, Vermittler, Zeugen, Helfer, Teilnehmer **bei** etwas **eintreten lassen, einschieben, hinzuziehen, 1** im Allg.: iudices, testes, Cic.: accusatorem, Cic.: alqm convivio, epulis familiaribus, Suet. – **2** insbes., se interponere in alqd od. alci rei, vermittelnd, helfend oder hindernd bei etwas **sich ins Mittel schlagen, in** etwas **sich einmischen, -sich eindrängen,** se in pacificationem, Cic.: se bello, Liv.: se scriptis Caesaris, (als Fortsetzer) sich eindrängen, Hirt. b. G. – se audaciae alcis, sich widersetzen, Cic. – m. folg. *quo minus* u. Konj., num quem putes tribunum plebis posse reperiri, qui se interponat, quo minus reus meā lege fias? Cic. Vatin. 37: u. so Liv. 34, 62, 14. – absol., semper se interposuit, Nep.: ni se tribuni plebis C. et L. Arrii se interposuissent, Liv.: me nihil interpono, Cic. – **E unterschieben = verfälschen,** rationes populorum, Cic. Verr. 3, 175.

interpositio, ōnis, *f.* (interpono), **I** das **Dazwischensetzen, -stellen,** columnarum interpositiones, Säulenstellung, Vitr. 6, 3, 8. – **II** übtr.: **A** das **Einschieben, a** in die Rede, das **Hineinziehen,** certarum personarum, Cic. de inv. 1, 8. – **b** das **Einschieben, Einschalten, Einrücken** einiger Worte, novorum, Quint. 10, 3, 32: consonantium, Augustin. de dial. 5. p. 7, 20 *Cr.* – meton., **c** eine eingeschobene Stelle od. ein eingeschobenes Wort od. ein eingeschobener Buchstabe, ein **Einschiebsel, α** übh.: una, Cic. ep. 16, 22, 1: ›alituum‹ per interpositionem additā u protulit Virgilius VIII (= 8, 27), Prisc. 7, 80. – **β** insbes., das **Einschiebsel** = die Parenthese, Quint. 9, 3, 23. Macr. sat. 6, 6, 13. – **B** die **Vermittlung,** divinarum potestatum, Chalcid. Tim. 255.

interpositus, Abl. ū, *m.* (interpono), das **Dazwischensetzen,** die **Dazwischenkunft,** luna, cum est e regione solis, interpositu interiectuque terrae repente deficit, durch die D. u. das Dazwischentreten der E., Cic. de nat. deor. 2, 103: solis radios luna interpositu suo auferens terrae, Plin. 2, 47.

inter-pres, pretis, *c.*, **I** die **Mittelsperson,** der **Vermittler, Unterhändler,** eius rei, Plaut.: pacis, Liv., pacis et concordiae, Cic.: iudicii corrumpendi, Cic.: interpres divûm, Bote der Götter (deorum nuntius b. Hor.), v. Merkur, Verg.: interpres harum curarum (*i.e. amoris*), Stifterin, v. Juno (weil sie Ehestifterin ist), Verg.: quasi ea res per me interpretem et tuam ancillam ei curetur, Plaut.: quae tibi condicio nova, luculenta fertur per me interpretem! Plaut.: quo ego interprete novissime ad (beim) Lepidum sum usus, Cic. – **II** der **Ausleger, Erklärer, A** im Allg.: iuris, Cic.: poëtarum, Cic.: interpretes internuntiique Iovis, v. den Auguren, Cic.: divûm, Weissager, Verg., u. Weissagerin, Liv.: fatorum per genituras interpr., Nativitätsteller, Amm.: tamquam interpres et arbiter Sibyllae oraculorum, Gell.: Sibyllae (Genet.) oraculorum interpretes, Amm.: interpretes comitiorum, ob die Komitien gültig sind oder nicht (v. den Haruspices), Cic.: alqo uti interprete de alqa re, sich von jmd. über etwas nähere Auskunft geben lassen, Suet. – **B** insbes., **a** der **Dolmetscher,** Cic. u. a.: appellare od. alloqui alqm per interpretem, Cic. u. Liv.: loqui sine interprete, Cic. – dah. **b** der **Übersetzer** (als Dolmetscher und Verdeutlicher des Sinnes), fidus, Hor.: nec converti (orationes) ut interpres, sed ut orator sententiis isdem, Cic.: nec tamen exprimi verbum e verbo necesse erit, ut interpretes indiserti solent, Cic.

interpretābilis, e (interpretor), **erklärbar, übersetzbar,** Tert. adv. Valent. 14. (Serg.) expl. in Donat. (IV) p. 487, 6 K.

interpretāmentum, ī, *n.* (interpretor), die **Erklärung, Auslegung, Deutung, I** im Allg.: somniorum interpretamenta, Petron. 10, 1. – **II** insbes., die **Übersetzung,** Gell. 5, 18, 7 u. 7 (6), 2, 2. Tiro b. Gell. 13, 9, 4.

interpretātio, ōnis, *f.* (interpretor), **I** die **Erklärung, Auslegung, Deutung, A** im Allg.: iuris, Cic.: ostentorum et somniorum, Plin.: verborum, Cic.: huius verbi vis et interpr., zus. = Begriffsbestimmung, Cic.: Plur., verborum interpretationes, Firm. math. 4, 7 *in.*: interpretationes sermonum (Sprachen), Vulg. 1. Cor. 12, 28: singula magnas interpretationes habent nec dubias, Plin. 18, 26. – **B** insbes.: **1** die **Übersetzung,** nominis, Plin.: dura, Quint.: de Graecis, Tert. adv. Val. 6. – konkr. = das Übersetzte, foederis, Cic. Balb. 14: cuius interpretatio est verborum tenacior (wörtlicher) et perspicuitate sententiae clarior, Isid. orig. 6, 4, 5: suas interpretationes comparare (vergleichen), Interpr. Iren. 3, 21, 2. – **2** als Redefigur, die **Verdeutlichung, Erklärung eines Ausdrucks** durch den folgenden, Rhet. Her. 4, 38. – **II** subj., die **Deutung, Auffassung, Beurteilung,** sinistra erga eminentes interpretatio, Tac. Agr. 5: nec traditur certum nec interpretatio est facilis, Liv. 2, 8, 8: sententiam suam interpretatione lenire, Suet. Caes. 14, 1: huc illuc trahere interpretatione, Tac. hist. 3, 3. – m. folg. *Acc.* u. *Infin.*, Tac. hist. 3, 65.

interpretātiuncula, ae, *f.* (*Demin.* v. interpretatio), die **Übersetzung,** Hieron. epist. 112, 19.

interpretātor, ōris, *m.* (interpretor, s. Charis. 50, 3), der **Ausleger, Erklärer,** Tert. de monog. 6 u. adv. Prax. 19 u. 30. Augustin. serm. 197, 6. Salv. epist. 7, 1.

interpretātōrius, a, um (interpretor), **zur Erklärung geeignet,** Tert. ad nat. 2, 4.

interpretātrīx, trīcis, *f.* (Femin. zu interpretator), die **Auslegerin, Deuterin,** ohne Beleg angef. bei Charis. 50, 2.

interpretium, iī, *n.* (interpres) = παράλληλον (Gloss. II, 90, 16), der **Maklergewinn,** das **Maklergeld,** Amm. 28, 1, 18. Cassiod. var. 2, 26, 2.

interpreto, āre, s. interpretor ►.

interpretor, ātus sum, ārī (interpres), **I** *intr.* **den Mittler machen** für usw., memoriae alcis, dem G. jmds. zu Hilfe kommen, Plaut. Epid. 552. – **II** *tr.* **auslegen, erklären, deuten, A** eig.: **1** im Allg.: ius alci, Cic.: fulgura, somnia, Cic.: fallaciter portenta, Cic.: religiones, Auskunft geben über usw., Cic.: mit folg. *Acc.* u. *Infin.*, pomoerium postmoerium interpretantur esse, Liv. – **2** insbes., **übersetzen** (doch mehr nach dem Sinn als wörtlich), epistulam, scriptores, Cic.: ubi ex Graeco carmine interpretata recitavit, Liv. – **B** übtr.: **1** etwas im Urteil **auslegen = verstehen,** für das u. das **ansehen,** so u. so **aufnehmen, beurteilen,** male, Cic.: perperam, Sen.: in partem mitiorem, Cic.: ita de re, Cic.: alcis felicitatem grato animo, freudig anerkennen, Cic.: beneficia grate, Plin. ep. – sed eam sapientiam interpretantur, quam adhuc nemo mortalis est consecutus, aber das, was sie unter W. verstehen, hat usw., Cic.: vindemiarum maturitatem alii aliter interpretantur, unter der Reife usw. verstehen die einen dies, die anderen etwas anderes, Colum.: victoriam ut suam, sich den Sieg anmaßen, Vell.: Othone id ut laetum interpretante, Tac.: alqm callidum et simulatorem, in jmd. einen Listigen u. Heuchler zu erkennen glauben, Tac.: clementiam pro sua virtute, sich die Gnade des Siegers als sein Verdienst anrechnen, Vell.: vitia pro virtutibus, Tac.: synodum Nicenam pro se (zu ihren Gunsten) interpretantes, Sulp. Sev. – mit folg. *Acc.* u. *Infin.*, reditu in castra liberatum se esse iureiurando interpretabatur, er legte seine Rückkehr ins Lager so aus, als sei er dadurch seines Eides entbunden, Cic. – dah. etwas aus etwas od. von etwas auf etwas **schließen, folgern,** consilium ex necessitate, von der Notwendigkeit auf den Vorsatz, Cic. Rab. Post. 29. – **2** etwas mit dem Erkenntnisvermögen so u. so **sich erklären** = **auffassen, begreifen,** recte alcis sententiam, Cic.: cogitationem alcis assequi et voluntatem interpretari, Cic.: famam alcis, begreifen, sich erklären, Tac. – **3** über etwas **sich bestimmt aussprechen, entscheiden,** neque, recte an perperam, interpretor, Liv. 1, 23, 8. – ► Aktive Nbf. interpretat, Ps. Cypr. de mont. Sina et Sion 2 u. 5 *sqq.*: als Passiv, im Perf. z. B. Cic. de div. 1, 53 u. 118. Sall. Iug. 17, 7. Interpr. Iren. 3, 21, 2: im Präsens bei Rhet. Her. 2, 14. Paul. dig. 8, 2, 20. § 2. Amm. 23, 5, 7; 24, 6, 1 u. bei a. Spät. (s. Bünem. Lact. 4, 7, 7); oft im *Partic. Perf.* b. Cic. u. a., s. Fabri Sall. Iug. 17, 7. Günther Latin. restit. part. 2. p. 676 *sq.* Duker de Latin. vett. ICt. p. 334. – Parag. Infin. interpretarier, Pacuv. tr. 151.

interprimo, pressī, pressum, ere (inter u. premo), **I eindrücken, zerdrücken,** alci fauces, Plaut. rud. 655. – **II unterdrücken** = **zu verheimlichen suchen,** Min. Fel. Oct. 10, 2.

interpūnctio, ōnis, *f.* (interpungo), die **Scheidung, Trennung** der Wörter **durch Punkte,** interpunctiones verborum, Cic. Mur. 25.

inter-pungo, pūnxī, pūnctum, ere, einen Punkt zwischen zwei Wörtern machen, sie **durch Punkte unterscheiden, -abteilen,** nos cum scribimus interpungere assuevimus, Sen. ep. 40, 11: als rhet. *t. t.*, distincta et interpuncta intervalla, merklich (hörbar) angebrachte und eingefügte Zwischenräume (Pausen), Cic.: verborum et sententiarum interpunctae clausulae, eingefügte, Cic.: narratio distincta personis et interpuncta sermonibus, unterbrochen durch Gespräche (Fragen), Cic. – *Partic.* subst., clausulae atque interpuncta verborum, Schlusspunkte u. Satzteilzeichen, Cic. de or. 3, 181: interpuncta quaedam, Absätze, Quint. 9, 4, 108.

inter-pūrgo, āre, **ausputzen, hier und da reinigen,** ulmos, Cato b. Plin. 18, 243.

inter-puto, āre, **hier und da beschneiden, ausputzen,** ficos, Cato r. r. 50: oleam, Varro r. r. 1, 30: rosas, Colum. de arb. 30, 2.

inter-quiēsco, quiēvī, quiētum, ere, **dazwischen** od. **unterdessen ruhen, -ausruhen, eine Unterbrechung** od. **eine Pause eintreten lassen, innehalten, I** eig., v. Pers., beim Reden usw., cum haec dixissem et paulum interquievissem, bei einer kleinen Pause, Cic.: dicerem, quid impetus (haberet), si interquievisset, si intervallo surrexisset, Sen.: beim Lesen, interquiescere si liberet, Plin. ep.: im Fehlen, Sündigen, dum interquiescit (einen Stillstand macht), dum emendato similis est, Sen. – **II** übtr., v. Zuständen: Iulio mense, quo maxime lites interquiescunt, wo gerade Gerichtsferien sind, Plin. ep.: dolor interquiescit, Sen.

inter-rādo, rāsī, rāsum, ere, **hier und da beschaben, I** = **mit durchbrochener Arbeit versehen, durchbrochen arbeiten,** vasa, Plin. 33, 139: marmor interrasum, mit durchbrochener Arbeit, Plin. 35, 2. – **II** = **hier und da beschneiden, ausputzen,** arbores, Colum.: oleas, Plin.

interrāsilis, e (interrado), **durchbrochen gearbeitet,** aurum, Plin. 12, 94: corona, Vulg. exod. 25, 25 u. 37, 12: opus basium, Vulg. 3. regg. 7, 28: ligna, Hieron. in Ezech. 12, 41, 16: lamina, Schablone, Exc. Vales. Amm. 14, 79 G.: decus, Ven. Fort. carm. 1, 13, 15.

interrāsor, ōris, *m.* (interrado) = διαῤῥινητής, der **Verfertiger durchbrochener Arbeiten,** Gloss. III, 371, 19.

inter-rēgnum, ī, *n.*, die **Zwischenregierung,** das **Interregnum,** zur Zeit der Könige = die Zeit zwischen dem Tod des letzten Königs und der Wahl des neuen, in der von fünf zu fünf Tagen ein Senator (als interrex) die königliche Würde bekleidete; zur Zeit der Republik = die Zeit zwischen dem Tod od. dem Abgang der seitherigen Konsuln u. der Wahl der neuen, od. die Zeit während der Abwesenheit der Konsuln, in der dann ein Senator als interrex gewählt wurde, der die Wahl der neuen Konsuln leitete od. die höchste Gewalt in Händen hatte, interregnum inire (v. Senator), Interrex werden, Liv.: eo anno int. initum (trat ein J. ein); interreges fuere etc., Liv.: res ad interregnum venit od. adducitur, es tritt ein J. ein, Cic.

inter-rēx, rēgis, *m.*, der **Reichsverweser, Interrex** (s. inter-rēgnum), Sall. fr., Cic. u. Liv.: interregem prodere od. creare, ernennen, wählen, Cic. u. Liv.

in-terribilis, e (in u. terreo), **unerschrocken, kühn,** Gloss. II, 584, 15.

inter-rigo, āre, **durch Dazwischentreten in Ströme teilen,** insanas cedendo interrigat undas (alga), Rutil. Nam. 1, 539 (L. Müller interligat).

interritē, *Adv.* (interritus), **unerschrocken,** Mart. Cap. 1. § 16.

in-territus, a, um (in u. terreo), **unerschrocken** (Ggstz. timidus), testes firmi et interriti, Quint.: int. vultus, Quint. u. Curt.: illa interrita vultu, Ov.: interritus omni periculo (in jeder G.), Sen. rhet.: homo interritus periculis (in G.), Sen.: audio interritus, Plin. ep.: sedebat inturbatus, interritus, Plin. pan.: extentam cervicem interritus liberto praebuit, Vell.: classis interrita fertur, Verg.: mit *Genet.*, mens interrita leti, Ov. met. 10, 616.

interrīvātio, ōnis, *f.* (inter u. rivo), die **Zwischenableitung des Wassers,** Mart. Cap. 6. § 661.

interrīvātus, a, um (inter u. rivo), **dazwischen abgeleitet,** Mart. Cap. 6. § 584 u. § 627.

interrogāmentum, ī, *n.* (interrogo) = πεῦσις, die **Frage,** Gloss. II, 406, 37.

interrogātim, *Adv.* (interrogo), **frageweise,** Gloss. IV, 164, 39.

interrogātio, ōnis, *f.* (interrogo), die **Befragung, Anfrage, Frage,** cum responsio ab interrogatione dissentit, Quint.: tertiā interrogatione poscere victoriam omnium bellorum, Iustin.: Plur., z. B. interrogationes faciles, Cic. Tusc. 1, 57: interrogationes Socratis, Quint. 5, 11, 27: interrogationes tribuni plebis, Liv. 41. – Dah. insbes.: **a** als gerichtl. *t. t.* = die **Befragung,** das **Verhör,** testium, das Zeugenverhör (s. inter-rogo *no.* II, A), Tac.; u. dass. absol., Cic. ep. 1, 9, 7. Quint. 5, 7, 3 (wo Plur.) u. a.: v. dem Verh. eines Missetäters, Marcian. dig. 48, 3, 6. § 1. – **b** als rhetor. *t. t.* = die **Frage** als Redefigur, Quint. 9, 2, 15 u. 9, 3, 98. – **c** als *t. t.* der Dialektik = die **Frage, Fragestellung** in Folgerungen, Schlüssen, der **Schluss, Syllogismus,** Cic. u. Sen.: aptā interrogatione concludere, Cic.: fallaces et captiosas interrogationes dissolvere non posse, Cic.: occurrere interrogationibus eorum, Cic. – **d** als jurist. *t. t.*, eine durch Fragen zu erzielende Verbindlichkeit; dah. ein **Kontrakt,** ille non est interrogatione contentus, Sen. de ben. 3, 15, 2.

interrogātiuncula, ae, *f.* (*Demin.* v. interrogatio), eine **kurze** od. **unbedeutende Frage,** interrogatiunculae breves, Macr. sat. 4, 2, 4. – bes., eine **kurze Frage** des Richters od. Dialektikers, deren Beantwortung zu dem gewünschten Schluss u. der darauf zu begründenden Beweisführung leiten soll, interrogatiunculae leves, Amm. 29, 1, 25: interrogatiunculae tortuosae, Hieron. epist. 69, 2: minutae interrogatiunculae, Cic.: interrogatiunculae angustae, peinliche Konsequenzmachereien, Cic.: interrogatiunculas nectere, Konsequenzen ziehen, Sen.

interrogātīvē, *Adv.* (interrogativus), **in Frageform,** Tert. adv. Marc. 4, 41. Ps. Ascon. II Verr. 1, 109. p. 189, 18 u. (Ggstz. responsive) 1, 148. p. 198, 2 B. Prisc. 17, 49. Schol. Iuven. 9, 48.

interrogātīvus, a, um (interrogo) = ἐρωτηματικός (Gloss. II, 315, 7), **zur Frage gehörig, fragend, Frage-,** Prisc. 17, 47: adverbia, Prisc. 17, 47 u. 28: particula, Diom. 437, 29 u. 438, 2: coniunctio, Diom. 417, 9.

interrogātor, ōris, *m.* (interrogo), der **Frager,** Augustin. serm. 13, 4 u. 105, 3. – bes. v. **Kläger,** Ulp. dig. 11, 1, 11. § 7. – ▶ Acro Hor. sat. 1, 1, 10 nennt das Wort ungebräuchlich.

interrogātōrius, a, um (interrogator), **fragend, in Fragen bestehend,** Tert. adv. Marc. 2, 25. Callistr. dig. 11, 1, 1. § 1.

inter-rogo, āvī, ātum, āre, **fragen, befragen, I** im Allg.: visne igitur, ut tu me Graece soles ordine interrogare, sic ego te vicissim eisdem *de* rebus Latine interrogem? Cic.: interrogabat suos, quis esset, Cic.: illa interrogavit illam ›quī scis?‹ Plaut.: interrogavit, quale id genus esset poenae, Suet.: mulionem interrogavit ›quanti calciasset?‹ Suet.: interrogas me ›*num* in exsilium?‹ Cic.: interrogans solerent *ne* veterani milites fugere, Caes.: is cum interrogaretur utrum (wen von beiden) pluris, patrem matrem *ne,* faceret, ›matrem‹ inquit, Nep.: censetis hominem interrogem, meus servus *si* (ob) ad eum venerit, *necne?* Plaut.: interrogare eum coepit, *an* Perdiccam comprehendi ipse iussisset, Curt.: interrogatus ab Augusto, *an* (ob nicht) essent alii digniores, Suet.: identidem me, *an* audierim, *an* viderim, interrogo, Plin. pan.: interrogatus, *cur* igitur repudiasset uxorem, ›Quoniam‹, inquit etc., Suet.: interrogatus est, ›has *ne* urbis *an* has urbes‹ dici oporteret, Gell.: cum milites per cruciatus interrogarent (eum), *ubi* filium occuleret, Tac.: interrogabant *ab* illis, qui essent, quid (weshalb) venissent, Dar. Phryg. 9: illud interrogo, Liv.: quid haec interrogo? Liv.: interroga *de* istis (frage nach denen), quorum nomina ediscuntur, Sen. – m. dopp. *Acc.* = jmd. nach od. um etw., pusionem quendam interrogavit quaedam geometrica, Cic.: non qui Iovem interrogent, quod ex rege cognoverint, sed etc., Curt.: sententiae interrogari coeptae, man fragte nach den Meinungen, Liv.: interrogatus sententiam, um die Meinung befragt, Liv. u. Sen.: casus interrogandi, der Genetiv, Nigid. b. Gell. 13, 26 (25), 3. Gell. 20, 6, 8. – prägn., interrogare aurem suam, befragen = zu Rate ziehen, Gell. 13, 20, 2. – *Partic.* subst., interrogātum, ī, *n.*, das »Gefragte«, die »Frage«, ICt.: Plur., ad interrogata (auf die Frage) respondere, Cic. – **II** insbes.: **A** als gerichtl. *t. t.* = **gerichtlich befragen, ins Verhör ziehen, verhören, 1** eig.: testem, Cic. u. ICt.: testes in reos, Plin. ep.: bene testem, wenn der Anwalt des Gegners einen Zeugen durch gut gestellte Fragen in seinen Aussagen so verwirrt, dass er sich selbst widerspricht, Cic. Flacc. 22. – **2** übtr., **gerichtlich belangen, vorfordern, verklagen,** lege Plautiā, Sall.: alqm legibus, Liv.: m. *Genet.,* alqm legibus ambitus, Sall.: alqm lege repetundarum, Vell.: repetundarum, Tac.: pecuniarum repetundarum, Amm.: pepigerat Pallas, ne cuius facti in praeteritum interrogaretur, Tac. – **B** als philos. *t. t.,* **schließen, einen Vernunftschluss (Syllogismus) machen,** Cic. de fato 28. Sen. ep. 87, 35. – ▶ arch. interrogassit = interrogaverit, Cic. de legg. 3, 6.

inter-rumpo, rūpī, ruptum, ere (unter sich Zusammenhängendes) **voneinander reißen, -brechen, zerreißen, unterbrechen, zerbrechen, abbrechen, I** eig.: pontem, Caes. u. Liv.: aciem hostium, durchbrechen, Liv.: venae interruptae, zerschnitten, Tac. – **II** übtr., **A trennen, vereinzeln,** interrupti ignes, getrennte, einzelne, Verg.: interruptae ac morientes voces, abgebrochene Laute, Cic.: hos interruptos esse, Cic. – **B unterbrechen, stören, a** im Allg.: ordinem, Colum.: iter amoris mei, störend in den Weg treten, Cic.: somnum, Suet., somnos, Plin.: so auch Partiz., interruptum officium, Cic.: consuetudo, Cic.: opera, Verg. – **b** insbes.: **α** eine Rede usw. **unterbrechen,** sermonem, Plaut., alcis sermonem, Tac.: alcis sermonem obitu suo, Turpil. fr.: alcis mediam orationem, Caes. (vgl. illa interpellatio, quā paulo ante interrupta est oratio mea, Cic.): colloquia militum, Caes.: singultu pias querellas, Ov.: mediam dictionem fletu eius interrumpi, Sen. rhet. – in der Schrift, res Asiae, Curt.: tenorem rerum, Liv.: rerum a Caecina gestarum ordinem, Tac.: Partiz. subst., neque tam facile interrupta contexo quam absolvo instituta, Cic. de legg. 1, 9. – **β** eine Pers. im Gespräch **unterbrechen, stören,** ni medici adventus nos interrupisset, Varro r. r. 2, 1, 1.

interruptē, *Adv.* (interruptus v. interrumpo), **unterbrochen,** non interr. narrare, ohne Unterbrechungen, im gehörigen Zusammenhang, Cic. de or. 2, 329.

interruptio, ōnis, *f.* (interrumpo), die **Unterbrechung, I** eig.: muri, Hieron. in Isai. 9, 30. § 12 *sqq.*: Oceani, Mart. Cap. 6. § 622: interruptio non unius generis a nobis, sed omnium generum a se divisorum, Macr. somn. Scip. 2, 5, 32. – **II** übtr.: **a** im Allg.: usucapionis, Paul. dig. 41, 3, 2. – **b** als Redefig., das **Abbrechen mitten in der Rede,** griech. ἀποσιώπησις, Quint. 9, 2, 54.

interruptor, ōris, *m.* (interrumpo), der **Abbrecher, Unterbrecher,** Ambros. de excess. fratr. sui Satyri 1, 72 *extr.* Vgl. Gloss. ›interruptor, διαφθορεύς (der Verderber, Schänder)‹.

inter-saepio, saepsī, saeptum, īre, **einzäunen, einschließen, verwahren, verstopfen, I** eig.: foramina, Cic.: quaedam operibus, Liv.: legio densis arbustis intersaepta, gedeckt, Tac. – **II** übtr., **abschließen, abschneiden, scheiden,** iter, Cic.: urbem vallo ab arce, Liv.: alci conspectum abeuntis exercitus, jmd. hindern, den Abzug des Heeres zu bemerken (v. einem Umstand), Liv.: intersaepta Germanorum Raetorumque auxilia, Tac.

intersaeptio, ōnis, *f.* (intersaepio), die **Verstopfung,** faucium, Eustath. hexaëm. 7, 1.

intersaeptum, ī, *n.* (intersaepio), **a** = διάφραγμα das **Zwerchfell,** Gloss. II, 275, 45. – **b** Plur., die **Scheidewände,** die **Grenzen,** tot veterum intersaepta regnorum, Auson. grat. act. (VIII) 18, 82. p. 29, 33 Schenkl.

interscalmium, iī, *n.* (inter u. scalmus), der **Zwischenraum zwischen den Ruderzapfen,** Vitr. 1, 2, 4.

interscapilium (interscapulium, interscapulum), iī, *n.* (inter u. scapula), der Raum zwischen den Schultern, die **Schulterblattgräte,** Apul. flor. 14. p. 16, 3 Kr. Hyg. astr. 3, 1 u. a. Cael. Aur. de morb. chron. 3, 1, 10. Isid. orig. 11, 1, 93. Not. Tir. 78, 99: Plur. interscapula, Cael. Aur. de morb. chron. 1, 4, 77.

inter-scateo, ēre, **dazwischen hervorquellen, -strudeln,** interscatentibus nymphis, Itin. Alex. 20 (51).

inter-scindo, scidī, scissum, ere, **auseinanderreißen, einreißen, I** eig.: pontem, Cic.: aggerem, Caes.: brachiorum venas, öffnen, Tac. – **II** übtr.: **A trennen, scheiden, abschneiden,** ruina (terrae) interscindit cursum aquis, Sen.: quorum regiones Choatres fluvius interscindit, Amm.: Chalcis adeo arto interscinditur freto, ut etc., Liv.: insula ab Italia angusto interscissa freto, Sen. – **B zerreißen, unterbrechen, stören,** vinculum illud coagulumque animi atque amoris, Gell. 12, 1, 21: imperfectis (Dat.) adhuc interscinditur laetitia, sapientis vero contexitur (ist eine ununterbrochene) gaudium, Sen. ep. 72, 4.

inter-scrībo, ere, **I dazwischenschreiben,** übtr.: interscribentes eum (den Achat) venae etc., ihn durchlaufend, durchkreuzend, Solin. 5, 25: in qua (cauda) roseis pennis caeruleus interscribitur nitor, läuft mit unter, Solin. 33, 11. – **II** prägn., **durch eingeschaltete Zusätze verbessern,** alia interscribere, alia rescribere, Plin. ep. 7, 9, 5.

inter-seco, secuī, sectum, āre, **auseinanderschneiden, I** eig.: lateres, durchsägen, Vitr. 2, 8, 9: aquarum ductus, abschneiden, Amm. 21, 12, 17: telas, Stat. silv. 3, 5, 9 (Bährens imperfectas telas). – **II** übtr., v. Örtl., der Lage nach **durchschneiden, schneiden,** zodiacum, Macr. sat. 1, 12, 1: Tiberis intersecans urbem aeternam od. media moenia, Amm. 25, 10, 5 u. 29, 6, 17: Ganges Indorum intersecans terras, Amm. 23, 6, 13: paludem mediam velut finali libramento, Amm. 15, 4, 4: huius alveo Ibera tellus atque Ligyes asperi intersecantur, Avien. or. mar. 608 *sqq.*

intersectio, ōnis, *f.* (interseco), als *t. t.* der Baukunst = der **Einschnitt** zwischen zwei Zähnen oberhalb des Frieses, die **Zwischentiefe,** intersectio, quae Graece μετόπη dicitur, Vitr. 3, 5, 11.

inter-sēmino, (āvī), ātum, āre, **dazwischensäen,** Apul. apol. 40.

intersēpio, s. inter-saepio.

intersēptum, s. intersaeptum.

1. inter-sero, sēvī, situm, ere, **dazwischensäen, -pflanzen, -setzen,** malleolum vitibus, Colum.: pomis intersita, Lucr.: intersitis buxeis fruticibus, Colum.

2. inter-sero, ere, **dazwischenfügen, einfügen, einlegen, einstellen,** oscula mediis verbis, Ov. met. 10, 559: vilia gravibus populis arma,

Claud. b. Get. 397: limitaneis militibus quinquagenos et sexagenos (tirones), Vopisc. Prob. 14, 7: si se vallis interserat, Pallad. 9, 11, 2: übtr.: in der Rede, has exornationes, Rhet. Her. 4, 32: nihil doli, nihil fraudis, Ambros. de off. 3, 6, 40: causam interserens, unter dem Vorgeben, Nep. Milt. 4, 1.

intersertio, ōnis, *f.* (2. intersero) = ἐπιφωνούμενον, der **Ausruf,** als rhet. Fig., Auct. carm. de fig. 73. p. 66 H.

inter-sisto, stitī, ere, **I mitten innehalten, absetzen,** v. Redner, Quint. 8, 3, 45; 10, 7, 10: v. der Rede usw., Quint. 9, 4. § 18 u. 33. – unpers., quasi intersistatur, Quint. 9, 4, 36; ubi clausulis intersistatur, Quint. 9, 4, 106. – **II dazwischentreten,** Vulg. sap. 18, 23 (wo Perf.).

1. **inter-situs,** a, um, **dazwischen gelegen, -befindlich,** areā vacanti intersitā, Ael. Gall. bei Gell.: nullis ossibus spinisve intersitis, Plin.: secundi quattuor (venti) intersiti sunt *inter* primores duos apud orientem occidentemque, Apul.: *inter* deos atque homines naturā et loco quasdam divorum potestates intersitas, Apul.

2. **intersitus,** a, um, *Partic.* v. 1. intersero, s. d.

inter-sono, āre, **dazwischentönen,** mediis intersonat Orpheus remigis, singt mitten zwischen den Ruderern, Stat. Theb. 5, 344.

inter-spatium, iī, *n.*, der **Zwischenraum, Abschnitt,** diei interspatia, Tert. de orat. 20 *in.*

inter-spergo, spersī, spersum, ere (spargo), **I zwischenhinein bestreuen, -besprengen,** interspersus rarā canitie, Apul. met. 5, 15. – **II zwischen hineinstreuen, -sprengen,** Apul. apol. 40.

interspīrātio, ōnis, *f.* (interspiro), die **Pause, um Atem zu holen,** Cic. de or. 3, 173: mustum a balneis raptim et sine interspiratione potum necat, ohne abzusetzen, Plin. 23, 29.

inter-spīro, āre, »dazwischen Atem holen«; übtr. = **Luft zulassen,** von Gefäßen, die nicht ganz geschlossen sind, Cato r. r. 112, 1.

inter-sterno, (strāvī), strātum, ere, **zwischen hineinbreiten, -legen,** arenae vice bitumine interstrato, dazwischen gestrichen, Iustin. 1, 2, 7: assulis taedae interstratis, Plin. 29, 34.

interstes, stitis (inter u. sto), **dazwischen befindlich,** Tert. adv. Marc. 4, 33.

interstīnctio, ōnis, *f.* (interstinguo), **I** die **Unterscheidung,** singulorum, Arnob. 6, 12. – **II** passiv, das Unterschiedensein = die **Abwechslung,** der **Wechsel,** Arnob. 6, 3.

1. **inter-stinguo,** stīnctus, ere, **hin und wieder** mit etw. **besetzen,** lapis interstinctus aureis guttis, Plin.: aureum capitis arietini figmentum interstinctum lapillis, Amm.: facies interstincta medicaminibus, mit Pflastern wie besät, Tac.

2. **inter-stinguo,** ere, **auslöschen, I** eig., im Passiv = **erlöschen,** ignem interstingui, Lucr. 5, 759 (761): nivalibus interstinctus aquis triumphat ardor, Mart. Cap. poët. 9. § 915. – **II** übtr., **den Garaus machen, hinmorden,** alqm, Apul. met. 4, 12.

interstitiēs, ēī, *f.* (intersisto), der **Zwischenraum,** Chalcid. Tim. 93.

interstitio, ōnis, *f.* (intersisto), **I** das **Stillstehen,** der **Stillstand,** negotiorum, Gell. praef. § 1: iuris quasi interst., Gell. 20, 1, 43. – **II** der **Unterschied,** duarum rectarum, Gromat. vet. 298. – **III** der **Zwischenraum,** limitaris, Gromat. vet. 206, 8.

interstitium, iī, *n.* (intersisto), der **Zwischenraum, a** im Raum, Plur. b. Macr. sat. 1, 6. § 36 u. 40. – **b** in der Zeit, aequinoctialis temporis interstitia, Mart. Cap. 6. § 600: quantum interstitii dies habet, *ibid.* 6. § 601: similibus interstitiis paribusque horis, *ibid.* 6. § 593.

inter-sto, stetī, u. stitī, āre, **dazwischenstehen, -sein, a** im Raum, m. *Acc.*, interstatque iugo mediam (Asiam), Avien. descr. orb. 840. – **b** in der Zeit, dum ad Chionitas et Eusenos haec scripta mittuntur, tempus interstitit longum, Amm. 16, 9, 4: cum tempus interstetisset exiguum, Amm. 22, 11, 3.

inter-strepo, ere, **dazwischen hineinkreischen, -rauschen,** m. *Acc.*, Phrygias urbes, Claud. rapt. Pros. 3, 103: m. *Dat.*, mediis undis, v. Nereus, Claud. in Rufin. 2, 303.

inter-stringo, ere, **zuschnüren,** alci gulam, Plaut. aul. 659.

inter-struo, ere, **I zusammenfügen,** artus, Sil. 10, 149. – **II dazufügen,** nullam distinctionem, Tert. adv. Marc. 4, 39.

inter-sum, fuī, esse, **I** *pers.*: **A dazwischensein, sich dazwischen befinden, dazwischenliegen, a** im Raum: Tiberis inter eos interesset, Cic.: via interest, Liv. – **b** übtr., v. der Zeit, inter primum et sextum consulatum XLVI anni interfuerunt, Cic.: anni triginta interfuere, sind dazwischen verflossen, Liv. – **B entfernt sein, 1** eig.: clatros interesse oportet pede, Cato r. r. 4. – **2** übtr., **verschieden sein, sich unterscheiden,** hoc pater ac dominus interest, darin usw., Ter.: mit *Genet.*, quoniam τὸ νεμεσᾶν interest τοῦ φθονεῖν, zwischen Unwillen u. Schadenfreude ein Unterschied ist, Cic. – quod ab eo nihil intersit, Cic.: in his rebus nihil omnino interest, es ist gar kein Unterschied, Cic.: interest aliquid inter laborem et dolorem, es ist einiger Unterschied zwischen usw., Cic.: illud quoque multum interest in rudi terra an … an etc., Varro: tantum id interest, veneritne … an etc., Liv. – **C bei** etw. od. jmd. **gegenwärtig sein,** einer Sache **beiwohnen, an** ihr **Anteil nehmen,** mit *in* u. Abl., in convivio, Cic.: omnibus in rebus, die Hand im Spiel haben, Cic.: m. *Dat.*, negotiis, convivio, Cic.: apud alqm cenulae eius, Apul.: intererit Satyris paulum pudibunda protervis, die Tragödie (personif.) wird Teilnehmerin am Satyrspiel sein, Hor.: interfuit sacrificanti, war mit gegenwärtig bei dem Opfer, das er brachte, Suet. – absol., ac si ipse interfuerit, Cic.: u. übtr. v. Lebl., ratiocinatio dicitur interfuisse, Cic.

II *impers.*, interest = **es ist ein Unterschied, es macht einen Unterschied, es ist von Wichtigkeit, es ist daran gelegen, es verschlägt, α** absol., oder mit *Genet.* der Person od. Sache, der an etwas gelegen ist, außer wenn die Person durch ein *Pronom. pers.* bezeichnet wird, wofür der *Abl. fem. gen.* meā, tuā, suā, nostrā, vestrā steht, zuw. auch cuiā (statt cuius). – **β** mit *ad* u. Akk. der Sache, **hinsichtlich welcher?** an etwas gelegen ist. – **γ** mit Angabe des **wieviel?** einem daran gelegen ist, durch die Neutra multum, quantum, tantum, plus, plurimum, nihil etc.; od. durch *Advv.*, wie maxime, vehementer, quanto opere (quantopere); od. durch *Genet.* des Wertes, wie magni (viel), permagni (sehr viel), parvi (wenig), minoris (weniger), pluris (mehr). – **δ** mit Angabe der Sache, an der etwas gelegen ist, ausgedrückt durch das Neutrum eines Pronomens, od. durch einen *Infin.*, od. *Acc.* u. *Infin.*, od. durch einen Final- od. einen indirekten Fragesatz, der durch ut od. ne od. durch quod (weil, dass) od. durch ein Relativum od. durch ein Fragewort eingeführt ist. – **Beispiele:** quoniam ipsius interest, Ulp. dig.: quasi rei publicae maxime interesset, Suet.: nam eorum quoque vehementer interest, Cic.: vestrā hoc maxime interest, Cic.: et ideo licet interesse desiit, vel minoris vel pluris interesse coepit, und hat vielleicht das Interesse ganz aufgehört, oder hat es angefangen, geringer oder größer zu sein, Ulp. dig. 2, 13, 8. § 1: quod si laxius volent proferre diem, poterunt vel biduum vel triduum vel ut videbitur; nihil interest, Cic.: non multum interest, Scrib. Larg.: si nihil interest regis (wenn es dem K. nichts verschlägt), peto, ut, dum dico, vinculis liberer, Curt.: id, quod meā intelleges multum, tuā nullam in partem interesse, Cic.: ea caedes si potissimum crimini datur, detur ei cuiā interfuit, non ei, cuiā nihil interfuit, Cic. pro Var. fr. bei Prisc. 12, 29: equidem ad nostram laudem non multum video interesse, Cic.: quantum interesse vis ad rationem petendi? Cic. – interest omnium recte facere, Cic.: interest scire, quale senatus consultum fuerit vel qui dies urbis, cum est nuntiatus interemptus Maximinus, Capit.: quis est hodie, cuius intersit istam legem manere? Cic.: quod eos scire aut nostrā aut ipsorum interest, Cic.: suspicarer multum interesse rei familiaris tuae te quam primum venire, Cic.: semper ille quantum interesset P. Clodii se perire cogitabat, Cic.: sed Atheniensium quoque plus interfuit firma tecta in domiciliis habere, quam Minervae signum ex ebore pulcherrimum, Cic.: docet, quanto opere rei publicae communisque salutis intersit, manus hostium distineri, Caes.: magis nullius interest quam tuā, T. Otacili, non imponi cervicibus tuis onus, sub quo concĭdas, Liv.: magni interest meā unā (zusammen) nos esse, Cic.: magni est Ciceronis vel meā potius vel mehercule utriusque me intervenire discenti, Cic.: quamquam magni ad honorem nostrum interest, quam primum ad urbem me venire, Cic.:

vehementer interfuit rei publicae nullam videri in eiusmodi causa dissensionem esse, Cic.: omnem potentiam ad unum conferri pacis interfuit, Tac.: vehementer intererat vestrā liberos vestros hic potissimum discere, Plin. ep.: permagni nostrā interest te, si comitiis non potueris, at declarato illo Romae esse, Cic. – interest, ut sciatur, quem ad modum Tacitus imperator sit creatus, Vopisc. Tac. 3, 1: illud magni meā interest, te ut videam, Cic.: utriusque nostrûm magni interest, ut te videam, ante quam decedas, Cic.: non tam suā quam rei publicae interesse, ut salvus esset, Caes. bei Suet.: verane haec affirmare non ausim; interest tamen exempli, ut vera videantur, Plin. ep.: vestrā interest, ne imperatorem pessimi faciant, Tac.: illius interesse, ne faciat moram, Phaedr. – neque multum interest, quod (dass) nondum per numeros distributi sunt, Plin. ep. 10, 30 (39), 2. – in maximis motibus mutationibusque caeli nihil interest, qui ventus, qui imber, quae tempestas ubique sit, Cic.: quoniam non tam interest, quo animo scribatur (liber), quam quo accipiatur, Cic.: si negaret quicquam interesse ad beate vivendum, quali uteretur victu, concederem, Cic.: sed plane plurimum interest, quantae qualesque inter eas remissiones sint, Cels.: numquam enim interest, uter sit eorum in pede extremo, Cic.: nihil interest, quo modo solvantur (nodi), Curt.: quod si in philosophia tantum interest, quem ad modum dicas, quid tandem etc., Cic.: quid autem illius interest, quoniam in senatum non venis, ubi sis? Cic. – nam ut nihil interest, utrum nemo valeat an nemo possit valere, sic non intellego, quid intersit, utrum nemo sit sapiens an nemo esse possit, Cic.: multum interest, utrum aliquis beneficium nobis det nostrā causā an et suā, Sen.: non multum interest, utrumne de furto aut formula et interdicto dicendum habeas, an de ambitu comitiorum, Tac. dial.: ut sit voluptas in iis rebus, necne sit, ad id quod agimus nihil interest, Cic.: Theodori quidem nihil interest, humine an sublime putescat, Cic.: omnisne locus eiusmodi est, ut nihil intersit rei publicae, colonia deducatur in eum locum necne? Cic.: ea vos rata habeatis, necne, magis rei publicae interest quam meā, Liv.: nihil enim interest, dactylus sit extremus an creticus, Cic.: o te ineptum, si putas meā interesse, supra terram an infra putrescam, Sen. – *longe* interesse manifestum est, possideat quis quae profert an mutuetur, Tac. dial. 32 *in.* – Selten steht ein bestimmtes Subjekt zur Angabe dessen, woran gelegen ist, im Nominativ, wie: in Epirum ad te statui me conferre, non quo meā interesset loci natura, sed etc., Cic. ad Att. 3, 19, 1. – ► arch. Konj. Präs. intersiet, Ter. eun. 685. Lucil. 338.

intertālio, āre (inter u. talea), **ausästen, lichten,** Non. 414, 27.

inter-texo, texuī, textum, ere, **I hin und wieder einweben, -einflechten,** flores hederis intertexti, Ov. met. 6, 128. – **II hin und wieder** mit etwas **durchweben,** chlamys auro intertexta, Verg. Aen. 8, 167: intertexta pluribus notis vestis, Quint. 8, 5, 28: übtr., regio intertexta vineis, Salv. de gub. dei 7, 2, 8: caelestia intertexentia mundum, *Plin. 2, 30 D. – **III ineinander verweben** = zusammenfügen, partes eius (mundanae animae) ex pari et impari numero, Macr. somn. Scip. 1, 6. § 2.

intertīgnium, iī, *n.* (inter u. tignum), der Raum zwischen zwei Balken, die **Zwischentiefe,** Vitr. 4, 2, 4.

inter-traho, trāxī, ere, unter der Hand **entziehen,** alci alqd, Plaut. Amph. 673.

intertrīginōsus, a, um (intertrigo), voll wundgeriebener Stellen, **wundgerieben,** Not. Tir. 112, 5.

inter-trīgo, trīginis, *f.* (*inter-tero; vgl. Varro LL. 5, 176), eine durch Reiten, Gehen usw. wundgeriebene Stelle, ein **Wolf,** Sing. u. Plur., Scriptt. r. r. u. Plin.

inter-trīmentum, ī, *n.* (inter u. tero), **I** der **Abgang** (vom Metall usw.) **durch Abreiben** (vgl. Varro LL. 5, 176), argenti, der beim Einschmelzen verflüchtigte (vierte) Teil, Liv.: purpura teritur, absumitur; in auro praeter manus pretium nihil intertrimenti fit (geht nichts verloren), Liv.: culleorum, die Abnutzung, ICt. – **II** übtr., der **Verlust, Schaden,** die **Einbuße,** sine magno intertrimento, Ter. heaut. 448: sine ullo intertrimento, Cic. II. Verr.. 1, 152: nullum in iis nominibus intertrimenti (Unterschleif) aut deminutionis (Abzug) vestigium reperietur, Cic. Font. 3.

intertrītūra, ae, *f.* (inter u. tero), die **Abnutzung durch Reiben,** culleorum, Scaev. dig. 13, 7, 43 *extr.*

inter-turbo, āre, **Verwirrung-, Störung machen (anrichten), stören, unterbrechen,** ne interturba, Plaut. Bacch. 733: *Ch.* Quis homo istuc? *Pa.* Davos ... *Ch.* Davos? interturbat, Ter. Andr. 663 *ed. Klotz*: sed et supra et nunc interturbat Davus, ne mulier totum dicat, Donat. Ter. Andr. 4, 4, 13: nullo etiamtum interturbante, Amm. 18, 2, 5 (vgl. 26, 4, 4; 31, 12, 12): qui non interturbat orationem suam, Donat. Ter. Andr. 5, 2, 13: qui interturbare gestit affectum, Ambros. in psalm. 38. § 6 (vgl. in psalm. 118. serm. 12. § 1).

interulus, a, um (*Demin.* v. *interus), **inwendig, innerlich,** nexus, Mart. Cap. 9. § 888. – insbes., tunica interula, u. subst., interula, ae, *f.,* die **innere Tunika,** das innere, aus Leinwand verfertigte Untergewand, Hemd, das sowohl Männer als Frauen trugen, tunica interula, Apul. flor. 9. p. 11, 1 Kr.: bl. inter., Apul. met. 8, 9: interulae dilores duae, Vopisc. Bonos. 15, 8: interulae purae duae, Treb. Poll. Claud. 14, 10: interulae paragaudiae (bortierte), Valerian. b. Vopisc. Prob. 4, 5.

inter-undātus, a, um, **dazwischen gewässert, -geflammt, moiriert** (franz. *moiré*), hoc fulvum nigrantibus segmentis interundatum, Solin. 17, 5.

interūsūrium, iī, *n.* (inter u. usura), der **inzwischen eintretende Zinsengenuss,** die **Zinsen der Zwischenzeit,** Ulp. dig. 15, 1, 9. § 8. Paul. dig. 31, 82 pr. Ulp. dig. 35, 2, 66.

interutrâque, *Adv.* (inter u. uterque), **zwischen beiden hin** od. **durch,** Lucr. 2, 518; 5, 472, 476, 836 B. u. L. (Brieger interutrasque).

inter-vaco, āre, **dazwischen leer sein,** Colum. 4, 32, 2.

inter-vādo, vāsī, ere, **dazwischenkommen,** Tragic. inc. fr. 90 *codd. optt.* (von Bücheler geschützt; Ribbeck evasit).

intervāllo, (āvī), ātum, āre (intervallum), **in Zwischenräumen eintreten lassen,** bes. Partiz. intervāllātus, **in Zwischenräumen eingetreten,** et licet potuit (so groß auch sein Einfluss war), quoad vixit, ingentia largiendo et intervallando potestates assiduas, durch die hohen Summen, die er verschenkte, und durch die hohen Ämter, die er immer eins nach dem anderen erhielt, Amm. 27, 11, 2: intervallatae febres, Wechselfieber, Amm.: haec biduo medio intervallata febris, das zwei Tage aussetzt, Gell.: intervallato brevi tempore, nach Verlauf einer kurzen Zeit, Amm.: ähnlich intervallatis moris, Amm.: intervallatis diebus, Cael. Aur.

intervāllum, ī, *n.* (inter u. vallus), eig. der »Raum zwischen zwei Schanzpfählen«; dah. **I** der **Zwischenraum, 1** räuml.: **a** übh.: der **Raum,** die **Entfernung,** signi, Cic.: locorum et temporum, Cic.: intervalla siderum *a* terra, Plin.: intervallis, mediis in intervallis, per modica intervalla, Curt.: per intervalla digitorum, Öffnungen, Suet.: pari intervallo, in gleicher Entfernung, Caes.: ex intervallo, von weitem, von fern, Liv. 48, 44, 8; u. weiter unten (in der Rede), Gell. 15, 12, 4. – **b** insbes., **α** als *t. t.* der Geometrie, der **Raum,** Cic. de or. 1, 187 (Plur.). – **β** als *t. t.* der Musik, die **Stufe,** intervalla sonorum, Cic. Tusc. 1, 41; vgl. Cic. de rep. 6, 18. – **2** zeitl., **a** übh.: die **Zwischenzeit, Pause** (auch in der Rhetor. u. Metrik), Cic.: litterarum mearum (meiner Briefe), Cic.: annuum regni, das Interregnum, Liv.: hoc intervalli datum, Zeit, Frist, Liv.: sine intervallo cibum dare, ohne Zeitverlust, Varro: longo intervallo, nach langer Zeit, Cic.: ex intervallo, nach geraumer Zeit (Ggstz. confestim), Cic.: ex tanto intervallo, Liv., od. tanto intervallo, Cic., nach so langer Zeit: vitia ex intervallis redeuntia (Ggstz. continua), Sen. – **b** insbes., **α** der **Ruhepunkt, Haltepunkt,** die **Pause** in der Rede, sine intervallo loquacitas, ohne abzusetzen, Cic.: intervallo dicere, Cic. – **β** die **freie Zeit, Pause, Erholung,** intervalla negotiorum, Vell.: intervalla dare, Cic.: repetendis consulatibus intervalla permittere, Plin. pan. – **II** übtr., **a** die **Zwischenstufe,** Quint. 12, 10, 66. – **b** der **Unterschied, Abstand,** Cic. de lege agr. 2, 89; Rab. perd. 15.

inter-veho, mitten hineinziehen; dah. Partiz. Perf. intervectus = **mit-**

ten hineinragend, duae arbores caelum ferme proceritudine intervectae, Iul. Val. 3, 24. p. 132, 14 K.

inter-vello, vellī, vulsī, vulsum, ere, **I mitten herausreißen,** übtr. bei Quint. 10, 7, 5: aliquid ex illis, Quint. 12, 9, 17. – **II** prägn., **hier und da berupfen,** alas, Plaut. Amph. 326: barbam, Sen. ep. 114, 21. – bes. als *t. t.* der Landw., **auslichten, ausschneiteln, ausästen,** semina, Colum.: arbores, Colum.: poma, Plin.

intervēnia, ōrum, *n.* (inter u. vena), die **Zwischenräume** in der Erde, die **Klüfte, Querspalten,** Vitr. 2, 6, 1 u. 2, 7, 2; 8, 1, 2. Pallad. 9, 8, 3: intervenia fistulosa terrae, Vitr. 8, 7 (6), 12.

inter-venio, vēnī, ventum, īre, **dazwischen-, dazukommen, -treten, I** eig., **während** einer Handlung usw.-, **währenddessen-, inzwischen kommen, -sich einfinden, sich einstellen, -erscheinen, zu** etw. **dazukommen,** m. *Dat.*, sponsae, Ter.: huic orationi, Liv. (u. so cui sermoni nos intervenimus? Cic.): bellis Germanicis, incendio, während der Kr., bei dem Br. sich einfinden, Suet.: alci quiritanti, jmd. um Hilfe rufend treffen, Liv.: alienae gloriae (bei anderer Ruhmestaten), Tac.: num parum tempestivus interveni secretum consilium et alicuius causae meditationem tractantibus, ich komme euch, die ihr in geheimer Sitzung eben den Gang eines Prozesses verhandelt, wohl ungelegen, Tac. – neminem curiosum intervenire nunc mihi, qui etc., in die Quere kommen, Ter. – absol., nam ut numerabatur forte argentum, intervenit homo de improviso, Ter.: quod cum facere vellent, intervenit M. Manilius, Cic.: quam orationem cum ingressus esset, Cassius intervenit, Cic.: casu Germani equites interveniunt, erscheinen mittlerweile, Caes.: secretum denegavit nisi ut interveniret Macro, dabei sich einfände, zugegen wäre, Suet. – *Pass. impers.*, ubi de improviso est interventum mulieri, man der Frau über den Hals kam, Ter. heaut. 281. – **II** übtr.: **1** v. Lebl.: **a dazwischentreten, -liegen, -fließen** u. dgl., via publica, medius paries intervenit, ICt.: intervenit fluvius od. flumen, Curt.: flumine interveniente, Plin. u. ICt.: interveniente candidā gemmā, mitunter darin vorkommt, Plin. – interveniebat illud dulce (im Stil), Sen. ep. – **b** der Zeit nach zwischen etwas **dazwischen fallen, -eintreten,** u. es **so unterbrechen,** mit *Dat.*, nox intervenit proelio, Liv.: bl. nocte interveniente, Eutr.: hiems aspera rebus gerendis intervenit, Liv.: plangor intervenit verbo omni, bei jedem Wort schlug er sich an die Brust, Ov. – mit *Acc.*, ludorum dies, qui cognitionem intervenerant, zwischen die U. gefallen waren, Tac. ann. 3, 23. – **c** v. Zuständen u. Ereignissen = zwischen od. über (während) etwas-, **währenddessen** od. **dabei eintreten, -stattfinden, -vorfallen, -mit unterlaufen, -ins Spiel kommen,** u. so den gewöhnlichen Gang **unterbrechen,** dem Fortgang **entgegenstehen, α** m. *Dat.* der Sache, intervenit his cogitationibus avitum consilium, zwischen diese Entwürfe trat usw., Liv.: Sabinum bellum coeptis intervenit, unterbrach das Unternehmen, Liv. – mit *inter* u. Akk., narrabit omnem rem, quae inter nos intervenerit, Ter. – absol., casus mirificus quidam intervenit, Cic.: irae interveniunt, es fällt Verdruss vor, Plaut.: quamquam et offensis intervenientibus, Suet. – haec cum fabula data est, novum intervenit vitium et calamitas, Ter.: ultimum de caelo, quod comitia turbaret, intervenit, Liv.: affinitatem, cognationem, praeterea foedus intervenisse, sei hindernd eingetreten, Sall. – **β** m. *Dat.* der Person, jmdm. gleichs. **in den Weg treten** = jmdm. **zuteil werden, widerfahren, sich ereignen,** nulla mihi res posthac potest iam intervenire tanta, quae etc., Ter.: exigua fortuna intervenit sapienti (Übersetzung von Epikurs Ausspruch: βραχεῖα σοφῷ τύχη παρεμπίπτει), Cic.; vgl. raro sapienti intervenit fortuna, Sen. – **2** v. Personen = vermittelnd od. hindernd **ins Mittel treten, -sich ins Mittel schlagen, -legen, sich einmengen, sich** jmds. od. einer Sache **annehmen, a** im Allg.: interveniens villicus, Suet.: interveniens et quasi studiosior partis alterius, Suet.: rebus nepotis, Apul.: eam (terram matrem) rebus hominum intervenire, wirke ein auf usw., Tac.: quis vestro deus interveniebat amori, trat hindernd zwischen eure Liebe, Calp. – **b** insbes.: **α** als publiz. *t. t.*, von Behörden = **durch sein Ansehen entscheiden, sein Ansehen geltend machen, einschreiten,** v. Fürsten, Senat, Prätor usw., Suet. u. ICt.: m. *pro* u. Abl., pro sociis, Flor. 1, 13, 6: m. folg. *ne* u. Konj., eatenus interveniebat, ne quid perperam fieret, Suet. Tib. 33. – **β** als gerichtl. *t. t.* = vor Gericht als Bürge od. Kläger für jmd. **eintreten,** pro alqo, in alqd u. absol., oft bei ICt.

interventio, ōnis, *f.* (intervenio) = μεσητία (μεσετεία), die **Dazwischenkunft, Vermittlung,** Gloss. II, 89, 14: Plur. bei Ulp. dig. 4, 4, 7. § 3.

interventor, ōris, *m.* (intervenio), **I** ein dazwischenkommender-, **störender Besucher,** ein **Störenfried,** liberiore et magis vacuo ab interventoribus die, Cic. de fato 2. – **II** die **Mittelsperson,** der **Vermittler, a** durch Gutsagen, ICt. – **b** durch Fürbitte, Lampr. Commod. 4, 7. Paul. Nol. carm. 23, 195.

interventus, ūs, *m.* (intervenio), **I** die **Dazwischenkunft,** noster, Cic.: hominis, Cic.: amnis, Plin.: lunae (bei der Sonnenfinsternis), Plin.: noctis, Caes.: familiaris negotii, Symm.: malorum, Cic. – **II** die **Vermittlung, Verwendung seiner Mühe,** der **Beistand,** Plin. ep., Suet. u. a.

interversio, ōnis, *f.* (interverto), **I** die **Hintertreibung, Vereitelung,** Tert. adv. Marc. 1, 20. – **II** die **Entwendung, Unterschlagung,** Cod. Iust. 10, 70, 12.

1. **inter-versor,** ārī, **zwischendurch sich bewegen,** v. Fischen = **zwischendurch schwimmen,** Plin. 9, 157.

2. **interversor,** ōris, *m.* (interverto), der **Unterschlager, Entwender,** Cod. Iust. 10, 1, 8. Augustin. in psalm. 99, 10. Cassian. coenob. inst. 4, 20 u. a. Eccl.

interversūra, ae, *f.* (interverto), die **Krümmung,** Gromat. vet. 33, 4; 192, 7 u. a.

inter-verto (**-vorto**), vertī (vortī), versum (vorsum), ere, gleichs. »unterwenden«, **I** = nach einer anderen Richtung **hinwenden, 1** eig.: in extremis partibus semicaniculi intervertantur, auf die beiden Ecken verteile man Halbschlitze, Vitr. 4, 3, 5. – **2** übtr. = **umkehren, umwandeln,** pass. medial (im üblen Sinne) = **umschlagen,** neque enim *recta ingenia* qualem in adulescentiam spem sui fecerant, usque in senectutem pertulerunt, sed *interversa plerumque sunt,* Sen. ad Marc. 22, 2. – **II** insbes., etwas von dem Wege seiner Bestimmung ab- u. sich zuwenden, d. i. **A auf die Seite bringen, entziehen, unterschlagen, 1** eig.: **a** im Allg.: argentum, Plaut.: regale donum, Cic.: pecuniam vestram, Petron.: publica vectigalia, Suet.: noviens miliens HS paucissimis mensibus, den Staat bringen um usw., Tac.: rationes, Frontin.: aquae ductum, dem öffentlichen Gebrauch entziehen, Scaev. dig. – **b** prägn., jmd. **um** etwas **bringen, prellen,** alqm muliere, Plaut.: alqm argento, Plaut.: alqm possessione fundi, Gell.: u. bl. alqm, Plaut. – **2** übtr.: **a** gleichs. **auf die Seite bringen, unterschlagen,** promissum et receptum (consulatum) intervertere et ad se transferre, Cic.: posse se interversā aedilitate a L. Pisone praetorem renuntiari, mit Unterschlagung = mit Übergehung, Cic. – **b unterdrücken,** veritas olim interversa nunc se effert, Apul. apol. 83. – bes. als publiz. *t. t.* = **unterdrücken, niederschlagen,** querelam (eine Klage), fideicommissum, ICt.: publica iura, ICt. – **B** statt anderweitig zu verwenden **durchbringen, verschwenden,** omnis ebriosus intervertendo nudus remaneat, Fulg. myth. 2, 12.

inter-vibro, āre, **dazwischen schimmern,** Mart. Cap. 6. § 586.

inter-vigilo, āre, **inzwischen wachen,** Lampr. Alex. Sev. 61, 3.

inter-vireo, ēre, **dazwischen hervorgrünen,** m. *Dat.*, semita discretis interviret umida nimbis, Claud. rapt. Pros. 2, 100: laetisque (anguis) minax interviret herbis, Stat. Theb. 4, 98: absol., **grünlich dazwischen schimmern,** eximii intervirente glauci et caeruli temperamento, Solin. 52, 61: marmoris herbosi radians interviret ordo, Sidon. carm. 5, 39.

inter-vīso, vīsī, vīsum, ere, **I nach** etw. **sehen, unter der Hand nachsehen,** crebro interviso, ich sehe oft danach, Cic. ad Q. fr. 3, 1, 2. § 6: intervisam domum, nach Hause sehen (= gehen), Plaut. aul. 202. Plaut. Stich. 147: nunc interviso, iamne a portu advenerit, *ibid.* 456: ego intervisam quid faciant coqui, Plaut. aul. 363. – **II** insbes., jmd. **von Zeit zu Zeit besuchen, -aufsuchen,** jmdm. **von Zeit zu Zeit ei-**

nen Besuch machen, alqm, Cic. ep. 7, 1, 5. Suet. Aug. 24, 1: manipulos, Tac. ann. 1, 69.

inter-vōcāliter, *Adv.*, **in Zwischenräumen vernehmlich,** Apul. met. 9, 30.

intervolito, āre (*Intens.* v. intervolo), **dazwischen herumfliegen** od. **-flattern,** inter alia prodigia et carne pluit, quem imbrem ingens numerus avium intervolitando rapuisse fertur, Liv. 3, 10, 6.

inter-volo, āvī, āre, **dazwischen hinfliegen, I** eig., v. Vögeln, Colum. 8, 10, 1. Amm. 22, 8, 14 (wo synk. Plusquam-Perf. intervolasset). – **II** übtr. = **dazwischen hineilen,** medias intervolat urbes (zu Schiff), Val. Flacc. 2, 613: fuscas intervolat auras hasta, Stat. Theb. 2, 539: m. *Dat.*, oculis intervolat Idmon, schwebt vor Augen, Val. Flacc. 5, 27.

inter-vomo, ere, **dazwischen ergießen, -von sich geben,** dulces inter salsas undas, Lucr. 6, 894: übtr., tenebras hinc blasphemiae intervomunt, Tert. adv. Marc. 2, 20.

intervorto, s. inter-verto.

1. **in-tēstābilis,** e, **I** eig., **unfähig, Zeuge zu sein** od. **ein Testament zu errichten,** XII tabb. u. ICt. – **II** übtr., **ehrlos, verflucht, verabscheut, ein Gegenstand des Abscheus, abscheulich,** v. Pers., Plaut., Hor. u. Sall.: periurium, infamierender M., Liv.: ars magica, Plin.: mit *Abl.* (durch), saevitiā, Tac. ann. 6, 51. – *Compar.* b. Sall. u. Tac. – Vgl. Hor. sat. 2, 3, 181 u. Sall. Iug. 67, 3.

2. **intēstābilis,** e (in u. 2. testis, Hode) = 2. intestatus u. in dems. Doppelsinne wie dieses, Plaut. Curc. 30; mil. 1417.

1. **in-tēstātus,** a, um, **I der vor seinem Tod kein Testament gemacht hat,** Cic.: dah. intestato (Abl.) u. ab intestato, ohne Testament, intestato mori, Cic.: ab intestato heres, ICt. – **II durch keine Zeugen überführt,** Plaut. Curc. 695. – **III** = 1. intestabilis *no.* I, im Doppelsinne mit 2. intestatus, s. d.

2. **intēstātus,** a, um (in u. 2. testis, die Hode) = ἄνορχος, **hodenlos, entmannt, kastriert,** im Doppelsinne mit 1. intestatus, etwa der **Zeugungskraft beraubt,** Plaut. mil. 1416.

1. **intestīna,** ōrum, *n.*, s. intestīnus.

2. **intestīna,** ae, *f.*, s. intestīnus.

intestīnārius, iī, *m.* (intestinus), **einer, der eingelegte Arbeiten verfertigt,** ein **Kunsttischler,** Cod. Theod. 13, 4, 2. Vgl. Gloss. III, 307, 49 (intestinarius, τορνευτής, ἐντορνευτής).

intestīnus, a, um (intus), **I inwendig, innerlich, a** intestinum opus, die **eingelegte Arbeit** des Kunsttischlers, Varro, Vitr. u. a.: so auch Plur. subst., intestīna, ōrum, *n.*, Plaut. Pseud. 343. – **b** intestīnum, ī, *n.*, der **Darm,** auch der **Darmkanal,** u. Plur. intestīna, **Därme, Gedärme, Eingeweide,** bes. im Unterkörper (während exta = die edleren Eingeweide im Oberkörper), int. medium, nach e. = das Gekröse (μεσεντέριον), Cic.: int. tenuius, crassius, ieiunum (Leerdarm), rectum (Mastdarm), summum (Zwölffingerdarm), Cels.: intestinum farcire, eine Wurst machen, Apic. u. Isid. (vgl. fartum intestinum e crassundiis, Varro LL.): intestina alci crepant, crepitant, murmurant, der Magen knurrt jmdm., Plaut.: ex intestinis laborare, Bauchgrimmen haben, Cic.: creberrimo frigidae aquae usu intestina vitiare, Suet. – Heterokl., intestīna, ae, *f.*, Apic. 2, 59 Sch.; Plur. intestīnae, ārum, *f.*, Petron. 76, 11. – **II** insbes.: **a** der **innere** = im Innern des Staats od. der Familie hausend usw., **einheimisch** (Ggstz. externus), pernicies, Cic.: bellum, Cic. u. (scherzh. = häuslicher Unfriede) Rutil. Lup.: malum, Liv.: discordia, Iustin.: caedes, Verwandtenmord, Liv. – **b innerer** = im Innern der Seele, **subjektiv** (Ggstz. oblatus, objektiv), Cic. Acad. 2, 48.

in-texo, texuī, textum, ere, **I hineinweben, -flechten, 1** eig.: **a hineinweben, einweben, einwirken,** in stamine subtemen, einschießen, Hieron. epist. 65, 19: purpureas notas filis albis, Ov.: diversos colores picturae, Plin. (vgl. intextus vestibus color, Petron.): aurum (vestibus), Plin. u. Ps. Cypr.: vestibus litteras, Plin.: purpureae tunicae medium album, Curt.: lineae vestes intexto auro purpurāque distinctae, Curt.: vestes intexto Phrygiae auro, Ov.: aureis litteris in palliorum tesseris intextum nomen suum, Plin.: in qua (palmata) DIVUS CONSTANTINUS PARENS NOSTER intextus est, Auson.: Attalicis iam pridem intexitur invento regum Asiae, Plin.: intexti Britanni, Verg. – **b hinein-, einflechten,** lilia fuscis violis, Claud. rapt. Pros. 2, 128: vimina, Caes. b. G. 2, 33, 2. – **2** übtr.: **a einweben** = **einfügen,** venae toto corpore intextae, Cic.: facta chartis zu Papier bringen, beschreiben, Tibull. – **b** in die Rede **einweben, verflechten,** fabulas, Cic.: Varronem, Cic.: alqd in causa, Cic.: parva magnis, Cic.: incredibilia probabilibus, Cic.: falsa veris, Tertull. – **II** mit etwas **umweben, umflechten, 1** im Allg.: **a** mit etw. **umweben, durchweben, durchwirken,** chlamys purpurea variis coloribus intexta, Rhet. Her.: stragula alba auro in texta, Suet.: purpura auro intexta, Sen. – übtr., sensum tenuiorem verborum ambitu, Petron. 118, 1. – **b** mit etwas **umflechten, umwinden, umschlingen,** hastas foliis, Verg.: camerae intextae (*sc.* arundine), berohrt, Vitr.: hederae solent intexere truncos, umschlingen, Ov. – **2** prägn., umflechtend **zusammenfügen,** calamos cerā, Calp. ecl. 3, 126: eādem figurā ex lino nidum, Plin. 10, 96: carinam praevalidis et electis roboribus, Cypr. epist. 55, 28. – ► Plin. 2, 30 Detl. caelestibus intertexentibus mundum.

intextio, ōnis, *f.* (intexo), das **Einweben, Einfügen,** verborum, Ambros. in Luc. 10, 23. § 118.

intextus, Abl. ū, *m.* (intexo), das **Zusammenfügen,** Plin. 2, 30.

intibum (intybum, intubum), ī, *n.* u. **intibus** (intybus, intubus), ī, *c.*, die **Zichorie,** teils die wildwachsende mit blauen Blumen (*Cichorium Intybus,* L.), teils die in Gärten gezogene, unsere **Endivie** (*Cichorium Endivia,* L.), **α** Form *-um,* Sing., intubum erraticum, Plin. 19, 129: intubum silvaticum, nach Schuch = Krebsblume, Warzenkraut (heliotropium Europaeum), Gargil. de cur. boum 12. Isid. orig. 17, 9, 37: Plur. intiba, Ov. met. 8, 666. Verg. georg. 1, 120; 4, 120. Colum. poët. 10, 111 *cod. Sang.* (Schneider intyba). Edict. Diocl. 6, 3: intuba, Cael. Aur. de morb. acut. 2, 37, 210; vgl. Charis. 100, 26. – **β** Form *-us,* intibus, Pomp. com., Lucil. u. Scriptt. r. r. (Schneider intybus): intubus, Cels., Plin. u. Scrib. Larg.: Plur. intubi, Plin. 19, 129.

intimātio, ōnis, *f.* (intimo), die **Mitteilung, Eröffnung, Bekanntmachung, Anzeige,** Mart. Cap. 4. § 897. Cod. Iust. 9, 40, 1. Chalcid. Tim. 200: turpissimum intimationis (Testamentseröffnung) genus, Cod. Iust. 6, 23, 23.

intimātor, ōris, *m.* (intimo), der **Mitteiler, Eröffner,** stultus int. non nullarum rerum, Ratgeber bei usw., Capit. Pertin. 10, 9.

intimē, *Adv.* (intimus), **I im Innersten,** Apul. met. 2, 7: *Compar.*, intimius habere in pectore, CIL 9, 2826. – **II** übtr.: **a vertraulich,** utebatur intime Hortensio, Nep.: arto contubernio intime iunctus, Apul. – **b angelegentlich,** commendari ab alqo, Cic. ad Q. fr. 1, 2, 2. § 4.

Intimeliī, s. Intemeliī.

in-timidē, *Adv.*, **furchtlos,** im *Compar.*, intimidius incedere, Amm. 26, 6, 17.

intimo, āvī, ātum, āre (intimus), **innen (inwendig) hineinfügen, -tun, -bringen, I** eig.: partem gurgiti, Solin.: intimis eius inspirationem proprio flatu, einflößen, Chalcid. Tim.: Nilus mari intimatur, fließt hinein, Solin.: nullus clavus argentum intimat tabulis, Tert. – **II** übtr.: **A beibringen, einprägen,** sibi alqd, Tert.: cuncta eius auribus, Mart. Cap. – **B mitteilen, eröffnen, bekannt machen, berichten, anzeigen,** alci alqd, Eccl., spät. ICt. u. a. Spät.: ea (hoc) *de* alqa re, Scriptt. r. r. u. Mart. Cap.: m. *Acc.* u. *Infin.*, *ibid.*: m. *ut* u. Konj., Spart. Pesc. 7, 3: m. folg. indir. Fragesatz (m. *qui, quid* u. dgl.), Mart. Cap. 4. § 343 u. 7, 743. – **C verständlich machen,** alqd, Chalcid. Tim. 274. 308. 322.

intimus, a, um, s. interior.

intīnctio, ōnis, *f.* (intingo), das **Eintauchen, a** übh.: buccellae, Hieron. epist. 125, 1: ferri in aquam, Isid. orig. 19, 10, 1. – **b** prägn., die **Taufe,** Tert. de paenit. 6 u. a. Eccl.

intīnctus, ūs, *m.* (intingo), das **Eintauchen,** konkret = ἔμβαμμα, die **Tunke, Brühe** zum Eintauchen der Speisen, Plin. 20, 65: Plur., Plin. 15, 118.

in-tingo (**intinguo**), tīnxī, tīnctum, ere, **eintauchen, I** im Allg.: faces sanguine, Ov.: alqd in aqua, Vitr.: ita crebrā relatione, quoad intinguntur (so lange als eingetaucht werden) calami, morantur manum, Quint. 10, 3, 31. – **II** insbes.: **A** Speisen in einer Brühe **einlegen, einmachen,** brassicam in acetum, Cato: omnia quae condiuntur quaeque intinguntur, Plin. – **B** **taufen,** Tert. de paenit. 6 *extr.* – ► synk. Perf. intinxti, Plaut. truc. 294.

intitubanter, *Adv.* (in u. titubans v. titubo), **unzweifelhaft,** Boëth. inst. arithm. 2, 1. p. 79, 22 Fr.

in-titulo, āvī, āre, **betiteln,** Rufin. invect. in Hieron. 1, 8.

in-tolerābilis, e, **I** passiv = **unerträglich, a** **unwiderstehlich,** int. vis (Wucht) Romanorum erat, Liv. 6, 32, 8: u. so int. vis elephantorum, Liv. 30, 35, 6. – **b** = **unausstehlich,** frigus, dolor, Cic.: sumptus, Plaut.: saevitia, Liv.: multo intolerabiliorem futurum (v. einer Pers.), Cic.: intolerabilius nihil est quam femina dives, Iuven.: quod intolerabilissimum et indignissimum est, Cassian. de incarn. 5, 15. – in omnes intolerabilis (von einer Pers.), Rhet. Her. – **II** aktiv = **ungeduldig,** Afran. com. 255.

intolerābilitās, ātis, *f.* (intolerabilis) = ἀφορητότης, die **Unerträglichkeit,** Gloss. II, 253, 36.

intolerābiliter, *Adv.* (intolerabilis), **unerträglich,** horrere, Colum. 1, 4, 9: irasci, Porphyr. Hor. carm. 3, 14, 28: flere, Mythogr. Lat. 1, 198.

in-tolerandus, a, um (in u. tolero), **unerträglich, unausstehlich,** Pacuv. fr., Cic. u. a. – *neutr. pl.* subst., multa vana et intoleranda auribus, Gell. 10, 12, 1. – *Adv.* intolerandum, **unerträglich,** Gell. 17, 8, 8.

in-tolerāns, antis, **I** aktiv = **nicht leicht-, nicht gern** jmd. od. etw. **ertragend, unduldsam** gegen usw., **nicht leicht sich** in etw. **findend,** dah. auch = **unmäßig** in etw., m. *Genet.*, vir aequalium intolerans, Tac.: intolerantior secundarum rerum, Liv.: corpora intolerantissima laboris, Liv. – **II** passiv = **unerträglich,** curae, Laev. bei Gell. 19, 7, 10: regreditur ingens gloriā atque eo ferocior et subiectis intolerantior, Tac. ann. 11, 10: quam decora victoribus libertas, quanto intolerantior servitus iterum victis, *ibid.* 3, 45 *extr.*: nihil insultatione barbarorum intolerantius, Flor. 4, 12, 36: nihil fieri posse indignius neque intolerantius, Gell. 13, 8, 5.

intoleranter, *Adv.* (intolerans), **ohne Mäßigung, maßlos, unbändig, übermütig,** dolere, Cic.: intolerantius insequi, Caes.: intolerantius se iactare, Cic.: intolerantissime gloriari, Cic.

intolerantia, ae, *f.* (intolerans), **I** die **Unduldsamkeit,** Gell. 17, 19, 5. – **II** die **Unerträglichkeit, a** übh.: sitis, Oros. 5, 15, 15. – **b** im Benehmen, die **Unerträglichkeit, Unausstehlichkeit,** das **maßlose, leidenschaftliche Benehmen,** der **Übermut,** regum, Cic.: morum, Suet.: illa superbia atque int., jener unausstehliche Stolz, Cic.

intolerātus, a, um (in u. tolero), **nicht genährt, unerquickt, ungestärkt,** aeger, Cael. Aur. de morb. acut. 2, 19, 124.

in-tolero, āre, **nicht ertragen,** Not. Tir. 63, 60 (wo intolerat).

in-tollo, ere, **erheben,** clamorem, Apul. met. 8, 26.

in-tondeo, ēre, **bescheren, beschneiden,** fibrarum summas partes, Colum. 11, 3, 31.

in-tono, tonuī, tonātum, āre, **I** *intr.* **donnern, A** eig.: partibus intonuit caeli pater ipse sinistris, Cic. poët.: hic pater omnipotens ter caelo clarus ab alto intonuit, Verg.: im Bild (hergenommen vom im Donner zürnenden Jupiter), Fortuna simul intonuit, grollt, uns zürnt, Ov.: cum deus (der Kaiser) intonuit, Ov. – *impers.*, intonat dicente deā, Ov.: intonuit laevum (zur Linken), Verg. – **B** übtr.: **a** mit der Stimme **sich donnernd (laut) vernehmen lassen, losdonnern,** iam enim hesternā contione intonuit vox perniciosa designati tribuni, Cic.: Furiarum maxuma intonat voce, Verg.: canis ingenti latratu intonuit, Plin.: eurus intonat Aegaeo, Val. Max.: lege, quanto spiritu ingentibus intonueris rebus, lies, mit welchem Geistesschwunge du deine Donnerstimme über große Taten erhoben, Sen. – **b** mit anderen Ggstdn., **ein Getöse machen, erdröhnen, prasseln,** Aeneas horrendum intonat armis, Verg.: clipeum (Nom.) super intonat ingens, Verg.: armis intonat urbi, lässt die W. ertönen gegen die St., Sil. – **II** *tr.*: **a** **herdonnern,** cum haec intonuisset plenus irae, Liv.: minas, Ov.: Phlegraeos tumultus, auf tönender Laute besingen, Prop. – **b** **sausend auf** od. in etw. **herabfahren lassen,** clavam superne intonat, Val. Flacc. 3, 169: m. *Dat.* (auf, in), Eois intonata fluctibus hiems, der Wettersturm, der sausend herabgefahren in des Ostens Fluten, Hor. epod. 2, 51. – ► Partiz. Fut. Akt. intonaturus, Sidon. epist. 9, 14, 8: Partiz. Perf. Pass. intonatus, Hor. epod. 2, 51 (s. vorher). – Ungew. Perf.-Formen, intonaverit, Paul. Nol. carm. 21, 904: intonavisset, Iul. Val. 1, 19 (25).

in-tōnsus, a, um (in u. tondeo), **ungeschoren, ungestutzt, I** eig.: intonsa coma, Acc. fr., Varro fr. u. a.: comae, Tibull. u. Curt.: capillus, Sisenn. fr.: capilli, Tragic. inc. fr. u. Tibull.: crines, Tibull. u. Ps. Verg. Cir.: caput, Ov., Sen. u. Quint.: mentum semper intonsum est, Curt. – v. Tieren, oves, ungeschorene, mit der Wolle, Colum. 7, 3, 7 (vorh. § 3 oves lanatae): u. so intonsa bidens, Verg. Aen. 12, 170. – v. Pers. = **mit langem Haar und Bart,** deus (v. Apollo), Ov.: v. den ältesten Römern, intonsi avi, die bärtigen, Ov.: Numa, Ov.: Cato, der bärtige (also streng an alter Sitte hängende), Hor.: u. von rohen Völkerschaften, homines intonsi et inculti, Liv.: intonsi Getae, Ov.: intonsi Cilices, Tibull. – mit griech. *Acc.*, Rhodani iuventus comam intonsa, die Einwohner von Gallia comata, Sil. 15, 671. – **II** übtr., **unbehauen** = waldig, belaubt, montes, Verg.: intonsa capita quercuum, Verg.

in-torqueo, torsī, tortum, ēre, **I** **nach innen umdrehen, -umwinden, A** im Allg.: **1** eig. u. übtr.: ramos, Curt.: udum feroci stamen manu, Sen. poët.: undam truncis, umwühlen, Val. Flacc.: paludamentum od. pallium circum brachium, um den A. wickeln, Liv. u. Petron.: intorti capilli, gekräuselte Haare, Mart.: pampini folium intortum, gewundenes, Plaut.: so auch intorta cornua (capri et arietis), Colum.: vertice muricatim intorto, gewunden, Plin.: teneras arbores intorto stramento (mit Strohseilen) vestire, Plin. – übtr., intortus (lusciniae) sonus, ein Triller, Plin.: intortum (noctuae) carmen, schrillendes, Apul. – **2** meton., ineinanderdrehend machen, wie unser **drehen, winden,** rudentes od. funes intorti, Catull. u. Ov.: intorto verbere (mit gewundener Geißel) terga seca, Tibull. – **B** insbes., umdrehend **schwingen, schleudern,** telum in hostem, Verg. u. Sen.: gladium in pectus piratae, Sen. rhet.: hastam equo od. tergo, Verg. – übtr., ardentes oculos lumine glauco, funkelnde Blicke umherrollen, Verg.: u. so μή μοι γοργείην κεφαλὴν intorqueat, er möchte einen seiner Medusenblicke auf mich werfen, Cic.: diram vocem, abschleudern, Sil.: dicteria usque in ipsum, Lucil. fr.: alternis versibus intorquentur inter fratres gravissimae contumeliae, schleudern (sprechen) die Brüder die ärgsten Vorwürfe gegeneinander, Cic. – **II** nach einer Seite **hindrehen, A** im Allg.: procella nubibus intorsit sese, dreht sich ein in die W., Lucr.: intorti capillis Eumenidum angues, eingeflochten, Hor.: navis vertice retro intorta, rückwärts gedreht, Liv.: contra enitentes vertice intorti (zu Boden gerissen) affligebantur, Liv. – **B** prägn., **ver-** od. **zerdrehen, 1** eig.: vultum, Gell.: mentum in dicendo, schief ziehen (wie einer, der auf der einen Seite des Mundes mit den Zähnen Nüsse knackt), Cic.: talum, verrenken, Auct. b. Hisp. u. Aur. Vict.: caulem, ramulos, zerdrehen, Plin. u. Colum.: bildl., verbo et litterā ius omne intorqueri, Cic. Caecin. 77 *Mueller.* – **2** übtr.: **a** **verwirren,** orationem, Plaut. cist. 730. – **b** **verkrümmen** = verderben, mores, Pers. 5, 38.

intortē, *Adv.* (intortus), **I** **gedreht, gewunden,** bruscum intortius crispum, Plin. 16, 68. – **II** übtr., **verkehrt,** hoc dicere, Augustin. de nat. et grat. 49.

intortio, ōnis, *f.* (intorqueo), das **Kräuseln,** crinium, Augustin. epist. 262, 9: Plur., capillorum intortiones, Arnob. 3, 14.

intrā (st. inteā *sc.* parte, v. *interus, a, um), **I** *Adv.* (*Compar.* interius, *Superl.* intimē), **innerhalb, inwendig,** auch (bei Verben der Bewegung) **einwärts** (Ggstz. extra), **a** übh.: huius (fistulae) ea pars, quae intra, paulo longior esse debet, quam quae extra, Cels.: haec vasa et opercula extrinsecus et intra diligenter esse picata debebunt, Colum.: deni in quadram pedes quadraginta, per oram intra centum erunt, Quint.: (digitis) paulum tamen inferioribus intra spectantibus (ein wenig einwärts gekehrt), sed ne illis quidem tensis, qui supra sunt, Quint. 11, 3, 98. – *Compar.* interius, **mehr nach innen, innerlich,** ipsa quoque interius cum duro lingua palato congelat, Ov.: rapiat sitiens interiusque recondat, Verg.: bildl., spatium vitae interius flectere, den kürzesten Weg nehmen, sich einschränken, Sen.: ne (oratio) insistat interius, mitten im Lauf Halt mache, Cic.: si interius attendas, wenn du genauer aufmerkst, Iuven. – *Superl.* intimē, s. bes. – **b** **im Binnenland, im Binnenmeer** (Ggstz. extra), intra vix iam homines (habitant), Mela. – ora et litora ut intra (im Mittelmeer) et extra (im Atlant. Ozean) sunt, Mela: u. so abunde orbe terrarum extra intraque indicato, Plin. – *Compar.* interius, **weiter hinein, mehr im Binnenland** od. (bei Verben der Bewegung) **in das Binnenland,** interius Bithyni sunt, Mela: Ionium in prima parte, int. Hadriaticum, Plin.: int. penetrare, Vell.: int. pergere, Amm. – **II** *Praepos.* m. *Acc.* = **innerhalb** (Ggstz. extra), **A** eig., v. Raum: **1** übh.: intra pectus, Plaut.: intra extraque munitiones, Caes.: intra montem, Cic.: intra Oceanum, Cic.: intra parietes, Cic.: intra vallum et foris, Nep.: intra eam (urbem) extraque, Liv.: intra domum, Tac.: intra se, (= secum), bei sich, Plin. u. Curt. – **2** = **in, hinein in,** ingredi intra finem loci, Cic.: se recipere intra fines, Caes. – **B** übtr.: **1** v. der Zeit = **innerhalb, binnen, noch vor Ablauf** (s. Eberhard Cic. de imp. Pomp. 68. Heräus Tac. hist. 2, 70, 3), intra tot annos, Cic.: intra decem annorum spatium, Liv.: intra vicesimum diem, Liv.: intra quadragesimum pugnae diem, Tac.: intra Kalendas, Plin.: intra iuventam, im Verlauf meiner Jugend, Tac.: mit folg. *quam* (als, da), intra decimum diem, quam venerat, Liv.: intra quartum diem, quam Herium filium amiserat, Sen. rhet. – **2** v. Zahlbestimmungen, **unter** = weniger als, intra centum, Liv. – **3** v. anderen Grenz-, Maßbestimmungen, **innerhalb, beschränkt auf,** intra se consumunt, unter sich (lassen nichts durch Verkauf usw. an andere kommen), Plin.: intra nosmet componimus, Quint.: intra vos futura, unter euch bleiben, Plin. ep. – intra (beschränkt auf) paucos libertos domus, Tac.: se intra silentium tenere, Schweigen beobachten, Plin. ep.: intra verba desipiunt, nur in Worten, Cels.: ebenso intra verba peccare, Curt.: cedere intra finem iuris, innerhalb der Schranken des R., Liv.: intra aquam manere, nur W. trinken, Cels.: intra fortunam manere, in den Grenzen seines Standes bleiben, Ov.: intra famam esse, hinter seinem Ruf zurückbleiben (v. Schriften), Quint.: hoc facere intra modum, darin eher zu wenig als zu viel tun, Cic.: intra legem epulari, unter der Linie des G. (= geringer, als nach den Gesetzen erlaubt ist), Cic. – ► intra seinem Kasus nachgesetzt, z. B. lucem intra, Tac. ann. 4, 48.

intrābilis, e (intro), **zugänglich,** cum adversi amnis os lato agmini et tam multis simul venientibus haud sane intrabile esset, Liv. 22, 19, 12.

intrāclūsus, a, um (intra u. cludo = claudo), **eingeschlossen,** Gromat. vet. 37, 19 u. 341, 31.

in-tractābilis, e, **schwer zu behandeln, -zu bändigen, -zu überwinden, ungefügig, unbeugsam, spröde,** genus (hominum) intractabile bello, unbesiegbar, Verg.: homo naturā intractabilior, Gell.: deinde oro et obsecro te, ne te difficilem amicis et intractabilem praestes, Sen. – v. Lebl., aetas alcis iam dura et intractabilis, Sen.: bruma, raue, Verg.: frigore intractabilia loca, wegen der K. unbewohnbare, Iustin.: quod (χαλεπόν) est cum difficile, tum molestum quoque et incommodum et intractabile, Gell.

intractātus (intrectātus), a, um (in u. tracto), **unbehandelt, I** eig.: equus intractatus et novus, nicht zugerittenes, Cic. de amic. 68: lanae rudes et intrectatae, ungekrempelte, Cael. Aur. de morb. acut. 3, 5, 57. – **II** übtr.: **a** **unversucht,** ne quid inausum aut intractatum scelerisve dolive fuisset, Verg. Aen. 8, 205 *sq.* – **b** **ungesucht,** decor, Gratt. cyn. 134.

intractio, ōnis, *f.* (intraho), das **Einherziehen, Schleppen,** linguae, Plin. 7, 55 zw. (Detl. u. Mayh. contractionem).

in-traho, trāxī, tractum, ere, **I** **einherziehen, 1** eig., **schleifen, schleppen,** gressus, Apul. met. 5, 20. – **2** übtr., **herbeiziehen,** vesperam, Apul. met. 11, 23. – **II** viell. **hinlenken,** *intrahere* est contumeliam intorquere, Paul. ex Fest. 111, 2.

intrāmūrānus, a, um (intra u. murus), **innerhalb der Mauer befindlich, -wohnend** (Ggstz. extramuranus), Scriptt. hist. Aug. u. a. Spät.

intrāneus, a, um (intra), **innerer, Privat-,** conventus atque concilia (Ggstz. ecclesia), Cassiod. hist. eccl. 1, 12.

intrānsgressibilis, e (in u. transgredior), **unüberschreitbar,** Cassiod. hist. eccl. 1, 14.

intrānsibilis, e (in u. transeo), **unüberschreitbar,** Hieron. in Isai. 4, 11, 15.

intrānsitīve, *Adv.* (intransitivus), **intransitiv,** gramm. *t. t.,* Prisc. 18, 55.

in-trānsitīvus, a, um, **intransitiv** (Ggstz. transitivus), gramm. *t. t.,* Prisc. 11, 12 u. 14, 14.

intrānsmeābilis, e (in u. transmeo), **unüberschreitbar,** chaos, Claud. Mam. de stat. anim. 3, 9.

intrectātus, a, um, s. intractātus.

intremefactus, a, um (intremo u. facere), **erzittern gemacht, erzitternd,** plectra, Publil. Optat. organ. 50 = 20^b, 24. p. 23 M.

intremīsco (intremēsco), tremuī, ere (*Inchoat.* v. intremo), **erzittern, erbeben,** v. leb. Wesen, Plin.: manu stabili nec umquam intremiscente sit (v. Chirurgen), Cels.: genua timore intremuere, Ov.: illa (terra) intremuit, Ov.: intremiscunt terrae, Plin.: malus (Mastbaum) intremuit, Verg. – m. *Acc.,* **vor** etw. **erzittern, erbeben,** qui intremuit regum eventus, Sil. 8, 60.

in-tremo, ere, **erzittern, erbeben,** ubi corpus totum intremit, Cels.: intremit omnis murmure Trinacria, Verg. – mit *Dat.* = **vor** etwas **erzittern, erbeben,** Hannibali ecce senectus (Fabii) intremit, Sil. 16, 666 *sq.* Vgl. intremisco.

in-tremulus, a, um, **nicht zitternd,** Cassiod. var. 12. 19, 2.

intrepidāns, antis (in u. trepido), **unerschrocken,** aetas, CIL 3, 1898. – *Adv.* **intrepidanter,** Non. 530, 5.

intrepidē, *Adv.* (intrepidus), **unerschrocken,** Liv. u. a.

in-trepidus, a, um, **I** **unerschrocken, unverzagt, a** v. Pers.: dux, Liv.: officia sua vir bonus exsequitur inconfusus, intrepidus, Sen.: solus Ptolemaeus adventum Gallorum intrepidus audivit, Iustin.: sensim et intrepidi se receperunt, Curt.: dicto intrepidi paruerant, Val. Max. – m. *adversus* u. Akk., adversus utramque fortunam intrepidus inconfususque, Sen. nat. qu. 3. praef. § 13. – m. *Genet.,* intrepidus ferri, nicht vom E. erschreckt, Claud. III cons. Hon. 31. – m. *Dat.,* intrepidus minantibus (bei Drohungen), Tac. hist. 1, 35. – m. *pro* u. Abl., intrepidus pro se, Ov. met. 9, 107. – m. *Abl. loc.* (in), intrepidus vultu, Lucan. 5, 317: intrepidus animo, Sen. Troad. 1103. – **b** v. lebl. Subjj., intrepidi vultus, Ov.: verba, Sen. poët.: intrepida incedendi modulatio, Gell. – **II** **ohne Besorgnis (Sorgen) verbracht,** ita intrepida ibi hiems, Tac. Agr. 22.

intresecus, s. intrīnsecus ►.

in-tribuo, ere, **Abgaben-, Steuern** (auf ein Grundstück) **legen,** modo ne quid ideo intribuatur, Traian. in Plin. ep. 10, 24 (35).

intribūtio, ōnis, *f.* (intribuo), **a** die **Beisteuer, Abgabe,** Paul. sent. 2, 7. § 4 u. 5. – **b** insbes., die (auf einen Grundbesitz gelegte) **Reallast,** Plur. bei Ulp. dig. 49, 18, 4 u. 50, 4, 6. § 4. Paul. dig. 50, 1, 22. § 7.

intrīco (āvī), ātum, āre (in u. trīcae), **verwickeln, verwirren, in Verwirrung (Verlegenheiten) bringen,** Chrysippus intricatur, Cic. fr.: lenonem intricatum dabo, in Schwierigkeiten verwickeln, in Verlegenheit bringen, Plaut.: intr. peculium, ICt.: ita intricavit huius hanc rem temeritas, Afran. fr.

intrīmentum, ī, *n.* (intero), das **Eingeriebene,** die **Einreibung,** Apul. met. 10, 13.

intrīnsecus, *Adv.* (intra u. secus), **I** **inwendig, innerlich** (Ggstz. extrinsecus, exterius), iecur intr. cavum, extrinsecus gibbum, Cels.: haec aviaria intr. et extrinsecus polire, Colum.: intr. (solum) stratum sulphure et bitumine traditur, Iustin.: ne cupa et clavus conteratur intr., Cato: unam partem ab altera exclusam equitibus intrinsecus (von innen) adortus, Auct. b. Afr. – **II** **einwärts, nach der inneren Seite hin,** replicare iocinera, Suet. Aug. 95. – ► Nbf. intresecus (Ggstz. foris), CIL 14, 137.

intrio, īre = infundo, Gloss. IV, 99, 14.

1. intrītus, a, um (in u. tero), **unabgerieben,** **I** eig.: oliva, Colum. 12, 51 (49), 2. – **II** übtr., **ungeschwächt,** cohortes intritae ab labore, Caes. b. G. 3. 26, 2.

2. intrītus, a, um, *Partic.* v. intero, s. d.

1. intrō, *Adv.* (eig. st. intero, *sc.* loco, v. *interus, a, um), **I** **hinein,** intro ire, Komik, u. Caes.: intro abire, Komik.: concedere hinc intro, Ter.: alqm intro ducere, Ter.: filiam intro vocare ad nos, Cic.: tribus intro vocare ad suffragium, Liv.; u. bl. tribus intro vocare, Liv.: cibum intro ferre, Cic.: ferrum intro clam in cubiculum ferre, Auct. b. Afr.: ellipt., aquam foras (hinaus)! vinum intro (herein)! Petron. 52, 7. – **II** = intus, **inwendig, innerlich,** Cato u. Pallad. (welchen Gebrauch Quint. 1, 5, 50 für unrichtig erklärt).

2. intro, āvī, ātum, āre (*interus), in etwas **hineingehen, -treten,** etw. **betreten,** **I** im Allg.: **1** eig. (Ggstz. exire), regnum, pomoerium, limen, Cic.: portum (v. einer Flotte), Curt.: cum curru (zu Wagen) urbem ac deinde regiam, Curt.: maria, Verg.: bifores fenestras (v. Mond), Ov.: signum arietis (v. der Sonne), Plin.: terram per occulta foramina (v. der Luft), Sen.: intratae silvae, Liv.: rimas per omnes (v. Liebhaber), Mart.: hāc (v. einem Fluss), Mela: eo, Plin.: quo, Caes.: in hortos, Ov.: in tabernaculum, Curt.: in portum (v. einem Schiff), Dict.: in corpus (v. Geist), Cic.: ad se, Rhet. Her.: ad aegrum, Apul.: ad munimenta, Liv.: intra limen, Plaut.: intra praesidia, Caes.: m. *Dat.*, saeptis et turribus, Stat.: ponto, Sil.: mediis montibus, Val. Flacc. – absol., intraverunt, erschienen (vor der Obrigkeit), Plin. ep.: intrare dextrā ripā, exire laevā (v. den Thunfischen), Plin. – Partiz. subst., intrantēs, ium, *m.*, die **Eintretenden** (Ggstz. exeuntes, abeuntes), Petron. 28, 8: ut (villicus) intrantium exeuntiumque (Ein- u. Ausgehenden) conspectum habeat, Colum. 1, 6, 6: cuius vultum intrantes tristem, abeuntes hilaratum putant, Plin. 36, 13. – **2** übtr.: **a** v. Pers., absol., propius accedo (ich trete der Sache näher) ...; intrabo etiam magis (ich dringe noch tiefer in die Sache ein), Cic. – mit *in* u. Akk., in rerum naturam, eindringen, Cic.: in alcis familiaritatem, jmds. volles Vertrauen gewinnen, Cic. – m. *Acc.*, intrat subitus vatem deus, es wirkt in dem Seher der Gott, Sil. (vgl. Phoebo iam intrata sacerdos, von Ph. begeistert, Sil.): ubi quaesitas artis de more vetustae intravit mentes superûm, Sil. – **b** v. Lebl., absol., si certus intrarit dolor, Hor.: mox segnitia cum otio intravit (schlich sich ein), Tac. – m. *Adv.* od. *in* u. Akk., quo non modo improbitas, sed ne imprudentia quidem possit intrare (eindringen), Cic.: nisi animus, antequam in corpus intravisset (vor ihrem Eintritt in den K.), in rerum cognitione viguisset, Cic.: in sensum et in mentem iudicis (definitio) non intrare potest (kann eindringen), Cic.: nihil potest intrare (kann Eingang finden) in affectus, quod in aure statim offendit, Quint.: cuius ut intravit levior per corpora somnus, Verg. – m. *Dat.*, discordia demens intravit caelo (fand Eingang im H.), Sil. 9, 289. – m. bl. *Acc.*, ut nulla acies humani ingenii tanta sit, quae penetrare in caelum, terram intrare (durchschauen) possit, Cic.: bes. v. Affekten = beschleichen, ergreifen, quos (milites) iam pudor et gloria intrat, Tac.: intravit animum militaris gloriae cupido, Tac. – **II** prägn.: **A** **angreifen,** hostem, Stat. Theb. 6, 776. – **B** **durchstechen,** aprum, ursos, Mart. – ► Archaist. Perf.-Form intrassis = *intraveris*, Plaut. Men. 416.

intrō-curro, ere, **hineinlaufen,** per fretum, Naev. tr. 56 R^2. Not. Tir. 27, 29[a] (wo introcucurrit).

intrō-dūco, dūxī, ductum, ere, **hineinführen, einführen, einrücken lassen,** **I** eig.: **a** übh.: naves eo, Caes.: copias in fines Bellovacorum, Caes.: exercitum in Ligures, Liv.: exercitum omnem in urbem, Liv.: alqm in tabernaculum, Liv.: legatos, legationes sociorum in senatum, Liv.: alqm ex carcere in senatum, Sen. rhet.: alqm in senatum ad agendas gratias, Suet.: alqm ad regem, Curt.: alqm cum legatis, Sall.: noctu milites Iugurthae (in das Haus des J.), Sall.: praesidium, quod introduxerat, ex oppido educit, Caes.: mox introductus, vorgelassen, Liv. – **b** insbes., ein Wasser (in die Stadt) **hineinleiten,** aqua Claudia Romae introducta, Aur. Vict. epit. 4, 5. – **II** übtr.: **A** im Allg. = **einführen,** philosophiam in domus, Cic. Tusc. 5, 10: litteras in corda discentium, Augustin.: consuetudinem, Cic.: hoc potissimum exemplum a patricio homine introductum, Liv.: novum in re publica introductum exemplum queritur, Caes.: intr. senatus consulta, ICt. – **B** insbes.: **1** in der Rede **vorführen,** si nostros cum aliis sermones et aliorum inter se credibiliter introducimus, Quint.: ficta narratio introduci solet vel ad concitandos iudices etc., Quint.: deinde introducta rei similitudo, Cic. part. or. 40. – **2** **den Satz** (als Behauptung) **vorführen, -aufstellen, erklären,** m. folg. *Acc.* u. *Infin.*, Cic. Acad. 2, 131; de nat. deor. 1, 20: m. folg. indir. Fragesatz = **Gründe anführen,** Cic. de fin. 4, 43.

introductio, ōnis, *f.* (introduco), das **Einführen, Zuführen,** certarum mulierum atque adulescentulorum nobilium introductiones, Cic. ad Att. 1, 16, 5: übtr., introd. saeculi, Tert. adv. Marc. 5, 6: introd. melioris spei, Vulg. Hebr. 7, 19.

intrōductor, ōris, *m.* (introduco), der **Einführer,** übtr., in promissionis terram, Augustin. c. Faust. 26, 19 *extr.* – bes. der **Einführer** in eine Wissenschaft, Augustin. de civ. dei 18, 39: scripturae, Cassiod. inst. div. litt. 10: iste introd. et instructor ad logicam, Rufin. invect. in Hieron. 2, 7.

intrōductōrius, a, um (introduco), **einleitend,** liber, Cassiod. inst. div. litt. 24.

intro-eo, īvī, u. iī, itum, īre, in etwas **hineingehen, eintreten,** **I** eig.: in urbem, Cic.: ad amicam (Ggstz. exire), Ter.: m. *Acc.*, urbem, Tac.: cum pugione cubiculum Tiberii dormientis, Suet.: domum introitam esse, ICt.: m. *in* u. Abl., in naso, Cato: absol., portā, durch das Tor, Cic.: introit adulescens, Gell.: ut cum velis introire exire liceat, Cic. – **II** übtr.: intr. (in vitam), Ggstz. exire e vita, Cic. de amic. 15. – ► vulg. Fut. introiet, Hieron. dial. in Lucif. 5 *extr.*

intrō-fero, tulī, ferre, **hineintragen,** liberis cibum, Cic.: lecticā introferri, Liv. u. Suet.: in urbem introferri ad mulierem, Cic.: lumen introferri iussit, Val. Max. Vgl. intro *no.* I.

intrō-gredior, gressus sum, gredī (intro u. gradior), **hineinschreiten,** absol., Verg. Aen. 1, 520 u. 11, 248. Vulg. 4. regg. 9, 34. Hieron. epist. 127, 13: introgressum corpus, Chalcid. Tim. 50 E.: m. *Acc.*, urbem, Vulg. 1. regg. 23, 7; synagogam, Vulg. act. apost. 19, 8.

introitus, ūs, *m.* (introeo), der **Eingang, Eintritt, Einzug, Einmarsch,** **I** eig. u. übtr.: **1** eig.: militum, Caes.: in urbem, Cic.: in Graeciam, Iustin.: Smyrnam, Cic. – **2** übtr.: **a** der **Eintritt** ins Amt od. in ein Kollegium, der **Antritt** des Amtes, Plin. ep. u. a. – **b** der **Eingang, Anfang,** das **Vorspiel,** fabulae Clodianae, defensionis, Cic.: huius operis, Plin. – **II** meton., der **Eingang** (als Ort), der **Zugang,** Cic. u. a. – ► Heteroklit. Dat. u. Abl. Sing. introito, CIL 3, 2119 u. 4441.

intrōiugus, a, um (intro u. iugum), **im Joch gehend,** subst., introiugi duo, tres (verst. equi), CIL 6, 10048 lin. 18 u. 25: introiugi Afri, *ibid.* lin. 26.

intrō-mitto, mīsī, missum, ere, **hineinlassen,** **I** eig.: **a** **hineinschicken, -senden, einziehen-** od. **einmarschieren lassen,** legiones portis accensis, Caes.: refringere portas atque introm. milites nostros, Caes.: introm. legatum cum praesidio, Auct. b. Hisp.: ad Senecam unum ex centurionibus, Tac.: quattuor lepores in leporarium, Varro: alci legiones subsidio (zur Unterstützung), Auct. b. Hisp. – **b** **hineinlassen, einlassen, vorlassen,** alqm, Komik. u. Cic.: alqm intromitti iubere, Plaut. u. Curt.: intromitti propter notitiam, Nep.: primum (Akk.) alqm intromitti in cubiculum iubere, zuerst vorlassen, Fronto: intromitti in domum (v. Aufwartenden), Macr.: ad palatium, Amm. – **II** übtr., **einführen,** exemplum, Gell. 1, 13, 4: verba in usum linguae Latinae, Gell. 19, 13, 3: controversiam (εἰσάγεσθαι δίκην), einleiten, zum Vortrag bringen, Amm. 30, 4, 19. – ► Parag. Infin. Präs. Pass. intromittier, Plaut. truc. 766. *Titin. com. 124.

intrō-porto, āre, **hineintragen,** Not. Tir. 7, 22[a] (introportat).

intrō-rēpo, ere, **hineinkriechen,** Apul. met. 2, 25.

intrōrsum u. **intrōrsus,** *Adv.* (st. introversum etc.), **I** **einwärts, hinein, nach innen zu,** Caes. u. a.: introrsum (ins Innere des Landes) pergere, Sulp. Sev. chron. 2, 26, 5. – **II** **inwendig, auf** oder **an der Innenseite, drinnen,** Hor. u. Liv.: Ggstz. extrinsecus, Sen. – ► Nicht zsgzg. Form introversus (introvorsus), Lucil. 988. Varro r. r. 2, 7, 5. Petron. 63, 7. Mart. Cap. 6. § 690. CIL 5, 2915. – Synkop. Form intrōsum, Lucr. 3, 532. Gratt. cyn. 431: intrōsus, CIL 14, 2466, 17.

intrō-rumpo, rūpī, ruptum, ere, **hineindringen, eindringen, einbrechen,** huc, Ter.: eā (= per eas portas), Caes.: rectā in aedes, Plaut.: in cubiculum alcis (v. einem Tier), Gell.: in Syriam, Gell.: absol., uxor cum hesternis testibus introrumpit anxia, Apul.

intrō-specto, āre, **hineinsehen,** quid introspectant? Plaut. most. 936 *Schoell.*

intrōspectus, ūs, *m.* (introspicio), das **Hineinsehen,** Aetnae (in den Ätna), *Auct. Aetn. 342 H.

intrō-spicio, spēxī, spectum, ere (intro u. specio), in etw. **hineinsehen, hineinschauen, I** eig.: domum tuam, Cic. de har. resp. 33: casas omnium, allen in die Fenster schauen, Cic. de div. 2, 105: absol., Vulg. Dan. 14. 39. – **II** übtr.: penitus in omnes rei publicae partes, einen tief prüfenden Blick werfen in od. auf usw., Cic.: introspice in mentem tuam ipse, sieh in dein eigenes Herz, Cic.: perspicite etiam atque etiam, penitus introspicite Catilinae, Autronii, Cethegi, Lentuli ceterorumque mentes, Cic.: qui penitus atque alte usum ac sententiam legis introspexerunt, einen gründlichen u. tiefen Einblick taten in usw., Gell.: introsp. fortunam suam, ihr Schicksal durchschauen, Tac. – aliorum felicitatem aegris oculis, hinsehen auf usw., Tac.: verba, Gell.

intrōsum, intrōsus, s. intrōrsum ►.

intrō-trūdo, ere, **hineinstoßen,** Cato r. r. 157, 14.

intrōversus, s. intrōrsum ►.

intrōvocātus, Abl. ū, *m.* (introvoco), das **Hineinrufen,** primo introvocatu, Amm. 29, 1, 25 *codd.*

intrō-voco, āre, **hineinrufen, hereinrufen,** jetzt überall getrennt geschrieben, s. 1. intrō *no.* I.

intubāceus, a, um (intubus), **von Endivien,** folia, Endivienblätter, Plin. 27, 106.

intubum, ī, *n.* u. **intubus**, ī, *c.*, s. intibum.

in-tueor, tuitus sum, ērī, genau **auf** etwas **hinsehen, -hinschauen,** etw. **anschauen, I** eig.: solem, Cic.: mucronem, Liv.: alqm od. in alqm, Cic.: huc atque illuc, Cic.: alqm contra, ins Angesicht schauen, Liv. – v. Örtl., **hinliegen nach** usw., cubiculum montes intuetur, Plin. ep. 5, 6, 28. – **II** übtr.: **A** im Allg., geistig **auf** etwas **hinschauen,** etw. **anschauen, betrachten,** Cic. u. a. – **B** insbes.: **1 mit Verwunderung** auf jmd. **hinsehen,** alqm, Cic. de imp. Pomp. 41; ad Q. fr. 1, 1, 2. § 7. – **2 auf** etwas **Rücksicht nehmen,** etw. **im Auge haben, bedenken, beachten,** alqd, Cic. u. a. – ► Archaist. Nbf. **indotueor**, Enn. ann. 70 (wo indotuetur). – Nbf. **intuor**, tuī, Präs. intuor, Plaut. most. 836. Sen. Hippol. (Phaedr.) 906: intuitur, Plaut. capt. 558; truc. 599. Ter. heaut. 403: intuuntur, Nep. Chabr. 3, 3 N. (Halm intueantur): Infin. intui, Acc. tr. 614. Turpil. com. 159. – u. aktiv **intuo**, ere, Commodian. 1, 31, 1 u. 1, 39, 5. – Infin. intueri passiv, Amm. 23, 5, 13.

intuitio, ōnis, *f.* (intueor) = ἔμφασις, das **Erscheinen des Bildes auf der Oberfläche des Spiegels,** Chalcid. Tim. 239. 241. 257.

intuitus, ūs, *m.* (intueor), **I** das **Hinblicken, -schauen,** das **Ansehen, -schauen, der Hinblick, Anblick,** *quāquā intuitus erat oculi, Varro LL. 7, 7 (Otfr. Müller): in intuitu oculorum tuorum, Vulg. eccl. 11, 9: int. hominum eorum, Vulg. 1. regg. 16, 7 u. Ezech. 10, 22: contemplatus est diligenter multo intuitu, Vulg. Isai. 21, 7: intuitus eius erat terribilis, Vulg. Dan. 2, 31: quia non sit generalis divinitatis int., Salv. de gub. dei 2, 1, 4: illecebris capitur nimiumque elatus avaro pascitur intuitu, Claud. in Rufin. 1, 165. – übtr., intuitu alcis rei, **in Rücksicht auf** usw., **in Betracht** einer Sache, Constanti Caesaris, Treb. Poll. Claud. 1. § 1: vestri, Capit. Maxim. 16, 2: rebellionis, Treb. Poll. trig. tyr. 6, 2: pietatis, Ulp. dig. 34, 1, 14. § 1: fidei ac devotionis, Veget. mil. 1, 28. – **II** das **Sehen,** die **Sehkraft,** similesque avibus sunt, quarum intuitum nox illuminat, dies caecat, Boëth. cons. phil. 4, 4. p. 84, 2 *Obb.*

in-tumēsco, tumuī, ere, **auf-** od. **anschwellen, I** eig. u. übtr.: **1** eig.: intumuit venter, Ov.: intumescunt rivis flumina, Sen.: si partes corporis in vesicas intumuerint, Plin. – **2** übtr., **anschwellen, steigen, wachsen,** intumescente fluctu, Plin.: intumuerat subitis tempestatibus mare, Sen. rhet.: caenumque udaeque paludes intumuēre aestu, Ov. – loco paululum intumescente, Colum.: repastinata humus fermento quodam intumescit, Colum. – quo plenior et gravior vox repercussu intumescat, Tac.: intumescente motu (Volksbewegung), Tac. – **II** bildl.: **a** vor **Stolz sich aufblasen, sich überheben, sich stolz blähen,** intumescere statim superbiā ferociāque, Tac.: numquam secundis rebus intumuit, Plin. ep.: intumuit numero stolidarum turba sororum, Ov. – **b vor Zorn aufschwellen, zornig werden,** intumuit Iuppiter od. Iuno, Ov.: ignoscite, si quid intumuit pietas, Claud.: m. *Dat.* (gegen), intumuit vati, Ov. ex Pont. 4, 14, 34: Partiz. subst., foeda visu et horrenda facies depravantium se atque intumescentium, Sen. de ira 1, 1, 4. – ► Nbf. **intumīsco**, Gloss. IV, 530, 15.

intumulātus, a, um (in u. tumulo), **unbeerdigt,** Ov. her. 2, 136.

in-tundo, ere, **einstoßen,** Scrib. Larg. 71.

intuo, ere, s. in-tueor ►.

intuor, tuī, s. in-tueor ►.

in-turbātus, a, um, **nicht bestürzt,** sedit inturbatus, interritus, Plin. pan. 64, 2.

in-turbidus, a, um, **I** passiv = **nicht beunruhigt, ruhig,** inturbidus externis rebus annus, Tac. ann. 3, 52: tutā et inturbidā iuventā frui, Tac. ann. 14, 22. – **II** aktiv = **zu keinen Unruhen geneigt, Ruhe liebend, friedsam,** v. Pers. (Blaesus) sanctus, inturbidus, nullius repentini honoris … appetens, Tac. hist. 3, 39.

in-turgēsco, ere, **aufschwellen, strotzen,** Veget. mul. 1, 56, 19.

intus, *Adv.* (vgl. ἐντός), **I von drinnen, von innen** (Ggstz. foras), intus egredi, Plaut.: evocare alqm intus ad se, Plaut.: obsera ostium intus, Ter.: intus eminere, Cels.: intus pateram proferto foras, Plaut.: donec foras nos intus evallaverunt, Varro fr. – **II drinnen, innen, inwendig** (bes. = in der Stadt, im Haus, im Körper u. dgl., Ggstz. foris, extra), **1** eig.: **a** im Allg.: sinito ambulare, si foris, si intus volent, Plaut.: cum *extra* et *intus* hostem haberent, Caes.: ut totum annum recte pascantur *intus* et *foris,* Varro: si vero infans intus (im Mutterleib) decessit, Cels.: intus habes quod poscis, in dir, in deinem Magen, Ov. – mit *in* u. Abl., intus in corpore esse, Cic. – **poet.,** mit bl. *Abl.,* membris intus, Lucr.: tali intus templo, Verg. – mit *Genet.* (wie ἐντός), intus aedium, Apul. met. 8, 29. – **b** vom Innern eines Landes = **im Innern** (Ggstz. ad mare), Varro, Mela u. a. – **c** sprichw., intus canere, s. cano *no.* II, B, a. – adductos intus agere equos, sich näher am Ziel halten (v. Dichter), Ov. fast. 6, 586: intus agere lacrimas, mäßigen, Auct. eleg. in Liv. 114. – **2** übtr. = **im Innern** des Herzens u. dgl., nec hae (cupiditates) sese *foris* solum iactant, sed *intus* etiam in animis inclusae inter se dissident, Cic.: utrum *foris* habeat exemplar, an *intus,* ob das Urbild sich außer ihm selbst oder in ihm selbst befinde, Sen.: et intus paveo et foris formido, ich zittere innen u. außen, Plaut.: ego te intus et in cute novi, inwendig u. auswendig, Pers.: intus palleat infelix, im Innersten der Seele, Pers. – **III nach innen, A hinein,** intus ruere arenam, Lucr.: duci intus, Ov.: refractis palatii foribus ruere intus, Tac.: intus dare, inicere u. dgl., Cels. – mit *Acc.* = **in … hinein,** inicere intus narem, Scrib. Larg. 46. – **B** zur Angabe der Richtung = **einwärts,** pollice intus inclinato, Quint. 11, 3, 99: ima pars eius intus ad fracturam, cornua ad os integrum spectent, Cels. 8, 4.

intūsium, s. indūsium.

in-tūtus, a, um, **ungesichert, unsicher, I** passiv = **schutzlos, unverwahrt,** castra, Liv.: urbs, Liv.: quousque cunctando rem publicam intutam patiemini? Sall. fr.: quod uberrimum spolianti et defendentibus intutum petebant, was dem Plündernden sehr viel versprach u. den Verteidigenden nicht sicher war, Tac.: *Compar.,* non *intutior* tempore quam deo *tectior,* Nazar. pan. 26, 1. – *n. pl.* subst., intuta moenium firmare, die unsicheren Stellen, Tac. hist. 3, 76. – **II** aktiv, **unsicher** = **unzuverlässig, misslich,** latebrae, Tac.: amicitia, Tac.: intuta quae indecora, Tac.: Druentia gurgitibus vagis intuta, Amm.: intutum est m. *Infin.,* Plin. 34, 139. Tac. ann. 4, 3.

intybum, intybus, s. intibum.

in-ūber, beris, **nicht voll,** cum (ostreae) inuberes macraeque essent, Gell. 20, 8, 3.

in-ūbero, āre, **reichlich überströmen,** m. *in* u. Akk., bildl. bei Alcim. epist. 54 (48).

in-ūdo, āre, **anfeuchten, benetzen,** Paul. Nol. carm. 18, 418.

inula, ae, *f.* (ἑλένιον), der **Alant,** eine Pflanze (*Inula Helenium,* L.), Plin. 19, 91 *sq.* Colum. 11, 3, 35. Lucr. 2, 430. Ps. Verg. moret. 73. Hor. sat. 2, 2, 44 u. 2, 8, 51.

in-ulcero, āre, **schwärend-, wund machen,** pellem iumenti, Veget. mul. 2, 59.

in-ulcīscor, scī, **sich nicht rächen,** Not. Tir. 89, 88^b (inulciscitur).

īnuleus, s. hinnuleus.

in-ultus, a, um (inulciscor), **I ungerächt, ungestraft, ohne Gegenwehr** (vgl. Dietsch Sall. Iug. 31, 2), **a** v. Lebl., iniuriae impunitae et inultae, Cic.: preces, ungehört um Rache rufend, Hor.: id inultum numquam feret, Ter.: tantum scelus inultum habuit, ließ er ung., Val. Max. – **b** v. Pers.: imperatores inulti, Liv.: ne inultus esset, Cic.: inulti perierunt, Sall.: inultus cadit, perit, Curt.: haud inultum interfecēre, Liv.: neque inultus interficitur, Sall. fr. – **II unbestraft, straflos, unangefochten, sicher** (vgl. Dietsch Sall. Iug. 31, 2), v. Pers., an denen keine Rache genommen, keine Strafe vollzogen wird, alqm inultum sinere od. inultum esse pati, jmd. unbestraft lassen, an jmd. keine Rache nehmen, Cic.: ebenso hostes inultos abire sinere, Sall.: poet., dum catulos ferae celent inultae, Hor.

inumbrāculum, ī, *n.* = umbraculum, Gloss. IV, 362, 11.

inumbrātio, ōnis, *f.* (inumbro), die **Beschattung, Dunkelheit,** Mart. Cap. 1. § 20.

in-umbro, āvī, ātum, āre, **I mit Schatten bedecken, beschatten, überschatten, verdunkeln, 1** eig., v. den Wolken, terra inumbratur quā nimbi cumque feruntur, Lucr. 5, 289: inumbrante vesperā, da der Abend einbrach, Tac. hist. 3, 19. – bes. v. Bäumen, Sträuchern, vestibulum, Verg.: cunctas dominationis suae partes, Val. Max.: exstructos toros obtentu frondis, Verg.: ora coronis, Lucr.: quae (areola) quattuor platanis inumbratur, Plin. ep.: nemora, quibus (Anio) inumbratur, Plin. ep.: multā riparum amoenitate inumbratus (Cydnus), Curt.: amnis viventibus utrimque silvis inumbratus, Quint. – v. Tüchern usw., velis forum, Plin. 19, 24: stridentia colla Gorgonos (= Gorgonis) obtentu pallae fulgentis inumbrat, Claud. rapt. Pros. 2, 26. – v. Bart, ante genas dulces quam flos iuvenilis inumbret, Claud. Olybr. et Prob. cons. 69: iuvenis quidam commodum lanoso barbitio genas inumbrans, Apul. met. 5, 8. – **2** übtr., **verdunkeln, in Schatten stellen, verschleiern,** imperatoris adventu legatorum dignitas inumbratur, Plin. pan. 19, 1: ne luctuosum monumentum laeta saecula inumbrare videatur, Cod. Iust. 1, 17, 2. § 6: inumbrata quies, verschleierte, scheinbare, Cels. dig. 41. 2, 18. § 1: Ggstz., quibus breviter expositum est et quod antea obtinebat (galt) et quod postea desuetudine inumbratum ab imperiali remedio illuminatum est (ans Licht gezogen worden ist), Iustin. inst. prooem. § 5. – **II im Schattenriss entwerfen,** solarium, Varro LL. 6, 4.

inūmigo (inhūmigo), āre, **befeuchten, benetzen,** Liv. Andr. tr. 18.

in-unco, āvī, ātum, āre, **mit Haken ergreifen, häkeln, I** eig.: agnum unguibus, Apul.: medial inuncari, sich anhäkeln, lana rubis velut hamis inuncata, Colum. – **II** bildl., **an sich reißen,** nummos, Lucil. 492.

inūnctio, ōnis, *f.* (inungo), **I** das **Bestreichen mit einer Salbe,** das **Einsalben,** tridui (dreitägiges), Plin. 28, 117: non sufferre inunctionem, Scrib. Larg. 29: Plur., singulae inunctiones, Scrib. Larg. 20: inunctiones omnium vitiorum, Plin. 29, 125. – **II** das **Einstreichen, Aufstreichen,** suci plantaginis, Colum. 6, 33, 2: Plur., inunctiones medicamentorum, Cels. 7, 7, 14.

inundātio, ōnis, *f.* (inundo), die **Überschwemmung,** Sen. u. a.: inundationes fluminum, Colum.: inundationes coërcere, Suet: cum inundatio *ex* lacu Albano facta esset, Liv. epit: inundationibus quicquid habitatur obducet, Sen.: m. subj. *Genet.*, maris, Sen.: amnis, Val. Max.: Tiberis, Capit. u. Porph. Hor.: aquarum, Veget. mil.: fluminum inundationes, Colum.: Tiberis inundationes, Suet.: m. obj. *Genet.*, terrarum, Plin. 5, 68. – übtr., **a** v. einer Menschenmenge, quanta inundatio (Zuströmen) sportulam accipientium, Schol. Iuven. 3, 249. – **b** v. der Rede, das **Überströmen,** sermonis, Wortschwall, Chalcid. Tim. 19 E.

in-undo, āvī, ātum, āre, **I** *tr.* **überschwemmen, A** eig. u. bildl.: **a** eig., v. Gewässern, hanc (terram) inundat aqua, Cic.: Tiberis campum inundavit, Liv.: inundant sanguine fossas, Verg. Aen. 10, 24 (vgl. *no.* II, b): urinam eius omnes Asiaticas gentes inundasse, Val. Max.: Cilicia inundata sanguine Persarum, Curt.: vestro sanguine Enna inundabitur, Liv.: imbres continuo campis omnibus inundantes, Liv. (vgl. Fabri Liv. 22, 2, 2). – v. Pers., cruore campos, Lact. 1, 18, 10. – **b** bildl.: inundavere pectus lacrimae dolore paratae, Petron.: si influat ille convicium et inundet aures meas contumeliis, Ambros. de off. 1, 48, 234: mens ingenti flumine litterarum inundata, Petron.: invidiā inundatus, Petron.: inundatus divino spiritu, erfüllt, Tert. – **B** übtr., v. einer Menschenmenge, wie unser **überschwemmen** (vgl. Mützell Curt. 4, 12 [46], 20), Cimbros inundasse Italiam, Iustin. – **II** *intr.* **a daher-, dahinwogen,** hinc densi rursus inundant Troes, Verg. Aen. 12, 280. – **b** von etwas **überfließen,** inundant sanguine fossae, Verg. Aen. 10, 24 H. u. W.; 11, 382 H. u. W. (Ribbeck fossas). – ► Depon. Nbf. **inundor** = πλημμυρῶ, Dosith. 431, 10 K.

in-ungo (in-unguo), ūnxī, ūnctum, ere, **I bestreichen, einsalben, einreiben,** quater quinquiesve, Scrib. Larg.: oculos, Varro u. Hor.: oculos medicamentis, melle, Cels.: oculos collyrio, Scrib. Larg. u. Vulg.: alqm, Hor. u. Cels. – Partiz. subst., conchis inuncta tibi, aus dem Ölfläschchen (= mit Öl) dir Gefettetes (gefettete Bohnen), Mart. 7, 78, 2. – **II ein-** od. **aufstreichen,** collyria aquā dissoluta per quadriduum, Plin. 28, 168.

inūnītus, a, um (in u. unio), **vereinigt,** Apul. met. 11, 27. Tert. adv. Valent. 29.

inurbānē, *Adv.* (inurbanus), **unfein, ohne Witz,** gew. mit vorhergeh. Negation, Cic. u. a.

inurbāniter, *Adv.* (inurbanus), **ungebildet,** Augustin. c. Faust. 12, 1 *extr.*

in-urbānus, a, um, **unfein** (gew. mit vorhergeh. Negation), **I** im Äußeren u. im Benehmen = **nicht anständig, unfein, a** im Äußeren: aspectus et habitus oris et gestus non inurbanus, nicht ohne Anstand, nicht ungefällig, Quint.: erat eius (orationis) quidam tamquam habitus non inurbanus, nicht ohne feine Haltung, Cic. – **b** im Benehmen = **unartig, ungefällig,** non essem tam inurbanus ac paene inhumanus, Cic. de or. 2, 365. – **II** in der Rede = **ohne Witz,** Cic. u. Hor.

in-urgeo, ursī, ēre, **I** *intr.* **hindrängen,** Lucr. 5, 1033. – **II** *tr.* **hineindrängen,** linguae susurros, immer einflüstern, was der andere nicht hören mag, Apul. met. 8, 10.

in-ūrīno, āre, **sich** in ein Wasser **eintauchen, untertauchen,** piscinis, Colum. 8, 14, 2.

in-ūro, ussī, ūstum, ere, **I einbrennen, A** eig.: picturas (von der enkaustischen Malerei), Plin.: notam, Verg. (so auch notae corporis, quae parvulo inustae erant, Iustin.: u. prägn. die Pers., inexpiabili litterarum notā per summam oris contumeliam inustus, gebrandmarkt, Val. Max.): foramen (v. Bohrer), ungleich bohren, wie es das Feuer macht, Colum. – **B** übtr.: **1 ein-** od. **aufbrennen** = **einprägen, anhängen, aufdrängen, zufügen,** notam turpitudinis vitae alcis, Cic.: maculam genti, Liv.: tantam maculam memoriae suae verbis immoderatis, Fronto: alci summam superbiae crudelitatisque famam, mit dem schlimmen Ruf des St. u. der Gr. brandmarken, Liv.: mala od. vulnera rei publicae, Cic.: alci dolorem, Cic.: odium inustum animis hominum, tief eingeprägt, Cic.: motus in ipso oratore impressi atque inusti videbuntur, Cic. – **2** etwas mit etw. **kennzeichnen, brandmarken,** inuri notā censoriae severitatis, Cic.: signa probitatis … domesticis inusta notis veritatis, Cic.: Trasimennum lacum dirā inustum (esse) memoriā, Val. Max. – **II ansengen, anbrennen, versengen, verbrennen, a** übh.: loca inusta, Lucr.: truncus rogo inustus, Aur. Vict.: ferro candente calcaribus inustis, Colum.: vulnere sanguis inustus, Ov.: quidquid vitiosi est, inurere, wegbrennen, Colum.: ros inustus sole, vertrocknet, Plin.: inurentes (brennend) calcaria ad infima crura, usque dum rumpantur, Varro. – Partiz. subst., inūsta, ōrum, *n.*, **Brandwunden,** Plin. 22, 37. – **b** insbes. mit dem Brenneisen **brennen, kräuseln,** comas, Quint. 2, 5, 12: u. im Bild, illa calamistris, mit seinen Friseurkünsten aufputzen, Cic. Brut. 262. Suet. Caes. 56, 2. – **III brennen, erhitzen, heiß machen,** sol inurens, Cels.: urinam testis candentibus, Colum.

inūsitātē, *Adv.* (inusitatus), **ungebräuchlich, gegen den Gebrauch** od. **die Form,** absurde et inus. scriptae litterae, Cic.: inus. loqui, Cic. – inusitatius contrahere *meum factum* pro *meorum factorum,* Cic. – inusitatissime *nox* pro *noctu* dixerunt, Macr. sat. 1, 4, 19.

in-ūsitātus, a, um, **ungebräuchlich, ungewöhnlich, selten,** res in. ac nova, Cic.: res usitatae atque inusitatae, Rhet. Her.: viae inusitatae (Ggstz. tritae), Cic.: aut inusitatum verbum aut novatum aut translatum, Cic.: in. consilium, Cic.: in. supplicia, Cic.: magna et in. principis gloria, Plin. pan.: in. portentum, Gell.: elephantorum in. facies, Liv. epit.: in. corporum magnitudo, Ps. Quint. decl.: navis Persei, quae inusitatae magnitudinis fuisse dicitur, Eutr.: Nero inusitatae luxuriae sumptuumque, Eutr.: novum est, non dico inusitatum, verum omnino inauditum, Cic.: species navium inusitatior, Caes.: miracula inusitatissima rarissimaque, Augustin. de civ. dei 10, 12. – m. *Dat.,* inusitatus nostris oratoribus lepos, Cic. de or. 3, 91: illud inusitatum Caesaris oculis, Flor. 4, 2, 81. – inusitatum est m. *Infin.,* z. B. est ita inusitatum regem reum capitis esse, ut ante hoc tempus non sit auditum, Cic. Deiot. 1: m. folg. *ut* u. Konj., quid tam inusitatum, quam ut, cum duo consules clarissimi fortissimique essent, eques Romanus ad bellum maximum formidolosissimumque pro consule mitteretur? Cic. de imp. Pomp. 62.

in-usque, gew. getrennt in usque = usque in, **bis ... hin,** Catull., Stat. u. Avien.

inūstio, ōnis, *f.* (inuro), das **Brandmal,** coxae, Iul. Val. 1, 9 (15): igneae quaedam maculae vel inustiones, Iul. Val. 3, 37 (22).

1. inūstus, a, um (in u. uro), **unverbrannt,** Lucan. 8, 787.

2. inūstus, a, um, *Partic.* v. inuro, s. d.

in-ūtilis, e, **I** negativ, **nutzlos, unbrauchbar, unzuträglich, untauglich, ungeschickt,** v. Soldaten = **kampfunfähig, a** v. Pers.: gloriosus insulsus inutilis, Plaut.: inut. homo, Cic.: non bonus poëta, sed tamen non inutilis, Cic.: imbelle et inutile vulgus, Iuven.: milites, militum turba, Liv.: corpus, kampfunfähiger, Ov.: infirmissimus et inutilissimus quisque, Colum. 3, 10, 6: m. *Abl.* (an), aliquā parte membrorum inutiles, Curt. 9, 1 (5), 25: m. *Dat.,* inutilis armis, Ov.: valetudine aut aetate inutiles bello, Caes.: cum plurium imperium bello inutile esset, Liv.: m. *ad* u. Akk., aetate ad bellum inutiles, Caes.: per aetatem ad pugnam inutiles, Caes.: equitatum eius ad rem gerendam inutilem facere, Caes. – **b** v. Lebl.: lignum, Hor.: ferrum, Verg.: impedimenta, Liv.: non inut. rerum notitia, Vell.: aliqua inut. relatio, Val. Max.: m. *Dat.,* acuendis puerorum ingeniis non inutiles lusus, Quint.: sunt et illa excitandis ad audiendum non inutilia, Quint.: m. *ad* u. Akk., quod et acutum genus (Streitfrage) est et ad usus civium non inutile, Cic.: naves ancoris reliquisque armamentis amissis ad navigandum inutiles, Caes.: inutile od. non inutile est m. *Infin.,* Cic. de off. 3, 57. Quint. 2, 3, 11; od. mit *Acc.* u. *Infin.,* Cic. ep. 6, 18, 4. Quint. 1, 1, 27 u. 2, 5, 10. – **II** positiv, **nachteilig, schädlich, hinderlich, verderblich, heillos, a** v. leb. Wesen: malus od. seditiosus et inut. civis, Cic.: inutiles fiunt (apium reguli) propter seditiones, Varro: m. *Dat.,* is inutilis sibi, perniciosus patriae civis alitur, Cic.: quod mihi reique publicae inutilis fuit, Auct. b. Afr.: sibi inutilior, sich selbst mehr zum Nachteil, Ov. met. 13, 38. – **b** v. Lebl.: aurum, Hor.: aquae, Sen.: res (Plur.), Liv.: rogationes, Liv.: exemplum, Vell.: pudor, Liv.: quod (vitium) inutilius sit an foedius nescio, Quint: omnium annorum trucidatio inutilissima (est), Plin.: m. *Dat.,* potio a balneo venientibus inutilis, Cels.: quod inutile esset Graeciae, Nep.: oratio invisa senatui inutilisque sibi et civitati suae, Liv.: huic generi inutilissimum balneum est, Cels. – inutile od. non inutile est m. *Infin.,* Quint 11, 2, 48. Cels. 4, 6 (3).

inūtilitās, ātis, *f.* (inutilis), **I** die **Unbrauchbarkeit,** Lucr. 5, 1272. Vulg. Hebr. 7. 18. – **II** übtr., die **Schädlichkeit, Verderblichkeit** (Ggstz. utilitas), Cic. de inv. 2, 158.

inūtiliter, *Adv.* (inutilis), **I unbrauchbar, unzweckmäßig,** gew. mit vorhergeh. Negation, Liv. 3, 51, 1. Sen. suas. 5, 6. Quint. 1, 7, 26 u. 2, 4, 18. – alqd inut. habere von etw. keinen Nutzen haben, Gregor. epist. 2, 32. – **II schädlich, verderblich,** Cic. ep. ad Brut. 2, 1, 2. Auct. b. Alex. 65, 1. Quint. 11, 1, 12: aqua bibitur inutilius, Varro r. r. 3, 5, 2.

Inuus, ī, *m.* (ineo), der Gott Pan als **Befruchter** der Herden, nach Liv. 1, 5, 2. – castrum Inui, s. castrum.

in-uxōrus, a, um (in u. uxor), **unverehelicht,** Tert. de exhort. castit. 9 zw.

in-vādo, vāsī, vāsum, ere, *intr.* u. *tr.* **auf** od. **nach** einem Ort **hingehen, losgehen,** bis wohin **dringen,** einen Ort **betreten, I** im Allg.: **a** eig.: in eas urbes vi cum exercitu imperioque, Cic. – m. bl. *Acc.,* portum, viam, Verg.: Italiam, Verg.: cathedram sacerdotalem, die Kanzel besteigen, Hieron. – dah. biduo tria milia stadiorum, in zwei Tagen auf einer Strecke von 3000 St. rasch vorwärts rücken, Tac. ann. 11, 8. – **b** übtr., (kühn) **sich** an etwas **machen,** etwas (kühn) **unternehmen,** aliquid magnum, Verg.: Martem (= *pugnam*), Verg.: pugnam, Gell.: pugnam fundis sagittisque, Curt. – **II** insbes.: **A** auf einen Ort od. jmd. feindlich **losgehen, eindringen,** ihn **überfallen, angreifen, anfallen, 1** eig.: **a** v. Pers.: in Asiam, in hostem, Cic.: in collum, jmdm. um den Hals stürzen, stürmisch um den Hals fallen, Cic. – m. bl. *Acc.:* alqm, Curt.: urbem, Verg. u. Liv.: castra, Sall.: agmen, Caes.: alci barbam, den Bart fassen, Suet.: canes alqm invadunt, Colum.: absol., adeo acriter invaserunt, ut etc., Liv.: im Passiv, effusos hostes invadi posse, Sall. Iug. 87, 4: invadendae terrae, Serv. Verg. Aen. 1, 299: domus invasa, *ibid.* 2, 311: Mesopotamia invasa, Ruf. Fest. 23: invasum castellum, Itin. Alex. 42 (98): invasus locus, Cod. Theod. 4, 18, 1: invasa subito terga, Amm. 25, 3, 2. – im Bild, in arcem causae illius, auf die stärkste Schanze jener Partei losgehen, Cic. ep. 1, 9, 8. – **b** v. Lebl. = in einen Ort usw. **eindringen,** quocumque ignis invasit, Cic.: ventus invasit nubem, Lucr. – Nero violentissimus, cum sanguis faciem eius invaserat, ihm das Blut ins Gesicht gestiegen war, Sen. – invasus ramus, der eingedrungene = eingepfropfte, Pallad. poët. de insit. 120. – **2** übtr.: **a** mit Worten anfallen, **anfahren, anlassen,** alqm minaciter, Tac.: consules invasit, cur etc., Tac.: continuo invadit, mit folg. direkter Rede, Verg.; vgl. Thiel Verg. Aen. 4, 265. – **b** v. Krankheiten usw. = jmd. **befallen,** nec maior in corpus meum vis morbi, quam in mentes vestras invasit, Liv.: dolor in oculos invasit, Lucr.: m. bl. *Acc.,* morbus alqm invadit, Plaut.: pestilentia populum invasit, Liv. – **c** v. Leidenschaften u. anderen Übeln = bei jmd. **eindringen, einreißen,** jmd. **befallen,** vis avaritiae in animos eorum invasit, Sall.: pestis in vitam invasit, Cic. – mit *Dat.,* mirus furor invaserat improbis, Cic. – m. bl. *Acc.,* alqm metus, terror invadit, Sall. u. Liv.: eos atrox belli fama invasit, unter ihnen verbreitete sich, Liv.: tanta lubido (Leidenschaft) cum Mario eundi plerosque invaserat, Sall. – absol. = **einreißen, sich verbreiten,** tantus terror invasit, Caes.: invadit lubido, avaritia, Sall.; vgl. Fabri Sall. Cat. 2, 5. – **B** raubend auf etwas losgehen, etw. **antasten, an sich reißen,** einer Sache **sich bemächtigen,** sie **gewaltsam in Besitz nehmen, 1** eig.: in quod ipsa invaderet, Cic. de nat. deor. 2, 124. – **2** übtr.: in alcis praedia, fortunas, Cic.: u. so dictaturam, Suet.: fasces et ius praetoris, Tac.: rem publicam, imperium, Tac.: regnum, Curt. – **C** liebend auf jmd. losgehen, jmd. **stürmisch umarmen** usw., amplexu effusissimo alqm invadere, Petron.: alqm basiolis, alqm invadere et osculari, umarmen u. küssen, Petron. – ▶ Synkop. Infin. Perf. invasse, Lucil. 57. – Vulg. Nbf. invādo, āre, Iul. Val. 3, 52. p. 160, 25 *Kuebler.*

in-valentia, ae, *f.,* das **Unvermögen,** die **Schwäche,** die **Unpässlichkeit,** Gell. 20, 1. § 27. Apul. de dogm. Plat. 1, 18.

in-valeo, ēre, **zunehmen,** invalente morbi gravitate detentus, *Amm. 21, 15, 2 G.

in-valēsco, valuī, ere (*Inchoat.* v. invaleo), **erstarken,** übtr., **a die Oberhand gewinnen, überhandnehmen, mächtig werden, zunehmen, α** v. Lebl.: et haec illave defensurus, prout invaluissent, Tac.: mansit hic (amor), nec refrixit indicio, sed invaluit, Plin. ep.: libido et luxuria coërcente nullo invaluerat, Suet.: ut est longe vehementissimus hic, cum invaluit, affectus, ita, si nihil efficit, tepet, Quint.: ita invaluit (terrae tremor), ut etc., Plin. ep.: et invaluit proelium nimis, Vulg. – **β** v. Pers., absol., Vulg. gen. 30, 8; Ierem. 20, 7: inv. armis, Vulg. 1. Mach. 6, 6: divitiis suis, Vulg. Dan. 11, 2: inv. contra alqm, Vulg. 2. paral. 17, 1 u. act. apost. 19, 16. – **b mehr zu Geltung gelangen, mehr in Gebrauch kommen,** tenuit consuetudo, quae cotidie invalescit, ut etc., Quint.: increbruit passim et invaluit consuetudo binas vel singulas clepsydras et dandi et petendi, Plin. ep.: appellatio grammaticorum Graecā consuetudine invaluit, Suet.: Ggstz., cum et verba intercīdant (abkommen) invalescantque temporibus, Quint. 10, 2, 13. – ► Nbf. invalīscit, Not. Tir. 64, 11.

invaletūdo, s. invalitūdo.

invalidē, *Adv.* (invalidus), **schwach, wirkungslos,** infirme invalideque dici, Arnob. 7, 45.

in-validus, a, um, **schwach** (Ggstz. validus, fortis), **I** eig. u. übtr.: **1** eig., **schwach, kraftlos, hinfällig, unpässlich, krank,** milites, Liv.: vires, Ov.: invalidus senectā, Liv., senectā ac debilitate pedum, Tac.: invalidus vulnere, Tac.: invalidissimum urso caput, quod leoni fortissimum, Plin. – m. *Genet.*, non invalidus virium, Dict. 6, 15 *extr.* – m. *Dat. Gerund.*, cibus, cui capiendo invalidus eram, Augustin. conf. 7, 18. – m. *ad* u. Akk., Camillus iam ad munera corporis senectā invalidus, Liv. 6, 8, 2: si homo morbo aut aetate aeger ad ingrediendum invalidus est, Gell. 20, 1, 11. – Subst., invalidus, ein Schwacher, Curt. u. Iuven.; Plur., saucii et invalidi (Kranke), Curt. – **2** übtr.: **a schwach** zum Widerstand, exercitus, Liv.: statio, Liv.: invalidiores Persae, Iustin.: m. *adversus* u. Akk., moenia invalida adversus irrumpentes, Tac.: Ptolemaeus adversus Perdiccam exercitu praevalentem ipse invalidus, Frontin. 4, 7, 20. – **b schwach** der Wirkung nach, **unwirksam,** ignes, Tac.: venenum, Claud. – **II** bildl., **schwach,** causa, argumentum, ICt.

invalīsco, s. in-valēsco ►.

invalitūdo (invaletūdo), inis, *f.* (invalidus), die **Schwäche, Kränklichkeit,** Plin. Val. 1, 14 (invalet.) u. 18 (invalit.).

invāsio, ōnis, *f.* (invado), **I** der **Angriff, Anfall,** Symm. epist. 10, 41. – **II** insbes., **a** der **Angriff** auf die Ehre einer Frau, die **Vergewaltigung,** inv. manifesta, Augustin. de civ. dei 1, 19, 3. p. 32, 30 D.[2] – **b** die gewaltsame **Besitznahme,** spät. ICt.

invāsor, ōris, *m.* (invado), der **Einfallende,** als **Besitzergreifer, Eroberer,** locorum, Cod. Iust. 7, 4, 5: violenti limitum invasores, Augustin. serm. 17, 4: absol., Aur. Vict. epit. 35, 2. Ambros. in psalm. 118. serm. 6. § 20 *extr.* Augustin. serm. 15, 9.

invāsus, Abl. ū, *m.* (invado), der **Angriff,** Cael. Aur. de morb. chron. 1, 4, 82.

invectīcius, a, um (inveho), (von anderen Orten) **eingebracht, eingeführt, nicht einheimisch,** columba, Plin. 10, 79. – übtr., gaudium, seicht, nicht herzlich, Sen. ep. 23, 5.

invectio, ōnis, *f.* (inveho), **I** eig., die **Einführung,** crebrae et ordinatae invectiones, Apul. de mund. 2 *extr.*: in mediterraneo, quo non est facilis aquae marinae invectio, Colum. 12, 25, 1. – Insbes., **a** die **Einfuhr** der Waren usw. (Ggstz. exportatio), Cic. de off. 2, 13. – **b** die **Einfahrt,** eodem flumine invectio, Cic. de fin. 5, 70. – **II** übtr., der **Angriff** mit Worten, das **Anfahren, Losziehen,** Schol. Gronov. ad Cic. I. Verr.. 28. p. 394, 42 B. Ambros. in Luc. 8, 21. Iulian. bei Augustin. op. imperf. c. Iul. 3, 203. Rufin. apol. 2, 29. Heges. 5, 7, 2: Tullianae severae invectiones, Fulg. myth. 1. p. 15 M. (= p. 9, 6 H.).

invectīvāliter, *Adv.* (invectivus), **scheltend, anfahrend,** Sidon. epist. 1, 11, 2.

invectīvus, a, um (invehor), gegen jmd. **losziehend, schmähend, voller Schmähungen,** oratio, Amm.: volumen, Amm.: loci, Fortunat. art. rhet. 3, 20: quaedam invectiva legebantur *in* principem, Amm. 28, 1, 20. – subst., invectīvae, ārum, *f.* (*sc.* orationes), v. den katilinarischen Reden Ciceros, Prisc. 15, 28 *sq.* u. 38.

invector, ōris, *m.* (inveho), der **Einführer,** laniati pecoris, Symm. epist. 10, 27.

invectus, Abl. ū, *m.* (inveho), **I** das **Herein-, Herzuführen,** mit obj. *Genet.*, terrae, Plin.: mit subj. *Genet.*, fluminum, durch den von den Flüssen herbeigeführten Schlamm, Plin. – **II** prägn., die **Einfuhr** von Waren (Ggstz. evectus), Varro r. r. 1, 16, 2 (wo heteroklit. Akk. Plur. invectos u. evectos) nach den besten Hdschrn.

in-veho, vēxī, vectum, ere, **I** aktiv, **hinein-, heran-** od. **einführen, hinein-** od. **einfahren, hinein-** od. **herzutragen, 1** eig.: **a** übh.: frumenta, einfahren (in die Scheune), Plin.: pecuniam in aerarium, Cic.: legiones Oceano, Tac.: mare opes litoribus invehit, wirft an usw., Curt.: delphinus in arenam invectus, getrieben, geraten, Plin.: Euphrates in Mesopotamiam quot annos quasi novos agros invehit, trägt zu, Cic. – **b** in ein Land usw. **einführen,** peregrinas merces, Plin.: animalia, Mela u. Curt.: vinum in Galliam, Liv.: milium ex India in Italiam, Plin.: externa omnia ab Oriente invecta, Plin.: Ggstz., quibus utrisque rebus *evehi* atque *invehi* ad praedia scimus, Varro r. r. 1, 16, 6. – u. in ein Haus **mitführen,** dah. invecta (et) illata, das (vom Mietsmann) Mitgeführte u. Mitgebrachte, Paul. dig. 2, 14, 4 pr. Marcian. dig. 20, 2, 2. – **c** v. Gewässern, **mit sich führen,** torrentes aquas, Curt.: terrae motus mare fluminibus invehit, lässt eindringen, Liv. – **2** übtr., ein Übel usw. **herbeiführen,** über jmd. **hereinbrechen lassen,** divitiae avaritiam invexēre, Liv.: quae (mala) tibi casus invexerat, zugefügt hatte, Cic. – **II** medial invehi, **A hinein-** od. **hin-** od. **heran-** od. **einherfahren, -reiten, -schiffen, -fliegen** usw., carpento in forum, Liv.: corpori patris vehiculo, über den K. des V., Liv.: curru in Capitolium, Cic.: curru per urbes, Verg.: triumphans urbem invehitur, fuhr in usw., Liv.: triumpho clarissimo urbem est invectus, Liv.: patenti hostium portae, hineinsprengen in usw., Liv.: aber plaustro sedentem portā Capenā, durch das kap. Tor einfahren, Ov.: heptapylo (Abl.), durch das H. einreiten, Liv.: quacumque equo invectus est, ibi pavebant, Liv.: angues invectas, geflogen, Cic.: invehi litori, ans Ufer heranfahren, Liv.: flumine, fahren auf usw., Cic.: in portum, Cic.: nave ad ostium portus, Liv.: u. Partiz. *Praes. depon.*, invehēns, fahrend-, reitend auf usw., quadrigis, Cic.: natantibus beluis, Cic. – **B** refl. se inv. u. medial invehī, feindl. **eindringen, einbrechen, angreifen, 1** eig.: **a** übh., Romana se invexit acies, Liv.: u. inv. se undique, Liv.: invehi multā caede hostium, Curt.: ita victores latus hostium invecti, sie rückten dem Feind in die Flanke, Tac.: invehi navibus (Dat.), ordinibus, Curt. – **b** insbes.: **α darauflosreiten, -lossprengen,** zu Pferd **angreifen,** equites invecti repente, Liv.: invehi vehementer, Curt.: laxatis habenis, Curt.: inv. in mediam aciem, in laevum cornu, Curt. – **β** v. Fahrzeugen = **losfahren** auf usw., currus invehuntur in phalangem, Curt.: naves invehuntur in latera quinqueremis, Curt. – **γ** v. Gewässern, **sich herandrängen, heranströmen,** fluctus se invehunt, Curt.: invehi ad orientis plagam, Curt. – **2** übtr., invehi in alqm od. alqd, auf jmd. od. etw. **losfahren, losziehen,** jmd. **anfahren,** etw. **angreifen, gegen** etw. **sprechen,** Cic. u. a.: acriter in alqm, Curt.: petulanter in alqm, jmdm. einen Hieb geben, auf jmd. sticheln, Cic.: aperte in alqm invehens, Cic.: vehementius in causam principum, Cic.: multis verbis in perfidiam alcis, Liv.: mit *Acc. neutr.*, multa (vielfach) in alqm Nep.: nonnulla (mannigfach) in alqm, Nep.: absol., bl. invehi, Cic. u. Ov.

in-veideo, s. in-video ►.

inveitus, s. invītus ►.

invēlātus, a, um (in u. velo), **unverhüllt, unbedeckt,** Ambros. in psalm. 43. § 22. Mart. Cap. 1. § 5. Heges. 1, 37, 4.

in-vēndibilis, e, **unverkäuflich,** merx. Plaut. Poen. 341.

invēnditus, a, um (in u. vendo), **unverkauft** (Ggstz. inemptus), praedia, Scaev. dig. 18, 5, 10. § 1.

in-veniābilis, e, **unverzeihlich,** Ambros. in psalm. 35. § 12. Gregor. in Tob. 20. § 14.

in-venio, vēnī, ventum, īre, **I auf** etwas **kommen, stoßen,** jmd. od. etwas (zufällig) **finden, antreffen, entdecken, A** eig.: **1** im Allg.: alqm, Cic. u. a.: naves, Caes.: m. dopp. *Acc.*, in agro populabundum hostem, Liv. 3, 4, 7: im Passiv mit dopp. *Nom.*, P. Scipio Africanus mortuus in cubiculo inventus est, Liv. epit. 59 *extr.* – **2** insbes., lesend (in einer Schrift) **finden, geschrieben finden,** de alqa re nulla littera in veteribus libris invenitur, Cic.: quod quibusdam in annalibus invenio, Liv.: apud plerosque (apud quosdam) auctores invenio m. folg. Akk. u. Infin., Liv. u. Tac. – **B** übtr.: **1 finden, befinden,** alqm in culpa, Ter.: m. dopp. *Acc.*, im Passiv m. dopp. *Nom.*, quem si invenisset idoneum, Nep.: Pamphilam inventam esse civem, Ter.: ipsis durior inventus est, Caes. – **2** zu etwas **kommen** = (zufällig od. gelegentlich) zu etwas **gelangen,** etwas **bekommen, erwerben, sich verschaffen, sich zuziehen,** nomen, cognomen, Cic. u. a.: sine invidia facillime laudem, Ter.: ibi maximam gloriam, Iustin.: gloriam ex culpa, Sall.: ex quo illi gloria opesque inventae, Sall.: u. so labore inventa bona, Ter. – vituperationem (Ggstz. vitare), Rhet. Her.: iuris iurandi fraude culpam, Cic. – **II** mit dem Nbbegr. des absichtl. Suchens = suchend od. nachforschend **finden, auffinden, ausfindig machen, entdecken, auftreiben** usw., **A** eig.: alqm, Nep.: locum, ubi esset, Nep.: u. so argenti venas penitus abditas, Cic.: argentum, Plaut.: viam ferro, Tac. – **B** übtr.: **1** übh. etwas durch eigene Tätigkeit **bewerkstelligen, möglich machen,** per me inventa salus, Cic.: unde tam incredibilem cursum inventum, möglich geworden, Cic.: inventis auspiciis, eingeführt, Cic.: u. so non inventas solum (artes), sed etiam perfectas, begründet, Cic. – **2** insbes.: **a** durch Nachforschen von anderen **erfahren, ausfindig machen, herausbringen, entdecken, ermitteln,** coniurationem, Cic.: ex captivis m. folg. Akk. u. Infin., Caes.: inventum est (man kam darauf) m. folg. Akk. u. Infin., Caes.: m. folg. indir. Fragesatz, non inveniebat, quo modo etc., Cic.: ex Aledio quod scribas si quid inveneris, scribes, Cic.: neque certum inveniri poterat, ne (enklit.) ... an etc., Caes.: Passiv invenitur m. *Nom.* u. *Infin.* (= es zeigt sich, dass usw.), Cic. Clu. 180. Lact. 1, 11, 64 u. 1, 23, 2. – **b** durch eigenes Nachdenken **finden, erfinden, erdenken,** fallaciam, Ter.: nihil acute inveniri potuit in eis causis, quod ille non viderit, Cic. – mit folg. *Infin.*, puero succumbere furtim, Tibull. 1, 8, 35. – **c** se invenire, **sich darein finden,** Petron. u. Sen.: übtr., dolor se invenit, fand sich darein = kam wieder zu sich, Ps. Ov. her. 15, 113 = Ps. Ov. Sappho *v.* 113. – ▶ Archaist. Fut. invenibit, Pompon. com. 25.

inventārium, iī, *n.* (invenio), das **Inventar,** das **Vermögensverzeichnis** od. das **Nachlassverzeichnis,** ICt.

inventārius, a, um (invenio), **leicht zu finden,** res, Gloss. IV, 100, 17 u. V, 602, 6.

inventio, ōnis, *f.* (invenio), das **Finden, Auffinden, I** auf mater. Wege, luminosae filiae inventiones, Apul. met. 6, 2. – meton., der getane **Fund,** Vulg. Sirach 29, 4. – **II** durch Nachdenken, das **Erfinden,** die **Erfindung,** das **Auffinden (Aussinnen),** das **Entdecken,** die **Entdeckung, 1** eig.: **a** im Allg.: absol., Vulg. Sirach 20, 9: ad inventionem (zum Auffinden des Wahren) sufficere (v. Chrysippus), Petron. 88, 4: Plur., Vitr. 9. praef. § 14. – m. subj. *Genet.*, alia tristium inventio, alia gaudentium, Plin. pan. 72, 7. – m. obj. *Genet.*, inv. ignis, Vitr. 2, 1, 2: eius capituli, Vitr. 4, 1, 9: legum, Iustin. 3, 2, 7: operum illorum, Vulg. Baruch 3, 18: Plur., aedificiorum inventiones, Vitr. 2. praef. § 5: inventiones et generationes sensuum, Ambros. de Cain et Abel 2, 1, 6. – **b** insbes.: **α** als rhet. *t. t.*, die **Erfindung,** Rhet. Her. 1, 3. Cic. de inv. 1, 9. Quint. 3, 9, 2 u. a. Plin. ep. 6, 27, 1. Victorin, 1, 7 u. a. spät. Rhet. – **β** als *t. t.* der Baukunst, die **Erfindung,** Vitr. 1, 2, 2. – **2** meton.: **a** das **Vermögen des Erfindens,** die **Erfindungsgabe, -kraft,** Cic. Tusc. 1, 61 (wo verb. inv. atque cogitatio); 1, 65. Quint. 10, 2, 12: tardissima inv., Plin. ep. 4, 7, 4. – **b** das **Erfundene,** die **Erfindung,** absol., Plin. ep. 1, 20, 13. Tac. dial. 23: Plur., Iustin. 9, 8, 10. – m. subj. *Genet.*, artis inventio, das, was die Kunst erfunden hat, Vulg. sap. 13, 10.

inventiuncula, ae, *f.* *(Demin.* v. inventio), eine **geringe (wertlose) Erfindung,** Plur. bei Quint. 8, 5, 22.

inventor, ōris, *m.* (invenio), der **Erfinder, Urheber,** Archimedes inventor ac machinator bellicorum tormentorum operumque, Liv.: Liber inv. vini, Sen.: inv. voluptatum, Ter.: novorum verborum, Cic.: legis, Liv.: legum, Firm.: Zeno, qui inventor et princeps Stoicorum fuit, Cic.

inventrīx, trīcis, *f.* (Femin. zu inventor), die **Erfinderin, Urheberin,** oleae Minerva inventrix, Verg. u. Rutil. Nam.: virgo iusti inv., CIL 7, 759, 2: illae omnium doctrinarum inventrices Athenae, Cic.: tu (philosophia) inventrix legum fuisti, Cic.: sum tamen inventrix auctorque ego carminis huius, Ov. – ars inventrix = τοπική, Quint. 2, 15, 21.

inventum, ī, *n.* (invenio), das **Erfundene,** die **Erfindung,** Ter., Cic. u. a.

inventus, Abl. ū, *m.* (invenio), die **Erfindung,** Plaut. merc. 847 G.: inventu novicio, Plin. 17, 162.

invenustē, *Adv.* **(invenustus), nicht anmutig, ohne Anmut,** gew. m. vorherg. Negation, aliquando inv. ait, Sen. rhet.: non inv. dicere, Quint. u. Plin. ep.: non inv. hāc sententiolā ludere. Gell.

in-venustus, a, um = ἀναφρόδιτος, **I nicht anmutig, ohne Anmut, -Liebreiz, unliebenswürdig,** v. Pers. u. Dingen, Cic. u. Catull. – **II** = ἀναφρόδιτος εἰς τὰ ἐρωτικά, **ohne Liebesgenuss, ohne Glück, unglücklich in der Liebe,** Ter. Andr. 245.

inverēcundē, *Adv.* (inverecundus), **unverschämt, ohne Scheu und Scham,** Sen. u. a. – *Compar.* inverecundius, Hieron. epist. 127, 2.

inverēcundia, ae, *f.* (inverecundus), die **Unverschämtheit, Schamlosigkeit,** Schol. Iuven. 6, 456 u. Eccl.: obduratus inverecundiā, Arnob. 4, 34.

in-verēcundus, a, um, **unsittsam, unbescheiden, unverschämt, ohne Scheu und Scham, schamlos, rücksichtslos,** deus (v. Bacchus), der schamlose (der alles ausplaudert), Hor.: animi ingenium, Poët. bei Rhet. Her.: animus, Sall. fr.: frons, Quint.: lepos, Prud.: matrona *adversus* officiosum salutatorem inhumana potius quam inverecunda sit, Sen. contr. 2, 7 (15), 3: inverecundum est m. *Infin.*, es verrät wenig Scheu u. Scham, Paul. dig. 32, 23. – quid enim illis inverecundius? Val. Max. 7, 7, 1. – inverecundissimus (v. einer Pers.), Plaut. rud. 652. – ▶ invěrěcundus gemessen bei Ven. Fort. de vit s. Mart. 1. 393.

in-vergo, ere, eig. **hinneigen,** als *t. t.* der Religionssprache bei Opfern u. Sühnen = **auf** etwas **(darauf)** od. in etw. **gießen,** super invergens liquidi carchesia bacchi, Ov. met. 7, 246: vina fronti, Verg. Aen. 6, 244: pelago vina, Val. Flacc. 2, 610. – übtr., expeto invergere in me liquores tuos, Plaut. Curc. 108.

in-vērīsimilis, e, **unwahrscheinlich,** non inv. ratio, Prisc. 6, 78.

inversio, ōnis, *f.* (inverto), die **Umkehrung, I** verborum, **a** = ἀναστροφή, die **Umsetzung, Versetzung** (wie quoque ego = ego quoque), Quint. 1, 5, 40. – **b** die **versteckte Spottrede, Ironie,** Cic. de or. 2, 261. – **c** = ἀλληγορία, die **Allegorie,** Quint. 8, 6, 44. – **II** die **Umkehrung** = umgekehrte Ordnung, Mart. Cap. 5. § 562.

in-verso, āre, **erörternd behandeln,** numeros, Fulg. Verg. contin. p. 141 M.

inversum, *Adv.* (inversus v. inverto), **umgekehrt,** surculis inversum superpositis, Solin. 2, 47: inversum ductae litterae, Sulpic. Sev. chron. 2, 6, 3.

inversūra, ae, *f.* (inverto), die **Windung,** Plur. bei Vitr. 5, 3, 5.

1. inversus, a, um, s., in-verto.

2. inversus, a, um (in u. verto), **nicht umgestaltet, unzerschnitten, ganz,** lumbi, Apic. 4, 181.

invertibilis, e (in u. verto), **unwandelbar, unveränderlich,** Augustin. de lib. arbitr. 28, 24. Fragm. Arrian. Vatic. in Mai Scriptt. vet. nov. coll. tom. 3. p. 216.

invertibilitās, ātis, *f.* (invertibilis), die **Unwandelbarkeit,** Augustin. de mor. eccl. cath. 1, 13, 23.

in-verto, vertī, versum, ere, **umwenden, umkehren, umdrehen, I** eig.: **A** im Allg.: in locum anulum, umwenden u. so wieder an seine Stelle rücken (sodass der Ringkasten oben war), Cic.: alveus navium inversus, Sall.: inversa manus (Ggstz. manus supina), Plin.: inversa charta, die Rückseite des Papiers, Mart.: poet., inversum contristat Aquarius annum, das abgelaufene Jahr, Hor. – refl., invertere se, **sich umwenden** = sich auf den Rücken legen (v. einem Seefisch), Plin. 32, 13. – **B** insbes.: **1** **umwenden** = **umwühlen, a** v. Pflüger od. Pflugstier = **umpflügen,** vomere terras graves, Verg.: campum, Verg. – **b** v. Wind = **aufwühlen,** Hor. epod. 10, 5. – **2** **umstülpen** u. so **ausschütten** od. **ausleeren,** desuper calathos largosque rosarum imbres, Claud. epith. Pall. et Cer. 117: Allifanis (in die allif. Humpen) vinaria tota, Hor. sat. 2, 8, 39. – **3** verdrehen = **verrenken,** talum tam vehementer, ut etc., Apul. flor. 16. p. 22, 4 Kr. – **II** übtr.: **A** im Allg., **umkehren,** ordinem, Cic.: inversa consuetudo, die umgekehrte Gewohnheit (= die Gewohnheit, etwas umgekehrt zu tun), Quint.: inversi mores, Sittenverderbnis, Hor.: inversa verba, verschrobene W., Ter. u. Lucr. – **B** insbes.: **1** etwas der Deutung nach umkehren = einer Sache **eine andere Deutung geben, einen anderen Sinn unterlegen,** virtutes, den T. eine böse Deutung geben, Hor.: verba, ironisch gebrauchen, Cic.: inversa verba, verdrehte Worte, Lucr. 1, 642. Ter. heaut. 372. – **2** etw. seinem Wesen nach umkehren = **a** **umändern, umwandeln,** lanas, färben, Sil. 16, 569. – dah. dem Ausdruck nach **umgestalten** = anders (mit anderen Worten) ausdrücken, quae in vulgus edita eius verbis invertere supersedeo, Tac. ann. 15, 63. – **b** **umtauschen,** res, Ps. Ascon. Cic. II. Verr.. 1, 154.

in-vesperāscit, ere, **der Abend kommt heran, -bricht herein,** cum primum invesperasceret, Cic. Verr. 5, 91: iam invesperascebat, Liv. 39, 50, 1.

1. **investīgābilis,** e (investigo), **erforschbar,** Lact. 3, 27, 13.

2. **investīgābilis,** e (in u. vestigo) = ἀνεξιχνίαστος, **unaufspürbar, unerforschlich,** Eccl. (s. Bünem. Lact. 3, 27, 13. Rönsch Itala p. 112).

investīgātio, ōnis, *f.* (investigo), das **Aufspüren, Erforschen,** naturae, Cic. Acad. 1, 34: rerum occultissimarum, Cic. de fin. 5, 4, 10: veri, Cic. de off. 1, 13 u. 19: sapientiae eius, Vulg. Isai. 40, 28: mentis investigationes, Firm. math. 5, 1, 11.

investīgātor, ōris, *m.* (investigo), der **Aufspürer, Erforscher,** antiquitatis, Cic. Brut. 60: coniurationis, Cic. Sull. 85: earum rerum, quae a natura involutae videntur, Cic. Tim. 1: malorum, der nach Unglück trachtet, Vulg. prov. 11, 27: quasi investigator (*sc.* sapientiae), Vulg. Sirach 14, 23.

investīgātrīx, trīcis, *f.* (Femin. zu investigator), die **Erforscherin, erforschend, untersuchend,** Mart. Cap. 5. § 442.

in-vestīgo, āvī, ātum, āre, jmdm. od. einer Sache **auf die Spur zu kommen suchen,** jmd. od. etw. **aufspüren, auskundschaften, aufsuchen, ausfindig machen, erforschen, I** v. Hunden, canum tam incredibilis ad investigandum sagacitas narium, unglaublich scharfe Spürkraft der Nase, Cic. de nat. deor. 2, 158: immittebantur illi continuo Cibyratici canes (Spürhunde, bildl. v. Pers.), qui investigabant et perscrutabantur omnia, Cic. Verr. 4, 47. – **II** v. Menschen: **a** auf mater. Wege: alqm, Komik., Cic. u. a.: perquirere et inv. homines *ex* omni regione, Cic.: si qua potestur investigari via, Pacuv. fr.: inv. vidulum illum, Plaut.: tecta, Curt.: defessus sum urbem totam pervenarier; nihil investigo quicquam *de* illa muliere, Plaut. merc. 818 *sq.* – mit folg. Fragesatz, quare quod olet non tam facile esse videbis investigare, in qua sit regione locatum, Lucr. 4, 700: illud molestum, me adhuc investigare non posse, ubi P. Lentulus noster sit, ubi Domitius, Cic. ad Att. 9, 1, 2. – **b** auf nicht mater. Wege, parentes incertos, Pacuv. fr.: illum, qui est pater eius, Ter.: hunc (oratorem perfectum), Cic.: omnes illorum conatus, Cic.: coniurationem, Cic.: verum (die Wahrheit), Cic.: quae (per notas scripta), si quis investigare et persequi velit, entziffern und hintereinander lesen, Suet.: nihil tam difficile est, quin quaerendo investigari possiet, Ter. – *de* Lentulo investigabo diligentius, wie es sich mit L. verhält, will ich noch sorgfältiger zu erforschen suchen (noch genauere Erkundigungen einziehen), Cic. ad Att. 9, 7, 6. – mit folg. Relativ- od. Fragesatz, diligentiā inimici investigatum est quod latebat, Cic. Lig. 1: is (Archimedes) propter nimiam cupiditatem investigandi quod requirebat nomen suum indicare non potuit, Val. Max. 8, 7. ext. 7: quo eam, aut ubi sim, aut qui sim, nequeo cnm animo certum investigare, kann ich im Geiste nicht sicher ergründen, Plaut. aul. 714 *sq.*: ut investiges ex consponsorum tabulis, sitne ita, Cic. ad Att. 12, 17.

in-vestio (īvī), ītum, īre, **bekleiden,** mit Kränzen, focum mater aut uxor investiunt, Maecen. in Sen. ep. 114, 5: übtr., scrupeo investita saxo, Enn. fr. scen. 115.

in-vestis, e, **unbekleidet, I** eig.: nudus et inv. homo, Tert. de pall. 3. – **II** übtr., **ohne Bart** od. übh. **noch unbehaart, unmannbar** (Ggstz. vesticeps, s. Paul. ex Fest. 398, 9. Serv. Verg. Aen. 8, 659. Non. 45, 26 u. 458, 22), Apul. met. 5, 28. Macr. sat. 3, 8, 7. Pallad. 8, 7 u. 11, 14, 16. – dah. **a** **noch unverbuhlt,** Apul. apol. 98. – **b** **noch unverheiratet,** Tert. de virg. vel. 8; de anim. 56.

inveterāsco, āvī, āscere (invetero), **alt werden, I** im Allg.: **a** v. Lebl.: **α** v. konkr. Subjj., nardo colos, si (nardus) inveteravit, nigriori melior, Plin. 12, 44. – **β** v. abstr. Subjj., **auf die lange Bank geschoben werden,** si (res) inveteravit, actum est, Cic. ep. 14, 3, 3. – **b** v. Pers., **alt-, grau werden,** inveteraverant hi omnes compluribus Alexandriae bellis, Caes. b. c. 3, 110, 6. – **II** prägn., **veraltern, a** v. Lebl., **veraltern, sich einnisten, einwurzeln, fest wurzeln, sich festsetzen, sich einbürgern, gang und gäbe werden, α** v. phys. Übeln, si (res, die Krankheit) inveteraverit, Cels.: ubi inveteraverunt dolores, Cels.: ubi inveteraverit malum, Cels.: ulcus enim vivescit et inveterascit alendo, Lucr. – **β** v. anderen, bes. abstr. Subj., novas (fabulas) qui exactas feci ut inveteraverint, Ter.: neque indulgendo inveterascere (zu einem alten Schaden werde) eorum aes alienum patiebatur, Nep.: sive illa (mala) ante provisa et exspectata sint sive inveteraverint, Cic.: cum autem hic fervor concitatioque animi inveteraverit, Cic.: ut hanc inveterascere consuetudinem nolint, Caes.: inveteravit iam opinio perniciosa rei publicae, Cic.: quorum iam nomen et honos inveteravit, Cic.: irroboravit inveteravitque (ist eingewurzelt und gang und gäbe geworden) falsa atque aliena verbi significatio, Gell.: quae (macula) iam insedit ac nimis inveteravit in populi Romani nomine, Cic.: res nostrae litterarum monimentis inveterascent et corroborabuntur, Cic.: passiv medial, inveterata licentia, Suet. Nero 16, 8: m. *Dat.*, quorum iam nomen et honos inveteravit et urbi huic et hominum famae et sermonibus, ist eng (fest) verwachsen mit usw., Cic. Sull. 24: unpers., intellego in nostra civitate inveterasse (die Gewohnheit eingewurzelt ist) iam bonis temporibus, *ut* splendor aedilitatum ab optimis viris postuletur, Cic. de off. 2, 57. – **b** v. Pers., **sich einnisten, sich festsetzen, festen Fuß fassen, sich stehend aufhalten,** populi Romani exercitum hiemare atque inveterascere in Gallia moleste ferebant, Caes. b. G. 2, 1, 3: quibus quisque in locis miles inveteraverit, Caes. b. c. 1, 44, 3.

inveterātio, ōnis, *f.* (invetero), das **sich Einwurzeln,** meton., der **eingewurzelte Fehler,** Cic. Tusc. 4, 81.

inveterātor, ōris, *m.* (inveterasco) = veterator (s. d.), Isid. orig. 10, 140.

inveterātus, a, um, s. in-vetero.

inveterēsco, ere, Nbf. v. inveterasco (s. d.), Lex colleg. salut. Dian. et Antin. im CIL 14, 2112, 17.

in-vetero, āvī, ātum, āre, **alt werden lassen, I** im Allg.: **a** konkr. Objj.: caelestem aquam, Colum.: allium cepamque, Plin.: carnes, Plin.: ferendum sane fuerit inveterari vina, dass man W. alt werden lasse, Plin.: vinum, quod fumo inveterabatur, Acro Hor. – **b** abstr. Objj.: **α** im üblen Sinne, conglutinatio inveterata (alt gewordene, Ggstz. recens), Cic. de sen. 72. – **β** im guten Sinne, **zum Alten machen,** inveteravi peregrinam novitatem, ich habe damit dem Fremden und Neuen die Gestalt des Alten gegeben, Curt. 10, 3 (12), 13. – **II** prägn.: **1** **veralten-, abkommen lassen,** hāc versutiā et his artibus notitiam veri ac singularis dei apud omnes gentes inveteraverunt, Lact. 2, 16, 20. – **2** medial inveterari, **einwurzeln, sich festsetzen, unveraltet bleiben,** non tam stabilis opinio permaneret nec cum saeculis aetatibusque hominum inveterari potuisset, Cic. de nat. deor. 2, 5: quae (aetas) cum corporis robore ac viribus vigeat, animum esse inveteratum (sei der Mut zur anderen Natur geworden, erstarkt) diutinā arte atque usu belli, Liv. 42, 11, 6: inveteratā cum gloriā tum etiam licentiā, Nep. Eum. 8, 2: oft Partiz. inveterātus, a, um, **eingewurzelt, fest gewurzelt, seit Jahren bewährt, altgewohnt,** amicitia, Cic.: prudentia, Liv.: ira, Cic.: invidia, Cic.: error, Cic., errores, Lact.: licentia, Suet.: inveteratum erga matrem obsequium, Tac.

in-vetitus, a, um (veto), **unverboten, unverwehrt,** Sil. 2, 442.

invexātus, a, um (in u. vexo), **unangefochten,** ut illa invexata maneant, Augustin. op. imperf. c. Iulian. 1, 21 *extr.*

invicem u. getrennt **in vicem** (in u. vicis), **I** *adv.*, **wechselweise, A abwechselnd, zur Abwechselung,** hi rursus inv. anno post in armis sunt; illi domi remanent, Caes.: multis inv. casibus victi victoresque, Liv.: nec (servitum) *invicem* his aut illis, sed interdum utrisque *simul,* Liv.: *inv. modo* aqua, *modo* vinum bibendum est, Cels. – **B** übtr., **a** = **wechselseitig,** his inv. sermonibus nox traducta est, Liv. – **b gegenseitig, α** = abwechselnd einer dem od. den anderen, **einander,** flagitia inv. obiectavere, Tac. – **β** gleichzeitig einer dem od. den anderen, **einander, untereinander, miteinander,** inv. diligere, Plin. ep. u. a.: idem estis inv., quod fuistis, seid ein., was ihr (euch) gewesen seid, Plin. pan. – haec pugnare inv. (mitein. im Widerspruch stehen) ostendit, Quint. – salutare inv., Phaedr.: vitabundi inv., Tac. – inv. se occīdere, Aur. Vict. u. Eutr.: inv. se obtrectare, Tac. dial.: inv. se anteponere, Tac. – inv. inter se gratantes, Liv. 9, 43, 17. – **c auf beiden Seiten,** multae inv. clades, Tac.: alitum cantus canumque latratus inv. audiuntur, auf beiden Ufern, Plin. – **d auf der anderen Seite, umgekehrt,** inv. moechos anus flebis, Hor.: non praedo nec populationum inv. ultor, der erwidernde Rächer, Liv. – dah. **e dagegen,** requiescat Italia, uratur inv. Africa, Liv.: habes res urbanas; inv. rusticas scribe, Plin. ep. – **II** *subst.:* ad invicem mit *Genet.* = **anstatt** (klass. in vicem, s. vicis), Veget. u. Eccl. – u. ab invicem, **umgekehrt, dagegen,** Eccl.: u. so per invicem u. sub invicem, Eccl.

invictē, *Adv.* (invictus), **unwiderleglich,** Augustin. serm. 382, 5. – *Superl.* invictissime, Augustin. epist. 166, 26 u. de doctr. Chr. 3, 30, 42.

in-victus, a, um (in u. vinco), **unbesiegt, unüberwunden, unbesiegbar, unüberwindlich, unbezwinglich, unverwüstlich, unerschütterlich,** von Pers. u. übtr. v. Lebl., konstr.: **α** m. *ab* u. Abl. (vgl. Fabri Liv. 22, 15, 1), invictus ab hostibus, Sall.: invictus ab hostibus animus, Liv.: corpus invictum a vulnere, Ov.: invictus ab ea cupiditate animus, Liv.: invictum se a labore praestare, Cic. – **β** mit *ad* u. Akk.: corpus invictum ad laborem, Liv. 9, 16, 14: ut ad devincenda regna invictus habebatur, ita etc., Iustin. 25, 4, 3. – **γ** mit *in* u. Akk.: in hostem et in mortem invictus animus, Iustin. 12, 15, 4. – **δ** m. *adversus* od. *adversum* u. Akk.: lapis invictae adversus dura naturae, Sen.: invictus adversus libidinem animi, den Lüsten gegenüber, Curt.: inv. adversum gratiam animus, Tac.: adversus utrumque statum invictum animum tenet, Sen. – **ε** m. *contra* u. Akk.: contra omnes ictus cute invictā, Plin. 8, 89. – **ζ** m. bl. *Abl.:* Hannibal armis inv., Liv.: invictus ferro, hieb- u. stichfest, Iustin.: vir humanā ope invictus, Vell.: labore, vigiliā, periculo invictus, Vell.: cursu invictus Echion, Ov.: luctando pugnandoque invictus, Quint.: animus asperis blandisque pariter invictus, Sen.: virtute et formā et factis invictissimus, Plaut. – **η** m. *in* u. Abl.: spartum in aquis marique inv., unverderblich, Plin. 19, 29: in equestribus proeliis et in pedestri pugna immobiles atque invictissimi milites, Arnob. 2, 38. – **θ** (poet.) m. *Genet.* u. m. *Infin.*, Sil. 3, 326. – **ι** absol.: inv. imperator, Cic.: vindemiator invictus, der sich nicht werfen lässt, das letzte Wort behalten muss, Hor. sat. 1, 7, 30: u. so invictus Stimicon, Calp. ecl. 7, 13: invictissimus princeps, Symm. epist. 10, 78: haec urbs invictissima, Rhet. Her. 4, 66: thesauri sui fidelissimus invictissimusque custos, Augustin. de civ. dei 1, 10, 2. p. 19, 7 D.[2]: invictus adamas, Ov.: necessitas, Sen.: pietas, Plaut. u. Curt.: armorum felicitas, Iustin.: fides (unverbrüchliche Treue), Curt.: defensio, unwiderlegbare, Cic.: u. so ratio invicta et eo invictior, quod etc., Augustin. de mor. Manich. 2, 11. § 20: invictissima veritas, Augustin. serm. 150, 10. – Partiz. subst., invicta quaedam fecerat, hatte sich gewisse unübersteigbare Schranken gesetzt, Liv. 6, 16, 3.

1. **invidēns,** entis, Partiz. v. invideo, s. d.

2. **in-vidēns,** entis (in u. video), **nicht sehend,** animalia, Apul. apol. 51.

invidentia, ae, *f.* (invideo), das **Beneiden,** die **Missgunst, Scheelsucht, Eifersucht,** Cic. Tusc. 3, 20 u. 4, 16 17. Apul. doctr. Plat. 2, 16. Iul. Val. 3, 10 (5). Cael. Aur. de morb. chron. 4, 9, 132.

in-video, vīdī, vīsum, ēre, **I** = βασκαίνειν (fascinare), d. i. etwas mit **scheelem-, hämischem-, neidischem Blick ansehen,** sodass dem so Angesehenen (nach dem Glauben der Alten) Unheil erwuchs, florem liberûm meûm, Acc. tr. 424: absol., ne quis malus invidere possit (durch hämischen Blick Unheil bringe), cum tantum sciat esse basiorum, Catull. 5, 12 *sq.* – **II** = φθονεῖν τινί τινος, jmd. um etwas **beneiden,** ihm etwas **missgönnen,** auf jmd. **eifersüchtig sein,** u. als Folge = etwas **missgünstig versagen, -vorenthalten** (Ggstz. alci favere), **A** im Allg.: konstr. **α** m. bl. *Dat.*, invideo tibi, Cael. in Cic. ep.: invident homines maxime paribus aut inferioribus, Cic.: commodis alcis, Plaut.: honori meo, Cic.: nullius honori, Liv.: alcis virtuti, Caes.: rei minime humanae, Lust bekommen zu usw., Sen.: cuius poenae *favebat,* gloriae *invidit,* Sen. ep. 66, 51. – im Passiv unpers., *invidetur* commodis hominum ipsorum, studiis autem eorum ceteris commodandi *favetur,* Cic.: non modo non *invidetur* illi aetati, verum etiam *favetur,* Cic.: superioribus saepe invidetur vehementer, Cic. – **β** *alci alqd* (alqm) od. bl. alqd (alqm), z. B. alci honorem, Hor.: alci usum lignorum, Hor.: homini misero non invideo medicinam, Petron.: alci laudem, Curt.: eiusdem laudis commemorationem externis, Val. Max.: pampineas collibus umbras, Verg.: oleum ac vinum (Africae) natura invidit, Plin. 15, 8: filiam Etutam pacto fratri, Liv. 44, 30, 4: invident tunicatis otia, stipendia paludatis, Sidon.: m. bl. *Acc.*, quoad id ipsi invidere dei, Liv. 30, 30, 30: quod multi invideant, Acc. tr. 215. Nep. Thras. 4, 2: quarum forma intercīdens statim usum publicum invidit, Spart. Sever. 19, 5: im Passiv, cur invideor? Hor. de art. poët. 56: quid invidendum Murenae sit, Cic.: Partiz. Fut. Passiv., invidendus, a, um, **beneidenswert,** aula, Hor. carm. 2, 10, 7: postes, *ibid.* 3, 1, 45: scit statum eius non magis habere quicquam invidendum quam eius, cui etc., Sen. de const. sap. 13, 3. – **γ** *alci in alqa re,* z. B. in hoc Crasso, Cic.: in qua (*sc.* purpura Tyria) tibi invideo, Cic. – **δ** *alci alqā re* (vgl. Quint. 9, 3, 1. Caper 93, 12 K.), z. B. non inv. laude suā mulieribus, Liv. 2, 40, 11: quid enim est, quare illis bono loco invideat? Sen.: quā (ratione) nulli mortalium invideo, Sen.: alci infelicissimo honore, Plin. ep.: invideo aliis bono, quo ipse careo, Plin. ep.: inv. rogi igne miseris, Lucan.; vgl. Korte Plin. ep. 1, 10, 12. – m. bl. *Abl.* sepulturā, spectaculo proelii, Tac. – **ε** (poet. nach griech. Weise) *alqm alcis rei,* neque ille sepositi ciceris invidetur, Hor. sat. 2, 6, 84. – **ζ** m. *ob* (wegen) *alqd,* wie: ob secundas res malorum hominum, Sen. de ira 1, 16, 6. – **η** m. folg. *Infin.* od. *Acc.* u. *Infin.*, aliis bene esse, Plaut.: Liburnis deduci triumpho, Hor.: alci rem secundam obtingere, Plaut.: plurima invident rem apparere tibi, wehrt (hindert) neidisch, dass usw., Hor. – **θ** m. folg. *ut* od. *ne* u. Konj., invidisse deos, patriis ut redditus aris coniugium optatum et pulchram Calydona viderem? Verg. Aen. 11, 269 *sq.*: invidit Fortuna mihi, ne regna videres nostra, Verg. Aen. 11, 43. – **ι** *alci* mit folg. *quod* (dass), invideo illi, quod ambulat et iocatur tecum, Asin. Poll. in Cic. ep. 10, 31, 6: solet mea domina interdum ioco dicere, se mihi quod a te tanto opere diligar invidere (sei auf mich eifersüchtig), Fronto ep. ad M. Caes. 1, 3 (2). p. 5, 12 N. – **κ** m. folg. *quotiens,* invidebis, quotiens aliquem in fastis saepius legeris, Sen. ep. 104, 9. – **λ** absol., Plaut. most. 307. Cic. Tusc. 4, 17. Plin. ep. 6, 17, 4: Ggstz. salvum velle, Cic. de or. 2, 185: Ggstz. favere, Cic. Planc. 7: Ggstz. contemnere, Cic. Brut. 188. – Partiz. invidēns subst. = der **Neidische,** Cic. Tusc. 4, 17: Plur. invidentes, Missgünstige (Ggstz. cupidi, günstig Gesinnte), v. Zuhörern, Tac. dial. 31. – **B** prägn. = jmd. **aus Neid zurücksetzen,** alci Cic. ep. 5, 21, 2. – ► arch. inveideo, wov. Pers. inveidit, CIL 1, 1306: Partiz. Femin.

inveisa, *ibid.* 1194. – Depon. Nbf. invideor, wov. invidetur, Commod. apol. 154.

invidia, ae, *f.* (invidus), die **Missgunst**, **I** appellat.: **A** subjekt., die **missgünstige Stimmung** gegen jmd., **der Neid**, die **Eifersucht**, civium suorum, Nep.: invidiae fuimus, wir waren ein Gegenstand des Neides, d. i. zu glücklich, Prop.: res nullam habuit invidiam, Nep.: sine invidia, gern, Mart.: Plur. odia invidiaeque erga Fabium Valentem, Eifersüchteleien, Tac. hist. 2, 99. – **B** objekt.: **1** der **Hass**, den man bei anderen erregt, die **üble Stimmung**, der **Unwille**, die **Unzufriedenheit** mit jmd., die **Erbitterung**, die **üble Nachrede**, bes. des Volkes gegen Staatsmänner, der **Parteihass**, das **Missfallen**, die **Missgunst**, **Eifersucht** (Ggstz. favor, cupiditas = parteiische Vorliebe), **a** eig.: invidiae moles, Cic.: invidiae tempestas, Cic.: inv. dictatoria, decemviralis, gegen den D., gegen die D., Liv.: obtrectatio atque invidia *adversus* crescentem in dies gloriam, Liv.: inv. ea, die Erbitterung darüber, Liv.: inv. facti, der Hass wegen seiner Tat, das Gehässige seiner Tat, Sall.: u. so inv. totius rei, Liv.: temere commissi belli, Iustin.: illius temporis, der Parteihass jener Zeit, Cic.: u. so temporis iniquitas atque invidia, Cic.: alci invidiam facere, Brut. in Cic. ep., od. conflare, Cic.: invidiam habere, Cic.: alci esse invidiae, Sall. u. Liv.: apud bonos invidiae fuit, quod (dass) etc., machte böses Blut (v. einem Umstand), Tac.: esse minore invidiā, Nep.: in invidia esse, missliebig sein (v. Pers. u. Lebl.), Cic. u. Sall.: plenum invidiae esse, Cic.: in invidiam venire, in invidiam magnam venire, Cic.: in invidiam incĭdere, recĭdere, Nep.: invidiā premi, Cic.: ex invidia laborare, Cic.: invidiā rumpi, Mart. (vgl. invidiā ut rumpantur ilia Codro, Verg.): invidiā ardere, Gegenstand, die Zielscheibe des glühenden Hasses sein, von glühendem Hass verfolgt werden, Cic. u. Liv.: invidiā flagrare, conflagrare, s. flagro, cōn-flagro: invidiam parĕre, Cic.: invidiam contrahere (v. einem Umstand), Rhet. Her. u. Curt.: invidiam serere in alqm, Tac.: invidiam in alqm commovere, concitare, excitare, Cic.: possessionis invidiam pecuniā commutare, Cic.: invidiam quaerere in alqm, Cic.: invidiam alci inferre, Iustin.: alqm in summam invidiam adducere, Cic.: alqm apud alqm in invidiam vocare, Cic.: alqm in invidiam rapere, Cic.: alqm invidiā onerare, Suet.: ex illius invidia deonerare aliquid et in te traicere, Cic.: in eos ab se iram plebis invidiamque avertere, Liv.: invidiam augere, inflammare, Cic., cumulare, Liv.: invidiam eius orationis subire, Cic.: pro amico periculum aut invidiam subire, Cic.: non minorem aulicorum invidiam excipere, Nep.: totius provinciae invidiam atque offensionem alcis rei causā suscipere, Cic.: molem invidiae sustinere, Cic.: invidia od. tempestas invidiae impendet alci, Cic.: invidiam lenire, sedare, exstinguere, Cic.: invidiam vincere, Sall.: alqm invidiā lĕvare, Cic.: alqm invidiā, liberare, Cic.: omni se invidiā liberare, Cic.: magnā se et inveteratā invidiā liberare, Cic.: invidiam declinare, Suet., societate culpae invidiam declinare, Tac.: invidiam vitare, Rhet. Her.: invidiam ponere, deponere, Cic.: invidia crescit, accrescit, Suet.: invidia dominatur, iacet, consenescit, Cic.: absit invidia verbo! od. absit verbo invidia! Liv.: u. bl. absit invidia! Curt. – sub invidia aliena od. alterius, auf Kosten des guten Namens eines anderen, regnare, Liv., commode dicere, Plin. ep. – Plur., odia, invidiae, despicationes, Cic. de fin. 1, 67: malevolorum obtrectationes et invidiae, Vatin. in Cic. ep. 5, 9, 1. – **b** meton., **α** v. neidischen Menschen, invidia infelix, Verg. georg. 3, 37: invitā invidiā, Hor. sat. 2, 1, 76: tantumne licebit invidiae? Claud. Mam. epist. 1, 4. – **β** v. einem beneideten, gehässigen Gegenstand, invidiae aut pestilentiae possessores, die Bes. von beneideten oder ungesunden Plätzen, Cic. de lege agr. 1, 15: inv. ea, Liv. 6, 27, 3: u. quae invidia est (worin liegt das Gehässige) m. *Infin.*, Verg. Aen. 4, 350. Verg. catal. 14, 8. – **2** die **gehässige Beurteilung** od. **Anschuldigung**, die **Anfeindung**, **Verdächtigung**, der **gehässige Vorwurf**, die **Vorwürfe**, invidiae et preces, Tac.: invidiae erat amissum Cremerae praesidium, Liv.: multa cum invidia flagitare, Tac.: Rhodum secedere statuit ad declinandam invidiam, Suet.: m. obj. *Genet.*, ut ex eo crudelitatis invidiam colligam, Cic. Verr. 5, 19: mihi enim nec Demosthenes tam gravi morum dignus videtur invidiā, Quint. 12, 1, 15. – **II** personif., als Göttin, Hyg. fab. praef. p. 8 M.

invidiōsē, *Adv.* (invidiosus), **I neidisch, missgünstig, gehässig, bitter**, Cic. u. a.: queri alqd, sich bitter beschweren über etw., Suet.: invidiosius in alqo conspici, Iustin.: neque quisquam expulsus (est) invidiosius, keine Vertreibung hat mehr Unwillen erregt, Vell. – **II missliebig**, vivere, Rhet. Her. 4, 28.

invidiōsus, a, um (invidia), **I voll Neid** (**Missgunst**), **1** Neid (Missgunst) hegend, **neidisch, missgünstig**, vetustas, Ov. – m. *Dat.*, prae se formosis invidiosa dea est, Prop. – subst., omnes malevoli, iniqui, invidiosi, Cic. Balb. 56. – **2 Neid** (**Missgunst**) **erregend**, dah. **beneidet, beneidenswert** (auch im guten Sinne, Ggstz. exoptabilis, miserandus), **α** v. Pers.: ipse dux invidiosus erat, war ein Gegenstand des Neides, Lucan.: invidiosum se propter nimias opes videre, Iustin.: turba vetus quam non invidiosa erat, wie nicht ben. = wie gar klein, Ov.: Maecenas nostrae pars invidiosa iuventae, Prop. – m. *Dat.*, invidiosa suis, at nunc miseranda vel hosti, Ov.: neque inimicis invidiosa neque amico exoptabilis, Lucil. – **β** v. Lebl.: inv. fortuna Caesaris, Vell.: inv. opes, Tac.: est in aqua dulci non invidiosa voluptas, ein neidloses, unverargtes, Ov. – m. *Dat.*, munus etiam diis invidiosum, Plin.: non invidiosa nefandis (Ruchlosen) nec cupienda bonis regna Thoantis erant, Ov. – **II voll Hass**, **1** Hass hegend, **gehässig, aufsässig**, ante Iovem passis stetit invidiosa (Ceres) capillis, voll Hasses (gegen den Verführer), Ov. met. 5, 513. – **2 Hass** (Missfallen, Unwillen) **bringend** od. **erregend**, **a gehässig** = bei anderen **Hass bereitend, böses Blut machend, in Misskredit bringend, in ein schlechtes Licht stellend, bloßstellend, verunglimpfend** (Ggstz. gloriosus, honestus, Ruhm, Ehre bringend), **α** v. Pers.: laudatrix Venus est invidiosa mihi, bereitet mir Hass, Ov. her. 17, 126. – **β** v. Lebl.: crimen, Cic.: nomina (Benennungen), Liv.: ioci, Suet.: putabant absentis damnationem multo invidiosiorem fore, quam si praesens damnatus esset, Cic.: crimen invidiosissimum, Cic.: id quod erat in illo iudicio invidiosissimum, Cic. – mit *Dat.*, invidiosusne erat aut tibi tertius consulatus aut principi primus? brachte dir Hass usw.? Plin. pan.: id Othoni invidiosius et ipsis honestum, Tac.: hoc ipsis iudicibus invidiosissimum futurum, Cic. – m. *in* u. Akk., neque id ego dico, ut invidiosum sit in eos, quibus gloriosum etiam hoc esse debet, Cic. Cael. 21. – invidiosum est, invidiosum (esse) puto m. folg. *Infin.*, non accipere triumphum ne invidiosum sit apud bonos, Cic.: pro cetera moderatione non minus invidiosum putat dare hereditatem quam auferre, Plin. pan. – invidiosum est m. solg. *Acc.* u. *Infin.*, Sen. rhet. – **b** passiv, **gehässig** = **verhasst, missfällig, missliebig, widerwärtig, verdächtig, verrufen** (Ggstz. gratus, favorabilis, popularis), **α** v. Pers.: si is invidiosus aut multis offensus esse videatur, Cic.: ex eo iudicio tam invidiosus discessit, ut etc., Cic.: sive quia miserabiliorem (Priscum), sive quia invidiosiorem fore arbitrabatur, Plin. ep. – mit *Praepp.*, a superiore vita invidiosus, Cael. in Cic. ep. 8, 14, 1: sunt enim illi apud bonos invidiosi, Cic.: se magnis rebus in Graecia gestis non tam gratum apud regem quam invidiosum esse, Iustin. – **β** v. Lebl.: pecunia, possessiones, Cic.: cursus, numerus, Cic.: iudicium (Ggstz. iudicium populare), Cic.: lectio senatus, Liv.: nomen sapientiae, Cic.: atrocitas verborum, die schneidende Härte deines Ausdrucks, Cic.: fuit invidiosa senatus potentia, Cic.: vitam invidiosam facere, Sen.: si quae sunt in his invidiosa non mitigant extenuando, sed laudando et efferendo invidiosiora faciunt, Cic.: quo mors foret invidiosior, Ov.

invidus, a, um (invideo), **scheel auf etwas sehend**, dah. **missgünstig, neidisch, eifersüchtig**, **I** eig., v. Pers., Cic. u. a.: m. *Dat.*, sibi suisque, Plaut.: o Fortuna viris invida fortibus, Sen. poët.: vicus invidus aegris, scheel blickend auf die Kr., Hor.: m. *Genet.*, invidi (Aegyptii) religionis alienae, Oros. 7, 27, 2: ille Martini non invidus gloriarum, Sulp. Sev. dial. 3, 17, 5; vgl. Sulp. Sev. vit. Mart. 27, 3. – absol., Nep. Timoth. 3, 5. – subst., ein **Neider, Neidischer**, Cic.: laudis, Cic.: invidi est mit folg. *Infin.*, Cic. de amic. 14: ebenso Plur., invidi, malevoli et lividi, Trogus bei Plin.: obtrectatores et invidi Scipionis, Cic.:

Ggstz. invidi et faventes, Tac. dial. 34: non invidi solum, sed etiam fautores laudum mearum, Cic. or. 140. – **II** poet. übtr., v. Lebl., **neidisch,** aetas, Hor.: cura, Hor.: m. *Dat.*, nox coeptis invida nostris, neidisch auf usw. = ungünstig, Ov.

in-vigilo, āvī, ātum, āre, **wach bleiben, bei** etwas **wachen, I** eig., paulisper, Cels.: m. *Dat.*, rati, Val. Flacc.: malis, bei der Krankheit, Ov. – **II** übtr.: **A in, wegen** od. **bei** etw. **wachsam sein,** mens invigilat curis, Sil.: cura invigilat animo, Stat. – **B für** etw. **wachen = auf** etw. **bedacht sein, große Sorge auf** etwas **verwenden,** m. *Dat.*, venatu, victu, Verg.: poenis tuis, Prop.: rei publicae, Cic. Phil. 14, 20: publicis utilitatibus, Plin. pan. 66, 2: custodiendis domibus, Lact. 4, 17, 19: exercendis metallis, Pacat. pan. 28, 1: mit folg. *pro* u. Abl., nostris pro casibus, Ov. trist. 1, 5, 43: m. folg. *Infin.*, Val. Flacc. 2, 257. – absol., invigilate viri, Colum. poët. 10, 159.

in-vīlēsco, uī, ere, **gering-, wertlos werden,** Not. Tir. 39, 83 u. 84. Vgl. Gloss. II, 303, 16 invilesco, ἐξευτερίζω.

invīlio (invīlito), āre = εὐτελίζω, **geringachten,** Gloss. II, 91, 51 u. III, 483, 14.

in-vincibilis, e **unüberwindlich,** malum, Tert. adv. Herm. 11. – Apul. apol. 35 *extr.* jetzt argumenta vincibilia.

invincibiliter, *Adv.* (invincibilis), **unwiderleglich,** Apul. flor. 18. p. 30, 14 Kr.

invīnius, a, um (in u. vinum), **sich des Weines enthaltend,** Apul. met. 11, 23.

1. **invio,** āre (in u. via), **betreten,** Solin. 2, 4.

2. **inviō,** *Adv.*, s. invius.

in-violābilis, e, **unverletzlich, a** absol., v. Lebl., pignus, Verg.: inviolabilia haec ne credas forte vigere, Lucr.: ut Dianae Leucophrynae perfugium inviolabile foret, Tac.: quia ignis inviolabile sit elementum, Lact.: lex inv., Cod. Theod.: hae (ideae) inviolabiles sunt, Sen. – v. Pers., stolidum vulgus inviolabilem credebat, hielt ihn für fest gegen Hieb und Stich, Tac. hist. 2, 61. – **b** m. *Dat.* **für wen (= von wem)?** materia inviolabilis flammis, Sen.: velut inviolabile telis servabant sacrumque caput, Sil.

inviolābiliter, *Adv.* (inviolabilis), **unverletzlich, unumstößlich,** Augustin. serm. 117, 6 u. a. Boëth. de consol. 3, 10. p. 59, 13 *Obb.*

inviolātē, *Adv.* (inviolatus), **I unverletzt,** memoriam nostri pie inviolateque servabitis, Cic. de sen. 81. – **II unverletzlich,** iusiurandum apud Romanos inviolate sancteque habitum servatumque est, Gell. 6 (7), 18, 1.

in-violātus, a, um (in u. violo), **I unverletzt, unversehrt, a** v. Pers.: invulnerati inviolatique vixerunt, Cic.: alqm inviolatum dimittere, Vell.: inviolato fallaci nuntio, ohne dem treulosen Boten etwas zuleide zu tun, Liv.: inviolatis corporibus, Ggstz. inciso corpore, Cels. – **b** v. Lebl.: terra, ungepflügt, Varro: lignum, Sen.: ut statua inviolata maneat, Iustin.: ne quid inviolatum relinqueret, Liv. – v. Abstr., inviolatā vestrā amicitiā, unbeschadet eurer Fr., Cic.: ne quod ius vel fas inviolatum praetermitteret, Iustin.: inv. vita, vom Unglück verschont, Sil. – **II unverletzlich, unantastbar,** tribunus plebis, Liv.: templum, Liv.: nomen legatorum, Caes.

in-violentus, a, um, **nicht gewaltsam,** Cassiod. inst. div. litt. 20. Not. Tir. 53, 43.

in-viscera, um, *n.* = τὰ ἔντερα, die **Eingeweide,** aliud vero inviscera diversa, Interpr. Iren. 5, 3, 2.

in-viscero, āvī, ātum, āre (viscera), **in die Eingeweide hineinfügen,** alqd canibus, Nemes. cyn. 215. – bildl., sibi quodam modo inviscerarunt (prägten tief ein), quod dominus dixit, Augustin. serm. 330, 1: invisceratus cordi tuo timor domini, tief eingewurzelt, Augustin. epist. 266, 1: u. so caritas inviscerata in cordibus nostris, Augustin. serm. 24 (?).

invīsē, *Adv.* (invisus), **unsichtbar,** Fulg. myth. 3, 6. Mythogr. Lat. 1, 231.

in-vīsibilis, e, **unsichtbar** (Ggstz. v isibilis), foramina, Cels. praef. p. 3, 27 D.: deus, Lact.: res, Macr.: gomphi, Chalcid. Tim.: coniunctiones, die Atome, Chalcid. Tim.

invīsibilitās, ātis, *f.* (invisibilis), die **Unsichtbarkeit,** Tert. adv. Prax. 14.

invīsibiliter, *Adv.* (invisibilis), **unsichtbar,** Tert. adv. Valent. 14 u. a. Eccl.

invīsitātus, a, um (in u. visito), **ungesehen, I = unsichtbar** (Ggstz. visitatus), sidera, Vitr. 9, 1, 4. – **II = unbesucht,** civitas, Ps. Quint. decl. 12, 18. – **III ungesehen = ungewöhnlich, ganz neu, selten,** species humana, Acc. fr.: magnitudo, Cic.: forma, Cic. u. Liv.: species, Tac.: simulacra, Curt.: arbor, belua, Curt.: nova acies, inaudita ante id tempus invisitataque, Liv.: invisitata spatia camporum, Sen.: invisitata genera alitum, Plin.: si quando quid invisitatum dignumque cognitu advectum esset, Suet.: *Compar.*, hominum nescias invisitatius an inauditius genus, Iul. Val. 3, 14 (17). – m. *Dat.*, invisitati antea alienigenis, Liv.: animalia invisitata ceteris gentibus, Curt.: invisitatae barbaris formae, Iustin.

invīsito, āre (*Frequ.* v. inviso), **zu besichtigen pflegen,** Cassiod. in psalm. 134, 6: quando nos sol verus invisitat (bescheint), Cassiod. in psalm. 102, 12.

in-vīso, vīsī, vīsum, ere, **I** hingehend nach etwas **hinsehen, nachsehen,** um zu sehen, wie es mit etwas steht usw., **A** im Allg., konstr. mit *Acc.*, domum nostram (nach meinem Haus, Hausbau) quoad poteris invisis, Cic.: domos ac res suas, Liv.: nostrarum (uxorum) ingenia, Liv.: res rusticas, Cic. – mit *ad* u. Akk., ad filiam meam invisam domum, Plaut.: ad fratrem captivos inviso meos, ich sehe zum Bruder hin nach meinen G., Plaut. – **B** insbes.: **1** besuchend bei jmd. od. an einem Ort nachsehen = jmd. od. eine Örtlichkeit **besuchen,** bei jmd. **vorsprechen,** alqm, Cic.: suos, Liv.: aliquo tempore anni parentes liberosque ac coniuges, Liv. – Delum, urbes, Verg. – **2** gleichs. befragend nachsehen = **einsehen, befragen,** speculum, Apul. apol. 15 u. 16. – **II ansichtig werden, erblicken,** simulac nostros invisent lumina colles, Catull. 64, 233. – ► Parag. Infin. invisier, Ps. Sall. de rep. 2, 12, 7.

invīsor, ōris, *m.* (invideo), der **Missgünstige,** der **Neider,** Ambros. epist. 46, 1. Apul. flor. 9 *in.*

1. **invīsus,** a, um (in u. video), **ungesehen, I = noch nicht (nie) gesehen, noch ungesehen,** morbus, Cato: cum aliquid aut invisum aut inauditum aut novum dicas, Cic.: sacra occulta et maribus non solum invisa, sed etiam inaudita, Cic.: invisus atque inaccessus in id tempus Hercynia saltus, Flor. – **II = unsichtbar,** cantavit invisus, Apul. met. 5, 3 u. Eccl. (s. Muncker Fulg. myth. 3, 6. p. 114): m. *Dat.*, invisa oculis astra, Lact.

2. **invīsus,** a, um (invideo), **I** passiv = **verhasst** (Ggstz. gratus, gratiosus, carus, commendatus, amabilis, auch miserabilis), **a** v. Pers.: **α** absol.: persona illa (lenonis) invisa, Cic.: accusator ac reus iuxta invisi, Tac.: alqm invisum habere (Ggstz. alci favere), Cic. fr. u. Curt. 7, 2 (10), 36: alqm invisum, invisiorem facere, Quint. u. Val. Max.: quo enim quis versutior et callidior est, hoc, invisior et suspectior, Cic.: invisissimus homo, Sen. rhet.: duces invisissimi, Amm. – **β** m. *Dat.:* invisus deo, Cic.: omnibus invisus, Sall.: adeo est invisus mihi, ut etc., Asin. Poll. in Cic. ep.: Verginius privatim Sergio invisus infestusque, dem S. persönlich verhasst u. ihm gleichfalls gram, Liv.: u. so invisus avunculo infensusque, Tac.: quo (tyranno) neque foedius nec dis hominibusque invisius animal ullum cogitari potest, Cic. de rep. 2, 48: cuius marito inimicissimus, ipsi invissisimus fuerat, Plin. ep.: homo Labieno invisissimus, Sen. rhet. – per haec terribilis cunctis et invisus, Suet.: innocens Bolanus et nullis delictis invisus, Tac.: magis invisus (zus. = invisior) plebi accusatione Sp. Cassi, Liv. 2, 42, 7. – L. Flacco fratri germano cognatisque aliis *ob* eadem vitia invisus, Liv. 27, 8, 5. – **γ** m. *ad* od. *apud* u. Akk.: ad (in Bezug auf) militare genus omne partemque magnam plebis invisum esse nomen Romanum, Liv. 24, 32, 2: ne eādem causā invisi apud incolas forent, caverunt, Iustin. 36, 2, 15. – **b** v. Lebl.: **α** absol.: inv. aurum, Prop.: inv. cupressi, Hor.: invisa primo desidia postremo amatur, Tac.: ira infesta pariter invisaque, Sen.: inv. negotia, Hor.: inv. tyranni nomen, Iustin.: res antea tam invisa quam falsa nunc ut vera

ita amabilis facta est, Plin. ep.: nullos homines esse credebam, ubi vita esset invisa mea, Liv. – iniquitatem eius suspectam et nequitiam invisam habere, Val. Max.: liberalitatem suam invisam facere, Curt.: decora invisa reddere, Liv. – si qua his invisior vox est, Sen.: urticā quid esse invisius potest, Plin.: voluptates praecipue exturba et invisissimas habe, Sen. – **β** m. *Dat.*: domus (Heimat) sibi invisa, Val. Max.: facies alci invisa, Quint.: iudicium invisum etiam iudicibus, Liv.: munera mihi invisa, Phaedr.: res mihi invisae visae sunt, Cic. fr. – invisum Macedonum nomen avaritia eorum ac libido barbaris fecerat, Curt. – **γ** mit *in* u. Abl.: quae perfidia tamen minus in eo (an ihm) invisa (verabscheuenswert) esse poterat, Curt. 7, 5 (22), 20. – **II** aktiv = **hassend, feindlich gesinnt,** inv. gentes, Lucan. 1, 9: decreta, Lucan. 1, 488: invisum quem tu tibi fingis (et esse nil moror), Verg. Aen. 11, 364. – ► In den Stellen, in denen verbunden invisus atque infestus, invisus infestusque, infestus invisusque, steht überall invisus passiv, infestus aktiv, s. M. Müller Liv. 2, 56, 5. Vogel Curt. 10, 7 (22), 7 (gegen Weißenb. Liv. 5, 8, 6).

invītābilis, e (invito) = προτρεπτικός (Gloss.), **anlockend,** Varro bei Gell. 13, 11, 4.

in-vītālis, e, **leblos,** Not. Tir. 30, 33.

invītāmentum, ī, *n.* (invito), **das Lockmittel, Reizmittel, die Lockung, der Anreiz, Reiz,** mit subj. *Genet.*, matris suae, Apul.: prima invitamenta naturae, Cic.: cum multa haberet invitamenta urbis et fori, da St. u. F. vielen Reiz für ihn haben konnten, Cic. – m. obj. *Genet.* (zu), non libidinis inv., sed gloriae, Curt.: inv. sceleris, Vell.: temeritatis invitamenta, Liv.: invitamenta pacis, Tac.: invitamenta nequitiae, Augustin. de civ. dei 2, 26 *extr.* – m. *ad* u. Akk., invitamenta ad res necessarias, Cic. fr.: multa ad luxuriam invitamenta perniciosa, Cic.: ad imitandum invitamento sunt (vitia), Aur. Vict.: versch., is autem, qui vere appellari potest honos, non invitamentum ad tempus (für den Augenblick) sed perpetuae virtutis est praemium, will nicht vorübergehend zu dem und jenem anlocken, sondern ein bleibendes Verdienst belohnen, Cic. ep. 10, 10. 2.

invītātio, ōnis, *f.* (invito), die **höfliche Aufforderung, Einladung,** invitatio benigna, Liv. u. Plin. pan., benigna et hospitalis, Liv. – m. *in* u. Akk., in Epirum invitatio quam suavis! Cic. ad Att. 9, 12, 1. – m. subj. *Genet.*, inv. hospitum, Cic., dominorum, Liv.: Plur., invitationes adventusque nostrorum hominum, amicorum suorum atque hospitum, Cic. Verr. 2, 83. – m. obj. *Genet.*, haec largior paulo iucundiorque vini inv., Auff. zum Weintrinken, Zechgelage, Gell. 15, 2, 4. – m. *ad* u. Akk. Gerund., quaedam inv. ad dolendum, Cic. Tusc. 3, 82. – m. *ut* u. Konj., fit sermo inter eos et invitatio, ut Graeco more biberetur, Cic. II. Verr.. 1, 66.

invītātiuncula, ae, *f.* *(Demin.* v. invitatio), die **Einladung,** largiores laetioresque invitatiunculae vini, Wein-, Trinkgelage, Gell. 15, 2 *lemm.*

invītātor, ōris, *m.* (invito), der **Einlader, a** übh.: Christus aeternae, non longae vitae invitator, Tert. adv. Marc. 4, 25 *extr.* – **b** der **Einlader** zur Gasterei, als bes. angestellte Person bei Privatleuten od. am kaiserl. Hofe, Chalcid. Tim. 17 A. Sidon. epist. 9, 13, 4. CIL 6, 8859. Cod. Iust. 12, 60, 16 (im Plur.): inv. Caesaris, Mart. 9, 91, 2.

invītātōrius, a, um (invito), die **Einladung betreffend, Einladungs-,** operatio, Tert. de anim. 57: scripta, Hieron. epist. 14, 1: liber, Gennad. de script. eccl. 13.

invītātrīx, trīcis, *f.* (Femin. zu invitator), die **Einladerin, einladend,** Symm. epist. 1, 59 *in.* Cassiod. var. 9, 38, 4.

invītātus, Abl. ū, *m.* (invito), die **Einladung,** invitatu tuo, auf deine Einladung, Cic. ep. 7, 5, 2.

invītē, *Adv.* (invitus), **ungern, wider Willen,** invite loquere, gnate, Sen. Oedip. 1034 (1010): invite cepi Capuam, Cic. ad Att. 8, 3, 4: ficte referas gratiam invite danti, Varro sent. 12 *Riese: Compar.*, quem (Crassum) ego paulo sciebam vel pudentius vel invitius ad hoc genus sermonis accedere, Cic. de or. 2, 364.

in-vitiābilis, e, **unversehrlich,** Prud. psych. 626.

1. invīto, āvī, ātum, āre, **höflich auffordern, einladen, I** eig.: **A** im Allg.: alqm in legationem (zur Annahme einer Legatenstelle), Cic.: hostes ad deditionem, Hirt. b. G.: ad dimicandum, Auct. b. Afr.: alqm praemiis ad alqd, Cic.: certare sagittā invitat qui forte velint, Verg.: Aenean solio, sich auf den Thron zu setzen, Verg.: hostem ultro moenibus (in die M.), Verg. – m. *ut* u. Konj., invito eum per litteras, ut apud me deversetur, Cic. ad Att. 13, 2[a], 2: missas (esse) legationes ad Germanos eosque invitatos, uti ab Rheno discederent, Caes. b. G. 4, 6, 3: invitatus ut accumberet, Suet. vit. Ter. p. 292, 32 *Roth* (p. 29, 2 *Reiff.*). – m. *Infin.*, ieientare nulla invitat, Afran. com. 19: vicina invitet decedere ripa calori, Verg. georg. 4, 23. – **B** insbes., jmd. als Gast **einladen, zu Gast bitten,** u. als Folge = jmd. **bewirten, a** alqm, z. B. eius comites, Cic.: alqm ad prandium, Cic.: alqm ad convivium magnum, Ambros.: alqm ad cenam, Liv., Vitr. u. Phaedr., alqm ad cenam in hortos in posterum diem, Cic.: alqm ad nuptias, Iustin.: alqm hospitio, Cic., od. in hospitium, Liv.: alqm tecto ac domo, Cic.: alqm domum suam, Cic. – alqm benigne, Cic.: invitati hospitaliter per domos, Liv.: invitat comiter regios iuvenes, Liv.: alqm apparatis epulis, Liv.; vgl. Benecke Iustin. 1, 6, 5: alqm olusculis pomisque satis comiter copioseque, Gell.: alqm magnis poculis, jmdm. wacker zutrinken (damit er sich betrinke), Plaut. – scherzh. übtr., istunc istis (clavis), tüchtig verprügeln, Plaut. rud. 811. – v. lebl. Subjj., invitat genialis hiems, ladet ein (zum Fest), Verg. georg. 1, 302. – **b** se, **sich** (im Essen und Trinken) **gütlich tun, sich's wohl schmecken lassen, sich bekneipen, sich bezechen,** sese plusculum, des Guten zu viel tun, Turpil. fr.: se largissime, Suet.: plusculum se in prandio, Turpil. fr.: se in cena plusculum, Plaut.: se ibi cibo vinoque, Sall. hist. fr. 4, 4 (4, 26). – **II** übtr., jmd. gleichs. **einladen, A** übh. = **höflich entgegenkommen, mit Höflichkeit behandeln,** Plin. ep. 7, 31, 7. – **B** jmd. zu etw. **ermuntern, hinziehen, reizen, auffordern,** alqm praemiis ad rem, Cic.: ingenia, quae gloriā invitantur, Cic.: appetitum animi, hervorrufen, Cic.: hiems invitat, Verg.: quibus rebus vita amantum invitari solet, Reiz bekommt, Turpil. com. 203: inv. somnos, Hor.: mare fossis, hereinleiten, Solin.: so auch interior medias sinus invitatus in aedes, mitten zwischen die Gebäude geleitet, Rutil. Nam. – ► Archaist. Perf.-Form invitassitis = *invitaveritis,* Plaut. rud. 811.

2. invītō, Adv. (invitus), **wider Willen,** Plaut. fr. bei Charis. 202, 31. Lex Urson. tab. 3, 3. lin. 32 im CIL 2, 5439.

in-vituperābilis, e, **untadelhaft,** Eccl.

invītus, a, um, **I wider Willen, ungern, a** v. Pers. (Ggstz. cupiens, volens, libenter, voluntate), verb. invitus et coactus, Cic., coactus invitusque, Lact.: volens seu invitus, er mochte wollen od. nicht, Liv.: invitus istic sum, Cic.: ut nihil faciat invitus, Cic.: invitus facio, ut etc., Cic.: non invitus feci, ut etc., Cic.: nam delectus adhuc quidem invitorum est et a pugna abhorrentium, Cic.: invito et repugnanti (unwillkürlich) per genas lacrimae fluunt, Sen.: invito despondet ei filiam suam, dringt zur Verlobten auf, Cic.: quocumque istinc loco seu volens seu invitus constitisti, Liv.: rem publicam, si a volentibus nequeat, ab invitis ius expedituram, Liv.: invitos cogens tremere, Lucr.: invitos consistere cogunt, Caes.: quod vos inviti secuti estis, wozu ihr gedrängt wurdet, Cic.: hic ordo, qui decrevit invitus, zu diesem Beschluss gedrängt wurde, Cic.: nam sola nulla invitior solet esse, Plaut. cist. fr. VI. *v.* 309. p. 36, 4 *Schoell:* eum invitissimum dimisi, Cic.: a me invitissimo decessit, Cic. – dah. me, te, se etc. invito, »wider meinen, deinen usw. Willen«, si, se invito, conarentur, Caes.: dis hominibusque invitis, Cic.: me invitissimo, Cic.: invitissimis Stoicis, trotz des heftigsten Widerstrebens der Stoiker, Cic. – m. *Genet.*, non invitum fore solutionis, die Zahlung nicht ungern sehen werde, ICt. – **b** v. Lebl.: invita in hoc loco versatur oratio, Cic.: invita verba sequentur, Hor.: invitā lege agere, Cic.: invitis oculis aspicere, Ov. – **II** poet. übtr., **ungern geleistet, unfreiwillig,** invitā ope, Ov. ex Pont. 2, 1, 16: invito sanguine, Val. Flacc. 3, 391. – ► arch. Neutrum inveitum, CIL 1, 206, 93.

invius, a, um (in u. via), **unwegsam, ungangbar,** saltus, Liv.: silvae, Curt.: saxa, Curt.: Alpes, Eutr.: Gallia paludibus invia, Sall. fr.: maria invia Teucris, Verg.: gens invia, unzugänglich, Ov.: invia virtuti nulla est via, Ov.: m. *Infin.*, Acheron invius renavigari, Sen. Herc. fur. 719. – subst., invium, iī, *n.*, das Ungangbare, prima tantum pars saxa rupesque habet et invii speciem (sieht ungangbar aus), Sen. de const. sap. 1, 2: Plur. invia, ōrum, *n.* *(sc.* loca), weglose, ungangbare Stellen od. Gegenden, per invia, Mela: per invia pleraque, Liv.: per vias inviaque, Liv.: per lubrica atque invia, Curt: iuxta invia ac devia, Liv.: inviō, auf unwegsamer Bahn, Fronto de eloqu. 1. p. 140, 11 N. – übtr., lorica invia sagittis, undurchdringlich, Mart.: ebenso tecta bellis invia, Sil.

invocātio, ōnis, *f.* (invoco), die **Anrufung,** deorum, dearum, Quint. u. a.: sive in invocationem aliquam sive ad invidiosam implorationem convertimur, Quint.: Plur., Paul. ex Fest. 107, 17: invocationes divinae, Isid. orig. 17, 8, 1.

invocātīvus, a, um (invoco), **zum Anrufen geeignet,** Serv. Verg. Aen. 1, 1. Boëth. introd. ad syllog. p. 561.

invocātor, ōris, *m.* (invoco), der **Anrufer,** daemonum, Cod. Theod. 9, 16, 5.

1. **invocātus,** a, um (in u. voco), **I ungerufen,** Cic. u. Cael. in Cic. ep. – im Doppelsinn mit invocatus = angerufen, Plaut. capt. 70. – **II** insbes., **uneingeladen,** Ter. u. Nep.

2. **invocātus,** a, um, *Partic.* v. invoco, s. d.

3. **invocātas,** Abl. ū, *n.* (in u. voco), das **Nichteinladen,** si ultro, si iniussu atque invocatu meo (ohne meinen Befehl u. ohne meine Aufforderung) venerint, Fronto epist. ad Ver. 1. p. 114, 26 N.

in-voco, āvī, ātum, āre, zu jmd. **hinrufen, sich rufend** an jmd. **wenden,** jmd. **anrufen, anflehen, a** übh.: invoco vos, Plaut.: alqm blandius, Q. Cael. b. Quint.: m. Prädik.-*Acc.* des Namens = **mit dem** u. dem **Namen rufen, nennen,** hoc sublimen (sublime) candens, quem invocant Iovem, Enn. fr.: alqm mitissimum dominum, Curt. – **b** insbes.: eine Gottheit usw. zum Zeugen, zur Hilfe usw., sibi deos, Plaut.: manes matris (am Grabmal), Sen. rhet.: nullos impios deos infelicibus precibus, Tac.: Iunonem in pariendo, Cic.: nequiquam deos fidemque, Liv.: opem deorum, Liv.: leges, Tac.: fidem (Schutz) pastorum, Liv.: suorum fidem atque auxilium, Hirt. b. G.: deos od. alqm *in* auxilium, Quint. u. Iustin.: alqm advocatum (zum Sachverständigen) *ad* communem imperatorum fortunam defendendam, Cic.: alqm ad crudeles poenas, Ps. Sall.: auxilia libertati (für die Fr.), Tac.: *adversus* Cheruscos arma Romana, Tac.: mit dopp. *Acc.*, deos testes (zu Z.), Liv.: u. m. folg. *Acc.* u. *Infin.*, Curt.: absol., preces invocantium, Tac.

involātus, Abl. ū, *m.* (involo), das **Einherfliegen,** der **Flug,** ex alitis involatu ... tibi auguror, Cic. ep. 6, 6, 7 *M.* (Wesenberg volatu).

involgo, āre, s. in-vulgo.

involito, āre (*Intens.* v. involo), **auf** etw. **flattern, schweben,** terris, Prud. perist. 13, 100. – v. Lebl., comae involitant umeris (auf den Sch.), Hor. carm. 4, 10, 3.

involnerābilis, s. in-vulnerābilis.

in-volo, āvī, ātum, āre, **hinein-, einfliegen, I** eig. (Ggstz. evolo), intro in villam, Varro: nidis, Colum.: involandi potestas, Colum. – **II** übtr., feindl. in etw. **fahren,** auf etw. **losfahren, sich** in od. **auf** etw. **stürzen, A** im Allg.: canino ritu oculisque, Lucil. 1095: in capillum, Ter.: alci in oculos, Komik.: ad alqm, über einen herfallen, Auct. b. Alex.: so auch in alqm, Apul. – m. *Acc.* = anfallen, angreifen, alqm, Plin.: castra, Tac.: v. Affekten, truces animos involat cupido eundi in hostem, befällt, Tac. – **B** insbes., **über** ein Besitztum **herfallen** u. **sich** dessen **bemächtigen, es wegnehmen,** in possessionem quasi caducam ac vacuam, Cic. – m. bl. *Acc.*, provinciam, Cic. or. de tog. cand. fr. 19 K. (fr. 18 Kl.): pallium, Catull.: alci anulum, Petron. – ► Archaist. Nbf. induvolans, Enn. ann. 416.

in-volucer, cris, cre, **noch nicht flügge,** pulli etiam tunc involucres erant, Gell. 2, 29, 5.

involūcre, is, *n.* (involvo), die **Serviette,** Plaut. capt. 267 (Schoell involucrum).

involūcrum, ī, *n.* (involvo), die **Hülle, Decke,** das **Futteral, I** eig.: clipei, candelabri, Cic.: chartarum, Plin.: onera arenae involucris involuta, Iustin. – die **Serviette,** Plaut. capt. 267 *Schoell.* – der **Sarg,** Prud. hamart. 921. *Idem* in Symm. praef. 24. – involucra, die **Schuhe,** Prud. cath. 5, 36. – **II** übtr.: involucra sensuum, Gell.: involucris simulationum tegi, Cic.: per involucra atque integumenta perspicere alqd, Cic.

involūmentum, ī, *n.* (involvo) = *involucrum,* Augustin. de civ. dei 4, 8. Vulg. sap. 7, 4.

involuntāriē, *Adv.* (involuntarius), **unvorsätzlich,** Cass. Fel. 46. p. 116, 6. Boëth. Aristot. top. 4, 2. p. 688 (aber nicht bei Marcian. dig. 1, 3, 2).

in-voluntārius, a, um, **unfreiwillig, unvorsätzlich,** Cael. Aur. de morb. acut. 2, 3, 18; 2, 5, 24 u. 25; de morb. chron. 1, 4, 104.

in-voluntās, ātis, *f.*, das **Nichtwollen,** Tert. apol. 45.

involūtē, *Adv.* (involutus), **versteckt, dunkel,** Spart. Carac. 2. § 10. Boëth. in Cic. top. 1. p. 287, 34 u. 48 u. p. 291. 1; Ggstz. evolute, *ibid.* p. 291, 3 B.

involūtio, ōnis, *f.* (involvo), die **Windung,** corporis spirae similis sive canina inv., das Sich-Zusammenkauern, Cael. Aur. de morb. acut. 3, 11. § 103. – konkr., das **Gewinde,** Vitr. 10, 6, 3.

involūto, ātus, āre (*Intens.* v. involvo), **einhüllen,** Augustin. in psalm. 57, 7. Apic. 2, 40 *codd.* (Schuch involvuntur).

involūtus, a, um, *PAdi.* (v. involvo), **in Dunkel gehüllt** = schwer zu verstehen, eloquentia, Sen.: res omnium involutissima, Sen. nat. qu. 6, 5, 3: res involutas definiendo explicare, Cic.

in-volvo, volvī, volūtum, ere, **I hineinwälzen, -rollen, -stürzen,** m. *Dat.*, involvit venti se nubibus ipse vertex, Lucr.: inferunt signa sternuntque obvios et igni suo involvunt, Tac.: übtr., si qua iniquitas involveretur, wenn sich Missbräuche eingeschlichen, Tac. ann. 3, 63. – **II einher-, fortwälzen,** mons silvas armenta virosque involvens secum, Verg. Aen. 12, 689. – **III darauf-, darüber wälzen,** cupae involutae labuntur, Caes.: m. *Dat.*, **an-, auf** etwas **wälzen, -rollen,** Olympum Ossae, Verg.: involvitur aris in caput, taumelt nieder auf das Haupt über den A. hin, Verg. – **IV darum** od. **um** etw. **herum wickeln, -hüllen,** singula involvuntur folia lauri, Apic. 2, 40: veste prius tectā (darauf gedeckt) atque involutā (darum gehüllt) defuncti, Arnob. 5, 7: foliorum lanuginem corpori involvi, Plin. 11, 77: nec densae trepidis apium se involvere nubes cessarunt aquilis, Sil. 8, 635: circa tympanum involutus funis, Vitr. 10, 1, 7. – involuti canales, spiralförmige Rinnen, Vitr. 10, 6, 2. – **V** etw. (mit etw.) **einwickeln, einhüllen, a** eig.: caput (iumenti), Ggstz. revelare, Suet. (u. so involutis capitibus, Cic.): caput flammeolo, Petron.: sinistras sagis, Caes.: laevam togā, Quint.: manus linteo aspro, Scrib. Larg.: manum ad digitos usque, Liv.: poma argillā, Pallad.: se farinā, Phaedr.: iugulati praecisum caput involutum veste, Liv.: onera arenae involucris involuta, Iustin.: sal in linteolo involutum, Plin.: involutum candelabrum, Cic.: involuti di, die (in Gewänder) eingehüllten, Sen.: inv. totum flammis nemus, Verg.: nox involvit umbrā diem, Verg.: involuti nubilo dies, Sen. – **b** übtr.: se litteris, sich in die Studien vertiefen, Cic.: se suā virtute, sich in seine T. hüllen, Hor.: magis ac magis se otio, Plin. ep. (vgl. diuturno otio involuti, Amm.): se laqueis tam insidiosae interrogationis, sich verstricken in usw., Plin. ep.: bellum pacis nomine involutum, unter dem Frieden versteckt, Cic.: latet fortasse (causa) obscuritate naturae involuta, Cic.: fraudibus involuti, ränkesüchtige Schleicher, Tac.

involvulus (involvolus), ī, *m.* (involvo), die **Wickelraupe,** Plaut. cist. 729. – Dass. **involvus,** ī, *m.*, Paul. ex Fest. 112, 8.

in-vulgo (volgo), āvī, ātum, āre, **unter die Leute bringen, bekannt machen,** disciplinas libris foras editis, Gell.: verba invulgata et sordentia (Ggstz. nova, incognita, inaudita), Gell.: quae aspernentur quasi nota invulgataque, Gell.

in-vulnerābilis (in-volnerābilis), e, **unverwundbar,** hostis, Sen. de ben. 5, 5, 1: übtr., animus, Sen. ep. 9, 2 u. ad Helv. 13, 2: invulnerabile est non quod feritur, sed quod non laeditur, Sen. de const. sap. 3, 3.

invulnerātus, a, um (in u. vulnero), **unverwundet,** invulnerati inviolatique vixerunt, Cic. Sest. 140.

1. iō! *Interi.* (ἰώ, ἰού), ein Ausruf der Freude = **juchhe!** Verg. u. Ov.: io triumphe! Hor.: io Saturnalia! heisa, juchheia! dudeldumdei! Petron. 58, 2. – u. des Schmerzes, **oh! ah!** Tibull. u. Ov.

2. Īo, *ūs,* u. **Īo** (Īon), ōnis, *f.* (Ἰώ), Tochter des argivischen Königs Inachus, Geliebte Jupiters, von Iuno aus Eifersucht in eine Kuh verwandelt und dem hundertäugigen Argus zur Bewachung übergeben. Nach vielen Verfolgungen erhielt sie in Ägypten ihre Gestalt wieder, gebar dort den Epaphus u. wurde mit der Göttin Isis (Gemahlin des Osiris, s. Īsis) identifiziert, s. Ov. met. 1, 588 *sqq.* Hyg. fab. 145. – Nom. Io, Prop. 2, 28, 17: Ion, Ov. am. 2, 2, 45. Ov. Ib. 620 R. – Genet. Ius, Nemes. cyn. 31. – Dat. Ioni, Acc. tr. 386. Plaut. aul. 556. – Akk. Io, Ov. art. am. 1, 323: Ionem, Serv. Verg. georg. 3, 153. – Vok. Io, Prop. 2, 33, 7. – Abl. Io, Prop. 2, 30, 29.

Iōannēs, is, *m.,* **Johannes, I** der Täufer, Lact. 4, 15, 2. Vulg. Matth. 3, 1 u. a. Prud. perist. 5, 376: Nbf. Iōannis, Prud. cath. 7, 46. – **II** der Evangelist, Vulg. Matth. 4, 21 u. a. Prud. apoth. 9: Nbf. Iōannis, Prud. cath. 6, 108; ham. 911.

iocābundus, a, um (iocor), **sich in Scherz ergehend, Scherz treibend,** v. Pers., Val. Max. 2, 4, 4 u. a. Lact. 2. 7, 11: Satura, Mart. Cap. 6. § 576.

iocāliter, *Adv.* (*iocalis v. iocus), **scherzweise,** Amm. 15, 12, 3 E. (Gardth. localiter).

Iocasta, ae, *f.* u. **Iocastē,** ēs, *f.* (Ἰοκάστη), Gemahlin des Lajus und Mutter des Ödipus, den sie wider ihr Wissen heiratete und von dem sie den Eteokles, Polynices und die Antigone gebar, Hyg. fab. 66 *sq.* u. 242. Stat. Theb. 1, 681.

iocātio, ōnis, *f.* (iocor), das **Scherzen,** der **Scherz,** Rhet. Her. 3, 23. Cic. ad Att. 2, 8, 1. Catull. 61, 127 *Schw.*: Plur., venio nunc ad iocationes tuas, Cic. ep. 9, 16, 7.

iocātus, ūs, *m.* (iocor), das **Scherzen,** der **Scherz,** Vopisc. Aurel. 23, 3.

iocinerōsus, a, um, s. iecinerōsus.

iocista, ae, *m.* (iocor), der **Spaßmacher,** Gloss. V, 305, 17; 601, 48.

ioco, āre, s. iocor a. E.

iōcondus, s. iūcundus.

iocor, ātus sum, ārī (iocus), **I** *intr.* **scherzen, Scherz treiben, Schnurren (Schwänke) machen, schäkern, spaßen,** cum alqo per litteras, Cic.: iam familiariter *cum* ipso cavillor ac iocor, Cic.: sed iam cupio *tecum coram* iocari, Cic.: *de* re severissima *tecum,* ut soleo, iocor, Cic.: iocari (scherzend anspielen) *in* valetudinem oculorum Phaeneae, Liv.: iocari (scherzend sticheln) *in* capitis mei lēvitatem et in oculorum valetudinem et in crurum gracilitatem, Sen.: ut mihi *in* hoc (dabei) Stoici iocari videantur interdum, Cic.: vestris fascibus (mit euren F.), securibus vestris iam puellae iocantur obscenae, Sen. contr. exc.. his (hendecasyllabis) iocamur, ludimus, amamus, Plin ep. – absol., Quid agis? iocabar equidem. *Ch.* Garris, Ter.: bella ironia, si *iocaremur;* sin *asseveramus,* vide ne etc., Cic.: *iocari* potius quam *serio agere* malle, Augustin.: aliquando praeterea rideo, iocor, ludo, Plin. ep.: hic quam volet Epicurus iocetur, mag scherzen, wie er will, Cic.: iocari me putas? Cic.: Diocletiane, iocari noli! Vopisc.: scurriliter iocatus, Iustin.: me appellabat iocans, Cic.: homo non aptissimus ad iocandum, Cic.: hilari animo esse et prompto ad iocandum, Cic.: deos ipsos iocandi causā induxit Epicurus, Cic. – übtr., voluit Fortuna iocari, Iuven. 3, 40. – **II** *tr.* **scherzend sagen, scherzend (als Schwank, Schnurre) vorbringen,** haec iocatus sum, Cic. ep. 9, 14, 4 (vgl. Quint. 6, 3, 57): permulta Campanum in morbum, Hor. sat. 1, 5, 62: multum de stultitia alcis, Sen. suas. 1, 6: carum nescio quid libet iocari, Catull. 2, 6: mimi obscena iocantes, Ov. trist. 2, 497: m. folg. *Acc.* u. *Infin.,* Quint. 5, 13, 46.

iocōsē, *Adv.* (iocosus), **scherzhaft,** alqm ludere ioc. satis, Cic.: multa delicate iocoseque facere, Nep.: haec ioc. lepide vovere divis, Catull.: iocosius scribere, Cic.

iocōsus, a, um (iocus), **scherzhaft, spaßhaft, schäkerhaft, kurzweilig, neckisch** (Ggstz. severus, serius), homo, Varro: Maecenas, Hor.: Gades, Mart.: res, Cic.: verba Ov., od. dicta, Liv., Scherzreden: nostra vel severa vel iocosa congressio, Cic.: übtr., imago (vocis), das scherzhafte Echo, Hor.: Nilus, der kurzweilige (weil die Alexandriner ein lustiges Leben führten), Ov.

ioculanter, *Adv.* (ioculans v. ioculor), **scherzend,** compellare, Sidon. epist. 1, 2, 7 (Lütjohann ioculariter).

ioculāris, e (ioculus), **spaßhaft, kurzweilig, possierlich,** audacia, Ter.: licentia, Cic.: convicium, Sen. rhet.: carmina, Suet.: facetiae, Arnob.: ioculare tibi videtur, Phaedr. – subst., ioculāria, ium, *n.,* **Schnurren, Schwänke, Späße, Scherze,** Hor., Liv. u. a.

ioculāritās, ātis, *f.* (iocularis), die **Spaßhaftigkeit,** Hieron. comm. in epist. ad Ephes. 5.

ioculāriter, *Adv.* (iocularis), **spaßhaft, schnurrig, scherzweise,** carmina canere, Suet.: alci alqd ioc. obicere, Plin.: ioc. ludere, Porphyr.: ioc. loqui, dicere, Donat. – Vgl. ioculanter.

ioculārius, a, um (ioculus), **spaßhaft, kurzweilig, possierlich,** Ter. Andr. 782. Porphyr. Hor. ep. 2, 2, 60.

ioculātio, ōnis, *f.* (ioculor), der **Schwank,** die **Schnurre,** das **Späßchen,** Plur., ioculationes cantusque exercebant, Firm. math. 8, 22.

ioculātor, ōris, *m.* (ioculor), der **Spaßmacher, Schäker,** ioculator senex, Cic. ad Att. 4, 16, 3: scaenici ioculatores, Mimen, Firm. math. 5, 8.

ioculor, ārī (ioculus), **scherzen, schäkern, scherzend-, schäkernd vorbringen,** inter carminum prope in modum incondita quaedam militariter ioculantes, unter den rohen Soldatenscherzen, die fast wie Verse lauteten, Liv. 7, 10, 13.

ioculus, ī, *m. (Demin.* v. iocus), der **kleine Scherz,** das **Späßchen,** alqm oblectare per ioculum et ludum, Plaut. truc. 107. – oft ioculo, im Scherz, z. B. sive adeo ioculo dixisset mihi, Plaut. merc. 993: u. so Plaut. most. 923; rud. 729.

iōcund..., s. iucund...

iocur, s. iecur ►.

iocus, ī, *m.* (Plur. iocī u. ioca, ōrum), der **Scherz, Spaß,** die **Schäkerei, Kurzweil, I** eig.: **a** übh. (Ggstz. serius sermo, zum Plur. Ggstz. seria), iocus opportunus (passend angebrachter), Quint.: iocus militaris, Aur. Vict.: ioci convivales, Sen. rhet.: ioci faceti, Iustin.: iocus poëticus, Lampr.: ioca tua plena facetiarum de haeresi Vestoriana, Cic.: iocos agitare, Ov.: ioca atque seria agere, mit jmd. im Scherz u. Ernst verkehren, Leid u. Freud teilen, Sall.: u. so (sprichw.) quicum ioca seria (*sc.* agam)? Cic.: hospes multi ioci, ein spaßiger, Cic.: iocos dare alci, Scherz veranlassen, Hor.: nocturnas religiones iocum risumque facere, dem Spott u. Gelächter preisgeben, Petron.: horum contumelias ut iocos accipere, Sen.: iocum movere, launige Einfälle haben, Sall.; alci, jmd. belustigen, Hor.: rem in iocum vertere, Suet.: unde etiam iocus exstitit m. folg. *Acc.* u. *Infin.,* Lampr. Alex. Sev. 37, 10. – ioci causā, Cic.: ioci gratiā, Val. Max.: ioco, im Scherz, scherzweise (Ggstz. serio), Komik., Liv. u. a.; vel ioco vel serio, Sen. rhet.: serio iocove, Suet.: ioco, non serio, Vopisc.: per iocum, im Scherz, scherzweise, Cic., od. spottweise, spöttisch, Liv.: per ludum et iocum, Cic.: extra iocum, Cic., od. remoto ioco, Cic., od. omissis iocis, Plin. ep., ohne Scherz, Scherz beiseite!: sed de ioco satis est, doch genug des Sch., doch Sch. beiseite, Cic. – **b** der **Schwank** = das scherzhafte Lied, iocus castrensis, Suet.: ioci militares, Vell.: ioci levioraque carmina, Mart.: mirer numquam te nostros evolvisse iocos, Mart.: sed ne relictis, Musa procax, iocis Ceae retractes munera neniae, Hor.: tu, qui, nasute, scripta destringis mea et hoc iocorum legere fastidis genus, Phaedr.: u. so ioci, Schwänke, Schnurren, als Titel einer Schrift, Suet. gr. 21. – **II** übtr.: **a** (= *ludus*) das **Spiel,** der **Zeitvertreib,** mille facesse *iocos,* turpe est nescire puellam ludere, Ov. art. am. 3, 367: nec in eadem intentione aequaliter retinenda mens est, sed ad iocos devocanda, Sen. de tranqu. an. 17, 4. – **b** die **Tändelei** der Liebe (vgl. Burm. Ps. Ov. her. 15, 48), dulces gemitus aptaque verba ioco, Ov.: hospitum ioci, Iustin.: propter lasciviorem cum marito iocum, Plin. – **c** ein **Spaß** = eine **Spielerei, Kleinigkeit,** ludum iocumque od. ludum et iocum fuisse, sei nur ein Kinderspiel od. Spaß gewesen, Ter. eun. 300. Liv. 28, 42, 2: cui (senatui) res audacter magnas parvasque iocumque eloqueretur, Enn. ann. 239. – **d** meton., v. Pers., **ein Gegenstand des Scherzes, -Spot-**

tes (wie χάρμα, ἐπίχαρμα), iocum esse, Catull. u. Hor.: alci iocum esse, Prop., Phaedr. u. Petron. – ► Plur. ioci u. ioca (letzteres auch Cic. de fin. 2, 85; Phil. 2, 7; ad Att. 14, 14, 1).

iocusculum, s. iecusculum.

iogālis, e. s. iugālis.

Iolāus, ī, *m.* (Ἰόλαος), des Iphiklus Sohn, beständiger Gefährte des Herkules, Ov. met. 8, 310; 9, 399*sqq.* Hyg. fab. 14 u. 173.

Iōlcos u. **Iōlcus**, ī, *f.* (Ἰωλκός), Stadt in der thessal. Landschaft Magnesia, Wohnsitz des Pelias, Vaterstadt des Jason (der daselbst auch das Schiff Argo erbaute), Liv. 44, 12*sq.* Mela 2, 3, 4 (2. § 40). Hor. epod. 5, 21. Colum. poët. 10, 368. – Dav.: **A** **Iōlciacus**, a, um (Ἰωλκιακός), **iolkisch**, Prop. u. Ov. – **B** **Iōlcī**, ōrum, *m.*, (Ἰωλκοί), die Einw. von Iolkus, die **Iolker**, Serv. Verg. ecl. 4, 34.

Iolē, ēs, *f.* (Ἰόλη), Tochter des Eurytus, des Königs zu Öchalia, die Herkules entführte u. mit der sich sein Sohn Hyllus nach des Vaters Tode vermählte, Ov. met. 9, 140*sqq.* Hyg. fab. 35.

1. ion, iī, n. (ἴον), **I** das blaue **Veilchen**, Plin. 21, 64: Plur., Plin. 21, 27. – **II** meton., ein uns unbekannter Edelstein von veilchenblauer Farbe, der **Veilchenstein**, Plin. 37, 170.

2. Īon, ōnis, *f.*, s. 2. Īo.

3. Iōn, s. Iōnes.

Iōnās, ae, *m.* (Ἰωνᾶς), der jüdische Prophet **Jonas**, Prud. cath. 7, 105 u. 114. Paul. Nol. carm. 21, 169. Sidon. carm. 16, 26. Iuvenc. 3, 360. – Dav. **Iōnaeus**, a, um (Ἰωναῖος), **jonäisch, des Jonas**, monita, Iuvenc. 2, 711.

Iōnes, um, Akk. as, *m.* (Ἴωνες), die **Jonier**, urspr. einer der vier Hauptstämme der Griechen, der nach dem trojan. Krieg großenteils nach der Küste von Kleinasien auswanderte u. dort Kolonien gründete, deren Bewohner nun vorzugsweise Jonier genannt wurden, Cic. Flacc. 64. Liv. 38, 13, 7. Vitr. 4, 1, 4. Claud. in Eutr. 2, 239. – Dav.: **A** **Iōn**, ōnis, **ionisch**, pes (Versfuß), Ter. Maur. 2047, 2877 u. 2882. – **B** **Iōniacus**, a, um (Ἰωνιακός), **ionisch**, Ov. – **C** **Iōnicus**, a, um (Ἰωνικός), **ionisch**, motus, Tänze, Hor.: capituli, Vitr. – *Adv.* **Iōnicē**, **ionisch**, Gell. – **D** **Iōnis**, idis, *f.* (Ἰωνίς), **ionisch**, subst., die **Jonierin**, Sen. poët. u. Avien. – **E** **Iōnius**, a, um (Ἰώνιος; episch Ἰόνιος, dah. bei lat. Dicht. immer Īonius gemessen), **ionisch**, Plin. – mare Ionium, das Meer zwischen Italien, Sizilien u. Griechenland, Liv. u. a.: dass. aequor Ionium, Lucr. u. Ov.: sinus Ionius, Hor. u. Serv.: dass. bl. Ionium, iī, *n.*, Verg. u. Sen. (aber Val. Flacc. 1, 24 = das Ägäische Meer). – subst. **a** **Iōnia**, ae, *f.* (Ἰωνία), eine Landschaft in Kleinasien zwischen Karien u. Äolis, Liv. u. a. – **b** **Iōniī**, iōrum, *m.*, die Jonier, Iustin. 2, 5, 13; 5, 2, 9.

Iopē (Ioppē), ēs, *f.* (Ἰόπη), Stadt in Judäa, der einzige Hafen der Juden, das alttestam. יפוא (*Japho*), j. *Jaffa*, Plin. 5, 69. Mela 1, 11, 3 (1. § 64). Prisc. perieg. 852. Avien. descr. orb. 1069. Vulg. Ios. 19, 46 u. ö. – Dav. **A** **Iopicus**, a, um, **jopisch**, Plin. 5, 70. – **B** **Ioppītae**, ārum, *m.*, die Einw. von Joppe, die **Joppiter**, Vulg. 2. Mach. 12, 3 u. 7.

Iordānēs, is, *m.*, der **Jordan**, Hauptfluss Palästinas, der bei Cäsarea Paneas entspringt und ins Tote Meer fließt, Plin. 5, 71. Tac. hist. 5, 6 (wo auch *Acc.* -ēn). Lact. 4, 15, 2. – Dav. **Iordānicus**, a, um, **am Jordan liegend, des Jordan**, ripa, Augustin. serm. 43, 1 *Mai*.

Ios u. **-us**, ī, *f.* (Ἴος), kleine Insel der Sporaden im Ägäischen Meer, jetzt *Nio*, Mela 2, 7, 11 (2. § 111). – deren Einw. **Iētae**, ārum, *m.* (Ἰῆται), die **Jeten**, Varro b. Gell. 3, 11, 7.

Iōsēph, *m. indecl.*, **I** Sohn des Patriarchen Jakob u. der Rahel, Iustin. 36, 2, 6. Vulg. genes. 30, 24 u. a. Prud. dittoch. 27. – **II** Mann der Maria, der Mutter Jesu, Vulg. Matth. 1, 16 u. a. Iuvenc. 1, 272.

iōta, *n. indecl.* (ἰῶτα), das **Jota**, ein griech. Buchstabe, entsprechend dem i, Cic. de or. 3, 46. Mart. 2, 93, 4. Fulg. de contin. Verg. p. 143 M. – Nbf. iōta, ae, *f.*, Auson. edyll. 12. de litt. monosyll. *v.* 7. p. 138, 15 Schenkl.

iōtacismus, ī, *m.* (ἰωτακισμός), der **Jotazismus**, **I** die fehlerhafte (zu kurze od. zu gedehnte) Aussprache des I, z. B. ius wie is u. ite wie iete, Troia u. Maia wie Troiia, Maiia, Diom. 453, 4. Pompei. comment. 286, 7 K. Consent. art. 394, 11. Isid. orig. 1, 31, 7; griech. b. Quint. 1, 5, 32. – **II** die häufige Wiederholung des I, wie *Iunio Iuno Iovi iure irascitur*, Mart. Cap. 5. § 514.

ioubeo, s. iubeo ►.

ioudex, s. iūdex. ►.

ioudicātio, s. iūdicātio ►.

ioudicium, s. iūdicium ►.

Iova, ae, *f.* (Iovis), Jupiters Tochter, ungebr. nach Varro LL. 9, 55.

Ioviālis, e (Iovis), **zu Jupiter gehörig, Jupiters**, pocula, Macr.: stella, der Planet Jupiter, Macr.: pellacia, Arnob.: incontinentia, Apul.

Ioviāni, s. Iovius.

Iovis, is, *m.* (eig. Diovis, s. Varro LL. 5, 66), altlat. = Iuppiter (s. d.), Varro LL. 8, 74. Naev. Pac. inc. fab. LX. Enn. tr. 199 R.[2] u. Enn. bei Apul. de deo Socr. 2. Acc. tr. 373 u. 653, 1. Caecil. com. 37. Hyg. fab. 31 u. a. Petron. 47, 4 u. 58, 2. Gell. 5, 12, 5. Apul. met. 4, 33. Ampel. 2, 6. Augustin. de civ. dei 7, 14*sqq.* Schol. Caes. Germ. 331. p. 413 E. u. 369. p. 418 E. Commodian. instr. 1, 5, 8 u. 1, 6, 1. Iovis Ammon, Ampel. 2, 1: Iovis Stygius, CIL 3, 6443. p. 1040: Iovis victor argenteus, CIL 8, 6981: tres Ioves, Arnob. 4, 14. – ► Nbf. Iovos, CIL 14, 4105.

Iovis-iūrandum, ī, *n.*, der **Schwur beim Jupiter**, Enn. b. Apul. de deo Socr. 5.

Iovius, a, um (Iovis) = Iovialis, **zu Jupiter gehörig, Jupiters**, nomen, Arnob. 6, 7 *extr.*: sidus, der Planet Jupiter, Chalcid. Tim. 72. – dah. **Iovius**, iī, *m.*, Beiname des Kaisers Diokletian. – dav. Iovia cohors, die Ehrenlegion Diokletians, Claud. b. Gild. 418: u. dies. Ioviānī, ōrum, *m.*, Amm. 22, 3, 2; 25, 6, 2.

Īphianassa, ae (altlat. ai), *f.* = Iphigenia (s. d.), Lucr. 1, 85.

Īphias, adis, *f.* (Ἰφιάς), die **Iphiade** (Tochter des Iphis), d. i. Euadne, Ov. trist. 5, 14, 38.

Īphicratēs, is, Akk. ēn, *m.* (Ἰφικράτης), berühmter Feldherr der Athener nach dem peloponnesischen Krieg, gest. um 353 v. Chr., Nep. Iph. 1, 1 u. s.; Timoth. 3, 2 u. s. – Dav.: **Īphicratēnsis**, e, **zu Iphikrates gehörig, des I.**, milites, Nep. Iph. 2, 4.

Īphigenīa, ae, *f.* (Ἰφιγένεια), Tochter des Agamemnon, sollte, weil ihr Vater eine Hirschkuh im heiligen Hain der Artemis (Diana) getötet hatte, der Göttin zur Sühne geopfert werden. Als indessen das Opfer vor sich gehen sollte, entrückte Artemis, in eine Wolke sie hüllend, die Jungfrau, brachte sie nach Tauris u. machte sie dort zu ihrer Priesterin; an ihrer Stelle stand vor dem Opferaltar in Aulis eine Hirschkuh (vgl. Orestes), Hyg. fab. 98. Ov. ex Pont. 3, 2, 45*sqq.*; met. 12, 31*sqq.* Cic. Tusc. 1, 116. – Griech. Akk. Iphigenian, Ov. ex Pont. 3, 2, 62.

Īphimedīa, ae, *f.* (Ἰφιμέδεια) od. **Īphimedē**, ēs, *f.* (Ἰφιμέδη), Gemahlin des Aloeus, Mutter des Otus u. Ephialtes, Serv. Verg. Aen. 6, 582. Hyg. fab. 28.

īphyon, yī, *n.* (ἴφυον), eine Gemüsepflanze Plin. 21. 67.

ippocentaurus, s. hippocentaurus.

ipse, a, um, Genet. ipsīus (b. Dicht, ipsĭus), Dat. ipsī (von is u. der Anhängesilbe pse, griech. σφέ, **er für sich**, dah. man anfänglich eapse, eampse für ipsa, ipsam richtiger sagte, s. Osann Cic. de rep. 1, 2. p. 9*sq.*) = αὐτός, **selber, in eigener Person**, dient als Substantiv- u. Adjektivpronomen dazu, den besprochenen Gegenstand anzudeuten, dem etwas ausschließlich od. vorzüglich zukommt, **I** im Allg.: ego ipse, ille ipse etc., Cic.: ipse interviso, Cic.: agam per me ipse, Cic.: mihi ipse assentor, Cic.: ne me ipsum irrideam, Cic.: in me ipso probavi, Cic. – Caesar singulis legionibus singulos legatos praefecit: *ipse* (er selbst) a dextro cornu proelium commisit, Caes.: navis tantum iactura facta, incolumes *ipsi* (die Schiffsleute) evaserunt, Liv. – et ipse (wie καὶ αὐτός) = **auch selbst, selbst auch, seinerseits, auch, ebenfalls**, wenn ein Prädikat auf zwei od. mehrere Subjekte bezogen wird, oft seit Liv., z. B. victor ex Aequis in Volscos transiit *et ipsos* bellum molientes, die auch ihrerseits zum Kr. sich rüsteten, Liv.: qui *et ipse* crus fregerat, der ebenfalls (wie die vorher erwähnten) das Bein gebrochen hatte, Suet. – dafür auch ipse quoque, s. Liv. 3, 21, 4; 8, 12, 9; 40, 15, 5. Sen. de clem. 2, 6, 3. Flor. 3, 21, 7; u. bei Cicero ipse etiam, z. B. Cic. Brut. 112 u. 206*sq.* – dafür (bei Cicero u. seinen

Zeitgenossen gew.) bl. ipse, z. B. Cic. ad Att. 9, 6, 3; de off. 2, 76; Clu. 141. Caes. b. c. 2, 31, 8. Sall. Iug. 11, 1: auch Verg. Aen. 2, 394. – nec (neque) ipse, **auch nicht,** Cic. de fin. 5, 88. Liv. 23, 18. 4.
II insbes.: **A** zur nachdrücklichen Hervorhebung eines Ggstds. im Verhältnis zu seiner Umgebung = **gerade, eben, just, eigentlich, lediglich, bloß, unmittelbar, mitten in, a** übh.: eaque ipsa causa belli fuit, und das war eben die usw., Liv.: Brundisii mihi Tulliola mea fuit praesto natali suo ipso die, Cic.: ex ipsa caede fugere, unm. aus diesem Blutbad, Caes.: ad ipsos eius pedes procīdere, gerade vor s. F., Suet.: refugientes ad castra ipsa (fast bis unmittelbar an das L.) pertrahere, Liv.: incīdere in ipsam (mitten in die) flammam civilis discordiae, Cic.: quod cum (ferrum) medium accensum mitteretur conceptumque ipso motu (durch die bloße Bewegung) multo maiorem ignem ferret, Liv.: u. so ipso motu adolescente flammā, Frontin.: noctes vigilabat ad ipsum mane, bis an den lichten Morgen, Hor.: ad ipsas tuas partes redeo, zu deiner eigentlichen (spezifischen) Aufgabe, Cic.: haec ab ipsis cognoscite, aus ihrem eigenen Mund, Caes.: duae cohortes ad id ipsum (eigens dazu) instructae intus, Liv.: ita iussisti ipsum in tabulas referre, eigenhändig, Cic. – zuw. auch bl. ipse = *is ipse,* **der eben** od. bl. **der** (betont), tamquam philosophorum habent disciplinae ex ipsis vocabula, Ter.: ego ex ipsius (eben aus dessen) virtute voluptatem cepi, Cic. – **b** zu genauer Bestimmung der Zahl (Anzahl) u. Zeit – **gerade, genau,** triginta erant dies ipsi, Cic.: ipso vicesimo anno, Cic.: ea ipsa hora, Cic.: sub ipsa profectione, im Augenblick der Abfahrt, Caes.: dah. nunc ipsum, gerade jetzt, Cic. – **B** ipse, zur Bezeichnung des Herrn, Hausherrn, Meisters, Lehrers, wie ipsa der Hausfrau, auch wir: **Er, Sie, der gnädige Herr, die Gnädige, die gnädige Frau** (s. Ruhnken Ter. Andr. 3, 2, 23. Fritzsche Hor. sat. 2, 8, 23), ego eo, quo me ipsa misit, Plaut.: ipsum propter vix liberti semiatrati exequiantur, Varro fr.: lora tenebat ipse (der gnädige Herr = Nero), Iuven.: suam norat ipsam (seine Herrin) tam bene, quam puella matrem, Catull.: u. so ipse dixit, das griech. αὐτὸς ἔφα, »Er (d. i. der Herr u. Meister) hat es gesagt«, der gew. Ausspruch der Pythagoreer, Cic. de nat. deor. 1, 10. Quint. 11, 1, 27. – **C** steigernd, **selbst** = **sogar,** in his ipsis rebus, Cic.: ipsa virtus contemnitur, Cic. – **D** (weil der nicht als selbsthandelnd zu betrachten ist, der unfreiwillig od. aus fremdem Antrieb handelt) **selbst, von selbst = aus freien Stücken,** valvae se ipsae aperuerunt, Cic.: animus ipse aegrotus, Ter.: verb. ipse meā, tuā, suā sponte, Liv. – **E** (weil »selbst« jedes Zweite u. Dritte ausschließt) = **für sich selbst, allein, allein schon** (wie αὐτός für μόνος), his actis aliud genitor secum ipse volutat, Verg.: lectica plena ipso, von seiner Person allein, Iuven.: dah. ipse per se (αὐτὸς καθ' αὐτόν) u. bl. ipse = **an u. für sich,** per se ipsa maxima est, Cic.: moventur ipsa per se, Cic.: erat ipse immani acerbāque naturā Oppianicus, incendebat eius amentiam infesta atque inimica filio mater, Cic.: ignoratio rerum, e qua ipsa (schon allein) horribiles existunt saepe formidines, Cic. – **F** statt des Reflexivums, wenn die Beziehung auf den tätigen od. besitzenden Gegenstand deutlich u. mit mehr Nachdruck, bes. zum Gegensatz, hervorgehoben werden soll, quem si parum pudor *ipsius* defendebat (seine eigene usw.), debebat familiae nostrae dignitas satis sublevare, Cic.: Iugurtha legatos ad Metellum mittit, qui *ipsi* (für ihn) liberisque vitam peterent, Sall.: nihil umquam audivi, quod mihi de iure subtilius dici videretur, … nihil de *ipso* modestius, Cic. – ► Form des *masc.* im vorklass. Latein u. bei Spät. ipsos, Lex Numae bei Paul. ex Fest. 6, 2, öfter ipsus (vgl. Charis. 158, 18 u. 161, 32. Diom. 330, 24. Prisc. 13, 32. Dosith. 32, 10 K.), z. B. Titin. com. 105. Pompon. com. 113 u. 149. Plaut. Pseud. 1142. Ter. Hec. 455. Cato r. r. 70 u. 71. C. Titius (Zeitgenosse des Lucilius) bei Macr. sat. 2, 12, 16. Fronto ad M. Caes. 5, 27 (42). p. 84, 1 N. Auson. Bissula (XXV) 2, 6. p. 125, 17 Schenkl. Itin. Alex. 17 (44). CIL 9, 1164; u. vulg. Nbf. ipsimus, ipsima = Er, Sie (= der Herr, die Herrin), Petron. 63, 3 B.; 69, 3 B.; 75, 11 B. u. 76, 1 B.; und als Steigerung der *Superl.* ipsissimus (wie αὐτότατος bei Aristoph. Plut. 83) = »ganz leibhaftig selbst«, Plaut. trin. 988 u. Afran. com. nach Pompeii comment. 153, 16 K. – Tändelnde Nbf. isse, issa = Er, Sie, u. zwar isse, Aug. bei Suet. Aug. 88 (wo issi zu lesen). CIL 4, 148. 1085. 1294: issa, CIL 4, 1589 u. 15906, 15639. – u. issulus, CIL 6, 12156. – *Genet.* ipsi, Afran. com. 230: *Dat. masc.* ipso, Apul. met. 10, 10: *Dat. fem.* ipsae, Apul. de dogm. Plat. 2, 5: barbar. *neutr.* ipsud (s. Diom. 330, 22), Anthim. 25. p. 13, 16 R. Ps. Apul. Ascl. 4. p. 30, 28 (G.) *codd. optt.* Fulgent. ed. Helm p. 87, 20; 171, 2: u. ipsut, Fulgent. p. 11, 22. – ipse mit Suffix met verb., ipsemet, Plaut. Amph. prol. 102. Sen. ep. 117, 21: ipsimet (Nom. Plur.), Cic. Verr. 3, 3.

ipsullices = bracteae in virilem mulieremque speciem expressae, Paul. ex Fest. 105, 14 (Bugge ipsilles [Demin. v. ipsus] = die Menschen selbst im Kleinen).

īr, s. hīr.

īra, ae, *f.* (aus *eira, wohl zu altind. *íṣyati,* setzt in Bewegung, avestisch *aešma,* der Zorn), **I** jede leidenschaftliche Aufwallung des Gemüts, **Zorn, Heftigkeit, Erbitterung, Rache,** im milderen Sinne **Empfindlichkeit,** Komik., Cic. u. a.: sine ira et studio, Tac. ann. 1, 1: per iram, Tac.: iram evomere in alqm, Ter.: irae indulgere, Liv.: alci esse irae, verhasst sein, Verg.: mit obj. *Genet.,* wegen etwas, fugae, Liv.: dictatoris creati, Liv.: m. *in* u. Akk., ira in Romanos propter obsides nuper interfectos, Liv. 25, 15, 7: m. *adversus* u. Akk., ira adversus Romanos, Liv. 36, 6, 1. – Plur., irarum ardor, Cic.: irae caelestes, Liv.: iras lenire, dirimere, Liv.: dum irae leniunt (sich mildern), Plaut.: miles vertit iras (lässt seinen Zorn aus) in municipium Albintimilium, Tac.: mit obj. Adj., plenus suarum, plenus paternarum irarum, gegen seine Person, gegen den Vater, Liv.: m. *in* u. Akk., tanta in regem ira fuit, Curt. 8, 6 (22), 12; veteres in populum Romanum irae, Liv. 21, 25, 2. – **II** übtr., **a** v. Lebl., die **Heftigkeit, Erbitterung,** ventorum, Sil.: maris, caeli marisque, Ov.: fulminis, Ov.: belli, Sall. fr.: dant mucronibus iras, schärfen sie, Sil. – **b** meton., **α Ursache zu zürnen,** Ov. ex Pont. 4, 3, 21. – **β** Plur. = die **Zürnenden,** dirimere iras, Liv. 1, 13, 1. – ► arch. Genet. Sing. irai, Lucr. 3, 303.

īrācundē, *Adv.* m. *Compar.* (iracundus), **zornig, hitzig** (im Zorn), Cic. u. a.: iracunde ferre m. folg. *Acc.* u. *Infin.,* sich darüber erbosen, dass usw., Plin. 11, 143. – *Compar.,* iracundius docere, Cic. Rosc. com. 31.

īrācundia, ae, *f.* (iracundus), **I** (= ὀργιλότης) die **Neigung zum Zorn,** das **hitzige Temperament,** der **Jähzorn,** s. Cic. Tusc. 4, 27. Sen. de ira 1, 4, 1. – **II** der hitzige, in Rachsucht ausbrechende **Zorn,** der **Zorneseifer, Zornesausbruch,** irac. trux ac praefervida, Liv.: male dissimulata in eos Muciani iracundia, Tac.: prae iracundia vix sum apud me, Ter.: iracundiam cohibere, Cic., od. reprimere, Ter.: iracundiam vel excitare vel sedare, Cic.: iracundiam dimittere rei publicae, aus Liebe zum Staat aufgeben, Caes. – Plur., iracundiae implacabiles (Ggstz. exorabiles), Cic.: quot illic iracundiae sunt, Plaut.: hāc (eloquentiā) cupiditates iracundiasque restinguimus, Cic.: ferendas parentium iracundias et placandum animum dictitans, Tac.

īrācunditer, *Adv.* (iracundus), **zornig, hitzig,** Caecil. com. 78. Auct. inc. b. Prisc. 15, 13.

īrācundus, a, um, *Adi.* mit *Compar.* u. *Superl.* (irascor), **zu Ausbrüchen des Zornes geneigt, jähzornig, leicht auffahrend, zorneseifrig, hitzig** od. **heftig von Temperament, cholerisch,** senex, Cic.: homo, Apul.: leo, Ov.: Diana, s. Diāna: ir. in se, Cic.: iracunda Iovem ponere fulmina, Hor. – iracundior est paulo, Hor.: iracundior *adversus* hostes, Iustin.: iracundissimae sunt apes, Sen.: iracundissimus (erit sapiens), si etc., Sen.

īrāscentia, ae, *f.* (irascor), das **Zürnen,** der **Zorn,** Apul. de dogm. Plat. 1, 13 u. 1, 18.

īrāscibilis, e (irascor), **leicht erzürnbar, jähzornig,** Firm. math. 5, 9 u. 13. Boëth. Aristot. topic. 4, 5.

īrāsco, s. īrāscor ►.

īrāscor, īrāscī (ira), **zürnen** = zornig werden u. = zornig sein (Ggstz. mirari), pueri dicunt eum furenter irasci, Cic.: desinere irasci, Petron.: ir. de nihilo, Plaut.: in cornua irasci = mit den Hörnern kämpfen, Verg.: mit *Dat.*, amicis, Cic.: sibi, Sen. u. Ps. Quint. decl.: hominibus irasci et suscensere (v. den Göttern), Cic.: ir. admonitioni alcis, Quint. – m. *in* u. Akk., an et in hunc fratrem irascitur? Sen. contr. 10, 2 (32), 14 B. zw. (Kießling an etiamnunc fratri irascitur?). – mit *contra* u. Akk., turpe est viro forti contra feminam irasci, Serv. Verg. Aen. 2, 592. – mit *ob* u. Akk., illi ob unum aut alterum liberius dictum, Sen. ad Marc. 22, 4; vgl. iratus. – m. *pro* u. Abl., irascuntur boni viri pro suorum iniuriis, Sen. de ira 1, 12, 4. – m. allg. *Acc.*, idne (deswegen) irascimini, si quis superbior est quam nos, Cato origg. 5. fr. 7: nihil irascuntur, Gell. 19, 22, 10: remittimus hoc tibi, ne nostram vicem irascaris, statt unser zu z., unsere Rächer zu spielen, Liv. 34, 32, 6. – m. *Acc.* u. *Infin.*, irascitur natum esse quemquam, qui etc., Donat. Ter. Andr. 1, 5, 10. – m. folg. *quod*, saepe absenti atque insonti tibi irascor atque suscenseo, quod facis, ne etc., Fronto epist. ad M. Caes. 4, 2. p. 60, 25 N. – übtr., irascitur ventus, Petron.: mare, Plin. – ► Parag. *Infin.* irascier, Plaut. capt. 845. Lucil. 658. – Aktive Nbf., noli irascere, Pompon. com. 30: u. im Passiv, in hac materia diutius laborandum est, ut factum credatur, quam ut irascatur, M. Caes. bei Fronto ep. ad M. Caes. 5, 23 (38). p. 82, 24 N.

īrātē, *Adv.* (iratus), **zornig**, Phaedr. 4, 24 (25), 14. Pacat. pan. 36, 3. – *Compar.* b. Colum. 7, 12. 5.

īrātus, a, um (ira), **erzürnt, zornig** (Ggstz. placatus u. propitius), Cic. u. a.: bos, Petron.: deo irato meo, Ter.: dis meis iratissumis, Plaut. Poen. 452: iratis dis propitiisque, Sen.: iratos deos invocare, den Zorn der G. auf sich herabrufen, Liv.: alci iratos deos precari, gegen jmd. den Zorn der G. anrufen, Liv. – iratus alci, auf jmd., Cic. u. a.: sum tibi iratus, Ter.: iratior, iratissimus alci, Cic. – num quid iratus es mihi *propter* has res? Plaut.: *ob* eam rem iratus gnatus est, Ter.: consules *ob* ea irati senatui, Liv.: quam iratus (homo) *de* iudicio et *de* vilico! Cic. – übtr., mare, stürmisch, Hor.: u. so fluctus, Petron. u. Plin. pan.: venter, hungrig, Hor.: sitis, ventus, Prop.: manus, Prop.: preces, vom Zorn eingegebene = Flüche, Verwünschungen, Hor.: impetus, Sen. poët.

ircōsus, s. hircōsus.

ircus, s. hircus.

īrenāceus, ī, *m.*, s. ērināceus.

īrenarchēs, ae, *m.* (εἰρηνάρχης), der **Friedensrichter**, Marcian. dig. 48, 3, 6 pr. Arcad. dig. 50, 4, 18. § 7. Cod. Theod. 12, 14, 1.

īricius, s. ēricius.

īricolor, ōris, (iris u. color), **regenbogenfarbig**, Auson. epist. 3, 15. p. 159, 11 Schenkl.

īrinus, a, um (ἴρινος), von der Pflanze iris, **Iris-**, oleum, Scrib. Larg.: unguentum, Plin. – subst., īrinum, ī, *n.*, **Irissalbe**, Cels. u. Plin.

īrio, ōnis, *m.*, ein Schotengewächs, bei den Griechen erysimum (ἐρύσιμον) gen., der **Hederich**, nach Sprengel die **vielschotige Rauke** (*Sisymbrium polyceratium*, L.), Plin. 18, 49 u. 96; 22, 158.

1. **Īris**, idis, *f.* (Ἶρις), Tochter des Thaumas (dah. Thaumantias) u. der Elektra, Schwester der Harpyien, die schnellfüßige (cita) Botin der Götter, die von Göttern zu Göttern u. von den Göttern zu den Menschen Botschaft bringt, zugleich Regenbogengöttin (dah. aëria, die Luftige, roscida, die Tauige) und als solcher ihren Flügeln u. ihrem Gewand bunte Farben beigelegt, Verg. Aen. 4, 700. Ov. met. 1, 271. – Genet. Iridis, Apul. de mund. 16. – Akk. Irim, Verg. Aen. 4, 694 u. 9, 2; Irin u. Irida, Apul. de mund. 16. – Vok. Iri, Verg. Aen. 9, 18. Ov. met. 11, 585.

2. **īris**, is u. idis, Akk. im u. in, *f.* ἶρις, **I** eine wohlriechende Pflanze, die **Iris**, bes. deren Wurzel, die **Iriswurzel**, Cato, Cels. u. a.: iris arida (getrocknete), Cato u. Cels. – Genet. iris, Cato r. r. 107, 1. Plin. 14, 128. Plin. Val. 3, 22: irios, Th. Prisc. 2, 20 *extr.*: iridis, Cels. 5, 18. *no.* 6. Plin. 25, 157: Akk. irim, Cels. 5, 27 *extr.* Colum. 12, 27: irin, Cass. Fel. 34. p. 74, 13: Abl. iri, Cato r. r. 107, 1. Plin. 15, 30: iride, Cels. 5, 16. – **II** der **Regenbogenstein**, ein Edelstein, wahrsch. ein sehr reiner sechsseitiger prismatischer Kristall, Plin. 37, 136.

īrītis, idis, *f.* (*ἰριτίς), der **Regenbogenstein**, (vgl. iris *no.* II), Plin. 37, 138.

irnēla, ae, *f.*, s. hirnula.

īrōnīa, ae, *f.* (εἰρωνεία), der **feine Spott**, die **Ironie**, auch als rhet. Figur, Cic. Brut. 292 u. 293; de or. 2, 270. Sen. contr. 1, 7, 13. Quint. 8, 6, 54. Aquil. Rom. 7. Rufin. de fig. sent. 1: cum ironia, sine ironia, Donat. Ter. Andr. 2, 6, 5: hunc sensum in ironiam vertit, Sen. contr. 1, 7, 13.

īrōnicē, *Adv.* (εἰρωνικῶς), **spöttisch, ironisch**, Ps. Ascon. Cic. I. Verr.. 38. p. 145, 22 B.; u. griech. **īrōnicōs**, *Adv.*, Schol. Bemb. Ter. adelph. 4, 7, 24. Porphyr. Hor. sat. 2, 4, 95. Schol. Iuven. 14, 15.

īrōnicus, a, um (εἰρωνικός), **ironisch**, Fulg. myth. 1. praef. p. 25 M.

īror, Nbf. v. irascor, Gloss. III, 483, 32 iror, ὀργίζομαι.

Īros, s. Īrus.

irpex (urpex, hyrpex), picis, *m.*, eine Art großer Rechen mit eisernen Zinken, zu ähnlichem Gebrauch wie unsere **Egge**, noch jetzt von den Italienern *erpice* gen., Cato r. r. 10, 2 (die Handschr. urpex). Varro LL. 5, 136; vgl. Serv. Verg. georg. 1, 95 (hyrp.). Paul. ex Fest. 105, 16.

Irpīnī, Irpīnus, s. Hirpīnī.

irpus, s. hirpus.

irquitallio, -tallus, s. hirquitallio.

ir-radio, āre (in u. radio), **I** *tr.* **bestrahlen**, Stat. Theb. 6, 64. Mart. Cap. 8. § 810: übtr., Claud. Mall. Theod. cons. 85. – **II** *intr.* **strahlen**, coeperat interea post tristia sabbata felix irradiare dies, brach an, Sedul. 5, 316: non unā infusione (Färbung) velleris statim pretiosus sucus irradiat, Ambros. apol. David 8. § 45.

ir-rādo, rāsus, ere (in u. rado), **hineinschaben**, Cato r. r. 157, 7 u. 8.

1. **irrāsus**, a, um (in u. rado), **I** **ungeglättet**, clava, Sil. 8, 585. – **II** **ungeschoren**, cum capite irraso, Plaut. rud. 1303.

2. **irrāsus**, a, um, s. ir-rādo.

irratio, ōnis, *f.* (in u. ratio), die **Unvernunft**, Tert. adv. Prax. 15.

irratiōnābilis, e, *Adi.* m. *Compar.* (in u. rationabilis), **unvernünftig**, Spät. – subst., irratiōnābilia, ium, *n.*, **unvernünftige Wesen**, Lact. 2, 2, 17. – ► Bei guten lat. Schriftstellern (z. B. Cels. prooem. p. 7, 1 D.) muss dafür irrationalis gelesen werden; s. Spalding Quint. 2, 16, 16.

irratiōnābilitās, ātis, *f.* (irrationabilis), die **Unvernunft**, Ps. Apul. Ascl. 26 *in.* u. Eccl.

irratiōnābiliter, *Adv.* (irrationabilis), unvernünftig, Charis. 57, 4. Prisc. 1, 42. Tert. de paenit. 1. Amm. 19, 10, 1. Cael. Aur. de morb. acut. 2, 37, 199.

ir-ratiōnālis, e (in u. rationalis), **I** **unvernünftig**, Cels., Sen. u. a.: Ggstz. rationalis, Diom. 420, 11 u. 13. Mart. Cap. 4. § 349. – **II** **ohne Anwendung der Vernunft ausgeführt**, usus, mechanische Übung, Quint. 10, 7, 11.

irratiōnāliter, *Adv.* (irrationalis), **unvernünftig**, Tert. adv. Marc. 2, 6 u. a.

ir-raucēsco, rausī, ere (in u. raucus), **heißer werden**, Cic. de or. 1, 259.

irraucus, a, um (in u. raucus), **heißer**, Plin. Val. 1, 2.

ir-recitābilis, e (in u. recito), **unaussprechlich**, Acta martyr. S. Victoris etc. c. 1.

irrecitābiliter, *Adv.* (irrecitabilis), **unaussprechlich**, Ven. Fort. carm. 3, 9, 49.

ir-recōgitātio, ōnis, *f.* (in u. recogitatio), das **Nichterwägen**, Tert. de exhort. castit. 4.

ir-reconciliābilis, e (in u. reconcilio), **unversöhnlich**, m. *Dat.*, insimulatis irreconciliabilis (Herodes), Heges. 1, 40. § 8.

ir-recordābilis, e (in u. recordabilis), **unerinnerlich**, Arnob. 2, 28.

ir-recuperābilis, e (in u. recupero), **nicht wiederbringlich, unveränderlich**, Tert. de pudic. 14. – *Adv.* **irrecuperābiliter**, Acro Hor. de art. poët. 452.

ir-recūsābilis, e (in u. recusabilis), **unweigerlich**, Hieron. epist. 60, 14. Cod. Iust. 3, 1, 13.

irredibilis, e, *Adi.* = irremeabilis, Gloss. IV, 94, 37.

ir-redux, ducis (in u. redux), **nicht zurückführend**, via, Lucan. 9, 408.

ir-reflexus, a, um (in u. reflecto), **zurückgebeugt**, collum, Boëth. de consol. 4. metr. 7, 29.

ir-refōrmābilis, e (in u. reformo), **unveränderlich,** Tert. adv. Valent. 29 u. a.

irrefragābiliter, *Adv.*, **ohne Widerspruch,** Ven. Fort. vita Hilar. 1. praef. 1. Vgl. Gloss. V, 504, 32.

ir-refrēnābilis, e (in u. refreno), **unzügelbar, unaufhaltbar,** Chalcid. Tim. 106 u. 325. Augustin. de bono coni. §. 5.

ir-refūtābilis, e (in u. refuto), **unwiderleglich,** Arnob. 4, 18. – Dav. *Adv.* **irrefūtābiliter,** Iulian. bei Augustin. op. imperf. 2, 57 *in.*

ir-refūtātus, a, um (in u. refuto), **unwiderlegt,** Lact. 5, 16, 13 (viell. aus Cic. de rep. 3, 31).

ir-regibilis, e, **I unregierbar,** Veget. mil. 2, 3. – **II** gleichs. zügellos = **übertrieben, unmäßig groß,** Cael. Aur. de morb. acut. 1, 14, 107.

ir-regressibilis, e (in u. regredior), **nicht rückgängig,** Augustin. de civ. dei 8, 22.

ir-religātus, a, um (in u. religo), **I unaufgebunden,** prägn. v. der Pers., irreligata comas, mit unaufgebundenem Haar, Ov. art. am. 1, 530. – **II unangebunden** (am Ufer), ratis, Auct. eleg. ad Liv. 2, 5. Anthol. Lat. 779, 5.

irreligio, ōnis, *f.* (in u. religio), die **Ungewissenhaftigkeit, Gottlosigkeit,** Rhet. Her. 2, 34 (Klotz u. Friedrich religio). Ps. Apul. Ascl. 26 *in.*

irreligiōsē, *Adv.* m. *Compar.* (irreligiosus), **unehrerbietig, gottlos,** si qua de Augusto irreligiose dixisset, Tac. ann. 2, 50: vestra sunt irreligiose opinata et irreligiosius credita, Arnob. 1, 24.

irreligiōsitās, ātis, *f.* (irreligiosus), die **Gottlosigkeit,** Eccl.

ir-religiōsus, a, um (in u. religiosus), **gottlos, unreligiös, irreligiös,** irreligiosum ratus m. Infin., Liv. 5, 40, 10: irreligiosum est m. Infin., Plin. ep. 4, 1, 5: irreligiosum putare m. Infin., Plin. ep. 9, 35, 1. – irreligiosi in Caesares, Tert. ad nat. 1, 17. – *Compar.* u. *Superl.* b. Eccl.

ir-remeābilis, e (in u. remeabilis), wo man nicht zurückgehen kann, **nicht zurückgehbar,** iter, Claud.: viae, Sen. poët.: unda (vom Styx), Verg.: error, Irrweg, der keinen Ausgang bietet, Verg.

ir-remediābilis, e (in u. remediabilis), wogegen es kein Mittel gibt, **unheilbar, I** eig., cicuta in vino pota, Plin. 15, 152: morbi, Salv. de gub. dei 7, 1, 4. – **II** übtr.: **a** im Allg.: irr. id scelus, Plin. 11, 279: irr. malorum omnium summa, Salv. de gub. dei 4, 8, 37 H. – **b** insbes., **unversöhnlich,** irr. factio, Maecen. in Sen. ep. 114, 5.

irremissē, *Adv.* (in u. remitto), **unnachsichtlich,** Amm. 29, 2, 10.

ir-remissibilis, e (in u. remissibilis), **unerlässlich, unverzeihlich,** Eccl. – Dav. *Adv.* **irremissibiliter,** Eccl.

ir-remōtus, a, um (in u. removeo), **unbeweglich,** Prud. perist. 5, 408.

irremūnerābilis, e (in u. remuneror), **unvergeltbar,** Apul. met. 3, 22.

ir-remūnerātus, a, um (in u. remuneror), **unvergolten,** Cassiod. var. 2, 16, 1 u. a. Eccl.

ir-reparābilis, e (in u. reparabilis), **nicht wiederherzustellen, unersetzlich, unwiederbringlich,** tempus, Verg. georg. 3, 284 u. Aen. 10, 467: vita, Sen. ep. 123, 10: temporis fuga, Colum. 11, 1, 29. – Dav. *Adv.* **irreparābiliter,** Augustin. c. Faust. 15, 3 u. a. Eccl.

ir-repercussus, a, um (in u. repercutio), **nicht zurückgeschlagen,** übtr., **unwiderlegt,** Tert. apol. 16. Iulian. bei Augustin. op. imperf. c. Iul. 2, 98.

ir-repertus, a, um (in u. reperio), **unaufgefunden, unentdeckt,** aurum, Hor. carm. 3, 3, 49: m. *Dat.* **für wen (= von wem)?** Herculi magno puer irrepertus, Sen. Med. 648 (651).

ir-replētus, a, um (in u. repleo), **unerfüllt, ungewährt,** Paul. Nol. carm. 17, 60.

ir-rēpo, rēpsi, rēptum, ere (in u. repo), **hinein-, auf** oder **in** etwas **kriechen, -schleichen, I** eig., arbori, auf den Baum, Plin.: draconem repente irrepsisse ad eam, Suet.: interim (Gabinius) ipso decimo die irrepsit, kam er (in den Senat) geschlichen, Cic.: veneno paulatim irrepente, Tac.: irrepentibus aquis, Colum. – m. *Acc.*, cubiculum, caveam, Apul. – **II** übtr., **sich einschleichen,** in mentes hominum, Cic.: in testamenta locupletium, eingeschmuggelt werden, Cic.: irrepsit haec lues in Italiam, Plin.: m. *Dat.*, dolor irrepit paulatim requiescenti animo, Sen.: ubi tibi mira irrepsit oblivio, Augustin. – m. *Acc.*, paulatim militares animos adeundo, appellando, Tac. ann. 4, 2. – absol., **sich** bei jmd. **einnisten, sich** an jmd. **hängen,** penitus irrep. per luxum et ambigua secreta, Tac. ann. 13, 12: irrepentibus dominationis magistris, Tac. hist. 2, 63.

ir-repōscibilis, e (in u. reposco), **nicht zurückforderbar,** Apul. apol. 92. Sidon. epist. 8, 15, 2.

irreprehēnsibilis, e (in u. reprehendo), **untadelhaft,** Firm. math. 1, 7, 39 u. Eccl. – Dav. *Adv.* **irreprehēnsibiliter,** Ambr. epist. 37, 19 u. a. Eccl.

ir-reprehēnsus, a, um (in u. reprehendo), **untadelhaft,** Ov. met. 3, 340 u. trist. 5, 14, 22.

ir-reprobābilis, e (in u. reprobo), **unverwerflich,** Interpr. Iren. 4, 26, 5.

irrēptio, ōnis, *f.* (irrepo), das **Sich-Einschleichen,** übtr., ut hoc menti nostrae nulla subtrahat oblivionis irreptio, Augustin. epist. 217, 5: ab omni falsitatis irreptione defendere, Augustin. de ordin. 2, 12, 38.

irrēpto, āre (*Intens.* v. irrepo), **hinein-, in-, auf** etwas **kriechen,** m. *Dat.*, umeris avi, Stat. silv. 3, 1, 178: pampineum iubes nemus inreptare Lycurgo, Stat. Theb. 4, 386. – m. *Acc.*, hostiles Mycenas, Stat. Theb. 11, 731 *sq.*

irrēptor, ōris, *m.*, (irrepo), der **Erschleicher,** agrorum, Cod. Theod. 2, 26, 2.

ir-requiēbilis, e (in u. requiesco), **unstillbar,** sitis, Scrib. Larg. 105. Marc. Emp. 20.

ir-requiēs (inrequiēs), quiētis, *f.* (in u. requies), **unruhig,** deus, Auson. ephem. (IIII) 3, 16. p. 5, 11 Schenkl: cor, *idem* Technop. (XXVII) 5, 5. p. 134 Schenkl: gens, *idem* Technop. (XXVII) 6, 11. p. 135, 7 Schenkl: vegetator, Paul. Nol. carm. 5, 16 (überall *Nomin.*).

irrequiētus, a, um (in u. requietus), **unruhig, rastlos,** eques, Ov.: Charybdis, Ov.: sidera, Sen.: irr. semper agitatio, Sen.: irr. mundi ipsius circuitus, Plin.: cursus (Plur.), Lact.

ir-requīsītus, a, um (in u. requiro), **unaufgesucht,** Sidon. epist. 9, 3, 2. Greg. epist. 5, 21.

ir-resectus, a, um (in u. reseco), **unbeschnitten,** pollex, Hor. epod. 5, 47.

ir-resolūbilis, e (in u. resolubilis), **unauflöslich,** Apul. de dogm. Plat. 2, 13.

ir-resolūtus, a, um (in u. resolvo), **unaufgelöst,** vincula, Ov. ex Pont. 1, 2, 22. – u. **unauflösbar,** nexus, Boëth. de cons. 3. metr. 2, 4.

ir-respīrābilis, e (in u. respiro), **wo man nicht atmen kann,** Tert. de idol. 24.

ir-restīnctus, a, um (in u. restinguo), **unausgelöscht,** Sil. 3, 29. Mart. Cap. 9. § 915.

ir-reticentia (in-reticentia), ae, *f.* = παῤῥησία, das **Nichtverschweigen,** als rhet. Fig., Carm. de fig. 130. p. 68 H.

ir-rētio, īvī, ītum, īre (in u. *retio v. rete), **wie im Netz fangen, verstricken, I** eig. u. bildl.: **a** eig.: alqm, Cic. poët. u. a.: naves quasi irr., Gell. – **b** bildl.: se erratis, Cic.: alqm illecebris corruptelarum, Cic.: coniugalibus vinculis irretiti sunt, Augustin. de civ. dei 1, 9, 2. p. 16, 1 D.[2] – **II** übtr., **wie mit einem Netz überziehen,** solum (von den Wurzeln des Weinstocks), Colum.: frons irretita capistro, Calp.

ir-retortus, a, um (in u. retorqueo), **nicht zurückgedreht,** oculo irretorto, ohne das Auge danach zurückzuwenden, Hor. carm. 2, 2, 23.

ir-retractābilis, e (in u. retracto), **unwiderrufbar,** Augustin. conf. 10, 33. Cassian. coll. 9, 32.

ir-reverēns, entis (in u. reverens), **unehrerbietig, unbescheiden, gleichgültig** gegen etwas, m. *Genet.*, operis, Plin. ep. 8, 21, 3. – m. *Dat.*, Spart. Carac. 2, 5: in alqm, Tert. adv. Marc. 2, 14. – *Superl.* absol., cum sint nequissimi et irreverentissimi, Augustin. de civ. dei 2, 2: irreverens est m. *Infin.*, Tert. de or. 12.

irreverenter, *Adv.* (irreverens), **unehrerbietig, unbescheiden,** Plin. ep. 2, 14, 2; 6, 13, 2; 8, 21, 3. Apul. met. 5, 30 u. apol. 86. Interpr. Iren. 3, 23, 4.

irreverentia, ae, *f.* (irreverens), die **Unehrerbietigkeit, Unbescheidenheit** gegen Höhere, der **Mangel an Ehrfurcht,** das **unehrerbietige,**

unbescheidene, unverschämte Wesen, absol., Tac. ann. 13, 26: m. subj. *Genet.*, iuventutis, Tac. ann. 3, 31: mulieris, Vulg. Sirach 25, 29: ipsius, *ibid.* 27, 15: oculorum eius, *ibid.* 26, 14: m. obj. *Genet.*, studiorum periculorumque, Plin. ep. 6, 2, 5. – m. *adversus* u. Akk., adversus fas nefasque, Tac. hist. 3, 51.

irrevertibilis, e, *Adi.* = *irremeabilis,* Gloss. IV, 527, 23.

irrevocābilis (in-revocabilis), e, **nicht zurückrufbar, I** eig.: vulgus, Lucan.: aetas, Lucr.: verbum, Hor. – **II** übtr.: **A nicht zurückziehbar,** spicula irrevocabili hamo noxia, Plin.: ancorae pondere irrevocabili iactae, Plin. – **B unwiderruflich, unerbittlich,** casus, Liv.: cursus (Gang), Sen.: impetus (Plur.) animi, Sen.: constantia, Plin. ep.: paenitentia, Arnob.: donatio, ICt. – insbes., **unversöhnlich,** Aiax, Orest. trag. 710: Domitiani natura irrevocabilior, Tac. Agr. 42.

irrevocābiliter, *Adv.* (irrevocabilis), **unaufhaltsam,** Sen. nat. qu. 2, 35, 2. Augustin. epist. 120, 24; de civ. dei 22, 20.

irrevocandus, a, um (in u. revoco), **unwiderruflich,** error, Claud. b. Get. 123.

ir-revocātus, a, um (in u. revoco), **I** nicht zurückgerufen = zur Wiederholung des Vorgetragenen **unaufgefordert,** Hor. ep. 2, 1, 223. – **II unwiderruflich, unerbittlich,** mors, Stat. Theb. 7, 773.

irrīdenter, *Adv.* (irridens v. irrideo), **höhnisch, spöttisch,** Laber. com. 93. Nepot. epit. Val. Max. 10, 22. p. 501, 1 H. Augustin. epist. 148, 4 u. 232, 2; serm. 227 *extr.* – *Compar.* irridentius, Fronto de eloqu. 1. p. 142, 13 N.

ir-rīdeo (in-rīdeo), rīsī, rīsum, ēre, **I** *intr.* **bei-, zu-, über** etwas **lachen, -scherzen, -spotten,** Cic. u. a. – **II** *tr.* **verlachen, verspotten, verhöhnen, zum Besten haben,** alqm, Cic. u. a.: Romam, Cic.: rursus procos irrisa (ein Gegenstand des Spottes) priores experiar, Verg.: irrisum habere alqm, verhöhnen, zum Besten haben, Plaut. – Nbf. **irrīdo** (in-rīdo), ere, wov. inridunt horum lacrimas, Brut. de patient. fr. bei Diom. 383, 7: prodigere et, cum nil habeas, te inridier, Caecil. com. fr. bei Fest. 229 (a), 20 *cod.* (Ribbeck Caecil. com. 74 ted inridier).

ir-rīdiculē, *Adv.* (in u. ridicule), **nicht witzig, ohne Witz,** non irridicule dixit, Caes. b. G. 1, 42, 6.

ir-rīdiculum (inrīdiculum), ī, *n.* (v. irrideo, wie ridiculus v. rideo), das **Gespött,** irridiculo haberi ab alqo, Plaut. Poen. 1183.

ir-rigātio, ōnis, *f.* (irrigo), die **Bewässerung,** mit subj. *Genet.*, fluminis, Plin. 36, 81: mit obj. *Genet.*, irrigationes agri, Cic. de sen. 53, agrorum, Cic. de off. 2, 14: irr. (Erfrischung) ossium tuorum, Vulg. prov. 3, 8. – absol. = Überwässerung, Überschwemmung, cataclysmus, quod nos diluvium vel irrigationem dicimus, Hyg. fab. 153: pulvini, quos irrigationes et pluviae tempestates abluunt, Varro r. r. 1, 35, 1.

irrigātor, ōris, *m.* (irrigo), der **Bewässerer,** Augustin. epist. 177, 7 u. a. Eccl.

irrigīvus, a, um (inrigivus), **bewässert,** pratum, Cato r. r. 8, 1: prata, *ibid.* 9 u. 50.

ir-rigo (in-rigo), āvī, ātum, āre, **I** eine Flüssigkeit **in-, an-, auf** etwas **leiten,** aquam in areas, Cato: amurcam ad arbores, Cato: imbres, Verg. – übtr., quietem per membra, Verg. – **II wässern, bewässern,** iugera L prati, Cic.: hortulos fontibus, Cic.: platanos vino, begießen, Macr.: circum (den Zirkus), besprengen (um den Staub zu löschen), Frontin. aqu.: Aegyptum Nilus irrigat, Cic.: haec terra non magnis nec navigabilibus fluminum alveis irrigatur, Sen.: circus Tiberi superfuso irrigatus, überschwemmt, Liv. – übtr., sol irrigat caelum candore, erfüllt, Lucr.: lanugo flora nunc (genas) demum irrigat, Acc. fr.: fessos sopor irrigat artus, träufelt Erquickung in unsere Glieder, Verg.: membra sopore irrigata, Lact.: haec tu si voles per aures pectus inrigarier, Lucil. 610: ut studiosi iuvenes lectione severā irrigarentur, Petron.: scherzh., alqm plagis, tüchtig verprügeln, Plaut. Epid. 121. – ► Parag. Infin. inrigarier, Lucil. 610.

irriguus, a, um (irrigo), **I** aktiv = **bewässernd,** fons, Verg.: aqua, Tibull. u. Ov. – poet. übtr., ignis, das aus der Erde hervorfließende Feuer, die Lava, Auct. Aetn.: carmen, die von der Wasserorgel hervorgebrachten Töne, Auct. Aetn.: somnus, gleichs. rieselnder (= die Glieder wie Tau erfrischender), Pers. – *Plur. neutr.* subst., irrigua aquarum, sumpfige Stellen, Plin. 5, 23. – **II** passiv = **bewässert,** hortus, Hor.: pratum, Prop.: irriguae perennibus aquis valles, Sen.: regio irrigua fontibus, Salv.: corpus irriguum mero, Hor.

irrīsibilis, e (irrideo), **verlachenswert,** Augustin. serm. 87, 9 u. in psalm. 46, 4. Vgl. Gloss. II, 216, 11.

irrīsio, ōnis, *f.* (irrideo), die **Verlachung, Verhöhnung, Verspottung,** der **Hohn, Spott,** Rhet. Her. 1, 10. Cic. Acad. 2, 123: mit subj. *Genet.*, omnium irrisione ludi, Cic. de or. 1, 51: cum irrisione audientium imitari militem gloriosum, Cic. de off. 1, 137: m. obj. *Genet.*: irris. narrationis, Donat. Ter. Andr. 5, 4, 22: Plur., irrisiones populi, Salv. adv. avar. 2, 1, 5.

irrīsīvē, *Adv.* (irrisivus), **verlachend, spottend, ironisch,** Amm. 16, 12, 67. Schol. Iuven. 4, 13; 13, 33.

irrīsīvus (inris.), a, um (irrideo), **spottend,** dictio, Gloss. IV, 245, 14.

irrīsor, ōris, *m.* (irrideo), der **Verhöhner, Spötter,** Prop. 1, 9, 1: irrisor potius quam blandus, Aur. Vict. epit. 41, 16: m. obj. *Genet.*, isti irrisores huius orationis et sententiae, Cic. parad. 1, 13.

irrīsōriē, *Adv.* (irrisorius), **ironisch,** Serv. Verg. ecl. 7, 27.

irrīsōrius, a, um (irrisor), **höhnisch, ironisch,** Augustin. de don. persev. 2. Cassian. coll. 16, 18. Mart. Cap. 8. § 809: irrisoria vestis, das Spottkleid, Leo serm. 59, 3.

irrīsus, ūs, *m.* (irrideo), die **Verlachung, Verhöhnung, Verspottung,** der **Hohn, Spott,** irrisui esse, zum Gespött dienen, Caes.: ebenso alci irrisui esse, Tac.: irrisui haberi, Apul.: ab irrisu (aus Spott) linguam exserere, Liv. – m. obj. *Genet.*, irrisum pueri sperans, Tac. ann. 13, 15.

irrītābilis, e (irrito), **I leicht erregbar, reizbar,** irritabiles animi sunt optimorum saepe hominum iidemque placabiles, Cic. ad Att. 1, 17, 4: ut placem irritabile genus vatum, Hor. ep. 2, 2, 102: suopte ingenio irritabilis et asperrimus, Amm. 18, 6, 18. – **II leicht reizend,** Lact. 6, 23, 5.

irrītābilitās, ātis, *f.* (irritabilis), die **Reizbarkeit** (zum Zorn), Apul. de dogm. Plat. 1, 18.

irrītāmen, inis, *n.* (irrito), das **Reizmittel, Anreizungsmittel,** velut irritamen amoris, Ov. met. 9, 133: animi irritamen avari, Ov. met. 13, 434: Plur., sua irritamina, Ov. met. 12, 103: irritamina corporis, Prud. ham. 523.

irrītāmentum, ī, *n.* (irrito), das **Reizmittel, Anreizungsmittel,** m. obj. *Genet.*, certaminum equestrium, Liv.: irarum, Plin. pan.: Plur., irritamenta gulae, Sall. u. Tac., libidinum, Tac.: malorum, Ov. u. Lact.: nociturae libertatis, Sen.: haud parva luxuriae irritamenta, Val. Max.: Ggstz., belli ea irritamenta, non pacis blandimenta esse, Iustin. 31, 7, 9. – m. subj. *Genet.*, irr. sanguinis, Amm. 28, 6, 13. – m. *Dat.*, et posita veno irritamenta luxui (zu usw.), Tac. ann. 14, 15. – absol., irritamenta eadem, Tac.: quibuscumque irritamentis poterat iras militum acuebat, Liv.: fluvius totidem incitatus irritamentis, Plin.

irrītātio, ōnis, *f.* (irrito), die **Erregung, Reizung, Anreizung, I** die physische: tenesmos est irritatio ultimae partis directi intestini, Scrib. Larg. 142 *in.*: tamquam edendi irritationes quasdam repertas esse, Gaumenkitzel, Gell. 7, 16, 6. – **II** die gemütliche, **a** im Allg.: naturalis, Sen. ep. 9, 17. Vulg. psalm. 94, 9 u. Ezech. 20, 28. – m. subj. *Genet.*, (feminae) nullis conviviorum irritationibus corruptae, durch keine die Sinne reizenden Gelage, Tac. Germ. 19, 1. – m. obj. *Genet.*, inesse naturalem quandam irritationem (Reiz) animis commutandi sedes, Sen. ad Helv. 6, 6. – **b** insbes., die **Reizung** zum Zorn, die **Erbitterung,** et irritatio quidem animorum ea prima fuit, Liv. 31, 14, 6: absol., irrit. et ira, Vulg. Sirach 31, 38: Plur., Vulg. 4. regg. 23, 26.

irrītātius, *Adv.* im *Compar.* (irritatus v. irrito), **etwas reizend,** genas titillare, an den Backen einen gar angenehmen Kitzelreiz erregen, Amm. 22, 15, 19.

irrītātor, ōris, *m.* (irrito), der **Reizer, Anreizer,** Sen. ep. 108, 8: bes. der **Reizer zum Zorn,** Vulg. Ezech. 2, 7.

irrītātrīx, trīcis, *f.* (Femin. zu irritator), die **Anreizerin zum Widerstand, widerspenstig,** domus, Vulg. Ezech. 24, 3.

1. irrītātus, Abl. ū, *m.* (irrito), die **Anreizung,** Paul. sent. 1, 15, 3.

2. irrītātus, a, um, s. 1. ir-rīto.

irritē, *Adv.* (irritus), **vergeblich,** Augustin. serm. 49, 3 *Mai.* Cassiod. var. 1, 4, 11; 3, 27, 1 u. 7, 27.

1. ir-rīto, āvī, ātum, āre (in u. rito), **erregen, reizen, anreizen,** **I** physisch: **1** eig.: dentes, Cels.: membranam, Cels. – **2** übtr., **erregen** = verursachen, capitis dolores, tussim, Cels. – **II** gemütlich od. politisch: **1** im Allg.: **a** jmd., alqm, Tac. u. Suet.: fata, das Schicksal herausfordern, Sil.: virum telis, Verg.: alqm ad certamen, Liv.: inimicum in mortem meam, Sen. rhet.: vult negando irritare ad confirmanda quae vult, Donat. Ter. Andr. 4, 4, 29. – **b** Lebl.: **α** einen Affekt **erregen, gewaltsam hervorrufen** (griech. ἐπισεύειν), voluptatem, amores, vitia, Ov.: virtutem animi, Lucr.: proprias sibi simultates, Liv.: iram et odium, Liv. – **β** einen Zustand gewaltsam **herbeiführen, provozieren,** bellum, Sall. fr.: seditionem, Liv.: exitium, Tac.: necem, Vell. – **2** insbes., **zum Zorn reizen, aufbringen, erbittern** (Ggstz. conterrere, einschüchtern), alqm, Cic.: animos barbarorum, Liv.: poet. übtr., quietos amnes, Hor.: mit folg. *Infin.,* Ov. am. 2, 14, 33. – Partiz. irrītātus, **zum Zorn gereizt, zornig,** canis, Plaut.: dum animus irritatus est, Ter. – *Compar.,* his eius verbis inritatior, Gell. 15, 9, 7: latratus irritatiores (canum), Iul. Vict. – ► arch. Perf.-Form inritassis = inritaveris, Plaut. Amph. 454; Pers. 828; Stich. 345.

2. irrito, āre (irritus), **ungültig machen,** Cod. Theod. 3, 12, 2 *extr.*

3. irritō, *Adv.* (irritus), **vergeblich,** id quod irr. petebatur, Eumen. grat. act. 11, 4.

ir-ritus, a, um (in u. ratus), **I ungültig** (Ggstz. ratus), testamentum facere irritum, Cic.: quod erat ratum, irritum est, Ter.: aves, Gell.: cassatur ergo et in irritum deducitur numerus, Rufin. Orig. in numer. homil. 20, 1. – **II vergeblich, a** v. Lebl., **vergeblich, unwirksam, erfolglos,** prodigium, Tac.: quassatio capitum, Liv.: inceptum, Liv.: remedium, Tac.: preces, Plin. pan.: labor, Ov. u. Quint.: lingua, Prop.: dona, Verg.: promissa, Catull.: tela, Verg.: ova, Windeier, Plin.: ager aratro irritus, Apul. flor. 15 *in.:* alqd irritum efficere, Tac.: ut irrita promissa eius caderent, Liv. – subst., irritum, ī, *n.,* das **Vergebliche,** irriti ludibrium, der Spott über das Misslingen, Tac.: spes ad irritum cadit, schlägt fehl, Liv.: spes ad irritum redacta, fehlgeschlagen, vereitelt, Liv.: labores cecĭdēre in irritum, Tac.: ne meae dispositiones in irritum veniant, Vopisc. Aurel. 47, 4. – **b** übtr., v. Pers., **ohne Erfolg, vergebens,** homo, ein Nichtsnutz, Taugenichts, Cato: irritus urget, Verg.: domum irritus rediit, Sen.: irritus discessit, Tac.: venit irrita turba domum, Tibull.: irritis hostibus, Tac.: irriti dissuadent, Tac. – m. *Genet.,* ut irritus legationis, als habe er den Zweck seiner Sendung verfehlt, Tac.: irr. consilii, da er seinen Rat nicht befolgt sah, Vell.: spei, in ihrer H[illegible] getäuscht, *Curt.:* u. so voti, Stat.: incepti, in seiner Unternehmung getäuscht, unverrichteter Sache, Sil.

ir-roborāsco, āvī, ere (in u. roborasco), **Stärke bekommen, einwurzeln,** irroboravit inveteravitque (ist eingewurzelt u. längst gang u. gäbe geworden) falsa atque aliena verbi significatio, Gell. 1, 22, 1.

irrogātio, ōnis, *f.* (irrogo), die **Auferlegung, Zuerkennung** (urspr. durch Volksbeschluss), multae, Cic. Rab. perd. 8: dupli vel et quadrupli, Plin. pan. 40, 5.

ir-rogo (in-rogo), āvī, ātum, āre, **I** etwas beim Volk **gegen** jmd. **in Vorschlag bringen, -beantragen** und durch einen Antrag an das Volk **durchsetzen,** alci legem, privilegium, Cic. – **II** etw. beim Volk u. (übtr.) übh. **gegen** jmd. **beantragen,** mit Genehmigung des Volkes u. (übtr.) übh. jmdm. **zuerkennen, über** jmd. **verhängen,** (alci) multam, poenam, Cic. u. a.: alci supplicium, Tac.: poenas peccatis, Hor.: poenam delictis, Lact.: mala, Lact.: tributum, Plin. pan.: imperium in alqm, ausüben, Plin.: plus labori, verwenden auf usw., Quint.: sibimet mortem irrogaret, quam patri struxerat, Tac. – ► Archaist. irrogassit = *irrogaverit,* Cic. de legg. 3, 6.

irrōrātio (inrōrātio), ōnis, *f.* (irroro), die **Benetzung,** Augustin. in psalm. 38, 6. Cassiod. var. 12, 14, 3.

ir-rōro (in-rōro), āvī, ātum, āre, **betauen, I mit Tau befeuchten, betauen, A** eig.: flores, Colum. 9, 14, 10: noctibus vas tegendum erit, ne irroretur, Colum. 12, 24, 2: absol., Africus irrorat, befeuchtet mit Tau, bringt Tau, Colum. 11, 2, 93. – **B** übtr., wie δροσίζω, übh. **befeuchten, beträufeln, benetzen,** crinem aquis (mit W.), Ov.: m. *Dat.,* lacrimae irrorant foliis, träufeln herab auf usw., Ov. – assiduis irroras flatibus annum, bewässerst (v. Zephyr), Claud. rapt. Pros. 2, 75: u. so absol., extremo irrorat Aquarius anno, Verg. georg. 3, 304: irrorabis in saporem, Apic. 1, 13. – Bildl. Partiz. subst., de humano nubilo irrorata, vom Nebel menschlicher Unwissenheit Benetztes, Augustin. epist. 19. – **II** wie Tau **aufträufeln, a** Nasses: liquores vestibus et capiti, Ov. met. 1, 371: liquorem mensis, Sil. 11, 302. – **b** Trockenes: sacrum patinae piper, Pers. 6, 21: übtr., oculis quietem, Sil. 10, 356.

ir-roto, āre (in u. roto), **hinrollen, hinkollern,** testam super undas, Min. Fel. Oct. 3, 6.

ir-rubēsco, rubuī, ere (in u. rubesco), **rot werden,** m. *Abl.* (durch), Solin. 5, 27. Stat. silv. 5, 3, 32. Ambros. de virg. consecr. 8, 35.

ir-rubio, īre, **rot machen,** Gloss. III, 78, 8 ›irrubio, ξανθίζω‹.

irructo, āre (in u. ructo), **hineinrülpsen,** in os alci, Plaut. Pseud. 1295.

ir-rūfo, āvī, ātum, āre (in u. rufo), **rot machen,** Eccl.: barba tactu irrufata, Tert. apol. 22 *extr.*

irrūgātio, ōnis, *f.* (irrugo), das **Runzeln,** Varro bei Serv. Verg. Aen. 1, 648.

ir-rūgio, iī, īre (in u. rugio), **aufbrüllen,** übtr. v. Pers., **aufstöhnen,** clamore magno, Vulg. genes. 27, 34.

ir-rūgo, ātus, āre (in u. rugo), **in Runzeln-, in Falten legen, I** eig., Gell. 12, 1, 8: frons severis moribus irrugata, Hieron. in epist. ad Galat. 5. – **II** übtr., sinum (vestis) nodis Hiberis, Stat. Theb. 4, 266.

irrumābiliter, *Adv.* (irrumo) = *inserendo fascinum in os alterius,* CIL 4, 1931.

irrumātio, -mātor, s. ir-rumo.

ir-rumo, ātus, āre (in u. ruma) = *insero fascinum in os alterius,* Catull. 16, 1; 37, 8 u. a. Mart. 2, 47, 2 u. 2, 70, 3. Priap. 35, 3 *sq.* u. 43, 3. – Dav. **irrumātio,** ōnis, *f.* = *actio irrumandi,* Catull. 21, 8. – **irrumātor,** ōris, *m.* = *qui irrumat,* Catull. 10, 2. Firm. math. 8, 20. CIL 4, 1529.

ir-rumpo (in-rumpo), rūpī, ruptum, ere, **hereinbrechen, -dringen, -stürzen, einfallen, einen Einfall machen, I** eig.: **1** übh.: **a** v. Pers.: intro, Ter.: in aedes, Sall.: in castra, Cic.: in partem hostium, Caes.: in forum ex altera parte, Liv.: intra moenia, Sen. poët.: libertos orabat, ut ad se irrumperent, Sall.: quidam navicularius irrumpit se in curiam, Varro fr.: m. *Dat.* (s. Drak. Sil. 2, 378), thalamo, Verg.: templo, tectis, Sil.: foribus, Val. Flacc.: m. *Acc.,* portam, Sall.: oppidum, Caes. u. Augustin.: domum alcis, Caes.: cubiculum alcis, Plin. ep.: interiora domus limina, Verg.: Italiam, Tac.: irrupto oppido, Augustin.: absol., inrumpunt Vitelliani, Tac.: ne bestiola conaretur irrumpere (ins Ohr), Cic. – **b** v. Lebl.: costas fraxinus irrumpit, Sil. 5, 551: irrumpit Cumana ratis, Sil. 14, 408. – bes. v. Gewässern, **hereinbrechen (einbrechen)** = hereinströmen (einströmen), sich ergießen, in hac parte in terras (v. Meer), Plin.: e Scythico oceano in aversa Asiae (v. Meer), Plin.: per Babyloniorum fines in Rubrum mare, Curt.: a septentrione Ionium mare irrumpit, Plin.: quā irrumpens oceanus Atlanticus, Plin. – **2** Besitz ergreifend **einfallen, sich eindrängen,** in alcis patrimonium, Cic.: ut (translatio) deducta esse (eingeführt) in alienum locum, non irrupisse videatur, Cic. – **II** übtr.: **1** übh.: luxuries quam in domum irrupit, sich eindrängte, Cic.: imagines in animos per corpus irrumpunt, Cic.: in pedes, hoc est in radices, irrumpit vis morbi, Plin.: quo modo istas calamitates removeam, quae ad me irruperunt, quo modo illas, ad quas ego irrupi, Sen.: protinus irrupit venae peioris in aevum omne nefas, Ov.: in nostrum fletum irrumpes? unseren Tränen willst du Gewalt antun? Cic.: m. *Acc.,* irr. deos, auf die G. mit Fragen einstürmen, Stat. Ach. 1, 508: deinde irrumpit animum aliorum admiratio, Sen. de ben. 3, 3, 2. – absol., irrumpunt optimi non numquam sensus, es drängen sich bisweilen die besten Gedanken auf, Quint.: irrumpent curae, werden einreißen, Ov.: irrumpit adulatio, Tac.: non vides fore, ut irrumpant vitia cum virtutibus, Lact. – **2** einer Sache **Gewalt antun** = etw. **verletzen, brechen,** foedus, Lact. 1, 18, 17: institutum, Lact. de ira dei 14, 6: legem, Tert. adv. Marc. 4, 20: pacem, Cassiod. var. 5, 43, 4.

ir-ruo (in-ruo), ruī, ruitūrus, ere, **I** **hinein-** od. **hereinstürzen, -rennen, eindringen,** **A** eig.: **1** übh.: **a** v. Pers.: in Casinam, Plaut.: in aedes, Ter.: in aciem, Liv.: in alqm, auf jmd. losstürmen, Cic. – m. *Dat.,* flammis, Claud. Mall. Theod. cons. 194: convivio, Augustin. serm. 99, 1: Sodomis (v. Feind), Augustin. de civ. dei 16, 22. – m. *Acc.,* proximos agros, Frontin. 1, 5, 16: Rhodopen, Claud. IV. cons. Hon. 50: Alpes, Claud. epigr. 77, 5. – absol., quam mox irruimus? Ter.: refl., vide ne ille huc prorsus se irruat, Ter. adelph. 550. – **b** v. Lebl.: **α** übh.: cernit redam ferventibus equis super se irruere, Hieron. vit. Hilar. 6. – **β** v. einem Gewässer, in ein Land **eindringen,** m. *Acc.,* has terras, Amm. 17, 13, 4. – **2** Besitz ergreifend **sich eindrängen,** in alienum locum (Ggstz. immigrasse in suum locum), Cic.: in alienas possessiones, Cic. – **B** übtr.: ne quo irruas, strauchelst, Cic.: in odium offensionemque populi Romani, gleichs. blind hineinrennen = sich mit aller Gewalt zuziehen, Cic.: v. Lebl.: irruat in miseros cognata potentia cives! Claud. – **II** *tr.:* **1** **losstürzen lassen,** inibi inruunt cachinnos ioca dicta risitantes, Laev. fr. 19 M. (bei Non. 209, 30). – **2** **einstürzen,** irruituram domum maiorem minoremque testatur, Hieron. praef. in Amos. – ► Gen. Plur. des Partiz. Präs. inruentum, Sidon. epist. 3, 3, 6.

irruptio, ōnis, *f.* (irrumpo), das **Eindringen,** der **Einfall, Einbruch,** **a** im Allg.: **α** leb. Wesen: ferarum, Plin. pan. 81, 4: irruptionem facere in popinam, Plaut. Poen. prol. 42. – **β** lebl. Subjj.: diluvialis, Solin. 9, 8: luminis, Pallad. 10, 17: statim undique ex aperto et abdito, superne, ab infimo aquarum fiet irruptio, Sen. nat. qu. 3, 30, 5: Plur., irruptiones maris extra litus eiecti, Sen. nat. qu. 6, 2, 6. – **b** als milit. *t. t.:* hostis, Suet. Tib. 6, 1: Chaldaici exercitus, Hieron. epist. 28, 5: subita belli, Flor. 2, 12, 5: illa Gallorum, Augustin. de civ. dei 3, 31: etiamsi irruptio nulla facta est, Cic. de imp. Pomp. 15: Silium legatum cum expedita manu irruptionem in Chattos facere iubet, Tac. ann. 2, 7. – irruptio urbis suae (in ihre St.), Oros. 3, 23, 17.

irruptus, a, um (in u. rumpo), **unzerrissen, unzertrennlich,** Hor. carm. 1, 13, 18.

ir-rutilo (in-rutilo), āvī, āre, **rötlich schimmern,** Ambros. de Isaac et anim. 7. § 60; apol. David 8. § 45; de off. min. 2, 28. § 138.

irtiola vītis, eine Art Weinstöcke, Colum. 3, 2, 28. Plin. 14, 37.

irūdo, s. hirūdo.

Īrus u. **Īros,** ī, *m.* (Ἶρος), ein Bettler in Ithaka, appellat. »ein Irus« = ein armer Mann (Ggstz. Croesus = ein reicher Mann), Ov. rem. 747 (Akk. Iron); trist. 3, 7, 42. Prop. 3, 5, 17. Mart. 5, 39, 9; 6, 77, 1.

is, ea, id (vom Demonstrativstamme *i),* **I** **er, sie, es; der, die, das,** **A** im Allg.: **a** *subst.:* mihi venit obviam puer tuus: is mihi litteras reddidit, Cic.: is est, an non est? ist er's, oder ist er's nicht, Ter. – von der ersten und zweiten Person, credidi homini docto mandare: is lapidi mando, d. i. und ich usw., Plaut.: qui magister equitum viderere, is per municipia cucurristi, Cic. – **b** *adi.:* in eum locum convenire, Caes.: ob eam causam, Nep. – ea causa belli fuit, das war die usw., Liv.: is denique honos mihi videri solet, das scheint mir erst eine usw., Cic.

B insbes.: **a** das Pronomen zuw. auf das folgende Substantivum bezogen und mit diesem in gleichem Genus, Numerus u. Kasus stehend, quae vectigalia locassent, ea (deren) rata locatio, Liv.: ea (darüber) libera coniectura est, Liv. – **b** des Nachdrucks und der Deutlichkeit wegen scheinbar pleonastisch, **α** vor *qui, quae, quod,* wie: quod ne id facere posses, Cic.: quorum eorum unus, Plaut.: so auch quid est, quo non eodem progrediatur, Cic. – bes. id quod zur Aufnahme des vorhergeh. Verbums oder ganzen Satzes (s. Dietsch Sall. Cat. 51, 20; Iug. 56, 1), si nos, id quod debet (und das muss der Fall sein), nostra patria delectat, Cic.: et, id quod difficilius putatur, multo sapientius tulit secundam quam adversam fortunam, Nep.: so auch id quo, Cic. de inv. 1, 39: id de quo, Liv. 21, 10, 9. – **β** nach einem Nomen, urbem novam, conditam vi et armis, iure eam condere parat, Liv.: nescire, quid accĭderit, id est semper esse puerum, Cic. – **c** id subst., wie: ad id loci, Sall., ad id locorum, oder bl. ad id, bis jetzt, Liv.: post id locorum, darauf, Plaut. u. Sall.: ad id diei, bis zu dem T., Gell.: id temporis, id aetatis, zu derselben Zeit, Cic.: id operis, id muneris, Lact., id operis ac muneris, Cic. (vgl. Bünem. Lact. 5, 2, 10): id consilii, id negotii u. dgl. Liv. (s. Drak. Liv. 7, 26, 12). – in id, dazu, deswegen, Liv.: u. so bl. id, wie id prodeo, Ter.: id gaudeo, Cic.: id quod, deswegen, weil, Ter. – idne estis auctores mihi? das (dazu) ratet ihr mir? Ter. – in eo, darin, Plaut. – in eo est od. res in eo est od. res in eo sunt, ut etc., es ist auf dem Punkt, dass usw., Nep. u. Liv. (s. Duker Liv. 2, 17, 5. Gronov Liv. 7, 35, 7), spätlat. auch in eo sum, ut etc., ich stehe auf dem Punkt, dass usw., ICt. u. a. (s. Frotscher Muret. Opp. vol. 1. p. 163). – nunc id est, cum etc., jetzt ist der Zeitpunkt da, wo usw., Plaut. rud. 664. – ex eo, daraus, daher, Cic. – **d** id est = **das ist, das heißt,** bei Erklärungen, hodie, id est Kal. Oct., Cic. – insbes., wenn man etwas allgemein Ausgesprochenes näher bestimmen will, wo es zuw. = **namentlich,** s. Suet. Dom. 17, 1. – **e** et is (ea, id), isque (eaque, idque), atque is (ea, id), **und das, und zwar, und noch dazu,** und nec is (ea, id), **und zwar nicht,** bei Erklärungen, causas, et eas tenues, Cic.: cum una legione, eaque vacillante, Cic.: litterae nec eae vulgares, Cic. – bezieht sich der Ausdruck auf das Verbum od. den ganzen Satz, so steht idque, z. B. exspectabam tuas litteras, idque cum multis, Cic.: Appollonium doctum hominem cognovi et studiis optimis deditum, idque a puero, Cic. – **f** statt des *Pronom. recipr.,* se meruisse, ut ei (ihm) etc., Cic.: cum viderent, de eorum virtute (ihre Tugend) non dubitari, Nep. – **g** zuw. auf ein Substantivum bezogen, das nicht vorhergegangen, sondern aus dem Zusammenhang zu ergänzen ist, quid sentiam, … ne ad eam (*sc.* sententiam) meditere, Cic.

II **derjenige, diejenige, dasjenige,** als Korrelat. von qui, quae, quod, wie: is, qui physicus appellatur, Cic.: auch mit der ersten und zweiten Person, haec is feci, qui sodalis eram, Lentul. in Cic. ep.

III prägn. = **solcher (solche, solches), so beschaffen, von der Art, so geartet, so gesinnt** (mit folg. qui od. ut mit Konj.), **a** *subst.:* neque is es, qui, quid sis, nescias, Cic.: is in illum sum, qui etc., Cic.: qui potest temperantiam laudare is (der so gesinnt ist), qui etc., Cic. – id aetatis esse, in dem Alter sein (stehen), Cic.: metuo ne id consilii ceperimus, quod non facile explicare possimus, Cic. – **b** *adi.:* cuius ea stultitia, ut etc., Cic.: iis vinculis simus astricti, ut etc., Cic. – eā aetate esse, in dem Alter sein (stehen), Ter. u. Cic. – ► Archaist. Genet. Sing. eiius od. eiIus, CIL 2, 1065. 1276. 1687. 1923. 1953: u. aeius, CIL 5, 330; 8, 164, 6: Dat. Sing. eei, CIL 10, 1453, 10, iei, CIL 1, 205. col. 2. lin. 12 u. 30: Dat. Sing. Femin. eae st. ei, Plaut. mil. 348. Cato r. r. 46, 1 (vgl. Varro LL. 8, 51), u. aei, CIL 5, 4410: archaist. Akk. im st. eum, Tabb. XII tab. 8. fr. 11. u. tab. 10. fr. 9 (vgl. Macr. sat. 1, 4, 19). Cic. de legg. 2, 60: Akk. em st. eum, Tabb. XII tab. 1. fr. 1 (vgl. Paul. ex Fest. 76, 12). Cato oratt. 40. fr. 7 (bei Fest. 234, 15): vulg. Akk. eum st. id, Dosith. praef. fab. Aesop. p. 24 Boecking. Greg. Tur. vit. patr. 19, 3. p. 1248 D u. a. (vgl. Haase Greg. Tur. de curs. stell. 15. p. 31): archaist. Nomin. Plur. Mask. i, Plaut. Bacch. 548 R.; Men. 221 Br.; mil. 753 R.; Pseud. 1089 (1107) Lor.; trin. prol. 17 R.; truc. 4, 2, 32 Sp. Q. Cic. de petit. cons. 46 Buech.; od. ei, Plaut. merc. 869; mil. 385 u. a. Varro LL. 8, 72 u. 10, 62. Cic. de or. 1, 87 u. 2, 68; Brut. 9 u. 199; de lege agr. 2, 1 u. a. CIL 1, 200. lin. 11. 28. 45. 93; 1, 202. col. 1. lin. 40 u. col. 2. lin. 3. 9. 13 u. öfter in a. Inscr.; od. eei, CIL 10, 1453, 8; od. iei, Varro LL. 9, 2 u. 35. CIL 1, 185; 1, 202. col. 1. lin. 7; od. eis, CIL 1, 197. lin. 16 u. 23; 1, 198. lin. 26. 27. 57. 67; 1, 199. lin. 29; od. eeis, *ibid.* 1, 196. lin. 4; od. ieis, *ibid.* 1, 577. col. 3. lin. 12; od. is, Pacuv. tr. 221 R.[2] – Archaist. Genet. Plur. eûm (s. Paul. ex Fest. 77, 8), CIL 1, 206. lin. 52. – Archaist. Dat. od. od. Abl. Plur. is, Enn. ann. 286. Pacuv. tr. 24 R.[2] Plaut. mil. 732 u. 735. CIL 2, 1964. col. 1. lin. 16. 22. 30. col. 2. lin. 47. 61. 63. col. 3. lin. 22. 34. col. 5. lin. 3 u. 62; *ibid.* 5, 4091. col. 1. lin. 10; od. ibus, Plaut. mil. 74 *Br.* (*Fl.* hibus); truc. 1, 2, 17 (14). Pompon. com. 104. Titin. com.

59. Lucr. 2, 88; vgl. Placid. gloss. V, 75, 9: Dat. eabus, Cass. Hemin. ann. 4. fr. 32 (bei Prisc. 7, 11). Cato r. r. 152. – pse od. pte angehängt, eapse = ea ipsa, Plaut. Curc. 534; rud. 411 u. a.: eumpse = eum ipse, Plaut. Pers. 603: eampse = eam ipsam, Plaut. aul. 814; cist. 170; Men. 638: eopse = eo ipso, Plaut. Curc. 538: eopte = eo ipso, Paul. ex Fest. 110, 2.

Isaac, *m. indecl.*, **Isaak,** der Sohn Abrahams, Prud. perist. 10, 748 (wo Isac geschr.). Vulg. genes. 17, 19 u. a.

Īsaeus, ī, *m.* (Ἰσαῖος), **I** ein griechischer Redner aus Chalkis, Lehrer des Demosthenes, Quint. 12, 10, 22. – **II** ein Redner aus Assyrien, der unter Hadrian in Rom lebte, Plin. ep. 2, 3 *in.* Iuven. 3, 74 (dort meton. = Zungenfertigkeit des Isäus).

īsagōgē, ēs, *f.* (εἰσαγωγή), die **Einleitung,** Gell. 1, 2, 6. – Dav. **īsagōgicus,** a, um (εἰσαγωγικός), **zur Einleitung gehörig,** commentarius, Varro b. Gell. 14, 7, 2.

Īsāiās, s. Ēsāiās.

Isāpis, is, *m.* = Sapis (s. d.), Lucan. 2, 406.

Isara, ae, *m.*, ein Fluss in Gallien, im Gebiet der Allobroger, j. *Isère,* Planc. in Cic. ep. 10, 15, 3. Lucan. 1, 399.

īsatis, idis, *Acc.* in, *f.* (ἰσάτις), die blau färbende **Waidpflanze,** der **Waid** (rein lat. vitrum, *Isatis tinctoria,* L.), Plin. 20, 59 *Jan* (Detl. ἰσάτιν).

Isaurī, ōrum, *m.* (Ἴσαυροι), die rohen u. räuberischen Bewohner von Isaurien, die **Isaurier,** Mela 1, 2, 5 (1. § 13). Amm. 14, 2, 1. Treb. Poll. trig. tyr. 26. § 2 u. a.: meton. = die Hauptstadt der Isaurier, Flor. 3, 6, 5. – Dav.: **A** **Isauria,** ae, *f.* (Ἰσαυρία), eine kleine, wenig bekannte, in Gebirgen versteckte Landschaft Kleinasiens, die im Osten an Lykaonien, im Norden an das südöstl. Phrygien, im Westen an Pisidien, im Süden an das raue Cilicien grenzte, Amm. 14, 8, 1. Treb. Poll. trig. tyr. 26. § 2 u. a.: deren Hauptstadt Isaura, ae, *f.*, Amm. 14, 8, 2 (od. Isaurī, ōrum, *m.*, Flor. 3, 6, 5, s. oben). – **B** **Isauricus,** a, um (Ἰσαυρικός), **isaurisch,** forum, Cic.: gens, Plin. – u. Isauricus, der **Isauriker,** Beiname des P. Servilius Vatia als Besiegers der Isaurier, Liv. epit. 93. Flor. 3, 6, 5. – **C** **Isaurus,** a, um, **isaurisch,** opes, Ov. fast. 1, 593.

1. Isaurus, a, um, s. Isaurī.

2. Isaurus, ī, *m.* = Pisaurus (s. d.), Lucan. 2, 406.

ischaemōn, onis, *f.* (ἰσχαίμων), eine blutstillende Pflanze, Plin. 25, 83 u. 26, 131.

ischia, ōrum, *n.* (ἰσχία, τά, Plur. v. ἰσχίον, das Hüftbein), die **Hüftgelenke** (rein lat. coxae), Gell. 4, 13, 1. Cael. Aur. de morb. chron. 5, 1, 1.

ischiacus, a, um (ἰσχιακός), **mit Hüftweh behaftet,** Plur. subst., ischiacī, ōrum, *m.*, mit Hüftweh Behaftete, Cato r. r. 123.

ischiadicus, a, um (ἰσχιαδικός), **zum Hüftweh gehörig,** dolores, Hüftschmerzen, Hüftweh, Plin. 26, 42: dolor, Boëth. inst. mus. 1, 1. p. 185, 21 Fr.: passio, Hüftleiden, Cael. Aur. de morb. chron. 5, 1, 26. – subst., ischiadicī, ōrum, *m.* = mit Hüftweh Behaftete, Plin. 25, 169 u. a. Cael. Aur. de morb. chron. 5, 1. § 2 u. § 7. u. 21 (vgl. 4, 3, 68). Fulg. myth. 3, 7.

ischias, adis, Akk. ada, *f.* (ἰσχιάς), **I** **Hüftweh, Hüftschmerzen,** Plin. 27, 33. Cael. Aur. de morb. chron. 5, 1, 2. – Nbf. **ischiasis,** is, *f.*, Ps. Cypr. de dupl. mart. 40. – **II** meton., eine gegen Hüftweh dienende Pflanze, sonst leucacantha gen., Plin. 22, 40.

ischiasis, s. ischias *no.* I.

Ischomachē, ēs, *f.* (Ἰσχομάχη), Gemahlin des Pirithous, sonst Hippodamia genannt, Prop. 2, 2, 9.

ischūria, ae, *f.* (ἰσχουρία), die **Harnverstopfung,** Veget. mul. 3, 15.

iscurra, ae, *m.*, vulg. = scurra, der **Schmarotzer,** Isid. orig. 10, 152.

iscus, ī, *m.*, vulg. = discus, Isid. orig. 20, 4, 9.

īselasticus, a, um (εἰσελαστικός), **zu einem Einzug gehörig,** certamen, der einen siegreichen Einzug verherrlichende Wettkampf, Plin. ep. 10, 118 (119) *in.* Trai. *ibid.* 119 (120). CIL 10, 515. – subst., īselasticum, ī, *n.*, das für den einziehenden Sieger vom Kaiser bestimmte Geschenk, die **Einzugsspenden, Einzugsgeschenke,** Trai. in Plin. ep. 10, 119 (120).

isēmerinos, on (ἰσημέρινος), **zur Tag- und Nachtgleiche gehörig, äquinoktialisch,** Chalcid. Tim. 65.

Īsēon (Īsēum) u. **Īsīum,** ī, *n.* (Ἴσειον), ein **Tempel der Isis,** Form *Iseon,* Plin. 5, 51. Plin. ep. 10, 33 (42), 1: Form *-ium,* Lampr. Alex. Sev. 26, 8. Eutr. 7, 23, 5 W.: Metellinum, Treb. Poll. trig. tyr. 25, 4.

isex, icis, *m.*, wahrsch. = esox (s. d.), Plin. Val. 5, 1.

Īsiacus, a, um, s. Īsis.

īsiciārius, -ātus, s. īsicium.

īsiciolum, s. īsicium.

īsicium, iī, *n.* (urspr. insicium, v. insico, āre = 1. inseco, s. Macr. sat. 7, 8, 1), ein Gericht von gehacktem Fleisch, **Gehacktes, Füllsel, Wurst,** gew. im Plur., Varro LL. 5, 110 (wo urspr. Schreibart insicia). Macr. sat. 7, 8, 1. Apul. met. 2, 7 H. Lampr. Heliog. 19, 6. Arnob. 2, 42. Donat. Ter. eun. 2, 2, 26. Apic. 2, 37 *sqq.*: is. porcinum, Edict. Diocl. 4, 13: isicia bubula, *ibid.* 4, 14. – vulg. ensicium, Gloss. IV, 232, 18 u. ö. – Nbf. sicium, iī, *n.*, Apic. 2, 41 u. 4, 134. – Dav.: **A** **īsiciārius,** iī, *m.*, der **Füllselmacher, Wurstmacher,** Hieron. in Rufin. 1, 4 u. a. Testam. porcell. p. 232, 5 B. (am Petron.) = Haupt opusc. 2. p. 181, 21. – **B** **īsiciātus** od. vulg. Nbf. **ēsiciātus,** a, um, **mit Füllsel versehen, gefüllt,** pullus, Apic. 8, 384 (Schuch esiciatus): lepus, Apic. 8, 402 (Schuch esiciatus). – Subst., ēsiciāta, ae, *f.* *(sc.* caro) = isicium (s. vorher), Anthol. Lat. 176, 4 (1087, 4) u. 225 (1088) *lemm.*: u. īsiciāta, ōrum, *n.*, Apic. 2, 54. – **C** **isiciolum,** ī, *n.*, **etwas Füllsel,** Apic. 2, 48; 4, 175 u. a.

Īsis, idis, *f.* (Ἶσις), ägyptische Halbgottheit, die allerzeugende u. allernährende Natur, Gemahlin des Osiris, Mutter des Horus, nach griechischer Deutung mit der Io, nach ägyptischer mit der Demeter identifiziert, wegen der leinenen Kleidung ihrer Diener auch dea linigera gen. (Ov. met. 1, 747); ihr Dienst (Aegyptia sacra, Aegyptii ritus, bestehend in Lustrationen, Festzügen u. geheimen, missbrauchten Weihen) wurde frühzeitig nach Rom verpflanzt und artete dort so aus, dass von der Regierung zuweilen eingeschritten werden musste, Val. Max. 1, 3, 4 (vgl. Tac. ann. 2, 85. Suet. Tib. 36). – seltener Genet. Isis, Varro bei Charis. 89, 29. CIL 6, 2234, 2: Dat. Isi, CIL 5, 779: Akk. Isim, Cic. de nat. deor. 3, 47. Ov. am. 2, 2, 25 M. u. R. Lucan. 8, 831 u. 9, 158. Serv. Verg. georg. 3, 152: Akk. Isem, CIL 6, 8707 (vgl. Serapem unter Serapis): Vok. Isi, Ov. am. 2, 13, 7; met. 9, 773: Abl. Isi, Serv. Verg. Aen. 10, 166. – Isidis crinis, die schwarze Koralle, Plin. 13, 142: Isidis sidus, der Planet Venus, nach Plin. 2, 37. – Dav. **Īsiacus,** a, um (Ἰσιακός), **zur Isis gehörig, isisch,** coniectores, v. den Isispriestern, Cic. de div. 1, 132: focus, Ov.: sistrum, Manil.: lena, eine Dienerin im Isistempel als Kupplerin, Iuven. – subst., Īsiacus, ī, *m.* *(sc.* sacerdos), ein **Priester der Isis,** Val. Max. u. a.

Ismāēl, *m. indecl.* u. Genet. ēlis, *m.*, Sohn Abrahams von der Hagar, Vulg. genes. 16, 15 *sqq.*: Genet. Ismael, *ibid.* 25, 12: Genet. Ismaelis, *ibid.* 25, 16. – Dav. **Ismāēlītēs,** ae, *m.*, ein Nachkomme Ismaels, ein **Ismaelite,** Vulg. 1. paralip. 2, 17.

Ismarus, ī, *m.* (Ἴσμαρος), u. **Ismara,** ōrum, *n.*, ein Berg in Thrazien am Hebrus, nebst einer Stadt gleichen Namens, Verg. ecl. 6, 30: Plur. bei Lucr. 5, 30. Verg. georg. 2, 37. – Dav.: **A** **Ismaricus,** a, um (Ἰσμαρικός), **ismarisch,** poet. = **thrazisch,** Avien. descr. orb. 33. – **B** **Ismarius,** a, um, **ismarisch,** poet. = **thrazisch,** tyrannus, v. Tereus, Ov.: gentes, Ov.: merum, Prop.

Ismēne, ēs, *f.*, Akk. em u. ēn, Tochter des Ödipus, Schwester der Antigone, Stat. Theb. 8, 622 u. ö.

Ismēnias, -nis, -nius, s. Ismēnus.

Ismēnus od. **-os,** ī, *m.* (Ἰσμηνός), ein Fluss in Böotien bei Theben, j. *Ai Janni,* Plin. 4, 25. Ov. met. 2, 244. Stat. Theb. 1, 40 u. a.: ders. poet. Ismenias Thebogenes scaturrex, Varro sat. Men. 112. – Dav.: **A** **Ismēnis,** idis, *f.* (Ἰσμηνίς), eine **Ismenide,** poet. = eine Thebanerin, Ov. met. 3, 169 u. 733. – **B** **Ismēnius,** a, um, **ismenisch,** poet. = thebanisch, hospes, Ov.: heros, Polynices, Stat.

īsocinnamos, on (ἰσοκίνναμος), **zimtähnlich,** Beiname des wohlriechenden Strauchs casia daphnoides, Plin. 12, 98.

Īsocratēs, is, *m.* (Ἰσοκράτης), ein berühmter Rhetor in Athen, Schüler des Prodikus und Gorgias, Lehrer vieler ausgezeichneter Männer, Verfasser vieler Reden, von denen 21 noch erhalten sind, der aus angeborener Schüchternheit und aus Mangel an durchdringender Stimme nie öffentlich aufzutreten wagte, der aber durch kluge Ratschläge dem Staat nützte und den Sturz des Staates nach der Schlacht bei Chäronea sich so zu Herzen nahm, dass er sich selbst (89 Jahre alt) durch Hunger tötete (338 v. Chr.), Cic. Brut. 32. Quint. 10, 1, 79: Genet. Isocrati, Cic. or. 190; ad Att. 2, 1, 1: Akk. Isocraten, Cic. de sen. 23. Quint. 3, 1, 14. – Dav. **Īsocratēus** u. **Īsocratīus**, a, um (Ἰσοκράτειος), **isokrateisch,** mos, Vic.: ratio, Cic.: quod ἄτεχνον et Eisocratium est, Lucil. 186 (bei Gell. 18, 8, 2). – Plur. subst., Īsocratiī, ōrum, *m.*, die Schüler od. Nachahmer des Isokrates, die **Isokratiker,** Gell. 18, 8, 1.

īsodomos, on (ἰσόδομος), **gleich gebaut** (Ggstz. pseudisodomos), genus is., die Bauart, wo jede obere Reihe von Steinen die Fugen der unteren deckt, der Ebenbau, Vitr. 2, 8, 6. Plin. 36, 171.

īsoëtes, *n.* (ἰσοετές), die **kleine Hauswurz,** Plin. 25, 160.

īsopleuros u. **-us**, on u. um (ἰσόπλευρος), **gleichseitig,** Auson. praef. ad edyll. 13. Gromat. vet. 341, 9; 354, 6; 404, 15 u. a. Boëth. art. geom. p. 404, 10 Fr. u. a.

īsopȳron, ī, *n.* (ἰσόπυρον), eine Pflanze, viell. *Isopyrum aquilegioides* (L.), Plin. 27, 94.

īsoscelēs, is, *m.* (ἰσοσκελής), **gleichschenkelig,** Auson. praef. ad edyll. 13. Boëth. art. geom. p. 376, 3 u. 404, 10 Fr.

īsosyllabus, a, um (ἰσοσύλλαβος), **gleichsilbig,** Serv. Verg. Aen. 1, 156.

isox, s. esox.

Isrăēl (**Isrāhēl**), ēlis, *m.* u. **Isrăēl**, *m. indecl.*, **Israel** = der Patriarch Jakob, Iustin. 36, 2, 4. Vulg. gen. 32, 28. Prud. psych. 651. Sidon. carm. 16, 8 (mit kurzem a). – Dav. **Isrăēlīta** u. **Isrăēlītēs**, ae, *m.*, der **Israelit,** Nomin. -ta, Vulg. Roman. 11, 1. Sidon. epist. 7, 6, 4: Nomin. -tes, Tert. adv. Marc. 4, 35: Akk. -tem, Vulg. num. 25, 8. – Plur. Israēlītae, ārum, *m.*, die **Israeliten,** Vulg. 1. regg. 14, 22 u. a. Iuvenc. 1, 207 u. (mit kurzem e) 2, 479: Genet. Israelitûm, Tert. adv. Iud. 1. – Dav. **Isrăēlīticus**, a, um, **israelitisch,** Augustin. de civ. dei 15, 20 u. 16, 16. – u. **Isrăēlītis**, idis, *f.*, die **Israelitin,** Hieron. epist. 70, 2. Vulg. Levit. 24, 10 u. a. Eccl.

1. **Issa**, ae, *f.* (Ἴσσα), **I** Name eines Hündchens, Mart. 1, 110, 1. – **II** Insel des Adriat. Meeres, die wichtigste an der Küste von Dalmatien, j. *Lissa*, Caes. b. c. 3, 9, 1. Liv. 43, 9, 5. – Dav.: **A** **Issēnsis**, e, **issäisch,** Liv.: Plur. subst., Issēnsēs, ium, *m.*, die Bewohner von Issa, die **Issäer,** Liv. – **B** **Issaeus**, a, um (*Ἰσσαϊκός), **issäisch,** Liv.: Plur. subst., Issaeī, ōrum, *m.*, die Einw. von Issa, die **Issäer,** Liv. – **C** **Issaicus**, a, um (*Ἰσσαϊκός), **issäisch,** Liv. 32, 21, 27 (Madvig Issaei lembi).

2. **issa**, s. ipse ►.

Issēdonius, s. Essēdones.

Issos, s. 1. Issus.

issulus, a, um, s. ipse ►.

1. **Issus** u. **Issos**, ī, *f.* (Ἰσσός), Seestadt in Cilicien, berühmt durch die siegreiche Schlacht Alexanders gegen Darius, Cic. ep. 2, 10, 3. Curt. 3, 7 (17), 6. – Dav. **Issicus**, a, um (Ἰσσικός), **issisch, bei Issus,** sinus (Ἰσσικὸς κόλπος), der issische Meerbusen an der Küste von Cilicien, j. *Golfo di Ayas,* Mela u. Plin.: bellum (Schlacht), Itin. Alex. 23 (57).

2. **issus**, a, um, s. ipse ►.

istăc, *Adv.*, **da, auf dem Wege,** Ter. heaut. 588: istac iudico, ich stimme auf jener Seite, für dich, Plaut. trin. 383.

istăc-tenus, bis hierher, Plaut. Bacch. 168 G.

is-te, is-ta, is-tud, Genet. istīus, Dat. istī, *Pronom. demonstr.* (von is u. dem Pronominalstamm **to),* **dieser, diese, dieses; jener, jene, jenes,** zur Bezeichnung der zweiten, direkt mit tu angeredeten Person und aller Gegenstände, die der zweiten Person angehören od. sich in ihrem Umkreis befinden, der Eigenschaften, die ihr beigelegt werden, der Handlungen, die von ihr ausgehen, dah. oft mit dem possess. Pronomen der zweiten Person (tuus, vester) verb., **jener, jener da, der da, jener dein,** **I** im Allg.: quid quod adventu tuo ista subsellia (jene Bänke, wo du sitzt) vacuefacta sunt? Cic.: remove paulisper istos gladios, jene (in deiner Nähe befindlichen) Schw., Cic.: multae istarum arborum meā manu satae sunt, von jenen B. (die du da vor dir siehst), Cic. – qua re cum istā sis auctoritate (dir gezollten Achtung), non debes, M. Cato, arripere maledictum ex trivio, Cic. – mit tuus korresp., me tuus sonus et suavitas ista (jene deine) delectat, Cic. – od. durch einen attributiven Nebensatz näher bestimmt, homines sapientes et *istā* auctoritate praeditos, *quā vos estis,* Cic.: ex istis, quos nostis, urbanis nemo est etc., Cic.

II insbes.: **a** in Briefen, zur Andeutung von Orten u. Verhältnissen, an oder in denen sich der Empfänger des Briefes befindet = **jener dort, dortig,** perfer *istam* militiam (harre aus bei deinem dortigen Dienst), ego enim desiderium tui spe tuorum commodorum consolabor; sin autem *ista* sunt inaniora, recipe te ad nos, Cic. ep. – mit *tuus* korresp., ex *tua* provincia omnique *isto* imperio (deinem dortigen) etc., Cic. ep. – **b** zur Hinweisung auf die Dinge, die die zweite Person, mit der jmd. redend eingeführt wird, in ihrer Rede od. auch in bloßen Andeutungen bereits berührt hat, **eben der** (von dir genannte usw.), *Att.* Platonem videlicet dicis. *M. istum* ipsum, Attice, Cic.: huic Eumenes: utinam quidem *istud* evenisset! Nep.: *istud* (eben das [von dir Verlangte]) quidem, inquit, faciam, Nep.: mihi fides nunc est, nihil me istius facturum, von alledem, Ter.: sunt, inquam, ista, Varro, es ist so, wie du sagst, Cic. – durch einen attributiven Nebensatz näher bestimmt, Critolaum *istum, quem* simul cum Diogene venisse *commemoraras,* Cic.: quaevis mallem (causa) fuisset, quam *ista, quam dicis,* Cic.: ista, quae dicitis, Cic. – dah. auch in Fragen um Auskunft über bereits vom Mitsprecher angedeutete Dinge, quid ita? quia necesse est, eam, quae suum corpus addixerit turpissimae cupiditati, timere permultos. *Quos istos?* Wer sind denn eben die? Rhet. Her. – **c** in gerichtl. Reden zur Bezeichnung des anwesenden Angeklagten (vgl. hic), wie namentl. in Cic. Verr. gew. des angeklagten Verres, s. Zumpt Cic. II. Verr.. 1, 16; 2, 127. Heinrich Cic. frgm. pro Tullio p. 79. – **d** oft mit einem Anstrich von Ironie od. sogar verächtlichem Hinblick auf eine anwesende zweite od. sogar an- oder abwesende dritte Person, wie unser **der da,** quod isti contigit uni, dem da allein (scherzh. auf den anwesenden Krassus hinweisend), Cic. – mit Verachtung, Mars alter, ut isti (solche Leute) volunt, Liv.: exponam vobis ex quibus generibus hominum istae (derlei) copiae comparentur, Cic. – mit *tuus* verb., iste tuus vates, Ov.: tuus iste frater, Petron. – ► Archaist. Genet. isti, in der Verbindung isti modi, *Acc. tr. 136 R.[2] Cato orat. 20. fr. 1. Plaut. truc. 930: isti formae, Ter. heaut. 382: Dat. isto, Apul. met. 5, 31; 6, 17; 7, 26; 11, 15: Dat. Femin. istae, Plaut. truc. 790: Akk. istum st. istud, Amiat. Ierem. 7, 2 (verbum istum). CIL 5, 1703: Dat. u. Abl. Plur. istabus, Pompeii comm. 188, 37 K. – Apokop. Form. Nomin. ste, Akk. stud, Abl. sto, Genet. Plur. storum, starum, Abl. Plur. stis, s. Lachm. Lucr. 3, 954. p. 197. – Über die Messung istīus u. istĭus bei Plaut. s. Lorenz Plaut. most. 732. Ritschl opusc. 2, 690.

Ister, Istricī, s. 2. Hister.

Isthmus u. **-os**, ī, *m.* (ἰσθμός), eine **Landenge,** **a** die Landenge, die die Halbinsel der Propontis, auf der Cyzikus in Mysien lag, mit dem Festland verband, Prop. 3, 22, 2. – **b** vorzugsw. die Landenge bei Korinth, wo die isthmischen Kampfspiele abgehalten wurden, der **Isthmus,** Caes. b. c. 3, 55, 2. Liv. 32, 21, 26 u. bes. 45, 28, 2 *sq.* Prop. 3, 21, 22: bimaris, Ov. met. 6, 419 u. 420; 7, 405: Ephyreius (korinthische), Rutil. Nam. 1, 319: u. so (als *fem.*) Ephyraea, Apul. met. 1, 1. – Dav.: **A** **Isthmiacus**, a, um (Ἰσθμιακός), **isthmisch,** spectaculum, Stat.: Isthmiaci coloni, v. den Syrakusanern (als Abkömmlingen der Korinther), Sil. – **B** **Isthmicus**, a, um (Ἰσθμικός), **isthmisch,** spectaculum, Val. Max. 4, 8, 5. – **C** **Isthmius**, a, um (Ἴσθμιος), **isthmisch,** Dione (die in Korinth einen Tempel hatte), Stat.: labor, in den isthmischen Kampfspielen, Hor. – Plur. subst., Isthmia, ōrum, *n.*, die **isthmischen Kampfspiele,** Liv.

istī, *Adv.* (iste), **dort,** Enn. fr. scen. 304. Plaut. Epid. 721; Curc. 517; mil. 255; rud. 1078 u. 1082. Verg. Aen. 2, 661 u. 10, 557 R. Apul. met. 4, 13 H.

1. **istic**, aec, oc od. uc (durch enklit. -ce verstärktes iste), **I** **dieser da**

oder **dort, der da** oder **dort,** istic labor, Plaut.: quid istic narrat? Ter.: subst., istuc considerabo, Cic.: posse istaec sic abire, Cic.: *Acc. resp.* istoc = deswegen, Ter. – *Abl.* istoc bei *Compar.* – **desto,** iam istoc probiores, cum etc., Plaut.: istoc magis vapulabis, quia etc., Plaut.: istoc vilius (*scil.* reddet), Ter. – **II** prägn., **der = ein solcher,** nur subst. m. *Genet.*, homo istuc aetatis, in **dem** Alter, Plaut. u. Ter.: tuus pater istuc aetatis cum esset, Auct. b. Afr. – ► Verstärkt istice etc. u. in Fragen isticine etc., z. B. istaece ridicularia, Plaut.: istisce ambabus, Plaut.: istācine causā, Plaut.: istucine interminata sum? Ter.: istoscine (istoscin) mores, Plaut. – istaec (*Plur. gener. fem.*) – *istaece,* Plaut. u. Ter.

2. istīc, *Adv.* (Lokativ v. iste u. verstärkendes -ce), **da, dort, hier, I** zur Bezeichnung des Ortes, der dem Angeredeten näher ist, dah. in Briefen vom Ort, wo der Empfänger des Briefes sich befindet, istic astato, Plaut.: istic mane, warte hier, Ter.: quoniam istic sedes, Cic.: iam istic ero, dort (wo du bist), Plaut.: istic, ubi etc., Plaut.: prius *hic* te nos, quam *istic* tu nos videbis, Cic.: scribite, quid istic (dort = in Rom) agatur, Cic. – **II** übtr., **da, hier** = in (bei) dieser Sache, quid istic? (faciendum), was ist dabei (zu machen, zu fürchten)? Plaut. u. Ter. (s. Brix Plaut. trin. 573 u. Spengel Ter. Andr. 572): istic sum, ich bin dabei, bin ganz Ohr, Ter. u. Cic. – ► In Fragen verstärkt, isticine vos habitatis? Plaut. rud. 110.

istim, *Adv.* (iste), **von dort,** ite istim, ecferte lora, Plaut. capt. 658 (Fleckeisen u. Leo istinc): quod eos (sonitus) usque istim exauditos putem, Cic. ad Att. 1, 14, 4 (Müller istinc): istim postea Corinthum instituit redire, Gell. 16, 19, 7. Vgl. Lachm. Lucr. 3, 880. p. 189. Bosius, Orelli u. Boot Cic. ad Att. 1, 14, 4.

istīmodī, s. istīus-modī.

istinc, *Adv.* (iste u. hinc), **I von da, von dort, A** eig.: alter *hinc,* alter *istinc* assistite, Plaut.: istinc excludere, Ter. – besond. von dem Ort, wo sich der Angeredete (in Briefen der Empfänger des Briefes usw.) befindet, istinc loquere, Plaut.: qui istinc veniunt, Cic. – **B** übtr., **davon** = von der Sache, memento ergo dimidium istinc mihi de praeda dare, Plaut. Pseud. 1164; vgl. rud. 1077: fortassis et istinc largiter abstulerit longa aetas, davon (von diesen Fehlern), Hor. sat. 1, 4, 131. – **II von dannen, von hier,** ire istinc foras, Plaut.: non tu istinc abis? Plaut.: ilico istinc, schnell fort von mir! Enn.

istīpendium, iī, *n.*, vulg. = stipendium (s. d.), CIL 8, 9838.

istīus-modī (besser getrennt istius modi) = *talis,* **von der Art,** nihil istiusmodi, Cic.: ratio istiusmodi, Cic. – ► Archaist. Nbf. istī modi, *Acc. tr. 136 R^2. Cato oratt. 20. fr. 1. Plaut. truc. 930.

1. istō, *Adv.* (iste), **I dahin, dorthin,** bes. **dahin, wo du bist (ihr seid), an deinen (euren) Ort, in deine (eure) Gegend** (von dem Ort, wo sich der Angeredete, in Briefen der Empfänger des Briefes, befindet), isto intro abire, Plaut.: isto venire, Cic.: isto proficisci, Planc. in Cic. ep.: isto excurrere, Plin. ep.: isto usque penetrasse, Plin. ep. 4, 12, 7. – **II** übtr., **dahinein, darein,** admiscere alqm, Cic. ad Q. fr. 3, 1, 3. § 9.

2. isto, āre, s. 1. sto a. E. ►.

istōc, *Adv,* (1. istic), **I** (als Dativ) **dahierhin, dorthin,** istoc ad vos intromittam, Plaut. truc. 717: nimium istoc abisti, Ter. adelph. 169: is quem istoc misi, Suet. Calig. 55, 1. – **II** (als Abl.) beim *Compar.*, **um so, desto,** istoc vilius (*sc.* reddet), Ter. adelph. 981.

istōrsum, *Adv.* (istoversum), **dahinwärts, dahin,** Ter. heaut. 588 u. Phorm. 741.

Istrī, Istria, s. Histrī.

Istriānī, s. Histrī.

Istricī, s. 2. Hister.

Istricus, Istrus, s. Histrī.

1. istuc, Neutrum v. 1. istic, s. d.

2. istūc *Adv.* (iste u. huc), **I dahin, dorthin** (bes. von dem Ort, wo sich der Angeredete, in Briefen der Empfänger des Briefes, befindet), ire, Plaut.: concedere, Ter.: venire, hinkommen, Ter., u. pervenire, Cic. – **II** übtr., **dahin, dazu** = zu der Sache, post istuc veniam, Ter.: istuc ibam, ich wollte eben davon reden, Ter.: adde istuc sermones hominum, Cic. – ► Apokop. Form stuc, Plaut. most. 58 u. 70 Lor. (Ritschl istuc).

istucine, s. 1. istic ►.

ita, *Adv.* (zum Pronominalstamm *i,* vgl. is; altindisch *iti*), demonstrative Pronominalpartikel = auf die bezeichnete Art, **in der Art, auf diese Weise, so, also, I** im Allg.: **a** übh.: te ita velle certe scio, Cic.: ita tempestas ferebat, Cic.: quod cum ita sit, Cic.: quod si ita est, Cic.: omnia ita sunt, Cic.: ut ita dicam, Suet.: ita fit, inquit, so geht es nun einmal, sagte er, Cic.: ita aiunt, Ter.: immo ita volo, Ter.: ita spero quidem, Ter.: ita te mandasse aiebat, Cic.: et hercule ita fecit, Cic. – **b** einen folgenden Gedanken einleitend = **so, also, folgendermaßen,** qui heres institutus esset ita, mortuo postumo filio, Cic.: in tertio de Oratore ita scriptum est: *In perpetua autem oratione* etc., Quint.: haec ita digerunt: Primum sensum …, secundum …, tum etc., Quint. – bes. m. folg. *Acc.* u. *Infin.*, ita scripsit ad me, sibi meam condicionem maximo adiumento fuisse, Cic.: collegi me aliquando et ita institui, fortiter esse agendum, Cic.; vgl. Benecke Cic. Lig. 2. p. 10 u. Sall. Cat. 17, 7. – **c** est ita od. ita est, factum est ita als bestätigende Aussage od. Antwort, *est,* iudices, *ita,* ut dicitur, Cic.: ita est, Lucili, Sen.: ita, ut dicis, facta haud nego, Plaut.: ita, ut dicis, Ter. – est ita, non est ita, Cic.: factum est ita, Cic. – dah. in der Umgangssprache absol. ita = **ja** (s. Brix Plaut. capt. 259. Lambin Hor. sat. 2, 7, 2), haecine tua domust? *Sos. Ita,* inquam, Ter.: hostium dico: *ita,* inquam, hostium, ja, sage ich, der Feinde, Cic.: meus fraterne? *D. ita,* Ter.: quidnam? inquit Catulus, an laudationes? *Ita,* inquit Antonius, Cic. – sed tibi hoc video non posse videri? *Ita prorsus* (ja, ganz gewiss), Cic.: u. so mit anderen bestätigenden Partikeln verb., wie ita vero, ita enimvero, ita profecto, Plaut.: non est ita profecto, iudices, Cic. – ita plane, Cic. u. Lact. – **d** in einigen Frageformen zur Bezeichnung der Wirklichkeit: **α** ita est? **also wirklich?** Sen. ep. 17, 8. – **β** itane? = **also wirklich?** teils um eindringlicher zu fragen, b. Plaut. u. Ter., teils um seinen Unwillen u. (ironisch) seine Verwunderung auszudrücken (wie ἀληθές), b. Cic.: u. verstärkt itane vero? Plaut. u. Cic. (vgl. Brix Plaut. mil. 844. – **γ** quid ita? = **wie so? weshalb** od. **warum das? warum denn? wie kommt das? wie meinst du das?** (griech. τί δαί;), bes. als affektvolle Frage, bald im Ton der Überraschung u. des Befremdetseins, bald in dem des Vorwurfs, Plaut., Cic., Liv. u. a.

II insbes.: **A** bei Vergleichen = **so, a** zur Bezeichnung der Ähnlichkeit, gew. korresp. mit *ut,* seltener mit *quomodo, quemadmodum, quasi* u. a., z. B. non ita amo, ut sani solent homines, Plaut.: aperte ita, ut res se habet, narrare, Ter.: ita vero, Quirites, ut precamini, eveniat, Cic.: ut enim magistratibus leges, ita populo praesunt magistratus, Cic.: u. so sicut … ita, Liv.: ita … prout, Cic.: ita, uti (ut) si, Ter. u. Cic.: ita … quomodo, ita … quo pacto, ita … quemadmodum, Cic. u. a.: ita … quasi, ita … tamquam, Cic. u. a.: non ita … quam, Lucr. u. Prop.: ita … veluti, Iustin.: ita … qualis, Quint. – **b** ut … ita (und umgekehrt ita … ut) zuw. zur Angabe, dass zwei Gegenstände nebeneinander bestehen = **wie … so auch, sowohl … als auch,** Hercules ut Eurysthei filios, ita suos configebat sagittis, Cic. – u. umgekehrt, ita expedire, ut turpe non sit, es sei zuträglich, ohne unsittlich zu sein, Cic. – od. dass das eine neben dem anderen eingeräumt wird, obgleich man es nicht erwartet = **wenn auch … doch, zwar … doch,** haec omnia ut invitis, ita non adversantibus patriciis transacta, Liv. – **c** in Beteuerungen u. Schwüren, ita mit *Coniunctiv* … ut mit *Indicat.* od., wenn ein neuer Wunsch folgt, mit *Coniunctiv,* **so wahr ich wünsche, dass … so gewiss,** ita vivam, ut maximos sumptus facio, Cic.: nam tecum esse, ita mihi omnia quae opto contingant, ut vehementer velim, Cic. – verkürzt, sollicitat, *ita vivam* (so wahr ich zu leben wünsche), me tua valetudo, Cic.: saepe, *ita me di iuvent,* te desideravi, Cic. – **d** ut quisque mit *Superl.* … ita mit *Superl.*, s. ut (*no.* I, B, 2, d).

B zur Angabe der Beschaffenheit = **so, so beschaffen, von der Art,** ita vita hominum est, Ter.: ita sunt res nostrae, Cic. – ita est homo, Ter.: si ita sum, wenn ich so (ein solcher) bin, Cic.: ita ad hoc aetatis a pueritia fui, Sall. – ita ut, **so wie** = so beschaffen wie, in dem Zustand wie usw., ita ut erat (so [gekleidet] wie er war), in veste domestica, imperator est consalutatus, Suet.: ramulum, ita ut rapuerat, dimisit in gremium, Suet.

C zur Angabe der Art u. Weise des Erfolgs bereits angedeuteter Tatsachen, a **so auf diese Weise = unter solchen Umständen, in dieser Lage, nach solchen Vorgängen, und nun** (s. Fabri Liv. 21, 54, 3), illum adulescentem ... aliquot dies aegrotasse et ita esse mortuum, Cic.: dextrā laevāque a porta Collina, illinc ab Naevia redditus clamor. Ita caesi in medio praedatores, Liv.: ita Iovis illud sacrificium per hanc rationem Theomnasto datur, Cic.: ita legati comiter dimissi, Liv. – b zuw. zur bloßen Angabe der Ursache, **so = deswegen,** ne Crustumini quidem ... satis se impigre movent. Ita per se ipsum nomen Caeninum in agrum Romanum impetum facit, Liv.; so Tac. Agr. 2. Suet. Caes. 60. – u. so auch itaque (= et ita), wie Cic. de nat. deor. 3, 44; de fato 7. – c in Folgerungssätzen zur Andeutung einer aus dem Vorhergehenden gezogenen Folge = **und so, und demnach,** virtus autem actuosa et deus vester nihil agens: expers virtutis igitur: ita ne beatus quidem, Cic.: si igitur non sunt, nihil possunt esse: ita ne miseri quidem sunt, Cic.

D zur Angabe der Bedingung u. Einschränkung, **so = mit (unter) der Bedingung (Voraussetzung), mit der Einschränkung, insofern, nur insoweit,** praemonstro tibi, ut ita te aliorum miserescat, ne tis (= tui) alios misereat, Plaut. trin. 343. – gew. korresp. mit ut (dass), also ita ... ut = **nur insofern ... dass; doch so** od. **mit der Einschränkung ... dass,** zuw. = **zwar ... aber** (s. Beier Cic. de off. 1, 88), pax ita convenerat, ut Etruscis Latinisque fluvius Albula finis esset, Liv.: sed ita triumpharunt, ut ille pulsus superatusque regnaret, Cic.: ita tamen, ut tibi nolim molestus esse, Cic.: ita libenter accipio, ut tibi tamen non concedam, zwar ... aber, Cic. – ita quidem, ut etc., **nur mit der Einschränkung, dass** usw., Cic. – u. ita ... ne = **so ... dass nicht, zwar ... aber nicht (kein),** ita admissos esse in urbem, ne tamen iis senatus daretur, Liv. – ferner ita ... quod, **insofern ... inwiefern,** Cic. – ita ... cum, **insofern ... als,** Cic. – ita ... si, **unter der Bedingung (Voraussetzung)** od. **insofern ... wenn,** Cic. u. a.: ebenso ita tamen ... si, Cic.

E zur Angabe der Bestimmung, des Zweckes, **so = mit der Bestimmung, zu dem Zweck,** korresp. mit ut (dass), ad quod bellum duobus consulibus ita missis, ut alter Mithridatem persequeretur, alter Bithyniam tueretur, Cic. Muren. 33.

F zur Bezeichnung des Grades = **so** (betont), **so sehr, in hohem Grade,** α bei Verben: ardere censui aedes; ita tum confulgebant, Plaut.: ita conscientia mentem excitam vastabat, Sall. – β bei Adjj. u. Advv.: di te perduint, fugitive: ita non modo improbus et fatuus, sed etiam amens es, Cic.: nihil est ita durum aut ita iniurium quod (tu) facere adversum possis, quin ego ex te gaudiis amplissimis abundem, Fronto ep. ad Ver. imp. 2, 1. p. 120, 1 N. – ita belle nobis flavit ab Epiro lenissimus Onchesmites, Cic.: de Latinis vero quo me vertam nescio: ita mendose et scribuntur et veneunt, Cic. – mit Negatt., non (haud od. nec) ita = **nicht eben, nicht sonderlich,** non ita multi, Cic.: haud ita magnā manu, Nep.: non ita multum moratus, Caes.: non ita valde, Cic.: non (haud) ita multo post, Cic. u. Liv.: haud ita multo ante, Liv.

G zu Einführung eines Beispiels, **so** = so zum Beispiel, ita si de re militari dicendum huic erit Sulpicio, Cic. de or. 1, 66.

itaeomēlis, Akk. lin, *f.*, Name eines Kräuterspiritus, Plin. 14, 111.

Ītalī, ōrum u. bei Dichtern ûm, *m.* (nach dem einheimischen od. altgriechischen Wort ἰταλός, »Stier«, wegen der Menge und Vortrefflichkeit der Rinder Italiens benannt; vgl. Gell. 11, 1 *in.*), die Bewohner Italiens, die **Italer,** Cic. de har. resp. 19. Verg. Aen. 1, 109: gentes Italûm, Verg. Aen. 6, 92: Singul. Italus, Ven. Fort. carm. 6, 5, 218. – Dav.: **A Ītalia,** ae, *f.*, **Italien,** Varro r. r. 2, 5, 3. Cic. Arch. 5. Verg. Aen. 1, 2 u. a.: oft terra Italia, Varro r. r. 1, 9, 1. Liv. 25, 7, 4 u. a. – meton. = die Bewohner Italiens totam Italiam esse effusam, Cic. Dei. 11. – **B Ītalicus,** a, um, **italisch, in** od. **aus Italien,** stirps, Liv.: gens, Sall. fr.: gentes, Liv.: legio, Tac.: socii, Sall.: tumultus, Cic.: bellum, mit den Bundesgenossen in Italien, Cic.: ius (Recht = Vorrechte, Privilegien), Plin.: senator (Ggstz. provincialis), Claud. or. fr.: ager (Ggstz. provincialis), Colum.: solum, Augustin.: vinum, Porphyr. Hor.: philosophia, Augustin. – subst., α Ītalicus, i, *m.*, ein **Italer, einer aus Italien** (Ggstz. provincialis), Plin. ep. 9, 23, 2. – Plur. Ītalicī, ōrum, *m.*, die verbündeten Völker Italiens, bes. die im Bundesgenossenkrieg, Vell., Liv. epit. u. Tac. – β Ītalica, ae, *f.*, αα Bundesname bei den ital. Bundesgenossen für die Stadt Corfinium, s. Vell. 2, 16, 4. – ββ eine Stadt in Hispania Baetica, Caes. u. a., wovon **Ītalicēnsis,** e, **italicensisch,** Auct. b. Hisp. – Plur. subst., Ītalicēnsēs, ium, *m.*, die Einw. von Italika, die Italicenser, Auct. b. Alex. – Dav. (v. Italicus) **Ītaliciānus,** a, um, **Italien als die** *praefectura praetoriana* **betreffend,** largitiones, Augustin. conf. 6, 10. Notit. dign. occid. 5, 47* (Boecking): comites Italicianorum (*sc.* titulorum), Cod. Theod. 6, 19, 1. – **C Ītalis,** idis, *f.*, **italisch,** matres, Mart. 11, 53, 4: nymphae, Sil. 7, 429: Plur. Ītalides subst. = **Italerinnen,** Verg. Aen. 11, 657. Stat. silv. 1, 2, 274. – **D Ītalus,** a, um, α **in** od. **aus Italien, italisch,** tellus, Hor. u. Ov.: gens, Verg.: mare, Plin. – β = Latinus, **lateinisch** κατ᾽ ἐξοχήν, Arnob. 4, 13, 29. – **E Ītalius,** a, um, **italisch,** tellus, Hor.: regna, genus, Verg. – **F Ītalus,** ī, *m.*, ein alter König in Italien, Serv. Verg. Aen. 1, 6.

ita-que, *Adv.*, I eig. = et ita, sodass ita (s. d.) alle seine Bedeutungen behält. – II übtr., als Folgerungspartikel, a übh. zur Angabe, dass eine Tatsache in dem Vorhergehenden ihren Grund habe = **so nun, also, daher** (bei Cic. u. Caes. dem Satz vorangestellt, bei Späteren oft einem Wort od. mehreren nachgesetzt), sed multa sunt suavitatis praecepta, quae etc. *Itaque* etiam hoc loco nobis est ipsis, quid causa postulet, iudicandum, Cic.: partiendum sibi ac latius distribuendum exercitum putavit. *Itaque* T. Labienum in Treviros cum equitatu mittit, Caes.: nemo ausus est eum sepelire. *Itaque* a servis sepultus est, Nep. – verb. itaque ergo, Ter. u. Liv.; s. Drak. Liv. 1, 25, 2. Gronov Liv. 3, 31, 5. – b insbes., nach Digressionen, Episoden u. Parenthesen, um den Faden der Erzählung wieder aufzunehmen = **demnach, also,** s. Cic. Cat. 2. 4. Liv. 2, 12, 2. Cic. de amic. 3; de fin. 1, 19. Iustin. 3, 4, 3.

Itargus, ī, *m.*, Fluss in Germanien, nach einigen die **Weser,** Auct. consol. ad Liv. 1, 386.

ita-tenus, *Adv.*, **so weit,** Claud. Mamert. de anim. 2, 10; 2, 12 u. 3, 10.

item, *Adv.* (zu ita), zur Bezeichnung der Wiederkehr eines u. desselben Prädikats bei verschiedenen Subjekten = **ebenso, ebenfalls, desgleichen auch,** I im Allg.: hunc meum esse dico. *Tr.* Et ego item aio esse meum, Plaut.: *Le.* Quaeso aequo animo patitor. *Li.* Patitor tu item, Plaut.: *Romulus augur,* ut apud Ennium est, cum fratre *item augure,* Cic.: te esse hominem divitem, me item hominem pauperum pauperrimum, Plaut. – mit Weglassung des (dann hinzuzudenkenden) Prädikats bei item, z. B. hoc in Libera *servant,* in Libero *non item,* Cic.: litterae mittuntur isti a patre vehementes, *ab amicis item,* Cic.: spectaculum uni Crasso *iucundum,* ceteris *non item,* Cic. – huic item Menaechmo nomen est, Plaut.: ipse cum telo esse, item (es ebenfalls tun) alios iubere, Sall.: ipse armatus intentusque item (es ebenfalls zu sein) milites cogebat, Sall. – aiunt nonnulli, Sallustius item, me oportuisse accusare, Cic. – II insbes.: A in Vergleichen = **ebenso, auf gleiche Weise,** korresp. mit ut, sicut, quemadmodum, quasi, wie: fecisti *item, ut* praedones, Cic.: proinde heri *ut* sint, ipse (servus) *item* sit, Plaut.: *ut* enim de sensibus hesterno sermone vidistis, *item* faciunt de reliquis, Cic.: *ut* ipsi concedi non oporteret, si in nostros fines impetum faceret, *sic item* nos esse iniquos, quod in suo iure se interpellaremus, Caes. – sicut ... item, Cic.: item ... quemadmodum, Cic.: item ... quasi, und quasi ... item, Plaut. – ebenso korresp. mit qui (quae, quod), wie prognatum patre eodem, quo ego sum, formā, aetate *item, quā* ego sum, Plaut. – B et item, itemque u. bl. item, zur Anreihung und Aufzählung gleichartiger Dinge = **und ebenso, und auch, sowie auch, desgleichen, gleichermaßen,** hanc me iussit suo gnato dare epistulam *et item* hanc alteram suo amico, Plaut.: solis defectiones *itemque lunae* praedicuntur in multos annos, Cic.: in eo itinere persuadet Castico, ut regnum in civitate sua occuparet ...: *itemque* Dumnorigi Aeduo, ut idem conaretur, persuadet, Caes.: unus Epirotes, Pyrrhus ...: unus *item* Siculus, Dionysius prior, Nep.: cum praesidio equitum atque peditum, *item* funditorum Balearium, Sall. – **C** auf Angabe der Beschaffenheit = **von der Art, dergleichen,** lapides substernendi aut *quid item,* Varro: substernitur eis acus aut *quid item aliud,* Varro: neque ego hāc nocte longiorem me vidisse censeo, nisi *item unam,* verberatus quam pependi perpetem, Plaut.

iter, itineris, *n.* (zu ire), **I** das Gehen = der **Weg, Gang,** den man zu einem Ort macht, **A** eig. u. übtr.: **1** im Allg.: iter hāc habui, ich habe einen Gang hierher, Ter.: iter illi saepius in forum, er ging häufig aufs F., Plin. pan.: dicam in itinere, unterwegs, Ter.: iter pergere, Ter.: in diversum iter equi concitati, Liv.: itinera egressusque (Gänge u. Wege, Tritte u. Schritte) eius explorare Sall. – **2** insbes.: **a** die **Reise, Fahrt,** der **Marsch,** iter pedestre, Landreise (Ggstz. iter maritimum), Suet., Iustin. u. Apul. (versch. von *no.* II, A, 1, b): ad iter se parare od. comparare, Liv.: committere se itineri, Cic.: iter ingredi, Cic., od. inire, Curt.: iter habere, s. habeo (*no.* II, A, 5): iter tenere, s. teneo (*no.* I, B, 2, b): iter facere, Cic. (versch. v. unten *no.* II, A, 1, b): iter unā facere, iter pedibus facere, Cic.: iter terrestre (Landreise) facere, Iustin.: a Massilia Gesoriacum usque pedestri itinere confecto, Suet.: iter facere in Apuliam, Cic.: iter per Epirum facere, Cic.: inter Altinum atque Concordiam iter faciens, Aur. Vict. – iter vertere, kehrtmachen, umkehren, Tac. – in itinere, auf der R., auf dem M., unterwegs, Caes. u. a.: u. so bl. itinere, Liv.: ex itinere, vom M. aus, unmittelbar auf dem M., unterwegs, Caes. u. a. – **b** die **Reise,** der **Marsch** als Wegstrecke, Wegmaß, abesse iter unius diei, eine Tagereise, Caes.: iter paucorum dierum, einige Tagereisen, Caes.: latitudo (Hercyniae silvae) novem dierum iter expedito patet, sie erstreckt sich neun Tagereisen, Caes. – magnis itineribus contendere, in starken Märschen (Tagemärschen), Caes.: modicis itineribus agmen exercitus ducere, Curt. – **3** übtr., der **Lauf** eines Flusses, amnes iter, quod coeperunt, percurrunt, Curt. 5, 1 (2), 13. – **4** meton.: **a** das Recht, wo zu gehen, der **freie Durchgang** (für Personen), Cic. Caecin. 74; vgl. Ulp. dig. 8, 3, 1. § 1. Paul. u. Modestin. dig. 8, 3, 7 u. 12. – **b** die Erlaubnis, wo zu gehen, negat se posse iter ulli per provinciam dare, den Durchgang gestatten, Caes. b. G. 1, 8, 3.

B bildl.: defessus labore atque itinere disputationis, Cic.: pergere iter ambitione ac periculis vacuum, einen von E. und G. freien Wandel verfolgen, Tac.: unum ad potentiam iter, Tac. – iter huius sermonis quod sit, vides, welchen Gang unsere Unterredung nimmt, Cic.

II konkret = via, der **Weg, Gang,** der zu einem Ort hingeht, **A** eig u. übtr.: **1** eig.: **a** in Häusern = **Eingang** in ein Zimmer usw., Vitr.: supercilia itinerum, Vitr.: itinera versurarum, Vitr. – **b** im Freien = **Weg, Straße,** iter angustum et difficile, Caes.: iter callium od. per calles, Gebirgspfad, Curt.: iter pedestre, terrestre, Landweg, Caes. u. Liv. (z. B. pedestria itinera concisa aestuariis, Caes.: itinere pedestri petere Syriam, Liv.: itinere terrestri petere Thessaliam, Liv.): itinera devia, Cic.: erant omnino itinera duo, Caes.: itinera intercludere, Caes.: iter facere (bahnen), Liv. (versch. v. iter facere oben *no.* I, A, 2, a). – refertis itineribus (Gassen der Stadt) agrestium turbā, Liv. – v. Weg zu Wasser, iter, quā meant navigia, Curt. – **2** übtr., der **Gang** für Flüssigkeiten, itinera omni lateri piscinae dare, Colum.: iter urinae, die Harnröhre, Cels.

B bildl., wie unser **Weg, Gang, 1** im Allg.: ut (occupatio) interrumpat iter amoris nostri et officii mei, unserer Liebe u. meiner Pflicht gegen dich den Weg versperre, Cic.: secretum iter (verborgener Pfad) et fallentis semita vitae, Hor.: insidiosum iter vitae, Sen.: quod vitae sectabor iter? Auson.: senectae iter declive, Ov.: non instruendum illis iter ad bonam famam, sed non deserendum, Plin. pan.: iter pronum (gebahnten Weg) ad honores ... relicturus, Plin. ep.: recto itinere lapsi plerumque divertunt, Quint. – **2** insbes.: **a** der **Gang, Verlauf,** den etw. nimmt, itinera flexusque rerum publicarum (im Verfassungsleben des Staates), Cic. de rep. 2, 45. – **b** wie unser **Weg, Mittel und Wege, Methode, Verfahrungsweise, Art und Weise** u. dgl., duo itinera audendi, Tac.: fortuna salutis (zum Heil) monstrat iter, Verg.: naturam suo quodam itinere ad ultimum pervenire, Cic.: patiamur, illum ire nostris itineribus, unsere Wege einschlage, unsere Art und Weise nachahme, Cic.: novis et exquisitis eloquentiae itineribus opus est, per quae etc., Tac. dial. – ▶ Archaist. Nomin. itiner, Enn. fr. scen. 336. Acc. tr. 457 u. 500. Pacuv. tr. 121 u. a. Plaut. merc. 911. Lucr. 6, 339. Varro sat. Men. 421. Mart. Cap. 9. § 897. Iul. Hyg. bei Charis. 134, 20. Manil. 1, 88: archaist. Genet. iteris, Naev. tr. 38. Acc. tr. 627. Iul. Hyg. bei Charis. 134, 14: Abl. itere, Acc. tr. 499. Lucr. 5, 651. Varro sat. Men. 79. Iul. Hyg. bei Charis. 134, 14. – Genet. auch iteneris u. Dat. iteneri geschr., CIL 1, 200. lin. 26 u. 5, 1622.

iterābilis, e (itero), **wiederholbar,** Tert. adv. Marc. 2, 28.

iterātim, *Adv.*, **noch einmal, wiederholt,** Isid. exp. in exod. 40, 2.

iterātio, ōnis, *f.* (itero), die **Wiederholung, I** im Allg.: it. ludorum, Min. Fel. 7, 3: lectio non cruda, sed multā iteratione mollita, Quint. 10, 1, 19. – **II** insbes.: **a** als *t. t.* des Landbaues, it. arationis u. bl. it., das zweite Pflügen, das Zweibrachen, Wenden, Colum. – u. = das zweite Auspressen der Oliven (Ggstz. prima pressura u. tertiatio), Colum. 12, 52 (50), 11. – **b** die **Wiederholung** des Beischlafs, non fuit contentus iteratione, Petron. 87, 7. – **c** als rhet. *t. t.*, die Wiederholung der Worte in Rede u. Schrift, eiusdem verbi aut sermonis, Quint.: verborum, Quint.: iterationes verborum, Cic. – als rhet. Fig. = ἐπανάληψις, Cic. de or. 3, 203. Aquil. Rom. 29. Iul. Rufin. de schem. lex. 6. Auct. schem. dian. 8. p. 72, 25 H. Mart. Cap. 5. § 533. – **d** als gramm. *t. t.*, verbi, die Gestaltung des Verbums zu einem Verbum iterativum od. frequentativum, Diom. 345, 19.

iterātīvus, a, um (itero) **zur Wiederholung dienend, wiederholend,** verba, verborum species od. qualitas, Diom. 344, 19 u. 24 u. 28: sunt quaedam iteratorum iterativa (verst. verba), Diom. 345, 15.

iterātō, *Adv.* (iteratus), **abermals, noch einmal, wiederholt,** Iustin. 5, 4, 3; 5, 9, 14; 15, 2, 6. Ulp. dig. 42, 3, 6. Modestin. dig. 49, 16, 3. § 9. Vulg. Ioann. 3, 4. Tert. adv. Iud. 13. Sulp. Sev. chron. 1, 33, 2. Marc. Emp. 34.

Iterdūca, ae, *f.* (iter u. duco), die **Geleiterin auf dem Wege,** Beiname der Juno, insofern sie das Kind auf dem ersten Weg aus dem Haus u. die Braut zum Haus des Bräutigams geleitet (Ggstz. Domiduca), Augustin. de civ. dei 7, 3, 1. p. 276, 34 D.[2] Mart. Cap. 2. § 149.

1. itero, āvī, ātum, āre, etwas **noch einmal-, zum zweiten Mal vornehmen, wiederholen, erneuern, I** im Allg.: pugnam, erneuern, Liv.: u. so contentionem, Liv.: truncis lapsa cavis mella, im Lied erneuern, Hor.: aequor, wieder zu Schiffe gehen, Hor.: lanam, zweimal färben, Hor.: ianuam, die Tür wiederfinden, wieder zu ihr herauskommen, Ov.: vitam morte, wieder lebendig werden, Plin.: tumulum, wieder errichten, Tac.: iterant iactata, werfen noch einmal, Ov.: iterata muris saxa, eine doppelte Felsenmauer, Val. Flacc.: iterata testudo, das erneuerte Schilddach, Tac. – **II** insbes.: **A noch einmal vornehmen, a** als *t. t.* des Landbaues, **α** eine Handlung, sarrituram frumentorum, das G. noch einmal mit den Jäthacken reinigen, Colum. 11, 2, 26. – **β** die Saat: segetes, noch einmal mit den Jäthacken reinigen, Plin. 18, 254. – **γ** den Boden = **noch einmal aufreißen, αα** mit dem Pflug = **zweibrachen, wenden,** agrum non semel arare, sed iterare, Cic.: quod iam proscissum est, iterare, Colum.: u. so proscissum aratro solum et iteratum, Sen. ep.: dumosa novalia purgans, proscindens, iterans, bis terque quaterque resulcans, Ven. Fort. vit. S. Mart. 3, 162 *sq.* – **ββ** mit der Hacke: locum fossione it., noch einmal umhacken, umgraben, Colum. 11, 3, 11. – **b noch einmal (zweimal) beschlafen,** mulieres numquam praeter uxorem, Lampr. Heliog. 24, 2. – **B** Worte **wiederholen** = nochmals setzen, als rhet. *t. t.*, duplicare iterareque verba, Cic.: it. semel proposita, Quint.: it. coniunctiones saepius, Suet.: relata ad idem verbum et geminata ac duplicata vel etiam saepius iterata ponantur, Cic. – **C wiederholen** = nochmals sagen od. singen (s. Bentl. Hor. sat. 1, 3, 7. p. 362

ed. 3.), cum mea facta itero, Plaut.: iteradum (sag doch) eadem istaec mihi, Pacuv. fr.; u. (danach) iteradum eadem ista mihi, Cic.: neque quibus consiliis ea gesta sint iterare, Sempron. Asell. b. Gell.: iterare saepe eadem, Liv.: it. declamationis partem, Quint.: clamor segnius saepe iteratus, Liv.: nolo bis iterari; sat sic longae fiunt fabulae, Plaut.: m. folg. *Acc.* u. *Infin.*, Pacuv. tr. 370. Plaut. trin. 832. Turpil. com. 140: m. folg. Fragesatz, Acc. tr. 179. – **D** als gramm. *t. t.*, zu einem Verbum iterativum od. frequentativum machen, hoc iteratur hoc pacto, Diom. 344, 31: hoc iteramus, Diom. 345, 1.

2. iterō, *Adv.* = iterum (s. d.), auf einer Münze des Kaisers Hadrian, s. Eckhel doctr. num. vet. 6, 477.

iterum, *Adv.*, **I** zur Bezeichnung der Wiederholung einer Handlung in derselben Weise = **abermals, noch einmal, zum zweiten Mal, a** im Allg., Plaut., Cic. u. a. – C. Flaminius consul iterum, Cic.: Lentulus consularis et praetor iterum, Vell. – verb. iterum deinde, Liv.: iterum nunc, iterum iam, noch einmal jetzt, Plaut. u. Sall.: numquam iterum, niemals wieder, Plaut. – **b** zur Bezeichnung einer mehr als einmal wiederholten Handlung = **wiederholt,** semel atque iterum, ein und das andere Male, einige Mal, Cic.: semel iterumque, Cic. u. Caes.: semel iterumve, Cels. – iterum atque iterum, Hor., od. iterumque iterumque, Verg., od. iterum iterumque, Ov., Plin. pan. u. Mart., aber- und abermals, zu wiederholten Malen. – iterum ac tertium, iterum ac tertio, Cic. u. a.: iterum et tertio, Varro: iterum et tertium, Quint.: iterum tertioque (od. tertiumque), Cels. u. Plin.: iterumque et tertio, Plin.: iterum et saepius, Cic. – **c** zur Angabe der Reihenfolge, **abermals** = **zweitens,** semel … iterum, Cic.: primum … iterum, Plaut. u. Nep.: primo … iterum … tertio, Nep., semel … iterum … tertio od. tertium, Liv. u. Vell. – **II** zur Bezeichnung der Entgegnung, Erwiderung usw. = **hinwiederum, andererseits, dagegen,** iterum sinu effuso, Liv.: pares iterum accusandi causas esse, Tac.

Ithaca, ae, *f.* u. **Ithacē,** ēs, *f.* (Ἰθάκη), Insel des Jonischen Meeres, das Reich des Ulixes, j. *Thiaki*, Cic. de or. 1, 196. Verg. Aen. 3, 272: Form *-e*, Hor. ep. 1, 7, 41. Ov. met. 14, 169; trist. 1, 5, 67. Sen. Tro. 867 (Leo). – Dav.: **A Ithacēnsis,** e, **ithacensisch,** Ulixes, Hor. ep. 1, 6, 63; vgl. Serv. Verg. Aen. 3, 629. – **B Ithacēsius,** a, um (Ἰθακήσιος), **ithacesisch,** antrum, Macr.: sedes, Sil.: ductor, v. Ulixes, Auson. – **C Ithacus,** a, um, **ithakisch,** veru, Prop.: puppis, Ov.: matres, Ov. – subst., Ithacus, ī, *m.* (Ἴθακος), ein Bewohner von Ithaka, der **Ithaker,** vorzugsw. von Ulixes, Verg. Aen. 2, 104 u. a. Prop. 1, 15, 9. Ov. met. 13, 98 u. 103. Iuven. 14, 287.

Ithōnaeī, Ithōnē, s. Itōnē.

Ithyphallus, ī, *m.* (ἰθύφαλλος), das **aufgerichtete Zeugeglied** des Priapus (Sohnes des Bacchus), das nach uraltem Brauch bei einigen Bacchusfesten vorangetragen wurde, wozu Lieder nach eigenem Versmaß gesungen wurden; dah. meton. = **Priapus,** Colum. poët. 10, 31. – Dav. **Ithyphallicus,** a, um (ἰθυφαλλικός), **ithyphallisch,** metrum, das ithyph. Metrum (vier Daktylen u. drei Trochäen), Serv. centim. 459, 12 K. Atil. Fortunat. 2, 26 = 293, 18 K. Ter. Maur. 1840 (Plur. subst. ithyphallica, Ter. Maur. 1845); dagegen = metrum Phalaecium, Mar. Victorin. 3, 9, 2 = p. 118, 17 K.: versus, Mar. Victorin. 1, 18, 17 = p. 62, 14 K. (Putsche u. Gaisf. ithyphallus).

itidem, *Adv.* (item-dem), **auf dieselbe-, auf gleiche Weise, ebenso, ebenfalls,** itidem ut etc., Plaut.: itidem … ut, Ter.: ut … itidem, Komik. u. Lucr.: itidem … quasi, u. quasi … itidem, Plaut.: ita … itidem uti, Plaut. – absol., conveni hodie hominem, itidem qui etc., Ter.: feci ego istaec itidem in adulescentia, Plaut.: itidem hic apud nos, Plaut.: itidem tu face, Ter.: in rebus autem incommodis est itidem duplex, Cic.: *Lo.* At haec retunsast. *Ba.* Sine siet; *itidem* vos *quoque* estis plagis, Plaut.: sisto ego tibi me et mihi *contra itidem* te ut sistas suadeo, Plaut. – si res lassa labat, itidem (gleichfalls) amici collabascunt, Plaut.

itiner, eris, *n.*, s. iter ►.

itinerārius, a, um (iter), **zur Reise-, zum Marsch gehörig, Reise-, Marsch-,** vestimenti genus, Lampr. Alex. Sev. 27, 4: sumptus, Lampr. Commod. 9, 1: agger, gebahnte Straße, Amm. 19, 8, 2. – subst., itinerārium, iī, *n.*, **a** das **Signal zum Marsch,** itinerarium sonare (blasen) lituos iubet, Amm. 24, 1, 1. – **b** die **Wegbeschreibung,** Veget. mil. 3, 6.

itineror, ārī (iter), **reisen,** itinerandi necessitas, Augustin. de music. 6, 1: Partiz. subst., itinerantēs, ium, *m.*, die **Reisenden,** Ambros. in psalm. 1. § 25. Augustin. de dial. 6. p. 12, 2 *Cr.* Salv. de gub. dei 1, 9, 43.

itio, ōnis, *f.* (eo), das **Gehen,** itio ad priorem dominum, Varro r. r. 1, 17, 3: domum itio, Cic. de div. 1, 68: Plur., itiones crebrae, Ter. Phorm. 1012: anticipationes itionum, Arnob. 3, 13. – ► Vgl. obviamitio.

itito, āre (*Intens.* v. ito), **gehen,** exsequias, Naev. bell. Pun. lib. 3. fr. 5. p. 61 *ed. Klussm.*

Itius portus, ein Hafen der Moriner (Morinorum portus, Flor. 3, 10, 16) im belgischen Gallien, von wo aus Cäsar nach Britannien übersetzte, nach einigen j. *Whit-Sand*, nach anderen j. der Hafen *Sandgate* od. *Sandgatte*, nach Napoleon j. der Hafen von *Boulogne*, Caes. b. G. 5, 2. § 3 u. 5, 5. § 1.

ito, āre (*Intens.* v. eo), **gehen,** ad legionem, zu Felde, Plaut.: ad cenas, Cic.: ad magistros, Apul.: in ludum litterarium, Plin.: in ludos (Schulen), SC. vet.: pedibus in curiam, Gell.

Itōnē, ēs, *f.* (Ἰτώνη) u. **Itōnus,** ī, *m.* (Ἴτωνος), Stadt in Böotien, auf dem Weg von Alalkomenä nach Chäronea, berühmt durch einen Tempel der Athene (Minerva), sive Aoniā devertis *Itonē*, Stat. Theb. 2, 721. (Queck Ithone): sancti incola *Itoni*, d. i. Minerva, Catull. 64, 228. – Dav.: **A Itōnaeī,** ōrum, *m.* (οἱ Ἰτωνεῖς), die Einw. von It., die **Itonäer,** Stat. Theb. 7, 330 (Queck Ithonaei). – **B Itōnida,** ae, *f.*, die **Itonide,** Beiname der Minerva, Paul. ex Fest. 105, 15. – **C Itōnius,** a, um (Ἰτώνιος), **itonisch,** templum Minervae Itoniae, Liv. 36, 20, 3.

itōria, ae, *f.* (*sc.* pecunia), **»ein Geldstück, das der in die Fremde Ziehende seinen ihn geleitenden Freunden hinterlässt, damit sie sich gütlich tun und dabei seiner gedenken sollen«,** s. Wölfflins Archiv 8, 139 u. 10, 187.

Itūraeī (Itȳraeī), ōrum, *m.* (Ἰτουραῖοι), ein mit Arabern vermischter syrischer Volksstamm (im NO. von Palästina, am südöstl. Abhang des Gebirges Hermon), die **Ituräer,** als gute Bogenschützen bekannt, aber auch als verwegene Räuber berüchtigt, Form *Ityr.*, Cic. Phil. 2, 112 u. 13, 18. Apul. flor. 6. p. 5. 16 Kr. (wo frugum pauperes Ityraei): Form *Itur.*, Tac. ann. 12, 23. Lucan. 7, 514. Eutr. 6, 14: Ituraeorum gens, Plin. 5, 81. – Dav. **Itūraeus** (Itȳraeus), a, um (Ἰτουραῖος), **ituräisch,** Itur. arcus, Verg. georg. 2, 448: Itur. sagittae, Lucan. 7, 230: Ityr. sagittarii, Valer. b. Vopisc. Aur. 11, 3.

itus, ūs, *m.* (eo), das **Gehen,** der **Gang,** nec repentis itum cuiusviscumque animantis sentimus, Lucr.: noster itus, reditus, Cic.: vota pro itu et reditu suo suscipi, Abreise u. Rückkunft, Suet. (vgl. Poenino pro itu et reditu votum solvit lubens merito, CIL 5, 6875: pro salute itus ac reditus domini nostri, CIL 11, 4082): per regiones longo itu porrectas sensim gradieris, Amm. – als Art des Gehens, itum, gestum, amictum qui videbant eius, Titin. com. 117.

Itylus, ī, *m.* (Ἴτυλος), Sohn des theban. Königs Zethus u. der Aëdon, aus Versehen von der eigenen Mutter getötet, mit Itys verwechselt b. Catull. 65, 14.

Itȳraeī, s. Itūraeī.

Itys, yos, Dat. y, Akk. yn u. ym, Abl. y, *m.* (Ἴτυς), Sohn des Tereus u. der Prokne, von der eigenen Mutter u. deren Schwester getötet u. dem Vater zum Mahl vorgesetzt, Ov. met. 6, 620 *sqq.* Ov. am. 2, 14, 30 (Akk. yn). Prop. 3, 10, 10 (Akk. ym). Hyg. fab. 45 (Dat. Ity). Serv. Verg. Aen. 4, 602 (Abl. Ity).

1. iuba, ae, *f.* (als »wallende«, zu iubeo), **I** die herabhängenden Haare an den Tieren, die **Mähne,** des Pferdes, Cic., Caes., Verg. u. Sen.: des Löwen, Catull. u. Plin. – bildl., illam orationem tori quidam et quasi iubae decent, Plin. ep. 5, 8, 10. – übtr., die Mähne, scherzh. vom buschigen Haupthaar, Sen. de brev. vit. 12, 3: die Haare des Kometen Pogonias, Plin.: der Hunde, Val. Flacc.: von den Zweigen der Bäume, Plin. – **II** meton., der **Federbusch** am Kopf des Hahnes (hingegen crista = der Kamm), Colum.: der **Kamm** am Kopf der Schlange, Verg.: die Helmraupe der Krieger, Verg.: v. der Barbe, Auson.

2. Iuba, ae, *m.* (Ἰόβας), Sohn des Hiempsal, König von Numidien, des Pompejus treuer Anhänger, der nach Cäsars Sieg bei Thapsus verlassen mit seinem Begleiter Petrejus umherirrte, bis beide einander im Zweikampf töteten (nach anderer Überlieferung tötete Petrejus erst den Juba und entleibte sich dann selbst), Caes. b. c. 2, 25. Suet. Caes. 66. Hor. carm. 1, 22, 15. – sein Tod, Auct. b. Afr. 94. Sen. de prov. 2, 8. Flor. 4, 2, 69. Liv. epit. 114.

iubar, aris, *n.* (zu iuba, iubeo), der **Glanz,** das **strahlende Licht,** bes. das der Himmelskörper, **I** eig. u. meton.: **a** eig., der Glanz des Morgensterns, Ov.: der Morgenröte, Ov.: der Kometen, Plin.: des Feuers, Ov.: des Goldes, Val. Flacc. – **b** meton., ein leuchtender Himmelskörper, ante iubaris exortum, iubaris exortu, der Sonne, Apul.: u. so iubare exorto, Verg.: fac iubar, ut etc., Stern, Ov.: bes. der Morgenstern, Varro. – **II** übtr.: fundens Caesar ab ore iubar, Mart.: regale, Claudian. – ► Als *masc.*, iubar albus, Enn. ann. 557: aureus, Auct. Aetnae 334. Anthol. Lat. 197, 4 (891, 4): tantus, alter, Ven. Fort. carm. 3, 4, 2 u. 3, 7, 44: splendidus, Poëta inc. b. Auct. de gen. nom. p. 83, 11 *ed. Haupt.* – Genet. iubaris, Apul. met. 1, 18; 2, 1; 8, 30; vgl. Charis. 145, 27. – Abl. iubare, Varro LL. 6, 6 u. 7, 76. Verg. Aen. 4, 130. Apul. met. 4, 4. Amm. 28, 4, 31.

iubātus, a, um (iuba), **mit einer Mähne-, einem Kamm versehen,** leo, Plin.: anguis, Plaut. u. Liv.: draco, Rhet. Her.: cervix, Plin.: umeri, vom Haupthaar umwallt, Stat. silv. 5, 1, 84 *cod. Ca:* übtr., stella, Varro LL. 6, 6.

iubeo, iussī, iussum, ēre (zu *ϝ jeudh,* schütteln, rütteln, altindisch *yōdháyati,* setzt in Bewegung), den Wunsch oder Willen zu erkennen geben, dass etwas geschehen möge, **wünschen, wollen** = jmd. etw. **heißen,** tun od. sein **lassen,** jmdm. **befehlen** (Ggstz. vetare = nicht wollen, nicht geschehen lassen, verbieten usw.), im Passiv iubeor = **es wird mir** etwas **geheißen, -befohlen, ich soll** (Ggstz. vetor), **I** im Allg., konstr.: **a** mit *Acc.* u. *Infin.* (u. zwar mit *Infin. Act.*, wenn das tätige Objekt hervorgehoben, mit *Infin. Pass.*, wenn der geheißene Gegenstand mehr beachtet wird, wo dann der tätige Gegenstand unerwähnt bleibt), quis te istaec iussit loqui, Ter.: Caesar te sine cura esse iussit, lässt dir sagen, ohne Sorge zu sein, Cic.: abire Cophen iubet, heißt den K. seiner Wege gehen, Curt.: iussi valere eum, hieß ihn wohlleben = nahm Abschied von ihm, Cic.: Dionysium iube salvere, sage dem D. meinen Gruß, grüße den D. von mir, Cic.: u. ellipt. (in der Umgangssprache) iubeo Chremetem (*sc.* salvere), ich sage dem Chremes meinen Gruß = ich grüße dich, Chremes, Ter.: duas acies hostem propulsare, tertiam opus perficere iussit, Caes. – iuben an non iubes astitui aulas? Plaut.: Marii sitas reliquias apud Anienem dissipari iussit, Cic.: pontem iubet rescindi, Caes.: filium necari iussit, Sall. – im Passiv, Diogenes ab Alexandro rege iussus optare, Varro: dare vela iubemur (man heißt uns), Ov.: consules iubentur scribere, Liv.: iussus a consule edicere, Sall.: u. mit dem geheißenen Gegenstand als Subjekt, locus lautiaque legatis praeberi iussa, Liv. 28, 39, 19. Vgl. unten *no.* II, A aus Cic. de nat. deor. 3, 78. – **b** mit bl. *Infin.*, **α** in der klass. Prosa, wenn sich der *Acc.* dazu leicht aus dem Zusammenhang ergänzen oder sich ein allgemeines tätiges Objekt (wie das deutsche **man**) annehmen lässt, namentl. in militär. Befehlen (s. Kraner Caes. b. c. 1, 61, 4. Fabri Liv. 22, 51, 7), illud Hesiodium eādem mensurā reddere iubet, quā acceperis (ergänze te vor reddere), Cic.: pronuntiare iusserunt (erg. praecones), Caes.: receptui canere iubet (erg. tubicines), signum observare iubet (*sc.* milites), Caes. – mit fehlendem tätigem Objekt, aber gesetztem Attribut, ire fortes, ire felices iubent, man heißt sie mutig, glücklich ziehen, Liv. – **β** bei Dichtern u. in nachaug. Prosa übh. mit *Infin.* (s. Jahn Verg. ecl. 6, 85), iube oculos elidere, Plaut.: flores amoenae ferre iube rosae, Hor.: aperire deinde armentarium iussit, Tac.: ire praecipites et occupare pericula iubet, Tac. – *Infin. Act.* u. *Acc. et Infin. Pass.* wechselnd, agnas caedere deinde iubet solvique ex ordine funem, Verg. – m. *Dat. pers.* u. *Infin.*, iussit centurioni custodire eum, Vulg. act. apost. 24, 23. – **c** mit folg. *ut* mit Konj. (bes. in der Umgangssprache, s. Brix Plaut. Mem. 955), Telebois iubet sententiam ut dicant suam, Plaut.: ut puellas curent, conforment, iube, Afran. fr.: hic tibi in mentem non venit iubere, ut haec quoque referret, Cic.: tu deinde iubeto, ut certet Amyntas, Verg.: sive iubebat, ut facerem quid, sive vetabat, Hor. – m. *Acc.* des tätigen Objekts, aegrum iubet, uti sit animo bono, Apul. flor. 23: im Passiv m. *Nom.* des tätigen Objekts, quo (praecepto) iubemur ut quoties possumus de omnibus legis verbis controversiam faciamus, Sen. contr. 1, 2, 15. – nachaug. mit *Dat.* des tätigen Objekts, quibus iusserat, ut resisterent, Tac. – *ut* m. Konj. abwechselnd m. *Acc.* u. *Infin.*, od. m. bl. *Infin.*, hoc tibi erus me iussit ferre ... atque ut mecum mitteres Phoenicium, Plaut.: alter consul cum Boiis iussus bellum gerere; alterum (consulem) ut mitteret Romam, Liv. – **d** mit bl. *Coniunctiv:* (bes. in der Umgangssprache, s. Brix Plaut. Men. 955. Lorenz Plaut. most. 918. Heräus Tac. hist. 1, 46, 4), iube maneat, Ter.: Ucubim iussit incenderent, Auct. b. Hisp.: bonum haberet animum iubebant, Tac. – wechselnd mit bl. *Acc.* u. *Infin.*, legati Perseum regem vel cum tribus venire iubebant, vel obsides daret, Liv.: in conspectu castrorum constitui signa iubet; depositis impedimentis sarcinisque expediti certarent, Tac. – mit *Acc.* des tätigen Objekts u. folg. *Coniunctiv*, iube famulos apparent, Plaut.: erus me iussit Pamphilum hodie observarem, Ter. – nachaug. mit *Dat.* des tätigen Objekts, ubi Britannico iussit, exsurgeret, Tac. – **e** mit *ne* u. Konj., quod ne fieret consules amicique Pompei iusserunt, Hirt. b. G. 8, 52, 5 N. u. D. (Madvig evicerunt): qui iubet, ne fallas mercennarium, Augustin. serm. 38, 4: nam si verbo aliquando iussisti, ne actori aliquid darent, Augustin. epist. 247, 3. – obtestor, iubeas, ne citus impetus arsurum mediis inferat ignibus, Prud. c. Symm. 1. praef. 88. – u. m. *Dat.* des tät. Objekts, Hercules Potitio ac Pinario sacrorum custodibus iussit, ne mulierem interesse permitterent, Macr. sat. 1, 12. § 28. – **f** mit bl. *Acc.:* **α** mit *Acc.* der Sache = etwas **anbefehlen, verordnen, auferlegen,** quid iubeatve vetetve, Ov.: iussā divisione, Vell.: fratris necem, Tac.: prandia, Spart.: alci tributum, Tac.: fecisse, quod iusseram, Ter. – *Partic. Pass.*, iussa poena, Hor.: iussa mors, Tac.: iussae lacrimae, Mart. – **β** mit *Acc.* der Pers.: iussisses Eurysthea, Mart.: stellae *sponte suā iussaene* vagentur et errent, Hor. – **γ** mit allg. *Acc.* der Sache u. *Acc.* der Pers.: litterae, non quae te aliquid iuberent, Cic. – im Passiv, opto, ut ea iubear, quae etc., Plaut.: quod iussi sunt, faciunt, Caes. – **g** im Zshg. absolut: *Pa.* Iubesne? *Ch.* Iubeam? cogo atque impero, Ter. eun. 389: ut iusti, Plaut. Men. 1146: ita ut tu iusti, Ter. eun. 831: defessa iubendo est saeva Iovis coniunx, Ov. met. 9, 198 *sq.*

II prägn.: **A** als *t. t.* der Ärzte = **verordnen** (wie imperare), quod iussi ei dari bibere et quantum imperavi, date, Ter. Andr. 484: medici mihi iubent anatinam parari, Petron. 56, 3: medicus dolori adhiberi iussit quod in tempore congruere videbatur, Augustin. epist. 138, 3: videlicet illi aetati iam non hoc se fuisse iussurum, *ibid.:* ideo male acceptus es (es ist dir übel bekommen), quia ego non iussi, *ibid.:* im Passiv m. *Nom.* u. *Infin.*, aegrotus, qui iussus sit vinum sumere, dem Wein zu trinken verordnet worden ist, Cic. de nat. deor. 3, 78. – **B** als publiz. *t. t.:* **a** v. Senat u. Volk = **verordnen, beschließen, genehmigen, α** gew. m. folg. *ut* u. Konj.: iubere senatum, ut classem, quam Gadibus haberet, in Italiam traiceret, Liv.: senatus decrevit populusque iussit, ut etc.: Cic.: sciscerent iuberentque, ut senatus decerneret etc., Liv. – u. die Formel: velitis iubeatis, uti etc., Gell. – **β** m. folg. *Acc.* u. *Infin.:* senatus dictatorem dici iussit, Liv. – u. die Formel: vellent, iuberent, Philippo regi bellum indici, Liv. – **γ** mit *Acc.:* legem, Cic. u. Liv.: societatem, Liv.: foedus, Cic.: alci (gegen jmd.) bellum, Liv.: regem, einen K. erküren, Liv. – m. dopp. *Acc.*, alci provinciam Numidiam, N. als Pr. zuerkennen, Sall.: alqm imperatorem, jmd. zum Befehlshaber erklären, Sall.: u. so alqm regem, Liv. – poet., volucres regna iubentes = *portendentes,* Ov. – **δ** mit *de* u. Abl.: populus iussit *de* bello, Liv.: de omnibus his populum iussisse, Liv.: de pace ›uti rogas‹ omnes tribus iusserunt, Liv. – **b** übtr., v. Gesetz = **gebieten, verordnen,** absol., lex *iubet* aut *vetat,*

Cic.: lex omnis aut *iubet* aut *vetat,* Quint.: leges rei alicuius medendae aut temporis causā iussae, Gell. – ► Synkop. Präs. iuben = iubesne, Plaut. mil. 315. – synk. Perf. iusti, Plaut. Men. 1146. Ter. eun. 831. Mart. Cap. 2. § 125: Infin. iusse, Ter. heaut. 1001. – archaist. Konj. Perf. iussim, Plaut. Men. 185: iussis, Plaut. capt. 343 Fl.: iussit, Rogat. vet. bei Fest. 246 (b), 10. Cic. de legg. 2, 21. – archaist. Fut. iussitur, Cato r. r. 14, 1: archaist. Fut. exakt. iusso, Plaut. aul. 442 G. Verg. Aen. 11, 467. Sil. 12, 175; vgl. Sen. ep. 58, 4. – vulg. Form iuveo, CIL 14, 3323: archaist. ioubeo, z. B. ioubeatis, SC. de Bacch. im CIL 1, 196, 27.

Iuberna, ae, *f.*, s. Hibernia.

iūbilaeus (iūbelaeus) annus (vom hebr. יובל), das **Jubeljahr, Erlassjahr** bei den Juden, Vulg. Levit. 25, 10 *sqq.* u. numer. 36, 4. Arator 2, 677 (wo die erste Silbe fälschlich kurz gebraucht ist). – subst., iūbilaeum, ī, *n.*, die **Jubelzeit,** Vulg. Levit. 25, 12 *sq.*; 27, 17 u. a.

iūbilātio, ōnis, *f.* (iubilo), das **Jubeln, jubelnde-, wilde Geschrei,** das **Jodeln, Jauchzen, Frohlocken** (vgl. Gloss. IV, 102, 53), Apul. met. 8, 17. Cassian. coll. 21, 26 u. a. Eccl. (s. Rönsch Itala p. 74).

iūbilo, āvī, āre (iubilum), **I** *intr.*: **a ein wildes Geschrei erheben, laut und wild lärmen,** Varro LL. 6, 68: dah. v. Vögeln, **kreischen,** iubilat milvus cum vocem dat, Gloss. IV, 102, 30. – **b jauchzen, jodeln, frohlocken** (bes. v. Landleuten, Jägern usw.), M. Aurel. bei Fronto ad M. Caes. 4, 6. p. 69, 20 N. Vulg. Iob 38, 7 u. psalm. 97, 6. Augustin. in psalm. 93, 3 u. 94, 3: m. *Dat.,* deo, Vulg. psalm. 46, 2; 65, 1 u. a. – **II** *tr.:* **a** jmd. **anschreien,** quis me iubilat? Apriss. com. 1. p. 273 R.[2] (bei Varro LL. 6, 68); vgl. Paul. ex Fest. 104, 9. – **b jauchzend (frohlockend) erschallen lassen,** laudem, Vulg. Isai. 49, 13.

iūbilum, ī, *n.*, **a** der **freudige Aufschrei,** das **Jauchzen, Jodeln** der Winzer, Jäger, Hirten (s. Hilar. in psalm. 65), Plur., M. Aurel. bei Fronto ad M. Caes. 4, 5. p. 68, 21 N. Sil. 14, 475. Calp. ecl. 1, 30 u. 7, 3. Coripp. Ioh. 7, 449: u. das **Jauchzen, Frohlocken** des Volkes usw., Vulg. 2. regg. 6, 15 u. 1. paral. 15, 28 u. a. – **b** das **wilde Kriegsgeschrei** der Soldaten (Ggstz. cantilenae molliores), Amm. 22, 4, 6. – Gloss. V, 305, 31 ›iubilum, sibilum (Kreischen) portae‹.

iūcundātio, ōnis, *f.* (iucundo), das **Ergötzen,** Arnob. in psalm. 146.

iūcundē (iōcundē), *Adv.* (iucundus), **ergötzlich, in Freude, in** oder **mit Vergnügen, anziehend** u. in diesem Sinne **angenehm,** comiter et iucunde esse, angenehmer Laune sein, Cic.: vivere, Cic.: cantare, Suet.: iucundius bibere, mit größerem Appetit, Cic.: cenare cum amica iocundius, Sen. rhet.: iucundissime vivere, Cic.

iūcunditās (iōcunditās), ātis, *f.* (iucundus), die **Ergötzlichkeit, Annehmlichkeit, Lieblichkeit,** das **Anziehende, Ansprechende,** v. Pers. bes. = die **angenehme Laune,** der **Frohsinn,** die **Fröhlichkeit,** die **Liebenswürdigkeit, freundliche Gesinnung, Freundlichkeit,** vitae, Cic.: agri, Cic.: urbis, Tac. dial.: naturae, Liebenswürdigkeit des Charakters, Cic.: Isocratis, Lieblichkeit (seiner Rede), Quint.: dare se iucunditati, Cic.: erat in homine iucunditas, Cic. – Plur., iucunditates, Beweise von freundlicher Gesinnung (von Güte), Cic. ad Att. 10, 8, 9.

iūcunditūdo (iōcund.), inis, *f.* = *urbanitas,* die **Leutseligkeit,** Gloss. IV, 440, 14.

iūcundo (iōcundo), āvī, ātum, āre (iucundus), **vergnügt machen, ergötzen,** u. medial iucundari, **sich vergnügen, sich ergötzen,** auch in (an) alqo od. in alqa re, Eccl.

iūcundus (iōcundus), a, um (eig. iuvicundus v. iuvo), von dem, was dem inneren Sinn Vergnügen macht, Freude bringt, was ergötzt, vergnügt = **erfreulich, ergötzlich, anziehend, ansprechend, liebenswürdig,** u. in diesem Sinne = **angenehm, beliebt** (vgl. gratus *no.* II), amor, Cic.: agri, Cic.: cenae, Cic.: odor, Cic.: nihil visum est illo pane iucundius, Cic.: officia iucundiora, Cic.: iucundissime imperator, Plin.: ludi iucundissimi, Plaut. – m. Ang. **wem?** durch *Dat.,* comes alci iucundus, Cic.: cunctis amabilis ac iucundus, bei allen beliebt, Eutr.: res magis iocunda mihi quam facilis, Sen. rhet.: ut nihil hominum aut auribus aut mentibus iucundius percipi possit, Cic.: conspectus vester est mihi multo iucundissimus, Cic.: mihi iucundum est m. folg. *Infin.,* Cic. de sen. 47. Sen. contr. 1. prooem. § 1. – mit Ang. **wozu?** durch *Dat.* od. *ad* u. Akk. od. durch 2. *Supin.,* aqua potui iucunda, Plin.: verba ad audiendum iucunda, Cic.: ista sunt cognitu iucunda, Plin.: quid est tam iucundum cognitu atque auditu, quam etc., Cic.: fortitudo in periculis communibus iucunda est auditu in laudationibus, Cic.: ad iucundiora cognitu veniamus, Val. Max.

Iūdaea, ae, *f.* (Ἰουδαία), das **jüdische Land, Judäa,** im engeren Sinne = der südliche Teil des diesseitigen Palästina, Juda u. Benjamin, im weiteren Sinne = ganz Palästina, Mela 1, 11, 1 (1. § 62). Plin. 5, 66. Tac. ann. 2, 42. Suet. Tit. 4, 3. Eutr. 6, 14: Iudaea terra, Augustin. de civ. dei 18, 24. – Dav.: **A Iūdaeus,** a, um, **jüdisch,** Plin.: Iudaeae gentis homo, ein Jude, Colum. 3, 8, 2: subst. Iūdaeus, ī, *m.*, der **Jude,** Iudaei, die **Juden,** Cic. u. a.: curti Iudaei, Hor.: Iudaeos fieri (den Übertritt zum Judentum) sub gravi poena vetuit, Spart. – **B Iūdaicus** (sehr gute Variante **Iūdaeicus**), a, um, **jüdisch,** aurum, das als Abgabe in den Provinzen von den Juden gezahlte, Cic.: fiscus, Suet.: superstitio, Quint.: religio, lex, Lact.: ritus, ICt.: exercitus, in Judäa, Tac. u. Suet.: bellum, Tac.: victoria, über die Juden, Tac.: bitumen, Pelagon. – *Adv.* **Iūdaicē, jüdisch,** Vulg. 2. regg. 18, 26 u. a. – **C Iūdaismus,** ī, *m.*, das **Judentum,** Eccl. – **D Iūdaizo,** āre, **nach Art der Juden leben,** Vulg. Galat. 1, 13. Augustin. epist. 82, 11: Nbf. **Iudaeidio,** Commodian. instr. 1, 37 im Akrostichon.

Iūdās, ae, *m.*, mit dem Beinamen Iscariotes, einer der Apostel Jesu, Vulg. Matth. 10, 4 u. a. Iuvenc. 4, 428. Sedul. 5, 38.

iūdex, icis, *m.* (ius dicere = iudicare, s. Varro LL. 6, 61), der **Richter, I** in gerichtlichen Streitsachen, jeder **Richter,** der über etwas nach Recht ein Urteil spricht (vgl. arbiter, centumvir, recuperator), iudex integer quietusque, Cic.: iudex nequam et levis, Cic.: fur (diebischer) iudex, Iuven. u. Treb. Poll.: iudices severi, clementes, Sen. rhet.: iudex rectissimus, Plin. ep.: adversus impios rectissimus iudex, Lact.: iurati iudices, Cic.: inferni iudices, Richter in der Unterwelt, Augustin.: selecti iudices, die vom Prätor (aus der Liste der wahlfähigen Bürger) gewählten Richter, Cic.: iudices privati, die über Mein und Dein und andere Vorfälle des gewöhnlichen Lebens Recht sprachen (v. Prätor u. später von den Kaisern ernannt), Suet. u. a: iudex morum, v. Zensor, Iuven. 4, 12: iudices vitae necisque (über L. und T.), Iustin.: iudex quaestionis, der vom Prätor gewählte u. oft dessen Stelle als Vorsitzender des Gerichtes vertretende erste Richter des Geschworenengerichts, Cic. – iudicem petere, seinen ordentlichen Richter verlangen, Plin. ep.: iudicem dare, einen R. geben od. aufstellen (bes. v. Prätor, Senat), Cic.: dare iudices, Curt.: alci iudicem dare, Pacat.: alci od. criminibus iudices dare, Plin. ep.: inter eos iudicem dari, Plaut.: iudicem dare de (aus) sua cohorte, Cic.: dare senatum iudicem (als R.), Capit.: iudicem alci ferre, jmdm. einen R. vorschlagen (= jmd. vor Gericht laden), v. Kläger, Cic. u. Liv.: iudicem dicere, einen Richter angeben, sagen, wen man zum R. haben will (v. Beklagten), Liv.: alqm iudicem addicere, jmd. als (vom Beklagten gewählten) R. bestätigen (v. Prätor), Val. Max.: alqm iudicem sumere u. habere, jmd. zum R. nehmen, haben, Cic.: constituere iudices de alqa re, Cic.: iudices sortiri per praetorem urbanum, Cic.: iudices reicere (verwerfen), Cic.: non ullum iudicem quam se ipsum pati (anerkennen), Tac.: subsortiri iudices, s. sub-sortior: ad iudicem vocare, Sen.: apud iudicem causam agere, Cic.: apud alqm iudicem pro alqo dicere, vor jmd. als Richter einen verteidigen, Cic.: committere iudici litem, Petron.: iudicem esse de alqa re od. inter alqos, Cic.: iudicem sedere *in* alqm od. *inter* alqos, R. sein über usw., Cic. u. Liv.: iudices nullos habere, so gut wie keine = schlechte R. haben, Cic.: se iudice nemo nocens absolvitur, Iuven.: omnes Quirites, inlicium visite huc ad iudices u. ite ad conventionem huc ad iudices (zu den Konsuln, die früher Präsidenten der Gerichtshöfe waren), Varro LL. 6, 88. – iudex v. weibl. Wesen, nulla ante iudex femina, Ambros. de vid. 8, 44: dialectica veri et falsi quasi disceptatrix et iudex, Cic. Acad. 2, 91: bes. im *Abl. absol.,* iudice Fortunā cadat alea, Petron. poët. 122. *v.* 174: lis ad forum deducta est vespā iudice, Phaedr. 3, 13, 3: me iudice, hāc iudice, Ov. met. 2, 428; 8, 24: Librā sub iudice,

Lucan. 10, 227: et sumus, ut fateor, tam saevā iudice sontes, Lucan. 10, 368. – **II** übtr., v. jedem, der sein Urteil über etwas abgibt = der **Richter, Beurteiler,** studiorum, Cic.: iudex optimus eorum, quae agebat, Vell.: me iudice, Ov.: iudices litterati, Vitr. – ► arch. Dat. Sing. iudicei, CIL 1, 198, 60. – arch. Schreibung Nomin. Plur. ioudices, CIL 1, 198, 26 u. ö. – Genet. Plur. vulg. iudicium, Veget. mil. 2, 19. p. 53, 20 L².

iūdicābilis, e (iudico), **einem Urteil unterwerfbar,** Mart. Cap. 5. § 461.

iūdicātio, ōnis, *f.* (iudico), **I** die richterliche **Untersuchung,** Cic. u. a. – in gerichtlichen Reden, die **Untersuchung der vorgebrachten Entschuldigung,** Cic. u. a. – **II** das **Urteil,** der **Ausspruch,** Cic. Tusc. 4, 26 (m. folg. *Acc.* u. *Infin.*): arbitralis, der Ausspruch gesetzlicher Schiedsrichter, in unserer Gerichtssprache der **Austrag,** Macr. sat. 7, 1, 7: Plur., Mart. Cap. 5. § 461. – ► ioudicatio geschr., CIL 1, 198, 4.

iūdicātō, *Adv.* (iudicatus, *Partic.* v. iudico), **mit Überlegung, bedächtig,** Gell. 14, 1. § 2.

iūdicātōrius, a, um (iudico), **richterlich,** Augustin. epist. 153, 10.

iūdicātrīx, trīcis, *f.* (iudico), die **Richterin, Beurteilerin,** attrib. = **beurteilend,** ars, Quint. 2, 15, 21.

iūdicātum, ī, *n.* (iudico), das richterliche **Erkenntnis, Urteil,** der **Urteilsspruch,** die richterliche **Entscheidung,** Rhet. Her. u. Cic.: iudicatum non facere, dem Urteilsspruch nicht Folge leisten, Cic.: iudicatum negare, Cic.: ut procurator iudicatum solvi satis daret, dass das ihm (dem Kläger) nach Urteil u. Recht Zugesprochene bezahlt werde, Cic.

iūdicātus, ūs, *m.* (iudico), das **Richteramt,** Cic. Phil. 1, 20. Gell. 14, 2. § 25.

iūdiciālis, e (iudicium), **I zum Gericht gehörig, gerichtlich, Gerichts-,** causa, Cic.: genus dicendi, Cic.: annus, in dem Pompeius die lex de ambitu gab, in der mehrere allgemeine Bestimmungen über die Organisation der Gerichte enthalten waren, Cic.: laudatio, Zeugnis, das man einem Beklagten vor Gericht gibt, Suet. – **II richterlich, amtlich,** quaestio, ICt.: forma, sententia, ICt.: carpentum, von Staats wegen gestellter Reisewagen für hohe Staatsbeamte, Amm. 29, 6, 7. – *Adv.* **iūdiciāliter,** Iulian. bei Augustin. c. sec. resp. Iul. 6, 28. Sidon. epist. 5, 15, 1.

iūdiciārius, a, um (iudicium), **I zum Gericht gehörig, gerichtlich, Gerichts-,** controversia, Gerichtsstreit (= Streit über das gerichtliche Verfahren), Cic. II. Verr.. 1, 5: quaestus, Cic. Clu. 72: lex, Gesetz in Betreff des Gerichtsstandes (ob der Prozess vor den Senat od. vor die Ritter gehöre) u. über das gerichtliche Verfahren, Cic. de inv. 1, 92 u. Pis. 94. Modestin. dig. 48, 14, 1. § 4; dagegen iud. leges, die vor Gericht angewendeten, Suet. Aug. 56, 2. – **II zum Richter gehörig, richterlich, amtlich,** domus, ICt.: cognitio, ICt.: iudiciario munere fungi, ICt. – subst., iūdiciāriae (*sc.* naves), vom Staat gestellte Fahrzeuge für hohe Staatsbeamte, Cod. Theod. 7, 17, 1.

iūdiciolum, ī, *n.* (*Demin.* v. iudicium), das **schwache Urteil,** non est iudicioli nostri, Amm. 27, 11, 1 u. 28, 4, 14.

iūdicium, iī, *n.* (iūdex, iūdico), **I** als publiz. *t. t.:* **1** = die **gerichtliche (richterliche) Untersuchung,** die **Gerichtsverhandlung,** der **Gerichtshandel, Prozess,** das **Gericht,** iud. iniuriarum (wegen usw.), Cic.: tot iudicia de fide mala, tutelae, mandati, pro socio, Cic.: iud. inter sicarios (wegen Meuchelmords), Cic.: iud. privatum (über Mein u. Dein), Cic.: iud. publicum, ein öffentlicher Prozess (wegen Verbrechen gegen Einzelne od. den Staat, Ggstz. causa, Privatprozess; dah. verb. iudicia causaeque), Cic.: iudicium centumvirale, das Zentumviralgericht, Cic. u. a. – iudicium dare od. reddere, eine gerichtliche Untersuchung (eine Klage) gestatten (v. Prätor), Cic.: iudicium reddere in alqm, Caes.: dah. qui iudicium dat = *praetor,* Cic.: i. exercere, eine gerichtliche U. anstellen u. sie leiten, G. (in Kriminalsachen) halten, v. Prätor, Cic.: dah. qui iudicium exercet = *praetor,* Cic.: i. constituere, s. cōn-stituo *no.* II, 4, b, β: i. committere, anstellen, Cic.: ad i. cogere, Caes.: i. accipere, sich in eine ger. U. einlassen, Cic.: alqm in i. deducere od. adducere od. vocare od. iudicio arcessere, verklagen, Cic.: in iudicium vocari de alqa re, Cic.: iudicium nullum habuit, er ist niemals vor Gericht verklagt worden, Nep.: ii, qui illud iudicium habebant, die jenen Prozess hatten, Cic.: iudicium, quod prope omnium fortunarum suarum C. Mustius habuit, der Prozess, in dem es fast das ganze Vermögen des C. Mustius galt, Cic.: iudicium centumvirale differre, Plin. ep.: iudicium proferre (hinausschieben, aufschieben), Cic. (u. so prolatio [Hinausschieben] iudicii, Cic.): effugere iudicium, dem Strafgericht entrinnen, Petron. – **2** meton.: **a** der **Prozess,** i. habere, Cic.: i. vincere, den Pr. gewinnen, Cic. – **b** die **gerichtliche Rede,** illa mala iudicia, Quint. 10, 1, 70. – **c** die **Gerichtsbarkeit,** das **richterliche Amt,** Sall. u. Vell. – **d** das **Gericht** = der **Gerichtsort,** die **Gerichtssitzung,** in i. venire, Nep. u. Cic.: claudere iudicium, Quint. – **e** die **Richter,** i. publicum, Vell.: i. sortiri, Cic.: i. implorare, Sall.

II die **Erkenntnis, Entscheidung,** der **Ausspruch,** das **Urteil,** der **Urteilsspruch, A** eig., des Richters u. der Obrigkeit übh., Cic. u. Liv.: populi, Liv.: senatus, Gutachten, Caes.: Paridis iudicium inter deas, Auson.: in iudicium venire, zur E. kommen, Cic. u. Tac.: iudicium facere de alqa re, ein richterliches Gutachten abfassen, Cic.: priores decem viri quaedam, quae *sui iudicii* videri possent, ad populum reiecerant, vor ihren Richterstuhl zu gehören schien, Liv.: iudicia *penes* vos erunt de capite nostro fortunisque, Liv. 3, 53, 10: de quo non *praeiudicium,* sed plane *iudicium* iam factum putatur, Cic. div. in Caecil. 12: iudicia domi conflabant, pronuntiabant in foro, Liv. 3, 36, 8.

B übtr.: **1** das **Urteil,** die **Meinung,** der **Ausspruch,** die **Entscheidung, a** übh.: iud. vulgi, Cic. u. Hor.: iud. erroris, irriges Urteil, Phaedr.: *erga* se iudicia senatus, die für ihn so günstigen Urteile des S., Liv.: vester *in* me et amor et iudicium, eure L. zu mir und euer U. über mich, Cic.: intellegentium iudicio, nach dem U. der Kenner, Cic.: iudicio acri perpendĕre, Lucr.: optimum i. facere de alqo, Caes.: sui iudicii rem non esse, könnten in dieser Sache kein Urteil fällen, die Sache gehöre nicht vor ihren Richterstuhl (ihr Forum), Caes.: u. so nihil possumus iudicare, nisi quod est nostri iudicii, Cic.: vestrûm iudicium fecit, er hat das U. euch anheimgestellt, Ter.: i. difficile est, cuius laus prima sit, Iustin.: neque eius rei iudicium differre sustineo, Quint.: pulchritudinis habere verissimum iudicium, das kompetenteste U. über die Sch. haben, Cic. – i. supremum, die E. durchs Testament, der letzte Wille, Val. Max. u. Suet.: u. so i. patris, Iustin. (vgl. Ruhnken Suet. Aug. 66). – **b** insbes., das nicht ausdrücklich durch Worte, sondern durch die Tat bekundete **Urteil** über jmd. (s. Cic. de imp. Pomp. 43; Rosc. Am. 108), ex Chrysogoni iudicio, Verfahren, Cic.: ut i. nostrum metus videatur, Cic.: de alqo praeclara iudicia facere, Cic. – **c** übtr., die auf ein Urteil gegründete individuelle **Meinung, Ansicht** von einer Person od. Sache, neque iudicium tuum fallemus, Auct. b. Alex.: iudicium animi mutare, Sall.: iudiciis fruar isdem, Hor. – prägn., **α** die ausgesprochene günstige Ansicht über jmd., das ehrenvolle **Zeugnis,** patroni, Cic. ep. 13, 46: iudicia principis, Plin. ep. 4, 15. – **β** die gehegte **gute Meinung** von jmd., das **gute Vorurteil,** sollicitus de imperatoris erga se iudicio, Spart. Hadr. 2, 8: nihil mihi gravius potest evenire quam ut vestrum iudicium Albinus potius haberet quam Severus, Sever. bei Capit. Albin. 12, 6. – **2** meton.: **a** die **Urteilskraft,** das **Urteil,** bes. in Bezug auf Beurteilung des Schönen in Kunst u. Literatur = der **Geschmack,** i. intellegens, Cic.: i. subtile, Hor.: magni iudicii esse, Cic.: peracre iudicium habere, Cic.: alci iudicium numquam defuit, Cic.: cum iudicio legere, Quint.: nec ullā re magis eiusdem aetatis oratores praecurrit, quam iudicio, Tac. dial. – **b** die **Einsicht, Überlegung,** dah. bald = die **Überzeugung,** bald = der **Bedacht, Vorbedacht** (s. Benecke Cic. Lig. 7), iudicio alqd facere, Cic.: Ambiorix copias suas iudicione non conduxerit, an etc., dubium est, Caes.: non inertiā, sed iudicio fugisse, Nep.: in insaniam non casu incīdere, sed iudicio pervenire, Sen. rhet.: successorem (als N.) asciri necessitate magis, quam iudicio (aus freier Wahl), Suet. – ► Abl. ioudicio geschr., CIL 1, 197, 2 u. ö.

iūdico, āvī, ātum, āre (ius dico; vgl. Varro LL. 6, 61), **Recht sprechen,**

I gerichtlich untersuchen, Richter sein, Cic. u. a.: dah. qui iudicat = *iudex,* Cic., od. insbes. = *praetor,* Cic.: u. iudicaturi = *iudices,* Mela: alqm a studio iudicandi revocare, von der Vorliebe zu Gerichtsverhandlungen abbringen, Amm. 30, 4, 1. – **II den richterlichen Ausspruch tun, aburteilen, gerichtlich entscheiden, erkennen, A** eig.: non iud., Cic.: iud. rem, Cic., od. (im Allg.) res, das Richteramt üben, Cic. (s. Halm Cic. div. in Caecil. 8): u. so homo in rebus iudicandis spectatus et cognitus, Cic.: rem iudicatam perimere, das Urteil ganz umstoßen, ICt.: res iudicatas irritas facere (umstoßen), Cic.: iud. falsum, Cic.: lites (stlites), Cic.: *de* ea re *inter* Marcellos et Claudios patricios (v. den Zentumvirn), Cic.: alqd *contra* alqm, in etwas gegen jmd. den richterlichen Ausspruch tun, in etwas jmd. verurteilen, Cic. – mit folg. *Acc.* u. *Infin.,* deberi dotem, Cic.: eos contra rem publicam fecisse, Sall.: im Passiv m. *Nom.* u. *Infin.,* Malleolus iudicatus est matrem necasse, Rhet. Her. 1, 23; aber unpers. iudicatum est mit *Acc.* u. *Infin.,* sed eo certamine vicisse Theopompum iudicatum est, Gell. 10, 18, 6. – iud. alqm, verurteilen, ut iudicetur, qui etc., Cic.: quo iam diu sum iudicatus (zugesprochen), Plaut.: iud. alci perduellionem, Liv.: alci perduellionis, Liv.: alci vel capitis vel pecuniae, Liv.: confessi aeris ac debiti iudicati, Gell. (vgl. Fabri Liv. 23, 14, 3). – iudicata res, eine abgeurteilte Sache (die dah. auch als Norm für andere Fälle gilt, also ein jurist. *praeiudicium* begründet), Cic. – **B** übtr.: **1 den Ausspruch tun, entscheiden, beschließen, bestimmen,** sibi ipsi, eigenmächtig, Caes.: cetera ex eventu, Tac.: ita dis immortalibus iudicantibus, ut etc., Iustin.: *impers.,* iudicatum est, es ist entschieden, ausgemacht, gewiss, Cic. – übtr., victoria belli iudicavit, Cic. – **2 urteilen, a** übh.: ii, quos ego posse iudicare arbitrarer, urteilsfähige Männer, Cic.: recte de Catone, Cic.: Iove aequo, ohne Jupiters Zorn, d. i. mit gesundem Menschenverstand, Hor.: de alqa re, Cic. u. Caes.: de alqo, Caes.: m. folg. *an* u. Konj., posses tamen iudicare, an id ipsum satis elegans esset, Plin. ep. 2, 5, 11. – **b** etwas **beurteilen, schätzen, taxieren, schließen,** alqd (ex) alqa re, etwas nach etwas, alqd ex aliarum ingeniis, Ter.: ex aequo, Cic.: prudentem non ex ipsius habitu, sed ex aliqua re externa, Cic.: multis rebus (aus vielen Umständen), Cic.: pondere, Cic.: sensu oculorum, Cic.: alqd a veri sensu, Brut. in Cic. ep. – **c urteilen = dafür halten, der Meinung sein, glauben,** quod ante iudicaram, Cic.: m. dopp. *Acc.,* alqd pulcherrimum (für sehr schön), Caes.: ebenso alqm idoneum, Caes.: ignominiam (für eine Schmach) iudicat gladiator cum inferiore componi, Sen. – m. folg. *Acc.* u. *Infin.,* sic statuo et iudico neminem omnium tot et tanta habuisse ornamenta dicendi, Cic.: cur hunc tam temere quisquam ab officio discessurum iudicaret? Caes.: im Passiv m. *Nom.* u. *Infin.,* nos bene emisse iudicati sumus, Cic.: cupidior iudicatus est hic fuisse quam ceteri, Cic. – unpers., iudicandum est m. *Acc.* u. *Infin.,* quae si hominibus solis nota sunt, hominum causā facta esse iudicandum est, Cic. de nat. deor. 2, 155. – **d öffentlich erklären,** bes. m. dopp. *Acc.* (im Passiv m. dopp. *Nom.*) = jmd. für od. zu usw., Socratem sapientissimum, Cic.: alqm hostem, Nep.: alqs iudicatur hostis ab alqo, Iustin.: qui fortissimi iudicati essent, Curt. – alqd dignum poenā, Phaedr.: ipse iudicavit, quam etc., Cic. – im *Abl. absol.,* Dolabellā hoste (zum F.) iudicato, Cic.: u. hostibus omnibus iudicatis, Planc. in Cic. ep.: im Dativ, remisit hosti iudicato (Antonio) amicos, dem zum F. erklärten, Suet. – ► Archaist. Infin. Präs. Pass. iudicarei, CIL 1, 205. col. 2. lin. 24. – arch. Schreibung ioudicet, CIL 1, 198, 37: ioudicaverit, *ibid.* 1, 197, 20: ioudicetur, *ibid.* 1, 197, 11: ioudicandus, *ibid.* 1, 198, 82 u. 200, 39.

iuentus, a, um, s. 1. iuventus.

Iuga, ae, *f.,* s. 1. iugus *no.* II.

iugābilis, e (iugo), **zusammenfügbar,** competentia, Macr. somn. Scip. 1, 6, 24 u. a.

iugālis (archaist. iogālis), e (iugum), **I ans Joch gefügt, im Joch gehend** od. **ziehend, Joch-, a** übh.: equorum iumentorumque iugalium (Zugvieh) vis ingens, Curt. 9, 10 (42), 22: equi et currus iugalis, Macr. sat. 5, 17, 2. – subst., iugālēs, ium, *m.,* ein Gespann, Ov. u. a. (auch Vulg. 2. regg. 8, 4 u. Ierem. 51, 23): gemini iugales, ein Doppelgespann, Verg.: aber (*fem.*) Hyrcanae iugales (v. den Tigern des Bacchus), Stat. Theb. 4, 678. – **b ehelich, hochzeitlich, Braut-, Ehe-,** vinculum, Verg.: taedae, Catull.: sacra (Hochzeitsfest), Ov.: dona, Ov.: lectus, Schol. Iuven.: ignes iugales, der eheliche Feuerbrand (= Paris, der das Kriegsfeuer durch die Entführung der Helena über Asien brachte), Verg.: Iuno (= Iuno Iuga, s. 1. iugus), Serv. Verg. Aen. 4, 16. – subst., iugālis, is, *m.,* der **Gatte,** Ven. Fort. carm. 8, 3, 371. Cassiod. var. 10, 24, 2. Anthol. Lat. 824, 9 M.; u. *f.* = die **Gattin,** Cypr. (od. Tert.) Sodom. 85. Ambros. off. min. 3, 19, 112 u. 115 u. a. Cassiod. in psalm. 50, 19. CIL 6, 9986; 11, 312 u. 2588. – **II an den Webebaum gefügt,** tela iogalis una, viell. = ein aufrecht stehender Webstuhl, Cato r. r. 10, 5 (Keil togalis). – **III** os iugale, ein Kopfknochen über den Ohren bei den Schläfen, das **Jochbein,** Cels. 8, 1. p. 324, 29 D.

iugālitās, ātis, *f.* (iugalis), die **Verbindung,** Iulian. bei Augustin. c. sec. resp. Iul. 1, 36. Fulg. myth. 1, 15.

iugārius, a, um (iugum), **zum Joch gehörig, I** *adi.:* a) = ζύγιος, v. Pferden, **im Joch gehend** (Ggstz. funalis), Hyg. fab. 183. – **b vīcus Iugārius,** ein Stadtviertel in Rom, unterhalb des Kapitoliums (wahrsch. von der Porta Carmentalis bis zum Forum Romanum) sich hinziehend, angeblich nach der Iuno Iuga benannt, die daselbst einen Altar hatte, Liv. 27, 37, 14; 35, 21, 6. Fest. 290 (b), 22. Paul. ex Fest. 104, 13. Placid. gloss. V, 28, 35. – **II** *subst.,* iugārius, iī, *m.,* der **Ochsenwärter, Ochsenhüter, Ochsenknecht,** Colum. 1, 6, 6.

Iugātīnus, ī, *m.* (iugo), der **Ehestandsgott,** Augustin. de civ. dei 4, 11 u. 6, 9, 3.

iugātio, ōnis, *f.* (1. iugo), **I** das **Anbinden** der Weinranken an **Querlatten,** Varro r. r. 1, 8, 2. Cic. de sen. 53. – **II** die von einer Steuerhufe (iugum) erhobene Steuer, die **Grundsteuer,** Cod. Iust. 1, 48, 1 u. a. Cod. Theod. 11, 7, 11 u. a.

iugātor, ōris, *m.* (iugo), der **Anspänner,** boum, Arnob. 5, 25.

iūge, *Adv.* (iugis), **in einem fort,** Prud. perist. 10, 472.

iūger, s. iūgerum ►.

iūgerālis, e (iugerum), **zum Juchert gehörig, Juchert-,** tabula, Pallad. 2, 12 *in.* u. 3, 9, 9: planitudo, summa, Boëth. art. geom. p. 425, 10 u. 16: elephanti draconesque iugerales (d. i. πλεθριαῖοι), von der Größe eines Juchert, Itin. Alex. 48 (110).

iūgerātim, *Adv.* (iugerum), **Morgen (Juchert) für Morgen (Juchert),** ut primae vineae centenas amphoras iugeratim praeberent, Colum. 3, 3, 3.

iūgerātio, ōnis, *f.* (iugero, v. iugerum), **I** die **Hervorhebung der einzelnen Jucherte** durch eingesteckte Pfähle, das **Abstecken der Jucherte,** Gromat. vet. 211, 6; 213, 14 u. a. – **II** ein Ackermaß, viell. = iugerum (s. d.). Cod. Theod. 12, 1, 33.

iūgerum, erī, *n.* (zu iungo, iugum), **I** ein **Morgen Landes, Juchert** von rund 2500 Quadratmetern = 1/4 Hektar, Scriptt. r. r., Cic. u. a. – **II** als Übersetzung von πλέθρον = ein Längenmaß von 100 griech. od. 104 röm. Fuß, Plin. 36, 79 (*cf.* Herodot. 2, 125); ebenso 12, 111 (*cf.* Theophr. hist. plant. 9, 6). – ► Genet. Sing. immer iugeri, Dat. u. Abl. iugero, s. Garatoni Cic. Verr. 3, 47. p. 109. Zumpt u. Mützell Curt. 5, 1 (4), 26. p. 169: Genet. Plur. immer iugerum, Dat. u. Abl. Plur. gew. iugeribus (nur Varro r. r. 1, 10, 1 iugeris). – synk. Plur. iugra, CIL 1, 200, 14 u. 25. – Nomin. Sing. auch **iūgerus,** Gromat. vet. p. 246, 2; 339, 18; 354, 2 u. 10. – Nom. Sing. **iūger,** nach Pompeii comm. (V) 193, 3.

iūges, etis, s. iūgis a. E. ►.

iūgifluus, a, um (iugis u. fluo), **immerfließend,** Paul. Nol. carm. 32, 437.

iugilo, āre, Naturlaut des Hühnergeiers (miluus), Anthol. Latin. 733, 11 (1079, 11). Vgl. 2. iugo.

iūgis, e (iungo), **I** passiv = **zusammengefügt, -gespannt, a** eig. = das, was zusammengespannt ist, iuge auspicium, ein »vereintes Auspizium«, wenn die Stiere bei einer mit Auspizien unternommenen Fahrt noch zusammengespannt misteten, wodurch das Auspizium gestört

u. verdorben wurde, Cic. de div. 2, 77. – **b** übtr.: **α immerdauernd, beständig,** thensaurus, Plaut. Pseud. 84: amor, Fronto: silva, Chalcid. Tim.: volutatio corporis, Lact.: fomentatio, Cael. Aur.: dolor efficitur nunc *iugis,* nunc *deficiens,* Cael. Aur. – **β** v. der Zeit, **fort und fort dauernd, ununterbrochen,** iugi triennio, drei Jahre hintereinander, Eutr. 8, 13, 1. – **γ** insbes., v. Wasser usw. = **stets fließend, nie versiegend,** aqua, Cic. u. Sall.: iugis (Nomin.) aquae fons, Hor.: puteus, Cic.: lacrimae, Lact. – **II** aktiv = **zusammenfügend, verbindend,** m. *Genet.,* illuvio diei noctisque iugis, Chalcid. Tim. 25 C. – Iugis Iuno = Iuga Iuno, s. 1. iugus *no.* II. – ► Cic. de div. 2, 77 liest man jetzt iuges auspicium; die neueren Herausgeber nehmen also nach Paul. ex Fest. 104, 1 u. Serv. Verg. 3, 537 ein *Adi.* **iūges,** etis, (vgl. teres, etis) an.

iūgitās, ātis, *f.* (iugis), die **beständige Fortdauer, Langwierigkeit, Währung, Dauer,** continua nominis, Mart. Cap. 5. § 462: lacrimarum, Marc. Emp. 8: tam magni temporis, Cod. Iust. 5, 17, 7: mali, Cod. Theod. 12, 1, 186.

iūgiter, *Adv.* (iugis), **I in einem fort, beständig, immerwährend,** Apul. de mund. 30. Mamert. genethl. Maxim. 15, 3. Amm. 17, 13, 11. Veget mil. 4, 16. Hieron. epist. 46, 12. – **II sofort, sogleich,** Auson. epist. 19, 10. p. 179 Schenkl.

iūglāns, glandis, *f.* (= Iovis glans, Übersetzung von Διὸς βάλανος; vgl. Gav. Bassus bei Macr. sat. 3, 18, 3. Varro LL. 5, 102), **I** die **Walnuss, welsche Nuss,** auch verb. nux iuglans, Plin. 15, 86 *sqq.;* 15, 109. Cels. 5, 24, 2 u. 5, 27, 12: iuglandium putamina, Cic. Tusc. 5, 58. – **II** der **welsche Nussbaum,** Colum. 5, 10, 14. Plin. 16, 74 u. 131. Pallad. 2, 15, 14. – ► gedehnte Form iugulans, wov. Genet. iugulandis, Fest. 166 (b) 11 Thewr., Nomin. Plur. iugulandes, Varro r. r. 1, 16, 6. – Nbf. iugulanda, wov. Akk. iugulandam, Verrius bei Fest. 166 (b) 11.

iūgmentum, s. iugūmentum.

1. iugo, āvī, ātum, āre (iugum), **jochen, I** eig.: **a jochartig anbinden,** vineas, an Geländer binden, Varro u. Colum.: palos perticis, Colum. – **b** mit etw. **verknüpfen, verbinden,** hāc quā sol vagus igneas habenas immittit propius iugatque terrae, Naev. bei Macr. sat. 1, 18, 16: centeni boves auro iugati, mit vergoldeten Hörnern, Treb. Poll. Gallien. 8, 2. – **II** übtr.: **a verknüpfen, verbinden,** omnes (virtutes) inter se nexae et iugatae sunt, sind miteinander eng verbunden, Cic. Tusc. 3, 17: quia iugata (stammverwandte) verba essent *pluvia* et *pluendo,* Cic. top. 38: *neutr. pl.* subst., iugata, Verbundenes, Quint. 6, 3, 66. – **b** = **ehelich verbinden, verehelichen,** alqm od. alqam alci, Catull., Verg. u. spät. Dichter. – ► parag. Inf. Präs. Pass. iugarier, Mart. Cap. 1. § 92.

2. iugo, ere, Naturlaut des Hühnergeiers (miluus), Varro sat. Men. 464; vgl. Paul. ex Fest. 104, 7 u. Gloss. Vgl. iugilo.

iugōsus, a, um (iugum), **gebirgig,** silvae, Ov. her. 4, 85; am. 1, 1, 9.

iugulae, ārum, *f.* (v. iugulus, a, um = iunctus, nebeneinander stehend), **I** eig., der (aus drei Sternen bestehende) **Sternengürtel des Orion,** Plaut. Amph. 275. – später dafür der Sing. iugula, ae, *f.,* Varro LL. 7, 50. Paul. ex Fest. 104, 4. – **II** zwei Sterne im Krebs, sonst aselli genannt, Manil. 5, 175.

iugulātio, ōnis, *f.* (iugulo), das **Hinwürgen, Erstechen, Ermorden,** Auct. b. Hisp. 16, 5 u. 6.

iugulātor, ōris, *m.* (iugulo), der **Mörder,** Eccl.

iugulātōrium, iī (iugulo), das **Schlacht-** od. **Opfermesser,** Gloss. III, 204, 42.

iugulātrīx, trīcis, *f.* (Femin. zu iugulator), die **Mörderin,** Orest. tr. 589.

iugulo, āvī, ātum, āre (iugulum), **abwürgen, hinwürgen, I** eig.: **a** im engeren Sinne = jmdm. **die Kehle abschneiden,** jmd. **abschlachten, erdolchen, erstechen,** suem, Cic.: arietes, Vulg.: cives optimos, Cic.: gladius, quo noxii iugulantur, Val. Max.: plumbeo gladio iugulari, Cic.: in ore eius (vor seinen Augen) iugulatur, Tac.: damnatorio ferro iugulari, mit dem Schwert hingerichtet werden, Amm.: in flammam iug. pecudes, schlachten u. ihr Blut den Flammen weihen, Verg.: iugulati (centurionis) praecisum caput, Liv. – im Bild, s. gladius *no.* I, a. – **b** im weiteren Sinne, v. Pers. = übh. jmd. **ums Leben bringen,** jmd. **hinmorden,** hominem crudeliter, Cels. 1. praef. p. 7, 37 D.: qui unum hominem iugulat, Lact. 1, 18, 10. – v. Krankheiten od. v. Kuren = **ums Leben bringen, töten, tödlich sein** od. **werden** (für jmd.), quartana (febris) neminem iugulat, Cels. 3, 15 *extr.:* id genus (morbi) acutum est, et nisi succurritur, celeriter iugulat, Cels. 3, 20 *in.:* in ipso impetu eius (febris) sanguinem mittere, hominem iugulare est, Cels. 2, 10. p. 53, 36 D.: id non iugulat, Cels. 8, 14 *extr.* – **II** übtr.: **1** jmdm. gleichs. **das Messer an die Kehle setzen,** ihn **zuschanden machen,** ihm **den Untergang bereiten,** ihn **vernichten, verderben,** alqm factis decretisque, Cic.: hominem (*sc.* dictis), Ter.: reum, Plin. ep.: iugulari suā confessione, Cic. – **2** etw. **verderben,** Falernum, Mart. 1, 18, 5. – od. etw. **vernichten,** curas, Mart. 8, 51, 26.

iugulum, ī, *n.* u. zuw. **iugulus,** ī, *m.* (iungo), **I** das **Schlüsselbein am Hals,** das Schulter u. Brust miteinander verbindet, Cels. 8, 1. p. 326, 32 D.; 8, 8, 1 u. a. – **II** gew. die **Höhlung** über dem Schlüsselbein an der Kehle u. die **Kehle** selbst, iugula concava, Cic.: iugulum dare (alci), Cic., od. porrigere, Hor., hinreichen, hinhalten (um sich erstechen zu lassen): so auch praebendus est iugulus, Ps. Quint. decl.: iugulum resolvere, durchbohren, Ov.: per iugulum sinistrum capulo tenus gladium totum alci demergere, Apul.: iugulum petere, nach der Kehle zielen, halten = jmd. erstechen wollen, Cic.; u. bildl. = die Hauptsache angreifen (ihr gleichs. das Messer an die Kehle setzen), Quint.: so auch iugulum causae, Hauptpunkt, Hauptargument, Plin. ep. – ► Form *iugulus,* Acc. tr. 603 R.[2] Sen. de ira 1, 2, 2. Flor. 3, 10, 13. Ps. Quint. decl. 9, 21. Arnob. 1, 59. Lucan. 2, 317 u. a. Stat. Theb. 12, 680. Iuven. 4, 110. Prob. append. 197, 22.

iugum, ī, *n.* (zu iungo; altind. *yugám,* griech. ζυγόν, gotisch *juk,* ahd. *juh*), **I** das **Joch** der **Ochsen,** das **Kummet** der **Pferde** usw., **A** eig. u. meton.: **1** eig.: iug. asinarium, Cato.: iuga imponere bestiis (*i.e.* bubus), Cic.: demere iuga equis, Ov.: frena ferre iugo, v. Pferden, Verg.: leones iugo subdere, Plin. – **2** meton.: **a** ein **Gespann,** i. boum, Plin.: absol., multa iuga, Cic. – u. dav. meton. = so viel Land, wie ein Gespann Ochsen an **einem** Tag pflügen kann, ein **Juchert, Morgen Landes,** Varro r. r. 1, 10, 1. – später insbes. = die **Steuerhufe,** Cod. Theod. 11, 20, 6 u. a. – **b** ein **Gespann Pferde,** Verg. Aen. 5, 147; 10, 594. – u. dav. meton. = der **Wagen,** Sil. 7, 683. – **c** übtr., ein **Paar,** aquilarum, Plin.: impiorum (v. Antonius u. Dolabella), Cic. – **B** bildl.: **1** im Allg.: par iugum caritatis, gleiche Bande der Zärtlichkeit, Val. Max.: pari iugo niti, mit gleicher Anstrengung arbeiten, Plin. ep.: ferre iugum pariter, auch im Unglück dem Freund mit gleicher Liebe anhängen, Hor.: subtrahis effracto tu quoque colla iugo, Ov.: tu bene conveniens non sinis ire iugum, lässt uns nicht einträchtig leben, Prop.: egregium opus pari iugo ducet, an gleichem Joch wird er das herrliche Werk vollziehen, Sen. ep. 109, 16. – **2** insbes.: **a** das **Ehestandsjoch,** alci iugum imponere, Ov.: iugum ferre, Plaut. u. Hor.: paulatim sub iuga colla dare, Tibull.: eripere turpi colla iugo, Hor. – **b** das **Joch** als **Sklavenjoch,** iugum accipere (sich gefallen lassen), Liv.: u. iugum excipere, Curt.: Samnitium iugum subire, Tac.: recipere imperii iugum, Vell.: praesentis fortunae iugum pati, Curt.: alcis ferre iugum, Hor.: iugum exuere, Liv.: iugo se exuere, Liv.: iugum excutere, Plin. pan. u. Tac.: servitiis grave iugum demere, Liv.: cuius (rei publicae) cervicibus iugum servile deiecerunt, Cic.: depulit a civibus suis iniustum illud durae servitutis iugum, Cic.: poet., aliena arva iugo premere, unterjochen, Verg. Aen. 10, 78. – **II** jedes **Querholz,** das zwei andere Dinge verbindet, **1** die **Querlatte,** der **Querbalken,** zwischen den senkrecht stehenden Latten od. Pfählen, um den Wein daran zu binden, das **Joch,** der **Holm, a** eig., Varro u. Colum. – **b** übtr., das **Joch,** unter das bei den Alten besiegte Feinde zur Demütigung geschickt wurden (s. Liv. 3, 28, 10), mittere sub iugum, Cic. u. Liv.: sub iugo mittere, unter dem Joch hervor od. weg entlassen, Gell.: u. so sub iugum abire, Liv. 3, 28, 10: im Bild, calamitates terroresque mortalium sub iugum mittere, überwältigen, sich gleichs. untertänig machen, Sen. de prov. 4, 1. – **2** das Querholz an der Waage; dah. meton.: **a** die **Waage,** ein Gestirn, Cic. de div. 2, 98. Sen. Troad. 448. – **b** die **Waage** an der

Deichsel, Varro LL. 5, 135. Liv. 37, 41, 6*sq.* Curt. 3, 1 (2), 15: iugum plaustri, Iustin. 11, 7, 15. Vgl. Paul. ex Fest. 39, 4. – **3** der **Webebaum,** Ov. met. 6, 55. – **4** iuga (wie ζυγά), die Querbalken im Schiff, die die beiden Borde verbinden, die **Ruderbänke,** Verg. Aen. 6, 411. – **5** das **Joch** zum Tragen von Lasten, bestehend aus einer in der Mitte leicht gekrümmten u. an jedem Ende mit einem Riemen, an dem die Last hing, versehenen Stange, die über der einen Schulter von hinten nach vorn getragen wurde, Varro r.r. 2, 2, 10. – **6** der zwischen zwei u. mehreren Bergspitzen fortlaufende **Gebirgskamm** u. der durch **einen** Kamm verbundene **Gebirgszug,** die **Gebirgskette,** summum iugum montis, Caes.: iugum Alpium, Liv.: omnes eius iugi colles, Caes.: Vesaevum iugum = Vesaevius mons, Verg.: iuga Tauri, Liv.: Pyrenaei iuga, Sall. fr.: continentia iuga, Liv.: nive perenni (ewigem) obruta iuga, Curt.: dorsum esse eius iugi aequum, Caes.: iugo circummissus in verticem collis evasit, Liv.: bacchata iugis (auf den Bergen) Naxos, Verg. – ► Nbf. **iugus,** ī, *m.,* Rossi inscr. Chr. I, 77.

iugūmento, āre (iugumentum), **miteinander verbinden,** parietes, angulos, Vitr. 2, 1, 3*sq.*

iugūmentum, ī, *n.* (iugo), ein **Pfosten,** Cato r.r. 14. § 1 u. 4. – ► synk. iūgmentum, CIL 6, 24710.

Iugurtha, ae, *m.,* König von Numidien, mit dem die Römer lange Krieg führten, bis ihn endlich C. Marius besiegte u. gefangen nach Rom brachte, Sall. Iug. 5*sqq.* Flor. 3, 1. – Dav. **Iugurthīnus,** a, um, **jugurthinisch, des Jugurtha,** coniuratio, der von Jugurtha zum Nachteile des Staats Bestochenen unter den Patriziern, Cic.: bellum, Hor. u. Sall.: Sallustii historia, Gell.

1. iugus, a, um (iugo), **I** passiv, **zusammengefügt = zusammengehörend,** vasa, Cato r.r. 10 u. 145. – **II** aktiv, **zusammenfügend,** Iuno Iuga (griech. Ἥρα Ζυγία), Juno als Stifterin der Ehe, Paul. ex Fest. 104, 13: andere Form Iuno Iugis, Placid. gloss. V, 28, 35 (wo Iugi Iunoni).

2. iugus, s. iugum ►.

Iūlēus, a, um = Iulius, **I** nach Julus, des Äneas Sohn, benannt, **julisch,** mons, der albanische, Mart.: avi, Ov. – **II** nach Julius Cäsar, **a** Julius Cäsar od. dessen Familie betreffend, **julisch,** gens, Lucan.: Kalendae, des Monats Juli, Ov.: carina, Flotte des Augustus, Prop. – **b** **kaiserlich,** oliva, Kranz, den der Kaiser Domitian austeilte, Mart.: habenae, kaiserl. (röm.) Herrschaft, Mart.

1. Iūliānus, a, um (Iulius), **zu Julius Cäsar gehörig, julianisch,** vectigalia, Anton. bei Cic. Phil. 13, 31. – subst., Iūliānī, die Soldaten der cäsarischen Partei, die **Julianer,** Suet. Caes. 75, 2.

2. Iūliānus, ī, *m.,* röm. Eigenname, unter dem bekannt: **a** M. Salvius Iulianus, Sohn des berühmten Rechtsgelehrten Salvius Julianus, Lampr. Commod. 4, 8. – **b** M. Didius Salvius Iulianus, röm. Kaiser 193 n. Chr., Amm. 26, 6, 14. Eutr. 8, 17. Spart. Did. Iulian. 1*sqq.* – **c** Anicius Iulianus, Großvater des nachmaligen Kaisers Julianus Apostata, gest. 362 n. Chr., Amm. 23, 1, 4. – **d** Flavius Claudius Iulianus, mit dem Beinamen Apostata, 360 n. Chr. zum Augustus u. 361 n. Chr. zum Kaiser ausgerufen, vom Christentum abtrünnig, Amm. 15, 2, 7*sqq.;* 15, 8, 1*sqq.* Amm. lib. 16–25. Eutr. 10, 8.

3. Iūliānus, a, um, **von einem gewissen Julianus,** pultes, Apic. 5, 186.

1. Iūlis, Akk. idem u. ida, *f.* (Ἰουλίς), Stadt auf der Insel Ceos, Geburtsort des Simonides u. Bacchylides, j. *Zea,* Plin. 4, 62 (Akk. ida). Val. Max. 2, 6, 8 (Akk. lidem).

2. iūlis, idis, *f.* (ἰουλίς), ein uns unbekannter Fisch, Plin. 32, 94. Cael. Aur. de morb. chron. 1, 1, 22.

Iūlius, a, um, Name einer röm. *gens,* aus der am bekanntesten: C. Iulius Caesar und sein durch Testament adoptierter Sohn Octavius, der seinen Namen C. Iulius Caesar (Octavianus) führte, s. Caesar. – unter den Frauen Iulia, die berüchtigte Tochter des Augustus, Gattin des Marcellus, Agrippa u. Tiberius. – *Adi.* **julisch,** lex, von einem Julius, bes. vom Diktator Jul. Cäsar herrührend, Cic.: sidus, der vergötterte Cäsar, Hor. carm. 1, 12, 47: portus Iulius, zwischen Puteoli und dem Vorgebirge Misenum, Suet. – bes. mensis Iulius od. bl. Iulius, der Monat **Juli,** zu Ehren Julius Cäsars so benannt (vorher Quintilis gen.), Sen., Mart. u. a. – dav. wieder Iulius, a, um, zum (Monat) Juli gehörig, **des Juli,** Kalendae, Colum. u. Sen.: Nonae, Idus, Colum.

1. iūlus, ī, *m.* (ἴουλος), das Wollige an den Haselstauden usw., was wir **Schäfchen** nennen, Plin. 16, 120.

2. iūlus, ī, *m.,* ein uns unbekannter Fisch, Ov. hal. 95 (Lachmann); vgl. Plin. 32, 152.

3. Iūlus, ī, *m.,* **I** Sohn des Äneas, sonst Ascanius gen., Verg. Aen. 1, 267 u. 288. – poet., Phrygii Iuli = Julius Cäsar u. seine Flotte (als Abkömmlinge des Äneas), Val. Flacc. 1, 8. – **II** Iulus Antonius, s. Antōnius. – Plur. Iuli = Männer wie Julus, ein Julus, Tac. ann. 1, 10.

iūmentālis, e (iumentum), **zum Zugvieh gehörig, Zugvieh-,** adulterium, Ambros. hexaëm. 5, 3. § 9.

iūmentārius, a, um (iumentum), **zum Zugvieh gehörig, Zugvieh-,** molae, von Zugtieren getriebene, Iavolen. dig. 33, 7, 26. § 1: contubernium, Apul. met. 9, 13 *in.:* medicus, CIL 6, 9510 u. 10, 6493. – subst., iūmentārius, iī, *m.,* der **Zugviehhalter, Anspänner,** collegium iumentariorum, CIL 6, 9485; 10, 6493, 10 u. 11, 4749. Vgl. Gloss. ›iumentarius, κτηνοτρόφος‹.

iūmentum, ī, *n.* (= iugmentum v. iungo, wie examen = exagmen), **I** ein Tier zum Ziehen oder Tragen, das **Zugtier, Spanntier, Lasttier** (bes. Pferde, Maultiere u. Esel), ium. onustum, Liv.: iumenta oneraria, Liv.: iumenta tarda, Sen.: non iumenta solum, sed etiam elephanti, Liv.: iumenta bovesque, Colum.: plaustra et iumenta, Liv.: propter valetudinem vectus iumentis iunctis, auf einem Zweigespann fahrend, Nep.: iumento adhaerens, Gell.: inhibuit frenos is qui iumenta agebat, der Kutscher, Liv.: quid vos, inquit, me iumentum (Packesel) putatis esse? Petron.: omnia undique conquirere iumenta, Caes.: iumenta et camelos a Susis et Babylone contrahere, Curt.: cum morarentur iumenta, Cic. – insbes., das **Tier** im Ggstz. zum Reiter (rector), Amm. 16, 12, 22: iumento statim desiluit, *ibid.* § 35. – Caesaris Augusti a iumentis, kaiserlicher Stallmeister, CIL 6, 8864. – **II** meton., das **Fuhrwerk,** nach Gell. 20, 1, 28. – Nbf. **iūmentus,** ī, *m.,* Itala (psalt. Veron.) psalm. 72, 23.

iuncētum, ī, *n.* (iuncus), ein **Ort voller Binsen,** Varro r.r. 1, 8, 3.

iunceus, a, um (iuncus), **I aus Binsen, Binsen-,** vincula, Ov.: sporta, Colum.: cratis, Plin. – scherzh., nam mihi intus potione iunceā onerabo gulam, ich werde mir mit einem Binsenstrick die Kehle zuschnüren, Plaut. Stich. 639 G. – **II Binsen ähnlich, binsenartig,** caulis, Plin. 25, 85. – bes., **so schlank (zart) wie eine Binse,** pectora, Prud. perist. 3, 132: tam etsi bonast natura, reddunt curaturā iunceam, Ter. eun. 316.

iuncinus, a, um (iuncus), **aus Binsen, Binsen-,** oleum, Plin. 15, 30. – subst., iuncina, ae, *f.,* die **Binse,** Gromat. vet. 325, 8 u. 328, 28.

iuncōsus, a, um (iuncus), **voller Binsen, binsenreich,** litora, Ov. met. 7, 231: ager, Plin. 18, 46.

iūnctim, *Adv.* (iunctus), **vereinigt, I = beisammen,** Cic. ad Att. 5, 10, 5 (nach Konjektur). Gell. 12, 8, 2. Apul. met. 2, 32 *in.* – **II = gleich hintereinander** (Ggstz. per intervallum), Suet. Tib. 9, 3 u. Claud. 14.

iūnctio, ōnis, *f.* (iungo), die **Verbindung** (Ggstz. diremptus), eorum verborum, Cic. de or. 3, 191: iunctione aliquā teneri, Cic. Tusc. 1, 71.

iūnctīvus, a, um (iungo) = coniunctivus, **zur Verbindung geeignet, verbindend,** modus, der Konjunktiv, Gramm. Vatic. 5, 289 (b).

iūnctor, ōris, *m.* (iungo), der **Anspänner,** der **Postknecht,** Alfen. dig. 50, 16, 203 *extr.*

iūnctōrium, iī, *n.* (iungo), das **Joch,** Gloss. III, 262, 51.

iūnctūra, ae, *f.* (iungo), die **Verbindung, I** im Allg.: **A** eig., die **Verbindung,** konkr., das **Band,** der verbindende **Riegel,** das **Querband,** das verbindende **Gelenk,** die verbindende **Fuge,** tignorum, Caes.: genuum, Ov.: verticis, Naht, Ov.: laterum iuncturae, die beiden sich zusammenfügenden Enden des Gürtels, Verg.: iuncturae (Fugen) quam longissimae, Vitr.: u. so omnis iunctura in putri aedificio diducitur, Sen.: navis iuncturis aquam excludentibus spissa, Sen.: digitos ligat iunctura rubentes, ein Band (v. der Schwimmhaut), Ov. – **B** übtr.: **1** übh.: generis, die Verwandtschaft, Ov. her. 4, 135. – **2** als gramm. u. rhet. *t. t.:* **a** die gramm. **Verbindung, Zusammensetzung** eines

Worts, Hor. de art. poët. 48. – **b** die gehörige **Verbindung, Zusammenfügung** der Worte in die Rede, Quint. 9, 4, 32. – **II** insbes., das **Zusammenspannen, A** eig.: boum, Colum. 2, 2, 22. – **B** meton.: **1** = ζευκτής, der **Jochriemen, Zugriemen,** argentea, Ulp. dig. 34, 2, 19, § 8. Capit. Ver. 5. § 4. – **2** die **Bespannung** = das **Gespann,** carruca cum iunctura legata, Paul. sent. 3, 6, 91.

1. **iūnctus,** a, um, *PAdi.* (v. iungo), **zusammengefügt, vereinigt, I** im Allg.: iunctior cum exitu, Cic.: iunctior ponto, näher, Ov. – **II** insbes.: **1** durch Liebe, Wahlverwandtschaft usw. **verbunden,** his qui erant philosopho Tauro iunctiores, vertrauter mit usw., Gell.: iunctissimus (innig verb.) illi et comes, Ov.: adversa ad iunctissimos pertinent, erstreckt sich nur auf die nächsten Angehörigen (des Fürsten), Tac. – **2** als rhet. *t. t.,* **wohl verbunden,** oratio, Cic. de or. 3, 172.

2. **iūnctus,** Abl. ū, *m.* (iungo) = iunctio, die **Verbindung,** Varro LL. 5, 47 u. 135.

iuncus, ī, *m.* **I** die **Binse,** limosus, Verg.: iunci palustres, Ov.: insulae herbidae arundine et iunco, Plin. ep.: fiscella levi detexta est vimine iunci, Tibull.: fiscellas iunco texere, Hieron. vit. Hilar. 5. – **II** ein **binsenartiger Zweig,** Plin. 26, 72.

iungo, iūnxī, iūnctum, ere (ϝ *jug,* altind. *yunákti,* verbindet; griech. ζυγ in ζεύγνυμι, ζυγόν), **verbinden, vereinigen, zusammenfügen, zusammenknüpfen, I** eig.: **A** im Allg.: res inter se, Cic.: uniones inter se, Sen.: alqd cum alqa re, Cic.: dextram dextrae, Verg.: libellum epistulae, beifügen, Plin. ep.: equum equo, ein Pf. auf das andere antreiben, Caes.: naves, carros, aneinander befestigen, -spannen, Caes.: membra, wieder zusammenfügen, Ov.: crescendo iungi, zusammenwachsen, Ov.: iungi umero, lateri alcis, sich anschließen an usw., Ov.: est pes cum pede iunctus, Fuß schließt sich an Fuß, Ov. – iungit oscula, küsst sie, Ov.: iungunt oscula, sie küssen sich, Petron. – iuncta facere, verbinden, Cic.: fluvium ponte iungere, eine Brücke über den Fluss schlagen, einen Fluss überbrücken (griech. ζευγνύναι), Liv.: amnem ponte iungere, Curt.: so auch pontem, Tac.: quotiens concretus gelu Danuvius iunxerat ripas, Flor.: fossas saltu, darüberspringen, Stat.: gradus, zusammen gehen, Sil.: cursum equis, gleichen Lauf mit den Pf. halten, Liv.: ostia, verschließen, zumachen, Iuven. – refl., iungere castris, sich mit dem L. verbinden, Verg. Aen. 10, 240. **B** insbes.: **1 anspannen, a** Tiere = **anschirren,** equos ad currum, Plin., od. curru (Dat.), Verg.: camelos ad currum, Lampr.: canes quaternos ad currum, Lampr.: iungentur gryphes equis, Verg. – m. bl. *Acc.,* equos, Lucr. u. a.: sibi et leones et tigres, Lampr.: oft im Partiz., iuncti boves, ein Ochsengespann, Ov. u. Tac.: so auch iuncta iuga, Cato; u. iuncta iuga bina, zwei Gespanne, Ov.: iuncti cycni, iunctae columbae, Ov.: iunctis iumentis od. bl. iunctis vehi, auf einem Zweigespann, im Wagen fahren, Nep. u. Plin. ep. – **b** einen Wagen usw. = **bespannen,** raeda equis iuncta, Cic.: currus albis equis iunctus, Liv.: iunctum vehiculum, Liv. u. a. – **2** Wunden usw. heilend verbinden = **sich schließen machen, heilen,** vulnera, Scrib. Larg. u. Stat.: orae iunctae, Cels. – **3** liebend verbinden = **Beischlaf halten,** corpus, u. absol., Lucr. u. Ov. – **4** räumlich **zusammenstoßen lassen,** fundos, zusammenkaufen, Petron.: longos fines agrorum, Lucan. – im Passiv medial (v. Örtl.) = an einen Ort usw. **anstoßen, angrenzen,** ihm **nahe liegen,** Taurus montibus iungitur, Curt.: silvae campo iunctae, Curt.: Italia Dalmatis iuncta, Vell.: Iano loca iuncta, Ov.: hortulus, qui Academiae iunctus fuit, Apul.: poet., iuncta aquilonibus Arctos (= Nordpol), Ov. – u. dah. **5** zeitlich **verbinden, aneinanderreihen, unmittelbar folgen lassen,** noctem diei plerumque, Val. Max.: diei noctem pervigilem, Iustin.: somnum morti, Petron.: consularem praetextam praetoriae, Vell.: consilio belli bellum, Vell.: iunge puer cyathos, Stat.: laborem, nicht unterbrechen, Plin. ep. – **6** als milit. *t. t.* = Truppen miteinander **vereinigen, zueinanderstoßen lassen,** sibi exercitum, Vell.: socia arma Rutulis, Liv.: alcis castris sua, Vell.: si Hannibali Asdrubal iunctus esset, Liv.
II übtr.: **A** im Allg.: iunget vix tria verba, zusammenreimen = vorbringen, Mart.: cum hominibus nostris consuetudines, amicitias, res rationesque iungebat, Cic.: iuncta cum viribus ars, Ov. – m. bl. *Abl.,* quae quo maior est vis, hoc est magis probitate iungenda summāque prudentiā, Cic.: improbitas scelere iuncta, Cic.: insania iuncta stultitiā, Cic. – m. *Dat.,* priori posterius, posteriori superius non iungitur, Cic.: indignatio iuncta conquestioni, Cic.
B insbes.: **1** in Liebe **verbinden, vermählen,** alqm secum matrimonio, Liv., od. in matrimonio, Curt.: alqm alci, Ov.: torus iunxit te mihi, Ov.: i. filios, Treb. Poll.: refl. se iungere u. medial iungi, **sich verbinden, sich vermählen,** se alci, Ov. u. a.: iungi cum impari, Liv.: iungere amanti, Ov.: columbae in amore iunctae, Prop.: übtr., iuncta vitis ulmo, Ov. – amores, Tibull. – **2** durch Verwandtschaft, Wahlverwandtschaft, Freundschaft **verbinden,** se ad alqm, Cic.: Rosianum artissimo vinculo tua in me beneficia iunxerunt, Plin. ep. – oft im Partiz., a sanguine materno iunctus, Ov.: amicitiā vetustā puer puero iunctus, Ov.: ab usu modico tibi iunctus, Ov.: amici iuncti, Hor. – u. ein Verwandtschafts- usw. Bündnis **knüpfen, schließen,** affinitatem cum alqo, Liv.: amicitiam cum alqo, Cic. – **3** politisch **verbinden,** u. zwar refl. se iung. od. medial iungi, **sich mit** jmd. **verbinden, sich an** jmd. **anschließen,** se alci, Eutr.: se contra Romanos Tuscis Samnitibusque, Eutr.: foedere od. societate alci iungi, Liv. – u. ein Bündnis usw. **knüpfen, schließen,** foedus, pacem, Liv. – **4** Wörter gramm. od. rhet. **verbinden, a** als gramm. *t. t.* = aus zwei Wörtern eins **zusammensetzen,** iungitur (verbum) ex corrupto et integro, ut malevolus, Quint. 1, 5, 68: so iuncta verba, Cic. or. 186; part. or. 53. – **b** als rhet. *t. t.,* die Wörter wohlklingend **verbinden,** verba in textu iungantur, Quint. 9, 4, 13.

Iūniānus, a, um, nach einem Junius benannt, **junianisch,** Cic. u. Plin.

iūniculus, ī, *m.,* eine **alte Rebe,** Plin. 17, 182.

Iūnīlicia, s. Iūnius.

iūnior, s. iuvenis.

1. **iūniperus,** ī, *f.,* der **Wacholderstrauch,** Varro r. r. 1, 8, 4. Verg. ecl. 7, 53 u. 10, 76. Plin. 16, 73 u. a.

2. **iūniperus,** a, um (1. iuniperus), von **Wacholderholz, wacholdern,** pali, Gromat. vet. 138, 22.

Iūnius, a, um, Name einer röm. *gens,* aus der am bekanntesten L. Iunius Brutus, der die königliche Würde aufhob, u. die beiden Bruti, M. Iun. Brutus u. D. Iun. Brutus, die Mörder Cäsars. – *Adi.,* **junisch,** lex, Cic. – bes. mensis Iunius u. bl. Iunius, der Monat **Juni,** Cic. u. a.: ultimo mense Iunio, am Ende des Juni, Colum. – dav. wieder Iūnius, a, um, zum (Monat) Juni gehörig, **des Juni,** Kalendae, Nonae, Idus, Colum. – Dav. **Iūnīlicia,** ōrum, *n.,* das **Junifest,** die **Junifeier,** CIL 12, 4378.

iūnīx, nīcis, *f.,* s. iuvenīx.

Iūno, ōnis, *f.* (wohl zu iuvenis, iūnior, die ›Jugendliche, Blühende‹), Tochter des Saturnus, Schwester u. Gemahlin Iupiters, bei den Römern Götterkönigin, die Reichtum u. königl. Macht verleiht, Göttin der Ehe u. daher auch der Geburten, von den Frauen als Schutzgeist betrachtet, dah. beim Schwur von ihnen angerufen (Petron. 25, 4), nach den Deutungen der Physiker bald als Luftregion genommen, bald als Himmels- oder Sternenkönigin geltend, Varro LL. 5, 67. Cic. de nat. deor. 2, 66: Iuno regina, Cic. Verr. 5, 184: Iuno Moneta, s. Monēta: Iuno Lacinia, s. Lacīnium: Iuno iniqua (feindselige), Verg. Aen. 1, 668. Ov. met. 7, 520. Lact. 2, 16, 17: Iunonis sacra, s. sacer *no.* II, A, a. – mit der Lucina identifiziert, s. Lūcīna: und mit Proserpina, dah. Iuno inferna, Proserpina, Verg. Aen. 6, 138: dies. Iuno Averna, Ov. met. 14, 114, od. I. infera, Stat. silv. 2, 1, 147, I. profunda, Claud. rapt. Pros. 1, 2, I. Stygia, Stat. Theb. 4, 526. – stella Iunonis, der Planet Venus, Plin. 2, 37: urbs Iunonis, v. Argos, Ov. her. 14, 28. – Wie jeder Mann seinen genius, so hatte auch jede Frau ihre Iuno, Plin. 2, 7. Sen. ep. 110, 1. CIL 11, 1324: der sie am Geburtstag opferte, Tibull. 4, 6, 1: u. bei der sie schwor, Tibull. 3, 6, 47. Petron. 25, 4. – Meton., scherzh. = Gattin, mea Iuno, non decet esse te tam tristem tuo Iovi (Gatten), Plaut. Cas. 230. Sen. apoc. 8, 2. – Dav.: **A Iūnōnālis,** e, **junonisch,** tempus, v. Monat Juni, Ov. fast. 6, 63. – **B iūnōnicola,** ae, *m.* (Iuno u. colo), der **Verehrer der Juno,** Ov. fast. 6, 49. – **C Iūnōnigena,** ae, *m.* (Iuno u. gigno), **Sohn der**

Juno, v. Vulkan, Ov. met. 4, 173. – **D** **iūnōnius**, a, um, **junonisch, der Juno,** custos, Argus, Ov.: mensis, Juni, Ov. fast. 6, 61: hospitia, Karthago (wo Juno sehr verehrt wurde), Verg.; so auch Samos, Ov.: ales, vom Pfau, Ov.: Hebe, weil sie der Juno Tochter sein soll, Ov.: stella, der Planet Venus, Apul.

iunx, s. iynx.

Iuppiter (bessere Schreibart als Iūpiter), Genet. Iovis, *m.* (aus Dieu pater, urspr. Vok. = griech. Ζεῦ πάτερ), **I** **Jupiter,** Sohn des Saturnus, Bruder Neptuns u. Plutos, Gemahl seiner Schwester Juno, der oberste Gott der röm. Staatsreligion (Iuppiter Capitolinus, Iuppiter Optimus Maximus), der Zeus der Griechen, Beherrscher des Himmels, der Tau, Regen, Schnee, Blitz und Donner sendet (dah. auch = »Himmel« im phys. Sinne, s. *no* II, B), Beschirmer des Staates, der Familie, des Hauses u. Hofes (dah. herceus, penetralis), dessen Begleiter u. Bote der Adler, Cic. Tim. 39; de nat. deor. 2, 42 *sq.*: I. altus (der Erhabene), Verg. Aen. 12, 141: I. Conservator, I. Custos, Tac. hist. 3, 74: I. Dictaeus, Min. Fel. 21, 2: I. Herceus, s. hercēus: I. pluvius (Ζεὺς ὑέτιος), Tibull. 1, 7, 26: I. uvidus (Ζεὺς ἰκμαῖος), der befruchtende (weil er regnen lässt), Verg. georg. 1, 418. – Iovis satelles, v. Adler, Cic. poët. de div. 1, 106: ders. Iovis ales, Ov. art. am. 3, 420. – übtr., I. Stygius, v. Pluto, Verg. Aen. 4, 638. – Plur., Ioves quoque plures in priscis Graecorum litteris invenimus, Cic. de nat. deor. 3, 42: quasi tu nescias, repente ut emoriantur humani Ioves, Plaut. Cas. 334 *sq.* – **II** übtr.: **A** der Planet Jupiter, Cic. de nat. deor. 2, 52. Lucan. 10, 207. – **B** = **Himmel, Luft** (vgl. Haupt opusc. 2, 171), sub Iove, unter freiem Himmel, Ov.: sub Iove frigido, Hor.: caeruleo Iove, Auct. Aetnae: malus, Ov.: metuendus, *i.e. pluvius,* Verg.: minax, Claud. – ► Ungew. Genet. Sing. Iuppiteris u. Iuppitris, Caesell. Vind. b. Prisc. 6, 39 (dah. Akk. Plur. Iuppiteres u. Iupitros, Tert. ad nat. 1, 10 u. apol. 14): Dat. Sing. Iuppitri, Varro LL. 8, 33. Pompeii comm. (V) 187, 10: auch Iovei, CIL 1, 56, u. Iove, *ibid.* 1, 1170 u. 1402. – Genet. Plur., Iovum od. Ioverum, nach Varro LL. 8, 74, od. Iovium, nach Prob. inst. art. 122, 20. – Die Nbf. Diespiter, Diovis u. Veiovis.

Iūra, ae, *m.*, vollst. mons Iura, die große Bergkette, die von den Ufern der Rhone nördlich emporsteigt und nach verschiedenen Gegenden sich hinzieht, j. das **Juragebirge,** Caes. b. G. 1, 2. § 3. – Nbf. **Iūrēs**, ium, *m.*, Plin. 3, 31; 4, 105; 16, 197. – Dav. **Iūrēnsis**, e, **im Juragebirge befindlich,** monasteria, Sidon. epist. 4, 26, 5.

iūrāmentum, ī, *n.* (iuro), der Eid, Amm. 21, 5, 7 u. ICt.: i. praestare (leisten), spät. ICt. – ► Nach Donat. Ter. Andr. 4, 3, 13 im Vulgärlatein.

iūrandum, ī, *n.* (iuro), der **Schwur,** der **Eid,** iurandum apponere ad alqm, den Eid vor jmd. ablegen, Ter. Andr. 732 Kl. u. Sp.

iūrārius, a, um (iuro), **beim Schwur angerufen,** Iuppiter, CIL 6, 379.

iūrātio, ōnis, *f.* (iuro), das **Schwören,** der **Schwur,** Macr. sat. 1, 6, 30. Tert. de idol. 21 u. a. Eccl.: Plur., temerariae iurationes, Augustin. serm. 308, 1.

iūrātō, *Adv.* (iuratus), **mit einem Eid, eidlich,** Paul. dig. 2, 8, 16. CIL 10, 4842, 29.

iūrātor, ōris, *m.* (iuro), **I** der **Schwörer,** Macr. sat. 5, 19, 21: falsus i., der Falschschwörer, *ibid.* – **II** insbes., der **Geschworene,** **a** beim Zensus, der **vereidigte Begutachter** od. **Taxator,** deren mehrere dem Zensor als Gehilfen zur Seite standen, um die Angaben der Zensierten zu begutachten und, wenn sie richtig befunden waren, in die Zensuslisten einzutragen, Plaut. trin. 879. Cato fr. bei Charis. 206, 9. Liv. 39, 44, 2: übtr., Plaut. Poen. prol. 58. Sen. apoc. 1, 2. – **b** bei einer Konsulwahl, ein **vereidigter Zeuge,** der über das Vorleben des zu Wählenden Zeugnis ablegte, iuratoribus abundat, Symm. or. pro Synes. 1.

iūrātōrius, a, um (iuro), **eidlich,** cautio, Cod. Iust. 12, 19, 12.

1. **iūrātus**, a, um, *Partic.* v. iuro u. iuror, s. d.

2. **iūrātus**, a, um (v. ius), **in Eid genommen, vereidigt,** subst., der **Geschworene,** (Ggstz. iniuratus), v. Richtern u. Magistraten, iurati iudices, Cic.: iudices, qui ex lege iurati iudicatis, Cic.: at eum vos iurati capite damnastis? Rhet. Her.: eligi a magistratibus iuratis, Tac. – *Superl.*, iuratissimi auctores, die zuverlässigsten, Plin. nat. hist. praef. § 22.

iūrecōnsultus, s. 1. cōnsultus *no.* b.

Iūrēnsis, s. Iūra.

iūreperītus, s. perītus *no.* I, γ.

iūrgātio, ōnis, *f.* (iurgo), das **Prozessieren,** Paul. ex Fest. 103, 16.

iūrgātōrius, a, um (iurgo), **scheltend, eifernd,** vocis sonus, Amm. 27, 1, 5.

iūrgātrīx, trīcis, *f.* (iurgo), die **Zänkerin,** Hieron. epist. 117, 4. Isid. eccl. off. 2, 20, 12.

iūrgio, āre (iurgium), jmd. **schelten, ausschelten,** alqm, Commodian. apol. 437.

iūrgiōsē, *Adv.* (iurgiosus), **zänkisch,** Iul. Vict. 446, 22 K.

iūrgiōsus, a, um (iurgium), **zänkisch,** Xanthippe, Gell. 1, 17, 1: facundia, auf Zank u. Streit hinauslaufende Redefertigkeit, Gell. 19, 9, 7.

iūrgium, iī, *n.* (iurgo), der **Wortwechsel, Zank** aus Rechthaberei, bes. die **Zänkerei,** die dann, wenn beleidigende Worte fallen, entsteht (vgl. rixa), die **Streiterei, gegenseitige Stichelei, Stichelreden,** **I** im Allg.: benevolorum concertatio, non lis inimicorum, iurgium dicitur, Cic. de rep. 4, 8: iurgium amatoris et scorti, Curt.: iurgium inter amatorem et exoletum, Curt.: in iurgio respondere, Cic.: iurgia nectere, Ov., od. iactare, Verg.: causam iurgii inferre, Phaedr.: iurgio lacessere alqm, Sall. u. a.: iurgio saepe contendere cum alqo, Cic.: magnis certatum inter imperatores iurgiis, Vell.: quotiens inter virum et uxorem aliquid iurgii intercesserat, Val. Max.: alterna iurgia victi victoresque dabant, schleuderten sich Scheltworte zu, Claud. b. Gild. 295. – **II** insbes., der **Zank, Streit vor Gericht,** der **Prozess,** Ps. Ascon. Cic. II. Verr.. 1, 115. p. 191, 17 B.: fisci iurgia, Amm. 25, 4, 15. – ► zsgz. Genet. Sing. iurgi, Plaut. Men. 771. Val. Max. 2, 1, 6: synk. Abl. Plur. iurgis, Mart. Cap. 9. § 999.

iūrgo, āvī, ātum, āre (urspr. iūrigo zu iurgium; vgl. Varro LL. 7, 93), **I** *intr.* **einen Wortwechsel** (aus Rechthaberei u. Streitsucht) **haben, zanken, streiten,** **A** im Allg.: cum alqo, Ter.: ne iurgares, quod etc., Hor.: iurgare coepit, dicens etc., Varro fr.: iurgare lex putat inter se vicinos, non litigare, Cic. de rep. 4, 8: sed aliud iurgandi suscensendique tempus erit, Liv. – **B** insbes., gerichtlich **streiten, prozessieren,** apud aediles adversus lenones iurgare, Iustin. 21, 5, 7 *ed. Jeep* (Vulg. Depon. iurgari). – in proprio foro, Cod. Theod, 2, 1, 6. – **II** *tr.* **schelten, ausschelten,** alqm, Avian. fab. 1, 1: iure Trausius istis iurgatur verbis, Hor. sat. 2, 2, 100; vgl. iurgio. – ► iūrigo, āre, wovon iurigat, Commod. apol. 441 D.: iurigandum in via, Plaut. merc. 118 G.; vgl. Brix Plaut. trin. 68.

iūrgor, ātus sum, ārī (Nbf. v. iurgo) = ἀψιμαχῶ (Dosith. [VII] 431, 13 K.; vgl. Prisc. 8, 29), **zanken, schelten, eifern,** Vulg. gen. 49, 23; Levit. 24, 10 u. a.: contra alqm, Vulg. exod. 17, 2 u. iudic. 11, 25.

iūridiciālis, e (iuridicus), **das Recht betreffend, rechtlich, juridisch** (wobei es sich um Recht od. Unrecht, Belohnung od. Strafe handelt), causa, Cic.: constitutio, Rhet. Her. u. Cic., od. status, Quint.: qualitas, Quint.: pars (constitutionis od. status), Cic. u. Quint.

iūridicīna, ae, *f.* (iuridicus) = iurisdictio (s. d.), Tert. de pall. 3 *extr.*

iūridicus, a, um (ius u. dico), **I** **das Recht handhabend,** gladius, das Richtschwert, Augustin. c. epist. Farm. 1, 8. § 13. – subst. iūridicus, ī, *m.*, der **Richter, Gerichtshalter,** Sen. Herc. fur. 585. – bes. Konsulare für Rechtsprechungen in den Gemeinden Italiens seit Marc Aurel, Capit. Anton. phil. 11, 6. Scaevol. dig. 40, 5, 41. § 5. Ulp. frgm. Vat. 205. 232. 241. CIL 5, 1874. 2112. 4341; 6, 332 u. 9, 1572. – als kaiserl. Behörde in Alexandrien, Ulp. dig. 1, 20, 2. Cod. Iust. 1, 57. CIL 6, 1564. – u. als Behörde in kaiserlichen Provinzen (legatus iur.), iur. provincialis, Apul. met. 1, 6: iur. provinciae Britann., CIL 3, 2864. – **II** die **Handhabung des Rechtes betreffend, gerichtlich,** conventus, Gerichtsstadt, Kreisstadt, Plin. 3, 7.

iūrigo, s. iūrgo ►.

iūriscōnsultus u. **iūrecōnsultus**, s. 1. cōnsultus *no.* b.

iūris-dictio, ōnis, *f.*, **I** die **Handhabung des Rechtes in Zivilsachen,** die **Zivilgerichtsbarkeit,** die in Rom dem Prätor urbanus u. dem Prätor peregrinus oblag u. deren Befugnis bestand in: do (= geben, nämlich Klagen, Exzeptionen, Rechte), dico (sprechen, nämlich das Urteil), addico (zu- u. aburteilen, nämlich das Eigentum), **a** eig., Cic. u. a.: i. urbana et peregrina, Liv.: dasselbe i. utraque, Liv.: i. Asiatica, in der Provinz Asien, Cic.: pupillaris, CIL 5, 1874: iurisdictio in libera civitate contra leges senatusque consulta, Cic.: Plur., Vell. 2, 117, 4. – **b** übtr.: quae ruant urbes, quae oriantur, iurisdictio mea est, das steht in meiner Gewalt, Sen. de clem. 1, 1. § 2. – **II** meton., ein **Gerichtsbezirk,** Syriaca, Amm. 23, 2, 3: mediterraneae iurisdictiones, Plin. 5, 105: duae iurisdictiones, Amm. 15, 11, 6: ad finem vitae plerosque in isdem exercitibus aut iurisdictionibus (prokonsularischen Provinzen) habere, Tac. ann. 1, 80.

iūrisonus, a, um (ius. u. sono), **vom Recht ertönend** = Recht sprechend, lingua, Anthol. Lat. 649, 25 (543, 25).

iūris perītia, ae, *f.* (ius u. peritia), die **Rechtskunde, Jurisprudenz,** Boëth. in Cic. top. 4. p. 335, 14 B.

iūris perītus u. **iūre perītus,** s. perītus *no.* I, β u. γ.

iūris prūdentia, ae, *f.* (ius u. prudentia), die **Rechtsgelehrsamkeit, Rechtsgelehrtheit, Rechtswissenschaft,** Ulp. dig. 1, 1, 10.

iūro, āvī, ātum, āre (2. ius), das Recht durch Schwur bekräftigen, **schwören, I** *intr.* **schwören, einen Schwur ablegen, A** im Allg.: qui si iuraret, crederet nemo, Cic.: ex animi mei (nostri) sententia, Cic. u. a. (s. Fabri Liv. 22, 53, 10): per deos, Sall.: per quidquid deorum, Liv.: per supremi regis regnum (mit folg. ut [wie] zur Einführung dessen, was man beteuert), Plaut. Amph. 831 *sqq.*: per patrem, Ov.: per infernam paludem, per Stygiam paludem sanctissime, Lact.: per genus infelix generisque parentem, per patris ossa tui, Ov.: o Iuppiter, numquid iuravi per te falso? Arnob. 7, 9. – iur. ad alqm (vor jmd.), Cato r. r. 145, 2. – iur. pro alqo (für jmd. = an jmds. Stelle), Liv. 31, 50. § 8 u. 9. – iur. liquido (mit gutem Gewissen), Ter. Andr. 729 (vgl. unten *no.* II, B aus Ov. ex Pont. 4, 6, 21). – iur. conceptis verbis, s. con-cipio *no.* I, 2, a. – in verba alcis, auf jmds. Worte, (von ihm vorgesagte) Eidesformel schwören, Hor., Liv., Sen. u. a.: in certa verba, Cic.: in eadem verba, Liv.: in haec verba, Caes.: in verba senatus ac populi Romani, Tac.: bes. in verba principis, Tac., od. in nomen principis, Suet., dem Fürsten Gehorsam u. Treue schwören, ihm huldigen: ebenso in ducis nomen, Iustin.: u. in suum (imperatoris) nomen, Suet.: in tutorum od. Poenorum obsequia, Iustin.: in acta (Verordnungen) principis, Suet. u. Tac. – in legem od. in leges, das G. od. die G. befolgen zu wollen, das G. od. die G. beschwören, Cic. u. Liv.: in foedus, Liv.: iurantia verba, die Worte des Schwures, Ov.: omnis exercitus in se quisque iurat, das ganze Heer schwört jeder einzeln für sich (während gewöhnlich **ein** Mann den Eid für die ganze Legion leistete), Liv. 2, 45, 14. – u. bl. iurare alci, jmdm. den Eid der Treue leisten, scis tibi ubique iurari, cum ipse iuraveris omnibus, Plin. pan. 68, 4: scis te mihi certe, non socios iurasse tuos, Val. Flacc. 8, 423. – **B** insbes., **sich verschwören,** in facinus, Ov.: in alqm, Ov.: inter se m. folg. *Infin.*, Cato de medic. fr. 1. – **II** *tr.*: **A schwören,** iuravi verissimum iusiurandum, Cic.: dictata sacramenta dis, Sil.: in verba alcis sacramentum, Petron.: im Passiv, foedera mihi iurata, Lucan. 8, 219: iusiurandum a Q. Nucio conceptum dicitur, quod in arrogando iuraretur, Gell. 5, 19, 6. – **B schwören = mit einem Schwur versichern, eidlich aussagen, eidlich erhärten** od. **bekräftigen,** morbum, sich eidlich auf seine Kränklichkeit berufen, Cic.: falsum iurare, falsch schwören, Cic. u. Ov.: ebenso falsa, Ov.: alqd in se, Liv.: id in litem (zugunsten seines Prozesses), Cic.: odium perenne in Romanos, Aur. Vict.: u. alci alqd, wie haec et iuravit amanti, Ov.: cineri iuret patrio Laurentia bella, Sil. – mit folg. *Acc.* u. *Infin.*, iura te nociturum non esse homini de hac re nemini, Plaut.: qui sine hac iurabat se unum numquam victurum diem, Ter.: iurat se eum non deserturum, Caes.: nisi victores se redituros ex hac pugna iurant, Liv.: abituros se Italiā iuraverunt, Val. Max.: iurarem per (beim) Iovem deosque penates me ea sentire quae dicerem, Cic.: ossa tibi iuro per (bei) matris … me tibi ad extremas mansurum tenebras, Prop.: te quoque idem liquido (mit gutem Gewissen) possum iurare precari, Ov. ex Pont. 4, 6, 21. – mit folg. *Acc.* u. *Infin.* wechselnd mit *Nom.* u. *Infin.*, me quoque consimili impositum torquerier igni iurabo et bis sex integer esse dies, Prop. 3, 6, 39 *sq.* – im Passiv, laetae iurantur aves, man schwört Heil verkündende V. gesehen zu haben, Lucan. 5, 396: quod iuratum est, Cic.: iuratum bellum, der (den Römern) geschworene Krieg, Sil.: iuratum Iovi foedus, Sil. – Partiz. subst., iurāta, ōrum, *n.*, **eidliche Angelöbnisse,** Cic. part. or. 6. – **C** bei jmd. **schwören,** jmd. **mit einem Schwur zum Zeugen der Wahrheit anrufen** (s. Drak. Sil. 8, 105), numen (Stygiae paludis), Verg.: deos, Ov.: hos ocellos, Prop.: signa, Tert.: Iovem lapidem, s. lapis: dah. iuror, man schwört bei mir, iuratur Honorius absens, Claud.: tunc deus captivis etiam iurabere Thebis, Stat.: regi deorum iurari dignata palus (v. Styx), Sil.: so auch iurata numina, bei denen man geschworen hat, Ov.: dis iuranda palus, v. Styx, Ov. – **D abschwören,** mit einem Schwur sich von etwas lossagen, calumniam, den Eid für die Gefährde ablegen, d. i. dass man nicht in böslicher Absicht (aus Schikane) klage, Cael. in Cic. ep. 8, 8, 3: calumniam in alqm, Liv. 33, 47, 5. – ► Archaist. Perf.-Form iurassit = *iuraverit,* CIL 6, 10298, 19. – arch. Schreibung iouret, CIL 1, 198, 23: iourato, *ibid.* 1, 198, 18 u. 23: iouranto, *ibid.* 1, 197, 17 *sqq.*

iūror, ātus sum, ārī = iuro, **schwören,** quod fui iuratus feci, Plaut.: quid iuratus sit, Cic.: ex lege, in quam iurati sitis, das zu befolgen ihr geschworen habt, das ihr beschworen habt, Cic.: Regulus iuratus (nachdem er geschworen) missus est ad senatum, Cic.: si diceret iuratus, crederes, Cic.: iurato mihi crede, glaube mir auf meinen Eid, Cic. – m. folg. *Acc.* u. *Infin.*, qui mihi iuratust se hodie argentum dare? Plaut. Pers. 401: iuratus se eum suā manu interempturum pervicit, ut etc., Liv. 32, 22, 7. – ► Das Depon. iuror nur im Perf. u. Partiz. Perf.; in den für das Präsens angeführten Stellen aus Lucan., Claud. u. Stat. ist es das Passiv von iuro, s. iūro *no.* II, B u. C.

iūrulentia, ae, *f.* (iurulentus), die **Brühe, Tunke,** Tert. de ieiun. 1.

iūrulentus, a, um (1. ius), **mit einer Brühe versehen,** caro, cibus, Cels.: res (Ggstz. assa res), Cels. – *neutr.* subst., Varro LL. 5, 120: *plur.*, omnia iurulenta, Cels. – Nbf. iussulentus (Ggstz. assus), Apul. apol. 39 *extr.*

1. iūs, iūris, *n.* (altindisch *yūs*, griech. ζωμός), **I Brühe, Suppe,** ius maenarum, Lucil. 1077: ius fervens, Cic.: ius anserinum vel vitulinum, Cels.: ius carninum, Eccl.: ius pulli gallinacei, Cels.: ius vituli, Plin.: ius Verrinum: zweideutig = Schweinsbrühe u. = das verrinische Recht, Cic.: multa iura confundere, Plaut. most. 277. – **II** übtr., vom Saft der Purpurschnecke, Plin. 35, 44.

2. iūs, iūris, *n.* (altlat. ious, iuus, altindisch *yōḥ*, das Heil), die **Satzung, Verordnung, I** (objektiv) eig., das **Recht** als Inbegriff von Gesetzen, Verordnungen u. herkömmlichen Gebräuchen, insofern sie verbindlich sind u. vorschreiben, was erlaubt u. nicht erlaubt ist, die **Satzungen** der Gesetzgeber u. Juristen, **A** im Allg.: principia iuris, Cic.: ius anceps novi, causas defendere possum, Hor.: ius ac fas (menschliche u. göttliche Rechte) colere, Liv.: u. so ius ac fas omne delere, Cic.: festis quaedam diebus exercere fas ac iura (Religion u. Gesetz) sinunt, Verg.: contra ius fasque, gegen Recht u. Pflicht, Cic. u. Sall.: ius bonumque (Recht u. Gerechtigkeit) apud eos non legibus magis quam naturā valebat, Sall.: condere nova iura, Liv.: iura dare, Rechte = Gesetze (eine Verfassung) geben, Liv. u. Verg.: u. so dare iura Medis, Hor.: dare iura per populos, Verg.: natus in libero populo inter iura legesque, Liv.: ius discere, die Rechte (zu Rom) studieren, Augustin. conf. 6, 8 *in.* – ius est, es ist (gesetzlicher) Brauch, m. *Infin.*, Ov. fast. 1, 53. Liv. 45, 33, 2 (wo verb. ius fasque est): m. *Acc.* u. *Infin.*, Fab. Pict. bei Gell. 10, 15, 7. Cic. Tusc. 1, 113. Cic. ad Att. 9, 9, 3. B) insbes.: **I** das **Recht** als Inbegriff von Rechten **einer** Art, ius hominum, das allgemeine Menschenrecht, Naturrecht, Cic.: ius gentium, das Völkerrecht, Cic.: iure gentium, Curt.: ius civile, das bürgerliche R., Cic.: i. praetorium, Cic.: ius necessitudinis, Suet.: iura coniugalia, Ov.: iuris publici, iuris civilis prudentia, Cic. u. Nep.: iuris civilis scientia, Cic.: scientia iuris (civilis), Ggstz. ignoratio, Cic.: omnium legum atque iurum fictor, Plaut. Epid. 523. – dah.

die **Rechtsformeln** der alten Juristen, ius Flavianum (s. Flāvius), Cic. – **2** das **Recht** als Gegenstand der Justiz, **was Rechtens ist, a** eig.: summum ius (das strengste, schärfste R.) summa iniuria, Ter. u. Cic.: iure uti, nach der Strenge des R. verfahren, Cic.: summo iure agere cum alqo, mit jmd. nach dem strengsten R. verfahren, Cic. – quod eorum iudicum maior pars iudicavit, id ius ratumque esto, sei rechtsgültig, alte Formel b. Cic. – ius dicere, Cic., od. reddere, Liv., Recht sprechen (v. Vorsitzenden des Gerichtes, zB, v. Prätor, Statthalter usw.): ius petere, sich Recht sprechen lassen, Cic.: ius od. de iure respondere, ein rechtliches Gutachten geben (vom Rechtsgelehrten, der bei Rechtssachen um Rat gefragt wird u. darüber Bescheid u. Auskunft gibt), Cic. – poet. im Plur., iura dare populo, Rechtssprüche erteilen, Recht sprechen (v. Prätor), Ov.: u. so undis iura dare nymphisque colentibus undas, Ov.: populis aequata duobus iura, gleiches R. spr. = nach gleichem Recht regieren, Ov.: so auch reddere iura absol. od. alci, Ov.: u. regia iura Quiriti, Ov. – **b** meton., das **Gericht** (als Ort), in ius vocare, Cic.: in ius rapere, Plaut.: in ius ire, Ter. u. a., adire, Cic.: in ius ambulare, Ter.

II (subjektiv) übtr.: **A** im Allg., das **Recht** als in der Natur, auf geschriebene Gesetze u. Herkommen gegründete Befugnis u. Ansprüche, iura communia, gleiche Rechte, Cic.: divina ac humana iura, Cic.: ius u. iura belli, Cic. u. a.: iure belli, Curt.: mit obj. *Genet.*, ius emendi, Ps. Quint. decl.: ius sententiae dicendae, Liv.: ius caeli, Anspruch auf den H., Ov.: ius muneris, das Recht, die Befugnis zu verschenken, Ov.: spolium mei iuris, worauf ich ein Recht habe, mir gebührend, Ov.: ut eodem iure essent, quo fuissent, Cic.: uxores eodem iure sunt, quo viri, haben gleiche Rechte mit den Männern, Cic.: iure, mit Recht, rechtmäßigerweise (z. B. cum hoste pugnare), Cic.: recte et iure, mit Fug u. Recht, Cic.: iure meritoque, Curt.: suo iure, vermöge seines persönlichen Rechts, mit Fug u. Recht, Cic.: dagegen iusto iure, mit gutem, mit vollem Recht, Liv.: ebenso iure optimo, ganz mit vollem R., Cic.; verb. merito atque optimo iure, Cic.: iure an iniuriā, mit R. od. Unrecht, Cic.: omnia pro suo iure agere, mit aller Strenge auf sein R. halten, Ter.: ius suum tenere od. obtinere, Cic.: ius suum persequi, Cic.: ius suum armis exsequi, Caes.: de suo iure cedere, Cic., od. suo iure decedere, Liv.: ius dare alci rei, einer Sache ein Recht einräumen, etw. gewähren lassen, Sen. de ira 1, 8, 1 u. ep. 116, 2. Lucan. 1, 2. – ius est, es ist Rechtens, es steht das Recht zu, es ist gestattet, man darf, m. *Infin.*, Cato oratt. 68. fr. 2. Cic. top. 12. Liv. 32, 22, 3. Suet. Ner. 16, 2: m. *Acc.* u. *Infin.*, Ter. adelph. 686: u. so alci ius est m. *Infin.*, es steht jmdm. das Recht zu, es ist jmdm. gestattet, es darf jmd., Cic. de or. 1, 177; top. 22; de off. 1, 37 u. 3, 42. Verg. Aen. 12, 315. Hor. de art. poët. 466. Ov. met. 8, 730: u. auch istuc ius est od. meum ius est m. folg. *ut* u. Konj., Plaut. aul. 747. Ter. Hec. 243.

B insbes., das **Recht** = **1** das **Vorrecht**, die **Gerechtsame**, das **Privilegium** eines einzelnen Standes od. einzelnen, iura populi, Sall.: ius libertatis, Sall.: ius civitatis, die Gerechtsame des Bürgerrechtes, das Recht des Besitzes aller bürgerl. Rechte, Cic.: ius petendorum honorum, Liv. epit.: iura muliebria, Liv.: ius metallorum, das R., in dem Bezirk seines Eigentums Bergwerke anzulegen, Suet.: ius osculi, Suet.: ius auxilii sui (der Volkstribunen), Liv.: ius trium liberorum, Sen. fr. bei Lact. 1, 16, 10: famularia iura (Sklavenrechte) dare, Ov. – insbes., das erworbene **Eigentum** einer Grabstätte, CIL 6, 4940 u. 5017. – u. Plur. iura = verbriefte Rechte, Dokumente, Tac. ann. 3, 60. – **2** das **Recht** = die aus dem Rechte entspringende **Gewalt, Macht,** ius retinendi, Liv.: ius agendi cum plebe, Cic.: alci ius de alqo dare, Liv.: sui iuris esse, sein eigener Herr, selbständig, unabhängig von anderer Einfluss u. Meinung sein, Cic.: alqm proprii iuris facere, jmd. selbständig-, unabhängig machen, Iustin.: aber alqm sui iuris facere, jmd. sich untertan machen, -sich unterwerfen, Vell.: u. tot undique gentes iuris habere sui velle, sich untertan machen-, sich unterwerfen wollen, Lucan. (vgl. Ruhnken Vell. 2, 69, 2): in paucorum ius atque ditionem concedere, Sall. – mit objekt. *Genet.* = »Macht über« usw., corporis, equorum, Ov.: u. so m. *in* u. Akk., wie in aequora, Ov. – ► Dat. Sing. iure in der alten Formel iure dicundo, Liv. 42, 28, 6. Suet. Caes. 7, 1. Gell. 13, 12, 9. Gromat. vet. 263, 10 u. 265, 7. CIL 3, 2026; 10, 6490 u. 11, 3258: Genet. Plur. iurum, Plaut. Epid. 523 G. Cato origg. 7. fr. 14. – altlat. ious, CIL 1, 204. col. 2. lin. 18. 20. 29 u. ö.: iuus, *ibid.* 1, 202 col. 1, 39 u. col. 2, 3 u. 27.

3. Ius, s. Ios.

iūscellārius, iī, *m.* (iuscellum) = ζωμοποιός, der **Brühenkoch,** Gloss. III, 470, 24.

iūscellātus, a, um (iuscellum), **mit Brühe** od. **Gelatine angemacht,** Apic. 8, 394. Vgl. viscellatus.

iūscellum, ī, *n.* (*Demin.* v. iusculum), die **Brühe, Gelatine,** Th. Prisc. 2, 13. Apic. 8, 392: Plur., Schol. Iuven. 4, 23. Ven. Fort. carm. 6, 10, 18. Vgl. viscellum.

iūsculum, ī, *n.* (*Demin.* v. 1. ius), die **Brühe,** Cato r. r. 156, 7. Cael. Aur. de morb. acut. 3, 16, 136 (Plur.).

iūs-iūrandum, Genet. iūris iūrandī, *n.*, der **Eid, Schwur,** iusiurandum concipere, eine Eidesformel abfassen, Tac.: iusi. dare, einen Schwur tun, einen Eid ablegen, Ter. u. Nep.: inter se fidem et iusiurandum dare, ein eidliches Versprechen austauschen, Caes.: iusiurandum dare u. alci iusiurandum dare m. folg. *Acc.* u. *Infin.*, eidlich versprechen, Cato, Komik., Cic. u. Liv.: iusiurandum offerre, iusiurandum oblatum non recipere, Quint.: iusi. ab adversario exigere aut recusare, Quint.: iusi. remittere (erlassen), ICt.: magnā voce iurare verissimum pulcherrimumque iusi., Cic.: praestare more sollemni iusi., Plin. ep.: iusi. accipere, sich schwören lassen, Caes.: agere (vollziehen = abnehmen) de uxoribus sollemne iusiurandum (v. Zensor), Gell.: iusi. servare, Nep., od. conservare, Cic. u. Nep.: iusi. violare, Cic.: iure iurando interposito, vermittelst eines Eides, Liv.: adigere alqm ad iusi. u. dgl., s. ad-igo (*no.* II, b, α): iusi. alci praeire, vorsagen, Plin. pan.: fidem astringere iure iurando, Cic.: psephismata iure iurando constricta, Cic.: se iure iurando constringere m. folg. *ne* u. Konj., Lampr. Alex. Sev. 15, 3: alqm iure iurando obstringere m. folg. *Acc.* u. *Infin.*, jmd. eidlich verpflichten, Caes. b. G. 1, 31, 7; aber bl. iureiurando obstringere m. folg. *Acc.* u. *Infin.*, sich eidlich verpflichten, eidlich versichern, Tac. ann. 1, 14 u. 4, 31: asseveratione eius et iureiurando m. folg. *Acc.* u. *Infin.*, Val. Max. 5, 9, 4. – ► Getrennt ius igitur iurandum, Cic. de off. 3, 104: iurisque iurandi, Cic. Cael. 54. – Plur. iura iuranda, Poëta bei Fest. 133, 29; vgl. Ribbeck not. crit. ad Pacuv. tr. 380. p. 127[2].

iusquiamus, s. hyoscyamus.

iussio, ōnis, *f.* (iubeo), der **Befehl,** das **Geheiß,** die **Verordnung,** absol. od. alcis, Modestin. dig. 40, 4, 44. Gromat. vet. 211, 8. Chalcid. Tim. 42 E. u. 146 u. Eccl. (s. Bünem. Lact. 4, 15, 9).

1. iusso, ere (iubeo), **befehlen,** iussitur, Cato r. r. 14.

2. iusso = iussero, s. iubeo ►.

iussor, ōris, *m.* (iubeo) = κελευστής, der **Rudermeister,** Gloss. II, 347, 28.

iussulentus, a, um, s. iūrulentus.

iussum, ī, *n.* (iubeo), gew. im Plur., **I** das **Geheiß,** der **Befehl,** Cic. u. a.: iussa efficere, Sall.: iussa exsequi, Curt.: iussa alcis detrectare od. iussa abnuere, exuere, den Gehorsam verweigern, Tac. – **II** insbes.: **A** die **Verordnung** des Arztes, iussa medicorum ministrare (eingeben), Ov. her. 19 (20), 133 M. – **B** die **Verordnung,** der **Beschluss** des Volkes, putasne, si populus iusserit, id iussum ratum atque firmum futurum, Cic.: perniciosa et iniusta populis iussa describere, Cic.

iussus, Abl. ū, *m.* (iubeo), der **Befehl,** das **Geheiß,** die **Verordnung,** iussu vestro, Cic.: iussu populi, Nep.: nullo ipsius iussu, Tac.

iūstā, s. iūxtā ►.

iūstē, *Adv.* (iustus), **gerecht, mit Recht, billig, gehörig,** iuste et legitime imperare, Cic.: iuste timere, Ov.: lacrimae tam iuste cadentes, Sen. – quanto id hominum consuetudine facilius fieri potuerit et iustius? Cic.: tanto reprehendi iustius illis, Hor. – at hoc ipsum, inquies, inique facis; immo iustissime, Cic.: ut in hunc transferri iustissime (mit großem Recht) possit, Quint.: ii, qui iustissime in utero sunt, die ganz gehörige Zeit, Gell.

iūstificātio, ōnis, *f.* (iustifico) = δικαίωσις, Gloss., die **Rechtfertigung,** Sing. u. Plur. bei Eccl.

iūstificātor, ōris, *m.* (iustifico), der **Rechtfertiger,** Augustin. de spir. et litt. 26 u. 29; in Ioann. epist. ad Parth. 1, 8.

iūstificātrīx, trīcis, *f.* (Femin. zu iustificator), die **Rechtfertigerin,** Tert. adv. Marc. 4, 36.

iūstifico, āvī, ātum, āre (iustificus), **I recht handeln** gegen usw., alqm, Eccl. – **II rechtfertigen,** gew. *Partic.* iūstificātus, u. *Compar.* iūstificātior, Eccl.

iūstificus, a, um (iustus u. facio), **recht tuend,** Catull. 64, 406.

Iūstīniānus, a, um, **I** den Kaiser Justinus betreffend, **justinianisch,** Coripp. de laud. Iustin. iun. 1, 263. – **II** nach Kaiser Justinianus I. benannt, als Beiwort Karthagos, felix Carthago Iustiniana, Coripp. Ioh. 5, 58.

Iūstīnus, ī, *m.* (vollst. M. Iunianus Iustinus od. M. Iustinus Frontinus), ein röm. Historiker, der aus den Schriften des Trogus Pompeius die unter Iustinus' Namen bekannte Epitome verfertigte, wahrsch. Zeitgenosse der Antonine.

iūstitia, ae, *f.* (iustus), **I** subjektiv = die **Gerechtigkeit,** das **Billigkeitsgefühl,** die **Billigkeit,** Aristidis (Ggstz. intemperantia Pausaniae), Nep.: iustitiam colere (üben), Cic.: iustitiam agitare, walten lassen, Plin. ep.: ut meae stultitiae in iustitia tua (weisen G., Weisheit) sit aliquid praesidii, Ter. – m. *erga* od. m. *in* u. Akk., iustitia erga deos, erga parentes, Cic.: iust. in omnes captivos, Curt.: constituere (aufstellen) maximum exemplum iustitiae in hostem, Cic. – Plur. = die **Rechte,** Hieron. in psalm. 142, 6. Vulg. psalm. 18 (19), 9. – **II** objektiv = das **Recht** als Inbegriff der Gesetze, Flor. 1, 24, 1.

iūstitium, iī, *n.* (st. iurisstitium, v. ius u. sisto), die Einstellung aller Rechtsgeschäfte u. Hemmung aller Fristen, sodass die Zeit des iust. bei den Fristen nicht gerechnet wurde, der förmliche **Stillstand der Gerichte,** die **Gerichtshemmung, Gerichtsstille, Gerichtsfeier,** die bei Gefahr des Staates od. bei Landestrauer angeordnet wurden (vgl. Schol. Lucan. 2, 18), **I** eig. u. übtr.: **a** eig.: iust. edicere (verordnen), indicere (ankündigen), Cic. u. a.: iust. remittere (aufheben), Liv.: iust. servare, Liv.: iust. sumere (antreten), Tac. – **b** übtr., der **Stillstand,** die **Hemmung** der Geschäfte **wie bei einer Gerichtsfeier,** omnium rerum, Liv. 26, 26, 9. – **II** meton., die **Landestrauer, öffentliche-, allgemeine Trauer,** Tac. ann. 1, 16 u. 3, 7. Fronto bei Fulg. expos. serm. 35. p. 121, 7 H. Sidon. epist. 2, 8, 1.

iūsto, ātus, āre (iustus), **gehörig untereinander mischen,** Apic. 4, 120.

iūstus, a, um (ius), **I** subjektiv, v. dem, der sich streng an das Recht hält = **gerecht,** u. übtr. **rechtschaffen, redlich** übh., vir, Cic.: coniunx (Gatte), Ov.: hostis, Curt.: sanctissimus et iustissimus iudex, Cic.: subst., iustus, der Gerechte, Nep. Arist. 1, 5. Hor. sat. 2, 1, 16: Plur., Ov. fast. 1, 252 u. oft bei Eccl. (z. B. Lact. de mort. pers. 9, 11). – **II** objektiv, v. dem, was dem strengen Recht gemäß ist = **rechtmäßig, gesetzmäßig, recht, A** eig.: supplicium, Cic.: bellum, Liv.: imperium, Caes.: causa iustissima, Caes.: rex, Curt.: uxor, Cic.: matrimonium, Suet.: liberi, aus gesetzmäßiger Ehe (Ggstz. spurii), ICt.: hostis, der das Recht hat, Krieg zu führen, Cic.: iustum est m. folg. *ut* u. Konj., es ist der Ordnung gemäß, Plaut. Bacch. 994. – subst., iustum colere, was recht ist, die Gerechtigkeit, Cic.: quam multa, iusta iniusta (sei's recht, sei's unrecht), fiunt moribus, Ter. heaut. 839; vgl. Ter. adelph. 990. – **B** übtr.: **1 gerecht = begründet, wohlbegründet, genügend, triftig,** causa, Cic. u. Ulp. dig.: causa iustior, Cic.: timor, Hirt. b. G.: metus, Ulp. dig.: ira, Ov.: preces, Ov. u. Tac.: lacrimae, Ov.: anni, Ov. – **2 billig, glimpflich,** servitus, Ter.: ut iustioribus iis utamur, Cic. – **3 regelmäßig, förmlich, ordentlich, tüchtig, recht, vollständig,** iusta ac recta acies, Liv.: bellum, Cic. u. Liv.: proelium, Liv.: iustissimus triumphus, Cic.: victoria, Cic.: nondum iustus eques, noch kein echter Ritter, Mart.: iter, tüchtiger M. (von einem Tag), Cic.: iusto iure alqd repetere, mit gutem, vollem Recht, Liv. – **4 gehörig, hinlänglich, recht,** numerus, Liv.: exercitus, vollzähliges, Liv.: arma, Liv.: altitudo, Caes.: reditus, hinreichend zum nötigen Aufwand, Tac.: amnis, der eigentliche, Liv. – *neutr.* subst., plus iusto, mehr als recht, d. i. zu sehr, Hor., Liv., Val. Max. u. Sen.: so auch longior iusto, Ov.: praeter iustum, zu sehr, Lucr. – *neutr. pl.* subst., iusta, ōrum, *n.*, **a** = das **Gehörige, Gebührende,** tua iusta, deine Gerechtsame, Ter.: iusta praebere servis, den Sklaven das Nötige (an Kleidung u. Nahrung) gewähren, die gehörige Verpflegung gewähren, Cic. – **b** die **gehörigen Gebräuche, -Feierlichkeiten, -Förmlichkeiten** (Formalitäten), militaria, Liv.: ludorum, Cic.: omnia iusta perficere, Liv.: iusta piae dare debita terrae, die schuldige Spende, Prop.: bes. bei Leichen, i. funebria, Liv., od. exsequiarum, Cic.: iusta facere alci, Cic. u. Sen.: iusta solvere funeri paterno, Cic.: iusta corpori alcis od. alci solvere od. persolvere, erweisen, Curt.: iusta ferre alci, Ov.: iusta dare (Opfer bringen) alci, Ov.

iūsum, s. sursum ►.

iūtor, ōris, *m.* (iuvo), der **Helfer,** CIL 9, 5531.

iūtrīx, trīcis, *f.* (Femin. zu iutor), die **Helferin, Hilfreiche,** CIL 10, 354.

Iūturna, ae, *f.*, eine Quelle in Latium, Nymphe u. Schwester des Turnus (Serv. Verg. Aen. 6, 90), die zu Rom einen Tempel in der 9. Region hatte und der man bes. bei Wassermangel opferte, Verg. Aen. 12, 146 u. 154. Ov. fast. 2, 585 u. 606. Cic. Clu. 101. Arnob. 3, 29: Vergiliana Iuturna, bei Vergil, Apul. de deo Socr. 11. – Nbf. Diūturna, CIL 6, 3095. – Auch gab es in der Nähe des durch so manche lateinische Sagen geweihten Flusses Numicius im Gebiet von Ardea und Lavinium eine Quelle Iuturna, deren Verehrung weit älter war als die der röm. Juturna, Serv. Verg. Aen. 12, 139. – Nach ihr benannt ist auch der lacus Iuturnae auf dem röm. Forum in der Nähe des Tempels des Kastor u. Pollux, Ov. Fast. 1, 708. Val. Max. 1, 8, 1. Flor. 1, 28, 15. Symm. epist. 1, 89. – Dav. **Iūturnālia,** ium, *n.*, das **Fest der Juturna,** Serv. Verg. Aen. 12, 139.

iuus, s. 1. iūs ►.

iuvābilis, e (iuvo), **förderlich, heilsam,** Boëth. in Arist. top. 6, 4. p. 714.

iuvāmen, inis, *n.* (iuvo) = ὠφέλημα, ὄνησις, (Gloss.), die **Hilfe,** Boëth. in Cic. top. 5. p. 368, 13 *Or.* Gregor. epist. 8, 12 u. 20. Cassiod. var. 3, 7, 2 u. 7, 47, 1. Acro Hor. epod. 5, 8.

iuvāmentum, ī, *n.* (iuvo), die **Hilfe,** Veget. mul. 4, 25, 3 *Schneider.*

iuvantia, ae, *f.* (iuvo), die **Förderung, Heilsamkeit,** Boëth. in Arist. top. 6, 4. p. 714.

1. iuvenālis, e (iuvenis), **jugendlich, jungen Leuten angemessen, für junge Leute, Jugend-,** corpus, Verg. u. Ov.: tempora (Schläfe), Ov.: armorum certamen, Liv.: iuvenalia inter fratres certamina, Tac.: ludus, Liv.: lusus, iocus, Liv.: hilaritas, Liv.: animus, Tac.: licentia, Tac.: vitia, Sen. rhet.: ardor, Val. Max.: studia, Sen. rhet.: iuvenali lege defungi, Sen. rhet.: ludi iuvenales od. subst. iuvenālia, ium, *n.*, eine Art Spiele, die Nero einführte, ursprünglich theatralische, die aber mit der Zeit Veränderungen erlitten, Suet. Ner. 11, 1. Tac. ann. 13, 33 u. 14, 15; vgl. Gloss. II, 376, 5 ›iuvenalia, νέων ἑορτή‹.

2. Iuvenālis, is, *m.*, vollst. D. Iunius Iuvenalis, ein röm. Satiriker, Zeitgenosse des Domitian u. Trajan, Mart. 7, 24, 1 (wo Abl. Iuvenale). Schol. Iuven. 1, 1.

iuvenāliter, *Adv.* (1. iuvenalis), **nach Jünglingsart, mit Jugendkraft,** Ov. art. am. 3, 733; met. 7, 805 u. 10, 675; trist. 2, 117.

iuvenca, iuvencula, s. iuvencus, iuvenculus.

iuvenculēsco, ere (iuvenculus), **in des jungen Mannes** (iuvenis) **Alter treten, erstarken,** iuvenculescat adulescentia, senecta canescat, Ambros. de Cain et Abel 2, 1. § 2.

iuvenculus, a, um (*Demin.* v. iuvencus), **jung, I** *adi.:* bos iuvenculus, Ambros. de Tob. 7. § 25: iuv. virgo, Augustin. serm. 293, 1: iuv. tympanistriae, Vulg. psalm. 67, 26: iuv. viduae, junge Witwen, Tert. de monog. 13. – **II** *subst.:* **A** iuvenculus, ī, *m.*, **a** ein **junger Mensch** (vgl. Charis. 94, 3), Aur. Vict. epit. 41, 2. Hieron. epist. 128, 3. Ambros. apol. David 3. § 12. Porphyr. Hor. carm. 2, 8, 21. – **b** ein **junger Stier,** Vulg. Ierem. 31, 18. – **B** iuvencula, ae, *f.*, ein **junges Mädchen,** Vulg. Tim. 5, 2. Tert. adv. Iud. 9 u. a. Eccl.

iuvencus, a, um (st. iuvenicus, v. iuvenis), **jung, I** *adi.:* equus, Lucr. 5, 1072: gallina, Plin. 10, 146. – **II** *subst.:* **A iuvencus,** ī, *m.*, **a** ein **junger Mensch,** Hor. carm. 2, 8, 21. Amm. 17, 1, 1 E. (Gardth.

iuvenis): Plur., Catull. 62, 53. – **b** ein **junger Stier,** Varro u. a.: novellus iuvencus (Ggstz. veteranus bos), Colum.: iuvencus aequoreus, Meerkalb, Sil. – meton. = **Rindsleder,** Stat. Theb. 3, 591. – **B** **iuvenca,** ae, *f.*, **a** ein **Mädchen,** eine **Jungfrau,** Hor. carm. 2, 6, 6. Ov. her. 5, 117 *sqq.* – **b** eine **junge Kuh, Färse** (Ggstz. iuvencus), Varro r. r. 2, 5, 6. Verg. georg. 3, 219. Hor. ep. 1, 3, 36: iuv. Pharia, v. der Io, Ov. art. am. 3, 635, v. der Isis, Mart. 10, 48, 1. – ► Genet. Plur. iuvencûm, Verg. Aen. 9, 609. Stat. Theb. 4, 409; 10, 288.

iuvenēsco, venuī, ere (iuvenis), **I** die **Jünglingsjahre erreichen, heranwachsen,** vitulus iuvenescit, Hor. carm. 4, 2, 55: ex quo iuvenuit, Tert. de exhort. castit. 6 *extr.* – **II** **wieder jung werden, sich verjüngen,** iuvenescit homo, Ov., rosa recisa, Plin.: übtr., iuvenescit corpus regni, erholt sich wieder, Claud.: iuvenescit gladius, Stat.: iuvenescit (libellus) cedro, Auson. epigr. 35, 13. p. 205, 17 Schenkl.

iuvenīlis, e (iuvenis), **jugendlich,** **I** eig.: corpus, Cels.: anni, Ov. u. Sen.: aetas, Eutr. u. Augustin.: aevum, Sen.: animi (Plur.), Iustin.: error, Suet.: ardor, Quint.: iuv. quaedam dicendi impunitas et licentia, Cic.: redundantia, Cic.: suis semper iuvenilior annis, Ov. met. 14, 639. – *Acc. neutr. adv.*, adhuc iuvenile vagans, Stat. silv. 3, 5, 25. – *neutr. plur.* subst., laeta et iuvenilia, jugendlich Frohes, Ov. trist. 5, 1, 7. – **II** übtr. = **heftig, stark,** subiti praeceps iuvenile pericli, Stat. silv. 1, 4, 51.

iuvenīlitās, ātis, *f.* (iuvenilis), die **Jugend,** multicupida, Varro sat. Men. p. 229, 6 *Riese* (mit Non. 123, 6 u. 433, 16).

iuvenīliter, *Adv.* (iuvenilis), **jugendlich, nach Art der Jugend,** Annibal iuv. exsultans, Cic. de sen. 10: ut in perfectum virum iuv. accrescatis, Augustin. serm. 216, 7.

iuvenis, is, *c.* (zu altindisch *yúvant-*, jung), **jung, jugendlich,** **I** *adi.*: maritus, Tibull.: filius, Quint.: liberi, Tac.: anni, Jugendjahre, Ov.: ovis, Colum.: *Compar.* iuvenior, Plin. ep. u. Tac.: u. iūnior, Hor. u. Liv.: aetate iuvenior, Apul.: Ggstz., alius *senior* est, alius *iuvenior*, Sen. ep. 66, 34: de his (declinationibus) aliae sunt *priscae* ut ›Bacchideis‹ et ›Chrysideis‹, aliae *iuniores,* ut ›Chrysides‹ et ›Bacchides‹, aliae *recentes,* ut ›Chrysidas‹ et ›Bacchidas‹, Varro LL. 10, 71. – **II** *subst.*, iuvenis, is, Abl. e, *c.* **A** ein **junger Mensch, junger Mann, Jüngling** (gew. v. 20. bis 40. Jahr), Ggstz. puer od. senex, Cic. u. a.: Agrippa iuvenis, im Ggstz. zum Vater, Suet. – u. ein **junges Mädchen,** eine **Jungfrau,** Ov.: iuvenes utriusque sexus, junge Leute beiderlei Geschlechts, Suet.: i. afflatus etc., Äskulap als Schlangenmann (Ophiuchus), weil er von Jupiter durch Blitz getötet wurde, Ov. fast. 6, 735. – *Compar.* iūnior = ein **Jüngerer,** ut nubere vellet maior iuniori, Apul. apol. 27: Ggstz. senior, Ulp. dig. 22, 4, 6. – bes. Plur., iuniores = die jüngeren Leute, die jüngere Mannschaft (Ggstz. seniores), Cic. de rep. 2, 93; Verr. 5, 38. Caes. b. G. 7, 1, 1. Liv. 3, 41, 7. – **B** insbes., kollektiv = die **junge Mannschaft,** Sil. 4, 219.

iuvenitās, s. iuvenīlitās.

iuvenīx, īcis, *f.* (iuvenis), eine **junge Kuh,** eine **Färse,** Plaut. mil. 304. – Zsgzg. Nbf. iūnīx, īcis, *f.*, Pers. 2, 47. Paul. Nol. 27, 18. CIL 6, 68.

iuvenor, ārī (iuvenis), sich jugendlich gebärden = **tändeln, sich zieren,** Hor. de art. poët. 246.

iuventa, ae, *f.* (iuvenis), die **Jugend,** **I** appell.: **1** eig., die **Jugend,** das **jugendliche Alter,** das **Jugendalter,** die **Jugendzeit** (Ggstz. pueritia, senectus), **a** der Götter u. Menschen, flos iuventae, Liv. u. a.: robur iuventae, Ov. u. Liv.: iuventae calor (Ggstz. senectutis frigus), Cels. – iuv. prima, Verg. u. Plin.: perpetua, Verg.: valens, Catull.: florens, Hor.: habilis, Tac.: modesta, Tac.: plena furorum, non numquam et criminum, Spart.: senilis (altkluge), Plin. – a od. ab iuventa, von J. auf, Liv. u. Suet.: a iuventa usque ad supremum vitae diem, Suet.: in iuventa, Laber. com. fr. u. Cels. u. (Ggstz. in senectute) Plin.: in prima iuventa, Prop.: primā suā iuventā, Plin.: citra (vor) iuventam, Ov.: intra iuventam, in der Mitte des J., in der Jugendblüte, Tac.: iuvenes quique inter iuventam senectutemque sunt, Cels.: recordatione iuventae suae admonebatur, Val. Max. – si vigor iuventae inest, Liv.: enervem et frigidam iuventam egisse, Val. Max.: rure et procul coetu hominum iuventam egisse, Liv.: tutā et inturbidā iuventā frui, Tac.: qui nostram ad iuventam duraverunt, Tac.: donec minor filius lubricum iuventae exiret, Tac.: spatium iuventae transit, Ov.: quid in senectute felicius, quam quod dulcissimum est in iuventa? Plin. ep.: neque iuventam (seine J.) armis civilibus aut domesticis discordiis imbutam (esse), Tac.: in matris aspectu coalescit *infantia, pueritia* consurgit, *iuventa* surrepit, Ps. Quint. decl. 18, 9. – **b** der Tiere: iuventa eorum (elephantorum) a sexagesimo (anno) incipit, Plin. 8, 28. – **c** der Bäume: nigrae (populo) in iuventa circinatae rotunditatis sunt (folia), Plin. 16, 86. – **2** meton.: **a** konkr.: **α** die **Jugend** = die **jungen Leute,** docilis, Hor.: imbellis, Hor.: delecta, Sil.: moderator vagae iuventae, Mart. – **β** prima iuv., das **erste Barthaar** des Jünglings, der **Flaum,** Verg. Aen. 9, 181. – **b** abstr., die **Kraft-, Fülle der Jugend,** die **Jugendkraft, Jugendfülle,** virtus et iuv., Liv. 5, 10, 1: decorus, procerus iuventā, Tac. hist. 1, 53 u. 4, 1: nitidus iuventā (anguis), Verg. georg. 3, 437 u. Aen. 2, 473: tuā iuventā, tuo robore invaluit, Plin. pan. 8, 4. – **II** personif., **Iuventa,** ae, *f.*, die **Jugend** als Göttin, Ov. met. 7, 241 u. ex Pont. 1, 10, 12.

iuventās (ātis), *f.* (iuvenis), die **Jugend,** **I** appell., die **Jugend,** das **jugendliche Alter,** das **Jugendalter,** **1** eig., Lucr. 5, 885. Verg. georg. 3, 63 u. Aen. 5, 398. Hor. carm. 2, 11, 6 u. epod. 17, 21. Tibull. 1, 4, 37. – **2** meton., **a** prima iuv., das **erste Barthaar** des Jünglings, der **Flaum,** Verg. Aen. 8, 160. – **b** die **Jugendkraft,** der **jugendliche Mut,** Hor. carm. 4, 4, 5. – **II** personif., **Iuventās,** *f.*, die **Göttin** der **Jugend,** sonst **Hebe** gen., Cic. Tusc. 1, 65 u. de nat. deor. 1, 112. Liv. 5, 54, 7. Hor. carm. 1, 30, 7. Claud. nupt. Hon. et Mar. 84.

iuvento, āre (iuventa) = νεωτερίζω, Gloss. II, 94, 19. Vgl. Rönsch Collect. phil. p. 308.

1. **iuventus,** a, um (iuvenis), **jugendlich,** aetate iuentā (altlat. = iuventā), CIL 1, 1202.

2. **iuventūs,** ūtis, *f.* (iuvenis), **I** die **Jugendzeit,** das **jugendliche Alter,** von etwa 20 bis 40 Jahren, das **Jünglingsalter,** **A** eig.: ea, quae iuventute geruntur et viribus, Cic. de sen. 6, 15: ibique iuventatem suam exercuit, Sall. Cat. 5, 2: sed Rufum atque alios caedit sua quemque iuventus, Iuven. 7, 213: quod a iuventute sua devotissime tibi vixerat, Augustin. conf. 8, 1. – bildl., iuventus imperii et quasi robusta maturitas, Flor. prooem. § 7: praeter spem omnium senectus imperii quasi redditā iuventute reviruit, *ibid.* § 8. – **B** meton., **a** die **Jugend, Jünglinge,** von Soldaten = **junge Mannschaft, junge Männer, zum Kriegsdienst taugliche Personen** (Ggstz. senes, seniores, maiores natu), Cic., Caes. u. a.: iuventus et pueri liberi, Plaut.: mores iuventutis, Plaut. u. Plin. pan.: i. Attica, Plaut.: i. Romana, Liv.: i. corrupta, Sen.: i. lecta, Liv., delecta, Hirt. b. G. u. Verg.: omnis i., omnes etiam gravioris aetatis, Caes.: legendus est hic orator iuventuti, Cic.: acuent ad bonas artes iuventutem, Plin. ep.: denis vicenisque annis inter bella iuventus consenuit, Sen. rhet. – princeps iuventutis, s. 1. prīnceps *no.* II, A. – **b** von Bienen, die **junge Brut,** fugiens iuventus, Colum. 9, 12, 2. – **II** personif. = Iuventas (*no.* II), Hyg. fab. praef. p. 10 M.

iuveo, s. iubeo ►.

Iūverna, s. Hibernia.

iuvo, iūvī, iūtum, Partiz. Fut. iuvātūrus, iuvāre, **I** **unterstützen, fördern, nützen, helfen, zustatten (zu Hilfe) kommen,** alqm in alqa re, Cic.: alqm auxilio, Ov.: alqm auxilio laboris, Cic.: hostes frumento, Caes.: alqm frumento, veste, viatico, Liv.: audentes Fortuna iuvat, Verg. – m. lebl. Objj., fomentis suis nostra vulnera, Ov.: ea omnia bene iuvetis, Liv.: iuv. disciplinam beatae vitae, befördern, Cic.: armis ac manu victoriam, zum Sieg beitragen, Tac.: onera principis, erleichtern, Vell. – u. lebl. Subjj., quas opes sua virtus et di iuvent, Liv.: imbres arva iuvantes, Ov.: Titianum et Celsum nox iuvit, Tac.: usurum se eo (vino), quod sese magis iuvasset (zusagen würde), Gell. – m. *ut* u. Konj., is ut quam primum eveniat, di iuvent, M. Caes. b. Fronto ad M. Caes. 5, 49 (64). – unpers., iuvat m. folg. *Infin.*, **es nützt, frommt,** iuvat Ismara Baccho conserere, Verg. georg. 2, 37. – absol., pertinacia iuvantis (des Helfers, helfenden Arztes), Cels.: i. vitā magis quam morte, Ov.: iuvante deo od. dis iuvantibus, Cic., od.

deis bene iuvantibus, Liv., mit Gottes Hilfe: v. lebl. Subjj., cum commoditas iuvaret, Liv.: quid porro multus stilus et assidua lectio iuvat? Quint.: nox iuvit sideribus illustris, Tac.: iuvit hostium aviditas, Tac.: sed nil ista iuvant, Ov. – im Passiv, lex Cornelia proscriptum iuvari vetat, Cic.: temperie caeli corpusque animusque iuvantur, Ov.: viatico a me iuvabitur, Liv.: ipse precor, quaeras, quā sim tibi parte iuvandus, Ov.: at tua supplicibus domus est assueta iuvandis, Ov.: placuit sollertia, tempore etiam iuta, Tac. ann. 14, 4 *in.*: nec (lingua) sola per se loquendi munus implere potest, nisi iuta vel offensione dentium vel compressione labiorum, Lact. de opif. dei 10, 13. – **II** jmd. **ergötzen, vergnügen,** jmdm. **gefallen, Befriedigung gewähren,** jmdm. **erfreulich (erbaulich) sein,** jmdm. **wohltun, behagen, zusagen,** ut iuvit te cena? wie hast du dich beim Schmaus amüsiert? Hor.: nec me vita iuvaret invisa civibus et militibus meis, Liv.: si nec fabellae te iuvant nec fabulae, Phaedr.: quod sunt quos genus hoc minime iuvat, Hor.: nec, iuveni lusus qui placuere, iuvant, Ov.: im Passiv, refer ad aures: probabunt. Quaere, cur? ita se dicent iuvari, Cic. – oft unpers., iuvat me od. bl. iuvat m. folg. *Infin.* od. *Acc.* u. *Inf.*, **es erfreut, ergötzt, vergnügt (mich), es beliebt, gefällt (mir),** me quoque iuvat ad finem belli Punici pervenisse, Liv.: quae scire magis iuvat quam prodest, Sen.: forsan et haec olim meminisse iuvabit, wird man sich mit Befriedigung erinnern, Verg.: iuvit me tibi tuas litteras profuisse, Cic. – iuvat me m. folg. *quod* (dass), iuvat me, quod vigent studia, Plin. ep. 1, 13, 1; u. so 5, 13 (14), 8; 8, 6, 17. – absol., id demum iuvat, si etc., Ter.: si quod adest gratum iuvat, Hor.: quod iuvat, Sall.: deinde ambulationis causā, quantum iuvat (solange es ihm gefällt), ambulare, Cels. – ► Vulg. *Perf.* iuvaverunt, Th. Prisc. 2. chr. 17: iuvarit (= iuverit), Iul. Val. 3, 38 (22). p. 146, 13 K. Pallad. 13, 6, 1 *cod. P* (dagegen Perf. iuvavi od. iuvui verworfen von Serv. Verg. Aen. 1, 203). – *Partic. Perf. pass.* iutus, Tac. ann. 3, 35 u. 14, 4. Pallad. 4, 10, 36; vulg. iuvatus, Th. Prisc. 1, 10 u. 2. chr. 19. – *Partic. Fut. act.* iuvaturus, Sall. Iug. 47, 2. Plin. ep. 4, 15, 13. Tert. de fug. in pers. 14. Amm. 14, 6, 17 u. 20, 4, 8; iuturus, Colum. poët. 10, 121. Iuvenc. 1, 58. – iuerint = *iuverint,* Catull. 66, 18. Prop. 2, 23, 22. – Archaist. *Imperat.* iuve = *iuva,* Acc. tr. 489 R.[2]

iūxtā (verwandt mit iungo), **dicht daneben, -neben, I** *Adv.:* **A** im Raum: **1 nebeneinander,** theatra duo iuxta fecit, Plin. 36, 117. – **2 dicht daneben, a** = **dicht dabei, nahe bei, nahe an, nebenan** (Ggstz. procul), legio, quae i. constiterat, Caes.: iuxta collocare, Tac.: sellam i. ponere, Sall.: fuit i. tumulus, Verg.: qui iuxta sunt, die nächste Umgebung, Suet. – **b in die Nähe,** venire, Claud. Quadrig. bei Gell.: accedere, Ov. met. 8, 809 (811): obseratis vi portis i. adire prohibebatur, Amm. 31, 11, 3. – **B** übtr.: **1** der Reihe nach = **unmittelbar darauf,** quae deinde Cato i. dicit, Gell. 7, 3, 15. – **2** zur Bezeichnung der Gleichheit = **ebenso, auf gleiche Art, gleich,** plebi patribusque i. carus, Sall.: aliaque castella i. ignobilia, Liv.: per dubios infestosque populos i. intentus ad Hasdrubalem pervenit, Liv.: vir secundis adversisque iuxta famosus, Tac. – dah. mit Vergleichungspartikeln, rei publicae iuxta *ac* sibi consulere, Sall.: litteris Graecis i. *atque* Latinis eruditus, Sall.: parēre atque imperare i. paratus, Liv.: hiemem *et* aestatem i. pati, Sall.: i. obsidentes obsessos*que* inopia vexavit, Liv.: eorum ego vitam mortemque i. aestumo, Sall.: i. *ac si* hostes adessent, Liv.: i. *quam,* Liv. – mit *Dat.*, res parva ac i. magnis difficilis, Liv. 24, 19, 6: amicos amicis i. ponere, Val. Max. 3, 8. ext. 5. – mit cum u. Abl. verb., iuxta eam (virginem) curo cum mea, Plaut.: iuxta tecum aeque scio, Plaut.: i. mecum omnes intellegitis, Sall. – **II** *Praep.* m. *Acc.*, **A** im Raum: **1** eig.: **a** mit Pers. = **neben, an der Seite,** cum faceret iuxta ancillas lanam, Varro fr.: occursantes domini iuxta coniuges et liberos, Tac.: iuxta genitorem adstat virgo, Verg.: collocare alqm iuxta se in sella, Eutr., iuxta se latere dextro, Suet.: iuxta suam quisque centuriam armis fulgentes, Tac. – **b** mit Örtl. = **dicht neben, an der Seite,** iuxta murum castra posuit, Caes.: iuxta viam sepultus est, Nep.: i. focum agere, Tac. – bei Verben der Bewegung = **bis in die Nähe,** provehimur pelago vicina Ceraunia iuxta, Verg.: aditum iuxta moenia urbis Volsco militi struxit, Val. Max. – **2** übtr.: **a** zur Bezeichnung der Reihenfolge = **unmittelbar nach, nächst,** apud quos i. divinas religiones fides humana colitur, Liv.: i. deos in tua manu positum est (imperium), Tac.: Nigidius Figilus, homo, ut ego arbitror, i. M. Varronem doctissimus, Gell. – **b** zur Bezeichnung der Annäherung, Ähnlichkeit: **α nahe an, bei,** velocitas i. formidinem, Tac.: periculosiores sunt amicitiae i. libertatem, Tac. – bei Verben der Bewegung, gravitate annonae iuxta seditionem ventum, es kam beinahe zu einem Aufruhr, Tac. – **β fast so, ebenso,** i. se coniuges liberosque vexari, Liv. 41, 6, 10 H. (Weißenb. ipsos coniuges etc.). – **c** zur Bezeichnung der Gemäßheit = **nach, gemäß,** i. nocturnum visum, Iustin., i. praeceptum, Iustin.: i. siderum disciplinam, Solin. – **B** in der Zeit, **a unmittelbar vor, gegen,** quas (orationes) iam senior et i. finem vitae composuit, Tac. dial. 22. – **b unmittelbar nach, gleich nach,** neque enim convenit i. inediam protinus satietatem esse, Cels. 2, 16: i. haec Variana clades, Plin. 7, 110. – ► iuxta dem regierten Wort nachges., hunc iuxta, Nep. Paus. 4, 4: Coryton iuxta, Stat. Theb. 1, 90. – vulg. iūstā, Itala (Fuld.) Roman. 16, 25.

iūxtim (wie iuxta verwandt mit iungo), **I** *Adv.:* **dicht daneben** (Ggstz. exadversum), se collocare, Liv. Andr. tr. 11: assidere, Suet. Tib. 33: consīdere, Apul. flor. 23. – insbes., **in der Nähe, nahe bei uns** (Ggstz. procul), Lucr. 4, 499. – **II** *Praep.* m. *Acc.*, **nahe bei, dicht neben,** i. flumen, Sisenn. hist. 1. fr. 3 (bei Non. 127, 29): iuxtim se ut assidat effecit, Apul. met. 2, 13.

Ixamatae, ārum, *m.*, s. Iaxamatae.

ixia, ae, *f.* (ἰξία), eine Pflanze = *chamaeleon,* Plin. 22, 45.

Ixīōn, onis, *m.* (Ἰξίων), König der Lapithen in Thessalien, Vater des Pirithous, zur Strafe für seinen unkeuschen Umgang mit der Juno (in dem er mit ihrer Wolkengestalt die Zentauren zeugte) in der Unterwelt an ein sich immer drehendes Rad gebunden, Ov. met. 4, 461. Verg. Aen. 6, 601. Hyg. fab. 62: Ixione natus, Pirithous, Ov. met. 12, 210: matre deā et Ixione nati, die Zentauren, Ov. met. 12, 504. – Dav.: **A Ixīonius,** a, um (Ἰξιόνιος), **ixionisch,** orbis, Verg.: scherzh., amici, an ein Rad gebundene, Lampr. – **B Ixīonidēs,** ae, *m.* (Ἰξιονίδης), der **Ixionide** (Sohn Ixions), v. Pirithous, Prop. u. Ov.: Plur. Ixionidae, v. den Zentauren, Lucan.

ixios, iī, *m.*, eine Geierart, Vulg. deuter. 14, 13.

iynx (iunx), gis, *f.* (ἴυγξ), der **Drehhals, Wendehals,** ein Vogel (*Iynx Torquilla,* L.), Plin. 11, 256: iunges, Laev. fr. 10 M. (bei Apul. apol. 30 *extr.*, wo Krüger ungues).

K.

K, k, in der ältesten Sprache als besonderes Schriftzeichen für den Laut k, während C für den Laut g gebraucht wurde. Als später das Zeichen C auch für K gesetzt wurde und nach Einführung des Zeichens G für dieses allein gebraucht wurde, blieb K fast nur noch für einige Abkürzungen, wie K = Kaeso, s. Caeso: u. K. od. Kal. = Kalendae, s. Calendae; ebenso wurden Verleumder mit einem K gebrandmarkt (Kalumniator). Vgl. Diom. (I) 424, 27 *sq.* u. Dosith. (VII) 385 *sqq.*

Kalendae, s. Calendae.

kanaba, s. canaba.

kaput, s. caput.

Karthāg..., s. Carthāgo.

karus, s. 1. cārus, z. B. karissimo, CIL 8, 217, 23.

kasa, s. casa.

katerva, s. caterva.

klepsydra, -ārius, s. cleps...

Koppa, ein Buchstabe im alten griechischen Alphabet (Ϙ), der späterhin nur noch als Zahlzeichen gebraucht wurde und 90 bedeutete, Quint. 1, 4, 9.

L.

1. L, l, elfter Buchstabe des latein. Alphabets. – Als Abkürzung = Lucius.

2. L, als Zahlzeichen = 50.

labanter, *Adv.* (labo), **schwankend,** Iuvenc. 4, 468 *Huemer* (Marold labenter).

labarum, ī, *n.* (vom bretagn. *lab,* erheben, od. vom baskischen *labarva,* das noch jetzt bei den Basken eine Fahne bedeutet), eine mit Perlen u. Edelsteinen reich verzierte u. mit dem Namen des Kaisers versehene röm. Kriegsfahne, von Konstantin dem Gr., der in Gallien erzogen war, zur Reichsfahne gemacht u. mit einer Krone, einem Kreuz u. den Anfangsbuchstaben des Namens Christus geschmückt, die **Reichsfahne, Kreuzesfahne, Oriflamme,** Prud. c. Symm. 1, 487. Tert. apol. 16.

labāsco, ere (labo), **zu sinken drohen, den Fall drohen, wanken, I** eig., Lucr. 1, 537; 4, 1277 (1285). – **II** übtr., **zum Wanken gebracht werden, wankend werden** (= nachgeben), Acc. tr. 684. Plaut. rud. 1394. Ter. eun. 178 u. adelph. 239. – Nbf. **labāscor**, āscī, Varro b. Non. 473, 11.

labda (labdea), ae, *m.* = *irrumator,* Varro sat. Men. 48.

labdacismus, ī, *m.* (λαβδακισμός), **I** ein Fehler der Rede, die **zu häufige Wiederholung des Buchstabens** L (z. B. sol et luna luce lucebant albā, levi, lacteā), Mart. Cap. 5. § 514. – **II** ein Fehler der Aussprache, wenn man das L durch Anschlagen mit der Zunge an den Gaumen quetscht (wie spanisch ll od. ital. gl), z. B. *llamare* fast wie *ljamare,* od. wie im Franz. *bataille,* im Ital. *egli,* d. i. ille, Diom. 453, 4. Consent. art. 394, 27. Isid. orig. 1, 32, 8; vgl. Quint. 1, 5, 32. – auch die zu dünne, fast wie ein einfaches L klingende Aussprache des Doppel-L, Consent. art. 394, 24 u. (über beide Fälle) Pompeii comment. 286, 7 u. 34; 288, 3 u. 5.

Labdacus, ī, *m.* (Λάβδακος), König in Theben, Vater des Laius, Sen. Herc. fur. 494. Hygin. fab. 76 u. 85. – Dav.: **a Labdacidēs**, ae, *m.* (Λαβδακίδης), ein Nachkomme des Labdakus, ein **Labdacide,** v. Polynices, Enkel des Laius, Stat.: Labdacidae, die Thebaner, Stat. Theb. 9, 777 u. 10, 36. – **b Labdacius**, a, um (griech. Λαβδάκειος), **labdacisch,** dux, Eteokles, Stat. Theb. 2, 210.

labdea, s. labda.

labea u. **labia**, ae, *f.* = labium, **I** die **Lippe,** Form *-ea,* Plaut. Stich. 721 G. Titin. com. 172. Pompon. com. 144. 156. 158. Nov. com. 51. Lucil. 336 u. 584. Nigid. fr. bei Gell. 10, 4, 4, H. Poët. bei Gell. 19, 11, 4. *v.* 6 H. (dagegen in derselben Stelle bei Macr. sat. 2, 2, 17 Jan u. Eißenh. mit den Hdschrn. labias). Gell. 18, 4, 6 H. – Form *-ia,* Apul. met. 2, 24; 3, 24 u. 25; 10, 1628. – **II** übtr., Form *labea,* die **Lefze** an der Ölpresse, Cato r. r. 20, 2: Form *labia,* der **Rand** eines Gefäßes, vasi, Oribas. frgm. Bern. 1, 40. p. 4, 4 H.

Labeātēs, ium u. (selten) um, *m.* u. **Labeātae**, ārum, *m.*, Völkerschaft nördlich von Mazedonien, östlich von Illyrikum, im Krieg mit Perseus von L. Anicius mit Illyrikum vereinigt, Liv. 43, 19, 3 (Form *Labeatae,* Liv. 45, 26, 15 u. Plin. 3, 144): deren Hauptstadt Scodra, Liv. 44, 31, 2; vgl. Plin. 3, 144. – Dav. **Labeātis**, idis, *f.*, **labeatisch,** terra, Liv. 44, 23, 3: palus, der See von Skutari, Liv. 44, 31, 3.

lābēcula, ae, *f.* (*Demin.* v. labes *no.* II, B, 2, b), ein **Schmutzfleckchen,** übtr. = ein **kleiner Schandfleck,** non nullam laudatione suā alci aspergere labeculam, Cic. Vat. 41.

labefacio, fēcī, factum, ere, Passiv **labefīo**, factus sum, fierī (labo u. facio), **I** etwas **wankend-, wackelnd-, locker machen, erschüttern,** dentes, Ter.: partem muri, Caes.: arborem, Ov.: munimenta incussu arietum labefieri, Sen.: mole publicae viae et ductu aquarum labefactas aedes suas, Tac.: charta sit a vinclis non labefacta suis, nicht geöffneter, Ov.: nix tenera et labefacta (Ggstz. fixa et dura), Sen.: ossa (nivea) labefacta, (v. der Liebesglut) zerronnene, erweichte, Verg. – **II** übtr.: **1** im Bestehen **erschüttern, a** physisch **erschüttern, schwächen, hinfällig machen,** ignes, Lucr.: ne quis ceteros contagione labefaciat, Colum.: obnoxia morbis corpora aestus impatientia labefecit, Tac. – **b** politisch **wankend machen, erschüttern,** res secundas, Sall.: iura plebis, Liv.: fidem (den Kredit), Suet.: etenim vix haec si undique fulciamus, iam labefacta, vix, inquam, innixa in omnium nostrum umeris cohaerebunt, Cic.: ruere illa non possunt, ut haec non eodem labefacta motu concĭdant, Cic.: dah. alqm, jmd. stürzen (v. Hass), Tac. ann. 6, 29. – **2** in der Gesinnung, in seinen Grundsätzen **wankend machen, erschüttern,** quem numquam ulla vis, ullae minae, ulla invidia labefecit, Cic. Sest. 101: animus vario labefactus vulnere nutat huc levis atque illuc, Ov. met. 10, 375: m. griech. *Acc.*, magno animum (im G.) labefactus amore, Verg. Aen. 4, 395: ancipiti mentem labefacta timore, Sil. 3, 557. – u. **in der Treue erschüttern** = aufwiegeln, primores classiariorum, Tac. ann. 15, 51.

labefactātio, ōnis, *f.* (labefacto), die **Erschütterung,** dentium, das Wackeln, Plin. 23, 56. – übtr.: die **Erschütterung** im Staat, Quint. 8, 4, 14. Oros. 7, 41, 8 (Zangemeister labefactio): libertatis, Cod. Theod. 4, 8, 5. § 5.

labefactio, Variante von labefactatio, s. d.

labefacto, āvī, ātum, āre (*Intens.* v. labefacio), etw. **wankend machen, erschüttern, I** eig.: signum vectibus, Cic.: horrea bellicis machinis labefactata et inflammata, Suet.: labefactatus rigor auri, zerrinnen gemacht, erweicht, Lucr. – **II** übtr.: **1** im Bestehen **erschüttern, a** physisch, animam sedibus intus, Lucr.: onus gravidi ventris, abzutreiben suchen, Ov.: quo minus colla eorum (boum) labefactentur, weniger zu Schanden (gerieben od. gestoßen) werden, Colum. – **b** der bürgerlichen Existenz nach, politisch usw. **wankend machen,** in seinen Grundpfeilern **erschüttern, stürzen, zugrunde richten, zuschanden machen, dem Verderben nahebringen,** aratores, den Wohlstand der Pflanzer erschüttern (Ggstz. aratores funditus evertere), v. einem Missjahr, Cic.: eum, Cic.: alcis fidem pretio, Cic.: provinciarum fidem, Tac.: alcis dignitatem, Cic.: amicitiam aut iustitiam, Cic.: orationem alcis, Cic.: rem publicam, Cic.: legem, Liv.: pervertere urbes et vitas hominum labefactare, die Grundpfeiler des menschlichen Zusammenlebens erschüttern, Cic. – medial, cum ad iudicem causam labefactari (wanke) animadvertunt, Cic. – **2** in der Gesinnung, in seinem Vorsatz **wankend machen, erschüttern,** alqm, Plaut. merc. 402. Ter. eun. 508: alqam rarae munere vestis, Catull. 69, 3. – ► Parag. Infin. labefactarier, Ter. eun. 509.

labefīo, factus sum, fierī, s. labefacio.

1. labellum, ī, *n.* (*Demin.* v. 1. labrum), eine **kleine Lippe,** labella tenera, Plaut. u. Ov.: purpurea, Ov.: rosea, Catull.: Platoni cum in cunis parvulo dormienti apes in labellis consedissent, Cic.: ubi (amans) labra ad labella adiungit, Plaut.: labra ab labellis aufer, Plaut. – als Liebkosungswort, meum labellum, Plaut. Poen. 366 u. a.

2. lābellum, ī, *n.* (*Demin.* v. 2. labrum), eine **kleine Wanne,** ein **Becken,** Cato r. r. 10, 2 u. a. Colum. 12, 28, 3 u. a. – auf einem Grabhügel, ein **kleines Opferbecken** zu Trankopfern, Cic. de legg. 2, 66. – im Bad, *Afran. com. 187[1]. Laber. com. 38.

labenter, s. labanter.

labeo, ōnis, *m.* (labea), **I** dicke, aufgeworfene, wulstige Lippen habend, **dicklippig, dickmäulig,** ein **Dickmaul,** Arnob. 3, 14; vgl. Phocas (V) 413, 5 K. – Andere Form labio, ōnis, *m.* (v. labia), Verr. Flacc. bei Charis. 103, 8. – **II** Labeo als röm. Zuname der Fabii, Antistii u. a.; vgl. Plin. 11, 159.

labeōsus, a, um (labea), **große Lippen habend,** Lucr. 4, 1161 (1169).

Laberius, a, um, Name einer röm. *gens,* aus der am bekanntesten D. Laberius, Ritter und mimischer Dichter, Zeitgenosse Cäsars, Cic. ep. 12, 18, 2. Hor. sat. 1, 10, 6. Suet. Caes. 39, 2. – Dav. **Laberiānus,** a, um, **laberianisch, des Laberius,** Laberianus ille versus, Sen. de ira 2, 11, 4.

lābēs, is, *f.* (1. lābor), das **Hinsinken, Einsinken,** der **Fall, Sturz, Einsturz, I** eig., u. zwar zunächst v. Erdfällen, labes terrae, Liv.: agri Privernatis, Cic.: absol., labes (Plur.) aut repentini terrarum hiatus, Cic.: multis locis labes factae sunt, Cic. – aber auch v. Bergstürzen, labes montis, CIL 9, 5947, 10: pontium ruinae et montium labes, Symm. epist. 6, 17. – v. Mauersturz, moenia mundi expugnata dant labem, sinken (stürzen) ein, Lucr. 2, 1145. – v. Regenfall, labes imbris e caelo, Arnob. 5, 40. – v. Samenerguss, permixi lectum, inposui pede pellibus labes, Lucil. 1248. – **II** übtr.: **A** im Allg.: prima labes mali, der erste Unglücksfall, Verg. Aen. 2, 97. Iustin. 17, 1, 5. – **B** insbes.: **1** **Sturz** = hereinbrechendes **Unheil, Schaden, Nachteil, verderblicher Einfluss** od. **Geist, Verderben, Untergang, a** im Allg.: Mursina labes, die Schlappe bei Mursia, Aur. Vict.: metuo legionibus labem, Plaut.: hic innocentiae labem aliquam aut ruinam fore putatis? Cic.: videtis in tabella, quanta sit facta labes? Cic.: hominis enim scelere et furore notato similis a re publica labes in posterum demovebatur, konnte der Staat gegen ähnliche verderbliche Missgriffe in Zukunft verwahrt werden, Cic.: Plur., naufragia, labes generis, Tragic. inc. fr.: labes imperii tui stragesque provinciae, Cic. – meton., v. einem verderblichen Gesetz, labes atque eluvies civitatis, Cic. de domo 53. – v. verderblichen Personen, labes popli, Plaut.: eadem ista labes, Cic.: labes atque pernicies provinciae, Cic.: labes atque flamma rei publicae, Cic. – **b** insbes.: **α** **Gebrechlichkeit** des Körpers, konkr. = **Gebrechen,** corporis, Lucr. u. Suet.: aegri corporis, Cod. Theod.: vitiatorum corporum, Salv. – **β** **Unheil** = Seuche, Amm. 19, 4, 6. Ser. Samm. 1018. Gratt. cyn. 468: Tartarea, Sil. 14, 596: bildl., dedit hanc contagio labem, diese Seuche (= diese Verzärtelung der Sitten), Iuven. 2, 78. – **2** der auf etw. fallende od. gefallene verunreinigende **Fleck, Flecken, Schmutzflecken, Makel, a** der physische, labem remittunt atramenta, Klecks, Hor.: sit sine labe toga, ohne Untätchen, Ov.: u. so purum et sine labe salinum, Pers.: victima labe carens, Ov. – **b** der **moralische Flecken, Schandfleck,** die **Schande und Schmach,** illa labes atque ignominia rei publicae, Cic.: est haec saeculi quaedam labes atque macula virtuti invidere, das gehört so ganz zum schmachvoll entehrenden Geist unseres Zeitalters, Cic.: aspergitur labes ex indignitate alcis dignitati alcis, Cic.: hanc labem turpitudinis et inconstantiae poterit populi Romani dignitas sustinere vivo senatu, Cic.: alci labem inferre, Cic., od. imponere, Liv.: felicitati labem imponere, das Glück trüben, Curt.: abolere labem prioris ignominiae, die früher empfangene Scharte auswetzen, Tac.: carent mores labe, Ov.: nos quoque praeteritos sine labe peregimus annos, Ov.: Plur., hunc tu quas conscientiae labes in animo censes habuisse? quae vulnera? Cic. – meton., v. Pers., labes illa atque caenum, caenum illud ac labes, jener schmutzige Unhold, Cic. Sest. 20 u. 26; vgl. Paul. ex Fest. 121, 10. – ► Abl. labi, Lucr. 5, 927 (930).

lābēsco, ere (1. lābor), **dahingleiten, verfließen,** labescentibus cotidie diebus, Rufin. interpr. Orig. in epist. ad Roman. 9, 32.

labia, ae, *f.,* s. labea.

lābibundus, a, um (1. lābor), **dahingleitend, -rieselnd,** fluenta, Tiberian. carm. 1, 14 (Poët. lat. min. ed. Baehrens III. p. 264).

Labīcī (od. Lavīcī), ōrum, *m.* u. **Labīcum,** ī, *n.,* altlatin. Stadt auf einer Anhöhe am Auslauf des Albanergebirges gegen die nördl. Ebene hin, südöstl. von Rom, westl. von Präneste u. östl. von Tuskulum, in der Nähe des heutigen *Colonna,* Liv. 2, 39, 4; 4, 45, 4 u. 4, 47, 6 7. Cic. de lege agr. 2, 96: Form *-icum,* arva Labici, Sil. 12, 534. – Dav. **Labīcānus** (Lav.), a, um, **labikanisch,** Liv. u. a. – subst., **a** Labīcānum (Lav.), ī, *n.,* das **Gebiet von Labikum,** Cic.; u. ein Landgut bei Labikum, das **Labikanum,** Suet. – **b** Labīcānī (Lav.), ōrum, *m.,* die Einw. von Labici, die **Labikaner,** Liv. – ► Bei Mart. 1, 88, 2 Lāvīcānus gemessen.

lābidus, a, um (1. lābor), wo man leicht gleitet, **schlüpfrig,** itinera, Vitr. 6. praef. 2: übtr., **vergesslich** (Ggstz. tenacior), memoria, Chalcid. Tim. 328.

Labiēnus, ī, *m.,* ein Legat Cäsars, der zu Pompejus überging, Hirt. b. G. 8, 52, 2 *sq.* Caes. b. c. 3, 13, 3. – Dav. **Labiēnānus,** a, um, **labienanisch, des Labienus,** Auct. bell. Afr. 29, 1.

lābilis, e (1. lābor), **leicht gleitend, I** eig.: labilis et mobilis specus aquae, Augustin.: aqua naturā res labilis, Arnob.: quaequam lab. qualitas, Cael. Aur.: limus, schlüpfriger, Amm. – **II** übtr.: dulcedo, vergängliche, Arnob.: u. so vita, Augustin.: animae in vitia labiles, leicht verfallend, Arnob.

lābiliter, *Adv.* (labilis), **leicht (sanft) dahingleitend,** aqua lab. fluxa, Augustin. de genes. ad litt. 2, 11, 24 *extr.* u. 3, 3, 5 *extr.*

lābīna, ae, *f.* (1. lābor), der **Erdfall** (Isid. orig. 16, 1, 4), Augustin. in psalm. 36. serm. 3. *no.* 12.

labio, ōnis, *m.,* s. labeo.

lābīscor, īscī (*Inchoat.* v. 1. lābor), **zu gleiten anfangen,** ohne Beleg bei Diom. 344, 22 K.

labito, āre (*Intens.* v. labo), **wanken,** regna quae parvo labitantia tempore dantur, (Hilar. Arelat.) poëm. de Manich. *v.* 87.

labium, iī, *n.,* **Lefze, Lippe,** gew. im Plur., fissurae labiorum, Plin.: compressio labiorum, Lact.: labiorum in se collisorum strepitus, Schol. Iuven.: labia demissa, herabhängende, Ter.: creber digitorum labiorumque motus, Quint.: alci nasum, aures labiaque praecīdere, Iustin.: manum ori admovens osculum labiis impressit, Min. Fel.: leviter et primoribus, ut dicitur, labiis delibasse, Fronto epist. ad M. Caes. 4, 3. p. 63, 3 N.: ut non levi usitatoque sermone et, ut ita loquar, summis labiis hospites invitemus, Hieron. epist. 125, 14: labiis ductare alqm, mit den Lippen zum Narren (zum Besten haben), Plaut. mil. 93. – übtr., der umgebogene **Rand,** labium rivi, Gromat. vet. 365, 17: labia inflexa (cucurbitarum), Cael. Aur. de morb. acut. 3, 17, 149. – ► Sing. labium, Seren. bei Non. 210, 21. Vulg. gen. 11, 1. 6. 9; exod. 25, 24 u. ö.

labo, āvī, ātum, āre (zu 1. lābor, vgl. placēre neben plācāre), **wanken, dem Fall nahe sein, fallen wollen, I** eig.: labat signum, Cic.: labat ariete crebro ianua, Verg.: genua labant, Verg.: labant dentes, wackeln, Cels.: littera articulo pressa tremente labat, die Hand (Handschrift) ist nicht fest, Ov.: labant vincula, fangen an zu sinken, Ov.: tremores labantis soli, Sen. – labare sermone (vom Trunkenen), eine schwere Zunge haben, Plin. – postquam labantem unā parte videt aciem, Liv.: sustinuit labantem aciem Antonius accitis praetorianis, Tac. – **II** übtr.: **1** im Bestehen **wanken, schwanken, zu sinken beginnen, zusammenzubrechen** od. **über den Haufen zu fallen drohen, in Verfall geraten,** quid? non sic aliud ex alio nectitur, ut non, si unam litteram moveris, labent omnia? Cic.: omnes rei publicae partes aegras et labantes sanare et confirmare, Cic.: labante causā decem virorum, Liv.: labante iam re (Glück), Liv.: permulta iam saecula publice privatimque labante egregiā quondam disciplinā, Liv.: labans fortuna populi Rom., Liv. – memoria labat, das Gedächtnis ist unzuverlässig, untreu, Liv.: si memoria mihi non labat, Gell.: mens in illis (phreneticis) labat, in hoc (cardiaco) constat, Cels. – piger labante languore oculos sopor operit, in die müdverstörten Augen sinkt träge der Schlaf, Catull. – **2** in seiner Standhaftigkeit in Bezug auf Plan, Ansicht, Gesinnung, Treue, Mut **wanken, schwanken,** scito labare meum consilium illud, quod satis iam fixum videbatur, Cic.: fides sociorum, quae ad eum diem firma steterat, tum labare coepit, Liv.: labare iis adversus Poenum fidem senserat, Liv.: postquam vulgatum erat labare Germanici exercitus fidem, Tac.: cum labat ambiguo spes mihi mixta metu, Ov.: ubi primum labare regis animum (der König in seiner Gesinnung) sensit, Liv.: u. so postquam apparuit labare plebis animos (das Volk in seiner Gesinnung), Liv.: aber labare animi (der Mut) coeperunt, Liv. – v. Pers., labamus mutamusque sententiam clarioribus etiam in rebus, Cic.: cum ei labare M. Antonius videretur, Cic.: etenim eae (cohortes) quoque, quae in his locis sunt, labare dicuntur, Cic.: labantes consilio patres, Hor.

1. **lābor**, lāpsus sum, lābī (vgl. griech. ὀ-λιβρός, schlüpfrig u. ahd. *slīfan*, gleiten), sich auf einer glatten Oberfläche sanft hinbewegen, **gleiten, schlüpfen, schweben, hingleiten, hinschlüpfen, hinschweben,** u. abwärts = **herabgleiten, -schlüpfen, -schweben,** u. als Anfang des Fallen = **sinken,** absol., od. konstr. m. ad, in, inter, per, sub, super, ab, de, ex u. m. bl. *Abl.*, I im Allg.: 1 eig.: α v. lebl. Subjj., z. B. v. Schlangen, non squamoso ventre, Prop.: per sinus crebros et magna volumina, Ov.: circa donaria, Ov.: circum tempora, sich schlängeln, Ov.: inter vestes et levia tempora, Ov.: angues lapsi in diversum, Iul. Obsequ.: populus in diversa labitur, verläuft sich nach verschiedenen Richtungen, Iustin.: abwärts, montibus, Val. Flacc. – v. Schwimmenden, per aequora, Ov.: in magno mari, Ov.: medio amne, Ov. – v. Schiffenden, rate per aequora, Ov.: aquā, Prop. – v. Fliegenden, auf Fittichen Schwebenden, per auras, Ov.: pennis, entschweben, von Merkur, Verg.: aufwärts, sub sidera, entschweben, Verg.: abwärts, polo, Verg. – vom auf dem Wagen durch die Lüfte fahrenden Mars, pronum per aëra, Ov. – v. Herabsteigenden, per funem demissum labi, Verg.: im Bild, labi per iter declive senectae, Ov. – v. Herabsinkenden, semianimem od. moribundum ex equo, Liv., suffosso equo, Tac., u. bl. equo, Hor.; vgl. multis labentibus ex equis aut desilientibus, Liv.: labi ex rupe, Curt.: ex arbore, Capit.: per gradus, die Stufen hinabfallen, Liv.: super terram, hinsinken, Liv. – β v. lebl. Subjj.: quia continenter laberentur et fluerent omnia, Cic.: in vanum manus lapsa, die einen Fehlhieb getan, Curt.: cum tela de testudine laberentur, Curt.: tum (illud iaculum) leni impetu labitur, gleitet sanft (auf dem Wasser) dahin, Min. Fel. – abwärts, lapsa cadunt folia, Verg.: lapsus ab arbore ramus, Ov.: lapsae lacertis, nullo solvente, catenae, Ov. – v. Kleidern und Waffen, soluta ac velut labens undique toga, Quint.: tergo velamina lapsa, Ov.: labentibus super corpus armis, Liv. – v. Sternen u. dgl., vagā et mutabili ratione, Cic.: advorsum nimbos, Lucr.: caelo, dahingleiten am usw., Verg.: abwärts, ab aethere, Ov.: de caelo, Verg.: ignem de caelo lapsurum, Capit. – v. Schiffen, vadis, Verg. – v. Gewässern, **gleiten, dahingleiten, fließen,** cum labantur assidue flumina, quaedam concitata rapiantur, Sen.: altissima quaeque flumina minimo sono labi, Curt.: altis ripis, dahingleiten, Hor.; aber sinistrā ripā, hinwegströmen über usw., Hor.: per CCC stadia, Curt.: sub terras, sub magna terra, Ov.: abwärts, e fontibus, Curt.: diversis de partibus (*al.* fontibus), Ov.: vertice silvae, Ov.: quantum aquarum per gradus cum fragore labentium, Sen.: zurück, in caput (Quelle) suum retro, Ov.: prius vasto labentur flumina ponto, quam etc., Prop.: vado labente, die Flut zurück-, abfloss, Tac. – v. Tränen, **rinnen, träufeln,** in genas, Hor.: per genas in ensem, Ov.: ex oculis, Ov. – v. anderen Flüssigkeiten, **fließen, rinnen, träufeln,** in proximum mare (vom flüssigen Bernstein), Tac.: truncis cavis, vom Honig, Hor.: quid sit, quod guttatim faciat pluviam labi, Arnob.: pressus pavore sanguis tardius labebatur, floss (hervor), Tac. – vom Feuer, in porticus, hinüberschlagen in usw., Tac. – v. Übeln usw., die allmählich in den Körper **dringen, sich verbreiten,** frigus per artus labitur, Ov.: dolor lapsus ad artus, Verg.: penitus in viscera lapsum serpentis furiale malum, Verg.: somnus labitur in artus, Ov.

2 übtr.: a **gleiten, rinnen,** α v. leb. Subjj.: sed labor longius, ad propositum revertar, ich gerate, ich verliere mich zu weit (in der Rede), Cic.: u. so quin labebar longius, nisi me retinuissem, Cic. – *cadere spe* dicuntur, qui levati animo a summo ad inferiora labuntur, Donat. Ter. Andr. 3, 5, 12. – β v. lebl. Subjj.: ilico res foras labitur, liquitur, rinnt das Geld ihm aus dem Hause und zerfließt, Plaut.: brevitate et celeritate syllabarum labi putat verba proclivius, Cic.: sunt (vitia) in lubrico incitataque semel proclivi labuntur sustinerique nullo modo possunt, Cic. – v. der Rede, oratio sedate placideque labitur, gleitet (fließt) dahin, Cic. or. 92: prosā incipit (sermo eius), versu labitur, pedestri oratione finitur, Hieron. epist. 53, 8. – v. Zeit u. Leben, **dahingleiten, entrinnen, verfließen,** assiduo labuntur tempora motu, non secus ac flumen, Ov.: labitur occulte fallitque volubilis aetas, ut celer admissis labitur amnis aquis, Ov.: cito pede labitur aetas, Ov.: tardo pede lapsa vetustas, Ov.: u. so labuntur tempora, anni, lustra, Hor. u. a. Dichter. – b mit Angabe des Ziels, zu etwas **sich hinneigen,** in etw. **sinken,** auf od. in etw. **verfallen, geraten,** α v. leb. Subjj.: labor eo, ut assentiar Epicuro, fühle mich zur Ansicht des E. hingezogen, Cic.: labi ad illos, qui etc., Cic.: veremini, ne labar ad opinionem, möchte dem Wahn verfallen, Cic.: labi in errorem emendabilem, Liv.: in luxuriam, in segnitiam, Iustin.: in vitium, Hor.: in somnum, in soporem, Petron. – β v. lebl. Subjj.: civitatum mores lapsi ad mollitiem, Cic.: omnia in externum lapsa sunt morem, Curt.

II prägn.: A = delabi, **abgleiten, abkommen, vorbeigleiten,** 1 eig.: si viā lapsus est (bildl.), Sen.: cum superiacta tela de testudine laberentur, Tac.: ne adiectae voces laberentur atque errarent, priusquam sensus (auditus) ab his pulsus esset, Cic. – 2 übtr.: hāc spe lapsus, in der Hoffnung getäuscht, Caes.: labi facultatibus, um sein Vermögen kommen, ICt.

B = **ab-** od. **ausgleiten, straucheln,** ausgleitend, strauchelnd **fallen,** 1 eig.: agaso pede lapsus, Hor. – homini nequam lapso et ut allevaretur roganti, ›Tollat te‹, inquit, ›qui novit‹, Quint. – 2 übtr.: **straucheln,** a = **irre werden,** mente, wahnsinnig werden, Cels.: u. so lapsi mente, wahnsinnig (Ggstz. sui compotes), Cels. – labi memoriā, einen Gedächtnisfehler begehen, Suet. – u. geistig od. moralisch **irren, fehlen, sich vergehen,** erravit, lapsus est, non putavit, Cic.: opinione labi posse, voluntate a re publica dissidere nullo pacto posse, Cic.: in alqa re consilio od. casu lapsum esse, Cic.: consilio id magis quam furore lapsos fecisse, Liv.: labi per errorem, Cic., od. errore, ICt.: labi propter imprudentiam, Cic.: imprudentiā lapsum aliquid facere (Ggstz. scientem aliquid delinquere), Liv.: labi imperitiā, ICt.: in quo verbo lapsa consuetudo deflexit de via, Cic.: labi in officio, Cic.: in his labi et cadere, Cic.: qua in re si mediocriter lapsus sum, defendes meum tolerabile erratum, Cic.: numquam labere, si te audies, Cic.: qui sero lapsum revocatis, Prop. – b **straucheln = zum Fall geneigt sein, dem Fall nahe sein** (s. Halm Cic. Phil. 2, 51), equitem Romanum non libidine, non turpibus impensis atque iacturis, sed experientiā patrimonii amplificandi labentem excepit, fulsit et sustinuit re, fide, hodieque sustinet, Cic.: cum labentem et prope cadentem rem publicam fulcire cuperetis, Cic.: ferre praesidium labenti et inclinatae paene rei publicae, Cic.: labente deinde paulatim disciplinā, Liv.: labente iam causā decem virorum, Liv.: vidi ego labentes (weichenden) acies et tela caduca, Prop.

C = elabi, **herausfallen,** 1 eig.: viscera lapsa, Ov. u. Lucan.: forte lapsa vox, entschlüpfte, entfallene, Tac. – v. Pers., **entgleiten, entschlüpfen,** e manibus custodientium, Curt.: custodiā, Tac. – 2 übtr.: quam nostro illius labatur pectore vultus, entschwindet, Verg. ecl. 1, 63.

D **herabgleiten, -sinken** = schlapp **herabhängen,** lapsa catena, schleppende, Prop.: tenuata de nexibus membra labuntur, Ps. Quint. decl. – bes. v. Gliedern Sterbender, caput labens et iam languentia colla levat, Lucan.: malae labentes, herabsinkende Kinnladen, Suet.: lapsae genae, Sen. poët. – *neutr. pl.* subst., firmamenta fluidorum ac labentium, des Schlotterigen u. Schlappen, Sen. ep. 102, 25.

E **sinken, hinsinken, zusammensinken,** 1 eig.: α v. Pers.: calor ossa reliquit, labitur, Verg.: sub onere labitur, erliegt der Last, Petron.: multi sine morte labuntur, Petron. – β v. lebl. Subjj., u. zwar v. Gebäuden usw., **zusammen-, einsinken,** vor Alter **verfallen,** lapso fundamento, Curt.: lapsura domus, Ov.: donec labentes deorum aedes refeceris, Hor. – v. den Augen Schlafender, **zufallen, zusinken,** labentes ocelli, Prop.: lapsi somno ocelli, Prop. – u. Sterbender, **brechen,** labuntur frigida leto lumina, Verg.: labentes oculos condere (zudrücken), Ov.: dum labentes oculi ad nostras exclamationes nostrosque planctus admissā paulatim luce laxantur, Ps. Quint. decl. Vgl. Burmann Ov. am. 3, 5, 1; trist. 3, 3, 44.

2 übtr.: a sinken = **hinschwinden,** vom Lebensatem, labens anima, Tac.: labi spiritum nec ultra biduum duraturum, Tac. – dah. v. Sterbenden, denen die Sinne vergehen, **in den Tod sinken, sterben,** labe-

ris Oebalide, primā fraudate iuventā, Verg.: labimur (mir schwinden die Sinne), i, miseram solare parentem, Stat.: ille oculis extremo errore solutis labitur, Stat. – **b** **sinken = verfallen, in Verfall geraten,** miserere domus labentis, Verg.: u. so labens regia, Iustin.: lapsum genus, Verg.: labente paulatim disciplinā, Liv.: ut magis magisque mores lapsi sint, tum ire coeperint praecipites, Liv.: fides lapsa, Ov. – ▶ Parag. Infin. labier, Cic. Arat. 226. Lucr. 4, 443. Hor. ep. 2, 1, 94. – *Partic*, labundus, a, um, **hinstürzend,** unda sub undis labunda, Acc. tr. 570.

2. labor, ōris, *m.* (zu labāre; eigentl. »das Wanken unter einer Last«), die **Anstrengung, I** die **Anstrengung,** etw. zu vollbringen, die **Bemühung, Mühe, Arbeit, Strapaze, 1** eig.: **a** übh.: labor forensis, Cic.: irritus, Quint. u. Ov.: labor itineris, Cic.: labor viae, Liv.: labores militum, Caes.: labor corporis, animi, Cic.: labor manuum, Hieron.: labor domesticus, Colum.: militiae, Cic. aut belli aut fugae, Caes.: operis (der Belagerung), Caes.: labores belli, Cic.: labores defensionum, Cic. – parvulo labore, Cic.: nullo labore, Cic.: nullo labore tuo, ohne dass es dir Mühe macht, Cic.: sine labore, sine ullo labore, Cic.: sine ullo labore et contentione, Cic.: sine labore ac periculo, Cic.: cum labore, summo cum labore, Cic.: res est magni laboris, Cic.: tot adire labores, Verg.: affecta labore et vigiliis corpora, Liv.: capere tantum laborem, sich so sehr bemühen, Cic.: laborem inanem capere, sich vergeblich abmühen, Ter.: in ea (arte) plus operae laborisque consumpsisse, Cic.: nec animi neque corporis laboribus defatigari, Cic.: demere (alci) laborem militiae, Cic.: unius mensis labor alci detrahitur, Cic.: exanclare talem laborem, Cic., omnes labores, Cic.: exanclatis itinerum laboribus, Amm.: exercere se tantis laboribus, Cic.: apes exercet sub sole labor, Verg.: tot per annos terrā marique tanta pericula ac labores exhausisse, Liv.: inter labores exhaustos aut mox exhauriendos, Liv.: frustra labore exhausto, Lucan.: magnos esse experiundos et subeundos labores, Cic.: dum adulescentis dextera irrito se labore fatigat, Val. Max.: frangere se tantis laboribus, Cic.: qui partis honoribus eosdem in foro gessi (habe mich unterzogen) labores, quos petendis, Cic.: impenditur labor et sumptus ad incertum casum et eventum quotannis, Cic.: suum laborem hominum periculis sublevandis impertire, Cic.: non plus alci laboris imponere quam sibi sumere, Cic.: eis laborem etiam novum pro portione iniungi, Liv.: quid sumptus in eam rem aut laboris insumpserit, Cic.: operam, studium, laborem interponere pro alqo, Cic.: pugnando fessis laxatur labor, Liv.: ut sibi pro re gesta aliquid laxaret laboris, Liv.: levare alci laborem, Cic.: defensionum laboribus aut omnino aut magna ex parte liberari, Cic.: obire pericula ac labores pariter, Liv.: non parcere labori, Cic. (u. so ne labori suo neu periculo parceret, Caes.): et honoribus amplissimis et laboribus maximis perfunctum esse, Cic.: Hercules perfunctus iam laboribus, Cic.: laborem viae pati posse, Liv.: multis laboribus (unter v. Str.) quaerere alqm. Plaut.: reficere se ex labore, Caes.: ab parvulis labori ac duritiae studere, Caes.: succumbere labori, Caes.: istos labores, quos nunc in naufragiis nostris suscipis, non subisses, Cic.: frustra tantum laborem sumere, Caes.: supersedere hoc labore itineris, Cic.: suscipere laborem, labores, Cic.: frustra suscipere laborem, sich vergeblich abmühen, Cic.: sustinere forensem laborem propter ambitionem, Cic.: labores, pericula facile tolerare, Sall.: non vitandi laboris mei causā, Cic. – labor est m. *Infin.*, **es kostet Mühe (Arbeit), es hat Schwierigkeit,** Liv. 39, 1, 5. Plin. 26, 118: u. so maior aliquanto labor est m. *Infin.*, Flor. 2, 2, 4: proximus huic labor est placitam exorare puellam, Ov. art. am. 1, 37: nec magnus prohibere labor, Verg. georg. 4, 106. – **b** insbes., **Anstrengung,** angestrengte **Tätigkeit, Arbeitsamkeit** (Ggstz. inertia, desidia, requies, quies, otium), verb. industria et labor, summus labor in publicis privatisque rebus, Cic.: vivere in studiis laboribusque, Cic.: labor quaerendi, Erwerbsfleiß, Iustin.: rei militaris labor, Leistungen im Kriegswesen, Nep.: animi labor, geistige Anstrengung, Nep. – als Fähigkeit, **Arbeitsfähigkeit, Ausdauer** in Arbeit u. Anstrengung, M. Messala magni laboris, Cic.: homo magni laboris summaeque industriae, Cic.: magni formica laboris, die arbeitsame, emsige, Hor.: (iumenta) summi ut sint laboris efficiunt, Caes. – **2** meton.: **a** **Arbeit, Werk,** ita multorum mensium labor hostium perfidiā et vi tempestatis puncto temporis interiit, Caes. b. c. 2, 14, 4: sternuntur segetes longique perit labor irritus anni, Ov.: et pluviā ingenti sata laeta boumque labores diluit, Verg.: artificum manus (verschiedenen Malereien) inter se operumque laborem (Bauwerk) miratur, Verg.: hic labor ille domus et inextricabilis error, v. Labyrinth, Verg.: cari uteri labores, v. Kindern, Claud. rapt. Pros. 1, 194. – **b** **Unternehmung, Tat,** belli, Verg.: von den Kampfspielen, wie πόνος, μόχθος, Hor.: u. von den großen Unternehmungen des Herkules, Hor.: strenui labores (im Krieg), Eutr. – **II** Anstrengung, etwas zu überwinden, zu ertragen, **Plage, Pein, Not, Ungemach, Drangsal, Mühseligkeit, Unglück, Beschwerlichkeit, a** übh.: scis amorem, scis laborem, scis egestatem meam, Plaut.: cuius erga me benevolentiam vel in labore meo vel in honore perspexi, Cic.: multis variisque perfunctus laboribus, Nep.: quoniam in tantum luctum et laborem detrusus es, quantum nemo umquam, Cic.: breviter Troiae supremum audire laborem, Verg. – poet., labores solis, lunae, Sonnenfinsternis, Mondfinsternis, Verg.: labores Lucinae, die Wehen, Verg. – **b** **Beschwerde, α = Krankheit,** nervorum, Nervenkrankheit, Vitr.: annuus earum (apium) labor est initio veris, Colum.: mox et frumentis labor additus, ut mala culmos esset robigo, Verg.: valetudo decrescit, accrescit labor, Plaut. – **β** = phys. **Schmerz,** cor de labore pectus tundit, Plaut. Cas. 415: hoc medicamentum sine magno labore circa septimum diem cadere cogit haemorrhoidas, Scrib. Larg. 227. – **γ** gemütl. **Schmerz, Betrübnis, Kummer** (s. Spengel Ter. Andr. 720. Wagner Ter. heaut. 82), quamquam ibi animo labos grandis capitur, Plaut.: verum ex eo misera quam capit laborem! Ter. – **c** eine **Last,** lapides laborem sustinent od. tolerant, tragen Lasten, sind von dauerhafter Beschaffenheit, Vitr. 2, 7, 2. Plin. 36, 167. – ▶ Archaist. Nbf. labōs, ōris, *m.*, *Pacuv. tr. 290. Plaut. merc. 72; trin. 271; truc. 521. Ter. Hec. 286. Lucil. 215. Varro sat. Men. 247. Sall. hist. fr. 2, 41 (50), 1 u. 3, 61 (82), 18. Catull. 55, 13. Plin. 6, 60 u. Spät. – personif., Labōs, ōris, *m.*, die **Mühsal,** eine unterirdische Gottheit, Verg. Aen. 6, 277.

labōrātio, ōnis, *f.* (laboro), die **Anstrengung,** anstrengende **Arbeit,** Plur. bei Fronto princ. hist. *in.* p. 202, 12 N.

labōrātus, a, um, *PAdi.* (v. laboro), **I mit Arbeit verbunden, mühsam,** custodia laboratior, Tert. de virg. vel. 10. – **II voller Mühseligkeit und Not, mühselig,** vita, Stat.: aevum, Val. Flacc.

labōrifer, fera, ferum (labor u. fero), **I Arbeit-, Strapazen ertragend,** Hercules, Ov.: iuvencus, Ov.: boum colla, Fulg. myth. – **II Arbeit bringend,** laboriferi currus (Aurorae), Stat. Theb. 6, 25.

Laborīnus (Leborīnus) campus, ī, *m.* u. **Laborīnī (Leborīnī) campī,** ōrum, *m.* u. **Laboriae (Leboriae),** ārum, *f.*, der fruchtbarste Teil Kampaniens, begrenzt durch die beiden Konsularstraßen, die von Puteoli u. von Kumä nach Kapua führen, j. *Terra di Lavoro*, Plin. 17, 28; 3, 60; 18, 111.

labōriōsē, *Adv.* (laboriosus), **I mit Arbeit und Mühe, mühsam,** laboriose conteri, Cels. – quo quisque est ingeniosior, hoc docet iracundius et laboriosius, Cic. – diligentissime laboriosissimeque accusare, Cic.: u. so laboriosissime ius dixit, mit großer Ausdauer, Suet. – **II in bedrängter Lage,** male est Catullo tuo, male et laboriose, Catull. 38, 1.

labōriōsus, a, um (2. labor), **I mit viel Arbeit u. Mühe verbunden, voller Arbeit u. Mühe, mühsam, beschwerlich, a** v. Lebl.: fabula, Ter.: deambulatio non lab., Ter.: quis nostrûm exercitationem ullam corporis suscipit laboriosam, nisi etc.? Cic.: vitae genus laboriosum sequi (Ggstz. vitae genus quietum sequi), Cic.: nihil laboriosius, Cic.: laboriosissimum opus, Liv. – **b** v. Pers., **voller Tätigkeit, tätig, arbeitsam,** homo, Cic.: bos laboriosissimus socius in agricultura, Colum. – **II viel Not ausstehend, sich plackend, sich abplackend, viel geplagt** (griech. πολύτλας), **a** v. Pers. (Ggstz. otiosus), vos laboriosos existiment, quibus otiosis ne in communi quidem otio liceat esse, Cic.: homo laboriosus et adversis suis clarus, Plin. ep.: remiges

Ulixei, Hor.: laboriosa cohors Ulixei, Hor. – quid nobis duobus laboriosius? Cic. – b v. Lebl.: ›aerumna‹ est aegritudo laboriosa, Harm ist sich abquälender Gram, Cic. Tusc. 4, 18.

labōro, āvī, ātum, āre (2. labor), I *v. intr.* A (nach 2. labor *no.* I) **sich anstrengen, Anstrengungen machen,** um etw. zu erreichen, a = **arbeiten, sich bemühen, sich Mühe geben, sich abmühen, bemüht sein, Sorge tragen, darauf bedacht sein, darauf hinarbeiten, darauf brennen, danach streben,** ne labora, Ter.: cum aestu magno ducebat agmen, laborabat (hatte er Arbeit), Cic.: laborantem imitari, geschäftig tun, Sen.: sibi et populo Romano, non Verri laborare, Cic.: dies noctesque bonae menti, Sen.: deinde suppellectili laboratur, Sen.: lab. in angusto (auf ihrem engen Plätzchen), v. der Ameise, Sen.: lab. in alqa re, Cic.: de alqa re, Cic.: de alqo, Cic.: pro alqo, Cael. in Cic. ep.: pro salute alcis, Matius in Cic. ep.: in alqd, Liv., Sen. u. Quint.: circa alqd, Quint. – m. *ut* od. *ne* u. Konj., Cic.; verb. id contendere et laborare, ut etc., Cic.: nihil laboro, nisi ut salvus sis, Cic.: tum illud laboro, ut etc., Cic. – non laboro m. *Infin.*, si sociis fidelissimis prospicere non laboratis, Cic. Verr. 3, 127; vgl. Cic. ad Att. 5, 2, 2: ne quaerere quidem de tanta re laborarunt, Nep. Pelop. 3, 1; poet. u. nachaug. auch laboro m. *Infin.*, quem perspexisse laborant, Hor.: hunc atque hunc superare laborat, Hor.: quod nunc quoque ferre laboro, Ov.: amari ab eo laboravi, Plin. ep.: laborabat itaque invidiam praeteritorum contemptu praesentium demere, Iustin. – m. *Acc.* u. *Infin.*, quod ne nunc quidem fieri laborabo, Sen. ep. 124, 1; vgl. Lucan. 1, 264. Iustin. 28, 3, 10 u. 36, 1, 7. – prägn., lab. alci, jmdm. **dienen,** cui (Iovi) tertia regna laborant, Sil. 8, 116. – b **sich darum kümmern, sich etwas daraus machen, sich darum scheren,** α v. Pers., vides iam dudum sudare laborantem, quo modo ea tuear, quae mihi tuenda sunt, Cic.: quorsum recĭdat responsum tuum, non magno opere laboro, Cic.: quo etiam magis laboro idem quam tu, Cic.: m. folg. *Acc.* u. *Infin.*, non laboro, inquit, hoc loco discessisse Merulam, Varro. – B (nach 2. labor *no.* II) durch od. wegen etwas **seine Not haben, in Not, Verlegenheit, im Gedränge sein (sich befinden), sich nicht zu helfen wissen, geplagt, gedrückt, bedrängt werden, leiden, sich unangenehm (schmerzlich) berührt fühlen, in Sorge sein,** morbo, krank sein, Cic.: ex pedibus, das Podagra haben, Cic.: ex intestinis, Bauchgrimmen haben, Cic.: e dolore, Ter., od. utero, Hor. u. Ov., Geburtsschmerzen haben: ferner frigore, Colum.: fame, Plin.: contrario vento, Lact.: a re frumentaria, Caes.: annonā, Liv.: pestilentiā, Liv.: magnitudine suā, Liv.: vitiis, Liv.: alienis malis (Ggstz. delectari suis bonis), Cic.: aut ab avaritia aut miserā ambitione, Hor.: ex inscientia, Cic.: ex invidia, Cic., od. odio, Liv.: ex aere alieno (in Schulden), Caes.: de existimatione alcis, Cic.: in re familiari (rücksichtlich des Standes unseres Vermögens), Cic.: in uno (*sc.* viro), um den einen sich quälen, d. i. für ihn erglühen, Hor.: alcis causā, propter alqm, Cic.: unpers., siccitate eo anno plurimum laboratum est, Liv. – α absol. = **leiden, in Not, im Gedränge, in Gefahr sein,** aciem laborare vidit, Liv.: illi laboranti subvenire, Caes.: undique suis laborantibus succurrere, Caes.: non laboraremus, so würde es nicht so misslich um uns stehen, Cic.: laboratur vehementer, man ist sehr besorgt, Cic. – β v. lebl. Subjj., quod vehementer eius artus laborarent, dass er an Gicht u. Podagra heftig leide, Cic.: vehementissime utraque (navis triremis) ex concursu laborat, Caes.: paupertas sub onere nobilitatis laborans, Sen.: laborat veritas, Liv.: digitorum contractio nullo in motu laborat (findet Schwierigkeit), Cic. – v. der Mondfinsternis, aber zunächst v. Mond als Mondgöttin, cum Luna laboret, wenn Luna in Not ist (= wenn Mondfinsternis eintritt), Cic. Tusc. 1, 92: nec cur fraternis Luna laboret equis (weil dem Mond das Sonnenlicht entzogen ist), Prop. 2, 34, 52. – dann auch v. Mond als Mondlicht, cum luna laborare non creditur, Plin. 2, 42. – II *v. tr.* mit Mühe **verfertigen, -bearbeiten,** quale non perfectius meae laborarint manus, Hor.: vestes arte laboratae, Verg.: tanto opere elaborata (erlernte) ars, Tac.: venenum laborat Antipater curiosum et efficax, lässt bereiten (mischen), Iul. Val. 3, 56 (31): poet., dona laboratae Cereris, das zu Brot verarbeitete Getreide, Verg.: frumenta ceterosque fructus patientius quam pro solita inertia Germanorum laborant, Getreide u. sonstige Früchte bauen sie mit größerer Ausdauer, als man nach der gewohnten Trägheit der Germanen erwarten sollte, Tac. Germ. 45.

labōs, ōris, *m.*, s. 2. labor ►.

lābōsus, a, um (labes), **glitschig, schlüpfrig,** iter, Lucil. 109.

labrātus, a, um (1. labrum), **großlippig,** Charis. 102, 3.

Labrayndos, ī, *m.* (Λαβράυνδος), ein Beiname des Zeus Stratios, von dem Flecken Labraynda in Karien, wo er ein Heiligtum hatte, Plin. 32, 16. Lact. 1, 22, 23 (wo so nach den Hdschrn. geschrieben werden muss).

Labros, ī, *m.* (λάβρος, der **Ungestüme),** als Hundename, Ov. met. 3, 224.

labrōsus, a, um (labrum), **lippenförmig gerandet** (), ferramentum in summa parte labrosum, in ima semicirculatum et acutum, Cels. 7, 26, 2.

1. labrum, ī, *n.*, **Lefze, Lippe,** labrum superius, Oberlippe, Caes.: inferius, Unterlippe, Petron. u. Mart. Cap.: labra resima (eines Hundes), Varro: labra trementia, Cic.: labra improbiora, Charis.: labra comprimere, Sen.: paulipser labra comprimere (Ggstz. hiare), Macr.: vix allevare labra, vix diducere labra, Sen.: labra lambere, Quint.: labra mordere, in die L. beißen, Quint.: labra (irati) quatiuntur (zittern), Sen.: adorandi gratiā, manum labris admovere, Apul. – hunc censes primis, ut dicitur, labris gustasse physiologiam, sprichw. = nur oberflächlich beschäftigt mit usw., Cic. de nat. deor. 1, 20: u. so equidem multos et vidi in hac civitate et audivi, non modo qui primoribus labris gustassent genus hoc vitae et extremis, ut dicitur, digitis attigissent, sed qui totam adulescentiam voluptatibus dedissent, Cic. Cael. 28: philosophiae studia ne primoribus quidem labris attigisse, Cic. de or. 1, 78. – non a summis labris ista venerunt (sind nicht so obenhin gesprochen), habent hae voces fundamentum, Sen. ep. 10, 3. – non in pectore, sed in labris habere bonitatem, Lact. 3, 16, 4. – linere alci labra, jmdm. etwas weismachen, Mart. 3, 42, 2. – übtr., labrum Venereum, labrum Veneris, eine Pflanze = δίψακος, Weberdistel, Weberkarde (*Dipsacus fullonum,* L.), Plin. 25, 171. Ser. Samm. 1008. – meton., **Rand** eines Gefäßes, Cato u. Caes.: des Grabens, Caes. u. Liv.: labra fontis, Plin.: in summo labro fluminis, Sisenn. fr.

2. lābrum, ī, *n.* (Schnellsprechform von lavabrum), ein Gefäß mit vollem, rundem Rand, das **Becken,** die **Wanne,** a in der Landwirtsch., culleare, Cato: fictilia et lapidea labra, für das vom lacus abgezogene Öl, Colum. – zum Austreten der Trauben, **Kufe,** spumat plenis vindemia labris, Verg. georg. 2, 6. – b ein **Wasserbecken, Bassin,** labra aëna, Verg. Aen. 8, 22: marmoreo labro aqua exundat, Plin. ep. 5, 6, 20: marmorea duo labra ante fornicem posuit, Liv. 37, 3, 7: unda labris nitentibus instat, Stat. silv. 1, 5, 49. – c großes flaches Becken im Bad, aus dem man sich besprengte, Vitr. 5, 10, 4. Ulp. dig. 19, 1, 15: labrum si in balineo non est, Cic. ep. 14, 20. – dah. meton. (poet.), labra Dianae, das Bad der D., Ov. fast. 4, 761.

lābrusca ūva od. **vītis**, die **wilde Rebe,** wahrsch. unsere **Klarettraube** (*Vitis Labrusca,* L.), Colum. 8. 5, 23. Plin. 12. 48 u. 132; 14, 99 a.; bl. lābrusca, ae, *f.*, Verg. ecl. 5, 7. – dah. **lābruscum,** ī, *n.*, deren Frucht, Ps. Verg. cul. 52.

lābundus, a, um, s. 1. lābor a. E.

laburnum, ī, *n.*, der **breitblätterige Bohnenbaum, savoyischer Geißklee, Markweide** (*Cytisus Laburnum,* L.), Plin. 16, 76 u. a.

labyrinthos u. **-thus,** ī, *m.* (λαβύρινθος), das **Labyrinth,** I ein großes kunstvolles, von Psammetich am See Möris in Mittelägypten erbautes Gebäude, das 3000 Zimmer umfasste, Mela 1, 9, 5 (1. § 56). Plin. 5, 61 u. 36, 84. – II ein ähnliches Gebäude bei Knossos auf Kreta, mit vielen Irrgängen, der Sage nach von Dädalus erbaut, wahrsch. eine Felsengrotte mit langen, sich durchkreuzenden Gängen, Plin. 36, 85. Sen. ep. 44, 7. Verg. Aen. 5, 588. Ov. met. 8, 159 *sqq.* – III ein ähnliches Gebäude in Klusium in Etrurien, von Porsena erbaut, Varro fr. bei Plin. 36, 91 D. (wo Nbf. labyrinthum inextricabile). – Dav.: a **labyrinthēus,** a, um, **labyrinthisch,** Catull. 64, 114. – b **labyrinthicus,** a, um, **labyrinthisch,** Sidon. epist. 9, 13, 5. *v.* 91.

lāc, lactis, *n.* (aus **glact,* griech. γάλα od. γλάγος), **Milch, I** eig.: ovium lac, Gell.: lac asininum, Cels.: bubulum, vaccinum, Plin.: lac equinum, Varro: lac alienum (von einer anderen Frau), Gell.: lac gallinaceum, sprichw. v. einer seltenen Sache, Petron. 38, 1 (u. so ut vel lactis gallinacei sperare possis haustum, Menge seltener Dinge, Plin. nat. hist. praef. § 23): lac concretum (geronnene), Tac.: lacte atque pecore vivere, Caes.: lacte, caseo, carne vesci, Cic.: infantium fletum infuso lacte compescere, Sen.: filium lacte suo nutrire od. alere, Gell.: lac dare, säugen, Ov.: cum lacte nutricis errorem suxisse, Cic.: satiari velut disciplinae lacte, Quint. – meton., **Milchfarbe,** Ov. art. am. 1, 292. – **II** übtr., **Milch, milchiger-, weißer Saft** in Gewächsen, Ov. u. Cels.: v. Birnensaft, Plin. – lac veneni, giftiger Saft, Verg. – ► Archaist. *Nomin.* lacte, Enn. ann. 352. Cato u. a. bei Charis. 102. Cato r. r. 86. Plaut. Bacch. 1134 G. Plin. 15, 53 u. 24, 100. Petron. 38, 1. Apul. met. 8, 19 (Variante lactem): *Acc. masc.* lactem, Petron. 71, 1. Apul. met. 8, 28. Gell. 12, 1, 17 (lactem oder lacte). Cael. Aur. de morb. chron. 4, 3, 56. Itala Isai. 1, 16 (bei Ps. Cypr. adv. Iud. 8 *extr.*). Schol. in Caes. German. Arat. p. 422, 19 E. – *Nom.* lact, Varro sat. Men. 26 B. Auson. Technop. (XXVII) 13, 12. p. 139, 12 Schenkl. Mart. Cap. 3. § 307. Caper 95, 13 K.

Lacaena, ae (Λάκαινα), *adi. gen. fem.*, **lakonisch, spartanisch,** virgines, Poët. b. Cic. Tusc. 2, 36. Verg. georg. 2, 487: subst. eine **Lakonierin, Spartanerin,** Cic. Tusc. 1, 102: bes. v. der Helena, Verg. Aen. 2, 601: v. der Leda, Mart. 9, 103, 2: v. der Klytämnestra, Val. Flacc. 7, 150.

lacca, ae, *f.*, **I** eine Geschwulst an den Schienbeinen, Veget. mul. 1, 27 u. a. – **II** eine Pflanze, Ps. Apul. herb. 3 *extr.*

laccar, aris, *n.*, eine Pflanze, Plin. Val. 2, 17.

Lacedaemo u. **Lacedaemōn**, onis, *f.* (Λακεδαίμων), Stadt im Peloponnes, sonst Sparta gen., deren Bewohner im Altertum durch ihre strenge Lebensweise berühmt waren, dah. severa Lacedaemo, Cic. de legg. 2, 39: patiens Lacedaemon, Hor. carm. 1, 7, 10: griech. *Acc.* -ona, Verg. Aen. 7, 363. Ov. her. 1, 5. Val. Max. 8, 7. ext. 2. Sen. ep. 94, 62. Flor. 2, 7, 12: *Abl. locat.* gew. Lacedaemone, z. B. Cic. Tusc. 2, 46: Lacedaemoni, Nep. praef. 4. – spät. Nbf. Lacedaemona, Dict. 1, 5 u. Lacedaemonia, Isid. orig. 14, 4, 16. Anon. Ravenn. p. 376, 9. – Dav. **Lacedaemonius**, a, um (Λακεδαιμόνιος), **in, aus Lazedämon, lazedämonisch,** Sen. u. a.: Tarentum, von Lazedämoniern erbaut, Hor. u. Ov. – subst., Lacedaemonius, iī, *m.*, der **Lazedämonier,** Cic.: u. Plur. Lacedaemoniī, ōrum, *m.*, die **Lazedämonier,** Cic. u. a.

lacer, lacera, lacerum (zu griech. λακίς, der Fetzen, λακίζω, zerreiße), **I** passiv = **zerfetzt, in Fetzen zerrissen, zerfleischt, verstümmelt,** corpus, Sall. fr.: vestis, Tac.: comae, Val. Flacc.: homo, Ov.: corpus lacerum verberibus, Iustin.: Deiphobus lacer crudeliter ora (im G.), Verg.: lacerum cornu (am H.) caput, Ov.: lacerae puppes, Ov.: lacer currus, Ov.: lacera navis, leckes, Flor.: übtr., sparsas atque, ut ita dicam, laceras gentilitates (Familien) colligere atque conectere, Plin. pan. 39, 3. – **II** aktiv = **zerfetzend, zerfleischend,** morsus, Ov. met. 8, 877. – ► Nbf. *masc.* lacerus, Ven. Fort. vit. S. Mart. 1, 116 u. 492.

lacerābilis, e (lacero), **zerreißbar, zerfleischbar,** Auson. Pythagor. (XXIX) 17. p. 147, 17 Schenkl.

lacerāns, antis, *PAdi.* (v. lacero), **einschneidend,** est lacerantior maritimus aër, Cael. Aur. de morb. chron. 3, 8, 113.

lacerātio, ōnis, *f.* (lacero), das **Zerfetzen, Zerreißen, Zerfleischen, a** eig.: corporis, Cic.: corporum, Liv.: tam foeda, Iustin.: Plur., muliebres lacerationes genarum, Cic. Tusc. 3, 62: lacerationes membrorum, Sen. de ira 3, 3, 6. – **b** übtr.: est enim hoc carmen aptum lacerationi et conviciis, Mar. Victorin. 79, 31 K.: proximi famam mordaci laceratione carpere, Cassiod. in psalm. 14, 7: u. bes. die **Zersplitterung,** das **Verschleudern** des Vermögens, Firm. math. 4, 6 u. (Plur.) 5, 3, 2.

lacerātor, ōris, *m.* (lacero), der **Zerreißer, Zerfleischer,** Augustin. de mor. eccl. cath. 1.

lacerātrīx, trīcis, *f.* (Femin, zu lacerator), die **Zerfleischerin, zerfleischend,** übtr., laceratrices centesimae, die aussaugenden Pr., Edict. Diocl. prooem. § 25.

lacerna, ae, *f.*, ein kurzer mantelartiger, vorne offener Überwurf (auch über der Toga oder einem anderen Gewand getragen), durch einen Knopf od. eine Spange (fibula) am Hals zusammengehalten, außerdem mit einer Kappe (cucullus) versehen, die über den Kopf gezogen werden konnte, die **Lacerna,** Cic. Phil. 2, 76. Vell. 2, 70, 2 u. 2, 80, 3. Sen. ep. 114, 21. Suet. Aug. 40, 5 u. Claud. 6, 1. Hor. sat. 2, 7, 48 u. 55. Iuven. 9, 28. – ► Nbf. lacernum, Gloss. IV, 104, 2 u. ö.

lacernātus, a, um (lacerna), **mit einer Lacerna bekleidet, -angetan, in der Lacerna,** Vell. 2, 80, 3. Petron. 69, 5. Iuven, 1, 62.

lacernula, ae, *f.* (*Demin.* v. lacerna), eine **kleine Lacerna,** Arnob. 2, 19.

lacernum, ī, *n.*, s. lacerna ►.

lacero, āvī, ātum, āre (lacer), **zerfetzen,** in Fetzen **zerreißen, zerfleischen, verstümmeln, I** eig.: alcis corpus lacerare atque vexare, Cic.: lac. nasum auresque, Liv.: genas, Ov.: vestem, Ov.: crines, Curt.: tergum virgis, alqm verberibus, Liv.: alqm dentibus suis, Sen.: viscera morsu, Cic. poët.: suos artus morsu, Quint.: lacerari morsibus canum, Phaedr.: lac. natantium manus stipitibus saxisque, Curt.: toto corpore laceratus, Liv.: per artus suos laceratus, Sen. rhet., per oculos singulos, Sen. rhet.: lacerari membratim, Amm. – lac. alqm omni cruciatu, Cic., omni crudelitate, Q. Cic. – im milderen Sinne, eine Speise **zerstückeln** = **zerlegen, zerteilen, zerschneiden,** obsonium, anserem, Petron. – u. im weiteren Sinne, **zertrümmern,** omnes pontes, Liv. 30, 10, 19: hostium rates, Flor. 2, 2, 36: centum amplius navium classem tantā strage, ut etc. (vom Sturm), Flor. 3, 5, 18. – **II** übtr.: **1 zerfleischen** = tiefe Wunden schlagen, zugrunde richten, zerrütten, gewaltig schmälern, terram Italiam lacerare atque vexare, Cato fr.: imperium, Tac.: reliquias vitae lacerare atque distrahere, Cic.: lac. rem publicam, Cic. (s. Fabri Sall. Iug. 41, 5): lac. famam alcis, Liv.: famam victoriae nuper partae (v. einem Umstand), Tac. – *m. Abl.* **wodurch?** patriam scelere, Cic.: fenore, male suadendo, lustris homines, Plaut.: rem publicam largitionibus, Sall. – Insbes., **a** wie δαρδάπτειν κτήματα, χρήματα (Hom.), das Vermögen usw. **verschleudern, durchbringen** (s. Fabri u. Dietsch Sall. Cat. 14, 2), rem suam, Plaut.: pecuniam, Cic.: bona patria manu, ventre, Sall. – **b** die Zeit **vergeuden,** quae loquens lacerat diem, Plaut.: ne ego hunc lacero diem, Plaut. – **c** das Gemüt, Herz **zerfleischen,** aegritudo lacerat, exest animum planeque conficit, Cic.: meus me maeror cotidianus lacerat atque conficit, Cic. – **2** mit Worten **zerfleischen** = **tief verletzen, herunterreißen, tief herabsetzen,** lästernd **verunglimpfen,** haec te lacerat, haec cruentat oratio, diese meine Rede schlägt dir tiefe, schlägt dir blutige Wunden, Cic.: obtrectatio invidiaque, quae solet lacerare plerosque, Cic.: v. Pers., Nasonis carmina rapti, Ov.: alqm verbis iniuriosissimis, Augustin.: alqm maledictis, Sall.: alqm probris, Liv.: alqm litteris, Suet.: existimatio lacerata carminibus maledicentissimis, Suet. – **3** in Teile **zerstückeln,** haec ipsa fiducia et lacerat ac deformat orationem, Quint.: nihil est tot ac tam variis affectibus concisum atque laceratum, quam mala mens, Quint.: coepit Menecratis canticum lacerare (zu verhunzen), Petron.

lacerta, ae, *f.*, **I** die **Eidechse,** Sen. ep. 108, 29. Plin. 8, 141; 10, 143 u. 174 u. 187; 11, 155 u. a. Hor. carm. 1, 23, 6. Ov. met. 5, 458. Mart. 14, 172, 1. – Sprichw., unius lacertae se dominum facere, sich in Besitz eines kleinen Ortes setzen (der selbst einer Eidechse genügt), Iuven. 3, 230. – **II** (wie 2. lacertus) ein der Makrele ähnlicher Seefisch, der **Stöcker,** Acc. tr. 222 R². Cic. ad Att. 2, 6, 1 M. Ulp. dig. 33, 9, 3. § 3.

lacertōsus, a, um (lacertus), **muskulös** = **muskelkräftig,** femina (Schenkel) asini, Colum.: equus, Varro: centurio, Cic.: coloni, Ov.: vir robustus et lacertosus (Ggstz. gracilis et languidi corporis), Sen. – ► Nbf. **lacertuōsus**, a, um, Gloss. IV, 358, 11.

1. lacertus, ī, *m.*, gew. Plur. lacertī = μύες, die **Muskeln, I** im Allg.: **1** eig.: corpora ... et colorata et astricta et lacertis expressa sunt, Quint.: lacertos exercitatio expressit, Quint.; vgl. Spalding Quint. 8. prooem. § 19. – **2** im Bild, v. der Kraft der Rede, in Lysia sunt lacerti, Cic.: carnis plus habet, minus lacertorum, v. Äschines, Quint. –

II insbes., **1** die **Muskeln des Oberarms,** der muskulöse, kräftige, starke **Oberarm,** von der Schulter bis zum Ellbogen, Lucr. u. Ov.: brachia quoque et lacertos auro colunt, Curt.: oft für den ganzen Arm, puellares lacerti, Sen. rhet.: Milo Crotoniates nobilitatus ex lateribus et lacertis suis, Cic.: lacertis colla complecti, Ov.: lacertum excutere, schwingen, zum Ausholen ausstrecken, Ov. u. Sen. – **2** im Bild, v. der Kraft des Redners, a quo cum amentatas hastas acceperit, ipse eas oratoris lacertis viribusque torquebit, Cic. de or. 1, 242. – u. v. **starken Arm** des Herrschers, Hor. ep. 2, 2, 48. Flor. prooem. § 8. – übtr., an den Bienen, aptant lacertos, Verg. georg. 4, 74. – an Bäumen, validis accisa lacertis, Sil. 10, 532. – meton., der **Wurf, Schlag** eines kräftigen Armes, Sil. 1, 262; 16, 562.

2. **lacertus,** ī, *m.* = lacerta, **I** die **Eidechse,** Verg. ecl. 2, 9 u. georg. 4, 13. Plin. 8, 141. – **II** ein der Makrele ähnlicher Seefisch, der **Stöcker,** Cels. 2, 18. p. 65, 21 D. Colum. 8, 17, 12. Plin. 32, 146 u. 149. Mart. 10, 48, 11. Iuven. 14, 131.

lacerus, s. lacer ►.

lacessītio, ōnis, *f.* (lacesso), das Reizen zum Angriff, die **Neckerei, Plänkelei,** lacessitionibus crebris occupare obsidioni fortiter adhaerentes, Amm. 19, 3, 1.

lacessītor, ōris, *m.* (lacesso), der **Reizer, Herausforderer,** Isid. orig. 10, 160.

lacesso, īvī u. iī, ītum, ere (*Intens.* von lacio), jmd. lockend oder neckend zum Widerstand **reizen, -herausfordern** jmd. **necken,** ihm **keine Ruhe lassen, hart zusetzen,** ihn **anfallen, a** m. *Acc.* der Person od. personif. Sache, die man zum Widerstand reizt usw., alqm ferro, Cic.: ferro regna, Verg.: alqm proelio, bello, Caes. u. Liv.: alqm ad pugnam, Liv.: alqm scripto, durch Schreiben nötigen, dass er wieder schreibt, Cic.: ebenso ad scribendum, Cic.: alqm capitaliter apud centumviros, auf Leben u. Tod angreifen, -anklagen, Plin. ep.: alqm iniuriā, Cic.: iocis petulantibus, Suet.: iurgiis, Liv.: deos (*sc.* precibus), Hor.: apes solent lacessiri caeli novitate, d. i. Veränderung der Gegend schadet den Bienen gewöhnlich, Colum.: absol., cursu ictuque lacessunt (*sc.* inter se), Verg. – aures, Lucr.: manibus lacessunt pectora plausa cavis, klatschen die Pferde auf die Brust u. reizen sie dadurch zum Mut, Verg.: poet., pelagus carinā, sich auf das Meer wagen, es befahren, Hor.: equus pede lacessit fores, schlägt daran (weil es heraus will), Ov.: aera fulgent sole lacessita, getroffen, berührt, Verg.: vindemia pluviis lacessita, beschädigt, Colum.: pax lacessita, gestört, Tac.: ioco lacessita matris suae pudicitia, im Sch. geschädigt (verdächtigt), Val. Max. – **b** mit *Acc.* der Sache, zu der man reizt, -herausfordert, **zu etw. reizen, herausfordern,** herausfordernd etwas **beginnen, -veranlassen,** pugnam, Liv.: proelium, Caes.: sermones, Cic.: risum, Quint. – ► Nach der 4. Konjug., Imperf. lacessibat, Greg. Tur. hist. Franc. 9, 8. p. 364 *Arndt.* Infin. Präs. Pass. lacessiri, Colum. 9, 8, 3; 9, 15, 4. Ambros. epist. 6, 1.

Lacetānī, ōrum, *m.* (Λακετανοί), eine Völkerschaft im tarrakon. Hispanien, die von den Pyrenäen bis in die Nähe des Ebro wohnte und die ganze Nordhälfte des heutigen Kataloniens innehatte, Liv. 21, 60, 3; 34, 20, 2. – Dav. **Lacetānia,** ae, *f.*, die Landschaft der Lacetaner, **Lacetanien,** Sall. hist. fr. 2, 96. § 5 *ed. Dietsch* (Kritz 3, 1, 5 Laletania, w. vgl.). Liv. 21, 23, 2.

lachanizo, āre (v. λάχανον, Gemüsekraut), in der Sprache des gemeinen Volkes = langueo (wegen der Weichheit des λάχανον), Suet. Aug. 87, 2.

Lachēs, ētis, *m.*, Akk. ētem u. ēta, (Λάχης), Sohn des Melampus, Feldherr der Athener; fiel in der Schlacht bei Mantinea (418 v. Chr.), Cic. de div. 1, 123. Iustin. 4, 3, 6.

Lachesis, is, Akk. im u. in, *f.* (Λάχεσις), die eine der drei Parzen, die den Faden spann, Ov. trist. 5, 10, 45. Sen. apoc. 4, 1. Mart. 4, 54, 9. Iuven. 3, 27. Prud. c. Symm. 2, 453 (Genet.): neben Clotho u. Atropos, s. Clōthō.

lachruma, s. lacrima.

Laciadēs, ae, *m.* (Λακιάδης), ein Bürger aus dem lazischen Demos (in Attika), ein **Laziade,** Cic. de off. 2, 64.

laciculus, ī, *m.* (*Demin.* v. lacus), der **kleine See,** CIL 2, 2395.

lacinea, s. lacinia *no.* II, 2, b, α.

lacinia, ae, *f.* (verwandt mit lacer, λακίς), eig. ein **Fetzen,** dah. der **Zipfel, I** eig.: togae, Plaut., Vell. u. Suet.: alqm tenere laciniā, Plaut.: obtinere laciniā, nur beim Zipfel (= mit genauer Not) festhalten (bildl.), Cic. – zum Abtrocknen des Schweißes dienend, sume laciniam et absterge sudorem tibi, Plaut.: u. zum Aufbewahren von Dingen, in lacinia servare ex mensa secunda semina (die Obstkerne), Cic. fil. in Cic. ep.: so auch allium ferunt in laciniis colligatum, Plin. – **II** meton.: **1** für jedes, selbst prächtige **Gewand,** Apul. met. 1, 7; 3, 21 u. a. – **2** v. der Ähnlichkeit: **a** der herabhängende fleischige Teil am Vieh, die **Wamme,** laciniae corporibus a cervice binae dependentes, Plin. 8, 202. – **b** ein kleines zipfelartiges Stück, **α der Fetzen, Streifen,** ein **Fleck** Landes, brevis, Plin. 36, 85: quoniam id oppidum velut in lacinia erat, Plin. 5, 148. – als *t. t.* der Feldmesskunst, Form lacinia u. lacinea, Gromat. vet. 229, 20; 230, 5 u. a. – **β** eine kleine Abteilung der Herde, ein **kleiner Haufe,** ein **kleiner Trupp,** grex in lacinias distribuatur, Colum. 7, 5, 3; vgl. 7, 6, 5.

laciniātim, *Adv.* (lacinia), **fetzenweise,** commeatus laciniatim dispersus, verzettelter, Apul. met. 8, 15 *extr.*

laciniātus, a, um (lacinia), **mit Streifen besetzt,** calcei alutā laciniati, *Cato bei Fest. 142, 28 M. *not. cr.*

laciniōsus, a, um (lacinia), **I voller Zipfel** od. **Zacken, zipfelig, zackig, zipfel-, zackenartig,** Alexandria ad effigiem Macedonicae chlamydis orbe gyrato laciniosa, Plin.: folia magis lac., Plin. – **II** übtr., gleichs. **verzettelt, umständlich,** sowohl mit Schwierigkeiten als mit Weitläufigkeiten verbunden, vita, Tert.: imbecillitas, Apul.: orator, Schol. Bob.: oratio, Arnob. iun.: sermo laciniosus, laciniosissimus, Eccl.

Lacīnium, iī, *n.* (Λακίνιον ἄκρον), Vorgebirge in Bruttium bei Kroton, wo Juno Lacinia einen berühmten Tempel hatte, j. *Capo della Colonne* (in *Calabria ulteriore*), Liv. 27, 25, 12. Plin. 3, 43. – Dav. **Lacīnius,** a, um, **lacinisch,** litora, Ov. met. 15, 13 u. 701: promunturium, Mela 2, 4, 8 (2. § 68). Plin. 3, 96. – Iuno, Cic. de div. 1, 48. Liv. 23, 33, 4 u. a. Plin. 35, 64. Val. Max. 1, 1, 20. Lact. 2, 7, 16: diva Lacinia, die lacin. Göttin (Juno), meton. = der Tempel der Juno Lacinia, Verg. Aen. 3, 552.

lacio, ere, **locken,** Paul. ex Fest. 116, 15 u. 117, 9.

Laco (Lacōn), ōnis, *m.* (Λάκων), der **Lakonier, Lazedämonier,** Leonides Laco, Cato origg. 4. fr. 7 (bei Gell. 3, 7, 19): Laco Phalantus, Hor. carm. 2, 6, 11: Laconis illa vox, Cic. Tusc. 1, 111: vorzugsw. v. Lysander, Nep. Alc. 10, 2, v. Agesilaus, Nep. Ages. 2. § 3 u. 5 u. Timoth. 1, 3: u. von dem wegen seiner Stärke u. Wachsamkeit geschätzten lakon. Hund, fulvus L., Hor. epod. 6, 5. – *adi.* = **lakonisch,** L., parens, Sil. 4, 363. – Plur. **Lacōnes,** um, Akk. as (Λάκωνες), die **Lakonier, Lazedämonier,** Vitr. 1, 1, 6. Prop. 3, 14, 33. Liv. 35, 12, 8. Sen. ep. 82, 20. Curt. 7, 4, 32. Mart. 6, 42, 16: vorzugsw. Ledaei od. pii Lacones od. sidus Laconum, von Kastor u. Pollux, Mart. 1, 37, 2; 9, 3, 11; de spect. 26, 5. – Dav.: **1 Lacōnia,** ae, *f.* = Laconica, Plin. 17, 133. – **2 Lacōnicus,** a, um (Λακωνικός), **lakonisch, lazedämonisch,** ora (Küste), Liv.: ager, Liv.: purpura, Hor.: clavis, ein Schlüssel, mit dem man von außen die Tür auf- u. zuschließen konnte, da andere nur von innen die Tür öffneten, Plaut. – subst., **a** Lacōnica, ae, *f.* od. Lacōnicē, ēs, *f.* (Λακωνική, *sc.* γῆ), die Landschaft **Lakonika** im Peloponnes, in der Lazedämon lag, Form, *-ca,* Vell. 1, 3, 1. Plin. 9, 127: Form *-cē,* Nep. Timoth. 2, 1. Mela 2, 3, 4 (2. § 39). – **b** lacōnicum, ī, *n.*, **α** die **lakonische Halle,** das **Lakonium,** ein Teil des caldarium (Warmbades), ein halbrunder Alkoven, der von unten durch Röhren geheizt wurde und in der Mitte mit einem flachen großen Becken (labrum) mit Wasser versehen war, mit dem der Badende sich besprengte, während er sich den durch die hohe Temperatur erzeugten Schweiß abschabte, Cic. ad Att. 4, 10, 2. Vitr. 5, 10, 5; 5, 11, 2; 7, 10, 2. Cels. 2, 17 *in.* Colum. 1. praef. 16. – **β** ein **lakonisches Gewand,** Plaut. Epid. 234. – **3 Lacōnis,** idis, *f.* (Λακωνίς), **lakonisch, lazedämonisch,** mater, Ov. met. 3, 223. – subst. = Laconica, Mela 2, 3, 4 (2. § 41).

lacōnicum, ī, *n.*, s. Laco.

lacrima (altlat. lacruma, auch lachruma [Gell. 2, 3, 3] geschrieben), ae, *f.* (von δάκρυ od. δάκρυμα, dah. nach den Gramm. auch altlat. dacrima od. dacruma, s. Mar. Victorin. 1, 4, 109. p. 26, 2 K. Paul. ex Fest. 68, 10. Placid. gloss. V, 16, 18; vgl. auch ahd. *zahar,* Zähre), die **Träne, I** eig., lacrimae salsae, Lucr.: verae, Ggstz. simulatae, Liv.: iustae, Ov.: paternae, Sen. rhet.: uberes semper lacrimae semperque paratae, Iuven.: multis cum lacrimis, unter einem Strom von Tr., Cic. u. Caes.: lacrimis obortis, Verg. u. Curt.: lacrimae tam iuste cadentes, Sen.: homini lacrimae cadunt gaudio, Ter.: lacrimas demittere, fließen lassen, Verg.: lacrimas fundere, Verg., ubertim fundere, Augustin.: lacrimas gaudio videtur profudisse, Auct. b. Alex.: lacrimas pro alqo multum et saepe profudisse, Cic.: quem ut vidi, equidem vim lacrimarum profudi, Cic.: in lacrimas effusus senatus, Tac.: orbitatis dolorem non in lacrimas effundere, Iustin.: prae laetitia lacrimae prosiliunt mihi, Plaut.: lacrimis gaudio effusis, Liv.: plebi manare gaudio lacrimae, Liv.: lacrimae, quae aut erumpunt dolore aut laetitiā manant, Quint.: militum conspectu eius elicitae gaudio lacrimae, Vell.: lacrimas dare, weinen, Ov.: aber alci lacrimam od. lacrimas dare (weihen), Ov.: lacrimis implentur (füllen sich) oculi, Hieron.: lacrimae per ora volvuntur (rollen), Verg. u. Hieron.: lacrimae per ora non sua fluxerunt, Ov.: invito et repugnanti lacrimae fluunt, Hieron.: ubertim fluentes lacrimas reprimere, Hieron.: cum lacrimae fluere desierint, Scrib. Larg.: lacrimis indulgere, Ov.: vix lacrimis abstinere, Curt.: prae lacrimis (vor Rührung) loqui non possum, Cic.: vix tenet lacrimas, quia etc., Ov.: in morte misera alcis lacrimas non tenere, Cic.: epistulam lacrimis prope delere, Cic.: alqm complecti et conspergere lacrimis, Cic.: paternis flecti lacrimis, Sen. rhet.: in lacrimas commoveri, Leo M.: fluant lacrimae, sed eaedem et desinant, Sen.: moveat ille mihi risum (möge mich zum Lachen bringen); ego illi fortasse lacrimas movebo (werde ihn vielleicht zum Weinen bringen), Sen.: nullasne tuorum movisti lacrimas? Stat.: lacrimas haec mihi, cum video, eliciunt, Plaut.: lacrimas excussit mihi, Ter.: lacrimas evocant nomina parum grata auribus, Sen.: debilitor lacrimis, die Tr. übermannen mich, Cic.: consumptis lacrimis (sind auch meine Tr. versiegt) infixus haeret animo dolor, Cic.: Victorini mei lacrimis tabesco, conliquesco, Fronto. – hinc illae lacrimae, Ter. Andr. 126; dah. fast sprichw. = daher stammt der Verdruss, da liegt der Hund begraben, Cic. Cael. 61. Hor. ep. 1, 19, 41: inde irae et lacrimae, Iuven. 1, 168. – **II** übtr., **a Tropfen** des männl. Samens, Plur. Lucil. 307. – **b ausschwitzende Feuchtigkeit (Saft), Harz** der **Pflanzen,** Colum. u. Plin.: narcissi, Verg.: turis, Ov.: Heliadum, Bernstein, Ov.: Cyrenaica (s. lāserpīcium), Scrib. Larg.

lacrimābilis (lacrumābilis), e (lacrimo), **I tränenwert, beweinenswert, kläglich, höchst unglücklich,** tempus, Ov.: bellum, tränenerregend, Verg. u. Aur. Vict.: bellum civile, Eutr.: vix tenet lacrimas, quia nil lacrimabile videt, Ov.: lacrimabilior series, Ambros. in psalm. 118. serm. 17. § 2: quid lacrimabilius hāc stultitiā, Salv. de gub. dei 6, 15, 87. – v. Pers., felix bellis civilibus, externis lacrimabilis, Aur. Vict. epit. 42, 18: cum ipse sit lacrimabilis, Ambros. cant. cantic. 3. § 3. – *neutr.* lacrimabile adv., aetate hic parvā iaceo lacrimabile semper, CIL 6, 23818. – **II Tränen erregend, jammervoll, kläglich,** gemitus, Verg. Aen. 3, 39: vox (Stimme), Vulg. Dan. 6, 20. – **III tränenartig,** destillatio, Arnob. 7, 27.

lacrimābiliter, *Adv.* (lacrimabilis), **mit Tränen, kläglich,** Hieron. epist. 98, 19; 140, 15 u. a. Eccl.; außerdem Fulg. contin. Verg. p. 157 M. (= p. 99, 20 H.).

lacrimābundus, a, um (lacrimo), **in Tränen ausbrechend,** Liv. 3, 46, 8. Cypr. epist. 21, 2. Lact. de mort. pers. 18, 7; vgl. Charis. 49, 4.

lacrimātio, ōnis, *f.* (lacrimo), **a** das **Weinen,** lacrimatio et fletus, Vulg. Tob. 3, 22. – **b** das **Tränen,** als Augenkrankheit, bl. lacr., Cael. Aur. de morb. acut. 2, 10, 69: lacr. oculorum, Cael. Aur. de morb. chron. 2, 7, 94: oculorum lacrimationes, Plin. 23. prooem. 9: lacrimationum salivae, Plin. 11, 147.

lacrimātōrius, a, um (lacrima), **mit Tränen verbunden, tränend,** leucoma, Sex. Placit. de medic. 17, 1.

lacrimo (altlat. lacrumo), āvī, ātum, āre (lacrima), **tränen, Tränen rinnen lassen, I** eig. = **weinen,** zuw. auch **bis zu Tränen** od. **fast bis zu Tränen gerührt werden,** ne lacrima, pater, Plaut.: lacrimo gaudio, Ter. u. Liv.: ecquis fuit quin lacrimaret? Cic.: discunt *lacrimare* decenter, quoque volunt *plorant* tempore quoque modo, Ov.: sine voluntate (unwillkürlich) lacrimare, Cels.: video hunc oculis lacrimantibus me intueri, Cic. – m. allg. *Acc.*, num id (deshalb) lacrimat virgo? Ter.: multa super natae lacrimans Phrygiisque hymenaeis, viel ob der Tochter Geschick u. der Phrygierverehelichung weinend, Verg. (aber Nep. Alc. 6, 4 quin eius casui illacrimarit). – Partiz. lacrimandus, **beweinenswert,** Stat. silv. 5, 2, 93 u. Theb. 9, 100. – **II** übtr., v. Pflanzen, Bäumen usw., **tränen, träufeln,** calamus lacrimans, Plin.: sucino lacrimat (pinei genus), Solin.: m. *Acc.*, oculi vinum lacrimantes, Rut. Lup.: lacr. sua gaudia, Ven. Fort. – Partiz. passiv lacrimātus, v. Pers. = beweint, Ven. Fort. carm. 6, 5, 273; v. Lebl., lacrimatae cortice myrrhae, herabgeträufelte, herabgeronnene, Ov. fast. 1, 339. – ► Depon. Nbf. **lacrimor** (lacrumor), ātus sum, ārī, Hyg. fab. 126 u. astr. 2, 4. Tert. de paenit. 9. u. de carn. Chr. 9. Vulg. Tob. 7, 19 u. a. Augustin. conf. 3, 2, 2 u. serm. 311, 13. Acro Hor. ep. 1, 1, 67. Isid. orig. 11, 1, 109. Cael. Aur. de morb. acut. 1, 3, 35; 2, 10, 71. Vgl. Prisc. part. XII vers. Aen. 6, 121.

lacrimōsē (lacrumōsē), *Adv.* (lacrimosus), **unter vielen Tränen,** Gell. 10, 3, 4. – *Compar.* lacrimosius, Schol. Bob. ad Cic. Planc. 34. p. 269, 20 B.

lacrimōsus (lacrumōsus), a, um (lacrima), **voller Tränen, I stark tränend, a** durch physische Einwirkung, oculi, krankhaft tränende, Plin.: lumina vino lacrimosa, Ov. – übtr., v. Weinstock, **zu stark blutend,** si (vites) sint lacrimosae, wenn sie zu stark bluten, Plin. 17, 261. – **b** durch Gemütsbewegung, **weinend, weinerlich, kläglich** (griech. θρηνώδης), voces, Verg.: carmen, Trauergesang, Ov.: vultus, Apul.: mater, Apul. – **II viel Tränen erregend** (s. Fritzsche Hor. sat. I, 5, 80), **a** durch physische Einwirkung: talla (Zwiebelhülse), Lucil. fr.: cepis odor, Plin.: fumus, Hor. u. a. – **b** durch Gemütsbewegung, **viel Tränen** od. **Jammer erregend, viel Tränen** od. **Jammer kostend, viel beweint, jammervoll,** funera, bellum, Hor.: iussa, traurige, Ov.: ferarum spectacula, ICt. – lacrimosa poëmata, Tränenspiele (mit Doppelsinn = weinerliche dem Ton nach, u. = zu Tränen rührende), Hor. ep. 1, 1, 67.

lacrimula, ae, *f.* (*Demin.* v. lacrima), das **Tränchen,** Cic. Planc. 76: una falsa lacr., Krokodilsträne, Ter. eun. 67: frustrantur falsis gaudia lacrimulis, Catull. 66, 16. – Nbf. lacrumula, z. B. meis referre lacrumulam (parentibus), Carm. epigr. 1518, 4 *ed. Buecheler.*

lacruma etc., s. lacrima etc.

lacrumo u. **-or,** s. lacrimo.

lacrumōsus, s. lacrimōsus.

lact, s. lāc ►.

Lactantius, iī, *m.*, mit dem Beinamen Firmianus, ein berühmter Kirchenschriftsteller, Zeitgenosse Konstantins des Gr., Hieron. epist. 13 *extr.*

lactāris, e (lac), **säugend,** Marc. Emp. 23.

lactārius, a, um (lac), **I Milch in sich enthaltend, milchig,** herba, Milchkraut, Plin. 26, 62: dah. **Milch gebend, milchend,** boves, Varro r. r. 2, 1, 17: femina, säugendes, Iul. Val. 3, 6 *ed. Paris.* (3, 12 *Kuebler* lactatura). – **II mit Milch zubereitet,** opus, Milchkuchen, Lampr. Heliog. 32, 4. – subst., **a** lactāria, ōrum, *n.*, **Milchkuchen,** Lampr. Heliog. 27, 2. – **b** lactārius, iī, *m.*, der **Milchkuchenbäcker,** Lampr. Heliog. 27, 3: u. = γαλακτοπώλης, der **Milchhändler,** Gloss. II, 261, 11. – **III** übh. **zur Milch gehörig, Milch-,** columna, in Rom am Forum olitorium, Paul. ex Fest. 118, 6: Lactarius mons, bei Stabiä in Kampanien, berühmt durch gute Milch gebende Futterkräuter, Cassiod. var. 11, 10, 1.

lactātio, ōnis, *f.* (2. lacto), die **Lockung,** Interpr. Iren. 4, 38, 1.

lacte, is, s. lāc ►.

lacteo, ēre (lac), **I saugen;** dah. lactēns, **saugend,** porcus, Saugferkel, Spanferkel, Varro: so auch porcellus, Apic.: Romulus, Cic.: hostia, Cic.: viscera lactentia, saugende Kinder, Ov.: poet., lactens annus puerique simillimus, gleichsam ein Säugling, Ov. met. 15, 201. – subst., lactentēs, ium, **α** *m.* (*sc.* infantes) = Säuglinge, Vulg. Matth. 21, 16. Hieron. epist. 84, 3. – **β** *f.* (*sc.* hostiae) = noch saugende Tiere, lactentibus rem divinam facere, Liv. 37, 3, 6. – **II Milch geben, säugen,** sus lactens, Solin. 20, 12 M. (Variante lactans). – **III Milch in sich enthalten, milchig sein,** Partiz. lactēns, **milchig, saftig,** dum lactent (legumina), Colum.: lactens ficus, Ov.: lactentes fici, Lucil.: herba tritici lactens, Sen.: lactens lactuca, Plin.: lactentia sata, Ov., frumenta,Verg. u. Augustin. – **IV** Partiz. lactēns, **milchweiß, zart,** lactentes papillae, Catull. 64, 65. Petron. 86, 5.

lacteolus, a, um (*Demin.* v. lacteus), **milchweiß,** puellae, Catull. 55, 17: agnus, Prud. perist. 11, 245: viscus, Auson. ep. 7, 46. p. 145 Schenkl: spiritus Eulaliae, Prud. perist. 3, 165.

lactēs, ium, *f.* (lac), die **Milchen, a** die mit einer milchartigen Fettigkeit überzogenen kleineren Eingeweide im Körper vierfüßiger Tiere, die **Dünndärme,** das **Inster,** das **Gekröse,** als beliebte Speise, lactes agninae, Titin. com. fr. u. Plaut.: pulmo et lactes unctae (fettes), Pers. – scherzh. übtr. v. Eingeweide der Menschen, lactes laxae, Plaut.: oro te, vaso, per lactes tuas, Pompon. com. fr. – Sprichw., alligare fugitivam canem agninis lactibus, wir »an einen Zwirnsfaden anbinden«, von einem nutzlosen Beginnen, Plaut. Pseud. 319. – **b** die **Milch** männl. Fische, muraenarum, Suet. Vit. 13, 2: muraenarum et luporum, Lampr. Heliog. 23, 8. – ► Sing. lactis, is, *f.*, nur Prisc. 6, 21 ohne Beleg.

lactēsco, ere (*Inchoat.* zu lacteo), **milchen, I in Milch übergehen, sich in Milch verwandeln,** v. Speisen usw., omnis fere cibus matrum lactescere incipit, Cic. de nat. deor. 2, 128: scammonium linguae tactu lactescens, Plin. 26, 60. – übtr., ut infantiae nostrae lactesceret sapientia tua, süß wie Milch schmecke, Augustin. conf. 7, 18. – **II Milch (zum Säugen) bekommen,** v. weibl. Tieren, Plin. 11, 237: v. Frauen, pectore, Augustin. epist. 150: v. den weibl. Brüsten, Min. Fel. 18, 2. – übtr., v. der Saat, lactescentia sata, Plin. 17, 15: huius (circuli lactei) defluvio velut ex ubere aliquo sata cuncta lactescunt, Plin. 18, 281.

lacteus, a, um (lac), **I** eig.: **1 aus Milch,** umor Milch, Lucr. u. Ov. – **2 voller Milch,** ubera, Verg. georg. 2, 525. – **3 milchig** (weil von Milch genährt), porcus, verna, Mart. – **II** meton.: **1 weiß wie Milch, milchweiß, milchfarbig,** cervix, Verg.: via lactea, Ov., od. orbis lacteus, Cic., od. circulus lacteus, Plin., od. plaga lactea caeli, Stat., die Milchstraße am Himmel (griech. γαλαξίας κύκλος u. bl. γαλαξίας). – **2 milchrein,** Livii lactea ubertas, die milch- od. goldreiche, Quint. 10, 1, 32. T. Livius lacteo eloquentiae fonte manans, Hieron. epist. 53, 1.

lacticolor, ōris (lac u. color), **milchfarbig,** Auson. epist. 7, 54. p. 145 Schenkl.

lacticulōsus, ī, *m.* (lac) = λιπογάλακτος (Gloss.), **kaum der Mutterbrust entwöhnt,** *Petron. 57, 8.

lactifer, fera, ferum (lac u. fero), **Milch tragend,** Silvanus, CIL 5, 164.*

lactilāgo, inis, *f.* (lac) = *chamaedaphne,* Ps. Apul. herb. 27.

lactineus, a, um (lac), **milchfarbig, weiß,** Ven. Fort. carm. 8, 1, 27.

lactis, is, *f.*, s. lactēs ►.

lactito, āre (*Intens.* v. lacto), **säugen,** Mart. 7, 101, 3.

1. lacto, āvī, ātum, āre (lac), **I Milch geben, säugen,** mamillā regum lactaberis, Vulg. Isai. 60, 16: ubera mammarum lactantia, Lucr.: ubera lactantia, Ov. u. Ser. Samm.: quaecumque (femina) id temporis lactans est, Gell.: sus lactans, Solin. 20, 12 *cod. G B* (Mommsen lactens): lactans fera (Wölfin), Augustin. – deus lactans, der die Saaten milchen lässt, Varro fr. – **II Milch** (aus den Brüsten) **trinken, saugen,** puer lactans, Liv. Andr. 26 R.²: infans lactavit, Auson. epitaph. 34, 3: porcellus lactans, Spanferkel, Edict. Diocl. 4, 46 (wo vulg. lanctans): poet., anni lactantes, die Säugejahre (des Kindes), Auson. edyll. 4, 67. p. 39, 1 Schenkl. – subst., lactāns, **a** ein **noch saugendes Junges,** v. Tieren, Schol. Iuven. 11, 65. – **b** v. Kindern, ein **Säugling,** Commodian. instr. 2, 1 (2), 8; Plur., Augustin. serm. 151, 1 u. 2. – **III aus Milch bestehen, aus** od. **mit Milch bereitet sein,** metae lactantes, Käse, Mart. 1, 43, 7 (vgl. 3, 58, 35 meta lactis). – Partiz. subst., lactantia, ium, *n.*, **Milchspeisen,** Cels. 2, 28 u. 29 D. Apic. 7, 306.

2. lacto, āvī, ātum, āre (*Intens.* v. lacio), einen **an sich locken,** um ihn zu hintergehen, durch leere Versprechungen **ködern, aufziehen** od. **zum Besten haben,** alqm. Plaut.: lactare amantem et falsā spe producere, Ter.: alqm dictis lenibus, Acc. tr. fr.: aviditatem operibus, Varro fr.: alqm frustrando, Ter.: sollicitando et pollicitando eorum animos, Ter.

lactoris (lac), eine milchige Pflanze, Plin. 24, 168.

lactōsus, a, um = γαλακτώδης, **milchartig,** Gloss. II, 261, 12.

lactūca, ae, *f.* (lac, s. Varro LL. 5, 104. Plin. 19, 126), **Laktuke, Lattich, Garten-** od. **Kopfsalat,** Colum. 11, 3, 25 *sq.* Cels. 2, 18 u. 22. Pallad. 2, 14, 1 *sqq.* Plin. 19, 125. Plin. ep. 1, 15, 2. Hor. sat. 2, 4, 59 u. 2, 8, 8. Mart. 11, 52, 5; 13, 14, 1. Apic. 3, 103 *sqq.*: lactucae sativae, Plin. 20, 63: lactucae agrestes, Vulg. exod. 12, 8 u. num. 9, 11: lact. sessilis (niedriger), Plin. 19, 125. Mart. 3, 47, 8. Priap. 51, 19: marina, wahrscheinlich τιθύμαλος δενδρώδης, die *Euphorbia dendroides* (L.), eine strauchartige, 1½ Meter hoch wachsende Pflanze, Cels. 2, 12, 1 u. 5, 7. Colum. 6, 15, 2: dies. caprina, Plin. 19, 58: folia lactucarum, Apic. 3, 99. – ► Nbf., lattucae optimae, Edict. Diocl. 6, 7.

lactūcārius, iī, *m.* (lactuca), der **Lattichhändler,** Diom. 326, 13.

lactūcōsus, a, um (lactuca), **lattichreich,** Diom. 326, 17.

lactūcula, ae, *f.* (*Demin.* v. lactuca, s. Diom. 326, 20), der **kleine-, junge Lattich,** Colum. poët. 10, 111. Suet. Aug. 77. Pallad. 1, 30, 1.

Lacturnus, ī, *m.* (lac), der Gott des in der Milch stehenden Getreides, Augustin. de civ. dei 4, 8. p. 156, 4 D².

lacuāria, s. laquear.

lacuātus, s. 1. laqueo a. E.

laculātus, a, um (lacus), mit viereckigen (bunten) Feldern versehen, **kariert,** vestis, Isid. orig. 22, 19, 11.

laculla (luculla), ae, *f.* (*Demin.* v. lacuna), das **Grübchen** im Kinn, Varro sat. Men. 371 (Riese lac., Bücheler luc.). *Apul. flor. 15 (H. Müller; Krüger lacunatura in demselben Sinne).

lacūna, ae, *f.* (eig. lacuina v. lacus; vgl. Varro LL. 5, 26. Paul. ex Fest. 117, 8), jede trogartige **Vertiefung, I** eig.: **1** die **Vertiefung, Senkung, Höhlung,** die **Lücke,** die **Grube,** das **Loch,** der **Schlund, Abgrund, a** im Boden usw.: **α** übh.: quā aratrum vomere lacunam facit, sulcus vocatur, Varro r. r. 1, 29, 3: solent eadem in lacunis (Bodensenkungen) nata esse, Vitr. 8, 1, 3: testacea spicata sunt diligenter exigenda, ut ne habeant lacunas (Lücken) nec extantes tumulos, Vitr. 7, 1, 4: in pavimento non audes facere lacunam (ein Loch), at in humu calces facis elixos, Varro sat. Men. 531: fontes et maria, quae meatus et lacunas et origines habent in gremio terrarum, Apul. de mund. 5 (vgl. lympha e lacuna fontium allata, Varro sat. Men. 442): lacunas (Gruben) facere ad pisces capiendos, Vulg. Isai. 19, 10. – proni foraminis lacunae, Apul. met. 6, 14: ostrea muriceis scopulorum mersa lacunis (Ritzen), Auson. ep. 9, 4. p. 166 Schenkl: lacunarum vertigo, der Wirbel der Stromuntiefen, Amm. 18, 8, 9: lacuna (ein Abgrund) palustribus aquis interfusa, Amm. 16, 12, 59: voragines lacunaeque, Schlünde u. Abgründe, Curt. 8, 14 (47), 8: caecae lacunae (Tiefen), Cic. Arat. 428 (680): lacunae salsae, die salzigen Tiefen od. Schlünde (des Meeres), Lucr. 3, 1031; 5, 791: u. so Neptuniae lacunae (Schlünde), Auct. bei Rhet. Her. 4, 15. – **β** insbes., die **Walkergrube,** Lex de magistr. aqu. lin. 14. – **b** am tierischen Körper, sub eis (superciliis) lacunae, Varro r. r. 2, 7, 3: labrum superius sub ipsa medietate narium lacunā (Grübchen) quādam levi, quasi valle, signavit deus, Lact. de opif. dei 10, 19: sint modici rictus parvaeque utrimque lacunae (Grübchen), Ov. art. am. 3, 283: qui veste reductā ostentat foedas prope turpia membra lacunas (Löcher) perfossasque nates vicino podice nudat, Auson. epist. 4, 34. p. 160 Schenkl. – **2** die **Lache,** der **Weiher,** der **Tümpel,** der **Teich, See, Sumpf,** multi lacus multaeque lacunae (stehende Sümpfe), Lucr. 6, 538: magnae aquae vastaeque lacunae (Seen), Lucr. 6, 552: vastae lacunae (Sümpfe) Orci, Lucr. 1, 115: cavae lacunae, Verg. georg. 1, 117: totae solidam in glaciem vertēre lacunae, *ibid.* 3, 365: nec ulla adeo avia et sicca lacuna erat, ut vestigantium sitim falleret, Curt. 4, 16 (41), 14: quas vicinae suggessit praeda lacunae, anates maritas iunximus, Auson. epist. 3, 11. p. 159 Schenkl: cultor stagnorum, lucius, obscuras ulvā caenoque lacunas obsidet, Auson. Mosell. 122: siccare lacunis (Teiche) ac fossā urbem, Aur. Vict. de Caes. 37, 4: lacunam formare (für die Enten), Pallad. 1, 30, 1. – **II** übtr., eine **Lücke** = Verlust, Nachteil, explere duplicem istam lacunam, Varro r. r. 2, 1, 28: explere illam lacunam rei familiaris, Cic. Verr. 2, 138: de Caelio, vide, ne qua lacuna in auro sit, dass bei dem Handel an dem Gold kein Verlust herauskomme, Cic. ad Att. 12, 6, 1: minima illa labes et quasi lacuna famae, der unbedeutende Makel oder, wenn ich so sagen darf, die Scharte, die unsere Ehre erlitten, Gell. 1, 3, 23. – ► Die umgelautete Form lucuna in sehr guten Handschriften des Vergil und Lukrez.

lacūnar, āris, *n.* (lacuna), **I** die **getäfelte Decke, Felderdecke** eines ungewölbten Zimmers (u. zwar in Bezug auf die mit Zieraten versehenen Vertiefungen derselben, während laquear in Bezug auf die gezogenen Seilen [laquei] ähnlichen Einfassungen), Cic. u. a.: lacunaria ebore fulgentia, Sen.: lacunaria auro gravia, Sen., auro oblita, Apul.: lacunaria sua intueri, Sen. rhet. – Sprichw., lacunar spectare, an die Decke sehen = zerstreut sein, Iuven. 1, 56. – **II** lacunaria, die **Felder** der unteren Fläche des Kranzleistens, Vitr. 4, 3, 1. – ► Genet. Plur. lacunariorum u. Abl. lacunariis, Vitr. 4, 3, 1 u. 6, 3 (4), 4.

lacūnārius, iī, *m.* (lacuna), der **Grabenmacher,** Firm. math. 8, 21; vgl. ›lacunarius, λακκοποιός‹, Gloss. II, 358, 14.

lacūnātūra, ae, *f.*, s. laculla.

lacūno, āvī, ātum, āre (lacuna), **I vertiefen,** Plin. 15, 35. – **II mit vertieften Feldern** (wie ein *lacunar,* s. d.) **täfeln,** Ov. met. 8, 564. Vgl. 1. laqueo.

lacūnōsus, a, um (lacuna), **I voller Vertiefungen, voller Lachen,** convallis, Apul. met. 1, 7: incilia, *ibid.* 9, 9. – **II voller Lücken** od. **Hohlen,** nihil lacunosum, Lückenhaftes, Cic. de nat. dor. 2, 47: quoniam (vena) lacunosa et crispa, Plin. 16, 226: sin intervalla erunt lacunosa, sind Zwischentiefen vorhanden, Vitr. 8, 5, 3.

lacus, ūs, *m.* (zu λάκκος, lacuna, Lache), urspr. jede trogartige Vertiefung; dah. **I See,** der Ab- u. Zufluss hat, Cic. u. Liv.: lacus Avernus, s. 2. Avernus: Curtius lacus, s. Curtius: lacus Iuturnae, s. Iūturna: supra lacum, überm See (eine Örtlichkeit bei Rom), Plaut. Curc. 477. – bei Dichtern übh. statt **Wasser, Gewässer,** es sei Fluss, Quelle usw., Verg. u. Ov. – **II Röhrtrog, Brunnentrog, Wasserbecken,** Hor., Vitr. u. Plin.: lacus Servilius, s. Servīlius: lacus balineárius, im Bade, CIL 1, 1166: lacus sternendos lapide locare, Liv. 39, 44, 5: sprichw., lacus siccus, ein trockener Brunnentrog, v. etwas Unnützem, Prop. 2, 14, 12. – dah. der **Löschtrog, Kühltrog** der Schmiede, Verg. georg. 4, 173 u. Aen. 8, 451. – **III** jedes größere Gefäß für Flüssigkeiten, **Kübel, Zuber, Wanne** usw., bes. die **Kufe,** in die der gepresste Wein und das gepresste Öl fließt, Quint., Scriptt. r. r. u. a.: übtr., nova ista quasi de musto ac lacu fervida oratio, Cic. Brut. 288. – **IV Grube,** Eccl. (s. Rönsch Itala p. 315 *sq.*): lacus leonum, Löwengrube, Eccl. – insbes., **a Grube** zur Aufbewahrung der Hülsenfrüchte, Colum. 1, 6, 14. – **b Kalkgrube, Kalkloch** zum Wässern des Kalkes, Vitr. 7, 2, 2. – **V** = lacunar, die **Felderdecke,** das Feld, Lucil. b. Serv. Verg. 1, 726; vgl. Isid. orig. 19, 12. – ► Genet. laci, CIL 1, 584 u. 6, 975. Vulg. Dan. 6, 17 u. 6, 24; Ierem. 37, 15. Cassiod. var. 11, 14, 1: Abl. Sing. laco, Itala num. 20, 17: Nom. Plur. laci, Gromat. vet. 296, 8: Akk. Plur. lacos, *ibid.* 401, 21: Dat. u. Abl. Plur. lacis, Anthol. Lat. 394, 12 (1037, 12); vgl. Dederich Frontin. aqu. 3. p. 145. – Dat. u. Abl. Plur. gew. lacubus (z. B. Varro r. r. 1, 7, 7. Ov. met. 12, 278), selten lacibus (Plin. 23, 33. Frontin. aqu. 3 u. a.).

lacusculus, ī, *m. Demin.* v. lacus), **I** eine **kleine Kufe,** in die das gepresste Öl fließt, Colum. 12, 52, 3 *sqq.* – **II** eine **kleine Grube** um die Weinstöcke, Colum. 4, 8, 2 u. de arb. 10, 4.

lacuturris, is, *m.*, eine Art Kohl, wahrscheinlich unser **Kopfkohl,** Plin. 19, 141 (Jan-Mayhoff Lacturnenses, was sich auf Turni lacus bei Colum. 10, 137 stützt, also vom Ortsnamen abgeleitet).

Lăcȳdēs, is, *m.* (Λακύδης), ein Akademiker aus Kyrene, Schüler des Arcesilas, Stifter der neuen Akademie, Cic. Acad. 2, 16; Tusc. 5, 107.

lāda, ae, *f.* (barbar. Wort), eine **Art der Kasia,** Plin. 12, 97.

lādanum, s. 1. lēda.

Lādās, ae, Akk. ān, *m.* (Λάδας), ein Lakonier, Olympiasieger im Dolichos (Wettlauf von siebenmal 20 Stadien), dessen Behändigkeit im Altertum sprichwörtlich geworden war, Solin. 1, 96. Rhet. Her. 4, 4. Catull. 55, 25. Mart. 2, 86, 8. Iuven. 13, 97.

Lādōn, ōnis, *m.* (Λάδων), Fluss in Arkadien, der in der Nähe von Klitor entsprang und zwischen Heräa u. Phrixa in den Alpheios mündete (s. Serv. Verg. Aen. 2, 513), Ov. met. 1, 702. Mela 2, 3, 5 (2. § 43). Sen. nat. qu. 6, 25, 2.

laecasīn, nach Friedländer entstellt aus λειχάζειν, lecken, im obszönen Sinne, frigori laecasin dico, Petron. 42, 2.

laedo, laesī, laesum, ere, **verletzen, versehren, beschädigen, I** eig.: brachia, Plaut.: cursu aristas, Verg.: frondes, Ov.: ne te frigora laedant, nachteilig auf dich (auf deine Gesundheit) einwirken, Hor.: laesus nube dies, verdunkelter, Lucan.: zonā laedere (= *elidere*) collum, sich erdrosseln, Hor. carm. 3, 27, 60. – **II** übtr., **verletzen, beleidigen, kränken, wehtun, zu nahe treten, beeinträchtigen, schädigen,** zuw. auch **beschwerlich fallen, lästig werden,** minime multos, Ter. adelph. 864: Pisonem, Cic.: singulos modo, modo universos, absichtlich reizen, Sall.: neminem iniuste, Cic.: alqm periurio suo, Cic.: alqm in eo (darin, dadurch), Cic.: nullā laesus iniuriā, Cic. – nulli os, niemand ins Gesicht beleidigen, eine Grobheit ins Gesicht sagen, Ter.: fidem, Cic.: famam suam, Plin. ep.: famam alcis gravi opprobrio, Cic.: laesa dignitas, Cic.: laesa pietas, Nep.: laesa maiestas, Hochverrat, Sen. rhet.: res laesae, Widerwärtigkeiten, Sil. – v. lebl. Subjj., si te pulvis strepitusque rotarum laedit, Hor.: oculos hoc meos laedit, Sen.: alcis improbitas nos laedit (Ggstz. alcis stultitia nos sublevat), Cic.: tua me infortunia laedent, Hor.: haec me non laedunt, das trifft mich nicht, Curt. – ► Vulg. laesaerit = laeserit, CIL 4, 538.

Laelaps, apis, Akk. apa, *m.* (λαῖλαψ, der Sturmwind), Hundename, Ov. met. 3, 211 u. 7, 771. Hygin. fab. 181.

Laelius, a, um, Name einer röm. *gens,* aus der am bekanntesten: C. Laelius, Freund Scipios (weshalb Cicero sein Buch von der Freundschaft Laelius nannte), Cic. Brut. 82; de amic. 1 *sqq.* – D. Laelius, ein Pompejaner, Befehlshaber der asiatischen Schiffe, Caes. b. c. 3, 5, 3. – Laelia, die Schwiegermutter des L. Krassus, Cic. Brut. 211. – Dav. **Laeliānus**, a, um, **lälianisch, des Lälius,** naves, Caes. b. c. 3, 100, 2.

laena, ae, *f.* (χλαῖνα), ein aus langhaarigem wollenem Zeug bestehender Mantel, als Schutz gegen schlechte Witterung über dem Pallium od. über der Toga getragen, die **Läna,** Varro LL. 5, 133. Cic. Brut. 56. Verg. Aen. 4, 262. Pers. 1, 32. Mart. 8, 59, 10. Iuven. 5, 131. Sil. 15, 424: hyacinthina, einer Buhlerin, Hieron. epist. 22, 13. – Vgl. Paul. ex Fest. 117, 6. Non. 541, 6.

laeotomus, ī, *f.* (λαιότομος), die **Sehne eines Kreisabschnitts,** das **Segment,** Vitr. 9, 7, 6.

Lāërtēs, ae (selten is), Akk. em, *m.* u. **Lāërta**, ae, *m.* (Λαέρτης), Fürst von Ithaka, Vater des Ulixes, Cic. de sen. 54. Ov. met. 13, 144. Hyg. fab. 201. – Nom. Laërta, bei Sen. Troad. 700. Hyg. fab. 173; Akk. Laërtam, Cic. de sen. 54; Abl. Laërtā, Acc. tr. 131. – Dav.: **a Lāërtiadēs**, ae, Akk. ēn, *m.* (Λαερτιάδης), der Sohn des Laërtes, der **Laërtiade,** v. Ulixes, Hor. u. Ov. – **b Lāërtius**, a, um (Λαέρτιος), **laërtisch,** heros, Ulixes, Ov.: regna, Reich des Laërtes und des Ulixes, Verg.

laesio, ōnis, *f.* (laedo), die **Verletzung, I** eig., Lact. de ira 17, 14. Vulg. 1. Esdr. 6, 23. – **II** übtr.: **a** die **Verletzung** des Rechts od. Eigentums, die **Schädigung, Beeinträchtigung,** Ulp. dig. 2, 14, 7. § 14. Papin. dig. 10, 3, 28: vitae, Firm. math. 5, 27, 4: Plur., laesiones regis, Vulg. Dan. 4, 14. – **b** die **Verletzung, Kränkung** des Gemüts, animi, CIL 13, 1920 u. 2009. – als rhet. Figur (wie βλάψις), die **Verletzung,** das **absichtliche Reizen** des Gegners, Cic. de or. 3, 205.

Laestrȳgones, um, Akk. as, *m.* (Λαιστρυγόνες), eine Völkerschaft Siziliens, die urspr. in Kampanien, in der Gegend von Formiä (von Lamus erbaut), ihren Sitz hatte, der Sage nach Menschenfresser, Plin. 3, 59 u. 7, 9. Gell. 15, 21. Tibull. 4, 1, 59. Iuven. 15, 18. – Sing. Laestrȳgōn, onis, Akk. ona, *m.*, ein Lästrygone, Ov. ex Pont. 2, 9, 41: dirus, Sil. 14, 126: urbs Lami Laestrygonis, d. i. Formiä, Ov. met. 14, 233. – Dav. **Laestrȳgonius,** a, um, **lästrygonisch,** domus, Formiä, Ov.: amphora, Wein von Formiä, Hor.: campi, auf Sizilien, Plin.: tyrannus, Antiphates, Sidon. poët.

laesūra, ae, *f.* (laedo), die **Verletzung, I** eig., Vulg. sap. 11, 20. – **II** übtr.: **a** die **Verletzung** des Rechts od. Eigentums, die **Schädigung, Beeinträchtigung,** boni hospitii, Vulg. sap. 18, 3: Plur., laesurae tuae, Tert. adv. Marc. 2, 10: laesurae divitiarum, Verluste, Tert. de patient. 7. – **b** die **Verletzung, Kränkung** des Gemüts, animi, CIL 13, 1902.

laetābilis, e (laetor), **erfreulich,** Cic. u. a. – *Compar.*, quanto hoc est laetabilius ac melius, quod etc., Claud. Mam. genethl. 18, 3.

laetābundus, a, um (laetor), **sich der Freude hingebend, voll Freude,** Gell. 11, 15, 8. Hyg. fab. 119. Hieron. epist. 123, 11. Vulg. Isai. 35, 2. – m. *Abl.*, his Apollinis dictis, Mart. Cap. 1. § 23.

laetāmen, inis, *n.* (laeto), der **Dünger,** Plin. 18, 141. Pallad. 3, 1. Serv. u. Schol. Bern. Verg. georg. 1, 1: anserum, Gänsemist, Pallad. 1, 23.

laetanter, *Adv.* (laetor), **freudig,** accipere, Lampr. Comm. 5, 3: aspicere, Cassiod. in psalm. 19, 10: agere, Cassiod. de anim. 10.

laetātio, ōnis, *f.* (laetor), das **Frohlocken,** der **Jubel** (Ggstz. dolor), Caes. b. G. 5, 52, 6.

laetē, *Adv.* (laetus), **I freudig, mit Freuden, fröhlich,** alqd laete atque insolenter ferre, Cic.: neque quisquam exceptus est laetius, Vell.: laetissime gaudere, Gell. – **II** übtr.: **a herrlich, fruchtbar,** virere, Plin.: frondere, Colum. – **b in blühendem Stile,** hoc nos laetius fecisse quam orationis severitas exigat, Plin. ep. 2, 5, 6.

laeticus, a, um, s. 2. laetus.

laetifico, āvī, ātum, āre (laetificus), **I freudig stimmen, mit Freude erfüllen, erfreuen,** alqm, Lucan. 3, 49. Vulg. psalm. 21, 7 u. a.: corda, *ibid.* 19, 9: fiducia arbitrio laetificanda tuo, Pallad. de insit. 10: laetificari alcis malo et damno, sich freuen über usw., Plaut. aul. 725: sol tum quasi tristitiā quādam contrahit terram, tum vicissim laetificat, ut cum caelo hilarata videatur, Cic. de nat. deor. 2, 102. – Partiz. Präs. neutr. = **freudig gestimmt, fröhlich,** unde ego omnes hilaros, lubentes, laetificantes faciam ut fiant, Plaut. Pers. 760. – **II** übtr., **fröhlich gedeihen machen, befruchten,** bes. durch Düngung, solum stercoris vice, v. der Bohne, Plin. 18, 120: agrum suis manibus (v. einer Pers.), Plin. 17, 50: agros aquā (v. einem Fluss), Cic. de nat. deor. 2, 130.

laetificus, a, um (laetus u. facio), **Freude verursachend** od. **erregend** od. **spendend, erfreulich, fröhlich, froh,** vites, Enn.: fetus, Lucr.: plausus, Stat. – *neutr. pl.* subst., alci laetifica referre, freudige Botschaft bringen, Sen. Troad. 605.

laetīsco, ere (laetus), **sich freuen,** Sisenn. hist. 4. fr. 123 (bei Non. 133, 1).

laetitās, ātis, *f.* (laetus), die **Fröhlichkeit,** auf einer Münze der Faustina iunior, s. Cohen méd. impér. 3^2, 148. *no.* 149.

laetitia, ae, *f.* (laetus), **I** subj. = die **Freude,** die sich äußerlich offenbart, die **Fröhlichkeit,** der **Jubel** (Ggstz. tristitia, maeror, dolor, cura), Cic. u. a.: laetitia victoriae, Liv.: laetitiam capere od. percipere ex alqa re, Cic.: dare alci laetitiam, die Fr. gewähren, Cic.: in laetitiam conicere alqm, Ter.: gaudium atque laetitiam agitare, sich der Freude u. Fröhlichkeit überlassen, Sall.: laetitiā frui maximae praeclarissimaeque pugnae, Cic.: laetitiam alci afferre (v. einem Umstand), Cic.: ingenia in laetitiam evocare, zur Fr. stimmen, Sen.: victoriae laetitiam geminare (v. einem Ereignis), Liv.: alcis rei laetitiam minuere (v. einem Umstand), Liv.: satis moderate ferre laetitiam, Liv.: maximam laetitiam capere ex alcis litteris de spe minime dubia et plane explorata triumphi, Cic. ep.: nec praesens tantummodo effusa est laetitia, sed per multos dies gratis et cogitationibus et sermonibus renovata, Liv.: quibus Damasippi mors laetitiae fuerat, Fr. gemacht hatte, Sall.: u. so quae victoria tantae fuit Atticis laetitiae, ut etc., Nep.: illum ingens cura atque laetitia simul occupavere (erfassten), Sall.: tantā laetitiā perfundi, quantā etc., Cic.: magna laetitia nobis est, cum (*al.* quod) te etc., es ist für uns eine gr. Fr., dass usw,. Sall. – Plur., alci dare demeritas laetitias, Plaut.: omnibus laetitiis laetum esse, Caecil. com. fr.: torpor expulit ex omni pectore laetitias, Catull. – bei Dichtern für **Liebesglück,** Prop. 1, 11, 12; 2, 6, 32. – **II** obj., u. zwar übtr., **1** die **freudige Erscheinung,** der **fröhliche Anblick,** die **Anmut, Schönheit,** membrorum, Stat. Theb. 6, 571 *sq.*: laetitia et pulchritudo orationis, Tac. dial. 20: laetitia nitorque nostrorum temporum, Tac. dial. 21. – **2** der **üppige Wuchs,** die **Fruchtbarkeit,** loci (Ggstz. exilitas loci), Colum. 4, 21, 2: trunci, Colum. 4, 24, 12: pabuli, Iustin. 44, 4, 14. – ► Nbf. **laetitiēs,** angef. von Verg. de nom. § 5 (Class. auct. ed. Mai 5, 9).

laetitūdo, inis, *f.* = laetitia, Acc. tr. 61 u. 259.

laeto, āvī, ātum, āre (laetus), **I erheitern, erfreuen,** Liv. Andr. tr. 7. Acc. tr. 513. Apul. met. 3, 11 u. 5, 14. – **II** übtr., **fruchtbar machen, düngen,** Pallad. 1, 6, 13 u. 18.

laetor, ātus sum, ārī (1. laetus), bei od. wegen etw. **sich freuen, Freude empfinden, herzlich (heil) froh sein** (Ggstz. maerere, dolere, queri), bei Dichtern u. in der nachaug. Prosa auch = an etw. **Freude finden,** etw. **gern haben** u. dgl., **a** eig.: **α** m. *Abl.*: nuptiis, Ter.: bonis rebus, Cic.: suā re gestā, Cic.: malo alieno, Cic.: Asturcone, Suet.: Italiā repertā, Verg. – **β** m. *de* u. Abl.: de communi salute, Cic. Marc. 33. – **γ** m. *ex* (infolge) u. Abl., Sall. Iug. 69, 3. – **δ** m. *in* u. Abl.: in omnium gemitu, Cic. Verr. 5, 121: epistula Leonidae quid habet, in quo magno opere laetemur? Cic. ad Att. 14, 16, 3; vgl. unten *no.* θ aus Cic. Phil. 11, 9. – **ε** mit allg. *Acc.* eines *Pronom. neutr.*, wegen od. über usw., utrumque laetor, Cic.: illud laetandum mihi esse video, quod etc., Cic.: Partiz. Fut. Pass. mit bestimmtem *Acc.*, laetandum magis quam dolendum puto casum tuum, Sall.: quae patri minimum laetanda dedisti, Stat.: laetanda parenti natorum lamenta, Claud.: iis rebus laetandis, Fronto: cum laetandis maeroribus, Augustin. – aber nec longum laetabere, du sollst dich nicht lange freuen, d. i. die Freude wird dir bald verleidet werden, Verg. – **ζ** in Verbindung mit memini, mit *Genet.*, nec veterum memini laetorve malorum, Verg. Aen. 11, 280. – **η** m. *Acc.* u. *Infin.*, filiolā tuā te delectari laetor, Cic.: laetor tandem longi erroris finem factum esse, zu meiner großen Freude ist endlich usw., Liv.: quae perfecta esse gaudeo, iudices, vehementerque laetor (bin heilfroh), Cic.: non laetatus sum me accepisse, es ist mir nicht wohl bekommen, Verg. – **θ** m. folg. *quod* (dass), se laetari, quod effugissem duas maximas vituperationes, Cic. ad Att. 16, 7, 5: laetari, quod nihil tristius nec insanabilius esset, Liv. 28, 25, 7: ut in hoc (darüber) sit semper laetatus, quod etc., Cic. Phil. 11, 9. – **ι** absol., Ggstz. maerere, Cic. u. Tac.: bes. Partiz. laetāns, Ggstz. dolens, Cic.: laetanti animo, Cic. – **b** übtr., vitis laetatur tepore, hat sie gern, Colum.: laetantia loca, lachende, heitere, Lucr.

Laetōrius, a, um, Name einer röm. plebej. *gens,* aus der bes. bekannt M. Laetorius, ein centurio primi pili, der im J. 495 v. Chr. zur Beschimpfung der Konsuln Appius Klaudius u. P. Servilius den Auftrag erhielt, den Tempel des Merkur einzuweihen, Liv. 2, 27. Val. Max. 9, 3, 6. – ein Geizhals Laetorius b. Mart. 12, 26, 13: subst., Laetōria, ae, *f.* (*sc.* lex), das lätorische Gesetz, Suet. fr. bei Prisc. 8, 21.

1. laetus, a, um **freudig, fröhlich, heiter, I** passiv, **a** eig. (Ggstz. tristis), v. leb. Wesen (verb. hilaris et laetus), hi vagantur laeti atque erecti passim toto foro, Cic.: laetos modo, modo pavidos animadverteres, Sall.: laetus inter laetos, Suet.: m. *Abl.* = durch usw., laetus ingenio, von heiterem Temperament, Aur. Vict.: laetus omnibus laetitiis, Caecil. com. fr.: fronte laetus, pectore anxius, Tac.: cum risu laeta est (fröhlich lacht) altera, flere putes, Ov.: m. *Abl.* = über, laetus dono, Ter.: laeta deûm partu, stolz auf usw., Verg.: minime laetus origine novae urbis, Liv.: animal pabulo laetum, Sen.: memorabili victoriā laetus, Curt.: laeti omine eo, Curt. – m. *Genet.*, laetus animi et ingenii, von froher (hoffnungsvoller) Geistes- u. Gemütsart, Vell.: laetus laborum, Verg.: laetus rectoris, des Führers froh, Sil.: laetissimus rerum, Ov.: irae laetissimus, mit jauchzendem Grimm, Sil. – m. *de* u. Abl., laetus est de amica, Ter. adelph. 252. – m. *ob* u. Akk., servatam ob navem laetus, Verg. Aen. 5, 283: m. allg. *Acc.*, laetus est nescio quid, Ter. Andr. 340. – m. folg. *quod* (dass usw.), laetus animi, quod etc., Tac. ann. 2, 26. – m. folg. *Acc.* u. *Infin.*, laetus sum laudari me abs te, Naev. tr. 17: laetus sum fratri obtigisse quod vult, Ter. Phorm. 820; u. so Ter. eun. 392*sq.* Curt. 8, 6 (22), 16. – m. folg. bl. *Infin.*, gens laeta domare labores, Sil. 3, 575; u. so Sil. 9, 223 u. 453; 16, 564: nec Caesari quidquam ex victoriis suis fuit laetius (erfreulicher) quam servasse Corvinum, Vell. 2, 71, 1. – **b** übtr., v. Lebl., oratio, Liv.: vultus, Cic.: oculi, Val. Max. u. a.: clamor, Verg.: dies, Verg.: pax, Liv.: oratio non suis vana laudibus, non alieno crimine laeta, ohne Freude an der Beschuldigung anderer, Liv. – *neutr. Plur.* subst., litterae tuae partim laeta partim tristia continebant, Plin. ep. 5, 21 (9), 1. – **II** aktiv, **fröhlich, A** = **erfreuend, erfreulich, angenehm,** omnia erant facta laetiora, Cic.: ceteris haud laeta memoria Quirini erat, Tac.: laetum militibus id nomen, Tac.: quid potest esse fructu (für den Genuss) laetius? Cic.: quam (patriam) mihi a quocumque excoli iucundum, a te vero laetissimum est, eine wahre Herzensfreude ist, Plin. ep. – **B** übtr.: **1 begünstigend, beglückend, von glücklicher Vorbedeutung, Glück verheißend** (Ggstz. tristis, dirus), laetus (Mercurius), Plaut.: laeti di (Ggstz. adversi), Sil.: prodigium, Plin. u. Tac.: augurium, Tac.: exta laeta, Liv., laetiora, Suet. u. Curt.: haud laetum id somnium regi esse, Curt.: haud laetum domino omen, Stat.: laeta Pisoni omina, Tac. – laetum est (alci) m. *Infin.*, alterum intrasse laetum est, in altero dira portendit, Plin. 8, 185: m. folg. *Acc.* u. *Infin.*, diripere eos (pisces) carnes abiectas laetum est consultantibus, caudis abigere dirum, Plin. 32, 17. – **2** von dem, was einen fröhlichen Anblick gewährt, selbst von der unbelebten Natur, die die Heiterkeit zu empfinden scheint, die sie dem Betrachter einflößt, wie unser **lachend, heiter, freundlich, herrlich** (s. Burmann Phaedr. 2, 5, 14. Mützell Curt. 5, 4 [13], 8), laetus color, Plin.: laetae segetes, Cic.: frugiferae aut laetae arbores, Sen.: vite quid est laetius? Cic.: laetissima farra, Verg.: laetos oculis afflavit honores, Verg.: colles frondibus laeti, Curt. – Insbes., **a üppig, α fruchtbar,** ager, Varro: pascua, Liv.: laetum gramen, üppig wucherndes (Unkraut), Quint.: mit *Genet.*, pabuli laetus ager, Sall.: lucus laetissimus umbrae, Verg. – flumina mammis pressis laeta (reichlich) manabunt, Verg. georg. 3, 310. – *neutr. pl.* subst., laeta camporum, Mamert. grat. act. 10, 1. – **β fett,** pabula, Verg. georg. 3, 385: tellus iusto laetior, Verg. georg. 2, 251. – v. Tieren, **wohlgenährt, feist,** armenta, Verg. georg. 2, 144; Aen. 3, 220. – **b** eine lachende, reiche Fülle zeigend, **blühend,** v. der Rede, v. Redner, Dichter (s. Ellendt Cic. de or. 1, 205. Korte Plin. ep. 2, 5, 6), nitidum quoddam genus est verborum et laetum, Cic.: copia dicendi floribus laeta, Quint.: numeri laetiores, Quint.: loci laetiores, lebendigere Partien, Tac.: stilus laetior, Plin. ep.: Homerus laetus ac pressus, Quint.: ingenium laetissimum planeque poëticum, Plin. ep.

2. laetus, ī, *m.*, ein »Fremder, der einen zinsbaren Staatsacker des röm. Gebiets zur Bebauung erhielt«, ein **Höriger,** Eumen. pan. Constant. Caes. 21, 1: Plur., Cod. Theod. 7, 20, 10. – dah. **laeticae terrae**, von Hörigen bebaute Staatsäcker, Cod. Theod. 13, 11, 9.

laevāmentum, s. 1. levāmentum.

laevē, *Adv.* (laevus), **links,** übtr. (wie σκαιῶς), **linkisch,** non laeve, gar nicht linkisch = gar gewandt, Hor. ep. 1, 7, 52.

laevigātio, laevigo, laevis, laevo, laevor, s. 1. lēvigātio etc.

Laevius, iī, *m.*, ein röm. Dichter der vorklass. Periode, vor 114 v. Chr. geboren, Verf. von Erotopaegnia (erotischen Gedichten), Gell. 2, 24, 8*sq.*; 19, 7, 2; 19, 9, 7. Auson. edyll. 13 (cento nupt.) *extr.* p. 146, 18 Schenkl. Charis. 288, 6 K. – Dav. **Laeviānus**, a, um, **lävianisch, des Lävius,** carmen, Gell. 19, 7, 2: verba, *ibid.* § 12.

laevōrsum u. **laevōrsus**, *Adv.* (laevus u. versum, versus), **zur linken Hand, links, linkshin** (Ggstz. dextrorsum u. -us), Form *-um*, Apul. flor. 2. p. 2, 15 Kr. Mart. Cap. 6. § 690. Amm. 14, 3, 2. Paul. ex Fest. 117, 6: Form *-us*, Amm. 18, 6, 15 u. 31, 10, 11.

laevus, a, um (v. λαιός), **link** (Ggstz. dexter), **I** eig.: **a** *adi.*: brachium, Pacuv. fr.: latus, Acc. tr. fr.: pars (Ggstz. dexterior), Ov.: oculus, Lucr.: manus, Cic.: pes, umerus, auris, Ov. – daher der Lage nach **link, links liegend** (Ggstz. dexter), ripa, Plin.: Pontus, Ov.: a laevo Thraciae latere, Curt. – partitiv, amnis, die linke Seite des Flusses, Tac. ann. 2, 8. – **b** *subst.*: **α** laeva, ae, *f.* (*sc.* manus), die **linke Hand,** die **Linke** (Ggstz. dextera od. dextra), Verg. u. a.: laevam pete, fahre links, Ov.: ad laevam, zur Linken, Cic.: ad laevam habere, Vell.: in laevam, nach der Linken, links, Plin.: laevā (Ggstz. dextrā), zur Linken, links, Liv.: u. so laevā eius (fluminis), Iul. Val. 3, 52. p. 160, 10 K. – **β** laevum, ī, *n.*, die **linke Seite,** nur m. Präpos., qui (Parmenio) in laevo erat, auf dem linken Flügel stand, Curt. 4, 15 (50), 6: in laevum flectere cursus, Ov. trist. 1, 10, 17. – Plur. laeva, ōrum, *n.*, die **links liegende Gegend,** die **linke Seite** einer Gegend usw., laeva tenent, halten sich links, befinden sich zur linken Seite, Verg.: laeva Propontidis, Ov.: laeva Mauretaniae, Plin.: laeva maris, das links liegende weite Meer, Tac. – **II** übtr.: **1 linkisch** = **ungeschickt, töricht,** mens, Verg.: pectus, Pers.: o ego laevus! o über mich Toren! Hor. – **2 unbequem,** tempus, Hor. sat. 2, 4, 4. – **3 ungünstig,** picus, der Unglück verkündende, Hor.: numen, Mart.: omen, Val. Flacc. – u. **unselig, verderblich,** laevo monitu (Lehre), Iuven.: ignis, v. einer Seuche, Stat. – **4** in der Augursprache = **günstig,** weil sich der röm. Augur mit dem Gesicht nach Mittag wandte und die Morgenseite die glückliche war (vgl. Plin. 2, 142), numina, Verg.: omina, Phaedr.: tonitrus, Ov.: tonuit laevum, Enn. b. Cic.: laevum intonuit, Verg. – ► arch. Nomin. Sing. Mask. laevos, Hor. carm. 3, 27, 15 Kell. u. de art. poët. 301 Kell.: Akk. laevom, Verg. Aen. 3, 420 Ribb. Hor. sat. 1, 2, 125 Hold.

laganum, ī, *n.* (λάγανον), **I** dünner **Ölkuchen, Ölplatz,** in Öl gebackene **Plinse,** als leichte Speise für Kranke, Cels. 2, 22 u. 8, 7: als Speise für Ärmere, Hor. sat. 1, 6, 115. – **II** das **Blatt,** die **Lage** eines aus mehreren Schichten (Lagen) bestehenden Kuchens (rein lat. tractum), Apic. 4, 134.

lagēa, ae, *f.*, s. lagēos.

lagēna, schlechte Schreibweise st. lagoena, s. d.

lagēos, ēī, *f.* u. **lagēa**, ae, *f.* (λάγειος, λαγεία), **Hasenwein,** eine griech. Rebenart, nach der Farbe der Trauben benannt, Form *-ēos*, Verg. georg. 2, 93. Isid. orig. 17, 5, 16: Form *-ēa*, Plin. 14, 39. Macr. sat. 2, 16, 7.

Lāgēus, a, um, s. Lāgus.

laginē, ēs, *f.*, eine uns unbekannte Schlingpflanze, Plin. 24, 139.

lagoena (**lagōna**, auf Inschr. in der Vulgärsprache **lagūna, laguēna, laguīna**), ae, *f.* (λάγυνος, dah. auch lat. lagynos, Scaevol. dig. 32, 37, 2 M.), ein Gefäß mit gew. engem Hals und weitem Bauch u. mit Henkeln, meist aus Ton, aber auch aus Glas, od. aus Weiden geflochten, **Flasche,** für Wein (dann ausgepicht, verschlossen u. versiegelt) u. für andere Flüssigkeiten, lagoenae collum, Plin. u. Phaedr.: lagoena fictilis, Iustin.: bene picata lagoena, Colum.: intrito cibo plena lagoena, Phaedr.: lagoenae inanes, Cic.: lagoenas furtim exsiccare, Cic.: lagoenas frangere, Petron.: nihilum nocere lagoenis, Hor.: nulla catenatis pila est praecincta lagoenis, keine Flasche ist an einem Pfeiler (zum Zeichen, dass hier Wein geschenkt wird) an einer Kette aufgehängt, Mart. – Flaschen als Grenzzeichen, Gromat. vet. 308, 21 u. 344, 25 u. 346, 19 (Formen laguna, laguena, laguina).

lagoenāris (laguēnāris), e (lagoena, laguena), **durch eine Flasche gebildet,** terminus, Gromat. vet. 344, 25.

lagōis, idis, *f.* (λαγωΐς), ein Vogel, viell. = lagopus (*no.* I), nach a. = **Haselhuhn** od. **Birkhuhn,** Hor. sat. 2, 2, 22.

lagōna, ae, *f.*, s. lagoena.

lagōphthalmos, ī, *m.* (λαγώφθαλμος), das **Hasenauge,** eine Krankheit des Auges, bei der das obere Augenlid das Auge nicht bedeckt, Cels. 7, 7, 9.

lagōpūs, podis, *m.* u. *f.* (λαγώπους), der **Hasenfuß;** meton. wegen der

Ähnlichkeit: **I** *m.* ein Vogel mit rauen Füßen, wahrsch. das **Schneehuhn** (*Tetrao Lagopus,* L.), Plin. 10, 133. – **II** *f.* eine Pflanze, **Hasenpfötchen, Hasenklee,** Plin. 26, 53.

laguēna, s. lagoena.

laguēnāris, s. lagoenāris.

laguīna, lagūna, s. lagoena.

laguncula, ae, *f.* (*Demin.* v. lagoena), eine **kleine Flasche,** panarium et laguncula, Plin. ep. 1, 6, 3: lagunculae parvulae, Plin. ep. 2, 6, 2: novae, Vulg. Iob 32, 19: laguncula olei, Augustin. serm. 239, 3: in lagunculam diffusum, Colum. 12, 38, 6: in lagunculam fundere merum, Augustin. conf. 9, 8, 18: sucum lagunculis bene picatis condere, Colum. 12, 38, 8: omnes lagunculas implere, Vulg. Ierem. 13, 12: lagunculas eorum collidere, *ibid.* 48, 12.

lagunculāris, e (laguncula), zu den Flaschen gehörig, **Flaschen-,** pix, Marc. Emp. 36.

Lāgus, i, *m.*, Vater des Königs Ptolemäus von Ägypten, regia Lagi, Lucan. 10, 527: flumina Lagi, Nil, Sil. 17, 596. – Dav. **Lāgēus,** a, um, poet. = **ägyptisch,** amnis, Nil, Sil.: litora, Mart.

lagȳnos, s. lagoena.

Lāiadēs, ae, *m.*, s. Lāius.

lāicālis, e (laicus), **der Laien,** Eccl.

lāicus, ī, *m.* (λαϊκός), **zum Volk gehörig, gemein,** panes, Vulg. 1. regg. 21, 4. – subst., lāicus, ī, *m.*, der **Laie,** Eccl.: Plur., laici, Ggstz. clerici, Cassiod. hist. eccl. 12, 4.

Lāida, ae, *f.* = Lais (s. d.), Anthol. Lat. 374, 1 (381, 1).

laina, ae, *f.*, eine Art des Mastixbaumes, Plin. 12, 72.

Lāis, idis u. idos, Akk. idem u. ida, *f.* (Λαΐς), Name von zwei berühmten Hetären zu Korinth. Die ältere, zur Zeit des peloponn. Kriegs lebende, war eine Zeitgenossin des Aristippus, Cic. ep. 9, 26, 2. Prop. 2, 6, 1. Lact. epit. 39, 7. – die jüngere, Zeitgenossin des Apelles und Demosthenes (Gell. 1, 8. § 3 *sqq.*), war angeblich Erfinderin einiger Arkana, Plin. 28, 81 *sq.* – Akk. Plur. griech. Lāidas, Auson. epigr. 17, 1. p. 200 Schenkl.

Lāius, iī, *m.* (Λαϊος), Sohn des Labdakus, König in Theben, Vater des Ödipus, Stat. Theb. 1, 296 u. 7, 355 (wo Vok. Lai). Hyg. fab. 66 *sq.* – Dav. **Lāiadēs,** ae, *m.*, der **Laiade** (männl. Nachkomme des Laius), v. Ödipus, Ov. met. 7, 759.

Lālētānia, ae, *f.*, eine Landschaft im tarrak. Hispanien, diesseits des Ebro, bekannt durch Weinbau, Sall. hist. fr. 3, 1, 5 *ed. Kritz* (Dietsch 2, 96, 5 Lacetania, s. Lacetānī). Mart. 1, 49, 22. – Dav.

Lālētānus, a, um, **laletanisch,** Plin. u. Mart. – Plur. subst., Lālētānī, ōrum, *m.*, die Einw. von Laletania, die **Laletaner,** Plin. 3, 21 (Jan u. Detl. Laeetani), verschieden von den Lacetani, s. d.

lalīsio, ōnis, *m.* (afrik. Wort), das **Füllen eines Waldesels,** Plin. 8, 174 Mart. 13, 97, 1.

lallo, āre (vgl. altindisch *lalallā* ›lala‹, griech. λαλέω ich schwatze, u. nhd. lallen), **lalla singen, trällern,** von der das Kind in Schlaf singenden Amme od. Mutter, iratus mammae lallare recusas? Pers. 3, 18 u. Schol.: laxis uberum pellibus mater, aratā rugis fronte, antiquum referens mammae lallare, Hieron. epist. 14, 3.

lallus, ī, *m.* od. **lallum,** ī, *n.*, das **Lalla, Trällern** der Amme (vgl. lallo), Auson. epist. 16, 2, 91. p. 176 Schenkl.

lāma, ae, *f.* (wahrsch. verwandt m. lacuna, lacus), die **Lache** = **der Morast, Sumpf,** Enn. ann. 568 u. 606. Hor. ep. 1, 13, 10; vgl. Paul. ex Fest. 117, 8.

Lāmachos u. **-us,** ī, *m.* (Λάμαχος), Sohn des Xenophanes, tüchtiger Feldherr der Athener im peloponnesischen Krieg, Nep. Alc. 3, 1. Iustin. 4, 4, 3.

lambdacismus, s. labdacismus.

lambero, āre (lambo), **zerlecken** (vgl. Paul. ex Fest. 118, 10), iucundas ore placentas, Lucil. 585. – Sprichw., lepide meo me ludo lamberas, du zahlst mir mit gleicher Münze, Plaut. Pseud. 743.

lambīsco, ere (lambo), **lecken,** quidquid aqua lambiscendo abstulerit, Gromat. vet. p. 124, 16.

lambito, āre (*Frequ.* v. lambo), **lecken,** e Nilo, v. Hunden, Solin. 15, 12.

lambitus, Abl. ū, *m.* (lambo), das **Lecken,** lambitu detergere pueros, ablecken, Aur. Vict. de orig. gent. Rom. 20, 3.

lambo, lambī, lambitum, ere (*ϝlaph, lab,* lecken, ahd. *laffan,* lecken; vgl. griech. λάπτω), **lecken, belecken, a** v. Tieren: tribunal meum, v. Hunden, Cic.: aquam, v. Hunde, Augustin.: linguā pueros, v. einer Wölfin, Liv.: sibila linguis vibrantibus ora, v. Schlangen, Verg.: vulnus suum, v. einem Hund, Plin.: male vivam carnem lambendo mater (ursa) in artus fingit, Ov.: u. so ursae has (carnes pauxillulas) lambendo sensim figurant, Solin. – prägn., cibos, zerlecken, leckend verzehren, v. Fischen (Ggstz. mandere u. integros haurire), Colum.: u. so cum belua (v. Domitian) propinquorum (occisorum) sanguinem lamberet, Plin. pan. – **b** v. Menschen: Sullanum lambere ferrum (v. Pompejus), Lucan.: labra, an den Lippen lecken (beim Sprechen), Quint. 11, 3, 81: linguā pannorum suturas, Cael. Aur. de morb. acut. 3, 9, 100: id linguā, Itin. Alex. 37 (85). – **c** poet. übtr. v. Lebl., ignis lambens, züngelndes, Lucr.: flamma properabat lambere tectum, emporzuzüngeln zum D., Hor.: Aetna sidera lambit, ragt empor zu usw., Verg.: quae loca lambit Hydaspes, züngelnd bespült, Hor.: Oceanus lambit terras, Plin.: hederae lambunt imagines, umlecken, scherzh. = umranken, Plaut. – ▶ Perf. lambi, nach Prisc. 10, 14 (der fälschlich Lucil. 585 anführt, s. lambero). – Perf. lambui (lambuerunt u. dgl.), Vulg. iudic. 7, 5 *sqq.* Ennod. carm. 1, 5, 38. Not. Tir. 68, 61[a]. – Nbf. lambio, wov. lambiunt, Augustin. conf. 9, 4 u. Perf. lambivi, nach Cassiod. de orthogr. 195, 15 K.

lāmella (lammella), ae, *f.* (*Demin.* v. lamina), ein **Blättchen** Metall, dünnes **Blech,** Vitr. 7, 3, 9: lamellae aereae, Vitr. 7, 12, 1: aeruginosae, Sen. de brev. vit. 12, 2: lam. cassiterina, Pelagon. veterin. 7 (135 *Ihm*): paucae argenti lamellae, einige Silberblechlein, verächtl. = Stücken Silbergeld, Sen. de vit. beat. 21, 3.

lāmellula, ae, *f.* (*Demin.* v. lamella (s. d.), Petron. 57, 6.

lāmenta, ae, *f.* (lamentor), die **Wehklage,** Plur., Plaut. truc. 29: lamentas, fletus facere, Pacuv. tr. 175.

lāmentābilis, e (lamentor), **kläglich, I** = **beweinenswert, beklagenswert,** regnum, Verg. Aen. 2, 4: tributum, Ov. met. 8, 262: rei publicae casus, Amm. 30, 8, 8. – **II weinerlich, jammernd, klagend,** vox, Cic. Tusc. 2, 32; mulierum comploratio, Liv. 3, 47, 6: gemitus, Sen. Agam. 660: quiritatus (Plur.), Val. Max. 9, 2, 1: questus (Plur.), Apul. met. 2, 27: carmen, Trauergedicht (ἐπικήδειον), Stat silv. 5, 3, 1. – dah. mit **Jammer-, Trauerklagen verbunden,** funera, Cic. de legg. 2, 64.

lāmentābiliter, *Adv.* (lamentabilis), **jammernd, klagend,** Eccl.

lāmentārius, a, um (lamentum), **Klagen erregend,** quae aedes lamentariae mihi sunt, mir Tränen weckt, Plaut. capt. 96.

lāmentātio, ōnis, *f.* (lamentor), das **Wehklagen, Weinen** u. **Heulen** (Ggstz. gratulatio, Cic. Mur. 86), aegritudo, lacrimae, lamentatio, Plaut.: lamentatio lugubris fletusque maerens, Cic.: plangore et lamentatione complere forum, Cic.: quādam sese lamentatione complorare (v. Elefanten), Plin.: inutili lamentatione fortunam gentis complorare, Liv.: Acerbae viri nomen cum multis lacrimis et lamentatione flebili vocare, Iustin.: lamentationem sedare, Liv.: ad sepulturae locum plaustro devehi sine lamentatione, sine planctu, Val. Max. – Plur., lamentationes cotidianae virginis, Cic.: hic quos putatis fletus, quas lamentationes fieri solitas esse in his rebus? Cic.: lamentationes et eiulatus amove, Sen.

lāmentātor, ōris, *m.* (lamentor), der **Bejammerer,** aetatis adultae, CIL 8, 9519. Vgl. Gloss. ›lamentator, θρηνητής‹.

lāmentātrīx, trīcis, *f.* (Femin, zu lamentator), das **Klageweib,** Plur. Vulg. Ierem. 9, 17.

lāmento, āvī, ātum, āre = lamentor (w. vgl.), **I** *intr.* **wehklagen, heulen** u. **jammern,** Vulg. Matth. 11, 17; Luc. 7, 32. Not. Tir. 106, 51. – **II** *tr.* über etw. **wehklagen,** etw. **bejammern,** alqm, Vulg. psalm. 77, 63. Itala Matth. 24, 30 u. Luc. 23, 27. Vet. interpr. Orig. comm. in Matth. § 48. Ven. Fort. vit. S. Martin. suppl. 1, 19. Frgm. Bob. de vers. 624, 20 K.

lāmentor, ātus sum, ārī, **I** *v. intr.* **wehklagen, heulen** u. **jammern,** flere ac lamentari, Cic.: lamentari ac plangere, Suet.: flebiliter in vulnere,

Cic.: clamor lamentantium mulierum, Liv. – Passiv unpers., maeretur, fletur, lamentatur (man wehklagt) diebus plusculis, Apul. met. 4, 33. – **II** *v. tr.* **über** etwas **wehklagen,** etwas **bejammern,** minas sexaginta, Plaut.: obitum, Lucr.: vitam, Cic.: caecitatem, Cic.: se ipsum, Plaut.: matrem mortuam, Ter.: hic fratrem, propinquum ille, alius parentes lamentari, Tac. – m. folg. *Acc.* u. *Infin.*, Plaut. Pseud. 313. Hor. ep. 2, 1, 224. – m. *Partic. fut. act.*, lamentabantur in morbo quasi turpiter et miserabiliter perituri, Val. Max. 2, 6, 11. – Partiz. lāmentātus, a, um passiv, **α beweint,** Sil. 13, 712. – **β mit Wehklagen erfüllt, von Wehklagen ertönend,** Stat. Theb. 12, 224. – ► Parag. Infin. lamentarier, Plaut. Pers. 742.

lāmentōsus, a, um (lamentum), **wehklagend,** vociferatio, Eugipp. vit. Sever. 12 *cod. B* (*cod. A* luctuosa).

lāmentum, ī, *n.* (zu ϝ **la-* in altind. *rāyati,* bellt, griech. λαίειν, tönen, gotisch *laian,* schmähen), das **Wehklagen, Weinen** u. **Heulen, a** Sing.: fletus ac lamentum, Vulg. Ierem. 9, 10: assumere super alqm lamentum, Vulg. Ierem. 9, 18; Ezech. 26, 17 u. a. – **b** gew. im Plur., lamenta virûm, Lucr.: lamenta ac lacrimae, Tac.: planctus et lamenta, Tac.: se lamentis muliebriter lacrimisque dedere, Cic.: parcere lamentis, Liv.: se negat velle mortem suam dolore amicorum et lamentis vacare, Cic. – übtr., lamenta gallinarum, Plin. 10, 155.

1. **lamia,** ae, *f.* (λαμία), **I** gew. Plur. lamiae, schöne gespensterhafte Frauen, die durch allerlei Blendwerk Kinder, bes. aber schöne Jünglinge an sich lockten, ihnen das Blut aussaugten und ihr Fleisch genossen, **Vampire, Unholdinnen,** Hor. de art. poët. 340. Apul. met. 1, 17 u. 5, 11: lamiae turres, Ammenmärchen, Tert. adv. Valent. 3: cubavit Lamia, Vulg. Ierem. 34, 14. – **II** ein wildes Tier in Afrika, der **Schakal,** Vulg. thren. 4, 3. – **III** ein Fisch aus der Gattung der Plattfische, Plin. 9, 78.

2. **Lamia,** ae, *m.*, röm. Beiname der älischen Familie, Cic. Sest. 29. Hor. carm. 1, 26. – Dav. **Lamiānus,** a, um, **lamianisch, des Lamia,** horti, Cic. ad Att. 12, 21, 2. Suet. Cal. 59.

3. **Lamia,** ae, *f.* (Λαμία), östliche Stadt der Malienser in Phthiotis (Thessalien), am Fuße des Gebirges u. am nördl. Ende der vom Sperchius durchströmten Ebene, bekannt durch den nach ihr benannten (lamischen) Krieg der Athener gegen Antipater von Mazedonien, jetzt *Zeitun* od. *Zeituni,* Liv. 27, 30, 1 *sq.;* 32, 4, 3.

lāmina u. **lāmna** (in den besten Hdschrn. lammina u. lammna), ae, *f.*, jedes breite u. dünne Stück Metall, Holz, Marmor, Horn usw., **Platte, Blatt, Blech, Scheibe, Brett, Furnier** usw., **I** eig.: **1** im Allg.: ferrea, Sall. fr. u. Tac.: argentea, Suet.: argentiola, Fronto: argenti, Ov.: parva auri, Gell.: fulva, Goldplatte, Ov.: aenea, Liv.: plumbi, Plin.: laminae ductiles, Cypr., flabiles, Arnob.: laminam tenuem ducere, Quint.: ex argento laminas ducere, Plin.: aes in laminas tenuare, Plin.: ossa in laminas secare, Plin.: in ea scriptum lamina, Cic.: tigna laminis clavisque religare, Caes. – **2** insbes.: **a** ungemünztes **Gold** od. **Silber,** u. zwar als **Barre,** laminae utriusque materiae, Sen.: inimicus lamnae, des Goldes, Hor.: numquid pater fetum emit lamnā? hat der Vater den Balg mit Goldbarren gekauft, Petron. 57, 4: argentum, quod neque in massa neque in lamina insit, ICt. – **b** eine glühende **Eisen-** od. **Goldplatte,** als Foltermittel, laminae ardentes, Cic. Verr. 5, 163: lamna candens, Hor. ep. 1, 15, 36: laminae candentes, Val. Max. 6, 8, 1. Ps. Cypr. de laud. martyr. 15: bl. lamina, Lucr. 3, 1015. Sidon. carm. 2, 136: laminae, Plaut. asin. 549. Val. Max. 3, 3. ext. 5. – **c** die **Klinge** des Schwertes, Ov. met. 5, 173; 12, 488. – **d** das **Blatt** der Säge, **Sägeblatt,** argutae lamina serrae, Verg. georg. 1, 143: crustae ipsā quā secantur laminā graciliores, Sen. de ben. 4, 6, 2. – **II** übtr.: **1** die **noch biegsame-, noch weiche Nussschale,** Ps. Ov. nux 95. – **2** lamina auris, das **Ohrläppchen,** Cael. Aur. de morb. chron. 2, 1, 21 u. 2, 14, 198: Nbf. lanna auris, Arnob. 2, 41 (vgl. Auct. de idiom. gen. 577, 31 ›lanna, λοβὸς ὠτίου‹). – **3** Plur. **Schnitte, Streifen** Fleisch, Apic. 8, 402.

lāminōsus (lamminōsus), a, um (lamina), **blätterig,** Isid. orig. 16, 4, 20: urina, Oribas. frgm. Bern. 2, 4. p. 7, 21 H.

lamirus, s. lamyrus.

lamium, iī, *n.*, die **Taubnessel,** Plin. 21, 93.

lammella, s. lāmella.

lammina, s. lāmina.

lāmmna u. **lāmna,** ae, *f.*, s. lāmina.

lāmnula, ae, *f.* (*Demin.* v. lamna), ein **Blättchen** Metall u. dgl., Tert. de cor. mil. 12.

lampābilis, e (lampo), **leuchtend, glänzend,** Cassiod. exp. in psalm. tom. 2. p. 1 (b) ed. Garet.

lampada, ae, *f.* (Nbf. v. lampas), die **Leuchte,** Treb. Poll. Gallien. 8, 1. Hieron. epist. 53, 8. Iul. Val. 3, 28 (52). p. 160. 6 K. u. spät. Eccl.

lampadārius, iī, *m.* (lampas), der **Lampenträger,** als Vorleuchter (servus praelucens bei Suet. Aug. 29, 3), Cod. Iust. 12, 60, 10. CIL 6, 8868.

lampadiās, ae, *m.* (λαμπαδίας), der **Fackelstern,** eine Art Komet, einer brennenden Fackel ähnlich, Plin. 2, 90.

lampadium, iī, *n.* (λαμπάδιον), das Kerzchen, Not. Tir. 101, 99. – weibl. Frauenname, Lucr. 4, 1157 (1165).

lampado, ōnis, *m.* = *bulbus,* Theod. Prisc. de diaeta 10.

lampāgo, inis, *f.*, eine Pflanze = *saxifraga* (s. d.), Ps Apul. herb. 96.

lampas, adis, Akk. ada, Akk. Plur. ades u. adas, *f.* (λαμπάς), jeder leuchtende Körper, eine **Leuchte;** dah. **I Leuchte = Fackel, Kerze, 1** eig., Verg. u. Ov.: bei Hochzeiten gebraucht, als Hochzeits-, Brautfackel, Ter.; dah. primā lampade, poet. = bei der ersten Hochzeit, Stat. silv. 4, 8, 59. – v. »Fackellauf« zu Athen usw., einem Wettrennen mit brennenden Wachsfackeln, wobei es darauf ankam, dass man seine Fackel im Brand erhielt, um sie am Ende der Bahn so einem anderen Läufer zu übergeben (vgl. Rhet. Her. 4, 59 u. Jahn Pers. 6, 61); sprichw., nunc cursu lampada tibi trado, d. i. nun ist die Reihe an dir, ich trete dir meine bisherige Verrichtung ab, Varro r. r. 3, 16, 9: quasi cursores vitae lampada tradunt, enden ihre Lebensbahn, Lucr. 2, 79: ferner qui prior es, cur me in decursu lampada poscis? warum wartest du, Erbe, nicht bis zu meinem Tode und verlangst schon zu meinen Lebzeiten Auskunft über die Erbschaft, Pers. 6, 61. – **2** meton.: **a Leuchter,** ferrea ardens, Colum.: aenea, Iuven.: lampades igniferae, Lucr., praecinctae auro, Ov. – **b Glanz, Schein, Schimmer,** aeterna mundi, Lucr.: Phoebea, das Sonnenlicht, die Sonne, Verg.: lampade clarā perculsus, Stat. – dah. wieder meton., **α** der **Tag,** nonā lampade, Lucr. 6, 1196. – **β** das **Mondlicht,** dah. poet. die **Nacht,** decima lampas Phoebes, Val. Flacc. 7, 366. – u. der **Monat,** Nemes. cyn. 130. – **II** übtr., eine feurige Lufterscheinung, ein **fackelähnliches Meteor,** eine **Fackel,** Sen. u. a. – ► Akk. lampadem, Plaut. Cas. 840; vgl. Prisc. 7, 53 H. (an beiden Stellen die Vulg. lampadam).

lampēnae, ārum, *f.* (λάμπ-ω), die **Leuchtkörper,** v. Sternen, Placid. gloss. V, 30, 28.

lampo, āvī, āre (λάμπω), **leuchten, glänzen,** Cassiod. compl. in psalm. 44 u. a.

Lampsacum, ī, *n.* u. **Lampsacus (-os),** ī, *f.* (Λάμψακος), bedeutende Stadt Mysiens am nordöstl. Teil des Hellespont, früher Pityusa, jetzt *Lepsek,* Form *-um,* Cic. II. Verr.. 1, 63. Mela 1, 19, 1 (1 § 97). Plin. 6, 216: Form *-us,* Liv. 33, 38, 3 u. 35, 42, 2. – Dav.: **a Lampsacēnus,** a, um (Λαμψακηνός), **lampsazenisch,** Val. Max. – Plur. subst., Lampsacēnī, ōrum, *m.*, die Einwohner von Lampsakum, die **Lampsazener,** Cic. u. Liv. – **b Lampsacius,** a, um, **lampsazisch,** Mart.

lampsana, s. lapsana.

1. **lamptēr,** ēris, Akk. Plur. ēras, *m.* (λαμπτήρ), der **Leuchter,** Plin. 36, 25.

2. **Lamptēr,** ēris, Akk. ēra, *m.* (Λαμπτήρ) u. **Naustathmon,** ī, *n.* (Ναύσταθμον), die beiden Häfen u. Hafenorte bei Phocäa (jetzt Alt-Fokia) in Ionien, Liv. 37, 31, 8 *sqq.*

lampyris, idis, *f.* (λαμπυρίς), das **Johanniswürmchen,** Plin. 11, 98.

Lamus, ī, *m.* (Λάμος), König der Lästrygonen, Erbauer der Stadt Formiā, Hor. carm. 3, 17, 1. Sil. 8, 530: urbs Lami, Formiā, Ov. met. 14, 233.

lamyrus (lamirus), ī, *m.*, ein uns unbekannter Seefisch, Ov. hal. 120. Plin. 32, 149 D.

lāna, ae, *f.* (aus *vlāna, griech. λῆνος, dorisch λᾶνος) die **Wolle,** I der Tiere: 1 im engeren Sinne, die **Wolle** der Schafe, a eig.: lana Gallicana et Apula, Varro: alba, Varro: sucida, Varro: facta, infecta, ICt.: lota, tincta, ICt.: lana mollis, Catull. u. Prop.: lana mollis bene carpta, Cels.: lana rudis, Ov.: aurea lana, das goldene Widderfell, Ov. – colus et lana, Cic.: colus lanā amictus, Catull.: colus lanā gravis, Ov.: vellera lanae, Plin.: vellera tenuia lanae, v. den Wolkenschäfchen am Himmel, Verg. – lanam tondere, Varro, detondere, detrahere, Colum.: lanam lavare, ICt.: lanam carĕre (krempeln), Plaut.: u. so lanam carminare, Varro LL. u. Plin.: lanam tingere, ICt., tingere fuco, Quint.: lanam sufficere medicamentis quibusdam, Cic.: lanam nere, ICt.: u. dafür poet. lanam ducere, Ov., manibus trahere, Varro fr., bl. trahere, Iuven.: lanam facere (verarbeiten = spinnen), Lucr., Varro fr. u. ICt.: ebenso lanam expedire (zurechtmachen = zupfen, krempeln, spinnen), ICt.: lanam glomerare in orbes, Ov. – Plur., lanarum textor, Iul. Firm.: in usum vestium pecori lanas detrahere, Quint.: lanas lavare, Plin.: lanas pectere, Colum.: lanas nere, A. Sabin.: Phocaico bibulas tingere murice lanas, Ov.: brachia lanis fasciisque obvolvere, Suet. – b meton.: α die **Wollarbeit,** das **Wollspinnen,** lanae dedita, Liv.: lanā ac telā victum quaeritare, Ter.: cogitare de lana sua, nur an seine W. denken, Ov. – β ein **wollener** (rautenförmiger) **Lappen,** lanam habere ob oculum unum, Plaut. mil. 1430: u. kollekt. = **wollene Stoffe,** Plaut. Men. 120: lana purpuraque, Plaut. Stich. 376. – 2 im weiteren Sinne, die **Wolle** = das **weiche Haar** anderer Tiere, lana leporina, caprina, ICt. – u. = der weiche **Flaum** der Vögel, lana anserina, ICt.: interior cygni lana, Mart. – Sprichw., rixari de lana caprina, um des Kaisers Bart streiten, Hor. ep. 1, 18, 15. – II die **Wolle,** das **Wollige** an Früchten u. Pflanzen, lana Cydonia (der cydonischen Quitten), Mart.: lanae sequaces, die schmeidigen, wolligen Fasern (am ägypt. Bohnenstengel), Mart. – insbes. die **Baumwolle,** nemora Aethiopum molli canentia (weißgrau) lanā, Verg.: lanas silvae ferunt, Mela: lino alii vestiuntur alii lanis, quas diximus, Mela.

lānāris, e (lana), **Wolle tragend, Woll-,** pecus, Varro r. r. 2, 9, 1.

lānārius, a, um (lana), **zur Wolle gehörig, Woll-,** lan. herba, Seifenkraut, Plin. 24. 168: dass. lan. radix, Colum. 11, 2, 35: lan. carminator, Wollkrempler, CIL 11, 1031. – subst., a lānārius, iī, *m.* = ἐριουργός (Gloss.), der **Wollarbeiter** Arnob. 2, 38. Firm. math. 8, 19 (wo viell. zu lesen lanarium structorem). CIL 6, 9490 u. 31898; 9, 826; 12, 4480 4481: lanarius coactiliarius, ein Filzarbeiter, CIL 6, 9494: lan. pectinarius, ein Wollkrempler, CIL 5, 4501, 3: lanariorum collegium, Romanelli top. 3. p. 64: lanarii et fullones, Hieron. epist. 53, 6. – b lānāria, ae, *f.*, die **Wollspinnerei,** CIL 9, 2226 (Plur.).

lānātus, a, um, (lana), **mit Wolle versehen,** I eig.: 1 im engeren Sinne: a mit Wolle bekleidet, v. Tieren, lanata animalia, die Wolltiere, Iuven.: u. so lanata animalium stultissima, Plin.: ovis, noch mit Wolle versehenes, ungeschorenes, Colum.: so auch pellis, Colum.: capras lanatas quibusdam factas (esse), hätten bei verschiedenen Leuten Wolle bekommen, Liv. – subst., lanatae, Wollträger = Schafe, Iuven. 8, 155. – b **mit Wolle gefüttert, -umwickelt,** soleae, Mart. 4, 65 *lemm.*: taurinae (soleae), Edict. Diocl. 9, 25: sprichw., dii pedes lanatos habent, haben mit Wolle umwickelte Füße (kommen wie auf Wollsocken), sprichw. = kommen unvermerkt zur Rache, Petron. 44, 18. Porphyr. Hor. carm. 3, 2, 32; vgl. laneus. – 2 im weiteren Sinne, von Bäumen usw., vitis, Colum.: folia lanatiore canitie, Plin. – II übtr., **wollig** = weiß u. weich wie Wolle, luporum (Hechte) laudatissimi, qui appellantur lanati a candore mollitiaque carnis, Plin. 9, 61.

lancea, ae, *f.*, die urspr. hispanische **Lanze,** ein in der Mitte mit einem Riemen versehener Speer, lanceā figere, Iustin., configere, Sisenna fr., transfigere, Lucr.: lanceā infestā medium femur alcis traicere, Hirt. b. G.: sparos aut lanceas portabant, Sall.: inter lanceas et gladios scortari, Apul.: se ab hac urbanitate lanceā vindicare, Sen. rhet. – als Jagdspieß, et cape venabulum et ego sumo lanceam, Apul. – im Bild, iniecto non scrupulo, sed lanceā, große Angst, Apul. met. 1, 11. – ► Nbf. ›lancia, λόγχη‹, Gloss. II, 121, 3 u. ö.

lanceārius (lanciārius), iī, *m.* (lancea), der **Lanzenträger,** Form lancear., Amm. 21, 13. § 16 u. a. Cassiod. hist. eccl. 6, 33. – Form lanciar., CIL 3, 6194 u. 6, 32943 u. Gloss. II, 362, 24 *cod.*

lanceātus, a, um (lancea), **mit einer Lanze versehen,** lignum, Vulg. 2. regg. 23, 7.

lanceo, āre (lancea), **die Lanze schwingen,** Tert. adv. Iud. 9 u. adv. Marc. 3, 13.

lanceola u. **lanciola,** ae, *f.* (*Demin.* v. lancea u. lancia), eine **kleine Lanze,** Capit. Maximin. 30, 2. Treb. Poll. Claud. 8, 5. Apul. met. 8, 27 (lanciola). Vulg. 3. regg. 18, 28.

lanciārius, s. lanceārius.

lancicula, ae, *f.* (*Demin.* v. lanx), eine **kleine Schüssel,** Arnob. 2, 23.

lancinātor, ōris, *m.*, der **Zerfleischer,** Prud. perist. 10, 1057.

lancino, āvī, ātum, āre (lacer), **zerfleischen, zerreißen,** I eig. (bes. v. Tieren), alqm, Sen. de brev. vit. 13, 6. Sen. Thyest. 768: gentes totas, Sen. de ira 3, 19, 5: alqm inter leges celebrisque spectaculum fori, Sen. de ira 1, 2, 2: alqm morsu, Plin. 9, 13: alqm calcibus morsuque (v. einem Pferd), Solin. 45, 10: homines novi generis poenis, Sen. de ira 3, 40, 4: portentum illud ore suo, Sen. nat. qu. 1, 16, 3: oculos, Sen. contr. 2, 13, 6: hoc omne, quidquid lancinamus, non dolet, Prud. perist. 10, 460: absol., im Wortspiel, qui (infantes) ante norint lanceare quam lancinare (Speisen zerkauen), etwa »eher zu spießen als zu speisen«, Tert. adv. Marc. 3, 13. – II übtr.: paterna bona, verschlemmen, Catull. 29, 18: diducere illam (vitam) in particulas et lancinare (zerstückeln), Sen. ep. 32, 2: credulitatem iocularibus facetiis, tüchtig durchhecheln, Arnob. 2, 8.

lanciola, s. lanceola.

lancium, iī, *n.* = lanx, Isid. orig. 16, 25. §. 4 u. 5 (Hultsch Metrol. scriptt. p. 111, 13 u. 19).

lanctāns, s. 1. lacto.

lancula, ae, *f.* (*Demin.* v. lanx), eine **kleine Waagschale,** Vitr. 10, 3, 4.

landīca, ae, *f.* = κλειτορίς, der **Kitzler,** CIL 1, 1507 (wo fälschlich pandicam vermutet wird). Priap. 78, 5. Gloss. III, 475, 7 (wo viell. zu lesen landica, ἐσχαρίδιον); auch versteckt in illam dīcam, Cic. ep. 9, 22, 2.

lānēstris, e (lana), **wollen, aus Wolle,** Vopisc. Aur. 29, 1.

lāneus, a, um (lana), **wollen, aus Wolle,** I eig.: culcita, Plaut.: pallium, Cic.: effigies, Hor.: vestimentum, Vulg.: infula, Verg.: dii (irati) laneos pedes habent, sprichw. (s. lānātus aus Petron. 44, 18), Macr. sat. 1, 8, 5. – II übtr., **weich wie Wolle, samten,** latusculum, Catull. 25, 10.

langa, ae, *f.* u. **langūrus,** ī, *m.*, eine Eidechsenart, aus deren Urin der Stein langūrium, der sonst lyncūrium genannt wird, entstehen soll, Plin. 27, 34.

langīsco, ere, archaist. Nbf. v. languesco (s. d.), *Enn. ann. 451 u. 452.

Langobardī, ōrum, *m.*, ein Volk im nördl. Germanien westlich der Elbe, Vell. 2, 106, 2. Tac. Germ. 40 *in.* u. a.

langōn, ōnis, Akk. Plur. ōnas, *m.* (λάγγων), der **Zauderer,** der **Langsame,** Vet. interpr. ad Verg. georg. 2, 93. p. 308 *ed. Lion.*

languefacio, ere (langueo u. facio), **abspannen,** gleichs. **einschläfern,** vis sonorum et incitat languentes et languefacit excitatos, Cic. de legg. 2, 38.

langueo, guī, ēre (vgl. λαγαρός, schlaff, dünn, λαγόνες, die Weichen), **matt-, ermattet (erschlafft)** od. **abgespannt sein,** I physisch: 1 im Allg., v. Pers. u. deren Körperteilen, e via, von der Reise, Cic.: per assiduos languent mihi brachia motus, Ov. – v. lebl. Subjj., languet flos, Prop.: mare, ist still, Mart.: u. so caelo languente fretoque, Lucan.: languet lunae iubar, Stat. – u. Partiz. languēns, **matt, schlapp, welkend,** stomachus, Cael. in Cic. ep.: languentes istius oculi, Sen. rhet.: vox nec languens nec canora, Cic.: hyacinthus, Verg.: ramus, Suet.: aristae, Val. Flacc. – 2 insbes., durch Krankheit **matt-, abgespannt-, siech sein, an Schwäche-, Nervenschwäche-, Ermattung leiden,** tristi morbo, Verg. georg. 4, 252: absol., v. Gliedern, Tibull., v. Pers., Mart. u. August. bei Suet. – II übtr., der polit., geistigen usw. Tätigkeit usw. nach **erschlafft-, abgespannt sein, träge-, untätig-, kraftlos sein** od. **sich zeigen, flau sein,** v. Pers., languet iuventus, Cic.: otio, in otio, Cic.: in otio hebescere et languere, Cic.:

Messala languet, ist flau in seiner Bewerbung, lässt die Flügel hängen, Cic. – v. lebl. Subjj., languent vires, Cic.: nec eam solitudinem languere patior, langweilig sei, Cic. – Partiz. languēns, **a** **erschlaffend, matt, schläfrig, lau,** iam languescens senatus, Cic. ep.: languens labensque populus, Cic. – Plur. subst., vis sonorum et incitat *languentes* et languefacit *excitatos,* Cic. de legg. 2, 38. – **b** insbes., **schwermütig,** cor, Catull. 64, 99.

languēsco, languī, ere (*Inchoat.* zu langueo), **matt-, lässig-, träge** (vor Erschlaffung) **werden, erschlaffen, I** physisch: **1** im Allg., v. Pers. u. deren Körper, corpore, Cic.: senectute, Cic.: vidi te toto vinctum languescere collo, aufgelöst werden in Liebeslust, Prop.: poet., Bacchus in amphora languescit mihi, wird milder, Hor. – v. lebl. Subjj., languescunt vites, Plin.: languescit flos, Verg.: fluctus, Ov.: color in luteum languescens, matt werdend, Plin.: luna claro repente caelo languescere, sich verdunkeln, Tac.: ictus glandis languescentis, Augustin. – **2** insbes., durch Krankheit **erschlaffen, siech werden,** nec mea consueto languescent corpora lecto, Ov. trist. 3, 3, 39. – im Bild, hoc genere declinatio in communi consuetudine verborum aegrotat et languescit, Varro LL. 10, 16. – **II** in der Tätigkeit **matt** od. **schlaff werden, erschlaffen, lässig** od. **lau werden, erkalten,** quin ipse per se etiam languentibus nobis concĭdat, selbst wenn wir die Hände in den Schoß legen, Cic. ad Att. 10, 8, 6: torpere militaria studia, nec animos modo sed et corpora ipsa languescere, Plin. pan.: abeunte illo conticuerat magis quam languerat militaris favor, Curt.: languescit omnis vis, Quint.: languescunt affectus, Quint., voluptates, Plin. ep.: cum languescere paulatim Vitellianorum animi, allmählich der Mut der Vit. zu sinken anfing, Tac.: Ggstz. *crescunt* ignisque dolorque, *languescuntque* iterum, Ov. met. 8, 523.

languidē, *Adv.* (languidus), **matt, schläfrig, lässig, lau,** agere, Petron.: cunctanter et languide procedere, Colum.: suos languidius in opere versari iussit, Caes.: negant ab ullo philosopho quicquam dictum esse languidius, sei eine mattere Behauptung aufgestellt worden, Cic. – v. lebl. Subjj., palmae l. dulces, Plin.: cacumine l. nutante, Plin.

languidulus, a, um (*Demin.* v. languidus), **gar matt, schon welk,** corona (στέφανος ἕωλος), Cic. fr. bei Quint. 8, 3, 66 u. bei Aquil. Rom. § 2: oculi, Anthol. Lat. 33, 2 (621, 3): somni, der Schlummer süßer Ermattung, Catull. 64, 331.

languidus, a, um (langueo), vor Erschlaffung **matt, lässig, träge, schwach, I** physisch: **1** im Allg.: **a** v. leb. Wesen u. deren Körper usw.: tarda aliqua et languida pecus, Cic.: langu. ferae, Hor.: languidus vino vigiliisque, Cic.: vir bonus gracilis (Nom.) languidiorisque corporis, Sen.: langu. membra, Ov.: m. *Abl.,* somno languida (v. einem Mädchen), Ov. her. 10, 9 R. (Merkel a somno). – **b** v. Lebl.: oculi, Quint. u. Firm.: lumina, die matten Augen, Catull.: ignis, Plin.: color, Plin.: venarum ictus, Plin.: modo *vegetior* modo *languidior* pulsus venarum, Val. Max.: murorum pars languidior, Amm.: ventus, ruhig, mild, Ov.: aqua, nicht stark fließend, Liv.: poet., otia, träge Muße, Tibull.: quies, Schlaf, Verg. – **2** insbes., **a** **siech, krank,** lumina, Laur. Tull. poët. fr. bei Plin. 31, 8: languidior noster si quando est Paulus, Mart. 9, 85, 1: languida arbor est piri, Pallad. 3, 25, 4. – **b** **mild,** von abgelagertem Wein, Hor. carm. 3, 21, 8. – **II** in der Tätigkeit, in seiner Wirkung **matt, schlaff, lässig, lau, flau, a** passiv: senectus non modo languida et iners non est, verum etiam operosa et semper agens aliquid et moliens, Cic.: quis hoc philosophus tam mollis, tam languidus, tam enervatus probare posset? Cic.: nos etiam languidiores postea facti sumus, Cic.: neque tam remisso ac languido animo quisquam omnium fuit, qui etc., Caes.: pax languida et soluta, Tac.: studium languidius, Cic.: oratio multo languidior, matter, langweiliger, Quint. – *neutr.* subst., nihil languidi neque remissi patiebatur, Sall. Iug. 53, 6. – **b** aktiv, languidae voluptates, erschlaffende, Cic. Tusc. 5, 16.

languificus, a, um (langueo u. facio), **matt machend,** Auson. egl. (V) 17, 6. p. 16 Schenkl.

languitās, ātis, *f.* u. **languitūdo,** inis, *f.,* die **Schwachheit, Krankheit** = ἀρρωστία, Gloss. II, 245, 58.

langula, ae, *f.* (*Demin.* v. lanx), eine **kleine Schüssel,** Varro LL. 5, 120.

languōn, s. langōn.

languor, ōris, *m.* (langueo), die **Mattigkeit, Ermattung, Abspannung, Schlaffheit, Erschlaffung, I** physische: **1** im Allg.: corporis, Cic.: deambulatio me ad languorem dedit, hat mich erschlafft, abgemattet, Ter.: tot horarum aestu et languore ipsos equosque fessos, Liv.: Plur., multis languoribus peresus essem te, mi amice, quaeritando, Catull. 55, 31 *sq.* – v. der **Mattigkeit** der Farben, Plin. 37, 130. – u. poet., die **Ruhe, Stille** des Meeres, piger, Sen. Agam. 162. – **2** insbes., die **krankhafte Mattigkeit, Abspannung, Schwächlichkeit, Nervenschwäche, Entkräftung,** aquosus, v. der Wassersucht, Hor.: faucium, Heiserkeit, Suet.: in languorem incĭdit, Suet.: nunc ficto languore moram trahit, Ov.: languore (aus E.) mori od. defungi, Ps. Quint. decl. – dah. auch **Krankheit,** qui sanas omnes languores, Augustin. serm. 207, 1; vgl. 387, 1. – **II** in Mangel an Tätigkeit, an Wirkung sich zeigende **Schlaffheit, Schläfrigkeit, Lässigkeit, Lauheit,** bonorum, Cic.: militum, Caes.: antiquorum (scriptorum) languor (Langweiligkeit) atque inscitia, Cic.: languorem afferre alci, Cic.: languori se desidiaeque dedere, Cic.: in languorem vertere, Tac.: Plur., languores nostri, Vulg. Isai. 53, 4. – Insbes.: **a** **Schwermut,** Hor. epod. 11, 9. – **b** **Sehnsucht,** Val. Flacc. 7, 194.

langūrium, langūrus, s. langa.

laniāmentum, ī, *n.* (lanio), die **Zerfleischung,** Eccl.

laniārium, iī, *n.* (lanius), die **Fleischbank,** Varro r. r. 2, 4, 3.

laniātio, ōnis, *f.* (lanio), die **Zerfleischung,** Plur. absol., caedes hominum et laniationes, Sen. de clem. 2, 4, 2.

laniātor, ōris, *m.* (lanio) = μακελλάριος, der **Fleischer,** Gloss. II, 364, 5.

laniātōrium, iī, *m.* (laniator) = μακελλεῖον, das **Schlachthaus,** Gloss. II, 364, 6.

laniātus, ūs, *m.* (lanio), die **Zerfleischung, Zerreißung,** m. subj. *Genet.,* ferarum, Cic.: sepultura vulgo aut avium aut canum laniatus est, Iustin.: corpus imperatoris avium ferarumque laniatibus obiectum, Val. Max. 1, 6, 11: m. obj. *Genet.,* in modum ferarum laniatu pecudum viventes, Val. Max. – laniatui esse animalibus, Val. Max. 9, 2. ext. 11: alqm laniatu miserando discerpere, Amm. – im Bild, si recludantur tyrannorum mentes, posse aspici laniatus et ictus, wenn man ins Herz der Tyrannen sehen könnte, könnte man es von Wunden zerfleischt sehen, Tac. ann. 6, 6.

lānicium, s. lānitium.

lānicutis, e (lana u. cutis), **wollhäutig,** Laber. com. inc. fab. XX (bei Tert. de pall. 1).

laniēna, ae, *f.* (lanius), **I** die **Fleischbank,** Plaut. Epid. 199. Varro LL. 8, 55. Varro sat. Men. 456. Liv. 44, 16, 10. Tert. de anim. 33: verb. tabernae lanienae, *Varro vit. P. R. 2. fr. 12 (bei Non. 532, 20). – **II** die **Zerfleischung, Verstümmelung,** lan. Hippocratica, die Metzelei der Wundärzte, Prud. perist. 10, 498: lan. carnificinae (Genet.), Apul. met. 4, 24: atrocissima virilitatis lan., *ibid.* 7, 25: vicariam pro me lanienam susceptare, sich statt meiner verstümmeln lassen, *ibid.* 2, 30: tot caedium (*al.* civium) lanienam cruenter exercere, *ibid.* 3, 3: destinatae lanienae cultros acuere, *ibid.* 8, 31: omni lanienā excruciari, Amm. 29, 1, 44: lanienam imminentem fugā vitare studui, Apul. met. 9, 1.

lānifex, icis, *m.* (lana u. facio), der **Wollarbeiter** = ἐριουργός, Gloss. III, 271, 57.

lānificium, iī, *n.* (lanificus), die **Wollarbeit** (Spinnen, Weben usw.), Colum. 12. pr. § 9. Plin. 35, 138. Suet. Aug. 64, 2. Aur. Vict. de vir. ill. 9, 2. Iustin. 2, 4, 11 u. 2, 6, 5. Apul. met. 9, 5 u. 17. Augustin. serm. 37, 13. Fest. 351, 28. Paul. ex Fest. 350, 11. CIL 6808, 5.

lānificus, a, um (lana u. facio), **mit Wolle sich beschäftigend,** d. i. spinnend, webend, altera (filia) lanifica, Phaedr.: lanifica et linifica matrona, Augustin.: sorores, die Parzen, Mart.: dies. lanificae tres puellae, Mart.: virgo Lydia lanif., Iuven.: manus, Tibull. u. Arnob.: ars, Kunst zu spinnen u. zu weben, Ov. u. Claud.: lanifico operi insistere, Augustin. serm. 198, 1 *Mai.* – subst., lānifica, ae, *f.,* die

Wollspinnerin, Vitr. 6, 7 (10), 2. Ulp. dig. 33, 7, 12. § 5. Fronto de nep. am. 2. p. 233, 9 N. Auct. eleg. in obit. Maecen. 77. CIL 2, 1699.

lānifricārius, iī, *m.* (lana u. frico), der **Tuchfrottierer,** CIL 4, 1190 (wo Vok. lanifricari).

lāniger, gera, gerum (lana u. gero), **Wolle tragend, mit Wolle bedeckt, I** *adi.*: bidens, Verg.: pecus, Schafe, Acc. fr.: grex, Verg.: arbor, Baumwollenbaum, Plin.: luci (vgl. ἐριοφόρα δένδρα), Sil.: poet., apices, wollene, Verg. – **II** *subst.*: **a** lāniger, gerī, *m.*, der **Wollträger,** v. Widder, Ov.; v. Lamm, Phaedr.: corpora lanigerûm, Sil. 13, 433: poet. v. Widder am Himmel, Manil. 4, 514. – **b** lānigera, ae, *f.*, die **Wollträgerin,** v. Schaf, Lamm, Plur. bei Varro sat. Men. 242. Colum. 7, 6, 5. Sil. 15, 703.

lānilōtor, ōris, *m.* (lana u. lavo), der **Wollwäscher,** Gloss. IV, 359, 4.

1. lanio, āvī, ātum, āre, **zerfleischen, zerreißen, zerfetzen,** hominem, Cic.: obvios aliquot (v. Wölfen), Liv.: alqm dentibus, Liv., artus dentibus, Verg.: unguibus ora, Ov.: manum, Gell.: laniatus a canibus Actaeon, Sall. fr.: laniatus morsibus canum obiit, Val. Max.: laniata corpora epulando consumere, Val. Max.: filia laniata genas (an den W.), Verg.: ferramenta et alia quae laniendae carnis causā parata sunt, ICt. – laniare vestem, Tac.: crines, Ov.: crinem manibus, Ov.: comas, Lucan.: venti mundum laniant, Ov.: laniata navigia, Sall. fr.: laniati capilli, Sen. rhet. – übtr., et tua sacrilegae laniarunt carmina linguae, Ov.: proice quaecumque cor tuum laniant, Sen.

2. lanio, ōnis, *m.*, **I** der **Fleischer, Schlächter, Metzger,** Petron. u. a.: taberna lanionis, ICt.: instrumentum lanionis (bestehend in mensa [Fleischbank], pondera, trutinae, cultri, dolabrae), ICt. – **II** übtr., der **Henker, Schinder,** v. Herodes, Sedul. carm. 2, 127.

laniolum, ī, *n. Demin.* (lanius), eine **kleine Fleischbank,** Fulgent. myth. 1. praef. p. 16 M. (= p. 9, 14 H.).

laniōnius, a, um (lanio), **zum Fleischer gehörig, Fleischer-,** mensa, Fleischerbank, Henkersbank, Suet. Claud. 15, 2.

lānipendēns, entis, *f.* (lana u. pendo) = lanipendia (s. d.), Gloss. II, 436, 33 (wo ›lanipendens, σταθμοῦχος, γυνὴ ἡ τὸν σταθμὸν παρέχουσα ταῖς ἄλλαις‹).

lānipendia, ae, *f.* (lana u. pendo), die **Spinnmeisterin,** die den Mädchen ihre tägliche Arbeit (pensum) zuwog, Pomp. dig. 24, 1, 31 pr. Schol. Iuven. 6, 476. CIL 9, 321 mit Mommsen. – Nbf. **lānipenda,** ae, *f.*, CIL 6, 34273 u. 9, 4350: abgekürzt lanipen, CIL 9, 3157.

lānipendius, iī, *m.* u. **lānipendus,** ī, *m.* (lana u. pendo) = σταθμοῦχος ἐριδίων (Gloss. II, 120, 50, wo -dius), der **Spinnmeister,** der den Arbeiterinnen in einer kaiserl. Fabrik die Wolle zuwog, CIL 6, 6300 u. 6, 8870 (wo -pendus).

lānipēs, pedis (lana u. pes), **wollfüßig,** d. i. die Füße mit Wolle umwickelt, senex, Cass. b. Quint. 5, 11, 24 (Meister liest ›planipes‹).

lanista, ae, *m.*, **I** der **Lehrmeister der Gladiatoren,** der **Gladiatorenmeister** (wobei zu bemerken, dass die lanistae ganze Banden Gladiatoren hielten u. zu den Gladiatorenspielen vermieteten), Cic. ad Att. 1, 16, 3; Rosc. Am. 17 u. 118. Suet. Aug. 42, 3. Mart. 11, 66, 3. Iuven. 11, 8. Amm. 19, 12, 1. – **II** übtr.: **a** der **Abrichter** der Kampfhähne, rixosarum avium, Colum. 8, 2, 5. – **b** (weil die lanistae die Gladiatoren paarweise gegeneinander auftreten ließen) der **Zusammenhetzer** zweier zum Kampf, lanistā Cicerone, v. Cicero zusammengehetzt, Cic. Phil. 13, 40: u. so lanistis Aetolis, Liv. 35, 33, 6. – ► Nach Isid. orig. 10, 159 ist lanista (von lanio, āre) urspr. ein tuskisches Wort = carnifex.

lanistātūra, ae, *f.* (lanista), der **Stand eines** *lanista*, die **Fechtmeisterschaft,** CIL 1, 206. lin. 123.

lanisticius, a, um (lanista), **dem Fechtmeister der Gladiatoren gehörig, vom F. gekauft,** familia, Gladiatoren, Petron. 45, 4.

lānitia, ae, *f.* (lana), die **Wolle,** Laber. com. 67.

lānitiēs, ēī, *f.* (lana), die **Wolle,** Ps. Tert. adv. Marc. carm. 2, 24.

lānitium (nicht lānicium) iī, *n.* (lana), **I** die **Wolle,** Verg. georg. 3, 384 (angeführt von Colum. 7, 3, 9). Tert. de pall. 3: lan. silvarum, Baumwolle, Plin. 6, 54: Plur., agnorum lanitia, Arnob. 7, 16: oves ad lanitia condita, Hieron. adv. Iovin. 2, 5. – **II** meton., Plur. lanitia, das **Wollvieh,** Arnob. 1, 11 u. 21.

lanius, iī, *m.* (1. lanio), der **Fleischer, Schlächter, Metzger,** cetarii, lanii, coqui, Ter.: lanii, qui bovem ad cultrum emunt, Varro: cultrum ab lanio arripere, Liv.: pendēre ad lanium (v. geschlachtetem Vieh), Phaedr. – insbes., der **Opferschlächter,** Plaut. Pseud. 327. Varro r. r. 2, 5, 11. – übtr., der **Henker,** Plaut. Pseud. 332: u. der **Schinder, Metzler,** v. einem Arzt, Tert. de anim. 10.

Lānivīnī, Lānivium, s. Lānuvium.

lanna, s. lāmina (= Ohrläppchen).

lānoculus, ī, *m.* (lana u. oculus), **Wollauge,** scherzh. v. dem, der einen Augenfehler durch eine wollene Binde bedeckt, Paul. ex Fest. 118, 9.

lānōsitās, ātis, *f.* (lanosus), das **Wollige** einer Sache, Tert. de pall. 3.

lānōsus, a, um (lana), **voller Wolle, wollig,** uterus ovis (Ggstz. glaber uterus), Colum. 7, 3, 7: vellus, Apul. met. 8, 28.

lanterna (lāterna), ae, *f.* (von λαμπτήρ), die **Laterne, Lampe,** Punica, Plaut.: linea, Cic.: lanternam praeferre, Val. Max.: in lanterna portare lucem, Veget. mul. – ► Die Schreibweise lanterna ist fast überall die der besten Hdschrn.

lanternārius, iī, *m.* (lanterna), der **Laternenträger,** v. Vorleuchter, Catilinae, Cic. Pis. 20.

lānūgināns, antis (lanugo), **wollig, flockig,** trama, Augustin. annot. in Iob 38, 36.

lānūgineus, a, um (lanugo), **wollartig, wollig,** Ps. Apul. herb. 62.

lānūginōsus, a, um (lanugo), **wollig, flockig,** folia, Plin.: herba lanuginosior, Plin.

lānūgo, inis, *f.* (lana), die **Wolle,** das **Wollige, Flockige,** linea, von der Oberfläche der Leinwand abgeschabte Flocken, Leinwandflocken, Plin. (u. so sed lanugo nulla, sie [die Leinwand] ist nicht flockig, Plin.): der Kräuter, Bäume, Früchte usw., Verg. u. a.: arundinum, Plin. – der **Flaum** des Bartes, die **Milchhaare,** mollis, Lucr.: prima, Verg., Sen. u. a.: pili lanugini similes, Cels.: tractare lanuginem alcis, Suet. – die **Bohrspäne,** Colum. 4, 29, 16.

lānula, ae, *f.* (*Demin.* v. lana), **ein wenig Wolle,** alumen involutum lanulā, Cels. 6, 9. p. 247, 14 D. – Plur. = **zarte Wollflöckchen,** tenues caruncŭlae lanulis similes, Cels. 7, 27 *in.*

Lānuvium (Lānumvium, Lānivium), iī, *n.* (Λανούβιον), uralte Stadt in Latium, südlich vom Albaner See, später röm. Munizipium, mit einem alten, berühmten Tempel der Juno Sospita, Cic. de div. 1, 79. Liv. 3, 29, 6. Sil. 8, 360 *sq.*; 13, 364. Plin. 35, 17 D. (wo Laniv.). – Dav.: **A Lānuviānus** (Lānumviānus), a, um, **lanuvianisch,** in **Lanuvium,** templa Lanuv., Capit. Anton. Pius 8, 3: – **B Lānuvīnus** (Lānumvīnus), a, um, **lanuvinisch, in** od. **bei Lanuvium,** populus, Cato fr.: ager, Cic. u. Liv.: magistratus, Liv.: villa, Capit.: – subst., **a** Lānuvīnus, ī, *m.*, ein **Lanuviner,** Catull. 39, 12: Plur. Lānuvīnī (Lānivīnī), ōrum, *m.*, die Einwohner von Lanuvium, die **Lanuviner,** Cic. – **b** Lānuvīnum, ī, *n.*, ein Landgut bei Lanuvium, das **Lanuvinum,** Cic. ad Att. 9, 9, 4.

lanx, lancis, *f.* (viell. zu griech. λέκος, λεκάνη), **I Schüssel, Schale,** Plaut., Cic. u. a.: altilium lanx, Lucil. fr.: furtum per lancem liciumque concipere, wegen eines Diebstahls förmliche Haussuchung vornehmen, Gell. 11, 18, 9: ebenso quaestio furtorum cum lance et licio, Gell. 16, 10, 8; vgl. Paul. ex Fest. 117, 2. – **II** übtr.: **1 Waagschale,** Cic. u. a.: im Bild, vitam aequā lance pensitare, Plin. 7, 44: non extranei dictum et filii parricidium aequā lance pensare, Ambros. in psalm. 118. serm. 7. § 23: servitutem et libertatem aequā lance pendĕre, Ambros. exhort. virgin. 1. § 3: aequā omnes lance examinare, Ambros. epist. 41, 22: pari pendĕre lance cunctos, Arnob. 6, 2: u. so paribus momentis potestatem voluntatis aequā lance perpendĕre, Augustin. ep. 186, 34 (vgl. aequa lancis perpensio, *ibid.* § 36): aequā lance trutinari, Cod. Iust. 5, 27, 10: aequā lance servari, auf gleiche Weise, Modestin. dig. 42, 1, 20: ebenso aequā lance odium mulieris et amor viri adversum se certabant, Heges. 1, 36, 2: iustum geminā suspendĕre lance ancipitis librae, Pers. 4, 10. – **2** = δίσκος (Gloss. II, 278, 53), die **Scheibe,** Amm. 20, 3. § 1 u. 8 *Gardth.* (v. der Sonnenscheibe).

Lāocoōn, ontis, Akk. onta, *m.* (Λαοκόων), ein Priester Neptuns in Troja, der warnend das hölzerne Ross mit einem Wurfspieß durchbohrte u. deshalb nebst seinen zwei Söhnen von zwei ungeheuren Schlangen umschlungen u. getötet wurde, Verg. Aen. 2, 41 *sqq.* u. 201 *sqq.* Hyg. fab. 135. – Über die noch erhaltene Gruppe des Laokoon in weißem Marmor s. Plin. 36, 37. – ► In Hdschrn. auch Lāucoōn.

Lāodamīa, ae, *f.* (Λαοδάμεια), Tochter des Akastus u. Gemahlin des Protesilaus, den sie, als er von Hektor getötet wurde, nicht überleben wollte, Ov. ex Pont. 3, 1, 110. – ► Nbf. Lāudamīa, Catull. 68, 74 u. 80 105. Iustin. 28, 3, 5.

Lāodicēa (-cīa), ae, *f.* (Λαοδίκεια), Name mehrerer Städte, von denen am bekanntesten: **I** Stadt in Großphrygien, am Fluss Lykos, jetzt *Eski-Hissar,* Cic. ep. 2, 17, 4. – **II** Stadt in Seleukis (Syrien) am Meer, jetzt *Lâdikiyeh,* Lentul. in Cic. ep. 12, 14, 4 u. 15, 7: auch Lāudicīa geschr., Itin. Anton. 147, 4. CIL 6, 2627. – Dav.: **a** **Lāodicēnsis,** e, **laodicensisch, aus Laodicea,** homo, Cic.: civitas, Cic.: Plur. subst., Lāodicēnsēs, ium, *m.,* die Einwohner von Laodicea, die **Laodicenser,** Vulg. Coloss. 4, 16. – **b** **Lāodicēnī,** ōrum, *m.,* die Einwohner von Laodicea, die **Laodicener,** Cass. in Cic. ep. u. a.

Lāomedōn, ontis, Akk. ontem u. onta, *m.* (Λαομέδων), König in Troja, Vater des Priamus, Ov. met. 11, 196 *sqq.* Hor. carm. 3, 3, 22. Hyg. fab. 89 u. 250. Cypr. idol. 2. – Dav.: **a** **Lāomedontēus,** a, um, **laomedonteisch,** poet. = **trojanisch,** Verg. u. Sil.: u. (weil die Römer nach der Sage Nachkommen des Äneas) = **römisch,** Sil. – **b** **Lāomedontius,** a, um (Λαομεδόντιος), **laomedontisch,** Verg. – **c** **Lāomedontiadēs,** ae, *m.* (Λαομεδοντιάδης), der **Laomedontiade** (männliche Nachkomme des Laomedon), v. Priamus, Verg.: Plur. poet., Laomedontiadae, Genet. adûm, v. den Trojanern, Verg.; v. den Römern, Sil.

lapathium, iī, *n.* (*Demin.* v. lapathum), der **Sauerampfer,** Pompon. com. 169 (lapatium). Varro sat. Men. 318. Varro LL. 5, 103.

lapathum, ī, *n.* u. **lapathus,** ī, *f.* (λάπαθον v. λαπάζειν, den Leib flüssig machen), der **Sauerampfer,** bes. als Mittel gegen den verdorbenen Magen des Schlemmers, Form *-um,* Cic. de fin. 2, 25. Cels. 2, 21 u. 25 29; 3, 6. p. 87, 35 D. Plin. 20, 231: poet. Form *-us,* Lucil. 1235. Colum. poët. 10, 373: lapathi herba, Hor. epod. 2, 57 u. sat. 2, 4, 29: lapathi radices, Scrib. Larg. 57.

lapicaedīnae, s. lapicīdīnae.

lapicīda, ae, *m.* (lapis u. caedo), der **Steinhauer, Steinmetz,** Varro LL. 8, 62. Liv. 1, 59, 9. Sidon. epist. 3, 12, 5.

lapicīdīnae, ārum, *f.* (lapis u. caedo), die **Steingruben,** die **Steinbrüche,** bes. als Strafort, Plaut. capt. 944. Cic. de div. 1, 23. Plin. 7, 195: marmorum lapicidinae, Marmorbrüche, Plin. 3, 30: lap. bituminis duri, Gruben, woraus hartes Erdpech gewonnen wird, Vitr. 8, 3, 9. – Nbf. lapicaedīnae, CIL 2, 5181, 54 u. 3, 75. – u. lapidicīnae, Varro LL. 5, 151 M. u. Sp. Scrib. Larg. 151. Not. Tir. 56, 71; vgl. Consent. art. 391, 22 K.: Sing. lapidicīna, Gloss. II, 121, 9 u. ö.

lapidāris, e (lapis), **steinern, Stein-,** terminus, CIL 11, 4638.

lapidārius, a, um (lapis), **I** **zu den Steinen gehörig, Stein-,** latomiae, Steinbruch, Plaut.: opifex, Steinmetz, Inscr.: navis, Steine führendes, Petron.: lapidarias litteras scire, die Steinwissenschaft (Kunst, auf Stein zu schreiben) kennen, Petron. – subst., lapidārius, iī, *m.* (*sc.* faber), der **Steinmetz,** Petron. 65, 5. Ulp. dig. 13, 6, 5. § 7. Vulg. Sirach 45, 13. Corp. inscr. Lat. 2, 2404 u. 2772; 3, 7895; 11, 6838. – **II** **voller Steine, steinig,** in Liguria quoque lapidarios campos (esse), Solin. 2, 6.

lapidātio, ōnis, *f.* (lapido), **I** das **Steinewerfen,** die **Steinwürfe,** facta est lapidatio, es erfolgten Steinwürfe, man warf mit Steinen, Cic.: fit magna lapidatio, es fällt ein Hagel von Steinen, Cic.: lapidatione terrere Romanos, Flor.: intercedentem Baebium collegam factā per populum lapidatione submovit, Aur. Vict. de vir. ill. 73, 1. – Plur., lapidationes persaepe vidimus, Cic. Sest. 77. – übtr., grandinis, der Hagelschlag, Cod. Iust. 9, 18, 4. – **II** die **Steinigung,** adulterorum, Hieron. in Ezech. 16.

lapidātor, ōris, *m.* (lapido), der **Steinschleuderer,** Cic. de domo 13. – u. der **Steiniger,** Augustin. serm. 382, 3.

lapidātrīx, trīcis, *f.* (Femin. zu lapidator), die **Steinigerin,** Ierusalem interfectrix et lap. prophetarum, Interpr. Origin. in Matth. comm. 28.

lapidēsco, ere (lapis), **zu Stein werden, versteinern,** Plin. 16, 21 u. a.

lapideus, a, um (lapis), **I** **aus Stein** od. **Steinen, steinern, Stein-,** mensa, Varro LL.: arca, Liv.: columna, Varro: vasaria mensa, Varro LL.: culter, Vulg.: murus, Liv.: postis ianuae carceris, Vell.: imber, Cic.: bildl., lapideus sum, ich bin versteinert (vor Entsetzen), Plaut.: lapideo sunt corde multi, haben ein Herz von Stein = sind unbarmherzig, Enn. fr. scen. 139. – **II** **voller Steine, steinig,** campi, ein Landstrich in der Gegend des heutigen Marseille, j. *la Crau,* Plin. 3, 34 u. 21, 57: dass. litus, Mela 2, 5, 4 (2. § 78).

lapidic..., s. lapicid...

lapido, āvī, ātum, āre (lapis), **Steine werfen,** **I** *tr.:* **1** jmd. od. etw. **mit Steinen werfen,** nach jmd. od. etw. **Steine werfen, schleudern,** jmd. **steinigen** (vgl. Quint. 8, 2, 5), alqm, Flor. 1, 22, 2. Petron. 93, 3. Auct. b. Hisp. 22, 4. Augustin. epist. 36, 5. Vulg. exod. 17, 4 u. a.: templa, Suet. Cal. 5. – übtr., notantes impotentiam eius hāc dicacitate lapidatam, »gegeißelt«, Macr. sat. 2, 7, 5. – **2** einen Toten **mit einem Stein bedecken,** Petron. 114, 11. – **II** *impers.,* lapidat, **es regnet Steine, es fallen Steine** (vom Himmel) **herab,** Veiis de caelo lapidaverat, Liv. 27, 37, 1: Reate imbri lapidavit, Liv. 43, 13, 4: in passiver Form, de caelo lapidatum est, Liv. 29, 10, 4 u. 29, 14, 4.

lapidōsitās, ātis, *f.* (lapidosus), die **Steinhärte,** cerebri, Tert. de hab. mul. 6.

lapidōsus, a, um (lapis), **voller Steine, steinig,** **I** eig.: scopulus, Varro fr.: terra, Varro: ager, Ov.: corna, Verg.: poma pruni, Colum. – **II** übtr., **a** **versteinernd** (= die Knochen verhärtend), chiragra, Pers. 5, 58. – **b** **hart** wie Stein, **steinartig,** panis, Hor. u. Sen.: est lapidosius, Plin.

lapillīsco, ere (lapillus), zu Stein-, d. i. **steinhart-, straff werden,** v. den Brüsten, Tert. ad nat. 2, 12.

lapillōsus, a, um (lapillus), **steinig,** *glarea,* lapillosa terra, Schol. Bern. Verg. georg. 2, 212.

lapillulus, ī, *m.* (*Demin.* v. lapillus), ein **kleines Steinchen,** Solin. 10, 12.

lapillus, ī, *m.* (*Demin.* v. lapis), das **Steinchen,** **I** im Allg.: lapilli crepitantes, Ov.: grues lapillum pede sustinentes, Plin. – lapilli Numidici, Stückchen aus numidischem Marmor, Hor. – diem signare melioribus lapillis od. numerare meliore lapillo, den Tag zu den glücklichen zählen (nach der Sitte der Thrazier, die die guten u. bösen Tage des Lebens nach weißen u. schwarzen Steinchen zählten, vgl. Plin. 7, 131), Pers. 2, 1. Mart. 9, 52, 5. – **II** insbes.: **1** der **Nierenstein, Blasenstein,** Plin. 28, 42. – **2** der **Edelstein,** auch die **Perle,** nivei viridesque lapilli, Perlen u. Smaragden, Hor.: Eoi, Prop., od. Indici, Mart.: gemmae et ex alieno litore petiti lapilli, Sen. rhet.: insignes lapillis et coloribus vestes, Lact.: caris aures onerare lapillis, Ov.: candicant orbiculi lapillorum, Solin. – **3** das **Stimmsteinchen,** beim Abstimmen über Leben u. Tod, lapilli nivei atrique, Ov. met. 15, 41. – **4** der **Leichenstein** (?), CIL 5, 2417.

lapio, īre (zu lapis), **versteinern, steinhart machen,** bildl., lapit cor cura, Pacuv. tr. 276.

lapis, idis, *m.* (vgl. griech. λέπας, kahler Fels), der **Stein,** **I** im Allg. (Synon. saxum, der größere Stein, Felsstein, dah. oft verb. lapides saxaque), oft kollektiv, lapis silex, Plaut. u. a.: lapis quadratus (kollektiv), Varro fr., Sen. u. a.: structilis, Baustein, ICt.: Tiburtinus (kollekt.), tiburtinische Quadern, Amm.: vivus, Feuerstein, Curt.: coctilis, Sen.: bibulus, Bimsstein, Verg.: solidus, Sen.: durus, Plin.: ardens, Meteorstein, Liv.: terminalis, Grenzstein, Amm.: muralis, Oros.: lapis fundae, Schleuderstein, Vulg.: primarius, Grundstein, Vulg. – emporium lapide sternere, Liv.: e lapide naumachiae circum maximum exstruere, Suet.: e lapidibus templo Iovis Capitolini destinatis filio monumentum exstruere, Suet. – undique in muros lapides iaci coepti sunt, Caes.: lapides iaciendos curare, Cic.: lapides mittere in alqm, Petron.: fundā mittere lapides, Liv.: ad lapides et arma discurrere, Tac.: eminus glande aut lapidibus pugnare, Sall.: alqm lapidibus prosequi, Cic.: lapide percuti, Cic.: lapide ictum (durch einen Steinwurf) interire, Nep.: u. so lapide ictum ex muro perire, Caes.: lapidibus alqm cooperire od. obruere, Cic.: ingenti lapidum saxorumque nimbo classem operire, Flor.: alqm lapidibus prosternere, Val. Max.: alcis domus fracta coniectu lapidum (durch Steinwürfe), Cic.: membra, quae debilitavit lapidibus, Cic. – vehicula ne lapidibus quidem fulta in eodem vestigio quiescebant, Plin. ep. – in lapidem verti (verwandelt werden), v. der Niobe, Hieron. epist. 69, 2: lapidibus pluit, es regnet Steine (vom Himmel), es fällt ein Steinregen, Liv.: lapide candidiore diem notare, als einen glücklichen bezeichnen (vgl. lapillus *no.* I), Catull. 68, 148. – Sprichw., verberare lapidem, vergeblich sich abmühen, Plaut. Curc. 197: lapides loqui, Dinge, die wie ein Stein aufs Herz fallen, d. i. verdrießliche Dinge reden, Plaut. aul. 152: alterā manu ferre lapidem, panem ostentare alterā, Plaut. aul. 195: ad eundem lapidem bis offendere, zweimal denselben Fehler begehen, Auson. epist. 11. p. 169 Schenkl (ellipt. bis ad eundem, Cic. ep. 10, 20, 2). – als Sinnbild der Dummheit, **Stein, Stock** (s. Brix Plaut. mil. 236. Wagner Ter. heaut. 831), neque habet plus sapientiae quam lapis, Plaut.: quid stas, lapis, Ter.: u. der Gefühllosigkeit, ah lapis est ferrumque, Tibull.; vgl. lapides mehercule omnes flere ac lamentari coëgisses, Cic. – **II** insbes.: **1** ein **Grenzstein,** Liv. u. a. – Gegenstand relig. Verehrung, s. Dissen Tibull. 1, 1, 11. – **2** ein **Grabstein,** Prop. u. Tibull.: so auch lapis ultimus, Prop. – **3** wie λίθος = ein **Edelstein** u. vorz. eine **Perle,** Catull., Ov. u. Tac.: gemmae et lapides, Hor.: lapidum gemmarumque fulgor, Sen. – **4** der **Marmorstein, Marmor,** lapis Phrygius, Hor.: Parius, Verg.: Numidicus, Thasius, Suet.: albus, weiße Marmorplatte (als Tisch), Hor. – **5** der **Mosaikstein,** lapides varii, Hor. sat. 2, 4, 83. – **6** der **Meilenstein,** dergl. an den Heerstraßen je 1000 Schritte (eine ital. Meile = 1/5 geogr. Meile) weit standen; dah. zur Bezeichnung von Ortsentfernungen, intra vicesimum lapidem, Liv.: ad quintum lapidem, beim fünften Meilenstein, fünf (röm.) Meilen von Rom, Nep.: u. so ad sextum lapidem *a* Vienna, Sen. – **7** der **Stein,** der **steinerne Tritt,** auf dem der Präko stand, wenn Sklaven verkauft wurden, Plaut. Bacch. 815: dah. duos de lapide emptos tribunos, Cic. Pis. 35. – **8** Iuppiter lapis, der **Jupiter-Stein,** ein Donnerkeil (Kies), den man als Symbol Jupiters beim Schwur in der Hand hielt, Iovem lapidem iurare, beim Jupiter-Stein schwören, Cic. ep. 7, 12, 2. – ► **α** Abl. auch lapidi, Lucr. 1, 884: archaist. Abl. lapi, Enn. ann. 398. – **β** Archaist. Genet. Plur. lapiderum, C. Gell. b. Charis. 54, 26. – **γ** (wie ἡ λίθος) *gen. fem.*, Enn. ann. 553. Varro r. r. 3, 5, 14. Ampel. 8, 11. Gromat. vet. 362, 13 *sqq.* Iul. Valer. 2, 18. p. 100, 22 *Kuebler.*

lapisculus, ī, *m.* (*Demin.* v. lapis), das **Steinchen,** Marc. Emp. 8, 2.

Lapithēs, ae, *m.*, **der Lapithe,** Plur. Lapithae (Λαπίθαι), die **Lapithen,** ein rohes Bergvolk um den Olympus u. Pelion in Thessalien, von pelasgischem Stamm, berühmt durch seinen Kampf mit den Zentauren auf der Hochzeit des Pirithous, Ov. met. 12, 210 *sqq.* Cic. Pis. 22: semiferi Lapithae, Apul. met. 4, 8: Centaurorum Lapitharumque convivium, Iul. Val. 1, 13 (21). – Sing. frons Lapithae Celadontis, Ov. met. 12, 250: qualis et Ischomache, Lapithae genus, heroine, Prop. 2, 2, 9: Lapithes eques, Val. Flacc. 5, 516. – Nbf. Lapitha, wov. Akk. Lapitham, Auson. Technop. (XXVII) 9 (de hist.), 4. p. 136 Schenkl. – Genet. Plur. Lapithûm, Verg. Aen. 7, 304. – Dav.: **1 Lapithaeus,** a, um, **lapithäisch,** gens, Ov. met. 12, 530. – **2 Lapithēius,** a, um, **lapithëisch,** proelia, Ov. met. 14, 670. – **3 Lapithōnius,** a, um, **lapithonisch,** Stat. Theb. 7, 297.

lappa, ae, *f.*, die **Klette,** Plin. 21, 104 u. a. Ov. ex Pont. 2, 1, 14: Plur., Verg. georg. 1, 153. Plin. 25, 81 u. a.

lappāceus, a, um (lappa), **klettenförmig, klettenartig,** Plin. 22, 41.

lappāgo, inis, *f.* (lappa), eine der Klette ähnliche Pflanze, Plin. 26, 102.

Laprius, ein Beiname des Jupiter, Lact. 1, 22, 23.

lāpsābundus, a, um (lapso), **wankend,** gressus, corporis motus, Eccl.

lapsana (in Hdschrn. auch lampsana), ae, *f.* (λαψάνη, λαμψάνη), eine essbare Pflanze, der **Ackersenf** (*Sinapis arvensis,* L.), Varro r. r. 3, 16, 25. Colum. 12, 7, 1. Cels. 2, 25 u. 31. Plin. 20, 96: Plur., vulgares lapsanae, Colum. 9, 4, 5. – Sprichw., lapsanā vivere, sehr sparsam leben, Plin. 19, 144.

lapsanium, iī, *n.*, Nbf. v. lapsana (s. d.), Hieron. reg. Pachom. 52.

lāpsilis, e (1. labor) = γλίσχρος, **schlüpfrig,** Gloss. II, 263, 28.

lāpsio, ōnis, *f.* (1. labor), das **Abgleiten,** die **Neigung zum Fall,** bildl., Cic. Tusc. 4, 28.

lāpso, āre (*Intens.* v. labor), **wanken,** Priamus lapsans, Verg.: equi sanguine suo et lubrico paludum lapsantes, Tac.: cum subinde crapulā et capitis errore lapsaret, Flor.: lapsantes gressus, Sil.: lapsantes pedum palmae, Amm. – prägn., **hinwanken = fallen,** Stat. Theb. 5, 223. – übtr., verba lapsantia, hingeplapperte, Gell. 1, 15, 1. – ► Depon. Nbf. **lāpsor,** ārī, Diom. 344, 21.

lāpsus, ūs, *m.* (1. labor), **I** jede allmähliche **Bewegung,** das **Gleiten, Laufen** (der **Lauf**), **Fließen, Fliegen** (der **Flug**), **Schlüpfen** usw., der Gestirne, volvuntur sidera lapsu, Verg.: (stellae errantes) re verā certo lapsu spatioque feruntur, Cic. poët. – der Gewässer u. a. Flüssigkeiten, lapsus fluminis, Paneg. vet.: torrentium lapsus (Plur.), Augustin.: si lacus emissus lapsu et cursu suo in mare profluxisset, Cic.: flumina sempiterno lapsu fluere praecepit, Lact.: fluvii eunt semper exercitis lapsibus, Min. Fel.: lapsus seminis, Samenfluss, Cael. Aur. de morb. acut. 3, 18, 178. – der Vögel, volucrum lapsus atque cantus, Flug, Cic.: u. so levi quodam et facili lapsu ad deos pervolare (v. d. Seelen), Cic. fr.: et subitae horrifico lapsu de montibus adsunt Harpyiae, Verg.: deae celeri per aethera lapsu diversas petiere vias, Val Flacc. – der Schlangen, gemini lapsu delubra ad summa dracones diffugiunt, Verg. – der Gewächse, faciles vitium lapsus, Apul.: vitis serpens multiplici lapsu atque erratico, Cic. – der Menschen, lapsus *a* superioribus lecti partibus *ad* inferiora, Cael. Aur. de morb. acut. 2, 3, 16. – poet., pedibus lapsus rotarum subiciunt, geschwind rollende Räder, Verg. Aen. 2, 235. – **II** insbes., das Gleiten nach unten, das **Fallen,** der **Fall,** der **Sturz, Einsturz, 1** eig.: lapsus terrae, Cic.: considentis soli, Sen.: magnarum urbium lapsus (Plur.), Sen.: subiti montium lapsus, Sen.: lapsus scalarum, von der Treppe, Plin.: equi, Verg.: frequentior currentibus quam reptantibus lapsus, Plin. ep.: sustinere se a lapsu (v. Pers.), Liv.: subito lapsu decidĕre, plötzlich zu Boden stürzen (v. Pers.), Val. Max. – puerilium dentium lapsus, das Ausfallen, Sen. de ben. 4, 6, 6. – meton., die **Fallwunde,** herba urceolaris contra volsa, rupta lapsusque et praecipitia, ut vehiculorum eversiones, singularis, Plin. 22, 43. – **2** übtr., der **Fehltritt,** der **Fall** = das **Versehen,** die **Irrung,** cum sint populares multi variique lapsus, je öfter u. vielfältiger man es beim Volk versehen kann, Cic.: ab omni lapsu continere temeritatem, sich nicht von seiner Leichtgläubigkeit einen Streich spielen lassen, Cic.: haud alio fidei proniore lapsu (wobei die Wahrheit ebensosehr verliert), quam ubi etc., Plin.

laqueāns, s. 1. laqueo *no.* a.

laquear, āris, *n.* (laqueus), die **getäfelte Decke, Felderdecke,** der **Plafond,** deren Einfassungen gezogenen Seilen (laquei) ähnlich waren (vgl. lacunar), dah. gew. im Plur., laquearia tecti, Verg. Aen. 8, 25 (Ribbeck lacuaria, Schaper lacunaria): aurea, *ibid.* 1, 726 (vgl. Plin. 12, 9 u. 33, 57): caelata, Sen. ep. 90, 42: fulta auro, Claud. b. Get. 223: citro et ebore curiose cavata, Apul. met. 5, 1. – Sing. laqueāre, is, *n.*, Ps. Verg. cul. 64 H. u. R.; vgl. Gloss. IV, 253, 12. – ► Sing. laquear ohne Beleg bei Prisc. 6, 31; dagegen ›laquearia, non lacunaria‹, Caper 105, 15. – Genet. Plur., laqueariorum, CIL 8, 1183: Abl. Plur. laqueariis, Amm. 29, 2, 4.

laqueārius, a, um (laquear), **zur Felderdecke gehörig,** nur subst., **a** laqueārium, iī, *n.*, **das Felderdeckenwerk,** Isid. orig. 19, 12. – **b** laqueārius, iī, *m.*, der **Felderdeckenverfertiger,** Cod. Theod. 13, 4, 2.

laqueātor, ōris, *m.* (1. laqueo), der **Verstricker,** Isid. orig. 18, 56.

laqueātus, a, um, s. 1. laqueo *no.* b.

1. laqueo, laqueāns, laqueātus (laqueus; vgl. laquear), felderartig **täfeln,** bes. **mit einer Felderdecke (mit einem Plafond) versehen,** nur vorkommend: **a** im Partiz. Präs. laqueāns m. Akk., sidera ignibus in varias caelum laqueantia formas, die Himmelsdecke mit verschiedenen Bildern wie einen Plafond zierend, Manil. 1, 534. – **b** Partiz. Pers. laqueātus, teils mit Ang. **womit?** im *Abl.*, antra tophis laqueata et pumice vivo, Ov.: Iovis Capitolini magnificum templum, non laqueatum auro tantum (mit einer Decke aus Gold geziert), sed parietibus totis laminā inauratum (mit Goldblech überzogen), Liv.: teils absol., laqueatae cenationes, Suet.: laqueatae domus, Vulg.: laqueata tecta, Cic. (u. so Enn. bei Cic. Tusc. 1, 85, wogegen in derselben Stelle Serv. Verg. Aen. 1, 726 tecta lacuata [in gleichem Sinne] hat).

2. **laqueo**, āvī, ātum, āre (laqueus), **umstricken, verstricken,** extentis laqueare (= laquearis) profundum retibus, Manil.: cassem per senos circum usque sinus laqueabis, Gratt. cyn.: corpus laqueatum, Colum. – Übtr., Erigone se nimio luctus dolore laqueavit, Lact. ad Stat. Theb. 11, 644: si te error laqueaverit, Iuvenc. 1, 524.

laqueum, eī, *n.*, s. laqueus a. E. ►.

laqueus, ī, *m.* (lacio), ein Strick als Schlinge, die **Schlinge,** bes. zum Erhängen od. Erdrosseln, **I** eig.: te in laqueum induas, Plaut.: collum inserere in laqueum, Cic.: laqueo gulam frangere, Sall., od. premere, Hor.: se laqueo suspendere, Augustin.: elidere vitam laqueo, Amm.: finire vitam laqueo fasciā composito, Aur. Vict.: laqueo sibi manus afferre, Inscr.: laqueum nectere, Hor.: alqm ad laqueum compellere, Plin.: laqueum inicere, über einen werfen, Liv., laqueum inicere cervicibus, Suet.: laqueo captare feras, Verg.: alqm laqueo dependentem invenire, Liv.: poet., vipera sarmentis laqueos corporis inplicans, Prud. c. Symm. 1. praef. 24. – **II** übtr.: **a** der **Fallstrick,** die **Schlinge,** alci laqueos ponere od. disponere, Ov.: in laqueos cadere, Ov., od. incĭdere, Quint., induci, Quint.: in laqueos se induere, Cic. (s. Bünemann Lact. 6, 12, 13): oculus meretricis laqueus amatoris, Ambros. in psalm. 118. serm. 16. § 3. – laqueus verbi, Cic.: laquei interrogationum, legum, Cic.: laquei Stoicorum, trügerische Vernunftschlüsse, Cic. – **b** hindernde **Fessel,** tibi ignoranti vel publica fortuna vel privata laqueum impegit, quem nec solvere possis nec abrumpere (Haase erumpere, Gertz rumpere), Sen. de tranqu. anim. 10, 1: numquamne hos artissimos laqueos, si solvere negatur, abrumpam? Plin. ep. 2, 8, 2. – ► Nbf. laqueum, eī, *n.*, Itala Osee 5, 1 bei Lucif. Cal. de Athan. 1, 35. p. 128, 7 H.

1. **Lār,** s. Lars.

2. **Lār,** Laris, *m.* (1. Lar), der **Lar,** im Plur. Lares, um u. **selten** ium, *m.*, die **Laren,** etrusk. u. röm. Schutzgottheiten, im Allg.: Lares praestites gen., Ov. fast. 5, 129: od. zubenannt nach dem Ort, den u. wo sie beschirmen, u. zwar zunächst Lares domestici, familiares, privati, patrii, die Schutzgottheiten des Hauses (die am Herd in einem kleinen Schrein [aedes] od. in einer besonderen Kapelle [lararium] standen), Suet., Ov., Tibull.: ego sum Lar familiaris ex hac familia, der Hauslar, Plaut.: u. so familiai Lar pater, Plaut. – u. als sich das Familienleben zum Staatsleben erweiterte, Lares compitales, als Beschirmer der Kreuzwege, Suet. (vgl. Lares compito potentes, Inscr. bei Tert. de spect. 5): Lares viales, der Wege übh., Plaut.: vicorum, der Straßen, Arnob.: cubiculi, Suet.: permarini, als Schutzgötter zur See, Liv.: rurales, agri custodes, des Landbaues, Tibull. u. Cic.: aedes Larum, Cic., od. Larium, Liv. – meton. = **Herd, Wohnung, Haus,** tecto, mensā, lare recipere, Liv.: nostro iuncta fuere lari, Ov.: lare certo gaudere, Hor.: deserere larem, Ov.: pelli lare, vertrieben werden, Ov.: ad larem suum (reverti) liceret, nach Hause, Cic.: lar familiaris, ein trauliches Heim, Sall. u. Cic.: so auch Plur. lares, **Haus,** Ov.: abire ad lares, Amm. – übtr. v. Nest der Vögel, Ov. fast. 3, 242. Val. Flacc. 4, 45. –► Genet. Plur. gew. Larum, z. B. Cic. de nat. deor. 3, 63, selten Larium, wie Liv. 40, 52, 3. Ps. Quint. decl. 260. Schol. Cruq. Hor. epod. 2, 43. – Archaist. Nbf. Lās, nach Exc. ex Charis. 548, 29: Plur. Lases, Varro LL. 6, 2. Quint. 1, 4, 13. Ter. Scaur. 13, 14 K. Placid. gloss. V, 25, 15: Abl. Lasibus, Varro LL. 6, 2.

Lara u. **Larunda,** ae, *f.*, eine Nymphe, der Jupiter wegen ihrer Geschwätzigkeit die Zunge nahm (von ihr sollen die Lares geboren sein), Ov. fast. 2, 599 *sqq.* (Lara). Lact. 1, 20, 35 (Larunda). Vgl. Muta.

Larālia, ium, *n.* (Lar), das zu Ehren der Laren (am 1. Mai) gefeierte Fest, das **Larenfest,** Fest. p. 253 (a), 16.

Larārium, iī, *n.*, eine **Kapelle, in der die Schutzgötter des Hauses** (Lares) **standen,** Lampr. Alex. Sev. 29, 2: secundum u. maius, *ibid.* 31, 4 u. 5.

larbasis, Akk. im, *f.* = *stibi,* **Spießglas,** Plin. 33, 101.

Larcius, a, um (urspr. etrusk. Larth), Name einer röm. *gens,* aus der bes. bekannt der erste röm. Diktator T. Larcius Flavus, Cic. de rep. 2, 56. Liv. 2, 18, 5. Eutr. 1, 12.

lārdārius, iī, *m.* (lardum), der **Speckhändler,** CIL 12, 4483.

lārdum, ī, *n.*, s. lāridum.

Lārentālia, ium, *n.*, ein Fest zu Ehren der Akka Larentia (s. Acca Lārentia), Varro LL. 6, 23. Paul. ex Fest. 119, 1. Ov. fast. 3, 57. – Andere Form **Lārentinal,** ālis, *n.*, Varro LL. 6, 23: u. im Plur. Lārentinālia, ium, *n.*, Lact. 1, 20, 4. Macr. sat. 1, 10, 11.

Lārentia, s. Acca Lārentia.

Lārentinal, s. Lārentālia.

1. **Larēs,** Plur. v. Lar, s. d.

2. **Larēs,** Akk. Lares (Laris), Abl. Laribus, *f.* (Λάρης, Ptol.), eine alte, im jugurthin. Krieg noch bedeutende Stadt in Numidien, noch j. *Larbuss* od. *Lorbus,* Sall. Iug. 90, 2. Itin. Anton. 26, 3.

larex, s. larix.

largē, *Adv.* (largus), **reichlich, I** im Allg. = **in reichlichem Maße,** dah. auch **hinlänglich, ganz gut,** ›murtatum‹ dictum est a murta, quod eā large fartum, Varro LL.: mittit homini munera satis large ad usum domesticum, Cic.: large adorare deos, mit vielem Weihrauch, Plin.: large frequentare locum, zahlreich, Plin.: contingi large posse ramo oleae, Plin.: large vagari, weit, Pallad.: u. so large procedere, Aur. Vict.: Attius hoc largius a prisca consuetudine movere coepit, Varro LL.: largius pronuntiare, stärker, derber, Gell.: quibus largissime contigit hoc munus naturae, Plin. – **II** in Bezug auf den Geber usw. = **freigebig,** qui large blandust dives pauperi, Plaut.: large effuseque donare alci non pauca, Cic.: pastum animantibus large et copiose comparare (v. der Natur), Cic.: large atque honorifice alqd promittere, Cic.: senatus consultum large factum, mit großen Zugeständnissen, Tac.

Largiānus, a, um, s. 2. Largus.

largifer, reichlich, nur Nomin. Sing. Mask., Drepan. Vulfino *v.* 5.

largificus, a, um (largus u. facio), **reichlich,** imber, Pacuv. tr. 414 (bei Cic. de or. 3, 157): stips, Lucr. 2, 627.

largifluus, a, um (large u. fluo), **reichlich fließend,** fons, Lucr. 5, 596.

largiloquus, a, um (large u. loquor), **reichlich redend, geschwätzig,** lingua, Plaut. mil. 318: v. Mädchen, Plaut cist. 122.

largīmentum, ī, *n.* (largior), die **gütige Gabe,** das **Geschenk,** Fulg. myth. lib. 2. praef. p. 65 M.

largio, īre, s. largior ►.

largior, ītus sum, īrī (largus), **I** etwas **reichlich mitteilen,** etwas (Bedeutendes od. in Menge) **schenken, spenden, austeilen** (aus Freigebigkeit od. zur Erreichung bestimmter Zwecke), hominibus semen, Rhet. Her.: qui eripiunt aliis quod aliis largiantur, Cic.: largitur in servos quantum aderat pecuniae, Tac.: tibi eum liberalem dabo et pecuniam suam plenis manibus largientem, Lact. – absol. = **bedeutende Geschenke austeilen,** ex alieno, Cic., de alieno, Liv. u. Iustin.: de alqo (auf jmds. Kosten), Ter.: ex ea (dote) te largiri illi, Plaut.: insbes. um zu bestechen, largiundo (durch Bestechung) alqd parare, Sall.: largiundo atque pollicitando magis incendere plebem, Sall. – **II** übtr., etwas aus Freigebigkeit **verleihen, zugestehen, einräumen, verstatten,** alci civitatem, Cic.: populo libertatem, Cic.: alci laetitiam, Plaut.: alci occasionem, Plin.: rationem homini, Cic.: patriae suum sanguinem, für das V. verspritzen, Cic.: plusculum amori, Cic.: rei publicae iniurias, verzeihen, Tac.: m. folg. Fragesatz, quidquid solamen humandi est, largior, Verg. Aen. 10, 494: m. folg. *ut* u. Konj., si quis mihi deus largiatur, ut usw., Cic. de sen. 83. – ► *Imperf.* largibar, Prop. 1, 3, 25: *Fut.* largibor, Iuvenc. 2, 562 (566). Gramm. Vat. 5, 119: largibere, Plaut. Bacch. 828: Parag. *Infin.* largirier, Plaut. asin. 932. Lucr. 5, 166. – aktive Formen, *Fut.* largibo, Cato orat. 25. fr. 2 *ed. Iordan* (Vulg. inlargibo): *Imperat.* largi, Acc. tr. 282, largito, Lex Urson. im CIL 2, 5439. IV. tab. Malac. 3. lin. 30. – *Praes.* passiv, largiatur, Papin. dig. 35, 2, 11. § 6: ebenso *Partic.* largitus passiv, Tibull. 4, 1, 129.

largitās, ātis, *f.* (largus), die **Reichlichkeit, Freigebigkeit,** largitas nimia aut parsimonia, Ter.: muneris, Cic.: ciborum, übermäßiger Genuss, Hieron.: terra cum maxima largitate fruges fundit, Cic.

largiter, *Adv.* (largus), **reichlich, in reichlichem Maße, hinlänglich,** habere, Plaut.: posse (vermögen), Caes.: auferre, Hor.: consequi, Auct. b. Afr.: de iudicio largiter (esse remissum), Cic. ep.: largiter peccare, Plaut.: distare, Lucr. (vgl. Lachm. Lucr. 5, 201): Ggstz. avariter ille, nos largiter, Claud. Quadrig. ann. 21. fr. 88. – m. *Genet.*, auri et argenti, Plaut.: mercedis, Plaut.: aquae, Apul.: Ggstz., ut cum pusillum dulcedinis edissent, largiter acerbitatis devorarent, Munat. bei Ascon. Cic. Mil. § 14. p. 39, 13 K. – *Compar.* largius, s. largē.

largītio, ōnis, *f.* (largior), **I** das reichliche-, freigebige **Schenken,** die **Freigebigkeit,** das **Spendieren** (in unreiner Absicht, um des eigenen Vorteils willen, bes. um jmds. Gunst zu gewinnen, ihn zu bestechen), **1** eig.: **a** übh.: aedilicia, Liv.: in cives, Cic.: in milites, Auct. b. Alex.: largitione benevolentiam alcis consectari, Cic.: m. *Genet.*, minime beneficiorum (im Wohltun) honesta largitio est, Sen de. ben. 1, 2, 1. – Sprichw., largitio fundum non habet, Schenken hat keinen Boden, Cic. de off. 2, 55. – **b** insbes., das **Spendieren** = die **Bestechung** bei Amtsbewerbungen, larg. pessimi exempli (der schlechtesten Art), Liv.: larg. magistratuum, Nep.: largitiones effusae, Cic.: largitioni resistere, Cic.: largitionis suspicionem recipere, Cic. – **2** übtr., die **Zugestehung, Verleihung,** civitatis, des Bürgerrechts, Cic.: aequitatis, Erweisung der Billigkeit, Cic. – **II** meton., largitiones, die Kasse des Kaisers für Geschenke und Spenden, die **Spendenkasse, Gnadenkasse,** Eutr. 8, 13. Cod. Iust. 7, 62, 21. Cod. Theod. 12, 6, 13: teils sacrae, zum gemeinen Besten (zu Verpflegung der Soldaten usw.), teils privatae (zu besonderen Verwendungen), Cod. Iust. 10, 23, 2: comes largitionum, Vorsteher der kaiserl. Spendenkasse, Amm. 14, 7, 9. Augustin. conf. 6, 10.

largītiōnālis, is, *m.* (largitio *no.* II), ein **Beamter der Spendenkasse,** Vopisc. Carin. 20, 2: Plur., Cod. Theod. 12, 6, 13.

largītor, ōris, *m.* (largior), der **Spender,** praedae erat largitor, die B. verteilte er freigebig (überließ er freigebig den Soldaten), Liv.: l. opum, Stat.: v. Bacchus, larg. sacri laticis, Sil. – absol. = der **Freigebige,** attrib. = **freigebig,** Liv.: im üblen Sinne, der **Spendierer** = der **Bestecher,** Cic.

largitūdo, inis, *f.* (largus), die **Freigebigkeit,** Nep. fr. 7, 2 (b. Charis. 101, 3).

largitus, *Adv.* (largus) = largiter, **reichlich,** Afran. com. 212.

largiusculus, a, um (*Demin.* v. largus), **etwas reichlich,** Solin. 7, 4. – *Adv.* **largiusculē**, Gramm. Vat. 7, 531.

1. **largus**, a, um, **reichlich, I** im Allg.: pabula, Lucr.: lac, Verg.: imber, Verg.: ignis, Hor.: cum sol terras largā luce compleverit, Cic.: vino largiore uti, Liv.: largus vini usus, Tac.: copiam quam largissimam facere, Cic.: munus largissimum edere, mit aller Pracht u. im Überfluss, Suet. – m. *Genet.*, **reich** an etwas, lacrimarum, Plaut.: largus opum, Verg.: comae, Sil.: fons aquae largus, Lucan.: u. so m. *Abl.*, folia larga suco, Plin.: homo largior linguā, schwatzhaft, Plaut. – **II** insbes., **freigebig, gern** od. **viel gebend** od. **schenkend,** zu etw. **willig und geneigt** (Ggstz. avarus, malignus), absol., qui si largissimus esse vellet, Cic. Verr. 3, 118: Plur. subst., largi, Leute, die gern schenken, Cic. de off. 2, 55. – m. *Abl. loc.*, largus animo, fr. von Charakter, Tac. hist. 2, 59. – m. *Abl. instr.*, largus operā nocturnā, Plaut.: promissis, Tac.: mit *Genet.*, mercandi, Sil.: largus animae, das Leben willig dahingebend (wagend), Stat.: mit *Infin.*, spes donare novas, Hor. carm. 4, 12, 19.

2. **Largus**, ī, *m.* (1. largus), röm. Beiname, bes. in der gens Scribonia, wie (Scribonius) Largus, Cic. de or. 2, 240, u. Scribonius Largus Designatianus, ein röm. Arzt unter Tiberius. – Dav. **Largiānus**, a, um, **largianisch,** senatus consultum, des L. Licinius Cācinna Largus, im ersten Regierungsjahr des Kaisers Klaudius, Iustin. inst. 3, 7 *extr.* Cod. Iust. 7, 6.

lāridum u. (zsgz.) **lārdum**, ī, *n.* (verwandt mit λαρινός), eingepökeltes und getrocknetes **Schweinefleisch, Pökelfleisch** (während succidia = geräuchertes Schweinefleisch, Schinken od. Speck, nach Humelberg Apic. 7, 9. p. 201 *sq. ed. List.*), laridum, Plaut capt. 847 u. 903. Macr. sat. 7, 12, 2. Veget. mil. 4, 7. Edict. Diocl. 4, 7: lardum, Lucil. 79. Plin. 28, 158 u. 174; 29, 43. Mart. 5, 78, 10. Iuven. 11, 84. Apic. 7, 296: Plur. larda, Ov. fast. 6, 169. Vgl. laridus.

lāridus, a, um, **gepökelt, Pökel-,** pernonides, Plaut. Men. 210 *Leo:* caro, Cod. Theod. 8, 4, 17. Vgl. Gloss. II, 121, 18 ›laridus, ξηρός‹ (trocken, nicht frisch).

larifuga, ae, *m.* (lar u. fugio), ein **Heimatloser,** larif. nescio quis, Petron. 57, 3.

larignus, a, um (larix), **vom Lärchenbaum,** materies, Lärchenholz, Vitr. 2, 9, 15.

Lārīnum, ī, *n.*, Stadt in Unteritalien, im Frentanischen, j. *Larino,* Cic. Clu. 18. Mela 2, 4, 6 (2. § 65). – Dav. **Lārīnās**, ātis (s. Phoc. 416, 31 K.), **larinatisch,** municipium, Larinum, Cic.: ager, Liv.: Larinatia signa, Sil. – Plur. subst., Lārīnātēs, ium, *m.*, die Bewohner von Larinum und der Umgegend, die **Larinaten,** Cic. u. a.

Lārīsa (Lārissa), ae, *f.* (Λάρισα, Λάρισσα), **I** Stadt in Pelasgiotis (südöstl. Teil von Thessalien), am südl. Ufer des Peneus, in einer weidereichen Gegend, noch j. *Larisse,* türkisch *Yenischehér* od. *Jegni Schehr,* Caes. b. c. 3, 80, 4 u. 97, 2. Liv. 31, 46, 12. Hor. carm. 1, 7, 11. Lucan. 6, 355. Iustin. 7, 6, 7. Serv. Verg. Aen. 2, 197. – Dav. **a Lārīsaeus** (Lārissaeus), a, um, **larisäisch, aus Larisa,** poet. = thessalisch, Hagesaretus, Cic.: Achilles, Verg.: heros, v. Achilles, Tert.: Coronis, Ov.: saltatrix, Iustin.: hasta, des Achilles, Ser. Samm. – Plur. subst., Lārīsaeī, ōrum, *m.*, die Einwohner von Larisa, die **Larisäer,** Caes. b. c. 3, 81, 2. – **b Lārīsēnsēs**, ium, *m.*, die Einwohner von Larisa, die **Larisenser,** Liv. 31, 31, 4. – **II** Larisa Cremastē (Λάρισσα Κρεμαστή), Stadt in Phthiotis (südl. Teil von Thessalien), 4 km vom sinus Maliacus, beim heutigen *Gardhici,* Liv. 31, 46, 12. – **III** Larisa Phricōnis, urspr. pelasgische Stadt an der Küste von Mysien, zwischen Neontichos u. Cyme, Vell. 1, 4. § 4. Plin. 5, 121. – **IV** Name der einen Burg von Argos, Liv. 32, 25, 5. – Dav. **Lārīsaeus**, a, um, **larisäisch, von, bei, um, aus Larisa,** moenia, Catull. 64, 36: vertex (Höhe), Stat. Theb. 4, 5. – ► Die Schreibung Larisa (Λάρισα) usw. ist meist nach den besten Hdschrn u. nach Inschr. sowohl im Griechischen wie im Lateinischen die bessere Form.

Lārius, iī, *m.*, See in Oberitalien, an dessen Südufer Komum, der Geburtsort der beiden Plinius, lag, j. *Lago di Como,* Verg. georg. 2, 159 (wo Vokat. Largi). Plin. ep. 9, 7. § 1. – Dav. **Lārius**, a, um, **larisch,** litus, Catull. 35, 4: lacus, Plin. ep. 4, 30, 2.

larix, icis, *f.*, der **Lärchenbaum,** Vitr, 2, 9, 14. Plin. 13, 100; 16, 58 u. 218. Pallad. 12, 15, 1. Veget. mil. 4, 34: Plur. larices, Lucan. 9, 920. – Nbf. larex, Isid. orig. 17, 7, 44.

larophorum, ī, *n.* (lar u. φέρω), ein dreifüßiges **Gestell** zum Tragen von kleinen Statuen u. Leuchtern, CIL 3, 1952.

Lars, Lartis, *m.*, **Fürst, Herr,** als Titel od. Beiname bei den Etruskern, Lars Tolumnius, König der Vejenter, Cic. Phil. 9, 4. Liv. 4, 17, 1; 4, 58, 7. Aur. Vict. de vir. ill. 25, 1: ders. Aremoricus Lars, Auson. Technop. (XXVII) 4 (de hist.), *v.* 15. p. 136 Schenkl. – ► Die Nominativform Lar nur bei Charis. 136, 13.

lārua, lāruālis, s. lārva, lārvālis.

lāruātus, s. lārvātus.

Larunda, s. Lara.

larus, ī, *m.* (λάρος), ein Seevogel, etwa **Möwe,** Vulg. Levit. 11, 16; deuter. 14, 15.

lārva, altlat. immer **lārua**, ae, *f.* (2. Lar), **I böser Geist, Gespenst,** Plaut. capt. 598 u. a. Sen. apoc. 9, 3. Planc. bei Plin. praef. § 31. Apul. met. 9, 29 u. de deo Socr. 15. Amm. 14, 11, 17 u. 28, 1, 7. – als Schimpfwort, loquere, larua! du Fratzengesicht, Plaut. merc. 981 L.

– **II** übtr., **1** **Larve, Maske,** Hor. sat. 1, 5, 64. Petron. 44, 5. – **2** **Skelett, Gerippe,** Petron. 34, 8.

lārvālis, altlat. immer **lāruālis,** e (larva), **gespensterhaft,** habitus, Sen. ep. 24, 18: forma, Apul. apol. 63: impetus (Plur.), Apul. met. 11, 2: simulacrum Armeniae regis, der abgeschiedene Geist, Amm. 31, 1, 3: macies laruālis, Priap. 32, 12 (= Anthol. Lat. 1647, 12 M).

lārvātio, ōnis, *f.* (larvo), das **Behextsein,** v. der Epilepsie, Isid. orig. 4, 7, 6.

lārvātus, altlat. immer **lāruātus,** a, um (larva, larua), **von einem Gespenst (bösen Geist) besessen, behext,** Plaut. Men. 890. Plaut. fr. bei Serv. Verg. Aen. 6, 229 u. bei Non. 44, 28.

lārvea = larva, Porphyr. Hor. ep. 1, 16, 60.

lārveus, a, um (larva), **maskiert,** hostis, Ven. Fort. carm. 5, 6, 13.

lārvo, āre (larva), **behexen, bezaubern,** Apul. apol. 63 Kr. Firm. math. 3, 14.

laryngotomia, ae, *f.* (λαρυγγοτομία), der **Kehlkopfschnitt,** Cael. Aur. de morb. acut. 3, 4, 39.

1. Lās, Akk. Lān, *f.* (Λας), alte Stadt in Lakonien, südwestl. von Gytheum, Liv. 38, 30, 7.

2. Lās, s. 1. Lār ►.

lasanum, ī, *n.* (λάσανον), der **Kübel,** das **Nachtgeschirr,** Petron. 41, 9. Hor. sat. 1, 6, 109. Plur. auch lasani, Petron. 47, 5.

lāsar, lāsarātus, s. lāser, lāserātus.

lāsarpīcifer, s. lāserpīcifer.

lāsarpīcium, s. lāserpīcium.

lascīvē, *Adv.* (lascivus), **mutwillig, ausgelassen,** carmina lascive modulata, Suet. Ner. 42, 2: loqui, Mart. 8. prooem.: illa (facere), Apul. apol. 9: eandem rem lascivius dicere, Sen. contr. 2, 6 (14), 8: lascivius herbas appetere, Avien. progn. 514.

lascīvia, ae, *f.* (lascivus), der **Mutwille,** **I** im guten Sinne, die **Schäkerei, ausgelassene Lustigkeit, -Fröhlichkeit,** hilaritas et lascivia, Cic.: lusus atque lascivia, Cic.: nec lasciviā nec risu, Cic.: lasc. piscium, Pacuv. tr. fr.: v. Delphin, Plin. ep. 9, 33, 9: übtr., naturae, Plin.: lascivia virgarum, auf dessen Rücken die Prügel ihren Mutwillen ausüben, d. i. der oft Schläge bekommt, Plaut. – **II** im üblen Sinne, **a** die **Ausgelassenheit, Überhebung, Zügellosigkeit, zügellose Laune, ungebundene-, zügellose Lebensweise, Ausschweifungen** (Ggstz. continentia, modestia), quos soluto imperio licentia atque lascivia corruperat, Sall.: modestiam praeferre (zur Schau tragen) et lasciviā uti, v. Frauen, Tac.: per lasciviam ad certamen luctandi accendi, Tac.: lasciviam a vobis prohibetote, haltet Überhebung (in religiösen Dingen) von euch fern, überhebt euch nicht, Liv.: oculorum lasciviā (an wollüstigen Blicken) omnes feminas anteire, Iustin.; vgl. oculi (sunt aptissimi) ad petulantem lasciviam, Rut. Lup.: Ggstz., Plinio in poëmatis lasciviam, in moribus constitisse censuram (strenge Lebensweise), Auson. Cento nupt. (XXVIII) 4. p. 146, 14 Schenkl. – Plur., temulentiae lasciviae, Val. Max.: pares lasciviae ad cupidinem et fastidia, Tac.: lascivias exercuisse cum filia, seinen Lüsten gefrönt haben, Arnob. – **b** die **Ziererei, Geziertheit** im Ausdruck, Quint. 2, 5, 22: verb. lascivia deliciaeque (Blümelei), Ouint. 10, 1, 43.

lascīvibundus, a, um (lascivio), **voller Mutwillen,** Plaut. Stich. 288 (Scaliger lixabundus).

lascīvio, iī, ītum, īre (lascivus), **mutwillig sein, schäkern, hüpfen und springen, sich gehen lassen, ausgelassen-, übermütig sein, sich überheben** (vgl. Otto Tac. ann. 1, 16. Anm. 13), quid lascivis, stolide, Enn. tr.: agnus lascivit fugā, hüpft fort, Ov.: plebs lascivit, Liv.: principio lascivire miles, Tac.: luxu, pecuniā lascivire, Tac.: lasciviens aetas, Hieron.: lascivientium deliciae conviviorum, Gell.: übtr., quaedam in oratione simili licentiā lasciviunt, Quint.: alius pingui et luculentā et floridā oratione lascivit, Macr.: verbis lascivit amores in varios, Manil. – intempestive lascivire, unzeitig scherzen, Gell. 4, 20, 6.

lascīviōsus, a, um (lascivia), **zügellos,** genus dicendi, Isid. orig. 6, 8, 7.

lascīvitās, ātis, *f.* (lascivus), **1** der **Mutwille,** Asiana, Firm. math. 1, 1: animi, heitere Stimmung, Cael. Aur. de morb. chron. 3, 8, 118. – **2** die **geschlechtliche Ausschweifung,** Augustin. serm. 47, 3 *Mai.*

lascīviter, *Adv.* (lascivus), **mutwillig,** ludere, Laev. fr. 5 M. (b. Charis. 204, 17).

lascīvo, āre (lascivus) = lascivio (s. d.), Anthol. Lat. 176, 13 (1087, 13).

lascīvolus, a, um (*Demin.* v. lascivus), **gar mutwillig,** Laev. b. Prisc. 10. 47.

lascīvus, a, um (zu altind. *lásati,* spielt, gotisch *lustus,* Lust), **mutwillig,** **I** im guten Sinne = **schäkerhaft, lose,** homo, Varro: puella, Verg.: capella, Verg.: lascivior haedo, Ov.: pullus (asinae) lascivus, Hieron. – übtr., von lebl. Subjj., verba (Ggstz. verba seria), Hor.: aetas, Hor.: hedera, üppig rankend, Hor.: acus, Mart. – **II** im üblen Sinne: **a** **frech, übermütig, zügellos, üppig, geil,** Epicrates, Cic.: puella, Ov. – übtr., v. lebl. Subjj., femur, Ov.: oculi, Quint.: oscula, Tac.: libelli, Mart.: lascivior corporis motus, Curt.: lascivissimae picturae, Suet. – **b** v. Dichter, **tändelnd, sich gehen lassend,** Quint. 10, 1, 88 u. 93. – **c** v. der Rede, **üppig, überladen, geziert,** oratio, Sen. contr. 2. praef. § 1. Gell. 12, 2, 9.

lāser, eris, *n.,* der harzige Saft aus der Pflanze laserpicium (s. d.), Cels. 4, 4 (2); 4, 6 (3). Colum. 5, 10, 15; 12, 7, 4. Plin. 19, 38 *sqq.* u. a. Solin. 27, 49. Apic. 7, 258: laser Cyrenaicum (ὀπὸς Κυρηναϊκός), Colum. de arb. 23, 1. Scrib. Larg. 67. 175. 177. Veget. mul. 5, 59: laser Syriacum (ὀπὸς Μηδικός), Scrib. Larg. 16 u. 67. Veget mul. 5, 14, 12 (s. über beide laserpicium): laser Arretinum, scherzh. v. Mäcenas, Aug. bei Macr. sat. 2, 4, 12. – auch die Pflanze selbst, laseris radix, Plin. 19, 53. Scrib. Larg. 192 u. 196: laseris radicula, Plin. 20, 80. – ► Nbf. lasar, aris, *n.,* Plin. 5, 33. Apic. 8, 379 (wo lasaris radix).

lāserātus (lāsarātus), a, um, **mit** *laser* **angemacht** od. **zugerichtet,** acetum laser., Plin. Val. 1, 21: pullus lasar., Apic. 6, 243: porcellus lasar., Apic. 8, 393: ofellae lasar., Apic. 7, 270: cibi laser., Beda de temp. rat. tom. 2. p. 119, – Subst., lāsarātum, ī, *n.,* **ein mit** *laser* **angemachtes Gericht,** Apic. 1, 31.

Lāserpīciārius, a, um, **von Laserpicius herrührend, des Laserpicius,** mimus, Petron. 35, 6.

lāserpīciātus, a, um, **mit** *laserpicium* **zubereitet,** acetum, Cato r. r. 116. Plin. 19, 308.

lāserpīcifer (lāsarpīcifer), fera, ferum, *laserpicum* **tragend,** Cyrenae (s. lāserpīcium), Catull. 7, 4.

lāserpīcium (lāsarpitium, lāserpitium), iī, *n.* = σίλφιον (silphium), eine Pflanze, deren Saft (laser, auch laserpicium) als Arznei und als Gewürz an Speisen gebraucht wurde, Plaut. rud. 630 u. Pseud. 816. Cato origg. 4. fr. 6. Plin. 19, 42 *sqq.* – Die wohlriechende afrikanische oder cyrenaische Art, die das laser Cyrenaicum (auch lacrima Cyrenaica) gab und hoch geschätzt wurde, ist nach Della Cella *Ferula tingitana,* nach Kurt Sprengel aber *Thapsia gummifera;* die persische oder syrische, von der das laser Syriacum kam, unsere *Ferula asa foetida* (L.). Vgl. Salmasius Solin. p. 249. Lister Apic. 7, 1. p. 185.

Lasēs, s. 1. Lār ►.

lassēsco, ere (lassus), **müde werden,** Plin. 7, 130 u. 14, 33 u. Eccl.

lassitūdo, dinis, *f.* (lassus), die **Mattigkeit, Abspannung** der Kräfte, **Müdigkeit,** als fortschreitender Zustand = das **Müdewerden,** die **Ermattung** (s. Mützell Curt. 3, 7 [17], 9), Cic. u. a.: sine ullo labore lassitudo et oscitatio et horror membra percurrens, Sen.: sine lassitudine vim frigoris esse perpessum, Curt.: lassitudine exanimari, confici, Caes.: studia graviora citra lassitudinem (nicht bis zur E.) exercere, Sen. – m. subj. *Genet.,* lass. militum, Liv.: ingenii lassitudinem sentire, Sen. rhet.: mit obj. *Genet.* = das Ermüdende, armorum equitandive, Plin.: itinerum, Plin.: itineris, Amm. – Plur., Plin. 20, 192 u. 240; 22, 32; 27, 130.

lasso, āvī, ātum, āre (lassus), **I** *v. tr.,* **matt-, müde machen, ermatten, ermüden, abspannen,** alqm, Tibull., Sen. u. a.: corpus, Ov.: alqm dilatione, Sen.: supervacuo labore lassari, Sen.: sidus Bootae, gleichs. ermüden, standhaft ertragen, Mart.: ventus lassatur, Lucan.: astra lassantur, *i.e. deficiunt et absconduntur,* Manil.: longo se gurgite lass., Lucan.: lass. vitia primo fervore adulescentiae indomita, den Leidenschaften … ihre Kraft benehmen, Sen. ep. 68, 13: tam cito lassatae preces tuae sunt? Sen. contr. 7, 7 (22), 6. – v. lebl. Subjj., insolitum (cubile) lassat, Cels. 1, 3. p. 17, 15 D. – **II** *intr.* = **ermatten, matt-, müde werden,** ubi nullā fame, nullā siti lassabitis, Augustin. serm. 216, 4.

lassulus, a, um (*Demin.* v. lassus), **gar matt, sterbensmatt, todmatt,** Gallae, Catull. 63, 35.

lassus, a, um (aus **lad-tos* zu *ϝlad-*, nachlassen; vgl. griech. ληδεῖν, träge sein), **matt, müde,** körperlich od. geistig **abgespannt, a** v. leb. Wesen: viator, Catull.: miles, Iustin.: bos, Eccl.: animus, Ter. – lassus opere faciundo, Plaut.: itinere atque opere castrorum et proelio fessi lassique erant, Sall.: lacrimis, Lucr.: gaudio, Plin.: ab equo domito, Hor.: ab hoste, Ov.: de via, Plaut. u. Ambros.: m. *Genet.*, animi, Plaut. cist. 214: maris et viarum, Hor. carm. 2, 6, 7: m. *Acc.*, lassus pondus, Sen. Herc. Oet. 1599 (1603) zw. (Peiper pressus): m. *Infin.*, nec fueris nomen lassa vocare meum, Prop. 2, 13, 28: u. so Prop. 2, 15, 46; 2, 33, 26. – Sprichw., a lasso rixa quaeritur (weil der Müde leicht zu reizen ist), Sen. de ira 3, 9, 5 (3, 10, 1). – **b** übtr., v. lebl. Subjj.: humus lassa fructibus assiduis, erschlafft, Ov.; vgl. lassa et effeta natura, Plin. ep.: lassa cervix, Sen.: lasso papavera collo, Verg.: undae, wieder ruhig gewordene, Lucan.: mons, sich sanft abdachender, Stat.: res (Plur.), schwache, Ov.

lastaurus, ī, *m.* (λάσταυρος), ein **liederlicher-, unzüchtiger Mensch,** Suet. gr. 15.

lātē, *Adv.* (latus), **I breit, in der Breite,** longe lateque, weit und breit, Cic., Caes. u. a.: dass. late longeque, Naev. tr. 52. Cic. (de legg. 1, 34), Sen. u. a.: longe atque late, Cic. Marc. 29: late ac longe, Liv. 21, 35, 8: late ire, nicht in Reih und Glied, Sall. fr. – u. für unser **weit, weit und breit,** vallis late patens, Hirt. b. G.: late od. latius vagari, Caes.: murus latius, quam caederetur, ruebat, fiel weiter ein als man hineinhieb, Liv.: late dominari, Augustin.: populus late rex, Verg.: ebenso late tyrannus, Hor.: Germaniae latissime victor, Plin. ep.: quam latissime circum se vastatis finibus solitudines habere, Caes.: his praecipit, ut primā nocte, quam latissime possint, ignes faciant quam maximos, Nep.: Sullanus ager latissime continuatus, Cic. – **II** übtr.: **1** im Allg.: ars late patet, Cic.: fidei bonae nomen latissime manat, Cic. – **2** insbes.: **a** in großer Ausdehnung = **reichlich,** quae res latius aerarium populi Rom., quam ullus triumphus implevit, Flor.: latius integris opibus uti, einen ausgedehnteren Gebrauch machen von usw., Hor.: sibi indulgere latius, in ausgiebiger Weise, Iuven. – **b ausgedehnt, weitläufig, ausführlich,** referre primordia gentis, Ov.: fuse lateque (Ggstz. brevissime) dicere de alqa re, Cic.: latius loqui (Ggstz. compressius), Cic.: latius perscribere, Caes. – **c in weiter Bedeutung, in weitem Sinne,** verba late concipere, ICt.

latebra, ae, *f.* (lateo), **I** das **Verstecktsein, Verborgensein,** in quibus (balneis publicis) non invenio quae latebra togatis hominibus esse possit, wie Leute, die die Toga tragen, verborgen sein (bleiben) können, Cic.: latebra imminens exitium differebat, Tac.: defectus solis latebraeque lunae, Mondfinsternis, Lucr. – **II** konkr., der **Schlupfwinkel,** das **Versteck,** der **geheime Zufluchtsort, A** eig., im Plur., latebrae ferarum, Liv.: ita probe (aurum) in latebris situm est, Plaut.: latebris aut saltibus se eripere, Caes.: se non Ponti neque Cappadociae latebris occultare, Cic.: latebras animae pectus mucrone recludit, den geheimen Wohnsitz des Lebens, Verg.: latebrae uteri, die Höhle des Bauches, Verg. – im Sing., turpis latebra, Tac.: latebra hortorum, Sen.: latebra teli, des Pfeiles heiml. Gang, Verg.: extractus e latebra, Suet. – **B** übtr.: **1** im Allg.: **Schlupfwinkel, Versteck, Zuflucht,** im Plur., cum in animis hominum tantae latebrae sint tantique recessus, Cic.: possum omnes latebras suspicionum peragrare dicendo, Cic.: cum illa coniuratio ex latebris erupisset palamque armata volitaret, Cic. – im Sing., adhibuit latebram obscuritatis (im Reden), Cic.: te mirificam in latebram coniecisti (beim Disputieren), Cic.: eo mirandum est magis nullam ne in tabellae quidem latebra fuisse absconditam malevolentiam, quae te impugnare auderet, dass selbst unter dem Deckmantel der Abstimmung keine einzige übelwollende Stimme im Verborgenen dich anzufechten wagte, Cic. – latebra scribendi, dunkle, nur dem Eingeweihten verständliche Schreibweise, Gell. 17, 9, 4. – **2** insbes., **Ausflucht, Hintertür, Behelf, Entschuldigung,** latebra mendacii, Cic. fr.: latebram habere, Cic.: latebram dare vitiis, Ov.

latebricola, ae, *c.* (latebra u. colo), **gemeine Kneipen** (Bordellwinkel) **besuchend,** latebricolarum hominum corruptor, Plaut. trin. 240 Sch.

latebrōsē, *Adv.* (latebrosus), **in einem Winkel,** se occultare ab alcis conspectu, Plaut. trin. 278.

latebrōsus, a, um (latebra), **voller Schlupfwinkel, voller Verstecke, versteckt, a** v. Lebl.: via, Cic.: viae convallesque, Amm.: locus, Liv.: loca, Winkel = Bordelle, Plaut.: poet, pumex, voller Höhlungen, porös, Verg.: nox, Lucan. – übtr., latebrosissima quaestio, verwickelt, dunkel, Augustin. retr. 1, 19. – **b** v. leb. Wesen: serpens, Sen. Oedip. 153: latebrosa et lucifuga natio, ein duckmäusiges u. lichtscheues Volk, Min. Fel. 8, 4.

latēns, entis, *PAdi.* (lateo), **unsichtbar, verborgen,** postica, Amm.: iunctura, Plin.: saxa, Verg.: nodi, Curt.: res, Cic.: periculum, Curt.: causa, Verg.; u. verb. causa latens et occulta (Ggstz. manifesta), Scrib. Larg.: latens et operta calliditas, Sen.: latentior origo, Augustin. de gen. ad litt. 12, 18: potest tamen et alia causa esse latentior, Augustin. de civ. dei 5, 19. p. 230, 13 D[2]: u. subst., in latenti, im Verborgenen, insgeheim, heimlich, ICt.

latenter, *Adv.* (lateo), **im verborgenen, insgeheim, heimlich,** Cic. top. 63. Vulg. 2. regg. 4, 6; 2. Mach. 6, 11 u. 8, 1. Amm. 14, 1, 6; 14, 2, 10 u. a. Veget. mil. 3, 36. p. 123, 15 L.[2] Serv. Verg. Aen. 1, 4: Ggstz. aperte, Ov. ex Pont. 3, 6, 59 u. 60.

lateo, tuī, ēre (verwandt mit λανθάνω, λήθω), **I verborgen-, versteckt sein, -liegen, sich verborgen (versteckt) halten, 1** im Allg.: in occulto, Cic.: in obscuro (bildl., v. der Wahrheit), Lact.: abdite, Cic.: clam, Ov.: domi, Quint.: in silvis abditos latere, Caes.: virtutem latere in tenebris, Cic.: latet anguis in herba, Verg.: navis latet portu, Hor.: sub arcis, sub lectis latentes, Plaut.: intra muros, Iustin.: inter ultimam confluentium ad Caesarem turbam, Vell.: pone se (bildl.), sich selbst im Licht stehen, Plaut.: poet., latet sub classibus aequor, ist mit Schiffen bedeckt, Verg.: portus latet, ist sicher vor den Winden, Verg. – **2** insbes., **a** = **sich versteckt halten,** um nicht vor Gericht zu erscheinen usw., Cic. Quinct. 74. – **b** = **verborgen-, im Stillen-, ohne Amt leben,** bene qui latuit, bene vixit, Ov. trist. 3, 4, 25. – **II** übtr.: **1 verborgen sein, sich bergen,** ibi scelus quoque latere inter tot flagitia putatote, Cic. Rosc. Am. 118. – **2 geborgen sein** = sicher sein vor dem Unglück usw., in tutela ac praesidio bellicae virtutis, Cic. Mur. 22: sub umbra Romanae amicitiae, Liv. 34, 9, 10: u. so Phaedr. 4, 5, 13. – **3 verborgen-, unbekannt sein, a** absol.: cum laterent hae partes (Galliae) ut barbarae, Amm. 15, 11, 1: earum causarum, quae non sunt constantes, aliae *sunt perspicuae*, aliae *latent*, Cic. top. 63. – **b** latet alqm od. alci, es ist jmdm. etwas **verborgen, -unbekannt, -ein Geheimnis, α** latet *alqm*, m. Subst. als Subj., semen duplex, unum quod latet nostrum sensum, alterum, quod apertum (est), Varro: sed res Eumenem non latuit, Iustin.: sed res Annibalem non diu latuit, Iustin.: nec latuere doli fratrem Iunonis, Verg.: nil illum, toto quod fit in orbe, latet, Ov.: non enim doctissimum hominem latuit, Augustin.: cuius nomen nos usque in illam horam latuit, Augustin. – od. m. *Acc.* u. *Infin.*, latet plerosque siderum ignes esse, qui etc., Plin. 2, 82. – **β** latet *alci* mit Subst. als Subj., quae (vis et potestas) et oculis et auribus latere soleant, Varro LL.: ubi nobis haec auctoritas tam diu tanta latuit? Cic.: visu carenti magna pars veri latet, Sen. poët. – mit u. ohne Subst. als Subjekt u. m. folg. indir. Fragesatz, quae tantum accenderit ignem, causa latet, Verg.: neque diu latuit aut quid non impetrando passuri fuissemus aut quid impetrando profecti essemus, Vell.: sed ›temo‹ unde et cur dicatur, latet, Varro LL.: id quā ratione consecutus sit, latet, Nep. Vgl. Gronov Iustin. 13, 8, 6. Korte Lucan. 1, 419. Gronov Sen. Oedip. 295.

later, eris, *m.*, der **Ziegel, Ziegelstein,** bes. an der Sonne getrocknet (Ggstz. testa), later aut caementum, Cic.: later ex luto, Lehmziegel (an der Luft getrocknet, Ggstz. later crudus ad laterculos, zu gebrannten Ziegeln), Edict. Diocl. 7, 15 u. 16: quadratus (kollektiv), Varro fr.: testaceus, Brandstein, Vitr.: coctus (Ggstz. crudus), Curt. u. a.: lateres ducere (streichen), Vitr.: lateres fingere, Plin.: lateres coquere, brennen, Vitr.: parietes lateribus exstruere, Caes. – Sprichw., laterem lavare, wie πλίνθους πλύνειν, d. i. sich vergeblich bemühen, Ter. Phorm. 186. – übtr., later argenteus, aureus, Silberbarren, Goldbarren, Varro fr. u. Plin.: u. so lateres (auri) quippe praegraves iacēre, Tac.

laterālis, e (latus, eris), **die Seite betreffend, an der Seite befindlich, Seiten-, I** übh.: **a** *adi.*: dolor, Seitenstechen, Lucil. od. Enn. fr. bei Max. Victorin. de rat. metr. 217, 1: cingula, Calp. ecl. 6, 40. – **b** *subst.*, laterālia, ium, *n.*, Halftern, Reittaschen, Scaev. dig. 32, 1, 102: Sing. laterale, Charis. 118, 34 u. 135, 14. Not. Tir. 79, 2. – **II** als *t. t.* der Geom., lat. quantitas, Boëth. art. geom. p. 421, 10 Fr.: summa, *ibid.* p. 422, 14: multiplicatio, *ibid.* p. 423, 4.

laterālitēr, *Adv.* (lateralis), **in Betreff der Seiten,** Boëth. art. geom. p. 417, 2; 418, 4 Fr. u. a.

laterāmen, inis, *n.* (later), **etwas aus Ziegeln Verfertigtes,** rareque facit lateramina vasis, das Tonwerk, Lucr. 6, 233.

Laterānus, a, um, **I** Familienname in der gens Claudia, Sextia u. Plautia, unter dem am bekanntesten die Plautii Laterani, Tac. ann. 15, 49 u. 60. Iuven. 8, 148, die auf dem cölischen Berge ein prächtiges Haus besaßen, egregiae Lateranorum aedes, Iuven. 10, 17, od. Lateranae aedes, Prud. c. Symm. 1, 587, später basilica Laterana, Hieron. ad Ocean., die Konstantin der Gr. dem Bischof von Rom schenkte, lange Zeit der Sitz der Päpste, j. der Lateran. – **II** Lateranus, der Gott des Herdes (focus), weil dieser von Ziegelsteinen (lateres) gemauert war, Arnob. 4, 6.

1. laterārius, a, um (v. later), **zu den Ziegelsteinen gehörig, Ziegel-,** terra quam maxime lat., zu Ziegeln geeignete, tonige, Plin. 19, 156. – subst., **a** laterārius, iī, *m.*, der **Ziegelstreicher,** Non. 445, 22. – **b** laterāria, ae, *f.* (*sc.* officina), die **Ziegelhütte, Ziegelei,** Plin. 7, 194.

2. laterārius, a, um (v. latus, eris), **zu den Seiten gehörig, Seiten-,** subst., *t. t.* der Baukunst, laterāria, ōrum, *n.*, fettenartige Seitenstücke, Seiten-Fetten, Vitr. 10, 14, 3 u. 10, 15, 3. – Vgl. Charis. 118, 34 ›laterale, laterarium‹.

laterclus, s. laterculus.

laterculēnsis, is, *m.*, der die Besorgung des *laterculum* (s. d.) hat, Cod. Iust. 12, 34, 5.

laterculum, ī, *n.* (*Demin.* v. later), das **Verzeichnis aller Ämter des Landes,** Cod. Iust. u. Tert.

laterculus, ī, *m.* (*Demin.* v. later), **I** der **Ziegelstein, Brandstein,** Caes. u. a.: coctiles laterculi, Plin. – Sing. kollektiv, murus instructus laterculo coctili, Curt. – **II** übtr., von der Ähnlichkeit: **a** eine Art Backwerk, **Plinse,** Plaut. u. Cato. – **b** = πλινθεῖον, eine **Rechenplatte,** ein **Rechentisch** (sonst abacus), Hieron. in Ezech. 4. – **c** ein **Stück Land** in Ziegelform, Gromat. vet. 122, 18 *sq.* u. 136, 18. – ► Nipperdeh u. Dinter schreiben Caes. b. c. 2, 9, 2 mit allen Hdschrn. latericulus, Kraner laterculus. – Synkop. laterclus, Inscr.

laterēnsis, e (latus, eris), **I zur Seite befindlich,** subst., laterēnsis, is, *m.*, ein Trabant, einer von der Garde, Tert. adv. Marc. 4, 43. – **II** Laterēnsis als röm. Beiname der Iuvencii, unter dem bes. bekannt ist: M. Iuvencius Laterensis, Legat des Lepidus, ein eifriger Republikaner, Cic. Planc. 2; ep. 10, 15 u. 18 u. 21 u. 23.

Lateresiāna u. **Lateriāna,** s. Lateritāna.

latericius, a, um (later), **aus Ziegeln gemacht, -bestehend,** domus, Varro fr.: turris, Caes.: murus, Caes.: parietes, Vitr. u. Plin.: opus latericium, Colum., u. bl. latericium, Caes. u. Vitr., Ziegelwerk.

latericulus, s. laterculus ►.

laterīna, ae, *f.* (later), das **Ziegelwerk** = die **Ziegel,** laterinas deducere, Ziegeln streichen, Tert. adv. Marc. 2, 20.

Lateritāna od. **Lateritiāna pira,** ōrum, *n.*, eine Art Birnen, Colum. 5, 10, 18; 12, 10, 4: dies. **Lateriāna,** Plin. 15, 54 u. **Lateresiāna,** Macr. sat. 2, 15, 6.

Laterium, iī, *n.*, ein Landgut des Q. Cicero bei Arpinum, Cic. ad Att. 4, 7, 3 u. s.

lāterna, s. lanterna.

lāternārius, s. lanternārius.

latero, āre (latus), **beseiten,** Prisc. 6, 91 u. 12, 145 (ohne Beleg).

1. lātēsco, ere (v. latus), **breit werden,** Cels. 8, 1. p. 326, 10 u. 23 D. Colum. 2, 10, 24. Manil. 1, 682.

2. latēsco, ere (v. lateo, Not. Tir. 57, 11), **sich verbergen,** Cic. Arat. 385.

1. latex, icis, *m.* (λάταξ), poet. = jede **Flüssigkeit,** jedes **Nass;** dah. v. Wasser, latices gelidi, der kühle Quell, Cic. poët. de div. 2, 63: occulti latices, Liv. 44, 33, 2: latex aquae (Ggstz. latex vineus), Solin. 5, 16: latex fontis lacteus, Apul. met. 1, 19: securi latices, Verg.: cupido laticum frugumque, Durst u. Hunger, Lucr.: copia laticum (der Flüsse), Ov. – v. Wein, latex meri, Ov.: latex vineus (Ggstz. latex aquae), Solin. 5, 16: Lyaeus od. Lenaeus, Verg.: auch bl. latex, Verg. – Palladii latices, Öl, Ov. met. 8, 275. – latex absinthii, Wermutsaft, Lucr. 4, 16. – latices nivei, Milch, Prud. cath. 3, 67. – ► *gen. fem.*, Acc. tr. 666.

2. latex, icis, *m.* (lateo) = latebra, der **Schlupfwinkel, Winkel,** übtr., latices animae, Falten, Commodian. apol. 174.

lāthyris, idis, *f.* (λαθυρίς), eine Art der Wolfsmilch (*Euphorbia Lathyris,* L.), Plin. 27, 95. Ps. Apul. herb. 111. – Nbf. **lāthyr,** Ser. Samm. 1106.

Latiālis, e, s. Latium.

Latiar, s. Latiāris unter Latium.

Latiāris, -iter, s. Latium.

latibulo, āre, u. **latibulor,** ārī (latibulum), wie in einem Schlupfwinkel **versteckt-, verborgen sein,** Laev. fr. 8 M. (bei Non. 133, 8). Publ. Syr. com. 2 (p. 303 R.[2]). Vgl. Non. 133, 7.

latibulum, ī, *n.* (lateo), der **Schlupfwinkel,** das **Versteck, I** eig.: **a** für Tiere, ferarum furibunda latibula, Catull.: paludis secreta latibula, Phaedr.: cum etiam ferae latibulis se tegant, Cic.: repente te tamquam serpens e latibulis (aus dem Loch) intulisti, Cic. – **b** für Menschen, latibula locorum occultorum, Cic. Flacc. 31: latibula aedium, Apul. met. 8, 29. – **II** übtr.: ego aut volo aliquod emere latibulum aut perfugium doloris mei, Cic. ad Att. 12, 13, 2: quaerere occepit ex diffidentia latibulum aliquod temeritati, Apul. apol. 1 *extr.:* rumpe de latibulis nequitiae vincla, Commodian. instr. 2, 38 (37), 2.

lāticlāvius, a, um, **I mit einem breiten Purpurstreifen** (latus clavus) **versehen** oder **besetzt,** mappa, Petron. 32, 2: tunica (wie sie die Senatoren, zur Kaiserzeit auch die Kriegstribunen aus dem Ritterstand, sowie die Söhne altpatrizischer Familien, die sich zu Staatsämtern vorbereiteten, trugen), Val. Max. 5, 1, 7: dah. laticlavius tribunus, Suet. Dom. 10, 5. CIL 5, 1874 u. 5, 7559, 8. – subst., **a** lāticlāvia, ae, *f.* (*sc.* toga), die **mit einem breiten Purpurstreifen besetzte Toga** (s. oben), Lampr. Alex. Sev. 21, 4. – **b** lāticlāvium, iī, u. ī, *n.*, der **breite Purpurstreifen** an der Tunika, laticlavi honos, Lampr. Comm. 4, 7: laticlavii gratiā petens (Bewerber), Gaius dig. 24, 1, 42. – **c** lāticlāvius, iī, *m.*, ein **zum Tragen des breiten Purpurstreifens Berechtigter,** ein **Senator, Patrizier,** Suet. Aug. 38, 2 u. Ner. 26, 2. – **II** übtr., **senatorisch,** patrimonium, Petron. 76, 2: dignitas, Cassiod. var. 6, 14, 3.

lāticlāvus, ī, *m.* (= latus clavus), der **breite Streifen** an der Tunika, Cod. Theod. 6, 4, 17. Not. Tir. 36, 34: trabeae et laticlavi, Tert. de idol. 18.

lātifico, āre (2. latus u. facio) = πλατύνω (Gloss. II, 409, 4), **erweitern, ausbreiten,** Itala genes. 9, 27.

lātifolius, a, um (latus u. folium), **breitblätterig,** Plin. 15, 27.

lātifundium, iī, *n.* (latus u. fundus), ein **großes Landgut,** Val. Max. 4, 4, 7. Sen. ep. 88, 10 u. 89, 20. Plin. 18, 35. Petron. 77, 1.

lātiloquēns, entis (late u. loquor) = πλατυλόγος, **breit** od. **weitläufig redend,** Gloss. II, 409, 3. Vgl. Com. Lat. ed. min. Ribb. p. 350.

Latīnē, *Adv.*, s. Latium.

Latīnī, ōrum, *m.*, s. 1. Latīnus unter Latium.

Latīniēnsis, s. Latium.

Latīnigena, ae, *m.* (Latium u. gigno), **in Latium geboren,** Prisc. part. XII vers. Aen. 12, 228. p. 515, 21 K.

Latīnitās, ātis, *f.* (Latinus), **I** die **lateinische Sprache,** der **reine lateinische Ausdruck,** die **Latinität,** Rhet. Her. u. Cic. – **II** das **latinische Recht,** auch ius Latii gen. (das urspr. bloß den Latinern von den Römern erteilte Rechtsverhältnis, eine Zwischenstufe zwischen dem römischen Bürger u. dem Peregrinen, insofern es commercium verlieh, sodass die Latiner quiritarisches Eigentum erwerben u. übertragen, auch als Erben eingesetzt werden konnten, Freiheit von Zöllen u. Hafensteuer, freie städtische Verwaltung hatten, einen billigen Tribut gaben, auch die in den latinischen Städten gewählten obrigkeitlichen Personen dadurch röm. Bürger wurden u. dgl. m.), Cic. u. Suet.

latīnizo, āre (Latinus), **ins Lateinische übersetzen,** Cael. Aur. de morb. acut. 2, 1, 8 u. 2, 10, 65.

latīno, āvī, āre (Latinus), **lateinisch ausdrücken, lateinisch übersetzen,** Cael. Aur. de morb. chron. 5, 4, 77 (wo viell. latinizavimus zu lesen ist).

1. Latīnus, a, um, s. Latium.

2. Latīnus, ī, *m.*, König im Laurentinischen, der Äneas aufnahm, ihm seine Tochter zur Frau gab und sein Reich hinterließ, Liv. 1, 1 *sq.* Verg. Aen. 7, 45: dah. urbs Latini, Laurentum, Verg. Aen. 6, 891.

lātio, ōnis, *f.* (fero), das **Bringen** usw., **I** im Allg.: auxilii latio adversus consules, Hilfeleistung, Liv. 2, 33, 1. – **II** insbes.: **a** legum, die **Bestätigung** (des Senatsbeschlusses) **durch Volksbeschluss,** die **Erhebung zum Gesetz,** Cic. ad Att. 3, 26. – u. die **Gesetzgebung,** legum latio, Arnob. 6, 26: Plur. legislationes (als **ein** Wort), Cassiod. hist. eccl. 1, 9: meton., legislatio (als **ein** Wort), das **gegebene Gesetz,** Vulg. Roman. 9, 4. – **b** suffragii, das **Votieren** (als Recht), das **Stimmrecht,** Liv. 9, 43, 24; 38, 36, 7; 45, 15, 3. – **c** expensi, die **Eintragung des** an jemand als Darlehn **gezahlten Geldes** mit Nennung des Schuldners auf der Seite der Ausgaben im Rechnungsbuch, Gell. 14, 2, 7.

lātipēs, pedis (latus u. pes), **breitfüßig,** Avien. Arat. (progn.) 358.

latitābundus, a, um (latito), **sich versteckt haltend,** Sidon. epist 1, 6, 4 u. 4, 23, 1.

latitātio, ōnis, *f.* (latito), das **Sichversteckthalten,** das **Sichverstecken,** Quint. 7, 2, 46. Ulp. dig. 42, 4, 7. § 9.

latitātor, ōris, *m.* (latito), **einer, der sich versteckt hält,** Eccl.

lātitia, ae, *f.* (latus), die **Breite,** Gromat. vet. 308, 17 u. 312, 28.

1. latito, āvī, āre (*Intens.* v. lateo), **sich verborgen (versteckt) halten,** bes. oft Partiz. latitāns, **verborgen, versteckt, a** im Allg.: **α** v. Pers., errans, latitans, Hirt. b. G.: extrahitur domo latitans Oppianicus a Manlio, Cic.: latitans aper, Hor.: latitantes amici, Ov.: non diu latitare, Amm.: lat. per tecta, Ov., per popinas, Spart.: in tabernula, Val. Max.: interdiu in villis, Auct. b. Afr.: inter ignominiosos, Petron.: lat. rupe (unter dem F.), Ov., u. so rupe cavatā, Ov.: procul obscurā parte (im dunklen Winkel), Ov.: per multos dies, Ov. – m. *Dat.* **vor wem?** ille ignavissimus mi (mihi) latitabat, Plaut. trin. 927. – m. *Acc.* **vor wem?** = sich vor jmd. nicht sehen lassen, patronum, Pompon. dig. 35, 1, 8. – **β** v. Lebl.: invisae atque latitantes res, Caes.: latitantia sidera, Ov.: quos avaritia in imo (in der Tiefe der Erde), ubi illud malum virus (unheilvolle Gift = das Geld) latitat, defodit, Sen.: herbarum genera dispertita inter terram latitare minute, Lucr.: inversis quae sub verbis latitantia cernunt, Lucr. – **b** insbes., **sich versteckt halten,** um nicht vor Gericht zu erscheinen, Cic. Quinct. 54; de domo 83. Ulp. dig. 42, 4, 7. § 2 *sqq.:* fraudationis causā, Edict. praet. bei Cic. Quinct. 60 u. bei Ulp. dig. 42, 4, 7. § 1.

2. lātito, āvī, āre (latum, Supin. zu fero), **immer und immer bringen,** Cato bei Paul. ex Fest. 121, 12.

1. lātitūdo, inis, *f.* (latus), **I Breite, a** übh.: lat. fossae, Caes.: fluminis, silvae, Caes.: in latitudinem patēre, Caes.: Plur., vires umerorum et latitudines, Cic.: longitudines et latitudines planae, Gell.: haec immensitas latitudinum, longitudinum, altitudinum, Cic. – **b** mit Inbegriff der Länge, **Ausdehnung, Umfang, Größe,** possessionum, Cic. de lege agr. 2, 68: regionum, Caes. b. G. 3, 20, 1: Hercyniae silvae, Caes. b. G. 6, 25: ad latitudinem nimiam extendi, Amm. 23, 6, 28: meton., omnes latitudines Thraciae, ausgedehnte, weite Flächen, Amm. 31, 8, 6. – **II** übtr.: **1 breite Aussprache,** verborum, Cic de or. 2, 91. – **2 Reichtum-, Fülle des Ausdrucks,** Platonica, für das griech. πλατύτης τῆς ἑρμηνείας, Plin. ep. 1, 10, 5 (von Cic. or. 5 amplitudo Platonis gen.).

2. latitūdo, inis, *f.* (lateo), das **Verborgensein, Sichversteckthalten,** Cael. Aur. de morb. chron. 3, 8, 153 u. 4, 3, 67.

Latium, iī, *n.*, **I** eine Landschaft in Italien, zwischen dem Tiber u. Kampanien, mit der Weltstadt Rom, die heutige *Campagna di Roma* u. ein Teil der *Terra di Lavoro,* Varro LL. 5, 32. Mela 2, 4, 2 (2. § 59). Plin. 3, 54 *sqq.* Cic. Arch. 5. Hor. carm. 1, 35, 10 u. a.: seiner Ausdehnung nach zerfallend in Latium antiquum (Verg. Aen. 7, 38. Plin. 3, 56) od. vetus (Tac. ann. 4, 5), d. h. den Landstrich, der vor der Unterwerfung des latin. Bundes unter die Herrschaft der Römer die Landschaft Latium bildete u. von dem Tiber bis zum promunturium Circaeum (j. *Circello*) bei Anxur reichte, u. in Latium novum od. adiectum (Plin. 3, 59), d. h. die unter den Römern im Osten u. Süden hinzugefügten neuen Eroberungen (das Gebiet der Hernici, Aequi, Volsci, Aurunci) bis zum Liris. – **II** meton.: **1** die **Latiner,** ius Latii, das latinische Recht (s. Latīnitās *no.* II), Tac. – **2** = ius Latii od. Latinitas (s. d. *no.* II), Tac. hist. 3, 55 u. a. – Dav.: **a Latius,** a, um, **zu Latium gehörig, latinisch,** poet. = **römisch,** Ov. u. a. Dichter, Colum. u. Plin.: vulnera, der Römer, Ov.: forum, *i.e.* Romanum, wo in Rom Prozesse verhandelt wurden, Ov. – **b Latīnus,** a, um, **zu Latium gehörig, latinisch, lateinisch,** lingua, Cic.: sermo purus erit et Latinus, d. i. gut lateinisch = elegant, Cic. or. 79: verbum, Varro fr.: verbum (Zeitwort) minus Latinum, Hieron.: convertere in Latinum, ins Lateinische übersetzen, Cic.: ebenso vertere in Latinum, Quint.: vertere ex Graeco in Latinum, Plin. ep., od. in Latinum sermonem, Liv.: vertere orationes Latinas, Quint.: u. transferre ex Graeco in Latinum, Quint. – feriae Latinae u. bl. Latinae, die latin. Ferien, das gemeinsame Bundesfest der Latiner, an dem dem Jupiter Latialis auf dem albanischen Berg geopfert wurde, Liv. u. a.: via Latina, von der porta Latina (nahe an der porta Capena) beginnend, Liv.: Latinae coloniae, die das *jus Latii* (s. Latīnitās) hatten, Suet. – *Compar.* (vgl. Serg. expl. in Donat. 492, 7 K.), nihil conditius, nihil Latinius legi, M. Aurel. bei Fronto ep. ad M. Caes. 2, 3. p. 28, 15 N.: nihil dulcius nihilque Latinius haberemus tuis voluminibus, Hieron. epist. 58, 9: *Superl.,* homo Latinissimus et facundissimus, Hieron. epist. 50, 2. – subst., Latīnus, ī, *m.*, **ein Latiner, Lateiner,** u. Latīni, ōrum, *m.*, die **Latiner, Lateiner,** d. i. **α** die Einwohner in Latium, Liv. – **β** die das ius Latii (s. Latīnitās) hatten, Tac.: dah. Flavia Latinae condicionis, die die Rechte einer Latinerin, nicht die einer Römerin hat, Suet. – **γ** die lateinisch reden, Quint. u. Spät. – **δ** Latini Iuniani, die nach der lex Iunia Norbana (i. J. 29 n. Chr.) Freigelassenen, Gaius inst. 3, 56. – *Adv.* **Latīnē, latinisch, lateinisch,** L. dicendi copia, der Reichtum lateinischer Beredsamkeit, Cic.: L. loqui, lateinisch sprechen, sowohl übh. = in latein. Sprache sprechen, Liv., als insbes., elegant-, gut-, schön (latein.) sprechen, Cic.; und (wie unser »deutsch reden«) gerade heraus-, offen sagen, Cic.: optime Latine posse, Apul.: L. reddere, ins Lateinische übersetzen, Cic.: ebenso L. transferre, Quint.: alqm L. docere, Plin. ep.: L. scire, Lateinisch verstehen, Cic., Ggstz. L. nescire, Titin. fr. u. Cic.: id nos Latine gloriosum dicimus, Plaut.: versum Graecum Latine enuntiabo, Apul.: occisum ab se Marium Latine (auf Lateinisch) clamare coepit, Frontin. – **c Latīniēnsis,** e, **latinisch,** ager, Cic.: populus, Plin. – subst., Latīniēnsēs, ium, *m.*, die **Latiner,** Cic. – **d Latiālis,** e, **zu Latium gehörig, latialisch, latinisch,** populus, Ov.: sermo, Plin.: Iuppiter, als Vorsteher des Latinerbundes (s. Latiāris), Lucan.: L. caput, poet. = *aedes Iovis Latialis* s. Latiāris, Lucan. – **e Latiāris,** e, **zu Latium gehörig, latinisch, lateinisch,** regnum, Augustin.: doctrina, Macr.: Iuppiter, als Vorsteher des Latinerbundes, dem von den Römern u. Latinern gemeinschaftlich auf dem mons Albanus geopfert wurde, Cic. u. a. (s. Garatoni Cic. Mil. 31, 85): collis, Varro LL. 5, 52. – Dav.: **α Latiar,** āris, *n.*, **ein Fest des Jupiter Latiaris,** Cic. ad Q. fr. 2, 4. § 2. Macr. sat. 1, 16. § 16. – **β Latiāriter,** *Adv.*, **lateinisch,** Mart. Cap. 5. § 426 u. 6. § 574 u. § 587 *Eyss.* Sidon. carm. 23, 235.

Latmus, ī, *m.* (Λάτμος), ein Berg in Karien, wo Selene (Luna) den schlafenden Endymion küsste, Cic. Tusc. 1, 92. Mela 1, 17, 1. – Dav.: **a** **Latmius,** a, um, **latmisch,** saxa, Catull.: Endymion, Ov.: ders. L. venator, Val. Flacc. – **b** **Latmiadēus,** a, um, **latmisch,** carmen, Mart. Cap. 9. § 919.

Lāto, ūs, *f.* (Λητώ äol. Λητών), u. gew. latinisiert **Lātōna,** ae, *f.*, Tochter des Titanen Cöos u. der Phöbe, gebar, verfolgt von der Juno, nach langem Umherirren dem Jupiter den Phöbus u. die Diana auf dem Berg Cynthus (auf Delos), Form *Lato,* Varro sat. fr. bei Gell. 13, 23 (22), 4 H. (doch anders s. Varro sat. Men. 506 B.): Form *Latona,* Cic. II. Verr.. 1, 48. Hyg. fab. 140. Hor. carm. 1, 21, 3. Verg. Aen. 1, 502: alter Genet. Latonas, Liv. Andr. b. Prisc. 6. § 6. – Dav.: **a** **Lātoidēs,** ae, Akk. ēn, *m.* (Λατωΐδης), der **Latoide** (Sohn der Latona) = Phöbus, Stat.: Plur. Latoidae, Phöbus u. Diana, Stat. – **b** **Lātōis** od. **Lētōis,** idis u. idos, Akk. ida, *f.* (Λητωΐς), **zur Latona gehörig, latonisch,** Calaurea, der Latona heilig, Ov. – subst., Latois od. Letois, Diana, Ov. – **c** **Lātōius** od. **Lētōius,** a, um (Λητώϊος od. Λητῷος), **latoisch,** proles, Apollo u. Diana, Ov. – subst., Latoius, iī, *m.*, Apollo, u. Latoia, ae, *f.*, Diana, Ov. – **d** **Lātōnigena,** ae, *c.* (Latona u. gigno), ein **Kind der Latona,** Latonigenae duo, Apollo u. Diana, Ov. met. 6, 160. – **e** **Lātōnius,** a, um, **latonisch,** Delos, Verg.: Latonia virgo u. bl. Latonia, Diana, Verg. – **f** **Lātōus,** a, um, **latoisch,** Ov.: subst. Latous = Apollo, Hor.

Latobrīgī, ōrum, *m.* = Latovici.

Lātōis, s. Lāto.

Lātōius, s. Lāto.

lātomiae, s. lautumiae.

lātomus, ī, *m.* (λάτομος), der **Steinhauer, Steinmetz,** Hieron. epist. 129, 5 Vulg. 3. regg. 5, 15 u. a.

Lātōna, -tōnigena, -tōnius, s. Lāto.

lātor, ōris, *m.* (fero), der einen Antrag stellt, einen Gesetzesvorschlag macht, der **Antragsteller,** plebisciti, Liv.: legis, Cic.: ebenso rogationis, Liv.: aber Lycurgus, legum lator, der Gesetzgeber, Ampel. 14, 2. – übtr., artis lator, einer, der eine grammatische Theorie vorträgt, der grammatische **Theoretiker, Grammatiker,** Gramm. Vatic. 5, 155. Serv. in Endlich. Anal. gramm. p. 512.

Lātōus, a, um, s. Lāto.

Latovīcī, ōrum, *m.*, germanisches Volk im heutigen südlichen Baden, Caes. b. G. 1, 5, 4 u. 28, 3 29, 2. Plin. 3, 148.

lātrābilis, e (latro), **bellend,** animal, Mythogr. Lat. 3, 9, 3: bestia, v. Hund, Boëth. in Porphyr. 1. p. 52: vox obtusa et velut latrabilis, Cael. Aur. de morb. acut. 3, 11, 103.

lātrātor, ōris, *m.* (latro, āre), **I** der **Beller,** poet. = Hund, Mart.: dah. latrator Anubis (s. Anūbis), Verg. u. Ov. – **II** übtr., ein belfernder (zankender) Eiferer, **Schreihals, Maulheld,** Quint. 12, 9, 12: caeci latratores, Augustin. de mor. eccl. cath. 1, 19, 36.

lātrātōrius, a, um (latrator), **belfernd, zankend,** linguae, Isid. orig. 19, 23, 6.

lātrātus, ūs, *m.* (latro, āre), **I** das **Bellen** der Hunde usw., gravis, Varro: vastus canorusque, Colum.: caninus, Val. Max.: canum (der Hunde), Sen. u. a.: latratu signum dare, Varro LL.: apros latratu turbare, Verg.: advenientem latratu conterrere, Colum.: latratu abstinere, nicht mehr bellen, Curt.: ingenti latratu intonuit (elephantus), Plin.: pro voce latratum edere (v. Menschen), Plin.: Plur., canum latratus, Ov.: terrifici latratus (canum), Solin.: venator cursu canis et latratibus instat, Verg. Aen. 12, 751: latratus edere, bellende Töne von sich geben (v. Menschen), Scrib. Larg.: tres latratus simul edere, dreimal anschlagen, Ov. – **II** übtr., v. der **Rede,** das **Belfern, Gebelfer, Gekläff, Gezänk,** der Anwälte vor Gericht, inusitati foro latratus, Val. Max. 8, 3, 2: viles latratus, Amm. 30, 4, 13: der Tadler u. Neider, lividorum latratus (Plur.), Sidon. epist. 1, 1, 4: obtrectatorum meorum latratibus patens, Hieron. praef. in Pentateuch. *init.* (tom. 9. p. 179 *ed. Migne*): pervicaci latratu adversus dei praecepta rixantes, Augustin. epist. 29, 3: Wütender, latratus varii, Coripp. Ioann. 4, 356.

latrīa, ae, *f.* (λατρεία), der **Dienst,** die **Verehrung,** Cassiod. de amic. 36.

lātrīna, ae, *f.* (zsgz. aus lavatrina, v. lavo), der **Abtritt,** die **Kloake,** Plaut. Curc. 580. Lucil. 253 u. 400. Colum. poët. 10, 85. Apul. met. 1, 17 u. 9, 14. Vulg. 4. regg. 10, 27: latrinae publicae, Suet. vit. Lucan. p. 51, 7 R. – dah. übtr., **Bordell,** Tert. de pall. 4: popinae quaedam et latrinarum latebrae, deversoria nequitiae et luxuriae, Apul. de Plat. 1, 13.

lātrīnum, ī, *n.* (zsgz. aus lavatrinum, v. lavo), das **Bad,** Laber. com. 36.

lātrīx, trīcis, *f.* (Femin. zu lator), die **Überbringerin** eines Briefes, Gregor. epist. 7, 1 u. 11, 50: praesentium (*sc.* litterarum), *ibid.* 3, 5 u. 44.

1. **lātro,** āvī, ātum, āre, **bellen,** **I** *intr.*: **1** eig. (u. zwar vom feindseligen Gebell des großen Hundes, wie ὑλακτεῖν, dagegen gannire v. harmlosen Gekläff des kleinen Hundes, wie κνυζᾶσθαι; baubari v. heulenden Bäffen des Hundes), canum est latrare sive baubari, Suet. fr.: cum iam (canes Molossi) latrant, Lucr.: quod si luce quoque canes latrent, Cic.: multum latrante Lyciscā (die Hündin L.), Verg.: latr. pro re domini, Phaedr.: canis timidus vehementius latrat quam mordet, Curt. 7, 4 (16), 13. – *Partic.* subst., lātrāns, der **Beller, Kläffer** = Hund, Ov. met. 8, 412. Petron. 72, 9: Plur., Ov. met. 8, 344. – **2** übtr.: **a** **bellen** = **zanken, heftig eifern, schreien,** v. Menschen, bes. v. schlechten Rednern u. Rabulisten, Cic. Brut. 58: latr. ad clepsydram, Cic. de or. 3, 138: rumperis et latras, schreist dich fast zu Tode, Hor. sat. 1, 3, 136. – **b** **rauschen, lärmen, toben,** undae latrantes, Verg.: animus cum pectore latrat, Enn.: curae latrantes, Petron.: stomachus latrans, der knurrende (vor Hunger) Hor. – **II** *tr.*: **1** eig.: **a** **anbellen,** v. Hunden, me, Plaut.: senem adulterum, Hor.: cervinam pellem, Hor.: in Capitolium euntem od. ingredientem numquam, Aur. Vict. u. Gell.: im Passiv, latrari a canibus, Plin. 25, 126 u. 28, 100: non latrari a cane leporis fimum aut pilos tenentem, Plin. 30, 147. – **b** prägn., **unter Bellen ausspeien,** latrat canicula (Hundsgestirn) flammas, Manil. 5, 207. – **2** übtr.: **a** v. Menschen usw., **α** **anbellen** = schmähen, si quis opprobriis dignum latraverit, Hor. – **β** **bellend-, belfernd hören lassen,** canina verba in foro, Ov.: magnas latrantia pectora curas, Stat. – **b** v. der Natur, **laut und ungestüm fordern,** nihil aliud sibi naturam latrare, nisi ut usw., Lucr. 2, 17. – ► Das a der ersten Silbe erst bei spät. Dichtern kurz.

2. **latro,** ōnis, *m.* (λάτρις), **I** der **gedungene Diener, Trabant, Söldner,** Enn. ann. 59 u. 538; vgl. Varro LL. 7, 52. – von Mietsoldaten, Plaut. mil. 949; Poen. 663. – **II** übtr.: **a** der **Freibeuter,** der auf eigene Hand Krieg führt, der **Buschklepper, Wegelagerer, Straßenräuber, Bandit, Strolch, Lotterbube,** expeditus latro, Cic.: maximus latronum dux, Val. Max.: insidiosus et plenus latronum locus, Cic.: quin etiam leges latronum esse dicuntur, quibus pareant, quas observent, Cic.: latronibus circumventum defendo, Sen.: inter vias latrones sum passus, bin ich von R. überfallen worden, CIL 8, 2728: mit *Genet.*, servatorum meorum latro (Mörder), Curt. 8, 2 (6), 9. – v. Wolf, improbus latro, Phaedr. 1, 1, 4: v. Teufel, Commodian. apol. 183 u. 685. – latro *fem.*, nach Exc. ex Charis. 545, 4. Prisc. 5, 10. Serv. Verg. Aen. 12, 519. – **b** von denen, die, da sie das Recht, Krieg zu führen, nicht haben (z.B. ein Bürger gegen den Staat), dennoch Krieg führen od. sich sonst gegen den Staat u. die Gesetze auflehnen, **Freibeuter, Brigant** (Ggstz. iustus hostis), latrones magis od. verius quam iusti hostes, Liv. 35, 7, 7 u. 40, 27, 10: so v. Eroberer, latro gentiumque vastator (v. Alexander), Sen. de ben. 1, 13, 3: m. *Genet.*, tu omnium gentium, quas adisti, latro es, Curt. 7, 8 (34), 19. – **c** der (im Hinterhalt dem Wild auflauernde) **Jäger,** Verg. Aen. 12, 7. – **d** der **Stein** im Brett- od. Kriegsspiel, Ov. art. am. 3, 357: vitreus, Mart. 7, 72, 8: insidiosi, Mart. 14, 20, 1. Vgl. latrunculus *no.* II, b.

3. **Latro,** ōnis, *m.*, röm. Beiname, wie M. Porcius Latro, ein Redner u. Rhetor aus Spanien zur Zeit des Augustus, Quint. 10, 5, 18 u. a. Sen. contr. 1. praef. § 13 u. 1, 7, 16. – Dav. **Latrōniānus,** a, um, **latronianisch,** color, des M. Porcius Latro, Sen. contr. 1, 7, 17.

latrōcinālis, e (latrocinium), **(straßen)räuberisch, Räuber-,** manus, Räuberbande, Apul. met. 2, 14: castra, Amm. 27, 2, 3: capto noctis latrocinali momento, zum Raubzug geeigneten, Apul. met. 4, 18.

latrōcināliter, *Adv.* (latrocinalis), **straßenräuberisch,** Mart. Cap. 6. § 642.

latrōcinanter, *Adv.* (latrocinans v. latrocinor), **nach Art der Straßenräuber,** invadere, Augustin. op. imperf. c. Iulian. 5, 64.

latrōcinātio, ōnis, *f.* (latrocinor), die **Räuberei,** der **Straßenraub,** Plin. 19, 59: Plur., Augustin. c. Iul. Pelag. 3, 1, 5.

latrōcinium, iī, *n.* (latrocinor), **I Kriegsdienst,** Plaut. fr. bei Non. 134, 28. – **II** übtr.: **1 Räuberei, Raubzug, Straßenräuberei, Seeräuberei** (auch vom unbefugten Kriegführen, dah. oft Schimpfwort gegen pflichtvergessene Bürger), **a** eig.: latr. privatum (auf eigene Hand unternommener), Ggstz. publicum populi Rom. bellum, Liv.: domesticum, Cic.: incursiones hostium et latrocinia, Cic.: latrocinia ac praedationes maris, Iustin.: furta (Überfälle) latrociniaque, Amm.: Alexandri latrocinia, Sen.: latrocinium od. latrocinia facere, Sen. u. Lact.: aperto latrocinio infesta omnia esse, Liv.: duorum equitum latrocinio per dies aliquot vixit, Liv.: res proxime formam latrocinii venerat, artete beinahe in Str. aus, Liv.: pugna latrocinio (Räuberanfall) magis quam proelio similis fieri, Sall. Iug. 97, 5: u. so crebra hinc proelia et saepius in modum latrocinii (wie auf Raubzügen) per saltus per paludes, Tac.: latrocinii modo, Liv.: ex occasione magis latrocinia (Raubzüge) quam bella faciebant, Flor.: cum in eius regnum, bona, fortunas latrocinium huius imperii immisisses, der Beraubung durch unsere Staatsgewalt preisgegeben hattest, Cic.: sublata (beseitigt) Mysiae latrocinia, Cic. – übtr., **Ränke, Spitzbüberei,** per latrocinia, auf räuberische Art, durch Ränke, Spitzbüberei, Sall.: quid futurum sit latrocinio tribunorum, Cic. – **b** meton., die **Räuberbande,** das **Raubgesindel** (auch von gegen den Staat handelnden Bürgern), unus ex tanto latrocinio, Cic.: latrocinium, non iudicium, Cic. – **2** v. **Brett-** od. **Kriegsspiel** der Alten (lusus latrunculorum), Ov. art. am. 2, 207.

latrōcino, āre, s. latrōcinor ►.

latrōcinor, ātus sum, ārī (2. latro), **I Kriegsdienste tun, Soldat sein,** Plaut trin. 599. Plaut. fr. bei Non. 134, 27; vgl. Varro LL. 7, 52. – **II** übtr., **Freibeuterei-, Räuberei-, Straßenräuberei** od. **Seeräuberei treiben** (auch v. unbefugten Kriegführen), Cic. u. a.: m. *Dat.*, latr. navibus Romanorum, die Sch. der R. kapern, Eutr. 3, 7 *in.*: m. *Acc.*, piratae simul terras ac maria latrocinantes, durch Raubzüge unsicher machend, Sen. contr. 1, 2, 8. – u. dav. übtr.: **a** v. Raubfischen, **auf** etw. **Jagd machen,** pastinaca, Plin. 9, 144. – **b** vom sezierenden Arzt, ita mortui praecordia et viscus in conspectum latrocinantis medici dari necesse est tale, quale etc., des mörderischen Arztes, Cels. 1. prooem. p. 7, 35 D. – ► Aktive Nbf. Infin. latrocinare, Vopisc. Prob. 16, 6.

Latrōniānus, a, um, s. 3. Latro.

latrunculārius, a, um (latrunculus), **zum Brett-** od. **Kriegsspiel gehörig,** tabula, Spielbrett, Sen. ep. 117, 30.

lātrunculātor, ōris, *m.* (latrunculus), ein vom Kaiser zum Aufspüren von Räubern und Raubverbrechen in die Provinz gesandter **Häscher,** Ulp. dig. 5, 1, 61 *extr.* Iul. ep. nov. c. 15. § 60.

latrunculus, ī, *m.* *(Demin.* v. latro), **I** ein **Mietsoldat, Söldner,** Vulg. 4. regg. 24, 2. – **II** übtr.: **a** ein **elender Straßenräuber,** Cic. de prov. cons. 15: Ggstz. hostis, Paul. dig. 39, 5, 34. Ulp. dig. 49, 15, 24: adjekt., latrunculi Thraces, Liv. 38, 46, 6. – ein **Freibeuter, Brigant** (vgl. latro *no.* II, b), Vopisc. Firm. 2, 1. – **b** der **Stein** im Brett- od. Kriegsspiel, latrunculis ludere, Varro LL. 10. § 22. Sen. ep. 106, 11. Plin. 8, 215: cum in quodam convivio ad latrunculos luderetur atque ipse decies imperator exisset, Vopisc. Procul. 13, 2.

lattūca, s. lactūca.

lātumia, ae, *f.*, s. lautumiae.

lātūra, ae, *f.* (fero), **I** = φορὰ ἐργάτου (Gloss. II, 472, 48), das **Tragen** von Lasten, laturam od. laturas facere, Lastträger sein, Augustin. serm. 345, 3. Schol. Iuven. 9, 144: u. so viell. si unius diei laturam fecissent, Sen. apoc. 14, 3 (Bücheler): u. novit laturas Dasius numerare, Mart. 2, 52, 1 *cod. Edinb.*: dum (ebrii) suis pedibus ambulare non possunt, foedissimā laturā aliorum manibus portantur ad lectos, Ps. Augustin. serm. app. 294, 3. – **II** = φόρετρον, der **Trägerlohn,** Gloss. II, 121, 43.

lātūrārius, iī, *m.* (latura), der **Lastträger,** Augustin. serm. 18, 4; 38, 9; 60, 8: Atlas lat., Augustin. c. Faust. 15, 5.

1. **lātus,** a, um, *Partic.* v. fero, s. d.

2. **lātus,** a, um (altlat. stlātus, urspr. Partiz. zu **stla,* ausbreiten), **breit** (Ggstz. angustus, brevis, contractus), **I** eig.: **a** übh.: via, Cic.: frons (Stirn), Plin. ep.: umeri, Verg.: ratis, Liv.: clavus, s. clāvus: flumen latissimum, Caes. – m. folg. Angabe der Breite im *Acc.*, fossa XV pedes lata, Caes.: od. im *Genet.*, pedum denûm, Colum., od. im *Abl.*, pede, Plin., pedibus octo, Veget. mil.: so auch non latior pedibus L, Caes. – latus ab umeris, breitschulterig, Suet.: u. so lati et lacertosi viri, Colum. – subst., lātum, ī, *n.*, die **Breite,** in latum crescere, Ov. met. 1, 336: seni pedes in latum, Veget. mil. 4, 15: quadraginta duo pedes in latum et mille passus in longum, *ibid.*: in *lato* pedum centum, in *longo* pedum mille, Lampr. Alex. Sev. 26, 7: promunturium angustis cervicibus reliqua extendit in latius, Mela 1, 17, 3 (1. § 89). – **b sich weit und breit erstreckend, weit, von großem Umfang,** moenia, fundus, fenestra, Verg.: fines, Caes.: locus, Cic.: regnum, Liv.: – **c** prägn., v. Stolzen, **sich breit machend, sich spreizend,** hostis, Sil.: lati incesserunt, v. trag. Schauspielern, Sen.: latus (breitspurig) ut in circo spatiere, Hor. sat. 2, 3, 183. – **II** übtr.: **1** im Allg.: gloria, weit verbreiteter, Plin. ep. 4, 12, 7: latior interpretatio, nicht allzu strenge, mildere, billigere, ICt.: culpa (Ggstz. levis c.), grobe, belastende, ICt.: fuga, die weite Verweisung (sodass dem Verbannten alle Orte außer einem bestimmten verboten werden), ICt – **2** insbes.: **a** der Aussprache nach **breit,** cuius tu illa lata (Breite, breite Aussprache) non numquam imitaris, Cic. de or. 3, 46. – **b** dem Ausdruck nach **breit, weitläufig, ausführlich, reichhaltig,** oratio, disputatio, Cic.: u. so lata oratio et magnifica et excelsa (Ggstz. amputata et abscisa), Plin. ep.: latior quaestio, Liv.: materia, quae modo latior est modo angusta, Sen.: latiore varioque tractatu, Quint.: v. Redner, nonne his latior et audentior et excelsior (Aeschines), Quint.

3. **latus,** eris, *n.* (viell. zu 2. lātus), die **Seite, I** am menschlichen u. tierischen Körper (Ggstz. frons u. tergum), **1** im Allg.: **α** am Menschen, lateris dolor, Cic. u. a., od. laterum dolor, Hor. u. Cels., Seitenstechen: u. latus ei doluisse, Cic.: accommodare ensem lateri, Verg.: latus offendere vehementer, Cic.: vellere latus digitis, an der Seite zupfen, ziehen (als Erinnerung), Ov.: mutare latus, sich auf die andere Seite werfen, Verg.: lateri adhaerere gravem dominum, an ihrer Seite hafte (ihnen auf dem Nacken sitze) der drückende Gewaltherr, Liv.: u. so lateri alcis haerere od. iunctum esse, jmdm. nicht von der Seite gehen, Iustin.: offendit te circumfusa turba lateri meo, Liv.: iuxta se latere dextro alqm collocare, Suet.: imaginem alcis latere tantum altero ostendere, Quint. – bei den Gesten des Redners, virili laterum flexione, Cic.: lateris inflexione hāc forti ac virili, Cic.: in sinistrum latus … in alterum, Quint.: in dextrum ac laevum latus, Quint. – artifices lateris, Künstler in Seitenbewegungen, Balletttänzer, Ov. art. am. 3, 351. u. in der Fechterspr., latus dare, die S. (dem Gegner) bloßgeben, eine Blöße geben, Val. Flacc. 4, 304 (versch. undis dat latus, gibt die Seite den W. preis, Verg. Aen. 1, 104 *sq.*): u. so bildl., saepe dabis latus nudum, Tibull.; u. ne adulatoribus latus praebeas, Sen.: malo latus obdere apertum, Hor.: u. nudum latus imperii, Flor.: u. dagegen latus alcis od. alci tegere, Liv., Auct. b. Alex. u. Hor., od. latus alci claudere, Iuven., jmdm. die Seite decken, ihm begleitend zur (linken) Seite gehen (bes. v. Klienten): ähnlich alci latus dare, Sen. nat. qu. 7, 32, 3: u. alci latus cingere (v. zweien od. mehreren), Liv. u. Ov.: alcis latera cingere (v. zweien), Liv.: patriciis iuvenibus latera saepire, sich zur Seite gehen lassen, Liv.: tecto latere abscedere, sprichw. = mit heiler Haut davonkommen, Ter. heaut. 672. – ab alcis latere numquam discedere (weichen), Cic. – **β** am Tier, latera ac ventres equorum, Lucr.: cuius (equi aenei) in lateribus fores essent, Cic. – **2** insbes.: **a** die **Seite** als Sitz der Kraft u. Stärke, wir: **Hüften, Brust,** beim Redner auch **Lunge, Kraft,** neque enim ex

te umquam es nobilitatus, sed ex lateribus et lacertis, v. Athleten Milo, Cic.: vocis sonus, latera, vires, Cic.: laterum magna contentio, Cic.: cum legem Voconiam voce magnā et bonis lateribus suasissem, aus voller Brust (sehr laut), Cic. – **b** meton. (poet.) = **Leib, Körper,** latus fessum longā militiā, Hor.: latus submittere in herba, Ov.: penna latus vestit, Ov.: brevi latere (kurzstämmig) et pede longo est, Hor. – **c** übtr.: **α** v. der nächsten Umgebung, den Vertrauten u. intimen Freunden jmds., insontes ab latere tyranni, Liv.: cum ad perniciem eius a latere ipsius pecuniā sollicitaret hostis, die Leute seiner Umgebung durch Geld zu bestechen suchte, Curt.: ille tuum dulce latus, der so warm an dir hing, Mart. – **β** die **Seite = Verwandtschaft,** Plin. ep. 8, 10, 3: bes. **Seitenverwandtschaft, Seitenlinie,** latus omne divinae domus, Stat. silv. 5. praef. p. 94 *ed. Queck:* ex lateribus cognati, Seitenverwandte, Paul. dig. 38, 10, 10. § 8: ex latere uxorem ducere, Paul. dig. 23, 2, 68.

II v. der örtlichen **Seite** eines Gegenstandes, **Seitenfläche, Flanke** (Ggstz. frons, tergum, w. vgl.), **1** im Allg.: latus unum castrorum, Caes.: ex utraque parte lateris, eines Hügels, Caes.: ab utroque viae latere, Liv.: insula, cuius unum latus est contra Galliam, Caes.: Macedoniae latus, quod ab Illyrico patet, Liv.: procul a latere castelli, Sall.: latus dextrum domus, Hor.: cum ex omni latere circumplexa (turris) igni foret, Gell.: ut incrementum aquarum quotiens navigia desidunt in lateribus maxime appareat, Sen.: u. so prora avertit et undis dat latus, Verg. – ab lateribus terrae, auf den Seiten, Sen.: u. so latere ex utroque, infraque superque, Lucr. – übtr., ex uno latere, auf, von einer Seite, ICt.: u. so ex utroque latere, ICt. – **2** insbes.: **a** als milit. *t. t.* = die **Seite, Flanke** eines Heeres (Ggstz. frons), ad latus apertum hostium constitui, Caes.: naves ad latera disponit, Caes.: nostros latere aperto aggressi, Caes.: veritus, ne in frontem simul et latera suorum pugnaretur, Tac.: dah. a (ab) latere, a lateribus, von (auf) der Seite, von den Seiten (Ggstz. a fronte, a tergo), Caes., Cic. u. a.: u. so ex lateribus, Sall.: de latere, Lucr. – **b** als mathem. *t. t.* = die **Seite** eines Dreiecks, Vierecks usw., in data linea triangulum aequis lateribus constituere, Quint.: in ea linea quattuor trigona paribus lateribus et intervallis scribere, Vitr.: striaturae paribus lateribus quadratum describere, Vitr.: triangula plus aequis lateribus, quam inaequalibus, Quint.; vgl. crystallus sexangulis nascitur lateribus, Plin.

latusculum, ī, *n.* (*Demin.* v. latus), das **Seitchen,** die **(kleine) Seite,** laneum, Catull. 25, 10: latuscula speculorum, Lucr. 4, 305 (335).

Lāucoōn, s. Lāocoōn.

laudābilis, e (laudo), *Adi.* m. *Compar.* u. *Superl.*, **I lobenswert, löblich** (Ggstz. vituperabilis, culpabilis), orator, Cic.: carmen, Hor.: honestum, etiam si a nullo laudetur, naturā esse laudabile, Cic.: haec civilis (vitae) ratio est laudabilior et illustrior, Cic.: multo modestia post victoriam quam ipsa victoria laudabilior, Liv.: coniugi laudabilissimae, CIL 11, 2547. – subst., laudābile, is, *n.*, das **Lobenswerte,** Rhet. Her. 3, 7. – insbes., **glücklich zu preisen, preisenswert,** vita, Cic. de amic. 23: fuit hic vir de primis *erga* rem publicam domi forisque laudabilis, Treb. Poll. trig. tyr. 32, 2. – **II** übtr., **gut** in seiner Art, **schätzbar, preiswürdig,** mel, Plin.: vinum laudabilius, Plin.

laudābilitās, ātis, *f.* (laudabilis), die **Löblichkeit,** Not. Vatic. 312. *no.* 26 K. Iulian. bei Augustin. c. sec. resp. Iul. 6, 14: als Titel, laud. tua, Cod. Theod. 10, 19, 3.

laudābiliter, *Adv.* (laudabilis), **löblich, ruhmvoll,** vivere, Cic. Tusc. 5, 12: aedilitatem administrare, CIL 10, 3704: perquam laud. iurare mit folg. *Acc.* u. *Infin.*, Vell. 2, 31, 1. – *Compar.*, multo laudabilius suam iniuriam ferre, Val. Max. 5, 1. ext. 2: u. so *ibid.* 5, 3, 4.

laudābundus, a, um (laudo), **sich in Lobsprüchen ergehend,** Charis. 49, 4 u. 155, 30. Exc. ex Charis. 535, 37 K.

Lāudamīa, ae, *f.*, Gemahlin des Protesilaus (s. d.), Ov. her. 13, 2 u. s.

laudandus, a, um, *PAdi.* (laudo), **lobens-, preisenswert, löblich, anerkennenswert, ruhmwürdig,** laudandus et ille, qui tertium consulatum meruit, Plin. pan. 61, 5: cuius ratio etsi non valuit, tamen magno opere est laudanda, Nep. Milt. 3, 6: et istos, ut non laudandos, sic tamen esse iocos, Ov. trist. 1, 9, 62. – m. *Genet.* (in Betreff, wegen), laudandus vitae opacae, Sil. 1, 395: laborum, Sil. 5, 561. – *neutr. pl.* subst., laudanda, Handlungen, die Lob verdienen, Plin. ep. 1, 8, 15 u. 2, 21, 3.

laudātio, ōnis, *f.* (laudo), das **Loben,** die **Lobrede, I** im Allg., laudatio tua, deine (die von dir gehaltene) L., Cic. – m. subj. *Genet.*, hominis turpissimi, Cic.: u. m. obj. *Genet.*, eorum, L. auf die usw. – Plur., laudationes, Ggstz. obiurgationes, Sen. ep. 94, 39: laudationes modulatae, Lobgesänge, lobhudelnde Gesänge, Suet. Ner. 20, 3. – **II** insbes.: **1** das vor Gericht für jmd. abgelegte günstige **Zeugnis,** die **Belobigungsrede,** die **Schutzrede** (vollst. laudatio iudicialis, Suet.), gravissima atque ornatissima, Cic.: laudationem falsam esse dicebat, Cic. – **2** die **Lobrede** auf einen Verstorbenen, die **Leichenrede,** laudatio funebris, Sen. rhet. u. Quint.: laudationes funebres, Plin. ep.: im Zshg. bl. laudatio, z.B. exsequiae, pompa, laudatio, Cic.: sollemnis, Liv. – m. obj. *Genet.*, laud. mortui, Liv.: matronarum, auf die usw., Liv.: non nullae mortuorum laudationes, Cic. – **3** eine **Dankadresse,** die die Bewohner einer röm. Provinz als Zeichen ihrer Zufriedenheit mit der Verwaltung des Statthalters in Form eines lobenden Berichtes an den Senat in Rom durch Gesandte (gew. im Monat Februar) schickten, Cic. Verr. 4. 140 u. 147.

laudātīvē, *Adv.* (laudativus), **lobend,** Donat Ter. eun. 5, 8, 5.

laudātīvus, a, um (laudo), **lobend,** genus (orationum), Quint. 3, 4, 12 u. 3, 7, 28: materia, Quint. 3, 4, 16. Amm. 16, 1, 3: sententia, Schol. Bob. in Cic. or. pro Flacc. 13. p. 232, 23 B.: γνώμη, *ibid.* 16. p. 233, 20 B.: Ggstz., sunt alia (verba) *laudativa* vel *vituperativa,* Prisc. 18, 141. – subst., laudātīva, ae, *f.*, die Gattung der Lobreden, Quint. 2, 15, 20 u. 3, 3, 14.

laudātor, ōris, *m.* (laudo), **I** der **Lobredner,** im üblen Sinne der **Lobhudler,** rerum, Cic.: formae, Ov.: turpissimi cuiusque facti, Ps. Quint. decl.: parsimoniae paupertatisque, Prediger (Apostel), Lact.: pacis semper laudator, semper auctor, Cic.: paratus ad falsa laudator, Sen.: in cuius laudes exsequendas Cicerone laudatore opus fuit, Liv. fr. – **II** insbes.: **1** der vor Gericht für jmd. auftretende günstige Zeuge, Cic. Verr. 5, 57; Flacc. 64; vgl. Ascon. in Cic. Scaur. 46. p. 24 *sq.* (K). – **2** der **Lobredner** eines Verstorbenen, der **Leichenredner,** Liv. 2, 47, 11. Plin. ep. 2, 1, 6.

laudātōrius, a, um (laudator), **lobend, zum Lob gehörig,** Fulg. myth. 1. praef. p. 19 M. (= p. 10, 9 H.). Eugraph. ad Ter. heaut. 4, 5, 13.

laudātrīx, trīcis, *f.* (Femin. zu laudator), die **Lobrednerin,** laudatrix Venus est invidiosa mihi, Ov. her. 16 (17), 126: creatura laud. homo, Augustin. serm. 29, 2: epistula laud. tua, Hieron. c. Rufin. 3, 4: v. Abstr., illa plerumque peccatorum vitiorumque laudatrix fama popularis, Cic. Tusc. 3, 4: non habet mors eius laudatricem sapientiam, Augustin. c. Gauden. 1, 39.

laudātus, a, um, *PAdj.* (v. laudo), **löblich, lobenswert, gepriesen, gerühmt, vortrefflich,** vir, Cic.: artes, Cic.: vox, Suet.: vultus, facies, Ov.: pavo, Ov.: saccharon laudatius India (fert), Plin.: quanto maiora auctioraque sunt, multo etiam tanto laudatiora sunt, Gell.: caseus e Caedicio campo laudatissimus, Plin.: virgo laudatissima formae dote, hochgepriesen, Ov.

Lāudicēa, s. Lāodicēa.

laudicēnus, ī, *m.* (laudo u. cena), ein **Mahlzeitlober,** d. i. der lobt od. Beifall ruft, um zur Mahlzeit eingeladen zu werden, Plin. ep. 2, 14, 5 (im Wortspiel mit Laodiceni).

laudo, āvī, ātum, āre (laus), **loben,** lobend **anerkennen,** lobend **gutheißen, preisen** (Ggstz. castigare, vituperare, reprehendere, culpare, accusare), Passiv laudari, **gelobt-, anerkannt werden, Anerkennung finden, I** eig.: **A** im Allg.: eorum consilium, Nep.: approbata laudataque Cottae sententia, Cic. – laudare alqm, Cic.: (alqm) ob ea ob quae gratias agerem, Plin. ep.: alqm alci, einen gegen jmd., Ter.: laudari alci, von jmd., Cic.: laudare laudibus, Cic.: laudare coram in os (griech. κατὰ στόμα ἐπαινεῖν), ins Gesicht **loben,** Ter. adelph. 269: so auch laudare in faciem, Lact. 3, 14, 7. – m. *in* u. Abl. der Pers. (an jmd.), id maxime in Agrippina laudare, quod (dass sie) Germanici nepotem secum traheret, dignum prorsus imperatoriā fortunā, Tac. ann. 12, 2. – m. *in* u. Abl. der Sache (bei, wegen), in quo tuum consilium nemo potest non maxime (höchlich) laudare, Cic. ep. 4, 7, 2: ut ad peiora iuvenes laude ducuntur, ita laudari in bonis malent, Quint. 5, 12, 22: vgl. Krüger Quint. 10, 1, 9. – im Passiv m. *Dat. pers.* (= von jmd.), Lucifer laudatur Veneri, Sil. 7, 640. – Passiv laudor m. *Infin.*, exstinxisse nefas laudabor, Verg. Aen. 2, 585 *sq.*: doctas posuisse figuras laudatur, Pers. 1, 86 *sq.* – absol., abi, laudo u. bl. laudo, du hast deine Sache gut gemacht! recht so! schön! Plaut. asin. 704; Curc. 670; trin. 830. Ter. adelph. 564. – Plur. Partiz. Präs. subst., prava laudantium sermo, Lobhudelei, Sen. ep. 123, 9. – **B** insbes.: **1** alqm = **a** einem Angeklagten **ein günstiges Zeugnis geben,** jmdm. **eine Schutzrede halten,** Cic. ep. 1, 9, 19. Ascon. in Cic. Scaur. 46. p. 24, 24 K. – **b** einem Toten **eine Leichenrede halten,** alqm, Cic. Muren. 76. Plin. ep. 2, 1, 6: corpus in foro positum, Aur. Vict. de vir. ill. 10, 7: alqm e more pro rostris, Suet. Caes. 6, 1: alqm pro contione, Suet. Cal. 15, 1: alqm scripto meo (nach meinem Konzept), Cic. ad Q. fr. 3, 8, 5. – **c glücklich preisen, beneidenswert finden, beneiden,** agricolam laudat iuris peritus, Hor.: mit obj. *Genet.*, alqm leti (wegen usw.), Sil. 4, 259. – **2** alqd, ein Arzneimittel lobend **gutheißen, anpreisen,** apri cerebrum contra serpentes, Plin.: alqd ad etc., Plin. – **II** übtr., jmd. **anführen, nennen, erwähnen, zitieren,** auctores, Cic.: alqm testem, Plaut.: alqm auctorem, Cic. – ► Parag. Infin. Pass. laudarier, Enn. ann. 560. Ter. adelph. 535 zw. Hor. sat. 1, 2, 35. – *PAdi.* laudandus s. bes.

Laumellum, ī, *n.*, kleine Stadt im transpadan. Gallien, noch j. *Laumello* od. *Laomello,* Itin. Anton. 282, 9 u. a.

laurāgo, inis, *f.* (laurus), eine **lorbeerartige Pflanze,** Ps. Apul. herb. 58.

laurea, ae, *f.*, s. laureus.

laureātus, a, um (laurea), **mit Lorbeeren bekränzt, mit einem Lorbeerzweig** oder **Lorbeerkranz** (bes. als Siegeszeichen) **geschmückt,** imago, Cic.: fasces, lictores, Cic.: litterae, die mit Lorbeeren umwundenen u. so von siegreichen Feldherren an den Senat geschickten Kriegsberichte, Siegesnachrichten, Liv. u. a.: u. dass. subst., laureatae, Tac. Agr. 18.

Laurēns, s. Laurentum.

Laurentālia, falsch st. Larentalia, s. d.

Laurentēs Lavīnātēs, s. Laurolāvīnium.

Laurentia, falsch st. Larentia, s. Acca Lārentia.

Laurentīnus, -tis, -tius, s. Laurentum.

Laurentum, ī, *n.*, Stadt in Latium, unweit der Meeresküste, zwischen Ostia und Lavinium, nach einigen j. *Torre di Paterno,* nach anderen viell. richtiger an der Stelle des jetzigen *Cassale di Capocotta,* Mela 2, 4, 9 (2. § 71). Dav.: **a Laurēns,** entis, **α laurentisch,** Liv. – Plur. subst., Laurentēs, ium, *m.*, die Einwohner von Laurentum, die **Laurenter,** Varro u. Liv. – Laurens Lavinas, s. Laurolāvīnium. – **β** poet. übtr., **römisch,** populus Laurens, Sil.: Laurentia regna, Sil. – **b Laurentīnus,** a, um, **laurentinisch,** Plin. ep. u. a. – subst., Laurentīnum, ī, *n.*, ein Landgut Plinius des J. bei Laurentum, das **Laurentinum,** Plin. ep. – **c Laurentis,** idis, *f.*, **laurentisch,** terra, Enn. ann. 34. – **d Laurentius,** a, um, **laurentisch,** Verg. Aen. 10, 709.

laureola (lōreola), ae, *f.* (*Demin.* v. laurea), ein **kleiner Lorbeerzweig, Lorbeerkranz** (ein Ehrenzeichen des Triumphators), meton. für den **Triumph,** Cic. ep. 2, 10, 2. – Sprichw., loreolam in mustaceo quaerere, ein wohlfeiles Lorbeerkränzchen zu erhaschen suchen, Cic. ad Att. 5, 20, 4.

Laureolus, ī, *m.*, ein berüchtigter Räuber, der gekreuzigt und am Kreuz den wilden Tieren preisgegeben wurde, Held eines Schauspiels des Mimographen Katullus, Mart. spect. 7, 4. Iuven. 8, 186 *sq.* Suet. Cal. 57, 4. Tert. adv. Valent. 14.

Laurētum, ī, *n.* (laurus), der **Lorbeerhain,** ein Ort auf dem aventinischen Berg, Varro LL. 5, 152. Suet. Galb. 1. – Nbf. Lōrētum, ī, *n.*, Plin. 15, 138. Fasti Vall. Aug. 13. im CIL 1^2, p. 240.

laureus, a, um (laurus), **vom Lorbeerbaum, Lorbeer-, I** *adi.*: folia, Cato: frons, Colum.: arbos, Porphyr. Hor.: silva, Varro LL.: nemus, Mart.: oleum, Plin.: pira, mit Lorbeergeruch, Plin.: cerasa, auf Lorbeeren gepfropft, Plin.: corona, Lorbeerkranz, Cic. (s. imfolg. laurea). – **II** *subst.*, laurea, ae, *f.*, **1** der **Lorbeerbaum,** Liv. u. a. – **2** der **Lorbeerkranz, Lorbeerzweig, a** als Schmuck der Ahnenbilder, der Siegesnachrichten usw., als Siegesschmuck der Triumphatoren, die auch einen Lorbeerzweig in den Händen hielten, insbes. aber als Kopfschmuck Apollos (weil ihm der Lorbeerbaum geheiligt war) u. der Dichter, decemviri laureā coronati, Liv.: coronati et lauream in manu tenentes, Liv.: lauream Capitolino Iovi referre, Suet.: laureā donandus Apollinari, Hor.: linguae lauream meritus, L. der Beredsamkeit, Plin. – **b** meton., der **Lorbeer** = **Triumph** od. **Sieg,** piratica, Lucan.: laureae cupidus, Cic.: quam lauream cum tua laudatione conferrem, Cic.: lauream deportare, Tac.

laurex, icis, *m.*, ein **junges Kaninchen,** das aus dem Mutterleib geschnitten oder der Mutter zeitig entrissen worden ist, Plin. 8, 217 (wo Plur. laurices).

lauricomus, a, um (laurus u. coma), mit **Lorbeer belaubt,** mons, Lucr. 6, 152.

lauriculus, ī, *m.* (*Demin.* v. laurus), der **Lorbeerzweig, -spross,** lauriculi teneri, id est cymae lauri, Marc. Emp. 30. fol. 131 (b), 45.

laurifer, fera, ferum (laurus u. fero), **I Lorbeerbäume tragend,** tellus, Plin. 15, 134. – **II lorbeerbekränzt,** Lucan. 5, 332 u. a.

lauriger, gera, gerum (laurus u. gero), **mit Lorbeer bekränzt, -geziert, -umwunden,** Ov. u. a.

laurinus, a, um (laurus), **von Lorbeeren, Lorbeer-,** oleum, Scrib. Larg. 156. Plin. 23, 86. Pallad. 2, 20 *extr.*

laurio, ōnis, *f.* = *serpyllum* (s. d.), Plin. Val. 1, 33.

Lauriōtis, tidis, Akk. tim, *f.* (Λαυριῶτις), **aus Laurion,** einer Gegend in Attika mit Silberminen, **lauriotisch,** Plin. 34, 132.

lauripotēns, potentis (laurus u. potens), **lorbeermächtig, Herr des Lorbeers,** ein Beiname Apollos, Mart Cap. 1. § 24.

Laurolāvīnium, iī, *n.*, späterer Name der Stadt Lavinium (s. d.), nachdem im Zeitalter der Antonine Laurentum zu **einer** Stadt mit ihr vereinigt worden war, Serv. Verg. Aen. 1, 3 u. 5; 7, 59; 8, 664: auch Laurum Lavinia, Gromat. vet. 234, 21. – Dah. deren Einwohner Laurentēs Lāvīnātēs, Symm. epist. 1, 71 u. in Inschr., s. CIL 14. p. 186 *sq.* – praetor et pontifex Laurentium Lavinatium, CIL 14, 171: sacerdos et pontifex Laur. Lavin., *ibid.* 8, 9368: sacerdos Laur. Lavin., *ibid.* 8, 1439 u. 7978. – curator rei publicae Laur. Lavin., *ibid.* 6, 1531 u. 1532.

Laurōn, ōnis, *f.*, Stadt im tarrakon. Hispanien, in der Nähe des Sukro, bekannt durch die Belagerung des Sertorius und die Ermordung des jungen Cn. Pompejus, Flor. 3, 22, 7; 4, 2, 86. – Dav. **Laurōnēnsis,** e, **lauronensisch,** vina, Plin. 14, 71.

laurus, ī, *f.*, der **Lorbeer, Lorbeerbaum,** lauri ramulus, Suet.: lauri nemus, Aur. Vict.: lauri silva, Plin. – Der Lorbeer war dem Apollo heilig, dessen Tempel oft Lorbeerhaine umgaben (dah. Clarii laurūs sentire, das Rauschen des Lorbeerhains um den Tempel des klarischen Apollo, Verg.): seine Zweige ein Kopfschmuck Apollos und der Dichter, Hor. u. a.; u. der Flamines bei gewissen Festen, Ov.: ebenso bei festlichen u. freudigen Begebenheiten ein Schmuck der Bilder der Eltern u. Ahnen, Cic.: desgleichen der Häuser, Tac. – bes. als Siegeszeichen bei Triumphen, wo der Triumphator das Haupt mit einem Lorbeerzweig umkränzt hatte u. einen anderen Lorbeerzweig in der Hand hielt, u. die Faszes der Liktoren mit Lorbeer umwunden waren usw., Cic. u. a. – dah. meton., laurus = *laurea,* wie **Lorbeer** = **Lorbeerzweig, Lorbeerkranz,** u. diese = **Triumph** od. **Sieg,** Cic.: Parthica, Plin. pan.: victrix, Mart.: alqm poëticā lauru coronare, Symm. epist. 1, 53. – ► Sing. laurus auch nach der 4. Deklin., Genet. laurūs, Colum. 6, 7, 3 *codd.* Plin. 12, 98; 14, 112 u. a. Stat. Theb. 12, 492. Mart. 7, 6, 10: Abl. laurū, Hor. carm. 2, 7, 19. Colum. 4, 26, 1. Plin. 10, 157. Val. Max. 2, 2, 3. Stat Theb. 8, 127. Mart. 8, 65, 5. Gell. 5, 6, 7. Symm. epist. 1, 53: Nom. Plur. laurūs, Verg. Aen. 3, 91. Lucan. 5, 155 u. a. Plin. 15, 113. Stat silv. 4, 4, 47 u. a.: Akk. Plur. laurūs, Catull. 64, 289. Verg. Aen. 3, 360. Tibull. 2, 5, 63. Plin. 17,

96. Tac. ann. 15, 71; hist. 2, 55. Stat. silv. 4, 3, 118. Mart. 1, 108, 3 u. a.: Dat. od. Abl. Plur. lauribus, Serv. Verg. Aen. 10, 689 (dagegen lauris bei Plin. 15, 101 u. 17, 88): Vok. Plur. laurūs, Ov. fast. 4, 953. Stat. silv. 4, 3, 110. – laurus auch *masc.* (vgl. Prisc. 5, 42), substrato lauro, Pallad. 12, 22, 4.

1. **laus,** laudis, *f.*, das **Lob,** die **Anerkennung, Achtung,** die der Verdienstvolle genießt, der **Ruhm,** die **Verherrlichung** (Ggstz. vituperatio, maledictum [üble Nachrede], reprehensio, crimen, culpa), Plur. laudes, **Lob, Lobsprüche, Lobeserhebungen, Lobreden, Loblieder** (Ggstz. vituperationes), **I** eig. u. meton.: **A** eig.: bellica laus, bellicae laudes, Cic.: blandae laudes magistri, Verg.: laus debita, Quint.: falsa, Cic.: imperatoria, Cic.: inanis et infructuosa, Tac. dial.: insignis, Quint.: insolita, Quint.: iucunda, Cic.: maior, Quint.: maxima, Cic.: laudes maximae, Cic.: laus modica, Quint.: nascens, Cic.: laus Pompeiana, Verherrlichung des Pompejus, Cic.: popularis, Quint.: praecipua, Nep.: pulcherrima, Quint.: laus solida, Val. Max.: laus summa, Quint.: laudes summae, Cic.: laus vera, Ter. u. Quint.: laudes funebres, Liv.: laudes meritae, Liv.: laudes verae, Cic. – abundans bellicis laudibus, Cic.: laudis avidus, Cic. u. Sall.: laudis cupidus, Cic.: laude dignus, Cic. u. Hor.: laudibus indignus, Hieron. – m. subj. *Genet.*, laus doctorum, vulgi, Quint. – m. obj. *Genet.*, laus Pompei, Quint.: iuris periti viri, militaris viri, Quint.: continentiae, Cic.: eloquentiae, Quint.: ingenii, Quint.: legum, Quint.: rei militaris, Nep.: virtutis, Quint.: liberatarum Thebarum, Nep.: patriae in libertatem vindicandae, Cic.: dicendi, Cic.: venandi et equitandi, Cic. – omnes tui ad laudem impetus, Cic. – te praepropera festinatio abducet a tantis laudibus, Cic.: cum et illi cives optimi sint et ego ab ista laude non absim, und auch mir dieser Ruhm nicht abgesprochen werden dürfte, Cic.: cum aliquantum ex provincia atque ex imperio laudis accesserit, Cic.: laudem patriae in libertatem vindicandae adamasse, Cic.: adhortari alqm ad certam laudem (Ggstz. a dimicatione deterrere), Cic.: adipisci laudem, Cic., in Sempronio (in der Sache des S.) maximam ab omnibus laudem, Cic.: afferre alci tantam laudem, Verg.: ceterorum laudibus obscuritatem afferre (v. jmds. Taten), Cic.: laude affici, Lob ernten, Cic.: affingere alci falsam laudem, Cic.: agere laudes, Naev. fr.: agere alci laudes gratesque, Plaut., laudes gratiasque, Liv. u. Eutr.: agnoscere Augusti laudes, darin des Au. Lob erkennen, Hor.: asciscendae laudis causā, Cic.: ascribere alqm socium alcis laudibus, Cic.: assequi (erreichen) alcis laudes (Ggstz. exsuperare), Liv.: tua laus pariter cum re publica cecĭdit (ist dahingesunken), Cic.: canere laudem victorum, Phaedr., laudes regum, Curt.: canere suas et imperatoris laudes (v. Soldaten beim Triumph), Liv.: canere ad tibiam clarorum virorum laudes, Cic., laudes heroum ac deorum ad citharam, Quint.: capere (ernten) ex hac una re maximam laudem, Cic. (u. so quantam et quam veram laudem capiet Parmeno! Ter.): loquendi laude carere, Cic.: laude suā non carere (v. einer Sache), Quint.: celebrare alcis laudes, Cic.: celebrare alqd laudibus, Lact., alqd super omnia laudibus, aliquid miris laudibus, Plin.: quantis laudibus suum erum collaudavit, Plaut.: colligere undique omnium laudem, Cic.: communicare bellicas laudes cum multis, vielen einen Anteil am Kriegsruhm zugestehen, Cic.: concedere alci summam dicendi laudem, Cic.: conferre laudem in medium, alle an dem eigenen Ruhm teilnehmen lassen (Ggstz. laudem ex communi ad se trahere), Liv.: consequi laudem, s. cōn-sequor *no.* II, 2, a, α: cumulare alqm omni laude, Cic., alqm certatim laude, Plin. ep., alqm apud alqm tantis laudibus, Plin. ep.: dare alqd alci laudi, Cic., non laudi, sed vitio, Cic. (u. so si Fabio laudi datum esset, quod [dass er] pingeret, Cic.): debere alci laudem illam, Cic.: deesse alcis laudibus, sich jmds. Belobung entziehen, Cic.: delectari hāc laude dicendi (v. den Athenern), Cic.: non de laude alcis delibare quicquam, Cic.: deterrere alqm a laude, von der Bahn des Ruhmes zurückschrecken, Plin. pan.: vera laus detrahitur (wird geschmälert) alci oratione alcis, Cic.: alci dicere laudes, jmdm. lobsingen, jmds. Lob anstimmen, Ov.: dicere (besingen) laudes alcis, Verg. (vgl. quid prius dicam solitis Parentis laudibus, Hor.): dicere laudes de Caesare, Gell.: ista omnia numquam in culpam, sed in laudem dicuntur, Gell.: o Cn. Pompei sic late longeque diffusa laus, ut etc., Cic.: dolere alienā laude, Cic.: eam laudem hic ducit maximam, das hält er für das gr. L., Ter.: tu nunc id tibi laudi ducis, quod tum fecisti inopiā? Ter.: laudi ducitur (es gereicht zum L.) adulescentulis quam plurimos habuisse amatores, Nep.: efferre alqm laudibus u. summis laudibus ad caelum, Cic.: ferre alqm laudibus in caelum, Nep.: ferre alqd laudibus u. maximis laudibus, Cic., alqm summis laudibus, Nep.: eripere huius generis laudem iam languenti Graeciae et transferre in hanc urbem, Cic.: brevitas laus est interdum in aliqua parte dicendi, Cic.: est ea laus eloquentiae certe maxima, Cic.: principibus placuisse viris non ultima (geringste) laus est, Hor.: quos (pueros) laus formandos est tibi magna datos, Ov.: at illa laus est, magno in genere et in divitiis liberos hominem educare, Plaut.: id facere laus est quod decet, non quod licet, Sen. poët.: laudis est purum tenuisse ferrum, Sen. poët.: apud Graecos in summa laude esse, in hohen Ehren stehen (v. Pers.), Nep.: magnis in laudibus totā fere fuit Graeciā victorem Olympiae citari, wurde es für eine hohe Ehre gehalten, Nep.: haec in Graecia magnae laudi erant, Nep.: ut sempiternae laudi tibi sit iste tribunatus, Cic.: ut coniunctionem amicitiamque nostram utrique: nostrûm laudi sperem fore, Cic.: cum populo Romano et in laude et in gratia esse, bei dem röm. V. Ruhm und Gunst erlangen, Cic.: excellere eodem in genere laudis, Cic., omni genere laudis, Cic.: excipere (ernten) laudem ex eo, quod (dass) etc., Cic.: laudes alcis od. alcis rei exsequi, sich über jmds. L. verbreiten, Liv. fr. u. Plin.: exsuperare alcis laudes (Ggstz. assequi), Liv.: bellicas laudes extenuare verbis easque detrahere ducibus, Cic.: extollere alqm in caelum suis laudibus, Cic.: laudi facere modum, seinem Ehrgeiz ein Ziel setzen, Curt.: favere alcis laudi, alcis nascenti laudi, Cic.: faveo quoque laudibus istis, dein Lob ist mir selbst erfreulich, Ov.: ferre alqm laudibus in od. ad caelum, Cic. u. Liv.: ferre alqm od. alqd laudibus, Cic. u. Liv., alqm laudibus miris, Apul., alqm summis laudibus, Nep., alqm tantis laudibus, ut etc., Tac., alqd magnis laudibus, Plin.: ferri praecipuā laude (v. Pers.), Nep.: ferre carmine laudes Herculeas et facta, in Loblieder die Taten des Herkules preisen, Verg.: florere laudibus, Cic. u. Lucr.: qua in familia laus aliqua forte floruerit, Cic.: brevitas in universa eloquentia laudem non habet, Cic.: quorum neuter summi oratoris habuit laudem, Cic.: Macrochir praecipuam habet laudem amplissimae pulcherrimaeque corporis formae, Nep.: quod omnes laudes habet, id est optimum, Cic.: laudem de me nullus adulter habet, kein Buhler hat noch Ruhm sich geholt an mir, Ov.: cotidianae assiduaeque laudes (Lobreden) ab alqo de nobis habentur, Cic.: alci laudes gratiasque habere maximas, Plaut.: eodem e fonte se hausturum intellegit laudes suas, e quo sit aspersus, Cic.: suo maledicto laudem alcis illustrare, Cic.: imminuere alcis laudem, Cic.: alci tantum impertire laudis, quantum forti viro et sapienti homini debetur, Cic.: implere populares meritis laudibus, unter den Landsleuten das verdiente Lob verbreiten, Liv.: incumbere toto pectore ad laudem, Cic.: invidere laudi alcis, Cic.: ipse meritus est, ut laudetur laudibus, Plaut.: laudemus igitur prius legem ipsam veris et propriis generis sui laudibus, Cic.: libare suo nomini ex aliorum laboribus laudem, Rhet. Her.: minuere laudem alcis, Cic. u. Liv.: etiam in vulneris dolore cum laude mori, Cic.: obterere invidiā laudem virtutis, Nep.: obteritur laus imperatoria criminibus avaritiae, Cic.: obtrectare alcis laudibus, Liv.: maledicto (üble Nachrede) quidem idcirco nihil in hisce rebus loci est, quod omnia laus occupavit, Cic.: onerare alqm multis laudibus, Phaedr., alqm eximiis laudibus, Liv.: alqm laudibus haud immeritis, Cic.: ornare alqm non solum suis laudibus, sed etiam alienis, Cic.: ornare alqm veris laudibus, Cic.: ornare res alcis divinis laudibus, Cic.: sibi parĕre maximam laudem ex illa accusatione nobili et gloriosa, Cic.: alcis laus perfertur ad nos nec obscuro nec vario sermone, sed et clarissimā et unā omnium voce, Cic.: petere laudes fucosas, Porcius poët. bei Suet.: quae est ista laus, quae possit e macello peti, Cic.: neque ego hoc in tua laude pono, rechne ich dir als Lob an, Cic.:

ipsum Latine loqui est illud quidem in magna laude ponendum, Cic.: praedicare alqd miris laudibus, Plin.: praeripere aliis eam laudem, Cic.: alci praeripere desponsam iam et destinatam laudem, Cic.: dicendi non ita multum laude processisse, Cic.: quaeritur in re domestica continentiae laus, in publica dignitatis, Cic.: referre (erneuern) veterem Valeriae gentis in liberanda patria laudem, Cic.: scribere laudem victori cuidam pyctae, ein Lobgedicht schreiben, Phaedr.: scribere de Alexandri laudibus, Gell.: servire in eo magis suae quam vestrae laudi existimationique, Cic.: alqm aliqua ex parte in societatem laudum suarum venire pati, teilnehmen lassen an usw., Cic.: suffragari alcis laudi et in senatu et ceteris rebus, Cic.: subvenire alcis laudi, Cic.: omnes suas laudes transfundere ad alqm (Ggstz. exhaurire aliquam partem ex alcis laudibus), Cic.: tribuere alci laudem suam, Cic., alci rei summam laudem, Cic.: laudem ex communi ad se trahere (Ggstz. laudem conferre in medium), Liv.: venari laudem modestiae in ea re, Cic.: viget apud eos venandi et equitandi laus, Cic.: laudem eorum iam prope senescentem ab oblivione hominum atque a silentio vindicare, Cic.: vivere in laude, fort u. fort nichts als Lob ernten, Cic.

B meton.: **a** die löbliche Handlung od. Tat, das **Verdienst,** die **ruhmvolle Wirksamkeit,** laus Thesea, Ov.: hae tantae summis in rebus laudes, so r. W., Cic.: aberat tertia laus, Cic.: cuius laudis ut memoria maneret, Nep.: sunt hic etiam sua praemia laudi, Verg. – **b** Plur. laudes = löbliche, rühmliche Eigenschaften, **Vorzüge,** conferre se alcis laudibus, Phaedr. 4, 24 (23), 4: quarum laudum gloriam adamaris, quibus artibus eae laudes comparantur, in iis esse laborandum, Cic. ep. 2, 4, 2: Ggstz., est enim (signum Corinthium) nudum nec aut vitia, si qua sunt, celat aut laudes parum ostentat, Plin. ep. 3, 6, 2: quorum operum et laudes et culpae (Mängel, Gebrechen) aeternae solent permanere, Vitr. 3, 1, 4.

II übtr., der **Wert** einer Sache, coccum in laude est, Plin.: Cois amphoris laus maxima, Plin.: Creticae cotes diu maximam laudem habuere, Plin. – ► Genet. Plur. gew. laudum; doch auch laudium, wie Cic. Phil. 2, 28 *cod. Vat.* Sidon. carm. 23, 31. Itin. Alex. 53 (119).

2. Laus (Pompei), das heutige *Lodi* bei Mailand, Cic.

lausiae, ārum, *f.* (inschriftlich), v. *lausa, Steinplatte, **kleine Steinstücke** oder **Schlacken im Bergwerksbetrieb.**

lautē, *Adv.* (lautus), **sauber,** übtr., **a stattlich, anständig, auf stattlichem (anständigem) Fuße,** vivere, Nep.: lautius res domesticas tueri, mit mehr Anstand wahren, Cic. – **b weidlich, köstlich,** alqm ludificari, Plaut.: lautissime alqm emungere, auf das köstlichste, Poëta bei Cic.: facete! lepide! laute! Ter.

lautia, ōrum, *n. pl.* (nach Mommsen von lavo, eig. Wasch-, Badegeräte), die **Bewirtung,** die in Rom fremden Gesandten od. anderen vornehmen Gästen ehrenhalber auf öffentliche Kosten gewährt wurde und in der Sorge für Verpflegung, Bad u. andere Bedürfnisse bestand, der **Komfort** (vgl. Paul. ex Fest. 68, 10), locus lautiaque, Liv. 28, 39, 19: aedes liberae, loca, lautia, Liv. 30, 17, 14; vgl. 35, 23, 11. – übtr., Sen. contr. 2, 9, 11. Apul. met. 3, 26 u. 9, 11. Sidon. epist. 8, 12, 8. Symm. epist. 4, 56. Serv. Verg. Aen. 8, 361.

lautitās = πολυτέλεια, **großer Aufwand, Pracht,** Gloss. II, 413, 6.

lautitia, ae, *f.* (lautus), **I** = πολυτέλεια, **großer Aufwand, Luxus, Pracht,** sowohl in der häuslichen Einrichtung als insbes. in der Besetzung der Tafel mit Speisen, dah. deutsch auch = **Herrlichkeiten, luxuriöses (flottes) Leben, üppiger Tisch, Leckereien, Leckerbissen, α** Sing.: mea nova laut, fl. Leb. in neuester Zeit, Cic. ep. 9, 16, 8: illa tua laut., Cic. ep. 9, 20, 1: tripatinium appellabatur summa cenarum lautitia, Plin. 35, 162: columnis utebantur in templis, nec lautitiae causā, Plin. 36, 45: meretrix lautitiam eius (Antonii) apparatumque obtrectans, Plin. 9, 19: ad cenas lautitia transfertur, Sen. ep. 114, 9: invidia (der gehässige Vorwurf) lautitiarum, Suet. Aug. 71, 1. – **β** Plur.: reliquus lautitiarum apparatus, Petron. 21, 5: munditiarum lautitiarumque studiosissimus, Suet. Caes. 46: mirari lautitias, Petron. 27, 4 u. 34, 8: in his eramus lautitiis, cum usw., wir schwelgten in diesen Herrlichkeiten, Petron. 32, 1: ut Fortunata disposuerat lautitias suas, Petron. 73, 5: has lautitias aequavit ingeniosus cocus, Petron. 70, 7. – **II** = farina ex tritico aquā consperso, Paul. ex Fest. 118, 4. Gloss. Scal. V, 603, 22.

lautiusculus, a, um (*Demin.* v. *Compar.* lautior), **gar prächtig,** Apul. met. 7, 9.

Lautulae (Lautolae), ārum, *f.* (v. lavo, also) = θέρμαι, **Warmbad, I** Ort in Rom beim Ianus geminus, mit einer heißen Quelle, Varro LL. 5, 156. – **II** Flecken der Volsker in Latium Novum, zwischen Anxur u. Fundi, Liv. 7, 39, 7; 9, 23, 4.

lautumiae (lātomiae), ārum, *f.* (λατομίαι), die **Steingruben,** der **Steinbruch,** als Strafort für Sklaven, die dort Steine brechen mussten, in lautumiis agere aetatem, Plaut. Poen. 827: ire in latomias lapidarias, Plaut. capt. 723. – zum Gefängnis unter freiem Himmel umgeschaffen (vgl. Paul. ex Fest. 117, 11), in Syrakus, lautumiae Syracusanae, Cic. Verr. 5, 68; vgl. 5, 148: u. in Rom, Varro LL. 5, 151. Liv. 26, 27, 3: carcer lautumiarum, Liv. 32, 26, 17.

1. lautus, a, um, *PAdj.* (lavo), **sauber, I** eig.: dolia lauta et pura et sicca, Cato r. r. 112, 3. – **II** übtr.: **a nett, stattlich, ansehnlich,** supellex, Cic.: opera lautiora, Plin.: lautioris mensae epulae, Hieron.: cena lautissima, Plin. ep. – **b anständig, ansehnlich, vornehm, fein, von feinem Ton, üppig** (Ggstz. sordidus), patrimonium, Cic.: civitas, Cic.: homines lauti et urbani, Cic.: valde iam lautus es, bist schon gewaltig vornehm, setzest dich gewaltig aufs hohe Pferd, Cic.: lautiores liberti, Cic. – Plur. subst. lautī, ōrum, *m.,* die Vornehmen, lautorum culinae, Sen. ep. 64, 1: cenae, Mart. 13, 7, 2. – v. Abstr., **anständig, rühmlich,** lautior liberalitas, Cic.: negotium, Cic.: cura lautissima, sorgfältigste, Plin.

2. lautus, ūs (lavo), das **Baden,** Aurel. Vict. de Caes. 10, 5.

lavābrum, ī, *n.* (lavo) = labrum, die **Badewanne,** Lucr. 6, 799; vgl. Mar. Victorin. 1, 4, 10. p. 9, 20 K.

lavācrum, ī, *n.* (lavo), das **Bad, a** = Badeort, Badezimmer, lavacri lacus (Behälter, Bassins), Auson. Mos. 341: lav. Herculeum, Auson. ordo urb. nobil. (XVIIII) 41. p. 99 Schenkl: lavacra nitida, Gell. 1, 2, 2: lavacra nobilia, Paneg. inc. Constant. 21, 3: lavacra in modum provinciarum exstructa, Amm. 16, 10, 14: lavacra constituere, condere, Aur. Vict. epit. 5, 3 u. 13, 6: lavacra, quae corruerant, exstruere, Eumen. grat. act. 4, 4: lavacra pro sexibus separavit, Spart. Hadr. 18, 10. – u. = **Schwemme** (für Tiere), ascendere de lavacro, Vulg. cant. cantic. 4, 2. – **b** = Badewasser, lav. balnearum publicarum, CIL 10, 3678: lav. calidum, Auson. epigr. 107, 11. p. 224 Schenkl: lavacra ignea (heiße), Cael. Aur. de morb. chron. 1, 1, 17: lavacra marina, Seebäder, Min. Fel. 2, 3: avidus splendere lavacris, Claud. in Eutr. 2, 410: ex arbitrio lavacrum petere, Apul. met. 5, 2: lavacro fatigationem sui diluit, *ibid.* 5, 3: nec lavacro nec ullā denique refectione recreata, *ibid.* 5, 5. – insbes. = die **Taufe,** lav. immortale, Auson. edyll. 1, 21. p. 31, 1 Schenkl: lav. aquae, Wassertaufe, Vulg. Ephes. 5, 26: lav. vitale, salutare, Cypr. de habit. virg. 2 u. 23: lav. mysticum, Prud. perist. 6, 29. – übtr., die **Abwaschung, Sühnung,** cotidiana lavacra, Augustin. serm. 389, 2. – ► lăvācrum gemessen, Alcim. Avit. poëm. 5, 714. Ven. Fort carm. 5, 5, 96.

lavandāria, ōrum, *n. pl.* (lavo), was gewaschen werden soll, die **Wäsche,** Laber. com. fab. inc. XV II. Not. Tir. 114, 20.

lavāsco, ere, *Inchoat.* v. lavo, Aldh. de re gramm. in Class. auct. 5, 560.

lavātio, ōnis, *f.* (lavo), **I** das **Waschen,** pedum, Varro LL. 5, 119: lanae, Paul. ex Fest. 24, 8: cotidiana, Augustin. serm. 106, 1: quid proficit lavatio illius? Vulg. Sirach 34. 30. – Insbes., **a** das **Baden, Bad,** Plaut. most. 160. Varro r. r. 2, 4, 8. Cic. bei Colum. 12, 3, 2. Fronto de eloqu. 1. p. 141, 18 N.: lav. calida, frigida, Cels. 1, 3. p. 20, 35 u. p. 21, 20 D.: lav. calidae aquae, Plin. 8, 178. – **b** das Waschen des Bildnisses der Göttermutter im Almo, Augustin. de civ. dei 2, 4. p. 57, 12 D². Menol. rust. Colot. im CIL 1². p. 280; vgl. Ov. fast. 4, 339 *sq.* – **c** die **Taufe,** sacrā et divinā lavatione loti, Cypr. sent. episc. *no.* 22. – **II** meton.: **1** das **Badegeschirr,** Ulp. dig. 34, 2, 25. § 10: lav. argentea, Phaedr. 4, 5, 22: balineum et lavatio, CIL 5, 6522. – **2** das **Bad** = das **Badewasser,** ut lavatio parata sit, Cic. ep. 9, 5, 3. – **3** das **Bad** =

das **Badezimmer,** frigida, calda, Vitr. 5, 11, 2: gratuita, CIL 14, 2978 u. 2979: lavationem non praestare, Alfen. dig. 19, 2, 30. § 1.

lavātor, ōris, *m.* (lavo) = πλύτης (Gloss. II, 410, 32), der **Wäscher** (u. **Walker) der Kleider,** Edict. Diocl. 7, 54.

lavātōrius, a, um (lavo), zum **Waschen (Baden) dienlich,** herba, Schol. Bern. app. ad Verg. georg. 1, 194. p. 990 H. – subst., lavātōrium, iī, *n.* = πλύσιμον, **Badegerät,** Gloss. II, 410, 29.

lavātrīna, ae, *f.* (lavo), **I** das **Bad,** Varro LL. 9, 68. Pompon. com. 53. – **II** die **Gosse,** Varro LL. 5, 118.

laver, eris, *f.* (lavo), eine Sumpfpflanze, sonst sium gen., Plin. 26, 50.

Laverna, ae, *f.*, die Schutzgöttin des Gewinnes (des gerechten u. ungerechten), daher auch der Diebe u. Betrüger, Nov. com. 105. Plaut aul. 445. Hor. ep. 1, 16, 60 (u. dazu der Schol.). – Dav.: **a Lavernālis,** e, **lavernalisch,** porta, ein Tor in Rom, wo ein Altar der Laverna stand, Varro LL. 5, 136. Paul. ex Fest. 117, 17. – **b lavernio,** ōnis, *m.*, der **Dieb,** Paul. ex Fest. 117, 16.

Lavernium, iī, *n.*, ein sonst unbekannter Ort in Latium Novum, in der Nähe von Formiä, wo P. Scipio Afrik. ein Landgut hatte, Cic. ad Att. 7, 8, 4. Cic. fr. de fato bei Macr. sat. 2, 12, 4.

Lavīci, Lavīcum, Lavīcānus, s. Labīcī etc.

Lāvīnia, ae, *f.*, Tochter des Latinus, Gemahlin des Äneas, Liv. 1, 1 *sq.* Verg. Aen. 6, 764 u. a.

Lāvīnium, iī, *n.*, Stadt in Latium, von Äneas erbaut und seiner Gemahlin Lavinia zu Ehren so genannt, j. *Pratica,* Liv. 1, 1. § 11. Tibull. 2, 5, 49. Ov. met. 15, 728. Iuven. 12, 71 (Lavinjo gemessen). – Dav.: **a Lāvīniēnsēs,** ium, *m.*, die Einwohner von Lavinium, die **Lavinier,** Varro. – **b Lāvīnius,** a, um, **lavinisch,** Verg. – **c Lāvīnās, Lāvīnātēs,** s. Laurolāvīnium.

lavito, āre (*Intens.* v. lavo), **waschen, baden,** lacrimis se falsis, Pompon. com. fr. b. Calp. Pis. (*Munk* de Atellanis p. 150. fr. II, aber bei Ribbeck Pompon. com. fr. 164 *sq.* nur das Ende des Fragments ohne die Worte lacr. se falsis lavitat).

lavo, lāvī, lautum (st. lavitum), Partiz. lautus u. lōtus, lavere, und **lavo,** lāvī, lavātum, lavāre (λούω), **waschen, baden, I** im Allg.: **1** im engeren Sinne: **α** *tr.:* manus lavare, Cic. (vgl. malluviae, quibus manus sunt lautae, Fest. 161, 17): manus manum lavat, sprichw., s. 1. manus *no.* I, A: dentes, Plin. ep.: puriter dentes, Catull.: cutem, Lact.: vellus, Plin.: lanam, Inscr., u. lanas, Plin.: vestimenta, waschen (u. walken), Titin. com. 29. Fronto epist. ad M. Caes. 4, 3. p. 64 *sg.* (N.); vgl. vestimenta Tyria sine dubio, sed iam semel lota, Petron. 30, 11: lav. Xantho amne crines, Hor.: quo pedes lavisset Sisyphus aere, Hor.: pure loti pedes, Plin. – Venus lavans sese, sich badende, Plin. 36, 35. – **β** *intr.* lavare u. Passiv. lavari medial = **sich waschen, sich baden,** pisces usque dum vivunt lavant, Plaut.: vos lavate interibi, Plaut.: illa si iam laverit mihi nuntia, Ter.: numquam in thermis suis admissā plebe lavit, Suet.: lavare saepius in die, Suet.: lavare ex lacu, Vitr.: lavare simul cum principe, Treb. Poll.: lavare frigidā, Plaut.: ornantur lavantur terguntur poliuntur, Plaut.: cum soceris generi non lavantur, Cic.: lavantur in fluminibus, Caes.: lavari frigidā, Plin. ep.: aquā calidā, Iustin., u. bl. calidā, Plin.: calidis frigidisque unguentis, Suet.: in villa Formiana, Plin. ep.: in publico Romae, Plin. ep.: postero die, Cels.: totus (am ganzen Körper) lavor, Sen.: unā lavamur, wir baden zusammen, Mart.: lavari cum alqo, Mart.: lavari bene, Mart.: rex lavans, Liv.: cur te lautum voluit, cenatum noluit occīdere, Cic.: lavandi mos, Augustin.: ad lavandi tempus, zur Badezeit, Gell.: it lavatum, Ter.: dum tu lavatum ibis, Hor. – **2** im weiteren Sinne, **baden = netzen, benetzen, befeuchten,** vultum lacrimis, Ov.: ora, Verg.: Padus Matina laverit cacumina, Hor.: his (rivis) nunc illa viridia, nunc haec, interdum simul omnia lavantur, Plin. ep. 5, 6, 40. – **II** prägn., **weg-, abwaschen,** sudorem, Fronto epist. ad M. Caes. 4, 3. p. 65, 1 N. – übtr., peccatum precibus, entschuldigen, Ter.: mala vino, vertreiben, Hor. – ► Das Perf. heißt nur lavi (erst spätlat. lavasti in einer christl. Inschr. im CIL 5, 3216), das Supinum klass. immer lavatum (dah. Partiz. Fut. lavaturus, Ov. fast. 3, 12), das Partiz. Perf. klass. immer lautus. Formen der dritten Konjug. sind der klassischen Prosa fremd, während sie bei den Dichtern häufig u. bei Horaz ständig sind.

laxāmen, inis, *n.* = laxamentum, Not. Tir. 71, 54.

laxāmentum, ī, *n.* (laxo), **I** die **Erleichterung, Schonung, Erholung,** der **Spielraum,** laxamentum dare legi, gegen das G. einige Schonung beweisen, Cic.: legem nihil laxamenti habere, Liv.: nihil laxamenti hostibus dedit, Liv.: ut legionibus nostris ad confirmandos animos salutare laxamentum daret, Val. Max.: si quid laxamenti a bello esset, Liv. – **II** die **Erweiterung,** das **Weitmachen,** eig. u. meton.: **1** eig.: l. sibi parat, Sen.: amplum l. cellae efficere, Vitr.: l. ventris, das Laxieren, Macr. – **2** meton., der **(weite) Raum,** choragia laxamentum habeant, Vitr.

laxātio, ōnis, *f.* (laxo), **I** die **Lockerung, 1** eig. (Ggstz. coartatio, engere Zusammenfügung), Vitr. 9, 8 (9), 6. – **2** übtr., die **Linderung,** Cael. Aur. de morb. chron. 2, 1, 13. – **II** die **Erweiterung,** der **freie Zwischenraum,** habere duorum digitorum laxationem, Vitr. 4, 7, 4.

laxātīvus, a, um (laxo), **lindernd,** materiae, Cael. Aur. de morb. acut. 3, 17, 151: cataplasmata, Cael. Aur. de morb. chron. 2, 3, 67: usus. Plin. Val. 2, 23.

laxātus, a, um, *PAdi.* (v. laxo), **gelockert, locker, lose,** maceratas (virgas lini) indicio est membrana laxatior, Plin. 19, 17: übtr., in orationibus, quia laxatior est materia, minus earundem rerum annotatur iteratio, Sen. contr. 9, 5 (28), 15.

laxē, *Adv.* (laxus), **I schlaff, lose, 1** eig.: manus vincire, Liv. 9, 10, 7. – **2** übtr., **zwanglos, uneingeschränkt, frei,** laxius vivere, Liv.: Romanos laxius futuros, lässiger, Sall.: quo laxius (bequemer) dimicarent, Suet. – **II weit, geräumig, 1** eig.: habitare, Cic.: distare, Plin.: laxius stare, tendere, Curt.: laxissime vagatur Mercurii stella, Plin. – **2** übtr.: **a** v. der Zeit, laxius proferre diem, weiter hinausschieben, Cic.: volo laxius (pecuniam curari), nicht sogleich auf einmal, nach und nach, Cic. – **b** v. der Zahl, de numero pastorum alii *angustius,* alii *laxius* constituere solent, einige weniger, andere mehr, Varro.

laxitās, ātis, *f.* (laxus), **I** das Losgespanntsein, übtr., **a** im guten Sinne, die **Gelassenheit,** naturalis animi remissio (Ruhe) et laxitas, Sen. ep. 66, 14. – **b** im üblen Sinne, die **Schlaffheit,** feminei languoris (Weichlichkeit), Arnob. 6, 12. – **II** die **Weite, Geräumigkeit,** loci, Sall. fr.: urbium, Sen.: maris, Plin.: aëris, freie Luft, Pallad.: sic in domo clari hominis adhibenda cura est laxitatis, Cic.

laxo, āvī, ātum, āre (laxus), **I schlaff machen, losspannen, lockern, lösen, öffnen, lüften, 1** im Allg.: arcum, Phaedr.: vincula epistulae, Nep.: habenas, Curt. (im Bild eloquentiae frenos, Plin. ep.): claustra, Verg.: repagula, Lucan.: excussos rudentes, Verg.: fidiculas, Val. Max.: navigii compages undique, Sen.: sellae curulis compages, Suet. (vgl. crebris arietibus saxorum compage laxatā, Curt.): intestina concreta, erweichen, Plin.: corpora laxantur rugis, werden runzelig, Ov.: Ggstz., musculus conducitur (wird angespannt) aut laxatur, Cael. Aur. de morb. chron. 2, 1, 8. – refl., se lax., **sich lockern,** laxare se (sich zu erweitern) sinus montium coeperant, Curt. 3, 9 (24), 12: compages operis laxavēre se, Curt 4, 3 (12), 6 *Vogel* (*al.* bl. laxavere). – **2** prägn.: **a ausrenken,** membra, Ps. Quint. decl. 19, 12 *extr.*, talos, Plin. Val. 2, 49. – **b losmachen,** elatum pedem *ab* stricto nodo, Liv. 24, 7, 5. – **c entfesseln, loslassen,** canes, Apul. met. 9, 36. – übtr., **entfesseln** (= freien Ausgang verschaffen), ubi dolor vocem laxaverat, Iustin.: ructum, das Aufstoßen befördern (v. Rettich), Plin. – **3** übtr.: **a erleichtern, Erleichterung-, Erholung verschaffen, sich erholen lassen, zerstreuen,** membra quiete, Verg.: vesicam urinae effusione, Hieron.: animum curamque, Cic.: animum lusu latrunculorum, Plin. ep.: vino animum curis publicis fatigatum, Sen.: animum ab assiduis laboribus, Liv. (vgl. laxandi levandique animi causā in Agrippinae porticu ambulare, Gell.): cum laxati curis sumus, uns frei fühlen von S., Cic.: se molestiis, sich befreien, Luccei. b. Cic. – **b nachlassen,** ex eo, quo astricti sumus, laxari aliquid velim, Cic.: aliquid laboris, Liv.: iram, mäßigen, Stat.: annonam, den Getreidepreis ermäßigen, herabsetzen, Liv. 2, 34, 12: vis morbi videbatur laxata, Curt.: *intr.*, annona haud multum laxaverat, hatte nachgelassen, Liv. 26, 20, 11. – und im üblen Sinne, **mit etwas nachlassen,** etw. **lässig betreiben,** ubi laxatam pugnam vidit, Liv. 21, 59, 6: ubi laxatas sensit custodias, Liv. 21, 32, 12: ut viderunt laxatam custodiam, Petron. 112, 5. – **c** poet., **eröffnen, offenbaren,** fata, Stat. Ach. 1, 508. – **II erweitern, geräumig machen** (Ggstz. coartare), **1** im Allg.: forum, Cic.: foramina, Ov.: manipulos, auseinanderrücken lassen, Caes. (u. so laxatae custodiae, einzeln stehende Posten, Ggstz. artae, Liv.): mare modice se laxat, Mela: littera se laxat (in cortice), Calp. – **2** prägn.: **a ausdehnen,** ferrum laxatur in usus innumeros, Stat. Ach. 1, 429 *Queck*. – **b verdünnen,** nigrantes tenebras, Stat. 12, 254: lucidam noctem, erhellen, Sil. 13, 550: aër laxatus, Ggstz. densatus, Quint. 5, 9, 16. – **3** übtr., eine **Zeit verlängern, ausdehnen,** tempus, Sen.: necessitatem dicendi longiore dierum spatio, auf den Raum mehrerer Tage ausdehnen, Quint.

laxus, a, um (verwandt mit langeo), **I schlaff, nicht straff angezogen, gelockert, locker, schlapp** (Ggstz. astrictus, artus), **1** eig.: arcus, Verg.: funis, Vitr. u. (Ggstz. contentus) Hor.: frena, Ov.: habenae, Verg. u. Sen. poët. (vgl. im Bild laxissimas habenas habere amicitiae, Cic.): catena (Ggstz. catena arta), Sen.: toga, Tibull. (u. so laxior usque in pedes demittitur toga, Sen. rhet): tunica, Ov.: male laxus in pede calceus haeret, zu schlotterig sitzt am Fuß der Schuh, Hor.: u. so ne vagus in laxa pes tibi pelle (Schuh) natet (schlottere), Ov.: si pes laxā pelle non folleat (schlottere), Hieron.: compages (Fugen) laterum, Verg.: tua ianua laxa (sit) ferenti, offen für den V., Ov. – **2** übtr.: **a** im Allg.: laxior vocis sonus, zu breit, Gell. 13, 20, 12: caput laxum compage solutā, das vom Rausch wüste Haupt, Pers. 3, 58. – **b** insbes. **schlaff, zwanglos,** annona laxior, wohlfeilerer Getreidepreis, verminderte Teuerung, Liv.: milites laxiore imperio habere, Sall. – **II weit, geräumig** (Ggstz. artus, angustus), **1** eig.: anulus, Ov.: casses, Verg.: venter, Sen. rhet.: rus, Sen. rhet.: spatium, Sen. u. (Ggstz. modicum sp.) Liv.: ambulationes laxiores, Vitr.: agmen laxius, Sall. – bildl., in quo laxior neglegentiae locus esset, die N. einen weiteren Spielraum hätte, Liv. 24, 8, 1. – **2** übtr.: **a** von der Menge, **weit aufgeschichtet, groß,** opes (Schätze), Mart. 2, 30, 4. – **b** v. der Zeit, **geraum, weit,** diem statuo satis laxum, setze einen ziemlich geraumen Termin, Cic.: tempus laxius, Plin. ep. – **c** v. Worten, **weitläufig,** laxioribus paulo longioribusque verbis sententiam comprehendere, Gell. 16, 1, 3.

lea, ae, *f.* (leo, s. Charis. 39, 15), die **Löwin,** Lucr. 5, 1316. Varro fr. bei Philarg. Verg. ecl. 2, 63. Ov. met. 4, 102 u. a. – poet. v. Löwen übh., Val. Flacc. 3, 740.

1. leaena, ae, *f.* (λέαινα), die **Löwin,** Varro LL. 5, 100. Cic. de glor. 2. fr. 12 K. Catull. 64, 154. Verg. ecl. 2, 63; georg. 3, 245. Ov. met. 4, 97. Plin. 8, 45. Gell. 13, 7, 1. – übtr., eine Art Netze, Varro LL. 5, 100.

2. Leaena, ae, *f.* (Λέαινα), eine griech. Hetäre, Geliebte des Aristogiton, Lact. 1, 20, 3.

Lēander u. **Lēandrus,** drī, *m.* (Λείανδρος), ein Jüngling zu Abydus, Geliebter der Hero in Sestus, der allnächtlich durch den Hellespont zu seiner Geliebten schwamm, aber dabei seinen Tod in den Wellen fand, Ov. her. 18 u. 19; trist. 3, 10, 41. Mart. 14, 181; spect. 15, 1 u. 3. – Dav.: **a Lēandricus,** a, um, **leandrisch,** Fulg. myth. 1. p. 4 M. (= p. 4, 3 H.). – **b Lēandrius,** a, um **leandrisch,** Sil. 8, 622.

Learchus, ī, *m.* (Λέαρχος), Sohn des Athamas u. der Ino, von seinem rasenden Vater getötet, Ov. met. 4, 515; fast. 6, 490. Hyg. fab. 2. – Dav. **Learchēus,** a, um (Λεάρχειος), **learcheisch,** Ov. fast. 6, 491.

Lebadīa, ae, *f.* (Λεβάδεια), Stadt in Böotien am Helikon, berühmt durch das Orakel u. die Grotte des Trophonius, j. *Livadia,* Cic. de div. 1, 74 u. 2, 56. Liv. 45, 27, 8. – Nbf. **Lebadēa,** ae, *f.*, Stat. Theb. 7, 345.

Lebedos u. **-bedus,** ī, *f.* (Λέβεδος), Stadt in Jonien, nordwestl. von Kolophon, Mela 1, 17, 2 (1. § 88). Hor. ep. 1, 11, 6 *sq.*

leber, s. 2. liber ►.

lebēs, ētis, Akk. Plur. ētes u. ētas, *m.* (λέβης), **a** ein **Becken** mit weitem Bauch von Bronze od. kostbarem Metall, das unter die Hände u. Füße der Gäste bei einem Gastmahl gehalten wurde, wenn zu Anfang u. zu Ende des Mahles ein Diener aus einer Kanne (gutturnium) Lustralwasser darüber goss; derartige Gefäße wurden bei den Griechen häufig als Preise in den Spielen ausgeteilt od. als Ehrengeschenke gegeben, lebetes curvi (weitbäuchige), Ov. met. 12, 243: Dodonaei, Verg. Aen. 3, 466 (dazu Serv.): gemini ex aere, *ibid.* 5, 266: fulvi operoso ex aere, Ov. her. 3, 31. – **b** ein bronzener **Kessel** mit weitem Bauch, zum Kochen des Fleisches usw., Vulg. 1. regg. 2, 14 u. a.: lebetes aenei, Isid. orig. 22, 8, 4: als Aschengefäß, lebetes ad suscipiendos cineres, Vulg. exod. 27, 3. – Nbf. lebeta, Prob. app. (IV) 194, 7 u. 197, 8.

Leborīnus campus, Leboriae, s. Laborīnus campus.

Lechaeum, ī, *n.* (Λέχαιον), Hafenstadt am korinthischen Meerbusen, zu Korinth gehörig, Liv. 32, 23, 11. Prop. 3, 20, 19. Stat. Theb. 7, 97. – Nbf. **Lecheae,** ārum, *f.*, Plin. 4, 10. – Dav. **Lechaeus** u. **Lechēus,** a, um, **lechäisch,** spatia Lechaea, Gratt. cyn. 227: sinus Lecheus, der korinthische, Porphyr. Hor. carm. 1, 7, 2.

lectārius, a, um (2. lectus), **Betten verfertigend** = κλινοποιός, faber, CIL 6, 7882. Vgl. Gloss. II, 350, 60 u. lectuarius *no.* II.

lēctē, *Adv.* (1. lectus), **mit Wahl, vortrefflich,** Varro LL 6, 36.

lectīca, ae, *f.* (lectus), **I** die **Sänfte,** das **Tragbett** (während die spätere sella gestatoria = Tragsessel), von Sklaven (lecticarii) getragen und in den ältesten Zeiten nur auf Reisen u. für Kranke gebraucht; in späteren Zeiten auch in der Stadt verwendet, u. zur Bequemlichkeit mit Vorhängen versehen, um sich gegen Staub und Sonnenschein zu schützen u. die Blicke der Neugierigen von sich abzuhalten, oft auch für mehrere eingerichtet, lectica hexaphoros, von sechsen (sechs Sklaven) getragen, Mart.: octophoros, von achten (acht Sklaven) getragen, Cic.: lectica formosis imposita calonibus, Sen.: lectica incomitata, Sen.: lectica aversa, die Rückseite der S. (auf der sich das Kopfkissen befand), Cic.: turba servorum lecticam tuam per itinera urbana ac peregrina portantium, Sen.: lectica scutorum, mit Schilden angefüllt, Cic.: comparare ad lecticam homines, Sänftenträger, Catull.: lecticae imponi, Petron.: cubare in lectica, Cic., lecticā, Suet.: alqm lecticā gestare, Hor.: lecticā octophoro ferri, Cic.: lecticā militari ferri, Curt.: lecticā per agros ferri, Sen. rhet.: eādem lecticā usque in cubiculum deferri, Cic.: in forum ad consules lecticā deferri, Liv.: lecticā perferri in aciem (v. einem kranken Feldherrn), Lact.: ex lectica prominere, Liv. fr.: lecticam deponere, Liv. fr. – insbes. zum Hinaustragen der Toten, die **Bahre** (u. zwar für Reiche, während die sandapila für Arme), Nep. u. a. – **II** übtr., der Teil des Baumes, wo die Äste nach allen Seiten emporragen, etwa der **Sattel,** molles arborum lecticae, Plin. 17, 99.

lectīcālis = qui lectulum facit, Gloss. IV, 254, 19: qui lectulos facit, Gloss. IV, 106, 9 u. ö.

lectīcāriola, ae, *f. (Demin.* ü. lecticarius), **Sänftenträgerliebste,** ein Spottname, Mart. 12, 58, 2.

lectīcārius, iī, *m.* (v. lectica), der **Sänftenträger** (s. lectīca), Cic. Rosc. Am. 134. Sulpic. in Cic. ep. 4, 12, 3. Suet. Cal. 58, 3. Schol. Iuven. 3, 245. CIL 6, 6302 *sq.*: decurio lecticariorum, CIL 6, 8875: supra lecticarios, Präfekt der Sänftenträger, CIL 6, 5198 u. 6301: ders. praepositus lecticariis, CIL 6, 8874: feles habebat gallus lecticarios (zu S.), Anthol. Lat. 815, 1 R.

lectīcula, ae, *f. (Demin.* v. lectica), **I** die **kleine, bequeme (behagliche) Sänfte,** das **kleine** usw. **Tragbett, 1** im Allg.: lecticulā in curiam deferri, Cic.: lecticulā in aciem inferri, Liv.: in lecticula vehi, Eutr.: cum alqo simul lecticulā concursare (von einem zum anderen herumziehen), Cic.: lecticulae pallia diducere, Eutr. – **2** insbes., zum Hinaustragen der Toten, die **Bahre,** Nep. Att. 22, 4. – **II** das **Ruhebett,** zum Studieren und Schreiben (da die Alten dies meist in liegender Stellung taten), lucubratoria, Suet. Aug. 78, 2. – übtr., v. Nest der Henne, Apul. met. 9, 33.

lectīculus, ī, *m. (Demin.* v. lectulus), das **Ruhebett,** Catull. 57, 7 B. m. *cod. Oxon.* (aber wohl falsche Prolepse aus dem folg. erudituli).

lēctio, ōnis, *f.* (2. lego), **I** das **Lesen, Zusammenlesen, Sammeln, 1** im Allg.: lapidum, Colum. 2, 2, 12: (florum), Arnob. 5, 24 – **2** prägn., das **Auslesen, Auswählen,** die **Auswahl,** iudicum, Cic.: senatorum affluentem numerum ad modum pristinum redegit duabus lectionibus, durch zweimalige Auswahl, Sichtung, Suet. – II das **Lesen,** A eig.: 1 im Allg., das **Lesen, Durchlesen** einer Schrift, ad lectionem institui, im Lesen unterrichtet werden, Quint. 1, 7, 17: lectione dignus, Quint.: rationes confectae me absente sunt tecum, ad quas ego nihil adhibui praeter lectionem, Cic. ep. 5, 20, 2. – 2 insbes.: a das **Lesen** als Unterhaltung, als Studium, die **Lektüre,** carminum, Sen.: librorum, Cic.: unius capitis, Treb. Poll.: libri eiusdem, Augustin.: lectio sine ulla delectatione, eine höchst unerquickliche L., Cic.: homo multā lectione exercitus, ein belesener Mann, Gell.: lectio Sallustiana, Belesenheit in Sallusts Werken, Gell.: so auch vir plurimae lectionis, Macr.: subagreste ingenium nullis vetustatis lectionibus expolitum, durch keine Lektüre der Alten gebildet, Amm.: multa lectio (Belesenheit) in subitis, multa scriptio elucet, Plin. ep.: lectio docet (die Lektüre [älterer Schriften] zeigt) m. folg. *Acc.* u. *Infin.*, Macr. 7, 7, 5: lectioni operam dare, sich auf L. (aufs Studium) legen, Capit.: aber lectioni operum tuorum operam dare, sich mit der L. deiner W. beschäftigen, Hieron. – b das **Vorlesen** eines Buches usw., Cic. u. Nep. – c lectio senatus, das **Vorlesen der Senatorenliste** durch den Zensor, Liv. 9, 29, 7 u. 27, 11, 9. – B meton.: a die **Lektüre** als Lesestoff (Text), genera ipsa lectionum, Quint. 10, 1, 45: lectio fortior (kräftigere), Sen. de tranqu. anim. 1, 10: datā lectione, quae non sit intellectu difficilis, Cael. Aur. de morb. chron. 1, 5, 163. – b das Gelesene = das Wort, der **Ausdruck,** die **Lesart,** die **Worte,** der **Text,** ein **Stück,** eine **Stelle, Beweisstelle,** der **Beleg,** pervulgati iuris lectio vana, Amm. 30, 4, 18: diversae iuris lectiones, verschiedene Gesetzesstellen, Cod. Iust. 6, 61, 5: lectiones reconditae, Amm. 30, 4, 12: nothae atque adulterae lectiones, Arnob. 5, 36: falsa lectio (Lesart), Serv. Verg. Aen. 2, 348: varietas lectionum (Lesarten), Cod. Theod. 1, 1, 5: obelus opponitur, ubi lectio (Ausdruck, Lesart) aliqua falsitate notata est, Isid. orig. 1, 20, 3. – dah. Plur. lectiones als Büchertitel, **Lesefrüchte, Kommentare,** antiquae lectiones, Sammlung od. Erklärung alter Ausdrücke, Gell. praef. § 6.

lectisterniātor, ōris, *m.* (lectisternium), der die Tafelsofas mit Polstern belegt u. in Ordnung bringt, etwa **Tafeldecker,** Plaut. Pseud. 162.

lectisternium, iī, *n.* (lectus u. sterno), die **Göttermahlzeit,** der **Götterschmaus,** bei dem die Bildnisse der Götter auf Kissen (lecti) gelegt und ihnen Speisen vorgesetzt wurden, Liv. 5, 13, 6 u. a.

lēctito, āvī, ātum, āre (*Intens.* v. 2. lego, s. Charis. 168, 18), I mit Eifer **sammeln,** eos vagos litoribus conchulas et umbilicos lectitasse, Val. Max. 8, 8, 1: in nemore Hennensi flores, Arnob. 5, 37. – II übtr.: 1 eine Schrift **oft-, mit Eifer-, mit Aufmerksamkeit lesen,** Pyrrhi libros, Cic.: Platonem studiose, Cic.: non legendos libros, sed lectitandos, Plin. ep.: neminem a me Latinorum, Graecorum aliquos lectitatos, Vopisc.: absol., in lectitando, scribendo, commentando, Gell. praef. § 19. – 2 **vorlesen,** orationes, Plin. ep. 7, 17, 4.

lēctiuncula, ae, *f.* *(Demin.* v. lectio), das **flüchtige Lesen,** die **leichte Lektüre,** lectiuncula haec, Paul. Nol. in Augustin. epist. 121, 1: per eos dies matutina tempora lectiunculis consumpseris, Cic. ep. 7, 1. § 1.

lēcto, āre (*Intens.* v. 2. lego) = lectito, Vet. Schol. Hor. sat. 1, 6, 122. Charis. 168, 18. Mar. Victorin. 1, 5, 21. p. 28, 23 K.

Lecton u. **Lectum,** ī, *n.* (Λεκτόν), ein Vorgebirge in Mysien, der südliche Grenzpunkt von Troas, j. *Cap Baba* od. *Santa Maria,* Liv. 37, 37, 4. Plin. 5, 123.

lēctor, ōris, *m.* (2. lego, s. Serv. Verg. Aen. 12, 159), I der **Leser,** eines Buches usw., lector otiosus, Quint.: lector amice, Mart.: lector optime, Apul.: infrequens lector Plauti, Gell.: aptus ad delectationem lectoris, Cic.: delectatione aliquā allicere lectorem, Cic. – II der **Vorleser,** Cic., Quint. u. a.

lēctōrium, iī, *n.* (2. lectus), das **Lesepult** = ἀναλογεῖον, Gloss. III, 327, 22 u. III, 508, 9.

lēctrīx, trīcis, *f.* (Femin. zu lector, s. Serv. Verg. Aen. 12, 159), die **Vorleserin,** CIL 6, 8786; vgl. Serv. Verg. Aen. 12, 159. Prisc. inst. 18, 17 u. de nom. et pronom. § 71. Cledon. 37, 8 K.

lectuālis, e (lectus), **zum Bett gehörig,** morbus, in der man lange bettlägerig ist, Spart. Hadr. 23. § 1.

lectuārius, a, um (lectus), I **zum Bett gehörig, Bett-,** sindon, Non. 537, 31. – II **Betten verfertigend** = κλινουργός, Gloss. III, 308, 26. Vgl. lectarius.

lectulus, ī, *m.* *(Demin.* v. lectus), die **Lagerstatt,** I als **Bett** zum Schlafen, 1 im Allg.: caelebs, eheloses, Cic.: obscenus, der Buhldirne, Sen. rhet.: lecti flexiles, Feldbetten, Amm.: in lectulis suis mori, Cic.: in lectulo precario mori, Sen. rhet. – 2 insbes.: das **Braut-** od. **Ehebett,** Mart. 10, 38, 7: vollst. lectulus genialis, Arnob. 4, 20: matrimonialis, Ps. Quint. decl. 1, 13. – II das **Ruhebett, Ruhelager,** a **Sofa** zum Studieren u. Schreiben (da die Römer dieses meist in liegender Stellung taten; vgl. Casaub. Suet. Aug. 78), lectulus meus, Cic.: uno in lectulo erudituli ambo, Catull.: iacēre in lectulo, Plin. ep.: nec, consuete, meum, lectule corpus habes, Ov. – b das **Speisesofa,** statuite hic lectulos, Plaut.: lectulos iube sterni nobis, lass den Tisch decken, Ter.: stravit pelliculis haedinis lectulos Punicanos, Cic. – c das **Leichenbett, Paradebett,** Tac. ann. 16, 11.

lēcturio, īre (*Desid.* v. 2. lego, s. Prisc. 8, 74), **lesen wollen,** Sidon. epist. 2, 10, 5 u. 9, 7, 1.

1. **lectum,** s. 2. lectus ►.

2. **Lectum,** s. Lecton.

1. **lēctus,** a, um, *PAdj.* (v. 2. lego), I **auserlesen, ausgesucht,** pueri, Cic.: verba, Cic.: verba lectissima, Cic. – II übtr., **auserlesen, musterhaft, ein Muster von, vortrefflich** in seiner Art, a v. Pers. (s. Moser Cic. Verr. 2, 49. p. 190), adulescens, Cic.: ut neque vir melior neque femina lectior in terris sit, Cic.: femina lectissima, Cic.: lectissimus atque ornatissimus adulescens, Cic. – b v. Lebl.: vinum Massicum, Hor.: argentum, gutes, vollwertiges Geld, Ter.

2. **lectus,** ī, *m.* (vgl. λέχος, λέκτρον), die **Lagerstatt,** u. zwar: I zum Schlafen, das **Bett,** 1 im Allg., Cic. u. a.: cubicularis, Schlafbett, Cic.: argenteus, Curt.: caelebs, eheloses, eines Ehelosen, Ov.: vacuus, mit keinem Genossen (keiner Genossin) geteilt, liebeleer, Prop.: lectus doloris, Schmerzenslager, Ambros.: lecto teneri, das Bett hüten, Cic.: so auch cum etiam tum in lecto Crassus esset, Cic. – 2 insbes., das **Braut-, Ehebett,** gew. mit dem Zusatz iugalis, Verg., od. genialis, Cic., od. (weil es der Tür des Atriums gegenüberstand) adversus, Laber. fr. u. Prop.; vgl. Schmid Hor. ep. 1, 1, 87. – II das **Ruhebett,** 1 das **Sofa** zum Lesen, Meditieren u. Schreiben (da die Alten dies meist in liegender Stellung taten), Sen. ep. 72, 2. – 2 das **Speisesofa** (vollst. convivalis lectus, Tac. ann. 14, 9), gew. für drei Personen, Cic. u. a.: tricliniaris, Plin. u. Lampr.: ligneus, Sen.: sternite lectos, Plaut.: lectus est stratus, Plaut. – 3 zum Schaustellen der **Toten, Paradebett, Leichenbett,** die **Bahre** (vollst. lectus funebris, Val. Max. 4, 1, 12. Petron. 114, 12), arsuro positus lecto, Tibull.: in lecto componi, Sen.: lecto imponi, Quint.: lectum in forum detulerunt, Suet.: mortui lectum (die Totenbahre) pro rostris sustulerunt quattuor filii, Vell. – ► Nbf. lectus, ūs, *m.*, Plaut. Amph. 509 (Fleckeisen lecti). Cornif. bei Prisc. 6, 73. Sen. ep. 95, 72 H. – u. lectum, ī, *n.*, Ulp. dig. 32, 1, 52. § 9 u. 34, 2, 19. § 8.

3. **lēctus,** ūs, *m.* (2. lego), I = ἀνάγνωσις, das **Lesen,** Prisc. partit. XII. vers. Aen. 1, 17. p. 463, 16 K. – II das **Lesen** = die **Lektüre, Belesenheit,** Sen. contr. exc. 3. § 3. p. 242, 1 K. *codd.* – III = 2. lectus, s. dort a. E.

lēcythus, ī, *m.* (λήκυθος), der **Krug,** bes. der **Ölkrug,** Vulg. 3. regg. 17, 16.

1. **lēda,** ae, *f.* (λῆδος) u. **lēdon,** ī, *n.* (λῆδον), ein Strauch, von dem das Harz **lēdanum** (lādanum), ī, *n.* (λήδανον, λάδανον) gesammelt wird, **kretisches Cistenröslein** (*Cistus creticus,* L.), Plin. 12, 73 *sqq.* (wo leda, ladanum u. ledanum); 26, 47 (wo ledon u. ladanum).

2. **Lēda,** ae, *f.* u. **Lēdē,** ēs, *f.* (Λήδα), Tochter des Thestius, Gemahlin des spartanischen Königs Tyndareus, die von Zeus (Jupiter), der sich ihr in der Gestalt eines Schwanes nahte, zwei Eier gebar, aus denen Kastor u. Pollux (die Dioskuren), Helena u. Klytämnestra hervorgingen, Ov. her. 17, 55; am. 1, 10, 3 u. a.: nach einigen nach ihrem Tode als Ne-

mesis vergöttert, Lact. 1, 21, 23. – Dav. **Lēdaeus,** a, um, **ledäisch,** auch poet. für **spartanisch,** Helena, Verg.: Hermione, Enkelin der Leda, Verg.: di, Kastor u. Pollux, Ov.: sidera, Lucan., od. astrum, Mart., Kastor u. Pollux, die Zwillinge, ein Gestirn: olores, Schwäne, mit Beziehung auf Leda, Mart.: ovum, Ei eines Schwanes, Mart.: Amyclae, durch Leda berühmt, Sil.: Phalantum (*i.e.* Tarentum), vom Spartaner Phalanthus erbaut, Stat.

lēdanum, s. 1. lēda.

Lēdē, ēs, *f.,* s. 2. Lēda.

lēdon, s. 1. lēda.

lēgālis, e (lex), **I die Gesetze betreffend, gesetzlich,** pars civilitatis, die Gesetzgebung, Quint.: status, Quint.: doctrina, Spart. – **II den Gesetzen gemäß,** vita, den göttlichen Gesetzen gemäß, fromm, Tert. adv. Marc. 4, 25.

lēgāliter, *Adv.* (legalis), **gesetzmäßig,** Cassiod. var. 2, 13, 2; 4, 37, 3 u. ö.

legārium, iī, *n.,* in der Bauernsprache = legumen, nach Varro r. r. 1, 32.

1. lēgātārius, iī, *m.* = legatus, der **Abgesandte,** Cassiod. (Epiph.) hist. trip. 7, 24; 10, 33; 11, 15.

2. lēgātārius, a, um (legatum), **I im Testament bedacht,** mulier, ICt.: so auch subst., der **Vermächtnisinhaber,** die **Vermächtnisinhaberin,** lēgātārius, iī, *m.,* Suet. Galb. 5, 2 u. ICt.: u. lēgātāria, ae, *f.,* ICt. – **II durchs Testament angeordnet,** Tert. de spect. 6. – subst., lēgātārium, iī, *n.,* das **Vermächtnis, Legat,** Schol. Iuven. 9, 62.

lēgātio, ōnis, *f.* (lēgo, āre), **I** die **Gesandtschaft, 1** das Amt eines Gesandten, der **Gesandtschaftsposten,** die **Gesandtenstelle,** legationem suscipere, Caes.: legationem obire, Cic., administrare, Nep.: alia legatio dicta erat (war zugesagt), alia data est, Cic.: haec ieiuna tabellarii legatio datur ei, cuius etc., diese magere G., so eine Art Kurierstelle, Cic. – legatio libera, die »freie Gesandtschaft, Wahlgesandtschaft«, die sich ein Senator vom Senat übertragen ließ, wenn er bloß in eigenen Angelegenheiten od. zum Vergnügen in eine od. mehrere Provinzen reisen wollte, wo er dann gleich einem wirklichen Gesandten verpflegt u. weiter befördert wurde, Cic.: auch bl. legatio, Cic. de legg. 3, 18: legatio votiva, um Gelübde zur Ausführung zu bringen, Cic. – **2** meton.: **a** die **Botschaft,** der **Auftrag,** den ein Gesandter bekommt, die **Antwort,** die er bringen soll, der **Bericht,** legationem renuntiare, Cic. u. Liv., od. referre, Liv., sowohl »das Aufgetragene vortragen, den Auftrag eröffnen«, als auch »Antwort darauf bringen«: Veneream perferre legationem, den von der Venus erhaltenen Auftrag, Apul. – **b** die **Gesandtschaft** = das **Gesandtschaftspersonal,** die **Gesandten,** legationem mittere, Caes.: legatio Romam venit, Cic.: legationes reverti iubet, Caes.: legationes sociorum a M. Atilio praetore in senatum introductae, Liv. – **II** die **Stelle eines Legaten,** sowohl bei einem Feldherrn als bei einem Statthalter in einer Provinz, Cic.: legationem obire, Cic.

lēgātīvus, a, um (lēgo, āre), **I** zur **Gesandtschaft gehörig,** viaticum, Gesandtschaftskosten, ICt.: dass. subst. bl. lēgātīvum, ī, *n.,* ICt. – **II durch Erbschaft übertragen,** epulum, CIL 10, 6090, 11.

lēgātor, ōris, *m.* (lēgo, āre), der **Erblasser,** Suet. Tib. 31, 1.

lēgātōrius, a, um (legatus), **I einem Legaten gehörig, eines Legaten,** provincia, Cic. ad Att. 15, 9, 1. – **II zum Legaten** (kaiserl. **Statthalter) gehörig, Legaten-,** provinciae leg. praesidiales, *Lampr. Alex. Sev. 24, 1.

lēgātum, ī, *n.* (lēgo, āre), ein **Vermächtnis** im Testament, ein **Legat,** Hortensii legata, Cic.: duplicata ex Augusti testamento legata, Suet.: solutio legati (Auszahlung des L.), Cic.: legatum alci scribere, Plin. ep., alci ascribere, Suet.: falso sibi ascribi legatum curare, Ulp. dig.: honesto legato alqm impertire, jmdm. ein anständiges L. vermachen, Apul.: testamento omnes suos legatis idoneis prosequi, Capit.: reliqua legata varie dare, Suet.: legata dare plerisque, Suet.: nondum reddi legata, quae plebi Augustus reliquisset, Suet.: legatum habere in testamento alcis, Petron.: legatum petere ex testamento, Quint.: legatum ex testamento alcis irritum facere, Suet.: probrosis feminis ius capiendi legata hereditatesque adimere, Suet.

lēgātus, ī, *m.* (lēgo, āre), **I** der **Gesandte,** Cic. u. a.: legatos mittere, Cic. u. a.: Hispaniae deinde utriusque legati aliquot populorum in senatum introducti, Liv. – **II** der **Legat,** d. i. **a** der oberste Amtsgehilfe eines Feldherrn, **Unterfeldherr, Legat** (ὑποστράτηγος), gew. zwei, die die beiden Flügel befehligten, Caes. u. a.: aber unter den Kaisern auch legati legionum, Befehlshaber einer Legion, Suet. Tib. 19; Vesp. 4, 1. – **b** der oberste Amtsgehilfe eines Statthalters, **Legat,** der mit ihm in die Provinz ging, um ihm in allen seinen Amtsgeschäften zur Seite zu stehen, Nep. u. a.: legatum sibi legare, Cic. – **c** zur Kaiserzt. der vom Kaiser in die Provinz geschickte **Statthalter,** Tac. u. a.

legibilis, e (lego, ere), **leserlich,** Ulp. dig. 28, 4, 1. Vgl. Gloss. II, 121, 62; 316, 14.

lēgifer, fera, ferum (lex u. fero), **Gesetze gebend,** Minos, Ov. am. 3, 10, 41: Athenienses, Apul. met. 10, 33: Ceres (griech. Δημήτηρ θεσμοφόρος), insofern sie durch Einführung des Ackerbaues die erste Veranlassung zur bürgerlichen Gesellschaft, zur Gesetzgebung u. zu rechtmäßiger Eheverbindung gab, Verg. Aen. 4, 58. – subst., lēgifer, ferī, *m.,* der **Gesetzgeber,** v. Moses, Lact. 4. 17, 7. Prud. perist. 2, 363. Ven. Fort. misc. 4, 2. p. 324, 2 *Migne:* Moses reliquis legiferis antiquior, Tert. apol. 19 *extr.*

legio, ōnis, *f.* (lego, ere), **I** eine röm. **Legion** (Heeresabteilung von 4200–6000 Mann), aus 10 Kohorten bestehend, wozu noch 300 Reiter kamen (jede Legion mit dem Adler [aquila] als Heereszeichen, befehligt von den republikanischen Oberbeamten [Konsul, Prätor, Diktator], dann von den Kriegstribunen u. in der Kaiserzeit von einem legatus, s. d.), Caes., Cic., Tac., Suet.: benannt nach Zahlen (nach der Reihenfolge der Anwerbung), tertia decima, Liv.: od. nach dem Errichter, Claudiana, Tac.: od. nach Gottheiten, Martia, Cic.: vernacula, veterana, Caes.: duas legiones ibi conscribere, Caes.: duas legiones in citeriore Gallia novas conscribere, Caes.: legiones deportare in Italiam, Liv.: duas legiones portare in Macedoniam, Liv. – übtr.: **a** v. den **Truppen** anderer Nationen wie der Bundesgenossen, der Samniter, Gallier, Karthager, Enn. fr., Plaut. u. Liv. – **b** übh. = **Heer,** Plaut. most. 129 u. a. Verg. Aen. 9, 368. Val. Flacc. 7, 573. – **II** bildl.: legiones parat, d. i. Hilfsmittel, Plaut. Cas. prol. 50.

legiōnārius, a, um (legio), **zur Legion gehörig** (Ggstz. alarius), miles, Asin. Poll. b. Cic.: milites, Caes.: cohors, cohortes, Caes. u. Liv.: legionaria militia, Dienst in der Legion, Tac. – Plur. subst., legiōnāriī, ōrum, *m.,* die Legionssoldaten (Ggstz. socii), Caes. u. Liv.

lēgirupa, ae, *m.* (lex u. rumpo), der **Gesetzübertreter,** Plaut. Pers. 68 u. rud. 652. – attrib. = **gesetzverletzend,** legirupis viribus, Prud. ham. 238.

lēgirupio, ōnis, *m.* (lex u. rumpo), der **Gesetzübertreter,** Plaut. rud. 709.

lēgisdatio, ōnis, *f.* (lex u. datio), die **Gesetzgebung,** Interpr. Iren. 4, 4, 2 u. 4, 9, 1.

lēgislātio, -lātor, lēgis lātor s. lātio, lātor.

lēgisperītus, ī, *m.* (lex u. peritus), der Gesetzeskundige = der **Rechtsgelehrte,** Vulg. Luc. 7, 30; vgl. Gloss. II, 376, 69 ›legisperitus, νόμων ἔμπειρος‹).

lēgitimē, *Adv.* (legitimus), **I den Gesetzen gemäß, rechtmäßig,** Cic. u. Iuven. – **II** den **Regeln der Kunst gemäß, regelrecht,** Lact. de mort. persec. 13, 3. – **III** übtr., **gehörig,** coquere, Plin.: studere, Tac. dial.

lēgitimus (arch. legitumus), a, um (lex), **I durch die Gesetze bestimmt, -verordnet, gesetzmäßig, rechtmäßig,** dies, controversia, impedimentum, hora, potestas, Cic.: aetas, Liv.: poena, Nep.: coniunx, Ov.: liberi, aus gesetzlicher Ehe, ehelich (Ggstz. nothi), Cic. u. Quint.: crimen, ICt.: imperium, v. König, Sall., in der Republik, Cic. – Plur. subst., legitima quaedam conficere, einige Förmlichkeiten, Nep. Phoc. 4, 2: custodite legitima mea, meine Satzungen, Vulg. Levit. 18, 26. – **II** übtr., **1** (= legalis) **das Gesetz betreffend,** quaestiones, Quint. 3, 6, 71: status, Quint. 3, 6, 103: verba, Gell. 11, 1, 4. – **2 recht, a** = **gehörig, gebührend, schicklich,** numerus, Cic.: poëma, Hor.: verba, Ov.: finis (orationis), Quint.: vox, Ov.: legitimum est, **es ist recht, gehört sich, schickt sich,** Plin. – **b** **recht = richtig, regelrecht, echt,** sonus, Hor.: olus, Plin.

legito, āre = lectito, Prisc. 8, 74 (ohne Beleg).

legiuncula, ae, *f.* *(Demin.* v. legio), ein **Legiönchen,** eine **armselige Legion,** duae male plenae legiunculae, Liv. 35, 49, 10.

1. lēgo, āvī, ātum, āre (v. lex), eig. eine gesetzliche Verfügung treffen; dah. **I** als publiz. *t. t.:* **A** jmd. von Amts wegen mit Aufträgen an jmd. **absenden,** wohin als **Gesandten senden, 1** eig., alqm, Cic.: alqm ad Apronium, Cic.: alqm in Africam, Sall.: alqm Romam ad senatum, Gell. – **2** übtr., verba ad alqm, durch Gesandte sagen lassen, Gell. 15, 31 *lemm.* – alci negotium, von Amts wegen auftragen, Plaut. Cas. 100. – **B** jmd. **zum Legaten** (d. i. zum Amtsgehilfen des Feldherrn od. Statthalters) **machen, -ernennen,** alqm Caesari, Cic.: alqm sibi, sich zum Legaten nehmen, Cic. u. Sall.: consilium cepi legari a Caesare, mich von C. zum L. machen zu lassen, Cic. – **II** als jurist. *t. t.* = **letztwillig-, durch ein Testament verfügen, hinterlassen, vermachen,** uti legassit super pecunia tutelae suae rei, ita ius esto, XII tabb.: alci pecuniam, Cic.: alci testamento pecuniam, Ps. Quint. decl., grandem pecuniam, Cic.: alci alqd ab alqo, jmdm. etw. so vermachen, dass dieses Vermachte von einem bestimmten Erben ausgezahlt werden soll, Cic. – ► Archaist. Perfektform legassit = *legaverit,* XII tabb. 5. fr. 3 (bei Cic. de inv. 2, 148. Gaius inst. 2, 224 u. a. ICt.). – arch. Infin. Präs. Pass. legarei, CIL 1, 206, 150.

2. lego, lēgī, lēctum, ere (λέγω), Stück für Stück wegnehmen; dah. **I** eig.: **1** übh., mit den Händen usw. = **zusammennehmen, -lesen, auflesen, lesen, sammeln,** spolia caesorum, Liv.: conchas, Cic.: nuces, Cic.: flores, pflücken, Verg. u. Apul.: uvas, Colum., od. vinum, Varro LL.: oleam, ablesen, abnehmen mit den Händen (Ggstz. quatere, abschütteln), Varro: ebenso oleam digitis nudis (Ggstz. digitalibus), Varro: mala ex arbore, Verg.: poma ab arboribus, Tibull.: testam de litore, Min. Fel.: fructum sub arbore, Liv.: in veste floccos, Flocken lesen (v. Fieberkranken), Cels.: alci capillos, ausraufen, Phaedr.: ancoras, aufziehen, lichten, Sen. poët. – Insbes., legere ossa, **α** **die Gebeine** eines verbrannten Toten **sammeln,** homini mortuo ossa, Cic. de legg. 2, 60: ossa filii, Sen. de ira 2, 33, 6 u. (im Wortspiel mit *no.* β) Quint. 8, 5, 21: ossa legenda per sacerdotes, Suet. Aug. 100: ossa lecta cado texit aëno, Verg. Aen. 6, 228: corpore iam cremato lecta ossa et in pulverem comminuta iactabantur in flumine ac mare, Lact. de mort. persec. 21, 11: dass. reliquias legere, Suet. Aug. 100, 4. – **β** **die Knochen** (Knochensplitter) aus einem Glied **herausnehmen,** Sen. de prov. 1, 3, 2: ossa vivis, Sen. ad Marc. 22, 3: ossa in capite, Sen. de ben. 5, 24, 3. Quint. 8, 5, 21: ossa e vulneribus, Quint. 6, 1, 30. – **2** insbes.: **a** **aufwinden, zusammenwickeln, aufwickeln,** funem, Val. Flacc.: lina (die Angelschnur), Ven. Fort.: vela, einziehen, Verg.: Parcae extrema fila legunt, winden die letzten Fäden auf, spinnen seine letzten Lebensfäden, Verg.: so auch fila legere, v. Theseus, Ov.: u. stamen legere, auf ein Knäuel wickeln, Prop. – **b** diebischerweise wegnehmen, **stehlen,** sacrum, Rhet. Her.: sacra divûm, Hor.: omnia viscatis manibus, Lucil. fr. – **3** prägn.: **a** eine Örtlichkeit usw. **durchgehen, durchwandern, durchlaufen,** saltus, Ov.: luna caelum freno propiore legit, Sen. poët.: dah. vestigia alcis, in jmds. Fußtapfen treten, Verg.: tortos orbes, gewundene Kreise durchirren, Verg.: bes. zu Schiff, ein Gewässer **durchsegeln,** aequor, Ov.: od. **längs** eines Ortes od. einen Ort **entlangsegeln** oder **-wandeln,** litora, Mela u. Val. Flacc.: oram curvi molliter litoris, Min. Fel.: oram Italiae, Asiae, Liv.: oram Campaniae, Suet.: terram, Suet.: rursus terram, Curt.; dah. im Bild, oram litoris primi, sich nahe an der Küste halten (im Schreiben), d. i. sich nicht zu weit einlassen, Verg. georg. 2, 44: moratim insularum omnium oras, einzeln anführen, Solin. 3, 1. – **b** = **auslesen, aussuchen, wählen,** de classe biremes, Verg.: sibi domum, Ov.: soceros, Verg.: vir virum legit, jeder sucht sich seinen Mann aus, Verg.: alqm in adoptionem, Capit.: iudices, Cic.: milites, ausheben, Liv. (vgl. lex a quinquagesimo anno militem non legit, Sen.): u. so ex Romanis tantum tirones, Eutr.: u. in supplementum milites, Curt.: supplementum in alias (legiones), Liv.: viros ad bella, Verg.: alqm in senatum, Cic., od. in patres od. inter patres, in den Senat aufnehmen, zum Senator machen, Liv.: cives in patres, Liv.: alqm in iudices, Gell.: alqm ducem, imperatorem, Tac.: dictatorem, magistrum equitum, Liv.: virginem Vestae legere, Liv.: flaminem Dialem in locum alcis defuncti, Tac.: condiciones, Cic. – *Partic.* lectus (lecta) m. folg. *Infin.*, Stat. Theb. 1, 530. – **II** übtr.: **A** mit den Ohren auffangen, **aufschnappen = belauschen, behorchen,** sermonem alcis, Plaut. Pseud. 414; vgl. alcis sermonem sublegere, Plaut. mil. 1090. – **B** mit den Augen wegnehmen, **1** **ins Auge fassen, mustern,** omnes adversos, Verg. Aen. 6, 755. – **2** **lesen,** **a** übh.: si leget (haec), perlegat, Lact.: qui legit, discat esse pius, Inscr.: eos libros, Cic.: Archimedis libros, Vitr.: ego te vel invitum istic lego, ich lese dich (= deine Schrift), M. Caes. b. Fronto ep. Graec. 6. p. 253, 1 N.: dedit mihi epistulam legendam tuam, quam paulo ante acceperat, Cic.: epistula, quam nolo aliis legi, von anderen gelesen, anderen bekannt werde, Cic.: *apud* quem (Menandrum) hi senarii duo leguntur, Amm.: librum ab oculo legit, ohne Stocken (Anstoß), Petron. 75, 4: de tabella legit, vom Blatt, Apul. flor. 9. p. 10, 4 Kr.: legendi studio promptus, ein Freund des Lesens (der Lektüre), Aur. Vict. epit. 42, 7. – haec scripta legi, Cic.: ut scriptum legimus, Cic.: cum relatum legent, quis musicam docuerit Epaminondam, Nep. – mit *Acc.* u. *Infin.*, legi apud Clitomachum A. Albium iocantem dixisse etc., Cic.: scriptum legimus Gallos in venatibus tingere sagittas elleboro, Gell.: im Passiv m. *Nom.* u. *Infin.*, gryphes aurum iugiter leguntur effodere, man liest von den Gr., dass sie usw., Cassiod. var. 9, 3, 5. – absol., legendi usus, Lact. 3, 25, 9: quorum memoriam continuus legendi usus (Lektüre) instruit, Macr. sat. 1, 5, 1. – *Partic.* subst., legēns, entis, *m.*, der **Leser,** Ov. trist. 1, 7, 25. Augustin. de dial. 5. p. 7, 12 *Cr.*: oft Plur. legentēs, ium, *m.*, die **Leser,** Liv. praef. § 4. Quint. 3, 1, 2 u. a. Plin. 8, 44. Tac. ann. 4, 33. Petron. 105, 2. – u. lectūrus, ī, *m.*, der (künftige) **Leser,** Amm. 21, 1, 14. – Insbes.: **b** etw. **vorlesen, über** etw. eine **Vorlesung halten,** v. Lehrer, ut carmina parum divulgata … diligentius retractarent ac legendo commentandoque etiam ceteris nota facerent, Suet. gr. 2: Cato grammaticus, qui solus legit ac facit poëtas, Auct. inc. bei Suet. gr. 11. – aber legere Lucilii satyras apud alqm, bei jmd. **eine Vorlesung hören über** usw., Suet. gr. 2. – **c** **herlesen, ablesen, vorlesen,** volumen suum, Cic.: orationes, Plin. ep.: alci epistulam, Cic.: alci librum, Plin. ep.: cum ei (ihm) libri noctes et dies legerentur, Cic.: audio me male legere, dumtaxat versus; orationes enim commodius, sed tanto minus versus, Plin. ep.: rescribe, num sit melius pessime legere quam ista vel non facere vel facere, Plin. ep. – dah. senatum legere, v. Zensor, »den Senat, die Senatoren öffentl. nach der Reihe verlesen«, um zu zeigen, wer princeps senatus (der erste im Senatorenverzeichnis) ist, wer von den bisherigen Senatoren bleiben soll od. nicht, u. wer unter die Zahl der Senatoren von Neuem aufgenommen ist, Cic. u. Liv.: dah. princeps in senatu lectus est, ist als der erste verlesen worden, Liv. – ► arch. Infin. Präs. Pass. legei, CIL 1, 198, 13; 1, 202 col. 2, 18.

legula, ae, *f.* (spät Nbf. v. ligula), das **Zipfelchen,** auris, Ohrläppchen, Sidon. epist. 1, 2, 2 (Lütjohann ligula).

lēgulēius, ī, *m.* (lex), ein Anwalt, der fest an den Formen des Gesetzes hängt u. damit seine Gegner schikaniert, ein **Gesetzeskrämer,** ein **lebendiges Landrecht,** Cic. de or. 1, 236: formularii, vel, ut Cicero ait, leguleí, Quint. 12, 3, 11.

legulus, ī, *m.* (2. lego), der **Leser, Aufleser,** der Oliven usw., Cato u. a.: leguli aurarii, Goldsucher, CIL 3, 1260: dass. leguli auri, Paul. Nol. carm. 17, 267.

legūmen, inis, *n.* (2. lego, s. Varro r. r. 1, 23, 2 u. 1, 32), die **Hülsenfrucht** (im weitesten Sinne, d. h. jede Ackerfrucht, insofern sie gekocht oder gepresst zur Nahrung verwendet wird, selbst die Gerste, weil sie zu Graupen verwendet wird), Cic. u. a.: insbes. die Bohne, Verg. georg. 1, 74. – legumina mundare (lesen), Hieron. epist. 66, 13: Sing. kollektiv, Petron. 135, 5. Porphyr. Hor. ep. 2, 1, 123.

legūmenārius, s. 1. legūminārius.

legūmentum, ī, *n.* (2. lego), die **Hülsenfrucht,** Gell. 4, 11. § 4 u. 10.

1. legūminārius, a, um, **die Hülsenfrucht betreffend,** negotiatrix frumentaria et legumenaria (Hülsenfruchthändlerin), CIL 6, 9683.

2. legūminārius, iī, *m.* (legumen) = ὀσπριοπώλης, der **Hülsenfruchthändler,** Gloss. II, 388, 20 u. III, 308, 61.

leiber, s. 1. līber a. E. ►.

leibero, s. lībero ►.

leibertās, s. lībertās ►.

leibertus, s. lībertus.

leibro, s. lībro ►.

leiostrea, ae, *f.* (*λειόστρεον od. λειόστρειον), die **Auster mit glatten Schalen,** Lampr. Heliog. 19, 6 P. (Jordan lithostreis).

leis, s. līs a. E. ►.

Leleges, um, Akk. as, *m.* (Λέλεγες), ein pelasgischer Volksstamm, der an mehreren Orten in Kleinasien u. in Griechenland (in Thessalien, Lokris, bes. in der Gegend von Megara) zerstreut wohnte, Verg. Aen. 8, 725. Ov. met. 9, 645. Lucan. 6, 383. – Dav.: **a** **Lelegēis,** idis, *f.* (Λελεγηΐς), **lelegēisch,** Ov. – **b** **Lelegēius,** a, um, **lelegēisch,** moenia, Megara, Ov.: litora, megarische Küste, Ov.

lēma, ae, *f.* (λήμη), die **Augenbutter,** der **Augenschleim** (auch gramiae gen.), Plin. 23, 49.

Lemannus (Lemānus) ī, *m.*, mit u. ohne lacus, der **Genfer See,** Caes. b.G. 1, 2 u. 8. Mela 2, 5, 1 u. 5 (2. §74 u. 79). Plin. 2, 224. Lucan. 1, 396. Mart. Cap. 6. §635.

lembulus, ī, *m. (Demin.* v. lembus), ein **kleiner Nachen,** Prud. perist. 5, 455.

lembunculus, s. 1. lēnunculus.

lembus, ī, *m.* (λέμβος), ein kleines, niedriges, vorn spitz zulaufendes u. mit vielen Rudern versehenes Fahrzeug von vorzügl. Schnelligkeit, **Feluke, Kutter, Barke,** auch **Boot, Nachen** (s. Mützell Curt. 4, 5 [23], 18), classis lemborum, Liv.: lembi biremes, Liv.: lembi piratici, Curt.: lembo advehi, Plaut.: lembum remigiis subigere, Verg.: inscendi in lembum atque ad illam navem devehor, Plaut. – ► *fem.* bei Turpil. com. 98; vgl. Prisc. 5, 42.

lēmma, atis, *n.* (λῆμμα), **I** die **Annahme,** der **Vordersatz** (rein lat. sumptio), lemm. secunda, Donat. Ter. Andr. 3, 3, 14: contraria lemmata, *ibid.* 3, 3, 37. – **II** der **Stoff** eines Schriftwerks, Plin. ep. 4, 27, 3. – dah. **a** der über ein Gedicht geschriebene **Inhalt,** die **Überschrift,** Mart. 14, 2, 1. Auson. parent. praef. p. 41, 2 Schenkl. – **b** das **Gedicht,** bes. das **Epigramm, Sinngedicht** selbst, Plin. ep. 4, 27, 3. Mart. 10, 59, 1. – **c** das **Märchen,** nutricis lemmata, Ammenmärchen, Auson. ep. 16, 2, 90. p. 176 Schenkl.

Lēmniacus, Lēmnias, s. Lēmnos.

Lēmnicola, ae, *m.* (Lemnus u. colo), der **Bewohner von Lemnos,** v. Vulkan (als dessen Lieblingssitz Lemnos galt), Lemnicolae stirps (Sohn), d.i. Erichthonius, Ov. met. 2, 757.

lēmniscātus, a, um (lemniscus), **mit** herabhängenden **Bändern geschmückt,** corona, Serv. Verg. Aen. 5, 269; 6, 772: palma, eig. ein **mit Bändern geschmückter Palmenzweig,** die ehrenvollste Belohnung für einen Sieger (als Feldherr, Gladiator usw.), das **glänzendste Siegeszeichen,** der **glänzendste Preis,** Placid. gloss. V, 31, 16; übtr. = höchster Preis für eine Mordtat, Cic. Rosc. Am. 100: für Verrat, lemniscatae Anyti et Meliti palmae, Tert. de anim. 1.

lēmniscus, ī, *m.* (λημνίσκος), **I** ein **Band,** urspr. aus Lindenbast (Plin. 16, 65; vgl. Paul. ex Fest. 115, 1), mit der Zeit aber aus kostbaren Stoffen u. zuletzt aus Gold- u. Silberblechen verfertigt (Plin. 21, 6), als besondere Auszeichnung an oder neben Kränzen verehrt, beim Gastmahl an die Gäste, unguenta atque odores, lemniscos, corollas dari dapsiles, Plaut. Pseud. 1265: coronae datae lemniscis aureis interpositis, Capit. Ver. 5, 3: einem einziehenden Sieger usw. zugeworfen, coronas lemniscosque iacientes, Liv. 33, 33, 2: ingestae aves ac lemnisci et bellaria, Suet. Ner. 25, 2: einem Dichter am Palmenzweig als höchste Auszeichnung verliehen, et quae iam dudum tibi palma poëtica pollet, lemnisco ornata est, quo mea palma caret, Auson. epist. 20, 5 *sq.* p. 181 Schenkl (vgl. lemniscatus). – **II** **Scharpie, Zupflinnen,** Veget. mul. 2, 14 u. 18.

Lēmnos, (-us), ī, *f.* (Λῆμνος), Insel des Ägäischen Meeres, in der Sage Hauptsitz Vulkans, j. *Stalimene,* Ter. Phorm. 942. Nep. Milt. 1 *sq.*: Vulcania Lemnos, Val. Flacc. 4, 440. – Dav.: **a** **Lēmnias,** adis, *f.* (Λημνιάς), **lemnisch,** subst., die **Lemnierin,** Ov.: griech. *Dat. Plur.* Lemniasi, Ov. art. am. 3, 672. – **b** **Lēmniacus,** a, um, **lemnisch,** antra, Werkstatt Vulkans auf Lemnos, Stat.: catenae, die Ketten, die Vulkan in Lemnos verfertigte, um Mars u. Venus zu fesseln, Mart. u. Stat. – **c** **Lēmnius,** a, um (Λήμνιος), **lemnisch, von Lemnos,** Apollodorus Lemnius, Varro: Lemnius pater, Verg., u. subst. bl. Lemnius, Ov., Vulkan: rubrica, lemnischer Rötel, unser Bolus, Plin.: furtum, des Prometheus, der dem Vulkan von Lemnos das Feuer entwendete, Cic.: turba, lemnische Weiber, die in einer Nacht alle Männer umbrachten, Ov. – Plur. subst., Lēmniī, ōrum, *m.*, die Einwohner von Lemnos, die **Lemnier,** Nep.

Lemōnia tribus, eine ländl. röm. Tribus an der via Latina, nach einem außerhalb der porta Capena liegenden Flecken Lemonium benannt, Cic. Planc. 38.

Lemōnum (Limōnum), ī, *n.*, Stadt der Piktonen im keltischen Gallien, Hirt. b.G. 86, 1 Kr. u. D. (wo Nipperdey eine Form Limo, ōnis, *f.*, annimmt).

lemorēs, s. lemurēs.

Lemovīcēs, um, *m.*, keltische Völkerschaft im heutigen *Limousin* mit der Hauptstadt Augustoritum (j. *Limoges),* Caes. b.G. 7, 4, 6 u. 75, 388, 4. – Sing. Limovīx, Not Tir. 87, 15.

lemurēs, um, *m.*, allgemeiner Name der **abgeschiedenen Seelen** der Menschen (Ov. fast. 5, 483), von denen die guten als Hausgötter (lares) verehrt wurden, die bösen als **Nachtgeister, Gespenster** (larvae) unstet umherirrten, Varro vit. P.R. 1. fr. 19 (bei Non. 135, 18). Hor. ep. 2, 2, 209. Pers. 5, 185. Apul. met. 4, 22; de deo Socr. 15; apol. 64: um sie zu versöhnen u. aus den Häusern zu bannen, feierte man (am 9. Mai) das Fest **Lemūria,** ōrum, *n.*, Ov. fast. 5, 421 *sq.* – ► Arch. Form lemores, Charis. 32, 23 (wo lemores, νυκτερινοὶ δαίμονες).

lēna, ae, *f.* (leno), **I** die **Kupplerin,** mater lena, Plaut.: callida, Tibull.: lena anus, alte Kupplerin, Ov.: lenae procaces, Lact. – **II** übtr., die **Kupplerin = Anlockerin,** attrib. = **lockend, reizend,** natura quasi sui lena, buhlt gleichs. mit sich selbst, Cic.: caro quasi lena vitiorum, Ambros.: vox sua lena fuit, Ov.: pictura lena, Claud.

1. Lēnaeus, a, um (Ληναῖος), **bacchisch,** latex od. honos, Wein, Verg.: dona, Stat.: Lenaeus Pater u. bl. Lenaeus, Bacchus, Verg.

2. Lēnaeus, ī, *m.*, ein Freigelassener u. Verehrer des Pompejus, Verf. einer seinerzeit berühmten Satire gegen Sallust, Suet. gr. 15.

lēnifico, āre (lenis u. facio), **lindern, mildern,** Cass. Fel. 29. p. 50, 2 R. u. 47. p. 124, 7 R. Vgl. Gloss. III, 127, 30.

lēnīmen, inis, *n.* (lenio), **Linderungsmittel, Linderung, Besänftigung, Beruhigung,** Hor. carm. 1, 32, 15 (u. dazu Porphyr.). Ov. met. 6, 500 u. 11, 450. Anthol. Lat. 887, 1 (590, 1).

lēnīmentum, ī, *n.* (lenio), **Linderungsmittel, Linderung, Beruhigung,** alqd lenimento (zur L.) dare, Plin. 25, 59. – übtr., iucundissimum len., Val. Max. 4, 6. ext. 2: addito honestae missionis lenimento (Begütigungsmittel), Tac. hist. 2, 67.

lēnio, īvī, u. iī, ītum, īre (lenis), **I** *v. tr.* **gelinder** od. **sanfter machen, lindern, mildern, besänftigen,** **A** eig.: lapsana alvum lenit et mollit, Plin.: tumores, Plin.: morbum, Plin.: vulnera, Prop.: fluvium tumentem, Verg.: stomachum latrantem, beschwichtigen, Hor.: inopiam frumenti, weniger empfindlich machen, Sall.: clamorem, Hor. – **B** übtr.: **1** im Allg. (Ggstz. concitare, excitare, movere): te dies leniet, Cic.: se consolatione, Cic.: animum, Cic.: timorem, somno curas, Verg.: iras, Liv.: iram iudicis (Ggstz. instigare), Tac.: miseriam, Ter.: seditionem, Liv.: invidiam, Nep.: desiderium crebris epistulis, Cic.: facinus, im milden Lichte darstellen (Ggstz. exasperare), Amm. – **2** insbes., **nachgiebig machen,** saepius fatigatus lenitur, Sall. Iug. 111, 3. – **II** *v. refl.* **sich besänftigen, sich geben,** dum irae leniunt, Plaut. mil. 583. – ► Imperf. lenibat, lenibant, Verg. Aen. 6, 468. Claud. in Eutr. 1, 84. Epit. Iliad. Hom. 18 u. 586: Futur. lenibunt, Prop. 3, 21, 32.

lēnis, e, **lind, gelinde, sanft, mild** (Ggstz. asper), I eig.: sensus iudicat lene, asperum, Cic.: vocis genus lene, asperum, Cic.: lenis vox (Ggstz. acer clamor), Rhet. Her.: vinum, milder, durchs Alter mild gewordener Wein, Hor.: vinum lenius, Ter.: venenum, gelinde, nicht heftig wirkend, Cic.: ventus lenissimus, Cic.: spiritum lenem agere, Tibull.: clivus, allmählich aufwärts steigender, Liv.: so auch fastigium, Caes.: gradus, langsamer Schritt, Liv.: stagnum, sanft fließend, Liv.: motus laterum, mäßige, ruhige, Quint.: leni igni coquere, Plin.: color, milde, Plin. – *neutr.* lēne adverb., lene sonare, Ov., resonare, Sen.: clivi lene iacentes, sanft sich erhebende, Calp. – II übtr.: A im Allg., v. Pers. (Ggstz. asper, acer, crudelis), lenis a te et facilis existimari debeo, Cic.: in hostes lenissimus, Cic. – v. Lebl., ingenium lene, lenissimum, Ter. u. Cic.: verba, Cic.: virtutes leniores, Cic.: leniorem sententiam dicere, Caes.: servitutem lenem reddere, Plaut. – poet. m. folg. *Infin.*, non lenis precibus (unerbittlich) fata recludere, Hor. carm. 1, 24, 17. – B insbes.: 1 v. der Rede, **mild, gelinde,** oratio placida, submissa, lenis (Ggstz. or. fortis), Cic.: genus lene (Ggstz. genus vehemens), Cic.: leniores epilogi, Quint. – 2 als gramm. *t. t.:* spiritus lenis, der **Spiritus lenis** (Ggstz. spiritus asper), Prisc. 2, 12. – ► Vulg. Abl. Sing. lene, Gargil. cur. boum 23.

lēnitās, ātis, *f.* (lenis), das **sanfte Wesen,** die **Sanftheit, Milde, Gelindigkeit,** I eig., im Ggstz. zum Rauen (der asperitas), lini, vini, Plin. – len. vocis, Cic. – im Ggstz. zum stark in die Sinne Fallenden, v. Farben usw., Plin. – im Ggstz. zur Schnelligkeit, v. Fluss usw., das **ruhige Dahinfließen,** die **Langsamkeit,** Arar … in Rhodanum influit incredibili lenitate, Caes. b. G. 1, 12, 1. – II übtr.: A im Allg., die **Sanftheit, Milde, Gelassenheit** (Ggstz. asperitas), patris, Ter.: animi, Cic.: legum, Cic.: audiendi, Cic.: animadvertendi, Cic.: in decernendo, Cic.: eā sum mollitiā animi ac lenitate, Cic.: dare se ad lenitatem, Milde walten lassen, Cic.: mores vigore et lenitate mixti, Vell. – B insbes., v. der Rede, das **Sanfte, Ruhige,** verborum, Cic.: orationis genus cum lenitate quadam aequabili profluens, Cic.

lēniter, *Adv.* (lenis), **sanft, gelinde, mild,** I eig.: arridere, Cic.: genae leniter eminentes, Cic.: ire per excubias, sachte, leise, Ov.: iter facere, langsam, Caes.: u. so accedere, Auct. b. Afr. – torrens lenius decurrit, Ov. – collis leniter editus od. acclivis, sanft-, allmählich aufsteigend, Liv. u. Caes. – stacte gustu leniter amara, gelinde, ein wenig, Plin. – color aspectu leniter blandus, mild, lieblich, Plin. – II übtr.: A im Allg., **sanft, ruhig, gemäßigt, gelassen, nicht hitzig,** saevire, Plaut.: ferre, Ov.: alloqui, freundlich zureden, Liv.: si agat lenius, allzu langsam, Caes.: lenius lacessere alqm, Caes.: lenissime sentire, Cic. – B insbes., v. der Rede, dicere (Ggstz. aspere, atrociter dicere), Cic. u. Quint. – u. vom Vortrag, agere versum, Cic.

lēnitūdo, inis, *f.* (lenis), die **Milde,** a = Gelassenheit, orationis, Pacuv. tr. 247. – b = **Sanftmut,** Aur. Vict. de Caes. 16, 9. – oder = Gelindigkeit gegen jmd., in alqm, Cic. Verr. 4, 136 (vgl. Non. 132, 7): mirā lenitudine abundare, Turpil. com. 189.

1. **lēno,** ōnis, *m.* (lenio), eig., der andere aus eigennützigen Absichten durch allerhand Reizungsmittel anlockt; dah. I der **Kuppler, Verführer der Jugend zu Ausschweifungen,** Komik., Cic. u. a.: matris leno, Verkuppler, Sen.: puella me lenone placet, ich habe mein Mädchen durch meine Gedichte gleichsam ausgeboten usw., Ov. am. 3, 12, 11. – II übtr., übh. der **Unterhändler,** die **Mittelsperson** in einer unwürdigen Sache, Iustin. 2, 3, 8.

2. **lēno,** lēnātus, āre, **Kuppelei treiben,** lenandi callidus arte, Anthol. Lat. 127, 1 (947, 1). – m. *Acc.* = mit jmd. **Kuppelei treiben,** jmd. **verkuppeln,** filiam suam, Schol. Iuven. 6, 233: formosas puellas, Anthol. Lat. 128, 9 (948, 9): lenatae puellae, Anthol. Lat. 302, 9 (313, 9).

lēnōcināmentum, ī, *n.* (lenocinor) = lenocinium, Sidon. epist. 7, 9, 12.

lēnōcinātor, ōris, *m.* (lenocinor), der **Erschmeichler,** Tert. adv. Marc. 1, 22 *extr.*

lēnōcinium, iī, *n.* (leno), I das **Gewerbe eines Kupplers,** die **Kuppelei,** domesticum, in seinem Haus, Cic.: lenocinium facere, treiben, Plaut. u. a.: so lenocinia exercere, Iustin.: lenocinium profiteri, sich für eine Kupplerin ausgeben, Kuppelei treiben (v. Frauen), Suet.: len. praebere uxori, seine eigene Frau verkuppeln, Scaev. dig.: lenocinium (Kupplerkundschaft od. Kupplerverdienst) petere ab alqo, Cic.: homo lenociniis adulteriisque confectus, Cic. – II übtr.: 1 **Lockungsmittel, Lockung, Verführung, verführerischer Prunk,** cupiditatum lenocinia, Cic.: corporum lenocinia, die verführerischen Reize, Cic.: omnis lenocinii neglegens, alle Toilettenkünste verschmähend, Suet.: in leges pacis sibi lenocinia quaerere, für die Fr. etwas Bestechendes für sich beabsichtigen, Iustin. – 2 das, was den Reiz von etw. erhöht, **gekünstelter Reiz, Schmuck, Verschönerung** (im Ggstz. zum Natürlichen), Cic. u. a.: non faciem coloribus et lenociniis (durch Schminke u. Toilettenkünste) polluisti, Sen.: metus antecedens est lenocinium muneris, erhöht den Reiz des G., Sen.: in der Rede, non ornamenta quaerere, sed lenocinia, Quint. – 3 **anlockende Schmeichelei, gewinnende Worte,** Tac. u. Suet.

lēnōcinor, ātus sum, ārī (leno), eig. **Kuppelei treiben;** dah. übtr.: 1 jmdm. durch niedrige Ränke u. Lockungen **schmeicheln,** ihm **ganz zu Willen sein,** alci, Cic. u. a.: sibi, Sen. – 2 einer Sache **einen höheren Reiz geben** od. **verleihen,** ihr durch Kunst usw. **zu Hilfe (zustatten) kommen** usw., feritati arte, Tac.: formae puerorum virilitate excisā, Quint.: lenocinatur gloriae meae, ut videar etc., Sen. rhet.: libro novitas lenocinatur, Plin. ep.

lēnōniē, *Adv.* (lenonius), **nach Art der Kuppler,** Lampr. Commod. 15, 4 (Vulg. lenonice).

lēnōnius, a, um (leno), **zum Kuppeln gehörig,** aedes, Plaut.: ludus, Tert.: genus, Plaut.: pueri, Verr. Flacc. fr.: caenum, als Schimpfwort, Plaut.

1. **lēns,** lendis, *f.*, das **Ei einer Laus,** die **Nisse,** gew. Plur. lendes, Plin. 29, 111: lendes iniquae, Ser. Samm. 72: Genet. Sing., lendis forma tibi, Anthol. Lat. 209, 9 (1132, 9). – ► Nach Charis. 32, 21 u. Diom. 327, 28 *gen. masc.*

2. **lēns,** lentis, *f.*, die **Linse,** Scriptt. r. r. u. a.: lens et faba, Gell.: lens palustris, Wasser-, Meerlinse, Plin.: dies. lens, quae supra aquam natat, Veget. – ► Nbf. lentis, is, *f.*, nach Prisc. 7, 64. – lens als *masc.*, Titin. com. 163. – Akk. Sing. auch lentim, Cato r. r. 35, 1 u. 116. Varro bei Charis. 126, 6. Colum. 2, 10, 15: Abl. auch lenti, Titin. com. 163; vgl. Charis. 126, 7.

lentē, *Adv.* (lentus), I **langsam** (Ggstz. cito), procedere, Caes.: currere, Ov.: agere, Liv.: coquere, Plin.: lentius subsequi, Caes.: lentissime mandere, Colum. – der Zeit nach, quae res cum lentius spe ipsorum traheretur, Liv. – II übtr.: a **ohne Feuer, gelassen, gleichgültig,** ferre, dicere, Cic.: respondere, ganz ruhig u. phlegmatisch antworten, Cic.: lentius disputare, in trockener Allgemeinheit, Cic.: arida ligna lentius serrae cedunt, Plin. – b **bedächtig,** nisi eum (librum) lente ac fastidiose probavissem, aufs Genaueste u. mit pedantischer Strenge geprüft hätte, Cic. ad Att. 2, 1, 1.

lentecula, s. lenticula.

lenteo, ēre (lentus), **langsam von statten gehen,** lentet opus, Lucil. 299.

lentēsco, ere (lenteo), I **zäh-, klebrig-biegsam werden,** tellus picis in morem ad digitos lentescit habendo, Verg.: sucinum in picem resinamve lentescit, Tac.: salix, si minus lenta est, in stercore obruenda, ut lentescat, Colum. – II übtr., **nachlassen,** lentescunt tempore curae, Ov. art. am. 2, 357: v. Pers., non torpenti lentescit affectu, Ambros. in Luc. 8. § 1.

lenteus, a, um, s. linteus.

lentiārius, a, um (2. lens), **zu den Linsen gehörig, Linsen-,** negotiator, CIL 5, 5932. – Dass. subst. lentiārīus, iī, *m.*, Anecd. Helv. p. CCXIII, 23.

lenticula, ae, *f.* (*Demin.* v. 2. lens), I die **Linse,** Cels. 2, 18. p. 65, 3 D. Scrib. Larg. 234. Pallad. 3, 4. Veget. mul. 3, 6, 6. Augustin. serm. 208, 1. – II übtr.: 1 die **Linsengestalt** einer Sache, Plin. 37, 196 (Nbf. lentecula). – 2 ein **linsenförmiges Gefäß,** Cels. 2, 17. p. 63, 31 D. Ambros. de off. 3, 5, 34. Isid. orig. 20, 7, 4: lent. olei, Ölkrug, Vulg. 1. regg. 10, 1; 4. regg. 9, 1 u. 3. – 3 die **Sommersprosse,** Cels. 6, 5.

lenticulāris, e (lenticula), **linsenartig, -förmig,** forma, Linsengestalt, Apul. flor. 9. p. 11, 10 Kr.

lenticulātus, a, um (lenticula), **linsenförmig,** folia, Sext. Placit. 91 *in.* u. Cass. Fel. 24. p. 41, 2 R.

lentīginōsus, a, um (lentigo), **sommersprossig,** os, Val. Max. 1, 7. ext. 6. Donat. Ter. eun. 4, 4, 22.

lentīgo, inis, *f.* (lens), der **linsenförmige Fleck,** chartae, Plin.: stellio plenus lentigine, Plin. – insbes. kollekt. = **Sommersprossen,** lentiginem habentes, Plin.: faciem lentigine obducit, Plin.: lentiginem corrigere, Plin.

lentipēs, pedis (lentus u. pes), **langsam zu Fuß, langsam gehend,** spondeus, Auson. epist. 21, 2, 40. p. 183 Schenkl.

lentis, s. 1. lēns.

lentīscifer, fera, ferum (lentiscus u. fero), **Mastixbäume tragend,** Ov. met. 15, 713.

lentīscinus, a, um (lentiscus), **aus Mastix,** oleum, Plin. 23, 65. Pallad. 2, 20. Cael. Aur. de morb. acut. 2, 37. § 197 u. 200 u. 207: resina, Plin. 24, 36 u. Isid. orig. 17, 7, 71.

lentīscus, ī, *f.* u. **lentīscum**, ī, *n.*, **1** der **Mastixbaum, Mastix** (*Pistacia lentiscus,* L)., griech. σῖχνος, Cic. poët. de div. 1, 15. Plin. 14, 122; 16, 55; 18, 244. Cels. 5, 6. Scrib. Larg. 61. – **2** meton., **a** **Mastixharz, -öl,** Cato r. r. 7. Varro r. r. 1, 60. Cels. 4, 20, 1 *extr.* Plin. 15, 21. – **b** ein **Zahnstocher aus Mastixholz,** Mart. 3, 82, 9 u. a.

lentitia, ae, *f.* (lentus), **I** die **Zähigkeit, Biegsamkeit,** Plin. 16, 174 u. a. – **II** die **Zähigkeit, Klebrigkeit,** pituitae, Plin. 20, 64. – Nbf. **lentitiēs**, ēī, *f.*, *Plin. 16, 70 D. Auct. Aetnae 544.

lentitūdo, inis, *f.* (lentus), **I** die **Zähigkeit, Biegsamkeit,** ulmi et fraxini, Vitr. 2, 9, 11. – **II** übtr.: **A** die **Langsamkeit,** der **Mangel an Rührigkeit,** Vell. u. Tac.: im Stil, im Vortrag, das **Schleppende, Steife,** Tac. dial. 21, 6. – **B** die **phlegmatische Unempfindlichkeit, -Gelassenheit, -Gleichgültigkeit,** Cic. Tusc. 4, 43 u. a.

lento, āvī, ātum, āre (lentus), **I** **biegsam machen, biegen,** arcum, spannen, Stat.: Gortynia cornua, Stat. – lentandus remus in unda, das Ruder muss noch viel sich mühen (eig. muss biegsam, geschmeidig gemacht werden), Verg. Aen. 3, 384. – **II** übtr., **1** der Zeit nach **in die Länge ziehen, langsam betreiben, verzögern,** bella, Sil.: iter, Ambros.: fata Romana lentata, Treb. Poll. – **2** **nachgiebig machen, mildern,** Sidon. carm. 22, 191.

lentor, ōris, *m.* (lentus), **I** die **Zähigkeit, Biegsamkeit,** Plin. 16, 229. – **II** die **Zähigkeit, Klebrigkeit,** malagmatis, Colum. u. Pelagon.: picis, Colum. u. Plin.

Lentulitās, lentulizo, s. 2. Lentulus.

1. lentulus, a, um (*Demin.* v. lentus), **etwas zäh,** übtr. = **etwas langsam im Bezahlen,** Cic. ad Att. 10, 11, 2.

2. Lentulus, ī, *m.*, ein Familienname der kornelischen *gens,* unter dem am bekanntesten P. Cornel. Lentulus Spinther, der als Konsul Ciceros Zurückberufung aus dem Exil beförderte, Cic. epist. 1, 1 *sqq.* (Briefe Ciceros an Lentulus u. umgekehrt). Sall. Cat. 47, 4. – P. Lentulus Sura, ein Mitverschworener Katilinas, Sall. Cat. 17, 3. Cic. Cat. 3, 6. Vell. 2, 34, 3 *sq.* – Dav.: **a** **Lentulitās**, ātis, *f.*, der **alte Adel der lentulischen Familie,** gleichs. die **Lentulität,** scherzh. gebildet von Cic. ep. 3, 7, 5. – **b** **lentulizo**, āre, **den Lentulus spielen,** Consent. art. 376, 33 K.

lentus, a, um (vgl. ahd. *lindi,* weich, sanft), **zäh, zach,** **I** im Ggstz. zum Spröden, **1** im Allg.: radix, Verg.: in frangendo, Plin.: tellus lenta gelu, Prop. – **2** insbes.: **a** **biegsam,** ulmus et fraxinus, Vitr.: vimen, Verg.: crura, Mela: lenta bracchia, gelenkige, elastische, Ov.: lentissima bracchia, ganz nachgebende, also jedes Gefühls entbehrende, Hor.: dah. lentior salicis ramis, biegsamer, elastischer, was den gemachten Eindruck gleich wieder verliert, von der Galatea, die Polyphems Liebe verschmähte, Ov. – **b** **zäh, klebrig,** gluten pice lentius, Verg. georg. 4, 41. – **3** bildl.: **a** **zäh,** vivacitas, Plin. 8, 100. – **b** **lange dauernd, lange anhaltend,** amor, Tibull.: lenta in balneo mora, Cels.: cavillatio lenta, langweilige, Amm.: tranquillitatis lentissimae taedium, Sen.: lentus abesto, bleib lange weg, Ov.: somnus, Val. Flacc. – **II** übtr.: **A** im Ggstz. zum Schnellen, **1** im Allg., **langsam, träge,** amnis, Plin.: marmor (Meeresspiegel), ruhig, unbeweglich, Verg.: lento igne torrēre bovem, Ov.: coquere alqd lentis carbonibus, Hieron., lento igni toto die, Plin.: lenti carbones, langsam brennende Kohlen, Ov.: lentae maxillae, langsam zermalmende Zähne, Suet.: lentum venenum, schleichendes G., Tac. u. Suet.: lenta remedia, langsam wirkende, Curt.: lentum mortis genus, eine langsame Todesart (Ggstz. mors subita celerisque), Suet.: lentus color, matt, schwach, nicht lebhaft, Plin.: pugna lenta, Liv.: iam lentus amor, schon matt glimmende, Ov.: angue lentior cubes, Priap.: lentiorem facere spem, die Erfüllung der H. verzögern, Liv.: lentus ab urbe venis, spät, Calp.: m. folg. *Genet.*, lentus coepti, Sil. 3, 176: m. folg. *Infin.*, nec Idalia lenta incaluisse sagitta, Sil. 5, 19. – **2** insbes.: **a** v. Stil u. Vortrag, **schleppend, steif,** lentus in dicendo, Cic. (vgl. Ruperti Tac. dial. 21, 6). – **b** **zäh, lässig, träge, langsam,** infitiator, im Bezahlen, Cic.: nomina (Zahler), Sen.: Teucris illa lentum negotium, im Borgen, Cic. – mit *Infin.*, solvere nulli lentus, Lucil. 415. – **c** poet., was langsam macht, **schwer,** Prop. 4, 1, 96. – **d** **ruhig, geduldig,** bes. im üblen Sinne (als Vorwurf von dem, der durch nichts sich reizen lässt, auch jede Unbill mit stumpfer Gleichgültigkeit erträgt) = **phlegmatisch, unempfindlich, lässig, gleichgültig** (gegen Beleidigungen od. anderer Unglück), iudex, Cic., Ov. u. Liv.: nihil illo lentius, Cic.: lentissima pectora, Ov.: lentae adversum imperia aures, Tac.: lentus in dolore suo, bei persönlicher Kränkung nachsichtig, Tac.: lentus in umbra, lässig, Verg.: scandentem moenia Romanae coloniae Hannibalem lenti (*al.* laeti) spectamus, Liv.: tu spectas hiemem (Frost) succincti lentus amici, Mart.: haec est *pro* miseri lenta salute viri, unbekümmert um usw., Ov. ex Pont. 3, 1, 66. Vgl. Broukh. Prop. 2, 11, 14. Drak. u. Fabri Liv. 22, 14, 7. Heinsius Ov. her. 19, 81. – **B** im Ggstz. zum leicht zu Erweichenden = **zäh,** **1** eig.: quoniam (aron) mas durior esset et in coquendo lentior, weniger leicht weich werde, sich weniger gut weich kochen lasse, Plin. 24, 143. – **2** übtr., **eigensinnig, starrköpfig** (bei seiner Idee beharrend), fastus, Ov.: natura, Suet.: Nais, spröde, Ov.

lēnullus, ī, *m.* (*Demin.* v. leno), der **Kuppler,** Plaut. Poen. 471; vgl. Prisc. 3, 34.

lēnunculārius, iī, *m.* (2. lenunculus), der **Barkenführer,** Ggstz. pleromarius, CIL 14, 353.

1. lēnunculus, ī, *m.* (*Demin.* v. leno), der **Kuppler,** Plaut. Poen. 1286; vgl. Prisc. 3, 34.

2. lēnunculus, ī, *m.* (st. lembunculus [das auch in guten Hdschrn. gelesen wird, s. Tac. ann. 14, 5 *extr.*], *Demin.* v. lembus), ein kleines Fahrzeug, eine **Barke, Feluke,** auch **Nachen,** Caes. u. a.: len. piscantis, Fischerkahn Amm.: u. so piscatorii lenunculi, Amm. (vgl. Lindenbr. Amm. 14, 2, 10).

1. leo, leōnis, *m.* (λέων), **I** der **Löwe,** **1** eig.: leo acerrimus (grimmige), Rhet. Her. u. Nep.: leo fulvus, Ov.: leo femina, Plaut. fr.: alimenta leonum et vulturum, Sen.: alqm leoni obicere, Sen.: leoni obici, Val. Max.: leones (irati) fremunt, Sen.: fraus quasi vulpeculae, vis leonis videtur, Cic. – auch (*gen. comm.*) v. der **Löwin,** Stat. silv. 2, 1, 9. Val. Flacc. 6, 347. – appell., ein **Löwe** = ein kühner, herzhafter Mensch, Petron. 44, 4: domi leones, foras vulpes, Petron. 44, 14: in pace leones, in proelio cervi, Tert. de cor. mil. 1: in praetoriis leones, in castris lepores, Sidon. epist. 5, 7, 5. – **2** meton., die **Löwenhaut,** Val. Flacc. 8, 126. – **II** übtr.: **1** der **Löwe,** ein Gestirn, Hor. ep. 1, 10, 15. Plin. 2, 77 u. 123. – **2** eine Art **Krebse,** Plin. 9, 97. – **3** eine Pflanze, viell. **Löwenmaul,** Colum. poët. 10, 260: dafür ora leonis feri, *ibid.* 10, 98. – **4** Leones, Priester des persischen Gottes Mithras, Tert. adv. Marc. 1, 13.

2. leo, ēre, **tilgen,** Stammwort zu deleo, letum, Prisc. 5, 57; 9, 53; 10, 38.

Leōcorion, iī, *n.* (Λεωκόριον), ein Tempel in Athen, zu Ehren der drei Töchter des Leos (Leontides [Λεοντίδες], um, *f.*), die bei einer Hungersnot für die Rettung des Landes freiwillig den Opfertod erlitten, Cic. de nat. deor. 3, 50.

Leōn, ontis, Akk. onta, *m.* (Λέων), ein Flecken auf Sizilien, in der Nähe der Halbinsel Thapsus, j. *Magnisi,* Liv. 24, 39, 13.

Leōnidās, ae, *m.* (Λεωνίδας), **I** König von Sparta, der im Kampf bei Thermopylä i. J. 480 v. Chr. fiel, Cic. Tusc. 1, 101. Nep. Them. 3, 1: Nomin. Leonida, Iustin. 2, 11, 2 (als Sklavenname, Plaut. asin. 58 u. a.). – **II** ein Architekt, der über die Regeln der Symmetrie schrieb, nach einigen ein stoischer Philosoph, Vitr. 7. praef. § 14. Vgl. Leonides *no.* III.

Leōnidēs, ae, *m.* (Λεωνίδης), **I** Lehrer Alexanders des Gr., Plin. 12, 62. Quint. 1, 1, 9. – **II** Lehrer des jüngeren Cicero zu Athen, Cic. ad Att. 14, 16, 3; ep. 16, 21, 5. – **III** = Leonidas *no.* I (s. d.), Cato origg. 4. fr. 17 (bei Gell. 3, 7, 19).

1. **leōnīnus**, a, um (leo), **zum Löwen gehörig, vom Löwen, eines Löwen, Löwen-**, cavum, Löwenhöhle, Plaut.: species, Varro: iuba, Plin.: pellis, Plin. u. a.: rugitus, Iul. Val.: catuli, Val. Max.: in der Architektur, capita leonina scalpere, Vitr. – Bildl., societas, Löwengesellschaft (wenn der eine Teil bloß den Gewinn hat, den anderen bloß der Schaden trifft), Ulp. dig. 17, 2, 29. § 2.

2. **Leōnīnus**, a, um, **des Kaisers Leo, leoninisch,** lex, Cod. Iust. 1, 3, 50.

Leonnātus, ī, *m.* (Λεοννάτος), ein Feldherr Alexanders des Gr., Nep. Eum. 2, 4. Curt. 9, 5 (21), 17 u. 10, 7 (23), 8. Plin. 6, 97 u. 35, 168.

leontēus, a, um (λεόντειος), **löwenartig,** virtus, Fulg. myth. 3, 1. p. 104 M. = p. 61, 4 H.

leonticē, ēs, *f.* (λεοντική), eine Pflanze = *cacalia,* Plin. 25, 135.

leonticus, a, um (λεοντικός), **zum Löwen gehörig, Löwen-;** subst., leontica, ōrum, *n.*, Opfer für den in Löwengestalt dargestellten Mithras, **Löwenopfer, Mithrasopfer,** CIL 6, 753.

Leontides, um, *f.*, s. Leōcorion.

Leontīnī, ōrum, *m.* (Λεοντῖνοι), uralte Stadt auf der Ostseite Siziliens, j. *Lentini,* Cic. Verr. 2, 160. Liv. 24, 7, 2; 24, 30, 1 *sqq.* – Dav. **Leontīnus**, a, um (Λεοντῖνος), **leontinisch, aus Leontini,** ager, Cic.: campus, weite Ebene im Norden der Stadt, bes. wegen ihrer ungemeinen Fruchtbarkeit an Weizen berühmt, Cic. u. a. – subst., Leontīnī, ōrum, *m.*, die Einw. von Leontini, die **Leontiner,** Cic.

leontīos, iī, *f.* (λεόντειος, vom Löwen), ein uns unbekannter Edelstein von der Farbe des Löwen, Plin. 37, 190.

Leontium, iī, *f.* (Λεόντιον), eine athenische Hetäre, Freundin Epikurs, Cic. de nat. deor. 1, 93.

leontocaron, ī, *n.* (λεοντόκαρον), eine Pflanze = *polion* (s. d.), Ps. Apul. herb. 57.

leontopetalon, ī, *n.* (λεοντοπέταλον), eine Pflanze, **echtes Löwenblatt** (*Leontice Leontopetalon,* L.), Plin. 27, 96.

leontophonos, ī, *m.* (λεοντοφόνος), der **Löwentöter,** ein kleines Tier, dessen Urin den Löwen töten soll, Plin. 8, 136.

leontopodion, iī, *n.* (λεοντοπόδιον) = leontopetalon, Plin. 26, 52. Ps. Apul. herb. 7.

leopardalis, is, *m.* (λέων u. πάρδαλις) = leopardus, der **Leopard,** Paul. ex Fest. 33, 14.

leopardīnus, a, um (leopardus), **vom Leoparden, Leoparden-**, pellis, Edict. Diocl. 8, 39: adeps, Marc. Emp. 28 *extr.*

leopardus, ī, *m.* (λεοπάρδαλος), der **Leopard,** leopardi Libyci, Vopisc. Prob. 19, 7: leopardi exarmati, Lampr. Heliog. 21, 1 u. 25, 1: leopardi rictant, Spart. Get. 5, 5.

lepas, s. lopas.

lepasta, lepesta, s. lepista.

lepida, s. lepis.

Lepidānus, a, um, s. 2. Lepidus a. E.

lepidē, *Adv.* (lepidus), **I allerliebst, hübsch, herrlich, prächtig, ganz wohl,** oft bei Plaut. (s. Lorenz Plaut. Pseud. 25), lepidissime, ganz herrlich, Plaut.: ubi lepide voles esse tibi, mihi dicito, wenn du dir willst gütlich tun, Plaut.: lepide (ganz wohl = ja), licet, Plaut.: nimis lepide fabulare; eo potuit hercle lepidius nil fieri, um so prächtiger lässt sich das vollführen, Plaut. mil. 925 G. – **II** insbes., **drollig** in der Unterhaltung, **witzig,** Ter. u. Cic.

Lepidiānus, a, um, s. 2. Lepidus a. E.

lepidium, iī, *n.* (λεπίδιον), **Pfefferkraut, Gartenkresse** (*Lepidium sativum,* L.), Colum. 11, 3, 16. Plin. 19, 166. Scrib. Larg. 174.

lepidōtis, idis, *f.* (v. λεπιδωτός, ή, όν schuppig), ein uns unbekannter Edelstein, Plin. 37, 171.

lepidulus, a, um (*Demin.* v. lepidus), **ziemlich artig, -drollig** im Witz (Ggstz. infacetus), Mart. Cap. 7. § 726 u. a.

1. **lepidus**, a, um (zu griech. λεπτός, fein, dünn), **I niedlich, zierlich, allerliebst, prächtig, liebenswürdig, anmutig, gefällig, heiter** (= zur Heiterkeit stimmend), pater, Ter.: pater lepidissime, Ter.: lep. puella, Ter.: homo lepidior ad omnes res, Plaut.: capitulum lepidissimum, allerliebster Mann, Ter. – locus, cantio, dies, Plaut. – im üblen Sinne, **zierlich, verweichlicht,** hi pueri tam lepidi ac delicati, Cic. – **II** insbes., **drollig** in der Unterhaltung, **witzig,** Plaut. u. Rhet. Her.: versus, Catull.: dictum (Ggstz. inurbanum d.), Hor.

2. **Lepidus**, ī, *m.*, Beiname der ämilischen *gens,* worunter am bekanntesten M. Aemilius Lepidus, im Jahre 79 v. Chr. Konsul mit Q. Katulus dem Sohn, erbitterter Feind Sullas, der nach Sullas Tod dessen acta kassieren wollte u. dadurch Veranlassung zu bürgerlichen Unruhen (tumultus) gab, Cic. Cat. 3, 24: als Prätor in Sizilien Bedrücker der Sizilianer, Cic. Verr. 3, 212. – M. Aemilius Lepidus, im J. 44 v. Chr. mit Antonius u. Oktavianus Triumvir, Cic. Mil. 13; Phil. 5, 38 *sqq.*; ep. 10, 6 u. 10 20 *sq.* (zwei Briefe desselben, Cic. ep. 10, 34 *sq.*). – Dav. (vom zuerst gen. Lepidus) **a Lepidānus**, a, um, **lepidanisch, des Lepidus,** bellum, Sall. hist. fr. 3, 63 (3, 85). – **b Lepidiānus**, a, um, **lepidianisch,** tumultus, Macr. sat. 1, 13, 17.

lepis, idis, Akk. ida, *f.* (λεπίς), der **Kupferschlag, Hammerschlag,** Plin. 34, 107. – Nbf. lepida, ae, *f.*, Pelagon. veterin. 9 (177 *Ihm*) u. 25 (322 *Ihm.*)

lepista (lepesta, nicht lepasta), ae, *f.* (λεπάστη), ein napf- od. schneckenförmiges Trinkgefäß von beträchtlichem Umfang, der **Trinknapf,** Form lepesta, Varro LL. 5, 123: Form lepista, Varro vit. P. R. 1. fr. 51 (bei Non. 547, 24) u. Varro fr. bei Serv. Verg. ecl. 7, 33. Poëta bei Mar. Victorin. 3, 18, 2 = p. 139, 8 K. Paul. ex Fest. 115, 6. Gloss. V, 635, 40 u. II, 122, 24 (wo lepistra [schreibe lepista], εἶδος χύρτας).

Lepontiī, ōrum, *m.*, ein Alpenvolk im zisalpin. Gallien, im j. *Val Leventina,* Caes. b. G. 4, 10, 3. – Dav. **Leponticus**, ī, *m.*, ein **Lepontiker,** Sil. 4, 235 *Rup. not. cr.*

lepor, s. lepōs.

leporārius, a, um (lepus), **zum Hasen gehörig,** subst., **a** leporārius, iī, *m.*, der **Hasenwärter,** Anthol. Lat. 761, 72 R. – **b** leporāria, ae, *f.* (*sc.* vitis), = lageos (s. d.), Schol. Bern. ad Verg. georg. 2, 93. – **c** leporārium, iī, *n.* = λαγωτροφεῖον (Gloss. II, 357, 64), urspr. »Hasenhecke«, dann übh. **Tiergarten, Wildpark,** Varro r. r. 2. prooem. § 5 u. 3, 3, 1; vgl. Gell. 2, 20, 4.

leporīnus, a, um (lepus), **vom Hasen, Hasen-**, coagulum, Varro: pilus, Plin. u. Lampr.: lana, ICt. – subst., leporīna, ae, *f.*, **Hasenfleisch,** = λαγεῖον κρέας, Gloss. II, 357, 61.

lepōs, ōris, *m.*, **I** die **Anmut, Annehmlichkeit,** das **Gefällige, Anziehende,** die **Liebenswürdigkeit** im Benehmen, im Ausdruck, Cic. u. a.: scherzh. Liberi lepos, v. Wein, Plaut. – **II** insbes., **Aufgeräumtheit, gefälliger Scherz, heiterer Witz, feiner Humor,** bes. **Feinheit** u. **Anmut** in der Gesellschaftssprache, insit lepos, Cic.: scurrilis, Cic. – ► Nomin. lepor, Anthol. Lat. 1239, 4 M.

lepra, ae, *f.* (λέπρα, v. λεπρός »rau, schuppig«), die **Krätze, Räude,** der **Aussatz,** Scrib. Larg. 250. Vulg. Levit. 13, 2 *sqq.*; num. 12, 10 u. 12 u. a. – Plur., Plin. 20, 55 u. 88 94; 22, 36 u. a.

leprōsus, a, um (lepra), **räudig, aussätzig,** auch Plur. subst., leprōsi, Aussätzige, Eccl.; vgl. Isid. orig. 10, 162.

Leptis, ptis, Akk. ptim u. ptin, Abl. ptī, *f.* (Λέπτις), **I** Name zweier Städte an der Küste von Afrika: **A** magna, innerhalb der beiden Syrten, j. *Libida* (in Tripolis), Sall. Iug. 19, 3; 77, 1. Mela 1, 7, 5 (1. § 34). Paul. dig. 50, 15, 8. § 11; Abl. Lepte nur Cod. Iust. 1, 27, 2. § 1. – **B** (minor) phönizische Kolonie zwischen Hadrumetum u. Thapsus, Vaterstadt des Kaisers Septimius Severus, j. *Lempta* (in Tunis), Sall. Iug. 19, 1. Cic. Verr. 5, 155. Auct. b. Afr. 7, 1. Liv. 30, 25, 12 u. a. – Dav.: **a Lepticus**, a, um, **leptisch,** Plin. – **b Leptitānī**, ōrum, *m.*, die Einw. von Leptis, die **Leptitaner,** Caes., Sall. u. a. – **c Leptīnus**, a, um, leptinisch, Tac. – **d** **Leptimāgnēnsis**, e, zu Leptis magna gehörig, **leptimagnensisch**, Cod. Iust. 1, 27, 2. § 1. Cypr. sent. episc. *no.* 83. p. 460, 14 H. – **II** Stadt in Spanien, Auct. b. Alex. 57, 1 zw. (viell. Laepam od. Laepem, von Λεῖπα, Stadt der Turdetaner in Hispania Baetica, nördl. von Hispalis, j. *Lepe* bei *Ayamonte).*

leptomerēs, es, Genet. is, *n.* (λεπτομερής, *neutr.* ές), **aus feinen Teilen bestehend, feinteilig,** Th. Prisc. de diaeta 10.

leptomericus, a, um (*λεπτομερικός), **aus feinen Teilen bestehend, feinteilig,** Th. Prisc. de diaeta 10.

lepton centaurion = centaurium minus, Plin. 25, 68.

leptophyllon, ī, *n.* (λεπτόφυλλον, feinblätterig), eine Art der Pflanze tithymalus, Plin. 26, 71.

leptopsēphos (λεπτόψηφος), eine Art Porphyr, mit weißen Punkten gefleckt, Plin. 36, 57.

leptorhāx, rhāgis, Akk. Plur. rhāgas, *f.* (λεπτόραξ), eine Art Weintrauben mit kleinen Beeren, wie unsere Korinthen, Plin. 14, 15.

lepus, oris, *c.* (vielleicht nur eine andere Form für λαγώς), **I** der **Hase,** Ter., Varro u. a.: lepus mas et femina, Varro: femur leporis, Hasenschenkel, Hasenschlegel, Mart.: lepus cum praegnans sit, Varro: lepus solus praeter dasypodem superfetat, Plin. – Sprichw., s. ex-agito, ex-cito u. pulpamentum. – appell. v. feigen Menschen, in praetoriis leones, in castris lepores, Sidon. epist. 5, 7, 5. – als Liebkosungswort, meus pullus passer, mea columba, mi lepus! Plaut. Cas. 138. – **II** übtr.: **1** lepus marinus, der **Meerhase,** ein Tier, woraus die Alten ein Gift zubereiteten, unsere **Giftkuttel** (*Aplysia depilans,* L.), Plin. 9, 155. Scrib. Larg. 80 u. 186. – **2** der **Hase,** ein Sternbild, Cic. u. a. – ► lepus *fem.* nach Prisc. 5, 42, doch ohne Beleg.

lepusculus, ī, *m. (Demin.* v. lepus), das **Häschen,** Cic. u. a. – Akk. Plur. synk. lepusclos, Poëta bei Lampr. Alex. Sev. 38. § 6.

lēra, s. līra.

lēriae, ārum, *f.* (λῆρος) = φλυαρίαι, **leeres Geschwätz, Possen,** Exc. ex Charis. 549, 20.

Lērīna, ae, *f.*, Insel an der Küste von Gallia Narbonensis, der Stadt Antipolis gegenüber, j. *St. Honorat* (in der lerinischen Inselgruppe), Plin. 3, 79. – Nbf. **Lirīnus**, ī, *f.*, Sidon. carm. 16, 105.

Lerna, ae, *f.* u. **Lernē**, ēs, *f.* (Λέρνη), ein See, sowie ein ihn durchfließender Fluss u. eine in der Nähe liegende Stadt bei Argos im Peloponnes, wo Herkules die vielköpfige lernäische Schlange u. den ungeheuren Krebs, der der Schlange zu Hilfe kam, tötete, Verg. Aen. 12, 518. Mela 2, 3, 9 (2. § 51). Cic. poët. Tusc. 2, 22; vgl. Hyg. fab. 30: belua Lernae, die lernäische Schlange, Verg. Aen. 6, 287: griech. Akk. Lernān, Stat. Theb. 11, 434. – Dav. **Lernaeus**, a, um (Λερναῖος), **a** **lernäisch,** anguis, Verg., serpens, Amm., hydra, Prop., echidna, Ov.: cancer, Colum. **b** poet. = **argivisch, griechisch,** Stat.

1. Lēro, ōnis, *f.* (Λήρων), Insel an der Küste von Gallia Narbonensis, j. *St. Marguerite,* Plin. 3, 79. Itin. Anton. 504, 5.

2. lēro, āvī etc., s. līro.

leros, ī, *f.*, ein uns unbekannter Edelstein, viell. ein unreiner Kristall, Plin. 37, 138.

Lesbos, ī, *f.* (Λέσβος), Insel des Ägäischen Meers, Geburtsort des Pittakus, Alcäus, Theophrastus, Arion u. der Sappho, berühmt wegen ihres Weins, j. *Metellino* od. *Midilly,* Mela 2, 7, 4 (2. § 101). Plin. 5, 139. Varro LL. 9, 67. Cic. ad Att. 9, 9, 2. Verg. georg. 2, 90. Ov. met. 11, 55: Akk. Lesbon, Ov. met. 2, 591. Lucan. 8, 134: Akk. Lesbum, Vell. 1, 2, 5. Plin. 2, 232. Tac. ann. 2, 54. – Dav.: **a** **Lesbiacus**, a, um, **lesbisch,** libri, qui Lesbiaci vocantur, drei Bücher Dialoge des Dicäarchus, weil die Unterredung auf Lesbos ist, Cic. Tusc. 1, 77: metrum, Sidon. epist. 9, 13. carm. 1. *v.* 11. – **b** **Lesbias**, adis, *f.* (Λεσβίς), **lesbisch,** subst., die **Lesbierin,** Ov. – **c** **Lesbis**, idis, Akk. ida, *f.* (Λεσβίς), **lesbisch,** subst., die **Lesbierin,** lyra, des Arion, Ov.: Lesbides, lesbische Mädchen, Lesbierinnen, Ov.: Lesbis puella u. bl. Lesbis, Sappho, Ov. – **d** **Lesbius**, a, um (Λέσβιος), **lesbisch,** civis, Alcäus, Hor.: plectrum, alcäisches od. lyrisches, Hor.: pes, lyrisches Gedicht, Hor.: vates, Sappho, Ov.: Lesbium vinum, Plaut. u. a., u. bl. Lesbium, Hor. – **e** **Lesbōus**, a, um (Λεσβῷος), **lesboisch, lesbisch,** Hor.

lessus, Akk. um, *m.*, das **Trauer-** od. **Totengeheul,** die **Totenklage,** lessum funeris ergo habere, die Totenklage (über jmd.) anstimmen, XII tabb. 10, 4 b. Cic. de legg. 2, 59.

Lēstrȳgones, s. Laestrȳgones.

lētābilis, e (leto), **tödlich,** lues, Amm. 19, 4, 7.

lētālis, e (letum), **tödlich,** res, Lucr.: venenum, Plin. u. Scrib. Larg.: virus, Sulp. Sev.: arundo, Verg.: ictus, Iul. Val.: morbus, Augustin.: vulnus, Suet. u. Aur. Vict.: sudor, Todesschweiß, Augustin. u. Amm. – Plur. subst., lētālia, ium, *n.*, **tödliche Mittel,** Liv. 8, 18, 7 H.

lētāliter, *Adv.* (letalis) **tödlich, auf tödliche Art,** Plin. 11, 206. Amm. 14, 5, 8; 26, 6, 3 u. a. Augustin. c. Iul. Pelag. 2, 33 *in.* Iul. Val. 1, 17 (22). Interpr. Iren. 4. praef. § 4.

Lēthaeus, a, um, s. Lēthē.

lēthālis etc., s. letal…

lēthargia, ae, *f.* (ληθαργία), die **Schlafsucht,** Cael. Aur. de morb. acut. 1, 6, 49; 2, 9, 45.

lēthargicus, a, um (ληθαργικός), **schlafsüchtig,** passio, Cael. Aur. de morb. acut. 1, 3, 38; 2, 9, 44: somnus, Augustin. epist. 93, 2. – subst., lēthargicus, ī, *m.*, der **Schlafsüchtige,** Hor. sat. 2, 3, 30: gew. im Plur., oft bei Plin. u. Cael. Aur.

lēthargus, ī, *m.* (λήθαργος), **I** der **Schlafsüchtige,** Cael. Aur. de morb. acut. 2, 9, 37 *sqq.* – **II** die **Schlafsucht,** im Sing. u. Plur., Hor., Serv. Sulpic. bei Quint. u. a. – vollst. morbus lethargus, Plin. 23, 10. Schol. Iuven. 6, 613.

Lēthē, ēs, *f.* (Λήθη, eig. die Vergessenheit), der Fluss der Unterwelt, aus dem alle hingehenden Schatten trinken, um das Vergangene zu vergessen (dah. oblivionis amnis od. aqua), Ov. ex Pont. 2, 4, 23 u. a.: immittere alci Stygiam Lethen (poet. = Vergessenheit) in viscera, Lucan. 5, 221. – Appell. = **Vergessenheit,** lethen daemonis sui accipiet, Pelagon. veterin. 28 (397 *Ihm).* – Dav. **Lēthaeus**, a, um (Ληθαῖος), **a** **zum Fluss Lethe-** u. zugleich **zur Unterwelt gehörig, lethäisch,** amnis, Verg., od. gurges, Catull., od. stagna, Prop., der Fluss Lethe: ratis, der Kahn des Charon, Tibull.: tyrannus, Pluto, Colum.: vincula Lethaea abrumpere alci, den Todesschlaf vernichten, ins Leben zurückführen, Hor. – **b** poet. = **Vergessenheit bringend,** somnus, Verg.: papavera, Verg.: sucus, Ov.

lēthum, falsche Schreibweise für letum, s. d.

lētifer, fera, ferum (letum u. fero), **den Tod bringend, tödlich,** certamen, Catull.: arcus, Verg.: annus, pestilenzialisch, Verg.: morbus, Colum.: locus (corporis), gefährlich, wo die Wunde tödlich ist, Ov.

lētificus, a, um (letum u. facio), **den Tod verursachend, tödlich,** aspis, Lucan. 9, 901.

lēto, āvī, ātum, āre (letum), **töten,** Ps. Verg. Cul. 325. Ov. met. 3, 55. Ov. Ibis 501.

Lētōis, Lētōius, s. Lātōis etc. unter Lato.

lētum, ī, *n.* (*leo, wov. deleo, s. Prisc. 5, 57), der **Tod,** als Vernichtung, **I** eig.: letum sibi consciscere, Plaut. u. Lucr., sibi parēre manu, sich mit eigener Hand den Tod geben, Verg.: pari leto est affectus, Nep.: si sciens fallo, tum me, Iuppiter optime maxime, domum familiam remque meam pessimo leto afficias, vom grässlichsten Untergang heimsuchen lassen, Formul. vet. bei Liv.: pro patria letum oppetere, Liv.: leto absumi, Liv.: turpi leto perire, Cic.: letum ferre, den Tod bringen, mit sich bringen, verursachen, Verg.: alqm leto dare, dem Tode übergeben, töten, Enn. fr., Pacuv. fr., Verg. u. a. Dichter: u. so (archaist.) leto dati, die Angehörigen, wenn sie verstorben sind, Cic. de legg. 9, 22: leto potitur, Cic. poët.: mortis letique potitus, Lucr. – **II** übtr., v. Dingen, der **Untergang,** die **Vernichtung,** Teucrûm res eripe leto, Verg. Aen. 5, 690. – ► Nbf. **Lētus** mortis, der Todesdämon, CIL 6, 19007.

leuca, s. leuga.

leucacantha, ae, *f.* (λευκάκανθα), der **Weißdorn,** der Name zweier Pflanzen, **I** = phyllon od. ischias od. polygonaton, Plin. 22, 40. – Nbf. leucacanthos, ī, *m.*, b. Plin. 21, 94. – **II** = phalangites od. leucanthemon, Plin. 27, 124.

leucacanthos, s. leucacantha *no.* I.

leucachātēs, ae, *m.* (λευκαχάτης), **weißer Achat, Milch-Achat,** Plin. 37, 139.

Leucada, s. Leucātās a. E.

Leucadia, ae, *f.* (Λευκαδία) u. **Leucas**, cadis, Akk. cadem u. cada, *f.* (Λευκάς), Insel (ehemals Halbinsel) des Jonischen Meers, nahe bei Akarnanien, mit einem Tempel Apollos, j. *S. Maura,* Liv. 33, 17, 8. Mela 2, 7, 10 (2. § 110): Form Leucas, Ov. met. 15, 289. Plin. 36, 150. – die Hauptstadt ebf. Leucas, cadis, *f.*, j. *Leucada,* Liv. 33, 17, 7 u. 11. Mela 2, 3, 10 (2. § 53). – Dav. **A** **Leucadiēnsis**, e, **leukadisch,** traductio, die Überfahrt nach L., Iul. Hygin. bei Charis. 134, 14 u. 19. – Plur. subst., Leucadiēnsēs, ium, *m.*, die Bewohner von L., die **Leukadier,** Iul. Hygin. bei Charis. 134, 13. – **B** **Leucadius**, a, um, **leukadisch,** vinum, Plaut.: deus, Apollo, Ov.: litus, Plin.: more Leucadio, auf leukadische Art (die Leukadier pflegten jährlich einen Menschen von einem Berg in das Meer zu stürzen, doch so, dass er nicht umkam), Ov. – subst., Leucadia, ae, *f.*, ein Schauspiel des Turpilius, Cic.: Leucadiī, ōrum, *m.*, die Einw. von Leukadia, die **Leukadier,** Liv.

leucanthemis, idis, Akk. ida, *f.* (λευκάνθεμις), die Pflanze **Kamille,** Plin. 22, 53.

leucanthemon od. **-um**, ī, *n.* (λευκάνθεμον), **I** die Pflanze **Kamille,** Plin. 22, 53. – **II** die sonst phalangitis od. leucacantha gen. Pflanze, Plin. 27, 124. – **III** eine an Geruch der Stabwurz (abrotonum) ähnliche Pflanze, Plin. 21, 60.

leucanthes, is, *n.* (λευκανθές), **Glaskraut, Rebhühnerkraut,** Plin. 21, 176.

leucargillos, ī, *f.* (λευκάργιλλος), **weißer Ton,** Plin. 17, 42.

Leucas, cadis, Akk. cada, *f.* (Λευκάς), **I** Insel Leukadia u. Hauptstadt, s. Leucadia. – **II** = Leucatas, s. d.

leucaspis, idis, *f.* (λεύκασπις), **weiß beschildet,** phalanx (deren Schilde einen weißen od. silberfarbenen Grund hatten), Liv. 44, 41, 2: als Personenname, Verg. Aen. 6, 334.

Leucātās, ae, *m.* u. **Leucātēs**, ae, *m.* (Λευκάτας), Vorgebirge der Insel Leukadia, j. *Capo Ducato,* Form *-catas,* Enn. ann. 328*. Cic. Tusc. 4, 41. Liv. 26, 26, 1 u. 44, 1, 4. Verg. Aen. 3, 274: Form *-cates,* Liv. 36, 15, 9. Verg. Aen. 8, 677. Plin. 4, 5. Flor. 4, 11, 4. – Nbf. Leucas, cadis, Akk. cada, *f.* (Λευκάς), Ov. her. 15, 172. Sen. Herc. Oet. 732 (736). – u. Leucada, ae, *f.*, Dict. 6, 6 *cod. G* (Dederich u. Meister Leucatā).

1. **leucē**, ēs, *f.* (λευκή, *i.e.* alba), **I** die **gefleckte Taubnessel** (*Lamium maculatum,* L.), Plin. 27, 102. – **II** eine Art **wilder Rettich, Meerrettich,** Plin. 19, 82. – **III** eine Art weißer Fleck auf der Haut, Cels. 5, 28. *no.* 19.

2. **Leucē**, ēs, *f.* (Λευκή), **I** Name mehrerer Inseln, insbes. eine dem Achilles heilige Insel am Pontus Euxinus, am Ausfluss des Borysthenes, sonst Achillea u. Achillis insula gen., Mela 2, 7, 2 (2. § 98). – **II** Stadt in Lakonien, viell. bei Akriā, Liv. 35, 27 *in.*

leucēoron, ī, *n.* (λευκήορον), die auch leontopodion gen. Pflanze, Plin. 26, 52. Ps. Apul. herb. 7.

Leucī, ōrum, *m.*, eine Völkerschaft im belgischen Gallien, nach Reich. j. *Lüttich,* Caes. b. G. 1, 40. § 10. Tac. hist. 1, 64, 1. – Sing. **Leucus**, ī, *m.*, kollektiv bei Lucan. 1, 424.

Leucippus, ī, *m.* (Λεύκιππος), **I** Vater der Phöbe und Hilaïra, die mit Idas und Lynkeus (den Söhnen des Aphareus) verlobt waren und von Kastor u. Pollux geraubt wurden, Ov. met. 8, 306. – Dav. **Leucippis**, idis, *f.* (Λευκιππίς), die **Leucippide** (Tochter der Leucippus), Prop.: Plur., Ov. – **II** ein griech. Philosoph, Schüler des Eleaten Zeno, Cic. Acad. 2, 118; de nat. deor. 1, 66.

Leucoaethiopes (Λευκοαιθίοπες), um, *m.* u. **Leucoe Aethiopes** (Λευκοὶ Αἰθίοπες), **weiße Äthiopier,** Bewohner von Libyen, von hellerer Farbe als die übrigen, Mela 1, 4, 4 (1. § 23). Plin. 5, 43.

leucochrȳsos, ī, *f.* (λευκόχρυσος, weißgolden), ein Edelstein aus der Gattung der Chrysolithe (Topas), Plin. 37, 128 u. a.

leucocomis, *f.* (*λευκόκομις), **weißhaarig, mit weißem Flaum,** als Beiname, eine Art des Granatbaums, Plin. 13, 113.

leucocōum, ī, *n.* (*sc.* vinum), **weißer koischer Wein** (album Coum bei Hor. sat. 2, 4, 29), eine Mischung aus einer Art Rosinenwein oder Strohwein, weißem Most mit einer Dosis Seewasser, Plin. 14, 78.

leucogaeus, a, um (λευκόγαιος), **weißerdig,** collis Leucogaeus appellatus, colles qui vocantur Leucogaei, in Kampanien, mit Kreide- und Schwefelgruben, Plin. 18, 114 u. 35, 174: dass. Leucogaei fontes, Plin. 31, 12. – subst., leucogaea, ae, *f.* (*sc.* gemma), ein Edelstein, Plin. 37, 162.

leucographis, phidis, *f.* (λευκογραφίς), eine Art **Wegdistel** (*Carduus leucoqraphus,* L.), Plin. 27, 103.

leucographītis, Akk. tim, *f.*, ein Edelstein, Plin. 37, 162.

leucoïon, iī, *n.* (λευκόϊον), das **weiße Veilchen,** unsere **Levkoje,** Colum. 9, 4, 4 u. a.

leucōma, atis, *n.* (λεύκωμα, ατος), der **weiße Star,** Sext. Placit. de medic. 17, 1.

Leuconicus, a, um (v. Leucones od. Leuci, einer gallischen Völkerschaft), **leukonisch,** lanae, Mart. 11, 56, 9: sagae, Mart. 14, 159, 2. – subst., Leuconicum, ī, *n.*, **leukonische Wolle,** Mart. 11, 21, 8.

leuconotus, ī, *m.* (λευκόνοτος), der weiße, helle, trockene Südwind, bei uns **Süd-Süd-West,** Vitr. 1, 6, 10. Sen. nat. qu. 5, 16, 6 H. Auson. Technop. (edyll. 12) de dis 12. p. 135 Schenkl. Veget. mil. 4, 38. Ampel. 5, 2.

Leucopetra, ae, *f.* (λευκός, weiß, u. πέτρα, Fels), ein Vorgebirge an der südl. Spitze von Bruttium, j. *Cap dell' Armi,* Cic. Phil. 1, 7; ad Att. 16, 6, 1 u. 7, 1.

leucophaeātus, a, um (leucophaeus), **dunkelfarbig-, aschgrau gekleidet,** Mart. 1, 96, 5.

leucophaeus, a, um (λευκόφαιος), **weißschwärzlich, aschgrau, fahl,** pecora, Vitr. 8, 3, 14: pannus (Lappen), Plin. 32, 114.

leucophlegmatia, ae, *f.* (λευκοφλεγματία), die **Bleichsucht,** von überhandnehmendem weißem Schleim hergeleitet, der Anfang der Wassersucht (intercus), Cael. Aur. de morb. chron. 3, 8. § 102 u. 111.

leucophorum, ī, *n.* (λευκοφόρον), der **Goldleim,** Plin. 33, 64 u. (bes.) 35, 36.

Leucophrȳna, ae, *f.* (λευκοφρύνη, mit weißen Augenbrauen), Beiname der Diana bei den kleinasiatischen Magnesiern, Tac. ann. 3, 62. Arnob. 6, 6.

Leucophrȳs, yos, *f.* (Λευκόφρυς), älterer Name der Insel Tenedos, Serv. Verg. Aen. 2, 21.

leucophthalmos, ī, *f.* (λευκόφθαλμος), **Weißauge,** ein Edelstein, Plin. 37, 171.

leucopoecilos, ī, *f.* (λευκοποίκιλος, weißgefleckt), ein uns unbekannter Edelstein, Plin. 37, 171.

leucos, on (λευκός), **weiß,** Plin. 10, 164; vgl. oben Leucoaethiopes.

Leucōsia, ae, *f.* (Λευκωσία), eine Insel bei Pästum, j. *Licosia,* sonst Leucasia gen., Ov. met. 15, 708. Sil. 8, 580.

Leucosyrī, ōrum, *m.* (Λευκόσυροι), **weiße Syrer,** urspr. Name der Einwohner Kappadoziens vom syrischen Volksstamm, Plin. 6, 9: dann bes. Name der an den Ufern des Pontus Euxinus angesiedelten Kappadozier, Nep. Dat. 1, 1. Curt. 6, 4 (12), 17.

Leucothea, ae, *f.* u. **Leucotheē**, ēs, *f.* (Λευκοθέα, Weißgöttin), Name der Ino, der Tochter des Kadmus, nachdem sie unter die Meergottheiten aufgenommen worden war; später mit der altitalischen Göttin Matuta identifiziert (vgl. Athamas), Form *-ea,* Cic. de nat. deor. 3, 39. Ov. fast. 6, 545. Stat. Theb. 9, 402 (griech. Akk. *ān):* Form *-ee,* Prop. 2, 26, 10 u. 2, 28, 20. Ov. met. 4, 542; ex Pont. 3, 6, 20.

Leucothoē, ēs, *f.*, Tochter des morgenländischen Königs Orchamus u. der Eurynome, Geliebte Apollos, Ov. met. 4, 196 u. 208. – ► Auch Variante von Leucothee, s. d.

leucozōmus, a, um (λευκόζωμος), **mit einer weißen Brühe,** pullus, Apic. 6, 254 zw. (Schuch eleozomus).

leucrocota, ae, *f.*, ein schnelles wildes Tier in Indien, Plin. 8, 72. Solin. 52, 34.

Leuctra, ōrum, *n.* (Λεύκτρα), Flecken in Böotien, berühmt durch das siegreiche Treffen, das Epaminondas, Feldherr der Thebaner, gegen die Spartaner lieferte (371 v. Chr.), Cic. Tusc. 1, 110; de off. 1, 61.

Nep. Epam. 8, 3: Nbf. Leuctrae, ārum, *f.*, Solin. 7. § 7. – Dav. **Leuctricus,** a, um (Λευκτρικός), **leuktrisch,** calamitas, Cic.: pugna, Cic. u. a.; scherzh. übtr., das Gefecht zwischen Milo u. Klodius, in dem letzterer getötet wurde, Cic. ad Att. 6, 1. § 26.

Leucus, s. Leucī.

leuga (leuca), ae, *f.*, eine gallische Meile (*lieue*) von 1500 Schritten, Form leuga, Amm. 15, 11, 7 u. 16, 12, 7 G. Isid. orig. 15, 16. § 1 u. 3 *cod. Z* (Otto leuca). CIL 12, 5518; 13, 8904. 8906. 89011 u. ö. Form leuca, Hieron. in Ioël 3. *v.* 18.

lëunculus, ī, *m.* (*Demin.* v. leo), ein **kleiner Löwe,** Vulg. 3. regg. 10, 20 u. 1. paral. 28, 17. Not. Tir. 108, 18 *a.*

levābilis, e (2. levo), **erleichternd,** Cael. Aur. de morb. acut. 3, 7, 71.

Levacī, ōrum, *m.*, belgische Völkerschaft, Klienten der Nervier, beim heutigen *Lovendeghem* in der Nähe von Gent od. bei *Loewen,* Caes. b. G. 5, 39, 1.

levāmen, inis, *n.* (2. levo), **Erleichterungs-, Linderungsmittel,** dulce viatori lasso in sudore levamen, Catull.: quod si esset aliquod levamen, id esset in te uno, Cic. – m. *Genet.*, eius mali levamen, Liv. 6, 35, 1. – poet. v. Anchises, omnis curae casusque levamen, Linderer jeglicher Sorge u. Not, Verg. Aen. 3, 709.

levāmentārius, a, um (1. levamentum), **zur Erleichterung dienlich,** Cod. Theod. 13, 5, 1.

1. levāmentum, ī, *n.* (2. levo), **Erleichterungs-, Linderungsmittel,** miseriarum, Cic.: tributi in posterum, Tac.: alci levamento esse (v. einer Sache), Cic.: paulum tamen in eo levamenti est, Cels.: ad unicum doloris levamentum studia confugere, Cic.: levamentum praestare (v. einem Heilmittel), Plin.

2. lēvāmentum (laevāmentum), ī, *n.* (1. levo, laevo), ein **Werkzeug zum Glätten (Ebenen),** als Erklärung von amussis, Varro bei Non. 9, 18.

Levāna, ae, *f.* (2. levo), die Göttin, unter deren Schutz die neugeborenen Kinder standen, wenn sie von der Erde aufgehoben wurden, Augustin. de civ. dei 4, 11. p. 161, 3, D.[2]

levātē, *Adv.*, doch nur im *Compar.* (levatus v. 2. levo), **erleichtert,** paulo levatius capite collocato, Cael. Aur. de morb. acut. 3, 3, 11 (vgl. Cael. Aur. de morb. chron. 4, 3, 49): quo levatius habeant caput, Cael. Aur. de morb. chron. 5, 10, 96.

levātio, ōnis, *f.* (2. levo), **I** eig., das **Aufheben, In-die-Höhe-Heben,** onerum levationes facere, Vitr. 10, 3, 1. – **II** übtr.: **1** die **Erleichterung,** alci esse levationi, Erleichterung verschaffen, Cic.: habere (verschaffen) levationem aegritudinum, Cic.: invenire levationem molestiis, Cic. – **2** die **Verminderung,** vitiorum, Cic.: periculi, Vell. – **3** als metr. *t. t.*, die **Hebung des Tons,** der **Aufschlag** im Takt (Ggstz. positio, der Niederschlag), Augustin. de mus. 3, 8.

levātor, ōris, *m.* (2. levo), **I** der **Wegnehmer, Dieb,** Petron. 140, 15. – **II** übtr., der **Erleichterer,** curarum operumque, Auct. epit. Iliad. 122.

1. lēvātus, (laevatus), a, um, s. 1. lēvo.

2. levātus, a, um, s. 2. levo.

levenna homo = levis homo, Laber. com. 80[1] (b. Gell. 16, 7, 11).

levianimus, a, um (levis animus), **leichtsinnig,** Mar. Victorin. 1, 4, 93. p. 23, 9 K.

leviātio, ōnis, *f.* = 2. levigatio, Cael. Aur. de sign. diaet. pass. 21 not. crit. p. 210 *Rose.*

leviculus, a, um (*Demin.* v. levis), **ziemlich leicht;** dah. übtr. **I ziemlich eitel,** leviculus noster Demosthenes, qui etc., verriet ziemliche Eitelkeit, als er usw., Cic. Tusc. 5, 103. – **II ziemlich unbedeutend,** res, Gell. 13, 30, 15.

lēvicutis, e (lēvis u. cutis), **glatthäutig** (Ggstz. squamicutis), Ps. Cypr. Sodom 143 H.

levidēnsis, e (levis), **leicht gewirkt, dünn** (Ggstz. pavitensis), vestis, Isid. orig. 19, 22, 19. – übtr., munusculum, geringfügiges, Cic. ep. 9, 12, 2.

levifidus, a, um (levis u. fides), **von geringer Glaubwürdigkeit, unzuverlässig, falsch,** Plaut. Pers. 243.

1. lēvigātio, ōnis, *f.* (1. lēvigo), das **Glätten, Abschleifen,** Plur. bei Vitr. 7, 1, 4. – meton. = die **Glätte,** Chalcid. Tim. 50 E u. 220. Iul. Val. 3, 35 (22). – übtr., v. nicht aspirierten Buchstaben (Ggstz. aspiratio), Diom. 435, 21.

2. levigātio, ōnis, *f.* (2. levigo), die **Erleichterung,** das **Nachlassen,** sine febrium levigatione, Cael. Aur. de morb. acut. 2, 10, 68: levigatione doloris attestante, Cael. Aur. de signif. diaet. pass. 21.

lēvigino, āre (1. lēvis), **glatter machen,** devellere homines et lev., Capit. Pert. 8, 5.

1. lēvigo (laevigo), āvī, ātum, āre (lēvis u. ago), **I glatt machen, glätten,** levigatur dente scabritia (chartae), Plin.: parietem tectorio, abputzen, Varro: u. so opere tectorio, Colum.: lev. ac dealbare parietes, Pallad.: lev. alvum, schlüpfrig machen, Gell. – **II** übtr.: **a glätten,** vetustatis horrorem, Diom. 435, 26. – **b klein machen, zu Pulver reiben,** semina, Colum.: omnia eadem in unum levigata, Colum.

2. levigo, (āvī), ātum, āre (levis u. ago), **leicht machen, erleichtern,** ipsum pondus sollicitudinis, Gregor. epist. 7, 76. ind. 2: omnibus iugum Christi, Hilar. Arelat. in vit. S. Honorati c. 18: gravia, Cassiod. de amic. prol. § 33; vgl. Acro Hor. carm. 1, 24, 19: febres levigari, Cael. Aur. de morb. acut. 3, 18, 182; vgl. 2, 37, 204: m. *Abl.*, omni sarcinā levigati, Apul. met. 4, 1.

levipēs, pedis (2. levis u. pes), **leichtfüßig,** lepus, Varro r. r. 3, 12, 6. Cic. Arat. 121.

lēvir, virī, *m.* (aus δαήρ, urspr. δαϝήρ, daraus devir, levir), der **Schwager** = des Mannes Bruder, Modestin. dig. 38, 10, 4. § 6. Paul ex Fest. 115, 12. Non. 557, 8.

1. lēvis (laevis), e (verwandt mit λεῖος), **glatt** (Ggstz. asper), **I** eig.: **1** im Allg.: locus, Cic.: corpuscula, Cic.: folia (Ggstz. scabra), Plin.: levissima corpora, Lucr. – **2** insbes., poet. **a glatt** = **blank,** pocula, Verg. Aen. 5, 91. – **b glatt** = **unbehaart, ohne Bart,** iuventas, Hor.: crura, Iuven.: senex, glatzköpfig, Ov.: Apollo tot aetatibus levis (bartlos), Ggstz. Aesculapius bene barbatus, Min. Fel. 22, 5: dah. **glatt** = **jugendlich, zart, schön,** pectus, jugendlich, Verg.: umeri, Verg. – u. **glatt** = **geputzt, galant,** cum sit vir levior ipsā, Ov. – **c glatt, schlüpfrig,** sanguis, Verg. Aen. 5, 328. – **II** übtr.: **a wohl zerrieben, -zerweicht,** leve et mali odoris, Cels.: haec terere donec levia, Scrib. Larg. – **b glatt, abgeschliffen, gut fließend,** vox, Quint.: v. den Worten einer Rede, concursus verborum quodammodo coagmentatus et levis (Ggstz. asper et hiulcus), Cic.: oratio, Cic.

2. levis, e (aus **leghuis,* vgl. griech. ἐλαχύς, ahd. *līhti),* **leicht** (Ggstz. gravis), **I** eig.: **1 leicht** dem Gewicht nach, pondus, Ov.: piper levissimum, Plin. – levis armatura, leichte Rüstung, Caes., u. konkr. = leicht bewaffnete Soldaten, Cic.: so leves armis, Liv.: poet. mit folg. *Infin.*, im Bild, fessis leviora tolli Pergama Grais, als eine leichtere Last aufzuheben (= leichter zu vernichten), Hor. carm. 2, 4, 11. – **2 leicht** der Bewegung nach = **schnell, behend, geschwind, flüchtig,** cursus, Phaedr.: saltus, Ov. – cervus, Verg.: Parthi, Verg.: Messapus cursu levis, Verg.: domo levis exsilit, Hor. – flamen, Catull.: ventus, Ov.: pollex, Ov.: hora, flüchtige, Ov. – m. folg. *Infin.*, instat Hiber levis et levior discurrere Maurus, Sil. 4, 549: exsultare levis, Sil. 10, 604: nullo levis terrore moveri, Claud. IV. cons. Hon. 514: omnes ire leves, Sil. 16, 487. – **3 leicht** dem phys. Gehalt nach, terra, leichte, magere Erde, Varro u. Plin.: u. so facilis ac levis humus, Curt.: stipulae, Ov. – poet., populi, die leichten körperlosen V. = Schatten (der Unterwelt), Ov. met. 10, 14. – **4 leicht** der phys. Wirkung nach = **nicht drückend, sanft, gelinde, leise,** terra sit super ossa levis, Tibull.: sit tibi terra levis, CIL 6, 7579 (Ggstz. sit tibi terra gravis, *ibid.* lin. 13): levis aura, Sil.: somnus, Hor.: vinum, nicht starker, Suet.: u. so cibus, Cels.: malvae, Hor.: levior piscis, Cels.: exulcerata et aegra corpora, quae ad tactus levissimos gemunt, Sen. de ira 1, 20, 3. – **5 leicht** der phys. Beschaffenheit nach = **erträglich** (Ggstz. gravis), terra, loca, Varro. – **II** übtr.: **1 leicht** dem Wert, der Bedeutung nach = **unerheblich, unbedeutend, geringfügig, gering, a** übh.: dolor, Cic.: ictus levis, Cic.: praesidium, Liv.: periculum levius, Caes.: genus scripturae, Nep.: labor, Ter.: proelium, Caes.: auditio, ein unverbürgtes Gerücht, Caes. – subst., in levi habere, für gering ansehen, leicht nehmen, Tac. ann. 3, 54; hist. 2, 21: levia sed nimium queror, Sen. Herc. fur. 63: quid leviora loquor? Petron. poët. 134, 12. *v.* 8. – poet. m. *Genet.*, opum levior, Sil. 2, 102 (vgl. den Ggstz. largus opum b. Verg. Aen. 11, 338). – **b** von Gedichten leichterer Art, Liebes- u. Scherzgedichten, Fabeln usw., Musa, Ov.: carmina, Tac.: levi calamo ludere, Phaedr. – **c** **unbedeutend = kein Gewicht** od. **Ansehen habend, nicht viel geltend, geringfügig, unzulänglich, unhaltbar,** levis causa belli, Liv.: causa levior, Caes.: auctor, Liv.: pecunia levissima, Cic.: leve ac facile credat, Quint.: levia conquirere, Cic. – v. Pers., levis pauper, kreditloser, Hor. de art. poët. 123: numquam erit alienis *gravis* qui suis se concinnat *levem,* niemals wiegt jemandes Ansehen außen schwer, wenn es im Haus leicht ist, Plaut. trin. 684: leviorem futurum apud patres reum, würde weniger gelten, Liv. 4, 44, 7. – **2** leicht der moral. Wirkung nach = **nicht drückend, sanft, mild, gelinde,** reprehensio levior, Cic.: exsilium, erträglich, Suet.: alqm leviore nomine (Bezeichnung) appellare, Cic.: v. Pers., mit *Dat.,* Sithoniis non levis Euhius, nicht mild gesinnt gegen die S., erbittert auf die S., Hor. carm. 1, 18, 9. – **3** **leicht** der Gesinnung, den Grundsätzen nach, **a** **leicht, leichtsinnig, wankelmütig, unbeständig, haltlos** (Ggstz. gravis, würdevoll, ernst, fest), homo, Cic.: Graeci, Cic.: iudices, Cic.: amicitia, Cic.: sententia, Ter.: ne te leviorem (lauer, gleichgültiger) *erga* me putes, Plaut. trin. 1171. – **b** **eitel, lügenhaft, unwahr,** sit precor illa levis, Tibull. 1, 6, 56: leves atque inanes soni (Wortgepränge), Petron. 2, 1.

levisomnus, a, um (levis u. somnus), **einen leichten Schlaf habend,** Lucr. 5, 861.

Levisticum, ī, *n.* = Ligusticum (s. d. unter Ligures), Veget. mul. 3, 51, 2.

Lēvīta, ae, *m.,* s. Lēvītēs.

1. lēvitās (laevitās), ātis, *f.* (lēvis), die **Glätte,** **I** eig.: speculorum, Cic.: intestinorum, Cels.: mundi corpus levitate continuā lubricum, Plin. – **II** übtr., die **Glätte, Abgeschliffenheit,** der **Fluss** des Ausdrucks, duas res efficiens, numerum et levitatem, Cic.: Graecorum, Cic.: verborum, Quint.: Aeschini, Cic. Vgl. Göller Cic. or. 110. p. 234 *sq.*

2. levitās, ātis, *f.* (levis), die **Leichtigkeit,** **I** eig.: **1** die **Leichtigkeit** dem Gewicht nach Ggstz. gravitas), armorum, Caes.: nulli fruticum levitas maior, Plin. – **2** die **Leichtigkeit** in der Bewegung = die **Geschwindigkeit,** volucri od. summā levitate ferri, Lucr. – dah. poet., die **Flüchtigkeit,** levitas tibi non libera est, Ov. fast. 2, 673. – **II** übtr.: **a** die **Flüchtigkeit,** amatoriae, in der Liebe, Cic.: comicae, Leichtfertigkeiten, wie sie in den Komödien vorkommen (wenn ein Sohn den Vater hintergeht usw.), Cic. – **b** die **Flüchtigkeit,** der **Leichtsinn,** die **Veränderlichkeit, Unbeständigkeit,** die **schwankenden Grundsätze,** die **Haltlosigkeit,** der **Wankelmut,** die **Charakterlosigkeit** (Ggstz. gravitas, der würdevolle Ernst), nobis insita, Tac.: effeminata, Quint.: muliebris, Petron.: perpetua in populari ratione, Cic.: temere assentientium, Cic.: Graecorum, Lact.: animi, Caes.: iudiciorum (= *iudicum*), Cic.: levitatem alcis experiri, Cic.: levitatem insectari, Cic.: iocari poëticā levitate, Petron.: ut adversas res, sic secundas res immoderate ferre levitatis est (verrät Charakterlosigkeit), Cic. – Plur., Cic. de fin. 1, 61; Tusc. 5, 104; de nat. deor. 3, 72. Arnob. 7, 4: Phariae levitates, CIL 8, 211, 30. – **c** die **Nichtigkeit, Seichtheit,** das **Unhaltbare,** opinionis, Cic. de nat. deor. 2, 45.

leviter, *Adv.* (2. levis), **I** eig.: **1** **leicht** dem Gewicht nach, miles leviter armatus, Curt.: leviter armati, Curt. u. (Ggstz. armatissimi) Sen.: levius armati, Curt. – **2** **leicht** der phys. Wirkung nach, levius casura pila sperabat, würden mit geringerer Kraft auffallen, Caes. b. c. 3, 92, 2. – **II** übtr.: **1** **leicht** der Bedeutung nach = **unerheblich, unbedeutend, nur wenig,** leviter saucius, Cic. u. (Ggstz. multis vulneribus confossus) Sen.: aegrotare, Cic.: significare, leichthin, leise andeuten, Cic.: alqd dicere, leichthin, Cic. u. Ov.: leviter apparet, in leiser Andeutung, Cic.: levius aegri, Curt.: levius miser, weniger, Hor. – **2** **leicht, erträglich** der moral. Wirkung, dem Erfolg nach, ferre (ertragen), Cic.: omnia levius casura, Cic.: ut levissime dicam, dass ich es aufs mildeste (gelindeste) ausdrücke, Cic.: sapiens et bonum ferre potest modice et malum fortiter aut leviter (leicht, gleichgültig), Varro sat. Men. 172.

Lēvītēs u. **Lēvīta,** ae, *m.,* **I** der **Levit,** Prud. perist. 2, 39; 5, 30. – **II** übtr., der **Diakonus,** Sidon. epist. 9, 2, 1. – Dav.: **a** **Lēvīticus,** a, um, **levitisch,** genus, Vulg.: stirps, Vulg. – **b** **Lēvītis,** tidis, *f.,* **aus dem Stamme Levi,** gens, die Leviten, Prud. psych. 502.

lēvitūdo (laev.), inis, *f.* (lēvis), die **Glätte,** Lact. de ira dei 10, 7.

1. lēvo (laevo), āvī, ātum, āre (lēvis), **glatt machen, polieren, glätten,** levare ac radere tigna, Lucr.: lev. corpus, Cic. fr.: corpora, Plin.: cubilia tectorio levata, Varro: magni levatique mensarum orbes, Sen.: homines vulsi levatique, Quint.: übtr., in Schriften, nimis aspera sano levabit cultu, Hor. ep. 2, 2, 123. – *Partic. Perf.* im *Compar.* adjekt., quae levatiora levioraque sunt, Gell. 17, 8, 15.

2. levo, āvī, ātum, āre (2. levis), (durch Heben, Unterstützen) **erleichtern, heben, auf-, wegheben, weg-, abnehmen,** **I** eig.: **1** im Allg.: membra cubito, unterstützen, Ov.: piscem arundine extra aquam, Plin.: se de caespite, sich aufrichten, -erheben, Ov.: u. so membra gramine od. humo, Ov.: u. se attollere ac levare, Liv.: paulumque levatus, sich erhebend, Ov.: se (alis), sich emporschwingen, auffliegen (v. Vögeln), Liv., Colum. u. a.: superpositum capiti decus, Liv.: alci vincula, abnehmen, Ov.: ictum dextrā, abwenden, Hor. – v. lebl. Subjj., per hiemem, quae altius levat Alpes, der den Schnee auf den Alpen höher auftürmt, Flor. 3, 3, 11. – **2** prägn.: **a** **erheben = bekommen,** tributum, Ulp. dig. 50, 15, 4. § 2. – **b** **die Anker lichten, in See stechen,** transfretemus ad stagnum; et levaverunt, Itala Luc. 8, 22. – **II** übtr.: **1** etw. **erleichtern, mindern,** ihm **abhelfen,** es **heben** (Ggstz. augere), **a** übh.: morbum mulieri, Plaut.: caliginem (v. Heilmitteln), Plin.: inopiam, Caes.: alci metum, Cic.: luctum, curam, sollicitudinem, Cic.: calamitatem innocentium, Cic.: angoris et doloris tui levandi causā, Cic.: dolorem consolando, Cic.: omen, erträglicher, weniger schrecklich machen, Verg.: apertis horreis frugum pretia, Tac. – **b** prägn., jmd. einer Sache **entheben,** von etw. **erleichtern, -befreien,** jmdm. etw. **abnehmen,** alqm fasce, Verg.: stipites onere, Curt.: alqm hoc onere (bildl.), Cic.: alqm supplicio aut exsilio, Cic.: alqm molestiā valde, Cic.: alqm metu, Cic.: alqm magnā curā, Cic.: aegrum ex praecipiti, Hor.: se aere alieno, losmachen, Cic.: se vitā aereo ense, Varro fr.: levari morbo, Cic.: levata omni sollicitudine mens, Tac. – mit obj. *Genet.,* alqm omnium laborum, Plaut. rud. 247: alqm irae, Pacuv. tr. 306 (s. Ribbeck Coroll. p. XLVI). – **2** **aufrichten, stärken, erquicken, erheitern,** qui salutari levat arte fessos corporis artus, Hor.: quicumque et cantus corpora fessa levant, Tibull.: arma deponere ac levare corpora, Curt.: me levarat tuus adventus, Cic.: rore et matutino frigore corpora levabantur, Curt.: levatur animus exercendo, fühlt sich erleichtert, Cic.: levari alcis luctu, sich ergötzen an usw., Ov. – **3** **unterstützen,** viros auxilio, Verg. Aen. 2, 452; 4, 538. – **4** (an Geltung, Kraft, Ansehen) **vermindern, schwächen, verkleinern,** fidem, Hor.: auctoritatem, Cic.: regis facinus, die Schuld an der T. mildern, Liv. – ► Archaist. Futur. exakt. levasso, Enn. ann. 335.

lēvor (laevor), ōris, *m.* (lēvis), die **Glätte** (Ggstz. asperitas), chartae, Plin.: vocis, Lucr.: corporis, des inneren K., Cels.

lēx, lēgis, *f.* (von lego, ere = λέγω, sagen), eig. eine Wortformel; dah. **I** ein in Worte gefasster u. von einer Magistratsperson auf der Rednerbühne dem Volk gemachter **Gesetzesvorschlag, Antrag,** **A** eig.: leges malae, Cic.: legem ferre od. rogare, dem Volk einen G. machen, Cic.: legem de ambitu ferre, Cic. (u. so legis lator, legis ambitus lator, Cic.: u. latio legis, Cic.): legem perferre (wofür auch legem ferre steht), einen G. durchsetzen, Cic.: legem promulgare, öffentlich bekannt machen od. anschlagen, damit ihn jeder vorher lesen kann, ehe darüber abgestimmt wird, Cic.: legem sciscere od. iubere (vom Volk), genehmigen, Cic.: legem accipere, annehmen, Cic. (u. so acceptā lege, nachdem der G. durchgegangen, Vell.): legem repudiare, Cic.: legem antiquare, verwerfen, Cic. – **B** übtr.: **1** der durch Genehmigung des Volkes in den Komitien zum Gesetz erhobene Vorschlag, das **Gesetz,** die **gesetzliche Bestimmung,** die **Verordnung,** auch der **Beschluss,**

a eig.: leges regiae, aus der Zeit der Könige, Cic.: leges duodecim tabularum, die Zwölftafelgesetze der Dezemvirn, Cic. – legum conditor, Plaut.: legum auctor (v. Lykurg), Quint.: legum architectus (ironisch), Cic.: legum datio, Cic.: legum latio, Arnob. – lege carens civitas, gesetzloser, Cic.: genus hominum agreste, sine legibus, sine imperio, Sall. – legem ferre (vom Volk), ein Gesetz, eine Verordnung machen, Liv. u. Tac.: legem abrogare, abschaffen, Cic.: leges imponere alci, Cic.: leges dare (erlassen), Cic. u. Ov.: legem dare de libertinorum suffragiis, Cic.: legibus condendis operam dare (v. den Dezemvirn), Liv.: legem suadere, Liv.: legem facere od. constituere alci, Cic., od. ponere, Hor.: legem sancire, Cic.: legem figere, anschlagen, Cic.: et mitigare (mildern) leges et intendere (schärfen), Plin. ep.: legibus alqm solvere, entbinden, Cic.: Porcia lex aliaeque leges paratae sunt (wurden geschaffen), Sall.: lege od. legibus, nach dem Gesetz, nach den Gesetzen, gesetzmäßig, Ter. u. Nep.: lege agere, gesetzlich, kraft des Gesetzes verfahren, v. Liktor, wenn er das Urteil des Richters vollzieht, Liv.; u. gesetzlich, gerichtlich klagen, v. Kläger, Cic.; vgl. ago *no.* II, B, 5, c, β: ebenso (v. Kläger) legibus experiri, Nep.: de eadem re pluribus legibus agere, wiederholt klagen, Suet.: per leges ire, sich den G. unterziehen, sie sich gefallen lassen, Ov.: lege uti, gesetzlich verfahren, Sall.: lex erat Thebis, quae morte multabat, si quis etc., Nep. Epam. 7, 5: lex est Lacedaemoniis od. apud Rhodios m. folg. *ut* u. Konj., Cic. de inv. 2, 96 u. 98. – **b** meton.: **α** das geschriebene **Recht** (Ggstz. mores, consuetudo), Cic. u. a. – **β** **Gesetz** u. **Rechtsnorm** übh., sowohl aus dem positiven als aus dem Naturrecht, Cic. u. Sen. – **2** ein **Gesetz,** eine **Vorschrift,** die man sich selbst gibt, legem sibi statuere, Cic.: dah. die **Gewohnheit, Art,** nach der jmd. lebt, meā lege utar, Ter. – **3** das **Gesetz** (die **Gesetze**), **a** = die **Regel, Vorschrift,** das **Gebot,** die **Satzung,** lex grammatica, Gell.: lex scholastica, Plin. ep., od. umschr. lex, quae in scholis exercetur, Sen.: lex veri, Cic.: leges philosophiae, historiae, Cic.: leges philosophorum, Cic.: vetus lex sermonis, Quint.: leges citharae, Tac.: lex Christiana, christl. Religion, Amm.: ebenso lex divina, Lact.: legis Iudaicae (des Judentums) praecepta, Lact. – versibus est certa lex, Cic.: hanc ad legem formanda est oratio, Cic.: legem dicere alci, eine Vorschrift geben, Ov.: malignas dare leges, Ov.: transscendere dei legem, Lact.: quā sidera lege mearent, Ov. – haec est eiusmodi sermonum lex m. folg. *Infin.*, Tac. dial. 27: vetus est enim lex illa iustae veraeque amicitiae m. folg. *ut* u. Konj., Cic. Planc. 5: quis nescit primam esse historiae legem m. folg. *ne* u. Konj., Cic. de or. 2, 62. – **b** die **Art und Weise, Beschaffenheit,** sub lege loci, Ov.: ex lege loci, Ov.: quā lege, Calp. – **c** die **Regelmäßigkeit, Ordnung,** sine lege, ohne Regel, unregelmäßig, unordentlich, capilli iacent sparsi sine lege, Ov.: equi sine lege ruunt, Ov.: legem dare capillis, ordnen, Sen. II) eine **Formel,** in der die Bedingungen für ein Geschäft od. ein Verhältnis aufgestellt sind, **A** eig.: Manilianas venalium vendendorum leges ediscere, die gesetzlichen Formeln für Kaufverträge, Cic. de or. 1, 246. – **B** übtr.: **a** ein **Tarif, Zolltarif,** lex portus, CIL 8, 4508. – **b** eine auf bestimmte Rechtsformeln basierte **Bedingung,** der **Punkt, Kontrakt, Vertrag,** mancipii, Kaufkontrakt, Cic.: so auch lex venditionis, ICt.: lex emptionis, ICt.: lex operi faciundo u. im Zshg. oft bl. lex, Baukontrakt, Cic.: lex censoria u. bl. lex, Kontrakt (Pacht-, Lieferungs-, Bau-Kontrakt), den die Zensoren (oder auch andere) den Unternehmern oder Pächtern vorlegten u. mit ihnen schlossen, Cic.: syngraphi leges, Punkte des Kontrakts, Plaut.: leges foederis, Verg.: pax data in has leges, mit diesen Bedingungen, Punkten, Liv.: eā lege atque omine, Ter.: hāc lege venire (verkauft werden), Cato: accipiunt legem, die Bedingung, Ov.: legem alci scribere (vorschreiben), Cic.: leges pacis dicere alci, diktieren, vorschreiben, Liv.: ebenso leges pacis dare alci, Liv.: legem (Vertrag) duabus hanc proposuit partibus, Phaedr.: Macedonibus et Illyriis hae (folgende) leges a Romanis datae (zugestanden), Eutr.: lege certā, Ov. – übtr., **Bedingung,** lex vitae, Bedingung des Lebens, die wir sogleich mit der Geburt überkommen haben, dass wir uns alle menschlichen Schicksale gefallen lassen sollen, Cic.: homines eā lege natos, Cic.: legem dare, aufstellen, Ov. (m. folg. *ne* u. Konj., Ov. met. 2, 556): legem accipere (annehmen), m. folg. *ne* u. Konj., Ov. met. 10, 50: patris pacem in leges conficere suas, Ter. heaut. 998. – ▶ arch. Dat. Sing. leigei, CIL 1, 197, 26: Abl. Plur. leigibus, CIL 14, 2892.

lexidion, iī, *n.* (λεξίδιον), das **Wörtchen,** Gell. 18, 7, 3.

lēxipyretos, on, Akk. Plur. -ūs (ληξιπύρετος), **Fieber stillend, -hemmend,** Plin. 20, 201. Marc. Emp. 16. Th. Prisc. 2, 1.

lēxipyrexia, ae, *f.* (*ληξιπυρεξία), das **Aufhören des Fiebers,** Marc. Emp. 20.

lexis, eos, *f.* (λέξις), das **Wort,** Lucil. 84 (wo Plur. lexis, Müller λέξεις). Charis. 279, 23 u. 283, 16. Donat. 397, 5 (wo überall Genet. lexeos).

Lexoviī, ōrum, *m.*, eine Völkerschaft im lugdun. Gallien am Ausfluss des Sequana (Seine), deren Hauptstadt Noviomagus (j. *Lisieux* in der heutigen Normandie, Depart. du Calvados), Caes. b. G. 3, 9 u. 11 ö. Plin. 4, 107.

līāculum, ī, *n.* (lio) = λιαντήρ (Gloss. II, 122, 32), der **Putzhobel** der Maurerpolierer, liaculorum subactiones, Vitr. 2, 4, 3 u. 7, 3, 7 *codd. GH* (Rose baculorum).

lībācunculus, ī, *m.* (libum), ein **kleiner Kuchen,** Tert. de spect. 27.

libadion, iī, *n.* (λιβάδιον), das **kleine Tausendgüldenkraut,** Plin. 25, 68.

libadios, iī, *f.*, eine Art Weinstöcke mit Weihrauchgeruch, Plin. 14, 117.

lībāmen, inis, *n.* (libo), **I** was beim Opfern den Göttern zu Ehren ausgegossen, ausgestreut od. geopfert wird, der **Opferguss,** das **Opfer,** Ov. fast. 3, 733. Val. Flacc. 1, 204: libamina prima, von den abgeschnittenen u. ins Feuer geworfenen Haaren, Verg. Aen. 6, 246: praedae libamina, die Erstlinge der Beute, Sil. 15, 264: libare alci libamina, Vulg. Ierem. 19, 13; 32, 29 u. a.: relinquat sacrificium et libamen (Speise- u. Trankopfer) domino deo vestro, Vulg. Ioël 2, 14: übtr., v. dem, was beim Verbrennen einer Leiche mit in den Scheiterhaufen geworfen wird, Stat. Theb. 6, 224. – bildl., tu nova servatae carpes libamina famae, du wirst meiner Ehre zuerst Abbruch tun, Ov. her. 4, 27. – **II** = libum (s. d.), Porphyr. Hor. ep. 1, 10, 10.

lībāmentum, ī, *n.* (libo), **I** das **Abgekostete,** varia illa libamenta, was wir hier oder da abgekostet, Sen. ep. 84, 5. – **II** was beim Opfern den Göttern ausgegossen, aufgestreut wird, der **Opferguss,** das **Trankopfer,** das **Opfer,** lex sacrificii et libamentorum, der Speise- u. Trankopfer, Vulg.: libamenta vini, Vulg.: libamenta offerre, Vulg.: libamenta servare, Cic.: libamenta Veneri solvere, Iustin.: Oceano libamenta dare, Iustin.: accipe tui libamenta triumphi, Weihopfer, Stat. – bildl., die **Probe,** der **erste Versuch,** das **Probestück,** Gell. praef. § 13; 16, 8, 15.

Libanītis, s. 1. Libanus.

libanochrus, ī, *f.* (λιβανόχρους, weihrauchfarbig), ein Edelstein, viell. eine Bernsteinart, Plin. 37, 171

libanōtis, tidis, Akk. tida, *f.* (λιβανωτίς), **Rosmarin,** Plin. 19, 187 u. 20, 172.

1. Libanus, ī, *m.* (Λίβανος), ein Gebirge im südl. Syrien, der **Libanon,** Plin. 5, 77. Tac. hist. 5, 6. Flor. 3, 5, 29. Auson. edyll. 12 de vere primo 5. p. 137 Schenkl. Vulg. deut. 1, 7 u. a. – *Adi.*, Libana cedrus, Sedul. carm. 4, 55 (wo Lībana gemessen ist). – Dav. **Libanītis,** idis, Akk. Plur. idas, *f.* (Λιβανῖτις), **vom Libanon,** mulieres, Orb. descr. 17 (Auct. class. 3, 395).

2. libanus, ī, *c.* (λίβανος), der **Weihrauch,** rein lat. tus, Vulg. Sirach 24, 21 u. 39, 18.

lībārius, iī, *m.* (lībum), der **Kuchenbäcker, Kuchenverkäufer,** Sen. ep. 56, 3. CIL 4, 1768.

lībātio, ōnis, *f.* (libo), das **Trankopfer,** die **Libation,** Vulg. Sirach 30, 19 u. a. Isid. orig. 6, 19, 31: Plur., Cic. de har. resp. 21. Vulg. num. 28, 24 u. 31 u. a.

lībātor, ōris, *m.* (libo), der **Darbringer einer Libation (eines Trankopfers),** cenarum, Fronto de fer. Als. ep. 3. p. 226, 23 N.

lībātōrium, iī, *n.* (libo), das **Trankopfergefäß,** Vulg. 1. Mach. 1, 23.

lībella, ae, *f.* (*Demin.* v. libra), **I** im Münz- und Rechnungswesen: **1** eine röm.-kampan. Silbermünze = $^1/_{10}$ denarius, im Wert = 1 As, Cato r. r. 15, 1. Varro LL. 5, 174. – übtr., für eine beliebig kleine

Münze, wie unser **Pfennig, Heller,** Plaut. u. Cic.: tibi libellam argenti numquam credam, Plaut.: dah. HSIƆƆƆ ad libellam sibi deberi, auf den Pfennig (Heller), ganz genau, Cic. Rosc. com. 11. – **2** in der Silberrechnung = dem zehnten Teil eines sestertius, dah. das **Zehntel,** fecit te (heredem) ex libella, me ex teruncio, hat dich zum Erben eines Zehntels eingesetzt, doch so, dass du mir ein Vierteil abgibst, Cic. ad Att. 7, 2, 3. – **II** die **Bleiwaage, Setzwaage, Wasserwaage, Schrotwaage,** Lucr. 4, 513. Vitr. 1, 6, 6 u. 3, 4, 5. Plin. 36, 172 u. 188: vollst. libella fabrilis, Colum. 3, 13, 12. Veget. mil. 3, 20. p. 107, 22 L.[2]: dah. locus, qui est ad libellam aequus, völlig waagerecht, Varro r. r. 1, 6, 6.

libellāris, e (libellus), zu den Büchern gehörig, **Buch-, Bücher-,** opus, Schriftwerk, Sidon. epist. 9, 11, 7.

libellārius, a, um (libellus), **urkundlich, kontraktlich,** alci praedia libellario titulo committere, in Pacht auf Widerruf, Cassiod. var. 5, 7, 1.

libellāticī, ōrum, *m.* (libellus), Name der Christen, die aus Furcht vor den Verfolgungen sich von der Obrigkeit ein (fälschliches) **Zeugnis erkauften,** dass sie heidnisch geopfert hätten, folglich nicht mehr Christen wären, Cypr. epist. 55, 13 u. 17.

libellēnsis, is, *m.* (libellus), ein kaiserl. Beamter, der die Bittschriften an den Kaiser empfing und in die Akten eintrug, Cod. Iust. 3, 24, 3 u. a.

libellio, ōnis, *m.* (libellus), **I** der **Notar,** Varro sat. Men. 256. – **II** der **Buchhändler,** Stat. silv. 4, 9, 21. – Gloss. ›βιβλιογράφος, libellio‹ u. ›βιβλιοπώλης, libellio‹.

libellulus, ī, *m. (Demin.* v. libellus), ein **kleines Büchlein,** Mart. Cap. 3. § 289. Fulg. myth. praef. p. 20, 1 M. = p. 11, 3 H.

libellus, ī, *m. (Demin.* v. liber), eine **kleine Schrift, I** im Allg.: scripsi in libello, Cic.: v. Gedichten, lepidus novus libellus, Catull.: v. einer einzelnen Satire, Hor. sat. 1, 10, 92: comes libelli, nette Komödienbücher, Hor. sat. 1, 10, 41. – pro captu lectoris habent sua fata libelli, Ter. Maur. 1286: Plur. meton. = der **Buchladen,** in libellis, Catull.: libelli, campus, porticus, Mart. – **II** insbes.: **a Notizbuch, Heft, Verzeichnis,** mandatorum, Cic.: rettulit in libellum, Cic.: ex libello respondere, Plin. ep. – **b Eingabe, Klagschrift, Klage, Anklage, Denunziation,** libelli accusatorum, Tac.: componere formareque libellos, Iuven.: libellum alci dare (bei jmd. einreichen), Flor.: libelli coniurationem nuntiantes dati, Vell.: in scrinio eius datus a Caro de me libellus inventus est, Plin. ep. – **c Bittschrift, Gesuch, Petition,** libellum composuit, Cic.: libellos signare, Suet., od. subnotare, Plin. ep., unterzeichnen, folglich beantworten: a libellis (homo), ein Hofbedienter, der die Bittschriften annimmt, Suet. u. Inscr. – **d Einladungsschreiben,** zu einem Schauspiel, zum Anhören einer Vorlesung usw., gladiatorum libelli, Cic.: u. so libellus munerarius, Festprogramm, Treb. Poll.: libellos dispergere, Tac. – **e** die **öffentliche Bekanntmachung,** der **Anschlag,** edere per libellos, Suet. Caes. 41, 2: so auch der »Anschlag« an den Gütern eines Verschuldeten usw., dass sie gerichtl. in Beschlag genommen und zu verkaufen sind; dah. deicere libellos, den Versteigerungsanschlag abnehmen, die Beschlagnahme aufheben, Cic. Quinct. 27: u. so suspensis amici bonis libellum, Sen. de ben. 4, 12, 3. – **f Brief, Schreiben,** libellum ipsius habeo, in quo est etc., Cic.: ut ex libellis eius animadverti, Brut. in Cic. ep.: libellum u. libellos dare (ausstellen), Augustin. de civ. dei 22, 8, 22. p. 578, 1 u. 7 D.[2]: libellum repudii (den Scheidebrief) dare, Augustin. de civ. dei 14, 22. Vulg. Matth. 19, 7. – **g Schmähschrift, Spottschrift,** sparsos de se in Curia famosos libellos, Suet.: libellos aut carmina ad infamiam alcis sub alieno nomine edere, Suet. – **h Bescheinigung, Zeugnis,** significent id libello manu suā subscripto, Paul. dig. 39, 4, 4.

libēns u. **lubēns,** entis, Abl. ente u. entī, *PAdi.* (libet, lubet), **I** eig., **willig, gern, gutwillig, aus freiem Antrieb, willig u. gern darauf eingehend** (Ggstz. invitus), libenti animo, gern, mit willigem Herzen, Plaut. u. Cic.: libentissimo animo, Plaut.: libentissimis Graecis, mit Vergnügen, mit willigem Herzen der Griechen, Cic.: me libente eripies mihi errorem, Cic.: lubens faxim, Ter.: simulatione magis quam libens, Tac. – **II** übtr., **vergnügt, lustig, aufgeräumt,** hilari lubentes laetificantes, Plaut.: hilarum ac lubentem fac te gnati in nuptiis, sei lustig und guter Dinge, Ter.: faciam illos lubentiores, Plaut.

libenter u. **lubenter,** *Adv.* (libens, lubens), **gern, mit Vergnügen** (= mit Lust, Neigung, mit Behagen, Wohlbehagen; oft verb. facile et libenter, libenter et facile), cenare, Cato: lib. uti verbo Catonis, Cic.: aberat Athenis lib., Nep.: fere lib. homines id quod volunt credunt, Caes.: libenter quatenus id facit, sofern es ihm Vergnügen macht, Hor.: eo libentius, Nep.: nusquam libentius cenasse, mit größerem Appetit, Cic.: cum lubentissime edis, wenn es dir am besten schmeckt, Favorin. bei Gell. 15, 8, 2: libentissime dare, Cic. Verr. 4, 63: illo loco libentissime soleo uti, Cic. de legg. 2, 1: alci libentissime commodare, Cic. fr. epist. 10. p. 46 K. (bei Non. 275, 18): libentissime audire alqm, Sen. ep. 30, 9.

libentia od. **lubentia,** ae, *f.* (libens od. lubens), die **Fröhlichkeit,** das **Vergnügen,** die **sinnliche Lust,** Plaut. Stich. 276. Serv. Verg. Aen. 1, 720: Plur., Plaut. Pseud. 396 R. Gell. 15, 2, 7. – personifiziert, Plaut. asin. 268.

Libentīna u. **Lubentīna,** ae, *f.* (libens, lubens), ein Beiname der Venus, als Göttin der sinnlichen Lust, Varro LL. 6, 47. Varro LL. fr. bei Non. 64, 14. Cic. de nat. deor. 2, 61. Augustin. de civ. dei 4, 8. p. 155, 10 D.[2] Serv. Verg. Aen. 1, 720.

libentiōsē, *Adv.* (libet), **fröhlich, vergnüglich,** quod omnes tam lib. discumbitis, Hist. Apollon. 39.

1. līber, era, erum (vgl. ἐ-λεύθερος), **I** bürgerlich **frei,** subst. ein **Freier** (Ggstz. servus), **A** eig., Cic. u. a.: facta e serva libera est, Plaut.: alqm non liberum putare, nicht für einen Freien halten, Cic.: von Staaten usw., **frei = unabhängig** (keinem Herrscher unterworfen), Gallia, civitas, Caes.: populus, Liv.: possessio, Caes. – subst., **a** līber, līberī, *m.,* der **Freie,** der **freie Mensch,** eruditio libero non digna, Cic.: quid est turpius ingenuo, quid minus libero dignum? Cic.: cum liberi servis humilitate animi pares simus, Lact. – **b** *femin.* subst. lībera, die **Freie** (Ggstz. ancilla, Sklavin), Augustin. de civ. dei 13, 21. p. 585, 22 D.[2] – **c** līberī, die Freien im Haus = die **Kinder,** s. bes. – **B** übtr.: **1** v. Personen u. deren Besitztum – **frei** von Abgaben u. Leistungen, **abgaben-, dienstfrei,** liberi ab omni sumptu, Cic.: absol., civitas, Liv.: agri, Cic. – **2** von Häusern und Orten = von Bewohnern, Besuchern **frei, ledig,** aedes, Liv.: lectulus, lediges (nicht mit einer Gattin geteiltes), Cic.: loca ab arbitris libera, von Störenfrieden freie, Cic.: so auch liberae aedes, liber locus, frei von Besuchern, ungestört, Plaut.: übtr., v. Pers. = ungestört, Plaut. – **3** vom Vermögen = von Schulden **frei, nicht verschuldet,** ut rei familiaris liberum quicquam sit, Cic. – **II** v. Fesseln **frei,** v. Personen, **A** eig., Ggstz. vinctus, Plaut. u. Sen. – **B** übtr.: **1** übh. **frei** von etw., einer Sache **ledig, ohne** etw., liberi a delictis, Cic.: m. bl. *Abl.,* liber curā, sorgenfrei, Cic.: m. *Genet.,* liber harum rerum et multarum siet, Plaut.: liber laborum, Hor.: discriminis, Plin. pan.: corporis, Itin. Alex.: fati, des Schicksalsspruches entbunden, Verg. – dah. prägn., libera vina, frei machend = von Sorgen befreiend, Hor. de art. poët. 85. – **2** von Zwang **frei, ungehindert, uneingeschränkt, unumschränkt, zwanglos, selbständig, a** übh.: adulescens, Ter.: adulescentia, Cic.: vitae liberioris iter, Ov.: m. *Genet.,* liber revertendi, Ov.: rerum, Plaut. – m. *ab* u. Abl. Gerund., sum ab observando homine perverso liber, ich bin nun aller Rücksichten gegen den verk. M. entbunden, Cic. ad Att. 1, 13, 2. – übtr., libera od. liberior toga, libera vestis, das Kleid eines Freien, die männliche Toga, Ov. – v. Örtl., campus, spatium, Liv.: libero caelo (freie Luft) frui, Cic., Sen. u. Lact.: liberiore frui caelo, Ov.: aqua liberior, das freier fließende (= das Meer), Ov. – libera custodia, freie, weite Haft, Cic.: u. so libero conclavi servare, in freier, weiter Haft halten, Cic. – liberum fenus, unbegrenzter (durch kein Gesetz eingeschränkter) Wucherzins, Liv. – v. der Zeit, otia liberrima, ganz geschäftsfreie, Hor.: tempus, freie, uneingeschränkte, Cic. – v. Abstr., consuetudo peccandi, Cic.: quaestio, an keine Person gebundene, Cic.: liberā fide (durch kein gegebenes Wort gebunden) incepta exsequi, Liv.: libero mendacio uti, frischweg lügen, Liv.: libera mandata (Vollmacht),

Liv.: conquestus, Liv.: fastidium, Cic.: oratio (Aussage, Erklärung) aut libera aut expressa (abgedrungene), Cic.: liberum habere alqd, etwas in seiner freien Gewalt haben, Liv.: liberum est mihi, es steht mir frei = in meiner Gewalt, m. folg. *Infin.* od. m. folg. indir. Fragesatz, Cic. u. Liv.: neque liberum id vobis Philippus permittet, wird euch darin keine freie Wahl lassen, Liv. – u. im Abl. absol., libero (da es ihm freistand), quid firmaret mutaretve, Tac. ann. 3, 60. – **b** **frei** in Bezug auf Urteil und Willen, **unbefangen,** iudicium senatus, Cic.: hoc liberiores sumus, Cic. – **c** **frei** in Bezug auf Denken u. Reden, **freimütig, offen,** v. Personen, Cic. u. a.: liberrime Lolli, Hor.: v. deren Gesinnung usw., animus, Cic.: liberā linguā uti, seiner Zunge keinen Zwang antun, Plaut.: vocem liberam mittere, Liv.: liberiores litterae, Cic. – **d** frei von Verbindlichkeiten, **ungebunden,** liberi ad causas solutique veniebant, frei und ungebunden (= nicht durch Geschenke bestochen), Cic. Verr. 2, 192. – **3** moralisch **frei,** **a** im guten (philos.) Sinne, Cic. u. a. – **b** im üblen Sinne, von dem, der frei, **ungebunden** in Befriedigung seiner sinnlichen Begierden ausschweift, **ausschweifend, zügellos,** turba temulentorum, Cic.: übtr., convivium, Cic.: lustra, Plaut. – ► arch. Genet. leiberei, CIL 1, 200, 76: arch. Nom. Plur. leiberi, CIL 1, 204. col. 1, 7: arch. Gen. Plur. leiberorum, CIL 1, 200, 79: arch. Akk. Plur. leiberos, CIL 1, 204. col. 1. lin. 36.

2. liber, brī, *m.* (zu λέπω, ich schäle), **I** der **Bast,** der unter der Rinde (cortex) des Baumes liegt, Verg., Mela u. a.: libri arborum, Hieron. epist. 8. – **II** (weil die Alten auf Bast schrieben) meton., jede aus mehreren Blättern bestehende **Schrift,** **a** das **Buch,** **α** als Inbegriff aller Blätter einer Schrift, Demetrii liber de concordia, Cic.: Platonis liber, qui immortalitatem animae docet, Flor.: is liber, quem de rebus rusticis scripsi, Cic.: libri improbatae lectionis, verbotene, Ulp. dig.: libri (Handschriften) minus accurate scripti, Macr.: libros meos, omnes quos exspectas, inchoavi, sed conficere non possum his diebus, Cic.: de eo libros fecisse multos, Varro LL.: scripsisse tres libros u. versibus (in V.) tres libros de alqa re, Cic.: librum divulgare, Cic.: librum de vita alcis edere, Plin. ep.: malum librum legere, Catull.: librum Platonis legere, Sen.: libros alcis pervolutare, Cic.: in libris haerere, Cic.: velle e bibliotheca alcis quibusdam libris uti, Cic.: libros depromere (e bibliotheca alcis), Cic.: librum ponere (weglegen, nachdem man darin gelesen hat), Cic.: iudicium illud ad libros vocare, auf Schriftwerke (Literatur) hinlenken, Hor. – insbes., eine **Rede,** ein **Gedicht,** eine **Komödie,** Quint.: v. **den sibyllinischen Büchern,** libri Sibyllini, Cic.: libri fatales, Liv.: adire libros, Liv., ad libros, Cic., ad libros Sibyllinos, Cic.: inspicere libros, Liv. (dah. inspectio librorum, Vopisc.): u. v. anderen **Religionsbüchern,** libri Etruscorum, Cic.: v. den **Rechtsbüchern,** nos autem in libris habemus, Cic.: v. den **Auguralbüchern,** se, cum legeret libros, recordatum esse vitio sibi tabernaculum captum fuisse, Cic. de nat. deor. 2, 11. – liber caerimoniarum, Rituale, Tac. ann. 3, 38. – **β** ein **Buch** = **Abteilung** einer Schrift, tres libri perfecti sunt de natura deorum, Cic.: ea quae essent, dictum est in libro superiore, Cic.: in quarto libro docere, Lact.: haec in ultimo libro pluribus exsequemur, Lact.: versus de libro Ennii annali sexto, Quint. – **b** **Verzeichnis, Katalog, Register,** Cic. Verr. 3, 167. – **c** **Schreiben, Brief,** liber grandis, Nep. Lys. 4, 2: liber grandior, Plin. ep. 2, 1, 5. – **d** **Erlass,** principis, Plin. ep. 5, 13 (14), 8 K. – **e** **Brief** = **Kontrakt,** liber emptionis od. possessionis, Kaufbrief, Vulg. Ierem. 32, 14 u. 16. – ► Akk. Plur. heterogen libra, Petron. 46, 7. – Nach Quint. 1, 4, 17 arch. auch leber.

3. Līber (arch. Leiber), erī, *m.,* **I** ein altitalischer Gott der Zeugung u. Anpflanzung, später mit dem griechischen **Bacchus,** dem Gott des Weines, identifiziert, Varro r. r. 1, 1, 5. Cic. de nat. deor. 2, 62: Liber pater, Varro r. r. 1, 2, 19. Hor. ep. 2, 1, 5. – **II** meton., der **Wein,** Ter. eun. 732. Hor. carm. 4, 12, 14.

4. līber, erī, *m.,* s. līberī ►.

Lībera, ae, *f.* (3. Liber), **I** **Proserpina,** Tochter der Ceres, Schwester des Liber, Cic. de nat. deor. 2, 62: gew. verb. Ceres, Liber Liberaque, Cic. Verr. 5, 36. Liv. 3, 55, 7. – **II** **Ariadne,** als Gemahlin des Bacchus, Ov. fast. 3, 512.

Līberālia, ium, *n.* (3. Liber), das **Bacchusfest** (am 17. März gefeiert), an dem die Söhne das männliche Kleid (die Toga) empfingen, Macr. sat. 1, 4, 15. Fast. Maff. 17. März im CIL 1^2. p. 223. Cic. ad Att. 14, 10, 1 u. a.; vgl. Paul. ex Fest. 116, 6: vollst. sacra Liberalia, Macr. sat. 1, 18, 22. – Dass. ludi Liberalia (wie ludi Floralia, ludi Megalesia, ludi Olympia), Abl. ludis Liberalibus, Naev. com. 113.

līberālis, e (1. liber), **I** die **Freiheit** (als Stand) **betreffend,** causa, Prozess, in dem es sich um Freiheitsrechte handelte, Cic.: liberali causā asserere alqm manu, in gesetzmäßiger Form behaupten, dass einer frei geboren sei, Ter.: iudicium, in einem Freiheitsprozess, Quint.: nuptiae, zwischen freigeborenen Menschen, Plaut. – **II** einem freigeborenen Menschen geziemend = **edel, von edler Art** od. **Gesinnung, vornehm, anständig,** **1** übh.: ingenium, Ter.: mens, Cic.: vir, edeldenkend, Ter.: artes od. doctrinae, Wissenschaften, die sich für einen freigeborenen Menschen schicken (Dichtkunst, Beredsamkeit, Geschichte, Sprachkunde, Philosophie), Cic.: ebenso liberalia, studia, Vell. u. Suet.: liberalissima studia, Cic.: liberalibus studiis praediti, Gelehrte, Tac.: disciplinae liberales, Vell. u. Tac.: liberales litterae, Augustin.: iocus, Rhet. Her.: fortuna liberalior, Liv.: coniugium, Ter.: liberalior victus, bessere, vornehmere Kost, Liv.: sumptus, Ausgaben, wie sie Ehre u. Anstand erfordern (Ggstz. necessarii), Cic.: largum et liberale viaticum, ein reichliches und anständiges, Cic.: forma virginis, edle Gesichtsbildung, Plaut. u. Ter.: filius liberalis formae, Val. Max.: u. so facies, Ter., species, Plaut.: v. Pers., pulcher est et liberalis, von vornehmem (edlem) Aussehen, Plaut. mil. 64. – **2** insbes.: **a** **gütig,** responsum, Cic.: voluntas, Cic. – **b** **freigebig,** subst. der **Freigebige** (Ggstz. avidus, habsüchtig, subst. der Habsüchtige, der Geizhals), v. Pers., Cic. u. a. – im Ggstz. mit folg. *Genet.,* laudis avidi, pecuniae liberales, Sall. Cat. 7, 6. – **c** **reichlich,** potio, Cels.: epulae, Tac.

līberālitās, ātis, *f.* (liberalis), **I** **edle-, freisinnige Denk- u. Handlungsart, ehrenhafte-, edle-, wohlwollende Gesinnung, leutseliges Wesen, Güte,** Ter. u. Cic. – **II** insbes., **Gutmütigkeit, Freigebigkeit** (Ggstz. avaritia), Cic. u. a. – meton. = (freigebiges) **Geschenk, Schenkung,** Tac.: Plur., liberalitates crebrae, Apul.: eximiae, Inscr.: publicae (Ggstz. privata parcitas), Cassiod.: liberalitates revocare, Suet.

līberāliter, *Adv.* (liberalis), dem Freien geziemend, **anständig, mit Anstand,** **I** im Allg.: educatus, eruditus, Cic.: servire, Ter.: vivere, Cic.: obire officia, Liv.: alqm liberalius educare, Sen. – **II** insbes.: **a** **gütig, mit verbindlicher Höflichkeit, freundlich,** Cic. u. a.: liberaliter habiti cultique, Liv.: liberalissime erat pollicitus tuis omnibus, Cic. – **b** **gütig, freigebig,** nec potui accipi liberalius, Cic. – **c** **reichlich,** instructus, Caes.: vivo paulo liberalius, quam solebam, ich lebe auf etw. vornehmerem Fuße, Cic.: indulgere sibi liberalius, sich seinen Neigungen allzusehr hingeben, Nep.

līberāmentum, ī, *n.* (libero), das **Freimachen,** Augustin. de civ. dei 6, 9, 1.

līberātio, ōnis, *f.* (libero), **I** die **Befreiung, Freimachung** eines Staates usw., Iustin. 5, 8, 12: populi sui, Vulg. Iudith 12, 8 (vgl. 13, 20). – **II** übtr.: **1** die **Befreiung** von etw., culpae, Cic.: malorum, Quint. – **2** insbes.: **a** die **Lossprechung,** der **Freispruch** vor Gericht, Plur., libidinosissimae liberationes (Ggstz. acerbissimae damnationes), Cic. Pis. 87. – **b** die Befreiung von einer Geldschuld, durch Bezahlen oder Erlassen, **Bezahlung, Schulderlass,** ICt.: legata, testamentarisches Erlassen einer Schuld, ICt.

līberātor, ōris, *m.* (libero), der **Befreier,** scortorum, Plaut.: patriae, Cic.: urbis, Liv.: suus, Cic.: liberator *a* talibus dominis, Augustin. de civ. dei 1, 32 *in.*: attrib., Iuppiter lib., Tac. ann. 15, 64. – liberator populus, Liv. 35, 17, 8: übtr. liberator ille populi Rom. animus, Liv. 1, 56, 8.

līberātrīx, trīcis, *f.* (Femin. zu liberator), die **Befreierin,** Vet. numm. bei Eckhel doctr. nummor. vet. tom. 6. p. 288: übtr., spät. Eccl.

līberē, *Adv.* (1. liber), **I** **frei, nicht sklavisch,** educere (erziehen), Ter. Andr. 911. – **II** übtr.: **1** im Allg., **frei, ungebunden, uneinge-**

schränkt, ungehindert, praedari, Caes.: vivere libere, Cic., liberius, zu ausschweifend, Nep.: libere respirare, Cic. – **2** insbes.: **a freiwillig, aus freien Stücken,** ipsaque tellus omnia liberius nullo poscente ferebat, Verg. georg. 1, 127. – **b frei** = **freimütig, furchtlos, herzhaft,** dicere, Cic.: liberius loqui, Cic.: liberius maledicere, Hor.

līberī, erōrum, *m.* (1. liber), die **Kinder,** insofern sie den freien Teil der Hausgenossenschaft ausmachten (Ggstz. servi, die Sklaven, parentes, die Eltern), **I** eig.: **1** im Allg.: liberi certi, von gewisser Abkunft, Cic.: liberi parvi, Cic., parvuli, Quint.: liberi debiles monstrosique, Sen.: parentes liberi ac coniuges, Liv.: coniunx ac liberi, Liv.: uxor et liberi, Flor.: liberos procreare, Cic.: liberos suscipere, Cic.: liberis operam dare, Kinder zeugen, Cic.: liberis augeri, Plaut.: liberos ex alqa (uxore) habere, Caes.: liberos ex tribus uxoribus tulit, Suet. Claud. 27, 1: liberos parvos habere, Cic.: ardenter liberos cupere, Plin. ep.: sine liberis decedere, kinderlos sterben, Quint.: liberorum quaerundorum causā (um K. zu erzielen) alci uxorem dare, Plaut., uxorem ducere, Suet.: ius (iura) trium liberorum, das Recht dreier Kinder (als Inbegriff der Vorrechte [namentl. Gelangen zu Ehrenstellen vor dem 25. Jahr], die ein Vater dreier Kinder vor kinderlosen od. mit weniger als drei Kindern gesegneten Vätern hatte), Suet. u. ICt.; zuw. von den Kaisern auch anderen erteilt, Plin. ep. u. Mart. – **2** insbes.: **a** (wie παῖδες) von **einem einzigen Kind,** Ter. Andr. 891 u. heaut. 151. Cic. Phil. 1, 2 u. a. (s. Halm Cic. de imp. Pomp. 33. p. 160. *ed. mai.).* – **b** = **Söhne,** ex ea procreavit liberos septem totidemque filias, Hyg. fab. 9. – **c** = **Töchter,** imperatorum pauperum, Sen. nat. qu. 1, 17, 8. – **d** = **Enkel, Urenkel** usw., ICt. – **II** übtr., v. Tieren, liberis orbae oves, Plaut. capt. 818. – scherzh., von Lebl., quaerunt litterae hae sibi liberos (suchen K. zu erzielen); alia aliam scandit, Plaut. Pseud. 23 *sq.* – ► **a** Genet. Plur. liberûm, Cic. u. a. – **b** Sing. līber, berī, *m.*, der **Sohn,** erst nachaugust., Ps. Quint. decl. 2, 8. Aur. Vict. de Caes. 26, 4; epit. 12, 9. Cod. Iust. 3, 28, 33 u. ö.

lībero, āvī, ātum, āre (1. liber), **losmachen, befreien;** dah. **I von der Sklaverei losmachen, befreien, freikaufen,** alqm, Komik. u. Cic.: einen Eingesperrten, pullos caveā, Cic. – **II** von etw., was uns gleichs. fesselt, bindet, **frei-, losmachen, befreien, loswickeln, retten, A** im Allg.: te ab eo vindico ac libero, Cic.: mundum ab omni erratione, Cic.: se a Venere, von der Verbindlichkeit gegen die V., Cic.: alqm a quartana, Cic.: divinus animus liberatus a corpore, Cic.: ex his incommodis alqm pecuniā, Cic. – m. bl. *Abl.*, suspicione, Cic.: periculo, Caes.: so auch liberari aere alieno, Cic.: infantes *de* (aus) aqua divinitus liberati, Augustin. de civ. dei 18, 21 *extr.*: ut Noë liberaret *de* diluvio, Augustin. epist. 140, 28. – m. bl. *Acc.*, Byzantios, von Abgaben befreien, abgabenfrei machen, Cic.: Buthrotios decreto suo, von der Proskription u. Austeilung ihrer Äcker, Cic.: liberatus sum hodie tuā operā (durch dein Zutun, durch dich), Ter. – domum, von der darauf haftenden Heiligkeit, Cic.: obsidionem urbis Capuae, Mogontiaci, aufheben, Liv. u. Tac.: postquam liberata itinera fugā montanorum erant, frei geworden waren, Liv.: liberatis castris contenti, Liv.: fundum, von der Hypothek usw. befreien, ICt.: dah. fidem suam, das Versprechen erfüllen, Cic.: promissa, lösen, ungültig machen, unverbindlich machen, Cic.: nomina, die Schulden regeln, Liv.: übtr., cum ea res omnem impensam suo pretio liberet, ersetzt, wieder einbringt, Colum. – **B** insbes.: **1** von einer Schuld od. Verpflichtung **lossprechen, freisprechen** (Ggstz. damnare, condemnare), alqm, Cic.: Volusium, von der Verpflichtung der Bürgschaft u. Bezahlung, Cic.: debitorem, von der Zahlpflicht, ICt.: iudicio liberari (Ggstz. indictā causā damnari), Cic.: liberatum (freigesprochen, gerechtfertigt) discedere, Cic. u. Nep. – m. Ang. der Schuld od. Strafe im *Abl.*, liberari noxā, Liv.: alqm culpā, Cic.: u. alqm eodem illo crimine (Anklage), Cic.: ego me etsi peccato absolvo, supplicio non libero, Liv. – m. Angabe der Schuld od. Verpflichtung im *Genet.*, alqm culpae, Liv.: alqm voti, von der Verpflichtung, das Gelübde zu erfüllen, Liv. – im Passiv m. *Nom.* u. *Infin.*, liberatur Milo non eo consilio profectus esse, ut etc., wird von der Beschuldigung losgesprochen, in der Absicht gereist zu sein, Cic. Mil. 47. – **2** templa liberata, von Verbauung der Aussicht befreit, Cic. de legg. 2, 21. – **3** über etw. gleichs. frei, ungehindert **schreiten, gehen, passieren,** flumen, Hyg. u. Frontin.: limen, Hyg. – ► Archaist. Futur. exakt. liberasso, Plaut. most. 223. – arch. *Infin.* Präs. Pass. leiberarei, CIL 1, 199, 44. – Depon. Nbf. **līberor,** ārī, Vulg. 1. Mach. 12, 15.

līberta, s. lībertus.

lībertās, ātis, *f.* (1. liber), **I** die bürgerliche **Freiheit** (Ggstz. servitus), **A** eig.: **1** im Allg.: se in libertatem vindicare, sich in Fr. setzen, Cic.: servos ad libertatem vocare, den Sklaven die Fr. verheißen, Caes.: servis libertatem dare, Iustin. – Plur., pecunias et libertates servis et ante dono datas, Tac. ann. 15, 55: tribus non conduci possum libertatibus, quin etc., Plaut. Cas. 504: libertatum (Freiheitserteilungen) conservatarum causā, Ulp. dig. 38, 1, 13. § 1. – **2** insbes.: **a** die bürgerl. **Freiheit** als Inbegr. der Rechte u. Vorteile (bes. des Stimmrechts in den Komitien usw.) eines röm. Bürgers, mulieris, Cic.: ad usurpandam libertatem vocare, abstimmen lassen, Cic.: libertatem eripere, das Recht abzustimmen, Liv.: libertatem imminuere, Cic. – **b** die **Freiheit, Unabhängigkeit** eines Staates, die **Selbständigkeit, Autonomie,** lib. duorum populorum, Liv. (vgl. libertas populis pacto servata, Sil.): L. Brutus, conditor Romanae libertatis, Liv.: libertatem aequare, Liv.: servientibus libertatem afferre, Liv.: libertatem capessere, Cic.: Syracusas oppressas ab Carthaginiensibus in libertatem eximere, Liv.: desiderio libertatis exardescere, Cic.: libertati favere, Liv.: libertatem habere modice, Liv.: velut ex diuturna siti nimis avide meram haurire libertatem, Liv.: libertatem intercipere, Liv.: nunc domi victa libertas nostra impotentiā muliebri hic quoque in foro obteritur et calcatur, Liv.: omnibus aequa libertas parta est, Liv.: libertatem perdere, Cic.: civium omnium novis et inauditis edictis ius libertatemque pervertere, Cic.: libertatem suam proicere, Cic.: libertatem et rem publicam recuperare, Cic.: libertatem repetere, Liv.: libertatem restituere, Liv.: libertatem retinere, Cic.: libertatem revocare, Cic.: libertatem spernere, Liv.: libertatem stabilire, Cic.: libertatem nostram subrui atque temptari pati, Liv. – prägn., der **Freiheitssinn,** innata libertas, Cic. Sest. 88: timefacta libertas, Cic. de off. 2, 24. – **B** übtr.: **1** die **Freiheit,** das **Befreitsein** von Abgaben, ICt. – **2** die **Freiheit** zu tun u. zu reden, was man will, **a** übh., die **Erlaubnis,** vivendi, Cic.: loquendi, Cic.: testamentorum, Quint.: caeli, freie Luft, Quint.: omnium rerum, in allen D., Liv.: dat populo libertatem, ut quod velint faciant, Cic.: m. folg. *Infin.*, Prop. 1, 1, 28. Val. Flacc. 1, 601. – **b** prägn.: die **Ungebundenheit** im Benehmen, die **Zügellosigkeit, Ausschweifung,** nimia libertas ... profusa luxuries, Cic. Cael. 43. – **3** die **Freimütigkeit,** die **Freisinnigkeit, Unerschrockenheit** (s. Fritzsche Hor. sat. 1, 4, 5), ingenii, Sall.: affectatores libertatis, Quint.: libertatem requirere, Cic.: multa cum libertate dicere, Cic., notare, Hor.: in eo multa lib., Quint.: quasi per libertatem, Tac. – **II** personif., **Lībertās,** die Göttin der Freiheit, die zu Rom am Forum und auf dem aventinischen Berg Tempel hatte, Cic. de nat. deor. 2, 61. Liv. 24, 16, 19: atrium Libertatis, s. ātrium. – ► arch. leibertās, CIL 1, 588 u. 589.

lībertīnitās, ātis, *f.* (libertinus), der **Stand der Freigelassenen,** ICt.

lībertīnium, iī, *n.* (libertinus), das **Vermögen, das ein Freigelassener** beim Tod seines Herrn **bekommt,** Calp. decl. 14 *extr.* zw.

lībertīnus, a, um (libertus), **zu der Zahl und dem Stand der Freigelassenen gehörig,** plebs, Plin.: condicio, ICt. – dah. homo libertinus u. subst. bl. lībertīnus, ī, *m.*, der **Freigelassene** (in Bezug auf seinen Stand und seine Stellung im Staat; vgl. libertus), Komik., Cic. u. a.: libertino patre ortus, Liv. epit.: patre libertino humili fortunā ortus, Liv.: quid est enim eques Romanus aut libertinus aut servus? Sen. – lībertīna, ae, *f.*, die **Freigelassene,** Plaut., Hor. u. Suet. – Zur Zeit des Appius Klaudius, 307 v. Chr., u. noch eine geraume Zeit nachher bedeutete libertinus den Sohn eines Freigelassenen, und erst der Enkel eines Freigelassenen hatte die ingenuitas. Unter den Kaisern aber waren Söhne der Freigelassenen gleich ingenui, und die Freigelassenen selbst hatten die libertinitas, s. Suet. Claud. 24, 1.

lībertus, a, um (st. liberatus, a, um), **in Freiheit gesetzt,** subst., **a** lībertus, ī, *m.*, der aus dem Sklavenstand in Freiheit gesetzt ist, der **Freigelassene** (in Bezug auf die an ihm vollzogene Freilassung u. auf den Herrn, der sie vollzog; vgl. libertinus), Komik., Cic. u. a.: feci ex servo ut esses libertus mihi, Ter. – arch. leibertus, CIL 1, 816. 1086 u. ö. – **b** līberta, ae, *f.*, die **Freigelassene,** Cic. u. a.: liberta Veneris, eine urspr. dem Stand der Venerii (Tempelsklaven der Venus) angehörige Freigelassene, Cic. div. in Caecil. 55. – ► *Dat.* od. *Abl. Plur. fem.* (zur Unterscheidung des Geschlechts) libertis libertabusque, Modestin dig. 50, 16, 205. CIL 1, 1253 u. ö.: dafür libertis utriusque sexus, Scaev. dig. 34, 1, 20. § 1. CIL 6, 10245, 8: sonst libertis, wie Tac. ann. 12, 53. Plin. ep. 10, 5 (4), 2 u. 10, 6 (22), 1.

libet u. **lubet**, buit u. bitum est, ēre (zu altind. *lúbhyati,* er empfindet heftiges Verlangen, gotisch *liufs,* ahd. *liob,* lieb), **es beliebt, ist gefällig, ich (du, er** usw.) **mag,** mihi, tibi etc. od. absol., poterit id, quod libet, et ei libebit, quod non licet, Cic.: quae cuique libuissent, Suet.: non libet mihi deplorare vitam, Cic.: quae meo cumque animo lubitum est facere, Ter. – facite quod libet, Cic.: non libet plura scribere, Cic.: lubet scire me ex hoc, Plaut. – absol., si tibi non libet, Plaut.: ubicumque libitum fuerit animo meo, Plaut. – si libet, Cic.: cur id ausus facere? *B.* lubuit, Plaut.: ut libet, nach Belieben (als Ausdr. der Zustimmung), Ter.

Lībēthrus, ī, *m.* u. **Lībēthra**, ōrum, *n.* (Λείβηθρα), eine den Musen heilige Quellgrotte in Thessalien (von anderen nach Böotien verlegt), Form *-us* b. Serv. Verg. ecl. 7, 21: Form *-a,* Mela 2, 3, 2 (2. § 36), bei einer gleichn. Stadt **Lībēthrum,** ī, *n.* (Λειβήθρον), Liv. 44, 5, 12. – Dav. **Lībēthris,** thridis, *f.* (Λειβηθρίς), **libethrisch,** fons, Mart. Cap. 6. § 654: nymphae Libethrides, die Musen, Verg. ecl. 7, 21.

libīdinitās (lubīdinitās), ātis, *f.* = libido (lubido), Laber. com. 81 R.[2]

libīdinor, ātus sum, ārī (libido), **lustentbrannt sein, brünstig (geil) sein,** Partiz. libīdināns, **lustentbrannt, brünstig, geil,** v. leb. Wesen, Mart. 7, 67, 13. Suet. Ner. 28, 2. Petron. 138, 7. Tert. adv. gnost. 3. Porphyr. Hor. epod. 12, 11 (v. der Sau): mores illicite libidinantes, ausschweifende, Anthol. Lat. 149, 11 (962, 11).

libīdinōsē, *Adv.* (libidinosus), **nach bloßem Gelüste, nach ungerechter Willkür, aus Mutwillen, mutwillig,** quae ille lib., quae nefarie, quae crudeliter fecerit, Cic.: lib. ne quid aut facias aut cogites, Cic.: in humiliores lib. crudeliterque consulebatur, Liv. – *Compar.*, libidinosius saevire, Tert. de monog. 16.

libīdinōsus, a, um (libido, s. Varro LL. 6, 47), **I genusssüchtig, lüstern, wollüstig, ausschweifend, zügellos, frech, a** v. leb. Wesen: libidinosus crudelisque tyrannus, Cic.: idem (Alcibiades) luxuriosus, dissolutus, libidinosus, Nep.: varia et libidinosa domina, Sen.: nihil isto homine libidinosius, Cic.: libidinosior es quam ullus spado, Anonym. bei Quint.: homo libidinosissimus, Cic.: caper, geiler. Hor. – Plur. subst., libidinosi, Cic. Phil. 2, 115. – **b** v. lebl. Subjj.: dapes, Colum.: amor, Cic.: voluptates, Cic.: libidinosa et intemperans adulescentia, Cic.: libidinosissimae liberationes, Cic. – **II** nach etw. **gelüstend, begierig,** gloriae, Tert. apol. 47 u. de virg. vel. 13: suae sapientiae, Tert. de res. carn. 32.

libīdo (lubīdo), inis, *f.* (libet), **Lust, Gelüste, Trieb, Reiz, Verlangen, Begierde, Wille, Belieben** (wo dieses ohne vernünftige Überlegung gedacht wird), **I** im Allg.: ad libidinem, nach Belieben, ganz willkürlich, Cic.: ex lubidine, Sall., od. bl. libidine, Cic., nach bloßem Belieben: in armis lubidinem habebat, hatte ihre Lust an den Waffen, Sall.: ratio, quae in libidinem venit, wozu man Belieben hat, Cic.: libido voluptatum (nach V.), Cic.: lubido lucri, Gewinnsucht, Capit.: assentandi, adulandi, blinder Hang, Tac.: ulciscendi, Cic.: tanta libido cum Mario eundi plerosque invaserat, Sall.: alqm libido urinae lacessit, jmdm. kommt die Lust zu harnen (zum Harnen) an, Gell.: lubido est m. *Infin.*, es beliebt, Plaut. Pers. 808 u. a. (s. Brix Plaut. trin. 626). – **II** insbes.: **1** die **unrechtmäßige-, zügellose Begierde, schnöde Lust, Zügellosigkeit, Liederlichkeit, Ausschweifung, Sucht, Willkür, Laune,** Plur. libidines, **Willkürlichkeiten, Ausschweifungen, zügellose, böse Begierden, Gelüste,** libido iudicum, Cic.: quaedam artis libido, Plin.: libido sanguinis, Blutdurst, Tac.: nimia libido (Willkür) suffragandi, Cic.: alcis libidini adversari, obsistere, Cic.: muliebrem libidinem comprimere, den Launen jenes Weibes Grenzen setzen, Cic.: libidinem muliebrem finire, die Ausschweifungen der Frauen beschränken, Liv.: libidinem resecare, Cic.: libidines refrenare, Cic.: eorum libidines (Übermut) frangere, Cic.: huius libidines non solum oculis, sed etiam auribus excitabantur, Cic.: ibi Sex. Tarquinium mala libido Lucretiae per vim stuprandae capit, Liv.: nisi forte quem inhonesta et perniciosa lubido tenet potentiae paucorum decus atque libertatem suam gratificari, Sall. – **2** die **sinnliche Begierde,** die **Sinnlichkeit, Genusssucht, Lüsternheit, Geilheit, Wollust,** bei Tieren die **Brunst,** lib. procreandi, Cic.: lib. in mares pronior, Suet.: equorum libido adhinniens, Hieron.: libidine accendi, Sall.: ut accendatur tua libido, Ter.: providendum diligenter, ne quod in vita vestigium libidinis appareat, Cic. – bes. **unkeusche Knabenliebe** (παιδεραστία), im Ggstz. zu impudicitia (unkeusche Frauenliebe), Suet. Aug. 71, 1 (Plur.) u. a. – meton., libidines, **wollüstige, unzüchtige Darstellungen, Schlüpfrigkeiten,** der Malerei und Skulptur, pingere minoribus tabellis libidines, Plin.: in poculis libidines caelare, Plin.

libita, ōrum, *n.* (libet), das **Belieben,** ad libita Caesarum, Tac.: vim suaque libita (Gelüste) exercere in alqm, Tac.

Libitīna, ae, *f.*, **I** die **Leichengöttin,** in deren Tempeln man Bahren u. andere zur Leichenbestattung nötige Geräte, nebst allen Leuten, die man dazu brauchte, mieten konnte u. die Totenlisten geführt wurden, quaestus Libitinae acerbae, Hor.: funera in rationem Libitinae venerunt, wurden verzeichnet, Suet. Ner. 39, 1. – **II** meton.: **1** die **Leichenrequisiten,** pestilentia tanta erat, ut Libitina vix sufficeret, dass sie kaum alle begraben werden konnten, Liv. 40, 19, 3: ne liberorum (Freien) quidem funeribus Libitina sufficiebat, Liv. 41, 21, 6. – insbes., die **Totenbahre,** Mart. 10, 97. Plin. 37, 45. – **2** das **Leichenbesorgeramt,** libitinam exercere, Val. Max. 5, 2, 10. – **3** das **Leichenbegängnis,** der **Leichenzug,** Amm. 19, 12, 1 u. 29, 2, 15. – **4** der **Tod,** Hor. carm. 3, 30, 7. Iuven. 14, 122.

libitīnārius, iī, *m.* (Libitina), der **Leichenbesorger,** Sen. de ben. 6, 38, 4. Petron. 38, 14 u. 78, 6. Ulp. dig. 14, 3, 5. § 8.

Libitīnēnsis, e (Libitina), **libitinensisch,** porta, viell. das Tor im Amphitheater, durch das die getöteten Gladiatoren getragen wurden, Lampr. Commod. 16, 7.

libitus, ūs, *m.* (libet), das **Gelüste,** Alcim. Avit. poëm. 3, 142 u. a. Eccl.

lībo, āvī, ātum, āre (λείβω), **I ein wenig** von einer Sache **wegnehmen, A** im Allg.: libare gramina dentibus, abrupfen, Calp. ecl. 5, 51. – übtr., **entnehmen, entlehnen,** libas ex omnibus, Cic.: a natura deorum libatos animos habemus, unsere Seelen sind aus dem Wesen Gottes, Cic.: sit boni oratoris multa etiam legendo percucurrisse, neque ea ut sua possedisse, sed ut aliena libasse, Cic. – **B** insbes.: **1** von etw. **kosten, genießen,** cibos, Ov.: amnem, Verg.: iecur, Liv.: dapes, naschen von usw., Verg.: quantum *ex* istis epulis libatis? Sen.: hoc die solitum vinum novum libari et degustari medicamenti causā, Varro LL. 6, 21. – übtr., neque enim sapientem informamus, sed eum, qui quasdam artes haurire, omnes libare debet, der nur einige Wissenschaften in sich aufnehmen, von allen aber einen Vorgeschmack haben soll, Tac. dial. 31: si quid *ex* his studiis olim fortasse libassem, Sulp. Sev. vit. Mart. praef. § 5. – dah. **a berühren,** cibos digitis, Ov.: oscula natae, küssen, Verg. – **b** durch Ausgießen beim Opfern **benetzen,** altaria pateris, Verg. Aen. 12, 147: sepulcrum mei Tlepolemi tuo luminum cruore libabo, Apul. met. 8, 12. – **2** von etw. **ausgießen** zu Ehren eines Gottes, honorem laticum (d. i. Wein) in mensam, Verg.: carchesia Baccho, Verg.: nunc pateras libate Iovi, Verg.: poet., übh. **ausgießen, hingießen,** rorem in tempora nati, Val. Flacc. 4, 17. – **3** übh. einem Gott etw., bes. als das Erste in seiner Art, **opfern, weihen, a** eig.: certas fruges certasque bacas publice, Cic.: uvam, Tibull.: diis dapes, Liv.: solemni die epulum Iovi, Gell.: frugem Cereri, Ov.: tura dis, Ov.: m. folg. *Abl.*, lacte, vino, Plin.: abs., Oceano libemus, Verg. georg. 4, 381. – **b** übtr., opfern, weihen, widmen, Celso lacrimas, Ov.: carmina aris, Prop. – II prägn., vermindern, nil de corpore, Lucr.: vires, Liv.: virginitatem, verletzen, Ov.

libonotus, ī, *m.* (λιβόνοτος) = *austroafricus,* **Südsüdwestwind** od. genauer **Südwest-Drittel-Südwind,** Vitr. 1, 6, 10. Plin. 4, 120. Veget. mil. 4, 38. p. 155, 10 L². Isid. orig. 13, 11, 7.

lībra, ae, *f.* (aus *līthrā, woraus griech. λῖτρα), die **Waage, I** zum Wiegen, **1** eig. u. meton.: **a** eig.: librae lanx, Cic. de fin. 5, 91 u. Tusc. 5, 51: ad libram dirigere opus (v. der spinnenden Hausfrau), Ambros. in Luc. 8. § 11. – per aes et libram, aere et librā, durch förmlichen Kauf (indem der Käufer od. Scheinkäufer ein Kupferstück an die Waage anschlug, eine Formalität bei gesetzlichen Erwerbungen durch Kauf, Schenkung, Testament) = unter Beobachtung der herkömmlichen gesetzlichen Form, testamentum per aes et libram, Instit. Iustin. 2, 10, 1; vgl. Gell. 15, 27, 3 (dah. sine libra et tabulis testamentum facere, ohne die herkömmliche gesetzliche Form zu beobachten, Cic. de or. 1, 228): librā et aere liberatum emittit, gibt den (aus der Hand des ersten Gläubigers) Befreiten durch förmliche Schenkung frei, Liv. 6, 14, 5: mercari alqd aere et librā, auf förmliche, rechtliche Weise, Hor. ep. 2, 2, 158: teque meae causam servatoremque salutis, meque tuum (esse) librā norit et aere minus, auch ohne förmliche Eigentumserwerbung, Ov. ex Pont. 4, 15, 41 *sq.* – **b** (mit u. ohne pondo) meton., das **Gewogene** = das röm. **Pfund** (= 327,45 g), corona aurea libra pondo, Liv.: as est librae pondus, Varro LL.: libra ocellatorum, Varro fr.: decem librae auri, Lampr.: libram pondo aeris valere, Varro LL.: mulli binas libras ponderis raro exsuperant, Plin.: corona aurea librarum quinque, Suet.: argenti facti cenae gratiā decem pondo libras habere, zehn Pfund silbernes Tafelgeschirr haben, Gell. – für Flüssiges, libra olei, ein Pfund Öl, Suet. Caes. 38, 1. – **2** übtr., die **Waage,** ein Sternbild, Sen. nat. qu. 7, 27, 3. Plin. 18, 221. Verg. georg. 1, 208. Ov. fast. 4, 386. Manil. 4, 548. – **II** die **Waage** zum Nivellieren, die **Bleiwaage, Wasserwaage,** aquaria, Vitr.: dah. ad libram (nach der Waage = in gleicher Höhe) fecisse turres, Caes. b. c. 3, 20, 2. – meton., das **Gleichgewicht,** Plin. 16, 161.

lībrālis, e (libra), **ein Pfund schwer, von einem Pfund,** pondus, Plin.: offa, Colum.: torquis, Val. imp. bei Treb. Poll.: saxa, Veget. mil.

lībrāmen, inis, *n.* (libro), **I** der **Schwung,** die **Schwungkraft,** übtr., Claud. Mam. de stat. anim. 3, 13. – **II** das **Gleichgewicht,** laterum, Ps. Cypr. Sodom *v.* 152: mirum, Maxim. Taurin. tract. 4. p. 789 *Migne.*

lībrāmentum, ī, *n.* (libro), **I** das, wodurch eine Sache ein herabdrückendes Gewicht bekommt, **a** das **Gewicht,** plumbi, Bleigewicht, Liv. 42, 63, 4. – **b** die Kraft einer Sache, vermöge deren sie sich schnell wohin bewegt, aquae, das Gefälle des Wassers, Plin. 11, 173. Plin. ep. 4, 30, 10: recto libramento, in gerader Schwingung, Sen. de ben. 5, 6, 4. – **c** das, was der Sache eine Schwungkraft gibt, tormentorum, der Schwungriemen der usw., Tac. hist. 3, 23. – **II** übtr.: **1** das **Gleichgewicht,** trabes longior conectitur eo libramento, ut, si unum caput depresseris, aliud erigatur, Veget. mil. 4, 21. – **2** die **Horizontalebene, waagerechte Ebene** od. **Linie,** Cic. Acad. 2, 116: sub eodem libramento stare, Sen. nat. qu. 1, 12, 1. – **3** der **gleiche Zustand,** die **Gleichheit,** ventorum hiemalium et aestivorum, Colum. 1, 5, 8.

librāria, ae, *f.*, s. 1. u. 2. lībrārius.

librāriolus, ī, *m.* (*Demin.* v. 1. librarius), der **Bücherabschreiber,** u. übh. der **Sekretär, Kopist,** Cic. ad Att. 4, 4, 6; Balb. 14: Latini librarioli (Skribler) Cic. de legg. 1, 7.

librārium, iī, *n.*, s. 1. librārius *no.* II, 3.

1. librārius, a, um (2. liber), **zu den Büchern gehörig, I** *adi.:* scriba, Buchführer, -halter, Varro r. r. 3, 2, 14. Cic. de lege agr. 2, 32 (vgl. *no.* II, 1, b): doctor od. magister, Schreiblehrer, Elementarlehrer, Schulmeister, *CIL 6, 3413. Porphyr. Hor. ep. 2, 1, 69 (vgl. *no.* II, 1, d): sciptor, Bücherabschreiber, Hor. de art. poët. 354: taberna, Buchladen, Cic. Phil. 2, 21: atramentum, Schreibtinte, Plin. 27, 52: scalprum, Federmesser, Suet. Vit. 2, 3. – **II** *subst.:* **1** librārius, iī, *m.,* **a** der **Abschreiber** von Büchern u. a. Schriften, **Schreiber, Kopist,** Cic. ad Att. 12, 40, 1. Liv. 38, 55, 8. Cic. de lege agr. 2, 13: u. der **Schreiber,** dem man in die Feder diktierte, Sen. contr. 1, 7, 18: Antonii, Geheimschreiber, Vell. 2, 83, 1: libr. ad manum, CIL 6, 9523: scribae et librarii (Notare) regis, Vulg. Esther 8, 9. – **b** der **Buchführer, -halter, Rechnungsführer,** im Staat, Fest p. 333 (a), 21: beim Heer, Veget. mil. 2, 7: horrei (des Magazins bei der Kohorte), Tarrunt. dig. 50, 6, 7 (6): depositorum (der von den Soldaten niedergelegten Gelder), *ibid.* – **c** der **Bücherverkäufer, Buchhändler,** Sen. de ben. 7, 6, 1. Gell. 5, 4, 1 u. a. Sulp. Sev. dial. 1, 23, 4. – **d** (vollst. doctor librarius, s. oben *no.* I) der **Schreiblehrer, Elementarlehrer, Schulmeister,** Edict. Diocl. 7, 69. Hieron. epist. 107, 4. Porphyr. Hor. ep. 1, 20, 19. – **2** librāria, ae, *f.,* **a** die **Schreiberin, Abschreiberin,** superûm, Mart. Cap. 1. § 65: exceptrices et librariae Iovis, Mythogr. Lat. 3, 6, 23. – **b** librāria (*sc.* taberna) ein **Buchladen,** apud Sigillaria in libraria considere, Gell. 5, 4, 1: in libraria sedere, Gell. 13, 30 (31), 1. – **3** librārium, iī, *n.*, ein Behältnis für Bücher u. andere Schriften, ein **Schriftkasten,** librarium illud legum vestrarum, Cic. Mil. 33: libraria omnia (ihre ganze Büchersammlung) exurere, Amm. 29, 2, 4.

2. lībrārius, a, um (v. libra), **I abwägend,** subst., lībrāria, ae, *f.* (*sc.* ancilla), die die Wolle den Sklavinnen zuwägt, die **Werkmeisterin,** sonst lanipendia, Iuven. 6, 476. CIL 6, 8882. – **II ein Pfund schwer, pfündig,** frusta, Colum. 12, 53, 5: asses, Gell. 20, 1, 31.

lībrātio, ōnis, *f.* (libro), **I** das **Wägen, Abwägen,** Vitr. 8, 5, 3. Vulg. Ezech. 45, 11. – **II** meton.: **a** die **waagerechte Stellung,** die **waagerechte Fläche,** terrae, Vitr. 6, 1, 5. – **b** der **Umschwung,** caeli, Min. Fel. 17, 5.

lībrātor, ōris, *m.* (libro), **I** der **Abwäger,** bes. mit der Wasserwaage, der **Nivellierer,** Plin. ep. 10, 41 (50), 3. Frontin. aqu. 105. CIL 8, 2728: aquae libratores, Cod. Theod. 13, 4, 2. – **II** = λιθοβόλος, der Steine usw. vermittelst eines Riemens schleudert, **der Steinwerfer, Wurfschütze** (dagegen funditor = der Steine usw. mit der Schleuder wirft, der Schleuderer, Schleuderschütze, griech. σφενδονήτης; vgl. Veget. mil. 1, 16 u. 2, 23). – Nbf. lībrītor, funditores libritoresque, Tac. ann. 2, 20: u. libritores funditoresque, Tac. ann. 13, 39.

lībrātūra, ae, *f.* (libro), die **Gleichmachung,** cutis, Veget. mul. 2, 22, 3.

lībrātus, a, um, *PAdi.* (v. libro), **I waagerecht,** aqua, Vitr.: planities, Vitr. – **II mit Kraft (Wucht) geschwungen, schwungvoll,** librata glans, Liv.: libratus magis quam certus ictus (Wurf), Tac. hist. 2, 22: gravior ac pondere ipso libratior superne ex onerariis ictus erat, Liv. 30, 10, 13.

libriger, gerī, *m.* (liber u. gero), der **Bücherträger,** Paul. Nol. ep. 28, 4.

lībrīlis, e (libra), **I zum Wägen gehörig,** subst., lībrīle, is, *n.*, **a** die **Waage,** Gell. 20, 1, 34. – **b** der **Waagebalken,** Paul ex Fest. 116, 4. – **II von einem Pfund, pfundschwer,** tunica auro clavata subserica librilis, Vopisc. Bonos. 15, 8. – prägn., fundae libriles, Schleudern, mit denen pfundschwere Steine geschleudert werden, Caes. b. G. 7, 81, 4. – subst., lībrīlia, ium, *n.* (*sc.* saxa), Pfundsteine, pfundschwere Steine, Paul. ex Fest. 116, 5 (wo jetzt librilla).

lībripēns, pendis, *m.* (libra u. pendo), **I** der den Soldaten den Sold zuwog od. auszahlte, Plin. 33, 43. – **II** der bei Scheinkäufen die Waage hielt, womit er der anderen Partei für die verkaufte Sache das Kupfer zuzuwägen schien, Gaius instit. 1, 113 u. 119. Ulp. fr. 19, 3 u. 20, 7. Boëth. in Cic. top. 3. p. 322, 9 B.; vgl. XII tabb. fr. 8, 22 (b. Gell. 15, 13, 11) u. Plin. 33, 43.

lībrītor, s. lībrātor *no.* II.

lībro, āvī, ātum, āre (libra), **wägen, I** mit der Gewichtswaage, quis libravit in pondere montes et colles in statera? Vulg. Isai. 40, 12. – dah. übtr.: **a** im Allg.: crimina in antithetis, Pers. 1, 86. – **b** insbes., **erwägen,** metus, Stat. Theb. 9, 166: momenta meritorum, Nazar. pan. 7, 4: praescriptiones, Cod. Theod. 8, 4, 26: mit folg. indir. Fragesatz, Amm. 22, 10, 1. – **II** mit der Bleiwaage **nivellieren, 1** eig.: pavimenta, gleichmachen, Cato: aquam, dessen Gefälle bestimmen, Vitr.: u. so fontes aquarum, Vulg. – übtr., paribus orbem horis, Tag u. Nacht gleichmachen, Colum. poët. 10, 22. – **2** meton.: **a im**

Gleichgewicht erhalten, terra librata ponderibus, Cic.: aëris vi suspensam librari medio spatio tellurem, Plin.: ita libraverat corpus, ut se pedibus exciperet, Curt.: geminas libravit in alas suum corpus, er schwang sich im Gleichgewicht in die beiden (zurechtgestellten) Flügel hinein, Ov. met. 8, 201. – übtr., si immensum imperii corpus stare ac librari sine rectore posset, Tac. hist. 1, 16. – **b balancierend in Schwung bringen, schwingen, schleudern,** glandem, Liv.: telum, Verg.: saxa fundā, Curt.: securi elatā in caput alcis ictum, Sulp. Sev.: se, sich schwingen, fliegen, v. Bienen, Verg., v. Vögeln, Plin.: so auch cursum in aëre, Ov. – poet., corpus in herba, sich im Gras niederlassen, Ov. – **c in der Schwebe erhalten,** vela librantur ab aura, Ov.: pondus pediculo libratur, Plin. – ► arch. Perf. leibravit, CIL 1, 1258.

1. Libs, Libis, *m.*, s. Libya.

2. libs u. **lubs** = libens, **gern, willig,** CIL 1, 182 u. 183.

librum, ī, *n.*, vulg. = liber, das **Buch,** aliquot libra rubricata (Rechtsbücher), Petron. 46, 7.

lībum, ī, *n.*, (vgl. ahd. *hleib, leib,* Laib Brot, Brot), **I der Kuchen, Fladen** (aus geriebenem Käse, Weizenmehl, Eiern u. Öl bereitet u. dann gebacken), Cato u. Ov.: liba fingere (formen), Varro LL.: bes. als Opfer für die Götter, Varro, namentlich an Geburtstagen, Varro LL., Verg. u. a.: dah. quinquagesima liba, der am 50. Geburtstag den Göttern dargebrachte Kuchen, Mart. – **II** = *libamen* (s. d.), Vulg. num. 4, 7; 15, 10; 28, 29. – ► Nbf. **lībus,** ī, *m.*, Nigid. b. Non. 211, 31. Fest. 310 (b), 26.

liburna, liburnātus, s. Liburnia.

Liburnia, ae, *f.*, eine Landschaft Illyriens zwischen Istrien u. Dalmatien, das heutige Kroatien, Plin. 3, 141. – Dav.: **1 Liburnus,** a, um, **liburnisch,** terrae, Lucan. – subst., **a** Liburnī, ōrum, *m.*, die **Liburner,** Verg. u. Liv. – **b** Liburna (liburna), ae, *f.* (*sc.* navis), ein leichtes, schnelles Fahrzeug, eine **Liburne = Brigantine, Feluke,** Caes. b. c. 3, 9, 1. Tac. Germ. 9. – u. dav. **liburnātus, wie eine Liburne gemacht, einer Liburne ähnlich,** lectica, quae liburnata est, Schol. Iuven. 6, 477. – **2 Liburnicus,** a, um, **liburnisch,** Caes. u. Plin.: subst., Liburnica (liburnica), ae, *f.* (*sc.* navis) = Liburna, Suet. Aug. 17, 3; Nero 34, 2. Plin. ep. 6, 16, 7. Tac. hist. 5, 23 u. ö.

lībus, s. lībum a. E.

Libya, ae, *f.* u. **Libyē,** ēs, *f.* (Λιβύη), **Libyen,** der den Alten bekannte nördlichste Küstenstrich Afrikas, der über Ägypten bis zur Einfahrt des Arabischen Meerbusens reicht u. gegen den Atlas sich abspitzt, reich an wilden Tieren, Form Libya, Plaut. Curc. 446. Cic. de nat. deor. 1, 101. Verg. georg. 3, 249: Libya Mareotis, zwischen Ägypten u. den Syrten, Plin. 5, 39: Form Libye, Ov. met. 2, 237. Lucan. 2, 164 u. a. Sil. 1, 194 u. a. Mart. 3, 77, 4 u. a. Colum. 7, 1, 2 (Abl. Libye). – Dav.: **1 Libs,** Libis, *m.* (Λίψ, Λιβός), **libysch,** subst., **a** ein **Libyer,** Sidon. carm. 9, 94 (für Antaeus). – **b** (*sc.* ventus) = Africus, der **Westsüdwestwind,** Plin. 2, 119 (wo griech. Akk. Liba). Ven. Fort. vit. S. Mart. 2, 76. Serv. Verg. Aen. 1, 22: auch lips geschr., Sen. nat. qu. 5, 16, 5. Suet. fr. § 151. p. 231 R. Veget. mil. 4, 38. p. 155, 12 L². – **2 Libycus,** a, um (Λιβυκός), **libysch, afrikanisch,** Sibylla, Lact.: lapilli, Marmorstückchen aus numidischem Marmor, Hor.: mare, das Meer bei Afrika, Plin.: cursus, Befahren des Libyschen Meeres, Verg.: fera, Löwin, Ov.: calores, Calp.: subst. Libycī, ōrum, *m.*, die Karthager, Sil. – **3 Libys,** yos, Akk. yn, *m.* (Λίβυς), **libysch,** ductor, Hannibal, Sil. – subst., Libys, ein **Libyer,** Ov.: Plur. Libyes, Sall. u. a.; griech. Abl. Libysin, Symm. orat. 2, 17. – **4 Libyssa,** ae, *f.* (Λίβυσσα), **libysch,** arenae, Catull.: terra, Lucan.: citrus, Varro fr.: ficus, Colum.: gens, Sil. – **5 Libystīnus,** a, um (Λιβυστῖνος), **libystinisch, libysch,** montes, Catull. 60, 1. – **6 Libystis,** idis, *f.* (Λιβυστίς), **libysch,** ursa, Verg. Aen. 5, 37 u. 8, 368. – **7 Libyus,** a, um, **libysch,** citrus, Varro: terra, Tac.

Libycus, a, um, s. Libya.

Libyes Aegyptiī, ōrum, *m.*, ein Volk im Westen des inneren Libyens, viell. nahe dem Fluss Daradus, Mela 1, 4, 4 (1. § 23).

Libyphoenīces, um, *m.* (Λιβυφοίνικες), die Bewohner Libyens, die aus Phönizien stammen, die **Libyphönizier,** (wohnten bes. in Byzacium), Liv. 21, 22, 3 u. Plin. 5, 24.

Libys, s. Libya.

1. Libyssa, s. Libya.

2. Libyssa, ae, *f.* (Λίβυσσα), Stadt in Bithynien, an der Nordküste des sinus Astacenus (s. 2. Astacus), berühmt durch das Grabmal Hannibals, Plin. 5, 148. Eutr. 4, 11. Amm. 22, 9, 3.

Libysticae fābulae, s. Aesōpus *no.* I, a.

Libystīnus, Libystis, Libyus, s. Libya.

licēns, entis, **I** *Partic.* v. liceor, s. d. – **II** *PAdi.* (v. licet), **1** v. Pers. = **frei, ungebunden, zügellos, ausgelassen,** Lupercus, Prop.: turba, Sen. poët.: quam audaces et quam licentes sumus, Gell. – **2** v. lebl. u. abstr. Subjj. = **frei, uneingeschränkt,** imperium, Val. Max.: iocus, Stat.: licentior vita, Val. Max.: licentior dithyrambus, Cic.

licenter, *Adv.* (licens), **frei, nach Gefallen, ungebunden,** im üblen Sinne **zügellos, keck, frech,** agere, Tac.: errare (v. der Rede), regellos umherschweifen, Cic.: licentius cum domina vivere, Cic.: at quam licenter! Cic.

licentia, ae, *f.* (licet), die **Freiheit,** die **Erlaubnis,** nach seinem Belieben zu handeln, die **Ungebundenheit, I** im Allg.: Licet. Hercules istum infelicet cum sua licentia, Plaut.: magnis et divinis bonis hanc licentiam (Vorrecht) assequebantur, Cic.: quo (milites) ex tanta victoria licentiam sibi assumpsissent immoderate peccandi, Auct. b. Afr.: tantum licentiae dabat gloria, Cic.: an dabat hanc licentiam consuetudo? Cic.: pueris non omnem ludendi damus licentiam, Cic.: datam et absolvendi licentiam, Tac.: quam infinitam istis hominibus licentiam pecuniarum eripiendarum daturi sitis, Cic.: nobis nostra Academia magnam licentiam dat, ut id nostro iure liceat defendere, Cic.: ne ab ipso propter periculum nostrum concessam videamur habere licentiam fingendi, Cic.: quantam habent ad maledicendum licentiam, Cic.: ut verear, ne maiorem largiar ei, qui contra dicturus est, libertatem et licentiam, Cic.: cum iste calumniae licentiam suā auctoritate ostendisset, wiewohl Verres durch seine Erklärung angedeutet hatte, dass Ränke gegen ihn gestattet sein sollten, Cic.: itaque in iis est perniciosus error, qui existimant libidinum peccatorumque omnium patere in amicitia licentiam, die Fr. eröffne zu allen Au. u. V. unbeschränkte Erlaubnis, Cic.: utrum magistratus peccato defensionem constituant, an peccandi potestatem licentiamque permittant? Cic.: licentiam omnem passim lasciviendi permittebat militibus, Suet.: hāc licentiā permissā, ut ab aratore quantum poposcisset auferret, Cic.: numquam ipsimet nobis praecideremus istam licentiam libertatemque vivendi, Cic.: usi superiorum temporum atque itinerum licentiā, Caes.: penes unum necis civium et vitae licentia, unbeschränkte (volle) Gewalt über usw., Sall. hist. fr. 1, 41 (45), 15. – als rhet. Fig. = παρρησία, **Lizenz, freie Rede,** Rhet. Her. 4, 48. – **II** insbes.: **a** die **Ungebundenheit** im Handeln u. Denken = die **Willkür,** oratorum, die Ausschreitungen, Tac.: poëtarum, Cic.: fecunda vatum, Ov.: fortunae, Laune, Sen.: poëtica, Lact.: o licentiam iocularem! o welch lächerliche W.! Cic.: intercalandi licentia, Suet.: licentia verborum, Cic.: libertas verborum et licentia (Lizenz) figurarum, Quint.: homo ad scribendi licentiam liber, Cic.: alcis licentiae resistere, Cic.: tantum licentiae sumpsisse, ut etc., Liv. – **b** die **Ungebundenheit = Zügellosigkeit, Ausgelassenheit, Frechheit,** verb. alcis licentia libidoque, Cic.: licentia arrogantiaque, Caes.: licentia militaris, Auct. b. Afr. u. Tac.: nocturni temporis, von der Nachtzeit begünstigte, Caes.: Alexandrina vita et licentia, Caes.: effusa licentia, Liv.: deteriores omnes sumus licentiā, Ter.: augere alci licentiam, Caes.: coërcere militarem licentiam, Tac.: comprimere hominum licentiam, Cic.: crescente licentiā, Iustin.: habere impunitatem licentiamque sempiternam, Cic.: licentiam temporum intercludere, seiner Z., die die Zeitumstände gestattet hatten, auf einmal ein Ziel setzen (v. einem Umstand), Caes.: inveteratā cum gloria etiam licentiā, Nep.: indomitam refrenare licentiam, Hor. – lebl. Ggstd., magna gladiorum est licentia, Cic.: immensa licentia ponti, Ov.: lic. verborum, freche Sprache, Curt.: ita servorum modo praeter spem repente manumissorum licentiam vocis et linguae experiri, Frechheit in Ton und Sprache, Liv.: obtinere licentiam cupiditatum suarum, Cic. – u. personif., **Licentia,** als Göttin, die **Frechheit,** Cic. de legg. 2, 42.

licentiātus, Abl. ū, *m.* (licens), die **Freiheit, Willkür,** *Laber. com. 71.

licentiōsus, a, um (licentia), **voller Willkür, willkürlich, ausgelassen, ausschweifend,** quod non minus est licentiosum, quam si etc., Quint. 1, 6, 23. – lic. cachinnus, Apul.: temeritas, Apul.: vis, Arnob.: cupiditates, Ausschweifungen, Augustin. – *Compar.,* licentiosior conversatio cum viris, Sen. exc. contr. 6, 8, 5. – *Superl.,* libidini licentiosissimum spatium praebere, Augustin. adv. Pelag. 2, 7.

liceo, licuī, licitum, ēre, **I feil sein, zum Verkauf ausgeboten werden,** so u. so hoch **taxiert werden,** quiqui licebunt, werden öffentlich ausgeboten werden, auf die wird geboten werden, Plaut.: de Drusi hortis, quanti licuisse (wie hoch der Verkaufspreis sei) tu scribis, id ego quoque audieram, Cic. ad Att. 12, 23, 3: pluris, Hor. – **II** übtr., vom Verkäufer, eine Ware so u. so hoch **ausbieten,** so u. so viel für eine Ware **verlangen, fordern,** percontans, quanti liceret opera effecta, Plin. 35, 88: parvo pretio, Mart. 6, 66, 4.

liceor, licitus sum, ērī (v. liceo), etw. für sich feil machen = auf etw. **bieten** (indem man den Finger emporhob od. mit dem Kopf nickte), liciti sunt usque eo, boten so lange od. so viel darauf, Cic.: illo licente contra liceri audet nemo, überbieten, Caes.: in auctione nemo voluit liceri, Sen. rhet.: nec licendi finem factum, quoad tredecim gladiatores sestertio nonagies ignoranti addicerentur, Suet. – utrum est aequius ... eum, qui manu quaesierit, quam qui digito licitus sit, possidere, Cic. – hortos, auf einen Park, Cic.: u. so hostium capita, Geld bieten für usw., Curt.: de pretio, sagen, wieviel man dafür verlange, Apul.: mit *Abl.* des Preises, centusse, Pers. – übtr., tunc avidi matronam oculi licentur, taxieren sie (um welchen Preis ihre Ehre geraubt werden könne), Plin. 14, 141 (wo *cod. M* inlicentur, s. illiceor).

licessit, s. licet ►.

licet, licuit u. licitum est, ēre, *v. intr.* u. *impers.* **I es ist erlaubt, vergönnt, steht frei, ich** od. **man kann, -darf, -mag** u. dgl., mit *Dat. pers.* od. absol., **α** m. Infin. als Subj., licet rogare? darf ich? Cic.: licet intellegi, man kann einsehen, Cic.: licet mirari, cernere, man mag (= man muss) bewundern usw., Cic. – m. *Acc.* u. *Infin.,* non licet hominem esse etc., dass der Mensch usw., Ter.: nos frui liceret, Cic. – bei esse oft der *Dat.* des Prädik., Themistocli licuit esse otioso, Cic.: der *Acc.* des Prädik., civi Romano licet esse Gaditanum, Cic.: wie bei *fieri,* z. B. fieri consulem, Caes., u. bei *vivere* der *Dat.,* si ei (Virginiae) liberae vivere licitum fuisset, Liv.: ebenso quod ei liciturum esset plebeio rem publicam perdere ... patriciis esset licitum, Cic. – **β** mit *Neutr.* eines Adjektivs od. Pronomens als Subjekt, quid liceat, Cic.: omnia liceant, Sen.: cui tantum de te licuit? wer durfte solches dir tun? Verg. – **γ** mit folg. *Coniunctiv,* fremant omnes licet, Cic.: amet licet, Ov.: sequatur licebit, er mag usw., Cic.: sis ignota licebit, du magst unbekannt bleiben, Prop. – **δ** als *v. impers.,* mit od. ohne *Dat.,* aliis si licet, tibi non licet, Ter.: licetne? ist's erlaubt? Komik. (s. Brix Plaut. mil. 501. Wagner Ter. heaut. 973): licetne pauca? ist's erlaubt, ein paar Worte vorzubringen? Ter.: als Antwort, licet, meinetwegen, Plaut. – mit *per* u. Akk. der Person od. Sache, **vor** der etwas erlaubt ist, si mihi per eiusdem amicitiam licebit, Cic. ep.: per me licet, meinetwegen, Cic.: per leges liceret, Cic. – **II** übtr., als einen Nebensatz einleitender konzessiver Ausdruck (dah. fälschlich als bloße Konjunktion betrachtet) = **mag es auch sein, dass** usw.; **zugegeben, dass** usw.; **mag immerhin = wenngleich, ungeachtet,** mit dem *Coniunctiv,* omnia licet concurrant, Cic.: licet tibi significarim, tamen etc., Cic. – verb. quamvis licet, **mag immerhin noch so sehr,** quamvis licet insectemur istos; metuo ne soli philosophi sint, Cic. Vgl. Kühner Cic. Tusc. 4, 53. Gernh. Cic. de amic. 73. – m. dem *Indicat.,* licet imperator rescripsit, ICt. – bei Dichtern auch ohne Verbum, huic licet ingratae Tityrus ipse canam, Prop.: isque, licet caeli regione remotos, mente deos adiit, Ov. – ► Archaist. licessit = *licuerit,* Plaut. asin. 603. – Imperat. liceto, CIL 1, 197. lin. 12; 1, 198. lin. 87; 1, 200. lin. 26. 29. 41. 58; 1, 202. col. 1. lin. 4 u. 6 u. a. Lex Falcid. bei Paul. dig. 35, 2, 1 u. a.

lichanos, ī, *f.* (λιχανός), einer der unsteten musikalischen Töne, lichanos hypaton = *d* u. lichanos meson = *g,* Vitr. 5, 4, 5.

Lichās, ae, Akk. ān, *m.* (Λίχας), Diener des Herkules, Ov. met. 9, 155 *sqq.*

līchēn, ēnis, Akk. Plur. ēnas, *m.* (λειχήν), **I** die **Flechte,** ein kryptogamisches Gewächs an Bäumen, Plin. 26. § 21. – **II** übtr., die **Flechte, Schwinde** auf der tierischen Haut, rein lat. mentagra, bei Menschen, Plin. u. Mart.: bei Tieren, Plin. – ► Nbf. līchēna, ae, *f.,* Plin. Val. 2, 56.

līchēnicos, ī, Genet. Plur. ōn, *m.* (lichen), ein **mit Flechten Behafteter,** trociscus lichenicon, Plin. Val. 2, 56.

līciāmentum, ī, *n.* = licium (s. d.), Not. Tir. 99, 19[a].

līciātōrium, iī, *n.* (licium), der **Weberbaum** od. die **Schäfte des Geschirrs** am Webstuhl, Vulg. 1. regg. 17, 7 u. Vulg. 2. regg. 21, 19 u. a.

līciātus, a, um (v. licium), **angelegt, angezettelt,** von einem Gewebe; übtr., **angefangen,** Augustin. de civ. dei 22, 14 u. a.

Liciniānus, a, um, s. Licinius a. E.

līcinio, āre, nach Art dünner Fäden bedecken u. so **durchschimmern lassen,** Apul. met. 10, 31.

līcinium, iī, *n.* (licium), **Faserwerk** von Leinwand, **Scharpie,** Veget. mul. 2 (3), 22, 2 u. a.

Licinius, a, um, Name einer röm. *gens,* aus der am bekanntesten C. Licinius Crassus, Volkstribun, Varro r. r. 1, 2, 9. Cic. de amic. 96, u. dessen Tochter Licinia, eine Vestalin, Cic. de dom. 136. Cic. Brut. 160. – ferner L. Licinius Crassus, ausgezeichneter Redner, Cic. Brut. 143 *sqq.;* de or. 3, 74. Tac. dial. 34, u. dessen Töchter (die eine von Mucia, der Tochter des Q. Mucius Scävola Augur, die andere von Lälia, der Tochter des C. Lälius Sapiens), Cic. Brut. 211. – u. M. Licinius Crassus, der Triumvir, Cic. de div. 2, 22. Ov. fast. 6, 465 *sqq.* Flor. 3, 11, 1 *sqq.;* 4, 9. 1. Val. Max. 1, 6, 11: ders. dives Crassus, Varro sat. Men. 36 u. Crassus, Apul. apol. 20. – *Adi.* **licinisch,** lex, Varro, Cic. u. a. – Dav. **Liciniānus,** a, um, **licinianisch,** Cato u. Colum. – subst., Liciniānī, ōrum, *m.,* die Nachkommen des Cato Censorius von seiner Gattin Licinia, die **Licinianer,** Plin.

1. **licinus,** a, um, **aufwärts gekrümmt, -gebogen,** boves, Serv. u. Philarg. Verg. georg. 3, 55.

2. **Licinus,** ī, *m.,* röm. Eigenname, unter dem bes. bekannt **a** ein reicher Emporkömmling in Rom zur Zeit des Augustus, dessen prächtiges Grabmal an der via Salaria lag, Mart. 8, 3, 6. Anthol. Lat. 414, 1 (77, 1). – **b** Porcius Licinus, s. Porcius.

licitātio, ōnis, *f.* (licitor), das **Bieten** in Auktionen usw., das **Gebot,** maxima, das höchste Gebot, Suet.: dividere ad licitationem, an den Meistbietenden, Suet.: licitatione vincere, das höchste Gebot tun, ICt.: exquisitis palam pretiis et licitationibus factis, Cic.

licitātor, ōris, *m.* (licitor), der in Auktionen **Bietende,** Cic. de dom. 115. Vgl. Gloss. II, 464, 22 ›licitator, ὑπερθεματιστής (der Überbieter)‹.

licitē, *Adv.* (licitus), **erlaubterweise, mit Recht** (Ggstz. illicite), Marcian. dig. 30, 1, 114. § 5.

licitō, *Adv.,* s. licitus.

licitor, ātus sum, ārī, (*Intens.* v. liceor), **I** auf etw. **bieten,** Plaut. merc. 441. – **II streiten,** inter se, Enn. ann. 74: machaerā adversum alqm, Caecil. com. 69.

licitus, a, um (licet), **erlaubt** (Ggstz. illicitus), sermo, Verg.: negotiatio, ICt.: quicquid libet pro licito vindicans, für erlaubt ansehend, Vell. – *neutr. plur.* subst., **Erlaubtes,** ipse per licita atque illicita foedatus, Tac. ann. 15, 37. – *adv.* licitō, **erlaubterweise, mit Recht,** Solin. 11, 8. Cod. Theod. 11, 8, 3.

līcium, iī, *n.* (aus *liquiom zu obliquus, eig. Querfaden), **I** als *t. t.* der Weberkunst, das **Trumm,** d. i. die Enden des Aufzugs, die Fäden von dem alten **Gewebe,** woran die Fäden des neuen Aufzugs od. Gewebes angeknüpft werden (Ggstz. tela, die Werfte, der Zettel), Sing., Lucil.

681. Plin. 28, 48: tunica interula triplici licio, Apul. flor. 9. p. 11, 1 Kr.: Plur., Plin. 8, 196. Amm. 14, 6, 9. Treb. Poll. trig. tyr. 14, 4: licia telis adnectere, Tibull. 1, 6, 79, od. telae licia addere, Verg. georg. 1, 285: Phariis miscere licia telis, Lucan. 10, 126. – übtr., jeder **Faden** eines Gewebes, licia texere, Auson. epigr. 27, 1. p. 203 Schenkl. – u. übh. **Faden, Dröselfaden,** Plin. 23, 125; 29, 114. Petron. 135, 5: licium resolvere, den F. abwickeln (von Theseus im Labyrinth), Hyg. fab. 42. – auch **Band,** Ov. fast. 3, 267. – u. **Gewebe,** licium varii coloris, Petron. 131, 4. – **II** meton., ein **kleiner Gurt um den Unterleib,** per lancem liciumque, s. lanx. – ► liceum geschr. bei Plin. 9, 114 D.

līctor, ōris, *m.* (zu ligo, ich binde), in Inschrn. mit langem I = ei (z. B. CIL 3, 7367; 6, 699 u. 9, 4057), der **Liktor,** im Plur. līctōrēs, die **Liktoren,** die (aus der niedrigsten Volksklasse od. dem Stand der Freigelassenen entnommenen) öffentl. Diener eines Diktators (24), Konsuls (12) od. Prätors (6). Sie trugen diesen Magistraten die fasces (Rutenbündel, aus deren Mitte ein Beil hervorragte), als Symbol der peinlichen Gerichtsbarkeit, in einer Reihe, einer nach dem anderen gehend, voran, machten ihnen Platz (turbam summovebant), sahen darauf, dass ihnen die nötige Achtung erwiesen wurde (animadvertebant) u. vollzogen an von diesen Magistraten Verurteilten die Strafen (das Auspeitschen mit Ruten, wobei die Verurteilten mit den Händen u. Füßen an einen Pfahl gebunden wurden, das Hängen u. Köpfen), Cic. u. a.: lictor primus, der dem Rang nach erste, Cic.; ders. lictor proximus, als der dem Magistrat zunächst gehende, der die Befehle des Magistrats empfing u. vollzog, Cic. u. a.: übtr., proximus lictor Iugurthae, der Leibtrabant des I., Sall. Iug. 12, 3: aderat ianitor carceris, carnifex praetoris, mors terrorque sociorum et civium Romanorum, lictor Sextius, Cic.: anteibant lictores non cum bacillis, sed, ut hi praetoribus anteeunt, cum fascibus duobus, Cic.: i lictor, colliga manum, Cic. – ► Archaist. *Dat.* lictore, CIL 1, 1060.

līctōrius, a, um (lictor), **zum Liktor gehörig, der Liktoren,** virgae, Flor. 1, 26, 3: fasces, Aur. Vict. de vir. ill. 20, 1: decuria viatoria et lictoria, CIL 6, 1877, 4.

Licymnius, a, um (Λικύμνιος v. Λίκυμνα, der Burg der Stadt Tiryns in Argolis), **licymnisch,** stagna, Stat. Theb. 4, 734.

liēn, ēnis, *m.* u. **liēnis,** is, *m.* (die altlat. Form für splen), die **Milz,** Nomin. lien, Plaut. merc. 123 G. Plin. 11, 204 u. a.: Nomin. lienis, Cels. 2, 7. p. 41, 34; 2, 8. p. 50, 6 D. u. a.: in den Kasus obliqui oft bei Cels., Plin. u. a.: Plur. lienes, Genet. um u. ium, *m.,* Cato, Plin. u. a. – Scherzh. v. Fiskus, Traian. bei Aur. Vict. epit. 42, 21. Fälschlich als *gen. neutr.* angegeben bei Serv. Verg. Aen. 6, 647.

liēnicus, a, um (lien) = σπληνικός, **zur Milz gehörig,** subst., **a** liēnici, ōrum, *m.,* **Milzsüchtige, an der Milz Leidende,** Cael. Aur. de morb. chron. 3, 4. § 56 u. 57 64. – **b** liēnica, ōrum, *n.,* **Mittel gegen die Milzsucht,** Cael. Aur. de morb. chron. 3, 4, 58.

liēnōsus, a, um (lien), **milzkrank, milzsüchtig,** cor, Plaut. Cas. 414. – gew. Plur. subst., liēnōsī, ōrum, *m.,* **an der Milz Leidende, Milzsüchtige,** Cels., Plin. u. a.

līenteria, ae, *f.* (λειεντερία), die **Magenruhr,** eine Art des Durchfalls, wobei die Speise unverdaut weggeht (griech. b. Cels. 2, 1. p. 29, 6 D., wo es lēvitas intestinorum übersetzt wird), Th. Prisc. 2, 2. Isid. orig. 4, 7, 37. – Dav. **līentericus,** a, um (λειεντερικός), **an der Magenruhr leidend,** Plur. subst., lienterici, Plin. 29, 44.

ligāmen, inis, *n.* (ligo), das **Band,** die **Binde,** der **Verband,** Prop., Ov. u. Colum.

ligāmentum, ī, *n.* (ligo), das **Band,** die **Binde,** der **Verband,** Tac. u. Quint.: ligamenta diabolica, Augustin.

Ligārius, a, um, Name einer röm. *gens,* aus der am bekanntesten Q. Ligarius, der als Statthalter von Afrika feindselig gegen Cäsar u. dessen Partei auftrat, bei Adrumetum gefangen, aber von Cäsar begnadigt wurde, später von Q. Tubero des Hochverrats angeklagt und in einer noch erhaltenen Rede von Cicero verteidigt, Pompon. de orig. iur. § 46. Auct. b. Afr. 64, 1. Quint. 11, 1, 80. Cic. Lig. 1 *sqq.* – Dav. **Ligāriānus,** a, um, **ligarianisch,** Lig. oratio, Cic. ad Att. 13, 44, 3; dies. subst. bl. Ligāriāna, ae, *f.,* Cic. ad Att. 13, 12, 2 u. 13, 19, 2. Grill. comm. in Cic. de inv. 604, 29 H.

ligātio, ōnis, *f.* (ligo), **I** das **Binden,** Scrib. Larg. 225. Cael. Aur. de morb. acut. 2, 37, 195. – **II** übtr., als Übersetzung von ζεῦγμα (s. 1. zeugma) als Redefigur, Iul. Rufin. de schem. lex. § 3.

ligātūra, ae, *f.* (ligo), **I** eig. u. meton.: **a** eig., das **Band,** Pallad. 1, 6, 11. Th. Prisc. 1, 26. – insbes., **α** ein ärztlicher **Verband,** Augustin. de doctr. Chr. 1, 13. – **β** = ein **Amulett,** Augustin. tract. 7 in Ioann.; serm. 391, 1; ep. 245, 2. – **b** meton., das **Bündel,** duae ligaturae uvae passae, Vulg. 1. regg. 30, 12. – **II** übtr., die **Wendungen** u. **Verschlingungen der Körper** bei Ringenden, ligaturis tantum corporis certare, Ambros. enarr. in psalm. 36. § 55.

Ligdinus, s. lygdinos.

Ligēa, ae, *f.* (Λίγεια, die Melodische), eine Nereïde, Tochter des Nereus u. der Doris, Verg. georg. 4, 336. Hyg. fab. praef. p. 29, 3 B.

Liger, eris, *m.,* Fluss an der Grenze von Aquitanien u. dem lugdun. Gallien, j. *Loire,* Nom. Tibull. 1, 7, 12. Caes. b. G. 7, 55, 10. Auson. Mos. 461. Prisc. 6, 40: Akk. Ligerem, Caes. b. G. 7, 56, 4. Plin. 4, 107, Ligerim, Caes. b. G. 7, 5, 4. Sidon. epist. 3, 1 *extr.*: Abl. Ligere, Caes. b. G. 3, 9, 1, Ligeri, Caes. b. G. 7, 59, 1. Hirt. b. G. 8, 27, 2. Oros. 6, 8,10.

ligisticum, s. Ligusticus unter Ligures.

ligma, atis, *n.,* ein unbekanntes Präparat in der Arzneikunst, Plin. 20, 161. – Vgl. ecligma.

līgna, ae, *f.,* s. līgnum a. E.

līgnārius, a, um (lignum), **zum Holz gehörig, Holz-,** lima, Scrib. Larg. 141: negotiatio, Capit. Pertin. 1. § 1: artifex, Vulg. Isai. 44, 13: faber, Augustin. de gen. c. Manich. 1, 8, 13.: plostrarius, der Besorger der Anfuhr des Holzes, CIL 4, 485: via, Gromat. vet. 24, 26 u. a. – subst., **A** lignārius, iī, *m.,* **a** der **Holzarbeiter, Zimmermann, Tischler** usw. (s. Isid. orig. 19, 19, 1), Pallad. 1, 6, 2. – **b** der **Holzhändler,** CIL 4, 951 u. 960: inter lignarios, ein Ort in Rom, etwa »auf dem Holzmarkt, in der Holzmarktstraße«, Liv. 35, 41, 10. – **c** = ξυλοκόπος u. κόπτων ξύλα (Gloss. II, 378, 25), der **Holzhauer, -fäller, Holzmacher,** lignarii, bei den Juden die Tempelsklaven, die Holz für den Tempeldienst fällen u. herbeitragen mussten, Hieron. epist. 108, 8 (vgl. Vulg. Ios. 9, 27, wo dafür caedentes ligna). – **B** līgnārium, iī, *n.,* der **Holzbehälter, Holzstall** = ξυλοθήκη, Gloss. II, 378, 25.

līgnātio, ōnis, *f.* (lignor), **I** das **Holzholen, Holzfällen,** Vitr. 5, 9, 8: beim Heer, Caes. b. G. 5, 39, 2. Veget. mil. 3, 8. p. 85, 15 L². – **II** meton., der Ort, wo Holz geholt wird, **Holzplatz, Holzschlag,** Colum. 1, 5, 1.

līgnātor, ōris, *m.* (lignor), der **Holzholer, der Holzfäller,** Caes. b. G. 5, 26, 2. u. Liv. 10, 25, 5.

līgneolus, a, um (*Demin.* v. ligneus), **gar fein aus Holz gearbeitet,** scuta ligneola, ein hölzernes Schälchen, Lucil. 224: lychnuchus, ein hölzernes Leuchterchen, Cic. ad Q. fr. 3, 7, 2: hominum figurae, Holzfigürchen, Apul. de mund. 27: **rota,** Augustin. conf. 11, 23.

līgneus, a, um (lignum), **I aus Holz, hölzern,** custodia (Fußfessel), Plaut.: materia, Cic.: ponticulus, Cic.: turris, Caes.: columna, Liv.: alveolus, Phaedr.: catillus, Val. Max.: poculum, Macr.: vas, Scrib. Larg.: cultelli (Pflöcke), Vitr.: tabellae, Iustin.: sedilia, Suet.: lectus, Sen.: urbs, Mela. – übtr., salus, auf eine Holztafel geschrieben, Plaut. Pseud. 47. – **II** meton.: **1 hölzern = saftlos, dürr,** coniunx, Catull. 23, 6: nervosa et lignea dorcas, von einem Mädchen, Lucr. 4, 1153 (1161). – **2 holzartig, holzig,** putamen, Plin. 15, 86: semen, Plin. 16, 110. – ► Vok. Sing. lignee, Sedul. carm. pasch. 1, 268 u. op. pasch. 1, 26.

līgnicīda, ae, *m.* (lignum u. caedo), der **Holzhauer,** ungebr. nach Varro LL. 8, 62.

līgnor, ātus sum, ārī (lignum), **Holz holen,** Auct. b. Hisp. 27, 1: verb. lignari pabularique, Caes. b. c. 3, 76, 2, pabulari aut lignari, Auct. b. Afr. 31, 1: lignatum ire, Cato origg. 2. fr. 30. Liv. 10, 25, 6: neque lignandi atque aquandi potestas fiebat, Caes. b. c. 3, 15, 2. – num lignatum mittimur? wir sollen doch nicht etwa holzen gehen? (im

Doppelsinn, weil die lora ebenso zum Zusammenbinden des Holzes wie zur Züchtigung dienen konnten), Plaut. capt. 658.

līgnōsus, a, um (lignum), **I** **aus Holz, hölzern,** bracchia, Ov. met. 11, 83. – **II** **dem Holz ähnlich, holzig,** nucleus, Plin. 13, 112: fructus, Plin. 24, 69: lignosiora sunt reliqua, Plin. 19, 88.

līgnum, ī, *n.* (2. lego), **I** das **Holz;** im Plur. ligna, von mehr als einem Stück Holz, bes. vom **Brennholz** (dah. als Brennholz, Scheitholz der materia [Nutzholz, Bauholz] entgegengesetzt, Ulp. dig. 32, 1, 55; *cf.* 7, 1, 12 *in.*), **a** übh.: fascis lignorum, Tac. u. Apul.: lignum umidum et viride, Augustin.: calcei ex ligno facti, Paul. ex Fest.: ligni (Stück Holz) vel ferri obtusioris ictu percussus, Treb. Poll.: ligna vitea, Rebholz, Solin.: ligna virentia, Sen.: ligna minuta (klein gehacktes), Paul. ex Fest.: ligna neque fumosa erunt et ardebunt bene, Cato: ignem ex lignis viridibus in loco angusto fieri iubere, Cic.: ligna et sarmenta circumdare ignemque circum subicere, Caes.: ligna colligere, Vulg. u. Iul. Val.: ligna exstruere (zu einem Scheiterhaufen), Liv.: exstruere focum lignis, Hor.: ligna super foco large reponere, Hor.: componere lignum, Gell., aridum lignum, Hor., ligna in caminum, Cato: lignum caedere, Plaut.: ligna caedere (in silvis), Salv.: ligna caedentes, die Holzhauer, Vulg.: ligna senex minuit (spaltete) concisaque construit arte (mit K.), Ov. – sprichw., ligna ferre in silvam, ähnlich unserem »Wasser in den Brunnen tragen«, Hor. sat. 1, 10, 34. – **b** insbes., das **Holz,** der **Schaft** eines Speeres, Ggstz. ferrum, Ov. u. Sen.: eines Pfeiles, Ggstz. spiculum, Curt. – **II** meton.: **1** eine **Schreibtafel,** Iuven. 16, 41. – **2** poet., ein **Holz** = ein **Baum,** Verg. Aen. 12, 767. Hor. sat. 1, 8, 1: ligna fructifera, Fruchthölzer, Augustin. conf. 7, 13. – **3** ein **Pfropfreis,** Ov. met. 14, 680. – **4** mobile lignum, ein hölzernes Zappelmännchen, Hor. sat. 2, 7, 82. – **5** ein **Holzbild** (einer Kuh), Ov. met. 8, 132. – **6** = patibulum, das Kreuz, Augustin. serm. 2, 5 u. ö. – **7** das **Harte an** od. **im Obst,** die **äußere Schale** od. der **Kern** od. **Stein** (z. B. die Nussschale, der Kern in Pfirsichen, Kirschen, Pflaumen, Weinbeeren), Plin. 15, 111; 16, 183 u. 187. – **8** der Fehler an Tischplatten, wenn das Holz weder kraus noch gestreift ist, Plin. 13, 98. – Nbf. **a** lignus, Itala (psalt. Veron.) psalm. 72, 23. Itala (Weing.) Ezech. 17, 24. Augustin. spec. bei Mai spicil. Rom. app. p. 52. Gromat. vet. 306, 1. – **b** ligna, ae, *f.*, wov. Genet. lignarum, Iordan. Get. 51. § 267 M.

līgnus, s. līgnum a. E.

lignys, Abl. ligny, *f.* (λιγνύς), der **Dampf,** Marc. Emp. 8. fol. 97 (b), 6.

lignyzōn, ontis, *m.* (λιγνύς), **rauchfarbig, dunkelfarbig,** von einer Art des indischen Karfunkels, Plin. 37, 94.

1. ligo, āvī, ātum, āre, **I** **binden, zusammenbinden, anbinden, festbinden,** alqm vinculo, Tac.: se cum marito, Plin. ep.: manus post terga, Ov. – cornu ad crus, Plin.: alqm ad rotam aquariam, Lampr.: sudarium circum collum, Suet.: funem litoribus, Lucan.: catenis ligatus, Liv.: pisces in glacie ligati, festgefroren, Ov. – **II** prägn.: **1** eig.: **a** **anschirren,** mulam, Hor. sat. 1, 5, 13. – **b** **verbinden, zubinden,** vulnera veste, Ov.: guttura laqueo, zuziehen, zusammenschnüren, Ov.: digitos ligat iunctura, Ov.: caementa in tectis ligantur, werden gebunden (= vereinigen sich), Plin.: nimbi ligati, Eis, Petron. poët. – **c** **binden** = bindend **knüpfen,** nodos, Sen. Hipp. (Phaedr.) 1087 (1096). – **d** **umwinden, umgeben,** balteus loricam ligat, umgibt, Val. Flacc.: ligat Poenorum terga corona, Sil. – **2** übtr.: **a** **verbinden, vereinigen,** argumenta in catenas, Quint.: dissociata locis concordi pace ligavit, Ov.: vinculo tecum propiore ligari, Ov. – **b** (poet.) durch Vereinigung zustande bringen, **knüpfen, schließen,** coniugia, Sen. Herc. Oet. 457: pacta, Prop. 4, 4, 82.

2. ligo, ōnis, *m.* (viell. zu griech. λίσγος), **I** eine **Hacke,** die Wurzeln u. Gebüsche auszuroden, die Erde zu lockern usw., Plin. 18, 42. Tac. hist. 3, 27. Vulg. 1. regg. 13, 20. Hor. carm. 3, 6, 38. Ov. met. 11, 36. Mart. 4, 64, 32. – **II** meton., der **Ackerbau,** Iuven. 7, 33.

ligula u. **lingula,** ae, *f.* (*Demin.* v. lingua; vgl. über beide Formen Mart. 14, 120. Charis. 104, 5. Prisc. 3, 42), eine **kleine Zunge;** dah. übtr.: **I** (wie γλῶσσα) die **Erdzunge, Landzunge,** in extremis lingulis promunturiisque, Caes. b. G. 3, 12, 1. – **II** lingula (wie γλῶσσα) = der zungenförmig zugespitzte **Riemen am Schuh, Schuhriemen** (vgl. Heinrich Iuven. 5, 20; der Scholiast dagegen leitet es von ligare ab = ansa, Öhr, durch das der Riemen gezogen wird), Scrib. Larg. u. a.: als Schimpfwort, Plaut. Poen. 1309. – **III** ligula = ein **Löffel** zum Abschäumen, Colum.: zum Ausschöpfen u. Austräufeln aromatischer Essenzen, **Löffelchen,** Plin.: von den Gästen beim Verspeisen einer süßen Nachspeise (savillum) benutzt, Cato. – als Maß, ein **Löffelvoll,** duarum aut trium ligularum mensura, Plin.: mellis ligula, Apic. – **IV** lingula = ein **kleiner Degen,** Naev. tr. 19; vgl. Varro LL. 7, 107. – **V** lingula = die Spitze eines Pfahls, der in die Stange gefügt wird, der **Zapfen,** Colum. 8, 11, 4. – **VI** lingula = das kurze Ende des Hebels, der unter die Last gelegt wird, die **Zunge,** Vitr. 10, 3, 3. – **VII** lingula (wie γλῶσσα) = das **Blättchen (Mundstück) an der Flöte,** Plin. 16, 171. – **VIII** ligula = ein **zungenförmiges Glied** des Tintenfisches, Apul. apol. 35. – **IX** ligula = das **Zünglein** an der Waage, Schol. ad Pers. 1, 6 zw. (Jan lingua). – **X** tubulatio ligulae, zungenförmige-, röhrenförmige Höhlung, Apul. flor. 9. p. 11, 12 Kr. – **XI** ligula auris, das Ohrläppchen, Sidon. epist. 1, 2, 2 *Lütjohann.*

ligūmen, -minārius, s. legūmen etc.

Ligur, s. Ligurēs.

Ligurēs, um, *m.*, die **Ligurier,** eine italische Völkerschaft im heut. Piemont, Genua u. Nizza, die im Ruf der Schelmerei u. des Betrugs standen (s. Serv. Verg. Aen. 11, 701 u. 715), Liv. 5, 35, 2. Verg. Aen. 11, 701: meton. = das ligurische Gebiet, Cic. de div. 1, 78. Liv. 21, 59, 10. – Im Sing. **Ligus** (später **Ligur**), uris, *c.*, der **Ligurier,** die **Ligurierin,** *adi.* = **ligurisch,** Ligus iste, Cic. Sest. 68: vane Ligus, Verg. Aen. 11, 715: tonse Ligur, Lucan. 1, 442 (vgl. Prisc. 6, 81. Prob. cathol. 14, 26): femina Ligus, Tac. hist. 2, 13: ora Ligus, Pers. 6, 6. – Dav. abgeleitet: **a** **Liguria,** ae, *f.*, die Landschaft **Ligurien,** das **ligurische Gebiet,** Plin. u. Flor. – **b** **Ligurīnus,** a, um, **ligurinisch,** Gratt. cyn. 510. – **c** **Liguriēnsis,** e, **ligurisch,** marmor, Schopen Uned. Scholien z. Iuven. p. 19, 9. – **d** **Ligusticus,** a, um, **ligustisch, ligurisch,** mons, Varro: montes, Sidon.: saxa, Iuven. – subst., ligusticum, i, *n.*, **Liebstöckel** (*Ligusticum Levisticum,* L.), eine doldentragende Pflanze, Colum. 12, 59 (57), 5. Plin. 19, 165 u. 20, 168: Nbf. ligisticum, Apic. 1, 36. – **e** **Ligustīnus,** a, um, **ligustinisch, ligurisch,** bellum, Liv.: ager, Liv.: scutum, Liv. – subst., Ligustīnī, ōrum, *m.*, die **Ligustiner,** die **Ligurier,** Plin. – **f** **Ligustis,** idis, *f.*, **ligustisch, ligurisch,** Sidon. epist. 9, 15, 1. *v.* 44.

līgūrius, s. lyncūrium.

ligurrio (in Hdschrn. auch ligūrio), īvī u. iī, ītum, īre (lingo), **I** *intr.* **lecken, leckerhaft sein,** Ter. eun. 936. – **II** *tr.* **1** **lecken, belecken,** itaque iis (apibus) unctus qui accessit, pungunt, non, ut muscae, ligurriunt, Varro: ius, Hor.: capreis naturam (v. Bock), Atell. inc. 3 R.[2]: catillos, auslecken, Macr. – prägn., alqm, jmd. beschmausen, Plaut.: furta, heimlich naschen, Hor. – im obsz. Sinne, wie λείχειν u. λειχάζειν, Suet. u. Mart. – **2** **nach** etwas **lüstern sein,** lucra, Cic.: curationem agrariam, Cic.: quoniam iam dialecticus es et hoc quoque ligurris, Cic. – ► *Imperf.* synkop. ligurribant, Macr. sat. 2, 12, 17.

ligurrītio, ōnis, *f.* (ligurrio), die **Leckerhaftigkeit** eines Feinschmeckers, Cic. Tusc. 4, 26.

ligurrītor, ōris, *m.* (ligurrio), der **Belecker, Auslecker,** catillorum, Paul. ex Fest. 90, 2. – absol. = ein **Leckermaul,** ein **Feinschmecker,** Macr. sat. 2, 12, 17. – im obsz. Sinne, Auson. epigr. 123 *lemm.* p. 216 Schenkl u. ö.

Ligus, uris, *m.*, s. Ligurēs.

Ligusticus, s. Ligurēs.

Ligustīnus, Ligustis, s. Ligurēs.

ligustrum, ī, *n.*, **I** der **Liguster, Hartriegel,** die **Rainweide,** ein Strauch mit weißen traubenartigen Blütenbüscheln (Ligustrum vulgare, L.), Verg. ecl. 2, 18. Ov. met. 13, 789. Mart. 1, 115, 3. – **II** eine sonst unbekannte Pflanze, die nach Plinius von einigen für cypros gehalten wurde, Plin. 12, 109 u. 24, 74: nigrum, Colum. poët. 10, 300: Plur., Plin. 16, 77.

Ligyes = Ligures (s. d.), Avien. or. mar. 609.

līliāceus, a, um (lilium), **aus Lilien, Lilien-,** bulbus, Th. Prisc. 4, 1: oleum, Pallad. 6, 14 *lemm.*

līliētum, ī, *n.* (lilium), das **Lilienbeet,** Pallad. 3, 21, 3.

līlinus, a, um (lilium), **von Lilien, Lilien-,** oleum, Scrib. Larg. 156. p. 64, 28 H. – subst. līlinum, ī, *n.*, das **Rosenöl,** Plin. 21, 22; 23, 95; 25, 40 (Vulg. lirinon).

līlium, iī, *n.* (v. λείριον), die **Lilie, I** eig., Varro r. r. 1, 35. Plin. 21, 22 *sqq.* Ov. met. 10, 191 u. 212: bes. die weiße, album, Plin. 21, 24. Verg. Aen. 12, 68. Tibull. 3, 4, 34, od. candidum, Verg. Aen. 6, 709. Prop. 1, 20, 37. Ov. met. 4, 355, od. candens, Ov. met. 12, 411, od. argenteum, Prop. 4, 4, 25: u. die rötliche, rubens (*Lilium Chalcedonicum,* L.), Plin. 21, 24. – **II** meton., als milit. *t. t.* = eine lilienförmige Art der Verschanzung aus mehreren Reihen von Gruben, in die Pfähle eingeschlagen waren, die nur vier Zoll hervorragten, Caes. b. G. 7, 73, 8.

Lilybaeon u. **-baeum,** ī, *n.* (Λιλύβαιον), ein Vorgebirge im Westen Siziliens, mit gleichnamiger Stadt, jetzt *Capo di Boco,* Ov. met. 13, 726. Mela 2, 7, 15 (2. § 116) *sq.*: die Stadt, jetzt *Marsala,* Cic. div. in Caecil. 56. Liv. 21, 49, 6. – Dass. **Lilybē,** ēs, *f.* (Λιλύβη), Prisc. perieg. 482. – Dav.: **a Lilybitānus,** a, um, **lilybitanisch, aus Lilybäum,** Pamphilus, Cic.: mulier, Cic. – **b Lilybaeus,** a, um, **lilybäisch,** Lucan. 4, 583. – **c Lilybēius,** a, um, **lilybäisch,** Verg. Aen. 3, 706.

1. līma, ae, *f.* (vgl. ahd. *slīmen,* ›blank schleifen‹), die **Feile,** limā praeterere alqd, Plaut.: limā lignariā limare alqd, Scrib. Larg.: limā polire alqd, Plin. – bildl., die **Feile** = künstlerische Ausarbeitung einer Schrift, labor limae, Hor.: limā polire, Quint., persequi, Plin. ep.: extremam limam opperiri, Plin. ep.: lima ultima defuit meis scriptis, Ov.: ut in illis limae, in hoc paene plus videatur fuisse sanguinis, Vell. 2, 9, 3.

2. Līma, ae, *f.* (limen), die weibl. Schutzgottheit der Schwelle, Arnob. 4, 9. Vgl. Limentinus.

līmāceus, a, um (2. limus), **aus Kot,** Tert. de res. carn. 49 *in.*

līmārius, a, um (2. limus), **Schlamm absetzend,** piscina, Frontin. aqu. 15.

līmātē, *Adv.* im *Compar.* (limatus), **gefeilt, genau,** limatius quaerere superstitionum sectas, Amm. 15, 13, 2: residua quae secuturus aperiet textus, pro virium captu limatius absolvemus, Amm . 15, 1, 1. – ► Cic. de fin. 5, 12 ist limatius der Komparat. von limatus, s. d.

līmātio, ōnis, *f.* (2. limo), die **Abfeilung,** bildl. = die Abnutzung, limatio quaedam animi, Cael. Aur. de morb. chron. 5, 4, 141.

līmātulus, a, um (*Demin.* v. limatus), **wohl gefeilt,** bildl., opus est huc limatulo et polito tuo iudicio, wir bedürfen für unseren Zweck eines so feinen und gebildeten Kritikers, wie du bist, Cic. ep. 7, 33, 2.

līmātūra, ae, *f.* (2. limo), **Feilstaub, Feilspäne** (franz. *limaille*), Plin. Val. 1, 25. Sex. Placit. de medic. 10, 1.

līmātus, a, um, *PAdi.* (v. 2. limo), **gefeilt, abgeschliffen, verfeinert,** homo oratione maxime limatus atque subtilis, der seine Reden mit der größten Sorgfalt u. Genauigkeit ausarbeitet, Cic.: fuerit Lucilius comis et urbanus, fuerit limatior idem, Hor.: limatius ingenium, Plin. ep. – genus librorum limatius, mehr in streng philosophischer Form, abstraktere (Ggstz. populariter scriptum), Cic.: limatius dicendi genus, gefeilter, mehr künstlerisch ausgearbeitet, Cic. – ► Superl. umschrieben, maxime limatus, Cic. de orat. 1, 180.

līmāx, ācis, Gen. Plur. ācum, *c.* (2. limus, s. Varro LL. 7, 64. Paul. ex Fest. 116, 8), die **Wegschnecke,** Colum. poët. 10, 324. Plin. 9, 162; 18, 156 u. 228. – scherzh. übtr. von gemeinen Buhldirnen, Plaut. Bacch. 18 G. Plaut. fr. bei Varro LL. 7, 64.

limbātus, a, um (limbus), **verbrämt, bordiert,** Gall. b. Treb. Poll. Claud. 17, 6.

limbulārius, iī, *m.* (limbus), der **Bordürenmacher,** Plaut aul. 519 (Plur.). CIL 6, 3061*.

limbus, ī, *m.* (zu altind. *lámbatē,* hängt herab), **I** der **Streifen,** womit etwas eingefasst-, umgeben wird, **a** am Kleid, der **Besatz,** die **Bordüre,** Verg. Aen. 4, 137 (dazu Serv.). Ov. met. 2, 734 u. 5, 51. Treb. Poll. trig. tyr. 30, 14. – **b** am Gewebe, der **Saum,** Ov. met. 6, 127: picto genualia limbo, *ibid.* 10, 593. – **c** als **Binde,** Claud. cons. Mall. et Theod. 118 (Gesner nimbo). Arnob. 2, 41. – **d** als **Gürtel,** Stat. Theb. 6, 367. – **II** übtr.: **1** limbus XII signorum, der Tierkreis, Varro r. r. 2, 3, 7. – **2** die **Schlinge** zum Einfangen der Tiere, Gratt. cyn. 25.

līmen, inis, *n.* (stammverwandt mit 1. limus u. ob-liquus), die **Schwelle, Türschwelle, I** eig. u. meton.: **A** eig.: limen superum inferumque, Plaut.: limen inferius, Varro: Arabium (von arabischem Marmor), Prop.: limen templi, Caes.: cubiculi, Cic.: domus suae, Sen. u. Curt.: curiae, Plin.: limina aedium, Cic.: intra limen, innerhalb seiner vier Wände od. Pfähle (Ggstz. foris), Sen.: amat ianua limen, Hor.: in limine domus suae consistere, Curt.: intrare limen, Cic. u. a., oder intra limen subire, Plaut., od. limina subire, Iuven.: multis annis non transisse domus suae limen, nicht vor die Tür gekommen (= nicht ausgegangen) sein, Sen.: non alio limine dignus, keiner anderen Schwelle (poet. = keiner anderen Geliebten), Prop. – Sprichw., prospicere tantum et a limine salutare, eine Wissenschaft usw. gleichs. im Vorbeigehen grüßen, d. i. nur berühren, sich nicht in sie vertiefen, Sen. ep. 49, 6. – **B** meton.: **1 Schwelle** = Wohnung, Behausung, Aufenthalt, limine contineri, Liv.: limine pelli, Verg.: limina mutant, Verg.: tua limina adirem, Verg.: limen sceleratum, Wohnung der Gottlosen in der Unterwelt, Verg. – **2 Schwelle** = Eingang, Casilina limina, die Tore von Kasilinum, Sil. 12, 426: in limine portus (Hafens der Ruhe), Verg. Aen. 7, 598. – **3 Schwelle** = Ausgang, **a** v. den Schranken in der Rennbahn, Verg. Aen. 5, 316. – **b** die **Grenzmark, Grenze,** extra limen Apuliae, Hor. carm. 3, 4, 10: maris interni, die Straße von Gibraltar, Plin. 3, 4. – **II** bildl.: **1** die **Schwelle = der Anfang** (s. Mützell Curt. 6, 3 [9], 16), in limine primo, Verg.: in limine belli, Tac.: in primo limine vitae, Sen. poët.: in ipso limine victoriae stamus, Curt.: non in *limine* operum laborumque nostrorum, sed in *exitu* stamus, Curt.: a mortis limine restituere, revocare, Catull. u. Plin. – **2** das **Ende,** lucis finitae, Apul. met. 11, 21; vgl. Iustin. instit. 1, 12. § 5.

limenarcha, ae, *m.* (λιμενάρχης), der **Hafenmeister,** Paul. dig. 11, 4, 4. Arcad. dig. 50, 4, 18. § 10.

Līmentīnus, ī, *m.* (limen), die männl. Schutzgottheit der Schwelle u. des Sturzes, Arnob. 1, 15. Tert. de idol. 15 u. a. Vgl. 2. Lima.

līmes, itis, *m.* (1. limus), der **Querweg, Rain, I** eig. u. meton.: **A** eig., als **Grenzlinie** zwischen zwei Äckern od. Weinbergen, Varro, Ov. u. a.: limes decumanus, Hauptrain von Osten nach Westen, Plin.: limes transversus, Querrain von Norden nach Süden, Plin. Vgl. Voß Verg. georg. 1, 126. p. 85. – **B** meton.: **1** die durch einen Rain od. einen Markstein bezeichnete **Grenzlinie, Grenzscheide, Grenzmark, Grenze,** zwischen zwei Äckern od. Weinbergen, partiri limite campum, Verg.: saxum ingens, limes agro positus, Verg.: quā potestate limites meos commoves? verrückst du meine Grenzen, Tert. de praescr. haer. 37: limitem agere (eig. u. bildl., s. ago *no.* I, 2, e). – bildl., die **Grenzlinie, α** als **Ziel,** carminis, Stat. Theb. 1, 16. – **β** als **Unterschied,** iudicium brevi limite falle tuum, Ov. rem. 326: quaedam perquam tenui limite dividuntur, Quint. 9, 1, 3. – **2** die **befestigte Grenzlinie,** der **Grenzwall,** limitem scindere, Tac.: aperit limites, Vell. – **II** übtr.: **1** jede **Weglinie, Feldweg, Vizinalweg, Steig,** u. in einer bestimmten Linie gehender **Weg, Straße,** Appiae, Liv.: acclivis, Ov.: latus, Liv.: transversus, Liv.: eo limite signa extulerunt, Liv.: lato te limite ducam, Verg.: limite recto fugere, Ov.: fugientibus me pateant limites, Curt. – limes aquarum, Ov.: solitus limes fluminis, Flussbett, Ov.: quasi limes ad caeli aditum patet, Cic.: bes. eines Kometen u. anderer Himmelskörper, Verg., Ov. u. Plin.: sectus limes, der Tierkreis, Ov. – limites circi, die Gänge zwischen den Sitzreihen, Tert. – bildl., benignitatis fines introrsus referre et illi minus laxum limitem aperire, Sen. – **2** die **Linie, Ader** auf einem Edelstein, Plin. 37, 184.

limeum, eī, *n.*, eine Pflanze, mit deren giftigem Saft die Gallier ihre Jagdpfeile bestrichen (*Ranunculus Thora,* L.), Plin. 27, 101.

līmicola, ae, *m.* (2. limus u. colo), der **Schlammbewohner,** Auson. epist. 7, 2, 36. p. 165 Schenkl.

līmigenus, a, um (2. limus u. gigno), **im Schlamm erzeugt,** ulvae, Auson. Mos. 45.

līminăris, e (limen), **zur Schwelle gehörig, I** eig.: trabes, die Grenzbalken, die die Decke des Zimmers bilden, Vitr. 6, 3, 4. – **II** übtr.: pagina, die Vorderseite, Augustin. epist. 40, 2.

līmio, s. 2. līmo ►.

līmis, e, s. 1. līmus ►.

līmitālis, e (limes), **an der Grenze befindlich, Grenz-**, Lex colon. Genet. Iul. im CIL 2, 5439, 3, 5. lin. 11.

līmitāmentum, ī, *n.* (limito), die **Festsetzung, Bestimmung,** Mar. Victorin. de gen. verb. 9.

līmitāneus, a, um (limes), **an den Grenzen befindlich, Grenz-,** civitas, Capit. Gord. 28, 2: milites, Grenzsoldaten, Grenzer, Spart. Pesc. Nig. 7, 7. Cod. Iust. 1, 27, 2. § 8: lim. duces et milites, Grenzoffiziere u. -soldaten, Lampr. Alex. Sev. 58, 4: die ihnen gegebenen Äcker, limitanei agri, Cod. Iust. 11, 59, 3: dies. limitrophi fundi, Cod. Iust. 11, 59 rubr. Cod. Theod. 5, 13, 38. – ► Nbf. **līmitānus**, Prisc. 2, 57.

līmitāris, e (limen), **zur Grenze gehörig, Grenz-,** iter, Varro LL. 5, 21: institutio, Gromat. vet. 206, 8.

līmitātio, ōnis, *f.* (limito), die **Festsetzung, Bestimmung,** Colum . 3, 12, 1.

līmitātor, ōris, *m.* (limito), der **Abgrenzer,** Serv. Verg. ecl. 9, 7.

līmito, āvī, ātum, āre (limes), durch einen Grenzrain-, eine Grenzlinie scheiden, **abrainen, abmarken, abgrenzen** (Gloss. II, 403, 40 ›limito περιορίζω‹), vineas, Plin.: limitati agri, ICt. – übtr., **a abgrenzen,** Boëth. art. geom. p. 422, 11 u. 426, 29 Fr. – **b bestimmen, festsetzen,** quaestionem, Varro r. r. 2, 2, 1.

līmitrophus, a, um, s. līmitāneus.

līmĭtus, s. 2. līmo a. E. ►.

līmma, atis, *n.* (λεῖμμα), ein **halber Ton,** Boëth. inst. mus. 2, 38 *in.* (griech. bei Macr. somn. Scip. 2, 1, 23).

Limnaeum, ī, *n.* (Λιμναία), ein Hafenort an der Grenze von Amphilochia in Akarnanien (beim j. *Kervasara*), Liv. 36, 13, 9 u. 14, 2.

Limnātis, idis, *f.*, (Λιμνᾶτις, dorisch statt Λιμνῆτις), die **Seebewohnerin,** ein Beiname der Diana, so genannt als Beschützerin der Fischer, Tac. ann. 4, 43 *in.*

limnēstis (limnētis), idis, *f.* (λιμνῆστις od. λιμνῆτις), die sonst centaurea maior gen. Pflanze, Ps. Apul. herb. 34.

limnicē, ēs, *f.* (*λιμνική), die Pflanze **Schwertel, Degenkraut,** rein lat. gladiolus, Ps. Apul. herb. 78.

1. līmō, Adv., s. 1. līmus, a, um.

2. līmo, āvī, ātum, āre (lima), **I feilen, 1** eig.: gemmas, Plin. 36, 54. – prägn. = zu Feilspänen verarbeiten, plumbum limatum, Bleispäne, Plin. 34, 168: cornum cervinum limatum limā lignariā, grobe Hornspäne, Scrib. Larg. 141. – **2** übtr., **reiben, wetzen,** cornua ad saxa, Plin. 8, 71: stomachum, Cael. Aur. de morb. chron. 5, 1, 140: scherzh., caput cum alqo, sich mit jmd. küssen, Liv. Andron. tr. 29. Plaut. merc. 537; Poen. 292. Caecil. com. 140. Turpil. com. 112. – **3** bildl., **a feilen, abschleifen, polieren, glätten,** accuratus limatusque sermo, Augustin.: stilus et alia et hoc maxime ornat ac limat, Cic.: quaedam institui, quae sunt magna sane et quae a me limantur politius, Cic.: nec vero hoc in te convenit, unum moribus domesticis ac nostrorum hominum urbanitate limatum, Cic. – **b genau-, mit Gründlichkeit untersuchen, ergründen,** veritatem, Cic.: subtiliter mendacium, Phaedr. 3, 10, 49. – **II abfeilen, wegfeilen, 1** eig.: acumen ossis, Cels. 8, 10. *no.*7. – **2** bildl., **abschleifen = wegnehmen, vermindern, schmälern,** alteri affinxit, de altero limavit, Cic.: commoda alcis oculo obliquo, Hor.: videtur esse ieiunior, quom se ipse consulto ad minutarum causarum genera limaverit da er sich selbst absichtlich auf geringfügige Rechtsfälle beschränkt hat, Cic. de opt. gen. 9. – ► Archaist. limassis = *limaveris,* Caecil. com. 140. Turpil. com. 112. – Nbf. līmio, wov. līmĭtus, Ven. Fort. carm. 2, 16, 153 *Leo.*

3. līmo, āre (2. limus), **bekoten,** scherzh. = **mit Kot bespritzen,** caput alci, Plaut. Poen. 292 u. 294 G. im Wortspiel mit 2. limo *no.* I, 2.

4. Līmo, ōnis, *m.* (= λειμών, die Wiese), Titel einer Schrift Ciceros, Suet. vit. Ter. *extr.*

5. Limo, ōnis, *f.*, s. Lemōnum.

līmōcīnctus, ī, *m.* (3. limus u. cingo), der **Schurzträger,** ein öffentlicher Diener einer Behörde, CIL 5, 3401, 8; vgl. Tiro bei Gell. 12, 3, 3.

Līmōnēs, um, *m.* (1. limus), die Schutzgottheiten der schiefen Richtungen, Arnob. 4, 9.

līmōnia, ae, *f.* (λειμωνία, *i.e.* pratensis), **I** eine Art Anemone, Plin. 21, 65. – **II** eine Pflanze = scolymos, Plin. 22, 86.

Līmōniades, um, *f.* (Λειμωνιάδες), die **Nymphen der Wiesen und Blumen,** Serv. Verg. ecl. 10, 62.

līmōniātis, idis, *f.* (λειμωνιᾶτις), ein Edelstein von grüner Farbe, viell. der **Smaragd,** Plin. 37, 172.

līmōnium, iī, *n.* (λειμώνιον), die wilde Art der Bete, Plin. 20, 72.

Limōnum, s. Lemōnum.

līmōsus, a, um (2. limus), **voller Schlamm, schlammig,** lacus, Verg.: planities, Sall.: regio, Colum.: quod (flumen) etiam sine pluviarum iniuria limosum et turbulentum (trübe) fluit, Frontin. aqu. – Plur. subst., līmōsa, ōrum, *n.*, **schlammige Stellen,** Plin. 9, 142. – bildl., limosa podagra, Cassiod. var. 10, 29, 1.

līmpa, līmpha, s. lympha.

līmpidē, *Adv.* (limpidus), **klar, geklärt,** Cael. Aur. de morb. chron. 4, 3, 30: übtr., **klar, deutlich,** Cael. Aur. de morb. chron. 4, 1, 6. Commodian. instr. 2, 35, 16: *Compar.* limpidius, Augustin. de rhet. 20. p. 150, 8 H.

līmpiditās, ātis, *f.* (limpidus), die **Klarheit,** Th. Prisc. 4, 1.

līmpido, āre (limpidus), **hell-, klar machen, reinigen,** Veget. mul. 2, 18 u. 6, 28, 3. Vgl. Gloss. IV, 361, 13 ›limpidat, olima‹.

līmpidus, a, um (zu limpa), **klar, hell,** lacus, Catull.: vox, Plin.: aqua limpidior, Vitr.: vinum limpidissimum, Colum. – übtr., **rein,** lenimenta pura ac limpida (Ggstz. turbata), Cael. Aur. de morb. chron. 1, 4, 73: lana (Ggstz. sucida), *ibid.* § 97.

līmpor = lympha, Lucil. 1196.

līmula, ae, *f.* (*Demin.* v. lima), die **kleine, feine Feile,** haec perpolire crebriore limulā (im Bild), Ter. Maur. 284.

līmulus, a, um (*Demin.* v. limus, a, um), **etwas schielend,** limulis (*sc.* oculis) intueri, kokett ansehen, kokettieren, Plaut. Bacch. 1130.

līmum, ī, *n.*, s. 2. līmus ►.

1. līmus, a, um (stammverwandt mit limen u. ob-liquus), **schief, I** v. den Augen = **schielend,** oculi, Plin. u. Quint.: ocelli, Ov.: limis intueri oculis, Plin.: limis (*sc.* oculis) aspicere od. spectare, Plaut. u. Ter.: ut limis (*sc.* oculis) rapias, quid etc., dass du hinschielend rasch wegbekommst, was usw., Hor. – *Adv.* līmō, **von der Seite,** videre, Solin. 27, 20. – **II** v. Pers., **von der Seite hinsehend,** Varro sat. Men. 260. – ► Nbf. **līmis**, e, b. Amm. 17, 7, 13 (limes) u. 20, 9, 2 (limibus oculis); vgl. Donat. Ter. eun. 3, 5, 53.

2. līmus, ī, *m.* (lino), die **Schmiere, I** der **dünne Schlamm,** der sich unten im Wasser setzt, Cic. fr., Verg. u. a. – bildl., malorum, Ov. ex Pont. 4, 2, 19. – **II** der **Kot, Unflat der Gedärme,** Pallad. 3, 31. – **III** der an etwas gestrichene-, sitzende **Kot, Schmutz,** Hor. u. a.: dentium, Cael. Aur. – ► Altlat. *gen. comm.*, nach Prisc. 5, 42. – Nbf. līmum, Varro LL. 9, 54 *codd.* Gromat. vet. 82, 19.

3. līmus, ī, *m.* (1. limus), ein schräg mit Purpur besetzter **Schurz,** den die Opferdiener um den Unterleib zu tragen pflegten, Verg. Aen. 12, 120; vgl. Serv. z. St. u. Tiro bei Gell. 12, 3, 3.

Limyra, ōrum, *n.* (Λίμυρα, τά) u. **Limyra**, ae, *f.* (Λιμύρα, ἡ), Stadt im südlichen Teil Lyziens am Fluss Limyrus od. Limyra, Vell. 2, 102, 5. Plin. 5, 100. Mela 1, 15, 3 (1. § 82). – Nbf. **Limyrē**, ēs, *f.*, Ov. met. 9, 646 (Stadt).

līnābrum, ī, *n.* (linum), das **Leinwandmagazin,** Not. Tir. 110. 31.

līnāmen, inis, *n.* = linamentum (s. d.), Not. Tir. 110, 32.

līnāmentum, ī, *n.* (linum), das **Faserwerk aus Leinwand, gezupfte Leinwand, Linnenfäden,** auch im Plur., Plin. 32, 129. Not. Tir. 110, 33. – Insbes., **a** als **Scharpie,** Cels. 2, 11 *in.;* 5, 26 *no.* 21 u. 30 a. Colum. 6, 11 u. 6, 12, 2. – **b** als **Docht,** exstinctum ex lucerna linamentum, Cels. 4, 20, 1.

līnārius, a, um (linum), **zur Leinwand gehörig, Leinwand-,** subst.,

a līnārius, iī, *m.*, der **Leinweber,** Plaut. aul. 508 G. CIL 5, 5923. – **b** līnāria, ae, *f.*, die **Werkstatt des Leinwebers,** Not. Tir. 110, 30.

līnctus, Abl. ū, *m.* (lingo), das **Lecken,** Plin. 31, 104 u. a.: meton., ambrosiae et nectaris linctus, Lucr. 6, 971 *ed. Bern.*

lincūrius, s. lyncūrium.

Lindos u. **-dus,** ī, *f.* (Λίνδος), Stadt auf Rhodus mit berühmten Tempeln der Athene u. des Herkules, Geburtsort des Kleobulus (eines der sieben Weisen), j. *Lindo,* Mela 2, 7, 4 (2. § 101). Lact. 1, 21, 31. Cic. de nat. deor. 3, 54. – Dav. **Lindius,** a, um (Λίνδιος), **lindisch,** Plin. u. Auson. – subst., Lindia, ae, *f.*, die **Lindierin,** Titel einer Komödie des Turpilius, Prisc. de metr. Ter. § 18. p. 426, 1 K. Non. 3, 10 u. a.

līnea (in Hdschrn. auch līnia,) ae, *f.* (v. linum), **Leine, leinener Faden, Schnur, I** eig.: **A** im Allg.: nectere lineas, restes, funes, Varro: linea longinqua per os religata, Plin.: margaritarum, Schnur Perlen, ICt.: linea dives, Perlenschnur, Mart. – **B** insbes.: **1** lineae, in den Netzen die **Fäden,** die die Löcher bilden, Plin. 11, 82. – meton., das **Netz,** Sen. de clem. 1, 12, 5. Plin. 9, 145. – **2** die **Angelschnur,** Mart. 3, 58, 27 u. a. – Sprichw., sensim mittam lineam, ich will die Angel auswerfen, ihn zu fangen suchen, Plaut. most. 1070. – **3** die **Schnur** der Werkleute, die **Richtschnur,** lineā discere uti, Cic.: ad regulam et lineam ... ad normam, Vitr.: dah. ad lineam, in gerader Linie, senkrecht, perpendikulär, Cic.: u. so rectis lineis, Cic. – **4** die **Sehne** des Bogens, Terent. Maur. praef. v. 19. – **II** übtr., der **Strich, Zug** mit Feder oder Pinsel usw., die **Linie, A** im Allg.: **a** eig., in der Geometrie, Varro: circumcurrens, Kreislinie, Quint.: lineam scribere, Cic.: in der Malerei, lineam ex colore ducere, Quint.: lineam cinere ducere, Plin.: lineae extremae, der Umriss, die Konturen, Plin. – Sprichw., nulla dies sine linea, kein Tag ohne Pinselstrich, nach Plin. 35, 84. – albā, ut dicitur, lineā, ohne Wahl u. Unterschied, Gell. praef. § 11. – albā lineā signare, auf weißer Tafel einen weißen Strich, d. i. in etw. keinen Unterschied machen, Lucil. 831. – **b** bildl., der **äußere Umriss,** die **Skizze,** der **Entwurf,** primas lineas ducere, Quint.: affectus non consumere, sed tamen velut primis lineis designare, Quint.: lineas umbrasve facere, Gell. – **B** insbes.: **1** die **Grenzlinie;** dah. übh. der **Weg, Pfad,** Prud. cath. 7, 48. – übtr., die **Linie** der Verwandtschaft, Stat. u. ICt. – **2** (wie γραμμή) die vor den Schranken und am Ziel der Rennbahn gezogene **Linie** (eine Querfurche, die mit Kalk oder Kreide angefüllt war, s. Schmid Hor. ep. 1, 16, 79), alba linea in utrumque podium quasi regula directa producitur, Cassiod. var. 3, 51, 7. – bildl., si quidem est peccare tamquam transire lineas, die Schranken überspringen, gleichs. über die Schnur hauen, Cic. parad. 3, 20: cum poëtae transilire lineas impune possint, Varro LL. 9, 5: propioribus tamen, ut ita dicam, lineis Haterii Rufi equitis Romani somnium certo eventu admonitum est, noch kürzer war der Zeitraum, innerhalb dessen usw., Val. Max. 1, 7, 8. – u. v. der Linie am Ziel = das **Ziel, Ende,** mors ultima linea rerum est, Hor.: quia admoveri lineas sentio, das Ziel nahe fühle = bald sterben werde, Sen. – Sprichw., extremā lineā amare, von fern lieben, seine Geliebte nur sehen dürfen, Ter. eun. 640. – **3** die tiefen Einschnitte unten in den Sitzreihen des Theaters, wodurch die einzelnen Sitze voneinander getrennt wurden, etwa ³/₄ m breit, **Schranken,** cogit nos linea iungi, Ov. am. 3, 2, 19; art. am. 1, 141: übtr., lineas poscere, Quint. 11, 3, 133. – **4** lineae, die **Gesichtszüge,** klass. lineamenta, Arnob. 5, 31; 6, 10.

līneālis, e (linea), **in Linien bestehend, mit Linien gemacht,** velut longitudo lin., Amm. 22, 8, 20: ambitus lin., Amm. 22, 16, 7. – *Adv.* **līneāliter, linienweise, mit Linien,** Mart. Cap. 8. § 834.

līneāmentum (in den besten Hdschrn. līniāmentum), ī, *n.* (linea), die **Linie-,** der **Zug** mit der Feder oder Kreide usw., der **Federstrich, Federzug,** die **Federzeichnung,** der **Strich, I** eig.: lineamentum longitudo latitudine carens, Cic. Acad. 2, 116: in geometria lineamenta, Cic. de or. 1, 187: omnes pilas columnasque notaverat cretā, quae lineamenta (Kreidestriche) evicerunt spississimam noctem, Petron. 79, 4. – **II** übtr., im Plur., die **Umrisse, 1** die **Umrisse, Konturen, Skizze, Grund- und Hauptzüge, Züge** einer Zeichnung, einer Statue, cedo mihi istorum adumbratorum deorum lineamenta et formas, Cic.: tu illius aeris temperationem, tu operum lineamenta sollertissime perspicis, Cic. – numerus quasi extrema lineamenta orationi attulit, rundet die Rede gleichsam ab, Cic. or. 186. – dah. **Skizzen, Umrisse** = nicht gehörig ausgearbeitete Schrift, Catonis, Cic. Brut. 298. – **2** die **Umrisse, Grundrisse** des Körpers, bes. des Gesichts, die **äußere Gestalt, Züge a** übh.: unguium lineamenta (an den neugeborenen Bären), Solin.: similitudo oris vultusque et lineamenta corporis, Liv.: erat et oris et corporis lineamentis persimilis, Iustin.: ut homunculis similem fingeret deum, lineamentis tantum extremis, non habitu solido, Cic.: animi lineamenta sunt pulchriora quam corporis, Cic. de fin. 3, 75. – **b** prägn., die **Gesichtszüge,** lineamentorum qualitas matri ac filio similis, Iustin.: lineamentorum filiae similitudo, Iustin.

līneāris, e (linea), **zu den Linien gehörig, in Linien bestehend, Linien-,** pictura, das lineare Zeichnen, Zeichnen mit Linien ohne Farben, Plin.: ratio, die Wissenschaft der Linien, Geometrie, Quint.: u. so cognitio, Mart. Cap.: probatio, der Beweis durch Linien, der mathematische Beweis, Quint.: cursus, rigor, Gromat. vet.

līneāriter, *Adv.* (linearis), **durch Linien,** Boëth. inst. music. 3, 9 *in.*

līneārius, a, um (linea), **zur Linie gehörig, Linien-,** limes (enger als limes actuarius), Gromat. vet. 168, 10 u. a.: rigor, *ibid.* 206, 14.

līneātim, *Adv.* (linea), **durch Linien,** Boëth. comm. in Arist. II. p. 29, 3 M.

līneātio, ōnis, *f.* (lineo), der **Linienzug,** konkr., die **Linie,** Vitr. 9, 1, 13 u. 10, 22, 10. – corporis, die **Lineamente,** Firm. math. 1, 4.

1. līneātus, a, um (linea), **gestreift,** serpens quasi albā mitrulā lineatus, Solin. 27, 51: basiliscus albis maculis lineatus, Isid. orig. 12, 4, 7: aliae (gemmae) longis colorum ductibus lineatae, Isid. orig. 16, 12, 4.

2. līneātus, Partiz. v. lineo, s. d.

līneo (līnio), āvī, ātum, āre (linea), **I nach der Richtschnur richten, nach dem Lot einrichten,** materiam, Cato: radios, Vitr.: bene lineata carina, Plaut. – **II** übtr., Partiz., līneātus, **nach dem Schnürchen = schön aufgeputzt,** comati lineatique iuvenes, Hieron. epist. 117, 6.

līneola (līniola), ae, *f.* (*Demin.* v. linea), eine **kleine Linie,** ein **kleiner Strich,** Gell. 10, 1, 9 (Hertz liniolis).

līneus, a, um (linum), **aus Lein, aus Flachs, leinen, batisten,** funiculus, Colum.: vincula, Verg.: lanterna, Cic.: panni, Cels.: vestis, Plin. u. Curt.: tunica, Eccl.: vestimenta, Eccl.: amictus, Tac.: lineae (vestes) petitae Aegypto, Vopisc. – ▶ vulg. līnius, CIL 14, 2215, 14.

lingo, līnxī, līnctum, ere (λείχω), **lecken, belecken,** mel, Plaut.: crepidas carpatinas, Catull.: lapides unctos, Augustin.: molas (v. Mäusen), Sen.: digitos, Plin. ep.: linctus a canibus, Augustin.: lingentes canes, Augustin. – obszön, wie λείχειν, λειχάζειν, Catull. 98, 4. Mart. 7, 67, 17; 12, 55, 13. – ▶ Perf. līnxī (vgl. Charis. 245, 10. Diom. 369, 11 u. Prisc. 10, 11), wov. linxerunt, Vulg. 3. regg. 21, 19 u. 22, 38. – Nbf. linguo (s. Prisc. 10, 11), wov. linguunt, Augustin. serm. 121, 3.

Lingonēs, um, Akk. as, *m.*, eine Völkerschaft im keltischen Gallien, Caes. b. G. 1, 26, 6. Tac. hist. 1, 53 *sqq.;* 4, 55, 4. Lucan. 1, 398. CIL 13, 2873 (Akk. -as): mit der gleichnam. Hauptstadt, j. *Langres,* Eutr. 9, 15. – Die Lingonen als Einwanderer in Oberitalien, Liv. 5, 35, 2. – Dav.: **a Lingonicus,** a, um, **lingonisch,** Mart. 1, 53, 5 u. a. – **b Lingonus,** ī, *m.*, der **Lingone,** Tac. hist. 4, 55. Mart. 8, 75, 2. CIL 13, 5911.

lingua, ae, *f.* (altlat. dingua, s. Mar. Victorin. 1, 4, 9. p. 9, 17 K. u. 1, 5, 109. p. 26, 2 K., gotisch *tuggō,* ahd. *zunga*), die **Zunge, I** eig. u. meton.: **A** eig.: linguā carens, zungenlos, ohne Z., Amm.: prima lingua, die Spitze der Z., Plin.: exserere linguas (v. Schlangen), Solin.: linguam ab irrisu exserere, Liv.: linguam exsertare, Cl. Quadrig. bei Gell.: linguam protendere, lang heraushängen lassen (wie die Hunde), Hieron.: linguam eicere, Cic.: linguā lambere vulnera, Ov., pueros (v. einer Wölfin), Liv.: linguā pannorum suturas lambere (v. der Nähterin), Cael. Aur.: linguā properante legere, Ov.: lingua balbutit, Hieron. (u. so balbutiens lingua, Cod. Iust.): linguā titubante alqd loqui, Ov.: abscīdere linguam, Suet.: dentibus abscīdere linguam, abbeißen, Val. Max.: praecīdere linguam alci, Plaut., linguam alcis, Amm.: lingua est sermonis ministra et manus, Lact.: si decem habeas linguas, mutum esse addecet, Plaut. Bacch. 128: non ego cuncta meis amplecti versibus opto, non mihi si linguae centum sint oraque centum, Verg. georg. 2, 43 (u. so centum linguae bei Verg. Aen. 6, 625. Ov. met. 8, 533. Hostii fr. bei Macr. sat. 6, 3, 6): fama vero, quae mille, ut aiunt, linguis rerum mire exaggerat fidem, Amm. 21, 9, 3: non mihi dentur si mille linguae, Prisc. praef. laud. Anastas. – im obsz. Sinne, homo malae linguae = *fellator*, Mart. 3, 80, 2. – **B** meton.: **1** die **Zunge** = das **Reden,** die **Rede,** die **Sprache,** die **Worte,** commercia linguae, Ov.: lingua astricta mercede, Cic.: lingua mala, Behexung, Beschreiung, Verg.: magica, Zauberworte, Ov.: historica, Sen.: philosophorum, Sen.: lingua secretior, dunklere Sprache, Quint.: potentium vatum, Gesang, Hor.: linguae usum recuperare, die Sprache wiedergewinnen (bekommen), Amm.: favete linguis, schweigt, Hor.: linguam tenere, schweigen, Ov.: linguam diligentissime continere (im Zaum halten), Cic. (u. so petulans non linguam, non manum continet, Sen.): linguam acuere et procudere, der Z. Bildung u. Form geben, Cic.: vitemus linguas hominum, Cic.: est malae linguae, sie hat eine böse Z., Petron.: u. so malam habere linguam, Sen.: linguae acerbae et immodice liberae fuit, Liv.: u. so impigrae linguae (Genet.), Sall.: homo acidae linguae, Sen. rhet.: Cato, vir promptiore ad vituperandum linguā, Liv. epit.: veteris comoediae maledica lingua, Val. Max.: claudente noxarum conscientiā linguam, Amm. 16, 12, 61. – emphat. = der **Missbrauch der Zunge,** die **böse Zunge, Lästerzunge,** os (unverschämte Stirn) habeat, linguam, Plaut.: Aetolorum linguas retundere, Liv.: lingua gravius castigatur, quam ullum probrum, Curt.: linguam vis meam praecludere (du willst mir den Mund stopfen), ne latrem pro re domini, Phaedr. 1, 25 (23), 5. – **2** wie γλῶσσα, **a** die **Sprache** in Beziehung auf ihre materielle Beschaffenheit, Latina, Graeca, Cic.: Punica, Hieron.: utraque, lateinische und griechische, Hor. u. Plin. ep.: linguae (pastorum) peritus, Liv.: trium linguarum peritus, Isid.: Latinae linguae gnarus, Liv., sciens, Tac.: Graecā linguā loquentes, qui Asiam incolebant, die asiatischen Griechen, Liv.: vocabulum Graecum velut traductum in linguam Romanam, Gell.: Romanae vindex clarissimae linguae, Laurea Tullus poët. bei Plin.: eiusdem esse linguae, einerlei Spr. haben, Cic.: transferre in linguam Latinam, Plin.: utram tandem linguam nescio? Cic.: alcis linguam intellegere, Petron. – **b** der **Dialekt,** die **Mundart,** das **Idiom,** Dorica, Sen. ep. 77, 14: linguae inter se differentes, Quint. 12, 10, 34: Massilia, quae tam procul a Graecorum omnium regionibus, disciplinis linguāque divisa, Cic. Flacc. 63. – **3** die **Redegabe, Redefertigkeit, Beredsamkeit** (s. Fabri Liv. 22, 44, 7), non magis consilium vobis deest quam lingua, Liv.: est animus tibi, sunt mores et lingua fidesque, Hor. – im üblen Sinne = **Geschwätzigkeit,** poenam linguā commeruisse, Ov. met. 5, 551. – u. = **Ruhmredigkeit,** materna, Ov. met. 4, 670. – u. = **Vermessenheit,** paterna, Ov. met. 6, 213. – **4** der **Ton** der Zunge, der **Schall, Laut, Gesang,** linguae volucrum, Verg. Aen. 3, 361 u. 10, 177. – **II** übtr.: **1** v. Pflanzen, **a** = lingulaca (s. d.), Plin. 24, 170. – **b** lingua bubula, die Ochsenzunge, Cato r. r. 40, 4. Plin. 17, 112. – **c** lingua canina, die Hundszunge (griech. κυνόγλωσσος od. -ον), wahrsch. *Cynoglossum officinale* (L.), Cels. 5, 27, 18: auch lingua canis u. lingua Macedonica gen., Ps. Apul. herb. 96. – **2** (wie γλῶσσα), die **Erdzunge, Landzunge** (vgl. Paul. ex Fest. 121, 5), Pacuv. tr. 94. Liv. 44, 11, 3. Lucan. 2, 614: v. den drei Spitzen Siziliens, tribus haec excurrit in aequora linguis, Ov. met. 13, 724 R. (Korn u. Merkel pinnis). – **3** das **kurze Ende des Hebels,** Vitr. 10, 3, 2 (§ 3 lingula gen.). – **4** das **Zünglein** an der Waage, Schol. Pers. 1, 6. – **5** der **Kehldeckel,** Cels. 4, 1. p. 120, 18 D.

linguārium, iī, *n.* (lingua), das **Zungengeld,** der **Zungenzoll** (scherzh. = Strafe für unbesonnene Rede), Sen. de ben. 4, 36, 1.

linguātulus, a, um (*Demin.* v. linguatus), **mit ziemlichem Zungenwerk versehen** = ziemlich geschwätzig, Tert. ad. nat. 1, 8.

linguātus, a, um (lingua), mit einer Zunge begabt = **beredt,** Tert. de anim. 3. Vulg. Sirach 8, 4 u. 25, 27. Augustin. op. imperf. c. Iul. 3, 52 *extr.* Anthol. Lat. 114, 3 (957, 3).

linguāx, ācis (lingua), **schwatzhaft,** Gell. 1, 15, 20.

lingula, s. ligula.

lingulāca, ae (lingula), **I** *comm.*, **geschwätzig,** ein **Plappermaul,** Plaut. Cas. 497. Varro sat. Men. 381. – **II** fem.: **1** der **Zungenfisch,** Varro LL. 5 77; vgl. Paul. ex Fest. 117 1. – **2** eine Pflanze, nach einigen der **Sumpf-Hahnenfuß** (*Ranunculus lingua,* L.), Plin. 25, 133.

lingulātus, a, um (lingula), **zungenförmig,** tubuli, Vitr. 8, 6, 8: calcei, Isid. orig. 19, 34, 13.

linguo, s. lingo ►.

lingulus, a, um (lingula), **geschwätzig, zänkisch,** Aiax, Anthol. Lat. 199, 88 R.

linguōsus, a, um (lingua), **geschwätzig,** Petron. 43, 3 u. 63, 2 u. Eccl. – übtr., artes, Redekünste, Augustin. conf. 1, 13: digiti orchestarum, Cassiod. var. 4, 51, 8.

līnia, ae, *f.*, s. līnea.

līniāmentum, s. līneāmentum.

liniātūra, ae, *f.* (1. linio) = χρῖσις, der **Anstrich,** Gloss. II, 478, 48.

līnifārius, s. līnyfus.

līnifer, fera, ferum (linum u. fero), **Leinen tragend,** arbor, Plin. 13, 90.

līnificus, a, um (linum u. facio), **sich mit Leinwand beschäftigend,** lanifica et linifica matrona, eine Wolle spinnende u. Leinwand webende, Augustin. serm. 37, 6.

līnifio, -fium, s. līnyfus.

līniger, gera, gerum (linum u. gero), **in Leinen gekleidet,** von den Priestern der Isis, sacerdos, Claudian.: turba, Priester der Isis, Ov.: dass. grex, Iuven.: u. von der Isis, Isis linigera, Ov.: ebenso iuvenca, Ov.

linīmen, inis, *n.* (linio), die **Schmiere,** Theod. Prisc. 1, 18.

linīmentum, ī, *n.* (linio), die **Schmiere,** dolii, Pallad. 11, 14, 16.

1. linio, īvī, ītum, īre, Nbf. v. lino, s. d., **I** auf etw. **schmieren, aufschmieren,** Pallad. 4, 10, 29. – **II** mit etw. **beschmieren,** Vitr., Colum. u. a.

2. līnio, s. līneo.

līniola, s. līneola.

līniteus = linteus, libri, Fronto epist. ad M. Caes. 4, 4. p. 67, 1 N.

linītio, ōnis, *f.* (1. linio), das **Beschmieren, Salben,** Vulg. Sirach 38, 34.

linītor, ōris, *m.* (1. linio), = χρίστης, der **Anstreicher, Tüncher,** Gloss. III, 309, 67.

linītus, Abl. ū, *m.* (1. linio), das **Aufschmieren, Aufstreichen,** Plin. 20, 118.

līnius, s. līneus ►.

lino, līvī u. lēvī, litum, ere (griech. ἀλίνω), **I** auf etw. **schmieren, aufschmieren, aufstreichen,** Ov. med. fac. 81. – **II** etwas **schmieren** = **beschmieren, bestreichen, 1** übh.: spiramenta cerā, Verg.: opercula gypso, Colum.: vinum levi (*sc.* pice), verpichen, Hor.: alci labra, das Maul schmieren, d. i. hintergehen, Mart.: faciem, Iuven. – **2** insbes.: **a überziehen, bedecken,** tecta auro, Ov.: lita corpora guttis, gesprenkelt, punktiert, Verg. – **b** Geschriebenes auf der Wachstafel mit dem breiten Ende des Griffels **überstreichen** u. so **ausstreichen,** Ov. ex Pont. 1, 5, 16. – **c beschmieren, besudeln,** ora luto, Ov.: bildl., splendida facta carmine foedo, Hor.

Linos, s. Linus.

līnostēmus u. **līnostīmus,** a, um (linum u. στῆμα = στήμων), **mit leinenem Aufzug** (u. **wollenem Einschlag**), **halbleinen, halbwollen,** vestis linostema, Isid. orig. 19, 22, 17: vestis linostima, Augustin. c. Faust. 6, 9 u. a. Eccl.

linostrophon, ī, *n.* (λινόστροφον) = *marrubium*, eine Pflanze, **Andorn,** Plin. 20, 241.

linozōstis, zōstis, Abl. zōstī, *f.* (λινόζωστις), **Bingelkraut,** rein lat. Mercurialis (*Mercurialis annua,* L.), Plin. 25, 38 u. a.

linquo, līquī (lictum), ere (v. λείπω, wie sequor v. ἕπω, ἕπομαι), **lassen, I** im Allg.: **A** eig., **zurücklassen, 1** im Allg., wo **bleiben** od. **stecken lassen,** erum in obsidione, Plaut.: lupos apud oves, Plaut. – **2** insbes.: **a hinterlassen,** vacuos cultoribus agros, Lucan.: sui monumentum insigne periculi, Val. Flacc. – **b** **überlassen,** socios ignotae terrae, Verg.: regimen magistro, Sen. poët.: linque me meae menti, Sil.: ista curae medenda linquite meae, Stat. – Sprichw., promissa procellae, in den Wind reden, nicht halten, Catull. 64, 59 (vgl. verba dare ventis). – **B** übtr., **1** etwas **lassen = sein lassen, aufgeben,** linquamus haec, Cic.: severa, Hor.: spem, Val. Flacc. – **2** mit dopp. Akk. = etw. in einem gewissen Zustand **lassen,** nil intentatum, Hor.: quid intactum nefasti liquimus? Hor. – **3** unpers., linquitur, **es ist-, bleibt übrig,** mit folg. *ut* u. Konj., Lucr. 2, 914. – m. folg. *Infin.*, Sil. 4, 626. – **II** prägn., zurücklassend **verlassen,** Troiam urbem, Naev. b. Pun. 20 V.: terram, urbem, Cic.: limina, Prop. – bes. v. Ohnmächtigen, linqui animo, Suet. u. Curt., u. bl. linqui, Ov., ohnmächtig werden (ἀποψύχειν): so auch aktiv, me linquit animus, Sen. poët.; u. bl. animus liquit, Curt.: u. linquente animo, Curt.: linquentem animum revocare, sich von (aus) der Ohnmacht erholen, Curt. – u. v. Sterbenden, linquere lumen od. lumina, wie λείπειν φάος ἠελίοιο (Hom.), das Licht der Sonne verlassen = sterben, Plaut. u. Lucr.: ebenso dulces animas, Verg.: u. linquente spiritu ac sanguine, Curt. – v. Abstr., nec Poenum liquere doli, ließen im Stich, Sil. 5, 38. – ► Arch. Präs. linquont, Verg. Aen. 6, 678 R. – arch. Nbf. līquo, wovon liquitur, Atil. com. 2: parag. Infin. liquier, Acc. praet. 28. p. 284 R.[2]

linteāmen, inis, *n.* (linteum), **I** **Leinenzeug, leinene Wäsche,** lotum, Lampr. Heliog. 26, 1: boni linteaminis appetitor, et quidem puri (purem = nicht mit Purpur durchwebtem), Lampr. Alex. Sev. 40, 10. – **II** ein **leinenes Tuch,** ein **Leintuch,** linteamen, quo exceptus est, Capit. Albin. 4, 6: candido linteamine cinctus, Apul. met. 11, 10: Plur., mollia linteamina et Serica pretiosissima, Hieron. epist. 108, 15: palliola et linteamina, Vulg. Isai. 3, 12; vgl. Vulg. Luc. 24, 12; Ioann. 20, 5 *sqq.*

linteāmentum, ī, *n.* = linteamen, Not. Tir. 97, 87.

linteāminārius, iī = linteamina vendens vel faciens, Gloss. II, 586, 13.

linteārius, a, um (linteum), **zur Leinwand gehörig, Leinwand-,** negotiatio, Ulp. dig. 14, 4, 5. § 15: vestis, Cod. Iust. 11, 7, 14: ars, CIL 13, 1995 (wo ars lintiaria). – subst., **a** linteārius, iī, *m.*, der **Leinwandhändler,** Ulp. dig. 14, 3, 5. § 4. Cod. Theod. 10, 20, 16. CIL 6, 9526; 12, 3340 u. 13, 1998. – **b** linteāria, ae, *f.*, die **Leinwandhändlerin,** CIL 2, 4318[a].

linteātor, ōris, *m.* (linteum) = λυνόϋφος, der **Leinweber,** Gloss. II, 361, 24.

linteātus, a, *um* (linteum), **in Leinwand gekleidet,** senex, Sen. de vit. beat. 26, 8: legio, die Leinwandlegion, nach der leinenen Decke des umzäunten Platzes, wo die samnitischen Patrizier sich durch den Schwur geweiht hatten, benannt, Liv. 10, 38, 12. Paul. ex Fest. 115, 7: pallio deae Isidis linteata (v. einer Frau), Tert. de test. anim. 2.

linteo, ōnis, *m.* (linteum), der **Leinweber,** Plaut. aul. 512. Lampr. Alex. Sev. 24, 5. CIL 5, 3217. Serv. Verg. Aen. 7, 14. Firm. math. 3, 7. Caper 105, 16 K. – auch lintio geschr., CIL 5, 1041.

linteolum, ī, *n.* (*Demin.* v. linteum), ein **leinenes Tüchlein,** Plaut. Epid. 230 G. Colum. 6, 16, 2. Plin. 14, 106 u. a. Tert. de virg. vel. 17. Vulg. Ezech. 30, 21. Cael. Aur. de morb. acut. 2, 37, 197 u. 198: linteolum concerptum, Scharpie, Plin. 31, 100: dass. linteola carpta, Scrib. Larg. 205 u. 237, concerpta, Plin. 32, 127. – meton., der **Lampendocht,** linteolum ebrium, Prud. cath. 5, 18.

linteolus, a, um (*Demin.* v. linteus), **fein leinen,** palliolum, Prud. perist. 3, 180.

linter (lunter, lynter), tris, Genet. Plur. trium, *f.*, **I** ein kleines Fahrzeug, **Kahn, Nachen,** Cic. u. a.: ingens vis navium lintriumque, Liv.: vehi lintribus, Varro LL. – Sprichw., loqui in lintre, von jmd., der beim Sprechen mit dem Körper herüber u. hinüber schaukelt, C. Iulius b. Cic. Brut. 216: in liquida nat tibi linter aqua, du hast jetzt gute Gelegenheit, Tibull. 1, 5, 76: navigat hinc aliā iam mihi linter aquā, ich wende mich zu etwas anderem, v. Beginn eines neuen Buches, Ov. fast. 2, 864. – **II** übtr., ein kahnförmiges Geschirr, der **Trog,** die **Mulde,** Cato, Verg. u. a. – ► **a** linter *gen. masc.*, Tibull. 2, 5, 34. Vell. 2, 107, 2. – **b** Nomin. lintris, Sidon. carm. 5, 283.

Linternum etc., s. Līternum.

linteum, eī, *n.*, s. linteus.

linteus, a, um (linum), **aus Leinwand, leinen, linnen,** vestis (Decke), Cic.: lorica (Ggstz. lorica serta atque aënea), Nep.: libri, eine alte auf Leinwand geschriebene Chronik des röm. Volkes, die im Tempel der Iuno Moneta aufbewahrt wurde, Liv. – Nbf. lenteus, wov. subst. lentea, ōrum, *n.*, CIL 14, 2215, 19. – subst., **linteum,** ī, *n.*, **a** **Leinwand,** ein **leinenes Tuch,** eine **leinene Decke,** ein **Laken,** linteum vetus, alter Lappen, Sen.: lintea inscripta (gezeichnete), Iuven.: polliceri lintea in vela, Liv.: merces linteis delatae, Cic.: locus linteis contectus est, Liv.: super adiectum (hingebreitetes) linteum recubans, Plin. ep.: succinctus linteo, Suet.: linteo cinctus, Gaius: capita linteis vinciunt, Curt. – Insbes. **α** ein leinenes **Segel,** Catull. u. a. Dichter: infecta lintea, schwarze Segel, Catull.: dare lintea ventis, vor den W. bringen, ausspannen, Ov., retro, die S. wenden, zurücksegeln, Verg.: dextrā lintea dare, rechts ausspannen, Ov.: conversa domum dare lintea, die S. nach H. umkehrend spannen, Hor. (vgl. bildl., tali placet dare lintea curae, Nemes. cyn. 58). – **β** ein leinener **Vorhang,** Mart. 2, 57, 6. – **γ** ein **Schamgürtel, Schurz,** nudus, linteo cinctus, Gaius inst. 3, 192. – **b** übtr., baumwollenes **Zeug, Tuch,** ex quibus (lanuginis pilis) vestes pretioso linteo faciunt, Plin. 12, 38: Iuba circa fruticem lanugines esse tradit linteaque ea Indicis praestantiora, Plin. 12, 39.

lintiārius, s. linteārius.

lintio, s. linteo.

lintrārius (lyntrārius), iī, *m.* (linter), der **Kahnführer,** Ulp. dig. 4, 9, 1. § 4. CIL 2, 1182 (lyntrari = lyntrarii).

lintriculus (luntriculus), ī, *m.* (*Demin.* v. linter), ein **kleiner, elender Kahn,** Cic. ad Att. 10, 10, 5.

lintris, s. linter ►.

līnum, ī, *n.* (λίνον, gotisch u. ahd. *līn*), der **Lein, Flachs,** **I** eig.: lini semen, Apul.: linum tenuissimum, Cic.: linum umidulum, ein saftiger Leinstengel, Ov.: linum impolitum, Fest.: linum tam factum quam infectum, quodque netum quodque in tela est, ICt.: terra lini ferax, Curt.: linum alit Hispania, Mela: linum vellere od. evellere, Plin.: linum pectere od. depectere (hecheln), Plin.: linum nere, Plin. – **II** meton.: **1** der **Faden,** die **Schnur,** **a** übh.: lina piscatoria, Leinfaden zu Fischernetzen, Plin.: zum Zubinden von Briefen u. Urkunden, effer cito stilum, ceram et tabellas et linum, Plaut.: nos linum incīdimus, legimus, Cic.: ter lino per foramina traiecto, Suet.: zum Nähen, immittere lina per acum, Cels.: ad imum acu traiectā duo lina ducente, Cels. – **b** die **Perlenschnur,** uno lino decies sestertium inseritur, an **eine** Schnur reiht man für 1000000 Sesterze (Perlen) an Wert, Tert. de cult. fem. 1, 9. – **c** die **Angelschnur,** Ov. met. 13, 923 – **2** ein **leinenes Tuch, -Kleid, Leinwand,** vina lino vitiata, durchgeseiht, Hor. sat. 2, 4, 54: flumineam lino celantes ulvam, Ov. fast. 5, 519: lino vestiri aut lanis, Mela 3, 7, 3 (3. § 63). – **3** ein **leinener Panzer,** Sil. 3, 272; 4, 292 u. a. – **4** das **Segel,** Sen. Med. 321. – **5** das **Seil, Tau,** Ov. fast. 3, 587. – **6** das **Netz,** zum Jagen, **Jagdnetz,** Ov.: so auch lina plagarum, Ov.: zum Fischen, **Zuggarn,** Verg. u. Ov.: cymbae linique magister, Fischer, Iuven.; vgl. texantur et lina capiendis piscibus, Hieron. epist. 125, 11. – **7** der **Lampendocht,** fumigans, Vulg. Isai. 42, 3. Tert. adv. Marc. 4, 23: ardens, Tert. adv. Iud. 9.

Linus u. **Linos,** ī, *m.* (Λίνος), **Linus,** **I** in der Sage von Argos = ein Sohn Apollos u. der Psamathe, der Tochter des Argiverkönigs Krotopus, der aus Furcht vor ihrem Vater von der Mutter einem Hirten übergeben, unter den Lämmern der Herde erzogen und von den Hunden zerrissen wurde, weshalb Apollo ein Ungeheuer (eine Pest) über Argos sendete, das den Müttern die Kinder raubte, Stat. Theb. 1, 557–668; 6, 64 *sq.* – **II** in der Sage von Theben = Sohn Apollos und der Muse Terpsichore, ausgezeichneter Sänger und Tonkünstler, Lehrer des Orpheus und Herkules, der, wegen seiner Fehlgriffe verlacht u. gescholten, ihn mit der Cithara erschlug, Verg. ecl. 4, 56: bei Verg. ecl. 6, 67 Hirtensänger zur Flöte, bei Prop. 2, 10, 8 Inachius gen., weil der Dichter auch diesen Linos nach Argos versetzt. – appellat., »ein Linus« = ein vom Schüler misshandelter Lehrer, Plaut. Bacch. 155. – ► Nach einer älteren Sage ist Linus ein Sohn Apollos und der Urania, der sich mit seinem Vater selbst in einen Wettkampf einließ und darüber von ihm getötet wurde, Hyg. fab. 161. Mart. 9, 86, 4. – Auf Linos bezieht sich der Klagegesang Λίος und der Klageruf aelinos (αἴλινος), s. Ov. am. 3, 9, 23.

līnyfus, ī, *m.* (λινόϋφος), der **Leinweber** (rein lat. linteo, lintearius), Cod. Theod. 10, 20, 8. – Ders. **līnifio** (līnyphio), ōnis, *m.*, Hadrian. bei Vopisc. Sat. 8, 6. Notit. dignit. orient. 12. § 1. *no.* 12. tom. 1. p. 42 *ed. Boecking.* – u. **līnyfārius,** iī, *m.*, Cod. Theod. 10, 20, 16. – u. dav. **līnyphium** (līnifium), iī, *n.*, die **Leinweberei, Leinwandfabrik,** Not. dign. occid. 10. § 1. F. *no.* 1 u. 2 (tom. 2. p. 49 Boeck.).

1. līo, āre (λειόω, ῶ), **glatt machen, übertünchen,** Tert. de idol. 5.

2. lio, āre (λύω), **auflösen, flüssig machen, in Fluss bringen,** Apic. 1, 186 u. 4, 179.

līostrea, s. leiostrea.

līostracos, i, *m.* (λειόστρακος), die **Auster mit glatten Schalen,** Ambros. hexaëm. 5, 2. § 5 (wo im Text lithostracos; vgl. Lampr. Heliog. 19, 6, wo für leiostreis die Variante lithostreis).

Līothasium genus naporum = λειοθασία, eine glatte Art Rüben aus Thasos, Plin. 19, 75.

1. lipara, ae, *f.* (λιπάρα), Name eines gelinden Pflasters, Plin. 23, 162 u. a. Scrib. Larg. 220 u. 222.

2. Lipara, ae, *f.* u. **Liparē,** ēs, *f.* (Λιπάρα), die größte der äolischen Inseln nördl. von Sizilien, mit einer gleichnam. Stadt, j. *Lipari,* Form -a, Mela 2, 7, 18 (2. § 120). Plin. 3, 93 *sq.* u. 31, 61: Form -e, Val. Flacc. 2, 96. Claud. III. cons. Hon. 196: Aeolia Lipare, Verg. Aen. 8, 416 *sq.*: Plur. Liparae (αἱ Λιπάραι) die liparischen od. äolischen Inseln, Liv. 5, 28, 2. Val. Max. 6, 9, 11. Flor. 2, 2, 9. Frontin. 4, 1, 31. Oros. 6, 18, 26: insulae Liparae, Iul. Obsequ. 89. – Dav.: **a** **Liparaeus,** a, um (Λιπαραῖος), **liparäisch,** Iuven.: Liparaei, die Liparäer, insulae Liparaeorum (αἱ Λιπαραίων νῆσοι), die äolischen Inseln, Plin. – **b** **Liparēnsis,** e, **liparensisch,** ager, Cic. – Plur. subst., Liparēnsēs, ium, *m.*, die **Liparenser,** Cic. u. a.: altlat. Lepareses, Paul. ex Fest. 121, 9. – **c** **Liparitānus,** a, um, **liparitanisch,** obsidio, Val. Max.: cives, Paul. ex Fest. – Plur. subst., Liparitānī, ōrum, *m.*, die **Liparitaner,** Val. Max.

liparea, ae, *f.*, ein uns unbekannter Edelstein, Plin. 37, 172. Isid. orig. 16, 15, 22.

Liparis, idis, *f.*, ein bei Soli vorbeifließender kleiner Küstenfluss Ciliciens, Vitr. 8, 3, 8.

Liparitānus, a, um, s. 2. Lipara.

lippio, (īvī), ītum, īre, **triefäugig sein, entzündete-, schlimme Augen haben, an der Augenblennorrhöe leiden,** **a** eig.: cum leviter lippirem, has litteras dedi, Cic. ad Att. 7, 14, 1: ciconiae pullum qui ederit negatur annis continuis lippiturus, Plin. 29, 128: unpers., ne omnino lippiatur, Plin. 28, 94. – Partiz. subst., lippiēns, der **Triefäugige, Augenkranke,** Cels. 2, 8. p. 46, 24 D.: Plur., Cels. 1, 9; 6, 6. *no.* 1 u. 17. Plin. 28, 103. – **b** scherzh. übtr., lippiunt fauces fame, brennen vor usw., Plaut. Curc. 318.

lippitūdo, inis, *f.* (lippus), der **Augenfluss,** das **Augentriefen,** die **Augenentzündung, Augenliderblennorrhöe, Augenblennorrhöe,** übh. **schlimme Augen,** Cic. u. a.: arida (ξηροφθαλμία), Cels.: Plur. lippitudines, Cels. 2, 1. p. 28, 28. p. 29, 29 u. p. 30, 16 D. Plin. 28. § 37. 42. 172.

lippulus, a, um (*Demin.* v. lippus), **etwas triefäugig,** Arnob. 7, 34.

lippus, a, um (zu griech. λίπος, das Fett, gotisch *bi-leiban,* [kleben] bleiben), **triefend,** **I** in Bezug auf die Augen: **a** v. den Augen, oculus, Plaut. Bacch. 913; Pers. 11: esse lippis oculis, Vitr. 8, 4, 1. Vulg. gen. 29, 17: lacuna, vom Auge eines Einäugigen, Mart. 5, 59, 2. – **b** v. Pers., **triefäugig, mit entzündeten Augen,** Plaut. u. Hor.: fuligine lippus, Iuven.: Messalae lippa propago, triefäugig durch schwelgerische Lebensart, entnervt, Pers.: omnibus et lippis notum et tonsoribus est, ist aller Welt bekannt, Hor. sat. 1, 7, 3. – übtr., geistig **blind = verschroben,** patres, Pers. 1, 79. – **II** v. Feigen, ficus, safttriefend (vor Überreife), saftreich, Mart. 7, 20.

lips, s. 1. Libs unter Libya.

liquābilis, e (liquo), **schmelzbar,** cera, Apul. apol. 30: saxum (die Salzsäule), Prud. ham. 743.

liquāmen, inis, *n.* (liquo), **I** das **Flüssige,** die **Brühe,** der **Saft,** Colum. 7, 4, 7: liqu. adipis od. intestini, das Gekrösefett, Colum. 6, 2, 7. Apic. 2, 59: liqu. de piris, Pallad. 3, 25, 12. – **II** insbes., **a** = garum (γάρον, Gloss.), die aus Fischfett bereitete Sauce, **Fischsauce, Tunke,** Vopisc. Aurel. 9, 6. Edict. Diocl. 3. *no.* 6 u. 7. Marc. Emp. 5. Apic. 6, 227. CIL 4, 2588–2596. – **b** = lixivium, **Lauge,** Cael. Aur. de morb. chron. 2, 13, 167.

liquāmentum, ī, *n.* (liquo), die **Brühe, Sauce,** Veget. mul. 3, 65. Not. Tir. 113, 70.

liquāminārius, iī, *m.* (liquamen) = γαροπώλης, der **Fischsaucenhändler,** Gloss. III, 470, 48.

liquāminātus, a, um (liquamen), **mit Brühe versehen,** Apic. 8, 373 u. 374.

liquāminōsus, a, um (liquamen), **voller Brühe,** Marc. Emp. 5 *extr.*

liquārius, a, um (liquo), **zur Flüssigkeit gehörig,** mensurae, Maße für Flüssigkeiten, CIL 11, 5695.

liquātio, ōnis, *f.* (liquo), das **Schmelzen,** Vopisc. Aurel. 46, 1.

liquātōrium, iī, *n.* (liquo), das **Seihgefäß,** der **Durchschlag,** Cael. Aur. de morb. acut. 2, 39, 229.

liquefacio, fēcī, factum, ere, Passiv **liquefīo,** factus sum, fierī (liqueo u. facio), **schmelzen, flüssig machen,** **I** eig.: **1** im Allg.: ceram, Plin.: ceram igni (am F.), Vitr.: glacies liquefacta, Cic. – **2** insbes., **schmelzen,** poet. = **auflösen,** caecā tabe liquefactae medullae, Ov.: viscera liquefacta, in Fäulnis geratene, Verg. – **II** übtr.: **1** **entnerven, schwächen,** quos nullae laetitiae liquefaciunt voluptatibus, Cic.: pectora liquefiunt curis, Ov. – **2** gleichs. **schmelzen, erweichen,** carmina Pieriā liquefacta lyrā, mit schmelzender Stimme gesungen, Sil. 11, 415.

Liquentia, ae, *m.*, Fluss in Venetien (Oberitalien) zwischen Altinum und Konkordia, der bei seiner Mündung in den Sinus Tergestinus einen Hafen bildete, j. *Livenza,* Plin. 3, 126. Serv. Verg. Aen. 9, 679. Cod. Theod. 11, 10, 2.

liqueo, liquī od. licuī, ēre, **I** **flüssig sein,** concrescendi, liquendi, Cic. Tim. 50. – dah. liquēns, flüssig, Varro: vina, Verg.: campi, Wasser, Meer Verg. – Partiz. subst., omne liquens, alles Flüssige, Vulg. Levit. 11, 34. – **II** prägn., **hell-, klar sein,** **1** eig.: polus liquet, Prud. perist. 1, 88. – **2** übtr., **klar-, hell-, deutlich-, einleuchtend sein,** **a** übh.: liquet mihi, ich habe keinen Skrupel, es ist bei mir ausgemacht, Ter.: dixit sibi liquere, Cic.: negat habere, quod liqueat, Cic. – m. *Acc.* u. *Infin.*, cui neutrum licuerit, nec esse deos nec non esse, Cic. de nat. deor. 1, 117 (u. so Ter. eun. 331. Val. Max. 8, 2, 3. Sen. de ben. 7, 1, 7; nat. qu. 6, 5, 1). – mit folg. indir. Fragesatz, non liquere, quae esset, Sen. nat. qu. 6, 5, 1: irascor, nec liquet mihi *an* debeam, sed irascor, Plin. ep. 2, 2, 1. – m. *de* u. Abl., de hac re mihi satis hau liquet, Plaut. trin. 233. – fides liquens, sichere (Ggstz. ambigua), Gell. 18, 5, 11. – **b** insbes., als gerichtl. *t. t.*, mihi (iudici u. dgl.) liquet od. non liquet, die Sache ist mir klar, ist mir nicht klar, Cic. Caecin. 29. Quint. 3, 6, 12: non l., Cic. Clu. 76. Gell. 14, 2, 25: u. so non liquet (abgekürzt *N. L.*), »die Sache ist nicht klar«, auf den Stimmtäfelchen der Richter, als Erklärung, dass ihnen die Sache noch nicht klar u. zum Spruch reif sei (vgl. amplius unter ample *no.* II, a, α), Ps. Ascon. in Cic. II. Verr.. 1, 26. p. 164, 19 *Or.* – ► Partiz. līquēns mit langem i, Verg. Aen. 1, 432.

liquēsco, licuī, ere (*Inchoat.* v. liqueo), **I** **flüssig-, fließend werden, schmelzen,** **A** eig.: **1** im Allg.: liquescit nix, Liv., cera, Verg. – **2** insbes.: **a** durch Fäulnis **schmelzen, verwesen,** corpora dilapsa liquescunt, Ov. met. 7, 550. – **b** **flüssig werden,** v. Ton der Liquidā (L, M, N, R), Prob. de ult. syll. 221, 18 K. – **B** übtr., **schmelzen,** d. i. **1** **weichlich werden,** voluptate, Cic. Tusc. 2, 52. – **2** gleichs. **zu Wasser werden, sich verflüchtigen, vergehen,** liquescit fortuna, Ov., mens, Ov.: incommodum summum est minui et deperire, et, ut proprie dicam, liquescere, Sen. – **II** prägn., **hell-, klar werden,** v. Wasser, Auct. b. Alex. 5, 1.

liquet, s. liqueo *no.* II, 2, b.

liquidē, *Adv.* m. *Compar.* u. *Superl.* (liquidus), **I** **rein, klar, hell,** caelum liquide serenum, Gell. 2, 21, 2. – in Bezug aufs Gehör = **hell, deutlich,** aquilae clarius cernunt, liquidius audiunt talpae, Plin. 10, 191. – **II** übtr., **mit Gewissheit, unbedenklich, zuverlässig, gewiss,** hautquaquam liquide consistere, Gell.: liquidius negare, Cic., iudicare de alqa re, Cic.: liquidissime defendere, Augustin.

liquiditās, ātis, *f.* (liquidus), die **Flüssigkeit,** aëris, Apul. de mund. 1.

liquidiusculus, a, um (*Demin.* v. *Compar.* liquidior), **etwas weicher (sanfter),** liquidiusculus ero quam ventus est favonius, Plaut. mil. 665.

liquidō, *Adv.*, s. liquidus.

liquidus, a, um (liqueo), **flüssig, fließend,** **I** im Allg.: **A** eig.: **a** übh.: flumina (Ggstz. gelu rigentia), Plin. pan.: odores, wohlriechende Salben, Hor.: Nymphae, Quellnymphen, Ov.: alvus od. venter, flüssiger Leib, Cels.: iter, durch die Luft, Verg., od. durch das Wasser (Meer), Prop. – subst., liquidum, ī, *n.*, **etwas Flüssiges,** Wasser usw., Lucr. u. a. – **b** insbes., v. Lauten, **flüssig,** consonantes (L, M, N, R), Charis. 8, 6. Diom. 423, 2. Prisc. 1, 11. Prob. de ult. syll. 221, 15 K.: vocales (z. B. ε et o), Prisc. 1, 10. – **B** übtr.: genus sermonis adfert non liquidum, non fusum ac profluens, sed exile, aridum, concisum ac minutum, Cic. de or. 2, 159. – poet., somnus, der erquickende Schlaf (das Bild vom erfrischenden Tau entlehnt), Val. Flacc. 4, 15. – **II** prägn., **hell, klar, heiter,** **A** eig.: aqua (Ggstz. scaturigines turbidae), Liv.: fons, Verg.: vinum Falernum, Hor.: lux liquidior, Curt.: nox, Verg.: aether, Hor. u. Ov.: aër, Ov.: caelum, der reine Äther, Ov.: liquidissimus aether, Lucr.: liquidissima tempestas, Lucr.: Baiae, mit reiner Luft, Hor.: liquidā iam luce, Liv. – vox, helle, reine Stimme, Verg.: u. so carmen citharae, Lucr. – **B** übtr.: **1** **hell, klar, rein,** oratio ita pura, ut nihil liquidius, Cic.: fides, reine, wahre, Ov.: voluptas liquida et pura, Lucr.: liquida voluptas et libera, Cic. – **2** **heiter, ruhig,** homo, Plaut.: animus, Plaut.: mens, Catull. – **3** **hell, klar, ganz gewiss,** auspicium, Plaut. – subst., liquidum, ī, *n.*, die **Klarheit,** die **Gewissheit,** die **Zuverlässigkeit,** ad liquidum explorata, mit Gewissheit, Liv.: ad liquidum perducere, Quint., u. ad liquidum perduci, Curt. – *Adv.* liquidō, **mit völliger Gewissheit, ohne Bedenken, mit gutem Gewissen,** dicere, confirmare, Cic.: iurare, Ter.: discere (erfahren) ab alqo, Liv.: si liquido constiterit, zuverlässig, offenbar, ICt.: *Compar.*, s. liquidē.

līquis, e = *obliquus,* Gromat. vet. 100, 1 *sq.* u. 414, 20 *sq.*

1. **liquo,** āvī, ātum, āre, **flüssig machen,** schmelzen, **I** im Allg.: aes, vitrum, Plin.: alvum, Cels.: liquatae guttae, Cic. poët.: liquatae nives, der geschmolzene Schnee, Vitr. – **II** prägn., **hell machen, klären, durchseihen,** **1** eig.: **vinum,** klären, Hor. u. Plin. u. poet. übh. **reinigen,** silicem rivo saliente, Manil. – **2** übtr.: liquata vox, reine, helle, Hostius bei Macr. sat. 6, 3, 6. – liquata dicta, geläuterte, von den unnützen Worten gereinigte, Quint. 12, 6, 4.

2. **līquo,** s. linquo ►.

1. **liquor,** ōris, *m.* (liqueo), **I** die **Flüssigkeit,** **1** eig. = das Flüssigsein, aquae, Lucr. 1, 453. Varro LL. 5, 109. Cic. de nat. deor. 2, 26: vomica aeterni liquoris, die immer flüssige Ausschwitzung, Plin. 33, 99. – **2** meton., eine **flüssige Substanz, Flüssigkeit,** lactis aut fontium, Iustin.: mellis, Lucr., u. bl. liquor, Honig, Colum.: liquor, Rebensaft, Wein, Hor. u. Tibull.: albus ovorum, Eiweiß, Colum. u. Plin.: salis (der offenen See), Cic. poët.: fluidus, *i.e. tabes,* Verg.: virgineus, *i.e. aquae Virginis,* Ov.: perlucidi amnium liquores, Cic.: Pactoli liquores, das Gewässer, Prop.: invergere in me liquores tuos, Plaut.: absol. = das Meer, Hor.: in liquorem solvere, in Dünste auflösen, Plin. – **II** die **Klarheit,** Cydnus aquae liquore conspicuus, Val. Max. 3, 8. ext. 6. – ► līquor gemessen, Lucr. 1, 453.

2. **līquor,** līquī, **flüssig sein, schmelzen, fließen,** Verg.: liquitur et glacies, Ov.: amurca, Plin.: liquentia flumina, mella, fließende, flüssige, Verg. – übtr., liquitur aetas, Lucr.: liquuntur res, vergehen usw., Plaut.

līra, ae, *f.*, **I** die zwischen zwei Furchen aufgeworfene Erde, das **Ackerbeet,** Colum. 2, 4, 8 u. ö. – **II** die Vertiefung durchs Pflügen, die **Furche,** Colum. 2, 8, 3. – arch. lēra, Non. 17, 32; vgl. Ribbeck Pompon. com. 158.

līrāmentum, ī, *n.* = deliramentum, Iren. 2, 24, 4 (Plur.). Vgl. liro *no.* II

līrātim, *Adv.* (lira), **furchenweise,** serere, Colum. 11, 3, 20.

līrinon, s. līlium.

Līrīnus, s. Lērīna.

Līriopē, ēs, *f.* (*Λειριόπη), Meernymphe u. Mutter des Narzissus, Ov. met. 3, 342.

Līris, is, Akk. em u. im, Abl. ī, *m.* (Λεῖρις), einer der bedeutendsten Flüsse Latiums auf der kampan. Grenze, der auf den höchsten Apenninen bei den Marsern entspringt, bei seinem langsamen u. stillen Lauf nach Südosten u. Süden viele Sümpfe bildet und in den Sinus Kajetanus mündet, j. *Garigliano,* Mela 2, 4, 9 (2. §71). Hor. carm. 1, 31, 7: Akk. Lirim, Cic. b. Macr. sat. 6, 4, 8. Liv. 26, 9, 3. Hor. carm. 3, 17, 8. Tac. ann. 12, 56: Akk. Lirem, Cic. de legg. 2, 6 (zweimal). Gromat. vet. 178, 6 (zweimal): Abl. Liri, Plin. 2, 227 u. 3, 59.

līro (altlat. lēro, Pomp. com. 158), āvī, ātum, āre (lira), **I** Furchen machend **den Samen eineggen,** ihn **einfurchen** (beim dritten Pflügen vermittelst des Streichbretts), s. Varro r. r. 1, 29, 2. Plin. 18, 180. – *tr.*, iugera lirantur, der Same wird in sie eingefurcht, Colum. 11, 2, 47. – scherzh., alci labeas, die Lippen zerkratzen, Pompon. com. 158. – **II** übtr. (= delirare), **irre-, wahnsinnig sein, rasen,** Auson. epist. 10, 9. p. 168 Schenkl.

līs (altlat. stlīs), lītis, Genet. Plur. lītium, *f.*, der **Streit,** die **Streitigkeit,** der **Zank,** unter zwei Leuten, **I** im Allg.: lis uxoria, häuslicher Zwist (mit der Gattin), Sen.: lites factae sunt inter eos, Ter.: aetatem in litibus conterere, Cic.: litem componere, beilegen, Verg.: u. so lites eorum sedare, Cic.: litem discernere, entscheiden, Verg.: in litem ire, streiten, zanken, Ov. – übtr., lis est cum forma magna pudicitiae, Ov. – **II** insbes., die gerichtliche **Streitigkeit,** der **Prozess,** **1** eig.: privata, Cic.: privatarum litium iudices, Firm.: multitudo litium, varietas causarum, Cic.: decemviri litibus (stlitibus) iudicandis, Cic. (s. decem-vir *no.* III): litem intendere alci, Cic.: alci litem intendere uxoris ducendae eius, quam civem Atticam vitiaverat, Donat.: litem inferre alci, Sen.: inferre in alqm litem capitis, Cic.: contrahere lites, sich zuziehen, Plaut.: contractas lites iudicare, Cic.: committere iudici litem, Petron.: totam litem obtinere aut amittere, Cic.: litem orare, führen, Cic.: litem habere cum alqo, Cic.: litem sequi od. sectari, haben wollen, Ter.: litem contestari, s. con-tēstor: litem suam facere, v. Anwalt, statt des Klienten Sache zu führen, sich selbst verteidigen, Cic.; v. Richter, einen unrechten Ausspruch tun, aus Gunst, Bestechung usw., ICt.; u. v. Richter, der nicht zum Termin erscheint, C. Titius bei Macr.: litem dare secundum alqd, den Ausspruch tun, den Prozess entscheiden, Cic.; secundum alqm, zu jemandes Vorteil, Val. Max.; contra alqm, gegen jmd. (zu jmds. Nachteil), Gell.: adhuc sub iudice lis est, Hor. – **2** meton., der Gegenstand des Prozesses, die **Streitsache,** das **Streitobjekt,** interceptor alienae litis, Liv.: litem in rem suam vertere, den Acker, worüber Streit war, (als Richter) selbst behalten, Liv.: litem aestimare, s. aestimo *no.* I: litem taxare, Sen.: litem lite resolvere, eine strittige (dunkle) Sache durch eine ebenso strittige (dunkle) Sache erklären, Hor.: litem perdere, das Str. (u. somit den Prozess, seine Sache) verlieren, Plaut., Cic. u. Hor. – ► Arch. Formen: **a** stlis, Cic. or. 156. Quinct. 1, 4, 16. – **b** slis, CIL 1, 198, 7. – **c** leis, CIL 1, 205. col. 1. lin. 49.

lisae dicuntur venae maiores gutturis, Donat. Verg. Aen. 8, 289.

Lissus, ī, *f.* (Λισσός), Stadt im südl. Dalmatien, am Drinus, j. *Alessio* od. *Lesch* (in Albanien), Caes. b. c. 3, 26, 4. Liv. 43, 20, 2. – Lissum oppidum, Plin. 3, 144.

litābilis, e (lito), **zum Opfern tauglich,** d. i. **womit glücklich geopfert wird,** victima, Lact. 1, 21, 25: hostia, Min. Fel. 32, 2: litabilior victima, Lact. epit. 65, 8.

litāmen, inis, *n.* (lito), das **Opfer,** Stat. Theb. 10, 610. Prud. ham. praef. 50.

Litāna silva, ae, *f.*, ein Wald auf den Apenninen im zisalp. Gallien, der sich durch Ligurien u. Etrurien hinzog, wo die Römer 216 v. Chr. von den Galliern gänzlich geschlagen wurden, Liv. 23, 24, 7; 34, 22, 4 u. 42, 2. Frontin. 1, 6, 4: bl. Litana, Cic. Tusc. 1, 89.

litanīa, ae, *f.* (λιτανεία), das öffentliche Beten zu Gott, die **Litanei,** Sidon. epist. 5, 7, 4: facere litanias, Cod. Iust. 1, 5, 3.

litātio, ōnis, *f.* (lito), das **glückliche Opfern,** Plaut. Pseud. 334. Acta fr. Arv. *a. 218* im CIL 6, 2104, 24: hostiae maiores sine litatione caesae, Liv. 27, 23, 4: senatus maioribus hostiis usque ad litationem sacrificari iussit, Liv. 41, 15, 4. Vgl. Serv. Verg. Aen. 7, 563.

litātor, ōris, *m.* (lito), der **Versöhner, Sühner,** Itala 1. epist. Ioann. 4, 10.

lītera u. die davon Abgeleiteten s. littera usw.

Līternum, ī, *n.*, Stadt in Kampanien, nördl. von der Mündung des Flusses **Līternus** (j. Dorf u. Fluss *Patria;* vgl. Clanius), Liv. 22, 16, 4 u. a.: der Fluss, Liv. 32, 29, 3. – berühmt als letzter Aufenthaltsort des aus Rom verbannten älteren Scipio Afrikanus, der dort ein Landgut besaß, Liv. 38, 53, 8. Sen. ep. 86, 3. – Dav.: **a Līternus**, a, um, **liternisch,** ager, Cic.: palus, j. *Lago di Patria,* Sil. – **b Līternīnus**, a, um, **literninisch,** rus, Plin.: villa, Val. Max. – subst., Līternīnum, ī, *n.* (*sc.* praedium), ein Landgut bei Liternum, das **Literninum,** Cic. u. Liv.

lithargyrinus, a, um (lythargyros), **aus Silberglätte (Bleiglätte),** Boëth. Aristot. elench. soph. 1, 1. p. 733.

lithargyros, ī, *m.* (λιθάργυρος, Steinsilber), **Silberglätte, Bleiglätte,** die beim Schmelzen des Silbererzes entsteht (rein lat. spuma argenti), Plin. 26, 101.

lithognōmōn, onis, *m.* (λιθογνώμων), der **Steinkenner,** Ambros. in psalm. 118. serm. 16. § 41.

lithospermon, ī, *n.* (λιθόσπερμον), **Steinsamen, Steinhirse,** eine Pflanze, Plin. 27, 98.

lithostracos, s. līostracos.

lithostrea, s. leiostrea.

lithostrōtus, a, um (λιθόστρωτος), **mit Steinen gepflastert** od. **ausgelegt,** pavimentum, ein mit farbigen Steinen oder Marmorstücken ausgelegter, musivischer Fußboden, Varro r. r. 3, 1, 30. – subst., lithostrōtum, ī. *n.*, Musivarbeit, Varro r. r. 3, 2, 4. Plin. 36, 184. Capit. Gord. 32, 6. – u. locus, qui dicitur Lithostrotos, Hebraice autem Gabbatha, Vulg. Ioann. 19, 13.

lithotomia, ae, *f.* (λιθοτομία), das **Ausschneiden des Blasensteins,** der **Steinschnitt,** Cael. Aur. de morb. chron. 5, 4, 77.

liticen, inis, *m.*, (lituus u. cano, s. Varro LL. 5, 91), der **Zinkenbläser,** Cato oratt. 69 (b. Gell. 20, 2, 1). Cic. de rep. 2, 40: collegium liticinum, CIL 6, 33999: liticinum cantus, Amm. 14, 2, 16: liticen notus Hectoris armis, v. Misenus, Stat. silv. 4, 7, 19.

lītigātio, ōnis, *f.* (litigo), der **Streit, Zank,** Augustin. serm. 359, 4. Lact. 3, 8 *in.* zw. (*al.* litigatoribus). – Vgl. Gloss. II, 365, 40 ›litigatio, μάχη ἡ διὰ λόγων‹.

lītigātor, ōris, *m.* (litigo), der **Streiter, Zänker, I** im Allg., Plin. praef. § 32. Lact. 3, 8 *in.* zw. (*al.* litigationibus). – **II** insbes., der **Prozessführende, Prozessierende,** die **prozessierende Partei,** Cic. ep. 12, 30, 1. Quint. 2, 21, 16 u. 10, 1, 34 u. 12, 8, 6. Tac. ann. 13, 42. Plin. pan. 36, 4 u. 80, 2. Suet. Cal. 39, 1; Vesp. 10. Amm. 30, 4, 19: litigatores urbani (in Rom, Ggstz. litig. provinciales), Suet. Aug. 33, 3.

lītigātrīx, trīcis, *f.* (Femin. zu litigator), die **Streiterin,** Not. Tir. 21, 53.

lītigātus, Abl. ū, *m.* (litigo), der **Streit, Prozess,** Ps. Quint. decl. 6, 19.

lītiger, gera, gerum (lis u. gero), **zum Prozess gehörig,** fasces (consulum), Anthol. Lat. 254, 19 (295, 19).

lītigiōsus, a, um (litigium), **voller Streit, I** v. lebl. Subjj.: **1** eig.: **a** wobei viel Zank ist, **zänkisch,** disputatio, Cic. de fin. 5, 76. – **b voller Prozesse,** forum, Ov. fast. 4, 188. – **2** übtr., worüber viel Streit ist, **strittig,** praediolum, Cic.: ager, Ov. – **II** (m. *Compar.* u. *Superl.*) v. Pers., **streit-** od. **prozesssüchtig, zänkisch,** mulier lit., Vulg.: defensor nimis lit., Cic.: homo id aetatis minime litigiosus, Cic.: duae anus, quibus nihil litigiosius, Sidon.: homines pertinacissimi et litigiosissimi, Augustin.: Ggstz., hodie *pacificus,* crastinā die *litigiosus,* Ambros. epist. 7, 22.

lītigium, iī, *n.* (litigo), ein **bisschen Streit, -Zank,** litigium tibi est cum uxore, Plaut. Men. 151: credo cum viro litigium natum esse aliquod, Plaut. Men. 765: nam ego aliquid contrahere cupio litigi inter eos duos, Plaut. Cas. 561: praevidit malorum filiorum futura litigia, Augustin. serm. 265, 7: occasionem finiendi litigii iam dudum quaerit, Donat. Ter. eun. 4, 7, 39: ferox atque inquies linguam litigiis exercet? Boëth. cons. phil. 4, 3. p. 79, 32 *Obb.:* paucis litigia nodosa dissolvit, Cassiod. var. 11, 1, 8.

lītigo, āvī, ātum, āre (st. litem ago), **streiten, zanken, hadern, I** im Allg.: acerrime cum alqo pro alqo, Cic.: inter se de alqa re, Plaut.: de verbis, Sen.: absol., quare quereris litigasque? Mart. – Sprichw., litigare cum ventis, sich nutzlos mühen, Petron. 83, 8. – **II** insbes., gerichtl. **streiten, prozessieren,** noli pati fratres litigare, Cic.: aliquot in causis, Cic.: de agrorum finibus, Apul.: de parte finium cum vicino, Suet.: *Pass. impers.,* summa, de qua litigatur, Suet.: super qua re apud eum (iudicem) litigatur, Gell.: *Partic.* subst., litigantes, die streitenden-, prozessierenden Parteien, Sen. ep. 15, 7. Plin. 19, 24. Gell. 2, 12, 6 u. 14, 2, 18.

lito, āvī, ātum, āre (zu griech. λιτή, die Bitte), **I** *intr.:* **A** ein Opfer darbringen, das nach den im Opfertier gefundenen Zeichen den Göttern angenehm ist und erkennen lässt, dass man ein Unternehmen beginnen darf, also **unter günstigen Vorzeichen opfern, günstige Vorzeichen für ein Unternehmen erlangen, 1** eig.: ab collega litatum est, Liv.: Manlium egregie litasse, Liv.: prorsus egregie litatum esse, Curt.: non facile litabant, Liv.: alci deo, Cic.: Lentulo, ein Sühnopfer bringen, Cic.: mit *Abl.* des Opfers, proximā hostiā litatur saepe pulcherrime, Cic.: animā litandum Argolicā, Verg.: dah. litato (*Abl. absol.*), z. B. non auspicato nec litato aciem instruunt, ohne Auspizien und Opfer um gute Zeichen zu befragen, Liv. – Sprichw., molā tantum salsā litant, qui non habent tura, ein Schelm gibt mehr, als er hat, Plin. nat. hist. praef. § 11. – **2** übtr., **opfern, ein Opfer bringen,** d. i. befriedigen, besänftigen, Genüge tun, m. *Dat.,* publico gaudio, Plin. pan.: legibus, Apul. – **B** v. Opfer, **eine gute Anzeige geben, einen glücklichen Ausgang versprechen,** victima nulla litat, Ov.: victima (Nomin.) litat, Mart.: sacrificio non litante, Suet. – **II** *tr.:* **A glücklich opfern,** sacris litatis, Verg.: exta bovis, Prop.: m. *Abl.* **womit?** sacra fordā bove, Ov. – **B** als Opfer **darbringen, 1** eig.: ieiuniorum victimam, Prud. cath. 7, 6. – **2** übtr., gleichs. **opfern = widmen, weihen,** honorem domino deo, Tert. de patient. 10: plura non habui, dolor, quae tibi litarem, Sen. Med. 1028. – **C** durch Opfer usw. **besänftigen, 1** eig.: sacris deos, Serv. Verg. Aen. 4, 50: numen hostiis et votis, Amm. 22, 9, 8: numen conceptis verbis, Amm. 29, 1, 31: numen precibus et victimis, Apul. 4, 32. – **2** übtr., **sühnen, rächen,** ita pridie duorum centurionum interitio hāc adversariorum poenā est litata, Auct. b. Hisp. 24, 6. – Depon. Nbf. **litor**, ārī, nach Prisc. 18, 152.

lītorālis, e (litus), **zum Ufer des Meeres-, zum Strand gehörig, Ufer-, Strand-,** di, Schutzgötter des Ufers, Catull.: Indi, Iustin.: pisces, Plin.: specie litorali, Solin.

lītorārius, a, um (litus), **zum Ufer gehörig, Ufer-,** arena, Cael. Aur. de morb. chron. 5, 11, 134: naves, Isid. orig. 19, 1, 27: moratio, V. am Ufer, Cael. Aur. de morb. chron. 3, 5, 74.

lītoreus, a, um (litus), **zum Ufer des Meeres-, zum Strand gehörig, Ufer-, Strand-,** arena, Ov.: aves, Verg.: navigatio, Amm.

lītorōsus, a, um (litus), **zum Ufer des Meeres-, zum Strand gehörig, Ufer-, Strand-,** mare, Plin. 37, 151. – *Superl.,* ager macerrimus litorosissimusque, Fab. Max. b. Serv. Verg. Aen. 1, 3.

littera, ae, *f.* (lino), der **Buchstabe, I** eig.: A littera, Cic., u. littera A, Vitr.: U et O litterae, Quint.: verba ac litterae legis, der B. des G. (Ggstz. sententia voluntasque), Cic. – nescius litterarum, der nicht schreiben kann, Varro: ignarus litterarum et carminum, Tac.: lenis appellatio litterarum, Cic.: litterarum ductus, Züge der B., Quint.: prima litterarum elementa, das ABC, Alphabet, Quint.: litterae figura, Plin.: litterarum formae, Cic., Quint. u. Tac.: Graecae litterae imago, quae delta dicitur, Mela (vgl. Delta, quod nomen a similitudine litterae accepit, Auct. b. Alex.): litterarum inventores, Tac.: miraculum litterarum (der B. = der Schreibkunst), Liv.: litterarum u. priscarum litterarum notae (Schriftzeichen), Cic.: litterarum nomina, Vib. Sequ.: litterarum nomina et contextus, Quint.: litterarum ordo, Plin. u. Suet.: series litterarum, Amm.: scientia litterarum, Schreibkunst, Paul. dig. 29, 2, 93. § 1 (versch. von unten *no.* II, B, 2, c): litterarum simulacra, Sen.: homo trium litterarum, d. i. FUR, der Dieb, Plaut.: is (magister pastorum) sine litteris (ohne lesen u. schreiben zu können) idoneus non est, Varro. – litterae argenteae, Cic., aureae, Tac.: unius et viginti litterarum formae aureae, Cic.: littera (die Schriftzüge AI) communis pueroque viroque, Ov.: litterae cruentae, Cic.: eburneae litterarum formae, Quint.: littera finalis, Endbuchstabe, Macr.: funesta (die Schriftzüge der Totenklage AI), Ov.: litterae grandes, Unzial-, Versalbuchstaben, Cic.: littera Graeca, Cic. u. a.: quattuor atque viginti Graecae litterae, Aur. Vict.: litterae inanes (tote), Liv. 3, 56, 13 u. 33, 31, 2 (versch. von unten *no.* II, B, 2, b): lapidariae, Steinschrift, Lapidarschrift, Petron.: Latinae, Cic. u. Tac.: lepidae, Plaut.: littera longa, Plaut.: litterae maximae, Unzialbuchstaben, Cic.: minutae, Plaut. u. Cic.: minutulae, Vopisc., minutissimae, Suet.: littera quadrata, Unzialschrift, Petron.: litterae oblitteratae, Tac.: priscae, Cic. u. Liv.: littera salutaris (das A als Abkürzung von absolvo), Ggstz. littera tristis (das C als Abkürzung von condemno), Cic. Mil. 15: littera sanguinolenta, Ov.: litterae veterrimae Graecorum, Tac. – tres litteras adicere (*sc.* Latinis litteris), Tac.: obscenius concurrunt litterae, Cic.: Helvetiorum tabulae litteris Graecis confectae, Caes.: epistula Graecis conscripta litteris, Caes.: tabula conscripta litteris verbisque Graecis, Suet.: alqd litteris consignare od. custodire, etw. schriftlich aufzeichnen, Cic.: hinc liber non parum continet litterarum, ist schon ausführlich genug geworden, Cic.: eos versus in litteras dare, niederschreiben, Macr.: digerere in litteram, alphabetisch ordnen, Sen.: litteras discere, das Alphabet lernen, Plaut.: litterarum nomina et contextum prius quam formas discere, Quint.: apud alqm litteras discere, bei jmd. lesen lernen, Cic.: littera pro verbis, quam pes in pulvere duxit, Schriftzeichen, die der Fuß im St. zog, Ov.: reliquas gemmas per litterarum ordinem (in alphabetischer Ordnung) explicare, Plin.: nulla quae possit exstat littera Nasonis sanguinolenta legi, Ov.: ne illi sit cera, ubi facere possit litteras (schreiben könne), Plaut.: ne litteram quidem ullam focimus (habe geschrieben) nisi forensem, Cic.: ex se facere litteram longam (ein I), sich aufhängen, Plaut.: eius diei senatus consulta aureis litteris figere in curia, in goldener Schrift an der Kurie anbringen, Tac.: littera fundit se (zerfließt auf dem Papier), Plin.: haerere circa litterarum formas, noch beim Buchstabieren stehen, Quint.: rostro humi A litteram imprimere (v. Schwein), Cic.: litterae incīdere in lignum, Gell.: grandibus litteris nomen incīdere, Cic.: foedus litteris incīdere, Liv.: in basi statuarum maximis litteris incisum esse, Cic.: de alqa re littera nulla in eorum scriptis invenitur, Cic.: legere (lesen können) litteras minutulas, Vopisc.: alqd litteris mandare, niederschreiben, Cic. u. Caes.: ad me litteram numquam misit, Cic. (u. so ellipt., neque ullam litteram ad me, verst. misit, Cic.): alqm (= alcis vitam) in litteras mittere, jmds. Leben niederschreiben, Vopisc.: vellem nescirem litteras! u. quam vellem nescire litteras! o dass ich doch nicht schreiben könnte! Sen. de clem. 2, 1, 2 u. Suet. Ner. 10, 2 (versch. von unten *no.* II, B, 2, c): litteris parcere, das Papier schonen, Cic.: nullam litteram pupillo, nullam matri eius, nullam tutoribus reddidit, gab dafür keinen B., Cic.: vitam alcis in litteras referre, niederschreiben, Vopisc.: sedecim litterarum formas repperisse, Tac.: litteram nullam reliquisse (hinterlassen haben), Cic.: littera alia aliam scandit, Plaut.: scire litteras, die B. kennen = lesen od. schreiben können, Plaut. truc. 735. Rhet. Her. 3, 30. Vitr. 1, 1, 4; dah. auch = die Buchführung verstehen, Cic. de rep. 5, 5 (versch. von unten *no.* II, B, 2, c): si unam litteram Graecam scisset (verstanden hätte), Cic. Verr. 4, 127: lapidarias litteras scire, die Lapidarschrift kennen, Petron. 58, 7: nullam litteram scripsisse (schriftlich aufgezeichnet haben, v. einem Dichter), Cic.: has (litteras) gallina scripsit, Plaut.: super (oben über der Tür) quadratā litterā scriptum CAVE CANEM, Petron.: lex vetusta est, priscis litteris verbisque scripta, Liv.: litterarum ductus sequi, Quint.: sonos vocis paucis litterarum notis terminare, auf nur w. B. beschränken = mit nur w. B. bezeichnen, Cic.: locum (eine Stelle aus einem Buch) ad litteras subicere, buchstäblich unten anführen, Quint.: ut plerique in litteras tradunt, schriftlich überliefern, Spart.: in reliquis rebus Graecis litteris uti, Caes.: suis litteris perverse uti, von der Rechten zur Linken schreiben (von den Ägyptern), Mela.

II meton.: **A** Sing. littera, **1** die **Schriftzüge,** die **Handschrift** jmds., Alexidis manum amabam, quod tam prope accedebat ad similitudinem tuae litterae, weil sie deinen Schriftzügen so ganz ähnlich war, Cic. ad Att. 7, 2, 3.

2 poet. statt Plur. litterae, das **Geschriebene,** die **Aufzeichnung,** **a** das **Schreiben,** der **Brief,** Ov. her. 3, 1; 5, 2; 6, 9; 12, 114; amor. 1, 12, 2; met. 9, 515 u. a. Tibull. 3, 2, 27. Mart. 10, 73, 1. – **b** eine **Handschrift** = eine Schuldverschreibung, ein Schuldschein, littera poscetur, Ov. art. am. 1, 428. – **c** eine **Grabschrift,** in sepulchro si non urna, tamen iunget nos littera, Ov. met. 11, 706. – **d** die **Literaturrichtung,** Ov. trist. 5, 3, 54.

B Plur. litterae, das **Geschriebene,** **1** im Allg., die **schriftliche Aufzeichnung,** quod parvae et rarae per eadem tempora litterae fuere, Liv. 6, 1, 2: rarae per ea tempora litterae erant, Liv. 7, 3, 6: eos, qui discunt, litteris confisos minus memoriae studere, Caes. b. G. 6, 14, 4 (versch. litteris confidere unten *no.* II, B, 2, c aus Vitr. 1, 1, 2): sed, quod litteris exstet (soweit die schr. Aufz. reicht), Pherecydes Syrius primus dixit animos esse hominum sempiternos, Cic. Tusc. 1, 38: sed propria legis et *ea, quae scripta sunt,* et *ea, quae sine litteris* (ohne geschrieben zu sein) aut gentium iure aut maiorum more retinentur, Cic. part. or. 130.

2 insbes.: **a** die **Schrift,** das **Schriftstück,** der **Aufsatz,** das **Dokument,** die **Urkunde,** die **Verfügung,** der **Kontrakt,** meae litterae, Cic.: litterae divinae, sanctae, heilige Schrift, Bibel, Lact.: dass. litterae sacrae, Augustin.: Graecae de philosophia litterae, Cic.: priscae Graecorum litterae, Cic.: litterae ad sacra pertinentes, Ritualbücher, Lact.: litterae publicae (Urkunden), Cic.: litterae imperatorum, Schriftstücke, Dokumente, Tac.: hanc scientiam pluribus et illustrioribus litteris (Werke) explicare, Cic.: cedo mihi eiusdem praetoris litteras (Schriften, Protokolle) et rerum decretarum et frumenti imperati, Cic.: eos libros omnes litterasque deferre, Bücher u. Schriften (Weissagebücher, Gebetsformeln, Ritualbücher), Liv.: heres eius venit eo, ubi non modo res (das Vermögen) erat, sed ratio (Rechnungen) quoque omnis et omnes litterae (alle darauf bezüglichen Schriftstücke), Cic.: litteras (schriftliche Beweise) conquirere, Cic.: sanctae litterae docent (in der Bibel steht), m. folg. *Acc.* u. *Infin.*, Lact.: quas ego litteras (Urkunden) obsignandas publico signo et deportandas (hierher bringen) curavi, Cic.: cum ab omnibus (civitatibus Siciliae) mandata, legatos, litteras (Urkunden) testimoniaque sumpsissem (angenommen hatte), Cic.: hic propter magnitudinem furti sunt, ut opinor, litterae factae, ist ein Kaufbrief (Kaufkontrakt) angefertigt worden, Cic.: litteras (das Ernennungsschreiben, Diplom) revocavit, Suet.

b der **Brief,** das **Schreiben,** auch ein amtliches, der **Bericht,** der **Erlass,** die **Botschaft, Depesche,** der **Auftrag** (vgl. epistula), litterae ab alqo, Caes.: litterae ad alqm, Cic.: litterae in (gegen) alqm, Tac. ann. 6, 9: ecce tuae litterae de Varrone, Cic. – nuntii litteraeque, litterae nuntiique, Caes. – litterae regis, Liv.: litterae Caesaris, Caes.: litterae grates agentes, Danksagungsschreiben, Tac.: litterae commendantium, Empfehlungsschreiben, Fronto: litterae paucorum versuum (Zeilen), Liv. – res dignae litteris nostris, die verdienen, dass ich sie dir mitteile, Cic.: ad litteras scribendas pigerrimus, Cael. in Cic. ep.: tempus mutum a litteris, Cic. – fasciculus litterarum, Cic.: libri (Faszikel) allatarum (angekommener) u. missarum (abgegangener) litterarum, Cic.: vicissitudo litterarum, Briefwechsel, Hieron. epist. 8 *in.* – tanta auctoritas litterarum, so wichtige Briefe, Cic.: brevitas tuarum litterarum, Cic.: tanta erat crebritas litterarum, Cic.: nullus delectus litterarum, Cic.: litterarum tuarum accuratissima diligentia, Cic.: exemplum (Abschrift) Caesaris litterarum, Cic.: humanitas litterarum tuarum, Cic.: inconstantia mearum litterarum, Cic.: inopia testium ac litterarum, Cic.: intermissio litterarum tuarum, Cic.: si intervallum longius erit mearum litterarum, Cic.: litterarum multitudine alci molestiorem esse, Cic.: litterarum neglegentia, Saumseligkeit im Briefschreiben, Cic.: prudentia litterarum tuarum valde mihi grata est, Cic.: iucundus est mihi sermo litterarum tuarum, Cic. – litterae acerbae, acerbissimae, Cic.: satis aculeatae, Cic.: amabiles, Cic.: antemeridianae, am Vormittag eingetroffene od. empfangene (Ggstz. postmeridianae od. vespertinae), Cic.: antiquiores litterae, von früherem Datum, Cic.: ardentes in alqm litterae, Cic.: litterae argutissimae, Cic.: atrocissimae (entsetzlicher), Cic.: breves, Cic.: commendaticiae, Empfehlungsschreiben, Cic. u. ICt.: binae continuae, Cic.: commendatoriae, Empfehlungsschreiben, Sidon.: consolatoriae, Trostschreiben, Cic.: contrariae, Erlasse, die Widersprüche enthalten, Cic.: crebrae, Cic.: crebrae Pompei, Caes.: crebriores litterae nuntiique, Caes.: litterae dignae Ap. Claudio, Cic.: disertae, mit rednerischer Kunst geschriebener, Cic.: domesticae, Familienbriefe, Cic. ep. ad Brut.: exitiales, Liv.: exspectatissimae, Cic.: falsae, Cic. u. Liv.: frigidae et inconstantes Lepidi, Cic.: gratissimae, Cic.: gratulatoriae, Glückwunsch, Augustin.: litterae tuae mirabiliter gratae sunt senatui, Cic.: litterae humanissimae, Cic.: litterae illitteratissimae, Cic.: improbissimae, Cic.: Bibuli impudentissimae, Cic.: inanes (inhaltleere), Cic. ep. 6, 22, 1 (versch. von oben *no.* I): incorruptae, Cic.: iniquae, Unbilligkeiten enthaltende Erlasse, Cic.: inusitatae, etwas Ungewöhnliches enthaltende Erlasse, Cic.: iucundae mihi tuae de Britannia litterae, Cic.: laureatae litterae, Siegesnachrichten, Liv. (vgl. laureatus): litterae in Antonium admodum lenes, Cic. ep. ad Brut.: litterae paulo liberiores, Cic.: matutinae, am Morgen eingetroffene od. empfangene, Cic.: minaces et acerbae, Cic.: mordacissimae, Hieron.: novae, Cic.: odiosae, Cic.: Annali pergratae litterae tuae fuerunt, Cic.: litterae plenae amoris et officii, Cic.: plenae humanitatis, officii, dignitatis, Cic.: litterae alcis plenissimae amoris, humanitatis, officii, diligentiae, Cic.: litterae pomeridianae (postmeridianae), am Nachmittag eingetroffene od. empfangene, Cic.: litterae proximae (der letzte), Cic.: rarae, Cic.: publicae (amtliches), Cic.: recentissimae, Cic.: litterae Caesaris refertae omni officio, diligentiā, suavitate, Cic.: litterae superiores (vorige), Cic.: stomachosiores, Cic.: suaves, Cic.: tumultuosiores (beunruhigendes), Suet.: tristes, Cic.: tuae et unae et alterae litterae, Cic.: litterae uberiores, uberrimae, Cic.: litterae magnificis verbis, rerum vacuae, Tac.: litterae vehementes, Cic.: verbosiores alcis litterae, Nep.: litterae vespertinae, am Abend eingetroffene od. erhaltene (Ggstz. antemeridianae), Cic.: tuae litterae iam nimis veteres sunt, Cic.: Cassii litterae victrices, Siegesberichte, Siegesbotschaften, Cic.: litterae a scriba vitiatae, Liv. – ab alqo litteras accipere, Cic.: litteras Romae accipere, Cic.: accepisse alcis litteras a. d. quintum Terminalia Laodiceae, Cic.: litterae, quas proxime acceperam, Cic.: litteras adiungere (beischließen), Cic.: litteras afferre (überbringen), z. B. is qui litteras attulit, der Überbringer des Br., Cic.: litterae afferuntur, treffen ein, z. B. nimium raro nobis abs te litterae afferuntur, Cic.: alci afferuntur ex Asia cotidie litterae, Cic.: litterae allatae ab urbe, Liv.: libri (Faszikel) allatarum litterarum (Ggstz. libri missarum litterarum), Cic.: litterae tuae mihi somnum attulerunt, Cic.: litteras aperire, Cic.: alqm crebris litteris appellare, Cic.: litteras approbare (als den seinigen anerkennen), Cic. ep. ad Brut.: quod antiquior dies (älteres Datum) in tuis fuisset ascripta litteris quam in Caesaris, Cic.: assentiri litteris regis, Cic.: crebro illius litterae ab aliis ad nos commeant, Cic.; vgl. cum litterae per milites commearent (übermittelt wurden), Tac.: litteris Labieni certiorem fieri m. folg. *Acc.* u. *Infin.*, Caes.: cognoscere ex litteris, Cic., ex nuntiis litterisque, Caes.: per litteras tecum quam saepissime colloquor, Cic.: committere alqd litteris, Cic.: litteras temere committere non audere, Cic.: alci paulo liberiores litteras committere non audere, Cic.: litteras componere ad alqm, Tac. (vgl. litterae a Graccho compositae, Tac.): si sciant, quid litterarum et cuius generis conficiam, Cic.: hae litterae vehementer confirmabant (ermutigte) mentes oppidanorum, Auct. b. Hisp.: conquiescent litterae, nisi quid novi exstiterit, Cic.: dare litteras alci, einhändigen, zur Bestellung mitgeben, Cic.: ebenso dare alci litteras ad alqm (an jmd.), Cic.: aber dare litteras ad alqm, an jmd. ausfertigen, mit jmd. korrespondieren, an jmd. schreiben, Cic.: ebenso ad alqm accuratissimas litteras dare, Cic.: satis aculeatas ad Dolabellam litteras dedi, Cic.: u. nihil ad alqm dare litterarum, Cic.: inde has litteras postridie ante lucem dedi, Cic.: binas a te accepi litteras Corcyrae datas, Cic.: litterae datae Idibus Nov., mit dem Datum vom 13. Nov., Cic.: dedere alci litteras, einhändigen, zur Bestellung mitgeben, Cic.: litteras deferre ad alqm, Cic.: Leonidae litterae me non satis delectarunt, Cic.: vehementer delector tuis litteris, Cic.: describere alqd litteris, Cael. in Cic. ep.: desiderare alcis litteras, Cic.: elicere alcis litteras, Cic., alcis verbosiores litteras, Nep.: elicere alias ab alqo litteras, Cic.: exanimatus tuis litteris, Cic.: exarare litteras inter cenam, Cic. fr., ad alqm harum litterarum exemplum in codicillis, Cic.: litteras excĭdisse in via, seien unterwegs verlorengegangen, Cic.: alcis litteras exspectare, avide od. vehementer exspectare, cotidie exspectare, Cic.: statim extrudere (hinausjagen = in aller Eile abschicken) tabellarios litterasque ad Ciceronem, Cic. ep. ad Brut.: flagitare ab alqo promissa per litteras, Cic.: inde ad Antonium fratrem litteras facere (ausfertigen), Iustin. 27, 2, 6 (vgl. heri effeci epistulam ad Caesarem, Cic. ad Att. 13, 26, 2): gratulari alci litteris, Cic.: abs te proximas (letzten) litteras habebam Epheso a. d. V. Idus Sextil. datas, Cic.: impetrare alqd litteris paucorum versuum, Liv.: in ipsum discessum senatus incĭdisse credo meas litteras, Cic.: litterae incĭdunt in alienum, fallen in fremde Hand, Cic.: quantum ex tuis litteris intellegere potui, Cic.: litteras alcis intercipere, Cic. u. a.: litterae intereunt (gehen verloren), Cic.: invito eum per litteras, ut apud me deversetur, Cic.: alcis litteras legere, Cic., legisse libentissime, Cic.: aber legere (vorlesen) alci litteras, Tac.: tuae litterae planius loquebantur et uberius quam volgi sermo, Cic.: alci per litteras magnopere mandare, ne etc., Caes.: alci minari in litteris, Cic.: mittere alcis litteras ad alqm, Cic.: mittere ad alqm litteras, an jmd. einen Brief abgehen lassen = an jmd. schreiben, z. B. confestim ad Caesarem, Caes.: domum ad se, Cic.: ad senatum populumque Rom. de rebus a se gestis, Liv.: Cn. Pompei litterae ad Hypsaeum et Hypsaei ad Pompeium missae, Cic.: so auch litteras mittere (einen Brief schicken mit der Meldung, brieflich melden) m. folg. *Acc.* u. *Infin.*, Auct. b. Hisp. 28, 2: litteras mittere ad alqm (den Auftrag schicken) mit folg. *ut* u. Konj., Hirt. b. G. 8, 6, 3 u. a. Caes. b. c. 1, 9, 3. Auct. b. Alex. 42, 5 u. 44, 2: ebenso litteras mittere alci, ut etc., Auct. b. Hisp. 4. § 4: u. litteras mittere ad alqm mit folg. bl. Konj., Caes. b. c. 3, 23, 3. Auct. b. Alex. 59, 3: litteras (schriftliche Aufforderung) nuntiosque ad alqm mittere mit folg. *ne* u. Konj., Caes. b. G. 1, 26, 6: queri apud alqm per litteras mit folg. *Acc.* u. *Infin.*, Cic.: lex litteras iudicum signis obsignari iubet, Cic.: obstrepere alcis litteris, Cic.: litteras perferre, richtig bestellen, Caes.: ad me mihi exspectatissimae litterae perferuntur, Cic.: unis litteris totius aestatis res gestas perscribere, Cic.: praemisit mihi odiosas litteras hoc exemplo, Cic.: recitare alcis litteras, Cic.: recitatis litteris per (von) Xenarchum praetorem, Liv.: reddere alci litteras, einhändigen, Cic. u. a.: crebro regustare alcis litteras, Cic.: litteras Caesari remittit (er berichtet an C. zurück) m. folg. indir. Fragesatz, Caes. b. G. 5, 47, 5: requirere alcis litteras, einen Br. von jmd. verlangen, Cic. ep. ad Brut.: litteras resignare, Cic.: rescribere ad eas litteras, ad eas ei litteras nihil, Cic.: alcis litteris respondere, brevi respondere, Cic.: litterae eorum decretis decumanorum remotae sunt, sind beiseite geschafft worden, Cic.: litteras alcis scindere (zerreißen), Cic.: litterae falsae, signo adulterino T. Quinctii signatae, Liv.: non nihil significabant (enthielt leise Andeutungen) tuae litterae m. folg. *Acc.* u. *Infin.*, Cic. ep. 2, 13, 2: scribere litteras, Caes., ad alqm, Cic.: extemplo scribere litteras Romam, Liv.: de alqo ad alqm humanissimas litteras scribere, Cic.: litterae tam accurate scriptae, Cic. ep. ad Brut.: moderate et benigne scriptas esse censentes litteras, Liv.: ita sunt litterae humaniter scriptae, Cic. fr.: litterae scriptae humanissime, Cic.: Vettius testatur litteris tuum impudentissimum furtum, Cic.: ad tuas venio litteras, ich komme nun auf deinen Br., Cic.: a te litterae non venerunt (sind angekommen), Cael. in Cic. ep.: dum tibi litterae meae veniant, Cic.: litterae Capuam ad Pompeium volare dicebantur, es hieß, ein Kurier mit einer Depesche sei nach K. zu P. geeilt, Cic. **c** **wissenschaftliche Kenntnisse** od. **Bildung, Wissenschaften, Gelehrsamkeit, wissenschaftliche Beschäftigung, wissenschaftliche Studien, Sprachstudium, Sprachwissenschaft, Literatur,** litterarum cognitio et poëtarum, Cic.: litterarum scientia, Cic.: litterarum studium, Cic.: Graecarum litterarum doctor, Nep.: gymnasium litterarum, Sidon. epist. 1, 6, 2: civitas litterarum, Cassiod. var. 5, 22, 1. – litterae altiores, Plin.: communes (gewöhnliche w. K.), Cic.: domesticae, theoretische, wissensch. Bestrebungen (Ggstz. forenses artes, die praktischen auf dem Forum), Cic.: elementariae, Elementarkenntnisse, Capit.: Graecae, Latinae, Cic.: interiores, Cael. in Cic. ep.: interiores et reconditae, Cic.: oratoriae, Lact.: Graecorum penitissimae, Macr.: serviles, Sen.: vulgares, Cic. – cupidissimus litterarum, Nep.: litteris omnibus a pueritia deditus, Cic.: doctus Graecis litteris, Cic.: Graecis litteris eruditus, Cic.: eruditissimus et Graecis litteris et Latinis, Cic.: Graecarum litterarum expers od. rudis, Nep.: communium litterarum et politioris humanitatis expers, Cic.: ignarus etiam servilium litterarum, der nicht einmal so viel Wissenschaften kennt wie ein Sklave, Sen.: litteris elementariis et calculo imbutus, im Lesen u. Schreiben u. im Rechnen unterrichtet, Capit.: perfectus in litteris, wissenschaftlich ausgebildet, Cic.: in primis studiosus litterarum, Nep.: litteris tinctus, einen Anstrich von wissensch. Bildung besitzend, Cic.: alter litterator fuit, alter litteras sciens, ein wissensch. gebildeter Mann, ein wirklicher Gelehrter, Gell. – abdere se litteris od. in litteras, Cic.: abest historia litteris nostris (unserer Literatur), Cic.: abhorrere a litteris, ab humanitate, für einen wirklich durchgebildeten Menschen sich nicht ziemen, Cic.: litteras amare, Nep.: litterarum studium arripere, sich auf die Beschäftigung mit den Wissenschaften werfen, Nep.: litteris confidere, sich bloß auf wissensch. Studien stützen, Vitr. 1, 1, 2 (vgl. oben *no.* II, B, 1): se per litteras consolari, Cic.: sine litteris contendere, ohne wissensch. Studium sich bemühen, Vitr.: illae scilicet litterae conticuerunt forenses et senatoriae, Cic.: dare se huic etiam generi litterarum, Cic.: huic studio litterarum penitus se dedere, Cic.: dedere se litteris, Cic.: dedere se litteris sermonique Persarum, Nep.: dedere se ad litteras memoriasque veteres, Gell.: delectari in litteris, Cic.: Graecas litteras (das Griechische) in senectute didicisse, Cic.: in Bithynia oratorias litteras docere, Lact.: id litterae docent, das lernen wir durch die Sprachwissenschaft, Cic.: de Graecorum penitissimis litteris hanc historiam eruisse, Macr.: explicare alcis litteras, jmds. Studium betreiben, Cic.: philosophiam Latinis litteris illustrare, Cic.: litteris se involvere, Cic.: alqd Latinis litteris mandare, in die lat. Sprache od. Literatur übertragen, Cic. de fin. 1, 1. – nescire litteras, ohne gelehrte Kenntnisse (wissenschaftliche Bildung) sein, Cic. Brut. 259 (versch. von oben *no.* I): non eā re litteras quoque alias nescio, so bin ich doch deshalb sonst nicht ohne wissenschaftliche Bildung, Gell. 4, 1, 13: neque ullos versus neque ullas litteras nosse, irgendetwas Wissenschaftliches verstehen, Cic.: nunc mihi nihil libri, nihil litterae, nihil doctrina (Philosophie) prodest, Cic.: scire litteras, wissenschaftliche Kenntnisse besitzen, Cic. de fin. 2, 12 (versch. von oben *no.* I): u. so litterarum admodum nihil sciebat, wissenschaftl. Bildung besaß er gar nicht, Cic. Brut. 210: studere litteris, Cic.: aut litteris Graecis aut sermoni studere, Iustin.: erant in eo plurimae litterae nec eae vulgares, sed interiores quaedam et reconditae, Cic.: litteris sustentari et recreari, Cic.: omnia reliqua tempora litteris tribuere, Nep.: non nihil temporis tribuere litteris, Nep.: aut possem vivere, nisi in litteris viverem? Cic.: litteras vorare cum alqo, Cic. – ► Die Schreibung littera gew. in den besten Hdschrn. u. in Inschrn. (z. B. CIL 4, 1891; 5, 532, 2, 1; 6, 1751. Edict. Diocl. 7, 66); doch auch litera.

litterālis, e (littera), **zu den Buchstaben-, zum Schreiben gehörig,** (eadem) vox et litteralis vel scriptilis appellatur, quia litteris comprehendi potest, Diom.: grammatice idcirco litteralis est dicta, quod a litteris incipiat, Diom.: litt. lectio, Bücherlesen, Cael. Aur.: litt. commercium, brieflicher Verkehr, Symm.

litterārius, a, um (littera), **zum Lesen und Schreiben gehörig, Lese- u. Schreib-, schriftlich (brieflich),** tabula, Schreibtafel (für Kinder), Varro: ludus, Elementarschule, Sen., Quint u. Tac.: magister, Elementarlehrer, Vopisc.: ebenso paedagogus, Vopisc.: munus, Symm.: studium, Augustin.: officia, vicissitudo, voluptas, Symm.

litterātē, *Adv.* (litteratus), **I** **mit deutlichen Buchstaben,** sunt (rationes) perscriptae scite et litterate, Cic. Pis. 61. – **II** übtr.: **1** **buchstäblich, wörtlich,** respondere, Cic. de har. resp. 8, 17. – **2** **gelehrt, im wissenschaftlichen Sinne,** dicta, geistreiche Einfälle, Cic.: antiquitatis nostrae et in inventis rebus et in actis scriptorumque veterum litterate peritus, der eine durch Kritik geläuterte Kenntnis besitzt, Cic.: perbene loqui Latine et litteratius quam ceteri, mehr dem genauen Schrifttum angemessen, korrekter, Cic.

litterātio, ōnis, *f.* (littera), die **Sprachkunst, Grammatik,** Varro bei Augustin. de ordin. 2, 12 u. bei Isid. orig. 1, 3, 1; vgl. Mart. Cap. 3. § 229.

litterātor, ōris, *m.* (littera), der **Sprachmeister** im Lesen und Schreiben, ein Elementarlehrer, Fronto ad Antonin. imp. 1, 5. p. 103, 9 N., oder in Erklärung der Dichter und deren Sprache, ein Sprachgelehrter, Grammatiker, Catull. 14, 9 (vgl. Diom. 421, 12. Mart. Cap. 3. § 229). – neben grammaticus, Apul. flor. 20: neben grammaticus u. rhetor od. orator, Lampr. Alex. Sev. 3, 2. Capit. Anton. phil. 2, 2 *sq.* – im Ggstz. zu litteratus, litteras sciens (dem eigentl. wissenschaftlich Gebildeten, dem wirklich Gelehrten) ein Halbwisser, Gell. 18, 9, 2. Suet. gr. 4.

litterātōrius, a, um (litterator), **grammatisch,** eruditio, Tert. de idol. 10: professio, Prisc. ad Iul. ep. 3. p. 2, 15 H. – subst., litterātōria, ae, *f.*, die **Grammatik, Sprachkunst,** Quint. 2, 14, 3 (der dieses Wort aber tadelt).

litterātrīx, trīcis, *f.* (Femin. zu litterator), die **Sprachlehrerin,** Quint. 2, 14, 3 (der dieses Wort tadelt).

litterātūra, ae, *f.* (litterae), **I** die **Buchstabenschrift,** **a** = das Geschriebene, die **Schrift,** Cic. part. or. 26. – **b** = das **Alphabet,** Graeca, Tac. ann. 11, 13. – **II** meton., der **Sprachunterricht** im Lesen usw., Sen. ep. 88, 20; od. die **Sprachkunst, -wissenschaft, Grammatik** (s. Diom. 421, 12). Varro bei Asper 547, 10 K. Quint. 2, 1, 4. Fronto ep. ad M. Caes. 2, 6. p. 31, 6 N. Capit. Anton. Pius 2, 1. Augustin. conf. 2, 3 u. 8, 5 (neben oratoria) u. a. Spät.

litterātulus, a, um (*Demin.* v. litteratus), **gar schriftkundig, gar gelehrt,** Hieron. adv. Rufin. 1, 31.

litterātus, a, um (litterae), **I** **mit Buchstaben bezeichnet,** Plaut.: dah. **gebrandmarkt,** Plaut. u. Apul. – **II** **schriftkundig, gelehrt, wissenschaftlich gebildet,** servus, Cic.: Canius nec infacetus et satis litteratus, Cic.: ut (architectus) litteratus sit, Vitr.: litteratus Graecis et Latinis librarius, CIL 11, 1236: quibus (ineptiis) nec quisquam fit litteratior nec melior, Sen.: si te litteratissimum putas, Rhet. Her.: pueri litteratissimi, Nep. – bes. v. Kritikern u. Grammatikern, Cic., Suet. u. a. (vgl. Mart. Cap. 3. § 229): iudices litterati (in einem gelehrten Streit), Vitr. – übtr., otium, gelehrte Muße, Cic. Tusc. 5, 105.

litterio, ōnis, *m.* (litterae), der **Sprachlehrer, Sprachmeister,** mit verächtl. Nbbgr., etwa **Halbgelehrter,** Augustin. epist. 118, 26 u. c. adv. leg. et proph. 1. § 52. Amm. 17, 11, 1 u. 28, 4, 14.

litterōsus, a, um (litterae), **gelehrt,** home, Cass. Hemin. ann. 3. fr. 28 (b. Non. 133, 5).

litterula, ae, *f.* (*Demin.* v. littera), **I** ein **kleiner Buchstabe,** litterulae minutae, Cic.: compositissimae et clarissimae, Cic. – **II** Plur. litterulae, **1** ein **Briefchen,** Cic. ad Att. 12, 1, 1. Hieron. epist. 60, 1. –

2 **einige Sprachgelehrsamkeit, -Literaturkenntnis, ein wenig wissenschaftliche Studien,** litterulae meae, nostrae, mein bisschen Schriftstellerei, Cic.: litterulis Graecis imbutus, Hor.: Chrysippus, quem propter litterularum nescio quid libenter vidi, wegen seiner gar nicht üblen wissenschaftlichen Bildung, Cic.

littus, oris, mit den Abgeleiteten, wie littoreus etc., s. 1. lītus etc.

litūra, ae, *f.* (lino), **I** das **Streichen, Bestreichen,** Colum. 4, 24, 6. – **II** insbes.: **1** das **Ausstreichen** des Geschriebenen (durch Überstreichen des Wachses in den wächsernen Schreibtafeln), das **Verbessern, Korrigieren,** flagitiosa litura tabularum, Cic.: metuit lituram, Hor. – übtr., die **Änderung** einer Sache, Sen. de vit. beat. 8, 3. – **2** meton., die (durch Überstreichen) **ausgestrichene Stelle,** das **ausgestrichene Wort,** das **Ausgestrichene,** nomen esse in litura, stehe auf einem ausgestrichenen Fleck, Cic. – dah. poet. übtr.: **a** durch Tränen (die die geschriebenen Buchstaben auswischten u. unleserlich machten) entstandene **Flecke,** Prop. u. Ov. – **b** **Fleck** übh., corpus nulla litura notet, Runzel, Mart. 7, 18, 2.

litūrārius, a, um (litura), **zum Ausstreichen gehörig,** subst., litūrāriī, ōrum, *m.* (*sc.* libri od. codicilli), **Kladden, Konzeptbücher,** weil da hier und da ausgestrichen wird, Auson. cento nupt. (XXVIII) 1, 15. p. 140, 15 Schenkl.

līturgus, ī, *m.* (λειτουργός), ein **Staatsdiener,** Cod. Theod. 11, 24, 1. Mart. Cap. 2. § 200.

litūro, āre (litura), in einer Schrift etwas **ausstreichen,** Sidon. epist. 9, 3, 7.

1. lītus (littus), oris, *n.*, **I** das Ufer des Meeres, als Küstenstreifen, der das Land nach der Meerseite zu abgrenzt, der **Strand,** das **Gestade** (während ora = die Fläche, die sich am Meer entlang hinzieht, die Küste, ripa = das Ufer des Flusses, vgl. Verg. Aen. 3, 75. Vitr. 2, 9, 14. Ov. met. 1, 42), **1** im Allg.: litus arenosum, Mela: directum, curvum, incurvum, Mela: importuosum, Mela: litoris spatium, Plin. ep.: litorum magnus recessus, Plin. ep.: litus insulae (Britanniae), Cic.: litoribus appositae insulae, Mela: alterius orae litora, quā Cilices maritimi colunt, Liv.: municipales, qui sunt circa ripam fluminis Padi et litora maris Adriatici, Vitr.: ut classis quoque invehatur hostium litoribus, Liv.: inhospitale litus incolere, Plin. pan.: litora legere, an den U. hinsegeln, Mela u. Val. Flacc.: naves agero in litus, Liv.: terrae ad occidentem litus exporrigunt, Mela: mare abigit vaste cedentia litora, Mela: Pontus molli circumdatus litore, Mela: certe processerat litus multaque animalia maris siccis arenis detinebat, Plin. ep.: villa pulcherrima imminet litori, Plin. ep.: sensim circumactis curvatisque litoribus mare infunditur, Plin. ep. – Sprichw., litus arare, s. aro *no.* I, a: in litus fundere aquas, Wasser ins Meer tragen, Ov. trist. 5, 6, 44. – **2** prägn.: **a** die Gegend am Gestade, die **Küstengegend, Küste,** cui litus arandum dedimus, Verg.: de electione litorum loqui, Tac. – **b** das **Gestade** als **Landungsplatz,** Suet. Tib. 40, 1. – **II** übtr., das **Ufer,** der **Strand** eines Sees, Catull. u. Ov.: eines Flusses, Cic. u. Verg.

2. litus, Abl. ū, *m.* (lino), das **Schmieren, Beschmieren, Bestreichen,** Plin. 33, 110 (Detl. situm).

lituus, ī, *m.* (zu Wz. *lei(t),* krümmen); vgl. obliquus, **I** der **Krummstab** der Auguren, der **Augurenstab,** Cic. u. Liv. – **II** das ebenso gekrümmte Signalhorn im Krieg, u. zwar bei dem Fußvolk, entsprechend der tuba bei der Reiterei, die **Zinke,** Cic., Verg., Hor. u. a. – dah. meton., de lituis βοώπιδος, Signale, die (zu Hader u. Aufruhr) die zweite Juno (die Schwester des Klodius) gebe, Cic. ad Att. 2, 12, 2: v. Menschen, illum existimare Quintum fratrem lituum meae profectionis fuisse, habe mir das Signal zum Aufbruch gegeben (= habe meine Abreise veranlasst), Cic. ad Att. 11, 12, 1. – ► *Genet.* Plur. auch lituum, Lucan. 1, 237. Val. Flacc. 6, 166 u. 504. Sil. 13, 146.

līventer, *Adv.* (livens, s. līveo), **bleifarbig, bläulich,** Paul. Petric. 4, 192.

līveo, ēre, **I** **bleifarbig sein, bläulich sein,** bes. v. Drücken, Stoßen, Schlagen, Plaut., Prop. u. Ov. – **II** übtr., blass vor Neid-, d. i. **neidisch-, scheelsüchtig sein,** andere **mit scheelen Augen ansehen,** Mart. u. Stat.: et invidere et livere, Tac. – alci, jmd. mit scheelen Augen ansehen, jmd. beneiden, Mart. u. Tac. – ► *Partic.* līvēns, **a** **bleifarbig, bläulich,** plumbum, Verg.: pruna, Ov.: margarita, Tac. – **b** **neidisch, scheelsüchtig,** Mart.

līvēsco, ere (*Inchoat* v. liveo), **I** **bläulich** od. **bleifarbig werden,** Lucr. 3, 526. – **II** übtr., **neidisch-, scheelsüchtig werden,** Claud. rapt. Pros. 3, 27.

Līviānus, a, um, s. Līvius a. E.

līvidinus, a, um (lividus), **blau schillernd,** vibices, Apul. met. 9, 12.

1. līvido, āre (lividus), **bleifarbig machen,** Paul. Nol. carm. 21, 620.

2. livīdo, inis, *f.* = libido (s. d.), Edict. Diocl. praef. § 20.

līvidulus, a, um (*Demin.* v. lividus), **etwas neidisch, etwas scheelsüchtig,** Iuven. 11, 110.

līvidus, a, um (liveo), **bleifarbig, bläulich, blau,** **I** eig.: racemi (Weintrauben), Hor.: aquae, Sen.: vada (des Styx in der Unterwelt), Verg.: manus (eines Kranken), Sen.: dens, schwarzgelb, Hor.: lividissima vorago, Catull.: bes. v. Drücken, Schlagen, Quetschen, wenn die Haut mit Blut unterläuft, brachia, Hor.: ora livida facta, Ov. – **II** übtr., **missgünstig, neidisch, scheelsüchtig,** offendet te lividus malignitate, Sen.: differ opus, livida lingua, tuum, Ov. – v. Lebl., lividiorem sententiam dixit, Sen. rhet.: oblivio, der Neid, der anderer Verdienste in Vergessenheit geraten lässt, Hor.

Līvius, a, um, Name einer röm. *gens,* aus der am bekanntesten C. od. M. Livius, mit dem Beinamen Salinator, den er erhielt, als er während seiner Zensur eine Salzsteuer einführte, Liv. 29, 37, 1 *sqq.* Cic. de or. 2, 273. – Livius Andronīcus, aus Tarent, Sklave des Livius Salinator, seit 240 v. Chr. Schauspieler u. Schauspieldichter (Tragiker u. Komiker), Cic. Brut. 72. Liv. 7, 2, 8; 27, 37, 7. Gell. 17, 21, 42; 18, 9, 5. – T. Livius Patavinus (aus Padua), röm. Geschichtschreiber, geb. 59 v. Chr., gest. 17 n. Chr., Sen. nat. qu. 5, 18, 4. Quint. 10, 1, 39 u. 101. Suet. Claud. 41, 1. Tac. ann. 4, 31. Plin. ep. 2, 3, 8: illa Livii lactea ubertas, Quint. 10, 1, 32: T. Livius lacteo eloquentiae fonte manans, Hieron. epist. 53, 1: Plur., Livii, Männer wie Livius, Vopisc. Prob. 2, 7: appell., Iosephus Graecus Livius, ein Livius in griech. Sprache, Hieron. epist. 22, 35. – Livia Drusilla, des Kaisers Augustus zweite Gemahlin, Suet. Aug. 29, 4 u. a. Ov. fast. 5, 157. – Livia Orestilla, Gemahlin des Kaisers Kaligula, Suet. Cal. 25, 1. – *Adi.* **livisch,** lex, Cic.: familia, Tac. – Dav. **Līviānus,** a, um, **livianisch,** modi, fabulae, des Livius Andronikus, Cic.: exercitus, des Konsuls M. Livius, Liv.: charta, nach der Livia benannt, Plin.

līvor, ōris, *m.* (liveo), **I** die **bleiartige Farbe** einer Stelle an einem Körper, der **bleifarbige-, blaue-, rotblaue Fleck,** durch Drücken, Stoßen, Schlagen, Quetschen, si tumore et livore decoloratum est corpus mortui, Rhet. Her.: niger livor in pectore, Ov.: oliva contusione livorem contrahit, Colum.: livor impresso ore, durchs Küssen, Ov.: livores toto corpore erant (von Vergiftung), Suet. – **II** übtr., die **Missgunst,** der **blasse Neid,** die **Scheelsucht** (Ggstz. benignitas), Brut. in Cic. ep. 11, 10, 1. Plin. pan. 3, 4. Tac. hist. 1, 1 u. a. Ov. am. 1, 15, 39 u. a.: livor cupidus, der Neid, der anderen Böses wünscht, Prop. 1, 8, 29.

lix, die **Lauge,** nach Non. 62, 11.

līxa, ae, *m.*, **I** der **Marketender,** Liv., Tac. u. a.: im Plur. lixae, der **ganze Tross** von Marketendern, Aufwärtern, Köchen u. dgl. (s. Iustin. 38, 10, 2), die sich bei einem Heer befinden, Sall. u. a. – **II** übtr., ein **Gerichtsdiener,** Apul. met. 1, 24.

līxābundus, a, um, **munter einherschreitend,** *Plaut. Stich. 288 R.; vgl. Paul. ex Fest. 116, 19.

lixius, a, um (lix), **ausgelaugt,** cinis, Lauge, Varro bei Plin. 36, 203.

lixīvius, a, um (lix), **ausgelaugt,** cinis lixivius, Plin., u. cinis lixivia, Colum., Lauge: ebenso subst., lixīvia, ae, *f.*, Colum., od. lixīvium, iī, *n.*, Cael. Aur. u. a., Lauge.

lixīvus, a, um (lix), **ausgelaugt,** cinis lixivus, Cato, u. cinis lixiva, Scrib. Larg., die Lauge: dass. subst., lixīvum, ī, *n.*, Lauge, Colum. u. Pallad. – mustum lix., von selbst, vor dem Pressen herabfließender, Cato.

lixulae, ārum, *f.*, in der sabinischen Sprache = **Kringel, Brezeln aus Mehl, Käse und Wasser,** Varro LL. 5, 107.

lobus, ī, *m.* (λοβός), die **Hülse, Schote,** Apic. 5, 211. Ps. Apul. herb. 74 (lobos).

locālis, e (locus), **örtlich,** Tert. u. a.: adverbium locale, Varro bei Ter. Scaur. 29, 8. Charis. 203, 12 u. 15. Serv. Verg. Aen. 2, 97. – *neutr. pl.* subst., locālia, **Örtlichkeiten,** Firm. math. 3, 8.

locālitās, ātis, *f.* (localis), die **Örtlichkeit,** als notwendige Eigenschaft der Körper, Claud. Mam. de stat. anim. 3, 3 *sqq.*

locāliter, *Adv.* (localis), **örtlich,** Amm. 19, 12, 3. Tert. de pall. 2: Ggstz. inlocaliter, Claud. Mamert. de stat. anim. 1, 18.

locārius, a, um (locus), **zur Vermietung gehörig,** subst., I) locārius, iī, *m.,* der **Vermieter** der Plätze im Theater, Mart. 5, 24, 9. – **II** locārium, iī, *n.,* der Mietzins für einen Stand, wo man Waren feil hat, das **Standgeld,** Varro LL. 5, 15.

locātīcius, a, um (loco), **vermietet, verdungen,** Sidon. epist. 6, 8, 1.

locātim, *Adv.* (loco), **I stellenweise,** Iordan. 69, 1. – **II mietweise,** Hygin. (Grom.) 117, 6.

locātio, ōnis, *f.* (loco), **I** die **Stellung, Anordnung,** verborum, Quint.: rerum, Quint. – **II** die **Verdingung, Vermietung, Verpachtung, a** eig., Cic. u. a. – **b** meton., der **Pachtvertrag, Pachtkontrakt,** locationem u. locationes inducere (für ungültig erklären, zurückziehen), Cic. ad Att. 1, 17, 9. Liv. 39, 44, 8.

locātor, ōris, *m.* (loco), der **Vermieter, Verpachter, Verdinger** (Ggstz. conductor), fundi, Cic. Verr. 3, 55: funeris, Plin. 7, 176: meretricum locatores aut certe lenones, Firm. math. 4, 6: locator a scaena od. scaenicorum, der, der dem Spielgeber gegen eine bestimmte Summe die Schauspieler u. die Bühnenausstattung lieferte, CIL 5, 5889; 6, 10093 u. 14, 2299.

locātōrius, a, um (loco) = μισθωσιμαῖος, **verdungen, gemietet,** Gloss. II, 372, 8.

locellus, ī, *m.* (*Demin.* v. loculus, s. Charis. 79, 20), **1** das **Kästchen,** Caes. fr. bei Charis. 79, 22. Val. Max. 7, 8, 9. Mart. 14, 13, 1. – **2** der **Sarg,** Eugipp. vit. S. Sever. 43.

locito, āre (*Intens.* v. loco), **verpachten,** agelli est hic sub urbe paulum quod locitas foras, Ter. adelph. 949.

loco, āvī, ātum, āre (locus), wohin **stellen, legen, setzen, errichten, aufrichten, I** im Allg.: **1** eig.: castra, aufschlagen, Cic.: urbem, Verg.: fundamenta urbis, Verg.: milites super vallum, Sall.: membra suo quaeque loco, Cic.: hominem in insidiis, Cic.: insidias circa ipsum iter, Liv.: se mediam locavit, setzte sich usw., Verg.: fors fuit, ut apud eandem mensam duo illi iunctim locarentur, dicht nebeneinander ihren Platz bekamen, Gell. – **2** übtr., **stellen, setzen,** homines in amplissimo gradu dignitatis, Cic.: alqm in paterno solio (Thron), Liv.: alqm non in patrio locare regno, sed in Syphacis regnum imponere, einsetzen, Liv.: vos hortor, ut ita virtutem locetis, ut etc., einen solchen Rang anweist usw., Cic. – omnia mea studia, omnem operam, curam, industriam, cogitationem, mentem denique omnem in Milonis magistratu fixi et locavi, Cic. – prudentia locata est in delectu bonorum et malorum, beruht, besteht, Cic. – **II** insbes.: **A unterbringen, a** = **verheiraten,** virginem in matrimonium, Plaut.: alqam alci nuptiis, Enn. fr.: virginem alci nuptum, Ter.: nuptui filias, Aur. Vict. – **b** = **einquartieren,** cohortes alaeque novis hibernaculis locatae, in neue Winterquartiere verlegt, Tac. ann. 14, 38. – **B vermieten, verpachten** (Ggstz. conducere, mieten, pachten), **a** einen Zoll, ein Grundstück (gegen einen Teil des Ertrags), portorium, fundum, vectigalia, Cic.: agrum Campanum fruendum, Liv.: partem Romae, besiedeln, Liv. – m. *Abl.* des Preises, agrum frumento, gegen (für) den Zehnten, Liv.: praedia non nummo, sed partibus, nicht für bares Geld, sondern dass man sich mit den Pächtern teile, Plin. ep. – subst., locātum, ī, *n.,* die **Vermietung, Verpachtung,** iudicia, quae fiunt ex empto aut vendito aut conducto aut locato, Cic.: sunt autem bonae fidei iudicia haec, ex empto vendito, locato conducto, Gaius inst. – **b** irgendeine Leistung **verdingen, in Verding geben, ausschreiben,** alqd HS IƆLX milibus, Cic.: funus, Cic.: statuam faciendam, Cic.: marmora secanda, Hor.: murum, Liv.: aedem Salutis, Liv.: vestimenta exercitui, Liv. – **c** eine Pers. zu einer Leistung od. jmds. Leistung **verdingen, vermieten,** virgines publice ducendas, Mela: se, Plaut.: se ad gladium, ad cultrum, Sen.: manus rigando horto, Sen.: ebenso operam suam tribus nummis, Plaut.: operam alci ad alqd, Gell.: vocem, Ausrufer werden, Iuven.: noctes, v. feilen Dirnen, Ov. – **C** Geld bei einer Unternehmung **leihen,** bes. Geld auf Zins **anlegen, ausleihen,** pecuniam, argentum, Plaut.: dah. se locare, v. einer Sache, die Zinsen bringt, **sich verzinsen,** disciplina, quae erat ab hoc tradita, locabat se non minus HS CCCIƆƆƆ, Cic. Rosc. com. 28. – bildl., beneficia apud gratos, gleichs. auf Zinsen anlegen, Liv. 7, 20, 5: so auch benefacta male locata male facta arbitror, Enn. fr. scen. 409. – ► Alter *Coniunctiv Perf.* locassim, Plaut. aul. 228 G.: locassint, Cic. de legg. 3, 11.

locor, s. loquor.

Locrī, ōrum, *m.* (Λοκροί), **I** die Bewohner der Landschaft Lokris und zwar im Norden die Locri Epicnemidii (Λοκροὶ Ἐπικνημίδιοι), Plin. 4, 27, im Süden die Locri Opuntii (Λοκροὶ Ὀπούντιοι), im Westen die Locri Ozolae (Λοκροὶ Ὀζόλαι), Plin. 4, 7: griech. Nom. Locroe, Titel eines Theaterstücks des Menander, Quint. 10, 1, 70. – Dav.: **a Locrēnsēs,** ium, *m.,* die **Lokrenser, Lokrer,** Liv. 33, 34, 8. – **b Locris,** idos, *f.* (Λοκρίς), **α** eine **Lokrerin,** Catull. 66, 54. – **β** die Landschaft **Lokris** in Griechenland, Liv. 26, 26, 2 u. a. Mela 2, 3, 4 u. 5 (2. § 39 u. 40). – **II** Stadt in Unteritalien, im Bruttischen, eine Kolonie der griech. Lokrer mit dem Beinamen Epizephyrii (Ἐπιζεφύριοι), jetzt Ruinen bei *Motta di Borzano,* Liv. 29, 6 *sqq.*: deren Einw. ebenf. **Locrī,** ōrum, *m.,* die **Lokrer,** Cic. de nat. deor. 2, 6 u. a. Liv. 22, 61, 12; od. **Locrēnsēs,** ium, *m.,* die **Lokrenser,** Cic. Verr. 5, 90. Liv. 23, 30, 8 u. a.

loculāmentum, ī, *n.* (loculus), das **Fach, Behältnis, Regal,** für Bücher, tecto tenus exstructa loculamenta, Sen. de tranqu. anim. 9, 7: für die Tauben, loculamenta, quibus nidificent aves, Colum. 8, 8, 3; vgl. 8, 9, 3: für andere Dinge, das **Gehäuse,** die **Kapsel, Büchse,** Vitr. 10, 9 (14), 2 *sq.*: dentium (im Zahnfleisch), Veget. mul. 2, 32.

loculāris, e (loculus), **örtlich,** Chalcid. Tim. 33 D. 121. 137 u. a.

loculātus, a, um (loculus), **mit Fächern versehen,** arculae, Varro r. r. 3, 17, 4.

loculōsus, a, um (loculus), **voller Fächer,** putamen (Ggstz. put. simplex), Plin. 15, 88.

loculus, ī, *m.* (*Demin.* v. locus), das **Örtchen, Plätzchen, Fleckchen, Räumchen,** ein **kleines Gelass, I** im Allg., Plaut. mil. 853 G. – **II** insbes.: **1** der **Sarg,** Plin. 7, 75. Eugipp. vit. S. Sever. 44: loc. argenteus, Iustin. 39, 1, 6. – **2** die **Bahre,** Fulg. serm. antiqu. 1. p. 111, 8 H. – **3** das **Gelass,** für jedes Stück Vieh, Veget. mul. 1, 56. – u. ein **Kästchen,** Plin. 7, 20; vgl. Isid. orig. 20, 9, 3. – dah. Plur. loculi, ein **Behältnis mit Fächern,** das **Kästchen, Schränkchen,** das **Gehäuse,** die **Kapsel** aus Holz od. Elfenbein zum Aufbewahren von Geld od. Kostbarkeiten usw., nummum in loculos demittere, Hor.: in loculos compingere, Plaut.: loculi, in quibus erant claves, Schränkchen, Plin.: loculis integris ac illaesis conflatur argentum, Sen.: laevo suspensi loculos tabulamque lacerto, ein Kästchen mit Rechensteinchen (calculi), das die Knaben zum arithmetischen Unterricht mit in die Schule nahmen, Hor.: loculi peculiares, Privatkasse, Suet.: in Domitiani loculos converti, in die Schatulle des D. fließen, Frontin. aqu.

locuplēs, ētis (locus u. *pleo), **I begütert,** Cic. de rep. 2, 16; Cat. 2, 18. Plin. 18, 11. – **II** im weiteren Sinne, **vollauf versehen mit Geld und Gut, bemittelt, in guten Verhältnissen, wohlhabend, wohlbestellt** (Ggstz. egens, pauper, tenuis), **1** eig.: **a** v. Pers.: **α** absol.: privatus modice locuples, Liv.: mulier copiosa plane et locuples, Cic.: egebat? immo locuples erat, Cic.: dum sit locupletior aliquis sordidae mercis negotiator, Quint.: domini locupletiores, Auct. b. Alex. – Plur. subst., locupletes, Ggstz. tenues, Auct. b. Alex., u. Superl. locupletissimi, Ggstz. tenuissimi, Cic. – **β** m. *Abl.* **wodurch?** Luscius et Manilius copiis rei familiaris locupletes et pecuniosi, Cic.: mancipiis locuples eget aeris Cappadocum rex, Hor. – u. m. *Genet.* **infolge wessen?** pecuniae satis locuples, Apul. met. 8, 1 zw. – **b** v. Lebl.: **α** absol.: aliqua locuples ac referta domus, Cic.: villa tota locuples est, Cic.: provincia tam locuples ac referta, Cic.: urbs locupletissima, Caes., locupletissima atque ornatissima, Cic.: regio locupletissima, Nep. – magnae et locupletes copiae, Rhet. Her.: in locuplete penu, Pers.: munera locupletia, reich ausgestattete, Nep. – prägn., aquila, zu Wohlstand verhelfende Zenturionenstelle, Iuven. 14, 147. – **β** m. *Abl.* **wodurch?** ut civium vita opibus firma, copiis locuples, gloriā ampla sit, Scipio b. Cic.: annus locuples frugibus, Hor. – **2** übtr.: **a wohlbestellt, gut ausgestattet, reich,** locupletior hominum natura ad bene vivendum, Cic.: Lysias oratione locuples, reich im Ausdruck, Cic.: multo locupletior in dicendo, Cic.: oratio, Cic.: Latinam linguam non modo non inopem, sed locupletiorem etiam esse quam Graecam, Cic. – **b glaubwürdig, zuverlässig, vollgültig,** zunächst vor Gericht, reus, der für sein Versprechen haften kann, Liv.: dann übh., testis, Cic.: tabellarius, Cic.: auctor (Gewährsmann), Cic. – ► Abl. Sing. locuplete u. locupleti. – Genet. Plur. locupletium, Cic. ad Att. 1, 19, 4; Tusc. 5, 58; de off. 3, 75 u. a., locupletum, Caes. b. c. 3, 110, 5.

locuplētātio, ōnis, *f.* (locupleto), die **Bereicherung,** der **reiche Besitz,** Vulg. Iudith 2, 16.

locuplētātor, ōris, *m.* (locupleto), der **Bereicherer,** Eutr. 10, 15. CIL 6, 958.

locuplētius, *Adv. compar.* (locuples), **reichlicher,** übtr., Fronto ad Anton. imp. 1, 3. – u. **locuplētissimē,** *Adv. superl.* (locuples), **sehr reichlich,** Aur. Vict. epit. 9, 2. Spart. Hadr. 3, 3.

locuplēto, āvī, ātum, āre (locuples), **I mit dem Nötigen ausstatten, zu einer besseren Lage-, zu Wohlstand verhelfen, in gute Verhältnisse versetzen,** u. in diesem Sinne = **bereichern,** tenuiores, Cic.: multos, Nep.: multitudinem crebris excursionibus, Nep.: übtr., sapientem locupletat ipsa natura, Cic. – **II** mit *Abl.* = mit etwas **wohl** od. **reichlich ausstatten, reichlich versehen, bereichern,** homines fortunis, Cic.: milites praedā, Nep.: maximā auri argentique praedā locupletatus, Cic.: templum picturis, Cic.: übtr., ipsam eloquentiam graviorum artium instrumento, Cic.

locuplētus, a, um (locuples), **bereichert,** locupletus acervis, Ven. Fort. vit. S. Mart. 2, 380.

locus, ī, *m.* (Plur. loci einzelne Orte, u. heterogen. loca Orte im Zusammenhang, Gegend), **I** der **Ort, Platz,** die **Stelle, A** im Allg.: **1** eig.: qui ea loca incolerent, Caes.: proximos locos occupare, Sall.: ad id loci venire, Sall.: locum facere in turba, Platz machen, Ov.: vincendo locum facere, sich durch Besiegung des Feindes Raum schaffen, Curt.: ex od. de loco superiore dicere, agere, »von einer Erhöhung«, sowohl vom Tribunal als von der Rednerbühne (rostra) aus, Cic.: loco cedere, weichen, seinen Platz verlassen, Sall.: locum dare, Platz machen, zulassen, Cic.: locum dare alci, Platz geben, d. i. weichen, nachgeben, Ter.: loco movere, vom Ort wegtreiben, vertreiben, Ter. u. Cic.: so auch loco deicere, Hor.: ex omnibus locis (Winkeln) protrahi, Liv.

2 bildl.: locum dare, Raum geben, consilio, suspicioni, Cic.: locum habere stattfinden, Cic.: nullum misericordiae locum habuerunt, sie ließen kein Mitleiden mit ihnen aufkommen, Liv.: locus est nemini, niemand kann dazu gelangen, Cic.: ubi negotia fecissent locum otio, Raum gegeben, Vell.: Homero est locus in poëtis, Cic.: maledicto nihil loci est, findet nicht statt, Cic.: locum non relinquere preci, Ter., od. precibus, Cic., od. morti honestae, nicht Raum geben, Cic. – oft als *Genet. partitiv.*, quo loci, Cic.: so auch eo loci, Cic.: eodem loci, Suet.: ubi loci res nostra est? Plaut.: ubicumque locorum, Hor.: ibidem loci, Plaut. – So nun **a** prägn., der **geeignete, rechte Ort,** de cuius laude neque locus hic est, *ut* multa dicantur, neque etc., Cic. Rosc. Am. 33: nec vero hic locus est, *ut* de moribus maiorum loquamur, Cic. Tusc. 4, 1: nam nefacere si velim, non est locus, Plaut. truc. 877: loco, am rechten Platz, an rechter Stelle, quaerere, Cic., narrare (eine Erzählung in die Rede einflechten), Cic., lecta poëmata adiungere, Cic.: loco positus, am gehörigen Platz, recht angebracht, Cic.: so auch in loco (am geeigneten Ort, wenn es am Platze ist), z. B. obsecundato in loco, Ter.: video eos sapere in loco, Ter.: dulce est desipere in loco, Hor.: in loco positus (s. vorh.), Cic.: vollst. suo loco, z. B. de amplificatione dicere, Cic. part. or. 30. – **b** die Stelle in der Reihenfolge, secundo loco, zweitens, Cic.: priore loco dicere, zuerst, Cic., Ggstz. posteriore loco dicere, Cic.: tertio et tricesimo loco ab Nino natus, Vell.: post hunc tertio loco regnasse Faunum ferunt, Iustin.: magnum locum facere operi suo inter etc., einen wichtigen Platz anweisen, Vell. – bes. von den Senatoren bei der Abstimmung, antiquior sententiae dicendae locus, vorangehende Stelle, Vortritt, Cic.: loco dicere, an seiner Stelle (d. h. wenn die Reihe an ihn kommt), Cic.: suo loco sententiam dicere, Liv.: sententiae loco dicere, in der Reihe der Abstimmung, Plin. ep.: u. so sententiae loco in hunc modum disseruit, Tac.: praetorio loco dicere sententiam, als Prätor, Cic. Nipperd. Tac. ann. 14, 42. – **c** der **Platz,** die **Stelle** = der **Rang,** das Ansehen, das man jmdm. einräumt, quem locum apud Caesarem obtinuisti? Cic.: tenere oratorum locum, Cic.: eodem apud me loco, quo apud patronum, Cic.: dah. loco u. in loco m. *Genet.*, **anstatt, für, wie,** filii loco esse, Cic.: alci parentis loco esse, Cic.: alqm diligere in fratris loco, wie einen Bruder, Ter.: alqm patris loco colere, Cic.: sunt qui criminis loco putent esse quod vivam, die es mir zum Vorwurf machen mögen, dass ich lebe, Cic.: dah. habere eo loco, so schätzen, Cic.: nullo loco numerare, nicht schätzen, Cic.: vocari in locum mortui, Cic. – **d** der **Posten, Rang, Stand,** den jmd. im Staat einnimmt (s. Korte Cic. ep. 4, 18, 4 u. Sall. Iug. 63, 6), locus senatorius, equester, Cic.: loca consularia, Liv.: summus locus civitatis, Cic.: maiorum locum ei restituit, Caes.: loco movit signiferos, entsetzte ihrer Stellen, Caes.: non ignobilis inter causidicos loci fuit, Lact. – **e** der **Stand, Rang,** den die Geburt verleiht, die **Herkunft,** isto loco femina, Cic.: homines inferiore loco, Cic.: honesto loco nati, Plin. ep.: obscuro loco nati, Cic.: summo loco nata, von hoher Geburt, Liv.: tenui loco orti, Liv.

B insbes.: **1** als *t. t.* der Fechter- und Militärsprache, die **Stellung,** der **Posten,** die oder den man im Kampf behaupten will, locum tenere, relinquere, Caes.: loco pellere, Auct. b. Afr.: im Bild, loco movere, aus seiner Stellung (im Staat) vertreiben, Cic.: virtutis locum deseruit, Hor. – **2** loci od. loca, griech. τόποι, die **Geburtsglieder,** der **Mutterleib** der Menschen u. Tiere, loci muliebres, Varro LL. 5, 15: semen in locis insedit, Cic. – **3** die **Stelle,** die **Partie,** das **Stück,** der **Satz, Abschnitt, Gedanke** eines Buches, einer Wissenschaft, locus reprehensus, Ter.: aliquot locis significavit, Cic.: ad locum venias, Cic.: omnes philosophiae loci, das ganze Gebiet der Ph., Cic. – **4** Plur. loci, die **Beweismittel,** die **Beweisquelle,** locos nosse, Cic.: loci communes, allgemeine Beweisquellen, Cic. – **5** ein **Stück von einem Gut,** ICt.: dah. meton., ein **Gut, Grundstück, Acker,** Cic. u. a. – **6** der **Ort** zum Bewohnen = **a** der **Raum,** das **Gelass, Gemach,** die **Wohnung,** das **Logis,** locus oculi, die Augenhöhle, Plaut. Men. 1014: primus locus aedium, Nep. praef. § 6: loca et lautia, Liv.: loci tacentes, Tac.: loca tacentia, in der Unterwelt, Verg.: locum facere (einrichten) sub terra, Nep. – **b** der **Ort** = die **Stadt,** opportunitas loci, Cic.: locus Pherae, loca Buprasium, Hyrmine, Plin.: is datus erat locus colloquio, Liv.: ubi nunc urbs est, tunc locus urbis erat, Ov. – **c** die **Gegend,** loci fertilitas, Caes.: situs locorum montiumque, Vell.: loca temperatiora, Caes.: ea loca incolere, Caes.: de locis atque urbibus haec memoranda sunt, Mela. – **d** die **Grabstätte,** das **Grab,** CIL 9, 3107.

II übtr.: **1** die **Zeit,** der **Raum** in der Zeit, **a** übh.: ignoscendi dabitur peccati locus, Ter.: inde loci, hierauf, Lucr.: interea loci, Komik.: postidea loci, Plaut.: postea loci, Sall.: post id locorum, hernach, Plaut.: tunc locorum, Tertull.: ad id locorum, bis auf diese Zeit, Sall. u. Liv.: so auch ad hoc locorum, Fronto ad amic. 2, 7. p. 193, 8 N.: u. adhuc locorum, Plaut.: ex hoc loco, Plaut., od. ad locum, auf der Stelle, zur Stelle, alsbald, Liv. – **b** prägn., die **Gelegenheit, Veranlassung,** si est ullus gaudendi locus, Cic.: ne illis quidem ad fugam locus est, Tac.: qui igitur relictus est obiurgandi locus? Ter.: locum dare, Gelegenheit geben, existimandi, Cic.: u. so locum dare nocendi, eine Blöße geben, Nep.: locum dare nobis loquendi, Plaut. capt. 212: locum dare Veientibus ad incendenda opera, Lic.: locum facere

(Gel. geben zu) poëtarum mendacio, magnae iacturae, Curt., titulo muneribusque, Ov.: locum aperire suspicioni, dem V. sich aussetzen, Cic.: locum aperire hosti ad occasionem, Gelegenheit geben, einen Handstreich auszuführen, eine Blöße geben, Liv.: locum seditionis quaerere, Liv.: quaerere locum mentioni alcis, Vell. – **2** der **Standpunkt**, die **Lage**, die **Umstände**, der **Zustand**, die **Verfassung**, in eum incīdi locum, Ter.: peiore loco non potest res esse, Ter.: meliore loco erant res nostrae, Cic.: res erat eo loci, Cic.: si (homo) eo loco esset, Cic.: si in istoc sim loco, Plaut.: tuli graviter et acerbe, iudices, in eum me locum adduci (dass mir nur die Alternative bleibt), ut aut ... aut etc., Cic. – **3** ein **Punkt**, eine **Sache**, ein **Stück**, alter erat locus cautionis, ne etc., Cic.: cui loco consulite, Cic.: loci, in quos honesti naturam divisimus, Cic. – ► Arch. Nbf. stlocus, nach Quint. 1, 4, 16 u. Paul. ex Fest. 312, 6.

1. **locusta** (lucusta), ae, *f.*, **I** die **Heuschrecke**, lucustarum examina, Liv.: vis locustarum, Tac.: Pomptinum omne velut nubibus lucustarum coopertum esse, Liv.: quid? tu me lucustam censes esse? Plaut. – Sprichw., prius locusta pariet Lucam bovem, von etwas Unmöglichem, Naev. bell. Pun. fr. inc. 11. p. 19 *ed. Vahlen* (bei Varro LL. 7, 39). – **II** der **Heuschreckenkrebs**, Cels. 2, 28; 3, 6. p. 87, 36 D. Plin. 9, 95. Suet. Tib. 60: vollst. locusta marina, Petron. 35, 4. – ► Die umgelautete Form lucusta bei Plaut., Liv. u. a. in den besten Hdschrn.

2. **Locusta** (Lucusta), ae, *f.*, berüchtigte Giftmischerin, Zeitgenossin und Helfershelferin des Kaisers Nero, Suet. Ner. 33, 2. Tac. ann. 12, 66. Iuven. 1, 71.

locūtilis, e (loquor), **beredt**, facundia, Apul. met. 11, 3 H.

locūtio, ōnis, *f.* (loquor), **I** das **Reden, Sprechen**, die **Sprache, Rede**, **1** übh. (Ggstz. reticentia, Cic. de off. 1, 146), cotidiana, das t. Gespräch, Rhet. Her.: pulchra, Quint.: tremula et veluti nimis expressa, Cael. Aur. – **2** insbes., das **Reden** = die **Aussprache**, emendata et Latina, Cic. Brut. 258: recta, Quint. 1, 6, 20. – **II** meton., die **Redensart**, Plur., Quint. 1, 5, 2: talium locutionum copia, Gell. 1, 7, 18.

Locūtius, s. Āius Loquēns.

locūtor, ōris, *m.* (loquor), der **Sprecher**, sermonis exotici, Apul. met. 1, 1. – Insbes., **a** der **Meister der Rede**, ut locutor nobilis ait, Augustin. de civ. dei 14, 5. p. 12, 30 D.[2]: locutor egregius, Augustin. in psalm. 118. serm. 29. § 3. – **b** der **Schwätzer**, Gell. 1, 15, 1.

locūtulēius, a (loquor), **schwatzhaft**, ein **Schwätzer**, eine **Schwätzerin**, ein **Schwatzmaul**, Gell. 1, 15. § 20. Non. 50, 8.

locūtus, Abl. ū, *m.* (loquor), das **Sprechen**, soluto locutu, liberā oratione, Apul. flor. 15. p. 19, 1 Kr.

lōdīcula, ae, *f.* (*Demin.* v. lodix), eine **kleine gewebte Decke**, Petron. 20, 2. Suet. Aug. 83.

lōdīx, īcis, *f.*, eine **gewebte Decke, Bettdecke**, Mart. 14, 152, 1. Iuven. 7, 66: caprinae lodices, Augustin. c. Faust. 5, 5 *extr.* – als *masc.*, Asin. Pollio bei Quint. 1, 6, 42 (von Quintilian getadelt).

loedoria, ae, *f.* (λοιδορία), die **Schmähung, Lästerung**, Macr. sat. 7, 3, 2.

loedus, s. lūdus ►.

logaeum, s. logēum.

logarium, iī, *n.* (λογάριον), eine **kleine** (Kleinigkeiten betreffende) **Rechnung**, Ulp. dig. 33, 9, 3. § 11.

logēum (logaeum), ēī, *n.* u. **logium**, iī, *n.* (λογεῖον u. λόγιον), **I** das **Archiv**, Cic. ep. 5, 20, 6 (Tempelarchiv). – **II** der den Zuschauern zunächst befindliche Teil der Bühne, wo die Schauspieler redeten, die **Zocke** der Bühne, rein lat. pulpitum, Vitr. 5, 7, 2.

logica, ae, *f.* u. **logicē**, ēs, *f.* (λογική, *sc.* τέχνη), die **Logik** (rein lat. rationalis species philosophiae), Form logica, Boëth. in Cic. top. 1. p. 275, 21 u. p. 276, 19 B. Isid. orig. 2, 22, 1 u. 24, 7: Form logice, Boëth. in Cic. top. 1. p. 274, 21 B. – ► Cic. de fin. 1, 22 u. de fat. 1 griech. λογική.

logicus, a, um (λογικός), **logisch, rationell** (Ggstz. alogus), haeresis medicorum, Isid. orig. 4, 4, 1: alia logica, alia aloga memorantur, Mart. Cap. 9. § 949. – subst., **a** logica, ōrum, *n.*, die **Logik**, Cic. Tusc. 4, 33. – Sing. logicum, Sidon. carm. 15, 100. – **b** logicī, ōrum, *m.*, die **rationellen Ärzte**, Cael. Aur. de morb. acut. 3, 21, 216.

logista, ae, *m.* (λογιστής), ein **Rechnungsbeamter**, bei den Römern zur Kaiserzeit = curator rei publicae, eine Behörde, der die Aufsicht über die Justiz und die Finanzen oblag, Cod. Iust. 1, 54, 3. CIL 2, 4114, 9.

logisticus, a, um (logista), die **Finanzverwaltung betreffend**, ars, Cassiod. var. 3, 52, 3.

logistoricum, ī, *n.* (*λογιστορικόν), eine verlorengegangene Schrift des Varro, die scharfsinnige Gedanken u. merkwürdige Anekdoten enthielt, Gell. 4, 19, 2; 20, 11, 4.

logium, iī, *n.*, s. logēum.

logodaedalia, ae, *f.* (λογοδαιδαλία), **Wortkünstelei**, Auson. edyll. 12. gramm. 1. p. 139, 1 Schenkl.

logographus, ī, *m.* (λογογράφος), der **Rechnungsführer**, Arcad. dig. 50, 4, 18. § 10. Cod. Iust. 10, 69, 1.

logos u. **-us**, ī, *m.* (λόγος), **I** das **Wort**, **1** im Allg.: non longos logos, nicht viele Worte, nicht langes Reden, Plaut.: logi, nur Worte, Possen, dummes Zeug, Komik. – **2** insbes.: **a** die **Scherzrede**, das **Witzwort, Wortspiel**, Plaut. u. Cic. fr. – **b** die **Fabel**, Aesopei, Sen. ad Polyb. 8, 3 (27), 1. – **II** die **Vernunft**, Auson. Griph. (XXVI) 2, 68 p. 131 Schenkl. Marcell. carm. de medic. 6.

loidus, s. lūdus ►.

loliāceus, a, um (lolium), **aus Lolche (Schwindelhafer)**, farina, Varro r. r. 3, 9, 20.

loliārius, a, um (lolium), **zum Lolch (Schwindelhafer) gehörig**, cribrum, Colum. 8, 5, 16.

lōlīgo, inis, *f.*, s. lollīgo.

lolium, iī, *n.*, der **Lolch, Schwindelhafer**, die **Trespe** (*Lolium temulentum*, L.), deren Genuss verderblich für die Augen sein sollte, Enn. fr. var. 31. Verg. ecl. 5, 37. Hor. sat. 2, 6, 89. Plin. 18, 153: infelix, Verg. georg. 1, 154 (vgl. Plin. 22, 160): lolia oculos vitiantia, Ov. fast. 1, 691: lolio victitare, vom L. leben und infolgedessen schlechte Augen haben, Plaut. mil. 321.

lollīgo (lullīgo), inis, *f.*, der **Blackfisch, Tintenfisch** (*Sepia loligo*, L.), Varro LL. 5, 79. Cic. de div. 2, 145. Plin. 11, 215. Hor. sat. 1, 4, 100. Ov. hal. 132. Suet. fr. p. 234, 2 *Reiff.* (lulligo). Apul. apol. 35. – Plin. 9, 83 u. 158 unterscheidet ihn von sepia (*Sepia officinalis*. L.), womit andere ihn für gleichbedeutend nahmen.

lollīguncula, ae, *f.* (Demin. v. lolligo), ein **kleiner Blackfisch, -Tintenfisch**, Plaut. Cas. 493 *Leo*.

Lollius, a, um, Name einer röm. *gens*, aus der am bekanntesten M. Lollius, Statthalter in Galatien und Gallien, Günstling des Augustus, Erzieher des Gajus, eines Enkels des Augustus; er erlitt im Krieg gegen die Germanen eine bedeutende Niederlage, Vell. 2, 97, 1. Suet. Tib. 13, 2; vgl. Orelli Hor. carm. 4, 9. – Lollia, die Gemahlin des A. Gabinius, Cäsars Geliebte, Suet. Caes. 50, 1. – Dav. **Lolliānus**, a, um, **lollianisch, des Lollius**, clades (s. oben), Tac. u. Suet.

lōmentum, ī, *n.* (lavo), **I** ein **Waschmittel**, eine aus Bohnenmehl u. Reis geknetete Masse, mit der die röm. Damen die Haut zu glätten suchten, Plin. 18, 117. Mart. 3, 42, 1. Pallad. 11, 14, 9. CIL 4, 2597: übtr., censuram lomentum aut nitrum esse, sei eine Art Waschmittel oder Lauge, Cael. in Cic. ep. 8, 14, 4. – **II** übtr., eine blaue Farbe, **Eschel**, Plin. 33, 162. – Nbf. lūmentum, Schol. Iuven. 6, 511.

lonchītis, idis, *f.* (λογχῖτις), eine Pflanze, **zungenförmige Stendelwurz** (*Serapias Lingua*, L.), Plin. 25, 137.

lonchus, ī, *m.*, der **Spieß**, die **Lanze**, Tert. de cor. mil. 11.

Londinium (Lundinium), iī, *n.*, Stadt in Britannien, j. *London*, Tac. ann. 14, 33. Amm. 27, 8, 7. – Dav. **Londiniēnsis**, e, **londiniensisch**, oppidum, London, Eumen. pan. ad Const. 17, 1.

longaevitās, ātis, *f.* (longaevus), **I** die **langjährige Dauer, Langwierigkeit**, peregrinationis huius, Ambros. de bono mort. 2. § 3. – **II** insbes., die **lange Lebensdauer**, das **lange Leben**, corvorum, Macr. sat. 7, 5, 11: alci longaevitatem indulgere, Ambros. de Cain et Abel 2, 10. § 37.

longaevito, āre (*Intens.* v. longaevo), **langdauernd machen**, Alcim. Avit. epist. 63 (56) zw.

longaevo, āre (longaevus), **langdauernd machen,** Ven. Fort. vit. S. Medard. 13.

longaevus, a, um (longus u. aevus), **I langjährig,** impunitas, Amm. 26, 3, 4: auctoritas, Amm. 28, 4, 30: pons, Stat. Theb. 10, 864. – **II** insbes., **von hohem Alter, hochbetagt, hochbejahrt,** parens, Verg.: senex, Verg.: longaevi moriuntur, Firm.: capilli, Mart.: aetas, Ambros. u. a. – subst., longaeva, ae, *f.* (*sc.* nutrix), die **Alte,** Ov. met. 10, 462. – ► arch. longaevos (Nomin.), Verg. Aen. 8, 498 u. 12, 420.

longanimis, e (longus u. animus) = μακρόθυμος (Gloss.), **langmütig,** Vulg. psalm. 102, 8 u. a. Eccl. Not. Tir. 27, 67[a].

longanimitās, ātis, *f.* (longanimis) = μακροθυμία (Gloss.), die **Langmütigkeit,** Vulg. 2. Petr. 3, 15. Cassiod. hist. eccl. 5, 42.

longanimiter, *Adv.* (longanimis) = μακροθύμως, **langmütig,** Vulg. Hebr. 6, 15. Cassiod. hist. eccl. 10, 33.

longanon (longao u. longavo, longavus), ōnis, *m.*, **I** der **Mastdarm,** Form longanon, Veget. mul. 2, 14, 1. Cael. Aur. de morb. acut. 3, 22, 221; de morb. chron. 4, 3, 25 u. 27 *sq.*: Form longao, Apic. 4, 133. Cass. Fel. 48. p. 127, 16 u. p. 128, 3. – **II** meton., eine Art **Wurst,** Form longavo, Varro LL. 5, 111: Form longavus, Arnob. 7, 24 R.

longao, s. longanon.

longārius, a, um (longus), **langgezogen, lang,** litterae, Anecd. Helv. 222, 3.

longavo, longavus, s. longanon.

longē, *Adv.* (longus), **lang, in die Länge, I** im Raum: **A langhin, weithin, fernhin, weit, fern, 1** eig.: longe gradi, große Schritte machen, Verg.: longe abesse, Cic.: so auch longe esse, weit (entfernt) sein, Ov.: longe videre, Cic.: so auch longius videre, Cic.: longe abire, Ter.: longius discedere, Cic.: longius sequi, Tac.: longe a Tiberi, Cic.: oppidum est non longe a Syracusis, Cic.: longius ab urbe (quam) mille passuum, Liv.: locum castris deligit ab Avarico longe milia passuum XVI, in einer Entfernung von usw., Caes.: longe a suis inter hostium cadavera repertus est, Sall.: non longe ex eo loco, Caes.: quam longe est hinc in saltum vestrum Gallicanum? Cic. – longe lateque, s. lātē. – m. *Genet.*, abes longe gentium, bist weit entfernt in der Welt, Cic.: aber longe parentum, fern von den Eltern, Apul. – **2** bildl.: **a** übh., **weit,** ne longius abeam, um die Beispiele nicht weiter herzuholen, Cic.: res nos longius trahit ab incepto, Sall. – longissime abesse a vero, Cic., ab humanitate, Caes.: quod abest longissime, davon bin ich weit entfernt, das ist gar nicht meine Absicht, Cic.: non longe esse a veritate, Lact., ab hac vanitate, Lact.: ab eloquentia longissime esse, der B. ganz fern stehen, Quint. – ab alqo longe abesse, jmdm. nichts helfen, Caes.: u. so alci longe esse, Verg. u. a. – errat longe mea quidem sententia, irrt weithin = irrt sehr, Ter. – par studiis sed robore longe, weit entfernt, nachstehend, Stat. – **b** bei Begriffen der Verschiedenheit, **weit,** longe a nostris rebus iuncta divûm natura, Lucr.: a volgo longe longeque remoti, Hor.: l. dissimilis contentio, Cic.: l. diversus, l. dispar, Cic.: l. alius, Cic.: l. aliter se habet ac etc., Cic.: quod l. secus est, Cic.: l. dissentire, Cic. – longe interest, s. inter-sum a. E. – bei *Comparativen* u. *Superlativen* u. bei allen Begriffen des Vorzugs, **weit, bei weitem,** l. melior, Verg.: l. tumultuosior, Vell.: l. clarior, Quint.: l. magis prosper, Vell.: l. magis probari, Quint.: eam l. minoris ac levioris momenti esse consultationem, Liv. – longe ante alias specie insignis, Liv. – l. gratissimus, Varro At. fr.: l. nobilissimus, Caes.: l. maximus, Cic.: l. primus civitatis, Cic.: bene l. princeps, Cic.: plurimum et longe longeque plurimum tribuere voluptati, Cic. – l. praestare, antecellere, Cic.: l. anteponere alci rei, Cic. – **B weit = von weitem** (s. Haupt opusc. 2, 455), agnoscere regem, Verg.: gemitum morientis, Ov.: videre, Ov.: accurrere, Ter.: longeque (= *longe quoque*), schon von weitem, Val. Flacc. – im Bild, di immortales, quam tu longe iuris principia repetis, Cic. de legg. 1, 28: tam longe repetita principia, so weit hergeholte, Cic. ep. 13, 29, 2. – Spätlat. a longe u. de longe, s. Rönsch Itala p. 231. Muncker Hyg. fab. 257. p. 311. – **II** übtr., von der Zeit, **weit, lange,** u. zwar von der fortlaufenden, von der Gegenwart in die Zukunft ausgedehnten Zeit, longe ante videre, Cic.: longe subsequi, lange danach, Quint.: longius debere, länger schuldig bleiben, Nep.: video caculam militarem me futurum haud longius, in nicht gar langer Zeit, nächstens, Plaut.: non nimium longe (später) in scaena florere, Gell. – haec dixi *brevius* ... *longius* autem etc., weitläufiger, Cic. – si quid modo longius circumduxerunt, übermäßig lange herumgezogen haben, Quint.

longilaterus, a, um (longus u. latus), **langseitig,** Boëth. arithm. 1, 28. p. 56, 8 Fr.

longiloquium, iī, *n.* (longus u. loquor) = macrologia (s. d.), Donat. ad Ter. eun. 2, 2, 34. Isid. orig. 1, 33, 8.

Longimanus, ī, *m.* (longus u. manus), Übersetzung von Μακρόχειρ, **Langhand,** Beiname Artaxerxes' I., Hieron. chronic. Euseb. ad olymp. 79.

longinquē, *Adv.* (longinquus), **I weit, weit entfernt,** ab domo, Enn. fr.: longinquius diutiusque absit, Gell. – **II** übtr., der Zeit nach entfernt, **wie in alter Zeit, alt, antik,** scribere, Fronto ep. ad Ver. 1, 1. p. 114, 4 N.

longinquitās, ātis, *f.* (longinquus), **I** eig., die **Länge, Weite, 1** im Allg.: corporis, Gell.: viae, Flor.: itineris, Tac. – **2** insbes., die **weite Entfernung, Abgelegenheit,** Cic.: regionum, Tac. Agr. 19. – **II** übtr., v. der Zeit, **a** die **Länge, Langwierigkeit,** temporis, temporum, Cic.: belli, Liv.: morbi, Cic.: aetatis, langes Alter, Ter. – **b** die **lange Dauer,** die **Länge der Zeit,** long. et dies, Cic.: voluptatem crescere longinquitate, Cic.: longinquitate potestatem dominantem, Liv. Vgl. Manutius Cic. ep. 2, 9 *in.*

1. longinquo, āre (longinquus), **entfernen,** Eccl.

2. longinquō, *Adv.*, s. longinquus.

longinquus, a, um (longus), **lang, weit, I** eig.: **1** im Allg.: linea, Plin.: aequora, Sil.: amnes, mit langem Lauf (die weithin die Grenzen decken), Tac. ann. 1, 9: oculorum acies, in die Ferne, Gell. 14, 1, 5. – *neutr. plur.* subst., saturi longinqua Tarenti, die sich weithin erstreckenden Auen, Verg. georg. 2, 197: longinqua contueri, in die Ferne sehen können (Ggstz. nisi prope admota non cernere), Plin. 11, 142. – **2** insbes.: **a weit = weit entfernt, entlegen,** Lacedaemon, Cic.: regio, Caes.: ex locis tam longinquis tamque diversis, Cic.: ex longinquioribus locis, Caes. – externus hostis atque longinquus, Cic.: l. nationes, Caes. – prägn., l. cura, um weit entfernte Gegenstände, Liv.: vulnera, von fernher empfangene, Lucan.: bella, mit einem von fernher gekommenen Volk, Iustin. – *neutr.* subst., e od. ex longinquo, **aus der Ferne, von weitem,** Sen. u. a. – Plur., longinqua imperii, entfernte (entlegene) Punkte (Gegenden), Tac. ann. 3, 34: ita naturā comparatum est, ut propinquorum (das Naheliegende) incuriosi longinqua sectemur (Fernliegendem nachstreben, in die Ferne schweifen), Plin. ep. 8, 20, 1. – **b entfernt-, auswärts lebend, auswärtig, fremd,** homo alienigena et longinquus, Cic.: piscis, Ov. – **c** der Verbindung nach jmdm. **fernstehend,** Plur. subst., in longinquos (Fernstehende), in propinquos (Nahestehende), in alienos (Fremde), in suos (Angehörige) irruebat, Cic. Mil. 76. – **II** übtr., v. der Zeit, **1** im Allg., **lang, langwierig, lange dauernd,** longinqua mala consuetudo, Varro LL.: observatio, Cic.: tempus longinquius, Nep.: dolor, Cic.: morbus, Liv. – longinquum istuc amanti est, Plaut.: u. alci longinquum est m. *Infin.*, sed homini hoc exspectare longinquum est, Pallad. 3, 25, 2. – *adv.*, longinquō, **lange,** ICt.: longinquum, **lange,** loqui, ein langes u. breites, Plaut. merc. 610 G. – **2** insbes., der Zeit nach entfernt, d. i. **a weit, entfernt,** in longinquum tempus differre, Cic.: omissā spe longinquā et serā, weit aussehende, Tac. – **b alt, antik,** monumenta, Plin. 13, 83.

Longīnus, ī, *m.* (longus), röm. Beiname in der *gens Cassia*, s. Cassius.

longio, āre (longus), **verlängern,** Diom. 505, 22.

longipēs, pedis (longus u. pes), **langfüßig,** scarabaeus, Plin. 30, 29: aves, Plin. 11, 257.

longīsco, ere (longus), **verlängert-, ausgedehnt werden,** Enn. ann. 451 u. 452. Vgl. Non. 134, 19 u. Gloss. V, 643, 60.

longiter, *Adv.* (longus) = longe, **weit,** Lucr. 3, 674 u. 787; 5, 133; vgl. Non. 515, 12.

longitia, ae, *f.* (longus), die **Länge**, Gromat. vet. 316, 2; 321, 14 u. a.

longitūdo, inis, *f.* (longus), die **Länge** (Ggstz. brevitas), **I** eig.: agminis, Caes.: itineris, Cic.: viae, Liv.: in longitudinem diffindere, in die Länge, Cic.: dah. in longitudinem, in die Länge, bei Bestimmung der Größe, CC pedum, Caes.: longitudine, per longitudinem, in die Länge, der Länge nach, Plin. – longitudo, milit. *t. t.*, die **Länge** (Ggstz. latitudo, die Breite), Veget. mil. 3, 8. p. 82, 23 L^2. – Plur., immensitas latitudinum, longitudinum, Cic.: longitudines et latitudines planae, Gell. – **II** übtr., v. der Zeit, die **Länge, lange Dauer,** noctis (Ggstz. diei brevitas), Cic.: orationis (Gedehntheit, Ggstz. contractio), Cic.: consulere in longitudinem, weit hinausdenken, Ter.

longitrōrsus, *Adv.* (*longitro [v. longus] u. versus), **in die Länge,** Paul. ex Fest. 120, 7 *Muell. not. cr.*

longiturnitās, ātis, *f.* (longiturnus), die **lange Dauer,** Vulg. Baruch 3, 14: vitae, Cassiod. de amic. 57.

longiturnus, a, um (longus), **lange dauernd,** Vulg. Baruch 4, 35. Vgl. Gloss. V, 506, 39.

longiusculē, *Adv.* (longiusculus), **etwas weit** od. **weiter,** Augustin. in Ioann. epist. ad Parth. tract. 4, 11. Claud. Mam. de statu anim. 1, 1 *extr.* Sidon. epist. 8, 11, 14.

longiusculus, a, um (*Demin.* v. *Comp.* longior), **ziemlich lang, von ziemlicher Länge,** versus, Cic. Arch. 25: statura, Lampr. Anton. Diad. 3, 2: vox, Augustin. conf. 11, 27, 36.

longo, āre (longus), **I lang machen** (Ggstz. breviare), Ven. Fort. carm. 7, 12, 70. – **II entfernt halten,** alqm a sepulcro, Arnob. in psalm. 87.

Longobardī, ōrum, *m.*, s. Langobardī.

Longula, ae, *f.*, volskische Stadt bei Korioli, von den Römern frühzeitig zerstört, wahrscheinl. an der Stelle des heutigen *Buon Riposo,* Liv. 2, 33, 4 u. a. – Dav. **Longulānī**, ōrum, *m.*, die Einw. von Longula, die **Longulaner,** Plin. 3, 69.

longulē, *Adv.* (longulus), **etwas** (ziemlich) **weit,** Ter. heaut. 239: hau (haud) longule, nicht gar weit, Plaut. rud. 266; Men. prol. 64: u. so non (neque) longule, Apul. flor. 2. p. 2, 8 Kr.

longulus, a, um (*Demin.* v. longus), **ziemlich lang (weit),** iter, Cic. ad Att. 16, 13. litt. a. § 2: syllaba, Terent. Maur. 2189.

longurio, ōnis, *m.* (longus), ein **baumlanger Kerl,** eine **Hopfenstange,** Varro sat. Men. 562.

longurius, iī, *m.* (longus), eine **lange Stange, Latte,** Varro r. r. 1, 14, 2 u. a. Caes. b. G. 3, 14, 5 u. a.

longus, a, um (vgl. gotisch *laggs,* ahd. usw. *lang*), **lang** (Ggstz. brevis), **I** eig.: **1** im Allg.: **a** v. Lebl.: spatium, Caes.: via, Verg.: epistula longa, Plin. ep., longior, Ov., longissima, Cic.: agmen longissimum, Caes.: navis, langes Schiff, Kriegsschiff, Liv.: longus versus = Hexameter, Enn. fr. – m. *Acc.* auf die Frage **wie lang?** cubitum longae litterae, ellenlange B., Plaut.: ratis longa pedes centum, Liv.: umbilicus septem pedes longus, Plin.: od. m. dem *Genet.* od. *Abl.,* longus pedum sex, Colum.: longus sesquipede, Plin.: machina longa pedibus decem, Veget. mil.: mit *in* u. Akk., sulcus in quattuor pedes longus, Colum. – *neutr.* subst., quattuor pedes in longo, in der Länge, Plin.: sonus (lusciniae) nunc continuo spiritu trahitur in longum (wird in die Länge gedehnt, wird gedehnt), nunc etc., Plin.: quadraginta duos pedes *in latum* et mille passus *in longum,* Veget. mil.: basilicam Alexandrinam instituerat inter campum Martium et saepta Agrippina *in lato* (in der Breite) pedum centum, *in longo* (in der Länge) pedum mille, Lampr. – *neutr. pl.* subst., longa, das **Lange** (Ggstz. minuta), Calp. ecl. 5, 70. – übtr., an nescis longas regibus esse manus, lange (weitreichende, mächtige) Arme, Ov. her. 16 (17), 166; dagegen attulimus longas in freta vestra manus, unverstümmelte, unbeschädigte, Prop. 3, 7, 60. – **b** v. Pers.: valens an imbecillus; longus an brevis, Cic.: homo Cappadox, longus, audaculus, Petron.: longus homo est, ein langer Kerl, eine Hopfenstange, Catull.: quā facie est homo? *Sy.* sesquipede est quam tu longior, Plaut.: longior Fido Annaeo, Sen.: qui mendacio staturam adiuvant longioresque quam sunt videri volunt, Sen. – **2** insbes.: **a** (= *longinquus*) **weit entfernt, weit, entlegen,** orae, Sil.: longa a domo militia, Iustin. – **b** poet., **weit** = sich weit u. breit erstreckend, pontus, Hor.: fluctus, Hor.: freta, Ov. – **II** übtr., v. der Zeit: **1** im Allg., **lang, lange dauernd, langwierig,** vita longa u. longior, Liv.: tam longa aetas, Cic.: mora, Cic.: tempus, Cic., Liv. u. a.; hora, Cic.: dies, Plin. (vgl. numquam dies tibi *longi* erunt, sed *breves* videbuntur, Hieron. epist. 130, 15): u. longa aetas od. longa dies, die Länge der Zeit, der Verlauf der Zeit, Hor. u. Tibull.: mensis uno die longior, Cic.: longo tempore, in, seit l. Zeit, Ov.: post longum tempus, Sen. rhet.: per longum tempus, Suet.: Solonem Atheniensem non longis temporibus ante, Cic.: morbus, chronische Krankheit (Ggstz. acutus), Liv. u. Cels.: caedes, Liv.: error, langjähriger, Liv.: societas, oratio, Liv.: longi anni, langes (hohes) Alter, Verg.: longius fuit certamen, Liv. – m. *Acc.*, mensis intercalarius XLV dies longus, Cic. – *neutr.* subst., in longum, auf lange (für lange) Zeit, ducere amores, Verg.: parare, Tac.: sufficere, Tac. – per longum, lange Zeit hindurch, Sil. – post longum, Ov. – ex longo, seit langem, Verg. – poet., longum *adv.*, lange, lange Zeit, Verg., Hor. u. a. Dichter; u. Plur., longa tueri, Stat. – non longius faciam, ich will es nicht länger aufhalten, Cic.: ne longum fiat, Cic.: od. ne longum faciam, um nicht weitläufig zu werden, um es kurz zu sagen, Hor. – nec mihi longius quicquam est quam videre hominum vultus, nichts ist mir langweiliger, als usw., Cic. Rab. Post. 35: dagegen non longius mihi est od. videtur, quam ut etc. od. quam dum etc., mir ist nichts langwieriger = ich kann es nicht erwarten, dass ich od. bis dass ich usw., Cic. ep. 11, 27, 1. Cic. Verr. 4, 39. Lucil. 156. – longum est (es würde zu lange dauern) illum me exspectare dum exeat, Ter. Andr. 977: quando mortem senis exspectare longum censent, es zu lange finden, Liv. 39, 51, 9. – longum est (es wäre zu weitläufig) persequi ceteros, Cic.: u. so quos persequi longum est, Quint.: quam improbe fecerit longum est dicere, Cic.: longum est ea dicere, sed hoc breve dicam, Cic.: longum est, si tibi narrem etc., Ter.: dicere longa mora est, ist zu langwierig, langweilig, Ov. – von Pers., nolo esse longus will nicht weitläufig sein, Cic.: u. so cum nimis longus esse nolim, Cic.: sed elatus studio vereor, ne longior fuerim, Cic.: m. *in* u. Abl., ne longum me in enumerando putetis, Cic. – **2** insbes.: **a** v. der Silbenmessung, **lang** (Ggstz. brevis), syllaba, Cic.: subst., longa, eine Länge = eine lange Silbe (Ggstz. brevis), Cic. u. Quint. (vgl. brevis *no.* I, B, 2, b, α). – **b** in die Länge hinausgeschoben, **weit aussehend,** spes, Hor.: spes auxiliorum, Sall. – poet. übtr., v. Pers., longus spe, der mit seinen Hoffnungen weit hinausgeht, noch lange zu leben hofft, Hor. de art. poët. 172.

lopas (lepas), adis, Akk. Plur. adas, *f.* (λεπάς), die **Napfschnecke** (patella), eine einschalige Muschel, die sich an Felsen festsaugt, Plaut. Cas. 493; rud. 297; vgl. Non. 551, 5.

loquācitās, ātis, *f.* (loquax), die **Redseligkeit, Schwatzhaftigkeit, Geschwätzigkeit,** mea, Cic.: Macri, Cic.: inanis, Quint.: expressior loquacitas certo picarum generi est, Plin.

loquāciter, *Adv.* (loquax), **redselig, geschwätzig, schwatzhaft,** alci respondere, Cic. Mur. 26: scribetur tibi forma loqu. et situs agri, Hor. ep. 1, 16, 4. – *Compar.*, Augustin. de civ. dei 7, 5. p. 281, 1 D.^{2} Paul. Nol. epist. 39, 8.

loquāculus, a, um (*Demin.* v. loquax), **etwas geschwätzig,** Lucr. 4, 1157 (1165).

loquāx, ācis (loquor), **redselig, geschwätzig** (Ggstz. mutus, tacitus), **a** v. Pers.: convivae, Varro fr.: loquax magis quam facundus, Sall. fr.: senectus est naturā loquacior, Cic.: homo omnium loquacissimus, Cic.: loquacem esse de alqo, Prop.: m. *Genet.*, mendaciorum loquacissimus, Tert. apol. 16. – **b** v. Tieren, rana, quakend, Verg.: aves, Plin. – **c** übtr., v. Lebl., epistula, Cic. (vgl. ut magis loquacem quam eloquentem haberes epistulam, Augustin. epist. 261, 4): stagna, von den Stimmen geschwätziger Vögel ertönende, Verg.: so auch nidus, voll geschwätziger Jungen, Verg.: vultus, redend, Ov.: lingua, Ov.: oculi, sprechende, ausdrucksvolle Augen, Tibull.: lymphae, murmelnd, Hor.: quae (ars) *in* excogitandis argumentis muta nimium est, *in* iudicandis nimium loquax, Cic.

loquēla (in den besten Handschrn. loquella), ae, *f.* (loquor), **I** das **Reden,** die **Rede,** Plaut. cist. 741. Lucr. 5, 230. – **II** übtr.: **1** das **Wort** (vgl. Varro LL. 6, 57), fundit has ore loquelas, Verg. Aen. 5, 842: sive loquelis sive casibus serviat, Prob. de ult. syll. 253, 29. – **2** die **Art zu reden, Sprache,** Graia, Ov. trist. 5, 2, 68: intellectores utriusque loquelae, Interpr. Iren. 3, 21, 2.

loquēlāris, e (loquela), **zur Rede gehörig,** praepositiones, die untrennbaren (re, se, dis etc.), Prob. de ult. syll. 253, 5 K.; vgl. Paul. ex Fest. 4, 14.

loquella, s. loquēla.

loquentia, ae, *f.* (loquor), im tadelnden Sinne, was eloquentia im guten, ein **gutes Mundwerk, Redefertigkeit, Zungenfertigkeit,** Iul. Candid. in Plin. ep. 5, 20, 5; vgl. Val. Prob. b. Gell. 1, 15, 18.

loquitor, ātus sum, ārī (*Intens.* v. loquor), **sprechen,** Plaut. Bacch. 803: loquitari dediscere, Apul. flor. 15. p. 19, 13 Kr.

loquor, locūtus sum, loquī (viell. zu griech. λάσκω, ἔλακον), **sprechen, I** *intr.* **sprechen** (vom gelassenen Gesprächston, während dicere u. orare den zusammenhängenden Ton des Redners bezeichnen, s. Quint. 9, 4, 110; 11, 3, 45), **a** eig. (Ggstz. tacere od. clamare), bene et loqui et dicere, Cic.: male, Cic.: vere ac libere, Cic.: magnifice, Liv.: Graecā linguā, Nep.: Graece, Latine, Cic.: pure et Latine, Cic.: Latine nescire loqui, Sen.: de alqa re, de alqo, Ter., Cic. u. Liv.: cum alqo, mit od. zu jmd., Ter. u. Cic. (vgl. tecum loquor, ich spreche mit dir, ich meine dich, Plaut.): cum aliis minimum, plurimum secum, Sen.: inter se clare (laut), Plin. ep.: nullo arbitro secum ipsi loquantur, Cic. – male loqui, nachteilig reden, Plaut. u. Cic., de alqo, Sen. u. Suet.: bene loqui, Plaut., de alqo, de alqa re, Sen. rhet.: bene loqui in alqm (Ggstz. non recte alci dicere), Plaut.: loqui alci, zu jmd., mit jmd. sprechen, Stat. Theb. 12, 26. Sil. 16, 322. Hieron. epist. 84, 3: aber alci male, übel von jmd. sprechen, ihn schelten, schimpfen, Plaut. u. Ter. – pro alqo loqui, für jmd. = zu jmds. Verteidigung, Cic., od. = in jmds. Namen, apud (vor) alqm, Cic.: apud populum aut in senatu, Cic.: de me apud te, Cic.: adversus alqm, Ter., ad alqm, Verg., nach jmd. hingewendet: in hanc sententiam, Liv.: non loquens, der nicht sprechen kann, stumm, Gell. – m. allg. *Acc.*, de quo nihil nocuerit, si aliquid cum Balbo eris locutus, es wird nichts schaden, wenn du mit B. ein paar Worte darüber sprichst, Cic. ad Att. 12, 47, 1. – **b** übtr.: cum charta dextra locuta est, hat aufs Papier geschrieben, Ov.: ut consuetudo loquitur, wie man insgemein zu sagen pflegt, Cic.: ut fama loquitur, wie die Sage geht, Vell.: ut proverbium loquitur vetus, Amm.: ut (wie) omnes historiae loquuntur, Lact.: de viro heredeque eius lex tantum loquitur, Ulp. dig.: res ipsa loquitur, Cic.: cum P. Africani historiae loquantur m. folg. *Acc.* u. *Infin.*, da es die G. des P. Afr. ausspricht (berichtet), es sei usw., Cic. Acad. 2, 5: pinus loquentes, säuselnde, sanft rauschende, Verg. – **II** *tr.*: **1 sprechen, a** eig.: ex quo ego veni ad ea, quae fueramus ego et tu inter nos de sorore in Tusculano locuti, Cic.: quid loquar (was od. wozu soll ich sprechen) de militari ratione? Cic.: quid turres, quid vineas testudinesque loquar? was od. wozu soll ich sprechen von usw., Liv.: quid loquar (was od. wozu soll ich sprechen), quanta ratio in bestiis ad perpetuam conservationem generis earum appareat? Cic. – loquuntur, man spricht (sagt, erzählt), m. folg. *Acc.* u. *Infin.*, hospitibus te dare iura loquuntur, Verg.: eodem die vulgo loquebantur Antonium mansurum esse Casilini, ging allgemein das Gerede, Cic. – **b** übtr., oculi nimis arguti quem ad modum affecti sumus, loquuntur (sprechen es aus), Cic. de legg. 1, 27. – **2** = **nur** od. **immer von etw. sprechen,** etw. **immer im Munde führen** (vgl. Heräus Tac. hist. 4, 12. Burmann Petron. 117, 9), classes, Cic.: Catilinam, Cic.: proelia, Hor.: alqm chartis dare famaeque populisque loquendum, um immer von ihm zu sprechen, Mart.: male loqui alqm, jmd. schimpfen, Capit. Pert. 13, 5. – **3 reden, sagen, nennen, heraussagen,** suum nomen alci, Plaut.: pugnantia, Cic.: ipsam rem, Ter.: meram rem, Plaut.: rem loquere, du hast ganz Recht, Plaut. – ► Parag. *Infin.* loquier, Naev. fr. b. Gell. 1, 24, 2. – arch. loquontur = loquuntur, Varro LL. 6, 1 u. 9, 85: locuntur, Plaut. Bacch. 801.

1. lōra u. **lōrea,** ae, *f.*, der **Nachwein, Tresterwein,** der **Lauer, α** Form *lora,* Cato r. r. 57, 1. Varro r. r. 1, 54, 3. Colum. 12, 41. Plin. 14, 86. – **β** Form *lorea,* Gell. 10, 23, 2: im Bild, postquam adbibere aures meae tuae loream orationis, Plaut. mil. 883.

2. lōra, s. lūra.

lōrāmentum, ī, *n.* (lorum), **I** das **Riemenwerk, -zeug,** Plur., Iustin. 11, 7, 16. Edict. Diocl. 8, 8 *lemm.* – **II** übtr., der **Verband,** das **Gefüge,** lor. ligneum, Vulg. Sirach 22, 19.

lōrārius, iī, *m.* (lorum), **I** der **Riemer,** CIL 6, 9528. – **II** der **Zuchtmeister, Knutenmeister** der Sklaven, der sie peitschte, wenn sie etwas verbrochen hatten, Gell. 10, 3. § 19.

lōrātus, a, um (lorum), **mit Riemen gebunden,** Ps. Verg. mor. 122.

lōrea, s. 1. lōra.

lōreola, s. laureola.

Lōrētum, ī, *n.*, s. Laurētum.

lōreus, a, um (lorum), **aus Riemen,** funes, Cato: vittae, Plin. – scherzh., vostra faciam latera lorea, ich will euch so zerhauen, dass aus der Haut Riemen werden sollen, Plaut. mil. 157.

lōrīca, ae, *f.* (lorum), **I** der **Panzer,** anfangs aus rohem Leder u. dgl., dann auch mit ehernen Schuppen überzogen, das **Panzerhemd** (hingegen thorax die eherne Rüstung vom Hals bis an die Scham, eherner Harnisch), Plaut., Cic. u. a.: loricae thoracesque, Liv.: lorica lintea, Nep., ferrea, Tac.: loricae sertae atque aënae, Nep.: remex loricam indutus, Curt.: loricā ferreā uti, Tac.: libros mutare loricis, übtr. = die Studien mit den Waffen, Hor. – **II** übtr.: **1** die **Brustwehr** an Festungen, -an Schanzen, Caes. u. Tac. (s. Heräus Tac. hist. 4, 37): an Gebäuden, testacea, Backsteinbrustwehr, Vitr. – **2** die **Umzäunung,** der **Zaun,** Apul. u. Amm. – **3** an Gebäuden, das **Tünchwerk,** der **Putz,** die **Decke,** loricae ostiorum fenestrarumque, Plin. 30, 89: supra loricae ex calce et arena inducantur, Vitr. 7, 1, 4; vgl. 7, 9, 4. – **4** der **Rumpf** des Körpers, Lucan. 9, 797. – ► vulg. **lūrīca,** Itala (Fuld.) Ephes. 6, 14 u. 1. Thess. 5, 8.

lōrīcārius, a, um (lorica), **zum Panzer gehörig, Panzer-,** fabrica, Veget. mil. 2, 11. – subst., **a** lōrīcārius, iī, *m.* = θωρακοποιός, der **Panzermacher,** Gloss. II, 330, 17 u. ö. – **b** lōrīcāria, ae, *f.* (*sc.* fabrica), die **Panzerfabrik,** Notit. dign. occid. 8.

lōrīcātio, ōnis, *f.* (lorico), die **Bepanzerung,** übtr., duplex loricatio, ein doppelter Fußboden, Vitr. 7, 1, 5.

lōrīcātus, a, um, s. lōrīco.

lōrīco, āvī, ātum, āre (lorica), **I panzern,** se coriis, Plin. 8, 88. – Öfter *Partic.* lōrīcātus, a, um, **gepanzert,** Liv. u. a. – **II** übtr., mit Tünchwerk **überziehen,** Varro r. r. 1, 57 *in.*

lōrīcula, ae. *f.* (*Demin.* v. lorica), eine **kleine Brustwehr,** Hirt. b. G. 8, 9, 3. Veget. mil. 4, 28.

lōrificium, iī, *n.* (lorum u. facio), das **Riemenwerk,** Apul. met. 9, 40 H.

lōripēs, pedis (lorum u. pes), griech. ἱμαντόπους (himantopus, w. vgl.), das Riemenbein, d. i. **Schlappbein, Schleppbein,** attrib. = **schlappfüßig, schleppfüßig,** von dem, der mehr schleicht als geht, weil er aus Schwäche die Füße nicht heben kann, Plaut., Plin. u. a. (vgl. Heinrich Iuven. 2, 23).

Lorium, iī, od. ī, *n.*, eine Villa des Kaisers Antoninus Pius, zwischen Rom u. Alsium, Capit. Anton. Pius 1, 8 u. 12, 6. Fronto ad M. Caes. 2, 15 (18), Eutr. 8, 4.

lōrum, ī, *n.* (für *vlōrum, zu griech. εὔληρα, Zügel), der **Riemen, I** eig. u. meton.: **A** eig., bes. zum Fesseln, vincire vis? en ostendo manus: tu habes lora, Plaut.: cum apparitor Postumium laxe vinciret, ›Quin tu‹, inquit, ›adducis lorum‹, Liv.: qui lora restrictis lacertis sentit, Hor. – lorum vomitorium, der Riemen, den die Alten als Brechmittel in den Schlund steckten, Scrib. Larg. 180. – **B** meton.: **1** der **Gürtel** der Venus, Mart. 6, 21, 9. – **2** der **Zügel,** loro (am Z.) ducere equum, Liv.: lora dare (schießen lassen), Verg. – **3** die lederne bulla (s. d. *no.* II, B), Iuven. u. a. – **4** die **Geißel, Peitsche,** ita vestra latera loris faciam, ut valide varia sint, Plaut.: alqm loris caedere, Cic., rumpere, ICt.: loris non ureris, die P. brennt (zerfleischt) dich nicht, Hor.: usque ad necem operiere loris, wirst fast zu Tode gegeißelt werden,

Ter. – **II** übtr., wegen der Ähnlichkeit, ein dünner **Zweig** des Weinstocks, Plin. 14, 11. – ▶ Nbf. **lōrus,** ī, *m.,* Petron. 57, 8. Apul. met. 3, 13 u. 14. Schol. Iuven. 6, 480.

lōtaster, trī, *m.* (lotos), der **wilde Lotus,** aus dessen Holz Wurfspieße gemacht wurden, Gratt. cyn. 131 (Haupt lutoser).

lōtilentus, a, um (lotium), **unrein, schmutzig,** Titin. com. 137 (wo Vok. lotilente).

lōtio, ōnis, *f.* (lavo), das **Waschen, Baden, Schwemmen,** Vitr. 7, 9, 1 (im Plur.). Plin. Val. 2, 4 (?).

lōtium, iī, *n.,* der **Urin,** Cato, Catull. u. a. – sprichw., non valet lotium suum, von einem schlechten Menschen, Petron. 57, 3.

lōtomētra, ae, *f.* (λωτομήτρα), eine Art der Lotuspflanze, Plin. 22, 56.

Lōtophagī, ōrum u. ûm, *m.* (Λωτοφάγοι), die **Lotusesser,** eine der Sage nach höchst gastfreundliche Völkerschaft in Afrika, an der kleinen Syrte, Mela 1, 7, 5 (1. § 37). Plin. 5, 28 (wo Genet.). Ov. rem. 789. Amm. 14, 6, 21.

lōtor, ōris, *m.* (lavo), **a** der **Wäscher, Bader,** Paul. Nol. ep. 23. Isid. de diff. 1. *no.* 342. – **b** insbes., der **Wäscher** (u. Walker) **der Kleider,** CIL 14, 2156. – Nbf. lutor, CIL 14, 104. Gloss. II, 410, 31 (›lutor, πλύτης‹).

lōtos u. **-us,** lōtus ī, *f.* (λωτός, ὁ, dah. auch *masc.,* s. unten *no.* II u. *no.* IV), Name mehrerer Gewächse: **I** die **Wasserlilie des Nils,** eine als Symbol der Fruchtbarkeit heilige Pflanze bei den Ägyptern, auf deren Denkmälern sie häufig abgebildet erscheint, mit essbaren Früchten (faba Aegyptia), *Nymphaea Nelumbo* (L.) od. *Nelumbium speciosum* (Willd.), aber zu Plinius' Zeit nicht mehr in Ägypten, sondern nur in Indien, Plin. 13, 107. – **II** ein Baum an der Nordküste von Afrika, dessen süße u. wohlriechende Frucht, von der das Volk der Lotophagen seinen Namen trug, auch die Gefährten des Ulixes aßen und die noch jetzt daselbst auf allen Märkten verkauft wird, der **essbare Judendorn** (*Rhamnus Lotus,* L., od. *Zizyphus Lotus,* Lamarck), Plin. 13, 101 *sqq.* Verg. georg. 2, 84. Ps. Verg. cul. 123 *sq.*: griech. Plur. lotoe, Lotusbäume, Plin. 17, 5. – übtr., die **Frucht des Lotus,** die **Judendornkirsche,** Prop. 3, 12, 27. Ov. ex Pont. 4, 10, 18. Hyg. fab. 125 (*masc.*). Sil. 3, 311. – meton., die aus Lotusholz gemachte **Flöte,** Ov. rem. 733; fast. 4, 190. Sil. 8, 505 u. a.: als *masc.,* Palladius lotos, Mart. 8, 51, 14. – **III** ein anderer auch in Italien einheimischer Baum, sonst celtis gen., den Plin. 13, 104 mit *no.* II verwechselt, der gemeine **Zürgelbaum** (*Celtis australis,* L.) – **IV** = faba graeca, die **italienische Dattelpflaume** (*Diospyros Lotus,* L.), Plin. 16, 123. – als *masc.* in Cic. ep. 7, 20, 2. – V) ein Futterkraut, **Steinklee, Schotenklee** (*Melilotus officinalis,* L.), nach anderen **sizilischer Süßklee,** Verg. georg. 3, 394.

lōtūra, ae, *f.* (lavo), **I** das **Waschen,** die **Waschung,** Plin. 34, 128: übtr., lot. solis, Iunior. descr. orb. 3. – **II** meton., das **Spülwasser,** lot. carnis, Cael. Aur. de morb. acut. 3, 32, 167 u. 3, 36, 190.

1. lōtus, a, um, s. lavo.

2. lōtus, ī, *f.,* s. lōtos.

Lua, ae, *f.* (lues), eine Göttin, der man die erbeuteten Waffen weihte, indem man sie verbrannte, Varro LL. 8, 36. Liv. 8, 1, 6; 45, 33, 2. Gell. 13, 22. § 2.

Lubentīna, s. Libentīna.

lubet, s. libet.

lubīdinitās, s. libīdinitās.

lubīdo, s. libīdo.

lūbricitās, ātis, *f.* (lubricus), die **Schlüpfrigkeit,** das **Schlüpfrige,** Cassiod. de amic. 22.

lūbrico, āvī, ātum, āre (lubricus), **schlüpfrig-, glatt machen,** Iuven. 11, 175 u. Spät. – übtr., Prud. psych. 571.

lūbricus, a, um (zu gotisch *sliupan,* schleichen, ahd. *sliofan,* schlüpfen), **schlüpfrig, I** im Allg.: **1** eig.: loculus, Plaut.: locus, Plaut. bei Fronto: fastigium, Liv.: glacies, Liv.: assiduo lubricus imbre lapis, Mart. – *neutr.* subst., lūbricum, ī, *n.,* das **Schlüpfrige,** der **schlüpfrige (glatte) Boden,** in lubrico locare, Plin.: m. Genet., lubrico viae, Tac.: lubrico itinerum, auf schlüpfr. Pfaden, Tac.: lubrico paludum, auf schl. Sumpfboden, Tac.: ut purgamenta illa ventris ad exitus suos facilius per lubricum niterentur, Lact.: Plur., lubrica vallium, die schlüpfrigen Talstrecken, Apul. met. 1, 2. – **2** übtr., **schlüpfrig, unsicher, wankend, unhaltbar, bedenklich, gefährlich,** locus, Plin. ep.: status (Stellung), Tac.: via vitae lubr. et praeceps, Cic.: viae adulescentiae, Cic.: aetas puerilis, Cic.: aetas maxime lubrica atque incerta, v. d. Jugend, Cic.: principis aetas, Tac.: tempus, die der Verführung ausgesetzte Jugendzeit, Sen. rhet.: perdifficilis et lubrica defensionis ratio, Cic. – poet. m. *Infin.,* vultus nimium lubricus aspici, verführerisch (griech. σφαλερός), Hor. carm. 1, 19, 8. – *neutr.* subst., lubricum aetatis, Plin. ep.: adulescentiae nostrae, die unsichere Zeit meiner Jugend, Tac.: lubricum fidei, Achselträgerei, Macr.: in lubricum dirigi, Cato fr.: in lubrico versari, Cic. u. Sen.: in praecipiti et lubrico stare, Curt.: Plur., lubrica pelagi, die unsichere Zeit (Ggstz. firmitas camporum), Val. Max. 3, 2, 10. – **II** prägn.: **A schlüpfrig = glatt, 1** eig.: anguis, Verg.: piscis, Plin.: conchylia, schleimige, Hor.: splendor, Apul. – **2** übtr., **glatt = betrügerisch,** v. Pers., Verg. Aen. 11. 716. – **B dahinschlüpfend, leicht entgleitend, flüchtig, leicht beweglich, 1** eig.: lubrica fluenta, Lucr.: Simois, Hor.: amnis, Ov.: membra, Ov.: oculi, Cic. – **2** übtr.: quoniam (historia) lubrica est et fluit, Quint.: annus, Ov.: alia propter subtilitatem lubrica sunt, entfallen leicht, Sen. de ben. 3, 5, 1. – m. *ad* u. Akk., lubrica ad mutandam fidem classis, Tac. hist. 2, 101: aetas, quae magis ad vitium lubrica esse consuevit, mehr geneigt, Ambros. de interp. Iob et David 1, 7. § 21. – m. *Infin.,* flore capi iuvenem primaevo lubrica mentem nympha, nur zu geneigt, Sil. 5, 18.

lubs, s. 2. libs.

1. Lūca, ae, *f.,* eine Stadt in Etrurien, j. *Lucca,* Cic. ep. 1, 9, 9. Liv. 21, 59, 10. – Dav. **Lūcensis,** e, **lucensisch,** municipium, Lukka, Cic.: doctus Lucensis, Mart.

2. Lūca, s. Lūcānī *no.* d.

lūcāna, ae, *f.,* s. 3. lūcānus.

Lūcānī, ōrum, *m.* (Λευκανοί), eine italische Völkerschaft in Unteritalien (s. Lūcānī), die **Lukaner,** Varro LL. 7, 39. Cic. Tusc. 1, 89. Liv. 8, 19, 1: u. meton. = das lukanische Gebiet, Caes. b. c. 1, 30, 4. Liv. 8, 17, 9 u. a. – Sing. Lūcānus kollektiv, Liv. 31, 7, 11. – Dav. **a Lūcānus,** a, um, **lukanisch,** vinum, Varro: bos, Elefant, Varro LL. (vgl. unten Luca): montes, Liv.: nix, Hor. – subst., lūcāna, ae, *f.* (*sc.* hira) = lucanica (s. unten), Varro LL. 5, 111. – **b Lūcānia,** ae, *f.,* die Landschaft **Lukanien** in Unteritalien, durch die Flüsse Silarus u. Bradanus von Kampanien u. Apulien u. im Süden durch die Flüsse Laus u. Sybaris von Bruttium geschieden, Hor. sat. 2, 1, 38. Mela 2, 4, 2 u. 9 (2. § 59 u. 69). Plin. ep. 7, 3, 1. Flor. 1, 18, 2. Eutr. 9, 13 u. 27. Ampel. 28, 4. – **c Lūcānicus,** a, um, **lukanisch,** subst., lūcānica, ae, *f.,* **Lukanerwurst, geräucherte Wurst,** Cic. ep. 9, 16, 8. Edict. Diocl. 4, 15. Apic. 2, 56; 4, 181; 5, 194 u. a. Mart. 13, 35, 1: lucanicae bubulae (aus Rindfleisch), Edict. Diocl. 4, 16: Nbf. Plur. lūcānica, ōrum, *n.,* Arnob. 2, 42. Stat. silv. 4, 9, 35: lūcānia, ōrum, *n.* Apic. 4, 133. Vgl. Charis. 94, 12 *sqq.,* wo Lucanicus (*sc.* botulus), Lūcānica (*sc.* hira) u. Lucanicum (*sc.* farcimen). Vgl. auch Gloss. II, 379, 53 ›lucanicae, ἀλλάντια (Knoblauchwürste)‹. – **d Lūca,** ae, *m.,* **aus Lukanien,** bos Luca, lukanischer Ochse, d. i. Elefant (denn die Römer nannten die von ihnen zuerst in Lukanien gesehenen Elefanten, da sie ihren rechten Namen nicht kannten, »lukanische Ochsen«), Naev. bell. Pun. fr. 11. p. 19 V. Plaut. Cas. 846. Lucr. 5, 1300. Sil. 9, 572. Auson. epist. 15, 12; vgl. Varro LL. 7, 39 *sq.* Lact. de opif. dei 3, 18.

lūcānica, ae, *f.,* s. Lūcānī *no.* c.

1. Lūcānus, a, um, s. Lūcānī *no.* a.

2. Lūcānus, M. Annaeus, ein röm. Dichter aus Korduba, Zeitgenosse Neros, Verf. des noch erhaltenen Gedichtes Pharsalia, Besitzer großer Reichtümer, Quint. 10, 1, 90. Mart. 1, 62, 7 u. a. Tac. ann. 15, 70, 1 *sqq.*; 16, 17, 2. Iuven. 7, 79 *sqq.* Poët. Lat. min. tom. 4. p. 41 *sqq.*

3. lūcānus, a, um (lux), **zum Tageslicht gehörig,** subst., ante lucanum od. ante lucanam, vor Tagesanbruch, Itala Luc. 24, 22.

lūcar, āris, *n.* (lucus), **I** das Geld aus dem Ertrag der Haine, die **Forst-**

steuer, Paul. ex Fest. 119, 9. – **II** lucar Libitinae, die **Abgabe** der Totengelder, CIL 5, 5128. – **III** meton. = der (urspr. aus der Forststeuer bestrittene) **Gehalt für die Schauspieler,** Tac. ann. 1, 77. Tert. adv. gnost. 8.

lūcāris, e (lucus), **zum Hain gehörig, Hain-,** pecunia, aus dem Ertrag der Haine, Paul. ex Fest. 119, 6. – subst., lūcāria, ium, *n.*, das **Hainfest,** gefeiert am 14. Cal. Aug., Masur. b. Macr. sat. 1, 4. § 15. Fast. Maff. 21. Iuli im CIL 1^2. p. 225.

Lūcās, ae, *m.* (Λουκᾶς), **Lukas,** der dritte Evangelist, Prud. apoth. 1002 u. a. Eccl.

lucellum, ī, *n.* (*Demin.* v. lucrum), **kleiner Gewinn, Profitchen,** dulce luc., Hor. ep. 1, 18, 102: ecquidnam in tabulis patet lucelli expensum, Catull. 28, 6: Apronio aliquid lucelli iussi sunt dare, Cic. Verr. 3, 72: docuerunt vos, quid lucelli fecerit homo non malus, *ibid.* 3, 106: aliquid lucelli sperare, Augustin. c. Cresc. Donat. 3. § 47: ut huius diei lucellum tecum communicem, Sen. ep. 5, 7: tecum partita lucellum (den schönen Gew.), Hor. sat. 2, 5, 82: lucella quaerentes, Ambros. de Elia et ieiun. 19. § 70.

lūcēns, entis, *PAdi.* (v. luceo), **glänzend, hervorstechend,** lucentior usus, Mall. Theod. de metr. 9, 7.

Lūcēnsis, e, s. 1. Lūca.

Lūcentia, ae, *f.* u. **Lūcentum,** ī, *n.*, Stadt im tarrakon. Hispanien, j. *Alicante,* Form -ia, Mela 2, 6, 6 (2. § 93). – Form -um, Plin. 3, 20.

lūceo, lūxī, ēre (lux), **I** *intr.* **licht-, hell sein, leuchten, A** im Allg.: stella lucet, Cic.: luceat igne rogus, Ov.: virgatis lucent sagulis, Verg.: lucet in ore rubor, Ov.: lucent oculi, Ov. – v. Tag, en umquam lucebit in orbe ille dies, quo etc.? Sil. 16, 91: lucente iam die, als es schon heller Tag war, Amm. 21, 15, 2: u. unpers., lucet, **es ist hell, es ist (heller) Tag,** nondum lucebat, Cic.: nec satis lucebat, Cic.: ante quam luceret, Cic.: simul atque luceret, Cic.: auch lucet hoc, heller Tag ist's da, Plaut. mil. 218: u. so hoc haud multo post luce lucebit, Plaut. Curc. 182. – **B** prägn., **hervorleuchten, sichtbar sein, 1** eig.: corpus lucet per bombycina, Mart.: Arabio lucet bombyce puella, glänzt, schimmert, Prop. – **2** übtr., **hervorleuchten, strahlen, in die Augen fallen, sichtbar-, deutlich sein,** res lucet argumentis, es ist klar, deutlich, Cic.: mea officia et studia, quae parum ante luxerunt, Cic.: quarum (figurarum) utilitas in nullo non orationis opere vel clarissime lucet, Quint. – **II** *tr.* **leuchten lassen,** candida lumina, Enn. ann. 156: cereum, Plaut. Curc. 9: novae nuptae facem, Plaut. Cas. 118: fenestrae in modum retis factae ad lucendum (um Hellung zu geben), Itala Ezech. 41, 16.

Lūcerēs, um, *m.*, die eine der drei Tribus, in die die ersten freien Bürger Roms nach ihrer Nationalität geschieden wurden (s. Ramnēs), Varro LL. 5, 55 u. 81. Cic. de rep. 2, 36 (vgl. 2, 14). Liv. 1, 13, 8; 1, 36, 2. Prop. 4, 1, 31. Ov. fast. 3, 132. – Nbf. **Lūcerēsēs** = Lūcerēnses, Paul. ex Fest. 119, 10.

Lūceria, ae, *f.*, eine Stadt in Apulien, j. *Lucera* (in der neapolit. Provinz Basilikata), Cic. ep. 15, 15, 4 u. a. Caes. b. c. 1, 24, 1. – Dav. **Lūcerīnus,** a, um, **lucerinisch,** Cic. – Plur. subst., Lūcerīnī, ōrum, *m.*, die Einw. von Luceria, die **Luceriner,** Liv.

lucerna, ae, *f.* (luceo), die **Leuchte** = die **Lampe, Öllampe, I** eig. u. meton.: **1** eig.: lumen lucernae, Cic., lumina lucernarum (Grubenlampen), Plin.: luc. lucida, Apul.: lucernas fraudare olivo, Hor.: lucernas concinnare (zurechtmachen), Hieron.: lucernam accendere, Phaedr.: lucernam accendere sabbatis, Sen.: lucernam interimere (auslöschen), Trag. inc. fr.: vino et lucernis, nächtliche Gelage, Hor.: ante lucernas, vor Nachtzeit, Iuven.: ut accessit numerus lucernis, bei der Trunkenheit, weil Trunkene alles doppelt sehen, Hor. – **2** meton., die **Nachtarbeit, Lukubration,** haec ego non credam Venusinā digna lucernā, Iuven. 1, 51. – **II** übtr., ein bei windstillen Nächten leuchtender Fisch, die **Seeleuchte** (*Trigla lucerna,* L.), Plin. 9, 82.

lucernāria, ae, *f.* (lucerna), das **Kerzenkraut,** Marc. Emp. 20.

lucernāris, e (lucerna), **zur Leuchte gehörig, Licht-,** hora, Cassian. coen. inst. 3, 3: herba, Kerzenkraut, Isid. orig. 17, 9, 73.

lucernārium, iī, *n.* (lucerna), **I** die **Lampe,** Cassiod. hist. eccl. 9, 38 *extr.* – **II** die Zeit, wo die Lampen angezündet werden, Augustin. in Reg. Cleric.

lucernātus, a, um (lucerna), **mit Lampen versehen, -behängen, erleuchtet (illuminiert),** ianua, Tert. ad uxor. 2, 6.

lucernīnus, a, um (lucerna), **zur Lampe (Lichtarbeit) gehörig, Lampen-, Lichtarbeit-,** kalendae, viell. = der erste des Lichtarbeitsmonats (Dezember od. Januar), Testam. porcell. p. 269, 22 *Buech.* (am Petronius ed. 5.).

lucernula, ae, *f.* (*Demin.* v. lucerna), eine **kleine Lampe,** ein **Lämpchen,** Hieron. epist. 107, 9 u. 117, 12.

lūcēsco u. **lūcīsco,** lūxī, ere (*Inchoat.* v. luceo), **anfangen zu leuchten, I** eig.: **a** *pers.*: novus sol lucescit, Verg. ecl. 6, 37. – quorum caput flavo capillorum crine lucescat, Firm. math. 4, 13. – vom Tageslicht = **anbrechen,** cras lucescere Nonas, Ov. fast. 5, 417. – **b** *impers.*, lucescit, **es wird (heller) Tag,** luciscit hoc iam, da (am Himmel) wird's schon Tag, Plaut.: et iam luciscebat, Liv.: cum lucisceret, Cic.: ubi luxit, Caes. – **II** übtr.: luciscens amor, wiederstrahlend, leuchtend, Fronto ad Anton. imp. 1, 5. p. 103, 17 N.

Lūcetius, a (lux), **Lichtbringer, -bringerin,** Beiname Jupiters und der Juno, Gell. 5, 12, 6 *sq.* Serv. Verg. Aen. 9, 570. Macr. sat. 1, 15, 14. Mart. Cap. 2. § 149.

lūcī = luce, s. lūx.

lūcibilis, e (luceo), **leuchtend,** Serv. Verg. Aen. 6, 725; vgl. Gloss. V, 554, 18 ›lucibile, quod per se lucet‹.

lūcidātio, ōnis, *f.* (lucido), die **Aufklärung, Auseinandersetzung,** Cassiod. inst. div. litt. 28.

lūcidē, *Adv.* (lucidus), **lichtvoll, hell, klar, deutlich,** definire verbum, Cic.: animus lucidius tranquilliusque inter divina mansurus, Sen.: sic ostendit lucidissime causam, Quint.

lūciditās, ātis, *f.* (lucidus), der **Lichtglanz,** Evodius in Augustin. epist. 158, 2.

lūcido, āvī, āre (lucidus), **deutlich machen, aufklären, auseinandersetzen,** Cassiod. var. 3, 31, 5 u. a. Spät.

lūcidus, a, um (lux), **lichtvoll, hell, I** eig.: **1** im Allg.: sidera, Hor.: dies, Apul.: noctes, Mela: gemma, Ov.: amnis, Ov. u. Quint.: vestis, durchsichtig, Plin.: locus (Ggstz. obscurus locus), Cael. Aur.: domus, Cael. Aur.: lucidior domus, Ov.: lucidissima stella, Vitr.: aether lucidissimus, Sen. – *adv.*, lucidum fulgentes oculi, Hor. carm. 2, 12, 14. – **2** prägn., **hell = glänzend weiß,** ovis, Tibull.: lilia, Prop. – **II** übtr., **hell = lichtvoll, deutlich,** lucidus ordo, Hor.: res lucidior, Quint: lucidissima verba, Augustin.: v. Redner, Philistus lucidior, Quint. 10, 1, 74.

lūcifer, fera, ferum (lux u. fero), **Licht bringend, I** eig.: **A** *adi.*: **1** im Allg.: lampas, Acc. tr. fr.: equi, die Pferde der Luna, Ov.: pars lunae, der erleuchtet ist, Lucr.: oculorum semitae, orbes, Chalcid. – **2** prägn. = **ans Licht bringend,** manus, der Lucina, Ov.: Diana Lucifera, Cic. – **B** *subst.*, Lūcifer, ferī, *m.*, der Planet **Venus** od. **Morgenstern,** Cic. u. a.: stella Lucifer interdiu, noctu Hesperus ita circumeunt etc., Varro r. r. 3, 5, 17: nach der Sage ein Sohn der Aurora u. Vater des Ceyx, Ov. met. 11, 271: dah. Lucifero genitus, von Ceyx, *ibid.* 346. – meton., der **Tag,** omnis Luc., Ov.: tot Luciferi, Ov.: exsiliente Lucifero, Amm. – **II** übtr., **licht-, heilbringend,** Prud. psych. 625.

lūciferāx, ācis (lux u. ferax), **viel Licht verbreitend,** Ven. Fort. carm. 2, 4, 3.

lūcificus, a, um (lux u. facio), **Licht machend, leuchtend,** sol, Cael. Aur. de morb. acut. 2, 9, 45.

lūcifluus, a, um (lux u. fluo), **I lichtfließend, -strahlend, hell,** Iuvenc. 3, 294. – **II** übtr., **lichtstrahlend = göttlich,** Iuvenc. 4, 120.

lūcifuga, ae, *m.* (lux u. fugio), **I** das Licht fliehend, **lichtscheu,** v. Pers., Apul. apol. 16. Amm. 16, 7, 7: maritus, Amor (weil er die Psyche nur bei Nacht besuchte), Apul. met. 5, 19. – **II** prägn., der die Nacht zum Tage macht, der **Nachtschwärmer,** Sen. ep. 122, 15. – Vgl. lucifugus *no.* II.

lūcifugāx, s. lūcifugus.

lūcifugus, a, um (lux u. fugio), **I** **lichtscheu,** blatta, Colum. 9, 7, 5. Verg. georg. 4, 243 u. (Ggstz. musca lucipeta) Isid. orig. 12, 8, 7: noctua, Anthol. Lat. 726, 40 (233, 40). – übtr., v. Menschen, **lichtscheu, menschenscheu,** latebrosa et lucifuga natio, Min. Fel. 8, 4 H. (die Hdschr. lucifugax). – subst., Plur., Cic. de fin. 1, 61. – **II** prägn., der **Nachtschwärmer,** Lucil. 468. Vgl. lucifuga *no.* II.

Lūcīlius, a, um, Name einer röm. *gens,* aus der am bekanntesten Q. Lucilius Balbus, ausgezeichneter Stoiker, Zuhörer des Panätius, Vertreter der Stoa in Ciceros Schrift de nat. deor., Cic. de div. 1, 9; de nat. deor. 1, 15: Lucilius Stoicus, Lact. 2, 5, 7. – Außerdem C. Lucilius, aus Suessa Aurunka in Kampanien, geb. wahrscheinlich 180 vor Chr., gest. 103, röm. Ritter u. Begründer der eig. röm. Satire, Cic. de or. 1, 72. Quint. 10, 1, 92: sub (zur Zeit) Lucilio poëta, Plin. 8, 195. Passow Pers. sat. 1, 114. p. 344 *sq.* – Dav. **Lūcīliānus,** a, um, **lucilianisch, des Lucilius,** character, Varro r. r. 3, 2, 17: ille versus, Plin. 36, 185: aetas, Macr. sat. 3, 16, 14: fornix, des Lucilius Bordell (Titel einer Satire), Arnob. 2, 6: Lucillianum (so!) quippiam rettulisti? Hieron. epist. 117, 1.

Lūcīna, ae, *f.,* s. lūcīnus.

lūcīno, āre (lux) = ὀρθίζω, **früh aufsein,** Gloss.

lūcīnus, a, um (lux), **Licht** od. **ans Licht bringend,** hora, Geburtsstunde, Prud. adv. Symm. 2, 222. – Klass. nur subst., **Lūcīna,** ae, *f.,* die **Lichtgöttin,** **I** als Urheberin schwerer Träume u. nächtlicher Schreckgestalten von der Hekate, Tibull. 3, 4, 13. – **II** als an das Lebenslicht fördernde **Geburtsgöttin,** v. der Juno, Plaut. aul. 692. Ter. adelph. 487. Varro LL. 5, 69. Verg. ecl. 4, 10. CIL 1, 813: v. der Diana, Catull. 34, 13. – meton. = das **Gebären,** Lucinam pati, kalben (v. der Kuh), Verg. georg. 3, 60: cui rugis uterum Lucina notavit, Ov. art. am. 3, 785: lucinae illis properatius tempus est, Solin. 26, 4: aber lucinam (Mutterleib) aestivus dies solvit, Solin. 12, 4 (vgl. uterum trigesimus dies liberat, 26, 4).

lūciparēns, entis (lux u. parens), **Licht gebärend, -bringend,** nox, Avien. Arat. 853.

lūcipetus, a, um (lux u. peto), **Licht suchend** (Ggstz. lucifugus), musca, Isid. orig. 12, 8, 7.

Lūcipōr, ōris, *m.* = Lucii puer, **des Lucius Bursche** (Sklave), Plur., Marcipores Luciporesve, Plin. 33, 26.

lūcisator, ōris, *m. (i.e.* sator *s.* auctor lucis), der **Lichtbringer,** Prud. cath. 3, 1.

lūcīsco, s. lūcēsco.

1. Lūcius, iī, *m.* (d. i. am Tage geboren, v. lux), ein röm. Vorname (gew. abgekürzt L.), wie L. Sulla.

2. lūcius, iī, *m.,* **der Hecht,** Auson. Mos. 123. Anthim. 40.

Lucmo, Lucmon, s. Lucumo.

lucrātio, ōnis, *f.* (lucror), das **Gewinnen,** der **Gewinn,** Tert. ad uxor. 2, 7.

lucrātīvus, a, um (lucror), **I** **gewonnen, erübrigt,** sol, Cic. ad Att. 7, 11, 1: opera, Quint. 10, 7, 27: tempora, Fronto ad Anton. imp. 2, 2. p. 105, 9 N.: potus, Ambros. in Luc. 2. § 72. – **II** **nur mit Gewinn und Vorteil** (aber mit keiner Aufopferung) **verknüpft,** bei Vermächtnissen usw., causa, possessio, ICt.

lucrātor, ōris, *m.* (lucror), der **Gewinner,** lucratores multarum gentium (v. den Aposteln), Arnob. in psalm. 88: hominum, Hieron. comm. ad ep. ad Tit. 1. *v.* 11. (tom. 7. p. 705 *ed. Vall.*).

Lucrētilis, is, *m.,* ein Berg im Sabinischen, nahe bei der Villa des Horaz, ein Teil des heutigen *Monte Gennaro,* Hor. carm. 1, 17, 1. Paul. ex Fest. 119, 19.

Lucrētius, a, um, Name einer röm. *gens,* aus der am bekanntesten **a** Sp. Lucretius Tricipitinus, Nachfolger des Lucius Junius Brutus im Konsulat, Liv. 1, 59, 8. Cic. de legg. 2, 10; dessen Tochter Lucretia, Gemahlin des Tarquinius Kollatinus, die, vom Sohn des letzten röm. Königs Tarquinius Superbus geschändet, sich erstach u. dadurch die unmittelbare Veranlassung zur Vertreibung der königl. Familie (der Tarquinier) gab, Liv. 1, 57 *sq.* Sen. ad Marc. 16, 1. Ov. fast. 2, 685. Iuven. 10, 293: appell. = »eine Lukretia« = eine keusche Frau, Petron. 9, 5. Mart. 11, 104, 21. – **b** T. Lucretius Carus, ein röm. Dichter, Zeitgenosse Ciceros, Verf. des noch erhaltenen Gedichtes de rerum natura, Cic. ad Q. fr. 2, 11, 4. Quint. 10, 1, 87.

lucricupīdo, inis, *f.* (lucrum u. cupido), die **Gewinnsucht,** Apul. de Plat. 2, 15.

lucrifacio, getrennt lucri facio, s. lucrum.

lucrifer, fera, ferum (lucrum u. fero), **Gewinn bringend,** Fortuna, Plaut. Pers. 515.

lucrificābilis, e (lucrifico), **Gewinn bringend,** dies, Plaut. Pers. 712.

lucrifico, āre (lucrum u. facio), **gewinnen,** Tert. de praescr. 24.

lucrifīo, richtiger getrennt lucri fio, Passiv zu lucri facio, s. lucrum.

lucrifuga, ae, *m.* (lucrum u. fugio), **den Gewinn fliehend,** Plaut. Pseud. 1132ª G.

Lucrīnus, ī, *m.* (mit u. ohne lacus), der **Lukriner See** an der Küste Kampaniens, eig. der innerste, nordwestlichste Teil des zwischen dem Vorgebirge Misenum u. Puteoli sich tief ins Innere Kampaniens hineinziehenden sinus Cumanus od. Puteolanus, durch einen 1,6 km langen Damm, der sich von Bajä aus nordöstlich bis zur gegenüberliegenden Küste zog, vom übrigen Meer getrennt, sodass er, sein vortreffliche Austern enthaltendes Seewasser abgerechnet, ganz den Charakter eines Landsees angenommen hatte (jetzt ist der Damm verschwunden und der See bildet mit dem Golf von Pozzuoli ein Ganzes); von den Badegästen des nahegelegenen Bajä oft befahren, dah. auch Baianus lacus genannt, Cic. ad Att. 14, 16, 1. Hor. carm. 2, 15, 3. Verg. georg. 2, 161. Suet. Aug. 16, 1. Tac. ann. 14, 5. Mart. 1, 62, 3: wegen seiner Stille auch Lucrinum stagnum, Mart. 3, 20, 20, u. mollis Lucrinus, Mart. 6, 43, 5: berühmt durch vortreffliche Austern, s. Plin. 9, 168 *sqq.* – Dav.: **a** **Lucrīnus,** a, um, **lukrinisch,** ostrea, Plin., conchylia, Hor., u. subst., Lucrīna, ōrum, *n.,* Mart.: aber Lucrina tacita, die Gegend um den Lukriner See, Symm. epist. 1, 8. – **b** **Lucrīnēnsis,** e, **lukrinensisch,** res (= Austern), Cic. ad Att. 4, 10, 1.

lucrio, ōnis, *m.* (lucrum), der **Gewinnsüchtige,** Paul. ex Fest. 56, 14.

lucripeta, ae, *m.* (lucrum u. peto), der **Gewinnsüchtige,** Argum. mostell. Plaut. 6. – Nbf. im Plur. **lucripetes,** Cassiod. var. 12, 11, 2.

lucrius, a, um (lucrum), **den Gewinn betreffend,** dii, Götter des Gewinns, Arnob. 4, 9.

lucro, āvī, ātum, āre (lucrum), **gewinnen, Vorteil ziehen,** quidquid ex nuptiis lucratum est, Cod. Iust. 5, 17, 8. § 7. – übtr., quam multas tecum miserias lucraverim, habe erdulden müssen, *Plaut. Stich. 420.

lucror, ātus sum, ārī (lucrum), **gewinnen, profitieren** (Ggstz. perdere), **I** eig.: **1** im Allg.: auri pondo decem, Cic.: stipendium, Profit machen, Cic.: plus mendacio atque etiam periurio, im Spiel, Suet.: dotem, ICt.: dotes uxorum, Lact.: absol., ex annonae caritate, Suet. Ner. 45, 1. – **2** insbes., **durch Sparen gewinnen, ersparen,** sal, Plin. 18, 68. – **II** übtr., nomen ab Africa, erlangen, Hor. carm. 4, 8, 19: lucretur indicia veteris infamiae, er mag sie profitieren, ich will sie ihm schenken (= sie nicht anführen), Cic. II. Verr.. 1, 33: quonam usque moram lucrabere fati? Stat. Theb. 9, 779: ne peregrinus poenas dissoluti regalis matrimonii lucraretur, damit nicht ein Fremder die Früchte der Trennung eines königl. Ehebundes ungestraft genösse, Amm. 19, 4, 3: m. dopp. *Acc.,* lucratus est eum inimicum, hat sich ihn zum F. gemacht, Vulg. Sirach 20, 25.

lucrōsē, *Adv.* (lucrosus), **vorteilhaft,** Cassiod. var. 12, 20, 3 – *Compar.* b. Hieron. epist. ad Eustoch. 22, 13 *extr.*

lucrōsus, a, um (lucrum), **gewinnreich, vorteilhaft,** cur mihi sit damno, tibi sit lucrosa voluptas? Ov. am. 1, 10, 35: lucrosae huius et sanguinantis eloquentiae usus recens, Tac. dial. 12: donec quod omnibus in promptu erat, paucis lucrosum fieret, Tac. Agr. 19 *extr.:* neque enim est ulla fraus vitae lucrosior, Plin. 37, 197: id peraeque etiam lucrosissimum, Plin. 18, 320.

lucrum, ī, *n.* (aus *lutlom zu Wz. **lāu-,* gewinnen, genießen, griech. ἀπο-λαύω), der **Gewinn, Vorteil** bei etwas (Ggstz. damnum), **I** eig.: lucri causā, Cic.: lucri cupidus, Capit.: id de lucro putato esse omne, Ter.: accepto lucro discedere, Cic.: cum aliquanto plus ipsi lucri auferant, quam quantum populo Romano decumarum nomine daturi sunt, Cic.: cogis eos plus lucri addere quam quanti venierant (decumae), Cic.: avulsum enim est praeter spem, quod erat spe devoratum lucrum, Cic.: ponere in lucro od. in lucris, Cic., od. deputare esse in lucro, Ter., od. lucro apponere, Hor., für einen Gewinn rechnen: revocare ad lucrum praedamque, etwas sich zunutze machen, zu seinem Nutzen verwenden, Cic.: lucrum facere, Nutzen ziehen, gewinnen, Plaut.: so auch lucra facere ex vectigalibus, Cic.: minus lucri facere, Cic.: magnum lucrum facere (Ggstz. damnum facere), Cic.: lucrum ingens facere, Plaut.: lucro esse alci, Plaut. u. Anton. b. Cic., od. in lucro esse, Ov., vorteilhaft sein. – lucri bei dare, facere, addere, conferre, numerare, auferre, als Gewinn, Cic., iubes HSXXX lucri dari, Cic. – lucri facere, m. Akk. der Summe, teils eig. = etw. zum Vorteil haben, gewinnen, z. B. tritici modios centum, Cic.: omnem illam ex aerario pecuniam lucri factam videtis, Cic.: me esse hos trecentos Philippos facturum lucri, Plaut.; teils bildl. = etw. zum Vorteil haben, die Vorteile von etw. einernten, hoc nomen, vor anderen voraus, allein bekommen, Varro: iniuriam, ungestraft zufügen, verüben, Plin.: so auch maleficium, Auct. b. Hisp.: censoriam notam, als Gewinn betrachten, ihr entgehen, Val. Max.: quae ille naturali bono fecit lucri, Nep. – de lucro vivere, von Glück zu sagen haben, dass man noch lebt, durch Gnade u. Barmherzigkeit anderer leben, sein Leben der Schonung anderer danken, Cic. u. a.: u. so id iam lucro est, quod vivis, Plaut. – **II** meton.: **1** die **Gewinnsucht, Habsucht,** der **Wucher,** Hor. carm. 2, 4, 19 u. 3, 16, 12; sat. 1, 1, 39. Lucan. 4, 96. – **2** der (durch Gewinn erworbene) **Reichtum,** Hor. epod. 11, 11. Ov. am. 3, 8, 36. Phaedr. 5, 4, 8.

lucta, ae, *f.*, das **Ringen,** als Kampfart, der **Ringkampf** (s. luctor), Hyg. fab. 273. p. 148, 8 Schm. Auson. epigr. 96, 7. p. 222 Schenkl. Apul. de Plat. 1, 2 G. Sidon. epist. 2, 2, 6. Ambros. de Iacob 1, 5.

luctāmen, inis, *n.* (luctor), **I** das **Ringen,** der **Ringkampf,** Capit. Anton. phil. 4, 9 u. Maximin. 6, 5. Lampr. Alex. Sev. 30, 4. – übtr.: **a** das **Ringen,** Veneris luctamen anhelum, Anthol. Lat. 742, 76 (1143, 76): difficile, Claud. Mam. grat. act. 4, 3. – **b** die **Bemühung, Anstrengung,** Verg. Aen. 8, 89. Val. Flacc. 2, 234. Claud. b. Get. 138. – **c** v. der **Vermischung** mit einer anderen Gattung, sine luctamine alterius generis, Pallad. 3, 9, 13.

Luctātiānus, a, um, s. Lutātius.

luctātio, ōnis, *f.* (luctor), **I** das **Ringen,** der **Ringkampf,** Cic. de fato 30. Sen. ep. 88, 19. Hyg. fab. 273. Scrib. Larg. 101. – **II** übtr.: **A** das **Ringen** = das physische **Ankämpfen** gegen Schwierigkeiten, der **Kampf,** Liv. 21, 36, 7. Sen. nat. qu. 5, 12, 5 u. 7, 9, 2: luct. fortunae (mit dem Schicksal), Val. Max. 6, 9, 14: plurium ventorum inter ipsos luctatio, Sen. nat. qu. 7, 9, 2: una nobis et magna et praecipua cum carne luctatio est, Lact. 4, 25, 9. – **B** das geistige Ankämpfen gegen Widerspruch, der **Wortstreit,** der **Kampf,** magna od. maior cum alqo, Cic. de fato 12. Lact. 2, 19, 2: incerta cum alqo, Cic. de fin. 2, 43: una tamen veluti luctatio civitatis fuit, pugnantis cum Caesare senatus populique Romani, ut etc., Vell. 2, 124, 2.

Luctatius, s. Lutātius.

luctātor, ōris, *m.* (luctor), der **Ringer** als Kämpfer, Ov., Sen. u. Gell.: die Ringer der Griechen suchten sich besonders bei den Füßen zu fassen (da der Leib durch Bestreichen mit der Ringersalbe aus Öl u. Wachs glattgemacht war), dah. scherzh. vom Wein, pedes captat primum; luctator dolosust, Plaut. Pseud. 1251.

luctātus, ūs, *m.* (luctor), das **Ringen,** Apul. de Plat. 1. 2 H. (Goldb. lucta). – übtr., die **Bemühung, Anstrengung,** Plin. 8, 33 u. a.

lūctifer, fera, ferum (luctus u. fero), **Traurigkeit bringend, -verkündend, traurig,** bubo, Sen. Herc. fur. 687 *Leo:* annus, Val. Flacc. 3, 454.

lūctificābilis, e (luctifico), **sorgenvoll, traurig,** cor, Pacuv. Antiop. XIV (bei Pers. 1, 78).

lūctifico, āre (luctus u. facio), **traurig machen,** Not. Tir. 50, 25.

lūctificus, a, um (luctus u. facio), **Trauer** od. **Unheil bringend, unglücksschwanger, verderblich,** clades, Cic. Poët. Tusc. 2, 25: Alecto, Verg. Aen. 7, 324: Titan, Lucan. 7, 2: pavor, Sil. 6, 557: iubar, Val. Flacc. 3, 292; clangores, Stat. Theb. 10, 552: pars exigua semper luctifica et cruenta, ein kleiner Gebietsteil, der stets Ursache vielen Verdrusses u. Blutvergießens war, Amm. 17, 5, 7: luct. calor, Amm. 29, 3, 9: luctificos fore eventus, Amm. 25, 10, 1: caedes edidere luctificas, Amm. 28, 2, 12. – *Acc. neutr. adv.*, luctificum clangente tubā, Val. Flacc. 3, 349.

lūctisonus, a, um (luctus u. sono), **traurig klingend, kläglich,** mugitus, Ov. met. 1, 732.

luctito, āre u. **luctitor,** ārī (*Intens.* v. lucto u. luctor), **eifrig ringen,** Prisc. 8, 25 (ohne Beleg).

lucto, āvī, āre, s. luctor a. E.

luctor, ātus sum, ārī (zu Wz. *lug,* biegen, griech. λυγίζω, biege), **ringen, als Ringer-, im Ringkampf kämpfen, I** eig.: exerceri plurimum currendo et luctando, Nep.: fulvā arenā, Verg.: Olympiis, Cic. – cum mortuis non nisi larvas luctari, Planc. bei Plin.: adversis cornibus inter se, von Böckchen, Verg. – beim Beischlaf, luctari cum alqo, Prop. 2, 1, 13 u. 2, 15, 5. – **II** übtr.: **A ringen** = physisch gegen Widerstand od. Schwierigkeiten **ankämpfen, kämpfen, sich abmühen, seine Not haben, a** übh.: cum difficultate locorum, Vell.: bene cum morbo, Sen.: cum agro, Plin.: cum vitiis, Sen.: in arido solo, Liv.: in turba, Hor. – m. *Abl.*, Africus luctatur fluctibus, Hor.: tristia robustis luctantur funera plaustris, Hor. – m. *Dat.*, hiemi, Stat.: morti (v. Körper), Stat. – m. folg. *Infin.*, telum eripere, Verg.: remoliri pondera terrae, Ov.: compescere risum, Ov. her. 15 (16), 12: lingua luctans loqui, Ov.: dum (spiritus) luctatur per obstantia atque intercisa vadere, Sen. nat. qu. 2, 17. – **b widerstreben, sich widersetzen,** oscula mihi luctanti abstulit, Ov.: nec vetitis luctatus, Sil.: luctante amnis violentiā, Amm.: luctans glacies, Sil.: luctantia oscula, Ov.: luctantia lumina, Sil. – **B ringen** = geistig od. moralisch gegen Widerstand (Widerspruch) **ankämpfen, kämpfen,** cum alqo luctari et congredi (v. Redner), Cic.: cum vitiis, Sen.: diu, quarum esset partium, secum luctatus, Vell.: u. so diu luctata, nach langem Ringen mit sich, Ov. – m. *Infin.*, qui luctatur animarum ingenitas corrigere pravitates, Arnob. 2, 50. – ► *Infin.* luctarier, Prud. perist. 10, 651. – Aktive Nbf. lucto, āvī, āre, Enn. ann. 300. Plaut. fr. bei Non. 468, 32. Ter. Hec. 829. Varro LL. 5, 61. Vgl. Prisc. 8, 25.

lūctuōsē, *Adv.* (luctuosus), **kläglich, jammervoll,** canere (v. der Nachtigall), Varro LL. 5, 76: illud autem quam luct. ridiculum est, Augustin. de opere monach. 32. § 42: his casibus proeliorum ita luct. finitis, Amm. 31, 8, 1: imperatores vestri luctuosius nobis quoque quam vobis perierunt, Liv. 28, 39, 6.

lūctuōsus, a, um (luctus), **voller Trauer, -Traurigkeit,** d. i. **I** mit viel Trauer verbunden = **kläglich, traurig, trauer-** od. **jammervoll,** dies rei publicae luctuosus, Cic.: luctuosissimum bellum, Cic.: crudelissimum et luctuosissimum exitium patriae comparare, Cic.: luctuosum est tradi alteri, luctuosius inimico, Cic. – illud plane non triste solum, verum etiam luctuosum, *quod* (dass) Iulius Avitus decessit, dum ex quaestura redit, Plin. ep. 5, 21 (9), 3. – **II** in Trauer befindlich = **tiefbetrübt, trauervoll,** Hor. carm. 3, 6, 8. Firm. math. 5, 7.

lūctus, ūs, *m.* (lugeo), **I** appell. = die **Trauer** über den Tod einer geliebten Person, um einen Verbannten od. bei anderen großen Unglücksfällen, die sich in lauter Jammerklage od. in äußeren üblichen Zeichen äußert (während maeror = die tiefe Betrübnis, die Wehmut, die Trauer der Ergebung), **1** eig.: **a** im Allg. (Ggstz. gaudium), filius luctu perditus, Cic.: luctus domesticus, Haus- od. Familientrauer, Cic.: luctus privatus, publicus, Liv.: omnium nationum luctus, Cic.: afflictus et confectus luctu, Cic.: luctum maeroremque suscipere, Cic.: in sordibus lamentis luctuque iacēre, Cic.: in luctu vivere, Cic.: luctum minuere od. levare, Cic.: plane omnem luctum abstergere, Cic.: maerorem atque luctum deponere, Cic.: luctum finire, Liv.: luctum redintegrare (v. einem Umstand), Liv.: alqm in eundem luctum vocare, Cic.: dare (versenken) animum in luctus, Ov.: in tantum luctum et laborem detrusum esse, Cic.: luctum ex alqa re percipere od. haurire, Cic.: luctum alci importare, Phaedr.: luctu atque caede omnia complentur, Sall.: adeo totam urbem opplevit luctus, ut etc., Liv.: nec illā tempestate matrona expers luctus fuerat, Liv. – Plur., **Trauerfälle, Äußerungen der Trauer,** feminarum praecipue et gaudia insignia erant et luctus, Liv.: diuturnitas, quae maximos luctus vetustate tollit, Cic.: in luctibus maximis esse Cic.: in maximos luctus incīdere, Cic. – mit obj. *Genet.* (um), luctus Memnonis amissi, Ov. met. 13, 578: luctu mariti, Apul. met. 10, 5: luctibus filiorum, Dict. 3, 21. – **b** insbes., die **Trauer** durch übliche äußere Zeichen (Trauerkleidung usw.), erat in luctu senatus, squalebat civitas, publico consilio mutatā veste, Cic.: senatus consulto diebus triginta luctus est finitus, Liv. – m. obj. *Genet.* (um), luctum amissae sororis laeto cultu mutavit, Tac. ann. 2, 75. – **2** meton.: **a** ein **trauriges (betrübendes) Ereignis,** eum luctum quoniam satis visus est eluxisse, Gell. 6 (7), 5, 4. – **b** die **Veranlassung zur Trauer,** tu ... luctus eras levior, Ov. met. 1, 655; vgl. 9, 155. – **II** personif., **Lūctus,** der **Gott der Trauer,** Verg. Aen. 6, 274. Sil. 13, 581 u. a. – ► arch. Genet. lucti, Acc. trag. 491 u. 513.

lūcubrātio, ōnis, *f.* (lucubro), das **Arbeiten bei Licht,** die **Nachtarbeit,** das **Nachtsitzen,** das **Sitzen** und **Studieren bei Nacht, I** eig.: in lucubratione od. per lucubrationem, bei Licht, Colum.: vix digna lucubratione anicularum, kaum wert, dass sie sich die alten Weiber abends beim Spinnrocken erzählen, Cic. – Plur., vox infuscata lucubrationibus, Sen.: lucubrationes detraxi et meridiationes addidi, Cic. – **II** meton., das bei Licht Verfertigte, die **Nachtarbeit,** perire lucubrationem meam nolui, Cic. ep. 9, 2, 1: als Titel einer Schrift des Bibakulus, Plin. praef. § 24.

lūcubrātiuncula, ae, *f.* (*Demin.* v. lucubratio), **I** das **Nachtarbeiten,** das **Sitzen bei Nacht,** M. Aurel. bei Fronto ad M. Caes. 1, 4 (3). p. 9. 9 N. Hieron. epist. 117, 12: Plur., Hieron. epist. 119, 1 u. 143, 2. – **II** meton.: **a die Zeit der Nachtarbeit,** spatio lucubratiunculae unius, Auson. ep. 21. praef. p. 182, 7 Schenkl. – **b** das bei Licht Gefertigte, die **Nachtarbeit,** Plur. = **Nachtgedanken,** Gell. praef. § 14.

lūcubrātōrius, a, um (lucubro), **zum Sitzen (Studieren) bei Nacht dienlich,** lecticula (s. d.), Suet. Aug. 78, 1.

lūcubro, āvī, ātum, āre (luceo), **I** *intr.* **bei Nacht** od. **Licht arbeiten,** non solum ad Aristophanis lucernam, sed etiam ad Cleanthis lucubravisse, Varro LL.: inter lucubrantes ancillas sedere, Liv.: per totam noctem, Sen. rhet.: sin lucubrandum est, non post cibum id facere, sed post concoctionem, Cels. – **II** *tr.* **bei Nacht** od. **Licht** etwas **ausarbeiten,** accipies igitur hoc parvum opusculum lucubratum his iam contractioribus noctibus, Cic. parad. prooem. § 5. – od. **bei Nacht** etw. **unternehmen,** quorsum istam festinanti vestigio lucubratis viam, Apul. met. 6, 30.

lūculentās, ātis, *f.* (luculentus), die **Stattlichkeit, Ansehnlichkeit,** Mart. Cap. 1. § 6.

lūculentē, *Adv.* (luculentus), **stattlich, ansehnlich, gehörig, tüchtig, a** übh., vendere, ganz gut (= mit Vorteil), Plaut.: ironisch, alqm calefacere, Cic.: opus texere, Cic.: hoc quidem satis luculente, das ist ganz gut, das lässt sich hören, Cic.: liber luc. (stattlich) scriptus, Gell. 13, 31 (30), 6. – **b** im Stil, **treffend,** scribere, dicere, Cic.

lūculenter, *Adv.* (luculentus), **ganz gut, gehörig, tüchtig,** Graece luculenter scire, Cic. de fin. 2, 15. – Auch Variante von luculente, w. vgl.

lūculentia, ae, *f.* (luculentus), die **Stattlichkeit, Ansehnlichkeit,** opima scriptorum, Oros. 5, 15, 2: Plur., luculentiae verborum, Arnob. 3, 6.

lūculentitās, ātis, *f.* (luculentus), die **Stattlichkeit, Ansehnlichkeit,** Caecil. com. 71. Laber. com. 90.

lūculentus, a, um (luceo, lux), **I recht hell, hübsch hell,** caminus, Cic.: vestibulum, Plaut.: tam luculento die, Min. Fel. – **II** übtr., wer od. was die Blicke auf sich zieht, **stattlich, ansehnlich, tüchtig, gewichtig, a** dem Äußeren nach, forma, Ter.: facies, Apul.: corpus, Apul.: signum perfecte luc., Apul.: semper erat sollicitus, si (ob) vasa luculenta (blank), Hieron. – v. Pers., femina, Plaut. mil. 958: Attis, Mart. 2, 86, 4: pueri, CIL 4, 2048: luculentissimus, *ibid.* 2247. – **b** dem Umfang, Gehalt, der Bedeutung nach, legio tironum, Planc. in Cic. ep.: plaga, Cic.: patrimonium, Cic.: hereditas, Plaut.: facinus, ein Prachtstück, Plaut.: factum, Cic.: mihi hunc diem dedistis luculentum, Plaut. – **c** dem Ansehen nach, lucrum homines luculentos reddit, Plaut.: auctor (Gewährsmann), Cic. – **d** dem Inhalt nach, oratio, Sall.: erudita et luculenta materia, Plin. ep.: verbis luculentioribus et pluribus rem eandem comprehendere, Cic.: sermo luculentissimus, Hieron. in Daniel 2, 22. – prägn., fuit illis temporibus luculentus scriptor, Cic. Brut. 102.

luculla, s. laculla.

Lūcullus, ī, *m.*, Familienname in der *gens Licinia.* Am bekanntesten L. Licinius Lucullus, Feldherr gegen Mithridates, berühmt wegen seines Reichtums u. seiner Verschwendung, Cic. de imp. Pomp. 20 *sq.* Cic. Acad. 2, 1 *sqq.* Hor. ep. 1, 6, 40: er soll den ersten Kirschbaum nach Europa gebracht haben, Hieron. epist. 31, 3. – Plur. Luculli, Männer wie L., Sen. suas. 6, 1. – Dav.: **1 Lūcullānus,** a, um, **lukullisch, des Lukullus,** villa, Suet. Tib. 73, 1. – **2 Lūcullēus,** a, um, **lukullëisch,** des **Lukullus,** marmor, Plin.: lanceae, von Lukullus erfunden, Suet. – **3 Lūculliānus,** a, um, **lukullisch,** des **Lukullus,** horti, Tac. ann. 11, 37.

lūculus, ī, *m.* (*Demin.* v. lucus), ein **kleiner Hain,** Suet. vit. Hor. *extr.* p. 47, 16 R.

Lucumo u. synk. **Lucmo** od. **Lucmon,** ōnis, *m.* (urspr. etrusk. Lauchme), Plur. Lucumones, die Magnaten od. Häupter Etruriens, zugleich Priester, aus deren Mitte jährlich die etruskischen Staatenbünde (von je zwölf Städten) ihre Vorsitzenden wählten, Serv. Verg. Aen. 2, 278; 8, 475: von den Römern fälschlich für Eigennamen gehalten, wie beim zum röm. König gewählten (u. dann Tarquinius Priskus genannten) Sohn des Damaratus, Liv. 1, 34. § 1 u. 5: von ihnen als »Häuptern« übtr., Lucumo Samius, v. Pythagoras, Auson. epist. 4, 70. p. 161 Schenkl: u. als gottbegeisterte Priester, Lucumones (Lucomones) = »Besessene, Begeisterte«, Paul. ex Fest. 120, 1: u. galeritus Lucmon = ein Etrurier, Prop. 4, 1, 29 (L. Müller Lygmon).

lucuna, s. lacūna ►.

lucunculus, ī, *m.* (*Demin.* v. lucuns) = τηγανίτης (Gloss. III, 15, 39), ein in der Pfanne gebackenes Gebäck, ein **Pfannkuchen,** *Afran. com. 162. Stat. silv. 1, 6, 17. Apul. met. 10, 13. Vgl. Salmasius Lampr. Heliog. 32 (tom. 1. p. 873).

lucuns, untis, *f.*, ein in der Pfanne gebackenes Gebäck, **Pfannenbrot,** Varro sat. Men. 417 u. 508. Paul. ex Fest. 119, 18. Vgl. Salmasius Lampr. Heliog. 32 (tom. 1. p. 873).

1. lūcus, ī, *m.* (zu luceo, eigentl. die Lichtung, die lichte Stelle des Waldes), **I** der **einer Gottheit geheiligte Wald,** der **Hain,** Cic., Liv. u. a.: sacer lucus, Solin. – poet. = **Wald** übh., Verg., georg. 2, 122 u. a. – **II** als *nom. propr.*, Lucus, Name mehrerer Städte in Gallien, Spanien usw., von denen am bekanntesten die Stadt **Lukus** im Gebiet der Vokontier, auch Lucus Augusti gen., j. *Luc en Die,* Tac. hist. 1, 66. Plin. 3, 37.

2. lūcus, Abl. ū, *m.* = lux, das **Licht,** cum primo lucu, mit Anbruch des Tages, Ter. adelph. 841 Donat. – noctu lucuque, Varro LL. 5, 99 Müller (Spengel noctulucus).

1. lucusta, s. 1. locusta.

2. Lucusta, s. 2. Locusta.

lūdia, ae, *f.* (ludius), **I** die **Tänzerin** auf der Bühne, Mart. 5, 24, 10. – **II** die **Frau eines Fechters,** Iuven. 6, 103 u. 265.

lūdiārius, a, um (ludius), **zu den Schauspielen gehörig,** venatio, Tierhetze im Zirkus, Treb. Poll. Gallien. 3, 7.

lūdibriōsē, *Adv.* (ludibriosus), **zum Spott,** Amm. 26, 6, 16 u. Eccl.

lūdibriōsus, a, um (ludibrium), **voller Spott, spöttisch, lächerlich,** probra, Gell.: auspicia, Amm.: vestis, Augustin. – *neutr. pl.* subst., duo haec ludibriosa, lächerliche Kleinigkeiten, Amm. 17, 11, 4.

lūdibrium, iī, *n.* (ludo), das **Gespött,** die **Kurzweil,** die man mit jmd. treibt, der **Spott, Hohn, I** eig.: alci esse ludibrio, Cic.: habere alqm ludibrio, Ter.: per ludibrium auditi dimissique, mit Hohn angehört u. entlassen, Liv.: hoc quoque ludibrium casus ediderit fortuna, auch diesen Fall lässt mich das Schicksal gleichs. zu meinem Hohn erleben, Liv.: ventis debere ludibrium, s. dēbeo *no.* II, B, 2, α. – sive illud ludibrium oculorum (Blendwerk) sive vera species fuit, Curt. – II übtr. a der Gegenstand des Gespöttes, der Kurzweil, ein **Spiel, Spielwerk,** is ludibrium verius quam comes, Liv.: ludibria fortunae, Cic.: hostis, Curt.: ludibria ventis, Spiel der Winde, Verg. – b die **gewaltsame Schändung,** corporum, Curt. 10, 1, 3: meorum, Entehrung, Curt. 4, 10 (42), 27. – ► Nach Serv. Verg. Aen. 12, 764 waren ludibria archaist. = Kampfpreise.

lūdibundus, a, um (ludo), I **sich dem Spiel-, sich der Lust hingebend, Kurzweil treibend, lustig und guter Dinge,** v. Pers., Plaut. u. Liv.: circum vicos ludibundus (allerlei Mutwillen treibend) vagabatur, Suet.: virgo Nausicaa ludibunda inter familiares puellas, Gell. – v. Lebl., oculi ludibundi atque illecebrae voluptatisque pleni, Gell. 3, 5, 2. – II übtr., **nur spielend, unvermerkt** u. **ohne Gefahr,** ludibundus conficio od. efficio alqd, Cic. Verr. 3, 156: nocte illā et postero die in Italiam ad Hydruntem ludibundi venimus, Cic. ep. 16, 9, 2.

***lūdicer** od. ***lūdicrus,** cra, crum (ludus), **zur Kurzweil dienend, kurzweilig,** I *adi.*: 1 im Allg.: sermo, Cic.: ars ludicra armorum, Cic.: exercendi aut venandi consuetudo, Cic.: artes, Sen.: certamen, Kampfspiel, Liv.: simulacrum pugnae, Liv.: festa ea Germanis nox ac solemnibus epulis ludicra, dem Spiel (Waffentänzen usw.) geweiht, Tac. – 2 insbes., **zum Schauspiel** (als Kurzweil) od. **zum Schauspieler gehörig,** ars, Schauspielkunst, Cic. u. a. – ludicras partes sustinere, im Schauspiel auftreten, Suet.: ludicra scaenae spectacula, Sen.: spectaculum ludicrum edere, Curt.: ludicrum in modum, nach Art der Schauspieler, Tac.: tibiae, im Theater geblasene, Plin. – II *subst.*, ludicrum, ī, *n.*, 1 im Allg., eine **Kurzweil,** ein **Spielzeug,** eine **Belustigung** (griech. ἄθυρμα), Catull. 61, 24. – in proverbii ludicrum vertere, zum kurzweiligen Sprichwort werden, Plin. 3, 104. – Plur., lūdicra, ōrum, *n.*, **kurzweilige Dinge, Tändeleien,** Hor. ep. 1, 1, 10: ludicra exercendi aut venandi, Kurzweil in (gymnastischen) Übungen u. Jagden, Cic. de fin. 1, 69. – 2 insbes.: das **Spiel, Schauspiel** (im Zirkus, im Theater usw.), Olympiorum, Liv.: Isthmiorum, Liv. u. Curt.: ludicrum circense edere, Tac.: coronae ludicro quaesitae od. bl. coronae ludicrae, in öffentl. Spielen errungene, Plin.

lūdicrē, *Adv.* (ludicer), **aus Kurzweil, zum Scherz,** Enn. ann. 73. Apul. met. 9, 7.

lūdicror, ārī (ludicrum), **scherzen, schäkern,** Fronto ad amic. 1, 12 (15) Mai (*cod.* u. *N.* ludificari).

lūdicrus, a, um, s. *lūdicer.

lūdificābilis, e (ludifico), **foppend, äffend,** ludi, Plaut. Cas. 761.

lūdificābundus, a, um (ludificor), **zum Besten habend, verhöhnend,** Sidon. epist. 7, 14, 4.

lūdificātio, ōnis, *f.* (ludifico), das **Zumbestenhaben, Foppen, Äffen,** die **Fopperei, Neckerei, Verspottung,** ignari ludificationis, Liv.: ludif. hostis, Liv.: ea ludif. veri, Liv.: cum omni morā, ludificatione, calumniā senatus auctoritas impediretur, Cic.: Plur., ludificationes (Vorspiegelungen) daemonum, Augustin. de civ. dei 7, 35 *in.*

lūdificātor, ōris, *m.* (ludifico), der **Fopper, Äffer,** Plaut. most. 1066.

lūdificātōrius, a, um (ludificator), **foppend, äffend,** Augustin. de civ. dei 11, 26 u. a. Eccl.

lūdificātus, ūs, *m.* (ludifico), das **Gefoppe, Gespött,** alqm sibi habere ludificatui, zum Gespött haben, Plaut. Poen. 1281.

lūdifico, āvī, ātum, āre (ludus u. facio), jmd. **zum Besten haben, an der Nase herumführen, foppen, necken, äffen, täuschen, hintergehen,** alqm, Plaut. u. Sall.: scherzh., corium alcis, durchhauen, Plaut. – absol., Cic. Quinct. 54. – im Passiv, Plaut. Amph. 952; Bacch. 642 u. a. Lucr. 1, 937: ludificati incerto proelio, Sall. Iug. 50, 4: motibus aura meis ludificata perit, Avian. fab. 16, 18. – ► Parag. Infin. ludificarier, Plaut. capt. 490.

lūdificor, ātus sum, ārī (ludus u. facio), I jmd. **zum Besten haben, foppen, necken, äffen,** alqm, Plaut., Liv. u. a.: inter se (einander), Liv.: virginem, hintergehen, Ter.: hostem omnibus artibus belli, Liv.: Romanum fessum impune, Tac.: et sua et aliena mala, Plin. ep.: absol., aperte lud., Cic. Rosc. Am. 55. – II übtr., durch List u. Ränke **vereiteln, hintertreiben,** locationem, Liv.: ea, quae hostes agerent, Liv.

lūdīmagister, richtiger getrennt ludi magister, s. lūdus *no.* II, C, 2.

lūdio, ōnis, *m.* = ludius (*no.* I), Liv. 7, 2. § 4 u. 6. Apul. flor. 18. p. 28, 9 Kr.; vgl. Gloss. II, 430, 2 ›ludio, σατυριστής, ὁ σκηνικός‹.

lūdius, iī, *m.*, der **Spieler,** I der **pantomimischer Tänzer, -Schauspieler,** Tert. de spect. 5. Plaut. aul. 402. Cic. Sest. 116. Ov. art. am. 1, 112: triviales ex circo ludii, gewöhnliche Possenreißer aus dem Z., Suet. Aug. 74: si ludius constitit (was als Verletzung der heiligen Spiele galt, die dann erneuert werden mussten), Cic. de har. resp. 23. – II = *gladiator,* der **Fechter,** Iuven. 6, 82 u. 11, 20.

lūdo, lūsī, lūsum, ere, **spielen,** I *intr.* A eig., mit Würfeln usw. **spielen,** tesseris, Ter.: talis, Plin., talis optime, Cic.: nequiore talo, mit falschen Würfeln sp., Mart.: aleā, Cic., od. in alea, ICt.; vgl. alea: pilā et duodecim scriptis, Cic.: trocho, Hor.: nucibus, Mart.: testarum in mare iaculationibus, Min. Fel.: corio suo od. de corio suo u. de alieno corio (sprichw.), s. corium *no.* I, 1, a: ad latrunculos, Vopisc.: in pecuniam, um Geld spielen, ICt.: absol., lusimus per omnes dies, Suet.: unpers., horā tertiā bibebatur, ludebatur, Cic.: diu noctuque ludatur, bibatur, vomatur, Augustin. – im Schau-, Kampfspiel **auftreten,** ludis circensibus quinquaginta ursos et elephantos lusisse, Liv. 44, 18. § 8. – B übtr.: 1 **spielen, schäkern, scherzen, Possen treiben,** a übh.: exempla honesta ludendi, Cic.: videant ad ludendumne (zum Spaß) an ad pugnandum arma sint sumpturi, Cic.: in numerum, tanzen, v. den Faunen, Verg.: v. Fischen im Wasser, Ter.: v. Vögeln, Verg.: cymba ludit in lacu, Ov.: iubae ludunt, flattern, Verg. – b insbes., von der sinnlichen Liebe, Hor.: in alqa, mit einer tändeln, Prop. – 2 **spielend-, zum Zeitvertreib sich** in etw. **üben,** mit etw. **sich tändelnd beschäftigen, tändeln,** armis, Cic. u. Hor.: versibus, Verg.: palaestrā, Ov. – 3 mit etw. **spielen** = etw. **verschleudern,** viribus imperii, Sen. de brev. vit. 18, 5. – II *tr.* **spielen,** A im Allg.: proelia latronum, das Kriegsspiel, Ov.: ducatus et imperia (Generalissimus u. Kaiser), Suet.: aleam, Suet.: Troiam, Suet.: scriptae, quibus alea (Nomin.) luditur, artes, Ov.: bildl., consimilem ludere ludum, ein gleiches Spiel spielen (= dasselbe tun, was ein anderer getan hat), Ter.: ludum insolentem ludere, ein übermütiges Spiel treiben, Hor. – b prägn.: 1 **spielend** od. **schäkernd zubringen,** otium, Mart. 3, 67, 9. – bildl., operam, vergeblich anwenden, Komik. u. Fronto (vgl. opera). – 2 **spielend** od. **zum Zeitvertreib** etw. **verfertigen,** -etw. **treiben, -sich** in etw. **üben,** opus, Häuschen bauen, Hor.: carmina, Verg.: causas, Calp.: pericula, Mart.: causam illam disputationemque, auf eine launige (scherzhafte) Weise durchführen, Cic.: convicia, aus Scherz einander schimpfen, Mart.: luserunt ista poëtae, solches haben die D. gefabelt, Sen. – 3 **auf eine launige** (scherzhafte) **Weise** etw. **vorstellen,** bonum civem, Cael. in Cic. ep.: magistratum, Apul. – 4 jmd. **zum Besten (zum Narren) haben,** a jmd. **foppen, äffen, sich über** ihn **lustig machen,** ihn **necken,** alqm, Komik. u. Cic.: verbum, Cic. – b jmd. **an der Nase herumführen, hintergehen, betrügen, täuschen,** alqm, Hor. u. Verg.: alqm dolis, Ter. – 5 = **verspielen,** id quod in alea lusum est, der Spielverlust im Hasardspiel, Paul. dig. 11, 5, 4. § 2. – ► Parag. Infin. ludier, Ter. adelph. 607.

lūdus, ī, *m.*, das **Spiel** (als heitere Beschäftigung zum Zeitvertreib u. zur Erholung), der **Zeitvertreib,** I eig.: 1 im Allg., ludus campestris (auf dem Marsfeld), Cic.: militaris, Spiel, Zeitvertreib der Soldaten, Liv.: ludus ad iudices, das Richterspiel (der Kinder), Spart.: ludus calculorum, Cael. Aur.: sphaerae ludus, Ballspiel, Cael. Aur.: ad pilam se, aut ad talos, aut ad tesseras conferunt, aut etiam novum sibi excogitant ludum, Cic. – dare ludum alci, Zeitvertreib machen, Plaut. u. Cic.: amori dare ludum, der Liebe freien Spielraum lassen, Hor.: ludos sibi facere, Petron.: tali ludo ludere, solche Dinge treiben zum Zeitvertreib, Plaut.: insolentem ludum ludere, ein übermütiges Spiel treiben, Hor.: u. von der sinnl. Liebe, consimilem luserat ludum (mit der Danaë), Ter. – 2 insbes., a ludi, öffentliche **Spiele,** circenses, scaenici u. gladiatorii, magni (s. circēnsis etc.), Cic. u. a.: ludus bestiarius, s. bestiārius: ludi Olympii, Plaut., od. Olympia, Varro fr.: ludi Consualia, Cerealia, Liv.: ludos facere od. edere, anstellen, Cic.

u. Suet.: ebenso dare ludos, Suet. u. Iuven. (vgl. ludorum primum initium procurandis religionibus datum, Liv.): ludos committere, beginnen, Cic. – meton., ludis = zur Zeit der Spiele, Cic. u. Liv. – b ein **Scherzspiel,** eine **Satire,** in Naevii ludo, Cic. de sen. 20. – II übtr.: A ein **Spiel, Kinderspiel** = eine leichte Beschäftigung, Kleinigkeit, illa perdiscere ludus esset, Cic.: oratio ludus est homini non hebeti, Cic.: ludum iocumque od. ludum et iocum fuisse, Ter. u. Liv.: per ludum, spielend (= ohne Mühe), Cic. – B der **Spaß, Scherz,** die **Schäkerei, Neckerei,** ein **neckischer Streich** (als Zeitvertreib), die **Lust** (die man mit jmd. od. etw. hat), amoto ludo, Hor.: per ludum et iocum, Cic.: per ludum, Curt.: ut ludos facit, wie spaßt er, Ter.: ludos praebere, Stoff zum Lachen geben, Ter.: ludos alci facere, einen schönen Spaß machen = einen Possen od. Streich spielen, jmdm. mitspielen, Plaut.: dass. ludos alci reddere, Ter. – facere od. dimittere alqm ludos, zum Gespött machen, zum Besten (zum Narren) haben, seinen Spaß oder sein Gespött mit ihm treiben, Plaut.: ludum fieri, Plaut.: si ille tibi ludus (zum Gespött) fuit, Cic. Vgl. Brix Plaut. capt. 577. Lorenz Plaut. Pseud. 1151. – C die **Schule,** in der bloß dem Spiel ähnliche Übungen vorgenommen wurden, 1 im Allg.: gladiatorius, Fechterschule, Cic. u. a. (im Zshg. bl. ludus, wie Caes. b. c. 1, 14, 4): u. so Aemilius ludus, Hor. de art. poët. 32. – 2 insbes., die niedere wissenschaftl. **Schule** für Anfänger, die die Elemente lernen müssen (während schola die Schule für Jünglinge, in der entwickelnd gelehrt wird), Cic. u. a.: vollst. ludus litterarum, Liv., litterarius, Sen. u. a., discendi, Cic.: magister ludi u. ludi magister, Schullehrer, Cic. u. a.: ludum habere, Cic., od. exercere, Tac., Schule halten: ludum aperire, eine Schule eröffnen, Cic.: in ludum litterarium itare, Plin. – ► Archaist. (urspr.) Nbf. loedus, Cic. de legg. 2. 22: Akk. Plur. loidos, CIL 1, 565 (wo loidos fecerunt).

luella (luēla), ae, *f.* (luo), das **Büßen,** Lucr. 3. 1013.

luēs, is, *f.* (v. luo), I eine sich ausbreitende unreine **Flüssigkeit,** Licin. Macer b. Non. 52, 8. – insbes. = der **geschmolzene Schnee,** Petron. 123. *v.* 192. – II prägn., die **Seuche, Pest, ansteckende Krankheit** (als unreiner Krankheitsstoff), Carm. fratr. arv., Verg., Aur. Vict. u. a.: übtr.: a als Schimpfwort von schädlichen Menschen, **Pest, Seuche, Verderben,** Cic. de harusp. resp. 24: illa horrida lues, dira illa lues, v. Hannibal, Sil. 10, 603; 16, 622: saeva Thebarum lues, v. d. Sphinx, Sen. Oedip. fr. (Phoeniss.) 131: v. Dingen, lues morum, Plin. 29, 27. – b jedes sich ausbreitende **Übel, Unglück, Verderben, Schlag,** lues asperrima in Sardianos, v. Erdbeben, Tac.: belli immensa, Kriegswetter, Tac.: totis inimica lues cum turbine castris, v. Feuer, Sil. – ► Nom. u. Akk. Plur. lues, Cypr. ad Demetr. 2. Prud. perist. 2, 222: u. Genet. Plur. luum, Placid. gloss. V, 31, 14: Nbf. Nom. luis, Prud. ham. 249 u. psych. 508.

Lugdūnum, ī, *n.,* I Stadt an der nördl. Grenze vom narbon. u. lugdun. Gallien, j. *Lyon,* Tac. ann. 3, 41. Suet. Cal. 20: auch Lugudūnum, CIL 13, 5174. – Nbf. Lugdūnus, ī, *f.,* Amm. 15, 11, 11 u. 16, 11, 4. Sidon. carm. 5, 576. – Dav. **Lugdūnēnsis,** e, **lugdunensisch,** Plin. u. a.: ara, dem Augustus zu Lugd. als Gottheit errichteter, Iuven. – II (Batavorum) Hauptstadt der Bataver, j. *Leyden,* Itin. Anton. 368, 4. – III (Convenarum) Stadt in Aquitanien, j. *St. Bertrand de Cominges,* Itin. Anton. 457, 8 u. 463, 2; vgl. Hieron. c. Vigil. § 4.

lūgeo, lūxī, lūctum, ēre (vgl. griech. λευγαλέος, λυγρός, traurig, schrecklich), I *intr.* **trauern, in Trauer sein,** von der Trauer, die sich in lauter Jammerklage u. in den üblichen äußeren Zeichen äußert (während maerere = trauern in Wehmut, -mit Ergebung), *luget* senatus, *maeret* equester ordo, Cic.: lugere pro alqo, Cic.: lugendi modum facere, Cic.: lugere desinere, Sen.: maesta ac lugentia castra, Iustin.: *impers.,* ad rogum filii lugetur, Catull. – v. Dingen, rami positis lugere videntur frondibus, Ov. – lugentes lanae, zur Trauer geeignet, Mart.: campi lugentes, das Trauergefilde (in der Unterwelt), Verg. – Partiz. subst., lūgentēs, ium, *m.,* die **Trauernden,** insignia lugentium, Tac. – II *tr.* jmd. **betrauern, für** jmd. **in Trauer gehen, -Trauerkleider tragen,** alqm, Cic. u. a.: alqm diu, Iustin.: alqm vero desiderio (aufrichtig), Curt.: alqm per annum, Eutr.: mortem alcis, Cic.: m. folg. *Acc.* u. *Infin.,* Cic. Cat. 2, 2. Claud. in Eutr. 2. prol. *v.* 4. – Im Passiv, lugebere nobis, Ov. met. 10, 141. – ► Synk. *Perf.* luxti, Catull. 66, 21. – Nebenformen nach der 3. Konjug. lugitis, Firm. de err. 8, 4 *cod. P:* lugunt, Itala (Cant.) Matth. 5, 5. Augustin. specul. 23 Mai. Commod. apol. 972: Imper. lugite, Firm. de err. 8, 3 *cod. P: Infin.* lugĕre, Commod. instr. 2, 32, 10. – Nbf. lugeor, ērī, Prisc. part. XII vers. Aen. 6. § 121.

lūgium, iī, *n.* (lugeo), die **Trauer,** Commodian. 1, 29, 18 (Plur. lugia).

lūgubris, e (lugeo), **zur Trauer gehörig, Trauer-,** I eig.: a v. Lebl.: lamentatio, über den Toten, Cic.: sordes, über den Verlust des Bruders, Cic.: cantus, Cic. u. Hor.: vestis, Ter. u. Curt.: nuntii, Sall. fr.: terrebat et proximus annus lugubris duorum consulum funeribus, trauervoll, Liv. – subst., lūgubria, ium, *n.,* **Trauerkleider,** Prop. u. Ov. – aber lugubre sagum, ein gemeines, schmutziges Oberkleid, Hor. epod. 9, 28. – b v. Pers. u. personif. Lebl., **in Trauer befindlich, trauernd, Trauer-,** domus, Liv.: genitor, Ov. – II meton., **traurig,** a = **unheilvoll,** bellum, Hor.: od. = **Unheil verkündend,** ales, Hor. – b = **kläglich,** vox, Lucr.: verba, Ov. – dah. lūgubre *adv.,* **unheilvoll,** lugubre rubere, Verg. Aen. 10, 273. – ► Die Silbe gu ist bei Dichtern öfter lang als kurz.

lūgubriter, *Adv.* (lugubris), **kläglich, trauermäßig,** eiulare, ein Trauergeheul anstimmen, Apul. met. 3, 8: mortuum lug. plangere, Augustin. serm. 361, 9.

Lugudūnum, s. Lugdūnum.

luis, s. luēs.

luitio, ōnis, *f.* (luo), die **Bezahlung,** ICt. u. Gloss.

lullīgo, s. lollīgo.

luma, ae, *f.,* der **Dorn,** Paul. ex Fest. 120, 15.

lumārius, a, um (luma), **zu den Dornen gehörig, Dornen-,** falx, die Dornen abzuschneiden, Varro LL. 5, 137.

lumbāgo, inis, *f.* (lumbus), die **Lendenlähmung,** Paul. ex Fest. 126, 16.

lumbāre, is, *n.* (lumbus), der **Lendenschurz,** Hieron. in Ier. 13, 1; epist. 7, 3. Vgl. Isid. orig. 19, 22, 25.

lumbellus, ī, *m.* (*Demin.* v. lumbus), eine **kleine Lende,** Apic. 7, 259 (die Hdschrn. libelli).

lumbifragium, iī, *n.* (lumbus u. frango), das **Zerbrechen der Lenden,** der **Lendenbruch,** Plaut. Amph. 454.

lumbrīcus, ī, *m.,* I der **Eingeweidewurm,** der **Spulwurm,** Cato r. r. 126. Cels. 2, 3 *extr.* u. 6, 7, 1. Colum. 6, 25 *in.* u. 6, 30, 9. Plin. 11, 140. Scrib. Larg. 141. Cael. Aur. de morb. chron. 4, 8, 106 *sqq.* Isid. orig. 12, 5, 13: lumbr. teres, unser *Ascaris lumbricoides,* lumbr. latus, der Bandwurm (taenia), beide Cels. 4, 24 (17): taeniae lumbricique, Plin. 27, 145. – II der **Regenwurm,** Plaut. Bacch. 792. Colum. 7, 9, 7. Gargil. de cur. boum § 19 Sch.: lumbrici terrestres od. terrae, Ser. Samm. 51 u. 177 (Marc. Emp. 2 *in.* vermes terreni). – übtr., v. Menschen, die aus niedrigem Stand zu hohen Ehrenstellen gelangten, Plaut. aul. 628; vgl. Casaub. Pers. 6, 59. – Nbf. lumbrix, Gloss. II, 434, 37 σκώληξ, vermis, vermis lumbricus.

lumbulus, ī, *m.* (*Demin.* v. lumbus), eine **kleine Lende,** eine **kleine Rippe,** Plin. 28, 169. Apic. 7, 292. Not. Tir. 79, 40.

lumbus, ī, *m.* (ahd. *lentin*), I die **Lende,** Plaut., Cic. poët., Cels. u. a. – als Speise, lumb. aprunus, Plin.: lumbus gallinacius, Capit.: caprigeni lumbi, Koteletten von Rehwildbret, Macr.: cocus si lumbum adussit, Laber. fr. – meton. (euphemist.) = die **Schamteile,** Iuven. u. Pers. – II übtr., ein lendenähnlicher Teil am Weinstock, Colum. u. Plin.

lūmectum, ī, *n.* (luma), das **Dornengebüsch,** Varro LL. 5, 137.

lūmen, inis, *n.* (aus *lūc-men zu lūceo), das **leuchtende Licht,** der **Lichtkörper,** I eig.: A im Allg., das Licht, das ein Gegenstand verbreitet, lucernae, Cic.: solis, Cic.: lunare, Mondlicht, Macr.: diurnum, Tageslicht, Sonnenlicht, Sonne, Ov. u. Sen.: sol lumenque diurnum, Morgenstern, Lucr. 4, 455: lumina relucentia, Sen.: accretio et deminutio luminis (des Mondlichts), Cic.: lunae luminum varietas tum crescentis tum senescentis, Cic.: tabulas pictas collocare in bono lumine, in ein gutes Licht stellen, Cic.: clarum lumen transmittere, vollkommen durchsichtig sein (v. Spiegel usw.), Sen.: immittere lumen, hereinfallen lassen, einlassen, Verg. – **B** insbes.: **1** ein **Licht,** d. i. eine Leuchte, Kerze, Laterne, Lampe, Fackel, lumine apposito, Cic.: lumini oleum instillare, Cic.: luminibus accensis, Plin.: ad lumina, bei usw., Suet.: sub lumina prima, in der Dämmerung, Hor.: ad lumina prima, bis zum Anbruch des Abends, Hor. – **2** das **Tageslicht,** der **Tag,** secundo lumine, Enn.: lumine quarto, Verg.: obscuro etiamtum lumine, lumine etiamtum incerto, Zwielicht, Sall. – **3** das **Lebenslicht,** das **Leben,** lumen adimere, Ov.: lumen relinquere, Verg. – **4** das **Augenlicht,** die **Augen,** caecitas luminis, Cic.: lumina aegra, Sen.: lumina amittere, Cic.: sine ullo morbo oculorum lumina amittere, Nep.: lumina alci fodere, ausbohren, ausstechen, Ov.: effodere lumen, ausreißen, Verg. (vgl. bildl., effossum alterum imperii Romani lumen, Vell.): quem (Argum) ferunt per ambitum capitis multorum oculorum luminibus ornatum, Macr. – konkr. = der **Augapfel,** Veget. mul. 2, 16. – **5** das **Licht** in den Gebäuden, d. i. freie Luft und Tageslicht, luminibus alcis obstruere, Cic., od. officere, ICt., das Licht verbauen. – im Bild, Catonis luminibus obstruxit oratio, verdunkelte den Ruhm Katos, Cic.: nec mentis quasi luminibus officit altitudo fortunae et gloriae, Cic. – **6** der **Glanz, Schimmer,** ferri, Stat.: dah. der **Glanz** der Blumen, die **Schönheit,** calthae, Colum. – **7** das **Licht** in der Malerei (Ggstz. umbra, der Schatten), Plin. nat. hist. u. Plin. ep. – **C** meton., jede **Öffnung,** durch die Licht od. Luft eindringen kann, **1** im Allg., duo lumina ab animo ad oculos perforata nos habere, Cic. de nat. deor. 2, 9. – **2** insbes.: **a** der **Ritz,** Val. Flacc. 1, 128. – **b** der **Wetterschacht,** Plin. 31, 57 (bei Vitr. 8, 6, 3 puteus gen.). – **c** die **Fensteröffnung,** das **Fenster,** lumina capere a meridie, die Fenster auf der Mittagsseite anlegen, Vitr.: habere ad septentrionem lumina fenestrarum, Vitr.: lumina fenestrarum valvata, Fenster, die zum Öffnen eingerichtet sind, Vitr.: fenestrarum angustias quod reprehendis, scito te Κύρου παιδείαν reprehendere. Nam cum ego idem istuc dicerem, Cyrus aiebat viridariorum διαφάσεις latis luminibus non tam esse suaves, Cic.: luminum spatia relinquere, Fensteröffnungen anbringen, Vitr.: immittere lumen, lumina, Fenster anlegen, ICt.: obserare lumina, Apul. – **d** die **Türöffnung,** Vitr. 4, 6, 1 *sqq.* – **e** die Weite des Trichters (calix) an der Wasserröhre, die **Lichten,** Frontin. aqu. 27; 29; 36: interdum maioris luminis, interdum minoris, pro gratia personarum, calicem probare, *ibid.* 105. – **II** übtr.: **1** ein **Licht,** eine **Leuchte,** die zu klarer Einsicht verhilft, **aufhellende Klarheit** des Geistes usw., **erleuchtende, aufhellende, klare Einsicht,** vos in tantis tenebris erroris et inscientiae clarissimum lumen praetulistis menti meae, Cic.: ordo maxime est, qui memoriae lumen affert, eine klare Einsicht (um sich zu unterrichten) verschafft, aufhellt, Cic.: ut oratio, quae lumen adhibere rebus debet (Licht über die S. verbreiten soll), ea obscuritatem et tenebras afferat (sie in D. u. F. hüllt), Cic.: alqd praenoscere sine lumine animi (klare Einsicht) non posse, Colum. – **2** ein **Licht,** eine **Leuchte** = das **leuchtende Vorbild,** die **Glanzseite,** der **Glanzpunkt, Strahl,** die **glänzenden Vorzüge,** die **Glanz verbreitende Zierde,** der **glänzende Schmuck,** lumina civitatis (v. vornehmen Bürgern), Cic.: illorum praediorum scito mihi vicinum Marium lumen esse, Cic.: Brutus, lumen et decus civitatis, Cic.: Corinthus totius Graeciae lumen, Cic.: quasi lumen aliquod probitatis et virtutis, leuchtendes Vorbild, Cic.: hic tu, Africane, ostendas oportebit patriae lumen (die glänzenden Vorzüge) animi ingenii consiliique tui, Cic.: philosophia iacuit usque ad hanc aetatem nec ullum habuit lumen litterarum Latinarum (u. hatte keinen glänzenden Vertreter in der lat. Literatur), Cic. – u. so in der Rede, lumina dicendi, der Schmuck glänzender Worte zur Belebung der Gedanken, Cic.: ebenso lumina verborum et sententiarum, Cic.

lūmentum, s. lōmentum.

lumfo, s. lympho.

lūminar, āris, *n.* (lumen), **I** die **Lichtöffnung,** der **Fensterladen,** Plur., Cato r. r. 14. Cic. ad Att. 15, 26, 4. – **II** das **Licht,** die **Leuchte,** Plur., Hieron. c. Vigil. 3. Vulg. exod. 25, 6. – lūmināria, Lampen, Acro Hor. carm. 3, 26, 7. – u. ein **Licht** am Himmel, das **Gestirn,** Sing., Vulg. genes. 1, 66; Sirach 43, 7: Plur., Vulg. genes. 1, 14; psalm. 135, 7: defectus luminarium solis et lunae, Augustin. conf. 5, 3.

lūmino, āvī, ātum, āre (lumen), **I mit Licht versehen, erhellen, erleuchten,** solem, Apul.: face ora, Avien.: locum fenestris, Cael. Aur. – **II** insbes., mit Augenlicht versehen; dah. male luminatus, kurzsichtig, Apul. met. 9, 12.

lūminōsus, a, um (lumen), **lichtvoll, hell, I** eig.: omnia aedificia ut luminosa sint oportet curari, Vitr. 6, 6. § 6: oleum luminosius, Augustin. epist. 78, 9. – **II** übtr., **lichtvoll, lichtreich, hervorstechend,** sunt maxime luminosae et quasi actuosae partes duae (orationis), Cic. or. 125: luminosissima caritas, Augustin. epist. 145, 6.

lumpa, lumpātus, s. lympha, lymphātus (unter lympho).

1. lūna, ae, *f.* (aus *lucna zu lūceo), **I** appell., der **Mond, A** eig.: lunae annus, das Mondjahr, Macr.: lunae cursus (Sing. u. Plur.), Curt. u. Liv.: ortus aut obitus lunae, Cic.: certi solis lunaeque et ortus et occasus, Liv.: duo lunae exortus, Plin.: lunae defectus, Cic., defectio, Quint., Mondfinsternis: habitatores lunae, Macr.: imago lunae, Plin. – luna plena, Caes.: nova, Varro u. a.: luna intermestris dimidiataque, Cato: crescens lumen lunae deminutioque, Vitr.: lunae luminum varietas tum crescentis tum senescentis, Cic.: lunā crescente, Ggstz. decrescente, Colum., od. senescente, Varro u. Cic., minuente, Pallad.: lunā silenti, Cato u. a.: luna silens, Plin.: luna deficiens, Mondfinsternis, Plin.: so auch luna laborans, Iuven., u. lunae labores, Verg.: ad minorem lunam, zur Zeit des abnehmenden Mondes, Hor.: novissimā primāve lunā, beim Neumond oder am ersten Tag nach dem Neumond, Plin.: so auch quarta luna, der vierte Tag nach dem Neumond, Cic.: luna rursus exoritur, Plin.: luna impletur, Plin.: luna crescit, Cic., Ggstz., decrescit, Colum., senescit, Cic., minuit, Plin.: pernox forte luna erat, Liv.: serenā nocte subito candens et plena luna deficit, verfinstert sich, Cic.: so luna interpositu interiectuque terrae repente deficit, Cic.: sol lunae oppositu solet deficere, Cic.: lunae species ac forma mutatur tum crescendo tum defectibus in initium recurrendo, Cic.: luna subiecta atque opposita soli radios eius et lumen obscurat, Cic.: cum tota se luna sub solis orbem subiecisset, Cic.: ne luna occĭdat, Trag. inc. fr.: habitari ait Xenophanes in luna, der M. sei bewohnt, Cic. – Plur., duas lunas visas, Liv.: u. wie »Monde« für die Monate, lunae novae, Hor., celeres, Hor. – **B** meton.: **1** der **Monat,** centesima, Plin. 18, 217. – **2** die **Nacht,** roscida, Verg. georg. 3, 337: immeritae omina lunae, Prop. 4, 4, 23. – **3** der **halbe Mond,** als Figur, in Gestalt eines C, **a** von den halbmondförmigen Schildchen von Elfenbein, die die patrizischen Senatoren auf ihren Schuhen trugen, Iuven.: patricia, Stat. – **b** v. den halbmondförmigen Knorpeln, aus denen die Gurgel besteht, Sidon. carm. 7, 192. – **II** personif., **Lūna** = die Mondgöttin, Tochter der Latona u. Schwester des Sonnengottes (Sol), beide später mit Diana u. Apollo identifiziert, Ov. fast. 4, 374. Auson. epist. 5, 3. p. 162 Schenkl: cum Luna laboret, wenn L. in Not ist, d. i. wenn eine Sonnenfinsternis eintritt, Cic. Tusc. 1, 92. – ihr Tempel, von Servius Tullius geweiht, stand nach Liv. 40, 2, 2 auf dem Aventinus und verbrannte unter Nero, Tac. ann. 15, 41. – ► Archaist. Genet. lunai, Lucr. 5, 69: vulg. Genet. lunis, de Rossi inscr. Christ. Vol. I. *no.* 1340.

2. Lūna, ae, *f.,* Stadt an der Grenze Liguriens u. Etruriens, mit einem guten Hafen, Liv. 39, 21, 5. Mela 2, 4, 9 (2. § 72). Sil. 8, 480 *sq.*: Lunae portus, j. Hafen von Spezzia, Liv. 34, 8, 4 (Lunai portus, Enn. ann. 16 bei Pers. 6, 9). – Dav. **Lūnēnsis,** e, **lunensisch,** Liv.: marmor, der heutige karrarische Marmor, Plin.: ara, aus lun. Marmor, Suet. – Plur. subst., Lūnēnsēs, ium, *m.,* die Einw. von Luna, die **Lunenser,** Plin.

lūnāris, e (luna), **I zum Mond gehörig, Mond-,** sidus, Sen.: lumen, Macr.: cursus, des Mondes Lauf, Cic.: orbita, Mondbahn, Sen.: mensis, Vitr.: equi, Ov. – **II mondähnlich,** cornua, Ov. met. 9, 688.

lūnāticus, a, um (luna), **I auf dem Mond lebend,** homines, Lact. 3, 23, 13. – **II dem Mondwechsel unterworfen, a** v. Pers. = σεληνιακός, σεληνόπληκτος, **epileptisch, mit der Epilepsie behaftet** (s. Isid. orig. 4, 7, 6), Paul. dig. 21, 1, 43. § 6. Vulg. Matth. 4, 24 u. 17, 15. Acro.

Hor. de art. poët. 454. Ps. Apul. herb. 58, 1 u. bes. 64. 1. – **b** v. Lebl., oculus, das zu gewissen Zeiten dunkel wird, mondblind, Veget. mul. 3, 18 *in.* – **III** **nur einen Monat dauernd,** übtr. = **kurz dauernd, flüchtig,** umbra, Ps. Augustin. solil. 2, 3: vita mea (Ggstz. sempiterna tua), *ibid.* 12, 2.

lūnātus, a, um, s. lūno.

lunchus, ī, *m.,* s. lonchus.

Lundinium, s. Londinium.

Lūnēnsis, e, s. 2. Lūna.

lūno, āvī, ātum, āre (luna), **mond-** od. **sichelförmig krümmen,** arcum, Ov.: acies geminos in arcus, Prop. – Dav. **lūnātus,** a, um, **a** **halbmondförmig, sichelförmig,** figura, Cels.: pelta, Verg.: ferramentum, Colum.: ferrum, ein sichelförmiges Schwert, Hakenschwert (ἅρπη), Lucan. – **b** übtr., **mit dem** elfenbeinernen **Halbmond geschmückt** (vgl. 1. luna *no.* I, B, 3), pellis (Schuh), Mart.: planta, Mart.

lunter, s. linter.

lūnula, ae, *f.* (*Demin.* v. luna), ein **kleiner Halbmond, a** als weiblicher Schmuck, Plaut. Epid. 640. Cypr. de hab. virg. 13. Tert. de cult. fem. 2, 10. Vulg. Isai. 3, 15. – **b** als elfenbeinerne Zierde auf den Schuhen der patrizischen Senatoren, Schol. Iuven. 7, 192.

Lūnus, ī, *m.,* der **Mond,** als männliche Gottheit bei den Einwohnern von Karrä, Spart. Carac. 6, 6 u. 7, 3.

1. luo, luī, luitūrus, ere (griech. λύω, löse, λύτρον, Lösegeld); **I** **büßen, abbüßen,** stuprum morte, Cic.: noxam pecuniā, Liv.: sponsionem, Liv.: delicta maiorum, Hor.: ne sanguine liberûm suorum culpa defectionis lueretur, Liv.: ut morae culpa capite lueretur, Suet.: nunc culpam maiorum posteri luere, Curt.: debito supplicio scelus, Curt.: qui (obsides) capite luerent, si pacto non staretur, Liv. – **II** **büßen,** durch Buße od. Strafe **abwenden,** pericula publica, Liv. 10, 28, 13: responsa, ungültig machen, Val. Flacc. 2, 570. – **III** **bezahlen, a** eine Schuld, aes alienum, Curt. 10, 2 (10), 25: debitum, Cod. Theod. 2, 4, 3. – dah. etw. durch Bezahlen der darauf haftenden Schuld **einlösen,** praedium a creditore, ICt.: fundum a testatore obligatum, ICt.: pignus, ICt. – **b** als Strafe **bezahlen,** in singulas (arbores) aeris XXV, Plin. – dah. luere poenas od. poenam u. dgl., eine Strafe bezahlen = **leiden, büßen** für etw., poenas peccati, Cic.: poenas temere illati belli genti innoxiae, Iustin.: poenam pro caede, Ov.: supplicia crucibus, am Kreuze büßen, den Kreuzestod erleiden, Iustin.: augurium malis, das Unglück erleiden, das das Aug. vorherverkündete, Plin.: supplicium, Cod. Theod. – ► Partiz. Fut. luitūrus, Tert. adv. Marc. 5, 16. Claud. VI. cons. Hon. 141. Cod. Theod. 8, 5, 4.

2. luo, ere (griech. λούω), **I** eig., **waschen, bespülen,** Graecia luitur Ionio profundo, Sil. 11, 22. – **II** übtr., **reinigen,** innocentes, Val. Flacc. 3, 407. Sonst in den Kompositis ab-luo, di-luo.

lupa, ae, *f.* (lupus), **I** die **Wölfin,** Liv. 1, 4, 6 u. 10, 23, 12. Iustin. 13, 2, 6. Hor. carm. 3, 27, 2. – **II** übtr.: **a** die **öffentliche Buhldirne,** Plaut. Epid. 403. Nov. com. 7. Laber. com. 56. Lucil. 334. Iuven. 3, 66. Cic. Mil. 55. Liv. 1, 4, 7. Aur. Vict. de orig. gent. Rom. 21, 1. Amm. 28, 4, 9. – **b** Name eines Hundes, Colum. 7, 12, 13.

lupāna, ae, *f.* = lupa, die **öffentliche Buhldirne,** Cypr. de habit. virg. 12. Commodian. instr. 2, 18, 22. Gloss. IV, 362, 22.

lupānar, āris, *n.* (lupa), ein Ort, wo öffentliche Dirnen sich aufhalten, das **Bordell** (vgl. Aurel. Vict. de orig. gent. Rom. 21, 1 *sq.*), in lupanari accubare, Plaut.: in lupanari stare (feilstehen), Sen. rhet. u. Iustin.: deduci in lupanar, Sen. rhet.: lupanar domi suae instituere, Val. Max.: an deprehensus in lupanari cum aliena uxore adulter sit? Quint.: v. kaiserl. Harem, Amm. 29, 2, 7. – als Schimpfwort, Catull. 42, 13.

lupānāris, e (lupa), **buhlerisch,** Apul. met. 9, 26.

lupānārium, iī, *n.* = lupanar (s. d.), Ulp. dig . 4, 8, 21. § 11 u. 5, 3, 27. § 1. Ps. Cypr. de spect. 5 u. 6.

lupārius, iī, *m.* (lupus), der **Wolfsjäger,** Serv. Verg. georg. 1, 139.

lupātria, ae. *f.,* ein Schimpfwort, **Luder,** Petron. 37, 6 B.

lupātus, a, um (lupus), **mit Wolfszähnen** (d. i. eisernen Stacheln in Gestalt von Wolfszähnen) **versehen,** lupata frena, Pferdegebiss mit eisernen Stacheln od. Zähnen besetzt, die man wegen der Ähnlichkeit Wolfszähne nannte, ein Wolfsgebiss, Brechzaum, Hor. carm. 1, 8, 6. – Dass. gew. subst., lupātī, ōrum, *m.* (verst. freni) u. lupāta, ōrum, *n.* (verst. frena), Solin., Verg. u. a.

Luperca, ae, *f.,* eine altröm. Göttin, mit der Akka Larentia für identisch gehalten, Arnob. 4, 3; vgl. Liv. 1, 4.

Lupercal, ālis, Abl. ālī, *n.* (Lupercus), **I** mit dem Zusatz ludicrum, od. im Plur. Lupercālia, ium, *n.,* das Fest des lycäischen Pan (Lupercus), das im Februar gefeiert wurde, Liv. 1, 5, 1: Plur. Varro LL. 5, 85; 6, 13. Cic. Phil. 2, 84 u. 87 a. – **II** eine dem lycäischen Pan heilige Grotte am palatinischen Berg Cic. ep. 7, 20, 1. Verg. Aen. 8, 343 u. a.

Lupercālis, e, **zum lycäischen Pan** (Lupercus) **gehörig,** sacrum = Lupercal *no.* I (s. d.), Suet. Aug. 31, 4.

Lupercus, ī, *m.* (lupus u. arceo, Wolfsabwehrer), **I** röm. Name des **lycäischen Pan,** Iustin. 43, 1, 7. – **II** ein **Priester des lycäischen Pan,** Cic. Phil. 2, 85. Verg. Aen. 8, 663 u. a.

Lupia, ae, *m.* (Λουπίας), Fluss im nordwestl. Germanien, j. *Lippe,* Vell. 2, 105, 3. Mela 3, 3, 3 (3. § 30). Tac. ann. 1, 60 u. a.

Lupiae, ārum, *f.,* Stadt in Kalabrien, Mela 2, 4, 9 (2. § 66).

lupillus, ī, *m.* (*Demin.* v. lupinus), eine **kleine Lupine,** Plaut. Stich. 691.

lupīnāceus, a, um (lupinus), **zur Lupine gehörig, aus Lupinen,** lomentum, Ps. Apul. herb. 21, 2.

lupīnārius, a, um (lupinus), **zu Lupinen gehörig,** labrum, Cato r. r. 10 u. 11. – subst., lupīnāriī, iōrum, *m.,* die **Lupinen-, Hülsenfruchthändler,** Lampr. Alex. Sev. 33, 2.

lupīnum, s. lupīnus *no.* II.

lupīnus, a, um (lupus), **von Wölfen-, Wolfs-, I** *adi.:* ubera, Cic.: unguen, Serv. Verg.: pellis, Plin.: folliculus, aus einer Wolfshaut gemachter Schlauch, Rhet. Her. – **II** *subst.,* **lupīnum,** ī, *n.* u. **lupīnus,** ī, *m.,* die **Lupine, Feigbohne, Wolfsbohne** (*Lupinus albus,* L.), Cato r. r. 34, 2 u. 37, 2. Cels. 4, 24 (17). Colum. 2, 10, 1. Plin. 18, 50. Verg. georg. 1, 75. Hor. sat. 2, 3, 183: crudum, coctum, Edict. Diocl. 1, 19 u. 20 (wo Genet. lupini): Form *-us,* Colum. 6, 25 (Plur. lupini semicrudi). Ov. medic. fac. 69. Mart. 5, 78, 21. – im Spiel anstatt des Geldes gebraucht, nec tamen ignorat, quid distent aera lupinis, d. i. sich das Wahre vom Falschen unterscheide, Hor. ep. 1, 7, 23. – als Größenmaß (wie faba), Cels. 5, 25, 5 u. 5, 28, 14. Scrib. Larg. 144. 152. 170.

lupio, īre, Naturlaut der Weihe, Suet. fr. 161. p. 251, 2 R. Anthol. Lat. 762, 24 (233, 24).

Lūpodūnum, ī, *n.,* germanische Stadt in der Nähe der Donauquelle, j. **Ladenburg** in Baden, Auson. Mos. 423.

lupor, ārī (lupa), mit **öffentlichen Dirnen Unzucht treiben,** Atta com. 3 (p. 160 R.[2]). Lucil. 207*.

lupula, ae, *f.* (*Demin.* v. lupa), **kleine Wölfin,** übtr., als Schimpfwort, **Zauberin, Unholdin, Hexe,** Apul. met. 5, 11.

lupus, ī, *m.* (altind. *vṛ́ka-ḥ,* griech. λύκος), der **Wolf, I** eig.: genus acre luporum atque canum, Verg.: lupi rostrum (Schnauze), Plin.: lupi barba, Wolfsbart (poet. = Wolfsschnauze), Hor.: habitus (Wolfsgestalt), Ambros.: simulacra luporum (der Wölfin mit ihren Jungen), Liv.: lupi rabiosi et voraces, Lact., rapaces, Hor. u. Lact., raptores, Verg.: lupus Martialis od. Martius, dem Mars heilig, Hor. u. Verg.: lupus femina (= *lupa*), Wölfin, Enn. fr. u. Varro: homo subdolus voluit lupum sub ovis pelle celare, Lact.: im Bild, numquam defuturos raptores Italicae libertatis lupos, nisi silva, in quam refugere solerent, esset excisa, Vell. 2, 27, 2. – Die Alten glaubten (nach Plin. 8, 80), der Anblick eines Wolfes sei schädlich, u. wenn er den Menschen eher sehe als dieser ihn, so verliere der Mensch die Sprache; dah. vox quoque Moerim iam fugit ipsa; lupi Moerim videre priores, Verg. ecl. 9, 53 *sq.* – Sprichw.: **a** lupus in fabula, der Wolf kommt, wenn man von ihm redet (wenn ein Mensch, von dem man redet, gleich dazukommt), Ter. adelph. 537. Cic. ad Att. 13, 33, 4. Serv. Verg. ecl. 9, 54; ebenso eccum tibi lupum in sermone, Plaut. Stich. 577. – **b** lupum auribus tenere, λύκον τῶν ὤτων ἔχειν den Wolf bei den Ohren halten = sich in großer Verlegenheit befinden, weder aus noch ein wissen, Ter. Phorm. 506. Suet. Tib. 25, 1. – **c** ovem lupo committere, den Bock zum Gärtner machen, Ter. eun. 832; vgl. Cic. Phil. 3, 27; ebenso credere ovile lupo, Ov. art. am. 2, 363. – **d** lupo agnum eripere, von einer schweren Sache, Plaut. Poen. 776. – **e** lupus non curat numerum (ovium), der Wolf frisst auch die gezählten Schafe, Verg. ecl. 7, 52. – **f** lupus ultro fugiat oves, möge der Wolf freiwillig die Schafe fliehen (für: möge eine unmögliche Sache möglich werden), Verg. ecl. 8, 52. – **g** hāc urget lupus, hāc canis, aiunt, unser »zwischen Tür u. Angel stecken« oder »aus dem Regen in die Traufe kommen« Hor. sat. 2. 2, 64. – **II** übtr.: **1** v. der Gefräßigkeit: **a** ein gefräßiger Fisch, der **gemeine Seebarsch,** Laber. com. u. Nep. b. Plin. 9, 61. Varro r. r. 3, 3, 9. Colum. 8, 16, 4. Hor. sat. 2, 3, 32. Mart. 13, 89, 1: Tiberinus, Macr. sat. 3, 16, 11. – **b** ein Weichtier, vermutl. *Doris Argo* (L.), Plin. 11, 80 u. a. – **2** v. den Zähnen: **a** ein Gebiss mit eisernen Wolfszähnen (= frenum lupatum), ein **Wolfsgebiss, Brechzaum,** Ov. trist. 4, 6, 4. Stat. Ach. 1, 281. – **b** eine **kleine Handsäge,** Pallad. 1, 43, 2. – **c** ein **Haken, Raubhaken,** ferrei, Liv. 28, 3, 7. – **3** v. der Ähnlichkeit der Gestalt, der **Hopfen,** ein Gewächs (*Humulus lupulus,* L.), Plin. 21, 86. – **4** scherzh. als *masc.* zu lupa (Buhldirne), Nov. com. 7. – **5** *Lupus,* ein Beiname der *gens Rutilia,* s. Rutīlius.

lūra, ae, *f.,* **I** die **Öffnung eines Schlauches, -Sackes,** Paul. ex Fest. 120, 18. – **II** übtr., der **Schlauch,** Auson. perioch. Odyss. 10.

lurchinābundus, a, um (lurchor, altlat. = fressen), **fressend,** Cato inc. libr. fr. 49 (b. Quint. 1, 6, 42).

1. lurco (altlat. lurcho), āre, u. **lurcor** (lurchor), ārī (2. lurco), **den Fresser machen, fressen,** absol., lurcare cum Flora, Varro sat. Men. 136. – mit *Acc.,* lardum lurchare, Pompon. com. 169, lurcari, Lucil. 79.

2. lurco (lurcho), ōnis, *m.,* ein **Fresser, Schlemmer, Wüstling,** bes. als Schimpfwort, Lucil. 75 (Plur.). Suet. gr. 15: lurco edax, Plaut. Pers. 421: obszön v. einem Wollüstling, Apul. met. 8, 25. – als Beiname, M. Aufidius Lurco, der zuerst einen Pfau mästete, Varro r. r. 3, 6, 1. Plin. 10, 45; M. Perpenna Lurco, CIL 6, 916: u. dav. **Lurcōniānus,** a, um, **lurkonianisch, eines Lurko,** Apiciana et Lurconiana condimenta, Tert. de anim. 33. – ► Alte Schreibweise lurcho, s. Serv. Verg. Aen. 6, 4. Prob. cath. 16, 33 K.

lūrīca, s. lōrīca ►.

lūridātus, a, um (luridus), **beschmutzt,** delinquentiae maculis, Tert. adv. Marc. 4, 8.

lūridus, a, um (viell. zu griech. χλωρός, grünlich, gelblich), **blassgelb, fahl, leichenblass** (der tiefste Grad der Blässe, wie bei Gelbsüchtigen usw.), **I** eig.: brassica, Colum.: sol, Plin. ep.: pellis, dens, Hor.: sulfur, Ov.: bilis, Sen.: pallor, Ov. – **II** poet. übtr., **fahl-, leichenblass machend,** horror, Ov.: aconita, Ov.: mors, Sil.

lūror, ōris, *m.,* die **fahle-, leichenblasse Farbe,** die **Leichenblässe,** Lucr. 4, 331. Claud. rapt. Pros. 3, 238. Apul. met. 1, 6; 8, 7; 9, 12 u. 30.

luscinia, ae, *f.,* die **Nachtigall,** Plin. 10, 81 *sqq.* Plin. ep. 4, 2, 3. Apul. flor. 17. p. 27, 15 Kr. Hor. sat. 2, 3, 245.

lusciniola, ae, *f.* (*Demin.* v. luscinia), eine **kleine Nachtigall,** Plaut. Bacch. 38. Varro LL. 5, 76. Varro r. r. 3, 5, 14.

1. luscinius, iī, *m.* (s. Exc. ex Charis. 552, 11 u. Gloss. II, 538, 36), die **Nachtigall,** Phaedr. 3, 18, 2 u. 11. Sen. ep. 76, 9. Mart. 7, 87, 8.

2. luscinius, a, um (luscus), **geblendet, einäugig** (durch Gewalttätigkeit), Lampr. Comm. 10, 6.

luscinus, a, um (v. luscus), **geblendet, einäugig** (durch Gewalttat), Plin. 11, 150.

Luscio, ōnis, *m.,* der Blödsichtige, Titel eines sonst unbekannten Gedichtes des Kaisers Nero, Suet. Domit. 1, 1.

lusciōsus, a, um (luscus), der nicht gut in der Dämmerung, gar nicht bei Nacht sehen kann, **nachtblind,** Plin. 28, 170 u. 29, 123. – dafür luscitiosus, Plaut. mil. 322. Varro sat. Men. 29 B. Varro b. Non. 135, 13. Gell. 4, 2, 11. Vgl. Fulg. serm. ant. 13. p. 116, 1 H. Isid. orig. 10, 163. Gloss. V, 506, 56. – Nbf. nuscitiosus, Ateius b. Fest. 173 (a), 21.

luscitio, ōnis, *f.* (luscus) = νυκταλωπία, die **Nachtblindheit,** Ulp. dig. 21, 1, 10. § 4; vgl. Paul. ex Fest. 120, 17. – Nbf. nuscitio, Opil. Aurel. bei Fest 173 (a), 23.

luscitiōsus, a, um, s. lusciōsus.

luscus, a, um, **I mit verschlossenem Auge, ein Auge zudrückend, blinzelnd, schielend,** beim Zielen, statua lusca, Iuven. 7, 128. – **II einäugig,** Cic. de or. 2, 246. Sen. ep. 66, 5. Lact. de opif. dei 9, 4. Mart. 2, 33, 3; 4, 65, 2; 8, 9, 2 (Ggstz. caecus) u. a.: dux, v. Hannibal, Iuven. 10, 158: subst., luscī, ōrum, *m.,* die Einäugigen, Iuven. 10, 228. Firm. math. 7, 7. – **III blödsichtig, halbblind,** Mart. 9, 37, 10.

lūsio, ōnis, *f.* (ludo), das **Spielen,** ludus discendi, non lusionis, Cic.: lusionibus vel laboriosis delectari, Cic. – lusio pilae, Ballspiel, Cic.: dass. lusio pilaris, Stat. – Plur., lusiones deorum, Cic. Tim. 37 M.

Lūsītānia, ae, *f.,* früher = das Land der Lusitaner zwischen den Flüssen Durius (j. Duero) u. Tagus (j. Tajo) vom Meer bis an die östl. Grenzen des heutigen Königreichs Portugal, später (als röm. Provinz) = das j. Portugal südl. vom Duero, Salamanka, der größte Teil von Estremadura und der westl. Zipfel der Provinz Toledo, Caes. b. c. 1, 38, 2. Liv. 21, 43, 8. – Dav. **Lūsītānus,** a, um, **lusitanisch, aus Lusitanien,** Viriathus Lusitanus, Cic., genere Lusitanus, Aur. Vict.: Lus. pira, Plin. – Plur. subst., Lūsītāni, ōrum, *m.,* die **Lusitaner,** Cic.

lūsitātio, ōnis, *f.* (lusito), das **Spielen,** Iul. Valer. 1, 37. p. 47, 26 *Kuebler.*

lūsito, āvī, āre (*Intens.* v. ludo), **I spielen,** cum coturnicibus, v. Knaben, Plaut. capt. 1003: aleā quādam festivā et honestā, Gell. 18, 13, 1: in labellis morsicatim (morticatim), Naev. b. Non. 139, 25. – **II** übtr., **scherzen, schäkern,** de quo poëtica sic lusitavit, Tert. ad nat. 2, 13.

Lūsius, iī, *m.,* ein Fluss in Arkadien, Cic. de nat. deor. 3, 57.

lūsor, ōris, *m.* (ludo), **I** der **Spieler, a** übh., mit Würfeln, Ov. art. am. 1, 451: studiosissimus aleae lusor, Aur. Vict. epit. 1, 21: mit dem Ball, Sen. de ben. 2, 17, 3: vollst. pilarum lusores, Firm. math. 8, 8. – **b** = ludio, der **Schauspieler, Pantomimist,** CIL 5, 2787. – **II** übtr.: **1** der **Scherzer, Schäkerer,** tenerorum lusor amorum, v. Liebesdichter, Ov. trist. 4, 10, 1. – **2** der **Äffer, Fopper,** Plaut. Amph. 694.

lūsōrie, *Adv.* (lusorius), **spielend,** agere, mit dem Gegner unter einer Decke spielen, Ulp. dig. 30, 1, 50.

lūsōrius, a, um (lusor), **I zum Spiel gehörig, Spiel-, a** übh.: pila, Sen. u. Plin.: alveus, Plin.: mensa, Augustin.: tabula, Schol. Iuven. – übtr., gleichsam **spielend,** d. i. **hin und her fahrend,** naves, Kreuzer, Amm. – subst., lūsōriae, ārum, *f.,* Lustjachten, Sen. de ben. 7, 20, 3, od. Kreuzer, Vopisc. Bon. 15, 1. Cod. Theod. 7, 17, 1. – **b zum Schauspiel gehörig,** subst., lūsōrium, iī, *n.,* der Schauplatz des Amphitheaters, Lampr. Heliog. 25, 8. Salv. de gub. dei 6, 3, 15. Schol. Iuven. 4, 100. – **II** übtr.: **1 zur Kurzweil-, zum Zeitvertreib dienlich, kurzweilig,** quaestio, Plin.: spectaculum, Sen.: arma, Sen. – subst. lūsōria, ōrum, *n.,* lusoria ista, solche Kindereien, Sen. ep. 48, 8. – **2** was zum Scherz od. Spaß geschieht, dah. **ohne Wirkung, nichtig, ungültig,** nomen, Sen. de ben. 5, 8, 3: imperium praetoris, ICt.: minae, ICt.

lustra, ae, *f.* = 1. lustrum (Bordell), Plaut. Cas. 243; vgl. Non. 333, 13.

lustrāgo, inis, *f.,* eine Pflanze = *hiera botane* (s. d.), Ps. Apul. herb. 4.

lūstrālis, e (2. lustrum), **I zur Reinigung von der Sündenschuld-, zur Versöhnung der Götter gehörig,** sacrificium, Sühn-, Reinigungsopfer, Liv.: aqua, Weihwasser, Ov.: exta, Verg.: lustrales bellis animae, die sich im Krieg für das Wohl des Heeres aufgeopfert haben, Lucan. – **II alle fünf Jahre geschehend,** certamen, Tac. ann. 16, 4: census, Ulp. regul. 1. § 8: collatio, jedes fünfte Jahr erhobene Abgabe, Cod. Theod. 13. tit. 1. – subst., lustrālis, is, *m.,* der Erheber der alle 5 Jahre zu erhebenden Abgabe, CIL 6, 8884.

lūstrāmen, inis, *n.* (1. lustro), das **Reinigungsmittel,** Val. Flacc. 3, 409 u. 442.

1. lūstrāmentum, ī, *n.* (1. lustro), das **Reinigungsmittel,** Itala 1. Cor. 4, 13 bei Ambros. in psalm. 118. serm. 8.

2. lūstrāmentum, ī, *n.* (lustror), ein **Reizmittel zur Wollust,** Marcian. dig. 48, 8, 3. § 3.

lūstrātio, ōnis, *f.* (1. lustro), **I** die **Reinigung** durch Opfer, die **Sühne,** auch im Plur., Colum. 2, 21 (22), 5: aqua lustrationis, Vulg. num. 8, 7 u. 19, 20. – bes. des Heeres nach der Musterung, die Musterungssühne, -weihe, Liv. 40, 13, 2 *sq.* – **II** die **Durchwanderung, Durchreise,** municipiorum, Cic.: solis, Sonnenlauf, Cic.: Plur., Cic. Tusc. 5, 79.

lūstrātor, ōris, *m.* (1. lustro), **I** der **Durchwanderer,** orbis (v. Herkules), Apul. apol. 22. – **II** der **Reiniger, Sühner,** Gallus sacerdos ac lustrator, Schol. Juven. 6, 542.

lūstricus, a, um (2. lustrum), **zur Reinigung gehörig, Reinigungs-,** dies, der achte od. neunte Tag nach der Geburt, an dem das Kind durch Opfer gereinigt wurde u. einen Namen (Vornamen) bekam, bei den Juden der **Beschneidungstag,** bei den Christen der **Tauftag,** Suet. Ner. 6, 2. Arnob. 3, 4.

lūstrificus, a, um (2. lustrum u. facio), **reinigend,** Val. Flacc. 3, 448.

lustrivagus, um (1. lustrum u. vagor), **in der Wildnis umherschweifend,** Anthol. Lat. 682, 1 R.

1. lūstro, āvī, ātum, āre (wie 2. lustrum verwandt mit luceo), **I hell machen, beleuchten, A** eig.: lustrabat lampade terras orta dies, Verg.: sol cuncta suā luce lustrat et complet, Cic.: luna sive notho fertur loca lumine lustrans sive etc., Lucr.: delphinus haud nimio lustratus nitore, Cic. poët. – **B** übtr.: **1 betrachten, besichtigen,** alqd lumine, Verg.: alcis vestigia, Verg. – u. geistig **betrachten = erwägen, bedenken,** omnia ratione animoque, Cic. de off. 1, 57. – **2 bereisen, durchwandern** usw., Aegyptum, Cic.: aequor navibus, befahren, Verg.: u. so flumina navigiis, Plin. pan.: quando luna lustrato suo cursu solem consecuta est, Cic.: anno fere vertente signiferum orbem (v. Planeten Merkur), Cic. – bildl., etw. **durchmachen, sich** einer Sache **unterziehen,** incerta pericula, Verg.: multa alia, Cic. poët. – **II** (glänzend machen; dah. =) durch ein Reinigungs- od. Sühnopfer (s. 2. lūstrum) **reinigen, -weihen, -sühnen, A** eig.: agrum, Cato: populum, exercitum, coloniam, Cic.: urbem, Liv.: lustratus et expiatus sacro, Liv.: alqm taedis, flammis, Tibull. u. Ov. – lustrari Iovi, dem J. ein Reinigungsopfer bringen, Verg. – **B** meton.: **1** (weil beim lustrum [s. d.] das Heer gemustert wurde) = **mustern,** exercitum, Cic. u. Tac. – **2** (weil beim lustrum die Opfertiere um das Volk usw. herumgeführt wurden) = **umgehen, umtanzen, umfliegen** u. dgl. (vgl. Ruhnken Suet. Vit. 9), alqm choreis, tanzend umringen, umtanzen, Verg.: lustratis signis (v. einem Adler), nachdem er die Feldzeichen umflogen hatte, Suet. – u. mit etw. **umziehen,** levi tactu oculos, Plin. 23, 110: levi floris attactu oculos suos, Gargil. Mart. med. 41.

2. lustro, ōnis, *m.* (1. lustrum), der **Herumlungerer in den Bordellen,** Naev. com. 118 u. 119.

lustror, ātus sum, ārī (1. lustrum), **sich in öffentlichen Bordellen herumtreiben,** Plaut. Pseud. 1107 u. a.: circum oppida, Lucil. sat. 30, 27.

1. lustrum, ī, *n.* (vgl. λῦμα, der Schmutz), **I** der Ort, an dem sich die Schweine wälzen, **Pfütze, Morast,** Varro r. r. 2, 4, 8. – **II** übtr.: **1** übh. der Aufenthalt der Tiere im Wald, die **Wildhöhle, Wildbahn,** das **Wildlager,** lustra ferarum, Verg.: lustra devia, Ov. – **2** das **Bordell,** mala lustra, Hor.: lustris studere, Plaut.: in lustris tempus aetatis consumere, Cic.: vino lustrisque confectus, durch B. (= ausschweifende, liederliche Lebensart), Cic.

2. lūstrum, ī, *n.* (1. lustro), **I** das **Reinigungs-** od. **Sühnopfer,** das alle fünf Jahre von den Zensoren bei dem Schluss ihres Amts für das ganze Volk dargebracht wurde (wobei die drei für den Mars ausersehenen Opfertiere, ein Schwein, Bock u. Stier, dreimal im Kreis herumgeführt u. darauf dem Gott geopfert wurden u. zugleich das gleiche Gelübde für das neue lustrum geleistet wurde, vota in proximum lustrum suscipere, Suet. Aug. 97, 1), lustrum condere, dieses Opfer verrichten, dah. die Zensur beschließen, Cic.: u. so lustrum perficere, Liv. 1, 44, 2: u. eius rei causā lustrum mittere, Act. fr. Arv. im CIL 6, 2107, 7: sub lustrum, bei dem Schluss der Zensur, Cic. – **II** eine Zeit von gewöhnlich fünf Jahren, ein **Jahrfünft,** Ov., Plin. u. a.: octavum claudere lustrum, Hor. – Insbes., **a** die **Pachtzeit,** Plin. ep. 9, 37, 2. – **b** die **Steuer, Finanzperiode,** in Bezug auf die Zahlung der direkten u. indirekten (durch die Publicani erhobenen) Steuern, Varro LL. 6, 11. Cic. ep. 2, 13, 3; ad Att. 6, 2, 5. – **c** zur Kaiserzeit alle fünf Jahre abgehaltene **Festfeiern,** die mit Spielen und Wettkämpfen zu Ehren der Götter verbunden sind, bes. die **kapitolinischen,** Stat. silv. 4, 2, 62: certamine Iovis Capitolini lustro sexto, CIL 9, 2160: auch lustri certamen gen., Aur. Vict. de Caes. 27, 7.

lūsus, ūs, *m.* (ludo), **I** das **Spiel,** das **Spielen,** malo per lusum in sublime iactato, Suet.: calculorum, Plin. ep.: aleae, Suet.: lusus trigon, Ballspiel, Hor.: lusum edere, ein Spiel spielen, Gell.: noctem lusibus ducere, Lact.: cum effuse in lusu (Würfelspiel) liberalis fuissem, August. b. Suet. – **II** übtr.: **A** subjektiv = das **Spielen, Scherzen, Schäkern,** die **Spielerei,** im Gegensatz zu der ernsten Beschäftigung, **1** übh., Ggstz. seria, Plin. ep.; verb. lusus et ioci, Ggstz. seria, Sen.: sunt apti lusibus anni, zu Scherz und Liebe, Ov.: quibus omne fas nefasque lusus est, eine leere Spielerei mit Worten, Sen. rhet.: dare lusus, Gelegenheit zum Scherzen geben, sich lächerlich machen, Quint.: in omnes lusus, in omnes iocos se resolvebat, Sen. rhet.: per lusum atque lasciviam, aus Schäkerei, zum Zeitvertreib, Liv. – **2** insbes., **Liebeständelei,** Prop. 1, 10, 9. Ov. am. 2, 3, 13 u. a. – **B** objektiv = die **Schule, Lektion,** lusum dimittere, die Lektion schließen, Varro sat. Men. 279 (vgl. Suet. gr. 6 u. 18 dimittere scholam).

lutāmentum, ī, *n.* (1. luto), das **Lehmwerk,** Cato r. r. 128.

lutārius, a, um (2. lutum), **I im Schlamm lebend,** testudo, Plin. 32, 32. – **II vom Schlamm lebend,** mullus, Plin. 9, 65.

Lutātius, a, um, Name einer röm. *gens,* aus der am bekanntesten **I** C. Lutatius Catulus; siegte über die Karthager bei den Ägatischen Inseln, Nep. Hamilc. 1, 3 u. 5 (wo bl. Catulus). – **II** Q. Lutatius Catulus, der Gründer der lex Lutatia, Cic. Cael. 70. – Dav. **Lutātiānus,** a, um, **lutatianisch, des (eines) Lutatius,** Paul. dig. 33, 1, 12.

lutēnsis, e (2. lutum), **im Schlamm lebend, -befindlich,** Plin. 9, 131.

lūteolus, a, um (*Demin.* v. lūteus), **gelblich,** calta, Verg. ecl. 2, 50: violae, Colum. 9, 4, 4: olivae, Colum. 12, 47, 9: serta, Prud. psych. 354.

lūtēr, ēris, *m.* (λουτήρ), das **Waschbecken,** Hieron. in Iovin. 1. *no.* 20. Vgl. Beda de orthogr. 278, 18 K.

lutēsco, ere (2. lutum), **kotig werden, verkoten (moorig werden),** Furius bei Gell. 18, 11, 4 u. bei Non. 133, 26. Colum. 8, 17, 9.

Lūtētia (Parīsiōrum), ae, *f.,* Stadt im lugdunens. Gallien, auf einer Insel des Flusses Sequana (Seine), j. *Paris,* Caes. b. G. 6, 3; 7, 57 *sq.* Amm. 15, 11, 3.

lūteum, s. 1. lūteus.

1. lūteus, a, um (1. lūtum), **I mit dem Färbekraut** *lutum* **gefärbt,** chrysocolla lutea, Plin. 33, 91. – **II** übtr.: **a goldgelb, safrangelb, orangegelb,** panis, Plaut.: Aurora, Verg.: palla, Tibull.: pallor, Hor. – subst., lūteum, ī, *n.,* **α** im Allg.: aliquid lutei (im Regenbogen), Sen.: color in luteum inclinatus od. languescens, ins Gelbliche, Plin. – **β** das **Gelbe** im Ei, lutea ex ovis quinque, Plin. 30, 141. – **b rosenfarben, rosenrot, hellpurpurn,** apices, Plin.: soccus, Catull.: papaver, Catull.

2. luteus, a, um (2. lutum), **I aus Kot** od. **Lehm,** Ov. u. Plin.: glebae, Lehmstücke, Vitr.: poet., **aus Ton,** toreuma, Mart. 4, 46, 16. – übtr., **nichtsnutzig, nichtswürdig,** meretrix, Plaut. truc. 854: negotium, eine Bagatelle, Cic. Verr. 4, 32: Pelusiotas nos appellant et luteos, Hieron. epist. 65, 3 (?). – **II voll Kot** od. **Lehm, kotig, lehmig (schlammig),** erus, Plaut.: Rheni caput, Hor.: pes, Plin.: Vulcanus, schmutzig, rußig, Iuven.: poet., Lacedaemonio luteum ceromate corpus, beschmutzt von usw. = bestrichen, überzogen mit usw., Mart. 11, 47, 5.

lutina, ae, *f.* = πήλωμα, das **Lehmwerk,** Charis. 33, 16 K. Gramm. de idiom. gen. 581. *no.* 63 K.

lutito, āre (2. lutum), **wie mit Kot bewerfen, besudeln,** Plaut. trin. 292 *Schoell.*

1. luto, āvī, ātum, āre (2. lutum), **I mit Kot** od. **Lehm beschmieren** od. **verschmieren,** granarium, Cato r. r. 92: nidos (v. der Schwalbe), Calp. ecl. 5, 17: titulos statuarum, Lampr. Heliog. 14, 2. – **II** übtr., mit Salben usw. **beschmieren,** capillos, Mart. 14, 50, 1: crassis lutatus amomis, Pers. 3, 104.

2. lūto, āvī, āre (eig. luito, v. 1. luo; vgl. Paul. ex Fest. 116, 5 ›litatum … quasi luitatum‹), **lösen, bezahlen,** Varro sat. Men. 100.

lūtor, ōris, *m.*, s. lōtor.

lūtōser, s. lōtaster.

lutōsus, a, um (2. lutum), **voll Kot, kotig, lehmig,** terra, Cato: iter, Lucil. 109: crura, Schol. Iuven. 3, 247: nimius umor agros limosos lutososque reddit, Colum.

lutra, ae, *f.*, die **Fischotter,** Plin. 8, 109 u. 32, 144. – Nbf. lytra, Varro LL. 5, 79.

lutulento, āvī, āre (lutulentus), **mit Kot bewerfen, besudeln,** Placid. gloss. V, 30, 10. Vgl. collutulento.

lutulentus, a, um (2. lutum), **I voller Kot, mit Kot beschmiert** od. **versetzt, kotig, schmutzig,** caenum, Plaut.: sus, Hor. u. Lact.: animal (v. Schwein), Lact.: amnis, Ov.: humus erat lutulenta vino, Cic. or. pro Q. Gall. fr. 1. p. 25 K. – übtr., mit Salben **beschmiert,** Mart. 7, 67, 7. – **II** bildl., **schmutzig, hässlich,** homo, Plaut. u. Cic.: vitia, Cic.: lenone istoc Lyco non lutumst lutulentius, Plaut. Poen. 158. – insbes., v. Mangel an lichtvoller Klarheit des Stils (Ggstz. purus), Lucilius fluit lutulentus, schlammig, trübe, Hor. sat. 1, 4, 11.

1. lūtum, ī, *n.*, **I** ein **Färbekraut,** zum Gelbfärben, unser **Wau, Gilbkraut** (*Reseda luteola,* L.), Vitr. 7, 14, 2. Plin. 33, 87 *sqq.* Verg. ecl. 4, 44. – **II** meton.: **a** die **gelbe Farbe,** Ps. Verg. Cir. 317. Tibull. 1, 8, 52. – **b** die **Röte,** Nemes. cyn. 319.

2. lutum, ī, *n.* (zu λῦμα, Schmutz), **I** die zeitweilig (durch Regen usw.) feucht u. weich gewordene Erde, der **Kot, Dreck** (Ggstz. pulvis u. arenosa [*n. pl.*]), Cic. u. a.: sabulosum, Vitr.: in luto volutari (v. Verres m. Anspielung auf verres, Eber), Cic.: Plur. luta, Caes. nach Caper 101, 17 K.: luta et limum aggerebant, Cic. fr. bei Non. 212, 16. – verächtl. von dem Staub, mit dem sich die Ringer bestreuten, **Dreck,** Sen. ep. 88, 5. – Sprichw., in luto esse od. haerere, haesitare, im Kot stecken (wir »in der Tinte sitzen«) = in Verlegenheit (Not) sein, nunc homo in medio lutost, Plaut. Pseud. 984: neque mi haud imperito eveniet, tali ut in luto haeream, Plaut. Pers. 535: in eodem haesitas luto, Ter. Phorm. 780; vgl. Lact. 2, 8, 24; 7, 2, 3. – in der Volkssprache, pro luto esse, alqd pro luto habere, für Dreck gelten, halten = spottbillig sein, Petron. 40, 10 u. 67, 10. – als Schimpfwort, Plaut. most. 1167 Sch.; Pers. 406. Catull. 42, 13. Cic. Pis. 62: im Wortspiel, Plaut. mil. 325. Mart. 14, 182, 2. – **II** die beständig feuchte u. fettige Erde, der **Ton, Lehm,** Caes., Liv. u. a.: Punicum, eine afrikanische fette Tonerde, Colum.: caementa interlita luto, Liv.: aediculae luto factae, Lact.: macerias luto et lapide excitare, Pallad. – poet., quibus meliore luto finxit praecordia Titan, aus besserem Ton = aus besserem Stoff, Iuven. 14, 34.

lutus, ī, *m.* = 2. lutum, Claud. Quadrig. ann. fr. 94 (bei Non. 212, 26). CIL 4, 1516 u. 5, 4905.

lūx, lūcis, *f.* (zu Wz. *leuk, luk,* griech. λευκός, ahd. *liocht*), das in der Natur verbreitete **Licht,** die **ausgeströmte Lichtmasse,** das **Sonnenlicht, I** eig. u. übtr.: **A** eig.: **1** im Allg.: solis, Cic.: lux aestiva, das Sommerlicht, Verg.: diurna, das Tageslicht, Lucr. 6, 848: brumalis, Winterlicht, Winterzeit, Ov.: luce od. solis luce clarius, Cic.: vom Licht des Mondes u. der Sterne, sub luce maligna (lunae), Verg. – u. übh. **Licht, Glanz,** die leuchtende u. glänzende Körper von sich strahlen, lux aena, der Glanz des Erzes, Verg.: lychnorum, Cic.: gemmae, Plin. – **2** insbes., das **Tageslicht,** der **Tag,** ante lucem, vor Tage, Cic.: ad lucem, zum Morgen, am Morgen, Cic. u. Suet.: in lucem, in den hellen Tag hinein, Curt. u. Mart.: prima lux, der anbrechende Tag, Liv.: luce novā od. sub luce, bei Tagesanbruch, Ov.: luce od. luci, am Tage, Plaut., Cic. u. a. (s. Weißenb. Liv. 35, 4, 5): luci palam, Cic.: in luci, bei Lichte, bei Tage, Lucr. 4, 233: cum luci simul, mit Tagesanbruch, Plaut.: cum primo luci (*masc.*), Plaut. cist. 525. Ter. adelph. 841. Comment. bei Varro LL. 6, 92. Gell. 2, 29, 14: vixdum luce certā, vixdum satis certā luce, Liv.: post solis occasum iam obscurā luce, Liv.: luce clarā, Liv. 23, 10, 7. Auct. b. Hisp. 42, 2: luci claro (*masc.*), Plaut. aul. 748. Varro sat. Men. 67. 238. 512: in maxima luce, am hellen lichten Tage, Val. Max. 7, 3, 9. – meton., der **Tag** als Zeitabschnitt, centesima, Cic.: per novem luces, Ov. met. 4, 262: natalis, Geburtstag, Ov.: iugalis, Hochzeitstag, Ov. – **B** übtr.: **1** der **Himmelskörper,** illae quae fulgent luces, Cic. Arat. 96. – **2** das **Licht der Welt, Lebenslicht, a** eig.: lucem intueri, Cic., od. videre, leben, Ov.: in lucem suscipi, Cic.: sub lucem dare, gebären, Iuvenc.: in lucem edi, Cic.: luci edi, Cic. poët.: in lucem venire, Manil.: lucem aspicere, Cic.: luce privare, Cic.: cum luce dolorem finire, Ov.: qui hospitio lucis fruitus est annis XXXVIII, CIL 10, 4728. – **b** meton., das **Leben** selbst, lux ultima, d. i. der Tod, Verg.: corpora luce carentia, Verg.: lucem propriam accipere (durch die Geburt), Cic.: dah. als Liebkosungswort, mea lux od. lux mea, **mein Leben,** Cic. u. Ov.: u. so lux, salve! Plaut. – **3** (wie αὐγή) das **Augenlicht,** die **Augen,** damnum lucis ademptae, Ov.: siccā luce, Rutil. – **II** übtr., das **Licht, 1** das **Licht** der Öffentlichkeit, benefacta in luce collocari volunt, wollen in den Vordergrund gestellt (= gesehen) werden, Cic.: Isocrates luce forensi caruit, Cic.: lucem non aspicere, carere publico, Cic.: res occultas in lucem proferre, Cic.: familiam e tenebris in lucem vocavit, zog aus der Dunkelheit ans Licht, Cic. – v. Örtl., in luce Italiae cognosceris, im Angesichte Italiens, Cic.: u. so in luce Asiae versari (Ggstz. se Cappadociae latebris occultare), Cic. – **2** = die **Erleuchtung, Aufklärung,** historia testis temporum, lux veritatis, Cic.: sententiae auctoris lucem desiderant, Cic.: qui lucem eripere conantur, Klarheit in Nacht zu verwandeln, Cic. – **3** (wie φῶς), das **Licht = neues Leben, Hilfe, Rettung, Heil,** lucem dispicere coepistis, Cic.: lucem afferre rei publicae, Cic.: lux affulsit civitati, Liv.: lucem ingenii porrigere civibus, Cic.: v. Pers., lux Dardaniae, spes o fidissima Teucrûm, v. Hektor, Verg. – **4** der **Glanz,** d. i. **a** der **Glanzpunkt, leuchtende Mittelpunkt,** die **Sonne,** haec urbs, lux orbis terrarum, Cic. Cat. 4, 11. – **b Glanz und Ruhm,** genus sine luce, Sil. 8, 248.

luxātio, ōnis, *f.* (luxo), die **Verrenkung,** Gloss. II, 586, 51.

luxātūra, ae, *f.* (luxo), die **Verrenkung,** Marc. Emp. 36 *extr.*

luxo, āvī, ātum, āre (λοξόω), **I verrenken,** Cato, Sen. u. a. – Partiz. subst., luxāta, ōrum, *n.*, **Verrenkungen,** Cels. u. a. – **II** übtr., **aus seiner Lage bringen,** vitium radices (im Pflügen), Plin.: calamum, Plin.

lūxor, ārī (luxus), **schwelgen,** Plaut. Pseud. 1107 (vgl. Paul. ex Fest. 120, 14). – m. *Acc.* (an), lux. labia, an den L. schw. = unmäßig saugen, Commodian. instr. 2, 34, 7.

lūxoria, s. lūxuria.

lūxorio, āre, s. lūxurio.

lūxuria, ae, *f.* u. **lūxuriēs,** ēī, *f.* (luxus), die **Geilheit, Üppigkeit, I** eig., das **üppige Wachstum** der Gewächse und des Erdbodens, segetum, Verg.: umoris, Überfluss, Plin.: im Gleichnis, in qua (oratione) nunc interdum, ut in herbis rustici solent dicere in summa ubertate, inest luxuries (Überfülle) quaedam, quae stilo depascenda est, Cic. de or. 2, 96. – übtr., der **Mutwille** der Tiere in ihren Bewegungen, taurorum, Val. Flacc. 7, 65. – **II** bildl.: **a** die **Üppigkeit, Schwelgerei, Vergnügungssucht, Genusssucht, Prunkliebe** (Ggstz. temperantia, frugalitas, avaritia), Ter., Cic. u. a.: conviviorum, vestium, Sen.: odit populus Romanus privatam luxuriam, publicam magnificentiam (großartige Prachtliebe) diligit, Cic. (vgl. Mützell Curt. 5, 1 [3], 23): lux. morum, Iustin.: Plur., Salv. adv. avar. 1, 1, 3. – meton., agrestis luxuria, genusssüchtige Landwirte, Cic. Cat. 2, 5. – **b** die **Ausartung,** der **Übermut,** bie **Zügellosigkeit** in Ausübung der Macht, Liv. 3, 64, 1. – Personif. Lūxuria, Plaut. trin. prol. 8. – vulg. Form lūxoria, Hermae pastor vis. 1, 1, 9.

lūxurianter, *Adv.* (luxurio), **wollüstig,** Augustin. serm. 9, 14 u. a. Eccl.

lūxuriātor, ōris, *m.* (luxurio), der **Wollüstling,** Augustin. serm. 21, 10.

lūxuriēs, s. lūxuria.

lūxurio, āvī, ātum, āre, u. **lūxurior**, ātus sum, ārī (luxuria), **I** **geil** od. **üppig** (= zu fruchtbar) **sein**, v. der Erde u. v. Gewächsen, luxuriat humus, seges, Ov.: luxuriantur cacumina virgarum, Colum.: lux. in comas, Ov. – übtr., **a** aus übergroßem Wohlbehagen **mutwillig-, lustig sein, hüpfen, springen,** luxuriat serpens, pecus, Ov.: leo, Val. Flacc. – **b** von etw. **üppig strotzen, -schwellen,** luxuriat toris animosum pectus, Verg.: faciem decet deliciis luxuriare novis, Ov.: luxuriant membra, schwellen von üppiger Fülle, Ov. – **II** bildl.: **1** im Allg.: ingenium luxurians, Plin.: luxuriantia (den üppigen Schmuck, das Weitläufige) compescere, Hor., od. astringere, Quint. – **2** insbes., **in Ausgelassenheit** (Gesetzlosigkeit) **verfallen, die Schranken der Mäßigung und des Gesetzes überschreiten, ausarten, ausschweifen, schwelgen,** ne luxuriarent otio animi, Liv.: Capua luxurians felicitate, Cic.: luxuriantem habitum (Kleiderluxus) obicis filio, Sen. rhet.: vereor, ne haec laetitia luxuriet, zu Kopfe steige, Liv.: laeta principia nimis luxuriavere, Cic.: luxuriant animi rebus secundis, Ov.: nimiā gloriā luxuriat ingenium, Liv. – ► luxorio geschr. bei Avian. fab. 37, 4 u. Hermae pastor vis. 1, 1, 8.

lūxuriōsē, *Adv.* (luxuriosus), **I** **ausgelassen, mutwillig,** ne haec laetitia nimis luxuriose eveniat, in Ausgelassenheit ausarte, Cato origg. 5. fr. 1. – **II** **üppig, schwelgerisch,** vivere, Cic.: luxuriosius epulari, Nep.: luxuriosissime bibere, Augustin.

lūxuriōsus, a, um (luxuria), **I** **geil, üppig** = zu fruchtbar im Wachstum, frumenta, Cic.: vitis, zu sehr in das Holz wachsend, Sall. – **II** bildl.: **a** **üppig = ausgelassen, mutwillig,** patribus nimis luxuriosa ea fuit laetitia, übermütige, Liv.: dictum luxuriosissimum, Colum.: amor, Ov. – **b** **üppig, ausschweifend** in der Lebensart, **schwelgerisch, wollüstig,** homo, Cic.: filius, Ggstz. frugi filius, Hieron.: nihil luxuriosius (homine illo), Cic.: civitas atque domus dis ac luxuriosa, Liv.: cena, Sen. rhet.: convivium, Quint.: otio luxurioso esse, sich zur Mußezeit der Üppigkeit hingeben, zu Zeiten der Muße ein Schwelger sein, Sall.

1. **luxus**, a, um (λοξός), **verrenkt,** pes, Sall. hist. fr. 5, 2: membra, Paul. ex Fest. 119, 17. – subst., luxum, ī, *n.* = στρέμμα (Gloss.; vgl. Non. 55, 14), die **Verrenkung,** luxum si quod est, hāc cautione sanum fiet, Cato r. r. 160: ad luxum aut ad fracturam alliga, sanum faciet, *ibid.*: emplastrum od. malagma ad luxum, Scrib. Larg. 209. 259. 266: ad luxum et tumorem, Sex. Placit. parab. medic. 16, 41: Plur., luxa, Marc. Emp. 36 *extr.*

2. **lūxus**, ūs, *m.*, eig. die **üppige Fruchtbarkeit, Geilheit** der Erde u. Gewächse; dah. übtr., **a** die **Ausschweifung, Liederlichkeit,** Tac. hist. 4, 14 u. 36: non alienus a luxu venerio, Aur. Vict. epit. 41, 8. – **b** die **übermäßige Verschwendung und Pracht** in Essen, Trinken, Kleidung, **Schlemmerei, überflüssiger Aufwand, große Pracht** (Ggstz. avaritia), Cic., Sall. u. a.: verb. luxus atque libido, Liv.: libido et luxus, Sen.: fluere luxu, Liv.: per luxum et ignaviam aetatem agere, Sall.: luxu atque desidiā corrupta civitas, Sall. – Plur. luxus, schwelgerische Genüsse, Ausschweifungen, Tac. ann. 13, 20; hist. 1, 20. Lucan. 10, 110. – ► Dat. luxu, Tac. hist. 2, 71.

3. **luxus**, ūs, *m.* (1. luxus), die **Verrenkung,** Apul. flor. 16. p. 22, 6 Kr. Ps. Apul. herb. 32, 4. Plin. Val. 2, 49. Vgl. luxum unter 1. luxus.

Lyaeus, ī, *m.* (Λυαῖος), der **Löser, Sorgenlöser,** ein Beiname des Bacchus, Ov. met. 4, 11: pater Lyaeus, Verg. Aen. 4, 58: tecta (Tempel) Lyaei, Mart. 1, 70, 9. – meton. (poet.) = **Wein,** Hor. carm. 1, 7, 22 u. s.: u. attrib., latex Lyaeus, das bacchische Nass, d. i. Wein, Verg. Aen. 1, 686.

Lycaeus, ī, *m.* (Λύκαιον ὄρος od. bl. Λυκαῖον), ein hohes Gebirge in Arkadien, dem Jupiter u. Pan heilig, j. im N. *Dhioforti*, im S. *Tetragi*, Verg. ecl. 10, 15. Plin. 4, 21. Augustin. de civ. dei 18, 17 *extr.* – Dav. **Lycaeus**, a, um (Λυκαῖος), **lycäisch,** Iuppiter, Plin.: Pan, Verg.: deus, v. Pan, Val. Flacc.: nemus, Ov.

Lycambēs, ae, *m.* (Λυκάμβης), ein Thebaner, der, als er dem Archilochus seine schöne Tochter Neobule verweigerte, von des Dichters Spottgedichten so verfolgt wurde, dass er sich mit seiner Tochter erhängte, Hor. epod. 6, 13; vgl. ep. 1, 19, 30. – Dav. **Lycambēus**, a, um, **lykambëisch,** Ov. u. Mart.

1. **lycāōn**, onis, *m.* (λυκάων), ein Tier Äthiopiens aus dem Wolfsgeschlecht, Mela 3, 9, 2 (3. § 88). Plin. 8, 123.

2. **Lycāōn**, onis, *m.* (Λυκάων), **I** König in Arkadien, Vater der Kallisto, ein angeblich barbarischer, gegen die Götter frevelnder Wüterich, der Menschenopfer brachte, von Jupiter in einen Wolf verwandelt, Ov. met. 1, 198 *sqq.* Hyg. fab. 176 *sq.* – Dav.: **a** **Lycāonis**, idis, Vok. i, *f.* (Λυκαονίς), **Tochter des Lykaon,** d. i. Kallisto, Ov. fast. 2, 173. – **b** **Lycāonius**, a, um (Λυκαόνιος), **lykaonisch,** mensa, Ov.: Callisto, Mutter des Arkas, Catull.: Arctos, Kallisto, ein Gestirn, Ov.: axis, mitternächtige Gegend, wo dieses Gestirn sich befindet, Ov. – **II** übtr., Enkel des ersteren, Sohn der Kallisto, als Gestirn (= Arctophylax), Ov. fast. 6, 235.

Lycāones, um, *m.* (Λυκάονες), die **Lykaonier,** eine Völkerschaft in Kleinasien, zwischen Kappadozien, Cilicien und Pisidien, der Sage nach nach dem Arkadier Lykaon benannt, Mela 1, 2, 5 (1. § 13). Plin. 5, 105. – Dav.: **a** **Lycāonius**, a, um (Λυκαόνιος), **lykaonisch,** Verg. Aen. 10, 749. – u. subst., **Lycāonia**, ae, *f.* (Λυκαονία), die Landschaft **Lykaonien,** Cic. ad Att. 5, 15, 3. Liv. 37, 54, 11. Vulg. act. apost. 14, 6. – **b** **Lycāonicē**, *Adv.* **lykaonisch,** dicentes, Vulg. act. apost. 14, 10.

Lycāonis, s. 2. Lycāōn.

Lycāonius, s. 2. Lycāōn u. Lycāones.

lycapsos, ī, *f.* (λύκαψος), eine der Ochsenzunge (anchusa) ähnliche Pflanze, Plin. 27, 97.

Lycēum od. **Lycīum**, iī, *n.* (Λύκειον), ein Gymnasium zu Athen außerhalb der Stadt, mit schönen Gartenanlagen, wo Aristoteles lehrte, das **Lyzeum,** **I** eig., Cic. de or. 1, 98; Acad. 1, 17. Liv. 31, 24, 18. Gell. 20, 5, 4. – **II** übtr.: **1** das obere Gymnasium in dem Tuskulanum Ciceros mit einer Bibliothek, Cic. de div. 1, 8 u. 2, 8. – **2** ein Gymnasium in der Villa Hadrians bei Tibur, Spart. Hadr. 26, 5.

Lycēus, ēī, *m.* = Lycaeus, s. d.

lychinus, s. lychnus.

lychnicus, a, um (λυχνικός), **leuchtend,** lapis (= *lychnites*), Hyg. fab. 223.

lychnion, iī, *n.* (λυχνίον), das **Lämpchen, Licht,** Isid. orig. 17, 9, 73.

lychnis, idis, *f.* (λυχνίς), **leuchtend,** **I** *adi.*, Fulgent. myth. 1. prooem. p. 20 M. – **II** *subst.*: **a** ein feuerfarbener Edelstein, Plin. 37, 103. – **b** eine Art Rosen mit feuerroter Blüte, Plin. 21, 18. – **c** lychnis agria, eine Pflanze, **wildes Löwenmaul,** Plin. 25, 129.

lychnītēs, ae, *m.* (λυχνίτης, leuchtend), lapis, eine Art weißen Marmors, den man auf der Insel Paros beim Schein der Lampen brach, Plin. 36, 14.

lychnītis, idis, *f.* (λυχνῖτις), leuchtend, eine Pflanze, die zu Dochten gebraucht wurde, Plin. 25, 121.

lychnobius, iī, *m.* (λυχνόβιος), der bei der Lampe lebt, folglich aus Nacht Tag macht, ein **Nachtschwärmer,** Sen. ep. 122, 16.

lychnūchus, ī, *m.* (λυχνοῦχος, d. i. λύχνον ἔχων), der **Lichthalter, Licht-, Lampenträger, Leuchter,** Cic. ad Q. fr. 3, 7, 2. Suet. Caes. 37, 2 u. Dom. 4, 1: lychn. pensilis, Kronleuchter, Plin. 34, 14.

lychnus, ī, *m.* (λύχνος), die **Leuchte,** der **Leuchter,** die **Lampe,** Enn. ann. 323. Lucil. 15. Lucr. 5, 295. Cic. Cael. 67. Verg. Aen. 1, 726 (Ribbeck lychinus). Stat. Theb. 1, 520.

Lycia, ae, *f.* (Λυκία), **Lyzien,** eine durch ihre Fruchtbarkeit berühmte Landschaft in Kleinasien, zwischen Karien u. Pamphylien, Liv. 33, 41, 5. Ov. met. 6, 317 u. 340. Verg. Aen. 7, 721. – Dav. **Lycius**, a, um (Λύκιος), **lyzisch,** hasta, des lyzischen Königs Sarpedon, Ov.: catervae Lyciae, die Truppen Sarpedons, Hor.: deus, Apollo, Prop., weil er zu Patara in Lyzien ein Orakel hatte, Lyciae sortes gen., Verg. – subst., **a** Lyciī, iōrum, *m.*, die Einw. von Lyzien, die **Lyzier,** Cic. u. a. – **b** Lycium, iī, *n.* (*sc.* medicamentum), ein aus der Wurzel des Strauches rhamnos (s. d.) und anderer Dornensträucher abgekochter Saft als Arzneimittel (vgl. Plin. 24, 76 u. 124 *sq.*), Cels. 4, 9 (= 4, 4, 3). p. 132, 11 D.; 5, 1, 1 u. a.

lycisca, ae, f., die **Hündin,** Ven. Fort. vit. S. Mart. 3, 357. – appel., Verg. ecl. 3. 18.

1. **Lycīum**, s. Lycēum.

2. Lycium, s. Lycia.

Lycius, a, um, s. Lycia.

Lycmōn, s. Lucumo.

Lycomēdēs, is, *m.* (Λυκομήδης), König auf Skyros, bei dem sich Achilles in weiblicher Kleidung versteckt aufhielt und mit dessen Tochter Dëidamia er den Pyrrhus (od. Neoptolemus) zeugte, Cic. de amic. 75. Stat. Ach. 1, 207. – Dav. **Lycomēdēus,** a, um (Λυκομήδειος), **lykomedëisch, des Lykomedes,** Anthol. Lat. 198, 46 R.

Lycomēdius (Lucomēdius), iī, *m.* (Lycomo, Lucomo), der **Etrusker,** Prop. 4, 2, 51. Paul. ex Fest. 120, 2.

lycophon, die sonst scelerata gen. Pflanze, Ps. Apul. herb. 8.

lycophōs, phōtis, *n.* (λυκόφως), die **Morgendämmerung,** Paul. ex Fest. 121, 2 (griech. bei Macr. sat. 1, 17, 37).

Lycophrōn, phronis, Akk. phrona, *m.* (Λυκόφρων), ein griechischer Tragödiendichter aus Chalcis auf Euböa, Ov. Ib. 531: latebrae Lycophronis atri, wegen seiner dunklen Schreibart, Stat. silv. 5, 3, 157.

lycophthalmos, ī, *f.* (λυκόφθαλμος), das **Wolfsauge,** ein Edelstein, Plin. 37, 187; vgl. Isid. orig. 16, 15, 20.

Lycōrias, adis, *f.* (Λυκωριάς), Tochter des Nereus u. der Doris, eine Meernymphe, Verg. georg. 4, 339. Hyg. fab. praef. p. 6 M.

Lycōris, idis, Akk. ida, *f.*, eig. Cytheris, Freigelassene des Senators Volumnius Eutrapelus (dah. auch Volumnia gen.), eine Mime, Geliebte des Triumvirn Antonius, dann des Dichters L. Kornelius Gallus (von diesem u. seinen Freunden usw. eben Lycoris gen.), Verg. ecl. 10, 1 *sqq.* Hor. carm. 1, 33, 5. Prop. 2, 34, 91. Ov. am. 1, 15, 29 *sq.* Mart. 8, 73, 6: griech. Akk. Lycorida, Ov. art. am. 3, 537; trist. 2, 445: Vok. Lycori, Verg. ecl. 10, 42. Mart. 1, 102, 1.

Lycormās, ae, *m.* (Λυκόρμας), ein Fluss in Ätolien, Ov. met. 2, 245, später Chrysorrhoas gen., Hyg. fab. 242.

1. lycos, ī, *m.* (λύκος, Wolf), eine Spinnenart, rein lat. lupus, Plin. 30, 52.

2. Lycos, s. Lycus.

Lyctos u. **Lyctus,** ī, *f.* (Λύκτος), Stadt auf Kreta, südöstl. von Knossos, Kolonie der Lazedämonier, Mela 2, 7, 12 (2. § 113). Plin. 4, 59. – Dav. **Lyctius,** a, um (Λύκτιος, **lyktisch,** poet. = **kretisch,** Verg. u. Ov.

Lycūrgēi, -gīdes, s. Lycūrgus.

Lycūrgus, ī, *m.* (Λυκοῦργος), **I** Sohn des Dryas, König der Edoner in Thrazien, der seinen Untertanen den Dienst des Dionysus (Bacchus) verbot, daher auch alle Weinstöcke vernichten ließ, Ov. met. 4, 22. Hyg. fab. 132 u. 242. – **II** Sohn des Pheres, König in Nemea, Stat. Theb. 5, 39. – **III** Sohn des Aleus u. der Neära, Vater des Ancäus, König in Arkadien, wovon **Lycūrgīdēs,** ae, *m.* (*Λυκουργείδης), der **Lykurgide** (Nachkomme des Lykurgus), d. i. Ancäus, Ov. Ib. 501. – episch, Lycoorgīdes (*Λυκοοργείδης), Prisc. 2, 37. – **IV** ein heftiger u. strenger Redner zu Athen, Cic. Brut. 130. – dah. appellat., ein **Lykurg** = ein Geißler lasterhafter Bürger, Lycurgos invenisse se praedicabat et Cassios, columina iustitiae prisca, Amm. 30, 8, 13. – Dav. **Lycūrgēī,** ōrum, *m.* (Λυκούργειοι), Anhänger des Lykurg, **Lykurgeer,** appellat. = strenge Tadler, Geißler lasterhafter Bürger, nosmet ipsi, qui Lycurgei a principio fuissemus, cotidie demitigamur, der ich anfangs als ein zweiter Lykurg aufgetreten wäre, Cic. ad Att. 1, 13, 3. – **V** der berühmte Gesetzgeber der Spartaner, Sohn des Eunomos, Cic. de div. 1, 96; de rep. 2, 2. Vell. 1, 6, 3.

Lycus u. **-cos,** ī, *m.* (Λύκος), **I** Sohn des Pandion, König in Lyzien, Mela 1, 15 1 (1. § 80). – **II** Name vieler Flüsse, von denen am bekanntesten **A** Fluss in Paphlagonien, der bei Heraklea in den Pontus sich ergießt, j. *Turak,* Ov. ex Pont. 4, 10, 47. – **B** Fluss in Großphrygien, der in den Mäandros mündet, j. *Tchoruk* (*Tchuruk*)*-Su,* Ov. met. 15, 273. Plin. 2, 225 u. 5, 105. – **C** Fl. in Phönizien od. im südlichen Syrien, der zwischen Byblus u. Berytus mündete, j. *Nahr el Kelb* od. der Hundsfluss, Plin. 5, 78. Mela 1, 12, 5 (1. § 69).

Lȳdia, ae, *f.* (Λυδία), Landschaft in Kleinasien, deren Hauptstadt Sardis hieß, der Sage nach Stammland der Etrurier, Varro r. r. 3, 17, 4. Cic. Flacc. 65. Liv. 38, 39, 16. – Dav.: **1 Lȳdius,** a, um, (Λύδιος), **a lydisch,** Cic.: aurifer amnis, der Paktolus, Tibull.: lapis, Probierstein, unser jetzt sogen. »Kieselschiefer, Wetzschiefer usw.«, Plin. – **b** poet. übtr., **etrurisch,** Thybris, Verg.: stagna = *lacus Trasimenus,* Sil. – **2 Lȳdus,** a, um (Λυδός), **a lydisch,** puella, Omphale, Ov. – subst., **α** Lydus, der Lydier, Cic.: Lydi, die Lydier, Cic. – **β** Lydus, poet. = Caystrus (s. d.), septifluus, Petron. 133, 3. *v.* 4. – **b** poet. übtr., **etrurisch,** Sil. – Plur. subst., Lydi, Etrurier, Verg.

Lȳdiasta, ae, *m.* (*Λυδιαστής), der **Sänger lydischer Weisen,** Diom. 487, 4.

Lygdamus, ī, *m.*, Verfasser des unter Tibulls Namen gehenden 3. Buches (richtiger eines Teiles des 3. Buches) der Elegien, Prop. 4, 6, 24 u. 42.

lygdinos u. **-us,** a, on u. um (λύγδινος), **von weißem Marmor,** horoscopus, Iul. Val. 1, 3 (4): u. bes. lygdinus lapis (λύγδινος λίθος), ein blendend weißer Stein od. Marmor auf der Insel Paros, Plin. 36, 62; vgl. Isid. orig. 16, 5, 8 (wo verderbt Ligdinus): auch **lygdos** gen., Mart. 6, 13, 3 u. 42, 21.

Lygmōn, s. Lucumo.

1. lygos, ī, *f.* (λύγος), eine Strauchart, **Keuschlamm, Keuschbaum, Adamsbaum,** rein lat. vitex (*Vitex agnus castus,* L.), Plin. 24, 59. Marc. Emp. 1.

2. Lygos, ī, *f.* (Λύγος), alter Name von Byzanz, Plin. 4, 86. Auson. ordo urb. nobil. 14 p. 98 Schenkl.

lympha od. **limpha,** ae, *f.* (zu griech. νύμφη), das **Wasser,** bes. klares Fluss- od. Quellwasser, fluvialis, Verg.: putealis, Lucr.: u. mit allerhand Säften geschwängertes Wasser, Verg.: intercus, Wassersucht, Ser. Samm.: griech. Genet. Plur., lymphon lacus, Varro sat. Men. 50. – Personif., Lymphae = Nymphae, Quellnymphen, Hor. sat. 1, 5, 97. Augustin. de civ. dei 4, 22. CIL 1, 1238 (wo Lymphieis = Lymphis). – ► Nbf. lumpa, Pacuv. 244 R.²: l(u)mpa, CIL 4, 815: lymfa, Corp. Inscr. Lat. 14, 3911.

lymphāceus, a, um (lympha), hell wie klares Wasser, **hell wie Kristall,** Mart Cap. 6. § 569.

lymphāticus, a, um (lympha), **I wasserscheu,** Hieron. epist. 69, 6. – **II** übtr., **wahnsinnig, wie besessen, besinnungslos, außer sich** vor Schrecken usw., homo, Plin.: pavor, panischer Schrecken, Liv.: metus, Sen.: error, Wahnwitz, Ser. Samm.: nummus, scherzh. = unsinniger, der gern aus dem Beutel heraus will, Plaut.

lymphātio, ōnis, *f.* (lympho), der **Wahnsinn,** das **Irrereden,** Plur., Plin. 34, 151 u. a. Solin. 52, 53.

lymphātus, ūs, *m.* (lympho), der **Wahnsinn,** Plin. 37, 146.

lympho, āvī, ātum, āre (lympha; viell. urspr. »wasserscheu machen«, dann übh.) **zum höchsten Grade des Entsetzens bringen, wahnsinnig machen,** urbem, Val. Flacc.: lymphari, **wahnsinnig werden, den Verstand verlieren,** Plin. – Dah. **lymphātus,** a, um (vgl. νυμφόληπτος), **wahnsinnig, wie besessen, außer sich** vor Schrecken usw. (vgl. Mützell Curt. 4, 12, 14), veluti lymphati, von panischem Schrecken ergriffen, Liv.: lymphatis similes, Curt.: l. mens, Catull. u. Hor.: lymphatis caeco pavore animis, Tac. – u. dafür lymphans, Apul. – ► lumfor (= lymphor), ἐνθεάζομαι, Dosith. 60, 6 K.: lumpatus, Pacuv. tr. 422 R.².

Lyncēius amnis, s. Lyncēstae.

Lyncēstae, ārum, *m.* (Λυγκησταί), eine Völkerschaft im Südwesten Mazedoniens, Liv. 45, 30, 6. Plin. 4, 35. – in deren Gebiet sich ein trunken machender Quell von säuerlichem Geschmack befand, gen. **Lyncēstis** aqua, Plin. 2, 230, **Lyncēstius** amnis, Ov. met. 15, 329 (auch angef. bei Sen. nat. qu. 3, 20, 6, wo Haase Lynceius amnis liest), **Lyncēstus** fons, Vitr. 8, 3, 17.

Lynceus, eī, *m.* (Λυγκεύς), **I** ein Messenier, einer der Argonauten, in der Sage berühmt durch sein luchsartig scharfes Auge, Ov. met. 8, 304. Hor. ep. 1. 1, 28. Plin. 2, 78. Hyg. fab. 14: Lyncei oculi, Hor. sat. 1, 2, 90: Vok. Lynceu, Prop. 2, 34, 9. – Dav.: **1 Lyncēus,** a, um (Λύγκειος), **a** zu Lynceus gehörig, **lyncëisch,** Ov. fast. 5, 709 u. 711. – **b** appell. = **scharf sehend,** von Personen, Cic. ep. 9, 2, 2: v. den Augen, Boëth. consol. 3. pros. 8. – **2 Lyncīdēs,** ae, *m.*, ein **Lyncide** (männl. Nachkomme des Lynceus), Ov. met. 4, 767 u. a. – **II** Sohn des Ägyptus, Gemahl der Danaïde Hypermnestra, Hyg. fab. 273. – **III** ein Gefährte des Äneas, Akk. Lyncea, Verg. Aen. 9, 768.

lyncūrium, iī, *n.* u. **lyncūrius**, iī, *m.* (λυγκούριον), der **Luchsstein,** ein harter, durchsichtiger Stein von rotgelber Farbe, der nach der Meinung der Alten aus dem kristallisierten Urin des lynx entstehen sollte (wahrsch. der **Hyazinth;** nach anderen der **Turmalin,** ein durchsichtiger Bernstein), Plin. 8, 137 u. 37, 52: lyncurius (Variante ligurius), Isid. orig. 12, 2, 20; 14, 4, 19; 16, 8, 8: verderbt ligurius, Hieron. epist. 64, 16. Vulg. exod. 28, 19.

Lyncus, ī, (Λύγκος), **I** *m.*, König der Szythen, in einen Luchs verwandelt, Ov. met. 5, 650 *sqq.* Hyg. fab. 259. – **II** *f.*, die Hauptstadt der Lyncesten (s. Lyncēstae), Liv. 26, 25, 4.

lynter, lyntrārius, s. linter, lintrārius.

lynx, cis, Akk. Plur. cas, *c.* (λύγξ), der **Luchs,** lyncum umor, Plin.: lynces Bacchi variae, das Luchsgespann am Triumphwagen des Bacchus, Verg.: lyncum (est) urcare, Suet fr.: poet., velatum geminae deiectu lyncis, Luchsfell, Stat.

lyra, ae, *f.* (λύρα), **I** die **Lyra, Laute,** ein von der Kithara nur durch die Form etwas verschiedenes Saiteninstrument (der Sage nach von Merkur erfunden und dem Apollo geschenkt), lyrae cantus, Plin.: dulces lyrae moduli, Amm.: lyra curva, Hor.: Pythagoras perturbationem animi lyrā componebat, Sen.: cum (Themistocles) in epulis recusaret lyram, Cic. Tusc. 1, 4. – **II** übtr.: **1** die **lyrische Dichtkunst,** das **Lied,** imbellis lyrae potens, Hor.: Aeoliae lyrae amica, Ov. – **2** übh. das **Dichtertalent,** inferiore lyrā, Stat. Theb. 10, 446. – **3** Lyra, ein Sternbild, die **Leier,** Ov. u. a.

Lyrcēius u. **Lyrcēus**, a, um, **lyrcēisch,** vom Berg Lyrceum (Λύρκειον), zwischen Arkadien und Argolis, wo der Inachus entspringt, Lyrcēia tellus, Val. Flacc. 4, 355: Lyrcea arva, Ov. met. 1, 598.

Lyrcīus, iī, *m.*, Quelle im Peloponnes, Stat. Theb. 4, 117 (wo Vok. Lyrcie) u. 4, 711.

lyricus, a, um (λυρικός), zum Spiel der Lyra gehörig, **lyrisch,** soni, Ov.: carmen, Porphyr. u. Acro Hor.: vates, lyrischer Dichter, Odendichter, Hor.: so auch poēta, Porphyr. Hor.: senex, Anakreon, Ov.: regnator lyricae cohortis, Pindar, Stat. – subst., **a** lyricus, ī, *m.* (λυρικός), der **lyrische Dichter, Odendichter,** Sidon. epist. 4, 1, 2: Pindarus lyricus, Solin. 1, 120: Mesomedes lyr., Capit. Anton. Pius 7, 7: lyricus Bacchylides, Amm. 25, 4, 3: lyr. Stesichorus, Amm. 28, 4, 14. – Plur., Sen. ep. 49, 5. Quint. 1, 8, 6; 10, 1, 61. Plin. ep. 5, 3, 2. Porphyr. Hor. epod. 1, 1. – **b** lyrica, ōrum, *n.* (*sc.* carmina), **lyrische Gesänge, Oden,** Plin. ep. 3, 1, 7; 7, 17, 3; 9, 22, 2. Lact. 5, 13, 16. Porphyr. Hor. ep. 1, 3, 9 u. Porphyr. vit. Hor. p. 2, 1 M.

lyristēs, ae, *m.* (λυριστής), der **Lyraspieler, Lautenschläger,** Plin. ep. 1, 15, 2; 9, 17, 3; 9, 36, 4; 9, 40, 2. Sidon. epist. 1, 2, 9 u. 8, 11, 3. *v.* 25.

lyristria, ae, *f.* (λυρίστρια), die **Lautenspielerin,** Augustin. serm. 153, 6. Schol. Iuven. 11, 162. de Rossi inscr. Chr. Vol. I *no.* 539.

Lyrnēsos, ī, *f.* (Λυρνησός), Stadt in Troas, Geburtsort der Brisēis, Verg. Aen. 12, 547. Plin. 5, 122. Paul. ex Fest. 120, 21. – Dav.: **a Lyrnēsis**, idis, Akk. ida, Vok. i (Λυρνησίς), **lyrnesisch,** subst., die **Lyrneserin,** von Brisēis od. Hippodamia, der Geliebten des Achilles, Ov. – **b Lyrnēsius**, a, um (Λυρνήσιος), **lyrnesisch,** Acmon, Verg.: moenia, Ov. – **c Lyrnēsias**, adis, *f.*, die **Lyrnesierin,** Paul. ex Fest. 120, 21.

lyron, ī, *n.* (λύρον), eine Pflanze = *alisma*, Plin. 25, 124.

Lȳsander, drī, *m.* (Λύσανδρος), **I** berühmter spartanischer Feldherr, Eroberer von Athen, Nep. Lys. 1 *sqq.* Cic. de off. 1, 76 u. 109. Solin. 1, 118 u. 119. – **II** ein Ephor in Sparta, Gesinnungsgenosse des Königs Agis bei dessen Plan, die lykurgische Verfassung wieder einzuführen, Cic. de off. 2, 80.

lysas, antis, *f.*, eine Pflanze = *artemisia*, Ps. Apul. herb. 10.

Lȳsiās, ae, Akk. am u. ān, *m.* (Λυσίας), ein berühmter Redner zu Athen, Zeitgenosse des Sokrates, Cic. de or. 2, 93; Brut. 63. Quint. 10, 1, 78. – Dav. **Lȳsiacus**, a, um (Λυσιακός), **lysiakisch, des Lysias,** Quint. 12, 10, 24.

Lȳsimachīa, ae, *f.* (Λυσιμάχεια), eine von Lysimachus gegründete Stadt in Thrazien, Liv. 32, 34, 6. Mela 2, 2, 6 (2. § 24). – Dav. **Lȳsimachiēnsēs**, ium, *m.*, die Einw. von Lysimachia, die **Lysimachier,** Liv. 33, 38, 12.

lȳsimachos, ī, *m.* (λυσίμαχος), ein uns unbekannter Edelstein, Plin. 37, 172.

Lȳsimachus, ī, *m.* (Λυσίμαχος), einer der Feldherrn Alexanders des Gr., nach dessen Tod Beherrscher von Thrazien u. Pontus, Cic. Tusc. 1, 102. Iustin. 17, 1 *sqq.*

Lȳsippus, ī, *m.* (Λύσιππος), ein berühmter Bildhauer aus Sikyon, Zeitgenosse Alexanders des Gr., der nur von ihm in Erz gegossen sein wollte, Cic. Brut. 296. Hor. ep. 2, 1, 240. Prop. 3, 9, 9. Quint. 12, 10, 9. Plin. 7, 125 u. 34, 37.

1. lysis, is, Abl. ī, *f.* (λύσις), die **Kehlleiste,** Vitr. 3, 4, 5; 5, 6, 6.

2. Lȳsis, is, Akk. im, *m.* (Λῦσις), **I** ein pythagoreischer Philosoph aus Tarent, Lehrer des Epaminondas, Cic. de or. 3, 139 u. a. – **II** ein Fluss in Vorderasien, Liv. 38, 15, 3.

Lȳsithoē, ēs, *f.* (Λυσιθοή), Tochter des Oceanus, Mutter des einen Herkules, Cic. de nat. deor. 3, 42.

Lystra, ae, *f.* u. ōrum, *n.*, eine Stadt in Lyakonien nordwestl. von Iconium, Vulg. act. apost. 14, 8 u. 21. – Dav. **Lystrēnī**, ōrum, *m.*, die Einw. von Lystra, die **Lystrener,** Plin. 5, 147.

lytra, ae, *f.*, s. lutra.

lytron, ī, *n.* (λύτρον), das **Lösegeld,** Hectoris Lytra, eine Tragödie des Ennius, Fest. 270, b. Enn. poes. rell. iter. rec. Vahlen p. 144.

lytrōtēs, ae, *m.* (λυτρώτης), einer der Äonen des Valentinus, Tert. adv. Val. 9.

lytta, ae, *f.* (λύττα), ein Wurm unter der Zunge der Hunde, der die Tollheit erzeugen soll, der **Hundswurm, Tollwurm,** Plin. 29, 100.

M.

1. M, m, zwölfter Buchstabe des latein. Alphabets, dem griech. My (M) entsprechend, aber Em genannt. – Als Abkürzung bezeichnet M. gew. den Vornamen Marcus u. M' den Vornamen Manius.

2. M, Zahlzeichen (eig. ↀ [griech. Φ]) = **mille.**

maanēs, s. mānēs.

Macae, ārum, *m.* (Μάκαι), eine afrikanische Völkerschaft, in der Nähe der Syrten, Mela 3, 8, 6 (3. § 79). Plin. 5, 34. Sil. 3, 275; 15, 670. – Sing. Macēs, ae, *m.*, Sil. 9, 222: Akk. Macēn, Sil. 2, 60.

Macareūs, eī, *m.* (Μακαρεύς), Sohn des Äolus, in blutschänderischer Liebe zu seiner Schwester Kanake entbrannt, Ov. Ib. 560 (562). Hyg. fab. 242: Vok. Macareu, Ov. her. 11, 21 u. met. 14, 318. – Dav. **Macarēis**, idis, Akk. ida, *f.* (Μακαρηΐς), die Tochter des Makareus, d. i. Isse, Ov. met. 6, 124.

macariotēs, ētis, *f.* (μακαριότης, Glückseligkeit), einer der Äonen des Valentinus, Tert. adv. Val. 8.

maccis, idis, *f.*, **Muskatenblüte, Muskatenblume,** nach anderen ein erdichtetes Gewürz, Plaut. Pseud. 832.

maccus, ī, *m.* (v. μακκοάω), in den atellanischen Possenspielen der **Narr, Hanswurst,** Diom. 490, 20: dah. appellat. = Einfaltspinsel, Dummkopf, Apul. apol. 81.

Macedae, s. Macetae.

1. Macedo u. **-dōn**, donis, *m.* (Μακεδών), der **Mazedonier,** Plur. **Macedones**, um, *m.* (Μακεδόνες), die **Mazedonier,** **α** Sing., Macedo Alexander, Cic. Phil. 5, 48: u. ders. vorzugsw. Macedon, Lucan. 8, 694: Amyntas M., Nep. Iph. 3, 2: – attrib., Macedo miles, Plaut. Pseud. 1210: Macedo gregarius miles, Curt. 8, 4 (15), 15: vir Macedo, Hor. carm. 3, 16, 14: Macedo hostis, Liv. 9, 19, 14. – **β** Plur., Mela 2, 3, 1 (= 2. § 34). Rhet. Her. 4, 34. Cic. de off. 2, 76: Akk. Plur. gew. Macedonas, Rhet. Her. 4, 43. Liv. 26, 24, 5. Sen. de ben. 5, 6, 1. Flor. 2, 8, 5. – attrib., Macedones milites, Nep. Eum. 3, 4: Macedones veterani, Nep. Eum. 10, 2: Macedones pedites, Curt. 7, 1 (5), 40. – Macedonum robur, nach mazedon. Art bewaffnete Kerntruppen im Heer des Antiochus, Liv. 36, 18, 2. – Dav.: **1** **Macedonia**, ae, *f.* (Μακεδονία), eine Landschaft zwischen Thessalien u. Thrazien, die bis zur Römerzeit ihre eigenen Herrscher hatte, von Q. Cäcilius Metellus zur röm. Provinz gemacht (146 v. Chr.), Vell. 1, 6, 5. Liv. 1, 1, 4. Cic. de lege agr. 1, 5: terra M., Gell. 9, 3, 1. – **2** **Macedonicus**, a, um (Μακεδονικός), **mazedonisch, in** od. **aus Mazedonien,** legiones, Cic.: praeda, Liv.: montes, Liv.: petroselinum (s. d.), Marc. Emp.: dah. Macedonicus, der »Mazedonier«, ein Beiname des Q. Cäcilius Metellus, der Mazedonien zu einer röm. Provinz machte, Vell. u. a. – **3** **Macedoniēnsis**, e, **mazedonisch,** vir, Plaut. Pseud. 1041. – **4** **Macedonius**, a, um, (Μακεδόνιος), **mazedonisch,** miles, Plaut. Pseud. 51. 346. 616. 1090. 1152: sarissa, Ov. met. 12, 466 (wo des Verses wegen Mācēdōnĭa gemessen).

2. Macedo, onis, *m.*, Name eines Wucherers Ulp. dig. 14, 6, 1 *in.* – Dav. **Macedoniānus**, a, um, **macedonianisch,** senatus consultum, wider den Wucherer Macedo, dass einer, der jungen Leuten Geld geliehen habe, nach ihrer Väter Tode nicht klagen dürfe, Ulp. dig. 14, 6, 1.

Macedonia, s. 1. Macedo.

Macedoniānus, s. 2. Macedo u. 2. Macedonius.

Macedonicus, s. 1. Macedo.

1. Macedonius, a, um, s. 1. Macedo.

2. Macedonius, iī, *m.*, ein Bischof zu Konstantinopel; dav. **A** **Macedoniānus**, a, um, **macedonianisch, des M.,** pars (Partei, Sekte), Hieron. de vir. ill. 89. – **B** **Macedoniāni**, ōrum, *m.*, die **Anhänger des Macedonius,** Cod. Theod. 16, 5, 2.

macellārius, a, um (macellum), **zum Fleisch-, Speisemarkt gehörig,** taberna, des Fleischwarenhändlers, Val. Max. 3, 4, 4: negotiator artis macellariae, CIL 13, 2018. – subst., macellārius, iī, *m.*, der Fleisch aller Art, auch Vögel, Fische u. dgl. feilhält, der **Fleischwarenhändler,** Varro r. r. 3, 2, 11. Suet. Caes. 26, 2. Veget. mil. 1, 7.

Macellīnus, ī, *m.* (macellum), der **Metzler,** Beiname des Kaisers Opilius Makrinus, weil er viele seiner Sklaven im eigenen Haus umbrachte, Capit. Opil. Macr. 13, 3.

macellum, ī, *n.* (vgl. unser »Metzel«), **I** der Ort, wo Fleisch, Geflügel, Fische, Küchengewächse usw. verkauft werden, der **Fleischmarkt,** annona macelli, Varro u. Suet.: tholi macelli, Varro fr., fauces macelli, Cic.: venio ad macellum, Plaut.: ad macellum adventamus, Ter.: annonam in macello cariorem fore, Cic.: pecus lanienae et macello destinatum, Tertull. – **II** meton., was auf dem Fleischmarkt verkauft wird, **Fleisch** u. andere **Lebensmittel,** Plin. 19, 52. Manil. 5, 377.

1. macellus, a, um (*Demin.* v. macer, s. Paul. ex Fest. 7, 12), **etwas mager,** homo, Lucil. 242. Varro LL. 8, 79. Mart. 10, 96, 9.

2. macellus, ī, *m.* = macellum, Pompon. com. 38.

maceo, ēre, **mager sein,** Plaut. aul. 564; vgl. Non. 509, 11.

1. macer, cra, crum (μακρός, ahd. *magar*), **mager** (Ggstz. pinguis), taurus, Verg.: bos, Varro: ostreae, Gell.: macerrimae corporis partes, Sen. – übtr., vom Boden usw., solum, Cic.: ager macrior, Varro r. r. 1, 24, 2: macerrimae stirpes, Colum.: macerrimus ager, Fab. Max. fr. – poet., libellus, dünnes, Mart. 2, 6, 10. – bildl. = abgehärmt (Ggstz. opimus, fröhlich), Hor. ep. 2, 1, 181. – ► Nbf. macerus, wov. Femin. macera, Schol. Bern. Verg. georg. 2, 212. p. 903 H.

2. Macer, crī, *m.*, ein röm. Familienname, unter dem bes. bekannt ist C. Licinius Macer, ein oft erwähnter Historiker, von dessen Schriften wir aber weiter nichts wissen, Cic. de legg. 1, 7 u. a. Liv. 4, 7, 12. – u. Aemilius Macer, ein Dichter u. Freund Vergils u. Ovids, Ov. trist. 4, 10, 44.

macēra, s. machaera.

mācerātio, ōnis, *f.* (macero), das **Mürbemachen,** Arnob. 4, 35. – dah. das **Einweichen, Wässern** des Kalkes, Vitr. 7, 2, 1.

mācereola, s. māceriola.

mācerēsco, ere (macero), **weich-, mürbe werden,** Cato r. r. 93.

māceria, ae, *f.*, eine **Mauer** aus Lehm usw., als **Einfriedigung** eines Gartens, Weinberges usw., horti, Plaut. u. Liv.: villarum, Sisenn. fr. nulla maceria, nulla casa, Cic.: maceriam sex in altitudinem pedum praeducere, Caes. – Nbf. **māceriēs**, ēī, *f.*, Varro r. r. 3, 5, 11. Prud. ham. 226. CIL 1, 1463.

māceriātio, ōnis, *f.* = τρίχωσις, Gloss. II, 458, 60.

māceriātus, a, um (maceria), **umfriedigt,** sepulcrum, CIL 6, 13478.

1. māceriēs, ēī, *f.* (macer), die **Bekümmernis,** Afran. com. 150.

2. māceriēs, ēī, *f.*, s. māceria.

māceriola, ae, *f.* (*Demin.* v. maceria), eine **kleine Lehmmauer** als **Einfriedigung,** CIL 6, 22437 (wo macereola).

mācero, āvī, ātum, āre (vgl. μάσσω, ich knete, μαγίς, Backtrog), **I** **mürbe machen, wässern, einweichen, beizen,** salsamenta, Ter.: lupinum, Varro: lini virgas, rösten, Plin.: calcem, calcis glebas, wässern, den Kalk durch Bedecken mit angefeuchtetem Sand löschen, Vitr.: fimum assiduo liquore, Colum.: alqd fumo, Plin. – **II** übtr., **mürbe machen,** d. i. **1** körperlich, **schwächen, entkräften, abmergeln,** multos iste morbus macerat, Plaut.: alqm fame, Liv.: siti maceratus, Curt. – **2** geistig, **abhärmen, abgrämen, abquälen** (vgl. Drak. Liv. 5, 54, 3), illorum me alter cruciat alter macerat, Plaut.: me macerat Phryne, Hor.: nec (infelix sollicitudo) oratorem macerat et coquit, Quint.: quae vos, cum reliqueritis, macerent desiderio, Liv.: im Passiv macerari, **abgehärmt werden,** oft medial = **sich abhärmen, abgrämen, abängstigen,** macerari desiderio, Sen.: ex desiderio magis magisque, Afran. fr.: macerari lentis ignibus, vom Liebesfeuer abgezehrt werden, Hor.: quā nunc ego maceror unā, die ich einzig (u. heftig) nur liebe, Calp.: excrucior, male mihi est, male maceror, Plaut.: maceror, quod etc., Ov.: unum hoc maceror et doleo tibi deesse, Caes. fr. – u. refl. macerare se, z. B. cur me excrucio? cur me macero? Ter.: egomet me coquo et macero et defetigo, Plaut. – bildl., non tamen exspectationem vostram macerabo singulos producendo, eure E. auf die Folter spannen = allzulange hinhalten, Sen. exc. contr. 4. praef. § 2.

macerus, s. 1. macer ►.

Macēs, ae, *m.*, s. Macae.

macēsco, ere (maceo), **mager werden, abmagern,** v. leb. Wesen, Plaut. u. Varro: v. Pflanzen, welken, Varro: v. Boden, Colum. u. Pallad.

Macetae (Macedae), ārum u. ûm, *m.*, **I** = Macedones, Gell. 9, 3 *in.* Lucan. 10, 269. Stat. silv. 4, 6, 106. Sil. 14, 5. – **II** (weil Antiochus der Große ein Urenkel des Seleukus Nikator, viell.) = Syri, Sil. 13, 878.

Machabaeus, ī, *m.*, Beiname des Judas, Vulg. 1. Mach. 2, 4 u. a. – Dav. **Machabaeī,** ōrum, *m.*, das **Geschlecht der Makkabäer,** die **Makkabäer,** Augustin. de civ. dei 18, 36 u. 45 (Machabaeorum libri, als Bibelschrift). Hieron. epist. 7, 6.

machaera, ae, *f.* (μάχαιρα), das **Schlachtmesser, Weidmesser** und das einem solchen Messer ähnliche **Schwert,** Enn. ann. 400 u. 597; fr. scen. 178. Caecil. com. 69. Plaut. Bacch. 68; Curc. 424 u. 567; mil. 53 u. 463. Caes. bei Sen. de ben. 5, 24, 3. Suet. Claud. 15, 2: scherzh. = mentula, Plaut. Pseud. 1181. – auch machēra, Inc. passio Petsch.: macera, Capit. Pertin. 8, 4 P. u. in Hdschrn. des Plautus, s. Lorenz Plaut. Pseud. 735.

machaerophorus, ī, *m.* (μαχαιροφόρος), der **Schwertträger, Trabant,** Cic. ad Q. fr. 2, 8 (10), 2.

machagistīa, ae, *f.* (μάγος u. ἁγιστεία), die **Mysterien der Magiker,** Amm. 23, 6, 32 G.

Machāōn, onis, *m.* (Μαχάων), der aus Homer bekannte Arzt, Sohn des Äskulap, Zögling des Zentauren Chiron, Wundarzt, Cels. praef. p. 1, 12 D. Prop. 2, 1, 59 u. a. – im Plur. appellat., dimitte Machaonas omnes, alle Ärzte, Mart. 2, 16, 5. – Dav. **Machāonius,** a, um, Ov., u. **Machāonicus,** a, um, **machaonisch, des Machaon,** Sidon. epist. 2, 12, 3.

machēra, s. machaera.

māchina, ae, *f.* (μηχανή), die **Maschine,** das **Gerüst,** **I** als künstlich zusammengesetztes Werk, mundi, Lucr. 5, 96. – **II** insbes.: **1** als Vorrichtung, um etw. in Bewegung od. ins Werk zu setzen, **a** eig., Steine fortzuschaffen, Cic.: Säulen herabzureißen, Cic.: Schiffe ins Meer zu ziehen, eine Walze, Hor. – im Bild, hanc totam fere legem ad illius opes evertendas, tamquam machinam, comparari, Cic.: isdem machinis sperant me posse labefactari, Cic.: ut omnes adhibeam machinas ad tenendum adulescentulum, alle Hebel in Bewegung setzen muss, Cic. – **b** übtr., Werkzeug zum Bösen, **Kunstgriff, List,** Plaut. u. Cic. – **2** das **Gerüst,** die **Bühne** zum Ausstellen der verkäuflichen Sklaven, amicam de machinis emit, Q. Cic. petit. cons. 8. – **3** ein **Gerüst** für Bauarbeiter = **Baugerüst,** machinae aedificationum, Plin.: de machina cadere, ICt. – für Maler = **Staffelei,** Plin. – **4** im Krieg, eine **Maschine** = grobes Geschütz (catapultae), Türme usw. zu Belagerungen, Sall., Verg. u. Liv.

māchinālis, e (machina), **die Maschinen betreffend, Maschinen-,** scientia, Plin. 7, 125: pondus, Auson. epist. 21, 2, 34. p. 183 Schenkl.

māchināmen, inis, *n.* (machinor), der **Kunstgriff,** Plur. (»Ränke«) bei Cassiod. hist. eccl. 9, 14.

māchināmentum, ī, *n.* (machinor), **I** eine **Maschine,** ein **Rüst-** od. **Werkzeug,** Sisenna fr., Liv. u. a. – als Marterwerkzeug, Sen.: als Gabelarm (tolleno), Tac. – v. den Werkzeugen der Sinne, Apul. de dogm. Plat. 1, 13 *extr.* – **II** übtr., der **Kunstgriff,** auch **Hirngespinst,** Cod. Theod. 6, 28, 6. Augustin. epist. 43, 18; conf. 5, 14 u. a.

māchinārius, a, um (machina), **zur Maschine gehörig,** mola, der von einem Esel mit Hilfe einer Maschine herumgedreht wird, Apul.: asinus, dieser Esel selbst, ICt.: mensor, der Feldmesser, ICt. u. CIL 6, 9626: commentor, Maschinenbauer, Maschinist, Solin. – subst., māchinārius, iī, *m.*, der **auf einem Gerüst Arbeitende,** Paul. dig. 9, 2, 31.

māchinātio, ōnis, *f.* (machinor), **I** die kustmäßige Vorrichtung, maschinenartige Einrichtung, um etw. in Bewegung od. ins Werk zu setzen, das **mechanische Getriebe,** der **Mechanismus,** plaustrorum, Vitr.: machinatione quādam moveri aliquid videmus, ut sphaeram etc., Cic.: data est bestiis machinatio quaedam, Cic. – übtr., **künstliches, listiges Mittel, Kunstgriff, List,** im Guten u. Bösen, Cic. u. ICt. – **II** meton., eine **mechanische Vorrichtung,** eine **Maschine,** zu Belagerungen, Caes. u. a.: Wasser herbeizuleiten, Auct. b. Alex.: navalis, womit Schiffe gezogen werden, Schiffsmaschine, Caes.: machinationes (Gerüste) praeparare, Vitr.

māchinātor, ōris, *m.* (machinor), **I** der **Maschinenbauer, Maschinist, Ingenieur, Baumeister,** tormentorum, Liv.: absol., Sen.: u. magistris et machinatoribus Severo et Celere, unter Aufsicht u. nach Angabe des S. u. C., Tac. – **II** übtr., der gleichs. die Maschinen zu etw. Schlechtem in Bewegung setzt, **Anstifter, Urheber,** omnium architectus et machinator, Bewerkstelliger u. Anstifter, Cic.: huius belli, Liv.: auctor et mach. malorum, Lact.: scelerum inventor et malorum mach., Lact.: horum omnium scelerum improbissimus mach., Cic.

māchinātrīx, trīcis, *f.* (Fem. zu machinator), die **Anstifterin,** malorum facinorum, Sen. Med. 266.

māchinātus, ūs, *m.* (machinor), das **listige Anstiften,** der **Kunstgriff,** Apul. apol. 74. Sidon. epist. 5, 6, 2.

māchinor, ātus sum, ārī (machina), **I** etwas Künstliches **aussinnen, erdenken,** opera, Cic.: versum ad voluptatem, **schaffen u. einrichten,** Cic. – **II** insbes., auf etw. Böses **denken,** etw. Böses gegen jmd. **im Schilde führen** (wie μηχανᾶσθαι), astutiam, machinam, Plaut.: universis civibus atrocissimas calamitates, Cic.: pestem in alqm, Cic.: alci perniciem, Sall.: alci necem, Liv.: alci dolos (Ränke), Hieron. epist. 58, 6. – ► *Partic.* māchinātus passiv, Sall. Cat. 48, 7; hist. fr. 2, 23 (29), 3 u. 3, 34 (38). Vitr. 10, 1, 4. Apul. de mund. 21. Cael. Aur. de morb. acut. 1, 9, 61.

māchinōsus, a, um (machina), **künstlich zusammengefügt,** navigium, Suet. Ner. 34, 2.

māchinula, ae, *f.* (*Demin.* v. machina), eine **kleine Maschine,** Paul. ex Fest. 107, 3 u. 147, 2. Paul. Nol. carm. 26, 458.

māchio, ōnis, *m.* (machina), der **Gerüstarbeiter** (wov. das franz. *maçon,* Maurer), Isid. orig. 19, 8, 2.

macia, ae, *f.*, eine Pflanze, die ἀναγαλλίς der Griechen, **Gauchheil,** Marc. Emp. 1.

maciēs, ēī, *f.* (maceo), die **Magerkeit, Dürre, I** eig.: **a** der Menschen u. Tiere (Ggstz. pinguedo, Augustin. de civ. dei 22, 12, 1), pannosa (alcis), Sen.: homo vegrandi macie torridus, Cic.: catenae macie meā laxatae, Ps. Quint. decl.: equi macie corrupti, Caes.: corpus macie extabuit, Cic.: priusquam annis aut aegritudine in maciem eant, Solin. – **b** des Bodens usw. u. der Gewächse, soli, Colum.: terrae, Iustin.: seges macie deficit, Ov. – u. des Wassers, aquarum, Abnahme, bei der Ebbe (Ggstz. plenitudo), Solin. 23, 22. – **II** übtr., der Rede, des Ausdrucks, Tac. dial. 21 *init.:* ieiunae macies orationis, Boëth. inst. arithm. 1. praef. p. 4, 22 Fr.

macilentus, a, um (maceo), **mager** (Ggstz. pinguis), os, malae, Plaut.: pecus (Ggstz. pingue), Vulg.: equus, Pelagon.: solum, Pallad. – *Compar.*, macilentiores vultus, Vulg. Daniel 1, 10.

mācino, ātus, āre (macina = machina), **mahlen,** alfita de hordeo fricta et macinata, Oribos. fr. Bern. 1, 39. p. 2, 11 H.

macio, āre (macies), **mager machen, abmagern,** Eutych. gramm. 459, 9. – Passiv maciari, **abnehmen,** v. Gewässern (Ggstz. crescere), Solin. 15, 18.

macir (μάκερ), eine gewürzhafte rote Baumrinde aus Indien, Plin. 12, 32.

macor, ōris, *m.* (macer), die **Magerkeit,** Pacuv. tr. 275. Vgl. Prisc. 6, 46.

Macra, ae, *m.*, **I** ein Fluss in Italien, zwischen Ligurien u. Etrurien, j. *Magra,* Liv. 39, 32, 2; 40, 41, 2. Lucan. 2, 426. – **II** Macra come (Μακρὰ κώμη), ein Flecken in Lokris an der Grenze Thessaliens, Liv. 32, 13, 10.

macrēsco, cruī, ere (macer), **mager werden, abmagern,** v. leb. Wesen, absol., Varro r. r. 2, 5, 15 u. 3, 5, 3: mit *Abl.* (durch), penuriā cibi, Colum. 6, 3, 1: curā, Paul. ex Fest. 60, 3 (wo Plusqu.-Perf. macruisset): alterius rebus opimis, bei usw., Hor. ep. 1, 2, 57.

Macrī Campī u. **Campī Macrī,** ōrum, *m.* (Μακροὶ Κάμποι), die **langen Felder,** eine große Talebene im zispadan. Gallien, j. *Val di Montirone* mit *Magrada,* berühmt durch Vieh-, bes. Schafzucht, Varro r. r. 2. praef. § 6. Liv. 41, 18, 5; 45, 12, 11. Colum. 7, 2, 3.

macriculus, a, um (*Demin.* v. macer), **gar mager,** Varro LL. 8, 79.

Macrīnus, ī, *m.*, vollst. C. Opilius Macrinus, nur wenige Monate Kaiser (gest. 218 n. Chr.), Eutr. 8, 21. Capit. Opil. Macr. 1 *sqq.* – Dav. **Macrīniānus,** a, um, **makrinianisch, des Makrinus,** factio, Lampr. Anton. Diad. 1, 1.

macritās, ātis, *f.* (macer), die **Magerkeit,** des Sandes, des Bodens, propter macritatem, Vitr. 2, 4, 3. Pallad. 11, 1, 2.

macritūdo, inis, *f.* (macer), die **Magerkeit,** Non. 136, 2.

Macrobiī, ōrum, *m.* (Μακρόβιοι), die Langlebenden, **I** eine äthiopische Völkerschaft, Plin. 6, 190 u. 7, 27. Mela 3, 9, 1 (3. § 85). Val. Max. 8, 13. ext. 5: Macrobioe, Schol. Iuven. 10, 150. – u. eine indische Völkerschaft, Plin. 7, 28. – **II** die Einw. von Apollonia in Mazedonien, Plin. 4, 37.

Macrobiōtae, ārum, *m.* = Macrobii *no.* I (s. d.), Sen. de ira 3, 20, 2.

Macrobius, iī, *m.* (Μακρόβιος, lange lebend), vollst. Aurelius Ambrosius Theodosius Macrobius, ein Würdenträger am Hofe des jüngeren Theodosius (im 5. Jahrh. n. Chr.), bekannt als Kommentator von Ciceros Somnium Scipionis u. als Verf. der Saturnalia convivia.

macrochēra, ae, *f.* (μακρόχειρα), **mit langen Ärmeln versehen, langärmelig** (rein lat. manicata), tunica, Lampr. Alex. Sev. 33, 4.

Macrochīr, chīris, Akk. chīra, *m.* (μακρόχειρ), **Langhand,** Beiname des Artaxerxes I., Nep. regg. 1, 3 *sqq.*: Akk. bei Amm. 30, 8, 4.

macrocollum, ī, *n.* (μακρόκολλον), **Papier in größtem Format, Großfoliopapier,** Cic. ad Att. 13, 25, 3 u. 16, 3, 1. Plin. 13, 80.

macrologia, ae, *f.* (μακρολογία), die **Weitschweifigkeit im Reden, weitschweifige Rede** (rein lat. longiloquium), Pompeii comment. 293, 2 K. Isid. orig. 1, 33, 8. Anecd. Helv. 174, 2 (griech. bei Quint. 8, 3, 53 u. übersetzt durch longior quam oportet sermo).

mactābilis, e (macto), **tödlich,** Lucr. 6, 805.

mactātio, ōnis, *f.* (macto), das **Schlachten,** bes. der Opfertiere, Isid. orig. 6, 19, 31: Iovem vix propitiavit octava mactatio (Opfer), Symm. epist. 1, 59: mit *Genet.*, innoxiorum animantium mactatione laetari, Arnob. 7, 4: caedes et mactationes hostiarum, Arnob. 7, 36.

mactātor, ōris, *m.* (macto), der **Schlächter** = Mörder, senum, Sen. Troad. 1002 (1012).

mactātus, Abl. ū, *m.* (macto), das **Opfern, Töten,** Lucr. 1, 99.

macte, s. mactus.

māctea, s. mattea.

macti, s. mactus.

macto, āvī, ātum, āre (zu Wz. **mēgh-* mit den zwei verschiedenen Bedeutungen: **a** = erfreuen, ehren (vgl. mactus) u. **b** = schlachten), **I** jmd. mit etw. **verherrlichen, beehren, beschenken, ehren,** alqm magno triumpho, Enn. fr.: alqm honoribus, Cic.: laeto Latinas lacte, Cic. Bes. (in der) Opferspr. einen Gott durch ein Opfer **verherrlichen, zufriedenstellen, versöhnen,** puerorum extis deos manes, Cic. – **II opfern, schlachten,** hostiam, Hor.: bidentes, Verg.: taurum Neptuno, Verg. – übtr., **a** gleichs. als Opfer **weihen, bestimmen,** alqm Orco, Liv.: hostium legiones Telluri ac dis manibus, Liv.: perfidos et ruptores pacis ultioni et gloriae, Tac. – **b opfern = hinschlachten, morden,** alqm, Cic., oder **hinschlachten,** = um jeden Preis verurteilen, alci alqm mactandum civitatis testimonio tradere, Cic. Flacc. 52. – **c** mit einem Unheil od. Übel **heimsuchen,** mit einer Strafe **belegen, bestrafen,** alqm damno, infortunio, Komik.: alqm gravi infortunio, Lact.: alqm summo supplicio, aeternis suppliciis, Cic.: castra mactabo in mare, ins Meer stürzen, Verg.: ius civitatis illo supplicio, Cic.: alqm morte, Cic . – ► mactassint archaist. = *mactaverint,* Afran. com. 264. Pompon. com. 137. Enn. fr. scen. 333.

mactus, a, um, *Adi.* (nicht zu magnus, sondern zu Wz. **mēgh-*, s. macto), fast nur in den Formen mactus u. macte, **I** in der Opferspr.: mactus hoc fercto, macte hac dape esto, sei verherrlicht durch usw. = sei zufriedengestellt durch usw., sei zufrieden mit usw., Cato: macte hoc porco piaculo immolando esto, Cato: macte vino inferio esto, Cato: mactus hoc vino inferio esto, Arnob. – **II** übtr.: **A** als Glückwunsch und Beifallsruf = **Heil dir! wohl dir! Glück auf! recht so!** iuberem macte virtute esse, Glück auf! würde ich deiner Tapferkeit zurufen, Liv.: macte virtute este, Heil eurem Heldenmute, Liv. 7, 36, 5: macte virtute diligentiāque esto, wohl dir, dass du so brav u. achtsam bist, Liv.: macte virtute! Cic.: macte novā virtute, puer, Verg.: vos macti virtute estote, Curt. 4, 1 (3), 18. – macti ingenio este, Plin. 2, 55. – macte animo, iuvenis, Stat. Theb. 7, 280: macte animi, Stat. Theb. 2, 495; silv. 5, 1, 37. Mart. 13, 6, 7. – macte fortissimam civitatem, Flor. 2, 18, 16. – **B** = mactatus, **geopfert,** poet. = (wie ein Opfertier) **getroffen, geschlagen,** boves lucae ferro male mactae diffugiunt, Lucr. 5, 1337 (1339).

macula, ae, *f.*, der Punkt, wo etwas schwindet od. eingeht, **I** die **Lücke,** das **Loch;** dah. die **Masche** in Stickereien u. Gespinsten, in Netzen, Cic. u. Colum.: des Spinngewebes, Plin. – **II** der Punkt, wo die Farbe schwindet od. sich ändert, der **Fleck, A** im Allg.: equus maculis albis, Verg.: in ipsis quasi maculis (terrae), ubi habitatur, auf den kleinen bewohnten Flecken, Punkten usw., Cic. – u. die **Maser** im Holz, mensa non varietate macularum conspicua, Sen. de tranqu. anim. 1, 7. – **B** insbes., der entstellende **Fleck,** das **Mal, a** eig.: lurida, Plaut.: maculae maerorum, entstellende Spuren, Zeichen der Trauer, Plaut.: depicti draconis, Mal, Zeichen, Suet.: maculas in veste facere, Plaut.: maculas auferre de vestibus, Ov.: corporis, Plin.: est corporis macula naevus, Cic. – **b** übtr., der **Fleck, Schandfleck, Makel,** avaritiae, Ter.: familiae, Cic.: vitae splendorem aspergere maculis, Cic.: si qua macula concepta est, elui non potest, Cic.: maculam veteris industriae laudabili otio abluerat, Plin. ep.: omnem crimini maculam detergere, Apul.: ne Claudiae genti eam inustam maculam vellent, Liv.: quo facinore perpetrato infamiae maculam subiit, Iustin.

maculātim, *Adv.* (maculo), **fleckweise,** Eccl.

maculātio, ōnis, *f.* (maculo), **I** das **Geflecktmachen,** meton., der **Fleck,** Plur. bei Apul. apol. 50. – **II** bildl., die **Befleckung,** infamiae, Firm. math. 3, 15, 3.

maculo, āvī, ātum, āre (macula), **I gefleckt-, bunt machen,** Val. Flacc. 4, 368; 6, 704. – **II** insbes., im üblen Sinne, **1** *tr.* **fleckig machen, beflecken, durch Flecke besudeln, a** eig.: viden tu illi maculari corpus maculis luridis, Plaut.: recente terrae sola sanguine maculans, Catull.: exiguo maculavit sanguine ferrum, Ov.: candor corporum magis sanguine atro maculabatur, Liv.: terram tabe maculant, Verg.: castra sunt cruenta et maculata, blutbefleckt u. mordbesudelt, Tac. – **b** übtr., **beflecken, besudeln, entehren,** famam maculari dehonestarique, Liv.: mac. sacra loca stupro, Cic.: belli gloriam morte turpi, Nep.: partus suos parricidio, Liv. – **2** *intr.* **fleckig sein,** neque non obsoleta quoque et maculantia ex sordidiore vulgi usu ponit, veraltete u. verrostete Wörter, Gell. 16, 7, 4.

maculōsus, a, um (macula), **voller Flecke, I** = **gefleckt, bunt,** corium, Plaut.: lynx, Verg.: marmor, Plin.: color, Colum.: luna, Plin. – **II** insbes., im üblen Sinne, **befleckt = beschmutzt, besudelt,** vestis, Cic.: maculosae sanguine arenae, Ov.: Vatinium fuisse strumosā facie et maculoso corpore, Schol. Bob.: maculosiora quam nutricis pallium, Fronto de orat. p. 162, 2 N. – bildl., **befleckt, besudelt, gebrandmarkt,** senatores, übel berüchtigte, anrüchige, Cic.: nefas, unnatürliche Laster, Hor.: adulescentia, Aur. Vict.: avaritiā et libidine foedus et maculosus, Tac.: omni dedecore maculosus, Tac.: si (Iuppiter) in expugnanda feminarum pudicitia maculosus esset ac turpis, Lact.

Madarus, ī, *m.* (μαδαρός), der **Kahle,** Beiname des C. Matius (s. d.), Cic. ad Att. 14, 2, 2.

madefacio, fēcī, factum, ere, Passiv **madefīo,** factus sum, fierī (madeo u. facio), **nass machen, befeuchten, benetzen, tränken, einwäs-**

sern, einweichen, erweichen, **I** im Allg.: sanguis madefecerat herbas, Verg.: si bos pluviā madefactus est, nass geworden, durchnässt ist, Colum.: madefacto triticeo pane, Colum.: imbuti sanguine gladii vel potius madefacti, Cic.: mad. lanam aceto et nitro, Plin.; aceto madefacti centones, Sisenn. fr.: spongiam mad. (Ggstz. exprimere), Suet.: caules mad. et exprimere, Plin.; radix in vino madefacta, Plin.: caput irino, caput rosā (Rosenöl) mad., einreiben, bestreichen, Cels.: germen madefactae frugis, Malzkeime, Oros. 5, 17, 14 Z.: madefacta montium latera, Sen. – poet., vellera sucis bis madefacta, gefärbt, Tibull. 4, 2, 16. – **II** insbes., **betrunken machen,** se vino, Plaut.: madefactus Iaccho, Colum. poët.: verb. molli luxu madefacta meroque membra, erschlafft, Sil.

madefacto, āre, (*Intens.* v. madefacio), **nass machen, befeuchten,** eo (vino) vostros pantices, Plaut. Pseud. 184 (Bugges): si tamen est fluvius, quem madefactat homo, Ven. Fort. carm. 1, 21, 26.

madefio, factus sum, s. madefacio.

Madena, ae, *f.,* eine Landschaft Großarmeniens zwischen den Flüssen Cyrus u. Araxes, Eutr. 8, 3. Ruf. Fest. brev. 15 u. 18.

madeo, uī, ēre (altind. *mádati,* ist trunken, griech. μαδάω), **nass sein, ganz feucht sein, triefen, 1** eig.: **A** im Allg.: parietes vino madebant, Cic.: terra madet sanguine, ist getränkt von Blut, Verg.: Syene madet, ist beregnet, Mart.: Persae madent unguento, Plin.: madent unguento cani, Sen. rhet.: u. so cum madent capilli, von Salben triefen, Mart. – dah. madēns, **nass, feucht, benetzt,** Cic.: limosum et madens solum, Colum.: oculi, tränenfeuchte, Apul.: campi, sumpfige, Tac.: auster, regnerischer, Sen.: so auch bruma, Mart.: deus, Neptun, Stat.: sudor, fließender, Lucr. – **B** insbes., **1 schmelzen,** v. Schnee, nix sole madens, Ov. her. 13, 52. – **2 nass-, begossen sein** = betrunken sein, madide (s. d.). Plaut.: vino, Plaut. u. Sen.: mero, Tibull.: absol., Plaut. u. Tibull.: madens (wie βεβρεγμένος), betrunken, Sen. u. Suet. – **3 von Schweiß triefen,** madeo metu, ich triefe von Angstschweiß, Plaut. most. 395. – **4** prägn., **weich-, mürbe sein = weich-, gar gekocht sein,** Plaut. u. Verg. – **II** übtr., **voll sein** von etw., **Überfluss haben** an etw., Caecubae vites in Pontinis paludibus madent, Plin.: pocula madent Baccho, Tibull.: sermonibus madet Socraticis, ist vertraut mit usw., Hor.: cuius Cecropiā pectora voce madent, der griech. Sprache vollkommen mächtig, Mart.: arte madent simulacra, Lucr.: dah. madēns, **voll,** iure madens, vollkommen mächtig, -kundig, Mart.: vitiis, Gell.

madēsco, maduī, ere (*Inchoat.* zu madeo), **nass-, ganz feucht werden, I** im Allg.: semusta madescunt robora, Verg.: iuga montium stagnis madescunt, werden bewässert, Solin.: ut superiores partes madescant, Cels.: nec madescimus nisi umore, Quint.: spectare oportet, num tempora partesve corporis aliae paulum madescant, quae sudorem venturum esse testentur, Cels. – poet., quibus invito maduerunt sanguine dextrae, trieften vom unfreiwilligen Blutbad, -Mord, Val. Flacc. 3, 391. – **II** insbes.: **1 betrunken werden,** Frontin. de fer. Als. 3. p. 227, 2 N. – **2** übtr., **weich werden,** Colum. u. Plin.

madidē, *Adv.* (madidus), **feucht, nass,** madere, übernass sein = stark betrunken sein, Plaut. Pseud. 1297.

madido, āvī, ātum, āre (madidus), **feucht machen, benetzen,** Claud., Apul. u. a. – insbes., **betrunken machen,** Arnob. 5, 1 u. 11.

madidus, a, um (madeo), **nass, feucht, I** eig.: **A** im Allg.: fasciculus epistularum totus aquā madidus, Cic.: madidi lacrimis ocelli, Ov.; u. so bl. madidi ocelli, Ov.: genae, tränende, Ov.: comae, mit Salben benetzte, Ov.: radix suco madida, voll, Plin.: poet., vestis cocco madida, getränktes, gefärbtes, Mart.: prägn., fossa, nasser, wasserreicher, Ov.: Iuppiter, d. i. I. Pluvius, Mart. – mit *Genet.,* rosae madidae divini roris et nectaris, Apul. met. 4, 2. – **B** insbes.: **1 nass, begossen** = betrunken, ein Trunkenbold, mit u. ohne vino, Plaut., Sen. u. a. (s. Drak. Sil. 12, 18): madidus satis *a* vino, Paul. ex Fest.: quasi homo madidus *a* vino, Vulg.: oculi vino madidi, Rut. Lup.: prägn., dies, an dem tüchtig getrunken wird, Mart. – **2** prägn.: **a weich,** madidiora semina, Plin.: v. Speisen, **weich gekocht, gar, mürbe,** Plaut. u. Apic. (s. Schuch Apic. 8, 395). – **b verdorben, faul,** iecur tabe madidum, Lucan. 1, 621. – **II** übtr.: **1 weich, schlaff,** memoria, Caecil. com. 31. – **2 voll-, erfüllt** von etw., artibus, Mart.: iocis, Mart.

madon, ī, *n.* = *vitis alba,* die **weiße Rebe,** Plin. 23, 21.

mador, ōris, *m.* (madeo), die **Feuchtigkeit, Nässe,** Sall. hist. fr. 3, 26 u. Spät. (z. B. Apul. met. 7, 18 *in.*): Plur., Mart. Cap . 1. § 82 u. 2. § 123.

madulsa, ae, *m.* (madeo), **nasser Bruder,** scherzh. in der Vulgärspr. = Trunkenbold, Plaut. Pseud. 1252; vgl. Paul. ex Fest. 126, 5.

maea, ae, *f.* (μαῖα), eine Art großer Seekrebse, Plin. 9, 97.

Maeander, drī, *m.* u. **Maeandros** (u. **-us**), drī, *m.* (Μαίανδρος), **I** ein Fluss in Ionien und Phrygien, der bei Milet ins Ikarische Meer fließt, berühmt wegen seiner vielen Krümmungen, der Sage nach Vater der Cyane, die den Kaunus u. die Byblis gebar, j. *Meinder,* Form *-der,* Liv. 38, 13, 6 *sq.* u. a.: Form *-dros,* Ov. met. 2, 246 u. a.: Form *-drus,* Sil. 7, 139: Vok. Maeandre, Claud. in Eutr. 2, 268. – more Maeandri, mit Krümmungen, in krummen Linien, Colum. 8, 17, 11. – **II** appellat., jede **Krümmung, Windung, a** eine **Krümmung des Weges,** ein **Umweg,** Cic. Pis. 53. Amm. 30, 1, 12. Prud. cath. 6, 142 (wo Meandros): dialecticae gyri atque Maeandri, Gell. 16, 8, 17. – **b** in der Stickerei, bes. die künstlich ineinander verschlungenen Purpureinfassungen an den Gewändern der Alten, Verg. Aen. 5, 251. – Dav.: **α Maeandrātus,** a, um, **voll Krümmungen,** Varro sat. Men. 534. – **β Maeandricus,** a, um, **mäandrisch,** Tert. de pall. 4 zw. (Oehler Menandrico). – **γ Maeandrius,** a, um (Μαιάνδριος), **mäandrisch,** unda, Prop.: iuvenis, Kaunus, Mäanders Enkel, Ov.

Maecēnās, ātis, *m.,* ein eigentl. tuskischer Geschlechtsname (s. Sil. 10, 40), unter dem bes. bekannt C. Cilnius Maecenas (nach Müller-Deecke, eig. tuskisch Cfelne Maecnatial), ein röm. Ritter, von väterl. Seite aus dem arretinischen Geschlecht der Maecenates, von mütterl. aus dem der Cilnii (s. Cilnius), großer Freund des Kaisers Augustus, Gönner der Gelehrten u. Dichter, bes. des Vergil u. Horaz, Vell. 2, 88, 2. Tac. ann. 6, 11. Hor. carm. 1, 1, 1 u. a.: als Weichling usw. von Seneka oft bloßgestellt, s. Sen. de prov. 3, 10 u. ep. 19, 9; als gekünstelter, gezierter Stilist bei Sen. ep. 114, 4 *sq.* Quint. 9, 4, 28: Plur. appell., Sen. prov. 3, 11 u. (= Dichterfreunde, Gönner), Mart. 8, 56, 5 u. (= Vornehme) Iuven. 12, 39. Vgl. Hor. ep. 1, 1. – Dav. **Maecēnātiānus,** a, um, **mäcenatianisch,** des Mäcenas, vina, Plin.: turris (Schloss), Suet.: horti, Suet. u. Fronto. – ► Schreibung Mecenas u. mecenatianus bei Fronto ep. ad M. Caes. 1, 8. p. 23, 17 N.

Maecius, a, um, **mäcisch, I** Name einer Gegend in Latium nicht weit von Lanuvium, ad Maecium is locus dicitur, Liv. 6, 2, 8 zw. (die Hdschrn., Weißenb. u. Madv. ad Mecium, Hertz ad Marcium). – Danach viell. benannt Maecia tribus, Liv. 8, 17, 11 u. a. Cic. Planc. 38. – **II** Name einer röm. *gens,* aus der bes. bekannt Sp. Maecius Tarpa, ein großer Kunstkenner u. Kritiker, bes. in Bezug auf dramatische Werke, Cic. ep. 7, 1, 1. Hor. de art. poët. 387. Vgl. Orelli u. Fritzsche Hor. sat. 1, 10, 38.

Maedī, ōrum, *m.* (Μαῖδοι), eine thrazische Völkerschaft, Liv. 26, 25, 6. Eutr. 5, 7. Iul. Obsequ. 108. – Dav. **Maedicus,** a, um (Μαιδικός), **mädisch,** subst., Maedica, ae, *f.,* das Gebiet der Mäder, das **mädische Gebiet,** Liv. 26, 25, 8 u. a.

maedica, s. 2. mēdica.

maelēs, s. 2. mēlēs.

Maeliānus, a, um, s. Maelius.

maelis, s. 2. mēlēs.

maelium, iī, *n.,* s. mellum.

Maelius, a, um, Name einer röm. *gens,* aus der am bekanntesten Sp. Maelius, der, weil er im Verdacht stand, nach der königlichen Gewalt zu streben, getötet wurde, Liv. 4, 13 *sq.* Cic. de sen. 56. – Dav. **Maeliānus,** a, um, **mälianisch, des Mälius,** caedes, Liv.: Plur. subst., Maeliāni, ōrum, *m.,* die Anhänger des Mälius, Liv.

maena (mēna), ae, *f.* (μαίνη), ein kleiner Meerfisch, der wie der Hering eingesalzen u. von der ärmeren Bevölkerung gegessen wurde, Cic. u. a.: auch bei Opfern für die unterirdischen Götter gebraucht, Ov. – als Schimpfwort, deglupta maena, Plaut. Poen. 1312 (mena).

maenades, um, *f.*, s. maenas.

Maenalus (-**os**), ī, *m.* u. **Maenala,** ōrum, *n.* (τὸ Μαίναλον), ein Gebirge in Arkadien, das sich von Megalopolis bis Tegea erstreckte und dem Pan heilig war u. an dem die gleichnamige Stadt Maenalus lag, Verg. ecl. 8, 22. Ov. fast. 5, 89: Form *-la,* Verg. ecl. 10, 55; georg. 1, 17. – Dav.: **a** **Maenalidēs,** ae, *m.* (Μαιναλίδης), der **Mänalide,** v. Pan, Auson. edyll. 12, 7, 8. p. 135 Schenkl. – **b** **Maenalis,** idis, *f.* (Μαιναλίς), **mänalisch,** ursa, Kallisto, Ov.: ora, Arkadien, Ov. – **c** **Maenalius,** a, um (Μαινάλιος), **mänalisch,** poet. = **arkadisch,** deus, v. Pan, Ov.: ebenso puer, Gratt. cyn.: Arctos, Kallisto, Ov.: versus, arkadische Hirtenlieder, Verg.: ramus, Keule des Herkules, die er auf dem Gebirge Mänalus abgebrochen, Prop.: ales, von dem (in Arkadien geborenen) Merkur, Stat.

maenas, adis, Akk. ada, Akk. Plur. adas, *f.* (μαινάς), die **Rasende, Verzückte, I** eine **bacchisch Begeisterte,** eine **Bacchantin,** Prop. u. Ov. – übtr., **a** die von der Cybele Begeisterte, eine **Priesterin** der Cybele, Catull. 63, 23 u. 69. – **b** eine **Priesterin** des Priapus im Tempel der Bona dea, Iuven. 6, 317. – **II** eine **Weissagerin, Seherin,** von der Kassandra, Prop. 3, 13, 62. Sen. Agam. 719 (756).

Maeniānum, ī, *n.*, s. Maenius.

Maenius (nicht Mēnius), a, um, Name einer röm. *gens,* adjekt. **mänisch,** columna Maenia s. columna *no.* I, 1, a. – Dav. **Maeniānus,** a, um, **mänianisch,** subst. Maeniānum, ī, *n.*, der **Vorbau, Erker, Balkon** eines Hauses, wie sie zuerst C. Mänius an den Gebäuden um das Forum herum anbrachte (vgl. Fest. p. 134, 22), Varro vit. P. R. 1. fr. 27 (b. Non. 83, 21). Val. Max. 9, 12, 7 (klein geschrieben): gew. Plur. Maeniana, Cic. Acad. 2, 70. Vitr. 5, 1, 2. Suet. Cal. 18, 3.

maenomenon (μαινόμενον), mel, ein Honig, den man in Pontus sammelte u. dessen Genuss rasend machte, Plin. 21, 77.

Maeōn, onis, *m.* (Μαίων), **I** ein **Priester Apollos,** Stat. Theb. 2, 693 u. a. – **II** ein **Mäonier,** Plur. Maeones, s. d.

Maeones, um, *m.* (Μαίονες), die **Bewohner von Mäonien,** die **Mäonier,** poet. = **Lydier** übh., Claud. in Eutr. 2, 246. – Dav.: **a** **Maeonia,** ae, *f.* (Μαιονία), **Mäonien,** eine Landschaft Lydiens, dann meton.: **α** = **Lydien,** Plin. – **β** = **Etrurien,** weil die Etrusker von den Lydiern abstammen sollen, Verg. – **b** **Maeonidēs,** ae, Akk. ēn, *m.* (Μαιονίδης), **α** der **Lydier,** vorz. als Name Homers, weil er nach einigen in Kolophon, nach anderen in Smyrna geboren sein soll, Ov. am. 3, 9, 25. Mart. 5, 10, 8. – **β** der **Etrusker,** Verg. Aen. 11, 759: Maeonidum tellus, Etrurien, Sil. 6, 607. – **c** **Maeonis,** idis, *f.* (Μαιονίς), die **Lydierin,** v. der Arachne, Ov. met. 6, 103: v. der Omphale, Ov. fast. 2, 310. – **d** **Maeonius,** a, um (Μαιόνιος), **α** **mäonisch, lydisch,** rex, Verg.: ripa, des Flusses Paktolus, Ov.: Maeonii, die Lydier, Plin. – insbes., senex od. vates, d. i. Homer (s. Maeones), Ov.: dah. **homerisch, heroisch,** carmen, pes, chartae, Ov. – **β** **etrurisch,** nautae, Ov.: Maeonii, Etrusker, Sil. – **γ** **asiatisch,** ora, in der Gegend von Ionien, Sil.

Maeōtae, ārum, *m.* (Μαιῶται), ein szythisches Volk am Asowschen Meer, Plin. 4, 88. – Dav.: **a** **Maeōticus,** a, um, **mäotisch,** palus, der Mäotische See (s. Maeotis), Plin.: glacies, dieses Sees, Iuven.: subst., Maeōticī, ōrum, *m.*, die Anwohner des Mäotischen Sees, Mela u. Plin. – **b** **Maeōtidae** (Mēōtidae), ārum, *m.* (*Μαιωτίδαι), die Anwohner des Mäotischen Sees, die **Mäotiden,** Vopisc. Aur. 16, 4 u. Tac. 13, 3. – **c** **Maeōtis** (Mēōtis), idis od. idos, Akk. im, Akk. Plur. idas, *f.* (Μαιῶτις), **zu den Mäotern** oder **zum Mäotischen See gehörig, mäotisch,** ora, Ov.: Penthesilea, vom Mäotischen See, Prop.: ara, der taurische, Iuven. – Plur. subst., Maeotides peltiferae, die Amazonen, die am Tanais wohnten, Sabin. ep. 2, 9. – insbes., Maeotis palus od. lacus, der Mäotische See, j. *Mar delle Zabacche* od. das Asowsche Meer, Plin.: dass. gew. subst. bl. Maeōtis, idis, Akk. ida u. in, *f.*, Mela u. a.: poet. Maeotis (verkürzt für Maeotidis) paludes, Enn. fr. var. 21. – **d** **Maeōtius,** a, um, **mäotisch,** lacus, Plin.: tellus, Verg.

maereo, uī, ēre (vgl. miser), **I** *intr.* **wehmütig-, tief betrübt- traurig gestimmt sein,** in Wehmut-, in Ergebung **trauern** (Ggstz. laetari), maeret Menelaus, Cic.: quamquam neque insignibus lugentium abstinerent, altius animis maerebant, Tac.: quis umquam tam crudelis fuit, qui prohiberet quemquam sibi (für sich) maerere aut ceteris supplicare? Cic. – m. *Abl. instr.*, sono tenui, mit (in) leisem Ton, Ov. met. 14, 429. – m. *Abl.* der Ursache, genero, Tibull.: suo incommodo, Cic.: alienis bonis, Cic. – maeret m. folg. *quod,* es schmerzt ihn, dass usw., Ov. met. 8, 519. – unpers., maeretur, fletur, lamentatur diebus plusculis, Apul. met. 4, 33; vgl. intellectum nihil profici maerendo, Cic. Tusc. 3, 64. – dah. maerēns, in Wehmut trauernd, **wehmütig, tief betrübt,** v. Pers., Cic. u. a.: *Superl.*, mater maerentissima, CIL 5, 7962: v. Lebl., vultus, Ov.: fletus, Tränen der Wehmut, Cic. – **II** *tr.*: **1** etw. in Wehmut **betrauern,** casum, Cic.: filii mortem graviter, Cic.: mit folg. *Acc.* u. *Infin.*, corpora Graiorum maerebat mandier igni, Matius poët. bei Varro LL. 7, 95: qui non modo praecipitanti patriae non subvenirent, sed eam etiam nimium tarde concīdere maererent, Cic. Sest. 25. – **2** wehmütig **ausrufen,** talia maerens, Ov. met. 1, 664. – ► Perf. maerui ungebr. nach Prisc. 8, 60; doch maeruerit bei Vopisc. Car. 1, 4 u. maeruerint bei Hieron. Isai. 2, 4, 1. – Depon. Nbf. **maereor,** wov. maerebar, Matius bei Varro LL. 7, 95 Sp.

maeror, ōris, *m.* (maereo), die **Wehmut, stille, tiefe Betrübnis,** die **Trauer** der Ergebung, die sich aber auch äußerlich auf stumme Weise durch Mienen, Gebärden od. durch wehmütige Klagen kundgeben kann (Ggstz. laetitia, gaudium), luctum maeroremque suscipere, Cic.: vix sustentare posse maerorem suum doloremque decessionis, Cic.: in maerore esse, Ter., od. iacēre, Cic.: maerore macerari, Plaut., od. confici, Cic.: ab hoc maerore recreari, Cic.: maerorem minuere, Cic.: maerorem atque luctum deponere, Cic.: vultum nec ex gaudio nec ex maerore mutare, Eutr. – Plur., aegritudines, molestiae, maerores, Betrübnis aller Art, Cic. de fin. 1, 59: multi maerores, Cic. Clu. 201: tanti maerores, Catull. 65, 15: meorum maerorum atque amorum summam edictavi tibi, Plaut. Epid. 105: mihi maerores (dabo), illi luctum, Enn. fr. scen. 272; außerdem Fronto de nep. am. 2, 1. p. 232, 5 N. Arnob. 5, 25. CIL 1, 1202.

Maesia, s. Moesī unter Moesi.

Maesia silva, s. Mēsia silva.

maestē, *Adv.* (maestus), **traurig** = **wehmütig** (Ggstz. hilare), Rhet. Her. 3, 24.

maestifico, āvī, ātum, āre (maestus u. facio), **traurig machen,** Mart. Cap. poët. 9. § 888. Augustin. serm. 35, 2 u. a. Eccl.

maestiter, *Adv.* (maestus), **traurig,** Plaut. rud. 265.

maestitia, ae, *f.* (maestus), **I** die **Traurigkeit** = **traurige Stimmung, Wehmut, Niedergeschlagenheit** (Ggstz. hilaritas), muta, Acc. tr. 315: tacita, Liv.: esse in maestitia, Cic.: maestitiam alci inicere, Liv.: maestitiae resistere, Cic.: alqm a maestitia avocare, Cic. – **II** übtr., die **Traurigkeit** = traurige Beschaffenheit, frigorum, Colum. 7, 3, 11: orationis quasi maestitiam sequi, dem Ausdruck eine düstere Färbung zu geben suchen, Cic. or. 53.

maestitūdo, inis, *f.* (maestus), die **Traurigkeit,** Acc. tr. 616. Plaut. aul. 732. Cael. Aur. de morb. acut. 1, 3, 35; de morb. chron. 1, 4, 104. Sulp. Sev. ep. 2, 2: m. subj. *Genet.*, animae, Ambros. de viduis 6. § 36: m. obj. *Genet.*, novae captivitatis, über usw., Pallad. 1, 26, 2. – Plur., maestitudines in laetitiam vertuntur, Leo serm. 5, 5 *in.*

maesto, āre (maestus), **traurig machen, tief betrüben,** Laber. com. 91.

maestus, a, um (maereo), **traurig, I** eig. = **wehmütig, tief betrübt, in Wehmut trauernd, niedergeschlagen, schwermütig** (Ggstz. hilaris, alacer laetusque), senex, Cic.: domus (Plur.), Liv.: maesta ac lugentia castra, Iustin.: maesti (trauerreiche) loci, Tac.: manus, Ov.: vultus, Hor. u. Val. Max.: maestus et conturbatus vultus, Rhet. Her.: silentium, Liv.: dolor, Liv.: questus, Verg.: timor, Verg.: maestissimus Hector, Verg.: Plur. subst., maesti (Ggstz. gaudentes), Plin. pan. 95, 5. – mit *Abl.* der Ursache, maestus amissis liberis, Sen.: maestus ac sollicitus morte Tigelli, Hor.: maesta civitas clade Varianā, Suet. – mit allg. *Acc.* u. folg. *Acc.* u. *Infin.*, id (darüber) misera maestast, sibi eorum evenisse inopiam, Plaut. rud. 397 *sq.* – mit folg. *Infin.*, anima maesta teneri, Stat. Theb. 10, 775. – **II** übtr.: **1** **traurig** = **finster,**

oratores maesti et inculti, Tac.: neci maestum dimittit, Verg.: maestissimus irā, Val. Flacc. – **2** v. dem, was Trauer anzeigt usw.: **a** **traurig** = Trauer anzeigend, **Trauer-**, tuba, Prop.: vestis, Trauerkleid, Prop. – **b** **traurig** = Trauer-, Unglück prophezeiend, avis, Unglücksvogel, Ov. – **c** **traurig** = Trauer verursachend, funus, Ov.: tectum, unglücklich, gefährlich, Ov. – ► *Compar.* maestior, Lucan. 8, 42: maestius, Catull. 38, 8. – *Superl.* maestissimus, Verg. Aen. 2, 270. Ov. art. am. 1, 431 u. 3, 523. Lucan. 1, 187 u. a. Dichter.

Maesūli, s. Massӯlī.

Maevius, iī, *m.* u. **Maevia,** ae, *f.*, röm. Eigenname, unter dem bes. bekannt sind **I** Maevius, ein schlechter Dichter zu Vergils Zeit, Verg. ecl. 3, 90. Hor. epod. 10, 2. – **II** Maevia, eine Frau, Papin. dig. 31, 4, 87. – Dav. **Maeviānus,** a, um, **mävianisch,** fundus, hereditas, ICt.

māfors, māforte, s. 2. māvors.

maga, ae, *f.* (magus), die **Zauberin,** illa maga famosissima Circe, Augustin. de civ. dei 18, 17.

māgālia, ium, *n.* (ein punisches Wort), **I** = mapalia (s. d.), Sall. u. Cass. Hem. bei Serv. Verg. Aen. 1, 421. Verg. Aen. 1, 421. Vgl. Serv. Verg. Aen. 4, 259. – **II** Māgālia, ium, *n.*, die Vorstadt Karthagos, Plaut. Poen. prol. 86 (*al.* Magaria).

Magantia, s. Mōgontiacum.

maganum, s. magganum.

Māgāria, ium, *n.*, s. māgālia.

magdalia, ōrum, *n.* = magdalides, Plin. Val. 1, 6 u. 2, 37. Cass. Fel. 66. p. 162, 5. Marc. Emp. 20.

magdalides, um, *f.*, **länglichrunde-, zylinderförmige Figuren,** Scrib. Larg. 201.

mage, *Adv.*, s. 1. magis ►.

magester, alte Form für magister, nach Quint. 1, 4, 17.

Magetobriga, ae, *f.*, s. Admagetobriga.

magganum (maganum), ī, *n.*, ein hölzernes **Weingefäß,** Schol. Cruq. u. Acro Hor. carm. 1, 9, 8. – Nbf. **maggana,** ae, *f.*, Suid. in v. Γαυλός.

magīa, ae, *f.* (μαγεία), die Wissenschaft der Magier, die **Magie, Zauberei,** Apul. apol. 25. p. 34, 1 Kr. u. a. Amm. 23, 6, 32: Thessalica, Prud. c. Symm. 1, 89: Plur. meton. = Zauberkünste, Zaubereien, Vulg. act. apost. 8, 11.

magicē, ēs, *f.*, *sc.* ars (μαγική *sc.* τέχνη), die **Zauberei, Zauberkunst,** Plin. 30, 7 *sqq.*

magicus, a, um (μαγικός), **magisch, zauberisch,** ars, Lact.: artes, Verg., Plin. u. a.: terrores, Hor.: superstitiones, Tac.: vanitates, Plin.: cantus (Plur.), Colum. poët.: disciplina, Apul.: dii, die bei Zaubereien angerufenen (wie Pluto, Hekate, Proserpina), Tibull.: linguae magicae, der Zaubersprüche mächtige, Ov. met. 7, 330; versch. von linguae magicae, Hieroglyphen, Lucan. 3, 221. subst. magicae (*sc.* artes), Aulul. V, 3. p. 51, 16 *Peiper.*

magida, ae, *f.* (1. magis), ein Essgeschirr, eine **Schüssel,** Varro LL. 5, 120; vgl. 1. magis.

magīra, ae, *f.* (v. μάγειρος, Koch), die **Kochkunst,** magiras facere, Cato oratt. 84 (bei Fronto de fer. Als. 2. p. 223, 15 N.).

magīriscium, iī, *n.* (*Demin.* v. μάγειρος), ein **kleiner Koch,** Plin. 33, 157.

magīrus, ī, *m.* (μάγειρος), der **Koch,** concīde, magire (im obszön. Sinne), Heliog. b. Lampr. Heliog. 10, 5.

1. magis, idis, *f.*, **I** = magida, das **Essgeschirr,** die **Schüssel,** Nep. fr. bei Plin. 33, 146. Paul. dig. 12, 6, 36. Lampr. Heliog. 20, 6. – **II** ein **Backgerät,** der **Backtrog,** Marc. Emp. 1.

2. magis, *Adv.* (magnus), **mehr** (griech. μᾶλλον), **I** v. Grad, **mehr** = **in höherem Grade, A** im Allg.: **1** vor *Adii.* u. *Advv.:* **a** zur Umschr. des Komparativs, sowohl bei den Adjj. u. Advv., die keinen Komp. haben, als auch in anderen Fällen, magis necessarius, Cic.: magis elegans, Ter.: magis impense, Ter.: magis saepe, Plaut. – insbes., mit folg. ac (atque), z. B. non Apollinis magis verum (= *verius*) atque hoc responsum est, Ter. – **b** vor Komparativen zur Verstärkung = **bei weitem** (wie μᾶλλον), hic enim magis est dulcius, Plaut.: magis aptior quam etc., Apul. – **2** vor *Verben:* **a** mit Hinzufügung der Komparation durch quam (als), z. B. scuto vobis magis quam gladio opus est, Liv.: sed praeterita magis reprehendi possunt quam corrigi, Cic.: valde te desidero, neque ego magis quam ipsa res et tempus poscit, Cic.: eum magis malle suum consequi, quam, ICt. (anders magis malle unten *no.* II, B, a). – **b** ohne Komparation (die aus dem Zusammenhang ergänzt werden muss), magis aedilis esse non potuisset, Cic.: si magis instabunt, ad praetorem sufferam, Plaut.: u. in der Umgangssprache, haud oder nihil vidi magis (*sc.* quam quidquam aliud), das sehe ich doch ganz und gar nicht, Plaut. u. Cic. – poet., quis magis anser exta (= *maiora exta*) ferat, Stat.: magis calor (= *maior calor*) additus, Val. Flacc.

B besondere Verbindungen: **a** non (neque) magis ... quam, **ebensosehr ... wie; nicht nur ... sondern auch** (wenn der Nebensatz eine Bejahung enthält), Nep., Liv. u. a.; oder **ebensowenig ... wie** (wenn der Nebensatz einen negativen Gedanken enthält), Nep., Liv. u. a.; od. **nicht eben ... sondern vielmehr; nicht sowohl ... als** (wenn das erstere als weniger bedeutend dargestellt wird), Cic., Liv. u. a. – **b** quo magis ... eo (magis), **je mehr ... desto** (mehr), Cic. u. a.: u. so im Gegenteil, quo magis ... eo minus, **je mehr ... desto weniger,** Cic.: quanto minus ... eo magis, **je weniger ... desto mehr,** Ter. – poet.: magis quam ... magis, Plaut.: magis quam ... tam magis od. bl. quam magis ... magis, Plaut. – tam magis ... quam magis, **um so mehr ... je mehr,** Verg. – quam magis ... minus, **je mehr ... desto weniger,** Plaut. – quam magis ... tanto, **je mehr ... desto mehr,** Plaut. – **c** eo magis, **desto mehr, um so mehr,** Cic.: u. eo magis od. et eo (eoque) magis mit folg. quo, quod, quoniam, si, ut od. ne, Cic. u. a. – mit vorhergeh. Negation, neque eo magis, **und ebensowenig, und dennoch nicht,** Nep. – **d** mit *Abll.:* impendio magis, **bedeutend mehr,** Ter. u. Cic. – multo magis, **viel-, bei weitem mehr,** Cic. u. a. – nihilo magis, **um nichts mehr, ebensowenig,** Cic. u. a. – solito magis od. magis solito, **mehr als gewöhnlich,** Liv. – **e** magis etiam, **mehr noch,** Cic.: u. multo magis etiam, Cic. – **f** magis magisque oder magis et magis, **mehr und mehr, immer mehr,** Cic.: u. dafür magis atque (ac) magis, Verg., Sen. u. a.; u. (wie μᾶλλον μᾶλλον) bl. magis magis, Catull. u. Verg.: oft mit cotidie od. in dies = von Tag zu Tag mehr und mehr, Cic., Sall. u. a. – so auch (wie μᾶλλον) das einfache magis = immer mehr, Cic.; u. mit in dies od. cotidie, Sall. u. Quint. – **g** magis minusve od. magis aut minus (= *plus minusve*), **mehr oder weniger,** Plin. u. Quint.: ebenso magis ac minus, **mehr oder weniger,** Plin.

II (wie μᾶλλον) = *potius,* **eher, lieber, A** im Allg.: tum magis assentiare, si etc., Cic.: magis id diceres, si etc., Cic.: trade magis, Stat.: eo mihi *magis* lubet cum probis *potius* quam cum improbis vivere vanidicis, Plaut. trin. 274 *sq.;* vgl. Plaut. asin. 689 *sq.*

B Besondere Verbindungen: **a** magis velle = *malle,* Ter u. Val. Flacc. – aber auch magis malle = *potius malle,* Ulp. dig. 17, 2, 52. § 10. – b) magis est, u. zwar: **α** magis est quod ... quam quod, od. magis est ut ... quam ut, es ist eher Ursache da zu usw ... als zu usw., Cic. u. a. – **β** bl. magis est, **es ist besser, gilt eher,** sed illud magis est quod diximus, ICt.: u. so m. folg. *Acc.* u. *Infin.*, Vell. 1, 13, 5 u. ICt., od. m. folg. *ut* od. *ne* u. Konj., ICt.

Superl. **māximē** (maxumē), *Adv.* (aus magissime v. alten magus = magnus), **am meisten,** μάλιστα, **I** v. Grad = **im höchsten Grade, überaus, sehr, ganz und gar, A** im Allg.: **1** vor *Adii.* u. *Advv.:* **a** übh.: maxime fidus, Cic.: maxime exoptatus, Ter.: maxime celebratus, Sall. – **b** insbes., **α** wie unser **sehr,** zur Umschr. des Superlativs sowohl bei Adjj., die dieser Form ermangeln, als auch in anderen Fällen, maxime necessarius, Cic.: maxime idoneus, Quint. – maxime innocens, Plaut.: maxime utile, Ter.: maxime dignus, Ter. – dah. auch zur Steigerung des Komparativs u. Superlativs, quae maxime est aetas parentibus dulcior, Lact. 1, 21, 10: maxime ampliori gaudio perfusus sum, Augustin. epist. 52, 1: vi vero saevior, maxime pessima est (apis), Colum. 9, 3, 3: u. danach wohl auch richtig quae (aberratio) maxime liberalissima doctoque homine dignissima, Cic. ad Att. 12, 38, 3: maxime gravissimam omnium (rem), Liv. 41, 23, 6.

– **β** bei Zahlenbestimmungen, **höchstens,** puer ad annos maxime natus octo, Gell. 17, 8, 4. – **2** vor *Verben,* um eine Vergrößerung, Vermehrung, Veränderung einer Tätigkeit, eines Zustandes usw. zu bezeichnen, **a** übh.: culpā maxime facere, ut etc., Plaut.: alqm maxime colere, Ter.: alqā re maxime apud alqm valere, Ter.: u. so oft bei den Verben cupere, velle u. a., die einen Affekt bezeichnen, Ter., Cic. u. a. – **b** insbes. für andere *Advv.,* sodass die Bed. aus dem Zusammenhang sich ergeben muss, wie pugnare maxime (= *acerrime*), Plaut.: Homero maxime (= *proxime*) accedere, Quint.: iubere maxime (= *instanter*), Plaut.: alci confidere maxime, unbedingt, Caes.: quadrare in alqm maxime, aufs genaueste, Nep.

C Besondere Verbindungen: **a** verb. mit unus, omnium, multo, um etwas vor anderen hervorzuheben = **vor allen-, bei weitem am meisten,** unus omnium maxime od. bl. unus maxime, Nep. u. a. (vgl. Bremi Nep. Milt. 1, 1): u. bl. maxime omnium, Liv. (s. Drak. Liv. 36, 19, 4). – multo maxime, Ter. u. Cic. – ähnl. vel maxime, **am allermeisten,** Cic.: beim Superl., vel maxime humanissimi, Gell. 17, 17 (16), 2. – **b** quam maxime, ὡς μάλιστα, **so viel-, so sehr wie möglich,** Ter., Cic. u. a.: vollst. quam potes, tam maxime, Plaut., quam potes (possem u. dgl.) maxime, Cic. u. a. – ähnl. cum maxime, **so sehr als möglich, ganz genau, just** u. dgl., Ter., Sen. u. a.: nunc cum maxime, jetzt mehr denn je, Ter., Cic. u. Sen.: tum od. tunc cum maxime, Liv. u. Curt.; vgl. Spengel u. Klotz Ter. Andr. 823. Drak. Liv. 40, 13, 4. Oudend. Frontin. 2, 9, 5. Duker Flor. 4, 1, 3. Cellar. Curt. 5, 7, 2. – **c** quam od. ut qui maxime, **als irgendetwas im höchsten Grade sein kann, als je irgendetwas,** Cic. u. Liv.: bei Kompar., fines quam maxime largiores habet, Gromat. vet. 313, 18; vgl. 317, 29. – **d** ut quisque maxime ... ita maxime = **je mehr ... desto mehr,** Cic.; u. umgekehrt ita maxime ... ut quisque maxime, **desto mehr ... je mehr,** Cic. – ut quisque maxime ... ita minime, **je mehr ... desto weniger,** Cic. – **e** maxime ... deinde, **zuerst, zunächst ... dann,** Varro: u. so maxime ... secundo loco, Cic. – **f** non maxime, **nicht ganz und gar,** quibus etiam si ingenium, ut tu putas, non maxime defuit, Cic. de or. 1, 79. – **g** si maxime, **wenn auch noch so sehr,** Cic. Verr. 4, 91.

III = *potissimum, praecipue* u. dgl., v. Vorzug, zur Hervorhebung, wie **am meisten, 1** = **ganz besonders, vorzüglich, vorzugsweise, vor allen anderen, größtenteils,** Komik., Cic. u. a. – dah. cum ... tum maxime, »sowohl ... als auch besonders«, Plaut. u. Cic.: u. cum ... tum vel maxime (ganz besonders), Cic.

2 eben, gerade, wenigstens, ut nunc maxime memini, duo, Plaut.: quod maxime dicere voluit, Quint. – insbes., zur Hervorhebung eines Zeitpunktes, wie **eben, gerade,** tum maxime vinci ipsos, Curt.: quos nuper maxime liberaverat, Quint. – dah. die advv. Ausdrr. cum maxime, **eben jetzt, eben erst, eben schon,** Cic., Sen. u. a. – nunc cum maxime, **gerade jetzt,** Cic. u. a.: ut cum maxime, **wie irgendjemals,** Ter. u. Cic.

3 um auf das Wesentliche hinzuweisen, **wesentlich, im Wesentlichen** (vgl. Duker Liv. 21, 33, 7. Fabri Liv. 21, 38, 1), bes. in der Formel in hunc maxime modum, im w. auf folgende Art, alqm adhortari, alloqui, Liv.: u. so hoc maxime modo, Liv. – itineris maxime modo, ganz wie auf dem M., Liv.: cetrae maxime speciem reddens, ganz in Gestalt eines Lederschildes, Curt.

4 am liebsten, womöglich (vgl. Fabri Sall. Iug. 35, 4), ut Iugurtham maxime vivum, si id parum procedat, necatum sibi traderent, Sall.

5 in der Umgangssprache, als lebhafte Bejahung = **sehr gern, sehr wohl** (s. Brix Plaut. Men. 429. Spengel Ter. Andr. 818), operam mihi da. *Si.* Maxume, Plaut. – mit immo, als Bejahung des Gegenteils = **ja doch, gar sehr,** numquid peccatum est, Simo? *Si.* Immo maxume, Plaut.: vos non timetis eam? Immo vero maxume, Sall. – ► Nbf. mage, z. B. Plaut. asin. 394 u. Men. 386. Lucr. 4, 79 u. 341 (318). Verg. Aen. 10, 481. Prop. 1, 11, 9. Ov. trist. 2, 479. Solin. 22, 12 (20). Nemes. cyn. 317. Prud. c. Symm. 1, 517. 2, 6. Boëth. cons. phil. 3. metr. 1, 5. Itin. Alex. 48 (111). Iul. Val. 1, 44 (41); 2, 4 *extr.* Vgl. Donat. Ter. Andr. 2, 3, 11 ›mage‹ pro ›magis‹, τῷ ἀρχαϊσμῷ.

magister, trī, *m.* (Stamm *mag-,* wov. auch magnus), **Meister = Vorgesetzter, Vorsteher, Leiter, Direktor, Anführer, Aufseher, I** eig.: **1** im Allg.: populi, Diktator, Cic.: equitum, Amtsgehülfe des Diktators u. zugleich Befehlshaber der Reiterei, Liv.: sacrorum (griech. ἀρχιερεύς), Liv.: Saliorum, Inscr.: rei militaris, Liv.: militiae, Heermeister, Feldherr, Liv.: armorum, Feldzeugmeister (Oberbefehlshaber), Amm.: morum, Sittenvorsteher (v. Zensor), Cic.: curiae, Plaut.: vici, Viertelsmeister, Bezirksvorsteher, Suet.: pagi (griech. κώμαρχος), Dorfschultheiß, Gromat. vet.: chori canentium, Musikdirektor, Kapellmeister, Colum.: operum (operarum), Aufseher, Vogt, Colum.: so auch officiorum singulorum, Colum.: aber mag. officiorum, Kanzler, Minister des Innern, Amm.: magister admissionum, s. admissio: fulloniae artis, CIL 13, 8345: societatis od. in societate, Direktor der Gesellschaft der Generalpächter (publicani), Cic.: scripturae od. in scriptura u. portus, bei den Einkünften aus den Viehtriften u. Zöllen, Cic. (dah. in scriptura pro magistro dat operas, macht den Vizedirektor, Cic.): pecoris, Oberhirt bei den größeren Herden, Cic.: u. so regii pecoris, Liv.: pecorum magister, Orest. tr.: ovium, Schafhirt, Verg.: asini, Eigentümer, Treiber, Apul.: elephanti, Führer Kornak, Liv. u. Sil.: convivii (griech. συμποσίαρχος), der Anordner eines Schmauses, Gelages, der Zechmeister (der auch die Zahl der jedesmal zu trinkenden Becher bestimmte), Varro: so auch mag. cenandi, Cic., od. cenae, Mart.: navis, Schiffskapitän, auf einem Kriegsschiff (ναύαρχος), Liv. u. a. (s. Burmann Petron. 101), od. Schiffspatron eines Kauffahrteischiffes (ναύκληρος), Hor.; b. Dichtern auch = Steuermann, s. Drak. Sil. 4, 719; Burmann Val. Flacc. 1, 382: navigandi magister, Steuermann, Amm.: mag. epistularum, Geheimschreiber, Spart.: mag. memoriae, Kanzleidirektor, Amm.: magister scrinii, Vorsteher der Hofkanzlei, Eutr. – ludi magister, Schulmeister, Schullehrer, Cic.: dass. mag. disciplinae, Colum.: ludi litterarii mag., Elementarlehrer, Aur. Vict. u. Amm.: dass. mag. litterarius, Vopisc. – **2** insbes.: **a** der **Geschützmeister,** Amm. 23, 4, 6. – **b** der **Kurator der Masse (Konkursmasse),** Cic. u. a. (s. Lachmann Gaius inst. 3, 79. p. 239). – **c** der **Lehrmeister, Lehrer** (Ggstz. discipulus), **α** übh.: artium, Cic.: artium liberalium, Augustin.: coquinae, Isid.: rhetoricus, Amm.: religionis, Cic.: virtutis, Cic.: m. *Dat.,* docendis publice iuvenibus magister, öffentlicher Lehrer, Gell. 19, 9, 2: operam pingendo sub magistro Diogeneto dare, Capit.: puerorum (Sklaven) impudentiam sub magistro habere, einüben lassen, Sen.: uti magistro volo, Cic. – übtr., stilus optimus dicendi magister, Cic.: magister artis ingeniique largitor venter, Pers.: est omnium rerum magister usus, Caes.: usus est magister optimus, Cic.: quod me docuit usus magister egregius, Plin. ep.: stultorum iste (eventus) magister est, Liv.: timor, non diuturnus magister officii, Cic. – **β** der **Fechtmeister der Gladiatoren,** Mart. 5, 24, 3. Tert. ad mart. 1. – **γ** ein **Lehrer im Transchieren,** Iuven. 5, 122. – **d** der **Aufseher über die Jugend, Pädagoge,** Ter. Phorm. 72. – **II** übtr., **Tonangeber, Aufmunterer, Urheber, Lehrmeister,** si quis magistrum cepit ad eam rem improbum, Ter.: qui *dux* isti quondam *et magister* ad despoliandum Dianae templum fuit, Cic.: saepe in magistrum scelera redierunt sua, Sen. poët. – übtr., ritu magistro, Sedul. carm. 1, 6 (15). – ► Nbf. magester, s. bes. – Nom. Plur. magistres, CIL 1, 1293 u. 1540. 14, 2875.

magisterium, iī, *n.* (magister), **I** das **Amt eines Vorstehers, -Vorgesetzten, -Direktors, -Aufsehers** usw., morum, Zensoramt, Cic.: sacerdotii, Amt, Stelle eines Oberpriesters, Liv. u. Suet.: equitum, des Reiterobersten, Liv. u. Suet.: municipale, Amt eines Wegaufsehers, Straßenaufsehers, Suet.: me magisteria delectant (*sc.* conviviorum, bei Schmausereien, s. magister), Cic.: u. so magisteria convivarum, Porphyr. Hor. carm. 1, 4, 18. – insbes., das **Erzieheramt,** Plaut. Bacch. 152: u. das **Lehramt,** magisterii illius sarcinam deponere, Augustin. conf. 9, 2, 4. – **II** übtr., der **Unterricht, Rat,** die **Lehre,** Plaut.: in der Liebe, Tibull.: eines Arztes, Cels.

magisterius, a, um (magister), **herrschaftlich, obrigkeitlich,** potestas, Cod. Iust. 3, 13, 6 u. a.

magistero u. **magistro**, āre (magister), das **Amt eines Vorgesetzten verwalten,** inter manipula vitam militarem magistrans, Spart. Hadr. 10, 2. Vgl. Fest. 153 (b), 11.

magistra, ae, *f.* (Femin. zu magister), **I** die **Vorgesetzte, Vorsteherin, Leiterin,** ludi, Lehrmeisterin, Ter. Hec. 204. – v. Oberpriesterinnen, CIL 5, 762; 10, 6511 u. 14, 3437. – **II** übtr., die **Leiterin, Lehrmeisterin,** vita rustica parsimoniae, diligentiae, iustitiae magistra est, Cic.: lex aeterna, quae quasi dux et magistra officiorum, Cic.: studia artesque magistrae, Ov.: arte magistrā, durch Hilfe der Kunst, Verg.

magistrālis, e (magister), **zum Lehrer gehörig, Lehrer-,** virgae, Vopisc. Tac. 6, 6: pergulae, Vopisc. Saturn. 10, 4.

magistrās = magistratus (s. d.), CIL 3, 1008.

magistrātio, ōnis, *f.* (magistro), die **Unterrichtsanstalt,** die **Schule,** magistrationes publicae, Cod. Theod. 14, 9, 3.

magistrātus, ūs, *m.* (magister), **I** das **Amt-,** die **Würde eines** *magister,* das **obrigkeitliche Amt** in Rom, magistratum petere, dare, mandare, habere, Cic.: m. obtinere, Caes.: m. gerere, verwalten, Cic. (u. so magistratus gerere, imperia suscipere, Lact.): m. inire od. ingredi, Sall., od. accipere, antreten, Liv.: magistratum deponere, Caes., od. magistratu abire, Cic.: in magistratu manere, Liv.: magistratum continuare, Liv.: in magistratu esse, Liv.: monumenta (Akten) rerum in magistratu gestarum, Plin. – v. den Ehrenstellen außerhalb Roms, in Sizilien, Cic.: in Gallien, Caes. – **II** meton., v. dem, der ein obrigkeitliches Amt verwaltet, eine **Magistratsperson,** eine **obrigkeitliche Person,** der **Staatsbeamte** (unterschieden in magistratus ordinarii od. extraordinarii, je nachdem sie regelmäßig u. zu bestimmten Zeiten od. nur außerordentlich unter bestimmten Umständen gewählt wurden; in curules od. non curules, je nachdem ihnen die sella curulis zustand od. nicht; in patricii od. plebeii, je nachdem sie aus dem Patrizier- oder Plebejerstand genommen wurden; in maiores od. minores (od. inferioris iuris), je nachdem sie auspicia maiora od. minora halten durften, (wobei noch zu bemerken, dass die mag. mai. in den Zenturiatkomitien, die mag. min. in den Tributkomitien bestimmt wurden), est proprium munus magistratus intellegere, se gerere personam civitatis, Cic.: creare magistratus, Liv.: oppida per magistratus administrare, Sall.: magistratus intermittere, die weltlichen Behörden suspendieren, Caes.: his magistratibus, unter ihrer Amtsführung, -ihrem Konsulat, Nep. – Ggstz., magistratus an privatus, Quint.: inter filium magistratum et patrem privatum, Gell. – Sing. kollektiv = das **Beamtenkollegium,** die **obrigkeitliche Behörde, Obrigkeit** (wie im Griech. ἀρχή = ἄρχοντες), Nep. Them. 7, 4; Lys. 4, 3 (bei Cicero u. a. Plur. magistratus). – ► Abl. magistrato, Lex colon. Genet. im CIL 2, 5439, 4, 2. lin. 4: Nomin. Plur. magistratuus, CIL 10, 3670, magistrates, Charis. 32, 26, magis trati, Fasti Philocali 31. Dec. im CIL 1^2, p. 278: Akk. Plur. macistratos, CIL 1, 195. lin. 3.

magistriānus, a, um (magister), vom **Lehrer herrührend,** timor, Fulg. contin. Vergil. p. 160 M. (= p. 101, 21 H.).

magistro, āre, s. magistero.

magma, atis, *n.* (μάγμα), der **Bodensatz der Salbe,** Plin. 13, 19. Scrib. Larg. 157.

magmentārius, a, um (magmentum), **zu einem Opferzusatz gehörig,** fana, Varro LL. 5, 112: magmentarium (sacellum) Telluris aperire, Cic. de har. resp. 31 (Mommsen).

magmentātus, a, um (magmentum), **durch einen Zusatz** (zum Opfer) **vermehrt,** Paul. ex Fest. 126, 4.

magmentum, ī, *n.* (zsgzg. aus magimentum, zu macto in der Bedeutung ›ehren‹), der **Zusatz** zu einem Opfer, der **Opferzusatz,** Varro LL. 5, 112. CIL 3, 1939 u. 12, 4333. Arnob. 7, 24. Vgl. Serv. Verg. Aen. 4, 57. Placid. gloss. V, 33, 10. u. Jahn Prolegg. ad Pers. p. XIX.

māgnaevus = ἀρχαιογέρων, **hochbetagt,** Gloss. II, 246, 33.

māgnālia, ium, *n.* (magnus), **große Dinge, -Werke,** Tert. ad uxor. 2, 7; adv. Marc. 1, 54. Vulg. act. apost. 2, 11 u. a. Eccl. CIL 6, 2158. Vgl. Placid. gloss. V, 31, 19.

māgnanimis, e (magnus u. animus), **hochherzig,** Tert. de patient. 12. Claud. Mam. de stat. anim. 1, 20 (Migne p. 722 liest zweimal magnanimus).

māgnanimitās, ātis, *f.* (magnanimus), die **Hochherzigkeit,** Cic. de off. 1, 152, oft b. Sen. u. a.

māgnanimiter, *Adv.* (magnanimus), **hochherzig,** Lact. ad Stat. Theb. 11, 4. Cassian. inst. 7, 31 u. a. Eccl.

māgnanimus, a, um (magnus u. animus), **hochherzig, mutig,** v. Pers., Cic. u. a.: factum, Gell. – ► Genet. Plur. magnanimûm, Verg. georg. 4, 476; Aen. 3, 704. Stat. silv. 5, 3, 10. Cornif. Sev. poët. bei Sen. suas. 6, 26.

māgnārius, a, um (magnus), **zum Großen (Großhandel) gehörig,** negotiator, Großhändler, Apul. met. 1. c. 5: pistor, als Grossist, CIL 6, 9810. – subst., māgnāriī, ōrum, *m.*, **Großhändler,** corpus magnariorum, CIL 6, 1696. lin. 13/14: corpus coriariorum magnariorum solieariorum, CIL 6, 1117.

māgnātēs, ium, *m.* (magnus) = μεγιστᾶνες, die **Großen,** die **Häuptlinge** eines Volkes, Vulg. Iudith 5, 26 u. Sirach 33, 19. Amm. 31, 15, 10.

māgnātus, ī, *m.* (magnus), ein **Großer,** ein **Häuptling** eines Volkes, Sing., Vulg. Sirach 4, 7: Plur., *ibid.* 8, 10; 11, 1 u. a.

māgnē, *Adv.* (magnus), **groß, hochherzig,** Cledon. 63, 19 K. Augustin. de civ. dei 1, 22, 1.

Māgnēs, ētis, *m.*, der **Magnesier** u. der **Magnet,** s. Māgnēsia.

Māgnēsia, ae, *f.* (Μαγνησία), **I** ein fruchtbarer Küstenstrich außerhalb des Pelion am Ägäischen Meer, später zu Thessalien gerechnet, Liv. 42, 54, 10 u. s. – **II** Stadt in Karien, am Mäander, j. *Inek-bazar,* Liv. 37, 45, 1. Nep. Them. 10, 2 u. 4. – **III** Stadt in Lydien am Berg Sipylus, j. *Manissa,* Liv. 36, 43, 9. – Dav.: **1** **Māgnēs**, ētis, Akk. ēta, *m.* (Μάγνης), **magnesisch,** subst. der **Magnesier,** Cic.: M. campus, Val. Flacc. – insbes. lapis Magnes od. bl. Magnes, der **Magnetstein, Magnet,** Cic. u. Plin. (Plin. unterscheidet einen männlichen und einen weiblichen, wovon letzterer unser »Braunstein« ist). – Plur. subst., Māgnētes, ium, Akk. as, *m.* (Μάγνητες), die Einw. von Magnesia (sowohl der Landschaft als der Städte, s. oben), die **Magnesier,** Liv., Ov. u. Tac. – **2** **Māgnēsius** (Māgnēsus), a, um (Μαγνήσιος), **magnesisch,** saxum, der Magnet, Lucr. 6, 1062. – **3** **Māgnēssa**, ae, *f.* (Μάγνησσα), die **Magnesierin,** Hor. carm. 3, 7, 18. – **4** **Māgnētarchēs**, ae, Akk. ēn, *m.* (Μαγνητάρχης), die **höchste Obrigkeit der Magnesier** (in Thessalien), Liv. 35, 31, 11 u. 35, 39, 6. – **5** **Māgnēticus**, a, um (Μαγνητικός), **magnesisch,** gemma, Claud. de Magnet. 26. – **6** **Māgnētis**, idis, Akk. ida, *f.* (Μαγνῆτις), **magnesisch,** Argo, nach der Sage zu Pagasä in Magnesien erbaut und bei Aphetä ins Meer gelassen, Ov. her. 12, 9. – **7** **Māgnēsiānī**, ōrum, *m.*, die Einw. von Magnesia (*no.* II), die **Magnesianer,** Hieron. catal. scriptt. eccl. (de Ignatio).

Māgnēticus, s. Māgnēsia.

Māgnī Campī, ōrum, *m.* (τὰ μεγάλα πεδία), ein Ort in Afrika bei Utika, Liv. 30, 8, 3.

māgniciēs, s. māgnitiēs.

māgnidicus, a, um (magnus u. dico), **großsprecherisch,** v. Pers., Plaut. mil. 923. Amm. 23, 6, 80: mendacia. Plaut. rud. 515.

māgnificātio, ōnis, *f.* (magnifico), die **Erhebung,** Macr. sat. 5, 13, 41.

māgnificē, *Compar.* **māgnificentius**, *Superl.* **māgnificentissimē**, *Adv.* (magnificus), **großartig, a** im Aufwand = **mit großem Aufwand, mit Pracht, -Glanz, herrlich, prächtig,** convivium ornare, Cic.: habitare, Cic.: vivere, Cic.: donare alqm, Nep. – **b** durch Taten = **herrlich, rühmlich,** vincere, Cic.: consulatum magnificentissime atque optime gerere, Cic. – **c** in Worten u. im Benehmen, **pathetisch, mit großem Aufwand von Worten,** loqui, Tibull.: collaudare alqm, Liv. – im üblen Sinne, **mit Prunk, hochfahrend, hochtrabend,** loqui de bello, Sall.: iactare se, Rhet. Her.: se efferre, Ter.: incedere, Liv. – **d** im Empfinden und Streben, **großartig, hochherzig,** omnia excelsius magnificentiusque et dicet et sentiet, Cic.: eas ipsas virtutes magnificentius appetere et ardentius, Cic. – **e** in der Wirkung, **herrlich, köstlich,** prodesse ad tussim, Plin.: siccae ficus gutturi et faucibus m. utiles, Plin.

māgnificenter, *Adv.* (magnificus) = magnifice, **großartig, prächtig,** oppidum m. aedificatum et eleganter, Vitr.: m. opus perfectum, Vitr. – ► *Compar.* magnificentius u. *Superl.* magnificentissime, s. māgnificē.

māgnificentia, ae, *f.* (magnificus), der **edle Charakter,** den man in Denk- und Handlungsweise zeigt, s. Cic. de inv. 2, 163. – dah. **I** v. Pers.: **1** die **Hoheit** in Tat od. Gesinnung, die **hochherzige Denkungsart, Hochherzigkeit,** Cic. de off. 1, 72 (als Wechselbegr. von magnitudo animi); de lege agr. 2, 22. – im üblen Sinne, das **Hochtrabende,** das **Großtun** (die **Großtuerei)** in Worten und Werken, die **Großsprecherei,** Ter. u. Cic. fr.: composita in magnificentiam oratio, eine hochtrabende, geschraubte Rede, Tac. – **2** die Pracht u. der Prunk, die jmd. im Aufwand zeigt, die **Prachtliebe,** odit populus Romanus privatam luxuriam (Prunkliebe), publicam magnificentiam diligit, Cic.: publicam magnificentiam privata luxuria secuta est, Vell. – **3** die **künstlerische Größe, hohe Kunstfertigkeit,** Plin. 36, 19. – **II** übtr., v. lebl. u. abstr. Ggstdn., die **Großartigkeit, großartige Austattung,** die **Pracht, Kostbarkeit** von Gebäuden, Veranstaltungen u. a.: cavendum est si aedifices, ne extra modum sumptu et magnificentiā prodeas, Cic.: studio magnificentiae prolabi, Tac. – mit *Genet.*, opus vel in hac magnificentia urbis conspiciendum, Liv.: exhaustus magnificentiā publicorum operum, Liv.: u. so m. villarum, Cic.: epularum, Cic. – liberalitatis, Cic.: spiritus (beim Dichter), Quint. – insbes., magnificentia verborum u. bl. magnificentia, das **Pathetische** des Ausdrucks, das **Pathos** (griech. μεγαλοπρέπεια), im guten u. üblen Sinne, Cic. u. Quint.; vgl. Quint. 4, 2, 61.

māgnifico, āre (magnificus), **I hochhalten, hochschätzen,** alqm, Plaut. Men. 371 u. a. Ter. Hec. 260 u. Eccl. – **II** übtr., **rühmen, erheben,** alqm, Plin. 35, 155; 36, 41 u. Eccl.: alqd, Rhet. Her. 3, 8. Plin. 17, 50 u. Eccl.

māgnificus, a, um, *Compar.* **māgnificentior,** *Superl.* **māgnificentissimus** (magnus u. facio), sich groß zeigend, **großartig, I** v. Menschen: **a** im Aufwand, im Entfalten des Reichtums **großartig, prachtliebend,** Nep.: praelauti magnificique (Ggstz. sordidi ac deparci), Suet.: in suppliciis deorum *magnifici,* domi *parci,* Sall.: facio me magnificum, zu einem stattlichen Herrn, Plaut.: Rhodiorum civitas magna atque magnifica, großer u. großmächtiger, Sall. – **b** durch Taten und Tatenruhm, Ansehen nach außen **glänzend,** vir factis magnificus, Liv.: uterque editis operibus magnificus, Val. Max. – **c** mit Worten u. im Benehmen = **hochfahrend, großtuend,** sich **brüstend** (griech. σεμνός), miles, Plaut.: adhortator, Liv.: Iugurtha magnificus ex Auli socordia, Sall.; vgl. Fabri Sall. Iug. 55, 1. – **d** von Charakter **hochherzig, hochsinnig,** animo magnificentior, Iustin.: animo excelso magnificoque, Cic. – **II** übtr., v. lebl. u. abstr. Gegenständen: **a** übh. **großartig, ansehnlich, prächtig, glänzend,** villa, Cic.: apparatus, Cic.: cena, Ampel.: vestes, Firm.: funus, Caes. – quantum aut quam magnificum imperium populi Romani sit, Sall.: largitio in (für) publicum magnifica, Tac. – **b** durch Taten **glänzend,** aedilitas, Cic. – **c** in Worten und Gedanken = **erhaben, pathetisch,** magnificum u. magnificentius dicendi genus, Cic. – im üblen Sinne, **hochfahrend, prahlerisch, großtuend, lobhudelnd,** verba, Ter.: alia magnifica pro se et illis dolentia, Sall.: edicta in populum pro Vespasiano magnifica, probrosa adversus Vitellium iecerat, Tac.: subst., māgnifica, ōrum, *n.* = hochfahrende Reden, Sall. – **d** dem Charakter nach = **herrlich, glänzend, rühmlich,** factum, Nep.: res gestae, Sall.: magnificentissimum decretum, Cic. – magnificum illud etiam, m. folg. *ut* u. Konj., Cic. de div. 2, 5. – pro magnifico accipiebatur m. folg. *Infin.*, wurde für etwas Großes (eine große Ehre gehalten), Tac. ann. 6, 8. – magnificum (est) m. folg. *Infin.*, largiri honores, Auson. grat. act V. 71. p. 28, 13 Schenkl. – **e** der Wirkung nach = **herrlich, vorzüglich,** v. Heilmitteln, laser magnificum in usu et medicamentis, Plin.: myriophyllon magnifici usus ad vulnera, Plin. – ► Regelm., aber veralteter *Compar.* magnificior, nach Fest. 154 (a), 28, u. *Superl.* magnificissimus, Acc. didasc. fr. b. Prisc. 3, 14. Paul. ex Fest. 151, 7.

māgnilocus, s. māgniloquus.

māgniloquāx, ācis = μεγαλόλαος, **großsprecherisch,** Gloss. II, 365, 52.

māgniloquentia, ae, *f.* (magniloquus), **I** das **Erhabene, Pathetische** des Ausdrucks, Homeri, Cic. ep. 13, 15, 2: hexametrorum, Cic. or. 191: Graecarum facundiarum, Gell. 3, 7, 1: dictorum, Iul. Val. 1, 38 (37). – **II** im üblen Sinne, das **Großsprechen,** die **Prahlerei,** alcis, Liv. 44, 15, 2. Schol. in Caes. Germ. Arat. 331. p. 413 E.: vestra, Gell. 1, 2, 6: adulatorum, Amm. 16, 12, 69.

māgniloquium, iī, *n.* (magniloquus), die **Großsprecherei, Prahlerei,** Itala 1. regg. 2, 3. Augustin. de civ. dei 17, 4, 3. p. 205, 21 D.[2] u. a. Eccl.

māgniloquus, a, um (magnus u. loquor), **I erhaben, -pathetisch** im Ausdruck, Stat. silv. 5, 3, 62. – **II** im üblen Sinne, **großsprecherisch, prahlerisch,** v. Pers., Tac. Agr. 27. Mart. 2, 43, 2. Vulg. Sophon. 3, 11: os, Ov. met. 8, 396: lingua, Vulg. psalm. 12, 4: flatus (Plur.), Stat. Theb. 3, 192.

māgnitās, ātis, *f.* (magnus), die **Größe,** Acc. tr. 248.

māgnitiēs, ēī, *f.* (magnus), die **Größe,** Auct. (Lact.) carm. de Phoen. 145.

māgnitūdo, inis, *f.* (magnus), die **Größe, I** eig.: **A** die mathematische: **1** die räumliche: **a** übh.: mundi, Cic.: fluminis, Caes.: ingens corporum, Caes.: silva magnitudinis infinitae, Caes.: signa (Götterbildsäulen) ingentis magnitudinis, Liv.: ingentis magnitudinis aper, Val. Max.: eximiae magnitudinis aper, Val. Max., iuvenis, Val. Max.: eximiā corporis magnitudine Gallus, Liv.: immanis magnitudinis hostis, Vell.: alii immani magnitudine simulacra habent, Caes.: immani corporum magnitudine homines efficit, Caes. – ad magnitudinem fabae etc., Cels., od. magnitudine ciceris etc., in der Größe einer usw., od. so groß wie eine usw., Plin. – Plur., magnitudines regionum, Cic.: magnitudines bestiarum excellentes, Gell.: magnitudines montium, Apul.: sidera magnitudinibus immensis, Cic. – **b** insbes., von angeschwollenen Gewässern, **hoher Stand, Höhe,** subita fluminis m., Cic.: annus insignis aquarum magnitudine, Liv. – **2** numerische **Stärke = große Menge,** copiarum, Nep.: aeris alieni, Cic. u. Sall.: pecuniae, Cic.: quaestus, Cic. – **3** dynamische **Größe, Stärke,** frigoris, Cic.: vocis, Umfang, Rhet. Her. – **B** übtr., v. der **Dauer** der Zeit, **Länge,** dierum ac noctium magnitudines, Plin. 36, 72. – **II** übtr.: **1 Größe, Bedeutenheit, a** übh.: beneficii, Cic.: rerum gestarum, Nep. – **b** insbes., **hohe Stellung** im Leben, **Würde, Bedeutung, Macht** u. **Ansehen,** Tac.: so auch m. rei publicae, Sall. – als Titel, **Hoheit,** magnitudo tua, Cassiod. var. 9,13, 1. Cod. Iust. 1, 27, 2. – **2 Größe = hoher** Grad, amoris, odii, Cic. – periculi, Cic.: supplicii, Caes. – ingenii, Geistesgröße, Cic.: consilii, hohe Einsicht, Cic.: animi, hochherzige Gesinnung, Seelengröße, hoher Mut, Cic. u. a.

māgnopere u. (bes. bei Cic.) getrennt **māgnō opere,** *Adv.* (magnus u. opus), eig. »mit großer Bemühung«, **I** eig., vom hohen Grade der Teilnahme = **von ganzer Seele, nachdrücklich, dringend, recht angelegentlich,** nihil mirari, Cic.: velle, expetere, desiderare, Cic.: alqm hortari, Cic., od. cohortari, Caes.: hoc m. orare, ut etc., Suet.: m. alci suadere, Liv.: m. providere, Cic., od. m. videre, Liv. – m. curare, Liv.: m. evocare, Cic. – getrennt, magnoque opere abs te peto, cures ut etc., Cic. ep. 13, 34: legatos ad Demosthenem venisse magnoque opere orasse, Gell. 8, 9, 1. – umgekehrt, vos omnes opere magno esse oratos volo, Plaut. Cas. prol. 21: opere magno edicite, Acc. tr. 508. – Im Komparativ v. magnus, quo maiore opere dico suadeoque, uti etc., Cato b. Gell. – Im Superlativ v. magnus, a te maximo opere … etiam atque etiam quaeso et peto, ut etc., Cic.: id maximo opere censeo perferendum, Cic.: maximopere indigne ferentes, Liv.: getrennt, maximo te orabat opere, Ter.: umgekehrt, opere maxumo, Plaut. mil. 75 u. Stich. 248. Ter. Phorm. 760. – **II** übtr., vom hohen Grade der Beschaffenheit = **im hohen Grade, sehr, ganz besonders, 1** übh.: m. perturbari, Caes.: haud m. plebem movere, Liv.: m. delectare, Cic. – m. prodesse, Plin. – m. pertinere ad etc., Cic. – m. iucundus, Cic. ad Att. 1, 8, 1: nihil m. ad patrum aut plebis causam inclinati, nicht sonderlich, Liv. – **2** mit der Negation **oft = nicht er-**

heblich, nicht eben sehr, nicht eben groß, nicht leicht, non magno opere laboro, quorsum etc., ich bekümmere mich nicht eben sehr usw., Cic.: non m. quaeretis, nicht eben groß fragen usw., Cic.: ut mihi ... dicendum nihil m. videatur, nicht eben etwas, nichts Erhebliches, Cic.: ut nunc est, nulla m. exspectatio est, eben keine große, erhebliche, Cael. in Cic. ep.: nullā m. clade acceptā, keine erhebliche, Liv.: est autem in officio adhuc Orpheus, praeterea m. nemo, nicht leicht jemand, Cic.: quia nemo m. eminebat in novo populo, nicht leicht jemand hervortrat, Liv. – ► Wegen der Schreibung magnopere u. magno opere ist zu bemerken, dass im Plaut., Caes. u. Liv. die Form magnopere, im Ter., Cic. u. Plin. nat. hist. die Form magno opere nach den besten Hdschrn. aufgenommen worden ist.

māgnus, a, um (altind. *mahánt-,* griech. μέγας, gotisch *mikils,* ahd. *mihhil*), *Compar.* **māior,** us, *Superl.* **māximus** (māxumus), a, um, **groß** (Ggstz. parvus, parvulus, exiguus, minutus, minusculus), **I** eig.: **1** von räuml. Größe, **a** **groß = weit, hoch, lang,** insula, Cic.: mare (vgl. *no.* b), Sall.: maximum flumen, Curt. – navis magna (Ggstz. parva), Hor.: m. et pulchra domus, Cic.: oppidum maximum, Caes. – litterae (Buchstaben) maximae, Cic.: epistula maxima (Ggstz. minuscula, Cic. – quercus, hohe, Enn.: mons, Catull.: acervus, Cic. u. Verg. – magni membrorum artus, magna ossa, Verg.: magni crines, Spart.: capillus et barba magna, Varro: capillatior quam ante et barbā maiore, Cic.: maximā barbā et capillo, Cic. – nequam et m. homo, langer Mensch (Kerl), Lucil. 1221; vgl. im Doppelsinne qui scribis Priami proelia, m. homo es, Mart.: magnum me faciam, ich will mich groß machen, mich strecken, Plaut.: elephanti flumen transituri minimos antemittunt, ne maiorum ingressu alveum atterant, Solin. – m. *Infin.,* maior videri, stattlicher anzuschauen (= ein höheres Wesen), Verg. Aen. 6, 49. – subst., incensae urbis in maius restitutio, Wiederaufbau u. Vergrößerung, Iustin.: reficere in melius et in maius, verbessern (verschönern) u. vergrößern, Plin. ep. – **b** insbes., von angeschwollenen Gewässern, **groß = hoch, hochgehend,** aquae magnae bis eo anno fuerunt, Liv.: mare (μεγάλη θάλαττα), Lucr. u. Sall. (vgl. oben *no.* a). – magnus fluens Nilus, Verg. georg. 3, 28: u. so prout ille (Nilus) magnus influxit aut parcior, Sen. nat. qu. 4, 2, 2 (vgl. Thuc. 2, 5, 2 ὁ Ἀσωπὸς ποταμὸς ἐρρύη μέγας).

2 v. numerischer Größe, **a** = der Zahl, Menge, numerischen Stärke, dem Gewicht nach **groß, bedeutend beträchtlich,** bei Kollektiven auch = **viel, zahlreich,** frumenti magnus, maximus numerus, Caes. u. Cic., quam maximus numerus, Caes.: copia pabuli, Caes.: pecunia, Nep.: maiore pecuniā opus erat, Liv.: pecunia mutua, Cic.: magnas pecunias in provincia collocatas habere, Cic.: maximum pondus auri, magnum numerum frumenti, vim mellis maximam exportasse, Cic. – multitudo peditatus, Caes.: populus, Verg. u. Plin. ep.: magno cum comitatu, Caes.: parato magno potius quam ingenti exercitu, Vopisc.: maior frequentiorque legatio, Liv.: pars, ein großer Teil, d. i. sehr viele, Cic.: magnā parte veterum militum dimissā, Liv.: maior pars, Caes.: maxima pars hominum, Hor.: dah. magnā parte, großenteils, maximā parte, größtenteils, Sall. u. Liv.: so auch magnam u. maximam partem, Cic. u. Caes. – *Genet.* subst., magni, **um vieles, viel,** magni refert, Lucr.: magni interest, Cic. – **b** v. numerischen Wert = **hoch, bedeutend, erheblich, beträchtlich, kostspielig, kostbar,** ornatus muliebris pretii maioris, Cic.: operibus pretium maius invenire, Phaedr.: hominem maximi pretii esse, viel Geld wert, d. i. sehr brauchbar, Ter. – quaestus magnus et evidens (Ggstz. qu. minimus et sordidus), Auct. b. Alex.: magna munera et maiora promissa, Sall.: cultus maior censu, Hor.: cultus maximi, Flor. – dah. der *Abl.* u. *Genet.* magno u. magni als Bestimmung des Wertes, **hoch, teuer** (sehr selten maioris, **höher, teuerer,** maximi, **am höchsten, sehr hoch,** wofür gew. pluris u. plurimi stehen), magno emere, vendere, conducere, Cic.: magno constare, Plin. ep.: magno (*sc.* constat) hospitium miserabile, Iuven.: magno illi stetit victoria, übtr. = kam ihm teuer zu stehen, kostete viel Blut, Liv.: multo maioris alapae mecum veneunt, Phaedr. – v. inneren Wert, magni aestimare, **α** = hochschätzen, Cic.: häufiger magno aestimare, Cic. u. a. **β** = für von hohem Wert-, für wichtig halten, Flor.: so auch magni existimare, Nep.: magni, maximi facere, Komik., Cic. u. a. – magni esse, **αα** = viel gelten, apud alqm, Cic. **ββ** von hohem Wert-, von Wichtigkeit sein, Nep. **3** v. dynamischer Größe, **a** v. Naturkräften, **stark, heftig,** vis solis, Lucr.: ventus, Plaut.: flatus (ventorum) maiore illati pondere incursuque, Plin. – **b** v. Eindrücken auf das Gehör, **groß = stark, laut,** vox (Ggstz. parva, schwache), Cic.: clamor, Cic.: stridor, murmur, Verg.: maior sonus, Curt. – poet. *neutr. Sing.* adverb., magnum clamare, laut rufen, Plaut.: magnum sonare, Mela: magna sonare, Acc. fr.: exclamare maius, Cic. Tusc. 2, 56: maximum exclamare, Plaut.

II übtr.: **A** v. der Größe der Zeit: **1** von der Zeitdauer, **groß, beträchtlich** (an Zahl der Tage; Ggstz. brevis) = **lang,** annus, Verg.: anni, Lucr.: menses, Verg. – insbes., annus, das große Weltjahr, Cic. de nat. deor. 2, 51 u. Cic. fr. b. Tac. dial. 16. – magno tempore, in langer Zeit, Petron. u. Iustin.: magno post tempore, nach langer Zeit, Iustin.

2 vom früheren, höheren Alter: **a** **früh, hoch,** cum esset magno natu, von hohem Alter, bejahrt, Nep.: magno natu principes, Liv.: filius maximo natu, Nep. – maior patria, das frühere, ältere Vaterland, von Karthago = die Mutterstadt, Curt. 4, 3 (15), 22. – **b** insbes., v. Pers., im *Compar.* u. *Superl.,* mit u. ohne natu od. annis, der **ältere,** der **älteste,** **α** v. Lebensalter: maior natu (Ggstz. aequalis, gleichalterig), Suet.: natu maior frater, Cic.: maximus natu e filiis, Liv.: una e multis, maxima natu, Pyrgo, Verg.: ebenso maior, maximus aevo, Ov. – virgo *minor* quam annos sex, *maior* quam annos decem nata, Gell.: liberi maiores iam quindecim annos nati, Liv.: u. ohne *quam* annos natus maior quadraginta, Cic.: non maior quinquaginta annis, Liv.: ne sint (feminae equi) minores trimae, maiores decem annorum, Varro: obsides non minores octonum denum annorum, neu maiores quinum quadragenum, Liv. Vgl. Weißenb. Liv. 38, 38, 15. – annos nata est sedecim, non maior, nicht älter, nicht drüber, Ter. – versch. bei Angabe des Unterschieds des Alters, biennio quam nos fortasse maior, Cic. – absol., frater maior, Ter.: ex duobus filiis maior, Caes.: Ser. Sulpicio maior (filia), minor Licinio Stoloni (nupta) erat, Liv.: maior Neronum, Hor.: sororum maxima, Ov.: maior erus, der alte Herr, Hausherr, der Alte (Ggstz. minor e.), Plaut.: Gelo maximus stirpis, Liv.: virgo Vestalis maxima u. virgo maxima, s. Vestālis u. virgo. – subst., maior, *f.,* eine **Ältere,** ut nubere vellet maior iuniori (einen Jüngeren), Apul. apol. 27. – maiores natu, die älteren Leute, die Alten, Cic. u. a., u. insbes., die Alten = der Senat, Liv. – auch bl. maiores = die Älteren, die Alten, Hor.: u. die Erwachsenen (Ggstz. pueri), Varro LL. 9, 16. – als jurist. *t. t.,* maior, mündig, der Mündige (Ggstz. minor), ICt. – bei Ausdrücken der Verwandtschaft bezeichnet magnus den vierten, maior den fünften u. maximus den sechsten Grad, wie avunculus magnus, maior, maximus, s. avunculus, amita u. dgl. – **β** v. Zeitalter: Cyrus maior, Lact. 4, 5, 7: quaerere, uter maior aetate fuerit, Homerus an Hesiodus, non magis ad rem pertinet quam scire, cum minor Hecuba fuerit quam Helena, quare tam male tulerit aetatem, Sen. ep. 88, 6. – bes. subst., maiores, die **Vorfahren, Ahnen,** Cic. u. a.: u. dass. maiores natu, Nep.: maiores auch von **einem** Vorfahren, Ahnen, Varro r. r. (v. Stolo) u. Cic. (v. Appius).

B von Umfang, Bedeutung, Geltung, Wichtigkeit menschlicher Verhältnisse aller Art = **groß, bedeutend, beträchtlich, ansehnlich, wichtig,** oft wie **bedeutend,** mit dem Nbbegr. des Schwierigen, Gefahrvollen (Ggstz. parvus), **1** im Allg.: magni u. maximi ludi, die großen, die ältesten Spiele in Rom, jährlich am 7. Sept. gefeiert, Cic. – mercatura, ein großer, ausgebreiteter Handel (Ggstz. m. tenuis), Cic.: magna et ampla negotia, Cic.: magnae parvaeque res (Taten), Enn.: magnae res (Angelegenheiten), Tac.: maiores res appetere, nach höheren Dingen streben, Nep. – testimonium, ein ansehnliches, ehrenvolles, Cic.: causa, Cic.: magnae et graves causae, Plin. ep.: iudicium, Cic.: magno casu accĭdit, durch einen wichtigen Umstand,

besonderen Glücksfall, Caes.: ebenso magnae fuit fortunae, Caes.: aber saepe parvis momentis magni casus intercedunt, bedeutende Wechselfälle des Glücks, Caes.: ebenso res magnum habet casum (Risiko), Planc. in Cic. ep. – m. dem Nbbgr. des Schwierigen, magnum opus et arduum, Cic.; vgl. id magnum et arduum est, Cic.; u. quod eo maius est illi (schwieriger für ihn), Cic.: magnum quoddam est onus atque munus, Cic.: bellum m. atque difficile, m. et atrox, Cic. u. Sall. – v. wichtigen u. gefahrvollen Zeiten, **dringend,** rei publicae magnum aliquod tempus, Cic.: maxima rei publicae tempora, die Zeiten der dringendsten Gefahr, griech. μέγιστοι καιροί, Cic. – magnum est (es ist eine große, schwierige Aufgabe, es gehört viel dazu) m. *Infin.,* z. B. magnum est efficere, ut quis intellegat, quid sit illud verum, Cic. Acad. 1, 7: eicere nos *magnum fuit,* excludere *facile est,* Cic. ep. 14, 3, 2: so auch quod si magnum putarem caducum deicere, Apul. apol. 35. p. 56, 1 Kr. – m. 2. *Supin.,* haud magna memoratu res est, Liv. 38, 29, 3. – parenthet., quod maius est, was noch mehr sagen will, Cic.: ebenso quod maximum est, Plaut. – *neutr. pl.* subst., magna curant di, parva neglegunt, Cic.: ut alia magna et egregia tua omittam, Sall.: u. im *Compar.,* multo maiora et meliora fecit, Cic.: maiora concupiscere, zu hoch hinauswollen, Nep.: maiora moliri in urbe, Suet.: im *Superl.,* illa maxima atque amplissima, Cic. – poet v. Jahr u. den Jahreszeiten, **bedeutend** dem Ertrag nach, **sehr fruchtbar,** annus, Stat. u. Lucan.: maior autumnus, Mart.
2 v. der Größe der menschl. Stellung, **a** der Macht, dem Vermögen nach **groß, hochstehend, angesehen, mächtig, reich,** maior invidiā, über den Neid erhaben, Hor.: maior reprensis, über die Getadelten erhaben, Hor. – v. mächtigen Personen u. Staaten, propter summam nobilitatem et singularem potentiam magnus erat, Cic.: potentior et maior, im Besitz von mehr Macht u. Ansehen, Nep.: m. adiutor, Hor.: Iuppiter, manus Iovis, Hor.: Iuppiter optimus maximus (der allmächtige), Cic.: praetor maximus (in den ältesten Zeiten = Diktator), Liv.: sacerdos, der ehrwürdige, Verg.: tellure marique magnus, Hor.: homo summae potentiae et magnae cognationis, Caes.: civitas magna atque opulenta, oppidum m. atque valens, Sall.: maximam hanc rem (Staat) fecerunt, Liv. – v. Vornehmen u. Reichen, magni pueri magnis e centurionibus orti, Hor.: m. pater, eques, Hor. – subst., nulla aut magno aut parvo fuga leti, Hor.: cum magnis vixisse, Hor.: maiorum fames, Hor.: Ggstz., adversus *minores* humanitas, adversus *maiores* reverentia, Sen.: maximi imique, die Höchsten u. Niedrigsten, Sen. – **b** dem Talent, der Geschicklichkeit, den Verdiensten nach, **α groß, angesehen, achtungswert, geschickt** u. dgl., o magnum hominem! Cic.: nemo vir magnus sine aliquo afflatu divino umquam fuit, Cic.: magnus hoc bello Themistocles fuit, nec minor in pace, Nep.: oft verb. magnus et clarus, clarus et magnus, Cic. u. a. (s. Fabri Sall. Cat. 53, 2). – als Beiname, Pompeius Magnus, Alexander Magnus, Cic. u. a.: Plur., Magnos et Felices et Augustos diximus, wir haben den einen den Großen, den anderen den Glücklichen, den dritten den Erlauchten genannt, Sen. de clem. 1, 14, 2. – **β** im üblen Sinne, **groß** in Verschlagenheit usw., **durchtrieben,** fur, Cic.: nebulo, Ter. – prägn. = **zu groß,** Alexander orbi (für den Erdkreis) magnus est, Alexandro orbis angustus (zu eng), Sen. suas. 1, 3.
3 von intensiver Stärke: **a** menschlicher Lebens- und Gemütszustände, **groß, gewaltig, auffallend, schwer, stark, heftig, arg,** labor, Hor.: morbus, Cels.: morbus maior, die größere, gewaltigere (v. der Epilepsie), Cels. (vgl. Apul. apol. 50): periculum, Caes.: gratia, Caes. (vgl. gratia). – infamia, Cic.: opprobrium, Hor.: magno sit animo (Mut), Caes.; vgl. corpore maior spiritus (Mut) et incessus, Hor.: virtus, Caes.: multo maior alacritas studiumque pugnandi, Caes.: maiore eloquentiā, gravitate, studio, contentione, Cic. – spes, Nep.: gaudium, Sall.: voluptas, Ter.: dolor, Caes. – vitium, peccatum, Hor.: adulteria, inimicitiae, auffallende, Aufsehen erregende, Tac. (s. Heräus Tac. hist. 1, 2, 11): maius malum est hoc, Sen. – *Compar.* subst., nihil maius minari posse, quam etc., nichts Schlimmeres, Sen. – bes. in maius, **ins zu Große = größer, als es ist, als nötig ist, vergrößernd, übertrieben, übermäßig,** bei den Verben extollere (verbis), celebrare, componere u. a., b. Sall., Liv., Hor. u. a. (s. Fabri Sall. Iug. 73, 5 u. Liv. 21, 32, 7): so auch in maius ferri, nuntiari, vergrößert, übertrieben werden, Liv. u. Tac.: in maius credi, für schlimmer, ärger gehalten werden, Tac.: in maius augere desiderium, Iustin. – **b** des Ausdrucks, **stark, gewaltig, übertrieben,** verba magna, quae rei augendae causā conquirantur, Liv.: magnis sermonibus res secundas celebrare, d. i. viel Redens und Aufhebens machen von usw., Liv.: magnae minae, Cic.: magna illa consulum imperia, strenge, Sall.
4 von der Größe der Gesinnung, der Gemüts- und Denkart, **a** im guten Sinne, **groß, stark, hoch, hochherzig,** fuit et animo magno et corpore, Nep.: animo magno fortique sis, Cic.: quemquam stabili et firmo et magno animo (quem fortem virum dicimus) effici posse, Cic.; vgl. mens maior humanā, Sil.: magno pectore praesentit curas, Verg. – u. übtr., von der Person selbst, **groß, hochherzig, edel,** amice magne, Cur. in Cic. ep.: animo magnus, maior imperio, Plin.: quo quis maior, magis est placabilis irae, et faciles motus mens generosa capit, Ov.: vgl. nihil magno et praeclaro viro dignius placabilitate, Cic. – **b** im üblen Sinne, **hochfahrend, stolz,** omnibus nobis ut dant res sese, ita magni atque humiles sumus, Ter. – u. in Bezug auf die Rede, **groß = hochfahrend, großprahlerisch,** lingua (wie μεγάλη γλῶσσα), Hor.: magna verba (wie μεγάλοι λόγοι), Verg., Sen. u. a.: maxima verba, Prop. – dixerat ille aliquid magnum, hatte große Reden geführt, sehr geprahlt, Verg. – ebenso subst., magna loqui, magna magnifice loqui (wie μέγα εἰπεῖν, μέγα μυθεῖσθαι, μεγάλα λέγειν), Ov. u. Tibull.; vgl. Passerat. Prop. 2, 19, 71. Mitscherl. Hor. carm. 4, 6, 2. Broukh. Tibull. 2, 6, 11.
5 von der Größe der Geistesanlagen, **groß, hoch, erhaben,** ingenium, Cic.: indoles, Hor., Stat. u. a. (s. Markl. Stat. silv. 3, 3, 68. p. 279 *ed. Dresd.*).

Māgo, ōnis, *m.* (Μάγων), **I** ein karthagischer Feldherr um 530 v. Chr., Verfasser eines in punischer Sprache in 28 Büchern geschriebenen Werkes über die Landwirtschaft, das auch ins Lateinische übersetzt worden ist, Varro r. r. 1, 1, 10. Colum. 1, 1, 13. Cic. de or. 1, 249. – **II** ein Sohn Hamilkars des Älteren, Iustin. 18, 2, 1. – **III** jüngster Bruder Hannibals, Nep. Hann. 7, 4 u. 8, 2. Liv. 21, 47. § 4 u. 6. Aur. Vict. de vir. ill. 49. § 9.

magūdaris u. **magȳdaris,** Akk. im, *f.* (μαγύδαρις), der Stengel, nach einigen der Same, nach anderen der Saft der Pflanze *laserpitium,* Plaut. rud. 633. Plin. 19, 45. Vgl. Prisc. 7, 51 *extr.*

magulum, ī, *n.* (mala), das **Maul,** Schol. Iuven. 2, 16.

Māguntia, s. Mōgontiacum.

1. magus, a, um, **zauberisch, magisch,** ars, Ov. med. fac. 36: artes, Ov. am. 1, 8, 5: carmen, Sen. Herc. Oet. 467 (470).

2. magus, ī, *m.* (μάγος), ein Weiser u. Gelehrter bei den Persern, ein **Magier,** Cic. u. a.: als **Zauberer, Beschwörer,** Hor. u. Lucan.

magȳdaris, *f.,* s. magūdaris.

Maharbal (Maherbal), alis, *m.,* punischer Name, Befehlshaber der Reiterei Hannibals in der Schlacht bei Kannā, der diesem riet, sogleich nach der siegreichen Schlacht gegen Rom zu ziehen, Liv. 21, 12, 1; 22, 46, 7 u. ö.

maia, ae, *f.,* s. maea.

Māia, ae, *f.* (= die **Hehre,** v. maius, a, um), Tochter des Atlas und der Plejone, Mutter Merkurs, Cic. de nat. deor. 3, 56. Macr. sat. 1, 12. § 19; eine von den Plejaden, Cic. Arat. 36. Verg. georg. 1, 225: Maiā genitus, Merkur, Verg. Aen. 1, 297: ders. Maiā natus, Hor. sat. 2, 6, 5; u. Maiā creatus, Ov. met. 11, 303: Akk. Maiān, Ov. fast. 4, 174. – Dav. **Māiadēs,** ae, *m.,* der Sohn der Maja, der **Majade,** v. Merkur, Prisc. 2, 34 (ohne Beleg).

māiālis, is, *m.,* ein verschnittenes männliches Schwein, **Borgschwein,** Varro r. r. 2, 4, 21 u. a.: nunc tecum obsecro, ut mihi subvenias, ne ego maialis fuam, zum B. (d. i. kastriert) werde, Titin. com. 33. – als Schimpfwort, Cic. Pis. 19.

Māiesta, ae, *f.* = uxor Vulcani, Calp. Piso b. Macr. sat. 1, 12. § 18.

māiestās, ātis, *f.* (maius, a, um), **I Größe, Hoheit, Erhabenheit, Ehrwürdigkeit, Würde, Majestät** einer Gottheit od. hochgestellter Menschen, deorum, Cic.: divina, göttliche Majestät, Suet. – iudicum, Cic.: senatus, Liv. – patria, väterl. Autorität, Liv. – bes. die **Hoheit** od. **Majestät des Staates,** die entweder ein Monarch od. in einer Republik das Volk hat, regia, Caes.: ducis (des Kaisers), d. i. Se. Kaiserliche Majestät, Phaedr.: tua (zu Augustus), Hor.: capta (gefangene), eines Königs, Flor.: populi Romani, Cic.: maiestatem minuere, die Majestät des röm. Staates schmälern, die Hoheit, Ehre, Würde, das Ansehen des röm. Staates beeinträchtigen, Cic.: so auch deminutio maiestatis, Cic. – crimen maiestatis, der verletzten Majestät (Hoheit, Ehre, Würde, des Ansehens des röm. Volkes, während perduellio, Hochverrat, der die Existenz des Staates bedroht), Cic.: lex maiestatis, wegen der verletzten Majestät, Cic.: laesae maiestatis accusari, Sen.: maiestatis od. de maiestate damnari, maiestatis condemnari, Cic.: maiestatis reus, Suet.: videri maiestatem, als Hochverrat gelten, Tac.: iudicia maiestatis, Gerichte, die über Verbrechen gegen die Sicherheit od. Ehre (des röm. Volkes und später) des Kaisers urteilten, Suet. – **II** übtr., übh. **Ansehen, Würde, Vortrefflichkeit, Pracht,** matronarum, Liv.: boum, Varro. – loci, Liv.: quanta in oratione m., Cic. – poet., Tyria m., tyrische Purpurpracht, Claud. laud. Stil. 1, 80.

māior, māiōrēs, s. māgnus.

māiōrātus, Abl. ū, *m.* (maior), **der Stand eines Höheren,** das **Majorat** (Ggstz. minoratus), Probi app. 193, 20 K.

māiōriārius, iī, *m.* (maior), der **Obersteuerpächter,** CIL 9, 1095.

māiōrīnus, a, um (maior), **von der größeren Sorte,** olivae, Plin. 15, 15: pecunia, Cod. Theod. 9, 23, 1 (vgl. centenionalis).

Māiugena, ae, *m.* (Maia u. gigno), **Sohn der Maja,** d. i. Merkur, Mart. Cap. 1. § 92.

māiūma, ae, *f.* (Maius), großes Volksfest auf der Tiber, im Monat Mai, eine Art **Fischerstechen,** spät. ICt.

Māius, a, um (zu maior), deus Maius, verehrt als Beschützer des Wachstums, Macr. sat. 1, 12. § 17. – Dah. mensis Maius u. bl. Maius, der **Maimonat,** der **Mai,** mit mensis, Cic. u. a.: bl. Maius, Ov. – u. dav. wieder Maius, a, um, **zum Mai gehörig, des Mai,** Kalendae, Nonae, Idus, Cic. u. a.

māiusculus, a, um (*Demin.* v. maior), **I etwas größer,** quod vides accīdere pueris, hoc nobis quoque maiusculis pueris evenit, Sen. ep. 24, 13: folia sunt maiuscula quam hederae, Plin. 26, 30. – auch **etwas groß,** in aliqua maiuscula cura, Cic. ep. 9, 10, 3. – **II etwas älter,** Ter. eun. 527.

māla, ae, *f.* (aus *mand-slā, Kauwerkzeug, zu 2. mando), **I Kinnbacke, Kinnlade,** gew. im Plur., superius os malarum, Cels.: alqm malis mandare, Acc. tr. u. Lucr.: ambesas malis absumere mensas, Verg. der Tiere, leonis horribilis mala (Rachen), Hor. carm. 2, 19, 24: malas (boum) diducere, Colum.: increpuit malis, v. Hund, Verg. – **II** übtr., **Backe, Wange,** alterius malae obversio, Hieron. in Isai. 18, 66. *v.* 5: feri malam, ut ille, rursum, gib ihm wieder eine Backpfeife, Plaut. Cas. 407: quin pugnus in mala haereat, Ter. adelph. 171 L. – gew. im Plur., malae decentes (blühende), Hor.: impubes, Verg.: tenerae, Ov.: malae rubent, Cels.: mihi crepabunt manus, malae tibi, Plaut.: primā tectus lanugine malas, Ov.

mālabathron, ī, *n.*, s. mālobathron.

Malaca, ae, *f.* (Μάλακα), Stadt im bätischen Hispanien, j. *Malaga,* Mela 2, 6, 7 (2. § 94). Auct. b. Alex. 64, 3. Plin. 3, 8.

malachē, ēs, *f.* (μαλάχη) u. **molochē,** ēs, *f.* (μολόχη), eine Art **Malve,** Form *mal.* bei Varro LL. 5, 103. Plin. 20, 222. Ps. Apul. herb. 41: Form *mol.* bei Colum. poët. 10, 247 *ed. Schn.* (Vulg. malache): moloche u. malache agria, Eibisch, Plin. 20, 29. Ps. Apul. herb. 41.

malacia, ae, *f.*, **I Windstille** auf dem Meer, tanta subito malacia ac tranquillitas (Ruhe) exstitit, ut etc., Caes. b. G. 3, 15, 3: ubi per malaciam maris anguis proximum Aesculapii fanum petiit, Aur. Vict. de vir. ill. 22, 3. – im Bild, in otio inconcusso iacēre non est tranquillitas: malacia est, Sen. ep. 67, 14. – **II** (v. μαλακία), **gänzlicher Mangel an Appetit, Appetitlosigkeit, Ekel,** stomachi, Plin. 27, 48: absol., Plin. 23, 107.

malacisso, āre (μαλακίζω), **weich-, geschmeidig machen,** übtr., ah, nimium ferus es; malacissandus es, Plaut. Bacch. 73. Vgl. Cassiod. de orthogr. 154, 8 K. ›malacizo, malacisso‹.

malacticus, a, um (μαλακτικός), **erweichend,** Th. Prisc. de diaeta 15.

malaculus, a, um (*Demin.* v. malacus), **gar weich, gar zart,** corpusculum, Plaut. Cas. 843 *Leo.*

malacus, a, um (μαλακός), **I weich, zart,** corpusculum, Plaut. Cas. 843 *Schoell.*: pallium, Plaut. Bacch. 71 u. a. – bildl., **weichlich, üppig,** unctiones, Plaut.: aetas, Plaut.: moechus, Plaut.: subst., malaci, Enn. fr. var. 25. – **II** übtr., **gelenkig,** m. ad saltandum esse, Plaut. mil. 668.

malagma, atis, Dat. u. Abl. Plur. gew. atis, *n.* (μάλαγμα), ein **erweichendes Mittel,** ein **erweichender Umschlag,** Cels. 4, 6 (3). p. 128, 32 D. u. a. Colum. 6, 17, 5. Plin. 22, 117. Scrib. Larg. 255. Hieron. homil. 13, 1 (wo Abl. malagmatibus). Pelagon. veterin. 17 (269 *Ihm*). Salv. adv. avar. 1, 9, 46. – ► Heteroklit. malagma, ae, *f.*, Pelagon. veterin. 16 (256 *Ihm*) u. 23 (320 *Ihm*). Veget. mul. 3 (2), 48, 9 u. a.

malandriae, ārum, *f.* u. **malandria,** ōrum, *n.*, **Blasen (Blattern) am Hals,** viell. **Aussatz, Räude,** Form *-driae,* Plin. 24, 44 u. 26, 149. Marc. Emp. 34: Form *-dria,* Veget. mul. 3 (2), 42, 1.

malandriōsus, a, um (malandrium), **voller Blasen (Blattern) am Hals,** viell. **aussätzig, räudig,** Marc. Emp. 19.

malaxātio, ōnis, *f.* (malaxo), die **Erweichung,** Th. Prisc. 1, 28.

malaxo, āvī, ātum, āre (μαλάσσω, s. Varro LL. 6, 96), **weich-, geschmeidig machen,** malas, Laber. b. Gell. 16, 7. § 7: articulos, Sen. ep. 66, 53: ventrem, Plin. Val. 1, 8: panis aquā diu malaxatus, Isid. orig. 20, 2, 16: haec cum bene fuerint malaxata, impones, Th. Prisc. 4, 1.

malba, s. malva.

maldacon, ī, *n.*, das **Gummi aus dem Baum Bdellium,** Plin. 12, 35.

maldīco, s. male-dīco ►.

maldictum, s. maledictum ►.

male, *Adv.* (malus, a, um), *Compar.* **pēius,** *Superl.* **pessimē, schlecht, nicht recht, übel, schlimm** u. dgl. (Ggstz. bene), **I** eig.: **1** von phys. u. geistiger Beschaffenheit, vom phys. u. geistigen Befinden, Ergehen usw., male olere, v. Lebl. u. v. Pers., Cic. u. a.: m. vestitus, Cic. – m. loqui, Plaut.: m. dicere, Quint. (vgl. unten *no.* 2, a, β). – v. Befinden, animo m. est, **α** mir ist übel = nicht wohl, Plaut.; od. **β** es verdrießt mich, Ter. – animo m. fit, es wird mir schlimm, übel, unwohl, Plaut.: u. so animo m. factum est huic miserae, sie wurde unwohl, ohnmächtig, Plaut.: animo m. factum cum perhibetur, was man im gemeinen Leben Ohnmacht nennt, Lucr.: peius, pessime mihi erat, es war mir übler, unwohler, sehr übel, sehr unwohl, Ov. u. Plaut. – hoc m. habet animum, das verdrießt ihn, Ter. – v. Ergehen, male mihi esse malo quam molliter, ich will lieber schlecht leben als usw., Sen.: numquam tam male est Siculis, *quin* aliquid facete et commode dicant, Cic. Verr. 4, 95: m. sit Antonio! dem A. soll es schlimm ergehen! den A. soll der u. jener holen! (als Verwünschungsformel), Cic.: male mi (= mihi) sit, si umquam quicquam tam enitar, es gehe mir schlimm, der Henker soll mich holen, Cic. ep.: o factum m. de Alexione! Cic.: o factum m.! o miselle passer! Catull. – quod animum in metu m. habet, Lucr.: hunc homines male habent (spielen übel mit), illum di, Sen.: suppliciis m. haberi, übel mitgenommen werden, Caes.: agmen adversariorum m. habere et carpere, belästigen, Caes. – peius victoribus Sequanis quam Aeduis victis accīdisse, sei schlimmer ergangen, Caes. – m. audire, in schlechtem Ruf stehen, Cic.

2 vom Verfahren u. Verhalten, **nicht recht, verkehrt, schlimm, übel,** **a** im Allg.: m. agere, einen verkehrten Weg (bei der Klage) einschlagen, Cic. (versch. v. *no.* d unten): ebenso m. sponsionem facere, Cic.: ante actis male credere, misstrauen, Ov. (versch. von *no.* b). – alci m. facere, Übles, Böses zufügen, Plaut. u. Cic., od. unrecht tun, Cic. – alqm m. accipere, jmd. übel empfangen, **α** im Allg., verbis, Cic. **β** im Krieg, hart mitnehmen, Nep.: in oppugnando, Lentul. b. Cic. – m. loqui, nachteilig reden, Cic.: alci m. loqui, schmähen, lästern, Plaut.: m. loqui de alqo, von jmd. schlecht (nachteilig) sprechen, Suet.: quid mali facio, cui m. dico? Plaut. (vgl. maledico bes.). – male, peius consulere alci, Nep., pessime consulere in alqm, Ter. – m. mereri de etc., s. mereo *no.* II, B: pessime agitur cum alqo, es ist jmd. übel, schlimm daran, Cic.

b in Bezug auf den Erfolg, **α übel, mit üblem Erfolg, ungünstig, unglücklich, zum Unglück, zum Nachteil, zum Verderben,** m. rem od. negotium gerere, s. 1. gero *no.* I, B, 2. – m. impendĕre, zum Nachteil des Hauswesens Aufwand machen, Petron. – m. pugnare, Sall. u. Liv.: m. adversus Lusitanos pugnare, Liv. epit.: m. vivere, ärmlich (Ggstz. recte vivere), Cic. u. Hor.: m. mori, schmerzvoll sterben, Plin. ep.: fungis m. creditur, Hor.: m. (zu seinem Unglück) credere hosti, Ov. (versch. von *no.* 2, a): m. credam, et credam tamen, Plaut. – naves errabundae m. vagabantur, Auct. b. Afr.: m. nobile lignum, zum Verderben der Römer, Petron. – suos labores et apparatus m. cecĭdisse, Cic.: quae res m. tibi vertat, Ter. – dah. insbes. beim Handel **sich zum Nachteil,** bei Verben des Kaufens, Dingens = **teuer,** m. emere, redimere, Cic.: m. conducere, conciliare, Plaut.: u. bei Verben des Verkaufens = **wohlfeil,** m. vendere, Cic. – **β ohne Erfolg, erfolglos, vergeblich,** m. custodita poma, Ov.: ter m. sublato ense, Ov.

c in Bezug auf Ort u. Zeit, **am unrechten Ort, zur unrechten Zeit,** m. si palpere, Hor.: m. salsus (witzig), Hor.: so male dicax, Plaut. u. Macr.: m. feriati Troes, Hor.: m. sedulus, Ov.: m. sollers, Amm.

d v. Denkart u. Gesinnung, **übel, schlimm,** d. i. **schurkisch, treulos,** m. agere fraudareque, Cic.: male corde consultare, bene linguā loqui, Plaut.: Carthago iam diu m. cogitans, Böses im Schilde führend, Cic. – od. **nachteilig, ungünstig,** m. cogitare de alqo, Cael. in Cic. ep.: m. sentire, Cic.: pessime sentire de re publica (Ggstz. optime sentire), Cic.: m. existimare de alqo, Nep. u. Sen.: m. opinari de alqo, Suet. – alci m. velle, übelwollen, Plaut. – m. interpretari beneficium fortunae, ungünstig, Sen.

II übtr., vom Maße und Grade: **1** vom hohen Maße u. Grade = **arg, tüchtig, derb, sehr, α** bei Verben: alqm m. mulcare, s. mulco: m. tussire, einen schlimmen Husten haben: animo male fracto, ganz sinnlos, betäubt, Suet.: m. nocent, Ov. – bei Verben des Affekts = **arg, heftig,** male od. pessime metuere, Plaut.: m. timere, Ter.: m. odisse, Caes. in Cic. ep.: peius odisse quam etc., Plaut. u. Cic.: vitare cane peius et angue, Hor. – **β** bei Adjj. (s. Orelli Hor. carm. 1, 17, 25) = **sehr, ganz,** insulsa m. et molesta, Catull.: m. raucus, Hor.: m. dispar, Hor.

2 vom fehlerhaften Zuviel oder Zuwenig, dem Maße u. Grade nach: **a** vom zu hohen Maße u. Grade, **schlimm = allzu, nur zu sehr, unmäßig,** m. laxus, Hor.: m. parvus, Hor.: m. superbus, Hor.: m. dicax, schmähsüchtig, Plaut.: m. pertinax studium vincendi, Prud. – **b** vom zu niederen = **nicht recht, nicht gehörig, nicht genug, nicht eben sehr, nur schwach, kaum, nur noch, kaum noch, α** bei Verben: scuta m. tegebant Gallos, Liv.: m. haerere, Liv.: m. sustinere arma, Liv.: m. parēre, Sen. – **β** bei Partizpp. u. Adjj. (vgl. Weißenb. Liv. 35, 49, 10): ossa m. tecta, Ov.: m. densatus agger, nicht dicht genug angelegter, Liv.: duae m. plenae legiunculae, nicht recht vollzählige, Liv.: m. praecinctus puer, zu locker, Sulla b. Suet.: m. percepti fructus, im geringen Maße (Ggstz. ubertas percipiendis frugibus), Cic. – digitus m. pertinax, nicht eben sehr sich sträubend, Hor. – m. viva caro, Ov.: m. fortes undae, Ov. – dah. zur Bezeichnung des Gegenteils, unser **un-,** m. sanus, unklug, nicht recht gescheit, beschränkt, der Überlegung beraubt, Cic. u. Sen., schwermütig, Verg.: m. fidus, unzuverlässig, Verg. u. Tac.; vgl. malefidus: m. gratus, undankbar, Ov.: m. parens, m. parentes, ungehorsam, Hor. u. Sen. – od. des nur Scheinbaren, **nur zum Schein,** m. dormiens, m. repugnans, Petron.: m. laeti, mit erheuchelter Freude, Val. Flacc.

Malea, ae, Akk. ān, *f.* (Μαλέα, Μάλεια), Vorgebirge in Lakonien, j. *Malio di S. Angelo,* Liv. 34, 32, 19. Verg. Aen. 5, 193. Mela 2, 3. 8 (2. § 49 u. 50): Nbf. Maleae, ārum, *f.* (Μαλέαι), Serv. Sulpic. in Cic. ep. 4, 12, 1. – Dav. **Malēus,** a, um, **malëisch,** iugum, Flor. 2, 9, 4: sinus, Flor. 3, 6, 3.

male-castus, a, um, **ganz unkeusch,** v. Pers., Augustin. de music. 12: poëmata, Serv. de cent. metr. 465, 23.

maledicāx, ācis (male u. dicax), **schmähend,** v. Pers., Plaut. Curc. 512. Macr. sat. 7, 3, 12: maledicaci dente alqm indesinenter rodere, Ps. Quint. tribun. Marian. 4. – Superl., Porphyr. Hor. de art. poët. 281.

maledicē, *Adv.* (maledicus), **lästernd, verleumderisch,** cum studiose de absentibus maledice contumelioseque dicitur, Cic. de off. 1, 134: ille nihil praeterquam loqui, et id ipsum maledice ac maligne, didicit, Liv. 45, 39, 16.

maledīcēns, entis, *PAdi.* (maledico), **lästernd, schmähend,** ut nunc sunt maledicentes homines, Plaut. merc. 410: ego maledicentiorem quam te novi neminem, *ibid.* 142: maledicentissima civitas, Cic. Flacc. 7: carmina maledicentissima, Suet. Caes. 75, 5.

maledīcentia, ae, *f.* (maledico), das **Lästern, Schmähen, Schimpfen,** Gell. 3, 3. § 15 u. a.

male-dīco, dīxī, dictum, ere, **lästern, schmähen, schimpfen** (Ggstz. bene dicere), alci, Cic.: Christo, Plin. ep.: alci turpissime, Cic.: u. alqm, Petron.: absol., Ter. u. Cic.: cupidus maledicendi, schmähsüchtig, Quint. – *Imper.* maledic, Cic. Sest. 80. Petron. 96, 7. Vulg. num. 22, 6 u. ö. – *Pass. impers.,* indignis si maledicitur, maledictum id esse duco, Plaut.: qui nobis maledictum velit, Ter. – *Partic.* maledictus, a, um, vermaledeit, verflucht, Spart. Get. 3. § 3. – ► Synk. maldicere, Plaut. truc. 612 *Schoell.*

maledictio, ōnis, *f.* (maledico), das **Lästern, Schmähen, Schimpfen,** Cic. Cael. 6: Plur. Arnob. 3, 11.

maledictor, ōris, *m.* (maledico), der **Lästerer, Schmäher,** Paul. ex Fest. 152, 8.

maledictum, ī, *n.* (maledico), das **Lästerwort, Schimpfwort,** die **Lästerung, Schmähung, Schmährede, die üble Nachrede,** ein **ehrenrühriger Ausdruck,** nihil est tam volucre quam maledictum, Cic.: maledictum arripere ex trivio, Cic.: maledicta in alqm dicere od. conferre od. congerere, Cic.: maledicta in vitam alcis conicere, Cic.: maledictis figere alqm, Cic.: alqm maledictis increpare, Sall., lacerare, Sall.: vexare alqm probris et maledictis, Cic.: quanta dementia est rem ab amico dictam *maledictum* vocare, a servulo *ioculare convicium,* Sen. – Insbes.: **a** die **Verwünschung,** Plin. 11, 232. – **b** Plur. maledicta, **üble-, aufrührerische Reden,** Ps. Sall. de rep. 1, 2, 5. – ► Synk. Form maldictu(m), CIL 6, 5662.

maledicus, a, um (maledico), **lästernd, schmähend, schimpfend,** homines, Rhet. Her.: conviciator, Cic.: civitas, Cic.: sermo, Val. Max.: veteris comoediae maledica lingua, Val. Max. – maledicum esse in alqm, Quint. – *Compar.* u. *Superl.* von maledicens, s. d.

male-faber, bra, brum, **übel erdacht, verschmitzt,** Prud. ham. 714.

male-facio, fēcī, factum, ere, **Böses zufügen** (Ggstz. bene facere), alci, Plaut. mil. 166. Vulg. 1. regg. 26, 21 u. a.: neque tu verbis solves umquam, quod mihi re malefecisti, Ter. adelph. 164. – ► *Passiv,* synkop. malfīō, wovon malfiunt, Cass. Fel. 41. p. 94, 5. Cael. Aur. salut. praec. 89: malfactus, Ven. Fortun. carm. 5, 6, 27.

malefactor, ōris, *m.* (malefacio), der **Übeltäter,** Plaut. Bacch. 395. Vulg. 1. Petr. 2, 12 u. 14.

malefactum, ī, *n.* (malefacio), die **Übeltat,** Plaut., Cic. u. a.

maleficē, *Adv.* (maleficus), **zu anderer Schaden, nach schlechter Leute Art,** Plaut. Pseud. 1211.

maleficentia, ae, *f.* (maleficus), das **Übeltun, üble Benehmen** gegen jmd., um ihm zu schaden, Plin. 9, 34: Ggstz. beneficentia, Lact. de ira dei 1. § 1.

maleficium (malificium), iī, *n.* (maleficus), die **böse Tat, Übeltat, der Frevel,** übtr., der zugefügte **Schaden** usw. (Ggstz. beneficium), **I** im Allg.: **a** eig.: conscientia maleficiorum, Cic.: maleficium committere od. admittere, begehen, Cic.: in maleficiis teneri, Cic.: ab iniuria et maleficio temperare, Caes.: cetera maleficia tum persequare, ubi facta sunt, Sall.: se non maleficii causā (in feindlicher Absicht) ex provincia egressum, Caes.: sine ullo maleficio, ohne irgend Schaden zu tun, Caes. – **b** meton., maleficia, schädliche Tiere, -Tierchen (Schlangen, Würmer usw.), Ungeziefer, Plin. 8, 229 u. a. – **II** insbes.: **a** der **Betrug,** die **Betrügerei,** Quint. 7, 4, 36: von der Verfälschung des Balsams, Plin. 12, 120. – **b** die **Zauberei, Zaubermittel,** Tac. ann. 2, 69 (Plur.). Apul. met. 9, 29. Schol. Iuven. 6, 595:

vollst. magica maleficia, Apul. apol. 9: carminum maleficia, Isid. orig. 9, 2, 88. – ► Über die Form malificium s. Ritschl opusc. 2, 561. – synk. malficium, Plaut. truc. 501 *Schoell.*

maleficus (malificus), a, um (malefacio), **übel handelnd, etwas Böses tuend, gottlos, I** im Allg.: **a** eig.: mores, Plaut.: homo, Übeltäter, Cic.: *Superl.*, maleficentissimos incolumes praestitit, Suet. Galb. 15, 2. – **b** übtr.: **α schädlich,** sucus, Vitr.: superstitio, Suet.: bestia piscibus malefica, Plin. – **β missgünstig,** natura, Nep. Ages. 8, 1. – **II** insbes., **zauberisch,** subst., **a** maleficus, ī, *m.* u. malefica, ae, *f.*, der **Zauberer,** die **Zaubrerin,** Lact. 2, 16, 4 (neben magi). Cod. Iust. 9, 18, 5. Schol. Iuven. 6, 594. – **b** malefica, ōrum, *n.*, die **Zaubermittel,** Tac. ann. 2, 69. – ► Über die Form malificus s. Ritschl opusc. 2, 561.

male-fīdus, a, um, **unzuverlässig, unredlich,** commentum (List), Amm. 30, 7, 8: colloquia, Rufin. Orig. in psalm. 36. homil. 3, 11.

malefio, s. male-facio ►.

malel…, s. malil…

malesānus, s. sānus *no.* II, b.

malesuādium, iī, *n.* (male u. suadeo), **übler Rat, Verführung,** Plaut. Curc. 508 (Brix).

male-suādus, a, um, **übel ratend, verführerisch,** Plaut., Verg. u. a.

male-tractātio, ōnis, *f.*, die **üble Behandlung,** Arnob. 4, 23 u. 32.

Malēus, a, um, s. Malea.

Maleventum, ī, *n.*, uralte Stadt der Hirpiner in Samnium (nach e. verderbt aus Μαλόεις), deren Name von den Römern des Auspiziums wegen in Beneventum (s. d.) verwandelt wurde, Liv. 9, 27, 14 u. a.

malevolēns (malivolēns), entis (male u. volo), **übelgesinnt gegen** jmd., **abgeneigt, missgünstig** (Ggstz. benevolens), ingenium, Plaut.: est miserorum ut malevolentes sint, Plaut. – *Superl.*, malevolentissimae obtrectationes, Cic. ep. 1, 7. § 7.

malevolentia (malivolentia), ae, *f.* (malevolens), die **üble Gesinnung** gegen jmd., die **Abneigung, der Neid, Hass,** die **Missgunst,** im Sinne der Stoiker **Schadenfreude,** Cic. u. a., verb. mal. et invidia, Sall., mal. et obtrectatio, Cic.: mal. hominum in me, Brut. in Cic. ep.: animus nullā in ceteros malevolentiā suffusus, Cic. – Über die Schreibung malivolentia s. Ritschl opusc. 2, 562. Wagner Ter. heaut. prol. 16.

malevolus (malivolus), a, um (male u. volo), **übelgesinnt** gegen jmd., **abgeneigt, gehässig, missgünstig,** alci, Cic.: in alqm, Cic.: summorum hominum malevoli de me sermones, Cic. – *Superl.* malevolentissimus, s. malevolēns. – subst., malevolī, ōrum, *m.*, **Übelgesinnte, Missgünstige,** et invidi et malevoli et lividi, Cic. Tusc. 4, 28: omnium malevolorum, iniquorum, invidiosorum animos frangerem, Cic. Balb. 56: u. malevola, die **Übelgesinnte, Missgünstige,** huius amica, mea inimica et malevola, Plaut. Poen. 393. – ► Über die Schreibung malivolus s. Ritschl opusc. 2, 562. Wagner Ter. heaut. prol. 16.

malficium, s. maleficium.

malfio, s. male-facio ►.

Māliacus sinus (κόλπος Μαλιακός), Meerbusen im Südwesten Thessaliens, Euböa gegenüber, j. Golf von Zeitun od. Zeituni, Liv. 27, 30, 3. Mela 2, 3, 6 (2. § 45): u. das an dem Meerbusen liegende Land, Liv. 36, 11, 7 u. 36, 14, 12. – Dav.: **a Māliēnsis,** e, **maliensisch,** ager, Liv. 42, 40, 6. – **b Mālius,** a, um, **malisch,** Catull. 68, 54.

mālicorium, iī, *n.* (malum u. corium), die **Granatapfelschale,** Cels. 2, 33; 4, 23 (16); 4, 26 (19). Plin. 23, 107. Petron. 47, 2.

mālifer, fera, ferum (malum u. fero), **Äpfel tragend,** Verg. Aen. 7, 740.

malificium, s. maleficium.

malificus, s. maleficus.

malīgnē, *Adv.* (malignus), **böswillig, missgünstig** (Ggstz. benigne), **I** im Allg.: maledice ac maligne loqui, Liv.: malignius sermonem habere, Curt.: dicis malignius tecum egisse naturam prius, deinde fortunam, Sen. – **II** insbes., **kärglich, knauserig, sehr sparsam, 1** eig.: dividere, Liv.: laudare, Hor.: non mihi fuit tam maligne, ich war nicht so usw., Catull. – **2** übtr., **wenig, nicht sehr,** apertus, Sen.: virens, Plin.

malīgnitās, ātis, *f.* (malignus), **I** die **Bösartigkeit, Bosheit, Missgunst,** Plaut., Liv. u. a.: Plur., Prud. perist. 2, 260. Vulg. Baruch 2, 33. – **II** insbes.: **a** die **Kargheit** gegen andere, **Knauserei,** die **karge, spärliche Verteilung,** auctores malignitatis, Liv.: m. subj. *Genet.*, mal. patrum, Liv.: m. obj. *Genet.*, mal. praedae partitae, Liv.: mal. conferendi ex privato, Liv. – **b** übtr., die **Unfruchtbarkeit** der Weinstöcke, Colum. 3, 10, 18.

malīgno, āvī, āre (malignus), **boshaft** bei etw. **verfahren,** venena, boshaft mischen, Amm. 22, 15, 26: consilium super populum tuum, boshafte Anschläge machen gegen usw., Vulg. psalm. 83 (82), 4. – Depon. **malīgnor,** ātus sum, ārī, **boshaft handeln (verfahren),** Vulg. 1. chron. (paral.) 16, 22; psalm. 36, 8 *sq.* u. a.: Partiz. subst., malignantēs, ium, *m.*, die **Boshaften,** Vulg. psalm. 21, 17 u. a.

malīgnus, a, um, *Adi.* (malus u. gigno), eig., **bösartig;** dah. **abgünstig, missgünstig** (Ggstz. benignus), **I** im Allg.: vulgus, Hor.: sermo, Suet.: capita malignissima, Sen.: oculis malignis spectare, Verg. – od. **böse, schlimm,** leges, Ov.: tellus, schlimmer, übler Weg, Stat. – od. **schädlich,** studia, Ov.: lolium, Calp. – **II** insbes.: **A karg, knauserig, nicht freigebig, zu sparsam** gegen andere, **1** eig., Ggstz. largus, Plaut.: caupo, Hor.: *in* laudandis discipulorum dictionibus nec malignus nec effusus, Quint. – **2** übtr.: **a karg, unfruchtbar,** terra, Plin. ep.: collis, Verg. – **b sparsam, klein, wenig, schmal, schwach,** lux, Verg.: aditus, Verg.: ostium, Sen.: fama, Ov. – **B kalt, spröde** im Betragen, Ter. Hec. 159. Ov. am. 1, 4, 66.

maliloquāx, ācis (male u. loquax), **übel redend,** Ps. Syr. sent. 187. p. 126 *Woelfflin.*

maliloquium, iī, *n.* (male u. loquor), das **Übelreden** von jmd., das **Bösen-Leumund-Machen,** Fulg. myth. 2, 2. Tert. apol. 45 u. a. Eccl.

maliloquus, a, um (male u. loquor), **übel redend, lästernd,** lingua, Lästerzunge, Hieron. epist. 148, 16. Arnob. in psalm. 11 u. a. Eccl.

mālinus, a, um (μήλινος dor. μάλινος), **I vom Apfelbaume,** pruna, auf Apfelbäume gepfropft, Plin. 15, 42. – **II apfelfarbig, apfelgrün,** Plin. 22, 53.

mālis, Akk. im, *f.* (μᾶλις), der **Rotz,** eine Pferdekrankheit (rein lat. malleus), Pelagon. veterin. 12 (204 *Ihm.*).

malitās, ātis, *f.* (malus, a, um), das **Übel,** Ulp. dig. 4, 2, 5.

malitia, ae, *f.* (malus, a, um), die **schlechte Beschaffenheit;** dah. **I** die **Schlechtigkeit, Nichtswürdigkeit, schlechte Denk- u. Handlungsweise, Bosheit** (Ggstz. bonitas, virtus), **1** im Allg., Plaut., Ter., Cic., Sall. u. a. (s. Fabri Sall. Iug. 22, 2): arguta mal., Lact.: cui inoffensa tot imperatorum malitia fuit, Tac. – Plur., Plaut. mil. 942. Acc. tr. 694. Turpil. com. 157. – **2** insbes., das **hinterlistige, schelmische, schurkische Benehmen,** die **Schelmerei, Schurkerei, Arglist, Tücke,** in Rechtsangelegenheiten, Komik. u. Cic.: verb. perfidia et malitia, Cic.: ad omnem malitiam et fraudem versare mentem suam coepit, Cic.: Plur., everriculum malitiarum omnium, Cic. – dah. scherzh., nisi tua malitia afuisset, Cic.: indicabo malitiam meam, Civ.: tamen a malitia non discedis, dass du doch deine Schalkheit nicht lassen kannst, Cic. – **II** übtr., die **üble, schlechte Beschaffenheit** einer Sache, arboris, Unfruchtbarkeit, Pallad.: terrae, Pallad.

malitiēs, ēī, *f.* = κακότης, Nbf. v. malitia (s. d.), Gloss. II, 337, 1.

malitiōsē, *Adv.* m. *Compar.* (malitiosus), **schelmisch, schurkisch, arglistig, hämisch, verräterisch,** Cic. u. Nep.

malitiōsitās, ātis, *f.* (malitiosus), die **Schelmerei, Schurkerei, Arglist,** Tert adv. Marc. 3, 15 *extr.* u. a.

malitiōsus, a, um (malitia), **schelmisch, schurkisch, hinterlistig, arglistig, hämisch,** homo, Cic.: iuris interpretatio, Cic. – *Compar.*, quid verbis fallacius, quid insidiosius, quid malitiosius dici aut inveniri potest? Augustin. de mor. Manich. 19. – *Superl.*, eos (aiunt) provenire malitiosissimos, qui etc., Fronto ad M. Caes. 4, 3. p. 62, 6 N.: quod malitiosissimum est, Augustin. de civ. dei 2, 29. p. 96, 24 D. – silva Malitiosa (ἡ ὕλη καλουμένη κακοῦργος, Dion. Hal.), ein Wald im Sabinischen, Liv. 1, 30, 9.

Mālius, a, um, s. Māliacus sinus.

malivolus etc., s. malevolus etc.

malleātor, ōris, *m.* (*malleo, āre), der **Hämmerer, Pocher,** balucis Hispanae, Mart. 12, 57, 9: malliatores monetae Caesaris, CIL 6, 44.

malleātus, a, um (*Partic.* v. *malleo, āre), **mit dem Hammer (Schlegel) bearbeitet, -geschlagen, -geklopft,** spartum, Colum. 12, 19, 4: libri nondum malleati, Ulp. dig. 32, 1, 52. § 5.

malleolāris, e (malleolus), **zum Rebschoss gehörig,** Colum. de arb. 3, 4.

malleolum, s. malleolus ►.

malleolus, ī, *m.* (*Demin.* v. malleus), der **kleine Hammer,** das **Hämmerchen, I** eig., Cels. 8, 3. p. 332, 15 D. – Sprichw., esse inter malleum et incudem, Hieron. homil. 3. – **II** übtr., wegen der Ähnlichkeit, **1** ein junger Zweig eines Baumes od. Weinstockes, der abgeschnitten worden ist, um in die Erde gesetzt zu werden, ein **Fechser,** Cic., Colum. u. a. – **2** eine Art **Brandpfeile,** die auf die Mauern und Häuser einer belagerten Stadt abgeschossen wurden, Cic. u. Liv. – **3** ein **Knopf, Knöpfchen,** oben an den Sandalen, an dem die Schuhbänder befestigt wurden, malleoli ossei vel aerei, Isid. orig. 19, 34, 10. – ► Nbf. malleolum, ī, *n.*, Acta martyr. S. Polycarp. c. 11. Vgl. Löwe Prodr. p. 399 in v. Acisculum (wo malliolum).

malleus, ī, *m.*, **I** ein Werkzeug zum Schlagen, der **Hammer, Schlegel, Klöppel, a** übh., Plaut., Liv. u. a.: stupparius, Flachsbleuel, Plin.: malleo tundere, Plin.: malleo forti percellere, Amm. – **b** insbes., der **Schlegel** zum Schlagen (Töten) des Opfertieres, Ov. u. Suet. – **II** übtr., eine Krankheit des Viehes, der **Rotz,** Veget. mul. 1, 2 *sqq.;* 1, 10, 1.

malliātor, s. malleātor.

malliolum, s. malleolus ►.

mallo, ōnis, *m.* (μαλλός), **I** ceparum, viell. **Stiele der Zwiebeln,** Pelagon. veterin. 9 (168 *Ihm*). Veget. mul. 2, 35; 3, 60. – **II** eine Geschwulst am Knie der Tiere, Veget. mul. 3, 48.

Malloea, ae, *f.*, Stadt in Thessalien (in Hestiäotis), beim j. *Mologhusta,* Liv. 31, 41, 5 u. a.

Mallos (Mallus), ī, *f.* (Μαλλός), Stadt in Cilicien, Mela 1, 13, 2 (1. § 70). Lucan. 3, 227. – Dav. **Mallōtēs**, ae, *m.* (Μαλλώτης), aus Mallos gebürtig, der **Mallote,** Varro u. a.

1. **Mallus**, s. Mallos.

2. **mallus**, ī, *m.* (μαλλός), **ein Flocken Wolle,** Cato r. r. 157, 15 (Schneider in malum).

malluviae, ārum, *f.* (manus u. luo), **Waschwasser,** um die Hände zu waschen, Fest. 161 (a), 15.

malluvium, iī, *n.* (manus u. luo), ein **Waschbecken,** um die Hände zu waschen, Fest. 161 (a), 17.

mālo, māluī, mālle (st. mavolo aus magis volo), **lieber wollen, I** im Allg.: **α** m. folg. *Acc.* der Sache od. Person, leges, Tac.: ambigua, Tac.: crucem, Lact.: bonos malet, lieber zu Freunden haben wollen, Cael. in Cic. ep.: haud paulo hunc animum malim, Cic.: quod mallem (als Parenthese), was od. wie ich lieber wollte od. sähe, Ov.: m. folg. *quam* (als), homines malunt exempla quam verba, Lact.: m. komparat. *Abl.*, armis incruentas condiciones malle, l. w. als die Waffen, Tac.: ut me aliis omnibus mallet, mich lieber (heiraten) wollte als alle anderen, Apul. apol. 73 *extr.* – **β** m. *Infin.*: multo stare malo, Cic.: servire quam pugnare mavult, Cic.: quibus (civibus) salvis atque incolumibus rem obtinere malebat, Caes.: capi ergo mavultis ab avarissimo et crudelissimo hoste, Liv.: mit komparat. *Abl.*, nullos his mallem ludos spectasse, als diese, Hor. – **γ** mit *Acc.* u. *Infin.*: malo me vinci quam vincere, Cic.: qui se bene mori quam turpiter vivere maluit, Liv. – u. malo mit potius verb., Uticae potius quam Romae esse maluisset, Cic.: u. mit magis, s. 1. magis *no.* II, B, a. – **δ** m. *Nom.* u. *Infin.*: esse quam videri bonus malebat, Sall. Cat. 54, 6 (vgl. οὐ γὰρ δοκεῖν δίκαιος, ἀλλ' εἶναι θέλω, Aesch. Sept. adv. Theb. 592). – **ε** m. folg. *Coniunctiv:* mallem … cognoscerem, Cic.: mallem dedisses, Catull.: malo populus Romanus mortuum Ciceronem quam vivum desideret, Sen. rhet. – **II** insbes., jmdm. etw. **lieber gönnen, ihm günstiger sein,** in hac re malo universae Asiae, Cic. ad Att. 2, 16, 4: ego vero quamquam illi omnia malo quam mihi, Cic. Planc. 59. – ► Nicht zsgz. mavolo, Plaut. asin. 835; Curc. 320 u. a. Ter. Hec. 540: mavolunt, Naev. bell. Punic. lib. 3. fr. 4 V. (bei Fest. 317 [a], 27): mavelim, Plaut. asin. 877 u. merc. 889: mavelis, Plaut. capt. 270 u. a.: mavelit, Plaut. trin. 306: mavellem, Plaut. Amph. 512 u. a.: mavolet, Plaut. asin. 121: mavoluit, Petron. 77, 5. – Fut. malebit, Iul. Val. 3, 58 (34). – Partiz. malēns, Tert. de pudic. 2 u. 18: malentes, Hieron. epist. 100, 2.

mālobathrātus, a, um, **mit** *malobathrum* **gesalbt,** Sidon. epist. 8, 3, 5.

mālobathrinus, a, um (μαλοβάθρινος), **aus Mutterzimt** od. **Betel,** oleum, Cael. Aur. de morb. acut. 3, 3, 24; de morb. chron. 5, 1, 12.

mālobathron od. **-um** (mālobatrum), ī, *n.* (μαλόβαθρον), **I** ein indisches (nach Plinius auch in Syrien vorkommendes) Gewächs, aus dem eins der kostbarsten Salbenöle bereitet wurde, nach einigen der **Mutterzimt** (*Laurus Cassia,* L.), nach anderen der **Betel** (*Piper betle,* L.), Plin. 12, 129. Sidon. carm. 2, 415. – **II** meton. das Öl **Malobathrum,** das **Zimtöl,** Hor. carm. 2, 7, 8. Cels. 5, 23. Plin. 23, 93.

mālogrānātum, ī, *n.* (malum u. granatum), der **Granatapfel,** Hieron. comment. ad Aggaeum *c.* 2. *no.* 20. Vulg. num. 20, 5. Th. Prisc. 3, 7. Isid. orig . 17, 7, 6.

maltha (malta), ae, *f.* (μάλθα), **I** bei den Samosatenern eine Art dicken, fetten Bergöls, **Bergteer,** nach Plin. 2, 235. – übtr., ein aus gelöschtem Kalk u. Schweinefett zubereiteter **Firnis** od. **Kitt,** womit man Wasserleitungen, Rohrbütten u. Fischtröge bestrich, um sie wasserdicht zu machen, Plin. u. Pallad. – **II** übtr., ein **weichlicher Mensch, Weichling,** Lucil. 732 (malta). Porphyr. Hor. sat. 1, 2, 25.

maltho, āre (maltha), **verkitten, mit Kitt** od. **Firnis überziehen,** Plin. 36, 181. Schol. Iuven. 5, 48 (nicht bei Jahn).

Maltīnus, ī, *m.*, fingierter Name, Hor. sat. 1, 2, 25. Iustin. 38; 3. § 4 u. 8 *Ieep.*

Maluginēnsis, e, Abl. e, Beiname eines Zweiges der gens Cornelia, Liv. 4, 21, 1 u. 6, 27, 2.

1. **malum**, ī, *n.*, das **Übel,** s. 1. malus (schlecht) *no.* II, 2.

2. **mālum**, ī, *n.* (μῆλον, dorisch μᾶλον), der **Apfel, I** im Allg.: mala silvestria, Plin.: mala aestiva, Colum.: mala serere, Colum. u. Pallad.: malis orbiculatis pasci, Cael. in Cic. ep. – Unter diesem Namen begriffen die Römer auch Quitten, Granaten, Pfirsiche, Pomeranzen, Zitronen, aurea mala, Quitten, Verg.: malum Persicum, Phirsich, Plin.: malum granatum Granatapfel, Plin. u. a.: dass. mala granata, quae Punica vocantur, Colum.: u. dass. bl. malum Punicum, Plin.: dah. ad malum Punicum, »Zum Granatapfel«, Bezeichnung eines Standquartiers in der VI. Region Roms, Suet. Dom. 1, 1. – Sprichw., ab ovo usque ad mala, vom Anfang der Mahlzeit bis zum Ende, weil man zuletzt Obst zu essen pflegte, Hor. sat. 1, 3, 7. – bildl., m. discordiae, Zankapfel, Iustin. 12, 15, 11. – **II** malum terrae, eine Pflanze von vier Abarten, Plin. 25, 95. Scrib. Larg. 202: auch malum terrenum gen., Veget. mul. 6, 13, 3.

mālumgrānātum u. **mālusgrānāta**, s. 2. mālum u. 2. mālus.

malundrum, ī, *n.*, eine Pflanze, wahrsch. eine wildwachsende Art **Lichtnelke** (*Lychnis,* L.), Plin. 26, 40.

1. **malus**, a, um (vgl. gotisch) *smals,* ahd. *smal,* klein, gering), *Compar.* **pēior**, *n.* pēius, iōris, *Superl.* **pessimus**, a, um, **schlecht** seiner Natur und seinem Wesen nach (Ggstz. bonus), fast in allen Beziehungen entsprechend dem griech. κακός, **I** gleichs. subjektiv, **schlecht** an sich in physischer, intellektueller u. moralischer Hinsicht, **nichtsnutzig, gering, A** in phys. u. intell. Hinsicht: **1** im Allg.: mala tu merx es, eine schlechte Ware, als Schimpfwort, ein schlechtes, nichtsnutziges Stück, Plaut.: vinum, Hor.: aper, Hor.: herbae, Unkraut, Cato. – haud malum huic est pondus pugno, kein geringes G., Plaut. – mala et imbecilla vox, Quint. – mali versus, Cic.: verba suā naturā bona aut mala, Quint. (versch. v. mala verba unten *no.* II, 1, e). – malum et inconstans in eligendo genere dicendi ingenium (Geschmack), Quint.: loquendi consuetudo, Cic.

2 insbes.: **a** dem Ansehen nach **schlecht, unansehnlich, hässlich,** ancilla formā malā (vgl. κακὴ εἶδος), Plaut.: ne crure malo, ne sit pede turpi, Hor.: facies, Quint. – v. Pers., haud mala est mulier, nicht übel, Plaut.: m. mancipium, Ter. – subst., faciem in peius effingere, ins Hässliche ziehen, verhunzen, Plin. ep. – **b** von Geburt **schlecht, niedrig,** malo genere natus (Ggstz. bono genere natus), Rhet. Her. 3, 13. – **c** zum Geschäft **schlecht, untüchtig, untauglich** (ohne moral. Beziehung), sutor, Phaedr.: poëta, Cic. u. a. – **d** zum Kampf **untüchtig, schwach,** iuxta boni malique, strenui et imbelles inulti obtruncari, Sall.: terra malos nunc educat homines aut pusillos, Iuven.

B in moralischer Hinsicht, **schlecht, böse, bösartig, böswillig, gottlos, niederträchtig, schurkisch,** ein **Schurke, Bösewicht,** von Gesinnung und Handlungsweise, **1** übh.: ingenium malum pravumque, Sall. u. Plin. ep.: mala mens, malus animus, Ter.: malā mente facere, Quint.: m. mores, Sall.: m. consuetudo, Cic.: m. conscientia, Quint. – v. leb. Wesen, m. philosophus, Cic.: m. servus, Quint.: m. princeps, Tac.: m. puella, Prop.: m. serpentes, Sen.: tuus m. genius, Flor.: peior an ignavior sit, deliberari non potest, Sall.: pessimus atque optimus vir, Quint.: is omnium pessimus deterrimusque est, Gell. – subst., malus aut fur, Hor.: malarum mala disciplina, Plaut.: pessima, pessime, Plaut.: bes. im Plur., mali, die Schlechten, Bösen, Cic. u. a. – zuw. im milderen Sinne, **schlau, pfiffig, schalkhaft, lose** (vgl. Brix Plaut. mil. 190), o hominem malum, Plaut.: delituit mala, Plaut.: pessumarum pessuma, Plaut.: puellae pessimae, die bitterbösen, heillosen Mädchen, Catull. – od. als verstärkendes Beiwort der Schlechten, mali fures, schurkische, Hor.

2 emphat.: **a** politisch **schlecht = übelgesinnt, schlecht denkend, demagogisch,** cives, Nep. u. Sall.: u. subst., mali, die Übelgesinnten, Demagogen, Sall. u. Nep.: mali atque scelesti, Sall. – **b schlecht, unsittlich = unkeusch, verworfen,** pueri boni malique, Catull.: non m. ancilla, Plaut.: m. adultera, Catull.: m. adulterium, Catull. – **c schlecht = eigennützig, habsüchtig,** m. mater, Ter. heaut. 233.

II gleichs. objektiv, **1** *adi.*, **schlecht, übel, böse** in Bezug auf die Empfindung, das Befinden, die Lage jmds., **schlimm, arg, leidig, schädlich, gefährlich, verderblich, heillos, ungünstig, unglücklich,** **a** vom körperl. und geistigen Befinden, valetudo, Sen.: quasi mala valetudo animi, Cic.: fuisse malā mente, nicht recht bei Sinnen, Tibull. (versch. m. mens oben *no.* I, B, 1). – v. Pers., cum aeger peior fiat, Cels.: cum (aegroti) pessimi fiant, Cels. – dah. malum et mortiferum est, si etc., es steht schlimm, Cels. – **b** v. phys. Übeln od. Zuständen, **leidig, lästig, drückend,** tempestas, Hor., tempestates, Cato: tussis, Catull.: scabies, Hor.: odor, Cels. u. Hor.: aetas, das böse, drückende Alter (Ggstz. bona aetas, die Jugend), Plaut. – od. **schlimm, gefährlich,** morbus, vulnus, Cels.: curatio, Cels. – od. **zu arg, zu groß,** mala copia stomachum sollicitat, das Übermaß, Hor. – **c** von Örtlichkeiten, tempestas melior, via peior, Hor. – ite in malas oras, ungesunde, verderbliche, Catull. – **d** v. schädlichen Dingen, falx, Verg.: furis manus, Catull. – bes. von Gift u. giftigen od. vergifteten Dingen, virus, Verg.: cicuta, Hor.: gramina, Verg.: herbae, Tibull.: dapes. Hor. – **e** v. der Zunge, Reden usw., **übel, schlimm = anzüglich, schmähend, Schmäh-,** lingua, Petron.: verba (κακοὶ λόγοι), Plaut. u. Catull. (versch. von mala verba b. Quint., s. oben *no.* I, A, 1): carmen, Schmähgedicht, Hor.: quaedam fabula, Catull.: querimoniae, unselige, schnöde, Hor. – od. **beschreiend, bezaubernd,** lingua, Verg.: carmen, XII tabb. fr. – **f** von Nachrichten und Gerüchten, **schlimm, übel = nachteilig, unglücklich,** nuntius, Cic.: rumor, Hor. – **g** v. Gesinnung u. Denkart, **übel, schlecht,** malam opinionem habere de alqo, Cic. – **h** v. Lebens- u. Gemütszuständen, fama, übler, schlechter Ruf (κακὴ δόξα), Sall. – pudor, die leidige, unzeitige, falsche Scham (αἰδὼς κακή), Hor.: u. so ambitio, Sall. u. Hor.: libido, schnöde Lust, Liv.: maeror, schlimmer, heftiger, Plaut. – **i** v. menschl. Handlungen, Verhältnissen u. Lagen, **böse, schlimm, nachteilig, unrecht, schädlich, gefährlich,** facinora, Sall. u. a.: artes, schlechte, verderbliche Mittel, Sall.: exemplum, Sall.: malo more, durch unrechtmäßiges, schlechtes Verfahren, Sall.: pessimum facinus peiore exemplo admittere, Liv.: malam rem alci dare, einen Denkzettel geben, abstrafen, Plaut.: u. so malam rem merere, einen Denkzettel (Strafe) verdienen, Plaut.: malam rem sibi quaerere, reperire, arcessere, sich einen D. holen (sich Strafe zuziehen), Plaut. Vgl. Brix Plaut. mil. 274 u. trin. 1045. – od. **übel, schlecht, schlimm = ungünstig, nachteilig, unglücklich, traurig,** arbitrium (Wahl), Liv.: pugna, Cic. u. a.: proelia, Fronto: exitus, Sall.: fatum, Catull.: et post malam segetem serendum est, man muss auch nach einer schlechten Ernte säen, Sen. – mala res (Lage), spes multo asperior, Sall.: res peiore loco non potis est esse, es kann nicht schlimmer stehen, Ter.: dah. videte nunc, quam versa et mutata in peiorem partem sint omnia, sich zum Schlimmen gewendet, Cic.; vgl. subst., detorquere in peius (zum Schlimmeren), Sen.: in peius mutari, sich verschlimmern (verschlechtern), Quint.: in peius ruere, sich verschlimmern, Verg.: rapere in peiorem partem, übel, ungünstig auslegen, Ter. – u. *Acc. neutr.* als Objekt (poet. für das Adv. male), ne gallina malum responset dura palato, Hor. – endlich insbes. **k** von Vorbedeutungen und allem, was dazu gehört, **übel, ungünstig, unglücklich, unheilbringend,** auspicium, Plaut. u. Cic.: avis, ales, Hor. **2** *subst.*, wie κακόν, **malum,** ī, *n.* (*Superl.* pessimum, ī, *n.*) u. (wie κακά) Plur. mala, ōrum, *n.*, das **Übel,** **a** ein am Körper haftendes phys. oder geistiges **Übel, Leiden,** wie **Krankheit, Fieber, Gebrechen, Fehler,** m. corporis, stomachi, Cels.: mala ventris, Cels.: est a te nactus utrumque m. (Podagra u. Bocksgestank), Catull.: m. magnum, modicum, Cels.: maximum pervigiliae m., Iustin.: ne in cotidianam febrim id malum vertat, Cels. – bona malaque (Gebrechen) corporis, Suet. – von artistischen Gebrechen u. Mängeln, dum mea delectent mala me, Hor. – v. geistigen od. moral. Gebrechen, m. magnum est hoc, quod non possum tibi ostendere, Sen.: bona aut mala, Vorzüge od. Fehler, Sall.: cum tua pervideas oculis mala lippus inunctis, Hor.: m. publicum, das allgemeine Gebrechen, Sall.: mala nequitiae, Phaedr. u. Iuven. – **b** von außen kommendes **Übel, Leid, Unheil,** und zwar von Strafe, Schlägen, Misshandlungen, Folter, Marter (vgl. Gronov Sen. de ira 1, 16 u. Sall. Iug. 100, 5), malo cogi, Ter.: ne malum habeat, es ihm schlimm ergehe, Cic. (u. so malum habebis, Sen. rhet., malum magnum habebis, Plaut.): malo domare od. coërcere alqm, Liv. u. Sall.: malum minitari, Ter. u. Hor.: malum minari alci, Plaut. u. Liv.: malum dare alci, einen Denkzettel geben, abstrafen, Ter.: dabitur malum, es wird dir schlecht bekommen, Plaut.: sine malo (Prügel) fateri, Ter.: vi, malo, plagis adduci, ut etc., Cic.: malum militibus meis, nisi quieverint, der Henker hole meine Leute, Liv. – von Schimpf-, Scheltworten (s. Brix Plaut. Men. 717), mala alci dicere, Catull. u. Tibull.: mala od. omnia mala alci ingerere, Plaut. – vom Unfall, hoc malo perturbati, Caes. – v. Gefahr, Drangsal, Not, m. anceps, Sall.: magnum malum est, ubi etc., Cels.: aeger in malis est, es sieht schlimm aus mit dem K., Cels. – v. Schaden, Unglück, Verderben, m. externum, v. Krieg, Nep.: mala civilia, Cic.: mala publica, öffentliche Schulden, Liv.: super haec mala, Unglück im Krieg, Iustin.: nihil mali accĭdisse Scipioni, Cic.: ut in parcendo uni malum publicum (ein Nachteil für den Staat) fiat, Liv.: eos atque alios omnes malum publicum alebat, sie und alle anderen fanden ihren Vorteil beim Unglück des Staates, Sall. – malo rei publicae, zum Schaden, Unglück, Verderben des Staates, Sall.: nimium felix malo suo, zu seinem Unglück, Vell.: malo cum tuo, Plaut.: malo esse alci, Cic. u. (Ggstz. lucro esse) Plaut.: so auch pessimo publico (aedificare, facere u. dgl.), zum größten Nachteil des allgem. Besten, des Staates, Varro, Liv. u. a. (s. Liv. 2, 1, 3). – v. einer Übeltat, irritamenta malorum, Ov.: famam exstingui veterum malorum, Verg. – v. Tieren, ein schädliches Tier, eine Landplage, Plin. 8, 89; 11, 88 u. 106. – als Ausruf sowohl des heftigsten Unwillens als auch der nur gelinde gereizten Stimmung, in relativen Frage- u. Ausrufungssätzen, unser **zum Henker, zum Kuckuk, zum Teufel, der Henker, der Teufel! Wetter! Tausend!** od. milder **in aller Welt!** (vgl. Brix Plaut. Men. 390. Wagner Ter. heaut. 319. Westerh. Ter. eun. 4, 7, 10. Gernh. Cic. de off. 2, 53. Mützell Curt. 8, 14 [51], 41), quid tibi, malum, hic ante aedes clamitatio est? Plaut.: quae, malum, est ista tanta audacia atque amentia? Cic.: quae, malum, ratio est expertis alia experiri, wie in aller

Welt kommt ihr dazu, Liv.: quae, malum, amentia te coëgit, Curt. – ▶ Superl. malissimus als ungebr. angeführt von Varro LL. 8, 75. – Gesteigerter Superl. pessimissimus, Sen. ep. 81, 21 *codd. optt.*; od. pessimus gesteigert durch maxime, wie si vero saevior, maxime pessima est (apis), Colum. 9, 3, 3.

2. mālus, ī, *f.* (malum, der Apfel), der **Apfelbaum,** malus bifera, Varro.: malus silvestris, Plin.: malus Persica, der Pfirsichbaum, Plin. u. Macr.: malus granata, der Granatapfelbaum, Isid. orig. 17, 7, 6: et steriles platani malos gessere valentes, Verg. georg. 2, 70.

3. mālus, ī, *m.* (aus **mādos* od. **mazdos* = ahd. *mast* Stange, nhd. Mast), jeder senkrecht stehende Balken, der **Ständer, I** im Allg.: malos exaequantes altitudinem iugi subrexit, Frontin. strat. 3, 8, 3. – **II** insbes.: **1** der **Mast, Mastbaum** (auch arbor mali, arbor malus u. bl. arbor, s. arbor *no.* I, 2, b), malus navis, Vulg. Isai. 30, 17: malum erigere, Cic., od. attollere, Verg.: malum inclinare, Liv.: malos scandere, Cic.: escendere in malum, Varro fr. u. Liv.: ascendere in malum, Oros.: antemnas ad malos destinare, Caes. – **2** im Zirkus u. Theater der Mast, an dem die übergespannten Tücher befestigt waren, Lucr. 6, 110. Liv. 39, 7, 8. – **3** das in der Kelter geradestehende Holz, der **Baum,** Plin. 18, 318. – **4** turrium mali, die langen **Eckständer** der Türme, Caes. b. G. 7, 22, 5.

malva, ae, *f.* (μαλάχη, v. μαλακός), die **Malve,** bei den Alten offizinell als gelindes Abführungsmittel, Plin. 20, 222 *sqq.* Cic. ep. 7, 26, 2. Hor. carm. 1, 31, 16. Ov. fast. 4, 697. Mart. 3, 89, 1: vulg. Nbf. malba, Edict Diocl. 6. *no.* 5 u. 6.

malvāceus (malvācius), a, um (malva), **malvenförmig,** Plin. 21, 19. Vgl. Charis. 37, 16 u. 155, 16. Exc. ex Charis. 551, 38. Prisc. 3, 44.

malvella, s. molochina.

Māmaea, ae, *f.,* Mutter des Kaisers Alexander Severus, Capit Opil. Macrin. 9, 2. Lampr. Alex. Sev. 3, 1. – Dav. **Māmaeānus,** a, um, **mamäanisch, der Mamäa,** puellae, pueri, Lampr. Alex. Sev. 57, 7.

Māmercus, ī, *m.* (v. Mamers, *i.e.* Mars), **I** ein oskischer Vorname = Marcus, Fest. 130 (b), 1. – **II** ein röm. Familienname, bes. des ämilischen Geschlechts.

Māmers, ertis, *m.,* in der oskischen od. sabinischen Sprache = Mars, nach Varro LL. 5, 73; vgl. Paul. ex Fest. 131, 12. – Dav. **Māmertīnī,** ōrum, *m.,* die Einwohner der Stadt Messana auf Sizilien, die sich wegen ihrer Kriegstaten Marssöhne nannten, Cic. Verr. 2, 13. Liv. 28, 28, 6. – Dav. **Māmertīnus,** a, um, **mamertinisch,** civitas, Messana, Cic.: amphora, Mart.

Māmilius, a, um, Name einer durch den Prätor C. Mamilius Vitulus (207 v. Chr.) u. den Volkstribunen C. Mamilius Limetanus (110 v. Chr.), die aus ihrer Mitte hervorgingen, berühmten röm. Familie, Cic. Verr. 2, 123. Sall. Iug. 40: dah. lex Mamilia, Sall. Iug. 65, 5. Cic. Brut. 127; u. rogatio Mamilia, Sall. Iug. 40, 4.

mamilla (mammilla), ae, *f.* (*Demin.* von mamma, s. Paul. ex Fest. 25, 3), **I** die **Brustwarze, Brust,** Vell. 2, 70, 5. Iuven. 6, 401 u. 13, 163. Vulg. Isai. 60, 16; apoc. 1, 13: in mamilla cancrum habere, den Brustkrebs haben, Augustin. de civ. dei 22, 8, 4. p. 570, 14 D.[2] – an Tieren die Zitze, Iuven. 12, 74. – als Liebkosungswort, Plaut. Pseud. 180 G. – **II** übtr., eine **kleine Röhre,** von denen mehrere an eine größere Röhre angesetzt wurden, sodass aus ihnen das Wasser nach verschiedenen Seiten hinlief, griech. μαστός, Varro r. r. 3, 14, 2.

mamillānus, a, um (mamilla), mit **Brüsten versehen,** übtr., ficus, strotzend, Plin. 15, 69.

mamillāre, is, *n.* (mamilla), die **Busenbinde,** das **Busentuch, Brusttuch,** Mart. 14, 66 *lemm.*

mamma, ae, *f.* (μάμμα, μάμμη), **I** die **Mutterbrust, 1** eig.: **a** bei Menschen, die fleischige Erhöhung an beiden Seiten des oberen menschlichen Rumpfes, der **Busen,** die Brust (im engeren Sinne), **α** der Frauen, m. tumens, Sen.: mammae muliebres, Cels.: mammae durae, Cels.: mammam dare, Plaut.: mammam matris appetere, Cic. – **β** der Männer, mamma et barba, Cic.: sagittā sub mamma traiectus, Iustin. – **b** das **Euter,** die **Zitze** der weibl. Tiere, suibus mammarum data est multitudo, Cic.: submissas infantibus mammas praebere (v. einer Wölfin), Liv.: mammam sugere, Varro. – **2** übtr., die **Erhöhung** der Rinde an den Bäumen, Plin. 17, 118. – **II** Mutter, in der Sprache der lallenden Kinder, **Mama,** Varro fr. bei Non. 81, 4. Mart. 1, 100. – auf Inschrn. übh. = Mutter, CIL 6, 23556; od. = Großmutter, CIL 6, 12366; od. = Amme, CIL 6, 2210 u. 26954.

Mammaea, -ānus, s. Māmaea.

mammālis, e (mamma), **zu den Brüsten gehörig, Brust-,** herba = *chamaepitys,* Ps. Apul. herb. 26.

mammātus, a, um (mamma), **mit Brüsten (Zitzen) versehen,** übtr., tegulae mammatae u. subst. mammāta, ōrum, *n.,* zitzenförmige Röhren, Spritzröhren, Brausen, *Vitr. 7, 4, 2 R. Plin. 35, 159.

mammeātus, a, um (mamma), **starke Brüste habend,** Plaut. Poen. 393.

mammicula, ae, *f.* (*Demin.* v. mamma), das (niedliche) **Brüstchen,** Plaut. Pseud. 1261.

mammilla, s. mamilla.

mammillātus, a, um (mammilla), **mit Brustwarzen versehen,** pectus, Augustin. serm. 243, 6.

mammo, āre (mamma), **die Brust reichen, säugen,** vae praegnantibus et mammantibus! Augustin. in psalm. 39, 28 u. 95, 14.

mammōna (mamōna) od. **mammōnās,** ae, *m.,* **der Reichtum, das Vermögen,** Eccl.

mammōneus, a, um (mammona), **gewinnsüchtig,** Prud. ham. 428.

mammōsus, a, um (mamma), **I starke Brüste habend,** Lucr., Varro u. a. – **II** übtr., **strotzend,** pira, Plin.: tus, traubenförmig, wenn eine Träne sich an die andere hängt, Plin.

mammothreptus, ī, *m.* (μαμμόθρεπτος), **von der Amme ernährt,** Augustin. in psalm. conc. 30.

mammula, ae, *f.* (*Demin.* v. mamma, s. Paul. ex Fest. 25, 3), **I** eine **kleine Brust,** Varro r. r. 2, 3, 2. Cels. 7, 26, 1. – **II Mütterchen,** in der Sprache der lallenden Kinder, **Mamachen,** CIL 6, 16450 u. = **Großmama,** CIL 7, 1774 (wo mamulae).

mamōna, s. mammōna.

mamphūla, ae, *f.,* eine Art syrisches Brot, Lucil. 1251; vgl. Fest. 142, 1.

Māmurius, iī, *m.,* Veturius, der Verfertiger der ancilia (s. ancīle), Ov. fast. 3, 389 *sqq.* Prop. 4, 2, 61 (L. Müller Mamurri).

Māmurra, ae, *m.,* ein röm. Ritter aus Formiä, der als praefectus fabrûm im Heer Cäsars in Gallien ungeheuere Reichtümer zusammengebracht hatte, sodass er als erster sein Haus mit Marmor verkleiden lassen konnte, Plin. 36, 48; vgl. Cic. ad Att. 7, 7, 6; 13, 52, 1. Suet. Caes. 73; von Katull als Schlemmer durchgehechelt, Catull. 29 u. 57; vgl. Plin. 36, 48: scherzh. urbs Mamurrarum, Formiä, Hor. sat . 1, 5, 37. – ▶ Mămurra gemessen bei Catull. 29, 3.

mānābilis, e (mano), **fließend, einströmend,** frigus, Lucr. 1, 534.

1. mānālis, e (v. manare), **fließend,** fons, Fest. p. 157 (a), 29. Paul. ex Fest. 128, 3: lapis, in der Religionssprache, ein Felsstein, dessen Fortrücken Regen brachte, Paul. ex Fest. 128, 5. Non. 547, 10. – subst., mānāle, is, *n.,* die **Gießkanne,** Non. 547, 9.

2. mānālis, e (v. manes), **zu den Manen gehörig,** lapis, *i.e. ostium Orci,* Paul. ex Fest. 128, 14.

mānāmen, inis, *n.* (mano), **die Strömung,** bivium, d. i. Ebbe u. Flut, Auson. Mosell. 32.

mānātio, ōnis, *f.* (mano), **der Ausfluss,** das **Ausströmen,** manationes fistularum, Durchsickerungen, Frontin. aqu. 65. 110. 122: Ggstz. resultatio (Rückströmung), Augustin. epist. 109, 1.

manceps, cipis, *m.* (manus u. capio), **I** eig., als publiz. *t. t.* = der vermöge eines förmlichen u. gerichtl. anerkannten Kaufes etw. in den öffentlichen Versteigerungen an sich bringt, der **Aufkäufer, Käufer** von Staatsgütern, der **Ersteher, Pächter** öffentlicher Abgaben, der **Übernehmer, Unternehmer** öffentlicher Leistungen, Bauten (Wegebauten) usw., praedae, Cic.: der Güter der Proskribierten, Cic.: manceps fit Chrysogonus, Cic.: manceps annonam flagellat, Aufkäufer, Plin.: nullius rei neque praes neque manceps, Nep.: si res abiret ab eo mancipe, quem ipse apposuisset, Cic.: plurima per Italiam itinera fraude mancipum … interrupta, Tac. – **II** übtr.: **1** übh., der **Mieter,**

Pächter, sutrinae, Suet.: operarum, der Arbeiter in Lohn nimmt u. sie mit Vorteil anderen wieder überlässt, Suet.: vom Pächter eines Ackers, Plin. ep.: vom Mieter der Claqueure für eine Vorlesung, Plin. ep. – **2** (weil die Unternehmer mit Hab u. Gut für das Übernommene Bürgschaft leisten mussten) ein **Bürge,** Plaut. Curc. 515. – **3** der **Eigentümer, Besitzer** einer Sache übh., Tert. apol. 11. – ► Genet. arch. mancupis, Varro LL. 5, 40: Dat. mancupi, CIL 6, 3824, 5 u. 19: Akk. mancupem, Plaut. Curc. 515: Genet. Plur. mancupum, CIL 6, 200, 46 u. 100, vulg. mancipium, Tert. ad nat. 2, 2.

Mancīnus, ī, *m.*, C. Hostilius, Konsul zu Rom, der den Numantinern wegen des mit ihnen abgeschlossenen unrühmlichen Friedens ausgeliefert wurde, Cic. de or. 1, 181 u. a. – Dav. **Mancīniānus,** a, um, **mancinianisch, des Mancinus,** deditio, Flor. 3, 14, 2.

manciola, ae, *f.* (wohl synkop. = manuciola; vgl. manuciolus), ein **Händchen,** Laev. fr. bei Gell. 19, 7, 10 (wo L. Müller Laev. fr. 15, 10 maniclis schreibt, s. manicula).

mancipārius, iī, *m.* = mango, Schol. Iuven. 11, 148.

mancipātio od. **mancupātio,** ōnis, *f.* (mancipo), eine von den römischen Erwerbungsarten, **die feierliche Übernahme** od. **Übergabe einer Sache zum Eigentum** in Gegenwart von fünf Zeugen; dah. der **Verkauf** od. **Kauf,** Gaius inst. 1, 121: mancipationem tabulis probare, Plin. 9, 177.

mancipātor, ōris, *m.* (mancipo) = σωματέμπορος, **der Sklavenhändler,** Gloss. III, 271, 64.

mancipātus, ūs, *m.* (mancipo), **I** der **Verkauf,** in mancipatum venire, in die Hände eines anderen übergehen, verkauft werden, Plin. 9, 124. – **II** die **Verrichtung-,** das **Amt eines Pächters,** Cod. Theod. 8, 5, 36 u. a.

mancipio, s. mancipo ►.

mancipium od. **mancupium,** iī, *n.* (manus u. capio), eig. das Ergreifen mit der Hand in Gegenwart von fünf Zeugen, um das förmliche Eigentumsrecht an dem ergriffenen Gegenstand zu erlangen (wobei der Ergreifende mit einem Erz- od. Geldstück an die Waage, die der libripens hielt, schlug); dah. **I** (als jurist, *t. t.*) eig., die **förmliche Kaufvollziehung,** die **förmliche Eigentumserwerbung, der förmliche Kauf** einer Sache, Plaut., Cic. u. a.: lex mancipi (mancipii), Kaufvertrag, Cic.: emptio mancipi, ein solcher Kauf, Plin.: ius mancipii, dieses Kaufrecht, Eigentumsrecht, Cic.: mancipio dare, durch einen förmlichen Kauf geben, verkaufen, als Eigentum überlassen, Cic. u. (bildl.) Lucr. u. Sen.: mancipio accipere, durch Kauf an sich bringen, Cic. – sui mancipii esse, sein eigener Herr sein, Brut. in Cic. ep.: est mancipium illius, Cur. in Cic. ep.: esse in alcis mancipio, Eigentum sein, Gell.: dah. res mancipii, Dinge, worüber man völliges Eigentumsrecht hat, Cic. – **II** meton., ein durch Anlegen der Hand erworbener **Sklave,** ein **Kaufsklave,** Plaut. Cic. u. Hor.: so auch **Sklavin,** Liv. – mancipia argento parata, Liv.: Aegyptium mancipium, verächtlich v. Mörder des Pompejus, Vell. 2, 53, 2. – übtr., titulo rex insulae, animo pecuniae miserabile mancipium, Val. Max.: se fore mancipium tempus in omne tuum, Ov.: m. omnis Musae, Petron.

mancipo u. **mancupo,** āvī, ātum, āre (manus u. capio), mit der Hand ergreifen od. ergreifen lassen, **I** im Allg. = **fangen,** alcem, Solin. 20, 7. – **II** insbes., als jurist. *t. t.,* **förmlich zum Eigentum übergeben** od. **überlassen, zu eigen geben,** alienos, verkaufen, Plaut.: agrum actori, durch einen Scheinkauf, Plin.: servos actori publico, Tac.: quaedam mancipat usus, Hor. – übtr., corpus mero et stupro, Apul.: saginae mancipatus, Tac.: vitiis mancipatus, Lact.: et scient singuli, cui debeant oneri mancipari, Vulg. num. 4, 27.

mancupātio, **-cupium,** **-cupo,** s. mancip…

mancus, a, um (vgl. altind. *mankū-ḥ,* schwankend, schwächlich, ahd. *mangōn,* entbehren, mhd. *manc,* Mangel, Gebrechen), **I verstümmelt, verkrüppelt, gebrechlich an den Gliedmaßen,** senex mancus, miser, exilis, ramice magno, Lucil.: mancus et omnibus membris captus ac debilis, Cic.: mancus algu atque rigore manus (an den H.), Lucil.: Plur. subst., manci ac debiles, Krüppel u. Lahme, Liv. – **II** übtr., **gebrechlich, unvollständig,** virtus, praetura, Cic.: cognitio contemplatioque rerum naturae manca quodam modo atque inchoata, Cic.

mandātēla, ae, *f.* (mandatum), die **Auftraggebung, Beauftragung,** Gaius inst. 2. § 104. Prisc. 4. § 4.

mandātīvus, a, um (mando), **zum Auftragen geeignet** od. **dienend** (Ggstz. imperativus), sermo, Diom. 339, 17.

mandātor, ōris, *m.* (mando, āre), **I** der **Auftraggeber, Bevollmächtiger,** Papin. dig. 3, 2, 20 u. a. Tert. adv. Marc. 3, 2: caedis, Paul. sent. 3, 5, 12; 5, 23, 11. – **II** insbes.: **1** einer, der Angeber od. Ankläger beauftragt, ihnen zeigt, wie sie es anzustellen haben, andere in die Falle zu locken usw., **der Anstifter von Angebern** od. **Anklägern,** Callistr. dig. 49, 14, 2: delatores mandatoresque, die Angeber u. deren Anstifter, Suet. Tit. 8, 5. – **2** einer, der jmd. ermächtigt, auf seine Gefahr einem ein Darlehn zu geben, oder einen Gläubiger veranlasst, auf seine Gefahr dem Schuldner Nachsicht zu geben, der **Ermächtiger zum Darlehn** oder **weiteren Kredit,** der **Kreditauftraggeber, Bürge,** ICt.

mandātōrius, a, um (mando, āre), **zum Kreditauftraggeben gehörig,** m. nomine, unter dem N. eines Kreditauftraggebers, Cod. Iust. 8, 41, 19 u. a.

mandātrīx, trīcis, *f.* (Femin. zu mandator), die **Auftrāgerin,** Claud. IV. cons. Hon. 235.

mandātum, ī, *n.* (mando), der **Auftrag, die Kommission,** der **Geschäftsauftrag, Verhaltungsbefehl, Befehl,** die **Weisung** an eine Person, durch die man sich vertreten lässt, u. zwar zunächst zu einer mündlichen Bestellung (hingegen negotium ein **Auftrag,** wenn etw. zu tun ist), **I** im Allg.: **a** eig.: mandato meo, Cic.: mandata publica, Cic.: mandata Neronis *de* nece sua ad procuratores clam missa, Suet.: dare alci mandata ad alqm, Cic.: mandata interficiendi Pisonis centurioni dare, Tac.: dare alci mandata, ut etc., Cic.: dabit mandata reverti, Ov.: mandata exsequi, Cic., od. efficere, Cic., od. facere, Curt., od. perficere, Liv., od. peragere, Lucan.: alcis mandata digerere, persequi, conficere, jmds. Au. in bester Ordnung und vollständig besorgen, Cic.: mandata alcis diligenter persequi, pünktlich besorgen, Cic.: mandata alcis exhaurire, vollständig besorgen, Cic.: m. habere ab alqo, Cic.: m. edere, Nep.: m. perferre, hinterbringen, Caes.: m. ferre ad alqm, Ov.: m. neglegere od. fallere, außer Acht lassen, nicht vollziehen, Ov.: mandati constitutum est iudicium, wegen nicht erfüllten Auftrags, Cic. – **b** übtr., der Vertrag od. Kontrakt, wodurch jmd. die ihm aufgetragene Vollziehung eines Geschäfts unentgeltlich übernimmt, ICt.: actio mandati, Klage wegen nicht erfüllten Auftrags, nicht vollzogenen Geschäfts, ICt.: u. so iudicium mandati, Cic.: mandati condemnari, wegen Nichterfüllung des Kontrakts, ICt. – **II** insbes., ein Befehl des Kaisers, **das Mandat,** Plin. ep. 10, 110 (111), 1. Traian. in Plin. ep. 10, 111 (112). Frontin. aqu. 3 u. 109.

mandātus, Abl. ū, *m.* (mando, āre), der **Auftrag,** mandatu meo, Cic.: mandatu Sullae, Cic.: mandatu praetoris, Suet.: iussu mandatuque eius, Inscr.

Mandēla, ae, *f.*, ein Flecken im Sabinischen, am Ausgang des ustischen Tales auf einer Anhöhe, von der Digentia bespült, an der Stelle des jetzigen Klosters *St. Como* od. *San-Cosimato de Vico-Varo* (nach a. an der Stelle des heutigen *Bordella*), Hor. ep. 1, 18, 105. – Dav. **Mandēlānus,** a, um, **mandelanisch,** massa, CIL 14, 3482.

mandibula, ae, *f.* (mando, ere), der **Kinnbacken,** die **Kinnlade,** Macr. somn. Scip. 1, 6, 69; sat. 7, 4, 14. Tert. de anim. 10. Vulg. iudic. 15, 15 *sqq.* Isid. orig. 11, 1, 45. – Nbf. **mandibulum,** Gloss. II, 126, 55.

1. mando, āvī, ātum, āre (aus manus u. do), **I übergeben, anvertrauen, überlassen,** alci magistratum, Cic.: honores (der eig. Ausdruck vom Volk, das zu Ehrenstellen wählt), Cic.: alqam (filiam) viro, zur Frau geben, Plaut.: epistulam, Plaut.: bona fidei alcis, Ter.: alqm aeternis tenebris, Cic.: dah. semen terrae, den S. der E. anvertrauen = säen, Colum.: so auch hordea sulcis, Verg.: corpus humo = beerdigen, Verg.: se fugae, fliehen, Caes.: so auch vitam fugae, Cic.: alqd mentibus, einprägen, Cic.: memoriae, im Gedächtnis behalten, merken, auswendig lernen, Cic., od. der Nachwelt überliefern, Liv.: litteris, schriftlich verfassen, verzeichnen, Cic.: scriptis, historiae, versibus, Cic.: alqd penitus animis mentibusqae, Cic.: fruges vetustati, lange aufheben, alt werden lassen, Cic.: caput clavae, anlehnen, Sen. poët.: alqm malis (den Backen) = verschlingen, Acc. tr. u. Lucr.: pestis mandata hostili manu, das Verderben, das mir von feindlicher Hand anvertraut ist u. das ich gleichs. verwahre, Enn. fr. scen. 162. – **II auftragen = Auftrag (Befehl, die Weisung) geben,** aufträglich **befehlen, anbefehlen, bestellen, benachrichtigen** oder **sagen lassen, α** mit *Acc.:* typos tibi mando (*sc.* comparandos, emendos), Cic.: excusationem, Suet.: Rhodiaca vasa mandavi (*sc.* emenda etc.), habe bestellt usw., Cic.: adoptionem, zur Einsetzung eines Thronerben A. g., Iustin.: alci parricidium, Sen. rhet.: tibi *de* nostris rebus nihil sum mandaturus per litteras, Cic.: res mandata, Cic. – u. alqd ad alqm, arcanum nefas Stygias ad undas, Lucan.: si quid ad uxores mandarent, Flor. – **β** m. folg. *ut* od. *ne* u. Konj. od. m. bl. *Coniunctiv,* tibi mandavit, ut etc., Cic.: Trebonio mandaverat, ne etc., Caes.: huic mandat, Remos adeat, Caes.: mandavit, ancillam emerem sibi, Plaut. – **γ** m. folg. *Acc.* u. *Infin.,* Suet. Tib. 65, 2 u. Cal. 29, 2. Iustin. 24, 2, 4. Eutr. 5, 5. – **δ** m. folg. *Infin.,* Vitr. 6. praef. § 1. Tac. ann. 15, 2. Sil. 13, 481. Mart. 1. 88, 10. – **ε** mit folg. *Acc.* u. *Gerund.:* cum principes (Alcibiadem) velut aemulum gloriae suae interficiendum insidiis mandassent, Iustin. 5, 2, 5: gladiatores vi rapiendos reservandosque mandabat, Suet. Caes. 26, 3. – **ζ** ad alqm mit folg. dir. Rede, Suet. Cal. 25, 1. – **η** absol., Claudio mandante ac volente (Ggstz. Claudio invito), Vopisc. Aurel. 16, 2.

2. **mando,** mandī, mānsum, ere (griech. μασάομαι), **kauen, I** im Allg.: animalia alia sugunt, alia carpunt, alia vorant, alia mandunt, Cic.: asini lentissime mandunt, Plin. – tristia vulnera saevo dente, die jämmerlich zerschnittenen Fleischstücke essen, Ov.: cadit et cruentam mandit humum, muss ins Gras beißen, Verg. (= ὀδὰξ ἑλεῖν γαίαν, Hom.): cibos mansos demittere, Quint.: omnia minima mansa (ganz klein gekaut) ut nutrices infantibus pueris in os inserere, Cic. – **II** prägn., kauend **essen, verzehren,** lora (vor Hunger), Liv.: u. so lora et pelles, Val. Max.: apros, Plin.: übtr., corpora mandier (parag. Infin.) igni, Matius bei Varro LL. 7, 95. – Depon. Nbf. **mandor,** Plin. 30, 13. Prisc. 8, 29.

3. **mando,** ōnis, *m.* (mando, ere), der **Esser, Fresser,** Lucil. 946.

mandra, ae, *f.* (μάνδρα), der **Zug eng aneinandergekoppelter Lasttiere,** der **Saumtierzug,** Mart. 5, 22, 7. Iuven. 3, 237. – übtr., **a** gleichs. ein **Rudel** = eine **ganze Reihe,** mendaciorum mandra, Ps. Cyr. de mont. Sina et Sion 11. p. 104, 3 H. – **b** im Brettspiel der Alten = die geschlossene Reihe der niederen Figuren, etw. die **Bauernreihe,** Mart. 7, 72, 8. Auct. paneg. ad Pison. 203 (191) in Poet. Lat. minor. 4, 1. p. 270 Wernsd.

mandragorās, ae, Akk. ān, *m.* (μανδραγόρας), **Alraun,** eine Pflanze (*Atropa mandragora,* L.), Plin. 25, 147 *sqq.* Cels. 5, 25, 3. Colum. poët. 10, 20: mandragorae radix, Cels. 6, 9. p. 246, 10 D.: mandragorae mala, Cels. 3, 18. p. 100, 25 D. u. a.: mandragorae suci, Cels. 6, 6, 1. p. 227, 6 D.

mandragoricus, a, um (mandragoras), **vom Alraun,** mala, Augustin. c. Faust. 22, 56 *in.* Isid. orig. qu. in genes. 25, 19 u. 20.

Mandubiī, iōrum, *m.,* eine gallische Völkerschaft im keltischen Gallien, mit der Hauptstadt Alesia (j. *Alise* im Dep. *de la Côte d'Or*), Caes. b. G. 7, 68 u. 78.

Mandubrācius, iī, *m.,* Fürst der Trinobanten in Britannien, Caes. b. G. 5, 20, 1 u. 4; 5, 22, 5.

mandūcābilis, e (mandūco, āre), **essbar,** Interpr. Iren. 1, 11, 4.

mandūcātio, ōnis, *f.* (mandūco, āre), das **Kauen,** Augustin. in Ioann. euang. tract. 27, 6.

mandūcātor, ōris, *m.* (mandūco, āre), der **Kauer,** Augustin. in Ioann. euang. tract. 27, 11.

1. **mandūco,** āvī, ātum, āre (mando, ere), **I kauen,** Varro, Sen. u. a. – Dep. Nbf. mandūcor, ārī, Pompon. com. 100. Afran. com. 184. Lucil. 456. Vgl. Prisc. 8, 29. – **II** (woher franz. *manger*) übtr., **kauend essen,** duas buccas, Aug. b. Suet. Aug. 76, 2: uvas, Fronto ad M. Caes. 4, 4. p. 67, 20 N.: u. so Marc. Emp. 13 *sq.* Plin. Val. 2, 17. Vulg. Isai. 7, 22: mand. (speisen) cum alqo, Hieron. epist. 21, 35.

2. **mandūco,** ōnis, *m.* (mando, ere), der **Fresser, Vielfraß,** Pompon. com. 112 R. (die Hdschrn manducus). Apul. met. 6, 31. Vgl. Non. 17, 13.

mandūcor, ārī, s. 1. mandūco.

mandūcus, ī, *m.* (mandūco, āre), **I** der **Fresser,** Pompon. b. Non. 17, 15 (Ribbeck Pompon. com. 112 manduco). – **II** eine bei Aufzügen u. in den Komödien der Alten zur Kurzweil des Volks auftretende Maske mit weit zum Verschlingen geöffnetem Mund und laut klappernden Zähnen, der **Vielfraß,** Plaut. rud. 535; vgl. Varro LL. 7, 95. Paul. ex Fest. 128, 12.

Manduria, ae, *f.,* Stadt der Salentiner in Unteritalien, zwischen Aletium u. Tarent, j. Ruinen bei *Casal Nuova,* Liv. 27, 15, 4. Plin. 2, 226.

māne, *subst. indecl. neutr.* (zu altlat. mānus, gut), der **Morgen,** die **Frühzeit,** die **Frühe,** novum, Verg.: proprium nobis mane fiat, Sen.: ad ipsum mane, Hor.: multo mane, sehr früh, Cic.: a mane, Varro: a mane usque ad vesperam, Suet.: a mane diei, Auct. b. Afr.: mane totum dormire, Mart.: primo mane, Colum.: aber primā mane, Gregor. Tur. hist. Franc. 10, 23.: sub obscuro mane (Ggstz. crepusculo), Colum.: de mane in mane, Augustin. conf. 11, 23: mane erat, Ov. – *adv.* **früh, morgens,** mane et vesperi, Varro: bene mane, am Morgen (od. früh) bei guter Zeit, Cic.: dass. mane sane, Plaut.: magis mane, maxime mane, Varro LL.: so auch plane mane, ganz früh, Plin. ep.: hodie mane, Cic.: cras mane, Cic. – ► Archaist. Nbf. mānī, in der Verbindung usque a mani ad vesperum, Plaut. Amph. 253; most. 787: a mani ad noctem, Plaut. most. 534. Lucil. 1228; vgl. über die Nbf. mani auch Sisenn. bei Charis. 203, 29. Pompeii comm. 136, 25 K. Serv. comm. in Donat. (IV) 428, 30. – Kompar. manius u. Superl. manissime werden als ungebr. bezeichnet, s. Varro LL. 8, 76. Serv. comm. in Donat. (IV) 439, 18. Cledon. (V) 65, 21 u. 68, 18. Pompeii comm. (V) 255, 30 *sqq.*

manentia, ae, *f.* (maneo), das **Beharren,** das **Prinzip des Beharrens,** Augustin. epist. 11, 3.

maneo, mānsī, mānsum, ēre (zu altind. *man-,* zögern, stillstehen, griech. μένω), **I** *intr.* **bleiben, A** im Allg. (Ggstz. abire, exire, decedere, fugere, venire, advolare): in patria, Cic.: in vita (Ggstz. excedere e vita), Cic.: domi, Caes.: ad exercitum, Caes.: hospes, hic bene manebis, Sen.: u. hic optime manebimus, Val. Max. – *impers.,* manebitur, man wird bleiben, Cic.: mansum oportuit, er hätte bleiben sollen, Ter. heaut. 200. – **B** prägn., **1 die Nacht über bleiben, übernachten** (s. Fabri u. Wölfflin Liv. 22, 13, 8), apud alqm, Cic.: manet sub Iove frigido venator, Hor.: aut inter vicos aut inter vias, Suet. – dah. **a** wo **wohnen,** in palatio, Lampr. Heliog. 30, 4. – **b** jmdm. **beiwohnen,** cum alqo, Porphyr. Hor. sat. 1, 5, 84. Cypr. epist. 4, 1. Moys. et Rom. leg. coll. 5, 1. – **2 bleiben = verbleiben, a fortdauern, fortbestehen, noch bestehen, von Bestand sein, Bestand haben, sich halten, sich erhalten, erhalten bleiben,** v. lebl. Subjj., in apothece mala (die Äpfel) manere putant satis commode, Varro: in sapa condita manere pira Aniciana, Varro: nihil suo statu manet, Cic.: monumenta manserunt ad nostram aetatem, Nep.: manere his bellum, der Krieg dauere für sie fort, Liv.: m. doppeltem *Nomin.,* imperium ei ad puberem aetatem incolume mansit, Liv. – m. *Acc.* der Zeitdauer, parietes, quorum ornatus tot saecula manserat, Cic. – **b festbleiben, beharren,** in amicitia, Cic.: in voluntate, Cic.: in pactione, Nep.: ea in condicione ac pacto, Cic.: in eo mansimus, *ne* ad urbem, Cic. ad Att. 9, 18, 1: dah. maneat, es bleibe also fest, es bleibe dabei, Cic. – **c** = esse, mit dem Nbbgr. einer langen Dauer, Sil. 12, 116. – **3 warten,** haud mansisti, Plaut.: mane, Plaut. u. Ter.: mane, mane, Ter.: vel mane etiam, oder warte lieber noch, Plaut.: mane videam, Plaut.: mane enarrem, Ter. – übtr., auf jmd. **warten,** jmd. **erwarten,** ihm **bevorstehen, sicher beschieden sein, zu gewärtigen stehen** (vgl. Wernsd. Cic. Phil. 2, 11. p. 179 *sq.* Haupt opusc. 1, 80. Bünem. Lact. 5, 19, 11), cuius fatum tibi manet, Cic.: quae fato manent, Tac.: munera vobis certa manent, Verg.: quae merces in cultu, quae poena in contemptu maneat, Lact. – **II** *tr.* auf jmd. od. etwas **warten,** **a** eig., alqm, Ter. u. Liv.: adventum, Liv. – **b** übtr., auf jmd. **warten,** jmd. **erwarten,** ihm **bevorstehen, sicher beschieden sein, zu gewärtigen stehen** (s. Wernsd. Cic. Phil. 2, 11. p. 179*sq.* Bünem. Lact. 5, 19, 11), te triste manebit supplicium, Verg.: indigna, quae manent victos, Liv.: si nocentem innocentemque idem exitus maneat, Tac.: quod praemium ipsos manere? Curt.: sin autem aliud me fatum manet, Anton. bei Cic. Phil. 13, 45.

mānēs, ium, *m.* (v. altlat. mānus, gut: die Guten), **I** die **abgeschiedenen Seelen, die Seelen der Verstorbenen, die Schattengeister der Toten,** bes. die wohlwollenden, gutartigen (vgl. larvae, lemures), Verg., Liv. u. a.: von den Alten göttlich verehrt, dah. di manes, XII tabb. fr. u. Cic.; Sing. manem deum, Apul. de deo Socr. 15: u. manes von der abgesch. Seele einer Person, Verg. Aen. 3, 303. Liv. 3, 58, 11; 21, 10, 3. Sen. contr. 7, 1 (16), 21. Vgl. Schmid Hor. ep. 2, 1, 39. – **II** übtr.: **1** die **Unterwelt** als Aufenthaltsort der manes, Verg. u. Hor. – **2** die **Strafen der Unterwelt,** Stat. Theb. 8, 84. Auson. ephem. 57. p. 6 Schenkl: u. ähnlich quisque suos patimur manes, wir büßen ein jeder seinen sündhaften Seelenzustand (d. i. wir leiden die Strafen für unsere Lüste u. Begierden), Verg. Aen. 6, 743. – **3** = **Leichnam, Überreste,** omnium nudatos manes, Liv.: inhumatos condere manes, Lucan.: accipiet manes parvula testa meos, Prop. – ► manes als *femin.* CIL 6, 18817. – auch maanēs, Genet. maanum, CIL 1, 1410.

manganum, ī, *n.* (μάγγανον), das **Werkzeug,** die **Maschine,** Heges. 4, 20. Augustin. epist. 8.

mango, ōnis, *m.* [nach Rhemn. Palaem. 537, 13 K. *gen. comm.*] (verwandt mit μάγγανα, wovon μαγγανεύειν), **I** der **Händler,** der seine Ware durch künstliche Mittel verschönert u. verfälscht = der betrügerische Verkäufer, von Edelsteinen, von Balsam u. Salben, von Wein, Plin. u. Quint. – **II** insbes., der **Sklavenhändler, Menschenhändler,** der die Gestalt u. die Reize seiner Sklaven zu erhöhen u. ihre Fehler zu verbergen weiß (s. bes. Sen. ep. 80, 8), der **Sklaventäuscher** (nach Rosstäuscher gebildet), Sen. rhet. u. a. – Dav.: **a** **mangōnicus,** a, um, **zum** *mango* **gehörig, mangonisch,** venalicii, Plin. 21, 170: quaestus, Suet. Vesp. 4, 3. – **b** **mangōnium,** iī, *n.*, das **Aufputzen, Aufarbeiten der zu verkaufenden Waren,** Plin. 10, 140. – **c** **mangōnico,** āre (μαγγανεύω), die Waren **aufputzen, aufarbeiten, äußerlich verschönern,** ihnen **ein schöneres Ansehen geben,** um die Käufer anzulocken, pueros, Plin. 32, 135: villas, Plin. 9, 168.

mānī, s. māne.

1. Mānia, ae, *f.* (v. manes), **I** die Mutter der Laren (Lares), Varro LL. 9, 61. Macr. sat. 1, 7. § 34*sq.* Arnob. 3, 41. Mart. Cap. 2. § 164. – **II** ein **böser Geist,** bes. als Schreckbild für die Kinder, ein **Popanz,** Ael. Stilo bei Fest. p. 129 (a), 26. Sinn. Capito bei Fest. p. 145 (a), 22. Mart. Cap. 2. § 164. Arnob. 6, 26.

2. mania, ae, *f.* (μανία), die **Wut,** rein lat. furor, insania, Cael. Aur. de morb. acut. 3, 12, 107: als Krankheit des Rindviehs, Veget. mul. 3, 2, 19 *ed. Gesn.* (Schneider u. Lommatzsch insania).

manibiae, s. manubiae.

manibula, ae, s. manicula.

manica, ae, *f.* (manus), **I** ein langer **Ärmel** an der Tunika, der bis über die Hand herabging, also zugleich unseren Handschuh ersetzte, griech. χειρίς, nur von Frauen u. Weichlingen in Rom und von Landleuten im Winter getragen, Cic., Verg. u. a., von Pelz gemacht, Pallad. – **II** übtr.: **1** das **Handeisen,** die **Handfessel** (Ggstz. pedica, compes, Fußeisen, Fußfessel), Plaut., Hor. u. Verg.: im Bild, sic laqueis, manicis, pedicis mens inretita est, Lucil. 854. – **2** der beim Entern eines feindl. Schiffes gebrauchte eiserne Haken, **Enterhaken** (gew. manus ferrea), Lucan. 3, 565. – ► Spät. Schreibung manicha, Hieron. epist. 22, 13.

manicārius, iī, *m.* (manica), der **Handfesselnanleger,** der Gladiator, der seinen Gegner mit Handfesseln zu fassen suchte, CIL 6, 631.

manicātus, a, um (manica), mit **langen Ärmeln versehen** (griech. χειριδωτός), tunica, Cic. u. a.: pelles, Colum.

manicha, s. manica ►.

Manichaeī, ōrum, *m.*, eine ketzerische Sekte bei den Christen, Prud. apoth. 1025. – Sing. Manichaeus, ī, *m.*, Cod. Iust. 1, 5, 4.

manicleātus, a, um = manicatus, Isid. orig. 19, 22, 8.

mānico, āvī, āre (mane), **des Morgens kommen,** Vulg. Luc. 21, 38 (u. a. Eccl.). Schol. Iuven. 5, 79.

manicola, s. manicula.

manicos, on (μανικός, ή, όν), **rasend machend,** Plin. 21, 179.

manicula (manicola), ae, *f.* (*Demin.* v. manus), **I** das **Händchen,** Plaut. rud. 1169. Laev. fr. 15, 10 L. M. (bei Gell. 19, 7, 10). – **II** übtr.: **1** = chele an der Ballista, Vitr. 10, 10, 4 R. (wo synkop. Nbf. manucla). – **2** der **Griff am Pflug, die Pflugsterze,** Varro LL. 5, 135.

manifēstārius (manufēstārius), a, um (manifestus), **handgreiflich,** **a** v. Lebl., **handgreiflich, augenscheinlich,** res, Plaut. mil. 444: soloecismus, Gell. 1, 7, 3. – **b** v. Pers., **auf frischer Tat ergriffen,** moechus, Plaut. Bacch. 918: fur, Plaut. aul. 469: manufestarium alqm tenere, Plaut. trin. 895.

manifēstātio, ōnis, *f.* (manifesto), die **Offenbarung,** das **An-den-Tag-Legen,** Eccl. u. Gloss.

manifēstātor, ōris, *m.* (manifesto), der **Offenbarer, Entdecker,** Non. 14, 6. Acro Hor. carm. 1, 9, 21: manif. prophetarum, Augustin. c. litt. Petil. 2. § 33.

manifēstē, *Adv.* manifestus, **handgreiflich, offenbar,** Cels. praef. p. 9, 1 D. Scrib. Larg. 90. Paul. Sent. 3, 6, 60. Scaevol. dig. 50, 16, 243. Apul. met. 6, 17. Marc. Emp. 16 *in.* Hieron. epist. 29, 2. Sulp. Sev. chron. 2, 7, 5. – *Compar.*, Verg. Aen. 8, 16. Sen. contr. 1. prooem. § 15 u. 1, 3, 9. Tac. hist. 1, 88; 4, 23. – *Superl.*, Scaevol. dig. 33, 2, 32. § 6. Apul. apol. 66. Cod. Iust. 4, 18, 2. § 1. Augustin. enarr. in psalm. 140, 3. Oros. 6, 18, 14. Interpr. Iren. 1, 20, 3.

manifēstim = manifeste, Cass. Fel. 1. p. 2, 13.

1. manifēstō, *adv.*, s. manifēstus.

2. manifēsto u. (altlat.) **manufēsto,** āvī, ātum, āre (manifestus), **sichtbar machen, deutlich zeigen, offenbaren, an den Tag legen,** alqm, Ov.: voluntatem, Iustin.: hoc manifestatur, erhellt, ist sichtbar, Iustin. – Passiv m. *Nomin.* u. *Infin.*, qui post eius adscensionem ab Herode manifestatur occisus, Augustin. in Ioann. euang. tract. 124, 1.

manifēstus u. (altlat.) **manufēstus,** a, um (manus u. *fendo, eig. mit der Hand gestoßen), **handgreiflich = offenbar, augenscheinlich,** sodass man es gleichs. mit Händen greifen kann, **I** im Allg.: peccatum, Cic.: caedes, Liv.: causa (Ggstz. latens et occulta causa), Scrib. Larg.: res manifestae, manifestae et apertae, Cic.: crimina, Cic.: manifestum atque deprehensum scelus, Cic.: penates multo manifesti lumine, Verg.: habere alqd pro manifesto, Liv.: manifestior fraus, Plin.: manifestissimum exemplum, Plin. – nondum manifesta sibi est, noch nicht mit sich selber (über ihre Liebe) im Klaren, Ov. – m. folg. *Infin.*, manifestus nosci, deutlich zu erkennen, Stat. Theb. 10, 759. – manifestum est mit folg. *Acc.* u. *Infin.*, manifestum erit ab exortu matutino latitudines scandi, Plin.: manifestius est mit folg. *quin non*, Sen. de ben. 6, 7, 2. – Abl. manifēstō, *adv.*, z. B. m. mendax, Plaut.: m. deprehendere, comprehendere, comperisse, Cic., alqm m. prehendere, opprimere, tenere, Plaut. (s. Lorenz Plaut. Pseud. 1143. Spengel Plaut. truc. 1, 2, 30). – **II** prägn. = durch augenscheinliche Beweise (äußere Anzeichen u. Zeugnisse) **überführt,** bei etw. **ertappt,** etw. **sichtbar verratend,** nocens (Verbrecher), Ov.: uti eos (coniuratos) maxime manifestos habeant, überführen, Sall.: manifestum teneri, Plaut. – m. folg. *Genet.* der Sache, mendaci (= mendacii), Plaut. Bacch. 696: sceleris, rerum capitalium, Sall.: coniurationis, Tac.: ne manifestus aut offensionis aut metus esset, um doch nicht offenbar mit dem Gefühl der Beleidigung oder Furcht sich zu verraten, Tac.: spirans ac manifesta vitae, noch atmend und mit unverkennbaren Zeichen des Lebens, Tac.: u. so doloris, Ov.: u. mit folg. *Infin.*, manifestus dissentire, mit offenbar widerspruchsvollen Mienen, Tac. ann. 2, 57: ipse satis manifestus est (gibt deutlich zu erkennen) iam dudum in contrarium accingi, Tac. dial. 16: nisi ipse testator ex scriptura manifestus est utrumque eorum solidum accipere voluisse, ICt. – ► Über die Schreibung manufestus s. Lachm. Lucr. 2, 867.

manifolium, iī, *n.*, die gew. bechion (s. d.) genannte Pflanze, Ps. Apul. herb. 36.

Mānīlius, a, um (2. mānus), Name einer röm. *gens,* aus der am bekanntesten C. Manilius, Volkstribun 67 v. Chr., Cic. de imp. Pomp. 69. Q. Cic. petit. cons. 51. – u. der Astronom A. Manilius, der ein Lehrgedicht in fünf Büchern, Astronomica gen., hinterlassen hat. – *Adi.*, **manilisch,** lex, wodurch dem Pompejus der Oberbefehl gegen den König Mithridates übertragen wurde, vom Volkstribunen C. Manilius verfasst, Cic. or. 102. – Dav. **Mānīliānus,** a, um, **manilianisch,** leges, gerichtl. Formeln (als Anweisung, was bei Kaufverträgen gesetzlich zu beobachten ist), Cic. de or. 1, 246.

maniolae, ārum, *f.* (*Demin.* v. mania), **kleine böse Geister,** als Schreckbild für Kinder, **Popanz,** Ael. Stilo bei Fest. p. 129 (a), 28.

maniopoeos, ī, *m.* (μανιοποιός, rasend machend), anderer Name der Pflanze hyoscyamus, Ps. Apul. herb. 4.

maniōsus, a, um (mania), **verrückt, unsinnig,** Amm. 28, 4, 16 G.

maniplāris, maniplārius, maniplātim, maniplus, s. manipulāris etc.

manipretium, s. manūpretium.

manipulāris (bei Dichtern synkop. maniplāris, manuplāris), e, **zu einem Manipel** (manipulus) **gehörig, Manipel-,** miles, gemeiner Soldat, Plin.: iudex, aus einem Manipel (aus den gemeinen Soldaten) erwählt, Cic.: imperator, der von der Pike auf gedient hat (v. C. Marius), Plin. – subst., manipulāris, is, *m.*, einer aus dem Manipel, der **gemeine Soldat (Krieger), der Gemeine** (im Ggstz. zu den Chargierten desselben Manipels od. derselben Kohorte), unus m., Cic.: manipulares mei, Caes., u. manuplares mei, Plaut.

manipulārius, a, um (manipulus), **zum Manipel gehörig,** habitus, Kleidung eines gemeinen Soldaten, Suet. Cal. 9: übtr., manip. amicus, ein gewöhnlicher, *Plaut. truc. 4, 4, 27 Sp. – subst., manipulārius, iī, *m.*, der **gemeine Soldat (Krieger), Gemeine** (s. manipulāris), Val. Max. 6, 1, 12. Liv. epit. 5 *extr.* – ► synk. maniplārius, CIL 10, 3625: manuplārius, *ibid.* 10, 3608.

manipulātim, *Adv.* (manipulus), **I handvollweise, bündelweise,** Plin. 12, 48. – **II manipelweise, nach Manipeln,** man. structa acies, Liv.: man. alloqui, Tac.: man. resistere hostibus, Sisenna fr.: dah. scherzh. übtr., **haufenweise, truppweise,** Plaut. Pseud. 181 (synk. maniplatim).

manipulus (bei Dichtern auch synkop. maniplus), ī, *m.* (manus u. *pleo), eine **Handvoll, I** eig.: **A** ein **Bund** od. **Bündel,** feni, Sen.: filicum manipli, Verg.: de his (herbis) manipulos fieri ac vehi ad villam, Varro: manipulos vincire, Colum. – **B** manipuli = ἁλτῆρες, die **Hanteln** od. **Wuchtkolben** unserer Turnplätze, Cael. Aur. de morb. chron. 5, 2, 38. Vgl. halteres. – **II** übtr., eine Anzahl Fußsoldaten (bei den velites, hastati u. principes 120, bei den triarii 60 Mann), **Manipel, Kompagnie** (deren 3 eine Kohorte bildeten), so genannt nach dem Bündel Heu, das zu Romulus' Zeit statt der Fahne vorgetragen wurde (s. Ov. fast. 3, 117 *sq.*), Caes. u. a.: von Reitern, Sil. u. Apul.: scherzh. übtr., von Dieben, m. furum, Ter. eun. 776. – ► Plur. heterogen manipula, Spart. Hadr. 10, 2.

Mānius, iī, *m.* (2. mānus), ein röm. Vorname, gew. abgekürzt M'., Varro LL. 9, 60. Paul. ex Fest. 148, 16.

Mānlius, a, um (2. mānus), Name einer röm. *gens,* aus der am bekanntesten M. Manlius Capitolinus, der das Kapitol vor den Galliern rettete, später aber, weil er sich verdächtig machte, nach der Königswürde zu streben, vom tarpejischen Felsen gestürzt wurde, Liv. 5, 47, 4 *sqq.*; 6, 11 *sqq.* Cic. Phil. 1, 32; 2, 113; de rep. 2, 49. – L. Manlius u. sein Sohn T. Manlius, die wegen ihrer Strenge den Beinamen Imperiosus bekamen, Liv. 7, 3 *sq.*; 8, 7, 1 *sqq.* Cic. de off. 3, 112. – *Adi.*, **manlisch,** gens, Cic. – Dav. **Mānliānus,** a, um, **manlianisch,** des **Manlius,** turba, seditio, Liv.: mala (Äpfel), Plin.: sprichw., Manliana imperia, manlianische Machtsprüche (= grausame, harte Befehle), Liv. 4, 29, 6; 8, 27, 2. – subst., **a** Mānliānum, ī, *n.*, ein Landgut Ciceros, das **Manlianum,** Cic. – **b** Mānliāna, ōrum, *n.*, manlianische Machtsprüche, Manl. vestra, Cic. de fin. 2, 105 (s. vorh.).

1. **manna,** ae, *f.* (μάννα), das **Körnchen,** der **zu Körnern verhärtete vegetabilische Saft,** turis, Plin. 12, 62. Veget. mul. 5, 21, 3: croci, Veget. mul. 3, 39, 3 u. 5, 22, 4.

2. **manna,** *neutr. indecl.* (hebr. Wort), das **Manna** der Israeliten, Tert. de carn. Chr. 6 u. a. Eccl. – Nbf. manna, ae, *f.*, Hieron. in psalm. 131, 16: mannae cibus, Sulpic. Sev. chron. 1, 20, 3.

mannulus, ī, *m.* (*Demin.* v. 1. mannus), ein gallisches Pferdchen, ein **niedlicher Pony** (vgl. 1. mannus), Plin. ep. 4, 2, 3. Mart. 12, 24, 8.

1. **mannus,** ī, *m.* (illyrisches Wort), eine Art kurz gebauter, kleiner gallischer Pferde, die wegen ihrer Schnelligkeit von den reichen Römern zu Spazierfahrten auf ihren Landgütern gebraucht wurden, etwa **Pony,** Lucr., Hor. u. a.: detonsi, mit verschnittenen Mähnen, Prop.: obesi, Sen.

2. **Mannus,** ī, *m.* (germanisch *man,* ἄνθρωπος, woraus manisco, Mensch), ein Gott der Germanen, Sohn des Tuisto, Tac. Germ. 2.

māno, āvī, ātum, āre (verwandt mit madeo), **I** *intr.* **fließen, rinnen, A** v. Feuchtigkeiten, tum tumido manat ex omni corpore sudor, Enn. ann. 418: fons nigra sub ilice manat, Ov. (vgl. bildl., T. Livius lacteo eloquentiae fonte manans, Hieron. epist. 53, 1): non semper imbres nubibus hispidos manant in agros, Hor.: alvei manantes per latera et fluctu superurgente, triefend durch die Seiten hindurch (indem die Fugen der Wände nachgelassen hatten, Lecke entstanden waren) und indem das Wasser über Bord schlug, Tac. ann. 2, 23: certatim patribus plebique manare gaudio lacrimae, Liv.: diu flevit manantibusque adhuc lacrimis ... inquit, Curt.: manantibus gaudio lacrimis, Curt.: lacrimae, quae erumpunt dolore aut laetitiā manant, Quint.: licet illi plurima manet lacrima, Hor. – man. alqā re = von etwas **fließen, triefen,** Herculis simulacrum multo sudore manavit, Cic.: culter manans cruore, Liv. Vgl. Drak. Liv. 1, 59, 1. – *neutr. plur.* subst., manantia (= τὰ ῥεύματα), die **Ausflüsse,** das **Nässen,** ulcerum man., Plin. 23, 18: u. bl. manantia nässende Geschwüre, Plin. 26, 139. – **B** von der Luft u. anderen Dingen, **fließen, strömen, sich fließend** od. **strömend ausbreiten, 1** eig.: aër, qui per maria manat, Cic.: multa a luna manant, Cic.: sonitus manare per auras, Lucr. – **2** übtr.: **a** aus etw. **fließen = herrühren, entstehen,** peccata ex vitiis manant, Cic.: honestas manat a partibus quattuor, Cic.: a Socrate haec omnis philosophia manavit, Cic. – **b** sich **ausbreiten,** sich **verbreiten,** malum manavit per Italiam, Cic.: fidei nomen manat longius, hat einen weiten Umfang, -Begriff, Cic.: rumor manat totā urbe od. per compita, Liv. u. Hor.: sequitur tertia (pars philosophiae), quae per omnes partes sapientiae manat et funditur (und sich erstreckt), Cic. – **c entfließen, entrinnen** = entfallen, vergessen werden, omne supervacuum pleno de pectore manat, Hor. de art. poët. 337. – **II** *tr.* = **fließen lassen, ausströmen** od. **ausströmen lassen, von sich geben** (vgl. Schmid Hor. ep. 1, 19, 44. Heinsius Ov. met. 6, 312. Muncker Hyg. fab. 9. p. 33), suco picem resinamque (v. Bäumen), Plin.: sudorem purpureum (v. einem Edelstein), Plin.: longam salivam (v. den Lippen), Iuven.: lacrimas, Tr. vergießen (v. einem Marmorbild), Ov. – im Bild, fidis enim manare poëtica mella te solum, du allein seist ein wahrer Dichter, Hor. ep. 1, 19, 44.

manos, ī, *m.* (μανός, ή, όν, undicht, lose), eine Art **Schwamm,** Plin. 9, 148.

mānsio, ōnis, *f.* (maneo), **I** das **Bleiben,** der **Aufenthalt, 1** eig. (Ggstz. decessio, discessus, excessus), Cic. u. a.: mansio Formiis, Cic.: et excessus e vita et in vita mansio, Cic.: mansiones diutinae Lemni, Cic. – **2** übtr., der **Fortbestand,** aevi mansio perpetua et immutabilis, Chalcid. Tim. 38 A: aevi propria mansio, *ibid.* 25. – **II** meton.: **1** der **Aufenthaltsort** = der **Aufenthalt,** die **Wohnung** für Menschen u. Vieh, Plin. u. Pallad.: mansio commodior, Porphyr. Hor. sat. 1, 1, 75. – **2** insbes.: **a** das **Nachtlager,** die **Herberge, Station** (griech. σταθμός), u. da man die Tagereisen nach den einzelnen Nachtlagern rechnete, auch für **Tagereise,** prima, Suet.: mansiones octo, Plin.: mans. camelorum, Ort, wo die Kamele Halt machen, um zu saufen,

Plin. – m. mala, schlechtes Quartier (eine Art Folter, auf der der Verbrecher auf ein Brett lang gestreckt angebunden bleibt, bis er gesteht), etwa »die Latten«, ICt. – **b** das **Beiwohnen,** der **Beischlaf,** muliebris, Moys. et Rom. leg. coll. 5, 1.

mānsiōnārius, a, um (mansio), **zum Nachtlager gehörig,** coniugium, in der Herberge eingegangen, Fulg. myth. 3, 6. p. 67, 16 H.

mānsito, āvī, ātum, āre (*Intens.* v. maneo), **bleiben, sich aufhalten, wohnen,** in oppidis, Plin.: sub eodem tecto, Tac.: unā, Tac.: mecum denuo mansitavit, Fronto ad amic. 1, 15 *extr.* p. 185, 2 N.: propter vicinum fluvium mansitare, Iul. Val. 1, 40 (42). p. 52, 21 K.; vgl. 3, 52 (28). p. 159, 27 K.: ne sub eodem tecto mansita, Hieron. epist. 52, 5.

mānsiuncula, ae, *f.* (mansio), **kleine Wohnung, Kämmerlein,** Vulg. gen. 6, 14.

mānsor, ōris, *m.* (maneo), einer, der bei jmd. bleibt, ein **Gast,** Sedul. carm. 5, 294 u. a. Eccl.

mānsōrius, a, um (maneo), **verweilend** (Ggstz. transitorius), non quasi mansoria dilectio atque delectatio, sed transitoria potius, tamquam viae, Augustin. de doctr. Chr. 1, 35. *no.* 39.

manstrūga, s. mastrūca.

mānsuēfacio, fēcī, factum, ere, *Pass.* **mānsuēfio,** factus sum, fierī (mansues u. facio), eig. »an die Hand gewöhnen«; dah. **I** eig., Tiere **zähmen, zahm machen,** animalia, Quint.: uri mansuefieri non possunt, Caes. – übtr., aes attritu domitum et consuetudine nitoris veluti mansuefactum, Plin. – **II** übtr., Menschen usw. **zahm machen, a** der Gesinnung, dem Naturell nach = **bezähmen, bändigen, mildern,** plebem, Liv.: naturam saevam, Suet – **b** der Bildung nach = **zivilisieren, mildern,** a quibus mansuefacti et exculti, Cic.: deposita et mansuefacta barbaria, Iustin.

mānsuēfactio, ōnis, *f.* (mansuefacio), die **Zähmung,** Augustin. de nat. et grat. 15. *no.* 16.

mānsuēs, is u. ētis (manus u. suesco), an die Hand gewöhnt, **zahm,** Nom., Acc. tr. 453. Cato fr. inc. bei Fest p. 154 (a), 16 (vgl. Paul. ex Fest. 152, 9): mitis et mansues, Gell. 5, 14, 21: Akk. Sing. mansuem, Varro sat. Men. 364. Apul. met. 11, 8: Akk. Plur. mansues, Apul. met. 7, 23: Akk. Sing. mansuetem, Plaut. asin. 145.

mānsuēsco, suēvī, suētum, ere (= manui suesco), **I** *tr.* »an die Hand gewöhnen« = **zahm machen,** animalia silvestria, Varro r. r. 2, 1, 4: tigres, Coripp. Iohann. 6, 253: rabidae vires tigris, Ps. Verg. Cir. 136: fructus feros mansuescere terram, Lucr. 5, 1366 (*codd.* ›terra‹). – übtr., gentes, Coripp. Iohann. 6, 484. – **II** *intr.* sich an die Hand gewöhnen, **zahm werden,** (buculi) per haec blandimenta triduo fere mansuescunt, Colum. 6, 2, 7: sic ubi … mansuevere ferae, Lucan. 4, 237. indomita vitula sero mansuescit, Ambros. in psalm. 118. serm. 16. *no.* 5. – übtr., von Menschen u. Dingen, **zahm-, zivilisiert werden, sanfter-, milder werden,** mansuescunt corda, Verg.: mansuescit tellus, Verg.

mānsuētārius, iī, *m.* (mansuetus), der Zähmer wilder Tiere, der **Tierbändiger,** Lampr. Heliog. 21. § 1. Firm. math. 8, 17, 6.

mānsuētē, *Adv.* (mansuetus), **zahm, sanft, gelassen, ohne Murren,** ferre fortunam, Rhet. Her. 4, 65: cum aliquid clementer, mansuete, iuste, moderate, sapienter factum audimus aut legimus, Cic. Marc. 9: adeo tum imperio meliori animus mansuete oboediens erat, ut etc., Liv. 3, 29, 3. – *Compar.*, civilius atque mansuetius versari, Apul. met 9, 39.

mānsuēto, āre (mansuetus), **zähmen, bändigen,** Vulg. sapient. 16, 18 u. a. Eccl.

mānsuētūdo, inis, *f.* (mansuetus), **I** die **Zahmheit** (Ggstz. feritas), delphini, Plin. ep.: elephanti, Iustin. – **II** übtr., die **Sanftmut, Milde** u. **Freundlichkeit** in Gesinnung u. Benehmen, die **Gutherzigkeit,** dah. auch **Zivilisation** (griech. ἡμερότης, Ggstz. efferitas, inhumanitas), **a** übh.: clementia mansuetudoque imperii nostri (Ggstz. crudelitas inhumanitasque), Cic.: morum, Cic.: animorum, Cic.: in hostes, Tac. – **b** insbes., als kaiserl. Titel, mansuetudo tua, **Ew. Gnaden,** Eutr. praef. ad Valent. imp.

mānsuētus, a, um (manus u. suesco), eig. an die Hand gewöhnt; dah. **zahm, I** eig., v. Tieren (Ggstz. ferus), sus, Liv.: iuvencus, Varro: poet übtr., stabula, der zahmen Tiere, Gratt cyn. 164. – **II** (wie ἥμερος) übtr. = **sanftmütig, gutmütig, gutherzig, mild, gelassen, umgänglich, friedlich, friedliebend** (Ggstz. ferus), mansueti animi officia, eines empfindsamen Herzens, Ter.: nimium animis estis simplicibus et mansuetis, Rhet. Her.: ut in victoria mitior mansuetiorque fiat, Sulp. Asell. fr.: mansuetus in senatu … in edictis ferus, Cic.: ut mansuetissimus viderer, Cic.: Musae mansuetiores, sanftere, friedlichere Musen (Beschäftigung mit Philosophie, Rhetorik u. a. im Ggstz. zu der gerichtl., oft leidenschaftlichen Beredsamkeit), Cic.: manus, Ov.: Amor, Prop.: litora, stille, nicht stürmische, Prop.: malum, Liv.: fiet mansuetior ira, Ov.

mantēle (mantīle), is, *n.* u. **mantēlium,** iī, *n.* (aus *mantergsle, manus u. tergeo), **I** ein zottiges (zuw. auch glatt geschorenes, s. Verg. Aen. 1, 702) leinenes Tuch, das eigentlich zum Händewaschen nach Tische usw., manchmal auch bei Tische als Serviette vor die Brust genommen gebraucht wurde, das **Handtuch** (vom Gastgeber gereicht, während die mappa, die eigentliche Serviette, von den Gästen mitgebracht wurde), Verg., Plin. u. a. – mantelium b. Varro LL. 6, 85. – **II** übtr., zur Kaiserzeit = das **Tischtuch,** Treb. Poll. Gallien. 16. § 3; vgl. Isid. orig. 19, 26, 6.

mantellum (**mantēlum**), ī, *n.*, **I** die **Hülle, Decke,** Plaut. capt. 521 im Bild. – **II** = mantele (s. d.), Lucil. 1206. Paul. ex Fest. 132, 9. Fest. p. 133 (a), 33. Act. fr. Arv. im CIL 6, 2104, 14.

mantīa, ae, *f.* (μαντεία), die **Brombeerstaude** (rubus) bei den Daziern, Ps. Apul. herb. 87.

mantica, ae, *f.*, der **Quersack** für den Fußgänger, der ihn über die Schulter hängte, einen Teil nach vorn, den anderen nach hinten, und der **Mantelsack** für den Reiter, der ihn hinter sich auf den Lenden des Pferdes befestigte, Lucil. 1207. Hor. sat 1, 6, 106. Apul. met. 1, 18. Porphyr. Hor. sat. 2, 3, 299. – dah. non videmus manticae quod in tergo est, unsere Fehler, Catull. 22, 21: u. der Ggstz. praecedenti spectatur mantica tergo, des anderen Fehler, Pers. 4, 24.

Manticē, ēs, *f.* (μαντική), die **Göttin der Weissagung,** Mart. Cap. 1. § 6 u. § 23.

mantichorās, ae, Akk. ān, *m.* (μαντιχόρας), der **Menschenwürger,** Name eines indischen Wundertieres mit Löwengestalt, menschlichem Angesicht u. Skorpionenschwanz, Plin. 8, 75 u. 107. Calp. ecl. 7, 58.

manticula, ae, *f.* (*Demin.* v. mantica), ein **kleiner Quersack,** Paul. ex Fest. 132, 6. Fest p. 133, 18. Schol. Iuven. 14, 282.

manticulārius, iī, *m.* (manticula), der **Beutelschneider,** Tert. apol. 44.

manticulātio, ōnis, *f.* (manticulor), die **Beutelschneiderei,** Placid. gloss. 66, 17.

manticulātor, ōris, *m.* (manticulor), der **Beutelschneider, Gauner,** Pacuv. tr. 376.

manticulor, ārī (manticula), Beutelschneiderei treiben (vgl. Fest. 133, 20); dah. **I** eig. = **stehlen,** utrem, Apul. apol. 55. – **II** übtr., **verschmitzt zu Werke gehen,** Pacuv. tr. 377 *sq.* – ► Aktive Nbf. ›manticulare, fraudare‹, Gloss. (s. Löwe Prodr. p. 106 u. 121 Quicherat Add. lex. Lat. p. 167, a).

mantīle, s. mantēle.

Mantinēa, ae, *f.* (Μαντίνεια), Stadt in Arkadien, berühmt durch die denkwürdige Schlacht, in der Epaminondas über die Spartaner siegte und fiel (i. J. 362 v. Chr.), Nep. Ep. 9, 1. Cic. de fin. 2, 97. Amm. 25, 3, 8. – Nbf. Mantinia, Frontin. 3, 11, 5. Amm. 25, 3, 8 G.; u. dav. Mantiniēnsēs, Frontin. 3, 11, 5.

mantis, is, *m.* (μάντις), der **Seher,** Hyg. fab. 190.

mantīsa (mantissa), ae, *f.*, die **Zugabe,** Lucil. 1208; vgl. Paul. ex Fest. 132, 11. – übtr. = **Gewinn,** magnam mantissam habere, ein hübsches Profitchen (Geschäft) machen, Petron. 65, 10.

mantiscinor, ātus sum, ārī (v. mantis u. cano), **weissagen,** Plaut. capt. 896.

1. **manto,** āre (*Frequ.* v. maneo), **verbleiben, verharren,** Plaut. most. 116; Pseud. 255; rud. 444 Sch. Fest. 190 (b), 18: übtr., in eadem

malitia, Caecil. com. 87. – m. *Acc. pers.* = auf jmd. **harren,** Caecil. com. 34. Plaut. Poen. 264.

2. Mantō, ūs, Akk ō, *f.* (Μαντώ), **I** Tochter des thebanischen Sehers Tiresias, eine Seherin, Mutter des Sehers Mopsus von Rhakios, Ov. met. 6, 157. Hyg. fab. 128: Genet. Mantus, Mela 1, 17, 2 (1. § 88): Akk. Manto, Stat. Theb. 7, 758; 10, 679. – **II** eine weissagende italische Nymphe, vom Flussgott Tiberis Mutter des Oknus, der Mantua erbaute u. nach seiner Mutter benannte, Verg. Aen. 10, 199.

Mantua, ae, *f.*, bekannte Stadt in Oberitalien, am Fluss Mincius, in deren Nähe der Flecken Andes lag, der Geburtsort des Dichters Vergil, Liv. 24, 10, 7. Ov. am. 3, 15, 7. Sil. 8, 595. – Dav. **Mantuānus,** a, um, **mantuanisch, aus Mantua,** Homerus, v. Vergil, Macr.: ders. poëta, Apul. apol. 10; u. poëtarum Publius Mantuanus, Sidon.: bl. Mantuanus, Macr. – dah. poet. = **vergilianisch,** fama, Stat.: carmina, Solin.

mantuēlis, e (vgl. mantelum, mantum), **mantelartig,** clamys (chlamys), Gallien. bei Treb. Poll. Claud. 17. § 6.

mantum, ī, *n.* od. **mantus,** Abl. ū, *f.* (hispan. Wort), ein **kurzer Mantel,** Isid. orig. 19, 24, 15. Prob. app. 194, 1.

Manturna, ae, *f.* (1. manto), eine **Ehegöttin,** die die Dauer der ehelichen Verbindung bewirken sollte, Augustin. de civ. dei 6, 9.

1. Mantus, ī, *m.*, der Gott der Unterwelt bei den Etruskern, Serv. Verg. Aen. 10, 199.

2. mantus, s. mantum.

manua, ae, *f.* (manus), eine **Handvoll,** ein **Bündelchen,** manuae feni, Schol. Iuven. 8, 154: et olivi seris manuam (δράγμα), Interpret. deuter. 24, 19 (Augustin. op. 6. p. 187 *ed. Bened.*); vgl. Gloss. III, 455, 56 ›manua, δράγμα‹; Gloss. II, 268, 34 ›manua, δέσμη‹; Gloss. V, 507, 17 ›manua, manipulus‹.

manuālis, e (manus), **zur Hand gehörig, mit der Hand gefasst, eine Hand füllend** u. dgl., **Hand-, I** *adi.*: pecten, Plin.: fasciculus, Plin.: scopae, einige Hände voll Reiser, Plin.: lapides od. saxa = χερμάδια, mit den Händen geworfene Steine, Sisenn. fr. u. Tac.; aber manualia saxa = Handmühle, Calp. ecl. 3, 85: vehiculum (= χειραμάξιον), Handwagen, Cael. Aur.: libellus, Serv. gramm.: aqua, Handwasser, Tert. – **II** *subst.*, **a** manuāle, is, *n.*, ein **Bücherfutteral,** Mart. 14, 84 *lemm.* – **b** manuālia, ium, *n.*, **Handbücher,** Fragm. Vatic. § 45 *sq.*

mānuārius, a, um (manus), **zu den Händen gehörig, Hand-, I** *adi.*: molae, Handmühle, ICt.: vas, Charis.: aes, im Würfelspiel gewonnenes Geld, Spielgeld, Gell. 18, 13, 4. – **II** *subst.*, mānuārius, iī, *m.*, etwa **Handlanger** = Dieb, Laber. com. 46.

manuātus, a, um (v. manus), **mit Händen versehen,** Mart. Cap. 4. § 378.

manuballista, ae, *f.* (manus u. ballista), die **Handballiste,** Veget. mil. 2, 15; 4, 22. – Dav. **manuballistārius,** iī, *m.*, der **Handballistenträger, -schütze,** Veget. mil. 3, 14; 4, 21.

manubia, s. manubiae *no.* II.

manubiae, ārum, *f.* (manus u. habeo), **I** die vom Feind abgelieferte ehrliche **Kriegsbeute** der Soldaten, Naev. tr. fr., Flor. u. a., und da zur leichteren Verteilung diese Kriegsbeute gewöhnlich verkauft wurde, vorzugsw. = das **aus der Beute gelöste Geld,** die **Gesamteinnahme von der Beute,** der **Erlös der Beute** (s. Favōrīnus. b. Gell. 13, 24 [23]. § 25 *sq.*), qui ex manubiis portionem praedae peterent, Iustin. – u. insbes., der **Beuteanteil, Geldanteil,** den der Feldherr erhielt und den er gewöhnlich zur Errichtung eines öffentlichen Gebäudes oder Kunstwerks verwendete, porticum de manubiis Cimbricis fecit, Cic.: de manubiis duos fornices fecit, Liv. – übtr., der **Raubanteil,** die **Beute,** einer Magistratsperson, manubias alci concedere, Cic. Rosc. Am. 108: qui manubias sibi tantas ex L. Metelli manubiis fecerit, Cic. II. Verr.. 1, 154. – u. v. dem **Raub,** dem ungesetzlichen **Gewinn,** den die Kaiser von den Bürgern zogen, Suet.: verb. praedae et manubiae, manubiae et rapinae, Suet. – **II** als *t. t.* der Augurenspr., manubia = ein **Blitz- und Donnerschlag** (Serv. Verg. Aen. 1, 42), manubiae fulminis, Serv. Verg. Aen. 8, 429: fatales manubiae, Amm. 17, 7, 3: Minervales, Serv. Verg. Aen. 11, 259: tres manubiae, drei Arten von Blitz- u. Donnerschlägen, Sen. nat. qu. 2, 41, 1. Mart. Cap. 9. § 896. Fest. p. 129, 16: manubias suppetiat prone, Naev. tr. 12. – u. im Sing., prima (secunda, tertia) manubia, der erste (zweite usw.) Blitz- u. Donnerschlag, Sen. nat. qu. 2, 41. § 1 u. 2. Fest. p. 214, 25. – ► Schreibung manibiae in sehr guten Hdschrn., z. B. Cic. de rep. 2, 31 H. u. K., u. in Inschr., z. B. CIL 6, 1301 (wo manibeis).

manubiālis, e (manubiae), **zur Beute gehörig, Beute-,** pecunia, das aus dem Verkauf der Beute gelöste Geld, Suet. Aug. 30, 1.

manubiārius, a, um (manubiae), **zur Beute gehörig,** saltem amicus mihi esto manubiarius, von dem ich Nutzen ziehe, Plaut. truc. 880 zw. (Leo manubinarius).

manubriātus, a, um (manubrium), **mit einer Handhabe (einem Griff, Heft, Stiel) versehen,** serrulae manubriatae (Handsägen) minores maioresque ad mensuram cubiti, Pallad. 1, 43, 2: cultri, Amm. 25, 1, 15.

manubriolum, ī, *n.* (*Demin.* v. manubrium), ein **kleiner Griff (Stiel),** scalpelli, Cels. 7, 6 *extr.*

manubrium, iī, *n.* (manus), **Handhabe, Griff, Stiel,** aureum vasis, Cic.: cultelli, Iuven.: ferri (des Beiles), Vulg.: epitonii, der Schlüssel, Wirbel, Zapfen eines Hahns, Vitr.: ferramentorum manubria optima sunt ilignea, Colum. – im Bild, exemi e manu manubrium, ich habe ihnen das Heft aus der Hand gewunden, Plaut. aul. 471: malleum sapientiorem vidi excusso manubrio, Plaut. Epid. 525.

manuciolus, ī, *m.* (manus), das **Bündchen, Bündelchen,** Petron. 63, 8.

manuf…, s. manif…

manuleārius, iī, *m.* (manuleus), der **Verfertiger von langen Ärmeln,** Plaut. aul. 511 *Leo.* CIL 6, 1190*.

manuleātus, a, um (manuleus), **mit langen Ärmeln** (die die Hand bedeckten) **versehen** (griech. χειριδωτός), tunica, Plaut. Pseud. 738. – v. Pers. = in einer Tunika mit langen Ärmeln, Sen. ep. 33, 2. Suet. Cal. 52.

manuleus, eī, *m.* (manus), der stulpenartig auslaufende **Ärmel** der Tunika (der die Hand mitbedeckte), Acc. fr. bei Non. 194, 19. Plaut. fr. bei Fulg. cont. Verg. p. 163, 1 M. Fronto ad M. Caes. 4, 3. p, 65, 21 N. Caper 110, 10 K.

manūmissālia, ium, *n.*, die **Gebräuche bei der** *manumissio* (s. d.), Prob. app. 196, 7.

manūmissio, ōnis, *f.* (manumitto), **I** die **Entlassung aus seiner Gewalt,** die **Freilassung** eines Sklaven, Cic. Cael. 69, u. zwar: **a** iusta, geschah auf dreierlei Art (s. Cic. top. 10): **α** durch den census, wenn der Herr den Freizulassenden als civis in die zensorischen Listen eintragen und im Lustrum bestätigen ließ. – **β** förmlich auf dem Forum vor einer Magistratsperson (dem Prätor usw.) per vindictam, indem der Sklave einen Schlag aufs Haupt mit dem Stäbchen (vindicta), später einen Backenstreich erhielt. – **γ** durch Testament – **b** non iusta, die geringer war, geschah auf fünferlei Art: **α** inter amicos, d. i. wenn der Herr im Beisein von fünf Zeugen mündlich den Sklaven für frei erklärte (vgl. Sen. de vit. beat. 24, 3. Plin. ep. 7, 16, 4). – **β** wenn der Sklave abwesend war, per epistulam, d. i. durch einen Brief an den Sklaven, der von fünf Zeugen unterschrieben sein musste. – **γ** dadurch, dass ihn der Herr mit zur Tafel zog. – **δ** adoptione, und zwar durch deutliche Willenserklärung des eigenen Herrn oder fremden Adoptivvaters. – **ε** auf dem Sterbebett des Sklaven od. des Herrn. – **II** übtr., **Erlass der Strafe, Verzeihung,** Sen. de clem. 1, 3, 1.

manūmissor, ōris, *m.* (manumitto), der einem die Freiheit schenkt, der **Freilasser,** ICt. u. Eccl.

manūmitto, mīsī, missum, ere (manus u. mitto), einen Sklaven **aus seiner Gewalt lassen,** ihm die **Freiheit schenken** (s. manūmissio über die Arten der Freilassung), alqm, Cic. u. a.: alqm inter amicos, Plin. ep. (s. manūmissio *no.* I, b, α): getrennt, manu vero cur miserit? Cic.

manuor, ātus sum, ārī (manus), **hantieren = stehlen,** Laber. com. bei Gell. 16, 7, 2.

manuplāris, -**plārius,** s. manipulāris, manipulārius.

manūpretiōsus, a, um (manupretium), **kostbar, teuer,** von Seiten der Kunst, der Arbeit, vestimentum, Cato or. inc. fr. 10.

manūpretium (manipretium) u. getrennt manus pretium, ii, *n.*, der **Arbeitspreis, -wert, I** der **Macherlohn, Arbeitslohn,** cedo aurum, ego manupretium dabo, Plaut.: ex signo manupretium erit, Cato: nec copiā argenti tantum furit vita, sed valdius paene manipretiis, Plin.: tantum operis in ista locatione fuit, quantum paucae operae fabrorum mercedis tulerunt et manupretii machina, Cic. – übtr., der **Lohn** für irgendeine Handlung, das **Entgelt,** cum provincia ista tibi manupretium fuerit non eversae per te, sed perditae civitatis, Cic.: castrensium laborum tarda manipretia, Sen. – **II** meton., der **Arbeitswert** = die **kostbare Arbeit,** manupretio summo lapis smaragdus, ICt.: plerumque plus est in manus pretio quam in re, ICt.; vgl. Ps. Ascon. in Cic. II Verr. 1, 147. p. 197, 16 B.

1. manus, ūs, *f.* (griech. μάρη, ahd. *munt*), die **Hand, I** eig. u. bildl.: **A** im Allg.: manus dextera, Cic., Ggstz. laeva, Cic., od. sinistra, Nep.: manus hostilis, Plaut.: manus callosa, Sen. – abrumpere manibus ramos, Ov.: abscīdere manus, Suet.: abstinere manus, Liv., manus ab alqo, Cic., ab alcis pecuniis, Cic., a se, Cic., manus alieno, Cato: accedere ad manum od. ad manus, an die H. herangehen, v. Tieren = auf den Ruf kommen und aus der H. fressen, Cic. u. Varro (v. Menschen s. *no.* B, 2): accipere puerum in manum, Iustin.: accipere alqd manibus, Cic.: adire alci manum, s. 2. ad-eo *no.* I, 1: manus adhibere genibus, beim Flehen, Ov., pomis, um sie zu pflücken, Sen. poët.: manus adhibere vectigalibus, bildl., Hand anlegen an usw. = sie berauben, Cic.: admovere manus religiose (mit frommer Scheu), Liv.: admovere manum od. manus alci rei od. ad alqd, s. ad-moveo *no.* I: afferre manus, s. af-fero *no.* II A: affingere mundo nec manus nec pedes nec alia membra, Cic.: amittere manibus, Plaut., e od. de manibus, Cic. u. Liv.: apponere manus ad os, um nicht zu laut zu reden, Cael. in Cic. ep.: apprehendere manum osculandi causā, Suet.: armare manus, s. armo *no.* II, 2, a: haec asserere utrāque manu complexuque toto, gern, Mart.: cohibere manus ab alieno, Plaut., manum, oculos, animum ab auro gazaque regis, Cic.: collidere manus, Quint.: complodere manus, Quint, saepius manus, v. Zornigen, Sen.: comprimere manum, manus, s. com-primo *no.* II, 1, a: conferre ferrum et manus, zum Kampf, Cic.: continere manum intra pallium, Quint.: continere vix ab alqo manus ac tela, Cic.: porrigere mutuas in gratiam manus, Sen. rhet.: manum dare alci, die H. reichen, Quint.: manus dare, bildl., sich ohne fernere Gegenwehr ergeben, sich für überwunden bekennen, nachgeben, Caes., Cic. u. a. (vgl. Burm. Ov. her. 17, 260. Bünem. Lact 5, 1, 3): so auch victas manus dare, Ov., manus dedere, Verg.: dare alci alqd in manum, Ter.: deponere alqd de manibus, Cic.: dimittere (ex) manibus, s. dīmitto: ducere alqm manu, Verg. u. (bildl.) Cic.: elabi e manu, e manibus, s. ē-labor: elabi de manibus (bildl.), ein Spielball des Zufalls werden, Cic.: emittere manu, e u. de manibus, s. ē-mitto *no.* II. – esse in manibus, **α** in den Händen sein, oratio est in manibus, man hat sie in der Hand, man kann sie lesen, sie ist bekannt, Cic.: poet. in manibus Mars ipse, ihr habt den M. gleichs. in euren Händen (= jetzt hängt der Erfolg des Kampfes ganz von eurer Tapferkeit ab), Verg. **β** in Arbeit sein, liber mihi est in manibus, unter der Feder, Cic. **γ** nahe sein, gegenwärtig sein, Caes. u. Verg.: sed ecce in manibus vir et praestantissimo ingenio et flagranti studio, C. Gracchus, siehe, da steht vor uns ein Mann usw., da sind wir (in der Aufzählung) gekommen an einen Mann usw., Cic. **δ** jetzt vorgehen, attendere, quae sunt in manibus, Cic.: quia vindemiae in manibus, ich mit der W. zu tun habe, Plin. ep. – alci in manu esse, in jmds. Kräften stehen, jmdm. möglich sein, Komik. (s. Lorenz Plaut. most. 577), tibi id in manu est ne fiat, Ter. – eximere alci e manu manubrium, s. manubrium: extendere manus suas, Ov. u. Lact., manum infesto pollice, Quint.: extorquere sicam de manibus, Cic.: fugere e manibus, Cic.: habere in manibus alqm, jmd. auf den H. tragen, Cic.: habere in manibus alqd, etwas unter den Händen (in der Arbeit) haben, Cic.: laevam tunicis inserere manum, Ov.: iactare manus, beim Tanz, Prop. u. Ov., beim Deklamieren, Quint.: lavare manus, Cic. (u. sprichw., manus manum lavat, eine Hand wäscht die andere, Sen. apoc. 9, 6. Petron. 45, 13): ostende huc manum dexteram, Plaut.: ponere alqd de manibus, Cic.: porrigere manum, s. 2. por-rigo: prehendere alcis manum, Cic., alqm manu, Cic.: premere manu spongiam plenam aquai (= aquae) ac siccare, Lucr.: proferre ambas manus, Plaut.: regere manum alcis manu superimpositā, Quint.: sumere vas in manus, Cic.: sustinere alqd porrectis manibus, Cic.: tangere alcis manum, jmdm. an den Puls fühlen, Sen.: non potest beneficium manu tangi, ist nicht handgreiflich, Sen.: tendere manus, s. tendo: tenere manu, dexterā manu, utrisque manibus, teneri manu, manibus (bildl.), s. teneo: tollere manus, s. tollo: alqm venerari manu, seine Verehrung durch Handkuss bezeichnen (indem man die eigene Hand küsst und diesen Kuss dem anderen zuwirft), Tac.: versare manu exemplaria Graeca, Hor.: alcis rei causā ne manum quidem vertere, die Hand nicht umdrehen einer Sache wegen, d. i. sich nicht die mindeste Mühe geben, Cic. de fin. 5, 93: u. so quid de me Mezentius sentiat, manum non vorteris, wirst du keine H. umwenden (wird dir gleichgültig sein), Apul. apol. 56: vincire manus post tergum, Liv., post terga, Verg., manus laxe, Liv. – **Besondere Verbindungen,** in denen manus im *Abl.* oder mit *Praepp.* steht: **a** von der Nähe, in Verbindgg. wie victoriam in manibus videre, Cic.: ad manum, bei der Hand, zur Hand, esse, Liv. u. Fronto, habere, Quint., intueri, Plin.: habere ad manum scribae loco, Nep.: servum sibi habere ad manum, zum Privatsekretär, Cic.: dah. librarius ad manum, zur Hand, zum persönlichen Dienst, CIL 6, 9523. – **b** sub manu od. manum, bei der Hand (in der Nähe), Planc. in Cic. ep.: dah. leicht, ohne Mühe, sogleich, Sen. u. Suet. – **c** de manu, **α** mit eigener Hand, facere, Cic.: u. so bl. manu parere sibi letum, Verg. **β** aus eigener Hand, d. i auf eigene Kosten, Colum. **γ** de manu in manum tradere, aus unserer Hand in eines anderen Hand, Cic. – **d** plenā manu, mit voller (geldvoller) Hand, Tibull.: bildl., liberaliter et plenā manu faciam, Sen. contr.: plenā manu scapulas eius verberavit, mit voller (breiter) H., Petron.: plenā manu alcis laudes in astra tollere = jmdm. reichliches Lob spenden, Cic. – **e** manibus pedibusque od. manibus pedibus (griech. πὺξ καὶ λάξ), mit Händen u. Füßen, d. i. mit allen Kräften, mit aller Anstrengung, Ter. Andr. 161 u. 676. – **f** per manus, **α** mit den Händen, trahere, Caes.: per manus servulae servatus, durch ihren Dienst, Cic. **β** von Hand zu Hand, Liv.: bildl., traditae per manus religiones, vom Vater auf den Sohn und von diesem auf den Enkel usw., Liv. – **g** prae manu, vor die Hand, zur Hand, in Bereitschaft, esse, Plaut.: si paulum dederis prae manu, vor die Hand, in die Hand, zum Anfang der Wirtschaft, Ter.: habere prae manu, ICt.: si liber est prae manibus, bei der Hand, Gell. – **h** inter manus, **α** mit den Händen, auferri, Cic.: proferri, Caes. **β** unter den Händen, in den Händen, Cael. in Cic. ep.: inter manus habere, eine schriftl. Arbeit unter den H. haben, Plin. ep. **γ** inter manus esse, handgreiflich sein (= vor Augen liegen), Verg. – **i** sub manus, unter den Händen, succedere, Plaut. – **k** manibus aequis, mit gleichen Vorteilen, mit gleichem Glück (im Kampf), nach unentschiedenem Kampf, bellum nox intempesta diremit, Enn. ann. 167: dirimere pugnam, Liv.: abscedere, Tac.: so auch aequā manu discedere, Sall. Cat. 39, 4 (Ggstz. superiorem discedere). – **l** a manu servus, Schreiber, Sekretär, Suet. Caes. 74, 1 (vgl. CIL 6, 8409 u. 9534): u. so liberta a manu, Suet. Vesp. 3. – **m** brevi manu, sogleich, ohne Verzögerung, ICt.: hingegen longā manu, langsam, ICt. – **n** illotis manibus, s. illōtus. – **o** manum de tabula! eig. die Hand vom Gemälde! sprichw. = genug! es sei genug! Cic. ep. 7, 25, 1.

B insbes.: **1** die **Faust** = die persönliche **Tapferkeit,** die **bewaffnete Hand,** manu fortis, Nep.: manu promptus, Sall.: manu sternere alqm, Verg.: manu vincere, Ov.: manu capere urbes, Sall.: usu manuque, Caes.: committere manum Teucris, handgemein werden (im Kampf), Verg. (vgl. confero u. consero). – **2** das **Handgemenge,** die **Tätlichkeit, Gewalttätigkeit,** ad od. in manum venire, Liv. u. Plin. pan., od. ad manum accedere, Nep., zum Handgemenge kommen, handgemein werden: so auch in manus venire, Liv.: pugna iam ad manus venerat, man war handgemein geworden, Liv.: res venit ad manum, Cic.: proelium in manibus facere, im Handgemenge kämpfen, Sall.: continere manus ab alqo, Ov.: manibus temperare, es nicht zu Tätlichkeiten kommen lassen, Liv.: vim et manus afferre, zu Gewalt u. Gewalttätigkeiten schreiten, Cic.: Armeniae manum afferre, A. angreifen, Vell.: alci od. alci rei (z. B. regnis) manum od. manus inicere, Gewalt antun, Sen. u. Val. Max.: manu (mit bewaffneter Hand) vindicare iniurias, Sall.: u. so vindicandum in eos … non manu neque vi, verum (sondern) etc., Sall.: ebenso per manus libertatem retinendam, Sall. – **3** (Abl. manu) von der Kunst od. Anwendung der Kunst, v. Bemühung u. Händearbeit, manu quaerere (erwerben), Cic.: bes. im Ggstz. zu dem, was von Natur ist = durch Händearbeit, durch die Kunst, piscina manu facta, Varro: portus od. canales manu facti, Cic. u. Sen.: congesta manu oppida, Verg.: manu sata, Getreide von Menschen gesät, Caes.: arbusculae manu cultae, künstlich gezogene, Fronto: urbs manu munitissima, Cic.: postea credo additas moles manuque adiutum, ut etc., und es sei durch die Kunst nachgeholfen, Liv. – übtr., auf gesuchte, künstliche Weise (vgl. Lipsius Sen. ad Marc. 19, 2. p. 122 *ed.* 4.), morbi, quos manu fecimus, Sen.: quidam liberos eiurant et orbitates manu faciunt, Sen.: oratio fucata et manu facta (affektierte), Sen. – **4** die **Hand** = Macht, Gewalt, haec non sunt in manu nostra, Cic.: omnes, quorum in alterius manu vita posita est, Cic.: iuxta deos in tua manu posita est, Tac.: in vestra manu situm est (in eurer H. liegt es) m. indir. Fragesatz, Sall., m. folg. *Infin.*, Apul.: dah. manu mittere od. emittere, s. manū mitto u. ē-mitto. – convenire in manum, s. con-venio *no.* I, A, b, β.

II meton.: **1** die **Hand,** d. i. Arbeit des Künstlers u. jedes Arbeitenden, prima, Quint.: extrema, letzte Hand, d. i. Vollendung und Vervollkommnung einer Arbeit, extrema manus non accessit eius operibus, Cic.: so auch summa manus, Sen., ultima manus, Ov.: aptius a summa conspiciare manu, lass dich lieber sehen, wenn du völlig geputzt bist, Ov.: manus pretium, s. manūpretium. – **2** die **Hand** eines Schreibenden, die **Handschrift,** u. die des Künstlers in den bildenden Künsten, der **Stil** u. dgl., alia, Cic.: Alexidis manum amabam, Cic.: redii ad meam manum, nun schreibe ich selbst, Cic.: manum emittere, die Hand (Handschrift) von sich geben, ICt.: falso manum eius imitatus, Eutr.: manus Praxitelis, Werk des Praxiteles, Mart.: artificum manus miratur, Verg. – **3** der **Wurf** im Würfelspiel, si quas manus remisi, Würfe (= deren Gewinn) geschenkt habe, Aug. b. Suet. Aug. 71, 3. – **4** der **Handgriff,** totas artis manus, machinas omnes ardenter exercet, übtr. = alle Kniffe u. Ränke, Apul. met. 3, 16. – **5** in der Fechtkunst, der **Hieb, Stich, Stoß** (vgl. Spalding Quint. 5, 13, 54. p. 386 *sq.*), prima (die Prime), secunda (der Nachstoß), tertia, Quint.: manum exigere, anbringen, Quint.

III übtr.: **1** der **Rüssel** des Elefanten, Cic. u. a. – **2** die **Vorderfüße** des Bären, Plin.: des Affen, Plin. – **3** die **Zweige** der Bäume, Stat. u. Pallad. – **4** manus ferrea, ein eiserner, an einer Kette befestigter Haken, um feindliche Schiffe zu entern, der **Enterhaken** (vgl. harpago), Caes., Liv. u. a. – **5** (wie χείρ) die **Schar** (im üblen Sinne die **Rotte, Bande),** **a** übh.: bonorum, Cic.: Iudaeorum, Cic.: coniuratorum, Cic.: manus bicorpor, von den Zentauren, Cic. poët. – insbes., **Leute** = **Arbeiter** zum Schiffsbau, Verg. Aen. 11, 329. – **b** eine bewaffnete **Schar,** eine **Abteilung,** magna, Cic.: parva, Sall.: firma, Cic.: nova (Ggstz. veteres copiae), Caes.: manum facere, Cic.: manum conducere, Caes.: manum cogere, Caes. – ► Archaist. Genet. manuis, *Varro sat Men. 423. – Dat. manu, Prop. 1, 11, 12; vgl. Prisc. 7, 88. – vulg. Formen nach der 2. Deklin., Abl. mano, CIL 3, 88: Akk. Plur. manos, Itala (Taurin.) Marc. 9, 34. Itala (Clar.) 1. Timoth. 2, 8.

2. mānus, a, um (archaist. Wort), **gut, gütig,** angef. bei Varro LL. 6, 4. Macr. sat. 1, 3, 13. Serv. Verg. Aen. 1, 139; 2, 268. Isid. orig. 5, 30, 14. Vgl. Cerus manus.

manūtergium, iī, *n.* (manus u. tergeo), das **Handtuch,** Isid. orig. 19, 26, 7. App. ad op. Leonis p. 888, XCIII.

manūtigium, iī, *n.* (manus u. tango) = χειραψία, das **Betasten mit den Händen,** Cael. Aur. de morb. chron. 1, 4, 121 (Cael. Aur. de morb. acut. 3, 18, 177 manuum contactus genannt).

manzer, eris (das hebräische ממזר), **unehelich,** Eccl.

mapāle, is, *n.*, s. mapālia.

mapālia, ium, *n.* (ein punisches Wort), die kleinen, backofenartig gewölbten **Hütten,** die die afrikanischen Nomaden auf Wagen mit sich führten und aus denen sie ihr Lager bildeten, dah. **Hüttenlager,** Cato origg. 4. fr. 2. Sall. Iug. 18, 8. Liv. 29, 31, 8. Tac. hist. 4, 50. Verg. georg. 3, 340. Mart. 10, 20, 8. Sil. 14, 7; 15, 421. Vgl. Fest. p. 146, 25 u. Paul. ex Fest. 147, 16. – Sing. mapāle, is, *n.*, Auson. perioch. Odyss. 16 (wo māpālĕ gemessen ist): kollektiv, coit e sparso concita mapali agrestum manus, Val. Flacc. 2, 460. Vgl. Tzschucke Mela 1, 8, 3 (tom. 3. p. 1. p. 217 *sqq.*). – Plur. übtr., **a** als Schimpfwort, **liederliche Häuser, Lumpen,** Petron. 58, 13 (vgl. Fest p. 146, 25 *sqq.*). – **b** **unnütze Dinge, Possen,** mera mapalia fecistis, Sen. apoc. 9, 1. – ► Über die regelm. Messung măpālĭa s. die oben angef. Dichterstellen; vgl. Serv. Verg. Aen. 4, 259.

mappa, ae, *f.* (nach Quint. 1, 5, 57 ein punisches Wort), **I** das Vortuch, die **Serviette** bei Tisch, die die Gäste mitbrachten (s. mantēle), daher von Schmarotzern benutzt, um darin Esswaren von der Tafel der Reichen mit nach Hause zu nehmen, Hor., Petron. u. a.: mappae tricliniares, Varro LL.: mappā compescere risum, Hor. – **II** das Tuch, womit den Wettfahrenden von einem Magistrat (Konsul od. Prätor) im Zirkus das Zeichen zur Abfahrt gegeben wurde, die **Flagge,** das **Signaltuch,** Sen. u. a.: mappam mittere (wehen lassen), Suet. u. Mart

mappula, ae, *f.* (*Demin.* v. mappa), ein **kleines Vortuch,** eine **kleine Serviette,** Hieron. epist. 128, 27.

Marathōn, ōnis, *m.* u. *f.* (Μαραθῶν), ein Flecken an der Ostküste von Attika, berühmt durch die von Theseus vollbrachte Erlegung des von Herkules aus Kreta zu Eurystheus gebrachten Stiers und durch den glorreichen Sieg des Miltiades über die Perser, j. (armseliges Dorf) *Marathona,* Ov. met. 7, 434 (*fem.*). Mela 2, 3, 6 (2. § 45) (*masc.*). Stat. Theb. 5, 431 u. 12, 581 (*masc.*): Akk. -ona, Nep. Milt. 4, 2. Plin. 35, 57. Akk. -onem, Iustin. 2, 15, 18: heterokl. Akk. -onam, Sulp. Sev. chron. 2, 9, 7. – Dav.: **a** **Marathōnius,** *a,* um (Μαραθώνιος), **α** **marathonisch,** taurus (s. vorh.), Cic.: pugna, Cic. u. a. – **β** poet. = **atheniensisch,** Sil. – **b** **Marathōnis,** idis, *f.*, **marathonisch,** Stat. u. Sidon.

Marathos, ī, *f.* (Μάραθος) altphönizische Stadt, der Insel Aradus gegenüber, angebl. j. *Mera Kin,* Mela 1, 12, 3 (1. § 67). Curt 4, 1, 6 (Akk. -on). – Dav. **Marathēnus,** a, um (Μαραθηνός), aus **Marathos,** der **Marathener,** Menelaus (ein griech. Rhetor, Lehrer des Tib. Gracchus in der Beredsamkeit), Cic. Brut. 100.

marathrum (marathum u. maratum), ī, *n.* (μάραθρον), **Fenchel,** rein lat. feniculum (*Anethum foeniculum,* L.), Plin. 8, 99; 20, 110; 21, 54 (marathum); 30, 27 (maratum): poet. Akk. Plur. marathros, Ov. medic. fac. 91. – Dav. **marathrītēs** (marathītēs), ae, *m.* (μαραθρίτης *sc.* οἶνος), **Fenchelwein,** Colum. 12, 35 *in.*

Mārcellus, ī, *m.*, Beiname der berühmten Familie der plebejischen Klaudier (s. Cic. de or. 1, 176), unter denen bes. bekannt M. Claudius Marcellus, Sieger über Hannibal bei Nola, Eroberer von Syrakus (Liv. 25, 23 *sq.*), Überwinder des Insubrerkönigs Viridomarus, Verg. Aen. 6, 855 *sqq.* Cic. de off. 1, 61. – M. Claudius Marcellus, der, Cäsars Feind, als Konsul das SC. de revocando Caesare beantragte, später von Cäsar begnadigt (dah. die Dankrede Ciceros an Cäsar pro M. Marcello). – M. Claudius Marcellus, der Schwestersohn des Augustus, ein gebildeter u. talentvoller junger Mann, von dem das röm. Volk die größten Erwartungen hegte, dessen Tod (zu Bajä i. J. 23 v. Chr.) aber die Livia, wie man glaubte, beschleunigte, Vell. 2, 93. Hor. carm. 1, 12, 45 *sqq.* Sen. ad Marc. 2, 3. – Plur. Marcelli, Männer wie M., Cic. Pis. 58. – Dav.: **a** **Mārcellīa,** ōrum, *n.* (Μαρκελλεῖα), das **Marcellusfest,** ein Ehrenfest der marcellischen Familie in Sizilien, Cic. Verr. 2, 51 u. 154. – **b** **Mārcelliānus,** a, um, **marcellianisch,** theatrum, Suet. Vesp. 19, 1, von Augustus erbaut u. nach seinem Schwestersohn Marcellus benannt, s. Suet. Aug. 29, 4.

marceo, ēre (vgl. altind. *markā-h,* Hinsterben, Tod), **I welk sein,** Mart. u. Claud. – **II** übtr., **welk-, schlaff-, matt-, kraftlos-, träge sein,** vor Alter, Ov.: vom Schwelgen, marcent luxuriā, Liv.: marcet animus, Cels. – *Partic.* marcēns = **matt, entkräftet, schlaff** od. **erschlafft** od. **erschlaffend, a** v. Lebl.: oculi, Apul.: visus, Sen. poët.: pocula, Stat.: pax, Tac.: inertia languore marcens, Val. Max. – **b** v. Pers.: potor, Hor.: ille deses et marcens, hindämmernd, Tac.: Ptolemaeus segnis admodum et cotidianā luxuriā ita marcens, ut etc., Iustin.: senex marcentibus annis, Sil.

marcēsco, cuī, ere (*Inchoat.* zu marceo), **I welk werden, verwelken,** Vitr. u. Plin. – **II** übtr., **matt-, kraftlos werden, erschlaffen, verdumpfen,** morbo et languoribus, Colum.: vino, Ov.: otii situ, otio, desidiā, Liv. (s. Weißenb. Liv. 33, 45, 7): senio, v. den Kräften, Plin. – ► Perf. marcuī bei Vulg. Ezech. 19, 12. Augustin. conf. 13, 26.

Mārciānē, *Adv.,* s. Mārcius.

Mārciānopolis, poleos, Akk. polim, *f.* (Μαρκιανούπολις), Stadt in Niedermösien am Pontus Euxinus, j. *Imertje,* Treb. Poll. Claud. 9, 3. Amm. 27, 4, 12 u. 31, 5, 4.

Mārciānus, a, um, s. Mārcius u. 2. Mārcus.

marcidulus, a, um (*Demin.* v. marcidus), **etwas welk, -matt,** Mart. Cap. 7. § 727.

marcidus, a, um (marceo), **I welk, morsch,** lilia, Ov.: aures, Plin.: domus, Sen. rhet.: asseres, Vitr. – **II** übtr., **matt, träge, entkräftet, entnervt,** vom Schwelgen, Schlafen, sol, Poëta b. Diom. – marcidus vino et somno, Sen. rhet.: somno aut libidinosis vigiliis marcidus, Tac.: alii principes marcidi somno, alii pervigiles et insomnes, Plin. pan.: senectus, Val. Max.: oculi libidine marcidi, verbuhlte, Apul.

Marciōn, ōnis, *m.,* ein Irrlehrer im zweiten Jahrhundert n. Chr., Tert. de praescr. haer. 30. Prud. ham. 502 u. a. – Dav.: **1 Marciōnēnsis,** e, **marcionensisch,** Tert. de praescr. haer. 30. – **2 Marciōnītā,** ae, *m.,* **marcionitisch,** deus, von Marcion erdichteter, Prud. ham. 129. – **3 Marciōnītae** u. **Marciōnistae,** ārum, *m.,* die **Anhänger des Marcion, Marcioniten** od. **Marcionisten,** Form *-itae,* Tert. de praescr. haeret. 49 u. a. Lact. 4, 30, 10. Ambros. de fide 5, 13. § 162 u. a.: Form *-istae,* Cod. Iust. 1, 5, 5. Augustin. c. advers. leg. et proph. 1. § 1.

Mārcipōr, ōris, *m.* = Marci puer, **des Markus Bursche** (Sklave), Fest. p. 257 (a), 19. Prisc. 6, 48: als Titel einer Satire Varros, Varro sat. Men. 269 (*sqq.*) *lemm.* – Plur., Marcipores Luciporesve, Plin. 33, 26.

Mārcius, a, um, Name einer röm. *gens,* aus der am bekanntesten Ancus Marcius, Enkelsohn des Numa von der Popilia, vierter König in Rom (638–614 v. Chr.), Liv. 1, 32. Cic. de rep. 2, 33. Verg. Aen. 6, 815. Hor. carm. 4, 7, 15. Ov. fast. 6, 803. – L. Marcius, röm. Ritter, der nach dem Tode der Scipionen den Oberbefehl über das Heer in Spanien übernahm, Liv. 25, 37 *sq.* – zwei Brüder Marcius, als Weissager gen., Cic. de div. 1, 89 u. 115; 2, 113. – *Adi.* **marcisch,** aqua, vom König Ankus Marcius, hernach von Q. Marcius Rex nach Rom geleitet, Plin. 31, 41 (auch bl. Marcia, Mart. 6, 42, 19): dafür poet. lympha, Tibull. 3, 6, 58, liquor, Prop. 3, 1, 52: saltus, in Ligurien benannt nach der Niederlage, die der Konsul Q. Marcius das. (i. J. 188 v. Chr.) erlitt, Liv. 39, 20, 10: frigora, der Marcia, Stat. silv. 1, 5, 27. – Dav. **Marciānus,** a, um, **marcianisch,** foedus, von L. Marcius (s. vorher) mit den Einwohnern von Kadix geschlossen, Cic.: carmina, des Weissagers Marcius, Liv. – u. **Marciānē,** *Adv.,* **marcianisch,** Prisc. de accent. § 47.

Marcodūrum, ī, *n.,* Flecken der Ubier im westl. Germanien, j. **Düren,** Tac. hist. 4, 28.

Marcomanī u. **Marcomannī,** ōrum, *m.* (Μαρκομανοί Ptol., Μαρκομάννοι Dio Cass.; eig. Grenzmänner, Grenzbewahrer, von *marka,* die Grenze), die **Markomannen,** der gefürchtetste unter den Suebenstämmen in Germanien; sie zogen nach den Niederlagen in Rhätien durch Drusus vom Rhein u. Main ins Innere Deutschlands u. machten sich unter Marbod zu Herren des Boier-Landes (Böhmens), Caes. b. G. 1, 51. Vell. 2, 108, 1. Tac. ann. 2, 46 u. 62. Tac. Germ. 42. Stat. silv. 3, 3, 170. Capit. Anton. phil. 14, 1. Vopisc. Aurel. 18. § 3 *sq.* Oros. 6, 7, 7 (wo Marcomanes). – Dav.: **a Marcomannia,** ae, *f.,* das **Gebiet der Markomannen,** Capit. Anton. phil. 24, 5. – **b Marcomannicus,** a, um, **morkomannisch,** bellum, Capit. Anton. phil. 13, 1 u. 17, 2. Eutr. 8, 12 *sq.*

marcor, ōris, *m.* (marceo), die **Welkheit;** dah. übtr.: **1** die **Fäulnis, Morschheit,** panni marcor, faule Lumpen, Plin. 22, 94. – **2** die **Mattigkeit, Trägheit, Untätigkeit, Schläfrigkeit, a** physische, Cels.: segetum, Sen. – **b** geistige, maeror marcorque, Sen.: dulcis, Vell.

marculentus a, um (marcor), **welk, matt,** Fulg. myth. 2, 5. p. 44, 20 H.

1. **marculus,** ī, *m.* (*Demin.* v. marcus), ein **Hämmerchen, kleiner Hammer** (vgl. Isid. orig. 19, 7, 2), Lucil. 1165. Fronto ad Marc. Caes. 4, 3. p. 65, 8 N. Mart. 12, 57, 6. – Nbf. martulus, ī, *m.,* Plin. 7, 195. – Nbf. martellum, ī, *n.,* Gloss. III, 23, 22.

2. **Marculus,** ī, *m., Demin.* v. Marcus, der **kleine, liebe Markus,** Paul. ex Fest. 125, 13.

1. **marcus,** ī, *m.,* ein großer eiserner **Schmiedehammer,** der mit zwei Händen geführt wurde, nach Isid. orig. 19, 7, 2.

2. **Mārcus,** ī, *m.* (aus *Martcos zu Mars), ein röm. Vorname, gewöhnl. abgekürzt M., M. Cicero (ders. bl. Marcus, Sidon. epist. 5, 13, 3); M. Aurelius, röm. Kaiser, wovon **Mārciānus,** a, um, **marcianisch, des Markus,** sodales, Priester des Gottesdienstes des Kaisers M. Aurelius, Capit. Pert. 15, 4. Spart. Alex. Sev. 7, 8.

Mardī, ōrum, *m.* (die Männlichen), eine räuberische Völkerschaft am Kaspischen Meer, auf dem Hochland zwischen Medien, Susiana u. Persis, Nachbarn der Hyrkanier, Tac. ann. 14, 33. Curt. 4, 12 (45), 7. – Sing. natione Mardus, Curt. 3, 13 (33), 2.

Mardonius, iī, *m.* (Μαρδόνιος), Schwiegersohn des Darius Hystaspis, Feldherr der Perser im Krieg gegen die Griechen, von Pausanias bei Plataä (479 v. Chr.) besiegt, Nep. Paus. 1, 2. Curt. 4, 1 (2), 11. Iustin . 2, 13. § 1 u. 4.

mare, is, Abl. ī, *n.* (gotisch marei, ahd. meri), das **Meer** (Ggstz. terra, u. Ggstz. ager), **I** eig.: mare Aegaeum, Cic., Hadriaticum, Caes., Ionium, Liv.: mare Oceanus, Caes. u. Tac.: mare fluctuosum, Plaut.: vadosum, Caes. u. Sen.: mare tranquillum, Plaut., Cic. u. a., lene et tranquillum, Curt.: mare placidum, Verg. u. Plin. ep.: latum ac turbidum, Sen.: turbatum, turbatius, Plin. ep. u. Suet.: aestuans (Ggstz. tranquillum), Ps. Quint. decl.: mare vastum atque apertum, Caes.: nostrum mare, das Mittelländische Meer, Caes.: superum, das obere Adriatische u. Jonische, Cic.: inferum, das Etrurische, Cic.: conclusum, ein Binnenmeer, wie das Mittelländische, im Gegensatz zum offenen Weltmeer, Caes.: clausum, nicht schiffbares, Cic.: maris pontus, Meerestiefe, Verg. Aen. 10, 377: poet. Meeresflut, *ibid.* 1, 114. – se in mare deicere (vom Schiff aus), Nep.: mare ingredi, zur See gehen, Cic.: mare turbatius ingredi, Suet.: mare pedibus ingredi, Lact. 4, 15, 21: numquam ingressum esse mare, Ter.: placido od. turbato mari vehi, Plin. ep.: infero mari hieme maximā navigare, Cic.: mare vastissimum hieme transire, Cic.: mare sulcare, Verg.: per mare currere (fahren), Hor.: ire mari, Verg.: mare infestum habere, unsicher machen (v. Seeräubern), Cic.: mari exactum esse, Plin. pan. – poet. übtr., mare aëris, Luftmeer = Luft, Lucr. – mari, zur See, Nep.: terrā marique, terrā et (ac) mari u. dgl., s. terra. – poet., v. einem Hartherzigen, e mari natus, od. mare te genuit, Catull., Tibull. u. Ov. – maria omnia caelo miscere, Himmel u. Erde vermengen = entsetzlichen Sturm erregen, Verg. Aen. 5, 790: mare caelo confundere, Himmel u. Erde vermengen = alles Mögliche versuchen, Iuven. 6, 283. – maria montesque polliceri, sprichw., goldene Berge versprechen, Sall. Cat. 23, 3. – in mare fundere aquas, sprichw., Wasser in einen Brunnen tragen, Ov. trist. 5, 6, 44. – **II** meton.: **1** das **Meerwasser, Seewasser,** vinum mari condire, Plin.: Chium (vinum) maris expers, nicht mit Meerwasser vermischt, Hor. – **2** die **Meerfarbe,** Plin. 37, 80. – ► Ungew. Abl. mare, Varro fr. u. a. bei Charis. 61, 6 *sqq.* Lucr. 1, 161. Ov. art. am. 3, 94; trist. 5, 2, 20; ex Pont. 4, 6, 46. Lact. de mort. pers. 21, 11: Genet. Plur. marum, Naev. bell. Pun. I. fr. VIII. p. 10 *ed. Vahlen.* – Nbf. Nomin, **maris,** CIL 5, 3014: Akk. marem, Inscr. in Visconti Mus. Pio-Clem. 1. p. 67 (wo usque ad marem).

Marea u. **Mareōta**, ae, *f.* (griech. Μαρέα), ein See u. eine an ihm liegende gleichnamige Stadt in Unterägypten, unweit Alexandrias, berühmt durch den dort in schwerem Boden wachsenden starken Rot- u. Weißwein (vgl. Voß Verg. georg. 2, 91), j. *Mariut,* Form *-ota,* Edict. Iustin. 13. c. 1 u. 9 u. 17 *sq.* – Dav. **a** **Mareōtis**, idis, u. idos, *f.*, **mareotisch,** Libya, Plin., u. bl. Mareotis (Μαρεῶτις), die Umgegend um Marea, der mareotische Bezirk, Plin.: palus, Curt., u. bl. Mareotis, Lucan., der mareotische See: M. vites, Verg. – **b** **Mareōticus**, a, um, **mareotisch,** auch poet. = **ägyptisch,** vitis, Colum.: labor, die ägyptischen Pyramiden, Mart.: cortex, Papyrusstaude, Mart.: arbiter, Busiris, Stat. – subst., Mareōticum, ī, *n.*, **mareotischer Wein,** Hor. carm. 1, 37, 14. – **c** **Mareōtae**, ārum, *m.* (Μαρεῶται), die Bewohner von Marea, die **Mareoten,** Plin.

marēītus, s. marītus ►.

marga, ae, *f.* (nach Plin. 17, 42 gallisches Wort), der **Mergel,** Plin. 17, 42 u. 48.

Margania, s. Margiānē ►.

margarides, um, *f.* (μαργαρίδες, μαργηλίδες), eine perlenförmige Art Palmendatteln, wahrsch. die **maldivische Nuss,** persisch *Nargel,* Plin. 13, 41.

margarīta, ae, *f.* (μαργαρίτης), die **Perle,** Varro sat. Men. 283 u. 382. Cic. or. 78 u. Verr. 4, 1. Sen. ad Helv. 16, 3 u. de ben. 2, 12, 1. Plin. 6, 81 u. a.: margaritis uti, Perlenschnuren tragen, Suet. fr. – Nbf. **margarītum**, ī, *n.*, Syrus bei Petron. 55, 6. v. 9. Anthol. Lat. 82, 3 M. Tac. Agr. 12. Plin. ep. 5, 16, 17. Ulp. dig. 17, 2, 44 u. a. (dah. ad margarita, Bewahrer des Perlengeschmeides der Herrin, CIL 6, 7884): als Schmeichelwort, August. bei Macr. sat. 2, 4, 12. Petron. 63, 3.

margarītārius, a, um (margarita), **zu den Perlen gehörig, Perlen-,** porticus, wo Perlen verkauft werden, P. Victor. de reg. urb. Rom. reg. 8. – subst., margarītārius, iī, *m.*, der **Perlenhändler,** Firm. math. 4, 6. CIL 2, 496; 6, 641 u. 9545.

margarītātus, a, um (margarita), **mit Perlen geschmückt,** Ven. Fort. carm. 8, 6, 266.

margarītifer, fera, ferum (margarita u. fero), **Perlen enthaltend, -führend,** concha, Plin. 32, 147.

margarītiōn, ōnis, *m.* (margaritum), **kleine Perle,** übtr., v. einem geliebten Knaben, CIL 6, 13637.

margarītum, ī, *n.*, s. margarīta.

Margiānē, ēs, *f.* (Μαργιανή), Landschaft Asiens jenseits des Kaspischen Meeres zwischen Baktrien und Hyrkanien, Plin. 6, 46. – ► Curt. 7, 10 (40), 15 jetzt urbem Marganiam, eine Stadt in der Landsch. Margiana, viell. das jetzige *Meru al rud.*

margino, āvī, ātum, āre (margo), **mit einem Rand-, mit einer Einfassung versehen, einrahmen, einfassen,** tabulae marginatae, Plin. 35, 154: viridantia saga limbis marginata puniceis, Sidon. epist. 4, 20, 2: censores glareā vias extra urbem substruendas marginandasque primi omnium locaverunt, mit einer Einfassung von Steinen zu versehen, Liv. 41, 27, 5.

margo, inis, *c.* (gotisch u. ahd. *marka,* Grenze, nhd. Mark d. i. Grenzgebiet), **I** der **Rand,** scuti, Liv.: calicis, Plin.: conchae, Plin.: ulceris, Plin.: templi, Schwelle, Stat.: fontis, Ov.: ripae, Stat.: flumen marginibus lapideis, Varro: vinearum finis imusque quasi margo, Plin. ep.: continetur (scribens puer) utrimque marginibus tabellae, Quint.: m. oculorum, Stat. – **II** übtr., die **Grenze, Mark,** agri, Val. Max.: imperii, Plin. u. Ov.

Maria, ae, *f.*, **Maria,** weiblicher Name, namentl. der Mutter Jesu, Prud. psych. 88. Claudian. epigr. 95, 7. Sedul. carm. pasch. 2, 36.

mariambulus, ī, *m.* (mare u. ambulo), **auf dem Meer wandelnd,** Petrus noster, non funiambulus, sed ut ita dicam, mariambulus, Augustin. in psalm. 39, 9.

Mariandȳnī, ōrum, u. (poet.) ûm, *m.* (Μαριανδυνοί), eine Völkerschaft in Bithynien, Mela 1, 19, 1; 2, 7, 2 (1. § 97 u. 2. § 98). Val. Flacc. 4, 171. Avien. descr. orb. 960. Mart. Cap. 9. § 924. – Dav. **Mariandȳnus**, a, um, **mariandynisch,** sinus, Plin. 6, 4: arenae, Val. Flacc. 4, 733.

Mariānus, a, um, s. Marius.

Marīca, ae, *f.*, eine Nymphe bei der Stadt Minturnä, am Fluss Liris, wo ihr ein Eichenhain geweiht war, Verg. Aen. 7, 47 (nach Lact. 1, 21, 23 die nach ihrem Tode vergötterte Circe). – dah. der Hain lucus Maricae, Liv. 27, 37, 2, oder silva Maricae, Mart. 13, 83, 1, od. querceta Maricae, Claud. Olybr. et Prob. cons. 259: der nach ihr benannte See bei Minturnä (in dem sich der vor Sulla fliehende Marius versteckte) palus Maricae, Vell. 2, 19, 2, u. poet. Marica, Hor. carm. 3, 17, 7: die Umgegend von Minturnä, poet. regna Maricae, Lucan. 2, 424.

marīnus, a, um (mare), **zum Meer gehörig, im Meer befindlich, Meer-, See-,** umor, Cic.: aestuum marinorum accessus et recessus, Anströmen u. Abströmen, Ebbe u. Flut, Cic.: morsus, Schärfe des Seewassers, Plin.: Venus, dem Meer entstiegene, Hor.: sal (Ggstz. fossicius), Varro: ros, Rosmarin, Hor.: navis, Seeschiff, ICt. (klass. maritima navis): purpura, Meerpurpur (= echter aus der Purpurschnecke), Vulg.: marinus sive fluminalis cancer, Cael. Aur.: canis, Seehund, Sen. u. Plin.: deus, Serv.: terrenum (animal) differt a marino vel quadripede, Quint. – aqua marina = *thalassomeli* (s. d.), Apic. 8, 331 u. 340. – subst., marīna, ae, *f.* (*sc.* aqua), Seewasser, Porphyr. Hor. sat. 2, 8, 15.

marisca, s. mariscus.

mariscus, a, um (mas), **von der männlichen und größeren (schlechteren) Sorte,** ficus, Cato r. r. 8, 1. Varro bei Non. 550, 31. Sen. suas. 2, 17. Plin. 15, 72: iuncus, Plin. 21, 112. – subst., marisca, ae, *f.*, **a** = marisca ficus (s. vorher), Colum. poët. 10, 415. Mart. 7, 25, 7. Vgl. Gloss. II, 523, 24 ›marisca, κόττανον‹. – **b** übtr., die **Feigwarze,** Iuven. 2, 13.

marīta, ae, *f.*, s. marītus, a, um.

marītālis, e (maritus), **zum Ehemann-, zur Ehefrau-, zu Eheleuten gehörig, Ehe-, ehelich,** coniugium, Colum.: vestis, Ov.: munera, Hieron.: iugum, Lact. – *Adv.* **marītāliter**, Augustin. in Ioann. euang. tract. 31, 3.

marītātus, a, um, s. marīto.

maritimēnsis, e (maritimus), **am Meer gelegen,** Gromat. vet. 328, 19.

maritimus u. **maritumus**, a, um (mare), **zum Meer-, zur See gehörig,** d. i. **a** **im Meer-, in der See befindlich, Meer-, See-** (Ggstz. terrester), sal (Ggstz. fossicius), Varro: piscinae, Varro: thermae, CIL 14, 137: fluctus, Nep.: navis, Seeschiff, Liv.: milites, Seesoldaten, Marinesoldaten, -truppen, Plaut.: praedo, Seeräuber, Cic. u. (Ggstz. praedo terrester) Liv.: maritimus ille et navalis hostis, der zur See und zu Schiff kommt, Cic.: terrestre aut maritimum munimentum, Liv.: imperium, Oberbefehl zur See, Cic.: cursus, Reise zur See, Schifffahrt, Cic.: bellum, Seekrieg, Cic.; od. Krieg mit den Seeräubern, Sall. Cat. 39, 1: oppugnatio, von der Seeseite, Liv.: res maritimae, Seewesen, Cic.: res terrestres et maritimae, auf der Erde und im Meer befindliche, Rhet. Her.: tempestas, Seesturm, Eutr. – **b** **am Meer-, an der See-, an der Küste (befindlich), See-, Küsten-** (Ggstz. mediterraneus od. remotus a mari), civitas, Caes.: homines, Küstenbewohner, Cic.: ora, Cic.: portus, Liv.: silva, Cic.: oppidum, Caes. – subst., maritima, ōrum, *n.* (griech. τὰ ἐπιθαλάττια), Seegegenden, Cic. u. Flor.

marīto, āvī, ātum, āre (maritus), **I** **verheiraten, vermählen,** principem, Tac.: alcis filiam splendidissime, Suet.: lex de maritandis ordinibus, die Eheordnung, Suet.: mar. matrimonia, schließen, Apul. – Partiz. subst., marītāta, ae, *f.*, die **Verheiratete,** Augustin. epist. 78, 6: Plur. marītātae, ārum, *f.*, **Verheiratete** (Ggstz. virgines), Lact. 1, 11, 9. – **II** übtr.: **a** v. Tieren u. Gewächsen, **schwängern, befruchten,** Plin.: maritari, sich begatten, v. Tieren, Varro. – **b** v. Bäumen u. Weinstöcken, den Weinstock einem Baum durch Anbinden gleichs. vermählen, Hor.: ulmos vitibus, Colum.

maritumus, s. maritimus.

marītus, a, um (mas), **I** *adi.* **ehelich, verehelicht, zur Ehe gehörig, Ehe-,** **1** eig.: domus, Häuser der Verheirateten, Liv. u. Censor.: foedus, Ov.: Venus, eheliche Liebe, Ov.: caedes, Ermordung des eigenen Gatten, Ov.: lex, Hor.: torus, Ehebett, Ov.: fratre marita soror, vermählt, Ov. – scherzh., *A.* Pulchra edepol dos pecuniast. *P.* Quae quidem pol non maritast, ja, aber nur nicht mit einer Frau verbunden (nur nicht mit der Haube), Plaut. Epid. 180. (vgl. Porphyr. Hor. carm. saec. 20). – **2** übtr.: **a** von Bäumen, an die die Weinstöcke angebunden, gleichs. mit ihnen vermählt werden, **angebunden,** Cato u. Colum.: ulmus, Catull. u. Quint. – **b** **befruchtend,** fluctus, Avien.: imbres, Pervig. Ven. – **II** subst.: **1** marītus, ī, *m.*, **a** der **Ehemann, Gatte** (Ggstz. caelebs), Cic. u. a. – maritus et uxor, Isid. orig. 5, 24, 26: mariti, Eheleute, ICt. u. Apul. – novus maritus, der junge Ehemann, Neuvermählte, Plaut., Varro u. a.: ebenso recens m., Plin. ep. – **b** = der **Bräutigam, Freier,** Tibull. u. Prop. – **c** übtr., v. Tieren, maritus olens (*sc.* caprarum), Ziegenbock, Hor.: ebenso maritus gregum, Colum.: v. Hähnen, Cic. – **2** marīta, ae, *f.*, die **Ehefrau, Gattin,** Hor. u. a. (oft in Inschr., z. B. CIL 6, 21313). – ▶ marēītus, CIL 1, 1007.

Marius, a, um, Name einer röm. *gens,* aus der am bekanntesten C. Marius, Nebenbuhler Sullas, Sieger über Jugurtha und die Kimbern u. Teutonen, siebenmal Konsul, Vertreter der Volkspartei in Rom, Cic. Phil. 8, 7; de imp. Pomp. 60. Sall. Cat. 59, 3; Iug. 46*sqq.*: dah. appellat. für den, der die Sucht, sich durch die Volkspartei zu heben, im höchsten Grade besitzt, Caesari multos Marios inesse, Suet. Caes. 1, 3. – *Adi.* **marisch,** lex, des genannten C. Marius, Cic. – **Mariānus,** a, um, **marianisch, des C. Marius,** consulatus, Cic.: ebenso bella, Flor.

Marmarica, ae, *f.* (Μαρμαρική), eine Landschaft in Afrika zwischen Ägypten und den Syrten, j. *Barka,* wovon: **a** **Marmaricus,** a, um, **marmarisch,** u. poet. = **afrikanisch,** Plin. u. Lucan. – **b** **Marmaridēs,** ae, *m.* (Μαρμαρίδης), **einer aus Marmarika,** Ov.: Plur., Marmaridae, ārum u. (poet.) ûm, *m.*, die Bewohner von Marmarika, die **Marmariden,** Plin. u. Sil.

marmarītis, idis, Akk. im, *f.* (herba), eine in Marmorbrüchen wachsende Pflanze, Plin. 24, 160.

marmaryga, ae, *f.* (μαρμαρυγή) u. **marmarygma,** atis, *n.* (*μαρμάρυγμα), ein **Geflimmer** (*mouche volante*) **vor den Augen in Gestalt von Marmorflecken** (marmorum maculis similes tractus), Cael. Aur. de morb. chron. 1, 4, 62; vgl. ibid. 1, 2, 52.

Marmēssus, s. Marpēssus.

marmor, oris, *n.* (μάρμαρος), **I** der **Marmor, Marmorstein,** **A** eig., Cic. u. a.: Parium, Quint.: Numidicum, Plin.: Plur. marmora, **Marmorarten,** Sen. u. Plin., u. **Marmorblöcke,** Plin., Quint. u. a.: marmorum lapicidinae, Marmorbrüche, Plin.: secanda marmora locare, die Mormorbrüche, Hor. – **B** meton.: **1** das aus Marmor Bereitete: **a** das **Marmormehl,** d. i. klar geriebener Marmor, Cato u. a. – **b** ein marmorner **Meilenstein,** Mart. 7, 31. – **c** marmora, **Marmorwerke, Denkmäler aus Marmor,** Hor., Sen. u. a.: **Marmorgebäude,** Mart.: **Marmorfußböden,** Mart. – **d** ein **Marmorbild,** Ov. met. 5, 234; 12, 487: duo marmora, *ibid.* 7, 790: u. Plur. v. einem Bild, lacrimas marmora manant, *ibid.*6, 312. – **2** poet., die **glänzende Meeresfläche,** marmor infidum, Verg.: marmora pelagi, Catull. – **II** übtr.: **1** **Stein** übh., Ov. met. 5, 214; 11, 404: flumen inducit marmora (Steinkrusten) rebus, Ov. met. 15, 314. – **2** eine Verhärtung an den Gelenken der Pferde, Sing. u. Plur., Veget. mul . 3, 48. § 1. § 9 u. 10. – ▶ Abl. Sing. auch marmori, CIL 1, 1012. – Nbf. marmur, Plur. marmura, nach Anton. Gnipho bei Quint. 1, 6, 23. Vgl. marmusculum. – spätlat. als *masc.*, Plin. Val. 3, 14.

marmorārius, a, um (marmor), **in Marmor arbeitend, Marmor-,** sector, Firm. math. 8, 24. – subst., marmorārius, iī, *m.*, der **Marmorarbeiter,** Sen. ep. 88, 18; 90, 15. Vitr. 7, 6, 1. Firm. math. 8, 19. CIL 10, 1648.

marmorātio, ōnis, *f.* (marmoro), das **Marmorieren, Überziehen mit Marmor,** pavimenti, Apul. flor. 18 *in.* p. 28, 5 Kr.

marmorātus, a, um (marmor), **I** **mit Marmor versehen,** **a** **aus Marmor bereitet,** opus tectorium marm., aus zerstoßenem (gepulvertem) Marmor bereitetes Tünchwerk, ein Marmoranwurf, Varro r. r. 1, 57, 1: dass. subst., marmorātum, ī, *n.*, Varro r. r. 1, 5, 3 u. 3, 7, 3. Plin. 36, 176. – **b** **mit einem Marmoranwurf versehen,** locus, Pelagon. veterin. 17 (270 *Ihm*). Veget. mul. 5, 46, 3. – **II** (von marmor *no.* II, 2) **mit einer Verhärtung an den Gelenken behaftet,** equus, Pelagon. veterin. 19 (278 *Ihm*).

marmoreus, a, um (marmor), **I** **aus Marmor, marmorn,** signum, Cic.: solum, Cic.: domus, Tibull.: moles, Sen.: aedes (Plur. = Haus), Amm.: tegulae, Val. Max.: columnae, Plin. ep.: labrum, Plin. ep.: alqm marmoreum facere od. ponere, aus Marmor machen, als Statue aus Marmor, Verg. u. Hor. – **II** übtr.: **1** **zum Marmor gehörig,** ars, Bildhauerkunst, Vitr. 4, 1, 10. – **2** **dem Marmor ähnlich,** der Glätte oder weißen Farbe nach, **marmorn, glänzend weiß,** cervix, Verg.: palma, pes, Ov.: candor, Lucr., candores, Arnob.: color, Lucr.: Paros, weiß wegen des weißen Marmors, Ov.: gelu, Eis, Ov.: v. Meer (s. marmor *no.* I, B, 2), aequor, glänzende Meeresfläche, Verg.

marmoro, (āvī), ātum, āre (marmor), **mit Marmor überziehen,** hoc genus marmorandi, Lampr. Alex. Sev. 25, 7: marmoratae porticus, aus Marmor, Petron. 77, 4: ingenti plaga marmorata dorso, mit Marmor gepflastert, Stat. silv. 4, 3, 96. – Versch. ist marmorātus, -um, s. marmorātus.

marmorōsus, a, um (marmor), **marmorartig, hart wie Marmor,** Plin. 33, 159 u. a.

marmusculum, ī, *n.*, *Demin.* v. marmur (s. marmor), Isid. orig. 1, 27, 3.

1. Maro, ōnis, *m.*, Familienname des bekannten röm. Dichters P. Vergilius, Lact. 1, 15, 12: altisonus, Iuven. 11, 178: summus, Iuven. 12, 4: sacer, Mart. 8, 56, 3: Minciades, Iuvenc. prol. 10: im Plur. appellat., Marones = große Dichter, Mart. 8, 56, 5. – Dav.: **a** **Marōnēus,** a, um, **maronisch = vergilisch,** Stat. silv. 4, 4, 54. – **b** **Marōniānus,** a, um, **maronianisch = vergilisch,** culex, Stat. silv. 2, 7, 74: stilus, Sidon. poët. epist. 8, 1. v. 23.

2. Maro, ōnis, *m.* (Μάρων), Begleiter und Erzieher des jungen Bacchus, Enn. fr. scen. 389. Fulg. myth. 2, 15. – als Abbildung an einem Springbrunnen, Prop. 2, 32, 14.

Maroboduus, ī, *m.*, **Marbod,** König der Sueben, der, von Arminius geschlagen u. bei seinen Untertanen verhasst, endlich seine Zuflucht zu den Römern nahm, die ihm Ravenna zum Wohnsitz anwiesen, Vell. 2, 108*sq.* Tac. ann. 2, 26 u. a.

maron, ī, *n.* (μάρον), eine stark riechende Pflanze (viell. *Teucrium Marum,* L., **Katzenkraut),** Plin. 12, 111.

Marōnēa u. **-īa,** ae, *f.* (Μαρώνεια; über die doppelte Schreibart s. Drak. Liv. 37, 60, 7). **I** Stadt in Italien, im Gebiet der Samniter, j. *Marano,* Liv. 27, 1, 1. – **II** Stadt in Thrazien, am Ufer des Schöneus, berühmt durch Weinbau, j. *Marogna,* Liv. 31, 16, 3*sq.;* 37, 60, 7. Mela 2, 2, 8 (2. § 28). – Dav.: **a** **Marōnītēs,** ae, *m.* (Μαρωνείτης), der **Maronite,** Varro u. a.: Plur., Liv. – **b** **Marōnēus,** a, um, **maronēisch,** vinum, Plin.: Maroneo victus Baccho, poet. = von maron. Wein, Tibull.

Marōnēum, ī, *n.*, Ort im westl. Teil Siziliens, Plin. 3, 88.

Marōnēus, a, um, s. Marōnēa.

Marōniānus, a, um, s. 1. Maro.

Marōnītēs, ae, *m.*, s. Marōnēa.

Marpēssos, ī, *m.* (b. Steph. Byz. p. 445 Μάρπησσα), ein Berg der Insel Paros, Fundort des parischen Marmors, Serv. Verg. Aen. 6, 471. Vib. Sequ. de mont. p. 30 *ed. Oberl.* – Dav. **Marpēssius,** a, um (Μαρπήσσιος), **marpessisch,** cautes, Verg. Aen. 6, 471, u. rupes, Arnob. 2, 24.

Marpēssus, ī, *f.* (Μαρπησσός, andere Aussprache für Μαρμησσός od. Μερμησσός, Marmessus, Mermessus), Flecken in Phrygien am Ida, Sitz der erythräischen Sibylle, Varro fr. bei Lact. 1, 6, 12 (*al.* Marmesso). – Dav. **Marpēssius,** a, um, **marpessisch, aus Marpessus,** Hierophile, die marp. Sibylle, Tibull. 2, 5, 67.

marra, ae, *f.* (aus dem assyr. *marru,* Hacke), **I** eine **Hacke** od. **Haue** mit breitem Kopf u. gezähnt, zum Ausjäten des Unkrauts u. Ausreißen der Wurzeln, Colum. poët. 10, 72 u. 89. Plin. 17, 159. Iuven. 3, 311 u. 15, 167. – **II** übtr., ein eiserner **Haken,** Plin. 9, 45.

1. marrubium, iī, *n.*, **Andorn,** eine Pflanze, Colum. poët. 10, 256. Plin. 14, 105 u. 20, 241*sqq.* Scrib. Larg. 100 u. 167.

2. Marrubium, -bius, s. Marruvium.

Marrūcīnī (Mārūcīnī), ōrum, *m.*, eine Völkerschaft am Adriatischen Meer, zwischen den Frentanern u. dem Fluss Aternus, mit der Hauptstadt Teāte (j. *Chieti*), Cato origg. 2. fr. 18. Caes. b.c. 1, 23. Cic. Clu. 197. Liv. 8, 29, 4. Plin. 3, 106. – Dav. **Marrūcīnus**, a, um, **marrucinisch, der Marruciner,** Liv. u. a.: Asinius Marrucinus, Catull. – u. *Adv.* **Marrūcīnē, marrucinisch** (= treu, da die Marr. als treu bekannt waren), Tert. adv. Marc. 5, 17.

Marruvium (Marrubium), iī, *n.*, alte Hauptstadt der Marser, am östl. Ufer des Lacus Fucinus, j. *S. Benedetto*, Sil. 8, 507. – Dav.: **a Marruvius**, a, um, **marruvisch,** gens, die Marser, Verg. Aen. 7, 750. – **b Marruvīnī** (Māruvīnī), ōrum, *m.*, die Einw. von M., die **Marruviner,** Plin. 3, 106; vgl. CIL 9, 3667.

Mārs, Mārtis, *m.* (Mavors u. Mavortius, s. d.; archaist. Dat. Martei, CIL 1, 531, Marte, CIL 1, 62), **I Mars, A** eig., einer der dii consentes, die die Elemente beherrschen u. die Jahreszeiten herbeiführen, weshalb das alte röm. Jahr nach der Einteilung des Romulus, des Sohnes des Mars, mit dem Monat des Mars (dem Martius = März) beginnt, s. Ov. fast. 3, 73 *sqq.* – dann bes. Gott der kriegerischen Kraft u. des Kriegsgetümmels, dah. ferus, Ov. fast. 4, 25. – Als Vater des Romulus wird er als Stammvater des röm. Volkes betrachtet, s. Cic. Phil. 4, 5. – Zu seinem Dienst waren die Salier bestimmt, Liv. 1, 20, 4. – Geopfert wurden ihm Pferde, Paul. ex Fest. 81, 16, u. Stiere, Ov. her. 6, 10. Macr. sat. 3, 10. § 4. – Beinamen sind M. Silvanus, M. pater, als Gott der Herden u. Feldgott, Cato r. r. 83 u. 141: als Kriegsgott M. Gradivus, der im Kampf Voranschreitende, Liv. 1, 20, 4 (so auch pater od. rex Gradivus, Verg. Aen. 3, 35; 10, 542): M. Ultor, Suet. Aug. 21, 2. – **B** meton.: **1** = **Kriegsgetümmel, Kampf, Schlacht, a** eig.: Hectoreus, mit Hektor, Ov.: parentalis, Kampfspiel zu Ehren des toten Erzeugers, Ov.: apertus, offene Feldschlacht, Ov.: Actiacus, Schlacht bei Aktium, Plin.: quos amisimus cives, eos Martis vis perculit, non ira victoriae, Cic. Marc. 17: invadunt Martem, beginnen das Gefecht, den Kampf, Verg.: Martem accendere cantu, zum Gefecht entflammen, Verg.: suo Marte cadunt, sie fallen durch ihren eigenen Kampf, d. i. im K. miteinander, Ov.: ebenso femineo Marte cadere, im K. mit einer Frau, Ov.: alieno Marte, durch Kampf mit einem fremden Volk, Curt. – dah. sprichw., suo (nostro, vestro) Marte, auf eigene Faust, auf eigene Hand u. Gefahr, selbständig, Cic. (s. Heine Cic. de off. 3, 34). – insbes., die **Kampfart,** equitem suo alienoque Marte pugnare, auf die ihm eigene u. auf fremde Art (als Fußgänger), Liv. 3, 62, 9. – **b** übtr., v. gerichtl. Kampf (Streit), forensis, Ov. – **2** das **Kriegsglück,** der **Ausgang der Schlacht,** anceps, Liv.: aequo Marte, Liv.: proelium pari Marte initur, Hirt. b. G.: pari Marte pugnabant, Curt.: M. belli communis, Cic. u. Liv. (vgl. Halm Cic. Sest. 12. Weißenb. Liv. 5, 12, 1). – **3** die **Kriegswut,** terribili Marte ululare, Plin. 26, 18. – **4** der **kriegerische Geist** oder **Mut,** die **Tapferkeit,** si patrii quid Martis habes, Verg.: cedent Marti Dorica castra meo, Ov.: nec sunt mihi Marte secundi, Ov. – **II** übtr., **Mars,** ein Planet, stella Martis, Cic. de nat. deor. 2, 53. Plin. 2, 60: sidus Martis, Plin. 2, 34. – Dav. abgeleitet: **Mārtiālis** u. **Mārtius** u. **Mārtiaticus** u. **Mārtulus**, s. d.

Mārsī, ōrum, *m.*, **I** die **Marser,** eine Völkerschaft im Hinterland von Latium, Bundesgenossen der Römer, die sie besonders im Bundesgenossenkrieg unterstützten (dah. bellum Marsicum = bellum sociale), bekannt als Zauberer, die Schlangenbisse heilen u. Schlangen beschwören konnten, Caes. b. c. 1, 15. Flor. 3, 18. § 6 u. 13. Avien. descr. orb. 523 (wo Genet. Marsûm). – Sing. Marsus, ī, *m.*, der **Marser,** Cato origg. 2. fr. 18 (kollektiv): als abergläubischer Augur, Cic. de Liv. 1, 132 u. 2, 70. – dah. übh. für **Schlangenbeschwörer,** Firm. math. 8, 17. – Dav.: **a Marsicus**, a, um, **marsisch,** bellum, Cic.: vinum, Mart. u. Scrib. Larg.: ficus, Macr.: pernae, Edict. Diocl. – **b Marsus**, a, um, **marsisch,** centuriones Marsi duo, Caes.: augur, Cic.: duellum (= bellum), Hor.: nenia, Zauber- od. Beschwörungsformel, Hor.: so auch voces, Hor. – Als Beiname, Domitius Marsus, ein Dichter zur Zeit des Augustus, Ov. u. Suet. – **II** eine Völkerschaft in Germanien zwischen dem Rhein, der Lippe u. Ems, Tac. ann. 1, 50 u. 56.

marsippium, s. marsūpium ►.

Mārspiter, teris u. tris, *m.* = Mars pater, nach Varro LL. 8, 33 ungebr., aber angeführt von Gell. 5, 12, 5. Macr. sat. 1, 19, 3. Prisc. 6, 39: Nbf. Maspiter, Varro LL. 10, 65.

Marsua, s. Marsyās ►.

marsūpium u. **marsuppium**, iī, *n.* (μαρσίπιον, μαρσιππεῖον), das **Geldsäckchen,** der **Geldbeutel,** die **Börse,** Plaut. Cas. 490; Epid. 185 G.; rud. 547. Varro sat. Men. 39. Prud. psych. 600. Hieron. epist. 60, 11. Vulg. gen. 43, 22 u. prov. 1, 14. Alcim. Avit. poëm. 6, 311: distenta aureis nummis marsupia, Salv. de gub. dei 1, 2, 10: inspicere marsuppium, Plaut. Men. 254: alcis marsuppium exenterare, Plaut. Epid. 511: illae maritimae piscinae potius marsuppium domini exinaniunt quam implent, Vano r. r. 3, 17, 2. – ► Nbf. marsippium, Varro r. r. 3, 17, 2 *Keil.*

Marsus, s. Mārsī.

Marsyās, ae, Akk. ān, *m.* u. **Marsya**, ae, *m.* (Μαρσύας), **I** ein Satyr, Meister im Flötenspiel, der Apollo zu einem musikalischen Wettstreit herausforderte, aber von ihm besiegt u. zur Strafe für seinen Übermut geschunden wurde, Liv. 38, 13, 6. Ov. met. 6, 383; fast. 6, 705. Apul. flor. 3. p. 3, 15 Kr. Seine Statue stand in Rom am Markt (Iuven. 9, 2 gemeint) an der Rednerbühne; in ihrer Nähe betrieben nicht nur Rechtsanwälte ihre Geschäfte, sondern fanden sich auch Verliebte zusammen, Hor. sat. 1, 6, 120. Mart. 2, 64, 7. Sen. de ben. 6, 32, 1. – **II** ein Fluss in Großphrygien, der in den Mäander mündet, Liv. 38, 13, 6; vgl. Ov. met. 6, 400. – Über die lat. Form Marsya (*no.* I) s. *Bentl.* Opusc. phil. p. 520. – Schreibung Marsua, Mart. 2, 64, 8. Plin. 21, 8 u. 9 D.

martellum, ī, *n.*, s. 1. marculus.

1. Mārtiālis, e (Mars), **I zu Mars gehörig, martialisch,** flamen, Eigenpriester des Mars, Cic.; im Plur. bl. Martiales, Cic.: ludi, zu Ehren des Mars Ultor, dem Augustus einen Tempel erbaut hatte, Suet.: lupi, ihm heilig, Hor.: campus, auf dem mons Caelius, Fest. – **II zur martischen Legion gehörig,** milites, Cic. Phil. 4, 5.

2. Mārtiālis, is, *m.*, M. Valerius, der bekannte röm. Epigrammdichter aus Bilbilis in Hispanien, der unter den Kaisern Domitian, Nerva u. Trajan lebte, Plin. ep. 3, 21. – u. Gargilius Martialis, s. Gargilius.

Mārtiaticus, a, um (Mars), **zum Mars gehörig, martialisch, Kriegs-,** stipendia, Prisc. part. XII. vers. Aen. 12, 225.

Mārticola, ae, *m.* (Mars u. colo), der **Marsverehrer,** Getes, Ov. trist. 5, 3, 22: Getae, Ov. ex Pont. 4, 14, 14.

Mārticultor, ōris, *m.* (Mars u. cultor), der **Marsverehrer,** CIL 3, 5790.

Mārtigena, ae, *m.* (Mars u. gigno), **von Mars erzeugt, Sohn des Mars,** Ov. am. 3, 4, 39; fast. 1, 199. – poet. übtr. = **kriegerisch,** vulgus, Sil. 16, 533.

Mārtius, a, um (Mars), **I zu Mars gehörig, martisch, a** eig.: certamen, Hor.: bella, Hor.: proles, v. Romulus u. Remus, Ov.: miles, der römische (weil Mars der Stammvater der Römer), Ov.: anguis, Sohn des Mars, weil alle Ungeheuer göttlichen Ursprungs zu sein pflegten, Ov.: lupus, dem Mars heilig, Verg. – Martius mensis, der März, weil er dem Mars geheiligt war und von ihm seinen Namen hatte, Plin.: Kalendae Martiae, Nonae Martiae, Idus Martiae, des März, Cic. u. a. – Campus Martius, das Marsfeld zwischen Rom u. dem Tiber, wo die comitia abgehalten wurden und die Jugend sich in gymnastischen Spielen übte, Cic.: dah. poet., gramine Martio, auf dem Marsfeld, Hor. – Martia legio, die martische Legion, Cic. – arena, ein Platz im Zirkus, wo die Gladiatoren fochten, Ov. – Narbo Martius, s. Narbo. – **b** meton., **kriegerisch, des Kriegers, des Krieges,** Martii viri, Helden, Liv.: Martii animi, Heldensinn, Liv.: Penthesilea, Verg.: aeris rauci canor, Verg.: vulnera, Verg.: Thebe, wo viele Kriege geführt werden, Ov.: Martio exemplo, nach einem kr. Vorbild, Plin. 35, 13: gens ad pulveres Martios erudita, an alle Strapazen des Krieges gewöhnt, Amm. 23, 6, 83. – **II** übtr., **zum Mars** (dem Planeten) **gehörig,** ille fulgor ... rutilus horribilisque terris, quem Martium dicitis, der Planet Mars, Cic. de rep. 6, 17.

1. Mārtulus, ī, *m.* (Mars), ein **Marspriester,** Caper orthogr. 105, 21 K.

2. martulus, ī, *m.*, s. 1. marculus.

martyr, yris, *c.* (μάρτυρ), der **Zeuge;** dah. wer als Zeuge der Wahrheit der christlichen Religion stirbt, der **Märtyrer,** die **Märtyrerin,** Eccl. – ► Genet. Plur. martyrorum, CIL 5, 6186: u. marturorum, CIL 8, 7924.

martyra, ae, *f.*, die **Märtyrerin,** Ennod. carm. 1, 17, 22.

martyrium, iī, *n.* (μαρτύριον), das Zeugnis; dah. **I** das Zeugnis für die Wahrheit der christlichen Religion, das man mit seinem Blut besiegelt, das **Märtyrertum,** Eccl. – **II** übtr.: **1** die **Grabstätte eines Märtyrers,** das **Märtyrergrab,** Tert. u. Cod. Iust. – Dort baute man gern Kirchen; dah. **2** eine **Kirche,** Hieron. vit. Hilar. 31.

Marus, ī, *m.*, ein Fluss in Dazien, j. *Marosch,* Tac. ann. 2, 63. Plin. 4, 81.

mās, maris, *m.*, **männlichen Geschlechts, männlich,** v. Göttern, Menschen, Tieren, Gewächsen, subst., das **Männchen** usw. (Ggstz. femina), **I** eig.: bestiae aliae mares, aliae feminae, Cic.: et mares deos et feminas esse, Cic.: homines, Plaut.: incertus (infans) mas an femina esset, Liv.: teneri mares, Knaben, Ov.: mares liberi u. liberi mares, Lact. (s. Bünem. Lact. 1, 14, 9): liberi tres, duo mares, Plin. ep.: mares oleae (Nomin.), Ov.: in tilia mas et femina differunt, Plin.: mas vitellus, männlicher Dotter, d. i. männliches Hühnchen, Hor. – **II** übtr., **männlich, mannhaft, kräftig,** Hor.: animi mares, Hor.: male mas, unmännlich, Catull.: m. strepitus, kräftiges, erhabenes Lied, Pers. – ► Genet. Plur. gew. marium, Cic. part. or. 35. Amm. 24, 3, 13 u. a.; marum, Suet. Aug. 21 R. Mela 3, 9, 5 (3. § 93). Ps. Apul. Ascl. 21 G. Prob. inst. 122, 12. Frgm. Bob. de nom. 559, 41 K.

Masaesulī u. **Masaesylī,** ōrum, u. ûm, *m.* (Μασαισύλιοι), ein Volk im westl. Numidien, während die Massyli östlich wohnten, Liv. 28, 17, 5. Plin. 5, 19 u. 52. – Dav. **Masaesylia,** ae, *f.*, das **Land der Masäsyler,** Plin. 10, 22.

mascarpio, ōnis, *m.* (mas u. carpo) = masturbator, Petron. 134, 5 B[5].

mascel, s. masculus ►.

masculēsco, ere (masculus), **männlich** (männlichen Geschlechts) **werden,** Plin. 18, 129.

masculētum, ī, *n.* (masculus), ein **Ort, wo Gewächse** (bes. Weinstöcke) **männlichen Geschlechts gepflanzt sind,** Plin. 17, 182.

masculīnē, *Adv.* (masculinus), **im männlichen Geschlecht** (als gramm. *t. t.*), res masculas *feminine* et femineas *masculine* depromere, Arnob. 1, 59: alqd m. dicere, efferre, Charis. 71, 29 u. 30.

masculīniter, *Adv.* (masculinus), **männlich** (dem Geschlecht nach), Interpr. Iren. 1, 5, 3.

masculīnus, a, um (masculus), **männlich, männlichen Geschlechts** (Ggstz. femininus), **I** eig.: membra (Geschlechtsteile), Phaedr.: facies, Apul.: von Gewächsen, sexus, Plin. – **II** übtr., als gramm. *t. t.*, **männlich,** genus, Charis. u. a. Gramm.: masculina Graeca nomina, Quint.

masculofēmina, ae, *f.* (masculus u. femina), ein **Mannweib,** Interpr. Iren. 1, 1, 1 u. 1, 30, 3.

masculus, a, um (*Demin.* v. mas), **männlich, männlichen Geschlechts, I** eig. (Ggstz. femininus), nomen, Mart.: genus, Phaedr.: tura, Verg. u. Ov.: libido, einer sich selbst befleckenden Frau, Hor. – subst., **a** masculus, ī, *m.*, das **Männchen** (Ggstz. femina), Plaut., Liv. u. Vulg.: masculus et femina, oft Vulg. – **b** masculum, ī, *n.*, **männliches Geschlecht,** neque est in his masculum femininumve, Plin. 10, 189. – **II** übtr.: **1** als *t. t.* der Baukunst, tornus m., ein kreisförmiger Falz (Ggstz. tornus femina, eine kreisförmige Falzpfanne), Vitr. 9, 8, 11. – **2** des Mannes würdig, **männlich, kräftig, tüchtig, mutig, heldenmütig,** proles, Hor.: animus, Apul.: Sappho, weil sie sich ins Meer stürzte, doch mit Anspielung auf die mascula libido, Hor. – quae (eloquentia) ne minimum quidem in se indicium masculi et incorrupti, ne dicam gravis et sancti viri ostentet, Quint. 5, 12, 20. – ► Ungebr. Nbf. mascel, Prob. inst. art. 102, 13. Prob. app. 197, 29. Prob. de nom. exc. 211, 12 (doch als Eigenname im CIL 6, 225 e, 2).

Masinissa, ae, *m.* (Μασσινισσᾶς, gew. Μασσανάσσης), König von Numidien, Vater des Micipsa, Großvater Jugurthas, großer Freund der Römer, Liv. lib. 24 *sqq.* Cic. de rep. 6, 9. Sall. Iug. 35. Ov. fast. 6, 769. Sil. 16, 117. – Nbf. Massinissa, CIL 1, 200, 81, auch Oros. 4, 18, 21 *cod. L;* Massanissa (Μασσανάσσας), Oros. 4, 20, 36 *codd. RD.*

maspetum, ī, *n.* (μάσπετον), das Blatt vom laserpicium, Plin. 19, 42.

Māspiter, s. Mārspiter.

māssa, ae, *f.* (μᾶζα v. μάω, μάσσω, kneten), zusammengeknetete **Masse, Klumpen,** atrae picis, Verg.: salis, Plin. u. Apic.: frumenti, Oros. – Insbes., **a** v. geronnener Milch zu Käsen, massa lactis alligati od. coacti, der Käse, Mart. 8, 64, 9. Ov. met. 8, 666. – **b** v. Feigen, **Klumpen** (vgl. Schuch Apic. 8, 401), massa ficorum, Vulg. 4. regg. 20, 7: massa caricarum, Vulg. 1. regg. 25, 18 u. 30: centum massae palatharum, Vulg. 2. regg. 16, 1. – **c** v. Metallen, ferri, Colum. u. Vulg.: auri, Petron. u. (Ggstz. ramentum auri) Plin.: argenti massae, Plaut.: massa plumbea, Vulg.: absol., v. Erz, Verg. u. Sen., v. Gold, Ov., v. Eisen, Sen. – **d** v. Marmor, ein **Stück** (Ggstz. crustae), Plin. 36, 49. – **e** v. Chaos, Ov. met. 1, 70. – **f** v. Land, ein **Komplex** von Ländereien, ein **Landgut,** eine **Pflanzung,** Amm. 14, 11, 27. Cassiod. var. 8, 23, 2 u. 4; 8, 33, 2. CIL 14, 52. – **g** v. Menschen, die **Masse,** der **Haufen,** universa, Oros. apol. p. 628, 4 u. 630, 1 *Havercamp.*

Massaesylī, -sylia, s. Masaesulī.

Massagetēs, ae, *m.* (Μασσαγέτης), Plur. Massagetae, ein scythisches Volk an der Ostseite des Kaspischen Meeres, in der heutigen Dsungarei und Mongolei, Hor. carm. 1, 35, 40. Nep. regg. 1, 2. Hieron. epist. 53, 1. – Sing. kollektiv, Lucan. 3, 283. Sil. 3, 360. Claud. in Rufin. 1, 312.

māssālis, e (massa), **zur Masse gehörig, eine Masse ausmachend,** moles, das Chaos, Tert.: summa, der Allumfasser, v. Christus, Tert.

māssāliter, *Adv.* (massalis), **in einer Masse zusammen, massenhaft,** Tert. adv. Val. 16.

Massanissa, s. Masinissa.

māssaris, *f.*, die **Traube eines wilden Weinstocks,** die als Wohlgeruch u. Arzneimittel gepflückt wurde, Plin. 12, 133 u. 23. prooem. § 9.

Massicus, ī, *m.* (*sc.* mons), ein Berg zwischen Latium u. Kampanien, wegen seines edlen Weines berühmt, j. *Monte Masso* od. *Massico,* Plaut. Pseud. 1303. Cic. de lege agr. 2, 66. Liv. 22, 14, 1. – dah. vinum Massicum u. subst. bl. Massicum, ī, *n.*, massischer Wein, Hor.: so auch umor Massicus, Verg.

Massilia, ae, *f.*, alte berühmte Handelsstadt in Gallia Narbonensis, eine Pflanzstadt der ionischen Seestadt Phokäa in Kleinasien (nach Plutarch. Sol. 3 von Protus erbaut), berühmt als Sitz griech. Bildung, j. *Marseille,* Caes. b. c. 2, 1. Liv. 5, 34. Cic. de off. 2. 28. Lucan. 4, 257. – Dav.: **a Massiliēnsis,** e, **massiliensisch,** mores, üppige, Plaut. Cas. 963: sil, Sesel, Bergkümmel, Plin. 20, 36. – Plur. subst., Massiliēnsēs, ium, *m.*, die Einw. von Massilia, die **Massilienser,** Cic. u. a. – **b Massiliōticus,** a, um, **massiliotisch,** os Rhodani, Plin. 3, 33. Mart. Cap. 6. § 635: sil, Sesel, Bergkümmel, Marc. Emp. 1. p. 88 (a), 14 (wo Massalioticum geschr.). – **c Massilitānus,** a, um, **massilitanisch,** iuvenes Massilitanae, Enn. ann. 610 (in der Tmesis). – subst., Massilitānum, ī, *n.*, **massilitanischer Wein,** Mart. 13, 123 *lemm.* – Plur., Massilitānī, ōrum, *m.*, die **Massilitaner,** Vitr. 10, 16 (22), 11.

māsso, āre (*Intens.* v. mando), **kauen,** Th. Prisc. 1, 8 (?); 2, 29 (?).

māssula, ae, *f.* (*Demin.* v. massa), **kleine Masse, Klümpchen,** Colum. 12, 38, 2 u. 48, 5. Marc. Emp. 34.

Massurius, s. Masurius Sabīnus.

Massȳlī, ōrum u. (poet.) ûm, *m.* (Μασσύλιοι), ein Volk im östlichen Numidien, während die Masaesyli westlich wohnten, Plin. 5, 30. Verg., Aen. 6, 60. Sil. 4, 512 u. 16, 170. Prud. perist. 4, 46: dass. Volk Maesūlī gen., Liv. 24, 48, 13. – Dav.: **a Massȳlus,** a, um, **massylisch,** poet. = **afrikanisch,** equites, Verg.: virga, Mart.: serpens, der Drache, der den Garten der Hesperiden bewachte, Mart. – **b Massȳlius,** a, um, **massylisch,** virga, Lucan.: signa, Sil.

masticātio, ōnis, *f.* (mastico), das **Kauen,** Min. Fel. 28. Cael. Aur. de morb. chron. 4, 3, 70.

masticē, s. mastichē.

mastichātus, a, um (mastiche), **mit Mastix versehen, -gewürzt,** Lampr. Heliog. 19, 4.

mastichē u. **masticē,** ēs, *f.* (μαστίχη), **Mastix,** ein wohlriechendes Harz vom Mastixbaum (*Pistacia lentiscus*), mastiche, Plin. 12, 72 u. a.

Scrib. Larg. 60 u. a.: mastice, Capit. Gord. 19, 1. – Nbff. **masticha,** ae, *f.*, Marc. Emp. 26, u. **masticum,** ī, *n.*, Pallad. 11, 14, 13, u. **mastix,** stichis, *f.*, Isid. orig. 17, 8, 7 (Nom.; wo auch granomastix, w. vgl.): Genet. mastichis, Ser. Samm. 447, u. Abl. mastichĕ, Ser. Samm. 159 u. 423.

mastichinus od. **masticinus,** a, um (μαστίχινος), **aus Mastix,** Pallad. 4, 9.

mastico, āvī, ātum, āre (verw. mit mando, masso), **kauen,** Pelagon. veterin. 30 (435 *Ihm*). Marc. Emp. 5. Cael. Aur. de morb. chron. 1, 1, 47.

masticum, ī, *n.*, s. mastichē.

mastīgia, ae (μαστιγίας), **I** *m.*, ein Schimpfwort, **Schlingel, Taugenichts, Schurke,** eig. einer, der immer Schläge bekommt od. verdient, Plaut. capt. 600 u. most. 1. Ter. adelph. 781. Lucil. 669 (mastigias). – **II** *f.*, die **Peitsche, Geißel,** Sulp. Sev. dial. 2, 3. § 6.

mastīgophorus, ī, *m.* (μαστιγοφόρος), der **Geißelträger,** ein öffentlicher Diener, der bei Schauspielen auf Ruhe u. Ordnung halten musste, Arcad. Charis. dig. 50, 4, 18. § 17. Prud. c. Symm. 2, 517. Arnob. 2, 23.

mastix, stichis, *f.*, s. mastichē.

mastos, ī, *f.* (v. μαστός, ὁ, die Brust), eine für die Brüste heilsame Pflanze, Plin. 26, 163.

mastrūca (mastrūga), ae, *f.* (nach Quint. 1, 5, 8 ein sardinisches Wort), der **Schafpelz,** die **Wildschur,** Cic. pro Scaur. 45. Prud. c. Symm. 2, 699. Arnob. 2, 23. – als Schimpfwort, b. Plaut. Poen. 1313 (Götz u. Löwe manstruga).

mastrūcātus, a, um (mastruca), **mit einem Schafpelze-, mit einer Wildschur bekleidet,** Cic. de prov. cons. 15.

mastrūga, s. mastrūca.

masturbātor, ōris, *m.* (masturbor), der **Onanist,** Mart. 14, 203.

masturbor, ātus sum, ārī (manus u. stupro), **Onanie treiben,** Mart. 11, 105, 13. – masturbātus, der Onanist, Mart. 9, 42, 7. – Aktiv ›masturbat, δέφει καὶ δέφεται‹, Gloss. II, 127, 45.

māsucius (von masso, kauen) = edax, der **Kauer, Fresser,** Paul. ex Fest. 139, 1.

Masurius Sabīnus, ein Jurist zur Zeit des Tiberius, Gell. 3, 16, 23 u. 4, 1, 21. Pers. 5, 90. – Dav. **Masuriānus,** a, um, **masurianisch,** deleramenta, alltägliche, abgedroschene, M. Aurel. b. Fronto epist. ad M. Caes. 2, 6 (9). p. 32, 3 N.

matara, ae, *f.* u. **mataris** od. **materis,** is, *f.* (ein keltisches Wort), ein **Wurfspieß,** eine **Lanze** der Gallier, Form *-ara,* Caes. b. G. 1, 26, 3: Form *-aris,* Liv. 7, 24, 3: Form *-eris,* Sisenn. hist. 3. fr. 29 u. 4. fr. 71 (bei Non. 566, 8 u. 10). Rhet. Her. 4, 43.

mataxa, s. metaxa.

matella, ae, *f.* (*Demin.* v. matula), ein **Geschirr, Topf** für Flüssigkeiten, bes. **Nachttopf, Nachtgeschirr,** Cato r. r. 10, 2 u. 11, 3. Varro sat. Men. 104 u. 262. Sen. de ben. 3, 26, 2. Mart. 6, 89, 1: matellam praestare alci, als niederer Dienst, Mart. 10, 11, 3: mus in matella, »die Maus in der Falle«, sprichw. von einem, der in Verlegenheit steckt, Petron. 58, 9. – meton., illa matella, Allerweltshure, Petron. 45, 8.

matellio, ōnis, *m.* (*Demin.* v. matula, s. Varro LL. 5, 119. Paul. ex Fest. 126, 3), das **Nachtgeschirr,** Cato r. r. 10, 2 u. 11, 3. Varro vit. P. R. 1. fr. 42 (bei Non. p. 547, 7): Corinthius, Cic. parad. 5, 38.

mateola, ae, *f.*, ein Werkzeug zum Einschlagen in die Erde, Cato r. r. 45 u. 46. Cato bei Plin. 17, 125.

māter, tris, *f.* (altind. *mātár-*, griech. μήτηρ, dorisch μάτηρ), die **Mutter, I** eig., v. jedem leb. Geschöpf, das Junge geboren hat u. säugt, **1** v. Menschen, **a** übh., Cic. u. a.: frater matre eādem natus (Ggstz. utroque parente natus), Liv.: matrem agere, die Mutter (Säugemutter) abgeben (v. einer Wölfin), Flor.: matrem fieri de Iove, M. (= schwanger) werden usw., Ov.: matrem esse, M. (= schwanger) sein, Ov.: matrem facere, schwängern, Ov.: annon putas aliquid esse discriminis inter matrem et novercam? Sen. – mater familias od. familiae, s. familia. – **b** insbes.: **α Gattin, Frau, Weib,** Verg. u. Liv. – **β** v. alten Frauen, **Mutter, Mütterchen,** iubemus te salvere, mater, Plaut.: bes. im Plur., matres Graiae, Verg.: Ithacae, Ov.: matres nurusque, ältere u. jüngere Frauen, Ov.: v. Ammen, Plaut. u. Verg. – **γ** v. Göttinnen, als Beiname, Flora mater, Lucr.: mater Matuta, mater Terra, Liv.: Vesta mater, Verg. – od. als poet. Umschr. derselben, Mater magna, Cic., u. bl. Mater (*sc.* deorum), Cybele, Verg.: florum, Flora, Ov.: Amorum, Venus, Ov. – **2** v. Tieren, **Mutter, Mutterkuh, Mutterschaf, Mutterziege** u. dgl., Varro u. Verg.: cornigerae, Lucr.: columbi matre (Henne) subducti, Th. Prisc. 1, 10. – **3** übtr.: **a** v. leb. Wesen = **Erzeugerin,** quî posset rebus mater consistere certa, Lucr.: apes mellis matres, Varro. – **b** v. Baum od. Stamm, aus dem Zweig wachsen, der **Mutterstamm,** Verg. u. Colum. – **c** v. Gewässern, **Mutter, Quelle,** Mela 2, 1, 7 (2. § 7). – **d** v. Städten = μητρόπολις (poet auch μήτηρ), **Mutterstadt,** ab urbe filia mater eversa est, Augustin. de civ. dei 3, 14, 3: Brixia Veronae mater, Catull. 67, 34: Populonia mater, Verg. Aen. 10, 172. – u. übh. (wie μητρόπολις) **Hauptstadt,** mater Italiae Roma, Flor.: matrem urbium habet Tarsum, v. Cilicien, Solin.: Nicaea, quae in Bithynia mater est urbium, Amm. – **e** v. Ländern usw., **Mutter,** haec terra, quam matrem appellamus, Liv. 5, 54, 2. Vgl. Mela 2, 1, 7 (2. § 7). – **II** meton.: **1 mütterliche Liebe,** simul matrem labare sensit, Ov.: mater redit, Sen. poët. – **2** der **Mutterstand,** Sen. Herc. Oet. 389. – **III** bildl., die **Mutter** = die Ursache, der Ursprung, die Quelle, Wurzel, der Grund einer Sache, mater, ut ita dicam, rerum omnium, Cic.: omnium malorum stultitia est mater, Rhet. Her.: mater bonarum artium est sapientia, Cic.: mater eius (avaritiae) est tollenda, luxuries, Cic.: crudelitatis mater est avaritia, Quint.: prima scelerum mater, avaritia, Claud. – ► Archaist. Dat. Sing. matrei, CIL 1, 203, matre, CIL 1, 177.

mātercella = matercula, Fronto epist. ad M. Caes. 4, 6. p. 70 N. ›*in margine*‹.

mātercula, ae, *f.* (*Demin.* v. mater), das **Mütterchen,** die **liebe Mama,** Plaut. fr. b. Prisc. 3, 20. Cic. Flacc. 91. Hor. ep. 1, 7, 7. CIL 3, 6383.

māterfamiliās, s. familia *no.* II, A.

māteria, ae, *f.* u. **māteriēs,** ēī, *f.* (mater), der **Stoff,** die **Materie,** woraus etwas hervorgeht, verfertigt oder unterhalten wird, **I** eig.: **A** im Allg.: rerum, der Grundstoff der Dinge, Cic.: materia rudis, v. Chaos, Lucan.: ferri materia, Eisenerz, Iustin.: materiam praebet seges arida, v. Brennstoff, Zunder, Ov.: u. so habens semina flammae materies, Ov.: quaeque de sua materia grandescere, Lucr. – v. der Eitermaterie, dem Eiterstoff, Cels. 3, 27. *no.* 4. – v. Material zu einer Arbeit, zu einem Bau, parietum, Vitr.: materiam (an der Tür) superabat opus (die Arbeit), Ov.: u. so v. Baumaterialien aller Art, aes ferrumque et lintea et spartum et navalis alia materia ad classem aedificandam, Liv.: delata materia omnis infra Veliam, Liv.: vom Mauerkalk als Bindemittel beim Mauern, Iustin. – Plur., deûm imagines mortalibus materiis in species hominum effingere, Tac. hist. 5, 5: a deo ad materias avocant, lenken auf das Materielle ab, Min. Fel. 27, 2. – **B** insbes., **1** das **Holz** der Nutzbarkeit nach, das **Nutzholz, Bauholz** (Ggstz. ligna, das Brennholz), **a** als Nutzholz u. als noch grünes, frisches Holz übh., sowohl ganze Bäume als auch Zweige, lenta (zähes) materies, Plaut.: cupam materiā ulmeā aut fagineā facito, Cato: omni materiā et cultā et silvestri (alles Holz, sowohl angepflanztes als auch wildwachsendes) partim ad calefaciendum corpus igni adhibito et ad mitigandum cibum utimur, partim ad aedificandum, Cic.: materies vitis, das Stammholz = der Stamm (Ggstz. sarmenta), Cic.: inter librum et materiam (dem Stammholz), Colum.: genus surculorum aptum materiae (zu Nutzholz, Bau- u. Brennholz), Colum. u. so oft von den Zweigen, das grüne Holz, Colum. – **b** als Bauholz, zu Häusern, Schiffen, Brücken, zur Befestigung eines Lagers usw., Cic., Caes. u. a.: materia viridis, Liv.: navalis, Curt. u. Liv. epit.: pabuli, lignorum (Brennholzes), materiae (Bauholzes) aggestus, Tac.: zu Stangen, Cato: materiam caedere, Bauholz fällen, Liv. u. a.: Plur., ligna, materiae, Plin. ep. 10, 41 (50), 2: materiae navales, Liv. epit. 48. – **2** der **Nahrungsstoff,** imbecillissima, valentissima, media, Cels. 2, 18. p. 66, 34 *sqq.* (D.). – u. die **Lebensmittel, Vorräte,** Ov.

met. 8, 876. – **3** übtr., die **Gattung, Rasse, Art** der Tiere, zur Fortpflanzung, generosa, Colum. 6, 27 *in.*: vetus, Colum. 7, 3, 15. – **II** übtr.: **1** die **Materie, Materialien,** der **Stoff** zu etw., als Gegenstand geistiger od. künstlerischer Tätigkeit, **Aufgabe, Vorwurf,** huius materiae tractatio, Sen.: ad iocandum, Cic.: sermonum, Cic.: artis, Stoff, Gegenstand der Künste u. Wissenschaften, womit sie sich beschäftigen, Cic.: operis iusti, Vell.: aequitatis, Materie (locus communis) von der Billigkeit, Cic.: crescit mihi materies, der Stoff wächst mir unter den Händen, Cic.: nunc in tres partes omnem hanc materiam dividam, Sen.: materiam sermonibus praebere, Tac. – **2** der **Vorrat** an etw., ficti (an erdichteten Vorwänden), Ov. met. 9, 769. – **3** der **Brennstoff, Zündstoff** = die Ursache, Gelegenheit, Anregung, Veranlassung zu etw., seditionis, Cic.: materies omnium malorum, Sall.: aurum, summi materies mali, Hor.: longo materia bello, Tac.: materiam dare invidiae, Cic.: non superbiae ac libidini, sed bonitati ac moderationi facultatem et materiam dare, Cic.: materiam praebere criminibus (Beschuldigungen), von einem Acker, Liv.: invidiae flammam ac materiam criminibus suggerere (v. einem Ankläger), Liv.: materiam gloriae eripere alci, Liv.: pro materia, der Sache gemäß, Ov. – **4** die geistige **Anlage,** zuw. das **Talent, Naturell,** Catonis, Cic.: ingentis decoris, Liv.: angebatur ferox Tullia nihil materiae in viro neque ad cupiditatem neque ad audaciam esse, er gar nicht das Zeug habe, Liv.: quae materia et quanta ad maximas res opportunitas in animis inesset hominum, Cic.: non sum materiā digna perire tuā, Naturell (hartes, empfindungsloses), Ov. – ► Archaist. Genet. materiai, Lucr. 1, 1051; 2, 1065 u. 5, 67. – Genet. Plur. (v. materies) materierum, Lact. 2, 12, 1 (*codd. optt.*).

māteriālis, e (materia), **zur Materie gehörig, materiell,** Macr. somn. Scip. 1, 12. § 7 u. 10. Ambros. de virgg. 3, 1. § 1 u. a. – Dav. **māteriāliter,** *Adv.,* **der Materie nach,** Sidon. epist. 8, 11, 4 u. a. Eccl.

māteriārius, a, um (materia), **I zum Holz gehörig, A** *adi.*: fabrica, Zimmermannskunst, Plin. 7, 198: negotians, Bauholzhändler, -lieferant, CIL 11, 1670. – **B** subst., **a** māteriārius, iī, *m.,* **α** der **Bauholzhändler, -lieferant,** Plaut. mil. 920. – **β** m. clavorum, der Verfestiger von hölzernen Nägeln, CIL 12, 4467. – **b** māteriāria, ae, *f.* (*sc.* negotiatio), der **Holzhandel,** Paul. ex Fest. 27, 11. – **II zur Materie gehörig,** haeretici, die an die Ewigkeit der Materie glaubten, Tert. adv. Hermog. 25.

māteriātio, ōnis, *f.* (materio), das **Holzwerk** zum Bauen, **Zimmerwerk, Gebälk** usw., Vitr. 4, 2 *in.*

māteriātūra, ae, *f.* (materio), die **Bearbeitung des Bauholzes,** fabrilis, des Zimmermanns, Vitr. 4, 2, 2.

māteriātus, a, um, s. māterio.

māteriēs, ēī, *f.,* s. māteria.

māterīnus, a, um (materia), nach *Turneb.* adv. 21, 5 = **holzartig, hart, fest,** Cato r. r. 34, 2 zw.

māterio, (āvī), ātum, āre (materia), **aus Holz machen** od. **bauen,** aedes male materiatae, aus schlechtem Holzwerk, baufällig, Cic. de off. 3, 54: eaque aedificia minime sunt materianda propter incendia, Vitr. 5, 12 (13), 7

māteriola, ae, *f.* (*Demin.* v. materia), eine **kleine Materie,** ein **kleiner Gegenstand,** Tert. de baptism. 17.

māterior, ārī (materio), **Holz fällen, -holen,** Caes. b. G. 7, 73, 1.

materis, s. matara.

māternus, a, um (mater), **zur Mutter gehörig, mütterlich, von mütterlicher (von der Mutter) Seite, Mutter-** (Ggstz. paternus), paternus maternusque sanguis, Cic.: genus, Sall. u. (Ggstz. paternum), Cic.: nomen, Cic.: animus, Ter.: tempora, Zeit der Schwangerschaft, Ov.: so menses, Nemes.: maternae fiducia formae, Stolz der Mutter auf ihre Gestalt, Ov.: metus, Ps. Quint decl.: dolor, Sen.: arma (Aeneae), die ihm seine Mutter Venus von Vulkan verschafft hatte, Verg.: so auch aves, Tauben, die der Venus heilig waren, Verg.: Caesar cingens materna tempora myrto, der Venus, der Mutter des Äneas, von dem Cäsar abstammen soll, Verg.: Idus, die der Maja (Merkurs Geburtstag), Mart.: Venus monet materna per aequora ire, in dem sie geboren war, Ov.: Delus, wo Latona den Apollo geboren hat, Verg. – avus, von mütterlicher Seite, Liv. u. a., s. avus: u. so atavus, Solin.: ebenso nobilitas, Verg.: Numa, von mütterlicher Seite verwandt, Ov.: patria, von mütterlicher Seite, Liv. – von Tieren, Colum. u. Plim.: vulva, vom Mutterschwein, Mart.

mātertera, ae, *f.* (Komparativbildung zu mater), die **Schwester der Mutter,** die **Tante,** Cic. u. a.: magna, d. i. *soror aviae,* maior, d. i. *soror proaviae,* ICt.

mathēmatica u. **-ticē,** s. mathēmaticus *no.* II, 2.

mathēmaticus, a, um (μαθηματικός), **mathematisch, I** *adi.*: ratio, Vitr.: artes, Plin.: discplinae, Mathematik, Astronomie, Musik, Geographie, Optik, Gell.: ars mathematica u. mathematice, Astrologie, Schol. Iuven. 6, 566 u. 580. – **II** *subst.*: **1** mathēmaticus, ī, *m.,* **a** der **Mathematiker,** Cic. u. a. – **b** der **Astrologe, Zeichen-** u. **Sterndeuter,** Tac. u. a. – **2** mathēmatica, ae, *f.* u. -ē, ēs, *f.* (*sc.* ars), **a** die **Mathematik,** Form *-e,* Sen. ep. 88, 28. – **b** die **Astrologie,** Form *-a,* Suet. Tib. 69.

mathēsis, eos u. is, Akk in od. im, *f.* (μάθησις), eig. »Kenntnis, Wissenschaft«; dah. insbes.: **I Mathematik,** Cassiod. var. 1, 45, 5. Fulg. myth. 3, 10. – **II Astrologie,** Spart. u. a.: matheseos sciens, Iul. Val.: divinae matheseos disciplina, Firm. math. 1. praef. *in.*: mathesis praescriptum, Prud. c. Symm. 2, 479: mathesin profiteri, Schol. Iuven. 6, 572. – ► măthēsis gemessen, Prud. c. Symm. 2, 479 u. 894. Sidon. carm. 5, 131.

Mātiānus, a, um, s. Mātius.

Mātilica, ae, *f.,* Stadt in Umbrien, j. *Matelica,* Gromat. vet. 240, 8 u. 257, 1. – Dav. **Mātilicātēs,** ium, *m.,* die Einw. von Matilika, die **Matilikaten,** Plin. 3, 113.

Matīnus, ī, *m.,* Berg am Fuße des Garganus in Apulia Daunia, reich an trefflichem Honig, j. *Matinata,* Lucan. 9, 185. Schol. Cruq. ad Hor. carm. 1, 28, 3. – Dav. **Matīnus,** a, um, **matinisch,** apis, Hor.: cacumina, Hor.: litus, die östliche Küste Apuliens, Hor.

Matisco, ōnis, *m.,* Stadt der Äduer im lugdun. Gallien, am Arar, j. *Mâcon,* Caes. b. G. 7, 90, 7.

Mātius, a, um, Name einer röm. *gens,* aus der am bekanntesten Cn. od. viell. (s. im Folg.) richtiger C. Matius, Dichter u. als solcher Übersetzer der Ilias, Varro LL. 7, 96. Gell. 6, 6, 5; 9, 14, 14. Macr. sat. 3, 20, 5 (wo Mattius geschr.), viell. identisch mit C. Matius, Freund Cäsars u. des Oktavianus Augustus, Cic. ep. 6, 12, 2 u. a. Plin. 12, 13 u. 15, 49, Verf. einer Schrift über die Kochkunst, Colum. 12, 4, 2 u. a. – Dav. **a Mātius** (Mattius), a, um, **matisch, des Matius,** Mattia poma, Fronto de fer. Als. 3. p. 224, 19 N. – **b Mātiānus** (Mattiānus), a, um, **matianisch, des Matius,** minutal Mat., Apic. 4, 174: malum Mat. (Apfel), Suet. Dom. 21. u. malum Matt., Macr. sat. 2, 19, 2: Mat. mala (Äpfel), Colum. 5, 10, 19 u. 12, 45, 5: mala optima Mattiana, Edict. Diocl. 6, 65: Mat. pomum, Cassiod. exp. in cant. 7, 13.

Mātrae, ārum, *f.,* wie Matronae = **Land-, Stadt-, Ortsschutzgöttinnen,** CIL 12, 1824 u. 13765. – Dat. Plur. auch Matrabus, CIL 13, 5369. 5371. 5959.

Mātrālia, ium, *n.* (Mater), das jährlich am 11. Juni gefeierte Fest der *Mater Matuta,* Varro LL. 5, 106. Ov. fast. 6, 475: festa M., Ov. fast. 6, 533.

mātrēsco, ere (mater), **der Mutter ähnlich werden,** ingenio, Pacuv. 139 R.[2]

mātricālis, e (matrix), **zur Mutter-, Gebärmutter gehörig,** herba, Mutterkraut, Ps. Apul. herb. 65: vena, Mutterader, Veget. mul. 1, 10, 7 u. a.

mātricīda, ae, *m.* (mater u. caedo), der **Muttermörder,** Cic. ad Q. fr. 1, 2, 2. Cic. de har. resp. 39. Nep. Alc. 6, 2. Suet. Ner. 21, 3. Auson. Caesares (XXI) 1, 35. p. 113 Schenkl. Vulg. 1. Tim. 1, 9 (neben patricida). – ► mātrĭcīda gemessen, Sidon. carm. 5, 290.

mātricīdium, iī, *n.* (matricida), der **Muttermord,** Cic. de inv. 1, 18.

mātrīcula, ae, *f.* (*Demin.* v. matrix), das **öffentliche Verzeichnis,** die **Matrikel,** Veget. mil. 1, 26 u. a. Cod. Iust. 12, 20, 3.

mātrimes, s. mātrimus.

mātrimōniālis, e (matrimonium), **die Ehe betreffend, ehelich, Ehe-,** tabulae, Augustin. de civ. dei 14, 18; conf. 9, 9. Firm. math. 7, 17. Magno p. 300, a K. (Vol. IV.): lectulus, Ps. Quint. decl. 1, 13: fides, Augustin. de bono viduit. § 5.

mātrimōnium, iī, *n.* (mater), **I** die **Ehe** (Ggstz. concubinatus), tenere matrimonium alcis (viri), jmds. Ehegattin sein, Cic.: contractum matrimonium solvere, Iustin.: sibi alqam in matrimonium petere, Suet.: in matrimonium ire, heiraten, Plaut.: in matrimonium alcis concedere, Iustin.: alqam in matrimonium ducere, eine heiraten, Cic.: dare alci filiam in matrimonium, Cic.: accipere alqam in matrimonium, Suet. u. a., in matrimonium regnumque (u. Thron), Tac.: alqam in matrimonium recipere, Iustin.: habere alqam in matrimonio, Cic. u. Iustin.: collocare alqam in matrimonium u. in matrimonio, verheiraten, Cic.: collocare Sabinas virgines in amplissimarum familiarum matrimoniis, Cic.: alqam sibi matrimonio iungere, Liv., coniungere, Suet.: filias suas Nabidis filiis matrimonio coniungere velle, Liv.: alicuius ante (vorher) matrimonium expertam esse, schon vorher einmal verheiratet gewesen sein, Sen.: alqam ex matrimonio expellere (verstoßen), Cic.: alqam matrimonio alcis exturbare, Tac. – **II** meton., matrimonia = **Ehefrauen,** Tac. ann. 2, 13 u. 12, 6. Flor. 1, 1, 10. Iustin. 3, 3, 8; 3, 5, 6 u. a. Treb. Poll. trig. tyr. 6, 3. Lact. 3, 21, 4 u. epit. 38, 2. Amm. 23, 6, 76.

mātrimus, a, um (mater), **die Mutter noch am Leben habend,** Cic., Liv. u. a. – Nbf. mātrimes als Nomin. Sing., Paul. ex Fest. 93, 2, als Nomin. Plur., *ibid.* 126, 2.

mātrīx, trīcis, *f.* (mater), die **Mutter,** zur Zucht od. Fortpflanzung, **I** eig. u. übtr.: **1** eig., das **Muttertier, Zuchttier,** z. B. Zuchtkuh, Varro: Mutterschaf, Colum.: so auch vom Geflügel, Colum. – **2** übtr.: **a** vom Menschen, die **Erzeugerin, Stammmutter,** Eva m. generis feminini, Tert de virg. vel. 5: als Beiname der Venus, CIL 10, 3692: matrix publica, CIL 8, 6948. – **b** der **Stamm,** aus dem Zweig kommen, Suet. Aug. 94, 11. – **c** die **Mutter = Gebärmutter,** der **Mutterleib,** Sen. contr. 2, 5 (13), 6. Veget. mul. 2, 17, 5. – **d** das (öffentl.) **Verzeichnis,** die **Matrikel,** Tert. fug. in persec. 12. – **II** bildl. die **Mutter** = die Quelle, Ursache, omnium praeceptorum, Tert.: m. et origo cunctorum, Tert.

1. mātrōna, ae, *f.* (mater), eine **ehrbare, verheiratete,** freigeborene **Frau,** bes. mit dem Nbbgr. des Vornehmen, Würdevollen od. des Züchtigen, **Dame, Matrone,** oft im Ggstz. zu meretrix, Plaut., Cic. u. a.: von der Juno, Hor.: u. von anderen Schutzgottheiten der Örtlichkeiten, Inscr. – seltener = **Frau, Ehefrau, Gattin** übh., Cic. u. a.: tyranni, Hor.: Laris, die Hausfrau, Iuven.: Caii principis, Plin. – ► Dat. Plur. matronabus, CIL 5, 4137 u. 4169.

2. Mātrona, ae, *m.*, ein Fluss im lugdun. Gallien, j. *Marne,* Caes. b. G. 1, 1. § 2. Auson. Mos. 462. Sidon. carm. 6, 208.

mātrōnālis, e (1. matrōna), **einer Ehefrau-, einer Matrone gehörig, -eigen, -zukommend** usw., **Frauen-, Matronen-** (Ggstz. puellaris, virginalis), domesticus labor matronalis fuit, Colum. 12. praef. § 7: decus, Liv. u. Val. Max.: genae, Ov.: gravitas, Plin. ep.: ordo, Sen. – feriae Matronales, ein Familienfest, das die Matronen zu Ehren der Juno Lucina am ersten März (dah. femineae Kalendae, Iuven. 9, 52) feierten, wobei sie sie um Erhaltung der Ehe anriefen, Tert. de idol. 14. vgl. Ov. fast. 3, 229 *sqq.* – An diesem Tag wurden die Hausfrauen, Bräute u. Geliebten beschenkt. s. Mart. 5, 84, 10: sie selbst bewirteten ihre Sklavinnen, s. Macr. sat. 1, 12. § 7.

mātrōnāliter, *Adv.* (matronalis), **nach Art einer Ehefrau, ehelich,** nupta, in einer afrik. Inschr. im CIL 8, 870, 3.

mātrōnātus, ūs, *m.* (matrona), die Tracht einer Matrone, -einer vornehmen Dame, **vornehme Tracht,** Apul. met. 4, 23.

mātrōnōmicus, a, um (mater u. nomino), **nach der Mutter Namen gebildet,** nomen, (Serg.) expl. in Donat. 537, 14.

mātruēlis, is, *m.* (mater), **des Mutterbruders Sohn** (Ggstz. **patruelis),** Aur. Vict. de orig. gent. Rom. 13, 8. Marcian. dig. 48, 9, 1.

matta, ae, *f.*, die **Matte, grobe Decke,** von Binsen usw., Augustin. c. Faust. 5, 5. Schol. Iuven. 5, 8; 6, 117.

mattārius, iī, *m.* (matta), einer, der auf einer Matte schläft, der **Mattenschläfer,** Augustin. c. Faust. 5, 5.

mattea, ae, *f.* (ματτύη, s. Varro LL. 5, 112), **leckere, köstliche Speise, Leckerbissen,** Sen. contr. 9, 4 (27), 20. Petron. 65, 1 u. 74, 6. Mart. 10, 59, 4 u. 13, 92, 2: matteae et obsonia, Tert. de anim. 4: venenatae matteae, Suet. Cal. 38, 2.

matteola (mateola), ae, *f.* (*Demin.* v. mattea), der **Leckerbissen,** Arnob. 7, 25.

Matthaeus, ī, *m.* (Ματθαῖος), der Evangelist **Matthäus,** Eccl. – Zweisilb. Matthēūs (Ματθεύς), Prud. apoth. 982.

Mattiacum, ī, *n.*, eine Stadt, die im Rheingau in der Gegend von Wiesbaden gestanden haben soll, wovon **Mattiacus,** a, um, **mattiacisch,** ager, Tac.: fontes (Heilquellen), das heutige Wiesbaden, Plin.: pilae, Seifenkugeln zur Färbung der Haare, Mart. – Plur. subst., Mattiacī, ōrum, *m.*, die Einw. von Mattiacum, die **Mattiacer,** Tac.

Mattiānus, s. Mātius.

matticī cognominabantur homines malarum magnarum atque oribus late patentibus, s. Paul. ex Fest. 126, 1.

mattiobarbulus, ī, *m.*, ein **mit Bleikugeln bewaffneter Soldat,** Veget. mil. 1, 17. p. 20, 4 L[2] u. 3, 14. p. 98, 9 L[2].

Mattium, iī, *n.*, der Hauptort der Katten, nach einigen das jetzige *Maden* bei Fritzlar, Tac. ann. 1, 56.

Mattius, s. Mātius.

matula, ae, *f.*, ein **Geschirr** für Flüssigkeiten, matula aquae, Plaut. fr. bei Non. 543, 7. Varro vit. P. R. 1. fr. 45 bei Non. 544, 8. – Insbes.: **a** das **Waschgeschirr,** Ulp. dig. 24, 2, 25. § 10. – **b** das **Nachtgeschirr** (s. Paul. ex Fest. 125, 18), Varro LL. 5, 119. Plaut. most. 386. Hieron. epist. 52, 5; 117, 8; 123, 9. – als Schimpfwort, numquam ego te tam esse matulam credidi, ein solcher Teekessel (alberner Mensch), Plaut. Pers. 533. – Sprichw., est modus matulae, man muss Maß halten, Varro sat. Men. 111 *lemm.*

mātūrāsco, āvī, ere (*Inchoat.* v. maturo), **reif werden, reifen,** v. Früchten, Vulg. Ioël 3, 13. Augustin. serm. 223. § 2. Lact. 2, 11, 1 *codd.*

mātūrātē, *Adv.* (*Partic.* maturatus v. maturo), **rechtzeitig, schleunig,** at maturate propera! Plaut. Pseud. 1157.

mātūrātio, ōnis, *f.* (maturo), die **Beschleunigung,** Rhet. Her. 3, 3.

mātūrātō, *Adv.* (maturatus v. maturo), **schleunig,** Schol. Verg. in Class. auct. 7, 291. Heges. 1, 44, 3.

mātūrātor, ōris, *m.* (maturo), der **Beschleuniger,** inchoati itineris, Ven. Fort. vita S. Mauril. 15.

mātūrē, *Adv.* (maturus), **I zeitig = zur gehörigen-, zur rechten Zeit,** sentire, Cic.: satis m. occurrere, Caes.: m. facto opus est, Sall. – **II zeitig = beizeiten, frühzeitig, 1** übh. = **früh, bald, schleunig,** senem fieri, Cic.: mature u. maturius proficisci, Caes.: alqo maturius venire, Cic.: maturissime rem vindicare, Cic.: quam maturrime rebus occurrere, Caes. – **2** relativ, **frühzeitig = zu früh,** mature decessit, Nep. Att. 2, 1. – Die drei Bedeutungen von mature, **vor der Zeit, zur rechten Zeit, zur Unzeit** (vgl. Gell. 10, 11: 1 *sqq.*) hat Plaut. Curc. 380 *sq.* in der Sentenz qui homo *mature* quaesivit pecuniam, nisi eam *mature* parsit, *mature* esurit. – ► Über die *Superl.*-Form maturrime (meist in der Verbindung quam maturrime) s. Jordan Cic. Caecin. 7. p. 150 *sq.* Kritz Sall. hist. fr. 1, 51, 16. p. 80.

mātūrefacio, ere (maturus u. facio), **reif machen, zur Reife bringen,** Th. Prisc. de diaeta 14.

mātūrēsco, mātūruī, ere (maturus), **I reif werden, reifen,** v. Früchten, Caes. u. a. – vom Eiter, si pus maturuerit, Cels. – **II reifen, heranreifen, 1** eig., **zur körperl. Reife gelangen,** partus maturescunt, Cic.: nubilibus maturuit annis, wurde heiratsfähig, -mannbar (v. einem Mädchen), Ov. – **2** übtr., **zur geistigen Reife gelangen,** libros nondum satis maturuisse, zur Herausgabe reif, Quint.: senescentibus vitiis, maturescente virtute, reife, sich immer mehr entwickele, Liv.: si virtutes iuvenis maturuissent, sich vollkommen entwickelt hätten, Plin. ep.

mātūritās, ātis, *f.* (maturus), die **Reife,** das **Reifen, I** eig.: **A** der Früchte: **1** eig.: frumentorum, Caes.: frugum, Cic.: festinata m., beschleunigte R., Frühreife, Quint. – **2** meton., die **reife Frucht,** Pallad. 3, 9, 12. – **B** die **Reife** = die gehörige physische Beschaffenheit, -Vollkommenheit, **a** übh.: partus, Plin.: muriae, das gehörige Salz, Colum. – sucum ad maturitatem perducere, Plin.: ad maturitatem venire od. pervenire, Plin.: maturitatem adipisci, Plin. – **b** insbes., die **Reife** des Alters, -der Jahre, aetatis indeflexa m., Plin. pan. 4, 7. – **II** übtr.: **1** die **Reife, vollkommene Entwicklung, Vollendung, a** übh.: tamquam in arborum bacis terraeque fructibus maturitate tempestivā (esse aliquid) quasi vietum et caducum, Cic.: scelerum m. in nostri consulatus tempus erupit, Cic.: m. temporum, der wirkliche Eintritt der Zeit (der Not), Liv. 22, 40, 9 (vgl. unten *no.* b). – von geistiger Reife, aetatis ad prudentiam, Cic.: senectutis, Cic.: videbatur illud in me, quicquid esset, esse perfectum et habere maturitatem quandam suam, Cic.: maturitatem Galli criminando, die reife Erfahrung, das reife Urteil, Tac. hist. 1, 87: u. so mat. veteris imperatoris, Vell. 2, 125, 3: u. incitationem eius non maturitate vel consiliis mitigabat, Amm. 14, 1, 10: u. Plur., paternae maturitates, Itin. Alex. 2 (3). – **b** insbes., der **rechte-, gehörige Zeitpunkt,** sed eius rei maturitas nequedum venit et tamen iam appropinquat, Cic. – Plur., maturitates temporum, der gehörige, regelmäßige Eintritt, der regelmäßige Umlauf der Zeiten, Cic. de nat. deor. 1, 100 u. 2, 155. – **2** der **baldige-, schleunige Eintritt,** precari maturitatem poenae, Suet.: beneficio Caesaris praestare maturitatem, die Bewilligung des Kaisers recht bald, schleunig ins Leben treten lassen, Frontin. aqu. 105.

1. mātūro, āvī, ātum, āre (maturus), **I** *tr.:* **A** eig.: **1** Früchte **reif machen, reifen, zeitigen, zur Reife bringen,** im Passiv = **reif werden, reifen,** annus in apricis maturat collibus uvas, Tibull.: amygdala Martio (mense) pomum maturat, Plin. – frumenta maturantur cum plurimum diebus quadraginta, Plin.: quibus omnia quae terra gignit maturata pubescunt, gezeitigt, zur Reife gelangt, Cic.: maturata uva, gezeitigte, reife, Cic. – **2** übh. physisch **reif machen,** partus conceptos maturat caninum lac potum, macht zur Geburt reif, Plin.: quod (malagma) pus maturat, Cels.: vitis alba suppurationes veteres maturat et purgat, Plin. – **B** übtr.: **1** etw. **beizeiten-, zur rechten Zeit-, bei guter Zeit verrichten,** multa, forent quae mox caelo properanda (übereilen) sereno, maturare datur, Verg. georg. 1, 260 *sq.* – **2** etw. **recht bald zur Reife-, zur Vollendung-, zur Ausführung-, zur Entwicklung bringen,** etw. **befördern, beeilen, beschleunigen,** coepta, Liv.: iter, Caes. u. Liv.: alci mortem, Cic. u. a., od. necem, Hor.: fugam, Sall. fr., Verg. u. Tac.: censum, nuptias, Liv.: insidias consuli, Sall.: concoctionem, Plin. – m. folg. *Infin.,* **recht bald-, je eher je lieber** etw. **tun, sich beeilen, zu** usw., iube maturare illam exire huc, Plaut.: oro, ut matures venire, recht bald, je eher je lieber kommst, Cic.: maturat ab urbe proficisci, bricht schleunig aus der St. auf, Caes.: maturare iter pergere (Ggstz. tardius ire), Sall. – dah. relativ, **zu bald-, zu früh** etw. **tun,** ni Catilina maturasset signum dare, hätte Katilina nicht übereilt das Zeichen gegeben, Sall. – **II** *intr.:* **A** eig., v. Früchten = **reifen, reif werden,** sero od. tardius m., Pallad. – **B** übtr., **sich beeilen, eilen, sich sputen,** matura! spute dich! Plaut.: non potest ita maturare, bald-, frühzeitig kommen, Cic.: legati in Africam maturantes veniunt, machen, dass sie nach A. kommen, Sall.: maturavit Romanus, ne etc., Liv.: maturato opus est, es ist Eile nötig, Liv.

2. mātūrō, *Adv.* (maturus), **zeitig,** Cato bei Charis. 205, 20 K. Heges. 1, 44, 3.

mātūrus, a, um »rechtzeitig«, **I reif, A** v. Früchten, poma m. et cocta (Ggstz. cruda), Cic.: fruges, Verg.: ficus maturissimae, Colum.: seges farris matura messi, Liv. – *neutr.* subst., quod maturi erat (Ggstz. viride), Liv. 34, 26, 8. – **B reif, vollkommen, tauglich, 1** eig., physisch: **a** übh.: maturi soles, vollzeitige, kräftige, Verg.: ovis, zur Zucht reif, -tauglich, Colum.: venter, dem Gebären nahe, Ov.: so auch von Frauen selbst, matura vocabit Ilithyiam, Ov.: Roxane matura ex Alexandro, hochschwanger von Alex., Iustin.; vgl. Burmann Phaedr. 1, 18, 5. – **b** dem Lebensalter nach **reif,** d. i. **erwachsen, mannbar,** virgo, Hor.: Nero maturus annis, Tac.: maturior annis, der ältere, Ov. – m. *Dat.,* virgo matura viro, Verg.: virgo iam matura nuptiis, Vitr.: Lucius maturus viribus, Vell.: progenies matura militiae, Liv.: u. so maturus imperio (Regierung), Liv.: ivit in Poenos nondum tantae maturus rei Scipio, Sen. – m. *ad* u. Akk., maturus ad arma, waffenfähig, Sil. – Plur. subst., maturi, Herangereifte, Erwachsene (Ggstz. pueri), Lact. 5, 13, 3. – u. v. Bejahrten u. dgl., **bejahrt,** od. wie ὡραῖος, gleichs. **dem Tode reif, hochbejahrt, im hohen Alter,** patres, Hor.: senex, Hor.: maturus aevi, Verg. (vgl. unten animo m. et aevo): te maturum oppetere mortem, Cic. de div. 1, 36 B. – u. vom Lebensalter selbst, aetas, männliches, zum Handeln kräftiges, Hor.: vetustas, hohes, Lucr.: u. so senecta, Ov. – **c** dem Dienstalter nach **bald ausgedient,** centurionum maturi iam, Suet. – **2** übtr.: **a** geistig u. moralisch, reif dem Verstand u. Charakter nach, annis gravis et animi maturus Aletes, Verg.: Lelex animo maturus et aevo, Ov. – **b** der Entwicklung nach **reif, gereift, an der Zeit,** gloria, auf seinem Höhepunkt, Liv.: virtus, vollendete Tüchtigkeit, Liv.: seditio, zum Ausbruch reif, Liv.: missio, Curt.: imperia, zur Ausführung reif, Iustin.: edidit haec Calchas, quae iam matura (gereift) videtis, Cic. poët.: matura causa belli, die geltend zu machen an der Zeit war, schon gültige, Liv. – scribendi exspectandum tempus maturius, geeignetere, Cic.: mihi vero ad Nonas bene maturum videtur fore … Quare istum diem probo, Cic.: maturum videbatur (schien an der Zeit zu sein) repeti patriam, Liv. – dah. **c** von dem, was sicher u. sogleich gewonnen werden kann, gleichs. schon **zur Ernte reif,** omnia matura sunt, victoria, praeda, laus, Sall. Iug. 85, 48. – **II frühzeitig, früh, zeitig, 1** eig.: faba, Frühbohne, Colum.: fenum, das Heu, im Ggstz. zum Grummet, Colum.: hiems, Caes.: dies, Tibull.: decessio, Cic.: mors, Flor. 3, 17, 9: honores, Hor. u. Ov.: calidiora atque eo maturiora messibus Apuliae loca, und wo deshalb die Ernte zeitiger wäre (früher einträte), Liv.: aetas maturissima, Rhet. Her.: robur aetatis quam maturrimum precari, Tac. ann. 12, 65: sum maturior illo, bin zeitiger (eher) gekommen, Ov.: u. so ut taedio regum maturior veniret libertas, Liv. – maturum censeo faciendum, ut iubeas etc., Cato fr. – **2** übtr., der Entwicklung usw. nach früh = **beschleunigt, schleunig, rasch,** victoria, Liv.: iudicium, Cic. – ► Ungew. *Superl.* maturrimus, Tac. ann. 12, 65 (s. oben *no.* II, 1): öfter *Adv.* maturrime, s. mātūrē a. E.

matus, a, um (aus *matidos synk.), **betrunken,** plane matus sum, Petron. 41, 12.

Mātūta, ae, *f.* (verwandt mit mātūrus), die Göttin der Frühe, -der Morgenhelle, gew. Matuta Mater, eine altital. Gottheit, später, wahrsch. des Namens wegen, sowohl mit der griech. Leucothea als mit der Albunea identifiziert, weshalb die Sagen, sowie auch zum Teil der Kultus der Ino-Leukothea auf sie übergingen, Ov. fast. 6, 479 u. 545. Cic. de nat. deor. 3, 48; Tusc. 1, 28. Augustin. de civ. dei 18, 14 *extr.:* als das Reifen der Früchte beschützende Göttin, Augustin. de civ. dei 4, 8. p. 156, 5 D².

mātūtīnālis, e (matutinus), **zur Frühe (zum Morgen) gehörig,** tempus, der Morgen, Anthol. Lat. 762, 16 (233, 16): radius, Valerian. homil. 15, 2: hymni, frühmorgens gesungene, Greg. dial. 1, 2 *extr.:* hoc matutinale donum, Greg. Tur. hist. Franc. 9, 20. p. 376, 18 *Krusch.*

mātūtīnē, *Adv.* (matutinus), **früh, frühmorgens,** Prisc. 4, 34.

mātūtīnō, *Adv.* (matutinus), **früh, frühmorgens,** Vitr. 6, 6 (9), 5. Plin. 7, 181; 18, 27 u. 19, 183. Apul. met. 5, 17; 7, 24; 9, 5. Greg. Tur. de curs. stell. § 42; vgl. Charis. 187, 19. Diom. 406, 21.

mātūtīnus, a, um, **in der Frühe geschehend, morgendlich, Früh-, Morgen-** (Ggstz. vespertinus, nocturnus), tempora, Cic.: matutino tempore = mane, Auct. b. Hisp.: dies, Colum.: horae, Plin. u. Suet.: nebula, Liv.: pruina, Prop.: ros, Amm.: rores, Ps. Quint. decl.: aura, Vitr.: aër, Sen.: frigus, Hor., Liv. u. a.: sol, Sen.: so auch radii, Ov.: somnus, Mart.: arena, Tierkampf, -jagd am Morgen im Zirkus, Ov.: salutatio, Sen.: vestis, Inscr.: matutinus cliens, der früh kommt, Mart.: Iuppiter, der früh begrüßte, Mart.: pater, den man früh (beim Beginn der Arbeit) anruft (d. i. Janus als Gott der Zeit), Hor.: equi, der

Aurora, Ov.: ales, der Hahn, Prop.: matutinos pectens capillos, früh, Ov.: Aeneas se matutinus agebat, war früh auf, Verg. – poet., frons, ernste, Mart. 13, 2, 10. – subst., mātūtīnum, ī, *n.* (*sc.* tempus), die **Frühzeit, Morgenzeit,** der **Morgen,** hoc eius erat matutinum, Sen. ep. 83, 14: ante matutinum, Plin. 2, 36: non ultra matutinum, Sen. nat. qu. 5, 83: pridie aut eodem matutino, in der Frühe desselben Tages, Quint. 12, 8, 2: Plur., matutinis, in den Morgenstunden (Ggstz. meridie, occidente), Plin. 4, 90; 20, 58 u. 186; 21, 36: omnibus matutinis, jeden Morgen, Plin. 10, 121: matutinis vespertinisque, Plin. 30, 84.

Mauretānia, ae, *f.*, s. Mauritānia unter Mauri.

Maurī, ōrum, *m.* (Μαῦροι), die **Mauren,** Gesamtname der Bewohner der Landschaft Mauritania, Sall. Iug. 18 *sqq.* Liv. 21, 22, 3. Mela 1, 4, 4 (1. § 22). Plin. 5, 17. – Sing. Maurus, ī, *m.*, der **Maure, Mauritanier,** Lucan. 4, 678. Iuven. 11, 125. – Dav.: **1 Maurus,** a, um, **maurisch, mauritanisch,** auch poet für **afrikanisch** u. **punisch,** iaculator, Liv.: angues, Hor.: stragula, Vopisc.: manus Maurae, Ov.: unda, das Meer bei Afrika, Hor.: silvae filia Maurae, *i.e. e citro facta,* Mart. – **2 Mauricus,** a, um, **maurisch,** Coripp. Ioh. 2, 137. – *Adv.* **Mauricē, maurisch,** Varro b. Gell. 2, 25, 8. – **3 Mauricātim,** *Adv.*, **maurisch,** (scire, Laber, com. 16. – **4 Mauritānia** (Mauretānia), ae, (Μαυριτανία), **Mauritanien,** eine Landschaft in Afrika, an der Küste des Mittelländischen Meeres, zwischen dem Atlantischen Ozean u. Numidien, j. *Fes* u. *Marocco,* unter den Kaisern doppelt, Tingitana (nach dem Atlantischen Meer zu) u. Caesariensis (nach Numidien zu), Caes., Tac. u. a.

Maurūsia, ae, *f.* (Μαυρουσία), bei den älteren Griechen, was Mauritania bei den Römern, Vitr. 8, 2, 6. – Dav.: **1 Maurūsiacus,** a, um, **mauritanisch,** Mart. 12, 66, 6. – **2 Maurūsius,** a, um (Μαυρούσιος), **mauritanisch,** auch poet. für **afrikanisch,** Verg. – Plur. subst., Maurūsiī, ōrum, *m.*, die **Mauritanier,** Liv. u. Plin.

Mausōlus, ī, *m.* (Μαύσωλος), König in Karien, Gemahl der Artemisia zu Xerxes' Zeit, Cic. Tusc. 3, 75. Mela 1, 16, 3 (1. § 85). Gell. 10, 18, 1 *sqq.* – Dav. **Mausōlēus,** a, um, **mausolēisch,** sepulcrum, Prop. 3, 2, 19, od. gew. subst. **Mausōlēum,** ēī, *n.* (Μαυσώλειον), das prächtige Grabmal, das dem Mausolus in Halikarnassus von seiner Gemahlin errichtet wurde, Plin. 36, 30. Mela 1, 16, 3 (1. § 85); dah. für jedes **prächtige Grabmal,** Mart. 5, 64, 5. Suet. Aug. 100, 4. Vulg. 2. paral. 35, 24: Nbf. Maesolium, CIL 2, 214: M(a)esol(a)eum, *ibid.* 5, 3801 u. 8, 1523[a]: Moesoleum, *ibid.* 8, 688: Mesoleus, *ibid.* 2, 4174.

māvolo = malo; so auch mavelim etc., s. mālo.

1. **Māvors,** vortis, *m.* = Mars, **I** eig., der Gott **Mars** (s. Mārs *no.* I), Cic. de nat. deor. 2, 67. Verg. Aen. 8, 630 u. a. Dichter. – M. pater, Val. Flacc. 6, 178: genitor M., Ov. fast. 4, 828: urbs Mavortis, von Rom, Verg. Aen. 6, 872: puer Iliae Mavortisque, von Romulus, Hor. carm. 4, 8, 23. – **II** meton., **Krieg,** Auson. edyll. 4, 64. p. 38 Schenkl. – Dav. **Māvortius,** a, um, **martisch,** d. i. **a zu Mars gehörig,** moenia, Rom, Verg.: tellus, Thrazien, Verg.: proles, die Thebaner, weil sie aus den Zähnen der Schlange, die dem Mars heilig, entstanden waren, Ov. – subst., Māvortius, Meleager, weil er für den Sohn des Mars gehalten wurde, Ov. met. 8, 437: u. Mars selbst, Petron. poët. 124 *v.* 261. – **b** meton., **zum Krieg gehörig, kriegerisch,** Val. Flacc. u. Stat.: Mavortius Hector, Epit. Iliad. 800.

2. **māvors** (māfors) vortis, *m.* u. **māforte,** is, *n.*, ein **kurzer Mantel,** mit dem man Hals und Schultern bedeckte, Serv. Verg. Aen. 1, 282 (Thilo maforte). Isid. orig. 19, 25, 4. Hieron. epist. 22. § 13 (maforte). Cassian. de coenob. inst. 1, 7.

Māxentius, iī, *m.*, röm. Kaiser v. 306–312 n. Chr., Eutr. 10, 2 *sqq.* Aur. Vict. epit. 40, 12. Lact. de mort. pers. 26, 5. – Dav. **Māxentiānus,** a, um, **maxentianisch,** des **Maxentius,** milites, Lact. de mort. pers. 44, 3.

māxilla, ae, *f.* (*Demin.* v. mala), **I** die **Kinnlade,** der **Kinnbacken,** Cic. or. 153. Plin. 11, 159 u. a. Suet. Cal. 58, 2. Veget. mul. 2 (3), 40, 2: miserum populum, qui sub tam lentis maxillis erit, das unter so langsam zermalmende Zähne kommen wird, Augustus bei Suet. Tib. 21, 2: maxillam superiorem commovere solam (v. Krokodil), Amm. 22, 15. § 15. – **II** meton., das **Kinn,** cum maxillis balanatum gausape pectas, das balsamierte Haar am Kinn kämmst, Pers. 4, 37.

māxillāris, e (maxilla), **zur Kinnlade gehörig,** dentes, Backenzähne, Cels. 6, 9. p. 247, 1 D. Plin. 11, 166.

māximē (māxumē), *Adv.*, s. 1. magis.

māximitās, ātis, *f.* (maximus), die **Größe,** Lucr. 2, 498. Arnob. 6, 18.

māximopere, s. māgnopere.

1. **māximus** (māxumus), a, um, s. māgnus.

2. **Māximus,** s. Fabius. – Plur. Maximi, Männer wie Maximus, Cic. de or. 2, 110 u. 290; Pis. 58.

māza, ae, *f.* (μᾶζα), ein Mus aus Mehl, **Mehlbrei,** als Hundefutter, Gratt. cyn. 307.

Mazaca, ae, *f.* (Μάζακα), Hauptstadt von Kappadozien, am Fuße des Berges Argäus, zur Kaiserzeit Caesarea ad Argaeum, j. *Kaisarjeh,* Auct. b. Alex. 66, 3. Eutr. 7, 11. – Heteroklit.

Mazaca, ōrum, *n.* (Μάζακα, τά), Vitr. 8, 3, 9. Plin. 2, 244. – u. **Mazacum,** ī, *n.*, Plin. 6, 8.

Mazaces, um, *m.*, eine höchst bedeutende u. sehr streitbare Völkerschaft in Mauritanien, südlich vom Schellifluss, Suet. Ner. 30, 3. – Sing. (kollektiv) Mazax, Lucan. 4, 681. Claud. de laud. Stil. 1, 356. – identisch mit den Mazices, um, *m.* (Μάζικες), Amm. 29, 25. § 21 *sqq.*

Mazagae, ārum, *f.* (τὰ Μάσσαγα u. Μάσσακα), größte Stadt im Land der Assakener in Indien, in der Gegend des j. *Bischore,* Curt. 8, 10 (37), 22.

Mazax, s. Mazaces.

Mazices, s. Mazaces.

māzonomus, ī, *m.* (μαζονόμος, *sc.* κύκλος od. πίναξ), eine große, korbartig geformte **Essschüssel,** Varro r. r. 3, 4, 3. Hor. sat. 2, 8, 86. Nemes. de aucup. 17. – ► Nomin. mazonomus bei Schol. Cruq. ad Hor. sat. 2, 8, 86.

meābilis, e (meo), **I** passiv = **gangbar,** transitus, Plin. 6, 2. – **II** aktiv = **durchdringend,** aër, Plin. 2, 10.

meāculum, ī, *n.* (meo), der **Gang,** Mart. Cap. 8. § 813: meacula venarum, Epist. Vindic. vor Marc. Emp. fol. 87 (a), 55 Ald.

meāmet, s. meus.

Meander, s. Maeander *no.* II, a.

meāpte, s. meus.

meātim, *Adv.* (meus), **nach meiner Art,** analog mit tuatim (nach deiner Art), nach Charis. 186, 2. Prisc. 12, 27. Prob. inst. 152, 34 K. Donat. 385, 15.

meātio, ōnis, *f.* (*meo*), der **Gang, Lauf,** Cael. Aur. de morb. acut. 2, 18, 105.

meātor, ōris, *m.* (meo), der **Wanderer, Reisende,** CIL 10, 1275, 13 = Carm. epigr. 213, 6 *Buecheler:* Beiname Merkurs, CIL 6, 520 = Carm. epigr. 1528 B, 1.

meātus, ūs, *m.* (meo), **I** das **Gehen,** der **Gang,** der **Lauf,** die **Strömung,** caeli, Verg.: des Vogels, d. i. Flug, Tac.: spiritus, animae, das Atemholen, Plin. ep. u. Quint. – bes. v. **Lauf** der Gestirne, solis cursus lunaeque meatus (Plur.), Lucr. 5, 76: solis lunaeque meatus (Plur.), Lucr. 1, 128: vicinorum siderum meatus, Sen. ad Marc. 25, 2: solis ac lunae varii cursus et meatus siderum, Lact. 3, 5, 2. – v. **Lauf** eines Flusses, meatus fluminis, Cael. Aur. de morb. chron. 1, 2, 52. – von der **Strömung,** von Ebbe u. Flut, tanti meatus maris, Mela: avido meatu terras demergere, Plin.: et rivos trepido potis aequiperare meatu, Auson. – **II** meton., der **Gang, Weg,** die **Bahn,** spirandi, Plin.: meatum vomitionibus praeparare, Plin.: meatus deserere suos, seine Bahnen verlassen, sich verfinstern (v. Gestirnen), Lucan.: Danubius in Ponticum mare sex meatibus erumpit, in sechs Mündungen, Tac.: bifido meatu divisus Rhenus, in zwei Arme geteilt, Claud. – ► Akk. Plur. meatos, Soran. p. 138, 8.

mēcastor, s. 2. Castōr.

Mēcēnās, mēcēnātiānus, s. Maecēnās ►.

mēchanēma, atis, *n.* (μηχάνημα), das **Kunststück,** Sidon. epist. 1, 9, 1 (Plur.).

mēchanicus, a, um (μηχανικός), **zur Mechanik gehörig, mechanisch,** ars, Acro Hor., Hieron. u. a.: ratio quaedam disciplinaque mech., Gell.: opera (Plur.), Lampr. – subst., **a** mēchanicus, ī, *m.*, der **Mechaniker,** Lucil. 1298 (bei Fest. p. 206, 28). Colum. 3, 10, 2. Suet. Vesp. 18. Chalcid. Tim. 64. – **b** mēchanica, ae, *f.*, die **Mechanik,** Symm. epist. 10, 38. – **c** mēchanica, ōrum, *n.*, **Kunstwerke,** Apul. apol. 61.

mēchanisma, atis, *n.* = μηχάνημα, das **Kunststück,** Cassiod. var. 1, 45, 10.

mechir, chiris, *m.*, Name eines ägypt. Monats, ungefähr dem Januar u. einem Teil des Februars der Römer entsprechend, Plin. 6, 106.

Mēcius, s. Maecius.

mēcōn, ōnis, Alk. ōna, *f.* (μήκων), eine Art **Mohn,** Plin. 20, 209 u. 27, 119. Ps. Apul. herb. 53 u. 91.

mēcōnicos, on (μηκωνικός), **mohnartig,** medicamentum, Plin. Val. 4, 8.

mēcōnion u. **-nium,** iī, *n.* (μηκώνιον), **I** der **Mohnsaft,** Plin. 20, 202 u. a. – **II** eine Pflanze = peplis, Plin. 27, 119. – **III** die dicke, zähe Unreinigkeit bei neugeborenen Kindern, Plin. 28, 52.

mēcōnītis, idis, *f.* (μηκωνῖτις, mohnähnlich), ein uns unbekannter Edelstein, Plin. 37, 173.

mēcōnium, s. mēcōnion.

mēd = me, s. ego ►.

Medamna, ae, *f.* (medius u. amnis) – Μεσοποταμία, Prisc. perieg. 917. – Nbf. Mediamna, Prisc. 17, 151 u. part. XII vers. Aen. 5, 9 (L. Müller Medamna).

mēddix (mēdix), icis, *m.* (eig. oskisch metideicos, Ratsprecher), der **Magistrat** des Osker, Enn. ann. 298. Vgl. Paul. ex Fest. 123, 14. – mēdix tuticus, der **oberste Magistrat,** Liv. 24, 19, 2; 26, 6, 13.

Mēdēa, ae, *f.* (Μήδεια), **I** Tochter des Königs Äetes in Kolchis, eine Zauberin, die dem Argonauten Jason, ihrem Geliebten, zum goldenen Vlies verhalf und mit ihm entfloh, wobei sie ihren Bruder Absyrtus mitnahm, den sie aber unterwegs, als sie ihr Vater verfolgte, tötete u. in Stücke zerschnitten ins Meer warf. Während Äetes diese Stücke sammelte, entkamen Medea u. Jason nach Jolkos, wo sie sich heirateten. Später verstieß Jason Medea, um Krëusa od. Glauke, die Tochter Kreons, des Königs von Korinth, zu heiraten, Cic. de imp. Pomp. 22. Ov. met. 7, 9 *sqq.*: Nbf. Mēdīa fabulosa, Plin. 37, 173. – übtr., Medea Palatina, d. i. Klodia, Cic. Cael. 18. – Häufig als Stoff zu Tragödien benutzt, bei den Griechen von Euripides, bei den Römern von Ennius u. Seneka, auch von Ovid, Quint. 10, 1, 98. – **II** (Nbf. Mēdīa) ein schwarzer, uns unbekannter Edelstein, Plin. 37, 173.

Mēdēis, idis, *f.* (Medea), **medëisch, zauberisch,** herbae, Zauberkräuter, Ov. art. am. 2, 101.

medēla (medella), ae, *f.* (medeor), die **Heilung,** das **Heilungsmittel,** facere medelam, Gell.: vulneribus medelas varias adhibere, Apul.: übtr., das **Heilmittel,** die **Abhilfe,** legum, Gell.: nostri medela, Nepotiane, pectoris, Auson.: quibus rebus veluti medela adventus Alexandri fuit, Iustin. 11, 1, 7. – ► Nbf. medella; vgl. Schol. Bob. ad Cic. or. post red. ad pop. 251, 8 B.

medēlifer (medellifer), fera, ferum (medela u. fero), **Heilung bringend,** tactus, Ven. Fort. vit S. Mart. 1, 362: famen, de Rossi inscr. christ. Vol. II. p. 166. *no.* 15, 12 (medolifer).

medella, s. medēla.

medeor, ērī (vgl. meditor), **heilen, helfen,** konstr. mit *Dat.*, selten mit *Acc.* od. mit adversus u. Akk., zuw. absol., **I** eig.: **α** v. Pers., m. *Dat.*, morbo, Cic.: vino veteri morbo, Vet. formul. bei Varro LL.: m. Akk. medendae valetudini nullam opem non adhibuit, Suet. Tit. 8, 5: mit *adversus* u. Akk., adversus venena huiusmodi, Dict. 2, 14: absol., ars medendi, Heilkunst, Arzneikunst, Ov. u. Sen.: scientia medendi, Aur. Vict. – *Partic.* subst., medentes, die Heilenden, Heilkünstler = die Ärzte, Lucr., Ov. u. Tac. – sprichw., s. reduvia. – **β** von Heilmitteln, gew. m. *Dat.*, oculis aut vulneribus, Quint.: dolori dentium, Plin.: selten mit *Acc.*, vulnus, vitia (v. Heilquellen), Vitr.: aquae salubritate medendisque corporibus nobiles, Vell. 2, 25, 4: ut medendis corporibus animi multo prius militum imperatori reconciliarentur, Liv. 8, 36, 7: passiv, ut ex vino stomachi dolor medeatur, Hieron. epist. 22, 4. – mit *contra* u. Akk., contra ictus serpentium, Plin. 9, 99. – absol., Cels. u. Plin. – **II** übtr., **heilen = zu Hilfe kommen, helfen, abhelfen, steuern, vorbeugen** u. dgl., **α** mit *Dat.*: malo, rei publicae afflictae, incommodis omnium, religioni, Cic.: inopiae, Caes.: stultis, Cic. – *Passiv,* ut huic vitio medeatur, sic erit faciundum, Vitr. 6, 8, 6. – **β** mit *Acc.*: quas (cupiditates) mederi possis, Ter. Phorm. 822: ad casum tam ancipitem medendum, Gell. 1, 3, 55. – **γ** absol.: aegrescit medendo, durch die Heilung, Verg. – ► Aktive Nbf. mederet, Ven. Fort. vit. S. Mart. 2, 21.

Mēdī, ōrum, *m.* (Μῆδοι), die **Meder,** poet. auch = **Perser, Assyrer, Parther,** Cic. de off. 2, 41. Hor. carm. 1, 2, 51. – Sing. Mēdus, der Meder, poet. auch = Perser usw., Hor. carm. 4, 14, 42: pervigil, Val. Flacc. 5, 604. – Dav.: **a Mēdia,** ae, *f.* (Μηδία), **Medien,** eine Landschaft Asiens, die die heutigen Provinzen Aderbidschan, Schirwan, Ghilan u. Masanderan umfasste, Plin. 6, 114. Verg. georg. 2, 126. – **b Mēdicus,** a, um (Μηδικός), **medisch,** auch übtr. für **persisch, assyrisch,** vestis, Nep.: arbor, Orangenbaum, Plin.: mala, Orangen, Zitronen, Pomeranzen, Plin.: dea, Statue der Nemesis aus parischem Marmor, Auson.: Medicus als Beiname des Kaisers Verus, des Besiegers der Meder, Capit. – subst., Medica (*sc.* herba), s. bes. – **c Mēdus,** a, um, **medisch,** poet. auch = **persisch, assyrisch,** Verg. u. Hor.: flumen, Euphrat, Hor.

1. Mēdia, s. Mēdī.

2. Mēdīa, s. Mēdēa.

1. mediālis, e (medius), **mitten,** subst., mediāle, is, *n.*, die **Mitte,** das **Mittel,** Solin. 20. § 9; 52. § 53.

2. mediālis, e (zsgz. aus medidialis, v. medius u. dies), **mittägig, Mittags-,** hostia, am Mittag geopfertes, Paul. ex Fest. 124, 7.

Mediamna, s. Medamna.

mediānus, a, um (medius), **in der Mitte befindlich,** der, die, das **mittlere,** columnae, Vitr. 3, 2, 6: acroteria, Vitr. 3, 5, 12: capita leonina, Vitr. 3, 5, 15: digitus, Veget. mul. 2 (3), 40, 3: filius, Hieron. epist. 73, 3: porta, CIL 14, 2466, 13. – subst., mediānum, ī, *n.*, das **Mittel,** der **mittlere Teil,** ex mediano cenaculi, Ulp. dig. 9, 3, 5. § 2: Plur., mediana malvarum et betarum, Apic. 4, 133. – Prisc. part. XII vers. Aen. 5, 98 ist wohl Mediamna (w. vgl.) zu schreiben.

mediastīnus, ī, *m.* (medius; vgl. Prisc. part. XII vers. Aen. 5, 98), ein Sklave, der zu allerhand Verrichtungen geringerer Art gebraucht wurde, beim Ackerbau, im Bad usw., **Knecht, Gehilfe, Hausbursche, Aufwärter,** Cato fr., Lucil. fr., Colum. u. a.: bei Hor. ep. 1, 14, 14 im Wortspiel mediastinus rura petebas, nunc urbem vilicus optas (hoc est in media urbe ἄστει vivens, *Acro*). Jordan Cato ad Marc. fil. de agric. fr. 7 u. Marx Lucil. 512 **mediastrinus**.

mediātenus, *Adv.* (media u. tenus, wie hactenus), **bis zur Mitte, zur Hälfte,** Mart. Cap. 6. § 683 u. a.

mediātio, ōnis, *f.* (medio), die **Vermittlung,** Augustin. de civ. dei 9, 16, 2. p. 391, 13 D²: mediatio ipsius Aaron *inter* Moysen et Pharaonem, Angustin. quaest. in gen. 2. qu. 19.

mediātor, ōris, *m.* (medio), die **Mittelsperson,** der **Mittler,** Apul. met. 9, 36 zw. Alcim. Avit. c. Arrian. 17 u. a. Eccl.

mediātrīx, trīcis, *f.* (Femin. zu mediator), die **Mittlerin,** Alcim. Avit. poëm. 5, 566. Augustin. serm. 47, 20 u. 293, 7.

1. medica, s. 1. medicus (v. medeor).

2. mēdica (maedica), ae, *f.*, *sc.* herba (Μηδική), aus Medien eingeführte Kleeart, unser **burgundischer Klee, Schneckenklee, Luzerne** (*Medicago sativa,* L.), Varro r. r. 1, 42. Plin. 18, 144 *sqq.* Verg. georg. 1, 215: maedicae semen, Edict. Diocl. 1, 28.

medibilis, e (medeor), **heilbar,** Paul. ex Fest. 123, 21.

medicābilis, e (medicor), **I** passiv = **heilbar,** non m. vulnus, Sil.: nullis amor est m. herbis, Ov.: ubi visus eris nostrae m. arti, unserer K. heilbar erscheinen wirst, Ov. – **II** aktiv = **heilsam,** sucus, Colum.: mel, Pallad.: carmen, besänftigend, Val. Flacc.

medicābiliter, *Adv.* (medicabilis), **heilend,** Pallad. 3, 31, 2.

medicābulum, ī, *n.* (medicor), ein **Heilort,** Apul. flor. 16. p. 20, 5 Kr.

medicāmen, inis, *n.* (medicor), wie das griech. φάρμακον, ein **Arzneimittel, Arzneikörper, I** eig.: **A** im guten Sinne, **Heilmittel,** sowohl gegen innere Krankheiten, **Medikament, Medizin, Arznei,** Cic. u. a., als gegen äußere Verletzungen, **Salbe, Pflaster,** Ov. u. Tac. – bildl., **Mittel,** iratae medicamina fortia praebe, Ov. – **B** im üblen Sinne: **1 Giftmittel, Gifttrank, Gift,** Liv. epit., Tac. u. a. – von Abtreibungsmitteln, tantum medicamina possunt, Iuven. – **2 Zaubermittel, -trank,** Ov.: incertum, Ov. – **II** übtr., jedes **Mittel** zur künstlichen Hervorbringung physischer Wirkungen, **A** im Allg., **Stoff** zum Schönen od. Verbessern eines Naturprodukts, optimus caseus est, qui exiguum medicaminis habet, Lab, Colum.: m. vitiosum, Würze, Colum.: vina medicamine instaurare, Plin.: fecundum fimi m., Treibmittel, Plin. – **B** insbes., **Färbemittel, Färbesaft, Farbe,** Plin.: croceum, Lucan. – als **Schönheitsmittel, Schminke,** Ov., Petron. u. a.

medicāmentārius, a, um (medicamentum), **I zur Arznei gehörig,** ars, Arzneikunde, Plin. 7, 196. – subst., medicāmentārius, iī, *m.*, der **Arzneibereiter, Apotheker,** Plin. 19, 110. – **II** insbes., **zum Gift-, zu Giftgetränken gehörig,** subst., medicāmentārius, iī, *m.*, der **Giftmischer,** medicāmentāria, ae, *f.*, die **Giftmischerin,** Cod. Theod, 3, 16, 1.

medicāmentōsus, a, um (medicamentum), **Arzneikräfte habend, heilkräftig,** aqua, Vitr. 8, 3, 4 (bei Cato r. r. 157, 2 zw.).

medicāmentum, ī, *n.* (medicor), wie das griech. φάρμακον, ein **Arzneimittel, Arzneikörper, I** eig.: **A** im guten Sinne, das **Heilmittel,** sowohl gegen innere Krankheiten, **Medikament, Medizin, Arznei,** als gegen äußere Verletzungen, **Salbe, Pflaster, 1** eig.: salutare, Cic., od. salubre, Liv.: medicamenta, quibus sanantur oculi, Sen.: medicamentum componere, Plin.: medicamentum bibere, Curt., haurire, Plin., od. sumere, Curt.: epotis aliquibus medicamentis, Cels.: m. concipitur venis u. m. diffundit se in venas, Curt.: hoc die solitum vinum novum et vetus libari et degustari medicamenti causā, Varro LL. – **2** bildl., **Heilmittel, Hilfsmittel** gegen usw., laborum, Cic.: doloris, Cic.: illud panchrestum m. suum, vom Geld, Cic. – **B** im üblen Sinne: **1 Giftmittel, Gifttrank, Gift,** coquere medicamenta, Gifttränke, Liv.: medicamento sagittas tingere, Plin.: epoto medicamento, Liv. – v. Abtreibungsmitteln, medicamentis partum abigere, Cic. – **2 Zaubermittel, Zaubertrank,** medicamento Peliam fecit adulescentulum, Plaut.: amatorium, Liebestrank, Suet.: medicamentis aquam inquinare, Hyg. – **II** übtr., jedes **Mittel** zur künstlichen Hervorbringung physischer Wirkungen, **A** im Allg., v. Mitteln zum Verbessern od. Schönen des Weins, Würzstoff, Cato u. Colum. – v. Verschönerungen eines Hauses, bes. vom Tünchwerk, Vopisc. Firm. 3, 2. – **B** insbes.: **1 Färbemittel, Färbestoff, Farbe,** Cic. fr., Plin. u. a. – als künstliches **Verschönerungsmittel** (der Schildkrötenschalen usw.), Sen. de ben. 7, 9, 2. – **2** im Bild, fucati medicamenta candoris et ruboris, weiße u. rote Schminke der Worte (von dem allzu gesuchten Redeschmuck), Cic. or. 79.

medicātio, ōnis, *f.* (medicor), die **Heilung, Kur,** übtr., das **Besprengen mit Pflanzensäften,** z. B. der Linsen, um sie vor dem Kornwurm zu schützen, Colum. 2, 10, 16.

medicātor, ōris, *m.* (medicor), der **Heiler, Heilkünstler** = der **Arzt,** Tert. adv. Marc. 3, 17. Avien. Arat. 216.

1. **medicātus,** a, um, *PAdi.* (v. medico), **zum Heilen dienlich, heilsam, mit Heilkräften versehen,** aquae, Sen.: fontes, Cels. u. Sen.: ignis, Lucan.: potentia, Sen.: sapor (aquae), mineralischer, Plin. ep.: odor, gewürzhafter, Plin.: potio, Heiltrank, Curt.: lac bubulum medicatius, Plin. 28, 124: res medicatissimae, Plin. 28, 78. – Vgl. medicatus unter medico.

2. **medicātus,** ūs, m. (medicor), das **Zaubermittel,** medicatus docti, Ov. her. 12, 165.

medicīna, ae, *f.*, s. medicīnus.

medicīnālis, e (medicina), **zur Arznei** (auch **Wundarznei) gehörig, Arznei-,** ars, Arzneikunst, Cels.: cucurbitulae, Plin.: digitus, der nächste nach dem kleinen Finger, Macr.: ferramenta, Augustin.

medicīnāliter, *Adv.* (medicinalis), **ärztlich, zu Heilzwecken,** Augustin. de civ. dei 5, 5 *in.*; c. Cresc. 3, 69 *extr.* u. a. Eccl.

medicīnus, a, um (medicus), **zur Arznei (Wundarznei), zur Heilung gehörig, I** *adi.*: ars, die Arzneikunst, Heilkunst, Varro u. a.: dass. res, Gell. – **II** *subst.*, **medicīna,** ae, *f.*, **A** (*sc.* ars) die **Arzneikunst, Heilkunst,** Cic.: medicinam exercere, Cic., od. factitare, Asin. Pollio bei Quint., od. facere, Phaedr.: medicinae studere, Sen. rhet: medicinam facere alci, die H. für jmd. treiben = jmd. heilen, Cic. u. Phaedr.: u. so medicinam facere huic morbo, Plaut. – **B** (*sc.* officina) = ἰατρεῖον, die **Klinik** des Arztes oder Wundarztes, Plaut. Amph. 1013; Men. 992. Porphyr. Hor. sat. 1, 7, 2. – **C** (*sc.* res) die **Arznei,** das **Arzneimittel, 1** im guten Sinne: **a** eig. u. bildl., **α** eig.: medicinam adhibere, Mittel anwenden, Cic.: medicinam dare, Arznei geben, kurieren, Curt. – **β** bildl., **Arznei** = **Heilmittel, Abhilfe,** periculorum, laboris, Cic.: medicinam quaerere alci rei, Cic.: medicinam petere a litteris, Cic.: exspectare medicinam temporis, Cic.: medicinā vinci fata non possunt, gegen den Tod ist kein Kraut gewachsen, Ps. Quint. decl. 268 *extr.* – **b** übtr.: **α** v. dem Beschneiden der Weinstöcke, Plin. 17, 191. – **β Verbesserungs-, Verschönerungsmittel,** figurae, Prop. 1, 2, 7. – **2** im üblen Sinne, das **Gift,** Acc. tr. 579.

medico, āvī, ātum, āre (medicus), **I heilen,** istum metum lepide, Plaut.: apes odore galbani, Colum.: vulneris aestus, Sil.: m. *Dat.*, tremulis membris, Ser. Samm. – **II** übtr., mit Arzneikörpern od. -stoffen, mit Kräutersäften, mit Heilkräften **verbessern, versetzen, vermischen, besprengen** od. **benetzen, A** im Allg.: semina, Verg.: aquam thymo, Colum.: oves unguine, bestreichen, Colum.: occulte medicans, mit Heilkräften versehend, Verg. – oft Partiz. medicātus, z. B. medicatae fruges, Verg.: vina, angemachter, Colum.: boletus, vergifteter, Suet.: somnus, durch Säfte od. Zauberei verursachter, Ov.: sedes, mit Kräutersäften besprengte Stellen, Verg.: mortui arte medicati, einbalsamierte Leichname, Mumien, Mela. Vgl. medicātus, a, um. – **B** insbes.: **1 färben,** capillos, Ov.: lana medicata fuco, Hor. – **2 vergiften,** medicata veneno tela, Sil.

medicor, ātus sum, ārī, (medicus), **den Heiler** (**Arzt**) **machen, -abgeben** für etw., in Bezug auf etw., **I** eig., **heilen,** alci, Plaut. u. Verg.: alqd, Verg. u. Plin. – **II** bildl. = **helfen, abhelfen,** in hac re sibi, Ter.

medicōsus, a, um (medicus), **heilsam,** fomentationes, Cael. Aur. de morb. chron. 2, 1, 59: sunt haec acria et medicosa, quae Graeci φαρμακώδη appellant, Cael. Aur. de morb. acut. 2, 29, 158.

1. **medicus,** a, um (medeor), **I heilend, heilsam, zum Heilen gehörig, -dienlich, medizinisch, A** *adi.*: manus, Verg.: ars, Heilkunst, Ov.: vis, Plin.: calor, Solin.: digitus, der Goldfinger, Plin. – **B** *subst.*: **1** medicus, ī, *m.*, **a** (verst. digitus), der **Goldfinger** (griech. δάκτυλος ἰατρικός), Rhet. Her. 3, 33. – **b** der **Arzt, Wundarzt,** auricularius, iumentarius, Inscr.: medicus unus palatinus, Palastarzt, kaiserl. Leibarzt, Lampr. Alex. Sev.: medicus suus domesticus, Augustin.: medicus domesticus et familiaris, Sen.: peritus medicus et suae domui familiarissimus, Augustin.: vulnerum, Plin.: pecorum, Varro: legionis, Inscr.: bonus, malus, Cic.: medici inscii imperitique, Cic.: medicum arcessere, Plaut.: medicum adhibere (verst. morbo), Cic.: medicum ad aegrum adducere, Cic.: aegro medicum admovere, Suet.: medicos cogere, Cic.: medico honorem (Honorar) habere, Cic.: medico reddere honorem suum, Augustin. – **2** medica, ae, *f.*, **a** die **Ärztin,** Apul. met. 5, 10. CIL 6, 9614 u. 9616. – **b** die **Hebamme,** Donat. Ter. Andr. 3, 2, 1. Ambros. epist. 5, 9. – **3** medica, ōrum, *n.*, **Heilkräuter, offizinelle Kräuter,** Plin. 19, 89. – **II zauberisch,** Sil. 3, 300.

2. **Mēdicus,** a, um, s. Mēdī.

mediē, *Adv.* (medius, s. Prisc. part. XII vers. Aen. 5, 98), **I mittelmäßig, mäßig,** Apul. de Plat. 2, 19. Lact. 6, 15, 17. Eutr. 7, 13: ortus medie humilis, aus dem Mittelstand, Aur. Vict. de Caes. 20, 28. – **II unbestimmt,** Ambros. in Luc. 8, 17. § 34.

medietās, ātis, *f.* (medius), **I** die **Mitte,** als Eigenschaft, die **Stelle in der Mitte;** zuerst als Übersetzungsversuch von μεσότης b. Cic. Tim. 23 (im Plur.): dann bei Spät., sub ipsa medietate narium, Lact.: totius loci, Apul. – meton., die **Hälfte,** arboris, sulci, Pallad.: debiti, Cod. Iust.: hereditatis, Amm.: agro ex medietate (zur Hälfte, halb) sublato, Eutr. – II übtr., das **Mittel,** die **Mittelstraße,** Arnob. u. Apul.: medietatem quandam sequi, ICt.

medilūnia, ae, *f.* (medius u. luna), der **halbe Mond,** das **erste Viertel,** Mart. Cap. 7. § 738.

medimnum, ī, *n.* u. **medimnus,** ī, *m.* (μέδιμνος), ein griechisches Getreidemaß, ein **griechischer Scheffel** (= sechs modii), Form *-um,* Cic., Form *-us,* Lucil. fr. u. Nep. – ► Genet. Plur. gew. medimnûm, Cic. u. a.

medio, ātas, āre (medius), I *tr.* **mitten voneinander teilen, halbieren,** Apic. 3, 82: die mediato, in der Hälfte des T., Augustin. in euang. Ioann. tract. 28, 8 *extr.* – II *intr.,* Partiz. mediāns, antis, a **sich halbierend, halb,** Iunio mediante, in der Hälfte des J., Pallad. 4, 10, 32: die festo mediante, als das Fest halb vorüber war, Vulg. euang. Ioann. 7, 14. – b **dazwischentretend, dazwischen eintretend,** affectu mediante, Sidon. epist. 9, 3, 1: odio mediante, Claud. Mam. de stat. anim. 1, 1.

mediocriculus, a, um (*Demin.* v. mediocris), **gar mäßig,** exercitus, Cato or. 1. fr. 12.

mediocris, e (medius), **nur einigermaßen das Maß haltend, mäßig** in seiner Annäherung zum Zuwenig, **mittelmäßig, nur so ziemlich, unbedeutend, unerheblich, gering,** I eig.: 1 in Bezug auf räumliche Ausdehnung, Umfang, Zahl, äußeren Wert, spatium, Caes.: latitudo, Caes.: statura, Suet.: castellum, Sall.: cochleae minutae, maximae, mediocres, Varro. – copiae, Caes.: familia, Nep. – praemium non *m.,* Suet. – 2 in Beziehung auf die Zeit = **mittelzeitig,** syllabae longae et breves et mediocres, Gell. 16, 18. § 5. – II übtr., 1 **mäßig** dem Stande nach, **gewöhnlichen-, niederen Standes, unbedeutend,** vir, Iustin.: homo, Augustin.: subst., mediocres, Leute niederen Standes, die niederen Stände (Ggstz. excelsissimi atque eminentissimi civitatis viri), Vell. – 2 **mäßig** der inneren Beschaffenheit, den Eigenschaften nach, **mittelmäßig, ziemlich gewöhnlich, unbedeutend, unerheblich, nicht sonderlich,** a v. Pers.: orator, Cic.: poëta, Hor.: homines, Cic.: haud m. vir, Cic. – b v. Abstr.: ingenium, Cic.: eloquentia, Cic.: artes, Cic.: studia vel officia, Cic.: laus, Cic.: amicitia, Cic.: amor non m., ungewöhnliche, Cic. – malum, Cic. – non m. diligentia, Caes.: non m. industria, Nep. – *neutr. pl.* subst., mediocria gerere, Unbedeutendes ausführen, Sall. – 3 **mäßig, gemäßigt** den Wünschen u. Bestrebungen nach, **genügsam,** viri, Sall.: mediocris est animi, Caes.: Iugurthae non m. animus, nicht genügsamer, hochstrebender, Sall.: numquam mediocria nec in offensa nec in favore studia, Iustin. – ► o durch Position lang, z. B. Hor. de art. poët. 370. – Nom. mediocer, Prisc. de accent. § 23: archaist. Nom. Plur. mediocreis, Varro LL. 5, 5.

mediocritās, ātis, *f.* (mediocrīs), I die **Mittelmäßigkeit, Geringheit** der Beschaffenheit, den Eigenschaften nach, rei familiaris, Suet.: mea ingenii, Cic.: hominum, Vell.: memoriae, Quint.: mea m., meine Wenigkeit, meine geringen Kräfte oder Verdienste, Gell. u. a. (vgl. Bünem. Lact. 3, 30, 1). – II das **Maßhalten** dem Verhalten, den Bestrebungen u. Wünschen nach, das **Maß,** die **Mittelstraße,** mediocritatem tenere, Cic.: auream mediocritatem diligere, Hor.: dicendi od. in dicendo, Cic.: vultus, Mitte zwischen allzu großer Heiterkeit und allzu tiefem Ernst, Rhet. Her. – Plur., mediocritates perturbationum vel morborum animi, Cic.: u. so bl. mediocritates probabant, die Mittelstraße = die gemäßigten Leidenschaften, Cic.

mediocriter, *Adv.* (mediocris), I **mittelmäßig, mäßig, nur in geringem Grade, nur einigermaßen, nur so ziemlich,** corpus m. aegrum, Cic.: nemo m. doctus, Cic.: m. vestita veste lugubri, Ter.: in alqa re m. versatum esse, Cic.: ut (timor tantus) non m. omnium mentes animosque perturbaret, nicht wenig, in nicht geringem Grade, Caes. – II **mit Maß, mit Mäßigung, mit Gelassenheit,** alqd non m. ferre, Cic.: hoc vellem mediocrius (weniger heftig), Cic. ad Att. 1, 20, 5.

Mediōlānum, ī, *n.* u. **-lānium,** iī, *n.,* I Stadt im zisalpin. Gallien, Hauptort der Insubrer, j. *Milano,* **Mailand,** Form *-ānum,* Plin. 3, 124. Tac. hist. 1, 70. Iustin. 20, 5, 8. Auson. ordo urb. nobil. 35. p. 99 Schenkl: Form *-ānium,* Liv. 5, 34, 9; 34, 46, 1. Suet. Aug. 20. – Dav. **Mediōlānēnsis,** e, **mediolanisch, mailändisch,** Varro, Cic. u. a. – Plur. subst., Mediōlānēnsēs, ium, *m.,* die Einw. von Mailand, die **Mailänder,** Varro. – II (Form *-ānum*), Hauptstadt der Santonen in Gallien, am Fluss Carantonus (j. *Charente*), j. *Saintes,* Amm. 15, 11, 12. Itin. Anton. 459, 3.

mediolum, ī, *n.* (*Demin.* v. *medius*), das **Mittlere,** der **Dotter** des Eis, ovorum mediola, Plin. Val. 1, 64.

Mediomatricī, ōrum, *m.,* ein Volk in Gallien an der Mosel, in der Gegend von Metz, Caes. b. G. 4, 10, 3 u. a.

1. **mēdion,** iī, *n.* (μήδιον), eine medizinische Pflanze, Plin. 27, 104.

2. **Mediōn,** ōnis, *m.* (Μεδίων, gew. Μεδεών), Stadt in Akarnanien beim heutigen *Katuna,* Liv. 36, 11 *sq.* – Dav. **Mediōnii,** ōrum, *m.* (Μεδιώνιοι), die Einw. von Medion, die **Medionier,** Liv. 36, 12, 3.

medioximē, *Adv.* (medioximus), *Superl.* zu mediocriter, Varro sat. Men. 320.

medioximus od. **medioxumus,** a, um = medius, I **in der Mitte befindlich,** der **mittelste,** uxor, Plaut. cist. 611: di, Plaut. cist. 512; nach Apul. de Plat. 1, 11 = die der Macht nach mittelsten, nach Serv. Verg. Aen. 3, 134 = die Meergottheiten, nach Mart. Cap. 2. § 154 = δαίμονες (die niederen Schutzgottheiten). – II = mediocris, Paul. ex Fest. 123, 18.

medipontus, ī, *m.,* viell. eine Art **dicker Seile,** z. B. zur Kelter, Cato r. r. 3. § 5. – ► Nbf. melipontus, Cato r. r. 12, 1 u. 68 K.

meditābundus, a, um (meditor), **immer u. immer (ohne Unterlass)** auf etw. **sinnend,** m. *Acc.,* bellum, Iustin. 38, 3, 7.

meditāmen, inis, *n.* (meditor), das **Denken** auf etw., die **Vorbereitung, Anstalt** zu etw., belli, Sil. 8, 324: rerum, Prud. psych. 234.

meditāmentum, ī, *n.* (meditor), das **Denken (Sinnen)** auf etw., die **Vorübung,** im Plur., Tac. ann. 15, 35: u. so cetera belli meditamenta, Tac. hist. 4, 26: arietum meditamenta, die sinnreich ausgedachten Sturmböcke, Amm. 23, 4, 10. – u. meditamenta puerilia, die Denkübungen der Knaben (in der Schule), Gell. 8, 10 *lemm.*

meditātē, *Adv.* (meditatus, s. meditor), **ausstudiert,** alcis mores perquam m. tenere, recht innehaben, recht genau kennen, Plaut. Bacch. 545: ebenso novisse alcis mores *m.,* Plaut. mil. 40: m. effundere probra, absichtlich, Sen. de const. sap. 11, 3: m. graviterque proferre, Donat. Ter. Andr. 1, 5, 50.

meditātio, ōnis, *f.* (meditor), I das **Nachdenken** über etw., 1 im Allg., die **Bedachtnahme** auf etwas, futuri mali, Cic. Tusc. 3, 32. – 2 insbes., das **Denken, Studieren** auf etw., die **Vorbereitung, Zurüstung, Anstalt** zu etw., obeundi muneris, Cic.: mortis, Sen.: belli, Tac. – II übtr., die **Einübung** auf etw., **Vorübung,** das **Vorstudium,** dicendi, Quint.: campestris, Plin. pan. u. Veget. mil.: dass. bl. meditatio, Veget. mil. (s. Oudend. Veget. mil. 1, 20): locos multā commentatione atque meditatione paratos atque expeditos habere, Cic. – dah. v. Lebl., die **Gewöhnung** an usw., ramum edomari meditatione curvandi, Plin. 17, 137.

meditātiuncula, ae, *f.* (*Demin.* v. meditatio), eine **kleine Vorbereitung,** Claud. Mam. de stat. anim. 1, 3.

meditātīvus, a, um (meditor), **ein Sinnen auf etwas bezeichnend,** verborum forma, verba, das Verlangen nach einer Handlung bezeichnende, Desiderativa (z. B. lecturio), Diom. 346, 3. Prisc. 8, 74. Dosith. 34, 23 K.

meditātor, ōris, *m.* (meditor), der **Überdenker,** med. legis, Ambros. in psalm. 118. serm. 13, 8: studiosus meditator divinae voluntatis et legis, Paul. Nol. ep. 11, 7: matricidii meditator, Augustin. epist. 34, 2.

meditātōrium, iī, *n.* (meditor), I die **Vorbereitung,** euangelii, Hieron. epist. 78. mans. 42 u. a. Eccl. – II der **Vorbereitungsort,** Hieron. in Iovin. 2, 12.

1. **meditātus,** a, um, s. meditor.

2. **meditātus,** ūs, *m.* (meditor) = meditatio, Plur. bei Apul. met. 3, 14.

mediterrāneus, a, um (medius u. terra), **mitten im Land, mittelländisch, binnenländisch, fern vom Meer** (Ggstz. maritimus), urbs,

Cic.: loca, regio, Liv.: iter, Liv.: homines maxime mediterranei, Cic.: copiae, Plin. ep. – spätlat., mare *m.*, das Mittell. Meer, Isid. orig. 13, 16. – subst., mediterrāneum, eī, *n.*, das **Binnenland, Innere** eines Landes, in mediterraneo, Plin. 3, 10: gew. Plur., mediterranea, z. B. mediterranea Galliae petit, Liv.: Caesar a mari non digredi neque mediterranea petere, Auct. b. Afr.: per mediterranea fugiens, Vulg.

mediterreus, a, um (medius u. terra), soll nach Sisenn. b. Paul. ex Fest. 123, 22 besser gesagt sein als mediterraneus.

meditor, ātus sum, āri (griech. μέδομαι, ich bin auf etw. bedacht, μήδομαι, ich ersinne, ahd. *mezzōn,* ermessen), **I** über etw. **nachdenken, nachsinnen,** etwas **überdenken,** an etw. **denken,** auf etw. **Bedacht nehmen, 1** im Allg.: **α** m. *Acc.:* haec uti meditemur cogitate, Plaut.: haec multo ante meditere, haec cogites, Cic.: semper forum, subsellia, rostra curiamque, Cic.: fugam, Fronto. – **β** mit de u. Abl.: de sua ratione, Cic. – **γ** mit folg. indir. Fragesatz, mecum meditabar, quid dicerem, Cic.: ego, quī (wie) istaec sedem, meditabor tibi, Plaut.: ea nunc meditabor, quomodo illi dicam, cum illo advenero, Plaut. – **δ** absol.: secum, Plaut. – **2** insbes., auf etw. **sinnen, denken,** mit etw. **umgehen,** auf etw. **studieren, sich vorbereiten, sich gefasst machen, α** m. *Acc.:* alci pestem, Cic.: nugas, Plaut.: causam, Ter. u. Cic.: accusationem, Cic.: defensionem, Curt.: bellum, Tac.: versus, Hor.: verba, Cic.: longam absentiam, Tac. – **β** m. *ad* u. Akk.: ad rem, ad praedam, Cic.: ad dicendum, Cic.: v. lebl. Subjj., ad huius vitae studium meditati illi sunt qui feruntur labores tui, Cic. Cat. 1, 26. – **γ** mit *adversus* u. Akk., adversus omnia, Aur. Vict. de Caes. 14, 7. – **δ** mit *in* u. Akk.: in proelia, Verg. Aen. 10, 455. – **ε** mit folg. *Infin.:* multos annos regnare, Cic.: proficisci, Nep.: meditor esse affabilis, Ter. – **ζ** m. folg. *ut* u. Konj.: pol ego ut te accusem merito meditabar, Plaut. aul. 550. – **II** übtr., vorbereitend **sich** auf etw. **üben,** sich **einüben, Vorübungen-, Vorstudien machen,** cursuram ad ludos Olympios, Plaut.: Musam agrestem (poet. = ländliches Lied) avenā, Verg.: apud avios fluvios carmen (v. den Schwänen), Apul.: citharoedicam artem, üben, Suet.: arma, Veget mil. 1, 20: verba et contiones quam ferrum et arma meditans, Tac. hist. 4, 76. – absol., m. extra forum, Cic.: Demosthenes perfecit meditando, ut etc., Cic. – v. lebl. Subjj., semina meditantur aristas, Prud.: absol., cauda (scorpionis) nullo momento meditari cessat, Plin. – ► **a** meditor passiv, adulteria meditantur, Min. Fel. Oct. 25, 1: quando a legionibus exercitia meditantur, Ps. Cypr. de sing. cler. 14. p. 188, 29 H. – häufiger **b** *Partic.* meditātus, a, um passiv, **α** v. Lebl., **überdacht, ausgedacht, studiert, ausstudiert, angelernt, vorbedacht, vorbereitet,** meditati sunt doli docte, Plaut.: probe meditatam utramque duco, Plaut.: meditata mihi sunt omnia mea incommoda, Ter.: meditatum et cogitatum scelus, Cic.: accuratae ac meditatae commentationes, mit Sorgfalt u. Nachdenken ausgearbeitete, Cic.: oratio meditata (Ggstz. oratio subita), Plin. u. Tac., meditata et composita, Suet.: meditatum carmen, Plin. pan.: ubi per tot annos meditata ratio adversum imminentia? Tac. – subst., meditāta, ōrum, *n.*, **Ausstudiertes** (Ggstz. subita), sive meditata sive subita proferret, er mochte vorbereitet od. aus dem Stegreif Vortrag halten, Plin. ep. 1, 16, 2. – **β** v. Pers., probe meditatus, **gut instruiert,** Plaut. mil. 903; trin. 817. – ► Parag. Infin. meditarier, Ven. Fort vit. S. Mart. 4, 576.

Meditrīna dea, ae, *f.*, die **Heilgöttin,** Paul. ex Fest. 123, 16. – Dav. **Meditrīnālia,** ium, *n.*, das am 11. Oktober der Meditrina zu Ehren gefeierte Fest (an dem zuerst vom neuen Wein libiert wurde), die **Meditrinalien,** Varro LL. 6, 21. Fast. Maff. im CIL 1^2, p. 226 (Oct. 11.). Paul. ex Fest. 123, 15.

meditullium, iī, *n.* (medius u. *tollium, ablautend mit tellus), die **Mitte,** der **Mittelpunkt,** Serv. bei Cic. top. 36 (als Beispiel). Sen. fr. 45. p. 428 H. Hieron. Galat. 5, 19 *ssg.* Apul. met. 10, 32 u. a. Chalcid. Tim. 67 u. 100. Iul. Val. 1, 32 u. 3, 17. p. 37, 13 u. p. 133, 5 *Kuebler.*

medium, die **Mitte,** s. medius *no.* I, A, 1, c u. 2, c u. *no.* II.

medius, a, um (altind. *mádhya-ḥ,* griech. μέσσος, μέσος, gotisch *midjis,* ahd. *mitti* = nhd. mitten), **I** der **mittlere, mittelste,** der **in der Mitte befindliche, -gelegene,** u. partitiv, **mitten an, auf, in** usw., **in der Mitte von** u. dgl. (Ggstz. summus u. infimus oder imus, od. primus u. extremus, postremus, od. oriens u. cadens u. dgl.), **A** eig.: **1** v. Raum: **a** im Allg.: in triclinio medio ... in summo ... in imo, Sall. fr.: versus aeque prima et media et extrema pars extenditur, Cic. – unguis, Iuven.: digitus, Quint. (ders. bl. medius, Gromat. vet. 371, 26). – v. Pers., mediam locavit, gab ihr den mittleren Platz, Verg. – medius mundi od. terrae locus, Mittelpunkt, Cic. – mit *Genet. partit.*, eligere locum earum regionum medium, Caes.: ut aliquem locum medium utriusque colloquio diceret, Caes. – v. Pers., medius omnium rex erat, Liv. – m. *Abl.* der Entfernung, Megara media Corintho Athenisque urbs, Vell.: si medius Polluce et Castore ponar, Ov. – m. *inter* u. Akk., media inter utraque (*sc.* Africam et Galliam), von Hispanien, Iustin.: (populus) Romanus medius inter Latium et Tuscos quasi in quodam bivio collocatus, Flor.: v. Pers., rapite sublimem foras; facite inter terram et caelum ut medius sit, Plaut. – u. dafür poet. mit dopp. *Genet.*, medium caeli terraeque per aëra vecta est, Ov.: qui locus est iuguli medius summique lacerti, Ov. – m. *ex* u. Abl., v. Pers., ne medius ex tribus (auf dem Speisesofa) Iugurtha foret, Sall. – mit dem Nbbgr. des Trennenden, quā (wo) medius liquor secernit Europen ab Afro, Hor.

b partitiv = **mitten, in der Mitte, α** übh.: telam medium accensum mittere, Liv. – per media hostium tela, mitten durch die G., Liv.: medios in hostes, mitten in usw., Sall.: arida loca medii itineris, in der Mitte des Wegs, Iustin. – in medio foro, mitten auf usw., Cic.: in medio colle, Caes. – medio oppido fluere, in der Mitte der Stadt (deshalb noch nicht gerade im Mittelpunkt), Liv.: ponere in media via, Phaedr.: via ... medio est altissima caelo, Ov. – a medio spatio, Caes.: ex medio monte, Sall.: ex medio itinere, Caes. – übtr. auf die Pers. (s. Verg. georg. 4, 436; Aen. 7, 169), considit scopulo medius, mitten auf dem Felsen, Verg.: in ferarum concilio medius sedebat, Ov. – medium alqm arripere, Ter., od. complecti, in der Mitte, um den Leib, Ter. u. Liv. (s. Fabri Liv. 23, 9, 9). – **β** ex media alqa re, v. dem, was **mitten aus** etw. herausgenommen so recht eigentlich dazu gehört, alteri sunt e mediis Caesaris partibus, Cic.: hoc e medio est iure civili, Cic.; vgl. Fabri Sall. orat. Licin. 8. Beier Cic. de off. 1, 63.

c subst., medium, iī, *n.*, die **Mitte,** aa) der **mittlere-, innere Raum, der Mittelpunkt,** utrique imperatores in medium exeunt (treten in die Mitte vor); extra turbam ordinum colloquuntur simul, Plaut.: in medio aedium od. bl. medio aedium, Liv.: medio Capitolini montis, Tac.: poet. mit dopp. *Genet.*, nocte volat medio caeli terraeque, zwischen Himmel und Erde, Verg. – v. Mittelpunkt, medium ferire, Cic.: in medium caestus proicere, Verg.: in medium vergere, Cic.: id autem medium infimum in sphaera est, Cic.: vom Mitteltreffen, Zentrum des Heeres, in agmine in primis modo, modo in postremis, saepe in medio adesse, Sall.: auxilia regum pro cornibus, medio sextam legionem constituit, Tac. – Insbes.: **α** als Punkt, wohin alle ihr Gepäck usw. werfen, in medium oder (selten) in medio conicere sarcinas, Liv. (s. Drak. Liv. 10, 36, 1); – od. um den sich alle scharen, alqm in medium accipere, in ihre Mitte nehmen (um ihn zu decken, zu schützen), Liv. (s. Drak. u. Fabri Liv. 21, 46, 9); – od. auf den man feindlich von allen Seiten losgeht, utrimque hostem invehi nuntiatur. Diu in medio caesi milites, wurden die in die Mitte genommenen niedergehauen, Liv. – **β** als Punkt, wo etwas als Kampfpreis so niedergelegt wird, dass jeder Preisbewerber es sehen und dazu gelangen kann, in medio palma est posita, jeder kann den Preis erringen, Ter. – ebenso als Gewinn für die Spielenden, in singulos talos singulos denarios in medium conferebat (setzte), quos tollebat universos, qui etc., Suet. – od. als Gemeingut, gemeinschaftliche Kasse usw., an dem alle teilhaben, das allen zu Gebote steht, zuteil werden kann, zugänglich ist, nach dem alle zulangen können, bona interfectorum in medium cedant, mögen Gemeingut werden, Tac.: in medium quaerere, zu gemeinschaftlichem Gebrauch, Verg.: discenda in medium dare, allgemein zugänglich machen, zum Besten geben, Ov.: obscenas voluptates faciles, communes, in medio sitas dicunt, seien leicht erreichbar, jedermann zugänglich, könnten allen zuteil werden,

Cic.: u. so laus in medio sita, Tac. dial.: velut in medio posita, als Gemeingut, wovon jeder nehmen könne, Curt.: u. so in medio posita, das allen zu Gebote Stehende, an der Hand Liegende, Hor.: u. ubi in medio praeda administrantibus esset, die nur zugreifen dürften, um die Beute an sich zu reißen, Liv. – u. so in medium afferre communes utilitates, Cic.: in m. conferre laudes, jeder für alle Ruhm erwerben (Ggstz. ex communi ad se trahere), Liv.: in medium referre ad vacuas aures, Ov.: in medium consulere, fürs Gemeinwohl, allgemeine Beste, Ter., Liv. u. a. (s. Ruhnken Ter. Andr. 3, 3, 16 u. Liv. 24, 22, 15). – u. bei den Juristen als »Gesamtmasse« eines gemeinschaftlichen Vermögens, »Erbmasse« u. dgl., in medium conferre, ICt.: in medium venire, in die Masse fließen, ICt.: e medio deducere, ICt.: ex medio sumere, ferre, ICt. – **γ** als Punkt, wo, umgeben vom Volk, vor Gericht die Parteien, Zeugen (zur Vernehmung) stehen, die Akten u. dgl. zur Einsicht vorliegen, mater virginis est in medio (ist da, frage sie), ipsa virgo, res ipsa; hic Geta praeterea, Ter.: veniant in *m.*, mögen öffentlich (vor Gericht) auftreten, Cic.: tabulae sunt in medio, liegen (zu jedermanns Einsicht) vor, Cic.: removere e medio litteras, beiseite schaffen, Cic. – dah. v. strittigen Gegenständen, rem in medium vocare, vor ihr Gericht ziehen, Cic.: et regni crimen in medio (erit), wird vorliegen, Liv.: ego vero, si (regni crimen) in medio ponitur (in Frage gestellt wird, wem die Schuld beizulegen sei), non agnosco, Liv.: alqd in medio relinquere, unentschieden lassen, Cic.: ebenso (wie εἰς τὸ μέσον θεῖναι) in medium relinquere, Claud. Quadrig. fr. u. Tac. – u. übtr. v. Auftreten der Parteien, prima veniat in medium Epicuri ratio, zuerst möge auftreten, Cic. – **δ** als freier Raum, freie Straße, wo sich das Publikum einfindet, die Öffentlichkeit, ubi tabernis apertis omnia in medio vidit, alles (alle Waren) auf offener Straße ausgelegt sieht, Liv. – in medium procedere, öffentlich erscheinen, auftreten, Plaut.; übtr., loci in medium procedent, werden sich gleichs. deinem Blick darbieten, Cic. – de medio recedere, aus dem Weg-, beiseite gehen, Raum geben, Cic. – aber e medio excedere, sich (aus der großen Welt) zurückziehen, Ter.: dass. secedere seque e medio amovere, Suet.: u. e medio discedere, sich verbergen, Suet.: emphat., e medio excedere od. abire, aus der Welt gehen, sterben, Ter.: u. alqm tollere de medio, aus dem Weg räumen, ermorden, Cic. – hoc deliberantium genus pellatur e medio, fort mit usw., Cic. – rem in medium proferre, etwas davon verlauten lassen, Cic. – in medium conferre, der Öffentlichkeit übergeben, Liv.: in medium vacuas referre ad aures, allgemein zum Besten geben, Ov.: in medium dare, der Öffentlichkeit übergeben, verraten, Lucr.: aber omnia in medium dare discenda, alles zum Lernen darbieten, seinen Schülern zum Besten geben, Ov.: dah. e medio = aus dem großen Publikum, ex medio res arcessit comoedia, Hor.: verba e medio, Ov.: vollst., verba e medio sumpta, Quint.: u. bl. e medio sumpta, Hor. u. Amm.: verba iacentia tollere e medio, Cic. – u. dah.: **ε** in medio = sub divo, unter freiem Himmel, im Freien, Pallad. 1, 35, 12. – bb) der **mittlere Teil,** ovi medium, der Dotter, Apic. 9, 416.

2 v. der Zeit: **a** die **mittlere,** die **dazwischenliegende** = **verflossene,** **α** übh.: ultimi temporis recordatione, proximi memoriā medium illud tristissimum tempus ... ex animo excīdere, Cic.: longa fuit medii mora temporis, der Zwischenzeit, Ov.: u. so oft m. tempus, Ov. u. Suet.: unum quasi comperendinatus medium diem fuisse, noch einen Tag Frist dazwischen hatte, Cic. – medio tempore, in der Zwischenzeit, mittlerweile, Suet. u. Iustin.: so medio temporis spatio, Suet.: mediis diebus, in den Zwischentagen, Liv.: mediis horis, Eutr. – poet. u. nachaug., medium esse = *intercedere,* **dazwischen sein, -fallen, -verfließen,** mit folg. *et,* z. B. mediumque fuit breve tempus, et orsa est Leucothoë, Ov.: exiguum temporis medium, et etc., Plin. ep.: una dies m. est, et etc., Ov.. una nox m. erat, et etc., Prop. – **β** insbes. v. Alter, das **mittlere,** m. aetas (Ggstz. aetas primae iuventae u. senectus, od. puer u. iuvenis), Plaut., Cic., Colum. u. o.: constans aetas, quae media dicitur, Cic.: v. Lebl., Falernum (vinum) nec in novitate, nec in nimia vetustate corpori salubre est. Media eius aetas a quindecimo anno incipit, Plin. – übtr. auf die Pers. od. Sache, **in den mittleren Jahren stehend,** uxor, Plaut.: quemcumque vis occupa, adulescentem, senem, medium, Sen.: Aeglen maximam natu appellavit, mediam Euphrosynen, tertiam Thalian, Sen.: v. Lebl., vinum novum, vetus, medium (weder zu jung, noch zu alt), Varro fr.

b partitiv, **mitten in** usw., **in der Mitte, Mitt-,** **α** übh. v. Tag, aestas erat mediusque dies, die Zeit um Mittag, Ov.: in medios dormire dies, mitten in den T. hinein, Hor.: de medio potare die, vom hellen Mittag an, Hor.: medio die (Ggstz. ortu obituque), Ov.: u. übtr., m. dies, Mittag = Süden, stabula ad medium conversa diem, Verg.: occidens Zephyros, Austros medius dies mittit, Apul.; vgl. media ab regione diei, Lucr. – v. der Nacht, mediā nocte, Suet.: ad mediam noctem, Suet. – v. den Jahreszeiten, medium erat tempus sementis, es war mitten in der Zeit der Aussaat, Flor.: extremā hieme ... ineunte vere ... mediā aestate, Cic.: aestu medio, aestibus mediis, frigoribus mediis, Verg. – übtr., v. der Pers., duorum fratrum aetatibus medius interiectus, dem Alter nach mitten zwischen den beiden Br. stehend, Cic.: in mediis (illis), mitten unter ihnen, Verg. – **β** von dem, was mitten im Gange ist, **mitten in** od. **auf** usw., medium iam classe tenebat iter, war in vollem Lauf, Verg.: in honore deûm medio, Verg.: medio sermone, Verg.: in media pace, Sen. de ira 2, 2, 6; ep. 18, 6 u. 91, 5. Curt. 8, 10 (36), 17.

c subst., medium, iī, *n.*, die **Mitte,** die **mittlere Zeit,** iam diei medium erat, Liv.: noctis erat medium, Ov.: per medium diei, Tac.: medio diei, Tac. (s. Heräus Tac. hist. 1, 62, 7): medio noctis, Iustin.: medio temporis, in der Zwischenzeit, mittlerweile (διὰ μέσον), Tac.: so auch in medium, mittlerweile, indessen, Apic. 3, 63. – nec longum in medio tempus, cum etc., kurze Zeit verstrich dazwischen, als usw., Verg. Aen. 9, 395 (vgl. oben *no.* 2, a, α mediumque fuit breve tempus, et etc.).

B bildl.: **1** zwischen zwei Extremen als drittes **in der Mitte stehend, -schwebend, sich in der Mitte haltend,** **a** im Allg.: cum inter pacem et bellum medium nihil intersit, Cic.: u. dafür poet m. dopp. *Genet.*, si quid medium mortis fugaeque, Ov. – multitudo aut servit humiliter aut superbe dominatur; libertatem, quae media est, nec spernere modice nec habere sciunt, Liv. – v. der Rede, m. dicendi genus, Quint. u. (Ggstz. uber u. gracile) Gell.: tum graves sumus, tum subtiles, tum medium quiddam tenemus, Cic.: u. übtr., v. Redner, alii (oratores) graves, alii subtiles, alii eis interiecti et tamquam medii, Cic. – in der Philos., der **mittlere,** von dem, was weder lobens- noch tadelnswert ist, weder gut noch böse, m. officium, Cic. (s. bes. Cic. de off. 1, 16; de fin. 3, 58): alia interiecta et media u. media illa, Mitteldinge, Cic.: mediae artes, Quint.: subst., minora quaeque sunt ex mediis, Quint. **b** den Ansichten u. dem Verhalten nach – **zwischen zwei Ansichten** oder **Parteien die Mitte haltend, einen Mittelweg einschlagend,** media consilii via, Liv.: ex quibus partim tecum sentiebant, partim medium quendam cursum tenebant, Cic.: mediis consiliis stare, Liv.: m. oratio, m. sententia, Liv.: medium quiddam tenere, einen Mittelweg einschlagen, Plin. ep. – mit *inter* u. Akk., quod medium inter aequum et utile erat, decreverunt, Liv. – subst., media sequi, einen Mittelweg einschlagen, Tac.: mediis copulare concordiam, durch vermittelnde Maßregeln, durch Entgegenkommen, Liv. – übtr. auf die Pers., medium se gerere, parteilos sich in der Mitte halten, Liv.: agebat medium (er schlug einen Mittelweg ein), plurima dissimulans, aliqua inhibens, Vell.: aliis notantibus praefectum, aliis praemia decernentibus, mediis ... dicentibus, Liv. – oder = **sich neutral verhaltend, unparteiisch, neutral,** utra castra (*sc.* sequar)? Media tollit Antonius, Cic. – u. übtr. auf die Pers., pacem utrique parti, ut medios deceat amicos, optent, Liv.: tamquam medios, nec in alterius favorem inclinatos, miserat rex, Liv.: medios et neutrius partis, Suet.: de mediis et neutram partem sequentibus, Suet.: qui se medium esse vult, Cic.: medios esse iam non licebit, Cic.: Eumenes in eo bello medius erat animo, Vell.: Macedonico bello medium agere, neutral bleiben, Liv. epit. – u. mit dem Nbbgr. des Unentschiedenen, Unbestimmten – **unbestimmt, unent-**

schieden, zweideutig, responsum, zwischen Ja u. Nein in der Mitte schwebend, Liv.: vocabula, gleichsam mitteldeutig, zweideutig, Gell.: medius ambiguusque sermo, Plin. ep.: sed haec quoque media relinquamus, Vopisc.: subst., ad Varum media scriptitabat, Tac. – übtr. auf die Pers., se dubium mediumque partibus praestitit, Vell.: medii *inter* duos exspectavere fortunam, Flor.

c dem Grad od. Maß nach zwischen dem Hohen u. Niederen, Ausgezeichneten und ganz Schlechten in der Mitte stehend, **gewöhnlich, ziemlich, mäßig, mittelmäßig,** media bella, Liv.: ipsi medium ingenium, magis extra vitium, quam cum virtutibus, Tac.: gratia non media, nicht gewöhnliche, ungemeine, Liv.: uxorum fides summa, libertorum media, servorum aliqua, filiorum nulla, Vell.: nihil medium, sed immensa omnia volvere animo, Liv.: pauca ille mediis sermonibus locutus, mit gewöhnlichen Worten, Ov. – übtr. auf die Pers., innocentiā eximius, sanctitate praecipuus, eloquentiā medius, Vell.: m. plebs, das gewöhnliche Volk, der gemeine Mann, Ov.: u. so m. vulgus, Ov.

2 vermittelnd zwischen zwei Extremen stehend, **a nach beiden Seiten hinüberspielend, zu beidem geneigt, -befähigt, eine Mischung von beidem** u. dgl., medium erat in Anco ingenium, et Numae et Romuli memor, Liv.: übtr. auf die Pers., multus in eo proelio Caesar fuit mediusque inter imperatorem et militem, Flor.: u. dafür poet. mit dopp. *Genet.*, pacis eras mediusque belli, zu Frieden u. Krieg gleich befähigt, Hor.

b tätig als Mittler eingreifend, **vermittelnd, hilfreich,** der **Vermittler,** media quaedam manus, Quint.: medio Pompei capite, Flor. – v. der Pers., medium se offert, Verg.: mediis dis, Ov.: u. poet mit dopp. *Genet.*, medius fratris sui maestaeque sororis, Ov. Vgl. übh. Drak. Sil. 16, 222. Juret. Symm. epist. 4, 51.

3 störend zwischen eine Handlung tretend od. **entzweiend** zwischen zwei Personen tretend, ne medius occurrere possit, störend zur Unzeit erscheinen könne, Verg.: quos inter medius venit furor, Hass entzweite sie beide, Verg.

II (wie μέσος) übtr., weil die Mitte jeden Körper in zwei Hälften teilt = *dimidius,* **halb, zur Hälfte** (Ggstz. totus), mediā plus parte, Ov.: media Minerva, das Brustbild, die Büste der M., Iuven.: m. scrupulum croci, Pallad.: aurum coronarium Italicis totum, medium provincialibus reddidit, Capit.: quod (oculus) convexus mediusque quacumque cernatur, Plin.: Nepa (sidus) medius occĭdit (Ggstz. totus apparet), Colum. – subst., medium, iī, *n.*, die **Hälfte,** in itineris medio, Eutr.: scillae medium conterunt cum aqua, Varro.: scrobem ad medium completo, Colum.

medius fidius, s. Fidius.

mēdix, s. mĕddix.

Medobrēga (Medubrīga), ae, *f.*, Stadt in Lusitanien, j. *Marvao,* Auct. b. Alex. 48, 2. – Dav. **Medobrēgēnsēs** (Medubrīgēnsēs), ium, *m.*, die Einw. von Medobrega, die **Medobregenser,** Auct. b. Alex. 48, 4 (Medobr.). Plin. 4, 118 (Sillig Medubrigenses, Jan u. Detl. Medubricenses): auch Meidubrigenses geschr., CIL 2, 760.

medolifer, s. medēlifer.

Medōn, ontis, *m.* (Μέδων), **I** Sohn des athenischen Königs Kodrus, erster Archont, dessen Nachkommen Medontidae heißen, Vell. 1, 2. § 2. – **II** ein Troer, Sohn des Oileus, Führer der Phthier vor Troja, von Äneas getötet, Verg. Aen. 6, 483. Ov. her. 1, 91.

Medontidae, ārum, *m.*, s. Medōn.

Medubrīga, -gēnses, s. Medobrēga.

Medulī, ōrum, *m.*, eine Völkerschaft im aquitan. Gallien, mit reichen Austernbänken, im heutigen *Medoc,* Auson. epist. 4, 2; 7, 1. – Dav.: **a Medulus** od. **Medullus,** a, um, **medulisch,** ostrea Medulla, Plin. 32, 62 D.: siligo Medula, Apic. 2, 43. – **b Medulicus,** a, um, **medulisch,** supellex, Austern, Sidon. epist. 8, 12, 7.

medulla, ae, *f.* (vielleicht zu medius), das **Mark, I** eig., in Knochen, cervina, vitulina, bubula, Cels.: dorsalis (= dorsualis) medulla, das Rückenmark, Cass. Fel.: media, Ov.: Plur., cum albis ossa medullis, Ov.: medullae salivaeque et lacrimae, Sen. – in Pflanzen u. Gewächsen, Colum. – im Getreide u. in Früchten, frumenta candidiorem medullam reddunt, Mehl, Plin.: nuces sine medulla, Kern, Petron. – **II** bildl., das **Mark,** d. i. **1** das **Innerste,** mihi haeres in medullis, liegst mir recht am Herzen, Cic.: est flamma medullas, Verg.: quae mihi sunt inclusa medullis, Cic.: alqd in medullas demittere, ins Mark des Herzens dringen lassen, so recht zu Herzen nehmen, Sen. – **2** das **Vortrefflichste,** der **Kern,** suadae medulla, Enn. ann. 308: sanguinem ipsum ac medullam verborum eius (Sallustii) eruere atque introspicere penitus, Gell. 18, 4, 2.

medullāris, e (medulla), **im Mark-, im Innersten befindlich,** dolor, Apul. met. 7, 17: febris, Th. Prisc. 4. fol. 314 (b), 21.

medullātus, a, um (medulla), **kernig, vortrefflich,** Eccl.

Medullī, ōrum, *m.*, ein Alpenvolk im zisalp. Gallien, im heutigen Savoyen, Inscr. b. Plin. 3, 137. Vitr. 8, 3, 20. – Dav. **Medullīnus,** a, um, **medullinisch,** notus, Alpenwind, Auson. epist. 5, 28. p. 163 Schenkl: u. Medullina angef. bei Diom. 481, 8.

Medullia, ae, *f.*, Städtchen in Latium, Kolonie von Alba, j. *St. Angelo,* Liv. 1, 33, 4. – Dav. **Medullīnus,** a, um, **medullinisch, aus Medullia,** als röm. Beiname, Liv. 4, 25, 5. – Plur. subst., Medullīnī, ōrum, *m.*, die Einw. von Medullia, die **Medulliner,** CIL 11, 1826.

Medullīnus, s. Medullī u. Medullia.

medullitus, Adv. (medulla), **I im Mark, bis aufs Mark,** Varro sat. Men. 77. – **II** bildl., **im Innersten, im Herzen,** amare, innig, herzlich, Plaut.: ingemere, Apul.: gemere, Amm.

medullo, (āvī), ātum, āre (medulla), **mit Mark erfüllen,** Apul. de Plat. 2, 16 u. Eccl.

medullōsus, a, um (medulla), **voller Mark, markig,** femen, umerus, Cels. 8, 1. p. 327, 1. u. 328, 14 D.

medullula, ae, *f.* (*Demin.* v. medulla), das **zarte Mark,** anseris, Catull. 25, 2.

1. **Medullus,** ī, *m.*, ein Berg im tarrakonens. Hispanien, j. *Sierra de Mameda,* Flor. 4, 12, 50. Oros. 6, 21, 7 (wo Medullius mons).

2. **Medullus** od. **Medulus,** s. Medulī.

1. **Mēdus,** ī, *m.* (Μῆδος), s. Mēdī.

2. **Mēdus,** ī, *m.* (Μῆδος), **I** ein Fluss in Persien, linker Zufluss des Araxes, j. *Polwar,* Curt. 5, 4 (13), 7. – poet *adi.*, Medum flumen, Hor. carm. 2, 9, 21. – **II** Sohn der Medea, als Stoff einer Tragödie des Pakuvius, Cic. de off. 1, 114.

3. **medus,** ī, *m.* (eig. melus v. mel), **Honigwein,** Isid. orig. 20, 3, 13.

Medūsa, ae, *f.* (Μέδουσα), Tochter des Phorkus, Mutter des Pegasus von Neptun, die furchtbarste der Gorgonen (s. 1. Gorgō), Ov. met. 4, 655 u. 781. Lucan. 8, 626. – Dav. **Medūsaeus,** a, um, **medusäisch,** equus od. praepes, Pegasus, Ov.: fons, die (durch den Huf des Pegasus entstandene) Quelle Hippokrene, Ov.: os, coma, Ov.: chelydri, Sil.

mefītis, s. mephītis.

Megabocchus u. **-boccus,** ī, *m.*, C., Prätor in Sardinien, Mitverschworener Katilinas, Cic. Scaur. 40. Cic. ad Att. 2, 7, 3.

Megabȳzus, ī, *m.* (Μεγάβυζος), Name eines persischen Eunuchen, Quint. 5, 12, 21.

Megaera, ae, *f.* (Μέγαιρα), die **Zürnende,** eine der Furien, Verg. Aen. 12, 846 u. a. – Appell., eine **Megäre** (= böses Weib), Megaera quaedam mortalis, Amm. 14, 1, 2.

Megalē, ēs, *f.* (Μεγάλη), die **Große, Erhabene,** Beiname der Cybele, rein lat. Magna Mater, Fasti Praenestini im CIL 1^2. p. 235. – Dav.: **a Megalēnsis,** e, **zur** *Magna mater* (Cybele) **gehörig, megalensisch,** u. zwar gew. subst. **Megalēnsia,** ium, *n.* u. **Megalēsia,** ium, *n.*, das zu Ehren der *Magna Mater* alljährlich am 4. April mit Umzügen u. Wettspielen begangene Fest, die **Megalesien,** Form *-ensia,* Cic.: Form *-esia,* Cic. u. a.: Megalesia ludi, Liv. u. Ov.: ludi fuere, Megalesia appellata, Liv.: Megalesia facere, Cic. – ludi Megalensia, Tac. u. Gell.: Megalensia sacra, Plin. – dah. Megalensis purpura, das Festkleid des Prätors, an den Megalesien, Mart. – **b Megalēsiacus,** a, um, **zu den Megalesien gehörig, megalesisch,** mappa, Iuven. 11, 193: ludi, Schol. Iuven. 6, 69: circenses, Schol. Iuven. 11, 193: mater, Cybele, Auson. ecl. 18 (de fer. Rom.), 2. p. 15 Schenkl.

Megalē polis, s. Megalopolis.

Megălia, ae, *f.*, eine jetzt durch eine Brücke mit dem Festland verbundene Felseninsel im Tyrrhen. Meer, wo schon Lukullus Gärten besaß u. Romulus Augustulus als Verwiesener starb, j. *Castello del Ova,* Stat silv. 2, 2, 80; gew. Megaris gen., Plin. 3, 82.

megalīum, ĭi, *n.* (μεγαλεῖον), eine kostbare Salbe, Plin. 13, 13.

megalographia, ae, *f.* (μεγαλογραφία), **Großmalerei, malerische Darstellung großer-, erhabener Gegenstände, große Historienmalerei** (Ggstz. ῥυπογραφία), Vitr. 7, 4, 4 u. 5, 2.

Megalopolis, Akk. im, Abl. ī, f. u. **Megalē polis,** Akk. in, *f.* (Μεγαλόπολις u. Μεγάλη πόλις), Stadt in Arkadien, Geburtsort des Polybius, Form Megalop. b. Liv. 36, 31, 6; 45, 28, 4: Form Megale polis b. Plin. 4, 20: Akk. Megalen Polin, Liv. 32, 5, 5; 35, 36, 10. – Dav.: **a** **Megalopolītae,** ārum, *m.*, die Einw. von M., die **Megalopoliten,** Liv. – **b** **Megalopolitānus,** a, um, **megalopolitanisch, aus Megalopolis,** filia Alexandri cuiusdam Megalopolitani, Liv. – Plur. subst., Megalopolitānī, ōrum, *m.*, die Einw. von Megalopolis, die **Megalopolitaner,** Liv.

Megara, ae, *f.* u. **Megara,** ōrum, *n.* (Μέγαρα, τά), **I** Stadt in der Landschaft Megaris, Geburtsort des Euklides, j. *Magara,* Cic. de div. 1, 57 (Form *-a, ae*). Liv. 28, 7, 16 (Form *-a, ōrum*): archaist. Nbf. Megares, Plaut. merc. 646: Abl. Megaribus, Plaut. Pers. 137. – **II** Stadt auf Sizilien, früher Hybla gen., beim heutigen *Cattaro,* Liv. 24, 30 *sqq.* Sil. 14, 273. – Dav.: **a** **Megarēius,** a, um, **megarēisch,** Ov. met. 10, 659. Stat. Theb. 12, 219. – **b** **Megarēnsis,** e, **megarensisch,** subst., der **Megarenser,** Plin.: Plur. Megarēnsēs, ium, *m.*, die **Megarenser,** Plin. u. a. **c** **Megarēus,** a, um (Μεγάρειος), **megarēisch,** Plur. subst., Megarēa, ōrum, *n.*, die Gefilde von Megara, Ov. fast. 4, 471. – **d** **Megarēus,** eī, u. eos, *m.* (Μεγαρεύς), **aus Megara,** Euclides Megareus, Cic. Acad. 2, 129. – **e** **Megaricus,** a, um (Μεγαρικός), **megarisch,** signa, Bildsäulen aus megarischem Marmor, Cic. – Plur. subst., Megaricī, ōrum, *m.*, die megarischen Philosophen, die Anhänger des Euklides aus Megara, Cic. – **f** **Megariī,** iōrum, *m.*, die Einw. von Megara, die **Megarier,** Quint. 5, 11, 40 H. – **g** **Megarus,** a, um, **megarisch, bei Megara** (auf Sizilien), Verg.

Megarēius, a, um, s. Megara u. 2. Megareus.

Megarēnsis, s. Megara.

Megares, s. Megara *no.* I.

1. Megarēus (Μεγαρεύς), s. Megara.

2. Megarēus, eos, *m.* (Μεγαρεύς), Sohn des Neptun, Vater des Hippomenes, Ov. met. 10, 605. – Dav. **Megarēius,** a, um, **megarēisch,** heros, v. Hippomenes, Ov. met. 10, 659.

3. Megarēus, a, um, s. Megara.

Megaris, idis, Akk. ida, *f.* (Μεγαρίς), **I** eine Landschaft in Griechenland, in der Megara lag, bei Attika, Mela 2, 3, 4 (2. § 117). – **II** eine Stadt auf Sizilien, sonst Megara genannt, Cic. Verr. 5, 63. Mela 2, 7, 16 (2. § 117). – **III** = Megalia, s. d.

Megarus, a, um, s. Megara.

megistānes, um, Akk. as, *m.* (μεγιστᾶνες; vgl. Ruperti Tac. ann. 15, 27, 2), die **Großen** eines Reiches, die **Magnaten,** die immer im Gefolge des Königs sind, Sen. u. a.: quidam e megistanibus, Frontin.

Megistō, ūs, *f.* (Μεγιστώ), Tochter des Ceteus, Hyg. astr. 2, 6.

mehe = me, s. ego ►.

mehercle, mehercule, meherculēs, ein Schwur, s. Herculēs.

Meidubrīgēnsēs, s. Medobrēga.

meile, s. mīlle ►.

meiles, s. mīles ►.

meilia, s. mīlle ►.

meilitia, s. mīlitia ►.

mēio, ere (zu mingo), **harnen, pissen,** mula meiens, Catull. 97, 8: extra meiite, Pers. 1, 114: meiere volentes, Schol. Pers. 1, 113: cuius ad effigiem non tantum meiere fas est, Iuven. 1, 131: hospes, ad hunc tumulum ne meias, CIL 6, 2357 = Carm. epigr. 838 *Buecheler.* – übtr., vom Nachtgeschirr, matella curto rupta latere meiebat, Mart. 12, 32, 13. – im obszönen Doppelsinne, meiat eodem, entlade sich ebendahin, Hor. sat. 2, 7, 52. – Sprichw., caldum meiere et frigidum potare, mehr ausgeben als einnehmen, Petron. 67, 10. – ► Perf. mēiī angef. v. Diom. 369, 11. – Nbf. **mēio,** āvī, āre (s. Diom. 369, 11. Prisc. 10, 1), Pelagon. veterin. 8 *lemm.* u. ö.: quisquis in eo vico stercus non posuerit aut non cacaverit atque non meiaverit, habeat illas propitias, CIL 3, 1966.

mel, mellis, *n.* (μέλι), der **Honig,** **I** eig.: dolium melle plenum, Hyg.: mellis odor, Ps. Quint. decl.: magnum od. exiguum mellis pondus, Sen.: mellis reditus, Pallad.: stilla mellis, Cic.: mellis usus, Iustin.: mellis vindemia, Honigernte, Colum. – mel aestivum, Plin.: album, Cels.: Atticum, Plin.: Siculum, Varro: bonum, optimum, Varro, eximium, Colum.: crudum (Ggstz. coctum), Cels.: dulce, Plaut.: inquinatum (unreiner), Varro: nemorense, Colum.: recens, Pallad.: rusticum, Pallad.: silvestre (wilder), Plin. u. Hieron.: vernum, Plin.: villaticum, Colum. – villa abundat lacte, caseo, melle, Cic.: mel colligere, v. Bienen, Sen., v. Menschen, Iustin.: mel conficere (v. Pers.), Colum.: custodire (aufbewahren) alqd in melle, Colum.: mel facere, v. Bienen, Sen. (u. so mellis faciendi scientia, Sen.: u. flores ad mel faciendum idonei, Sen.): mel eximere de favis, Colum., u. bl. mel eximere, Varro: mel fervet, crassescit, Plin.: melle ac placentā frui, Sen.: dena milia ex melle recipere (lösen), Varro. – Plur., **Honig, Honigmassen, Honigklumpen,** roscida mella, Verg.: mella Falerno diluta, ein Gemisch aus Honig und Wein, οἰνόμελι, Hor.: bis in mense mella facere (von Bienen), Plin.: cum mella coeperunt maturescere, Plin. – Sprichw., mel mihi videor lingere, etwas für Zuckerschlecken halten, Plaut. Cas. 458: e medio flumine mella petere, v. vergeblichem Suchen, Ov. art. am. 1, 748. – **II** übtr.: poëtica mella, Hor.: hoc iuvat et melli est, ist angenehm, Hor.: so auch von der Süßigkeit, Lieblichkeit der Rede od. Beredsamkeit, Nestoreum, Auct. carm. ad Pison.: cuius ore sermo melle dulcior profluit, Rhet. Her.: loquenti tibi illa Homerici senis mella profluere, Plin. ep. – als ein Liebkosungswort, meum mel, Plaut.: Sempronius, mel ac deliciae tuae, Cael. in Cic. ep. – ► Genet. u. Dat. Plur. nach Prisc. 7, 28 veraltet.

1. Mela, ae, *m.*, vollst. Pomponius Mela, ein röm. Geograph unter dem Kaiser Klaudius, Verfasser eines noch vorhandenen Handbuchs der Geographie.

2. Mēla, ae, *m.*, ein Fluss, s. 2. Mella.

melaenaëtos, ī, *m.*, s. melanaëtos.

melamphyllum, ī, *n.* (μελάμφυλλον), eine auch paederos gen. Art der Pflanze Bärenklau, mit schwarzen Blättern, Plin. 22, 76.

Melampodion, iī, *n.* (Μελαμπόδιον), **schwarze Nieswurz** (*Helleborus orientalis,* Wild.), nach dem Arzt Melampus benannt, der ihren Gebrauch zuerst gelehrt haben soll, Plin. 25, 49.

melampsythium (melampsithium), iī, *n.* (μελαμψύθιον), **schwarzer Rosinenwein,** Plin. 14, 80.

Melampūs, podis, *m.* (Μελάμπους), berühmter Arzt u. Weissager, Sohn des Amythaon, Cic. de legg. 2, 33. Verg. georg. 3, 550. Stat. Theb. 3, 453: Vok. Melampu, Stat. Theb. 3, 546 u. 573.

melanaëtos, ī, *m.* (μελαναετός), der **Schwarzadler,** eine Art kleine Adler (*Falco Aquila,* L.). Plin. 10, 6.

Melanchaetēs, ae, *m.* (Μελαγχαίτης, Schwarzhaar), ein Hund des Aktäon, Ov. met. 3, 232.

melancholia, ae, *f.* (μελαγχολία), die **Schwermut,** Eccl. u. Gloss.

melancholicus, a, m (μελαγχολικός), **schwarzgallig, melancholisch,** Cic. u. a.: subst. melancholici, Firm. math. 3, 14.

melancoryphos, ī, m, (μελαγκόρυφος), schwarzgescheitelt, ein **Schwarzkopf,** eine Art Schnepfen, Plin. 10, 86. Solin. 20, 14; vgl. Paul. ex Fest. 124, 15.

melancrānis, is, *f.* (μελάκρανις), eine Binsenart, die an der Spitze schwarze Knöpfchen trägt (viell. *Schoenus nigricans,* L.), Plin. 21, 113.

melandryum, ī, *n.* (μελάνδρυον), ein **Stück des eingesalzenen Thunfisches,** Varro LL. 5, 77. Plin. 9, 48. Mart. 3, 77, 7.

Melanippē (in Hdschrn. [viell. schon von den Römern] versetzt Menalippē), ēs, *f.* u. **Melanippa,** ae, *f.* (Μελανίππη), **I** Schwester der Amazonenkönigin Antiope, von Herkules im Kampf mit den Amazonen zur Gefangenen gemacht, Iustin. 2, 4, 23 *sgg.* – **II** Tochter des Äolos od. Desmontes, Mutter des Böotos u. Anklos von Neptun, Varro r. r. 2, 5, 5. Hyg. fab. 186: Akk. Plur. Melanippas, Arnob. 4, 26. – Stoff einer Tragödie des Accius, Varro LL. 7, 65. Cic. de off. 1, 114; u. des Ennius, Gell. 5, 11, 12. Macr. sat. 6, 4, 7; vgl. Iuven. 8, 229 (als Name einer Tragödie, die Nero spielte).

Melanippus (in Hdschrn. [viell. schon von den Römern] versetzt Menalippus), ī, *m.* (Μελάνιππος), Sohn des Astakus, ein Thebaner, der Theben tapfer gegen die sieben Fürsten verteidigte, Mörder des Tydeus, von Amphiaraus endlich im Kampf getötet, Stat. Theb. 8, 740. – Stoff einer Tragödie des Accius, Cic. Tusc. 3, 20.

melantēria, ās, *f.* (μελαντηρία), **Kupferschwarz, Schusterschwarz** (rein lat. creta sutoria), Scrib. Larg. 208. Cael. Aur. de morb. acut. 3, 4, 44.

Melanthēus, a, um, s. Melanthus.

melanthium, iī, *n.* (μελάνθιον), **I** = *gith*, **römischer Schwarzkümmel,** Cato r. r. 102. Plin. 20, 182 (wo *cod. P* Genet. melanthi). Ser. Samm. 574 (wo Nbf. melanthum): Plur., Colum. poët. 10, 245. – **II** = *anthemis,* die **Kamille,** Plin. 22, 53.

Melanthius, iī, *m.* (Μελάνθιος), der Ziegenhirt des Ulixes, Ov. her. 1, 95.

Melanthō, ūs, *f.* (Μελανθώ), eine Meernymphe, Tochter des Deukalion, Ov. met. 6, 120; vgl. Serv. Verg. Aen. 5, 373.

melanthum, s. melanthium *no.* I.

Melanthus, ī, *m.* (Μέλανθος), **I** ein Fluss Sarmatiens, Ov. ex Pont. 4, 10, 54. – **II** König in Elis, dann in Athen, Vater des Kodrus, Vell. 1, 2. § 1. – Dav. **Melanthēus**, a, um, **melanthëisch,** caedes, Ov. Ib. 621.

melanūrus, ī, *m.* (μελάνουρος), der **Schwarzschwanz,** ein Meerfisch, Enn. fr. var. 42 (bei Apul. apol. 39). Ov. hal. 113. Colum. 8, 16, 8. Plin. 32. § 17. 149. 152.

mēlapium, iī, *n.* (v. μῆλον, Apfel u. ἄπιον, Birne), **Apfelbirne,** eine Art Äpfel, die Ähnlichkeit mit den Birnen haben, Plin. 15, 51.

1. **melās**, anos, Akk. an (μέλας), **schwarz,** cissos, Ps. Apul. herb. 98. – subst., ein schwarzer Fleck der Haut, Cels. 5, 18, 19.

2. **Melās**, Acc. ana u. an, *m.* (Μέλας), die **Schwarza, I** ein Fluss Siziliens, bei Mylä, j. *Mela,* Ov. fast. 4, 476. – **II** ein Fluss Thessaliens (in der Landschaft Malis), j. *Mavra-neria,* Liv. 36, 22, 8. – **III** ein Fluss in Böotien, zwischen Orchomenos u. Aspledon, j. *Mauropotami,* Sen. nat. qu. 3, 25, 3. Stat. Theb. 7, 273. – **IV** ein Fluss in Thrazien, der sich westlich von Aphrodisias in den gleichnam. Meerbusen ergoss, j. *Saldatti* od. *Scheher Su,* Liv. 38, 40, 5. Mela 2, 2, 8 (2. § 27). Ov. met. 2, 247.

melaspermon, ī, *n.* (μελάσπερμον) = *gith,* **römischer Schwarzkümmel,** Plin. 20, 182.

melca, ae, *f.*, mit Gewürz versetzte geronnene Milch, Apic. 7, 308.

melculum, ī, *n.*, als Liebkosungswort, **mein Honigpüppchen, mein Zuckerpüppchen, mein Goldkind,** Plaut. Cas. 783 *Ussing.*

Meldī, ōrum, *m.*, ein Volk in Gallia Celtica, zwischen *Meaux* und *Melin,* Caes. b. G. 5, 5 1.

melē, Plur. von melos, s. d.

Meleager u. **Meleagros** u. **-us**, ī, *m.* (Μελέαγρος), Sohn des Öneus, Königs in Kalydon, und der Althäa, bes. berühmt durch sein tragisches Ende. Sein Leben hing nämlich von einem ausgelöschten Scheit Holz ab. Da er nun den Bruder seiner Mutter tötete, verbrannte diese aus Rache das Holzscheit u. führte so seinen Tod herbei. Sie selbst nahm sich dann aus Verzweiflung das Leben, Ov. met. 8, 270 *sqq.*: Vokat. Meleagre, Ov. her. 9, 149. Val. Flacc. 1, 435. – Dav.: **1 Meleagrēus**, a, um (Μελεάγρειος), **meleagrëisch,** Lucan. u. Rutil. – **2 Meleagris**, gridis, *f.* (Μελεαγρίς), Plur. Meleagrides, **a** *sc.* aves od. gallinae, unsere **Perlhühner** (*Numida Meleagris,* L.), von denen die gallinae Africanae entweder nur eine Abart od. eine sehr nahe verwandte Art sind, Varro r. r. 3, 9, 18. Suet. Cal. 22, 3. Plin. 10, 74. – **b** nach der Sage Schwestern des Meleager, die seinen Tod so beweinten, dass sie schließlich in jene Hühner verwandelt wurden, Ov. met. 8, 534 *sqq.* – **c** die **Meleagride** = die Mutter des Meleager, v. der Althäa, Diom. 323, 29 (ohne Beleg). – **3 Meleagrius**, a, um, **meleagrisch,** Pleuron, Stat. Theb. 4, 103.

1. **Melēs**, ētis, *m.* (Μέλης), ein Fluss in Jonien bei Smyrna, dem angeblichen Geburtsort Homers, Plin. 5, 118. Stat. silv. 2, 7, 33. – Dav.: **A Melētēus**, a, um, **meletëisch,** poet. = **homerisch,** Tibull. 4, 1, 200. – **B Melētīnus**, a, um, **meletinisch,** deae, am Meles hausende, Ov. fast. 4, 236.

2. **mēlēs** (maelēs) u. **mēlis** (maelis), is, *f.*, Genet. Plur. melium, ein vierfüßiges Tier, wahrsch. der **Marder,** nach a. der **Dachs,** Varro r. r. 3, 12, 3 (Nomin. maelis). Ser. Samm. 896 (Nomin. melis, Variante meles). Plin. 8, 132 (Genet. melium) u. 138. Solin. 52, 34 (Genet. melium). Mart. 10, 37, 18 Schn. Gratt. cyn. 340 u. 402. Caper (VII) 110, 11 (maeles). – ► Spät. Nbf. mēlo, ōnis, *m.*, Isid. orig. 12, 2, 40; vgl. Caper (VII) 110, 11.

3. **Melēs**, ium, *f.*, ein Flecken in Samnium, viell. das j. *Molise,* Liv. 27, 1, 1.

meletē, ēs, *f.* (μελέτη), die auch chamaeleon gen. Pflanze, Ps. Apul. herb. 25.

Melētēus, a, um, s. 1. Melēs.

Melētidēs, ae, *m.* (Μελητίδης), ein Athener, dessen große Dummheit sprichwörtlich geworden war, Apul. apol. 24.

Meliboea, ae, *f.* (Μελίβοια), eine Stadt in Thessalien, am Berg Ossa, Geburtsort des Philoktetes, Mela 2, 3, 1 (2. § 35). Liv. 36, 13, 6. – Dav. **Meliboeus**, a, um, **meliböisch,** purpura, Lucr.: dux, v. Philoktet, Verg.

melicēris, idis, Akk. Plur. idas, *f.* (μελικηρίς), eine Art Geschwulst, **Honiggeschwulst** (deren gelblicher Eiter dem Honig ähnlich sieht), Veget. mul. 3, 30, 1: Plur., Plin. 21, 151. – b. Cels. 5, 26, 20 μελικηρία (**meliceria**) v. Eiter dieser Geschwulst.

Melicerta u. **Melicertēs**, ae, *m.* (Μελικέρτης), Sohn der Ino u. des Athamas, mit dem sich die vom rasenden Athamas verfolgte Mutter ins Meer stürzte, worauf er ein Seegott wurde, bei den Griechen Palaemon, bei den Lateinern Portunus genannt, Form *-ta,* Verg. georg. 1, 437. Ov. met. 4, 522; fast. 6, 494. Pers. 5, 103: Form *-tēs,* Hyg. fab. 2.

melichlōros, ī, *m.* (μελίχλωρος, honiggelb), ein uns unbekannter Edelstein, Plin. 37, 191. Isid. orig. 16, 7, 15.

melichrūs, *m.* (μελίχροος, zsgzg. μελίχρους, honigfarben), ein uns nicht bekannter Edelstein, Plin. 37, 191.

melichrȳsos od. **-us**, ī, *f.* (μελίχρυσος, honig-, goldgelb), ein Edelstein, **honiggelber Chrysolith,** viell. unser **honiggelber Hyazinth,** Plin. 37, 128. Isid. orig. 16, 15, 6.

melicrātum, ī, *n.* (μελίκρατον), **Wassermet,** Pelagon. veterin. 8 (152 u. 156 *Ihm*). Veget. mul. 3, 15, 22. Plin. Val. 3, 5 (mellicratum). – Nach Isid. orig. 20, 3, 12 Honigwein.

1. **melicus**, a, um (μελικός), **musikalisch,** sonores, Lucr.: melici lyricique modi, Auson.: bes. **lyrisch,** poëma, Cic. – subst.: **a** melicus, ī, *m.* (*sc.* poëta), ein **lyrischer Dichter, Odendichter,** Simonides melicus, Plin. 7, 89. – **b** melica, ae, *f.*, eine **lyrische Dichtung,** ein **Lied,** Petron. 64, 2 B^5.

2. **Mēlicus**, a, um = Medicus, **medisch,** in der Sprache des Landmanns, gallina, Varro r. r. 3, 9, 19: gallorum genus, Colum. 8, 2, 4: galli, Plin. 10, 48: obbae, Varro sat. Men. 114.

Meliē, ēs, *f.* (Μελία, episch Μελίη), eine bithynische Nymphe, die Geliebte des Flussgottes Inachus, Ov. am. 3, 6, 25.

melilōtos, ī, *m.* (μελίλωτος) u. **melilōton** od. **-tum**, ī, *n.* (μελίλωτον), der **Melilotenklee,** Ov. fast. 4, 440. Plin. 21, 39 (-tos); 31, 53 (-tum). Scrib. Larg. 258. Pallad. 11, 14, 8. Veget. mul.

mēlimeli, *n.* = melomeli, s. d.

melimēlon, s. melimēlum *no.* II.

melimēlum, ī, *n.* (μελίμηλον), **I** der **Honigapfel,** eine Art süßer Äpfel, früher **Mostapfel** (musteum malum) gen., Isid. orig. 17, 7, 5: gew. Plur., Varro r. r. 1, 59, 1. Colum. 5, 10, 19 u. 12, 47, 5. Plin. 15, 51 u. 59. Hor. sat. 2, 8, 31. Mart. 13, 24, 1. – **II** (Form melimelon) **Granatapfelwein,** Cael. Aur. de morb. chron. 3, 2, 34.

1. mēlinus, a, um (μήλινος, von μῆλον, Apfel), **von Quitten** od. **Quittenäpfeln,** oleum, Öl aus den Blüten der Quitten, Plin.: vinum, Cael. Aur. – subst., mēlinum, ī, *n.*, **Quittenöl,** Plin. 13, 5.

2. Mēlīnus, a, um, s. 2. Mēlos.

3. melīnus, a, um, richtiger mellinus, s. d.

4. mēlīnus, a, um (2. meles), **vom Marder** od. **vom Dachs,** pellis, Marder- od. Dachsfell, Edict. Diocl. 8, 29.

melior, s. bonus.

meliōrātio, ōnis, *f.* (melioro), die **Verbesserung,** Cod. Iust. 2, 19, 24 u. spät. Eccl.

meliōro, āre (melior), **verbessern,** Ulp. dig. 7, 1, 13. § 5 u. a. ICt. u. Eccl.

melipontus, s. medipontus ►.

mēlis, is, *f.*, s. 2. mēlēs.

melisphyllum, ī, *n.* (μελίφυλλον) u. **melissophyllon,** ī, *n.* (μελισσόφυλλον, Honigblatt) = *apiastrum,* die von den Bienen bes. gesuchte **Melisse** (*Melissa officinalis,* L.), melisph. bei Verg. georg. 4, 63 (im Plur.): melissoph. bei Plin. 20, 116; 21, 149.

Melissa, ae, *f.* (Μέλισσα), Tochter des Melisseus, die mit ihrer Schwester Amalthea den Jupiter mit Ziegenmilch ernährte, Lact. 1, 22, 19 *sq.*

Melisseūs, eī, Akk. ea, *m.* (Μελισσεύς), König von Kreta, Vater der Amalthea u. Melissa (s. d.), Lact. 1, 22. § 19 u. 28.

melissimus (melior), ungebr. st. optimus, Varro LL. 8, 76.

melissophyllon, ī, *n.*, s. melisphyllum.

Melissus, ī, *m.* (Μέλισσος), **I** ein griech. Philosoph aus Samos, Cic. Acad. 2, 118. – **II** C. Maecenas Melissus, ein Freigelassener des Mäcenas, Grammatiker u. Bibliothekar des Augustus, Suet. gr. 21. Ov. ex Pont. 4, 16, 30.

Melita, ae, *f.* u. **Melitē,** ēs, *f.* (Μελίτη), **I** (Form *-ta*) Insel zwischen Sizilien u. Afrika, mit einer gleichnam. Stadt, j. *Malta,* Cic. Verr. 4, 103 u. a. – **II** (Form *-te*) Insel bei Dalmatien, j. *Meleda,* Plin. 3, 152. Ov. fast. 3, 567. – **III** (Form *-te*) eine Meernymphe, Verg. Aen. 5, 825. – Dav.: **a** **Melitaeus,** a, um (Μελιταῖος), auf od. von der Insel Melita (bei Dalmatien), **melitäisch,** catulus, etwa Schoßhündchen, Plin. – **b** **Melitēnsis,** e, auf od. von der Insel Melita, Malta, **melitensisch, maltesisch,** vestis, Decken, Teppiche, Cic.: so auch subst., Melitēnsia, ium, *n.* (*sc.* vestimenta), Lucr. u. Cic. – **c** **Melitēsius,** a, um, **melitesisch, maltesisch,** Gratt. cyn. 404.

melitinus, a, um (μελίτινος), **zum Honig gehörig, Honig-,** cera, mit Honig gemischtes, Plin. Val. 3, 26. – übtr., lapis, Plin. 36, 140.

melitītēs, ae, *m.* (μελιτίης), ein **Honigtrank,** aus Honig u. Most, Plin. 14, 85.

melittaena, ae, *f.* (μελίτταινα), **I** = melisphyllum, Plin. 21, 149. – **II** = 2. marrubium, Ps. Apul. herb. 45.

melittūrgus, ī, *m.* (μελιττουργός), der **Bienenwärter, -vater, Imker,** Varro r. r. 3, 16, 3.

Melītus, ī, *m.* (Μέλιτος), ein tragischer Dichter in Athen, der Sokrates im Namen der Dichter anklagte, Tert. de anim. 1.

melium, iī, *n.*, s. mellum.

1. melius, *Compar.*, **a** *Adi.*, s. bonus. – **b** *Adv.*, s. bene.

2. Mēlius, iī, *nom. pr.*, s. Maelius.

meliusculē, *Adv.* (meliusculus), **etwas (ein wenig) besser,** v. körperl. Befinden, m. alci est, Cic. ep. 16, 5, 1; ad Att. 4, 6, 2: m. valere, Fronto ad M. Caes. 4, 12. p. 73, 18 N.

meliusculus, a, um (*Demin.* v. *Compar.* melior), **etwas besser, a** v. Lebl.: spes, Varro sat. Men. 153: facies, Sen. de ben. 1, 3, 9: color, Colum. 9, 3, 2: ex tuis rebus feceris meliusculas, Plaut. capt. 968: meliusculum est monere, Plaut. Curc. 489. – **b** v. leb. Wesen: apes obiter et vernaculae quae sunt, meliusculae a Graeculis fient, Petron. 38, 3. – v. Genesenden, m. esse, sich etwas (ein wenig) besser befinden, Ter. Hec. 354. Cels. 3, 22 *extr.*

melizōmum, ī, *n.* (μελίζωμον), eine **Honigbrühe,** Apic. 1, 2.

1. melia ae, *f.* (viell. st. mellea, *sc.* aqua), **Honigwasser,** Colum. 12, 11, 1 *sg.;* 12, 49 (47), 3.

2. Mella, ae, *m.*, ein Fluss in Oberitalien, bei Brescia, noch j. *Melu,* Catull. 67, 33. Verg. georg. 4, 278.

mellāceus, a, um (mel), **honigartig,** subst., mellāceum, eī, *n.* = sapa, Non. 551, 21. – Nbf. mellācium, Soran. p. 139, 30.

mellārius, a, um (mel), **zum Honig gehörig,** vas, Plin. 21, 82. – subst., **a** mellārius, iī, *m.*, der **Honigbauer, Imker,** Varro r. r. 3, 16, 17. – **b** mellārium, iī, *n.*, der **Bienenstand, Bienenstock,** Varro r. r. 3, 16, 12.

mellātio, ōnis, *f.* (*mello), die **Honigernte,** Colum. 11, 2, 50. Plin. 11, 40 u. 41. Solin. 56, 17.

melleus, a, um (mel), **I** **aus Honig,** crustum, Auson. ephem. parecb. 12. p. 4 Schenkl: corpus, Chalcid. Tim. 227. – **II** übtr., **wie Honig, honigartig,** sapor, Plin.: color, Plin. – bildl., **honigsüß, lieblich,** moduli, Apul.: eloquium, Auson.: modo intellego, quae mellea res sit oratio, Auson.

mellicrātum, s. melicrātum.

melliculus, a, um (mel), **honigsüß,** corpusculum melliculum, als Schmeichelwort, Plaut. Cas. 843 (Schöll malacum).

mellifer, fera, ferum (mel u. fero), **Honig tragend, -bringend, -eintragend,** apes, Ov. met. 15, 383: exercitus (apium), Claud. rapt. Pros. 2, 127.

mellifex, ficis, *m.* (mel u. facio), der **Honigbauer, Imker,** Colum. 9, 8, 7.

mellificium, iī, *n.* (mel u. facio), der **Honigbau,** Varro r. r. 3, 16, 14: Plur., mellificiis studere, Colum. 9, 13, 13.

mellifico, āre (mellificus), **Honig bereiten,** v. Bienen, Verg. bei Donat vit. Verg. (tom. I. p. IX *ed. Burm.*): in arboribus, Plin. 11, 59.

mellificus, a, um (mel u. facio), **Honig erzeugend,** saltus, Colum.: loca, Colum. u. Pallad.: opus, Colum.

mellifluēns, fluentis (mel u. fluo), **honigfließend;** übtr., **lieblich redend,** Nestor, Auson. epist. 16, 2, 14. p. 175 Schenkl.

mellifluus, a, um (mel u. fluo), **honigfließend,** Avien. descr. orb. 468: fructus (Plur.), Chalcid. Tim. 171. – bildl., **lieblich redend, lieblich tönend, -lautend,** melliflui oris Homerus, Boëth. cons. phil. 5. metr. 2, 2: melliflua labra, Dracont. carm. 9, 207 D.: melliflui sonores, Poëta tragic. inc. bei Augustin. de musica 3: cantilena, Chalcid. Tim. 95: clamores, Cassiod. var. 1, 31, 4: m. oratio, Mythogr. Lat. 3, 8, 20.

mellīgo, inis, *f.* (mel), **I** der von den Bienen noch nicht zu Honig verarbeitete, aus Blüten usw. gesogene honigähnliche Saft, das **Bienenharz, Stopfwachs,** Plin. 11, 14 u. 16, 28. – **II** übtr., der **noch nicht reife Saft der Trauben,** Plin. 12, 131.

mellillus, a, um (*Demin.* v. mellinus), aus Honig, **honigsüß,** subst., mea mellilla, mein Honigpüppchen, mein Zuckerpüppchen, Plaut. Cas. 135: Plur., quibus deliciae estis, quibus savia, mamillae, mellillae? Plaut. Pseud. 180.

mellina, s. mellinus.

mellinia, ae, *f.* (mel), die **Süßigkeit,** übtr. = das **Vergnügen,** die **Wonne,** magnae mellinaest mihi, Plaut. truc. 704 *Schoell.*

mellinus, a, um (mel), **vom Honig,** subst., mellīna, ae, *f.*, **Honigwein,** Plaut. Epid. 23 u. Pseud. 741 Lor.

mellītulus, a, um (*Demin.* v. *mellitus*), **honigsüß, lieblich,** puella, Hieron. epist. 79, 6. – subst., mea mellitula, mein Honigpüppchen, Apul. met. 3, 22.

mellītus, a, um (v. mel), **I** **aus Honig,** favus, Varro r. r. 3, 16, 22. – **II** **mit Honig versüßt, honigsüß,** placenta, Hor.: sucus, Plin. – übtr., **honigsüß** = **lieblich, angenehm, allerliebst,** v. Pers. als Schmeichelwort, Cicero, Cic. ad Att. 1, 18, 1: mellitissime, M. Caes. bei Fronto ep. 4, 6. p. 70, 14 N.: oculi, Catull.: savium, Apul.: mellitissimum savium, Apul.

Mellōna od. **Mellōnia,** ae, *f.* (mel), die Göttin der Bienen u. des Honigs, Form *-ōna,* Augustin. de civ. dei 4, 34: Form *-ōnia,* Arnob. 4, 7 u. 8 u. 12.

melloproximus (*vox hybr.* μέλλω u. proximus), einer, der der Würde des Proximus zunächst steht, Cod. Iust. 12, 19, 5 u. a.

mellōsus, a, um (mel), **voll Honig, honigähnlich,** dulcedo, Cael. Aur. de morb. acut. 2, 29, 151.

mellum, ī, *n.*, das **stachelige Halsband** der Hunde, Varro r. r. 2, 9, 15 (*vulg.* melium, maelium). – Dafür millus, ī, *m.*, Scip. Afr. b. Paul. ex Fest. 151, 5.

1. Melo, ōnis, *m.*, der **Nil,** Auson. epist. 4, 75.

2. mēlo, ōnis, *m.* = melopepo (s. d.), Pallad. 4, 9, 6. Capit. Albin. 11, 3. Arnob. 2, 59.

3. mēlo, s. 2. mēlēs ►.

mēlocarpon, ī, *n.*, die sonst aristolochia gen. Pflanze, Ps. Apul. herb. 19.

melōdia, ae, *f.* (μελῳδία), der **Gesang,** die **Melodie,** Mart. Cap. 9. § 905 u. 965.

Melodūnum, ī, *n.*, s. Metiosēdum.

melōdus, a, um (μελῳδός), **gesangreich, melodisch,** virgines, Auson. prof. (XVI) 16, 8. p. 65 Schenkl: pulsus (Plur.), Sidon. epist. 9, 16 *v.* 45: carmen, Prud. cath. 9, 2.

mēlofolium, iī, *n.* (*vox hybr.* aus μῆλον u. folium), ein **Apfel mit einem Blatt an der Seite,** Plin. 15, 52.

mēlomeli, *n.* (μηλόμελι), **eingemachter Quittensaft,** Colum. 12, 47, 3.

mēlopepo, ponis, Akk. Plur., ponas, *m.* (μηλοπέπων), die **Apfelpfebe,** eine apfelförmige Melone, die erst vollreif genossen wird, Plin. 19, 67 (bei Pallad. u. a. melo gen.).

mēlophyllon, ī, *n.*, die sonst millefolium gen. Pflanze, Ps. Apul. herb. 88.

melopoeïa, ae, *f.* (μελοποιΐα), die **Tonsetzung,** Fulg. myth. 3, 9: rein lat. modulatio, nach Mart. Cap. 9, 938, genauer habitus modulationis effectae, nach Mart. Cap. 9. § 965.

melōpos, s. metōpion.

1. melos, *n.* (μέλος), **Gesang, Lied, Weise,** Tragic. vett., Hor. u. a.: melos omne cantilenarum suavium, Augustin. conf. 10, 33, 50: Plur., mele (μέλη), Lucr. 2, 412: Plur. melea, Auson. parent. 29, 2. – ► *masc.*, Akk. melum, Pacuv. tr. 312: Akk. Plur., acres melos, Acc. tr. 238: quosdam melos, Varro bei Non. 213, 17.

2. Mēlos, ī, *f.* (Μῆλος), Insel des Ägäischen Meeres, eine der Kykladen, Mela 2, 7, 11 (2. § 111). – Dav.: **a** **Mēlius,** a, um (Μήλιος), **melisch, von Melos,** Cic. – **b** **Mēlinus,** a, um, **melinisch, von der Insel Melos,** alumen, Plin. 35, 188. Scrib. Larg. 226. – subst., Mēlinum (mēlinum), **melisches Weiß** (eine mineralische trockene Farbe), Plaut. most. 264. Vitr. 7, 7, 3. Plin. 35, 37. Paul. dig. 32, 78. § 5.

melosmos, ī, *m.*, die auch polion gen. Pflanze, Ps. Apul. herb. 57.

mēlōta, ae, *f.* od. -ē, ēs, *f.* (μηλωτή), das **Schaffell** (samt der Wolle), Vulg. Hebr. 11, 37. Cael. Aur. de morb. chron. 1, 4, 76. – Nbf. mēlōtēs, Isid. orig. 19, 24, 19: Akk. meloten pelliciam, Augustin. serm. 43, 1 Mai. – u. **mēlōtis,** tidis, *f.* (*μηλωτίς), Ambros. epist. 15, 9.

mēlōthron (mēlōtrum), ī, *n.* (μήλωθρον), eine Pflanze, die **Zaunrübe,** rein lat. vitis alba, Plin. 21, 53 u. 23, 21.

mēlōtis, s. mēlōta.

mēlōtris, idis, *f.* (μηλωτρίς), die **Sonde,** Cael. Aur. de morb. chron. 5, 4, 63.

Melpomenē, ēs, *f.* (Μελπομένη, die Singende), die Muse der tragischen u. lyrischen Dichtkunst, Hor. carm. 1, 24, 3. Auson. edyll. 20, 4. p. 251, 4 Schenkl.: neben Polyhymnia, Mart. 4, 31, 7: neben den übrigen Musen, Anthol. Lat. 88, 4 (616, 4).

membrāna, ae, *f.* (membrum), die dünne, zarte **Haut,** das **Häutchen,** **I** eig., das die inneren Teile des tierischen Körpers bedeckende **Häutchen,** natura oculos membranis tenuissimis vestivit, Cic.: cerebri, Hirnhaut, Hirnhäutchen, Cels.: membranae aurium, Solin.: membrana putamini detracta, das zarte Häutchen an der Eierschale, Plin.: maceratas (virgas lini) indicio est membrana laxatior (wenn sich der Bast löst), Plin. – bildl., scies, sub ista tenui membrana dignitatis quantum mali iaceat, Sen. ep. 115, 9. – **II** übtr.: **1** das zarte innere **Häutchen** von Pflanzenkörpern, von Früchten, Kastanien, Walnüssen usw., Plin.: am Flachs, Plin. – **2** die äußere **Haut** der Schlange, der **Balg,** Ov. u. Lucan. – **3** die zum Schreiben bereitete Haut, das **Pergament,** Catull., Hor. u. a.: depictus orbis terrae in membrana, Suet.: Plur., membranae, Pergamentblätter, Pergament, membranarum usus, Quint. 10, 3, 31: ante chartae et membranarum usum, Hieron. epist. 8. – **4** die **Haut** = das Äußere, die Oberfläche, tenuis summi membrana coloris, Lucr. 4, 93 (95).

membrānāceus, a, um (membrana), **I** **häutig, aus einer Haut bestehend,** pinnae, Plin. 10, 168: pugillares, aus Pergament, CIL 10, 6: ebenso codices, Cassiod. hist. eccl. 2, 16. – **II** übtr., **häutig** = **hautähnlich, hautartig,** Plin. 16, 126.

membrānārius, iī, *m.* (membrana), der **Pergamentbereiter,** Edict. Diocl. 7, 38; vgl. Gloss. III, 373, 28 ›membranarius, διφθεροποιός‹.

membrāneus, a, um (membrana), **aus Pergament,** codices, Ulp. dig. 32, 52 *in.*: pugillares, Mart. 14, 7 *in lemm.* – subst., membrāneus, ī, *m.* = τυμπανιστής, der **Handpaukenschläger,** Gloss. II, 128, 41.

membrānōsus, a, um (membrana), **häutig,** Ggstz. musculosus, loca, Cass. Fel. 22. p. 37, 20 *Rose.*

membrānula, ae, *f.* (*Demin.* v. membrana), **I** das dünne innere **Häutchen,** membranula, quae sub cute calvariam cingit, Cels.: m. oculi, Augenmembran, Cels. – **II** übtr., **dünnes Pergament,** Cic. ad Att. 4, 4. litt. b. § 1. – Plur., membranulae, Schrift (Urkunde) auf Pergament, Scaevol. dig. 32, 1, 102 *pr.*

membrānulum, ī, *n.* (*Demin.* v. membranum), das **Häutchen,** hirundinis tenue, Apul. met. 6, 26.

membrānus, a, um (membrana), **aus Pergament,** Interpr. Orig. in Matth. 11. – subst., membrānum, ī, *n.*, **Pergament** (klass. membrana), Plur. Iuven. 7, 23 *Buecheler* u. Isid. orig. 6, 11. § 1 u. 4.

membrātim, *Adv.* (membrum), **I** **gliedweise, von Glied zu Glied,** deperdere sensum, Lucr.: caedere, in Stücke, Plin. – **II** übtr., **stückweise, einzeln, nach und nach,** enumerare, Varro: quasi membratim gestum negotium, Cic. – insbes. = **in kleinen Sätzen** (per κῶλα), dicere, Cic. u. Quint.: narrare, Quint.

membrātūra, ae, *f.* (membror), die **Gliederbeschaffenheit,** Vitr. 8, 4, 1.

membripotēns, entis (membrum u. potens), der Glieder mächtig, **stark,** m. regina mentium, Iulian. bei Augustin. op. imp. c. Iul. 2, 11.

membror, ātus, ārī (membrum), **sich gliedweise bilden,** Censor. 11. § 7. Dracont. hexaëm. 1, 262 u. 2, 78.

membrōsitās, ātis, *f.* (membrosus), die **Gliedermasse,** Eustath. hexaëm. 9, 5.

membrōsus, a, um (membrum), **mit einem großen Glied (Phallus) versehen,** hortorum custos membrosior aequo, mit dem übergroßen Phallus, Priap. 1, 5.

membrum, ī, *n.*, **I** ein **Glied** des (fleischigen) Körpers, gew. Plur. membra, die **Glieder** als Körperteile (artus die Fugen der membra, die Gliedmaßen, articuli die Gelenke), Ter., Cic. u. a.: laceri artus, truncata membra, Plin. pan.: captus (gelähmt) omnibus membris, Liv.: non senectute sed fame membris trementibus, Sen.: membra trahere, Liv.: membra movere ad certos modos, v. pantom. Tanz, Tibull. – insbes. = das **männliche Glied,** der **Penis,** Priap. 68, 25 (vollst. membrum virile, Porphyr. Hor. sat. 1, 9, 69): u. so Plur. membra, Ov. am. 3, 7, 65. – u. Plur. membra = das **weibliche Glied,** Apul. met. 5, 6 u. 10, 31. – **II** übtr., ein **Glied** = ein Teil, **1** im Allg.: **α** v. Lebl.: membra quassa carinae, Ov.: membra fracta ratis, Ov.: quassatae membra ratis, Ov.: vineae, Pallad.: membra oppidi, urbis, Amm.: omnia civitatis, Amm. – v. Abstr., omnes eius (philosophiae) partes atque omnia membra, Cic. de nat. deor. 1, 9: per omnia philosophiae membra prudenter disputando currere, Amm. 16, 5, 6: eadem sunt membra in utraque disputatione, Cic. de or. 3, 119. **β** v. Pers.: convictus membra mei, Ov. trist. 4, 10, 48: fidae dulcia membra domus, Ov. trist. 1, 3, 64 (versch. von unten *no.* 2, b): membra et partes alienae potentiae (= Genossen u. Teilnehmer), Sen. ep. 21, 6: poet., fluctuantia membra Libyae, v. punischen Soldaten, Sil. 2, 310. – **2** insbes.: **a** ein **Glied** des Staates (Ggstz. corpus, die Gesamtmasse, der Verband), per multa membra civitas dissipata in unum tandem corpus redigitur, Iustin. 5, 10, 10: membra partesque imperii, Suet. Aug. 48: rei publicae totius membra, Amm. 18, 5, 1: Achaei scilicet per civitates veluti per membra divisi sunt, unum tamen corpus et unum imperium habent, Iustin. 34, 1, 2: corpore sic toto ac membris Roma omnibus usa, Sil. 12, 318: cur ut decisa atque avulsa a corpore membra despiciar? Sil. 1, 670. – **b** ein **Glied** = ein **Gemach,** ein **Zimmer** eines Hauses, dormitorium membrum, Schlafgemach, Plin. ep. 2, 17, 9; domus membra, Lucr. 6, 804. Apul. met. 3, 28 u. 7, 1: modus membrorum numerusque, Colum. 6, 1, 1: cubicula et eiusmodi membra, Cic. ad Q. fr. 3, 1, 1. § 2. – **c** = κῶλον, ein **Glied** der Rede, ein **Satzglied** (s. Cic. or. 223), orationis, Rhet. Her.: membra minutiora, Cic.

mēmecylon, ī, *n.* (μημέκυλον = μιμαίκυλον, μαιμάκυλον), die essbare **Frucht des Erdbeerbaumes,** Plin. 15, 99.

mēmet, s. ego u. met.

meminēns, s. meminī.

meminī, nisse (vgl. μέμνημαι; zu moneo, alt-ind. *mányatē,* denkt, griech. μέμονα, ich gedenke), **I** einer Sache **sich erinnern** = **sich** auf etw. od. jmd. **noch besinnen können,** sie **noch nicht vergessen haben,** einer Pers. od. Sache **eingedenk sein,** etw. **noch im Gedächtnis haben, noch recht wohl wissen,** einer Pers. od. Sache **gedenken,** an sie **denken** (Ggstz. oblivisci; vgl. reminiscor u. recordor), **α** mit folg. *Genet.*: vivorum memini, nec tamen Epicuri licet oblivisci, Cic.: memineris mei, denke an mich (vergiss nicht, an mich zu schreiben), Cic.: meminisse constantiae, Cic.: mortis, Mart.: leti paterni, nicht zu rächen vergessen, Val. Flacc.: u. in Bezug auf die Zukunft, nec belli periculorumque, sed divitiarum meminerant, und dachten nicht an den Kr. usw., Iustin. 11, 5, 9. – **β** mit folg. *Acc.*: officium suum, Plaut.: beneficia patriae, Cic.: dicta, Cic. u. Catull.: omnia, Cic.: numeros, Verg. – Antipater ille, quem tu probe meministi, auf den du dich noch recht gut (als dessen Zeitgenosse) besinnst, Cic.: so auch Cinnam memini, vidi Sullam, Cic.: facito, ut me memineris, Plaut.: istuc si potes memoriter meminisse, genau merken, Plaut. – **γ** m. folg. *de* u. Abl.: de palla memento, amabo, Plaut. asin. 939: et de Herode et Mettio meminero et de omnibus, quae te velle suspicabor modo, Cic. ad Att. 15, 27, 3. – **δ** mit folg. indir. Fragesatz: meministi, quanta esset etc., Cic.: meminerint sese unde oriundi sient, Plaut.: memini, qui me saxo petierit, qui panem dederit, Phaedr.: u. so m. folg. *ut* (wie) u. Konj., Ter. Phorm. 224. Hor. epod. 10, 4. – **ε** mit folg. *cum,* memini, cum dicto haud audebat (*sc.* laedere), Plaut. capt. 303: memini, cum mihi desipere videbare, dass du usw., Cic. ep. 7, 28, 1. – **ζ** m. folg. *ut* (dass) u. Konj., Colum. 8, 17, 6 u. 11, 2, 55. – **η** m. folg. *Acc.* u. *Infin.*, sowohl des *Praes.*, memini te narrare, Cic.: nunc uxorem me esse meministi tuam? Plaut.: meministine me ante diem XII. Kal. Novembres dicere in senatu, fore in armis certo die, Cic.: fictis iocari nos meminerit fabulis, möge bedenken, Phaedr.: mementote hoc esse pertimescendos, Cic.: als des *Praeteriti,* meministis me distribuisse, Cic.: rectene meminerim Regillum patre vivo mortuum (esse), Cic.: quod solos obtrectasse gloriae suae meminerat, im Gedächtnis hatte, wusste, Liv.: multa illum diserte dixisse memini, Sen. rhet: quod ego me non memini legisse, Fronto. Vgl. übh. Benecke Cic. Cat. 1, 7. Weißenb. Liv. 36, 34, 3. – **θ** m. folg. *Infin.*, **daran** od. **darauf denken,** zu usw., sed memento, si quid saevibunt senes, suppetias mihi cum uxore ferre, Plaut.: de re communi scribae magna atque nova te orabant hodie meminisses reverti, Hor.: bes. memento m. *Infin.*, z. B. terram excoquere, Verg.: subinde praeceptum auriculis hoc instillare memento, Hor.: nec meminit iustas ponere minas, sie denkt nicht daran, es fällt ihr nicht ein, Prop.: v. Lebl., meminit levor praestare salutem, kann, Lucr. – **ι** absol.: meminisse iacet languetque sopore, die Erinnerung liegt zu matt und zu entkräftet im Schlummer, Lucr. 4, 765. – fac memineris, Ter.: so auch in Antworten, memini, ich entsinne mich dessen, ich weiß recht wohl u. dgl., Komik. u. Ov.: memini memoriter, Afran. fr.: facili memini memoriā, Plaut.: als Parenthese, memini, Ov. met. 5, 585; fast. 3, 473. Tibull. 1, 3, 26: nam memini, Ov. met. 15, 160: ut nunc maxime memini, Plaut. Men. 1118: ut ego meminisse videor, Cic. ad Att. 12, 24, 2. – v. Lebl., ut meminit mare, Lucan. – Partiz. meminēns, **eingedenk,** Plaut. nach Serv. comm. in Donat. (IV) 441, 3. Laev. erotop. fr. 3 L. M. (bei Prisc. 11, 19). Auson. prof. 2, 40. p. 56 Schenkl: Ggstz. *meminens* naturae et professionis *oblitus,* Sidon. epist. 4, 12, 1. – **II** übtr. (wie μιμνήσκομαι) = einer Sache schriftlich od. mündlich **gedenken** = ihrer **Erwähnung tun,** sie **erwähnen, α** mit folg. *Genet.*, huius rei, Quint.: huius coniurationis, Suet.: Iulii Hygini, Colum. – **β** m. folg. *de* u. Abl., de exsulibus, Cic. Phil. 2, 91.

Memmius, a, um, Name einer röm. *gens,* aus der am bekanntesten C. Memmius, der, von Q. Kurtius de ambitu angeklagt und verurteilt, nach Athen ins Exil ging. An ihn sind mehrere Briefe Ciceros im 13. Buch der epp. ad fam. gerichtet; ihm widmete Lukrez sein Gedicht de rerum natura; vgl. Manut. Cic. ep. 13, 1 *in.* – Dav.: **a Memmiadēs,** ae, *f.*, einer aus dem memmischen Geschlecht, ein **Memmiade,** ein **Memmius,** Lucr. 1, 26. – **b Memmiānus,** a, um, **memmianisch,** praedia, des C. Memmius (s. oben), Cic. ad Att. 5, 1. § 1.

Memnōn, onis, Akk. ona, *m.* (Μέμνων), König in Äthiopien, Sohn des Tithonus und der Aurora, zog den Trojanern zu Hilfe und wurde vor Troja von Achilles getötet, niger Memnon, Verg. Aen. 1, 489: bei seiner Verbrennung flogen der Sage nach Vögel aus seiner Asche empor (aves Memnoniae oder Memnonides gen.), die alle Jahre nach Troja fliegen und da miteinander streiten sollen, Ov. met. 13, 576–619: mater lutea Memnonis, v. der Aurora, Ov. fast. 4, 714: Memnonis saxea effigies, die Memnonssäule bei Theben in Ägypten, die jedesmal bei Sonnenaufgang einen Klang von sich gab, nach Tac. ann. 2, 61, 1; vgl. Iuven. 15, 5. – Dav.: **a Memnonis,** idis, *f.*, **memnonisch,** subst., Memnonides (*sc.* aves), die Vögel des Memnon (s. oben), Ov. u. Plin. – **b Memnonius,** a, um (Μεμνόνιος), **memnonisch,** aves, die memn. Vögel (s. oben). Solin. – übtr., **morgenländisch, Mohren-(schwarz),** domus, Prop.: color, Ov.

memor, oris (vgl. memini, griech. μνήμων), einer Sache oder Pers. **sich erinnernd, eingedenk,** etw. **im Gedächtnis-, im Andenken behaltend, A** im Allg.: **a** v. Pers.: **α** mit *Genet.*, sui, Ter.: beneficii, Cic.: avitae gloriae, Liv.: officii, Nep.: memor ordinis, quo quisque discubuerat, Quint. – **β** m. Akk., sententiam, Fulgent.: veniam, Ven. Fort. – **γ** m. *Acc.* u. *Infin.*: memor Lucullum imperatorem clarissimum amatorio perisse, Plin. 25, 25: *memor* eum triennio ante quaestorem factum (esse), *ignarusque* nondum a censoribus in ordinem senatorium allectum, Val. Max. 2, 2, 1 (u. so 5, 2, 9; 6, 9 *in.*): memor obiectum sibi ab eo saepius, quasi etc., Suet.: memores Aesculapium quoque ex Graecia quondam arcessitum (esse), Liv. – **δ** m. folg. indir. Fragesatz: memor, et quae essent dicta contra quaeque ipse dixisset, Cic. – **ε** absol.: memorem mones, nicht der Erinnerung bedarf es! unnötige Mahnung! Plaut.: memori animo notavi, Ov. – **b** übtr., v. Lebl.: **α** m. *Genet.*: cadus Marsi memor duelli, Hor.: exemplum parum memor legum humanarum, grausames, Liv.: memor libertatis vox, ein Freiheit atmendes Wort, Liv.: responsum senatus amicitiae Samnitium memor, Liv.: orationem memorem maiestatis patrum concordiaeque ordinum et temporum in primis habere, eine Rede, die Bedacht nimmt auf usw., Liv. – **β** absol., os, Ov.: manus, Ov.: versus, Ov. – **B** insbes.: **1** eines erhaltenen Gutes od. eines erlittenen Übels eingedenk, **a der Wohltat eingedenk, erkenntlich,** u. so **dankbar,** mens, Cic.: bene apud memores stat veteris gratia facti, Verg.: dah. oft verb. memor et gratus, gratus et memor, Ter. u. Cic.: nimium memor nimiumque gratus, Cic. – m. folg. *in* u. Akk., animus memor in bene meritos, Cic. – m. *pro* u. Abl., pro quibus affirmat fore se memorem piumque, erkenntlich u. dankbar, Ov. – **b der Beleidigung eingedenk, nachtragend,** u. dah. auch **unversöhnlich,** irata memorque, Ov.: memorem Iunonis ob iram, Verg.: memori Deorum irā, indem die Götter es ihm gedachten, Liv.: exercet memores iras, Ov.: antiquo memores de vulnere exigit poenas, Ov. – **2 vorsorgend, bedachtsam,** et multā memor occule terrā, Verg.: omnia quae multo ante memor provisa repones, Verg. – **3** (wie μνήμων) prägn. = **ein gutes Gedächtnis habend, mit einem guten Gedächtnis begabt, gut behaltend** (Ggstz. obliviosus), memor an obliviosus sit, Cic.: et memores et sobrii oratores, Cic.: homo ingeniosus ac m., Cic. – sprichw., mendacem memorem esse oportet, ein Lügner muss ein gutes Gedächtnis haben, Quint. 4, 2, 91. Apul. apol. 69. Donat. Ter. Andr. 4, 4, 39. – **II** aktiv (wie μνήμων) = **an** etwas **erinnernd, mahnend,** nostri memorem sepulcro scalpe querelam, Hor.: indicii m. poena, Ov.: impressit memorem dente notam, Hor.: memores tabellae, Ov.: m. versus, Ov. – ► Abl. Sing. bl. memori. – Kompar. memorior, Prisc. 6, 47 (ohne Beleg).

memorābilis, e, *Adi.* m. *Compar.* (memoro), **1** was erzählt werden kann; dah. **erhört, denkbar,** hocine est credibile aut memorabile, Ter. Andr. 625. – **2 erwähnenswert,** istuc quidem nec bellum est nec memorabile, Plaut. Curc. 8. – dah. **denkwürdig, merkwürdig,** mem. ac divina virtus, Cic.: egregium atque mem. facinus, Sall.: vir magnus ac mem. fuit (v. Cicero), Liv. epit.: vir memorabilis, bellicis tamen magis quam pacis artibus; memorabilior prima pars vitae quam postrema fuit, Liv.: quid enim est memorabilius quam eum, cuius irae nihil obstat, ipsum sibi manum inicere, Sen. – *Adv.* **memorābiliter,** Augustin. c. Iul. 2, 7, 21.

memorāculum, ī, *n.* (memoro), das **Denkmal,** Apul. apol. 56.

memorālis, e (memoro), **zum Gedenken gehörig, Denk-,** scripta, Denkschriften, Annalen, Arnob. 6, 11.

memorāliter, *Adv.* (memoralis), **zur Erwähnung dienend,** Ven. Fort. carm. 5, 5, 147.

memorandus, a, um (memoro), **erwähnenswert, merkwürdig, selten,** v. Pers., iuvenis memorande, Verg.: post ullos numquam memorandus, Ov.: longum memorandus, Stat. – v. Lebl., pugna, Plaut.: proelium, Liv.: locus, Flor.: agmen, Curt.: exitus, Flor.: haud sane m. imperium, Liv.

memorātio, ōnis, *f.* (memoro), die **Erwähnung,** Maximian, eleg. 1, 291. CIL 8, 212. *v.* 7. Boëth. in Aristot. rhet. 3, 10 Sp.

memorātīvus, a, um (memoro), **zur Erwähnung dienlich,** Prisc. 14, 45.

memorātor, ōris, *m.* (memoro), der **Erwähner, Erzähler,** tui casus, Prop. 3, 1, 33.

memorātrīx, trīcis, *f.* (Femin. zu memorator), die **Erwähnerin, Erzählerin,** Val. Flacc. 6, 142.

1. **memorātus,** a, um, *PAdi.* (v. memoro), **bekannt, berühmt, merkwürdig,** haec est nobilis ad Trasimennum pugna atque inter paucas memorata populi Romani clades, Liv.: animal velocitatis memoratae, Plin.: sepulcrum illud memoratissimum, Gell. – m. *Abl.* (durch), vir facundiā laudatus et peritiā memoratus, Apul. de deo Socr. 17.

2. **memorātus,** ūs, *m.* (memoro), die **Erwähnung, Erzählung,** haec de Gordiano iuniore digna memoratus comperimus, Capit. Gord. 21, 3 P. (Jordan memoratu): istaec lepida sunt memoratui, Plaut. Bacch. 62: haec sunt, quae digna memoratui aestimavimus, Vopisc. Prob. 24, 6. – ► Bei dignus u. a. Adjj. halte ich memoratu für 2. *Supin.* von memoro (s. d. *no.* δ u. ε).

memorē, *Adv.* (memor) = memoriter, **auswendig, geläufig,** meminisse, Pompon. com. 109.

memoria, ae, *f.* (memor), das **Gedächtnis, I** im Allg. = das **Gedenken, A** eig.: **1** von etw. Vergangenem = das **Andenken,** die **Erinnerung, a** übh.: post hominum memoriam, seit Menschengedenken, Cic.: suarum se miseriarum in memoriam inducere, zurückdenken an usw., Plaut.: nunc demum in memoriam regredior (kehrt mir die E. zurück) audisse me etc., Plaut.: redite in memoriam (geht in der E. zurück, erinnert euch), quae libido etc., Cic.: in memoriam redeo mortuorum, ich erinnere mich wieder an die V., Cic.: Cn. Pompei memoriam amisisse, Cic.: delere memoriam dedecoris, Liv.: primam sacramenti memoriam deponere, die erste E. vergessen, Caes.: memoria alcis (rei) excĭdit od. abiit od. abolevit, es ist etw. in Vergessenheit gekommen, man hat etw. vergessen, Liv.: e memoria excedit m. folg. indir. Fragesatz, Liv.: an iam memoriā exisse m. folg. *Acc.* u. *Infin.,* Liv.: memoriam coniugum liberorumque eicere ex animis suis, Liv.: ea, cum fuerint et falsa et inania, sint evolsa ex omni memoria vitaque nostra, Cic.: memoriam prodere, die Erinnerung fortpflanzen, Caes.: memoriae prodere, Cic. u. Nep., od. tradere, Liv., dem Andenken (der Nachwelt) überliefern, berichten (vom Geschichtschreiber; versch. v. memoriā prodere, s. unten *no.* B, 1): so auch memoriae mandare, Liv. (versch. von unten *no.* II): memoriam rerum Romanarum tenere, der röm. Geschichte mächtig sein, Cic.: dare alqm in omnem memoriam, dem ewigen A. (der Ewigkeit) übergeben, Sen.: memoriae datum est m. folg. Akk. u. Infin., Gell.: memoriam alcis retinere, Cic.: quorum memoria vigebit, Sen.: memoriā digni viri, erinnerungswürdige Männer, Cic.: caede Caesaris memoriam apud posteros adeptus, sich einen Namen gemacht, Tac.: memoriā patris nobis infensus, weil er des Vaters gedachte gegen uns feindselig gesinnt, Tac. – oft verb. memoria et recordatio od. recordatio et memoria = lebendige, lebhafte Erinnerung, Cic. – **b** insbes. = das **Bewusstsein,** sceleris, Tac.: bonae societatis, Tac. – **2** der **Gedanke** an etw. Zukünftiges, periculi, an die G., Liv.: ut belli inferendi memoria patribus aut plebi non esset, dass an einen Angriffskrieg die Väter ebensowenig als die Plebejer dachten, Liv. – **3** meton.: **a** = das, dessen man sich erinnert, **α** die **Zeit,** vergangene und gegenwärtige, multorum annorum, Cic.: philosophi huius memoriae, Cic.: homo memoriae nostrae doctissimus, Gell.: nostrā memoriā, Cic.: avorum memoriā, Liv.: in omni memoria, Cic.: pueritiae memoriam repetere, Cic.: a summa memoria, von den ältesten Zeiten an, Varro. – **β** ein **Ereignis, Vorfall,** repetenda est veteris cuiusdam memoriae non sane satis explicata recordatio, die ziemlich dunkle Erinnerung an ein Ereignis früherer Zeit, Cic. – **b** ein **Denkmal, Grabmal,** Augustin. conf. 5, 8. Hieron. quaest. hebr. in genesim p. 340 *ed. Vall.*: memoriam sibi et suis comparare, CIL 6, 26430: parentes karissimo memoriam fecerunt, Corp. inscr. Lat. 8, 217. – u. **Denkmal** = **Kunstdenkmal,** antiquarum urbium memoriae, Hieron. in paralip. ad Domn. et Rogat. – **c** memoria hieß in der alten christl. Kirche in Rom der **Altar,** die **Kapelle,** der **Reliquienschrein,** Augustin. de civ. dei 22, 8 *no.* 11 u. 12: v. der Basilika des heiligen Petrus u. Paulus, Augustin. de civ. dei 1, 4. – **B** übtr., das mündliche oder schriftliche Gedenken, die mündliche oder schriftliche **Überlieferung** von etw. Geschehenem, die **Erwähnung, Nachricht, Erzählung, Geschichte, 1** eig.: de hominum memoria (die mündliche Nachricht, das mündliche Zeugnis) tacere; litterarum memoriam flagitare (eine schriftliche Nachricht, ein schriftliches Zeugnis verlangen), Cic.: de quibus (amicis) memoriam accepimus, von denen uns die Geschichte erzählt, Cic.: alqd prodere memoriā, mündlich, Caes., memoriā ac litteris, mündlich u. schriftlich Cic. (versch. v. memoriae prodere, s. oben *no.* A, 1): de Magonis interitu duplex memoria prodita est, Nep.: multos deerrasse memoria (die Geschichte) prodidit, Colum. 1, 4, 6: liber, quo omnem rerum memoriam breviter complexus est, Cic.: in memoriam notam et aequalem incurro, Cic.: huius rei memoriam facit, tut er Erwähnung, Capit. Albin. 3, 3. – **2** meton., eine **Denkschrift,** vitae memoriam prosā oratione componere, eine Lebensbeschreibung, Suet.: u. als Titel, a memoria, Lampr. u. Inscr., ad memoriam, Spart., der kaiserl. Historiograph. – im Plur. memoriae – die **schriftlichen Denkmäler, Jahrbücher, Annalen,** in veteribus memoriis legimus, Gell.: Favorinus memoriarum veterum exsequentissimus, Gell. – **II** prägn., das **Gedächtnis** = die **Erinnerungskraft, -fähigkeit, 1** eig.: memoriae artificium, Gedächtniskunst, Rhet. Her.: memoria acris, Ggstz. hebes, Cic.: memoria bona, melior, Cic.: mala, Petron.: segnis ac lenta, Sen.: non tenax, Augustin., tenacissima, Quint.: memoria minuitur, Cic.: memoriā vigere, ein starkes G. haben, Cic. (u. so immensum quantum memoriā vigens, Amm.): memoriā tantā fuit, ut etc., hatte ein so gutes G., Cic.: memoriam agere, üben, Quint.: alqd memoriae tradere od. mandare, dem G. einprägen, Cic.: memoriā comprehendere od. complecti alqd, etw. im G. behalten, Cic.: ähnlich memoriā tenere, Cic.: in memoria habere, Ter.: hoc est mihi in memoria, Cic.: deponere alqd ex memoria, sich aus dem Sinn schlagen, vergessen, Cic.: hoc fugit meam memoriam, ist mir entfallen, Cic.: tu qui ais redige in memoriam (*sc.* meam), bringe mir ins G., Ter.: u. so in memoriam nostram redigere (uns ins G. zurückrufen) m. folg. *Acc.* u. *Infin.,* Cic.: ex memoria exponere, aus dem Kopf hersagen, Cic.:

memoriā cedere (aus dem G. schwinden) m. folg. *Acc.* u. Infin., Liv.: u. so excedere memoriā, Liv.: excedere e memoria m. folg. indir. Fragesatz (quo tempore etc.), Liv.: excīdere de memoria, Liv.: fugere memoriā, Liv.: ut in nullo umquam verbo eum memoria deceperit, Sen. rhet.: memoria labat, Liv.: si memoria mihi non labat, Gell.: quos (versus), quoniam memoriae mihi aderant, ascripsi, da ich sie gerade noch im G. hatte, Gell. – Plur., sunt igitur duae memoriae: una naturalis, altera artificiosa, Rhet. Her. 3, 28. – **2** meton., Plur. memoriae = **Gedanken,** et veniendo et praetereundo inserebant mihi species alias et alias memorias, Augustin. conf. 4, 8 *in.* – ► Nbf. memorium, iī, *n.*, CIL 3, 410.

memoriālis, e (memoria), **zum Gedächtnis** oder **Andenken gehörig, Denk-,** **I** *adi.:* libellus, Denkschrift usw., Suet. Caes. 56, 6. – **II** *subst.:* **1** memoriālis, is, *m.*, **a** (= a memoria) der kaiserl. **Historiograph,** Cod. Iust. 12, 29, 1. – **b** Plur. memoriāles (*sc.* libri), **Denkwürdigkeiten** (als Titel einer Schrift), Gell. praef. § 8. – **2** memoriāle, is, *n.*, **a** das **Erinnerungszeichen,** die **Erinnerung,** das **Denkmal,** Vulg. exod. 3, 15 u. 28, 12; Iudith 9, 15. Arnob. in psalm. 135. CIL 10, 8038, 11. – Plur. memoriālia, ium, *n.*, **Denkschriften, Denkwürdigkeiten, Memoiren,** Titel einer Schrift des Juristen Masurius Sabinus, Paul. dig. 50, 16, 44. Gell. 6, 7, 8. Macr. sat. 3, 6, 11. – **b** die **Gedenkfeier,** Vulg. Levit. 23, 24. – **c** das **Gedächtnis,** Vulg. psalm. 101, 13 u. 134, 13.

memoriola, ae, *f.* (*Demin.* v. memoria), **I** das **bisschen Gedächtnis,** Cic. ad Att. 12, 1, 2. – **II** ein **kleines Denkmal (Grabmal),** CIL 6, 13102 u. 13188.

memoriōsē, *Adv.* m. *Compar.* u. *Superl.* (memoriosus), **aus treuem Gedächtnis,** Charis. 114, 24 (als ungebr.). Paul. ex Fest. 124, 20. Fronto de diff. (VII) 522, 5 K.

memoriōsus, a, um, *Adi.* (memoria) = μνημονικός (Gloss.), **mit gutem (zuverlässigem) Gedächtnis begabt,** Auct. vit. Cypr. 5. Paul. ex Fest. 124, 20. Fronto de diff. (VII) 522, 5 K.

memoriter, *Adv.* (memor), **I mit Hilfe des Gedächtnisses, auswendig,** discere mem. psalterium, Hieron. epist. 128, 3. – **II** = μνημονικῶς, **mit Hilfe meines (deines, seines) treuen Gedächtnisses, aus zuverlässigem Gedächtnis, genau aus dem Gedächtnis, in lebendiger Erinnerung** (s. Brix Plaut. capt. 247. Madvig Cic. de fin. 1, 34. C. F. W. Müller Cic. Lael. 1. p. 7), m. meminisse, genau merken, Afran. fr. u. Plaut.: m. memorare, Plaut.: m. cognoscere, Ter.: m. me Sauream vocabat atriensem, Plaut.: multa narrare de Laelio m., Cic.: m. multa ex orationibus Demosthenis pronuntiare, Cic.: libros statim lectos et ignotos quidem plurimos m. reddere, Spart.: omnes ordines m. salutare, Suet.: m. rem complecti, Cic.: enumerare m. et copiose philosophorum sententias, Cic.: m. respondere, Cic.: quia tam m. omnes (orationes) tenes, treu, Plin. ep.

memorium, iī, *n.*, s. memoria ►.

memoro, āvī, ātum, āre (memor), **I** etw. bei jmd. **in Erinnerung bringen,** jmd. **mahnend an** etw. **erinnern,** amicitiam ac foedus od. foedusque, Tac. – **II** übtr., ohne den Begriff der Erinnerung, einer Sache (mündlich) **gedenken** = **Erwähnung tun,** sie **erwähnen,** sie **berichten, darlegen, erzählen, sagen, nennen,** **α** m. *Acc.:* mira memoras, Plaut.: memora mihi nomen, sag, Plaut.: quid Thesea memorem? Verg.: artibus, quas supra memoravi, Sall.: m. dopp. *Acc.*, Musas quas memorant, Enn. ann. 2. – Passiv, honoratorum virorum laudes in contione memorentur, eine Lobrede gehalten werde, Cic.: facite, ut longo memoremur *in* aevo, Ov.: vocabula alci memorata, von jmd. gebrauchte, Hor.: mit dopp. *Nom.*, cuius conditor Hercules memorabatur, Sall. Iug. 89, 4. – **β** m. *de* u. Abl. (μεμνῆσθαι περί τινος): de natura deorum nimis obscure, Vet. poëta b. Cic. de fin. 2, 15: de magna virtute, Sall.: de Bruti exitu, Suet. – **γ** m. *Acc.* u. *Infin.:* quem infestum ac odiosum sibi esse memorabat, Plaut.: id factum ... per ambitionem consulis memorabant, Sall.: hi de exercitu Herculis maiores suos esse memorant, Curt.: te quoque turbatum memorant fugisse, Ov. – im Passiv m. *Nom.* u. *Infin.*, ubi ea ... gesta esse memorantur, Cic. Verr. 4, 107: quod primo iam Punico bello dux inclutissimus M. Atilius Regulus dixisse memoratur, Colum. 1, 4, 2: ultra Amazones Hyperborei esse memorantur, Mela 1, 2, 4 (1. § 12): qui ultra deserta esse memorantur, Mela 1, 8, 5 (1. § 43): u. unpers. m. *Acc.* u. *Infin.*, quas (insulas) Hesperidas tenuisse memoratur, Mela 3, 10, 1 (3. § 100). – **δ** m. folg. Relativ- od. indir. Fragesatz, quae illi sunt res gestae memorat memoriter, Plaut.: civitas, incredibile memoratu est, quantum creverit, Sall.: u. so vix credibile memoratu est, quantum etc., Tac. – **ε** absol.: ut od. utei (uti) memoro, Lucr.: ut supra memoravi, Tac.: bes. im 2. *Supin.*, dicta memoratu digna, res dignae memoratu, Val. Max.: flumina memoratu digna, Plin.: nihil dignum memoratu actum, Liv.: parva et levia memoratu videri, Tac.: estne hoc miserum memoratu! Plaut. – ► Parag. *Infin. Praes.* memorarier, Plaut. most. 256. – memorandus u. memoratus, *Adi.*, s. bes.

memoror, ātus sum, ārī, (memor), einer Sache **eingedenk sein,** an etw. **denken,** m. *Genet.*, Vulg. Ierem. 31, 14 u. a. Ambros. de lapsu virg. 5. § 19: m. *Acc.*, CIL 10, 5958. Vulg. Sirach 7, 40 u. a.: m. *de* Abl., Vulg. epist. ad Hebr. 11, 22.

Memphis, phidis, Akk. phim u. phin, Vok. phi, Abl. phī, *f.* (Μέμφις), Stadt in Mittelägypten, Residenz der ägyptischen Könige, berühmt wegen der Pyramiden u. als Verehrungsort des Stieres Apis, jetzt Dorf *Menf* (südlich von Kairo), Liv. 45, 11, 1 u. 45, 12, 2. Plin. 5, 50. Tac. hist. 4, 84. Hor. carm. 3, 26, 10. Prop. 3, 11, – 34. – Dav.: **a Memphītēs,** ae, *m.* (Μεμφίτης), **memphitisch,** bos, Apis, Tibull.: nomos, Plin. – **b Memphīticus,** a, um (Μεμφιτικός), **memphitisch** u. poet. = **ägyptisch,** sacra, Ov.: ensis, Lucan.: arcana, Apul.: vates, Hieron. epist. 53, 1. – **c Memphītis,** tidis, *f.*, **memphitisch** und poet. = **ägyptisch,** vacca, v. der Io, Ov.: cymba, Lucan.

1. mēna, s. maena.

2. mena = benna, Cato r. r. 23, 1 K.

3. Mēna, ae, *f.* (μήνη, der Mond, dah.) = dea, quae menstruis floribus praeesse putabatur, Augustin. de civ. dei 4, 11. p. 160, 28 u. 7, 2. p. 274, 32 D[2].

Menae, ārum, *f.* (Μέναι), Stadt auf Sizilien, j. *Meneo,* wovon: **a Menaeus,** a, um (Μεναῖος), **menäisch,** Sil. 14, 266. – **b Menaenus,** a, um, **aus Menä,** ein **Menäer,** Xeno Menaenus, Cic. Verr. 3, 55. – Plur. subst., Menaenī, ōrum, *m.*, die Einw. von Menä, die **Menäer,** Cic. Verr. 3, 102. – **c Menānīnī,** ōrum, *m.*, die Einw. von Menä, die **Menaniner,** Plin. 3, 91.

Menaechmī, ōrum, *m.*, eine Komödie des Plautus, nach den beiden darin aufgeführten Zwillingsbrüdern dieses Namens so genannt.

Menaenus, a, um, s. Menae.

1. mēnaeus, ī, *m.* (μηναῖος, monatlich), *sc.* circulus, der **Monatskreis,** Vitr. 9, 7, 6.

2. Menaeus, a, um, s. Menae.

Menalippē (Menalippa), s. Melanippē.

Menalippus, s. Melanippus.

Menander, drī, *m.* (Μένανδρος), **I** der berühmteste Dichter der neuen griech. Komödie, Schüler des Theophrastus, um 340 v. Chr., Vorbild des Terenz, Ter. Andr. prol. 9. Cic. de fin. 1, 4. Auson. edyll. 13 *extr.* p. 146, 21 Schenkl: nobilis comoediis, Phaedr. 5, 1, 9: Menander comicus, Amm. 21, 4, 4: Thais Menandri, Varro sat. Men. 301. – Nbf. Menandros, Ov. am. 1, 15, 18: Nbf. Menandrus, Vell. 1, 16, 3: Vok., docte Menandre, Prop. 3, 21, 28. – Dav. **A Menandrēus,** a, um (Μενάνδρειος), **menandrëisch, des Menander,** Thais, Prop. 2, 6, 3. – **B Menandricus,** a, um, **menandrisch,** fluxus, Tert. de pall. 4. – **II** als Sklavenname: **a** ein Sklave Ciceros, Cic. ep. 16, 13. – **b** ein Freigelassener des T. Ampius Balbus, Cic. ep. 13, 70.

Menandros u. **-us,** ī, *m.*, s. Menander.

Menanīnī, ōrum, *m.*, s. Menae.

Menapiī, ōrum, *m.*, eine Völkerschaft in Gallia Belgica, zwischen der Maas u. Schelde, Caes. b. G. 2, 4 u. s. (Abl. Plur. zsgzg. Menapis, Mart. 13, 54, 2), deren Hauptstadt **Menapia,** ae, *f.*, j. *Genappe,* Aur. Vict. de Caes. 39, 20. – Dav. **Menapicus,** a, um, **menapisch,** perna, Edict. Diocl. 4, 8.

menceps, zsgzg. aus mente captus, nach Prisc. 5, 66 durch Konjektur (s. Hertz p. 183, 9 *not. cr.*).
menda, ae, *f.*, s. mendum ►.
mendāciloquium, iī, *n.* = ψευδολογία, die **Lüge,** Gloss. II, 480, 22.
mendāciloquus (mendācilocus), a, um (mendacium u. loquor), **Lügen redend, lügenhaft,** nihil est mendacilocum magis, Plaut. trin. 200: daemonia mendaciloqua, Augustin. epist. 185, 13 u. c. Faust. 15, 6: Plur. subst., mendaciloqui, die **Lügner,** Tert. adv. Psych. 2. Augustin. epist. 55, 36 u. c. Faust. 14, 10.
mendācitās, ātis, *f.* (mendax), das **Lügen,** die **Lügenhaftigkeit,** Tert. de praescr. 31.
mendāciter, *Adv.* (mendax), **lügenhaft,** Solin. 1. § 87 u. Eccl.: *Superl.* mendācissimē, Augustin. de mor. eccl. 1, 17.
mendācium, iī, *n.* (mendax), **I etwas Erdichtetes** als Produkt des mendax, die **Unwahrheit,** die **Lüge,** die **Vorspiegelung** (Ggstz. verum), **a** übh.: mend. honestum, Cic.: m. impudens, Cic.: aptum tempori mendacium, Tac.: necessitatis mend., die Notlüge, Augustin.: mendacium dicere, eine Lüge sagen, Nep. u. Quint., alci de re, Plaut.: mendacium struere, Liv.: cave mendacium (*sc.* dicas), Plaut.: u. so cave mihi mendaci quicquam (*sc.* dicas), Plaut.: mera mendacia (lauter L.) narrare, Sen.: hoc mendacio defungi, Cael. in Cic. ep.: de alqo libero mendacio abuti, frischweg lügen, Liv.: in aliquo impudenti mendacio delitescere, sich stecken hinter usw., Cic.: mendacium obtinere, Cic.: mendacium alcis refellere et redarguere, Cic.: onerare alqm mendaciis, jmdm. die Hucke voll lügen, Cic.: sine mendacio vivere, aufrichtig, ohne Heuchelei, ICt. – **b** insbes. = die poet. **Erdichtung, Fiktion,** die **Fabel** (im Ggstz. zum geschichtlich Beglaubigten), poëtarum, Curt. 3, 1, 4. – **II** (wie ψεῦδος) übtr., v. Lebl., **Täuschung, a** im Allg.: famae, Ov.: von der Nachahmung der Farben, Plin.: Phoebi mendacia, die nachgeahmte Rolle des Phöbus, Poëta b. Suet. – **b** insbes., v. der Sinnestäuschung, die **Täuschung,** der **Trug,** opinionis esse mendacium, non oculorum, Cic.: oculorum reliquorumque sensuum mendacia, Cic.: mendacio constare, Sen.: non est propria in ista nube substantia, nec corpus est, sed mendacium, sine re similitudo, Sen.
mendāciunculum, ī, *n.* (*Demin.* v. mendacium), eine **kleine Lüge (kleine Unwahrheit),** ein **kleiner erdichteter Zug,** Plur. bei Cic. de or. 2, 241.
mendāx, ācis (mentior), **I** der gern Erdichtetes, Unwahres vorgibt, **unwahr, lügenhaft, α** absol. (Ggstz. verus): homo mendax, Cic., u. subst. bl. mendax, der **Lügner,** Cic.: verb. ventosus et mendax, Sen.: sprichs. d. memor *no.* I, B, 3. – invenior Parthis mendacior, Hor. – tum ego ero mendacissimus, der größte Lügner, ein Erzlügner, Plaut. – **β** mit *Genet.:* si huius rei me mendacem inveneris, Plaut. asin. 855: asinus mendax fictae debilitatis, Apul. met. 6, 31. – **γ** m. *Dat. pers.* u. m. *pro* u. Abl.: saepe fui mendax pro te mihi, Ov. her. 2, 11. – **δ** m. *adversum* od. *in* u. Akk.: me advorsum, Plaut. Poen. 400: in parentem, Hor. carm. 3, 11, 35. – **ε** m. *in* u. Abl.: in tenui farragine, Pers. 5, 77. – **II** übtr., v. Lebl., **lügenhaft,** d. i. **a betrügerisch, betrüglich, täuschend,** visa, Cic.: speculum, Ov.: somnus, Tibull.: forma, Ov.: fundus, der die Hoffnungen des Bebauers täuscht (indem er weniger trägt, als man erwartete), Hor. – **b falsch, erdichtet, ungegründet,** damnum, Ov.: infamia, Hor. – **c nachgeahmt, nachgemacht,** os, Tibull.: pennae, Ov.
Mendēs, ētis, *f.* (Μένδης), Stadt in Ägypten an der Mündung eines Nilarmes. – Dav. abgeleitet: **1 Mendēsius,** a, um, **mendesisch,** Ov. u. a. – **2 Mendēsicus,** a, um, **mendesisch,** nomos, Plin.
mendīcābulum, ī, *n.* (mendico), **Bettler,** Plaut. aul. 703: circumforaneum, Apul. met. 9, 4.
mendīcābundus, a, um (mendico), **bettelnd,** Augustin. epist. 261, 1.
mendīcātio, ōnis, *f.* (mendico), das **Betteln** um etwas, das **Erbetteln,** quid tam foeda vitae mendicatio? Sen. ep. 101, 13.
mendīcē, *Adv.* (mendicus), **bettelhaft** (Ggstz. plenā manu), Sen. ep. 33, 6. – *Compar.*, mendicius cenare, Tert. de pall. 5.
mendīcimōnium, iī, *n.* (mendicus), die **Bettelarmut,** Laber. b. Gell. 16, 7, 2.
mendīcitās, ātis, *f.* (mendicus), die **Bettelarmut,** der **Bettelstab,** Cic. u. a.: verb. egestas ac mend., Cic.: Plur., Tert. adv. Marc. 1, 14.
mendīco, āvī, ātum, āre, u. **mendīcor,** ātus sum, ārī (mendicus), **I** *intr.* **betteln, betteln gehen,** Plaut., Sen. rhet. u. a.: ad extremam mendicandi necessitatem deductus, an den äußersten Bettelstab gebracht, Lact. – Partiz. subst., mendīcantēs, ium, *m.*, **Bettler,** Sen. contr. 10, 4 (33), 24. – **II** *tr.* um etwas **betteln,** etwas **erbetteln,** aliquid, Apul.: victum, Lact.: ab alqo malum, Plaut.: ostiatim cibum, Hieron.: mendicatus cibus, Ov., panis, Iuven. – ► Parag. *Infin.* mendicarier, Plaut. capt. prol. 13. Plaut. Vidul. fr. X Stud. (bei Non. 138, 29).
mendīculus, a, um (*Demin.* v. mendicus), **bettlerisch, Bettler-,** inducula mendicula (Ggstz. induc. regilla), Plaut. Epid. 223.
mendīcus, a, um (mendum), eig. gebrechlich, **bettelarm, bettlerisch, armselig, I** eig., v. Pers., **a** übh. (Ggstz. dives, opulentissimus), Cic. u. a.: *Compar.* mendicior, Tert de anim. 33: *Superl.*, solos sapientes esse, si mendicissimi (sint), divites, Cic. Mur. 61. – subst., mendīcus, ī, *m.*, ein **Bettelarmer,** ein **Bettler,** Cic. u. a.: stipem porrigere mendico, Sen. rhet.: als Schimpfwort, ein **Lump,** Ter. – **b** insbes., mendīci, die **Bettler** = die Priester der Cybele, die umherziehen u. Almosen sammeln, Hor. sat. 1, 2, 2. – **II** übtr., v. Lebl., **a erbettelt,** prandia, Mart. 14, 81. – **b bettelhaft, armselig,** instrumentum, Cic. de or. 3, 92: mendicissimae cogitationes, Augustin. serm. 119, 5.
mendōsē, *Adv.* (mendosus), **voller Fehler, fehlerhaft,** scribere, Cic.: colligere, Pers. – mendosissime scriptum esse, Cic.
mendōsitās, ātis, *f.* (mendosus), die **Fehlerhaftigkeit,** Augustin. epist. 71, 5; de civ. dei 15, 13. Cassiod. inst. div. litt. 4: Plur., codicum Latinorum non nullas mendositates ex Graecis exemplaribus emendavimus, Augustin. epist. 261, 5.
mendōsus, a, um (mendum), **voll Fehler, I** passiv = **mit Fehlern behaftet, fehlerhaft, a** mit physischen Fehlern behaftet, **voll Fehler, voll Gebrechen,** nec equi mendosa sub illo deteriorque viro facies, Ov. met. 12, 399. – *neutr.* adv., ne qua subaerato mendosum tinniat auro? Pers. 5, 106. – **b** mit Fehlern gegen die Richtigkeit der Angaben behaftet, **voll Unrichtigkeiten,** exemplar testamenti, Plin. ep.: quamquam his laudationibus historia rerum nostrarum est facta mendosior, Cic.: mendosissimis fatigari codicibus, Augustin. epist. 120, 1. – **c** poet. = *vitiosus,* **mit moralischen Fehlern behaftet, voll Fehler,** mendosus et mendax, Hor.: si vitiis mediocribus ac mea paucis mendosa est natura (Charakter, Gemüt), Hor.: mendosi mores, Ov. – **II** aktiv – **Fehler** in der Abfassung **machend, Unrichtigkeiten begehend,** cur servus societatis, qui tabulas conficeret, semper in Verruci nomine certo ex loco mendosus esset, Cic. Verr. 2, 188.
mendum, ī, *n.* u. seltener **menda,** ae, *f.* (altindisch *mindā́*, Körperfehler), **I** ein der Vollkommenheit Abbruch tuender **Fehler,** ein **Gebrechen, a** von Körperfehlern (Warze, Mal, schiefer Mund, kurzes Glied u. dgl.), rara tamen *mendo* facies caret; occule *mendas,* quāque potes, *vitium* corporis abde tui, Ov. art. am. 3, 261 *sq.* – **b** das **Versehen,** der **Schnitzer, α** der Schreibfehler, sunt enim (libri) effecti (fertig); tantum librariorum *menda* tolluntur, Cic.: u. so *mendum* liturā corrigere, Cic. – ne quis *mendam* magis quam consuetudinem putet, Suet.: videbatur compluribus in extremo verbo *menda* esse, Gell. – **β** der Rechenfehler, im Doppelsinn: (Idus Martiae) magnum *mendum* continent, enthalten ein großes Versehen, man hat sich sehr verrechnet (indem man an dem Tag bloß Cäsar, nicht auch den Antonius ermordete), Cic. ad Att. 14, 22, 2. – **II** = mendacium, die **Lüge,** der **Betrug,** Charis. 72, 28. Vulg. (Amiat.) Ioann. 1, 47 u. a. Eccl. – ► Nbf. menda, ae, *f.*, Lucil. 1213. Ov. am. 1, 5, 18; art am. 3, 261. Suet. Aug. 87, 2. Gell. 1, 7, 3. Vgl. Caper (VII) 110, 12. Charis. 72, 23.
Meneclēs, is, *m.* (Μενεκλῆς), ein asiatischer Rhetor aus Alabanda, Cic. de or. 2, 95 u. a. – Dav. **Menecliūs,** a, um (*Μενέκλειος), **meneklisch,** Cic. Brut. 326.
Menecratēs, is, *m.* (Μενεκράτης), **I** aus Ephesus (Ephesius), ein griech. Dichter, der über die Landwirtschaft schrieb, Varro r. r. 1, 1, 9. – **II** ein Freigelassener des Sex. Pompejus, Plin. 35, 200.

Menedēmus, ī, *m.* (Μενέδημος), **I** ein Philosoph aus Eretria, Cic. Acad. pr. 2, 129. – **II** ein Redner in Athen zur Zeit des Krassus, Cic. de or. 1, 85. – **III** ein Feldherr Alexanders des Großen, Curt. 7, 6 (28), 24.

Menelāus u. **-os**, ī, *m.* (Μενέλαος), Sohn des Atreus, Bruder des Agamemnon, Gemahl der Helena, die ihm Paris entführte, Plaut. Bacch. 946. Rhet. Her. 3, 34. Cic. Brut. 50. Ov. art. am. 2, 359: scherzh. von M. Lukullus, dessen Gemahlin von Memmius verführt wurde, Cic. ad Att. 1, 18, 3: Plur. appell. = betrogene Ehemänner, Helenae sequuntur Alexandros nec Menelaos pertimescunt, Hieron. epist. 128, 3. – Dav.: **a Menelāēus**, a, um, **menelaïsch,** Prop. 2, 15, 14. – **b Menelāis**, idis, *f.* (Μενελαΐς), die **Menelaïde** (= die Gemahlin des Menelaus), v. Helena, Diom. 323, 18.

Menēnius, a, um, Name einer röm. *gens,* aus der am bekanntesten der Konsul Menenius Agrippa, Liv. 2, 16, 7 (wo Agrippa Menenius) u. bes. 2, 32. § 8 u. 33. § 10. – u. ein wunderlicher, halbnärrischer Kauz Menenius zu Horaz' Zeit, Hor. sat. 2, 3, 287. – *Adi.* **menenisch,** Menenia tribus, eine röm. Tribus, Cic. ep. 13, 9. 2. – Dav. **Menēniānus**, a, um, **menenianisch, des Menenius** (Agrippa), iudicium, Liv. 2, 52, 8.

Menerva, s. Minerva.

Menestheūs, eī, Akk. ea, *m.* (Μενεσθεύς), **I** Sohn des Iphikrates, Nep. Iph. 3, 4. – **II** Sohn des Klytius, Bruder des Akmon, gebürtig aus Lyrnesus, Verg. Aen. 10, 129. – **III** Wagenlenker des Diomedes, Stat. Theb. 6, 661. 698. 706 u. 712.

menestrātor, s. ministrātor.

menetrīx, s. meretrīx ►.

Mēniānus, richtiger Maenianus, s. Maenius.

mēninga, ae, *f.* (μῆνιγξ), die **Hirnhaut,** Th. Prisc. 2, 2 u. 3; 2. chron. 9. Vgl. Placid. gloss. V, 621, 33.

Mēninx (in Hdschrn. auch Mēnix), ingis, *f.* (Μένιππος), eine Insel bei Nordafrika an der kleinen Syrte, j. *Jerbi,* Liv. 22, 31, 2. Mela 2, 7, 7 (2. § 105). Plin. 5, 41. Solin. 27, 40. Aur. Vict. epit. 31, 1. Prisc. perieg. 508. Sil. 3, 318: mit einer gleichnamigen Stadt, Plin. 5, 41.

mēnion, iī, *n.* = menogenion, Ps. Apul. herb. 64.

Menippus, ī, *m.* (Μένιππος), **I** ein Philosoph von der zynischen Sekte voll beißenden Spottes, von Varro nachgeahmt, Cic. Acad. 1, 8. Macr. sat. 1, 11. § 42. – Dav. **Menippēus**, a, um (Μενίππειος), **menippēisch, des Menippus,** satirae Menippeae, Titel der Satiren Varros, Gell. 2, 18, 7. Macr. sat. 1, 7, 12; 1, 11, 42: haeresis, Varro sat. Men. 542. – dah. v. Varro selbst, Varro Menippeus, Arnob. 6, 23. Eutych. 2. § 1. p. 468, 2 K. – **II** der größte der asiatischen Redner zu Ciceros Zeit, Cic. Brut. 315.

mēnis, idis, *f.* (v. μήνη, Mond), ein halber Mond, der als Zierat vor die Bücher gesetzt wurde; dah. menis libri, der Anfang, Auson. prof. 26, 1. p. 71 Schenkl.

menīscor, s. minīscor.

Mēnius, richtiger Maenius, s. d.

Mēnix, s. Mēninx.

Mennis, is, *f.*, Stadt in Babylonien, beim j. *Dus-Charmatu,* nach a. beim j. *Kerkuk,* Curt. 5, 1 (2), 16.

Menoeceus, eī u. eos, Akk. ea, Vok. eu, *m.* (Μενοικεύς), Sohn des thebanischen Königs Kreon, der einem Orakelspruch zufolge sein Leben dem Vaterland opferte, Cic. Tusc. 1, 116. Iuven. 14, 240. Stat. Theb. 10, 620 u. 651; 11, 709 u. a. – Dav. **Menoecēus**, a, um, **menöcēisch,** Stat. Theb. 10, 846.

Menoetius, iī, *m.* (Μενοίτιος), Sohn des Aktor, Vater des Patroklus, ein Argonaut, Hyg. fab. 14 u. 97. – Dav. **Menoetiadēs**, ae, Akk. ēn, *m.* (Μενοιτιάδης), der **Menötiade** = Patroklus, Prop. u. Ov.

mēnogenīon, iī, *n.* (v. μήνη, Mond, und γένειον, Kinn), eine dem Mondsüchtigen heilsame Pflanze, Ps. Apul. herb. 64.

mēnoīdēs (μηνοειδής), der **Mond in den ersten Tagen,** wo er etwas gehörnt ist, Firm. math. 4. praef. *extr.*

Menōn, ōnis, *m.* (Μένων), ein Dialog Platos, Cic. Tusc. 1, 57.

Mēnotyrannus, ī, *m.* (μηνοτύραννος), **Gebieter der Monate,** Attis M., CIL 5, 511; 6, 499 u. 501.

mēns, mentis, *f.* (Stamm in me-min-i, μένος, vgl, altindisch *mati-ḥ,* Sinn, Gedanke), **I** der innere **Sinn**, **A** die **Sinnesart, Denkart, Gemütsart, Gesinnung,** der **Charakter,** mens animi, Gesinnung des Herzens, Plaut., Lucr. u. Catull.: mala mens, malus animus, schlechter Sinn, schlechtes Herz (δόλιαι ψυχαί, δόλιαι φρένες), Ter.: mens illiberalis, niedrige Gesinnung, Quint.: vestrae mentes atque sententiae, Gesinnungen und Meinungen, Cic. – **B** das **Innere** als **Empfindungsart,** das **Herz,** die **Seele,** das **Gemüt,** der **Sinn, 1** im Allg.: mens cuiusque is est quisque, die Seele eines Menschen ist sein Ich, Cic.: mens mollis ad perferendas calamitates, Cic.: animi, qui nostrae mentis sunt, die Gefühle, Neigungen, Empfindungen unserer Seele, unseres Gemüts, Liv.: multas mente expromam querelas, aus dem Innersten, aus tiefer Brust, Catull.: Plur. mentes in **einer** Pers., wie wir »die Herzen, die Sinne«, Apul. de Plat. 1, 2 u. 2, 16. – **2** insbes., das **mahnende Innere,** das **Gewissen,** cum vero iurato sententia dicenda erit, meminerit deum se adhibere testem, id est, ut ego arbitror, mentem suam, Cic. de off. 3, 44. – **II** die höheren Seelenkräfte, das Geistige, Denkende, das **Denkvermögen, Verstand** u. **Vernunft,** der **Geist** (im Gegensatz zu animus, d. i. die Lebenskraft das Empfindende, Begehrende, die Sinnlichkeit, das Gemüt), **A** im Allg.: mens, cui regnum totius animi (Seele) a natura tributum est, Cic.: mens et ratio, Vernunft u. Verstand, Cic.: animus et mens, Herz u. Geist, Cic.: mentis acies, Cic.: mens sana (Ggstz. amentia), Cic.: mens turbata, Geistesstörung, Tac.: mens publica, Staatsweisheit, Cic. (u. so auch templum mentis, Cic.): esse suae mentis, bei Verstand sein, Cic., Ggstz. mentis suae non esse, Cels.: suae mentis compotem esse (mächtig sein), Cic.: mente captus, Cic., od. inops mentis, Ov., mente lapsus, Suet., blödsinnig, wahnsinnig: quasi mente incitati, begeistert, Cic.: mentem amittere, den V. verlieren, Cic. de harusp. resp. 15, 31: mente comprehendere od. complecti, begreifen, fassen, Cic.: sua quem fraus de sanitate ac mente (gesunde Vernunft) deturbat, Cic.: haec eius urbana audacia, quam ille praesens in mentibus vestris oculisque defixit, deren Bild er eingeprägt hat in usw., Cic.: tum (definitio) in sensum et mentem iudicis intrare non potest, Cic. – **B** insbes., v. den einzelnen Seelenkräften: **1** die **Überlegung, Besinnung, Einsicht,** sine ulla mente, Cic.: dicenti effluit (entschwindet) mens, Cic.: mens ut rediit, Ov.: quae tantā mente fiunt, Cic. – **2** der **Mut,** fortuna urbis Volscis praedonum potius mentem quam hostium dedit, Liv.: so auch addere mentem, Hor. – **3** (wie θυμός) die **Leidenschaft,** mala mens furorque vecors, Catull. 15, 14: dolor quod suaserit et mens, Hor. ep. 1, 2, 60. – bes. **Unmut, Zorn,** Hor. carm. 1, 16, 22. – **4** die **Gedanken, a** übh.: mentem inicere od. dare, Cic., od. mittere, Verg., eingeben, einflößen: mentem vobis meliorem dari, Ter.: optemus meretrici bonam mentem, Sen. rhet. – venit (mihi) in mentem, es fällt mir ein, ich erinnere mich, **α** mit dem, dessen ich mich erinnere, im *Genet.*, hominum fortunas (= fortunae), Naev. fr.: temporis, hominis, Cic.: tuarum virtutum, Cic. – **β** mit dem, was mir einfällt, im *Nomin.* od. *Infin.* od. *Acc.* u. *Infin.*, auch in einem Satz mit *ut* u. Konj., non venit in mentem pugna apud Regillum lacum? Liv.: numquam ea res tibi tam belle in mentem venire potuisset, nisi etc., du hättest nimmermehr diesen schönen Einfall haben können, wenn nicht usw., Cic.: quî in mentem venit tibi istaec dicta dicere? Plaut.: quid venit in mentem Callistheni dicere deos gallis signum dedisse cantandi, cum etc.? Cic.: neque venit in mentem suis tergis suisque cervicibus virgas illas securesque imminere, Liv.: ei in Gallia primum venit in mentem, ut etc., Cic.: veniat in mentem, ut trepidos quondam maiores vestros defenderimus, Liv. – **γ** m. *de* u. Abl., ut lepide atque astute in mentem venit de speculo malae, Plaut. most. 271. – in mentem (mihi) est, ich komme darauf, es fällt mir ein, ego dicam, quod mihi in mentem est, Ter. heaut. 986: u. in mentem mi est od. fuit m. folg. *Acc.* u. *Infin.*, Plaut. Amph. 180; Bacch. 161 u. 1193. – hāc mente (in diesem Gedanken, so denkend) amicis summas potestates dederant, Nep.: ebenso id eā mente comparavit, ut etc., Cic. – **b** insbes.: **α** die **Meinung, Ansicht,** mentibus (Ggstz. vocibus) reliquorum respondebo, Cic.: longe mihi alia mens est, meine Ansicht ist eine ganz andere, Sall.: eādem mente esse, Nep. – **β** der **Vorsatz,** die **Absicht,** der **Wille,** der **Plan,** m. *Genet.*, mens ruendi in ferrum, Lucan.: muta iam istam mentem, Cic.: quā facere id possis, nostram accipe mentem, Verg.: quaesitas intravit mentes superûm, erkannte den Willen der Götter, Sil.: u. so explorare mentes deorum, Sil.: mens est (= animus est), es ist die Absicht, m. folg. *Infin.*, Ov. her. 2, 134. – **C** personif., Mens, als Gottheit der Besinnungskraft, deren Fest am 8. Juni gefeiert wurde, Cic. de legg. 2, 19. Liv. 22, 9,10; vgl. Ov. fast. 6, 241. – ► Nomin. mentis, Enn. fr. var. 51 bei Varro LL. 5, 59 u. bei Prisc. 7, 64: vulg. Abl. Sing. menti, Colum. poët. 10, 211. Gargil. de cura boum 19 (wo menti precante). – Genet. Plur. immer mentium.

mēnsa, ae, *f.* (wohl *fem.* des *Partic.* mēnsus v. mētior), **I** der **Tisch,** die **Tafel, 1** zum Essen, **a** eig.: mensa non varietate macularum conspicua, Sen.: mensas apponere (aufstellen), Hieron.: cibos apponere in mensam, Plaut.: mensas cibis exstruere, Cic., onerare, Verg.: ex eadem mensa vesci, Sen. rhet.: ad mensam consistere, Cic.: manum ad mensam porrigere, zulangen, Cic.: mensam ponere, Ov.: mensam auferre, Plaut., od. tollere, Cic., od. movere od. removere, Verg., den Tisch wegtragen, die Tafel aufheben: a mensa surgere, Plaut.: alqm mensae adhibere, Colum.: utrisque manibus mensam tenere, Sen. rhet. – mensae farreae, Brotkuchen als Opferkuchen, Aur. Vict. de orig. gent. Rom. 10, 3: u. ähnlich mensas consumimus, die Tische = die Weizenkuchen, die in Ermangelung von Tischen zur Unterlage der Speisen dienten, Verg. Aen. 7, 116. – **b** meton.: **α** der **Tisch,** die **Tafel** = das **Essen,** die **Speisen,** apud mensam, am Tisch = beim Essen, Plaut.: und so apud mensam Favorini, Gell.: super mensam od. mensas, über Tische, Curt. u. Flor.: mittere alci de mensa, Cic.: lautioris mensae epulas parant, Hieron. epist. 69, 8: conditurae, quae lautioribus mensis adhibentur, Colum. 12, 49, 5. – **β** ein **Gericht,** Syracusiae mensae, Cic.: mensa secunda, Nachtisch, Obst usw. (wobei viel getrunken wurde), Cic. u. Nep. – **2** der Tisch als Verkaufsstand, **a** der Fleischer, die **Fleischbank,** mit dem Zusatz lanionia, Suet. Claud. 15, 2. – **b** der Fischhändler, die **Verkaufsbank,** Hor. sat. 2, 4, 37; vollst. mensa piscatoria, Porphyr. Hor. sat. 2, 4, 37. – **c** der Wechsler, der **Wechseltisch,** die **Wechselbank,** Cic.; vollst. mensa nummulariorum, Vulg.: mensa publica, öffentliche Bank, Cic. – **3** der **Spieltisch,** vollst. mensa lusoria, Augustin. conf. 8, 6, 14. – **4** der **Opfertisch, Altar,** Fest. 157 (b), 25: mensae triviales, Fest. 157 (a), 20 *sq.*: mensae curiales, Paul. ex Fest. 64, 11: mensae deorum, Verg. Aen. 2, 764. – ein kleiner Altar auf einem Grab, Cic. de legg. 2, 66. – eine Opferpfanne auf dem Altar, ein Altaraufsatz, vetus, Petron. 135, 3. – **II** übtr.: **1** im groben Geschütz (der Katapulte usw.) ein länglich flacher Teil, der **Tisch,** Vitr. 10, 11, 6. – **2** ein **Brettergerüst,** auf dem die Sklaven standen, wenn sie verkauft wurden, Apul. met. 8. 26; apol. 17.

mēnsālis, e (mensa), **zum Tisch gehörig, Tisch-,** vinum, Valer. imp. bei Vopisc. Aur. 9. § 6: argentum, silbernes Tafelgeschirr, Vopisc. Tac. 10. § 6: citharae species mensalis, Diom. 479, 12: (termini maiores) mensales vocantur, Gromat. vet. p. 343, 7.

mēnsārius, a, um (mensa), **zum Tisch gehörig,** nur subst.: **I** mensārius, iī, *m.*, der **Wechsler, Geldwechsler, Bankier,** Cass. Parm. bei Suet. Aug. 4, 2 (c. 3, 1 argentarius gen.). Paul. ex Fest. 124, 17. – insbes. – ein **öffentlicher Wechsler,** der die Zahlungen aus der Staatskasse regelt, Cic.: mensarii tresviri od. quinqueviri, drei od. fünf vom Senat ernannte Personen, die das Schuldenwesen od. die Regelung der Bezahlung besorgen sollten, die **Bankherren,** Liv. – **II** mensārium iī, *n.* = quod in mensa est, nach Prisc. 2, 50.

mēnsātim, *Adv.* (mensa), **tischweise, von Tisch zu Tisch,** Iuvenc. 3, 214.

mēnsio, ōnis, *f.* (metior), das **Messen, Abmessen,** vocum, Silbenmaß, Tonmessung, Cic. or. 177.

mēnsis, is, *m.* (altindisch *mā́s-*, *mā́sa-ḥ*, Mond, griech. μήν, μήνη, Mond u. Monat, ahd. *mānōt*, Monat), der **Monat, I** eig.: mensis Ianuarius, Februarius etc., s. Iānuārius etc.: intercalarius, Cic.: lunaris, periodischer, Vitr.: dimidiatus, Cic.: dimidius, Colum.: aestivus, hibernus, Suet.: sex menses, ein halbes Jahr, Plaut. u. a.: intra sex mensium et anni spatium, anderthalb Jahren, Liv. – duorum mensium indutiae, Iustin.: trium mensium spatium, Iustin.: ratio paucorum mensium, complurium mensium, Cic.: multorum mensium labor, Caes.: mensium et annorum initia, Caes. – singulis mensibus, Liv.: quot mensibus, allmonatlich, Vitr.: in singulos menses, Nep.: bis in mense, Cels., ter in mense, Varro u. Scrib. Larg.: per duos continuos menses, Eutr.: superioribus mensibus, Caes.: interiectis mensibus, Iustin.: mense primo, zu Anfang des Monats, Verg.: paucis ante mensibus, paucis mensibus ante, Caes.: aliquot mensibus, Caes.: is mensibus suis (in seinen Befehlsmonaten) dimisit legionem, Liv. – **II** meton. = die **monatliche Reinigung, Menstruation,** mulieris mensis, Plin. 17, 266: gew. im Plur., mulierum od. feminarum menses, Plin. 21, 156; 22, 83. – v. jährl. Fluss der weibl. Tiere, equae, cum mensem ferunt, Varro r. r. 2, 7, 8. – ► Genet Plur. gew. mensium; doch in sehr guten Handschrn. u. Inschrn. auch mensum (in vielen und sehr guten Handschrn. auch mensuum), s. Zumpt Cic. Verr. 2, 182. Weißenb. Liv. 3, 24, 4. Alsch. Liv. 9, 33, 6. Drak. Liv. 29, 3, 5. Heinsius Ov. met. 8, 500: u. in Inschrn. (wohl vulg.) menser(um), CIL 3, 2400; 5, 2701: meserum, CIL 3, 2602: misir(um), CIL 9, 3117. Vgl. 1. mesis.

mēnsor, Nbf. **mēsor** (messor), ōris, *m.* (metior), der **Messer, I** im Allg.: maris et terrae, Hor. carm. 1, 28, 2: itinerum, Wegmesser, Plin. 6, 61 u. 7, 11: agri mensor (od. als ein Wort agrimensor), der Feldmesser, insbes. der militärische, der Ingenieur, Amm. 19, 11, 8. Cassiod. var. 3, 52, 5: Plur. agri mensores, Gromat. vet. 244, 2: ders. mesor agrarius, Inscr. in Gromat. vet. 251, 15: mensor frumentarius, Paul. dig. 27, 1, 26. – **II** insbes.: **a** der **Feldmesser,** Lucil. 100. Varro r. r. 1, 10, 2. Colum. 5, 1, 3. Ov. met. 1, 136. CIL 10, 1930: Nbf. messor, CIL 6, 3304: bes. mensor machinarius, ein Feldmesser, der sich besonderer Messinstrumente bedient, CIL 6, 9626. Ulp. dig. 11, 6, 7. § 1. – **b** der **Baumeister,** Plin. ep. 10, 17 (28), 5 u. 10, 18 (29), 3. CIL 9, 1612 (mesor). – **c** im Lager, der **Feldmesser, der die Zelte absteckt,** Veget. mil. 2, 7. Cod. Theod. 7, 8, 4. CIL 6, 2379a col. 2. lin. 56 (mes.).

mēnsōrius, a, um (metior), **zum Messen gehörig, Mess-,** ars, Gromat. vet. 31, 12. – subst., mēnsōrium, iī, *n.*, die **Waagschale,** Cassiod. hist. eccl. 10, 15.

mēnstrua, ōrum, *n.*, s. mēnstruus.

mēnstruālis, e (menstruus), **monatlich, I** = alle Monate geschehend, sphaera, Prud. perist. 10, 538. – insbes., **zur monatlichen Reinigung gehörig,** pannus, Marc. Emp.: tempus, sanguis, Vulg.: mulier, menstruierend, Plin.: femina solum animal menstruale est, Solin. – **II** = auf einen Monat, epulae, freier Tisch für einen ganzen Monat, Plaut. capt. 483.

mēnstruātus, a, um (menstruum), **mit dem Monatsfluss behaftet, menstruierend,** mulier, Vulg. Ezech. 18, 6: u. so subst., mēnstruāta, ae, *f.* (*sc.* mulier), Vulg. Isai. 64, 6.

mēnstruo, āre (menstruus), **den Monatsfluss haben,** mulier menstruans, Pallad. 1, 35, 3.

mēnstruōsus, a, um = menstruus, luna, Gloss. III, 242, 23.

mēnstruus, a, um (mensis), **monatlich, I** = alle Monate wiederkehrend, **allmonatlich, 1** im Allg.: usura, Cic.: luna, Verg. georg. 1, 353: – subst., **a** mēnstruum meum, monatl. Amtsverrichtung, Monatsdienst, Plin. ep. 10, 8 (24), 3. – **b** mēnstrua, ōrum, *n.*, monatliche Opfer, Sall. hist. fr. 4, 15 (42). – **2** insbes., v. der monatlichen Reinigung, fluores, Arnob.: purgationes, Plin.: so auch subst., mēnstruum, ī, *n.*, Sen. u. Plin., od. Plur. mēnstrua, ōrum, *n.*, Cels., der Monatsfluss. – v. weibl. Tier, **menstruierend,** canis, Plin. – **II** = einen Monat dauernd, auf einen Monat berechnet, vita, Cic.: spatium, Cic.: cibaria, Cic. – subst., mēnstruum, ī, *n.* (*sc.* frumentum), **Lebensmittel auf einen Monat,** Liv. 44, 2, 4.

mēnsuālis, e (mensis), **monatlich,** numerus, Gromat. vet. 393, 12: speculatio, *ibid.* 415, 13: stipendia, Fulg. contin. Verg. p. 142, 3 M.

mēnsula, ae, *f.* (*Demin.* v. mensa), **I** ein **kleiner Tisch,** Plaut. most. 308. Apul. met. 2, 11 u. 15. Mart. Cap. 6. § 576 u. § 582: mensulae serviles, Pacat. pan. 31, 1: mensulae pedem extorquere, Petron. 136, 5. – **II** übtr. (wie τραπέζιον), ein **ungleichseitiges Viereck,** Gromat. vet. 379, 4.

mēnsulārius, iī, *m.* (mensula) = τραπεζίτης (Gloss. II, 128, 51), der **Wechsler,** der **Geldwechsler,** Sen. contr. 9, 1 (24), 12. Scaevol. dig. 2, 14, 47. § 1. Ulp. dig. 42, 5, 24. § 2.

mēnsum, ī, *n.*, s. mētior.

mēnsūra, ae, *f.* (metior), das **Messen,** die **Messung, I** eig.: agri mensura, das Feldmessen, Gromat. vet.: certae ex aqua (nach der Wasseruhr) mensurae, Caes.: mensuram alcis rei facere, Ov., od. inire, Colum., od. agere od. agitare, Plin., eine Messung von etw. vornehmen, etw. messen (vgl. mensurā agrum agere, Gromat. vet. 5, 27): mensuras fideliter agere, Plin. ep.: quidquid sub aurium mensuram cadit, was das Ohr gleichs. abmisst, Cic. – **II** meton., das **Maß** als Ergebnis des Messens, **1** die **Länge, Dicke, Größe,** der **Umfang, a** v. der räuml. Länge, cubiti, Ellenlänge, Suet.: nosse mensuras itinerum, Caes.: parvāque minor mensurā lacerta est, Ov.: mensura roboris ulnas quinque implebat, Ov.: posterior superat partes mensura priores, d. i. die Länge der Hinterfüße, Ov. – **b** v. der Zeitlänge, alci mensuram bibendi dare (vorschreiben), Ov.: mensurae verborum, die zur Aussprache erforderliche Zeit, die Quantität, die Längen, Quint. – **2** das **Maß,** mit dem od. nach dem gemessen wird, qui modus mensurae medimnus appellatur, Quantum des Maßes, Nep.: ad mensuram pondusque respondēre, Sen.: maiore mensurā reddere, Cic. – **3** das **Maß** = die **Größe, Beschaffenheit,** der **Charakter, a** im Allg.: legati, Tac.: discentis, Quint.: mensura ficti crescit, Ov.: mensuram nominis implere, seinem Namen genügen, Ov.: pro mensura periculi, nach Maßgabe (d. h. in Anbetracht der Ausdehnung) der Fährlichkeit, Plin. ep. – m. iuris, der Maßstab des Rechts, Lucan. – **b** insbes., in der Malerei, die **Haltung,** das gehörige Vor- od. Zurücktreten der einzelnen Teile, Plin. 35, 80.

mēnsūrābilis, e (mensuro), **messbar,** Prud. apoth. 813. Vulg. psalm. 38, 6. Claud. Mam. de stat. anim. 2, 4, 2. – *Adv.* **mēnsūrābiliter,** Augustin. spec. 20. Hygin. de limit. p. 181, 15.

mēnsūrālis, e (mensura), **zum Messen gehörig, zum Messen dienlich,** Gromat. vet. 7, 29; 22, 5 u. a. Boëth. art. geom. p. 375, 18 u. 403, 5 Fr.

mēnsūrāliter, *Adv.* (mensuralis), **durch das Maß,** Gromat. vet. 181, 15.

mēnsūrātim, *Adv.* (mensuro), **mäßig,** vinum bibere, Orib. eupor. 1, 12.

mēnsūrātio, ōnis, *f.* (mensuro), das **Messen,** iugeri, Gromat. vet. 359, 11: agrorum, Iul. Vict. art. rhet. 3. § 5. p. 379, 12 H.: eius capacitatis (Räumlichkeit) est mensuratio comperta nobis hoc modo, Iul. Val. 3, 52 (28).

mēnsurnus, a, um (mensis), **monatlich,** Cypr. epist. 34, 4 u. 39, 5. Novat. de trin. 1 (von Prisc. 2, 62. p. 81, 14 aus Cic. de inv. 1, 39 angeführt, wo jetzt menstrui).

mēnsūro, (āvī), ātum, āre (mensura), **messen,** Ascon. Hor. carm. 2, 15, 15. Veget. mil. 1, 25. Boëth. art. geom. p. 403, 9 Fr. u. a. Gromat. vet. 232, 9. Vulg. Ierem. 31, 37 u. a.

mēnsūror, ātus sum, ārī (mensuro), **messen,** Ps. Augustin. serm. app. 279, 4.

mēnsus, a, um, s. mētior.

menta (mentha), ae, *f.* (μίνθη), die **Minze, Krauseminze,** gew. neben ruta, Varro LL. 5, 103. Cic. ep. 9, 22, 3. Cels. 2, 31. Colum. poët. 10, 119. Plin. 19, 159. Scrib. Larg. 2 u. 197 (mentha). Mart. 10, 48, 10 (Schn. mentha). Vulg. Luc. 11, 42. Arnob. 7, 16: mentha et anethum, Vulg. Matth. 23, 23. Hieron. epist. 69, 4: Plur., Ov. met. 8, 663; 10, 729.

mentagra, ae, *f.* (*vox hybr.* v. mentum u. ἄγρα, nach podagra gebildet), eig. Kinnkrankheit; dah. = lichen, der **Ansprung,** die **Flechte,** eine Art Ausschlag am Kinn, Gesicht usw., Plin. 26, 2.

mentastrum, ī, *n.* (menta), die **wilde Minze,** Cels. 5, 27, 7; 6, 9. p. 247, 17 D. Colum. 11, 3, 37. Plin. 14, 105; 19, 150; 20, 144 *sqq.*

mentha, ae, *f.*, s. menta.

mentīgo, inis, *f.* (mentum), ein **Ausschlag,** viell. die **Räude** der Lämmer, Colum. 7, 5, 21.

1. mentio, ōnis, *f.* (memini), die **Erwähnung, Erinnerung,** die beiläufige **Meldung,** bes. auch der vorläufige od. beiläufige **Antrag, Vorschlag** in den Komitien od. im Senat, mit subj. *Genet.*, plebis, Liv.: m. obj. *Genet.*, tui, Cic.: civitatis, Cic.: in eorum mentionem incĭdi, habe zufällig erwähnt, Cic. div. in Caec. 50: mentionem facere alcis rei u. de alqa re od. de alqo, einer Sache Erw. tun, sie erwähnen, auf etwas zu reden (zu sprechen) kommen, im Senat = eine Sache, die nicht vom Konsul in Vortrag gebracht wurde, zur Sprache bringen (was jeder Senator tun konnte), Rhet. Her., Cic. u. Quint.: so auch mentionem alcis rei habere, Liv., Vell. u. Quint., od. inferre od. iacĕre, Vell., od. inicere, Hor., od. introducere, Val. Max.: mentionem facere cum alqo de alqa re, etwas gegen jmd. zur Sprache bringen, sich mit jmd. über etwas besprechen od. verständigen, Plaut. Pers. 109 (u. so im Zshg. bl. mentionem facere cum alqo [*sc.* de ea re], Plaut. aul. 685; cist. 134): de Hernicorum defectione agitata mentio, Liv.: incĭdit mentio de uxoribus, es kam das Gespräch auf die G., Liv. – mentionem alcis rei movere, etw. zur Sprache-, in Anregung bringen, Liv. – mentionem facere in senatu, v. Konsul, Cic.: mentionem facere od. inferre, ut etc., Plaut. u. Liv.: si mentionem fecero de filia, ut mihi despondeat, um die Tochter anhalten werde, Plaut.: m. inferre, quid eo die faciendum esset, darauf zu reden kommen, Liv. – mentionem alcis rei inchoare, etwas vorläufig zur Sprache bringen, Liv. 29, 23, 3. – Plur., secessionis mentiones serere ad vulgus militum occultis sermonibus, zum gemeinen Krieger insgeheim von Auswanderung sprechen, Liv. 3, 43, 2.

2. mentio, īre, s. mentior ►.

mentior, tītus sum, tīrī (von mens, wie partior von pars, sich etwas erdenken), etwas Erdichtetes vorbringen, **fabeln, sich gegen die Wahrheit versündigen,** (absichtlich oder nicht) **lügen,** auch **sich täuschen, I** *intr.*: **1** im Allg.: **a** v. Pers. (Ggstz. verum dicere): si te mentiri dicis verumque dicis, mentiris, Cic.: cadit ergo in bonum virum mentiri? Cic.: ne ioco quidem mentiri, Nep. – m. aperte, Cic.: m. palam, Plaut.: m. facile et palam, Quint.: m. adversus alqm, Plaut., apud alqm, Plaut. u. Cic., ad alqm, Gell., alci, Komik., Hor. u. Augustin., vor od. gegen jmd. lügen, jmd. belügen (s. Brix Plaut. mil. 1080 u. Plaut. capt. 701): m. in alqa re, m. de alqa re, Cic. u. a.: m. pro testimonio, ein falsches Zeugnis ablegen, Gell. 20, 1, 53. – lustro mentitus est, hat um ein Lustrum zu viel gelogen, Apul. – mentire (= mentiris), du irrst, täuschst dich, Plaut. trin. 362. – mentior od. mentiar, nisi etc., (als Versicherungsformel) ich will ein Lügner sein, wenn nicht usw., Sen. u. Ov.: so auch mentior, si etc., Tert. u. Symm. (s. Burmann Ov. met. 2, 514): dagegen si mentiar, ultima, quā fallam, sit Venus illa mihi, Ov.: redargue me, si mentior, Cic. – **b** übtr., v. Lebl., mentitur hyperbole, nec ita ut mendacio fallere velit, Quint.: frons, oculi, vultus persaepe mentiuntur, oratio vero saepissime, Cic.: fama si non est mentita, Ov.: haec signa numquam fere mentientia, untrüglichen, Cic. – *Partic. praes.* subst., mentiēns, entis, *m.*, ein »Trugschluss«, griech. ψευδόμενος, Cic. de div. 2, 11. – **2** prägn.: **a** von poet. Fiktion = **fingieren, faseln,** ita mentitur (Homerus), Hor. de art. poët. 151. – **b** (wie ψεύδεσθαι), **zum Lügner werden = sein Wort-, sein Versprechen nicht halten,** quod promisisti mihi, quod mentita, inimica es, Catull.: m. honestius (mit mehr Ehren), Cic.: m. alci, Hor. – v. Lebl., numquam tellus mentita colono, Sil. – **II** *tr.* etwas **lügen, erlügen, A** = etwas **fälschlich vorbringen, -aussagen, erdichten, ersinnen,** auch **fälschlich (irrtümlich) annehmen, 1** im Allg.: **α** eig.: me, quae de Plancio dicerem, mentiri et temporis causā fingere, Cic.: ne quid temere, ne quid impudentes aut ignorantes affirmemus aut scientes mentiamur, Sen.: m. tantam rem, Sall.: m. populum biformem, Lucan.: res, quas mentiris, mit denen du lügnerisch prahlst, Ov. – mit dopp. *Acc.*, Orionem in pelago incĭdentem, Lact. 4, 15, 21: se Persei filium ingenti asseveratione, sich fälschlich ausgeben für usw., Liv. epit. 48. – m. folg. *Acc.* u. *Infin.*, satum quo te mentiris, Verg.: Thrasonem esse auctorem consilii mentitus, Liv.: tenere se mentiti, Quint.: mentimur regnare Iovem, es ist unwahr, dass usw., Lucan. – **β** übtr., v. Lebl., in quibus nihil umquam immensa et infinita vetustas mentita sit, Cic. – **2** prägn.: **a** etwas **lügnerisch-, treulos versprechen,** etw. **versprechen und sein Wort nicht halten,** noctem, Prop.: fidem tyrannis, Claud.: quaecunque in me fueras mentita, Prop. – übtr., v. Lebl., semel fac illud, mentitur tua quod subinde tussis, Mart. – **b** jmdm. od. einer Sache **lügen,** d. i. **sein Wort nicht halten, täuschen,** spem mentita seges, Hor. ep. 1, 7, 87. – **B** etwas **erlügen,** **1** etw. nicht Vorhandenes **fälschlich vorgeben,** als **Vorwand gebrauchen, vorspiegeln,** auspicium, Liv.: sacrum, Ov.: fugae causam, Ov.: amorem, Ov.: sani capitis dolores, Ov.: somnum obruto tuniculā capite, Petron. – **2** etw. nicht Besessenes **fälschlich sich aneignen, -annehmen, nachahmen, sich zu geben suchen,** regiae stirpis od. alcis originem, Vell. u. Iustin.: colorem fuco et verum robur inani saginā, Quint.: centum figuras, Ov.: iuvenem tinctis capillis, Mart. – übtr., v. Lebl., color, qui chrysocollam mentitur, Plin.: nec varios discet mentiri lana colores, Verg. – ► **a** passiv: si a debitore, praelato die, pignoris obligatio mentiatur, eine Pfandverschreibung fälschlicherweise vordatiert wird, Modest. dig. 48, 10, 28. – oft *Partic.* mentītus, a, um = **erlogen, erdichtet, vorgespiegelt,** Plaut., Verg., Sen. rhet. u. a. Burm. Ov. met. 10, 28. Bünem. Lact. 2, 16, 2 u. 4, 27, 17): verb. mentiti fictique terrores, Plin. ep. – **b** archaist. Fut. mentibitur u. mentibimur, Plaut. mil. 35 u. 254. – **c** parag. *Infin. Praes.* mentirier, Plaut. mil. 779. Avien. phaen. 345. – Aktive Nbf. mentio, wov. mentires, Vict. Vit. 2, 86. Infin. mentire, Itala (Fuld.) act. apost. 5, 3.

mentiōsus, a, um (menta), **stark nach Krauseminze riechend,** herba, Marc. Emp. 33.

mentis, s. mēns a. E. ►.

mentla, s. mentula.

mento, ōnis, *m.* (mentum), der **Langkinnige,** das **Langkinn,** Arnob. 3, 14.

Mentōr, oris, *m.* (Μέντωρ), ein berühmter Künstler getriebener Metallarbeit, der 356 v. Chr. lebte, Cic. Verr. 4, 38. – bei Dichtern meton., ein **Mentor** = Schale oder Trinkgefäß von getriebener Arbeit, Iuven. 8, 104 und (gr. *Acc.* -tora) Mart. 11, 11, 5. – Dav. **Mentoreus,** a, um, **mentorëisch, des Mentor,** Prop. u. Mart.: opus M., ein von M. verfertigter metallener Becher mit Reliefs, Prop. 1, 14, 2.

mentula, ae, *f.* (zu e-mineo, mons), das **männliche Glied,** Catull. 20, 18 u. 21; 115, 1 u. 8. Mart. 1, 58, 3; 2, 45, 1; 2, 62, 2 u. a. Priap. 12, 8; 8, 5; 70, 7. Anthol. Lat. 902, 6 (923, 6). Vgl. (die Anspielung) Cic. ep. 9, 22, 3. – Synk. mentla, CIL 4, 760 u. 1391: arch. Dat. mentlai, *ibid.* 7, 204.

mentulātus, a, um (mentula), **mit starkem männlichen Glied versehen,** deus Priapo mentulatior non est, Priap. 36, 11.

mentum, ī, *n.* (zu Wurzel **men,* hervorragen, vgl. e-mineo, pro-mineo), das **Kinn,** bei Menschen u. Tieren, Cic. u. a.: mentum caprarum, Plin.: tragelaphi habent menta promissis hirta barbis, Solin. – u. das Kinn mit dem Bart, der **Kinnbart,** mento levatus, Petron.: crines et incana menta regis Romani, Verg. – übtr., in der Baukunst, mentum coronae, das **Kinn des Kranzleistens,** d. i. der hervorragende Teil des Kranzes od. Hauptgesimses, wo der Regen abläuft, Vitr. 4, 3, 6.

menus, vulg. = minus, CIL 8, 9984.

meo, āvī, ātum, āre, sich in einer bestimmten Bahn (Heerstraße, Flussbett, Kanal [Luftröhre] usw.) od. nach gegebenen Gesetzen mit einer gewissen Regelmäßigkeit, in **einem** Zug fortbewegen, **ziehen, wandeln, gehen,** **α** v. leb. Subjj.: means exercitus, Curt.: domus Plutonia, quo simul mearis, Hor.: in orientem comite Liviā, Tac. – acipenser, unus omnium piscium squamis ad os versis, contra quam in nando meant (*sc.* ceteri pisces omnes), Plin. – **β** v. lebl. Subjj.: v. Wagen, interruptis angusto transitu iugis, ita ut vix singula meent plaustra, Plin. – v. Schiffen, cum triremes huc illuc mearent, Tac.: iter, quā (wo) meant navigia, Curt. – v. Flüssen usw., **fließen, strömen,** quod (flumen) specu mergitur alteque conditum meat, Plin. ep.: amnis libero cursu meat, Curt.: aquae meantis sonus, Curt.: Pontus semper extra meat in Propontidem, Plin.: Rhodanus fluvius ex Alpibus veniens per Lemannum lacum meat, Mart. Cap. – v. Himmelskörpern, meantia sidera, Planeten, Ov.: lunaris illa orbita ceteraque supra lunam meantia (sidera), Sen.: siderum cursus in occasum meantium, Lact.: quā sidera lege mearent, Ov.: circulus, per quem sol meat, Plin. – v. Atem, liberius meare spiritus coeperat, Curt.: interclusus spiritus arte meabat, Lucr.; vgl. anima diversa in membra means, Lucan. – von Luft u. Dunst, meat aura per quaedam velut organa, Quint.: vapor is, quem sol mittit, lumenque serenum non per inane meat vacuum, Lucr.: quaeve sit ollis (genitalibus materiai corporibus) reddita mobilitas magnum per inane meandi, Lucr.

meōpte, s. meus.

mephīticus, a, um (mephitis), **pestilenzialisch,** odor, Sidon. epist. 3, 13, 6.

mephītis (mefītis), tis, Akk. tim, *f.,* **I** die **schädliche pestilenzialische Ausdünstung** der Erde, saeva, Verg. Aen. 7, 84: sulfureae mephites, Pers. 3, 99. – **II** personif., Mephitis = die **Göttin der schädlichen und pestilenzialischen Dünste** der Erde, die sie abhalten sollte, Tac. hist. 3, 33. Plin. 2, 208: lucus Mephitis, Varro LL. 5, 49: aedes Mephitis, Fest. p. 351, 3.

mēpte, s. ego.

merācius, *Adv.* im *Compar.* (meracus), **reiner, unvermischter,** bibere, Cels. 1, 3. p. 21, 27 D.: rubere, Solin. 33, 18: vinum mixtum m., Scrib. Larg. 170. – übtr., purius, fortius, meracius amare, Sidon. epist. 4, 1, 1.

merāclus, s. merāculus.

merāculus, a, um (*Demin.* v. meracus), **ziemlich unvermischt,** merac. vinum, Cels. 3, 19. p. 103, 27 D. Plin. 20, 209: synk., meraclus flos Liberi, Plaut. Cas. 637.

merācus, a, um (merus), **lauter, rein, unvermischt, pur,** **I** eig.: **a** v. Flüssigkeiten, vinum, Cels. u. (Ggstz. vinum aquatum) Cael. Aur.: u. so poet. uva, Prop.: vinum meracius, Cic. – **b** v. trockenen Ggstdn., **rein, unverfälscht,** elleborum, Hor. ep. 2, 2, 137. – **II** übtr., **unvermischt, unversetzt,** non modice temperata, sed nimis meraca libertas, Cic. (vgl. merus *no.* I): libido dominandi meracior, Augustin.: meracissimus scientiae fons, Sidon. epist. 3, 10, 1.

merālis, e (merus) = meracus, Marc. Emp. 27.

merātus, a, um = meracus, Cael. Aur. de morb. chron. 1, 1, 17; 2, 7, 10 u. 109; 4, 1, 10.

mercābilis, e (mercor), **käuflich,** certo aere, Ov. am. 1, 10, 21.

mercālis, e (merx), **käuflich,** Cod. Iust. 4, 7, 6.

mercātio, ōnis, *f.* (mercor), das **Handeln** (mit Waren), Firm. math. 3, 8 *extr.* Augustin. in psalm. 47, 6; serm. 177, 10.

mercātor, ōris, *m.* (mercor), **I** der **Handelsmann, Kaufmann,** bes. der **Kaufherr, Großhändler,** im Ggstz. zu caupo (Krämer), Plaut., Caes., Cic. u. a.: m. vinarius, CIL 10, 545 u. 10, 6493: Rhodo m., ein K. von Rh., Plaut. asin. 499. – übtr., mercatores potestatum, Verhandler, Lampr. Alex. Sev. 49, 1. – **II** der **Käufer, Aufkäufer,** signorum tabularumque pictarum, Cic. II. Verr.. 1, 60: übtr., provinciarum, Cic. post red. in sen. 10.

mercātōrius, a, um (mercator), **kaufmännisch,** navis, ein Kauffahrteischiff, Plaut. Bacch. 236.

mercātūra, ae, *f.* (mercor), der **Kaufhandel,** die **Kaufmannschaft,** die **Handelschaft,** der **Handel** (mit Waren), magna, tenuis, Cic.: quaestuosa, Cic.: mercaturas facere (treiben), Cic. Verr. 5, 72: mercaturas in ea regione fecisse, Liv.: apud vada Sabatia mercaturas exercere per homines suos, Capit.: hunc (Mercurium) ad quaestus pecuniae mercaturasque habere vim maximam arbitrantur, Caes.: übtr., non erit ista amicitia, sed mercatura quaedam utilitatum suarum, eine Art Handel um seines Vorteils willen, Cic.: ad eos tamquam ad mercaturam bonarum artium profectum esse, zur Erhandlung usw., Cic.

mercātus, ūs, *m.* (mercor), der **Handel, Kaufhandel, Kauf u. Verkauf,** **I** im Allg.: turpissimus, Cic.: meretricius, Plaut.: asinos vendere alci mercatu, Plaut.: earum rerum omnium domesticum mercatum instituit, er eröffnete für alle diese Dinge in seinem Haus einen Markt, Cic. – **II** insbes., der öffentl. Handel, der **Markt, Jahrmarkt, Großmarkt,** die **Messe** (als Versammlung von Käufern u. Verkäufern), frequens, Liv.: mercatum indicere, habere, Cic.: ad mercatum proficisci, Cic.: ad mercatum ire, Seren. fr.: eo (dahin) ad mercatum venire, Ter. – prägn., m. Olympiacus, die Messe = die Festversammlung, das Volksfest zu Olympia (wo, wie urspr. auf unseren Messen, Markt u. Gottesdienst, zugleich feierliche Spiele u. Markt gehalten wurden), Iustin. 13, 5, 3: Asiae Graeciaeque is mercatus erat, Liv. 33, 32, 2: circa conventus mercatusque Graeciae, Suet. Ner. 28, 2: mercatus is, qui habetur maximo ludorum apparatu totius Graeciae celebritate (als Umschreibung des griech. πανήγυρις), Cic. Tusc. 5, 9: magna pars Italiae stato in eosdem dies mercatu congregata, Tac. hist. 3, 30.

mercēdārius, iī, *m.* (merces), der **Lohngeber,** ostende mercedarios tuos, Sen. contr. 10, 4 (33). §5 u. 25. Vgl. Gloss. IV, 116, 7 ›mercedarius, qui dat mercedem pro labore sibi inpenso‹.

mercēdituus = mercennarius, der **Lohnarbeiter, Tagelöhner,** Paul. ex Fest. 124, 8.

mercēdonius, a, um (merces u. do), **wo der Lohn ausgezahlt wird,** dies, Paul. ex Fest. 124, 6: mensis, der **Schaltmonat,** der in dem Kalender des Numa jedesmal im zweiten Jahr mit 22 Tagen u. in jedem vierten Jahre mit 23 Tagen zwischen dem 23. u. 24. Febr. eingeschaltet wurde, Fast. Maff. Iul. 14. im CIL 1^2. p. 225. – subst., mercēdonius, iī, *m.*, der den Arbeitern ihren Lohn auszahlt, Gloss. Scal. V, 604, 53 ›qui solvit mercedem‹.

mercēdula, ae, *f. (Demin.* v. merces), **I** der **geringe, kümmerliche, elende Lohn,** mercedulā adducti, Cic. de or. 1, 198: isto modo nec medico quicquam debere te nisi mercedulam dicis nec praeceptori, Sen. de ben. 6, 15, 1: cupiditas diutius exigendi mercedulas, Quint. 12, 11, 14. – **II** die **geringen Einkünfte,** mercedulae praediorum, die paar Pachtgelder, Cic. ad Att. 13, 11, 1.

mercennārius (mercēnārius), a, um (eig. mercedinarius, daraus mercednarius, assimiliert mercennarius, v. merces), für Geld, Lohn oder Sold **gedungen** od. **gemietet, bezahlt, besoldet, I** *adi.*: miles, Liv.: arma (meton.), Liv.: scriba, Nep.: testes, gedungene = bestochene (Ggstz. gratuiti), Cic.: praetor, Cic.: liberalitas, Cic.: vincula, besoldete Fesseln, d. i. das mit Besoldung verbundene, das ihn abhaltende Amt eines Präko (bei Versteigerungen usw.), Hor.: operam mercennariam facere, den Tagelöhner machen, Porphyr. Hor.: mercenario opere (durch Tagelohn) victum quaeritare, Salv. – **II** *subst.*, mercennārius, iī, *m.*, ein für Lohn Gedungener, der **Mietling, Tagelöhner, Lohndiener,** Cic. u. a.: alcis, Cic.

1. **mercēs,** ēdis, Genet. Plur. ēdum, *f.* (mereo u. merx), der **Verdienst, I** – der **Lohn,** die **Belohnung,** der **Preis** für etwas (griech. μισθός), **1** im Allg.: **a** im guten Sinne, diurna, Tagelohn, Hor. u. Edict. Diocl.: operae, Cic.: manuum mercede inopiam tolerare, Sall.: conducere alqm mercede, Cic. u. Nep., diurnā mercede, Hor.: tanti operis mercedem negare, Ov.: mercedem solvere, Iuven.: repraesentare pro opera dignam cuique mercedem, Suet.: mercedem reddere operario, Augustin.: melius habent *mercede* delinquere quam *gratis* recte facere, Sall. fr.: non aliā mercede bibam, Bedingung, Hor.: sine mercede, umsonst, für die Langeweile, Phaedr. – Sprichw., unā mercede duas res assequi, zwei Fliegen mit **einer** Klappe schlagen, Cic. Rosc. Am. 80. – **b** im üblen Sinne, **Lohn, Sold, Sündengeld,** m. proditionis, Tac. u. Curt.: lingua astricta mercede, Cic.: mercedem accipere ab alqo, Cic.: magnā mercede pacisci cum alqo, ut etc., Liv.: pretio atque mercede minuere maiestatem rei publicae, Cic.: priusquam infanda merces (das heillose Kaufgeld) perficeretur, Liv. – **2** insbes.: **a** das **Honorar,** der **Gehalt** des Lehrers, das **Lehrgeld** (s. Savaro Sidon. epist. 5, 7. p. 319), mercede docere, Cic.: pueros grandi mercede docere, Auson.: non umquam de mercedibus pacisci, Suet.: quanta merces rhetori est data, Cic.: duplices mercedes exigere ab iis, Quint. – **b** der **Sold** des Soldaten, mercede milites conducere, Liv. (dah. pedites mercede conducti, Söldner zu Fuß, Curt.): mercede militare, Liv. u. Curt., apud alqm, Liv. (dah. mercede militantes, Mietsoldaten, Liv.): Germanos mercede arcessere, Caes. – **3** übtr., euphem. (wie μισθός), **a** der **Lohn** = die **Strafe,** temeritatis, Liv.: spreti numinis, Liv. – **b** der **Preis,** das **Lehrgeld** = Schaden, Nachteil usw., istuc nihil dolere non sine magna mercede contingit, kann nur um einen schweren Preis erkauft werden, Cic.: mercede suorum, zum Nachteil, zum Unglück der Ihrigen, Verg. – **II** = der **Zins,** die **Einkünfte** aus Häusern, Äckern, Geld usw., praediorum, Cic.: insularum, Miete, Cic.: mercedes habitationum annuas conductoribus donare, Mietzins, Caes.: publicanos tertiā mercedum parte relevare, Pachtgeld, Suet.: quinas hic capiti (Kapital) mercedes exsecat, schindet 5 Prozent (monatl.) aus dem Kapital heraus, Hor. – euphem., magnā quidem res tuas mercede colui, um schweren Pacht zwar habe ich dein Gut benutzt, Sen. de tranqu. anim. 11, 3. – ► Nbf. mercis, Nomin., Itala Matth. 10, 24: Akk. Sing. mercem bei Claud. VI. cons. Hon. 578. Commod. instr. 2, 30, 6: Plur. merces, Commod. apol. 919.

2. **mercēs,** Nbf. von merx, s. d.

mercimōnium, iī, *n.* (merx), die **Ware,** Plaut. most. 912 u. 915. Turpil. com. 204. Tac. ann. 15, 38: Plur., Plaut. Amph. prol. 1. Augustin. serm. 130, 2 u. a. Eccl.

mercis, s. 1. mercēs a. E. ►.

mercor, ātus sum, ārī (merx), **I** *intr.* **handeln, Handel treiben,** mercandi praeceps cupiditas circa omnes terras, Sen. de brev. vit. 2, 1: ire mercatum, Plaut. merc. prol. 83: et mercabimur et lucrum faciemus, Vulg. Iacob. 4, 13. – **II** *tr.* **erhandeln, erkaufen, a** eig.: alqam de lenone, Plaut.: fundum de pupillo, Cic.: alqd ab alqo, Cic.: alqd praesenti pecuniā (bar), Plaut.: alqd tanto pretio, Cic.: libros tres reliquos nihilo minore pretio, quam quod erat petitum (gefordert) pro omnibus, Gell.: centum quinquaginta milibus trullam unam, Plin.: rus DC nummûm, Plin.: quanti mercatura (est) mullum luxuria suburbanis litoribus inventum? Plin. – *Partic.* subst., mercantes, die Käufer u. die Aufkäufer, Händler, Suet. Aug. 75 u. Calig. 36, 2. Solin. 56, 8. – **b** übtr.: officia vitā (mit dem L.), Cic.: amorem, Prop.: honores, Sen. rhet.: pacem ingenti pecuniā, Iustin.: quas (noctes) tam care mercantur, Sen.: hoc magno mercentur Atridae, würden viel darum geben, Verg. – ► **a** Parag. *Infin.* mercarier, Hor. sat. 2, 3, 24. – **b** archaist. *Fut. exact.* mercassitur, Lex agr. 71 im CIL 1^2. 585. – **c** *Partic. Perf.* mercātus, a, um, passiv = **erhandelt, erkauft,** commeatus (Plur.), Sall. hist. fr. 5, 8: cultus, Prop. 1, 2, 5. – Plin. 34, 108 ist mercantur aktiv zu nehmen (verst. medici). – Infin. mercari passiv, Ven. Fort. vita S. Mart. 4, 468.

Mercuriālis, e (Mercurius), **merkurialisch, des Merkur, Merkur-,** cognomen, Hor.: caduceus, Apul.: herba, Cato, u. bl. mercuriālis, Plin., Bingelkraut: viri, Gelehrte u. Dichter, bes. lyrische, als »Lieblinge Merkurs«, Hor. – Plur. subst., Mercuriālēs, ium, *m.*, die Handelsleute, Kaufleute, die in Rom ein Kollegium hatten, M. Furium Flaccum Mercuriales de collegio eiecerunt praesentem, Cic. ad Q. fr. 2, 5, 2.

Mercuriolus, ī, *m. (Demin.* v. Mercurius), ein **Bildchen Merkurs,** Apul. apol. 61 u. 63.

1. **Mercurius,** iī, *m.* (zu mercor, merx), **I** Sohn Jupiters u. der Maja, der Bote der Götter, der Gott der gewandten Rede u. der Redekunst, Erfinder der Lyra, Geber des Wohlstands, der Gott des Handels, der List und des Verkehrs, der Vorsteher der Wege, der Gymnastik u. der Führer der abgeschiedenen Seelen in die Unterwelt. Als Götterbote bedeckt mit einem beflügelten Reisehut (petasus, πέτασος), an den Füßen mit Flügelschuhen (talaria, πέδιλα), in der Hand einen Stab u. zwar entweder einen Heroldstab (caduceus, κηρύκειον) od. (als Begleiter in die Unterwelt) einen Zauberstab (virga), Cic. Verr. 5, 185; Arat. 277. Hor. carm. 1, 10, 1 *sqq.* Ov. fast. 5, 663 *sqq.* Verg. Aen. 4, 239 *sqq.* Varro b. Non. 528, 20. – als Statue (wie Ἑρμῆς) = eine **Herme** (s. Hermes), Nep. Alc. 3, 2. – **II** übtr., als Gestirn, der **Merkur,** Cic. de nat. deor. 2, 53 u. a. – als Ortsbezeichnung, Aqua Mercurii, eine Quelle an der via Appia, Ov. fast. 5, 673: Tumulus Mercurii, eine Örtlichkeit bei Carthago nova, Liv. 26, 44, 6: promunturium Mercurii, die nördlichste Spitze der ganzen Nordspitze Afrikas u. die Ost-

spitze des Golfs von Karthago, j. *Cap Bon* od. *Ras Addar*, Liv. 29, 27, 8. Mela 1, 7, 2 (1. § 34). Plin. 5, 23.

2. mercurius, iī, *m.*, der **Bug** zwischen Nacken und Rücken beim Zugvieh, Pelagon. veterin. 9 (169 u. 180 *Ihm*). Veget. mul. 3, 59, 3 u. 6, 2, 1.

merda, ae, *f.*, der **Unrat-, Kot** des Leibes, die **Exkremente,** bubula, Veget. mul. 3, 8, 4: merda fuit, v. schlechter Speise, Mart. 3, 17, 6: Plur., Mart. 1, 83, 2. Phaedr. 4, 18, 25. CIL 4, 1700: merdae albae corvorum, Hor. sat. 1, 8, 37.

merdāceus u. **merdāleus,** a, um (merda), **mit Kot (Exkrementen) besudelt,** mentula merdacea, Anthol. Lat. 902, 6 (923, 6): mentula merdalea, Priap. 68, 8 B. u. M.

merē, *Adv.* (merus), **lauter,** übtr., homo mere litterosus, Cass. Hemin. ann. 3. fr. 28 (bei Non. 133, 6): terminationes mere Graecae, Eutych. 457, 4 K.: et quid adversus homines stolidissimos pro eadem sententia mere digneque (vernünftiger- u. entsprechenderweise) dici possit, Gell. 17, 1 *lemm.*

merenda, ae, *f.* (mereo), das **Vesperbrot,** das zwischen 4–5 Uhr nachmittags genossen wurde (vgl. Paul. ex Fest. 123, 23. Non. 28, 32. Isid. orig. 20, 2, 12), Plaut. most. 966; Vidul. fr. I, 35. p. 13 Stud. Afran. com. 183. M. Aurel. bei Fronto ad M. Caes. 4, 6. p. 69, 16 N.: v. der Abfütterung des Viehes, Enn. fr. var. 26 (bei Paul. ex Fest. 59, 3). Calp. ecl. 5, 61.

merendo, āre (merenda), **vespern,** Isid. orig. 20, 2, 12.

merēns, entis, s. mereo.

merenter, *Adv.* (merens), **I nach Verdienst,** filio dulcissimo merenter fecit, CIL 8, 3528. – **II** = ὠφελίμως, **verdienstlich, nützlich,** Gloss. II, 483, 2.

mereo, uī, itum, ēre, u. **mereor,** itus sum, ērī (zu griech. μείρομαι), **verdienen, I** *obi.*: **A verdienen, erwerben, 1** eig., Geld od. Ware durch Verdienst, Arbeit, Handel, Tausch, merere HS vicenos, Varro fr.: m. non amplius duodecim aeris, Cic.: meritis lucris, Liv. – anus uxores, quae vos dote meruerunt, Plaut.: nardo vina, eintauschen, Hor. – dah. die Formeln, non meream divitias mihi od. alterum tantum auri od. Persarum montes, ut etc., ich möchte nicht … nehmen, man könnte mir … bieten, dass ich das u. das täte, Plaut.: ebenso quid mereas (merearis) od. mereri velis, ut etc., was nähmest du dafür usw., Cic.: quid arbitramini Reginos mereri velle, ut etc., Cic. Vgl. Schömann Cic. de nat. deor. 1, 67. – v. Lebl., **einbringen,** quid meret machaera? Plaut.: hic meret aera liber Sosiis, Hor.

2 übtr., etw. **erwerben** = **ernten, erlangen, bekommen,** tantum meruit mea gloria nomen, Prop.: nullam gratiam hoc bello, Liv.: plus favoris, minus odii, Quint.: minus gratiae quam offensionis, Quint.: legatum a creditore, Paul. dig. – m. folg. *Infin.*, felix vocatur, cadere qui meruit gradu, Sen. Agam. 536 (515). – Vgl. Plin. ep. 1, 8, 14. Nipperd. Tac. ann. 15, 6. Pabst Tac. dial. 9. p. 36. Spalding Quint. 4, 2, 39; 6, 4, 5. Tzschucke Eutr. 8, 4 *extr.* p. 548.

B prägn.: **1** durch Unzucht **verdienen,** quantum quaeque uno concubitu mereret, Suet.: a lenone domino puer ad merendum coactus, Gell.

2 durch Kriegsdienst Sold **verdienen,** dah. = **Kriegsdienste tun,** als Soldat **dienen,** vollst. aes militare merere, Varro fr. – gew. merere u. mereri stipendia, Cic. (vgl. stipendium): bis, quae annua merebant legiones, stipendia feci, ich diente zweimal nacheinander in solchen Legionen, die ein ganzes Jahr im Dienst waren, Liv.: vicena stipendia meriti, die 20 Jahre gedient hatten, Tac. – merere triplex, dreifachen Sold erhalten, Liv. – absol., aere parvo, Lucan. – in ordine, in Reih und Glied, als gemeiner Soldat dienen, Frontin.: Romanis in castris, Tac. – sub alqo, Frontin., od. sub alqo imperatore (consule), Liv.: alqo imperante od. imperatore, Caes. u. Liv. – equo od. (v. mehreren) equis merere, zu Pferde dienen, Cic. u. Liv.: u. so equo publico m., Varro fr.: pedibus m., zu Fuß dienen, Liv.

II *subi.*: **A** (sich) etw. **verdienen, sich ein Recht-, einen Anspruch** auf etwas **erwerben,** auf etwas **Anspruch machen können, sich** einer Sache **würdig machen,** im guten od. üblen Sinne, **1** eig.: **a** im guten Sinne: m. praemia, Caes.: mereri laudem, Caes.: m. immortalitatem, Cic.: fidem (Glauben), Vell.: multos meruisse, aliquos egisse triumphos, Ov.: intra has terras caelum (v. Herkules), Sen. rhet. – mit folg. *Infin.*, u. zwar m. *Infin. act.*, haec merui sperare? Prop. (1, 5, 3): quid Minyae meruere queri? haben ein Recht, haben Ursache, Val. Flacc.: m. *Infin. pass.*, solus (Homerus) appellari poëta meruit, Vell.: occultari non merentur, Val. Max.: merui quidem admitti, Sen.: dum amari meruisti, Tac.: ita consensu tamen omnium meruit credi secundus, Quint. (vgl. unten *no.* b). – m. folg. *Acc.* u. *Infin.*, sed meruisse (dari tibi praemia), Ov. met. 9, 258. – mit folg. *ut* u. Konj. (s. Brix Plaut. capt. 419. Weißenb. Liv. 40, 11, 6. Meißner Ter. Andr. 281), merui, ut fierem (liber), Plaut.: edepol istic me haud centesimam partem laudat, quam ipse meritus est, ut laudetur laudibus, Plaut.: unum hoc scio, meritam esse, ut memor esses sui, Ter.: respondit sese meruisse, ut amplissimis honoribus et praemiis decoraretur, Cic.: meriti aequitate curāque sunt, ut per omnium annalium monumenta celebres nominibus essent, Liv.: simul maiores mei meruerant, ut posteros haberent, Tac.: se meruisse, ut dicerent, Quint.: hoc *a* (von Seiten) diis meruimus, ut nos solā morte coniungerent, Petron. 114, 8. – m. *de* u. Abl., od. *erga* u. Akk., meruimus de vobis et de re publica, wir haben es verdient um usw., Plaut.: meritus est *de* me, quod queam *ut* commodem, Plaut.: iam istuc gaudeo, utut erga me merita est, Plaut.: nam de te neque re neque verbis merui, ut faceres quod facis, Plaut. – absol., si mereor, Planc. (b. Cic.) u. Ov.: si merebuntur, August. b. Suet.: proinde ac merere, Plaut.: merendo (dadurch, dass man sich dessen würdig macht), Verg. u. Prop. – **b** im üblen Sinne, etw. **verdienen** = ein Übel, eine Strafe **verschulden, verwirken, sich zuziehen,** odium, Caes.: iram alcis, Tac.: noxam, Liv.: scelere meritum esse poenam, Liv.: poenam, Ov. u. Sen.: poenas, Ov.: fustuarium, Liv.: supplicium, exitium, necem, Ov.: Romanum bellum, Liv. epit.: nihil, Cic. u. Lact., nihil tale, Lact., unschuldig sein (s. Bünem. Lact. 2, 16, 17): *Pa.* quid meritust? *Da.* crucem! Ter. – quando gravius mereretur, härtere Strafe verdiene, Tac. – m. folg. *Infin.*, quas meruere pati poenas, Ov.: meruisse mori, Ov.: plures sunt qui perire meruerunt, Sen.: id demum est homini turpe, quod meruit pati, Phaedr.: meritus maiora subire verbera, Hor.: dignitatem meriti amittere, Sen.: non merui esse reus, quod (dass) etc., es ist nicht die Schuld auf mich zu schieben, dass usw., Ov. – m. folg. *ne* u. Konj., z. B. mereri, ne quis etc., Plin. 35, 8. – mit folg. *cur*, z. B. nec meruerant (hatten sich nichts zuschulden kommen lassen) Graeci, cur diriperentur, Liv. 31, 45, 13. – m. *de* u. Abl., te ego, ut digna es, perdam, atque ut de me meres, um mich verdienst, Plaut.: ego te dehinc, ut meritus es de me et mea re, tractare exsequar: cum tu, ut meritus sum, non tractas, wie du es verdient um usw., Plaut. – absol., non insector te, quamvis mereare, Prop.: merui, meritas do sanguine poenas, Ov. – ▸ *Partic.* **α** merēns, **es verdienend,** im guten Sinne = **würdig,** im üblen = **schuldig,** laudare et increpare merentes, Sall.: cives odere merentem, Ov.: poenas sumere merentis, Verg.: scelus expendisse (habe für den Frevel gebüßt) merentem Laocoonta ferunt, Verg. – **β** meritus, **αα** aktiv = **es verdient habend, würdig,** meriti iuvenci, Verg. georg. 2, 515: u. Superl., filiae meritissimae, CIL 6, 3410*. – **ββ** passiv = **verdient, billig, gerecht, rechtmäßig,** im guten u. üblen Sinne, dona, Liv.: fama meritissima, Plin. ep.: iracundia, Cic.: meritis de causis, ICt.

2 übtr., eine Handlung begehen, die ein Recht auf Belohnung od. Strafe erwirkt, **a** im guten Sinne: quae numquam quicquam erga me commerita est, quod nollem, et saepe meritam quod vellem scio, sie hat nie das mindeste getan, was mir unangenehm wäre, doch sehr oft, was mir gefiel, Ter. Hec. 486 *sq.* – gew. **b** im üblen Sinne = etw. **sich zuschulden kommen lassen,** etw. **verschulden,** eine Schuld, ein Verbrechen **auf sich laden,** etw. **verbrechen,** quid tantum merui? Prop.: quid mali meruisset? Tac.: quid *de te* tantum meruisti? Ter.: non merui mortem tuam, Val. Flacc.: quod scelus tantum Calydon merens? Verg.: in hac re culpam meritum esse, Ter.: culpam prave quid imperando, Mela: *Partic.* passiv, ob meritam noxiam, Plaut. – m. folg. *ut* u. Konj., quid hic meruit (womit hat er es verdient), primum ut scelerata Drusus Libo iniret consilia? deinde ut iuvenes amitteret filios? Vell. 2, 130, 3.

B prägn., mereri de etc., **sich** so u. so **Verdienste erwerben, sich verdient machen** um usw., im guten u. üblen Sinne, dah. mit bene (optime), male (pessime) u. dgl., bene, optime de re publica, Cic.: melius de quibusdam, quam etc., Cic.: male de civibus suis, Cic.: perniciosius de re publica, Cic.: non ideo de te minus meretur is, cuius etc., Sen. de ben. 6, 23, 8: quocumque modo de me mereris, wie du dich gegen mich benehmen magst, Prop.: quoque modo merita de me erit, Cic.: ita se de populo Rom. meritos esse, ut etc., Caes.: m. *erga* u. Akk., utut erga me est meritus, Plaut. cist. 109 (vgl. unten merens u. meritus): m. resp. *Acc.*, desine de quoquam quicquam bene velle mereri, Catull. 73, 1: si bene quid de te merui, Verg. Aen. 4, 317: qui nihil de eo meruerant, Capit. Pertin. 13, 6. – so auch *Partic.* **α** merēns, z. B. quem perisse ita de re publica merentem consulem doleo, Cic. ad Caes. iun. 2. fr. 6. p. 42 K. (bei Non. 344, 19). – ganz absol., bene merenti bene profuerit, male merenti par erit, Plaut.: bene merenti mala es, male merenti bona es, Plaut.: bene merenti praemia tribuit, Auct. b. Afr.: vicariae carissimae benemerenti fecit, CIL 6, 9425: Zopyro optime de se benemerenti fecerunt, CIL 6, 29647: bene merens subst. = der Wohltäter, Plaut. capt. 935 u. most. 232. – Spätlat. im Superl., bene merentissimus, CIL 3, 3544; 5, 4740; 10, 2044 u. 10, 8123; 12, 227: bl. merentissimus, CIL 2, 1185. 1461. u. 9, 1987: m. *Dat.*, Faustina marito sibi merentissimo, CIL 12, 3453. – **β** meritus, z. B. bene, optime de re publica, Caes.: optime de se, Caes.: mirifice de re publica, Cic.: divinitus de me, Cic.: de ingenio suo pessime meritus, Quint.: servus pessime meritus, der sich schwer vergangen hat, Arnob. 7, 9: bene meritus *erga* se, CIL 6, 2204: *Superl.*, cui ego omnia meritissimo (der sich wohl um mich verdient gemacht hat, für seine großen Dienste) volo et debeo, Quint. 9, 2, 35. – ► Vulg. 3. Pers. Plur. Präs. (nach der 3. Konjug.) mereunt, Commod. instr. 2, 4, 11 u. apol. 56. – In der Vulgärspr. auf Inschrn. oft synk. benmerens, z. B. CIL 6, 16837 u. 10, 216; vgl. Ritschl opusc. 2, 718.

meretrīcābilis, e, u. **meretrīcārius,** a, um (meretrix) = meretricius, Cassiod. de amic. 22. § 46 u. *ibid.* prolog. § 55.

meretrīcātio, ōnis, *f.* (meretricor), die **Hurerei,** Cassian. inst. coen. 5, 20 u. a. Eccl.; vgl. Gloss. V, 222, 16 ›meretricatio, lenocinatio, fornicatio‹.

meretrīciē, *Adv.* (meretricius), **nach** (öffentlicher) **Buhldirnen Art,** Plaut. mil. 872. Oros. 1, 4, 7.

meretrīcius, a, um (meretrix), **zu Buhldirnen gehörig, buhlerisch, einer Buhldirne,** domus, Ter.: colores, buhlerischer Putz, Sen.: vestes, Tac.: quaestus, Cic. u. Donat.: ars, Lact.: amores, Ter. u. Cic.: fides, Sen. rhet.: vita, Sen. rhet.: artes, Ps. Quint. decl.: *Pi.* quid in consilio consuluistis? *Ba.* Bene. *Pi.* Pol haud meretricium est, Plaut. Bacch. 41. – subst., meretrīcium, iī, *n.*, das **Gewerbe einer Buhldirne,** m. facere (treiben), Suet. Calig. 40.

meretrīcor, ātus sum, ārī (meretrix), **sich als Buhldirne hergeben,** Rufin. Orig. homil. 8 in exod. 5 u. homil. 12 in Levit. 7. Cledon. 56, 18: Partiz. subst. *(fem.)*, libido scortantium et meretricantium, Augustin. in psalm. 136, 9.

meretrīcula, ae, *f.* *(Demin.* v. meretrix), eine **niedliche Buhldirne,** verächtl. = eine **elende Buhldirne,** Cic. Verr. 3, 30; de nat. deor. 1, 93. Liv. 39, 9, 6. Hor. sat. 2, 7, 46. Quint. 11, 3, 74.

meretrīx, trīcis, *f.* (mereo), mit u. ohne mulier, die (öffentliche) **Buhldirne,** das **Freudenmädchen,** Comic. vett., Cic. u. a.: appell., mulier m., Plaut. Men. 261 u. 335; Stich. 746: regina m., Plin. 9, 119. – Nom. Plur. auch meretricis, Turpil. com. 186: Genet. Plur. gew. meretricum; selten meretricium, Sen. contr. 1, 2, 5. – Nbf. menetrīx, Non. 423, 13 *codd.* Prob. app. (IV) 198, 28 (wo zu lesen menetrix non menetris).

mergae, ārum, *f.* (vgl. griech. ἀμέργω, streife ab), die **Gabel,** womit das abgemähte Getreide in Haufen gebracht wurde, Plaut. Poen. 1018. Colum. 2, 31, 3; vgl. Paul. ex Fest. 124, 1. – scherzh., si attigeris ostium, iam hercle tibi mergeis in ore fiet messis pugneis, kriegst du eine reiche Ernte von Faustschlägen ins Gesicht, Plaut. rud. 763. Vgl. Voß Verg. georg. 1, 287. p. 238.

merges, itis, *f.* (mergae), die **Garbe,** Verg. georg. 2, 517 (u. dazu Philarg.). Plin. 18, 296.

Mergis, s. Smerdis.

mergito, āre (mergo) = mersito, **eintauchen,** ter mergitamur, bei der Taufe, Tert. de cor. mil. 3: u. so velut in lavacro ter caput mergitare, Hieron. adv. Luciferian. 8 (tom. 4. p. 294 Ben.).

mergo, mersī, mersum, ere (aus **mezgō* zu altind. *májjati,* taucht unter, sinkt unter), **I tauchen, eintauchen, versenken, A** im Allg.: se in flumen, Varro: se in lacus, Mart.: se in mari (v. Vögeln), Cic.: in Cocyti profunda (Ggstz. in sidera evehere), Amm.: sub aequora, Ov.: sub aequore, Ov., u. bl. aequore, Verg.: mergier undis, Iuvenc.: cinerem, ins Wasser senken, Sen. poët.: mersuras aquas, Ov.: medial, mergi, untertauchen, Ov.: u. so sol mergens (die untertauchende) stridet, Schol. Iuven. 14, 280: mergus quod mergendo in aquam captat escam, Varro LL. 5, 78. – **B** insbes.: **1** (mit u. ohne in aquam) **ersäufen,** pullos mergi in aquam iussit, Cic.: u. so mergi iussit pullos, Liv. epit.: in profluentem mergi iubebat vel in mare, Vulc. Gallic.: aquā languidā mergi, Liv.: ad caput aquae Ferentinae mergi, Liv. – **2** ein Fahrzeug **in den Wellen begraben, versenken,** im Passiv = **versinken, untersinken, untergehen,** naves in alto, Liv. 25, 3, 11: ab hoc (vom Schwertfisch) naves perfossas mergi, würden die Sch. in den Grund gebohrt, Plin. 32, 15: itaque mersa navis omnes destituit, Curt. 4, 8 (34), 8: aequora discedunt mersā diducta carinā, Lucan. 3, 632. – als milit. *t. t.* = ein Fahrzeug **in den Grund bohren,** XXXI naves cepit, XIV mersit, Eutr. 2, 20: partem classis fugavit, partem mersit, Vell. 2, 42, 2: Graiae pars maxima classis mergitur, Lucan. 3, 753 *sq.* – **II** übtr.: **A** übh. **hinab-, hineinsenken, 1** eig., **hineinstecken,** palmitem per iugum, Plin.: alqm ad Styga, Sen.: caput in terram effossam, Liv.: manum in ora ursae, Mart.: canes mersis in corpora rostris dilacerant dominum, Ov.: mea viscera in sua, verschlingen, Ov.: so auch ficedulas, Iuven. – medial, mergi, v. Gestirnen = untergehen, Catull. u. Ov.: v. Flüssen, mergi in Euphratem u. dgl., sich ergießen in usw., Plin. – **2** bildl., **versenken, tief stürzen,** alqm malis (ins Unglück), Verg.: u. so bl. m. viros, ins Verderben stürzen, Verg.: funere acerbo, Verg.: lumina somno, Val. Flacc.: mergi in voluptates, Curt.; vgl. quo avidius ex insolentia in eas (voluptates) se merserant, Liv.: mersus vino somnoque, sehr betrunken u. im tiefen Schlaf befindlich, Liv.: potatio, quae mergit, berauscht, Sen.: ut mergantur pupilli, um ihr Vermögen kommen, ICt.: censum domini mergit, er richtet das Vermögen des H. zugrunde, Plin.: u. so impendio a piscatoribus mergi, Apul.: u. ut mediocris iacturae te mergat onus, Iuven.: mergit longa atque insignis honorum pagina, Iuven.: usurae mergunt sortem, die Zinsen übersteigen bei Weitem das Kapital, Liv.: mersus foro, bankrott, Plaut.: mersa et obruta fenore pars civitatis, durch Wucher tief in Schulden geraten, Liv.: nondum mersus secundis rebus, noch nicht vom Übermaß des Glückes erdrückt, Liv.: caligine mersa latent fata, in Dunkel gehüllt, Sil.: vita libidine mersa, in Üppigkeit versenkt, üppig, Sil. – mersis fer opem rebus, komm dem versunkenen Zustand, der bodenlosen Lage (der Not der Erde, deren Bewohner in der Flut versunken sind) zu Hilfe, Ov. met. 1, 380. – **B** insbes., **versenken** = **verbergen,** suos in cortice vultus, Ov.: lumina, die Augen **verschließen,** Ps. Quint. decl.: diem od. lucem, v. der untergehenden Sonne, Sen.: caelum mergens sidera, der Westen, Lucan.: medial, utrum mergeretur Iuppiter (als Gestirn) an occīderet, ante paucos dies didicimus, Sen. – v. zur See Fahrenden, mergunt Pelion et templum, verlieren aus dem Gesichtskreis, Val. Flacc. – ► Parag. *Infin.* mergier, Iuvenc. 1, 385. – Metaplast. Infin. mergeri (= mergi), Vulg. (Amiat.) Matth. 14, 30.

mergulus, ī, *m.* *(Demin.* v. mergus), der **Taucher,** Vulg. Levit. 11, 17; deut. 14, 17; vgl. Gloss. III, 17, 58 ›mergulus, αἴθυια‹.

mergus, ī, *m.* (mergo), **I** = αἴθυια, der **Taucher,** ein Wasservogel, Varro LL. 5, 78. Plin. 10, 91 u. 130. Hor. epod. 10, 22; sat. 2, 2, 51. Verg. georg. 1, 361; Aen. 5, 128. Ov. met. 8, 625 u. 11, 753. Apul. apol. 32. Sulp. Sev. ep. 3, 7. p. 147, 22 H. – scherzh. übtr., mergus agrarius, v. einem Gütersüchtigen, Lucil. 1103 (bei Capit. Pert. 9, 5). – **II** ein **Rebensenker,** Colum. 4, 2, 2 u. 4, 15, 1. Pallad. 3, 16, 1.

meribibula, ae, *f.* (merum u. bibulus), die **Weinsäuferin,** Augustin. conf. 9, 8. § 18.

merica, s. mettica vītis.

merīdiālis, e (meridies), **mittägig,** ventus, Gell.: latus, Amm.

merīdiānus, a, um (meridies), **mittägig, I** im Allg. = **zur Mittagszeit, Mittags-,** tempus, Cic.: tempora, Cels. u. Plin. ep.: horae, Varro: spectaculum, Sen. u. (bildl., v. Mittag des Lebens) Sen.: sol, Liv.: cibus, Frühstück, Imbiss um 12 Uhr, Suet.: somnus, Plin. ep. u. Cels. – subst., merīdiānī (*sc.* gladiatores), die mittags fechten, Suet. u. Tert. – *Abl. adv.* merīdiānō (*sc.* tempore), mittags, Plin. 2, 96. – **II** prägn., **mittägig** = **nach der Mittags-, Südseite liegend, auf der Südseite (gelegen), südlich,** regio, Liv.: plaga, Plin. u. (Ggstz. septemtrionalis) Lact.: pars meridiana murorum, die Südseite der M., Amm.: vallis, Liv.: circulus, der Äquator, Sen.: circinatio circuli, quae dicitur meridiana, Mittagslinie, Vitr. – subst.: **a** merīdiānus, ī, *m.* (*sc.* cardo od. sol), der **Süden,** Vell. u. a. (s. Vell. 2, 126, 3; Flor. 4, 12, 40): oriens, occidens, meridianus et aquilo, Augustin.: m. aequinoctialis, Colum. – **b** merīdiāna, ōrum, *n.* (*sc.* loca), **mittägige (südliche) Orte, -Gegenden,** mer. Indiae, Plin. 7, 24.

merīdiātio, ōnis, *f.* (meridio), die **Mittagsruhe,** das **Mittagsschläfchen,** Plur. (Ggstz. lucubrationes) b. Cic. de div. 2, 142.

merīdiēs, ēī, *m.* (aus *medīdiē, Lokativ von medius dies), der **Mittag, I** eig.: **1** im Allg. = die **Mittagszeit,** Cic. u. a.: meridie, zur Mittagszeit, Suet.: post meridiem, nachmittags, Cael. in Cic. ep. u. Plin. ep.: diem diffindere insiticio somno meridie, Mittagsruhe halten, Varro: mero meridie (am hellen M.) si dixerit illi tenebras esse, credet, Petron. 37, 5. – **2** prägn., der **Mittag** = die **Mittagsgegend,** die **Südgegend,** der **Süden,** Asia iacet ad meridiem et austrum, Europa ad septemtriones et aquilonem, Varro LL.: inflectens sol cursum tum ad septemtriones, tum ad meridiem, Cic.: a meridie Aegyptus obiacet, ab occasu Phoenices, Tac. – **II** übtr., die **Mitte** der Zeit, noctis, Varro sat. Men. 269: v. Mittag des Lebens, Non. 451, 14. – ► meridies als *fem.*, Amm. 26, 1, 9.

merīdio, (āvī), ātum, āre u. **merīdior,** ārī (meridies), **Mittagsruhe-,** ein **Mittagsschläfchen halten, α** meridio, Suet. Cal. 38, 3; Ner. 6, 4. – **β** meridior, Cels. 1, 2. p. 14, 23 D. – **γ** Supin. meridiatum, Catull. 32, 3.

merīdiōnālis, e (meridies), **mittägig, gegen Mittag gelegen,** signum, Firm. math. 2, 12.

merīdiōnārius, a, um (meridies), **im Kampf am Mittag errungen,** gloria, Apul. de orthogr. § 10.

Mēriones, ae, *m.* (Μηριόνης), ein Kreter, Waffenfreund u. Wagenlenker des Idomeneus, einer der tapfersten Helden vor Troja, Hor. carm. 1, 6, 15 u. 15, 26. Ov. met. 13, 358 *sq.*

merismos, ī, *m.* (μερισμός), als Redefig., die **Verteilung** = die **Aufzählung nach seinen Teilen** (rein lat. partitio, distribuela), Cl. Sacerd. art. gramm. 1. *no.* 149 (griech. bei Rutil. Lup. 1, 16 u. Carm. de fig. 85. p. 66 H.).

meritissimē u. **-mō,** s. 2. meritō.

1. **merito,** āvī, āre (Intens. v. mereo), **a verdienen,** HS D annua, Plin. 7, 129: fundus, qui sestertia dena meritasset, verdient, d. i. eingebracht, Cic. Verr. 3, 119. – **b** (mit u. ohne stipendia), **um Sold dienen,** Cato fr. bei Fest. 154 (a), 20 (vgl. Paul. ex Fest. 152, 10): longe meritare Siculas per oras, Sil. 10, 655.

2. **meritō,** *Adv.* (meritus), **verdientermaßen, nach Verdienst, mit Recht, mit Fug und Recht, wie billig, aus gutem Grund,** merito sum iratus Metello, Cic.: merito abdicasti an immerito? Sen. rhet.: merito ac iure laudari, Cic.: te ipse iure optimo, merito incuses, Plaut.: recte ac merito sociorum innocentium miseriā commoveri, Cic.: prorsus merito (mit vollem Recht) interrogas, Sen.: profecto existumabant me magis merito (aus g. Gr.) quam ignaviā iudicium animi mei mutavisse, Sall.: at, ille, merito, inquit, facio, Nep. – *Superl.*, meritissimō, Plaut. asin. 737. Cic. de or. 1, 234. SC. in Plin. ep. 8, 6, 6. Apul. flor. 9. p. 9, 17 Kr.: meritissimē, Augustin. c. Acad. 2, 19: meritissime ac iure, Solin. 7, 18.

meritōrius, a, um (mereo), **I wofür Geld bezahlt wird, womit man Geld verdient, Miet-, Lohn-,** artificium, Sen.: raeda, Mietwagen, Suet.: cenaculum, Suet.: taberna, Wirtshaus, Val. Max. – salutatio, bei der man auf Geld hofft, Sen. – *Plur.* subst., meritōria, ōrum, *n.*, Räume, die auf kurze Zeit vermietet werden, Iuven. u. ICt.: meritoria facere, Räume auf kurze Zeit vermieten, ICt. – **II** insbes., in Bezug auf Unzucht, **Miet-,** pueri, Buhlknaben, Cic.: scorta, Suet. u. Arnob. – subst., meritōrium, iī, *n.*, das **Bordell,** Firm. u. a.

meritum, ī, *n.* (mereo), **I** der **Verdienst, Lohn,** nil suave meritum est, Ter. Phorm. 305. – euphem. wie unser **Lohn** = Strafe, delictorum, Tert. apol. 21: meritum reportare, Apul. met. 8, 28 *in.*: merita invenire, Sall. hist. fr. 1, 48 (51), 16. – **II** das **Verdienst,** d. i. jede Handlung, wodurch man sich Ansprüche auf Dank od. Belohnung erwirbt, **A** im Allg.: ingens m., Sen. u. a., ingentia merita, Liv. u. a.: pro cuiusque merito, Liv.: pro singulari eorum merito, Cic.: ex merito, Tac.: magnitudo tuorum erga me meritorum, Cic.: meritum ingens in alqm, Curt.: ob merita eius erga rem publicam, Inscr.: merito tuo feci, Cic. – **B** insbes.: **1** das **Verdienst,** die **Wohltat, Großmut** (großmütige Tat) gegen jmd., magna eius in me, non dico officia, sed merita sunt, Cic.: dare et recipere merita, Cic.: quasi remunerans meritum, Liv. – **2** die **Schuld, a** das **Verschulden,** die **Verschuldung,** merito populi Romani, Caes.: non meo quidem mehercules merito, Vatin. in Cic. ep.: nullo meo merito, Cic.: nullo meo in se merito, ohne etwas gegen ihn verschuldet zu haben, Liv.: quod ob meritum, Liv. – **b** das **Vergehen, Verbrechen,** meriti sui in Harpago oblitus, Iustin. 1, 6, 8. – **3** übtr., **a** das **Verdienst,** d. i. der **Wert,** die **Wichtigkeit,** die **Bedeutung,** quo sit merito quaeque notata dies, Ov.: loci, Mart.: agri, mellis, Pallad. – **b** die **Beschaffenheit,** morborum, Fulg. myth. 3, 8.

meritus, a, um, s. mereo.

Mermēssus, ī, *f.*, s. Marpēssus.

Mero, ōnis, *m.* (merum), der reinen (nicht mit Wasser gemischten) Wein trinkt, der **Weinsäufer,** dem Kaiser Tiberius Klaudius Nero wegen seiner Trunksucht gegebener Spottname, Suet. Tib. 42, 1.

merōbibus, a, um (merum u. bibo), **unvermischten Wein trinkend,** was bei den Alten nur Trunkenbolde taten, anus, Plaut. Curc. 77.

Meroē, ēs, *f.* (Μερόη), große u. berühmte Nilinsel in Äthiopien, die jetzige Provinz *Atbar*, Mela 1, 9, 2 (1. § 50). Ov. fast. 4, 570. Lucan. 4, 433. Dav.: **a Meroïs,** idis, Akk. ida, *f.* (Μεροΐς), **meroïsch,** herba, Plin. 24, 163. – **b Meroītānus,** a, um, **meroïtanisch,** vinum, Fulg. myth. 2, 15.

Meropē, ēs, *f.* (Μερόπη), Tochter des Atlas, Gemahlin des Sisyphus, eine der Plejaden (ein Stern des Siebengestirns), deren Stern, weil sie einen Sterblichen geheiratet, dunkler ist, Ov. fast. 4, 175. Hyg. astr. 3, 21.

1. **Merops,** opis, *m.* (Μέροψ), **I** König der Äthiopier, Gemahl der Klymene, mit der der Sage nach Helios (Apollo) den Phaëthon zeugte, Ov. met. 1, 763; trist. 3, 4, 30; vgl. Voß Verg. ecl. 6, 62. – **II** König von Kos, nach dem die Koër Meropes, um, *m.*, genannt werden, s. Quint. 8, 6, 71.

2. **merops,** opis, *m.* (μέροψ), ein Vogel, der **Bienenfraß, Bienenspecht, Bienenwolf, Immenwolf** (*Merops apiaster*, L.), Verg. georg. 4, 14. Plin. 10, 99. Isid. orig. 12, 7, 34.

merōsus, a, um (merum), **viel reinen Stoff enthaltend, unvermischt,** vinum, Agroet. 123, 9 K. Isid. de diff. 1, 41.

mers, s. merx.

mersito, āre (*Intens.* v. mergo), **eintauchen,** profundius nares mersitat in bibendo, Solin. 45, 18.

merso, āvī, ātum, āre (*Intens.* v. mergo), **eintauchen, versenken,** ovem, Colum.: arietem in gurgite, Verg.: gregem fluvio, Verg.: gallinam Falerno musto, Hor.: undas amne, Mart. Cap.: aquā calidā mersari, Tac.: indumento suo mersari (v. Pilzen), Sen. – insbes., mersari, **untergehen,** v. Gestirnen (Ggstz. oriri), Mart. Cap. 8. § 844. – im Bild, mersari civilibus undis, sich stürzen in usw., Hor. ep. 1, 1, 16: mersor fortunae fluctibus, das Unglück bricht über mich herein, Catull. 67, 13. – tum penuria deinde cibi languentia leto membra dabat, contra nunc rerum copia mersat, erdrückt sie, Lucr. 5, 1007 *sq.*

merto, āre, altlat. = merso, Acc. tr. 122 u. 134; vgl. Quint. 1, 4, 14 u. Paul. ex Fest. 81, 10 u. 124, 9.

1. **merula,** ae, *f.,* **I** die **Amsel,** Varro LL. 5, 76 u. 9, 55. Cic. de fin. 5, 42. Plin. 10, 72 u. 80. Plin. ep. 4, 2, 3. Hor. de art. poët. 458. Isid. orig. 12, 7, 69: merulae albae, als Seltenheit, Varro r. r. 3, 9, 17. – Nbf. merulus, ī, *m.,* Anthol. Lat. 762, 13 R. = 233, 13 M. Gloss. II, 229, 19; verworfen von Varro LL. 9, 55. Charis. 57, 16 u. Beda de orthogr. 280, 5 K. – **II** übtr.: **1** ein Fisch, die **Meeramsel,** Enn. fr. var. 42 (bei Apul. apol. 39. p. 48 Kr.). Ov. hal. 114. Plin. 9, 52 u. 32, 149: Nbf. meruli nigri, Isid. orig. 12, 6, 5. – **2** eine Art hydraulischer Maschinen, die den Ton einer Amsel von sich geben, die **Amsel,** Vitr. 10, 7, 4.

2. **Merula,** ae, *m.,* Name einer plebej. Familie der gens Cornelia, aus der am bekanntesten L. Corn. Merula, flamen Dialis, im J. 87 v. Chr. nach Vertreibung des Konsuls Cinna aus Rom an dessen Stelle erwählt, Vell. 2, 20 u. 22. Val. Max. 9, 12, 5. Flor. 3, 21, 16. Tac. ann. 3, 58, 2.

merulātor, ōris, *m.* (merum), der **Weintrinker,** CIL 6, 13481 = Carm. epigr. 463 *Buecheler.*

merulentus, a, um (merum), **trunken,** Fulg. myth. 1. praef. p. 13 M. (= p. 8, 7 H.).

meruleus, a, um (merula), **schwarz wie eine Amsel,** Plaut. Poen. 1289.

merulus, ī, *m.,* s. 1. merula *no.* I.

merum, ī, *n.,* s. merus, a, um.

merus, a, um (zu griech. μαρμαίρω, μαρμαρίζω, schimmere), **lauter, I** im engeren Sinne, **unvermischt, rein** (Ggstz. mixtus), v. Flüssigkeiten, vinum, Plaut. u. Ov., u. subst. bl. merum, ī, *n.,* Hor., Ov., Curt. u. Plin., nicht mit Wasser vermischter, reiner Wein (den nur Unmäßige zu trinken pflegten): a mero, nach verrauchtem Wein, Ov.: Plur. mera, Ven. Fort. vit. S. Mart. 4, 574. – undae, reines (nicht mit Wein vermischtes) Wasser, Ov.: lac, Ov. – im Bild, velut ex diutina siti nimis avide meram haurientes libertatem, d. i. die volle (nicht durch Gesetze in Schranken gehaltene, gemäßigte) Fr. = die Fr. in vollen Zügen trinkend, Liv. 39, 26, 7 (vgl. Cic. de rep. 1, 66 cum populus non modice temperatam, sed nimis meracam libertatem sitiens hauserit). – **II** im weiteren Sinne, **A** eig.: **1** im Allg., mit nichts Fremdartigem versehen, **unvermischt, rein, unverfälscht, natürlich,** gustum cuiusque generis non mistum sed vere merum condere, Colum.: nec recte quae in nos dicis, aurum atque argentum merum est, Plaut. asin. 155. – **2** insbes.: **a rein** = **ungetrübt, unverdunkelt, hell,** mero meridie, Petron. 37, 5. – **b bloß, unbedeckt,** pes, Iuven.: calx, Prud. – **B** übtr.: **1 lauter, a** = **bloß, weiter nichts als** usw., agnae, Varro: segnities, reines Nichtstun, bloße Zeitverschwendung, Plaut.: spes, Ter.: scelera, Cic.: monstra, Cic.: merum bellum loqui, von nichts als von Kr. sprechen, Cic.: mera mendacia narrare, Sen.: vineta crepare mera, Hor. – **b rein** = **bloß, genau, im strengen Sinne genommen,** imperium aut merum aut mixtum est, ICt.: non meram donationem esse, ICt. – **2 rein** = **echt, unverfälscht,** meri principes, Cic. de or. 2, 94: libertas mera veraque virtus, Hor. ep. 1, 18, 8 (versch. bei Liv., s. o. *no.* I): illa vera et mera Graecia, Plin. ep. 8, 24, 2.

merx, mercis, Genet. Plur. mercium, *f.* (mereo), **I** die **Ware, 1** eig. u. übtr.: tabes mercium, verlegene W., Plin.: m. invendibilis, Plaut.: merces improbae, Plaut.: merces externae, Plin.: peregrinae, Liv.: adventiciae, Amm.: opimae (Ggstz. viles), Amm.: femineae, weibl. Schmucksachen, Ov.: esculenta, Essware, Colum.: frumenta in merce sunt, gehören unter die Waren, Plin.: merces mutare, Tauschhandel treiben, Verg., Tac. u. Apul.: merces suas evehunt externasque invehunt, Plin.: Poeni primi mercaturis et mercibus suis, Cic. fr. – übtr., ut aetas mala merx est tergo, ein schlimmes Ding, Plaut.: novi illas malas merces (faulen Fische), Plaut.: u. von bösen Menschen, mala merx haec est, das ist böse Ware, ein schlechtes Geschöpf, Plaut. (s. Brix Plaut. mil. 895): u. so Plur. v. einer Pers., o merces malae! Plaut. truc. 409. – Archaist. Nbf. mers (mercis u. merces, z. B. Sall. bei Charis. 42, 12), in Hdschrn. (s. Ritschl opusc. 2, 652 *sqq.* Brix Plaut. Men. 758. Lorenz Plaut. mil. 720 u. Not. Tir. 42, 25. – **2** meton., der **Preis der Ware,** der **Warenpreis,** mercium quantitas, Cypr. de habit. virg. 14. – **II** = merces, der **Lohn,** velut incentivo quodam mercis agitati, Ps. Cypr. de laud. martyr. 27. p. 48, 14 H.

mesa, ae, *f.* (μέση), die **mittlere, Mittelsorte,** rein lat. media, Plin. 19, 174.

mesancula, ae, *f.* u. **mesancylum,** ī, *n.* (μεσάγκυλον), ein Wurfspieß, dessen Riemen in der Mitte sitzt, Form *-cula,* Gell. 10, 25, 2: Form *-cylum,* Paul. ex Fest. 125, 2.

mesaulos, ī, *f.* (μέσαυλος) = *andron,* ein **schmaler Gang zwischen zwei Gemächern oder Wänden,** Plur. mesauloe, Vitr. 6, 7, 5.

mesē, ēs, *f.* (μέση), der **mittlere Ton, der Ton** *a,* Vitr. 5, 4 *sq.*

Mesēmbria (Messēmbria), ae, *f.* (Μεσημβρία), eine Stadt von Thrazien, am Fuße des Hämus u. an der Grenze von Mösien, j. *Missivria* od. *Messuri,* Mela 2, 2, 5 (2. § 22). Plin. 4, 45. – Dav. **Mesēmbriacus,** a, um, **mesembriacisch,** Ov. trist. 1, 10, 37.

Mesēnē, ēs, *f.* (Μεσηνή), das **Mittelland,** Name der Landschaft Babylonia, die durch den südlich neben der medischen Mauer hinfließenden Königskanal gleichsam zu einer Insel geworden war, Plin. 6, 129. Amm. 24, 3, 12.

mesēs, ae, *m.* (μέσης), der **Nordnordostwind,** zwischen boreas u. caecias, Plin. 2, 120.

Mēsia silva, ae, *f.,* bewaldeter Bergrücken am rechten Tiberufer, südwestlich von Veji, Liv. 1, 33, 9 (Hertz Messia). Plin. 8, 225.

1. **mēsis** = mensis, CIL 5, 1636; 6, 11928 u. ö.: Genet. Plur. mesum, CIL 6, 3604: mesorum, CIL 6, 12675; 10, 623 u. 2535. Vgl. mensis ►.

2. **mesis** = messis, Not. Tir. 72, 88.

mesobrachys, Akk. chyn, *m.* (μεσόβραχυς), ein **Versglied von fünf Silben, deren mittelste kurz ist** (z. B. pulcherrimarum), Ggstz. mesomacros, Diom. 481, 20.

mesochorus, ī, *m.* (μεσόχορος), einer, der mitten in einem Chor steht u. ihn leitet, der **Chorführer** (sonst κορυφαῖος, coryphaeus), Sidon. epist. 1, 2, 9. Schol. Iuven. 11, 172: übtr., der **Vorklatscher, Claqueur,** Plin. ep. 2, 14, 6.

mesoīdēs, is, *f.* (μεσοειδής), **wie die Saite** *mese* (μέση), **der Saite** *mese* **entsprechend,** Mart. Cap. 9. § 965 *sq.*

mesolabium, iī, *n.* (μεσολάβιον), ein mathematisches Werkzeug des Eratosthenes, womit er die zwei mittleren Proportionalen aufsuchte, Vitr. 9. praef. 14.

mesoleucos, ī, (μεσόλευκος, in der Mitte weiß), **I** *m.,* ein uns unbekannter Edelstein, Plin. 37, 174. – **II** *f.,* eine Pflanze, Plin. 27, 102.

Mesōlum, s. Mausōlus a. E.

mesomacros, ī, *m.* (μεσόμακρος *sc.* πούς), ein **Versglied von fünf Silben, deren mittelste lang ist** (z. B. avidissimus), Ggstz. mesobrachys, Diom. 481, 16.

mesomelās, anos, *m.* (μεσομέλας, in der Mitte schwarz), ein uns nicht bekannter Edelstein, Plin. 37, 174.

mesonauta, ae, *m.* (*μεσοναύτης), nach einigen eine **Mittelgattung zwischen dem Steuermann und den Ruderknechten,** nach anderen ein in der Mitte der Schiffsleute sich befindender Schiffer, der den Ruderknechten das Signal zum Rudern gab, der **Signalgeber,** Pompon. b. Ulp. dig. 4, 9, 1. § 2.

mesonyctius, a, um (μεσονύκτιος), **mitternächtig,** afflatus, Isid. orig. 5, 30, 4. – subst., mesonyctium, iī, *n.* (μεσονύκτιον), **Mitternacht,** alcis, d. i. seine Erscheinung zu M., CIL 13, 1751.

Mesopotamia, ae, *f.* (Μεσοποταμία), eine Landschaft Asiens zwischen dem Euphrat u. Tigris, Cic. de nat. deor. 2, 130. Mela 1, 11, 1 (1. § 62). Treb. Poll. Gallien. 12, 1. Ruf. Fest. 23. Vulg. gen. 24, 10. Hieron. de interpr. nom. Hebr. tom. 3. p. 202 *Vall.* (p. 939 *Migne).* Isid. orig. 13, 21, 10. – Dav. **Mesopotamēnus**, a, um, **in** od. **aus Mesopotamien, mesopotamisch,** auxiliares, Valer. imp. bei Vopisc.: episcopus, Cassiod. – Plur. subst., Mesopotamēnī, ōrum, *m.*, die Einwohner von Mesopotamien, die **Mesopotamener,** Spart. Hadr. 21, 12. Vopisc. Aurel. 11, 3. Schol. Iuven. 1, 104.

mesopylus, a, um (μέσος u. πύλη), **an der Mitteltür befindlich,** CIL 6, 630*.

mēsor, ōris, *m.*, s. mēnsor.

mesosphaerus, um (μεσόσφαιρος), **mittelblätterig,** Beiname einer Art der Narde, nach Plin. 12, 44.

mesozeygma, atis, *n.* (μεσόζευγμα), das **Mittelband,** als gramm. *t. t.* ein Wort, das mehrere Wörter oder Sätze verbindet, Diom. 444, 14.

mespila, s. mespilus *no.* I.

mespilum, ī, *n.* (μέσπιλον), **I** die **Mispel,** Plin. 15, 84 u. 115. Cloat. bei Macr. sat. 3, 19, 6. Pallad. 4, 10, 19 u. 22. – **II** der **Mispelbaum,** Pallad. de insit. 69.

mespilus, ī, *f.* (μεσπίλη), **I** der **Mispelbaum,** Plin. 15, 84. Pallad. 3, 25, 32. – Nbf. mespila, Plin. 17, 67. – **II** die **Mispel,** Pallad. de insit. 91.

Messalla (Messāla), ae, *m.*, Name einer Familie des valerischen Geschlechts, aus der am bekanntesten M. Valerius Messalla Corvinus, jüngerer Zeitgenosse Ciceros, später unter Augustus Gönner Tibulls, Cic. ad Att. 15, 17, 2; 16, 16. litt. A. § 5. Tibull. 4, 1, 1: bewundert als gewandter Redner, Hor. de art. poët. 371. Sen. contr. 2, 12, 8: im Plur., Verg. catal. 11, 40. Ov. ex Pont. 4, 16, 43. Sen. de clem. 1, 10, 1. – bl. Corvinus, Hor. sat. 1, 10, 29. – u. **Messalīna**, die unzüchtige Gemahlin des Kaisers Klaudius, Tac. ann. 11, 2 *sq.* Suet. Claud. 26 *sqq.* Iuven. 10, 333.

Messāna, ae, *f.* (Μεσσήνη, dorisch Μεσσάνα), Stadt auf Sizilien an der Meerenge zwischen Italien u. Sizilien, früher Zancle gen., j. *Messina,* Cic. Verr. 2, 13. Caes. b. c. 2, 3. Sil. 14, 195. – Vom griech. Μεσσήνη abgel. **Messēnius**, a, um, **messenisch,** moenia, der Stadt Messana, Ov. met. 14, 17.

Messāpia, ae, *f.*, alter Name eines Teiles von Unteritalien, **Kalabrien,** Plin. 3, 99, oder **Apulien,** Paul. ex Fest. 125, 5. – Dav. **Messāpius**, a, um, **apulisch** od. **kalabrisch,** Ov. – Plur. subst., Messāpiī, ōrum, *m.*, die Einw. von Messapia, die **Messapier,** Liv.

Messāpus, ī, *m.*, ein Fürst in Apulien od. Kalabrien, Verg. Aen. 7, 691.

Messēis, idis, *f.* (Μεσσηΐς), eine Quelle in Thessalien, Plin. 4, 30. – *adi.*, Messeides undae, Val. Flacc. 4, 374.

Messēmbria, s. Mesēmbria.

Messēnē, ēs, *f.* u. **-ēna**, ae, *f.* (Μεσσήνη), die Hauptstadt in der Landschaft Messenien, am Fluss Pamisos im Peloponnes, j. *Maura-Matia,* Liv. 36, 31, 1 *sqq.* Nep. Epam. 8, 5 H.: Form *-ēna,* Liv. 32, 21, 23. Stat. Ach. 1, 422.

Messēnia, ae, *f.* (Μεσσηνία), die Landschaft **Messenien,** Plin. 4, 15. Mela 2. § 39 u. 41. – Dav. **Messēnius**, a, um (Μεσσήνιος), **messenisch,** arva, Ov.: regio, Plin. – Plur. subst. Messēniī, ōrum, die **Messenier,** Liv.

1. **Messēnius**, s. Messāna.

2. **Messēnius**, s. Messēnia.

Messia, ae, *f.* (meto, ere), die **Göttin des Mähens,** Tert. de spect. 8 = Suet. fr. 188. p. 336, 4 *Reiff.*

Messia silva, s. Mēsia silva.

Messīās, ae, *m.* (hebr. משיח, der Gesalbte), der **Messias,** Anthol. Lat. 689, a. p. 149 R. u. Eccl.

messio, ōnis, *f.* (meto, ere), das **Mähen,** frumenti, Varro r. r. 1, 50, 1: hordei, Vulg. 2. regg. 21, 9. – Bildl. = Vernichtung, Vulg. Iob 29, 19; Ierem. 51, 33. Hieron. Isai. 8, 27, 11.

messis, is, *f.* (meto, ere), die **Ernte, I** eig. und meton.: **A** eig.: messis hordea, Varro: messium tempore, Plin.: calidiora atque eo maturiora messibus Apuliae loca, Liv.: messem facere, Scriptt. r. r. u. a.: messem peragere, Plin.: messem amittere, Cic.: messis enim nulla fuerat, die E. war ganz fehlgeschlagen, es war eine gänzliche Missernte gewesen, Cic. – im weiteren Sinne auch = die **Honigernte,** Verg. georg. 4, 231. – **B** meton.: **1** die **Ernte, a** die eingeernteten Früchte, Varro u. Verg.: de campis subvecta messis, Plin. pan.: ex hostico raptae perituraeque in horreis messes, Plin. pan.: messes vinaque villis efferre, Iustin. – im weiteren Sinne, messis Cilicum et Arabum, die Ernte der Araber, d. i. Weihrauch u. Safran, Stat.: messis bellatura, die aus den von Kadmus gesäten Schlangenzähnen hervorgewachsenen Männer, Stat. – **b** die noch einzuerntenden Früchte, Tibull. u. Ov.: dah. sprichw., adhuc tua messis in herba est, dein Weizen soll noch blühen, d. i. dein Wunsch ist noch weit vom Ziel, Ov. her. 16 (17), 263: urere suas messes, sein eigenes Gemächt (seine Klienten usw.) verderben, Tibull. 1, 2, 100. – **2** die **Ernte** = die **Erntezeit,** Verg. u. Colum.: messibus, zur E., Plin. – u. die **Ernte** = das **Jahr,** quarta, trigesima, s. Flach Mart. 1, 91, 4. – **II** bildl.: mali messem metere, Undank einernten, Plaut.: si attigeris ostium, iam hercle tibi mergeis in ore fiet messis pugneis, Plaut. (vgl. mergae): illa Sullani temporis messis, jene E. der sull. Z. (wo so viele getötet od. ihres Vermögens beraubt wurden), Cic. parad. 6, 46. – ► messis *gen. masc.*, Lucil. 707. – Archaist. Akk. messim, Plaut. Epid. 718 (*cod.* B mesim); most. 161. Cato r. r. 134, 1. Poët. vet. bei Fest. p. 333 (a), 5. Varro r. r. 3, 2, 6. Gell. 2, 29, 9: Abl. messi, Varro LL. 5, 21. Varro r. r. 1, 53 (vgl. Charis. 43, 15). – mesis geschr. Not. Tir. 72, 88.

1. **messor**, ōris, *m.* (meto, ere), der **Mäher, Schnitter,** Cic. u. a.: als Feldgott, Fab. Pict. bei Serv. Verg. georg. 1, 21. – bildl., sator sartorque scelerum et messor maxume, Plaut. capt. 661.

2. **messor**, ōris, *m.*, s. mēnsor.

messōrius, a, um (1. messor), **zu den Schnittern gehörig, Schnitter-,** corbis, Cic.: opera, Colum.: falx, Ulp. dig. u. Arnob. – subst., messōria, ae, *f.* (*sc.* falx), die Sichel der Mäher, Itala (cod. Legion.) 1. regg. 13, 20.

messuārius, a, um (meto, ere), **zum Ernten gehörig, Ernte-,** corbis, Serv. Verg. ecl. 8, 82.

met, eine Anhängesilbe an die substantiv., selten an die adjektiv. *Pronomina person.* u. an die *Pronomina possess.* angehängt, um unser **selbst, eigen** auszudrücken, egomet, Ter.: memet, Cic.: tutemet, Lucr.: u. mit Hinzufügung von ipse nach seinem Kasus, de memet ipso, Cic.: nobismet ipsis, Cic.

mēta, ae, *f.* (zu altind. *mēthí-ḥ, mēthī,* Pfeiler, Pfosten), jede **kegel- oder pyramidenförmige Figur, I** im Allg.: collis in modum metae in acutum cacumen fastigatus, Liv.: petra in metae modum erecta, Curt.: umbra terrae est meta noctis, Cic.: poet., m. lactis, m. lactans, Käse, Mart. – **II** insbes.: **A** der **Schober, Heuschober,** fenum exstruere in metas, Colum.: metas (feni) accendere, Plin. – **B** meta molendaria od. molendinaria, der unten wie ein stumpfer Kegel zulaufende untere Teil des oberen Mühlsteins, der das Getreide zermalmte, der **Läufer,** griech. ὄνος ἀλέτης (Ggstz. catillus, s. d.), Paul. dig. 33, 7, 18. § 5: metas molendinarias rotare, Amm. 17, 4, 15. – **C** prägn., die **Spitzsäule** am oberen u. unteren Ende des röm. Zirkus, um die die Wettfahrenden siebenmal herumfahren mussten, sublatae metae (worunter zugleich auch die Mauer in dem mittleren Platz des Zirkus [spina] zu verstehen), Suet. Caes. 39, 3: dah. bildl., interiorem metam curru terere, nicht ausschweifen, geradezu gehen, Ov.: in flexu aetatis haesit ad metas, wurde er unglücklich, Cic. – Weil diese Spitzsäule der Ort des Umlenkens, zugleich aber auch das Ziel war, dah. übtr.: **a** der **Ort, wo man umlenkt,** metas lustrare Pachyni, das Vorgebirge P. umfahren, Verg.: ad metam eandem solis etc., Liv. – **b** das **Ziel, Ende,** die **Grenze,** mortis, Verg.: aevi, Verg.: ultima, Ov.: metamque tenebant, Verg.: properare ad metam, Ov.: vitae metam tangere, bestimmte Lebensjahre, Ov.: terrarum invisere metas, Sil.: ad quas metas naturae sit perveniendum usu, Varro LL. 8, 31: ad duas metas dirigere, auf zwei Ziele gleichs. hinlenken (= zweierlei im Auge haben), Varro r. r. 1, 4, 1 u. 1, 18, 1. – sol ex aequo metā distabat utrāque, es war Mittag, Ov.: nox mediam caeli metam contigerat, es war Mitternacht, Verg. – **D** Meta sudans, ein der Meta im Zirkus ähnlicher Springbrunnen vor dem Amphitheater, Sen. ep. 56, 4. Notit. reg. IV. *no.* 9.

metabolē, es, *f.* (μεταβολή), der **Übergang in eine andere Tonart,** Fulg. myth. 3, 9. p. 128 M.; vgl. (griech.) Quint. 9, 4, 50.

metacismus, richtiger myotacismus, s. d.

metaf..., s. metaph...

Metagōgeūs, eī, Akk. ea, *m.* (μεταγωγεύς), der **Herumführer** (rein lat. circumductor), einer der Äonen des Valentinian, Tert. adv. Val. 10.

metagōn, ontis, Akk. onta, *m.* (μετάγων), der **Leithund, Spürhund,** Gratt. cyn. 264.

metalēpsis, Akk. in, Abl. ī, *f.* (μετάληψις), eine Metapher, u. zwar eine Art doppelter Metonymie, wie messis meton. = Erntezeit und dann = Jahr (s. messis *no.* I, B, 2), Quint. 6, 3, 52; 8, 6, 38: Nbf. metalempsis, Pompeii comment. 306, 26 K.

mētālis, e (meta), **kegelförmig,** metali formā, Fest. 355 (a), 33.

mētāliter, *Adv.* (metalis), **kegelförmig,** Mart. Cap. 8. § 859 u. § 870.

metalla, s. metella.

metallārius, a, um (metallum), **in Bergwerken arbeitend,** spät. ICt.

metallī, ōrum, *m.* = *mercenarii,* Paul. ex Fest. 147, 18.

metallicus, a, um (metallum), **zum Metall gehörig, metallisch, I** *adi.*: natura, Plin.: molybdaena, Plin.: pecunia, Cassiod. – **II** *subst.*: **a** metallicus, ī, *m.*, **α** der **Metallgräber, Bergmann,** Plin. 34, 157. Cod. Iust. 11, 6, 7. – **β** ein **zu den Bergwerken Verurteilter,** Ulp. dig. 48, 19, 8. § 9: ex effractore erit metallicus, Augustin. serm. 125, 5. – **b** metallica, ae, *f.* (*sc.* ars), die **Hüttenkunde, Metallurgie,** Chalcid. Tim. 337.

metallifer, fera, ferum (metallum u. fero), **Metall tragend, metallreich,** terra, Sil. 15, 498: Luna, Stat. silv. 4, 4, 23.

metallum, ī, *n.* (μέταλλον), **I** das **Metall,** Gold, Silber usw., Sen., Plin. u. a.: m. aeris, Verg. (vgl. *no.* II): libertas potior metallis, als Gold u. Silber, Hor.: übtr., von anderen Mineralien, wie Marmor, Stat.: Schwefel, Apul.: Salz, Prud.: auch v. Edelsteinen, Pacat. – bildl., **Metall, Gehalt,** saecula meliore metallo, Claud. III. cons. Honor. 184. – **II** meton., die Grube, in der auf Metalle u. andere Mineralien gegraben wird, das **Bergwerk,** reditus metallorum, Liv.: ius metallorum, das Recht, auf seinem Grund und Boden Bergwerke anzulegen, das Schürfrecht, Suet.: m. aurarium, argentarium, ferrarium, Plin.: cretae, Plin.: silicum, Steinbruch, Plin.: argenti metalla, Iustin.: metalla instituit, Liv.: exercere metallum Macedonicum, Liv.: exercere argentifodinas aut alia et alia metalla, Varro: metalla auri atque argenti non exerceri, ferri et aeris permittit, Liv.: damnare in metallum, Plin. ep., od. condemnare ad metalla, Suet., zur Arbeit in den Bergwerken od. Steinbrüchen verurteilen. – ▶ Nbf. metallus, ī, *m.*, Epigr. bei Spart. Pesc. Nig. 12, 6 (wo Vok. metalle).

metallus, s. metallī u. metallum a. E.

Metamelos, ī, *m.* (μετάμελος), die **Reue,** personif., Varro sat. Men. 239.

metamorphōsis, *f.* (μεταμόρφωσις), die Verwandlung; dah. **metamorphōsēs** (metamorfōsēs), eōn, die **Verwandlungen,** ein Gedicht des Ovid u. des Apulejus, griech. Dat. -phōsesin, Quint. 4, 1, 77 (Meister -phōsi): griech. Akk. -phōseis, Tert. adv. Val. 12, -phōsīs, Sen. apoc. 9, 5.

Metanoea, ae, *f.* (μετάνοια), die **Reue,** personif. als Göttin, Auson. epigr. 11, 12.

metaphora, ae, *f.* (μεταφορά), als rhet *t. t.* = die **Übertragung** eines Wortes in eine uneigentliche Bedeutung, die **Metapher,** rein lat. translatio, s. Quint. 8, 6, 4 *sqq.* Charis. 272, 8. Fest. 153 (a), 2. Pompeii comment. 305, 7 K. Schol. Iuven. 1, 169.

metaphoricē, *Adv.*, **übertragen, metaphorisch, bildlich,** Isid. orig. 1, 36, 3: griech. Nbf. metaphoricos od. metaforicos (μεταφορικῶς), Schol. Iuven. 7, 55. Acro Hor. sat. 1, 3, 29 *sqq.;* 1, 4, 34; ep. 1, 3, 19 u. ö. (oft mit der Variante metaphorice).

metaphrasis, Abl. ī, *f.* (μετάφρασις), die **Umschreibung, Erklärung,** Homeri, Sen. suas. 1. § 12.

metaphrenum, ī, *n.* (μετάφρενον), **der obere Teil des Rückens,** Cael. Aur. de morb. acut. 3, 16, 129 (griech. Cael. Aur. de morb. acut. 2, 29, 151 u. de morb. chron. 3, 2, 31).

Metapīnus, a, um, **metapinisch,** os, die Mündung der Rhone (des Rhodanus), die durch die Inseln *Tines* jetzt in drei Ausflüsse, *le Grau du Midi* (od. *le Grand Grau), le Grau St. Anne* u. *le Grau de Saucete,* geteilt wird, Plin. 3, 33. Mart. Cap. 6. § 635.

metaplasmus, ī, *m.* (μεταπλασμός), der **Metaplasmus,** die **Umbildung,** als gramm. *t. t.* von der Umwandlung der Kasusformen u. von der Ableitung der Formen (sowohl in der Deklination als auch in der Konjugation) von einem anderen ungebräuchlichen Stamm, z. B. tetuli, Quint. 1, 8, 14. Pompeii comment. 296, 4 K. Mart. Cap. 3. § 326. Aldh. de re gramm. in Class. auct. *ed. Mai* 5, 521.

metaplasticōs, *Adv.* (*μεταπλαστικῶς), **metaplastisch,** durch **Metaplasmus,** Fest. p. 153 (a), 10.

Metapontum, ī, *n.* (Μεταπόντιον), eine griech. Kolonie am Tarentinischen Meerbusen, Aufenthalts- u. Sterbeort des Pythagoras, Mela 2, 4, 3 (2. § 68). Liv. 1, 18, 2. Cic. de fin. 5, 4. – Dav. **Metapontīnus**, a, um, **metapontinisch,** Liv. – Plur. subst., Metapontīnī, ōrum, *m.*, die **Metapontiner,** Liv.

metasyncriticus, a, um (μετασυγκριτικός), **zur Beförderung der Metasynkrise** (d. i. Verbesserung der inneren Leibesbeschaffenheit durch Abführung der verdorbenen Säfte durch die Poren) **geeignet,** rein lat. recorporativus, Cael. Aur. de morb. acut. 3, 16, 134; de morb. chron. 1, 1, 24; 2, 1, 49.

metathesis, *f.* (μετάθεσις), die **Umstellung,** als gramm. *t. t.* die **Buchstabenversetzung,** Diom. 442, 31. Pompeii comment. 298, 31 K.

mētātio, ōnis, *f.* (metor), das **Abstecken** eines Ortes, **Abmessen,** vinearum, Colum. 3, 15 *in.* – absol., **a** das **Vermessen** des Ackers, Gromat. vet. 154, 17. – **b** das **Abstecken** (u. Einrichten) **des Lagers,** Frontin. 4, 1, 14 u. 4, 3, 13.

mētātor, ōris, *m.* (metor), der **Abmesser, Abstecker** (der Grenzen) eines Ortes, castrorum, Cic. (auch bl. metator, Veget. mil. 2, 7. p. 41, 12 L.[2]): urbis, Cic.: oliveti, Plin. – übtr., tempus arbiter et metator initii et finis, Tert. adv. Marc. 1, 8.

mētātōrius, a, um (metator), das **Abstecken** eines Ortes (Lagers usw.) **betreffend,** übtr., pagina, Brief wegen Festsetzung des Quartiers, Sidon. epist. 8, 11, 3.

mētātūra, ae, *f.* (metor) = σχοῖνος, die **Messschnur,** Itala Ierem. 8, 8 (bei Lact. 4, 11, 13). Novat. de trin. 12.

Metaurum, ī, *n.*, Stadt der Bruttier an der Küste von Kalabrien, an der Mündung des in das Tyrrhenische Meer strömenden Metaurus, Kolonie von Zankle, Mela 2, 4, 8 (2. § 68). Solin. 2. § 11. – von

Metaurus, ī, *m.* (Μέταυρος), ein Fluss in Umbrien, berühmt durch die große Schlacht (207 v. Chr.), in der Hasdrubal, Hannibals Bruder, vom Konsul C. Klaudius Nero, der sich mit dem anderen Konsul M. Livius Salinator vereinigt hatte, mit 66000 Mann Kerntruppen geschlagen wurde, j. *Metaro* od. *Metro,* Liv. 27, 47 9: *adi.* (poet.) **Metaurum flūmen,** des Metaurus Flut, Hor. carm. 4, 4, 38; vgl. Prisc. 5, 43.

metaxa u. **mataxa**, ae, *f.* (μέταξα, μάταξα, ein ausländisches Wort), **I** (Form metaxa) **rohe Seide,** Gespinst der Seidenwürmer, Marcian. dig. 39, 4, 16. § 7. Cod. Theod. 10, 20, 13. – **II** (Form mataxa) das **Seil,** Lucil. 1192. Vitr. 7, 3, 2.

metaxārius, iī, *m.* (metaxa), der **Seidenhändler,** Cod. Iust. 8, 14, 27.

metella, ae, *f.*, ein **mit Steinen gefüllter Korb,** den die Belagerten auf die Köpfe der Stürmenden ausschütteten, Veget. mil. 4, 6 zw. (Oudend. matellas; *cod. Pal.* u. *Guelf.* metellas, *cod. Monac.* u. *Dresd.* metallas).

Metellīnus, a, um, s. 1. Metellus.

1. **Metellus**, a, um, Name einer röm. Familie des cäcilischen Geschlechts, aus der am bekanntesten Q. Metellus Macedonicus, der Mazedonien zur röm. Provinz machte, oft gerühmt wegen seines Glückes im Familien- u. Staatsleben, Vell. 1, 11. Cic. Tusc. 1, 85 u. 86 u. oft a. – Q. Caecilius Metellus Numidicus, glücklicher Feldherr gegen Jugurtha in Numidien, s. Sall. Iug. 43 *sqq.;* oft b. Cic. – C. Caecilius Metellus Celer, Zeitgenosse Ciceros, Gemahl der Klodia, Cic. ad Att. 2, 1, 5 u. a. – Q. Caec. Metellus Pius (Scipio), Sohn des Scipio Nasika, Adoptivsohn des Q. Metellus Pius, Schwiegervater des Pompejus, oft

b. Cic., Caes. u. Auct. b. Afr. (gew. bl. Scipio gen.). – Plur. = Männer wie Metellus, ein Metellus, Claud. Olyb. et Prob. 147. – Dav. **Metellīnus,** a, um, **metellinisch,** oratio, gegen Metellus Nepos, Bruder des Celer, Cic. ad Att. 1, 13, 5.

2. metellus, ī, *m.* = mercennarius, Fest. p. 146ᵇ, 30. Vgl. Löwe Prodr. p. 398.

metempsȳchōsis, Abl. ī, *f.* (μετεμψύχωσις), die **Umseelung,** d. i. die Versetzung der Seele aus einem Körper in den anderen, die **Seelenwanderung** der Pythagoreer, Tert. de anim. 34. Porphyr. Hor. ep. 2, 1, 51.

metensōmatōsis, is, *f.* (μετενσωμάτωσις), die **Umkörperung, Versetzung aus einem Körper in den anderen,** Tert. de anim. 34.

meteōria, ae, *f.* (μετεωρία), die **Vergesslichkeit, Zerstreutheit,** M. Aurel. b. Fronto ad M. Caes. 4, 7. p. 70, 23 N.

Meterēus, a, um, **meterëisch,** turba, eine Völkerschaft an der Donau und dem Schwarzen Meer, Ov. trist. 2, 191.

methodicē, ēs, *f.* (μεθοδική), der **methodische Teil** der Grammatik, der von den Regeln handelt, die **Methodik,** Quint. 1, 9, 1.

methodicus, a, um (μεθοδικός), **methodisch,** d. i. **nach gewissen Grundsätzen (Regeln) verfahrend, auf gewissen Grundsätzen (Regeln) beruhend,** medicina, Tert. de anim. 6: disciplina, Cael. Aur. de morb. chron. 4, 1, 6.

methodium, iī, *n.* (μεθόδιον), der **Wiederbeginn,** die **Erneuerung** des Gastmahls, der **neue Gang,** Petron. 36, 5.

methodus od. **-os,** ī, *f.* (μέθοδος), das kunstgemäße, nach gewissen Regeln od. Grundsätzen geordnete Verfahren, das **Lehrverfahren,** die **Methode,** Vitr. 1, 1, 4. Auson. edyll. 11, 68. p. 131, 15 Schenkl. Cael. Aur. de morb. chron. 2, 1, 49. Marc. carm. de medic. 6. (griech. b. Cels. 1. praef. p. 10, 7 D.).

Mēthymna, ae, *f.* (Μήθυμνα), eine Stadt auf Lesbos, Geburtsort des Dichters Arion, berühmt durch vortrefflichen Wein, j. *Maliwa,* Liv. 45, 31, 14. Ov. art. am. 1, 57. – Dav.: **a Mēthymnaeus,** a, um (Μηθυμναῖος), **methymnäisch,** Cic. u. a.: Arion, Mart. 8, 51, 15. – Plur. subst., Methymnaeī, ōrum, *m.,* die **Methymnäer,** Curt. – **b Mēthymnias,** adis, *f.,* methymnisch, Ov.

metica vītis, s. mettica vītis.

meticulōsus u. **metuculōsus,** a, um (metus), **voller Furcht,** d. i. **I furchtsam,** b. Pers., Plaut. Amph. 293. Ulp. dig. 4, 2, 7. Lact. de mort. pers. 916: lepus, Apul. flor. 2 *extr.* – **II fürchterlich,** nescis quam metuculosa res sit ire ad iudicem? Plaut. most. 1101.

Metilius, a, um, ein röm. Familienname, M. Metilius, Liv. 5, 11, 4. – *Adi.* = **metilisch,** lex, Plin. 35, 197.

mētior, mēnsus sum, īrī (altindisch *māti-ḥ,* Maß, griech. μῆτις, Rat, Klugheit), **messen, abmessen, I** eig.: **A** im Allg.: agrum, Cic.: nummos, das Geld wegen der Menge nicht zählen, sondern messen (mit dem Scheffel usw.), Hor.: pedes syllabis, nach Silben messen (beurteilen), Cic.: metior annum, ich messe das Jahr, d. i. teile es in Monate usw. (sagt Phöbus als Sonne), Ov. – passiv, quinque (circuli) sic in sphaera metiuntur, Hygin. astr. 1, 6: agri glebatim metiebantur, Lact. de mort. pers. 23, 2: iussit metiri campos signarique agros, Gromat. vet. 350, 20: mensa spatia, Cic. de nat. deor. 2, 69: Partiz. subst., bene mensum dabo, ich will gut messen, Sen. nat. qu. 4, 4, 1: bonos viros luctu affici, malos re familiari incolumi frui neque mensum neque pensum fatorum lanificum duco (der Parzen), Fronto de nep. amiss. 2. p. 233, 12 N.: cuius mensa pensaque distincta, Apul. de mund. 3. – **B** prägn.: **1 zumessen** = messend zuteilen, frumentum exercitui, Cic. u. Caes.: vinum, Hor. – **2** gleichs. **messen, durchmessen** = durchwandern, durchfahren, durchsegeln, zurücklegen, passieren, sacram viam, von dem gewichtigen Gang eines auf seinen Reichtum stolzen Menschen, Hor.: metiens iter annuum (luna) cursu, Catull.: aquas, Ov.: aequor curru, Verg.: iuga Pyrenes venatibus, Sil.: tantum aberat a continenti Pharos, quantum navis diurno cursu metiri plenis lata velis potest, Sen. – **3** eine Zeit **zurücklegen,** duas partes lucis menso (sole), Ov.: quoad dies reliquos metiatur annus, Apul. – **II** übtr., nach etw. **messen, ermessen** = **beurteilen,** m. *Abl.* des Maßstabes (vgl. Bünem. Lact. 6, 11, 12), omnia quaestu, suis commodis, Cic.: omnia voluptate (nach dem sinnlichen Vergnügen), Cic.: homines virtute, non fortunā, Nep.: odium in se aliorum odio suo in eos, Liv. – m. *ex* u. Abl., fidelitatem ex mea conscientia metior, ermesse ich infolge (zufolge) meines eigenen Bewusstseins, Planc. in Cic. ep.: me ex te metiris, Quint. – ohne *Abl.* des Maßstabes, vires suas, Quint.: sua regna, Lucan. – mit *Abl. instr.,* alqd auribus, Cic.: oculo latus, Hor. – ► parag. Infin. metirier, Cic. Arat. 231. – vulg. Futur. metibor, Vulg. psalm. 59, 8. – Partiz. metitus u. Perf. metitus sum, Ulp. dig. 32, 1, 52. § 1. Apul. de Plat. 1, 14. Lact. 6, 11, 12 u. a. Eccl. (s. Rönsch Itala p. 296). – aktive Nbf. metio, wovon metirem, Fulg. myth. 1. p. 10 M. (Helm p. 6, 16 meterem).

Metiosēdum, ī, *n.,* Stadt in Gallia Lugdun., im Land der Senonen, auf einer Insel des Sequana, Caes. b. G. 7, 58, 2; 7, 60, 1 u. 7, 61, 5 (in Handschrn. mit dem späteren, wahrsch. auf dem rechten Ufer des Sequana gegenüber von Metiosedum gelegenen Melodunum [jetzt *Melun*] verwechselt).

mētītio, ōnis, *f.* (metior) = mensura, ungebräuchlich nach Diom. 378, 11.

mētītor, ōris, *m.* (metior) = mensor, der **Messer,** Frontin. aqu. 79.

Metius, s. Mettius.

1. mēto, āre = metor (s. Prisc. 8, 29), **abstecken, abmessen,** late circum loca, Ps. Verg. cul. 172 Sill. (Haupt 174 metatur u. Ribbeck 174 rictatur). Vgl. metor *no.* II, 1.

2. meto, messuī, messum, ere (vgl. griech. ἀμάω, ich mähe, ahd. *mad,* Mahd), **I** *intr.* **mähen, ernten,** hordeum, Cato fr.: pabula falce, Ov.: in metendo occupati, Caes.: cum est matura seges, metendum, Varro: postremus metito, von der Weinernte, Verg.: Partiz. subst., Antii metentibus (den Mähern) cruentas in corbem spicas cecĭdisse, Liv. – sprichw., ut sementem feceris, ita metes, wie man sät, so erntet man; wie man's treibt, so geht's, Cic. de or. 2, 261: sibi quisque ruri metit, jeder ist auf seinen eigenen Vorteil bedacht, Plaut. most. 799: mihi istic nec seritur nec metitur, ich habe keinen Vorteil davon, es geht mich nichts an, Plaut. Epid. 265. – **II** *tr.:* **A mähen, abmähen, abernten,** messem, Plaut.: arva, Prop.: farra, Ov.: von der Weinlese, vindemiam, Plin.: uva metitur, Plin.: von anderen Erzeugnissen, tus, Plin.: übtr., von den Bienen, metunt flores, Verg. – Partiz. messus, a, um, Varro u. Verg. – meton. – **bewohnen,** qui Batulum metunt, Batulums Fluren mähen, Sil. 8, 565. – **B** poet. übtr., **mähen, abmähen, 1 abschneiden, abhauen, abpflücken, abreißen, abschlagen,** lilia virgā, Ov.: barbam forcipe, Mart.: u. bl. barbam, Iuven.: capillos, Mart.: rosam pollice, Mart.: farra metebat aper, Ov. – **2** (wie ἀμάω) **niedermähen** = **niederhauen, niedermetzeln** (s. Drak. Sil. 10, 146. Burm. Val. Flacc. 3, 670 u. Anthol. Lat. 1. p. 96), proxima quaeque gladio, Verg.: primos et extremos metendo stravit humum, Hor.: so auch vom Mähen des Todes, metit Orcus grandia cum parvis, Hor. – ► *Perf.* messui, Mamert. grat act. 22. § 1 u. 2; vgl. Prisc. 10, 47 (mit dem Beleg demessuit aus Cato origg. 2. fr. 25). Mart. Cap. 3. § 319.

metochē, ēs, *f.* (μετοχή), das **Partizipium,** rein lat. participium, Auson. epist. 6, 6. p. 164, 4 Schenkl.

metoecus, ī, *m.* (μέτοικος), ein als Schutzgenosse ohne Bürgerrecht in einer Stadt wohnender Fremdling, der **Einsasse, Schutzbürger** (rein lat. inquilinus, incola), Eumen. paneg. Flaviens. nom. dict. 4. § 4. – Nbf. metycus, Gromat. vet. 234, 19 u. 238, 7.

Metōn, ōnis, *m.* (Μέτων), berühmter athenischer Astronom, der zur Ausgleichung der Sonnen- u. Mondbahn einen Zyklus von 19 Jahren einführte, Avien. progn. 48. Auson. ep. 2, 12. p. 158 Schenkl. – Dah. scherzh., mit Anspielung auf den Zyklus des Meton als langen Zeitraum, Cicero über seinen säumigen Schuldner Meton quando iste Metonis annus veniet? Cic. ad Att. 12, 3, 2; vgl. 12, 51, 3.

metōnymia, ae, *f.* (μετωνυμία), **Namenvertauschung, Namenverwechslung,** ein Tropus, der Verhältnisbegriffe, Begriffe, die in einem natürlichen Zusammenhang stehen, füreinander setzt, um sie dadurch anschaulicher zu machen (z. B. Bacchus für vinum), rein lat.

immutatio od. denominatio od. transnominatio (w. vgl), Fest. p. 153 (a), 21. Charis. 273, 10 u. a. Gramm.

metōnymicōs, *Adv.* (μετωνυμικῶς), **metonymisch**, Porphyr. Hor. carm. 3, 12, 5; epod. 13, 16 u. ep. 1, 18, 10 u. 2, 1, 193.

metōnymicus, a, um (μετωνυμικός), **metonymisch**, Eucher. in genes, 1. p. 6.

metopa, ae, *f.* (μετόπη), *t. t.* der Baukunst = der Raum zwischen zwei Dreischlitzen u. zwei Zähnen, die **Zwischentiefe**, Vitr. 4, 2, 4.

metōpion u. **-ium**, iī, *n.* (μετώπιον), **I** der Saft eines afrikanischen Baumes, sonst gummi Ammoniacum gen., Plin. 12, 107: der Baum selbst metopos gen., Plin. 12, 107. Solin. 27, 47 (wo Mommsen melopos). – **II** Öl aus bitteren Mandeln, **Mandelöl**, Plin. 13, 8; vgl. neopum.

metōposcopos, ī, *m.* (μετωποσκόπος), der **Stirnschauer**, der Charakter u. Schicksal aus der Stirn bestimmt, Plin. 35, 88. Suet. Tit. 2.

mētor, ātus sum, ārī (meta), **I messen, ausmessen, abmessen**, caelum, Ov.: Indiam, Plin.: curriculum stadii pedibus suis, Gell.: passiv, digitis ut metatis abit, nachdem alles bis auf das Kleinste abgezirkelt worden ist, Amm. 28, 4, 19. – **II** prägn.: **1** abmessend einen Ort **abstecken**, regiones (zum Tempel), Liv.: agros, Verg.: Alexandriam, (bei der Erbauung) die Grenzen bestimmen, bezeichnen, Plin.: bes. castra, ein Lager abstecken, aufschlagen, Sall. u. a. (spätlat. als ein Wort castrametor, Eccl.): so auch frontem castrorum, Liv.: übtr., tabernacula ciliciis, aufschlagen, Plin. – passiv, nullus mihi ultra Getas metatur et Parthos ager, Sen. Thyest. 462: metato in agello, Hor. sat. 2, 2, 114: nulla decempedis metata porticus, Hor. carm. 2, 15, 15: castris eo loco metatis, Hirt. b. G. 8, 15, 2: metata castra, Liv. 44, 37, 1: prope Beroeam vallo metato, Amm. 31, 9, 1. – **2 durchmessen = durchwandern**, nemoris alti densa loca, Sen. Phaedr. (Hipp.) 514: solos per noctem agros, Sil. 6, 58.

metrēta, ae, *f.* (μετρητής, eig. der »Abmesser«, dah.) **I** das gewöhnliche Maß für Flüssigkeiten in Athen, zwölf χόες (congii) od. 144 κοτύλαι enthaltend (40 l), 3/4 des attischen μέδιμνος, der **Metretes** (vgl. Gromat. vet. p. 376, 8), Colum. 12, 22, 1. Gaius dig. 18, 1, 35. § 5 u. 7. – als Tonnenmaß der Schiffe, etwa **Tonne**, navis, metretas quae trecentas tolleret, Plaut. merc. prol. 76: plurimus Hispanas mittit mihi nauta metretas, Schiffsladungen von Waren, Mart. 5, 16, 7. – **II** ein größeres Wein- od. Ölgefäß, einen Metretes fassend, etwa **Tonne**, Cato r. r. 100. Colum. 12, 47, 11 u. 51, 2: auf dem Rücken über die Straße getragen, Iuven. 3, 246.

metricus, a, um (μετρικός), **I zum Maß gehörig, Maß-**, leges, beim Puls, Plin. 11, 219. – **II** insbes. = zum Versmaß oder Silbenmaß gehörig, **metrisch**, pes, Quint. 9, 4, 48 u. 52: dictio (Ggstz. prosalis dictio), Cassiod. de art. ac discipl. liber. litter. 1 *in.*: omnes psalmi apud Hebraeos metrico carmine constant esse compositi, Isid. orig. 6, 2, 17. – Plur. subst., metricī, ōrum, *m.*, die **Metriker**, Gell. 18, 15, 1.

mētrocōmia, ae, *f.* (μητροκωμία), ein **Hauptflecken**, spät. ICt.

Mētrodōrus, ī, *m.* (Μητρόδωρος), **I** ein geborener Athener, aber gew. Lampsacenus gen., einer der ausgezeichnetsten Schüler Epikurs († 277 v. Chr.), Cic. de fin. 2, 92; Tusc. 2, 8. Sen. ep. 79, 13. Tac. dial. 31, 7. – **II** ein Rhetor u. Philosoph aus Skepsis in Mysien (dah. Metrodorus Scepsius gen.), Schüler des Karneades, bes. berühmt durch sein gutes Gedächtnis, Cic. Tusc. 1, 59; de or. 2, 360. Quint. 10, 6, 4; 11, 2, 26.

metron, s. metrum.

1. **mētropolis**, Akk. im, Abl. ī, *f.* (μητρόπολις), die **Mutterstadt**, d. i. von der andere Städte ihre Kolonisten erhalten haben; od. die **Hauptstadt** einer Provinz, die sich zu den anderen Städten verhält wie eine Mutter zu ihren Töchtern, rein lat. mater (w. vgl.) oder patria maior, Spart. Hadr. 14, 1. Cod. Iust. 11, 22 (21), 1. Cod. Theod. 13, 3, 11. – bildl., Hieron. adv. Iovin. 2. *sect.* 3.

2. **Mētropolis**, Akk. im, Abl. ī, *f.* (Μητρόπολις), Stadt in Thessalien, zwischen Pharsalus u. Gomphi, Caes. b. c. 3, 80, 6. Liv. 32, 13, 11. – Dav.: **a Mētropolītae**, ûm, *m.* (Μητροπολῖται), die Einw. von Metropolis, die **Metropoliten**, Caes. b. c. 3, 81, 1 u. 2. – **b Metropolītānus**, a, um, **metropolitanisch**, campus, Liv. 38, 15, 13.

mētropolīta, ae, *m.* (μητροπολίτης), der **Metropolit, Bischof in der Hauptstadt**, Ven. Fort. carm. 3, 6, 20.

Mētropolītae, s. 2. Mētropolis.

1. **mētropolītānus**, a, um (1. metropolis), **die Metropole (bischöfl. Hauptstadt) betreffend**, nomen et dignitas, Cod. Iust. 11, 21, 1: urbs, die Hauptstadt, Heges. 4, 26, 3. – subst., **mētropolītānus**, ī, *m.*, der **Metropolite**, Sidon. epist. 7, 9, 6: metropolitanum sibi assumere, die Würde eines Metropoliten, Sidon. epist. 7, 9, 14.

2. **Mētropolītānus**, s. 2. Mētropolis.

metrum, ī, *n.* (μέτρον), **I** das **Versmaß, Silbenmaß**, Quint. u. a. Gramm.: Sapphicum, Ven. Fort.: Tibulli, Versart, Mart. – griech. Nbf., metron trochaicum, Ter. Maur. 2219. – **II** meton., der **Vers** selbst, Vergilii, Colum. 3, 10, 20 zw.: metra, quae Sappho cecinit decenter, Ven. Fort. carm. 9, 7, 6.

mettica vītis od. **ūva**, eine uns unbekannte Rebengattung, Colum. 3, 2, 27. Plin. 14, 35 D. (Sillig metica).

Mettius (Metius), iī, *m.*, **I** der Magistrat u. Oberanführer der Albaner. Als solcher ist bekannt Mettius Fufetius, den der König Tullus wegen Verräterei durch Pferde zerreißen ließ, Liv. 1, 23 *sqq.* Varro vit. P. R. 1. fr. 6 (bei Non. p. 287, 19). – Nbf. Metus, Aur. Vict. de vir. ill. 4, 10; Mettus, Ampel. 39, 2. Anthol. Lat. 1192, 2 M. – archaist. *Dat.* Metioeo Fufetioeo, Enn. ann. 126. – **II** Curtius Mettius, s. Curtius.

metuculōsus, s. meticulōsus.

metuendus, a, um, *PAdi.* (metuo), **furchtbar**, multae metuendaeque res, Cic. de har. resp. 62: se e contempto metuendum effecit, Sall. hist. fr. 1, 48, 3 (1, 56, 3): ut magis *contemnendus* quam *metuendus* videretur, Iustin. 21, 5, 7: metuens magis quam metuendus, mehr furchtsam als furchtbar, Sall. Iug. 20, 2: si quando metuendos vos praebituri estis, Liv. 3, 53, 10: istic nunc, metuende, iace, Verg. Aen. 10, 557: m. *Genet. resp.*, belli metuenda virago, furchtbar im Kampf, Ov. met. 2, 765: mit *Dat.* (für), omnibus metuenda arma, Iustin. 28, 4, 1: *neutr. pl.* subst., multa ac metuenda, vieles Furchtbare, Ov. met. 15, 24: pro bone Iuppiter, quam bona res est ignoratio metuendorum, Iul. Val. 3, 55 (30).

metuēns, entis, *PAdi.* (v. metuo), **fürchtend, besorgt, bange, in Furcht**, m. *Genet.*, metuens legum, Cic.: Roma metuens domini, Lucan.: metuens virgae (Achilles), bange vor der R., Iuven.: captivitatis metuens, Apul.: irae superûm metuens (vor dem Z.), Apul.: metuentior undae, Ov.: metuentior deorum, gottesfürchtiger, Ov. – metuentior *in* posterum, Tac.

mētula, ae, *f.* *(Demin.* v. meta), eine **kleine Pyramide**, eine **kleine Spitzsäule**, Plin. ep. 5, 6, 35.

metuo, uī, ūtum, ere (metus), **I** *intr.* **sich fürchten, in Furcht sein, besorgt sein**, bes. als Wirkung der inneren Vorstellung eines drohenden Übels (hingegen timere meistens als Wirkung des eingejagten Schreckens), oderint, dum metuant, Suet. Cal. 30, 1: sic qui cupit aut metuit, Hor.: metuentem vivere, in Furcht leben, Hor. – *de* sua vita, wegen usw., Cic.: *de* coniuge, Ov.: *a* Chryside, Ter.: *ab* Hannibale, Liv.: *pro* alqa re, Cels. u. Petron.: m. *Dat. resp.*, pueris, für die Kn., Plaut.: senectae, für oder wegen usw., Verg.: moenibus patriae, castris, Liv. – m. folg. indir. Frages., metuo, quot patres fuerint, ich bin in banger Spannung, erwarte voller Furcht usw., Plaut.: metui, quid futurum esset, mir war bange, ich erwartete mit Furcht usw., Ter.: metuo, quid agam, mir ist bange (= ich weiß nicht), was ich machen soll, Ter.: non metuo, quin etc., ich zweifle nicht usw., Plaut. – **II** *tr.* **fürchten, befürchten, A** im Allg.: **a** v. Menschen, alqm, Cic.: omnia, Ov.: umbram suam (seinen eigenen Sch.), Cic.: insidias *ab* alqo, Cic.: periculum *ex* iis, Sall.: *ex* optimis periculum sibi, *a* pessimis dedecus publicum, Tac. – m. *Dat.* (für), simul tantam in medio crescentem molem sibi ac posteris suis metuebant, Liv. 1, 9, 5. – m. folg. *Infin.* = **fürchten, sich scheuen, Scheu tragen**, metuunt credere omnes, Plaut.: cum his in campo dimicare, Rhet. Her.: liberam vocem innocentis audire, Curt.: reddere soldum, innere Angst haben vor der Rückzahlung des Kapitals, Hor.: nil metuunt iurare, Catull.: defigi quidem diris deprecationibus nemo non metuit, Plin.: metuit tangi, lässt sich nicht anrühren, Hor.: fides metuit culpari, Hor.: penna metuens solvi, unvergängliches Gefieder, Hor.; vgl. Davis Cic. de legg. 2, 57. Gronov u. Drak. Liv. 32, 31, 5. – m. folg. *ne* u. Konj. = ich fürchte, dass od. es möchte usw., m. folg. *ut* u. Konj. – ich fürchte, dass nicht od. es möchte nicht usw., m. folg. *ne non* u. Konj. = ich fürchte, dass doch wohl nicht, dass ja nicht usw., od. es möchte ja nicht usw., z. B. me metuo ne etiam in ceteris rebus honesto otio privarim, Cic.: metuo fratrem ne intus sit, ich fürchte, der Br. ist drinnen, Ter.: perii! metuo ut substet hospes, Ter.: o puer, ut sis vitalis metuo, Hor.: metuo ne non sit surda, Plaut.: ii, postquam pauciores sunt, metuimus, ne sint superiores? Cornif. rhet.: iam metuente praefecto, ne sibi fides habita non esset, Curt.: unpers., at enim, ne vel aliena polluat libido metuitur (man fürchtet), Augustin. de civ. dei 1, 18 *in.* – *PAdi.* metuēns u. metuendus, s. bes. – **b** übtr., v. lebl. Subj., quae res cotidie videntur, minus metuunt furem, Varro r. r. 1, 22, 6. – **B** insbes.: **1** **fürchten, scheuen** = **Ehrfurcht-, Scheu haben** vor usw., patrem, Ter. Phorm. 118. – **2** = caveo, **sich hüten, zu vermeiden suchen,** nocentem corporibus austrum, Hor. carm. 2, 14, 16. – ► **a** *Partic.:* nimis ante metutum, was zu sehr man vorher gefürchtet, Lucr. 5, 1138. – **b** *Infin. Praes. Pass.* metuiri, Modestin. dig. 20, 1, 26. § 1. – Depon. metuor, Dosith. 72, 7 K.

1. metus, ūs, *m.*, die **Furcht, Besorgnis,** auch = **Einschüchterung** (Ggstz. spes, confidentia), **I** eig.: **1** im Allg., verb. metus ac timor (Bangigkeit), Cic.: metus animi, Cic.: metus maternus, Ps. Quint. decl.: iustus (begründete), Ulp. dig.: magnus, Liv.: metus caecus, Ov.: maior, novus, Cels.: parvus, Liv.: vanus, Liv.: Plur. metus, Befürchtungen, Cic. u. a. (Dräger Tac. ann. 4, 69, 3): metus inanes, Plin. ep.: vani, Cels.: alii, Cic.: diurni et nocturni, Cic. – volo abstergere animi tui metum, Cic.: adducere alqm in eum metum, ut etc., Cic.: adhibere metum, Ggstz. amovere metum, Quint.: metum, in quo nunc est, adimere, Ter.: admovere parvum metum, Liv.: afferre alci metum (v. einer Sache), Cic.: neque id ullum metum affert, Cels.: amovere metum, Ter. u. Cic. u. (Ggstz. adhibere) Quint.: ardere tum cupiditate, tum metu, Cic.: cadit in alqm metus, es trifft jmd. F., Cic.: capere metum, Liv.: capit alqm metus, Liv.: capit alqm metus m. folg. *Acc. c. Infin.*, Suet.: alqm in metum adducere, Cic.: compellere alqm in metum, Tac., in eundem metum, Liv.: compelli metu, Liv.: metus Romani nominis comprimit alqm, Liv.: conicere alqm in tantum metum, ut etc., Liv.: miserrimum genus morbi, in quo simul aeger et siti et aquae metu cruciatur, Cels.: deicere metum Siciliae damnatione eius, Cic.: defendere provinciam non modo a calamitate, sed etiam a metu calamitatis, Cic.: demere fratris metum, Liv.: demere metum omnem, Liv.: demere paulatim metum, Ov.: deponere metum, Cic.: mollitiā decretorum vobis dignitatem, illi metum detrahi, Sall. fr.: alqd metum detrahit, Cels.: in metu esse, in Furcht sein, sich fürchten, propter alqm, Ter., od. gefürchtet werden, Cic.: est in metu peregrinantium, ut etc., sie fürchten, es möchte nicht usw., Plin.: nullus hostium (vor den F.) metus in propinquo est, Liv.: ubi ex anguibus metus est, Cels.: cum inflammationis sit metus, Cels.: eripere metum, Cic.: exanimare alqm metu (v. einer Rede), Ter.: exanimari metu, Cic.: exonerare alqm metu, Ter., civitatem vano metu, Liv.: iam omnes isti, qui portenduntur, metus exstinguentur, Cic.: exuere omnem metum, Ov.: metum facere (v. einem Umstand), Liv., Cels. u. Quint.: alci metum facere (v. Umständen u. Pers.), Liv. u. Ov.: fingere sibi metum, Liv., sibi inanes metus, Plin. ep.: frangi ac debilitari metu, Cic.: vanos res ista habet (verursacht) metus, Ov.: ego quidem praecipuum metum, quod ad te attinebat, habui (habe gehegt), Cael. in Cic. ep.: haeret lingua metu, Ter.: magnus plebem metus incessit, Liv.: ne mortis quidem metu inclinari, Liv.: incutere alci magnum metum, Cael. in Cic. ep.: incutere dolores et metus, Sen.: inferre maiorem metum, Liv.: inicere alci metum, Caes., alci curam metumque, Liv.: per alqm alci metum proponere et inicere, Cic.: metus omnis, qui tacitus insidebat animis, Liv.: lenire aegri metum probabili sermone, Cels.: quorundam vani metus levandi sunt, Cels.: his levabat omnem vulnerum metum nobilitas mortis et gloria, Cic.: levari metu, Liv.: liberare alqm hoc metu, Ter. (vgl. unten mit de): interdum obiciebatur animo metus quidam, Cic.: offerre metum, Cic.: omittere metum, Curt.: perfusus ultimi supplicii metu, Liv.: in futurum ponere metus, Ov. (vgl. unten m. pro): hoc metuere, alterum in metu non ponere, von dem anderen nichts besorgen, Poët. bei Cic. ad Att. 14, 21, 3: quis ad propulsandum metum diligentior? Cic.: post gratulationem redire in metum, Plin. ep.: removere (beseitigen) metum, Sall. u. Liv.: paulum respirare a metu coepit, Cic.: simulare metum, Sall.: solve metus, Verg.: solvite metum corde, Verg.: sed alius rursus metus subest, Cels.: alqm vel spe consolari vel metu terrere, Cels.: terrere alqm metu mortis od. alqm metu supplicii, Curt.: territare metu, Caes.: ne omnino metum reditus sui barbaris tolleret (benehme), Caes.: sic simul sitis et aquae metus tollitur (wird gehoben), Cels. – m. Ang. **wovor?** teils durch den *Genet.*, existimationis, Cic.: mortis, Liv.: hostium, Liv.: qui insuetis adeundi propius metus erat, Liv.: haec vox metum iniecit imperata recusandi, Liv.: vetandi metu vel agnoscendi pudore, Tac.; teils durch *ab* od. *ex* m. Abl., a vi atque ira deorum, Liv.: a Romanis, Liv.: ex imperatore, Tac.: ex duce metus (Plur.), Tac.: si nullus ex se metus aut spes, Tac.; teils durch einen Finalsatz m. *ne* u. Konj., semper sunt in metu, ne etc., Cic.: metu (aus F.), ne amitteret praemissas iam cohortes, Tac.: esse metus coepit, ne etc., Ov.: quod ubi Romam est nuntiatum maestitiam omnibus, senatui curam metumque iniecit, ne etc., Liv. 5, 7, 4. – u. nach metus est, mihi metus est durch *Acc.* u. *Infin.*, Liv. u. Ter. – durch das *Adi.*, wie alienus, F. vor anderen, Ter.: regius, F. vor dem König, Liv.: hostilis, vor den Feinden, Sall.: Punicus, vor den Puniern, Sall. fr.: u. so Parthicus, die Besorgnis vor einem Krieg mit den Parthern, Cic. – m. Ang. **weshalb?** durch *propter* m. Akk., me esse in metu propter te unum, Cic.: durch *de* m. Abl., de fratre, Cic.: omni te de me metu libero, Cic. – m. Ang. **wofür?** durch *pro* m. Abl., metum pro universa re publica intervenisse, Liv.: ut omnem pro me metum ponas, Plin. ep. – **2** insbes., das ehrfurchtsvolle **Schaudern,** die **Ehrfurcht,** mens trepidat metu, Hor.: laurus multos metu servata per annos, Verg.: metum numenque loco addidit, Val. Flacc. – **II** meton.: **a** ein **Gegenstand der Furcht,** der **Schrecken,** Libyci metus, v. Medusenhaupt, Stat.: so auch metus eius rimatur, man forscht nach dem Gegenstand seiner Furcht, Tac. – dah. (wie formido) = die **Vogelscheuche,** Manil. u. Gratt. – **b** die **Besorgnis erregende Lage,** der **kritische, gefährliche Augenblick,** die **drohende Gefahr,** metus maximi belli, Cic.: metus anceps, Liv.: anceps metus et a cive et ab hoste, Liv.: constans adversus metus, Tac.: et plura alia etiam in pace servata, quae nunc in metu audiuntur, Tac.: ne subito metus exoriatur scapulis stultitiā tuā, Plaut.: neque adeo spes est, quae mihi hunc aspellat metum, Plaut. – ► metus *femin. gen.*, metus ulla, Enn. ann. 549: u. nulla metus, Enn. fr. scen. 407. – Archaist. oder vulg. Genet. metuis, Ter. Phorm. 482. – Dativ metu, Verg. Aen. 1, 257. Tac. ann. 11, 32 u. 15, 69 (Umschreibung des Dativ b. Cic. Tusc. 4, 16 sub metum ... voluptati ... libidini).

2. Metus, s. Mettius.

metȳcus, s. metoecus.

mēum, mēī, *n.* (μῆον), ein Doldengewächs (*Aethusa Meum,* L.), **Bärwurz,** Plin. 20, 253.

meus, a, um, Vokat. Sing. Maskul. mī (vom Pronominalstamm me; vgl. ἐμός), *Pron. poss.*, **mein, mir gehörig, mir eigen, I** *adi.:* **1** subjektiv: **a** übh.: meus gnatus, Ter.: meum dictum consulis, Liv.: mei sunt ordines, mea est descriptio, mein Werk sind usw., Cic.: simulatio non est mea, ist nicht meine Sache, liegt nicht in meinem Charakter, Ter.: non est meum od. non istuc meum est, ist nicht meine Art, Plaut. – dah. meum est m. *Infin.*, es ist meine Sache od. Art, non est mentiri meum, Ter.: non est meum (es würde sich schlecht für mich schicken), committere, ut etc., Cic.; od. es ist meine Pflicht, kommt mir zu, meum fuit cum causa accedere ad accusandum, Cic.:

puto esse meum quid sentiam exponere, Cic. – meum est m. folg. *quod* (dass), es ist mein Werk, Ov. met. 13, 173 u. 237. – meus illic homo est, den hab ich, Plaut. (s. Brix u. Lorenz Plaut. mil. 334): u. so meus hic est, hamum vorat, Plaut.: u. so en meus est, Ov. – ego meorum solus sum meus, ich selbst bin bloß mein eigen von allem meinem Eigentum, Ter. – vix (me) meum (kaum bei Sinnen) firmat deus, Ov. – postquam meus (als mein eigener Herr) a praetore recessi, Pers. – nisi plane esse vellem meus, wenn ich nicht ganz mein eigen (= ganz selbständig, ganz Original) sein wollte, Cic. – Nero meus, mein (= mein Freund) N., Cic. – homo meus, mein (unser) Mann, mein guter Mann (von dem eben die Rede ist), Petron. u. Phaedr.: ebenso interpres meus, Petron.: iste meus stupor, mein Dämling, Catull.; vgl. Phaedr. 5, 7, 32. – in der Anrede, mi homo, mein Lieber, Plaut.: mi Attice, Cic.: mi frater, Cic.: mea Pythias, meine (liebe) P., Ter.: mea tu, meine Liebe, Ter. – **b** insbes., **mir gewogen,** quis homo sit magis meus quam tu es? Plaut. mil. 615. – **2** objektiv = **gegen mich,** iniuria mea, Sall.: crimina mea, Liv. – **II** *subst.*: **a** mea, ae, *f.*, **meine Liebe,** Komik. (s. Lorenz Plaut. most. 333): o mea, Ov. met. 14, 761. – aber Plur., pars mearum, meiner Verehrerinnen, Ov. met. 9, 696. – **b** meum, ī, *n.*, das **Meinige,** meum mihi reddatur, Ter.: potat de meo, Ter.: an, cui *de meo* sestertium sedecies contuli, huic quadringentorum milium paulo amplius *de adventicio* denegem? Plin. ep.: bildl., haruspicum sunt verba haec omnia; nihil addo de meo, Cic. – u. Plur. mea, ōrum, *n.*, das **Meinige, meine Habe,** omnia mea mecum porto, Cic.: bildl., mea ne finxisse minora putarer, meinen Einfluss bei dir, Hor. – **c** meī, ōrum, *m.*, die **Meinigen** = meine Angehörigen, Cic. u. Ov.; u. = meine Gefährten, Ov.; u. = meine Leute (Sklaven), Plin. ep. – **α** Nbf. mius (s. Diom. 331, 13), z. B. ex ministerio mio, CIL 10, 7457, 11: u. so mieis (= miis) moribus, CIL 1, 38: zsgz. mis, Plaut. trin. 822: dav. regelm. Vokat. mi, z. B. mi homo, Plaut.: mi Attice, Cic. (s. oben): auch bei *fem.*, mi soror, mi coniunx, Apul.: mater mi, Iul. Val.: u. beim *Plur.*, mi homines, Plaut.: o mi hospites, Petron.: vgl. Haupt opusc. 3, 450 *sq.*: Vokat. mei senex, Plaut. merc. 525 G. – Vokat. aber auch meus, bei Dichtern, z. B. meus ocellus, Plaut. Poen. 366 u. sanguis meus, Verg. Aen. 6, 835: u. bei Spät., z. B. Solli meus, Sidon. epist. 1, 9, 6: domine meus, *ibid.* 4, 10, 1. – **β** *Genet. Plur.* zsgz. maiorum meûm, Plaut. Pers. 391 u. a. – **γ** verstärkt durch die Suffixe *pte* u. *met,* wie mēpte, meōpte, meāpte, Komik. (s. Brix Plaut. capt. 368), meamet, Plaut. u. Sall.

Mēvānia, ae, *f.*, eine Stadt in Umbrien, am Zusammenfluss des Klitumnus mit dem Tinia, berühmt durch treffliche Rinderzucht, j. *Bevagna,* Liv. 9, 41, 13. Colum. 3, 8, 3. Sil. 6, 647. – Dav.: **a Mēvānās**, ātis, **mevanatisch,** ager, Plin. – Plur. subst., Mēvānātēs, ium, *m.*, die Einw. von Mevania, die **Mevanaten,** Plin. – **b Mēvāniēnsis**, e, **mevanisch,** boves, Philargyr. Verg. georg. 2, 146.

Mezentius, iī, *m.* (wahrsch. urspr. oskisch Medentius), Herrscher der Etrusker in Cäre und Agylla, floh, wegen Grausamkeit aus seinem Reich verjagt, zum König Turnus, mit dem er gegen Äneas kämpfte, Liv. 1, 2, 3. Verg. Aen. 7, 648 *sqq.* Fest. 194, 15.

mī = mihi, s. ego ►.

mia, ae, *f.* (μία), **eine,** charitôn mia, eine der Grazien, Lucr. 4, 1154 (1162).

mīca, ae, *f.* (zu μικρός, dorisch μικκός), ein **Krümchen, Bisschen,** panis, Petron.: auri, Lucr. u. Vitr.: salis, ein paar Körner Salz, Plin.; u. bildl. = ein bisschen Witz (Verstand), Catull.: mica saliens (*sc.* salis), Hor.: sed te atomi et istae micae tuae forte ac temere conglobaverunt, Sen.: tus in micas friatur, Plin. – übtr., der **Bissen,** Name für ein kleines Speisezimmer, Sen. ep. 51, 12. Mart. 2, 59, 1.

micāns, antis, *Compar.* micantior, s. mico.

mīcārius, a, um (mica), **zum Bisschen-, Krümchen gehörig,** homo, Krümchensammler, v. einem wirtschaftlichen, mäßigen Menschen, Petron. 73, 6.

micātio, ōnis, *f.* (mico), die **schnelle, blitzende** od. **zuckende Bewegung,** micatio, λαχμός, Gloss. II, 359, 2 u. ö.

micātus, ūs, *m.* (mico), die **schnelle, blitzende** od. **zuckende Bewegung,** adlambere feminam crebris linguarum micatibus, durch Züngeln, Mart. Cap. 4, § 331.

miccio, īre (vgl. altindisch *mḗka-ḥ*, Bock, griech. μηκάς, Ziege), **meckern,** vom Ziegenbock, Suet. fr. 161. p. 249, 3 R.: mit *Dat.*, caprae, der Z. zumeckern, Anthol. Lat. 762, 58 (233, 58).

Miccotrōgus, ī, *m.* (Μικκότρωγος), **Krümchennager,** scherzh. Name eines Schmarotzers, wie etwa **Tellerlecker,** Plaut. Stich. 242.

micdilix, s. Migdilybs.

mīcidus, a, um (mica), **winzig, dürftig,** ›micidiores‹ hoc est minores (termini), Gromat. vet. 321, 24.

micillus, s. hēmicillus.

mīcinae, ārum (mica), *f.*, **Brosamen,** Soran. Lat. p. 43, 1.

Micipsa, ae, *m.*, Sohn des Masinissa, Vater des Adherbal und Hiempsal, König von Numidien, Sall. Iug. 5 *sq.* – Im Plur. appell. = **Numidier, Afrikaner,** Iuven. 5, 89.

mico, cuī, āre, sich zuckend od. zitternd hin- und herbewegen = **zucken, zittern, zappeln, 1** eig.: **1** im Allg.: semianimes micant digiti, Verg.: arteriae micant, schlagen, Cic.: linguis micat ore trisulcis, von der Schlange, Verg.: corda timore micant, zittert, klopft, Ov.: so auch cor, Ov.: anguis cervice micans, Cic.: micat (equus) auribus, Verg. u. Pelag.: micuere fontes, sprudelten hervor, Lucan. – **2** insbes., micare (digitis) »die Finger schnell ausstrecken und andere ihre Anzahl erraten lassen«, ein Fingerspiel, noch jetzt im unteren Italien unter dem Namen *alla mora* und früher auch in Deutschland unter dem Namen **Fingerlein snellen** bekannt, wodurch man auch ungewisse Dinge entscheiden ließ, micando digitis tribus, Augustin. de trin. 8, 5: quid enim sors est? Idem propemodum quod micare, Cic.: micandum erit cum Graeco, utrum ego illius numerum, an ille meum sequatur, Varro fr.: patrem et filium pro vita rogantes sortiri vel micare (oder durch Moraspiel) iussit, Suet.: sprichw., von einem recht ehrlichen Menschen, dignus est, quicum in tenebris mices, wert, dass man dieses Fingerspiel im Finstern sogar vornehme, Cic. de off. 3, 77; vgl. Petron. 44, 7. – dah. als eine bes. Art des Handelns (Feilschens) beim Verkauf (Ggstz. sub exagio vendere, nach dem Gewicht verkaufen), consuetudine micandi summotā sub exagio potius pecora vendere quam digitis conludentibus tradere, den Preis durch Moraspiel bestimmen, CIL 6, 1770. – **II** prägn., **funkeln, strahlen, schimmern, blinken, blitzen,** aether ignibus micat, Verg.: fulmina micabant, Liv.: micabant flammae, Liv.: inter horrendos fragores (Donner) micare ignes, Liv.: micant gladii, Liv.: etiam si circa me gladii micarent, Sen.: micare gladiis, Liv.: flagrant et micant oculi (des Zornigen), Sen.: oculis micat ignis, Feuer sprüht aus seinen Augen, Verg. – m. *Acc.*, sanguineumque micant ardorem luminis orbes, Ps. Verg. cul. 222 H. – *Partic.*, micantes fulsere gladii, die funkelnden (blanken) Schwerter blitzten, Liv.: micans stella, Ov.: astrorum micantium splendentia signa, Lact.: micans aurum, Ov.: vultum hostis ardore animi micantem ferre non potuit, den von innerer Glut funkelnden Blick, Liv.: *Compar.*, radius sole micantior, Prud. cath. 5, 44. – ► *Perf.* micaverit, Solin. 53, 25. – *Supin.* mictum ungebr., s. Prisc. 9, 36.

mīcrocosmus, ī, *m.* (μικρόκοσμος), die **kleine Welt,** die **Welt im Kleinen,** Isid. orig. 3, 22, 2.

mīcropsȳchos, ī, (μικρόψυχος), **kleinmütig,** item animi humilis et praeparci, quos illi dixere mycropsychos, Plin. 22, 110.

mīcrosphaerus (μικρόσφαιρος), **kleinblätterig,** Beiname einer Art der Narde, nach Plin. 12, 44.

mīcrotocistēs, ae, *m.* (*μικροτοκίστης), ein **Wucherer im Kleinen,** CIL 9, 823.

mictio, s. mīnctio.

mictiris, s. mictyris.

mictito, āre (*Frequ.* v. mingo), **zu harnen pflegen,** Prisc. 10, 8 (ohne Beleg).

mictōrius, a, um (mingo) = διουρητικός, **das Harnen befördernd, harntreibend,** herba (v. Anis), Isid. orig. 17, 11, 6: medicamenta mictoria u. subst. bl. mictoria, Cael. Aur. de morb. acut. 3, 8, 86 u. 87.

mictuālis, e (mingo), **zum Harnen gehörig, Harn-**, via, Harnröhre, Cael. Aur.: virtus, Harn treibende Eigenschaft, Ps. Apul. herb.: medicamenta (griech. διουρητικά), harntreibende Mittel, Cael. Aur.

micturio, īre *Desider.* v. mingo = οὐρητιάω (Gloss. II, 390, 15, s. Prisc. 10, 8), **harnen** (pissen) **wollen** od. **gehen,** Iuven. 6, 308; 16, 46: ne (pueri) in hoc loco micturiant, Schol. Pers. 1, 112.

mictus, ūs, *m.* (mingo), das **Harnen, Pissen,** difficultas mictus, Cael. Aur. de morb. chron. 2, 1, 12: mictus tarditas aut difficultas, *ibid.* 5, 4, 60: sanguinis mictus, *ibid.* 5, 3, 59: desidiae mihi est mictus, Diom. 313, 27.

mictyris = *miscillanea,* das Speisegemengsel (Iuven. 11, 20), Lucil. 1077.

mīcula, ae, *f. (Demin.* v. mica), das **Krümchen, Körnchen, Stückchen,** Cels. 2, 5 *extr.* Fronto ad M. Caes. 5, 40. Arnob. 2, 49 u. 7, 24.

Micyllus, s. hēmicillus.

Mīcythus, ī, *m.* (Μίκυθος), **I** ein Thebaner, Liebling des Epaminondas, Nep. Epam. 4, 1 *sqq.* – **II** Sklave des Anaxilaus, des Tyrannen von Regium u. Messana, von ihm zum Vormund seiner Kinder eingesetzt, Iustin. 4, 2, 4 *sq.* Macr. sat. 1, 11, 29.

Mida, s. Midās.

Midaïum, iī, *n.* (Μιδάϊον), alte Stadt in Phrygien am Sangarius, Plin. 5, 145. – Dav.: **a** **Midaeēnsēs**, ium, *m.*, die Einw. von Midaium, die **Midäer,** Cic. ep. 3, 8, 3. – **b** **Midaeī**, ōrum, *m.*, die Einw. von Midaium, die **Midäer,** Plin. 5, 105.

Midās (Mida), ae, *m.* (Μίδας), Sohn des Gordios, König der Briger in Thrazien am Berg Bermios u. Schüler des Orpheus, zog mit seinem Volk nach Asien (94 Jahre vor Trojas Eroberung) und bemächtigte sich der Landschaft Phrygien (dah. Midas ille Phrygius, Cic. de div. 1, 78), Iustin. 7, 1, 11; 11, 7, 14 (wo Nom. Mida). – Er erhielt von Bacchus, weil er den gefangenen Silenus (Cic. Tusc. 1, 114) gut behandelt hatte, die Erfüllung des törichten Wunsches, dass alles, was er berührte, in Gold verwandelt würde. Als aber auch Speise u. Trank zu Gold wurden, flehte er den Gott an, jene Gabe wieder von ihm zu nehmen. Dieser befahl ihm, sich im Fluss Paktolus zu baden, wodurch Midas gerettet, der Fluss aber goldreich wurde, Ov. met. 11, 90 *sqq.*: dives Midas, Mart. 6, 86, 4; vgl. Val. Max. 1, 6. ext. 2. Claud. laud. Stil. 3, 230 (wo Nom. Mida). – In einem musikalischen Wettstreit des Apollo und Pan, der Cithara und der Schalmei (fistula), wurde Tmolus zum Schiedsrichter erwählt. Er erkannte Apollo den Preis zu. Alle billigten, nur Midas tadelte dieses Urteil, wofür ihn Apollo damit bestrafte, dass er ihm Eselsohren wachsen ließ, Ov. met. 11, 146 *sqq.* – Dav. **Midīnus**, a, um, **zu Midas gehörig, midinisch,** Midinum sapere, nach Eselsart, Mart. Cap. 6. § 577.

Mīdē, ēs, *f.*, Stadt in Böotien am See Kopaïs, Stat. Theb. 7, 331.

Mīdēa, ae, *f.* (Μίδεια), Stadt in Lycien, Stat. Theb. 4, 45.

Mīdiās, ae, *m.* (Μειδίας), ein Messenier, Erfinder des Panzers, Plin. 7, 200.

Migalē, s. Megalē.

Migdilybs, ybis, *m.* (μίγδα u. λίψ), ein **vermischter Libyer,** d. i. aus libyschem (afrikanischem) u. tyrischem Geschlecht, wie die Karthager, Plaut. Poen. 1033 (Götz mictilix u. Leo migdilix).

mīgma, atis, *n.* (μῖγμα), **Mischung, Gemenge,** Vulg. Isai. 30, 24.

migrātio, ōnis, *f.* (migro), das Ziehen nach einem anderen Ort, um da zu wohnen, die **Auswanderung,** der **Umzug,** Cic., Liv. u. a.: v. Tod als Fortgang (eine Wanderung) in die andere Heimat, Cic. Tusc. 1, 27 u. 98. – übtr., verbo migrationes (sunt) in alienum multae, viele Übergänge in eine andere (tropische) Bedeutung, Cic. ep. 16, 17, 1.

migrātor, ōris, *m.* (migro) = μετανάστης, der **Auswanderer, Ansiedler,** Gloss. II, 369, 21.

migro, āvī, ātum, āre, (zu griech. ἀμείβω, ich wechsle), **I** *intr.*, mit seiner Habe usw. nach einem anderen Ort **ziehen,** um da zu wohnen = **wegziehen, ausziehen,** mit Ang. **wohin?** wohin **ziehen, übersiedeln,** **A** eig.: non solum inquilini sed etiam mures migrarunt, sind ausgezogen, Cic.: securi est et ex commodo migrantis (nach seiner Bequemlichkeit auszieht) minuta conquirere, Sen.: ab Tarquiniis, Liv.: e fano foras, Plaut.: ex urbe rus, Ter.: ad generum, Cic.: aliorsum, Amm. – *impers.*, Romam inde migratum est a propinquis, Liv.: in alium quendam locum ex his locis migretur, Cic. – **B** übtr.: **1** im Allg., de vita oder ex vita, von hinnen ziehen = sterben, Cic.: equitis migravit ab aure voluptas ad oculos, ist übergegangen, Hor.: mens officio migrat, weicht von der Pflicht ab, Plaut.: migrasset sane ex hominibus inertia, wäre gewichen, Val. Max.: amicitiae, cuius in locum migraverunt (traten) assentationes, blanditiae etc., Plin. ep. – **2** insbes.: **a** zu etw. **schreiten,** ad alias nuptias od. ad aliud matrimonium, ICt. – **b** **übergehen** = **sich verändern,** omnia migrant, alles ändert sich, Lucr.: in colorem marmoreum, Lucr.: cornua in mucronem migrantia, auslaufend, endend, Plin. – **II** *tr.*: **1** etwas **wegbringen, fortschaffen, versetzen,** nidum, Gell. 2, 29, 16: divitias ab occidente in orientem, Augustin. serm. 88, 9: relicta quae migratu difficilia essent, Liv. 10, 34, 12: Rhoeteia regna migrantur in Libyam superis, werden von den Göttern nach L. versetzt, Sil. 7, 431: übtr., gloriam in se tantam, sich zuwenden, Hyg. fab. 259. – **2** etwas verlassen (bildl.) = **übertreten, überschreiten** (Ggstz. servare), ius civile, Cic.: ea migrare et non servare, Cic. – ► Archaist. migrassit = *migraverit,* Cic. de legg. 3, 11. – Im Vulgärlat. Partiz. migrātus, medial, **weggezogen** (v. Pers.), de proprio migrata solo, Ven. Fort. carm. 6, 7, 19: Martiam in monasterium aliud iniuste audio fuisse migratam, übergesiedelt, Gregor. epist. 5, 7.

Mīlaniōn, ōnis, Akk. ōna, *m.* (Μειλανίων), Gemahl der Atalanta (des Jasius Tochter), Prop. 1, 1, 9. Ov. am. 3, 2, 29; art. am. 2, 188 u. a.

mīlax (smīlax), acis, *f.* (μῖλαξ, σμῖλαξ), **I** die **Stechwinde** (*Smilax aspera*, L.), Plin. 16, 153 (smilax) u. 24, 82 *sq.* – u. personif., Smilax, das in eine Stechwinde verwandelte Mädchen, Ov. met. 4, 283. – **II** der **Taxusbaum,** Plin. 16, 51. – **III** eine Eichenart (*Quercus ilex* [*variet.* β], L.), Plin. 16, 19.

mīles, itis, *c.* (viell. zu griech. ὅ-μιλος, Haufe), der **Soldat,** **I** im Allg.: **a** eig. (Sing. oft kollektiv, s. Mützell Curt. 3, 1. § 1): tribuni militum, Caes.: militum introitus (Einzug), Caes.: milites Antoniani, Caes., Romani, Sullani, Iugurthini, Sall.: milites argentati, aurati, Liv.: miles auxiliarius (Ggstz. legionarius), Asin. Poll. in Cic. ep.: milites auxiliarii, Liv.: milites gregarii, Cic.: milites legionarii decimae legionis, Caes.: milites maritimi, Plaut.: miles mercennarius, Liv.: milites mercennarii, Nep.: milites novi, Sall. u. Liv., veteres, Sall.: miles tumultuarius, Sen.: segnes atque inutiles rei publicae milites, Liv.: miles statarius, Liv.: miles vernaculus, miles vernaculae legionis, Auct. b. Alex.: milites veterani, Caes.: vetus miles, Ggstz. tiro, Liv.: milites voluntarii, Liv. – milites armari (ins Gewehr treten) iubet, Caes.: iis (armis) censeo armetis milites, Pompeius in Cic. ep.: avocare milites a signis, Traian. in Plin. ep.: colligere milites Pachyno e terrestri praesidio, Cic.: conducere milites in unum, Sall.: conducere mercede milites, Liv.: conscribere voluntarios paucos milites, Liv.: conscribere milites ex Asia, Lentul. in Cic. ep., in Epiro atque Aetolia, Caes.: contrahere dispersos milites in unum, Sall. (u. so quodcumque militum contrahere poteritis, Pompeius in Cic. ep.): dare (stellen) milites, Liv.: deligere ex legionibus plurimorum stipendiorum milites, Liv.: dimittere milites, Cic., veteranos milites, Caes.: disponere milites certis spatiis intermissis, Caes.: legere milites, Pompeius in Cic. ep. u. Liv.: legere militem, verb. legere militem exercitumque conscribere, Iustin.: voluntarios milites ordinare centuriareque, in die verschiedenen Waffengattungen einreihen u. in Zenturien abteilen, Liv.: scribere (ausheben) milites, Sall. u. Liv.: scribere milites in supplementum, Liv. – v. Offizier, Plaut. u. Ter. – u. (= miles gregarius) v. gemeinen Soldaten (im Ggstz. zu den Offizieren), Liv. (s. Fabri Liv. 22, 14, 15). – zur Kaiserzeit auch von niederen kaiserl. Beamten, die Waffen trugen u. zum Militäretat gehörten, spät. ICt. – **b** übtr.: **α** v. Pers.: rudis ad partus et nova miles eram, Neuling, Ov.: miles erat Phoebes, war gleichs. die Trabantin (v. einer Nymphe), Ov.: Carneades laboriosus et diuturnus sapientiae miles, Kämpfer, Streiter für d. W., Val. Max. 8, 7. ext. 5. – **β** der **Stein** im Brett- od. Kriegsspiel, Ov. trist. 2, 477. – **II** insbes., milites oft = **Fußsoldaten, Fußgänger** (im Ggstz. zu equites, das gew. dabeisteht od. vorhergeht), Caes., Liv. u. a. – ebenso Sing. miles kollektiv im Ggstz. zu eques, Liv. u. a. Vgl. Drak. u. Fabri Liv. 22, 37, 7. – ► Archaist. Nbf. meiles, Plur. meilites, CIL 1. *no.* 204. lin. 7 u. 10 *sqq.* – Spät. Nbf. **a** milex, Gromat. vet. 246, 19. CIL 6, 3637. – **b** milis, CIL 14, 241; vgl. Prob. inst. 126, 36 u. app. 197, 28.

Milēsia, ae, *f.,* s. Mīlētus.

Mīlēsius, a, um, s. Mīlētus.

Mīlētis, s. Mīlētus.

Mīlētus, ī, (Μίλητος), **I** *m.,* Vater des Kaunus und der Byblis, nach der Sage Erbauer der gleichnam. Stadt (s. *no.* II), Ov. met. 9, 443 *sqq.* – **II** *f.,* reiche Handelsstadt in Jonien, Geburtsort des Thales, berühmt durch Bienenzucht, Schafzucht u. Wolle, Cic. ad Att. 9, 9, 2. Liv. 37, 16, 2. Mart. 8, 28, 10. Apul. met. 2, 21: alte Kolonie von Athen, Amm. 28, 1, 4: griech. Form Miletos, Apul. flor. 15 *in.* – Dav.: **1 Mīlēsius,** a, um (Μιλήσιος), **zu Milet gehörig, milesisch,** apes, Varro fr.: populus, Cic.: Ceres, Val. Max. u. Lact.: deus, v. Apollo, der in Milet einen Tempel u. ein Orakel hatte, Apul.: crimina, mutwillige, unzüchtige Schriften, Ov. – subst., **a** Mīlēsius, iī, *m.,* ein **aus Milet Gebürtiger,** ein **Milesier,** Bacchius M., Varro: Thales M., Plaut. u. Cic.: Milesii Bacchius et Mnaseas, Varro: ubi est ille Milesius? Ter. – Plur., Mīlēsiī, ōrum, *m.,* die Einw. von Milet, die **Milesier,** Liv. – **b** Mīlēsia, ae, *f.* (*sc.* urbs) = Miletus, die Stadt **Milet,** Milesiae conditor, Apul. met. 4, 32 *extr.* – **c** Mīlēsiae, ārum, *f.* (*sc.* fabulae), **milesische Erzählungen** (schlüpfrige Romane), Tert. de anim. 23. Capit. Albin. 11, 8 u. 12, 12. Hieron. c. Rufin. 1, 17 u. comment. in Isai. XII *in.* (tom. 4. p. 491 Vall.). Mart. Cap. 2. § 100: Titel einer Schrift des Sisenna (Übersetzung der Μιλησιακά des Aristides), Charis. 194, 4; 196, 5; 200, 20. – **2 Mīlētis,** idis, Akk. ida, *f.,* **a Tochter des Miletus** = Byblis, Ov. met. 9, 635. – **b zu Milet gehörig, milesisch,** urbs, die Stadt Tomi, eine Kolonie der Milesier, Ov. trist. 1, 10, 41.

Mileum, ī, *n.,* auch **Milevum,** ī, *n.* u. **Milevī,** ōrum, *m.* u. **Milevis,** Akk. im, *f.,* Stadt in Numidien, in der Nähe von Cirta, am Fluss Ampsaga, zur christl. Zeit Bischofsitz, j. *Mela,* Augustin. adv. Don. 6, 20; ep. 34, 5. – Dav. **Milevetānus,** a, um, **milevetanisch,** Milevetanae antistites ecclesiae, Augustin. epist. 31, 9.

mīlex, s. mīles ►.

miliācius, a, um (milium), **aus Hirse,** puls, Paul. ex Fest. 83, 12.

miliacus, a, um (milium), **mit Hirse gefüttert,** ficedulas, sive quas miliacas vocant, Hirsenvögel, viell. Ortolanen od. Fettammern od. Grauammern (vgl. 2. miliarius), Cael. Aur. de morb. chron. 1, 1, 27.

miliarensis (mille), **tausend Schritte enthaltend,** porticus, Vopisc. Aurel. 49, 1. – militavit in (cohorte) Claud. miliarense, CIL 5, 898.

1. mīliārium, s. 1. mīliārius.

2. miliārium, s. 2. miliārius.

1. mīliārius (milliārius), a, um (mille), **ein Tausend in sich begreifend, I** im Allg.: numerus, Varro LL. 9, 82 (Otfr. Müller): grex, von tausend Schafen, Varro: ala, von tausend Reitern, Plin. ep.: aper, tausend Pfund schwerer, Sen.: aevum, von tausend Jahren, Tert.: oleae, Tausendpfünder (die jährlich tausend Pfund tragen), Plin. 17, 93. – subst., **a** mīliārium, iī, *n.,* ein **Tausend,** annorum, Augustin. de civ. dei 20, 7, 2. p. 420, 19 D^2. – **b** mīliāriī, ōrum, *m.,* eine christl. Sekte, die an das tausendjährige Reich glaubte, die **Chiliasten,** Eccl. – **II** insbes., **tausend Schritte in sich enthaltend, von tausend Schritten,** clivus, Varro: porticus, Suet. – subst., mīliārium, iī, *n.,* der **Meilenstein,** der tausend Schritte oder eine römische Meile (1/5 deutsche Meile) anzeigte, ad quartum miliarium, Cic.: per CLX miliaria, 160 (röm.) Meilen, Suet. – aureum miliarium, die von Augustus auf dem röm. Forum errichtete »goldene Meilensäule«, in die alle Heerstraßen aus Italien mündeten, in der Gegend des jetzigen Krankenhauses von *Santa Maria della consolazione,* Plin. 3, 66. Tac. hist. 1, 27. Suet. Oth. 6, 2.

2. miliārius, a, um (milium), **zur Hirse gehörig, Hirsen-,** herba, eine der Hirse gefährliche Pflanze, »quirlförmiger Fench« (*Panicum verticillatum,* L.) Plin. 22, 161. – subst., **a** miliāria, ae, *f.* (*sc.* avis), eine sich von Hirse nährende Vogelgattung, der **Hirsenvogel** = Ortolan, Fettammer (*Emberiza hortulana,* L.), Plur. bei Varro LL. 5, 76 u. Varro r. r. 3, 5, 2. – **b** miliārium, iī, *n.,* ein hirsenförmiges, hohes u. schmales (vgl. Pallad. 5, 8, 7) Gefäß, urspr. zum Auffangen des ausgepressten Olivensaftes dienend, Cato r. r. 20, 1 u. 22, 1: dann in Bädern zur Erwärmung des Wassers benutzt, s. Paul. sent. 3, 6. § 65. Pallad. 1, 40, 3. Sen. nat. qu. 3, 24, 2; 4, 9, 2: als Küchengeschirr, argenteum, Ulp. dig. 34, 2, 19. § 12.

mīliēns, mīliēs (mīlliēns, mīlliēs), *Adv.* (mille), **I tausendmal,** plus milies, mehr als usw., Ter.: quinquies milies, Plin.: bis m. HS, Val. Max. – **II** übtr., **tausendmal** = unzählige Male, Ter. u. Cic.: miliens melius, tausendmal besser, Cic.

mīlifolium, s. mīllefolium.

miliginus, a, um (milium), **von Hirse, Hirse-,** farina, Dynam. 1, 14.

milimindrus, ī, *f.,* eine Pflanze = *hyoscyamus* (s. d.), Isid. orig. 17, 9, 41 u. Gloss. (s. Löwe Prodr. p. 417).

milingior = μικρολογῶ, **kleinlich (genau) sein,** Dosith. 60, 9. Vgl. Gloss. III, 485, 57 ›mil inggior, μακρολογῶ (schreibe μικρολογῶ‹).

mīlio (millio), ōnis, *m.* = miluus, der **Weihe,** Marc. Emp. 33.

mīlipeda u. **mīllepeda,** ae, *f.* (mille u. pes), **Tausendfuß,** ein Insekt, viell. **Assel, Kellerwurm,** Plin. 29, 136 (Detl. u. Jan. milip., Sillig auch nach Hdschrn. millipeda). Hieron. c. Rufin. 3, 28 (millepeda).

mīlitāriē, *Adv.* (militarius), **soldatisch, nach Soldatenart,** Treb. Poll. trig. tyr. 22. § 3 zw.

mīlitāris, e (miles), **die Soldaten** od. **den Kriegsdienst betreffend, soldatisch, kriegerisch, Soldaten-, Militär-, Kriegs-,** res militaris, Kriegswesen, Caes.: mos, Liv.: tribunus, Cic.: ornatus, Cic.: licentia, Cic.: panis, Plin.: turba, Curt.: genus, Soldaten, Liv.: pueri, Offiziersöhne, Plaut.: leges, Cic.: signa, Cic.: arma, regelmäßige Waffen (wie sie der ordentliche Krieger führt), Sall.: scuta, Tac.: equus, Sall.: gradus, Doppelschritt, Plaut.: militari custodiā cinctus, Tac. – vir od. homo militaris, ein kriegserfahrener, im Krieg erprobter Mann, ausgezeichneter Krieger, wackerer Soldat, Liv.: so auch iuvenis, Liv., u. homines, Sall. (vgl. Fabri Sall. Cat. 45, 2): quis iustior et militarior Scipione? Tert. apol. 11. – aetas militaris, das dienstfähige Alter (vom siebzehnten bis zum sechsundvierzigsten Jahre), Tac. – militaris via, die Heer- u. Hauptstraße, Cic. u. a. – militaris herba, eine Pflanze, gut für die Wunden, wahrsch. = millefolium, Plin. 24, 168. – Plur. subst., mīlitārēs, ium, *m.,* **Militärpersonen, Krieger,** Curt. 8, 5 (17), 4. Quint. 11, 1, 30. Tac. ann. 3, 1 u. 14, 33. – ► Nbf. mīlitārius, wov. Abl. Plur. militariis, Plaut. Pseud. 1049.

mīlitāriter, *Adv.* (militaris), **soldatisch, auf Soldatenart,** m. gravis oratio, Liv.: m. loqui, Tac.: tecta sibi m. aedificare, Liv.: exornatus armatusque m., Apul. met. 10, 1.

mīlitārius, a, um, s. mīlitāris a. E. ►.

mīlitia, ae, *f.* (miles), der **Kriegsdienst, Felddienst, Dienst** im Krieg, im Feld, **I** eig.: militiae disciplina, Cic.: militiae munus, Caes.: militiae dux, Hor.: militiae magna scientia, Sall.: vacatio militiae, Befreiung vom Kriegsdienst, Caes.: militia assidua, Liv.: trium et viginti annorum militia durissima, Liv.: m. ignominiosa, Liv.: perennis, Liv.: segnis, Liv.: voluntaria, Liv.: militiam abnuere, Liv.: assuescere militiae, Liv. (u. so otio magis castrorum quam bellicae assuetus militiae, Vell.): capessere militiam, sich dem K. widmen, Plin.: detrectare militiam, Cic. fr., Liv. u. a.: sibi quisque militiam sumpserat, Tac.: in castris per laborem usu militiam discere, Sall.: sub assidua militia esse, Liv.: exhaurire militiam, Liv.: perennem militiam facere, Liv.: ferre militiam saevam, Hor.: habere militiae vacationem, Caes.: iniungere militiam, Liv.: obligare alqm militiae sacramento, Cic.: pati ignominiosam militiam, Liv.: perfunctum esse iam militiā, Liv.: in disciplinam militiae proficisci, in die Schule des Kriegsdienstes, Cic.: profiteri voluntariam extra ordinem militiam, Liv.: prima militia (das Andenken an den ersten Kriegsdienst) renovabitur, Cic.: militiam sequi, Kriegsdienste tun, dienen, Cic.: voluntariis mercede secutis militiam, Liv.: simulatione insaniae subterfugere militiam, Cic.: suscipere militiam, Liv.: sub te magistro tolerare militiam, Verg.: militiā solvi, schimpflich (zur Strafe) entlassen werden, Tac. – haec mea militia est, das ist mein Dienst (v. Dichter), Ov. fast. 2, 9: u. ironisch, haec urbana militia respondendi, scribendi, cavendi plena sollicitudinis ac stomachi, Cic. Mur. 19. – *Genet.* militiae, im Feld (Krieg), Sall. u. a. (s. Fabri Sall. Iug. 84, 2). – oft verb. domi militiaeque im Krieg u. Frieden, Cic. u. a.; dafür auch et domi et militiae, Cic., militiae et domi, Ter. u. Sall. fr.: militiaeque domique, Liv. – militiae magister, Heermeister (= Feldherr), Liv. 22, 23, 2. – Plur. militiae = die verschiedenen Arten von Kriegsdienst, Tibull. u. a. (s. Walther Tac. hist. 3, 18). – **II** meton.: **1** der **Feldzug,** praeclara in Hispania D. Bruti militia fuit, Vell.: adversus Graecos, Iustin. – **2** eine **Offizierstelle,** oft b. ICt. – u. eine zum Militäretat gehörige **Hausbeamtenstelle** am Hof des Kaisers, Prud. cath. praef. 19. – a militīs = militiis, etwa »Kriegssekretär«, CIL 11, 6120. – **3** die **Soldaten,** die **Miliz,** m. Romana, Val. Max. 1, 6, 11: hic pars militiae, dux erat ille ducum, Ov. her. 8, 46: cum omni militia interfici, Iustin. 32, 2, 2: cogere militiam, Liv. 4, 26, 3. – ► arch. Genet. militiai, Lucr. 1, 29: Dat. militie, CIL 5, 898. – Nbf. meilitia, wov. meilitiam, Lucil. 359.

mīlitiola, ae, *f.* (*Demin.* v. militia), der **kurze, unbedeutende Kriegsdienst,** Suet. vit. Iuven. (unecht).

1. mīlito, ōnis, *m.* (miles), der **Kämpfer, Streiter,** militones Christi, Aldh. de laud. virginit. 44.

2. mīlito, āvī, ātum, āre (miles), **Soldat sein, Kriegsdienste tun, (als Soldat, als Söldner) dienen,** in exercitu alcis, Cic.: in eadem legione, Cic.: sub alqo, unter jmds. Kommando, Liv. u. Vell.: sub alcis signis (Fahnen), Liv.: u. sub alqo militare discere, Plin.: mil. alci, Tac.: gloriae (für den R.), Curt.: adversus alqm, Suet.: mercede apud Persas, Curt.: sat pro patria et Priamo militasti, Serv. Verg. Aen. 2, 291: prorsus nolle militare, Liv.: alqs cogitur, ut militet, wird zum Soldaten gepresst, Ps. Quint. decl.: in Asiam ad regem militatum (um als Söldner zu dienen) abiit, Ter.: u. so profugiet aliquo militatum, Ter.: Partiz. subst., mīlitantēs, ium, *m.*, die **Kriegsdienste Tuenden,** Liv. 5, 3. § 4 u. 7; 5, 4, 1. – m. homogen. Obj. im *Acc.*, multa navalia proelia, quae Xerxes apud Peloponnesum militaverat (bestanden, geschlagen hatte), Iul. Val. 3, 52 (3, 28): im Passiv m. homogen. Subj., confidentiā illa militia militatur (wird bestanden) multo magis quam pondere, Plaut.: u. so libenter hoc et omne militabitur (a me) bellum in tuae spem gratiae, Hor. – Übtr., **a** als (zum Militäretat gehöriger) Hofbeamter **dienen,** Cod. Iust. 3, 25, 1; 10, 69, 1; 12, 19, 2 *sqq.*: praeclare in palatio militans, ein Hofbeamter in hervorragender Stellung, Augustin. conf. 8, 6, 14. – **b** von denen, die unter der Fahne des Kupido dienen usw., Hor. u. Ov.: auch stipendia Veneri, Apul. met. 9, 20: catulus militat in silvis, verrichtet den Jagddienst, Hor. – **c** v. Lebl., quae (machina) muros frangere militat, dazu dient, Tert. de pall. 1 *extr.*

milium, iī, *n.*, (μελίνη), die **Hirse** (*Panicum italicum,* L.), Varro LL. 5, 106 u. r. r. 1, 57, 2. Verg. georg. 1, 216. Ov. fast. 4, 743. Cels. 2, 17 u. 18. Colum. 2, 9. § 17 u. 19. Plin. 18, 49 *sq.* u. 96: panis ex milio, Cels. 2, 25: milium pistum, Edict. Diocl. 1, 4: milium integrum, *ibid.* 1, 5: milium (Indicum), Moorhirse, Plin. 18, 55: moram si quaeris, sperge milium et collige, CIL 4, 2069.

millāgo, s. mīlvāgo.

mīlle, *Numer.*, **I** *adi.* **tausend,** mille et quingentis passibus abesse, Caes.: primus de mille (procis) fuisses, Ov.: bis mille equi, Hor. – **II** *subst. neutr.*, das **Tausend, A** eig., Sing. mille mit *Genet.* (s. Brix Plaut. trin. 425. Lorenz Plaut. mil. 1055), mille drachumarum, nummûm, Komik.: mille modiûm, annorum, Plaut.: mille militum, Nep.: mille hominum versabatur, Cic. – Plur. gew. milia (auch in Inschriften, z. B. CIL 3, 3198 u. 5, 121), **tausend, Tausende,** centum milia, Cic. sescenta milia, Cic.: viginti milia peditum, quattuor equitum, Liv.: multa milia frumenti, viele tausend Scheffel G., Sen.: u. so milia frumenti, Hor.: HS deciens centena milia, Cic.: tot milia, gentes Italae (Apposition), Verg. Aen. 9, 132; vgl. Sil. 1, 340. – distribut., viritim milia nummûm singula dedi, Monum. Ancyr.: milia talentûm per duodecim annos, Liv.: in milia aeris asses singulos, auf jedes Tausend, Liv. – insbes., mille passuum, tausend Schritte = eine römische Meile (deren fünf eine deutsche od. geographische Meile ausmachen), Plaut., Cic. u. a.: mille passuum erant, Liv.: u. oft ohne Genet. *passuum,* ut mihi ultra quadringenta milia liceret esse, Cic.: Marcius et Atilius ad Gitanas Epiri oppidum decem milia a mari cum escenderent, Liv.: aberat mons fere milia viginti, Sall.: castra, quae sedecim milium vallo obduxerat, Flor. – **B** übtr., **tausend** = unzählige (s. Korte Lucan. 3, 689), mille pro uno Caesones exstitisse, Liv.: cui mille in dies nova consilia vel fortuna iam vel ingenium posset facere, Liv.: in mille curias contionesque dispersam atque dissipatam esse rem publicam, Liv.: mille trahens vario colore soles, Verg.: temptat mille modis, Hor.: milia crabronum coëunt, Ov.: si te vidissem, primus de mille fuisses, Ov.: mille praeterea sunt usus earum, Plin.: alia mille non minus lauta, Plin. ep.: fama, quae mille, ut aiunt, linguis rerum mire exaggerat fidem, Amm. 21, 9, 3. – ► Archaist. meile, meilia, Lucil. 358. CIL 1, 551: *Abl. Sing.* milli, Lucil. 327 u. 506; vgl. Gell. 1, 16, 11 u. Macr. sat. 1, 5, 7.

mīllefolium, iī, *n.* (mille u. folium), eine Pflanze, **Tausendblatt, Schafgarbe** (*Achillea millefolium,* L.), Plin. 25, 42; vgl. Ser. Samm. 517. – Nbf. milifolium, Plin. 24, 152.

mīllefōrmis, e (mille u. forma), **tausendförmig,** Prud. cath. 9, 45. Augustin. de civ. dei 22, 22, 3. p. 606, 20 D². Augustin. de gen. ad litt. 7, 11, 17.

mīllēnārius, a, um (milleni), **tausend enthaltend,** numerus, Augustin. de civ. dei 20, 7, 2. p. 421, 4 D². Prisc. de fig. num. 6, 27. p. 415, 16 K. (s. Varro LL. 9, 82): dux lancealiorum, Cassiod. hist. eccl. 6, 35.

mīllēnī, ae, a (mille), **je tausend,** Gaius inst. 2, 225. Scaev. dig. 31, 89, 1. Prisc. de fig. num. 6, 24. p. 414, 3 K. Lampr. Heliog. 21, 7 u. 26, 27. Vulg. 2. regg. 18, 4; 1. Esdr. 8, 6; 2. Mach. 8, 22. Augustin. serm. 270, 3. Amm. 15, 11, 17. Boëth. art. geom. p. 398, 15 *sqq.* (Fr.). Mart. Cap. 6. § 610. CIL 10, 451. – Sing. millēnus, **tausendfach,** numerus, Boëth. art. geom. p. 398 u. 399 Fr.: triticum, Augustin. serm. 101, 3: alqd millenum alci deputare, Cassiod. var. 2, 37.

mīllēnsimus, s. mīllēsimus.

mīllepeda, ae, *f.*, s. mīlipeda.

mīllēsimus, a, um (mille), der **tausendste,** pars, Cic.: inter mille rates millesima puppis, das letzte davon, Ov.: usura, eins von tausend monatlich, Sen. – subst., millēsima, ae, *f.* (*sc.* pars), ein **Tausendstel,** Plur., armillam ex millesimis Mercurii factam, d. i. ein **Tausendstel** des Gewinns dem Merkur gelobt, aber nicht gegeben, Petron. 67, 7. – adv. millēsimum, **zum tausendsten Mal,** Cic. ad Att. 12, 5, 1. – ► millēnsimus, Cic. de fato 13 M. Iuven. 7, 100 B.

mīlliārius, s. 1. mīliārius.

mīlliēns, mīlliēs, s. mīliēns.

mīllimodus, a, um (mille u. modus), **tausendfach,** Ven. Fort vit. S. Mart. 3, 303.

millio, s. mīlio.

millus, s. mellum.

1. Milō u. **Milōn,** ōnis, *m.* (Μίλων), der Krotoniate, ein berühmter Athlet von ungeheurer Stärke, der mit bloßer Hand einen Stier tötete, auf den Schultern forttrug u. an einem Tag verzehrte, Cic. de fat. 30; de sen. 27 u. 33. Val. Max. 9, 12. ext. 9: Milo Crotoniates, Vitr. 9. praef. § 2.

2. Milo, ōnis, *m.*, vollst. T. Annius Milo Papianus, Sohn des C. Papius Celsus u. einer Annia, Tochter des C. Annius (der seinen Enkel adoptierte), Volkstribun mit P. Clodius (57 v. Chr.), später dessen Gegner u. Mörder, von Cicero verteidigt, aber dennoch verurteilt, weshalb er nach Massilia in die Verbannung ging, von wo aus er feindlich gegen Rom auftrat, dabei aber seinen Tod fand, Cic. Mil. 1 *sqq.* Caes. b. c. 3, 21 *sq.* – Dav. **Milōniānus,** a, um, **milonianisch, des Milo,** tempora, die Z., als Milo angeklagt wurde, Balb. bei Cic. ad Att. 9, 7. litt. B. § 2.

– subst., Milōniāna, ae, *f.* (verst. oratio), die Rede Ciceros für Milo, Cic. or. 165. Mart. Cap. 5. § 526.

Milōn, s. 1. Milō.

milthos, s. miltos.

Miltiadēs, is u. ī, Akk. gew. em, selten ēn, *m.* (Μιλτιάδης), berühmter Feldherr der Athener, Oberbefehlshaber in der siegreichen Schlacht bei Marathon (490 v. Chr.), Nep. Milt. 1 *sqq.* Cic. Sest. 141 (Genet. -di); Tusc. 4, 44 (Genet. -dis); de rep. 1, 3, 5 (Akk. -dem). Sen. contr. 9, 1 (24), 10 (Akk. -den).

miltītēs, ae, *m.* (μιλτίτης), eine Art **Blutstein,** Plin. 36, 147.

miltos, ī, *f.* (μίλτος), **Mennige, Bergzinnober,** Plin. 33, 115. Ter. Maur. 225. Ven. Fort. carm. 9, 7, 41.

miluus, s. mīlvus.

mīlva, ae, *f.* (milvus), das **Weibchen des Weihen,** als Schimpfwort, Petron. 75, 6.

mīlvāgo, inis, *f.* = milvus, der **Meerweihe,** Isid. orig. 12, 6, 36 (Lindsay millago).

mīlvīnus, a, um (milvus), **zum Weihen-, zum Falken gehörig, Weihen-,** **I** *adi.*: plumae, Plin. 37, 167 (168): pullus, der junge Geier, scherzh. v. Sohn eines habsüchtigen u. räuberischen Mannes, Cic. ad Q. fr. 1, 2, 6. – meton., oculi, Falkenaugen = sehr scharfe Augen, Apul. met. 6, 27: ungulae, Diebeskrallen, Diebesfinger, Plaut. Pseud. 852: u. so mulier milvinum genus, der Geier Abart, Petron. 42, 7: pes, Weihenfuß, eine Pflanze, Colum. 12, 7, 1: tibia, eine Art Flöte mit sehr hellem Ton, Solin. 5, 19. Paul. ex Fest. 123, 4. – **II** *subst.*, mīlvīna, ae, *f.* (*sc.* fames), **Geierhunger,** wir **Wolfshunger** = tüchtiger Appetit, Plaut. Men. 212 (Bernays bulimam vermutet).

Milvius, s. Mulvius.

mīlvus (poet. miluus), ī, *m.*, **I** der **Weihe, Gabelweihe,** der **Taubenfalke** (*Falco Milvus,* L.), ein Raubvogel, Plaut. aul. 316 u. 319; rud. 1124. Ter. Phorm. 330. Cic. de nat. deor. 2, 125. Plin. 10, 28 u. 42. Hor. epod. 16, 32. Phaedr. 1, 31, 3. Vulg. Levit. 11, 14; deut. 14, 13. – sprichw., von weitläufigen Gütern, dives arat Curibus, quantum non miluus errat, Pers. 4, 26; vgl. Petron. 37, 8. Iuven. 9, 55. – meton., v. räuberischen Menschen, wie unser **Geier,** male ego metuo miluos, Plaut. Poen. 1292. – **II** übtr.: **1** der **Meerweihe,** ein Raubfisch, Plin. 9, 81. Hor. ep. 1, 16, 51. – **2** ein nach dem großen Bären hingewendeter Stern, Ov. fast. 3, 793 *sqq.* Plin. 18, 237. – ► *gen. fem.*, rapidissima miluus, Ov. met. 2, 716: rustica miluus, Anthol. Lat. 727, 4 (1010, 4).

Milyas, adis, Akk. ada, *f.* (Μιλυάς), ein Bezirk von Großphrygien, später von Lyzien, dessen Einwohner οἱ Μιλύαι hießen, Liv. 38, 39, 16. – Ders. **Commūne Milyadum**, Cic. II. Verr.. 1, 95.

mīma, ae, *f.* (mimus), die **Mime, Gebärdenkünstlerin,** Cic. u. Hor.: mima uxor, Cic. – ► Dat. u. Abl. Plur. mimabus, Cledon. 11, 14 K. (ohne Beleg).

Mimallones, um, *f.* (Μιμαλλόνες, mazedon.) = die **Bacchantinnen,** Stat. Theb. 4, 660. Sidon. carm. 1, 13. – Dav.: **a Mimalloneus**, a, um, **bacchantisch,** Pers. 1, 99. – **b Mimallonis**, idis, *f.*, die **Bacchantin,** Ov. art. am. 1, 541 (Plur.).

mīmārius, a, um (mimus) = mimicus, **mimisch,** scurrae, Capit. Ver. 8, 11. – Plur. subst., mīmāriī, ōrum, *m.*, **Mimenkünstler,** CIL 3, 3980. Iunior orb. descr. 19 (Class. auct. 3, 396).

Mimās, antis, Akk. anta, *m.* (Μίμας), **I** als Gebirgsname: **A** ein Berg u. Vorgebirge Joniens, der Insel Chios gegenüber, Erythrä überragend, Ov. met. 2, 222. Lucan. 7, 451 (überall neben Rhodope). Amm. 31, 14, 8. – **B** ein sonst unbekanntes Gebirge Thraziens, Sil. 3, 494. – **II** ein Gigant, Hor. carm. 3, 4, 53. Sil. 4, 278.

mīmēsis, Akk. in, *f.* (μίμησις), die **Nachahmung,** Porph. Hor. ep. 1, 7, 61 u. 1, 18, 28.

mīmēticos, on (μιμητικός), **zur Darstellung durch Nachahmung geeignet, darstellend** (rein lat. imitativus), Porphyr. Hor. sat. 1, 4, 14. Diom. 482, 15. Dosith. 57, 2 K.

mīmiambī, ōrum, *m.* (μιμίαμβοι), **mimische Verse, mimische Gedichte in jambischen Versen,** Plin. ep. 6, 21, 4. Mat. poët. bei Gell. 15, 25, 1 *sq.*; 20, 9, 2. Ter. Maur. 2416.

mīmicē, *Adv.* (mimicus), **nach der Mimen Art,** mimice ac moleste ridere, Catull. 42, 8: mimice affectare veritatem, Tert. apol. 46.

mīmicus, a, um (μιμικός), **I mimisch,** actor, Schol. Iuven.: iocus, übertrieben, Cic.: haec non debent esse mimica, mimisch, komödiantenmäßig, possenhaft, Quint.: genus, Sen. rhet.: vere mimicae nuptiae, Sen. contr. 2, 4 (12), 5 K. – **II** übtr., **affektiert, nur scheinbar, Schein-,** currus (triumphalis), Plin. pan.: mors, Petron.: quam essent mimica et inepta, Plin. ep.

Mimnermus, ī, *m.* (Μίμνερμος), ein alter Elegiendichter aus Kolophon, der zur Zeit des Krösus lebte, Hor. ep. 1, 6, 65; 2, 2, 101. Schol. Bob. in Cic. pro Arch. 10. p. 358 B.: Mimnermi versus = elegische Poesie, Prop. 1, 9, 11.

mīmographus, ī, *m.* (μιμογράφος), ein Verfasser mimischer Gedichte, der **Mimograph,** Suet. gr. 18. Schol. Iuven. 8, 186. CIL 2, 4092. Not. Tir. 106, 72 (mimografus).

mīmologus, ī, *m.* (μιμολόγος), der **Schauspieler in mimischen Schauspielen,** der **Mime,** Firm. math. 8, 8, 1 u. Gloss.

mīmula, ae, *f.* (*Demin.* v. mima), die **Mime,** Cic. Phil. 2, 61; Planc. 30.

mīmulus, ī, *m.* (*Demin.* v. mimus), der **Mime,** Arnob. 2, 38. Vgl. Not. Tir. 106, 71.

mīmus, ī, *m.* (μῖμος), **I** ein Schauspieler, der bes. niedrig-komische Charaktere u. Leidenschaften durch Deklamation u. Gebärden darstellte u. so das Zwerchfell der Zuschauer zu erschüttern suchte, der **Mime,** Cic. u. a.: quod mimus hallucinatur, comoedus sermocinatur, tragoedus vociferatur, Apul. flor. 18. p. 28, 7 Kr. – **II** ein **mimisches Schauspiel, Possenspiel,** mimorum poëta, Plin.: exitus mimi, Cic.: persona de mimo, ein Schauspieler in einem Mimenstück, ein Komödiant, Cic.: mimos commentari, Cic.: mimos scribere, Ov.: mimum agere, Suet., mimos agere, Macr. – bildl., die **Komödie,** das **Possenspiel,** die **Farce,** vitae humanae, Sen.: in hoc mimo, Suet.: famam mimum facere (zu einem P. machen), Cic. ad Att. 1, 16, 13 (famam mimum futurum). Sen. apoc. 9. p. 224, 7 *Buecheler.*

1. **min,** wahrsch. absichtlich verstümmeltes Wort in Verg. catal. b. Quint. 8, 3, 28. Auson. edyll. 12, 13, 8. p. 139 Schenkl.

2. **mīn?** = mihine? Plaut. Stich. 334 Fl. (Ritschl mein). Pers. 1, 2.

1. **mina**, ae, *f.* (μνᾶ), **I** ein griech. Gewicht von 100 Drachmen, Plin. 12, 62; 21, 185; 35, 99 u. 107 D. Isid. orig. 16, 25, 21. Vulg. 3. regg. 10, 17: griech. Form mna, ae, *f.* (μνᾶ), Plin. 21, 185 u. 35, 107. Vulg. 1. Esdr. 2, 69; 2. Esdr. 7, 72; Ezech. 45, 11 u. 1. Mach. 14, 24. – **II** eine Rechnungsmünze, Einheit von 100 Drachmen, mina argenti, Plaut. asin. 396: gew. bl. mina, Plaut. trin. 403 u. a. Cic. de off. 2, 56; Tusc. 5, 91 u. a. Plin. 35, 107. – auch für Gold, mina auri, Plaut. mil. 1420.

2. **mina,** ae, *f.*, die **Metallader,** im Bauernlatein, s. Schol. Bern. app. II. ad Verg. georg. 2, 166. p. 993 *Hagen*

3. **mina,** s. 2. minus.

minācìae, ārum, *f.* (minax), **Drohungen,** im scherzh. Wortspiel bei Plaut. truc. 948 (vgl. Plaut. mil. 374 u. rud. 795). – Sing. minacia, Itala (psalt. Veron.) Habac. 3, 12.

mināciter, *Adv.* (minax), **drohend, mit Drohungen,** potius leniter quam minaciter, Plaut. Stich. 79 G.: adversarios terrere, Cic.: quaerere, Plin. ep.: efflagitare, Suet.: is, a quo insolenter quid aut minaciter dictum sit, Quint. – num putatis dixisse eum minacius quam facturum fuisse? Cic. Phil. 5, 21.

minae, ārum, *f.* (mit *mineo verwandt), **I** die hervorragenden **Spitzen** an den Mauern, die **Zinnen,** murorum, Verg. Aen. 4, 88. Amm. 24, 2, 12: moenium, Amm. 24, 2, 19: celsarum turrium minae, Amm. 24, 2, 19; 29, 6, 11: bl. minae, Amm. 20, 6, 2. – **II** übtr., **Drohungen** (Ggstz. blanditiae), minarum verba plena, Hor.: m. subj. *Genet.*, tantae fortunae minae, Liv.: m. obj. *Genet.*, minae vinculorum et mortis, mit usw., Liv. – totum concitum corpus et magnas irae minas agens, der ganze K. in Aufregung u. heftige D. des Z. ausdrückend, Sen.: insequi alqm clamore et minis, Cic.: intendere alci probra ac minas, Tac.: minas iactare, Cic.: minis uti, Cic. – von den Drohungen der Viehtreiber, Ov. – poet. übtr., von Tieren, Verg. u. Ov.: u. v. lebl. Subjj., wie von Wind, Wellen, Kälte usw., Prop., Tibull.

u. Ov. – insbes., **Unglück drohende Vorbedeutungen,** Val. Flacc. 5, 342.

Mīnaeī (Minnaeī), ōrum, *m.* (Μινναῖοι), Völkerschaft an der Küste des Roten Meeres, deren Gebiet fruchtbar an Erzeugnissen des Ackerbaus u. der Baumzucht, bes. an Myrrhen u. Weihrauch war, Plin. 6, 155. 157. 161 (Minaei). Prisc. Perieg. 888 u. Avien. descr. orb. terr. 1137 (Minnaei). – Dav. **Mīnaeus,** a, um, **minäisch,** tus, Plin. 12, 53: murra, Plin. 12, 69.

minanter, *Adv.* (1. minor), **drohend,** multa submisse, multa minanter agat, Ov. art. am. 3, 582.

minātio, ōnis, *f.* (1. minor), das **Drohen,** die **Drohung** (als Handlung), Plaut. capt. 799 Fl. (Brix 796 comminatio): litium min., Androhung, Augustin. de serm. dom. 1, 11, 32: Plur., Cic. de or. 2, 288. Tiro b. Gell. 6 (7), 3, 13.

minātor, ōris, *m.* (1. mino), der **Antreiber des Viehes,** Tert. ad nat. 2, 3 *extr.* (Öhler motator). Vgl. Löwe gloss. nom. 3, 9 ›abactor, minator‹.

mināx, ācis (1. minor), **I ragend, überragend,** scopulus, Verg. Aen. 8, 668. – **II** übtr.: **1 drohend, voll Drohungen, trotzig,** homo, Cic.: reges, Hor.: litterae, Cic.: epistula, Suet.: verba, Ov.: oculi, Sen. u. a.: fluvius, Verg.: pestilentia minacior quam perniciosior, Liv.: adversus barbaros minacissimus, Suet.: minacissimae iussiones, Augustin. epist. 118, 4. – Plur. subst., Hor. carm. 2, 7, 11. – **2 viel versprechend, bedeutungsvoll,** vultus, Calp. ecl. 4, 1.

Minciadēs, s. Mincius.

Mincius, iī, *m.*, ein Fluss bei Mantua, j. *Mincio,* Mincius amnis, Liv. 24, 10, 7: M. piger, Sidon. epist. 1, 5, 4: M. ingens, Verg. georg. 3, 14 *sq.* (obgleich jetzt der *Mincio* nur ein Flüsschen ist). – Dav. **Minciadēs,** ae, *m.*, **aus der Nähe des Mincio gebürtig, der Minciade,** Maro, v. Vergil, Iuvenc. prol. 10.

mīnctio, ōnis, *f.* (mingo), das **Harnen, Pissen,** Veget. mul. 1, 50 u. a. – Dass. **mīnctūra,** ae, *f.*, b. Veget. mul. 1, 33 zw.

mīnctus, ūs, *m.* (mingo), das **Harnen, Pissen,** minctu viridis urinae, Cael. Aur. de signif. diaet. pass. 136: minctus difficultate laborantes, Cass. Fel. 45. p. 113, 11 *Rose.*

***mineo,** ēre, **ragen,** das Simplex zu emineo, immineo, promineo; bei Lucr. 6, 563 u. 1193 (1195) als falsche Lesart von Lachmann u. Bernays verworfen.

minerrimus, archaist. = minimus, Paul. ex Fest. 122, 17.

Minerva, ae, *f.* (etrusk. Menerfa od. Meurfa), eine römische Gottheit, identisch mit der griechischen Ἀθήνη, Tochter des Zeus, Göttin der Weisheit, des Verstandes u. Nachdenkens, der Künste u. Wissenschaften (des Spinnens, Webens, der Poesie usw.), auch des Krieges, insofern er mit Einsicht geführt wird, Erfinderin des Öls u. der Bearbeitung der Wolle usw., Varro LL. 5, 74. Cic. de nat. deor. 3, 53 u. 55. Ov. fast. 3, 815 *sqq.*: Minerva medica, Göttin der Heilkunst, CIL 6, 10133. – sprichw., crassā Minervā od. pingui, ut aiunt, Minervā, von od. mit derbem, schlichtem Hausverstand, Hor. sat. 2, 2, 3. Cic. de amic. 19. Colum. 1. praef. 33: sus Minervam (docet), wenn ein Dummer einen Klugen belehren will, Cic. Acad. 1, 18: invitā Minervā alqd dicere, facere etc., ohne Geschick, ohne Beruf, Cic. de off. 1, 110. Hor. de art. poët. 385: non invitā Minervā, Cic. ep. 12, 25, 1: omnis Minervae homo, er war in allen Sätteln gerecht, er trieb's in jeder Weise, Petron. 43, 8. – meton. (poet.) = **Wollarbeit** (Spinnen, Weben usw.), Verg. Aen. 8, 409. Prop. 2, 9, 5 u. 4, 5, 23. Hor. carm. 3, 12, 5. Arnob. 5, 45. – ► arch. Genet. Minerves, Fasti Philoc. im CIL 1^2. p. 260. – Nbf. Menerva, Quint. 1, 4, 17. CIL 1, 1457; 14, 4105: Dat. Menervai, CIL 1, 1462. Dav.: **a Minervālis,** e, **die Minerva** (d. i. Gelehrsamkeit u. Verstand) **betreffend,** artes, Tert. de spect. 11: M. munus = minerval (s. d.), Hieron. in epist. ad Ephes. 6, 4: magister M., Vorsteher des Minervadienstes, CIL 5, 7462 u. 7565. – Plur. subst., Minervālia, ium, *n.*, **Festlichkeiten zu Ehren der Minerva,** Serg. comm. in Donat. 434, 32 K. – **b Minervius,** a, um, **minervisch,** cives Minervii, v. den Athenern, Arnob.: nomen, der Minerva, Arnob. – subst., **Minervium,** iī, *n.*, **α** ein **Tempel der Minerva,** Varro LL. 5, 47. Arnob. 6, 6. – **β** Stadt u. Burg (arx Minervae, Verg. Aen. 3, 531) mit einem alten, ehemals reichen Tempel der Minerva, südl. von Hydruntum in Kalabrien, Seehafen, ältester Sitz der Salentiner, von den Römern 125 v. Chr. kolonisiert, j. *Castro,* mit dem Hafen *Porto Badisco,* Liv. 45, 16, 5. Vell. 1, 15, 4.

Minervae arx, s. Minervium unter Minerva.

Minervae prōmuntūrium, Vorgebirge in Kampanien, südöstl. von Surrentum, Sitz der Sirenen, j. *Punta della Campanella,* Liv. 40, 18, 8. Ov. met. 15, 709.

minerval, ālis, *n.* (Minerva), das Geschenk, das der Schüler dem Lehrer beim Eintritt in die Schule brachte, bestehend in Esswaren u. dgl., Varro r. r. 3, 2, 18. Tert. de idol. 10.

Minervālis, -**vius** (u. -**vium**), s. Minerva a. E.

mineus, a, um (minium), **zinnoberrot,** color, Isid. orig. 16, 8, 4: color rosarum, Apul. met. 4, 2: circulus, Apul. flor. 12 *in.*

mingo, mīnxī, mīnctum u. mictum, ere, **harnen, pissen, I** *intr.*: ipsus it minctum, Titius bei Macr.: minxisti semel currente carinā; meiere vis iterum? Mart.: in me veniat mictum atque cacatum Iulus, Hor.: u. so m. in patrios cineres, Hor.: stando (im Stehen) mingens, Amm.: mincturo similis, Veget. mul. – **II** *tr.*: quantum bibisset, tantum mingeret, Vopisc.: urina mingitur, Cels. – ► Perf. auch mixi, CIL 6, 13740 u. 29848^b. Diom. 369, 12 (welche Form Charis. 245, 11 zu meio zieht).

miniāceus (od. -cius), a, um (minium), **aus Zinnober, zinnoberrot,** expolitio, Vitr.: cuneus, Vitr.

miniārius, a, um (minium), **zum Zinnober gehörig, Zinnober-,** metallum, Zinnober-Bergwerk, Plin. 33, 118: dass. subst. bl. miniārium, iī, *n.*, Plin. 33, 121.

miniātulus, a, um (*Demin.* v. miniatus), **etwas zinnoberrot gefärbt,** cerula, »Rotstift«, Cic. ad Att. 16, 11, 1.

miniātus, a, um, s. 1. minio.

minimē, s. parum.

minimissimus, a, um, s. parvus ►.

minimus, a, um, s. parvus.

minīnus, a, um (1. mina), **eine Mine kostend,** exta, im Wortspiel = eine Mine kostende u. (mit Anspielung auf 2. minus) = kahle (dürftige), Plaut. Pseud. 329 (317).

1. **minio,** āvī, ātum, āre (minium), **I** *tr.* **mit Zinnober anstreichen,** Iovem, Plin. 33, 112 u. 35, 157. – *Partic.* miniātus, a, um, **zinnoberrot angestrichen** od. **gefärbt** u. **zinnoberrot** übh., Iuppiter (Jupiterstatue), Cic. ep. 9, 16, 8: cerula, »Rotstift«, Cic. ad Att. 15, 14, 4: torques (psittaci), Plin. 10, 117. – **II** *refl.* **sich rot färben,** Apic. 2, 60.

2. **Minio** u. **Munio,** ōnis, *m.*, ein Flüsschen in Etrurien, j. *Mignone,* Verg. Aen. 10, 183. Rutil. Nam. 1, 279 (wo Munio). – u. eine gleichnamige Stadt an ihm, Mela 2, 4, 9 = 2. § 72 (Frick Minio, Parthey Anio).

minīscor (menīscor), scī (Wurzel *men,* wovon auch memini, mens u. a.), Stammwort v. comminiscor, eminiscor u. reminiscor; dah. miniscitur, archaist. = reminiscitur, Paul. ex Fest. 122, 18.

minister, trī, *m.* u. **ministra,** ae, *f.* (aus *ministeros zu minor), ein **Untergebener,** eine **Untergebene** = **Bedienter, Aufwärter, Diener, Dienerin** usw., **a** im Haus, ministri, Verg.: ministra, Ov.: minister cubiculi, Liv.: minister vini, Mundschenk, Sen. (vgl. pincerna Salomonis et minister vini, Hieron. in Isai. 1, 1, 22): minister puer Falerni, Catull.: Phrygius, der Mundschenk Ganymedes, Mart.: u. v. dem, der aus Gefälligkeit dient u. gleichs. einen Bedienten vorstellt, Hor. – übtr., virtutes voluptatum ministrae, Cic. – **b** beim Gottesdienst, **Diener** eines Gottes, Martis, Cic.: templorum, Firm.: pariente ministrā, Vestalin Sylvia, Ov.: bei Christen, ancillae, quae ministrae dicebantur (*i.e. diaconissae*), Plin. ep. – **c** bei öffentlichen Ämtern, ministri imperii tui, Untergebene in den Provinzen, Gehilfen, Cic.: minister bello datus, als Kriegskommissär, Tac.: regni, Reichsverweser, Iustin.: pacis bellique ministrae, Gehilfinnen, Ratgeberinnen, Verg. – **d** übh. der zur Hand geht, zu etwas behilflich ist, ein **Gehilfe, Diener, Beförderer, Vollstrecker, Helfershelfer,** libidinis, Cic.: sceleris, Liv.: irarum indulgentes ministri, Liv.: in maleficio, Cic.: ministri regis (v. den röm. Senatoren), Unterstützer, Freunde, Beförderer seiner Absichten, Sall.: ministros se praebent in iudiciis oratoribus, den Rednern sagen, was Rechtens ist, Cic.: huius imperii, Sen.: legum, Diener, Handhaber, Cic.: sermonum, Mittelsperson, die diese Reden hinterbrachte, Unterhändler, Tac. – ales minister fulminis, vom Adler Jupiters, Hor.: Calchante ministro, mit Hilfe des Kalchas, Verg. – von lebl. Subjj., sit anulus tuus non minister alienae voluntatis, Cic.: huic facinori tua domus ministra esse non debuit, Cic.: artes ministrae oratoris, Cic.: ministro baculo, mit Hilfe des Stabes, Ov.: dei ministra insula, Tac. – ► Bei spät. Dicht. zuw. rein adjektivisch, minister grex, Dienerschar, Sil. 11, 274 *sq.*: ministrae potestates, Chalcid. Tim. 188: u. im Neutr., lumina ministra propositi tui, Ps. Ovid. her. 21, 114. – Nomin. Plur. arch. ministris, CIL 1, 570: Genet. Plur. ministrûm bei Stat. silv. 3, 1, 86.

ministeriālēs, ium, *m.* (ministerium), **kaiserliche Ordonnanzen** od. **Beamte,** Cod. Theod. 8, 7, 5. Gromat. vet. 372, 7.

ministeriānī, ōrum, *m.* = ministeriales (s. d.), Cod. Iust. 12, 26 *rubric.*

ministerium, iī, *n.* (minister), **I** der **Dienst,** die **Bedienung, Dienstleistung, Verrichtung, Verwaltung,** das **Amt,** servorum, Iustin.: aquila velut ministerio missa, zur Bedienung, Liv.: ministerium alci facere, Iustin., praestare od. exhibere, ICt., bedienen, aufwarten: quod ministerium (*sc.* coqui, das Kochen) fuerat, ars haberi coepta, Liv.: partita ducibus multitudinis ministeria esse, die Rollen seien verteilt unter usw., Liv. – nauticum, Matrosendienst, Liv.: triste, Verg.: diurna ministeria, Ov.: min. poculorum, Amt des Mundschenken, Serv. (dafür vini minist., Ambr. de Ioseph 6): imperii, Liv.: in aliquibus ministeriis regiis esse, Liv.: ministerio fungi, Liv. – v. Tieren, cameli iumentorum ministeriis funguntur, Plin. – von lebl. Subjj., pedum, Plin. – **II** meton.: **1** v. Pers., **a** die **Dienerschaft,** die **Bedienten,** Plin. u. a.: u. Plur., Tac. u. a.: aulicum, Hofbediente, Lampr. – **b** übh. die **Gehilfen,** das **diensttuende Personal,** scribarum ministerium, Liv. 4, 8, 4: atratum coquinae ministerium, Amm. 14, 6, 17: ministeria vini atque convivii sui, Hieron. in Isai. 1, 1, 22: varia arenae ministeria (z.B. Flötenspieler, Tänzer, Maschinisten, Aufseher), Suet. Ner. 12, 1. – **2** das **Geschirr** für Speisen und Getränke, das **Tafelgerät,** Paul. sent. 3, 6, 86. Lampr. Alex. Sev. 34, 1. Hist. Apoll. 14 (aurum et argentum in ministerio regis).

ministra, ae, *f.*, s. minister.

ministrātio, ōnis, *f.* (ministro), die **Bedienung, Handreichung,** der **Dienst,** Vitr. 6, 6, 2. Vulg. 2. Cor. 3, 7 *sqq.*: Plur., divisiones ministrationum, mancherlei Dienstämter, Vulg. 1. Cor. 12, 5.

ministrātor, ōris, *m.* (ministro) = minister, **I** der **Aufwärter,** aufwartende **Diener,** bes. bei Tisch, Cic. Tusc. 5, 62. Petron. 31, 2. Alfen. dig. 50, 16, 203. CIL 6, 5200 u. 8919: ministratorum turba, Sen. ep. 95, 24: ›accensos‹ ministratores Cato esse scribit, Varro LL. 7, 18: Mercurius ministrator (menestrator), CIL 6, 84.: a frumento ministratores, CIL 6, 8924. – **II** der **Beistand, Ratgeber,** bes. von dem, der dem gerichtl. Redner die nötigen Rechtsgründe u. Tatsachen an die Hand gab, auf die er seinen Vortrag gründete, Cic. Flacc. 53; de or. 2, 305 (Zeuge, von dem der Redner die Tatsachen entnimmt). – cum auriganti Gaio ministratorem exhiberet, als er dem Gajus einen Lehrer abgab, ihn unterrichtete, Suet. Vit. 17, 2.

ministrātōrius, a, um (ministrator), **zur Bedienung** od. **Darreichung gehörig,** urceolus, Mart. 14, 105 *lemm.*: vir admodum ministr. sanctis viris, Virg. gramm. 15, 1. p. 88, 19 H.

ministrātrīx, trīcis, *f.* (Femin. zu ministrator), die **Gehilfin,** ut omnes (artes) comites ac ministratrices oratoris esse diceres, Cic. de or. 1, 75.

ministro, āvī, ātum, āre (minister), **I an die Hand gehen, bedienen, aufwarten, 1** im Allg.: Acastum retine, quo tibi commodius ministretur (damit du desto besser bedient wirst), Cic. ep. 16, 14, 2: si quis ex familia coeperit adversā valetudine affici, videndum erit, ut is quam commodissime ministretur (so gut als möglich abgewartet werde), Colum. 12, 1, 6. – **2** insbes., bei Tisch die Speisen und Getränke **auftragen, einschenken und darreichen,** hic ministrabit, Plaut.: servi ministrant, Cic.: m. cibos, Tac.: pocula, Cic.: cenam, Hor.: nectar, Ov.: ministratur poculis maximis, es wird aufgewartet mit usw., Cic.: soli fictilibus (in irdenem Geschirr) ministrari iussit, Tac. – m. *Acc. pers.*, nosmet inter nos ministremus monotropi, Plaut. Stich. 689. – m. *Infin.*, ut (Ganymedes) Iovi bibere ministraret, damit er Jupiters Mundschenk wäre, Cic. Tusc. 1, 65. – **II** übtr.: **1 bedienen, besorgen, handhaben, α** m. *Dat.*: velis, die Segel bedienen, Verg.: telis pariterque habenis, Stat.: sumptibus, bestreiten, Varro. – v. lebl. Subjj., caelo modo sol modo luna ministrat, Prop. – **β** m. *Acc.*: iussa medicorum, Ov. – mit Ang. **womit?** durch *Abl.*, naves ministrantur velis, werden mit S. bedient, Tac. – **2 darreichen, hergeben, verschaffen,** faces furiis Clodianis, Cic.: victum alci, Varro: pecuniam, Tac.: equos, Tac.: viros armaque imperio, Tac.: prolem, schenken, Tibull.: capra pilos ministrat ad usum nauticum, Varro: equus terga ministrat, reicht zum Aufsitzen dar, Val. Flacc.: nova cotidie bello semina (Elemente) ministrat, Tac. hist. 2, 76. – v. lebl. Subjj., sarmentum colibus sucum ministrat, Varro: furor arma ministrat, Verg.: vinum, quod verba ministret, Hor.

minitābiliter, *Adv.* (minitor), **drohend,** Pacuv. tr. 15 u. Acc. praet. 11. Gloss. V, 644, 26.

minitābundus, a, um (minitor), **sich in Drohungen ergehend, unter Drohungen,** Liv. 39, 41, 3. Tac. ann. 2, 10.

minitātio, ōnis, *f.* (minitor), die **Drohung,** Avien. Arat. phaen. 250. Ambros. epist. 24, 8.

minito, āre = minitor (s. Prisc. 8, 29), Liv. Andr. tr. 19 R². Plaut. capt. 743.

minitor, ātus sum, ārī, (*Intens.* v. 1. minor), **drohen,** ultro alci malum, Plaut.: alci mortem, Cic.: omnibus bonis cruces et tormenta, Cic.: urbi ferro ignique od. igni ferroque od. ferro flammāque, Cic.: Caesari gladio, Sall.: mit bl. *Dat. pers.*, alci, Cic.: m. bl. *Acc.*, malum, Ter. u. grande malum, Hor.: leges et urnam, Hor.: vulnera, Ov.: mit bl. *Infin.*, quod nunc minitare facere, Ter. Hec. 427: mit *Acc.* u. *Infin.*, si non dempseris ad edendum, ad abiciendum descensurum se minitantur, Varro: cur ergo minitaris tibi te vitam esse amissurum? Plaut.: minitans per litteras se omnia, quae conarentur, prohiburum, Cic.: excisurum (se) urbes minitans, Verg. – absol., etiamne, carnifex, minitare? Plaut. – ► Parag. Infin. minitarier, Plaut. Amph. 986; Bacch. 151; rud. 607.

minium, iī, *n.* (ein hispanisches Wort), **Bergzinnober,** natürl. **Mennige,** Hiberum, Prop.: rubor omni acrior minio, Sen.: regio uberrima minio, Iustin.: Pan minio rubens, Verg.: agricola minio suffusus, Tibull.: minio depictae assulae, Suet.

1. minius, a, um, richtiger mineus, s. d.

2. Minius, iī, *m.*, der Hauptfluss in Lusitanien, j. *Minho,* Mela 3, 1, 8. (3. § 10). Plin. 4, 112.

Minnaeī, s. Mīnaeī.

1. mino, āvī, āre, durch Schreien u. Prügeln **treiben, antreiben, forttreiben** (wov. ital. *menare,* franz. *mener,* mhd. *menen*), Vieh, asinum, equum, Apul. met. 3, 28; 8, 30. Paul. ex Fest. 25, 5: pecus, Interpr. vet. ad Paul. sent. 1, 17, 1: eos (vitulum et leonem et ovem), Vulg. Isai. 11, 6: gregem ad interiora deserti, Vulg. exod. 3, 1: greges et armenta ante faciem suam, Vulg. 1. regg. 30, 20. – Menschen, ancillae eius minabantur gementes ut columbae, Vulg. Nah. 2, 7: me minavit et adduxit in tenebras, Vulg. thren. 3, 2: et minavit eos a tribunali, Vulg. act. apost. 18, 16: ut per omnem mundum eam (Io vaccam) minaret, Schol. Iuven. 6, 526. – lebl. Objj., plaustrum, Vulg. 2. regg. 6, 3. Avian. apol. 32. p. 80 Fr.: si vero columna decĭderit, introrsum minari, Macr. sat. 7, 12, 37: ecce et naves cum magnae sint et a ventis validis minentur, Vulg. epist. Iac. 3, 4.

2. mino, aktive Nbf. v. 1. minor (drohen), Prisc. 8, 29 (ohne Beleg); vgl. Lachm. Lucr. 6, 563. p. 380.

Mīnōis, **-ōius**, s. Mīnōs.

1. minor, ātus sum, ārī (mit minae u. *mineo verwandt), **I hinragen, emporragen,** in caelum (von Felsen), Verg.: saxa minantia caelo, Sil.: machina minans (hochragende), Verg. – **II** übtr., **drohen, androhen, 1** eig.: alci, Cic.: arma, mit Krieg dr., Brut. et Cass. in Cic. ep.:

alci crucem, Cic.: alci malum (Schläge), Liv.: alci malum, ni (wenn er nicht) etc., Val. Max.: baculo, Caes. Germ. Arat.: Lapithis cratere, Verg.: caudā uncā, Ov.: primis extis (Ggstz. bene promittere secundis extis), Cic. – m. folg. *Acc.* u. *Infin.*, u. zwar selten m. *Infin. Praes.*, ab hac minatur sese abire, Plaut. asin. 604; vgl. Orest. trag. 165: gew. m. *Infin. Fut.*, minatur se abiturum esse, Ter.: is (dolor) fortitudinem animi se debilitaturum minatur, Cic.: in excelsam aedium partem levatum abiecturum inde se, nisi precibus obtemperaret, minatus est, Val. Max.: ut se tum palam ac professo incendium suum restincturum ruinā minaretur, Flor.: ut invasuros se non solum Illyricum sed Thracias quoque Italiamque minarentur, Vopisc. – mit folg. *ne* u. Konj., minor interminorque (drohend warne ich jeden), ne quis mi (= mihi) obstet obviam, Plaut. capt. 791. – m. folg. *ut* u. Konj., minantes, ut Perseo auxilio essent, nisi etc., Liv. epit. 44: u. so Vulg. genes. 27, 42. – absol., ultro contumelias dicere minarique, Liv.: similis minanti, Ov.: torva nescio quid forma minantis habet? hat einen drohenden Zug? Ov. – v. lebl. Subjj., domus mea deflagrationem urbi minaretur, Cic.: ornus minatur usque, droht zu fallen, Verg.: minanti (drohenden = bevorstehenden) servitio se eripere, Sil. – **2** übtr.: **a** wie ἀπειλεῖν = **prahlend verheißen, geloben,** multa, Hor.: magna, Phaedr. – **b** **bedrohen,** quodcumque minabitur arcus, Hor. de art. poët. 350.

2. minor, ōris, *Compar.*, s. parvus.

minōrātio, ōnis, *f.* (minoro), die **Verminderung,** der **Mangel,** Vulg. Sirach 20, 11 u. 39, 23 u. a. Eccl.

minōrātus, ūs, *m.* (2. minor), der **Stand eines Geringeren** (Ggstz. maioratus), Prob. app. 193, 20 K.

minōro, āvī, ātum, āre (minor), **kleiner-, geringer machen, vermindern,** ICt. u. Eccl.

Mīnōs, ōis u. (selten) ōnis, Akk. ōem u. (selten) ōa, *m.* (Μίνως), **I** Sohn des Zeus u. der Europa, Bruder des Rhadamanthus, König u. Gesetzgeber auf Kreta, nach dem Tod Richter in der Unterwelt, Cic. de rep. 2, 2; Tusc. 1, 10 u. 98. Verg. Aen. 6, 432. Sall. hist. fr. inc. 8 (1, 78 *ed. Kritz.*): Genet. Minonis, Sall. hist. fr. 2, 3 (5): Akk. Minoa, Catull. 64, 85. – **II** Minos II., Sohn des Lykastos, Enkel von I), König auf Kreta, Gemahl der Pasiphaë, Vater des Katreus, Deukalion u. Androgeos, der Ariadne und Phädra, erbaute das Labyrinth, bekriegte die Athener, weil sie seinen Sohn Androgeos getötet hatten, und zwang sie, alle neun Jahre sieben Jünglinge und Jungfrauen für den Minotaurus zu liefern, von welcher Last sie Theseus befreite, Ov. met. 8, 6 *sqq.* – Als dieser Minos auf der Insel Paros den Grazien opferte, erhielt er die Nachricht vom Tod seines Sohnes Androgeos, worauf er sogleich den Opferkranz ablegte, die Flöten schweigen ließ und dann das Opfer vollendete, dah. Minois exemplo supplicavit, Suet. Tib. 70, 3. – Dav.: **a** **Mīnōis,** idis, Akk. ida, *f.* (Μινωΐς), die **Minoïde,** **α** die Tochter des Minos, Ariadne, Catull., Tibull. u. Ov. – **β** übh. ein weiblicher Nachkomme des Minos, Sen. poët. u. Auson. – **b** **Mīnōius,** a, um (Μινώϊος), **minoïsch,** poet. auch = **kretisch,** regnum, Verg.: Creta, Ov.: virgo, Ariadne, Ov.: sella, Richterstuhl des Minos in der Unterwelt, Prop. – tela, kretische Pfeile, Sil.: u. so turba, Sil.: tecta Brundisii (von Kretern gegründet), Lucan. – **c** **Mīnōus,** a, um (Μινῷος), **minoïsch,** poet. = **kretisch,** Thoas, Sohn der Ariadne, Ov.: arenae, Ufer von Kreta, Ov.

Mīnōtaurus, ī, *m.* (Μινώταυρος), Sohn der Pasiphaë, der Gemahlin des Minos, mit einem Stier gezeugt, daher halb Mensch und halb Stier, den Minos in dem knossischen Labyrinth mit den Jünglingen und Jungfrauen fütterte, die die Athener als Tribut ihm liefern mussten, bis schließlich Theseus den Minotaurus tötete und durch Hilfe der Ariadne glücklich aus dem Labyrinth entkam, Hyg. fab. 41. Verg. Aen. 6, 26; vgl. Ov. met. 8, 152 *sqq.*; fast. 3, 459 *sqq.* Veget. mil 3, 6. p. 76, 11 L[2]. – scherzh., offensione Minotauri, *i.e. Calvisii et Tauri*, Cic. ep. 12, 25, 1.

Mīnōus, a, um, s. Mīnōs.

mintha, ae, *f.* (μίνθα), die **Minze,** eine Pflanze, rein lat. mentha, Plin. 19, 159: Nbf. zmintha, Plin. 19, 176.

minthōn, Varro r. r. 3, 3, 9 K. Colum. 8, 16, 4 *cod. Sangal.*, viell. Partiz. v. μινθόω, etwa **Schmutzfink.**

mintrio, īre, Naturlaut der Maus, **pfeifen, piepen,** Suet. fr. 161. p. 250, 2 R. Anthol. Lat. 762, 61 (233, 61).

Minturnae, ārum, *f.*, Stadt in Latium, an der Grenze Kampaniens, am Liris, in deren Nähe sich Marius vor Sulla im Morast verbarg, Liv. 9, 25, 4 u. 10, 21, 8. Hor. ep. 1, 5, 5. Val. Max. 2, 10, 6; 8, 2, 2. Plin. 3, 59. Oros. 5, 19, 7. – Dav. **Minturnēnsis,** e, **minturnensisch,** populus, Liv.: litterae, zu Minturnä geschrieben, Cic.: flumen, der Liris, Ulp. dig. – Plur. subst., Minturnēnsēs, ium, *m.*, die Einwohner von Minturnä, die **Minturnenser,** Vell. u. Val. Max.

minuātim, *Adv.* (minuo) = **in kleinen Stückchen,** Boëth. in Aristot. de interpr. p. 374.

Minucius, a, um, Name einer röm. *gens,* aus der am bekanntesten M. Minucius Rufus, Befehlshaber der Reiterei (magister equitum) unter dem Diktator Fabius Maximus Cunctator, Liv. 22, 8 *sqq.* Nep. Hann. 5, 3. Sil. 7, 386 u. a. – Minucia, eine Vestalin, wegen Unzucht lebendig begraben, Liv. 8, 15, 7 *sqq.* – Minucius Felix, ein röm. Schriftsteller des 3. Jahrh. nach Chr., von dem noch ein apologetisches Gespräch für das Christentum, Octavius, erhalten ist, Lact. 1, 11, 55; 5, 1, 22. – Nom. Plur., Q. M. Minucieis Q. F. Rufeis, CIL 1, 199. lin. 1. – *Adj.* **minucisch,** gens, Cic.: via, von Rom nach Brundisium, Cic.

minuīsco, ere (minuo), **sich vermindern,** Auson. ephem. 4, 7, 16 zw. (Schenkl vanescunt).

minumē, *Adv.* = minime, s. parum.

minumus, a, um = minimus, s. parvus.

minuo, uī, ūtum, ere (zu minus; vgl. unser »mindern«), **kleiner machen,** **I** = in kleine Teile zerlegen, **zerspalten, zerhauen, zerstoßen, zerknicken,** ligna, ramalia, Ov. (vgl. ligna minuta, klar gespaltenes, Paul. ex Fest. 39, 3): obiectus portarum, Stat.: mullum in singula pulmenta (Portionen), Hor. – **II** (durch Hinwegnahme von Teilen) **mindern, vermindern, verkleinern, verringern, ermäßigen,** **1** eig.: corporis artus, Ov.: sumptus, Cic.: pretium frumenti minuere ad ternos nummos, herabsetzen auf usw., Tac.: sanguinem, zur Ader lassen, Veget. mul. – refl. se minuere u. bl. minuere od. medial minui = **sich vermindern, abnehmen, fallen** (Ggstz. augescere, augeri, crescere, increscere), minuit se morbus, motus, Plin. – minuente aestu, Caes.: luna minuens, Plin.: decrescente reditu etiam pretium minuit, Plin. ep.: corpora minuuntur siccis cibis, Plin.: Danubius reliquo aestatis minuitur, Sen.: sic ut aliquantum minuatur ex febre, nihilo minus tamen quaedam reliquiae remaneant, Cels. – **2** übtr.: **a** **kleiner machen, vermindern, verringern, schmälern, beschränken, beeinträchtigen, herabsetzen, herabstimmen, untergraben,** einer Sache **steuern, Einhalt tun,** gloriam alcis (Ggstz. amplificare), Cic.: laudem alcis, Liv.: auctoritatem, Caes.: maiestatem populi, Cic.: religionem, Nep.: censuram, Liv. – suspicionem profectionis, Cic.: opinionem (Vorurteil), Cic. – molestias vitae (Ggstz. augere), Cic.: cupiditates (Ggstz. inflammare), Cic.: iram, herabstimmen, mäßigen, Ter.: spem, Caes.: maerorem, Cic.: luctum, Ov.: alci animos (Ggstz. accendere), Liv.: minuitur exspectatio externae opis, Liv.: consul alter equestri proelio uno et vulnere suo minutus (kleinlaut geworden, herabgestimmt, entmutigt), Liv. 21, 52, 2. – controversias, Caes.: ut controversiam minuam, um mich auf den eigentlichen Streitpunkt zu beschränken, Cic. – consilium suum non m., nichts an seinem Plan ändern, Ter.: ebenso nec tu eā causā minueris haec quae facis, Ter. – **b** als publiz. *t. t.*, minui capite, seine bisherigen Vorteile und Rechte als Bürger verlieren, Dig. 4, 5, 2 *sqq.* (vgl. deminuo u. deminutio).

minurio od. **minurrio,** īre (μινυρίζω), **zwitschern, girren,** v. Singvögeln, Suet. fr. 161. p. 252, 2 R. (v. der Schwalbe): palumbes minurriunt, Spart. Anton. Get. 5. § 5: Progne inter asseres minuriens, Sidon. epist. 2, 2. § 14. – Dav.

minurrītiōnēs, um, *f.*, das **Zwitschern, Girren** der kleinen Vögel, Paul. ex Fest. 122, 9.

1. minus, *Compar.,* **I** *Adi.,* s. parvus. – **II** *Adv.,* s. parum.

2. minus, a, um, **am Bauch kahl, kahlbäuchig,** ovis mina, Varro r. r. 2, 2, 6: dah. *fem.* mina im Wortspiel mit 1. mina, Plaut. truc. 654.

minusculārius, a, um (minusculus), **zu kleinen Dingen gehörig, klein,** aquaeductus, enge, Cod. Iust.: res, geringfügige, Cod. Iust. – subst., minusculārii, ōrum, *m.* (*sc.* exactores), **Einnehmer kleiner einzelner Posten,** im Ggstz. zu den Generaleinnehmern, Cod. Theod.: minuscularii (*al.* minutularii) vectigalium conductores, Pächter von einzelnen kleinen Stücken, im Ggstz. zu den Generalpächtern, Augustin.

minusculus, a, um (*Demin.* v. *Compar.* minor), **etwas klein, -kleiner,** cupa, Cato: villa, Cic.: nomen, Plaut.: epistula, Cic.: theatrum, Vitr.

minūtal, ālis, *n.* (minutus), ein **Gericht aus kleingehackten Speisen,** Mart. 11, 32, 11. Iuven. 14, 129. Apic. 4, 177 u. 8, 399. – Versch. ist Plur. minutalia, s. minūtālis.

minūtālis, e (minutus), **klein, kleinlich, unbedeutend,** regna, Tert. adv. Marc. 1, 4: ceteri, die übrigen unbed. Schriftsteller, Hieron. in epist. ad Ephes. pr. – subst., minūtālia, ium, *n.,* **Kleinigkeiten,** Petron. 47, 5. Tert. de habit. mul. 6 u. de anim. 32. Marc. Emp. 8. Not. Tir. 30, 83.

minūtātim, *Adv.* (minutus), **I stückchenweise, in kleine Stückchen,** consecare, Varro: secare, Hygin.: concīdere, Colum.: dividere, Vulg.: terram cribrare, kleinsieben, Plin.: panem frangere, Lact. – **II** übtr.: **a schrittweise, nach und nach,** alqd addere, Cic.: assuefacere, Varro: discere, Lucr.: cedere, se recipere, Auct. b. Afr.: interrogare, Cic.: sermo m. irrepit animo, Sen.: m. ex communibus proprii, ex fucosis firmi suffragatores evadunt, Cic. – **b einzeln,** singulos convenire, ICt.

minūtātus, a, um (minuo), **kleingemacht,** Rufin. Orig. homil. 2. in Levit. 1: m. hordeum, Gerstengraupen, Apul. met. 4, 22 (Koziol).

minūtē, *Adv.* (minutus), **I klein, a klein** = in kleiner Form, historia minutissime scripta, so klein (eng) wie möglich geschrieben, Sen. ep. 95, 2: u. so commentarii minutissime scripti, Plin. ep. – **II** übtr., **a in kleine Teile,** sal terere, Colum.: minutius concīdere, Colum.: minutissime commolere, Colum.: quam minutissime contundere, Cato. – **b in kleine Teile, bis ins einzelne,** haec universa concīdere minutius, in zu kleine Teile zerlegen, Cic.: minutius scrutantur omnia, Quint.; vgl. concise. – **c kleinlich, kleinmeisterisch,** minute grandia dicere, Cic.: minutius rem tractare, Cic.

minūtia, ae, *f.* (minutus), die **Kleinheit,** ad minutiam redigere, zu Staub machen, ganz klein machen, Sen. ep. 90, 23: pulveris minutiae, kleine Teilchen, Lact. de ira dei 10. § 9. – Plur. übtr. = **Kleinigkeiten, unbedeutende Gegenstände, Lumpereien,** cetera, quae propter minutias suas scribi nequeunt, Treb. Poll. Claud. 14, 14: ut praetereamus negotiorum minutias, Amm. 23, 1, 1. humilium minutias indagare causarum, allen Kleinigkeiten bis auf den geringfügigsten Grund nachspüren, Amm. 26, 1, 1: historiam producere per ignobiles minutias, Amm. 27, 2, 11: u. so per minutias (bis ins Kleinliche, bis ins Einzelne), z.B. scrutari alqd, Amm. 14, 6, 25, demonstrare alqd, Amm. 23, 6, 74, gesta narrare, Amm. 28, 2, 12.

minūtiēs, ēī, *f.* = minutia, Lact. 2, 4, 12. Arnob. 2, 49 u. 6, 18. Apul. met. 9, 27 u. 11, 13.

minūtiloquium, iī, *n.* (minutus u. loquor), die **Kürze im Ausdruck, Breviloquenz,** Tert. de anim. 6. Interpr. Iren. 2, 14, 5.

minūtim, *Adv.* (minutus; vgl. Serg. expl. in Donat. 560, 11 K.) = **klein, in kleine Stückchen,** concīdere, Cato u. Apic.: caedere, Gell.: frangere, Plin.

minūtio, ōnis, *f.* (minuo), die **Verminderung, Verringerung,** sanguinis, das Blutlassen, der Aderlass, Veget. mul. 1, 17, 13; 1, 28, 1. – übtr., Ggstz. incrementum, Quint. 8, 4, 28: generalis min. singulorum, Veget. mul. 1, 9, 6: capitis (= capitis deminutio), Gell. 1, 12, 9. Gaius dig. 4, 5, 1. Paul. dig. 4, 5, 5. Tert. de spect. 22.

1. Minutius, a, um, s. Minucius, a, um.

2. minūtius, *Compar.,* s. minūtē u. minūtus.

minūtīvus, a, um (minuo), **zur Verminderung geeignet, vermindernd** (Ggstz. auctivus), Fortunat. art rhet. 3, 20.

minūto, ātus, āre (minutus), **klein machen,** Plin. Val. 2, 30 u. 5, 27. Th. Prisc. 2. chr. 19 u. 4. fol. 316, a. Interpr. Orig. in Levit. homil. 2, 1.

minūtulārius, s. minusculārius.

minūtulus, a, um (*Demin.* v. minutus), **ganz (sehr) klein,** puer infans, Plaut.: litterae (Buchstaben), Vopisc.: argentei, silberne Scheidemünze, Vopisc. – übtr., **ganz klein, ganz unbedeutend,** oppidum, Fronto: summa, ICt.: quaestio, Macr.

minūtus, a, um, *PAdi.* (v. minuo), **ganz klein, von kleinem Kaliber, winzig,** litterae minutae, Plaut. u. Cic.: litterae minutiores, Sen., minutissimae, Suet.: res, Kleinigkeiten, Cic.: summulae, Sen.: fruges, viell. Hülsenfrüchte, Cic.: iter, Suet.: folia, Plin.: lapilli, Auct. b. Afr.: aër minutior, Lucr.: ramenta minutissima, Plin.: omnia in pulverem minutissimum redigere, Veget. mul. – v. leb. Wesen, bestiolae, Varro: animalia, Varro u. (v. den Bienen) Lact., minutiora, Tert.: animantes minutissimae, Gell.: curculiunculi minuti, Plaut.: minuti pisces, Varro fr. u. Donat.: minuti pisciculi, Ter.: omnes minutissimae aviculae, Suet. fr.: puer, Varro: genus, Zwerggeschlecht, Mela. – übtr., imperatores, gleichs. von kleinem Kaliber, Cic.: ebenso philosophi, kleinmeisterische, Cic.: plebes, Phaedr., populus, Petron., der kleine Mann: causae, Bagatellprozesse, Cic.: animus, Kleinmut, Cic.: genus sermonis, Cic. – subst., minūta, ōrum, *n.,* **α** das Kleine (Ggstz. longa), Calp. ecl. 5, 7. – **β Zeitteilchen, Minuten** (deren man 10 auf die Stunde rechnete), Gromat. vet. 374, 11. Augustin. de civ. dei 5, 4. Firm. math. 5, 1: minuta, quae geometrica ratio partium partes appellat, die Minuten als 60. Teil des Grades, griech. λεπτά, Amm. 20, 3, 2. – **γ** *Compar.,* illa minutiora, **jene minder wichtigen Dinge,** Aur. Vict. epit. 48, 18.

Minyae, ārum, *m.,* s. Minyās *no.* a.

minyanthes, is, *n.* (μινυανθές), eine großblätterige Kleeart, Plin. 21, 54 u. 152.

Minyās, ae, *m.* (Μινύας), reicher König von Orchomenos, mythischer Stammherr des Minyergeschlechts, dah. auch der aus diesem stammenden Argonauten, Hyg. fab. 14. – Dav.: **a Minyae,** ārum, *m.* (Μινυηϊάς), die **Minyer** = die Argonauten, Ov. u. a. – **b Minyas,** adis, Akk. ada, *f.,* die **Minyerin,** Name einer uns unbekannten Pflanze, Plin. 24, 157. – **c Minyēias,** adis, *f.* (Μινυηϊάς), **Tochter des Minyas,** Ov. met. 4, 1. – **d Minyēis,** ēidis, Akk. Plur. ēidas, *f.* (Μινυηΐς), **Tochter des Minyas,** Ov. met. 4, 32 u. 425. – **e Minyēius,** a, um, **minyēisch, des Minyas,** proles, Ov. met. 4, 389.

mio, āvī, āre, vulg. = meio, **pissen,** CIL 3, 1966.

mioparo, s. myoparo.

mīrābiliārius, iī, *m.* (mirabilis), der **Wundertäter,** Augustin. tract. 13 in Ioann. *extr.*

mīrābilis, e, *Adi.* (miror), **I wunderbar, sonderbar,** ne hoc forte magnum atque mirabile esse videatur, hominem totiens irasci, totiens dolere, Cic.: u. so mirabile est m. folg. *Acc.* u. *Infin.,* vos esse istius modi haud mirabile est, Ter.: id magis mirabile est ambigi, Liv.: m. folg. *quam,* mirabile est, quam non multum differat, Cic.: quid enim mirabilius quam etc., Sen.: mirabiliores quam Alexander, Liv.: fuit mirabilius, Cic.: m. folg. *quantum,* mirabile quantum gaudebat, Sil.: m. folg. *quod, cur, quare,* Lucr.: mirabile est m. folg. *quo modo,* Cic.: m. folg. *si,* Ov.: m. 2. *Supin.,* mir. auditu, Cic.: dictu, Cic. u. Liv.: mir. visu, zu sehen, Verg.: visu eventuque, Liv. – *neutr. pl.* subst., testatissima mirabilia (Wunder), Augustin. conf. 8, 6, 14. – **II bewundernswert, erstaunlich, außerordentlich,** mirabilior vir, Sen.: cupiditas pugnandi, Nep.: mirabilem in modum, auf außerordentliche Art, Cic.: ista quo maiora ac mirabiliora fecisti, eo etc., Cic.: in regia quo rarior, eo mirabilior (clementia), Sen.: m. *Dat.* der Person, hic tibi sit potius quam tu mirabilis illi, Hor.

mīrābilitās, ātis, *f.* (mirabilis), die **Wunderbarkeit,** Lact. 7, 4 *in.*

mīrābiliter, *Adv.* (mirabilis), **wunderbar, erstaunlich, außerordentlich, α** bei Verben, m. cupere, laetari, Cic.: m. mutare voluntatem, Nep.: mirabilius et magnificentius augere atque ornare, Cic. de or. 1, 94. – **β** bei Adjj.: m. moratus est, der Mann hat einen wunderlichen Charakter, Cic.: verbis erat ad rem cum summa brevitate m. aptus,

Cic.: hi omnes motus eius affectionisque animi in Graeca comoedia m. acres et illustres, Gell.: si m. consonus negotio saepe versus exiret, Augustin.

mīrābundus, a, um (miror), **sich der Verwunderung hingebend, voll Verwunderung,** plebs, Liv.: primo conspectu tam foedae rei mirabundi parumper obstupuerunt, Liv. – m. folg. indir. Fragesatz, Poeni mirabundi, unde tot hostes tam subito exorti prope deleto exercitu forent, Liv.: mirabundi, quidnam esset, Liv.: mirabundus, quidnam sese vellet, Liv. (vgl. Drak. Liv. 25, 37, 12). – m. *Acc.*, mirabundi bestiam, Apul. met. 4, 16.

mīrācula, ae, *f.* (miror), eine **wunderbar Hässliche,** Plaut. b. Varro LL. 7, 64 u. bei Fest. 330 (a), 1.

mīrāculōsē, *Adv.* (*miraculosus v. miraculum), **auf wunderbare Weise, durch ein Wunder,** Messias m. conceptus et natus, Augustin. serm. 178, 1.

mīrāculum, ī, *n.* (miror), **I** etwas **Wunderbares,** ein **Wunder,** ein **wunderbares Ereignis, Wunderding,** septem miracula, die sieben Weltwunder, Plin. u. Val. Max.: liber miraculorum plenus, ein Wunderbuch, Gell.: portenta et miracula philosophorum somniantium, Cic.: adiciunt miracula huic pugnae, Liv.: quae rem miraculo eximeret, das Wunderbare benähme, Liv.: miraculo esse u. alci esse, Liv. u. Plin.: miraculo est m. folg. indir. Fragesatz, Liv. 6, 12, 2: arbor digna miraculo, bewundernswert, Plin.: u. so multa digna miraculo, Lact.: venerabilis vir miraculo litterarum, Liv.: verti in miracula, in eine wunderbare Gestalt, Ov.: so auch transformare se in miracula rerum, Verg.: puerum tamquam miraculum (wie ein Wunderding) aspicere, Plin. ep. 9, 9, 5. – *Abl.* mīrāculō adv. = θαυμαστῶς, **wunderbar,** m. pictus, Plin. 34, 83 (Detl. bl. pictam). – **II** das **Wunderbare, Auffallende,** einer Sache, magnitudinis, ein Wunder von Größe, Liv.: victoriae, Liv.: rei, Liv. – ► synkop. Plur. miracla, Lucil. 14.

mīrandus, a, um (miror), **bewundernswert, -würdig, wunderbar,** haud miranda facta dicis, Plaut.: mirandumne id est? Ter.: m. altitudo, Cic.: m. fides, Stat. – mirandum in modum, auf w. Weise, Cic.

mīrātio, ōnis, *f.* (miror) = θαῦμα (Gloss.), die **Verwunderung,** causarum ignoratio in re nova mirationem facit, Cic. de div. 2, 49 M. (Baiter admirationem): subiit quaedam me ex recordatione miratio, Chalcid. Tim. 25 D.

mīrātor, ōris, *m.*, der **Bewunderer,** cunni albi, Hor.: rerum, Ov.: inanium, Plin.: sui, Sen. – m. *in* u. Abl., virtutis etiam in hoste m., Curt. 4, 6 (28), 26.

mīrātrīx, trīcis, *f.* (Femin. zu mirator, s. Prisc. 18, 17) die **Verwundrerin, Bewundrerin,** attrib. = **sich verwundernd, bewundernd,** turba, Iuven. 4, 62: fama m. senioris aevi, Sen. Phaedr. (Hippol.) 750: vetustas m. sui, Lucan. 4, 655.

mīrē, *Adv.* (mirus), **wunderbar, erstaunlich, außerordentlich,** mire miserabilis, Cic.: m. finxit filium, Ter.: mire gaudere, Liv., favere, Cic.: mire gratum, Liv.: mire laetus, Curt. – mire quam (= θαυμαστῶς ὡς), **es ist erstaunlich, wie; du glaubst nicht, wie,** mire quam me illius loci non modo usus, sed etiam cogitatio delectat, Cic. ad Att. 1, 11, 3.

mīrificē, *Adv.* (mirificus), **erstaunlich, außerordentlich,** dolere, Cic.: laudare, Cic.: prodesse, Plin.

mīrificentia, ae, *f.* = magnificentia, Gloss. IV, 365, 24.

mīrifico, āvī, āre (mirus u. facio), **rühmen, erheben,** Vulg. psalm. 4, 4; 16, 3 u. a.

mīrificus, a, um (mirus u. facio), **wunderbar = erstaunlich, sonderbar, außerordentlich, a** v. Pers.: Dionysius homo m., Cic.: iudex, Val. Max.: homo in doctrinis m., Gell. – **b** v. Lebl.: opera, Caes.: pugna, fructus, studium, voluptas, Cic.: res (Vorfall) m. atque admiranda, Gell.: quae mirifica in Aegypto visuntur audiunturque, die Wunderdinge, die usw., Gell.: mirificas gratias agere, Cic. – m. folg. *Infin.*, mirificus clandestinis signis sancire omnia, Fronto ad Ver. 1, 1. p. 114, 13 N. – *Superl.*, mirificissimum facinus, Ter. Phorm. 871: mirificentissima potentia, Augustin. de civ. dei 18, 42 *in*.

mīrimodīs, *Adv.* (mirus u. modus), **auf erstaunliche Art,** Plaut. trin. 931.

mīrio, ōnis, *m.* (mirus), **I** = persona distorto ore, ein **Fratzengesicht** (als Maske), Acc. didasc. fr. bei Varro LL. 7, 64. – **II** der **Bewundrer, Verwundrer,** Tert. de praescr. 3 u. Gloss. (s. Löwe Prodr. p. 426).

mirmillo, ōnis, *m.*, s. murmillo.

mirmillōnicus, a, um, s. murmillōnicus.

mīro, āvī, āre = miror, Pompon. com. 108. Varro sat. Men. 128 u. 129. CIL 3, 70–72 (wo überall miravi locum): Passiv, ut ab omnibus miraretur, Greg. Tur. hist. Franc. 2, 22 u. 3, 24: est mirata, Greg. Tur. de glor. conf. 15: miratus, Iuvenc. 3, 58.

mirobalanus, s. myrobalanum.

mirocrocinum, ī, *n.* – μύρον κρόκινον, **Safransaft,** Plin. Val. 3, 14.

mīror, ātus sum, ārī, **I sich wundern, sich verwundern, a** übh., absol., tutemet mirabere, Ter.: miraretur, qui cerneret, Liv.: non sane credere Mena, mirari secum tacitus, Hor. – m. *Acc.* (über usw.), neglegentiam hominis, Cic. – m. *in* u. Abl. quemcunque in aliqua laude miramur, Apul. apol. 18. – m. *de* u. Abl., nec tu de homine mireris, Cypr. de idol. 8. – m. *super* u. Akk., mirari super haereses istas, Tert. de praescr. haer. 1. – m. folg. *Acc.* u. *Infin.*, zuw. eingeleitet m. *hoc, id, illud*, z.B. illud iam mirari desino, hunc, cum haec nesciret, in dicendo posse tantum, Cic.: si quis forte miratur me ad accusandum descendere, Cic.: haec vos concupisse pro vestra stultitia atque intemperantia *non miror;* sperasse me consule assequi posse *demiror*, Cic.: non mirari oportet (es darf nicht auffallen) hunc ordinem ad institutam ab Servio Tullio summam non convenire, Liv. – m. folg. *quod* (dass), qui mirari se aiebat, quod non rideret haruspex, haruspicem cum vidisset, Cic.: miraris, quod tot volumina homo occupatus absolverit, Plin. ep.: u. mirari alqm (sich über jmd. wundern) mit folg. *quod,* illos homines sapientissimos gravissimosque miror, quod quemquam clarum hominem impurissimi voce hominis violari patiuntur, Cic. de har. resp. 46. – m. folg. Relativsatz, zuw. eingeleitet m. *illud, id* u. dgl., mirari licet, quae sint a medicis animadversa genera etc., man muss erstaunen über die Arten, Cic.: eius rei quae causa esset miratus, Caes.: nam illud animus meus miratur, si a me tetigit nuntius, *quid* remoretur, Plaut.: idque adeo miror, *quomodo* tam ineptum quidquam tibi venire in mentem potuerit, Ter.: sed ne miremini, *quā ratione* hic tantum apud istum libertus potuerit, Cic.: mirari se *quapropter* sui tam similis esset, Val. Max. – m. folg. indir. Fragesatz, mirabar, quid maesta deos vocares, Verg. – m. folg. *si* (für den Fall, dass od. wenn), tene id mirari, si patrissat filius? Plaut.: mirabar hoc si sic abiret, Ter.: quamquam miror illā superbiā atque importunitate si quemquam amicum habere potuit, Cic.: neque id erat mirandum, si non facile ad credendum adducebatur, Nep. – **b** miror = **es nimmt mich wunder, es befremdet mich, ich finde es auffallend, ich kann nicht begreifen, ich möchte gern wissen, bin neugierig zu hören, ich frage verwundert** (wie θαυμάζειν), m. folg. indir. Fragesatz, miror, quo evasurus sit apologus, Plaut.: miror, unde sit, Ter.: miror, quid abierit, Ter.: mirantes, quid rei esset, Liv., quidnam id esset, Liv.: se (er) mirari, quare iam tertium diem sic teneretur, Nep.: quo magis mireris etc., was noch mehr wundernehmen muss, -zu verwundern ist, Sen. – **II** insbes., etw. od. jmd. **bewundernd anstaunen,** nach etw. od. jmd. **mit Bewunderung hinblicken,** etwas od. jmd. **bewundernd verehren,** puerorum formas et corpora magno opere, Cic.: signa, tabulas pictas, vasa caelata, Sall.: Graecarum artium opera, Liv.: ripas et vacuum nemus, Hor.: antiquos, Plin. ep.: artificum manus *inter se* operumque laborem, bewundernd untereinander vergleichen, gegeneinander halten, Verg. georg. 1, 456: se mir., sich Bewunderung zollen, in sich selbst verliebt sein, Catull. 22, 17. Mart. 13, 2, 7. – m. *in* u. Abl., quemcumque in aliqua laude miramur, Apul. apol. 18: m. *super* u. Abl., quod quidem mirari super diis immortalibus nequaquam congruerit, Apul. de deo Socr. 4. – u. (wie θαυμάζω τινός) mit *Genet.* der Veranlassung, iustitiaene prius mirer (te) belline laborum? Verg. Aen. 11, 126. – v. Lebl., (arbor) miratur novas frondes (*sc.* insitas) et non sua poma, Verg. georg. 2, 88. – ► Parag. Infin. mirarier, Caecil. com. 194. Lucr. 2, 1029. – Aktive Nbf. u. Passiv s. mīro.

mirta, s. murta.

mīrus, a, um, **wunderbar, erstaunlich, auffallend, seltsam,** alacritas, Cic.: desiderium urbis, Cic.: scientia pugnandi, Vell.: pravitas, Vell.: sibi mirum videri (es käme ihm wunderbar vor), quid in sua Gallia populo Romano negotii esset, Caes.: mirum quid solus secum secreto ille agat, was Wunder its's wohl, was er allein für sich besonders spricht, Plaut.: non mirum fecit, nichts Wunderbares, Ter.: nec mirum est, und das ist kein Wunder, Cic.: *neutr. pl.* subst., nimia mira memoras, gar zu große Wunderdinge, Plaut.: tanta mira, so große Wunderdinge, Plaut.: septem mira, die sieben Weltwunder, Lact. 3, 24, 1. – *Comparat.*, mirior tibi videor, Titin. com. 161: quid enim hoc mirius? Varro sat. Men. 206. – Besondere Verbndgg.: **a** (= θαυμαστὸν οἷον) mirum quam od. quantum, zum Verwundern, erstaunlich, außerordentlich, mirum quam inimicus erat, Cic.: mirum quantum ocior medicina est, Plin.: mirum quantum profuit, Liv.: mit folg. *Conjunctiv*, mirum quantum fidei fuerit, Liv. – **b** als parenthet. Ausruf: mirum, o Wunder! Ov.: u. so quid mirum? was Wunder? Ov. – so auch nec mirum, und (es ist) kein Wunder, Auct. b. Afr. 26, 5 u. 73, 2. – **c** mirum ni, es sollte mich wundern, wenn nicht usw. = ich wette, dass, ich stehe dafür, höchst wahrscheinlich, unstreitig, ganz sicher (s. Lorenz Plaut. Pseud. 1196. Wagner Ter. heaut. 663), mirum ni domi est, Ter.: mirum ni cantem? ich soll wohl gar singen? Nov. com. fr.: mirumque esse, ni iam exteriore parte castra hostium oppugnentur, Liv.: so auch mirum nisi, Caecil. com. 101. Ov. met. 7, 12: u. mira sunt, ni etc., Plaut. (s. Brix Plaut. trin. 861). – **d** nisi mirumst, wenn es nicht ganz sonderbar hergeht, wenn nicht etwas uns ganz Unerratbares vorliegt, Plaut. Pseud. 1213. Caecil. com. 255. – **e** mirum quin m. Konj., eig. ein Wunder, weshalb nicht = das fehlte noch, dass usw., doch wohl nicht gar, mirum quin dicat, Plaut. (vgl. Brix Plaut. trin. 495). – **f** mirum est ut m. Konj., es ist wunderbar, auffallend, dass usw., sed ut in cunis fuerit anguis non tam est mirum, Cic. de div. 2, 66: nam mirum dictu, ut sit omnis Sarmatarum virtus velut extra ipsos, Tac. hist. 1, 79: mihi illud videri mirum, ut una illaec capra uxoris simiai dotem ambederit, Plaut. merc. 240. – **g** mirum est ut (wie) od. quam (wie) m. Konj., mirum est ut animus agitatione motuque corporis excitetur, Plin. ep. 1, 6, 2 (vgl. 7, 9, 13): mirum est quam efficiat in quod incubuit, Plin. ep. 4, 7, 1. – **h** haud mirum est m. folg. *Acc.* u. *Infin.*, haud mirum est Dareum non temperasse animo, Curt. 5, 9 (26), 9. – **i** miris modis, erstaunlich, auffallend, außerordentlich (s. Brix Plaut. trin. 931), odisse, Ter.: m. m. di ludos faciunt hominibus, Plaut.: laudare, Liv.: ebenso mirum in modum, Caes. b. G. 1, 41, 1.

mis, archaist. – mei, **meiner,** s. ego a. E.; u. = meis, s. meus ►.

Mīsargyridēs (Mīsarguridēs), ae, *m.* (μισαργυρία, Verachtung des Geldes), **Geldverächter, Geldhasser,** *per antiphrasin* scherzh. gebildete Bezeichnung für Wucherer, Plaut. most. 568.

mīscellāneus (mīscillāneus), a, um (miscellus), **untereinander gemischt, allerlei,** turba, jeder Art, jeder Gattung, Apul. met. 3, 2. – subst., mīscellānea (mīscill.), ōrum, *n.*, **a** das **Speisengemengsel,** die geringste Kost der Gladiatoren, Iuven. 11, 20. – **b** eine Schrift gemischten Inhalts, die **Miszellaneen,** Tert. adv. Val. 12.

mīscelliōnēs appellabantur, qui non certae sunt sententiae, sed variorum mixtorumque iudiciorum sunt, Paul. ex Fest. 123, 7.

mīscellus, a, um (misceo), **gemischt, Mischlings-,** ludi, aus mehreren Gattungen von Spielen zusammengesetzt, Suet. Cal. 20: genus columbatum, aus Haus- u. Feldtauben entstanden, Varro: uva, Varro: vites, Colum.: aes, Gromat. vet. 162, 9. – Nbf. **mīscillus,** a, um, z. B. flamen, v. der Prosa beigemischten Gedichten, Mart. Cap. 9. § 996: u. subst., mīscilla, ōrum, *n.*, **Gemischtes,** Mart. Cap. 9. § 113.

mīsceo, mīscuī, mīxtum od. mīstum, ēre (μίσγω, ahd. *miskan*), **mischen, I** im Allg., **mischen, vermischen, vermengen** (Dinge, die sich, wie gemischtes Getreide, wieder auseinanderfinden lassen, während temperare = Dinge »versetzen«, die durch die Vermischung, wie ein Arzneitrank, nicht wieder geschieden werden können), **1** eig.: dulce et amarum, Plaut.: zmaragdos virides inter caeruleum, Lucr.: vina faece Falernā, Hor.: pabula sale, Colum.: pix sulphure mixta, Sall.: balsamum non mixtum, unvermischter, Vulg.: elleborum ad amurcam, Colum.: salem in vino, Plin.: stannum et aes mixta, eine Mischung (ein Gemisch) von Bl. u. E., Plin.: vina cum Styge miscenda bibas, sarkastisch = du sollst sterben, Ov. met. 12, 321: pulvere campus miscetur, hüllt sich in St., Staub wirbelt vom Felde auf, Verg. – **2** übtr., **a vermischen, vermengen, verschmelzen, α** Lebl.: iram cum luctu, Ov.: mixta modestiā gravitas, Cic.: falsa veris, Cic. fr.: humanis divina, hereinziehen in usw., Liv.: sacra profanis, für gleich halten, Hor.: clamor oppidanorum mixtus muliebri ploratu, Liv.: gravitate mixtus lepos, Cic.: mixta metu spes, Liv.: mixtus gaudio et metu animus, Liv.: mixta dolore voluptas, Hirt. b. Alex.: esse mores eius vigore ac lenitate mixtissimos, in seinem Charakter seien Kraft u. Milde vollkommen gepaart, Vell. 2, 98, 3: nec vero finis bonorum, qui simplex esse debet, ex dissimillimis rebus misceri et temperari potest, gemischt u. zurechtgemacht werden, Cic.: dagegen haec ita mixta fuerunt, ut temperata nullo fuerint modo, so gemischt, dass sie auf keine Weise gehörig geordnet waren, Cic.: fors et virtus miscentur in unum, Verg.: iunxisti ac miscuisti res diversissimas, Plin. pan.: ex his causis non adducor, ut duo dissimilia et hoc ipso diversa, quod maxima, confundam misceamque, Plin. ep. – **β** lebl. Objj.: tres legiones in unam, Tac. ann. 1, 18: desertos ac rerum capitalium damnatos sibi, sich zugesellen, Tac. ann. 1, 21. – idem (Tiberius) *inter* bona malaque mixtus, ein Gemisch von Gutem u. Bösem, Tac. ann. 6, 51: u. m. griech. Akk., ioca seria mixti, ein Gemisch von Sch. u. E., Auson. parent. 7, 11. p. 45 Schenkl. – **b vermischen = vereinigen,** sanguinem et genus cum alqo, sich verheiraten, Liv.: civitatem nobis, Liv.: fletum cruori, Ov.: u. mixto sonantem percutit ore lyram, mit Gesangbegleitung, Val. Flacc. 5, 99. – reflex. u. medial, se miscere viris, Verg.: u. so medial, circa regem miscentur, Verg.: undique conveniunt Teucri mixtique Sicani, Verg.: homo equo mixtus, halb Tier, halb Mensch = hippocentaurus, Hieron. – bildl., alcis animum cum suo, ut efficiat paene unum ex duobus, Cic.: curas cum alqo, teilen, Sen. – Insbes.: **α** se miscere, **sich einlassen,** se partibus alcis, Vell.: se hereditati paternae, ICt. – **β** corpus cum alqa, **sich fleischlich vermischen,** Cic.: so auch se alci, Ov. – **γ** v. Kämpfenden, miscere certamina, Liv., oder proelia, Verg. u. Liv.: so auch manus, Prop.: vulnera, einander Wunden beibringen, Verg. – **c** misceri alqo od. alqā re, **verwandelt werden** in jmd., in etwas, jmds. **Gestalt annehmen,** mixtus Enipeo Taenarius deus, Prop.: absol., fallit ubique mixta Venus, Stat. Vgl. Lachmann Prop. 1, 14, 21. – **II** prägn.: **1** mischend **zurechtmachen, a** eig.: alci mulsum, Cic.: pocula, Ov. – **b** übtr., **erregen, erzeugen,** murmura, Verg.: incendia, Verg.: motus animorum, mala, Cic. – **2 verwirren, a** übh.: caelum terramque, Sturm erregen, Verg.: miscent se maria, Verg. – Sprichw., caelum ac terras miscere, Himmel und Erde erregen, d. i. großen Lärm machen, Liv. 4, 3, 6: ähnlich quis caelum terris non misceat et mare caelo, Iuven. 2, 25. – **b** insbes., polit. u. moral. Zustände, omnia, alles durcheinander, über den Haufen werfen, Sall.: ferner, omnia armis tumultuque, Vell.: civitatem, Phaedr.: malis contionibus rem publicam, Cic.: anceps spes et metus miscebant animos, verwirrten, beunruhigten, Liv.: miscent turbant mores mali, die Schlechten werfen die Sitten ganz über den Haufen, Plaut.: ea miscet et turbat (er stiftet, macht solche Verwirrung u. Ränke), ut etc., Cic.: plura, mehr Unruhen erregen, Cic.: so auch plurima, Nep. – **3 erfüllen,** domum gemitu, Verg.: omnia flammā ferroque, Liv. – ► Nbf. misco, wov. miscunt, Sulp. Sev. chron. 2, 37, 5 *cod. Pal.:* miscite, Augustin. specul. 35 *Mai:* miscitur, Gloss. IV, 365, 28.

mīscillāneus, a, um, s. mīscellāneus.

mīscillio, ōnis, *m.*, **ein halber Mann = einer, der etwas nur halb tut,** Paul. ex Fest. 123, 7. Vgl. miscix.

mīscillus, a, um, s. mīscellus.

mīscitātus, a, um (*miscito), **tüchtig gemischt,** Gromat. vet. 361, 31.

mīscīx, īcis, **ein halber Mann = einer, der etwas nur halb tut,** non est miscix, er ist kein halber Mann, Petron. 45, 6. Vgl. miscillio.

misellus, a, um (*Demin.* v. miser), **gar elend, gar unglücklich,** homo, Cic.: passer, Catull. – von Toten, Petron. u. Tert. – v. Lebl., pallium, Plaut.: spes, Lucr.

Mīsēnum, ī, *n.*, Vorgebirge u. Stadt in Kampanien, eine der drei Stationen der röm. Flotte, j. *Cap di Miseno,* Cic. de or. 2, 60. Plin. ep. 6, 20. Suet. Aug. 49, 1. Tac. ann. 4, 5; 14, 3. Veget. mil. 4, 31: promunturium Misenum, Tac. ann. 14, 4, Miseni, Liv. 24, 13, 6. Tac. ann. 6, 50. – Nbf. **Mīsēna**, ōrum, *n.*, b. Prop. 1, 11, 4 (hier nobilia gen., weil Misenus, der Trompeter des Äneas, dort begraben liegt), u. (mons) **Mīsēnus**, Verg. Aen. 6, 234. – Dav.: **a** **Mīsēnātēs**, ium, *m.*, die Einwohner von Misenum, die **Misenaten,** Misenatium classis, Veget. mil. 4, 31 u. 32. CIL 6, 3098. – **b** **Mīsēnēnsis**, e, **misenensisch,** classis, Tac.

miser, era, erum (mit maereo u. maestus verwandt), **elend, I** im Allg., **elend = unglücklich, erbärmlich, kläglich, jammervoll, bejammernswert,** griech. δύστηνος, κακοδαίμων (Ggstz. beatus, felix, fortunatus), **1** eig., von leb. Wesen, hic miser atque infelix, Cic.: miserrimus pater (Ggstz. felicissimus pater), Val. Max.: habere alqm miserum, plagen, Plaut., miserrimum, sehr plagen, Cic.: ex beato in miserum decĭdere, Sen.: miserrimus fui fugitando, habe mich ganz matt gelaufen, bin ganz ermüdet, Ter.: im Ausruf, im Nomin., Armer, armer Kerl, armer Schelm, miser! Hor.: o miser! Cic.: o multo miserior Dolabella, quam ille, quem tu miserrimum esse voluisti, Cic.: im Dat., vae misero mihi! Ter.: miserae mihi! Afran. com. fr.: im Akk., o me miserum! Cic.: eheu me miserum! Sall.: o miserum te! Cic.: me miserum! Cic. – m. folg. *Genet.*, miser ambitionis, Plin. pan. 58, 5. – **2** übtr., von lebl. Subjj.: **a** **kläglich, erbärmlich, elend, ärmlich,** misera ac tenuis praeda, Caes.: m. carmen, Verg.: remedium, Cels.: miserae luxuriae taedia, elender, erbärmlicher Kleiderprunk, Prop.: m. fortuna, Cic.: res, Cic.: consolatio, Cic.: fames, miserrima omnium mors, Sall. fr. – miserum est m. *Infin.*, usque adeone mori miserum est? ist denn der Tod ein so großes Elend? Verg.: est nobis miserum desertam rem publicam invadi, es ist für uns ein Unglück, Liv.: ita vivere miserrimum est, ist ein wahrer Jammer, Cic. – miserum est m. *ut* u. Konj., miserum est, ut imitari eius disciplinam non possimus, quem per bellum vicimus, Spart. Pesc. 3, 9. – m. 2. *Supin.*, estne hoc miserum memoratu? ist das nicht eine klägliche Geschichte? Plaut. cist. 228. – als parenthet. Ausruf, miserum! wie kläglich! wie schmerzvoll! Verg. Aen. 6, 21: divitias miseras! o über den kläglichen R.! Hor. sat. 2, 8, 18. – **b** **jammervoll, beklagenswert** – übertrieben, amor, Verg.: m. *Genet.*, mundus in neutram partem cultus miser, hinsichtlich des Putzes, Hor. sat. 2, 2, 66. – **II** insbes.: **1** körperlich od. geistig **elend = leidend, krank,** bucca, Plaut.: miserum latus caputve, Hor.: fauces, Fronto: pellis, Ser. Samm.: homo, Petron.: quo morbo nunc misera sum, Plaut. – **2** moralisch **elend, erbärmlich, a** = **nichtswürdig, schuftig,** hominem perditum miserumque! der verworfene Kerl, der Schuft! Ter. eun. 418*sq.* – **b** = δυσέρως, vor Liebe **siech, elend, liebeskrank** (Ggstz. sanus), Lucr. 4, 1068 u. a. Ter. eun. 71. – ► Vulg. Nbf. miserus, CIL 4, 2250: Superl. miserissumus, CIL 3, 4480 u. 13, 1980.

miserābilis, e (miseror), **I beklagenswert, kläglich, jämmerlich,** aspectus, Cic.: squalor, Mitleid erregend, Cic.: sisque miser semper nec sis miserabilis ulli, Ov.: miserabilior sequentis casus narratio, Val. Max.: cetera quae eo miserabilia magis (= eo miserabiliora) querentibus subicit, Liv.: miserabilior causa mortis, Liv. – mit 2. *Supin.*, miserabile visu (als Parenthese), Verg. Aen. 1, 111 u. 9, 415. – *adv.*, miserabile caesis hostibus insultans, jämmerlich, Verg. Aen. 12, 338. – **II kläglich** = klagend, vox, Cic. u. Liv.: elegi, Hor.: eiulatus, das Winseln, Val. Max.: fletum edere miserabilem, Dict.

miserābiliter, *Adv.* (miserabilis), **I kläglich, jämmerlich, auf mitleidswürdige (Mitleid erregende) Weise,** miserab. emori, Cic.: cadere, Curt.: loqui, Cels.: rogare, Sen.: laudare, eine auf Erregung des Mitleids berechnete Leichenrede halten, Cic.: miserabilius dicere, Sen. – **II kläglich = klagend, jammernd,** epistula m. scripta, Cic.: litterae m. pro fratris capite scriptae, Liv.: m. deflere suam orbitatem, Liv.

miserandus, a, um (miseror), **bejammerns-, beklagenswert, kläglich,** ut aliis miserandus, aliis irridendus esse videatur, Cic.: Niobe invidiosa suis, at nunc miseranda vel hosti, Ov. – v. Lebl., fortuna, Sall.: haec mihi videntur misera atque miseranda, Cic.: miserandum in modum, auf klägliche, jämmerliche Art, Cic. – mit 2. *Supin.*, haec indigna miserandaque auditu, Liv. 6, 37, 1.

miseranter, *Adv.* (miseror), **kläglich,** Gell. 10, 3, 4.

miserātio, ōnis, *f.* (miseror), **I** das **Bemitleiden, Beklagen, Bedauern,** auch das **Mitgefühl,** miserationis affectus, das Mitgefühl, Lact.: cum quadam miseratione, Cic.: ingens vis hominum aetatis miseratione atque indignitate iniuriae accensa, Liv.: miserationem commovere (Ggstz. discutere), Quint.: miserationem petere, um Mitleid u. Verzeihung bitten, Plin.: evinci (umgestimmt werden) ad miserationem, Tac.: miserationem perdidisse, kein B. mehr finden, Ps. Quint. decl.: mihi subit tacita miseratio, ich habe im Stillen Mitleid, Ps. Quint. decl.: tantam id inter ipsos miserationem fecit, ut etc., erregte so großes B., dass usw., Liv.: tanta simul admiratio miseratioque viri incessit homines, ut etc., Liv.: miseratio sui animos cepit, Liv.: miserationem omnem stultitia ignorantis fortunam suam exemit, verdrängte alles B., Liv. – **II** insbes., die **Mitleid bezweckende-, Rührung erregende Redeweise,** der **rührende Vortrag,** die **ergreifende Schilderung,** der **Rührton,** uti miseratione, Quint., miserationibus, Cic.: sola rectum quoque iudicem inclinat m., Quint.

miserātor, ōris, *m.* (miseror), der **Bemitleider, Beklager,** Tert. adv. Marc. 5, 11 u. a. Eccl.

miserē, *Adv.* (miser), **I elend, unglücklich, kläglich, elendiglich, bemitleidenswert,** vivere, Cic.: mori, Plaut.: perire, Plaut.: perdere alqm, Cic.: lugere, Sen.: ut miserius (unter größeren Leiden) a vobis recipiatur, quam ab illo capta est, Liv.: nemo ergo ex Olynthiis miserius servit quam qui Atheniensem dominum sortitus est, Sen. rhet.: miserrume pereo, Plaut. – **II** insbes.: **1 kläglich = erbärmlich, schlecht,** misere, miserrume scriptum esse, Plaut. Pseud. 74. – **2 kläglich, elendiglich = leidenschaftlich (mit Leidenschaft), angelegentlich, heftig, gar sehr,** eius patris me nunc misere miseret, Plaut.: m. orare eius noctem, Ter.: m. cupere, Ter.: m. amare od. deperire amore liebeskrank sein = innig lieben (griech. δυςερωτιᾶν), Komik: u. so m. amans = δυςέρως, liebeskrank, Plaut.: m. discedere quaerens, Hor.: misere noluit tradere, wollte durchaus (schlechterdings) nicht, Cic.

misereo, seruī, seritum u. sertum, ēre, u. **misereor**, seritus sum u. sertus sum, ērī (miser), **I** mit jmd. od. etw. **Mitleid-, Barmherzigkeit fühlen** od. **haben,** jmds. **sich erbarmen,** te commiserabam magis quam miserebar mei, Acc. fr.: ipse sui miseret, Lucr.: nihil nostri miserere? Verg.: miserete anuis (= anus), Enn.: miserens tui, Prisc. 17, 93: miserere (Imper.) = mir zu Liebe, Fronto: cogebant hostes, ut misererent, Enn.: cum misereri coeperunt, von Mitleid ergriffen wurden, Quint.: hic miserens, Charis. 255, 18. – miseremini sociorum, Cic.: maiores vostrûm miseriti plebis Romanae, Sall.: misereri laborum tantorum, Verg.: m. *Dat.*, alci, Hyg. u. a. Spät. (s. Rönsch Itala p. 413. Muncker Hyg. fab. 58). – **II** miseret od. miseretur me, **ich fühle** od. **habe Mitleid (Barmherzigkeit)** mit jmd., **es jammert-, es dauert-, es erbarmt mich** jmds. usw., **a** *impers.*, mit Genet. alcis od. alcis rei, **α** miseret me, z. B. miseret me illius, Plaut.: me eius patris nunc misere miseret, Plaut.: me miseret tui, Cic.: te miseret mei, Ter.: ut ita (nur insoweit) te aliorum miserescat, ne tis (= tui) alios misereat, Plaut.: senis totos miseruit, Apul.: Menedemi vicem miseret me, Ter.: neque te mei tergi miseret, Plaut. – **β** miseretur me, z. B. neque me tui neque tuorum liberûm misereri potest, Cic.: cave, te fratrum pro fratris salute obsecrantium misereatur, Cic.: me miseritum est tuarum fortunarum, Ter.: quo me rei publicae maxime miseritum est, Scip. Afr. fr. – mit bl. *Genet.*, miseretur (*sc.* me) tui, Pacuv. tr. 354: u. unpers., ut supplicum misereatur, dass man Mitleid fühle mit usw., Cic. de inv. 1, 48. – **b** *pers.*, mit allg. *Nomin. neutr.*

pronom. als Subjekt, nilne te miseret, Plaut. Pseud. 308. – ► Parag. Infin. misererier, Lucr. 5, 1021.

miserēsco, ere (*Inchoat.* zu misereo), **I Mitleid haben, sich erbarmen,** ultro, Verg.: regis, Verg.: huius miserescito, Prud. – **II** miserescit me, **es jammert-, es erbarmt-, es dauert mich, a** *impers.* mit *Genet.*, ut ita (nur insoweit) te aliorum miserescat, ne tis (= tui) alios misereat, Plaut. trin. 343: inopis nunc te miserescat mei, Ter. heaut. 1026. – **b** *pers.* m. allg. *neutr. pronom.* als Objekt: si quid hominist miseriarum, quod miserescat miser ex animo, Plaut. Epid. 526 G.

miserevīvium, iī, *n.* (misere u. vivo), die auch proserpinaca gen. Pflanze, Ps. Apul. herb. 18.

miseria, ae, *f.* (miser), **I** das **Elend, 1** im Allg., der **Jammer, unglückliche Zustand,** die **Not,** das **Unglück,** in miseria esse, Cic.: in miseriis versari, Cic.: oneri miseriaeque fuere, Sall.: eripere alqm ex miseriis, Cic.: nullā ratione ab illa miseria se eripere posse, Cic.: eorum, qui occīderunt, miserias lugere, Cic.: acerbissimos dolores miseriasque percipere, Cic.: et tu, quem ego multis miseriis, laboribus usque adhuc quaesivi, Plaut.: proloqui caelo atque terrae Medeai (= Medeae) miserias, Enn. fr.: nullum meis dat finem miseriis, Acc. fr.: tantis tuis miseriis meae miseriae sublevantur, Cic.: frustra suscipi miseriam voluntariam, Cic.: miseriā perditus, Cic.: miseria est (es ist ein Elend) m. folg. *Infin.* od. *Acc.* u. *Infin.*, servire amanti miseria est, Plaut. Poen. 820: nimiast miseria nimis pulchrum esse hominem, Plaut. mil. 68. – **2** insbes.: **a** die **Mühseligkeit, Beschwerlichkeit,** est nimiae miseriae, ist zu mühselig, Quint.: miseriam omnem capere, Ter. – **b** die **peinliche Ängstlichkeit,** Stoici omnia cum sollicitudine et miseria credunt, Cic. de div. 2, 86. – **II** personif., Miseria, die Tochter des Erebus u. der Nox, Cic. de nat. deor. 3, 44. Hyg. fab. praef. – ► arch. Abl. Plur. miserieis, Plaut. Men. 1133 Sch. mit *cod. A.*

misericordia, ae, *f.* (misericors), **I** die **Barmherzigkeit,** das **Mitleid, Mitgefühl,** die **Teilnahme** (Ggstz. crudelitas), **A** eig.: populi, des V., Cic.: m. obj. *Genet.*, puerorum, mit den Kn., Cic. – adhibere (zeigen) in hominis fortunis misericordiam, Cic.: misericordiam captare, Cic.: ad alcis misericordiam confugere, Cic.: populi misericordiam concitare, Cic.: alcis (mit jmd.) misericordiā commoveri, Cic.: misericordiam alcis efflagitare, Cic.: misericordiam elicere, Liv., vultu voce lacrimis elicere, Tac.: misericordiam magnam habere, großes M. verdienen, Cic.: misericordiam alcis implorare, Cic., implorare et exposcere, Cic.: ad misericordiam inducere, Cic.: misericordiam omittere (beiseitesetzen), Sen.: in misericordiam prolabi (v. jmds. Gemüt), Liv.: non requirere alcis misericordiam, Cic.: alci suam misericordiam tribuere (erweisen), Cic.: alienā misericordiā vivere, Cic. – haec magna cum misericordia fletuque pronuntiantur, Caes.: cum intellegunt homines, quantum misericordiae nobis tuae preces et tua salus allatura sit, zur Erweckung der Teilnahme für mich beiträgt, Cic. – **B** meton., Plur., misericordiae = **fromme Werke,** Salv. adv. avar. 2, 1. § 1. – **II** personif., Misericordia, als Gottheit, Apul. met. 11, 15; vgl. Quint. 5, 11, 38. Claud. b. Gild. 404.

misericorditer, *Adv.* (misericors), **barmherzig, mitleidig,** Claud. Quadrig. ann. 21. fr. 88. (b. Non. 510, 20). Lact. 6, 18, 9. Augustin. de civ. dei 3, 31 u. 5, 23. Ps. Quint. decl. tribun. Marian. *c.* 4. p. 59 B. – *Compar.* misericordius, Augustin. epist. 153, 21; de doctr. Christ. 1, 16. – *Superl.* misericordissime, Augustin. de catech. rud. 25. § 48.

misericors, cordis (misereo u. cor), **barmherzig, mitleidig** (Ggstz. crudelis), v. leb. Wesen, utrum is clemens ac misericors an inhumanissimus et crudelissimus esse videatur, Cic.: m. beluae, Apul.: m. animus, Cic. – m. in alqm, Cic.: in furibus, Sall.: testis in re misericordem se praebuit, Cic. – *Compar.*, misericordior nulla me est feminarum, Plaut. rud. 281: in illa gravi L. Sullae turbulentaque victoria quis P. Sullā mitior, quis misericordior inventus est? Cic. Sull. 72. – *Superl.*, misericordissimus deus, Salv. de gub. dei 2, 8, 12 H.: quando misericordissimus exstitisset, Augustin. epist. 93, 2: canes misericordissimi, Sidon. epist. 8, 6, 11. – übtr., v. Lebl., mors, Petron.: mendacium, Cic.: misericordissima veneratio, misericordissimae leges, beide bei Augustin. de civ. dei 5, 26, 1. p. 239, 10 u. 240, 9 D.[2]: misericordissima providentia, Augustin. epist. 19 *extr.*

miserimōnium, iī *n.* (miser), das **Elend,** der **Jammer,** Laber. com. 18.

miseriter, *Adv.* (miser), **kläglich,** Laber. com. 149. Catull. 63, 49. Apul. met. 8, 5. Iul. Val. 2, 32 (20). p. 104, 5 K. Spicil. Rom. 8. p. 521. Prisc. 15, 13 (ohne Beleg).

miseritūdo, inis, *f.* (miser), **I** = *miseria,* das **Elend,** die **Not,** Acc. tr. 185. – **II** = *miseratio,* das **Bemitleiden, Mitleid,** Acc. tr. 79.

miseritus, s. misereo.

misero, āre = miseror, Acc. tr. 195.

miseror, ātus sum, ārī (miser), **Mitleid äußern** mit usw., **seine Teilnahme zu erkennen geben, bemitleiden, bedauern, bejammern, beklagen,** se, Plaut. u. Tac.: alqm, Verg.: fortunam, Cic.: casum, Sall. u. Tac.: periculum, Caes.: prägn., hoc atrociter, graviter, apte, copiose, mit Bedauern äußern, Gell. 10, 3, 14. – u. (mit u. ohne animi od. animo) **bedauern** = im Herzen **bemitleiden, Mitleid-, Erbarmen-, Barmherzigkeit fühlen,** iuvenem animi miserata repressit, Verg.: sortem animo miseratus iniquam, Verg.: miserans attollit amicum, Verg.: Phoebe, gravis Troiae semper miserate labores, Verg. – poet. u. nachaug. m. folg. *Genet.* (s. Muncker Hyg. fab. 98. Drak. Sil. 11, 381), mei, Acc. fr.: tanti viri, Iustin.: poenae indignae, Sil.: formae, Iustin. – m. folg. *Dat.*, servis egenis, Coripp. 2, 402: quod miseratum est Frigibus (= Phrygibus), Schol. Iuven. 12, 73. – m. folg. *Acc.* u. *Infin.*, di miserantur tantos mortalibus esse labores, Verg. Aen. 10, 758. – ► *Partic.* miserandus, a, um, s. bes.

misertor, ōris, *m.* (synkop. für miserator v. miseror), der **Bemitleider, Beklager,** Ven. Fort. vit. S. Mart. 2, 478.

misertus, a, um, s. misereo.

miserulus, a, um (*Demin.* v. miser), archaist. = misellus, **gar elend, gar unglücklich,** *Turpil. com. 211 R[2]. Laev. fr. 24 M. (bei Prisc. 9, 49). Catull. (richtiger Serenus) bei Non. p. 517, 4.

miserus, s. miser ►.

missa, ae, *f.* (mitto), **I** das **Fortlassen, Entlassen,** equorum, Cod. Theod. 6, 26, 3. – **II** insbes., die **Messe** (s. Isid. orig. 6, 19, 4), Ambros. epist. 20, 4. Cassian. coenob. inst. 3, 11. Augustin. serm. 49, 8.

missārium, iī, *n.* (mitto), der **Kampfpreis,** Schol. Iuven. 8, 227.

missibilis, e (mitto; vgl. Prisc. part. XII vers. Aen. 7. § 133), **zum Wurf geeignet,** nur *neutr. pl.* subst., missibilia, ium, *n.*, **Wurfgeschosse,** Geschosse, Veget. mil. 2, 11 u. 14 u. ö. Sidon. epist. 4, 20, 3. Heges. 4, 15, 2; 5, 1, 3.

missīcius, a, um (mitto), = ἀπολυθεὶς στρατείας (Gloss.), **aus dem Kriegsdienst entlassen, abgedankt,** Suet. Ner. 48, 2. Not Tir. 23, 41.

missiculo, āre (mitto), **oft schicken,** Plaut. Epid. 132 G.

missile, is, *n.*, s. missilis.

missilis, e (mitto), **zum Werfen (Wurf) geeignet, werfbar, Wurf-,** lapis, saxum, Schleuderstein, Liv.: missilis ignis, Brandpfeile, Tac.: aculei (des Stachelschweins), die von ihm gleichs. abgeschossen werden, Plin.: ferrum uni missile, das er allein werfen kann, Stat. – telum od. ferrum, Wurfgeschoss, Geschoss (auch Pfeil), Verg.: missilia tela, Tac.: dass. subst. missile, is, *n.*, Veget. mil. 1, 4 u. 14. Lucan. 7, 485 (wo kollektiv innumerum missile); gew. Plur. missilia, Geschosse, Verg. u. Liv.: iaculorum amentata missilia, Chalcid. Tim. 24 C. – res missiles od. subst. missilia, ium, *n.*, die vom Kaiser unter das Volk geworfenen Geschenke (getrocknetes Obst, Kuchen, auch Täfelchen, auf denen geschrieben stand, wie viel man dafür an Getreide, Geld od. anderen Dingen erhalten sollte), Suet. Aug. 98, 3 u. Ner. 11, 2: bildl., missilia fortunae, Sen. ep. 74, 6.

missio, ōnis, *f.* (mitto), das **Ziehen-, Gehenlassen, I** (nach mitto *no.* I) das **Absenden, Abschicken, Schicken, 1** im Allg.: legatorum, Cic. Phil. 7, 1. – als jurist. *t. t.*, missio in aedes, die Einsetzung, Einweisung in den Besitz des Hauses, an vero in totas aedes missio locum habeat? videamus, Ulp. dig. 39, 2, 15. § 12. – **2** insbes., das **Absenden = Abschießen,** sagittae, telorum, Vitr. 1, 5, 4: Caesar iussit extra telorum missionem (außer Schussweite) eos circumvallari, Vitr. 2, 9, 16. – **II** (nach mitto *no.* II) das **Loslassen, A** eig.: **1** einer Person:

a die **Freilassung, Entlassung** eines Gefangenen, Cic. Tusc. 1, 114. – b die **Dienstentlassung, Verabschiedung,** der **Abschied** der Soldaten, m. nondum iusta, Liv.: iniusta, Liv.: gratiosa, aus Gunst, Liv.: honesta, ehrenvolle, Liv.: causaria, wegen Krankheit, ICt.: ignominiosa, ICt.: missionem accipere, ICt.: missionem continuo efflagitavit ad capiendas quam primum maiorum rerum occasiones in urbe, Suet. – Plur., missiones turbulentorum hominum, Liv. 7, 39, 1. – c **Befreiung** der Gladiatoren **vom weiteren Fechten** für diesen Tag, gladiatori laeso missionem petere, Mart.: sine missione, ohne Begnadigung, bis auf den Tod, sine missione munus gladiatorum dare oder gladiatores edere, ein Gladiatorenspiel, wobei die Fechter bis auf den Tod kämpfen, Liv. u. Suet.; dah. übtr., sine missione pugnare, auf Leben u. Tod, Flor.: non enim servavit is, qui non interfecit, nec beneficium dedit, sed missionem, nur Aufschub des Todes, Sen.: quid prodest paucos dies aut annos lucri facere? sine missione nascimur, um auf den Tod zu kämpfen, Sen. – 2 einer Sache: a m. sanguinis, der Aderlass, Cels. 2, 10 *extr.* u. Suet. Cal. 29, 2. – b die **Unterlassung,** dah. das **Aufhören,** der **Schluss,** ludorum, Cic.: pompa non habet missionem, Apul. – B übtr., 1 das **Laufenlassen, Freiausgehenlassen** = die **Befreiung von der Strafe,** missionem dedit puero, Petron.: missionem rogare, Petron. – 2 das **Gehenlassen, Zufriedenlassen,** non dissimulatā missione, Petron.: missionem dedimus pernae, wir ließen den Sch. zufrieden, d. i. unberührt, Petron.

missito, āvī, ātum, āre (*Frequent.* v. mitto, s. Charis. 255, 25), I **wiederholt schicken,** supplicantes legatos, Sall. Iug. 38, 1: simul cum his auxilia, Liv. 9, 45, 5: per orbem terrae litteras, Fronto de eloqu. 1. p. 142, 1 N.: per virgines probatissimas primitiva frugum Apollini Delio, Solin. 16, 5: in corticibus arborum mutuo epistularum alloquia, Hieron. epist. 8: codicilli missitati, Plin. 33, 12. – II **wiederholt von sich geben, -hören lassen,** cachinnos ioca dicta missitantes, Laev. fr. 19 M. (bei Non. 209, 30) Bothe (die Hdschrn. risitantes).

missor, ōris, *m.* (mitto), der **Abschießer, Schütze,** Cic. Arat. 84.

1. missus, ūs, *m.* (mitto), I das **Schicken, Absenden,** 1 im Allg.: missu Caesaris ventitare, von Cäsar abgeschickt, Caes.: Archippi regis missu, Verg. – 2 insbes., das **Werfen,** der **Wurf,** pili, Liv. 9, 19, 7: telorum, Auct. b. Hisp. 17, 3 u. 31, 1. – II meton.: 1 der **Schuss,** missus bis mille sagittae, Lucr. 4, 406. – 2 der **Gang,** a im Zirkus usw. = ein **Gang** der Gladiatoren, eine **Umfahrt,** ein **Rennen** der Rennwagen, Suet. Ner. 22, 2 u. Dom. 4, 3: unus est missus, qui ordinarius dicitur, Schol. Iuven. 11, 193. Vgl. Serv. Verg. georg. 3, 18. – b bei der Tafel = der **Gang,** die **Tracht** Gerichte, missus tres, Capit. Pert. 12, 3: singuli missus, Lampr. Heliog. 30, 4: omnes missus, *ibid.* 32, 4: quot missus esset habiturus, *ibid.* 27, 4.

2. missus, ī, *m.*, s. mitto *no.* I, A, 1, δ.

mīstīcius, iī, *m.*, s. mīxtīcius.

mīstim, s. mīxtim.

mīstio, ōnis, *f.*, s. mīxtio.

mistron, ī, *n.*, s. mystron.

mīstūra, mīstūrātus, s. mīxtē...

Mistyllus, ī, *m.* (μιστύλλω, zerstückle, zerlege), scherzh. Name eines Koches (vgl. Taratalla), Mart. 1, 50, 1.

Misulānī, richtiger Musulami, s. d.

misy, Genet. misy u. misys u. misyos u. misyis, Abl. misy, *n.* (μίσυ), I eine Art **Staubschwämme** od. **Trüffeln,** Plin. 19, 36. – II ein Mineral, viell. der sogenannte **Atramentstein,** ein Vitriolerz, Cels. u. a. – ► Genet. misy, Cels. 5, 19. *no.* 15 u. *no.* 27; 6, 7. *no.* 2 D. (wo Krause u. a. misyos). Veget. mul. 6, 16, 1 Schn.; misys, Scrib. Larg. 34; misyos, Plin. 34, 114 u. 117; misyis, Plin. 33, 84. Scrib. Larg. 208 u. 227: Abl. misy, Cels. 6, 14.

mīte, *Adv.* (mitis), **sanft, gelinde,** Apul.: mitius ferre, gleichmütiger, Ov.: mitius perire, schmerzloser, leichter, Ov.: mitius aut horridius manipulatim alloqui, Tac.: ut mitius loquar (als Parenthese), Augustin.: mitissime legatos appellare, Caes.

mitella, ae, *f.* (*Demin.* v. mitra), I eine **Kopfbinde** von Seide (vgl. mitra), die griech. Frauen u. später röm. Buhldirnen u. Weichlinge trugen, copa Syrisca caput Graiā redimita mitellā, Ps. Verg. cop. 1: mitellā textili contecto capite, Apul. met. 7, 8: mitellis et crocotis et carbasinis et bombycinis iniecti, Apul. met. 8, 27 (bei Cic. Rab. Post. 26 haben die Hdschrn. verderbt maeciapella, wofür viell. Graeca palla zu lesen). – II als chirurg. *t. t.* = die **Binde, Schlinge,** in der der verrenkte oder gebrochene Arm getragen wird, die **Armschlinge,** Cels. 8, 10, 3.

mitellīta cēna, ae, *f.* (mitella), eine kostbare Mahlzeit, bei der den Gästen Kopfbinden überreicht wurden, die **Mitellita,** Suet. Ner. 27.

mītēsco (mītīsco), ere (mitis), I **mild werden,** die Rauheit od. den herben Geschmack verlieren, bes. v. Früchten = **reif werden, reifen,** nec grandiri frugum fetum posse nec mitiscere, Pacuv. fr.: uvas a sole mitescere tempus est, Cic. fr. F. I, 17: uvae mitescunt, Colum.: so auch mala, Plin.: mitescit cornus, pirus, Colum.: sorbum, Varro. – oder **weich-, mild werden,** mitescit ervum, Plin.: sunt (herbae) quae mitescere flammā mollirique queant, Ov. – II übtr.: 1 **gelinde werden,** mitescit hiems, Liv.: caelum, Poët. b. Cic. (vgl. caeli mitescente saevitiā, Curt.): mitescunt frigora, Hor. – v. Abstr., **sich legen, nachlassen,** mitescit seditio, Tac.: mitescunt discordiae, Liv.: mitiscit metus, Pacuv. fr.: mitescit ira, Ov. – 2 **zahm-, friedsam werden,** ferae quaedam numquam mitescunt, Liv.: nolite existimare beluas tantum recens captas *feritatem illam silvestrem* primo *servare,* deinde, cum diu manibus humanis alantur, *mitescere,* Liv. – ingenium mitiscat malo, *Acc.* tr. 684: nemo adeo ferus est, ut non mitescere possit, Hor. ep. 1, 1, 39: quibus (factis) flecti facile et mitescere (mild gestimmt werden) possis, Ov. met. 14, 697.

Mithrās, ae, *m.* (Μίθρας), I eine persische Gottheit, nach griech. u. röm. Schriftstellern die **Sonne,** nach den Zendbüchern aber ein **Gefährte** u. **Mitwirker** der **Sonne** auf ihrem Lauf, Mart. Cap. 2. § 191. Stat. Theb. 1, 720. Claud. laud. Stil. 1, 63. – Nbf. Mithrēs (Μίθρης), Akk. Mithrēn (Zumpt) od. Mithrem (Hedicke u. Vogel), Curt. 4, 13 (48), 12. – II der Eigenname des Priesters der Isis, Apul. met. 11, 22 u. 25. – Dav. **Mithriacus,** a, um (Μιθριακός), **zum** (Gott) **Mithras gehörig, mithriacisch,** sacra, Lampr. Commod. 9.

mithrāx, thrācis, *f.*, ein Edelstein, viell. eine Art **Opal,** Plin. 37, 173; ders. mithridāx, ācis, *f.*, Solin. 37, 12. Isid. orig. 16, 4, 21 u. 12, 2.

Mithrēs, s. Mithrās *no.* I.

Mithriacus, a, um, s. Mithrās.

Mithridātēs, is u. ī, *m.* (Μιθριδάτης), I Mithridates der Große, König von Pontus, geb. um 135 v. Chr., langjähriger, in vielen Kämpfen glücklicher Feind der Römer, der, endlich von Pompejus überwunden, sich in sein eigenes Schwert stürzte, da er frühzeitig durch Gegengifte an Gift gewöhnt sich nicht vergiften konnte (63 v. Chr.), Cic. Mur. 32; de lege agr. 2, 52. Plin. 25, 5. Mart. 5, 76, 1. Val. Max. 1, 8 ext. 13; 3, 7, 8 u. a. Gell. 15, 1, 6 (wo H^2 Genet. -dati): antidotum Mithridatis, Cels. 5, 23, 3: dass. quod Mithridates composuit, Iuven. 14, 252. – II Zeuge gegen Flakkus, Cic. Flacc. 41. – Dav.: a **Mithridātēus** u. **-īus,** a, um (Μιθριδάτειος, -ον), **mithridatisch, des Mithridates,** Mithridatei vultus, Manil. 5, 515: Mithridatia herba, Plin. 25, 62: antidotum Mithridatium, Scrib. Larg. 194; vgl. (griech. Form) antidotus celebratissima, quae Mithridatios vocatur, Gell. 17, 16, 6. – subst., Mithridātīum, iī, *n.*, **Mithridat** als Gegenmittel, Cael. Aur. de morb. chron. 4, 1, 12. – b **Mithridāticus,** a, um (Μιθριδατικός), **mithridatisch, des Mithridates,** bellum, Cic.: antidotum, Plin.: crimen, des Zeugen Mithridates, Cic. Flacc. 41.

mithridāx, ācis, *f.*, s. mithrāx.

mītifico, āvī, ātum, āre (mitificus), I eig., **mild-, weich machen,** Plin. 9, 96: mitificato cibo, wohl verdaut, Cic. de div. 2, 57. – II übtr., a **mild machen = zur Reife bringen,** ingenium, Gell. 13, 2, 6. – b **zahm machen, zähmen,** elephantum, Plin. 8, 23. – alqm, besänftigen, Gell. 2, 12, 4.

mītificus, a, um (mitis u. facio), **sanft, gelinde,** vapores, Prud. ham. 963. – übtr., mens, Sil. 12, 474.

mītigābiliter, *Adv.* (mitigo), **gelinde, lindernd,** Cael. Aur. de morb. acut. 3, 4, 32.

mītiganter, *Adv.* (mitigo), **gelinde, lindernd,** Cael. Aur. de morb. acut. 1, 11, 76; de morb. chron. 4, 3, 62 u. 5, 1, 13.

mītigātio, ōnis, *f.* (mitigo), die **Milderung, Besänftigung,** omnis ad omnem animi motum *impulsio* et, si ita res feret, *mitigatio,* alles, was zur Aufregung der Leidenschaften und nach Umständen zu ihrer Besänftigung dient, Cic. de or. 3, 118: est lingua et mitigationis et misericordiae, ist sanftmütig und mitleidig, Vulg. Sirach 36, 25: Plur., eius modi licentia si nimium videbitur acrimoniae habere, multis mitigationibus lenietur, Rhet. Her. 4, 49: plue mihi mitigationes in cor, Augustin. conf. 12, 25, 34.

mītigātīvus, a, um (mitigo), **mildernd, lindernd,** curatio, Cael. Aur. de morb. acut. 1, 5, 45: cataplasma, Cael. Aur. de morb. chron. 2, 1, 52; 5, 2, 37.

mītigātōrius, a, um (mitigo), **mildernd, lindernd,** Plin. 28, 63.

mītigo, āvī, ātum, āre (= mitem ago), **mild-, gelinde machen,** d. i. einer Sache die Rauheit, Schärfe od. Härte benehmen, I eig.: a lebl. Objj., fruges, reif machen, Cic.: cibum, mild od. weich od. gar machen durch Kochen od. Braten, Cic.: agros, lockern, auflockern, Cic.: arbores silvestres, Plin.: amaritudinem frugum, Plin.: cervicum duritias, Plin.: pilos, geschmeidig machen, Plin. 35, 37 zw.: misero mihi mitigabat sandalio caput, klopfte mürbe (windelweich), Turpil. com. 147. – b leb. Wesen = **verweichlichen,** panis usu carnisque coctae et dulcedine vini mitigati, Flor. 3, 3, 13. – II übtr., dem Charakter einer Pers. oder Sache seine Wildheit, Härte usw. benehmen, a lebende Wesen, deren Gemüt usw. **mild stimmen, sanft-, friedsam (zahm) machen, besänftigen,** animal, Sen.: alqm, Cic.: alcis animum, Cic.; verb. placare et mitigare animum, Cic.: militum iras, Tac.: aures, Quint.: aures elephantorum ad etc., gewöhnen, Curt.: Lampsacenos in istum, die L. bestimmen, seiner zu schonen, Cic. II. Verr.. 1, 82. – prägn., **mild stimmen = versöhnen, aussöhnen,** Hannibalem Romanis, Iustin. 31, 4, 4: u. medial, vix revocanti mitigatus est patri, söhnte sich aus mit usw., Iustin. 9, 7, 6. – b Zustände, α physische, **milder machen, mildern, lindern,** im Passiv = **milder, gelinder werden,** rabiem, Plin.: morbum, Plin. ep.: febrem quiete, Quint.: iam mitigatā hieme, Curt. – β geistige und moral. Zustände, **mildern, lindern, in etwas vergessen machen,** tristitiam et severitatem, Cic.: dolorem, Cic.: metus, Quint.: iram, Curt. u. Ov.: iracundiam, Curt.: labores, Cic.: alqā re eam molestiam, Cic.: perfidiam meritis, entwaffnen, Curt.: obsequio mitigantur imperia, Curt.

mītio, īre (mitis), **mild machen, versetzen,** Apic. 2, 47 u. 5, 197.

mītis, e, **mild, gelinde,** d. i. nicht hart, nicht rau, nicht scharf, I eig., v. Früchten, fructus, Curt.: uva, Verg.: sucus (herbarum), Ov. – bildl. v. Redner, Thucydides fuisset maturior et mitior, reifer und milder, genießbarer, Cic. Brut. 288. – vom Boden, **mild, locker,** solum, Hor.: terra mitior, Curt. – v. Klima, caelo mitissimo, Liv.: mitiores plagae, Plin. – v. Wasser, Wind u. Feuer, **sanft, ruhig,** fluvius, Verg.: flamina, Sil.: flamma, unschädliche, Sil. – scherzh., mitis (windelweich) sum equidem fustibus, Plaut. mil. 1424. – II übtr., v. dem, was einen milden Charakter annimmt, a v. persönl. Subjj., deren Charakter usw., **mild, mild gestimmt** od. **gesinnt, fromm, sanft (zahm), friedsam** u. dgl., vir tam mitis, Vell.: vir ingenio mitis, Vell.: mitis ingenii iuvenis, Liv.: animus m., Cic.: in illa gravi L. Sullae turbulentaque victoria quis P. Sullā mitior, quis misericordior inventus est? Cic.: quis tam mitis est, *quin* exacerbescat, Apul. apol. 85: homo mitissimus atque lenissimus, Cic.: mores mitissimi (Ggstz. truces atque crudeles), Colum. – v. Tieren, taurus, Ov.: lupa, Liv.: animalia, quae de agrestibus mitia sunt, Mela: mores (canis villatici) neque mitissimi neque rursus truces atque crudeles, Colum. – poet. m. folg. *Acc. resp.,* mitior animum, Hor. – m. Ang. **gegen wen? wem gegenüber?** durch *in* m. Akk., nihil vidi tam mite, nihil tam placatum, quam tum meus frater erat in sororem tuam, Cic.: non mitiorem in se plebem sed asperiorem ... futuram, Liv.: od. durch *Dat. comm.,* hostibus, Ov.: paenitentiae, gegen die Reuigen, Tac.: nobilitatibus extremis, Tac.: mitis ac magnificus hostibus fuit, Liv. 33, 21, 5; vgl. Liv. 21, 20, 8. – b von Zuständen usw., **sanft, mild,** dolor, Cic.: poena mitior, Quint.: castigatio noxiorum mitior, Vell.: exsilium, Ov.: obitus (Tod), Tac.: servitium, Prop.: mitior victoria fuit, Iustin. – consilium, Ov.: doctrina, Cic. – alqd mitiorem in partem interpretari, Cic. – *neutr. pl.* subst., mitiora, sanftere Empfindungen (Ggstz. duriora, rauere), Cic. or. 131. – c v. der Rede, **mild, gelinde,** m. et compta oratio, Cic.: verba mitia, Auct. b. Alex., mitiora, Quint., mitissima, Ov.: dicendi genus placidum ac mite, Quint.: dare mitia responsa, Tac. – ▶ Abl. Sing. auch mite, Ven. Fort. carm. 2, 2, 27.

mītīsco, s. mītēsco.

mītius, mītissimē, s. mīte.

mītiusculus, a, um (*Demin.* v. *Compar.* mitior), **etwas gelinder,** Cael. Aur. de morb. acut. praef. § 18.

mitra, ae, *f.* (μίτρα), eine Kopfbinde mit Backenstücken, die man unter dem Kinn zuband (s. Serv. Verg. Aen. 2, 216), in Griechenland und später auch in Rom nur von Frauen u. nur ausnahmsweise von verweichlichten Männern, bes. Stutzern getragen, aber die allgemeine Hauptbedeckung der Asiaten, bei den Lydiern, Phrygiern, Arabern usw., I der **Turban,** die **Mitra,** Lucil. 71. Lucr. 4, 1121. Cic. de har. resp. 44 u. in Clod. et Cur. 5. fr. 1. p. 30, 2 K. Verg. Aen. 2, 416 u. 9, 616. Prop. 4, 2, 31. Iuven. 3, 66. Paul. dig. 34, 2, 26. Arnob. 2, 23. Vulg. exod. 29, 9 u. 39, 26: mitra Melitensis, Varro sat. Men. 432: mitrae versicolores, Plin. 35, 58: crispantes mitrae, Hieron. epist. 54, 7. – II ein **Schiffsseil, Tau,** Ps. Tert. de Iona et Ninive 42; vgl. Isidor. orig. 19, 4. § 6.

mitrātus, a, um (mitra), **eine Mitra (einen Turban) tragend,** contio, Sen. suas. 2, 21: Arabes, Plin. 6, 162: chori, Prop. 4, 7, 62: plurimis (Arabibus) mitrata capita, Solin. 33, 16.

Mitridātēs, s. Mithridātēs.

mitrula, ae, *f.* = mitella, Solin. 27, 51.

mittendārius, iī, *m.* (mittendus v. mitto), der **Sendling,** ein Staatsbeamter, der zur Eintreibung der Steuern in die Provinz gesandt wurde, der **Kommissar,** Cod. Theod. 6, 30, 2 u. 8 u. 9.

mitto, mīsī, missum, ere, **gehen-, laufen lassen,** u. zwar in doppelter Beziehung, sowohl = »gehen-, laufen machen (*faire aller*)«, als auch »zulassen, dass etw. geht, läuft (*laisser aller*)«, I **gehen-, laufen lassen = schicken, senden,** A im Allg.: 1 eig.: α lebende Objj.: quo mittis istanc, quaeso? iube maneat, Ter.: mittor ad matrem, Ov.: m. servulum *ad* eam *in* urbem, Ter.: legati a rege ad me missi, Cic. – equitatum omnem ante se m., Caes.: ante m. equites, Caes., minimos (v. Elefanten), Solin. – adversus quos mille Aetoli missi, Liv. – m. alqm in od. sub Tartara od. ad umbras ante diem, od. ad Stygias undas, poet. = töten, Ov. – alqm in exsilium, Liv., Sen. rhet. u. a. – alqm sub iugum, Caes. u. Liv. (dagegen sub iugo = unter dem Joch weg entlassen, Liv.). – inermos singulos *prae se,* Sall. – equum medios *per* ignes, Hor. – ipse tibi me ab alto mittit, Stat. – alci subsidium, auxilia, Cic. u. a. – m. Auslassung des persönl. Obj., misit circum amicos, schickte (Boten, Sklaven) bei den Freunden umher, Suet. – β lebl. Objj.: vestem, Ov.: currum in arcem, Ov.: litteras ad alqm od. alci, Cic. u. a.: libellum ad alqm, Catull.: alci carmina, Catull. – alci salutem, einen Gruß senden, sagen lassen, Ov.; vgl. *Ba.* in epistula nullam salutem mittere adscriptam solet? *Sy.* Ita militaris disciplina est, Ballio: manu salutem mittunt benevolentibus, eādem malam rem mittunt malevolentibus, Plaut. – m. ausgelass. sächl. Obj., cui tamen de mensa misit, Cic. – γ lebende u. lebl. Obj., zugl. m. Angabe des Zweckes, filium suum foras ad propinquum suum quendam ad cenam, Cic. – alqm ad mortem, Cic., od. morti, Plaut., od. neci, Ov., in den Tod senden. – alqm ad negotium, ad bellum, Sall. u. a. (s. Fabri Sall. Iug. 65, 3). – alqm in negotium, auf den Handel sch., handeln lassen, Cic.: greges in pascua, Verg. – alqm alci auxilio od. subsidio, Cic., Caes. u. a., od. in auxilium, Iustin., ad subsidium, Auct. b. Hisp. 9, 1. – als publiz. *t. t.,* pullarium in auspicium, Liv.: centurias in suffragium, abstimmen lassen, Liv.: iudices in consilium, sich beraten lassen, Cic.; vgl. deos in consilium de te mittis, rufst die G. zu Richtern über dich auf, Plin. pan. – alqm cum exercitu ad obtinendas Hispanias, Sall., od. ad visendas ordinandasque provincias, Vell. – ne mittas quidem visendi causā quemquam, Ter. – me visendae mitte uxori, Ter. – legatos de deditione ad alqm, Caes.: mittere u. obviam mittere alci litteras de etc., Cic. – m. folg. Finalsatz (m. *ut* u. Konj.), missus sum, te *ut* requirerem, Ter. – m. folg. Relativsatz, misit ad eum nuntios, qui postularent, Caes.: m. legatos Romam, qui senatum docerent de etc., Sall.: u. ohne pers. Obj., misi pro amicitia qui hoc ei diceret, Cic. – m. folg. 1. *Supin.*, legatos ad Caesarem rogatum auxilium, Caes.: exclusi eos, quos tu ad me salutatum mane miseras, Cic.: u. ohne pers. Objj., mittit rogatum vasa ea, Cic.: non meā culpā saepe ad vos oratum mitto, Sall. – m. folg. *Infin.*, parasitum misi nudiusquartus Cariam (nach K.) petere argentum, Plaut.: reddere hoc, non perdere erus me misit, Plaut.: in Oceanum mittit me, quaerere gemmas, Prop.: quo (wohin er) decimam Herculis ferre a Carthaginiensibus missus fuerat, Iustin.: und ohne pers. Obj., misit orare, ut venirem, Ter. – m. folg. *Partic. Praes.*, alium *rogantes* (= ut rogarent) regem misere ad Iovem, Phaedr. 1, 2, 22 M. – m. folg. *Acc. Gerund.*, mittere librum corrigendum, Fronto ep. ad M. Caes. 3, 13. p. 52, 2 N. – dah. mittere nuntios od. litteras od. (wie ἐπιστέλλειν) bl. mittere, **Boten-, einen Brief schicken** u. durch sie **ansagen, sagen lassen, melden, bestellen, beauftragen, schreiben,** auch oft bl. **schicken,** m. folg. *oratio obliqua* im *Acc.* u. *Infin.*, im Finalsatz m. *ut* u. Konj. od. m. bl. *Conjunctiv*, im Fragesatz (s. Korte Cic. ep. 2, 8, 1. Manutius Cic. ep. 5, 20 *in.* Liv. 8, 23, 1; 34, 29, 9. Benecke Iustin. 5, 3, 7), nuntios saepe ad eum miserat, velle se populi Rom. amicitiam, Sall. – L. Cornelio litterae missae, ut dictatorem diceret, Liv. – ad Bocchum nuntios mittit, quam primum copias adduceret, Sall.: litteras ad Iugurtham mittunt, quam ocissime ad provinciam accedat, Sall. – mitte mihi obviam litteras, numquid putes etc., Cic. – Curio misi, ut medico honos haberetur, Cic.: Attico mitteret, quid ageret, Nep.: id cuiusmodi sit, ad me mittas velim, Cic. – **δ** Partiz. subst., missus, ī, *m.*, der **Gesendete,** der **Gottgesandte,** v. Christus, Arnob. 2, 73. Isid. orig. 7, 2, 35.

2 übtr.: **α** lebende Objj.: alqm in vastum scribendi aequor, Prop.: alqm in fabulas sermonesque, in ora populi, ins Gerede bringen, Ps. Quint. decl.: alqm in iambos, hinreißen zu J., Hor. – alqm in possessionem, in den Besitz einsetzen (Ggstz. de possessione deturbare), Cic. – se in foedera, poet. = sich in ein Bündnis einlassen, Verg. – inconsulto se in periculum, sich in G. stürzen, Rhet. Her.: so auch animas (das Leben) in pericula, Verg. – lares sub titulum, poet. = sein Haus durch einen Anschlag an demselben feilbieten, Ov.: Hesperiam sub iuga, unterjochen, Verg.: orbem sub leges, den Erdkreis in Dienstbarkeit bringen, Verg. – **β** lebl. Objj.: alqd in litteras, schriftlich verzeichnen, aufzeichnen, niederschreiben, Vopisc. u. Lampr. – misso in compendium bello, Flor.: in pecuniam aut lucrum tota civitas spem suam misit, Sen. – alci mentem, eingeben, Verg.: funera Teucris, bereiten, Verg.: u. so exitium apibus, Verg.

B insbes.: **1** jmdm. eine Schrift **zuschicken, übersenden = widmen, dedizieren,** librum ad alqm, s. Cic. de nat. deor. 1, 16; de sen. 3.

2 (wie πέμπειν) unter Geleit wegführen, **begleiten, geleiten,** alias (animas) sub Tartara tristia mittit, von Merkur, Verg. Aen. 4, 243. – fines Italos mittēre (= mitteris), wirst unter dem Schutz der Götter gelangen zu usw., Verg. Aen. 3, 440.

3 feindl. auf jmd. **losschicken, hetzen,** sues in hostes, Lucr. 5, 1307: se in leonem, sich auf den L. stürzen, Lampr. Anton. Diad. 5, 6.

4 übersenden, zusenden, prägn., **a** = etw. als Geschenk **übergeben,** puer causa erit mittundi (munus), Ter.: hospitibus magna munera, Sall.: ultro muneribus missis, Hor. – **b** poet. v. Ländern usw.: **α** Menschen als Krieger **senden, stellen,** quos frigida misit Nursia, Verg. Aen. 7, 715. – **β** Erzeugnisse als Handelsartikel **senden, liefern,** India mittit ebur, Verg.: tura nec Euphrates nec miserat India costum, Ov. – od. als Ertrag, quae tibi dona mittere posset Tomitanus ager, Ov.: rure suburbano poteris tibi dicere missa (rustica dona), Ov.

5 von sich senden, -schicken, -geben, entsenden, von sich ausgehen od. **ausströmen lassen, a** v. Körpern, plura sibi assumunt, quam de se corpora mittunt, Lucr.: vapor, quem sol mittit, Lucr.: robora fumum mittunt ignesque vaporem, Lucr. – luna mittit lucem in terras, Cic. – bildl., fruges mittunt signum sanguinis, geben Blut von sich, Lucr.: m. sui timoris signa, Beweise ihrer Mutlosigkeit geben, Caes.: mittit animus mortalia signa, gibt Merkmale sterblicher Abkunft von sich, Lucr. – **b** v. Gewächsen, **treiben,** radices, Colum.: folium, Plin.: florem, Plin. – **c** v. leb. Wesen u. übtr. v. lebl. Subjj., einen Laut, einen Ton **von sich geben, hören-, sich verlauten lassen, fallen lassen,** varios linguae sonitus, Lucr.: quoniam non omnia vocem mittere concedis neque odorem, Lucr.: mittunt venti fremitus, brausen, Lucr. – v. Schlangen, horrenda sibila mittere, Ov. met. 3, 38 (vgl. 15, 670) – v. Hunden, mittere voces, laut anschlagen, Lucr. 4, 990. – v. Fröschen, vocem mittere, quaken, Fest. 258 (b), 28. – v. Menschen, vocem pro alqo, seine Stimme erheben, sprechen für usw., Cic.: vox de quaestura missa nulla est, Cic.: memorem libertatis vocem aut in senatu aut in populo, ein Freiheit atmendes Wort fallen lassen, Liv.: apud dominum vitae necisque vocem supplicem, seine flehende Stimme erheben, Liv. (s. zu vocem m. mehr Beisp. b. Drak. Liv. 3, 50, 4. Duker Flor. 4, 10, 7. Benecke Iustin. 42, 4, 12. Burmann Phaedr. 4, 10, 4): missum verbum ab ore praeconis, Lucr.: oratio ex ore alterius mitti (zu kommen) videtur, Caes.: cantus mittere, Ps. Ver. Ciris 92.

6 wie unser **werfen, a** = in irgendeine Lage, irgendwohin in rascher Bewegung **bringen, legen, stecken, schütten,** mollia mobiliter alternis brachia, gefällig die Arme verschränken, Lucr.: manum ad arma, mit der Hand nach den W. fahren, die H. rasch an die W. legen, Sen.: corpus saltu ad terram, Verg.: arundinem subter lectum, mit dem Stab unter das Bett fahren, Petron.: post lectum occisum anserem, Petron. – fert missos patella cibos, auf die Schüssel gelegten, geschütteten, Ov.: m. in furnum, in den O. schieben, Apic.: uncias octo mittis in linteo, Pallad.: cui ad medium aqua mittatur, Pallad. – magna vis aquae caelo missa est, strömte vom usw., Sall.: missa est vis venti superne, Lucr. – u. vom Körper **abwerfen, ablegen,** ponunt tunicas cicadae et vituli membranas de corpore summo mittunt et lubrica serpens exuit vestem, Lucr. 4, 58 *sq.* – **b** gewaltsam, mit Heftigkeit stoßend, schwingend, schleudernd **werfen, α** lebende Wesen **werfen = stoßen, stürzen, schleudern,** pronos qui morbus mittere suevit, Lucr.: alqm de ponte pronum, Catull.: alqm praecipitem ex arce, Ov.: pueros in profluentem aquam, Liv.: se in flumen, in den Fl. springen, Liv. epit.: se in rapidas aquas, Ov.: se in mare (v. Badenden), Sen.: alqm beluarum modo in foveam, Liv.: anum super focum, Petron. – corpus e turribus in castra, Ov.: se saxo ab alto, Ov.: se super pontum, Ov. – **β** lebl. Objj., **werfen = schleudern,** audacius pilam, Sen.: lapides post vestigia (hinter sich), Ov.: clavam et arcus trans ripam, hinüber auf usw., Ov.: tunicam in faciem alcis, Petron.: discum in auras, schwingen, Ov. – panem, hinabwerfen (in die Grube), Phaedr. 3, 2, 6: panem cani, hinwerfen, Phaedr. 1, 23, 3; 2, 3, 2. – rete, auswerfen, Hieron. epist. 71, 1. – im Bild, malum discordiae inter alqos, Iustin. 12, 15, 11. – u. besonders, um zu treffen, Geschosse auf ein Ziel **absenden, werfen, schleudern, schießen, abschießen** (bes. als milit. *t. t.*), manu iaculum, Ov.: tela tormentis, Caes.: pila, Caes.: telum tormentumve, Caes.: glandem, Auct b. Hisp.: fundā lapides, Liv. – telum ex alqo loco, Caes.: hastas e ratibus, Curt.: telum, pinum in alqm, Ov.: lapides in alqm, Petron.: lapillos contra alqm, Auct. b. Afr.: fulmina in alqm, Ov., in mare, Lucr.: procul iacula sagittasque, Curt. – **c** als *t. t.* des Würfelspiels, wie **werfen, α** in den Würfelbecher, talos in phimum, Hor. sat. 2, 7, 17. – **β** auf das Würfelbrett, ex pyrgo tesseras in tabulam, Schol. Hor.: tesseram, Ov. – u. **γ** übtr., einen Wurf **werfen,** canem aut senionem, Suet.: absol., quoties missurus erat, einen Wurf tun, werfen wollte, Sen.

7 als mediz. *t. t.*, Blut aus jmds. Körper herauslaufen lassen, Blut **lassen, abzapfen,** jmdm. **zur Ader lassen,** sanguinem incisā venā mitti novum non est, Cels.: antiqui medici nesciebant sanguinem mittere,

Sen.: sanguinem homini mitti non alienum est, Cels.: sanguinem mittere a brachio, Cels., alci a capite, Petron., ex vena, ex brachio, ex crure, Cels., iuxta talos, Cels.: iterum tertioque et cotidie paulum aliquid, Cels.: sanguis recte, male mittitur, Cels. – im Bild, Appius cum ἐξ ἀφαιρέσεως provinciam curarit, sanguinem miserit, quicquid potuit, detraxerit, mihi tradiderit enectam, das Blut ausgesaugt, Cic. ad Att. 6, 1, 2: missus est sanguis invidiae sine dolore, es ist ein kleiner Aderlass, der dem Neid wohltut, Cic. ad Att. 1, 16, 11.

8 als *t. t.* der Feldm., *intr.* = **sich erstrecken,** terminus usque in olivastellum mittit, Gromat. vet. 305, 5; u. so *ibid.* 321, 11.

II = *laisser aller,* **gehen-, laufen lassen** = eine Pers. **von sich lassen, fortlassen, entlassen, lassen,** etw. **fahren lassen, loslassen, herabsinken-, fallen lassen** u. dgl., **A** im Allg.: **1** eig.: **α** lebende Objj.: *As. amitte,* sine. *Di. amitto intro. As.* ad te quidem ... *Di.* uno verbo eloquar: *Mittin* me *intro? As.* abi, Plaut.: non ego intro ad vos mittar? Plaut. – maesta virum mittens, Catull.: mitte me, lass mich los, lass mich gehen, Plaut. u. Ter.: u. so me *missum face,* Ter.: nos *missos face,* Ter.: quin me mittitis, Plaut.: m. *Infin.* mitte hunc ire, Plaut.: m. funus alcis non prius ex foro (nicht eher vom F. fortlassen), quam etc., Suet. – leo e cavea missus, Rhet. Her.: columbas in theatro e sinu *missas facere* (fliegen lassen), Varro: turdum macrum per fenestram, Macr. – **β** lebl. Objj.: m. arma, Caes.: accĭdere in mensas ut rosa missa (die man hat fallen lassen) solet, Ov.: cutem, loslassen, Hor.: brachiolum puellae, Catull.

2 übtr., **sein** od. **aufhören lassen,** u. gew. bl. **lassen** = **a fahren-, schwinden lassen, aufgeben,** mittere ac finire odium, Liv.: maestum timorem, Verg.: certamen, Verg.: inanes spes et certamina divitiarum, Hor.: Syphacis reconciliandi curam ex animo, Liv.: missae (aufgegebene) amicitiae, Catull.: hanc curam de pectore, Verg. – u. so *missum facere* amorem, missam facere iram, Liv. – u. v. Redenden, **(sein) lassen, unterlassen,** m. maledicta omnia, Ter.: ambages, Plaut., Liv. u. Hor.: m. folg. *Infin.,* iam scrutari mitto, Plaut. aul. 651; (vgl. Pers. 207): mitte male loqui, Ter. Andr. 872 (vgl. 904): mitto illud dicere, Cic. Quinct. 85: mitto quaerere, qua de causa etc., Cic. Rosc. Am. 53: mitte mortalium incommoda tamquam propria deflere, Val. Max. 7, 2. ext. 2: mitte sectari, Hor. carm. 1, 38, 3 (vgl. epod. 13, 7): pro nobis mitte precari, Ov. met. 3, 614. – u. in der Rede **aufgeben,** etw. **weiter zu besprechen,** etw. **nicht erwähnen wollen, übergehen, lassen,** *mitto* proelia, *praetereo* oppugnationes oppidorum, Cic.: mitto rem, Ter.: m. folg. *quod* (dass), mitto quod invidiam, quod pericula subire paratissimus fueris, Cic.: mitto quod amplissimae dignitatis, certe salubritate studio praestantis officii privatim sibi venerandum (virum), Val. Max.: m. *de* u. Abl., mitto de amissa parte exercitus, Cic. – so auch *missum facere,* z. B. ut haec missa faciam, quae iam facta sunt, Cic.: horum agrorum ego missos faciam quaestus triennii, Cic. – **b sein lassen = nicht weiter beachten, -berücksichtigen, auf** etwas **Verzicht leisten** u. so **aufgeben,** m. aliena, Lucr.: misso officio, ohne weitere Rücksicht auf Pfl., Cic. – so auch *missum facere,* z. B. missos faciant honores, Cic.: m. f. vadimonium, Cic.: missa istaec face, denk nicht mehr daran, Ter.

B insbes.: **1** in der Rennbahn die Renner aus den Schranken **laufen lassen, ablaufen-, abrennen lassen,** quadrigas, Liv.: carcere quadriiuges equos, Ov.: desultorem, Hygin. – im *Pass.* = **ablaufen, abrennen,** v. den Wagen u. Pferden, quadrigis missis, Liv.: carceribus missi currus, Hor.: carcere missus equus, Tibull. u. Ov. – vom Wettrenner, quasi quis ad Olympiacum cum venerit campum et steterit, ut mittatur, Rhet. Her.: semel quadrigis, semel desultore misso, **einen** Gang machen, Liv.

2 eine Versammlung **entlassen, auseinandergehen lassen, aufheben,** senatum, Caes.: praetorium, Liv.: principia, Frontin.: convivium, Liv.: auditorium, Apul.: certamen, Verg.

3 aus dem Verhältnis **entlassen, a** die Braut entlassen, ihr **aufsagen,** hanc ut mittam, Ter. Phorm. 675. – u. eine Gattin aus der Ehe **entlassen, sich** von ihr **trennen,** Lolliam Paulinam perductam a marito coniunxit sibi brevique missam fecit, Suet. Cal. 25, 2. – **b** aus dem Dienst **entlassen, abdanken, α** Zivildiener: remotis sive omnino missis lictoribus, Cic.: u. so auch amicos (die in die Provinz mitgenommenen Freunde des Prätors) *missos faciamus,* Cic. – **β** Soldaten: missorum causas cognoscere, Liv. – gew. *missum facere,* z. B. ab exercitu te removeo ... te ab exercitu dimitto ... vos (centuriones) missos facio, Auct. b. Afr.: nautas missos facere; missorum stipendia lucrari, Cic.: Marcum filium missum factum a consule, Cic.: legiones missas fieri iubere, Cic.: nonam legionem totam cum ignominia missam fecit, Suet.: quaestores, legatos, praefectos, tribunos suos multi missos fecerunt, Cic. – **c** einen Angeklagten, gleichviel, ob er im Gefängnis sitzt oder nicht, **entlassen, los-, freigeben, freisprechen,** non passurum inter hostes populi Rom. L. Scipionem in carcere et in vinculis esse, mittique eum iubere, Liv. – se statim illum interfecturum, nisi iusiurandum sibi dedisset, se patrem missum facturum esse, Cic. – u. außerhalb der Gerichtssphäre, rogamus, ut mittas, lass ihn ungestraft gehen, Petron. – **d** aus der Gefangenschaft **entlassen,** u. zwar **α** aus der Kriegsgefangenschaft: exercitum inermem, Liv.: praefecti a me missi sunt, Caes. b. Cic. – so auch missum facere alqm, Caes. (b. Cic.), Nep. u. a. – **β** aus der Sklaverei = einen Sklaven **entlassen, freigeben, losgeben,** manu m. alqm, s. manūmitto. – so auch neque (eam) duxit (adulescens), neque ille (leno) vult mittere, Plaut. Poen. prol. 100.

► Synk. Perf. misti, Catull. 14, 14. – Parag. Infin. mittier, Plaut. capt. 438. Lucr. 4, 43. – arch. Inf. Präs. Pass. mittei, CIL 1, 199, 44 u. 206, 150.

mītulus (mūtulus), ī, *m.* (μυτίλος, τελλίνη), eine essbare Muschelart, die **Miesmuschel** (*Mytilus,* L.), Form mut., Cato r. r. 158, 1 Schn. (Keil mitulorum): Form mitulus, Plin. 9, 132 u. 160. Hor. sat. 2, 4, 28. Mart. 3, 60, 4. – ► Nbf. mytilus, Anthol. Lat. 478, 5 R.

Mitylēnē, s. Mytilēnae.

mītylus, richtiger mitulus, s. d.

miūron od. **miūrum,** ī, *n., sc.* metrum (μείουρος στίχος), ein **Hexameter, der am Ende** statt des Spondeus **einen Jambus hat,** Ter. Maur. 1929. Serv. cent. metr. 465, 25 K.

mius, a, um, s. meus ►.

mixtārius, iī, *m.* (misceo), ein Geschirr, worin Wein mit Wasser vermischt wird, **Mischgeschirr, Mischgefäß,** Lucil. 221.

mixtē, *Adv.* (mixtus), **vermischt,** Greg. Tur. hist. Franc. 2. prol. *in.*

mixtīcius, iī, *m.* (misceo), von Eltern verschiedener Rasse geboren, der **Mischling,** Übersetzung von συμμικτός, Hieron. in Ierem. 5, 25, 19.

mixtim, *Adv.* (mixtus), **vermischt,** Lucr. 3, 564. Prud. apoth. 1008; ham. 77. Donat. de tragoed. et comoed. extr. p. XX *ed. Klotz* (wo mistim).

mixtio, ōnis, *f.* (misceo), **I** das **Vermischen,** die **Vermischung,** Vitr. 1, 4, 7: Plur., Vitr. 1, 4. § 6 u. 11. – **II** meton., das **Vermischte,** die **Mischung,** Pallad. 1, 34, 5 u. 12, 7, 1: m. myrrhae, Vulg. Ioann. 19, 39.

mixtūra, ae, *f.* (misceo), **I** das **Vermischen,** die **Vermischung, 1** im Allg.: talis, Varro fr.: rerum, Lucr.: unguentorum, Plin. – übtr., die **Vermischung, Vereinigung,** vitiorum atque virtutum, Suet.: mira m. figurarum, Quint. – **2** die **fleischliche Vermischung, Begattung,** Veneris, Lucan.: m. cum fero, Plin. – **II** meton., das **Vermischte,** die **Mischung,** Colum. 7, 5, 22.

mixtūrātus, a, um (mixtura), **vermischt,** Pelagon. veterin. 6 (71 *Ihm*).

mixtus u. **mixtissimus,** s. misceo.

mna, s. 1. mina.

mnasiterna, -nātus, s. nassiterna.

mnēmonicum, ī, *n.* (μνημονικόν *sc.* τέχνημα), die **Gedächtniskunst, Mnemonik,** Lampr. Alex. Sev. 14, 6. – so auch Plur. mnēmonica, ōrum, *n.* (μνημονικά), die **Vorschriften (Regeln) der Gedächtniskunst,** Rhet. Her. 3, 30.

Mnēmōn, onis (μνήμων), **ein gutes Gedächtnis habend,** als Beiname, Artaxerxes Mnemon, Nep. regg. 1, 3.

Mnēmonides, um, Akk. as, *f.* (aus Μνημόνη gebildet), die **Musen,** Töchter der Mnemosyne, Ov. met. 5, 268 u. 280.

Mnēmosynē, ēs, *f.* (Μνημοσύνη), das **Gedächtnis,** personif. als Mutter der Musen, Cic. de nat. deor, 3, 54. Phaedr. 3. prol. 18: natae Mnemosynes, die Musen, Auson. epist. 4, 64. – Plur. Mnemosynae, ārum, *f.*, die **Musen,** Auson. edyll. 11, 30. p. 130, 7 Schenkl.

mnēmosynum, ī, *n.* (μνημόσυνον), das **Denkmal,** Catull. 12, 13.

mnēstēr, ēris, Akk. Plur. ēras, *m.* (μνηστήρ), der **Freier,** rein lat. procus, Hygin. fab. 126.

Mnēvis, idis, *m.* (Μνεῦις), ein schwarzer, dem Sonnengott geheiligter Ochse in Heliopolis, Plin. 36, 65. Amm. 22, 14, 7; vgl. Macr. sat. 1, 21, 20 (nach dem der Ochse Neutos hieß).

Mōāb, *f. indecl.*, die Berggegend am östl. Ufer des Toten Meeres von Zoar bis zum Fluss Arnon, Vulg. genes. 36, 35 u. a.: vastata est Moab, Vulg. genes. 48, 15 u. 20. – Dav.: **A** **Mōābītēs,** ae, *m.*, der **Moabiter,** Vulg. 1. chron. 11, 46: Plur. Mōābītae, ārum, *m.* (Μωαβῖται), die Bewohner des Landes Moab, die **Moabiter,** Vulg. genes. 19, 37 u. a. – **B** **Mōābītis,** idis, *f.* (Μωαβῖτις), **moabitisch,** gens, Prud. ham. 778: regio, das Land der Moabiter, Vulg. Ruth 1, 1 u. a. – subst. die **Moabiterin,** Vulg. Ruth 1, 22 u. a.

mōbilis, e (movibilis v. moveo), **I** **beweglich, leicht zu bewegen,** **1** eig.: aër, digiti, lingua, Lucr.: oculi, Cic.: manus, Pers.: turris, Cic.: Iuppiter (als Statue) manu mobilis, Plin.: nervis alienis mobile lignum, ein Hampelmann, Hor. sat. 2, 7, 82. – als jurist. *t. t.*, res mobiles, **bewegliche Habe,** Ulp. dig. 6, 1, 1. § 1: dass. census mobilis, Amm. 26, 8, 13; 28, 1, 3. – **2** übtr.: **a** **beweglich, biegsam, lenksam, erregbar,** animi natura, mens, Lucr.: aetas, Verg.: gens ad omnem auram spei mobilis, ein wetterwendisches, Liv.: populus mobilior ad cupiditatem agri, Liv.: parvis mobilis rebus animus, empfindlich gegen usw., Liv.: mobilior fervor, mobilissimus ardor, Cic. – **b** **veränderlich, unbeständig, wankelmütig** (Ggstz. constans), in alqa re, Caes.: Quirites, Hor.: populus, Nep.: animus, voluntas, Cic.: caduca et mobilia haec esse duxi, Cic.: mobilior ventis, Calp. – **II** prägn.: **A** **wackelnd, nicht fest,** remedium ad dentium mobiles firmandos, Plin. 21, 180. – **B** **schnell, behend,** sum pernix pedibus, manibus mobilis, Plaut.: rivi, Hor.: venti, Plin. – übtr., **regsam,** ingenium, Vitr. 5, 6, 7: u. so ingenii esse mobilis et erecti (Ggstz. tardi et hebetis), Sen. ep. 94, 30. – ► Abl. mobile, Ven. Fort. vit. S. Mart. praef. *v.* 6.

mōbilitās, ātis, *f.* (mobilis), **I** die **Beweglichkeit,** animalis, Cic.: corporum, Lucr.: linguae, Cic.: venti, Lucr.: venarum inperturbata mob., Sen. nat. qu. 6, 14, 2: membrorum mobilitatem (expugnat) torpor aut tarditas, Augustin. de civ. dei 19, 4, 2. p. 357, 7. D^2.: Plur., articuli mobilitates ingenitas explicabant, Arnob. 1, 45 *extr.* – übtr., die **Veränderlichkeit, Unbeständigkeit,** der **Wankelmut** (Ggstz. constantia) alcis, Cic.: vulgi, Tac.: ingenii, Sall. u. Tac.: fortunae, Nep. – **II** prägn.: **A** das **Wackeln,** sanare dentium mobilitates, Plin. 20, 224. – **B** die **Schnelligkeit, Behendigkeit,** **1** eig.: fulminis, Lucr.: equitum (Ggstz. stabilitas peditum), Caes.: ut et aeternitatis *stabilitas* moveatur et temporis *mobilitas* stabilis fiat, Ps. Apul. Ascl. 31. – **2** übtr., die **Regsamkeit,** opus est natarali quādam mobilitate animi, Quint. 10, 7, 8.

mōbiliter, *Adv.* (mobilis), **I** **beweglich, schnell,** ferri, Lucr.: cor mobiliter palpitat, Cic. – reverti mobilius, Lucr. – übtr., ad bellum mobiliter celeriterque excitari, leicht u. schnell, Caes. b. G. 3, 10, 3. – **II** **veränderlich** (Ggstz. immobiliter), Pompeii comment. 179, 32 K.

mōbilito, āre (mobilis), **beweglich-, lebendig machen,** omnia, Lucr. 3, 248: alqm, Caecil. com. 192: mobilitatā mente, Laber. com. 91.

Mobsuēstia, s. Mopsuhestia.

moderābilis, e (moderor), **gemäßigt,** nihil moderabile suadere, gem. Tun nicht raten, Ov. am. 1, 6, 59.

moderāmen, inis, *n.* (moderor), **I** ein **Mäßigungsmittel,** Cod. Theod. 11, 30, 64. – **II** ein **Lenkungsmittel,** gew. vom Steuerruder, navis, Ov.: dah. **Lenkung, Regierung,** m. subj. *Genet.*, moderamina aurigae, Ambros. de off. 1, 47, 229: m. obj. *Genet.*, equorum, Ov.: rerum (des Staats), Ov.: legum sanctius, Chalcid. Tim. 27 B: ingenium est, quod eget moderamine nostro, Ov.

moderāmentum, ī, *n.* (moderor), **I** das **Mäßigungs-, Linderungsmittel,** ut pessario moderamentum faciamus, Th. Prisc. 3, 5. fol. 309, 6: et resumptionum moderamenta adhibenda, Cael. Aur. de morb. chron. 3, 2, 23. – **II** ein **Lenkungsmittel,** tum notae vocum, tum moderamenta, Längenmessungen, Gell. 13, 6, 1.

moderanter, *Adv.* (moderans v. moderor), **mit Mäßigung,** Lucr. 2, 1096.

moderātē, *Adv.* (moderatus), **mit Mäßigung, gemäßigt,** Cic. u. a.: verb. modeste ac moderate, Liv.: placate et m., Cic.: m. clementerque, Cic.: – moderatius id volunt fieri, Cic.: moderatius (nicht zu hitzig) cedentem insequi hostem, Hirt. b. G.: quo plus potestis, eo moderatius imperio uti debetis, Liv.: quae res sapientissime moderatissimeque constituta est, Cic.

moderātim, *Adv.* (moderatus), **gemäßigt, allmählich,** Lucr. 1, 323.

moderātio, ōnis, *f.* (moderor), das **Mäßigen,** **I** objekt. – das **Zügeln, In-Schranken-Halten,** **A** eig.: eiusdem (oratoris) est languentis populi incitatio et effrenati moderatio, Cic.: cupiditatum, Rhet. Her. – insbes. = die **Einschränkung,** rei familiaris, Cic. – **B** übtr.: **a** die **Leitung** von usw., **Herrschaft** über usw., mundi moderatio in homines nulla est, si etc., Cic.: oculorum est quaedam magna m., der Ausdruck, den man den Augen zu geben weiß, Cic. – **b** die **harmonische Abmessung,** pronuntiatio est ex rerum et verborum dignitate vocis ac corporis m., Cic. – **II** subjekt. = das **Maßhalten** in jedem Tun u. Lassen, **A** eig.: **1** in phys. Hinsicht: **a** die **Mäßigung, Behutsamkeit,** habita eadem moderatio, quae hic quoque necessaria est, Cels.: moderatio in cibo quoque adhibenda est, Cels. – **b** das **rechte Maß,** die **gemäßigte Beschaffenheit, Milde,** der Hitze u. dgl., moderatione et temperatione sublatā, Cic.: temperatio lunae caelique moderatio, Cic. – **2** in geistiger u. moral. Hinsicht, **a** das **gehörige Maß,** die **rechte Mitte,** die **Bescheidenheit** im Ausdruck (im Ggstz. zur Übertreibung), quare adhibebitur a me certa ratio moderatioque dicendi, Cic.: de huius hominis felicitate hāc utar moderatione dicendi, mich bescheiden äußern, Cic. – **b** das **Maßhalten** im Benehmen, die **Mäßigung, Selbstbeherrschung, Fassung, Gewalt über sich, Überwindung,** besonders von Siegern, Herrschern usw. = **Schonung, Milde, Gerechtigkeit** u. dgl. (Ggstz superbia), Cic. u. a.: animi, Cic.: verb. moderatio animi tui et aequitas, Cic.: continentia et moderatio (Ggstz. superbia ac lascivia), Curt.: moderatio clementiaque regis, Curt.: temperantia et moderatio naturae tuae, das Gehaltene u. Gemäßigte (Taktvolle) deines Wesens, Cic.: tranquilla moderatio imperii, Liv.: melior moderatio et nonnumquam etiam patientia, Quint.: alia patris *adversus* filium, tutoris *adversus* pupillum, mariti *adversus* uxorem moderatio est, Quint. – **B** übtr., die harmonische Einrichtung, die **Messung, Modulation,** astrictus certā quādam numerorum moderatione et pedum, Cic.: m. vocis, Artikulation, Cic.

moderātor, ōris, *m.* (moderor), **I** der ein Maß setzt, der **Mäßiger, Einhalttuer,** neque legatus aut tribunus moderator adfuit, Tac. ann. 1, 49. – **II** prägn., der **Lenker, Handhaber, Regierer,** m. trionum, Naev. fr.: arundinis, Fischer, Ov.: pectinis unci, Krempler, Claud.: equorum, Ov.: absol., vom Steuermann, Ov. – übtr., iuventae, Lehrer, Mart.: ingentis exercitus septem per annos moderator, Anführer, Tac.: rei publicae, Vorsteher, Cic.: legum, Apul.: verb. rector et m. tanti operis, Cic.: populus Romanus paulo ante gentium moderator, Sall. hist. fr.: eorum omnium moderator et dux, von der Sonne, Cic.: u. so dux et princeps et moderator luminum reliquorum (v. der Sonne), Cic.: moderator et quasi temperator huius tripertitae varietatis, Cic.

moderātrīx, trīcis, *f.* (Femin. zu moderator), **I** die **Mäßigerin,** ut illaec hodie quot modis moderatrix linguae fuit, Plaut. cist. 537 *sq.* – v. Abstr., temperantia est moderatrix omnium commotionum, Cic. Tusc. 5, 42. – **II** übtr., die **Leiterin, Beherrscherin** usw., materiae universae fictricem et moderatricem divinam providentiam esse, Cic.: curia m. officii, Hinleiterin zur Pfl., Cic.: res publica m. omnium factorum, Bestimmerin, Cic.

moderātūra, ae, *f.* (moderor), die **Mäßigung,** Varro vit. P. R. 1, 5 K. (Rothe); vgl. Non. 571, 6 *ed. Quicherat.*

moderātus, a um (modero, moderor), **I gemäßigt, Maß haltend, -beobachtend,** bes. von dem, der seinen Begierden u. Leidenschaften ein Ziel setzt, sich nicht mehr erlaubt, als er soll, mäßig, **besonnen, gefasst, ruhig, taktvoll, charakterfest,** griech. σώφρων, **a** v. Pers. (Ggstz. insolens, superbus): senex, Cic.: frugi homo et in omnibus vitae partibus moderatus ac temperans, Cic.: moribus ita moderatus est, ut etc., Capit.: moderatiores pudore et temperantiā, Cic.: moderatissimi homines et continentissimi, Cic. – **b** übtr., v. lebl. Subjj.: parum m. guttur, Ov.: venti, Ov. – convivium, Cic.: otium, Cic.: imperium, Cic.: oratio, Cic.: doctrina, Cic. – Caesar moderatissimi atque humanissimi fuit sensus, Planc. in Cic. ep. – **II** insbes., im Preis **ermäßigt,** quando annona moderatior? Vell. 2, 126, 3.

modernus, a, um (v. modo, wie hodiernus v. hodie), **neu, neuer** (Ggstz. antiquus), Prisc. de accent. 46. p. 528, 18 K. Cassiod. var. 4, 51, 2 u. ö. Beda de orthogr. 232, 21 K. (moderni versificatores).

modero, āvī, ātum, āre = moderor, **I mäßigen, in Schranken halten,** tuum te ingenium moderat, Pacuv. tr. 306: nec (te) moderat metus, Acc. tr. 303. – **II** übtr., **regeln, einrichten,** im Passiv, et pro qualitate personarum et actio formatur et condemnatio moderatur, Paul. dig. 3, 5, 15 *extr.*: ita res moderetur, ut etc., Ulp. dig. 23, 3, 39.

moderor, ātus sum, ārī (modus), **ein Maß setzen, -bestimmen, mäßigen, I** im Allg., jmdm. **Schranken setzen,** ihn **in Schranken-, im Zaum halten, zügeln,** jmds. **Herr werden,** ihn **beherrschen, bändigen, A** eig.: **α** m. *Dat.*: moderari leonibus vinclisque tenere, Lucr. – **β** m. *Acc.*: equum frenis, Lucr.: in praecipiti ac declivi loco incitatos equos sustinere et brevi moderari ac flectere, Caes. – **B** übtr.: **a** übh.: **α** m. *Dat.*: uxoribus, Cic.: alci diligentius, Cic.: übtr., v. lebl. Subjj., non vinum hominibus moderatur, sed vino homines, Plaut.: oratio soluta ... ut sine vinculis sibi ipsa moderetur, Cic. – m. lebl. Objj., quis illi gladio finem statuet aut quis moderabitur (ihm Mäßigung gebieten), Sall.: religioni (seine gewissenhafte Strenge), Cic.: fortunae suae, Liv.: voci, linguae, dictis, Plaut.: animo et orationi, cum sis iratus, Cic.: irae, odio, Liv. – **β** m. *Acc.*: animos in rebus secundis, Cic.: linguam, Sall.: v. lebl. Subjj., illae (leges) cupiditates nostras libidinesque moderantur, beschränken, Plin. pan. – **γ** absol.: prudens moderandi, der es verstand, Schranken zu setzen, Tac.: mox libellos et auctores recitat Caesar ita moderans (so sich im Ton mäßigend, in so abgemessenem Ton), ne lenire neve asperare crimina videretur, Tac. – **b** insbes., **ermäßigen, beschränken** = **mindern, α** m. *Dat.*: cursui, langsamer segeln, Tac. – **β** m. *Acc.*: pretia spadonum, Suet.: difficultatem annonae ac rei frumentariae inopiam, Vell.: duritiam lenitatemve legum, bald die Härte mildern, bald die Milde schärfen, Suet. – **II** prägn., etw. **leiten, lenken, richten, handhaben, A** eig.: **α** m. *Dat.*: funiculo (mit einem Seil) navi moderari, Cic. de inv. 2, 154. – **β** m. *Acc.*: manu capulum aratri, Ov.: habenas, Ov.: arma prensasque habenas, Stat.: arundine linum, Ov.: campestrem decursionem scuto, Suet. – poet., m. fidem, das Saitenspiel melodisch rühren, die Saiten melodisch schlagen, Hor. carm. 1, 24, 14. – **B** übtr., jmd. oder etw. **leiten, lenken, richten,** über jmd. od. etw. **walten, herrschen, Bestimmungen treffen,** etw. od. über etw. **bestimmen,** etw. **bedingen,** auf etw. **einen bedingenden Einfluss haben,** etw. **entscheiden,** etw. **regeln, einrichten, α** m. *Dat.*: ego inscitus, qui domini animo postulem moderarier: dicto me emit audientem, haud imperatorem (Gebieter) sibi, Plaut.: m. formandis provinciae moribus, überwachen, Plin. ep.: v. lebl. Subjj., tempus, dies, fortuna, cuius libido moderatur gentibus, Sall.: quibus totis moderatur oratio, was alles der Rede untergeordnet ist, Cic. – **β** m. *Acc.*: frena imperii, Ov.: frena theatri, Iuven.: senatus, cui populus moderandi ac regendi sui potestatem quasi quasdam habenas tradidisset, Cic.: deus, qui regit et moderatur et movet id corpus, Cic.: actor moderatur ac fingit non modo mentem ac voluntates, sed paene vultus eorum, apud quos agit, Cic. – religionem, Bestimmungen über Religion treffen, Cic.: moderando rem, ins Reine bringen, bestimmen (im Ggstz. zur früheren Unbestimmtheit), Hirt. b. G.: tempus dicendi prudentiā et gravitate m., Cic.: ut omnia gubernes et moderere prudentiā tuā, Cic. – v. lebl. Subjj., ut eas (res rusticas) non ratio, neque labor, sed venti tempestatesque moderentur, deren Erfolg bestimmen, Cic. – m. *ex* u. Abl. od. m. bl. *Abl.* des Maßes, etw. **nach** etw. **richten, einrichten, sich** bei etw. von etw. **leiten lassen,** sententiam, tamquam aliquod navigium atque cursum, ex rei publicae tempestate, Cic.: sententiam suam non semper utilitate, sed cum spe tum timore, Cic.: suo, non multitudinis arbitrio cantus numerosque, Cic.: non voluptate, sed officio consilia, Cic. – **γ** absol.: in utroque magis studia partium quam bona aut mala sua moderata (sunt), bei der Beurteilung beider leiteten (waren maßgebend) mehr usw., Sall. Iug. 73, 4. – ► Parag. Infin. moderarier, Plaut. Men. 443. Lucr. 5, 1296 u. 1310.

modestē, *Adv.* (modestus), **I** eig.: **A** im Allg. = **mit Mäßigung, leidenschaftslos, besonnen, mit Besonnenheit, behutsam, gefasst, mit Fassung, gelassen,** Romam venire, Cic.: placide modesteque inter se rem publicam tractare, Sall.: partes m. distrahere, Tac.: rebus secundis m. ac moderate uti, Liv.: modestissime vivere, Varro fr. – m. ferre, Plaut. u. Lampr.: hosti intrepide modesteque obviam ire, mit Besonnenheit, Gell. – **B** insbes.: **1** = **bescheiden, anspruchslos,** tentare, Ov.: parum m. fecisse eum, Suet.: nihilo modestius vixit, Suet.: parcius et modestius praetentanda est iudicis misericordia, Quint. – u. **gefügig** im Gehorchen, parēre, Cic. u. Sall. – **2** = **sittsam, züchtig, ehrbar,** intueri, Ter.: petere alquam (Ggstz. audacem esse), Ov. – **II** übtr., der Beschaffenheit nach **mäßig,** modestius picem allinere, Pallad.: cochlearia completa modestius, mit Maßen, Pallad.

modestia, ae, *f.* (modestus), **I** das Wesen u. Verhalten des modestus, **A** im Allg. = σωφροσύνη, die **Mäßigung** der Begierden u. Leidenschaften, die **Selbstbeherrschung, Leidenschaftslosigkeit, Besonnenheit, Milde, Schonung** u. dgl. (s. Rhet. Her. 3, 3. Cic. Tusc. 3, 16; vgl. Non. 520, 22), neque modum neque modestiam victores habere, Sall.: ita cum potentia avaritia sine modo modestiaque invadere, Sall.: eos mores, eam modestiam viri cognovi, Sall.: non magis (praecipiunt) quam simplicitatem, quam modestiam ac moderationem, Sen. – **B** insbes.: **1** das **Sich-Bescheiden** in Gesinnung u. Verhalten, **a** übh. = **maßvolle Haltung, Anspruchslosigkeit, Bescheidenheit, Sittlichkeit,** das **anspruchslose-, bescheidene (gesittete) Benehmen** (Ggstz. impudentia), namentl. im polit. Sinne = die **aufrichtige und redliche Gesinnung** (vgl. Cic. de inv. 2, 164), verb. humanitas et modestia (Tironis), Cic.: si meam cum in omni vita, tum in dicendo moderationem modestiamque cognostis, Cic. – übtr., m. vitae, aufrichtiges Verhalten im Leben, anspruchsloses Leben, Cic. u. Tac. – **b** bes., das Sich-Fügen in die Befehle eines Höheren, die **bereitwillige Folgsamkeit,** der **willige Gehorsam,** die **Fügsamkeit in die gesetzlichen Schranken,** das **gesetzliche (ruhige) Verhalten;** bei Soldaten, der **Gehorsam,** die **Manneszucht** (Ggstz. immodestia, licentia; vgl. Heräus Tac. hist. 1, 52, 10), tantā modestiā dicto audiens fuit iussis absentium magistratuum, ut si etc., Nep.: quorum superbiam frustra per obsequium et modestiam effugeritis, Tac. – in milite modestiam et continentiam desiderare, Caes.: militum in agmine laudare modestiam, Tac.: ex more et modestia militari, Liv.: adversus modestiam disciplinae corruptus, Tac. – **2** die **Sittsamkeit, Züchtigkeit,** das **Gefühl** für **Ehre und Zucht, -für Anstand,** die **Ehrbarkeit,** das **Zartgefühl,** virginalis, Pacuv. tr. fr.: neque sumptui neque modestiae suae parcere, Sall.: primae culpae, Stat. – übtr., vultus, Quint.: vacui lecti, Stat. – **3** als Übersetzungsversuch des griech. εὐταξία, im Sprachgebrauch der Stoiker, die Eigenschaft, alles am rechten Ort u. zur rechten Zeit zu sagen u. zu tun, die **Zeitgemäßheit,** Cic. de off. 1, 142. – **II** die **gemäßigte Beschaffenheit,** die **Milde,** hiemis, Tac. ann. 12, 43. – m. quaedam aquarum, gemäßigter, gelinder Lauf, Plin. 6, 71.

Modestīnus, ī, *m.*, vollst. Herennius Modestinus, ein berühmter Rechtsgelehrter, Schüler des Domitius Ulpianus, Lehrer des Kaisers Maximinus des J., Capit. Maximin. 27, 5.

modestus, a, um, *Adi.* (modus), **Maß haltend, sich an der Grenze des Rechten haltend, I mäßig** in Begierden u. Leidenschaften, **A** im

Allg., **leidenschaftslos, besonnen, gelassen, sanftmütig, mild,** o modestum ordinem! Cic.: non modestior ero, Cic. – m. *Genet.*, occupationum tuarum modestior, Fronto. – m. *Dat.*, hoc dis dignum est, ut semper mendicis modesti sint, Plaut. – poet., Hannibal ... modestior armis, gelassener, weniger übermütig, Sil. – übtr., m. imperium, Sall.: m. ius, Sall. fr.: m. factum, Quint. – **B** insbes.: **1** **sich bescheidend, fügsam, folgsam, unterwürfig, bescheiden, anspruchslos,** in polit. Hinsicht = **loyal** (vgl. Heräus Tac. hist. 1, 52, 10), erat modestus, prudens etc., Nep.: adulescentuli modestissimi pudor, Cic.: plebs modestissima (Ggstz. seditiosa pl.), Cic.: m. servitia, Tac. – übtr., totis castris modesti sermones, Tac.: aequum et modestum ius, Sall. fr.: epistula modestior, Cic.: modestissimi mores, Cic. – **2** **sittsam, züchtig, ehrbar,** mulier proba et modesta, Ter.: videas dolere flagitiosis (Leichtfertige, Unzüchtige) modestos, Cic.: ingenui parum modesti (ehrbare, tugendhafte), Quint. – übtr., m. sermo (Ggstz. mollis et procax), Sall.: vultus, oculi, Ov.: incessus, Sen.: verba, lingua, Ov.: pudor, Zartgefühl, Sall. – **II** der Beschaffenheit nach **mäßig, gelinde,** amant (mala) modestas rigationes, Pallad. 3, 25, 14.

modiālis, e (modius), **ein (röm.) Maß** (modius) **enthaltend,** calix, eimergroßer, Plaut. capt. 916: figura, Tert. ad nat. 2, 8.

modiātio, ōnis, *f.* (modius), das **Messen nach (röm.) Scheffeln,** Cod. Theod. 11, 24, 2.

modicē, *Adv.* (modicus), **I** **mäßig, 1** eig., **mit Maßen,** mehr stark als schwach, mehr groß als klein, m. fluere aethera, Lucr.: m. se recipere, im mäßigen Schritt, Liv.: at modice (gestire) decet, Plaut.: m. pictus, nach verjüngtem Maßstab, Vitr.: m. sitiens lagoena, poet. = von mäßigem Gehalt, Pers.: m. locuples, wohlhabend, Liv.: m. vinosus, kein großer Weintrinker, Liv.: minae Clodii m. me tangunt, eben nicht sehr, Cic. – **2** übtr., **mit gehöriger Mäßigung, mit Ergebung, gelassen, besonnen, ruhig,** m. facere, agere, Cic.: id verecunde modiceque facere, Cic.: timide modiceque dicere, Cic.: m. et modeste vitam vivere, Plaut.: sapiens et bonum ferre potest modice et malum fortiter aut leviter, Varro fr. – m. spernere, Liv.: m. dolorem ferre, Cic. – ut iis m. et scienter utantur, mit mäßiger Beschränkung u. mit Umsicht, Cic. – **II** = ἐνρύθμως, **rhythmisch,** poëma est lexis enrythmos, id est verba plura modice in quandam coniecta formam, Varro sat. Men. 398.

modicitās, ātis, *f.* (modicus), die **Geringheit,** (franz. *modicité*), Ven. Fort. carm. 5, 6. p. 193, 5 *Migne* (= p. 113, 26 *Leo*).

modicus, a, um (modus), was das gehörige Maß nicht überschreitet, **mäßig, I** eig., sowohl von dem, was eben recht ist, **mäßig = gemäßigt, angemessen, genügend, ziemlich groß, ziemlich stark** u. dgl., als auch von dem, was mehr klein als groß ist, **mäßig = mittelgroß, nicht allzu groß, -stark, -tief** u. dgl., **nicht sonderlich groß, nicht bedeutend,** ea si ex reis numeres et *innumerabilia* sunt et obscura, si ex rebus, valde et *modica* et illustria, Cic.: est et *infinita* (multitudo), si in personis ponitur ..., sin ad generum universas quaestiones referuntur, ita *modicae* et paucae sunt, ut etc., Cic.: modico gradu ire, Plaut.: modica convivia (Ggstz. immoderatae epulae), Cic.: modicae potiones, Cic.: supellex m., non multa, seinen Verhältnissen angemessen, Nep.: mea pecunia est ad vulgi opinionem mediocris, ad tuam nulla, ad meam modica (mäßig, gerade recht), Cic.: m. corpus (Schrift), Cic. – navium magnitudo m. (Ggstz. species terribilior), Vell.: m. dicendi genus (Ggstz. vehemens), Cic. – m. statura, Suet.: filius brevis aut modicus (Ggstz. filius procerus et excelsus), Sen.: u. so m. Andromache, Ov.: oculi, Plin.: fossa, nicht eben tief, Liv.: so auch amnis, Tac.: acervus, Hor.: hospitium, Hor.: tempus, Quint.: laus, Tac. – equites, senatores, von mäßigem Vermögen, Tac. – Graecis hoc modicum est, nicht häufig bei den Gr., Cic. – m. folg., *Genet.*, virium, Vell.: originis, von nicht bedeutender Herkunft, Tac. – *neutr.* subst., modicum te progressam, ein Stückchen, Apul.: u. im *Abl.*, modico deinde regressa, nach kurzer Zeit, Apul.: modico ante, kurz vorher, Apul.: modico secus progredi, ein wenig weitergehen, Apul. – **II** übtr., Maß u. Ziel haltend, **gemäßigt** im Verfahren, **A** im Allg., **mäßig, besonnen,** modica est (sie ist mäßig im Genuss), capit quadrantal, Plaut.: modici fuimus ὑποθέσει, Cic.: modicus vir severitate, Tac.: modici zephyri, Ov.: m. *Genet.*, modicus voluptatum, mäßig im Genuss, Tac.: ut est rei modicus, spei immodicus, Apul. – übtr., m. severitas, Cic.: quae cum populo quaeque in patribus agentur, modica sunto, id est modesta atque sedata, mäßig, d. h. in den Grenzen des Schicklichen u. ohne Leidenschaft, Cic. – **B** insbes., sich bescheidend, **anspruchslos, bescheiden,** im polit. Sinne = **loyal,** primo industrios, supplices, modicos esse; deinde per ignaviam et superbiam aetatem agere, Sall.: animus belli ingens, domi modicus, Sall. – übtr., contentus nomine modico tutoris, Liv.: ut ipse superbissimus titulus modicus atque etiam demissus videretur, Plin. ep. – ► Superl. modicissimus, Cass. Fel. 72. p. 173, 6. Fulg. exp. serm. ant. 566, 21 M. (genus navicellae modicissimum).

modificātio, ōnis, *f.* (modifico), die **Abmessung** einer Sache, versuum lex et mod., Sen. ep. 88, 3: verborum, Gell. 10, 3, 15: u. absol. (ohne Beleg) bei Paul. ex Fest. 160, 10.

modificātor, ōris, *m.* (modifico), **der** etwas **gehörig einrichtet,** peritus, ein geschickter Tonmeister, Apul. flor. 4. p. 5, 1 Kr.

modifico, āvī, ātum, āre (modificus), **I** **gehörig abmessen,** modificata verba, Cic.: membra, Cic.: corpora modificata utriusque rei participatione, die Mittelstraße haltend, Apul. de deo Socr. 9: vitae genus otiosum, actuosum, ex utroque modificatum, zwischen beiden die Mitte haltend, Augustin. de civ. dei 19, 2. p. 351, 22 D^2. – **II** **ein Maß setzen, mäßigen,** alci, Fronto ad M. Caes. 4, 3. p. 65, 3 N.

modificor, ātus sum, ārī = modifico, **I** **abmessen,** Gell. 1, 1, 3. – **II** **mäßigen, ein Maß setzen,** orationi, Apul. de deo Socr. prol. *in.* p. 2, 7 *Thomas:* desideriis omnibus, Fronto ad Ver. imp. 2, 6. p. 133, 17 N.: immaturis liberorum desideriis, Apul. met. 11, 21. – medial = **Maß halten, sich mäßigen,** in sumptibus, Apul. de Plat. 2, 12.

modificus, a, um (modus u. facio), **abgemessen,** melea, Auson. parent. 29, 2. p. 54 Schenkl.

modimperātor, ōris, *m.* = modi imperator, der bei Schmausereien vorschrieb, wie viel jeder trinken sollte, der **Präses** des Trinkgelages, Varro b. Non. 142, 7.

modiolum, ī, *n.* (modium), der **Dotter,** quinque ovorum modiola cruda, Plin. Val. 1, 64 *in.* (wo falsch mediola).

modiolus, ī, *m.* (*Demin.* v. modius), ein kleines Maß; dah. **I** ein **Trinkgeschirr,** Scaev. dig. 34, 2, 36. – **II** der **Kasten** an einem Schöpfrad, Vitr.: so auch modioli gemelli, die Kolbenröhren an einem Druckwerk, die **Stiefel,** Vitr. – **III** das **Gehäuse des Seiles** in den Katapulten u. Ballisten, Vitr. – **IV** die **Nabe** am Rad, Vitr. u. Vulg. 3. regg. 7, 33: auch in der Ölpresse, Cato. – **V** ein chirurg. Instrument, der hohle Bohrer mit gezahntem Rand, der **Krontrepan** (griech. χοινίκιον), Cels. 8, 3 *in.*

modium, iī, *n.* = modius, Cato r. r. 58 *extr.*

modius, iī, Genet. Plur. gew. iûm, *m.* (wie griech. μέδιμνος zu Wz. **med*, messen), **I** das röm. Getreidemaß, das **Maß,** der **Scheffel** = sechzehn sextarii od. der sechste Teil eines griech. medimnus = $10^1/_2$ Liter, farris modius, Varro: tritici modiûm CC, Cic.: mille fabae modii, Hor. – sprichw., multi modii salis simul edendi sunt, ut amicitiae munus expletum sit, Cic. de amic. 67: modio nummos metiri, v. einem sehr Reichen, Petron. 3, 7: pleno modio, mit vollem Maße, reichlich, Cic. ad Att. 6, 1, 16. – **II** übtr.: **A** bei den Feldmessern = der dritte Teil eines iugerum, Pallad. u. Gromat. vet. – **B** die **Höhlung,** in der der Mastbaum steht, nach Isid. orig. 19, 2, 9. – ► Genet. Plur. modiûm, z. B. Cic. Verr. 3, 83 u. 110 u. 111. Auct. b. Afr. 37, 2. Liv. 23, 37, 6. Spart. Sever. 23, 2.

modo, *Adv.* (modus), gleichs. **mit Maßen, I** einen Begriff od. eine Behauptung gleichs. auf ein Maß (wie tantum auf einen Grad) beschränkend, über das nicht hinauszugehen ist, **nur, bloß, allein, A** im Allg.: nam circi modo spectaculum fuerat, Liv.: quae secundis rebus delectationem modo habere videbantur, nunc vero etiam salutem, Cic.: laudibus m. prosequentes virum, Liv. – quod dixerit *solere* modo, non etiam *oportere,* Cic. – bei Begriffen der Zahl u. Größe, semel modo, Plaut.: uni modo gessi morem, Plaut.: ut unum m. sensibus falsum videatur, Cic.: qui tres modo primas esse partes volunt, Quint.: id modo (nur dies, nur das eine) simul orant ac monent, ut etc., Liv.: quod sine ulla dubitatione, si Pompeius paulum modo ostenderit sibi placere, faciet, Cic.: u. so per pauxillum m., Plaut.: parva m. causa, Caes. – in negativen Sätzen, auf ein bestimmtes, wenn auch nur geringes Maß zurückführend, **auch nur,** illi impetum modo ferre (auch nur aushalten) non potuerunt, Caes.: nemo eorum progredi modo extra agmen audeat, Caes.: ne parvum modo detrimentum … accĭderet, Caes. – den Begriff auf sich selbst beschränkend, **allein,** tanta repente caelo missa vis aquae dicitur, ut ea modo exercitui satis superque foret, Sall.: ipsi modo eminus sauciabantur, Sall.: oppido modo potiti; praeda omnis ab perfugis corrupta, Sall.

B insbes.: **1** bei Wünschen u. Aufforderungen, **nur,** vos modo proposito faveatis, Tibull.: liceat modo, Ov.: ne perpauxillum modo, dass es nur nicht gar zu wenig ist, Plaut. – veniat modo, nur immerhin, Cic. – modo fac, ut illum serves, Plaut.: modo fac, ne quid aliud cures hoc tempore, nisi ut quam commodissime convalescas, Cic. – u. so beim *Imperat.* = **nur, doch nur, doch,** sequere hac modo, Plaut.: sedete hic modo, Plaut.: vide modo; etiam atque etiam considera, Cic.: im Unwillen, i modo, quin tu i modo, Plaut.: tace modo, Plaut.

2 in Bedingungssätzen: **a** modo ut od. bl. modo m. Konj. (vgl. dummodo) = **nur vorausgesetzt, dass usw., gesetzt nur, dass usw.,** auch **wofern nur, wenn nur,** scies, modo ut tacere possis, Ter.: concede, ut impune emerit, modo ut bonā ratione emerit, Cic. – quos, valetudo modo bona sit, tenuitas ipsa delectat, Cic.: modo Iuppiter adsit, tertia lux classem Cretaeis sistet in oris, Verg. – ebenso modo ne m. Konj., **nur vorausgesetzt, dass nicht, gesetzt nur, dass nicht, wofern** od. **wenn nur nicht,** Tertia aderit, *modo ne* Publius rogatus sit, Cic.: declinandum sit de via; *modo ne* summa turpitudo sequatur, Cic. – dah. in abgekürzten Sätzen, videtur opprimi posse, modo ut urbe salvā, Cic. – bonis viris faciendum est, modo pro facultatibus, Cic.: veniam, quo vocas, modo adiutore te, Cic.: quam plurimis, modo dignis, se utilem praebeat, Cic.: decerne, modo recte, Cic.: utinam posset aliquā ratione hoc crimen quamvis falsa, modo (wenigstens doch) humana atque usitata defendere, Cic. – **b** bei Relativen, **α** m. Konjunktiv = **vorausgesetzt, dass nur** usw., servus nemo, qui modo tolerabili condicione sit servitutis, qui non etc., Cic.: quis est omnium, qui modo cum Musis habeat aliquod commercium, qui etc., Cic.: primi, quā modo praeirent duces, … tamen signa sequebantur, vorausgesetzt, dass daselbst usw., Liv.; vgl. Fabri Sall. Cat. 39, 6 u. Liv. 22, 2, 5. – **β** m. Indikativ = **nur einigermaßen, nur irgend, nur wenigstens,** nihil eorum, quod modo probabile fuit, omittendo, Quint.: omnis species, quae modo recta est, Quint. – **c** si modo, **wenn nur, wenn anders,** tu scis (si modo meministi) me tibi dixisse, Cic.: contudi animum et fortasse vici, si modo permansero, Cic. – poet. m. Konjunktiv, Prop. 1, 18, 4. – **d** modo si = *dummodo,* **wenn nur, wofern nur,** persequar inferius, modo si licet ordine ferri, posse etc., Ov. trist. 2, 263; u. so öfter bei ICt.

3 modo non, wie μόνον οὐχί (eig. nur nicht ganz, d. i.) **beinahe,** modo non montes auri pollicens, Ter. Phorm. 68: u. so bei Val. Max. 8, 11. ext. 7.

4 in negativen Sätzen in den Verbdgg. non modo u. non modo non … sed u. dgl.: **a** non modo = οὐ δή που, **nicht etwa, nicht eben, nicht etwa bloß,** in den Verbdgg. non modo … sed (verum), **nicht etwa (nicht eben, nicht etwa bloß) … sondern, sondern sogar (selbst)** od. **sondern schon;** non modo … sed etiam od. verum etiam, **nicht etwa (nicht eben, nicht etwa bloß) … sondern auch, sondern sogar** (od. **selbst**) **auch;** non modo … sed (verum) ne … quidem, **nicht etwa usw. … sondern (selbst) nicht einmal;** non modo … sed vix, **nicht etwa usw. …, sondern (sogar, selbst) kaum,** non m. plura, sed pauciora, Cic.: num me fefellit non m. res tanta … verum dies? Cic.: haec non m. parum commode, sed etiam turpiter dicta esse, Cic.: illum non m. favisse, sed et tantam illi pecuniam dedisse, Cic.: non m. timet, verum etiam fert, Cic. – non m. facere, sed ne cogitare quidem audebit, Cic.: itaque mihi venire in mentem nihil potest, non m. quid sperem, sed vix iam audeam optare, Cic. – ebenso mit Auslassung der Adversativpartikel, non modo … etiam (et); non modo … ne … quidem, z. B. non m. apud illos homines, etiam secutis temporibus iactata, Tac.: non Samnium m., et Campanum Calenumque et Falernum agros pervastatos esse, Liv.: ut non m. nobis, ne posteris quidem timenda nostris esset, Liv. – u. umgekehrt non modo als zweites Glied, dem das stärkere vorangeht, **geschweige denn, viel weniger,** quos clientes nemo habere velit, non modo eorum cliens esse, Cic.: cum secundas etiam res nostras, non m. adversas pertimescebam, Cic.: ne sues quidem id velint, non m. ipse, Cic.: reliqui arborum fructus vix specie figurāve, non modo saporibus enumerari queunt, Plin.

b non modo non … sed, sed potius od. sed etiam, **nicht nur nicht … sondern (sondern vielmehr), sondern sogar (selbst);** non modo non … sed ne … quidem, **nicht nur nicht … sondern nicht einmal, sondern selbst nicht,** ut non m. a mente non deserar, sed id ipsum doleam, me etc., Cic.: non m. id virtutis non est, sed est potius immanitatis, Cic.: dies non m. non levat hunc luctum, sed etiam auget, Cic.: non m. tibi non irascor, sed ne reprehendo quidem tuum factum, Cic. – die zweite Negation zuw. in einem negativen Pronomen enthalten, qui se opponat periculis, non m. nullo proposito praemio, sed etiam interdicto, Cic.: nunc non modo agendi rationem nullam habeo, sed ne cogitandi quidem, Cic.: u. so non m. nihil … sed etiam, Cic.: non m. nemo, non m. numquam … sed ne … quidem, Cic.; vgl. non m. alius quisquam … sed etiam, Cic.: non m. ulla in domo, sed nulla in gente, Cic.

II übtr., von der Zeit: **A** zur Beschränkung der Zeit auf den der Gegenwart des Sprechenden unmittelbar vorgehenden od. folgenden Zeitpunkt, **eben, gerade,** griech. ἄρτι, **a** in Bezug auf die Gegenwart, **eben gerade, jetzt eben, soeben, eben erst, fast im Augenblick,** modo intro devortor domum, Plaut.: intro modo ivi, Ter.: modo dolores occipiunt primulum, Ter.: *La.* Advenis modo? *Pa.* Admodum (alleweile), Ter.: peccare fuisset *ante* satis penitus *modo* nunc genus omne perosos femineum, Verg. Aen. 9, 140. – dafür bestimmter modo iam, Tibull. 1, 1, 25: tam modo, alleweile, Plaut. trin. 609. – **b** in Bezug auf die fernere Vergangenheit, **nur eben, eben erst, eben noch,** *Ph.* Quando? *Do.* Hodie. *Ph.* Quamdudum? *Do.* Modo, Plaut. – quid dico *nuper?* immo vero *modo* ac *paulo ante,* Cic. – qui *nunc* primum te advenisse dicas, *modo* qui hinc abieris, Plaut.: u. so nunc … modo oft bei Cic. – modo (eben noch) egens, repente dives, Cic. – m. folg. tunc, Tac. – doppelt, modo modo, (= noch kürzlich), Sen. de brev. vit. 18, 5 u. ad Helv. 2, 5. – auch zur Andeutung in nächste Vergangenheit gerückter fernerer Zeitpunkte, modo hoc malum in hanc rem publicam invasit, vor nicht eben langer, nicht geraumer Zeit (d. i. vor 70 Jahren), Cic. de off. 2, 75: si hodie bella sint, quale Gallicum modo (vor 22 Jahren), Liv. 6, 40, 17: u. so Cic. de div. 1, 99 (vor 46 Jahren). Liv. 22, 14, 13 (vor 25 Jahren). – **c** in Bezug auf die fernere Zukunft, **eben, gleich nachher,** domum modo ibo, Ter.: cum negaret … modo diceret, Liv.: nuper erat genitus, modo formosissimus infans, Ov.

B bei Einteilungen usw.: **1** modo … modo, **bald … bald,** modo ait, modo negat, Cic. – et modo … et modo, Prop. – modo öfter wiederholt, modo subacti, modo domiti, modo multati, Cic. – statt des zweiten modo auch nunc u. dgl., wie modo … nunc, Liv., Ov. u. a. – modo … interdum, Sall. u. Hor., interdum … modo, Hor.: modo … interdum … nunc … nunc, Ov. – modo … aliquando, Tac. – modo … nonnumquam, Suet.: modo … modo … nonnumquam, Suet. – modo … saepe, Hor., modo … saepe … interdum, Hor.: modo … modo … saepe, Sall.: modo … nunc … modo … saepe … saepe, Ov.: modo … modo … nunc … nunc … saepe … saepe u. saepe … saepe … interdum … interdum, Ov. – modo … rursus, Prop.

2 modo … tum, **erst … dann; einmal … dann,** sol modo accedens, tum etiam recedens, Cic. – u. so modo … deinde, Sall. – modo … paulo post, Val. Max. – modo … modo, erst … dann, Plin.: u. so modo … postremum, Tac. – modo … vicissim, Cic.

► Bei Dichtern auch mŏdŏ gemessen, s. Lachmann Lucr. 2, 1135.

modulābilis, e (modulor), **singbar, spielbar,** Calp. ecl. 4, 63. Paul. Nol. carm. 27, 69. Schol. Bern. ad Verg. ecl. 6. p. 793 Hagen.

modulāmen, inis, *n.* (modulor), das **Melodische,** die **Melodie,** der **Wohlklang,** Gell. 13, 21 (20), 16. Macr. somn. Scip. 2, 12, 3. Sidon. carm. 1, 9. Hieron. in psalm. 48, 12. Chalcid. Tim. 36 E u. 37 u. 46: Plur., Anthol. Lat. 762, 5 (233, 5). Chalcid. Tim. 50. – Andere Form **modulāmentum,** ī, *n.*, Plur. bei Gell. 1, 7. § 19.

modulātē, *Adv.* m. *Compar.* (modulatus), **abgemessen, nach dem Maß, -Takt, taktmäßig, melodisch,** mod. canentes tibiae, Cic. de nat. deor. 2, 22: haec tu quam perite et concinne, quam modulate et dulciter enuntiasti, Auson. ep. 19. p. 180, 14 Schenkl: modulatius incedere per pyrrhicham, Amm. 16, 5, 10: in eius (C. Grachi) orationis principio collocata verba sunt accuratius modulatiusque, quam veterum oratorum consuetudo fert, Gell. 11, 13, 2.

modulātio, ōnis, *f.* (modulor), **I** das **proportionierte Maß,** das **Modelmaß, Grundmaß** (vgl. modulus *no.* II, 1), Dorica, Vitr. 5, 9, 2: ceteri operis modulationes, Vitr. 5, 9, 3. – **II** insbes., das **Taktmäßige, Melodische, Harmonische, Rhythmische,** der **Rhythmus,** incedendi, der taktmäßige Gang, Gell. – u. als *t. t.* der Musik u. Poesie, pedum, Quint.: vocis, Quint.: genera modulationum tria, Tongeschlechter, Klanggeschlechter, Vitr.: quas (explicationes Fusci) nemo nostrûm non alius aliā inclinatione vocis velut suā quisque modulatione cantabat, Sen. suas. 2, 10.

modulātor, ōris, *m.* (modulor), **der** bei etw. **den gehörigen Rhythmus beobachtet,** vocis et cantus, Tonsetzer, Tonmeister, Musikus, Colum. 1. prooem. § 3: omnis voculae melleus m., Apul. flor. 4. p. 4, 20 Kr.: u. absol., cantor tamen atque optumus est m., Hor. sat. 1, 3, 130.

modulātrīx, trīcis, *f.* (Femin. zu modulator), **eine, die richtig abmisst, regelt,** Tert. de bapt. 3.

1. modulātus, a, um, *PAdi.* (v. modulor), **gehörig abgemessen, nach dem Takt eingerichtet, taktmäßig, harmonisch, melodisch, musikalisch,** sonus, vox, Plin. 10, 81 u. 85: carmen, Suet. Cal. 16, 4: num (haec repetitio instauratioque eiusdem rei sub alieno nomine) orationem modulatiorem aptioremque reddit, Gell. 13, 25 (24), 9: modulatissimus aliquis tibiarum aut fidium cantus, Flor. 2, 7, 15. – übtr., **harmonisch,** ut moderatiores modulatioresque fierent animi (Ggstz. ut excitarentur atque evibrarentur), Gell. 1, 11, 1.

2. modulātus, Abl. ū, *m.* (modulor), das **Modulieren,** canorus, Musik, Spielen auf der Zither, Sen. Herc. fur. 263 (267): sine modulatu labellorum, Tert. ad nat. 1, 8.

modulo, s. modulor ►.

modulor, ātus sum, ārī (modus), **messen, abmessen, I** im Allg., Gell. 1, 1. § 1. – prägn., **einrichten, regeln,** ita modulante naturā, Plin. 2, 142. – **II** insbes., als *t. t.* der Musik = **nach dem Takt abmessen, 1** übh.: hominum aures vocem modulantur, messen ab, fühlen das Melodische, Taktmäßige usw., Cic.: sonum vocis pulsu pedum, den Takt schlagen zum Gesang, Liv.: quod carmina eius (Horatii) parum scite modulata esse dicebat, Porphyr. Hor. sat. 1, 2, 1. – **2** prägn.: **a taktmäßig-, melodisch singen,** carmina, Verg.: alci psalmum, Vulg.: verba fidibus Latinis (unter Begleitung des Saitenspiels), Hor.: od. **dichten,** cantus, Calp.: passiv, verba ipso dolore modulata, zum Gesang gestaltet, Ov.: cantica ad aliorum similitudinem modulata (abgesungen), parodierte Lieder, Parodien, Quint.: u. so modulata carmina, Suet. – **b taktmäßig-, melodisch spielen,** lyram, Tibull.: barbitos modulatus alci, Hor.: absol., silvestri fistulā modulantes, Firm. – u. prägn., **spielen** = spielend vortragen, arundine carmen, Ov. met. 11, 154. Sil. 14, 471: vereor ne absonum quid modulatu et cantu cecinerim, Fronto princ. hist. p. 202, 18 N. – ► Aktive Nbf. modulo, nach Prisc. 8, 29; dah. modulate melos, *Anthol. Lat. 742, 56 R.

modulus, ī, *m.* (*Demin.* v. modus), **I** das **Maß,** wonach man etw. misst, Suet.: homo moduli bipedalis, ein Männchen von nur zwei Fuß, ein Duodezmännchen, Hor. – Sprichw., metiri se suo modulo ac pede, sich nach seinem (nicht anderer) Maße messen, d. i. mit seinem Stand zufrieden sein, Hor. ep. 1, 7, 98. – bildl., ganeones, quibus modulus est vitae culina, Varro sat. Men. 315. – übtr., pro modulo capacitatis humanae, Augustin. de civ. dei 20, 21, 1. p. 457, 30 D^2.: ego pro meo modulo (nach meinen Kräften) vestigia sequens apostolorum, *ibid.* 18, 44. p. 324, 34 D^2. – **II** insbes.: **1** als *t. t.* der Architektur = die Einheit, nach der die Höhe u. Stärke der Säulen angegeben u. die verhältnismäßige Größe jedes zur Verzierung dienenden Teiles bestimmt wird, der **Maßstab,** das **Grundmaß,** griech. ἐμβάτης, Vitr. 3, 3, 7; 4, 3, 3 *sq.*; 5, 9, 3. – **2** als *t. t.* der Wasserbaukunst = das **Gemäße** der Röhre, m. erogatorius et acceptorius, Frontin. aqu.: m. aeneus, Frontin. aqu. – **3** als *t. t.* der Musik = der **Rhythmus, Takt,** die **Tonart, Weise, Melodie,** m. verborum, Gell.: moduli Lydii, Plin.: dulces lyrae moduli, Amm. 15, 9, 8: dulcissimis modulis animos audientium remulcebant, Apul. met. 5, 15: flebilibus modulis, Auson. parent. 27, 2. p. 53 Schenkl.

modus, ī, *m.* (verwandt mit meditor), das absolute **Maß,** nach dem man etwas misst (während mensura das bestimmte Maß, wie Scheffel usw.), **I** eig.: modos, quibus metirentur rura, alius alios constituit, Varro r. r. 1, 10, 1: is modus acnua Latine appellatur, *ibid.* § 2.

II übtr.: **A** das **Maß,** das eine Sache hat = die **Quantität, Größe, Länge,** der **Umfang, 1** im Allg.: agri non magnus modus, Plaut.: agri modus non ita magnus, Hor.: agri certus modus, Caes.: vestis ingens modus, pomorum ingens modus, Menge, Curt.: modum lateris (der Taille) ambire, Macr.: in eundem modum musti adicere, ebensoviel als Most, Colum.: ad hunc lunae modum, nach dieser Mondphase, Curt.: hastae modum duplicavit, Nep.: superare humanarum virium modum, Liv.: omnia ad fortunae suae modum exigere, an alles den Maßstab seines Gl. legen, Curt.: modum hominis excedere, über die Grenze der Menschheit hinausgehen, Curt.: modum epistulae egredi, Fronto: elatus supra modum (beschränkte Stellung) hominis privati, Liv.: u. so quia (res) erant maiores, quam quas praefecti modus caperet, Curt. – **2** insbes., als *t. t.* der Musik = das abgemessene **Maß** der Tön, der **Takt,** die **Weise, Melodie,** in modum dicite, concinite, Catull.: vertere modum, den Ton umstimmen, zu einem anderen Ton übergehen, Hor.: u. so inflectere modum canendi, Boëth. inst. mus. 1, 1. – bes. im Plur., saltare ad tibicinis modos, nach der Musik, dem Blasen, Liv.: flebilibus modis concinere, Cic.: fidibus Latinis Thebanos aptare modos, v. der lyrischen Dichtkunst, Hor.: tibia dat Phrygios, ut dedit ante, modos, Ov.: dulcissimos modos edere (auf der Rohrpfeife), Firm. – bildl., modos numerosque vitae ediscere, Hor. ep. 2, 2, 144.

B das **Maß** = **Ziel,** die **Grenze,** über die etw. nicht hinausgeht od. hinausgehen darf, das **Ende,** die **Einschränkung, 1** im Allg.: modus vitae, das bestimmte Lebensziel, τοῦ βίου τέλος, Prop. 1, 7, 9 (verschieden von *no.* II, D, 1 aus Cic. Tusc. 5, 66): sit m. exsilio, Cic.: m. stipendii, Vell. – facere modum (Maß u. Ziel, Grenzen setzen) sumptibus, Liv., irae, Liv., laudi, Curt.: modum imponere magistratui, Liv., od. rebus secundis, Liv.: operi modum dare, das W. schließen, Eutr.: habet ista ratio (Regel) quendam modum, Cic.: modum statuere od. constituere alci rei, Cic.: sed adhibeat oratio modum, Cic.: villarum adhibendus est modus, muss Maß halten in usw., Cic.: profecto modus haberi non potest, Maß gehalten werden, Plaut.: scias posse habere iam ipsum suae vitae modum, sich sein Leben einrichten, Ter.: modum statuarum haberi nullum placet? du willst dir Bildsäulen ohne Maß und Ziel setzen lassen? Cic.: u. so modum *in* insequendo habuissent, Liv.: si modus adiceretur, wenn man Maß dabei zu halten wisse, Tac. ann. 3, 6. – finem et modum transire, Cic. – quasi extra modum, Cic., od. praeter modum, Cic., über die Maßen. – mit folg. *Genet. Gerundii,* modum lugendi facere, Cic.: ludendi est quidam modus retinendus, Cic. – poet. mit folg. *Infin.*, nec modus inserere simplex, Verg. georg. 2, 73: nam quis erit saevire modus?

Stat. Theb. 12, 573. – **2** insbes., das **Maß und Ziel** im Tun u. Lassen, das **Maßhalten,** die **Mäßigung,** modum suae vitae habere, seine Lebensweise regeln, Ter.: imitari caelestium ordinem vitae modo et constantiā, durch eine geregelte Gleichförmigkeit des Lebens, Cic.: oft verb. sine modo modestiaque, sine modo ac modestia, Sall. u. Liv. (s. Fabri Sall. Cat. 11, 4): de cupiditatibus, de modo, de continentia dicendum est, Cic.: tantam clementiam, tantum modum, Cic. **C** das **Maß,** die **Vorschrift, Regel, 1** im Allg.: in modum venti, nach dem der Wind geht, Liv.: aliis modum pacis ac belli facere, Gesetze geben, Liv.: imperium magistratuum ad pristinum modum redigere, Vell.: hunc (Lysiam) amplectuntur istius nominis modum, betrachten seine Verehrer als den Typus (den Kanon, das Muster) des Redestils, der diesen Namen trägt, Quint. 12, 10, 21. – **2** insbes., eine beim Eingehen eines Rechtsgeschäftes hinzugefügte nähere **Bestimmung,** sub hoc modo accipere fideiussorem, ICt.: insulam *hoc modo,* ut aliam insulam reficeres, vendidi, ICt. – namentl. **a** eine bei letztwilligen Zuwendungen od. Schenkungen dem Empfänger gemachte **Auflage** über Verwendung des Empfangenen, sub modo legare, ICt.: donationes, quae sub modo conficiuntur, ICt. – u. **b** die vorher bestimmte **Art und Weise,** nach der die Servitut ausgeübt werden soll, modum adici servitutibus constat, ICt.
D die **Art und Weise, 1** im Allg.: concludendi, Cic.: hominis occidendi, Cic.: vitae, Lebensweise, Cic. Tusc. 5, 66 (verschieden von oben *no.* II, B aus Prop. 1, 7, 9): quibus modis, Verfahrungsweisen, d. i. Mitteln, Sall. Cat. 5, 6. – dah. modo, in modum, ad modum, mit folg. *Genet.* od. mit *Adi.* = **wie, nach Art, auf Art usw.** (s. Fabri Liv. 21, 30, 8), servorum modo, nach Art der Sklaven, wie Sklaven, Liv.: vitri modo, wie Gl., Plin.: torrentis modo, Plin.: in vaticinantis modum, Liv.: in peninsulae modum circumlui (mari), Liv.: in picturae modum variata circumlitio, Sen.: perire plane in perpetuum modum, auf eine Weise, die ewig dauern wird, Plaut.: ornari in peregrinum modum, Plaut.: amicus mihi es in germanum modum, Plaut. (vgl. Lorenz Plaut. most. 521): hostilem in modum, auf feindliche Art, wie Feinde, Cic.: mirum in modum, Caes.: maiorem in modum, sehr, Cic.: ad modum fugientium, Liv.: ad hunc modum, Caes.: loqui Aegyptiace perfectum ad modum, Treb. Poll.: humano modo peccare, Cic.: non tuo hoc fiet modo, nach deiner Weise, nach deinem Kopf, Plaut.: u. so sine nunc meo me vivere interea modo, Ter. (vgl. Brix Plaut. Men. 251. Spengel Ter. Andr. 153): duobus modis ignis fieri solet, uno … altero, Sen.: triplici modo, uno … altero … tertio, Lact.: tribus modis, uno quod … altero quod … tertio quod, Cic.: tali modo, auf solche Art, Nep.: quo modo? Cic.: quonam modo? Cic.: quocunque modo, auf alle Art, unter allen Umständen, Prop.: quoquo modo, Plin. ep.: quovis modo (nach freier Willkür) imperare, Prop.: nullo modo, Cic.: non eodem modo … quo etc., Sen. rhet.: alio modo, sonst, im Übrigen, Plaut.: omni modo, auf alle Art, sehr angelegentlich, Cic.: aliquo modo, einigermaßen, Cic.: quodam modo, gewissermaßen, Cic. – omnibus modis, auf alle mögliche Art, in jeder Hinsicht, Komik.: multis modis, in vielfacher Hinsicht, Komik. u. Cic.: miris modis, wunderbar, außerordentlich (z. B. odisse), Komik. (vgl. Brix Plaut. trin. 931. Müller Cic. Lael. 47. p. 326). – cuius modi, cuiusque modi, cuiusdam modi, cuiuscumque modi, Cic.: eius modi, Cic.: huius modi, Cic.: unius modi, Cic. – **2** als gramm. *t. t.:* **a** jede **Form** des Verbums, patiendi m., Passivform, faciendi m., Aktivform, Quint.: infinitus m., der Infinitiv, Gell. – **b** insbes., der **Modus,** Gramm.: fatendi modus, der Indikativ, Quint.: dass. indicativus m., spät. Gramm.: m. coniunctivus od. subiunctivus, spät. Gramm.: imperandi modus, der Imperativ, Mart. Cap. 3. § 234.

moecha, ae, *f.* (moechus), die **Ehebrecherin,** attribut. = **ehebrecherisch,** Hor. sat. 1, 4, 113: turpis, Catull. 42, 3: putida, Catull. 42, 11: bustuaria, Mart. 3, 93, 15: fastosa, Mart. 10, 13, 7: zelotypa, Iuven. 6, 278: attribut., uxor moecha, Auson. epigr. 10 (9) 1. p. 197 Schenkl.

moechas, adis, Akk. ada, *f.* (μοιχάς), die **Ehebrecherin,** attrib. = **ehebrecherisch,** Varro sat. Men. 205.

moechātio, ōnis, *f.* (moechor), **Ehebruch, Unzucht,** Eccl. (auch im Plur.).

moechīa, ae, *f.* (μοιχεία), der **Ehebruch,** Tert. de pudic. 5. Vulg. sap. 14, 26.

moechimōnium, iī, *n.* (moechus), der **Ehebruch,** Laber. com. inc. fab. XVII (b. Gell. 16, 7, 2); vgl. Non. 140, 31.

moechisso, āre (*μοιχίζω v. μοιχός), mit jmd. **Ehebruch treiben,** jmd. **notzüchtigen,** alqam, Plaut. Cas. 976.

moechocinaedus, ī, *m.* (moechus u. cinaedus), **einer, der Ehebruch und Unzucht mit Männern treibt,** Lucil. 1058.

moechor, ātus sum, ārī (moechus), **Ehebruch begehen, Buhlerei treiben,** Catull., Hor. u. a.

moechus, ī, *m.* (μοιχός), der **Ehebrecher, Buhler,** rein lat. adulter, Plaut., Ter. u. a.

moene, is, *n.* (verw. mit munio), die **Mauer** der Stadt, Naev. bell. Pun. fr. inc. XVII. p. 20 V. (b. Fest. 145, 24). Enn. ann. 628 (s. Fest. p. 145, 24). – gew. Plur. **moenia,** ium, *n.*, **I** die **Mauer** der Stadt, **Stadtmauer, Stadtmauern** (als Sicherheitsmittel, Schutzwehr, während murus die Mauer als ein aus Stein, Ziegeln, Lehm usw. aufgeführtes Bauwerk bezeichnet), moenia altissima, Caes.: stantia moenia, Ggstz. ruinae muri, Liv.: vacua defensoribus moenia, Liv.: moenia moenire, Plaut.: diligentius urbem religione quam ipsis moenibus cingere, Cic.: se moenibus includere od. inclusos tenere, Liv.: scalas moenibus admovere, Tac., applicare, Curt.: scalis vacua defensoribus moenia capere, Liv.: subruere cuniculo moenia, Liv.: sub ipsis Numantiae moenibus solebat mecum interdum eius modi aliquid conquirere, Cic. – übtr.: **a** (bei Dicht.) die **Wände,** der **äußerliche Umfang,** navis, Ov.: mundi, Lucr.: caeli, Ov.: theatri, Lucr. – **b** die **Schutzwehr,** (Alpes) moenia Italiae, Liv. 21, 35, 9. – **II** meton.: **1** die **Gebäude** der Stadt, die **Stadt,** Syracusarum moenia ac portus, Cic.: moenibus ipsis intra moenia nulla pernicies comparabitur, Cic.: moenia triplici circumdata muro, Verg. – **2** ein einzelnes **Gebäude,** ein **Wohnsitz,** Ditis, Palast (zugleich als Behausung der Schatten), Verg. Aen. 6, 541. – ► Heteroklit. Genet. Plur. moeniorum, Tert. adv. Marc. 3, 24; vgl. Cledon. 43, 7 K. (Dat. u. Abl. moeniis noch ohne sicheren Beleg).

moenera, altlat. = munera, s. mūnus.

1. moenia, ium, *n.*, s. moene.

2. moenia, altlat. = munia, s. d.

moeniānum, ī, *n.* (moenia), die **Mauer,** m. ligneum, Vulg. 3. Esdr. 6, 25 (wo unrichtig menianum).

moenīmentum, s. mūnīmentum.

moenio, altlat. = munio, s. d.

Moenis, is, *m.*, s. 1. Moenus.

1. Moenus, ī, *m.*, der Fluss **Main,** Tac. Germ. 28. Plin. 9, 45. Eumen. paneg. ad Const. 13. – Nbf. Moenis, is, *m.*, Mela 3, 3. § 3 (3. § 30). – ► Schreibung Menus, Amm. 17, 1, 6 *codd. optt.*

2. moenus, eris, *n.*, s. mūnus.

moera, ae, *f.* (μοῖρα), das **Schicksal,** rein lat. fatum, Sidon. carm. 15, 66.: quod deas fatales nuncupant Moeras, Censor. 8, 5. p. 14, 13 *Hultsch.*

moereo etc., s. maereo etc.

1. Moeris, idis, *f.* (Μοῖρις), der See **Möris,** ein künstlicher See zwischen Memphis und Arsinoë, der dazu bestimmt war, das überflüssige Wasser des Nils aufzunehmen, j. *Birket Karum* (d. i. Charons See), Mela 1, 9, 5 (1. § 55); benannt nach dem König Moeris (reg. um 2150 v. Chr.), der ihn ausheben ließ, dah. auch Moeridis lacus (τοῦ Μοίριδος λίμνη), Plin. 5, 50.

2. Moeris, is, Akk. im, Vok. i, *m.*, ein Hirt u. Zauberer, Verg. ecl. 8, 96 u. 98; 9, 1 61.

moerus, altlat. = murus, s. d.

Moesī, ōrum, *m.*, eine Völkerschaft im heutigen Serbien und Bulgarien, Plin. 3, 149. Tac. ann. 15, 6. – Dav.: **a Moesia** (Maesia), ae, *f.*, die Landschaft Mösien, Plin. 3, 149. Tac. ann. 1, 80. Suet. Tib. 41. Amm. 17, 13, 20. CIL 9, 1572: eingeteilt in M. superior (j. Serbien), Eutr. 9, 17. Amm. 16, 10, 20, u. M. inferior; dah. Plur. Moesiae, Suet. Vit. 15,

1. Amm. 17, 12, 1 (wo Moesiarum altera = Moesia inferior). – **b** **Moesicus**, a, um, **mösisch**, gentes, Plin. 4, 3: copiae, Tac. hist. 2, 32. – **c** **Moesiacus**, a, um, **mösisch**, exercitus, Suet. Vesp. 6, 2: numeri, Amm. 20, 1, 23.

Moesōlēum, s. Mausōlus.

moestē, *Adv.*, s. maestē.

moestitia, s. maestitia.

moestus, a, um, s. maestus.

Mōgontiacum, ī, *n.*, Stadt der Vangiones in Germania sup., j. **Mainz**, Tac. hist. 4, 15 u. 33 u. a. Eutr. 7, 13 u. 9, 9. Itin. Anton. 355, 5 u. 374, 5. CIL 5, 5747. – Dafür **Mōgontiacus**, ī, *f.*, Amm. 15, 11, 8 u. 27, 10, 1. – u. **Māgantia**, ae, *f.*, Not. Tir. 86, 86. – u. **Māguntia**, ae, *f.*, Geogr. Rav. 4, 24. Ven. Fort. carm. 9, 9, 1.

moinicipium, s. mūnicipium.

moirus, s. mūrus.

mola, ae, *f.* (molo), **I** appell., der **Mühlstein**, **A** eig. bes. der obere **Mühlstein**, der **Läufer**, dessen unterer wie ein abgestumpfter Kegel zulaufender Teil das Mahlen besorgte, manualis mola, quam Graeci chiromolon vocant, Cass. Fel. 40. p. 91, 18: manuali molā ad collum ligata, Hieron. ad Euseb. chron. lib. 2. ad ann. 312 p. Chr. – dah. der Sing. u. gew. der Plur., der **Mühlstein**, die **Mühlsteine** = die **Mühle**, sowohl Wasser- als Esel- und Handmühle, suspensa mola, die hochgestellte, Ov.: mola machinaria, Apul.: molā buxeā piper trivit, Petron. – Plur., molae unae, Cato: molae oleariae, Varro: m. aquariae, Pallad.: m. aquae, Cod. Theod. u. Cassiod.: asinariae, Cato: m. iumentariae, manuariae, ICt.: m. trusatiles, Cato u. Gell.: molae nigrae od. pumiceae, aus Lava, Ov.: molarum strepitus od. crepitus, Enn. u. Naev. fr.: molis operam dare, Cic.: molas versare, Ov., oder circumagere, Gell. – **B** meton.: **1** geschrotene Körner von Dinkel od. Spelt mit daruntergemischtem Salz, zum Bestreuen des Opfertieres, **gesalzenes Schrot, -Schrotmehl, Opferschrot,** mola et vinum, Cic.: gew. mola salsa, Plaut. u. Hor.: molae salsae, Mart.: sancta mola, Tibull.: zur Zauberei gebraucht, Verg. – **2** (wie μύλη) ein verunstalteter Embryo, ein **Mondkalb**, Plin. 7, 63. – **3** molae, ārum, *f.* = dentes molares, **Bachzähne**, Vulg. psalm. 57, 7 u. Iob 29, 17. Vgl. Gloss. III, 12, 27. – **II** *nom. pr.*, **Mola**, Genet. archaist. Molas, *f.*, die **Mühlgöttin**, Molas colonia, Plaut. Pseud. 1100 G. (vgl. colonia).

Mōlae, ārum, *f.*, s. mōlēs *no.* I, B, 2.

molāris, e (mola), **I** **zum Mühlstein gehörig, aus Mühlstein** (als Steinart), **Mühlstein-**, **1** eig.: lapis, Mühlstein (als Steinart), Quint. 2, 19, 3. Vulg. Luc. 17, 2 u. apoc. 18, 21. Gromat. vet. 406, 20. Isid. orig. 19, 10, 10: silex molaris, Prud. psych. 418: lapides molares, Veget. mul. 3, 28, 5 u. 5, 48, 2: petrae molares, Gromat. vet. 401, 20: ex saxo silice aut molari od. vel molari, *ibid.* 212, 9 u. 242, 16: termini lapidei alii saxei alii molares, *ibid.* 214, 4 *sq.* – subst., molāris, is, Abl. ī, *m.*, der **Mühlstein** (als Steinart), Plin. 36, 137 u. 174. – **2** übtr., **so groß wie ein Mühlstein,** saxa, Felsblöcke, Sen. ep. 82, 24. – subst., molāris, is, *m.*, der **Steinblock, Felsblock,** Ov. met. 3, 59: Plur., Verg. Aen. 8, 250. Tac. hist. 2, 22. Sidon. epist. 2, 2, 19. – **II** **zum Mahlen (Zermalmen) gehörig,** dens, Backzahn, Stockzahn, Vulg. iudic. 15, 19 u. (Plur.) Isid. orig. 11, 1, 52. – subst., molāris, is, Abl. ī, *m.*, der **Backzahn,** Sing. bei Iuven. 5, 160: Plur. bei Iuven. 13, 212. Terent. Maur. 118. Vulg. prov. 30, 14 u. Ioël 1, 6: molares superiores, der Pferde, Colum. 6, 29, 4. Pallad. 4, 13, 9.

molārius, a, um (mola), **zur Mühle-, zum Mahlen gehörig,** asinus, Esel, der die Mühle dreht, Mühlesel, Cato u. Varro.

molātio, ōnis, *f.* (molo, āre) = ἄλεσμα, das **Mahlen,** Gloss. II, 224, 49.

molātor, ōris, *m.* (molo, āre) = ἀλέτης, der **Müller,** Gloss. II, 224, 50.

molemonium, iī, *n.*, Name einer uns unbekannten Pflanze, Plin. 25, 108.

molendārius, a, um (molo), **zum Mahlen gehörig, Mahl-,** asina, Paul. dig. 33, 7, 18. § 2: meta (s. mēta), *ibid.* § 5.

molendīnarius, a, um (molo) **zum Mahlen gehörig, Mahl-,** meta (s. mēta), Amm. 17, 4, 15 u. (als Variante) Paul. dig. 33, 7, 18. § 5 (*edd.* molendaria). – subst., molendīnārius, iī, *m.*, der **Müller,** CIL 6, 1711.

molendīnum, ī, *n.* (molo), der **Mahlort,** die **Mühle,** Augustin. in psalm. 36. serm. 1. § 2 u. in psalm. 132, 4. Ps. Cypr. de pasch. comp. 11. p. 259, 2 H.

molendo, āre (molo), **mahlen,** triticum, Pompeii comment. 309, 12 K.

mōlēs, is, *f.* (μῶλος, Mühe), die Last, **Masse,** **I** abstr. = die **Schwere,** das **Gewichtige,** die **Wucht, gewaltige Größe,** **A** eig.: opposui molem clipei, poet. = den gewichtigen Schild, Ov.: inter pecudes vastā se mole moventem, mit plumper Körperlast sich einherbewegend, Verg.: ingenti mole Latinus, von riesiger Körpergröße, Verg. – **B** übtr.: **1** die **Masse, Last,** **a** = **Schwere, Größe, große Macht,** tanti imperii, Liv.: Romani imperii, Riesenmacht, Vell.: tanta mali, Cic.: tantorum onerum moles, Vell.: pinnarum nutantium moles, die wuchtigen, sich bewegenden Fittiche, Apul. met. 6, 15 (*cod. Fuld.*): curarum, Tac.: pugnae, Liv.: quantae molis bellum, welch ein ungeheurer Krieg, Vell.: belli molem ciere, die ganze Kriegsmacht aufbieten, Tac. – **b** poet. = die **Kraft, Stärke,** iuventae, Sil.: Herculea, Sil. – **2** die **Last** = die **Schwierigkeit, Mühe, Not,** maiore mole pugnare, Liv., od. bellum parare, Liv.: minor moles fuit, Liv.: plaustris transveham naves haud magnā mole, Liv.: maior domi exorta moles, Liv.: tantae molis erat Romanam condere gentem, so viel Mühe kostete es, zu usw., Verg. – personif., Moles, die Kampfmühen, Töchter des Mars, die **Molen,** Gell. 13, 22, 2 (*ed. vulg.* Molae in gleicher Bedeutung).

II konkret, **A** = die gewichtige, unförmliche, große **Masse,** der **Klumpen,** rudis indigestaque moles, vom Chaos, Ov. met. 1, 7: salis quadratae moles, Blöcke, Plin. 6, 147. – tantae corporum moles (Körpermassen, Kolosse) fundis sagittisque in fugam consternatae sunt, Liv. 38, 46, 4. – **B** insbes.: **1** ein **massiger, großer Bau,** **a** die Steinmassen, Holzstämme, auch alten Schiffe (vgl. Suet. Claud. 20, 3) u. andere schwere Körper, die ins Meer eingesenkt werden und auf denen, wie auf einem Fundament, der agger (Aufwurf) ruht, der **Grundbau,** das **Wehr,** der **Damm** u. dgl. (vgl. Curt. 4, 2 [11], 21 iamque paululum moles aquā eminebat, et simul aggeris latitudo crescebat), pontes ac moles, Liv.: mole lapidum a mari disiunctus, Cic.: moles oppositae fluctibus, Cic.: m. naturalis obiecta, von einer Sandbank, Caes.: bes. damit es an Fischen auch bei stürmischem Wetter nicht fehle, Hor. carm. 3, 1, 34. – **b** von großen Gebäuden, **Gebäude,** im Plur. **Bauten, Riesenbauten,** exstructae moles, Cic.: regiae moles, Hor.: moles marmoreae, Sen.: moles propinqua nubibus, Hor.: insanae substructionum moles, ungeheure Kolosse von Bauten, Cic.: quod nulla in Italia moles tam capax foret (so viele Menschen fasste), Tac.: v. Grabhügel, ingenti mole sepulcrum imponit = ingentem molem sepulcro, Verg. – v. Schiffen, m. pinea, Flotte von großen Schiffen, Prop. 4, 6, 19: capax moles, der riesige Kahn, Sil. 13, 760. – **c** moles belli, die großen Belagerungsmaschinen oder Belagerungsanstalten, der **Kriegsapparat,** refectis vineis aliāque mole belli (worunter bes. agger et turris zu verstehen), Liv.: molibus oppugnat urbem, Verg. – **2** ein **Felsenriff,** Ov. met. 2, 12; 13, 923. – **3** übtr.: **a** v. Menschenmassen, die **Masse, Heeresmasse,** densā ad muros feruntur mole, Verg.: totā mole belli secuturus, Tac.: totā regni sui mole (mit der ganzen Heeresmacht seines Reiches) in Asiam rursus mari terrā fluminibusque veniebat, Flor.: hostes maiorem molem (Heeresmacht) haud facile sustinentes, Liv.: non alias maiore mole concursum, Tac.: multas passim manus, quam magnam molem unius exercitus (große u. schwere M. eines Heeres) rectius bella gerere, Liv. – **b** die sich auftürmende **Wogenmasse, Sturmwoge,** Verg. Aen. 1, 134; 5, 790. Curt. 3, 1, 5. – ► Nbf. mōlis, is, *f.*, Gromat. vet. 92, 16. Auct. de idiom. gen. 581. *no.* 67 K.

molestē, *Adv.* (molestus), **mit Beschwerde,** **I** subj. = **ungern, mit Unbehagen, mit Unwillen,** moleste fero, es tut od. ist mir leid, es ist mir unangenehm, es fällt mir schwer aufs Herz, es betrübt mich, ich bedauere, ich nehme es übel u. dgl., absol., Varro u. Sen.: m. folg. *Acc.* u. *Infin.*, te de praedio aviae exerceri moleste fero, Cic.: non moleste fero eam necessitatem, quae mihi tecum est, notam esse quam plurimis, Cic. ep.: m. folg. *si*, z. B. non moleste fero (es ist mir nicht unlieb), si etc., Cic.: m. folg. quod (dass), molestissime fero, quod te ubi visurus sim nescio, am allerverdrießlichsten ist mir die Ungewissheit, wo ich dich zu sehen bekommen werde, Cic.: m. *Acc.*, quoniam ea molestissime ferre (am schwersten tragen) debent, quae ipsorum culpā contracta sunt, est quiddam in hac re mihi molestius ferendum (muss mir schwerer aufs Herz fallen) quam tibi, Cic. – moleste habebam, quod (dass) etc., Augustin. conf. 5, 6. – **II** obj. = für andere **beschwerlich, lästig, unangenehm, peinlich,** amici m. seduli, Curt.: molestius (dringend) flagitare debitum, Amm. – insbes., v. Gang, v. der Rede usw., **gezwungen, steif, geziert, gekünstelt,** mimice ac m. incedere, Catull.: m. scribere aut loqui, gezwungen u. dah. unverständlich, August. b. Suet.: m. uti distinctionibus, Quint.: confabricari originem vocabuli nimis m. atque odiose, Gell.

molestia, ae, *f.* (molestus), die **Beschwerde, I** jedes **unangenehme, lästige, peinliche Gefühl,** die **Pein (Seelenpein),** das **Missbehagen,** die Gedrücktheit, die **Unlust,** der **Unwille, Ärger, Verdruss, 1** im Allg.: aberratio a molestiis, Mittel, den verdrießlichen Zuständen auszuweichen, Cic.: avocatio a cogitanda molestia, Cic.: detractio molestiae, Cic.: liberatio et vacuitas (Entledigung) molestiae, Cic.: irae molestiaeque muliebres, weibliche Zornesausbrüche und Unerträglichkeiten, Gell. 1, 17, 1: a molestiis liber, Cic.: molestiis vacuus, Cic.: vacuus, expers, solutus ab omni sumptu, molestia, munere, Cic.: infelix unā molestiā, Cic. – sine molestia, Cato u. Plin.: cum aliqua animi sui (mei) molestia (Ggstz. libenter), z. B. alqm Athenis videre, Cic.: quod sine molestia tua fiat (als Parenthese), Cic. – quod autem a tuis abes, id eo levius ferendum est, quod eodem tempore a multis et magnis molestiis abes, Cic.: abducere se a molestiis, ab omnibus molestiis et angoribus, Cic.: afferre alci molestiam (v. einer Sache), Ter. u. Cic.: u. so afferre nonnullas curas et molestias, Cic.: afficere alqm magnā molestiā (v. einer Sache), Cic.: pari molestiā affici, vom Mitgefühl ergriffen werden, Serv. Sulp. in Cic. ep.: magnā molestiā ex ea re od. maximā molestiā ex illa contentione affectum esse, Cic.: mihi iucunditatis plena epistula hoc aspersit molestiae (hatte den störenden Zusatz), quod etc., Cic.: anticipare eius rei molestiam, Cic.: etiam hanc molestiam assumo, Cic.: augere vitae molestias (Ggstz. minuere), Cic.: capere ex huius incommodis magnam animo molestiam, Cic.: labore et molestiā non carēre, Plin. ep.: consequi nihil molestiae, keine Beschwerde nach sich ziehen, Cic.: contrahere molestias liberalitate suā, Cic.: delevit mihi omnem molestiam recentior epistula, Cic.: demere alci molestiam, Ter.: quo adiumento sperabam hanc a me posse molestiam demoveri, Cic.: depellere omnes molestias (v. einem Umstand), Cic.: deponere et eicere omnes molestias et sollicitudines, Cic.: magnā molestiā suos suaque desiderare, Cic.: paucorum dierum molestiam devorare, Cic.: ne et hic viris sint et domi molestiae, Plaut: id tibi affirmo te in iis molestiis, in quibus es hoc tempore, non diutius futurum, Cic.: molestia est m. folg. *Acc.* u. *Infin.*, vobis num molestiast me adire ad illas propius? macht es euch Verdrießlichkeit, dass ich usw., Plaut. rud. 830: exhibere alci molestiam (v. einer Person), Plaut. u. Cic., alci maiorem molestiam (v. einer Sache), Phaedr.: aut expedies nos omni molestiā aut eris particeps, Cic.: quae cogitatio una maxime molestias omnes extenuat et diluit (schwächt u. entkräftet), Cic.: nostros animos frangi et debilitari molestiā non oportet, Cic.: habere nihil molestiarum, Cic.: habeo etiam illam molestiam, quod (dass) etc., Cic.: ea res habet cum dolore etiam hanc molestiam, quod sermo prohibetur, Cels.: viri excellentis ancipites variique casus habent admirationem, exspectationem, molestiam, rufen die Empfindungen der Bew., Erw., der Unlust hervor, Cic.: sed in hoc ipso habent iidem fasces molestiam, setzen mich diese Faszes in Verlegenheit, Cic.: ignorare, quanta moles molestiaque imperio insit, Aur. Vict.: laxare se istis molestiis, Cic.: levare molestias, Cic.: levare animum molestiis, Cic.: valde levare alqm molestiā (v. einem Brief), Cic.: levari molestiis, Cic.: liberare alqm molestiā, Cic., alqm magnā molestiā, Cic.: liberare alqm omnino molestiā (v. einem Brief), Ggstz. valde molestiā levare, Cic.: liberare alqm numquam istā molestiā et curā, Cic.: minuere vitae molestias (Ggstz. augere), Cic.: mitigare alqā re eam molestiam, Cic.: nullā perfunctum esse propriā molestiā, keine so schwere Erfahrung selbst gemacht haben, Cic.: non recusare molestias, Cic.: tempus est te revisere molestias nostras, unsere (städtischen) Plackereien wieder einmal in der Nähe zu besehen, Plin. ep.: acerba sane recordatio veterem animi curam molestiamque revocavit, Cic.: sedare molestias, Cic.: suscipere nauseae molestiam, Cic.: suscipere aliquas propter amicitiam molestias, Cic.: magnam molestiam suscipere et minime necessariam, Cic.: trahere maiorem ex pernicie et peste rei publicae molestiam, Cic.: vacare molestiā, Cic.: vindicare alqm a molestia, machen, dass jmd. unbehelligt bleibt (v. einem Umstand), Cic.: molestiam navigandi vitare, Suet. – **2** insbes., das **Gezwungene, Gesuchte, Peinliche,** die **Pedanterie** im Ausdruck, Latine loquendi accurata et sine molestia diligens elegantia, Cic. Brut. 143: Plur., si nihil habere molestiarum nec ineptiarum Atticorum est, Cic. Brut. 315. – **II** meton., das, was lästig, peinlich ist, die **Beschwerde,** molestiae in facie enascentes, Ausschläge u. Flecke im Gesicht, Plin. 28, 109.

molesto, āvī, āre (molestus), **beschwerlich fallen, belästigen,** alqm, Petron. 58, 10 u. fr. XI (XIII). Vulg. Sirach 11, 9. Ps. Apul. herb. 71. Iulian. Antec. const. 79, 3: animam, Augustin. retract. 1, 26. p. 29 Ben.: absol., uva raro valde molestat, Scrib. Larg. 71: im Passiv, neminem molestari volo nomine debiti, Modestin. dig. 34, 3, 20 pr.

molestus, a, um (moles), **I** schwer zu ertragen, **beschwerlich, lästig, peinlich, unangenehm, langweilig, unliebsam, zudringlich, 1** im Allg.: onus, Hor.: tunica, Art Zwangsweste aus brennbaren Stoffen, die die zum Feuertod Verurteilten anziehen mussten, Mart. u. Iuven.: provincia, Cic.: labor, Cic.: lites, verdrießliche, Hor.: nihil est molestum, quod non desideres, Cic.: nisi molestum est, exsurge, Cic.: otium, Catulle, tibi molestum est, Catull.: minus aliis gravis aut molesta vita est otiosorum, Cic.: illud magis mihi solet esse molestum, tantis me impediri occupationibus, ut etc., Cic.: mihi molestum (est)! (das ist) mir unangenehm! Ter.: hoc quidem haud molestum est, das tut gar nicht bitter, Plaut.: mane, nisi molestum est, Afran. fr.: molestus (mihi) es! lass mich in Ruhe! Plaut.: molestus fuit, der Kerl fing an zu langweilen, Petron.: tamquam ego tibi molestus sim, Petron.: tu tibi molestus es, Sen.: sibi ipsi molesti sunt, Sen.: nisi molestum vis videri te, Plaut.: ut forte legentem aut tacitum impellat quovis sermone molestus (zudringlich), Hor.: nihil molestius, Cic.: molestissimum vitium, Scrib. Larg.: arrogantia est molestissima, Cic. – molestum est m. folg. *Infin.*, ut eorum molestum sit dinumerare sententias, Cic. de nat. deor. 1, 2. – molestum est m. folg. *cum* (wenn), est et molestum interdum, cum cancer os corripit, Scrib. Larg. 62 *in.* – **2** insbes.: **a schwer auszusprechen,** tertia, quamvis molestum nomen hoc sit, iuridicialis vocetur, Cic. top. 92. – **b gezwungen, gesucht, kleinlich,** veritas, Cic.: verba, Ov.: dialectos, unverständlich, Tiber. b. Suet.: molestissimus exactor Latini sermonis, Suet. – **II** schwer zu bewerkstelligen, **schwer,** separatio, Ulp. dig. 9, 2, 27. § 14.

moletrīna, ae, *f.* (molo), die **Mühle,** Cato orat. 12. fr. 3. p. 45 *ed. Iordan.* Vgl. Gloss. V, 651, 2.

molicina, ae, *f.*, s. molochina.

molīle, is, *n.* (mola), etwa **Ziehseil,** das dem Esel, der die Mühle drehen soll, angelegt wird, Cato r. r. 10 u. 11.

mōlīmen, inis, *n.* (molior), die anstrengende **Bemühung, gewaltige Anstrengung, gebrauchte Gewalt,** trudit agens magnam magno molimine navem, Lucr.: ipso sceleris molimine, frevelhafte Bem., Ov.: quanto molimine, wichtig tuenden Mienen, Hor.: res suo ipsa molimine gravis, durch ihre Ausführung, Liv.: rerum molimina, Staatsumwälzungen, Ov.: meton., der **Bau,** molimine vasto, von massigem B., Ov. met. 15, 809.

mōlīmentum, ī, *n.* (molior), die große **Anstrengung** der Kräfte, um etw. ins Werk zu setzen, magno cum molimento ac perpetuo sono procedunt, Sisenna hist. 4. fr. 72 (b. Non. 142, 4): motam sede suā parvi molimenti adminiculis, durch Hilfsmittel (Maschinen) von geringerer Kraftäußerung, Liv.: eo minoris molimenti ea claustra esse, koste desto weniger Anstrengung, Liv.: neque exercitum sine magno commeatu atque molimento (Umständlichkeit) in unum locum contrahere posse, Caes. b. G. 1, 34, 3.

molīnārius, iī, *m.* (molinae) = ὑδραλέτης (Gloss. III, 371, 41), der **Müller,** CIL 3, 5866 (wo Plur. = Müllerinnung).

molīnus, a, um (molo), **zum Mahlen gehörig,** saxum, Mühlstein, Tert. adv. Marc. 4, 35. – subst., **molīnae,** ārum, *f.* = ὑδραλέσια (Gloss. III, 358, 9), die **Mühle,** Amm. 18, 8, 11. Cassiod. instit. div. litt. 29.

mōlio, īre = molior (s. Prisc. 8, 25), **errichten, erbauen,** Vet. SCt. b. Frontin. de aqu. 129. Itala (Tolet.) Nehem. 4, 8.

mōlior, ītus sum, īrī (moles), **I** *v. tr.* durch angewandte Kraft in **Bewegung setzen, von der Stelle-, vom Fleck bewegen, -rühren, fortbewegen, fortschaffen, fortschleudern** usw., **A** im Allg.: **a** v. lebl. Objj.: clauda et inhabilia navigia languide, Curt.: maiora onera postremis pedibus, von den Ameisen, Plin.: currum, emportreiben, Ov.: ancoras, aufwinden, lichten, Liv.: naves ab terra, losmachen, Liv.: montes sede suā, Berge versetzen, Liv.: unde horrifer aquilonis stridor gelidus molitur nives, in Masse herweht u. aufhäuft, Acc. fr. – poet., fulmina dextrā, fortschleudern, Verg.: u. so ignem, Verg.: ferrum, schwingen, Ov.: habenas, handhaben, lenken, Verg.: bipennem *in* vites, schlagen an usw., Verg.: sagittas *in* pectus, schleudern, Ov. – **b** lebende Wesen, deren Körper od. Geist **in Bewegung setzen (bringen),** ultimas gentes aegre per praefectos suos moliebatur, Curt.: corpora ex somno, aus dem Schlaf reißen, Liv.: animum eius, Liv. 33, 49, 7. – **B** prägn.: **1** etwas **wankend** od. **weichen machen, ab-, aufbrechen, sprengen, untergraben, zerstören,** obices portarum, Liv.: fores, Tac.: portas, Liv. u. Tac.: clausum aditum domus, Curt.: fundamenta murorum ab imo, Curt.: moliri ima et vertere ferro moenia, Lucan.; vgl. Drak. Liv. 24, 46, 5. – übtr., fidem, den Kredit wankend machen, untergraben, Liv. – **2** den Boden **umwühlen, umackern, umgraben,** fodiens aut alio genere terram moliens, Colum.: u. so terram altius, Liv.: arva ferro, Lucr.: sabulum aegre moliuntur pedes, durchwaten, Curt.: übtr.: molire animum, bilde den Geist, Ov. art. am. 2, 119. – **3** etwas **ins Werk setzen, gründen, schaffen, machen, erbauen, errichten** u. dgl., **a** konkr. Objj.: muros, arcem, Verg.: aditum per saxa, bahnen, Curt.: aedem, Flor.: nidos biformi accessu, Solin.: hoc opus (die schwebenden Gärten), Curt.: classem, Verg.: mille navium classem et exercitus, Curt.: in lapidibus ac parietibus et tectis moliendis occupati, im Auftürmen u. Aufbauen von usw., Sen. – absol., ubi ad moliendum clitellae defuerant, zum Anlegen des Bollwerks nicht ausgereicht hatten, Liv. – übtr., flumen stagnat insulasque molitur, lässt entstehen, setzt an, Curt.: stridor aquilonis molitur nives, erzeugt, Acc. fr. – **b** abstr. Objj. = **unternehmen, beginnen, schaffen,** ictus, Curt.: aditum, Curt., viam, Verg., bahnen: nulla opera, Cic.: iter, fortsetzen, Cic.: super sua laude laborem, das mühsame Werk bestehen, Verg. – **4** ein Unternehmen, eine Tat usw. **im Werk haben, mit** etw. **umgehen, auf** etw. **hinarbeiten,** etw. **beabsichtigen, im Schilde führen, zu bewerkstelligen suchen, vorhaben, erstreben,** quid ille in praeda molitus sit, Cic.: nihil est quod moliare, dein Bemühen ist vergeblich, Cic.: moliri crimina et accusatorem, anstiften, Tac.: Histricum bellum, Liv.: defectionem, Liv.: peregrinum regnum, Liv.: multa, Nep. – sibi opem, Verg.: struere et moliri alci aliquid calamitatis, Cic.: alci insidias, Cic.: bellum Antipatro, Curt.: sibi imperium, für sich nach der Herrschaft trachten, Tac.: letum patruelibus, Ov. – gratiam ab alqo, Petron. – id moliri, ut etc., Cic.: id moliri clam atque struere, ut etc., Liv.: id agere ac moliri coepit, ut etc., Liv.: nihil aliud moliri, quam ut etc., Nep. – mit folg. *Infin.*, mundum efficere moliens deus, Cic. Tim. § 13: de quo molimur aliquid exquisitius dicere, Cic. or. 37: quae populus Carthaginiensis in nostram civitatem facere molitus est, ea etc., Liv. 29, 27, 4: u. so Amm. 23, 1, 7. Augustin. epist. 159, 4 u. serm. 1, 1. Val. Flacc. 3, 491 u. 6, 625. – **5** einen Zustand **erregen, erwecken, erzeugen,** moram, Verg.: morbos, Verg.: somnum, facultatem vorandi, Cels. – haec fere maxime sunt in animis iudicum oratione molienda, amor odium iracundia invidia etc., Cic. – **II** *v. refl.*, **sich in Bewegung setzen, sich von der Stelle (vom Fleck) bewegen, -rühren, sich von der Stelle (vom Fleck) zu rühren suchen, sich abmühen, sich abarbeiten, a** eig.: viden ut misere moliuntur! nequeunt complecti satis, v. zwei Ringern, Plaut.: dum moliuntur, dum conantur, annus est, Ter.: pompa moliebatur, Apul.: evolabat iam e conspectu fugiens quadriremis, cum etiam ceterae naves suo in loco moliebantur, sich noch auf ihrem Fleck rührten, sich abarbeiteten, Cic. – horā amplius iam in demoliendo signo permulti homines moliebantur, arbeiteten (mühten) sich ab, Cic. – m. Ang. **von wo?** moliens hinc Hannibal, aufbrechend, Liv.: moliri a od. ab terra, vom Land abstoßen od. abzustoßen suchen (v. Schiffen u. Schiffahrern), Liv. – u. m. Ang. **wohin?** erat insula, *in quam* gladiatores navibus molientes (sich heranarbeitend) Germani nando praelabebantur, Tac. – **b** übtr.: agam per me ipse et moliar (mich rühren), Cic.: – ► Synk. Imperf. molibar, Ov. met. 2, 582. – Parag. Infin. molirier, Lucr. 5, 931 (934).

mōlis, s. mōlēs ►.

1. **mōlītio,** ōnis, *f.* (molior), das **In-Bewegung-Setzen,** dah. **I** eig.: **1 das Um-, Herausreißen,** valli, Liv. 33, 5, 6. – **2** das **Umgraben, Umpflügen,** agrorum, Colum.: so auch terrena, Colum. – **II** meton., das **Ins-Werk-Setzen,** die **Zurichtung, Zurüstung,** propter paucos tanta est facta rerum m., Cic.: quae m., Cic.: ne sit velut in novo opere dura m., Sen.: m. pii pariter ac fortis propositi, Val. Flacc.: m. furtiva, heimliche Anstalt (zur Flucht), Petron.: maiore bellum molitione inire, Frontin. 1, 1, 8.

2. **molitio,** ōnis, *f.* (molo), **I** das **Mahlen,** Ps. Ambros. serm. 29. – **II** das **Zermalmen,** totius corporis, Ignat. epist. ad Roman. 5, 3.

1. **mōlītor,** ōris, *m.* (molior), **I** der **Unternehmer, Veranstalter, Urheber, Erbauer** usw., mundi, Cic.: ratis, Ov.: caedis, Tac. – **II** der **Umgeher** mit etw., Salvidienum Orfitum, Acilium Glabrionem quasi molitores rerum novarum interemit, unter dem Vorwand, als gingen sie mit Neuerungen um, Suet. Dom. 10, 2.

2. **molitor,** ōris, *m.* (molo) = ἀλεστής (Gloss. II, 130, 26), der **Müller,** Ulp. dig. 33, 7, 12. § 5: übtr., im obszön. Sinne, Auson. epigr. 93 (90), 3. p. 200 Schenkl.

mōlītrīx, trīcis, *f.* (Femin. zu 1. molitor), die **Veranstalterin** von etw., Antoniam ... quasi molitricem novarum rerum interemit, unter dem Vorwand, sie ginge mit Neuerungen um, Suet. Ner. 35, 4.

molleo, ēre (mollis), **weich sein,** Th. Prisc. 1, 28.

mollēsco, ere (*Inchoat.* zu molleo), **I weich werden, die Härte verlieren,** Catull. u. Ov.: tactu, Plin. – **II** übtr.: **1 weich-, sanft werden,** Lucr. u. Ov. – **2 weichlich (weibisch) werden, erschlaffen,** Ov. met. 4, 386.

mollestra, ae, *f.*, das **Schaffell** zum Auswischen, Reinigen der Helme, Paul. ex Fest. 135, 3.

mollicellus, a, um (*Demin.* v. mollis), **gar weich, gar zart,** manus, Catull. 25, 10.

mollicina, falsch st. molochina, s. d.

mollicomus, a, um (mollis u. coma), **weichhaarig,** herbae, Avien. descr. orb. terr. 1082.

molliculus, a, um (*Demin.* v. mollis), **I hübsch zart, gar zart,** molliculae escae, ut ipsa est mollicula, Plaut. Cas. 492: meus molliculus caseus, als Liebkosung, Plaut. Poen. 367. – **II** übtr., **gar weichlich, gar zärtlich,** adulescentulus, Charis. 198, 19: quod (versiculi mei) sunt molliculi, gar zärtlich kosen, Catull. 16, 4: quorum alterum quasi infractum et molliculum, Ambros. de off. 2, 3, 9.

mollifico, āre (mollis u. facio) = ἁπαλύνω, **erweichen,** Gloss. II, 232, 51.

mollificus, a, um (mollifico), **weich machend, erweichend,** Cael. Aur. de morb. chron. 4, 1, 9.

mollifluus, a, um (mollis u. fluo), **sanft fließend,** übtr., **a sanft dahinwogend,** agmen, Dracont. carm. 7, 11 D. – **b sanft wehend,** aura, Poët. bei Serv. de cent. metr. 462, 11 K.

mollīgo, inis, *f.*, s. mollūgo.

mollīmentum, ī, *n.* (mollio), ein **Linderungsmittel,** Sen. de tranqu. anim. 10, 2.

mollio, īvī u. iī, ītum, īre (mollis), **beweglich, biegsam, geschmeidig, gelenk machen, weich machen, erweichen,** **I** eig.: **A** übh.: lanam trahendo u. bl. lanam, v. Spinnen, Ov. – artus oleo, Liv., aquis, Ov. – cubilia, Quint.: humum foliis, Ov. – ferrum, Hor.: ceram pollice, Ov.: cibum vapore, Lucr.: herbas flammā, weichkochen, Ov.: Cererem (Brot) in vino, Ov. – frigoribus durescit umor et idem mollitur tepefactus, Cic. – **B** den Boden **erweichen, auflockern,** glaebas, Ov.: Nilus recedens agros mollitos oblimatosque ad serendum relinquit, Cic.: mollitum ac subactum terrae gremium, Cic. – **C** als mediz. *t. t.,* **erweichen** (Ggstz. durare), frictione, si vehemens sit, durari corpus, si lenis, molliri, Cels.: bes. v. Heilmitteln, duritias corporum, collectiones, Plin.: ventrem, alvum, erweichend, eröffnend auf den Magen wirken, Cels. u. Plin.: u. so absol., molliunt aes combustum, terra Eretria etc., Cels. – **II** übtr., **1** in phys. Hinsicht: **a** eine Anhöhe **weniger steil machen, sanft ansteigen lassen,** clivum anfractibus modicis, Caes.: ad molliendum clivum, Caes. – **b** die Schärfe-, Rauheit benehmen, **mildern,** fructus feros colendo, Verg.: ventos, Plin.: gallinaceorum discoctorum ius acria mollit, Plin.: vitia locorum quaesitis arte remediis mollirentur, Iustin. – **2** in gemütlicher, geistiger u. moralischer Hinsicht, **a weich machen,** lacrimae meorum me interdum molliunt, Cic. ad Att. 10, 9, 2: paululum adversus praesentem formitudinem mollitus, Tac. ann. 15, 63. – **b weichlich machen, verweichlichen,** poëtae molliunt animos nostros, Cic.: aetas iam devexa ad otium domesticarum me rerum delectatione mollivit, Cic.: feroces militum animos (v. einer Gegend), Sall.: legionem, Cic.: vocem, weibisch machen, Cic. fr. u. Quint. – poet., ferro mollita iuventus atque exsecta virum, v. Verschnittenen, Kastraten, Lucan. – **c erträglicher machen, mildern,** verba usu, Cic.: translationem (Übertragung), Cic. – imperium, Liv.: ritus, Plin.: dissensiones, Vell.: frumenti et tributorum exactionem aequalitate munerum mollire, Tac.: mores, Mela. – poenam, opus, Ov. – lectio non cruda, sed multā iteratione mollita et velut confecta, Quint. – **d besänftigen, bändigen, zähmen,** Hannibalem exsultantem patientiā suā molliebat, Cic.: sedare motus et animos eorum m., Sall.: iras, Liv.: impetum, Liv. – ► Synk. Imperf. mollibat, Acc. tr. 630. Ov. met. 6, 21 u. 8, 199. Apul. met. 10, 13. – Parag. Infin. mollirier, Ter. Phorm. 632.

mollipēs, pedis (mollis u. pes), wörtl. weichfüßig, d. i. **schlafffüßig, schleppfüßig** (griech. εἰλίπους), boves, Cic. poët. de divin. 1, 15.

mollis, e (aus **molduis,* zu altindisch *mṛdū-ḥ*), **beweglich, biegsam, geschmeidig, weich,** **I** eig. u. übtr.: **A** an sich **biegsam, gelenk, geschmeidig, elastisch, weich,** **1** eig.: **a** v. Gliedern des Körpers: commissurae et artus (digitorum), Cic.: internodia, Ov.: colla, crura, Verg.: glomeratio crurum, Plin. – bes. v. den geschmeidigen Gliedern Tanzender, cernere saltantes et mollia membra moventes, Lucr.: si vox est, canta, si mollia brachia, salta, Ov. – u. Gehender, tener et mollis incessus, Sen.: in incessu mollior, Ov.: poet., molles fugae, v. Lauf im Zirkus, Claud. – **b** v. Bäumen: iuncus, Verg.: virgulta, Petron. poët. – **c** v. Haar, **geschmeidig, weich, wallend,** capilli, Hor. u. Ov. – **d** v. Gerätschaften, pilenta, elastische, sanft schwebende, nicht stoßende, Verg.: oscilla, bewegliche, Verg.: riget lorica molli catenā, gelenken, elastischen, Val. Flacc. – im üblen Sinne: arcus, schlaffer B., Ov. – **e** v. Wasser usw., **sich leicht bewegend, ruhig fließend, sanft dahinwallend,** mollis aquae natura, Lucr.: undae, Lucr.: flumen, Catull.: Euphrates ibat iam mollior undis, ruhiger, nicht mehr wild tobend, Verg. – **f** v. der Luft, sich leicht bewegend = **säuselnd, sanft wehend,** aurae, Ov.: zephyri, Ov.

2 übtr.: **a** v. Werken der Kunst, **α** in der Bildhauerkunst, **in wellenförmiger Linie sich bewegend, nicht steif, weich-, zart gehalten** (Ggstz. durus, rigidus), Calamidis signa dura, sed tamen molliora quam Canachi, Cic.: duriora Callon atque Hegesias, iam minus rigida Calamis, molliora adhuc supra dictis Myron fecit, Quint. – **β** in der Beredsamkeit u. Poesie, **weich, fließend,** oratio mollis et tenera et ita flexibilis, ut sequatur, quocumque torqueas, Cic.: molle et Xenophonteum genus sermonis, Cic. – molles levesque versus (Ggstz. duriusculi), Plin. ep.: mollissimum rhythmorum genus, Quint.: molle atque facetum adnuerunt Vergilio gaudentes rure Camenae, Hor. – **b** v. Örtlichkeiten, die sich ohne merkliches Steigen od. Fallen erheben od. senken, **sanft-, allmählich sich erhebend, -aufsteigend** od. **-fallend,** fastigium, Caes.: clivus, Verg., Quint. u. a.: litus m. et apertum, Caes.: trames, Ov.: curvamen, sanft, allmählich sich bildende, Plin. ep. Vgl. Fabri Liv. 21, 37, 3. Heß Tac. Germ. 1.

B äußeren Eindrücken **nachgebend, geschmeidig, elastisch, weich, zart** (Ggstz. durus), **1** eig.: **a** v. Ggstdn. u. Gliedern des Körpers: tactus vero tumor inaequalis est et mollis et lubricus, Cels.: cum superior caro mollis sit, Cels.: maxilla est molle os, Cels. – torpuerunt molles ante genae, Ov.: mollis cutis, Cels.: m. cervix, m. manus, m. latus, Ov.: si venter m. est, wenn der Bauch weich anzufühlen ist, Cels.; dagegen im üblen Sinne, venter m., ein schlaffer, eingefallener Bauch, Hor.: u. facies decora fulta molli pede, zart und schwach, Hor. – Sprichw., in molli carne vermes nascuntur, in mürbem Fleisch entstehen leicht Würmer = Phlegmatische sind leicht Beleidigungen ausgesetzt, Petron. 57, 3. – subst., mollia, ium, *n.,* **Weichlinge, Mollusken,** eine Art Fische, Plin. 11, 267. – **b** v. Lagerstätten, feretrum, weich (durch untergelegte Sträucher), Verg.: torus, Ov.: cubile seu molle seu durum, Cels. – **c** v. Boden usw.: **α weich** (Ggstz. durus), viridi caespite mollis humus, Ov.: mollia prata (λειμῶνες μαλακοί, Hom.), die weichen, grasreichen, Verg.: litora, Ov.: m. saxa facere, Ov.: amoenum ac molle iter, etiamsi est spatii amplioris, minus fatigat quam durum aridumque compendium, Quint. – **β locker, sandig** (Ggstz. densus), arena, Ov.: planities, Plin.: mollius solum, Curt. – **d** v. Gras, Kräutern usw., molli gramine membra levat, Ov.: herbae tenerae semper atque molles, schlank u. zart, Plin. ep.: hyacinthus, Verg. – arista, die weiche, glatte, Verg. – **e** von Stoffen: lana, Cels.: aurum, Verg.: mollissima cera, Cic. – subst., mollia, ium, *n.,* das **Weiche** (Ggstz. dura), Calp. ecl. 5, 71. – **f** v. Früchten, v. Speisen, gleichs. der Zunge nachgebend, **weich, mürbe, mild,** castaneae, Verg.: fraga, Ov. – subst., mollia panis, das Wollige, Weiche, die Krume (Ggstz. crusta panis), Plin. 13, 28. – **g** v. flüssigen Stoffen: cibus, qui mollem alvum praestet, erweichend auf den Magen wirkt, Cels.: u. so subst., mollia, ium, *n.,* weicher Stuhlgang (Ggstz. dura alvus), Cels. 2, 8. p. 45, 33 D. – caseus (Ggstz. aridus), Cels. – pituita (Ggstz. sicca et arida), Cels.

2 übtr., v. äußeren Eindrücken auf die Sinne, **nicht hart, nicht rau, nicht scharf, sanft, gelinde, mild,** **a** für das Gefühl: teneris labellis molles morsiunculae, Plaut.: tactus manuum mollior sit, Cels.: boves novelli tactu corporis mollissimo, Colum.: ut remedia, quae naturā sunt aspera, molli manu leniantur, Quint.: u. so sprichw., quodam modo molli brachio alqm obiurgare de alqa re, gleichs. durch sanften Anstoß mit dem Arm zurechtweisen, Cic. ad Att. 2, 1, 6. – habena, Cels.: ceratum, Cels. – dura molli cavantur aquā, Ov. – aestas, Verg.: caelum, Flor.: regio, Flor. – **b** für den Geruch: odor mollissimus, Plin. – **c** für den Geschmack: cibus interdum mollis interdum acer, Cels.: m. merum, Hor.: mollissima vina, Verg.

II bildl.: **A für äußere Eindrücke empfänglich,** ihnen **leicht zugänglich, leicht nachgebend, nachgiebig, zartfühlend, empfindsam** (s. Seyffert Cic. Lael. 75), **1** im Allg.: mollis animus ad accipiendam et ad deponendam offensionem, Cic.: infimā auriculā mollior, Cic. (u. so sprichw. in hoc titulo imā, quod aiunt, auriculā mollior, empfindlicher, Amm. 19, 12, 5): nec rigidā mollior aesculo, Hor.: purpureus molli in ore fiat pudor, zartfühlend, Ov.: mollissimae aures, zartes (durch Lobhudeleien leicht verletzliches) Gehör, Plin. pan.: aber molles auriculae, den Schmeicheleien leicht zugänglich, Hor. – mollis in obsequium, leicht geneigt usw., Ov.: mollior dea, Ov. – homo mollissimo animo, leicht zu rühren, Cic.: cor, pectus, vultus, Ov. – anni, das zarte Alter, Ov.: mollis (ohne Energie) consul, Liv.: molles, ubi ira resedit, animi, Liv. – quas (magnas res) qui impedire vult, quod desiderium non facile ferat, is et infirmus est mollisque naturā et ob eam ipsam causam in amicitia parum iustus, Cic.: fastidiosae mollesque mentes, empfindliche, leicht reizbare, Cic. – m. *Infin.*, mater fortasse rogari mollior, für Bitten zugänglicher, weicher gestimmt, Claud. nupt. Hon. et Mar. 39.

2 insbes.: **a** **nicht abgehärtet, empfindlich, verwöhnt, verweichlicht, verzärtelt, unmännlich, energielos,** mollissimus enim hic (bos), ut durissimus primus, Varro: iam et locis mollioribus et accolarum ingeniis, Liv.: contempto cultorum molliore et locis simili genere, Liv.: mollia et fluida corpora Gallorum, Liv.: ut est mollis ad talia gens, Liv.: mollis et minime resistens ad calamitates perferendas mens eorum (Gallorum) est, Caes. – solutus et mollis in gestu, Cic.: philosophus tam mollis, tam languidus, tam enervatus, tam omnia ad voluptatem corporis referens, Cic.: apparet (Maecenatem) mollem fuisse, non mitem, Sen.: in dolore molliores, Cic.: molles Sabaei, Verg.: molles viri, Hor., u. insbes., molles viri = *pathici*, Liv. 33, 28, 2: u. subst., molles et impudici, Vitr. 2, 8, 12: neque fornicarii neque molles neque masculorum concubitores, Ps. Augustin. app. serm. 288, 2. – molles columbae, unkriegerische, Hor.: u. so in his mollibus castris (*sc.* amoris), Ov. – disciplina, Cic.: educatio, Quint.: vita, Ov.: mollis teneraque vox, Quint. – **b** **nachgiebig = furchtsam, zaghaft, schwach,** consul, Liv.: sententia, Cic. – pecus, Verg.: lepus, Hor.

B v. dem, was einen leichten-, sanften Eindruck macht, auf sanften Empfindungen beruht, **sanft, behaglich, angenehm,** **1** im Allg.: mollem ac iucundam efficere senectutem, Cic.: hic primus inflexit orationem et eam mollem teneramque reddidit, sanft, gefällig, Cic.: molliores flexiones in cantu, Cic.: translationes quam mollissimae, möglichst wenig auffallende, Cic.: m. gestatio, Plin. ep.: umbra, Verg.: quies, Lucr.: otium, Ov.: inertia, Hor.: somnus, Tibull. – *neutr.* adv., mollia ridere, Ov.: molle subridere, Pers.

2 insbes.: **a** **sanft, leidenschaftslos, gelassen, glimpflich, mild, schonend,** placidus mollisque, von Pers. (Ggstz. vehemens acerque), Cic.: oratio Caesaris, quae sane mollis et liberalis fuit, Cic.: m. oratio philosophorum, Cic.: m. nomen, Cic.: cuncta ad imperatorem in mollius relata, glimpflicher, in milderem Licht, Tac.: mollia iussa, imperia, Verg. u. Hor.: mollia dicta, Verg.: subicit haud mollia dictu, Sil. – **b** **empfindsam, sanft einschmeichelnd, sanft, zärtlich, rührend,** sermo, Sall.: querelae, Hor.: verbis mollibus lenire alqm, Hor.: vincuntur molli pectora dura prece, Ov.: m. carmen, Hor.: illud mollissimum carmen, gar rührende Stelle, Cic.: bes. von elegischer, erotischer Poesie (s. Burmann Prop. 1, 7, 19; 2, 1, 41), versus, Ov.: modi, Hor. – **c** **nicht rau, nicht hart, sanft geebnet,** mollior et magis trita via, Quint.: volo id quam mollissimā viā consequi, auf die schonendste Weise, Liv.: sola viri molles aditus et tempora noras, wusstest, wo u. wann er seine gute Stunde hatte, Verg.: mollia tempora fandi, bequeme, günstige, Verg.: u. so veniet mollior hora votis tuis, Ov. – ► Abl. Sing. auch molle, Petron. 57, 3.

molliter, *Adv.* (mollis), beweglich = **geschmeidig, gelenk, weich,** **I** eig. u. übtr.: **A** an sich **geschmeidig, elastisch,** **1** eig., v. Tanz, quis membra movere mollius (possit), Hor. – v. Gang, **schwebend,** m. ire, Prop.: m. incedere, Ov. – **2** übtr.: **a** **nicht steif, in weichen-, zarten Formen,** excudent alii spirantia mollius aera, Verg. Aen. 6, 848. – **b** **sanft = allmählich,** colles ad orientem molliter devexi, Colum.: curvum m. litus, Min. Fel.: agri mollissime devexi ac simillimi campestri positioni, Colum. – **B** äußeren Eindrücken **nachgebend, elastisch, weich,** und übtr. **nicht hart, sanft,** aves mollissime nidos substernunt, Cic.: m. ossa cubent, Ov.: m. siste me nunc; cave ne cadam, Plaut.: m. pedem referre, sanft, leise, Quint. – **II** bildl.: **1** im Allg., **nachgiebig, ergeben, gelassen,** quod ferendum est molliter sapienti, Cic.: mollius loqui (Ggstz. sine more furere), Verg.: mollius (nachgiebiger) eadem illa abnuere, sich weniger abgeneigt zeigen gegen usw., Liv. – im üblen Sinne = **ohne Energie, nicht männlich genug, schwach,** nimis m. aegritudinem pati, Sall.: alqd m. ferre, Cic. u. Sen.: mollius (ohne Energie) consulere, Liv. 3, 59, 5 u. 30, 7, 3. – **2** insbes.: **a** **verwöhnt, weichlich, bequem, verzärtelt, wollüstig,** male mihi malo esse quam m., Sen.: m. et delicate recubare, Cic.: m. vivere, Sen., u. delicate et m. vivere, Cic.: populum per tot annos molliter habitum (weichlich, verwöhnt) nondum audebat ad duriora vertere, Tac.: m. se curare, Ter. – **b** **glimpflich, schonend, gelinde, mild,** feci parce et m., Cic.: alqd mollius interpretari od. accipere (auslegen), Tac.: erant qui mollius consultum dicerent, zu matthERzig, Liv.: cruentius ea quae mollius fuerant curanda compescuit, Vopisc. Aurel. 21, 5.

mollitia, ae, *f.* u. **mollitiēs,** ēī, *f.* (mollis), **I** eig.: **A** die **Beweglichkeit, Biegsamkeit,** nulla mollitia cervicum, geziertes Vor- u. Zurückbeugen, Ziererei, Cic. or. 59. – **B** die **Weichheit, Mürbheit, Lockerheit,** lanae, Plin.: carnis, Plin.: lapidis specularis, tofi, Plin. – **II** bildl.: **A** im Allg., **Weichheit, leichte Erregbarkeit, Zartheit der Empfindung, Zartgefühl, Empfindsamkeit,** agilitas mollitiesque naturae, Cic.: quā mollitiā sum animi ac lenitate, Cic. – im üblen Sinne = **Mangel an Energie, Schwäche,** animi est ista mollities, non virtus, Caes.: inertia et mollitia animi, Sall.: m. et socordia, Sall.: frontis, Mangel an dreister Zuversicht, Plin. ep.: decretorum, schwächliche Erlasse, Sall.: patris, zu große Nachsicht, Vopisc. – **B** insbes., **Weichlichkeit, Verzärtelung, Zärtlichkeit, Üppigkeit,** mollitiā fluere, Cic.: gens effeminata mollitie luxuriāque virtutem pristinam perdidit, Iustin. – m. vocis, weibische Stimme, Claud. – euphem. von unnatürlicher Wollust, Päderastie, **Hingebung,** m. corporis, Tac., u. bl. m., Sen.: mollities probrosa, Plin. – Plur., Sardanapalus mollitiis fluens, Vell. 1, 6, 2: Maecenas otio ac mollitiis paene ultra feminam fluens, Vell. 2, 88, 2: vos, quae in munditiis, mollitiis deliciisque aetatulam agitis, Plaut. Pseud. 173: quorum mores lapsi ad mollitias pariter sunt immutati cum corporibus, Cic. de legg. 2, 38.

mollītōrius, a, um (mollio), **erweichend,** virtus, Auct. de virt. herb. 30. p. 137 *Rose.*

mollitūdo, inis, *f.* (mollis), die **Beweglichkeit, Biegsamkeit,** **I** eig.: **A** die **Biegsamkeit, Geschmeidigkeit,** mollitudo vocis, hoc est, ut eam torquere in dicendo pro nostro commodo possimus, Rhet. Her. 3, 20. – **B** die **Weichheit,** **1** eig.: corporis, Pacuv. tr. fr.: liquor lactis et m., Lact.: in pulmonibus autem inest raritas quaedam (Lockerheit, Porosität) et assimilis spongiis mollitudo, Cic. – **2** übtr., die **Weichheit** für das Gefühl, in ipso tactu est modus mollitudinis, Cic.: manuum, Pacuv. tr. fr.: viarum, Vitr. – **II** bildl.: **A** die **Zartheit** der Empfindung, **Empfindsamkeit,** humanitatis, Cic. de or. 3, 161. – **B** die **Weichlichkeit, Üppigkeit,** vitiorum, Arnob. 2, 30.

mollūgo, *f.*, eine Pflanze u. zwar die weiche Art der Pflanze *lappago,* Plin. 26, 102. – Nbf. molligo, Marc. Emp. 26.

molluscus, a, um (mollis), **weich,** u. zwar: **a** mollusca nux od. bl. mollusca, eine Art Nüsse mit sehr dünner Schale, Plaut. fr. bei Macr. sat. 3, 18, 9. Plin. 15, 19. – **b** molluscum, ī, *n.* (*sc.* tuber), **Ahornschwamm,** Plin. 16, 68.

1. molo, uī, itum, ere (mola), **mahlen,** **I** eig.: **1** im Allg., absol., ego pro te molam, Ter. Andr. 200: sed tibi fortasse alius molit et depsit, Varro sat. Men. 331: Ceres (invenit) molere et conficere, das Mahlen u. Backen, Plin. 7, 191: clausum in carcere molere fecerunt, Vulg. iudic. 16, 21: duae erunt molentes in mola, Vulg. Matth. 24, 41: molendumst in pistrino, Ter. Phorm. 249: atque ibi favillae plena, fumi ac pollinis coquendo sit faxo et molendo, Ter. adelph. 847. – m. *Acc.*, caementa marmorea contundere et molere, Vitr. 7, 6: m. hordeum purgatum, Plin. 18, 73: m. hordeum sine perfusione tostum in subtilem farinam, *ibid.* § 74: oft Partiz. molitus, a, um, **gemahlen,** cibaria molita, gem. Mundvorrat, Mehl, Caes. b. G. 1, 5, 3: vicia m., Varro r. r. 2, 2, 16: ervum m., Colum. 11, 3, 5. Scrib. Larg. 125 u. 126: faba m., Scrib. Larg. 158: hordeum m., Plin. 18, 78: lolium m., Plin. 22, 160: piper m., Scrib. Larg. 160: sal Romaniense m., Cato r. r. 162, 1: micae marmoris contusae et molitae, Vitr. 7, 6. – subst., molitum, ī. *n.*, das **Gemahlene,** nimio edo libentius molitum, quam molitum praehibeo, als dass ich selbst Gemahlenes liefere (d. i. selbst in der Stampfmühle mahle), Plaut. Men. 979. – **2** prägn., **mahlen** = durch Mahlen gewinnen, farinam, Hieron. in Isai. 13, 47, 2. – **II** übtr., vom Beischlaf, Petron. 23, 5. Auson. epigr. 67 (71), 7 u. 74 (123), 2.

2. molo, āre, Nbf. v. 1. molo, **mahlen,** Itala (S. Germ. II) Matth. 24, 41.

3. Molo (Molōn), ōnis, *m.* (Μόλων), Beiname des griech. Rhetors Apollonius zu Rhodus, Lehrers Ciceros, Cic. Brut. 312; ad Att. 2, 1, 9. Quint. 12, 6, 7.

molochē, ēs, *f.*, s. malachē.

molochina, ae, *f.* (μολοχίνη v. μολόχινος), ein aus den Stengelfasern der Malven gewebtes Kleid, ein **Malvenkleid,** Caecil. com. 138: andere Schreibweise **molicina**, Nov. com. 71 (wo R.[2] molucium = μολόχιον od. μαλάχιον); vgl. Isid. orig. 19, 22, 12, wo die andere Schreibweise **molocina** (auch bei Papias) u. die Nbf. **molochinia**, sowie der rein lat. Ausdruck **malvella**.

molochinārius (molocinārius), iī, *m.* (molochina, molocina), der **Malvenkleidermacher,** vestiarius tenuiarius molochinarius, CIL 6, 690* u. Plur. molocinarii bei Plaut. aul. 514.

molochītis, tidis, *f.* (μολοχῖτις), ein malvenfarbiger Edelstein, von e. für unseren **Malachit,** von a. für den **grünen Hornstein** gehalten, Plin. 37, 114.

molocina, ae, *f.*, s. molochina.

1. mōlōn, ōnis, *m.* = moly (s. d.), Plin. 26, 33.

2. Molōn, s. 3. Molo.

Molorchus, ī, *m.* (Μόλορχος), ein armer Winzer in Kleonä bei Nemea, der Herkules, als er den nemëischen Löwen töten wollte, beherbergte u. von diesem zum Dank mit den die Stadt Nemea umgebenden Ländereien beschenkt wurde, Stat. silv. 3, 1, 29 u. 4, 6, 51: Cleonaeus M., Stat. Theb. 4, 160: factus modo dives M., Mart. 4, 64, 30: Molorchi luci, poet. = die nemëischen Haine, Waldungen, Verg. georg. 3, 19. – Dav. **Molorchēus**, a, um, **molorchëisch,** tecta, Tibull. 4, 1, 13.

Molossī, ōrum u. ûm, *m.* (Μολοσσοί), die **Molosser,** die Bewohner des östl. Epirus, Cic. de div. 1, 76. Nep. Them. 8, 4. – Dav.: **A** **Molossia**, ae, *f.*, das **Land der Molosser,** Serv. Verg. Aen. 3, 297. – **B** **Molossis**, idis, *f.* (Μολοσσίς), die von den Molossern bewohnte Landschaft im östl. Epirus, Liv. 8, 24, 3 u. 45, 26, 4. – **C** **Molossus**, a, um (Μολοσσός), **molossisch,** gens, Ov. met. 1, 226: rex, der Molosserkönig (Munichus), Ov. met. 13, 717: canes, molossische Hunde (gut zur Jagd), Hor. sat. 2, 6, 114 (Genet. canum Molossûm, Lucr. 5, 1061). – subst., Molossus, ī, *m.*, **a** ein **Molosser** = ein molossischer Hund, M. acer (bissiger), Verg. georg. 3, 405. – **b** (*sc.* pes) das Versglied – – – (z. B. Ārpīnās), der **Molossus,** Terent. Maur. 1397. Diom. 479, 4. – u. dav. **α** **Molossicus**, a, um (Μολοσσικός), **molossisch,** canes, Plaut. capt. 86: metrum, aus lauter Molossen (– – –) bestehend, Diom. 513, 15. – **β** **molossiambos**, ī, *m.* (molossus u. iambus), das aus einem Molossus u. einem Jambus bestehende Versglied (z. B. ādmīrābĭlēs), der **Molossiambus,** Diom. 481, 21. – **γ** **molossopyrrichos**, ī, *m.* (molossus u. pyrrichos), das aus einem Molossus u. einem Pyrrichus bestehende Versglied (z. B. ādmīrābĭlĭs), Diom. 481, 26. – **δ** **molossospondīos**, ī, *m.* (molossus u. spondeus), das aus einem Molossus und einem Spondeus bestehende Versglied – – – – – (z. B. cōntūrbātōrēs), Diom. 482, 9.

moltāticus, s. multāticus.

molucium, s. molochina.

molucrum, ī, *n.* = mola, ein **Mondkalb** od. **Monkalb,** Afran. com. 338.

Mōlus, s. Tmōlus.

mōly, yos, *n.* (μῶλυ), **I** eine Pflanze mit weißer Blüte u. schwarzer Wurzel, Gegenmittel gegen Bezauberungen (nach Sprengel *Allium nigrum,* L.), Plin. 25, 26. Ov. met. 14, 292 (Priap. 68, 22 griechisch). – **II** = morion (*no.* I), s. d., Plin. 21, 180.

molybdaena, ae, *f.* (μολύβδαινα), **I** **Wasserblei,** ein Metallkies, Plin. 34, 173. – **II** **Bleiwurz, Flöhkraut,** rein lat. plumbago, Plin. 25, 155.

molybdis, didis, *f.* (μολυβδίς), od. **molybdus**, ī, *m.* (μόλυβδος), das **Senkblei,** rein lat. plumbum, Stat. silv. 3, 2, 30.

molybdītis, tidis, Akk. tim, *f.* (μολυβδῖτις), der **Bleischaum,** die **Bleiasche,** Plin. 33, 106.

mōmen, inis, *n.* (aus *movimen, v. moveo), die **Bewegung,** als innewohnende Kraft, **I** das **Sich-Bewegen,** **A** eig.: e salso consurgere momine ponti, schwankenden Salzflut, Lucr. 6, 474. – **B** übtr., der **Zeitlauf,** Manil. 3, 695. – **II** der **Bewegungsdruck, Anstoß,** **A** eig.: momine parvo impulsa, Lucr. 3, 188: tantillo momine flutat, Lucr. 3, 189: u. so Auct. Aetnae 213 u. 306. Hilar. Pict. genes. *v.* 33. – **B** übtr., das **Gewicht,** die **Bedeutung,** nullius mominis esse, Arnob. 2, 49.

mōmentāliter, *Adv.* (momentum), **augenblicklich,** Fulg. myth. 2, 3.

mōmentāna, ae, *f.* (momentum), eine **kleine Münz-** od. **Geldwaage,** Isid. orig. 16, 25, 4.

mōmentāneus, a, um (momentum), **nur augenblicklich, zeitlich,** motus oculi, Tert. adv. Marc. 5, 10; de res. carn. 42: ardor gentium, Tert. adv. Marc. 3, 17: regula, Schol. Pers. 4, 10: felicitas, Fulg. myth. 2, 17: filiorum decem interitus, Ambros. de off. 2, 5, 26: caecitas, *ibid.* 1, 29, 139: quod in praesenti est momentaneum, Vulg. 2. Cor. 4, 17. – dah. auch = **zum augenblicklichen Bedürfnis erbaut, improvisiert,** de amoenis frondibus intextae subito momentaneae domus, Cassiod. var. 8, 33, 3.

mōmentārius, a, um (momentum), **I** **nur augenblicklich, zeitweilig, vorübergehend,** piscinae, Lampr.: vita, Apul.: cura, possessio, ICt.: maritus, sich bei seiner Geliebten nur auf Augenblicke aufhaltend, Apul. – **II** **augenblicklich-, schnell wirkend,** venenum, Apul. met. 10, 25.

mōmentōsus, a, um (momentum) **nur augenblicklich,** rapina (der Bienen), Ps. Quint. decl. 13, 12.

mōmentum, ī, *n.* (aus *movimentum, zu moveo), die **Bewegung,** als innewohnende Kraft (während motio die Bewegung als Handlung, motus als vollbrachte Tat), **I** die **Bewegung** als Kraft, sich selbst zu bewegen, **A** eig. u. übtr.: **1** eig.: ut (quattuor omnia gignentia corpora) quasi partita habeant inter se ac divisa momenta, Bewegungsgesetze, Richtungen, Cic.: astra formā ipsā figurāque sua momenta (immerwährende B.) sustentant, Cic. – **2** übtr.: **a** die Bewegungslänge im Raum, die **Strecke,** parvo momento antecedere, Caes. b. c. 2, 6, 4: visus nostri tarditas non subsequitur momenta currentis (ignis), Sen. nat. qu. 1, 14, 4. – **b** die Bewegungsdauer, **α** in der Zeit, gew. mit der Begriffsprägnanz der Kürze, der **Verlauf, Umlauf,** der **Augenblick,** ein **kurzes Weilchen,** in occasionis momento (des günstigen Augenblicks), Liv.: tam brevi horarum momento, in so k. V. der St. = in so wenigen St., Iustin. – dah. **αα** ein **Zeitabschnitt,** innerhalb dessen eine Zeitbewegung vor sich geht, od. innerhalb dessen die Entwicklung eines Zustandes fortgeht, der **Abschnitt,** der **Zeitraum,** die **Periode,** certis momentis, Hor.: certis dimensisque momentis, Plin. ep.: paribus momentis, Manil.: momenta deficientis nuntiata, Tac.: medicus venarum pulsum et momenta captat, Apul.: si quis trium temporum momenta consideret, Flor. – **ββ** prägn., der kürzeste Zeitabschnitt einer Stunde, der **Augenblick,** die **Minute,** hora momentumque temporis, Sen.: horarum momenta, Suet.: horae et momenta, Suet.: per omnia horarum momenta, Firm.: momento unius horae, Liv. u. Curt.: momento horae, Liv. u. Hor.: momento temporis, im Aug., im Nu, Liv.: u. so bl. momento, Liv., Cels. u. a. (vgl. Fabri u. Wölfflin Liv. 21, 14, 3): Ggstz., momento fit cinis, diu silva, Sen. nat. qu. 3, 27, 2. – **β** im Gang der Rede; dah. der **Abschnitt,** die **Abteilung** der Rede, in der der Stoff in gleicher Bewegung u. Gestaltung fortgeht, um dann im nächsten Abschnitt verändert zu erscheinen, ut sunt tria tempora, ita ordo rerum tribus momentis consertus est, Quint. 5, 10, 71. – **c** der Bewegungspunkt im Raum, der **Ausgangspunkt,** sol cotidie ex alio caeli momento, quam pridie, oritur, Plin. 18, 333.

B bildl., **1** im Allg., die **Bewegung** bald nach der einen, bald nach der anderen Seite, die **Schwankung,** animus nutat huc levis atque illuc momentaque sumit utroque, Ov.: sine momento rerum partisque ruina, Lucr. – **2** insbes., die **Bewegung** nach der einen Seite, der **Ausschlag,** die **Entscheidung, Entwicklung, Veränderung,** momentum facere annonae, Liv.: nullum in dando adimendoque regno m. facere, Liv.: ne quid momenti gratiā faceret, Liv. – ex parvis saepe magnarum rerum momenta pendent, Liv.: puncto temporis saepe magnarum rerum momenta verti, Liv.

II die **Bewegung** als Kraft, ein anderes zu bewegen, die **Bewegkraft,** der bewegende **Druck, -Stoß, -Ruck, A** eig.: **1** im Allg.: ut (arbores) levi momento impulsae occĭderent, Liv.: levi caudae in utrumque momento, Sen.: ut leves tactus momentaque parva sequantur, Ov. – **2** insbes., der Bewegungsdruck, -einfluss am Waagebalken, am Hebel, der nach einer oder der anderen Seite den Ausschlag gibt, der **Ausschlagsdruck,** die **Ausschlagskraft,** momenta ponderum nutusque trutinarum, Pacat. pan.: aequis ac paribus suspenso statere momentis, Cod. Theod.: imbecillior aequipondii brevitas vim ponderis momento deducens, Vitr.: nullo paene momento ponderis aquis inter se distantibus, um fast keinen Au. des G., d. i. fast gar nicht, Plin.: paribus momentis aequā lance perpendĕre, Augustin. – dah. meton., das den Ausschlagsdruck enthaltende Gewichtsteilchen, ein **Granchen,** ein **Bisschen,** cum murrae momento, Plin.: addito resinae momento, Plin.

B bildl., gleichs. der **Bewegungsdruck,** der **Bewegungseinfluss, 1** der bewegende **Anstoß,** die **Einwirkung,** der einwirkende **Anlass,** bewegende, wirksame **Einflüsse,** dum in dubio est animus, paulo momento huc atque illuc impellitur, Ter.: parva momenta in spem metumque animum impellere, Liv. – dah. abstr.: **a** der **Bewegungsgrund, Bestimmungsgrund,** diligentissime perpendĕre momenta officiorum omnium, Cic.: adicis huic animo momenta potentia, clarum nomen etc., Ov.: gnarus summa favoris annonā momenta trahi, Lucan. – **b** das **Beförderungsmittel,** praebe nostrae momenta saluti, Ov. ex Pont. 4, 13, 49. – **2** die **Ausschlagskraft, a** mit vorherrsch. Begr. der Kraft, **Aufwand an Kraft, -von Hilfe, -von Mitteln** (vgl. Weißenb. Liv. 5, 49, 5. H. Müller Liv. 24, 34, 2), quidquid hostes ingenti mole agerent, ipse perlevi momento ludificaretur, Liv.: primo concursu haud maiore momento fusi Galli sunt, quam ad Alliam vicerant, Liv.: incliti populi regesque perlevi momento victi sunt, Liv. – parvo momento si adiuvissent, mit einer geringen Nachhilfe, Liv.: nullo morbo minori momento succurritur, Cels. – meton., v. dem, was Kraftaufwand erfordert, quibus pro ignobili momento (als unbedeutende Eroberung) erat accessura Macedonia, Iustin. – **b** m. vorherrsch. Begr. des Ausschlags, der Entscheidung, als **Entscheidungskraft, Veränderungskraft, α** im Kampf, parvo momento superior Romana res fuit, Liv.: pugnare paribus momentis, Amm.: neutrubi inclinato momento proelium atrox ... protractum, Amm. – **β** in Verhältnissen aller Art, entscheidender **Einfluss, Gewicht, Wichtigkeit, Geltung, Bedeutung, Wert,** sowohl einer Sache, omnia verborum momentis, non rerum ponderibus examinare, Cic.: si quid habeat momenti commendatio mea, Cic.: vix minimi momenti instar habere, Cic.: magnum in utramque partem m. habere, Caes.: plus aut ad beatam aut ad miseram vitam afferre momenti, mehr Einfluss haben auf usw., Cic.: magno ad persuadendum momento esse, Cic.: pari propemodum momento sortis esse, Cic.: esse maximi momenti et ponderis, Cic.: alqd nullius momenti putare, Cic.: alcis salutem levi momento aestimare, gering sch., Caes., levioris momenti consultatio, unwichtigere, Liv. – als einer Pers., se nullius momenti apud exercitum futurum, Nep.: Rhodii maximi ad omnia momenti habebantur, Liv. – dah. **γ** meton., eine Sache od. Pers., die die Ausschlagskraft, Entscheidungskraft enthält, argumentorum momenta, entscheidende Beweise (Beweisgründe), Cic.: eos ipsos, quantumcumque virium momentum addiderint (noch so geringe Kraft zum Ausschlag einlegten), rem omnem inclinaturos, Liv.: haud parvum et ipsi tuendae Africae m. (Beihilfe von großem Ausschlag für die V. v. A.) adiecerunt, societatem Syphacis regis, Liv.: triginta quinque rostratae naves, haud parvum m. ad opem ferendam sociis, ein nicht unwesentlicher Faktor, Liv.: u. so haud parvum momentum ad animum eius moliendum adventus Hannibalis fecit, Liv. – ut pater in se minimum m. ad favorem conciliandum esset, einflussreiche Empfehlung, Liv.: iuvenis egregius ..., maximum m. rerum eius civitatis, in quamcumque venisset, ein Mann von entscheidendem Einfluss auf die Macht des St. usw., Liv.

mōmerium, iī, *n.* (μῶμαρ, Hesych.), **Schmach, Schande,** das (du fügst zu) tibi momerium, Commodian. instr. 2, 17 (18), 18.

Mona, ae, *f.*, Insel zwischen Britannien u. Hibernia, berühmt als Sitz der Druiden, j. *Anglesey*, Caes. b. G. 5, 13, 3. Tac. Agr. 14 u. 18; ann. 14, 29.

monacha, ae, *f.* (μοναχή), die **Nonne,** Hieron. epist. 39, 4. – ► Abl. Plur. monachabus, Ven. Fort. vit. Radeg. 23 u. 34. Greg. Tur. hist. Franc. 10, 16.

monachālis, e (monachus), **mönchisch, klösterlich,** Paul. Nol. epist. 17, 1 u. a. Spät.

monachātus, ūs, *m.* (monachus), der **Mönchsstand,** Gregor. epist. 1, 42.

monachicus, a, um (μοναχικός), **mönchisch,** Iustinian. nov. 133, 5: regula, Klosterregel, Gregor. epist. 5, 1.

monachīum, iī, *n.* (μοναχεῖον), das **Kloster,** Cod. Iust. 1, 2, 13.

monachus, ī, *m.* (μοναχός, einsam lebend), der **Mönch,** Rutil. Nam. 1, 441 u. Eccl.

monadēs, s. monas.

monadicus, a, um (μοναδικός), **einfach,** numerus, Isid. orig. 3, 5, 8: mensura, Cassiod. inst. lib. litt. 4.

Monaesēs, is, *m.* (Μοναίσης), ein Feldherr der Parther, der mit Erfolg gegen die Römer kämpfte, Hor. carm. 3, 6, 9.

monarchia, ae, *f.* (μοναρχία), die **Alleinherrschaft, Monarchie,** Capit. Max. et Balb. 14, 4. Tert. adv. Prax. 3 *sqq.* u. de cult. fem. 2, 6. Lact. 1, 5, 23.

monarchiānus, ī, *m.* (monarchia), ein **Anhänger der Monarchie,** Tert. adv. Prax. 10 *in.*

monārius, a, um (μόνος), **nur eine Abwandlung habend** (rein lat. unarius), nomen (z. B. cornu), Prob. inst. art. 121, 12 K.

monas, adis, *f.* (μονάς), die **Einheit,** rein lat. unitas, Macr. somn. Scip. 1, 6, 7 *sqq.* Tert. adv. Val. 37. – Nbf. monadēs, Ven. Fort. carm. 10, 2, 4.

monastēriālis, e (monasterium), **klösterlich,** disciplina, Sidon. epist. 7, 9, 11 u. a. Eccl.

monastēriolum, ī, *n.* (*Demin.* v. monasterium), ein **kleines Kloster,** Hieron. epist. 105, 4. Not. Tir. 119, 66.

monastērium, iī, *n.* (μοναστήριον), **1** das **Kloster,** Augustin. in Ioann. tract. 97, 4. Sidon. epist. 4, 25, 5. – **2** die **Einsiedelei,** Sulp. Sev. vit Mart. 7. p. 117, 10 *Halm.*

monasticus, a, um (μοναστικός), **mönchisch, klösterlich,** conversatio, Cassiod. hist. trip. 10, 2: disciplina, Klosterzucht, Gregor. Epist. 2, 41.

monastria, ae, *f.* (μονάστρια), die **Nonne,** Iustinian. nov. 123, 27 u. 44.

monauliter, *Adv.* (monaulos), **auf einfacher Flöte,** Mart. Cap. 9. § 906.

monaulos u. **monaulus,** ī, *m.* (μόναυλος), eine Flöte aus einem einzigen Rohr, eine **einfache Flöte,** Plin. 7, 204. Mart. 14, 64, 2.

monazōn, ontis, Genet. Plur. ontōn, *m.* (μονάζων) = monachus, der **Mönch,** Cod. Theod. 12, 1, 63.

Monda, s. Munda *no.* II.

moneaea (*μονιαῖα?) **Damascēna** (*sc.* pruna), **erlesene Damaszenerpflaumen,** Edict. Diocl. 6, 86.

monēdula, ae, *f.*, die **Dohle** (Corvus monedula, L.), Plin. 10, 77 u. 17, 99. Ov. met. 7, 468. – sprichw., non plus aurum alci quam monedulae committere, Cic. Flacc. 76. – als Liebkosungswort, Plaut. asin. 694. – ► arch. Nbf. monerula, Plaut. asin. 694; capt. 1002.

monefacio, ere (moneo u. facio), **ermahnen,** Interpr. epist. Ignat. ad Smyrn. 4. § 1.

monēla (monella), ae, *f.* (moneo), die **Erinnerung,** Tert. de patient. 8 u. a.

monēmeron, ī, *n.* (μονήμερον), **Eintagssalbe,** eine Augensalbe, Marc. Emp. 8.

moneo, uī, itum, ēre (vgl. memini, mens), jmd. an etw. **denken machen, I** durch Ansprache an das Gedächtnis, jmd. **an etw. denken lassen, erinnern, mahnen,** Terentiam de testamento, Cic. ad Att. 11, 16, 5. – **II** durch Ansprache an die Erkenntnis, Einsicht, jmd. an etw. **erinnern, A** eig.: **1** im Allg.: **a** = jmdm. etw. **zu bedenken geben,** jmd. auf etw. **aufmerksam machen,** wegen etw. **Vorstellungen machen,** ihn freundlich **bedeuten, belehren,** ihm **zu beherzigen geben,** ihn **zurechtweisen, warnen,** ihm **Winke u. Mahnungen geben,**

m. *Genet.*, alqm temporis ac necessitatis, Tac. – m. *de* u. Abl., alqm de retinenda Sestii gratia litteris, Cic. – m. *Acc.* der Sache, u. zwar gew. nur m. allg. *Acc.* eines Pronom., quod saepe monui, Quint.: selten mit besonderem, fraudem tyranni ut moneant, Val. Flacc. – m. *Acc.* der Pers. u. allg. *Acc.* der Sache, id ipsum, quod me mones, quatriduo ante ad eum scripseram, Cic. ad Att. 14, 19, 1; vgl. Cic. ep. 3, 3, 1: u. im Passiv m. *Acc.* der Sache, nec ea, quae ab ea (a natura) monemur, audimus, Cic. de amic. 88. – m. *Acc.* u. *Infin.*, monet rationem frumenti esse habendam, Hirt. b. G.: tantum moneo, neque uberioris provinciae neque aetatis magis idoneum tempus, si hoc amiseris, te esse ullum umquam reperturum, Cic.: m. vorhergeh. dopp. *Acc.*, si te unum illud monuerimus, artem sine assiduitate dicendi non multum iuvare, Rhet. Her. 1, 1: im Passiv, cum Phocion moneretur, Nicanorem Piraeo insidiari, Nep. – mit folg. indir. Fragesatz, moneo, quid facto opus sit, Ter.: monet, quo statu sit res, Liv. – absol., ea (mater) filium monuit, Nep.: monere alii, alii hortari, Sall.: sequi bene monentem (Hannibalem), Liv.: eaque (auctoritas) adhibeatur ad monendum, Cic.: Partiz. monens subst., bene monenti oboedire, auf wohlgemeinten Rat hören, Liv. 22, 29, 8: alioquin abibunt in vanum monentium verba, Sen. ep. 94, 17. – **b** mit Hinweisung auf die dadurch bezweckte Entschließung od. Handlung = jmdm. etw. **anraten,** zu etw. **raten, mahnen, ermahnen, zureden, auffordern, veranlassen,** res monet, Plaut.: m. allg. *Acc.* der Sache, v. Lebl., monere hoc, Ter.: id quod res monebat, Sall. – m. *ut* u. Konj., Pompeium monere, ut magnam infamiam fugiat, non desistimus, Cic.: ut coram moneret senatum, ut Persei conatis obviam iret, Liv.: v. Lebl., tempora monent, ut satisfaciat, quibus debet, Cic. – mit bl. *Coniunctiv*, moneo, praedico, ante denuntio, abstineant manus, Cic.: sed eos hoc moneo, desinant furere, Cic.: monuit Pyrrhum, caveret insidias, Sen. ep. 120, 6: moneo, regnorum gaudia temet dedoceas, Stat. – m. *ne* u. Konj., **abraten, abmahnen, warnen,** moneri visus est, ne id faceret, ab eo, quem etc., Cic.: v. Lebl., immortalia ne speres, monet annus, Hor. – m. *Infin.*, quae (pietas) erga patriam officium conservare moneat, Cic.: soror monet succurrere Lauso Turnum, Verg.: v. Lebl., ratio ipsa monet amicitias comparare, Cic.: alio properare tempus monet, Sall.: res monet cavere ab illis, Sall. – **2** insbes.: **a** jmd. in etw. bedeuten = ihm etw. **vorsagen, eingeben,** labor erat parentibus parvulos adulantia verba edocere: reddebant illi, quae monebantur (ihnen vorgesagt wurde), Plin. pan.: offae monent, helfen meinem Gedächtnis nach, Plaut. mil. 49. – v. göttl. Eingebungen, tu vatem, tu, diva, mone, Verg.: velut divinitus mente monita agens, Liv.: hoc moneas, precor, Ov.: somnio monitus, Suet. – **b** etw. **andeuten,** auf etw. **im Voraus aufmerksam machen = etw. vorausverkündigen, vorhersagen,** de alqa re, Cic.: alqd, Verg.: v. Weissagevögeln usw., Verg. u. Amm. – **B** übtr.: **1** jmd. durch Züchtigung **zurechtweisen, züchtigen,** ähnlich unserem **einen Denkzettel geben,** Tac. ann. 5, 9. – **2** jmd. zur Tätigkeit **auffordern, antreiben,** remigem tubā, Sen. poët.: canes audaces, Prop. – ► Synk. Konj. Pers. moneris, Pacuv. tr. 30: monerint, Pacuv. tr. 112. Lucil. 653. – parag. Infin. Präs. Pass. monerier, Plaut. capt. 396 u. mil. 881. – Partiz. subst., monita, ōrum, *n.*, s. bes.

monēris, is, *f.* (μονήρης), ein mit einer Reihe von Ruderbänken versehenes Schiff, ein **Einruderer,** Liv. 38, 38, 8 (rein lat. navis, quae simplici ordine [*sc.* remorum] agitur, Tac. hist. 5, 23).

monērula, s. monēdula.

Monēta, ae, *f.* (moneo) = Μνημοσύνη, **I** *nom. propr.:* **A** die Mutter der Musen, Cic. de nat. deor. 3, 47. Hyg. fab. praef. p. 3 M.: filia Monetas (archaist. *Genet.*), Liv. Andr. Odyss. fr. bei Prisc. 6, 6. – **B** Beiname der Juno, wegen verschiedener guter Ermahnungen, die sie den Römern gegeben haben soll, Cic. de div. 1, 101. Liv. 7, 28, 4. Ov. fast. 1, 638. Val. Max. 1, 8, 3. Lact. 2, 7, 11. – Im Tempel dieser Iuno Moneta war die röm. Münze; dah. **II** *nom. appellat.*, **monēta,** ae, *f.*, **A** die **Münze** als Ort, die **Münzstätte,** Cic. u. a.: officinator monetae, Münzmeister, CIL 6, 8463: aequator monetae, Münzwardein, CIL 13, 1820. – übtr., m. hominis formandi, Mutterleib, Macr.: quaedam ex nostra, ut ita dicam, moneta proferre, aus unserer M. (der stoischen Schule), Sen. – **B** meton.: **1** das gemünzte Geld, die **Münze,** Ov., Plin. u. a.: percutere monetam, Vopisc. – übtr., v. Wortschatz, monetam illam veterem sectator, Fronto de oratt. p. 161, 14 N. – **2** der **Münzstempel, Stempel,** das **Gepräge,** Mart. 12, 55, 8. – übtr., communi feriat carmen triviale monetā, Iuven.: nomina Latinā monetā percussa, Apul.

monētālis, e (moneta), **zur Münze gehörig,** triumviri, die Dreiherren der Münze, die Münzherren, Pompon. dig. 1, 2, 2. § 30: dah. scherzh., monetalis, der Münzherr, Geldmann (v. jmd., der Geld fordert), Cic. ad Att. 10, 11, 5. – aurum m., gemünztes G., Apul. met. 7, 6. – pes m., der römische Fuß (als Maß), weil im Tempel der Iuno Moneta die Normalmaße aufbewahrt wurden, Gromat. vet. 123, 2 *sqq.*

monētārius, a, um (moneta), **zur Münze gehörig, Münz-,** familia, die Münzarbeiter einer Münze, CIL 6, 298. – subst., monētarius, iī, *m.*, der **Münzarbeiter, Münzer,** CIL 6, 2476*: im Plur. oft bei Aur. Vict., Eutr. u. a.

monīle, is, *n.*, ein **Halsband** zum Schmuck der Frauen, Cic. u. a.: der Knaben, Ov.: der Krieger, Amm.: der Pferde, Verg. u. Macr.: der Hirsche, Ov. – Plur. monilia auch übh. = **Kleinodien,** gemmas et monilia calcare, Apul. met. 5, 1 u. 5, 6.

monimentārius, s. monumentārius.

monimentum, s. monumentum.

monita, ōrum, *n.* (moneo), **a** die **Erinnerungen, Ermahnungen,** verb. monita praeceptaque, praecepta monitaque, Cic. – **b** die **Andeutungen = Prophezeiungen,** deorum, Cic.: Carmentis Nymphae, Verg.

monitio, ōnis, *f.* (moneo), das **Erinnern,** die **Erinnerung,** die **Ermahnung, Warnung,** Cic. u. a.: unius amici prudens monitio, Liv.: m. obj. *Genet.*, officii, Colum. 11, 1, 30. – Plur. b. Sen. ep. 94, 12. Colum. 11, 1, 6.

monito, āre (*Intens.* v. moneo), **nachdrücklich erinnern,** Ven. Fort. vit. S. Mart. 2, 387 u. a.

monitor, ōris, *m.* (moneo), **I** der an etwas erinnert, der **Erinnerer,** **A** im Allg., Ter. u. a.: officii, Sall. – **B** insbes.: **a** der Rechtskundige, der dem Redner vor Gericht die Rechtsgründe eingibt, der **Einhelfer, Konsulent,** Cic. div. in Caecil. 52. – **b** = *nomenclator* (s. d.), Cic. Mur. 77. Plin. pan. 23, 1. – **c** der **Souffleur** der Schauspieler, CIL 3, 3423; vgl. Fest. 138 (b), 29. – **d** der **Vorbeter, Vorsänger** beim Gottesdienst, Tert. apol. 30. CIL 14, 2580. – **II** der einen erinnert, d. i. sagt, was er tun od. lassen soll, der **Mahner, Warner,** **A** im Allg.: fatuus, Cic.: monitoribus asper, Hor.: in vestram cohortem *te monitore* (auf deinen Rat) an *suā sponte* pervenerat? Cic. – **B** insbes.: **a** der **Aufseher** der Jugend, der **Hofmeister,** Stat. silv. 3, 5, 147; Theb. 12, 205: der Sklaven bei der ländlichen Arbeit, der **Antreiber,** Colum. 1, 9. § 4 u. 7. Paul. sent. 3, 6, 35. – **b** poet. v. **Anführer** von Truppen, Sil. 8, 370.

monitōrius, a, um (monitor), **zur Erinnerung-, zur Warnung dienlich, mahnend, warnend,** fulmen, fulgur, Sen. nat. qu. 2, 39, 2 u. 49, 1.

monitus, ūs, *m.* (moneo), im Sing. nur im *Abl.*, **I** die **Erinnerung, Mahnung, Warnung,** Verg. u. Ov. – **II** insbes., die Erinnerung der Götter durch Orakel, Wahrzeichen usw., das **Bedeuten,** die **Andeutung, Weissagung,** der **Wille,** die **Warnung,** monitu Fortunae, Cic.: attonitus tanto monitu imperioque deorum, Verg.: monitu dei, Sen.: monitu deorum, Liv., divûm, Verg.: Plur., revereri numinum monitus, Plin. pan.: fulgurum monitus, Plin.

monōbelus, ī, *m.* (*μονώβελος, einspießig), **mit langem Zeugungsglied begabt,** Lampr. Heliog. 8. § 7.

monobolon, ī, *n.* (μόνος u. βόλος), das **Springen ohne Stab,** ein Spiel (Ggstz. contomonobolon, das Springen mit dem Stab), Cod. Iust. 3, 43, 3 (vgl. *c.* 1).

monocerōs, ōtis, *m.* (μονοκέρως), das **Einhorn, asiatische Nashorn,** Plin. 8, 76. Solin. 52, 39.

monochordos, on (μονόχορδος), **einsaitig,** cithara, Acro Hor. de art. poët. 216. – subst., monochordon, ī, *n.* (μονόχορδον), das **Monochord** = der einsaitige Tonmesser, Boëth. inst. mus. 1, 27 u. a.

monochrōmatos, on (μονοχρώματος), **einfarbig**, pictura, Plin. 35, 15. – Plur. subst., monochromata, ōrum, *n.*, **einfarbige Gemälde**, Plin. 33, 117 u. a.

monochronos, on (μονόχρονος), **von einer Zeit, von einem Zeitmaß**, Mart. Cap. 9. § 982.

monoclōnos, on (μονόκλωνος) **einzweigig, einsprossig**, Ps. Apul. herb. 10.

monocōlos, on (μονόκωλος), **eingliederig**, **a** monocoli, Einschenklige, Einfüßler, Beiname einer fabelhaften riesigen, aber nur mit einem Bein von großer Muskelkraft geborenen Menschenrasse, Plin. 7, 23. Solin. 52, 29. Gell. 9, 4, 9. – **b** als *t. t.* der Metrik, ode monocolos, die nur ein Metrum od. nur einerlei Versglieder hat, Mar. Victorin. art. gr. 4, 3, 2. p. 160, 33 K.

monocrēpīs, pīdos, *m.* (μονοκρήπις), **mit nur einem Schuh angetan, einschuhig**, Hyg. fab. 12.

monoculus, ī, *m.* (μόνος u. oculus), **einäugig**, ein **Einäugiger**, Firm. math. 8, 19; 8, 22 u. 8, 27. Mythogr. Lat. 1, 217. Vgl. Gloss. III, 252, 67 ›monoculus, μονόφθαλμος‹.

monōdia, ae, *f.* (μονῳδία), der **Einzelgesang**, das **Solo**, rein lat. sincinium, Isid. orig. 6, 19, 6. Gloss. V, 118, 1. – Nbf. **monōdium**, iī, *n.*, Diom. 492, 13.

monōdiăria, ae, *f.* (monodia), die **Solosängerin**, CIL 6, 10120.

monōdiărius, iī, *m.* (monodia), der **Solosänger**, Not. Tir. 107, 53.

monōdium, s. monōdia.

Monoecus, ī, *m.* (Μόνοικος, der Alleinwohnende), ein Beiname des Herkules; dah. Monoeci Arx et Portus, Vorgebirge u. darauf gelegener Hafenort an der Küste von Ligurien zwischen Nicäa u. Albium Intemelium, der Ort jetzt *Monaco*, Amm. 15, 10, 9: Portus Herculis Monoeci, Plin. 3, 47. Tac. hist. 3, 42: Arx Monoeci, Verg. Aen. 6, 830. Lucan. 1, 408: saxa Monoeci, Sil. 1, 586.

monogamia, ae, *f.* (μονογαμία), das **Sich-Verheiraten mit einer Frau**, die **Monogamie**, Eccl.

monogamus, ī, *m.* (μονόγαμος) **der nur eine Frau hat**, Eccl.

monogenēs, is, *m.* (μονογενής), **eingeboren**, Tert. adv. Val. 7 *sqq.*

monogramma, atis, *n.*, ein Buchstabe, der mehrere in sich fasst, ein **verschlungener Name**, das **Monogramm**, z. B. ›Π‹ *i.e.* Christus, Paul. Nol. in natal. XI. S. Felic. 618.

monogrammos, on (μονόγραμμος), **I** mit einer Linie od. einem Streifen versehen, **einlinig, einstreifig** (Ggstz. polygrammos), Beiname einer Jaspisart, Plin. 37, 118. – **II** aus bloßen Linien od. Umrissen bestehend, **skizziert**; dah. übtr.: **a** v. körperlosen Göttern: di, die nur die Umrisse einer Gestalt haben (nicht einen wirklichen Körper u. wirkliches Blut), Schattengötter, Cic. de nat. deor. 2, 59. – **b** scherzh., **abgefleischt, abgemagert**, ein **Schatten**, Lucil. 59 u. 725.

monoīdēs, *c.* (μονοειδής), **einförmig**, luna, Firm. math. 4. praef. p. 85, 5 *ed. Basil.*

monolinum, ī, *n.* (μονόλινον od. aus μόνος u. linum), ein **Halsband von einer Schnur Perlen**, mon. de albis novem (von neun weißen Perlen), Capit. Maximin. 27, 28.

monolithus (monolitus), a, um (μονόλιθος), **aus einem Stein bestehend**, columnae monolitae, Laber. com. 39. Sidon. epist. 2, 2, 10: postes marmorei monolithi, Ampel. lib. mem. 8, 12.

monolōris, e (μόνος u. lorum), **einstreifig**, vestes, Vopisc. Aur. 46, 6.

monomachia, ae, *f.* (μονομαχία), der **Einzelkampf, Zweikampf**, Augustin. serm. 32, 3. Cassiod. var. 3, 24, 4. Serv. Verg. Aen. 6, 136.

monomachus, ī, *m.* (μονομάχος), der **Einzelkämpfer**, Cassiod. hist. eccl. 1, 9; 4, 37.

monometer, tra, trum (μονόμετρος), **aus einem Maß bestehend** (Ggstz. dimeter, tetrameter u. a.), versus, Prisc. de metr. Ter. § 2. p. 418, 14 K. – subst., monometrum antispasticum, Mar. Victorin. art. gramm. 2, 7, 17. p. 88, 23 K.

monophōnos, on (μονόφωνος), **einstimmig, nur einen Ton enthaltend**, Mar. Victorin. art. gramm. 1, 3. § 23 u. 30. p. 7, 7 u. 7, 25 K.

monopodium, *iī, n.* (μονοπόδιον), ein kleiner **Tisch mit einem Fuß**, ein **Pfeilertischchen**, Liv. 39, 6, 7. Plin. 34, 14.

monopodius, iī, *m.* (μονόπους), ein **Einfüßiger**, ein **Einfuß**, Plur. scherzh. bei Lampr. Commod. 10, 6.

monopōlium, iī, *n.* (μονοπώλιον), das **Recht des Alleinhandels**, der **Alleinverkauf**, das **Monopol**, Plin. 8, 135. Suet. Tib. 30 u. 71. Not. Tir. 91, 28.

monopteros, on (μονόπτερος), mit einem Flügel, **einflügelig** = nur auf einer Seite mit einer Reihe Säulen umgeben (Ggstz. peripteros), Plur. monopteroe (nicht -ae) aedes, Vitr. 4, 8, 1.

monopticus, a, um (*μονοπτικός), **nur mit einem Auge sehend, einäugig**, mimus, Gloss. Scalig. V, 603, 57. Not. Tir. 106, 75.

monoptōtos, on (μονόπτωτος), **mit nur einem Kasus**, forma, Consent. 351, 21 K. – subst., monoptōta, ōrum, *n.* (μονόπτωτα), **Nomina, die nur eine Kasusform haben**, Diom. 309, 14 u. a. Gramm.

monoschēmatistus, a, um (μονοσχημάτιστος), **von einer Form**, caesura, Plot. 3. § 41. 509, 14 K.: metrum, *ibid.* § 45. p. 510, 12 K.

monoschēmus, a, um (μονόσχημος), **von einer Form**, versus, Sedul. bei Aldh. de re gramm. in Class. auct. 5, 529.

monosolis, e (μόνος u. solea), **einfache Sohlen habend** (Ggstz. bisolis), v. Sandalen, Edict. Diocl. 9. *no.* 13 u. 16.

monostichium, iī, *n.* (μονοστίχιον), **ein aus einem Vers bestehendes Gedicht**, Auson. ecl. 19, 8. p. 17 Schenkl.

monostichum, ī, *n.* (μονόστιχον) = monostichium, Auson. egl. 11, 2. p. 14 Schenkl.

monostrophos, on (μονόστροφος), **einstrophig**, carmina, Mar. Victorin. art. gramm. 1, 16, 9. p. 59, 6 K.

monosyllabos, on, u. us, a, um (μονοσύλλαβος), **einsilbig**, vox, Mart. Cap.: dividuum Betae monosyllabon Italicum B, Auson. – subst., monosyllabum, ī, *n.*, ein **einsilbiges Wort**, Mart. Cap. 5. § 520; oft im Plur., Quint., Auson. u. Gramm.

monotriglyphus (os), um (on) (μονοτρίγλυφος), **nur einen Dreischlitz habend**, Vitr. 4, 3, 7.

monotropus, ī, *m.* (μονότροπος), **allein lebend, Einsiedler**, Plaut. Stich. 689.

monoxylus, a, um (μονόξυλος), **aus einem Stamm bestehend**, lintres, Plin. 6, 105. Solin. 54, 8: dies. subst., monoxyli, Veget. mil. 2, 25. p. 60, 17 u. 3, 7. p. 81, 4 L.[2]

mōns, montis, *m.* (Wz. **men*, zu mentum, emineo, promineo), der **Berg**, das **Gebirge**, **I** eig. u. meton.: **A** eig.: dorsum montis, Curt.: vertex montis, Curt.: mons impendens, Cic.: altissimus, Caes.: mons ex sale mero, Gell.: mons secundae magnitudinis, Curt.: mons angustus et aequali dorso continuus, Tac.: floridi et inculti montes, Varro: montes vestiti atque silvestres, Cic.: montes frondosi, Varro u. Verg.: montes circumiecti, Sen. – sub monte positum esse, Curt. – mons Iura, der Gebirgszug des Jura, das Jura-Gebirge, Caes.: u. so mons Cevenna, Caes.: Apenninus mons od. mons Apenninus, Mela u. Inscr. – Ggstz. terrae motus defert *montes*, subrigit *plana*, Sen.: montes clivique, Ggstz. umida et plana loca, Colum. – ascendere montem, Caes., verticem montis, Curt.: praeruptos conscendere montes, Catull. – Sprichw., parturiunt montes, nascetur ridiculus mus, v. großen Versprechungen bei geringer Leistung, Hor. de art poët. 139. – **B** meton.: **a** **Berggestein, Felsgestein, Fels**, improbus, Verg.: montes Graii, griechischer Marmor, Stat. – **b** montes = **Bergtiere, wilde Tiere**, Claud. cons. Mall. Theod. 310. – **II** übtr., von berghoch aufgehäuften-, sich erhebenden Dingen, ein **Berg, Massen** (vgl. Gronov. lectt. Plaut. p. 143 *sq.* Lorenz Plaut. most. 339), mons u. montes aquarum, Verg. u. Ov.: mons nivium, Lampr.: montes argenti, Plaut., frumenti, Plaut.: Tusculanus, ein hohes, prächtiges Gebäude in od. bei Tuskulum, Plin.: stabant acervi montium similes, die Leichenhaufen waren berghoch aufgetürmt, Aur. Vict. epit. 42, 14. – v. Abstr. (vgl. Taubmann Plaut. Epid. 1, 1, 78. Brix Plaut. Men. 990), mali maeroris mons maximus, Plaut.: montes mali ardentes, Plaut.: montes tempestatis, Lucil. fr.: in te irruunt montes mali, Plaut.: montes belli fabricatus est, Rhet. Her. – Sprichw., montes auri polliceri, goldene Berge versprechen, Ter. Phorm. 68: dafür magnos promittere montes, Pers. 3, 65: maria montesque polliceri, Sall. Cat. 23, 3.

mōnstrābilis, e (monstro), **bemerkenswert, ausgezeichnet,** homo est ingenii elegantiā monstrabilis, Plin. ep. 6, 21, 3.

mōnstrātio, ōnis, *f.* (monstro), das **Zeigen,** tua, dein Wegweisen, Ter. adelph. 714: sollers et expedita, Fingerzeig, Vitr. 6, 1, 12.

mōnstrātīvus, a, um (monstro), **nachweisend,** Boëth. ad Aristot. peri herm. 2, 193.

mōnstrātor, ōris, *m.* (monstro), der **Zeiger, Führer, Unterweiser, Einführer, Lehrer,** ignotarum urbium, Cicerone, Sen.: hospitii, Tac.: aratri, von Triptolemus, Verg.: sacri iniqui, Ov.

mōnstrātus, Abl. ū, *m.* (monstro), das **Zeigen,** cuius monstratu, Apul. met. 1, 22: monstratu Helenae, Auson. perioch. Iliad. 3.

mōnstrifer, fera, ferum (monstrum u. fero), **a Ungeheuer hervorbringend,** noverca, Juno, die solche dem Herkules zuschickte, Val. Flacc.: sinus (Meer), Val. Flacc.: annus, Claud. – **b** übtr., **haarsträubend, ungeheuer,** luxus, Anthol. Lat. 149, 5 (962, 5): quale, quam non ferendum et monstriferum, Salv. de gub. dei 5, 8, 41 H.

mōnstrificābilis, e (*monstrifico, v. monstrificus), **abenteuerlich, seltsam,** Lucil. 608.

mōnstrificē, *Adv.* (monstrificus), **seltsam, wunderbar,** Plin. 28, 181.

mōnstrificus, a, um (monstrum u. facio), **seltsam, wunderbar,** Plin. 2, 7 u. 6, 187. Solin. 1, 54. Val. Flacc. 6, 153

mōnstrigena, ae, *m.* (monstrum u. gigno), **Ungeheuer erzeugend,** fluctibus monstrigenis, Avien. descr. orb. terr. 789.

mōnstrivorus, a, um (monstrum u. voro), **Ungeheuer verschlingend,** Commodian. instr. 1, 13, 6.

mōnstro (archaist. mōstro), āvī, ātum, āre (eig. monestro [wie monstrum eig. monestrum] v. moneo), **zeigen, weisen, I** durch Gesten: digito non longe frutices horridos, Apul.: digito indice ad hoc, Hor. (im Passiv monstror digito, die Leute weisen mit dem F. auf mich [als einen berühmten Mann, Dichter usw.], Pers.: u. so monstror digito praetereuntium, Hor.): monstror omni in turba, Mart.: hostibus simul suisque monstrati, mit Stolz gezeigt, Tac.: dah. meton., vetusto nomine et propinquitate monstratus, ein Gegenstand der öffentlichen Aufmerksamkeit, Tac.: alci viam, Enn. fr.: erranti comiter viam, Enn. fr.: brevius iter, Curt.: iter ad parentes tuos, Apul.: leporum secreta cubilia (v. Hunden), Nemes. cyn.: proceram palmam Deli monstrant, Cic.: scio, ubi sit, verum hodie numquam monstrabo, Ter. – **II** mit Worten: **A** im Allg., etw. **zeigen, weisen,** in etw. **unterweisen,** etw. **lehren,** etw. **angeben, andeuten,** auf etw. **hindeuten, hinweisen,** etw. **an die Hand** od. **unter den Fuß geben,** crimina (Beschuldigungen), Plin. pan.: fesso militi Cremonam, auf Kr. (vertröstend) hinweisen, Tac.: indiciis recentibus abdita rerum, Hor.: illud Democriti salutare praeceptum, quo monstratur tranquillitas, Sen.: monstratus fatis Vespasianus, Tac. – m. *Infin.*, inulas ego primus amaras monstravi incoquere, Hor. sat. 2, 8, 52: eadem illa ratio scrobes fodere monstravit, Plin. 17, 139: arare quoque ac serere frumenta glandem vescentibus monstrarunt, Iustin. 2, 6, 5. – m. folg. Relativ- od. indir. Fragesatz, si scis, monstra quod bibam (gib mir Geduldstränkchen an), qui (damit ich) usw., Plaut.: tu istic si quid librarii mea manu non intellegent, monstrabis, Cic.: res gestae quo scribi possent numero, monstravit Homerus, Hor.: *impers.*, si voles advertere animum, comiter monstrabitur, Enn. fr. – **B** insbes.: **1 anzeigen = verordnen, bestimmen,** aras, Verg.: piacula, Verg.: ignes, Ov.: alci radicem vel herbam, Hor. – **2** wegen eines Verbrechens **anzeigen, angeben,** ab amicis monstrari, Tac.: m. alqm ad exitium, Tac. – **3** ratend **zeigen, anraten, antreiben,** bene, Plaut.: m. *Infin.*, conferre manum pudor iraque monstrat, Verg. Aen. 9, 44: m. *ut* u. Konj., quotiens monstravi tibi, viro ut morem geras, Plaut. Men. 780. – **4 zeigen, dartun, erweisen,** m. *Acc.* u. *Infin.*, Erasistratus calculos per urinam pelli eo monstrat, Plin. 22, 88: im Passiv m. *Nom.* u. *Infin.*, qui adversus ea fecisse monstretur, Ulp. dig. 3, 1, 1. § 6: irreligiosi esse monstramini, Arnob. 3, 16. – ► Über die altlat. Form mostro s. Brix Plaut. trin. 342.

mōnstrōsē, s. mōnstruōsē.

mōnstrōsitās, ātis, *f.* (monstrosus = monstruosus), die **Widernatürlichkeit, Unnatürlichkeit,** Iani, Augustin. de civ. dei 7, 26. p. 307, 18 D[2].

mōnstrōsus, s. mōnstruōsus.

mōnstrum, ī, *n.* (eig. monestrum v. moneo, s. Aelius Stilo bei Fest. 138, 18), **I** das **Wahrzeichen** der Götter als **naturwidrige Erscheinung,** dah. verb. monstra atque portenta, Cic.: monstro exterritus, Phaedr. – **II** übtr., jede widernatürliche, gegen das Gefühl gehende Erscheinung in der Menschenwelt u. Natur, **a** v. leb. Wesen, **Ungeheuer, Unhold, Scheusal,** im milderen Sinne **Wunder, α** v. Menschen, teils der Gestalt nach, m. horrendum, v. Polyphem, Verg.: m. hominis, Ter.: aliquid monstri alunt, ein Scheusal, eine Vogelscheuche, Ter.: domus tota illi monstro relicta, Plin. ep. – teils den Sitten, dem Charakter nach, m. mulieris, Plaut.: immanissimum ac foedissimum m., v. Klodius, Cic. – bimembri hoc m. puero comparo, Wunder, höchst seltsame Erscheinung, Iuven. – **β** v. Tieren, wie von Seeungeheuern, v. den Hunden der Scylla u. dgl., Verg.: monstra illa immania hominum ac ferarum, Apul. flor. 22. – **b** v. Lebl., wie vom trojan. Pferd, Verg., v. Schiff Argo, Catull.: v. Meer, Verg. – v. Handlungen, non mihi iam furtum, sed monstrum ac prodigium videbatur, eine Unnatürlichkeit, Ungeheuerlichkeit (= eine unnatürliche u. unheilvolle Tat), Cic. Verr. 3, 171. – v. widernatürlichen, abenteuerlichen Erdichtungen, Vorstellungen, Meinungen, ein **Wunder, Unglaubliches, Ungereimtes** (eine **Ungereimtheit), Abenteuerliches,** monstra nuntiare, dicere, Cic.: nonne hoc monstri simile est? klingt das nicht wunderbar (abenteuerlich)? Ter.: sed tu omnia monstra facis, du bauschst alles gewaltig auf, machst aus einer Mücke einen Elefanten, Catull.: monstro propiora posse videri, ans Abenteuerliche grenzen, abenteuerlich klingen, Plin.: adversum iracundiam et invidiam atque avaritiam ceteraque humani animi monstra et flagitia philosophus iste (Crates) Hercules fuit, Apul. flor. 22. – ► Synk. Form mostrum, Plaut. trin. 948 *Schoell.*

mōnstruōsē, *Adv.* (monstruosus), **widernatürlich, unnatürlich,** Cic. de div. 2, 146. – Nbf. mōnstrōsē, Porph. Hor. carm. 1, 2, 14.

mōnstruōsus (mōnstrōsus), a, um (monstrum), **I widernatürlich, unnatürlich, scheußlich,** hominum partus, Lucr. (vgl. liberos, si debiles monstrosique editi sunt, mergimus, Sen.): corpus, scheußlich verstümmelt, Sen.: gentium facies (Plur.), Solin.: monstruosa et ridicula quaedam simulacra, Lact.: miracula, Min. Fel.: genera morborum, Sen.: margarita monstruosae magnitudinis, Macr.: ferculum longe monstruosius, Petron. – concubitus, libidines, Suet. – illa monstruosissima bestia, v. Affen, Cic. – **II** übtr., **seltsam, wunderbar, abenteuerlich,** monstruosus vitā scriptisque, Suet.: quid monstruosius? Augustin.

montāna, ōrum, *n.*, s. 2. montānus.

montāniculus, a, um, *Demin.* v. montanus, Charis. 155, 12.

montāniōsus, a, um (montanus), **gebirgig** (Ggstz. campaneus), locus, Gromat. vet. 331, 20.

1. **Montānus,** ī, *m.*, röm. Beiname, unter dem bes. bekannt Curtius Montanus, wegen seines gefälligen Umganges u. seiner angenehmen Dichtergabe Günstling des Tiberius, Ov. ex Pont. 4, 16, 11, unter Nero vom Angeber Marcellus Eprius beschuldigt, Schmähgedichte verfertigt zu haben, und nur aus Rücksicht auf seinen Vater begnadigt, Tac. ann. 16, 28 *sqq.*: kräftiger Redner, Tac. hist. 4, 42: berüchtigt als Meister in der Fresskunst, Iuven. 4, 107 u. 131. – u. Votienus Montānus, berühmter Rhetor, älterer Zeitgenosse des Rhetors Seneka, Sen. contr. 9. praef. § 1 u. 9, 24. § 3 u. 9, 5 (28). § 17. – Dav. **Montāniānus,** a, um, **montanianisch,** quae Montaniana Scaurus vocabat, dem Rhetor M. eigen, Sen. contr. 9, 5 (28). § 17.

2. **montānus,** a, um (mons), **I** auf Bergen oder Gebirgen befindlich, -wohnend, -heimisch, -entstehend, -entspringend, **Berg-, Gebirgs-** (Ggstz. campester), genus agrorum campestre, collinum et montanum, Varro: locus planus an montanus, Quint.: loca montana et aspera, Liv.: oppida, Verg.: cacumina, Ov.: excessus (Vorsprünge), Solin. u. Amm.: sal, Colum.: aqua, Vitr.: flumen, Verg. – v. Pers., uxor, v. den Bergen, kernfeste, kräftige, Iuven.: Ligures m., duri

atque agrestes, Liv.: homines asperi et m., raue Gebirgsbewohner, Caes.: gentes m., Plin. – subst.: **a** montānī, ōrum, *m.*, **Berg-** od. **Gebirgsbewohner,** Caes. u. a. – **b** montāna, ōrum, *n.*, **Berg-** od. **Gebirgsgegenden,** Liv. u. a. – **II** poet. übtr., **gebirgig, an Gebirgen reich,** Dalmatia, Ov. ex Pont. 2, 2, 78.

montēnsis (montēsis), e (mons), **zum Gebirge gehörig, gebirgig, Gebirgs-,** provincia, Iunior. orb. descr. 28: dii, CIL 6, 377 u. 13, 382: synk., monteses dii, Commodian. instr. 1, 21, 1.

monticellulus, ī, *m.* (*Demin.* v. monticellus), ein **ganz kleiner Berg,** Pompeii comment. 143, 33 K.

monticellus, ī, *m.* (*Demin.* v. mons), ein **kleiner Berg,** Gromat. vet. 306 *sqq.;* 345, 16 u. a. Pompeii comment. 143, 33 K.

monticola, ae, *m.* (mons u. colo), der **Bergbewohner, Gebirgsbewohner,** attrib. monticolae Silvani, Ov. met. 1, 193.

monticulus, ī, *m.* (*Demin.* v. mons), ein **kleiner Berg,** Gromat. vet. 328, 29. Itin. Hierosolym. p. 593 Wess.; außerdem (ohne Beleg) bei Donat. art. gramm. 343, 14 K. Pompeii comment. 143, 19 u. 145, 7 K. Consent. 340, 22 K. Gramm. Vatic. de nom. 24 in Class. auct. 5, 184 (b). Not. Tir. 42, 57.

montifer, fera, ferum (mons u. fero), **bergtragend,** Sen. Herc. Oet. 1216.

Montīnus, ī, *m.* (mons), der **Berggott,** Arnob. 4, 9.

montius, a, um (mons), **zum Berg gehörig,** Pompeii comment. 144, 13 K. Gramm. Vat. 5, 184.

montivagus, a, um (mons u. vagus), **die Berge durchstreifend,** fera, Lucr. 1, 404: Diana, Stat. Ach. 1, 450: cursus, Cic. Tusc. 5, 79.

montuōsus (**montōsus**), a, um (mons), **gebirgig, reich an Gebirgen,** loca montuosa (Ggstz. campi), Varro: (loci) plani an montuosi, Cic.: regio aspera et montuosa, Cic.: montosae Nersae, Verg.: montuosus frutex, berghoher, Plin. 12, 48. – subst., montuōsa, ōrum, *n.*, **gebirgige Gegenden, Berg-, Gebirgsgegenden,** montuosa Ciliciae, Plin. 11, 280.

monubilis, e, **aus einem Stück gehauen,** columnae, Sidon. epist. 2, 2, 10.

monumentālis, e (monumentum), **bloß als Denkzeichen dienend,** terminus, Gromat. vet. 306, 28: cippus, *ibid.* 281, 21.

monumentārius, a, um (monumentum), **zum Denkmal, -Grabmal gehörig,** ceraula, bei der Leiche blasend, Apul. flor. 4. p. 5, 4 Kr.

monumentum (monimentum), ī, *n.* (moneo), alles, was an etw. erinnert, das Andenken einer Person od. Sache erhält, das **Erinnerungszeichen, Denkzeichen, Denkmal, Andenken,** **I** eig.: monumenti causā, Cic. Rosc. Am. 146: monumento ut esset, Liv. 8, 11, 16: vos monimentis commonefaciam bubulis, Denkzettel, Plaut. Stich. 63. – Insbes.: **a** v. errich- teten Gebäuden, Statuen, Galerien usw., Marii, der von ihm erbaute Tempel, Cic. de div. 1, 59: v. Tempel des Kastor, Cic. II. Verr.. 1, 131: monumenta Cn. Pompei, der Bau (das Theater) des P., Tac. ann. 4, 7: duodecim arae ... monumentum expeditionis suae, Curt. 9, 3 (13), 19: basilica Pauli, Aemilia monumenta (ein Denkmal der Ämilier), Tac. ann. 3, 72: M. Marcelli et P. Africani monumenta, Statuen, Cic. II. Verr.. 1, 11: monumenta maiorum (Clodii), die appische Straße, Cic. Mil. 17; aber maiorum monumenta auch = Siegesdenkmäler, Trophäen, Curt. 4, 13 (48), 12: senatus, das Haus Ciceros, das der Senat ihm bauen ließ, Cic. ep. 1, 9, 15: in Mamertino solo foederato atque pacato monumentum istius crudelitatis (näml. ein Marterkreuz) constitutum est, Cic. Verr. 4, 26. – **b** das **Grabmal,** sepulcri, Nep., u. ohne sepulcri, Cic. u. Hor.: monumentorum custodes, Grabwächter, Firm.: dah. die **Gruft,** das **Begräbnis, Familienbegräbnis,** Scipionum, Liv.: sepultus est in monumento avunculi, Nep. – **c** v. schriftl. Denkmälern, **Urkunden, Akten,** commentarii pontificum aliaque monumenta publica privataque, Liv.: monumenta medicorum, Plin.: monumenta rerum gestarum, Geschichtsbücher, Cic.: monumenta annalium, Jahrbücher der Geschichte, Cic.: commendari monumentis alcis, durch jmds. Tagebücher (Memoiren) empfohlen werden, Cic.: monimenta belli componere, eine Geschichte des Krieges verfassen, Tac.: monumenta orationum, urkundlich aufbewahrte, noch vorhandene Reden, Liv. – **d** das **Erkennungszeichen** (Ring usw.), Ter. eun. 753. – **II** übtr., laudis, clementiae, furtorum, Cic.: amoris, Verg.: Saguntos fidei erga Romanos magnum quidem sed triste monimentum, Denkmal = Beispiel, Flor. 2, 6, 3.

Mōnychus, ī, *m.* (Μώνυχος), ein Zentaur, Ov. met. 12, 499. Lucan. 6, 388.

Mopsiī, iōrum, *m.*, eine angesehene Familie in Compsa, Liv. 23, 1, 2. – Dav. **Mopsiānī,** ōrum, *m.*, die Anhänger der Mopsier, die **Mopsianer,** Liv. 23, 1, 3.

Mopsopius, a, um (Μοψόπιος), **zu Mopsopia** (Μοψοπία, alter Name von Attika) **gehörig, mopsopisch, attisch,** athenisch, iuvenis, von Triptolemus, Ov. met. 5, 661: muri, Athens, Ov. met. 6, 423: urbs, Athen, Ov. her. 8, 72. – absol., Mopsopia tota, ganz Athen oder ganz Attika, Sen. Phaedr. (Hipp.) 1276 (1285).

Mopsuhestia u. **Mobsuēstia,** ae, *f.* (Μόψου ἑστία, Μοψουεστία, Mopsus-Herd), Stadt in Silicien am Pyramus, j. *Messis,* Cic. ep. 3, 8, 10. Amm. 14, 8, 3: auch Mopsus gen., Plin. 5, 91.

Mopsus, ī, *m.* (Μόψος) **I** Sohn des Ampyx od. Ampykos u. der Nymphe Chloris, ein Lapithe aus Dichalia od. Titāron in Thessalien, kalydon. Jäger, Seher der Argonauten, Hyg. fab. 14 u. 128. Ov. met. 8, 316; 12, 456. Stat Theb. 3, 521: als Seher auch Sohn Apollos u. der Gimantis gen., Val. Flacc. 1, 383 *sq.* – **II** Sohn des Kreters Rhakios od. Apollos u. der Seherin Manto, Seher, mit dem König Amphilochus aus Argos Gründer des klarischen Apollo-Orakels in Kleinasien (an der Stelle des nachmal. Kolophon), Cic. de div. 1, 88; de nat. deor. 2, 7. Mela 1, 17, 2 (1. § 88). – **III** Name eines Hirten, Verg. ecl. 5, 1. – **IV** = Mopsuhestia, s. d.

1. mora, ae, *f.*, **I** der **Verzug,** die **Verzögerung,** der **Aufschub,** der **Aufenthalt,** **A** im Allg.: moram alci rei inferre od. afferre od. facere, Cic.: moram alci rei offerre od. inicere, Liv.: moram exigere, Vell.: dare moram parvulam, Iuven.: nec mora nec requies interdatur fluendi, Lucr.: moram interponere, s. inter-pōno *no.* II, B: moras agitare, Sall.: moras nectere, Flor.: moram moliri, Verg.: moram u. moras (Aufschub) quaerere, CIL 4, 2069. Ov. met. 2, 461 (vgl. si fenerator in recipiendo tardus ac difficilis moras quaerit, Sen. de ben. 2, 17, 7): morae *ad* decernendum bellum auctorem fuisse, Liv. 31, 40, 9 (vgl. 21, 45, 9): moram trahere, zögern, Verg.: moram producere malo, das Übel aufschieben, Ter.: moras rumpere, Verg., pellere od. corripere, Ov., praecipitare, Verg.: moras tollere, Ov.: pati lentas obsidione moras, eine sich langsam hinziehende Belagerung aushalten, Ov.: quaeris in nullo amore moram, bei keiner Liebe suchst du, hast du lange Verzug, d. i. bald findest du bei den Mädchen Gehör, Prop.: res habet (leidet) moram, Cic.: habui paululum morae, dum etc., musste ein wenig verziehen, Caes. in Cic. ep.: tibi paululum esse morae, Cic.: nihil in mora habuit, quo minus etc., zögerte nicht usw., Vell.: est alqd in mora, quo minus m. Konj., Liv., od. ne m. Konj., Liv.: so auch alci esse in mora, Ter.: od. esse morae nuptiis, Ter.: in mora tribuni erant, waren hinderlich, Liv.: neque ego in mora sum, Liv.: alci esse in mora, Plaut.: hoc mihi morae est, hält mich auf, Ter.: per me nulla mora est, Ter., od. nulla in me est m., Verg., ich halte es nicht auf: non m. tibi erit in me, ich werde dich nicht aufhalten, Ter.: nulla m. est, das kann ohne weiteres (sogleich) geschehen, Nep.: iam iam nulla mora est, jetzt zögere ich nicht mehr, Verg.: in iudice nulla mora est, der R. lässt nicht auf sich warten, ist bereit, Ov. – non (nulla) mora est u. dgl. m. folg. *quin* od. *quo minus* u. Konj., nec m. ulla est, *quin* ... ducam, ich will sogleich usw., an mir soll's nicht liegen usw., Ter.: nec per nos erit mora, *quo minus* gratissimi simus, Sen.: et (bona Sthenii) vendidisset, si tantulum morae fuisset, *quo minus* ei pecunia illa numeraretur, Cic.: quaero, num quando tibi moram attulerit, *quo minus* concilium advocares, Cic.: nullam exoriri moram posse, *quo* minus diriperentur, Caes.: nullam moram interponendam putavimus, *quin* videremus hominem, Cic.: haud ullam intercessuram moram, *quin* urbs in potestatem eius tradatur, Liv.: nulla mora facta, *quin* Poenus in aciem educeret, Liv.: moram mihi nullam fore, dass ich nicht zögern dürfe, Cic.: est m., das hält zu lange auf, ist zu langweilig, Plaut.: nec mora, und sogleich (ohne Verzug), Verg., Ov. u. Apul. – mora est m. *Infin.*, es würde aufhalten, Ov. met. 3, 225: mera mora est m. *Infin.* = es wäre reine Zeitverschwendung, Plaut. capt. 396: longa mora est m. *Infin.*, es würde zu lange aufhalten, Ov. met. 1, 214; 5, 207 u. 463; 13, 205: aber hoc quoque, cur ita sit, dicere nulla mora est, sag ich dir ohne Verzug, Ov. fast. 3, 768: sine mora, Cic., od. haud mora, Verg., od. nullā morā, Prop., d. i. ohne Verzug: inter moras, unterdessen, mittlerweile, Plin. ep. 9, 13, 20. Suet. Ner. 49, 2: u. so inter aliquas moras, Suet. Aug. 78, 2. – **B** insbes.: **1** der **Aufenthalt** auf dem Marsch, die **Rast,** der **Rasttag,** Liv. u. Ov. – **2** als rhet. *t. t.* = das **Innehalten** im Reden, die **Pause,** interpuncta, morae respirationesque, Cic.: respiratio est m., Quint. – **3** der **Nachdruck** beim Stoß mit einer Waffe, bildl., sic oratio non ictu magis quam morā imprimitur, Plin. ep. 1, 20, 3. – **II** übtr.: **1** die **Zeit,** insofern sie eine Weile währt, der **Zeitraum,** die **Länge der Zeit,** longa fuit medii mora temporis, eine lange Zwischenzeit verstrich, Ov.: dolor finitus est morā (mit der L. d. Z., mit der Zeit), Ov.: u. so molliri morā, Ov.: non temporariā morā, verum aeternitatis destinatione, Plin. – **2** meton., v. dem, was Verzug macht, der **Verzug,** das **Hindernis,** v. einer Pers., restituendae Romanis Capuae mora atque impedimentum es, verzögerst u. verhinderst, Liv. 23, 9, 11: si nihil aliud erimus certe belli mora, Sen. suas. 2. § 19: Abas pugnae nodusque moraque, der den Sieg verhindert u. verzögert, Verg. Aen. 10, 428: u. so nodus et mora publicae securitatis Antonius, Flor. 4, 9, 1. – v. einem Fisch, s. echenēis. – v. Lebl., moris indupedita exiguis, Lucr. 6, 453: quae tantae tenuere morae? Verg. Aen. 2, 283 (u. so absol. 9, 13; 10, 888; 12, 699): m. subj. *Genet.*, mora clipei, 12, 541: crudi mora corticis, Val. Flacc. 6, 97: morae loricae, Verg. Aen. 10, 485: morae capuli, aeris, Sil. 1, 516 u. 5, 319: morae fossarum, Verg. Aen. 9, 143 u. Sil. 9, 218: morae portarum, Stat. Theb. 10, 196.

2. mora, ae, *f.* (μόρα), eine Abteilung des spartanischen Heeres, die aus vierhundert, fünfhundert, siebenhundert, ja neunhundert Mann bestand, eine **More,** Nep. Iph. 2, 3.

moracius, a, um, **hart,** nuces, Titin. com. inc. fab. XIX (b. Paul. ex Fest. 139, 5).

mōrālis, e (mores), **die Sitten betreffend, moralisch, ethisch,** philosophiae pars, Cic. u. a.: libri moralis philosophiae, Lact.: epistulae, Gell.: libri (Senecae), Lact. – subst., mōrālia, ium, *n.*, **Moralisches,** Sen.

mōrālitās, ātis, *f.* (moralis), die **Beziehung auf den Charakter, Charakteristik,** Macr. sat. 5, 1, 16. – u. die **Moralität,** Ambros. in psalm. 118. serm. 3.

moraliter, *Adv.* (moralis), **ethisch, charakteristisch,** Donat. Ter. Andr. 2, 2, 23; Hec. 5, 2, 16; adelph. 5, 8, 35 u. Phorm. 1, 1, 2. – insbes., **moralisch,** Ambros. apol. David 6: *Compar.* moralius, Ambros. in psalm. 118. serm. 1. § 5 u. a.

morāmentum, ī, *n.* (moror), die **Verzögerung,** Plur. bei Apul. flor. 21. p. 34, 19 Kr.

morātim, *Adv.* (moror), **verweilend,** ut moratim insularum omnium oras legamus, bildl., einzeln aufzählen, Solin. 3, 1.

morātio, ōnis, *f.* (moror), das **Verweilen, I** der **Verzug,** Plur. bei Vitr. 9, 1, 11. – **II** der **Aufenthalt,** litoraria, der Aufenthalt an der Küste, Cael. Aur. de morb. chron. 3, 5, 74.

morātor, ōris, *m.* (moror), **I** (v. moror *no.* I) der **Verweiler, Zögerer, a** der **Bummler,** CIL 4, 813. – **b** als milit. *t. t.* = der **Nachzügler, Marodeur,** Curt. 4, 10 (40), 10 (aber Liv. 21, 47, 3 u. a. s. 1. moror *no.* I, A, a). – **II** (v. moror *no.* II) der **Verzögerer, A** im Allg.: publici commodi, Liv. 2, 44, 6. – **B** insbes.: **a** vor Gericht = eine Art Mitkläger, die nur auftraten, um durch Winkelzüge aller Art den Hauptklägern Zeit zur Sammlung u. Erholung zu verschaffen, etwa **Lückenbüßer,** Cic. div. in Caecil. 49. – **b** beim Wettrennen = Personen, die durch allerlei mutwillige Störungen die Wettrenner in Verlegenheit setzten und dadurch die Unterhaltung der Zuschauer vermehrten (πάριπποι bei Chrysost.), CIL 6, 2867*.

morātōrius, a, um (moror), **I säumend,** ICt. – **II verzögernd,** ICt.

1. morātus, a, um, s. 1. moror.

2. mōrātus, a, um (v. mores), **I** irgendwie **gesittet, -geartet, -beschaffen, a** übh.: bene, melius, optime m., Cic.: mulier male m., Plaut.: ita moratus (dessen Charakter so beschaffen ist), ut etc., Cic. (s. Meißner Cic. Tusc. 1, 11. p. 97, b): istoc more morata, so geartet, Plaut.: condigne pater est eius moratus moribus, so geartet wie er, Plaut.: quid mulieris uxorem habes aut quibus moratam moribus? wie geartet? Ter. – v. Lebl., ita haec morata est ianua, Plaut.: venter male m., Ov.: disciplina bene m., Colum. – **b** prägn. = **gut geartet,** homines morati, Firm. math. 8, 24. – **II nach den Sitten-, nach dem Charakter der Menschen eingerichtet,** poēma, charaktervolles, Cic.: fabula recte morata, mit richtiger Zeichnung der Charaktere, Hor.

morāx, ācis (moror), **verzögernd,** Non. 451, 13.

morbēsco, ere (morbus), **kränkeln,** Ven. Fort. carm. 5, 6 *in* p. 191 *Migne* (= p. 112, 20 *Leo*).

morbido, āre (morbidus), **krank machen,** Ps. Augustin. man. 8, 3.

morbidōsus, qui abundat morbis, Gloss. V, 311, 30.

morbidus, a, um (morbus), **I krank, siech,** apes, Varro: avis, Hieron.: corpus, Sen. u. a.: v. Pers., animo magis quam corpore morbidi, Sen.: plurimi hominum morbidi, Gell. – **II krank machend, ungesund,** aër, Lucr.: vis, Lucr.

morbifer, fera, ferum (morbus u. fero), **Krankheit bringend,** Paul. Nol. carm. 25. nat. X. S. Fel. 242.

morbifico, āre (morbus u. facio), **krank machen,** gestatio post cibum morbificat, Cael. Aur. de salut. praec. 19.

morbōsitās, ātis, *f.* (morbosus), die **Kränklichkeit, Ungesundheit,** Pallad. 1, 16.

morbōsus, a, um (morbus), **mit Krankheit behaftet, I** physisch, **A** im Allg.: **a** von leb. Wesen, **mit einer Krankheit behaftet, krank, siechend,** servus, Cato: pecus, Varro: equus, Labeo bei Gell.: furiosus mutusve … morbosi sunt, Massur. Sabin. bei Gell. – **b** v. Lebl., **ungesund** (Ggstz. saluber), paludes, Veget. mil. 3, 2 *in.*: aqua, *ibid.* 3, 8. p. 82, 13 L[2]. – **B** insbes. = παθικός (Gloss. II, 130, 58), **voll unnatürlicher Unzucht,** Catull. 57, 6: morbosior omnibus cinaedis, Auct. Priap. 46, 2 B. – **II** vor Begierde gleichs. krank, **eine wahre Leidenschaft habend** für usw., **erpicht** auf etw., in aves, Petron. 46, 3.

Morbōvia, ae, *f.* (morbus), das **Krankheitsland, Pestland,** in der Vulgärspr. bei Verwünschungen, abire Morboviam iusserat, zum Geier-, zum Henker gehen, Suet. Vesp. 14.

morbus, ī, *m.* (zu morior; als Grundform *morodho-s, was sterben macht), die **Krankheit, I** physischer **a** leb. Wesen: gravis, levis, Cels.: longinquus, Liv., od. longus, Liv. u. Cels., Ggstz. acutus, Cels.: insanabilis, Cic.: inexplicabilis, Plin. ep.: irremediabilis, Salv.: impudicus, Vitr.: articularis, Gicht, Plin. u. a.: maior, Cels. u. Apul.: m. comitialis, die Epilepsie, Cels.: dass. caducus, Apul., od. divinus, Apul., od. sacer, Lucan.: regius od. arquatus, die Gelbsucht, Cels.: gravis et periculosus, Liv.: perniciosior, Cic.: peniciosissimus, Veget. mil.: pernicialis, Liv.: mortifer, Cic.: morbi viriles, Sen. – morbo affectus (befallen), Gell.: aeger morbo gravi od. gravi et periculoso, Liv., gravi corporis morbo, Tac.: diutinis morbis aegra corpora, Liv.: homo miser et cum corporis morbo tum animi dolore confectus, Cic. – morbi ingruunt, Curt., ingruunt in agrestes, Liv., ingruunt universis populis, Plin.: vulgati contactu in homines morbi, Liv.: stranguriae morbum contrahere, Plin.: contrahere morbum ex dolore od. ex aegritudine, Iustin.: perniciosissimus morbus nascitur, Veget. mil.: morbum nancisci, Nep.: in morbum cadere od. incĭdere od. delabi, Cic.: in morbum de integro incĭdere, einen Rückfall bekommen, Cic.: implicari morbo, Caes., od. in morbum, Nep.: gravi morbo afflictari, Liv.: morbo corripi, s. cor-ripio *no.* I, 2, d: morbo opprimi, Cic.: vi morbi opprimi, Cic.: uno genere morbi affligi, Cic.: in morbo esse, Cic.: morbo laborare, Cic.: morbo gravi et mortifero affectum esse, Cic.: morbo conflictari, Nep.: mortifero morbo urgeri, Cic.: morbo decedere, mit Tod abgehen (sterben), Eutr.: u. so morbo aquae intercutis, Suet.: morbo perire, Nep., od. mori, Nep. u. Liv.: hoc morbo mori, Cic.: morbo absumi od. confici, Sall.: levare alci morbum, Plaut.: morbum depellere, Cic.: morbo levari, Cic.: ex morbo evadere, Cic.: ex morbo convalescere, Cic.: assurgere ex morbo, Liv., e gravi corporis morbo, Tac.: e gravi morbo recreari, Cic.: nondum ex longinquitate gravissimi morbi recreatus, Cic.: defunctā civitate plurimorum morbis, paucis funeribus, Liv.: a morbo valui, ab animo aeger fui, Plaut. – morbum simulare, sich krank stellen, Cic. – alci morbum optare, Sen., precari, Cic. – in morbo consumat, möge er es (das Geld) in Krankheit aufzehren, eine Verwünschungsformel, Sen. de ben. 4, 39, 2. – **b** die **Krankheit** der Bäume u. Pflanzen, infestantur et arbores morbis, Plin. 17, 216 (vgl. *ibid.* § 218 u. 224). – **c** personif. als Gottheit, Sen. Herc. fur. 694: im Plur., Verg. Aen. 6, 275. Claud. VI. cons. Hon. 323. – **II** (wie νόσος) die geistige **Krankheit,** **a** **Verdruss, Kummer,** id illi morbo, id illi seniost, darüber wird sie verdrießlich u. mürrisch, Plaut. truc. 466: si in te aegrotant artes antiquae tuae, omnibus amicis morbum tu incuties gravem, ut te videre audireque aegroti sient, Plaut. trin. 72 *sqq.* – **b** die **Leidenschaft, Sucht,** krankhafte Leidenschaft **(Liebhaberei),** animi morbi (Seelenkrankheiten) sunt cupiditates immensae et inanes divitiarum, gloriae etc., Cic. de fin. 1, 59: venio nunc ad istius, quem ad modum ipse appellat, studium, ut amici eius, morbum (krankhafte Passion) et insaniam (rasende Leidenschaft), Cic. Verr. 4, 1: ut ad meum te morbum vocem, Sen. exc. contr. 3. praef. § 10: morbo proditor, ein Verräter aus Passion, Vell. 2, 83, 1. – auch von unreiner Leidenschaft, Wollust der Verschnittenen, turpium virorum, Hor. carm. 1, 37, 10.

mordācitās, ātis, *f.* (mordax), die **Bissigkeit,** **I** im engeren Sinne, übtr. die **Bissigkeit** der Rede, noch im Bild, tum deinde se omnes maledicerent, carperent et saevorum dentium mordacitate laniarent, Arnob. 2, 45 *extr.:* dann übh., afflictus Italā mordacitate, Acro Hor. sat. 1, 7, 32: Hieronymus derogatoribus tuis vicem necessariā mordacitate restituens, Cassiod. inst. div. litt. 20; vgl. Cassiod. hist eccl. 1, 12. – **II** im weiteren Sinne, das **Stechende** einer Sache, his omnibus foliis (urticarum) inest aculeata mordacitas, haben eine stechende Spitze, Plin. 21, 91. – als phys. Eigenschaft, mord. urticae, die Eigenschaft zu brennen, Plin. 21, 93: est (iuncus Africanus) virosae mordacitatis ad linguam, hat einen stinkenden und scharfen Geschmack, Plin. 21, 120: ne germen exstinguat ex multo melle mordicitas, das Ätzende, Pallad. 2, 15, 7: u. so miserum est secari et cauterio exuri et pulveris alicuius mordacitate anxiari, Tert. de paenit 10 *extr.*

mordāciter, *Adv.* (mordax), **beißend, bissig,** übtr., ait animus ille m., Macr. sat. 7, 3, 8: limā mordacius uti, schärfer, Ov. ex Pont. 1, 5, 19: eandem materiam mordacius scribere, Lact. 5, 2, 12: neque enim in nobis febris alias partes mordacius impellit, sed per omnia pari aequalitate discurrit, Sen. nat. qu. 6, 14, 3 (2).

mordāx, ācis, Abl. ācī (mordeo), **gern beißend, bissig,** **I** im engeren Sinne: **A** eig.: canis, Plaut.: equus, Labeo: Memmius, Auct. b. Cic. – **B** bildl.: **a** **beißend, bissig** mit Worten, carmen, Ov.: Cynicus, Hor.: mordaciorem qui improbo dente appetit, Phaedr. 4, 8, 1: mordacissimus homo, Sen. contr. 7. praef. § 8: mordacissimae litterae (Ggstz. pacificae), Hieron. epist. 82, 4. – **b** **nagend, zehrend,** sollicitudines, Hor. carm. 1, 18, 4: curae mordacissimae, Augustin. conf. 7, 5 *extr.* – **II** im weiteren Sinne, **I** **beißend, zusammenbeißend,** fibula, Sidon. carm. 5, 18. – **2** **stechend,** urtica, Ov.: arista mordacior hordeo, Plin.: mordacissima marga, Plin. – **3** **scharf,** **a** = **einschneidend, einhauend,** ferrum (Beil), Hor. carm. 4, 6, 9. – **b** = **wegbeißend, beizend, ätzend,** pulvis, Plin.: pumex, Ov. – **c** dem Geschmack nach **beißend, scharf,** acetum, Pers.: fel, Ov.: sucus, Plin.

mordeo, momordī, morsum, mordēre (statt *smordeo, vgl. griech. σμερδ-νός, schrecklich, ahd. *smerzan,* schmerzen, altindisch *mr̥dnāti,* zerreibt), **beißen,** **I** im engeren Sinne: **A** eig.: **1** im Allg.: canes mordent, Cic.: canis timidus vehementius latrat quam mordet, Curt.: pulex mordet, beißt, sticht, Mart.: alqm, v. einem Hund, Enn.: hastile, in den Schaft, Ov.: m. frenum, humum, labra, ungues, s. frēnum etc. – Partiz. subst., morsi a rabioso cane, Plin. 29, 100. – **2** insbes.: **a** kauend in etw. beißen, etw. **kauen, essen,** pabula dente, Ov.: vitem, benagen, Verg.: tunicatum cum sale cepe, Pers. – **b** **verzehren, vertun,** Laber. com. 50. – **B** übtr.: **1** auf jmd. **beißen, sticheln,** jmd. **durchziehen,** alqm clanculum, Ter.: alqm dictis, Ov.: iocus mordens, beißender Scherz, Iuven. – **2** jmd. **beißen, kränken,** jmdm. **wehtun, ans Herz gehen,** alqm opprobriis falsis, Hor.: par pro pari referto, quod eam mordeat, Ter.: valde me momorderunt epistulae tuae, Cic.: scribis, morderi te interdum, quod non simul sis, dass dir's wehtue, nahe gehe, Cic.: conscientia mordet, ich fühle Gewissensbisse, Augustin. serm. 211, 3: dass. conscientiā mordeor, Cic. Tusc. 2, 45: paupertas mordet, Cic. – **3** geistig **festhalten,** hoc tene, hoc morde, zus. = halte mit aller Kraft den Grundsatz fest, Sen. ep. 78, 29. – **II** im weiteren Sinne: **1** gleichs. **einbeißen,** **a** **eingreifen, fassen,** v. Schnallen, Haken usw., fibula mordet vestem, Ov.: vomer mordet terram, Plin.: so auch locus (corporis), qui mucronem (teli) momordit, Cels.: id, quod a lino mordetur, wo der Faden eindringt, Cels. – **b** in etw. **fest eingreifen,** an etw. **sich fest anhalten,** fraxinus arentem mordebat humum, Stat. Theb. 9, 499. – **c** v. Fluss, wenn er durch eine Gegend fließt, **benagen** = bespülen, rura, quae Liris quietā mordet aquā, Hor. carm. 1, 31, 8. – **d** v. scharfen, auf die Sinne usw. fallenden Ggstdn., **auffallen, brennen** usw., radix gustu acri mordet, Plin.: m. oculos, Plin. – urtica foliis non mordentibus, brennenden, stechenden, Plin. – aceto morderi, gebeizt werden, Plin. – v. der Hitze, Kälte, Luft, **angreifen, verletzen, brennen, sengen,** frigora parum cautos mordent, greift an, Hor.: quia oleam momorderit aestus, Hor.: mordeat et tenerum fortior aura nemus, Mart. – ► *Perf.* archaist. memordi, s. die Beisp. bei Gell. 6 (7), 9, 1. – Partiz. subst., morsa, ōrum, *n.,* **Bisschen, Stückchen,** lanea, Catull. 64, 316.

mordicātio, ōnis, *f.* (mordico), das **Kneipen, Grimmen,** ventris, Cael. Aur. de morb. acut. 2, 30, 161: mordicationem facere intestinis, *ibid.* 2, 18, 105: cibos mitiores et sine mordicatione accipiant, Plin. Val. 5, 9: Plur., mordicationes eius loci sentiunt (aegrotantes), Cael. Aur. de sign. diaet. pass. 84.

mordicātīvus, a, um (mordico), **beißend, scharf,** acetum, Cael. Aur. de morb. chron. 3, 8, 144.

mordicitus, *Adv.* (mordicus), schlechte Variante von 1. mordicus, s. d.; vgl. Hildebr. Apul. met. 3, 26. p. 198 *sq.*

mordico, āre (mordeo), **beißen, beizen,** Cael. Aur. de morb. acut. 2, 8, 34.

1. mordicus, *Adv.* (mordeo; vgl. Diom. 406, 24. Prisc. 15, 23) = ὀδάξ (Gloss.), **mit Beißen, bissweise, beißend, mit den Zähnen,** **I** eig.: quadrantem de stercore m. auferre, Petron.: nasum abripere m. (abbeißen), Plaut.: auferre m. (abbeißen) nasum, Naev. com. fr., auriculam, Cic.: usque eo premere eorum capita m., dum etc., sich fest einbeißen in usw., Cic.: praecisa m. lingua, die abgebissene, Hieron.: cauda m. apprehensa, Plin.: stipites a lupis revulsi m., Oros.: equus eum m. interfecit, Varro: asini m. me scindunt, Plaut. – **II** übtr., tenere alqd m., **sich** in etw. **verbissen haben** = an etw. mit aller Kraft festhalten, bei etwas festbleiben, etw. durchaus nicht aufgeben, perspicuitatem, Cic.: verba, Cic.

2. mordicus, a, um (mordeo), **bissig,** equi, Hyg. fab. 273. p. 147, 22 Schm. zw. (wo viell. morsibus [durch Bisse] zu lesen).

mordōsus, a, um (mordeo) = δηκτικός, **beißend, bissig,** Gloss. II, 269, 8.

mōrē, *Adv.* (morus), **närrisch,** Plaut. Stich. 641.

morētārium, iī, *n.* (moretum), das **Mörsergericht** (s. morētum), alliatum, Donat. Ter. Phorm. 2, 2, 4. Vgl. mortarium.

morētum, ī, *n.,* das **Mörsergericht,** ein ländliches Gericht aus zusammengeriebenem Knoblauch, Raute, Essig, Öl usw., herbosum, Ov. fast. 4, 367.

Morgantia (Morgentia), s. Murgantia.

moribundus, a, um (morior), **I** medial: **1** **im Sterben liegend, dem**

Tode nahe, **a** von Pers. u. deren Seele: moribunda est, Plaut.: iacentem moribundumque vidisti, Cic.: moribundi ex equis lapsi sunt, Liv.: ante pedes imperatoris moribundus procubuit, Liv.: prolapsus ac moribundus festinatis lictorum manibus in carcerem raptus est, Tac.: inter cunctantes cecīdit moribunda ministros, Verg.: cuius ab alloquiis anima haec moribunda revixit, Ov. – **b** v. Lebl.: moribunda vox generi, Stat. Theb. 8, 643: dextra ex umero nervis moribunda (erstarrend) pependit, Verg. Aen. 10, 341. – **2** sterben müssend, **sterblich,** membra, Verg. Aen. 6, 732. Apul. de deo Socr. 4. Augustin. de civ. dei 21, 13 *in.* (neben terrena corpora): corpus, Apul. apol. 50. – **II** aktiv = sterben machend, **ungesund, tödlich,** sedes, Catull. 81, 3.

mōrigerātio, ōnis, *f.* (morigeror), die **Willfahrung, Willfährigkeit,** Afran. com. 380 R.²

mōrigero, āre = morigeror, **willfahren,** sibi, seine Lust büßen, Plaut. Amph. 981.

mōrigeror, ātus sum, ārī (mos u. gero), jmdm. **zu Willen sein, willfahren, sich** nach etwas **richten,** alci, Ter.: errantiae animi, Acc. fr. 479 R.: voluptati aurium, Cic.: servituti, sich schicken in usw., Plaut.: im obszön. Sinne, ore alci, Suet. Tib. 44, 2.

mōrigerus, a, um (mos u. gero), **willfahrend, willfährig, gehorsam,** bes. im obszönen Sinne, absol., Naev. com. 91. Afran. com. 372. Plaut. capt. 966 u. a. Apul. met. 2, 5: alci, Plaut. Amph. 1004; Curc. 169 u. a.: u. so uxores numquam morigerae viris, Firm. math. 3, 7: zugleich m. *in* u. Abl., tibi morigera fuit *in* rebus omnibus, Ter. Andr. 294. – m. *ad* u. Akk., emasculatoribus suis ad omnia infanda morigerus, Apul. apol. 74 *extr.*: natura morigera *ad* fruges augendas, Lucr. 5, 80: imago *ad* omnem nutum hominis sui morigera, Apul. apol. 14. – morigeris modis et munde corpore culto, Lucr. 4, 1281.

Morinī, ōrum, *m.*, eine Völkerschaft in Gallia Belgica, am Kanal, Caes. b. G. 2, 4, 9. Verg. Aen. 8, 727.

1. morio, s. morior ►.

2. mōrio, ōnis, *m.* (v. μωρός), ein **Erznarr, Hofnarr,** Plin. ep. 9, 17. § 1 u. 2. Mart. 8, 13, 1 u. 14, 210 *lemm.* Ver. b. Vulc. Cass. Avid. 1, 8. Lampr. Alex. Sev. 34, 1. Augustin. epist. 166, 17. Schol. Iuven. 1, 35. – murio geschr., Not. Tir. 62, 12.

mōrion, iī, *n.* (μώριον), **I** eine Pflanze von der Gattung strychnus (Nachtschatten), Plin. 21, 180. – **II** die weiße männliche Pflanze des Alrauns (mandragoras), Plin. 25, 148.

morior, mortuus sum, moritūrus, morī (wie mors von Wz. *mor*), **sterben, I** eig., v. lebenden Wesen, **sterben,** v. Tieren auch = **verrecken, krepieren,** bes. vom Bild = **verenden,** ii qui iam sunt mortui (Ggstz. ii qui vivunt), Cic.: moriendum est mihi, Sen. rhet.: cum mori coepisset, als er im Sterben lag, Vopisc.: murena in piscina domi suae mortua, Macr.: canis aeditui mortua, Iul. Obsequ.: morientia lumina, die gebrochenen Augen, Ov. (morientes oculi, Amm. 16, 12, 53): mori ab alqo = interfici ab alqo, Cic. ep.: m. ex vulnere, Liv., ex vulneribus, Pollio in Cic. ep.: morte suā, eines natürlichen Todes sterben, Sen.: inhonestā morte suspendio, sich hängen, Plaut.: ferro, Liv.: anginā acerrume (reißend dahinsterben, v. Schweinen), Plaut.: morbo, Nep.: hoc morbo, Cic.: fame, Cic.: veneno poto, Sen.: risu, Fest. fr.: frigore, Hor.: desiderio alcis, Cic.: inter medicorum manus, Augustin.: in armis, Sen. u. Verg.: in suo lectulo, Cic.: in mari, Cic.: in patria saepe servata, Liv. epit.: in quinto sulco (v. Pflugstier), Plaut.: huius domi, in dessen Haus, Cic.: propter alqm, Sen.: pro amico, Cic., pro patria, Cic.: repentino (plötzlich), Cic.: bene, in Ehren, Liv., ruhig, Plin. ep.: fortiter, Liv.: honeste, prudenter, fortiter, Sen.: aequo animo, Lact.: secundis suis rebus, Cic.: uxore gravidā relictā, Liv.: ego moriar stando, im Stehen, stehend, Amm.: mori intra paucos dies, Liv.: paucis post diebus, Sall.: octavā horā, occidente sole, Cic. – si mortuum tibi filium doles, Sen.: cum iam pro condemnato mortuoque esset, für tot galt, Cic. – voces morientes, eines Sterbenden, Cic.: u. so artus morientes, Ov. – moriar, si oder ni, ich will des Todes sein usw., Cic.: moriere, si vocem emiseris, Liv. – in studio dimetiendi caeli m., sich mit der Ausmessung des Himmels bis zum letzten Atemzug beschäftigen, Cic. – Partiz. moritūrus, teils = im Begriff zu sterben, Cic. Arch. 20 u. a. Liv. 4, 2, 8 u. a., teils = bereit (entschlossen) zu sterben, Verg. Aen. 2, 511 u. a., teils = bestimmt zu sterben, der sterben muss, sterblich, Hor. carm. 1, 28, 6 u. 2, 3, 4. Sen. ep. 77, 12. Lucan. 2, 524. Vgl. Hildebr. Apul. met. 4, 30. p. 289, a. – **II** übtr.: **A** v. Pers., **sterblich verliebt sein, ganz aufgelöst sein in Liebeslust,** Prop. u. Ov.; vgl. Lachmann Prop. 2, 4, 2. – **B** v. lebl. u. abstr. Subjj.: **1** im Allg.: virgae in tergo meo morientur, werden ihren Tod finden (= zerhauen werden), Plaut. capt. 650. – **2** insbes., **a absterben,** v. Pflanzen usw., rutam et hederas, res medicatissimas, ilico mori, Plin.: morientur herbae, Solin.: primis segetes moriuntur in herbis, Ov.: exustus ager morientibus aestuat herbis, Verg. – v. den Gliedern u. dem Fleisch des Leibes, morientes artus, digiti, manus, Ov.: morientia membra, Claud.: at hi (lacerti) mortui iam sunt, Cic.: id, quod supra vinculum est, moritur, Cels. – **b erlöschen, verschwinden,** v. der Flamme usw., vidi (flammas) nullo concutiente mori, Ov. am. 1, 2, 12: aut validis tenues moriantur fontibus ignes, Sedul. 1, 247: v. Kometen, donec in exiguum moriens vanesceret ignem, Claud. b. Get. 248: dies quidem iam ad umbilicum est dimidiatus mortuos, erloschen, zu Ende, Plaut. Men. 155. – **c** von Örtl. = **sich verlieren,** Manil. 4, 627. – **d** v. Salben = **die Kraft verlieren,** Plin. 13, 20. – **e** v. Abstr. = **sein Ende nehmen, vergehen, erlöschen,** ut iste interpositus sermo deliciarum desidiaeque moreretur, Cic.: suavissimi hominis memoria moritur, Cic.: meriti morietur gratia vestri, Ov.: antiquae sunt istae leges et mortuae, und erloschen (verschollen), Cic.: Caesar cum venisset mortuo plausu (wurde es totenstill, keine Spur mehr von Beifallklatschen), Curio filius est insecutus, Cic. – **f** v. Wörtern, die sich aus dem Gebrauch **verlieren,** Quint. – ► Archaist. nach der 4. Konjug., morīmur, Enn. ann. 392: Infin. morīrī, Plaut. asin. 121; capt. 732; Pseud. 1222; rud. 675 u. 684. Vidul. fr. X Stud. (b. Non. 138, 29). Ov. met. 14, 215. – aktive Nbf. **morio,** wovon Perf. moriēre, Ven. Fort. carm. 9, 2, 52: Fut. moriam, Itala (psalt. Veron.) psalm. 117, 17: Infin. morire, Capitul. reg. Franc. tom. 3. p. 331.

Dav. *PAdi.* **mortuus,** a, um, tot, **gestorben** (Ggstz. vivus), **a** eig., Cic. u. a.: mortuus concīdisti, wie tot, Cic. – subst., mortuus, ī, *m.*, der **Tote,** die **Leiche,** mortuum inferre in domum, Cic.: a mortuis excitare, von den Toten erwecken, Cic.: amandare alqm infra mortuos, ins Reich der Toten schicken, töten, Cic.: Ggstz., qui non tantum *viventibus,* sed etiam *mortuis* praemium potest virtutis exsolvere, Lact. – sprichw., verba fiunt mortuo, man redet zu einem Toten (= vergeblich), Ter. Phorm. 1015; vgl. Plaut. Poen. 840. – nihil mecum tibi, mortuos tibi sum, bin für dich tot, Plaut. cist. 646 *sq.* – **b** übtr., gleichs. **tot, abgestorben,** flores, Plin.: mare, das Tote Meer, Iustin.

mormoriōn, ōnis, *f.*, ein dunkelbrauner, fast schwarzer Bergkristall, wahrsch. der **Rauchtopas,** Plin. 37, 173.

mormur, s. murmur.

mormyr, yris, Akk. Plur. yras, *f.* (μορμύρος), ein uns unbekannter Meerfisch, Ov. hal. 110 u. daraus bei Plin. 32, 152.

moro, āre = moror, Naev. com. 68. Pacuv. tr. 181. Enn. fr. scen. 424.

morochthos, ī, *m.*, ein lauchfarbiger, uns unbekannter Edelstein, Plin. 37, 173.

mōrologus, a, um (μωρολόγος), **närrisch (verkehrt) redend, närrisch, töricht, verkehrt,** amoris vitio, non meo nunc tibi morologus fio, Plaut. Pers. 49: sermonibus morologis uti, Plaut. Pseud. 1264.

1. moror, ātus sum, ārī (1. mora), **Verzug machen,** u. zwar: **I** sich selbst = **verziehen, verweilen, sich aufhalten, A** im Sinne des Zögerns, **zögern, säumen, zurück-** od. **ausbleiben, a** absol.: eamus ergo ad cenam: quid stas? *Thr.* Ubi vis: non moror, ich bin bereit, Ter.: narravit, Brutum valde morari, Cic.: auxilia morantur, bleiben aus, Caes.: cum morarentur iumenta, Cic.: pars morans (zurückbleibend), pars festinans, Tac.: utcumque progressi morative (zu weit Vorgegangene oder Zurückgebliebene) aliquam occasionem fecissent, Liv. – m. longum, Lucr.: haud multa moratus, ohne lange zu säumen, Verg.: u. so nec plura moratus, Verg. – Partiz. subst., morātī, ōrum, *m.*, Leute, die sich verspätet haben, **Nachzügler, Marodeure,** Liv. 21, 47, 3 u. 48, 6; 24, 41, 4. – **b** m. folg. *Infin.*, **Anstand nehmen, zögern, säumen,** alci bellum inferre, Cic.: toto oppido munitiones circumdare, Hirt. b. G.: secundā ratem occupare quid moramur alite? Hor. – **c** moror mit folg. *quin* u. Konj., **ich stehe an, nehme Anstand,** zu usw., morari Caesarem, quin naves conscendere iuberet, Auct. b. Alex. 7, 1. – u. nihil moror m. folg. *quo minus* u. Konj., **ich stehe nicht an, will sogleich,** nihil ne ego quidem moror, quo minus decemviratu abeam, Liv. 3, 54, 4 (versch. unten *no.* II, B, c).

B im Sinne des Verweilens, des längeren oder kürzeren Aufenthalts, **weilen, verweilen, verbleiben, sich aufhalten, sich befinden, 1** eig.: ibi, Liv.: Brundisii, Cic.: in provincia, Cic.: apud oppidum, Caes.: circa flumen, Liv.: inter aras, Phaedr.: inter homines, Suet. (vgl. 2. moror): paucos ibi dies, Liv.: paucos dies, dum (bis) etc., Liv.: tantum (nur so lange) ibi, dum (bis) etc., Liv.: diutius, ibi diutius, Cic. u. Nep. – m. cum alqo, mit jmd. umgehen, leben, Sen.: u. so secum, bei sich verweilen, sich nicht zerstreuen, Sen. – poët. übtr., v. Lebl., **a weilen** = noch blühen, rosa quo locorum sera moretur, Hor. carm. 1, 38, 3 *sq.* – **b** irgendwo **weilen = haften,** vincula collo morantia, Ov.: oculi od. vultus tellure morati, Ov. – **2** übtr., dum moror in externis, verweile bei usw., mich beschäftige mit usw., Vell.: morandi in imperiis cupiditas, in hohen Stellen (so lange als möglich) zu verbleiben, Vell.

II einem anderen Verzug machen, **A** indem man selbst ausbleibt, säumt = jmd. **warten lassen,** egomet convivas moror, Ter. heaut. 172.

B indem man den anderen verweilen macht = jmd. od. etw. **aufhalten, zurückhalten, verzögern, behindern, hindern, 1** im Allg., **a** m. *Acc.:* primum impetum sustinere atque m., Caes.: ipsum morando sustinuit, Verg. – alqm lite iniquā, behindern, belästigen, Hor.: longo sermone tua tempora, dir deine Zeit (die du den wichtigen Geschäften des Staates widmest) rauben, Hor.: nec moratus est imperium, vollzog sogleich den Befehl, Petron. – übtr. v. Lebl., si aliqua res eum impediet atque morabitur, Cic.: si me navigatio non morabitur, Cic.: ne haec quidem res Curionem ad spem morabatur, erschütterte K. in seiner Hoffnung, Caes. – Thracane vos … an pingues Asiae campi morantur, Hor.: non mare illud euntes nos moratur, Curt.: lora morantia artus, Ov.: mensa nullius convivae oculos voluptate moratur, fesselt, Sen.: si dura morabitur alvus (*sc.* te), beschwert, Hor.: u. so potibus aut duris restricta morabitur alvus, Ser. Samm.: i, mea, dixit, avis, ne quid pia sacra moretur, Ov.: u. so ne res aliqua sacrificium moraretur, Petron. – **b** m. *ab* u. Abl.: alqm ab itinere, Liv., a fuga, Liv. – **c** non (nec) moror m. folg. *quin* u. Konj.: ne adfinem morer, quin ubi arcessat meam extemplo filiam ducat domum, Plaut. aul. 612 *sq.*: nec diu moratur dolorem suum, quin eos interfici iubeat, Auct. b. Alex. 55, 2. – u. non (nec) moror m. folg. *quo minus* u. Konj., non moror, quo minus in civitatem redeant, Liv. 9, 11, 10: cum Philippus nihil morari diceret, quo minus reciperent (Pharsalum), Liv. 33, 13, 6: moratus sit nemo, quo minus, ubi visum fuerit, abeant, Liv. 9, 11, 13. – **d** absol.: morari (den Feind aufhalten) atque impedire iter, Caes.: obsistere ac morari, Liv.: nullo morante (als keiner einschritt) arreptus a viatore, Liv. – **2** insbes.: **a** alqm nihil moror, als Entlassungsformel, und zwar sowohl des Konsuls im Senat, nihil vos moramur, patres conscripti, ich halte euch nicht weiter auf, ihr seid entlassen, Capit. Anton, phil. 10, 9. – als auch des freilassenden Richters, C. Sempronium nihil moror, ich halte S. nicht weiter, ich habe weiter nichts gegen S., Liv.: absoluto Claudio tribunus plebis negavit se Gracchum morari, Liv. – **b** als Formel beim Abbrechen der Rede, ne te morer, um dich nicht aufzuhalten, um es kurz zu machen, Hor.; u. so ne te longis ambagibus morer, Hor.: ne multis vos morer, Petron.: u. absol., ne multis morer, Cic.: quid multis moror? Ter. – **c** als Formel des gemeinen Lebens, nihil moror m. *Acc.* u. dgl. **α** mit Verachtung abweisend, der u. das u. das **kann mir gehen, es hat gute Weile mit** usw., **kann mir wegbleiben, -vom Hals bleiben, ich mag es nicht, ich kehre mich nicht an** usw., **ich mag nichts wissen von** usw., **ich mache mir nichts aus** usw., **ich achte es nicht** (s. Lorenz Plaut. most. 732. Brix Plaut. trin. 297), nil moror mihi istiusmodi clientes, Plaut.: purpuram nihil m., Plaut.: nec dona moror, Verg. – m. folg. *Infin.*, nil m. ductarier, ich mag nicht angeführt sein, Plaut. most. 845: alio uti nil moror, Plaut. capt. prol. 16. – absol., remove pernam, nihil m., Plaut.: *Th.* Profecto non plus biduum, aut – *Ph.* Aut? Nihil moror, Ter. – **β** zustimmend, ich **habe nichts dagegen, meinetwegen mag (mögen)** usw., **mir ist's gleich,** m. folg. *Acc.* u. *Infin.*, nihil moror eos salvos esse, Anton. b. Cic. Phil. 13, 35: pertinacem (dici me) nil moror, Acc. tr. 9. – absol., i iam nunc, quo properabas, nihil m., Plaut.: per me sint omnia protinus alba; nihil m., Pers. – **3** emphat. = jmd. mit Aufmerksamkeit bei etwas od. sich verweilen machen, jmd. **fesseln,** m. populum, m. oculos auresque alcis (v. Gedichten), Hor.: sunt quos Pacuviusque et verrucosa moretur Antiopa, Pers.: novitate morandus spectator, Hor. – ► Parag. Infin. morarier, Plaut. Cas. 553 u. 603.

2. mōror, ārī (v. μωρός), **ein Narr sein,** morari inter homines, im scherzh. Doppelsinne = ein Narr sein u. = (1. moror) verweilen, leben, Suet. Ner. 33, 1: ebenso ego morā moror multum, Plaut. mil. 370 (369).

mōrōsē, *Adv.* (morosus), **eigensinnig, aus** oder **mit grämlichem Eigensinn, ängstlich, allzu vorsichtig,** Cic. Brut. 236. Plin. 18, 128: *Compar.* morosius, Tert. de pall. 4. Hieron. epist. 38, 4: *Superl.* morosissime, Suet. Aug. 66, 4.

mōrōsitās, ātis, *f.* (morosus), das **eigensinnige, wunderliche, launische, grämliche Wesen,** die **eigensinnige Laune,** der **Eigensinn,** die **grämliche Strenge, Ängstlichkeit, Peinlichkeit,** Cic. u. a.: m. nimia, pedantische, übertriebene Ängstlichkeit, pedantische Gezwungenheit, Suet.

1. mōrōsus, a, um (mos), **voll besonderer Sitten, voller Eigenheiten, eigensinnig, eigen,** bald = **streng am Herkömmlichen haltend, pedantisch,** bald = **wunderlich, launisch, grämlich, empfindlich, a** v. Pers.: sunt morosi et difficiles senes, Cic.: m. canities (Alter), Hor.: quam sint morosi, qui amant, vel ex hoc intellegi potest, Cic.: inter hos morosum (Grämlichen) ponas, Sen.: nullā penitus disciplinā morosi, Firm.: morosior circa corporis curam, zu eigen, Suet. Caes. 45, 2. – **b** übtr., v. Lebl.: morbus, hartnäckige, Ov.: cupressus natu morosa, schwer wachsend, Plin.: u. so aesculus minus morosa nasci, Plin.: m. fingendi subtilitas, Plin.: orationis elegantia neque morosa neque anxia (peinigende), Gell.: lex m., schwer zu befriedigend, Sen. rhet.: prurigo m., Mart.: speculatoria morosissima, Tert. de coron. mil. 1.

2. morōsus, a, um (mora), **voll Verzug, lange aufgeschoben,** reditus, Cassian. coll. 17, 5.

Morpheus, eos, Akk. ea, *m.* (Μορφεύς), ein Sohn des Schlafes, Gott der Träume, Ov. met. 11, 635 u. 647.

morphnos, ī, *m.* (μορφνός), eine Adlerart, wahrsch. *Falco Naevius,* L., der **Entenadler,** Plin. 10, 7.

mors, mortis, *f.* (zu Wurzel *mor,* wov. auch morior, verwandt mit μόρος, μοῖρα) der **Tod, I** eig. u. übtr.: **A** eig.: acerba, Cic.: m. honesta, Nep.: celeris, Suet.: immatura, Lucr., Catull., Cic. u. a.: innoxia, Iustin.: matura, Flor. 3, 17, 9: necessaria, der natürliche, Cic.: perspicua, Cic.: alci propinqua, Cic.: repentina, Cic.: voluntaria, Cic.: mors coacta, Ggstz. fortuita, Tac.: cuius aetati mors propior erat, Sall. fr.: beata L. Crassi mors illa, quae est a multis saepe defleta, Cic.: fames, miserrima omnium mors, Sall.: fames et frigus, quae miserrima mortis genera sunt, Cic.: mors crucis, Kreuzestod, Augustin. in Ioann. tract. 124, 1. – mortis periculum, Caes.: mortis poena od. poenae, Cic.: potio mortis causā data, Ps. Quint. decl.: civium suorum vitae mortisque arbiter, Sen. – morti proximus, Fronto, Augustin. u. a.: morti vicinus, Capit., Hieron. u. a. – mors (alci) appropinquat, Cic. – obire mortem, s. ob-eo: mortem subire, suscipere, s. sub-eo, suscipio: occumbere mortem, s. occumbo: mortem oppetere, s. oppeto: voluntariam mortem petere, Gell.: cupide mortem expetere pro salute civium, Cic.: morti od. ad mortem se offerre, s. offero: mortem sibi consciscere, Cic.: mortem alci afferre, Plaut.: afferre alci causam mortis voluntariae, Cic.: alci mortem inferre u. offerre, Cic.: alqm dare ad mortem, Plaut., od. morti, Hor.: alqm morti mittere, Plaut.: alqm morte afficere, Cic.: mortem proponere, Cic.: ad mortem trudi, Cic.: morte deleri, Cic.: alqm morte multare, Cic., punire, Plin. ep.: alqm morte damnare (v. der Natur), Sen.: alqm ad mortem damnare, Tac.: alci morti esse, jmdm. den Tod bringen, Cic.: ebenso mortem facere, Ov.: morte suā mori, eines natürlichen T. sterben, Sen.: ebenso suā morte defungi, Suet.: inhonestā morte mori, Tert.: vitam cum morte commutare, Sulpic. in Cic. ep.: mortem servituti anteponere, Cic.: mortem deprecari, um sein Leben bitten, Caes.: mortem alcis persequi, Cic., Caes. u. Liv.: fidenti animo ad mortem gradiri, Cic.: alqm ex media morte eripere, Cic.: mortem alcis lacerare, jmd. im Tode, Cic.: so auch alcis vitam spoliare, eius mortem ornare, Cic.: Drusum matura mors abstulit, Flor. 3, 17, 9. – in mortem (zum Todesstoß) destringere ferrum, Tac. – in morte, noch im T., noch nach dem T., Verg.: in extrema morte, an der äußersten Grenze des T., in den letzten Augenblicken, Catull. u. Verg.: so auch supremā morte, Hor. u. a. (s. Schmid Hor. ep. 2, 2, 173). – Plur. mortes, wie θάνατοι, **α** v. Tode mehrerer, **Tod, Todesfälle,** mortes imperatoriae, Cic.: mortes quattuor, Mart.: mortes meorum, Plin. ep.: clarae mortes pro patria oppetitae, Aufopferungen für das V. durch den Tod, Cic.: quibus videmus optabiles mortes fuisse cum gloria, Aufopferungen durch einen rühmlichen Tod, Cic.: perdere mortes, den Tod verschwenden, d. i. unnütz Tod (unter den Feinden) verbreiten, Stat. – **β** v. den verschiedenen Erscheinungen des Todes, die **Todesarten, Todesgefahren,** der **Tod in jeder Gestalt,** o hominem mille mortibus dignum! Sen.: omnes per mortes animam dare, Verg.: omni imagine mortium, Tac. – **B** übtr.: **1** von Lebl., der **Tod** = das **Absterben, Hinschwinden,** hoc mors est illius, quod ante fuit, Lucr.: rerum omnium oblivio morsque memoriae, Plin. – **2** personif., die Gottheit Mors, Tochter des Erebus und der Nox, Cic. de nat. deor. 3, 44. Hyg. fab. praef. *in.* Verg. Aen. 11, 197. – **II** meton.: **1** der **Tod** = der **Leichnam,** die **Leiche,** hominis, Plin.: morte campos contegi, Acc. fr.: nec sit in Attalico mors mea nixa toro, Prop. – ähnl. von einem Greis, odiosum est mortem amplexari, eine Leiche, ein Skelett, Plaut. – **2** wie φόνος, = durch Mord vergossenes Blut, **Todesblut,** ensem multā morte recepit, Verg. Aen. 9, 348. – **3** der, das Todbringende, der **Tod,** mors terrorque sociorum lictor Sextius, Cic. Verr. 5, 118. – ubi fratri suo paratam mortem (tödliche Gift) ebibit, Apul. met. 10, 5. p. 886 H.: aër fertilis in mortes, ergiebig an tödlichen Plagen, Lucan. 9, 625: u. Plur. mortes v. todbringenden Geschossen, Lucan. 7, 517. Sil. 9, 369. Stat. Theb. 6, 793. – ► Archaist. Abl. morti, Lucr. 6, 1229 (1232).

morsa, ōrum, *n.*, s. mordeo a. E.

morsicātim, *Adv.* (morsico), **zusammenkneifend,** Sueius pull. fr. 1 M. (b. Non. 139, 25).

morsicātio, ōnis, *f.* (morsico), das **Beißen,** ciborum, Paul. ex Fest. 143, 3 (*cod. Monac.* morsitatio).

morsico, āre (*Intens.* v. mordeo), **I fort u. fort beißen,** Paul. ex Fest. 68, 15. – **II** insbes., die Lippen-, die Augen **zusammenkneifen,** v. Küssenden, Apul. met. 7, 21. – oculi morsicantes, zwinkernde, liebäugelnde, Apul. met. 2, 10 (Hildebrand an beiden Stellen morsito; vgl. morsicatio).

morsitātio, morsito, s. morsicātio, morsico.

morsiuncula, ae, *f.* (*Demin.* v. morsus), **I** das **Beißen,** Apul. met. 8, 22. – **II** insbes., das **Beißen** mit den Lippen eines Küssenden, teneris labellis molles morsiunculae, gar sanfte Bisse, Plaut. Pseud. 67.

morsus, ūs, *m.* (mordeo), das **Beißen,** der **Biss, I** eig. u. übtr.: **A** eig.: **1** im Allg.: ad ipsum morsum (Bisswunde) stercus suillum adponito, Cato: m. serpentis, avium, Cic.: m. muscularum, Boëth.: morsus rabidi, Cael. Aur., morsus rabidi canis, Plin.: morsu violare, Sen.: morsu necare, Ov.: morsu petere, appetere alqd, nach etw. beißen, Sil. u. Tac. ähnl. catenas morsibus od. morsibus et ore tentare, Flor.; u. morsu insequi saxum, Ov.: morsu dividere escas (v. den spitzen Zähnen), Cic.: morsu (mit den Zähnen) apprehendere alqd, Plin.: morsu tollere alqd, Plin.: morsu premere alqd, sich fest einbeißen in usw., Lucr. – **2** insbes., das Beißen der Speise, das **Essen,** vertere morsus exiguam in Cererem, Verg.: nec tu mensarum morsus horresce futuros, Verg. – **B** übtr.: **1** das **Eingreifen, Fassen** einer Schnalle, eines Ankers, Sil. u. Verg.: u. meton. v. dem, was eingreift, fasst, m. uncus, der gebogene Zahn (v. Anker), Verg.: m. roboris, die Baumspalte, die den Wurfspieß einklemmt, die Klemme, Verg. – **2** das **Beißen, Brennen** als scharfe Empfindung, aceti, Mart.: marinus, Plin. – u. das **Brennen** der Nessel usw., Plin.: u. morsus ventris, das Bauchgrimmen, Fronto. – **3** das **Beißen, Beizen, Anfressen** des Rostes, Lucan. 1, 243. – **II** bildl.: **1** das **Sticheln** mit Worten, der **hämische Angriff,** Hor. ep. 1, 14, 38: dubiā morsus famae (verleumderischen Gerüchts) depellere pugnā, Sil. 7, 271. – **2** der **Stich** = die **bittere Empfindung,** der **Schmerz,** die **Kränkung,** der **Verdruss,** m. exsilii, Ov.: confusi ex recenti morsu animi, Liv.: m. libertatis intermissae, Cic.: perpetui curarum m., Ov.: quasi m. doloris, Cic. – ► Dat. Sing. morsu, Ven. Fort. vit. S. Mart. 1, 457: heterokl. Abl. morso, Nov. com. 22.

Morta, ae, *f.*, eine der Parzen, Liv. Andr. u. Caesell. b. Gell. 3, 16. § 11.

mortālis, e (mors), **zum Tod gehörig, I** *pass.*: **A** = θνητός, **dem Tod unterworfen, sterblich, vergänglich** (Ggstz. immortalis), **1** eig.: **a** *adi.*: quid in iis mortale et caducum, quid divinum aeternumque sit, Cic.: omne animal esse mortale, Cic.: mundus m., Cic. – **b** *subst.*: **α** mortālis, is, *m.*, wie θνητός, ein **Sterblicher,** ein **Mensch,** m. lepidus, Plaut.: turpe deum mortali cedere, Ov.: in homine atque mortali, Cic. – bes. im Plur., mortālēs, die **Sterblichen,** die **Menschenkinder, Menschen,** Cato, Varro u. a.: gew. verb. omnes m., cuncti m., ceteri, multi m., Cic., Sall., Liv. u. a. – **β** mortāle, is, *n.*, **Sterbliches, Vergängliches,** quicquid mortale creamus, Ov.: mortale immortali propinquare non potest, Lact. – **2** übtr., **vergänglich, zeitweilig, vorübergehend,** leges, Cic.: deus, v. einem Redner, Quint.: Ggstz., amicitiae immortales, mortales inimicitiae esse debent, Liv. 40, 46, 12: neque me vero paenitet mortales inimicitias, sempiternas amicitias habere, Cic. Rab. Post. 32. – **B** prägn., dem Sterblichen (dem Menschen) zukommend, von einem Sterblichen (Menschen) herrührend, **sterblich, irdisch, menschlich, Menschen-, a** *adi.*: condicio vitae, Cic.: opera, Liv.: malum, Ov.: mucro, Verg.: vulnus, Verg. – *Compar.*, ut mores aliquid ipso homine mortalius esse intellegant, Plin. 36, 110. – **b** *subst.*, mortāle, is, *n.*, **Sterbliches, Menschliches,** nec mortale sonans, Verg. Aen. 6, 50: ultra mortale tumens, Amm. 26, 6, 8. – öfter Plur. mortālia, ium, *n.*, das **Menschliche, Irdische,** Quint. u. Tac.; bes. **menschliche Leiden, Menschengeschick,** et mentem m. tangunt, Verg. – **II** *act.* **den Tod bringend, tödlich,** crimen, Cypr. de bon. pat. 14.

mortālitās, ātis, *f.* (mortalis), die **Sterblichkeit, I** abstrakt: **A** eig.: **1** = das **Sterben,** die **Sterbefälle,** his imperatoribus magna mortalitas fuit, Chronogr. Momms. 648, 2. – **2** die **Vergänglichkeit,** Cic. de nat. deor. 1, 26: m. mollitiae, Plin. 36, 166. – **B** übtr., die **Sterblichkeit,** die **Menschheit** = die **menschliche Natur, Menschennatur** in ihren mannigfaltigen Beziehungen (Ggstz. immortalitas), bald **a** = die **sterbliche Natur,** die **Endlichkeit, Zeitlichkeit,** das **Zeitliche,** Suet., Quint. u. a.: mortalitatem explere, das Zeitliche segnen, Tac.: m. mariti intervenit, das zeitliche Ende, der Tod, ICt. – bald **b** = die **menschliche Schwäche, menschliche Hinfälligkeit, schwache, sinnliche Menschennatur,** Sen. u. a. – **II** konkret, die **Menschheit** = die **Sterblichen,** die **Menschenkinder,** Plin., Curt. u. a. (s. Mayhoff Lucubr. Plin. 2. p. 80. Bünem. Lact. 4, 25, 1).

mortāliter, *Adv.* (mortalis), **sterblich,** Augustin. enchir. 64.

mortāriolum, ī, *n.* (*Demin.* v. mortarium), der **kleine Mörser,** Hieron. epist. 52, 10 u. 64, 9. Vulg. numer. 4, 7 u. 7, 14.

mortārium, iī, *n.*, **I** der **Mörser,** Plaut. aul. 95. Cato r. r. 74. Colum. 12, 57, 1. Iuven. 7, 170: m. aereum, Plin. 33, 123: plumbeum, lapideum,

Plin. 34, 168, fictile, Scrib. Larg. 111. – II übtr.: A die **Mörtelpfanne,** Vitr. 7, 3, 10; 8, 6, 14. Plin. 36, 177. – meton. = der **Mörtel,** Vitr. 5, 12, 2 u. 7, 1, 5. – B eine **mörserähnliche Vertiefung** um die Bäume, Pallad. 4, 8, 1. – C mortāria, iōrum, *n.*, **Zutaten zum Mörsergericht** (s. morētum), Apic. 1, 36 Sch. (Variante moretaria).

morticīnus, a, um (mors), **gestorben, abgestorben,** I eig., nur von Tieren, wie unser **verreckt,** ovis, Varro: volucres aut pisces, Varro: cadaver, Aas, Vulg.: in sacris ne morticinum quid adsit, Varro LL.: soleae, v. verrecktem Vieh, Serv. – als Schimpfwort niedriger Leute, **Luder, Aas,** Plaut. – subst., morticīnum, ī, *n.*, der **Leichnam,** das **Aas,** Augustin. c. Faust. 32, 13 *in.* Vulg. Levit. 17, 15 u. a.: dass. Plur. morticīna, Vulg. Levit. 11, 11 u. a. – II übtr., **abgestorben,** caro, Sen.: clavus, Leichdorn, Plin.: urnas reorum morticinas lambere, Gräber der Toten, Prud.

mortifer, fera, ferum u. **mortiferus,** a, um (mors u. fero), **todbringend, tödlich, tötend** (Ggstz. vitalis, salutaris, saluber), vulnus, Lucil. fr. u. Cic.: morbus, poculum, Cic.: ictus, Colum.: bellum, Cic. poët.: voluptates, Lact.: peccatum mortiferum, Todsünde, Augustin.: mali serpentes et alia animalia, quibus mortifera vis inest, Sen.: mortiferum est m. *Infin.*, quem mortiferum est non exorasse, Sen. contr. 2, 3 (11), 11. – *neutr. pl.* subst., mortifera loqui, halsbrechende Dinge, Plin.: multa mortifera (tödliche Stoffe) in alto latent, Sen. – ► Nom. mortifer z. B. Claud. rapt. Pros. 3, 237. Pallad. 9, 9, 1; Nom. mortiferus z. B. Cels. 4, 2, 1 u. 5, 26, 22. Colum. 6, 17, 1. Veget. mul. 4, 21, 1. Augustin. de util. cred. 18. § 36. Gregor. reg. past. 3, 17.

mortiferē, *Adv.* (mortifer), **tödlich,** aegrotare, Plin. ep. 3, 16, 3: vulnerare, Marc. dig. 9, 2, 36. § 1 u. a.

mortificābilis, s. mōnstrificābilis.

mortificātio, ōnis, *f.* (mortifico), die **Tötung,** der **Tod,** Eccl. u. Gloss. II, 375, 36.

mortifico, āvī, ātum, āre (mortificus), **töten** (Ggstz. vivifico), Eccl.

mortificus, a, um (mors u. facio), **tödlich,** vulnus, Val. Max. 5, 6, 1: cibus, Tert. adv. Marc. 4, 5.

mortigena, ae, *m.* (mors u. geno = gigno), der **Todgeber,** de Rossi Inscr. christ. II, 53, 3, 11.

mortuālia, ium, *n.* (mortuus), I die **Totenlieder** der Leichenfrauen (praeficarum), Plaut. asin. 808. Cato. inc. libr. fr. 19. – II **Leichenkleider, Trauerkleider,** Naev. tr. 46.

mortuārius, a, um (mors), **den Tod betreffend,** agones, Suet. fr. 193. p. 342, 3 *Reiff.*

mortuōsus, a, um (mortuus), I **toten-, leichenähnlich,** vultus, Cael. Aur. de morb. acut. 1, 3, 38. – II **tödlich,** Cael. Aur. de morb. acut. 1, 10, 72.

morturio, īre (mors), **ein Verlangen nach dem Tod haben, gern sterben wollen,** Cic. fr. bei Augustin. regul. 516, 17 K. (Cic. fragm. K. 22. p. 413 M.).

morula, ae, *f.* (*Demin.* v. mora), ein **kleiner Verzug,** Cypr. epist. 11, 6, Augustin. serm. 107, 2; conf. 11, 15. § 20 u. de music. 2, 3, 3: Plur., morulae breves longaeque, Augustin. serm. 187, 2: per transitorias temporum morulas, Augustin. de civ. dei 10, 15.

mōrulus, a, um (*Demin.* v. morus), **schwarz, dunkelschwarz,** Plaut. Poen. 1289 zw.

mōrum, ī, *n.* (μῶρον u. μόρον), I die **Maulbeere,** Plin. 15, 96 *sq.* Verg. ecl. 6, 22. Hor. sat. 2, 4, 22. Ov. met. 4, 127. Edict. Diocl. 6, 77. – II die **Brombeere,** Plin. 24, 117. Ov. met. 1, 105.

1. mōrus, a, um (μῶρος), **närrisch, albern,** more moro, Plaut. Men. 571 *Schoell:* subst., ein **Narr,** eine **Närrin,** mores mori et morosi, Plaut. – morus es, Plaut.: ego stulta et mora, Plaut.

2. mōrus, ī, *f.* (morum) = μορέα, der **Maulbeerbaum,** Plin. 16, 74. Ov. met. 4, 90.

mōs, mōris, *m.* (vgl. μῶμαι, μῶσθαι), der **Wille** eines Menschen, I der **Eigenwille, Eigensinn,** alieno more od. ex more alīus vivere, Ter.: oboediens fuit mori patris, Plaut.: dominae pervincere mores, den Eigensinn, Prop. – morem alcī gerere, den Willen tun, zu Willen sein, willfahren, Cic. u. a.: morem gerere voluntati alcis, Cic. u. Nep.: morem gerere animo, sein Mütchen kühlen, Ter.: sine me in hac re mihi gerere morem, lass mich gewähren, Ter.: adulescentulo morem gestum oportuit, Ter.

II der für die Handlungsweise zur Regel gewordene Wille, A eig., die **Sitte,** d. i. 1 die **Sitte,** das **Herkommen,** die **Gewohnheit,** der **Gebrauch,** die **Mode,** a übh.: mos antiquus, Cic. u. a.: omnis divinus humanusque mos, Liv.: mos improbus, Plaut.: mores mali, Plaut.: peregrini, Liv. u. Iuven.: mos pravus, Tac., perversus, Cic.: mores prisci, Liv.: mores maiorum, Liv.: mos solitus, Sen.: sollemnis, Liv.: traditus a maioribus mos, Liv.: traditus ab antiquis mos, Hor. u. Liv.: mos vetus, Tac., vetustus, Tac.: mos Romanorum, Macr.: mores vetusti Carthaginiensium, Nep.: mores legesque Lacedaemoniorum, Gell.: mos ritusque sacrorum, Verg.: mos militiae, Dienstvorschrift, Tac.: lavandi mos, das Baden (als Sitte), Augustin. epist. 54, 10. – accommodare suos mores ad ea, Liv.: adumbrare (kopieren) Macedonum morem, Curt.: qui mos cui potius quam consuli magis usurpandus colendusque est (beobachtet und heilig gehalten werden), Plin. pan.: qui gentis mores condiderunt (begründeten), Curt.: constituere (fest ordnen) regni mores, Liv.: pleraque in iure non legibus sed moribus constant, Quint.: corruptis civitatis moribus, Nep.: de more suo decedere, Cic.: deduci ad parentium (Eltern) consuetudinem moremque, Cic.: proxime morem Romanum ordinati, ganz nach röm. Muster, Liv.: eum ultra Romanorum ac mortalium etiam morem curabant, Sall. hist. fr.: esse in more maiorum (v. Gesetzen, Gebräuchen), Cic.: quod in patriis est moribus, nach der Väter Weise, Cic.: quod moris est, Sen.: ut mos est amicorum, Cic.: ut mos fuit Bithyniae regibus, Cic.: ut moris est, Tac.: ut Domitiano moris erat, Tac.: sicuti Pompeio moris erat, Vell. – mos est m. folg. *Genet. Gerund.*, quia mos est ita rogandi, roga, Cic.: u. alci mos est m. folg. *Genet. Gerund.*, quibus peractis morem sibi discedendi fuisse, seien sie allemal auseinandergegangen, Plin. ep. – mos est od. alcis mos est m. folg. *Infin.*, fabam utique ex frugibus referre mos est auspicii causā, Plin.: magorum mos est non humare corpora suorum, Cic.: hic mos erat patrius Academiae, adversari semper omnibus in disputando, Cic.: mos erat civitatis velut publico latrocinio partam praedam dividere, Liv.: quae mos erat praestare defunctis, Sen.: u. alci mos est m. *Infin.*, quibus inter acerrimam saepe pugnam in recentem equum ex fesso transultare mos erat, Liv.: quibus omnia honesta atque inhonesta vendere mos erat, Sall.: virginibus Tyriis mos est gestare pharetram, Verg. – moris est u. alci moris est m. folg. *Infin.*, quod (pomoerium) numquam proferre moris apud antiquos fuit, Sen. de brev. vit. 13, 8: moris quippe tum erat quamquam praesentem (Caesarem) scripto adire, Tac. ann. 4, 39, 1: fuit moris antiqui eos … aut honoribus auf pecuniā ornare, Plin. ep. 3, 21, 3: sciant, quibus moris est inlicita mirari, Tac. Agr. 42: illis moris erat leges, quas ut contrarias prioribus legibus arguebant, aliarum collatione convincere, Plin. ep. 2, 19, 8 (vgl. Bspp. bei Schwarz Plin. pan. 13, 3 u. 82, 5. Kritz Tac. Germ. 13, 1 u. Tac. Agr. 33, 1 u. 39, 1. Clav. Suet. in v. mos). – mos est m. folg. *Acc.* u. *Infin. Act.* od. *Pass.*, mos erat lustrationis sacro peracto decurrere exercitum, Liv. 40, 6, 5: quā (populari oratione) mos est Athenis laudari in contione eos qui sint in proeliis interfecti, Cic. or. 151: in ipso discrimine, quo templa deis immortalibus voveri mos erat, Liv. 10, 42, 7 (u. so Liv. 3, 55, 12; 30, 17, 13; 37, 24, 4): vota, quae in proximum lustrum suscipi mos est, Suet. Aug. 97, 1. – moris est mit *Acc.* u. *Infin. Act.* u. *Pass.*, quem semper illi astare moris fuit, *Vell. 2, 40, 3 H.: intra illud tempus, quo elugere virum moris est, Edict. praet. bei Iulian. dig. 3, 2, 1 u. Frgm. Vat. § 320: moris est advocationibus quoque praesides interdicere, Ulp. dig. 48, 19, 9 pr.: moris est ab imperatore ducturo triumphum consules invitari ad cenam, Val. Max. 2, 8, 6. – mos est od. moris est m. folg. *ut* u. Konj., mos est hominum, ut nolint eundem pluribus rebus excellere, Cic.: negavit moris esse Graecorum, ut in convivio virorum accumberent mulieres, Cic. – moris est m. folg. *ne* u. Konj., moris erat apud antiquos, ne quis adederet possessiones suas, Schol. Iuven. 1, 95. – fecerat sibi morem (er hatte die S. angenommen) cum tyranno inter paucos ordines circumeundi, Liv.: habebat hoc moris (er hatte es so an der Gewohnheit), quotiens intrasset fidelior amicus, Plin. ep. 1, 12, 7: inducere hoc in mores nostros, Cic.: inducere hunc morem novorum iudiciorum in rem publicam, Cic.: primus hunc morem audiendi induxit Largus Licinius, Plin. ep.: imitari devictarum gentium mores, Curt.: inferre peregrinos mores, Iuven.: quarum (civitatum) mores lapsi ad mollitias pariter sunt immutati cum cantibus, Cic.: hunc morem labefactare conatus, Liv.: si rationum referendarum ius vetus et mos antiquus maneret, Cic.: mutare veterem et quasi avitum gentibus morem novā imperii cupiditate, Iustin.: legi moribusque parendum est, Cic.: alcis aedilitas maxime prosternit mores, Plin.: pervertere vetustos mores Carthaginiensium, Nep.: percrebruerat eā tempestate pravissimus mos, Tac.: quod in morem vetustas vulgi approbatione perduxit, Cic.: mos non placebat m. folg. *Acc.* u. *Infin.*, Liv. 2, 53, 5: quae in mores recepta sunt, Quint.: disciplinam militarem ad priscos redigere mores, Liv.: reducere intermissum tam diu morem in publicum consulendi, Plin. ep.: post longam intercapedinem reducere morem transvectionis, Suet.: referre antiquum morem, ut etc., Suet.: hunc morem cursus primus Ascanius rettulit, Verg.: et relatus inconditae olim vitae mos, ut omne ius in viribus esset, Sall. fr.: regi neque moribus neque lege aut imperio cuiusquam, Sall.: retinere eum morem, Cic.: in ea epistula non esse solitum morem secutum, Sen.: servare traditum ab antiquis morem, Hor.: morem eum diu servasse, Mela: non inutilem servare morem, Quint.: in quo (iudicio) non mos consuetudoque servata, Cic.: hunc antiquitus morem servare, ut etc., Liv.: solvere traditum a maioribus morem de omnibus senatum consulendi, Liv.: eum morem tenere (festhalten, beobachten), Cic.: hunc morem sacrorum tenere, Verg.: morem suum adhuc tenere (v. Massilia), Mela.: morem traditum (esse) a maioribus, ut etc., Liv.: veterem illam excellentemque prudentiam Graecorum ad nostrum usum moremque transferre, für uns benutzen u. unserer Weise anpassen, Cic.: in Romanos mores transire (Ggstz. intra peregrina exempla manere), Sen.: iam dolor in morem venit meus, schon zur G. ward mein Schm., Ov.: quod iam in morem venerat, *ut* sine publica auctoritate fieret, Liv. 42, 21, 7: quod tum in morem verterat (als Parenthese), wie das damals schon gewöhnlich war, Tac. – im *Abl.* od. m. *Praepp.* zu adverbialen Wendungen, omnium Latine loquentium more, Cic.: more maiorum, Plaut., Cic. u. a.: more institutoque maiorum, Cic.: more hominum, wie gewöhnlich in der Welt, Plaut. u. Ter. (s. Spengel Ter. Andr. 967): more pecorum, Sall. hist. fr.: more pecudum, Curt.: meo, tuo, suo more, Cic.: miro more, Ov.: solito more, Sen. u. a.: usitato more, Cic.: vetusto more, Tac.: vetere apud Germanos more, Tac.: ex od. e more, Verg., Plin. ep., Suet. u. a.: vetere ex more, Tac.: prisco e more, Ov.: ex more Persarum, Nep.: ex aliorum more, Sall.: de more, Verg., Plin. pan. u. Suet.: solito de more, Verg. u. Arnob.: de more rituque priscae religionis, Suet.: contra morem maiorum, Cic. u. Sall.: praeter morem, Ter.: supra morem, Verg.: facinus sine more! Stat. – **b** insbes.: **α** die **Unsitte,** das **Unwesen,** mos partium popularium et factionum, Sall. Iug. 41, 1: omittendus mos hic, quem agitis, Sall. hist. fr. 3, 61, 14 (3, 82, 14): qui mos est in publicum procurrendi et obsidendi vias et viros alienos appellandi? Liv. 34, 2, 9. – **β** die (bes. die verderbte) **Sitte der Menschen, der Zeit,** die (bes. die verderbten) **Sitten der Menschen, der Zeit,** der (herrschende) **Zeitgeist,** die **Mode,** teils m. *Genet.* saeculi, temporum, wie huius saeculi more, Sen.: saeculi mores, Flor.: mores temporum, Plin. ep. – teils bl. mos, mores, z. B. ambitio iam more sancta est, Plaut.: petere honorem pro flagitio more fit, Plaut.: si demutant mores ingenium tuum, Plaut.: mores leges perduxerunt iam in potestatem suam, Plaut.: praesertim cum hi mores tantum iam ad nimiam levitatem et ad ambitionem incubuerint, Cic.: quoniam ita se mores habent, Sall.: ita se habent mores, ut etc., Vell.: novis moribus favere (huldigen), Plin.

2 die **Sitte** = das **Betragen, Benehmen,** die **Lebensart, Aufführung,** **a** übh.: qui istic mos est? Ter. heaut. 562. – gew. Plur. mores, die **Sitten,** das **Wesen, Benehmen,** der **Wandel (Lebenswandel),** das **Temperament,** der **Charakter,** praefectus morum, Sittenrichter (zu Karthago), Nep.: praefectura morum, Sittenrichteramt (in Rom), Suet.: morum perversitas alcis, Suet.: imitatio morum alienorum, quae ἠθοποιΐα dicitur, Quint. – mores commodi, Cic.: dissoluti, Phaedr. u. Eutr.: mores feri immanisque natura, Cic.: alcis mores integri, iusti, religiosi, timidi, perferentes iniuriarum, Cic.: mores nocentissimi, ganz ruchlose, Quint.: mores perditi, Cic.: mores pessimi, Tac.: mores pudici, severi, Plin.: suavissimi, Cic.: varii, ungleicher Wandel, Tac.: sordidum me et incultis moribus aiunt, ungeschlacht, Sall.: o rem minime aptam meis moribus! Cic.: vir probus et morum veterum, Eutr. – abire in avi mores atque instituta, Liv.: astringere disciplinae severitate alcis mores, Quint.: colligere ex vultibus hominum mores, Petron.: compescere mores rabidos, Ov.: pars una philosophiae, quā mores conformari putantur, Cic.: congruere cum alcis moribus et natura, Cic.: hoc vitā et moribus comprobare, Cic.: conveniunt mores, ihr Wesen (Charakter) stimmt überein, Ter.: describere hominum sermones moresque, Cic.: diutius durant exempla quam mores, Strafexempel als der Wandel eines Menschen, Tac.: repente exuere antiquos mores, Liv.: formare novos collegas in suos mores, Liv.: sui cuique mores fingunt fortunam hominibus, Poët. vet. bei Nep.: suis ea (fortuna) cuique fingitur moribus, Poët. vet. bei Cic.: imitari avi mores disciplinamque, Cic.: induere severos, non modo pudicos mores, Plin.: quae res tam repente mutavit mores tuos? Ter.: pellucent mores ex voce atque actione, Quint.: perdere liberorum suorum mores, Quint.: referre alienos mores ad suos, Nep. – v. Temperament, Charakter der Tiere, mores (equorum) autem laudantur, qui sunt ex placido concitati et ex concitato mollissimi, Colum.: mores huius pecudis (der Stiere) probabiles habentur, qui sunt propiores placidis quam concitatis, sed non inertes, Colum. – **b** bes.: **α** **gute Sitten, gute Aufführung (guter Lebenswandel), gutes Betragen** (vgl. Korte Lucan. 1, 161. Hildebr. Apul. apol. 75. p. 592), mores et vitia, Manil.: periere mores, Sen.: quis (= quibus) neque mos neque cultus erat, ohne (durch Gesetz geregelte) Sitte u. Zucht, Verg.: postquam res eorum civibus moribus (Gesittung) agris aucta, Sall. Cat. 6, 3. – euphem., mores meretricis, **gefälliges Betragen** = Gefälligkeiten, Gunstbezeigungen, Plaut. most. 286. – **β** **schlechte Sitten, schlechte Aufführung (schlechter Lebenswandel), schlechtes Betragen,** si per mores nostros liceret, Tac. hist. 3, 72.

B übtr.: **1** die **Art und Weise, Natur, Beschaffenheit,** **a** übh.: caeli, Verg.: siderum, Verg.: more, ad morem od. in morem, nach Art, wie, mit folg. *Genet.*, Cic., Verg. u. Quint. – **b** Die Art, ein Kleid zu tragen, die **Tracht, Mode,** eodem ornatu et populum vestiri iubet: quem morem vestis exinde gens universa tenet, Iustin. 1, 2, 3.

2 das **Gesetz,** die **Vorschrift, Regel,** mores viris ponere, Verg.: regere populos pacisque imponere morem, Verg. – übtr., v. Lebl., more palaestrae, Hor.: ferrum patitur mores, nimmt Gesetze an, gehorcht, Plin.: sine more furit tempestas, regellos, ohne sich an Gesetze zu binden, unerhört, entsetzlich, Verg.: in morem, regelmäßig, gehörig, Verg.

Mosa, ae, *m.*, ein Fluss in Gallia Belgica, j. die **Maas,** Caes. b. G. 4, 9 *extr.* u. (bes.) 10 *in.* Tac. ann. 2, 6.

Moschī, ōrum, *m.* (Μόσχοι), eine **Völkerschaft** zwischen dem Schwarzen u. dem Kaspischen Meer, Mela 1, 2, 5; 3, 5, 4 (1. § 13 u. 3. § 39): oritur in Moschis, Plin. 6, 13. – Dav. **Moschicus,** a, um (Μοσχικός), **moschisch,** M. montes, ein südl. Ausläufer des Kaukasus, Mela 1, 19, 13 (1. § 109): dass. M. mons, Plin. 5, 99.

Moschus, ī, *m.* (Μόσχος), ein Rhetor aus Pergamus, der der Giftmischerei beschuldigt war, Hor. ep. 1, 5, 9.

mōscillī, ōrum, *m.* (*Demin.* v. mores, *pl.* v. mos), **elende Sitten,** Cato inc. libr. fr. 33.

Mōsēius, a, um, s. Mōsēs.

Mosella, ae, *m.* u. *f.* (*Demin.* v. Mosa), ein Fluss in Gallia Belgica, j. die **Mosel,** Tac. ann. 13, 53. Flor. 3, 10, 14: largus M., Auson. ordo urb.

nobil. 33. p. 99 Schenkl: placida M., Auson. Mosell. 73: ferax M., Ven. Fort carm. 10, 10, 48. – Titel eines von Ausonius gedichteten, noch erhaltenen Lobgedichtes auf die Mosel, volitat tuus M. per omnium manus, Symm. epist. 1, 14. – Dav. **Mosellēus**, a, um, **mosellēisch**, Symm. epist. 1, 8.

Mōsēs u. **Mōȳsēs**, is od. ī, Akk. ēn u. ea, *m.* (Μωσῆς, Μωυσῆς) u. **Mōseus** od. **Mōȳsēus**, eī, *m.* (Μωσεύς, Philo), **Moses,** der Gesetzgeber der Israeliten, Form Moses, Plin. 30, 11 u. Eccl.: griech. Akk. Mosea, Iuvenc. 4, 15; Form Moyses, Tac. hist. 5, 3 *sq.* Iuven. 14, 102. Vulg. exod. 2, 10 u. a. Chalcid. Tim. 154: mit kurzem ŏ (Mŏȳses) bei Sedul. 3, 285. Prud. ham. 339: Form Moyseūs, Schol. Iuven. 6, 542, Genet. Moyseos, Augustin. c. Faust. 16, 19: Form Moseus, Tert. de anim. 35 u. 37 u. 57. – Dav.: **A** **Mōsēius**, a, um, **mosaisch,** Paul. Nol. carm. 23, 354. – **B** **Mōsēus**, a, um, **mosaisch,** Iuvenc. 2, 220 (Reusch Moysi manibus). – **C** **Mōsiticus**, a, um, **mositisch,** Ven. Fort. vit. S. Mart. 2, 28.

mōstellāria, ae, *f.* (v. *mostellum, dem *Demin.* v. monstrum), das Hausgespenst, eine Komödie des Plautus.

Mostēnī, ōrum, *m.*, die Einw. der lydischen Stadt Mostena od. -ene, Tac. ann. 2, 47.

mōstro, s. mōnstro.

mōtābilis, e (moveo), **beweglich,** omnis anima vivens et mot., allerlei Getier, das da lebt u. webt, Vulg. genes, 1, 21.

mōtābiliter, *Adv.* (motabilis), **beweglich, voll Bewegung,** Virg. gramm. p. 174, 20 H.

mōtācilla, ae, *f.*, das **Ackermännchen,** die **weiße Bachstelze** (*Motacilla alba,* L.), Varro LL. 5, 76. Plin. 37, 156. Arnob. 7, 17.

mōtacismus, s. mȳotacismus.

mōtārium, iī, *n.*, **Zupfleinwand, Scharpie,** Cael. Aur. de morb. chron. 3, 8, 134.

mōtātio, ōnis, *f.* (moto), die (öftere) **Bewegung,** Tert. de anim. 45.

mōtātor, ōris, *m.* (moto), der **Beweger, Antreiber,** Arnob. 3, 31. Tert. ad nat. 2, 3 *extr.*

mōtio, ōnis, *f.* (moveo), **I** die **Bewegung,** **1** im Allg., corporum, Cic.: aquae, Vulg.: ei (cylindro) dare principium motionis, Cic. – **2** insbes.: **a** als mediz. *t. t.* die **Fieberbewegung,** Cels. 3, 5. p. 84, 1 D. – **b** als publiz. *t. t.*, ab ordine motio, das **Ausschließen aus einem Rang, -Stand,** die **Degradation,** Ulp. dig. 47, 20, 3. § 2. – **II** übtr.: **a** (wie κίνησις) die innerliche **Erregung,** der **Eindruck,** suaves motiones, Cic. Tusc. 3, 41. – **b** als Übersetzung des griech. ἐνδελέχεια, et sic ipsum animum ἐνδελέχειαν appellat novo nomine *quasi quandam continuatam motionem et perennem,* eine Art zusammenhängende u. ununterbrochene Bewegung (Tätigkeit), Cic. Tusc. 1, 22.

mōtito, āre (*Frequ.* v. *moto*), **oft bewegen,** ohne Beleg angef. bei Gell. 9, 6, 3.

mōtiuncula, ae, *f.* (Demin. v. motio), ein **kleiner Fieberanfall,** levis, Sen. ep. 53, 6: tentatus in Campania motiunculis levibus, Suet. Vesp. 24: iī, qui ex longa et gravi valetudine expliciti motiunculis levibusque interim offensis perstringuntur, Sen. de tranqu. anim. 2, 1.

mōtīvus, a, um (moveo), **zur Bewegung geeignet, beweglich,** vigor, Chalcid. Tim. 57: vis, *ibid.* 225: spiritus, *ibid.* 292.

mōto, āvī, āre (*Intens.* v. moveo), **a** **hin- und herbewegen,** zephyri incertas motantes umbras, Verg. ecl. 5, 5: tum (videres) rigidas motare cacumina quercus, *ibid.* 6, 28: totum motans et tremefaciens caelum, Arnob. 4, 21: quam stagna credunt motasse, Ov. met. 4, 46: acumine sibilorum adeo terribili et divino, ut fundamenta etiam parietesque conclavis quati et motari viderentur, Iul. Val. 1, 10 (4). p. 9, 15 *sq.* *Kuebler:* motato capite abscessit, Augustin. de ord. 1, 24: incipiunt corpuscula parva motatum uterum vibrata ferire, Prud. ham. 596: quando motandi corporis gratiā (der Körperbewegung halber) aut spatiamur aut vectamur, Gell. 13, 3, 1: et olfaciens motando dat oscula rostro, Paul. Nol. carm. 27, 345. – **b** **fortbewegen,** motat loco labor, Avien. Arat. 91.

mōtor, ōris, *m.* (moveo), der **Beweger,** motor fueras cunarum mearum, hast mich gewiegt, Mart. 11, 39, 1. – **II** der **Fortrücker der Grenzsteine,** Gromat. vet. 351, 4.

mōtōrius, a, um (motor), **I** **voll Bewegung, voll Handlung, lebhaft** (Ggstz. statarius), agendi modus, Donat. Ter. Andr. prol. 24: character, *ibid.*: comoedia, das Intrigenstück der Alten, voll verwickelter Handlung (Ggstz. c. stataria, das ruhigere Charakterstück), Donat. argum. ad Ter. Andr. *in.* Euanth. de trag. et comoed. (Ter. comoed. ed. Klotz tom. 1. p. X V, 32): dass. subst., mōtōria, ae, *f.*, Prisc. 2, 50. – **II** subst., mōtōrium, iī, *n.*, die **Bewegungskraft,** Tert. de anim. 14.

mōtus, ūs, *m.* (moveo), die **Bewegung,** **I** = κίνησις, das Sich-Bewegen, **A** eig.: **a** übh.: natura omnia ciens motibus suis, Cic.: deus motum dedit caelo eum, qui etc., Cic.: ex corporis totius natura et figura varios motus (Schwingungen) cieri tamquam in cantu sonos, Cic.: Arati materia motu caret, Quint.: m. remorum, Caes.: m. siderum, Caes.: siderum motus cursusque stellarum, Val. Max.: solis et lunae ac siderum motus (Plur.), Augustin.: celerem et instabilem motum habere, v. Meer, Caes.: naves longae, quarum motus ad usum expeditior erat, Caes.: m. lecti suspensi, Cels.: motus (unci) triplex, in utrumque latus et extra, Cels.: vibrata per auras hastarum tremulo quatiebant spicula motu, Ov. – m. oculorum, m. oris, Cels.: m. caudae, Plin.: m. venarum, das Schlagen, Cels.: pectora salientia trepido motu, Ov.: (lepus) nullos audet dare corpore motus, wagt sich nicht zu rühren, Ov. – **b** v. der erschütternden Bewegung der Erde, terrae motus, das **Erdbeben,** die **Erderschütterung,** Cic. u. a.: subitus terrae motus, Frontin.: crebri terrae motus, Curt.: motus hiatusque terrarum, Augustin. – **c** v. der Körperbewegung als Ggstd. **α** der Palästrik, Gymnastik, Orchestrik usw., die **Bewegung,** die **Wendung,** habitus oris et vultus, status (στάσις), motus (κίνησις), Cic.: status, incessus … manuum motus teneant illud decorum, Cic.: rusticus alter motus, concesso mollior alter erit, Ov.: decens motus, Anmut in Bewegung u. Gang, Hor.: motus palaestrici, s. palaestricus: artifex motus et certi quidam pedes, Quint. – v. der körperl. Bewegung, dem Gebärdenspiel des Redners, ex motus mei mediocritate, Cic.: qui celeri motu et difficili utuntur (Ggstz. statarius), Cic.: iactatione, gestu, motu capitis furentes, Quint. – von den pantomimischen Bewegungen der Tanzenden, haud indecoros motus more Tusco dare, Liv.: histrionicis motibus sinuati corporis saltus, Ambros.: dah. vom mehr pantom. Tanz der Alten, motus Ionici, Hor.: dare motus Cereri, Tänze aufführen, Verg. – **β** als Gegenstand der Diät, die **Bewegung, Motion,** motus post cibum, Cels.: ab omni motu corporis abstinere, Cels. – **γ** als milit. *t. t.*, eine **Heeresbewegung, Schwenkung,** ein **Manöver,** ut ad motus concursusque essent leviores, Nep. Iph. 1, 4.: multi per eos dies motus multique impetus hinc atque illinc facti (sunt), Liv. 3, 5, 1. – **B** übtr.: **1** die sinnl. u. geistige **Bewegung, Regung** im Menschen, **a** die sinnliche **Bewegung,** die **Erregung,** erregende **Empfindung,** omnes iucundum motum, quo sensus hilaretur, Graece ἡδονήν, Latine voluptatem vocant, Cic.: dulcem motum afferent, Cic. – **b** die geistige **Bewegung, Tätigkeit, Wirksamkeit,** animorum motus voluntarii, Cic.: motus animorum duplices sunt, alteri cogitationis, alteri appetitus, Cic.: et animi et ingenii celeres quidam motus esse debent, Herz u. Verstand müssen ihre Kräfte mit Leichtigkeit gebrauchen können, Cic. – dah. insbes., **α** die leidenschaftl. **Bewegung, Erregung** des Gemütes, die **Gemütsbewegung, Aufregung, Leidenschaft,** mit Genet. animi, Cic. u. a., u. ohne animi, z. B. motus turbidus (störende), Cic.: motus animi nimii, Cic.: m. mentis meae, Unruhe meines Gemütes, Cic.: irritare in alqm potentiorum motus (Leidenschaften), Sen. – **β** die **Tätigkeit, Wirksamkeit** des Denkvermögens, Verstandes, motus iste celer cogitationis, jene schnelle Beweglichkeit der Gedanken, jener schn. Gedankenflug, Cic.: ad alqd motu animi (Verstandestätigkeit) ac ratione uti, Cic.; vgl. Halm Cic. Sest. 143. p. 314. – **γ** die **Tätigkeit, Regung** des Begehrens u. Willens, die **Bewegung,** **αα** der **Trieb,** der **Antrieb,** sine motu animi et cogitatione, Cic.: est (carmen) magis artis et diligentiae quam incitationis et motus, Cic.: divino od. insano motu concita, Ov. – **ββ** der **Beweggrund,** audisti consilii mei motus, Plin. ep. 3,

4, 9. – **2** die politische **Bewegung, a** im guten Sinne, die **Erhebung,** Italiae magnificentissimus ille motus, Cic. de domo 142. – **b** im üblen Sinne, die **Bewegung,** die **Volksbewegung, Gärung,** der **Auflauf, Aufstand,** die **Unruhen,** populi, Cic.: servilis, Liv.: civicus, Hor.: magnus et implacabilis (nicht zu beschwichtigende), Tac.: hic tantus motus rerum, bewegte Zeit, Cic. u. Tac.: domi motus orti, Liv.: intumescente motu, Tac.: motum afferre rei publicae, Cic. – **3** die **Wendung** auf die eine od. andere Seite, der **Wechsel,** motum (Wechsel der politischen Strömung) non tantum impendere video, quantum tu aut vides aut ad me consolandum affers, Cic.: se quoque ad motus fortunae movere coepit, sich nach den Wendungen (Wechselfällen) des Gl. zu richten, den Mantel nach dem Wind zu hängen, Caes.
II mit Rücksicht auf das **Woher? A** das Hervortreiben; dah. als *t. t.* des Gartenbaues = der **Trieb, Schuss** der Pflanzen (griech. ὁρμή), tres esse motus in vite, seu potius in surculo, naturales: unum, quo germinet; alterum, quo floreat; tertium, quo maturescat, Colum. 4, 28, 2. – **B** der **Aufbruch,** die **Abreise,** die **Abfahrt,** sub Aurorae primos excedere motus, Lucan. 4, 734: motus excepit futuros, Verg. Aen. 4, 297 (vgl. 299). – **C** die **Umwandlung,** κίνησις **1** die politische, die **Staatsumwälzung, Veränderung** im Staat (griech. τῶν πολιτειῶν κίνησις), concussi orbis motus, Welterschütterung u. Umwälzung, Tac. hist. 1, 16: ut Persarum imperium magno motu (Stoß) concuterent magis quam affligerent, Curt. 4, 14 (54), 20. – **2** die rhetorische, u. zwar meton. = τρόπος, der umgewandte, figürliche Ausdruck, die **Redewendung, der Tropus** (bei Cicero immutatio verborum, immutata verba), Quint. 8, 5, 35 u. (bes.) 9, 1, 2.

moventer, *Adv.* (movens v. moveo), **bewegend, ergreifend** (in der Rede), Schol. Bob. ad Cic. Mil. 7. *no.* 4 (p. 284, 19 *ed. Bait.*).

moveo, mōvī, mōtum, ēre (vielleicht zu altindisch *mīvati,* schiebt, drängt, bewegt), in **Bewegung setzen, bewegen, I bewegen = hin- und herbewegen, rühren, rütteln, schütteln, aufregen, aufrühren, aufrütteln, A** eig.: **a** übh.: caelum, Cic.: urnam, Verg.: facem, Ov.: membra, Lucr.: caput, colla, labra (in leisem Gebet), Ov.: manus, nares, oculos, Quint.: ora vana, mit leerem Mund kauen, Ov.: cum capite capillos, Ov.: per aëra crinem, flattern lassen, Ov.: pennas per auras, Ov.: brachia in herbas, niederlassen, Ov.: quāque pedem movi (setze), manat lacus, Ov.: ebenso quoquo vestigia movit, Tibull.: move formicinum gradum, Plaut. – humum saltu, aufrühren, Ov.: terram, mare, sidera, erschüttern, Ov.: u. so aras, Ov. – alci bilem, die Galle rege machen (= zum Zorn reizen), Plaut. u. Hor. – poet. m. *Infin.,* mulas ire movent, quā publicus advocat agger, Ven. Fort. vit. S. Mart. 6, 136. – Sprichw., m. omnes terras, omnia maria, Himmel u. Erde in Bewegung setzen, Cic. ad Att. 8, 11, 2. – im Passiv, atomus gravitate et pondere movetur, Cic.: moenia mota forent, würden erbebt sein, Ov.: mota (erschütterte) tremoribus urbs, Ov.: fluctus motos (aufgeregten) componere, Verg. – refl., movere, **sich bewegen,** terra movet, erbebt, Liv. u. Ov.: voluptas movens, Lust in Bewegung (Ggstz. vol. stans, Lust in Ruhe), Cic. – im Passiv medial, moveri, **sich bewegen,** glaebae coepere moveri, Ov.: moventur dentes, wackeln, Cels.: venae desistunt posse moveri, zu schlagen, Ov.: suo motu moveri, sich durch eigene Bewegung, sich selbst bewegen, Macr. – v. leb. Wesen, moveri propter aquam (v. Fröschen), hüpfen, Cic. – res moventes od. subst. moventia, ium, *n.,* sich selbst bewegende, d. i. lebende Wesen, ICt. (versch. res moventes unten no. II, B, AA, b). – **b** v. künstl. Bewegung des Körpers u. seiner Teile, **α** v. pantomim. Bewegung, v. pantomim. Tanz, corpus ad numeros, Sen.: membra ad certos modos, Tibull. – refl., se movere, Passiv moveri medial = **sich** pantomimisch, tanzend **bewegen, tanzen,** festis moveri diebus, Hor.: v. pantom. Tanz, histrio cum paulum se movit extra numerum, in der Bewegung u. Gebärde ein wenig die Regel überschreitet, Cic.: moveri ad numeros satyri Batylli, Pers.: u. m. *Acc.,* moveri Cyclopa, pantomimisch darstellen, Hor. – **β** v. Gesang u. Saitenspiel, **bewegen, rühren,** vocalia ora ad citharam, Ov.: sonantia fila (Saiten), Ov.: citharam cum voce, Ov.: nervos ad verba, Ov. – **c** als mediz. *t. t.* = **Bewegung machen, -verschaffen,** ascensus et descensus corpus moveat, Cels.: exercitatio, quae superiores partes movet, Cels. – Passiv moveri medial = **sich** körperl. **Bewegung machen,** oft b. Cels.: verb. moveri et ambulare, Cels. – **d** v. Bewegen durch ein Werkzeug, **α** mit der Hacke, mit dem Pflug **umbrechen, aufgraben, aufpflügen, auflockern** (vgl. κινεῖν γῆν), humum, Plin. ep.: labefacta iugera, per artes agros, Verg. – **β** mit einem Löffel **umrühren,** alqd spathā, Scrib. Larg.: movente aliquo cochleario liquorem, Scrib. Larg.: super ignem moveri donec etc., Scrib. Larg. – **e** als milit. *t. t.,* m. arma, wie κινεῖν τὰ ὅπλα, die **Waffen rühren, -ergreifen,** v. Pers., Verg., Liv. u. Tac., übtr. v. Löwen, sich zur Wehr setzen, Verg.: m. a. adversus alqm, Liv.: m. a. pro alqo, Ov.: aliena arma m., Ov.: neutra arma m., neutral bleiben, Ov.
B übtr.: **1** in rege körperliche Tätigkeit setzen; dah. se movere, **sich rühren, sich regen,** move te ocius, Ter.: m. se impigre, Liv.: m. se ad bellum, Liv. – ebenso Passiv moveri medial, hostes in Samnio moverentur, rührten, regten sich, Liv. – **2** den Körper krankhaft erregen, auf den Körper **übel einwirken, einen nachteiligen Einfluss haben,** ihn **angreifen,** intoleranda vis aestus corpora movit, Liv.: otium ex labore, copia ex inopia corpora varie movebant, Liv.: u. allg., si quid tunc moverimus, falls man in dieser Zeit aufregend einwirkt, Cels. – **3** geistig **bewegen, a** übh.: m. se ad motum fortunae, sich drehen u. wenden, Caes.: neque se in ullam partem movebat, entschied sich für keine Partei, Caes. – multa animo m., überlegen, Verg.: crudelis animus Catilinae eadem illa movebat, hegte noch denselben Gedanken, Sall. – **b** durch Einwirkung auf jmds. Gefühl, Willen u. Entschluss usw. jmd. geistig **erregen, α** auf jmds. sinnl. Gefühl = auf jmd. **Eindruck machen,** jmdm. **imponieren,** auf jmd. **Einfluss haben, einwirken,** jmd. **ergreifen,** im Passiv = **einen Eindruck-, eine Wirkung erleiden, sich** durch etw. **imponieren lassen,** pulchritudo corporis movet oculos et delectat, Cic.: moveor ipsius loci insolentiā, Cic.: cum animi inaniter moveantur, einen scheinbaren Eindruck empfangen, Cic.: iisdem rebus moveri, für gleiche Eindrücke empfänglich sein (griech. συμπάσχειν), Cic. – oft (mit u. ohne *Acc.* der Pers.) mit allg. *Acc. neutr.* od. mit *Adv.* zur Ang. **wie?** = den u. den **Eindruck machen,** die u. die **Wirkung tun, von** der u. der **Wirkung sein,** so u. so **wirken, einwirken,** z. B. si nos tam iustum odium nihil movet, ne illa quidem, oro vos, movent? auf uns einwirkt (für uns ein Beweggrund ist) ... wird, ich bitte euch, nicht einmal das Eindruck machen? Liv.: uti (miles) multum earum regionum consuetudine moveatur, einen starken Eindruck erleiden, stark beeinflusst werden, Caes.: Alco precibus aliquid moturum ratus ... postquam nihil lacrimae movebant, Liv.: nam et commemoratio una in re permultum movet, Cic.: tum duo illa, quae maxime movent, Cic. – **β** auf jmds. inneres Gefühl, Gemüt, **αα** jmd. **unruhig-, besorgt-, bestürzt machen, erzittern machen,** movebat haec multitudo hostium Alexandrum, Iustin. – oft im Passiv, moveri alqā re, von etw. **erregt-, ergriffen-, erschüttert werden,** über etwas **unruhig-, besorgt-, bange-, bestürzt werden,** vor etw. **erzittern,** hostium clamore non territus, qui possum vestro moveri? Vell.: moveri multitudine hostium, Iustin.: moveri novitate monstri, Ov. – absol., absiste moveri, zu bangen, Verg. – **ββ** auf jmd. **Eindruck machen** = jmd. **rühren, erweichen, zum Mitleid bewegen,** jmds. **Teilnahme erregen,** dicta nihil moverunt quemquam, Liv.: moverat plebem oratio, Liv.: m. animos iudicum, Quint.: saxa gemitu, Ov.: quo fletu Manes, quā Numina voce moveret? Verg. – im Passiv, misericordiā moveri, Caes.: Roscii morte moveri, Cic. – **γγ** jmd. **aufreizen, empören, in Harnisch, bringen,** movet feroci iuveni animum comploratio sororis, Liv. 1, 26, 3: men moveat cimex Pantilius? Hor. sat. 1, 10, 78: qui non irascitur inconcussus iniuriā perstitit; qui irascitur motus est (wird außer Fassung gebracht), Sen. de ira 3, 25, 3. – **γ** auf jmds. Willen u. Entschluss = jmd. **bewegen, bestimmen, drängen,** auf jmd. **wirken, einwirken,** quos parva pecunia movere non potuit, Cic.: quem cum minus quam vellet moveret, Nep.: suis quemque stimulis m. ad bellum, Liv. – Passiv, Lentulus aeris alieni magnitudine mo-

vetur, lässt sich bestimmen durch usw., Caes.: consilio eius motus est, Nep.: cuius precibus motus, Traian. in Plin. ep.: motus precibus mulierum, Iustin.: quaedam quasi moventia, gewisse Beweggründe, Triebfedern, Cic. Tusc. 5, 68. – m. folg. *Infin.*, non quisquam me ab terra moveat convellere funem, Verg. georg. 1, 457. – m. folg. *ut* u. Konj., cuius reprehensio me vehementer movet, non solum ut etc. ... verum etiam ut etc., Cic. Mur. 3. – m. folg. *quo minus* u. Konj., sed eisdem de causis, quo minus dimicare vellet, movebatur, Caes. b.c. 1, 82, 3. – **δ** durch Einwirkung auf die Phantasie jmd. **erregen, begeistern,** alqm thyrso, Ov.: quos Bellona saeva movet, Lucan. – **ε** durch Einwirkung auf die Denkkraft **anregen,** acute, peracute moveri, scharfsinnig, sehr scharf denken, Cic.: so auch quasi acutule moveri, Augustin. conf. 3, 7. – **4** politisch **bewegen, aufregen, in Unruhe versetzen, in Aufruhr bringen,** quieta, Sall.: omnia, Sall.: res, Flor. (u. so rebus motis, in bewegter Zeit, Tac.: u. magna motae rei fama, von dem Umwälzungsversuch, Tac.). – Passiv moveri = **in Bewegung-, in Unruhe-, in Aufruhr geraten, unruhig werden, sich politisch regen,** moveri civitas coepit, Sall.: movetur Thessalia, Flor. – **5** (wie κινέω) an etw. gleichs. **rütteln,** etw. **wankend machen, erschüttern, ändern,** alcis sententiam, Cic.: fidem, Ov.: fatum, Ov.: hoc nisi fit, nihil moventur nuptiae, bleibt die H., wie sie (beschlossen) ist, Ter.: sed ea non muto, non moveo, doch ich ändere nichts daran, ich rüttele nicht daran, Cic.: totumque moveri mutarive putas bellum, an dem Krieg gerüttelt (sein Ende herbeizuführen gesucht) werde oder eine andere Wendung erhalte, Verg.: igitur movere et quatere, quidquid usquam aegrum esset, aggrediuntur, man ging daran zu rütteln u. zu schütteln, wo irgendetwas Schadhaftes war, Tac. – **6** Geld **flott machen, flüssig machen,** a Caecilio propinqui minore centesimis nummum movere non possunt, keinen Heller unter zwölf Prozent herauskriegen, Cic. ad Att. 1, 12, 1; vgl. Sen. ep. 118, 2.

II prägn., mit besonderer Berücksichtigung des *terminus a quo,* **A** v. einem Ort **hervor-, her-, herbeibewegen, -bringen, AA** eig.: **a** im Allg.: limum e gurgite, aufwühlen, Ov.: u. so motum ex profundo mari, Curt. – m. vina Torquato consule pressa, (aus der Apotheke) herbeiholen, Ov.: ebenso testa moveri digna bono die, Hor. – **b** als *t. t.* der Gartenbaukunst, wie ὁρμᾶν = **treiben,** surculus corticem movet, Colum. – gew. refl. se movere od. Passiv moveri medial = **treiben, schießen,** et gemma se et cortex naturaliter movet, Colum.: si gemmae se nondum moveant, Colum.: de palmite gemma movetur, Ov. – **c** als *t. t.* der Opfersprache = *obmovere,* **entgegen-, darbringen,** Iovi fertum, Cato r.r. 134, 2. – **d** als mediz. *t. t.,* **hervortreiben,** acria lacrimas movent, Cels.: m. sudorem, Cels.: urinam, Cels.: alvum, Cato u. Cels. – Passiv medial, ex ore spumae moventur, Schaum tritt vor den Mund, Cels.

BB übtr., einen Zustand usw. gleichs. in Gang bringen, zur Erscheinung bringen, bewirken, dass etwas eintritt, vor sich geht usw., **a** übh. Zustände aller Art **erregen, erwecken, verursachen, erzeugen,** pituitae cursus assiduos, Cels.: lacrimas, Quint.: risum, Cic.: alci risum, lacrimas, Sen.: fletum populo, Cic. – exspectationem de etc., Cic.: suspicionem, Cic.: misericordiam, Cic.: alci invidiam, Sen.: odia verbis, Hor.: discordias, Liv.: dissensionem, Suet.: societatem consilii publici, Liv. – **b** einen Ggstd. der Verhandlung usw. **in Gang-, in Anregung bringen, anregen,** etwas **zur Sprache bringen,** consultationem, actionem, Liv.: dignam tractatu quaestionem, Tac.: historias, Hor.: iocum (launige Einfälle), Sall. – u. so als jurist. *t. t.,* **anstellen, vornehmen,** controversiam nominis, Tac. dial. 25, od. controversiam de verbo, Cels. 3, 3. p. 78, 11 D.: controversiam alci movere, Iulian. dig. 37, 10, 4: quaestionem, accusationem, litem u. dgl., ICt. – **c** eine Handlung **anheben, anfangen,** cantus, anheben, anstimmen, Verg.: novos ortus, v. der Aurora, Stat.: ego istaec moveo aut curo? ist es mein Werk? meine Sorge? Ter. Andr. 921. – bes. ein krieger. od. polit. Unternehmen **anstiften, anfangen, unternehmen,** bellum, Cic. u. Liv. (s. Fabri Liv. 23, 48, 6): bellum civile, Suet.: seditionem, ICt.: u. so allg., ne quid ab tergo moveretur, Liv. u. Curt.: ut nihil usquam moveri viderunt, Liv. (vgl. Fabri Liv. 21, 52, 4. Mützell Curt. 3, 1 [3], 21). – refl., iam undique pugna se moverat, war im Gange, Curt. 8, 14 (47), 6. – **d** etw. **an den Tag geben, zeigen,** movisse numen deos, hätten ihre Macht geäußert, Liv. 1, 55, 3: so auch qui nimiae moverat artis opem, Ov. fast. 6, 760.

B von seinem Ort, von seinem Standpunkt, aus seiner Lage **bewegen = weg-, fortbringen, weg-, fortschaffen, verrücken, verdrängen, entfernen, AA** eig.: **a** übh.: **α** lebl. Objj.: lapidem hinc, Cod. Theod.: fundamenta loco, Cic.: thesaurum loco, ausgraben, ICt.: aedificia diductis angulis vidimus *moveri* (sich verschieben) iterumque *componi,* Sen. – refl., se loco movere non posse, v. Schiffen (bei Windstille), Caes. – bildl., move a te moram, geh ungesäumt ans Werk, Plaut. – **β** leb. Objj.: deum loco, Cic.: armenta stabulis, Verg.: motis senibus et feminis, entfernt, Tac. – refl. se movere u. Passiv moveri medial = **sich fortbewegen, sich wegbegeben, aufbrechen, abgehen, fortgehen, sich entfernen** u. dgl., quid stas? age move te! manen? schieb dich! Nov. com. 92: se ex urbe, Nep.: se de Cumano, Cic.: se gremio alcis, Catull.: se humo, Ov.: se istinc, Cic., hinc, Ov. – absol., Aurora se movet u. Aurora movetur, bricht auf, Ov. – **b** als *t. t.* der Geschäftsspr.: res, quae moveri possunt, die bewegliche Habe, Nep.: ebenso res moventes, Liv., Gell. u. ICt. – **c** als mediz. *t. t.:* loco od. loco suo od. sedibus suis moveri, im Zshg. bl. moveri, **aus seiner Lage weichen, verrenken,** v. Knochen usw., Cels. – **d** als milit. *t. t.:* **α** m. signa, castra u. dgl. u. bl. movere od. moveri, mit den Feldzeichen, mit dem Lager, mit dem Zug, mit den Truppen von irgendwo **aufbrechen, ausrücken, abziehen, abmarschieren, weiterziehen, vorrücken,** signa m., Liv. (übtr. v. Stier, Verg.): signa e castris, Liv. – castra, Caes. u. a.: castra loco non m., Liv.: castra ex eo loco, Caes.: Arretium versus castra, Cic.: castra ad Euphratem, ad hostes, Curt. – agmen, Curt.: copias a Gaza, copias Babylonem, Curt. – exercitum ex hibernis, Curt. – u. so bl. movere (refl.), z. B. iniussu movere non audere, Liv.: m. Canusio, Cic.: m. a Samo, Liv.: m. castris, ex stativis, Liv.: m. in Indiam, Curt. – u. moveri, z. B. Agrippinam ingressus non ante motus est exinde, cum etc., Amm. 16, 3, 2: statuit nusquam interim extra confinia moveri Gallorum, Amm. 26, 5, 13. – **β** refl. se movere od. Passiv moveri medial = **sich bewegen, sich rühren,** praecepit, ne se ex eo loco moverent, Liv.: nusquam te vestigio moveris, Liv.: nec vestigio quisquam movebatur, Liv. – **e** als relig. *t. t.:* m. bidental, das Blitzmal verrücken u. so verletzen, Hor. de art. poët. 472; vgl. (poet.) Dianae non movenda numina, Dianas unverrückbare, unverletzliche Allgewalt, Hor. epod. 17, 3.

BB übtr., jmd. aus irgendeinem Verhältnis, Wirkungskreis usw. **entfernen, verdrängen, verstoßen, stoßen, a** aus dem Haus, aus dem häuslichen Wirkungskreis, movetur civilis discidii specie, Tac. – od. aus der Heimat, mota loco sim, verbannt, Ov. – **b** aus dem Besitztum, alqm ex agro, Cic.: alqm possessionibus, Cic. – **c** aus seiner Stellung, als *t. t.* der Militär- u. Fechterspr., hostem statu, Liv. 30, 18, 4: hostes gradu, Liv. 7, 8, 3: u. übtr., aus seiner Lage bringen, corpus statu, Cic.: corpus ex eo statu, Cels. – **d** aus seinem Wirkungskreis, signiferum loco, absetzen, Caes. – alqm loco senatorio, Liv., od. ordine senatorio, Suet., u. im Zshg. bl. ordine, Plin. ep., jmd. aus dem Senat stoßen; u. dafür auch alqm de senatu, Cic. Clu. 122, gew. bl. senatu, Sall. u. a. – alqm tribu, aus der Tr. stoßen, Cic. u. a. – gregem loco, die Schauspieler von ihrem Platz (von der Bühne) verdrängen, Plaut.: veros heredes, verdrängen, Cic. – **e** jmd. von einer Meinung usw. **entfernen, abbringen,** alqm de sententia, Liv.: alqm a vero, Sall. fr.: quosdam a perverso proposito nemo potest movere, Scrib. Larg. – dah. im Juristenlat., alqm, jmd. **wankend-, irre machen,** ICt.: me movet quod od. quia etc., ICt.

C = *mutare,* **umwandeln, verwandeln,** quorum forma semel mota est, Ov. met. 8, 729. – übtr., adeo nihil motum ex antiquo probabile est, so wenig Beifall findet irgendeine Umwandlung des Hergebrachten, Liv. 34, 54, 8: nullā tamen providentiā fatum imminens moveri potuit, Liv. 25, 16, 4. – ► Infin. Präs. Akk. mověre, Ven. Fort. carm. 7, 1, 1.

mox, *Adv.* (altindisch *makšú,* eilend), **bald, I** zur Bezeichnung der zukünftigen Zeit, **1** eig., der zunächst folgenden (wie vix der zunächst vergangenen), **a** v. der Gegenwart aus, beim *Praes.* u. *Fut.,* **bald, alsbald, bald nachher, nächstens, in Kurzem,** mox ego huc revertor, Ter.: iussit mihi nuntiari, mox se venturum, Cic.: discedo parumper a somniis, ad quae mox revertar, Cic. – de numero mox, nunc de sono quaerimus, Cic.: u. so aut iam, aut mox, Ter.: nec magis id nunc est, nec erit mox, quam fuit ante, Lucr. – und wie **alsbald,** zur Angabe des mit der Gegenwart fast zusammenfallenden, unmittelbar folgenden Augenblicks, ergo mox auferto tecum, quanto abibis, Plaut.: mox ait, Prop. – quam mox, **wie bald,** in der direkten Frage, quam mox coctum prandium? Plaut.: quam mox irruimus? Ter.: in der indirekten Rede, **wie bald = ob** nicht bald, timeo, quam mox nominer, Plaut.: provisam, quam mox vir meus redeat domum, Plaut.: ego huc ad hos proviso, quam mox virginem arcessant, Ter.: exspecto, quam mox Chaerea hāc oratione utatur, Cic.: corpora curant, intenti quam mox signum daretur, Liv. Vgl. Brix Plaut. Men. 704. – **b** von der Vergangenheit aus, beim *Praeterit.,* **bald darauf,** haec, utcumque sunt credita, eorum, quos rumor asperserat, mox potentia exstinxit, Curt.: equos fortissimo cuique bellatori tradidit, ut hi, mox pedes (erst diese, bald darauf das F.) in hostem invaderent, Tac. – **2** übtr., zur Angabe der später folgenden Zeit: **a in nächster Zeit, in den nächsten-, in den folgenden Jahren,** a quo mox (nach 11 Jahren) principe Nero adoptatus est, Suet. – od. **im Lauf der Zeit,** nec amplius quam mox tres consulatus gessit (18 bis 31 n. Chr.), Suet. – **b** übh. **in der Folge, späterhin, alsdann,** nec ullo mox sermone dignatus est, Suet.: mox nemo tentavit, Tac.: u. so primo ... mox, Liv.: ante hoc ... mox, Tac.: olim ... mox, Tac.: quondam ... mox ... nunc, Vell. – **II** zur Angabe der nächsten Folge in der Zeit, **darauf, hierauf, alsdann, nachher, 1** eig.: mox rediit Cremonam reliquus populus, Tac.: de his paulo mox dicemus, Plin.: paucis mox horis saevo imbre vaticinatione approbatā, Plin. – simul filius, simul Caesar, mox imperator, Plin. pan.: pauca de Augusto tradere, mox Tiberii principatum, Tac.: nam extemplo fusi, fugati, mox intra vallum paventes compulsi, postremo exuuntur castris, Liv.: u. so primo ... mox, Plin. u. a.: primum ... mox, Tac. u. Plin. ep.: primum ... et mox, Iustin.: primus ... mox, Plin.: mox od. paulo mox ... et deinde, Plin.: primum ... deinde ... mox ... post, Tac.: mox ... postremo, Liv. u. Plin. ep. – **2** übtr.: **a** zur Angabe der Reihenfolge in Bezug auf Ort u. Lage, **darauf, dann,** ultra eos Dochi, deinde Gymnetes, mox Anderae, Plin.: mox in campestribus oppida, Diospage, Polytelia, Plin. – **b** zur Angabe des zweiten, niederen Ranges dem Wert nach, **dann,** glans optima in quercu, mox aesculo, Plin.: tenuissimum (lac) camelis, mox equis, Plin.

Mōysēs u. **Mōÿseus**, s. Mōsēs.

mū, *Interi.* (μῦ), **I** ein **Muck** od. **Mucks,** als Bezeichnung des geringsten Lautes, mu facere, mucken, einen Mucks tun, Enn. fr. inc. 9. Lucil. 426. – **II** Laut eines Klagenden, Plaut. fr. b. Charis. 240, 4.

muccidus, s. mūcidus.

mucculentus, s. mūculentus.

muccus, s. mūcus.

mūceo, ēre (mucus), **kahmig sein, schimmelig sein,** vinum mucet, Cato r. r. 148.

mūcēsco, ere (muceo), **kahmig werden, schimmelig werden,** proprium (est) inter liquores vino mucescere aut in acetum verti, Plin. 14, 131: sesimam in calida maceratam lurido colore mucescere, Plin. 18, 98.

Mūciānus, a, um, s. Mūcius.

mūcidus (muccidus), a, um (mucus), **I kahmig, schimmelig,** panis frusta, Iuven.: vina, Mart.: partes (vineae), Colum. – **II schleimig, rotzig,** sum minume muccidus, Plaut. mil. 647: emungere alqm mucidum, Plaut. Epid. 494.

mūcilāgo, inis, *f.* (mucus), **schleimiger Saft,** Th. Prisc. 4, 1.

mūcilentus, a, um, s. mūculentus.

mūcinnium, iī, *n.* (mucus), das **Schnupftuch,** Arnob. 2, 23.

Mūcius, a, um, Name einer röm. *gens,* aus der am bekanntesten C. Mucius Cordus (Scaevola), der in das Lager Porsenas kam, um diesen zu töten, aber beim Mordversuch ergriffen, sich als Zeichen seiner Furchtlosigkeit die rechte Hand abbrannte u. daher den Beinamen Scaevola erhielt, den alle Mucii beibehielten, Liv. 2, 12. Cic. Sest. 48; parad. 1, 2, 12. Flor. 1, 10. Sen. ep. 24, 5 u. 66, 51. Sil. 8, 386. Lact. 5, 13, 13 (wo Mutius). – P. Mucius Scaevola, Freund der Gracchen, Feind des jüngeren Scipio Afrikanus, Cic. de rep. 1, 31 u. a. Pers. 1, 114. Iuven. 1, 154. – Q. Mucius Scaevola, Augur, Gemahl der Lälia, Cic. Brut. 211 u. a. – u. Q. Mucius Scaevola, großer Jurist u. Staatsmann, Pontifex Maximus, als Statthalter in Asien so gerecht, dass seine Verwaltung in langem Andenken blieb und die Asiaten zur Erinnerung an sie das Fest Mucia feierten, Cic. div. in Caecil. 57 u. a. – *fem.* Mucia, Gemahlin des Cn. Pompejus, später von ihm geschieden, Cic. ep. 5, 2, 6; ad Att. 1, 12, 3. – Plur. Scaevolae, Männer wie Scävola, Augustin. de civ. dei 5, 14. p. 220, 4 D.[2] – *Adi.* **mucisch,** Liv. u. a.: subst., Mūcia, ōrum, *n.,* das dem Q. Mucius (s. oben) zu Ehren in Asien gefeierte Fest, das **Muciusfest,** Cic. Verr. 2, 51. – Dav. **Mūciānus,** a, um, **mucianisch, des Mucius,** cautio, nach dem großen Juristen u. Pontif. Max. Q. Mucius Scaevola benannt, ICt.: exitus, des Pontif. Max. Q. Mucius Scaevola, der im Vestatempel von Damasippus ermordet wurde, Cic.

mūcor, ōris, *m.* (muceo), der **Schimmel,** der **Kahm** des Brotes usw., Colum.: des Weines, Ict.: des Essigs, Colum. – eine aus dem Weinstock rinnende, ihm schädliche **Feuchtigkeit,** Plin. 17, 116.

mūcōsus, a, um (mucus), **rotzig, schleimig,** Cels. 2, 8. p. 50, 28; 4, 22 (15). p. 147, 30 D.; 5, 28. *no.* 15; 6, 18, 10. Colum. 6, 7, 1. Fest. 158 (b), 28. – übtr. = stultus (Ggstz. emunctae naris), Acro Hor. sat. 1, 4, 8.

mucro, ōnis, *m.* (vgl. ἀμυκαλή, Pfeilspitze), **I** die scharfe, schneidende **Spitze, A** eig., **a** im Allg.: falcis, Colum.: dentis, Plin.: m. cultri, Iuven. – folium mucrone aculeatum, Plin. – **b** insbes.: **α** die **Spitze** des Schwertes usw., meton., das **Schwert,** der **Degen,** der **Dolch,** mucro gladii, Plin.: mucrone subrecto, Liv.: in se mucrone verso, Liv. epit.: nisi mucrones etiam nostrorum militum tremere vultis, Cic.: mucrones stringere, Verg. u. Tac. – **β** die **Pflugschar,** bildl. v. der Spitze des Schreibgriffels, vertamus vomerem, in cera mucrone aeque aremus osseo, Atta com. 13. p. 162 R.[2] – **B** bildl., die **Spitze, Schneide, Schärfe,** defensionis tuae, Cic.: pugnatorius mucro, Sen. rhet.: ingenii, Quint.: totius ductus quasi mucro, Pointe, Quint.: nisi mucronem aliquem tribunicium exacuisset in nos, Cic. – **II** übtr., die **Spitze** = das **Äußerste,** die **Grenze,** das **Ende,** anceps, Lucr. 2, 520: faucium (der engen Straße), Plin. 6, 38. – ► Abl. Sing. auch mucroni, Lucr. 2, 520.

mucrōnātim, *Adv.* (mucronatus), **spitz,** Charis. 182, 5.

mucrōnātus, a, um (mucro), mit einer Spitze versehen, **spitz,** rostrum, Plin. 32, 15: folia Plin. 16, 90 u. 25, 161.

mūculentus (mucculentus) u. **mūcilentus**, a, um (mucus), **rotzig, schleimig,** munctiones, Arnob.: nares, Prud.: umor, Cael. Aur.: ventris egestio, Cael. Aur. – v. Pers., certe homo alioqui pituitosus, hodie tamen multo mucculentior mihi esse videor, M. Aurel. bei Fronto ad M. Caes. 4, 5. p. 69, 2 N.

mūcus (muccus), ī, *m.* (mungo), der **dicke Nasenschleim,** der **Rotz** u. **der rotzartige Schleim** am menschl. Körper, abest saliva muccusque et mala pituita nasi, Catull. 23, 17: muco similis umor, Cels. 5, 28, 3: Plur., num mucci fluont? Plaut. most. 1109: pituitae mucisque similia, Cels. 4, 25 (18): muci salivaeque et lacrimae, Sen. nat. qu. 3, 15, 2. – mucis palustribus obsitus, mit den Schleimflocken, die den Sumpf überziehen, Ov. met. 11, 366.

mufrius, iī, *m.,* ein Schimpfwort, etwa **Schwindler,** Petron. 58, 13.

mūger (vgl. μοιχός u. »schmuggeln«), der **Fälscher** = falsche Würfelspieler, Fest. 158 (b), 28.

mūgil u. (selten) **mūgilis**, is, *m.* (μύξος), ein Meerfisch), nach einigen **Meeräsche, Meeralant** gen., Ov. hal. 38. Plin. 9, 54 u. 144; 32, 149. Apic. 4, 151; 9, 437 u. 438. Isid. orig. 12, 6, 26 (wo Nomin. mugilis). – ertappten Ehebrechern zur Strafe in den After gesteckt, Catull. 15, 19. Iuven. 10, 317 (wo Nomin. mugilis).

mūgilo, āre (mūgio), Naturlaut der Waldesel, Sen. fr. 161. p. 248, 2 R. Anthol. Lat. 762, 53 (233, 53).

mūginor, ārī (mūgio), **laut murmeln, brausen,** aquae ita muginantur hodie, Atta com. 4. p. 160 R.[2] – übtr., über etw. **sich hin und her besinnen, brüten** (vgl. Paul. ex Fest. 147, 1), muginamur molimur subducimur, Lucil. 294: dum tu muginaris (darüber brütest), Cic. ad Att. 16, 12 *in.*: m. allg. *Acc.* (= darüber, worüber), haec muginatus, Amm. 28, 1, 51 (nach der Spur der Handschrn.): ea, quae non diutius muginandum, Gell. 5, 16, 5. – Dass. **mūsinor,** ārī (muso = musso), mit allg. *Acc.*: dum ista musinamur, Varro bei Plin. nat. hist. praef. § 18.

mūgio, īvī u. iī, ītum, īre (vgl. μυκᾶσθαι, deutsch muhen), **brüllen,** I eig., v. Rindvieh, Rhet. Her., Liv. u. a.: *Partic. Praes.* im *Plur.* subst., mūgientēs, die Rinder, mugientium greges, Hor. u. Apul. – II übtr., **brüllen, dröhnen, krachen, tosen,** mugit tuba, schmettert, Lucr.: u. so tubae clangor, Verg.: sub pedibus mugire solum, Ov.: terra mugit, Verg. u. Treb. Poll.: malus (Mastbaum) mugit, Hor.: tonitrua mugiunt, Eccl. – tibi mugiet ille sophos (σοφῶς)! wird dir zubrüllen »bravo!« Mart. 3, 46, 8.

Mugiōnia od. **Mugōnia porta** u. **Mugiōnis** (archaist. Mucionis) **porta** = vetus porta Palatii, eins von den Toren des urspr. (palatinischen oder romulischen) Roms, u. zwar am nördlichen Aufgang des Palatinus, wo jetzt der Weg zu S. Bonaventura u. Villa Mills (sonst Spada) führt, Varro LL. 5, 164 (wo Mucionis p.); de vita P. R. 1. fr. 10 (bei Non. p. 531, 24, wo Mugionis p.). Paul. ex Fest. 144, 18 (wo Mugionia p.). Solin. 1, 24 (wo Mugonia p.).

mūgītor, ōris, *m.* (mugio), der **Brüller,** Val. Flacc. 3, 208.

mūgītus, ūs, *m.* (mugio), I das **Brüllen,** Sing. u. Plur., boum, Verg. u. Hieron.: vaccarum, Sen.: tauri, Hyg.: taurorum, Apul.: assimilis mugitui sonus, Suet.: similis mugitibus sonus, Sen.: mugitum dare, Ov.: mugitum edere, Sen. rhet.: mugitus dare, Ov.: mugitus edere, Ov. u. Val. Max., od. tollere, Verg. – II übtr., das **Brüllen, Getöse, Dröhnen,** gemitus (das Stöhnen) mugitusque, des Zornigen, Sen.: mug. terrae, Cic.: nemorum, Plin.: portae, Stat.

mūla, ae, *f.* (mulus), der weibl. **Maulesel,** das weibl. **Maultier,** Varro u. a. – zum Ziehen der Wagen u. Schiffe, sowie zum Tragen der Sänfte gebraucht, Varro LL., Suet., Hor. u. a. – Da die weibl. Maulesel nicht werfen sollen, als Wunder eine trächtige Mauleselin, Iuven. 13, 66; vgl. Cic. de div. 2, 49. – u. sprichw., cum mula pepererit, wir »wenn die Böcke lammen«, d. i. niemals, Suet. Galb. 4, 2. – ► Dat. u. Abl. Plur. mulabus, Capit. Ver. 5, 4. Tert. ad uxor. 2, 8. Ambros. serm. 49, 2; vgl. Prisc. 7, 10.

mūlāris, e (mulus), **zum Maultier gehörig, Maultier-,** materies, Maultiergeschlecht, Colum. 6, 27 *in.*: parammae, Edict. Diocl. 10, 3: frenum, *ibid.* 10, 6: capistrum, *ibid.* 10, 7: carpentum, von einem Maultier gezogener, Lampr. Heliog. 4. § 4.

mulc, persischer Name des Edelsteins thelycardios, Plin. 37, 183.

mulcātor, ōris, *m.* (mulco), I m. corporis = qui corpora afficit vel cruciat, Placid. gloss. V, 32, 9. – II der **Streichler, Besänftiger,** Isid. orig. 10, 178 u. Placid. gloss. V, 33, 2 (vgl. Löwe Prodr. p. 358).

mulcebris, e (mulceo), **besänftigend,** ignis altera virtus, Chalcid. Tim. 45 B u. 247.

mulcēdo, inis, *f.* (mulceo), die **Anmut,** Gell. 19, 9, 7. Cypr. ad Donat. 16 *extr.* u. Ps. Cypr. de sing. cler. 10. Sidon. epist. 5, 17, 3. Boëth. de cons. 3, 1 *in.*

mulceo, mulsī, mulsum (archaist. mulctum), ēre (verwandt mit mulgeo), an sich Raues **streichen, streicheln,** um es zu glätten, I eig. u. übtr.: A eig.: a mit der Hand: barbam manu, Ov.: barbam, Plin.: colla, Ov.: vitulum, Ov. – b mit der Zunge, **sanft lecken,** alternos, v. der Wölfin, Verg. Aen. 8, 634. – B übtr.: 1 leicht-, **sanft berühren,** virgā capillos, Ov.: aristas, Ov.: aëra motu, sanft bewegen, Lucr. – dah. poet., aethera pennis, bewegen, Cic. poët., u. huc navem, hierher treiben (v. Meer), Enn. fr. – 2 insbes., **anfächeln,** somnus Erisichthona pennis mulcebat, Ov. – v. der Luft, florem, flores, Catull. u. Ov.: rosas (v. Zephyr), Prop. – 3 **lieblich füllen,** pocula sucis Lyaei, Sil. 7, 169. – II bildl.: 1 **liebkosen, ergötzen, bezaubern,** sensus videntum, Lucr.: puellas carmine, Hor.: alqm fistulā, Hor.: vestras mulcebunt carmina aures, Ov.: audire, quod aures mulceat, Quint. – alqm laudibus, seinem Ohr schmeicheln, Pacuv. fr. – rudes atque agrestes animos admiratione, Quint. – 2 **besänftigen, beruhigen, beschwichtigen, zur Milde stimmen** u. dgl. (Ggstz. irritare u. dgl.), a Leidenschaften, alqm od. animos dictis, Ov.: alqm verbis, Vell.: populum iure, Vell.: ut poena eius militum animos mulceret, Tac.: et ipso mulcente et increpante Marcio, bald tröstete, bald schalt, Liv. – pectora equorum, Lucr.: tigres carmine, Verg.: fluctus, Verg. – iras, Verg. – poet., volucres mulcent aethera cantu od. aëra concentibus, beschwichtigen die Luft, machen sie angenehm, Verg. u. Ov. – b Schmerzen usw. **beschwichtigen = mildern, lindern,** dolores nervorum, Plin.: vulnera (Schmerzen der Wunden), Ov.: os stomachumque, Plin.: ebrietatem, Plin.: lassitudinem, Plin. – c Ermattetes **sanft einwiegen,** Somne, qui corpora duris fessa ministeriis mulces, v. Schlaf, Ov. Met. 11, 625.

mulcetra, ae, *f.*, eine Pflanze = heliotropium (s. d.), Ps. Apul. herb. 9.

Mulciber, beris u. berī, *m.* (mulceo), der **Erweicher, Schmelzer,** I eig., Beiname Vulkans, Acc. tr. 558. Cic. poët. Tusc. 2, 23 (Genet. Mulciberi). Ov. art. am. 2, 562 (Genet. Mulciberis). CIL 5, 4295 (Dat. Mulcibero). – II meton., das **Feuer,** Ov. met. 9, 263 u. a.

mulco, āvī, ātum, āre (vielleicht aus *multico von multa, Strafe), **tüchtig streichen,** I streichend, d. i. schlagend, stoßend (übel) **zurichten, übel mitnehmen, misshandeln, zerbleuen, zerpeitschen, zerschlagen, zerstoßen,** a leb. Wesen, mit Fäusten, Fußtritten, Prügeln, Stößen usw., alqm usque ad mortem, Ter.: ita mulcatus est, ut vitam amiserit, Cic.: alqm male, Plaut.: speculator male mulcatur, Liv.: dum oblatam pacem spernit barbarus, male mulcatus est, Fronto: Tiere, aquila male mulcata, zerhackt, zerrupft, Val. Max.: u. so male mulcatus graculus, Phaedr. – mit Angabe des Werkzeuges, male mulcati clavis ac fustibus, Cic.: mulcati inter se ipsi virgis, Liv.: m. alqm verberibus, Tac. – insbes. mit harten, scharfen, eckigen Ggstdn., **übel zurichten, zerstoßen, zerschinden, zerquetschen,** nudo aut male mulcato corpore, Tac.: mulcato foede corpore, Sall. fr.: scriptores illos male mulcatos (arg zugerichtet, hart mitgenommen) exisse cum Galba, Cic.: Ggstz., si corpus illibatum fortuna praestiterit quam si ex aliqua parte mulcatum, Sen. ep. 66, 23. – mit Angabe des Körperteils, mulcati parte membrorum, Curt. – b Lebl., **übel zurichten,** ceteras (naves), v. einem Schiff, Liv. 28, 30, 12. – II ein Übel **wohl oder übel durchmachen,** scio scire te quam multas tecum miserias mulcaverim, Plaut. Stich. 420; vgl. Placid. gloss. V, 33, 9 ›mulcantem aerumnas, misere viventem‹. – ► Archaist. mulcassitis für *mulcaveritis*, Plaut. mil. 163.

mulcta u. die dav. Abgeleiteten s. multa, multātīcius etc.

mulctra, ae, *f.* (mulgeo), I das **Melkfass,** die **Melkgelte,** der **Melkkübel,** Verg. ecl. 3, 30: vaccas prohibere mulctrā, Colum. 8, 17, 13. – II meton., die **Milch** im Melkfass, Colum. 7, 8, 1.

mulctrāle, is, *n.* (mulgeo), das **Melkfass,** die **Melkgelte,** Sing. bei Serv. Verg. ecl. 3, 30. Vgl. mulctrarium.

mulctrārium, iī, *n.* (mulgeo), das **Melkfass,** die **Melkgelte,** Plur. bei Verg. georg. 3, 177 (Ribbeck mulctralia).

mulctrum, ī, *n.* (mulgeo), das **Melkfass,** die **Melkgelte,** Hor. epod. 16, 49. Val. Flacc. 6, 145. Calp. ecl. 3, 66; 4, 25; 5, 33; 9, 36. Prud. cath. 3, 66. Anthol. Lat. 687, 50 (391, 50).

mulctus, ūs, *m.* (mulgeo), das **Melken,** Varro r. r. 2, 11, 2.

mulgāre, is, *n.* (mulgeo), das **Melkfass,** die **Melkgelte,** Plur. mulgaria, Valgius poëta bei Philarg. Verg. georg. 3, 177 (wo Non. 312, 10 ebenf. mulgaria).

mulgeo, mulsī, mulctum, ēre (griech. ἀ-μέλγω), **melken,** I eig.: oves, Cato: capras, Plin.: absol., a mulgendo, Varro. – sprichw., m. hircos, von etwas Unmöglichem, Verg. ecl. 3, 91. – II prägn. = melkend aus den Zitzen ausdrücken, lac statim mulctum, Serv. Verg. Aen. 5, 78. – ► Perf. mulxī, ohne Beleg angeführt bei Charis. 244, 17. Diom. 367, 11. Prisc. 9, 21.

muliebris, e (mulier), I **zur (Ehe-)Frau gehörig, weiblich, Weiber-, einer (Ehe-)Frau** (Ggstz. virilis), 1 übh.: calcei, Varro LL.: vox, Cic.: vestis, Nep.: agmen, Tac.: venustas, Cic.: secus, sexus, s. 1. secus, sexus: iniuria, dem eine Frau ausgesetzt ist, Liv.: bellum, im Namen einer Frau u. um eine Frau, Cic.: donum, Liv.: certamen, wegen der Frauen, Liv.: templum Fortunae Muliebris, zum Andenken an die Frauen, die den Marcius Coriolanus zur Milde gestimmt hatten, Liv. – subst., muliebria, ium, *n.,* a **weibliche Dinge,** muliebria pati, sich als Frau (Frauen) gebrauchen lassen, Sall. Cat. 13, 3. Tac. ann. 11, 36. – b insbes.: α **Frauenschmuck,** super cetera muliebria soccos induebat, Plin. 37, 17. – β die **weiblichen Schamglieder,** Tac. ann. 14, 60. – γ das **Weibliche** = das **Monatliche,** Vulg. genes. 18, 11; vgl. Isid. orig. 11, 1, 140. – 2 als gramm. *t. t.* (Ggstz. virilis), vocabulum, nomen, forma, Varro LL. 9, 40*sq.* – II übtr., **weibisch, eines Weibes, unmännlich** (Ggstz. virilis), animus, Tragic. poët. inc. fr.: ingenium, Sall. fr.: sententia, Cic. – ► Vulg. Abl. Sing. muliebre, Heges. 3, 13. p. 193, 31 W.

muliebriter, *Adv.* (muliebris), **weiblich,** a übh.: **nach der Weiber (Frauen) Art,** expavescere ensem, Hor.: ingemiscere, Plin.: equis insidēre, Amm.: non mul. imperium regere (v. der Zenobia), Treb. Poll.: non mul. adventu hostium territa (Tamyris), Iustin. – b im üblen Sinne = **weibisch,** se lamentis muliebriter lacrimisque dedere, Cic. Tusc. 2, 48: ne quid serviliter muliebriterque faciamus, Cic. Tusc. 2, 55: Antinoum suum mul. flere (beweinen), Spart. Hadr. 14, 5.

muliebrōsus, a, um, s. mulierōsus.

mulier, eris, *f.,* I das **Weib** als die Trägerin des weiblichen Charakters, die **Frau,** gleichviel ob verheiratet od. nicht, A im Allg., Cic. u. a.: verächtl., mulier es, audacter iuras, Plaut.: pergin mulier esse? immer noch nach Weiberart? Ter. – B insbes., das **Weib** im Ggstz. zur Jungfrau, das **Eheweib,** die **Ehefrau, Frau** (s. Bünem. Lact. 1, 17, 8), virgo aut mulier, Cic.: cras mulier erit, Cic.: m. pudica, Hor.: mulier sua, Inscr.: mulier vidua, Apul.: multarum mulierum vir, Augustin. – II übtr., als Schimpfwort von einem Mann, **Weib, Memme,** Plaut. Bacch. 845.

mulierārius, a, um (mulier), zur Frau gehörig, Weiber- (vgl. Agroec. 124, 5 K.), manus, von einer Frau gedungene u. ihm auch ergebene Schar, Cic. Cael. 66: voluptas, Auct. bei Treb. Poll. trig. tyr. 6, 7. – subst., mulierārius, iī, *m.,* ein **großer Weiberfreund,** ein **Schürzenjäger,** Catull. 25, 5. Capit. Albin. 11, 7; vgl. Isid. orig. 10, 107.

muliercula, ae, *f.* (Demin. v. mulier), ein **Weibchen,** ein **schwaches Weib,** eine **schwache Frau,** Lucr., Lucil. fr., Cic. u. a.: anus et mulierculae, alte u. schwache Weiber, Sen.: mulierculae et pueri, Cic., pueri et mulierculae (Ggstz. viri), Lact. – bes. im üblen Sinne, eine **Weibsperson, ein Weibsbild, ein leichtfertiges Weib** – (**gemeine,** liederliche) **Dirne,** deperire amore mulierculae, Liv.: suas secum mulierculas in castra ducere, Cic.: ut quae princeps furtim mulierculae tribuebat, ille palam largiretur, Tac. – vom **Weibchen** wilder Tiere, pantheris, Varro LL. 5, 100.

mulierculārius, iī, *m.* (muliercula), ein **(zu) großer Weiberfreund,** Cod. Theod. 2, 16, 1.

mulieritās, tis, *f.* (mulier), die **Weiblichkeit,** der **Stand der Ehefrauen** (Ggstz. virginitas, der Jungfrauenstand), Tert. de virg. vel. 12 u. 14 *ed. Oehler.*

muliero, āvī, āre (mulier), als Weib gebrauchen, **schänden,** ephebum, Varro sat. Men. 205.

mulierōsitās, ātis, *f.* (mulierosus), die **Weibersucht** = zu große Frauenliebe, als Übersetzung von φιλογύνεια, Cic. Tusc. 4, 25.

mulierōsus, a, um (mulier), **weibersüchtig, weibertoll,** Afran. com. 372. Plaut. Poen. 1303 (*al.* muliebrosus). Cic. de fato 10.

mūlīnus, a, um (mulus), **vom Maultier, Maultier-,** ungula, Vitr. 8, 3, 16: nares, Plin. 30, 31: cor, stumpfsinniges, Iuven. 16, 23.

mūlio, ōnis, *m.* (mulus), der **Maultiertreiber** übh., u. als Begleiter des Reiters auf einem Maultier, oder als Lenker der Maultiere am Gespann der **Maultierlenker, Kutscher,** Plaut. aul. 501 u. most. 780. Varro LL. 5, 159 (als Kutscher). Petron. 68, 7 u. 126, 6. Suet. Vit. 7, 3 u. Vesp. 4, 3 u. 23, 2. Edict. Diocl. 7, 19. Paul. sent. 6, 3, 72. Ulp. dig. 33, 7, 12. § 9: mulio castrensis furnariae (Feldbäckerei), Plin. 7, 135. – als Schimpfname ehemaliger Maultiertreiber, Ventidius mulio, Planc. in Cic. ep. 10, 18, 3; vgl. Cic. b. Plin. 7, 135. Gell. 15, 4, 3: des Vespasian, Suet. Vesp. 4, 3. – übtr., eine die Maultiere belästigende u. den Bienen feindliche Art Mücken, Plin. 11, 61.

mūliōnius, u. spätere Form **mūliōnicus,** a, um (mulio, s. Prisc. 2, 43), **zum Maultiertreiber gehörig, Maultiertreiber-,** paenula mulionia, Cic. Sest. 82. – cucullio mulionicus, Lampr. Heliog. 32. § 9: caligae mulionicae, Edict. Diocl. 9, 5: flagellum (Peitsche) mulionicum, *ibid.* 10, 18.

mulleolus, a, um (*Demin.* b. mulleus), **rötlich,** calceus, Tert. de pall. 4 *extr.*

mulleus, a, um (zu Wz. **mel-,* besudeln, schmutzig), **rötlich, purpurfarbig,** calcei mullei, Schuhe von rotem Leder, das aus Parthien kam, mit hoher Sohle, zur Zeit des Freistaates nur von den drei obersten Magistraten, dem Konsul, Prätor u. Kuruläcil getragen (vgl. Fest. 142, 24), Cato Origg. 7. fr. 7. Vopisc. Aurel. 49, 7 (wo calcei mulli): u. subst. bl. mullei, Titin. com. 116: dies. calciamenta mullea, Plin. 9, 65.

1. mullus, ī, *m.* (μύλλος), a die **Meerbarbe,** der **Rotbart** (*Mullus barbatus,* L.), ein geschätzter Fisch, Ov. hal. 123. Sen. ep. 77, 16; 95, 26 u. 42; nat. qu. 3, 17, 2 u. 18, 1. Colum. 8, 17, 7. Plin. 9, 64. Petron. 35, 4 u. 93, 2. *v.* 8. Iuven. 4, 15: m. barbatus, Varro r. r. 3, 17, 7. Cic. ad Att. 2, 1, 7: barbatulus, Cic. parad. 5, 38: bilibris, Mart. 11, 50, 9: trilibris, Hor. sat. 2, 2, 34: saxatilis, Sen. nat. qu. 3, 18, 4. – b ein anderer Fisch (viell. *Sciaena umbra, Cuv.*), Apic. 9, 440.

2. mullus, s. mulleus.

mūlomedicīna, ae, *f.* (mulus u. medicina), die **Maultierarzneikunst,** Veget. mul. praef. § 1*sq.*

mūlomedicus, ī, *m.* (mulus u. medicus), der **Maultierarzt,** Veget. mul. praef. § 1. Firm. 8, 13. Edict. Diocl. 7, 20. Gregor. dial. 2, 30 *in.*

mulseus, a, um (mulsum), I **honigsüß,** sapor, Colum. 12, 45 (47), 3. – II mit **Honig versüßt,** aqua, Wassermet, Colum. u. Plin.

mulsum, s. mulsus.

mulsūra, ae, *f.* (mulgeo), das **Melken,** meton. = das **Gemolkene,** die **Milch,** Calp. 5. § 35.

mulsus, a, um (wie promulsis v. mel), I **mit Honig vermischt, -gesotten,** aqua, Wassermet, Colum. u. Plin. Val.: acetum, Essigmet, Plin.: lac, Plin. – subst., a mulsum, ī, *n.* (*sc.* vinum), Wein mit Honig vermischt od. zubereitet, **Weinmet, Met,** calix mulsi, Cic.: pocillum mulsi, Liv.: m. frigidum, Cic.: mulsum aceti, Essigmet, Ser. Samm.: mulsum pauperis, Mart.: mulsum alci dare, Liv. – b mulsa, ae, *f.* (*sc.* aqua), **Wassermet,** Plin. Val. 2, 37 u. 39; 5, 11. – II **süß wie Honig,** pirum, etwa Honigbirne, Colum. 5, 10, 18. – übtr., dicta mulsa, liebliche Worte, Plaut.: mea mulsa, ein Liebkosungswort, mein Zuckerpüppchen, Plaut.

multa (nicht mulcta), ae, *f.* (sabinisches, nach a. oskisches Wort), I die **Strafe** am Eigentum, als **Buße** für zugefügten Schaden, in älterer Zeit am Vieh, cum pecore diceretur multa, Varro LL.: unam ovem multam dico, alte Gerichtsformel bei Gell. – später gew. am Geld, **Geldstrafe, Geldbuße,** multam dicere, eine G. bestimmen, diktieren, Cic.: multam petere od. irrogare, darauf antragen, dass der Beklagte so oder so hoch gestraft werde, Cic.: certare multam, darüber von beiden Seiten (pro u. contra) streiten, ob die bestimmte Geldstrafe zu erlegen sei, Liv.: so auch multae certatio, Cic.: alqm multā et poenā multare, Cic.: multam committere, eine G. verwirken, in eine G. verfallen, Cic.: multam sufferre, Cic.: multam furoris od. erroris sufferre, Cic.: multam alci remittere, Liv.: multa erat Veneri, Cic.: multa praesens (bare Kriegsentschädigung) quinquaginta milium aeris in singulas civitates imposita, Liv.: multa gravis praedibus Valerianis, schwere Einbuße, Cic. ep. 5, 20, 4. – II übtr., übh. **Strafe** durch Einbuße, Entbehrung, Plaut. asin. 801.

multangulus, a, um (multus u. angulus), **vielwinkelig, vieleckig,** Lucr. 4, 652. Nbf. **multiangulus,** a, um, Mart. Cap. 2. § 138. Boëth. inst. arithm. 2, 23. p. 109, 12 Fr. u. a.

multanimis, e (multus u. animus), **geistreich,** CIL 5, 1863, 11.

multātīcius, a, um (multa), **zur Strafe (Buße) gehörig, Straf-, Buß-,** pecunia, Liv. 10, 23, 13: argentum, Liv. 27, 6, 19; 30, 39, 8: subst. multātīcia, ae, *f.* (*sc.* pecunia), das **Strafgeld,** Plin. 33, 19 *Detl.*

multāticus (archaist. moltāticus), a, um (multa), **zur Strafe (Buße) gehörig, Straf-, Buß-,** aes, CIL 1, 181.

multātio, ōnis, *f.* (multo), die **Bestrafung** um etwas, mit subj. *Genet.*, aedilis, CIL 1^2, 756, 15: mit obj. *Genet.*, bonorum (um die G.), Cic. Rab. perd. 16. Amm. 30, 7, 3: absol., Plin. 18, 11.

multēsimus, a, um (multus) = πολλοστός, **nur einer von vielen,** pars, nur ein Bruchteil (τὸ πολλοστὸν μέρος), Lucr. 6, 651.

multiangulum, ī, *n.* (multus u. angulus) = πολύγωνον, das **Vieleck** (mathem. *t. t.*), Boëth. inst. arithm. 2, 24. Vgl. multangulus.

multibibus, a, um (multus u. bibo), **viel trinkend, stark zechend,** anus, Plaut. cist. 149: lena, Plaut. Curc. 77: heros, Macr. sat. 5, 21, 17.

multicaulis, e (multus u. caulis), **vielstengelig,** Plin. 21, 94.

multicavātus, a, um (multus u. cavatus), **vielfältig ausgehöhlt,** Varro r. r. 3, 16, 24.

multicavus, a, um (multus u. cavus), **vielhöhlig, löcherig,** pumex, Ov. met. 8, 562.

multiceps, cipitis (multus u. caput), **vielköpfig,** Augustin. regul. 502, 41 u. 42 (in Keil, Gramm. Lat. V).

multīcius, a, um (multus u. ico) = πολυσπαθής, λεπτοσπαθής, **viel geschlagen, dicht geschlagen, dicht-, fein gewebt,** als allgem. Bezeichnung der feinen Zeugstoffe, weil diese mit dem Instrumente zum Zusammenrücken der Fäden (pecten, σπάθη gen.) dicht geschlagen wurden (im Ggstz. zu male percussus textoris pectine, Iuven. 9, 30), tunica, Valer. bei Vopisc. Aur. 12. § 1: synthesis, Tert. de pall. 4. – subst., multīcia, ōrum, *n.*, **fein gewebte Gewänder,** Iuven. 2, 66 u. 11, 180.

multiclīnātum, ī, *n.* (multus u. clino) = πολύπτωτον, die **Häufung mehrerer Kasus desselben Wortes,** eine rhet. Figur, Auct. carm. de fig. 105.

multicola, ae, *m.* (multus u. colo), **viele** (viele Götter) **verehrend,** Eccl.

multicolor, ōris (multus u. color), **vielfarbig, bunt,** hexecontalithos multicolor, Plin. 37, 168: mithrax multicolor, Plin. 37, 173; pavo multicolor et discolor et versicolor, Tert. de pall. 3: multicolores notulae, Mart. Cap. 1. § 66. – subst., multicolor, ōris, *f.*, ein **vielfarbiges (buntes) Kleid,** multicolor bysso tenui pertexta, Apul. met. 11, 3.

multicolōris, e (multus u. color), **vielfarbig, bunt,** polymita (vestis), Isid. orig. 19, 22, 21: vestimenta, Vulg. Ezech. 16, 18: dies. subst., multicoloria, *ibid.* 16, 3.

multicolōrus, a, um (multus und color), **vielfarbig, bunt,** Apul. de mund. 16: *neutr. pl.* multicolora, Gell. 11, 16, 4. Prud. cath. 3, 104.

multicomus, a, um (multus u. coma), **dicht behaart,** übtr., flammae, strahlende, Paul. Nol. in nat. X. S. Fel. 418.

multicupidus, a, um (multus u. cupidus), **viel begehrend,** Varro sat. Men. 545.

multifāriam, *Adv.* (multifarius), **an vielen Seiten, -Orten, -Stellen,** Cato fr., Cic., Liv. u. a.

multifāriē, *Adv.* (multifarius), **auf vielerlei Art, verschiedentlich,** Solin. 11, 19. Hieron. epist. 18, 18 (u. a. Eccl.). Gloss. V, 118, 13.

multifārius, a, um (multus u. fari), **vielfältig, vielerlei,** Gell. 5, 6 *in.* Solin. 52, 61. Boëth. art. geom. p. 426, 24 Fr. Sidon. epist. 5, 9, 3 u. a. Eccl.

multifer, fera, ferum (multus u. fero), **viel hervorbringend** = fruchtbar, Plin. 16, 31 u. 19, 138.

multifidus, a, um (multus u. findo), **I in viele Teile gespalten, vielspaltig,** faces, Ov.: pedes, Plin.: dens (Kamm). Mart. – übtr., orbes crinis, vielfach geteilt, Claud.: Hister, vielarmig, Lucan.: numeri, Mart. Cap. – **II** übtr., **vielfach, mannigfach,** horror, Val. Flacc. 4, 661: suavitates, Mart. Cap. 2. § 117: vaticinandi scientia, Iul. Val. 1, 2 (1, 4).

multiflōrus, a, um (multus u. flos), **mit vielen Blüten,** Isid. orig. 17, 9, 11.

multifluus, a, um (multus u. fluo), **reichlich fließend,** verba, Iuvenc. 1, 586.

multifolius, a, um (multus u. folium), **vielblätterig,** *Plin. 18, 58 *Detl.*

multiforābilis u. **multiforātilis,** e (multus u. foro) = πολύτρητος, **vieldurchbohrt, viellöcherig,** tibia, Apul. flor. 3 *in.*; met. 10, 32. Sidon. epist. 8, 9, 1.

multiforis, e (multus u. foris), **vieltürig, viellöcherig,** specus, Plin. 8, 218.

multifōrmis, e (multus u. forma), **I vielgestaltig,** nuces, Colum.: machinae, Amm.: linea, Boëth.: qualitates variae et quasi multiformes, Cic. – **II** übtr.: **a** v. Pers.: multiformes sumus, haben eine proteusartige Natur (einen unbeständigen Charakter), Sen. ep. 120, 22: so auch varius, multiplex, multiformis, Aur. Vict. epit. 14, 6: Ennius, vielseitig, Fronto ad Ver. 1. p. 114, 2 N. – **b** v. Lebl., **vielfach, vielfältig, mannigfaltig,** animalium partus, Plin.: artes, Gell.: facundia, Macr.: fallaciae, Augustin.

multifōrmitās, tis, *f.* (multiformis), die **Mannigfaltigkeit,** temporalium specierum, Augustin. de ver. rel. 21, 41.

multifōrmiter, *Adv.* (multiformis), **mannigfach,** Plin. 36, 202 (Detl. ohne Not multifariam), Gell. 9, 5, 7. Boëth. ad Cic. top. 1. p. 271, 4 B. Augustin. de trin. 2, 15: varie et m., Mar. Victorin. art. gr. 3, 18, 1. p. 139, 2 K.

multiforus, a, um (multus u. foris), **viellöcherig,** multifori tibia buxi, Ov. met. 12, 158: multifora tibia, Sen. Agam. 358.

multifrūctus, a, um (multus u. fructus) = πολύκαρπος, **reich an Früchten, fruchtreich,** Fulg. myth. 3, 2. Mythogr. Lat. 2, 130.

multigeneris, e (multus u. genus), **vielartig, verschiedenartig,** milites, Plaut. capt. 159: absol., unguenta multigenerum multa = *multorum generum,* Plaut. Stich. 383. – Andere Form **multigenerus,** a, um, z. B. multa haec et multigenera terrestrium volucrumque vita, Plin. 11, 1. – u. **multigenus,** a, um, z. B. figurae, Lucr. 2, 335: impiorum multitudo, Vulg. sap. 4, 3.

multigrūmis, e (multus u. grumus), **sehr aufgehäuft,** übtr., fluctus, sehr angeschwollen, Laev. fr. 15 M. (b. Gell. 19, 7, 15).

multiiugus, a, um u. **multiiugis,** e (multus u. iugum), **vielspännig, I** eig. (Form *-us*): equi, Liv. 28, 9, 15: quadrigae semper (dicendae), etsi multiiugae non sunt, Gell. 19, 8, 11. – **II** übtr., **mannigfach, vielfach, vielfältig,** litterae tuae, quas quidem multiiuges (einen ganzen Pack) accepi uno tempore a Vestorii liberto, Cic. ad Att. 14, 9, 1. – Form *-us,* spolia, Gell.: quaestio, Gell.: verba, Fronto: volumina Aristotelis, Apul.: paginae, Symm.: necessitates, Symm. – subst., multiiugum = πολυσύνδετον, die **Häufung der Verbindungswörter in einem Satz** (als rhet. Figur), Carm. de fig. 52. p. 65 H.

multilaterus, a, um (multus u. latus), **vielseitig,** figura, Gromat. vet. 378, 10. Boëth. art. geom. p. 375, 20 Fr.

multiloquāx, ācis (multum u. loquax) = πολύλαλος (Gloss. II, 412, 41), **sehr geschwätzig,** Eustath. hexaëm. 1, 11.

multiloquentia, ae, *f.* (multus u. loquor), das **viele Reden,** die **Geschwätzigkeit,** Cypr. testim. 3, 103 u. a. Eccl.

multiloquium, iī, *n.* (multus u. loquor) = πολυλογία (Gloss. II, 412, 42), das **viele Reden** (Ggstz. pauciloquium), Plaut. merc. 31 u. 37. Ambros. de Iob et David 1, 6, 20; in psalm. 1. § 20. Vulg. prov. 10, 19 u. Matth. 6, 7. Augustin. retract. prol. § 2.

multiloquus (multilocus), a, um (multus u. loquor), **viel redend, geschwätzig,** v. Pers., homo, Plaut. Pseud. 794. Augustin. serm. 80, 2 u. a.: anus, Plaut. cist. 149: Ggstz., erit praeterea *tacitus* is, qui naturā atque sanitatis tempore fuerat *mutiloquus,* Cael. Aur. de morb. acut. 2, 2, 10.

Multimammia, ae, *f.* (multus u. mamma), die **Vielbrüstige,** ein Beiname der mit vielen Brüsten dargestellten Diana zu Ephesus, Hieron. prooem. epist. ad Ephes. *med.*

multimeter, tra, trum (multus u. metrum), **reich an Versgliedern, -an Versarten,** Sidon. epist. 8, 11, 5.

multimodē, *Adv.* (multu s u. modus), **auf vielerlei Art, vielfach, mannigfach,** Chalcid. Tim. 60. Boëth. in Aristot. praedic. 1. p. 116.

multimodīs, *Adv.* (entstanden aus multis modis, das Enn. fr. scen. 22 gebraucht), **auf vielerlei Art, vielfach, mannigfach,** Pacuv. tr. 307. Plaut. mil. 1190 u. a. Ter. Andr. 939 u. a. Lucr. 1, 895 u. a. Cic. de fin. 2, 82 B. u. M. (vgl. Cic. or. 153). Nep. Them. 10, 4 Fl. (Halm multis modis). Fronto ad M. Caes. 3, 8. p. 46, 2 u. de orat. 1. p. 157, 8 N. Chalcid. Tim. 329. Vgl. Lorenz Plaut. most. 772. Brix Plaut. trin. 931. Spengel Ter. Andr. 939.

multimodus, a, um (multus u. modus) **mannigfach, vielerlei,** tela, Amm. 24, 2, 13: vita, Augustin. conf. 10, 17 *in.*: allapsus, Augustin. conf. 10, 34: varietas, Augustin. de civ. dei 22, 22, 3. p. 607, 9 D.²: variationes, Boëth. inst. mus. 2, 2 *extr.*: proportiones, *ibid.* 2, 20 *extr.*: ambages, Apul. met. 10, 29: potesta- tum coitiones, Apul. de Plat. 1, 7.

multinōdus, a, um (multus u. nodus), **vielknotig,** flagella germinis, Prud. cath. 7, 139: volumina, Apul. met. 5, 17: ambages, *ibid.* 10, 29: ictus (Plur.), *ibid.* 8, 28: anfractus (Plur.), Mart. Cap. 4. § 423.

multinōminis, e (multus u. nomen), **vielnamig,** Apul. met. 11, 22.

multinūbentia, ae, *f.* (multus u. nubo), die **Polygamie,** Tert. de ieiun. adv. Psych. 1.

multinūbus, a, um (multus u. nubo), **in Polygamie lebend,** Salomo, Hieron.: uxor, Hieron.

multinummus (multunummus), a, um (multus u. nummus), viel **Geld kostend, kostspielig, teuer,** multinummus asinus, Varro r. r. 3, 17, 6: multunummus piscis, Varro sat. Men. 549.

multipeda, ae, *f.* (multus u. pes), **I** (= millepeda) der **Vielfuß,** ein Insekt, viell. **Assel, Kellerwurm,** Plin. 22, 122 u. a. – **II** der Messstab, der ein Vielfaches des Fußes enthält, Gromat. vet. 190, 6.

multipertītus, a, um (multus u. partitus), **vielfältig eingeteilt, vielfältig,** Plin. 6, 66.

multipēs, pedis (multus u. pes), **vielfüßig,** Plin. 11, 249. – subst., multipēs, pedis, *m.*, ein **Vielfuß,** omnis bipes, omnis multipes, Augustin. c. Faust. 21, 10: als bes. Insekt, Isid. orig. 12, 5, 6.

multiplex, plicis, Abl. immer plicī, Genet. Plur. plicium, Akk. Plur. plicēs, *neutr.* plicia (multus u. plex v. plico), aus vielen gleichartigen Teilen bestehend, **vielteilig, vielfach, vielfältig, mannigfaltig** (Ggstz. simplex), griech. πολλαπλοῦς, **I** eig.: **a** v. Örtl. u. dgl., **viele Räume-, viele Gänge-, viele Windungen habend,** domus, vom Labyrinth, Ov., von einem Palast, Sen. poët.: loci spatium, Lucr.: alvus est m. et tortuosa, Cic.: fistula (Ggstz. f. simplex, duplex), Cels. – **b viele Windungen-, Krümmungen habend, vielfach gewunden, verschlungen,** vitis serpens multiplici lapsu et erratico, Cic.: ille (draco) multiplici nexu alas (aquilae) ligat, Plin. – **c viele Lagen-, viele Schichten habend, vielfach-, mehrfach übereinandergelegt** od. **-liegend,** thorax multiplicis auri, aus vieldrähtigem Gold od. aus vielfach übereinandergelegten Goldplatten, Sil.: u. so lorica m., Verg. (vorher auro trilix lorica): linum, Sil.: tunicae multiplici membranā, Plin.; vgl. cortex *multiplex* tunicis, ut tiliae; quibusdam *simplex,* ut fico, Plin. – **d aus vielen Gängen-, Schüsseln bestehend, reichhaltig,** large multiplici constructae sunt dape mensae, Catull. 64, 304. – **e** aus vielen Abteilungen, Geschlechtern usw. bestehend, **vielfach, zahlreich, stark,** corona, Cic.: praesidium, Auct. b. Alex.: natio, vielverzweigte, Mela. – poet., multiplex proavis, reich an Ahnen, Sil. 5, 543. – **f** im Plur. = aus vielen Einheiten übh. bestehend, zahlreiche, **viele** (als Synon. von complures, im Ggstz. zu unus, pauci), quae multiplices fetus procreant (Ggstz. quae pauca gignunt), Cic.: multiplicia folia habere (Ggstz. unum folium habere), Plin.: ad multiplices consulatus triumphosque et complura evehi sacerdotia, Vell. – **g** (wie duplex st. duplus) als Proportionale, **vielfach, vielmal so groß, vielmal größer** als ein anderes, griech. πολλαπλάσιος (vgl. Fabri Liv. 22, 7, 3), m. clades utrimque facta, Liv.: multiplices fuisse ementiebantur merces, Liv. – m. folg. *quam* (wie πολλαπλάσιος m. folg. ἤ), multiplex quam pro numero damnum est, Liv. – subst., multiplex, plicis, *n.*, das **Vielfache, vielfach** od. **vielmal mehr,** gratius id fore laetiusque quod quisque suā manu ex hoste captum domum rettulerit, quam si multiplex alterius arbitrio accipiat, Liv. 5, 20, 8. – ► *Compar.* multiplicior, Boëth. de unit. p. 1275. Gregor. epist. 9, 61. Beda de num. tom. 1. p. 161.

II übtr.: **A** v. Lebl.: **a** aus vielen Teilen oder Abteilungen bestehend, -zusammengesetzt, in viele Teile zerfallend, **vielteilig, kompliziert** (Ggstz. simplex), propositio, causa, Quint. – **b** aus vielen Arten bestehend, **von vielfacher-, von vielerlei Art, verschiedenartig, mannigfaltig, vielseitig, reichhaltig,** aerumna, Plaut.: cura, Sall. hist. fr. u. Curt.: curae, Catull.: exspectatio, Curt.: officium (Tätigkeit), Quint.: ab alqo m. bellum geritur, Liv. – cuius (Socratis) m. ratio disputandi rerumque varietas, viels., für u. wider sich auslassende Erörterung, Cic.: m. variaque doctrina, Suet.: materia m., Quint.: multiplices variique sermones, Cic.: vagum illud orationis et fusum et multiplex genus, Cic.: historia m., Suet. – praeturae iurisdictio, res varia et multiplex ad suspiciones et simultates, mannigfaltigen (reichhaltigen) Stoff darbietend zu usw., Cic. – **c vieldeutig,** verborum ancipites aut multiplices potestates, Rhet. Her. 4, 67. – **B** v. Pers.: **a** im Allg., vielteilig = **vielseitig,** Plato, qui varius et multiplex et copiosus fuit, Cic. – vir multiplex in virtutibus, navus, agilis etc., Vell. – **b** insbes., v. Charakter: **α** gleichs. vieldeutig, **schwer zu ergründen,** occultae hominum voluntates multiplicesque naturae, Cic. ep. ad Brut. 1, 1. § 1. – **β** (wie πολλαπλοῦς) mit der Gesinnung vielfach **wechselnd, unbeständig, proteusartig,** animus, Cic.: m. ingenium et tortuosum, Cic.: hāc ille (Catilina) tam variā multiplicique naturā, Cic. – ► Akk. Plur. *neutr.* multiplica b. Gell. 19, 7, 16.

multiplicābilis, e (multiplico), **vielfältig,** tortu multiplicabili draco, der vielfach gewundene Drache, Cic. poët. Tusc. 2, 22.

multiplicātē, *Adv.* (multiplico), **vervielfältigt, durch Multiplikation,** Boëth. inst. music. 1, 4 *in.*

multiplicātio, ōnis, *f.* (multiplico), **I** die **Vervielfältigung, Vermehrung,** frugum, Colum. 3, 2, 5: quinariarum, Frontin. aqu. 34: temporum, Sen. ep. 12, 6. – **II** insbes., als arithm. *t. t.* – das **Multiplizieren,** Colum. 5, 2, 1. Boëth. inst. arithm. 1, 10. p. 21, 11 u. a.: Plur., Vitr. 9. praef. § 4 u. 10, 11 (16), 1.

multiplicātīvus, a, um (multiplico), **zum Multiplizieren geeignet, multiplizierend,** Boëth. in Porphyr. dial. 1. p. 27. Beda de num. tom. 1. p. 101.

multiplicātor, ōris, *m.* (multiplico), der **Vervielfältiger,** Paul. Nol. epist. 44. – als mathem. *t. t.*, der **Multiplikator,** Boëth. inst. music. 2, 27 u. a.

multiplicitās, ātis, *f.* (multiplex), die **Vielfältigkeit,** Augustin. conf. 10, 17 *in.* Boëth. inst. arithm. 1, 23; inst. music. 1, 4.

multipliciter, *Adv.* (multiplex), **vielfältig, mannigfach,** Quint. u. a.: Kompar. multiplicius, Augustin. conf. 10, 35, 54 u. de doctr. Chr. 4, 28, 39; umschr. durch multipliciter magis, Flor. 3, 2, 1.

multiplico, āvī, ātum, āre (multiplex), **I vervielfältigen, vermehren, vergrößern,** exercitus, verstärken, Liv.: auxilia (die Hilfstruppen), Planc. in Cic. ep.: aes alienum, Caes.: terror multiplicatus, Liv.: usuras, Nep. (vgl. tibi conditae frugis multiplicatur usura, Ambros. de off. 3, 6, 41: crescentibus multiplicari usuris, v. einem ausgeliehenen Kapital, Ambros. de virgin. 1): regnum Eumenis, Liv.: domum, erweitern, Cic.: gloriam, Cic. – **II** insbes., als arithm. *t. t.* = **multiplizieren,** Colum. 5, 2, 1 *sqq.*: annos quater, dies octies, Solin. 1. § 29 u. 42: ter tria, Auson. edyll. 11, 2. p. 129, 6 Schenkl: ter multiplicati quinquaginta fiunt centum quinquaginta, Augustin. serm. 252, 8. – Partiz. Pers. im *Compar.*, multiplicatior, Ambros. de off. min. 1, 31, 161.

multiplus, a, um (multus), **vielfach,** Boëth. in Aristot. top. 2, 3. p. 677 u. 720.

multipotēns, entis (multum u. potens), **vielvermögend, sehr mächtig,** Plaut. Bacch. 652 u. a.

multirādīx, īcis (multus u. radix), **vielwurzelig,** Ps. Apul. herb. 35.

multirāmis, e (multus u. ramus), **vielästig,** Ps. Apul. herb. 4.

multiscius, a, um (multum u. scius), **viel wissend,** Apul. met. 9, 13 u. apol. 31.

multisīgnis, e (multus u. signum), **mit vielen Abzeichen versehen,** parmae, *Varro sat. Men. 21.

multisonālis, e (multus u. sonus), **viel ertönend,** Schol. Iuven. 7, 134.

multisonōrus, a, um (multum u. sonorus), **sehr ertönend,** Claud. epigr. 1, 18.

multisonus, a, um (multus u. sonus), **sehr ertönend,** Atthis, Mart. 4, 53, 9: sistrum, Stat. silv. 3, 2, 103: außerdem Boëth. in categ. Aristot. 1. p. 181 Migne.

multītius, a, um, s. multīcius.

multito, āre (*Frequ.* v. multo, āre), **gehörig bestrafen,** alqm, *Cato b. Gell. 10, 23, 4 H.

multitūdo, inis, *f.* (multus), die **Menge, große Anzahl, überlegene Zahl, Masse** (Ggstz. paucitas), **I** im Allg.: hominum, Cic.: aquae, Cic.: litterarum (Briefe), Cic.: navium, Nep.: argenti facti, Varro fr.: beneficiorum, Cic. – **II** insbes.: **A** v. Menschen, **1** die **Menge,** der **große Haufe** (Ggstz. paucitas), Cic. u. a.: multitudines, einzelne Volkshaufen, Sall.: tantarum gentium multitudines, Hieron. epist. 60, 4. – **2** die **große Menge,** der **große Haufe,** d. i. das **gemeine Volk,** der **Pöbel,** imperita, Cic.: credula, Iustin. – **B** als gramm. *t. t.,* die **Mehrzahl,** der **Plural,** Varro LL. (auch im Plur.). – casu multitudinis recto, Nigid. b. Gell. 13, 26 (25), 4: numerum multitudinis capere, den Plural bekommen, Gell.

multivagus, a, um (multum u. vagus), **viel umherschweifend, -umherziehend,** avis, Plin. 10, 109: flexus (Plur.) lunae, vielfache, Plin. 2, 48: Scythiae domus, nomadisierende, Sen. Herc. fur. 537: gradus (Famae), Stat. Theb. 6, 1. – übtr., multivagi casus, viele betreffende, Apul. met. 8, 7.

multividus, a, um (multus u. video), **viel sehend,** Mart. Cap. 2. § 109.

multivira, ae, *f.* (multus u. vir), die **viele Männer geheiratet hat** (Ggstz. univira), Min. Fel. 24, 3.

multivius, a, um (multus u. via), **vielwegig,** Apul. met. 9, 11.

multivocus, a, um (multus u. voco), **vielfältig benannt** (wie ensis, gladius, mucro), Boëth. in Aristot. praedic. 1. p. 115.

multivolus, a, um (multus u. volo), **viel wollend, viel begehrend,** mulier, Catull. 68, 128. Vulg. Sirach 9, 3.

multivorantia, ae, *f.* (multus u. voro), das **Vielfressen,** die **Gefräßigkeit,** Tert. de ieiun. adv. Psych. 1.

1. multo (nicht mulcto), āvī, ātum, āre (multa), **strafen, a** m. *Abl.* dessen, womit jmd. als Strafe belegt wird = mit etw. **strafen,** alqm multā, poenā, Cic.: alqm od. se morte, Cic.: exsilio, Cic. u. Liv.: populos stipendio, Cic.: vitia hominum damnis, ignominiis, vinculis, verberibus, exsiliis, morte, Cic. – boves iniquitate operis, plagen mit usw., Colum. – **b** m. *Abl.* dessen, was jmdm. als Buße auferlegt od. zur Strafe entzogen wird = jmd. um etw. **strafen,** einer Sache **verlustig erklären,** alqm pecuniā, Nep.: parte agri, Liv., od. agris, Cic.: sacerdotio, Suet.: Antiochum Asiā multarunt, Cic. – **c** ohne *Abl.:* huius consilia esse multata, Cic. – **d** mit *Dat. comm.:* Veneri Erycinae esse multatum, sei bei der Venus E. in Strafe geraten, sei der Venus E. verfallen = sei schuldig, zur Strafe die Erbschaft an die Venus E. abzutreten, Cic. Verr. 2, 21.

2. multō, *Adv.,* s. multus.

multotiēs, *Adv.* (multus), **vielmals, oft,** Iustinian. praef. novell. 29 u. novell. 125. Augustin. c. Faust. 29, 1 u. a. Eccl. Cledon. art. rhet. p. 590, 14 H.

multum, *Subst.* u. *Adv.,* s. nach multus.

multunummus, s. multinummus.

multus, a, um, *Compar.* **plūs,** plūris (*subst.*), Plur. plūrēs, *n.* plūra, selten plūria (*adi.* u. *subst.*), *Superl.* **plūrimus,** a, um, **viel, I** eig.: **A** von der Menge, **viel, zahlreich** (Ggstz. paucus), **1** einzelner Gegenstände, verba, Cic.: viri, Cic.: multae pecuniae alienae, Cic.: multorum annorum tyrannis, Nep., laetitia, Cic., doctrina, Auct. b. Afr.: multorum angulorum forma, Boëth.: multi, viele, viele Menschen (Ggstz. pauci), Cic.: multi alii, Ter., auch bl. multi, viele andere, Suet.: saepe multi, viele andere zu einer anderen Zeit, Cic. u. a. (s. Kühner u. Meißner Cic. Tusc. 1, 74): insulae non ita multae, nicht gar sehr viele, Plin.: parum multi, allzu wenige, Rhet. Her.: bene multi, ziemlich viele, Asin. Poll. (in Cic. ep.), Auct. b. Hisp. u. Ov.: minime multi, äußerst wenige, Cic.: quam minime multa vestigia, möglichst wenige, Nep.: multis verbis, weitläufig, Cic.: quid multa verba? was braucht's vieler Worte? kurz, Ter.: so auch quid multis moror? Ter.: ne multa od. ne multis, kurz, Cic.: m. partitivem *Genet.,* multi hominum, Plin.: multae arborum, Plin. – multi (wie οἱ πολλοί), der große Haufe, die Menge, die gewöhnlichen Menschen, unus de multis, Cic.: qui non fuit orator unus e multis, Cic.: numerarer in multis, unter die gemeinen Redner, Cic.: auch von der Frau, una e multis sit tibi, nicht besser als andere, Ov.: more multarum, Acc. tr. fr.: multa, viele Dinge, vieles, Cic. u. a.: nimis multa, Cic.: multa bene agere, viele glückliche Taten vollbringen, Eutr.: multis vastatis, nachdem viele Gegenden verwüstet worden waren, Eutr. – *Compar.,* plures, Genet. plurium, mehrere, mehr als einer (Ggstz. pauci, aliqui, singuli, unus), Cic. u. a. – m. partit. *Genet.,* plures vestrûm, Curt. – plura, Cic. u. (Ggstz. pauciora) Plin. ep.: plurium dierum hiems (Sturm), Plin.: plurium annorum indutiae, Liv.: plurium annorum officium, Plin.: plurium angulorum forma, Boëth.: pluribus verbis, Nep., od. bl. pluribus, Phaedr., weitläufiger: ne plura, Plin., od. quid plura? kurz, Cic.: nicht selten = complures, mehrere, verschiedene, viele, plures enixa partus, Liv.: pluribus verbis rogare, Cic. – insbes., plures, der große Haufe (Ggstz. pauciores, οἱ ὀλίγοι, die Vornehmen, Hochgestellten), Plaut. trin. 34: u. (wie οἱ πλείονες) euphem. v. den Toten, ad plures penetrare, zu seinen Vätern versammelt werden, Plaut. trin. 291: u. so ad plures abire, Petron. 42, 5. – *Superl.,* plurimi, sehr viele, die meisten, Cic.: plurima simulacra, Caes.: saecula, Cic.: plurimi anni, Iustin.: plurimis verbis, sehr ausführlich, Cic. – auch kollekt., plurimus dicent, Hor. – m. partit. *Genet.,* longe plurimos hostium occīdit, Liv.: plurimum quantum favoris partibus dabat fraternitas ducum, überaus am meisten begünstigte die P. usw., Flor. 4, 2, 74. – **2** eines Stoffes, caro, Cic.: sudor, Cic.: sanguis, Liv.: cruor, Val. Max.: aurum argentumque, Sall., aurum et argentum, Tac.: supellex, viel Hausrat, Nep.: victima, viele O., Ov., Verg.: avis, Ov. – *Comparat.,* plus, so nur in der Volksspr., wie argentum in ostiarii illius cella plus iacet, Petron. 37, 8. – *Superl.,* plurima praeda, Plaut.: vestis, stragula, Cic.: rosa, Ov.: Aetna, der größte Teil des A., Ov.

B v. intensiver Fülle u. Stärke, **viel, groß, stark, bedeutend, 1** im Allg.: sol, heiße Sonne, Plin. u. Suet.: multo labore, Cic.: multā cum clade suorum, Liv.: cura, Sall.: libertas, Hor.: sermo, viel Gerede, Cic. (vgl. unten *no.* II, B): opinio, verbreitete, allgemeine Ansicht, Gell.: velut multā pace, wie im tiefen Frieden, Tac.: operam suam multam existimare, Cic.: multum est, es ist bedeutend, wichtig, es tut viel, es nützt sehr, Verg. – *Superl.,* plurimus sol, Ov. u. Plin. ep.: plurima quā silva est, wo der Wald am dichtesten ist, Ov.: coma, Ov.: canities, Verg.: fons, Ov.: luna, der volle Mond, Mart.: labor, Hor.: risus, Quint.: sermo, Quint.: exercitatio, Quint.: salutem plurimam dicere, Plaut., od. plurimā salute impertire, Ter., seinen herzlichsten Gruß sagen. – **2** insbes., von den Tageszeiten, ad multum diem, bis weit in den Tag, Cic.: vides iam diem multum esse, dass der Tag schon weit vorgerückt ist, Plaut.: postquam multa iam dies erat, als es schon stark Tag war, Liv.: multo die, Caes.: multā luce, Sall. hist. fr.: multā nocte, spät in der Nacht, Cic.: multo adhuc die, da noch viel vom Tag übrig war, noch hoch am Tag, Tac.: multo mane, sehr früh, Cic.

C von der Ausdehnung im Raum, **groß,** multa pars Europae, Liv.: et potes in toto multa iacēre toro, einen großen Raum einnehmend, Ov. – *Superl.,* plurimus collis, Verg.

II übtr.: **A** in Bezug auf die Rede, **weitschweifig, weitläufig, breit,** homo multus et odiosus, ein Schwätzer, Plaut.: ne in re nota et pervulgata multus et insolens sim, Cic.: est multus in laudanda magnificentia, Cic.: de quibus multa ab illis habetur oratio, worüber sie sich in weitläufiger Rede verbreiten, Cic.

B in Bezug auf eine Tätigkeit, **viel beschäftigt, viel verkehrend, eifrig, emsig, unablässig, häufig,** in eodem genere causarum multus erat T. Iuventius, Cic.: multus et ferox instare, Sall.: ad vigilias multus adesse, Sall.: multus in eo proelio fuit Caesar, Flor.: eum cum Timaeo Locro multum fuisse, habe viel verkehrt mit usw., Cic. de rep. 1, 16: multa viri virtus multusque recursat honos, Verg.: dah. multum est, es ist häufig, man hört es oft, Cic. – *Superl.*, legor plurimus in orbe, Ov.: plurima nantis in ore Alcyone coniunx, Ov.: cum libellis mihi plurimis sermo est, mit meinen Büchern unterhalte ich mich oft, Sen. ep. 67, 2.

C in Bezug auf das Verhalten, **aufdringlich, lästig,** qui in aliquo genere (Beziehung) aut inconcinnus aut multus est, Cic.: nimius est, multus est, er geht zu weit, er ist übertrieben in seiner Strenge, Val. imp. b. Vopisc.: dah. multus es et pathicus, du gibst dich vielen preis, Catull. – Davon:

multum, *Compar.* **plūs,** *Superl.* **plūrimum, viel, ein großer Teil,** I *subst.*: A im *Nom.* od. *Acc.*, m. *Genet.*, iam multum viae praeceperat rex, ein großes Stück (eine große Strecke) Weges, Curt.: a quibus cum audisset non multum superesse munitionis, nur noch ein kleiner Teil der Befestigungsarbeit, Nep.: multum diei processerat, Sall.: in multum vini processerat, war ziemlich angetrunken, Liv.: ab sole orto in multum diei (bis weit in den Tag) stetere in acie, Liv.: u. so ad multum diei in acie stare, Liv.: nebula erat ad multum diei densa adeo, ut etc., Liv. (vgl. Drak. Liv. 27, 2, 9): post multum vulnerum, nach vielen W., Tac.: multum habet iucunditatis, Plin.: ut multum (*sc.* est), höchstens, Mart.: in multum (bei Weitem) velociores, Plin. 10, 108. – *Compar.*, plus mihi deberet, Cic.: plus posse, Caes.: plus facere, Cic.: ne plus reddat, quam acceperit, Cic.: non plus quam etc., ebensowenig, Cic.: quod plus est, was mehr ist, mehr sagen will, Liv.: plus minusve, mehr od. weniger, m. folg. *quam* (als), Komik., Quint. u. a.: ne quid faciam plus, quod post me minus fecisse satius sit, zu viel ... zu wenig, Ter.: ne quid plus minusve faxit, zu viel od. zu wenig, Ter.: quam molestum est uno digito plus habere, einen Finger mehr, Cic.: so auch uno plus Etruscorum cecĭdisse, ein Mann mehr, Liv.: m. *Genet. part.*, plus pecuniae, Cic.: hostium, Liv.: detrimenti, Cic.: non plus animi quam fidei erat, Liv.: ex his alius alio plus virium habet, Cic.: nec quemquam ex eo plus quam se doloris capere, Caes. – *Superl.*, plurimum posse, Cic.: ut haberet quam plurimum, so viel als möglich, Cic.: ubi plurimum (possidebat), das meiste, Eutr.: qui plurimum minimumque tradunt, die Durchschnittszahl, Eutr.: ellipt., cum plurimum, ubi plurimum, ut plurimum, hochgerechnet, höchstens, Liv., Suet. u. Plin. – m. *Genet. part.*, noctis plurimum, ein sehr großer Teil der N., Amm.: plurimum mali, Sen.: gravitatis, Cic.: studii, Nep.: virtutum, Quint.: ut laboris sic utilitatis etiam longe plurimum, Quint.: plurimum quantum favoris, recht sehr viel an G., Flor.

B im *Genet.* zur Bezeichnung des Wertes und Preises, **hoch,** multi facere, hoch schätzen, Plaut. – *Compar.*, pluris, **höher, teurer,** ager multo pluris est, gilt viel mehr, Cic.: conscientia mihi pluris est, Cic.: pluris putare, facere, habere, aestimare, höher schätzen, achten, Cic.: vendere, emere, teurer, Cic.: aedificare, Colum. – *Superl.*, plurimi, **sehr hoch, sehr teuer,** facere, Nep.: pendĕre, Plaut.: esse, Cic. – Selten steht st. des *Genet.* der *Abl.*, plure altero tanto quanto eius fundus est velim, Plaut. fr. b. Charis. 211, 28: plure vendunt, Lucil. 1253 (b. Charis. 211, 30): plure venit, Cic. fr. b. Charis. 211, 29: quam plurimo vendere, möglichst teuer, Cic. de off. 3, 50.

II *adv.*: A multo, **um vieles, viel,** a einfach, neben Komparativen u. Wörtern aller Art, die den Begriff einer Steigerung enthalten, zur Bezeichnung des Maßes, mit dem der Unterschied gemessen wird, multo plura, Nep.: m. pauciores, Cic.: m. minus, Cic.: m. magis, Cic.: m. ceteros gloriā antecesserunt, Nep.: so bei antevenire, Ter.: bei anteponere, Cic.: bei praestat, es ist besser, Sall.: bei malle, Cic.: bei Partikeln, die den Begriff einer Verschiedenheit enthalten, multo secus, viel anders, Cic.: m. aliter, Nep.: bei infra, Plin.: beim Komparativ u. Superlativ = **bei weitem,** maior multo res, Liv.: m. difficillimus, m. difficillime, Rhet. Her.: purissimus multo, Varro fr.: m. maximus, Komik. u. Cic.: m. maxime, Ter. u. Augustin.: m. antiquissimus, Cic.: multo formosissimus, Nep.: m. maximā parte, Cic.: bei post u. ante, non multo post, nicht lange nachher, Cic.: multo ante, Nep., od. ante multo, Cic., lange vorher. – b doppelt, multo multoque, um **gar vieles, gar viel,** beim Komparativ usw., multo multoque longior, Fronto ad M. Caes. 2, 2 (5). p. 28, 1 N.: multo multoque operosius est, Val. Max. 4, 1, 2: multo multoque magis, Fronto laud. negl. p. 214, 15 N. – c multo tanto, **um so viel mehr,** ne ille hercle mihi sit multo tanto carior, si etc., Plaut. Bacch. 310: u. so Plaut. Men. 800; rud. 521; Stich. 339. Gell. 12, 2, 14. Apul. met. 7, 15 u. a. (s. Hildebr. Apul. met. 6, 1. p. 396, b): multo tanto propius, Varro LL. 7, 3.

B multum, 1 vom Grad, **sehr, weit, vielmals,** a neben Verben, salve m., sei vielmals, sei herzlich gegrüßt, Plaut.: vale m., leb recht wohl, Plaut.: non m. confidere, nicht sehr, nicht sonderlich, Caes.: m. desiderare, Nep.: non ita m. uti sorore, nicht so sehr, Cic.: longe multumque superare, Cic.: ebenso auch poet. *Acc. Plur.* multa adverb. neben Verben, multa reluctari, Verg.: multa gemens, Verg. – b neben Adjektiven, m. dispar, Cic.: vir m. bonus, Cic.: m. familiaris, Fronto: m. loquaces, Plaut.: m. inepti labores, Plin. ep. – c neben Komparativen = *multo,* z. B. non multum est maius, Cic.: m. improbiores, Plaut.: m. robustior, Iuven.: selten bei Superlativen, m. carissimus ac desiderantissimus filius, Augustin. epist. 139 *lemm.* – 2 v. der Zeit, **vielmals, oft, viel,** multum mecum sunt, Cic.: multum mecum loquuntur, Cic.: multum et saepe quaesita, Cic.: multum et diu cogitans, Cic.: diu multumque scriptitare, Cic.

C plus, 1 v. der Menge, **mehr,** a m. folg. *quam,* wie: non pl. quam semel, Cic.: plus quam satis (erat), Ter.: non pl. quam in tres partes posse distribui, in nicht mehr als, Cic.: nulla (navis) pl. quam triginta remis agatur, mit mehr als, Liv.: plus quam decem dies abesse, weiter als, Cic. – b ohne *quam,* z. B. pl. semel, Varro fr.: plus satis, Ter.: pl. millies audivi, Ter.: pl. mille capti, Liv.: plus quingentos colaphos infregit, Ter.: plus pars dimidia caesa est, Liv.: plus parte tertiā interfectā, Caes.: plus dimidiati mensis cibaria ferebant, Cic.: ut plus biennium in his tricis moremur, Cic.: cum pl. annum aeger fuisset, Liv.: plus aut minus, plus minus, plus minusve, plusve minusve, **mehr oder weniger, ungefähr, auf und ab,** septingenti sunt paulo plus aut minus anni, Enn.: abesse plus minus octo milibus, Hirt. b. G.: ne quid plus minusve faxit, quod nos pigeat, Ter.: ne plus minusve loqueretur ex tempore, Suet.: venerunt plusve minusve duae, Mart. – c m. *Abl.*, z. B. ut pl. unā vera sit, Cic.: nec esse pl. uno, mehr als einer, Cic.: annos sexaginta natus est aut pl. eo, oder mehr als soviel, oder darüber, Ter. – 2 v. Grad, **mehr,** confiteor eos plus quam sicarios, plus quam homicidas, plus etiam quam parricidas esse, Cic.: plus cruciari, Balb. in Cic. ep.: multo plus, Anton. in Cic. ep.: paulo plus, Liv.: plus aequo, mehr als billig, Cic.: plus iusto, Liv.: plus nimio, allzu sehr, Hor.: plus plusque, immer mehr u. mehr, quem plus plusque in dies diligo, Cic.: dah. auch neben *Adii.* = *magis,* plus formosus, Calp. ecl. 11, 72: u. plus quam beim Komparativ, vilior fiam plus quam factus sum, Vulg. 2. regg. 6, 22: plus erat quam palea levior, Commodian. apol. 5: u. ohne *quam,* oculi domini multo plus lucidiores sunt super solem, Vulg. Sirach 23, 28: u. plus quam beim Superlativ, plus quam benignissimus, CIL 9, 1876. – so auch plura zuw. adverb., ne te in promissis plura moremur, weiter, länger, Lucr. 5, 91.

D plurimum, 1 v. Grad, **am meisten,** pl. intererat, Cic.: ut te pl. diligam, Cic.: plurimum quantum favoris, Flor. 4, 2, 74: pl. quantum nocere, recht sehr, überaus, Min. Fel. 23, 1; vgl. *ibid.*40, 1. – 2 von der Menge, a **recht viel,** ut plurimum tussiat, Petron. 117, 9. – b **höchstens,** pl. drachma, modice quattuor obolis, Plin.: diebus plurimum novem, Plin. – 3 v. Umfang der Zeit, **größtenteils, meistenteils,** domum ire pergam; ibi plurimum est, Ter. Phorm. 194: pl. Cypri vixit, Nep. Chabr. 3, 4.

► Im Vulgärlat. gesteigerter Kompar. plurior, Fulg. myth. 1. praef. p. 16 M. Itala Ioann. 7, 31. Hilar. in ep. ad Philem. 3 (Pitra spicil. 1, 150 [b]). Gloss. II, 409, 12 (pluriora). – Archaist. Superl. ploirimus, CIL 1, 32, wo ploirume = plurime: plisimus od. plusimus, Fest. 205 (a), 17. Varro LL. 7, 27.

Mulucсha (Mulucha), ae, *m.*, Fluss in Mauritanien, der die Mauri u. Masaesyli trennte, j. *Maluia* od. *Moluya,* Form Mulucсha, Sall. Iug.

19, 7 u. 92, 5 u. 110, 8. Phocas 412, 29 K. Prisc. 6, 8 *codd. optt.* (Hertz Mulucha): Form Mulucha, Mela 1, 5. § 1 u. 51. § 25 u. § 29. Plin. 5, 19. – eine dort liegende Stadt, Flor. 3, 1, 14 (Mulucha).

mūlus, ī, *m.* (μυχλός), der **Maulesel,** das **Maultier,** redarius, Varro: clitellarius, Cic.: mulorum grex, Varro: muli senes, Apul. met. 9, 13. – Sprichw., muli Mariani, von Soldaten, die das Gepäck auf einer Traggabel (furca) wie die Maulesel auf dem Saumsattel tragen, Frontin. 4, 1, 7. Fest. 149, 25; vgl. Paul. ex Fest. 24, 2 u. 148, 6. – mutuum muli scabunt, s. scabo. – mulum de asino pingere, Gleiches mit Gleichem, Tert. adv. Val. 19. – als Schimpfwort, wie **Kamel** (= Dummkopf), Plaut. most. 873. Catull. 83, 3.

Mulviānus, a, um, zu Mulvius gehörig, **mulvianisch,** controversia M., Prozess gegen Mulvius (wahrsch. einen Geschäftsträger der Staatspächter, zu deren Geschäftskreis die Güter der Terentia gehörten), Cic. ad Att. 2, 15, 4. – strutheis cotonea insita suum genus fecere Mulvianum, Plin. 15, 38.

Mulvius (Milvius), a, um, **mulvisch,** M. pons, eine Brücke über den Tiber oberhalb Roms an der via Flaminia, j. *Ponte Molle,* Cic. ad Att. 13, 33, 4. Sall. Cat. 45, 1. Tac. ann. 13, 47, 2: dass. M. agger, Stat. silv. 2, 1, 176.

Mummius, a, um, Name einer röm. *gens,* aus der am bekanntesten L. Mummius Achaicus, der Zerstörer Korinths, Cic. de off. 2, 76 u. a. – Mummia, dessen Urenkelin, Gemahlin des Kaisers Galba, Suet. Galb. 3, 4.

Mūnātius, a, um, Name einer röm. *gens,* mit dem Zunamen Plancus, aus der am bekanntesten L. Munatius Plancus, Legat Cäsars, Caes. b. G. 5, 24, 3; b. c. 1, 40, 5: L. Munatius Plancus imperator, Cic. Phil. 3, 38: dessen Briefe an Cicero u. die Ciceros an ihn, Cic. ep. 10, 1 *sqq.* – ein Munatius Gallus b. Mart. 10, 33, 1.

mūnctio, ōnis, *f.* (mungo), das **Schneuzen,** munctiones mucculentae, Arnob. 3, 13.

Munda, ae, *f.*, **I** Stadt in Hispania Bätika, nordöstl. von Karteja, in der Nähe des heutigen Cordoba, berühmt durch den Sieg des Cn. Scipio über die Punier (216 v. Chr.), Liv. 24, 42, 1 *sqq.* Sil. 3, 400, und durch den noch weit größeren Sieg Cäsars über die Söhne des Pompejus (45 v. Chr.), Auct. b. Hisp. 32 *sq.* Val. Max. 7, 6, 5. Sen. de ben. 5, 24, 3. Flor. 4, 2, 85. – Dav. **Mundēnsis,** e, **mundensisch,** proelium, Suet.: campus, Auct. b. Hisp. – Plur. subst. Mundēnsēs, ium, *m.*, die Einw. von Munda, die **Mundenser,** Auct. b. Hisp. – **II** Fluss in Lusitanien, zwischen dem Tagus u. Durius, j. *Mondejo,* Mela 3, 1, 7 (3. § 8), Plin. 4, 115.

mundānus, a, um (mundus), **I zur Welt gehörig, Welt-, a** *adi.*: anima, Macr.: annus, Weltjahr, von fünfzehntausend Jahren, Macr.: malum, Landplage (v. einem Erdbeben), Capit.: administratio, Chalcid. Tim. – **b** *subst.*: **α** mundānus, ī, *m.*, ein **Weltbürger,** Cic. Tusc. 5, 108. – **β** mundāna, ōrum, *n.*, die **weltlichen** Dinge, die **Welt,** Chalcid. Tim. 251. – **II** übtr.: **1** = ὑλικός, **körperlich, materiell,** Ps. Apul. Ascl. 7 u. 8 u. 11 *extr.* – **2 himmlisch,** Avien. Arat. 47 u. 216.

mundātio, ōnis, *f.* (mundo), die **Reinigung,** Th. Prisc. 1, 19. Plin. Val. 4, 2. Augustin. conf. 1, 11 u. serm. 106, 1: übtr., erit mundatio *ab* omnibus peccatis vestris, Vulg. Levit. 16, 30.

mundātor, ōris, *m.* (mundo), der **Reiniger,** latrinarum cloacarumque, Firm. math. 8, 19 *extr.*: außerdem (bes. v. Christus) Augustin. serm. 176, 1; enarr. in psalm. 88. serm. 2. § 11 u. a.

mundātōrius, a, um (mundo), **zur Reinigung dienend,** medicamentum, Plin. Val. 2, 25: instrumenta, Augustin. serm. 164, 8.

mundātrīx, trīcis, *f.* (Femin. zu mundator), die **Reinigerin,** attrib. **reinigend,** Augustin. enarr. in psalm. 88. serm. 2. § 9 u. enarr. in psalm. 142, 8; de trin. 15. § 44.

mundē, *Adv.* (1. mundus), **sauber, nett,** Plaut., Sen. u. a.: mundissime, Cato u. Colum.

Mundēnsis, e, s. Munda.

mundiālis, e (2. mundus), **weltlich, irdisch,** Eccl.: historici, Profanschriftsteller, Sulp. Sev. chron. 2, 14, 6.

mundiāliter, *Adv.* (mundialis), **weltlich,** vivere, Tert. de res. carn. 46 *extr.*

mundicīnae, ārum, *f.* (mundus, a, um), ein **Reinigungsmittel,** dentium, Zahnpulver, *Apul. poët. apol. 6.

mundicors, cordis (1. mundus u. cor), **reines Herzens,** Itala Matth. 5, 8 b. Augustin. serm. 53, 6.

mundifico, āre (1. mundus u. facio), **rein machen, reinigen,** übtr., se caelesti conversatione, Cassiod. de anima 11.

mundiger, gera, gerum (mundus u. gero), **weltführend,** axis, Anthol. Lat. 240, 12 (588, 12).

mundipotēns, entis (mundus u. potens), **weltmächtig, weltbeherrschend,** Tert. de anim. 23.

munditenēns, entis (mundus u. tenens), **welthaltend, weltbeherrschend,** Tert. adv. Val. 22

munditer, *Adv.* (1. mundus) = munde, **I sauber,** Plaut. Poen. 235. – **II** übtr., **ehrbar, wohlanständig,** munditer dicere, Apul. apol. 33.

munditia, ae, *f.* u. (nicht bei Cic.) **munditiēs,** ēī, *f.* (mundus, a, um), die **Schmuckheit, Sauberkeit, Reinlichkeit, I** im engeren Sinne: munditia inlecebra animost amantum, Plaut. Men. 355 Sch.: munditias facere, säubern, reinigen, Cato. r. r. 39: u. so munditias volo fieri, Plaut. Stich. 347: alia iam munditiarum facies (est), ganz anders sieht es jetzt aus mit der Reinlichkeit (der Straßen), Frontin. aqu. 88. – übtr., mundities *a* peccatis, das Reinsein (Freisein) von S., Augustin. serm. 4, 14. – **II** im weiteren Sinne: **1** die **Sauberkeit, Zierlichkeit,** das **schmucke (saubere, nette) Aussehen,** im üblen Sinne die **Putzsucht, Eitelkeit,** im Hausrat, in Kleidern, bes. im Plur., m. non odiosa neque exquisita nimis, Cic.: mundities vehiculorum, Sen.: Syrorum munditiae, Front.: munditiae urbanae, Sall.: simplex munditiis, Hor.: immundissimis se expolire munditiis, Sen. contr. 1. praef. § 8: comunt se vestibus et munditiis corporis, Hieron. epist. 69, 8. – **2** die **Zierlichkeit,** der **feinere Ton,** der **reine Geschmack** in Bildung, Benehmen u. Ausdruck, quā munditiā homines, quā elegantiā! welche Ausbunde von feiner Lebensart! Cic.: grave virus munditiae pepulēre, Hor. – elegantia modo et munditia remanebit, Cic.: quaedam circa proprietatem significationemque munditiae, Quint.: venustas et mundities orationis, Gell.: alcis epistulae munditiae et venustatis et prudentiae plenae, Gell.

mundivagus, a, um (mundus u. vagor), **in der Welt (überall) umherirrend,** de Rossi Inscr. Christ. Vol. II. p. 111, 69, 11.

mundo, āvī, ātum, āre (mundus, a, um), **säubern, reinigen,** vasa, Ambros.: aptum ante (vorher) locum, Ps. Verg. moret. 49: praesepia, Colum. 12, 3, 8: legumina, lesen, Hieron. epist. 66, 13. – übtr., moral. **reinigen,** Vulg. Nah. 1, 3: alqm lavacro aquae (durch die Taufe), Vulg. Ephes. 5, 26: novo partu de crimine mundum, Ven. Fort. carm. 8, 7, 123. – *Partic. adi.*, cum sim ab ista peste mundatior, reiner, Augustin. conf. 10, 37.

mundulē, *Adv.* (mundulus), **sauber, zierlich,** Acc. tr. 602. Apul. met. 2, 7.

mundulus, a, um (*Demin.* v. mundus, a, um), **sauber, geputzt,** Plaut. truc. 658.

mundum, ī, *n.*, s. 2. mundus ►.

1. mundus, a, um, **schmuck, sauber, reinlich, nett, I** im engeren Sinne: supellex, Hor.: cena, Hor.: ager, Gell.: nil videtur mundius, Ter.: cubile mundissimum, Colum. – subst., instrumenta in mundum recepta, ins Reine geschriebene, spät. ICt. – in mundo esse od. habere, bereit sein od. haben, in Bereitschaft sein, -haben (sowohl v. etwas Schlimmem, das einem bevorsteht, als von etwas Angenehmem, das man zu erwarten hat), Enn. fr. u. Komik.; vgl. Gronov Plaut. asin. 2, 1, 16. Lorenz Plaut. Pseud. 478 (499 G.) – **II** im weiteren Sinne: **1** dem Äußeren, der Lebensart nach **schmuck, geschmückt, geputzt, nett, fein** (schon einen höheren Grad von Vornehmheit, bes. in der Pflege des Körpers bezeichnend), griech. καθάριος, homo, Cic.: Menander, Prop.: cultus iusto mundior, zu feine Kleidung, Liv. – poet., loca navibus munda, geziert, Enn. fr. – **2** der Beschaffenheit nach: **a fein,** annona, panis, Lampr. Alex. Sev. 37, 3

u. 42, 3. – **b** (wie merus) **rein, echt,** scabies famesque mundae, Catull. 47, 2 B. (Bücheler): laurus, Mart. 3, 58, 46. – **3** dem Ausdruck nach, **nett, zierlich, fein,** verba, Ov. art. am. 3, 479: versus, quibus mundius nihil reperiri puto, Gell. 19, 9, 10.

2. mundus, ī, *m.* (1. mundus), wie das griechische κόσμος, **I** das zur Sauberkeit des Körpers beitragende **Toilettengerät,** der **Putz** der Frauen (im engeren Sinne, wie franz. *les nippes,* versch. von ornatus, dem Schmuck κατ' ἐξ., den Kostbarkeiten, Prachtgewändern u. dgl., *les bijoux*), **A** eig., gew. m. muliebris, Liv. u. a.: m. nuptialis, Apul.: auro, veste, gemmis omnique cetero mundo exornata mulier, Apul. – **B** übtr., das **Gerät** übh., falces et operae messoriae mundus omnis, Werkzeug zur Ernte, Apul.: m. Cereris, die mystischen Cereskästchen (ἡ τῶν ἀποῤῥήτων σκευή), Apul. – **II** die **Weltordnung,** das **Weltall,** die **Welt** (vgl. Plin. 2, 8), u. die einzelnen Weltkörper, **A** im Allg.: hic ornatus (schöne Harmonie) mundi, Cic.: clarissima mundi lumina, Verg.: mundus immensus, Ov. – patuli super aequora mundi, Lucr.: mundi innumerabiles, Cic.: in illa plaga mundus statas temporum vices mutat, Curt.: mundus brevis = μικρόκοσμος, die **Welt im Kleinen,** Chalcid. Tim. 202. Vgl. Verg. georg. 1, 5. Heinsius Ov. met. 2, 157. Drak. Sil. 12, 336. Castal. Rutil. itin. 1, 117. Val. Flacc. 1, 563. Burm. Anthol. Lat. 1. p. 51. Gronov. observ. 1, 9. – **B** insbes.: **1** die **Himmelskörper,** der **Himmel** (wie κόσμος), lucens, Cic.: arduus, Verg.: concussit sidera micantia mundus, Catull. – **2** wie **Welt = Erdball, Erdkreis, Erde, a** eig.: quicumque mundo terminus obstitit, Hor.: fervidis pars inclusa caloribus mundi, Hor. – u. poet. v. röm. Reich, die »römische Welt«, Lucan. – **b** meton., die Welt = die Gesamtheit der Menschen, m. miser, Lucan.: fastos evolvere mundi, Hor.: quem mundus et superi timent, Sen. poët. – **3** euphemist. = die **Unterwelt.** Der Eingang zu diesem mundus befand sich auf dem Komitium, eig. eine runde Grube od. eine Art von Gewölbe (viell. ein umgekehrtes, das seine Kuppel nach unten kehrte), immer nach oben mit einem Stein (lapis manalis) bedeckt, nur dreimal des Jahres, am 24. August, 6. Okt. u. 8. Nov., als an den den unterirdischen Göttern geweihten Tagen, geöffnet, wo dann die Erstlinge von allem, dessen Genuss das Gesetz empfiehlt u. die Natur zum Bedürfnis macht, hineingeworfen wurden, s. Varro bei Macr. sat. 1, 16, 18. Atei. Capito u. Cato bei Fest. 154 (b) u. 157 (a): cum Mundus patet, Macr. sat. 1, 16, 16. – ► Nbf. mundum, ī, *n.*, Lucil. 519 u. 520; vgl. Gell. 4, 1, 3. Non. 214, 16.

mūnerābundus, a, um (muneror), **Geschenke darbringend,** Apul. met. 11, 18.

mūnerālis, e (munus), **Geschenke betreffend,** lex, das den Sachwaltern (causidici) verbot, Geschenke anzunehmen, Plaut. fr. b. Paul. ex Fest. 143, 4.

mūnerārius, a, um (munus), **I zum Schenken (Spenden) gehörig,** Cassiod. var. 6, 7, 4. – **II zu den Gladiatorenspielen gehörig, Gladiatoren-,** libellus, Verzeichnis der fechtenden Gladiatoren, Treb. Poll. Claud. 5. § 5. – subst., mūnerārius, iī, *m.*, der **Veranstalter, Spender eines Gladiatorenspieles,** Sen. rhet. u. a. Vgl. Quint. 8, 3, 34 (nach dem Augustus dieses Wort zuerst gebrauchte).

mūnerātio, ōnis, *f.* (munero), das **Schenken,** Ulp. dig. 27, 3, 1. § 5.

mūnerigerulus, ī, *m.* (munus u. gero), der **Überbringer von Geschenken,** Plaut. Pseud. 181.

mūnero, āvī, ātum, āre (munus), **I schenken,** coronam virgini, Acc. tr. 446: beneficium alci, erweisen, Plaut. capt. 935. – **II beschenken, α** *alqm:* kalendis suam matrem, Plaut. mil. 691: Horolen, Flor. 3, 5, 28: barbaros venientes ad se, Ulp. dig. 48, 20, 6 *extr.:* libertum magnifice, Apul. met. 10, 23: eos legatos muneratos absolvit, Amm. 17, 8, 3 (u. so muneratus bei Amm. 14, 7, 4; 20, 11, 3; 25, 10, 10): ob hoc a Traiano locupletissime muneratus, Spart. Hadr. 3. § 3. – **β** *alqm alqā re:* in quo (loco) erant ea composita, quibus te rex munerare constituerat, Cic. Deiot. 17: inani me lance muneras, Sen. ep. 119, 5: regni eum societate muneravit, Macr. sat. 1, 7, 21: dignus, quem maximis officiis muneres, Symm. epist. 1, 104 (vgl. 2, 69): intellegentiā mentes hominum, Ps. Apul. Ascl. 16: eo quo parentes nostri munerati sunt, quo etiam nos quoque munerari optamus, *ibid.* 11. – **γ** absol.: certatim nutricant et munerant, Plaut. mil. 715.

mūneror, ātus sum, ārī (Nbf. v. munero, s. Gell. 18, 12, 10), **I schenken,** dat ultro ac muneratur, quod ab illo abstulit, Turpil. com. 203: natura aliud alii commodi aliquo adiuncto incommodo muneratur, Cic. de inv. 2, 3. – **II beschenken,** alqm opipare, Cic. ad Att. 7, 2, 3: alqm uvā, Hor. epod. 2, 21. – absol., assectatur, assidet, muneratur, Cic. parad. 5, 39.

mungo, ere = μύσσω, **schneuzen,** Gloss. – Dav. ēmungo, s. d.

mūnia, ium, *n.* (munis, e; archaist. moenia, s. Paul. ex Fest. 151, 6), die Leistungen, die jmdm. obliegen, die **Pflichten, Geschäfte,** das **Tagewerk,** sua tolerare moenia, seinen Pflichten genügen, Plaut.: candidatorum, Cic.: munia belli pacisque facere, Liv.: munia consulatus obire, Tac.: munia vitae servare, Hor. – ► Genet. munium, Tert. de coron. mil. 11; ungew. muniorum, CIL 6, 1793: Dat. munibus, archaist. moenibus, Claud. laud. Stil. 3, 76, später muniis, Amm. 31, 2, 20. Serv. Verg. Aen. 12, 559. Salv. de gub. dei 5, 8, 43. Cod. Iust. 8, 10, 8 u. a.: munis, CIL 6, 1725.

mūniceps, cipis, Genet. Plur. gew. cipum, *c.* (munia u. capio), **I** der **Bürger eines Munizipiums,** der **Munizipalbürger,** municeps Cosanus, Bürger aus Kosa, Cic.: municeps eius municipii, Hermog. dig. – **II** prägn., mit jmd. aus demselben Munizipium stammend, der **Mitbürger,** der **Landsmann,** als *fem.* die **Mitbürgerin, Landsmännin,** m. meus, Cic.: m. noster, Sen.: amavit Glyceram municipem suam, Plin. – übtr., lagoenae municipes Iovis, Flaschen, die Landsleute Jupiters sind, d. i. kretische, Iuven.: vendere municipes siluros, Iuven. – ► arch. gedehnte Nbf. Nom. Sing. municipes, CIL 2, 1964. col. 5. lin. 67.

mūnicipālis, e (municipium), **zu einem Munizipium gehörig, aus einem Munizipium, Munizipal-,** est municipalis honestissimi ac nobilissimi generis, Cic.: m. homines, Cic.: m. dolor, Schm. der Munizipalbürger, Cic.: gesta, Angustin. epist. 108, 16. – zuw. (weil die Munizipia der Hauptstadt untergeordnet) verächtl. = **kleinstädtisch, spießbürgerlich,** eques (von Cicero), Iuven.: oratores, poëtae, Sidon.

mūnicipāliter, *Adv.*, **in (aus) einem Munizipium,** natus, Sidon. epist. 1, 11, 5.

mūnicipātim, *Adv.* (municipium), **munizipienweise,** Suet. Caes. 14, 1. Monum. Ancyr. 2, 18 M.

mūnicipātus, ūs, *m.* (municeps), das **Bürgerrecht,** CIL 3, 268: übtr., noster m. in caelis, Tert. de coron. mil. 13: municipatum in caelis esse pronuntians, Tert. adv. Marc. 3, 24: ita municipatum caeli cum Paulo consequaris, Hieron. epist. 16, 2.

mūnicipes, s. mūniceps ►.

mūnicipiolum, ī, *n.* (*Demin.* v. municipium), ein **kleines Munizipium,** Sidon. epist. 3, 1, 10 u. 7, 2, 7.

mūnicipium, iī, *n.* (municeps), ein **Munizipium,** d. i. eine Stadt außer Rom, bes. in Italien, die nach eigenen Gesetzen von eigenen Magistraten (decuriones) verwaltet wird u. zugleich das römische Bürgerrecht hat, d. i. alle Privilegien eines römischen Bürgers (meist auch das Stimmrecht in Rom) genießt, eine **Bundesstadt,** Cic. u. a. – ► arch. moinicipium, wov. Abl. Sing. u. Plur. moinicipio u. moinicipieis, CIL 1, 200, 31.

mūnidator, ōris, *m.* (munus u. do), der **Geschenkgeber, Spender,** admodum largus m., CIL 8, 4681.

mūnifer, ferī, *m.* (munus u. fero), der **Überbringer von Geschenken,** *Plaut. truc. 2, 7, 1 Sp. Vgl. Gloss. IV, 416, 33 u. V, 604, 35.

mūnifex, ficis (munia u. facio), **diensttuend** (vgl. Charis. 81, 3. Isid. orig. 10, 166), v. Soldaten, Veget. mil. 2, 7 u. 19. – übtr., mamma, Plin. 11, 235.

mūnifice, *Adv.* (munificus), **mildtätig, wohltätig, freigebig,** Cic. u. a.

mūnificens, entis (munus u. facio) = munificus (s. d.), im Posit. ungebr. nach Fest. 154 (a), 30: *Compar.* u. *Superl.* s. mūnificius.

mūnificentia, ae, *f.* (munificus), die **Mildtätigkeit, Wohltätigkeit, Freigebigkeit,** im einzelnen Falle = **der Akt der Wohltätigkeit (Freigebigkeit),** der **wohltätige (freigebige) Zweck,** der **Gnadenakt,** singularis, Vell.: insignis, regalis, Iustin.: m. subj. *Genet.*, animi, freigebiger Sinn, Sall.: principis, Vell.: m. *in* u. Akk., in sese, Sall.: regem armis quam munificentiā vinci minus flagitiosum est, Sall.: miliens sestertiûm eā munificentiā collocatum, Tac.

mūnificius, a, um (munus u. facio), **dem Zoll unterworfen, steuerpflichtig, verzollbar,** Paul. dig. 39, 4, 4. § 1.

mūnifico, āre (munificus), **beschenken,** tacitā mortales salute, Lucr. 2, 625.

mūnificus, a, um (munus u. facio), I (nach munus *no.* I) **diensttuend, dienstpflichtig,** (vgl. Isid. orig. 10, 166), 1 im Allg.: milites, ICt.: spontaneos aliquos munificos nominare ad etc., spät. ICt. – übtr., sexus munifico soliti dispungere sanguine menses, Ps. Cypr. poët. Sodom 126. – 2 insbes., **steuerpflichtig, tributpflichtig,** pars, praedium, spät. ICt. – II (v. munus *no.* II) **mildtätig, wohltätig, freigebig** (vgl. Charis. 81, 3. Isid. orig. 10, 166), in dando munificum esse, Cic.: quid tam munificum etc., Cic.: munifici comesque amicis nostris videamur viri, Lucil. fr.: m. *Genet.*, omnis gloriae m., Apul.: munificus laudis, sed non et prodigus auri, Claud. IV. cons. Hon. 500. – m. *Dat.*, mitis ac munificus amicis (gegen die Fr.) fuit, Liv. 33, 21, 5. – m. *erga* u. Akk., erga coloniam, CIL 10, 3703. – übtr., opes, Ov.: arca, Mart. – *Compar.*, munificior, dato orat. fr. inc. 8: u. munificentior, Fest. 154 (a), 28; vgl. Paul. ex Fest. 155, 1: *Superl.*, semper liberalissimus munificentissimusque fuit, Cic. Rosc. com. 22.

mūnīmen, inis, *n.* (munio) = munimentum, ein **Befestigungs-** od. **Verwahrungsmittel, Schutzmittel,** der **Schutz,** m. portae, Ov.: horti, Pallad.: m. ad imbres, Verg.: munimina sui, Vulg.: catafracti equites propter munimina (Schutzwaffen) quae gerunt, a vulneribus tuti, Veget. mil. 3, 23. p. 115, 10 L[2].

mūnīmentum (archaist. moenīmentum), ī, *n.* (munio), I das **Befestigungs-** od. **Verwahrungsmittel, Bollwerk,** der **Schutzbau,** das **Schutzmittel,** der **Schutz,** fossa, haud parvum m., Liv.: ut instar muri hae saepes munimenta praeberent, Caes.: forum sine ullo terrestri aut maritimo munimento viderunt, Liv.: u. so v. milit. Verschanzungen, munimentis se tenere, se defendere, Tac. – von Schutzbauten, Brandmauern, domus munimentis saeptae, Tac. ann. 15, 38. – v. Körperbedeckung, munimentum ipsis equisque loricae plumatae sunt, Iustin.: lacernae, munimenta togae, Iuven. – II bildl., der **Schutz,** die **Stütze,** id munimentum (Horatium Coclitem) illo die fortuna urbis Romanae habuit, Liv.: rati noctem sibi munimento fore, Sall.: id modo plebem agitabat, quonam modo tribuniciam potestatem, munimentum libertati (für die Fr.), rem intermissam repararent, Liv.: varia poenarum genera, utilia legum munimenta, Val. Max. – ► Archaist. moenimenta, Enn. fr. var. 7 bei Cic. de fin. 2, 106 B. u. M. (Vahlen munimenta). – Heterogen. hic munimentus, CIL 2, 266: Akk. hunc munimentum, CIL 6, 20989.

1. **mūnio** (archaist. moenio), īvī, u. iī, ītum, īre (moene, moenia), I **mauern, schanzen, Mauern** od. **Schanzen aufführen,** undique, quod idoneum ad muniendum putarent, congererent, Nep.: milites, qui muniendi gratiā vallum petierant, Auct. b. Afr.: utrimque summā vi muniunt et pugnant, Liv.: munientibus coria velaque iussit obtendi, Curt. – II prägn., A **mauern,** mauernd **aufbauen,** magna munit moenia, Plaut. mil. 228: duovir urbis moeniundae, CIL 10, 4876: mun. oppida, feste Städte gründen, Hor. sat. 1, 3, 105: Albam longam, als feste Stadt gründen, Verg. Aen. 1, 271. – B etwas mit einer Mauer, einem Bollwerk, einer Schanze **befestigen, verwahren, verschanzen, in Verteidigungszustand setzen,** 1 eig. u. übtr.: a eig.: arcem, Nep.: palatium, Nep.: castra, mit Wall, Graben u. Palisaden umgeben, Caes.: montem, Caes.: partem muri egregie munitam habebant, Liv. – m. *Abl.*, locum muro, Caes.: castra vallo fossāque, Caes.: omnia maceriā muniuntur, Plin. ep. – b übtr., übh. **verwahren, decken, bedecken, schützen,** Alpibus Italiam munierat natura, wie mit einem Bollwerk versehen, Cic.: domum praesidiis, Cic.: se ligneis moenibus, Nep. – munito agmine incedere, gedecktem, Sall. – hortum ab incursu hominum, Colum.: quae (herbescens viriditas) contra avium minorum morsus munitur vallo aristarum, Cic.: hieme quaternis tunicis et tibialibus muniebatur, verwahrte, bedeckte sich, Suet. – 2 bildl., **verwahren, in Verteidigungsstand, in Sicherheit setzen, sicherstellen, decken,** hunc locum munio, sichere mich von dieser Seite, Cic.: m. imperium, Nep.: multorum se benevolentiā tueri et munire, Cic.: munio me ad haec tempora, Cic.: m. se contra perfidiam, Cic.: muniri adversus fraudes, Plin.: munire latus a domesticis hostibus, Curt. – suam meretriculis muniendis rem cogere, zur Versorgung von Buhldirnen, Plaut. – C einen Weg usw. durch Auffüllen, Dämme usw. **gangbar machen, bahnen, anlegen, bauen,** viam, Cic. u. a.: itinera, Nep.: rupem, Liv. – ohne (aus dem Zshg. zu ergänzendes) Obj., muniendo fessi homines, Liv. – im Bild, munire alci viam accusandi, sibi viam ad stuprum, Cic.: munita ad consulatum via, Cic.: u. so ut ad hoc nefarium facinus accederet, aditum sibi aliis sceleribus ante munivit, Cic. – ► Synkop. Imperf. munibat, Ps. Verg. moret. 61. Epit. Illiad. 228: munibant, Apul. de mund. 26: Fut. munibis, Veget. mul. 1, 10, 5 *ed. vulg.* (Schneider munies).

2. **Munio,** s. 2. Minio.

mūnis, e (munus), **gefällig, dienstfertig,** Plaut. merc. 105. Vgl. Paul. ex Fest. 143, 6.

mūnītē, *Adv.* (munitus), **verwahrt,** munitius, Varro LL. 5, 141.

mūnītio, ōnis, *f.* (munio), I die **Befestigung, Verwahrung** einer Person od. eines Ortes gegen Feinde usw., die **Errichtung eines festen, schützenden Ortes usw.,** 1 eig.: munitione milites prohibere, Caes.: oppidi, Suet.: Dyrrhachina, Blockade, Suet.: operis, Befestigung, Errichtung der Befestigungswerke, Caes.: a quibus cum audisset non multum superesse munitionis, nur noch ein kleiner Teil der Befestigungsarbeit, Nep. – 2 meton., ein **Befestigungsmittel, Befestigungswerk (Festungswerk),** besonders **Schanzen** und **Mauern,** sub hostium munitionem succedere, Sisenn. fr.: urbem munitionibus saepire, Cic.: munitiones circumdare oppido, Hirt.: munitiones incendere, Nep.: munitiones temptare (bedrohen), Liv. – II das **Gangbarmachen,** viarum, Straßenausbesserung, -arbeit, Cic.: u. so multos ad munitiones viarum condemnavit, Suet.: m. fluminum, Überbrückung, Tac.

mūnītiuncula, ae, *f.* (*Demin.* v. munitio), eine **kleine Befestigung,** Vulg. 1. Mach. 16, 15.

mūnīto, āre (*Intens.* v. munio), **gangbar machen,** viam, sich einen Weg bahnen, Cic. Rosc. Am. 140. Vgl. Gloss. IV, 259, 43.

mūnītor, ōris, *m.* (munio), I der **Befestiger,** a übh.: Troiae, B. durch Mauern, Ov. her. 5, 139. – b insbes., der an der Befestigung des Lagers arbeitende **Schanzgräber,** Liv. u. Tac. – II der **Wegbahner,** als milit. *t. t.* = der **Schanzgräber, Minierer,** Liv. 5, 19, 11.

mūnītrīx, trīcis, *f.*, Femin. zu munitor, Prisc. 18, 17.

mūnītūra, ae, *f.* (munio), das **Schutzmittel,** I die **Umzäunung,** CIL 6, 8429. – II die **Schürze,** das **Vortuch,** das **Schurzfell,** Augustin. adv. Iulian. Pelag. 2, 6, 16.

mūnītus (archaist. moenītus), a, um, *PAdi.* (v. munio), **verwahrt, befestigt, gangbar gemacht, sicher** usw., nihil tam munitum (est), Cic.: castella aliquanto altiora ac munitiora, Liv.: non latera munitiora fuere, quam terga, Curt.: se munitiorem ad vitam tuendam fore, Cic.: quo moenitius esset quod exaggerabant, Varro LL.: oppidum munitissimum, Cic.: et loci naturā et manu munitissima castra, Caes.: im Bild, sola est autem *adversus* omnes errores via munitissima, Augustin. de civ. dei 11, 2 *extr.* – *neutr. pl.* subst., munita viaï, Damm der Zähne (ähnlich dem ἕρκος ὀδόντων), die Lippen, Lucr. 3, 496.

mūnus, eris, *n.* (archaist. moenus, eris, *n.*, Plur. moenera bei Lucr. 1, 29), die **Leistung,** I die **Leistung** als in irgendeinem Wirkungskreis zu lösende **Aufgabe, Verrichtung, Obliegenheit, Dienst, Amt, Bestimmung,** a übh., oft verb. magnum onus atque munus, munus pensumque, munus atque officium, officium munusque, Cic.: officii aut omnino vitae munus, Cic.: munus geometriae tueri, die Aufgabe eines Lehrers der Geometrie vollkommen lösen, Cic.: munere interpretum fungi, Cic.: servorum munere fungi, Nep. (vgl. possunt aliquando oculi non fungi suo munere, Cic.): munus fungi suum,

Plaut.: octo munus hominum facile fungi, Plant.: omnia exsequi regis officia et munera, Cic.: bestia suum tenens munus, seine Bestimmung treu bewahrend, Cic. – munus alcis est, es ist jmds. **Aufgabe, Bestimmung** u. dgl., tuum est hoc munus, tuae partes, Cic.: m. folg. *Infin.*, munus principum est resistere levitati multitudinis, Cic.: huius libri munus est philosophiam quoque ostendere, Lact.: mit folg. *ut* u. Konj., cuius (culturae) hoc munus est, ut efficiat, ut vitis quam optime se habeat, Cic. – **b** die **Leistung** eines Staatsbürgers (vgl. functus omni civium munere = ἰσοτελής, Cic. Brut. 63), **α Dienst, Posten, Amt, Verwaltung,** munera civilia, Cic. u. ICt.: iudicandi munus, Richteramt, Vell.: explere susceptum rei publicae munus, Cic.: ministri muneris provincialis, Cic.: functus est aedilicio maximo munere, machte als Ädil sehr großen Aufwand, Cic.: consulare munus sustinere, Cic.: quantum vacabit a publico officio et munere, Cic. – dah. Plur. munera rei publicae oft = **politischer Wirkungskreis,** orbati rei publicae muneribus, pristinis muneribus, Cic.: requiescens a rei publicae pulcherrimis muneribus, Cic.: honoribus et rei publicae muneribus perfunctus senex, Cic. – **β** sonstige bürgerl. **Leistung, Last,** bes. **Abgabe,** ostendit munus illud (den Rubrius ins Quartier nehmen) suum non esse, Cic.: frumenti et tributorum exactionem aequalitate munerum mollire, Tac.: alci munus remittere, Cic.: omni munere solvi, Tac. Vgl. Gronov Iustin. 5, 2, 9. – **c** die **Leistung** eines Soldaten, die **Verrichtung, Arbeit,** der **Dienst, Posten,** belli munera inter se partiri, von zwei Feldherren, Liv.: militare munus fungi, Nep.: munera militaria, munera vigiliarum obire, Liv.: munus equitis facere, Gell.: stationis munus relinquere, ICt.: munere vacare, dienstfrei sein, Liv.

II die **Leistung** als Akt der Gefälligkeit, eine **Gefälligkeit, A** die **Gefälligkeit** = der **Liebesdienst,** die **Gunstbezeigung, Gnade, 1** im Allg.: munera ditium dominorum, Sall. fr.: infinita munera, Planc. in Cic. ep.: neque vero (tenuis, der Arme) verbis auget suum munus, si quo forte fungitur, seinen etwaigen Gegendienst, Cic.: me fatebor muneris esse tui, ein Werk deiner Gnade, Ov.: ebenso sui muneris rem publicam facere, Tac.; u. occuparent ipsi suum munus facere, Liv. – dah. (poet.) munere alcis rei (wie in Prosa beneficio alcis rei), **mit Hilfe, vermittelst** einer Sache, z. B. lanae, Verg.: sortis, Ov. – **2** insbes., der letzte **Liebesdienst** gegen einen Toten (Tränen, Wehklagen, Leichengeschenke, bes. Bestattung der Gebeine usw.), munera suprema, Verg.: inani fungi munere, Verg.: inania morti munera dant lacrimas, Ov.

B die **Gefälligkeit** = das **Geschenk** mit einem bestimmten Zweck, als **Gabe** der Gnade, Liebe od. des Herkommens (während donum jede Gabe), die **Spende, 1** im Allg.: m. nuptiale, Liv. u. ICt.: m. natalicium, Val. Max.: munus locuples, Nep., dives, Ov.: dare (alci) munus, munera, Catull., Cic., Liv. u. a.: dare munus in exsequias, Tibull.: alci munus mittere, Cic.: alci alqd muneri mittere, Nep.: alqm munere donare, Verg. u. Suet.: alqd od. alqm (servum) alci muneri dare, Nep. u. Suet.: afficere alqm magnis muneribus, jmdm. gr. G. zufließen lassen, Nep. (vgl. unten *no.* 2, b, α): alqd alci muneri offere, Suet.: alqd muneri accipere, Suet. – velut dei munus, Iustin.: munera Bacchi od. Liberi, v. Wein, Verg. u. Hor.: munera terrae, v. Ackerfrüchten, Hor.: munera Cereris, v. Brot, Ov. – übtr., opusculum, maiorum vigiliarum munus, eine Spende, Frucht meiner größeren nächtlichen Anstrengungen, Cic.: so auch nullum opus otii, nullum solitudinis munus, Cic. – **2** insbes.: **a Opfergabe, Opfer, α** für die Götter, munus divae perficere, Verg.: munera ferre templis, Verg. – **β** für die Toten, **Leichengeschenk, Leichenspende, Totenopfer,** munera praeferentes, Suet.: cineri haec mittite nostro munera, Verg.: alqm postremo donare munere mortis, Catull. Vgl. Thiel Verg. Aen. 4, 623 *sqq.* – **b Spende** der Magistrate an das Volk, u. zwar: **α** Schauspiele u. andere öffentliche Belustigungen, **Festspiel,** popularia munera, Cic.: monumenta, munera, triumphi, Cic.: venationes, quae vocantur munera, Lact. – übtr., hoc munus aedilitatis meae populo Romano amplissimum pulcherrimumque polliceor, v. der Anklage gegen Verres, Cic.: ad quae si es, ut debes, paratus, plurimis maximisque muneribus et nos amicos et cives tuos universos afficies, so ist das das umfassendste u. schönste Fest, das du nicht allein uns, deinen Freunden, sondern auch deinen Mitbürgern allen bereiten kannst, Cic. – insbes., **αα** ein **Gladiatoren-, Fechterspiel,** vollst. m. gladiatorium, Cic. u. a., u. vorzugsw. bl. munus, Cic. u. a., wie m. gl. u. bl. m. edere, Liv. u. a.: gl. m. dare, Liv.: m. magnificum dare, Cic.: magnificentissimum aedilitatis munus edere, Vell.: m. praebere, v. den Gladiatoren selbst, Cic. – **ββ Wasserkünste,** Frontin. aqu. § 3; § 23; § 78 *sqq.* – **β** ein öffentliches, für das Volk erbautes **Gebäude,** Pompeii munera (Theater), Vell.: ubi muneribus nati sua munera mater addidit, dem Theater des Marcellus einen Portikus (porticus Octavia gen.), Ov. – u. dav. viell. übtr. vom Weltgebäude, etwa **Schaugebäude,** Cic.: architectus tanti operis tantique muneris, Cic.; vgl. Klotz Cic. Tusc. 1, 70. – ► Archaist. Dat. Sing. munere, Lucil. 166: Abl. moenere, Varro LL. 5, 141.

mūnusculum, ī, *n.* (*Demin.* v. munus), ein **kleines Geschenk,** ein **kleines Angebinde,** munuscula non ingrata, Catull.: furtiva, Catull.: varia, Suet.: deformia (entehrende) Pyrrhi, Val. Max.: non audes aliquod dare mihi munusculum, Plaut.: alci mittere munusculum levidense crasso filo, eine Rede, Cic. ep.: concinnare alci munusculum (ein Gedicht), Trebon. in Cic. ep.: alieni facinoris munusculum non repudiare, einen durch fremdes Verbrechen zufallenden kleinen Gewinn nicht von der Hand weisen, Cic.: virginem munusculo sollicitare, Ps. Quint. decl.: cum primum munuscula induci videt, a theatro fugit, wenn er sieht, dass das Auswerfen von Geschenken angeht, Sen.: nemini deferre hoc munusculum malle quam accusatori suo, dieses saubere Angebinde zukommen lassen, scherzh. = diesen Kriminalprozess aufhalsen, Cael. in Cic. ep. 8, 8, 1; vgl. 8, 12, 1.

Mūnychia, ae, *f.* (Μουνυχία), ein Hafen in Attika, zu Athen gehörig, Nep. Thras. 2, 5. – Dav. **Mūnychius,** a, um (Μουνύχιος), **munychisch,** poet. = **athenisch,** agri, Ov.: rura, arces, Stat.

1. mūraena, s. 1. mūrēna.

2. Mūraena u. **Mūraeniānus,** s. 2. Mūrēna.

mūraenula, s. mūrēnula.

mūrālis, e (murus), **zur Mauer gehörig, Mauer-,** herba, Mauerkraut, Rebhühnerkraut, Cels.: pila muralia, zur Verteidigung auf der Mauer, Caes.: tormentum, zur Beschießung der Mauer, Verg.: falx, Haken zum Einreißen der Mauer, Caes.: lapis, Oros. – corona, Mauerkranz, -krone, **α** der Kranz, den der bekam, der zuerst die Mauer erstieg, Liv. u. Gell. (dies. subst. bl. muralis, Plin. pan. 13, 5). – **β** der Kranz auf dem Kopf der Cybele, mit Mauern u. Türmen geziert, Lucr.

mūrātus, a, um, s. mūro.

1. Murcia, ae, *f.*, eine altrömische Göttin, viell. Gartengöttin, Fest. 149 (a), 33; vgl. Paul. ex Fest. 148, 10: nach einer späteren Deutung = Murtia od. Murtea, Myrtea, die Myrtengöttin, s. Varro LL. 5, 154 *Muell. not. cr.* Plin. 15, 121. Tert. de spect. 8. – dah. ad Murciae (*sc.* aedem) od. ad Murciam, das schmale Tal, das in Rom den Palatin vom Aventin trennt, Liv. 1, 33, 5. Varro LL. 5, 154 (die Hdschrn. ad Murcim). – Dav. **Murcius** (Murtius), a, um, zur *Murcia* gehörig, **murcisch,** metae, des Zirkus Maximus, nahe am Tempel der M., Apul. met. 6, 8: vallis, das obengen. schmale Tal, Claud. laud. Stil. 2, 404. Serv. Verg. Aen. 8, 636.

2. Murcia, ae, *f.*, die **Göttin der Trägheit,** Augustin. de civ. dei 4, 16.

Mūrcida, ae, *f.* (murcidus), die **Göttin der Trägheit,** Arnob. 4, 9.

mūrcidus, a, um, **träge,** Pompon. b. Augustin. de civ. dei 4, 16. Serv. Verg. Aen. 8, 636.

murcus, ī, *m.*, **verstümmelt,** Gloss. (s. Löwe Prodr. p. 283); insbes. von dem, der, um nicht Soldat zu werden, sich den Daumen abschnitt, Amm. 15, 12, 3.

1. mūrēna (mūraena), ae, *f.* (μύραινα), **I** die **Muräne** (*Muraena Helena*, L.), ein bei den Alten beliebter Seefisch, Plaut. aul. 399 u. Pers. 110. Lucil. 317. Varro LL. 5, 77. Cic. parad. 5, 38. Hor. sat. 2, 8, 42. Ov. hal. 114. Sen. de ira 3, 40, 2 u. de clem. 1, 18, 2. Petron. 56, 9. Plin. 9, 71 *sq.* u. 76. Iuven. 5, 99. Mart. 10, 30, 22 u. 13, 80, 1. Macr. sat. 3, 15, 4. Isid. orig. 12, 6, 43. Apic. 10, 460: Tartesia, Varro sat.

Men. 403: murenarum lactes, Lampr. Heliog. 23, 8. – **II** übtr.: **a** eine (wie die M. gestaltete) schwarze Ader im Holz, als Fehler, Plin. 13, 98. – **b** eine Art Halskette, Isid. orig. 12, 6, 43. – ► Beide Schreibweisen murena u. muraena sind handschriftlich gut beglaubigt, doch scheint murena die jüngere.

2. **Mūrēna,** ae, *m.* (1. murena), Name einer röm. Familie aus der gens Licinia. Bes. bekannt sind L. Licinius Murena, wegen Amtserschleichung (de ambitu) angeklagt und von Cicero in einer noch erhaltenen Rede verteidigt, Cic. Mur. 15. – L. Licinius Varro Murena, Bruder der Terentia, der Gemahlin des Mäcenas, von A. Terentius Varro adoptiert, Hor. sat. 1, 5, 38: Freund Ciceros, Cic. ep. 13, 22, 1; später geriet er in den Verdacht, an der Verschwörung des Fannius Cäpio gegen Augustus beteiligt zu sein und wurde deshalb zum Tode verurteilt u. hingerichtet, Vell. 2, 91, 2. Sen. de brev. vit. 4, 5 u. de clem. 1, 9, 6. Suet. Aug. 56, 4 u. 66, 3; Tib. 8. Tac. ann. 1, 10. – Dav. **Mūrēniānus,** a, um, **murenianisch,** subst., Mūrēniāna, ae, *f.* (verst. oratio), die Rede Ciceros für Murena, Mart. Cap. 5. § 525. – ► Die Schreibweise Murena ist nach den Hdschrn., Inschrn. u. Münzen die einzig übliche, s. Drak. Liv. epit. 86 *extr.*

mūrēnula (mūraenula), ae, *f.* (*Demin.* v. murena), **I** eine **kleine Muräne,** Hieron. praef. in Iob: quasi murenula inter definitionum saxa prolaberis, Iulian. bei Augustin. op. imperf. c. Iul. 3, 145. – **II** eine Art kleiner Halsketten, Hieron. epist. 24, 3. Vulg. num. 31, 50; cant. 1, 10; Isai. 3, 20.

mūrex, icis, *m.* (μύαξ), **I** die **Purpurschnecke,** eine **Meerschneckenart** mit gewundener stacheliger Schale, Plin. 9, 125, der sie von der purpura unterscheidet. Nach Harduin soll sie = bucinum (*no.* II) sein. – bei Dicht. die Schale als Tuba Tritons, Ov., u. des Phorcys, Val. Flacc. – gebraucht als Gefäß für Flüssigkeiten, Mart., u. zum Ausschmücken von Grotten, Ov. – Meton.: **1** der **Purpursaft** als **Purpurfarbe, Purpur,** rubens, Tyrius, Verg.: saturata murice palla, Ov.: im Bild, velut murice probitatis inficit, Ambros. de off. 1, 43, 211. – **2** das spitz wie die Purpurschnecke Geformte, **a spitzes Gestein,** v. Felsen, acutus, Riff, Verg. Aen. 5, 205. – sternere forum muricibus, mit kleinen spitzen Steinen, Plin. 19, 24. – **b** murices ferrei, an allen vier Seiten mit Spitzen versehene **Fußeisen, Fußangeln,** Val. Max. 3, 7, 2. Curt. 4, 13 (51), 36. – **c** hervorstehende **spitze Stacheln, Angeln,** armarium muricibus praefixum, Gell. 7 (6), 4. § 4. – **d** der **Eisenstachel** am Zaum, acutus, Stat. Ach. 1, 221. – **II** eine essbare **Stachelschnecke,** zu den gewundenen Schaltieren gehörig, häufig im Mittelmeer, Baianus, Hor. sat. 2, 4, 32.

Murgantia, ae, *f.*, **I** Stadt der Bruttier in Samnium, nach Reich. j. *Croce di Morcone,* an der Straße von Bovinum nach Äcä, Liv. 10, 17, 11. – **II** Stadt im Inneren Siziliens (bei Livius irrtümlich an der östl. Küste), j. *Mandri Bianchi,* Liv. 24, 27, 5 u. a.: auch Morgentia (Morgantia) gen., Sil. 14, 265. – Dav.: **Murgentīnus,** a, um, **murgentinisch, von Murgantia** (auf Sizilien), vinum, Cato r. r.: vitis, Colum.: ager, Cic. – Plur. subst., Murgentīnī, ōrum, *m.*, die Einw. von Murgantia, die **Murgentiner,** Cic. Verr. 3, 103. Plin. 3. 91.

murgiso, ōnis, *m.*, der **Schlaukopf,** Paul. ex Fest. 144, 11. Placid. gloss. V, 85, 21 u. ö.

muria, ae, *f.*, die **Salzlake, Salzbrühe,** das **Salzwasser,** der **Pökel,** Cato r. r. 105, 1. Cels. 4, 16 (9). Colum. 12, 6, 2. Hor. sat. 2, 8, 53: darin wurden Thunfische und andere geringere Fische eingemacht und mit der Brühe gegessen, Plin. 26, 23 u. 31, 83. Hor. sat. 2, 4, 65. Pers. 6, 20. – Nbf. muriēs, ēī, *f.*, Cato r. r. 88. Fab. Pict. bei Non. 223, 17. Fest. 158 (b), 28 *sqq.*

muriāticus, a, um (muria), **in Salzlake eingemacht, -liegend,** Plaut. Poen. 241 u. 249 L.

mūricātim, *Adv.* (murex), **purpurschneckenförmig,** Plin. 9, 102.

mūricātus, a, um (murex), **I purpurschneckenförmig, spitz,** Plin. 20, 262. – **II rau,** Fulg. myth. 1. p. 8 M. (Helm p. 6, 1 mauricatus).

mūriceus, a, um (murex), **I Purpurschnecken ähnlich, spitz, voller Spitzen, rau,** lacunae, Auson. epist. 9, 4. p. 166 Schenkl. – **II purpurfarbig,** color, Schol. Iuven. 6, 519.

mūricidus, a, um, **träge, energielos,** muricide homo, Plaut. Epid. 333. Paul. ex Fest. p. 125, 10. Vgl. Löwe Prodr. p. 282 *sq.*

mūriculus, ī, *m.* (mus) = musculus, die **Miesmuschel,** Enn. hedyphag. 11 (= fr. var. 44).

mūricus, ī, *m.* (mus), ein **Mäusemann, Mäusler,** poëta non musicus, sed muricus, Ven. Fort. prol. libr. 1. p. 62 Migne.

muriēs, ēī, *f.*, s. muria.

mūrilegulus, ī, *m.* (murex u. legulus), der **Purpurschneckensammler, Purpurschneckenfischer,** Cod. Iust. 11, 7, 11. Cod. Theod. 10, 20, 5 u. 14 *sqq.*

mūrīnus, a, um (mus), **von Mäusen, Mäuse-, I** im Allg.: sanguis, Plin.: fimus, Plin.: pellis m., Mäusefell, Plin., pelles murinae, Marder-, Hermelin- u. ähnliche Felle, Iustin.: hordeum, Mäusegerste, Taubgerste, Katzenkorn (eine Art wilde Gerste), Plin.: auricula, Mäuseöhrchen, eine Pflanze, Scrib. Larg. – **II** insbes., dem Aussehen nach, **mausgrau (eselsgrau), mausfahl,** color, Colum. 6, 37, 6. Pallad. 4, 13, 4: equus, Varro sat. Men. 358.

mūrio, s. 1. morio.

muriola (nicht murriola), ae, *f.*, ein Getränk, das aus den Trestern der gedörrten Traube (uva passa), aus der der Rosinenwein bereits ausgepresst war, in der Weise gewonnen wurde, dass zu jenen Trestern flüssiger Mostsirup (sapa) zugesetzt und sie dann zum zweiten Mal unter die Presse gebracht wurden, also etwa **mit Mostsirup versetzter Nachwein,** Varro vit. P. R. 1. fr. 34 (bei Non. 551, 30). Paul. ex Fest. 144, 9 (verwechselt mit murrina).

murmillo (myrmillo, mirmillo), ōnis, *m.*, ein **Murmillo,** d. i. eine Art Gladiatoren, die mit dem Thrazier (Threx) und dem Netzfechter (retiarius) zu fechten pflegten u. einen gallischen Helm trugen, auf dessen Spitze ein Fisch zu sehen war (vgl. Schol. Iuven. 8, 200), Form murm., Fest. 285 (a), 11. Paul. ex Fest. 284, 2. Sen. de prov. 4, 4. Solin. 1, 82. CIL 6, 631: Form myrm., Cic. Phil. 3, 31; 5, 20 (mit Variante murm.); 6, 10 u. 13; 12, 20. Quint. 6, 3, 61 H. Suet. Cal. 32, 2 u. Ner. 30, 2 u. a.: Form mirm., Aur. Vict. epit. 10, 10. Amm. 16, 12, 49. Pacat. pan. 23, 2. CIL 6, 33977.

murmillōnicus (myrmillōnicus), a, um (murmillo, myrmillo), **dem Murmillo eigen, des Murmillo,** murm. genus armaturae, Fest. 285 (a), 13. Paul. ex Fest. 284, 2: myrm. scuta, Paul. ex Fest. 144, 12.

murmur, uris, *n.*, das **Murmeln, Gemurmel, Brummen, I** leb. Wesen, wie von Menschen, Varro fr., Liv. u. a.: v. murmelnden Gebeten, Ov. – v. Summen der Bienen, Verg.: v. dumpfen Gebrüll der Löwen, Mart., u. des Tigers, Stat.: murmura parva dare, Ov.: murmura (die verworrenen Rufe) comprimere, Ov. – **II** lebl. Ggstd., das **Murmeln, Brummen, Getöse, Geräusch** usw., des Meeres, Cic.: des Flusses, Hor.: des entfernten Donners, des Windes, Verg.: quasi murmur dare in frangendo graviter (v. d. Fluten), Lucr. – eines feuerspeienden Berges, Suet.: eines Erdbebens, Plin.: eines Blasinstrumentes, tubicen fera murmura conde, Prop.: m. inflati buxi (Flöte), Ov.: minax m. cornuum, Hor. – murmura aurium, das Brausen in den Ohren, Plin. – poet., contemnere murmura famae, Prop. 2, 5, 29. – ► Altlat. *masc.*, Varro sat. Men. 493 (wo murmur fit ferus); vgl. Prisc. 5, 43. – Nbf. mormur, Charis. 32, 12 K.

murmurābundus, a, um (murmuro), **immer in sich hineinmurmelnd,** indigna, Apul. met. 2, 20.

murmurātio, ōnis, *f.* (murmuro), das **Murren** unzufriedener Menschen, haec nostra, Sen. de ben. 5, 15, 2: servi mei, Sen. de ira 3, 24, 2: deum sine murmuratione comitari, Sen. ep. 107, 9; außerdem Augustin. epist. 29, 8. Vulg. num. 20, 6 u. a.: Plur., Vulg. exod. 16, 8 u. a. – u. krächzender Vögel, das **Gekrächze, krächzende Geschrei,** Plin. 10, 6 u. 8.

murmurātor, ōris, *m.* (murmuro), der **Murmler,** der **Murrer,** Paul. ex Fest. 299, 3. – insbes., v. Unzufriedenen, v. Mürrischen, Augustin. serm. 296, 6 u. 311, 12: querulosus, Vulg. epist. Iudae 16: m. adversus deum, Augustin. retract. 2, 20.

murmurillo, āre (*Demin.* v. murmuro), **murmeln,** Plaut. rud. fr. b. Non. 143, 2.

murmurillum, ī, *n.* (*Demin.* v. murmur), das **Gemurmel,** Plaut. rud. 1404.

murmuriōsus, a, um (murmur), **mürrisch, brummig,** Augustin. serm. 188, 3.

murmuro, āvī, ātum, āre (murmur), **murmeln, brummen, I** v. leb. Wesen: **a** v. Menschen, Varro LL. u. a.: secum, Plaut.: mit *Acc.*, flebile lingua murmurat exanimis, Ov.: magia murmurata carminibus, wobei man Formeln hermurmelt, Apul. – insbes., von Unzufriedenen, **murren, brummen,** servi murmurant, Plaut.: murmuravit populus contra Moysen, Vulg. – **b** v. der Nachtigall, interdum et secum ipse murmurat (sonus), Plin. 10, 82. – **II** v. Lebl., **murmeln, ertönen, rauschen,** murmurans mare, Cic.: spumea semifero sub pectore murmurat unda, Verg.: murmurantes ignes, knisternd, als ein Anzeichen, dass sich das Wetter ändern wird, Plin.: mihi inanitate iamdudum intestina murmurant, der Magen knurrt mir, Plaut.

murmuror, ātus sum, ārī = murmuro, **I** *intr.* **murmeln, murren,** Claud. Quadrig. ann. 8. fr. 72 (bei Non. 478, 7). Varro LL. 6, 67; sat. Men. 166 u. 572: m. contra alqm, Vulg. exod. 16, 8 u. num. 14, 2. – **II** *tr.* über etwas **murren,** tarditatem poëtae, Apul. flor. 16. p. 21, 11 Kr.

mūro, āvī, ātum, āre (murus), **mit Mauern versehen,** civitatem, Cassiod. hist. eccl. 12, 2: murata civitas, Veget. mil. 1, 21: murata castella, *ibid.* 3, 8: muratae urbes, Hieron. in Isai. 1, 2, 15 *extr.*: im Bild, adversus sagittas ratiocinationum tuarum muratus assisto, Augustin. serm. 294, 7.

murobatharius, s. myrobrechārius.

murobrechārius, s. myrobrechārius.

muropōla, s. myropōla.

1. **murra** (murrha od. myrrha), ae, *f.* (μύῤῥα), **I** der **Myrrhenbaum,** eine in Arabien wachsende Balsamstaude, deren Stengel man von unten bis oben aufritzte, um den darunter hervorfließenden Saft zu gewinnen, Plin. 12, 66 *sqq.* Solin. 33, 9 (wo myrrha). – meton. = der aus dem Myrrhenbaum träufelnde balsamische Saft, die **Myrrhe,** womit man bei den Alten die Weine schmackhafter machte, Plin. 14, 92, und die Haare salbte, crines murrā madentes, Verg. Aen. 12, 100, od. madidi murrā capilli, Ov. met. 8, 53. – auch übh. als Schönheitsmittel, Ov. medic. fac. 88. – **II** die auch murris (myrris, myrrhis) u. myrrhiza genannte Pflanze, **wohlriechender Kerbel** (*Scandix odorata*, L.), Plin. 24, 154.

2. **murra** (myrrha, murrha), ae, *f.*, **I** ein Mineral, und zwar der **Flussspat,** woraus (und zwar bes. aus den seltenen großen Stücken) kostbare Gefäße verfertigt wurden, maculosae pocula murrae, Mart. 10, 80, 1. – **II** meton., das **Murragefäß,** nos bibimus vitro, tu murrā, Mart. 4, 85, 1: murras graves crystallaque portat, Stat. silv. 3, 4, 58.

murrātus (murrhātus, myrrhātus), a, um (1. murra), mit **Myrrhe angemacht, -parfümiert, a** v. Lebl.: vinum, ein mit Myrrhe angemachter Wein od. Most von bitterem Geschmack, Vulg. Marc. 15, 23. Paul. ex Fest. 144, 9 u. Gloss.: dass. m. potio, Fest. 158 (b), 22. – **b** v. Pers.: satrapae, Sidon. epist. 8, 3, 5.

murrētum, ī, *n.* (1. murra), griech. μυρρινών, der **Myrrhenhain,** Auct. de idiom. gen. 580, 34 K.

1. **murreus** (murrheus, myrrheus), a, um (1. murra), **I vom Myrrhenbaum, Myrrhen-,** virgae, Lact. 1, 22, 11. – **II** mit **Myrrhe benetzt, -parfümiert,** crinis, Hor. carm. 3, 14, 22. – **III myrrhenfarbig = dunkelgelb,** onyx, Prop. 3, 10, 22; vgl. Porphyr. Hor. carm. 3, 14, 22.

2. **murreus** (murrheus, myrrheus), a, um (2. murra), **aus dem Mineral** *murra,* d. i. **aus Flussspat,** poculum, Prop. 4, 5, 26. Sen. ep. 119, 3.

murrha, murrhātus, murrhinus, s. 1. murra, murrātus, murrinus.

1. **murrinus** (murrhinus, myrrhinus, myrrinus), a, um (1. murra), **I von der Myrrhe, Myrrhen-,** odor, Myrrhenduft, Plaut. Poen. 1179: oleum, Myrrhenbalsam, Vulg. Esther 2, 12. – **II mit Myrrhe parfümiert,** poculum, Petron. bei Fulg. myth. 3, 8. – Subst., murrinum, ī, *n.* (*sc.* vinum) u. murrina, ae, *f.* (*sc.* potio), **mit Myrrhe parfümierter Met (Honigwein)** von süßem Geschmack, Form murrinum, Sutr. com. bei Fulg. myth. 3, 8: Form murrina, Plaut. Pseud. 741 (auch angeführt bei Varro sat. Men. 40). Fab. Dosenn. bei Plin. 14, 92. Varro vit. P. R. 1. fr. 34, b (bei Non. 551, 10). Gell. 10, 23, 2. Paul. ex Fest. 144, 9. Gloss. II, 247, 7 (wo ›murina, ἀρωμάτειον‹).

2. **murrinus** (murrhinus, myrrhinus, myrrinus), a, um, **aus dem Mineral** *murra,* d. i. **aus Flussspat,** trulla, Plin.: calix, Suet. u. Capit.: pocula, Eutr.: vasa, ICt.: vitrum, Glas, das den vasa murrina der Malerei nach ähnlich ist, Plin. – subst., murrina, ōrum, *n.* (*sc.* vasa), **Gefäße aus Murra (Flussspat), Murragefäße, Murrinen,** Sen. ep. 123, 7. Plin. 33. prooem. § 5 u. 37, 30. Iuven. 6, 156.

murriola, s. muriola.

murris (murrhis), s. 1. murra *no.* II.

murrītēs, is, *m.* (μυῤῥίτης), ein mit Myrrhe gewürzter Wein, **Myrrhenwein,** *Edict. Diocl. 2, 16.

murrītis, s. myrrītis.

Mursa od. **Mursia,** ae, *f.*, eine Stadt in Pannonien, j. *Essek,* Aur. Vict. de Caes. 33, 1. Eutr. 9, 8, 1 u. 10, 12, 1. – Dav.: **a Mursēnsis,** e, **mursensisch, von** od. **bei Mursia,** proelium, Amm.: episcopus, Hieron. – **b Mursīnus,** a, um, **mursinisch,** bei **Mursia,** labes (Schlappe), Aur. Vict. de Caes. 33, 2.

murta (myrta, mirta), ae, *f.* = μυρσίνη (Gloss.), **I** Nbf. v. murtum, die **Myrtenbeere,** Varro LL. 5, 110: murta nigra, Cato r. r. 125: myrta sicca, CIL 5, 6415: myrtae leves, Plin. Val. 4. fol. 314 (a), 59. – **II** Nbf. v. myrtus, der **Myrtenbaum,** mirtae (so!) baca, Apic. 1, 24; 2, 43; 6, 120: murtae bacula, Cael. Aur. de morb. chron. 5, 4, 69: virgulta murtae, *ibid.* 4, 3, 69.

murtāceus, a, um (murtus), **von Myrten, Myrten-,** folium, Cels. 7, 17. p. 294, 25 D.

murtāriae (myrtāriae), ārum, *f.* = murteta, (als Ort bei Bajä, s. murtētum), Porphyr. Hor. ep. 1, 15, 5.

murtātus (myrtātus), a, um (v. murtus), **mit Myrten** od. **Myrtenbeeren gewürzt,** subst., murtātum, ī, *n.* (*sc.* farcimen), eine Art Würste, j. ital. *mortadella,* **italienische Mettwurst,** Varro LL. 5, 110. Plin. 15, 118.

murteolus, a, um (*Demin.* v. murteus), viell. **myrtenblütenfarbig,** Colum. poët. 10, 238.

murtēta (myrtēta), ae, *f.* = murtetum, Plaut. vidul. fr. X III. Stud. (bei Prisc. 4, 12).

murtētum (myrtētum), ī, *n.* (murtus, myrtus), das **Myrtengebüsch,** das **Myrtenwäldchen,** der **Myrtenhain,** Sing., Gloss. II, 374, 18 (wo ›murtetum, μυρτεών‹): Plur., Plaut. rud. 732. Verg. georg. 2, 112. Sall. Iug. 48, 3. Mart. 3, 58, 2. Vulg. Zach. 1, 8 u. 10, 11. – namentl. murteta (Plur.), ein Ort bei Bajä, wo ein Brodem aus der Erde quoll, der zu Schwitzbädern benutzt wurde, Cels. 2, 17. Hor. ep. 1, 15, 5.

murteus (myrteus), a, um (murtus), **I von Myrten, Myrten-,** silva, Verg.: corona, Val. Max.: oleum m., Plin., u. bl. murteum, Cels., Myrtenöl: vinum, Myrtenwein, Plin. – **II** übtr.: **A myrtenfarbig = kastanienbraun,** coma, Tibull.: gausapina, Petron.: panni, Isid. orig.: color, Pallad. – **B** olea m., eine Art des Ölbaumes, Colum. 5, 8, 2. – **III** als Beiname der Venus, sacellum Murteae Veneris, Varro LL. 5, 154.

Murtia, s. 1. Murcia.

murtinus (myrtinus), a, um (μύρτινος), **von Myrten, Myrten-,** oleum, Ps. Apul. herb. 121: vinum, Cael. Aur. de morb. chron. 4, 3, 69.

murtītes, s. myrtītēs.

Martius, s. 1. Murcia.

murtum (myrtum), ī, *n.* (μύρτον), die **Myrtenfrucht, Myrtenbeere,** Verg. georg. 1, 306. Cels. 2, 30.

murtus (myrtus), ī u. ūs, *f.* (μύρτος; als *masc.*, Cato r. r. 8, 2), **I** die **Myrte,** der **Myrtenbaum,** Plin. 15, 122 *sqq.* Catull. 64, 89. Verg. georg. 2, 447; Aen. 3, 23. Val. Max. 1, 8, 2. Plin. ep. 5, 6, 4: myrti bacae, Cels. 4, 26 (19). p. 152, 15 D. Scrib. Larg. 193: myrti folia, Cels. 3, 19. p. 103, 16 D.: frondes myrti, Vulg. 2. Esdr. 8, 15: ein der Venus heiliger Baum, dah. myrti Paphiae, Verg. georg. 2, 64. Ov. art. am. 3, 181. – **II** meton.: **A** der **Myrtenhain,** Verg. Aen. 3, 23. – **B** ein **Speer aus Myrtenholz,** Verg. Aen. 7, 817.

mūrus, ī, *m.*, die **Mauer** (vgl. moenia), **I** eig. u. übtr., **A** eig.: **a** einer Stadt usw., murus urbis, arcis, Liv.: muri urbis, Cic.: muri pinnae, Liv.: muros instruere, Nep., aedificare, Ov.: pro diruto muro novum tumultuario opere ex ipsa ruinae strage congestis saxis exstruere, Liv.: ducere murum, Liv., muros, Verg. u. Hor.: ducere murum interiorem ab nondum capta parte urbis, Liv.: muro lapideo urbem cingere, Liv.: castellum muro circumdare, Liv.: urbem muris saepire, Nep.: praesidio murorum urbem includere, Iustin.: muros restituere, muros dirutos reficere, Nep.: reficere novum murum ab ea parte, quā patefactum oppidum ruinis erat, Liv.: interiorem iuxta validum pro diruto novum obstruere murum, Liv.: novus pro diruto murus obiciebatur, Liv.: multis locis murus decussus est, Liv. (vgl. multis simul locis aut subruti aut ariete decussi ruebant muri, Liv.): testudinibus admotis murum subruere, Liv.: subruere murum ab imo, Liv.: murum od. muros arietibus quatere, Liv.: percussit aries murum, Cic.: tribus arietibus aliquantum muri discutere, Liv.: muros ariete sternere, Liv.: pulsare ariete muros, Verg.: priusquam aries murum attigisset, Caes.: murus latius, quam quā caederetur (angebrochen wurde), ruebat, Liv.: murum ascendere, Caes.: positis scalis ascendere muros, Caes.: scalis ascendere muros, Verg.: escendere in murum, Liv.: obambulare muris, Liv.: concursus fit undique in muros, man strömte von allen Seiten auf den M. zusammen, Liv.: repetere patrios muros, Vaterstadt, Ov.: animos extra moenia, corpora intra muros habebant, Vell. – **b** um Privatgebäude, Cic. u. Tac.: m. marmoreus, Erker, Calp. – **B** übtr.: **a** der **Damm, Wall,** Varro r. r. 1, 14, 3. – **b** der Rand des Topfes, Iuven.: so auch cor munitum costarum et pectoris muro, Plin. – **c** der **hölzerne Turm** auf dem Elefanten, Sil. 9, 602. – **d** der Kopfschmuck der Cybele, der aus Türmen gebildet wird, m. crinalis, Claud. Eutr. 2, 284 – **II** übtr., die **Mauer, Vormauer,** der Schutz, lex Aelia et Fufia propugnacula murique tranquillitatis, Cic.: hic murus aëneus esto etc., Hor.: v. Pers., murus Graiûm, v. Achilles, Ov. – ► arch. Formen moerus u. moirus.

mūs, mūris, *c.* (μῦς), die **Maus, I** eig.: rusticus od. agrestis, Feldmaus (Ggstz. urbanus), Hor.: aber mus agrestis auch wilde Maus, Pallad.: pusillus, Plaut.: exiguus, Verg.: araneus, viell. Spitzmaus, Colum. u. Plin.: incolae domuum mures, Plin.: murem capere, Val. Max.: mures edere (essen), Liv. epit.: non solum inquilini, sed etiam mures migrarunt, Cic.: quasi mures semper edimus alienum cibum, Plaut. – Zum Mäusegeschlecht rechneten die Alten auch Ratten, Marder, Zobel, Hermeline usw., mures Aegyptii, eine Art Ratten (*mus cahirinus* od. *rat de Caire* von Geoffroy), Plin.: m. Ponticus, viell. Hermelin, Plin.: indumenta ex pellibus silvestrium murium, Amm.: m. odoratus, das Bisamtier (*Moschus moschifer*), dessen Fell wegen des Wohlgeruchs als Pelz gesucht war, Hieron. – als Schimpfwort, du **Maus,** Petron. 58, 4. – als Liebkosungswort, **Mäuschen,** cum me murem dicis, Mart. 11, 29, 3. – **II** übtr.: **A** mus marinus, eine Art Seefisch od. Schaltier, Plin. 9, 71. – **B** appell., Mus, als Beiname des decischen Geschlechts. Bekannt ist P. Decius Mus, Liv. 10, 14, 1. – ► Genet. Plur., murium, wie Plin. 8, 98 u. ö.; murum, wie Cic. de nat. deor. 2, 157 (vgl. Charis. 137, 5). Arnob. 3, 3. Amm. 31, 2, 5.

Mūsa, ae, *f.* (Μοῦσα), **I** die **Muse,** d. i. Göttin der Gelehrsamkeit, bes. der Dichtkunst u. Musik, rein lat. Camena (w. vgl.). Die Alten zählen zuw. drei od. vier, gew. aber neun Musen (nämlich Calliope, Clio, Melpomene, Thalia, Euterpe, Erato, Urania, Polyhymnia, Terpsichore; vgl. Anthol. Lat. 88, 1 *sqq.* = 616, 1 *sqq.* u. 664 = 618 *sqq.*), Cic. de nat. deor. 3, 54. Hor. ep. 2, 2, 92: Musarum delubra, Cic. Arch. 27: hic Musarum parens domusque Pieria, Mela 2, 3, 2 (2. § 36). – übtr., crassiore Musā, von eben nicht feiner Bildung, Quint. 1, 10, 28: sine ulla Musa, ohne Witz, Geschmack, Varro. – **II** meton.: **1** ein **Gesang, Gedicht, Lied,** procax, Hor.: silvestris, agrestris, rustica, Verg.: pedestris, niedere Art zu dichten, die an die Prosa grenzt, Hor.: nova iudicio subdita Musa tuo est, Ov. – **2** die **Gelehrsamkeit, Studien,** Musae agrestiores, Ggstz. mansuetiores, Cic. or. 12 (vgl. agrestis *no.* II, 2): Atticarum Musarum scriptores, Varro sat. Men. 379.

mūsaeārius, s. mūsēiārius.

mūsaeum, ī, *n.* (*μουσαῖον), die **Grotte,** Plin. 36, 164.

1. Mūsaeus, ī, *m.* (Μουσαῖος), ein alter griech. Dichter, Zeitgenosse des Orpheus, Verg. Aen. 6, 667.

2. mūsaeus, a, um (Musa), **dichterisch, musikalisch,** melos, Enn.: lepos, mele, Lucr.: vates, Apul.

Mūsagetēs, ae, *m.* (Μουσαγέτης), **Musenführer, Anführer-, Vorsteher** der Musen, ein Titel des Apollo u. des Herkules, Eumen. pro restaur. schol. 7, 3.

musca, ae, *f.* (v. μυῖσκα, das *Demin.* v. μυῖα), die **Fliege, I** eig., Sen. u. a.: muscarum et culicum multitudo, Amm.: muscas captare, Suet.: fugare muscas, Mart.: calvi momordit musca nudatum caput, Phaedr. – Sprichw., non posse videtur muscam excitare, wir »kein Wässerchen zu trüben«, Sen. apoc. 10, 2. – **II** übtr., v. Neugierigen, Plaut. merc. 361: v. zudringlichen, ungebetenen Gästen, Plaut. Poen. 690: v. zudringlichen Menschen übh., puer, abige muscas, Cic. de or. 2, 247.

muscārius, a, um (musca), **zu den Fliegen gehörig, Fliegen-, I** *adi.*: araneus, gleichs. Fliegenjäger, Plin. 29, 131: clavus, ein breitköpfiger Nagel, Vitr. 7, 3, 11. – **II** *subst.*, muscārium, iī, *n.*, **A** der **Fliegenwedel,** der zugleich die Stelle unserer **Kleiderbürsten** vertrat, Mart. 14, 71. Petron. 56, 9. Man nahm dazu entweder Pfauenschwänze (Mart. 14, 67) od. haarige Ochsen- od. Pferdeschwänze (Mart. 14, 71): dah. muscarium statt **Pferdeschwanz,** Veget. mul. 6, 1 *sqq.* – übtr., die **Dolde** an Pflanzen, Plin. 12, 127. – **B** der **Fliegenschrank,** CIL 4, 2464.

muscella, ae, *f.* (aus mulicella, *Demin.* von mula), die **junge Mauleselin,** mulus hic muscellas docuit, CIL 4, 2016.

mūscerda, ae, *f.* (mus) = murinus fimus, der **Mäusedreck,** Plin. 29, 106.

mūscidus, a, um (muscus), **voller Moos, bemoost,** Sidon. epist. 8, 16, 2.

mūscipula, ae, *f.* u. **mūscipulum,** ī, *n.* (mus u. capio), die **Mäusefalle,** Lucil. 1022. Varro r. r. 1, 8, 5. Sen. ep. 48, 6. Phaedr. 4, 2, 17: esca muscipulis, Commod. 2, 7, 13 *Ludwig.* – bildl. = παγίς, **Falle, Fallstrick,** Augustin. conf. 3, 1; serm. 130, 2 u. 216, 6: muscipulam tendere, Augustin. serm. 130, 2. Vgl. Rönsch Itala p. 218 *sq.*

mūsclus, s. mūsculus *no.* II, B.

mūscōsus, a, um, *Adi.* m. *Compar.* (muscus), **voller Moos, moosig, bemoost,** prata, Varro: lapis, Catull. – nihil muscosius, Cic.

muscula, ae, *f.* (*Demin.* v. musca), eine **kleine Fliege,** Eccl.: muscularum morsus (Stich), Boëth. cons. 2, 6. p. 41, 19 P.: minutissima muscula, Augustin. de civ. dei 22, 24, 2. p. 612, 3 D^2.

mūsculōsus, a, um (musculus), **muskulös, fleischig,** Cels. u. Colum.

mūsculus, ī, *m.* (*Demin.* v. mus), **I** das **Mäuschen,** die **kleine Maus,** musculorum iecuscula, Cic.: litteras a musculis tueri, Plin.: m. aquatilis, Wassermaus, Plin. – **II** übtr.: **A** die **Maus** am Körper, der **Muskel,** Cels. u. a.: im Bild, orationem ossa, musculi, nervi decent, Plin. ep. 5, 8, 10. – **B** eine Art Schutzdach, unter dem die Belagerer standen u. arbeiteten, die **Breschhütte,** Caes. b. c. 2, 10, 1. Veget mil. 4, 13: synk., musclus, Charis. 95, 11. – **C** musculus marinus, eine große Walfischart, der **Bartenwalfisch,** Plin. 11, 165: bl. musculus, Plin. 9, 186. – **D** die **Miesmuschel,** Plaut. rud. 298. Cels. 2, 29.

mūscus, ī, *m.*, **I** das **Moos,** ruber, Cato.: mollis, Ov.: musco circumlita saxa, Hor.: muscum quoque innasci aquis videmus, Sen. – **II** der **Bisam, Moschus,** Hieron. in Iovin. 2, 8.

mūsēiārius, iī, *m.* (museus) = musivarius, der **Musivarbeiter,** CIL 6, 9647. – Nbf. musaearius, ein Mosaikfußbodenverfertiger, Edict. Diocl. 7, 6.

1. mūsēum (musīum), ī, *n.* (μουσεῖον), ein **Museum,** ein **Musensitz,** Ort für gelehrte Beschäftigung, wie **Bibliothek, Akademie,** Varro r. r. 3, 5, 9. Suet. Claud. 42, 2 (musium). Spart. Hadr. 20, 2.

2. mūsēum, s. mūsēus.

mūsēus, a, um (μουσεῖος) = musivus, **musivisch, mosaisch (gearbeitet),** opus museum, CIL 8, 1323. – subst., mūsēum (mūsīum), ī, *n.*, die **Musivarbeit,** die **Musivmalerei,** pictura est de museo, Treb. Poll. XXX tyr. 25, 4: pictus de musio, Spart. Pesc. 6, 8.

mūsica, ae, *f.* u. **mūsicē**, ēs, *f.* (μουσική *sc.* τέχνη), die **Musenkunst,** die **Musik,** im Sinne der Alten, mit Inbegriff der Dichtkunst, militaris, Gell.: musicam tractare, Cic.: musica socci et cothurni, komische u. tragische Poesie, Auson. – musicam u. musicen scire, Vitr.: et musicen et litteras docere, Quint.

mūsicārius, iī, *m.* (musica), der **Musiker,** v. Sklaven, CIL 6, 4454 u. 9647.

1. mūsicē, ēs, *f.*, s. mūsica.

2. mūsicē, *Adv.* (μουσικῶς), **harmonisch, fein, mit Anstand,** Plaut. most. 729 Sch.: musice et canore, Apul. de Plat. 1, 9.

mūsico, ātus, āre (musicus), **musikalisch-, melodisch einrichten (machen),** Latinitatem, Rhemn. Palaem. 542, 15 K.: musicatae cantilenae, Ps. Apul. Ascl. 9.

mūsicus, a, um (μουσικός), I **die Musik betreffend, musikalisch,** ars, die Musik, Plin.: leges, Regeln der Musik, Cic.: crepitus, Pacuv. fr.: musicus citharae sonus, Phaedr.: pedes, Plin.: agon, certamen m., Wettkampf in der Musik, Suet.: magistri rhythmici vel musici, Ter. Maur. 1354. – subst., a mūsicus, ī, *m.*, der **Musiker, Tonkünstler,** Cic. u. a. – b mūsica, ōrum, *n.*, die **Musik, Tonkunst,** Ter. u. Cic.: dare se musicis, Cic. – II insbes.: 1 **die Dichtkunst betreffend, dichterisch,** studium m., Dichtkunst, Ter. u. Solin.: so auch ars, Ter. – subst., mūsicus, ī, *m.*, der **Dichter,** Auson. epist. 11 *in.* – 2 die **Gelehrsamkeit betreffend, gelehrt, wissenschaftlich,** ludus, Gell. praef. § 20.

mūsigena, ae, *m.* (Musa u. gigno), ein **Musensohn,** Rufin. de compos. et metr. orat. *v.* 1 (Rhet. Latin. ed. Halm p. 575).

mūsimo u. **mūsmo**, ōnis, *m.* (μούσμων), ein sardinisches Tier, wahrsch. der **Mufflon,** der Stammvater des zahmen Schafes, Plin. 8, 199. – Die alten Römer scheinen **nichtkastrierte Esel, -Pferde** usw. mit diesem Namen belegt zu haben, Lucil. 256. Cato oratt. 18. fr. 11. Vgl. Schneider Varro r. r. 2, 2, 12. p. 411.

musinor, ārī, s. mūginor.

musio, ōnis, *f.*, die **Katze,** Isid. orig. 12, 2, 38.

mūsīum, iī, *n.*, s. 1. mūsēum u. mūsēus.

mūsīvārius, iī, *m.* (musivum), der **Musivarbeiter,** Cod. Iust. 10, 64, 1. Cod. Theod. 13, 4, 2. Cassiod. var. 7, 5, 5.

mūsīvus, a, um (μουσεῖος), zur **Musivarbeit (Musivmalerei) gehörig,** opus m., Mosaik, CIL 11, 337*. – subst., mūsivum, ī, *n.* (*sc.* opus), **Musivarbeit, Musivmalerei,** quae musivo picta sunt, Augustin. de civ. dei 16, 8, 1. p. 135, 24 D[2]. Vgl. museus.

mūsmo, s. mūsimo.

Mūsōnius, iī, *m.*, vollst. C. Musonius Rufus, geboren zu Volsinii in Etrurien, ein berühmter stoischer Philosoph zur Zeit des Tiberius, Vespasian u. Titus, Lehrer Epiktets, Tac. ann. 14, 59. Plin. ep. 3, 11. § 5 u. 7. Gell. 16, 1. § 1. Amm. 27, 9, 6.

mussātio, ōnis, *f.* (musso), das **in den Bart Murmeln,** Plur. bei Interpr. vet. ad Verg. georg. 3, 4 in Class. auct. *ed. Mai* 7, 262.

mussitātio, ōnis, *f.* (mussito), das **in den Bart Murmeln,** Apul. met. 8, 4. Cael. Aur. de morb. acut. 1, 3, 35. Hieron. in Isai. praef. 9. Tert. de pudic. 7 u. 9.

mussitātor, ōris, *m.* (mussito), **einer, der in den Bart murmelt,** Vulg. Isai. 29, 24. Vgl. Gloss. II, 465, 40 ›mussitator, ὑπογογγυστής‹.

mussito, āre (*Intens.* v. musso), I **in den Bart brummen, leise vor sich hinmurmeln, murmeln, leise sprechen,** ego mecum mussito, Plaut. mil. 714: clam m., Liv. 1, 50, 3. Claud. Mam. de stat. anim. 1, 1. – m. folg. indir. Fragesatz, malo ambigere bonos, quam ob rem id non meruerim, quam, quod est gravius, cur impetraverim, mussitare (sich heimlich mokieren), Amm. 14, 6, 8. – II etw. **verbeißen,** 1 **verschweigen, sich nicht merken lassen** (s. Lorenz Plaut. mil. 310), ea, Plaut.: iniuriam, Ter.: timorem, Apul. – 2 prägn., **nicht mit der Sprache herauswollen, hinter dem Berg halten, sich bedenken,** nec cunctari aut mussitare potuit, *quin* consilium omne nudaret, Pacat. pan. 43, 5.

mussītus, ūs, *m.* (mussio = muttio), das **Mucksen,** Exc. ex Charis. 535, 35 K.

musso, āre (wie mutio v. Laut mu), I **in den Bart brummen,** a **leise vor sich hin murmeln, leise sprechen, halblaut** od. **kleinlaut reden,** bes. von den leisen, schüchternen Reden eines solchen, der Nachteil fürchtet, wenn seine Worte vernommen werden, summo haec clamore, interdum mussans, Plaut.: mussantes inter se rogitabant, Liv.: flent maesti mussantque patres, Verg. – b **murren** (s. Paul. ex Fest. 144, 14), intus in occulto mussabant, Enn. ann. 182*: sed iam hora decima tangit et tabellarius tuus mussat, Fronto ad Marc. Caes. 1, 3 (2). p. 8, 25 N. – c **summen,** von den Bienen, mussant oras et limina circum, umsummen, Verg. georg. 4, 188. – II etw. **verbeißen,** 1 = **verschweigen,** per metum id m., Plaut. aul. 131. – 2 prägn.: a unter halblauten Äußerungen und mit verlegenen Mienen **hinterm Berg halten, nicht mit der Sprache herauswollen, sich bedenken, unschlüssig sein,** vos mussantes et retractantes verbis et vatum carminibus, Sall. fr.: mussantes medicos vidi, Plin. ep.: mussantibus magnis quibusdam et locupletibus amicis, Plin. ep.: mussantibus vobis circumventus est, Sall. tr. – m. folg. *Infin.*, dicere mussant, Verg. Aen. 11, 345: mit folg. indir. Fragesatz, mussat rex ipse, quos generos vocet, bedenkt sich scheu, Verg.: mussant iuvencae, quis nemori imperitet, beraten sich scheu, Verg.: exspectans, si mussaret, quae denique causa pugnandi fieret, Enn. ann. 344. – b **stumm sein, schweigen** (s. Varro LL. 7, 101. Serv. Verg. Aen. 12, 657), musset obrutus, Enn. fr. scen. 421*: occulta tege tace mussa mane, Iuvent. com. 1. – v. Tieren, **stumm harren,** mussant iuvencae, Verg. Aen. 12, 718.

mussor, ātus, ārī = musso, Varro sat. Men. 102.

mustāceum (mustācium), ī, *n.* u. **mustāceus** (mustācius), ī, *m.* (mustus), ein **Most- u. Lorbeerkuchen,** eine Art hochzeitlicher Kuchen, der aus mit Most angemachtem Mehl mit einer Zutat von Fett, Käse, Anis u. Lorbeerblättern bereitet u. auf Lorbeerblättern gebacken wurde, ein **Hochzeitskuchen,** Form *-um,* Iuven. 6, 202: Form *-us,* Cato r. r. 121 (das. die Bereitung): Akk. *-um,* Apic. 6, 214 u. 10, 250: mustacius et mustacium, Caper 103, 1 K. (wo auch vollst. mustacius panis, mustacium libum). – dah. sprichw., laureolam in mustaceo quaerere, auf wohlfeile Weise ein Lorbeerkränzchen (= einen leichten Sieg od. Triumph) zu erhaschen suchen, Cic. ad Att. 5, 20, 4.

mustārius, a, um (mustum), **zum Most gehörig, Most-,** urceus, Cato r. r. 11.

mustāx, ācis, *f.* (mustum), eine Art des **Lorbeers,** Plin. 15, 127.

mūstēcula, ae, *f.* (*Demin.* v. mustela), ein **kleines Wiesel,** mustecula drindit, Anthol. Lat. 233, 61 M. (762, 61 R. mustela didrindit).

mūstēla (mūstella), ae, *f.*, I das **Wiesel,** Plaut. Stich. 499. Cic. de nat. deor. 2, 17. Plin. 29, 60. Hor. ep. 1, 7, 32. Phaedr. 1, 22, 1; 4, 2, 10 u. 4, 6, 1. Amm. 16, 8, 2. Vulg. Levit. 11, 29: mustela didrindit, Anthol. Lat. 762, 61 R. – II (nach dem griech. γαλεός) ein fleckiger Seefisch, wahrsch. zum Haigeschlecht gehörig, Enn. hedyph. 1 = fr. var. 34 (b. Apul. apol. 39). Plin. 9, 63: avidae mustelae, Colum. 8, 17, 8.

mūstēlīnus, a, um (mustela), von **Wieseln, Wiesel-,** ventriculus, Plin. 30, 124: color, Wieselfarbe, Ter. eun. 689.

mustēs, s. 1. mystēs.

musteus, a, um (mustum), **von oder aus Most, mostähnlich;** dah. I **mostreich, süß wie Most,** mala, Mostäpfel (später melimela, μελίμηλα, Honigäpfel gen.), Cato u. a.: fructus m., Colum. – II **jung, neu, frisch,** caseus, Plin.: piper, Plin.: liber, Plin. ep.: v. Pers., virgo, si mustea est, Naev. com. 54.

mustio, ōnis, *m.* (mustum), **Mosttrinker = Säufer,** Isid. orig. 12, 8, 16.

mustricula (mustricola), ae, *f.*, der **Schusterleisten,** Afran. com. 421; dagegen Gloss. Scal. V, 605, 14 ›mustricola, machina ad stringendos mures‹.

mustulentus, a, um (mustum), **mostreich,** autumnus, Apul. met. 2, 4: mustulentae autumni deliciae, *ibid.* 9, 32: mustulentus aestus, m. ventus, Plaut. cist. fr. b. Non. 63, 33 u. 415, 15.

mustum, ī, *n.*, s. mustus.

mustus, a, um, **jung, neu, frisch,** I *adi.*: agna, Cato: vinum, Most, Cato. – II *subst.*, mustum, ī, *n.*, Most, A eig., Cato, Verg. u. a.: novum, Plin. ep.: somniculosum (schlafbringender), Laber. fr.: in dolio mustum fervere, Fronto. – Plur. musta, die verschiedenen Arten des Mostes, Plin. 14, 125 u. a.; oft bl. (bes. bei Dichtern) = Most, Tibull., Ov., Plin., Quint. u. a. – nova ista quasi de musto ac lacu (Kelterkufe) fervida oratio, noch nicht verbrauste, Cic. Brut. 288. – **B** meton.: ter centum musta videre, Weinlesen, Ov. met. 14, 146. – übtr. von Öl, olei musta, Plin. 15, 5.

Musulāmī (Musulāmiī), ōrum, *m.*, eine kriegerische Völkerschaft Numidiens, westl. der großen Syrte, Form *-ami,* Flor. 4, 12, 40. Plin. 5, 30: Form *-amii,* Tac. ann. 2, 52; 4, 24. Aur. Vict. de Caes. 4, 2.

Mūta, ae, *f.* (mutus), die **Stumme,** eine Nymphe, sonst Lara und Larunda od. Tacita genannt, die Jupiter wegen ihrer Geschwätzigkeit stumm machte, Ov. fast. 2, 583. Lact. 1, 20, 35.

mūtābilis, e (muto), **wandelbar, veränderlich, launisch,** omne corpus m. est, Cic.: ea forma rei publicae m. est, Cic.: m. vulgi animus, Liv.: varium et mutabile semper femina, Verg.: pectus m., das sich lenken, zureden lässt, Ov.: quid ... mutabilius? Val. Max.: mutabilissimae sunt deorum voluntates, Porc. Latro decl. in Catil. 16.

mūtābilitās, ātis, *f.* (mutabilis), die **Veränderlichkeit,** inconstantia mobilitasque mentis, Cic. tusc. 4, 76: vernalium florum, Boëth. cons. phil. 3, 8: absol., Lucr. 2, 932. Gell. 6 (7), 11, 1. Augustin. de lib. arb. 2, 6, 4. Mart. Cap. 8. § 871.

mūtābiliter, *Adv.* (mutabilis), **veränderlich,** Varro sat. Men. 78. Mar. Mercat. p. 838 Migne.

mūtābundus, a, um (muto), **veränderlich** (Ggstz. stabilis), Petr. Chrys. serm. 57.

mūtātio, ōnis, *f.* (muto), **I** die **Änderung, Veränderung,** crebra coloris, V. der Gesichtsfarbe (aus Furcht usw.), Cic.: rerum (des Staates, der Staatsverfassung), Cic.: rerum in deterius, Umschlag der Dinge zum Schlimmen, unglückliche Wendung der Dinge, Tac. ann. 12, 64: consilii, Cic.: facere mutationem alcis rei, etw. ändern, Cic. – Plur., mutationes caeli, Cic. de nat. deor. 1, 4: mutationes aëris vel provinciarum, Lust- u. Ortsveränderungen, Plin. Val. 2, 21. – **II** die **Vertauschung,** der **Wechsel, 1** im Allg.: vestis, Ter.: frequens castrorum, Veget. mil.: officiorum, wechselseitige Erweisung usw., Cic.: rerum humanarum, Liv.: m. subj. *Genet.,* mutatione ementium, durch den W. der Käufer = dadurch, dass sie durch Kauf aus einer Hand in die andere übergingen, Tac.: mutatio inter me atque illum ut nostris fiat filiis, Plaut. capt. 366. – **2** insbes.: **a** der **Tausch, Umtausch** der Waren, necessaria mutationibus (durch Tauschhandel) potius quam pretiis (gegen bares Geld) parant, Solin. 22, 7. – **b** das **Umwechseln der Pferde,** der **Postwechsel,** spät. ICt. – **c** als milit. *t. t.,* mutatio militiae, die Strafversetzung zu einem geringeren Truppenteil, die **Degradation,** Modestin, dig. 49, 16, 3. § 1. – **d** als gramm. *t. t.,* der **Wechsel,** casus, Quint. 9, 3, 85. – **e** als rhet. *t. t.* = ἀλλοίωσις, ὑπαλλαγή, die **Vertauschung des Ausdrucks,** Quint. 9, 3, 92.

mūtātor, ōris, *m.* (muto), **I** der **Veränderer,** varii m. circulus anni (= zodiacus), Lucan. 10, 212. – **II** der **Vertauscher,** equorum, *i.e. desultor,* Val. Flacc. 6, 161: mercis Eoae, der Eintauscher (v. Kaufmann), Lucan. 8, 854: u. so mercium commerciorumque, der Ein- u. Austauscher der Waren (v. Merkur), Arnob. 3, 32.

mūtātōrius, a, um (muto), zur **Vertauschung-,** zum **Wechsel gehörig, Wechsel-, I** *adi.:* indumentum, Tert. de res. carn. 56: vestimenta, vestes, Vulg. 4. regg. 5, 5 u. 22. – **II** *subst.,* **mūtātōrium,** iī, *n.,* **A** ein **Wechselkleid, Umziehkleid,** Vulg. Isai. 3, 22 u. Zach. 3, 4, in der griech. Übersetzung ἀναβόλαιον (Überwurf, Morgenmantel), s. Hieron. in Isai. 2, 3, 22. – **B** mut. Caesaris, **Halteplatz** der Reisewagen für den kaiserl. Hof, Curios. urb. u. Notit. reg. 1: procurator mutatorii, CIL 6, 2101*.

mūtātūra, ae, *f.* (muto), der **Geldwechsel,** die **Wechselzahlung,** Nov. Maiorian. de curial. 4, 7. c. 1. § 14 u. 16.

mūtātus, Abl. ū, *m.* (muto), das **Verändern, Vertauschen, Wechseln,** Tert. de pall. 4.

mūtēsco, ere (mutus), **verstummen,** omnis vox divina necessaria taciturnitate mutescet, Ps. Apul. Ascl. 25 *extr.:* vaniloquas docuit mutescere linguas, Paul. Nol. carm. 27, 407: cuncta illa quae dissona suavitas commendarat vel mutescentia tacuerunt, Mart. Cap. 9. § 910: übtr., ut omnia mutescant tempora, Cod. Theod. 9, 40, 17.

mūthūnium, s. mūtōnium.

muticus, a, um = mutilus, **gestutzt, abgestutzt,** spica, Varro r. r. 1, 48, 3.

mutilāgo, inis, *f.,* eine Pflanze = myrtites *no.* II (s. d.), Ps. Apul. herb. 108.

mutilātio, ōnis, *f.* (mutilo), die **Verstümmelung,** Cassiod. var. 10, 29, 3; vgl. Gloss. II, 224, 7 u. 15 ›mutilatio, ἀκρωτηρίασις, ἀκρωτηριασμός‹.

mutilo, āvī, ātum, āre (mutilus), **verstümmeln, stutzen, abstutzen, I** eig.: aures, nasum, Liv.: genitalia (v. den Juden), Spart.: corpora, Curt.: caudam colubrae, ramos, Ov.: naves, Liv. – **II** übtr.: **A** in der Aussprache **verstümmeln,** verba, Plin. 7, 70. – **B verkürzen, vermindern,** exercitum, Cic. Phil. 3, 31: patrimonium, iura libertatis, spät. ICt. – alqm, jmds. Vermögen klein machen, Ter. Hec. 65.

1. mutilus, a, um (μίτυλος od. μύτιλος), **verstümmelt, I** eig.: homo, d. i. der sich die Finger abgehauen hat, Cod. Theod.: grabatulus uno pede m., Apul.: littera m., Gell.: versus = ἀκεφαλοί, Diom. – bes. (wie κολοβός, κόλος) v. gehörnten Tieren, denen ein Horn oder beide Hörner fehlen, bos, Varro LL.: aries, capella, Colum.: alces sunt cornibus mutilae, Caes.: dah. scherzh. übtr., sic mutilus minitaris? mit stumpfer Stirn, Hor. sat. 1, 5, 60. – **II** bildl., v. der Rede, **gehackt,** mutila sentit quaedam et decurtata, Cic.: mutila loqui, Cic.

2. mūtilus, richtiger mitulus, s. d.

Mutina, ae, *f.,* Stadt im zispadan. Gallien, seit 185 v. Chr. röm. Kolonie, wo Antonius den D. Brutus einschloss und Antonius u. Oktavianus sich in einer Schlacht bekämpften, j. *Modena,* Liv. 21, 25. § 3 u. 8. Cic. Phil. 5, 24. – Dav. **Mutinēnsis,** e, **mutinensisch,** aus od. bei **Mutina,** proelium, Cic.: arma, Ov.: in Mutinensi (bello), Iul. Obs.

Mūtīnus u. **Mūtūnus,** ī, *m.* (muto, onis), **I** = Priapus, Lact. 1, 20, 36 u. a. – **II** meton., mutinus = *penis,* Priap. 72, 2 B.

mūtio, s. muttio.

mūtitātio, ōnis, *f.* (mutito), das **abwechselnde Traktieren, Kränzchenhalten,** Fast. Praenest. Apr. im CIL 1^2. p. 135.

mūtītio, s. muttītio.

mūtito, āre (*Frequ.* v. muto), oft vertauschen, abwechselnd anstellen; dah. (*sc.* convivia) **abwechselnd traktieren, ein Kränzchen halten,** Gell. 2, 24, 2; 18, 2, 11.

Mūtius, a, um, s. Mūcius.

mutmut, *n. indecl.,* ein **Muck,** mutmut facere non audet, Apul. b. Charis. 240, 28.

1. mūto, āvī, ātum, āre (zsgzg. aus movito), **bewegen, I** eig., **weg-, von der Stelle bewegen,** wohin **bewegen,** neque se luna quoquam mutat, kommt nicht vom Fleck, Plaut.: iniussu populi mutari finibus, die Gr. überschreiten, betreten, Liv.: ne quis invitus civitate mutetur, fortgejagt, fortgebracht werde, Cic.: illa tamen se non habitu mutatve loco, legt weder ihre Matronenkleidung ab, noch schleicht sie sich aus ihrer Wohnung (zu dir), Hor.: hinc dum muter, wenn ich nur von hier wegkomme, versetzt werde, Ov.: dah. mutari, von Bäumen, die versetzt werden, Verg. – **II** übtr.: **A ändern, verändern, 1** im Allg.: **a** *tr.:* testamentum, Cic.: sententiam, Cic.: consilium, Cic.: fidem cum alqo, sein Wort nicht halten, Ter.: e nigro color est mutatus in album, Ov.: mutare colorem, die Gesichtsfarbe verändern (unser vulg. »sich verwandeln«) = blass werden, durch vieles Studieren, Sen. rhet., aus Furcht usw., Hor., Quint. u. a.: m. viros in deforme animal, Ov.: m. in marem, Plin.: mutari alite, in einen V. verwandelt werden, Ov.: u. so mutari Nilo, in den Nil verw. werden, Sen.: cibus mutatur (im Magen) et concoquitur, bekommt eine andere Gestalt, Cic.: dah. haud muto factum, ich genehmige das Geschehene, ich bereue es nicht, Ter.: nihil mutat de uxore, er ändert seine Meinung nicht, bleibt dabei, Ter.: neque nunc muto, ich bleibe dabei, mich reut es nicht, Cic. – Passiv m. *Acc. resp.,* mutata suos flumina cursus, die ihren (natürlichen) Lauf änderten, d. i. hemmten, Verg. ecl. 8, 4. – mit *ab* (gegen) u. Abl., quantum mutatus ab illo Hectore, qui etc., wie ganz ein anderer gegen jenen H., wie ganz verschieden von jenem H., Verg. Aen. 2, 274: u. so longe mutatus ab illo Sampsone, qui etc., Ambros. de spir. scto. 2. prol. § 13. – **b** refl. mutare u. Passiv medial mutari, **α** sich **ändern, umschlagen,** numquid muto? brach ich mein Wort? Plaut.: neque nunc muto, Cic. ep.: mores mutaverint, Liv.: mutabat aestus, Tac.: ut nihil odor mutaret, Liv.: annona nihil mutavit, Liv.: in superbiam mutans, Tac.: bona facile mutantur in peius, arten leicht aus, Quint.: mutatis repente *ad* misericordiam animis, umgestimmt waren, Liv. 24, 26, 14: ne *ad* paenitentiam mutaretur, Tac. ann. 11, 33 (dagegen mutati *in* paenitentiam, die umgestimmt wurden, Tac. hist. 4, 37). – **β unterschieden sein,** tantum (Suffenus iste) abhorret ac mutat, Catull. 22, 11: pastiones hoc mutant, quod etc., Varro r. r. 2, 2, 12: quantum mutare *a* Menandro Caecilius visus est, Gell. 2, 23, 7: *inter* duas filias regum quid mutet (was für ein Unterschied ist), *inter* Antigonam et Tulliam, Varro fr. bei Gell. 18, 12, 9. – **c** impers.: non mutat, es ändert nichts in der Sache usw., mit folg. *quod* (dass usw.) od. *an* (ob) etc., ICt. – **2** insbes.: **a färben,** vellera luto, gelb färben, Verg. ecl. 4, 44. – **b verbessern,** factum, Ter. adelph. 738. – **c verderben,** vinum mutatum, umgeschlagener, Hor. sat. 2, 2, 58. – **B verändern, wechseln, vertauschen, 1** im Allg.: omnibus oppidis m. ad celeritatem iumenta, in allen Städten, um schneller fortzukommen, die Pferde wechseln, Caes.: personam, die Maske wechseln (bildl. = sein Benehmen ändern), Plin. ep.: m. togam paludamento, Sall. fr.: vestem cum alqo, Ter.: aber m. calceos et vestimenta, Schuhe u. Kleider wechseln, sich umkleiden, Cic. Mil. 28: u. so bl. vestimenta, die Kleider wechseln, sich umkleiden, Suet. Tib. 14, 4: ebenso vestem, Ter. eun. 609. Varro LL. 7, 37. Liv. 22, 1, 3. Vell. 2, 41, 2. Sen. ep. 18, 2; insbes. bei Trauer, Gefahr im Staat, als Bittender die Kl. wechseln = Trauerkleider anlegen, Cic. Sest. 26. Liv. 8, 37, 9. Hor. carm. 1, 35, 13: lugubres vestes mutare, Hieron. epist. 130, 6. – mutare terram, das Vaterland verändern = in ein anderes Land (in andere Länder) ziehen, Liv.: u. so terras, Hor.: u. lares et urbem, Hor.: m. sedem, den Wohnsitz wechseln, auswandern (v. Völkern), Sen.: locum, mit dem Badeort wechseln, Hor.: u. v. denen, die in die Verbannung gehen, solum, Cic., locum, Sall.; vgl. solum vertere, hoc est, sedem ac locum mutare, Cic.: u. crebro mutare loca, von Ort zu Ort flüchten, Hirt. b. G. – m. caelum, non animum, Hor. – m. orationem od. genus eloquendi, abwechseln im Ausdruck, Cic. (u. so bl. mutare, Cic. or. 109): so auch verba mutata, tropische, bes. metonymische, Cic. – m. calores, die Liebe verändern, einen anderen lieben, Prop.: so auch sonst mutare häufig von Veränderung der Liebe u. Freundschaft; vgl. Prop. 1, 12, 11. Aug. b. Suet. Aug. 69, 2. – m. expertum iam principem, den ihnen schon bekannten Herrn wechseln (= verlassen), Tac. hist. 3, 44: sidera mutata, die von den Göttern verlassenen, Petron. poët. 124. *v.* 264. – **2** insbes.: **a** gegen etw. **umtauschen, eintauschen, tauschen,** merces, Verg., Hor. u. Apul.: res inter se, Tauschhandel treiben, Sall.: porcos aere (gegen Geld), Colum.: uvam furtivā strigili (gegen die entwendete Str.), Hor.: mancipia cum mercatoribus vino advecticio (gegen eingeführten W.) et aliis talibus, Sall.: mutari magno, im Tausch viel gelten, einen hohen Preis haben, Verg. – übtr., victrice patriā victam, Liv.: pro Macedonibus Romanos dominos, Liv. – **b** als milit. *t. t.,* mutare militiam, den Dienst wechseln = zu einem geringeren Truppenteil **versetzt werden,** Modestin. dig. 49, 16, 3. § 13. Macer dig. 49, 16, 13. § 4. – ► Archaist. Perf.-Form mutassis = *mutaveris,* Plaut. 577 (Götz immutassis): parag. Infin. mutarier, Plaut. Men. prol. 74 u. a. Lucr. 1, 802.

2. mūto (mutto), ōnis, *m.,* das **männliche Glied,** der **Penis,** Lucil. 307. Hor. sat. 1, 2, 68. Vgl. mutonium.

mūtōnium (muttōnium) u. **mūtūnium** (mūthūnium), *n.* u. **muttōnius,** iī, *m.* = προβασκάνιον, πρόσθεμα, πέος, das männliche **Glied,** der **Penis,** Form mutonium od. muttonium od. muttonius, Gloss. (s. Löwe Prodr. p. 302 *sq.;* nach den Glossen auch bei Lucil., s. Lucil. 959: Form mutunium, CIL 4, 1939, muthunium, *ibid.* 4, 1940. – Dav. mūtūniātus, mit **starkem Penis versehen,** Mart. 3, 73, 1 u. 11, 63, 2. Priap. 52, 10 B.

muttio (mūtio), (īvī), ītum, īre (v. Laut mu), **mucken, mucksen, halblaut** oder **kleinlaut reden, a** v. Pers., palam muttire plebeio piaculum est, Enn. fr. scen. 331: etiam muttis? muckst du noch? Plaut.: intus cave muttire quemquam siveris, Plaut.: nihil muttire audeo, Ter.: muttito modo, muckse nur, Plaut.: nescio quid nunc taces nec muttis (und auch nicht einen Muck tust, kein Wörtchen sprichst), Petron.: neque opus est; adeo muttito, auch nicht ein Muck, Ter. – **b** = γρύζω, v. Hunden, **mucken,** apud omnes filios Israël non muttiet canis, Vulg. exod. 11, 7.

muttītio (mūtītio), ōnis, *f.* (mutio), das **Mucken, Mucksen,** Plaut. Amph. 519.

mutto, s. 2. mūto.

muttōnium (muttūnium), s. mūtōnium.

mūtuārius, a, um (mutuus), **wechselseitig,** Apul. apol. 17.

mūtuāticus, a, um (mutuor), **geborgt, geliehen,** pecuniae mutuaticae usus, Gell. 20, 1. §. 41.

mūtuātio, ōnis, *f.* (mutuor), das **Borgen, Leihen,** die **Anleihe** von jmd., poenam sine *mutuatione* et sine *versura* dissolvere, Cic.: multos minutis mutuationibus fraudare, Cic. – translationes quasi mutuationes sunt, Cic. de or. 3, 156.

mūtuē, *Adv.* (mutuus; vgl. Charis. 205, 16), **wechselseitig, wiederum,** respondere, Cic. ep. 5, 2, 4 u. 5, 7, 2.

mūtuitāns, antis (mutuo od. mutuor), **borgen wollend** von jmd., Plaut. merc. 48 G.

mūtuiter, *Adv.* (mutuus), **wechselseitig, wiederum,** Varro sat. Men. 346.

1. mutulus, ī, *m.,* in der Baukunst, der **Kragstein** am Kranzgesimse der Säulen, der **Sparrenkopf, Dielenkopf,** Varro r. r. 3, 5, 13. Vitr. 4, 1, 2; 4, 2, 7 u. a. CIL 1, 577. col. 1. lin. 15 u. 6, 30692^{d}.

2. mūtulus, s. mītulus.

mūtūniātus, s. mūtōnium.

mūtūnium, s. mūtōnium.

Mūtūnus, s. Mūtīnus.

1. mūtuō, *Adv.* (mutuus), **wechselseitig, gegenseitig, wiederum,** aestus maritimi mutuo accedentes et recedentes, Cic.: vir amantissimus mihique mutuo carus, Fronto. – me m. diligas, Planc. in Cic. ep.: de se m. sentire provinciam, ebenso gegen ihn gesinnt sei wie er gegen sie gewesen, Auct b. Alex.: officia cum multis m. exercuit, Suet.

2. mūtuo (āvī), ātum, āre (mutuum), von jmd. **borgen, leihen, entlehnen,** ad amicos curret matuatum; mutuet meā causā, Caecil. com. 11: a quibus (a tragoedia et comoedia) forma mutuaretur, Tert. adv. Val. 10: luna mutuatā a sole luce fulget, Plin. 2, 45: u. so Partiz. Perf. passiv bei Vitr. 10, 7 (12), 4. Tort. apol. 45 u. ad nat. 2, 4.

mūtuor, ātus sum, ārī (mutuum), von jmd. **borgen, leihen, I** eig.: **a** Geld u. dgl., pecunias, Caes.: ohne *Acc.,* m. ab alqo, Cic.: cogor mutuari, ich muss borgen, Cic. – **b** andere Gegenstände zum Nießbrauch, m. domum, Tac. dial.: auxilia ad bellum, Hirt. b. G. – **II** übtr., **borgen, entlehnen,** aliunde aliquid, Lact.: subtilitatem ab Academicis, Cic.: consilium ab amore, Liv.: regem a finitimis, Val. Max.: m. verbum a simili, metaphorisch reden, Cic.: quem (sensum) a Latrone mutuatus est, Sen. rhet.: a corruptissimo quoque poëtarum figuras seu translationes, Quint.: virtus nomen a viris mutuata est, Cic.: verba ex proximo, Quint.: corpora mutuantur spiritum humanum et sentiunt, nehmen an, Apul.

mūtus, a, um (altindisch *mū́ka-ḥ,* stumm, griech. μύτης, μυττός), **stumm, I** eig., **nicht redend, schweigend,** bes. v. Geschöpfen, die die menschliche Sprache nicht besitzen, sondern nur unartikulierte Laute von sich geben, **sprachlos,** v. Menschen (Ggstz. eloquens, garrulus), satius est mutum esse, Cic.: mutus et elinguis diu habitus est, Gell.: mutum dices, du sollst mich stumm nennen, ich werde kein Wort sagen, Ter.: mutus ilico (*sc.* factus est), er verstummte, schwieg, konnte kein Wort mehr hervorbringen, Ter.: ad mandata claudus, caecus, mutus, mancus, debilis, Plaut. merc. 630: Plur. subst., mutorum (der Stummen) linguae, Lact. 4, 15, 8. – v. Tieren, pecudes, Cic. ep.: bestia, Cic.: agna, Hor.: est parva rana … muta et sine voce, Plin.: pecus mutum metu, Verg. – *neutr. pl.* subst., muta, sprachlose Wesen, Chalcid. Tim. 220. p. 256, 11 Wr. – **II** übtr.: **A** v. personif. Ggstdn., die gleichs. schweigen, stumm, omnis pro nobis gratia muta fuit, hat nicht geredet, Ov.: aspectus miserorum mutus lacrimas movet, Quint.: muta dolore lyra est, Ov. – **B** v. dem, was übh. keinen Laut von sich gibt, **stumm, still, lautlos, 1** im Allg.: tintinnabulum, Plaut.: imago, Cic.: effigies, Quint.: artes quasi m., die bildenden Künste, im Ggstz. zur Beredsamkeit, Cic.: magistri, v. den Büchern, Gell.: instrumentum fundi, Wagen usw., Varro: scientia, die trotz aller Vorschriften nicht reden lehrt, Quint. – **2** insbes.: **a** als *t. t.* der Religionsspr., exta, die keine Anzeige geben, Paul. ex Fest. 156, 12. – **b** als gramm. *t. t.*, m. consonantes, **stumme Mitlauter** (b, c, d, g, k, p, q, t), Quint. 1, 4, 6. – **C** v. dem, was von keinem Wort od. Laut ertönt, **still, a** v. Ortl., forum, Cic.: sepulcra, Catull.: ager, Stat. – **b** v. Zeiten, tempus m. a litteris, wo nicht geschrieben wird, Cic.: silentia noctis, Ov. – **c** v. Pers. u. Sachen, von denen nicht geredet wird, artes, die niemand der Erwähnung wert hält, die wenig Ruhm bringen, hier die Heilkunst, Verg.: aevum, Sil.

Mutusca, ae, *f.*, s. Trebula.

mūtuus, a, um (v. mut-o, wie riguus v. rig-o), eig. »auf Tausch gegeben«; dah. übtr.: **I geborgt, geliehen, A** *adi.*: pecuniam dare mutuam, borgen, vorstrecken, leihen, Cic.: quaerere pecunias mutuas fenore, Geld gegen Zinsen borgen wollen, Liv.: dare frumentum mutuum, jmdm. borgen usw., Cic.: sumere ab alqo pecunias mutuas, von jmd. Geld borgen, Cic.: mutuam pecuniam praecipere, Caes.: sescenties sestertium a privatis mutuum accipere, als Darlehn entgegennehmen (aufnehmen), Tac.: pecunias mutuas exigere, Geld als Darlehn fordern, Caes.: ab amico alicunde argentum mutuom rogare, Plaut.: argentum mutuum arcessere, Sall. fr.: aes mutuum reddere, Sall. – übtr., pudorem sumere mutuum, Schamhaftigkeit, wenn man selbst keine hat, borgen, Plaut. – **B** subst., mūtuum, ī, *n.*, was man borgt, das **Darlehn**, datio mutui, ICt.: alicunde exorare mutuom, Plaut. Pers. 43: dare alci mutuum, Vulg. Luc. 6, 34: sumere mutuum, Sen. de ben. 7, 4, 7, a se mutuum, Cato in Sen. ep. 119, 2: mutuum accipere, Plaut. most. argum. 7. Vulg. Isai. 24, 3, mutuum ab alqo, Vulg. deut. 15, 6: dah. das Wortspiel, ea me deperit, ego autem cum illa facere nolo mutuom. *Pa.* Quid ita? *Ph.* Quia proprium facio: amo pariter simul, d. i. ich will nicht, dass sie mir ihre Liebe nur leihe, sondern ich will sie zu eigen besitzen, Plaut. Curc. 47 *sq.*: saltem, tute si pudoris egeas, sumas mutuom, Plaut. Amph. 819: dah. mutuo (*Dat.*), **auf Borg, leihweise,** ab alqo petere mutuo naves, pecuniam, militum auxilia, Iustin. 17, 2, 13: ab alqo petere mutuo vasa vacua non pauca, Vulg. 4. regg. 4, 3: mutuo sumere pecunias, Vulg. 2. Esdr. 5, 4: hoc ipsum mutuo acceperam, Vulg. 4. regg. 6, 5: translatum ac sumptum aliunde ut mutuo, Cic. or. 80. – **II wechselseitig, beiderseitig, gegenseitig, Gegen-, A** *adi.*: beneficia, Nep.: benevolentia, Cic.: sermones, Tac.: tua voluntas erga me meaque erga te par atque mutua, Cic.: quodsi illi nullam vicem, nulla quasi mutua officia (Gegendienste, Gegenhöflichkeiten) deberem, Plin. ep.: m. accusatio, quae ἀντικατηγορία vocatur, Gegenklage, Quint.: olores mutuā carne vescuntur inter se, fressen einander, Plin.: nox omnia erroris mutui implevit, auf beiden Seiten, Liv.: mutuum inter se auxilium, Liv.: m. vulnera accipere, Iustin.: se mutuis vulneribus occīdere, Aur. Vict.: mutuis ictibus occīdere (fallen), Tac. – **B** *subst.*, mutuum, ī, *n.*, das **Wechselseitige**, die **Wechselseitigkeit,** das **wechselseitige Betragen** gegeneinander, m. in amicitia, Cic.: mutuum mecum facit, er vergilt (erwidert) Gleiches mit Gleichem, Plaut.: mutuum fit (*sc.* a me) u. mutua fiunt a me, d. i. ich mache es ebenso (gegen dich), ein Gleiches geschieht von mir, Plaut.: per mutua u. (adv.) bl. *Acc.* mutua, wechselsweise, wechselseitig, untereinander, pedibus per mutua nexis, Verg.: inter se mortales mutua vivunt, Lucr.: e laevo sit mutua dexter, dagegen, hinwiederum, Lucr.: u. so auch Akk. Sing. mutuum adv., s. scabo (sprichw.).

Mutycē, ēs, *f.* (Μούτουκα), Stadt auf Sizilien, zwischen Syrakus u. Pachynus, j. *Modica,* Sil. 14, 268. – Dav. **Mutycēnsis**, e, **mutycensisch,** ager, Cic. Verr. 3. 101 u. 120. – Plur. subst., Mutycēnsēs, ium, *m.*, die Einwohner von Mutyce, die **Mutycenser,** Plin. 3, 91.

mȳ, *n. indecl.* (μῦ), der griech. Buchstabe **My,** my Graecum, Boëth. inst. mus. 3, 10 u. 11.

myagros, ī, *m.* (μύαγρος), eine uns unbekannte Pflanze, Plin. 27, 106.

myax, acis, *m.* (μύαξ), eine Art **Miesmuscheln,** Plin. 32, 95.

Mycalē, ēs, *f.* (Μυκάλη), Vorgebirge in Ionien, der Insel Samos gegenüber, j. *Cap S. Marie,* Nep. Cim. 2, 2. Ov. met. 2, 223. Iustin. 2, 14, 7. – Dav.: **A Mycalaeus**, a, um, **mykaläisch,** Claud. Eutr. 2, 264. – **B Mycalēnsis**, e, mons, **mykalensisch,** Val. Max. 6, 9. ext. 5.

Mycalēsos, ī, *m.* (Μυκαλησός), Berg u. Stadt in Böotien, Plin. 4, 26. Stat. Theb. 7, 272. – Dav. **Mycalēsius**, a, um (Μυκαλήσιος), **mykalesisch,** Stat. Theb. 9, 281.

mycēmatiās, ae, *m.* (μυκηματίας), ein **mit unterirdischem Getöse verbundenes Erdbeben,** Amm. 17, 7, 14.

Mycēnae, ārum, *f.* u. **Mycēna**, ae, *f.* u. **Mycēne**, ēs, *f.* (Μυκῆναι, Μυκήνη), Stadt in Argolis, Wohnsitz des Königs Agamemnon, gew. Form *-ae,* Mela 2, 3, 4 (2. § 41). Verg. Aen. 6, 838. Hor. carm. 1, 7, 9. – seltenere Form *-a,* Verg. Aen. 5, 52. Priap. 75 (76), 2. – u. ebenso Form *-e,* Val. Flacc. 5, 645. Sil. 1, 77. – Dav.: **A Mycēnaeus**, a, um (Μυκηναῖος), **mycenäisch,** dux, Ov., od. ductor, Verg., Agamemnon: manus, des Agamemnon, Ov.: rates, Flotte der Griechen vor Troja unter Agamemnons Oberbefehl, Prop. – **B Mycēnēnsēs**, ium, *m.*, die Einwohner von Mycenä, die **Mycenenser,** Cic. poët. de fin. 2, 18. – **C Mycēnis**, idis, Akk. ida, *f.* (Μυκηνίς), die **Mycenerin,** v. Iphigenia, Agamemnons Tochter, Ov. met. 12, 34. Iuven. 12, 127.

mȳcētias, ae, *m.* (μυκητίας) = mycematias, Apul. de mund. 18.

Myconos od. **-us**, ī, *f.* (Μύκονος), eine der cykladischen Inseln im Ägäischen Meer, Mela 2, 7, 11 (2. § 111). Verg. Aen. 3, 76. Ov. met. 7, 463. – Dav. **Myconius**, a, um (Μυκόνιος), **von Mykonos, mykonisch,** hospes, Ter.: vinum, Plin. – Plur. subst., Myconiī, ōrum, *m.*, die Bewohner von Mykonos, die Mykonier, Lucil. fr. u. Plin.

mygalē, ēs, *f.* (μυγαλῆ), die **Spitzmaus** (rein lat. mus araneus), Veget. mul. 4, 21, 1. Vulg. Levit. 11, 30; vgl. (griech.) Colum. 6, 17, 1.

Mygdones, um, *m.* (Μυγδόνες), eine thrazische Völkerschaft, die nach Phrygien, Bithynien u. Mesopotamien übersiedelte, Plin. 4, 35 u. 5, 126. – Dav.: **A Mygdonia**, ae, *f.* (Μυγδονία), **a** Landschaft Mazedoniens, Plin. 4, 38. – **b** Landschaft Phrygiens, Plin. 5, 145. Solin. 40, 9. – **c** Landschaft Mesopotamiens, Plin. 6, 42. – **d** alter Name Bithyniens, Solin. 42, 1. Amm. 22, 8, 14. – **B Mygdonis**, idis, *f.* (Μυγδονίς), **mygdonisch = lydisch,** nurus (Plur.), Ov. met. 6, 45. – **C Mygdonius**, a, um (Μυγδόνιος), **mygdonisch,** poet. = **phrygisch,** humus, Ov.: opes, Hor.: marmor, Ov.: mater, die phryg. Göttermutter Cybele, Val. Flacc.: senex, Tithonos, Gemahl der Aurora, Sohn des phryg. Königs Laomedon, Sil.

Mygdonidēs, ae, *m.*, der **Mygdonide,** d. i. Sohn des Mygdon (Μύγδων), des Königs von Phrygien, Verg. Aen. 2, 342.

Myiagros od. **-us**, ī, *m.* (μυίαγρος), der **Fliegenjäger,** eine Gottheit, durch deren Anrufung die Fliegen vertrieben wurden, Plin. 10, 75. – ders. **Myiōdēs**, *m.* (μυιώδης, der Fliegenartige), Plin. 29, 107.

myisca, ae, *f.* u. **myiscus**, ī, *m.* (μυΐσκη u. μυΐσκος), die **kleine Miesmuschel,** Plin. 32, 98 u. 149.

Mȳlae, ārum, *f.* (Μυλαί), westl. von Pelorias auf einer Landzunge gelegenes Kastell von Zankle, in dessen Nähe Oktavian den Sext. Pompejus in einem Seetreffen schlug, j. *Melazzo,* Plin. 3, 90. Vell. 2, 79, 4. Suet. Aug. 16, 1. – Nbf. **Mȳlē**, ēs, *f.*, Sil. 14, 202. – Dav. **Mylasēnus**, a, um, **bei Mylä,** Pompeiani Mylasena pericula belli, Auson. Mos. 215.

Mylasa, ōrum, *n.* (Μύλασα), sehr alte und zugleich größte u. schönste Stadt im Innern Kariens, j. *Melasso* od. *Mellassa,* Plin. 5, 108. – Dav.: **A Mylasēnī**, ōrum, *m.*, die **Milasener,** Liv. 38, 39, 9. – **B Mylasēnsēs**, ium, *m.*, die Einwohner von **Mylasa,** die **Mylasenser,** Liv. 45, 25. § 11 u. 13: Nbf. Mylattēnsēs, Gell. 1, 13, 11. – **C Mylaseus**, a, um, **mylaseïsch,** cannabis, Plin. 19, 174. – **D Mylaseus**, eī, *m.* (Μυλασεύς), ein Einw. von Mylasa, Plur. Mylasīs, die **Mylasier,** Cic. ep. 13,

56, 1 (Müller griech. Μυλασεῖς). – **E Mylasius,** a, um, **mylasisch,** ecdici, Cic.

Mylasēni, s. Mylasa.

Mylasēnus, a, um, s. Mȳlae.

Mylasēnsēs, s. Mylasa.

Mylaseus, -sius, s. Mylasa.

Mylattēnsēs, s. Mylasa.

Mȳlē, ēs, *f.*, s. Mȳlae.

myloecos, -on (μύλοικος), Beiname einer Art Motten, die sich bei den Mühlen aufhalten, Plin. 29, 140.

Myndus u. **Myndos,** ī, *f.* (Μύνδος), Hafenstadt in Karien, an der Südküste des Jassischen Meerbusens, nordwestl. von Halikarnassus, dorische Kolonie, j. *Mendes* od. *Mendesche,* Form *-dus,* Cic. II. Verr.. 1, 86. Liv. 37, 16, 2: Form *-dos,* Mela 1, 16, 2 (1. § 85). – Dav. **Myndiī,** ōrum, *m.* (Μύνδιοι), die Einwohner von Myndos, die **Myndier,** Liv. 33, 20, 12.

myobarbum, ī, *n.* (*vox hybr.* aus μῦς u. barba), **Mausbart,** ein längliches, am Ende spitz zugehendes Trinkgeschirr, Auson. epigr. 31 *lemm.* zw.

myoctonos, -on (μυοκτόνος), **Mäuse tötend,** subst. **Mäusetod,** eine Art aconitum, das durch seinen Geruch die Mäuse töten soll, Plin. 27, 10.

myoparo, ōnis, Akk. Plur. ōnas, *m.* (μυοπάρων), ein leichtes **Kaperschiff** (vgl. Paul. ex Fest. 147, 3. Non. 534, 14), piraticus, Cic. Verr. 3, 186 u. 5, 73 u. 89. Sen. contr. 1, 2, 9: duo praedonum myoparones, Sall. hist. fr. 3, 56 (88): bl. myoparo, Cic. II. Verr.. 1, 86; 3, 186; de rep. 3, 24. Sen. contr. 1, 2, 11. Gell. 10, 25, 5. Apul. apol. 32: m. praepes, Ven. Fort. carm. 3, 4, 9: Akk. Plur., leves et fugaces myoparonas, Flor. 3, 6, 4. – ► Nbf. mioparo, Isid. orig. 19, 1, 2. Ven. Fort. carm. 3, 4, 9 *codd.* (Leo myop.).

myophonos, -on (μυοφόνος), **Mäuse tötend,** subst. **Mäusetod,** eine Pflanze, viell. = myoctonos, Plin. 21, 54.

myōps, ōpis, *m.* (μύωψ), **kurzsichtig,** Gell. 4, 2, 11. Ulp. dig. 21, 1, 10. § 3.

myosōta, ae, *f.* u. **myosōtis,** tidis, *f.* (μυοσώτη u. μυοσωτίς), **Mäuseöhrchen,** eine Pflanze (*Myosotis scorpioides,* L.), Plin. 27, 105.

myosōton, ī, *n.* (μυόσωτον) = *alsine,* Plin. 27, 23.

mȳotacismus u. **mȳtacismus,** ī, *m.*, der **häufige Gebrauch-,** die **häufige Aufeinanderfolge des Buchstaben M** (μῦ), Form *myot.,* Diom. 453, 4. Pompeii comment. 286, 7; 287, 7; 298, 21: Form *myt.,* Consent. art. 394, 5. Mart. Cap. 3. § 279 u. 5. § 514.

myrapia, ōrum, *n.* (μυράπια, v. μύρον, Pflanzenduft, u. ἄπιον, Birne), eine Art wohlriechender Birnen, **Duftbirnen,** Cels. 4, 19. p. 152, 6 D. Colum. 12, 10, 4. Plin. 15, 55.

myrepsicus, a, um (μυρεψικός), **sich mit dem Kochen od. Zubereiten wohlriechender Salben** od. **Öle beschäftigend,** ars, Interpr. Orig. in Levit. hom. 12, 4.

mȳrias, adis, Akk. Plur. adas, *f.* (μυριάς), die **Myriade,** Interpr. Iren. 1, 24, 6. Beda de num. tom. 1. p. 115.

myrīcē, ēs, *f.* u. **myrīca,** ae, *f.* (μυρίκη), die **französische** od. **welsche Tamariske,** ein am Wasser wachsendes strauchartiges Gewächs, mit bitterer Rinde, schwachen Zweigen u. kleinen Blättern (*Tamarix gallica,* L.), Plin. nat. hist. 1. ind. libr. 24. c. 41. Plin. 13, 116 u. 24, 67. Vulg. Ierem. 17, 6 u. 48, 6: Plur., Verg. ecl. 4, 2. Ov. art. am. 3, 691; met. 10, 97. – pinguia corticibus sudent electra myricae, zur Bezeichnung des Widernatürlichen, Verg. ecl. 8, 54: ebenso si quis idem sperat, iacturas poma myricas speret, Ov. art. am. 1, 747.

Myrina, ae, *f.* (Μυρίνα), Hafenfestung der Äolier in Mysien, südwestlich von Grunium, Cic. ep. 5, 20, 8. Liv. 33, 30, 3. Tac. ann. 2, 47.

mȳriogenesis, eos, *f.* (μυριογένεσις), die **mannigfaltige Zeugung,** Firm. math. 8, 18.

mȳriōnymus, a, um (μυριώνυμος), **mit unzähligen Namen, tausendnamig,** Isis, CIL 5, 5080.

mȳriophyllon, ī, *n.* (μυριόφυλλον), eine Pflanze, das **Tausendblatt,** die **Schafgarbe** (*Achillea millefolium,* L.), rein lat. millefolium, Plin. 24, 152.

myriza, ae, Akk. ān, *f.* = 1. murra *no.* II, Plin. nat. hist. lib. 1. ind. libr. 24. c. 97. Plin. 24, 154 D. (Jan myrrhiza).

myrmēciās, ae, *f.* (μυρμηκίας), ein schwarzer, uns unbekannter Edelstein mit walzenförmigen Erhöhungen, m. nigra, Plin. 37, 174.

Myrmēcidēs, ae, *m.* (Μυρμηκίδης), ein berühmter Bildschnitzer (scalptor), Varro LL. 7, 1 u. 9, 108. Cic. Acad. 2, 120.

myrmēcītis, tidis, *f.* (μυρμηκῖτις), ein uns unbekannter Edelstein, in dem Ameisen eingeschlossen sind, wie im Bernstein, Plin. 37, 187.

myrmēcion, iī, *n.* (μυρμήκιον), eine Art **Spinnen,** Plin. 29, 87.

Myrmidones, um, Akk. Plur. as, *m.* (Μυρμιδόνες), die **Myrmidonen,** eine achäische Völkerschaft in Thessalia Phthiotis unter des Achilles Herrschaft, die ihre Wohnsitze um Phthia u. Larissa Kremaste hatten, Verg. Aen. 2, 7 (u. dazu Serv.). Nach der Sage waren sie aus Ägina ausgewandert, woselbst sie auf Bitten des Äakus von Zeus aus Ameisen in Menschen verwandelt waren, nachdem eine schreckliche Pest die Einwohner dieser Insel weggerafft hatte, Ov. met. 7, 618 *sqq.*

myrmillo, -ōnicus, s. murmillo, murmillōnicus.

Myro, ōnis, *m.* (Μύρων), aus Eleutherä, berühmter Bildner (plastes), um 430 v. Chr., dessen Tiergebilde, bes. die ihr Kalb säugende Kuh auf dem großen Platz zu Athen, sehr gepriesen werden, Cic. de or. 3, 26; Verr. 4, 135. Ov. ex Pont. 4, 1, 34. Plin. 34, 57. – griech. Genet. Myronos, Mart. 4, 39, 2; 6, 92, 2; 8, 51, 1. – Dav. **Myrōnius,** a, um, **myronisch, von Myron verfertigt,** caput, Rhet. Her. 4, 9.

myrobalanum, ī, *n.* (μυροβάλανον), die Frucht der **arabischen Behennuss** (s. balanus) u. der daraus bereitete **Balsam,** Plin. 12, 100 u. 103. Mart. 14, 57 *lemm.* – Nbf. **mirobalanus,** Th. Prisc. 1, 31. Plin. Val. 2, 18 u. 22.

myrobrechārius (murobrechārius), iī, *m.* (μύρον [s. 2. myron] u. βρέχω), der **Salben-** od. **Parfümerienverfertiger, -händler,** der **Parfümeur,** Plaut. aul. 511 ed. princ. (*codd.* murrobatharii, Götz murobatharii).

1. Myrōn, s. Myro.

2. myron od. **-um,** ī, *n.* (μύρον), die **wohlriechende Salbe,** rein lat. unguentum, Hieron. praef. in libr. regum *extr.* Vulg. Iudith 10, 3.

Myrōnius, s. Myro.

myropōla (muropōla), ae, *m.* (μυροπώλης), der Verkäufer von wohlriechenden Salben u. anderen Parfümerien, der **Salben-** od. **Parfümeriehändler,** der **Parfümeur,** Naev. com. (?) b. Fulg. exp. serm. ant. p. 566, 17 M. Plaut. trin. 408, wo Schöll u. Brix myropolae, Fleckeisen muropolae.

myropōlium, iī, *n.* (μυροπώλιον), eine Bude, wo wohlriechende Salben u. andere Parfümerien verkauft wurden, die **Salben-** od. **Parfümeriebude,** Plaut. Amph. 1011 u. a.

myrothēcium, iī, *n.*, der **Salbenbehälter,** Cic. ad Att. 2, 1, 1.

1. myrrha, s. 1. murra.

2. Myrrha, ae, *f.* (Μύῤῥα), die in einen Myrrhenbaum verwandelte Tochter des Cinyras, Ov. met. 10, 298 *sq.*

myrrhātus, s. murrātus.

1. myrrheus, a, um, s. 1. murreus.

2. myrrheus, a, um, s. 2. murreus.

1. myrrhinus (myrrinus), a, um, s. 1. murrinus.

2. myrrhinus (myrrinus), a, um, s. 2. murrinus.

myrrhis, s. 1. murra *no.* II.

myrrhītēs, myrrhītis, s. myrrītis.

myrrhiza, s. myriza.

1. myrris = murris, s. 1. murra *no.* II.

2. myrris, idis, Akk. in, *f.* = myrtis (s. d.), Plin. nat. hist. lib. 1. ind. libr. 26. *c.* 68. Plin. nat. hist. 26, 108.

myrrītis (myrrhītis), tidis, *f.* (μυῤῥῖτις), ein uns unbekannter myrrhenfarbiger Edelstein, Plin. 37, 174. – Nbf. myrrhītēs, Solin. 37, 10.

myrsineum, eī, *n.*, eine Pflanze = feniculum silvestre, Plin. 20, 255.

myrsinītis, tidis, *f.* (μυρσινῖτις), ein uns unbekannter Edelstein von Myrtengeruch, Plin. 37, 174.

myrta, s. murta.

myrtāceus, a, um, s. murtāceus.

myrtāriae, s. murtāriae.
myrtātus, a, um, s. murtātus.
Myrtea, s. 1. Murcia.
myrteolus, a, um, s. murteolus.
myrtēta, ae, *f.*, s. murtēta.
myrtētum, ī, *n.*, s. murtētum.
myrteus, a, um, s. murteus.
myrtidanum, ī, *n.* (μυρτίδανον), aus wilden Myrtenbeeren gemachter Wein, s. Plin. 14, 104.
Myrtilus, ī, *m.* (Μυρτίλος), Sohn Merkurs, Wagenführer des Önomaus, der sich, von Pelops um den Lohn seines Verrats gegen Önomaus betrogen, ins Meer stürzte, das daher der Sage nach nach ihm den Namen Myrtoum mare (s. aber unten Myrtos) erhielt, Cic. de nat. deor. 3, 90. Sen. Thyest. 140. Claud. laud. Ser. 168; vgl. Hygin. fab. 84 u. 224.
myrtinus, a, um, s. murtinus.
myrtiolus, s. murteolus.
myrtis, idis, Akk. ida, *f.* (μυρτίς), die **Myrtenartige,** eine Art der Pflanze geranion, Plin. nat. hist. lib. 1. ind. libr. 26. *c.* 68 u. Plin. nat. hist. 26, 108.
myrtītēs, ae, *m.* (μυρτίτης), **I** vinum myrtites, mit Myrtenbeeren od. Myrtensaft angemachter Wein, **Myrtenwein,** Colum. 12, 38, 5. Plin. 28, 209. Pallad. 2, 18: Schreibung murtites, CIL 4, 2554 (wo abgek. MU, was auch murrites [s. d.] heißen kann). – **II** eine Art der Pflanze tithymallus, Plin. 26, 66.
myrtopetalum, ī, *n.* (μυρτοπέταλον), **Myrtenblatt,** anderer Name der Pflanze polygonus (s. d.), Plin. 27, 113.
Myrtos, ī, *f.* (Μύρτος), eine kleine Insel bei Euböa, wovon **Myrtōus,** a, um (Μυρτῷος), **myrtoïsch,** mare M., ein Teil des Ägäischen Meeres zwischen Kreta, der Peloponnes u. Euböa, j. *Mare di Mandria,* Hor. carm. 1, 1, 14. Plin. 4, 51: dass. M. pelagus, Mela 2, 3, 3; 2, 7, 10 (2. § 37 u. 2. § 110): u. M. aqua, Ov. Ib. 368.
myrtum, ī, *n.*, s. murtum.
myrtus, ī, u. ūs, *f.*, s. murtus.
mȳrus, ī, *m.*, s. zmȳrus.
1. mȳs, myos, Akk. Plur. myas, *m.* (μῦς), die **Miesmuschel** (*Mytilus margaritifera,* L.), Plin. 9, 115 u. 32, 149.
2. Mȳs, Myos, *m.* (Μῦς), berühmter Toreute zu Athen, Zeitgenosse u. Gehilfe des Phidias, Plin. 33, 155. Prop. 4, 9, 14. Mart. 8, 34, 1 u. 51, 1.
Myscelos, ī, *m.* (Μύσκελος), ein Achäer, Sohn des Alkmon, auf Geheiß des delphischen Orakels Gründer von Kroton, Ov. met. 15, 20.
Mȳsī, ōrum, *m.* (Μυσοί), die Bewohner Mysiens in Kleinasien, die **Mysier,** ursprünglich ein thrazischer Stamm in Europa, nach dem die in Europa Zurückgebliebenen nachher Moesi (Mösier) genannt wurden, Plin. 5, 125: tüchtige Bogenschützen, Liv. 37, 40, 8: bei den Griechen wegen ihrer geistigen Beschränktheit wie die Phryger verachtet, Cic. Flacc. 65: so auch Sing. Mysus aut Phryx, Cic. or. 27. Cic. ad Q. fr. 1, 1, 6. § 19. – Dav.: **A Mȳsius,** a, um (Μύσιος), **mysisch,** scammonium, Plin. 26, 60. – subst. **Mȳsia,** ae, *f.* (Μυσία), eine Landschaft in Kleinasien, eingeteilt in Kleinmysien am Hellespont u. Großmysien am Ägäischen Meer, j. ein Teil des *Ejalet Anadoli,* u. zwar die Prov. *Karasi* u. der westl. Teil von *Khodawendkiar,* Cic. or. 25. Plin. 5, 125. – **B Mȳsus,** a, um (Μυσός), **mysisch,** iuvenis, Prop., Telephus, König von Mysien, Prop. 2, 1, 63: ders. dux, Ov. ex Pont. 2, 2, 26: gentes, die Mösier (s. oben), Ov. ex Pont. 4, 9, 77.
mystagōgica, Genet. ōn, *n.* (μυσταγωγικά), eine **Schrift über die Einführung u. Einweihung in die Mysterien,** Fest. 363 (a), 30.
mystagōgus, ī, *m.* (μυσταγωγός), **I** der in die Mysterien Einführende, der **Geheimnislehrer, Mystagoge,** übtr., amicitiae meae, te mystagogo usus, accessit, Symm. epist. 5, 64. – **II** der an mystisch heiligen Orten umherführt, um da alles Merkwürdige zu zeigen, der **Mystagoge, Führer,** Cic. Verr. 4, 132.
mystēriālis, e (mysterium), **geheimnisvoll, mysteriös,** interior et m. sensus, Interpr. Orig. in Matth. 23: mysterialius templum, *ibid.* 31.
mystēriāliter, *Adv.* (mysterialis), **geheimnisvoll, mysteriös,** Interpr. Orig. in Matth. 32. Interpr. Iren. 1, 3, 1.
mystēriarchēs, ae, *m.* (μυστηριάρχης), der Obervorsteher eines geheimen Gottesdienstes, der **Mysteriarch,** Prud. perist. 2, 350.
mystērium, iī, *n.* (μυστήριον), **I** Sing. = das **Geheimnis,** die **Geheimlehre,** alqd tacitum tamquam mysterium tenere, als tiefes Geheimnis bei sich behalten, Cic. de or. 3, 64. – oft bei den Eccl. = **Geheimnis, Geheimlehre, Symbol, Satzung, geheime Sitzung** u. dgl., z. B. Vulg. Sirach 27, 24; Dan. 2, 19; Iudith 2, 2. – **II** Plur. mystēria, ōrum, *n.* (μυστήρια), **A** als *t. t.* der Religionsspr. = religiös-politische **Geheimlehren,** verbunden mit gottesdienstlichen Gebräuchen u. Feierlichkeiten, deren Bedeutung nur Eingeweihten bekannt war, und zu deren Feier man sich zu bestimmten Zeiten des Jahres versammelte, der **Geheimdienst, Geheimkultus,** die **Mysterien** (rein lat. seclusa sacra, s. Fest. 318, 15 u. Paul. ex Fest. 319, 7), in Griechenland bes. die der eleusinischen Ceres, s. Cic. de nat. deor. 2, 62; de legg. 2, 35: m. Attica, Tert. apol. 39: mysteria illa sancta, quibus initiis nomen est, Arnob. 5, 18: mysteria Cereris initiorum enuntiare, Iustin. 5, 1. § 1: in domo sua facere mysteria, Nep. Alc. 3, 6. – in Rom wahrsch. die der Bona Dea, m. Romana, Cic. ad Att. 6, 1. § 26: dies. bei Cic. ad Att. 5, 21. § 14 u. *ibid.* 15, 25. – **B** übtr. **Mysterien** = Geheimnisse, geheime Künste u. dgl., epistulae nostrae tantum habent mysteriorum, ut eas ne librariis quidem fere committamus, Cic. ad Att. 4, 18, 1: mysteria rhetorum aperire, Cic. Tusc. 4, 55: illa dicendi mysteria enuntiare, Cic. de or. 1, 206: accipe congestas, m. frivola, nugas, Auson. epist. 4, 67. p. 161, 18 Schenkl. – ► Synk. Abl. Plur. mysteris, Varro LL. 7, 34.
1. mystēs, ae, *m.* (μύστης), ein Priester bei geheimen Gottesdiensten, der **Myste,** Nom. Sing., Fulg. myth. 1. praef. p. 19 M. Anthol. epigr. Lat. spec. 1. ed. Buech. *no.* 31, 13. – öfter Plur. mystae, Ov. fast. 4, 536. Auson. edyll. 1, 2. p. 30, 14 Schenkl. Corp. inscr. 1, 581 (myste, *ibid.* 1, 578 u. 579): infulati mystae, Sid. carm. 9, 206: Schreibung mustae, Prop. 3 (4), 3, 29 M.
2. Mystēs, ae, *m.*, Name eines schönen, von Valgius geliebten Knaben (eig. mystes, der in die Liebe Eingeweihte), Hor. carm. 2, 9, 10.
mysticē, *Adv.* (mysticus), **geheimnisvoll, mystisch,** Solin. 32. § 19. Spart. Carac. 7, 5. Tert. adv. Marc. 5, 9. Ambros. in Luc. 7. § 9. Serv. Verg. Aen. 2, 286. Augustin. serm. 51, 32.
mysticus, a, um (μυστικός), **zum Geheimkultus-, zu den Mysterien gehörig, geheim, mystisch, geheimnisvoll,** sacra Dindymenes, Mart.: vannus, beim Bacchusdienst mit geheimer Bedeutung, Verg.: so auch sit tibi (Baccho) mystica vitis, Tibull.: lampas, Stat.: verbum, Amm.: mystica sunt, quae locutus es, Lact. – subst., **a** mystica, ōrum, *n.*, die zum Geheimkultus nötigen Gerätschaften, Lampr. Alex. Sev. 26, 8. CIL 6, 511. – **b** Mysticus, ī, *m.*, Titel eines Pantomimus, Plin. 7, 184.
mystron, ī, *n.* (μύστρον), der vierte Teil eines cyathus, Auct. de pond. et mens. 77. Gromat. vet. 374, 26 (wo mistron).
Mȳsus, a, um, s. Mȳsī.
mȳtacismus, s. mȳotacismus.
mȳthicus, ī, *m.* (μυθικός), der **Mythendichter, Mythograph,** Plur. bei Macr. sat. 1, 8. § 6 u. 1, 9. § 2.
mȳthistoria, ae, *f.* (μυθιστορία), eine **mythische, fabelhafte Erzählung,** Capit. Macrin. 1, 5.
mȳthistoricus, a, um (μυθιστορικός), **mit Mythen vermischt, mythisch, fabelhaft,** volumina, Vopisc. Firm. 1, 2.
mȳthologiae, ārum, *f.* (μυθολογίαι) od. **mȳthologica,** ōn, *n.*, **Mythen, Sagen,** Titel eines Werkes des Fulgentius.
mȳthos, ī, *m.* (μῦθος), die **Sage, Mythe,** Auson. prof. carm. 22. *v.* 26. p. 69 Schenkl (wo griech. Genet. Plur. mython, μύθων).
Mytilēnae, ārum, *f.* (Μυτιλήνη), die Hauptstadt der Insel Lesbos mit zwei großen Häfen, j. *Mytilini,* Caes. b. c. 3, 102, 5. Cic. de lege agr. 2, 40. Vell. 2, 53, 2. – Nbf. **a Mitylēnae,** ārum, *f.*, Sen. suas. 2, 15 M. **b Mitilēna,** ae, *f.*, Enn. fr. var. 36. **c Mytilēnē,** ēs, Akk. ēn *f.*, Hor. 1, 7, 1; ep. 1, 11, 17. Vell. 1, 4, 4. Plin. 5, 139. **d Mitylēnē,** Mela 2.

§ 101. Mart. 10, 68, 1. – Dav.: **A** **Mytilēnaeus**, a, um (Μυτιληναῖος), **mytilenäisch,** triremes, Liv.: mango, Mart. – subst., Mytilēnaeus, ī, *m.*, der **Mytilenäer,** Cic. ad Att. 7, 7, 6 (v. Theophanes, Freigelassenem u. Freund des Pompejus): Plur. Mytilēnaei, die **Mytilenäer,** Cic. u. a. – Nbf. Mitylēnaei, Oros. 3, 23, 7. – **B** **Mytilēnēnsis**, e, **mytilenensisch,** secretum, Tac. ann. 14, 53.

mȳtilus, s. mītulus.

Myūs, ūntis, Akk. ūntem u. ūnta, *f.* (Μυοῦς), Stadt in Karien, am südlichen Ufer des Mäander, 6 km von dessen Mündung, die kleinste unter den Städten des Ionischen Bundes, j. Ruinen unter dem Namen *Pallatia, Palatsha,* Plin. 5, 113 (Jan u. Detl. Myuus): Akk. Myuntem, Vell. 1, 4, 3; Akk. Myunta, Nep. Them. 10, 3. Vitr. 4, 1, 4.

myxa, ae, *f.* (μύξα), **I** eine Art **Pflaumenbäume** (*Cordia mixa,* L.), Plin. 13, 51 u. a., deren Frucht myxum hieß, Pallad. 3, 25 *extr.* Gargil. Mart. medic. ex pom. § 15. CIL 5, 6414. – **II** die **Dille, Schnauze** der Lampe für den Docht (rein lat. rostrum), totque geram myxas, Mart. 14, 41, 2.

myxarion, iī, *n.* (μυξάριον), eine **kleine Pflaumenart,** Cassian. coll. 8, 1.

myxōn, ōnis, Akk. ōna, *m.* (μύξων), ein sonst bacchus gen. Fisch, gleichs. **Schleim-** od. **Rotzfisch,** Plin. 32, 77.

myxum, ī, *n.*, s. myxa.

N.

N, n, der dreizehnte Buchstabe des röm. Alphabets, entsprechend dem griech. *N* (Ny), aber kurzweg En genannt. – Als Abkürzung N = Vorname Numerius u. nummus.

Nabataeī (Nabathaeī), ōrum, *m.* (Ναβαταῖοι, Ναβαθαῖοι), die **Nabatäer**, das Hauptvolk des peträischen Arabiens, das sich aber auch durch einen Teil des glücklichen Arabiens verbreitete, früher wildes Nomadenvolk, später wohlhabendes Handelsvolk, Auct. b. Alex. 1. § 1. Tac. ann. 2, 57. Amm. 14, 8, 12. – Dav.: **A** **Nabataeus** (Nabath.), a, um (Ναβαταῖος, -θαῖος), **nabatäisch**, poet. auch = **arabisch** u. **morgenländisch** übh., saltus, Iuven.: regna, Ov. – subst., Nabataea, ae, *f.* (Ναβαταία), das Land der Nabatäer, Plin. 21, 120. – **B** **Nabathēs**, ae, *m.*, der **Nabatäer**, Sen. Herc. Oet. 160 (Peiper Batanae).

1. nābis, s. nāvis.

2. Nābis, bidis, Akk. bim u. (dicht.) bida, *m.* (Νάβις), König von Sparta um 200 v. Chr., Liv. 29, 12, 14; 31, 25, 3 *sq.;* 34, 24, 6. Tibull. 3, 6, 57. Petron. 83, 3. Eutr. 4, 2.

nablium u. **nablum**, ī, *n.*, ein urspr. phönizisches Saiteninstrument mit 10–12 Saiten, das mit beiden Händen gespielt wurde, etwa **Harfe**, Form *nablium*, Ov. art. am. 3, 327: Form *nablum*, Vulg. 1. paral. 15, 16 *sqq.;* 1. Mach. 13, 51 (wo überall Abl. nablis).

nablizo, āre = ψάλλω, die **Harfe spielen**, Gloss II, 480, 1 u. ö.

nablum, ī, *n.*, s. nablium.

Nabūchodonosor, *m. indecl.* (Ναβουχοδονόσορ), der zweite König des chaldäisch-babylonischen Reiches, von uns gew. **Nebukadnezar** gen., reg. wahrsch. von 604–561 v. Chr., Cypr. de op. et eleem. 5. Tert. idol. 15. Vulg. 4. regg. 24, 1. Oros. 2, 2, 8 (Nabuchodonossor). Sulp. Sev. chron. 2, 6, 4. Interpr. Iren. 3, 21, 2.

nabun, bei den Äthiopiern Name der camelopardalis, **Giraffe**, Plin. 8, 69. Solin. 30, 19.

nacca, nacta od. **natta**, ae, *m.* (wie νάκτης v. νάκος, Fell, Pelz eines Tieres), der **Walker**, rein lat. fullo, Apul. met. 9, 22; vgl. Fest. 166 (b), 2. – Dav. **naccīnus**, a, um, **zum Walker gehörig, Walker-**, truculentia, Apul. met. 9, 27.

nae, *Adv.*, s. 1. nē.

naenia, s. nēnia.

Naeviānus, a, um, s. naevius *no.* II.

naevius, a, um (naevus), **I** einer, der ein Muttermal am Körper hat, Arnob. 3, 14. – **II** *nom. prop.*, **Naevius**, a, Name einer röm. *gens*, aus der am bekanntesten Cn. Naevius, röm. Dramatiker u. Epiker, geb. um 274 v. Chr., besang den ersten punischen Krieg, den er selbst mitgemacht hatte. Er missfiel wegen der Freiheit, mit der er in seinen Komödien die röm. Großen, bes. den P. Scipio u. die Meteller angriff, u. musste zuletzt nach Utika in die Verbannung gehen, wo er um 204 v. Chr. starb, Cic. Tusc. 1, 3; Brut. 60. Gell. 17, 21, 45. – *Adi.* **Naevius**, a, um, **nävisch**, porta, in der Tiefe zwischen dem Aventin u. S. Saba, Varro LL. u. Liv.: nemora, silva, ebendas., Varro LL. u. Fest.: olea, Colum. – Dav. **Naeviānus**, a, um, **nävianisch, des Nävius**, pira, Colum.: modi, des Dichters Nävius, Cic.: Hector, im Schauspiel des Nävius, Cic.

naevulus, ī, *m.* (*Demin.* v. naevus), ein **kleines Mal**, im Gleichnis, mammarum ubera, quasi quidam naevuli venustiores, Gell. 12, 1, 7: minores aliae (insulae) ut naevuli quidam per apertas ponti sunt sparsae regiones, Apul. de mund. 5 *extr.* – bildl., der **Makel** = Fehler, ut quisque amore quempiam deperit, eius etiam nevolos (so!) saviatur, Fronto ad Antonin. imp. 1, 2. p. 98, 18 N.

naevus, ī, *m.* (aus *gnaevos zu gigno), das **Mal, Muttermal**, der angeborene **Fleck**, naevus in articulo pueri, Cic.: pulcherrimorum corporum naevi aut verrucae, Sen.: aiebat interim decentiorem faciem esse, in qua aliquis naevus esset, Sen. rhet.: inspersi corpore naevi, Hor.: nullus in egregio corpore naevus erit, Ov. – bildl., der **Fleck, Makel** = Fehler, Symm. epist. 3, 34. Ambros. de off. 1, 18, 74 u. 1, 22, 100. Cassiod. in psalm. 33, 20.

Nahanarvalī (*al.* **Naharvalī**), ōrum, *m.*, eine germanische Völkerschaft, zum Suevenstamm der Ligier gehörig, wahrsch. in Schlesien u. dem nördl. Teil Böhmens, Tac. Germ. 43, 3.

Nāias, adis, *f.* u. öfter **Nāis**, idis u. idos, Akk. Plur. idas, *f.* (Ναϊάς u. Ναΐς, die Schwimmende), **I** die **Wasser-, Flussnymphe, Najade**, Aegle Naiadum pulcherrima, Verg.: Nais Amalthea, Ov. – attribut., puellae od. sorores Naides, Verg. u. Ov. – poet., das **Wasser**, Naida Bacchus amat, Tibull. 3, 6, 57. – **II** übtr., jede **Nymphe** (Nerēide, Hamadryade), Ov. met. 1, 691 u. a. – Dav. **Nāicus**, a, um, **von den Najaden ausgehend, der Najaden**, Naica dona, Prop. 2, 32, 40. – ► Dat. Plur. Naiasin, Catull. 64, 287 nach Haupts evidenter Verbesserung.

Nāicus, Nāis, s. Nāias.

nam, *Coni. (Acc. sing. fem.* zum Pronominalstamm **no-),* meist zu Anfang des Satzes, nur selten nach einem od. mehreren Wörtern, **denn**, **I** zur Angabe einer Erläuterung, **denn, nämlich**, is pagus appellabatur Tigurinus. *Nam* omnis civitas Helvetia in quattuor pagos divisa est, Caes. – neque solum colent inter se ac diligent, sed etiam verebuntur. *Nam* maximum ornamentum amicitiae tollit, qui etc., Cic. – Dah. bes.: **a** um einen parenth. Zwischensatz einzuleiten, in insula, quae est in Tiberino (*nam* opinor illud alteri flumini nomen esse), sermoni demus operam, Cic. – **b** um den durch einen parenth. Zwischensatz unterbrochenen Gedanken wieder aufzunehmen, duplex inde Hannibali gaudium fuit (neque enim quidquam eorum, quae apud hostes agerentur, eum fallebat): *nam* et liberam Minucii temeritatem se suo modo capturum et sollertiae Fabii dimidium virium decessisse, Liv. – **c** um einen allgem. Ausspruch durch einzelne Beispiele zu erläutern, **zum Beispiel**, quin etiam easdem causas ut quisque egerit, utile erit scire. *Nam* de domo Ciceronis dixit Calidius et pro Milone orationem Brutus exercitationis gratiā scripsit, Quint. – u. mehrmals bei mehreren nacheinander angeführten Beispielen, vivo Catone minores natu multi uno tempore oratores floruerunt. *Nam* et A. Albinus et litteratus et disertus fuit; et tenuit cum hoc locum quemdam Serv. Fulvius. *Nam* Q. Metellus in primis est habitus eloquens, Cic. Brut. 81.

II zur Angabe einer Begründung, **denn**, celebratote illos dies cum coniugibus ac liberis vestris: *nam* multi saepe honores dis immortalibus iusti habiti sunt, sed profecto iustiores numquam, Cic. – häufig, um einen Gedanken anzufügen, durch den der Redende die Art seiner Darstellung rechtfertigen u. ihre Richtigkeit begründen will, Phoenices Hipponem, Hadrumetum, Leptim aliasque urbes in ora maritima condidere, haeque brevi auctae, pars originibus suis praesidio, aliae decori fuere. *Nam* de Carthagine tacere melius puto, quam parum dicere, Sall. – bes. wenn die Rechtfertigung durch eine Frage angeschlossen wird, numquam illum ne minimā quidem re offendi ... una domus erat, idem victus isque communis; nam quid ego de studiis dicam? Cic. – bei minder strengem Satzzusammenhang u. mehr versichernd u. bestätigend, deutsch oft = **ja, wenigstens, doch, eben, freilich**, **a** wenn ein Gedanke angefügt wird, der zur Unterstützung einer Behauptung dienen soll, huius (Sisennae) omnis facultas ex historia ipsius perspici potest; quae cum facile omnes vincat superiores, tum indicat tamen, quantum absit a summo quamque genus hoc scriptionis nondum sit satis Latinis litteris illustratum. *Nam* Q. Hortensii admodum adulescentis ingenium ut Phidiae signum simul adspectum et probatum est, wenigstens erwarb sich des jungen H. Talent gleich bei seinem Erscheinen Beifall,

Cic. Brut. 228. – at prooemium aliquando ac narrationem dicet malus homo et argumenta, sic ut nihil sit in his requirendum. *Nam* et latro pugnabit acriter, virtus tamen erit fortitudo, freilich wird auch ein Räuber hartnäckig streiten, Quint. 2, 20, 10. – Wenn dem durch nam eingeleiteten Satze noch ne … quidem beigegeben ist, so wird dadurch angedeutet, dass sein Inhalt den Inhalt des zu begründenden Satzes überbietet u. sich die in diesem erwähnten Tatsachen aus den in jenem besprochenen leicht erklären lassen, in corpora ipsorum, in liberos, in coniuges infandae contumeliae editae. *Nam* avaritia ne sacrorum quidem spoliatione abstinuit, ist ja ihre Habsucht nicht einmal vor der Beraubung der Heiligtümer zurückgeschreckt, Liv. 29, 8, 8. – **b** in Antworten, wenn der in der Frage ausgesprochene Gedanke aufgenommen u. weitergeführt wird, wo der mit nam eingeleitete Satz die Bestätigung zu der in der Frage angedeuteten Antwort angibt, de iis, credo, rebus, inquit Crassus, quibus sciam poteroque. Tum ille: *nam* quod tu non poteris aut nescies, quis tam impudens est, qui se scire aut posse postulet? wer wäre doch so unverschämt, Cic.: nos hunc Heracleensem de nostra civitate eiciemus? *Nam* si quis maiorem gloriae fructum putat ex Graecis versibus percipi quam ex Latinis, vehementer errat, wenigstens irrt der, der usw., Cic. – häufig noch mit einer versichernden Partikel verbunden, wie mit mehercle, hercle, edepol u. a., **ja sicherlich** u. dgl., Cic. u. a. – **c** im Anruf, wenn der Redende sich selbst versichern will, dass er seine Bitte an die rechte Gottheit richte, Mercuri, nam te docilis magistro movit Amphion lapides canendo, hat ja doch, Hor.

III zur Angabe einer Folgerung, die aus einem wahrgenommenen Umstand od. aus einer vernommenen Äußerung gezogen wird, **denn.** – Hier wird nam meist enklitisch gebraucht u. schließt sich einem Fragewort an, wie quisnam, ecquisnam, **wer denn?** quandonam, **wann denn?** ubinam, **wo denn?** Nicht selten ist nam auch von dem Fragewort getrennt, quis est nam ludus in undis? Verg.: quid cerussa opus nam? Plaut. – Jedoch steht nam, bes. bei Dichtern, auch **vor** dem Fragewort, zumal dann, wenn die Frage mit Verwunderung od. mit Unwillen ausgesprochen werden soll, nam quem ego adspicio, ei, wen seh' ich! Plaut.: nam quid ita, ei, wieso? Ter. – Seltener anderen Fragewörtern beigesellt, wie num nam bei Komik. u. Cic.: nam cur bei Komik. – Höchst selten ohne Fragepartikel, scis nam, tibi quae praecepi? Plaut.

Namnetēs, um, *m.*, eine Völkerschaft im keltischen Gallien, am nördl. Ufer des Liger, in der Gegend des heutigen *Nantes,* Caes. b. G. 3, 9, 10. Plin. 4, 107. – Sing. Namnis, CIL 13, 6230.

namque, *Coni.*, ein verstärktes nam, von dem es sich nur dadurch unterscheidet, dass es den erläuternden oder begründenden Gedanken mit größerer Sicherheit od. Überzeugung ausspricht. Es steht, wie nam, meist zu Anfang des Satzes, seltener nach einem od. mehreren Wörtern u. dient: **I** zur Angabe einer Erläuterung, **nämlich,** prodigium extemplo dedicationem secutum. *Namque* lapidibus pluit, Liv.: tum Sp. Maelius rem peiore consilio est aggressus. Frumento *namque* privatā pecuniā coëmpto largitiones frumenti facere instituit, Liv. – dah. auch zur Einleitung eines eine Erläuterung enthaltenden parenthetischen Zwischensatzes, virgini venienti in forum (ibi *namque* in tabernis litterarum ludi erant) manum iniecit, Liv. – **II** zur Angabe einer Begründung, **denn, denn ja, denn aber, denn doch, ja auch,** itaque cives potiores quam peregrini, propinqui quam alieni; cum his enim amicitiam natura ipsa peperit; sed ea non satis habet firmitatis. *Namque* hoc praestat amicitia propinquitati, quod ex propinquitate benevolentia tolli potest, ex amicitia non potest, Cic.: Alcibiades ad omnes res aptus consiliique plenus. *Namque* imperator fuit summus et mari et terrā, Nep. – bei minder strengem Satzzusammenhang häufig deutsch **ja, freilich, allerdings,** haec eo facilius magnam partem aestatis faciebant, quod nostrae naves tempestatibus detinebantur summaque erat difficultas navigandi. *Namque* ipsorum naves ad hunc modum factae armataeque erant, Caes.: his erat rebus effectum, ut equites Pompeianorum impetum sustinere auderent neque magnopere eorum multitudine terrerentur. *Namque* etiam per eos dies proelium secundum equestre fecit, Caes. – u. so versichernd und bestätigend, namentlich oft: **a** in Antworten, u. gew. verb. mit mehercle, hercle, edepol, enim u. a., **ja wahrlich,** Plaut.; s. Brix Plaut. trin. 61. – **b** im Anruf, Aeole, namque tibi divom pater atque hominum rex et mulcere dedit fluctus et tollere vento, dir hat ja, Verg. – **c** in parenthet. Zwischensätzen, die eine Versicherung enthalten, aut tu mihi terram inice (*namque* potes, du vermagst es ja), Verg. – ► Bei Cicero nur vor Vokalen, bei anderen auch vor Konsonanten, z. B. Sall. Iug. 41, 5. Nep. Them. 6, 2. Liv. 5, 11, 6. Tac. ann. 1, 5.

1. nāna, ae, *f.* (nanus), ein **Zwerg** weiblichen Geschlechtes, eine **Zwergin,** nani et nanae, Lampr. Alex. Sev. 34, 2.

2. Nana, ae, *f.*, eine **Nymphe,** Tochter des Sangarius, Mutter des Atys, Arnob. 5, 6 u. 13.

nancio, īre, Grundwort zu nanciscor, Gracch. b. Prisc. 10, 21: archaist. Fut. ex. Pass. nanxitor, XII tabb. fr. inc. bei Fest. 166 (b), 24 (XII tabb. rel. *ed. Schoell* p. 163).

nancīscor, nactus u. nānctus sum, nancīscī (*Inchoat.* zu nancio; vgl. griech. ἤνεγκον, ἐνήνοχα), **erlangen, bekommen** (bes. durch Zufall, ohne Mühe u. Absicht, gelegentlich), **erwischen, I** eig.: anulum, Ter.: morbum, Nep.: febrim, Suet.: spem, Cic.: fidem, glaubwürdig werden, eintreffen, Ov. – **II** übtr.: **A erlangen = erreichen,** vitis claviculis suis, quicquid est nacta, complectitur, Cic.: silentia ruris, das stille Feld (*sc.* currendo), Ov.: specum quandam, Gell. – **B** zu seinem Glück oder Unglück **erlangen = finden, antreffen, das Glück führt mir** jmd. **zu, es tritt** zum Glück od. Unglück **für mich** etw. **ein,** aliquem, cuius etc., Cic.: nactus sum, qui Xenophontis similem esse se cuperet, Cic. – n. turbidam tempestatem, Caes. – m. dopp. *Acc.*, alqm otiosum, Cic.: castra Gallorum intuta, Liv.: naturam maleficam in corpore fingendo, Nep. – ► Partiz. nactus passiv, Aur. Vict. de Caes. 33, 3. Hyg. fab. 1 u. 8 u. 120 u. 186. Apul. met. 7, 15. – Parag. Infin. nanciscier, Plaut. asin. 325. Plaut. vidul. fr. II, 1. p. 17 Stud. – Über die Partiz.-Form nanctus s. Brix Plaut. trin. 62 (64). Halm Cic. Sest. 12. p. 103 ed. mai. Otto Tac. ann. 3, 32. Bünem. Lact. de mort. pers. 26, 3.

nānctus, a, um, s. nancīscor.

nanque = namque, s. d.

Nantuātēs, ium, *m.*, ein keltisches Alpenvolk in der Gegend des heutigen *Wallis,* Caes. b. G. 3, 1, 1; 4, 10, 3 (wo Genet.), Plin. 3, 137.

nānus, ī, *m.* (νάννος), **I** der **Zwerg,** rein lat. pumilio (s. Gell. 16, 7, 10 u. 19, 13, 2), Laber. com. 3. Prop. 4, 8, 41. Iuven. 8, 32. Schol. Iuven. 1, 35: nani et nanae, Lampr. Alex. Sev. 34, 2. – **II** übtr.: **A** (wie νάννος) von zwerghaften Tieren, z. B. von Zwergpferdchen (mannis), Helv. Cinna b. Gell. 19, 13, 5. – **B** ein niedriges-, flaches Wassergefäß, Varro LL. 5, 119. Fest. 177 (b), 5.

nāophylax, s. nauphylax.

napaeus, a, um (ναπαῖος), **zum Waldtal gehörig,** napaeae nymphae, Talnymphen, Nymphen der Bergtäler, in denen Herden weiden, Colum. poët. 10, 264. – dies. gew. subst. bl. Napaeae, Verg. u. a.

naphtha, ae, *f.* (νάφθα), **Naphtha,** ein feines Bergöl, Nom. bei Plin. 24, 158. Amm. 23, 6, 16: Genet. bei Plin. 2, 235: Akk. bei Plin. 35, 179. Amm. 23, 6, 38: Abl., Vulg. Dan. 3, 46. Prob. cath. 22, 22. – Nbf. **naphthās,** ae, *m.*, Sall. nach Prob. cath. 22, 22.

nāpīna, ae, *f. (sc.* terra, v. napus), das **Steckrübenfeld,** Colum. 11, 2, 71.

nāpocaulis, is, *f.* (nāpus u. caulis), **Kohlrabi,** Isid. orig. 17, 10, 9.

napurae, ārum, *f.*, **Strohseile,** Fest. 165 (a), 5 u. 169 (a), 22.

nāpus, ī, *m.* (νᾶπυ), die **Steckrübe,** Colum. 2, 10, 23. Cels. 2, 18 u. 21. Plin. 18, 50 u. 314. Pallad. 8, 2, 1.

nāpy, pyos, *n.* (νᾶπυ, alte, eig. attische Form für σίναπι), **Senf,** Plin. 19, 171: Persicum, Plin. 27, 140.

1. Nār, Nāris, *m.*, ein italischer Fluss mit schwefelhaltigem Wasser, der dem Berg Fiscellus entspringt, an der Grenze des Sabinerlandes fließt u. sich in Umbrien mit dem Tiber vereinigt, j. *Nera,* Enn. ann. 260.

Verg. Aen. 7, 517. Ov. met. 14, 330. Cic. ad Att. 4, 15, 5. – Dav. **Nārtes**, ium, *m.*, die **Anwohner des Nar**, die **Narten**, Interamnates, cognomine Nartes, Plin. 3, 113: Genet. Interamnatium Nartium, CIL 6, 1408.

2. nār, s. nāris a. E. ►.

Narbo, ōnis, *m.* (ἡ Ναρβών, dah. auch *fem.* bei Mart. 8, 72, 4 *sq.*), Stadt in dem nach ihr benannten narbonensischen Gallien, von Rom aus kolonisiert (i. J. 118 v. Chr.), dah. auch mit dem Beinamen Martius, Mela 2, 5, 2 u. 6 (2. § 75 u. 81). Caes. b. G. 3, 20, 2. Sall. hist. fr. inc. 11 (2, 16 Kr.). Cic. Font. 3 u. 36. Vell. 1, 15, 5: von Tiberius abermals kolonisiert, Suet. Tib. 4, 1. – Dav.: **Narbōnēnsis**, e, **narbonensisch**, colonia, Cic.: civitas, Capit.: provincia, die Provinz Gallien jenseits der Alpen, Plin.: proconsul, Spart.

Narbōna, ae, *f.* = Narbo (s. d.), Capit. Maxim. et Balb. 5. § 8. Amm. 15, 11, 14.

narcē, ēs, *f.* (νάρκη), die **Erstarrung, Betäubung**, rein lat. torpor, Plin. 21, 128.

narcissinus, a, um (ναρκίσσινος), **von Narzissen gemacht, Narzissen-**, unguentum, Plin.: oleum, Plin.

narcissītis, tidis, *f.* (ναρκισσῖτις), ein uns unbekannter Edelstein (der Narzisse ähnlich), Plin. 37, 188.

narcissus, ī, *m.* (νάρκισσος), **I** die **Narzisse**, Cels. 5, 11. Plin. 21, 25 u. 128: n. purpureus, die weiße mit rotem Rand (*Narcissus poëticus*, L.), Verg. ecl. 5, 38: sera comans, die späte (*Narcissus serotinus*, L.), Verg. georg. 4, 123: narcissi semen, Cels. 5, 6: narcissi radix, Cels. 5, 15: narcissi lacrima, Verg. georg. 4, 160. – **II** *nom. propr.*, **Narcissus**, ī, *m.*, **A** Narcissus, der Sohn des Cephisus u. der Liriope, ein Jüngling von großer Schönheit, der sich, als er sein eigenes Bild im Bach erblickte, in sich selbst verliebte und in Sehnsucht nach sich dahinschmachtete. Sein Leichnam wurde in die gleichnamige Blume verwandelt, Ov. met. 3, 339 *sqq.* – **B** ein reicher u. mächtiger Freigelassener des Kaisers Klaudius, Tac. ann. 11, 29 *sqq.* u. a. Iuven. 14, 329. – ► *no.* I auch *fem.* nach Diom. 453, 36 (der purpurea narcissus aus Verg. ecl. 5, 38 anführt, wo aber die Handschrn. des Verg. u. Serv. purpureo narcisso haben).

nardifer, fera, ferum (nardus u. fero), **Narde tragend**, Gratt. cyn. 314.

nardinus, a, um (νάρδινος), **I von Narden gemacht**, unguentum, Plin. 13, 15: oleum, Plin. Val. 3, 5. fol. 309, b. – subst., nardinum, ī, *n.*, **a** (*sc.* vinum) mit Narden gewürzter Wein, **Nardenwein**, nardini amphora, Plaut. mil. 824. – **b** (*sc.* oleum) **Nardenöl**, Plin. Val. 3, 5. – **II Narden ähnlich**, pirum, vom Geruch der Narde, Plin. 15, 55.

nardostachyon (nardostatium), ī, *n.* (ναρδόσταχυς), die **Nardenähre**, die einer Ähre ähnliche **Nardenblüte**, Apic. 7, 282 u. 8, 347. Th. Prisc. de diaet. 15.

nardus, ī, *f.* u. **nardum**, ī, *n.* (νάρδος), **I** die **Narde**, ein Name, den die Alten mehreren wohlriechenden Pflanzen verschiedener Art beilegten, z. B. **gallische** od. **keltische** (*Valeriana celtica*, L.), **kretische** (*Valeriana italica*, Lam.), **arabische** (wahrsch. *Andropogon Schoenanthus*, L.), **italische** (unser **Lavendel**, *Lavendula Spica*, L.), bes. **indische Narde**, nardus Indica od. spica nardi, aus deren Blüte das kostbare Nardenöl bereitet wurde (vgl. unguentum nardi spicati, Vulg. Marc. 14, 3). Letztere ist *Valeriana Jatamansi* nach *W. Jones*, s. bes. Plin. 12, 42: dah. folium nardi, als die beste Zutat zur Nardensabe, *ibid.* – **II** meton., das **Nardenwasser**, der **Nardenbalsam**, das **Nardenöl**, Hor. carm. 2, 11, 16 u. epod. 5, 59. Tibull. 2, 2, 7 u. 3, 6, 63. Prop. 4, 7, 32: ampulla nardi, Petron. 78, 3: caldarias (Warmbäder) de nardo exhibere, Lampr. Heliog. 24, 1: nardum sibi infundere, Auct. b. Hisp. 33, 4.

nārēs, ium, *f.*, die **Nase**, s. nāris.

narīca, s. nārīta.

nārinōsus, a, um (nares), **breitnasig**, Lact. 5, 12, 13 zw. (*ed. Fritzsch.* cariosis).

nāripūtēns, entis (naris u. puteo), **aus der Nase stinkend**, Anthol. Lat. 205, 4 (1134, 4).

nāris, is, *f.* (altind. Dual *nāsā*, Nase, *nāsikā*, Nasenloch, ahd. *nasa;* vgl. nasus), die **Nüster**, das **Nasenloch**, Plur. nārēs, ium, *f.*, die **Nüstern, Nasenlöcher**, dah. = die **Nase**, wenn bes. die Nasenlöcher als tätig gedacht werden (wie beim Riechen, Rümpfen), **I** eig.: **A** im Allg.: **α** *Sing.*: suco ab altera nare, quam doleat, infuso, Plin. – poet. = die **Nase**, in cava nullus stet tibi nare pilus, Ov.: de nare loqui, durch die Nase reden, Pers. – **β** *Plur.*: inflatae narium cavernae (Nasenlöcher), Cael. Aur.: fasciculum ad nares admovere, Cic.: nares corrugare (rümpfen), Quint.: nares contrahere, Hieron.: so auch ne mappa nares corruget, mache, dass der Gast die Nase rümpfe, Hor.: spiritum naribus ducere, Varro: auram bonam floris naribus ducere, Min. Fel.: omnis copia narium, wohlriechende Blumen, Hor. – **B** insbes., die **Nase** als Glied, mit dem das feine Urteil, der Spott, der Zorn ausgedrückt wird (naribus derisus, contemptus, fastidium significari solet, Quint. 11, 3, 80), homo obesae naris, von dicker Nase, ohne feinen Geruch, Hor.: homo emunctae naris, ein Mann von feiner, scharfer Beobachtung, ein witziger, feiner Kopf, Hor. u. Phaedr.: acutae nares, eine feine Nase, Hor.: naribus uti, Spötterei anbringen, spotten, Hor.: u. so rides et nimis uncis naribus indulges, Pers.: vom Zorn, eduxi animam in primoris naris, Lucil. 574: diram tuam animam in naribus primoribus vix pertuli, Afran. com. 384. – **II** übtr., die **Öffnung, Mündung**, eines Kanals usw., Pallad. 9, 9, 2: canalis, Vitr. 7, 4, 2: nares fossae, Vopisc. Prob. 21, 2: nares quaedam mundi, Solin. 23, 21. – ► Nbf. nar, Auct. de idiom. gen. (IV) 577, 51. Beda de orthogr. (VII) 281, 10.

Naristī, ōrum, *m.* (Οὐαριστοί, Ptol., Ναρισταί, Dio Cass.), eine kleine, aber tapfere suebische Völkerschaft im Süden Germaniens, in der Gegend des Fichtelgebirges u. einem Teil der Oberpfalz, Tac. Germ. 41 *sq.* – Dass. **Varistae**, ārum, *m.*, Capit. Anton. phil. 22, 1.

nārīta, ae, *f.* (νηρίτης), eine Art Meerschnecken mit einem Deckel, Plaut. b. Fest. 166 (b), 22.

nāritās, ātis, *f.* (narus), die **Einsicht**, Donat. Ter. adelph. 3, 3, 43. Vgl. gnaritas.

Nārnia, ae, *f.* (umbr. Nahark-), eine Stadt in Umbrien am Nar, j. *Narni*, Liv. 10, 9, 8. Tac. ann. 3, 9. – Dav. **Nārniēnsis**, e, **narniensisch**, equites, Liv.: ager, Plin. – subst., **a** Nārniēnse, is, *n.*, ein **Landgut bei Narnia**, in Narniensi, Plin. ep. 1, 4, 1. – **b** Nārniēnsēs, ium, *m.*, die Einw. von Narnia, die **Narnienser**, Plin. 3, 113. Tert. apol. 24.

nārrābilis, e (narro), **erzählbar**, Ov. ex Pont. 2, 2, 61.

nārrātio, ōnis, *f.* (narro), die **Erzählung**, sowohl das Erzählen als das Erzählte selbst, **a** übh.: narrationis alte repetita series, Tac. dial.: mirabilior tamen sequentis casus narratio, Val. Max.: narrationis mi incipit initium, jetzt wird er mir eine große Rede halten, Ter.: rem narrare ita, ut verisimilis narratio sit, Cic.: plus esse in uno saepe quam in turba boni, narratione posteris tradam brevi, Phaedr. – **b** rhet. *t. t.*, als Teil der Rede, Rhet. Her. 1, 12 *sq.* Cic. de inv. 1, 27 u. part. or. 31. Quint. 2, 13, 1 u. 4, 2, 1 *sqq.* Mart. Cap. 5. § 550: Plur., narrationes credibiles nec historico sed prope cotidiano sermone explicatae dilucide, Cic. or. 124: lentus est in principiis, longus (breit) in orationibus, Tac. dial. 22.

nārrātiuncula, ae, *f.* (*Demin.* v. narratio), eine **kurze Erzählung**, eine **Anekdote**, ein **Schwank**, Quint. 1, 9, 6 (Plur.). Plin. ep. 6, 33, 8.

nārrātīvē, *Adv.* (narrativus), **erzählend**, Donat. ad Ter. argum. Andr. vol. 1. p. 4, 29 *ed. Klotz.*

nārrātīvus, a, um (narro), **zum Erzählen geeignet, erzählender Art**, exemplum, Empor. rhet. de loco comm. *extr.* p. 567, 2 H.: principium (Aenēidos), Serv. Verg. Aen. 1, 1.

nārrātor, ōris, *m.* (narro), der **Erzähler**, facetus, Cic.: m. obj. *Genet.*, ceteri non exornatores rerum, sed tantummodo narratores fuerunt, Cic.: abunde disertus rerum suarum narrator, Quint.

nārrātōrius, a, um (narro), **zur Erzählung geeignet, erzählend**, manifestatio (Darstellung), Augustin. de divers. quaest. 80. § 3.

nārrātus, ūs, *m.* (narro), die **Erzählung**, sed forsitan lector scrupulosus reprehendens narratum meum, Apul. met. 9, 30 *in.*: veniet narratibus hora tempestiva meis, Ov. met. 5, 499.

nārro, āvī, ātum, āre (eig. gnaro = gnarum facio), **kundtun, I eine**

Nachricht geben, erzählen, schildern (mündlich od. schriftlich), **a** übh.: alci somnium, Plaut.: narrare alci fabellam, Hor. u. Sen.: ego tibi ea narro, quae tu melius scis quam ipse, qui narro, Cic.: quid istaec tabellae narrant? Plaut.: haec inter paucos, quos tu nosti, palam secreto narrantur, Cic.: ita non modo in comoediis res ipsa narratur, Cic.: virtutes narro tuas, Ter.: ne aliis quidem narrare debemus, nicht einmal anderen sollen wir's erzählen, Sen.: alci Romanos et Caesarem, von den R. und C. erzählen, Plin.: duos Gordianos, schildern (nach Leben u. Charakter), Lampr.: Catonem narrabis (du wirst mir die Geschichte von Kato erzählen). Quidni ego narrem ultimā illā nocte Platonis librum legentem posito ad caput gladio? wie sollte ich dir nicht erzählen, wie er das Schwert neben dem Haupte in Platos Phädon las? Sen. ep. 22, 6. – m. *de* u. Abl., Crassi libertum ais de mea sollicitudine narrasse, Cic.: male narras (du bringst schlimme Nachricht) de Nepotis filio, Cic.: iucunda mihi oratio eius fuit, cum de animo tuo mihi narraret, Cic. – m. folg. *Acc.* u. *Infin.*, haec facta (esse) narrabo seni, Plaut.: mihi Philargyrus tuus narravit te interdum sollicitum solere esse vehementius, Cic.: narrat te rumor numquam esse fututam, Mart. – m. folg. indir. Fragesatz, ut res gesta sit, narrabo ordine, Ter.: ut ita narrentur, ut gestae res erunt, Cic.: si res publica tibi narrare posset, quo modo se haberet, Cic.: Othonem quod speras posse vinci sane bene narras, ist mir ganz lieb zu hören, Cic.: narra haec ut (wie) nos acturi sumus, Plaut. – narrant, man erzählt, mit folg. *Acc.* u. *Infin.*, Plin. 2, 126; vgl. 8, 35 D. u. M. – Passiv narror, narraris, **man erzählt von mir, von dir, schildert mich, dich,** rideor ubique, narror, ostendor, Ps. Quint. decl. 14, 12 *in.*: dulcis in Elysio narraris fabula campi, Mart. 12, 52, 5: sed operis modus paucis eum (virum) narrari iubet, ihn mit kurzen Worten zu schildern, Vell. 2, 29, 2: Callistus iam mihi circa necem C. Caesaris narratus, Tac. ann. 11, 29: Agricola posteritati narratus et traditus, Tac. Agr. 46: nec umquam visam in hac urbe, multis tamen narratam achlin, von der jedoch viel erzählt (gesprochen) wird, Plin. 8, 39. – narratur m. folg. *Nom.* u. *Infin.*, egredienti nave eadem figura in litore occurrisse narratur, Plin. ep.: narratur Graecia collisa duello, Hor.: narratur venisse venefica, Ov.: ea quae procul ab oculis facta (esse) narrabantur, Liv.: Bithyni accusationem eius ut temere inchoatam omisisse narrantur, Plin. ep.: m. folg. *Acc.* u. *Infin.*, admotis Athamanas aquis accendere lignum narratur, Ov. met. 15, 311: nunc Chamavos et Angrivarios immigrasse narratur, Tac. Germ. 33 *in.*: eoque terrore aves tunc siluisse narratur, Plin. 35, 121. – absol., probe narras, du bringst gute Nachricht, Ter.: ita narrat (als Parenthese), Plin. ep.: non interrupte narrare, Cic.: alia multa narratu minus digna, Amm. – *Partic.* subst., narrāta, ōrum, *n.*, das Erzählte, Hor. sat. 2, 5, 1. – **b vorerzählen, hernennen,** cibos suos homini, Plin. 20. praef. § 1. – **c den Leuten erzählen, ausplaudern,** ne res per quemquam narraretur, Iustin. 1, 9, 19. – **II** übtr.: **A** übh. **sagen, reden, erwähnen, nennen,** quid narrat? Ter.: quid narras? Ter.: nihil narras, Ter.: ›opinor‹ narras, du sagst, »ich meine«, Ter.: narra mihi, sag mir einmal, Cic.: narro tibi (lass dir sagen, denke dir), Quintus cras, Cic.: narro tibi, haec loca venusta sunt, das muss ich dir sagen, Cic.: filium narras mihi, Ter.: Catulum et illa tempora, Cic. – **B zueignen, dedizieren,** librum alci, Plin. nat. hist. praef. § 1.

Nārs, Nārtis, s. 1. Nār.

narthēcia, ae, Akk. ān, *f.* (ναρθηκία), die niedrige Art der ferula, Plin. 13, 123.

narthēcium, iī, *n.* (ναρθήκιον), eine **kleine Salben-** u. **Schminkbüchse,** Mart. 14, 78: im Gleichnis, iam doloris medicamenta illa tamquam de narthecio proment, Cic. de fin. 2, 22.

narthēx, thēcis, Akk. thēca, *m.* (νάρθηξ), die Staude *ferula,* Plin. 13, 123.

nārus, s. gnārus ►.

Nārycius, s. Nārycum.

Nārycum, ī, *n.*, Plin. 4, 27, u. **Nāryx,** ycis, *f.* (Νάρυξ), eine Stadt der ozolischen Lokrer (aus der Ajax gebürtig war), wovon eine Kolonie nach Italien ging u. die Stadt Lokri in Bruttium erbaute. – Dav. **Nārycius,** a, um (Ναρύκιος), **a narycisch, lokrisch,** Locri, die Lokrer (in Griechenland) aus Naryx, Verg.: heros, Ajax, des Oileus Sohn, Ov.: Narycia (*sc.* urbs), die Stadt Lokri in Italien, Ov. – **b lokrisch** (in Italien), pix, Verg., Colum. u. Plin.

Nasamōn, ōnis, Akk. ōna, *m.* (Νασαμών), der **Nasamone,** Plur. Nasamōnes, um, Akk. as, *m.* (Νασαμῶνες), die **Nasamonen,** eine Völkerschaft an der Großen Syrte, südwestlich von Kyrenaïka, Plin. 5, 33 *sq.* Lucan. 9, 444: Sing. kollekt., Lucan. 9, 439: Akk. -ōna, Sil. 6, 44. – Dav.: **A Nasamōniacus,** a, um (Νασαμωνιακός), **nasamonisch,** Ov. – poet. = **afrikanisch,** Stat. – **B Nasamōnias,** adis, *f.* (Νασαμωνιάς), die **Nasamonierin,** Sil. 2, 117. – **C Nasamōnītis,** tidis, *f.* (Νασαμωνῖτις), *sc.* gemma, ein uns unbekannter Edelstein, Plin. 37, 175. – **D Nasamōnius,** a, um, **nasamonisch,** poet. = **afrikanisch,** Sil., Stat. u. a.

nāscentia, ae, *f.* (nascor), die **Geburt = Geburtsstunde,** Vitr. 9, 6, 2.

nāscibilis, e (nascor), **was geboren werden kann,** Eccl.

nāsco, ere = nasci, Cato r. r. 151, 4 zw.

nāscor (altlat. gnāscor), nātus sum (altl. gnātus sum), nāscitūrus, nāscī (verwandt mit gigno), **I** eig.: **A gezeugt-, geboren werden,** vom Mann und der Frau, v. Gewächsen = **wachsen,** verb. mit *ex, de* u. Abl. od. mit bl. *Abl.*, selten mit *ab* u. Abl., quod ex quocumque asino et equa nascitur, id est mulus et mula, Varro LL.: bestiae ex se natos diligunt, ihre Jungen, Cic.: ex fratre et sorore nati, die Kinder, Nep.: ex me hic non natus est, sed ex fratre, er ist nicht mein Sohn, Ter.: ex me et hoc natus est, Ter.: ex Thetide natus, Quint.: de paelice natus, Ov.: quo de genere gnatus est illic Philoctetes? Plaut.: silice non nati sumus, Cic.: natus servā, Liv.: natus deā, Ov.: nasci certo patre, einen Vater haben, Cic.: libertino patre natus, Liv. epit.: nullo patre natus, ohne bestimmten Vater, Liv.: frater utroque parente natus (Ggstz. matre eādem natus), Liv.: rusticis parentibus natus, ein Bauernkind, -sohn, Macr.: generari et nasci a principibus, Tac.: nascentur ab illis, Verg. – mit *Dat.* **wem?** vitulum matri eius natum mirae magnitudinis, Aur. Vict.: ei filium nasciturum, qui, Iul. Val. – m. *Dat.* **für wen?** non nobis solum nati sumus, Cic.: herbam non pecori tantum, sed homini nasci, Sen.: nasci aerumnis, Sen. – m. attrib. *Adi.* zur Angabe **als wer?** unde illa scivit, niger an albus nascerer? Phaedr. 3, 15, 10: astruentes illum iustum nasci aut emori minime convenisse, Aur. Vict. de Caes. 20, 6. – absol., impares nascimur, pares morimur, Sen.: pomorum ingens modus nascitur, Curt.: pupillus non natus, ein ungeborenes M., Cic.: alqm natum non putare, Sen.: mortalis natus, als St. geboren, Cic.: vir natus, als Mann geboren, Phaedr.: homo natus, als Mensch geboren, Menschenkind, Menschensohn, Sen. u. a. (s. Bünem. Lact. 3, 19, 7. Davis Cic. Tusc. 3, 36): Macedo natus, ein M. von Geburt, Curt.: recens natus, s. recēns *no.* II: post homines natos, seitdem Menschen gelebt haben, Cic.: post hominum genus natum, seit Erschaffung der Welt, Cic.: aves in pedes nascuntur, kommen mit den Füßen zuerst auf die Welt, Plin.: in miseriam nascimur sempiternam, wir werden zu ewigem Elend geboren, Cic.: Graeci nati in litteris, unter den Wissenschaften aufgewachsen, Cic.: inter vepres rosae nascuntur, Amm.: natus in libero populo inter iura legesque, Liv.: sub alio caelo natae beluae, Sen.: caelum, sub quo natus educatusque essem, Liv.: id (diese Erzeugnisse) non apud eos nasci, Cic.: servus aut domi natus est aut hereditate relictus aut emptus, Ps. Quint. decl.: cuius domi haec nascuntur, dem das im eigenen Garten wächst (bildl.), Cic.: ibi natum esse, Syracusis natum esse, Plaut.: humi nascuntur fraga, Verg.: gramen, quod in eo loco gnatum esset, Gell. – Partiz. Futur. nāscitūrus, a, um, Pallad. 7, 7, 8. Cassian. de inc. Chr. 2, 3. Augustin. serm. 2, 1; 184, 3; 188, 4; 370, 2. Sidon. epist. 3, 3, 1. Ps. Porc. Latro decl. c. Catil. 8. Iul. Val. 1, 5 *ed. Rom.* (Cledon. 57, 34 K. naturus): Gerundiv nāscendus, a, um, z. B. ad homines quoque nascendos vim numeri istius pertinere ait, zur Erzeugung, Bildung von Menschen, Gell. 3, 10, 7; vgl. Cod. Iust. 5, 27, 4. Cledon. 57, 34 K. – **B entspringen, entstammen,** nascetur pulchrā Troianus origine Caesar, Verg.: antiquo genere natus, aus einer alten Familie, Nep.:

amplissimā familiā natus, Caes.: natus summo loco, von vornehmer Herkunft, Cic.: obscure natus, von dunkler Herkunft, Eutr.: non admodum clare natus, von keiner sehr berühmten Familie, Eutr. – ex senatoribus principes nascuntur, Tac. hist. 1, 84. – **II** übtr., von konkr. u. abstr. Ggstdn., **entstehen, entspringen, herrühren, sich zeigen, seinen Anfang nehmen, werden,** verb. mit *ex, ab, in* u. Abl., nasci ex omnibus rebus omne genus posset, Lucr.: ex palude nascitur amnis, Plin.: ex hoc nascitur, ut etc., daraus folgt, dass usw., Cic.: ab eo flumine collis nascebatur, erhob sich, Caes.: nulla pestis est, quae non homini ab homine nascatur, Cic.: querelae verae nascuntur pectore ab imo, Catull.: profectio nata a timore defectionis, Caes.: a vobis natus sum consularis, Cic.: invenietis id facinus natum a cupiditate, Cic.: fateor ea me studiose secutum, ex quibus vera gloria nasci posset, Cic.: Ganges in montibus nascitur, Plin.: apud quos (Auchetas) Hypanis nascitur, Mart. Cap.: nascitur ibi plumbum, Caes.: absol., inde quasi nata (wie aus dem Boden gestampft) subito classis erupit, Flor.: lunā nascente, beim Aufgang des Mondes, Hor.: nascere, Lucifer, geh auf! Verg.: natae nebulae, Ov.: nascentia templa, neu sich erhebende Tempel, Mart.: nascentis Italiae fauces, des beginnenden J., Flor.: ut mihi nascatur argumentum epistulae, damit ich Stoff zum Brief bekomme, Cic.: in sermone nato super cenam, das sich entsponnen hatte, Suet. Caes. 87.

Außerdem bemerke man noch in bes. Bed. die *Participia* **A** **nāscentia**, ium, *n.*, **organische Körper,** bes. **Gewächse,** Vitr. 5, 1, 3 u. 8, 1. – **B** **nātus** (gnātus), a, um, **1** *subst.:* **a** nātus (gnātus), ī, *m.*, **α** **Sohn,** natus crudelis, v. Alkmäon, Verg.: volucer, v. Amor, Ov.: mihi ausculta, nate, Enn.: da, nate, petenti, Verg.: natum obiectat illis, den Tod des S., Ov.: Plur. nati, Kinder, Verg., Ov. u. a. Dicht.: in klass. Prosa nur im Ggstz. zu parentes u. dgl., nati et parentes, Cic. de amic. 27: parentes natique, Liv. 1, 23, 1: viri natique, Liv. 5, 40, 3: maritus et nati, CIL 2, 2900: von Tieren, die **Jungen,** Colum., Verg. u. Ov. – **β** ein **Mensch,** nemo natus in aedibus habitat, keine menschliche Seele, Plaut.; vgl. Lorenz Plaut., most. 389. – **b** nāta (gnāta), ae, *f.*, **Tochter,** gnatam requirens, Cic. fragm. H. IV, a, 694: maxima natarum Priami, Verg.: si quis gnatam pro muta devovet agna, Hor.: Dat. u. Abl. Plur. natis; aber auch natabus (gnatabus), Plaut. bei Prisc. 7, 11. CIL 2, 1963. col. 1. lin. 3. – **c** *neutr. pl.*, terrā nata, Erzeugnisse der Erde, Cic. ep. 9, 26, 2: sponte natis ali, sich von dem nähren, was ohne Anbau wächst, Arnob. 2, 40 *in.* – **2** *adi.:* **a** zu etw. **geboren,** zu etw. **geschaffen,** von Natur zu etw. **bestimmt,** dah. **geschickt, geeignet,** m. *ad* od. *in* u. Akk. od. m. bl. *Dat.* (s. Müller Liv. 1, 34, 3), vir ad omnia summa natus, Cic.: vir nihil minus quam ad bella natus, Liv. epit.: ad dicendum natus et aptus, recht dazu gemacht usw., Cic.: bos ad arandum natus, Cic.: locus natus ad equestrem pugnam, Liv.: nata in vanos tumultus gens, Liv.: viri in arma nati, Liv.: natis in usum laetitiae scyphis, Hor.: Crispus iucundus et delectationi natus, Cic.: natus abdomini suo, Cic., abdomini et voluptatibus, Treb. Poll.: qui se natum huic imperio putavit, Cic.: nationes natae servituti, Cic.: loca nata insidiis, Liv.: natus agendis rebus, Hor.: otium natum sermonibus serendis, Curt.: ager rē ipsā natus tegendis insidiis, Liv. – m. *adversus* u. Akk., Hannibal natus adversus Romanos hostis, Liv. 35, 12, 14. – mit *Infin.*, fruges consumere nati, Hor. ep. 1, 2, 27: natus tolerare labores, Ov. met. 15, 121: pati natae (feminae), Sen. ep. 95, 21: aqua nata defluere, Sen. nat. qu. 2, 9, 2: quod illa prona in terramque vergentia nihil nata sunt prospicere nisi pabulum, Min. Fel. 17, 2. – **b** mit Adverbien, irgendwie **(von Natur) beschaffen,** ita natus locus est, Liv.: ager male natus, Varro: ita rem natam intellego, Plaut.: versus male nati, Hor.: homo improbius natus, *i.e.* cui magna est natura, im obszönen Sinne, Suet.: dah. e re nata, Ter., od. pro re nata, Cic., nach Beschaffenheit der Sache od. der Umstände, der Zeit. – **c** mit einer Zeitbestimmung im *Acc.*, irgendwie **alt, in einem Alter von,** annos nonaginta natus, Cic.: plus triginta natus annis ego sum, Plaut.: od. mit einer Zeitangabe im *Genet.*, decem annorum natus, Varro sat. Men. 496: annorum gnatus XVI, CIL 1, 26: septem nata annorum, *ibid.* 1, 1011. Vgl. magnus *no.* II, A, 2, b, α u. parvus *no.* II, C, 2, a. – ► Parag. Infin. nascier, Anthol. Lat. 6, 19 R.

nāsīca, ae, *m.* (nasus), **I** viell. der eine spitze Nase hat, die **Spitznase,** Arnob. 3, 14; 6, 10. – **II** **Nāsīca,** Beiname der Familie der Scipionen, z. B. P. Cornel. Scipio Nasica, berühmt wegen seiner Rechtschaffenheit, Liv. 29, 14, 8 *sq.*; vgl. Cic. Brut. 79. Val. Max. 3, 7, 3.

Nāsidius, a, um, Name einer röm. *gens,* aus der bes. bekannt L. Nasidius, römischer Ritter, Cic. Phil. 7, 24: Anhänger des Pompejus, Caes. b. c. 2, 3 *sqq.* Cic. ad Att. 11, 17, 3. – Dav. **Nāsidiānus,** a, um, **nasidianisch, des Nasidius,** naves, Caes. b. c. 2, 7. § 1 *sq.*

nāsiterna, -nātus, s. nassiterna.

Nāsium, iī, *n.* (Νάσιον), Stadt in Gallia Belgica, j. *Nas* od. *Nais* am *Ornez,* Itin. Anton. 365, 3. Not. Tir. 87, 19.

Nāso, ōnis, *m.* (nasus, eig. großnäsig), ein röm. Beiname, z. B. der Ovidii, s. Ovidius.

Nāsos u. **Nāsus,** ī, *f.* (νᾶσος, *i.e.* νῆσος, insula), ein Stadtteil von Syrakus, Liv. 25, 30, 9 *sqq.*

nassa (naxa), ae, *f.*, die **Fischreuse,** ein geflochtener Korb mit engem Hals, aus dem die Fische nicht wieder entkommen können (vgl. Fest. p. 169 [a], 19), Plin. 9, 91 u. 21, 114. Sil. 5, 48. – bildl., **Netz, Schlinge,** numquam hercle ex ista nassa ego hodie escam (den Köder) petam, Plaut. mil. 581: ex hac nassa exire constitui, »dieser Schlinge meinen Hals zu entziehen ist mein Entschluss«, Cic. ad Att. 15, 20, 2.

nassiterna (nāsiterna), ae, *f.*, die **Gießkanne,** Plaut. Bacch. 12 G.; Stich. 352. Cato r. r. 11, 3. Varro r. r. 1, 22, 3. Varro vit. P. R. 1. fr. 42 (aus Non. 547, 7); vgl. Fest. 169 (a), 11. Nbf. mnasiterna, Fulg. serm. ant. 27 *Helm.* – Dav. **nassiternātus,** a, um, **mit einer Gießkanne versehen,** Calp. bei Fulg. serm. ant. 27 (wo Helm mnasiternatus).

nāsturcium (nasturtium), iī, *n.* (nach Varro sat. Men. 384 u. Plin. 19, 155 gleichs. nasitortium, v. nasus u. torqueo), eine Art **Kresse,** κάρδαμον, nach Sprengel die **dreiblätterige Kresse** (*Lepidium latifolium,* L.), Form *-cium,* Varro sat. Men. 384. Cic. de fin. 2, 92 u. Tusc. 5, 99. Petron. 138, 2. Arnob. 7, 16 *extr.:* Form *-tium,* Cels. 2, 21 u. 25. Plin. 19, 155 u. 181: poet. im Plur., Ps. Verg. moret. 85. Colum. poët. 10, 231. – ► Nbf. nāsturcum, Anthol. Lat. 910, 39 R.

nāsum, ī, *n.* = nasus, Lucil. 267. 582 u. ö. Plaut. Amph. 444 (s. Lorenz Plaut. mil. 1245). Vitr. 3, 1, 2 R.: sagax nasum, Plaut. Curc. 110.

1. nāsus, ī, *m.* (zu naris), die **Nase, I** eig.: **A** im Allg., als Glied, aduncus, Plaut. u. Suet.: rectus, Hieron.: pravus, Hor.: collisus, Sen.: naso clamare, schnarchen, Plaut.: naso auribusque mutilatis od. laceratis, Liv.: naso auribusque decisis, Liv.: cum aures illi nasumque abscīdisset, Sen.: pueros ingenuos Arimini sine oculis ac naso natos, Liv.: nasus ita locatus est, ut quasi murus oculis interiectus esse videatur, Cic. – **B** insbes., die **Nase, a** als Sitz des **feinen Geruches,** nasus illis nullus erat, Hor. sat. 2, 2, 89. – **b** als Sitz der **Spötterei,** alqm od. alqd suspendĕre naso (adunco), die Nase rümpfen, spotten über jmd. od. etw., Hor.: tacito ridere naso, Mart. – dah. **spöttischer Witz, Satire,** nasus Atticus, Sen. rhet.: Lucilius primus condidit stili nasum, Plin.: non cuicumque datum est habere nasum, Mart. – **II** übtr., **Schneppe, Schnauze** usw., calix nasorum quattuor, Iuven. 5, 47.

2. Nāsus, s. Nāsos.

nāsūtē, *Adv.* (nasutus), **naseweis, spöttisch, höhnisch,** maluit illi nasute negare quam contumaciter aut superbe, Sen. de ben. 5, 6, 6: philanthropon herbam Graeci appellant nasute, Plin. 24, 176.

nāsūtus, a, um (nasus), **I** **mit großer Nase,** Lucil. 242. Hor. sat. 1, 2, 93: manus (Rüssel des Elefanten), Cassiod. var. 10, 30, 4. – **II** **eine feine Nase habend, witzig, spöttisch, naseweis,** Phaedr. 4, 7, 1 (Vok. nasute). Mart. 13, 37, 2: nil nasutius hāc maligniusque est, Mart. 2, 54, 5: homo nasutissimus, Sen. suas. 7, 12.

nāta, ae, *f.*, die **Tochter,** s. nāscor.

natābilis, e (nato), **was schwimmen kann,** Boëth. in Cic. top. 3. p. 332, 2 B. Coripp. 4, 43.

natābulum, ī, *n.* (nato), der **Schwimmplatz,** Apul. flor. 16 *in.:* natabula fluminis, Iul. Val. 2, 9 *ed. Paris.*

natābundus, a, um (nato), **schwimmend,** Iul. Val. 2, 24 (2, 8).

nātālicius, a, um (natalis), **zur Geburtsstunde-, zum Geburtstag gehörig, Geburts-, Geburtstags-,** I *adi.*: sidera, Cic.: praedicta, Nativitätsstellung, Cic.: dies, Mart.: munus, Val. Max.: convivium, Symm.: dapes, Mart. – II *subst.*: A nātālicia, ae, *f.* (*sc.* cena), **Geburtstagsschmaus,** nataliciam (alci) dare in hortis, Cic. Phil. 2, 15. – B nātālicium, iī, *n.*, a **Geburtstagsgeschenk,** Censor. 1. § 5. – b das **Geburtstagsfest,** der **Geburtstag,** auch der **Todestag** eines Heiligen od. Märtyrers, tanta praeparas in natalicio tuo, Ps. Augustin. serm. app. 115, 2: ad natalicium invitare u. natalicia sua celebrare, *ibid. no.* 3: natalicia esse celeberrimorum martyrum, Paulin. vit. S. Ambr. 38.

nātālis, e (natus, ūs), **zur Geburt gehörig,** I *adi.*: A **Geburts-,** dies, Cic., od. (poet.) lux, Ov.: diem natalem suum agere (feiern) quotannis, Cic.: alcis diem natalem celebrare, Tac.: mi hodie est natalis dies, heute ist mein Geburtstag, Plaut.: Ggstz. certumst mihi hunc *emortualem* (Sterbetag) facere ex *natali die,* Plaut. Pseud. 1237. – n. dies reditus mei, der Jahrestag meiner Rückkehr aus der Verbannung, Cic.: n. dies huius urbis, der Errettung von der katilinarischen Verschwörung, Cic.: n. dies coloniae, Stiftungstag, Cic.: u. n. dies collegii, Inscr. – n. hora, Hor.: tempus, Ov.: humus od. solum, Geburtsort, Vaterland, Heimat, Ov. u. Sen.: astrum, Hor.: Iuno, Vorsteherin der Geburt, Tibull. – B **angeboren,** morbus, Manil.: sterilitas, Colum.: decus, Val. Flacc. – II *subst.*: A **nātālis**, is, *m.*, 1 Sing.: a der **Geburtsort,** Delos natalis Apollinis, Hor. – b der **Geburtsgott, Geburtsgenius,** Tibull. u. Ov. – c der **Geburtstag,** Cic. u. a.: natalem alcis celebrare, publice celebrare, Suet.: debemus natales tuos perinde ac nostros celebrare, Plin. ep.: poet. sex mihi natales (Jahre) ierant, Ov.: natalis Romae, das Fest Palilia, das jährlich zum Andenken an die Erbauung Roms gefeiert wurde, Ov.: Minervae, da sie zum ersten Mal einen Tempel erhielt, Ov.: natalis adoptionis, Jahrestag, Spart.: natali urbis DCXXXIII, im Jahre 633 der Stadt, Plin. – d die **Entstehung, Geburt** von Menschen, nat. praeposterus, die verkehrte Geburt (Fußgeburt), Plin. 7, 46: erepto natale, der Quelle des Daseins, Lucan. 7, 391: dies natalis sui, Geburtstag, ICt. u. Eccl.: tantarum arborum, Keim, Plin. 17, 73. – 2 Plur. nātālēs, ium, *m.*, a die **Geburt,** natalium periti, Nativitätssteller, Sen.: übtr., die **Geburt, Entstehung,** adamantis, Plin. – b die **Geburt,** der **Stand** der Geburt, die **Familie,** natalium splendor, Plin. ep.: mulier natalibus clara, Ov.: homo claris natalibus, Tac.: praeter aetatem atque natales (vornehme Familie), Suet.: natalibus suis restitui od. reddi, in die Geburtsrechte wieder eingesetzt werden, ICt.: so auch de agnoscendis liberis restituendisque natalibus, Plin. ep. – B **nātāle**, is, *n.*, a die **Entstehung,** par et aequaevum natale naturae et temporis, Chalcid. Tim. 23. p. 89, 1 Wr. – b der **Geburtsort,** Plin. 4, 25. – ► Abl. gew. natali; selten natale, Lucan. 7, 391. Itala Matth. 14, 6. CIL 9, 2226 u. 14, 2795 u. a.

natātilis, e (nato), **was schwimmen kann,** praeda, Ven. Fort. vit. S. Mart. 4, 303: natatiles et volatiles animae, Tert. adv. Herm. 33. – Plur. natatiles subst., Schwimmtiere, Prud. perist. 10, 332. Apul. de mund. 28: natatiles et volatiles, schwimmende u. fliegende Geschöpfe, Augustin. serm. 141, 2.

natātio, ōnis, *f.* (nato), I das **Schwimmen,** die **Schwimmübung,** Plur. bei Cic. de sen. 58. Cels. 3, 24 *extr.* – II meton., der **Schwimmplatz,** Cels. 3, 27, 1: Plur., Treb. Poll. Gallien. 17, 8 *Jordan.*

natātor, ōris, *m.* (nato), der **Schwimmer,** Varro LL., Ov. u. a.

natātōrius, a, um (nato), **zum Schwimmen geeignet** od. **dienend,** cortex, Isid. orig. 17, 7, 27: piscina, Schwimmteich, Schwimmplatz, Interpr. Iren. 2, 24, 4. – subst., natātōria, ae, *f.* (*sc.* piscina), der **Schwimmteich, Schwimmplatz,** Sidon. epist. 2, 2, 8. Itala Ioann. 5, 4. Vulg. Ioann. 9, 7. Cassian. coll. 13, 16: Nbf. natātōria, ōrum, *n.* (*sc.* loca), Vulg. Ioann. 9, 11.

natātus, ūs, *m.* (nato), das **Schwimmen,** Pallad. 1, 17, 2. Claud. IV. cons. Hon. 348; rapt. Pros. 3, 333. Auson. Mos. 90. 275. 344: marinus (im Meer), Apul. met. 5, 26: valentissimus, Iul. Val. 2, 15 (27) p. 95, 10 K.: nat. piscium, Augustin. serm. 126, 3: Plur., Stat. silv. 1, 5, 25. Fulg. myth. 1. praef. p. 14 M.

natēs, ium, *f.*, s. natis.

nātinor, ārī (navus), **geschäftig sein,** Cato b. Fest. 166 (a u. b). – Dav. **nātinātio**, ōnis, *f.*, die **Geschäftigkeit; nātinātor**, ōris, *m.*, der bei Aufruhr **Geschäftige,** Fest. 166 (a), 30 *sq.*

nātio, ōnis, *f.* (nascor), I abstr.: A das **Geborenwerden,** die **Geburt,** natione Medus, Nep.: natione Numida, Tac. – personif., Natio, die **Geburtsgöttin,** Cic. de nat. deor. 3, 47. – B die angeborene, natürliche Beschaffenheit, das **Geschlecht,** die **Art,** a v. Menschen, eorum (Alexandrinorum), Auct. b. Alex. 7, 3. – b v. Vieh, die **Art,** der **Schlag,** die **Rasse,** v. Eseln, Pferden, Varro. – c v. Lebl., die **Art,** das **Geschlecht,** mellis nationes, Plin.: cera pura natione Ponticā, Plin. – II konkr.: A eig., die **Nation,** der **Volksstamm,** sofern er gemeinschaftliche Abstammung, Sprache u. Sitten hat, Cic. u. a.: externae nationes et gentes, Cic.: interiores nationes, Binnenvölker, Cic. – B übtr.: a eine durch die Eigentümlichkeit zusammengehörige Menschenklasse, das **Volk,** die **Sippschaft,** der **Menschenschlag,** die **Gattung, Klasse, Schar,** gew. ironisch (s. Tischer Cic. Mur. 69), famelica hominum natio, Plaut.: rudis natio ad voluptates, Curt.: candidatorum, Cic.: Epicureorum, Cic.: vestra natio, v. den Stoikern, Cic.: non est n., ut dixisti etc., von den Optimaten, Cic. – b nationes, wie griech. ἔθνη, die **Heiden,** Tert. de idol. 22. Vulg. Iudith 5, 22. – ► arch. Genet. Sing. nationus, CIL 14, 2863.

natis, is, *f.*, die **Hinterbacke,** gew. Plur. natēs, die **Hinterbacken** = der **Hintern,** das **Gesäß,** α Sing., Pompon. com. 97. Poëta b. Censorin. fr. 14, 8. Fest. 245 (a), 25. Hor. sat. 1, 8, 47. Priap. 77, 7 u. 83, 23. – β Plur., Plaut., Hor. u. a.: von Tieren, turturum, Mart.

nātīvitās, ātis, *f.* (nativus), I die **Geburt,** ICt. u. a. – nativitas secunda, die Wiedergeburt, Eccl. – II die **Generation, Geburtsfolge,** usque ad quartam nativitatem, Tert. adv. Marc. 4, 27 *extr.*

nātīvitus, *Adv.* (nativus), **von Geburt an, durch die Geburt,** Eccl.

nātīvus, a, um (natus, ūs), I **durch die Geburt entstanden, geboren,** di, Cic.: übtr., verba, Stammwörter, Cic. – II **von Natur entstanden, angeboren, natürlich, ursprünglich** (im Ggstz. zum Künstlichen), nativo sensu, Cic.: lepos, Nep.: testa, Cic.: coma, Ov.: malum (der Hunger), Cic.: pannus nativi coloris, ein Lappen von ungefärbtem Stoff, Plin.: oves, mit von Natur dunkelbrauner Wolle, Plin.

nato, āvī, ātum, āre (*Frequent.* v. no, nāre), **schwimmen,** I eig.: querquedulae natantes, Varro fr.: studiosissimus homo natandi, Cic.: nat. in mari, Cels.: in Oceano, scherzh. = schiffen, Cic. (vgl. fracta classis et intra paucos dies natavit nova, schwamm eine neue auf dem Meer, ging eine neue in See, Sen. de ben. 6, 32, 3): v. Schiffbrüchigen, umherschwimmen, Cic.: v. Inseln, Cic.: dicht. m. *Acc.*, **beschwimmen,** irgendwo od. **über** etw. **schwimmen,** aquas, Mart.: fretum, Verg.: eius (amnis) omnem latitudinem, Itin. Alex. 12 (28): *pass.*, unda natatur piscibus, Ov.: Partiz. subst., natantēs, ium, *f.* (*sc.* bestiae), Schwimmtiere, poet. = Fische, genus omne natantum (= natantium), Verg. georg. 3, 541. – II übtr.: A v. der Ähnlichkeit der Bewegung, a **schwimmen, wallen, wogen, sich hin- und herbewegen, wanken, schwanken,** v. Flüssen, Ov.: v. Meeren u. Seen, Lucr.: v. Saaten, Verg.: v. Kleidern, Ov.: v. Feuer, Lucr. u. Stat.: v. abgefallenen Blättern, Prop.: von der Waage, Tibull.: v. Fuß, pes in pelle (Schuhe) laxa natet, Ov.: dah. bildl. **schwanken** = ungewiss sein, tu mihi natare visus es, Cic.: pars multa natat, Hor.: instabilis natat, Tibull.: mutatio voluntatis indicat animum natare, Sen.: v. Lebl., natant quaedam (cognomina), Varro LL. 9, 71: quod in consuetudine vehementer natat, Varro LL. 10, 16. – b **sich ausbreiten, sich verbreiten,** summā parte terrae natantibus radicibus, Colum. de arb. 6, 1. – B v. der Ähnlichkeit der Masse: a (wie νήχομαι) **schwimmen = überströmen, überfließen, voll sein,** α m. *Abl.*, natabant pavimenta vino, Cic.: arva amnibus, Ov.: rura plenis fossis, Verg.: natabant domus sanguine parvulorum, Augustin. serm. 3, 2 Mai. – β absol., plana natant, Sil.: cuncta natabant, von Regen, Lucan. – b von den Augen, **schwimmen, matt-, gebrochen-, gläsern sein,** wie bei Betrunkenen, Ov.: bei Schläfrigen, Verg.: bei Sterbenden, Verg. – vom schmachtenden Blick des Redners, oculi natantes et quādam voluptate suffusi, Quint. 11, 3, 76.

natrix, tricis, *f.*, **I** die **Wasserschlange, A** eig. u. meton.: **1** eig.: natrices viperaeque, Cic.: viperae et natrices, Sen. – als *masc.*, natrix violator aquae, Lucan. 9, 720. – **2** meton., natrix capitata = penis, Lucil. 72. – **B** bildl., von einem gefährlichen Menschen, **Schlange,** Suet. Cal. 11. – **II** eine Pflanze, deren Wurzel einen Bocksgestank hat (*Ononis Natrix,* L.), Plin. 27, 107.

natta, s. nacca.

nātūra, ae, *f.* (nascor), **I** die **Geburt, 1** abstr.: naturā calamitosus, Curt.: naturā filius, Cic.: naturā pater, Ter.: naturā frater, adoptione filius, Liv.: naturā tu illi pater es, ego consiliis, Liv. – **2** konkr., **Geburtsglied,** männliches u. weibliches, Cic. u. a.: bei Tieren, Varro u. a.: vetulus hircus capreis naturam ligurrit, Poët. Atell. inc. 3. p. 174 R.² – **II** die **Natur, A** *subi.*: **1** die **natürliche Beschaffenheit** eines Gegenstandes, **a** v. Lebl.: **α** übh. **Beschaffenheit, Eigenschaft, Wesen, Gestalt, Lage,** aëris, Lucr.: animi, Lucr.: montis, Caes.: rerum et locorum, Cic.: alvi, Cic.: vis et natura divina, Wesen u. natürliche Beschaffenheit, Cic.: naturae rerum, die Eigenschaften (das Wesen) der Dinge, Hor.: naturā et opere munitus, Caes.: suā naturā laudabile, seinem Wesen nach, Cic.: mare suā naturā tranquillum, Cic.: insula naturā triquetra, Gestalt, Caes.: arbor excussis cuneis in suam naturam (natürl. Gestalt) revocata, Val. Max. – **β** prägn., die gute, gehörige Beschaffenheit, natura margaritis deest, Tac. Agr. 12 *extr.* – **b** v. leb. Wesen, **α** körperlich, **Körperbeschaffenheit, Natur, Gestalt,** tametsi bona natura est, Ter.: exiguae naturae homo, Macr.: natura serpentium, Sall. – **β** geistig: **αα** die **Natur,** die **Naturanlage,** das **Temperament,** die **Denkungsart,** der **Charakter** im weiteren Sinne, versare suam naturam, Cic.: non potest ea natura (Verris) hoc uno scelere esse contenta, Cic.: homo difficillimā naturā, Nep.: naturā optimus, sehr gutherzig, Sen.: praeter naturam, Ter.: loqui, ut natura fert, offenherzig, natürlich, Ter.: naturam expellas furcā, tamen usque recurret, sprichw. = das Naturell lässt sich schwer ändern, Hor. ep. 1, 10, 24: nec tuae naturae est (es liegt nicht in deinem Charakter) m. folg. *Infin.*, Plin. ep. 9, 37, 1. – **ββ** die **Natur,** das natürliche Gefühl, der natürliche Trieb, naturā victus, Cic. – dafür rerum natura, Val. Max. 8, 1. abs. 13. – **γγ die zur anderen Natur gewordene Gewohnheit, Natur,** mihi ex consuetudine in naturam vertit, ist mir zur Natur geworden, Sall.: facere sibi naturam rei, sich etwas natürlich oder zur anderen Natur machen, Quint. – **2** die **natürliche Gesetzmäßigkeit, a** die **natürliche Einrichtung der Welt,** der **natürliche Entwicklungsgang,** der **Lauf der Dinge,** das **Gesetz der Natur,** die **Natur,** naturae satisfacere, euphem. = sterben, Cic.: ebenso naturae concedere, Sall.: naturam ipsam explere satietate vivendi, durch ein hinreichend langes Leben befriedigen, Cic.: a natura desciscere, Cic.: naturā insitum est, Cic.: secundum naturam (der N. gemäß) vivere, Cic.: ius in natura positum esse, Cic.: hoc exigit ipsa naturae ratio, Cic.: ea natura rerum, Cic.: natura rerum non patitur, Cic.: cotidie delabi ad naturam rerum (nach dem nat. L. der D.), Cic.: natura rerum publicarum, Cic.: civitatum, Nep. – naturae est m. *Infin.* = es ist der Natur eigen, naturae est potioribus deteriora submittere, Sen. ep. 90, 4. – **b** die **Natur,** die **Natürlichkeit, Möglichkeit,** in rerum natura fuisse, möglich gewesen, Cic.: in rerum naturam cadit, Quint., od. est in rerum natura, ut etc., Cels., d. i. das trifft sich, ist ein möglicher Fall. – **c** die **Regelmäßigkeit, vernünftige Einrichtung,** mundus naturā administratur, Cic. – **3** die **natürliche Kraft, Wirksamkeit,** rei, Cic.: deorum, Cic. – **B** *obi.*: **1** die **Natur = a** das **Weltall,** die **Welt,** die **Schöpfung,** Cic.: vollst. rerum natura, Cic.: rerum naturam peragrare (forschend, durchwandern), Sen. – **b** insbes., die **Natur** als Weltseele u. schaffende Gottheit, Cic. u. Quint. – **2** das **Wesen,** der **Grundstoff (Urstoff,** das **Element),** die **Substanz,** die **Kreatur,** das **Ding,** haec terrena mortalisque natura, Cic.: nat. simplex, Chalcid. Tim.: de naturis (die vier Elemente) sic sentiebat, Cic.: ex duabus naturis conflata, Cic.: dafür naturas rerum esse, non figuras etc., wirkliche Dinge, Cic. – **3** (wie φύσις) die **Gattung,** das **Geschlecht,** natura animantum, Lucr. 1, 194 u. 1038. – ► arch. Genet. naturai, Lucr. 1, 586 u. 1108; 2, 302.

nātūrābilis, e = naturalis, Apul. de Plat. 2, 12 u. a.

nātūrālis, e (natura), **I zur Geburt gehörig, 1** im Allg., **Geburts-,** loca, Geburtsteile, -glieder, Colum. – subst., nātūrāle, is, *n.*, Geburtsteil, -glied, Cels., gew. im Plur., Cels., Iustin. u. a. – **2** insbes., durch Geburt geworden: **a leiblich** (Ggstz. adoptivus), filius, Liv. u. Suet.: nepos, Suet.: avus, Vell. u. ICt.: filia, CIL 2, 1213. – **b außerehelich** (Ggstz. legitimus), pater, frater, soror, ICt. – **II** zur Natur gehörig, **natürlich, Natur-, 1 von Natur entstanden, natürlich** (Ggstz. fortuitus, s. Cic. part. or. 37), moles, Caes.: saxum, Colum.: situs (Veiorum), Liv.: aquae naturales, naturali virtute medentes, Cael. Aur.: naturalia lavacra calidiora, Th. Prisc.: dah. **von der Natur verliehen, natürlich, angeboren,** motus, Cic.: notio, Cic.: bonitas, Nep.: sensus (Gefühl), Ambros.: alci naturale est mit folg. *ut* u. Konj., es ist bei jmd. ein Naturfehler, dass er usw., Plin. 11, 144. – *neutr.* subst.: **a** ein **natürliches Bedürfnis,** per simulationem naturalis cuiusdam urgentis, unter dem Vorgeben, ein drängendes nat. Bed. zu befriedigen, Amm. 30, 1, 20. – **b** eine **natürliche Gabe** od. **Anlage,** si quid naturale forte non habeant, Cic. de or. 1, 117. – **2 den Gesetzen der Natur gemäß, naturgemäß, natürlich,** causae, Tac.: mors, Plin.: condicio fatorum, Iustin.: dies (Ggstz. dies civilis), Censor. – naturale est m. folg. *ut* u. Konj., Sen. ep. 116, 2 u. ad Polyb. 18, 7. Plin. 17, 12. Plin. ep. 4, 17, 3. – *neutr. pl.* subst., naturalia anteponantur non naturalibus, das Natürliche dem nicht Natürlichen, Cic. top. 69: sapiens causas naturalium et quaerit et novit, Sen. ep. 88, 26. – **3 die Natur betreffend,** quaestiones, Cic.: philosophia, Naturphilosophie, Gell.: pars sapientiae, Naturlehre, Quint. – **4 natürlich = wirklich,** im Gegensatz zum Erdichteten, philosophi duos Ioves fecerunt, unum *naturalem,* alterum *fabulosum,* Lact. 1, 11, 37. – ► Superl. naturalissimus, Chalcid. Tim. 35 *in.*

nātūrālitās, ātis, *f.* (naturalis), die **Natürlichkeit** einer Sache, Eccl.

nātūrāliter, *Adv.* (naturalis), **natürlich, naturgemäß, von Natur,** euax verbum nihil significat, sed effutitum n. est, Varro LL.: alacritas n. innata omnibus, Caes.: nec vero umquam animus hominis n. divinat, Cic.: inter n. dissimillimos crescebat odium, Vell.

nātūrālitus, *Adv.* (naturalis), **von Natur,** Apul. met. 1, 12. Sidon. epist. 8, 1, 2 u. 9, 11, 2.

nātūrificātus, a, um (natura u. facio), **zu einem Wesen geworden, ins Dasein getreten,** animae, Tert. adv. Val. 29.

1. nātus, ī, *m.*, der **Sohn,** s. nāscor.

2. nātus, Abl. ū, *m.* (v. nascor), **I** die **Geburt,** dah. das **Wachsen,** cupressus natu morosa, cupressus, Plin. 16, 139. – **II** die **Geburt** = das **Alter,** die **Jahre,** magno natu, von hohem Alter, bejahrt, Nep. u. Liv.: maximo natu filius, der älteste S., Nep. – tantus natu, so alt, Plaut.: grandis, grandior natu, betagt, -er, bejahrt, -er, Cic. u. Plaut.: maior natu, maximus natu, s. māgnus *no.* II, A, 2, b. – animus gravior (gesetzter) natu, Ter.: qui annum sextum natu excesserint, Cael. Aur. de morb. acut. 2, 29, 154.

nauarchia, ae, *f.* (ναυαρχία), das **Amt eines Schiffskapitäns,** Cod. Theod. 13, 5, 20.

nauarchus (nicht nāvarchus), ī, *m.* (ναύαρχος), der **Schiffsführer, Schiffskapitän,** Cic. Verr. 5, 60 u. a. Tac. ann. 15, 51. CIL 11, 86: ›nauarchi‹, id est quasi ›navicularii‹, Veget. mil. 5, 2.

Naubolus, ī, *m.* (Ναύβολος), König in Phokis, Vater des Argonauten Iphitus, Stat. Theb. 7, 355. Hyg. fab. 14. – Dav. **Naubolidēs,** ae, *m.* (Ναυβολίδης), der **Naubolide** (Nachkomme des Naubolus), v. Iphitus, Val. Flacc. 1, 362.

naucella, s. nāvicella.

nauci, s. naucum.

nauclēricus, a, um (ναυκληρικός), **zum Schiffspatron gehörig,** ornatus, Schiffsherrnkleidung, Plaut. asin. 69; mil. 1177.

nauclērus, ī, *m.* (ναύκληρος), der **Schiffsherr, Schiffspatron,** Plaut.

mil. 1110. Tert. adv. Marc. 5, 1. Vulg. act. apost. 27, 11. Cod. Theod. 7, 16, 3 u. a. Firm. math. 3, 14 u. 8, 6.

Naucratēs, Akk. em, *m.* (Ναυκράτης), ein griech. Redner, Schüler des Isokrates, Cic. de or. 3, 173. Cic. or. 172 (wo Akk. Naucratem): Plur., illi Theopompi, Ephori, Philisti, Naucratae, jene Leute, wie ein Th. usw., Cic. de or. 2, 94.

Naucratis, Akk. im, *f.* (Ναύκρατις), Stadt in Unterägypten, j. Ruinen beim Ort *Salhadschar* (etwa 12 km südl. von der Stadt *Schabur),* Plin. 5, 64 u. 31, 111. – Dav.: **a** **Naucratīticus,** a, um (Ναυκρατιτικός), **naukratitisch,** ostium, der kanopische Nilarm, Plin. 5, 64. – **b** **Naucratītēs,** ae, *m.* (Ναυκρατίτης), **naukratisch,** nomos, Plin. 5, 49.

naucula, ae, *f.* = navicula, Plin. ep. 3, 16, 9; 5, 6, 37 u. 9, 7, 4. Paul. Nol. carm. 21, 247.

nauculor, ārī (naucula), auf einem kleinen Fahrzeug **fahren,** Mart. 3, 20, 20.

naucum, ī, *n.*, eig. »die Nussschale«, bildl. wie unsere taube Nuss = etwas ganz Geringes (s. Fest. 166 [b], 6. Prisc. 3, 12), nur in den Verbndgg. non habere nauci alqm, jmd. nicht einer tauben Nuss wert achten, ganz geringschätzen, Cic. de div. 1, 132: ebenso non nauci facere, Plaut. Bacch. 1102: nauci non putare, Apul. apol. 91: nauco ducere, für gar nichts achten, Naev. com. 105: nauci non esse, nicht das Geringste (gar nichts) wert sein, Plaut. most. 1041; od. nicht zu verachten sein, Plaut. fr. bei Fest. 166 (b), 14: homo non nauci, ein Taugenichts, Plaut. truc. 611: nihili non nauci (est) homo, Enn. fr. scen. 423: (non) naucum dare (pro alqa re), keine taube Nuss (keinen Pfifferling) geben, Afran. com. 431 (b. Auson. edyll. 12. cento nupt. praef. p. 140, 5 Schenkl).

naufragālis, e (naufragium) = naufragiosus, Mart. Cap. 6 § 643.

naufragātor, ōris, *m.* (naufrago), der **Schiffbrüchige,** Augustin. serm. 53, 1 Mai.

naufragiōsus, a, um (naufragium), **voller Schiffbrüche,** d. i. **wegen häufiger Schiffbrüche gefährlich,** pelagus, Sidon. epist. 4, 12, 1: montes, Augustin. in 1. Ioann. (euang.) tract. 1, 3. – Nbf. **naufragōsus,** z. B. montes, Augustin. in psalm. 124, 5: gurges, Augustin. de anim. 1. § 10: pelagus disputationis, Claud. Mam. de stat. anim. 1, 1: Syrtes, Acro Hor. epod. 9, 31 H.

naufragium, iī, *n.* (navifragium, von navis u. frango), der **Schiffbruch,** **I** eig.: naufragium (naufragia) facere, Sch. leiden, Cic. u. Sen.: u. dafür n. pati, Sen. poët. u. Eutr.: naufragio perire, Cic., interire, Caes.: falsa naufragia ementiri, Liv.: quae e naufragio possent enatare, sich mit ans Land retten, Vitr.: exanimata naufragiis corpora (die Leichname der Schiffbrüchigen) supina iacebant aut prona, Amm.: quasi naufragiis magnis multisque coortis, nach gewaltigem u. häufigem Schiffbruch, Lucr. 2, 552. – Sprichw., cupio istorum naufragia ex terra intueri, in Sicherheit ihre Gefahren anzusehen, Cic. ad Att. 2, 7, 4. – naufragium in portu facere, am Ziel noch verunglücken, Ps. Quint. decl. 12, 23. – im Bild, wie **Schiffbruch** = Unglück, (unglückliches) Schicksal, Zerrüttung, patrimonii, rei familiaris, Cic.: excipe naufragium nostrum, mein Unglück = mich Unglücklichen, Ov.: mollia naufragiis litora posse dari, mein Schicksal könne durch Anweisung einer milderen Gegend erleichtert werden, Ov.: me delectat ex hoc naufragio tabula (Rettungsbrett = Trostmittel), Cic.: naufragii reliquias colligere (im Bild), Liv.; vgl. reliquias tantae cladis velut ex naufragio colligere, Liv.: ex naufragio patriae salvus nemo potest enatare, Rhet. Her. – insbes. von einer Niederlage zur See und zu Lande, naufragium maris, Iustin.: pauci naufragii comites, Iustin.: naufragium facere (erleiden), Nep.: per Italiam naufragia sua latius trahere, Flor.; vgl. Duker Flor. 1, 13, 19. – **II** meton., die vom Schiffbruch auf der See umhertreibenden od. aufgefischten Gegenstände, **Trümmer, Überreste, schiffbrüchiges Gut,** naufragium suum colligere, Ulp. dig. 49, 9, 12: naufragium supprimere, Marcian. dig. 48, 8, 3. § 4: totum inter Siciliam Sardiniamque pelagus naufragio suo operire (v. Schiffen), Flor. 2, 2, 36; nubifer eurus naufragium spargens, Sil. 10, 323. – im Bild, illa naufragia Caesaris amicorum, Cic. Phil. 13, 3: naufragia rei publicae colligere, Cic. Sest. 15.

naufrago, āvī, āre (naufragus) = ναυαγέω, **Schiffbruch leiden,** v. Schiffen, Petron. 76, 4: v. Pers., Sidon. epist. 4, 21, 5. Salv. de gub. dei 3, 4, 19: unpers., naufragatur, Augustin. serm. 53, 1 Mai: Partiz. subst., naufragantes, die Schiffbrüchigen, Schol. Iuven. 12, 52. – bildl., naufr. circa fidem, Vulg. 1. Timoth. 1, 19: in hac parvulorum miseria, Augustin. op. imperf. c. Iul. 3, 109. – ► Depon. Nbf. **naufragor** (vgl. Not. Tir. 80, 49), Scylla et Charybdis et alia innumerabilia, in quibus naufragantur incauti et in fide dubii, Ps. Augustin. medit. 24, 2.

naufragōsus, s. naufragiōsus.

naufragus, a, um (zsgzg. aus navifragus, von navis u. frango), **schiffbrüchig,** **I** passiv, v. dem, der Schiffbruch leidet od. erlitten hat, Marius expulsus et naufragus, Cic.: mulier n., Tac.: corpora, Verg.: ratis, Sen. rhet.: puppis, Ov. – subst., ein Schiffbrüchiger, naufragus quidam natans, Cic.: dare naufrago tabulam (Rettungsbrett), Sen.: und im Bild v. einem, der mit seinem Vermögen Schiffbruch gelitten, aliquis patrimonio naufragus, Cic.: illa naufragorum eiecta ac debilitata manus, Cic. – **II** aktiv, **schiffbrüchig = die Schiffe zerschellend,** mare, Hor.: unda, Tibull.: monstra, Ov.: tempestas, Val. Flacc.: tela, Prudent.

naugae, s. nūgae.

naugātōrius, s. nūgātōrius.

naugor, ārī, s. nūgor.

Naulochus, ī, *f.* (Ναύλοχοι), Flecken u. Ankerplatz im Osten der Nordküste Siziliens, zwischen Mylä u. dem Vorgebirge Pelorus beim j. Kastell *Spadafera* an der Mündung des gleichnamigen Flüsschens, Suet. Aug. 16, 1. – Nbf. **Naulocha,** ōrum, *n.*, Sil. 14, 264.

naulum, ī, *n.* (ναῦλον), der **Schiffslohn,** das **Fährgeld,** Iuven. 8, 97: naula navium, Paul. dig. 30, 1, 39. § 1: naulum exsolvere, Ulp. dig. 20, 4, 6.

naumachia, ae, *f.* (ναυμαχία), **I** der als Schauspiel gegebene **Schiffskampf,** das **Seegefecht,** (rein lat. navale proelium), Vell. 2, 56, 1. Mart. de spect. 28, 12: gladiatorii muneris naumachiaeque spectacula, Vell. 2, 100, 2: naumachiam committere, Suet. Claud. 21, 6, exhibere, Suet. Ner. 12, 1: naumachiae spectaculum edere, Suet. Caes. 44, 1: sequentibus diebus datae sunt populo voluptates ludorum scaenicorum, naumachiae, Vopisc. Aurel. 34, 6. – **II** meton., der Ort des Seegefechts (gew. ein Bassin), die **Naumachie,** Suet. Tib. 72, 1 u. a.

naumachiārius, a, um (naumachia), **zum Schiffskampf gehörig, Schiffskampf-,** pons, Plin. 16, 190 u. 200. – subst., naumachiārius, iī, *m.*, ein **Schiffskämpfer** in den Schauspielen, Suet. Claud. 21, 5.

Naupactos, u. **-us,** ī, *f.* (Ναύπακτος), wichtige u. feste Hafenstadt im Gebiet der Lokri Ozolä, lange Zeit im Besitz der Ätoler, j. neugriech. *Epaktos,* ital. *Lepanto,* Caes. b. c. 3, 35. Cic. Pis. 91. Mela 2, 3, 5 (2. § 43). Plin. 4, 6. – Dav. **Naupactōus,** a, um, **naupaktoisch,** Ov. fast. 2, 43.

naupēgus, ī, *m.* (ναυπηγός), der **Schiffbauer,** Tarrunt. Patern. dig. 50, 6, 6. Edict. Diocl. 7, 13. Firm. math. 4, 7. Chalcid. Tim. 337.

nauphylax, acis, *m.* (ναυφύλαξ), der **Beaufsichtiger des Passagiergutes auf den Schiffen,** CIL 11, 47 u. 10, 3453 (naufyllax). – auch **nāophylax,** CIL 10, 2451.

1. **Nauplius,** iī, *m.* (Ναύπλιος), König auf Euböa, Vater des Palamedes, lockte aus Rachsucht darüber, dass sein Sohn von den Griechen getötet war, die aus Troja zurückkehrenden Griechen durch ein Feuer an die Klippen seiner Insel, wo sie Schiffbruch litten, Prop. 4, 1, 115. Hyg. fab. 116: Nauplii mala, Suet. Ner. 39, 3. – Dav. **Naupliadēs,** ae, *m.* (Ναυπλιάδης), der **Naupliade** (Nachkomme des Nauplius), v. Palamedes, Ov. met. 13, 310.

2. **nauplius,** iī, *m.* (ναύπλιος), ein Schaltier, das mit seiner Muschel wie mit einem Schiff zu segeln versteht, Plin. 9, 94.

Nauportum, ī, *n.*, Stadt im oberen Pannonien, j. **Ober-Laibach** in Krain, Vell. 2, 110, 4. Tac. ann. 1, 20.

nausco, ere (zsgzg. aus navisco v. navis), **sich in Gestalt eines Schiffes öffnen** (v. der Bohne), Paul. ex Fest. 168, 5.

nausea (nausia), ae, *f.* (ναυσία), **I** die **Seekrankheit,** ex nausea vomitus, Cels.: si sine vomitu nausea fuit, Cels.: navigamus sine timore et nausea, Cic.: qui navigavit et nauseā pressus est, Cels.: nausea enim me segnis haec et sine exitu, quae bilem movet nec effundit, torquebat, Sen.: nauseā edepol factum credo, Plaut. merc. 375 G.: Plur., nausias maris arcet, Plin. 27, 52. – u. übtr., übh. **Übelkeit, Neigung zum Erbrechen, Brechreiz,** dann auch = das **Erbrechen, Kotzen,** nausea et vomitio, Mart. Cap.: stomachi crebra nausea, quae cum vomitu saepe excitatur, utilis est, Marc. Emp.: ubi libido veniet nauseae, Cato: quod fluentem nauseam coërceat, Hor.: primum assumere (einnehmen) oportet quae nauseam faciunt (zus. = ein Brechmittel), Scrib. Larg.: alci nauseam movere, Fulg.: Plur., nausearum provocatio, Cael. Aur. de morb. acut. 3, 2, 7. – **II** bildl., **Ekel** = Ekel erregende Langeweile, Mart. 4, 37, 9.

nauseābilis (nausiābilis), e (nauseo), **Erbrechen erregend,** Cael. Aur. de morb. chron. 3, 2, 18.

nauseābundus (nausiābundus), a, um (nauseo) **1 zur Seekrankheit geneigt, seekrank,** Sen. ep. 108, 37. – **2 an verdorbenem Magen leidend,** Sen. ep. 47, 8.

nauseātor (nausiātor), ōris, *m.* (nauseo), der **Seekranke,** Sen. ep. 53, 4.

nauseo (nausio), āvī, ātum, āre (nausea), **I die Seekrankheit haben,** etiam nunc nauseo, Plaut. Amph. 329: num quis miratur in mari (se) nausiare? Sen. de ira 3, 37, 3: conducto navigio aeque nauseat ac locuples, quem ducit priva triremis, Hor. ep. 1, 1, 93: epistula, quam dedisti nauseans (seekrank) Buthroto, Cic. ad Att. 5, 21, 3. – u. übtr. übh. **Übelkeit (Ekel) empfinden, sich erbrechen wollen** od. **müssen, kotzen,** dominus crudus ac nausians, Sen. ep. 89, 22: ructans et nauseans, der Rülpser u. Kotzer, Cic. ep. 12, 25, 4: quidlibet, modo ne nauseet, faciat, quod in porticu Minucia fecit, Cic. Phil. 2, 84. – **II** bildl.: **A Ekel bekommen,** ista effutientem nauseare, solches unnützes Zeug herauszuschwatzen, was dir selbst Ekel erregen muss, Cic. de nat. deor. 1, 84: qui ad canticum sobrietatis, sicut ad potionem aqualem madidi nauseant, Augustin. conf. 6, 2. – **B ekel tun,** Phaedr. 4, 7 (6), 25. – ► Depon. Nbf. nausior, Caper 93, 10 K.

nauseola (nausiola), ae, *f. (Demin.* v. nausea), eine **kleine Übelkeit,** Cic. ad Att. 14, 8, 2.

nauseōsus (nausiōsus), a, um (nauseo), **ekelerregend,** radix, Plin. 26, 59.

nausia u. die davon Abgeleiteten s. nausea usw.

Nausicaa, ae, *f.* u. **Nausica,** ae, *f.* (Ναυσικάα), Tochter des Alkinous, des Königs der Phäaken, Form *-caa,* Gell. 9, 9, 14. Mart. 12, 31, 8. Hyg. fab. 125 *sq.*: Form *-ca,* Dict. 6, 6.

Naustathmon, s. 2. Lamptēr.

naustibulum, ī, *n.* (navis), ein **Gefäß in Schiffsform,** Fest. 169 (a), 23. Paul. ex Fest. 168, 3.

nausum, ī, *n.*, eine Art **gallischer Schiffe,** Auson. epist. 22. praef. p. 183 Schenkl.

nauta, ae, *m.* (zsgzg. aus nāvita v. navis), der **Schiffsmann,** d. i. **I** der **Schiffer, a** als **Lohnschiffer,** Ter., Cic. u. a. – nicht zsgzg. Nbf. nāvita, v. Charon, Apul. met. 6, 20: u. v. dems. navita turpis aquae, Tibull. 1, 10, 36: ebenso navita Porthmeus, Petron. poët. 121. *v.* 117. – **b** als **Schiffseigentümer, Reeder, Kaufmann** (= mercator), Hor. carm. 1, 1, 14; sat. 1, 1, 29: Aemilianus nauta (kollektiv) neben Venetus remex, Sidon. epist. 1, 5, 5. – **II** jeder **Seemann,** Plur. nautae, **Seeleute, Matrosen** (bei Horaz zur Bezeichnung der rohesten Menschen), Caes., Cic. u. a. – nicht zsgzg. Nbf. navita u. Plur. navitae, Plaut., Catull. u. Gell.

nautālis, e (nauta), **schiffsmännisch,** Auson. Mos. 223.

nautea, ae, *f.* (ναυτία, ionisch = ναυσία), **I** die **Seekrankheit,** das **Erbrechen,** Plaut. fr. bei Fest. 165 (b), 32. – **II Schiffsjauche** (sentina), Plaut. asin. 894 u. Curc. 99 G.

Nautēs, ae, *m.*, ein Trojaner, Verg. Aen. 5, 704 u. 728, Stammvater der **Nautiī,** ōrum, *m.*, einer ital. Familie, die das Palladium über Lavinium nach Rom gebracht haben sollte, weshalb die Opfer der Göttin, die deshalb dea Nautia heißt, auch bei dieser Familie geblieben sein sollen, Fest. 166 (a), 15. Serv. Verg. Aen. 2, 166; 5, 704.

nauticārius, iī, *m.*, der **Schiffsherr,** CIL 14, 2 u. 289.

nauticus, a, um (ναυτικός), **zu den Schiffen-, zu den Schiffsleuten gehörig, schiffsmännisch, Schiffs-, Schiffer-,** clamor, Verg.: verbum, Cic.: instrumentum, Liv.: pinus, Schiff, Verg.: funis, Fest.: exuviae, den eroberten Schiffen abgenommene Schiffsschnäbel, Cic.: scientia rerum nauticarum, Kenntnis des Seewesens, Cic.: castra, Schiffslager, Standort der Schiffe, Nep. – fenus nauticum, Bodmerei, ICt.: mutuam pecuniam nauticam accipere ab alqo, Bodmerei für die Seereise nehmen, Scaevol. Dig. 45, 1, 122. § 1. – subst., nauticī, ōrum, *m.*, Seeleute, Schiffsleute, Matrosen, Liv.

nautilus, ī, *m.* (ναυτίλος), das **Schiffsboot,** die **Schiffskuttel,** eine Art Schaltiere, die mit ihrer Schale gleich einem Schiff segeln, Plin. 9, 88.

Nava, ae, *m.*, die **Nahe,** ein Nebenfluss des Rheins, Tac. hist. 4, 70. Auson. Mosell. 1.

nāvāle, is, *n.*, s. nāvālis, e.

nāvālis, e (navis), **zu den Schiffen gehörig, Schiffs-, See-, I** *adi.*: pugna (Ggstz. pugna terrestris), Cic.: proelium (Ggstz. proelium terrestre), Nep.: certamen, Liv. u. Verg.: bellum, Cic.: copia navalis, Seemacht, Cic. u. Tac.: victoria, Liv. epit.: disciplina, Wissenschaft und Einrichtung des Seewesens, Cic.: res (Sing.), Anstalten zur See, Flottenwesen, Liv.: corona, Schiffkrone für einen Seesieg, Verg.: dass. honor, Ov.: triumphus, Liv.: forma, Schiffsgestalt, Ov.: materia, Liv.: stagnum, Bassin zu Naumachien (vgl. naumachia), Tac.: fabri, Schiffbauer, CIL 14, 372 u. ö.: duoviri, zwei Kommissare zur Ausrüstung der Schiffe, Liv.: navalis pons, Schiffbrücke, Amm.: castra navalia (s. castra), Caes.: maritimus et navalis hostis, der F., der zur See und zu Schiff kommt, Cic.: praetor navalis, Admiral, Vell.: copiae navales pedestresque, See- u. Landtruppen, Liv.: socius navalis, Seemann, Seesoldat, Liv., gew. Plur. socii navales, Seeleute, Matrosen, zuw. auch Seesoldaten, Liv.: pedes navales, scherzh. = Ruderknechte, Ruderer, Plaut. Men. 350. – **II** *subst.*: **A** nāvāle, is, *n.*, **a Standort der Schiffe, Hafen,** Ov. u. Lucan. – **b Niederlage** für Schiffsgeräte, Inscr. in Ephem. epigr. 2, 434. *no.* 927. – **B** nāvālia, ium, *n.*, **1 Werft, Schiffswerft, Schiffsholm, Dock,** Cic., Caes. u. a. – vorzugsw. die **Werften** der Römer jenseits des Tiber am Kampus Martius, wahrsch. zwischen der j. *Piazza Navona* u. dem *Porto di Ripetta,* Liv. 3, 26, 8 u. a. – **2** die **Reedung = Schiffbaumaterialien, Takelwerk** usw., Liv. u. a. – ► Genet. Plur. heteroklit. navaliorum, Vitr. 5, 12, 7. CIL 13, 6714.

nāvanter, *Adv.* (navans v. navo), **mit Eifer und Anstrengung,** Cassiod. var. 2, 23; 7, 7, 1 u. 8, 23, 4.

nāvarchia, richtiger nauarchia, s. d.

nāvarchus, ī, *m.*, richtiger nauarchus, s. d.

nāvē, *Adv.* = naviter, Plaut. b. Fest. 169 (a), 3. Sall. Iug. 77, 3.

nāvicella, ae, *f. (Demin.* v. navis), ein **kleines Schiff, Boot, Kahn,** Ps. Augustin. serm. app. 72, 1 u. 2. Fulg. exp. serm. ant. 15 u. 30. – Synkop. Nbf. naucella, Marcian. dig. 33, 7, 17. § 1 M.

nāvicula, ae, *f. (Demin.* v. navis), ein **kleines Schiff, Boot, Kahn,** Caes., Cic. u. a.: parvula, Caes.: actuaria, Auct. b. Afr.

nāviculāris, e (navicula), **zur Schifffahrt gehörig,** res, Schifffahrt (als Leistung), Frachtschifffahrt, Hermog. dig. 50, 4, 1. § 1.

nāviculārius, a, um (navicula), **I zum Schiffswesen** (kleiner Schiffe) **gehörig,** subst., **A** nāviculāria, ae, *f. (sc.* res), das Geschäft dessen, der kleine Schiffe zur Überfahrt von Reisenden u. Frachten vermietet, die **Frachtschifffahrt, Reederei,** naviculariam facere, Cic. Verr. 5, 46. – **B** nāviculārius, iī, *m.*, der zur Überfahrt von Reisenden und Frachten kleine Schiffe vermietet, der **Schiffseigner, Frachtschiffer, Lohnschiffer, Reeder** (vgl. Veget. mil. 5, 2 unter nauarchus), Cic. u. a.: navicularii Niliaci, Aurel. b. Vopisc.: navicularii infernates, s. īnfernās. – **II zu den Schiffen gehörig, Schiffer-, Schiffs-,** onus, functio, spät. ICt.

nāviculor, s. nauculor.

nāvifragus, a, um (navis u. frango), **Schiffe zerschmetternd, zerschellend,** Scylaceum, Verg. Aen. 3, 553: fretum, die sizilische Meerenge mit Scylla u. Charybdis, Ov. met. 14, 6: saxa, Stat. Theb. 5, 415.

nāvigābilis, e (navigo), **schiffbar,** mare, Liv.: amnis, Liv.: flumen, Colum.: fluvius, Mela: fluminum alvei, Sen.: ut navigabilia litora fierent, Tac.: Nilus iam bene nav., Mela.

nāvigātio, ōnis, *f.* (navigo), das **Schiffen,** die **Schifffahrt,** zuw. auch = **Seereise** (Ggstz. peregrinatio terrena, Cael. Aur. de morb. chron. 3, 1, 10), nav. bona, Cic.: prospera, Val. Max.: litorea, Küstenschifffahrt, Amm.: fluminis, Flussschiffe, Auct. b. Alex.: so auch Ionii maris, Tac.: ignoti maris, Sen. rhet.: diei, Tagereise zu Schiff, Plin.: nav. in fero (mari), Cic.: nav. longa per maria, Cael. Aur.: te neque navigationi neque viae (Landweg) committas, Cic.: eam navigationem (Seereise) prodere scripto, Plin.: primam navigationem (Schiffsgelegenheit, Fahrgelegenheit) ne omiseris, Cic. – Plur., difficultas itinerum ac navigationum, Auct. b. Alex.: navigationes maritimae, Cael. Aur.: fluminales vel portuosae aut stagni navigationes, Cael. Aur.

nāvigātor, ōris, *m.* (navigo), der **Schiffer, Schiffsmann,** Quint. 5, 10, 27. Ps. Quint. decl. 12, 23. Paul. Nol. ad Cyther. 397.

nāviger, gera, gerum (navis u. gero), **I** **Schiffe tragend, schiffbar, befahren,** mare, Lucr.: amnes, Veget. mil.: flumina, Paneg. vet.: iter, Mart. – **II** **schiffend, segelnd,** similitudo, Ähnlichkeit mit einem fahrenden Schiff, Plin. 9, 94.

nāvigiolum, ī, *n.* (*Demin.* v. navigium), ein **kleines Fahrzeug, Boot,** parvulum, Auct. b. Afr. 63, 2: vix singulis cum navigiolis recipi, Lentul. in Cic. ep. 12, 15, 2.

nāvigium, iī, *n.* (navigo), **I** das **Schiffen,** die **Schifffahrt,** omnes navigii dies, Scaevol. dig. 45, 1, 122. § 1: locus navigii, Cod. Iust. 4, 33, 3: properatio navigii, Dict. 1, 5: multorum dierum nav., Dict. 2, 4: mare navigio patens, Dict. 2, 10 *in.* – **II** jedes **Fahrzeug** zu Wasser, **Schiff, Barke, Kahn, Floß** (vgl. Ulp. dig. 43, 12, 1. § 14), Cic. u. a.: nav. parvulum conscendere, Sen. u. Auct. b. Afr.: in eodem velut navigio participem esse periculi, Liv.

nāvigo, āvī, ātum, āre (navis u. ago), **I** *intr.* **schiffen, segeln, fahren,** **A** eig.: **1** im Allg.: **a** v. Pers.: is qui navigavit, der Seereisende, Cels.: naviga, milita, peregrinare! Sen. rhet.: non navigabo, non peregrinabor, Sen. rhet.: in ea navi navigandi causā esse, ICt.: nav. caute, Cic.: periculose, Cic.: non temere, Cic.: plenissimis velis (bildl.), Cic.: per anni tempus navigare posse, Cic.: nav. studii causā, Sen.: in fero mari, incerto cursu, hieme maximā, Cic.: e portu, Quint.: in alto, Cic.: in eo mari, Sen.: in pelago, Lact.: per illa loca, Mela: per Asiam et insulas ad Achaiam, Spart.: per amnem, stromabwärts, Curt.: Syracusas, Cic.: Anticyram, Hor.: ab Aegina Megaram versus, Sulpic. in Cic. ep.: in Siciliam, Spart.: ad Sidam, Cic.: ex Asia in Macedoniam, Cic.: nancisci idoneam ad navigandum tempestatem, Caes. – *Pass. impers.,* iis ventis istinc navigatur, Cic.: in hos, per quos navigatur, sinus etc., Sen. rhet.: ratibus adhuc navigatur, Quint. – Sprichw., in portu navigo, ich bin in Sicherheit, Ter. Andr. 480. – **b** v. Fahrzeugen, decrevimus, ut classis in Italiam navigaret, Cic.: mediis tua pinus in undis navigat, Ov. – **c** von Waren, ipsae merces navigent, fahren, Modestin. dig. 22, 2, 1. – **2** insbes., **in die See gehen,** **a** = einen Kriegszug auf dem Meer unternehmen, **kreuzen,** Cic. Verr. 5, 80. – **b** = Schifffahrt od. Seehandel treiben, Vopisc. Prob. 23, 3. – **B** übtr.: **1** v. Seekrieg, belli impetus navigavit, ging vom Stapel, Cic.: Regulo duce iam in Africam navigabat bellum, Flor. – **2** **schwimmen,** Ov. her. 19, 47. – **3** **fließen, strömen,** in ipso ore navigat mare, Manil. 5, 583. – **II** *tr.:* **1** **befahren, durchsegeln,** terram, Cic. de fin. 2, 112: Tyrrhenum aequor, Verg.: Oceanum, Sen. rhet.: Atlanticum mare, Sen.: fluvios grandes et maria, Firm. math.: navigatur Occidens, Plin.: Nilus non statim navigari facilis, Mela: non navigata (noch unbefahrene) maria transgressus est, Mela: lacus Romanis classibus navigati, Tac.: urbs pensilis subterque navigata, eine schwebende Stadt, sodass man unter ihr hinsegeln kann, Plin. – **2** prägn., **beim Schiffen schaffen (erwerben),** quae homines arant navigant aedificant, virtuti omnia parent, was der Mensch beim Pflügen, Schiffen, Bauen schafft, hängt von seiner Tüchtigkeit ab, Sall. Cat. 2, 7.

nāvis (vulg. nābis), is, *f.* (altindisch *nauḥ*, griech. ναῦς), das **Schiff,** **I** eig. u. übtr.: **A** eig.: navis peregrina, Plaut.: maritima, Liv.: fluviatilis, Liv.: amnica, Edict. Diocl.: actuaria, Caes.: longa, Kriegsschiff, Liv.: oneraria, Transportschiff, Lastschiff, Liv.: mercatoria, Kauffahrteischiff, Plaut.: piratica, Seeräuberschiff, Liv.: piscatoria, Fischerkahn, Caes.: praetoria, Admiralschiff, Liv.: rostrata, mit einem Schnabel, Iustin.: tecta, Liv. u. Tac., od. constrata, Cic., mit einem Verdeck: aperta, ohne Verdeck, Cic.: navis frumento onusta, Liv.: navis vacua dominis, Liv.: navis exarmata et utroque patens latere, Sen. rhet.: navis quassa (leckes), Liv., vetus quassaque, Liv.: navis, quae simplici ordine agebatur (= moneris, s. d.), Tac.: navis quattuor scalmorum, Vell.: navis auri, paleae, ein Goldschiff, Spreuschiff, Cic.: n. mercium, Iustin. – navem construere od. aedificare, Cic., od. facere, Caes.: navem ornare, Liv., od. adornare, Caes.: navem fabricari, Tac.: navem armare, Caes., instruere armareque, Liv.: navem exarmare (abtakeln), Sen. rhet.: fatiscit navis rimis od. carie, Verg. u. Amm.: navem reficere, Liv.: navem deducere litore, Verg., od. in aquam, Liv., od. bl. deducere, Caes., ein Schiff ins Wasser (in See, vom Stapel usw.) lassen: navem subducere, ans Land ziehen, Caes.: navem ex portu educere, aus dem Hafen steuern, Caes.: navem moliri ab terra, Liv.: navem solvere, absegeln, Caes.: navis solvit, das Schiff segelt ab, Caes.: conscendere navem, Nep., od. in navem, Cic.: od. ascendere in navem, Nep., od. navem, Ter.: milites in navem imponere, einschiffen, Liv.: alqm in navem recipere (an Bord nehmen), Vell.: moderari navem, Liv., navem funiculo, Cic.: navibus rem gerere, zur See fechten, Hor.: egredi e (ex) navi, Ter. u. Caes., od. navi, Nep.: navem appellere ad locum, Cic.: od. applicare ad terram, Caes., od. terrae, Liv.: navis in portum pervehitur, Cic.: deligare navem ad ancoram od. ad terram, Caes.: navem supprimere od. deprimere, versenken, Liv. u. Tac.: navem mergere, versenken, in den Grund bohren, Liv. u. a. (vgl. mergo): navem stabilire (einen festen Stand geben), Liv.: navem frangere, Schiffbruch leiden, Rhet. Her. (vgl. compluribus navibus fractis, Caes.): navem frangere apud Andrum insulam, Ter.: navem gubernare, steuern, Cic.: navem tenere in ancoris, vor Anker liegen, Nep.: nave, navibus venire, zu Schiff kommen, Cic. u. Liv.: in navi vehi, Cic., od. nave ferri, Hor., im Schiff fahren. – navem agere in litus, Liv.: navem capere (nehmen, erobern), Liv.: navem circumsistere, circumvenire, Liv.: navem concīdere, Liv.: navem concitare, Liv.: navem incendere, Cic.: navem praecīdere, Cic.: navem perforare Cic. fr.: navem retinere, festhalten, Caes., zurückbehalten, Liv. – Sprichw., navibus atque quadrigis, d. i. mit aller Macht, aus allen Kräften, Hor. ep. 1, 11, 28: navem mortuo applicare, den Ertrunkenen aus dem Wasser ziehen, zu spät Hilfe leisten, Ps. Quint. decl. 12, 23. – **B** übtr.: **1** der **Bürzel** der Vögel, Apic. 6, 240. – **2** Navis Argolica od. bl. Navis, das Schiff Argo als Gestirn, Cic. Arat. 277. – **II** bildl., v. Staat, una navis est bonorum omnium, Cic.: v. der Gemeinschaftlichkeit einerlei Schicksals desselben, ubicumque es, in eadem es navi, Cic. – ► Akk. Sing. gew. navem, selten navim (welche Form Charis. 126, 7 *sq.* geradezu verwirft); Abl. Sing. nave, z. B. Verg. Aen. 5, 188, gew. aber navi, s. Charis. 47, 19. Prisc. 7, 67, der Ter. Andr. 923 u. heaut. 182 u. Cic. Verr. 5, 45 als Belege anführt; vgl. oben die Redensarten.

Nāvisalvia, ae, *f.* (navis u. salvus), Name, unter dem die Vestalin Klaudia Quinta, die das Schiff mit dem Bild der Magna Mater Deûm im J. 205 v. Chr. den Tiberstrom hinaufzog, im Vestibulum des Tempels der Magna Mater göttlich verehrt wurde, CIL 6, 492. 493. 494.

nāvita, ae, *m.,* s. nauta.

nāvitās (gnāvitās), ātis, *f.* (navus), die **Rührigkeit, Regsamkeit, Emsigkeit,** Cic. ep. 10, 25, 1. Arnob. 1, 2.

nāviter (gnāviter), *Adv.* (navus), **I** **rührig, regsam, betriebsam, emsig,** Ter. Eun. 51, Liv. u. a. – **II** **geflissentlich,** exstare, Lucr.: bene et naviter impudens, Cic.

nāvium, iī, *n.* (navis), **I** ein Fahrzeug aus einem Stück Holz, der **Ein-**

baum, Mela 3, 7, 2 (3. § 62): capita aut navia, s. caput. – **II** übtr., ein hölzernes Gefäß aus einem Stück, etwa ein **Zober,** Fest. p. 169 (a), 25.

nāvo, āvī, ātum, āre (navus), etw. **rührig-, emsig betreiben, -verrichten,** etw. **eifrig betätigen, -erweisen,** aliquod πολιτικὸν opus efficere et navare, Cic.: nemo est tam afflictus, qui non possit aliquid navare et efficere, Cic.: obsequium, Chalcid. Tim.: rem publicam, das Staatsinteresse eifrig betreiben, dem Staat eifrig dienen, Cic.: alci bellum, jmdm. durch Krieg behilflich sein, Tac.: huiuscemodi suavitatis multa, quae appareat navata esse, non fortuita, viele offenbar absichtlich gesuchte, nicht etwa zufällige Beispiele lieblicher Klangwirkung, Gell. – alci operam suam studiumque, Cic.: benevolentiam suam in alqm, Cic.: operam navare alci, jmdm. mit Eifer dienen, Dienste od. Hilfe leisten, mit Eifer behilflich sein, -helfen, -beistehen, Cic.: so auch rei publicae, Cic.: alci operam *ad* reconciliandam pacem, Liv.: u. ohne *Dat.*, navent aliam operam, mögen auf eine andere Weise behilflich sein, sich betätigen, Cic.: fortiter in acie operam n., sich wacker am Kampf betätigen, Liv.: aut observandis auguriis aut extis consulendis op. nav., Min. Fel. 7, 1: bonam operam adversus Sabinos navaverat, Aur. Vict. de vir. ill. 4, 1: navabatur opera diligens in palatio, Amm. 19, 5, 2: diligens opera navabatur exstingui Silvanum ut fortissimum perduellem, Amm. 15, 5, 19: navabatur opera diligens nequi Romanam rem eversurus relinqueretur, Amm. 31, 4, 5.

nāvus (gnāvus), a, um, **regsam, rührig, betriebsam, tätig,** v. Pers., Cic. u. a.: verb. navus et industrius, Cic.: navus in malitia (im Bösen), Liv.: *Compar.*, hostium naviores, Iul. Val. 1, 41 *ed. Paris.*: in inquirendis gnaviores quam in componendis, Amm. 26, 4, 4. – übtr., v. Lebl., opera, Vell.: u. poet. timor, Sil.

naxa, ae, *f.*, s. nassa.

Naxiaca, Naxica, Naxius, s. Naxos.

Naxos (Naxus), ī, *f.* (Νάξος), Insel des Ägäischen Meeres, die größte der Zykladen, berühmt durch herrliche Marmorbrüche u. trefflichen Wein und in der Sagenwelt bekannt durch die dort von Theseus verlassene Ariadne, sowie durch den daselbst heimischen Bacchusdienst, j. *Naxia* od. *Axia*, Plin. 4, 67. Prop. 3, 15, 27: Bacchata N., Verg. Aen. 3, 125. – Dav.: **A Naxiaca**, ōrum, *n.* (Ναξιακά), ein **Werk über Naxos,** Schol. ad Caes. Germanic. Arat. 17. p. 384 *Eyss.* – Dass. **Naxica**, ōrum, *n.*, Hyg. astr. 2, 2 u. a. – **B Naxius**, a, um (Νάξιος), **naxisch, aus Naxos,** turba, Prop.: ardor = *corona Ariadnes*, ein Gestirn, Colum. poët.: N. cos u. subst. Naxium, iī, *n.*, ein Stein zum Schleifen, der auf Naxos u. Cypern gefunden wurde, ein naxischer Wetzstein, griech. Ναξία ἀκόνη, N. cos bei Plin. 36, 164: Naxium bei Plin. 36, 54 u. 37, 109.

Nāzara, ae, *f.* u. gew. **Nāzareth,** *indecl. f.* (Ναζαρέθ), die Stadt **Nazareth** in Palästina, Wohnort der Eltern Jesu, noch j. *Nasirah (Nassara, Nassere)*, Form *-zara*, Iuvenc. 2, 197: Form *-zareht*, Vulg. Matth. 2, 23; 4, 13 u. a. – Dav.: **A Nāzaraeus**, ī, *m.*, der **Nazaräer** Vulg. genes. 49, 26 u. a. – **B Nāzarēnus**, a, um, **a nazarenisch, von Nazareth,** filius ille N., Anthol. Lat. 768, 13 R., subst., der Nazarener, v. Christus, Prud. cath. 7, 1. Vulg. Matth. 26, 71 u. a. – **b** appell. = **christlich,** disciplina, Prud. perist. 10, 45. – **C Nāzareus**, a, um, aus **Nazareth,** viri, die Christen, Prud. c. Symm. 1, 550. – **D Nāzarus**, a, um, **nazarisch, zu Nazareth,** plebes, Iuvenc. 3, 29.

1. nē (nicht nae), *Adv.* (νή), ja, nur bei einem Pronomen u. in der mustergültigen Prosa in der Regel mit vorausgegangenem od. nachfolgendem, angedeutetem od. bestimmt ausgesprochenem Konditionalsatz, **a** absol.: ne ego homo infelix fui, qui non alas intervelli, Plaut.: ne ego fortunatus homo sum, Ter.: ne ego, inquam, si ita est, velim eum tibi placere quam maxime, Cic.: ne illi multa saecula exspectanda fuerunt! Cic.: ne tu perditas res Campanorum narras, ubi summus honor ad filium meum perveniet, Liv. – **b** verb. mit hercle, edepol, ecastor, medius fidius, **ja fürwahr, ja bei Gott, ja in der Tat,** ne tu hercle cum magno malo (tuo) mi obviam occessisti, Plaut.: ne illam ecastor fenerato mi abstulisti, Plaut.: medius fidius ne tu emisti ludum praeclarum, Cic. – ► Die allein richtige Schreibung ne.

2. nē, die urspr. u. eig. latein. Verneinungspartikel, als *Adv.* = **nicht,** als *Coniunction* = **dass nicht, damit nicht,** und, mit Verkürzung des Vokals, **nĕ**, als enklitisches Fragewort = **etwa nicht? doch nicht? ob etwa nicht?** (s. 3. ne).

I nē, als *Adv.*, **nicht, A** als Verneinung eines Begriffes, der als sinnlich od. geistig wahrgenommen aufgefasst wird. In dieser Weise findet sich ne nur in der älteren Zeit der Sprache gebraucht, während sonst gew. non zur Verneinung dient, nisi tu ne vis, Plaut.: operae ne parcunt, Plaut.: crescere ne possunt fruges, Lucr. – In der ausgebildeten Sprache hat es sich so erhalten in Zusammensetzungen, wie nefas, nemo (= ne-homo), ne-scio, ne-quaquam, nedum, ne-uter, nullus, numquam, nusquam, necopinus, necubi, negotium u. a.

B als Verneinung eines Begriffes, der als vorgestellt und daher nur als möglich aufgefasst wird, **1** in der Verbindung ne ... quidem (ne quidem ohne dazwischengesetztes Wort bei Gaius inst. 1, 67 u. 3, 93), die das Wort oder die Wortverbindung, die verneint werden soll, in die Mitte nimmt, **nicht einmal,** ne populus quidem, Cic.: ne in oppidis quidem, Cic.: ne cum esset factum quidem, Cic. – Sollen mehrere durch Partikeln verbundene Wortbegriffe verneint werden, so steht ne ... quidem nur bei dem ersten, ne Aequi quidem ac Volsci, Liv.: ne a sententiis quidem aut verbis, Quint. – Ebenso wird bei verbundenen Sätzen ne ... quidem nur im ersten gesetzt, ita ut ne efferendi quidem signa Romanis spatium nec ad explicandam aciem locus esset, Liv. – Durch ne ... quidem wird der ganze Satz verneint, cum mendaci homini ne verum quidem dicenti credere soleamus, Cic. – Doch geht sehr häufig eine Negation voraus, non fugio ne hos quidem mores, Cic.: numquam illum ne minimā quidem re offendi, Cic. – Wenn daher zwei Satzglieder miteinander verbunden werden, von denen das eine den schwächeren Gedanken durch non modo (nicht eben, nicht gerade, nicht nur), das andere den stärkeren durch ne ... quidem ausdrückt, so kann bei jenem non als seine eigene Negation gesetzt, aber auch weggelassen u. aus dem mit ne ... quidem gebildeten Satz entnommen werden, jedoch nur dann, wenn beide Satzglieder einerlei Prädikat haben, mihi vero quidquid accĭderit ne recusanti quidem, non modo non repugnanti, Cic.: ne sues quidem id velint, non modo ipse, nicht bloß ich nicht, Cic.: duas res non modo agere uno tempore, sed ne cogitando quidem explicare potest, Cic. – Häufig bedeutet ne ... quidem **a geschweige, viel weniger,** wenn der Satz eine Steigerung enthält, nullum est fatum: ita ne divinatio quidem, Cic. – **b keineswegs,** wenn ein anderer Satz mit sed (sondern), etiam (sogar), sed etiam (sondern sogar) entgegengesetzt wird, is utitur consilio ne suorum quidem, sed suo, Cic.: ergo illi ne causa quidem itineris, etiam manendi, Cic.: ne conivente quidem te, sed etiam hilarioribus oculis intuente, Cic. – **c natürlich nicht, gewiss nicht,** wenn ein abgeleiteter Gedanke angeschlossen wird, carēre enim sentientis est: nec sensus in mortuo: ne carēre quidem igitur in mortuo est, Cic.: egone ut te interpellem? ne hoc quidem vellem, Cic. – **2** in der Verbindung ne ... quoque = ne ... quidem, **auch nicht einmal,** sese, inquit, ne id quoque, quod tum suaderet, facturum esse, Cl. Quadr. ann. 1. fr. 17 (bei Gell. 17, 2, 18): ceterum quando ne ea quoque temptata vis proficeret, consilio grassandum, Liv. 10, 14, 13: u. so auch Gell. 1, 2, 5 u. 20, 1, 15: in Verbindungen, wie ne quis, ne qui, ne quando u. a., iustitiae primum munus est, ut ne cui quis noceat, Cic.: ut ne qua scintilla relinquatur, Cic.: ut ne quando amare inciperemus, Cic.

C zur Verneinung eines Begriffes, der als gewollt u. übh. als von einer Willenstätigkeit abhängig aufgefasst wird: **AA** in unabhängigen Sätzen: **1** in Sätzen, die eine Bitte, eine Aufforderung, einen Befehl enthalten, **nicht, a** neben dem Imperativ, ne crucia te, Ter.: ne nega, verred' es nicht! Ter.: ne time, Plaut.: ne metue, Sen. rhet.: fratrem ne desere, Verg.: ne gravare, Plin. ep.: ne timete, Liv.: ne repugnate vestro bono, Sen.: impius ne audeto placare donis iram deorum, Cic. – **b** neben dem Konjunktiv (des Präsens od. Perfekts), ne me moneatis, Plaut.: ne forte pudori sit tibi Musa, Hor.: ne tot annorum felicitatem in unius horae dederis discrimen, Liv. – Häufig wird ein mit ne gebildeter Satz ohne Verbindungspartikel nach einer Einräumung gesetzt, sint sane liberales ex sociorum fortunis, misericordes in furibus aerarii, ne illi sanguinem nostrum largiantur, doch unser Blut sollen sie nicht vergeuden, Sall.: tu vero istam Romae legem rogato: nobis nostras ne ademeris, Cic. – Ebenso steht ein mit ne gebildeter Satz ohne Verbindungspartikel, wenn der in ihm enthaltene Gedanke aus einem anderen abgeleitet wird, nec nunc adulteria obiecturum ait, ne domum reposceret, noch weniger wolle er den Palast zurückverlangen, Tac. ann. 11, 30 (wo Halm nedum). – **2** in Sätzen, die eine Einräumung enthalten, **gesetzt, dass nicht, zugegeben, dass nicht,** ne sit sane summum malum dolor: malum certe est, Cic.: ne sit igitur sol, ne luna, ne stellae, Cic.: ne aequaveritis Hannibali Philippum, ne Carthaginiensibus Macedonas, Pyrrho certe aequabitis, Liv. – **3** in Sätzen, die einen Wunsch enthalten, **nicht, doch nicht,** ne id Iuppiter optimus maximus sirit, Liv. – bes. häufig utinam ne (wofür auch utinam non stehen kann), illud utinam ne vere scriberem, Cic. – Dah. wird ne auch bei Beteuerungen gesetzt, ne vivam, si scio, ich will des Todes sein, Cic.: ne sim salvus, si aliter scribo ac sentio, ich will nicht gesund sein, Cic.

BB in abhängigen Sätzen: **1** in Sätzen aller Art neben einem Komparativ, **nicht, ja nicht,** ut hoc nostrum desiderium ne plus sit annuum, Cic.: muneris ergo in singulos dari ne minus dena milia aeris, Liv.: noluit quid statui nisi columellam tribus cubitis ne altiorem, Cic. – **2** in Sätzen zur Angabe der Absicht, **nicht, ja nicht, nur nicht,** te ulciscar, ut ne impune nos illuseris, Cic.: quid vis nobis dare, ut isti abs te ne auferantur, Cic. – **3** in Sätzen zur Angabe eines beabsichtigten Erfolges, **nicht, ja nicht, nur nicht,** iubeatis ut in civitate ne sit, Cic.: illud assequi possunt, ut ne dedeceat, Cic.: te obsecro, ut ne credas, Ter. – Auch da, wo der Erfolg ein rein faktischer zu sein scheint, liegt der Begriff der Absichtlichkeit des handelnden od. denkenden Subjekts zugrunde, tantum a vallo eius prima acies aberat, uti ne in eam telum adigi posset, dass es nicht möglich sein sollte, Caes.: ex quo efficitur, non ut voluptas ne sit, sed ut voluptas non sit summum bonum, nicht dass die Sinnenlust gar nicht vorhanden sein soll, sondern dass sie nicht das höchste Gut ist, Cic. – **4** in relativen Absichtssätzen, die mit quo (qui) od. quomodo gebildet sind, **nicht, ja nicht,** ego id agam, mihi qui ne detur, Ter.: quo ne per vacuum Romano incurreret hostis, Hor.: quaeritis maximis sumptibus faciendis quomodo ne tributa conferatis, Rutil. Lup. – **5** in restringierenden Sätzen in den Verbndgg. dum ne, modo ne, dummodo ne, tantum ne, **wenn nur nicht, nur nicht,** Komik., Cic. u. a.

II nē, als *Coniunction*, **dass nicht, damit nicht, A** in Sätzen zur Angabe der Absicht, **dass nicht, damit nicht,** gallinae pennis fovent pullos, ne frigore laedantur, Cic.: dolorem saepe perpetiuntur, ne incĭdant in maiorem Cic.: ne vana urbis magnitudo esset, asylum aperit, Liv.: nemo prudens punit, quia peccatum est, sed ne peccetur, Sen. – Häufig bezieht sich ne auf ein die Absicht andeutendes Wort, wie *ideo, idcirco, propter hoc* u. a., an ideo aliquid scripsit, ne videretur? Cic.: idcirco capite et superciliis semper erat rasis, ne ullum pilum viri boni habere dicatur, Cic. – Zuw. steht ein mit ne gebildeter Satz vor einem anderen, der eine Behauptung od. Erzählung enthält, um die Absicht anzugeben, in der die Mitteilung gemacht wird. Zur Vervollständigung der Gedankenreihe müsste ein Satz wie »so behaupte, erwähne ich, dass« beigefügt sein, der aber im Lat., wie im Deutschen, oft ausgelassen wird, ne tamen ignores, quo sit Romana loco res, Cantaber Agrippae … virtute cecĭdit, Hor.: daher ne multa dicam, ne multa od. multis, kurz, Cic.

B in Sätzen zur Angabe eines beabsichtigten Erfolges, **dass nicht, 1** nach Verben, die eine Willensäußerung bezeichnen, hoc te rogo, ne demittas animum, Cic.: toti exercitui imperavit, ne iniussu concurrerent, Caes.: malo, ne roges, Cic.: Macedonas monebat, ne moverentur, Iustin.: ne quis insepultus esset, rerum natura prospexit, Sen.: ne quam occasionem dimitteret, cogitabat, Caes. – **2** nach Ausdrücken, die eine Aussage enthalten, die eine Willenstätigkeit voraussetzt, quidam ne umquam riderent, consecuti sunt, Sen.: vestra interest, ne imperatorem pessimi faciant, Tac.: aegre retentis militibus est factum, ne proelio contenderetur, Caes.: potestis efficere, ut male moriar: ne moriar, non potestis, Plin. ep.: reliquum est, ne quid stulte, ne quid temere dicam aut faciam, Cic.

► Als Eigentümlichkeit ist zu bemerken: **1** dass ne durch »dass« od. den bloßen Infinitiv wiedergegeben wird: **a** nach den Verben »sich hüten (cavēre), verhindern (impedire, resistere), verbieten (interdicere, seltener vetare), sich weigern (recusare)«, weil der negative Begriff, der in diesen Verben enthalten ist, auch auf den abhängigen Satz übertragen wird, s. caveo, im-pedio, re-sisto usw. – Zuw. steht auch ne, wenn aus dem Verbum des Hauptsatzes der Begriff eines der angegebenen Verben herausgenommen werden kann, Decii corpus ne inveniretur, nox quaerentes oppressit, Liv. – **b** nach allen Verben u. Ausdrücken, die den Begriff der Furcht u. Besorgnis haben (wie timere, metuere, vereri, horrere, pavere; terrere, conterrere; timor est, metus est, spes est, periculum est), weil in ihnen der Begriff eines vergeblichen Wunsches enthalten ist, s. timeo, metuo usw. – Wenn der abhängige Satz negativ ist, steht *ne non,* z. B. timeo, ne non impetrem, Cic.: vereor, ne sufficere non possim, Curt.: non vereor, ne non scribendo te expleam, Cic.: non est periculum, ne idem facere non possit, Cic. – **2** dass ne nach den Verben »sehen, zusehen, untersuchen, erwägen« häufig statt durch **dass nicht** auch durch **ob etwa** übersetzt werden kann, cum circumspiceret, ne quid praeteriisset, Varro: singuli pulli tentandi, ne quid habeant in gutture, Colum.: videamus, ne beata vita effici possit, Cic.: qui, ne quod telum occultaretur, exquirerent, Cic.: ähnlich per aliquot dies ea consultatio tenuit, ne non reddita (bona Tarquinii) belli causa, reddita belli materia essent, es dauerte die Erwägung, ob die unterlassene Zurückgabe den Krieg veranlasse, Liv. – Dah. auch ne non = **ob etwa nicht,** credere omnia, vide, ne non sit necesse, Cic.: cogitandum sit, ne tutior non sit, Cic. – **3** dass *ne* durch **geschweige dass** wiedergegeben wird, wenn aus einer weitergreifenden Behauptung der Schluss gezogen werden soll, dass eine eingeschränktere nach dem Vorausgegangenen unzulässig erscheine, z. B. vix incedo inanis, ne ire posse cum onere existumes, Plaut. Amph. 330: me vero nihil istorum ne iuvenem quidem movit umquam, ne nunc senem (*sc.* moveret), Cic. ep. 9, 26, 2: u. so Ter. Andr. 706. Cic. Planc. 27 u. Verr. 4, 52. Sall. Cat. 11, 8. Liv. 3, 52, 9. Tac. ann. 11, 30 N.

3. ne, als enklitisches Fragewort, wird dem Wort angehängt, das in der Frage hervorgehoben werden muss, weshalb dieses auch meist zu Anfang des Satzes gestellt wird. Häufig verliert es durch Apokope seinen Vokal, wobei noch die Veränderung eintreten kann, dass ein davorstehendes s ausfällt und, wenn die Silbe lang war, diese dann verkürzt wird, z. B. iussĭn, adeŏn, vĭn (vīsne), satĭn (satīsne), vidĕn (vidēsne), iubĕn (iubēsne). Es steht:

I in einfachen Fragen, **1** in direkten, **a** wenn eine verneinende Antwort erwartet wird, **doch nicht,** censen posse me affirmare? du glaubst doch nicht? Ter.: quidquamne bonum est, quod non eum, qui id possidet, meliorem facit, Cic. – daher in einer Frage, die mit erregtem Gefühl, mit Verwunderung, mit Unwillen, mit Ironie ausgesprochen wird, Apollinemne tu Delium spoliare ausus es? Cic.: vin tu homines urbemque feris praeponere silvis? Hor. – **b** wenn eine bejahende Antwort erwartet wird, **nicht, etwa nicht,** mitto alios: etiamne nobis expedit? nützt es uns nicht etwa auch? Cic.: numquid est aliud? rectene interpretor sententiam tuam? Cic.: vitae censetisne habendam mihi aliquam esse rationem, Cic.: videtisne ut apud Homerum saepissime Nestor de virtutibus suis praedicet? Cic. – in einer Frage, die mit Verwunderung, Unwillen od. Ironie ausgesprochen wird, vin tu te cohibere, willst du dich nicht fassen? Auct. b. Cic. – **c** in besonderen Wendungen, wie egone? doch ich nicht? ich sollte nicht? Cic.: itane? itane vero? demnach doch nicht? demnach doch wahrlich nicht? sollte demnach nicht? sollte demnach wirklich nicht? Cic. – bes. häufig dem relativen Pronomen od. anderen relativen Wörtern angehängt, wo es den im relativen Wort liegenden Begriff nachdrücklich hervorhebt, quine putatis difficile et mirum, quod contigit? ihr glaubt doch nicht, dass es etwas Schwieriges u. Wunderbares sei? Hor.: quiane auxilio iuvat ante levatos? doch nicht, weil die früher Geretteten dessen sich erfreuen? Verg.: quamne in manibus tenui atque accepi cistellam? habe ich nicht etwa jenes Kästchen in den Händen gehabt? Plaut.: quaene ambae obsecraverint? haben sie mich nicht dringend gebeten? Plaut. – daher in Fragen, die eine Verwunderung enthalten, quae dudum fassa est mihi, quaene infitias eat? will sie nicht leugnen, was sie mir schon längst gestanden hat? Plaut.: quantane? wie groß müsste sie nicht sein? Hor. – **d** in Verbindung mit dem zum Ausruf gebrauchten *ut*, wie: victamne ut quisquam victrici patriae praeferret? wie sollte nicht usw., Liv.: nemone ut avarus se probet? Hor. – **2** in indirekten Fragen, **ob etwa nicht,** wofür wir meist, bei gänzlicher Unentschiedenheit der zu erwartenden Antwort, bloß **ob** oder **ob etwa, ob vielleicht** gebrauchen, ut videamus, satisne ista sit defectio, Cic.: hunc sum rogaturus, navem populo Romano debeantne, Cic.: frumentum ab his sumpseritne, Cic.: haec omnia sciasne esse notata? Cic.

II in mehrfachen Fragen, wo wir in der deutschen Übersetzung den Begriff der Negation gänzlich fallen lassen müssen, **1** in direkten Fragen, **a** dem ersten Glied beigegeben, sed isne est, quem quaero, annon? es ist doch wohl der, den ich suche, oder nicht? Ter.: satisne ergo pudori consulat, si quis sine teste libidini pareat, an est aliquid per se ipsum flagitiosum? würde wohl der dem Schamgefühle gemäß handeln, der usw., Cic. – **b** dem zweiten Glied beigegeben in der Verbindung anne, s. an. – **2** in indirekten, **a** wiederholt, **ob ... ob, ob ... oder,** monstrumne deusne ille sit ignorans, Ov.: quid refert clamne palamne roget, Tibull.: incertus, geniumne loci famulumne parentis esse putet, Verg.: collectosne bibant imbres puteosne perennes iugis aquae (scribere te nobis par est), Hor.: versans (überlegend), Siculisne resideret arvis Italasne capesseret oras, Verg.: neque interesse, ipsosne interficiant impedimentisne exuant, Caes. b. G. 7, 14, 8. – Wenn das erste Glied mit größerer Sicherheit als das zweite ausgesprochen werden soll, bleibt ne im ersten weg, Etrusci diem primum consultando, maturarent traherentne bellum, traduxerunt, in der Überlegung, ob sie den Krieg beschleunigen, ob vielleicht auch verzögern sollten, Liv. – **b** dem ersten Glied beigegeben, intererit multum, divusne loquatur an heros, Hor.: nescio, gratulerne tibi an timeam, Cic. – auch in Verbindung mit *utrum,* z. B. utrum praedicemne an taceam, Ter.: utrum illudne non videatur aegre ferendum, an toleranda aegritudo, Cic.: utrumne divitiis homines an sint virtute beati, Hor. – **c** dem zweiten Glied beigegeben in den Verbindungen anne u. necne, s. d.

Neaera, ae, *f.* (Νέαιρα), weiblicher griech. Eigenname, ›die jugendlich Frische‹, Licin. com. 1. p. 35 R.[2]: namentlich der Geliebten des Lygdamus, Tibull. 3, 1, 6: der des Horaz, Hor. carm. 3, 14, 21: der des Hirten Ägon, Verg. ecl. 3, 3.

neāniscologus, ī, *m.* (*νεανισκολόγος), **jugendlich redend,** Schol. Iuven. 8, 191.

Neāpolis, polis, Akk. polim u. polin, Abl. polī, *f.* (Νεάπολις, Neustadt), **I** der vierte Stadtteil von Syrakus, Cic. Verr. 4, 119. Liv. 25, 25, 5. – **II** berühmte Seestadt in Kampanien am westl. Abhang des Vesuvs, Kolonie des nahen Kumä, Sitz griech. Kunst u. Wissenschaft, j. *Neapel,* Cic. Rab. post. 26: otiosa, Hor. epod. 5, 43: docta, Mart. 5, 78, 14. – Arch. Nbf. Novapolis, Varro LL. 6, 58. – Dav.: **A Neāpolītānus,** a, um, **neapolitanisch,** Cic. – subst., Neāpolītānī, ōrum, *m.,* die Einwohner von Neapolis, die **Neapolitaner,** Cic.: Neāpolītānum, ī, *n.,* ein Landgut bei Neapel, wie das des Attikus, des Lukullus u. a., Cic. u. Plin. ep. – **B Neāpolītēs,** ae, *m.* (Νεαπολίτης), **aus Neapolis gebürtig,** ein **Neapolitaner,** Dion Neapolites, Augustin. de civ. dei 21, 8, 2. p. 504, 22 D[2]. – **C Neāpolītis,** tidis, *f.,* **neapolitanisch,** meretrix, Afran. com. 136. – **III** Stadt in Zeugitana, j. *Nabal,* Auct. b. Afr. 2, 6.

nebola, s. nebula a. E. ►.

Nebridae, ārum, *m.,* die **Nebriden,** eine Familie auf der Insel Kos, von Arnobius vermengt mit den nebridae, den Nebristrägern (s. nebris), Arnob. 5, 39.

nebris, Akk. brida, Akk. Plur. bridas, *f.* (νεβρίς), das **Fell eines Hirschkalbes,** Umwurf der Bacchantinnen beim Dionysosdienst u. der Cerespriester bei den eleusinischen Mysterien, Stat. Theb. 2, 664; Ach. 1, 609. Claud. IV. cons. Hon. 606.

nebrītis, tidis, *f.* (νεβρῖτις *sc.* λίθος), ein dem Bacchus heiliger, uns unbekannter Stein, Plin. 37, 175.

Nebrōdēs, ae, *m.* (τὰ Νευρώδη ὄρη), ein Gebirge auf der Insel Sizilien, Fortsetzung des Appenninus, das die ganze Insel in südwestlicher Richtung durchzieht, j. *Madonia* od. *Madunie,* Sil. 14, 236. Solin. 5, 12. Greg. Tur. de curs. stell. § 30. Auct. de mirac. mund. 4.

nebula, ae, *f.* (altind. *nábhaḥ,* griech. νεφέλη, ahd. *nebul),* **Dunst, I** eig.: **1 Dunst, Nebel,** aus Wiesen, Flüssen usw., matutina, Liv.: atra, Verg.: densa, Liv.: crassissima, Auct. b. Hisp.: caelum crebris imbribus ac nebulis foedum, Tac.: sublima nebula caelum obscurabat, Sall. fr.: nebula densa lucis usum eripiebat, Liv.: a meridie nebula occepit ita, vix ut etc., Liv.: orta ex lacu nebula campo quam montibus densior sederat, Liv.: nebula sub idem tempus, quo pridie, exorta conspectum terrae ademit et ventus premente nebulā (durch den Druck des N.) cecĭdit, Liv.: dispulsa sole nebula aperuit diem, Liv.: tandem illa caligo tenuata quasi in fumum nebulamque discessit, Plin. ep.: nebulae montibus descendentes aut caelo cadentes aut in vallibus sidentes serenitatem promittunt, Plin. – bildl., nebulae quaestionum, Gell.: remotā erroris nebulā, Iuven.: incredibile est, quantas (Graecorum levitas) mendaciorum nebulas excitaverit, Lact.: quasi per nebulam nosmet scimus atque audivimus, Plaut. (vgl. Lorenz Plaut. Pseud. 443). – personif., Nebula = Nephele (s. d.), Hyg. fab. 2 u. 3. – **2** der **Dampf, Rauch,** des Feuers, Ov.: des Lichtes, der Leuchte, Pers.: veneni, Sil.: bildl., v. etwas Geringem, cyathus nebulae, Plaut.: v. etwas Vergänglichem, Pers. – **3** die **Wolke,** Verg. u. Hor. – n. pulveris, Staubwolke, Lucr.: v. Wein, nebulae (nebliger Schaum) dolia summa tegunt, Ov. – **II** übtr., alles sehr **Dünne** in seiner Art, vellera (Wolle) nebulas aequantia tractu, Ov.: v. dünnen Kleidern, Laber. com. fr.: v. dünnem Blech, Mart. – ► Vulg. nebola, Oribas. fragm. Bern. 2, 24. p. 17, 9 H.

nebulo, ōnis, *m.* (nebula), der **Dunstmacher, Windbeutel, Taugenichts, Schuft,** Ter., Lucil., Cic. u. a.

nebulōsitās, ātis, *f.* (nebulosus), das **Nebelhafte,** Arnob. 7, 28.

nebulōsus, a, um (nebula), **von Nebel bedeckt, nebelig, finster, dunkel, I** eig.: nebulosum et caliginosum caelum, Cic.: aër nebulosus et coactus (dichter), Solin.: neb. dies, Flor.: nebulosus aut serenus dies, Solin.: dies nebulosi nubilive, Cels.: locus nebulosus, nebulosior, Cato.: Pontus neb., Mela. – insbes., wegen seiner Feinheit **nebelhaft,** nebulosa retia, griech. νεφέλαι, Auson. epist. 3, 5. p. 159, 1 Schenkl. – **II** bildl., **dunkel, schwer verständlich,** nomen, Gell. 20, 3. § 3.

nec u. **neque,** verbindende negative Partikeln, die von den besseren Schriftstellern mit dem Unterschied gebraucht werden, dass in nec die negative Kraft, in neque aber die verbindende als vorwiegend erscheint. **I** Wenn sie einfach stehen, dienen sie **A** zur bloßen Anknüpfung eines negativ auszusprechenden Begriffes od. Gedankens, **und nicht, auch nicht,** quia non viderunt nec sciunt, Cic.: non eros nec dominos appellabant eos, Cic.: delubra esse in urbibus censeo nec sequor magos Persarum, quibus etc., Cic. – Dabei ist als eigentümlich zu bemerken: **a** dass sich häufig die Verbindung auf den ganzen Satz, die Negation aber nur auf ein einzelnes Wort bezieht, et vidi et perii nec notis ignibus arsi, Ov.: nec dubie ludibrio esse miserias suas, Liv. – bes. ist dies der Fall in den Wendungen nec idcirco minus, nec eo minus, nec eo secius, neque eo magis, Cic. u. a. (vgl. Hand Tursell. 4, 401. *no.* 5). – **b** dass sich noch andere Verbindungspartikeln anreihen, wie: **α** neque vero, **und wirklich nicht, und in der Tat nicht,** Cic. u. a.: nec vero, **aber auch nicht, doch auch nicht,** Cic. u. a. (wofür spätere auch sed nec od. sed neque gebrauchen, wie Quint.): neque autem, **und doch nicht,** Cic. u. a. – **β** nec tamen, neque tamen, **und dennoch nicht, und gleichwohl nicht,** Cic. u. a. – **γ** neque etiam, **und sogar nicht,** Cic. u. a. – **δ** nec enim, neque enim, **denn nicht, nämlich nicht,** Cic. u. a. – **c** dass nec non, neque non gebraucht wird, **α** wenn ein positiver Begriff nachdrücklich hervorgehoben wird, **und gewiss, und sicherlich,** neque haec tu non intellegis, Cic.: nec vero non omni supplicio digni, Cic.: auch in Verbindung mit anderen Partikeln, nec non etiam, nec non et, **und sicherlich auch,** Verg., Varro, Plin. u. a.: nec non tamen, **und sicherlich doch,** Cic., Ov. u. a. – **β** (doch nicht in klass. Prosa) zur bloßen Anknüpfung, bes. auch bei Aufzählungen, **und auch, ingleichen, ebenfalls,** nec non tum aliquid recte seritur, ut ulmi, Varro: greges gallinarum, pavonum, nec non glirium, Varro: multis urbium et castellorum oppugnationibus nec non directā quoque acie functi, Vell. – so auch nec non et, nec non etiam, nec non quoque, **ingleichen** od. **ebenfalls auch,** nec non et Tyrii per limina laeta frequentes convenere, Verg.: suppliciter nec non et minaciter efflagitantes, Suet.: nec non etiam precor Lympham ac bonum Eventum, Varro: nec non etiam poëmata faciebat ex tempore, Suet.: neque non obsoleta quoque et maculantia ex sordidiore vulgi usu ponit, Gell. – **d** dass neque od. nec als Andeutung eines negativen Begriffes gebraucht wird, wo derselbe zu wiederholen wäre, Epicurei nostri Graece fere nesciunt nec Graeci Latine, noch die Gr., Cic.: nihil tuā vitā esse iucundius neque carius, Cic. – **e** dass bei den Komikern der hauptsächliche Begriff noch eine Negation erhält, während die in der Verbindungspartikel enthaltene schon hinreichend ist zur Verneinung des Satzes, neque ea ubi nunc sit, nescio, Plaut.: neque tuas minas non pluris facio, Plaut.

B zur Anknüpfung eines negativ auszusprechenden Begriffes od. Gedankens mit besonderer Beziehung auf das Vorhergehende: **1** erweiternd, **und auch nicht,** Stoicum est quidem nec admodum credibile, Cic. – So auch als Fortsetzung eines Imperativs od. imperativischen Konjunktivs, s. Hor. carm. 1, 9, 15; 1, 11, 2; 3, 7, 29; sat. 1, 10, 73. Plaut. capt. 437 (434). – u. nach einem Satz mit *ut* (dass) od. *ne* (dass nicht), u. zwar nach *ut* z. B. bei Cic. de or. 1, 19. Liv. 3, 52, 11: nach *ne* z. B. bei Cic. div. in Caecil. 52. Nep. Paus. 4, 6. Liv. 2, 32, 10. Vgl. Fritzsche Hor. sat. 2, 1, 44. Zumpt Cic. Verr. 3, 14. Liv. 22, 10, 5. – **2** erklärend u. begründend, **nämlich nicht, denn nicht, und ja nicht,** Cic. u. a.: dah. auch in einer erklärenden Einschränkung, **und zwar nicht,** nuntii nobis tristes nec varii venerunt, Cic. – bes. mit folg. *sed,* z. B. alter ardet furore et scelere, nec remittit aliquid, sed in dies ingravescit, Cic. – **3** folgernd, **und so nicht, und demnach nicht,** Cic. u. a. – **4** im Gegensatz, **und dagegen nicht, und doch nicht, aber nicht, auch so nicht** (s. M. Müller Liv. 1, 27, 1), nec satis ad obiurgandum causae, Ter.: conscripsi epistulam noctu: nec ille ad me rediit, Cic.: nostri in hostes impetum fecerunt atque eos in fugam dederunt neque longius prosequi potuerunt, Caes.

C zur Angabe einer Steigerung mit Hinweisung auf einen schon vorhandenen od. zu denkenden Begriff: **1 auch nicht, nicht einmal,** ut, si in urbe fines non reguntur, nec aqua in urbe arceatur, Cic.: ea sublata tota sunt, nec mihi magis quam omnibus, Cic.: fortitudo tua praestat, ut neque hostes tui velint, Plin. pan.: mirifice etiam Thales: nam interrogatus, an facta hominum deos fallerent, nec cogitata, inquit, Val. Max. – **2 auch nicht, gar nicht,** loquitur nec recte, Plaut.: qui nec procul aberat, Liv.: daher nec opinans, nec opinatus, nec opinus, s. necopīnāns, nec-opīnātus, nec-opīnus.

II Wenn sie mit anderen Verbindungspartikeln korrespondieren, so steht **1** nec ... nec od. neque ... neque od. nec ... neque od. neque ... nec, **sowohl nicht ... als auch nicht; weder ... noch,** Cic. u. a. – Dabei ist als Eigentümlichkeit zu bemerken **a** dass dem zweiten Glied sich auch andere Partikeln beigesellen, wie neque ... neque tamen, **weder ... noch auch,** Cic. u. a.: u. neque ... neque vero, **weder ... noch viel weniger,** Cic. u. a. – nec (neque) ... ne quidem, **weder ... noch auch nicht, ja nicht einmal,** Tac. hist. 2, 82: u. so nec (neque) ... nec (neque) ... ne quidem, Cic. Phil. 3, 3. Tac. Germ. 7 u. 44. – öfter umgekehrt ne ... quidem ... nec (neque), **und auch nicht, und ebensowenig,** und mit Steigerung = **und vollends nicht, und gar nicht, vollends nicht, gar nicht,** ut ne morte quidem Aeneae nec deinde inter muliebrem tutelam movere arma ausi sint, Liv.: adeo ut non recte tantum civile dicatur ac ne sociale quidem, sed nec externum, Flor.: ut ne efferendi quidem signa Romanis spatium, nec ad explicandam aciem locus esset, Liv. – **b** dass oft noch eine Negation vorausgeht, ohne dass dies einen Einfluss auf die Bedeutung hat, nihil tam nec inopinatum nec insperatum accĭdere potuit, Liv.: non possum reliqua nec cogitare nec scribere, Cic. – **2** neque ... et, **teils nicht ... teils; nicht nur nicht ... sondern vielmehr; zwar nicht ... aber,** nec miror, et gaudeo, Cic.: nec tu interfuisti, et ego id egi, Cic.: amicitias neque facile admisit, et constantissime retinuit, Suet.: sogar neque ... et non, wenn non zu einem einzelnen Wort gehört, Cic.: auch neque ... et tamen, **nicht nur nicht ... sondern sogar,** Cic. – **3** neque ... que, **nicht ... und dagegen; keineswegs ... vielmehr,** qui si istic adfuissem, neque tibi defuissem coramque meum dolorem tibi declarassem, Cic.: nach que noch *potius,* nec illa exstincta sunt, aluntur que potius et augentur cogitatione, Cic. – **4** et ... neque, **teils ... teils nicht; zwar ... aber nicht,** patebat via et certa neque longa, Cic.

necātor, ōris, *m.* (neco), **der Totschläger, Mörder,** hominum, Macr. sat. 1, 12, 9: civium, Lampr. Comm. Anton. 18, 13: filiorum suorum necatores, Vulg. sap. 12, 5.

necātrīx, trīcis, *f.* (Femin. zu necator), die **Totschlägerin, Mörderin,** Augustin. de consens. euang. 3, 13. § 42.

nec-dum od. **neque-dum,** *Coni.,* **und noch nicht, auch noch nicht,** Cic. u. a.: necdum etiam, **und auch noch nicht,** Catull. 64, 55: necdum = nondum, Aur. Vict. epit. 45, 4: in der Tmesis, nec omnes dum, Liv. 3, 60, 10.

Necepso, ōnis, *m.* u. **Necepsus,** ī, *m.,* ein ägyptischer Astrologe, Firm. math. 3. praef. u. 4. praef. Auson. epist. 19, 18.

necessāriē, *Adv.* (necessarius), **notwendig, unumgänglich,** Val. Max. 7, 6, 3: n. demonstrans, unumstößlich, Cic. de inv. 1, 44.

necessāriō, *Adv.* (necessarius), **notwendigerweise, notgedrungen,** Rhet. Her., Cic. u. a.: verb. coactus n., Ter., coactus et n., Cic.

necessārius, a, um (necesse), **I unumgänglich, unvermeidlich, unausweichlich, notdringend, notwendig, dringend, zwingend, unentbehrlich, durchaus erforderlich, 1** *adi.:* mors, der unvermeidliche (der natürliche), Cic.: casus, Cic.: lex, Cic.: rogationes, notgedrungene, Cic.: res, Notwendigkeit, Cic.: tempus, Caes. u. Cic.: necessariae partes, die Geschlechtsteile, Gaius inst. 3, 193; dafür necessaria et muliebria loca, Firm. math. 4, 18: non necessaria alea, Liv.: *Compar.,* membra corporis necessariora, Ambros. de off. 1, 18, 78: necessarior medela, Tert. de patient. 11: necessarior sententia, Tert. de test. anim. 4. – necessarius aliquid afferre, Tert. de carn. Chr. 7. – mit *ad* u. Akk., quorum etsi necessariae partes sunt ad ministerium, Front. aqu. 2: causa necessaria ad proficiscendum, Caes. b. G. 1, 39, 3: omnia, quae sint ad vivendum necessaria, Cic. de off. 1, 11. – m. *Dat.,* haec eloquendi praecepta cogitationi sunt necessaria, Quint.: quod mihi maxime necessarium, dringend am Herzen liegt, Cic. – m. 2. *Supin.,* ubi aliquid necessarium dictu, Aquil. Rom. § 1. – necessarium est m. *Infin.,* z. B. hoc quod est, id necessarium est perpeti, Plaut. rud. 252: nec. est admoneri et habere aliquem advocatum bonae mentis, Sen. ep. 94, 59: cum ipsum dicere numquam sit non ineptum nisi est necessarium, Cic. de or. 1, 112: quam (rationem inveniendi) per omnes numeros penitus cognoscere ad summam scientiae necessarium est, Quint. 8. prooem. § 1: necessarium visum est m. folg. *Infin.,* loco castra ponere n. visum est, Liv. 21, 58, 6: u. alci necessarium est m. *Infin.,* senatori necessarium est nosse rem publicam, Cic. de legg. 3, 41 (vgl. Cic. Brut. 112): haec necessarium fuit praeloqui dicturo de tonitru, Sen. nat. qu. 2, 11, 3: necessarium est m. folg. *Acc.* u. *Infin.,* non minus necessarium esse existimavit de repentino adventu Caesaris Pompeium fieri certiorem, Caes. b. c. 3, 11, 1; vgl. Plin. 3, 46. – necessarium est m. folg. *ut* u. Konj., nam ut dilucide probabiliterque narremus necessarium est, Cic. part. or. 31. – **2** *subst.:* **a** necessāriī, ōrum, *m.,* die **Hauptbeteiligten,** Suet. Tib. 62, 1. – **b** necessāria, ōrum, *n.,* **α** das **Notwendige** (Ggstz. non necessaria), Cic. top. 69. – **β** die **(notwendigen) Bedürfnisse,** die

Lebensbedürfnisse, Lebensmittel, Sall. Iug. 73, 6. Curt. 5, 12 (33), 6. Cels. 3, 22. p. 110, 12 D. Frontin. strat. 3, 14, 4. – **II** übtr.: **a** durch Verwandtschaft, Klientschaft, Freundschaft **verknüpft, verbunden, verwandt, befreundet,** homo tam necessarius, Nep.: mors hominis necessarii, eines Freundes, Mat. in Cic. ep.: n. heres, natürlicher Erbe, ICt. – subst., ein **Verwandter, Freund, Klient, Patron,** propinqua et necessaria, Anverwandte, Cic.: necessarii, Schutzverwandte, Cic. u. Caes.: familiaris ac necessarius (Ggstz. alienus), Cic.: necessarii provinciae, Patrone, Cic.: Caerellia, necessaria mea, Cic. – **b** übh. **in inniger Verbindung, in engem Zusammenhang** mit etw. **stehend,** restat locus huic disputationi vel maxime necessarius de amicitia, Cic. de fin. 1, 65.

necesse, *Adi. neutr.* (ne u. cedo), **unausweichlich,** nur in Verbindung mit esse u. habere, **I** nec. esse, **unausweichlich-, unumgänglich-, unabänderlich-, notwendig-, erforderlich sein, müssen,** id necesse est, Titin. com. 12: nihil fieri, quod non nec. fuerit, Cic. de fato 17: emas non quod opus est, sed quod nec. est, Cato in Sen. ep. 94, 27: at hic etiam, id quod tibi nec. minime fuit, facetus esse voluisti, Cic. Sull. 22. – nec. est m. folg. *Infin.*, Lucil. 957. Verg. Aen. 6, 514. Vitr. 4, 3, 10; 5, 4, 1 u. a. Mart. 6, 57, 3: u. so necesse puto m. *Infin.*, Rhet. Her. 2, 45: u. non nec. videtur m. *Infin.*, Vitr. 10, 1, 6. – alci nec. est m. *Infin.*, Enn. fr. scen. 376. Varro sat. Men. 552. Cic. de or. 2, 30; de fato 17; de sen. 30; Sull. 48; Clu. 43; ep. 2, 16, 2; ad Att. 7, 1, 3. Caes. b. G. 7, 38, 7. Liv. 21, 11, 1. Val. Max. 2, 3 pr. Plin. pan. 4, 3; 55, 9; 88, 3: m. Attraktion, quia non est omnibus stantibus necesse dicere, Cic. Marc. 33: u. so Liv. 21, 44, 8. – nec. est od. alci nec. est m. *Acc.* u. *Infin.*, Naev. com. 106. Plaut. asin. 217; Pseud. 995. Rhet. Her. 4, 23. Cic. de inv. 2, 171; ep. 7, 31, 2; ad Att. 10, 8, 4; de legg. 3, 17. Caes. b. G. 4, 5, 3; 4, 29, 3 u. a. Vitr. 1, 1, 7; 4, 3, 2 u. a. – nec. est m. *ut* u. Konj., Rhet. Her. 4, 23. Colum. 3, 21, 6 u. 12, 50, 2. Sen. ep. 58, 7; nat. qu. 2, 14, 2. Quint. 12, 10, 5 u. Spät. (s. Bünemann Lact. 3, 12, 7): hoc nec. est, ut etc., Cic. de or. 2, 129. – nec. est m. bl. *Coniunctiv*, Laber. com. 126. Cic. de or. 1, 50; Rosc. Am. 62 u. 116; Verr. 3, 119. Nep. Epam. 10, 2. Verg. Aen. 3, 478. – **II** nec. habere, **α** m. *Infin.*, **für nötig halten, nötig haben, müssen,** bald non nec. hab., Ter. adelph. 51. Caes b. c. 1, 84, 5. Cic. part. or. 47; opt. gen. 14; ad Att. 10, 1, 4. Lentul. in Cic. ep. 12, 15, 1. Vitr. 1, 7, 2 u. 10, 16 (22), 1. Val. Max. 5, 3. ext. 3. p. 241, 21 H. Petron. 54, 1. Iustin. 16, 1, 19; 25, 3, 2 u. 40, 1, 4: bald nec. hab., Auct. b. Afr. 39. Sen. exc. contr. 6, 3. p. 285, 15 K. Petron. 3, 2 u. 54, 1. Gaius inst. 3, 206 u. Spät. – **β** (wie opus habeo) m. *Abl.*, **nötig haben, bedürfen,** non necesse habent sani medico, Vulg. Marc. 2, 17. – ► Donat. Ter. eun. 5, 5, 28 stellt necesse mit einem necessis zusammen, daher Lachmann Lucr. 6, 815 quos opere in tali cohibet vis magna necessis? geschrieben hat.

necessitās, ātis, *f.* (necesse), die **Unvermeidlichkeit, Notwendigkeit, I** eig.: **A** im Allg.: n. exeundi, Cic.: necessitate coactus, notgedrungen, Cic.: necessitatem alci imponere alcis rei od. alqd faciendi, zu etwas nötigen, Cic.: so auch necessitatem afferre, Cic.: obvenit alci necessitas alcis rei, es erhält jmd. die Verpflichtung zu etwas, Cic.: nec sibi ullius rei necessitatem iniungebat, quin … persequeretur, ohne Rücksicht auf etwas sonst Notwendiges zu nehmen, Auct. b. Alex.: necessitati parēre od. servire, sich in die Notwendigkeit schicken, Cic.: necessitatem persuadendi adhibere, schlechterdings, notwendigerweise überzeugen, Cic.: necessitates maiores, dringendere Ursachen, Liv.: reliquis autem tribus virtutibus necessitates propositae sunt ad eas res parandas tuendasque, quibus etc., liegt die Notwendigkeit (die Aufgabe) ob, für Beschaffenheit u. Erhaltung der Dinge zu sorgen, auf denen usw., Cic. de off. 1, 17. – **B** insbes.: **1** abstr.: **a** die **Unvermeidlichkeit, Unabänderlichkeit, unabänderliche Einrichtung,** das **Verhängnis, Schicksal,** n. naturae, Cic.: n. divina, Verhängnis, Cic.: fatum affert vim necessitatis, Cic.: quae vis ac n. appellanda esset, Liv.: n. suprema u. ultima, der Tod, Tac. – **b** die **Notwendigkeit, unvermeidliche-, natürliche Folge,** necessitate, natürlicherweise, Cic.: mors est n. naturae, Cic. – **c** der **Zwang,** Tac.: n. gaudendi, erzwungene Freude (Ggstz. fides gaudii, ungeheuchelte Freude), Plin. pan.; dah. auch **Zwangsmittel,** Plaut. – **d** die **Notwendigkeit, Notdurft,** ipsi naturae ac necessitati negare, Cic. – **e** die **Not,** der **Drang der Umstände,** die **dringenden Verhältnisse,** expressit hoc patribus necessitas, Liv.: s. Fabri Liv. 22, 60, 1. – **f** die **Not,** der **Mangel,** die **Armut,** Tac. u. Suet. – **2** konkr., necessitates, **Bedrängnisse, a** persönliche, das **Interesse,** non suarum necessitatum causā, nicht im eigenen Interesse, Caes. b. G. 7, 89, 1. – **b** öffentliche, des Staates, **nötige-, dringende Bedürfnisse** = **nötige-, unvermeidliche-, dringende Ausgaben,** necessitates publicae, Liv.: necessitates ac largitiones, Tac. – **II** übtr. = die **Verbindung, 1** das **Band der Verwandtschaft,** die **Freundschaft, Klientschaft** (vgl. Gell. 13, 3, 2), Caes. fr. bei Gell. 5, 13, 6 u. 13, 3, 5. – **2** die **Verbindlichkeit,** magnam necessitatem possidet paternus sanguis, Cic. – ► Genet. Plur. auch necessitatium, Liv. 9, 8, 4. Suet. Tib. 47.

necessitūdo, inis, *f.* (necesse), die **Notwendigkeit, Unvermeidlichkeit, I** eig.: **1** die **Unvermeidlichkeit,** Cic. de inv. 2, 170 *sq.* – **2** die **Not, bedrängte Lage,** der **Drang der Umstände,** Sall. u. a.: rei publicae, Tac. – **II** übtr.: **1** im Allg., die **unzertrennliche Verbindung,** der **Zusammenhang der natürlichen Dinge,** das **Verhältnis,** rerum, Cic. – **2** insbes.: **a** die durch Natur od. Moral veranlasste Verbindung mit jmd., das **Verhältnis-, Band der Verwandtschaft,** die **Freundschaft, Amtsgenossenschaft, Klientschaft** usw., v. der Verwandtschaft, Cic. u. Sall.: verb. necessitudo familiaritasque, Cic. – v. der Amtsgenossenschaft, quaesturae, zwischen dem Quästor u. Statthalter, Cic.: so auch sortis, Nep. – v. der Gastfreundschaft, Cic. ep. 13, 19, 3. – v. der Freundschaft, amicitiae, Cic.: u. Plur., omnes erant amicitiae necessitudines, lauter freundschaftliche Beziehungen, fr. Beziehungen jeder Art, Cic.: dah. absol. = freundschaftliche Beziehung, Freundschaft, wie Cic. ep. 13, 12, 1. – v. der Klientschaft, Cic. ep. 9, 13, 3. – **b** konkr., necessitudines, die **Anverwandten,** die **Familie,** Tac. hist. 1, 15. Suet. Aug. 17, 1; Tib. 11, 5 u. 50, 1. Plin. ep. 8, 23, 7. Eutr. 10, 6. Amm. 21, 16, 20.

necesso, āre (necesse), **notwendig machen,** Ven. Fort. de vita S. Mart. 2, 412.

necessum u. **necessus est** = necesse est, **es ist unausweichlich, es ist unumgänglich, es ist schlechterdings nötig, es ist notwendig, ich muss, I** necessum est, absol., nauteam bibere malim, si necessum sie, quam illam auscularier, Plaut. asin. 895: necessum est, video, Plaut. rud. 1331: nec. est m. folg. *Infin.*, Plaut. cist. 626 L.; Stich. 219. Afran. com. 346. Lucr. 5, 57. Liv. 34, 5, 2 H. (Weißenb. necesse est). Gell. 10, 11, 7 u. 12, 2, 2: alci nec. est m. folg. *Infin.*, Plaut. mil. 1118. – nec. est m. folg. *Acc.* u. *Infin.*, Fab. Pict. bei Gell. 10, 15, 8. Rhet. Her. 4, 13 u. 38 *cod. Herbip.* (necesse est). Liv. 39, 5, 9 H. (Weißenb. necesse est). Gell. 3, 1, 12; 5, 11, 8; 13, 20 (19), 11; 13, 23 (22), 5; 16, 2, 8; 19, 1, 17. – nec. est m. folg. *Coniunctiv*, Cato oratt. 1. fr. 14 (bei Charis. 208, 25, Jordan). Lucr. 4, 119 u. 5, 376. – non nec. est m. folg. *ut* u. Konj., Enn. sat. 35. – **II** necessus est, absol., in eum iam res rediit locum, ut sit necessus, Ter. heaut. 360. – nec. est m. folg. *Infin.*, SC. de Bacch. im CIL 1, 196. lin. 4 (wo archaist. necesus ese). Ter. eun. 998. Lucr. 5, 351. Gell. 16, 8, 1: alci nec. est m. folg. *Infin.*, P. Scipio bei Gell. 5, 19, 16. – nec. est m. folg. *Acc.* u. *Infin.*, Ter. Andr. 372. Lucr. 2, 710 u. 4, 999 (1006).

necēsus, s. necessum *no.* II.

neclego, arch. = neglego, Varro r. r. 3, 16, 1.

nec-ne, *Adv.*, **oder nicht,** im zweiten Teil einer Doppelfrage, **I** gew. in der indirekten, korrespondierend mit *utrum*, z. B. utrum ex usu esset necne, Caes. – korresp. mit *ne*, z. B. sintne di necne, Cic. – ohne entsprechendes Fragewort, dubitat, deus animus necne sit, Cic. – nach quid, z. B. quid possit effici necne etc., Cic. – **II** selten in der direkten, sunt haec tua verba necne? Cic. Tusc. 3, 41: u. so Lucr. 3, 711. Cic. Flacc. 59.

nec non (neque non), s. nec.

neco, āvī, ātum, āre (nex), **töten, umbringen** (meist ohne eine Waffe), **I** eig.: alqm, Cic. u. a.: se, Lact. de mort. pers. 38, 3: alqm excruciatum, zu Tode martern lassen, Sall.: u. so alqm omni supplicio excruciatum, Cic.: plebem fame, Cic.: alqm igni, Caes.: omnes partim flammā partim ferro, Val. Max.: alqm veneno, Suet.: ferro, Hor.: fulmine (v. Jupiter), Hyg.: alqm verberibus, tot peitschen, Cic.: catulos complectendo, erdrücken, Plin.: praesidium (die Besatzung) per cruciatum et ad contumeliam, Liv.: necari sub crate, Liv.: necari cum cruciatu, Caes. – **II** übtr., v. lebl. Subjj., **töten, zugrunde richten, vernichten,** lien necat, Plaut.: imbres necant frumenta, Plin.: ne quid fortuitum et agreste succrescat, quod necet (ersticke) segetem, Sen.: necant invicem inter se umbrā vel densitate (v. Bäumen), Plin. – ► Partiz. nectus, Ser. Samm. 627. – Perf. necui u. Supin. nectum ohne Beleg bei Diom. 366, 4 u. bei Prisc. 9, 34; u. necuit, Phaedr. 4, 19, 4: necuisse, Colum. 6. praef. 7 Schn. (mit *cod. Sang.*).

necopīnāns od. richtiger getrennt **nec (neque) opīnāns**, antis, **nichts vermutend,** Ariobarzanem necopinantem liberavi, wider sein Vermuten, Cic.: neque opinantibus omnibus, Auct. b. Alex.

necopīnāto, s. nec-opīnātus.

nec-opīnātus, a, um, **unvermutet,** bona, Cic.: adventus, Liv.: gaudium, Liv.: Plur. subst., necopīnāta, ōrum, *n.*, das Unvorhergesehene, Cic. Tusc. 3, 52. – dah. necopinatō (*Abl.*), *Adv.* = **unvermutet, wider Vermuten,** Cic. u. a.: dafür ex necopinato, Liv.

nec-opīnus, a, um, **I** passiv = **unvermutet,** mors, Ov. met. 1, 224: pericula, Sil. 14, 188: ictus, Stat. Theb. 6, 781. – **II** aktiv = **nichts vermutend,** occultā necopinum perde sagittā! Ov. met. 12, 596: ipsum accipiter necopinum rapit, Phaedr. 1, 9, 6.

necromantēa od. -**īa**, ae, *f.* (νεκρομαντεία) = necyomantea (s. d.), Porphyr. u. Acro Hor. epod. 5, 1 u. Eccl.

necromantiī, ōrum, *m.*, die **Totenbeschwörer,** Isid. orig. 8, 9, 11.

necrōsis, is, *f.* (νέκρωσις), die **Tötung,** das **Absterbenmachen,** Cael. Aur. de morb. chron. 1, 4. § 125.

necrothytus, a, um (*νεκρόθυτος), **den Toten dargebracht,** voluptates, dem Totendienst frönende, Tert. de spect. 13.

Nectanabis, bidis, *m.*, Name zweier ägyptischer Könige im 4. Jahrh. v. Chr., Nep. Ages. 8, 6. – Ders. **Nectenebis**, Akk. bin, *m.*, Nep. Chabr. 2, 1. – u. **Necthebis**, is, *m.*, Plin. 36, 67 u. 89. – als Magier, **Nectabis**, Tert. de anim. 57 *in*.

nectar, aris, *n.* (νέκταρ), der **Nektar, I** eig.: der **Göttertrank,** Cic. u. a.: haustus aquae mihi nectar erit, Ov. – **II** meton., für alles **Süße, Angenehme, Liebliche,** wie Honig, Verg.: Wein, Stat.: Milch, Ov.: gutes Getränk, Wein, Ov.: lieblicher Geruch, Lucr.

nectareus, a, um (νεκτάρεος), **nektarisch, I** eig., **aus Nektar,** aquae, Nektarsäfte, Ov. met. 7, 707. – **II** übtr., **nektarisch, süß wie Nektar, a** *adi.*: Falernum, Mart.: fontes, Claud. – *Acc. neutr.* adv., nectareum ridens, süß lächelnd, Chalcid. Tim. 72. – **b** *subst.*, nectarea (nectaria), ae, *f.* (*sc.* herba), die Pflanze **Alant** (helenium), womit man den Wein würzte (dah. nectarites vinum), Plin. 14, 108.

nectaria, s. nectareus *no.* II, b.

nectarītēs, ae, *m.*, s. nectareus *no.* II, b.

Nectenebis, Necthebis, s. Nectanabis.

necto, nexuī u. nexī, nexum, ere, **knüpfen, binden, I** eig.: **A** im Allg.: **knüpfen, anknüpfen, anfügen, binden, zusammenbinden, ineinanderschlingen, zusammenknüpfen, -fügen,** laqueum, Hor.: alci catenas, Hor.: alci compedes (bildl.), Plin. ep.: vincula, Verg.: coronam, Hor. (vgl. corona): flores, Ov.: ternos colores, Verg.: brachia, ineinanderschlingen, Ov.: comam myrto, Ov.: nodum informis leti trabe nectit *ab* alta, knüpfte hoch am B. (sodass er herabhängt), Verg. Aen. 12, 603. – **B** insbes., **binden, fesseln, verhaften,** dah. nexi, in Haft Gebrachte, Iustin. 1, 1, 5 u. 1, 2, 2. – bes. v. Schuldnern, necti, in die Schuldhaft gegeben werden, nexus, der in Schuldhaft Befindliche (s. Varro LL. 7, 105), z. B. necti desierunt, Liv.: nexum se alci dare ob aes alienum od. ob aes grave, Liv. u. Val. Max.: deinceps et, qui ante nexi fuerant, creditoribus tradebantur, et nectebantur alii, Liv.: nexi soluti (sunt), cautumque in posterum, ne necterentur, Liv.: u. dah. nexum, die strenge Verbindlichkeit eines Schuldners (s. Varro LL. 7, 105), cum sunt omnia nexa civium liberata, alle strengen Verbindlichkeiten verschuldeter Bürger aufgehoben wurden, Cic. de rep. 2, 59. – **II** übtr.: **A anfügen, anknüpfen,** fatum ex causis, Cic.: ex alio alia, eins an das andere, Cic. – **B zusammenfügen, -knüpfen,** rerum causas alias ex aliis, Cic.: omnes virtutes inter se nexae, Cic.: dolum, Betrug, List anspinnen, Liv.: nectere alci insidias, Val. Max.: moras, Aufenthalt nehmen, Tac.: iurgia cum alqo, mit jmd. anbinden, Zank anfangen, Ov.: causas inanes, vorbringen, Verg.: talia nectebant, solches sprachen sie untereinander, Stat. – **C verbinden, verbindlich machen,** sacramento quodam nexi, Iustin.: res pignori nexa, verpfändete, ICt. – ► Parag. Infin. nectier, Cic. de rep. 2, 59.

nēcubi, damit nicht irgendwo, Caes. b. G. 7, 35, 1 u. a.: ut necubi, Scriptt. r. r.

nēcunde, *Adv.* = μήποθεν, **damit nicht irgendwoher,** Liv. 22, 23, 10 u. 28, 1, 9.

necuter = neuter, CIL 6, 1527^{d}, 64. Mart. 5, 20, 11.

necydalus, ī, *m.* (νεκύδαλος), die **Puppe der Seidenraupe** in ihrer vorletzten Verwandlungsstufe, ehe sie den Namen bombyx erhält, s. Plin. 11, 76.

necyomantēa, ae, *f.* (νεκυομαντεία), das **Hervorrufen** u. **Befragen der Toten** über die Zukunft, die **Geisterbeschwörung, Totenbeschwörung,** Homeri, die T. des Ulixes, indem er die Schatten auf die Oberwelt heraufbeschwor oder nach anderen in den Hades hinabstieg, Plin. 35, 132.

nēdum, *Adv.* (vgl. dum), **I** im Nachsatz, **a** mit im Vordersatz vorausgehender od. wenigstens mit vorausgedachter Negation, **geschweige = viel weniger,** mit folg. bl. *Coniunctiv*: numquam sufferre eius sumptus queat: nedum tu possis, Ter.: optimis temporibus nec P. Popilius nec Q. Metellus vim tribuniciam sustinere potuerunt, nedum his temporibus sine vestra sapientia salvi esse possimus, Cic. – vix in ipsis tectis frigus vitatur: nedum in mari et in via sit facile abesse ab iniuria temporis, Cic. – secundae res sapientium animos fatigant: nedum illi corruptis moribus victoriae temperarent, Sall.: mortalia facta peribunt, nedum sermonum stet honos, Hor. – mit folg. *ut* u. Konj., ne voce quidem incommodi, nedum ut ulla vis fieret, Liv. – absol., erat multo domicilium huius urbis aptius humanitati tuae, quam tota Peloponnesus, nedum Patrae, Cic.: adulationes etiam Macedonibus graves, nedum victoribus, Liv. – **b** nach affirmativem Satz, **geschweige = vielmehr,** consules bellicosi, qui vel in pace tranquilla bellum excitare possent, nedum in bello respirare civitatem forent passuri, Liv.: insueta omnia oculis auribusque, quae vel socios, nedum hostes victos terrere possent, Liv. – **II** zu Anfang des Satzes, **ich will nicht sagen = nicht bloß** (m. folg. sed etiam), nedum hominum humilium, ut nos sumus, sed etiam amplissimorum virorum consilia ex eventu, non ex voluntate, a plerisque probari solent, Balb. et Opp. b. Cic. ad Att. 9, 7. litt. A. § 1 zw.

ne-facio, ere, **anders tun, -handeln,** Plaut. truc. 877.

nefandē, *Adv.* (nefandus), **gottlos,** *Superl.* nefandissime, Cassiod. hist. eccl. 10, 28. – ► Sall. hist. fr. inc. 62 (28) D. u. Kr. b. Prisc. 14, 40 H. nefanda.

nefandus, a, um (ne u. fari; eig. »was man nicht aussprechen darf od. sollte«; dah.) **unerlaubt, gottlos, ruchlos, verrucht** (Ggstz. fandus, s. for), scelus, Cic.: odium, Verg.: fandus nefandusque sanguis, Liv.: nefandi homines, Quint. – *Superl.*, nefandissimum caput, Iustin. 18, 7, 10: nefandissime senex, Ps. Quint. decl. 18, 11. – *masc. pl.* subst., nefandi (Ggstz. boni), Ov. trist. 4, 4, 65. – *neutr.* subst., di memores fandi atque nefandi, des Unrechts, Frevels, Verg.: omnia fanda nefanda, Catull.: ubi multa nefanda casu super ausi atque passi, Sall. fr.

nefāns, fantis = nefandus, nefantia facta, Lucil. 140. – *neutr. pl.* subst. nefantia, Lucil. 874. Varro sat. Men. 509.

nefāriē, *Adv.* (nefarius), **gottlos, ruchlos, verrucht,** Cic. u. a.: alqd nefarie facere od. committere, etwas Gottloses, Ruchloses tun, begehen, Cic.

nefārius, a, um (nefas), **gottlos, frevelhaft, verrucht, ruchlos,** homo, Cic.: bellum, Cic.: alcis crudelitas, Rhet. Her.: m. 2. *Supin.*, o rem cum auditu crudelem, tum visu nefariam! Cic. Planc. 99. – subst., **a** nefārius, iī, *m.*, ein **Verruchter,** ein **Frevler,** nefarius impiusque, Cic. de off. 2, 51. – **b** nefārium, iī, *n.*, die **Ruchlosigkeit, verruchte Tat, Freveltat,** der **Frevel,** rem publicam eo nefario obstringere, Liv. 9, 34, 19: multa commemorare nefaria in socios, Cic. de off. 2, 28.

ne-fās, *n. indecl.* das gegen die göttlichen Gebote, also auch gegen die Gesetze der Natur u. gegen unser sittliches Gefühl Streitende, das **Unrecht,** die **Sünde,** der **Frevel, Greuel** (Ggstz. fas), **I** eig.: **1** im Allg.: per omne fas et nefas alqm sequi, in allem Guten u. Bösen, Liv.: ubi fas versum atque nefas, Verg.: in omne n. se parare, Ov.: quod tantum nefas aut nubendo aut post nuptias contraxisset, welches so große U. sie begangen hätte, Iustin.: nefas inferre, Curt.: prohibete nefas, Verg. u. a.: civile n., Bürgerkrieg, Lucan.; dass. n. belli, Lucan.: n. maculosum, Ehebruch, Hor.: dictu nefas (unnennbares) prodigium, Verg. – dah. nefas est, **es ist** etw. (nach den göttlichen Geboten, also nach den Gesetzen der Natur u. nach unserem sittlichen Gefühl) **ein Unrecht, eine Sünde, es ist unrecht, nicht erlaubt, nicht gestattet, nicht zulässig,** dah. auch **es ist unmöglich,** cui nihil umquam nefas fuit nec in facinore nec in libidine, Cic.: bes. m. folg. *Infin.*, cum inveneris, indicare in vulgus nefas (est), Cic.: quibus nefas est deserere patronos, Caes.: quidquid corrigere est nefas, unmöglich ist, Hor.: m. folg. *Acc.* u. *Infin.*, cuius integritatem laudari nefas est, Vell. 2, 45, 5: nefas est dictu, mit folg. *Acc.* u. *Infin.*, Cic. de sen. 13. – alqd n. putare, Cic.: alqm n. habere nominare, Cic. – nefas! oft als parenthet. Ausruf, **es ist ein Greuel! es ist entsetzlich! es ist unerhört!** heu nefas! Hor.: Lavinia visa nefas! comprendere crinibus ignem, Verg.: Troia (nefas!) commune sepulcrum Asiae Europaeque, Catull. – **2** insbes., in der publiz. Sprache, est nefas, es ist nicht erlaubt (öffentl. Geschäfte vorzunehmen), Varro LL. 6, 31. – **II** meton., v. Pers., die ein Unrecht, einen Frevel, eine Sünde begangen haben, ein **Greuel,** ein **Scheusal,** v. der Helena, Verg. Aen. 2, 585.

ne-fāstus, a, um, nach den Satzungen der Religion **verboten, unheilig, I** v. der Zeit: **a** als relig.-polit. *t. t.*: dies nefasti, die Tage, an denen es verboten ist, gerichtliche Handlungen vorzunehmen, die geschlossenen Tage (Ggstz. dies fasti), Varro LL. 6, 30. Liv. 1, 19. § 7. Ov. fast. 1, 47. – Auf diesen Tagen ruhte der Fluch der Religion, sie galten dah. für unglückliche, cum diem natalem eius (Agrippinae) inter nefastos referendum suasisset, unter die unglücklichen Tage im Kalender zu setzen, Suet. Tib. 53, 2; vgl. Tac. ann. 14, 12 u. Gell. 4, 9, 5. – **b** übtr., von Zeit u. Ort, **Unglück bringend, unglücklich, von schlechter Vorbedeutung, unheilvoll,** nefasto te posuit die, Hor.: ne qua terra sit nefasta victoriae suae, Liv.: loca, Stat. – **II** von Handlungen, **verboten, unheilig, sündhaft, fluchwürdig, a** als relig. *t. t.*: quae augur iniusta, nefasta defixerit, Cic. – prolibare diis nefastum habetur vina etc., Plin. – **b** übtr.: crimen n., Plin.: nihil ulli nefastum in Bessum videbatur, Curt.: quid intactum nefasti liquimus? Hor. carm. 1, 35, 35 (andere nehmen ›nefasti‹ als *Genet.* zu quid).

nefrēns, frendis (ne u. frendo), **der noch nicht beißen kann, noch keine Zähne hat,** Liv. Andr. tr. 38: porci nefrendes, Varro r. r. 2, 4, 17.

negantia, ae, *f.* (nego), die **Verneinung,** Cic. top. 57; vgl. Boëth. in Cic. top. lib. 5. p. 366, 30 B.

negātio, ōnis, *f.* (nego), **I** die **Verneinung, Leugnung,** negatio haec, Cic. Sull. 39: negatio infitiatioque facti, Cic. part. or. 102. – **II** meton., das verneinende Wort, die **Negation,** Ps. Apul. de Plat. 3. p. 267 H.

negātīvē, *Adv.* (negativus), **verneinend** (Ggstz. affirmative), Cassiod. de dialect. p. 548 (a) *ed. Garet.* Boëth. in Cic. top. lib. 5. p. 359, 9 B.

negātīvus, a, um (nego), **verneinend,** actio, Gaius inst.: verba, Gaius dig.: particula, Apul.: orationis pars, Chalcid. Tim.: Ggstz. confirmativus, Serv. Verg. Aen. 2, 247. Schol. Iuven. 6, 457; 14, 127. – subst., negātīva, ae, *f.* (*sc.* particula), eine **verneinende Partikel,** eine **Negation,** Donat. Ter. Andr. 1, 2, 34.

negātor, ōris, *m.* (nego), der **Leugner, Verleugner,** CIL 10, 2483. – bes. des Christentums (Ggstz. confessor), absol., od. m. Genet. dei, Eccl.

negātōrius, a, um (negator), **verneinend** (Ggstz. confessorius), ICt.

negātrīx, trīcis, *f.* (Femin. zu negator), die **Verneinerin, Leugnerin,** Eccl.

negibundus, a, um (nego), **standhaft leugnend,** Fest. p. 165 (b), 1.

negito, āvī, āre (*Intens.* v. nego), **beharrlich-, standhaft verneinen, -leugnen,** absol., vix negito, Plaut.: rex primo negitare, Sall.: renuit negitatque Sabellus, Hor.: m. folg. *Acc.* u. *Infin.*, ne fieri negites quae dicam posse, Lucr. 4, 910 (913): negitare adeo me natum suum, Plaut. merc. 55 G.: qui illi ostenderit eam, quam multos annos esse negitavisset, veri et falsi notam, Cic. Acad. 2, 69.

neglēctē, *Adv.* (neglectus), **nachlässig,** Vict. Vit. 3, 12: Komp., neglectius incedere, Hieron. epist 30, 1.

neglēctim, *Adv.* (neglectus), **nachlässig,** Anth. Lat. 971, 5 M. (aber 458, 5 R. neglectam).

neglēctio, ōnis, *f.* (neglego), die **Vernachlässigung** jmds., die **Gleichgültigkeit** gegen jmd., amicorum, Cic. Mur. 9.

neglēctor, ōris, *m.* (neglego), der **Vernachlässiger, Verabsäumer,** Augustin. serm. 37, 13 u. serm. 104, 3 Mai. Cassian. inst 4, 20.

1. **neglēctus,** a, um, *PAdi.* (v. neglego), **vernachlässigt, nachlässig beschaffen,** dah. **nicht geachtet,** forma, Ov.: ager, Hor.: castra, Liv.: cum inter nos abiecti neglectique simus, Cic.: neglectissima progenies, Stat. Theb. 7, 164.

2. **neglēctus,** ūs, *m.* (neglego), das **Nichtachten,** die **Vernachlässigung,** a somno moventium (der Rüttelnden nach dem Schlaf), Plin. 7, 171: quapropter haec res ne utiquam neglectust mihi, ich die Sache gar nicht vernachlässige, Ter. heaut. 357.

neglegēns, entis, *PAdi.* (v. neglego), **nachlässig, I** im Allg.: **unachtsam, lässig, gleichgültig, rücksichtslos, a** v. Pers. (Ggstz. diligens), dux, Cic.: natura, Cic.: in oratione, Sen.: in amicis eligendis, Cic.: non neglegentior tantum in patrem, sed etiam contumacior erat, Iustin.: in alqm, Cic.: in alia, Sen.: circa deos ac religiones neglegentior, Suet. (u. so ego autem non potui in illo sumptu non necessario neglegens esse, konnte bei diesem unnötigen Aufwand unmöglich gleichgültig zusehen, Cic. ep. 3, 8, 5). – mit folg. *Genet.*, lenocinii, Suet.: legum, officii rei publicae, sociorum atque amicorum neglegentior, Cic.: domus tuae neglegentissimus vernula, Pacat. – m. folg. *Infin.*, postilla optigere ea neglegens fui, Plaut. most. 141 G. – **b** übtr., v. Lebl., passiv = **vernachlässigt,** amictus, Quint.: sermo, Quint.: stilus, Qiunt. – **II** insbes., **nachlässig, gleichgültig in Geldsachen, verschwenderisch** (Ggstz. diligens, parcus), adulescentia neglegens luxuriosaque, Liv. 27, 8, 5: ut si reus furti prodigus dicatur aut neglegens, Quint. 7, 2, 29: modo acerbior *parciorque,* modo remissior *neglegentiorque,* Suet. Galb. 14, 2. – m. *de* u. Abl., qui fortasse de alieno *neglegentes,* certe de suo *diligentes* erunt, Plin. ep. 4, 13, 8.

neglegenter, *Adv.* (neglegens), **nachlässig, sorglos, unachtsam,** n. scribere adversaria, Cic.: aut n. aut malitiose facere, Nep.: haud n. corpus occultare, Liv.: n. se et avare agere, Eutr.: neglegentius asservare alqd, Cic.: neglegentius attendere cetera, es mit dem Übrigen nicht so genau nehmen, Cic.: neglegentius narrare, Sen. rhet.: neglegentissime amicos habere, Sen. ep. 63, 9.

neglegentia, ae, *f.* (neglegens), die **Nichtachtung, I** die **Nachlässigkeit, Unachtsamkeit** (Ggstz. diligentia), in accusando, Cic.: epistularum, Saumseligkeit im Briefschreiben, Cic. ad Att. 1, 6, 1; 8, 11, 6 u. (ohne epist.); Cic. ep. 2, 1, 1. – **II** die **Vernachlässigung, Verabsäumung, Hintansetzung, Geringschätzung, Gleichgültigkeit, Rücksichtslosigkeit** gegen usw., cognatorum, Ter.: deûm, Liv.: neglegentia sui, das Sichgehenlassen, Tac. ann. 16, 18.

neg-lego, lēxī, lēctum, ere (nec u. lego), eig. die Erscheinung einer Sache nicht in seinen Geist aufnehmen, **nicht achten, nicht beachten, I** unabsichtlich, **vernachlässigen, außer Acht lassen, unterlassen, sich nicht um** etw. **bekümmern, versäumen,** mandatum, Cic.: rem familiarem, Nep.: mit *de* u. Abl., de Theopompo neglesimus, in Betreff des Th. sind wir nachlässig gewesen, Cic.: mit folg. *Infin.*, mea promissa persequi, Plaut.: obire diem edicti, Cic. – **II** absichtlich, **A** im Allg., **nicht achten** = **aus** etw. **sich nichts machen,** etwas **hint-**

ansetzen, etw. **unterlassen, geringschätzen, beiseite liegen lassen, der Beachtung nicht mehr wert halten,** periculum, Cic.: spem, Cic.: bellum, Cic.: alqm, Ter.: deos neglegere edocuit, lehrte Gleichgültigkeit gegen die Götter, Sall.: mit folg. *Infin.*, verba etiam verbis quasi coagmentare neglegat, Cic.: neglegis fraudem committere? Hor.: mit folg. *Acc.* u. *Infin.*, **gleichgültig zusehen,** dass etwas geschieht, Theopompum nudum confugere Alexandriam neglexistis, Anton. b. Cic.: Gallias a Germanis vastari neglexit, Suet. – **B** insbes., **nicht achten = übersehen, nicht ahnden, ungeahndet hingehen lassen,** pecuniam captam, Cic.: vitam ereptam, Cic. – ▶ Nach dem *simplex* lego gebildete Perfektform neglegerit, Licin. Macer b. Diom. 369, 15: neglegisset, Sall. Iug. 40, 1.

neglig… s. neglegēns

nego, āvī, ātum, āre (viell. v. ne u. aio), **I** *intr.* **nein sagen** (Ggstz. aio), negat quis: nego; ait: aio, Ter.: Diogenes ait, Antipater negat, Cic. – m. *Dat. pers.*, jmdm., mit *Dat. rei,* auf etw. eine abschlägige Antwort geben, saepius idem roganti, Cic.: petitioni, Trai. in Plin. ep.: cenis, Mart.: übtr., v. lebl. Subjj., illi membra negant, Stat.: saxa negantia ferro, Stat. – **II** *tr.* etwas **verneinen, A** eine Behauptung = **sagen, behaupten, versichern, dass nicht** usw., etw. **leugnen** (Ggstz. dicere, confiteri), **α** m. *Acc.:* crimen (Beschuldigung), Cic. u. Quint.: deos, Sen.: omne euangelium, Tert.: debitor usuram pariter sortemque negabit, wird ableugnen, Mart. 5, 42, 3. – **β** m. folg. *Acc.* u. *Infin.*, nego ullum fas fuisse, Cic.: negat verum esse allici benevolentiam cibo, Cic.: neget per omnes deos se meminisse, Tibull.: quorum alterum neque nego neque infitias eo, nos enixe operam dedisse, ut etc., Liv.: übtr., v. lebl. Subjj., negat ratio animum credere posse, Lucr.: sin (arenae) in sua posse negabunt ire loca, Verg.: et hoc negat (phaselus ille) minacis Adriatici negare litus, und dieses, meint sie, leugnet nicht Adrias bedrohliches Ufer, Catull. 4, 6 *sq.* – mit folg. Negation, die die Verneinung nicht aufhebt (vgl. Görenz Cic. Acad. 2, 79), negato mihi esse nec quod dem mutuom, Plaut.: negat nec suspicari, Cic. – Stehen zwei Sätze bei nego, so ist für das zweite Satzglied oft ein affirmatives *verbum dicendi* zu ergänzen, negabat cessandum et utique prius confligendum, Cic. – im Passiv, negor etc. m. folg. *Nom.* u. *Infin.*, **man sagt, dass ich** (du, er, sie, es) **nicht,** casta (*sc.* esse) negor, Ov.: ibi vis facta (esse) negabitur, Cic.: quod auspicari tamquam invisi diis immortalibus negarentur posse, Liv.: vitis carbunculare negatur, Plin.: aber auch negatur mit folg. *Acc.* u. *Infin.*, negarine ullo modo possit, numquam quemquam stabili et firmo et magno animo effici posse, Cic.: negandum est esse deos, Cic. – **γ** non negare m. folg. *quin* u. Konj., negare non posse, quin rectius sit exercitum mitti, Liv. 40, 36, 2: negari non potest, quin bonum sit, Lact. 3, 11, 9. – **δ** absol. = **leugnen,** factum est: non nego, Ter.: si fateris … si negas, Cic.: ne nega! verred' es nicht! Ter. – **B** eine Bitte usw. verneinen = etw. **versagen, verweigern, abschlagen, sich weigern** zu usw., postquam id obstinate sibi negari vidit, Caes.: auxilium Veientibus, Liv.: spem patriae, Ov.: alci civitatem, Suet.: sibi omnia, sich alles versagen, allem entsagen, Sen.: officium alci negare non posse, Suet.: poet., vela ventis, die S. einziehen, Ov.: se vinculis, sich entziehen, Ov.: comitem (*sc.* se), sich nicht zum Begleiter hergeben wollen, Ov.: poma negat regio, Ov.: illa se negat, schlägt es ab, will nicht, Ter.: belle negandum (est), si qui roget, ut etc., Q. Cic. – m. folg. *Infin.*, nos quoque ire negabamus, Ov. met. 14, 250: Leucothea nanti ferre negavit opem, Ov. ex Pont. 3, 6, 20: figurare varie nisi eruditis negatum est, Plin. ep. 3, 13, 3. – alci non neg. m. folg. *quin* u. Konj., adulescenti negare non potuit, quin eum arcesseret, Nep. Dion. 2, 2: u. so Verg. Aen. 10, 614. – m. folg. *Acc.* u. *Infin.*, Hannibalem pelli negabam, wollte nicht, Sil.: quibus te propter aliquod officium necessitudinis adfuturum negaris, Cic. – m. bl. *Dat.* **(wem),** negare (es abschl.) nemini, Cic.: omnes hoc animo sunt, ut sibi te mentiri malint quam negare, Cic. – *neutr. partic.* subst., cupimus negata, wir begehren Versagtes, Ov. am. 3, 4, 17. – ▶ Archaist. Konj. Pers. negassim, Plaut. asin. 503. – parag. Infin. Präs. Pass. negarier, Prud. perist. 7, 54.

negōtiālis, e (negotium) = πραγματικός, **das Geschäft betreffend, geschäftlich,** pars (Ggstz. iudicialis), Cic. de inv. 1, 14. Fortunat. art. rhet. 1, 14 (vgl. Prisc. praeex. § 34): status, Fortunat. art. rhet. 1, 17: ei (rhetoricae) locum in ethice negotialem assignant, id est πραγματικόν, weisen ihr in der Ethik eine Stelle an, nämlich die Tätigkeit im öffentlichen Leben, d. h. das Pragmatische, Quint. 2, 21, 3: neg. epistulae, Iul. Vict. rhet. 27. p. 447, 38 H.: causae, Schol. Iuven. 7, 123: artes, Eustath. hexaëm. 1, 7.

negōtiāns, antis, *m.*, s. negōtior.

negōtiātio, ōnis, *f.* (negotior), **I** das **Geschäft-, der Handel im Großen,** das **Bankiergeschäft,** der **Großhandel,** reliquiae negotiationis veteris od. Asiaticae, Reste der noch einzutreibenden Gelder, Cic.: qui nunc praecipue negotiatione delectantur, sich gern Geldgeschäften widmen, Val. Max. – **II** zur Kaiserzt. = jeder **Handel,** pecuaria, Colum.: lignaria, Capit.: sagaria, ICt.: fabaria, Inscr.: sordidae negotiationis aucupia, Ambr.: negotiationes privato pudendae, Suet.: constat negotiatio omnis ex empto et vendito (aus Kauf u. Verkauf), Sen.

negōtiātor, ōris, *m.* (negotior), **I** der Geld- od. Handelsgeschäfte im Großen betreibt, der **Bankier, Großhändler,** Cic. u. a. – **II** zur Kaiserzt. = **A** jeder **Handelsmann, Händler, Kaufmann,** Protarchi negotiatoris filius, Iustin.: negotiatore natus, Iustin.: neg. vestiarius, frumentarius, ICt.: aerarius, CIL 6, 9664: mercis sordidae, Quint.: praeclusit cunctos negotiatores, Suet.: negotiatoribus maximam immunitatem dedit, Lampr. – **B** der **Geschäftsführer,** Labeo bei Marcian. dig. 32, 65 *in.*

negōtiātōrius, a, um (negotiator), **zum Handelsmann gehörig,** navis, Handelsschiff, Vopisc. Firm. 3. § 3: aurum, als Abgabe der Handelsleute, Lampr. Alex. Sev. 32, 5.

negōtiātrīx, trīcis, *f.* (Femin. zu negotiator), die **Händlerin, I** eig., Paul. dig. 34, 2, 32. § 4: negotiatrix frumentaria et legumenaria, CIL 6, 9683. – **II** übtr., die **Vermittlerin,** Tert. adv. Marc. 2, 3.

negōtinummius, a, um (negotium u. nummus), **Geld kostend,** Apul. met. 10, 21.

negōtiolum, ī, *n.* (*Demin.* v. negotium), ein **Geschäftchen,** bellissimum, Plaut. fr. Astrab. 30 (bei Prisc. 3, 38): erit nescio quid negotioli, es wird dabei ein bisschen zu tun geben, Cic. ad Q. fr. 3, 4, 6: tua negotiola (deine kleinen Aufträge) Ephesi curae mihi fuerunt, Cic. ad Att. 5, 13, 2.

negōtior, ātus sum, ārī (negotium), **Handelsgeschäfte treiben, I** eig.: **A Geschäfte im Großen betreiben, den Großhändler** od. **Bankier machen,** illic, Cic.: Patris (zu Paträ), Cic.: se Syracusas otiandi, non negotiandi causā conferre, Cic.: circumspiciebam, in quod me mare negotiaturus immitterem, Sen. – Partiz. subst., negotiāns, antis, *m.*, der **Großhändler, Bankier,** Cic. ad Att. 5, 21, 10. – **B** übh. **Handelsgeschäfte-, Handel treiben, handeln,** Liv. u. a.: ut negotiari possis, aes alienum facias oportet, Sen.: homo negotians, ein Geschäftsmann, Petron. 43, 6: qui negotiantur, Geschäftsleute (Ggstz. qui agricolantur, Ackerbauer), Salv. adv. avar. 2, 10. – Partiz. subst., negotiāns, antis, *m.*, **der Händler, Handelsmann, Geschäftsmann,** Sen. ep. 94, 14: neg. calcariarius, CIL 10, 3947: materiarius, CIL 11, 1620: salsamentarius et vinariarius, CIL 6, 9676: Plur.: aratores ac negotiantes, Suet. Aug. 42, 3: negotiantes in basilica, Vitr. 5, 1, 8. – **II** mit etwas **handeln,** aus etwas **Gewinn ziehen,** animā nostrā negotiari, Plin. 29, 10 (11).

negōtiōsitās, ātis, *f.* (negotiosus), Übersetzung von πολυπραγμοσύνη, die **Vielgeschäftigkeit,** Gell. 11, 16, 3.

negōtiōsus, a, um (negotium), **voller Geschäfte, geschäftig, tätig, a** v. Pers.: prudentissimus quisque maxime negotiosus erat, Sall. Cat. 8, 5: negotiosi eramus nos nostris (in) negotiis, Plaut. merc. 191: negotiosissimus vir, Augustin. epist. 153, 1: subst., negotiosi, Geschäftsleute, Tac. dial. 7. – **b** v. Lebl.: provincia n. et molesta, Cic. Mur. 18: dies, Geschäftstage, Werktage (Ggstz. sacri), Tac. ann. 13, 41 *extr.:* cogitatio, Gedanke an Geschäfte, Cels. 4, 32 (25): nil moror negotiosum mihi esse tergum, ich mag meinem R. keine Händel (Schläge) zuziehen, Plaut. mil. 447: quid (est) clementiā remissius, quid crudelitate negotiosius? Sen. de ira 2, 13, 2: cura atque opera negotiosissima, Augustin. epist. 169, 1.

negōtium, iī, *n.* (nec u. otium), die Unmuße, **I** die **Beschäftigung,** praktische **Tätigkeit** (Ggstz. otium, die Muße, von Berufsgeschäften freie Zeit), **1** im Allg.: non negotium, non otium, Cic.: ut (scriptor) in otio esset potius, quam in negotio, Ter.: otio qui nescit uti, plus negoti habet, quam cum est negotium in negotio, Enn. fr. scen. 234. – quid tibi hic negotii est? was hast du hier zu schaffen? Ter.: quid in sua Gallia Caesari aut omnino populo Romano negotii esset? was hätte C. usw. zu schaffen? Caes.: in magno negotio habuit, obligare semper annuos magistratus, hielt es für seine Hauptaufgabe, hielt es für höchst nötig, Suet.: sed verba hic facio quasi negoti nil siet, als ob es nichts zu tun gäbe, Plaut.: nisi negotium est (wenn du nicht eine B. hast, wenn du nichts zu tun hast), progredere ante aedes, Plaut. – oft mit dem Nbbegr. der Schwierigkeit, Mühsal, Hudelei, Verlegenheit, satis negotii habui (hatte genug zu tun) in sanandis vulneribus (provinciae), Cic.: cum Epicuro hoc plus negotii est, mit diesem Epikur haben wir mehr zu tun (= er macht uns mehr zu schaffen), Cic.: neque esse quicquam negotii (es sei keine schwierige Aufgabe) ... hanc sub sarcinis adoriri, Caes.: quid negotii est (was ist es für eine [schwere] Aufgabe) poëtarum portenta convincere? Cic.: interfecto (illo) nihil habituri negotii essent, würden sie Ruhe haben, Nep. – sed quid negotii est? quamobrem succenses mihi? was soll das bedeuten (was ist denn los)? warum zürnst du mir? Plaut.: u. so quid hoc est negotii (was ist das für eine Wirtschaft), neminem meum dictum magni facere? Plaut.: neque de hac re negotium est, quin occīdam, es leidet keinen Zweifel, ich komme um, Plaut. – quod beatum est, id nec habet nec exhibet cuiquam negotium, hat weder, noch macht es Beschwerde, Cic.: u. so negotium alci exhibere od. facessere, Cic., od. facere, Quint., jmdm. Händel, Unannehmlichkeiten machen od. verursachen, jmdm. Verlegenheiten bereiten, jmdm. zu schaffen machen: ut forte negotium magiae facessitur, Apul. apol. 54: alci multum negotii concinnare, jmdm. viel zu schaffen machen, Sen.: alci plus negotii facere (mehr zu schaffen machen), quam etc., Iustin.: sin (eritis secuti) illam alteram (sententiam), nescio an amplius mihi negotii contrahatur, eine Verlegenheit in größerem Umfang mir bereitet werde, Cic.: ne forte negoti incutiat tibi quid sanctarum inscitia legum, Hudeleien macht, Hor.: istā tuā benignitate magnum mihi negotium peperisti, hast du mich sehr in Verlegenheit gebracht, Fronto. – Pompeio est negotium cum Caesare, hat es mit C. zu tun = liegt im Zwist mit ihm, Cael. in Cic. ep. – u. die adverb. Ausdrücke: nullo negotio, Cic., u. sine negotio, Nep., ohne viele Umstände, Schwierigkeit: recenti negotio, auf frischer Tat, Cic.: facili negotio, mit leichter Mühe, Aur. Vict.: ebenso levi negotio, Amm.: magno negotio, mit großer Schwierigkeit, Cels. u. Auct. b. Alex.: in magno negotio habuit m. folg. *Infin.*, er hielt es für sehr wichtig, Suet. Caes. 23, 2. – **2** insbes., die dem öffentlichen Dienst gewidmete Tätigkeit, der **Staatsdienst,** qui in optima re publica ... eum vitae cursum tenere potuerunt, ut vel in negotio sine periculo, vel in otio cum dignitate esse possent, Cic.: postremo non labor meus, non requies, non negotium, non otium, non forenses res, non domesticae ... carere diutius tuo consilio ac sermone possunt, Cic. – so auch im Plur. = Geschäftigkeit im öffentl. Dienst, maius commodum ex otio meo quam ex aliorum negotiis rei publicae venturum, Sall.: a negotiis in otium conversa civitas, Vell.

II übtr.: **A** eine einzelne **Beschäftigung** = das **Geschäft,** der **Auftrag,** die **Aufgabe, 1** im Allg.: negotia maritima, überseeische Handelsgeschäfte, Plaut.: negotia privata, domestica, Cic.: negotium familiare, Symm.: negotia servilia, Sall.: negotia, quae ingenio exercentur, Sall.: alci id negotii dare, Cic. (vgl. id mihi da negoti, dafür lass mich nur sorgen, Ter.): dare alci negotium, ut etc., Cic. (vgl. id dare sibi negoti, ut etc., darauf sehen, dass usw., Ter.): dare alci neg., qui (dass er) etc., Cic.: dare alci neg., *ne* etc., Suet.: dare alci neg. m. folg. bl. *Coniunctiv,* Nep. Dat. 9, 3. Liv. 3, 4, 9: dare alci neg. m. folg. *Infin.*, Tac. ann. 6, 12: dare alci neg. m. *Genet. Gerund.*, Suet. Tib. 34, 1: alci mandare negotia, Cic.: negotium suscipere, Cic.: alcis negotium agere, Cic.: negotium transigere, Cic.: negotium conficere, Caes., perficere, Liv.: alcis negotia explicare, Cic., explicare et expedire, Cic.: ex hoc negotio emergere, Cic.: negotio desistere, Caes.: procurare alcis negotia od. alcis rationes negotiaque, jmds. Geschäftsträger sein, Cic.: in alienis negotiis detineri, Cic.: aliquo maiore negotio detineri, Rhet. Her.: nondum in negotio versari, Cic.: negotiis familiaribus impeditus, Rhet. Her.: aliquo negotio intentus, Sall.: erat in eo litterarum et negotiorum ingens scientia, Aur. Vict. – u. allgem., wie unser **Geschäft, Angelegenheit, Sache,** neg. alienum, Curt.: neg. ineptum (näml. gratulari), Cic.: aliena negotia agere, Curt. – **2** insbes.: **a** das **Staatsgeschäft,** die **Staatsangelegenheit,** die **Unterhandlung** u. dgl., negotia publica, Staatsgeschäfte, Amtsgeschäfte im Allg., Cic. u. a., u. öffentliche Pachtgeschäfte, Plaut.: negotia forensia, Cic.: negotia Leptitanorum, Sall.: inter haec negotia, Sall. – **b** v. Kampf u. Aufruhr usw. = **Gefecht, Unternehmen,** facies negotii, der Anblick des Kampfes, Sall.: quod negotium poscebat, Sall.: infecto negotio, unverrichteter Sache, Sall. – transactum negotium, Suet.: in ipso negotio plures affuturos, Suet.; vgl. Bremi Suet. Caes. 80. – **c** das **Handelsgeschäft, Geldgeschäft,** gew. im Plur., habere negotia vetera in Sicilia, Cic.: habere permagna negotia Clazomenis, Hor.: negotii gerentes, Geschäftsleute, negotii bene gerentes, gute Geschäftsleute, Cic. – m. Anspielung, postquam omnis res mea Ianum ad medium fracta est, aliena negotia curo, excussus propriis, Hor. – **d** das **Rechtsgeschäft,** die **Rechtssache,** der **Rechtsfall,** Quint., Suet. u. ICt.; vgl. Bremi Suet. Aug. 32. – **e** das **Hauswesen,** die **häuslichen-, Privatangelegenheiten,** erat Nabdalsae Numida quidam negotiorum curator, Privatsekretär, Sall.: negotium male gerere, schlechte Wirtschaft treiben, Cic.: praeclare suum negotium gerere, Cic. – **B** äußere **Lage, Umstände, Verhältnisse,** atrox, Sall.: ita negotium est, so ist die Lage, so erheischen es die Umstände, so ist es durchaus notwendig, Plaut. (s. Brix u. Lorenz Plaut. mil. 522): suam quisque culpam auctores ad negotia transferunt, Sall. – **C** meton., wie χρῆμα, v. Menschen = ein **Stück, Wesen,** Teucris illa lentum n., Cic.: Callisthenes quidem vulgare et notum n., Cic.

negritu, in der Auguralschr. = aegritudo, Fest. 165 (a), 30, aber Bergk negritud od. negrituod significat nec ritu.

negumo, āre, verlängert aus nego (wie autumo aus aio), Fest. 165 (a), 28.

Nehalennia, ae, *f.*, eine an der Mündung des Rheins verehrte Flussgöttin, CIL 13, 8779 *sq.*

nei, altlat. = ni, s. d.

Nēith, *f. indecl.* (Νηῖθ), eine ägyptische Gottheit, identisch mit der röm. Minerva, Arnob. 4, 16.

neive, s. nē-ve.

Nēleus, eī, *m.* (Νηλεύς), Vater Nestors, König in Pylos, Ov. met. 2, 689. Hyg. fab. 10. – Dav.: **A Nēlēius,** a, um (Νηλήϊος), neleïsch, Ov. u. a. – subst., Nēlēius, iī, *m.*, der **Nelëier,** d. i. Nestor, Ov. – **B Nēlēus,** a, um, **neleïsch,** Ov. – **C Nēlīdēs,** ae, *m.* (Νηλείδης), der **Nelide** (Sohn, Nachkomme des Neleus), Ov.

nēma, atis, *n.* (νῆμα), das **Gespinst,** sericum, Marcian. dig. 39, 4, 16. § 7.

Nemaeus, a, um, s. Nemea.

Nemausum, ī, *n.* u. **Nemausus,** ī, *f.*, Stadt im narbon. Gallien, mit sehr schönen Quellen, j. *Nîsmes*, Form *-um*, Plin. 3, 37. Itin. Anton. 388, 7 u. 396, 5. Not. Tir. 84, 59: Form *-us*, Mela 2, 5, 2 (2. § 75). Auson. ordo urb. nob. 14, 34. p. 103, 24 Schenkl (die Quellen): Genet., CIL 12, 3219: Abl., *ibid.* 6, 25858. – Dav. **Nemausēnsis** (Nemausiēnsis), e, **von od. zu Nemausum (Nemausus), nemausensisch,** Nemausensis caseus, Plin. 11, 240: in Nemausiensi agro, Plin. 9, 29. – Plur. subst., Nemausēnsēs, ium, *m.*, die Einwohner von Nemausum, die **Nemausenser,** Plin. 3, 37. Suet. Tib. 13, 1. CIL 12, 2990.

Nemea, ae, *f.* (Νεμέα) u. poet. **Nemeē,** ēs, *f.* (Νεμέη), ein Flecken in Argolis zwischen Kleonä u. Phlius, nebst der umliegenden Waldgegend mit einem Hain des nemëischen Zeus, worin Herkules den nemëischen Löwen erlegte, u. alle drei Jahre die nemëischen Spiele gefeiert wurden, Cic. de fato 7. Verg. Aen. 8, 295: Form -*e*, Mart. spect. 27, 3. Stat. silv. 1, 3, 6. – Dav.: A **Nemeaeus** (Nemeēus), a, um (Νεμεαῖος), **nemeäisch,** leo, Ov.: moles od. pestis, Löwe, Ov.: vellus, Löwenfell, Ov. – B **Nemaeus**, a, um, **nemäisch,** Hieron. – C **Nemea**, ōrum, *n.* (Νέμεα), **die nemëischen Spiele,** Liv. u. Hyg.: Nemea vincere, Vitr.

nēmen, inis, *n.* (neo), das **Gewebe, Gespinst,** CIL 6, 20674 = Carm. epigr. 436.

Nementurī, s. Nemeturī.

Nemes, s. Nemetēs.

Nemesa, ae, *m.*, ein Fluss im belg. Gallien, j. *Nims,* Auson. Mos. 354.

Nemesiacī, ōrum, *m.*, eine Art abergläubischer Menschen, die Wahrsagerei trieben, Cod. Theod. 14, 7, 2.

Nemesiānus, ī, *m.*, vollst. M. Aurelius Olympius N., aus Karthago, röm. Dichter des 3. Jahrh. nach Chr., Vopisc. Numer. 11, 2.

Nemesis, eōs, Akk. ina u. im, *f.* (Νέμεσις), I die Göttin der Gerechtigkeit, die bes. Hochmut u. Übermut bestraft, Catull. 50, 20. Macr. sat. 1, 22. § 1: Genet., Plin. 11, 251: Akk., Plin. 28, 22. Amm. 14, 11, 25: Vok. Nemesis, Auson. edyll. 8, 41. p. 18, 33 Schenkl. – identifiziert mit der vergötterten Leda, Lact. 1, 21, 23: mit der Fortuna, CIL 3, 1125 (wo Dat. Nemesi). – mit den Beinamen Adrastea (s. d.) u. Rhamnusia (s. Rhamnūs unter Rhamnus). – II Geliebte des Tibull, Tibull. 2, 3, 61 u. 2, 4, 59. Ov. am. 3, 9, 31. Mart. 8, 73, 8: Akk., Tibull. 2, 5, 111 u. 2, 6, 27.

Nemestrīnus, ī, *m.* (v. nemus), der **Gott der Haine,** Arnob. 4, 7.

Nemetēs, um, *m.*, eine Völkerschaft im belg. Gallien, in der Gegend des heutigen Speier, Caes. b. G. 1, 51, 2. Tac. Germ. 28. – Nbf. Nomin. Nemetae, Amm. 15, 11, 8: Akk. as, Tac. ann. 12, 27. Amm. 16, 2, 11. – Dav. **Nemetēnsis**, e, **nemetensisch, der Nemeter,** regio, Symm. laud. in Valentin. 2, 21 *ed. Mai.*

Nemetocenna, ae, *f.*, Hauptstadt der Atrebaten (Atrebates) im belg. Gallien, j. *Arras,* Hirt. b. G. 8, 46, 6 u. 8, 52, 1.

Nemeturī (Nementurī), ōrum, *m.*, eine ligurische Völkerschaft, Plin. 3, 137. – Dav. **Nemeturicus**, a, um, **nemeturisch, von den Nemeturern,** pix, Colum. 12, 20, 3 u. a.

nēmo, nēminis, *c.* (für nehemo, v. ne u. dem altlat. hemo = homo), **kein Mensch, niemand, keiner,** I (*subst.*) eig.: nemo ex tanto numero, Cic.: nemo e vobis, Vell.: nemo omnium, kein einziger, Sall.: so auch omnium hominum nemo, Cic.: nemo omnium mortalium, kein einziger St., Cic.: nemo omnium Numidarum, kein einziger N., Sall. – *fem.*, vicinam neminem amo magis quam te, Plaut.: hoc scio, neminem peperisse hic, Ter. – nemo quisquam, kein einziger, gar niemand, Komik. u. Gell., od. nemo unus, Cic., Caes. u. a., od. unus nemo, Rhet. Her., kein einzelner. – nemo alius, kein anderer, Cic.: nemo unquam, Cic.: nemo alter, kein anderer, kein zweiter, Plin. – non nemo, mancher, einer u. der andere, Cic. (s. Jordan Cic. Caecin. 79. p. 265 *sq.*). – nemo non, jeder, jedermann, alle ohne Ausnahme, Cic.: steht es aber vor dem doppelten nec (neque), so bleibt die Verneinung, nemo nec deus nec homo, kein Gott noch Mensch, Cic.: so auch nemo non linguā, non manu promptior, Liv.: ebenso ne legat id nemo … velim, Tibull.: sed me moverat nemo magis quam is, quem tu neminem putas, für einen Niemand ansiehst (= für nichts achtest), Cic. ad Att. 7, 3, 8. – nemo est qui m. Konj., nemo est qui nesciat, Cic. ep. 1, 4, 2. – nemo est mit folg. *quin* u. Konj., es ist keiner, der nicht usw., nemo est, quin intellegat ruere rem publicam, Cic. Verr. 5, 12 (u. so *ibid.* 3, 136; 5, 112; Sest. 33 u. a.): u. so nemo nostrûm od. vestrûm est u. nostrûm od. vestrûm nemo est, quin etc., es ist keiner unter uns od. euch, der nicht usw., Cic. Rosc. Am. 55 u. 154; Verr. 4, 115 u. 5, 71: ebenso reliqui, quorum nemo est, quin etc., Cic. Phil. 8, 20: nemo est ex tanto numero, quin etc., Cic. Font. 15: nemo fuit militum, quin etc., Caes. b. c. 3, 53, 3: nemo est tam impudens istorum, quin etc., Cic. de lege agr. 3, 8: nemo est tam afflictus, quin etc., Cic. ep. 6, 1, 7: nemo est tam fortis, quin etc., Caes. b. G. 6, 39, 3: nemo est tam firmo ingenio et tantā confidentiā, quin etc., Enn. fr. scen. 25. – II (*adi.*) übtr. = **kein,** nemo homo, Cic.: nemo civis, Cic.: nemo adulescens, Cic.: servus nemo, Cic.: nemo Romanus, Liv.: nemo hostis, Liv.: nemo avarus, Hor. – nemo dies, Prud. perist. 10, 744. – ► In der klass. Sprache ist nur der Dat. nemini und der Akk. neminem üblich. – o lang Hor. sat. 1, 1, 1: kurz Mart. 1, 40. Iuven. 2, 83 u. a.

nemorālis, e (nemus), **zum Hain-, zum Wald gehörig, Hain-, Wald-,** I im Allg.: umbrae, Ov.: antrum, Ov. – II insbes., **zum Hain der Diana** (bei Aricia) **gehörig,** templum Dianae, Ov.: so auch regnum, Ov.: (vgl. nemorensis u. nemus).

nemorēnsis, e (nemus), **zum Hain-, zum Wald gehörig, Hain-, Wald-,** I im Allg.: mel, Colum. 9, 4. § 7. – II insbes., Nemorēnsis, e, **zum Hain der Diana** (bei Aricia) **gehörig,** lacus, j. Lago di Nemi, Prop.: rex, Vorsteher der Opfer der Diana von Aricia, Suet. – subst., in Nemorensi, auf dem Gebiet des Hains von Aricia, Suet. Caes. 46.

nemoreus, a, um (nemus), **zum Hain, zum Wald gehörig, Hain-, Wald-,** frons, Ennod. op. III. Vita S. Epiph. p. 352, 10 *Hartel.*

nemoricultrīx, trīcis, *f.* (nemus u. cultrix), die **Waldbewohnerin,** sus n., poet. = Wildsau, Phaedr. 2, 4, 3 (Raschig u. Müller nemoris cultrix).

nemorivagus, a, um (nemus u. vagus), **im Wald umherschweifend,** aper, Catull. 63, 72.

nemorōsus, a, um (nemus), **voller Wälder, waldreich,** I eig.: Zacynthos, Verg.: vallis, Sall. fr.: convallis, Plin. – II übtr.: 1 **dichtbeholzt,** silvae, Ov. met. 10, 687. – 2 **dichtbelaubt,** platanus nemorosa vertice, Plin.: n. brachia (taxi), Sil.

Nemossus, ī, *f.*, Stadt in Aquitanien, Hauptort der Arverner, j. *Clermont,* Lucan. 1, 419.

nempe, *Coni.* (aus nem, pronomin. Akk., verwandt mit enim, nam + Suffix pe; vgl. quippe), I zur Erläuterung u. Bestätigung in einer Aussage, **denn doch, doch ja, nun ja,** memini: nempe illum dicis cum armis aureis, denn du meinst doch den mit den goldenen Waffen, Plaut.: nempe uxor ruri est tua, deine Frau ist ja auf dem Lande, Plaut.: nempe enim duo genera materiarum apud rhetoras tractantur, denn es werden ja usw., Tac. dial. 35. – dah. übh. a zur Bekräftigung, **denn doch, allerdings, natürlich, wirklich,** recte ego nempe has fugi nuptias, ich hab denn doch mit Recht vermieden, Ter.: nempe incomposito dixi pede currere versus Lucili, allerdings hab ich gesagt, Hor.: optabam certe recipi: sum nempe receptus, ich wurde wirklich aufgenommen, Ov. – b zur Folgerung, **so denn, offenbar, natürlich,** oft mit igitur, idcirco, ergo verb., nempe omnia haec nunc verba huc redeunt denique: ego excludor, so läuft denn alles endlich darauf hinaus, Ter.: si dat tantam pecuniam Flacco, nempe idcirco dat, ut rata sit emptio, so gibt er es natürlich deswegen, Cic. II zur Begründung in einer Frage, u. zwar: a einer mit Verwunderung (Entrüstung) ausgesprochenen **also wirklich, wirklich,** nempe hic tuus est? also ist es wirklich deiner? Plaut.: nempe negas, du lügst wirklich? Cic.: nempe haec assidue? Pers. – b einer mit Überzeugung ausgesprochenen, **doch, ja doch, doch wohl, nicht wahr?** (s. Brix Plaut. trin. 196), nempe recte valet? er ist doch wohlauf? Plaut.: nempe eum dicis, nicht wahr, du meinst den? Cic. – III zur Begründung und Bekräftigung in einer Antwort, **doch sicherlich, offenbar, natürlich, es versteht sich,** Cn. Pompei tertius consulatus in quibus actis constitit? nempe in legibus, doch sicherlich in der Gesetzgebung, Cic. – oft ironisch, **ja freilich,** Cic. u. a.

nemus, oris, *n.* (νέμος), der **Wald** mit Triften u. Weiden für das Vieh (νέμεα), ein weidereiches **Gehölz,** der **Hain** (dagegen silva der Wald in Rücksicht der Bäume), I im Allg.: A eig.: lauri nemus, Aur. Vict.: querna acernaque nemora, Sidon.: agri et nemora, Cic.: multos nemora silvaeque commovent, Cic. – poet. = **Wald, Gehölz,** Verg. u. Ov. – u. hyperbol. v. einem sich waldartig ausbreitenden Baum, ingens quercus, una nemus, sie allein ein Wald, Ov. met. 8, 744. – B poet. übtr.: 1 die **Baumpflanzung,** Verg. georg. 2, 401. Val. Flacc. 1, 755. – 2 meton., das **Holz,** Sen. Herc. fur. 1216 (1223). – II insbes., ein einer Gottheit heiliger **Hain,** nemus Angitiae, Verg.

Aen. 7, 759. – vorzugsw. der der Diana heilige Hain bei Aricia, in dessen Nähe Cäsar ein Landhaus hatte, Cic. ad Att. 15, 4. § 5.

nemut = nisi etiam, Fest. 162 (a), 28.

nēnia (**naenia**), ae, *f.*, das **Leichenlied,** der **Leichengesang,** **I** eig. u. übtr.: **1** eig., Cic. u. a. – sprichw., id fuit n. ludo, war gleichs. der Grabgesang für den Spaß, »so war das Lied am Ende« (Rost), Plaut. Pseud. 1278^{b}. – nenia funebris, die Grabschrift, Sidon. epist. 2, 9, 2. – **2** übtr.: **a** **jedes traurige Lied, Trauerlied,** Cea, Hor.: dicere alci neniam de bonis, traurige Geschichte, Plaut. – **b** das **Zauberlied,** die **Zauberformel,** Hor. u. Ov. – **c** jedes gewöhnliche **Lied,** jeder **Gesang,** wie Nachtgesang, Schlaflied, Wiegenlied, Hor. u. Arnob.: Kinderlied auf der Straße, puerorum, Hor.: viles neniae, Possen, Phaedr. – **d** **hämische Krittelei,** accusatorum meorum neniae et probrosae querelae, Hieron. epist. 57, 13. – **II** personif., Nenia, die Göttin des Leichengesanges, die **Klagegöttin,** die vor dem viminalischen Tor eine Kapelle hatte, Arnob. 4, 7. Augustin. de civ. dei 6, 9. – ► neniā (*Abl.*) zweisilbig, Ov. fast. 6, 142.

nēnior = εἰκαιολογῶ, **unüberlegt schwatzen,** Dosith. 60, 13 K. u. Gloss.

nēniōsus = garrulus, **schwatzhaft,** Gloss. IV, 346, 8.

neo, nēvī, nētum, ēre (νέω, νήθω), **I** **spinnen,** subtemen, Komik., Fronto u. Amm.: stamina, fila, bes. v. den Parzen, Ov. u. Tibull.: purpuras colo, Iustin.: lana, quae neta est, quae neta non est, Ulp. dig.: aurum netum, Alcim. Avit. – Partiz. subst., nēta, ōrum, *n.*, das **Gesponnene,** das **Gespinst,** aliarum neta aut in globum collige aut texenda compone, Hieron. epist. 130, 15. – **II** übtr., **weben,** tunicam quam molli neverat auro, Verg. Aen. 10, 818: hoc neverat unum mater opus, Stat. Theb. 9, 691 *sq.* – ► Nbf. (nach der 3. Konjug.) neunt, Tibull. 3, 3, 36 L. u. M. Itala Matth. 6, 28 u. Luc. 12, 27. – Synkop. Perf.-Formen nerunt, Ov. ex Pont. 1, 8, 64: nesse, Claud. in Eutr. 2, 274; vgl. Prisc. 10, 16.

Neobūlē, ēs, *f.* (Νεοβούλη), Name eines Mädchens (nach der Tochter des Lykambes, der Verlobten des Archilochus), Hor. carm. 3, 12, 5.

Neoclēs, is u. ī, *m.* (Νεοκλῆς), **Neokles,** der Vater des Themistokles, Nep. Them. 1, 1 *sq.* (wo Genet. Neocli). – Dav. **Neoclīdēs,** ae, *m.* (Νεοκλείδης), der **Neoklide** (Sohn des Neokles), v. Themistokles, Ov. ex Pont. 1, 3, 69.

neōcorus, ī, *m.* (νεωκόρος), der **Aufseher des Tempels,** der zugleich für dessen Reinigung sorgt, Firm. math. 3, 7. *no.* 9. CIL 6, 1778.

neofitus, s. neophytus.

neogramma, atis, *n.* (νέος u. γράμμα), ein **Gemälde im neueren Stil,** Plur. bei Plin. 35, 29 D. (die Hdschrn. neogrammatea).

neomēnia, ae, *f.* (νεομηνία), der **Neumond,** Tert. idol. 14 u. a. Vulg. 2. paral. 2, 4 u. a.

neophytus, ī, *m.* (νεόφυτος, neu gepflanzt; dah.) der **Neubekehrte,** der **Neophyt** der Christen, Tert. adv. haeret. 41. Vulg. 1. Tim. 3, 6. de Rossi Inscr. Christ. Vol. I. *no.* 141 (wo neofitus).

Neoptolemus, ī, *m.* (Νεοπτόλεμος), Sohn des Achilles, sonst Pyrrhus gen., Cic. de or. 2, 57; de amic. 75. Verg. Aen. 2, 263.

neopum, ī, *n.*, **Mandelöl,** Plin. 15, 26.

neōtericē, *Adv.* (neotericus), **neu,** Ps. Ascon. ad Cic. div. in Caecil. 15. p. 105, 24 B.

neōtericus, a, um (νεωτερικός), **neu,** **I** *adi.*: scriptor, Claud. Mam. de statu anim. 1, 3: versus est magis neotericus, Serv. Verg. Aen. 8, 731: neotericum erat ›flavos‹, Prob. b. Serv. Verg. Aen. 12, 605. – **II** *subst.*, neōtericī, ōrum, *m.*, die **Neueren** (= die neueren Schriftsteller), Aur. Vict. de orig. gent. Rom. *init.* Hieron. in epist. ad Galat. 3, 5 (tom. 7. p. 508 Vall.). Pompeii comment. 232, 35 K. Serv. Verg. Aen. 6, 187 u. 320; 8.

nepa, ae, *f.* (nach Festus ein afrikanisches Wort), **I** der **Skorpion,** als Tier, Cic. de fin. 5, 42: u. als Gestirn, Cic. Arat. u. a. – **II** der **Krebs,** als Tier, Plaut. u. Ser. Samm.: u. als Gestirn, Cic. Arat.

Nepe, s. Nepete.

nēpenthes, *n.* (νηπενθές), **Traurigkeit verscheuchend,** Beiwort eines ägyptischen Zauberkrautes, das im Wein mitgetrunken jeden Kummer des Tages verscheuchen sollte, Plin. 25, 12.

Nepesīnus, s. Nepete.

nepeta, ae, *f.*, eine Pflanze, **italienische Katzenminze** (*Nepeta italica,* Willd.), Cels. 2, 21 u. 25 u. a. Plin. 14, 105; 19, 123 u. 160. – nep. montana, Feldpolei (*Melissa Nepeta,* L.), Apic. 10, 462: ders. bl. nepeta, Apic. 6, 228.

Nepete, is, *n.*, alte Stadt Etruriens, j. *Nepi,* Liv. 6, 9, 3 u. ö. – Nbf. **Nepe,** Vell. 1, 14, 2. – Dav. **Nepesīnus,** a, um, **nepesinisch,** Liv. – Plur. subst., Nepesīnī, ōrum, *m.*, die Einwohner von Nepete, die **Nepesiner,** Liv.

Nephelē, ēs, *f.* (Νεφέλη), erste Gemahlin des Athamas, Mutter des Phrixus u. der Helle, die nach ihrem Tod als Wolkengöttin ihre Kinder, um sie der Verfolgung ihrer Stiefmutter Ino zu entziehen, auf einem Widder mit goldenem Vlies entrückte (vgl. Helle u. Phrixus), rein lat. Nebula, Hyg. fab. 1 *sq.*; vgl. Hyg. astr. 2, 20. – Dav.: **A** **Nephelaeus,** a, um, **nepheläisch,** pecus, der Widder, der die Kinder der Nephele trug, Val. Flacc. 1, 56. – **B** **Nephelēias,** adis, *f.*, die **Nephelëiade** (Tochter der Nephele), Lucan. 9, 956. – **C** **Nephelēis,** ēidos, *f.*, die **Nephelëide** (Tochter der Nephele), Ov. met. 11, 195.

nephrēsis, s. nephrītis.

nephrīticus, a, um (νεφριτικός), **mit Nierenkrankheit behaftet,** Plur. subst., Cael. Aur. de morb. chron. 5, 1, 6. Plin. Val. 5, 32 *lemm.*

nephrītis, tidis, *f.* (νεφρῖτις), die **Nierenkrankheit,** rein lat. renalis passio, renale vitium (Cael. Aur. de morb. chron. 5, 3, 52 u. 58), Isid. orig. 4, 7, 24 *ed. vulg.* (Otto nephresis).

1. nepōs, ōtis, *m.* (altindisch *nápāt*), das **Enkelkind,** **I** eig. u. übtr.: **A** eig.: **1** der **Enkel, Großsohn,** Neptuni nepos, Plaut. mil. 15: Masinissae nepos, Sall. Iug. 14, 2: nepos Atlantis, Merkur, Hor. carm. 1, 10, 1: nepos Veneris, Plaut. mil. 1265: nepos sororis (suae), Vell. 2, 59, 1. Liv. epit. 116. Tac. ann. 3, 30 u. 4, 40: sororum nepotes, Suet. Caes. 83, 2: ex filio nepos, Gell. 13, 20 (19), 3. Modestin. dig. 37, 8, 4: nepos ex fratris filio, Gaius inst. 1, 156: ex filia nepos, Cic. Brut. 263. Eutr. 1, 5. Scaev. dig. 44, 4, 17. § 1: nepos parvulus, Enkelchen, Curt. 4, 10 (41), 22: u. so nepos pausillus, Afran. com. 246: nepos invisus, Romulus, Hor. carm. 3, 3, 31: nepos Nerëius, Achilles, Hor. epod. 17, 18: partus sui, nepotum illi, hi liberûm progenies, Nachk. an Enkeln, Enkel, Liv. 1, 13, 2: Metellum multi filii filiae, nepotes neptes in rogum imposuerunt, Cic. Tusc. 1, 85. – **2** (*f.*) = neptis, die **Enkelin,** Enn. ann. 55. CIL 6, 16363; vgl. Prisc. 6, 68. – **B** übtr.: **1** von Menschen, **a** nachaug., der **Bruderssohn, Schwestersohn, Neffe** (noch j. ital. *nipote*), Hieron. epist. 69, 9. Eutr. 7, 1. CIL 3, 3684. 4321. 6480: vollst. ex sorore nepos, Schwestersohn, Oros. 7, 28, 22. – **b** der **Enkel im fünften Glied** (trinepos), **Ururenkel,** Cic. orat. in Clod. et Cur. 5. fr. 3. p. 30 K. – **c** poet. = **Nachkomme,** Verg. Aen. 6, 865. Ov. ex Pont. 3, 3, 62: Plur., Verg. 2, 194; 3, 158. Hor. carm. 1, 2, 35; 2, 1, 27. Ov. met. 15, 17 u. 444: nepotes seri, Ov. met. 6, 138. – **2** v. Tieren, Colum. 6, 37, 4 u. 7, 2, 5. – **3** v. Weinstock, **Nebenschößling,** Colum. 3, 6, 2; 4, 10, 2. – **II** meton., ein **liederlicher, verschwenderischer Mensch,** ein **Verschwender, Schwelger,** als Ggstz. zu patruus (hingegen ganeo, der Besucher liederlicher Häuser, Wüstling), Cic. Quinct. 40; Cat. 2, 7 (neben ganeo) u. a. Hor. epod. 1, 34; sat. 1, 4, 49 u. a. Vgl. Prob. inst. 129, 13 K.

2. Nepōs, ōtis, *m.*, ein röm. Beiname, unter dem am bekanntesten Cornelius Nepos, ein berühmter Geschichtsschreiber, Freund des Pomp. Attikus, Cicero u. Katull, geb. um 90, gest. um 30 v. Chr., von dessen Werken nur noch Fragmente u. ein Teil seiner Schrift de viris illustribus vorhanden sind, Gell. 15, 28 u. a. Plin. 9, 137. Plin. ep. 4, 28, 1; 5, 3, 6: Nepos Cornelius, Lact. 3, 15, 10.

nepōtālis, e (nepos), **schwelgerisch,** mensa, Amm. 31, 5, 6: luxus, Apul. met. 2, 2 *in.*

nepōtātus, ūs, *m.* (nepotor), die **Schwelgerei, Üppigkeit,** Plin. 9, 114 u. 14, 57. Suet. Cal. 37, 1. Porph. Hor. sat. 1, 3, 21.

nepōtia, nepōtis, s. neptis ►.

nepōtor, ārī (nepos), **verschwenderisch sein, verschwenden, schwelgen,** Tert. apol. 46 *extr.* – bildl., veto liberalitatem nepotari, Sen. de ben. 1, 15, 3.

nepōtula, ae, *f.* (*Demin.* v. nepos), das **Enkelchen,** CIL 9, 3050.

nepōtulus, ī, *m.* (*Demin.* v. nepos), das **Enkelchen,** Venerius (der V.), Plaut. mil. 1413 u. 1421.

neptia, s. neptis ►.

nepticula, ae, *f.* (*Demin.* v. neptis), die **Enkelin,** Symm. epist. 6, 33. – synk. nepticla, Prob. app. (IV) 199, 1.

neptis, is, *f.* (altindisch *naptí;* vgl. nepos), **I** die **Enkelin,** Afran. com. 246. Cic. Tusc. 1, 85: neptis Veneris, Ino, Ov. met. 4, 531: neptes Liciniae, Cic. Brut. 211: doctae neptes, die Musen, Ov. fast. 4, 191: sororis suae neptis, Suet. Caes. 27, 1: neptis, quam ex filio habebat, Cels. dig. 2, 14, 33. – **II** übtr., die **Nichte,** Spart. Hadr. 5. § 3. – ► Akk. auch neptim, Curt. 6, 2 (5), 7: Abl. auch nepti, Tac. ann. 3, 24: Genet. Plur. immer neptium (vgl. Iustin. inst. 3, 1. § 15 *ed. Krueger*). – Nbbff. neptia, CIL 5, 2208: nepotia, *ibid.* 3, 6155: nepotis, *ibid.* 8, 4050.

Neptūnālis, s. Neptūnus.

Neptūnicola, s. Neptūnus.

Neptūnius, a, um, s. Neptūnus.

Neptūnus, ī, *m.* (etruskisch Nethuns), **Neptun,** der Gott des (Mittelländischen) Meeres u. der übrigen Gewässer, Sohn des Saturnus, Gemahl der Amphitrite, Cic. de nat. deor. 2, 66: omnipotens, Turpil. com. 118: salipotens et multipotens, Plaut. trin. 820 R.: uterque, Vorsteher der salzigen u. süßen Gewässer, Catull. 31, 3: N. pater, Gell. 5, 12, 5. – meton. (poet.): **a** = **Meer,** Lucr. 2, 472. Verg. georg. 4, 29: hibernus, Hor. epod. 17, 55. – **b** = **Fische,** Naev. com. 121; vgl. Paul. ex Fest. 58, 14. – Dav.: **A Neptūnālis,** e, **neptunalisch,** ludi (= Neptunalia), Tert. de spect. 6. – subst., **a** Neptūnāle, is, *n.*, **ein Neptuntempel** (?), CIL 2, 398. – **b** Neptūnālia, ium u. iōrum, *n.*, das **Neptunfest,** gefeiert am 23. Juli, Varro LL. 6, 19. Auson. egl. (16) de fer. Rom. 19. p. 15 Schenkl. Calend. Maff. Iul. im CIL 1, 1^2. p. 225. CIL 11, 126 (wo Genet. -iorum); außerdem (ohne Beleg) bei Charis. 34, 3. Diom. 328, 8. Prisc. 5, 55. Not. Tir. 83, 6. – **B Neptūnicola,** ae, *m.* (Neptunus u. colo), **ein Verehrer des Neptun,** Sil. 14, 444. – **C Neptūnius,** a, um, **neptunisch,** loca, Plaut., od. arva, Verg., od. lacunae, Rhet. Her., od. prata, Cic. poët., d. i. das Meer: Troia, von ihm und Apollo mit Mauern umgeben, Verg.: Neptunia pistrix, Cic. poët.: proles, Verg.: incola rupis Aetnaeae, Polyphem, Neptuns Sohn, Tibull.: heros, Theseus, weil er für den Sohn Neptuns gehalten wurde, Ov.: dux, Sext. Pompejus, Sohn des großen Pompejus, weil er für einen adoptierten Sohn Neptuns gehalten sein wollte, Hor.: aquae, eine Quelle bei Tarracina, Liv.

nequālia, *n. pl.* (nequam) = detrimenta, der durch den nequam verursachte **Schaden,** Fest. 162 (b) 23.

nēquam, *Adi. indecl., Compar.* nēquior, *Superl.* nēquissimus (aus nē u. quam, *Acc. Sing. gen. fem.* v. qui), eig. nicht beschaffen, wie es sein soll, **nichts taugend, nichts wert, nichtsnutzig, I** der Beschaffenheit nach, piscis, Plaut.: verbum, Plaut.: libellus, Mart.: nequius nihil quam egens consilii servos est, Plaut. – **II** dem Benehmen nach, **nichts taugend, nichtsnutzig, liederlich, leichtfertig, schelmisch, lose,** ein **Taugenichts,** ein **Nichtsnutz,** ein **Gauner,** ein **Schelm** (Ggstz. bonus, frugi), v. Pers., bes. v. Sklaven, Plaut., Cic. u. a.: homo ingeniosissime nequam, ein durchtriebener Taugenichts, Vell.: iuvenes nequam, Mart.: liberti nequam et improbi, Cic.: nequam mancipia, Sen.: homo non nequam, Cic.: quid est nequius viro effeminato? Cic.: homo nequissimus (Erzschurke) atque improbissimus (Erzgauner), Cic.: homo omnium bipedum nequissimus, der ärgste Schurke auf der Welt, Modest. (in Plin. ep.) u. Apul.: spiritus nequissimi, die bösen Geister, Lact.: servus nequissimus atque mulier nequior, Erzschelm u. noch eine größere Schelmin, Apul.: an erubescunt coram iustis et bonis esse nequam? Lact. – alci nequam dare, facere, einem einen Bubenstreich spielen, Plaut. Poen. 159 u. 658.

nē-quāquam, *Adv.,* **auf keine Art und Weise, keineswegs, ganz und gar nicht,** Cic. u. a.

neque, s. nec.

nequedum, s. nec-dum.

nēqueiquam, arch. für nequiquam, Ps. Sall. de rep. 1, 8, 2.

ne-queo, īvī u. iī, itum, īre, **nicht können, nicht imstande sein** (sofern es die Umstände nicht erlauben, hingegen non posse, non valere, nicht imstande sein, sofern die Kräfte und Mittel fehlen), sicut intueri solem adversum nequitis, Cic.: ea, quae sanare nequeunt, exulcerant, Cic.: commissa tacere qui nequit, Hor.: id quidem impetrari nequiit, Liv.: multa, quae reparari nequibant, unersetzlich blieben, Tac.: im Passiv mit folg. *Infin. Pass.,* nequitur comprimi, Plaut.: ulcisci nequitur, Sall.: cum contendi nequitum vi, Pacuv. tr. 390: retrahi nequitum, quoquo progressa est semel, Plaut. fr. b. Fest. 162 (b), 30: id nequitum exaugurari, Cato orig. 1. fr. 23. – nequeo m. folg. *quin* u. Konj., ich kann nicht umhin, ich muss, nequeo, quin fleam, Plaut. mil. 1342: nequeo, quin lacrumem, Ter. Hec. 385: nequeo, quin laudem, Apul. apol. 48; vgl. Apul. flor. 17. p. 27, 25 Kr. – ► Imperf. nequibat, Sall. Cat. 59, 4 u. Iug. 56, 2: nequibant, Tac. ann. 15, 8 u. ö.: Futur. nequibunt, Lucr. 1, 380: Partiz. nequiēns, Sall. hist. fr. 3, 77, 18 *ed. Kritz* (3, 67. col. VII. lin. 17 *ed. Dietsch*) u. Spät.: Dat. nequeunti, Apul. met. 3, 24: Plur. nequeuntes, Sall. hist. fr. 3, 72 (87). Arnob. 1, 24 u. 7, 34. – Verlängerte Präsensform nequinont, Liv. Andr. bei Fest. 162 (a), 25 *sq.* – Für die 1. Pers. Präs. nequeo sagt Cic. immer non queo (doch hat sein Zeitgenosse Rhet. Her. 4, 12 nequeo).

nēquicquam, s. nēquīquam.

nē … quidem, s. 1. nē.

nēquidquam, s. nēquīquam.

nēquior, s. nēquam.

nēquīquam (nicht nequicquam, nequidquam), *Adv.* (ne u. Abl. quīquam), **nicht auf irgendeine Weise = vergeblich, umsonst, ohne Erfolg,** implorare auxilium, Caes.: perire, Brut. in Cic. ep. ad Brut.: telum ex summo clipei nequiquam umbone pependit, Verg.: sero et nequiquam voles, Ter.: et sero et nequ. pudet, Cic. Quinct. 79 (viell. Reminiszenz aus einem alten Komiker): nequ. fatigatus, Liv.: mit frustra verb., Rufe, mihi frustra ac nequ. credite amico, Catull. 77, 1: asynd., nequiquam frustra timorem illum satis inanem perfuncti, Apul. met. 8, 16. – absol., nequiquam! Liv. 42, 64, 4. – Insbes.: **a** = ohne Schaden, ohne Strafe, Plaut. asin. 698. – **b zwecklos, ohne Grund,** nequ. exterritā civitate, Liv. 5, 28, 13: ut non nequ. tantae virtutis homines iudicari deberet ausos esse transire latissimum flumen, Caes. b. G. 2, 27, 5: causas nequ. nectis inanes, Verg. Aen. 9, 219: nequ. deus abscīdit Oceano terras, Hor. carm. 1, 3, 21 *sqq.* – ► nequiquam ist die im *cod. A* des Plautus sowie meist in den besten Handschriften der übrigen Autoren stehende Form.

ne quis u. **ne qui,** s. 1. quis u. 1. quī.

nēquissimus, a, um, s. nēquam.

nēquiter, *Adv.* (nequam), **nichtsnutzig, nichtswürdig, liederlich, fahrlässig, leichtfertig,** genua fricare, Plaut.: cenare (Ggstz. frugaliter cenare), Cic.: facere, schlechte Streiche spielen, Plaut.: facere alqd, Cato u. Gell.: nequiter ac serviliter timere, Augustin.: utrum bellum susceptum sit nequius an inconsultius gestum, dici non posse, Liv.: nequissime (am schlimmsten) vitiari, Plin.

nēquitia, ae, *f.* u. (selten) **nēquitiēs,** ēī, *f.* (nequam), **I** die **nichtsnutzige Beschaffenheit, Verdorbenheit,** aceti, die Säure des Essigs, des zu Essig gewordenen Weins, Plin. 14, 125. – **II** das Benehmen des Nichtsnutzigen (Nichtswürdigen), des Taugenichts, des Schelms, die **Nichtsnutzigkeit, Nichtswürdigkeit, Fahrlässigkeit, Liederlichkeit (liederliche Wirtschaft), Leichtfertigkeit, Schelmerei,** verb. inertia et nequitia, inertia nequitiaque, Cic.: malitia atque nequitia, Rhet. Her.: luxuria atque nequitia, Cic.: inertissimus homo, nescio quā singulari nequitiā praeditus, Cic.: nequitiae fautores, Hor.: officina nequitiae et deversorium flagitiorum omnium, Cic.: nequitiam (Leichtfertigkeit = Treulosigkeit) admittere, Prop.: alqm ad nequitiam adducere, Plaut. u. Ter.: u. so fenestras alci patefacere ad nequitiem, Ter.: nos expulit ille, illum aut nequities aut vafri inscitia iuris, Hor.

Nērēida, s. Nēreus.

Nērēïnē, s. Nēreus.

Nērēis, Nērēius, s. Nēreus.

Nerētum, ī, *n.*, Stadt der Sallentiner in Kalabrien, j. *Nardo*, Ov. met. 15, 51. – Dav. **Nerētīnī**, ōrum, *m.*, die Einwohner von Neretum, die **Neretiner**, Plin. 3, 105.

Nēreūs, eos u. eī, Akk. ea, *m.* (Νηρεύς), Sohn des Oceanus, ein Meergott, Gemahl der Doris, Vater der Nerëiden, Ov. met. 13, 472: Genet. -eos, Petron. 139, 2. *v.* 7. Stat. Theb. 3, 410 u.a.: Genet. -ëi, Verg. Aen. 8, 383 (wo Nerei filia = Thetis); vgl. Quint. 1, 5, 24: Dat. -ëi, Plaut. trin. 820: Akk. -ea, Verg. ecl. 6, 35. Ov. met. 2, 268. Dict. 6, 7: Abl. -eo, Prop. 3, 7, 67. – meton. (poet.) = **Meer**, Ov. met. 1, 187: Akk. -ea, Tibull. 4, 1, 58. – Dav.: **A** **Nēreis**, idos, Akk. ida, Vok. ei, Akk. Plur. idas, *f.* (Νηρηΐς), eine Tochter des Nereus, eine **Nerëide**, Ov. met. 13, 858. Stat. Ach. 1, 527 u.ö.: Nereidum mater, Doris, Verg.: spät. Nbf. Nērēida, ae, *f.*, Dict. 6, 7. – **B** **Nērēius**, a, um (Νηρήϊος), **nerëisch**, genitrix, von Thetis, der Mutter des Achilles, Ov.: nepos, Achilles, Hor. – **C** **Nērēīnē**, ēs, *f.* (Νηρηΐνη), eine **Nerëine**, von der Thetis, Catull. 64, 28. – Andere Form **Nērīnē**, ēs, *f.*, eine **Nerine**, Verg. ecl. 7, 37. – **D** **Nērīnus**, a, um, **nerinisch, des Nereus**, aqua, Meerwasser, Nemes.: animantes, Fische, Auson.

Neria, Neriēnis, s. Nerio.

Nērīnē, Nērīnus, s. Nēreus.

Nerio, ēnis, *f.*, sabin. Wort = die **Starke** (wie Nero sabin. = fortis), in der röm. Sage die Begleiterin, selbst Gattin des Mars, Nom. Gell. 13, 22, 4: Genet. Mart. Cap. 1. § 4: Akk. Enn. ann. 104. Plaut. truc. 515. – Nbf. **Neria**, *f.*, Cn. Gell. ann. fr. b. Gell. 13, 22, 13, u. **Neriēnis**, *f.*, Varro sat. Men. 506 (vgl. Gell. 13, 22, 4 *sqq.*, wo übh. über Nerio u. seine Nebenformen ausführlich gehandelt wird).

Nēritos, ī, *f.* (Νήριτος), kleine felsige Insel im Jonischen Meer, in der Nähe von Ithaka, Mela 2, 7, 10 (2. § 210). Verg. Aen. 3, 271. – Dav. **Nēritius**, a, um (Νηρίτιος), **neritisch** u. poet. = **ithakisch, ulixisch, des Ulixes**, proles, die Saguntiner, weil sie von den Jonischen Inseln (namentl. von Zacynthos) einwanderten, Sil.: ratis, domus, des Ul., Ov.: dux, Ulixes, Ov.: u. ders. bl. Neritius, Ov.

nērium, iī, *n.* (νήριον), der **Oleander**, die **Lorbeerrose**, Plin. 16, 79.

Nero, ōnis, *m.*, (nach Suet. Tib. 1, 2 ein sabinisches Wort = fortis ac strenuus), ein Familienname des klaudischen Geschlechts, unter dem am bekanntesten **a** C. Claudius Nero, Konsul 207 v. Chr. und als solcher Besieger Hasdrubals bei Sena, Liv. 27, 41 *sqq.* Suet. Tib. 2, 1. – **b** Tib. Claudius Nero, der fünfte röm. Kaiser (54–68 n. Chr.), Tac. ann. *lib.* 12–16. Suet. Vit. Ner. 1 *sqq.* Wegen seiner Grausamkeit berüchtigt, dah. v. Kaiser Domitian appell. calvus Nero, Iuven. 4, 38. Auson. Caesares 1, 17. p. 112, 17 Schenkl. – Dav.: **A** **Nerōnēus**, a, um, **neronëisch, des Nero**, mensis, Tac. u. Suet.: certamen (= Neronia), Suet.: unda, Stat. – **B** **Nerōniānus**, a, um, **neronianisch, des Nero**, dictum (des Konsuls N.), Cic. de or. 2, 248: piscina, Cassiod. var. 2, 39, 5. – **C** **Nerōnia**, ōrum, *n.*, die **Festspiele des Nero**, vom Kaiser Nero sich selbst zu Ehren eingeführt u. alle fünf Jahre mit musikal. Wettkämpfen, Wettrennen usw. gefeiert, Suet. Ner. 12, 3.

Nersae, ārum, *f.*, eine uns unbekannte Stadt in Italien, wahrsch. in Latium, Verg. Aen. 7, 744.

Nerthus, ī, *f.*, eine Gottheit der Germanen = die **Mutter Erde** (Terra mater), Tac. Germ. 40.

Nerulum, ī, *n.*, befestigter Ort in Lukanien, wahrsch. beim h. Flecken *Castelluccio* in Kalabrien (nach Reichard aber das j. *Orinolo*), Liv. 9, 20, 9. – Dav. **Nerulonēnsis**, e, **aus Nerulum gebürtig**, mensarius, Cass. Parm. b. Suet. Aug. 4, 2.

Nerva, ae, *m.*, Beiname der Cocceii u. Silii, s. Coccēius, Silius. – Dav. **Nervius**, a, um, **nervisch**, miles, Soldat der nervischen Legion, Claud. b. Gild. 491.

nervālis, e (nervus), **zu den Nerven gehörig, Nerven-**, herba, das Nervenkraut, eine Pflanze = arnoglossa, Scrib. Larg. 12.

nervia, ae, *f.* u. **nervium**, iī, *n.* (archaist. Nbf. v. nervus), im Plur. **I** nerviae, ārum, *f.* = die **Saiten**, Varro sat. Men. 366. Gell. 9, 7, 3. – **II** nervia, ōrum, *n.* = die **Nerven**, Varro sat. Men. 368. Petron. 45, 11.

nerviārius, a, um (nervus), viell. **zum Schuhriemen gehörig, für den Schuhriemen**, subla (= subula), CIL 4, 1712.

Nervicānus, s. Nerviī.

nerviceus, a, um (nervus), **aus Sehnen (Darmsaiten) gemacht**, funes, Vulg. Iudic. 16, 7.

Nervicus, s. Nerviī.

Nerviī, ōrum, *m.*, eine der mächtigsten u. kriegerischsten Völkerschaften im belg. Gallien (im heutigen Hennegau u. von Tournai bis ans Meer), Caes. b. G. 1, 4. Tac. Germ. 28. – Dav.: **a** **Nervicānus**, a, um, **nervisch**, tractus, Notit. dign. vol. 2. p. 106 Boeck. – **b** **Nervicus**, a, um, **nervisch**, Caes. b. G. 3, 5, 2.

nervīnus, a, um (nervus), **aus Nerven, -Sehnen**, funis, Veget. mil. 4, 9 u. 4, 22.

nervium, s. nervia.

Nervolāria, ae, *f.*, eine verloren gegangene Komödie des Plautus, Gell. 3, 3. § 6.

nervōsē, *Adv.* (nervosus), **kernhaft, kräftig, mit Nachdruck**, Planc. in Cic. ep.: nervosius dicere, Cic., od. aliquid disserere, Cic.

nervōsitās, ātis, *f.* (nervosus), die **Stärke**, eines Fadens usw., Plin. 19, 9: des Körpers, Cael. Aur. de morb. acut. 3, 18, 180 u. ö.

nervōsus, a, um (nervus), **sehnig, muskulös, nervig**, **I** eig. u. übtr.: **a** eig., vom Körper des Menschen u. seinen Teilen, loca, Cels.: puella, Lucr.: poples, Ov.: nervosius illud, d. i. mentula, Catull. 67, 27. – **b** übtr., v. Pflanzen, cauliculi, Plin. – **II** bildl., **1** v. Redner, **nervig, kernhaft** (= kraftvoll, geistreich u. gedrängt), quis Aristotele nervosior, Cic. Brut. 121. – **2** **kraftvoll, kräftig, tapfer**, vivacitas, Val. Max. 8, 13. ext. 4: iuventa, Prud. c. Symm. 2, 320.

nervulus, ī, *m.* (*Demin.* v. nervus), im Plur. nervuli, die **Nerven, Kräfte**, Cic. ad Att. 16, 16. litt. C. § 13.

nervus, ī, *m.* (νεῦρον), die **Sehne, Flechse**, gew. Plur. nervi, die **Sehnen** u. **Flechsen** (ligamenta), die **Muskeln**, die **Nerven** (die jedoch die Alten noch zu Celsus' Zeit nicht als Organe der Empfindung u. Bewegung gekannt zu haben scheinen), **I** eig. u. übtr.: **A** eig.: nervorum distentio, Nervenzufälle (Krämpfe), nervorum resolutio, Lähmung der Nerven, Cels.: nervi, a quibus artus continentur, Cic.: nervi in omne corpus ducuntur, Cels.: nervus umbilicaris, die Nabelschnur, Tert.: nervos et venas exprimere (v. einem Maler), Plin.: digitorum nervos incīdere, Lampr.: scherzh., condamus alter alterum ergo in nervom bracchialem, umarmen wir einander, Plaut. Poen. 1269. – **B** übtr.: **1** das **männliche Glied**, Hor. epod. 12, 19: dass. Plur. nervi, Petron. 131. § 4 u. 6. – **2** die aus Tiersehnen, aus Därmen gemachte **Saite, Darmsaite**, nervorum sonus in fidibus, Cic.: nervos pellere (rühren), Cic.: numeros intendere nervis, Verg.: cantu nervorum et tibiarum tota vicinitas personat, Cic.: tu … duceris ut nervis alienis mobile lignum, du bist eine bloße Marionette, Hor. sat. 2, 7, 82. – **3** die **Sehne des Bogens**, Verg. u. Ov.: dah. meton., der **Bogen**, Val. Flacc. 3, 182. – **4** die **Rindshaut**, das **Leder**, womit die Schilde überzogen waren, Tac. ann. 2, 14. Sil. 4, 291 (293). – **5** ein **Riemen**, mit dem jemand gefesselt wird, Plaut. u. Veget. mil. – dah. übh. = **Bande, Fesseln**, nervo vinctus, Plaut.: nervo aut compedibus vinciri, mit Hand- od. Fußfesseln, Gell. – u. = **Gefängnis, Haft**, in nervo iacēre, Plaut.: in nervis teneri, Liv.: eximere de nervo cives vestros, Liv.: vereor, ne istaec fortitudo in nervum erumpat denique, dass du mit deiner Tapferkeit ins Loch gesteckt wirst, Ter. – **II** bildl.: **A** die **Sehne**, der **Nerv** als Sitz der **Kraft** u. **Stärke**, **1** im Allg.: dignum onus, in quo omnes nervos aetatis industriaeque meae contenderem, Cic.: omnibus nervis mihi contendendum est, ut etc., Cic.: quibus opibus ac nervis ad gratiam minuendam uteretur, Caes.: experietur consentientis senatus nervos atque vires, Cic.: qui si attulerint nervos et industriam excutient tibi istam verborum iactationem, Cic. – **2** insbes., die **Kraft**, der **Nachdruck** der Rede, nervi oratorii, Cic., sectantem levia nervi deficiunt atque animi, bleibt kraft- u. geistlos, Hor. – **B** die Sehnen, Nerven als **Spannkraft, Lebenskraft, Haupttriebfedern, Hauptorgane**, das **innerste Wesen**, omnes nervos virtutis elidere, Cic.: nervos omnes urbis exsecare, Cic.: legionum nostrarum nervos nonne his consiliis incīdimus? Cic.: vectigalia esse nervos rei publicae, Cic.: hosti largiri ... nervos belli, pecuniam infinitam, quā nunc eget, Cic.: nervos coniurationis eiectos, Liv.: illi loci, qui inhaerentes in earum (causarum) nervis esse debent, einen organischen Bestandteil derselben bilden müssen, Cic.

Nesactium, iī, *n.*, Stadt in Istrien, nördlich vom heutigen *Pola,* Liv. 41, 11, 1. Plin. 3, 129.

Nēsaeē, ēs, *f.* (Νησαίη), eine der Nereïden, Verg. georg. 4, 338; Aen. 5, 826.

nesapius, iī, *m.* (ne u. sapio), ein **Unwissender,** ein **Ignorant,** Petron. 50, 5.

nescienter, *Adv.* (nescio), **mit Unwissenheit, unwissend,** Augustin. de doctr. Chr. 2, 40.

nescientia, ae, *f.* (nescio), das **Nichtwissen,** die **Unwissenheit,** Claud. Mam. de stat. anim. 1, 11 *extr.*

ne-scio, īvī u. iī, ītum, īre, **nicht wissen, I** im Allg.: nomen, Ter.: nec pudet fateri nescire, quod nesciam, Cic.: de amica, Plaut.: de Oropo opinor, sed certum nescio, Cic.: mit *Acc.* u. *Infin.*, nescibam id dicere illam, Ter.: m. folg. indir. Fragesatz, nescis, quanta cum exspectatione sim te auditurus, du glaubst nicht, Cic.: cum, quemadmodum sedaret, nesciret, Nep.: nescio, quid narres od. ego, quid narres, nescio, ich verstehe nicht, was du willst, Ter.: quid nobis agendum sit, nescio, Cic.: anima sit animus ignisve, nescio, Cic.: utrum consistere usquam velit, an mare transire, nescitur (weiß man nicht), Cic. – Partiz. nesciēns, **nicht wissend,** ut sentiat, te nescientem id dare, ohne es zu wissen, Ter. heaut. 468. – **Besondere Redeweisen: a** nescio an, s. an *no.* I, 1 *sqq.* – **b** nescio qui, quae, quod (*interrog.*), nescio quis, quid, **ich weiß nicht, welcher** usw., **ich weiß nicht, wer, was, ich weiß nicht, wie ich es bezeichnen soll,** von dem, was man nicht bestimmt angeben kann od. will, oft mit dem Nbbgr. des Bedeutenden od. der Geringfügigkeit u. der Geringschätzung, nescio quā permotus divinatione, ich weiß nicht, durch was für eine Ahnung, durch eine gewisse (mir unbekannte) Ahnung, Cic.: casu nescio quo, Cic.: in oppidum, nescio quod, eine gewisse, mir unbekannte Stadt, Cic. – prope me nescio quis loquitur, Plaut.: Paconii nescio cuius querelis moveri, Cic. – tum illud nescio quid praeclarum ac singulare solet exsistere, jenes Herrliche und Einzige, wofür ich keinen Namen weiß, Cic.: nescio quid esse putant, Ov.: nescio quid exsculpserint, Cic. – paulum nescio quid, ein »Bettel« (v. Preis), ein Lumpengeld, Plin.: nescio quid frivoli, eine Kleinigkeit (v. einer Sache), Suet.: rumoris nescio quid, Cic.: nescio quid litterularum, ein ganz kleines Briefchen, Cic.: nescio quid illud factum etc., über alle Maßen unmännlich, Cic.: nescio quid dissentiens, ein wenig, Cic.: causidicum nescio quem, Cic. – **c** si nescis, wenn du es etwa nicht weißt, wenn du es wissen willst, Ov. her. 17, 197 u. a. – **d** illud od. id quod scis nescis, du tust so, als ob du es nicht wüsstest, eine Formel der Umgangsspr., mit der man jmdm. das Bewahren eines Geheimnisses anempfahl, Enn. u. Komik. – **e** nescio quo modo, nescio quo pacto, **ich weiß nicht wie, -auf welche Art,** teils zur Bezeichnung des Unbestimmten, **sozusagen, so eine Art von, so gewissermaßen,** teils des Unwillkürlichen, **unwillkürlich, unbemerkt,** teils des Unbegreiflichen, **unbegreiflich,** oft bei Cic. u. a. (dem Hauptverbum voran- od. nachgesetzt), s. die Stellensammlung bei Beier Cic. de off. 1, 146. – **II** insbes.: **A** jmd. od. etwas **nicht kennen,** einer Sache **unkundig sein,** alqm, Plaut.: deos, Ter.: arma, Flor.: vinum, sich enthalten, Iuven.: hiemem, Verg.: sua pericula, nicht merken, Lucan. – Partiz., **a** nesciēns, nicht kennend, unbewusst, sui, Apul. apol. 42. – **b** nescītus, a, um, ungekannt, Sidon. epist. 8, 6, 7. – **B nicht können, nicht imstande sein, nicht gelernt haben, nicht verstehen,** Latine, Titin. fr. u. (Ggstz. Latine scire) Cic.: Graece, Cic.: versus, keine Kenntnis vom Versbau haben, Hor.: nescire litteras, s. littera *no.* I u. *no.* II, B, 2, c: utram tandem linguam (Sprache) nescio? Cic. – m. folg. *Infin.*, irasci, Cic.: quiescere (Ruhe zu halten), Liv.: hoc imitari, Curt.: equo haerere, Hor.: capi virtus nescit, Val. Max. – ► synk. Imperf. nescibam, Turp. com. 17. Ter. eun. 155 u. 736: nescibas, Plaut. Bacch. 676. Sen. contr. 7, 3 (18), 4 (Kießling u. Müller nesciebas). – Fut. nescibo, Plaut capt. 265.

nescius, a, um (ne u. scio), **I** aktiv: **A unwissend, unkundig** (Ggstz. intellegens), m. *Genet.*, litterarum, des Schreibens unk., Colum.: impendentis mali, Tac.: futuri mali, Val. Flacc.: filius imminentium *intellegens,* filia adeo *nescia,* ut etc., Plin. ep.: nescia mens hominum fati sortisque futurae, Verg.: m. *de* u. Abl., nulla de facie nescia terra tua est, Ov. her. 15 (16), 140 (in einem unechten Vers). – m. folg. indir. Fragesatz, nescia, quae faceret subitos mihi causa dolores, Ov.: arvaque Cyclopum, quid rastra, quid usus aratri, nescia, Ov.: m. folg. *Acc.* u. *Infin.*, nescius ultorem post caput esse deum, Tibull. 1, 8, 72: non sum nescius (ich weiß wohl) m. folg. indir. Fragesatz, neque eram nescius, quantis oneribus premerere tantarum rerum, Cic.; od. mit folg. *Acc.* u. *Infin.*, non sum nescius ista inter Graecos dici, Cic.: u. so haud nescius (recht wohl wissend) quosdam esse, qui etc., Liv.: absol., nesciae (*sc.* laboris) manus, ungeübte, Tac. ann. 16, 5: ne sis nescius, damit du es wissest, Cic.: haud nescia morti se inicit, wohl wissend, mit Vorbedacht, Verg.: o nescii, ihr Unwissenden, Arnob. – **B nicht könnend, der nicht gelernt hat, nicht versteht, nicht imstande ist,** mit *Infin.* fallere, Verg.: cedere, unerbittlich, Hor.: vinci, Ov.: mit *Gen. Gerund.*, tolerandi, orandi, Tac., simulandi, Quint. – dah. auch **nicht den Sinn** für etwas **habend, unempfindlich,** nesciaque humanis precibus mansuescere corda, Verg.: nescia furtivas reddere preces, Prop. – **II** passiv = **unbewusst, unbekannt** (s. Brix Plaut. capt. 262. Nipperd. Tac. ann. 1, 59, 14), loca, Plaut.: tributa, Tac.: causa, Ov.: neque nescium habebat (und es war ihm nicht unbekannt, er wusste recht wohl) m. folg. *Acc.* u. *Infin.*, Tac. ann. 16, 14.

Nesebis, s. Nisibis.

Nēsis, idis, Akk. idem u. ida, *f.* (Νησίς), kleine, aber äußerst fruchtbare Insel an der Ostküste des Sinus Puteolanus, dem Vorgebirge Misenum gerade östlich gegenüber, beliebter Sommeraufenthalt vornehmer Römer, noch j. *Nisita,* Cic. ad Att. 16, 1, 1 u. 16, 4, 1. Sen. ep. 53, 1. Lucan. 6, 90. Stat. silv. 3, 1, 148.

Nessēus, a, um, s. Nessus.

nēssotrophīum, iī, *n.* (νησσοτροφεῖον), ein **Entenstall,** Colum. 8, 15 *in.*

Nessus, ī, *m.* (Νέσσος), **I** ein Fluss in Thracien, der auf dem Gebirg Rhodope entspringt u. in das Ägäische Meer fällt, j. *Mesto,* bei den Türken *Karasu,* Liv. 45, 29, 6. – urspr. Nestos (Νέστος) gen., Mela 2, 2, 2 u. 9 (2. § 17 u. 30). – **II** ein Zentaur in Ätolien, der von Herkules, als er die Deïanira entführen wollte, getötet wurde, aber sterbend der Deïanira das mit seinem giftigen Blut getränkte Gewand als Liebesmittel gab (s. Herculēs), Ov. met. 9, 101. Hyg. fab. 34. – Dav. **Nessēus,** a, um (Νέσσειος), **nessēisch, des Nessus,** venenum, Ov.: tabes, Sen. poet.

nēstis, tidis, Akk. tin, *f.* (νῆστις), der **Leerdarm,** rein lat. intestinum ieiunum, Cael. Aur. de morb. chron. 2, 1, 11; 5, 10, 100.

Nestor, oris, *m.* (Νέστωρ), des Neleus Sohn, König in Pylus, einer der Helden vor Troja, der, berühmt wegen seiner Klugheit u. Beredsamkeit, drei Menschenalter gelebt haben soll, Cic. de sen. 31; Tusc. 5, 7. Tibull. 4, 1, 50. Ov. met. 8, 813: griech. Akk. Nestora, Hor. carm. 1, 15, 22. Auson. epist. 16, 14: Plur. Nestores, Akk. Nestoras, angef. bei Varro LL. 10, 69. – Sprichw., Nestoris aetas od. anni = hohes Alter, Mart. 2, 64, 3; 5, 29, 5; vgl. vivat vel Nestora totum, drei Menschenalter, Iuven. 12. 128. – Dav. **Nestoreus** (Νεστόρεος), a, um, **nestorisch,** senecta, Mart. 9, 29, 1 u. 13, 117, 1. Stat. silv. 1, 3, 110: Pylos, Sen. Herc. fur. 565.

Nestorius, iī, *m.*, ein Irrlehrer des 4. Jahrh. n.Chr., dessen Anhänger Nestoriāni hießen, Cod. Iust. 1, 5, 8 pr. Cod. Theod. 16, 5, 66.

Nestos, s. Nessus.

nētē, ēs, *f.* (νήτη *sc.* χορδή), die **unterste** oder **letzte Saite, der letzte Ton,** Chalcid. Tim. 40 u. 44: nete synemmenon, das eingestrichene *d,* nete diezeugmenon, das eingestrichene *e,* nete hyperbolaeon, das eingestrichene *a,* s. Vitr. 5, 4, 5.

nētoīdēs, es (νητοειδής, ές), **wie die Saite** *nete* (νήτη), **der Saite** *nete* **entsprechend,** melopoeïa, Mart. Cap. 9. § 965 sq.

Nētum, ī, *n.,* eine zum Gebiet von Syrakus gehörige u. südwestl. von diesem gelegene Stadt Siziliens, deren Ruinen sich noch unter dem Namen *Noto Antiquo* auf einer steilen Anhöhe etwas nordwärts von der h. Stadt *Noto,* unweit der Quellen des Flüsschens *di Noto* finden, Cic. Verr. 4, 59. Sil. 14, 268. – Dav. **Nētīnī,** ōrum, *m.* u. **Nētīnēnsēs,** ium, *m.,* die Einwohner von Netum, die **Netiner, Netinenser,** Cic.

nētus, ūs, *m.* (neo), die **Spinnerei** = das **Gespinst,** candentis byssi netus (Plur.), Mart. Cap. 2. § 114.

neu, s. nē-ve.

neuras, adis, Akk. ada, *f.* (νευράς), **I** die nervenaufregende Pflanze manicon, Plin. 21, 179 u. 25, 123. – **II** die sonst poterion gen. Pflanze, Plin. 27, 122.

Neurī (Neuroe), ōrum, *m.* (Νευροί), eine Völkerschaft im europäischen Sarmatien, für Zauberer gehalten, Mela 2, 1. § 7 u. 14. Plin. 4, 88 (wo Neuroe). Solin. 15, 1. Amm. 31, 2, 14. Mart. Cap. 6. § 663: Sing. **Neurus,** ī, *m.,* **der Neurer** (kollektiv), Val. Flacc. 6, 121. Sidon. carm. 5, 481; 7, 324. – Dav. **Neuricus,** a, um, **neurisch,** hostis, Prop. 4, 5 (3), 8.

1. **neuricus,** a, um (νευρικός), **an den Sehnen-, Nerven leidend, nervenkrank,** Vitr. 8, 3, 5.

2. **Neuricus,** s. Neurī.

neurobatēs, ae, *m.* (νευροβάτης), der **Seiltänzer,** Vopisc. Carin. 19, 2. Firm. math. 8, 17, 4.

neuroīdes, *n.* (νευροειδές, sehnenartig, nervenartig), eine Art **wilder Bete,** Plin. 20, 72.

neurospaston, ī, *n.* (νευρόσπαστον), eine **Drahtpuppe, Marionette,** Gell. 14, 1. § 23.

neurospastos, ī, *f.* (νευρόσπαστος), die **wilde Rose,** der **Hagebuttenstrauch,** Plin. 24, 121.

neurotrōtus, a, um (νευρότρωτος), **an den Sehnen (Flechsen) verwundet,** Th. Prisc. 1, 19.

neuter, tra, trum, Genet. gew. neutrīus, Dat. neutri (ne u. uter), **keiner von beiden, I** im Allg.: quid bonum sit, quid malum, quid neutrum, Cic.: neutram in partem moveri, gleichgültig bleiben, Cic.: neutram in partem effici possunt, weder zum Schaden noch zum Heil Cic.: homo neutrius partis, neutral, Suet.: neutra acies laeta ex eo certamine abiit, Liv.: neuter consulum, Liv.: debemus *neutrum* eorum contra *alterum* iuvare, Caes.: neutri *alteros* primo cernebant, Liv.: ita fiet, ut *neutra* lingua *alteri* officiat, Quint. – neuter m. folg. Plur. des Verbums, ut caveres, neuter ad me iretis, Plaut. Men. 785: quia neuter consulum potuerant bello abesse, Liv. 9, 44, 2. – **II** insbes.: **a** als gramm. *t. t.,* genus neutrum, gew. bl. neutrum, das sächliche Geschlecht, Varro LL. u. a. Gramm.: dah. nomina neutra, gew. bl. neutra, Nomina sächlichen Geschlechtes, Varro LL. u. Cic.: neutra verba, die weder Aktiva noch Passiva sind, Gramm. – **b** als philos. *t. t.,* neutrae res od. subst. neutra = ἀδιάφορα, weder gute noch schlechte Dinge, **gleichgültige Dinge, Adiaphora,** s. Cic. Tusc. 4, 28. – ► Genet. neutri, Auson. epigr. 46, 6. p. 208 Schenkl u. bei den Gramm. immer in der Verbindung neutri generis, Charis. 25, 13. Diom. 302, 19. Prisc. 5, 2. Prob. cath. 11, 16 K. Serv. Verg. Aen. 1, 449. Auct. de gen. nom. p. 77 H. Gramm. Vatic. 5, 241 (a) u. a. (dah. wohl auch Varro LL. 9, 62 die Hdschrn. richtig neutri; vgl. *ibid.* § 55 u. 58): Genet. Sing. im Femin. archaist. auch neutrae, Charis. 158, 28. Prisc. 6, 4 (ohne Beleg): Dat. Sing. im Femin. auch neutrae, Cael. bei Prisc. 6, 5. – neuter auch dreisilbig nĕuter gesprochen, Consent. (V) 389, 28.

neutiquam u. (vorklass.) getrennt **ne utiquam** (gelesen nutiquam), *Adv.,* **in keinem Fall, gar nicht, keineswegs,** sed mihi ne utiquam cor consentit cum oculorum aspectu, Enn. tr. fr.: si albus capillus hic videtur, ne utiquam ingenio est senex, Plaut.: quapropter haec res ne utiquam neglectu est mihi, Ter.: monebas de Q. Cicerone, ut eum quidem neutiquam relinquerem, Cic.: Syphax vetere se continebat regno neutiquam quieturus, Liv. – insbes. bei den Verben placere, probare, putare, arbitrari, videri, unser **eben gar nicht,** filium tuum quod redimere se ait, id ne utiquam mihi placet, Plaut.: usque illud visum est Pamphilo ne utiquam grave, donec iam in ipsis nuptiis, Ter.: id vero ne utiquam honestum esse arbitror, Ter.: nihil relinquitur nisi fuga, cui te socium neutiquam puto esse oportere, Cic.: dictatori neutiquam placebat, quando nulla cogeret res, fortunae se committere adversus hostem, Liv.

neutique, *Adv.* (ne u. utique), **keineswegs,** Cod. Theod. 15, 2, 3.

Neutos, s. Mnēvis.

neutrālis, e (neuter), als gramm. *t. t.,* **neutral, sächlich,** positio, Quint.: nomen, ein Neutrum, Quint.

neutrāliter, *Adv.* (neutralis), **als Neutrum, sächlich,** Charis. 72, 3.

neutrō, *Adv.* (neuter), **nach keiner von beiden Seiten hin,** n. inclinata res, spes, Liv.: n. inclinaverat fortuna, Tac.: si n. litis condicio praeponderet, Quint.

neutrōpassīva, ōrum, *n.* (neuter u. passivus), Verba neutra, deren Perfektformen passive Formen mit aktiver Bedeutung haben, **Neutropassiva,** Prisc. 8, 61 u. 11, 39.

neutrubi, *Adv.* (neuter u. ubi), **I an keinem von beiden Orten,** Plaut. aul. 233. – **II nach keiner von beiden Seiten hin,** Amm. 19, 2, 13; 21, 1, 12; 24, 2, 14.

nē-ve u. (durch Abwerfung des e) **neu,** *Adv.,* **und nicht, oder nicht, noch;** nach *ut* od. *ne,* mit einem neuen Verbum, rogo te, ne contrahas, neve sinas, Cic.: ut vis minueretur ... neu nocerent, Caes.: nach einem bl. *Coniunctiv,* ames dici, neve sinas, Hor. – zwei- od. mehrmals, **weder ... noch,** ut id neve in hoc neve in alio requiras, Cic.: neve ... neve ... neu ... neve, Verg. – ne ... neu (und damit nicht), Komik (s. Brix Plaut. trin. 755). – ► Archaist. Nbf. neive, CIL 1, 197. lin. 3. 4. 19; *ibid.* 1, 198. lin. 11. 23 u. ö. – Nbf. nive, CIL 1, 199. lin. 32. 34. 40 u. ö. Lucr. 2, 734.

nevīs, nevult od. nevolt, s. nōlo ►.

nēvolus, s. naevulus.

nex, necis, *f.* (νέκ-υς, νεκ-ρός), der **Tod, I** der gewaltsame **Tod,** der **Mord,** die **Ermordung, A** eig.: iniusta nex, Cic.: voluntaria nex, Suet.: dominus vitae necisque suae, Liv.: vitae necisque omnium civium dominus, Curt. (vgl. unten): alci necem inferre, Cic., parare, Liv., patrare, Ov.: neci dare, Verg. u. Ov.: incusatos proscriptioni et neci dare, Spart. Sever.: neci dedere od. demittere od. mittere, Verg.: necem sibi consciscere, Cic.: alqm vitae necisque dominum facere, Tac.: se dominum vitae necisque inimici factum esse, Liv.: vitae necisque potestatem habere in alqm, Caes.: alci diem necis (Hinrichtung) destinare, Cic.: ad necem duci, Auct. b. Afr.: fugere venatorum (von den J.) instantem necem, Phaedr. – Plur., multorum civium neces, Cic.: cotidianae neces interitusque multorum, Cic.: fratrum, coniugum, parentum neces, Tac.: miscere neces, Val. Flacc. – **B** meton.: **1 Mord** = Blut der Erschlagenen, manus imbutae nece Phrygiā, Ov. art. am. 2, 714. – **2 Verderben,** in necem alcis, ICt. – **II** der natürliche **Tod,** Sen. u. a.; s. Benecke Iustin. 42, 1, 1. – ► Nomin. nex z. B. Cic. Mil. 10.

nexibilis, e (necto), **verknüpft,** bildl., asseveratio, ineinandergreifende Beschuldigungen, Amm. 29, 2, 11.

nexilis, e (necto), **zusammengeknüpft, -gebunden,** vestis, Lucr.: rete, Varro fr.: plagae, Ov.: sinus, Ov.: crines, Mart. Cap. – übtr., apis nexilis inscia conubii, Prud. cath. 3, 75.

nexilitās, ātis, *f.* (nexilis), die **Verknüpftheit,** Fulg. myth. 3, 10.

nexī, ōrum, *m.,* s. necto *no.* I, B.

nexio, ōnis, *f.* (necto), die **Verknüpfung,** Mart. Cap. 1. § 31 u. 92; 3. § 226: vinculorum nexiones, Arnob. 5, 2.

nexo, āre (*Intens.* v. necto), **fest schlingen,** Liv. Andr. Odyss. fr. 24 bei Diom. 369, 20 u. bei Prisc. 9, 33 (wo Hertz die Variante nexebant aufgenommen hat, von einer nur von Prisc. 9, 33 u. a. Gramm. aufgestellten Form nexo, nexui, nexere).

nexum, ī, *n.* (necto), **I** eine feierliche, in Gegenwart von Zeugen vorgenommene Handlung, durch die ein Obligationsverhältnis begründet wurde, wodurch der Schuldner, wenn er seiner Verpflichtung nicht nachkam, dem Gläubiger als Schuldhöriger oder Schuldknecht anheimfiel, Varro, Cic., Liv. u. a. – dah. meton. = die durch das nexum entstandene **Schuldhörigkeit,** Cic. u. a. – II = ζεῦγμα, das **Zeugma,** eine rhet. Fig., Carm. de fig. 166. p. 69 H.

nexuōsus, a, um (nexus), **voll von Schlingen,** Cassiod. var. 11, 40, 8. – bildl., nexuosissimae quaestionum minutiae, Claud. Mam. de stat. anim. 2, 7, 1.

nexus, ūs, *m.* (necto), I das **Zusammenknüpfen, Zusammenschlingen,** die **Umschlingung, Verschlingung, Windung,** atomorum, Cic.: nodi, Plin.: brachiorum, Suet.: cuius nexum (V. des gordischen Knotens) si quis solvisset, Iustin.: serpens baculum nexibus ambit, Ov. – II bildl.: A im Allg.: plerique legis nexus, die durch das Gesetz erzeugten Verwicklungen, Tac. ann. 3, 28: principia et nexus (Verkettungen, Verband) naturalium causarum, Tac. ann. 6, 22: u. so nexus causarum latentium (unbekannter Kausalnexus) et multo ante destinatarum, Curt. 5, 11 (31), 10. – B insbes., als jurist. *t. t.*, die **Verbindlichkeit,** 1 im engeren Sinne: a **Schuldverpflichtung,** qui se nexu obligavit, Cic. – b die durch nexum entstandene **Schuldhörigkeit,** nexum inibant, sie traten in das Verhältnis der Schuldhörigkeit, Liv.: nexu vincti, solche Leute, die infolge der Schuldhörigkeit dem Gläubiger als Schuldgefangene od. Schuldknechte anheimfielen, Liv.: nec civili nexu, sed communi lege naturae, Cic.: dah. übtr., Attici proprium te esse mancipio et nexu, Cic. – 2 im weiteren Sinne, jede aus einer Obligation entstehende **Verbindlichkeit,** ICt.: a nexu pignoris res libera est, von der Verpfändung, ICt.

nī, *Adv.* u. *Coni.*, I altert. = *ne,* neben dem Imperativ u. Konjunktiv zur Angabe eines Verbotes od. einer Absicht, **nicht, dass nicht** (vgl. Lachm. Lucr. 2, 734), ni quid tibi hinc in spem referas, Plaut.: caveto ni quam materiem doles, Cato fr.: homines moneo, ni qui diffidat sibi, CIL 9, 3128 = Carm. epigr. 184: monent … ni teneant currus, Verg.: quā (lege) quondam edictā flemus uterque diu, ni nos divideret, Prop. – dah. quid ni (quidni)? wie nicht? warum nicht? α in der Antwort auf eine Frage, ergo tu iubes tollam? quidni? Plaut. β zur Bekräftigung nach einer Behauptung, erat illarum partium: quidni? Cic.: bei Späteren auch mit non verb., quidni non timeat, qui mori sperat? gewiss fürchtet, Sen. γ ironisch, **warum nicht gar?** Cic. u. a. – II = *nisi,* **wo nicht, wofern nicht, wenn nicht,** ni tua custodis, avidus iam haec auferet heres, Hor.: plures cecĭdissent, ni nox proelio intervenisset, Liv.: sponsionem fecisset, ni vir bonus esset, Cic. – u. so in nachdrücklichen Behauptungen, perii hercle hodie, ni hunc a te abigo, Plaut.: quod ni ita se haberet, nec iustitiae ullus esset nec bonitati locus, Cic. – in Drohungen, excidium minitans, ni causam suam dissociarent, Tac.: regna ipsa Latini, ni … fatentur, eruam, Verg. – bei Beteuerungen u. Verwünschungen, moriar, ni puto, Cic. – in der Formel mirum ni, ich sollte mich wundern, wenn nicht, mirum ni cantem, ich soll wohl gar singen, Nov. com. fr.: mirum ni domi est, ich müsste mich sehr irren, wenn er nicht zu Hause wäre, er ist sicherlich zu Hause, Ter. – in der parenth. Formel ni fallor, Ov. fast. 4, 623. Sen. ep. 14, 3 u. Spät. – arch. Nbf. nei, Plaut. Poen. 865. Catull. 6, 2 u. 14; 14, 1. – ni … nive **(oder wenn nicht),** Plaut. rud. 1381. – si … nive … nive, Plaut. rud. 714*sq.* – sive … nive, Cic. Caecin. 65: u. so per istud philosophiae sive nive, Sen. ep. 48, 10.

Nīcaea, ae, *f.* (Νίκαια), I ansehnliche Stadt in Bithynien, am See Askanios, vorher Antigonia gen., von Antigonus erbaut und von Lysimachus zu Ehren seiner Gemahlin Nicaea gen., j. *Isnik,* Cic. Planc. 84. Catull. 46, 5. Plin. ep. 10, 49 (48), 1. – Dav.: a **Nīcaeēnsis,** e, **nicäensisch,** aus **Nicäa,** Diophanes,Varro: Isigonus, Plin. u. Gell.: Plur. subst., Nicaeēnsēs, ium, *m.*, die Einwohner von Nicäa, die **Nicäenser,** Cic. u. Traian. in Plin. ep. – b **Nīcaenus,** a, um, **nicänisch,** synodus, Sulp. Sev. chron. 2, 40, 5: fides, das durch die Kirchenversammlung zu Nicäa aufgestellte Glaubensbekenntnis, Cod. Theod. 1, 1, 2. – II Stadt od. Kastell zu Lokris am Fuße des Öta, nahe bei Thermopylä, Liv. 28, 5, 18. – III Stadt in Ligurien, Kolonie der Massilier, j. *Nizza,* Plin. 3, 47. – IV Stadt in Indien am Hydaspes, von Alexander dem Gr. erbaut, j. (wahrsch.) Ruinen beim Dorf *Darapur,* Curt. 9, 3 (13), 23. Iustin. 12, 8, 8.

Nīcaenus, a, um, s. Nīcaea.

Nīcaeus, ī, *m.* (νικαῖος, siegreich), der **Siegverleiher,** Beiname Jupiters, Liv. 43, 21, 8.

Nīcander, drī, *m.* (Νίκανδρος), ein Dichter, Grammatiker u. Arzt aus Kolophon (160–140 v. Chr.), Nicander Colophonius, Cic. de or. 1, 69. Macr. sat. 5, 21, 12.

nīcātor, oris, Akk. Plur. oras, *m.* (νικάτωρ), der **Sieger,** I als Beiname der Leibwache des Königs Perseus von Mazedonien, cohors regia, quos nicatoras appellant, Liv. 43, 19, 11. – II Nicator, als Beiname der Seleukiden, Plin. 6, 31 u. a.

Nīcēphorion u. **-phorium,** iī, *n.* (Νικηφόριον), I ein Hain bei Pergamum mit einem Venustempel, Liv. 32, 33, 5. – II eine Stadt in Mesopotamien, an der Mündung des Bilecha in den Euphrat, südlich von Edessa, wahrsch. an der Stelle des h. *Rakka,* Plin. 5, 86 u. 6, 119. Tac. ann. 6, 41.

Nīcēphorius (Nīcēforius), iī, *m.*, I der **Siegverleiher,** Beiname Jupiters, Spart. Hadr. 2, 9. – II ein Fluss in Armenien, der östl. Nebenfluss des Euphrat, j. *Khabur, Sered* od. *Bidlis,* Tac. ann. 15, 4.

Nīcer, crī, *m.*, ein rechter Nebenfluss des Rheins, der j. **Neckar,** Amm. 28, 2. § 2. Auson. Mos. 423. Eumen. paneg. Const. 13, 2: Niger gen. b. Vopisc. Prob. 13, 7.

Nīcerōs, ōtis, *m.*, ein berühmter Salbenhändler zur Zeit Martials, Mart. 12, 65, 4. – Dav. **Nīcerōtiānus,** a, um, **nicerotianisch,** Mart. u. Sidon.

nīcētērium, iī, *n.* (νικητήριον), die **Siegesbelohnung,** Iuven. 3, 68.

Nīcia, s. Curtius u. Nīciās.

Nīciās (Nīcia), ae, *m.* (Νικίας), griech. Männername, unter dem bes. bekannt ein griech. Staatsmann u. Feldherr, Zeitgenosse des Alcibiades, Nep. Alc. 3, 1 (Nicia). Iustin. 4, 4, 3 u. a. (Nicias).

Nīcolāus, ī, *m.* (Νικόλαος), ein Geschichtschreiber und Philosoph aus Damaskus, Freund des Augustus, nach dem benannt sind palmae Nicolai, Plin. 13, 45, dactuli (dactyli) Nicolai, Edict. Diocl. 6, 81.

Nīcomēdēs, is, *m.* (Νικομήδης), Name mehrerer Könige in Bithynien, Cic. de or. 2, 229; Verr. 2, 63. Suet. Caes. 2, 1.

Nīcomēdīa, ae, *f.* (Νικομήδεια), von Nikomedes erbaute Stadt in Bithynien, Hauptstadt des Reiches, Residenz der Könige, j. Ruinen bei *Isnikmid,* Aur. Vict. de Caes. 39, 45. Amm. 22, 9, 3. – Dav. **Nīcomēdēnsis,** e, **nikomedensisch,** Plin. ep. – Plur. subst., Nīcomēdēnsēs, ium, *m.*, die Einwohner von Nikomedia, die **Nikomedenser,** Plin. ep. u. a.

Nīcopolis, Akk. polim, Abl. polī, *f.* (Νικόπολις), I Stadt in Akarnanien, von Augustus zur Erinnerung an den Sieg bei Aktium erbaut, j. *Paleoprevyza* (etwas nördl. von Prevyza selbst), Suet. Aug. 18, 2. Tac. ann. 2, 53 u. 5, 10: auch Nicopolitana civitas gen., Plin. 4, 5. – II Stadt in Kleinarmenien, von Pompejus zur Erinnerung an den Sieg über Mithridates erbaut, j. *Devrigni,* Auct. b. Alex. 36, 3 u. 37, 3.

nictātio, ōnis, *f.* (nicto), das **Zwinkern** mit den Augen, das **Blinzeln,** Solin. 27, 26 u. 40, 22: Plur., Plin. 11, 156.

nictio, īre, **schnuppern, schnüffeln,** v. Jagdhunden auf der Suche, Enn. ann. 342. Vgl. Fest. 177 (a), 16.

nicto, āre, u. **nictor,** ārī (*nico), **zwinkern,** I mit den Augen **zwinkern, zwinken, blinzeln,** 1 (nictor) im Allg., Plin. 11, 144 u. 156. – 2 insbes., **mit den Augen winken, zublinzeln,** Form *nicto,* Plaut. asin. 784 u. a. – Form *nictor,* scherzh., nictari perticis, den Stäben zunicken = sich den Schlägen der Stäbe preisgeben, Caecil. com. 72: in nervo nictabere, Nov. com. 47. – II übtr., v. Feuer, **flackern,** nictantia fulgura flammae, Lucr. 6, 182.

nictus, ūs, *m.* (*nico), das **Zwinkern** mit den Augen, das **Blinzeln,** Caecil. com. 194: nictu citius, Laber. com. 129.

nīdāmentum, ī, *n.* (nidus), I das **zum Nestbau Erforderliche,** Plaut. rud. 889. – II meton., das **Nest,** Arnob. 6, 16.

nīdicus, a, um (nidus), **zum Nest gehörig, Nest-,** *Varro sat. Men. p. 236, 4 Riese (Bücheler 568 nidi amica).

nīdificium, iī, *n.* (nidifico), das **Nest,** Apul. met. 8, 22.

nīdifico, āre (nidificus), **ein Nest machen, nisten,** ex alga, Plin.: luto, Plin.: loculamenta, quibus nidificent aves, Colum.: in cedris nidificant passeres, Cassiod.: aves simulacris fabrefactis insideant, nidificent, inquinent, Lact.: aves in ipso dei vestri ore nidificant, Min. Fel. – Sprichw., sic vos non vobis nidificatis, Verg. bei Donat. vit. Verg. 17.

nīdificus, a, um (nidus u. facio), **nistend,** ver, worin die Vögel nisten, Sen. Med. 714 (717).

nīdor, ōris, *m.* (verwandt mit κνῖσα, κνίσσα, wie odor mit ὄζη), der **Duft (Geruch), Brodem, Brudel, Qualm, Dampf,** von gekochten, gebratenen, verbrannten, versengten od. sonst fetten Gegenständen, ganearum, Cic.: suae culinae, Mart., nigrae culinae, Iuven.: foetidus, Apul.: ex adusta pluma, Qualm, Liv.: non in caro nidore (Bratengeruch) voluptas, sed in te ipso est, Hor. – Plur., cadaverini nidores (Ggstz. vivorum corporum vapores humanorum), Augustin. de civ. dei 9, 16, 1. p. 390, 23 D.[2] – ► Plaut. most. 5 haben die Handschriften exi nidore cupinam; daraus stellt Pylades her exi inquam, nidor (Brudel = Küchenbrudel), e culina; dagegen Ritschl nidoricape (Vok. v. nidoricapus = κνισσοδιώκτης, dem Bratengeruch nachgehend, Bratenschnüffler).

nīdōricapus, s. nīdor ►.

nīdōrōsus, a, um (nidor), **dampfend,** Tert. adv. Marc. 5, 5. Cael. Aur. de morb. chron. 4, 3, 62.

nīdulor, ārī (nidulus), **I** *intr.* **ein Nest bauen, nisten,** hieme in aqua (v. den Eisvögeln), Gell. 3, 10, 5: in segetibus, Gell. 2, 29, 4. – **II** *tr.* alqm, für jmd. **ein Nest zurechtmachen,** Plin. 11, 98.

nīdulus, ī, *m.* (*Demin.* v. nidus), ein **kleines Nest, I** eig.: aviculae nidulus, Gell. 2, 29, 2: Ithaca illa in asperrimis saxulis tamquam nidulus affixa, Cic. de or. 1, 196: nidulos sibi construere, Arnob. 2, 17 R.: nidulis suis ad cibum suggerens ova serpentum, seinen Jungen im Nest, Amm. 22, 15, 25. – bildl., opuscula mea, quia plurima evolaverunt de nidulo suo, Hieron. epist. 47, 3. – **II** übtr., als Wohnung der Menschen, n. senectutis (v. einem Landhaus), Ruhesitz, Ruf. Vergin. in Plin. ep. 6, 10, 1: in nidulo meo moriar, Vulg. Iob 29, 18.

nīdum, ī, *n.,* s. nīdus a. E. ►.

nīdus, ī, *m.* (aus *nisdus, altindisch *nīḍá-ḥ,* Ruheplatz, Lager, ahd. *nest*), das **Nest, I** eig. u. meton.: **1** eig.: nidus aquilae, Plin.: hirundinum, Plin.: columbarum nidi, Suet.: nidum facere, Ov. u. (v. Mäusen) Varro: cubilia sibi nidosque construere, Cic.: effingere et constituere nidos, Cic.: nidos texere, Quint.: nidos moliri biformi accessu, Solin.: nidum ponere, Hor.: nidum suspendĕre tignis, an einem Balken, unterm Dach, Verg. – im Bild, me maiores pennas nido extendisse, über meinen angeborenen Stand hinausgestrebt habe, Hor. ep. 1, 20, 21. – **2** meton., die **jungen Vögel im Nest,** nidi immites, Verg.: nidi loquaces, Verg.: nidi queruli, Sen. poët.: übtr., die **jungen saugenden Tiere in ihrem Behältnis,** Colum. 7, 9, 13. – **II** übtr.: **A** der **Wohnsitz, a** in Bezug auf seine Höhe, n. celsae Acherontiae, Hor. carm. 3, 4, 14 (vgl. Cic. de or. 1, 196). – **b** als behaglicher Sitz, tu nidum servas, hütest das Nest, Haus, Hor. ep. 1, 10, 6: n. senectae, Zuflucht des A., Auson. Mos. 449 (vgl. nidulus a. E.): nequitiae nidum in caccabo fecit modo, Publil. Syr. com. 10. p. 303 R.[2] – **B** ein Standort für Bücher, **Schrank,** verächtl. **Winkel,** Mart. 1, 117, 15; 7, 17, 5. – **C** ein Trinkgeschirr in Gestalt eines Nestes, ein **Becher,** n. potilis, Varro sat. Men. 442. – ► Spätlat. Nbf. nīdum, ī, *n.,* Virg. gramm. epit. 5. p. 40, 12 H.

nigella, ae, *f.* (*Demin.* v. niger), **römischer Schwarzkümmel,** Th. Prisc. 2. chr. 13.

nigellātum, ī, *n.* (nigella), **Schwarzkümmelöl,** Paul. Nol. epist. 24, 20.

nigellus, a, um (*Demin.* v. niger, s. Varro LL. 8, 79), **schwärzlich,** oculi nigellis pupulis, Varro sat. Men. 375: nig. amiculum, Varro vit. P. R. 3. fr. 20 (bei Non. 550, 6): vina, Pallad. 3, 25: lapides candidi et nigelli, Ampel. 8, 21: nig. pruna, Prünellen, Ven. Fort. carm. 9, 17, 1: totum eius loculi medium, quod nigellum fuerat, albicaverat, Augustin. de civ. dei 22, 8, 8. p. 573, 19 D.[2]

1. niger, gra, grum, **schwarz, schwärzlich, dunkelfarbig, düster** (Ggstz. albus, candidus), **I** eig. u. übtr.: **A** eig.: **1** v. Lebl.: color niger (Ggstz. marmoreus candor), Lucr.: color obsoletior et nigro propior, Colum.: nigrae lanae, Plin.: crinis, Hor.: capillus, capilli, Hor. u. Vulg.: oculi, Plaut., Varro u. a.: sanguis, Cels. u. Ov.: terra, Verg.: nubes, Ov.: Galaesus, dunkelblau (wegen seiner Tiefe), Verg.: nox, Ov.: umbra, Lucr.: caligo, Verg.: myrtus, dunkelgrün, Ov.: u. so hederae, Verg.: silvae, dunkel, düster (Ggstz. virides), Hor.: so auch nemus, Verg.: colles, Hor. – sal, aus Holzasche ausgelaugtes scharfes Salz, Plin. u. Hor.: cur sal aliud perlucidum, aliud inquinatum aut nigrum, Fabian. fr.: frigus facit cutem nigram, Cels.: donec locus earum (der Haarwurzeln) niger fiat, Scrib. Larg. – turba (calculorum) nigrior (Ggstz. candida), Mart.: nigrior aspectus, Plin.: caelum pice nigrius, Ov.: uvae nigerrimae, Catull.: cerasorum Apronianа maxime rubent, nigerrima sunt Lutatia, Plin. – subst., **a** nigrum, ī, *n.,* **α** übh. das **Schwarze,** a nigro album etiam nullo monente distinguet, Sen. ep. 94, 19: im Sprichw., facere candida de nigris od. nigrum in candida vertere, aus schwarz weiß od. aus weiß schwarz machen, von bösen u. ränkevollen Leuten, Ov. met. 11, 314. Iuven. 3, 30. – **β etwas Schwarzes,** ein **schwarzer Fleck,** Ov. art. am. 1, 291. – als mediz. *t. t.,* nigrum oculi, die schwarzen Partien des Auges, si de nigro aliquid albidum factum est, Cels. 6, 6, 1. p. 226, 3 D.; insbes. der äußere Hornhautrand, Cels. 7, 7, 14. p. 280, 33 D. – **γ** (*sc.* vinum) **dunkelroter Wein,** v. Falerner, Apic. 3, 63. – **b** nigrae, ārum, *f.* (*sc.* vestes), **schwarze Kleider** = Trauerkleider, Commodian. instr. 2, 31, 2. – **2** v. leb. Wesen: **α** v. Menschen in Bezug auf die Hautfarbe (den Teint), niger tamquam corvus, Petron. 43, 7: crine ruber, niger ore (von Gesicht), Mart. 12, 54, 1: auxiliares, qui nigerrimi erant, Frontin. 1, 11, 18: nigros efferre mortuos, schwarz vom Gift, Iuven. 1, 72. – **β** v. Tieren, barrus, Hor. epod. 12, 1: canis, Sen. apoc. 13, 3: equi, Vulg. Zach. 6, 2 u. 6: ovis, Verg. georg. 4, 546. – **B** übtr., aktiv = **schwarz machend, verfinsternd, verdunkelnd,** ventus, Hor.: turbo, Verg.: auster, regnerisch, Wolken bildend, Verg.: imber nigerrimus, Verg. – **II** bildl., **A** v. Äußeren: **a** vom Tod, **finster, düster,** ianua, Pforte des Todes, Unterwelt, Prop.: Iuppiter niger = *Pluto,* Sen. poët.: hora, Todesstunde, Tibull.: dies, Todestag, Prop.: ignes, Scheiterhaufen, Hor. – **b in Trauer versetzt, trauernd,** domus, Stat. – **B** vom Inneren: **a** v. Lebl.: **α schwarz, finster, unheilvoll, unglücklich, unglückbringend,** pocula, vergiftete, Prop.: huncine solem tam nigrum surrexe mihi! dass dieser Tag mir so schwarz aufgehen musste, Hor.: avis, Prop. – **β scharf, beißend,** sal (Witz), Hor. ep. 2, 2, 60 (vgl. oben *no.* I, A, 1). – **b** v. Menschen, **schwarz** = böse, boshaft, hic niger est, Hor. sat. 1, 4, 85 (vgl. 91): nec minus niger quam Terentianus ille Phormio, Cic. Cael. 27.

2. Niger, gris, Akk. grim, *m.* (Νίγιρ), Strom im Inneren Afrikas, Plin. 5, 30 u. 8, 77. Solin. 30, 22 u. 32, 5. Mart. Cap. 6. § 673 (wo Nomin.). – Dav. **Nigrītae,** ārum, *m.* (Νιγρῖται), die nördlichste der äthiopischen Völkerschaften im Inneren Libyens, am Fluss Niger, Mela 1, 4, 3 (1. § 22). Plin. 5, 44. Mart. Cap. 6. § 673.

3. Niger, s. Nīcer.

4. Niger, grī, *m.,* röm. Beiname, Suet. Aug. 11.

Nigidius, iī, *m.,* vollst. P. Nigidius Figulus, ein durch tiefe Gelehrsamkeit ausgezeichneter Römer, Zeitgenosse Ciceros, Verfasser mehrerer gramm. Werke. – Dav. **Nigidiānus,** a, um, **nigidisch, des Nigidius,** libri, Gell. 18, 4, 11: commentationes, Gell. 19, 14, 3.

nigrēdo, inis, *f.* (niger), die **Schwärze, schwarze Farbe,** corvina, Apul. met. 2, 9: ollae, Vulg. Nahum 2, 10: atrae noctis, Mart. Cap. 1. § 67: erant quidam (libri) sacrā nigredine colorati, Mart. Cap. 2. § 137: pro nigredine vel fuscatione sua, Rufin. Orig. in cant. 2. p. 376.

nigrefio, fierī (niger u. fio), **schwarz werden,** Th. Prisc. 1, 5.

nigreo, ēre (niger), **schwarz sein,** *Pacuv. tr. 88. Acc. tr. 260.

nigrēsco, gruī, ere (nigreo), **a schwarz-, schwärzlich-, dunkelfarbig werden, einen dunklen Schein bekommen,** solent in gravi morbo pedes cum digitis unguibusque nigrescere, Cels.: nigrescit cutis, nigrescunt dentes, Plin.: cum (bacae) iam nigruerint, Colum.: nigrescunt aera, Solin.: latices nigrescere sacros, Verg.: tenebris nigrescunt omnia circum, unser »es wird mir schwarz vor den Augen«, Verg.: nigrescunt sanguine venae, Ov. – im Bild, livoris atri fumificae faces, nigrescit unde spes hominum et decus, Prud. perist. 14, 109. – **b** v.

Pers. = **schwarze Haare bekommen,** gens altera, quae in iuventute cana est, nigrescit in senectute, Solin. 52, 28.

nigrico, āre (niger), **schwärzlich sein, einen dunklen Schein haben,** cum in candida gemma superne nigricat color, Plin. 37, 161: nigricans, **schwärzlich, dunkel,** Tyrius color nigricans aspectu idemque suspectu refulgens, Plin. 9, 135: massae fiunt colore pingui nigricantes, bekommen eine dunkle, fettige Farbe, Plin. 36, 193: nec ullum (lapidem) ex eis nigricaturum, Herm. Past. 3, 9, 30 Palat.

nigricolor, ōris (niger u. color) = μελάγχροος, **schwarzfarbig, dunkelfarbig,** facies (gemmae), Solin. 2, 44.

nigriculus, a, um (*Demin.* v. niger), **schwärzlich,** Varro LL. 8, 79.

nigrifico, āre (niger u. facio), **schwarz machen, schwärzen,** Marc. Emp. 35.

Nigrītae, s. 2. Niger.

nigritia, ae, *f.* u. **nigritiēs,** ēī, *f.* (niger), die **Schwärze, schwarze Farbe,** Form *-a* oft bei Plin., z. B. 9, 134: nigritia capilli, Plin. 29, 109. – Form *-es* oft bei Cels., z. B. 8, 4. p. 334, 11 D., u. bes. als Fehler, z. B. 5, 20. *no.* 3. – nigrities, bes. der **Knochenbrand,** die **Nekrose,** Cels. 8, 2. p. 329, 29 D.

nigritūdo, inis, *f.* (niger), die **Schwärze, schwarze Farbe,** nulla nigr. in rostro, Plin. 10, 107: übtr., nigr. peccatorum, Augustin. in psalm. 91, 11.

nigro, āvī, ātum, āre (niger), **I** *intr.* **schwarz sein,** Lucr. 2, 733. – dah. nigrāns, **schwarz, dunkelfarbig,** Varro, Lucr. u. Verg.: nigrantem Aegida concuteret, verdunkelnde, dunkle Wolken erregende, Lucr. – **II** *tr.* **schwarz-, dunkelfarbig machen,** Stat. silv. 2, 6, 83. – bildl., **verdunkeln, verfinstern,** Tert. adv. Marc. 4, 8.

nigrogemmeus, a, um (niger und gemma), **dunkel schillernd,** Solin. 22, 1.

nigror, ōris, *m.* (niger), **a** die **Schwärze, schwarze Farbe,** noctis, Pacuv. fr. u. Lucil. fr.: in ulceribus, Cels.: mortis, Lucr.: color nigrore multo inustus, Gell. – **b** die **schwarze Schminke,** oculos circumducto nigrore fucare, Cypr. de habit. virg. 14.

nihil (zsgz. nīl), *n. indecl.* (aus nihilum), **nichts, I** *subst.*: **A nichts,** n. loqui, Cic.: n. agere, Cic.: in einem Vergleich auf eine Person bezogen, victor, quo n. erat moderatius, Cic.: vir nihil minus quam ad bella natus, zu nichts weniger als usw., Liv. epit. – mit *Genet.* eines *Subst.* od. eines subst. gebrauchten *Adi. gen. neutr.* der zweiten Dekl., n. rerum humanarum, Cic.: n. mali, Cic.: nihil veri, nihil sancti, kein Wahrheitsgefühl, kein Sinn für Recht, Liv.: doch stehen die *Adii.* der zweiten Dekl. nicht selten auch, wie die der dritten, in gleichem Kasus dabei, n. honestum, n. forte, Cic. – mit *ex* u. Abl., quosdam ex debito aliquantum, quosdam nihil reposuisse, Plin. ep. – **Besondere Wendungen u. Verbindungen. a** nihil agere, s. ago *no.* II, B, 2, a u. b. **b** n. mihi est cum alqo, ich habe mit einem nichts zu schaffen, Ter. u. Ov. – **c** n. est, cur, quamobrem, quod, es ist kein Grund vorhanden, warum od. dass, n. est, cur gestias, Cic.: n. est, quod extimescas, Cic.: so auch n. est, ut, Cic. – **d** n. ad me attinet, es geht mich nichts an, Ter.: auch ohne attinet, z. B. n. ad te! Ter.: n. ad nos, Cic.: so auch n. ad rem, es tut nichts zur Sache, Cic.: doch auch n. ad alqm, nichts gegen einen, nichts in Vergleich mit einem, Cic. – **e** n. non, alles mögliche, alles ohne Ausnahme, nihil non efficere posse, Nep.: n. mali non inest, alles mögliche Böse, Cic.: aber non n., etwas, einiges, Cic.: u. mit *Genet.*, non nihil temporis, einige Zeit, Nep.: haud n., Ter. – **f** n. nisi, nichts als, Ter. u. Cic.: n. aliud nisi, nichts anderes als, Cic.: n. aliud quam, n. praeterquam, nur, bloß, Liv. – **g** si n. aliud, wenn's auch sonst nichts wäre, Liv.; s. Weißenb. Liv. 3, 19, 6. – **h** nihil … quin, quo minus, z. B. nihil agis, quin ego audiam, Cic.: n. praetermisi, quin avocarem, ihn abzuhalten, Cic.: n. moror, quo minus abeam, Liv.: n. facere oportet, quo minus quidquid est puris excedat, man muss alles anwenden, um allem vorhandenen Eiter den Ausfluss zu verschaffen, Cels. – **i** nihil nimis = οὐδὲν ἄγαν, halte Maß, Ter. heaut. 519. – **k** aut nihil aut paulo, **nichts oder wenig** (griech. ὀλίγον ἤ οὐδέν), aut nihil aut paulo cui tum concedere digna, Catull. 68, 131. – **B** prägn., **ein Nichts,** n. esse, so viel od. so gut wie nichts sein, nichts bedeuten, nichts vermögen, Cic., nichts zu bedeuten haben (v. Unerheblichem), Ter. u. Sen. (s. Wagner Ter. heaut. 309): nec n. est, nec omnia haec sunt, es ist zwar etwas, aber nicht alles an dem, Ter.: alqm n. putare, für nichts halten, geringschätzen, Cic.: n. hominis est, es ist nichts an dem Mann, Cic.: n. est, damit ist's vorbei, Ter.; od. damit ist es nichts, es ist vergeblich, zwecklos, Komik. u. Hor.; auch m. folg. *Infin.*, Plaut. (s. Brix Plaut. capt. 341): n. dicunt, sie sagen nichts = nichts Haltbares, Cic. – **II** *adi.* nur in den Verbindungen: n. quicquam, Cic., od. n. unum, Liv., ein verstärktes nihil: auch n. negotium (st. nullum neg.), Symm. – **III** *adv.* (als *Acc.*) **1 in nichts, gar nicht,** n. cedimus Graeciae, Cic.: beneficio n. utitur, Cic.: n. opus est, Ter.: so auch non nihil, einigermaßen, Cic. – **2 aus keinem Grund, aus keiner Ursache,** nihil nisi, Cic.: nihil aliud quam, aus keiner anderen Ursache, Liv. – **3 um nichts, umsonst, vergeblich,** Plaut. – zsgz. Form nīl, Hor. u. a. Dichter (in der klassischen Prosa zweifelhaft). Bei Plautus u. Ovid auch nĭhĭl gemessen, s. Lachm. Lucr. 1, 159. p. 27 *sq.*

nihil-dum, *Adv.*, **noch nichts,** Cic. ep. 12, 7, 2; ad Att. 9, 2 u. ö. Liv. 35, 20, 1. Suet. Caes. 7, 1 (*Ihm* nihil dum).

nihilōminus, s. nihilum.

nihilum, ī, *n.* (ni [= ne] u. hilum), **nichts, I** *subst.*: ex nihilo oriatur, Cic.: de nihilo fiat, aus nichts, Cic.: hoc quod vivimus proximum nihilo est, Sen.: ad nihilum redigere, vernichten, Liv.: ad nihilum venire od. recĭdere, Cic., od. in nihilum interire od. occĭdere, Cic., zunichte werden, zerfallen (s. Meißner Cic. Tusc. 2, 5): pro nihilo est, ist so gut wie nichts, Cic.: pro nihilo putare od. ducere, Cic., od. habere, Caecil. com. fr. u. Liv.: nihilo addito, Plin.: Ggstz., quod se receptura sit in aliquid omnino de nihilo, Tert. de res. carn. 4. – mit folg. *Genet.*, nihilum eius, Cic.: non nihilum divinationis, Vopisc. Aurel. 4, 3. – **Besondere Redeweisen: a** nihili, von keinem Wert, nichts wert, nichts taugend, bestia nihili, Plaut.: nihili argumentum, Varro LL.: homo nihili, Varro, u. bl. nihili, Plaut., ein nichtswürdiger Mensch: ›nequam‹ homo nihili neque rei neque frugis bonae, Gell.: ex quo idem (homo) nihili dicitur, Cic.: aber homo nihili factus, kastrierter, Plaut.: verbum nihili, Plaut.: nihili pendĕre, Ter., od. facere, Cic. u. Plaut., aestimare, Cic., für nichts halten. – **b** de nihilo, **um nichts** = ohne Grund, ohne Ursache, Liv.: non de nihilo, nicht ohne Grund, Komik. u. Liv. – **c** nihilō (*Abl.*), **um nichts,** bei *Compar.* u. anderen Wörtern, die eine Verschiedenheit bedeuten, nihilo maius, Cic.: nihilo secius, nichtsdestoweniger, Caes.: nihilo secius tamen, Varro LL.: nihilo tamen secius, Caes.: nihilo magis, Cic., od. nihilo plus, Ter., um nichts mehr, ebensowenig. – nihilo minus, **α um nichts weniger,** d. i. gerade so viel, quattuor, nihilo minus, Plaut. Men. 953. **β um nichts weniger, nichtsdestoweniger,** d. i. ebensowohl, Cic. u. Caes. (umgek. minus nilo, Caecil. com. 92): nihilo minus tamen od. tamen nihilo minus, Cic., Nep. u. a.: mit folg. *quam*, Cic., od. *atque* (*ac*), **als,** Lucr. – **γ weniger als nichts,** Ter.: u. so nilo od. nihilo deterius = nihilo minus, nichtsdestoweniger, Hor. sat. 1, 5, 67. Ascon. Cic. Mil. § 9. – ferner nihilo aliter, um nichts anderes, Ter. – **d** non nihilo, einigermaßen, aestimare, Cic. – **II** *adv.* (als *Acc.*), **in keiner Hinsicht, keineswegs** (verstärktes non), Hor. u. Liv. – ► Über die zsgzg. Form nīlum s. Lachm. Lucr. 1, 159. p. 28.

nīl, s. nihil a. E.

Nīliacus, a, um, s. Nīlus.

Nīlicola, s. Nīlus.

Nīlīdēs lacus, ein See im unteren Mauritanien, als Quelle des Nils, Plin. 5, 51 u. a.

Nīligena, s. Nīlus.

nīlios, iī, *n.* (Νεῖλιος), ein Edelstein, ein unreiner, teils grüner, teils gelber Flussspat, Plin. 37, 114.

Nīlōticus, Nīlōtis, s. Nīlus.

nīlum, ī, *n.*, s. nihilum ►.

Nīlus, ī, *m.* (Νεῖλος), der **Nil, I** als *nom. prop.*, der **Nilstrom,** Hauptstrom Ägyptens, der südlich vom Äquator, dem heutigen Viktoria Nyanza entfließend, sich nach langem Lauf in zwei Hauptarmen (im Altertum kannte man deren mehr) ins Mittelländische Meer ergießt, berühmt durch alljährliche Überschwemmung ganz Ägyptens, Lucr. 6, 712. Cic. de nat. deor. 2, 130; de rep. 6, 18, 19. Vitr. 8, 2, 6 *sq.* Plin. 5, 51. Mart. Cap. 6. § 676: flumen Nilus, Amm. 22, 15, 3. – Dav.: **A** **Nīliacus**, a, um, **a** **nilisch,** fera, v. Krokodil, Mart.: olus, die Kolokasia, Mart.: fontes, Lucan.: navicularii, Aurel. bei Vopisc. Aurel. 47, 3. – **b** übtr., **ägyptisch,** modi, Ov.: amor, Liebe zu Kleopatra, Lucan.: pecus, Apis, Stat.: iuvenca, Io od. Isis, Mart. – **B** **Nīlicola**, ae, *m.* (Nilus u. colo), ein **Anwohner des Nils,** ein **Ägypter,** Prud. c. Symm. 2, 493. – **C** **Nīligena**, ae, *m.* (Nilus u. gigno) = Νειλογενής, ein am Nil Geborener, ein **Ägypter,** Macr. sat. 1, 1, 37: Genet. Plur. Niligenûm deûm, Verg. Aen. 8, 698 nach Lachmann Lucr. p. 292 (Ribbeck omnigenûm). – **D** **Nīlōticus**, a, um Νειλωτικός, **nilotisch,** aqua, Sen.: tellus, Mart. – **E** **Nīlōtis**, tidis, *f.* (Νειλῶτις), **nilotisch,** poet. = **ägyptisch,** Mart. u. a. – **II** übtr., als *nom. appell.* = ein **Wassergraben,** Cic. de legg. 2, 2; ad Q. fr. 3, 9, 7.

nimbātus, a, um (nimbus), **in Nebel gehüllt,** quam magis aspecto, tam magis est nimbata et nugae merae, scheint sie mir Nebel und blauer Dunst (Köpke), Plaut. Poen. 348.

nimbifer, fera, ferum (nimbus u. fero), **Sturm bringend, stürmisch,** Eurus, Tibull. 1, 4, 44: nubes, Avien. Arat. 858: ignis, Ov. ex Pont. 4, 8, 60.

nimbōsus, a, um (nimbus), **voller Stürme, stürmisch,** ventus, Ov.: cacumina montis, in Wolken gehüllt, Verg.: iubar, Stat.: montes, Plin.

nimbus, ī, *m.* (verwandt mit nebula, νέφος), eine jede den Himmel verdunkelnde Erscheinung, dah. **I** **Sturzregen, Platzregen, Regenguss, Regenschauer,** **1** eig. u. übtr.: **a** eig.: densi funduntur ab aethere nimbi, ergießen sich, Ov.: nimbus effusus, Liv. – dah. übh. **Regen, Regenwasser,** silva continere nimbos ac digerere consueta, Plin.: nimbi ligati, Eis, Petron. – **b** übtr.: lapidum et saxorum, Steinregen, Flor.: telorum, Sil.; vgl. nimborum in modum tela fusa, Flor.: ferreus, v. eisernen Geschossen, Verg. – **2** meton., ein Gefäß mit mehreren Öffnungen, das bei Schauspielen und Gastmählern gebraucht wurde, um wohlriechende Salben u. andere Flüssigkeiten zu sprengen, Mart. 14, 120 *lemm.* – **II** **Sturm,** **1** eig. u. übtr.: **a** eig., **stürmisches Wetter, Ungewitter,** in Regen, Hagel, Wind bestehend, Cic. u. a. – **b** übtr., **Sturmwind,** toto sonuerunt aethere nimbi, Verg. Aen. 2, 113: nimborum in patriam Aeoliam venit, Verg. Aen. 1, 51. – **2** bildl., **Sturm, plötzlich hereinbrechendes Unglück,** hunc quidem nimbum cito transisse laetor, Cic. – **III** eine den Himmel bedeckende **Wolke,** **1** eine **schwarze Regenwolke, Sturmwolke,** involvere diem nimbi, Verg. – **2** übh. **Wolke,** denso operuit regem nimbo, Liv.: dah. die **Nebelhülle,** in der die Dichter die Götter auf Erden erscheinen lassen, Venus obscuro faciem circumdata nimbo, Verg.: nimbo succincta, Verg.: nimbo effulgens, Verg. – Daher bei späteren Schriftstellern, **a** der **Heiligenschein** oder der strahlende Glanz um die Köpfe der Heiligen, Serv. Verg. Aen. 2, 615 u. ö. – **b** eine **Stirnbinde,** die die Frauen trugen, um eine kleine Stirn zu haben, was als schön galt, Isid. orig. 19, 31, 2. – **3** übtr., eine **Wolke,** **a** v. Dingen, die sich wolkenartig erheben, nimbus arenae, Verg., od. pulveris, Claud., eine Staubwolke: respiciunt atram in nimbo volitare favillam, eine Rauchwolke, Verg. – **b** von Dingen, die sich wolkenartig ausbreiten, peditum, Verg.: velut nimbus glandis, Liv. 36, 18, 5: ingens lapidum saxorumque nimbus, Flor. 3, 8, 4: purpureus, von Blumen, Claud.: von Flüssigkeiten, Salben, Mart. – ► Genet. Plur. nimbûm, Pacuv. tr. 412.

nimiē, *Adv.* (nimius), **I** **zu sehr,** Capit. Gord. 6, 2. – **II** übtr., **gar sehr,** Pallad. 4, 10, 27. Spart. Hadr. 21, 9 (wo nimie multum amatus est).

nimietās, ātis, *f.* (nimius), **I** der **Überfluss,** das **Übermaß,** sanguinis, Pallad.: prunarum, Eutr.: n. vini, das Übermaß = zu reichlicher Genuss, Macr.: gaudii, Apul.: vitae licentioris, Capit.: Plur., Pallad. 2, 13, 5. – **II** insbes.: **a** = hyperbole (s. d.), Macr. sat. 4, 6, 15. – **b** die **Umständlichkeit, Weitschweifigkeit** in der Darstellung, Arnob. 4, 10.

nimiō, s. nimius.

nimiopere, richtiger getrennt **nimiō opere**, s. 1. opus a. E.

nīmīrum, *Adv.* (ni [= ne] u. mirum, eig. nicht wunderbar, nicht zu verwundern, dah.) **allerdings, freilich, natürlich, unfehlbar, in Wahrheit, ohne Zweifel,** häufig ironisch, Cic. u. a.

nimis, *Adv.* (aus *ne* u. **mis*, »nicht zu wenig«), **I** **zu sehr, allzu sehr, zu viel, allzu, über die Maßen,** nec n. valde (zu sehr) umquam nec n. saepe (zu oft), Cic.: n. multa, Cic.: ne quid nimis, Ter.: n. remissus, Nep.: n. dixi, Plin. pan.: non nimis, Cic., od. haud nimis, Liv., nicht allzu sehr, d. i. nicht sehr, nicht sonderlich. – mit folg. *Genet.*, insidiarum, Cic. – nimis est mit folg. *Infin.*, si nimis est legisse duos, Mart. 4, 82, 7. – **II** übtr., bes. in der Umgangsspr. = **gar sehr, überaus,** oculi nimis arguti, Cic. de legg. 1, 26: n. ferociter legatos nostros increpant, Plaut.: nunc n. vellem dari, Ter.: so auch nimis quam, Plaut. capt. 102 u. a. M. Aurel. bei Fronto ad M. Caes. 3, 13. p. 75, 25 N. Gell. 14, 1, 4. Apul. apol. 48.

nimium, *Adv.*, s. nimius.

nimius, a, um (nimis), **das Maß überschreitend, übermäßig, zu groß, zu viel** (Ggstz. modicus, parcus), **I** *adi.*: **A** eig.: **1** im Allg.: **a** v. Lebl.: celeritas, Cic.: imber, Ov.: sol, Ov.: vitem coërcet, ne nimia fundatur, Cic.: non est nimium m. folg. *Acc.* u. *Infin.*, Cato r. r. 57, 2. – **b** v. Pers., in etw. **das Maß überschreitend, unmäßig,** nimius mero, der des Guten im Wein zu viel getan, tüchtig angetrunken, Hor.: bes. **zu weit gehend, maßlos, sich überhebend** (s. Heräus Tac. hist. 4, 23, 13), nimius est, multus est, Aurel. bei Vopisc. Aurel.: nimius in honoribus decernendis, Cic.: corrigendis moribus, Aur. Vict.: rebus secundis nimii, Tac.: nimii verbis, in ihren Reden ohne Maß, Tac.: mit folg. *Genet.*, animi, Sall. fr., Liv. u. Sen.: imperii, Liv.: sermonis, Tac.: pugnae, Liv. – **2** prägn., **zu groß, zu mächtig, zu gewaltig,** Pompeium nimium iam liberae rei publicae, Vell.: (legio) consularibus nimia, Tac.: soles frangebat nimios pecori, Sil. – **B** übtr., **über die Maßen groß, über die Maßen viel, sehr groß, sehr viel,** homo nimiā pulchritudine, Plaut.: nimia mira, Plaut.: amomum, Mart. – bes. nimium quantum, es ist außerordentlich, wie viel od. wie sehr = gar sehr viel, gar sehr, sales in dicendo nimium quantum valent, Cic.: poscebat nimium quantum, Gell.: ebenso nimium quanto, Gell., nimium quam, Plaut.: nimio opere, gar sehr, Cic. – **II** *subst.*, nimium, das **Zuviel** (Ggstz. parum), pro Cluentii voluntate *nimium,* pro rei publicae dignitate *parum,* pro vestra diligentia *satis* dixisse videor, Cic.: indecorum est omne nimium, Quint.: mit folg. *Genet.*, boni, ein zu hoher Grad des Glückes, Enn.: regni, zu viel Herrschaft, Ov.: auri, Plin.: et numquam nimium hostium fore, Liv. – **III** **A** nimiō (*Abl.*), **1** eig., **zu sehr,** bes. neben *Compar.*, nimio plus diligo, mehr als zu sehr, gar zu sehr, Anton, in Cic. ep.: nimio plus doleo, Hor.: nimio plus est, mehr als zu viel, Ov. – **2** übtr., **gar sehr, überaus,** nimio magnus, Plaut.: nimio mavolo, will viel lieber, Plaut.: nimio (= *multo*) melius, Plaut.: nimio celerius, Plaut. – **B** nimium (*Acc.*), **1** eig., **zu sehr,** nim. diu, zu lange, Cic.: nim. familiariter, Cic.: nim. diligenter, Cic.: nim. multi, Cic.: nim. felix, Cic.: leges nim. accommodatae Antiocho, Liv.: paulo nim. redundare, ein wenig zu viel, Cic.: non nim. probo, nicht zu sehr, nicht eben sehr, Cic.: nimium meminisse (Ggstz. oblivisci), Tac. hist. 2, 48 *extr.* u. (Ggstz. parum meminisse) Plin. ep. 3, 14, 1: o nimium nimiumque oblite tuorum, Ov. her. 1, 41. – **2** übtr., **gar sehr, überaus,** nim. novum verbum, ganz neues, Varro LL.: Philotimus homo fortis ac nimium optimas, Cic. ad Att. 9, 7, 6: o fortunatus nimium, Verg.: videre nimium vellem, Ter.: sed idem benefactum quo in loco ponas, nimium interest, Cato fr.

Nineve, Ninevītae, s. Ninivē.

ningo (ninguo), ninxī, ere (v. nix) **schneien,** **1** eig.: **α** *impers.* (vgl. Serv. Verg. Aen. 4, 250): ningit (ninguit), es schneit, Verg. georg. 3, 367. Colum. 11, 2, 31: ebenso im Passiv, totum illud spatium, quā pluitur et ninguitur, Apul. flor. 2. p. 2, 13 Kr. – **β** *tr.*: cum ninxerint caelestium molem mihi, Acc. tr. 101. – **II** übtr.: ningunt floribus rosarum, streuen Rosen haufenweise, Lucr. 2, 627. Vgl. nivo.

ningor, ōris, *m.,* (ningo), das **Schneien, Schneewetter,** Apul. de mund. 9.

ninguidus, a, um (ninguis), **I** **voller Schnee,** Auson. ep. 24, 68 u. 124. Prud. apoth. 729. – **II** übtr., **wie Schnee vom Himmel fallend,** cibus (von dem Manna der Israeliten), Prud. cath. 5, 97.

ninguis, s. nix ►.

ningulus, a, um (aus ni [= ne] u. singulus), **keiner,** Enn. ann. 130. Vgl. Fest. 177 (a), 30.

ninguo, s. ningo.

Ninivē (Ninevē), ēs, *f.,* Hauptstadt von Assyrien, Augustin. de civ. dei 16, 31. p. 126, 18 D.[2] u. 21, 24, 4. p. 532, 27 D.[2] Vulg. genes. 10, 11 u. a. Paul. Nol. nat. Fel. 8, 169. – bei den Griechen u. Römern Ninos od. -us (Νίνος). Tac. ann. 12, 13. Lucan. 3, 215. Plin. 4, 52. – Dav.: **A** **Nīnivītae** (Nīnevītae), ārum, *m.,* die Einwohner von Ninive, die **Niniviten,** Prud. cath. 7, 131. Augustin, de civ. dei 18, 44 *in.* u. 21, 24, 4. p. 533, 17 u. 25 D.[2] Vulg. Matth. 12, 41 u. a. – **B** **Nīnivīticus,** a, um, **ninivitisch,** Hieron. in Isai. 3, 7, 16.

Ninnius, a, um, Name eines urspr. kampanischen Geschlechtes, aus dem bes. bekannt L. Ninnius Quadratus, Volkstribun im J. 58 v. Chr., tätig für Cicero, Cic. Sest. 68; ad Att. 3, 23, 4 u. a. – Zur Kaiserzeit Ninnius Crassus, Übersetzer der Ilias ins Lateinische, Prisc. 9, 42. Non. 475, 14 (wo bl. Crassus).

Ninos, s. Ninivē.

Ninus, ī, *m.* (Νίνος), **I** *m.,* König in Assyrien, Gemahl der Semiramis, Iustin. 1, 1, 7 *sq.* Curt. 3, 3 (6), 16. Augustin. die civ. dei 18, 2, 3. p. 259, 7 D.[2]: busta Nini, Ov. met. 4, 88. – **II** *f.* = Ninive, s. d.

Ninya, ae, *m.* u. **Ninyās,** ae, Akk. ān, *m.* (Νινύας), Sohn des Ninus u. der Semiramis, Form *-a,* Iustin. 1, 1, 10 u. 1, 2, 11: Form *-as,* Augustin. de civ. dei 18, 2, 3. p. 259, 9 D.[2]

Niobē, ēs, *f.* u. **Nioba,** ae, *f.* (Νιόβη), Tochter des Tantalus u. Gemahlin des Amphion (s. Amphīōn; vgl. Ov. met. 6, 155 *sqq.* Hyg. fab. 8 *sqq.*), Form *-be,* Prop. 2, 20, 7. Ov. met. 6, 148. Hieron. epist. 69, 2: Form *-ba,* Cic. Tusc. 3, 63. Hyg. fab. 9 u. 145. Sen. ep. 63, 2. Petron. 52, 2. – Dav. **Niobēus,** a, um, **niobëisch, der Niobe,** proles, Hor. carm. 4, 6, 1.

Niphātēs, ae, Akk. ēn u. em, *m.* (Νιφάτης, der Schneeberg), ein zur Tauruskette gehöriger Zweig des Gebirges Masius, der sich jenseits des Tigris durch Armenien nach dem See Arsissa und dem Antitaurus hinzieht, j. die Hatrasch-Alpen mit dem Balanberg, Mela 1, 15, 2 (1. § 81). Verg. georg. 3, 30. Hor. carm. 2, 9, 20. – poet. übtr., ein Teil des Tigrisflusses in Großarmenien, Lucan. 3, 245. Iuven. 6, 408.

Niptra, ōrum, *n.* (νίπτρα), das **Waschwasser,** ein Trauerspiel des Pakuvius, Cic. Tusc. 2, 48. Gell. 13, 29, 3.

Nīreus, Akk. Nirea, selten Nireum, *m.* (Νιρεύς), Sohn des Charopus, nächst Achilles der schönste Mann unter den Griechen vor Troja, Hor. carm. 3, 20, 15. Prop. 3, 18, 27. Hyg. fab. 113 u. 270. Dict. 4, 17 u. ö.

Nīsaeus, s. 2. Nīsus.

nise, nisei, s. nisi a. E. ►.

Nīsēis, Nīsēius, s. 2. Nīsus.

nisi, *Coni.* (verkürzt aus nē u. sī), **I** **wenn nicht, wo nicht, wofern nicht,** adhuc certe, nisi ego insanio, stulte omnia et incaute, Cic. – quod nisi, **und wenn nun nicht,** zu Anfang eines neuen Satzes, wenn dieser mit dem vorhergehenden eng zusammenhängt, quod nisi esset, certe postea non discessisset, Cic. – nach negativen Sätzen = **indes, doch aber,** de hac re mihi satis haud liquet: nisi hoc si faciam, opinor, Plaut. trin. 234. – **II** **außer, als,** **A** nach negativen u. nach Fragesätzen: **a** nach neg. Sätzen, sodass bald die Negation vorhergeht, ne quis enuntiaret, nisi quibus mandatum esset, Caes.: dah. nihil ... nisi, nichts außer, nichts als, Cic.: non ... nisi, nur, bloß, Cic.; erst nachaug. ungetrennt nonnisi, Colum., Cels., Sen., Quint. u. a.: non aliter nisi, unter keiner anderen Bedingung, außer wenn, *non aliter neque* classem revocaturum *neque* exercitum reducturum, *nisi* etc., Liv. 45, 11. § 11. – bald die Negation nachfolgt, wo es in Verbindung mit dieser übersetzt wird durch **nur,** se, nisi victorem, in castra non reversurum, Caes. – Die Stellen, wo nisi = non (neque) nisi od. nisi non, sind bei den Klassikern kritisch unsicher (s. Drak. Liv. 34, 16, 1. Duker Flor. 1, 12, 18. Fabri Sall. Iug. 54, 5); doch bei Spät. sicher, s. z. B. Commodian. apol. 795. – **b** nach Fragesätzen, quid sequitur, nisi, Cic.: quid aliud exspectamus, nisi, Cic. – **B** in besonderen Verbindungen: nisi si, außer wenn nicht etwa, Komik., Cic., Liv. u. a. (s. Brix Plaut. trin. 474): nisi quod, außer weil od. dass, nur weil od. dass, nur mit der Ausnahme od. nur mit dem Unterschied, dass, Plaut., Cic. u. a.: nisi quia, außer weil od. dass, Plaut. u. Ter.: nisi ut, außer dass, Suet.: nisi vero, nisi forte, auch bloß nisi, außer wenn etwa, es müsste denn etwa sein, dass (in Übergängen gebraucht, um eine vorhergehende Behauptung zu beschränken oder ironisch zurückzuweisen, entsprechend den griechischen Partikeln εἰ μὴ ἄρα, εἰ μή γε, ἐκτὸς εἰ μή), Cic. u. a.; vgl. Gernh. Cic. de sen. 33. p. 62. Beier Cic. de off. 1, 120. p. 254 *sq.* Dietsch Sall. Iug. 14, 10. p. 117. – ► arch. nise, CIL 1, 205. col. 1, 47. ibid. 5, 154 u. 4113, nisei, *ibid.* 1, 196. lin. 8. 16. 21; 1, 198. lin. 37. 56. 71 u. sonst ö. Fronto ad M. Caes. 5, 29 (44), nisissei = nisi si, CIL 4, 1261.

Nīsias, adis, *f.,* s. 2. Nīsus.

Nisibis, Akk. bin, Abl. bī, *f.* (Νίσιβις, βιδος u. βιος), **I** Hauptstadt der Provinz Mygdonia in Mesopotamien, j. Ruinen beim heutigen Flecken *Nisibin,* Plin. 6, 42 (Jan u. Detl. Nesebin). Tac. ann. 15, 5. Amm. 18, 6, 6; 25, 7, 9. – Dav. **Nisibēnī,** ōrum, *m.* (Νισιβηνοί), die Einwohner von Nisibis, die **Nisibener,** Amm. 25, 8, 13. – **II** Stadt in Aria am Fuße des Paropamisus, Amm. 23, 6, 69.

1. **nīsus,** a, um, s. 1. nītor.

2. **Nīsus,** ī, *m.* (Νῖσος), **I** König in Megara, Vater der Scylla, die ihres Vaters purpurnes Haar, auf dem das Schicksal des Staates beruhte, abschnitt u. seinem Feind Minos gab, worauf Nisus in einen Sperber, Scylla aber auch in einen Raubvogel (Ciris) verwandelt wurde, Ov. met. 8, 8 *sqq.* Verg. georg. 404 (als Sperber). – Dav.: **A** **Nīsaeus,** a, um (Νίσαιος), **nisäisch,** canes, der Scylla, Tochter des Phorkus (also verwechselt mit der Tochter des Nisus), Ov. fast. 4, 500. – **B** **Nīsias,** adis, *f.* (Νισιάς), **nisiadisch,** poet. = **megarisch,** Ov. her. 15, 54. – **C** **Nīsēis,** ēidis, *f.,* die **Nisëide** (Tochter des Nisus), d. i. Scylla; aber mit der Tochter des Phorkus verwechselt, Ov. rem. 737. – **D** **Nīsēius,** a, um, **nisëisch,** virgo, Scylla, des Nisus Tochter, Ov. met. 8, 35. – **II** Freund des Euryalus, Verg. Aen. 5, 294.

3. **nīsus** u. selten **nīxus,** ūs, *m.* (nitor, niti), das **Anstemmen,** der **Ansatz,** der **Schwung** zur Ausführung einer Bewegung, **I** eig.: **A** im Allg.: tela nisu vibrare, Curt.: hastas certo ictu, utpote libero nisu, mittit, Curt.: rotae maiore nisu in salebras incīderunt, mit größerem Druck, Sen. – **B** insbes.: **1** das **Auftreten,** Pacuv. tr. fr. u. Verg. – **2** das **Aufsteigen, Hinaufklimmen, Emporklettern,** nisus per saxa, Sall.: dubia nisui, Sall.: im Bild, hic (Cicero) in sublime etiam cucurrit et ad summum non pervenit nisu, sed impetu, dieser ist sogar in die Höhe gelaufen und hat den Gipfel nicht durch E. erreicht, sondern in einem Anlauf, Quint. 8, 4, 9. – **3** das **Fliegen,** der **Flug,** Verg. u. Hor. – **4** der **Schwung, Umschwung** der Sterne, Cic. – **5** das Drücken und Drängen Gebärender, das **Kreißen,** das **Gebären,** Verg. u. Ov.: nixus laboriosi, Gell.: parientium nixus (Plur.), Fest. – **6** die **Anstrengung** des sich Erbrechenden, der **Drang** zum Erbrechen, tamquam nisus evomentis adiuvaret, Tac. ann. 12, 67. – **II** übtr., der **Anlauf,** nec suo nisu studiis insistunt, aus eigenem Drang, Quint. 1, 12, 10: at quā contentione, quo nisu, quibus clamoribus expostulatum est, ne etc., mit welchem Nachdruck, mit welch lauten Stimmen forderte man von dir, Plin. pan. 75, 4.

nitalōpices, Akk. as, *f.,* wahrsch. **indische Füchse,** Iul. Val. 3, 17 *ed. Paris.*

nītēdula, ae, *f.* (nitor, ich klettere), ein Tier aus dem Mäusegeschlecht, die **Haselmaus,** Cic. Sest. 72. Arnob. 2, 47. – Andere Form nītella, Mart. 8, 37, 8. Plin. 8, 224 (vgl. über die Schreibweise nitella Lachm. Lucr. p. 204).

nitefacio, (fēcī), factum, ere (niteo u. facio), **glänzend machen,** ventus mare caerulum crispicans nitefacit, Gell. 18, 11, 3: grato crinem nitefactus olivo, Iuvenc. 1, 607.

1. nitēla (nitella), ae, *f.* (niteo), der **Glanz, Schimmer, I** eig., Solin. 22, 5 (nach Mommsen unecht). – **II** meton.: **A** von dem, was glänzt, nitellae pulveris, Goldstaub, Solin. 23, 4. – **B** v. dem, was glänzend macht, Glanzmittel, nitelae oris (v. Zahnpulver), Apul. poët. apol. 6.

2. nītēla, s. nītēdula.

nītēlīnus, a, um, s. nītellīnus.

1. nītella, s. nītēdula.

2. nītella, s. 1. nitēla.

nītellīnus, a, um (1. nitella), **haselmausartig, -farbig,** Plin. 16, 177.

1. nitēns, entis, *PAdi.* (v. niteo), **gleißend, blinkend, glänzend, I** eig. u. übtr.: **A** eig.: arma *nitentia* ante rem, *deformia* inter sanguinem et vulnera, Liv.: Lucifer, Tibull.: capilli malobathro, Hor. – **B** übtr., **schön, prangend,** taurus, feist, Verg.: uxor, Catull.: oculi, Verg.: flos, Ov.: herba, Ov.: campi, Verg. – **II** bildl., **glänzend, schimmernd, hervorstechend,** ingenium, Stat.: oratio (Ggstz. oratio horrida), Cic. Brut. 238. – ► Kompar. nitentior, Ov. met. 10, 211.

2. nītēns, entis, *Partic.* v. nitor, s. d.

niteo, uī, ēre, wie Schnee **blinken, gleißen, glänzen, I** eig. u. bildl.: **A** eig.: aera nitent usu, Ov.: qui nitent unguentis (von Pomade), fulgent purpurā, Cic.: luna nitet, Lucr. – **B** bildl., **glänzen, hervorstechen,** Lucretius recenti gloriā nitens, Liv. – von der Rede usw., sed vos squalidius; illorum vides quam niteat oratio, Cic.: ubi plura nitent in carmine, Hor. – **II** übtr., **gleißen, glänzen, prangen, strotzen, stattlich aussehen, a** von Menschen u. Tieren, **α** v. Wohlgenährten, **ein feistes Ansehen haben, wohlgenährt (blühend) aussehen,** unde sic nites? Phaedr.: parum nituisti (infolge schlechterer Pflege), Hor.: sinere in propriis membra nitere bonis, Prop. – **β** v. Geputzten, miseri, quibus intentata nites, Hor.: nitet ante alias regina, Stat. – **b** v. wohlbestellten Äckern u. üppigen Pflanzen, tellus nitet, Petron.: solum, in quo procerae arbores nitent, Plin. – **c** von reichlich vorhandenen Dingen, vectigal in pace niteat, Cic.: res ubi magna nitet domino sene, Hor.: omnia nitent oppidis etc., Plin.

nitēsco, ere (*Inchoat.* von niteo), **anfangen zu glänzen, glänzend hervorstechen, glänzend erscheinen** u. dgl., **I** eig. u. bildl.: **A** eig.: caelum nitescere, arbores frondescere, Poëta bei Cic.: iuventus nudatos umeros oleo perfusa nitescit, Verg. – **B** bildl.: ut ingenio doctrina, praeceptione natura nitescat, einen glänzenden Erfolg habe, Rhet. Her. 3, 29. – **II** übtr., durch Wartung ein gutes Ansehen bekommen, **anfangen stattlich-, blühend auszusehen, in Fülle zu prangen, a** von Tieren, fleischig werden, **ein feistes Ansehen bekommen,** armenta nitescunt, Plin. ep. 2, 17, 3. – **b** von üppig sich erhebenden Gewächsen, Plin. – u. vom wohlbestellten Boden, terra post vomerem nitescens, Plin. – ► Nbf. nitīsco, wov. nitiscunt, Ven. Fort. carm. 1, 20, 21 *cod. M.*

nītibundus, a, um (nitor, niti), **sich anstemmend, sich anstrengend,** Gell. 1, 11, 8. – v. Lebl., pondus, Solin. 25, 12: caput, Solin. 27, 29.

nitidē, *Adv.* (nitidus), **glänzend, prächtig, herrlich,** nitēre, Plaut.: cenare, Plaut.: lepide atque n. accipere alqm, Plaut.: ros marinum colliges nitidissime in prato, Marc. Emp. 8.

nitiditās, ātis, *f.* (nitidus), der **Glanz,** die **Schönheit,** figurae, Acc. tr. 254.

nitidiusculē, *Adv.* (nitidiusculus), **hübsch glänzend, -prächtig,** Plaut. Pseud. 774.

nitidiusculus, a, um (v. *Compar.* nitidior), **gar glänzend,** vom Salböl, caput, Plaut. Pseud. 220.

nitido, āre (nitidus), **I blank machen, glänzend machen,** ferramenta detersa, Colum. 12, 3, 9: bucculare diligenter nitidatum, Marc. Emp. 8. § 52. – **II** insbes., **waschen, baden,** corpora, Enn. fr. scen. 130: u. medial nitidari = sich **waschen (baden),** Acc. tr. 603.

nitidulus, a, um (*Demin.* v. nitidus), **gesalbt, balsamiert,** Sulp. Sev. dial. 2, 8, 3.

nitidus, a, um (niteo), **gleißend, blinkend, blank, glänzend, hell, I** eig. u. übtr.: **A** eig.: ebur, Ov.: caput, Verg.: dies, heller, heiterer Tag, Ov.: coma nitidissima nardo, Ov. – **B** übtr., **schön, schön aussehend, schimmernd, prangend, a** v. Tieren, deren Leber usw., **feist, glatt,** iumenta, Nep.: vacca, Ov.: equus parum nitidus, gar nicht wohlhäbig, Gell.: si eādem horā aliae pecudis *iecur nitidum atque plenum* est, aliae *horridum atque exile,* Cic. – **b** v. Menschen, **α feist, wohlgenährt, wohlhäbig,** rusticus, Tibull.: robur, Liv. – **β schmuck, nett, zierlich,** femina, Plaut.: iuvenis volsus et nitidus, Hieron.: miles veste nitidus, Veget. mil.: ex nitido fit rusticus, aus dem schmucken, feinen Städter, Hor.: quos pexo capillo nitidos aut imberbes aut bene barbatos videtis, Cic.: si nitidior sis filiae nuptiis, Plaut. – **c** v. Äckern u. Pflanzen, **blühend, üppig, strotzend,** campi nitidissimi, Cic.: fruges, Lucr.: si bene floruerint oleae, nitidissimus annus, Ov. – **II** bildl., **glänzend, schmuck, sauber, nett, fein,** res (Plur.), rein strahlendes, reines Wesen (Leben), Iuven.: verba nitidiora, Cic.: Isocrates nitidus et comptus, Quint.: vox, Quint.: et quae verba *nitidiore* in parte videntur *sordida,* ubi res poscit, proprie dicuntur, Quint. – vita nitidior, Plin. 13, 100.

Nitiobroges (Nitiobriges), um, *m.,* keltische Völkerschaft in Aquitanien, deren Hauptstadt Aginnum (j. *Agen*), Caes. b. c. 7, 7, 2 u. 75, 3. Sidon. epist. 8, 11, 1.

nitīsco, s. nitēsco a. E.

1. nītor, nīsus u. nīxus sum, nītī (statt gnītor, vgl. griech. γνύξ, ahd. *hnîgan,* sich neigen, sich bücken), an od. auf etw. **sich stemmen, sich stützen, I** im Allg.: **A** eig., m. *Abl.* od. *in* m. Akk. od. Abl., baculo, Ov.: laevo in femine (v. der Linken), Plaut.: hastili, Cic.: hastā od. in hastam, Verg.: genibus, knien, Liv.: Nixus genu, in genibus, od. bl. Nixus, ein Gestirn, s. Engonasi: stirpibus suis, Cic.: muliercula, Cic.: cubito, auf den Ellbogen, Ov. – absol., partes aequaliter nituntur, Cic. – **B** übtr.: **1** auf etwas **sich stützen, -beruhen,** nitatur quibus fundamentis summa salutis, Lucr.: omnis ratio dicendi tribus ad persuadendum rebus est nixa, Cic.: in te nititur civitatis salus, Cic. – **2** insbes., auf etw. **sich stützen = sich verlassen, bauen,** consilio alcis, Cic.: auctoritate, animo (auf seinen Mut), Caes.: spe, Catull. – **II** prägn., **sich** zu einer Bewegung **aufstemmen, A** eig.: **1** sich auf die Füße stemmend **auftreten,** humi, Verg.: simulac primum niti possunt, Cic. – **2** sich anstemmend **drücken und drängen, a** seine Notdurft zu verrichten, Suet. Vesp. 20. – **b** zu gebären, **Wehen haben, in Wehen liegen, gebären** (s. Bach Ov. met. 9, 294. Lennep Ov. her. 21, 100), Ov. met. 9, 302. – **c** übh., v. angestrengten, leidenschaftlichen Bewegungen des Körpers, niti corporibus, et ea huc illuc quasi vitabundi aut iacientes tela agitare, Sall. Iug. 60, 4. – **3** die Hände od. Füße anstemmend **sich aufzurichten suchen, sich aufraffen,** niti modo ac statim concĭdere, Sall. Iug. 101, 11: dum consurgit ac nititur, inter manus sublevantium exstinctus est, Suet. Vesp. 24. – **4** sich anstemmend, **sich auf dem Fleck halten, a** v. Kämpfenden = **Fuß fassen, sich halten,** tamen virtute et patientiā nitebantur atque omnia vulnera sustinebant, Caes. b. c. 1, 45, 6. – **b** v. Vögeln, die im Flug innehaltend **sich** mit ihren Flügeln **in der Schwebe erhalten,** in der Luft **schweben,** paribus nitens Cyllenius alis constitit, Verg. Aen. 4, 252. – **5** mit Rücksicht auf das **wohin?** = sich aufstemmend, sich anstrengend nach einem Punkt hindrängen, besonders nach einem Höheren hinaufdrängen = **sich (vorwärts) drängen, steigen, klimmen,** zu gelangen **streben,** corporibus et umbonibus, Tac.: quā septumani dum nituntur, Tac.: gradibus, die Stufen hinaufsteigen, Verg. – motis in aëra pennis, steigen = fliegen (v. Vögeln), Ov.: in adversum (vom Abend nach Morgen), v. Phöbus, Ov.: rupes in altas, klimmen, Lucan. – ardua per loca u. bl. per ardua, Pacuv. fr. u. Curt. – m. *Dat.,* semitae, einhersteigen auf usw., Chalcid. Tim. 276. – nitere porro, schiebe (dränge) dich vorwärts (durch die Menge), Hor. ep. 1, 13, 18. – v. Lebl., pondera, corpora nituntur deorsum, sursum, in medium, drängen, treiben, streben, Lucr.: poma ad sidera nituntur, streben empor zum Äther, Verg.: in adversa caeli nitens sol, Cl. Mam.: aquae in interiora nituntur, Plin. – **B** übtr. = **sich eifrig bestreben, -bemühen, es sich angelegen sein lassen, alle Kräfte aufbieten, a** übh.: **α** im guten Sinne: pro libertate, Sall.: pro alqo, sich eifrig verwenden, Liv.: mit folg. *Infin.,* gradum proferre pedum, Enn. fr.: armis de vita certatim dimicare, Sisenn. fr.: perrumpere, Caes.:

summā vi Cirtam irrumpere, Sall.: patriam recuperare, Nep.: absol., tantum quisque nitatur, quantum potest, Cic.: magnā vi uterque nitebatur, Caes.: non eādem alacritate ac studio nitebantur, Caes.: de causa regia, Cic.: frustra, Sall.: modice, nur mäßig sich bewerben, Tac.: contra, entgegentreten, sich widersetzen, Tac. – **β** im feindl. Sinne, adversus foedera naturae, Lucr.: nihil contra alqm, nichts gegen jmd. unternehmen, Sall.: contra verum, der Wahrheit entgegenarbeiten, Sall.: pro Corbulone aetas, patrius mos, studia seniorum erant; contra Mamercus Scaurus et L. Arruntius nitebantur, entgegenstrebten, ihm entgegenarbeiteten, Tac. – **b** mit Angabe des Ziels = nach etw. **eifrig streben,** auf etw. **hinarbeiten,** ad gloriam, Cic.: ad sollicitandas civitates, Caes.: in illud genus, Sen.: in vetitum, Ov. – m. bl. *Acc.*, ut tantam urbem, quanta nunc est, niti deberet, zu bauen unternehmen, Iul. Val. 1, 25 (31). – m. folg. *ut* od. *ne* m. Konj. = **darauf hinarbeiten, darauf dringen,** unus Miltiades maxime nitebatur, ut primo quoque tempore castra fierent, Nep.: alii singulos ex senatu ambiundo nitebantur, ne gravius in eum consuleretur, Sall. – **c** m. folg. *Acc.* u. *Infin.* = **zu beweisen suchen, den Beweis versuchen,** dass usw., nitamur igitur nihil posse percipi, Cic. Acad. 2, 68. – ► Aktive Imperativform nitito, Cic. de rep. fr. bei Diom. 340, 1. – Parag. Infin. nitier, Trag. inc. fab. 231. Catull. 61, 68 Schw. (Haupt cingier). Lucr. 1, 1059.

2. nitor, ōris, *m.* (niteo), das **Gleißen, Blinken, der Glanz,** von seiner schönen und lieblichen Seite, als Folge der Glätte u. Kunst, **I** eig. u. übtr.: **A** eig.: aurorae, Lucr.: argenti, Ov. u. (neben auri fulgor u. eboris candor) Min. Fel.: gemmae, Rhet. Her.: levigati marmoris aut eboris, Lact.: diurnus, des Tages, Ov.: nitor verius quam splendor, Plin. – Plur., nitores splendoresque auri, Gell. 2, 6, 4: colorum nitores, Augustin. epist. 147, 3. – **B** übtr.: **a** das **feiste Aussehen,** die **Wohlhäbigkeit,** corporis, Ter. eun. 242. – **b** das **schmucke Äußere,** die **Zierlichkeit, Eleganz,** das **Reizende** (der **Reiz)** in der äußeren Erscheinung, Cic. u. a.: urit me Glycerae nitor, Hor.: Plur., nitoribus nitidis antevenire, unter allem Reizenden das Reizendste sein, Plaut. Cas. 217. – so auch der **Farbenglanz,** externus, Prop.: formamenta queunt in quovis esse nitore, Lucr. – **II** bildl.: **1** im Allg., **Glanz,** tui generis, Hoheit, Ov. ex Pont. 2, 9, 17: cui ratio civilium officiorum necessitatem quandam nitoris imponit, mit einem gewissen Glanz zu leben, Plin. ep. 6, 32, 1. – **2 glänzende Freigebigkeit,** Stat. silv. 3, 3, 149. – **3** von der Rede, v. Stil, der **Glanz,** die **Eleganz,** der **Reiz,** die **Nettigkeit** der Darstellung, orationis, Cic.: eloquii, Ov.: loquendi nitor ille divinus, Quint.: nitor et cultus descriptionum, Tac. dial.: laetitia ac nitor nostrorum temporum, Tac. dial.: scribere non sine cultu ac nitore, Quint.

nitrāria, ae, *f.* (nitrum), der Fundort des Natrons, die **Natrongrube, Natronsaline,** der **Natronsee,** Plin. 31, 109 *sqq.*

nitrātus, a, um (nitrum), **mit Natron vermischt,** aqua, Colum. 12, 57, 1. Mart. 13, 17, 2.

nitreus, a, um (nitrum), **aus Natron,** pulvis, Cael. Aur. de morb. chron. 2, 7, 108.

nitrion, iī, *n.*, die sonst daphnoides genannte Pflanze, Ps. Apul. herb. 58.

nitrōsus, a, um (nitrum), **voller Natron, natronhaltig,** aquae frigidae genus nitrosum, Vitr.: aquae nitr., fontes nitr., Plin.: lacus nitr., Plin.

nitrum, ī, *n.* (νίτρον), **natürliches mineralisches Laugensalz, natürliche Soda, Natron,** noch jetzt in den Morgenländern zur Seife sowie zum Bleichen und Färben der Tuchstoffe angewendet, Plin. 31, 106 *sqq.*: sal nitrum, Plin. 31, 122: flos nitri, kohlensaures N., Vitr. 7, 11, 1. – übtr., censuram lomentum aut nitrum (so eine Art Waschmittel u. Lauge = Reinigungsmittel) esse, Cael. in Cic. ep. 8, 14, 4.

nivālis, e (nix), **zum Schnee gehörig, Schnee-, I** eig. u. meton.: **A** eig.: dies, Liv.: ventus, Plin.: aurae, Hor.: nivali compede vinctus Hebrus, Eis, Hor.: aqua, Gell.: undae, Mart.: moles, Schneemasse, Sil. – **B** meton., dem Schnee ähnlich, **1 eiskalt,** osculum, Mart. 7, 94, 2. – **2 schneeweiß,** equi candore nivali, Verg.: bildl., pietas, Symm. – **II** übtr., **schneeig = schneebedeckt,** Othrys, Verg.: vertex, Verg.: Aetna, Plin.: iuga, Sen.

nivārius, a, um (nix), **zum Schnee gehörig, Schnee-,** colum, mit Schnee angefüllt, durch das nachher der Wein geseiht wird, Mart. 14, 103 *lemm.*: so auch saccus, Mart. 14, 104 *lemm.*

nivātus, a, um (nix), **mit Schnee versehen, durch Schnee erfrischt,** potio, Sen. nat. qu. 4, 13, 10: aqua, Petron. 31, 3: piscinae (Ggstz. calidae), Suet. Ner. 27, 2.

1. nīve, s. nī.

2. nīve, s. nē-ve ►.

niveo, ēre (nix), **schneeweiß sein,** Ven. Fort. carm. 8, 2, 2 u. a. Eccl.

nivēsco, ere (nix), **I zu Schnee werden,** Anthol. Lat. 136, 4 R. – **II schneeweiß werden,** Tert. de pall. 3.

niveus, a, um (nix), **aus Schnee, schneeig, Schnee-, I** eig.: agger, Schneehaufen, Verg.: aqua, Schneewasser (diente als Getränk, auch erfrischte man den Wein damit), Mart.: mons, voller Schnee, Catull. – **II** meton.: **A schneeweiß,** candor, Rhet. Her.: color (Gesichtsfarbe), Hor.: vestis, Ov.: lac, Verg.: agna, Sen. u. Iuven.: equi (am Triumphwagen), Tibull.: übtr., Quirites, weißgekleidete (mit weißen Togen angetane), Iuven.: u. so tribuni, Iuven. – poet. m. *Infin.*, quā notam duxit niveus videri (schneeweiß anzuschauen), cetera fulvus, Hor. carm. 4, 2, 59. – **B schneehell, hell, klar,** flumen, Sen. poët.: unda, Mart.

nivifer, fera, ferum (nix u. fero), **Schnee tragend, schneebedeckt,** valles, Salv. de gub. dei 6, 2, 10 (Halm inferae valles).

nivo, nivī, ere (nix), **schneien,** übtr., nivit sagittis, Pacuv. tr. Paul. 4.

Nivomagus, s. Noviomagus.

nivōsus, a, um (nix), **schneereich,** grando, Liv.: hiems, Liv.: locus, Colum.: Scythia, Ov.: sidus, Schnee bringend, Stat.

nix, nivis, Genet. Plur. nivium, *f.* (NIΨ, *Acc.* νίφα), der **Schnee, I** eig. u. meton.: **A** eig., im Plur. oft = **Schneemassen,** zuw. = **Schneeflächen,** nivis casus, Schneefall, Liv.: nix vetus, nova, Liv.: nix cumulata vento, Curt.: n. alta, Verg.: bracchia candidiora nive, Ov.: pars terrarum obriguit nive pruināque, Cic.: per triginta dies raro umquam nix minus quattuor pedes alta iacuit, Liv. – Plur., mons nivium, Lampr.: nives Alpinae, Verg.: nives aestivae, Macr.: nives solutae, Ov.: nives caelo prope immixtae, Liv.: nives duratae gelu, Hor.: miles nivibus pruinisque obrutus, Liv.: tempestas ex omnibus montibus nives proluit, Caes.: per nives pruinasque rapi, Liv.: nives in alto mari non cadere, Plin.: ad cenam non ibo, si nives cadent, Sen.: montem nivium facere in alqo loco, Lampr. – **B** meton.: **1** nives, **Schneekälte = kaltes Klima,** Prop. 1, 8, 8. – **2 die Schneeweiße,** eboris, Apul. de mund. 26. – **II** übtr., der **Schnee** des Hauptes (= die weißen Haare), nix capitis, Prud. praef. 27: capitis nives, Hor. carm. 4, 13, 12; vgl. Quint. 8, 6, 17. – ► Archaist. Nbf. ninguis, nach Charis. 91, 25, wov. Abl. Sing. ningue, Apul. fr. b. Prisc. 6, 94: Akk. Plur. ningues, Lucr. 6, 736.

nīxābundus, a, um (nixor), **sich zu stützen suchend,** illā deā, Iul. Val. 1, 11 (1, 18).

Nixi diī, drei Götterbilder in kniender Stellung, die auf dem röm. Kapitol vor der *cella* der Minerva zu sehen waren u. als hilfreiche Götter bei Entbindungen galten, Fest. p. 174 (b), 31 (vgl. Paul. ex Fest. 175, 11): Lucinam Nixosque patres clamore vocabam, Ov. met. 9, 294.

nīxor, ārī (*Intens.* v. nitor), **sich stemmen, -stützen, I** eig., Lucr. 6, 836: nodis, Verg. Aen. 5, 279. – **II** übtr.: **A** im Allg., **beruhen,** Lucr. 4, 504. – **B** prägn., **sich eifrig bemühen,** Lucr. 3, 998.

nīxurio, īre (*Desider.* v. nitor), **sich anstemmen wollen, sich bemühen wollen,** Nigid. b. Non. 144, 19.

1. nīxus, a, um, s. 1. nītor.

2. nīxus, ūs, *m.*, s. 1. nīsus, us.

3. Nīxus, ī, *m.*, s. Nixi diī u. nitor *no.* I, A.

no, nāvī, nāre (aus **snō*, altindisch *snāti*, er badet sich, griech. νήχω, ich schwimme, νᾶμα, Flüssigkeit, Quelle), **schwimmen, I** eig.: **a** v. leb. Wesen, ars nandi, Ov.: nandi peritus, imperitus, Liv.: bestiae nantes, Cic.: nare discere, Plaut.: serpere anguiculos, nare anaticulas,

Cic.: nare per undas, Ov. – flumen nando traicere, Liv.: fluvium, lacum nando transmittere, Stat. u. Sil.: flumina nando superare, Plin. pan.: nando per ducentos passus evadere ad proximam navem, Suet.: nando ad naves, quae in salo sunt, se recipere, Auct. b. Hisp. – Sprichw., nare sine cortice (ohne Kork), keiner Aussicht mehr bedürfen, Hor. sat. 1, 4, 120. – Partiz. subst., **α** nantēs, ium, *f.*, **Schwimmvögel** (Gänse, Enten usw.), greges nantium, Colum. 8, 14, 1. – **β** nantia, ium, *n.*, **Schwimmtiere,** Chalcid. Tim. 19. – **b** v. Lebl.: nantes scaphae, Gell. 10, 26, 10. – **II** poet. übtr., **schwimmen,** d. i. **zu Schiffe fahren,** Catull. 64, 2 u. 66, 46. – **fliegen,** von den Bienen, Verg. georg. 4, 59: von Vögeln, per aëra nare, Quint. – **fließen,** Catull. 64, 275. – v. den Augen Betrunkener, **schwimmen** = gläsern-, trübe aussehen, Lucr. 3, 478.

Nōa, ae, *m.*, gew. **Nōē** od. **Nōe,** *m. indecl.* (Νῶε, hebr. נח), der Patriarch **Noah,** perfidus (corvus) Noae, Sedul. 1, 158: arca Noë, Gromat. vet. 373, 6: u. so Noë bei Tert. adv. Marc. carm. 3, 42. Alcim. Avit. poëm. 4, 187 u. a. Eccl.

nōbilis, e (urspr., aber archaist. Form gnōbilis, zu nōsco), **kennbar, kenntlich, bekannt, I** im Allg.: eis nobilis fui, Plaut.: inimicitiae nobiles inter eos erant, stadtkundig, Liv. – dah. **merklich, sichtbar,** gaudium, Tac. – **II** prägn.: **A bekannt** in der Welt, **a** im guten Sinne, **weit bekannt, weit verbreitet, namhaft, denkwürdig, berühmt** (verb. nobilis et clarus, clarus et nobilis), rhetor in primis nobilis, Cic.: rex nob., Nep.: oppidum, Cic.: crimen, Ov.: ex doctrina nobilis et clarus, Cic.: nobilior sanguine matris, Ov.: studia te tua clarum et nobilem efficiunt, Sen. – m. folg. *Infin.*, superare pugnis, berühmt als Kämpfer im Faustkampf, Hor. carm. 1, 12, 26: e rectis fundere gaesa rotis, Prop. 4, 10, 42: avum fronte aequavisse severā, Sil. 11, 74. – **b** im üblen Sinne, **berüchtigt,** taurus, Cic.: scortum, Liv.: nobilis clade Romanā Caudina pax, Liv.: se scelere nolunt fieri nobiles, Plaut. – **B edel, adelig, geadelt, vornehm, von edler Herkunft (Geburt), aus guter Familie,** bes. aus einer Familie (gleichviel ob patrizischen od. plebejischen), in der mehrere Mitglieder die drei obersten Ehrenstellen (Konsulat, Prätur u. kurulische Ädilität) bekleidet hatten und demzufolge das ius imaginum besaßen, zuw. auch = **aristokratisch** (Ggstz. novus od. ignobilis), homo, Cic.: mulier, Cic.: scortum, Liv.: adulescens, iuvenis, ein junger Mann von Adel, ein junger Adeliger, Cic.: nobili genere nati, Cic.: mea (amica) est sumptuosa, nobilis, eine vornehme Dame, Ter.: subst., nobiles nostri, Plin. ep. 5, 17, 6. – Nobilis u. Nobilissimus unter den Kaisern ein Titel der kaiserlichen Familie; und diese Würde od. Titel hieß Nobilissimatus, ICt. – **C von edler Art, edel, vortrefflich, vorzüglich,** equae, Ov.: equus, Sen. u. Curt.: fundi, Cic.: phalerae, Cic. – m. *Genet.*, et animi et generis nobilissimus adulescens, Val. Max. 5, 2, 6: m. *Genet. Gerund.*, fandi, Auson. profess. 4, 2. – m. *ad* u. Akk. canes ad venandum nobiles, Curt. 9, 1 (6), 31. – ► Abl. Sing. gew. nobili; aber aliquo excellente et nobile viro, Cic. fr. b. Caris. 138, 13.

nōbilitās, ātis, *f.* (nobilis), **I der weitverbreitete Name, der große Ruf, die Berühmtheit,** Plaut. mil. 1324. Cic. Arch. 26: alqm nobilitate praecurrere, Nep. Thras, 1, 3. – **II der Adel, die vornehme Geburt, der vornehme Rang** od. **Stand,** Cic. u. a.: equestris, der Ritteradel, Tac.: nobilitas sola est atque unica virtus, Iuven. – meton., **a** = die **Adeligen, Aristokraten,** Cic. u. a. (s. Bentley Lucan. 3, 77): Plur. nobilitates externae, Hoheiten, Fürsten, Tac. ann. 12, 20: qui caedibus (durch Hinrichtungen) nudant nobilitatibus civitatem, des Adels berauben, Arnob. 1, 64. – **b** die **Adelswürde, der adelige Sinn,** nobilitate ingenitā, Tac. ann. 1, 29: ego tres plagas Spartanā nobilitate concoxi, mit spart. Gleichmut, Petron. 105, 5. – **III** die **edle Art, Vortrefflichkeit, Vorzüglichkeit,** columbarum, Plin.: soli, Apul.: rosae, Plin.: signa summā nobilitate, Cic.: florere Isocratem nobilitate discipulorum, Cic.: n. mentis, Adel der Gesinnung, Fronto.

nōbiliter, *Adv.* (nobilis), **mit Ruhm (rühmlich), mit Ehren, meisterhaft,** sepeliri, Liv. epit. 54: caelare argentum, Plin.: alqd architectari, Vitr.: cantare, Lampr. – *Compar.*, nobilius permixta tuo sub nomine, Auson. Mos. 357: nobilius philosophari, Sidon. epist. 9, 9, 13. -*Superl.*, actus nobilissime (höchst rühmlich) consulatus, Quint. 12, 1, 16.

nōbilito, āvī, ātum, āre (nobilis), **bekanntmachen, I** im Allg.: famam, Liv.: rem, Liv. – **II** prägn.: **A weit und breit bekanntmachen, feiern, namhaft** od. **berühmt machen, a** im guten Sinne: alqm, Cic. u. a.: cuius civitatis spectata ac nobilitata virtus, Cic.: nobilitatur carminibus omnium, quae se pro coniuge vicariam dedit, Sen. – **b** im üblen Sinne, **in üblen Ruf bringen,** alqm flagitiis, Ter.: alcis praeter ceteros nobilitata crudelitas, Cic. – **B veredeln, 1 zu Glanz und Ansehen verhelfen,** novitatem suam multis rebus, Vell. 2, 96, 1: quae nobilitatos (mit den höchsten Staatswürden bekleidete) maritos non habuerant, ne innobilitatae remanerent, Lampr. Heliog. 4, 3. – **2 veredeln** = vorzüglich machen, auster vites nobilitat, Pallad. 1, 6, 7.

nocēns, entis, *PAdi.* (v. noceo), **I schädlich,** caules, Cic.: cicutis allium nocentius, Hor. – **II** insbes., einer bösen Tat **schuldig, schuldhaft,** und dah. **strafbar,** subst. ein **Übeltäter, Missetäter** (Ggstz. innocens, innoxius), reus n., Cic. u. a.: homo nocens, Cels.: femina nocens, Ps. Quint. decl.: fac moriendo Antonium nocentiorem, Sen. rhet.: ne nocentiores vos faciat, Tac.: nocentissimus homo, Cic.: nocentissimus senex, Ps. Quint. decl. – subst., nocens, Cic., u. Plur., nocentes, Ov. u. Sen. rhet.: Superl. nocentissimi, Erzmissetäter, Sen. – übtr., **ruchlos,** victoria nocentissima, Cic.: nocentissimi mores, Quint. – ► Genet. Plur. nocentium, Rhet. Her. 4, 45, u. poet. nocentum, Ov. ex Pont. 1, 8, 19.

nocenter, *Adv.* (nocens), **schädlich, zum Schaden (Nachteil),** Colum. 8, 2, 10. Cels. 5, 28, 11. Tert. apol. 14.

nocentia, ae, *f.* (nocens), die **Verschuldung,** Tert. apol. 40 u. a.

noceo, cuī, citum, ēre (verwandt mit neco), **I** *intr.* **schaden, Schaden (Abbruch) tun, ein Leid zufügen, Unheil anrichten** od. **stiften,** v. Lebl. auch **schädlich-, nachteilig-, hinderlich sein** (Ggstz. prodesse), **a** v. leb. Wesen: **α** absol., prodesse enim eos (daemonas) putant, cum nocere desinunt, qui nihil aliud possunt quam nocere, Lact. 2, 15, 1: tempus nocendi (Unheil zu stiften), Verg. Aen. 7, 511: nocendi acerbitate conflagrans, bis zur Leidenschaft schadenfroh, Amm. 26, 10, 2: nocendi artes, Künste des Unheils, Verg. Aen. 7, 338: ne sit vis magna nocendi, Ov. met. 5, 457: nocendo prosum, Ov. met. 2, 519: providebatur, ut potius in nocendo aliquid praetermitteretur (dem Feind weniger Abbruch zu tun), quam cum aliquo militum detrimento noceretur, Caes. b. G. 6, 34, 7. – mit *Abl.* (durch), feminas omnes ubique visu nocere, quae duplices pupillas habeant, Cic. fr. b. Plin. 7, 18: interdum persona ut exemplo nocet, ita invidiam auget aut levat, Vell. 2, 31, 4. – **β** m. *Dat.:* nemini, Plaut. mil. 1414 (vgl. 1411 iura te non nociturum esse homini de hac re nemini). Caes. b. c. 1, 85, 12: ut non liceat sui commodi causā nocere alteri, Cic. de off. 3, 23: is, qui eorum cuiquam nocuerit, Liv. 3, 55, 8. – m. allg. *Acc.*, nihil iis, Caes. b. c. 3, 28, 4: ne quid sibi ac rei publicae nocere posset, Caes. b. G. 5, 7, 2: quantum illi nocuere greges durique venenum dentis, Verg. georg. 2, 378. – **b** v. Lebl., absol., ne boa noxit, Lucil. 1195: ne fluctus, ne vadus, ne piscis aliquā noxit, Trag. vet. fr. bei Fronto ad M. Caes. 3, 13. p. 51, 15 N.: quae nocuere sequar, fugiam quae profore credam, Hor. ep. 1, 8, 11: hic (homo) prodesse vult, illa (ira) nocere, Sen. de ira 1, 5, 2: et desinunt prodesse, cum opus est, quae cotidie in usu fuere, aeque quam nocere, Plin. 27, 144: prohibet nocere venenum quod tibi datur, Sall. hist. fr. inc. 30 (fr. 5, 3 Kr.): qui (venti) si umidi sunt nocent, Vitr. 1, 6, 1: sicut in corporibus aegris nihil quod nociturum est medici relinquunt, Curt. 6, 3 (8), 11: ferox impatiensque natura irritamenta nociturae libertatis evitet, Sen. de tranqu. anim. 6, 3. – mit *Dat.* od. (einmal) m. *adversus* u. Akk., nocent et frugibus umbrae, Verg. ecl. 10, 76: maior sum quam cui possit fortuna nocere, Ov. met. 6, 195: haec nocuere mihi, Ov. met. 9, 613: ei materiae nec caries nec tempestas nec vetustas potest nocere, Vitr. 1, 5, 3: si modo sic faciat, ut lumini noceat (hinderlich sei), Ulp. dig. 10, 2, 15: ne conspectae opes vitae nocerent, sein L. gefährdeten, Iustin. 32, 4, 5. – m. *Abl.* (mit, durch), neque enim his (navibus) nostrae (naves) rostro nocere poterant, Caes. b. G. 3, 13, 8. – m. *Abl.* u. *Dat.*, nec alio loco (durch den Aufenthalt an einem anderen Ort) disciplinae militari magis nocuit, Curt. 5, 1 (6), 36. – m. *adversus* u. Akk., quod adversus eum non nocuit, Ulp. dig. 43, 19, 3. § 2 (s. unten *no.* II die ganze Stelle). – m. allg. *Acc.*, quam metui, ne quid Libyae tibi regna nocerent! Verg. Aen. 6, 694: diurnae nocturnaeque vicissitudines nulli naturae umquam mutatae quicquam nocuerunt, Cic. de inv. 1, 59 *Friedr.*: si uredo aut grando quippiam nocuit, Cic, de nat. deor. 3, 86: de quo nihil nocuerit si aliquid cum Balbo eris locutus, und es wird nichts schaden, wenn du darüber ein paar Worte mit Balbus sprichst, Cic. ad Att. 12, 47, 1: cui plus suspicio concupitae dominationis nocuit, quam tres magnifici consulatus ac duo speciosissimi triumphi profuerunt, Val. Max. 6, 3, 1. p. 287, 2 H. – sed corpus tetigisse nocet, Tibull. 1, 8, 25: quid temptare nocebit? was kann ein Versuch noch schaden? Ov. met. 1, 397: nocet esse deum, zu meinem Nachteil bin ich ein Gott, Ov. met. 1, 662: nocet esse sororem, es ist mir hinderlich, dass ich Schw. bin, Ov. met. 9, 478. – Passiv unpers., neque diem decet remorari neque nocti nocerier, Plaut. Curc. 352 G.: ut ne cui noceatur, Cic. de off. 1, 31: nocere ei quem odit, non noceri vult, dass ihm (von anderen) geschadet werde, Sen. de ira 3, 5, 5: noceri enim ei, cui hāc lege non liceat, Liv. 3, 55, 9: noceri eis (ciconiis) omnibus locis nefas ducunt (hält man aller Orten für Frevel), Solin. 40, 27. – m. *ab* u. Abl., nec ea (materies) patitur *ab* eo (igni) sibi cito noceri, Vitr. 2, 9, 14. – m. bl. *Abl.*, (mit, durch), rostro noceri non posse cognoverant, Caes. b. G. 3, 14, 4: quibus haut multo secus quam ferro noceri poterat, Sall. hist. fr. 3, 67, 1 (3, 77, 1): quatenus exemplo non nocebatur, Vell. 2, 114, 3. – m. *in* u. Abl. Gerund., ut tantum *in* agris vastandis incendiisque faciendis hostibus noceretur, im Sengen und Brennen, Caes. b. G. 5, 19, 3. – m. allg. *Acc.*, ne quid eis noceatur, Caes. b. c. 1, 86, 3: quamquam mihi quidem ipsi nihil *ab* istis noceri potest, Cic. Cat. 3, 27: ipsi nihil nocitum iri, werde kein Leid geschehen, Caes. b. G. 5, 36, 2: si vivet nocitumque ei esse dicatur, Edict. praet. b. Ulp. dig. 9, 3, 1.

II *tr.* (vgl. Prisc. 18, 236): **1** **schädigen, beschädigen,** quem nocuit serpens, Ser. Samm. 834 *codd. optt.* (Vulg. cum): rogo te, viator, ni nocias (= ne noceas) meos, CIL 10, 4053: nec ullus atrox (eum) insequentem dente aper albicanti ausus fuit nocere, Carm. epigr. 1522: iudica (richte), domine, nocentes me, Vulg. psalm. 34, 1: si quid voluerit eos nocere, Itala (Fuld.) apoc. 11, 5 (vgl. Rönsch Itala 441): v. lebl. Subjj., ut quod tibi prodest adversarium noceat, Veget. mil. 3, 26 *in.*: boves morbus ne noceat, Gargil. cura boum § 2. – im Passiv, aequum non est nos noceri hoc, quod adversus eum non nocuit, in cuius locum successimus, Ulp. dig. 43, 19, 3. § 2. eapropter capitale, si pars altera noceatur, Solin. 1, 62 (nach Mommsen unecht): itaque cum non solum non noceretur (ihm kein Leid zugefügt wurde), verum etiam quarundam (suum) uberibus aleretur, ad ultimum in oceanum abici iussit, Iustin. 44, 4, 6. – m. *ab* u. Abl., larix ab suci vehementi amaritudine (wegen der heftigen Bitterkeit seines Saftes) ab carie aut tinea non nocetur, Vitr. 2, 9, 14: neque a tempestatibus neque ab ignis vehementia nocentur, Vitr. 2, 7, 2. – **2** prägn., **schädigend begehen** od. **zufügen,** m. homogen, od. allg. *Acc.*, noxam, eine Schuld auf sich laden, Formul. vet. b. Liv. 9, 10, 9: noxiam, Iulian. bei Gaius dig. 9, 4, 2. § 1: non sancto Cypriano aliquid nocitum, Augustin, serm. 309, 2. – ► Parag. Infin. nocerier, Plaut. Curc. 352. – Archaist. noxit = nocuerit, Tragic. vet. fr. b. Fronto ad M. Caes. 3, 13. p. 51, 15 N. Lucil. 1195 (s. oben *no.* I die Stellen vollst.) – Nbf. **nocio,** s. oben *no.* II, 1 aus CIL 10, 4053.

nocibilis, e (noceo), **schädlich,** Herm. Past. 2, 6, 1 Palat. u. a. Eccl.

nocibilitās, ātis, *f.* (nocibilis), die **Schädlichkeit,** spät. Eccl.

nocīvē, *Adv.* (nocivus), **schädlich,** Ven. Fort. vit. S. Mart. 3, 311.

nocīvus, a, um (noceo), **schädlich,** Plin. 20, 12. Phaedr. 1, 29 (31), 3. Vulg. 1. Tim. 6, 9.

noctanter, *Adv.* (nox), **nächtlicherweile, des Nachts,** Cassiod. hist. eccl. 6, 31 u. a.

noctēsco, ere (nox), **Nacht werden, sich verdunkeln,** Fur. Antias b. Gell. 18, 11, 3 u. b. Non. 145, 11.

nocticola, ae, *m.* (nox u. colo), **die Nacht liebend,** Indus, der wegen der Tageshitze die Nacht liebt u. schätzt, Prud. ham. 636.

nocticolor, ōris (nox u. color), **nachtfarbig** = schwarz, finster, Memnon (als Äthiopier), Laev. b. Gell. 19, 7, 6: Styx, Auson. Technop. (XXVII) 7. de dis *v.* 11.

nocticulus, a, um (nox), **nächtlich,** lumen, Hilar. Arel. metr. in gen. 76.

Noctifer, ferī, *m.* (nox u. fero), der **Abendstern,** Catull. 62, 7. Calp. ecl. 5, 121.

noctilūca, ae, *f.* (nox u. luceo) **die Nachtleuchte, I** der **Mond,** Varro LL. 5, 68. Hor. carm. 4, 6, 38. Avien. ora marit. 429. – **II** die **Laterne,** Varro sat. Men. 292.

noctisurgium, iī, *n.* (nox u. surgo), das **Aufstehen bei Nacht,** Paul. ex Fest. 78, 4.

noctivagus, a, um (nox u. vagus), **bei Nacht umherschweifend,** faces caeli, Lucr.: currus (des Mondes), Verg.: iter, Val. Flacc.: deus, der Schlaf, Stat.: n. quidam seminator, Faust. b. Augustin, c. Faust. 18, 3.

noctividus, a, um (nox u. video), **bei Nacht sehend,** ales, die Nachteule, Mart. Cap. 6. § 571.

noctū (Nbf. v. nocte), **a** *Abl.*: hāc noctu, quā noctu, Plaut. u. Enn.: noctu concubiā, Enn.: noctu multā, Claud. Quadrig. fr.: in sereno noctu, Cato r. r. 156, 3. – **b** *Adv.* = **nachts, des Nachts, bei Nacht, in der Nacht, zur Nachtzeit** (Ggstz. diu u. klass. interdiu), Cic. u. a.: noctu diuque, Titin. u. Sall. fr.: diu noctuque, Tac. u. Apul.: noctu lucuque (= luceque), Varro LL.: noctu an interdiu, Rhet. Her.: nonnumquam interdiu, saepius noctu, Caes. b. G. 1, 8, 4.

noctua, ae, *f.* (*noctuus v. nox, vgl. Varro LL. 5, 76. Paul. ex Fest. 175, **1** = γλαύξ (Gloss.), die **Nachteule,** bes. das **Käuzchen,** ein der Minerva heiliger Vogel, Plaut. Men. 653. Verg. georg. 1, 404. Prop. 4, 3, 59. Plin. 10, 34 u. 39. Mart. 3, 93, 10; 10, 100, 4; 11, 34, 1. Auson. Mos. 309. Apul. flor. 13. Vulg. Levit. 11, 16 u. deut. 14, 15.

noctuābundus, a, um (*noctuor v. nox), **die Nacht hindurch reisend,** noctuabundus ad me venit cum epistula tua tabellarius, der Bote, der die ganze Nacht gelaufen war, Cic. ad Att. 12, 1, 2.

noctuīnus, a, um (noctua), **vom Käuzchen,** oculi, Plaut. Curc. 191.

noctulūcus, ī, *m.* (nox u. lux), **bei Nacht wachend,** v. Hund, Varro LL. 5, 99 Sp. (Müller noctu lucuque).

nocturnālis, e (nocturnus), **nächtlich,** Eccl.

nocturnus, a, um (noctu), **nächtlich, bei Nacht, der Nacht, Nacht-** (Ggstz. diurnus), vigiles, Plaut.: vigiliae, Liv.: fur, Cic. u. Gell.: n. grassator, nächtlicher Wegelagerer, Gell.: cubicula diurna nocturnaque, Plin. ep.: insigne, Nachtsignal, Liv.: Bacchus, bei Nacht verehrt, Verg.: lupus nocturnus obambulat, Cic. – imagines, Tibull.; vgl. nocturnae quietis imago, Tac. – iter, via, Liv.: accessus od. adventus ad urbem, Cic.: convivium, Cic.: coetus, contio, Liv.: mulierum sacrificia, Cic.: consilia, Sall.: colloquia, Tac.: seditio, Cic.: labores diurni nocturnique, Cic.: diurna nocturnaque munia, Tac.: nocturno tempore, nächtlicherweile, Auct. b. Hisp.: tempore nocturno, Lucr.: tempore vel diurno vel nocturno, Quint.: decem horis nocturnis, Cic. – frigus, Curt., frigora, Liv.: ros, Caes., rores, Colum. – ora, Nachtgesichter, finstere, hässliche G., Plaut. – subst., Nocturnus, ī, m., **der Gott der Nacht,** Plaut. Amph. 272.

noctuvigilus, a, um (noctu u. vigilo), **bei Nacht wachend,** Plaut. Curc. 196.

nocumentum, ī, *n.* (noceo), das **Schädliche,** der **Schaden,** Cael. Aur. de morb. chron. 1, 1, 31. Firm. math. 6, 27.

nocuus, a, um (noceo), **schädlich,** Ov. hal. 130. Scrib. Larg. 114.

nōdāmen, inis, *n.* (nodo), der **Knoten,** die **Verknüpfung,** Paul. Nol. carm. 19, 593.

nōdāmentum, ī, n. (nodo), das **Knotige, Knorrige,** nodamenta truncorum, Paul. Nol. epist. 24, 20.

nōdātio, ōnis, *f.* (nodo), die **Verknorrung,** Vitr. 2, 9, 7.

nodia, ae, *f.* = notia *no.* II, s. d.

Nodīnus, ī, *m.*, ein kleiner Fluss bei Rom, als Flussgott bei Cic. de nat. deor. 3, 52.

nōdo, (āvī), ātum, āre (nodus), **knoten, I** übh., **mit Knoten versehen,** cornus incisuris nodata, Plin.: ferula geniculatis nodata scapis, Plin. – **II in einen Knoten zusammenknüpfen, -schnüren, A** eig.: crines in aurum, in ein goldenes Netz wulstartig aufbinden, Verg. Aen. 4, 138. – **B** poet. übtr.: **1** wie einen Knoten **zusammenschnüren, einschnüren, fesseln,** collum laqueo nodatus amator, Ov. rem. 17: punicēa nudatum pectora pallā, Stat. Ach. 2, 291: muta animalia redimiculis gaudent et phalerari sibi magis quam nodari videntur, Ambros. in cant. cantic. 1. § 43. – **2** knotenartig **winden,** nodatus gurges, Stat. Theb. 9, 277.

nōdōsitās, ātis, *f.* (nodosus), die **Knotigkeit,** Augustin, conf. 2, 10.

nōdōsus, a, um (nodus), **voll Knoten, knotig, knorrig, I** eig.: stipes, Ov.: validus nodosusque stipes, Curt.: ramus, Sen.: cheragra, Hor.: plagae, voll Knoten, -Maschen, Ov.: so auch lina, Netze, Ov. – **II** bildl.: **a verwickelt, voller Schwierigkeiten,** verba, Sen. poët.: quaestiones, Macr.: nodosissimi libri, Augustin.: quaestio nodosissima, Augustin.: haec atque alia quaedam minuta magis et nodosa, Gell. – **b wohlverklausuliert und bindend,** stips, Val. Max. 2, 9, 1. – übtr., Cicuta, ein Wucherer, der wohlverklausulierte u. bindende Schuldscheine zu schreiben wusste, der Knotenstricker, Hor. sat. 2, 3, 70.

Nōdōtus, richtiger Nodutus, s. d.

nōdulus, ī, *m.* (*Damin,* v. nodus), ein **kleiner Knoten,** Plin. 21, 36: dulcis iste capilli tui nodulus (Haarwülstchen), Apul. met. 3, 23.

nōdus, ī, *m.* (necto), der **Knoten, I** eig., meton. u. bildl.: **A** eig., Cic. u. a.: artissimo nodo vinciri (Ggstz. levi nodo contineri), Plin.: Cacum corripit in nodum complexus, indem er die Hände um ihn schlang u. ihn damit gleichsam wie mit einem Knoten band, Verg.: nodus Herculis od. Herculaneus, ein (angebl. von Herkules erfundener) schwer zu lösender (ganz fester) Knoten, Plin. u. Sen.: tamquam nodus Gordius difficillimus, Amm. 14, 11, 1 (vgl. Gordium). – **B** meton., was zusammengeknüpft wird, **a** ein **Gürtel,** Verg.: n. anni, G. des Äquator, Lucr. – **b** die **Wulst, Haarwulst,** ein **Nest,** eine Art Haarputz der römischen Damen, Ov. art. am. 3, 139: u. als Tracht der Germanen, Rheni nodi, Mart. 5, 37, 8. – **c** nodi, ein **Netz, Fischernetz,** Manil. 5, 665. – **C** bildl.: **1** im Allg., **Verbindung, Band,** amabilissimus nodus (Band) amicitiae, Cic.: his igitur versibus quasi nodi apparent continuationis, quos in ambitu coniungimus, an diesen vier Versstellen stellen sich gleichsam die vier Knotenpunkte dar, die in der Periode verbunden werden (und so ein gegliedertes Ganzes bilden), Cic.: nodo quodam violentae necessitatis astrictus, Amm. – **2** insbes.: **a Fessel, Schlinge** = Verbindlichkeit, Verpflichtung, nodi religionum, Lucr.: plures imponere nodos, bindende Eide, Ov. – **b Knoten = Schwierigkeit, Verwicklung, Hindernis,** in difficilem nodum incīdere, eine schwere Aufgabe zu lösen haben, Cic.: exsolvere nodum huius erroris, den durch die Ungewissheit geschlungenen Knoten lösen, d. i. der schwer zu lösenden Ungewissheit ein Ende machen, Liv.: iuris nodos et legum aenigmata solvere, Iuven.: dum hic nodus expediatur, bis dieser Knoten gelöst (dieser schwierige Umstand beseitigt) ist, Cic. – v. Pers., Abas pugnae nodusque moraque, der Erschwerer u. Verzögerer des Sieges, Verg. Aen. 10, 428: u. so nodus et mora publicae securitatis Antonius, Flor. 4, 9, 1. – Insbes. der **Knoten,** die **Verwicklung** im Drama, Hor. de art. poët. 191. – **II** übtr.: **1** am tierischen Körper: **a** der **Knoten** am Gelenk, der **Knöchel,** nodi corporum, qui vocantur articuli, Plin.: corpora et nodi sinuataque terga per orbes, Manil.: crura sine nodis articulisque habere, Caes.: articulorum nodis iungi, Plin. – **b** das **Band** der Zunge, nodum linguae rumpere, Gell. 5, 9, 2: nodos linguae solvere, Iustin. 13, 7, 6. – **2** der **Knoten** am Holz oder an Ästen, Pflanzen, Verg., Liv. u. Plin.: dah. poet. die **knotige Keule** des Herkules, Sen. poët. – Sprichw., s. scirpus: u. malo arboris nodo malus clavus aut cuneus infigendus est, auf einen groben Klotz gehört ein grober Keil, Hieron. in Matth. 3, 21 v. 24 *sqq.* – **3** der **Knoten,** d. i. die Härte oder der harte Teil einer Sache, **a** der Edelsteine, Plin.: des Metalls, Plin. – **b** am Körper, die **Geschwulst, Verhärtung,** articulorum nodi, Gichtknoten, Plin.: nervorum nodi, Plin. – **c** als astron. *t. t.*: **α** der **Knoten,** ein Stern im Bild der Fische, Cic. Arat. 17. Caes. Germ. Arat. 243. – **β** Plur. nodi = die vier **Knotenpunkte** des Himmels, wo die vier Jahreszeiten beginnen, Manil. 3, 622.

Nōduterēnsis, is, *f.* (nodus u. tero), die **dem Dreschen des Getreides vorstehende Gottheit,** Arnob. 4, 7 u. 11.

Nōdūtis, s. Nōdūtus.

Nōdūtus, ī, *m.* (nodus), die **Gottheit, die dem aufstrebenden Halm von einem Knoten zum anderen emporhilft,** Augustin. de civ. dei 4, 8. p. 155 *sq.* u. 4, 11. p. 161, 19 D.[2]: dies. Gottheit Nōdūtis gen. b. Arnob. 4, 7.

Nōē od. **Nōe,** s. Nōa.

noegēum, eī, *n.* = sudarium, das **Schweißtuch, Taschentuch,** Liv. Andr. b. Fest. 174 (b), 32.

noenu u. **noenum,** archaist. = non, **nicht,** Plaut. aul. 67. Enn. ann. 446*. Lucil. 987*. Varro bei Non. 144, 2. Lucr. 3, 199 u. 4, 710. Vgl. Lachmann Lucr. 3, 198. Ritschl opusc. 2, 242 *sq.*

noērus, a, um (νοερός), **mit Verstand begabt, verständig,** Tert. adv. Val. 20.

nōgae, s. nūgae.

noīcius, s. novīcius ►.

1. nola, ae, *f.*, die **Schelle,** das **Glöckchen,** Avian. fab. 7, 8 (Fröhner notam; aber s. Anecd. Helv. 182, 29 *sqq.*).

2. nōla, ae, *f.* (v. nolo), s. coa.

3. Nōla, ae, *f.*, alte Stadt in Kampanien, treue Bundesgenossin der Römer im zweiten punischen Krieg, noch j. *Nola,* Liv. 9, 28; 23, 14 u. 16. Sil. 12, 161. Augustin. de civ. dei 1, 10. p. 19, 13 D.[2] – Dav.: **A Nōlānus,** a, um, **nolanisch,** Liv. – subst., Nōlānī, ōrum, *m.*, die Einwohner von Nola, die **Nolaner,** Liv.: in Nolano, im Nolanischen, im nolanischen Gebiet, Cic. – **B Nōlēnsis,** e, **nolensisch, aus** od. **zu Nola,** episcopus, Augustin. de civ. dei, 1, 10, 2. p. 19, 11 D.[2]

nōlentia, ae, *f.* (nolo), das **Nichtwollen,** Tert. adv. Marc. 1, 25 *extr.*

nōlo, nōluī, nōlle (ne u. volo), **I nicht wollen** (Ggstz. velle), m. *Acc.*, nolo amplius quam centum iugera, Nep.: quae etiam si nolunt, Cic. – m. dopp. *Acc.*, quia patres ordinem publicanorum in tali tempore offensum nolebant, Liv.: quorum se similem nolens, Tert. de spect. 15. – m. folg. *Acc.* u. *Infin.*, nolo esse falsā famā gnatum suspectum tuom, Ter.: pluribus praesentibus eas res iactari nolebat, Caes.: scelerum ministros perverti ab aliis nolebat, Tac. – m. folg. *Infin.*, nolo ego hanc adeo efflictim amare, Naev. fr.: nolo mihi bene esse, Plaut.: nobilem adulescentulum non tam allicere *volui,* quam alienare *nolui,* Cic.: debitores patrem familias domi suae occīdere nolle, Cic.: alqm videre nolle, Gell.: non parēre noluit, er wollte nicht ungehorsam sein, Nep.: nolentes prodire, Flor.: nolendo credere infidelitatis crimine non carebant, Augustin. epist. 186, 38. – m. folg. *ut* u. Konj., Augustin. de civ. dei 4, 24 *in.* Avian. fab. 29, 21. – m. folg. *Coniunctiv,* nolo ames, Plaut. Pers. 245 (u. so öfter b. Plaut.): nolo me in via cum hac veste videat, Ter. eun. 906 (vgl. heaut. 701): nolo accusator in iudicium potentiam afferat, Cic. Mur. 59: non vis alam hominem, Sen. contr. 1, 1, 9: nolo in aliud horae diffluant, quas etc., Augustin. conf. 11, 2. *no.* 2. – bes. im *Imperat.* mit dem Infinitiv eines Verbums als nachdrücklichere Umschreibung für *ne* mit dem Imperativ, noli putare, lass dir nicht beigehen zu glauben = glaube ja nicht, Cic.: Diocletiane, iocari noli! Vopisc.: nolite existimare, glaubt ja nicht, Cic.: nolitote dubitare, Cic.: dolere noli, frater! Inscr.: pleon., noli me velle ducere, Nep.: nolite velle experiri, Liv. – mit einem Verneinungswort, ohne dass die Verneinung aufgehoben würde, miles nolle successum, non patribus, non consulibus, Liv.: nolui deesse ne tacitae quidem flagitationi tuae, Cic. – non nolle, nicht abgeneigt sein, cum se non nolle dixisset, als er seine Geneigtheit dazu erklärt hatte, Cic.: quae scire te non nolle arbitramur, was zu wissen, wie wir glauben, dir nicht unlieb ist, Cic.: neque ipsi nolunt, sind einverstanden, Cic.: si ego non nolim, Apul. – nisi nolle, nur wollen, z. B. eo deliciarum pervenimus, ut nisi gemmas calcare nolimus, Sen. –

velit nolit u. dgl., s. 1. volo. – quod nolim, was ich nicht gern wollte (sähe), was der Himmel verhüten möge, Cic.: so auch quod nolis, Ter. – nollem, ich wollte nicht, wünschte od. möchte nicht, nollem factum, es tut mir leid, wenn usw., Ter.: nollem dixissem, Cic.: nollem idem alio loco dixisset etc., Cic.: ellipt., nollem (*sc.* factum, s. vorh.), Ter. heaut. 82: Numantiam funditus sustulerunt; nollem Corinthum (*sc.* sustulissent), Cic. de off. 1, 35: sed nolo pluribus (*sc.* verbis rem exsequi), Liv. 34, 32, 14. – *Partic. Praes.* im *Abl. absol.*, me nolente, ohne, gegen meinen Willen, Quint.: nolente senatu, Lucan.: nolentibus nobis, unwillkürlich, Sen.: nolentibus Atheniensibus, Val. Max. – **II** prägn., **nicht wohlwollen, nicht günstig sein,** alci, Cic. ep. 1, 1, 3. – ► Arch. Imper. nolei, CIL 1, 1081 u. 1453. – Nicht zsgzg. vorklass. Formen: nevis, Plaut.: nevolt, Titin. com. fr. u. Plaut.: nevelles, Plaut. Vgl. Brix Plaut. trin. 1156. – Abl. Gerund. nolendo, Tert. adv. Marc. 1, 27.

nōluntās ab eo quod nolumus, sicut voluntas ab eo quod volumus, Gloss. Plac. V, 87, 6.

Nomades, um, *m.*, s. Nomas.

nomae, ārum, *f.*, s. nomē.

Nomas, adis, *c.* (νομάς), weidend; dah. **I** Nomades, um, *m.*, die **Nomaden,** Plin. 5, 22 u. ö. – **II** prägn.: **A der** (als Nomade) umherziehende **Numidier,** Sing. *m.* bei Sil. 5, 194 (kollektiv): Sing. *f.* Nomas versuta, verschmitzte Numidierin (= numidische Wahrsagerin), Prop. 4, 7, 37. – Plur., Verg. Aen. 4, 320. – **B** Nomas, adis, *f.* (*sc.* terra), **Numidien,** Mart. 8, 55, 8; 9, 75, 8.

nomē, ēs, *f.* (νομή), ein **um sich fressendes Geschwür,** Plin.: Plur. nomae, Plin.

nōmen, inis, *n.* (altindisch *nāman-*, griech. ὄνομα, gotisch *namō*, ahd. *namo*), der **Name,** die **Benennung, I** eig.: **A** im Allg.: durius nomen, Cic.: alqm nomine increpare, Liv., clamare, Verg.: ex alqa re nomen capere, Caes., od. trahere od. invenire od. reperire, Cic.: nomen accipere ab alqa re, Caes.: nomen alci dare od. indere, Liv., od. imponere, Cic.: imposito Ariarathis nomine, Iustin.: si velles verum ponere mihi nomen, Hor.: quid est tibi nomen? was (wie) ist dein N.? Plaut. (s. Brix Plaut. trin. 889): und so nomen mulieris cedo quid sit? Ter. heaut 662 (Fl. u. Wagn. quod sit). – est mihi nomen, m. *Nom., Genet.* od. *Dat.*, ›mihi nomen est Iulius‹ et ›mihi nomen est Iulio‹, Gell.: Alazon Graece huic nomen est comoediae, Plaut.: Troia et huic loco nomen est, Liv.: ei morbo nomen est avaritia, Cic.: nomen Mercurii est mihi, Plaut.: cantus, cui nomen neniae, Cic.: Clausus, cui postea Claudio fuit nomen, Liv.: pago inde Troiano nomen est, Liv.: so auch cui Egerio inditum nomen, Liv.: cui parentes Ascanium dixere nomen, Liv.: nomen civitati Athenas dedit, Molai arborem, quam illo suum nomen catachannam nominabat, Fronto: est via: lactea nomen habet, Ov.: nomen calamitatis ponitur in casu etc., das Wort *calamitas* wird gebraucht für usw., Cic. – nomine, namens, m. folg. Namen in dem Kasus des vorhergeh. Wortes, auf das sich der Name bezieht, z. B. eunuchus nomine Pothinus, Caes.: in hospitis cuiusdam nomine Cameli domo, Vell.: Rhodanus paludi sese ingurgitat nomine Lemanno, Amm.: circa urbem nomine Obbam, Liv.: a quodam nomine Adduo (Abl.) vulneratus, Vell. – nomine, im Namen, im Auftrag, nomine rei publicae principi gratias agere, Plin. ep. – sub nomine alcis, Plin. ep., Tac. u. Iustin. – velut vulgus sine nomine (namenloses), Iustin. – alci nomine (dem N. nach) notum esse, Q. Cic. – nomen (u. von mehreren nomina) dare, seinen Namen angeben, sich melden, z. B. von Soldaten zum Kriegsdienst, Cic. u. Liv.: so auch nomen profiteri od. edere, Liv.; dah. bildl. sich wohin oder worunter rechnen, zählen, in his poëta nomen profitetur suum, Ter.: hingegen nomen accipere, entgegennehmen, aufschreiben, Liv.: ad nomina non respondere (wenn die Namen verlesen wurden), Liv. – **B** insbes.: **a** der mittlere von den drei Namen eines freigeborenen Römers, durch den die *gens,* zu der er gehörte, von anderen unterschieden wurde, **Geschlechtsname.** – Doch wird nomen zuw. auch für praenomen (Vorname) und für cognomen (Beiname, Familienname) bei Cic. u. a. gebraucht. – dah. alqm in familiam nomenque adoptare, Suet.: alqm in n. asciscere, Tac. – **b** der **Titel,** alqm nomine imperatoris appellare, Caes. b. c. 2, 32. § 14. – **c** als gramm. *t. t.*, das **Nomen,** Quint. u. a. Gramm. – **C** meton., der benannte Gegenstand, **a** v. einzelnen, nec fidum femina nomen, das »Frau« genannte Wesen, Tibull.: popularia nomina Drusos, Lucan.: nomina tanta, Männer, Ov.: vestrum nomen = *vos*, Liv. – **b** v. Völkern, nomen Romanum, alles, was Römer heißt, Römermacht, Römertum, Cic. u. a.: u. so n. Latinum, n. Caeninum, Liv.: omne n. Aetolorum, Liv.: fallacibus litteris circa Latium nomenque Volscum missis, dem Volskerland, Liv. Vgl. Fabri Sall. Cat. 52, 24. Weißenb. Liv. 3, 8, 10. Fabri Liv. 22, 55, 5. Dederich Dict. 5, 13. p. 365. – **II** übtr.: **1** (berühmter) **Name, Ruhm, Ruf, Berühmtheit, Ansehen** (vgl. Fabri Liv. 22, 22, 13), magnum, clarum, Cic.: nomen habere, Cic.: sine nomine, unbekannt, unberühmt, unansehnlich, Verg. – v. Lebl., nec pomis sua nomina servat, Verg.: bellum magni nominis, Liv. – **2 Name, Rubrik, Titel, Veranlassung, a** übh.: alio nomine aut alia de causa, Cic. – nomine meo, tuo etc., **in meinem Namen, meinerseits, für meine Person** usw., **für mich, um meinetwillen, aus persönlichen Rücksichten,** Cic. u. a.: non suo, sed meo nomine, nicht um seinet-, sondern um meinetwillen, Cic.: nomine Catilinae, von Seiten, Sall. – nomine mit *Genet.* oder *Pronom.* u. dgl. = **unter dem Namen, unter dem Titel, als, wegen, um ... willen** (s. Heräus Tac. hist. 1, 29. Heß Tac. Germ. 8, 1), lucri, Cic.: sceleris, Cic.: non tam tuo quam rei publicae nomine, nicht um deinet-, sondern um des Staats willen, Cic.: eo nomine, in Bezug darauf, aus diesem Grund, deswegen, Cic. u. a.: so auch quo nomine, Vell. u. Quint.: illo nomine, Sen.: nullo nomine, in keiner Hinsicht, Sen.: nullo nomine non, auf jede Weise, in jeder Beziehung, Vell. – uno nomine, **unter einer Rubrik, auf einmal, in Bausch u. Bogen,** uno nomine (in einem Posten) HS CCL milia iussu praetoris data esse, Cic.: iudicia plurimarum controversiarum sublata uno nomine omnia, Cic.: accusati sunt uno nomine consulares, Cic.: petierunt a Caesare, ut universis trecentis uno nomine pecuniam imperaret, Auct. b. Afr. – **b** prägn., der **Titel = Grund, Vorwand,** a tuis obtrectatoribus nomen inductum fictae religionis, Cic.: honesto nomine, Cic.: decretae eo nomine supplicationes, Tac.: aliquot praetores a provinciis avaritiae nomine accusati damnati sunt, Liv. epit. – **3** der **Name** (verächtlich) als Gegensatz zur Sache, legionum, Cic.: reges nomine magis quam imperio, Nep.: sunt nomina (bloße Namen, Schatten) ducum, Liv. – **4** übtr., als publiz. *t. t.:* **a** nomen alcis deferre, jmd. **gerichtlich belangen, anklagen,** Cic.: de parricidio, Cic.: hingegen nomen recipere, die Klage entgegennehmen, Cic. – **b** die aus einer Leistung entstandene Schuldforderung, die der Gläubiger mit Zustimmung des Schuldners als eine Ausgabe in sein Hausbuch eintrug (expensum ferre), wodurch eine Literalobligation entstand, **Posten, Schuldposten,** nomen facere, einen Schuldposten eintragen, buchen, Cic., Sen. u. Ov.: nomen locare, einen Posten anlegen lassen, Phaedr.: nomina exigere, eintreiben, Cic.: nomina sectari, Hor.: nomen solvere, dissolvere, bezahlen, Cic.: nomina expedire, exsolvere, erledigen (in Richtigkeit bringen), abzahlen, Cic.: certis nominibus grandem pecuniam debuit, er schuldete eine große Summe in sichergestellten Posten, Cic.: nomina arcaria, bare Darlehen gegen Schuldschein, Gaius inst. 3, 131: nomina transcripticia, übertragene Posten, wenn ein anderer die Schuld auf seinen Namen überschreiben lässt, Gaius inst. 3, 128. – meton., v. der Person, Posten = Schuldner, Bezahler, bonum nomen, ein sicherer Posten = ein guter Bezahler, Cic. ep. 5, 6, 2: u. so vel optima nomina non appellando (durch Nichtmahnen) fiunt mala, Alphius b. Colum. 1, 7, 2: u. lenta nomina, non mala, Sen. de ben. 5, 22, 1. – ► Archaist. Genet. Sing. nominus, CIL 1, 196. lin. 8. – archaist. Abl. Sing. nomini, CIL 1, 820.

nōmenclātio, ōnis, *f.* (*nomenclo, v. nomen u. calo, καλῶ, *i.e.* voco), die **Benennung mit Namen, a** der Personen, Q. Cic. pet. cons. 41. – **b** der Dinge, **Verzeichnis,** Colum. 3, 2, 31.

nōmenclātor oder **nōmenculātor**, ōris, *m.* (*nomenclo, s. nōmenclātio), der **Namennenner,** in Rom ein Sklave, der seinem Herrn unterwegs die Namen der ihm Begegnenden, bes. zum Zweck einer Amtsbewerbung angeben musste, auch zu Hause die Namen der zahlreichen Sklaven kennen musste, Form nomencl., Cic. Mur. 77. Q. Cic. pet. cons. 32. Sen. ep. 19, 11 u. 27, 5 H. Quint. 6, 3, 93. Porphyr. Hor. sat. 2, 3, 229: Form nomencul., Sen. de const. sap. 14, 1 u. de tranqu. anim. 12, 6. Suet. Aug. 19, 1. Ulp. dig. 38, 1, 7. § 5. Macr. sat. 2, 4, 15: er rief auch die Namen der auf die Tafel kommenden Speisen aus, Petron. 47, 8. Mart. 10, 30, 23.

nōmenclātūra, ae, *f.* (*nomenclo, s. nōmenclātio), das **Namenverzeichnis,** Plin. 3. prooem. § 2; 21, 52.

nōmenculātor, s. nōmenclātor.

Nōmentum, ī, *n.*, urspr. latinische, später sabinische Stadt, 21 km nordöstl. von Rom, deren Umgegend (j. *La Mentana*) durch trefflichen Wein berühmt war, Liv. 1, 38, 4. Verg. Aen. 6, 773. – Dav. **Nōmentānus**, a, um, **nomentanisch,** Liv. – subst.: **a** Nōmentānī, ōrum, *m.*, die Einwohner von N., die **Nomentaner,** Liv. – **b** Nōmentānum, ī, *n.*, ein Gut im nomentanischen Gebiet, das **Nomentanum,** Nep.

nomimus, a, um (νόμιμος), **gesetzmäßig,** CIL 5, 764.

nōminālis, e (nomen), **zum Namen gehörig, Namens-,** gentilitas, Varro LL. 8, 4. – subst., nōminālia, ium, *n.*, der Tag, an dem das Kind den Namen bekam, das **Namensfest,** Tert. de idol. 16.

nōmināliter, *Adv.* (nominalis), **namentlich,** Arnob. 2, 55 *in*.

nōminārii, ōrum, *m.* (nomino), Leseschüler, die ganze Wörter lesen können (Ggstz. syllabarii), Rufin. Orig. in num. hom. 27, 12.

nōminātim, *Adv.* (nomino), **namentlich, mit Namen, ausdrücklich,** nom. nemo rogatur, Cic.: centuriones nom. appellare, Caes.: nom. ex omnibus civitatibus nobilissimum quemque evocare, Caes.: nom. citare iuniores, Liv.: clamore n. ciere alqm, Apul.: quamvis multos nom. proferre, Cic.: de alqo nom. decernere, ut etc. (v. Senat), Cic.: honore decemviratus excludi prope nom., Cic.: alci nom. praecipere, ut etc. (v. der Pythia), Nep.: is, quicum nom. agitur, den die Klage nam. angeht, Cic.

nōminātio, ōnis, *f.* (nomino), **I** die **Nennung, Benennung, A** im Allg., Vitr. 6, 7, 7. – **B** insbes., als rhet. *t. t.*, eine Redefigur, wenn man eine Sache, die noch keinen od. keinen passenden Namen hat, mit einem passenden Namen bezeichnet, die **Benennung, Namenbeilegung,** Rhet. Her. 4, 42. – **II** als publiz. *t. t.*, die **Namhaftmachung** eines Kandidaten, das **Vorschlagen** (der **Vorschlag**) zu einer Priesterwürde od. zu einem Staatsamt (vgl. nomino *no.* III, B, 1), nominationis dies, Plin. ep. 4, 8, 3: m. subj. *Genet.*, nom. consulum (auf den V. der K.), Tac. ann. 6, 45: nominatio in locum eius non est facta, Liv. 26, 23, 8: auguratus locum, in quem ego eum meā nominatione cooptabo, Cic. Phil. 13, 12: is in Pansae locum petere constituit. Eam nominationem a te petimus, Cic. ep. ad Brut. 1, 7, 1.

nōminātīvus, a, um (nomino), **a zur Nennung gehörig,** als gramm. *t. t.*, interrogationes, Prisc.: casus nominativus u. subst. bl. nominativus, der **Nominativ,** Varro LL. u. a.: nomina singulari nominativo, im Nominativ Singularis, Quint. – **b** das *nomen* **bezeichnend,** nomen proprium nominativum, ut Cornelius, Consent. 339, 13 K.

nōminātor, ōris, *m.* (nomino), **I** der **Benenner, Bezeichner,** libidinosae voluptati pudens nom., Augustin. de nupt. et concup. 2. §. 29: nom. feminae, Iulian. bei Augustin. op. imperf. c. sec. resp. Iul. 4, 4. – **II einer, der** jmd. **in Vorschlag bringt,** nominatores magistratuum, Ulp. dig. 27, 8, 1 *in*.

nōminātōrius, a, um (nominatus), **zur Benennung gehörig, I die Namen** (der Schuldner) **enthaltend, -benennend,** breves (Listen), Cod. Theod. 1, 10, 8; 11, 28, 3. – **II einen Namen habend, benannt, namhaft,** cuius nominatoria pericula aut vota sunt, animi an animae? Tert. de anim. 13.

1. **nōminātus**, a, um, *PAdi.* m. *Compar.* u. *Superl.* (nomino), **mit Ruhm genannt, namhaft, gefeiert,** nom. vestis, Iunior orb. descr. 42: nominatus apud eos ille Faustus, Augustin. conf. 5, 3: nominatiora pericula, Tert. de anim. 13: quid nominatius Christo? Augustin. de civ. dei 16, 2 *in.*: nominatissimi auctores, Prisc. 6, 63: nominatissimi Graeciae auctores, Prisc. de metr. Ter. 3, 20. p. 426, 13 K.: erat inter tres nominatissimus, Vulg. 1. paral. 11, 20 u. 24.

2. **nōminātus**, ūs, *m.* (nomino), die **Benennung,** der **Name,** als gramm. *t. t.* = das **Nomen,** Varro LL. 8, 29. § 52; 8, 35. § 63 u. a.

nōminito (āvī), ātum, āre (*Intens.* v. nomino), **nennen, benennen,** Lucr. 3, 352; 4, 44; 6, 374. Arnob. 7, 46. CIL 1, 1011.

nōmino, āvī, ātum, āre (nomen) = ὀνομάζω, **nennen, I** mit einem Namen belegen, **benennen,** nominatum esse, **benannt sein, den Namen haben, A** im Allg.: nominari nomine Argo, Enn. fr.: res ut omnes suis certis ac propriis vocabulis nominarentur, Cic.: id genus … ab usu suo *saltus* nominarunt, Varro LL.: nominatae Tatienses (tribus) a Tatio, Varro LL.: ab Aristippo Cyrenaici philosophi nominati, Cic.: hanc illi ἰδέαν appellabant iam a Platone ita nominatam, mit diesem Namen belegt, Cic.: e lacte coacto *caseus* nominatus, Varro LL.: amor, ex quo amicitia est nominata, Cic.: omnia Graeca nominata sunt, alles hat griechische Namen, Cic.: philosophi nominati, sogenannte Ph., nur Ph. dem Namen nach, Cic.: u. so quidam poëta nominatus, Cic. fr. – **B** insbes., mit einem Beinamen belegen, Eutr. 8, 8. – **II nennen = beim Namen nennen, anführen, namentlich erwähnen, namentlich angeben, A** im Allg.: quis me nominat? wer nennt mich beim N.? redet mich an? Plaut.: Mercurium Aegyptii nefas habent nominare, Caes.: ad flumen Sabim, quod supra nominavimus, Caes.: ex omnibus saeculis vix tria nominantur paria amicorum, Cic. – u. die Formel quem honoris causā nomino, den ich ehrenhalber nenne, Cic.; vgl. quem hominem honoris potius quam contumeliae causā nominatum volo, Cic. – in der Parenthese, ne Sogdianos et Arachosios nominem, um nicht die S. u. Ar. zu nennen, Curt. 4, 5 (21), 5. – **B** insbes. der gramm. *t. t.*: nominandi casus, der Nennfall, Nominativ, Varro LL. u. Gell. – **III** prägn.: **A** jmd. **mit Ehren-, mit Ruhm nennen, namhaft machen, rühmen,** praedicari de se et nominari volunt omnes, Cic.: sunt clari hodieque et qui olim nominabuntur, Quint.: illa Attalica totā Siciliā nominata (berühmt), Cic. – **B** als publiz. *t. t.*: **1** zu einem Amt bestimmen, **a** einen Magistrat usw. **ernennen,** interregem, Liv. 1, 32, 1: magistrum equitum, Liv. 8, 33, 7: m. dopp. *Acc.*, alqm dictatorem, Liv. 9, 28, 2. – **b** zu einer Priesterwürde oder zu einem Staatsamt (unter der eidlichen Versicherung, den Würdigsten vorzuschlagen) vor der Wahl od. Kooptation **namhaft machen, vorschlagen,** augurem in contione, Rhet. Her.: tres simul flamines, ex quis (= quibus) unus legatur, Tac.: sacerdotes quos dignissimos sacerdotio iudicant, Plin. ep.: alqm inter sacerdotes, Plin. ep.: quinque augurum loca, in quae plebeii nominentur, Liv.: Hannibali imperatori parem consulem, Liv.: candidatos praeturae duodecim, Tac.: neque digniorem potes nominare quam Bibulum, Cic. – m. dopp. *Acc.*, alqm augurem, Cic. Phil. 2, 4. – **2** jmd. als Teilnehmer an einem Vergehen **angeben, anklagen,** alqm apud dictatorem, Liv.: alqm inter socios Catilinae, Suet.: inter coniuratos nemo me nominat, Curt. – ► Parag. Infin. nominarier, Plaut. Pers. 647.

Nomio, ōnis, *m.*, ein **Hymnus auf Apollo,** Cic. de or. 1, 251 M. (Ritschl paeanem aut hymnum).

Nomios u. **-us**, iī, *m.*, (Νόμιος), **der Weidende,** Beiname Apollos (weil er die Herden des Admet geweidet hatte), Serv. Verg. georg. 3, 2. Donat. vit. Vergil. 21.

nomisma (numisma), atis, *n.* (νόμισμα), die **Münze,** das **Geldstück,** rein lat. nummus, **I** eig.: **A** im Allg., Hor. u. a. – **B** insbes.: **1** später = **alte Münze,** bes. ausländische, die schon in Rom mehr als Ware denn als Münze galt, dah. **Münzstück, Schaumünze, Schaustück,** ICt. – **2** die **Marke, der Zahlpfennig,** den die Ritter am Eingang des Theaters erhielten und wofür ihnen Wein usw. verabfolgt wurde, Mart. 1, 11, 1 u. a. – **II** übtr., das auf der Münze ausgedrückte **Gepräge,** das **Bildnis,** Prud. perist. 2, 96.

nomos, ī, *m.* (νομός), der **Kreis, Bezirk,** Plin. 5, 49 u. a.

Nomothetēs, ae, *m.* (νομοθέτης), einer von der (in Athen eingesetzten) Gesetzkommission, der **Nomothet,** Titel einer Komödie des Menander, Quint. 10, 1, 70.

nōn, *Adv.* (entst. aus dem altlat. noenum bzw. der elidierten Form *noen), **I nicht, A** im Allg., als Negation, die bei Verneinung eines ganzen Satzes vor dem Verbum, bei Verneinung eines einzelnen Begriffes vor diesem ihren Platz hat, non est ita, Cic.: non honesta, non digna, Cic.: poteras has horas non perdere, du konntest sie sparen, Plin. ep.: tanta, non insolentia, sed immanitas, Cic. – Besondere Verbindungen: **a** es verschmilzt mit einem Subst. zu einem Begriff, non corpus, ein Nichtkörper, Cic.: non sutor, ein Nichtschuster, Hor.: non orator, ein Nichtredner, Quint.: non homo = *nemo*, Hor. – **b** vor *Superl.* hat es verstärkende Kraft, non minime, keineswegs wenig, gar sehr, Cic.: homo non beatissimus, gerade nicht in den besten Glücksumständen befindlich, Nep.: non aptissimus, gerade nicht der geschickteste, nicht sonderlich geschickt, Cic. – **c vor** anderen Negationen bildet es eine schwache Bejahung, non nihil, etwas, einiges, Cic., **nach** denselben eine starke, nihil non, alles ohne Ausnahme, alles mögliche (vgl. nihil), Cic. – **d** unus ... non, nicht ein einziger, quo (versu) aiebat unum versum inveniri non posse meliorem, Sen. contr. 7, 3 (18), 8: unus enim vir Numantinus non fuit, qui in catenis duceretur, Flor. 2, 18, 17. – **e** non ita, non tam, nicht sehr, nicht eben, nicht sonderlich, Cic.: so auch non fere, nicht gerade, Cic. – **f** non quod, non quo, nicht als wenn, Cic.: non quin, nicht als wenn nicht, Cic. – **g** non ... nisi, s. nisi. – **h** non possum non, ich kann nicht umhin, ich muss, Cic.: so auch non possum quin, Cic. – **i** non modo (solum) ... sed etiam (od. quoque od. et), nicht nur (bloß, allein) ... sondern auch (sondern sogar, sondern selbst), Cic. u. a.: so auch non tantum ... sed (etiam), Quint. – non modo (solum) non ... sed etiam (sed ne ... quidem), nicht nur nicht ... sondern selbst (sondern selbst nicht), Cic. u. a.: wenn im zweiten Glied ne quidem steht, fehlt im ersten häufig das zweite non, z. B. mihi non modo irasci, sed ne dolere quidem licet, Cic. – **k** non si, auch nicht wenn, Liv. – **B** insbes.: **1** in der Frage = *nonne*, non idem fecit? Cic.: quid? si te rogaro, non respondebis? Cic. Vgl. Benecke Cic. Cat. 3, 22. – **2** vor dem *Imperat.* u. *Coniunctiv* = *ne*, z. B. non visas, Ter.: non petito, Ov. – **3** mit Nachdruck jmd. od. etwas ausschließend, **geschweige,** vix servis, non vobis, Cic. – **II nein,** in der Antwort, Cic. u. Quint.: aut *etiam* aut *non* respondere, Cic.

1. Nōna, ae, *f.* (nonus), eine der drei Parzen, als Göttin des die Geburt entscheidenden neunten Monats (vgl. Decima), Varro b. Gell. 3, 16, 10. Tert. de anim. 37.

2. nōna, ae, *f.*, s. nōnus.

Nōnacris, Akk. im, Abl. ī, *f.* (Νώνακρις), Stadt und Gegend im nördlichen Arkadien, auf deren Gebiet der Styx entsprang, Plin. 2, 231. Vitr. 8, 3, 16: Nbf. **Nōnacria,** ae, *f.*, Sen. nat. qu. 3, 25, 1. – Dav.: **A Nōnacrius,** a, um, **nonakrisch,** poet. = **arkadisch,** heros, Evander, Ov. fast. 5, 97. – subst., *Nōnacria,* ae, *f.* = Atalanta, Ov. met. 8, 426. – **B Nōnacrīnus,** a, um, **nonakrinisch,** poet. = **arkadisch,** Atalanta (w. vgl.), Ov. art. am. 2, 185: virgo, Kallisto, Ov. met. 2, 409.

Nōnae, ārum, *f.* (nonus), der Neunte (Tag) vor den Iden, also, da man die Iden selbst mitzählt, der **fünfte,** aber in den Monaten März, Mai, Juli u. Oktober der **siebte Monatstag,** o Nonae illae Decembres! Cic.: Nonis Februariis si Romae fuit, Cic.

nōnāgēnārius, a, um (nonageni, s. Prisc. de fig. num. § 27), **a neunzig enthaltend, aus neunzig bestehend,** numerus, Solin.: motus stellae, neunzig Grade von der Sonne entfernt, Plin.: fistula, deren Blech 90 Zoll in der Breite hat, Frontin. aqu. – **b** insbes.**, neunzig Jahre alt, neunzigjährig,** Enos cum esset nonagenarius genuit Cainam, Hieron. chron. Euseb. exord. 4: et Sara nonagenaria pariet? Vulg. genes. 17, 17. – ► nonagen. in unbekannter Bedeutung, CIL 10, 3456.

nōnāgēnī, ae, a (nonaginta), **je neunzig,** Plin. 36, 88. Frontin. aqu. 61 (wo Genet. -genûm).

nōnāgēsiēs, *Adv. numer.* (nonaginta), **neunzigmal,** Euseb. chron. ol. 197.

nōnāgēsimus, a, um (nonaginta), der **neunzigste,** quarto et nonagesimo anno, Cic.: nonagesimo et quarto imperii die, Suet.: nonagesimo et quinto imperii die, Eutr.: femina nonagesimum annum transgressa, Val. Max.

nōnāgessis, is, *m.* (nonaginta u. as), **neunzig Asse,** Prisc. de fig. num. § 31. Beda de num. tom. 1. p. 101.

nōnāgiēs (nōnāgiēns), *Adv. numer.* (nonaginta), **neunzigmal,** Cic. u. a.

nōnāginta, *Numer.*, **neunzig,** Cic. u. a.

Nōnālis, e (Nonae), **zu den Nonen gehörig,** Varro LL. 6, 28.

nōnānus, a, um (nona *sc.* legio), **von der neunten Legion,** miles, Tac.: dass. subst. nōnānus, ī, *m.*, ein Neuner, Tac.

nōnārius, a, um (nonus), **zur neunten gehörig,** subst., nōnāria, ae, *f.* (*sc.* meretrix), eine **öffentliche Buhldirne,** weil diese Art Dirnen erst nach der neunten Stunde des Tages ihr Gewerbe treiben durften, Pers. 1, 133. Schol. Iuven. 6, 117.

nōn-dum, *Adv.*, **noch nicht,** Plaut., Cic. u. a.

nōngēnī u. **nōngentēnī,** ae, a (nongenti), **je neunhundert,** Prisc. de fig. num. § 24.

nōngentēsimus, a, um (nongenti), der **neunhundertste,** Prisc. de fig. num. § 22: subst. celebrato magnifice urbis nongentesimo, das 900ste Stiftungsfest, Aur. Vict. de Caes. 15, 4.

nōngentī, ae, a, **neunhundert,** Varro, Cic. u. a.

nōngēsimus, a, um = nongentesimus, der **neunhundertste,** Prisc. de fig. num. § 22.

nōniēs, *Adv.* (nonus), **neunmal,** Not. Tir. 69, 12.

nōningentēsimus, a, um (noningenti), der **neunhundertste,** Prisc. de fig. num. § 22.

nōningentī, ae, a, **neunhundert,** Colum. 5, 2, 7. Lact. 5, 3, 4.

Nōnius, iī, *m.*, ein röm. Geschlechtsname, z. B. M. Nonius Sufenas, Cic. ad Att. 6, 1, 13. – Nonius Marcellus, ein römischer Grammatiker, dessen Werk de proprietate sermonis noch, wiewohl in verstümmelter Gestalt, erhalten ist.

nonna, ae, *f.* (nonnus), **I** die **Nonne,** Hieron. epist. 22, 16. – **II** die **Amme, Kinderwärterin,** CIL 6, 23960.

nōn-ne, I nicht? in der direkten Frage, nonne animadvertis? siehst du nicht? Cic.: auch steht es allein, nonne? **nicht?** od. **nicht wahr?** Cic. – **II ob nicht,** in der indirekten Frage, quaero, nonne id effecerit, Cic.

nōn-nēmo, s. nēmo.

nōn-nihil, s. nihil.

nōn-nihilum, s. nihilum.

nōn-nisi, s. nisi.

nōn-nullus od. (richtiger) getrennt **nōn nullus,** a, um, **einiger, einige, einiges,** u. Plur. = **einige, manche, etliche, der und jener, einer und der andere** (vgl. aliquot), non nulla in re, Cic.: n. n. pars, ein nicht geringer, ein beträchtlicher T., Caes. – Plur., tu et non nulli collegae tui, einige deiner K., Liv.: non nullae cohortes, Cic.: non nulla esse falsa, non omnia, Cic. – u. subst, non nulli, Cic. u. a.

nōn-numquam od. (richtiger) getrennt **nōn numquam,** *Adv.*, **mehr als einmal = bisweilen, zuweilen** (Ggstz. numquam od. saepe, saepius), Cic. u. a.

nonnus, ī, *m.*, **I** der **Mönch,** Hieron. epist. 117, 6. Arnob. in psalm. 105. – **II** der **Kinderwärter, Erzieher,** CIL 9, 4693.

nōn-nusquam, *Adv.*, **an einigen-, an manchen Orten,** Plin. 14, 120. Gell. 13, 24. § 31.

nōnō, *Adv.* (nonus) **neuntens,** Cassian. coenob. inst. 4, 39. Cassiod. de anim. 12.

nōnt... s. nūnt...

nōnus, a um (= novenus v. novem) der **neunte,** locus, Cic.: annus, Hor. – nonus decimus (decumus), der neunzehnte, z. B. nonus decimus annus, Vulg. 4. regg. 25, 8 u. Ierem. 52, 12: nono decimo aetatis anno, Tac. ann. 13, 6; dial. 34 *extr.* CIL 6, 1749: nona decima sors, Vulg. 1. paral. 25, 26. – subst., nōna, ae, *f.*, **a** (*sc.* hora) die **neunte Stunde** (nach unserer Zeitrechnung 3 Uhr nachmittags), wo die Geschäfte geschlossen wurden u. man die Hauptmahlzeit (cena) einnahm, Hor. ep. 1, 7, 71. Mart. 4, 8, 6. – **b** (*sc.* pars) der **neunte Teil,** ein **Neuntel,** nonas (praedae) vovere, Iustin. 20, 3. § 3.

nōnus-decimus (-decumus), s. nōnus.

nōnussis, is, *m.* (novem u. as), **neun Asse,** Varro LL. 5, 169.

Nōra, ōrum, *n.,* **I** eine Stadt auf Sardinien (an der Stelle des h. *Torre Forcadizo*), deren Einwohner Nōrēnsēs, ium, *m.,* die **Norenser,** Cic. pro Scauro 13. Plin. 3, 85. – **II** ein Kastell in Kappadozien an der Grenze Lykaoniens u. am Fuße des Taurus, Nep. Eum. 5, 3.

Nōrba, ae, *f.,* eine Stadt in Latium am Abhang des Volskergebirges, j. *Alcantara* mit Ruinen, Liv. 2, 34, 6. – Dav. **Nōrbānus,** a, um, **norbanisch,** Liv. – Plur. subst., Norbānī, ōrum, *m.,* die Einwohner von Norba, die **Norbaner,** Liv.

Nōrēia, ae, *f.* (Νωρηία, Strabo), die alte Hauptstadt der Taurisker in Norikum, j. **Neumarkt** in Steiermark, Caes. b.G. 1, 5, 4. Liv. epit. 63. – Plin. 3, 131 ist wahrsch. eine südl. von den norischen Alpen in Italien gelegene Koloniestadt ausgewanderter Taurisker gemeint.

Nōricii, s. Nōricum.

noricula, s. nuricula.

Nōricum, ī, *n.,* eines der röm. Süddonauländer, das das jetzige Ober- u. Niederösterreich zwischen dem Inn, der Donau u. dem Wiener Wald, den größten Teil von Steiermark, Kärnten u. Teile von Krain, Bayern (das Innviertel), Tirol (das Pusterthal u. den Pinzgau) u. Salzburg umfasste, Tac. hist. 1, 70. – Dav.: **A Nōricus,** a, um, **norisch,** ager, rex, Caes.: provincia, Tac. – Plur. subst., Nōricī, ōrum, *m.,* die Bewohner der Landschaft Norikum, die **Noriker,** Plin. – **B Nōricii,** ōrum, *m.,* die **Noriker,** Prisc. perieg. 314.

nōrma, ae, f. (γνωρίμη), **I** das **Winkelmaß,** anguli ad normam respondentes, Vitr.: structuram ad normam et libellam fieri, Plin. – **II** bildl., die **Richtschnur, Regel, Vorschrift, Norm,** vitam dirigere ad rationis normam, Cic.: iuris, Cic.: Demosthenes norma oratoris et regula, Plin. ep. – v. einer Pers., norma morum, Sidon. epist. 6, 1, 4.

nōrmālis, e (norma), **nach dem Winkelmaß gemacht,** angulus, ein rechter Winkel, Quint. 11, 3, 141: virgula, das Winkelmaß, Manil. 2, 289.

nōrmāliter, *Adv.* (normalis), **I nach dem Winkelmaß,** Boëth. art. geom. p. 415, 19 Fr. Gromat. vet. 33, 9; 188, 17 u.a. – **II gerade, in gerader Linie,** Amm. 20, 3, 11.

nōrmātio, ōnis, *f.* (norma), die **Richtung** od. **Abmessung nach dem Winkelmaß,** Gromat. vet. 31, 31 u. 108, 3.

nōrmātūra, ae, *f.* (normo) = normatio, Gromat. vet. 310, 28.

nōrmo (āvī), ātum, āre (norma), nach dem Winkelmaß **abmessen,** basis ad perpendiculum normata, winkelrechte, Colum. 3, 13, 12. – übtr., **gehörig einrichten,** si quidem ex numeri pluralis imagine dualis declinatio formata normabatur, Diom. 335, 7: examussim normata orationis integritas, Diom. praef. *extr.* p. 299, 21 K.

nōrmula, ae, *f.* (*Demin.* v. norma), ein **kleines Winkelmaß,** Boëth. art. geom. p. 409, 6 Fr. – übtr., die **Richtschnur,** die **Norm,** tractatus, Chalcid. Tim. 17 B. Not. Tir. 72, 72.

Nortia, ae, *f.* (aus Nevortia v. ne u. vorto, das griech. Ἄτροπος), eine etruskische Schicksalsgöttin, die den Hauptsitz ihrer Verehrung in Volsinii hatte, Liv. 7, 3, 7. Iuven. 10, 74. Tert. apol. 24. Mart. Cap. 1. § 88.

norus, s. nurus.

nōs, *Plur.* v. ego, s. d.

nōscentia, ae, *f.* (nosco), die **Kenntnis,** Symm. epist. 4, 9 u.a.

nōscibilis, e (nosco), **erkennbar,** Eccl.

nōscitābundus, a, um (noscito), **gern erkennen wollend,** Gell. 5, 14, 11.

nōscito, āvī, ātum, āre (*Intens.* v. nosco), **kennenlernen, erkennen, I** eig.: **A** im Allg., **bemerken, wahrnehmen,** Liv. 3, 38, 9: m. folg. *Acc.* u. *Inf.,* ut esse te philosophum noscitemus, Gell. 9, 2, 5. – **B** insbes., **betrachten, untersuchen,** aedes, Plaut.: vestigia, Plaut. – **II** übtr., schon Gekanntes **wiedererkennen,** alqm, Plin. ep. u. Tac.: alqm facie, Liv., voce, Plin. ep.: noscitari ab omnibus, Catull.

nōsco, nōvī, nōtum, ere (altlat. gnōsco, vgl. γιγνώσκω, γνώσκω), eig. **innewerden;** dah. **kennenlernen, I** eig.: **A** im Allg., durch äußere u. innere Sinne **kennenlernen, erkennen, bemerken, wahrnehmen, erfahren, einsehen, lernen,** in den *tempp. Perf.* auch **kennen, wissen, α** *tempp. Praes.*: quid opus est nota noscere? Plaut.: forma in tenebris nosci non quita est, Ter.: nulli videnda, voce tamen noscar, werde an der St. kenntlich sein, Ov.: nos eius animum *de* nostris factis noscimus, Plaut. – cum *nosce te* dicit, hoc dicit, *animum tuum nosce,* Cic.: malefacta ne noscant sua, Ter.: id esse verum cuivis est facile noscere, Ter.: studeo cursus istos mutationum ... noscere, Cic.: omnes philosophiae partes atque omnia membra tum facile noscuntur, cum totae quaestiones scribendo explicantur, Cic.: noscere (kennenzulernen) provinciam, nosci (bekannt zu werden) exercitui, Tac. – noscor mit *Nom.* u. *Infin.* = es ist von mir bekannt, dass ich usw., Edict. Licin. bei Lact. de mort. pers. 48, 9. Amm. 23, 6, 63. – **β** *tempp. Perf.*: non nosti nomen meum? Plaut.: unum cognoris, omnes noris, Ter.: vesperascit et non noverunt viam, Ter.: quisquam vos consules tunc fuisse putet, qui non leges, non instituta, non iura noritis, Cic.: non novi hominis faciem, Ter.: quam (virtutem) tu ne *de* facie quidem nosti, Cic.: res gestas de (aus) libris novisse, Lact. (s. Bünem. Lact. 5, 19, 15): nosti cetera, das übrige weißt du, Cic.: so reliqua nosti, Plin. ep.: alia vitia non nosse, keine a. F. (kennengelernt) haben, Sen. nat. qu. 4. praef. § 9 (10). – m. dopp. *Acc.,* quem ego hominem nullius coloris novi, Plaut. Pseud. 1196. – novi m. *Infin.* = kennen, Cato or. 1, 25 M. Hor. sat. 2, 3, 24. Verg. Aen. 8, 3, 16. Apul. met. 2, 5 u. 7. Lact. 6, 18, 23. – m. *Adv.,* Latine et Punice nosse (klass. scire), Augustin. expos. epist. ad Roman. 13: totas non diligenter modo sed etiam familiariter nosse causas, Quint.: si Caesarem bene novi (recht kenne), Cic.: u. so si bene me novi, si bene te novi, Hor.: u. modo quae dicat Epicurus bene noris, Cic. (s. Fritzsche Hor. sat. 1, 9, 22): alqm pulchre nosse, ganz gut kennen, Hor. u. Planc. in Cic. ep. – **B** insbes.: **1** fleischlich **erkennen,** im Doppelsinne (mit *no.* I, A) Plaut. most. 894 u. Pers. 131. Tert. de monog. 8. – **2** betrachtend, prüfend kennen lernen, **betrachten, prüfen, untersuchen,** nosce signum, Plaut.: nosce imaginem, Plaut. – **II** prägn. = agnoscere, cognoscere, **A** bereits Gekanntes **wiederkennen, -erkennen,** haud nosco tuum, ich erkenne dich nicht mehr wieder, Plaut.: aderat, qui nosceret (*sc.* eum), Tac.: nec noscitur ulli, es will ihn niemand (keiner der früheren Freunde usw.) kennen, Ov. – potesne ex his ut proprium quid noscere? (wieder-)finden, Hor.: signum, quo inter se noscebantur, Tac.: ad res suas noscendas recipiendasque, Liv.: n. genus ipsum orandi, Tac. dial. – **B** als Richter eine Sache **untersuchen** u. als Konsequenz in einer Sache **erkennen,** quae olim a praetoribus noscebantur, Tac. ann. 12, 60. – **C** einen Grund, eine Entschuldigung **anerkennen, gelten lassen, gutheißen,** causam, Plaut. u. Cic.: illam partem excusationis, Cic. – ► Über die zsgz. Perf.-Formen nosti, nostis, noram, noras etc., nossem etc., nosse.

nōsmet, s. ego.

nosocomīum, iī, *n.* (νοσοκομεῖον), das **Krankenhaus,** Cod. Iust. 1, 2, 19 u. 22 (Hieron. epist. 77, 6 griechisch).

nosocomus, ī, *m.* (νοσοκόμος), der **Krankenwärter,** Cod. Iust. 1, 3, 42.

noster, nostra, nostrum (nos), **unser** (Ggstz. vester, euer), **I** im Allg.: **a** subjekt., nostra consilia, Cic.: provincia nostra, Caes. – **b** objekt. = **zu** od. **gegen uns,** amor noster, Cic. ep. 5, 12, 3. – **II** insbes.: **A uns zugehörig, uns anhängend, unser, a** übh.: nostri homines, unsere Landsleute, Cic.: noster, einer von den Unsrigen, unser Freund, Anverwandter usw., noster est, er gehört zu uns (zu unserem Haus, zur Familie), Komik. (s. Brix Plaut. mil. 350): u. so quin noster sim, zum Haus gehöre, Plaut.: Furnius noster, unser Furnius, unser Freund usw., Cic.: dagegen noster esto, du bist unser Mann, sei uns willkommen (als Beifallsbezeigung), Plaut.: hic noster (dieser unser Redner [von dem wir eben sprechen]), quem principem ponimus, Cic. or. 99. – subst., nostri, die **Unsrigen, unsere Leute,** u. prägn. = **unsere Landsleute,** Cic. – nostra, ōrum, *n.,* das Unsrige (Ggstz.: aliena), Cic.: nos nostraque omnia, Liv.: bei Spät. = unser Land (Ggstz. peregrina), Amm. u.a. – **b** in der Anrede, o noster! o mein Lieber! Ter. – **c** noster scherzweise = ego, Plaut. u. Hor.; s. Heind.

Hor. sat. 2, 6, 48. – **B uns bequem, uns günstig,** nostra loca, Liv.: noster Mars, Verg. – ► Verstärkt, *nostrāpte* culpā facimus, Ter. Phorm. 766. – Genet. Plur. nostrûm, Plaut. Men. 134.

nostrās, ātis (noster), **aus unserem Land, inländisch, heimisch,** philosophi, Cic.: nummus, Gell.: cunila, Colum.: verba nostratia, Cic.: pro peregrina voce nostratem requirendam, Suet. – subst., nostrātēs, die Unsrigen, unsere Landsleute, Plin. u. a. – ► Urspr. Form nostratis, e (s. Prisc. 12, 17), hos libros si quis nostratis sapiens, Cass. Hemina ann. 3. fr. 30: arma nostratia, Cato oratt. 75 (beide bei Prisc. 12, 17).

nostrātim, *Adv.* (nostras), **nach unserer Weise,** Sisenn. b. Charis. 221, 6. Vgl. Gramm. Vatic. de adv. 6.

nostrātis, e, s. nostrās ►.

nota, ae, *f.* (noto), **Kennzeichen, Zeichen, Merkmal, I** im Allg.: **1** eig.: signa et notae locorum, Cic.: medium ferme sinum velut notā distinguit, Liv.: notam ducere, machen, auf dem Tisch mit dem Finger in die Länge ziehen, Ov. – **2** bildl., **Merkmal,** unterscheidendes **Kennzeichen, Erkennungszeichen, Anzeichen, Zeichen,** notae ac vestigia scelerum, Cic.: notae argumentorum, Cic.: mihi quoque impendēre idem exitium certis quibusdam notis augurabar, Plin. ep.: ut cuiusque generis dicendi nota quaeratur et formula, Cic.: cygni vox notam dederat, Mela: pronuntiari iter in posterum iubet, ne qua novi initi consilii daretur nota, Curt.: nunc pinnā veras nunc datis ore notas, Ov. – **II** insbes.: **A Zeichen** in der Schrift, **1** der Buchstaben u. Zahlen, notae litterarum, Buchstabenzeichen, Cic. u. Petron.: C nota praenominis, cum sola Gaium notat; item numeri, cum centum significat, Diom. 424, 8: X nota numeri, cum decem significat, Diom. 426, 3. – bei Dichtern meton., Plur. notae = **Schrift, Brief,** Hor. u. Ov. – **2 Zeichenschrift, Geheimschrift, Chiffreschrift.** So setzte Augustus, wenn er per notas schrieb, B für A, C für B usw. nach Suet. Aug. 88. – **3 tachygraphische Zeichen,** deren man sich statt der Buchstaben und Wörter bediente, verborum notae, Sen.: notis velocissime excipere (nachschreiben) solitus, Suet. – **4 Note** in der Musik, musicis notis cantica excipere, Quint. 1, 12, 14. – **5** notae librariorum, **Interpunktionszeichen,** Cic. de or. 3, 173. – **B Zeichen** an einem Gegenstand, **1 Fleck** am Körper, Mal, vitulus, quā notam duxit, wo es ein Mal hat, Hor.: nota genitiva, Muttermal, Suet.: verberum notae, Narben, Tac. – **2 eingestochenes** oder **eingebranntes Zeichen, Mal, Brandmal,** nota dorsualis, dem Rücken (des Pferdes) eingebranntes Z., Apul.: barbarus compunctus notis Thraeciis, tätowiert, Cic.: deformare stigmatum notis, brandmarken, Suet. – bildl., ein **Brandmal** = ein **Schandfleck,** o turpem notam temporum nomen illorum! Cic.: quae nota domesticae turpitudinis non iniusta vitae tuae est? Cic.: homo omnibus notis turpitudinis insignis, Cic. – **3 Gepräge,** nummaria, Aur. Vict.: nummi omnis notae, Suet. – bildl., patefacere interiorem animi notam, das Gepräge, die Gedanken seines Herzens zeigen, eröffnen, Suet. – **4 Zeichen** an einem Wein- od. Honigfass, um die Sorte zu bezeichnen, die **Aufschrift, Etikette;** dah.: **a** meton., die **Qualität,** die **Sorte,** optima nota vini, Colum.: interior nota Falerni, vorzüglichere Sorte F., Hor.: mel secundae notae, Colum. – **b** übtr., die **Art, Sorte, Güte, Qualität,** ex hac nota corporum est aër, Sen.: alqm de meliore nota commendare, von der vorteilhafteren Seite, Cur. in Cic. ep.: beneficia ex vulgari nota, von gemeiner Art, Sen.: nos ex illa prima nota non sumus, Sen.: alia deinceps huius notae, und dergleichen mehr, Sen. – **5 Zeichen** in einem Buch, **a** eig., **Zeichen, Merkmal,** um seinen Beifall od. sein Missfallen über eine Stelle zu äußern, Cic. Pis. 73. Sen. ep. 6, 5. – **b** meton., eine erklärende **Anmerkung, Note,** ICt. – **6 Anmerkung, Note,** die der Zensor über jmds. Leben u. Betragen machte und sie teils mündlich bekannt gab, teils in das Protokoll eintrug, und meton. = die aus dem ungünstigen Urteil des Zensors hervorgehende **Ehrenschmälerung,** motis senatu notas ascribere, Liv.: ignominiosis notas demere, Suet.: censoriae severitatis notā inuri, Cic.: censoriā notā perstrictus, Val. Max.: übtr., nunc in amore tuo cogor habere notam, eine Degradation zu erleiden, herabzusinken, Prop. 1, 8, 18: a quo repulsus tristem sustinuit notam, musste eine schimpfliche Zurücksetzung erleiden, Phaedr. 1, 3, 11. – Bildl., **der Schandfleck, Schimpf,** die **Beschimpfung,** adiectae mortuo notae sunt, Liv.: notam quasi censoriam alci inurere, Plin. ep.: districtus minimā nec tamen ille notā, und doch hat ihn nicht der geringste Tadel berührt, Ov.: dictus Sceleratus ab illa vicus et aeternā res ea pressa notā, mit ewiger Schmach würde gezeichnet die Tat, Ov. – **7** unterscheidender Name einer Person, **ehrender Beiname,** ille Numantina traxit ab urbe notam, Ov. fast. 1, 596. – **C** ein **gegebenes Zeichen,** ein **Wink,** Ov. met. 11, 466; art. am. 3, 514.

notābilis, e (noto), **I bemerkenswert, a merkwürdig, denkwürdig,** exitus, Cic.: hic gravi saevitiā notabilis (fuit), Eutr.: eo notabilior fuit, quia etc., Tac. – **b auffallend, auffällig, berüchtigt,** foeditas vultus, Plin.: tempestas, Tac.: si quid in peius notabile est, Quint.: notabilis turpitudine, ICt. – **II** übtr., **bemerkbar, kenntlich,** civitatum fundamenta vix notabilia, Sen. de ira 1, 2, 2: in nullo hoc fiebat notabilius, Sen. exc. contr. 3. praef. § 2. p. 241, 11 K.: v. Pers., digitis hominum nutibusque notabilis, Apul. met. 11, 16.

notābiliter, *Adv.* (notabilis), **I bemerkbar, auffallend, auffällig,** expallescere, Plin. ep.: ut in tumultu notabilius turbantibus, Tac.: quod maxime not. accĭdit C. Memmio tribuno, Frontin. – **II merklich,** n. primum metus eius, mox gaudium eminuit, Plin. ep. 5, 17, 5.

notāculum, ī, *n.* (noto), das **Merkmal, Kennzeichen,** corporis, Min. Fel. 31, 8.

notāmen, inis, *n.* (noto), das **Kennzeichen, Merkmal,** zur Erklärung des Wortes nomen angenommene Wortform, ›nomen‹ dicitur od. dictum est quasi ›notamen‹, Diom. 320, 26. Serg. expl. in Donat. 488, 3 K.

notārius, a, um (nota), **zum Schreiben-, Geschwindschreiben gehörig,** subst., **I** notāria, ae, *f.*, die **Geschwindschreibekunst, Tachygraphie,** Fulg. myth. 3, 10. – **II** notārius, iī, *m.*, **a** der **Geschwindschreiber,** Quint. u. Plin. ep. – auch ein **Lehrer der Tachygraphie,** Edict. Diocl. 7, 68. – **b** übh. ein **Schreiber, Sekretär,** Treb. Poll. u. a.

notātio, ōnis, *f.* (noto), die **Bezeichnung, I** eig.: tabularum, der Votiertäfelchen mit verschiedenem Wachs, Cic. Clu. 130. – **II** übtr., **1** die Bezeichnung des in einem Wort enthaltenen Begriffes, die **Etymologie,** Cic. top. 10 u. 36. – **2** die **Untersuchung bei der Wahl,** iudicum, Cic. Phil. 5, 13. – **3** die **Bemerkung, Wahrnehmung, Beobachtung,** naturae, temporum, Cic. – **4** die vom Zensor ausgesprochene **Bemerkung,** notationes auctoritasque censoria, Cic. Clu. 128. – **5** die **Beschreibung, Schilderung, Charakterisierung,** Rhet. Her. 4, 63.

notātus, a, um, *PAdi.* (v. noto), **kenntlich, ausgezeichnet,** quam maxime notatae similitudines, Rhet. Her. 3, 37: quo nobis notatior sit similitudo, *ibid.*: homo omnium scelerum libidinumque notio notatissimus, Cic. de domo 23.

nōtēsco, nōtuī, ere (1. notus), **bekannt werden,** absol. od. alci, Catull., Tac. u. a.

nothus, a, um (νόθος), **unecht, I** eig. = **unehelich,** mit einer Beischläferin od. Sklavin erzeugt, ein **Bastard** (aber von einem gewissen, bekannten Vater, Ggstz. legitimus; hingegen spurius von einem nicht gekannten Vater, s. Spalding Quint. 3, 6, 97), Verg. u. Colum. – von Tieren, die von Eltern verschiedener Art od. aus verschiedenen Ländern erzeugt sind, ein **Bastard,** Verg. – **II** übtr., **unecht, fremd, falsch,** lumen (Ggstz. proprium lumen), Lucr. 5, 574. Catull. 34, 15: Attis notha mulier, Catull. 63, 27. – quoius genera (nominum) sunt tria, unum *vernaculum* ac domi natum, alterum *adventicium,* tertium *nothum* ex peregrino hic natum, Varro LL. 10, 69: u. so notha nomina, *ibid.* § 70: nothae atque adulterae lectiones (Ausdrücke), Arnob. 5, 36.

notia, ae, *f.* (νοτία), **I** ein Edelstein, der mit dem Regen fallen soll, auch ombria genannt, Plin. 37, 176. – **II** eine Pflanze, Plin. 24, 175.

notiālis, e (2. notus), **südlich,** Avien. Phaen. 550.

nōtifico, āre (notus u. facio), **bekanntmachen,** meorum genus, Pompon. tr. 4: res est notificata satis, Ofil. Serg. de pul. 24 (b. *Wernsdorf* Poët. Lat. min. Vol. 6, 2. p. 386, 1).

nōtio, ōnis, *f.* (nosco), das **Kennenlernen,** das **Sich-Bekanntmachen** mit etwas, **I** im Allg.: **1** eig.: quid tibi hanc notio est? was hast du dich um sie zu bekümmern? Plaut. truc. 623. – **2** übtr.: **a** der **Begriff,** die **Kenntnis** von oder über etwas, rei, Cic.: deorum, von Göttern, Cic.: de alqa re, Cic.: animi, Begriff der Seele, den die Seele hat, Cic.: fugere intellegentiae nostrae vim et notionem videtur, kann sich unser Verstand keinen Begriff machen, Cic. – **b** der **Begriff,** der **Sinn,** den man einer Sache od. einem Wort unterlegt, Cic.: notiones insitae, **reine Begriffe, Begriffe** *a priori,* griech. προλήψεις, s. Cic. top. 31. – **II** insbes., sie **obrigkeitliche Kenntnisnahme, A** jede **Untersuchung** (vgl. Ernesti u. Nipperd. Tac. ann. 3, 59), pontificum, Cic.: populi, Cic.: dilatā notione, Tac. – **B** die **Untersuchung** des Zensors, **1** eig.: iudicium et notio censoria, Cic. – **2** übtr., die (tadelnde) **Bemerkung** des Zensors, notiones animadversionesque censorum, Cic.: in cuius (Sallustii) historia notiones censorias fieri atque exerceri videmus, Gell.

nōtitia, ae, *f.* (notus), **I** das **Bekanntsein, A** passiv: **1** das **Bekanntsein, Gekanntsein,** hi propter notitiam sunt intromissi, Nep. Dion 9, 4: plus notitiae, quam fuit ante, dedit, hat mich bekannter gemacht als ich vorher war, Ov. ex Pont. 3, 1, 49: virtus notitiam serae posteritatis habet, ist bekannt bei den späten Nachkommen, Ov. ex Pont. 4, 8, 48. – **2** prägn., der **Ruf,** der **(große) Name,** notitiā apud populum Romanum non carēre (v. Vergil), Tac. dial.: notitiam consequi, sich einen Namen machen, Vitr.: si quid in nobis notitiae ac nominis est, wenn ich irgend bekannt oder genannt bin, Tac. dial. – **B** aktiv, das **Kenntnishaben, 1** die **Bekanntschaft** mit jmd., **a** im Allg.: haec inter nos nuper notitia admodum est, Ter.: notitia nova mulieris, Cic. – **b** prägn.: notitiam feminae habere, eine Frau (fleischlich) erkennen, Caes. b. G. 6, 21, 5. – **2** das **Wissen, a** die **Kenntnis,** corporis sui, Cic.: temporum, locorum habere notitiam, Quint.: alci in notitiam venire, einem zur Kenntnis kommen, Plin.: in notitiam hominum venire, ruchbar werden, Sen. rhet.: in notitiam populi pervenire, beim V. bekannt werden (v. Pers.), Liv.: perferre in notitiam alcis, zu jemandes Kenntnis bringen, Plin. ep.: tradere alqd notitiae hominum, Plin. – **b** die **Vorstellung,** der **Begriff,** notitiam aperire (erklären), Cic.: dei notitiam habere, Cic.: notitias rerum (allgemeine Begriffe) imprimere, Cic. – **II** die **Nachricht,** das **schriftliche Verzeichnis,** spät. ICt.

nōtitiēs, ēī, *f.* = notitia, Lucr. 5, 182 u. 1045. Vitr. 6. prooem. § 5. Schol. Iuven. 9, 84.

notius, a, um (2. notus), **südlich,** piscis, Manil. 1, 438: sidera, Manil. 1, 446: polus, Hyg. astr. 1, 5 u. 6; 4, 11: mare, das Tyrrhenische (Toskanische) Meer, Plin. 3, 75.

noto, āvī, ātum, āre (aus *nōtus, dem alten Part. Perf. Pass. von nosco), **I kennzeichnen, bezeichnen,** mit **Kennzeichen versehen, durch Zeichen kenntlich machen, A** eig. u. übtr.: **1** eig.: not. greges, Calp.: tabellam cerā, Cic.: vitia quaeque, kenntlich machen, Hor.: ova atramento, Colum.: chartam, beschreiben, Ov.: genas ungue, zerkratzen, Ov. – **2** übtr., **bemerken, a sich anmerken, bezeichnen,** notat et designat oculis ad caedem unumquemque nostrum, Cic.: oculis sibi puellam, Ov. – **b** als publiz. *t. t.,* vom Zensor, den Namen eines röm. Bürgers wegen eines Vergehens im Protokoll mit einer tadelnden Bemerkung versehen, **mit einem Tadel belegen,** alqm furti et captarum pecuniarum nomine, Cic.: eos hāc subscriptione, Cic.: equitem ignominiā, Suet.: homines ignominiā notati, Cic.: a censoribus notatus, Aur. Vict. – m. *Genet.* (wegen), eques Romanus impolitiae notabatur, Gell. 4, 12, 2. – **c** sich bemerkend **unterscheiden,** culta ab incultis, Liv. 27, 8, 18. – **B** bildl.: **1 bezeichnen, a** übh.: res nominibus, Cic.: alqd verbis Latinis, ausdrücken, Cic.: res voce, Lucr. – **b** den in einem Wort liegenden Begriff bezeichnen, ein Wort **etymologisch erklären,** Cic. top. 36. – **2 kenntlich machen, auszeichnen,** alqm decore, Cic.: ita notata reliquisse, Cic. – **3** jmd. durch eine Anspielung mit Worten oder Gebärden **bezeichnen, meinen, auf** jmd. **zielen, anspielen,** alqm, Ov. met. 9, 261: senatum gestu, Suet. Ner. 39, 3. – **4 aufstechen, tadeln, rügen,** rem, Cic.: verbis alqm, Cic.: alqm multa cum liberalitate, Hor.: quaeque Persius notat, Quint.: amor dignus notari, der Ahndung wert, die eine gerechte Rüge trifft, Hor. – m. *Genet.* = einer Sache **zeihen,** alqm temeritatis, Augustin. epist. 197, 5. – **II zeichnen, durch Zeichen darstellen, A** eig. u. übtr.: **1** eig.: **a** im Allg., **schreiben,** litteram (einen Brief), Ov.: verba, Ov.: nomina, Ov.: libellos, Mart.: absol., notat et delet, Ov. – **b** insbes., **mit Abkürzungen schreiben,** notando consequi, Quint.: notata, non perscripta erat summa, Suet. – **2** übtr.: **a kurz aufzeichnen, anmerken, bemerken,** caput, Cic.: legem, Nep.: debet vacare etiam locus, in quo notentur quae etc., Quint. – **b anführen, bemerken, anzeigen,** res singulas, Cic.: enumerare et notare naturas vinorum, Plin. – **c wahrnehmen, beobachten, bemerken,** cantus avium, Cic.: fumum, Curt.: fontem, Curt.: arma procul, Val. Flacc.: lacrimas alcis, Sen.: in porticu gregem cursorum, Petron.: sibi Ascylli fugam, Petron.: genus, durch Beobachtung feststellen, Cic.: quod ex vultu notari poterat, Curt.: m. dopp. *Acc.,* si quos insignes (auffallend) aut aliquā parte membrorum inutiles notaverunt, Curt. 9, 1 (5), 25. – m. folg. *Acc.* u. *Infin.,* ne ducem circumire hostes notarent, Liv. 7, 34, 15: quem cursitare ac ne cubiti quidem mensuram progredi proverbio Graeco notatum est, Suet. Tib. 38. – absol., notante omni exercitu, Suet. Aug. 96, 1. – **d eine Bemerkung machen, bemerken, anmerken,** von einem Schriftsteller, annalibus notatum est m. folg. *Acc.* u. *Infin.,* Plin. 8, 131: Proculus apud eum notat mit folg. *Acc.* u. *Infin.,* Ulp. dig. 3, 5, 9 (10). – **B** bildl., **merken,** dicta memori pectore, Ov.: dicta mente, Ov.

nōtor, ōris, *m.,* (nosco), der **Kenner** jmds., der **Identitätszeuge,** die **Autorität** (klass. cognitor, s. d. *no.* I), homo sine tribu, sine notore, sine nomine, Flor. 3, 16, 1: notorem petere ab alqo, Sen. apoc. 7, 4: nodorem dare, Sen. ep. 39, 1. Petron. 92, 9.

nōtōrius, a, um (noto), **anzeigend, kundtuend,** subst., **I** nōtōria, ae, *f.* (*sc.* epistula), ein **Schreiben, das eine Anzeige, Nachricht, einen Bericht enthält,** Treb. Poll. u. a. (s. Hildebr. Apul. 7, 4. p. 526). – **II** nōtōrium, iī, *n.,* die **Anzeige, Denunziation,** ICt u. Eccl.

notos, s. 2. notus.

nōtrīx, s. nūtrīx.

notula, ae, *f.* (*Demin.* v. nota), ein **kleines Zeichen, Pünktchen,** Mart. Cap. 1. § 66.

1. nōtus, a, um, *PAdi.* (v. nosco), **bekannt** (Ggstz. ignotus), **I** passiv = jmdm. **bekannt, A** im Allg.: **1** eig. (sowohl von dem, dem ich bekannt bin, als von dem, der mir bekannt ist), res nota, Cic.: noti atque insignes latrones, Cic.: miles (kollektiv) notus inter se, Liv.: urbibus notus et populis, stadt- und weltbekannt (Ggstz. ignotus plerisque et obscurus, v. Pers.), Sen.: voluptas, quae passeribus est nota omnibus, a nobis intellegi non potest? Cic.: tua nobilitas hominibus litteratis est notior, populo obscurior, Cic.: murus ab ingenio notior ille tuo, Prop. (vgl. Lachm. Prop. 4, 1, 9 über notus mit ab): si gloriā tangeris notiorem epistulae meae te facient, quam omnia ista, quae colis, Sen.: vita P. Sullae vobis notissima, Cic.: notissimi inter se, quia etc., sie kannten einander genau, weil usw., Liv. – alqd notum habere, kennen, wissen, Cic.: alqd notum facere alci, Cic.: de filia notum senatui fecit, Suet.: m. folg. *Infin.,* et illud quidem etiam hic notum, avium voces volatusque interrogare, Tac. Germ. 10: notus minuisse labores, Sil. 12, 331; u. so Manil. 1, 31. – subst., **a** nōtī, ōrum, *m.,* **Bekannte, gute Freunde** (Ggstz. ignoti), Cic. u. a. – **b** nōta, ōrum, *n.,* **Bekanntes, Offenkundiges,** quid opust nota noscere? Plaut. mil. 636: Ggstz., quem *nota* pariter et *occulta* fallebant, Tac. hist. 1, 24 *extr.* – **2** übtr.: **a bekannt = freundschaftlich,** notis compellat vocibus, Verg. Aen. 6, 499. – **b bekannt = gewöhnlich,** ulmus, nota quae sedes fuerat columbis, Hor.: munera, Verg. – **B** prägn.: **a ausgezeichnet, angesehen, berühmt** (Ggstz. obscurus), gladiator, Suet.: pater familias, Suet.: scriptor, Hor.: Lesbos, Hor. – m. *Genet.* (wegen), paterni animi, Hor. carm. 2, 2, 6. – **b berüchtigt,** mulier, Cic.: quod noti sunt, Cic. – **II** aktiv = **bekannt** mit etwas, mit *Genet.,* homo eius provinciae notus et non parum sciens, Auct. b. Hisp. 3. § 3: notus adeo eius domus, ut etc., Dict. 6, 7.

2. notus (-**os**), ī, *m.* (νότος) = auster, der **Südwind,** stürmisch u. Regen bringend, **I** eig., Verg., Ov., Gell. u. a. – **II** übtr., übh. der **Wind,** Plur. die **Winde,** die **Lüfte,** auch **Sturm,** tendunt vela noti, Verg.: in notos volantem fugere, Verg.: so auch grues fugiunt notos, fliegen davon, Verg.: ratis acta notis, Val. Flacc.

novāclum, s. novāculum.

novācula, ae, *f.* (novus), **I** ein **scharfes Messer,** nov. praeacuta, Apul.: novaculam arripere, Apul.: summam cutem (raporum) novaculā decerpere, Colum.: cotem novaculā praecīdere, Cic., discindere, Cic. u. Liv., disicere, Lact., secare, Flor. (alle v. Augur Nävius): secare novaculā fauces, Suet. – bes. zum Scheren des Bartes u. des Haupthaares, das **Schermesser, Rasiermesser,** nov. rudis, Petron. cursu volucri pendens in novacula calvus, Phaedr.: mercenarius meus, ut ex novacula comperistis, tonsor est, Petron.: cum (tonsor) strictā novaculā supra est, Mart.: hoc (caput) saeva novacula nudet, Mart.: nihil melius est, quam novaculā cotidie radere (die Haare abzurasieren), Cels. – u. der **Dolch** eines Meuchelmörders, Mart. 7, 61, 7. – **II** übtr., ein uns unbekannter Fisch, Plin. 32, 14.

novaculārius, iī, *m.* (novaculum) = ξυροποιός, der **Rasiermesserfabrikant,** Gloss. III, 308, 69 u. III, 520, 52.

novāculum u. (synk.) **novāclum,** ī, *n.,* Nbf. v. novacula, das **Schermesser,** Form *-culum,* Gloss. (wo ›novaculum‹, ξυρόν): Form *-clum,* Lampr. Heliog. 31, 7.

Novaesium, iī, *n.,* Stadt an der j. Erft, oberhalb Düsseldorfs am linken Rheinufer, Tac. hist. 4, 26 u. ö.

novāle, is, *n.,* s. novālis.

novālis, e (novo, novus), **was gepflügt werden muss, I** *adi.*: ager, Brachacker, Brachfeld, Varro LL. 5, 39 (vgl. 6, 59): u. so solum (Ggstz. subactum), Colum. 6. praef. § 1. – **II** *subst.,* novālis, is, *f.* (*sc.* terra), u. novāle, is, *n.* (*sc.* solum), **A** eig.: **1** ein **Brachacker, Brachfeld,** tonsae novales, Verg.: ubi mundae sunt novales, Pallad.: novale vacuum, Ov.: novalis est ubi satum fuit ante quam secundā aratione renovetur, Varro: novale est quod aeque alternis annis seritur, Plin. – **2** ein Acker, der zum erstenmal gepflügt wird, **neues Ackerfeld, Neubruch,** talis fere est in novalibus caesā vetere silvā, Plin.: ex silva novale faciunt, ICt.: dumosa novalia purgans proscindens iterans, bis terque quaterque resulcans, Ven. Fort. vit. S. Mart. 3, 162. – **B** übtr., jeder Acker, der bebaut wird, novalia culta, Verg. ec. 1, 70: diri novalia Cadmi, Stat. Theb. 3, 645.

novāmen, inis, *n.* (novo), die **Neuerung, etwas Neues,** Tert. adv. Marc. 1, 20; 4, 1 u. 11.

Novāpolis, s. Neāpolis.

Novātiānī, ōrum, *m.,* die Anhänger des Karthagers Novatius, die **Novatianer,** eine christl. Sekte, Lact. 4, 30, 10. Cod. Theod. 16, 5, 59 u. a.

novātio, ōnis, *f.* (novo), die **Erneuerung, Veränderung, I** eig., Tert. adv. Marc. 4, 1. Paul. Nol. carm. 25, 181: basis nov., CIL 8, 2632: nov. pudendorum, das Abscheren der Schamhaare, Arnob. 5, 35. – **II** übtr., die **Umwandlung einer bestehenden Obligation,** bes. das **Setzen einer neuen Obligation an die Stelle der früheren,** Acro Hor. sat. 2, 6, 36 H. Ulp. dig. 46, 2, 1 u. a. ICt.

novātor, ōris, *m.* (novo), **I** der **Erneuerer,** stirpis Anniae, Auson. epist. 16, 32. p. 175 Schenkl. – **II** der **Neuerer, Neu-Aufbringer,** verborum, der Aufbringer neuer Wörter, Gell. 1, 15, 18.

novātrīx, trīcis, *f.* (Femin. zu novator), die **Erneurerin,** Ov. met. 15, 252.

novātus, ūs, *m.* (novo), die **Erneuerung, Veränderung,** Plur., varii novatus, Auson. Append. (II. de rosis) *v.* 39. p. 245, 11 Schenkl.

novē, *Adv.* (novus), **I neu, ungewöhnlich, unerhört,** Plaut. Epid. 222. Rhet. Her. 1, 15. Sen. contr. 1, 1, 25 u. 1, 4, 11. Gell. 17, 2, 13. – **II** novissimē, **zuletzt, a** in der Zeit = **letzthin, vor kurzem, jüngst, in der neuesten Zeit, neuestens,** Planc. in Cic. ep., Sall. u. Plin. ep.: saepe ... novissime, Brut. in Cic. ep. – **b** in der Reihenfolge = **zuletzt, endlich,** Hirt. b.G., Sall. u. a. (s. Benecke Iustin. 9, 7, 13. p. 149): primum ... deinde ... novissime, Planc. in Cic. ep. u. Sen.: primum ... posthaec ... novissime, Sen.

novellaster, tra, trum (novellus), **etwas neu, -jung,** vinum, Marc. Emp. 8.

novellātio, ōnis, *f.* (novello), das **Neu-Einsetzen,** olivarum, meton. = frisch gepflanzte Ölbäume, Augustin. in psalm. 227, 16 *extr.* Itala psalm. 127, 3 (wo Vulg. novellae).

novellētum, ī, *n.* (novellus) = νεόφυτον (Gloss), die **Baumschule,** bes. von jungen Weinstöcken, Gaius dig. 5, 3, 39. Paul. dig. 25, 1, 6.

novellitās, ātis, *f.* (novellus), die **Neuheit,** Tert. de anim. 28 u. a.

novello, āre (novellus), **neue Weinstöcke setzen,** Suet. Dom. 7, 2: vollst. novellare vineas, Isid. quaest. in 4. regg. 8, 1 u. 3. – übtr., n. vitam deo, widmen, weihen, Paul. Nol. carm. 21, 659.

novellus, a, um (*Demin.* v. novus), **neu, jung** (Ggstz. vetus, vetulus), **a** im engeren Sinne, als *t. t.* des Landb., von dem, was noch nicht ausgewachsen ist, boves (Ggstz. vetuli), Varro: gallina, Colum.: arbor, Cic.: vitis, Verg.: olivetum, ICt.: vineae (Ggstz. veteres), Varro: prata, Ov. u. Plin. – subst., **α** novellae, ārum, *f.,* **junge Bäume,** Plin. 17, 234. Vulg. psalm. 127, 3; bes. **junge Weinstöcke,** Coripp. 3, 327. – **β** novellī, ōrum, *m.,* **junge Tiere,** der **Erstlingswurf,** Plin. 28, 128. – **b** im weiteren Sinne übh. von dem, was noch nicht lange besteht usw., oppida, neu unterworfene, Liv.: miles, Rekrut (Ggstz. iam vetustus), Veget mil.: frena, neuer Zaum, Ov.: n. religio, eben erst entstandene, Arnob.: Kompar., novellior populus, Ps. Cypr. de monte Sina et Sion 6. – subst., Novellae, ārum, *f.* (*sc.* constitutiones), die **Novellen,** ein Teil des röm. Rechtes, weil sie erst nach dem Codex herausgegeben wurden.

novem, *Numer.* (urspr. *noven, altindisch *nava,* gotisch u. ahd. *niun*), **neun,** Komik., Cic. u. a.: decem et novem, Liv., decem novem, Caes.: novem dierum iter, Caes.: puerulo me non amplius novem annos nato, Nep.

November, bris, bre, Abl. brī (novem u. Suffix ber), **zur Neun gehörig, November-, a** mensis November, der neunte, dann (wie bei uns) der elfte Monat des Jahres, der **November,** Cic. u. a.: alt Novembris mensis, Cato fr.: bl. November, Mart. u. a. – **b zum** Monat **November gehörig, November-,** Kalendae Novembres, Nonae Novembres, Idus Novembres, Cic. u. a.

novemdecim, *Numer.* (novem u. decem), **neunzehn,** Liv. epit. 119 H. zw. (Madvig XIX, Weißenb. undeviginti).

novemdiālis, s. novendiālis.

novēnārius, a, um (novenus; vgl. Prisc. de fig. num. § 27), **aus neunen bestehend, Neun-,** numerus, Varro LL. 9, 86. Censor. 14, 12. Arnob. 3, 38. Macr. somn. Scip. 2, 2, 12. Boëth. inst. arithm. 1, 16 u. inst. mus. 2, 6. Fulg. contin. Verg. p. 149 M.: regula, Varro LL. 9, 86. Mart. Cap. 2. § 103: sulcus, drei Fuß tief u. drei Fuß breit, Plin. 15, 77.

novendiālis (**novemdiālis**), e (novem u. dies), **neuntägig, I** = neun Tage dauernd, nov. feriae, ein neuntägiges Fest, mit Sühnopfern verbunden, das bei außerordentlichen, Unglück verkündenden Anzeichen (besonders wenn es Steine geregnet hatte) begangen wurde (vgl. Fest. 177, 27). Cic. ad Q. fr. 3, 5, 1: dass. nov. sacrum, Liv. 1, 31, 4 u. 21, 62, 6: nov. sacrificium, Liv. 38, 36, 4. – **II** = den neunten Tag geschehend, novendiale od. novendial, is, *n.* (*sc.* sacrum), ein Opfer, das man in Verbindung mit einem Leichenschmaus den neunten Tag nach der Beerdigung der Leiche brachte, Augustin. lib. 1. in pentat. qu. 172. Porphyr. Hor. epod. 17, 48: ludi nov., Serv. Verg. Aen. 5, 64: dah. cena, Leichenschmaus, Tac. ann. 6, 6. – pulveres, am neunten Tage nach dem Tod beigesetzte, folglich noch frische Leichenasche, Hor. epod. 17, 48. – dah. sprichw., extincto populo etiam novendialis (viell. *sc.* cena) tarde venit, von jmd., der zu spät Hilfe bringt, Ps. Quint. decl. 12, 23.

novēnī, ōrum (novem), **je neun,** terga novena boum, Ov. met. 12, 97: novenis annis, jedesmal in neun Jahren, *ibid.* 8, 171: virgines ter novenae, Liv. 27, 37, 7: vis novies denos dicam deciesne novenos isse dies? Auson. epist. 5, 7. p. 162 Schenkl: ter terna ter, id est ter novena, quae sunt viginti septem, Macr. somn. Scip. 1, 6, 3. – Sing., novena lampas, neun Tage brennende, Stat. silv. 1, 2, 4.

novennis, e (novem u. annus), **neunjährig,** filius, Lact. de mort. pers. 20, 4.

Novensidēs od. **Novensilēs** (mit sabin. l = d) **dīvī** (novus u. insideo), Götter, die erst später unter die Zahl der Götter aufgenommen sind, Varro LL. 5, 74 (Novensides d.). Liv. 8, 9, 6. Arnob. 3, 38 *sqq.* (Novensiles d.).

noventius, urspr. Form von nuntius, Cn. Marci carm. b. Fest. 165 (a), 30 (Bücheler).

noverca, ae, *f.* (novus), die **Stiefmutter, I** eig.: nov. filii, Cic.: nov. bona, Sen.: saeva, Verg.: saeviores tragicis novercae, Quint.: amisisti matrem statim nata; crevisti sub noverca, Sen.: an non putas esse aliquid discriminis inter matrem et novercam? Sen. ep. 94, 15. – Sprichw., apud novercam queri, vergeblich, Plaut. Pseud. 314. – bildl., quorum Italia est noverca, Vell.: rerum ipsa natura in eo non parens sed noverca fuerit, si etc., Quint. – **II** übtr., **a** eine zur Trockenlegung der Grundstücke bestimmte tönerne od. hölzerne Abzugsröhre, die mit Scherben gefüllt ist und das Wasser nur langsam, gleichsam stiefmütterlich, durchlässt, Gromat. vet. 227, 14; 240, 14 u. a. – **b** ein unebener Platz (von der iniquitas novercae benannt), Hyg. de mun. castr. § 57.

novercālis, e (noverca), **stiefmütterlich, I** eig. = der Stiefmutter zugehörig, agri, Stat.: Lavinium, nach des Askanius Stiefmutter Lavinia benannt, Iuven.: Mycenae, der Stiefmutter des Bacchus, der Juno, heilig, Stat. – **II** übtr. = **lieblos, feindselig,** oculi, Sen. rhet.: odium, Aur. Vict.: odia, Tac.: malitia, Apul.: delenimenta, ICt.: Liviae in Agrippinam stimuli, Tac.

novercor, ārī (noverca), **stiefmütterlich begegnen, lieblos verfahren,** alci, Sidon. epist. 7, 14, 3.

Novesium, iī, *n.*, befestigter Ort der Ubier im belg. Gallien am Rhein, j. *Neuss,* Tac. hist. 4, 26 u. a. It. Anton. 255, 2 (370, 5 Novesia gen.), dessen Befestigungswerke von Julian im J. 359 n. Chr. wiederhergestellt wurden, Amm. 18, 2, 4.

Noviānus, a, um, s. Novius.

novīciolus, a, um (*Demin.* v. novicius), **etwas neu,** Tert. apol. 47 u. a.

novīcius, a, um (novus), **neu,** der Gattung nach, vinum, neuer, junger Wein, Plin.: morbus, Sen. rhet.: quaestus, Plaut.: colores, Plin. – bes. **a** erst jüngst in den Sklavenstand gekommen, puellae, Ter.: gladiatores, Cic.: recens captus homo, nuperus et novicius, Plaut. – subst., novīciī, ōrum, *m.* (*sc.* servi), **Neulinge,** grex noviciorum, Cic.: venales novicios accepimus, Quint. – **b** eben erst (in der Unterwelt) angekommen, ein **Neuling,** Iuven. 3, 265. – ► synk. noicius, CIL 1, 819.

noviēs (noviēns), *Adv. num.* (novem), **neunmal,** Varro, Ov. u. Sen.: novies deni, Auson.

noviēs-deciēs, *Adv. num.*, **neunzehnmal,** Prisc. de fig. num. § 28. p. 415, 21 K.

novilūnium, iī, *n.*, der **Neumond,** Vulg. 3. Esdr. 8, 6 u. 9 ü. ö.

Noviodūnum, i, *n.*, **I** Stadt der Suessionen, später Augusta Suessionum gen., j. *Soissons,* Caes. b. G. 2, 12, 1. – **II** Stadt der Bituriges Cubi, östlich von Avaricum, j. *Nouan* bei Orleans, Caes. b. G. 7, 12, 2; 7, 55, 1 (wo sie oppidum Aeduorum gen. wird, viell. weil sie nach ihrer Eroberung wieder unter die Herrschaft der Äduer gekommen war).

Noviomagus, ī, *f.*, **I** Stadt der Nemeter an der Straße von Argentoratum nach Mogontiacum, j. *Speier,* Itin. Anton. 253, 3 u. 355, 2. – **II** Stadt der Trevirer an der Straße von Augusta Trevirorum nach Confluentes, j. *Neumagen,* Itin. Anton. 371, 4. Auson. Mos. 11 (wo Novomagus nach *ed. Tross.;* Vulg. Nivomagus).

novissimālis, e (novissimus) = τελικός, am **Ende stehend,** Mar. Victorin, art. gr. 2, 2, 40. p. 74, 11 K.

novissimē, *Adv.*, s. novē.

novitās, ātis, *f.* (novus), die **Neuheit, I** eig.: **A** im Allg., das **Neue** einer Sache (Ggstz. vetustas, antiquitas), Quint. u. a.: anni, das neue Jahr, Anfang des Jahres, Ov.: Ggstz., unde sit sic eloquendi non *novitas,* sed *vetustas,* Macr. sat. 1, 4, 4. – Plur., novitates, neue Verhältnisse (= neue Bekanntschaften), Cic. de amic. 68. – **B** insbes., die **Neuheit** des **Geschlechtes, -der Familie** (als Zustand eines homo novus, s. novus), die **Emporkömmlingschaft,** Cic. u. a.: Cicero, vir novitatis nobilissimae, Vell. – **II das Neue** = das **Ungewöhnliche, Überraschende,** pugnae, Caes.: periculi, Sall.: novitate rei permotus, Caes.: terror, quem tibi rei novitas attulerit, Cic.: cupidi novitatis, nach Neuerungen, Veränderungen im Vortrag einer Wissenschaft, Quint. – Plur. novitates, das Ungewöhnliche, Plin. ep. 1, 4, 4: novitates aquarum, ungewohnte Wasser, Sen. ad Marc. 11, 4: et hae quoque novitatibus victae, durch neue Erscheinungen, Plin. 7, 4.

noviter, *Adv.* (novus) = nove, Fulg. myth. 3, 1. p. 103 M. CIL 6, 1156; vgl. Charis. 116, 6. Paul. ex Fest. 172, 3.

Novius, iī, *m.*, italischer (kampanischer, etruskischer, römischer) Männername, so Novius, ein berühmter Atellanendichter (um 104–84 v. Chr.), Macr. sat. 1, 10. § 3. – u. Novius als fingierter Name = Neumann, Hor. sat. 1, 6, 40. – Dav. **Noviānus,** a, um, **novianisch, des Novius,** Atellaniolae, M. Aurel. b. Fronto epist. ad M. Caes. 2, 10. p. 34, 15 N.: fullones, Tert. de pall. 4.

novo, āvī, ātum, āre (novus), **I** etwas **neu machen, erneuern, in seinen vorigen Stand setzen, A** eig.: transtra, Verg.: membra, erquicken, Ov.: amorem, Ov.: ardorem, Verg.: vulnus, aufreißen, Ov.: ferner agrum cultu, erneuern, verjüngen, Ov.: agro non semel arato, sed novato et iterato, zwei- u. dreimal gepflügt, Cic. de or. 2, 131: ingratos nullā prole novare viros, fortpflanzen, Ov.: luna postquam a sole discedens novata est, Macr. – **B** übtr.: **a** erneuern = **erfrischen, erquicken,** animus defessus audiendo aut admiratione integratur, aut risu novatur, Cic. de inv. 1, 25. – **b eine neue,** d. i. **veränderte Gestalt geben, verändern, α** übh., pugnam equestrem, Liv.: nihil habui ... quod putarem novandum in legibus, Cic.: nomen simul faciemque, Ov.: novare res, die bestehende Verfassung verändern, Neuerungen od. Unruhen anfangen, erregen, Liv.: so auch ne quid novaretur, Sall.: omnia novare, Liv.: auch absol., novandi spes, Neuerungen zu machen, zu Neuerungen, Sall. Cat. 39, 4: u. so cupido novandi, Tac. ann. 4, 18. – **β** als jurist. *t. t.*, eine **bestehende Obligation umwandeln,** bes. **eine neue Obligation an die Stelle der früheren setzen** (und diese dadurch aufheben), nov. obligationem u. bl. nov., ICt. – **c verwandeln,** corpus, formam, Ov. – **II neu bilden, erfinden,** verba, neue Wörter bilden, aufbringen, Cic.: tela, neue Waffen schmieden, Verg.: pila, Sil.

Novocōmēnsis, e, **Novum Cōmum,** s. Cōmum.

novus, a, um (νέος) (*Compar.* novior, novius, Varro LL. 6, 59. Gell. 6 [7], 17, 8, *Superl.* novissimus, Varro LL., Cic. u. a.), **neu, jung** (Ggstz. vetus, priscus), **I** eig., v. der Entstehung, **A** im Allg.: aedes, Plaut.: navis, Liv.: murus (Ggstz. dirutus murus), Liv.: monumenta (Ggstz. refecta), Suet.: ver, Verg. u. Ov.: aestas, Sall. fr. u. Verg.: aetas, die frische Jugend (Ggstz. senior aetas), Ov.: senatus, Liv.: consules, Liv.: maritus, Neuvermählter, Bräutigam, nova nupta, Neuvermählte, Braut, verb. novus maritus et nova nupta, novus maritus cum nova nupta, nova nupta et novus maritus, Bräutigam u. Braut, Braut u. Bräutigam, Plaut., Varro u. a.: nova nuptula, das Bräutchen, Varro fr.: nova vitia (Ggstz. vitia antiquitus tradita), Sen.: novi rhetores (Ggstz. veteres oratores), Tac. dial.: novus homo, ein Ankömmling, Sen. rhet.: milites novi (Ggstz. veteres), Sall. u. Liv.: nova res, Neuigkeit, Cic.: res novae, Neuigkeiten, Cic.; bes. Neuerungen im Staat, Umsturz (des Bestehenden), Revolution, novis rebus studere, Caes.: Rubellium ad novas res extollere, zum Gründer eines neuen Reiches erheben, Tac.: novae leges, Umwälzung der Gesetzgebung, Liv.: frumentum, gleich nach der Ernte, Cic.: lac, junge, frische Milch, Verg.: frons, ein grüner Zweig, Hor. u. Ov. – auch verb. novus et recens, jung u. neu (wo novus das, was unlängst geschehen, recens das, was erst aufgekommen ist, bezeichnet), Ov., Plin. u. a.: exempla nova et recentia (im frischen Andenken stehende), Ggstz. remota et oblitterata, Tac.: res recens nova, das Neue, das ihm kürzlich zugefallen, Cic. ep. 11, 21, 2. – ut ad aestatem *rursus novus de integro* his instituendis exsudetur labor, Liv. 5, 5, 6. – subst., novum, ī, *n.*, **etwas Neues,** eine **Neuigkeit,** num quidnam novi? Cic.: vetera novis antehabere, Tac.: nova peregrinaque omnia priscis ac patriis praeferre, Liv.: afferre aliquid novi, Komik.: iam iam diu nihil novi ad nos afferebatur, Cic., u. eine **neue Erscheinung,** id novum contuens, Nep.: Plur. nova, **Neues** (Ggstz. prisca), Liv.; u. **neue Einrichtungen,** multa in re militari nova afferre (einführen), Nep. – **B** insbes.: **a** novus homo od. homo novus, ein **Neuemporgekommener (Neugeadelter),** d. i. aus einer Familie, in der vor ihm noch keiner die hohen Ehrenstellen (die kurulische Ädilität, Prätur u. das Konsulat) verwaltet hat (s. Beier Cic. de off. 1, 138), Cic. Muren. 16. Cic. ep. 5, 18, 1. Liv. 4, 54, 6; 22, 34, 7. Vell. 1, 13, 2; 2, 128, 1. Auct. b. Afr. 57, 4: so auch subst. novus nemo, Sall. Iug. 63, 7: u. Plur., erant complures novi, Sall. Iug. 8, 1: plebs novos (Leute ohne Ahnen) extollebat, Sall. Iug. 65, 5. – **b** novae tabulae, **neue Rechnungs-, Schuldbücher,** durch die bei den Alten Schuldposten getilgt wurden, was bes. bei Überschuldung der Bürger u. nach Unruhen vorkam, Cic. u. a.: dah. übtr., novae tabulae beneficiorum, gleichs. das Ausstreichen der W. aus der Schuldenliste, das Vergessen der W., Sen. de ben. 1, 4, 6. – **c** Novae tabernae u. subst. bl. Novae, ārum, *f.*, die Wechslerläden auf der Nordseite des röm. Forums (weil sie i. J. 211 v. Chr. nach einem Brand neu aufgebaut waren), im Ggstz. zu den Veteres auf der Südseite (die vom Brand verschont geblieben waren), Liv. 26, 27, 2: sub Novis, Cic. de or. 2, 266. – **d** Nova via, die **Neue Straße,** führte im Bogen an dem Nordwestabhang des Palatinus hin, von der Höhe (summa Nova via), wo Romulus dem Jupiter Stator einen Tempel gelobt, zur Tiefe des Forums sich senkend, Liv. 1, 41, 4. Vgl. Varro LL. 6, 59. Fest. 174 (a), 13. – **II** übtr.: **1** von der Bekanntschaft mit etw., **neu, unerfahren, unbekannt,** equus, Cic.: ferre novae nares taurorum terga recusant, eine an diesen Geruch nicht gewöhnte Nase, Ov.: rudis ad partus et nova miles eram, Anfängerin, unerfahren, Ov.: m. *Dat.*, novus delictis hostium, ganz unbekannt mit den Vergehen der Feinde, Tac.: dolori, Sil.: m. folg. *Infin.*, nova ferre iugum cervix, nicht gewohnt zu tragen, Sil. 16, 331. – **2** von der Art u. Beschaffenheit, **neu, sonderbar, außerordentlich, ungewöhnlich, ungewohnt, unerhört usw.,** navis (Schiff Argo), Ov.: consilium, Entschluss, Nep.: flagitium, Ter.: genus dicendi, Cic.: ars, Nep.: *nova* erumpit acies *inaudita* ante id tempus *invisitataque,* Liv. 4, 33, 1. – novum est m. folg. *ut,* Cic. Verr. 5, 13: m. 2. *Supin.*, novum auditu, Val. Max. 5, 2, 2: novum dictu, Pacat. pan. 21 *extr.* – **3** vom Äußeren, im Ggstz. zum inneren Wesen = alter, alius, ein **neuer, anderer, zweiter,** novus Hannibal, Cic.: novus Camillus, Liv.: novus Liber pater, Vell.: novus Decius, ein zweiter D. (= ein Ehrenmann voll opferfreudiger Vaterlandsliebe), Hor. Vgl. Ruhnken Vell. 2, 18 u. 82. – **4** von der Reihenfolge u. dem Grad, nur Superl. novissimus, a, um, **a** der **äußerste, letzte,** histrio, Cic.: acies, Hintertreffen, Liv.: agmen, Nachtrab, Caes.: tempus, Nep.: cauda, der äußerste Teil, das Ende des Schw., Ov.: so auch crura, Ov.: luna, Plin.: mare, Tac.: subst., novissimi, die Nachhut, Caes. u. Auct. b. Alex. – **b** der **äußerste, größte, ärgste,** casus, Tac.: exempla, Strafen, Tac. – *neutr. pl.* subst., a (nach) summa spe novissima exspectabat, Tac. ann. 6, 50.

nox, noctis, *f.* (altindisch *nákt-*, griech. νύξ, gotisch *nahts,* ahd. *naht*), die **Nacht, I** eig. u. übtr.: **A** eig.: **1** im Allg., die **Nacht, Nachtzeit,** oft auch der **Abend,** nox aestiva, Liv.: caeca, Cic. u. a.: crastina, Liv.: frigida, Hor.: gelida, Verg.: illunis, Plin. ep. u. a.: nox sideribus illustris, sternhelle, Tac.: intempesta, Ter. u. Cic.: maritalis, Ps. Quint. decl.: nuptialis, Serv.: nox omnibus noctibus nigrior densiorque, stockfinstere, Plin. ep.: perpes, Plaut. u. Spät.: proxima, Suet.: serena, Cic. poët: nox illa superior, Cic.: nox sublustris, Verg. u. Liv.: ultima illa nox (v. d. Sterbenacht), Sen. (vgl. nox illa, quae paene ultima atque aeterna nomini Romano fuerit, Liv.). – nocte, Ggstz. interdiu, Liv.: noctibus, Ggstz. interdiu, Fronto: nocte an interdiu, interdiu an nocte, interdiu nocte, Liv. – ante noctem, bei hellem, lichtem Tage, Hor.: per diem et inter (während) noctem, Gell.: sub noctem, Caes.: nocte (u. poet. nocti) od. de nocte, noch einen Teil der Nacht, noch vor Tagesanbruch, Cic.: multā nocte od. de multa nocte, in tiefer Nacht, Cic.: concubiā nocte, in tiefer Nacht, Cic.: obductā nocte, unter dem Schleier der N., Nep.: obtentā nocte, unter dem Zelt der N., Verg.: his iam contractioribus noctibus, Cic.: ad multam noctem, bis tief in die N., Caes.: primā nocte, mit Einbruch der N., Caes. u. Nep.: nocte mediā, Cic., od. de nocte media, Caes., um Mitternacht: priore nocte, in der vorgestrigen Nacht, Cic. – noctes diesque, Cic., dies noctesque, Cic., noctes et (atque) dies, Cic.: noctibus atque diebus, Sen., noctibus diebusque, Ps. Quint. decl.: diebus ac noctibus, Plin. pan. – agere totam eam noctem cum magno animi metu perpetuis vigiliis, Liv.: agere dies in terra, noctes in aqua (v. Krokodil), Plin.: agere noctem in castris, Tac.: agere noctem quietam, non insomnem, Tac.: ubi nox appetit, Liv.: appetere nox coepit, Sen.: ego iam aliquantum noctis assumo, nehme einen großen Teil der N. dazu (zum Schreiben), Cic.: se committere nocti, sich in die N. hinauswagen, Ov.: se conicere in noctem, unter dem Schutz der N. eilig abreisen, Cic.: naves in noctem coniectae, in die N. hinein verspätete, Caes.: conicere proelium in noctem, in die N. hineinziehen, Auct. b. Afr.: consumere biduum et tres noctes navigatione, Caes.: nox illa tota in exinaniunda nave consumitur, Cic.: conterere diei brevitatem conviviis, noctis longitudinem stupris et flagitiis, Cic.: ducere noctem ludo, Verg.: interdum iucundissimis sermonibus nox ducebatur, Plin. ep.: nec tranquillior nox diem tam foede actum excepit, Liv.: luci noctem, nocte lucem exspectatis, Rhet. Her.: extrahere vigiliis noctes, Curt.: ipsa umbra terrae soli officiens noctem efficit, Cic.: habui noctem plenam timoris ac miseriae, Cic.: nox interdiu visa intendi, Liv.: nox nulla intercessit, Cic.: intermittere neque noctem neque diem, Caes.: nullam partem noctis iter intermittere, die ganze N. hindurch marschieren, Caes.: nox interposita saepe perturbat omnia, Cic.: actio noctis interventu scinditur, Plin. ep.: plures cecidissent, ni nox proelio intervenisset, Liv.: eā totā nocte continenter ire (marschieren), Caes.: diem ac noctem ire, Caes.: nox alqm opprimit, überrascht jmd., Cic.: eam noctem pervigilare, Cic.: cum iam nox processisset, Nep.: provecta nox erat, Tac.: convivium ad multam noctem quam maxime possumus vario sermone producimus, Cic.: de multa nocte proficisci, Cic.: nox alci supervenit, Curt.: his in vicem sermonibus quā cibi quā quietis immemor nox traducta est, Liv.: trahere noctem vario sermone, Verg.: vigilare proximā nocte, Cic., de multa nocte, Cic.: vigilata convivio nox, Tac.: quid hoc noctis venis? Liv. – Archaist. nox adv., **zur Nachtzeit, bei Nacht** (vgl. Gell. 8. *lemm.* 1), si nox furtim faxit, XII tabb. fr. b. Macr. sat. 1, 4, 19: si luci, si nox, Enn. ann. 431: hinc mediā remis Palinurum pervenio nox, Lucil. 127. – **2** personif., **Nox,** die **Nachtgöttin,** die ihren Sitz in der Unterwelt hatte, Verg. Aen. 5, 721. Tibull. 2, 1, 87. Val. Flacc. 3, 211. – **B** übtr.: **1** meton.: **a** die **nächtliche Ruhe,** der **Schlaf,** oculisve aut pectore noctem accipit, Verg.: nox Aenean somnusque reliquit, Verg.: talia vociferans noctem exturbabat, Stat. – **b** die Arbeit bei Nacht, die **Nachtarbeit,** hāc nostras exsolvat imagine noctes, Val. Flacc. 2, 219: noctes Atticae, bekannte Schrift des Gellius. – **c** der **Traum,** Sil. 3, 216. – **d** der **nächtliche Beischlaf,** Ter. u. Cic. – **e nächtliches Schwärmen, Nachtgeschrei,** Prop. 4, 8, 60. – **2** übtr.: **a** die **Dunkelheit, Finsternis,** eines Ortes, Sen.: auf dem Meer, Sturm, Prop.: bei Regenwetter, Verg. – **b** der **Schatten,** veteris sub nocte cupressi, Val. Flacc. 1, 774. – **c** die **Unterwelt,** Claud.: ire per umbram noctemque profundam, Verg. – **d** die **Todesnacht,** der **Tod,** Hor. u. Verg. – **e** die Nacht der Augen, **Blindheit,** Ov. met. 7, 2. Sen. b. Quint. 9, 2, 43. Ps. Quint. decl. 1, 6. – **II** bildl.: **1** die **Dunkelheit, Unverständlichkeit,** mei versus aliquantum noctis habebunt, Ov. Ib. 63. – **2** die Finsternis in der Seele, der **Unverstand,** animi, Ov. met. 6, 473. – **3 Dunkel, Verwirrung, traurige Umstände,** haec rei publicae nox, Cic.: rei publicae offusa nox, Cic.: nox ingens scelerum, Lucan.

noxa, ae, *f.* (noceo), **I** der **Schaden,** noxae esse, zum Schaden gereichen, schaden, Sall.: reo esse noxae (Ggstz. reo esse absolutioni), Tac.: sine noxa, ohne Schaden, ohne Unglück, Suet.: sine ullius noxa, Liv. fr.: sine ullius urbis noxa, Liv.: noxam capere, concipere, contrahere, Schaden nehmen, Colum. u. a. – **II** meton.: **A** das Schadende, und zwar: **1** die Schaden bringende **schuldbare Handlung,** die **Schuld,** das **Vergehen, Verbrechen,** noxae reus, Liv.: in noxa esse, Ter. u. Liv.: qui in furto aut in latrocinio aut aliquā noxiā sint comprehensi, Caes.: noxam committere, ICt., sich mit Schuld behaften, Verbrechen begehen: noxam nocere, Schaden tun, Formul. vet. b. Liv. 9, 10, 9: avertere noxam ab alqo ad auctorem delicti, Liv.: sine noxam, cuius arguimur, nos purgare, Liv. – **2** konkret, der schadende Gegenstand, das **Beweisstück,** das **Korpusdelikti,** noxae deditio, noxam dedere, ICt. – **B** die **Strafe,** dedi noxae, zur Strafe usw., Liv.: eximere noxae, Liv.: noxam merere, Liv.: noxā liberari, Liv.: noxā pecuniāque exsolvi, Liv.: luere pecuniā noxam, Liv.

noxālis, e (noxa), **den Schaden betreffend, Schaden-,** actio, iudicium, causa, ICt.: crimen, Iuvenc. in exod. 880. – subst., noxāle, is, *n.*, die **Klage wegen zugefügten Schadens,** ICt.

noxia, ae, *f.* (*sc.* causa, v. noxius, a, um), **I** die **Schuld, schuldbare Handlung,** das **Vergehen,** privatae noxiae, Liv.: in noxia esse, Plaut.: in noxia aliqua comprehendi, Caes.: noxia penes alqm est, Liv.: noxiā carēre, Plaut.: alci noxiae esse, zur Schuld angerechnet werden, Liv.: noxiam defendere (ablehnen), Ter.: adeo neminem noxiae paenitebat, Liv.: alia omnis *penes* milites noxia erat, Liv. – Plur., noxiae leves, Ter.: minimae noxiae, Cic.: noxiis vacuum esse, Plaut. – **II** meton., der **Schaden,** veneficiorum, Plin.: noxiam nocere, noxiam sarcire, ICt.: alci noxiae esse, zum Schaden gereichen, ICt.

noxiālis, e (noxia), **schädlich,** Prud. cath. 9, 18.

noxiē, *Adv.* (noxius), **schädlich,** Sulp. Sev. dial. 2, 9, 1.

noxiōsus, a, um (noxia), **I verschuldet, sündhaft,** noxiosissimum corpus, Petron. 130, 7 (Sen. ep. 70, 27 unecht). – **II schädlich,** res (Plur.), Sen. de ben. 7, 10, 2: noxiosissimum animal, Sen. de clem. 1, 26, 3.

noxitūdo, inis, *f.* (noxa), die **Schuld, Verschuldung,** das **Verbrechen,** Acc. tr. 162.

noxius, a, um (noceo), **I schädlich,** tela, Ov.: corpora, die dem Geistigen nachteiligen, Verg.: animal, Sen.: animalia, Ungeziefer, Colum.: araneus aculeo noxius, Plin.: m. *Dat.* (wem?), fumus noxius oculis, Hieron.: crimina noxia cordi, Schaden anrichtende, verderbliche Verleumdungen, Verg. – **II** eines Vergehens **schuldig, sträflich,** nobilitas, Sall.: homines, Verbrecher, Sen.: corda, Ov.: alqm noxium iudicare, Liv. – m. *Abl.*, Falisci eodem noxii crimine, Liv. 7, 20, 9. – m. *Genet.*, coniurationis, Tac.: facinoris, Ulp. dig.: *Compar.*, omnibus omnium (rerum) noxior, in jeder Hinsicht schuldbelasteter, Sen. de clem. 1, 13, 2 H. (Koch omnibus reis aerumnosior). – Plur. subst., noxiī, ōrum, *m.*, **Schuldige, Verbrecher,** Sall. u. a.

nūbēcula, ae, *f.* (*Demin.* v. nubes), eine **kleine Wolke, I** eig. u. übtr.: **a** eig., nub. parva, Plin. 18, 356. Amm. 23, 5, 12. Vulg. 3. regg. 18, 44: ortus nubeculae, Apul. de mund. 8: inter nubeculas, Tert. adv. Val. 20. – **b** übtr., ein **Wölkchen, dunkler Fleck,** smaragdi quidam nubeculā obducti, Plin.: nubeculae oculorum, Mücken sehen, Plin.: nubeculae in facie, dunkle Flecken, Plin.: aliquae quasi nubeculae, Cels.: tamquam ex furfuribus factas nubeculas repraesentat urina, Cels.: mala (urina) et in qua velut furfures atque nubeculae apparent, Plin. – **II** bildl. **finsterer Ausdruck, Wolke,** frontis tuae, Cic. Pis. 20. – ► Nbf. nubicula, Tert. ad nat. 1, 5. Gloss. II, 375, 67 (wo ›nubicula, νεφέλιον‹).

nūbēs, is, Genet. Plur. nūbium, *f.* (von (nub-o, ich verhülle), die **Wolke, I** eig. u. übtr.: **A** eig.: atra, Plaut.: Lucr. u. Plin. ep.: graves imbre nubes, Liv.: nubium conflictus, Cic.: terrae anhelitus se in nubem induunt, Cic.: aër concretus in nubes cogitur, Cic.: qui sub nube solem non ferunt, Cic.: caput attollere in nubes, gen Himmel, Sil. – **B** übtr.: **1** das wolkenartig in die Luft sich Erhebende, wie die **Rauchwolke,** Stat.: die **Staubwolke,** n. pulveris, Liv. u. Curt. (z. B. Volturnus ventus, qui campis torridis siccitate nubes pulveris vehit, Liv.: prospectum oculorum nubes pulveris, quae ad caelum ferebatur, abstulerat, Curt.): n. pulverulenta, Verg. (u. so bl. nubes, Tac. hist. 3, 21): Sabaeae nubes, Dampf des Weihrauchs, Stat. – **2 Wolke** = dichte Menge, locustarum, Liv.: volucrum, Verg.: lactea columbarum, Prud.: peditum equitumque, Liv.: velut nubes levium telorum coniecta, Liv. – **3** das **Wolkige** auf dem Metall, die **Trübung,** Plin. 33, 127: auf Edelsteinen, maculosa nub., wolkige Flecken, Plin. 37, 28. – **4 dünne, durchsichtige Hülle,** nubes obsoleta, dünnes, durchsichtiges Kleid, Ps. Quint. decl. 1, 17. – **II** bildl.: **1** die **Umwölkung, Umdüsterung, a** übh.: meri, Trunkenheit, Val. Flacc.: soporis, Umwölkung des Schlafes, Val. Flacc.: frontis, Blindheit, Stat.: comae, der Schatten, Stat. – **b** die **Wolke** des finsteren Ernstes, der Traurigkeit auf der Stirn, deme supercilio nubem, Hor.: hanc tristitiae nubem discutere, Val. Max. – **2** der verbergende **Schleier,** fraudibus obice nubem! Hor. ep. 1, 16, 62. – **3** die **Gewitter-, Wetterwolke** = das **sich erhebende-, hereinbrechende Unglück,** belli, Verg. Aen. 10, 809 u. Iustin. 29, 3, 1. – **4 die trübe-, traurige Lage,** pars vitae tristi cetera nube vacet, Ov.: rei publicae, Cic. – **5** eine **Wolke** = etw. Wesenloses, Leeres, nubes et inania captare (von einer hochtrabenden u. schwülstigen Sprache), Hor. de art. poët. 230. – ► Abl. Sing. ungew. nubi, Lucr. 6, 145 (in der Elision). – Archaist. Nbf. nūbs, Liv. Andr. b. Serv. Verg. Aen. 10, 636. Auson. Technop. (XXVII) 9, de hist. *v.* 4. Itala Luc. 9, 34 u. Marc. 9, 6. Iuvenc. carm. in exod. 1120; vgl. Fragm. Bob. de nom. 561, 35 K. Not. Tir. 68, 72. – Nbf. nūbis, Itala (Cant.) act. apost. 1, 9. Vulg. (Amiat.) Matth. 17, 5. Iuvenc. carm. in exod. 1120.

nūbicula, s. nūbēcula ►.

nūbifer, fera, ferum (nubes u. fero), **I** aktiv: **a Wolken tragend,** Appenninus, Ov.: Alpes, Salv.: montes, Sil.: rupes, Val. Flacc.: aether, Anthol. Lat. – **b Wolken bringend,** noti, Ov.: euri, Sil.: ver, Lucan. – **II** passiv, **von Wolken getragen,** lectica, Ps. Augustin. serm. app. 180, 3.

nūbifugus, a, um (nubes u. fugo), **Wolken verscheuchend,** boreas, Colum. poët. 10, 288.

nūbigena, ae, *m.* (nubes u. gigno), **von Wolken erzeugt,** ein **Wolkenkind, Wolkensohn,** als Beiname: **I** im Allg.: amnes, Stat.: nimbi, Prud.: clipei, von den (vom Himmel gefallenen) Ancilien, Stat. – **II** insbes.: **A** die **Zentauren,** die Ixion mit einer Wolke zeugte, nubigenae Centauri, Verg.: oft bl. Nubigenae, Verg. u. Ov. – **B** als Beiname des Phrixus, des Sohnes der Nephele (νεφέλη, Wolke), Colum. poët. 10, 155.

nūbigenus, a, um (nubes u. gigno), **Wolken erzeugend,** aër, Claud. Mam. de statu anim. 1, 7. p. 137, 14 *Engelbrecht.*

nūbilārium, iī, *n.* (nubilum), die **Feldscheune,** in der man das Getreide vor dem Regen schützt, Varro r. r. 1, 13, 5. Colum. 1, 6, 24 u. 2, 20, 3. Pallad. 1, 36, 2. – Nbf. **nūbilāre,** is, *n.*, CIL 6, 2204.

nūbilis, e (nubo), **heiratsfähig, mannbar,** grandis ac n. filia, Cic.: virgo amici nubilis, Nep.: eximiae formae virgo nubilis, Frontin.: iam matura viro, iam plenis nubilis annis, Verg.: nubilis iam aetatis filia, Val. Max.

nūbilo, āre (nubilum), **I** *intr.* **wolkig-, trübe sein, A** eig., unpers., si nubilare coeperit, Varro r. r. 1, 13, 5: ebenso im Passiv, ubi nubilabitur, Cato r. r. 88. – **B** übtr., **wolkig-, trübe sein,** nubilantes carbunculi, Plin. 37, 94. – **II** *tr.* **trübe machen, trüben,** lucem, bildl., Paul Nol. carm. 10, 37: lumen non poterunt nubilare, Vict. Vit. 2, 51., übtr., mentem, Augustin. serm. 305, 4: adhuc nubilabatur, quod praenuntiabatur, Augustin. serm. 352, 6.

nūbilōsus, a, um (nubilum), **wolkig, trübe** (Ggstz. serenus), dies, Solin. 30, 33: aër, Sen. nat. qu. 3, 12, 2: caelum, Augustin. conf. 7, 13, 19: caligo, Apul. met. 11, 7: übtr., visus nub. vel nubilus, Cael. Aur. de morb. acut. 2, 27, 145.

nūbilus, a, um (nubes), **wolkig, mit Wolken umzogen, trübe** (Ggstz. serenus), **I** eig. u. übtr.: **A** eig.: caelum, Cels. u. Aur. Vict.: vel serenum vel nubilum caelum, Augustin.: nub. dies, Cels. u. Plin. ep.: annus, Tibull. – subst., nūbilum, ī, *n.*, **Gewölk, trübes Wetter,** propter nubilum, Suet.: involuti nubilo dies, Sen.: omnis dies caelum nubilo gravat, Sen. rhet.: nubilum inducere (von Winden), Plin. ep.: nubilo serena succedunt, Sen.: Abl. nubilo, bei trübem Wetter

(Ggstz. sereno), Sen. u. Plin.: quasi per nubilum (so im Halbdunkel, halb u. halb) recognosco quid istic? Flor. Verg. orat. an poët. p. 106, 9 H. – Plur., nūbila, ōrum, *n.*, **Wolken,** das **Gewölk, Regengewölk,** Hor., Ov. u. Plin. pan. – **B** übtr.: **1** aktiv, **wolkig, Wolken bringend,** auster, Ov.: aquilo, Plin. – **2** passiv, **finster, trübe, dunkel,** Styx, Ov.: color, Plin. u. Solin.: via nubila taxo, Ov.: visus nubilosus vel nubilus, Cael. Aur. de morb. acut. 2, 27, 145: subst., nubilo obducitur (v. einer Farbe), Solin. 30, 32. – **II** bildl.: **1 finster** in Mienen, **traurig,** toto nubila vultu, Ov.: quod fronte Selium nubilā vides, Mart.: neque ego sum nescius vos nec tristitiam nec nubilum vultum in bonis ducere, Macr. – subst., nūbilum, i, *n.*, **trübe Wolken** der Traurigkeit, oculi tristitiā quoddam nubilum ducunt, werden umwölkt, Quint.: sol etiam humani nubila animi serenat, Plin.: frigida damnatae produxit nubila menti, Stat. – **2 finster** gegen jmd., **abgeneigt, ungünstig,** nubila nascenti seu mihi Parca fuit, Ov. trist. 5, 3, 14. – **3 finster, trübe, unglücklich,** tempora si fuerint nubila, Ov.: nubilo adulescentiae contemptu perfusus, Dunkel der Verachtung, Val. Max. – **4 umnebelt, in düsterer** (finsterer) **Stimmung,** mens, Plaut. cist. 210: hāc nubilus irā, Stat. Theb. 3, 230: subst., nūbilum, ī, *n.*, die **Umnebelung, Umdüsterung,** repentino mentis nubilo obtorpescunt, Apul. apol. 50.

nūbis, s. nūbēs ►.

nūbivagus, a, um (nubes u. vagus), **Wolken durchschweifend,** Sil. 12, 102.

nūbo, nūpsī, nūptum, ere (Stamm NUB, wov. auch nubes), **I** *tr.* **bedecken, verhüllen,** iubet, ut totae virgines nubant rosae, Pervig. Ven. 22: quod aqua nubat terram, appellatus est cognominatusque Neptunus, Arnob. 3, 31. – **II** *intr.* **sich verhüllen,** meton. = **sich vermählen, heiraten,** von der Frau, weil die Braut bei der Hochzeit mit einem Schleier verhüllt u. so dem Bräutigam übergeben wurde (hingegen vom Mann uxorem ducere), **A** eig., mit u. ohne *Dat.*, Cic., Liv. u. Ov.: haec cotidie viro nubit, sie heiratet alle Tage, scherzh. v. einer Buhldirne, Plaut.: alio (= aliam in domum) nubere, Plaut.: foras nubere, Tert.: nubere in familiam clarissimam, Cic.: ut in quam cuique feminae convenisset domum nuberet, Liv.: nuptam esse cum alqo od. alci, mit jmd. verheiratet sein, Cic.: ebenso ut una apud duos nupta esset, Gell.: ire nuptum, heiraten wollen, Plaut.: filiam alci nuptum dare, Ter., Nep. u. a. (s. Drak. Liv. 1, 49, 9): alqam nuptum locare, Ter., od. collocare, Caes., verheiraten: a parentibus nuptum mitti, Sall. fr. – dah. Partiz. nūptus, a, um, **verheiratet, vermählt,** filia, Cic.: mulier, Liv., u. subst. nūpta, ae, *f.*, die **Ehefrau, Gattin,** nova n., s. novus *no.* I, A: n. pudica, Liv. u. Ov.: n. Iovis, Ov.: nupta est an vidua? Plaut.: u. subst. nūbendae, ārum, *f.* etwa die **Heiratsfähigen,** anni nubendis legitimi, Soran. p. 131, 13. – u. nupta verba, unzüchtige (die Mädchen nicht aussprechen dürfen), Plaut. fr. bei Fest. 170 (b), 24. – **B** übtr.: **1** vom Mann: **a** übh.: nupsit posterius dotatae vetulae, Pompon. com. fr.: Pontificem Max. rursus nubere nefas est, Tert.: dignae (coniuges), quibus Minyae nuberent, Val. Max.: neque nubent neque nubentur, Vulg.: nubat et nubatur ille, qui in sudore faciei comedit panem suum, Hieron.: viri nupti, Varro fr. – **b** insbes.: **α** scherzh., von dem der Frau untertänigen Mann, uxori nubere nolo meae, ich will nicht die Frau meiner Frau sein, Mart. 8, 12, 2. – **β** von Päderastie, Mart., Lampr. u. a. – **2** von Weinstöcken, an Bäume gebunden werden, sich mit ihnen gleichs. **vermählen,** Manil. u. Plin.

nūbs, s. nūbēs ►.

nucālis, e (nux), **Nüssen ähnlich,** Cael. Aur. de morb. acut. 2, 37, 200.

nucāmentum, ī, *n.* (nux), was an Bäumen in Gestalt einer Nuss herabhängt, wie **Tannzapfen usw.,** Plin. 16, 49.

nucella, ae, *f.* (*Demin.* v. nux), eine **kleine Nuss,** Apic. b. Barth. adv. 34, 18.

Nūceria, ae, *f.*, eine Stadt in Kampanien mit dem Beinamen Alfaterna, als deren Hafenort Pompeji diente, j. *Nocera,* Liv. 9, 41, 3. Cic. de lege agr. 2, 86. – Dav. **Nūcerīnus,** a, um, **nucerinisch,** Liv. u. Plin. – Plur. subst., Nūcerīnī, ōrum, *m.*, die Einwohner von Nuceria, die **Nucieriner,** Liv. – ► Nūcĕrīnus gemessen bei Paul. Nol. carm. 26, 517.

nucētum, ī, *n.* (nux), der **Nusswald,** Stat. silv. 1, 6, 12. Tert. adv. Valent. 20.

nuceus, a, um (nux), **von Nussbäumen-, Nussbaum-,** fibula, Cato: materia, Cato fr.: virga, Hieron.

nucicla, ae, *f.* (synk. aus nucicula, *Demin.* v. nux), eine **kleine Nuss,** Isid. orig. 17, 7, 23.

nucifer, fera, ferum (nux u. fero), **Nüsse tragend, Nuss-,** arbores, Schol. Bern. Verg. ecl. 1, 14.

nucifra(n)gibulum, ī, *n.* (nux u. frango), ein **Nussknacker,** scherzh. vom **Zahn,** Plaut. Bacch. 598.

nucinus, a, um (nux), **vom Nussbaum,** virga, Ambros. de Iacob 2, 4. § 19: mensae, Schol. Iuven. 11, 117.

nuciprūnum, ī, *n.* (nux u. prunum), eine auf einen Nussbaum gepfropfte Pflaume, Plin. 15, 41.

nucleātus, a, um (nucleus), **mit dem Kern versehen, unausgekernt,** uva passa, Scrib. Larg. 233: Damascena (pruna), Apic. 8, 368.

nucleo, āre (nucleus), **kernig-, hart werden,** Th. Prisc. 4, 2.

nucleolus ī, *m.* (*Demin.* v. nucleus), ein **kleiner Kern,** Plin. Val. 1, 48.

nucleus (u. gedehnt nuculeus, Plaut. capt. 655 u. Curc. 55), eī, *m.* (v. nux), der **Kern, I** eig.: **a** der essbare **Kern** der Nuss und ähnlicher Früchte, pinei, Cels.: pinearum nucum, Plin.: amygdalae, Plin.: allii, Knoblauchszehe, Plin. – dah. sprichw., nuculeum amisi, retinui pignori putamina, Plaut. capt. 655: e nuce nuculeum qui esse (essen) vult, frangit nucem, wer den Vorteil will, scheue die Anstrengung nicht, Plaut. Curc. 55. – **b** der nicht essbare **Kern** der Obstfrüchte, mali Persici, Cels.: cerasi, Plin.: acinorum, Plin. – **II** übtr., der **Kern,** d. i. **a** das Inwendige, gallae, murrae, Plin. – **b** das Härteste einer Sache, ferri, Stahl, Plin.: der Erde, Plin.

nucula, ae, *f.* (*Demin.* v. nux), die **kleine Nuss,** Plin. 15, 87.

nuculeus, s. nucleus.

nūdātio, ōnis, *f.* (nudo), die **Entblößung,** Plin. 28, 69. Hieron. epist. 22, 8. Ambros. de Noë 30, 114.

nūdātor, ōris, *m.* (nudo), der **Entblößer, Berauber,** cadaverum nudatores, Grabschänder, Fulg. exp. serm. antiqu. 568, 2 Merc. (168, 6 Munck.).

nūdē, Adv. (nudus), **nackt, bloß,** tradere, schlechthin, ohne Schmuck, Lact. 3, 1, 11.

nūdipedālia, ium, *n.* (nudipes), **I** ein religiöser Umzug mit nackten Füßen, bei großer Dürre gehalten, um Regen zu erflehen, das **Barfüßerfest,** Tert. de ieiun. 16; apol. 40; vgl. (über die Sache) Petron. 44 *extr.* Sil. 3, 28. – **II** das **Barfußgehen,** Hieron. in epist. ad Gal. 4, 8. Hieron. in Augustin. epist. 75, 10.

nūdipēs, pedis (nudus u. pes), **mit nackten Füßen, barfuß,** Tert. de pall. 5.

nūditās, ātis, *f.* (nudus), **I** = γυμνότης (Gloss.), das **Entblößtsein,** die **Nacktheit, Blöße,** absol., Lact. 2, 12, 18. Augustin. de civ. dei 4, 11 *extr.* u. 14, 17. Sulpic. Sev. vit. S. Martin. 3, 2. Vulg. deut. 28, 48: m. subj. *Genet.*, nud. capitis, Tert. de virg. vel. 12: non texit patris nuditatem, Lact. 2, 13, 5: horum nuditatem velare vestitu, Auson. grat. act. XVII. 77. p. 29, 16 Schenkl. – **II** das **Entblößtsein,** der **Mangel,** Cod. Theod. 9, 42, 42.

nudius = nunc dius (= dies), **es ist nun der … Tag,** immer mit Ordnungszahlen: nudius tertius, es ist nun der dritte Tag, d. i. vor drei Tagen, vorgestern, Cic.: so auch nudius quartus, vorvorgestern, Plaut. u. Vulg.: nudius quintus, sextus, Plaut. (s. Lorenz Plaut. most. 944): qui dies nudius tertius decimus fuit, vor dreizehn Tagen, Cic. Phil. 5, 2: u. bl. nudius tertius decimus, Cic. Phil. 5, 3.

nudius-tertiānus, a, um, **vorgestrig,** locus communis, vorg. gemachter, Fronto ad M. Caes. 5, 59. p. 93, 1 N.: dies, Ambros. de Abrah. 2, 10. § 73. Augustin. serm. 9, 5; quaest. in genes. qu. 7. u. in psalm. 103. serm. 1. § 1 u. a.

nūdo, āvī, ātum, āre (nudus), **entblößen, I** eig. u. übtr.: **A** eig.: **1** im engeren Sinne, **entblößen, entkleiden, der Kleider berauben,** alqm, Cic.: corpus, Liv.: Iuno nudata, Lact. – **2** im weiteren Sinne: **a entblößen, der Bedeckung u. Hülle berauben,** arbores nudatae, blätterlose, kahle, Cic.: radices (graminum), bloßlegen, Colum.: gladium, entblößen, ziehen, Ov. u. Liv.: tectum nudatum (*sc.* tegulis), Liv.: ventus nudaverat vada (*sc.* aquā), Liv.: murum defensoribus, Caes.: naves epibatis, Auct. b. Alex.: messes, das Getreide der Hülsen berauben, ausdreschen, Ov.: agros populando, leeren, Liv. – **b** als milit. *t. t.*, **entblößen, bloßgeben, unverteidigt lassen, nicht besetzen,** castra, Caes.: litora, Caes.: ripam, Liv.: bes. vom Heer, im Treffen dem Eindringen der Feinde bloßgeben, omnia, Verg.: terga fugā, Verg. – **B** übtr.: **1** im engeren Sinne, **entblößen, des Eigentums berauben, plündern,** quem praeceps alea nudat, Hor.: omnia, Cic. – **2** im weiteren Sinne, **entblößen, berauben,** alqm praesidio, Cic.: nudatos opere censorio, der Vorzüge ihres Standes verlustig erklärt, v. Senatoren u. Rittern, Suet. – **II** bildl., **1 entblößen, entkleiden, berauben,** evolutum illis integumentis dissimulationis tuae nudatumque perspicio, Cic.: vis ingenii scientiā iuris nudata, Cic.: Maxentium nudare conatus, seiner Würde zu entkleiden, Eutr. – **2 bloßgeben = verraten, merken lassen, äußern,** animos, Liv.: consilia, Curt.: aras traiectaque pectora ferro, Verg.: nimis detegendo cladem nudandoque, Liv.

nūdulus, a, um, *Demin.* v. nudus (s. d.) Hadr. b. Spart. Hadr. 25, 9.

nūdus, a, um (aus **noguedhos* = gotisch *naqaÞs*, ahd. *naccot, nahhut,* nackt), **bloß, I** eig. u. übtr.: **A** eig.: **1 bloß, nackt, entkleidet** = ohne Kleider, v. Pers., Cic. u. a.: manus (Ggstz. velata), Colum.: nudis pedibus, Hor.: poet. mit *Acc. resp.*, nudus genu od. membra, Verg. Aen. 1, 320 u. 8, 425: nudus omnia praeter pubem, Amm. 31, 16, 6: m. *Dat. Gerund.* exercitando corpori, zur Leibesübung entkleidet, Tac. ann. 13, 59. – oder = **leicht bekleidet, in bloßer Tunika,** nudus ara (pflüge), Verg.: inermes nudique sub iugum missi, Liv. – übtr. sudor, von nackten Leuten, Quint. – **2** im weiteren Sinne, wie **bloß = unbedeckt, unbeschirmt, a** übh.: vertex, Verg.: ensis, Verg.: nudus iacebis in arena, unbeerdigt, Verg.: nemus, ohne Laub, Sen.: aetheris axis, unbedeckt, unbedacht, Verg.: sedit humo nudā, auf bloßer Erde, Ov.: nudum et caecum corpus, die unbeschirmte, blinde Seite des K., d. i. der Rücken, Sall.: nudum erit latus? incomitata lectica? Sen.: dextra, unbewaffnet, Liv.: u. so nudi aut leviter armati (Ggstz. armatissimi), Sen.: subsellia, unbesetzt (v. Menschen), Cic.: silex, ohne Gras, Verg.: u. so colles, cacumina, Liv.: terga, ohne Bedeckung, Liv.: equi, ungesattelte, Sil.: non exercitu amisso nudus (wehrlos) in servorum ferrum et manus incīdisset, Cic.: ne tamen istum omnino Syracusis sine amicis, sine hospitibus plane nudum esse ac desertum putetis, Cic. Verr. 4, 148. – poet. m. *Acc. resp.*, lapis omnia nudus, ringsum nacktes (unbewachsenes) Gestein, Verg. ecl. 1, 48. – **b haarlos,** brumā comati sunt, aestate nudi, Solin. 30, 27. – **B** übtr.: **1** einer Sache **entblößt, beraubt,** m. folg. *Abl.*, agris, Hor.: praesidio, Cic. – mit folg. *Genet.*, loca nuda gignentium, Sall.: Othrys nudus arboris erat, vom Baumwuchs, Ov. – absol., domum reddiderit nudam, Cic.: si nudus huc se Antonius conferet, so schwach an Truppen, Planc. in Cic. ep.: m. *Dat.*, cetera nuda neci, ausgesetzt, Val. Flacc. 1, 696. – **2** übh., einer Sache **entblößt** = von etw. **bloß, ohne** etw., res publica nuda a magistratibus, Cic.: a propinquis, Cic.: Messana ab his rebus nuda est, Cic.: m. *Genet.*, mors famae nuda, Sil. 4, 608: nudus opum, arm, Sil. 14, 343. – **II** bildl.: **1 nackt, schmucklos, einfach, unverhüllt, ungeschminkt, natürlich,** commentarii Caesaris, Cic.: capilli, Ov.: verba, natürliche, unverhüllte, d. i. schlüpfrige, Plin. ep.: nomina, Quint.: veritas, Hor., Apul. u. Augustin.: simplex ac nuda veritas, Lact.: nudissima veritas, Cael. Aur. de morb. chron. 1, 5, 176. – **2 nackt, bloß = allein, nur, ausschließlich,** nuda ira, bloß Zorn, weiter nichts als Zorn, Ov.: nudum operum certamen, Ov.: nuda si ista ponas, stellt man die Frage so nackt hin, Cic.: hoc nudum relinquitur (es bleibt die bloße Frage übrig), possitne etc., Cic. – **3 nackt, bloß, dürftig, arm,** Cic. u. Ov.

nūgācissumē, *Adv.* (nugax), **höchst kurzweilig,** Plaut. trin. 819.

nūgācitās, ātis, *f.* (nugax), die **Possenhaftigkeit,** Augustin. epist. 227 *extr.*; serm. 9, 5 u. 10.

nūgae (altlat. naugae, nōgae), ārum, *f.*, **unnützes Zeug, unnütze Dinge, Lappereien, Possen, Flausen, I** eig.: nugas agit, er treibt Possen (Unsinn), er bemüht sich vergeblich, es nützt ihm nichts, Plaut.: nugas agis u. ellipt. bl. nugas! Unsinn! Plaut.: nugas postulare, das Unmögliche wünschen, Plaut.: nugis delectari, Cic.: magno conatu magnas nugas dicere, viel Lärm um nichts machen, Ter.: nugas garris, Plaut.: sed nimium multa de nugis, Cic. – v. Gedichten, **Tändeleien, Einfälle,** Catull. u. Hor.; vgl. Fritzsche u. Heindorf Hor. sat. 1, 9, 2. – v. gleichgültigen Gesprächen, **Lappereien, Schnickschnack,** Hor. sat. 2, 6, 43. – **II** übtr., von Pers., ein **nichtsnutziges Ding,** ein **nichtsnutziger Mensch,** ein **Windbeutel,** nugae (v. einem Mädchen), Plaut.: amicos habet meras nugas, Cic.: nugarum aliquid relinquere, einen nichtsn. M. (als Statthalter) zurücklassen, Cic.: ego maximas nugas omni comitate complexus sum, Cic.: in comitatu nugarum nihil, Cic. – ► Über die Ableitung und die altlat. Formen s. Brix Plaut. trin. 396.

nūgālis, e (nugae), **possenmäßig, unnütz, schlecht,** Gell. 1, 2, 6 u. a. Mart. Cap. 1. § 2. – subst., nūgālia, ium, *n.*, Possen, Lappereien = unnütze Dinge, Fronto de fer. Als. 3. p. 228, 2 N.

nūgāmentum, ī, *n.* (nugor), **nichtsnutziges Zeug,** Apul. met. 1, 25.

nūgas, *n. indecl.*, s. nūgāx.

nūgātor, oris, *m.* (nugor), **I** der **Schwätzer, Maulheld, Aufschneider,** Plaut., Cic. u. a.: attrib., iste nugator libellus, Auson. Griphus (XXVII) praef. p. 127 Schenkl. – **II** ein **Buhler,** Prud. cath. 2, 32.

nūgātōriē, *Adv.* (nugatorius), **läppisch, gehaltlos,** Rhet. Her. 4, 48. Porphyr. Hor. de art. poët. 341.

nūgātōrius (altlat. naugātōrius), a, um (nugator), **läppisch, wertlos, gehaltlos, ungereimt, nichtig, unnütz,** boves, Varro: unguentum, Varro LL.: artes, Plaut.: argumentationis genus, Rhet. Her.: opinio, Augustin.: cantica, Augustin.: mala nugatoriaque accusatio, Cic.: illud valde leve est ac nugatorium, Cic. – v. Pers., nugatorium et inertem vocant, Sen. ep. 36, 2. – *plur. neutr.* subst., nugatoria iniquitatis, Augustin. serm. 9, 8: u. bl. nugatoria, *ibid.* 32, 2.

nūgātrīx, trīcis, *f.* (Femin. zu nugator), attrib., **possenhaft, läppisch,** nugatrix acies, Prud. psych. 433.

nūgāx, ācis (nugor), **I Possen-, Kurzweil treibend, die Sache als Posse behandelnd,** Cael. in Cic. ep. 8, 15, 1. Petron. 52, 4. Ambros. epist. 58, 6 *extr.* – **II unnütz, unbrauchbar,** lapides, Past. Herm. 3, 9, 6 Palat. – ► Archaist. Nbf. nūgas, *n. indecl.*, Varro sat. Men. 513. Salv. de gub. dei 7, 1, 6 H.; vgl. Charis. 27, 5; 35, 21; 148, 13. Diom. 308, 18. Prisc. 5, 23 u. 6, 52. – ► Verschieden ist nugas (*sc.* agis, agit) bei Plautus, s. Brix Plaut. capt. 610. Lorenz Plaut. most. 1088.

nūgigerulus, ī, *m.* (nugae u. gerulus), **Lügenbote, Windmacher,** Plaut. aul. 525. Isid. orig. 10, 192.

Nūgipolyloquidēs (nugae, πολύς u. loquor), scherzh. = ein **unnützer Schwätzer,** *Plaut. Pers. 703 (Ritschl Nugipalamloquides, Schöll Nugicrepiloquides).

nūgivendus, ī, *m.* (nugae u. vendo), **Tandhändler = Frauenputzhändler,** Plaut. aul. 525 *cod. F* (auch bei Non. 144, 29).

nūgo, ōnis, *m.* = nugator, Apul. met. 5, 29 u. 5, 30.

nūgor, ātus sum, ārī (nugae), **I tändeln, Kurzweil treiben, schäkern, von Lappereien reden, -schwatzen,** Hor. ep. 2, 1, 93: non inscite, Cic. de div. 1, 30: cum alqo, Hor. sat. 2, 1, 73. – **II Possen machen, aufschneiden, lügen,** Plaut. trin. 900 u. Cas. 979.

nūgulae, ārum, *f.* (*Demin.* v. nugae), **Possen, Lappereien,** Mart. Cap. 1. § 2. Anon. de dub. nom. 582, 23 K. (L. Müller nugulas). – ► Sing. nugula, CIL 4, 2987.

nūgus, a, um (nugor), **kurzweilig,** nugae res, Possen, Schol. Iuven. 4, 150.

nūllātenus, *Adv.* (*sc.* parte), **keineswegs,** Augustin. conf. 7, 6. Mart. Cap. 2. § 135. Cod. Iust. 8, 10, 12. § 3. Claud. Mam. de stat. anim. 2, 11. Vict. Vit. 1, 22 u. 2, 42. Cassiod. var. 2, 11, 1 u. 3, 4, 4. Fulg. myth. 2. praef. p. 65 M. u. a.

nūllibi, *Adv.* (nullus u. ibi), **nirgendwo,** nullibi gentium, Iul. Val. 1, 8 *ed. Paris.* (Vitr. 7, 1, 4 falsches Einschiebsel).

nūllificāmen, inis, *n.* (nullifico), **Geringschätzung,** Tert. adv. Marc. 3, 7 u. 17.

nūllificātio, ōnis, *f.* (nullifico), die **Geringschätzung,** Tert. adv. Marc. 4, 14 *extr.*

nūllifico, āvī, āre (nullus u. facio), **geringschätzen,** Commodian. instr. 2, 28, 18. Anthol. Lat. 390, 16 (385, 16).

nūllus, a, um, Genet. nullīus, Dat. nulli (= ne ullus), **keiner, keine, keines, I** eig. u. übtr.: **A** eig.: **1** *adi.*: nulla dies, res, vis, Lucr.: nullus homo, nullus leno, nullus civis, Komik.: nullus deûm metus, nullum iusiurandum, nulla religio, Gottlosigkeit, Meineidigkeit, Gewissenlosigkeit, Liv.: nullae lites neque controversiae sunt, Cic.: nullo (= nulli) adhibetur consilio, Caes. – nullus admodum, so gut (viel) wie keiner, Liv. (s. Fabri Liv. 21, 36, 2): nullus praeterquam, Vell.: unus nullus, kein einzelner, Cic.: nullā unā re, schlechthin durch nichts, Cic.: ii nulli, nicht einer von ihnen, Cic.: nulli duo, keine zwei (von vielen), Plin. – m. nachgestellter Negation zur Erzielung einer starken Affirmation, wie οὐδεὶς οὐκ, jeder, nullo nomine non postferri, auf jede Weise, durchaus nachstehen, Vell. 2, 69, 3. – in der Umgangssprache zuw. = *non,* jedoch als nachdrücklichere Verneinung, **gar nicht, durchaus nicht** (vgl. Brix Plaut. trin. 606. Ruhnken Ter. Andr. 2, 2, 33. Fabri Liv. 24, 36, 8), nullus dubito, Komik. u. Cic.: tametsi nullus moneas, Ter.: Philotimus nullus venit, Cic.: nullus dixeris, Ter.: haec bona in tabulas publicas nulla redierunt, Cic.: quamquam ea (occasio pugnandi) nulla contigerat, Liv. – nullus im *Abl.* in Verbindung mit einem Subst. = **ohne,** nullo periculo, ohne Gefahr, Caes.: nullo certo itinere, Caes.: nullo ordine, Liv.: nullo ordine commutato, Sall.: nullo delectu, Ov.: carmina scribis Musis et Apolline nullo, Mart.: parvo ingenio, litteris nullis, Plin. ep. – **2** *subst.:* **a** nullus, *m.,* **keiner, niemand** (s. Lorenz Plaut. Pseud. 282), Plaut., Cic. u. a.: Plur. nulli, Cic. u. a. – **b** nulla, *f.,* **keine,** Ter. – **c** nullum, *n.,* **nichts** (vgl. Duker Flor. 3, 10, 13. Benecke Iustin. 5, 1, 1), nullius = *nullius rei,* Hor. u. Flor.: nullo = *nullā re,* Sen. rhet., Quint. u. Iustin., od. = *nullo loco,* Liv.: im Plur., nulla = *nullae res,* Lucan. – **B** übtr. = *neuter,* **keiner von beiden,** nullius partis esse, As. Poll. in Cic. ep. 10, 31, 2. – **II** bildl.: **1** nullus sum, **a** (v. Pers. u. Lebl.) = **ich bin nicht, -nicht mehr, -noch nicht (vorhanden), existiere nicht (noch nicht, nicht mehr),** v. Lebl. auch = **es geht** jmdm. etw. **ganz ab** (s. Meißner Cic. Tusc. 1, 11), alteri nulli sunt, alteros non attinget, Cic.: de mortuis loquor, qui nulli sunt, Cic.: quae nobis nulla sunt, Sall.: illa quies et otium cum libertate nulla sunt, Sall. fr. (vgl. Fabri Sall. Cat. 52, 21): dah. nullus = *mortuus,* Prop., Ov. u. Plin.: so vellem nulla, Ov.: illo tempore nullus Hector erat, gab es noch nicht, Ov.: res nullae = *perditae,* Plin. – **b** (v. Pers.) = **ich bin verloren, es ist ganz aus mit mir** (s. Spengel Ter. Andr. 599; vgl. Donat. Ter. Andr. 3, 5, 20 über nullus sum u. perii), nullus sum, Komik.: nulla sum, Ter. u. Ov.: nullus repente fui, Liv. – **2** (wie οὐδείς) = **so gut wie kein, unbedeutend, gering, elend, unbekannt,** homo nullius coloris, ein farbloser (= ein mir völlig unbekannter), Plaut.: res nulla, Bettel, Kleinigkeit, Ter.: nullum argumentum est, Cic.: quam nullum aut leve sit damnum, Ov.: nullus imperator fuit, Cic.: nullos iudices habemus, Cic.: patre nullo, Liv. – dah. tam nullus, so für nichts zu achten, Plin. – ▶ *Genet.* heteroklit. nulli, Ter. Andr. 608. Cato fr. b. Prisc. 6, 36. Cic. Rosc. com. 48. Gell. 17, 6, 2. Apul. flor. 9. p. 11, 18 Kr.: *Dat. masc.* nullo, Caes. b. G. 6, 13, 1; b. c. 2, 7, 1: *Dat. fem.* nullae, Cael. Antip. b. Pun. 2. fr. 26 (bei Prisc. 6, 5). Prop. 1, 20, 35. Sen. de brev. vit. 1, 3. CIL 10, 1909.

nūllus-dum, adum, umdum, **bis jetzt noch keiner,** Liv. 3, 50, 16 u. a.

num, *Adv.* (zu nunc), Korrelativum von tum, eine auf die Gegenwart des Redenden hinweisende, dem deutschen **nun** u. dem griechischen νῦν entsprechende Partikel, die mit dem demonstrativen ce versehen zu nunc wurde, wie tum zu tunc. Diese streng zeitliche Bedeutung von num findet sich jedoch selten. Meist wird num zur Einleitung einer direkten od. indirekten Frage gebraucht, um sie als ein für den Redenden aus einer Aussage oder aus den Umständen sich ergebendes Resultat zu bezeichnen, wie auch im Deutschen **nun** und das aus **dann** abgeschwächte **denn** in der Frage zur Anwendung kommt, u. zwar: **I** außerhalb der Frage, **nun, noch, noch jetzt,** Plin. 22, 37. – dah. etiam num, noch jetzt, Cic. u. a. – **II** in der Frage, meist allein, zuw. jedoch auch mit ne zu numne verb., **A** in der direkten Frage, **a** mit strenger Beziehung auf die Zeit, **nun, noch,** num moror, soll ich noch bleiben, Plaut.: numne vis audire? willst du nun noch hören? Cic.: dah. von jmd., der sich entfernt, numquid vis? wünschest du sonst noch etwas? Plaut. u. Hor.: so auch rogo numquid velit, Ter.: numquid aliud, numquid me aliud, Plaut. u. Ter. (vgl. Brix Plaut. trin. 192): numquid, priusquam abeo, me rogaturus es? Plaut. – **b** bei einer Vermutung, **denn, wohl,** num qui nummi excĭderunt, here, tibi, quod sic terram obtuere? ist dir denn Geld verloren gegangen? hast wohl Geld verloren? Plaut. – **c** bei einer Verwunderung über ein eingetretenes Ereignis, **wirklich, wohl, wohl gar,** num Ampelisca obsecrost? es ist wohl gar A.? Plaut.: num me deus obruit? wirft mich wirklich ein Gott zu Boden? Prop.: dah. bei Komikern noch mit nam verbunden, num illa me nam sequitur? die kommt mir wohl gar nach? Plaut.: numnam illa, quaeso, parturit? sie kommt wohl gar nieder, Ter. – **d** in einer ironischen Frage, **doch nicht etwa, wohl,** num immemores discipuli? deine Schüler spielen wohl die eingelernte Komödie nicht richtig herunter? Ter.: num quem evocari hinc vis foras? ich soll doch nicht wen herausrufen? Ter. – **e** in der Schlussfolgerung, häufig mit itaque u. igitur verb., **nun,** num igitur censes ullum animal sine corde esse posse? Cic.: itaque num tibi videor in causa Ligarii esse occupatus? Cic. – **f** mit bestimmter Erwartung einer negativen Antwort, **doch nicht,** quid agitis? num sermonem vestrum aliquem diremit noster interventus? Cic.: num censes etiam eosdem fuisse? Cic.: dah. num non = nonne, z. B. num non vis obviam hisce ire? Plaut.: dah. numquid, **doch etwa (doch wohl) nicht,** numquid dubitas? Ter.: numquid duas habetis patrias? Cic.: m. nam verb., numquid nam, Ter. (s. Spengel Ter. Andr. 235). – **B** in der indirekten Frage, **ob nun, ob wohl, ob wirklich, ob etwa,** si roget eos quispiam, num illa definitio possit in aliam rem transferri quamlibet? ob nun, ob wohl könnte? Cic.: iusserunt speculari, num sollicitati animi ab rege essent, ob wirklich beunruhigt wären, Liv.

Numa, ae, *m.* (Stamm NUM, wov. auch numerus, num-mus), der **Ordner, Gesetzgeber,** Name des zweiten röm. Königs, s. Pompilius.

Numāna, ae, *f.,* Stadt im pizenischen Gebiet südöstl. von Ankona, jetzt Ruinen namens *Umana distrutta,* Mela 2, 4, 6 (2. § 65). Plin. 3, 111. Sil. 8, 433. Itin. Anton. 312, 7. – Dav. **Numānātēs,** ium, *m.,* die Einwohner von Numana, die **Numanaten,** CIL 5, 6991; 10, 5831 u. 5832.

Numantia, ae, *f.,* Stadt im tarrakon. Hispanien, vom jüngeren Scipio Afrikanus belagert u. zerstört (133 v. Chr.), wahrsch. j. Ruinen bei *Puente de Don Guarray,* Liv. epit. 47 u. 54 *sq.* Flor. 2, 18. Eutr. 4, 17. Cic. de off. 1, 35. – Dav. **Numantīnus,** a, um, **numantinisch,** bellum, Cic. u. Sall.: miles, viri, Flor.: foedus, des Mancinus, Quint. – Plur. subst., Numantīnī, ōrum, *m.,* die Einwohner von Numantia, die **Numantiner,** Rhet. Her. u. a.

nūmārius, nūmātus, s. nummārius …

num-cubi (nuncubi), *Adv.* = num alicubi, **wohl irgendwo,** Varro r. r. 3, 2, 4: übtr., Varro r. r. 2, 5, 2. Ter. eun. 163.

numella, ae, *f.,* eine Art **Halseisen,** um Menschen oder Tiere in einer gewissen Lage festzuhalten, sodass sie sich nicht bewegen konnten, z. B. Sklaven, wenn sie gezüchtigt wurden, Plaut. asin. 550, Tiere, wenn sie operiert werden sollten u. dgl., Colum. 6, 19, 2 u. 7, 8, 6. Vgl. Fest. 175 (b), 18. Non. 144, 25.

numellātus, a, um (numella), **ins Halseisen gelegt,** Placid. gloss. V, 34, 2.

numenclātor, Variante von nomenclator, s. d.

nūmen, inis, *n.* (= nuimen v. nuo), der durch die Neigung des Hauptes angedeutete **Wink, Wille,** das **Geheiß,** bes. eines Gebietenden, **I** im Allg.: numen nomenque mentis, Lucr.: n. dominae, Ov.: n. vestrum (des röm. Volkes), Cic.: magnum n. senatus, Cic.: annuite P. C. nutum numenque vestrum et iubete etc., Liv. – **II** insbes., von der Gottheit: **a** der **Wille,** das **Geheiß** einer Gottheit, quod sit summi rectoris ac domini *numen,* quod *consilium,* quae *voluntas,* Cic.: deus, cuius numini parent omnia, Cic.: numen interdictumque deorum immortalium, Cic.: numine sine meo, gegen meinen W., Verg.: numine vestro, mit eurer Einwilligung, Verg.: movisse numen deos, Liv.: mundum censent regi numine deorum, Cic.: neglecto numine divûm, mit Hintansetzung des Willens (der Satzung) der Götter, Catull. – v. mehreren Willensäußerungen einer Gottheit im Plur., Iovis numina, Phoebi numina, Verg. – v. dem Willen des Kaisers, Caesareum numen, Ov. – **b** das Walten der Gottheit = die **wirkende, waltende Macht** der Gottheit, die **göttliche Schickung,** die **göttliche Wundermacht, das göttliche Walten u. Wirken** und die in ihrem Walten u. Wirken sich offenbarende **Göttlichkeit, Hoheit, Majestät,** u. meton., die **Gottheit** selbst in ihrem Walten u. Wirken, das **göttliche Wesen** (wie im Griechischen δαίμων, während deus, wie θεός, die Gottheit als Person), **α** von wirklichen Gottheiten: qui nullam vim esse ducit numenve divinum, Cic.: di praesentes suo numine atque auxilio urbis tecta defendunt, Cic.: nives glaciat puro numine Iuppiter, Hor.: inimica Troiae numina magna deûm, das gegen Troja feindselige mächtige Walten der Götter, Verg.: und im Plur. von einer Gottheit, Amor, tua numina posco, Verg.: numina Dianae, Hor.: numina casta deae, Orest. tr. – v. der Gottheit selbst, n. Iunonis, numen sanctum, Verg.: conversa numina, pia numina, Verg.: simulacra numinum, Plin. ep. 10, 96 (97), 5: ubi suae famae parci numina noluerunt, Augustin. de civ. dei 2, 9 *extr.* – **β** v. röm. Kaiser u. v. Personen aus der Kaiserfamilie, sibi maledici in illis, suam *divinitatem* (Gottheit), suum *numen* (Hoheit) violari interpretabatur, Plin. pan. – nusquam ut *deo,* nusquam ut *numini* (höherem Wesen) blandiamur, Plin. pan.: violatum numen Augusti, die göttliche Hoheit, Tac.: numen Drusillae, Gottheit, Suet.: fortunam et deos et numen (Schutzgeist, Genius) Othonis adesse, Tac. – **γ** v. den Manen geliebter Pers., Ov., Quint. u. a.; s. Spalding Quint. 6. praef. 10. – **δ** übtr., v. Lebl.: quanta *potestas,* quanta *maiestas,* quantum denique *numen* (göttl. Walten) sit historiae, Plin. ep. 9, 27, 1.

numerābilis, e (numero), **I zählbar,** Ov. met. 5, 588. Arnob. 3, 5. Claud. Mam. de stat. anim. 1, 25. Eulog. in somn. Scip. p. 402, 28 u. 30 *Orelli.* – **II** prägn., **noch zählbar = klein,** Hor. de art. poët. 206. – *Adv.* **numerābiliter,** Augustin. spec. 20.

numerālis, e (numerus), **zu den Zahlen gehörig, Zahl-,** nomen, ein Zahlwort, Prisc. 2, 27 u. 31.

numerārius, a, um (numerus), **zur Zahl gehörig,** nur subst., u. zwar: **I numerārius,** iī, *m.,* **A** der **Rechenmeister,** Augustin. in psalm. 146, 11 u. de lib. arbitr. 2, 11, 10. – **B** der **Rechnungsführer, Rechnungsbeamte,** beim Praefectus Praetorio etc., Cod. Iust. 12. tit. 50. Cod. Theod. 8. tit. 1. Amm. 19, 9, 2. Sidon. epist. 1, 11, 6 u. 5, 7, 3. – **II Numerāria,** ae, *f.,* die **Arithmetik,** personif., Mart. Cap. 7. § 802.

numerātio, ōnis, *f.* (numero), **I** die **Zählung,** Boëth. trin. 2 u. a. – **II** die **Barzahlung, Auszahlung,** numerationem facere, Colum. 5, 2, 2: numerationem exigere, Colum. 1, 8, 13 u. 11, 1, 24: numeratione solvere, Barzahlung leisten, Ulp. dig. 7, 1, 25. § 1: ab illo fiet numeratio, Sen. ep. 18, 14: de domo fiet numeratio, Sen. ep. 26, 8.

numerātor, ōris, *m.* (numero), der **Zähler,** Augustin. conf. 5, 4, 7. u. de lib. arbitr. 2, 11, 30.

numerātum, ī, *n.,* s. 1. numero.

Numeria, ae, *f.* (numerus), **I** die **Göttin des Zählens,** Augustin. de civ. dei 4, 11. – **II** die **Göttin der schnellen und leichten Geburt,** Varro bei Non. 352, 31.

1. numerius, a, um (numerus), **zur Zahl gehörig, Zahl-,** aestimatio, Iul. Val. 3, 36 (58).

2. Numerius, iī, *m.,* ein römischer Vorname, bes. des fabischen Geschlechtes, wie Numerius Fabius Pictor, s. Fabius. – Dav. **Numeriānus,** a, um, **numerianisch, des Numerius,** raudusculum, Cic. ad Att. 7, 2, 7.

1. numero, āvī, ātum, āre (numerus), **zählen, rechnen, I** eig.: **A** im Allg.: pecus, Verg.: calculos (die Steine im Brettspiel), Sen.: alqm a se primum, Cic.: alqd per digitos (an den Fingern), Ov.: in alqo ossa numerantur, lassen sich an jmd. zählen, Tac. dial.: originem libertatis inde n., Liv.: si ex reis … ex rebus numeres, nach den Beklagten … nach den Sachen, Cic.: consule et numera (senatum), »frage um u. zähle od. zähle aus (die anwesenden Mitglieder des Senates)«, sagte ein Senator zum Konsul, wenn er die Beschlussfähigkeit des Senates anzweifelte, da, wie er glaubte, der Senat nicht vollzählig sei, Cic. ad Att. 5, 4, 2; vgl. Fest. 170 (b), 16: dah. posset rem impedire, si, ut numerarentur, postularet, Cael. in Cic. ep. 8, 11, 2. – **B** prägn.: **1 zählen = rechnen** (absol.), neben legere et scribere, Augustin. conf. 1, 13 u. 15. – **2 zählen = haben,** multos numerabis amicos, Ov.: tricena stipendia, Tac. – **3 hinzählen, aufzählen, auszahlen,** alci pecuniam, Cic.: militibus stipendium, Cic.: pretium caedis (das Blutgeld) per quaestorem ac tabulas publicas, Sen.: num. a quaestore, a mensa publica, durch den Qu., durch die Staatsbank, Cic. – dah. numerātus, a, um, **bar, in klingender Münze,** pecunia, Cic.: dos, Cic. – subst., numerātum, ī, *n.,* bares Geld, numeratum si cuperem (*sc.* dare), non erat (*sc.* mihi), Cic.: numerato solvere, Cic.: in numerato, an barem Geld, Plin.: im Bild, in numerato habere ingenium, gleich in Bereitschaft haben, von einem geschickten Redner, Aug. b. Sen. rhet. u. Quint. – **II** übtr.: **1 herzählen, aufführen, anführen,** dies deficiat, si velim numerare, quibus bonis male evenerit, Cic.: auctores suos, Phaedr.: bello numerandus Hannibal, im Krieg mitzuzählender, kriegerischer, Sil. – **2 zählen, rechnen** unter etwas, inter suos, Cic.: inter honestos homines, Cic.: inter decemviros, Liv.: inter amicos, Ov.: se quoque inter bonos, Plin. ep.: alqd inter accessiones, Plin. ep.: inter dubia, Tac.: alqm in primis, Cic.: in vulgo patronorum, Cic.: voluptatem in bonis, Cic.: facta in gloria, für rühmlich halten, Sall. fr.: Platonem ex (zu) illa vetere (Academia), Cic.: ex his me testibus numero, Sen.: cum his te numerari feminis volo, Sen.: alqd nullo loco, für nichts achten, Cic.: mortem in beneficii loco, Cic.: id in mercedis potius quam beneficii loco, Cic.: in mercedis loco, Cic.: alqm post alqm, jmdm. nach-, hintansetzen, Tac. – **3** m. dopp. *Acc.,* im Passiv m. dopp. *Nom.* = als etw. **zählen,** für etw. **schätzen, -halten,** alqm hominem, Cic., alqm accusatorem suum, Cic., non competitorem, Cic.: me uterque numerat suum, Cic.: caelum etiam deum, Cic.: singulas stellas deos, Cic.: qualem me numerari volo, Cic.: ipse honestissimus inter suos numerabatur, galt als der ehrenwerteste unter den Seinigen, Cic.: quod (maleficium) ita raro exstitit, ut, si quando auditum est, portenti atque prodigii simile numeretur, Cic.: qui tum principes numerabantur, Cic.: ut haud immerito omnes deinceps conditores (als Gr.) partium certe urbis numerentur, Liv.

2. numerō, *Adv.* (eig. *Abl.* v. numerus = eig. mit dem Takt, dah.), **I alsbald, geschwind, zeitig,** Naev. tr. 61. Caecil. com. 2. Turpil. com. 34 u. 151. Varro r. r. 3, 16, 7. Varro sat. Men. 410: nimis num., Afran. com. 320. – **II zu bald, zu früh, zu zeitig,** Plaut. mil. 1400; Men. 287 u. a. Acc. tr. 144 u. 503. Afran. com. 270 u. 312. Laber. com. 55.

numerōsē, *Adv.* (numerosus), **I in großer Zahl, zahlreich,** numerose dicere, im Plural reden, Tert. – nec aliud laxius dilatatur aut numerosius dividitur (quam aurum), Plin. – versare sententias quam numerosissime, in so zahlreiche Wendungen als möglich bringen, Quint. – **II abgemessen, a** als *t. t.* der Musik = **taktmäßig, rhythmisch,** sonare, Cic. de nat. deor. 2, 22. – **b** als *t. t.* der Rhetor. = **numerös,** circumscripte numeroseque dicere, Cic.: apte numeroseque dicere, Cic. – ea omnia distinctius numerosiusque fortassean dici potuerint etc., Gell.

numerōsitās, ātis, *f.* (numerosus), die **große Anzahl, Menge,** Eccl. u. Gloss.

numerōsiter, *Adv.* (numerosus), **nach dem Takt,** Arnob. 2, 42 zw. (Reiffersch. numerosos ut cierent).

numerōsus, a, um (numerus), **I zahlreich,** u. übtr., **weitläufig, mannigfach,** partus, Plin.: hortus, weitläufig, in viele Beete abgeteilt, Colum. poët.: subsellia, Plin. ep.: agmen reorum, Plin. ep.: amici, Eutr.: domus (Familie), Plin. ep.: gymnasium numerosius laxiusque, quam fuerat, mit mehr Abteilungen u. geräumiger, Plin. ep.: numerosissima civitas, volkreichste, Tac.: opus, mannigfachen Inhalts,

Quint.: pictura, ein an Staffage (Figuren, Gruppen von Menschen, Tieren usw.) reiches Bild, Plin.: u. so pictor, ein an Staffage in seinen Bildern reicher Maler, Plin. – **II** **abgemessen,** **a** im Tanz = **rhythmisch,** brachia ducere, Ov.: ponere gressus, Ov. – **b** in der Musik = **taktmäßig, rhythmisch,** si numerosum est id in omnibus sonis atque vocibus, quod habet quasdam impressiones et quod metiri possumus intervallis aequalibus, recte etc., Cic. – **c** in der Rhetor., **rhythmisch, numerös,** im Metrum, Horatius, Ov.: in der Rede, apta et numerosa oratio, Cic.: numerosior Asinius (orator), Tac. dial. – **d** in der Kunst, **harmonisch,** Myron numerosior in arte quam Polycletus, brachte mehr Harmonie in die Kunst, Plin.

numerus, ī, *m.* (aus *nomesos; vgl. νέμω, νομή), die **Zahl,** **I** eig. u. meton.: **A** eig.: **1** im Allg., die **Zahl** als Bezeichnung der Vielheit, numerus minimus, Liv.: numero comprehendere res, zählen, Verg.: numerum subducere, Catull.: numerum inire, eine Zählung vornehmen, Caes.: so auch inire numerum interfectorum, copiarum, Liv. u. Curt.: numerum subtiliter exsequi, genau angeben, Liv.: neque quam multae species nec nomina quae sint, est numerus, kann gezählt werden, Verg.: tum deinceps proximi cuiusque collegii … in sortem coicerentur, quoad is numerus effectus esset, quem ad numerum in provincias mitti oporteret, SC. bei Cael. in Cic. ep. 8, 8. § 8. – **2** insbes.: **a** eine bestimmte **Zahl, Anzahl, Reihe,** piratarum, Cic.: supplevere ceteri numerum, Liv.: navis habet suum numerum, seine gehörige Ladung, Anzahl an Mannschaft, Cic.: ad numerum esse, mitti, in der gehörigen Zahl, vollständig, Cic.: alios in numerum (um die Zahl voll zu machen) relinquere, Sen.: haec sunt tria numero, an der Zahl, im Ganzen, in Summa, Cic.: so auch numero quadraginta, Sall.: quingenti numero, Tac.: pauci numero, Tac.: multi numero, Apul. – referre in deorum numero, unter der Zahl der G. anführen, Cic. (hingegen referre in deorum numerum = unter die Zahl der Götter versetzen, Suet.): so auch in deorum numero habere, Cic.: haberi in numero disertorum, Cic., in septem sapientum numero, Nep.: ducere in numero hostium, Caes.: sidera in numero deorum reponere, Cic.: qui est eo numero, qui habiti sunt etc., Cic.: hunc ad tuum (= *tuorum*) numerum ascribito, Cic.: ascribe me talem (*i.e.* talium) in numerum, Cic. – **b** (wie ἀριθμός) eine unbestimmte **Anzahl, Menge, Vorrat, Masse,** ein **Haufen,** hominum, Cic.: copiarum, Nep.: maximus numerus vini, Vorrat, Menge, Cic.: innumerabilis frumenti numerus, Cic.: nec fuit in numero (*sc.* hominum), hat nie gelebt, Lucr. – **c** als milit. *t. t.* der Kaiserzeit = eine **Abteilung** Soldaten u. **Truppenabteilung,** eine **Schar** (Kohorte, Turme), multi numeri militum, Ulp. dig.: distribuere in numeros, Plin. ep.: sparsi per provinciam numeri, Tac.: militaris tribunus fuit et multos egit numeros, Capit. – **d** (wie ἀριθμός) die **bloße Zahl,** im Ggstz. zum eigentlichen Wesen, Werte, nos numerus sumus, sind eine bloße Zahl, eine bloße Null, Hor. ep. 1, 2, 27. – **e** als gramm. *t. t.*, der **Numerus** (Singular, Dual, Plural), Varro LL., Quint. u. spät. Gramm. – **B** meton., Plur. numeri = **1** die mit Zahlen bezeichneten **Würfel,** numeros manu iactabit eburnos, Ov. art. am. 2, 203: tres iactet numeros, *ibid.*3, 355. – **2** ein **Verzeichnis, Register,** griech. κατάλογος, **a** der Soldaten, die **Rolle, Musterrolle, Liste,** nomen in numeros referre, Plin. ep.: in numeris esse, ICt.: amputare numeros legionum auxiliorumque, die Kopfzahl, Stärke der Legionen und Hilfstruppen, Tac.: dah. *Er.* extra numerum es mihi (du kommst bei mir nicht in Betracht [s. *no.* II, 3], u. im militär. Sinne = bist mir überzählig). *Pe.* idem istuc aliis adscriptivis ad legionem fieri solet, Plaut. Men. 183. – **b** der Zivil- u. Militärbeamten, das **Verzeichnis,** die **Matrikel,** Cod. Iust. 12, 7, 2. – **3** die **Mathematik, Astrologie,** Cic. u. a. – poet. auch im Sing., Claud. cons. Mall. 130. – **II** übtr.: **1** übh. der **Teil** eines Ganzen, animalia trunca suis numeris, Ov.: elegans omni numero (in jeder Beziehung) poëma, Cic.: officium omnes numeros habet, ist vollkommen, Cic.: expletus omnibus suis numeris et partibus, Cic. od., numeris omnibus absolutus, Plin. ep., vollständig nach allen seinen Teilen, vollkommen: u. so omnibus oratoriis numeris absolutus, in jeder rednerischen Hinsicht, Quint.: quid omnibus numeris (in allen Stücken, in jeder Hinsicht) praestantius? Quint. – **2** der **Teil** eines gleichmäßig geteilten Ganzen, ein **bestimmter, abgemessener Teil,** **a** eines Monats, luna alternis mensibus XXX implebit numeros, alternis vero detrahet singulos, Zeitabschnitte, Tage, Plin. 18, 325. – **b** eines musikalischen Stückes, die **Takte,** Cic.: dah. die **Musik,** die **Töne, Melodie,** Verg. u. Ov.: numeri poëtici, Ggstz. prosa oratio, Colum. poët. – **c** des Tanzes od. der Bewegung des Körpers, der **Takt,** in numerum exsultant, Lucr.: tris tantum ad numeros Satyri moveare Bathylli, Pers.: histrio si paulum se movit extra numerum, etwas aus dem Takt kam, Cic.: so extra numerum procedere, Lucr.: übtr., nil extra numerum fecisse modumque, Taktloses (Unschickliches), Hor. ep. 1, 18, 59: haec tibi laudatio procedat in numerum, nach dem Takt = in gehöriger Weise, nach Wunsch, Cic. Verr. 4, 20. – **d** Plur. numeri, die taktmäßigen, regelmäßigen Bewegungen der Athleten bei ihren Wettkämpfen, etwa die **Wendungen, Gänge,** Quint.: verb. numeri nexusque, Sen.; vgl. Frotscher Quint. 10, 1, 4. – **e** in einem Gedicht, ein **Versglied, Versfuß,** numeri ac modi, Cic.: dah. poet., numeri graves, heroische Verse, Ov.: numeri impares, elegische Verse, Ov. – **f** in der Rede, die **Abgemessenheit,** der **Rhythmus,** die **Harmonie,** der **Wohlklang,** oratorius (Ggstz. poëticus), Cic.: membra numeris vincire, an Rhythmen binden, Cic. – **3** die **Reihe,** der **Rang, Platz,** die **Stelle, Geltung,** in aliquo numero et honore esse, Caes.: nullo in oratorum numero, kein Redner von Bedeutung, Cic.: obtinere aliquem numerum, Cic.: alqm numero aliquo putare, achten, schätzen, Cic.: hunc in numerum non repono, dieser kommt nicht in Betracht, Cic.: extra numerum es mihi, im Doppelsinne, s. oben *no.* I, B, 2, a. – dah. numero od. in numero, **anstatt, wie, als,** missis legatorum numero centurionibus, in der Eigenschaft von Gesandten, als Gesandte, Caes.: parentis numero esse, Cic.: in deorum numero venerandus, Cic. – **4** numerus od. numeri, die **Ordnung, Regel,** ad numeros quidque suos exigere, Ov.: in numerum od. numero, regelmäßig, Verg. – **5** die **Pflicht,** das **Amt,** numeros principis implere, Auct. cons. ad Liv.: Veneri numeros suos eripere, Ov. – **6** ein wohl berechneter **Beweggrund,** compulit autem ad hoc consilium non solum consensus senatus, quamquam hic maxime, verum et alii quidem minores sed tamen numeri, Plin. ep. 3, 4, 5. – ► Zsgz. Genet. Plur. numerûm, Petron. 63, 3.

Numestrāni, s. Numistro.

numfa, s. 2. nympha.

Numīcus, ī, *m.*, ein kleiner Küstenfluss in Latium, der in der Nähe von Ardea ins Tyrrhenische Meer mündet, j. *Numico,* Liv. 1, 2, 6. Solin. 2, 15. Aur. Vict. de orig. gent. Rom. 14. § 2 u. 4. Vib. Sequ. de flum. p. 15 *ed. Hessel.* Arnob. 1, 36. Serv. Verg. Aen. 4, 620 u. a. Verg. Aen. 7, 150. Tibull. 2, 5, 43. Sil. 8, 179. – Nbf. **Numīcius,** iī, *m.*, Plin. 3, 56. Ov. fast. 3, 647.

Numida, ae, *m.* (v. nomas, νομάς), **I** der **Nomade,** Arabia Numidarum, Vitr. 8, 3, 8 *codd.* (Rose Nomadum), wofür Arabia Nomadum b. Plin. 5, 72. – **II** prägn., der **Numidier,** Sall. Iug. 12, 4: Plur. Numidae = die **Numidier,** Sall. Iug. 22. Verg. Aen. 4, 41: in Rom als Vorreiter u. reitende Boten (wie in Konstantinopel die Tataren) gebraucht, s. Sen. ep. 87, 9; 123, 7. Tac. hist. 2, 40. – attrib. = **in (aus) Numidien, numidisch,** leo, Ov.: dens, Elfenbein, Ov.: eques, equites, Liv.: iaculatores, Liv. – Dav. abgel. **Numidia,** ae, *f.*, **Numidien,** eine Landschaft in Afrika am Mittelländischen Meer zwischen Mauritanien u. dem karthagischen Gebiet, Mela u. Plin. – Dav.: **a** **Numidiānus,** a, um, **numidianisch,** Plin. – **b** **Numidicus,** a, um, **numidisch,** equi, Liv.: aves Numidicae, Plin., od. bl. Numidicae, Suet. u. Mart., wahrsch. unsere »Perlhühner« (vgl. Africanae gallinae s. Afri): u. so gallina Numidica, Publil. com. fr.: marmor, Plin.: crustae, aus numid. Marmor, Sen. – als Beiname, Q. Caecilius Metellus Numidicus, wegen Überwindung des numidischen Königs Jugurtha, Cic. – **c** **Numidus,** a, um, **numidisch,** pullus, junges Perlhuhn, Apic. 6, 242.

Numisius, iī, *m.*, Name einer röm. *gens,* z. B. Numisii, Cic. Phil. 12, 14. – Dav. **Numisiānus,** a, um, **numisianisch, des Numisius,** forma (Bauriss), Cic.: vitis, Colum. u. a.

numisma, s. nomisma.

Numistro, ōnis, *m.*, Stadt in Lukanien, an der Grenze Apuliens, bekannt durch ein Treffen zwischen dem Konsul Marcellus u. Hannibal, Liv. 27, 2, 4. Frontin. 2, 2, 6. – Dav. **Numestrānī**, ōrum, *m.*, die Einwohner von Numistro, die **Numestraner**, Plin. 3, 98.

Numitōr, ōris, *m.*, König von Alba, Vater der Ilia, Großvater des Romulus u. Remus, Liv. 1, 3. Verg. Aen. 6, 768. Ov. fast. 4, 53.

nummārius, a, um (nummus), **I zum Geld gehörig, Geld-**, arca, Nov. com. fr.: theca, Cic.: difficultas nummaria od. rei nummariae, Cic.: res, Münzwesen, Cic.: copia nummariae rei, Suet.: poena, ICt.: lex Cornelia, gegen Falschmünzerei, Cic. – **II** übtr., **mit Geld bestochen, feil,** iudex, Cic.: iudicium, Cic.: tribunal, Sen.

nummātus, a, um (v. nummus), **mit Geld versehen, reich,** bene, Hor. ep. 1, 6, 38. Amm. 18, 5. § 5: adulescens non minus bene nummatus quam capillatus, Cic. de lege agr. 2, 58. – *Compar.*, nummatior revertor, Apul. met. 1, 7.

Nummosexpalpōnidēs (nummus u. expalpo), der **Geldabschmeichler,** scherzh. gebildeter Name, Plaut. Pers. 704.

nummulāriolus, ī, *m.* (*Demin.* v. nummularius), der **Geldmakler,** Sen. apoc. 9, 4.

nummulārius, a, um (nummulus), **I** *adi.*, **zum Geldgeschäft** (Wechselgeschäft) **gehörig,** mensa, Scaev. dig. 14, 3, 20. – **II** *subst.*: **A** nummulārius, iī, *m.*, **1** der **Geldmakler, Wechselmakler** (hingegen argentarius, ein Wechsler, Bankier), Suet. Aug. 4, 2 u. Galb. 9. Paul. dig. 2, 13, 9. § 2. Ulp. dig. 16, 3, 7. § 2. Mart. 12, 57, 8. Ambros. de virg. 1: mensae nummulariorum, Vulg. Matth. 21, 12: de templo eicere nummularios, Ambros. de Cain et Abel 2, 4, 16. – **2** ein **Münzbeamter,** der das Silber prüfte, bevor es geprägt wurde, der **Münzwardein,** Petron. 56, 1. CIL 6, 298 u. 8463. – **B** nummulāria, ae, *f.* (*sc.* ars), die **Münzkunst,** Isid. orig. 6, 11, 3.

nummulus, ī, *m.* (*Demin.* v. nummus), **(etwas) Geld, elendes (schnödes) Geld,** nummulorum aliquid, einige klingende Münzen, Cic.: nummulis acceptis, um schnödes Geld, Cic.: acceptis istis nummulis, Apul.: correptis nummulis suis, Apul.: iam profusis nummulis, Apul.

nummus (weniger gut nūmus), ī, *m.* (νοῦμμος od. νούμμος, tarentinisch u. sikelisch = νόμος, die gesetzliche, gangbare Silbermünze, $1^{1}/_{2}$ attische Obolen an Wert), **I** übh. **Geld, Münze,** nummus argenteus, Varro fr. u. Vulg.: aureus, Cic.: Philippeus, s. Philippus: nummus plumbeus, s. plumbeus: nummus asper, noch nicht abgegriffen, Suet.: nummi adulterini, Cic.: habere in nummis, Cic.: in suis nummis versari, esse, Cic.: patrimonium in nummos redigere, zu Geld machen, in Geld umsetzen, Lact.: nummo, Plin. ep., od. nummis, ICt., für Geld. – nummi, Kapital (Ggstz. merces, Zinsen), Hor. sat. 1, 3, 88. – **II** insbes.: **A** die zu Rom gangbarste u. bei Berechnung zugrunde gelegte Silbermünze, der **Sesterz** (sonst sestertius gen., s. d.), ungefähr = 20 Pfennige, nummo sestertio, Cic.: quinque milia nummûm, Cic.: nummo uno venire (verkauft werden), Gaius inst. – übtr., fast sprichw., von einer Kleinigkeit, wie wir sagen, **Groschen, Nickel, Pfennig, Kreuzer,** si quid nummo sarciri potest, für eine Kleinigkeit, Plaut.: ad nummum convenit, es traf auf den Groschen (Kreuzer) zu, Cic.: nummo (sestertio) alci addicere alqd, s. ad-dīco *no.* II, b. – **B** als griech. Münze, bald **Drachme,** bald **Didrachme** (s. Brix Plaut. trin. 146), emere nummo, Plaut.: venire nummo, Plaut. – ► Genet. Plur. gew. nummûm, selten nummorum, s. Brix Plaut. trin. 152.

numnam, numne, s. num.

numquam, *Adv.* (ne u. umquam), **I niemals,** Komik., Cic. u. a. – verb. numquam adhuc, antea numquam od. numquam ante, numquam alias, Cic. u. a.: neben einem Zeitsatz, numquam, dum ego adero, hic te tanget, Cic. – numquam umquam, niemals nicht, Ter.: numquam non, immer, stets, Cic.: dagegen non numquam, zuweilen, Cic. – numquam nisi, immer nur, allezeit, Cic.: numquam ... quin od. numquam ... ut non, niemals ... ohne dass, Cic. u. Sen. – **II** prägn., **nun und nimmer, nimmermehr, nimmer, im Leben nicht, sicherlich nicht** (s. Brix Plaut. Men. 1012), numquam factum est, Plaut.: numquam te patiar perire, Plaut.: vi numquam eo subiri potuit, Liv.

Numquampostreddōnidēs, ae, *m.*, **Niemalswiederloserlässt,** scherzh. Wortbildung, Plaut. Pers. 705.

num-quando, s. num.

num-quī, *Adv.*, **wohl auf irgendeine Weise,** Pompon. com. 158 R.^{2}: gew. numqui minus, Plaut. Pseud. 160; rud. 736 u. 1020. Ter. adelph. 800.

num-quid, num-quis, s. num.

nūmus, s. nummus.

nunc, *Adv.* (num-ce, s. num), **jetzt, nun, I** eig., zur Angabe der Zeit, **a** der gegenwärtigen = **jetzt,** sowohl **in dem gegenwärtigen Augenblick** als übh. = **in der Gegenwart, zu unserer Zeit,** Komik., Cic., Caes. u. a.: tunc ... nunc, Cic.: nunc ... tum, Liv.: nunc ... ante, Cic.: nunc ... alias, Cic.: nunc ... aliquando, Cic.: nuper ... nunc, Cic.: nunc ... olim, Ter.: nunc ... quondam, Ov.: nunc olim, über kurz oder lang, Lucan.: nunc ipsum, gerade jetzt, Cic.: nunc cum maxime, in dieser Zeit gerade, Sen.: nunc primum, jetzt zunächst, Plaut., u. jetzt erst, Plaut.: iam nunc od. nunc iam, jetzt eben, jetzt nun, schon jetzt, erst jetzt, noch jetzt, Cic. u. a. (vgl. nunciam): nunc demum, jetzt erst, Cic. u. a.: nunc tandem, jetzt endlich, Cic. u. a.: ut nunc est, bei jetzigen Umständen, vor der Hand, Cic.: usque ad nunc, bis zu unserer Zeit, Oros. 1, 8, 9; 2, 1, 4; 2, 5, 8: a nunc, von jetzt an, Eccl. (s. Rönsch Itala p. 232). – nunc attrib. = jetzige, nunc homines, die jetzigen Menschen, die Mitwelt, Plaut. Pers. 385. – **b** der vergangenen u. zukünftigen, insofern man sie in die Gegenwart hereinversetzt = **jetzt, nun,** nunc reus erat, Cic.: nunc in causa refrixit (crimen), Cic.: nunc demum se voti esse damnatum, Nep.; vgl. ut Paris hanc rapuit, nunc demum uxore carere non potes, Ov.: nunc nuper, vor kurzem, neulich, Ter.: quis nunc te adibit? quem nunc amabis? Catull.: nunc tempus erat, mit folg. *Infin.*, jetzt wäre es Zeit gewesen, Hor.; u. bl. nunc erat, Petron. – **c** nunc ... nunc, **jetzt ... jetzt, bald ... bald,** nunc huc, nunc illuc et utroque sine ordine curro, Ov.: nunc fraudem nunc neglegentiam accusabant, Liv.: nunc ... nunc ... nunc, Iustin.: nunc ... interdum ... nunc, Ov.: modo ... nunc, Ov.: modo ... interdum ... nunc ... nunc, Ov.: nunc ... nunc ... modo ... modo, Ov.: nunc ... mox, Vell. – mit Auslassung des ersten *nunc*, sinistros, nunc dextros, bald ... bald, Verg. – **II** übtr.: **1** zur Vermittlung des Übergangs auf eine andere Sache = **nun, also,** Plaut. Stich. 171. Prop. 4, 11, 73 u. a. – **2** (wie νῦν δέ) zur Angabe des Gegensatzes, **nun, nun aber, so aber, so aber vollends,** verstärkt, nunc autem, nunc vero (s. Ochsner Cic. ecl. p. 343. Fabri Sall. Iug. 14, 17), absque te esset, ego illum haberem rectum ad ingenium bonum: nunc propter te pravus factus est, Plaut.: quae quidem multo plura evenirent, si ad quietem integri iremus: nunc onusti cibo et vino perturbata et confusa cernimus, Cic. – sic philosophi debuerunt intellegere inesse aliquem habitatorem in hac caelesti ac divina domo. Nunc autem mihi videntur ne suspicari quidem etc., Cic.: si quisque iudicare posset, quae vis totius esset naturae ... Nunc vero a primo mirabiliter occulta natura est etc., Cic. – ► nuncin = nuncne, Ter. Andr. 683.

nūncia, ae, *f.*, s. nūntius.

nunciam, *Adv.* = nunc iam, **jetzt eben, jetzt gerade,** Plaut. most. 74; trin. 3 u. a. Ter. Andr. 866 u. heaut. 618.

nūnciātio, -tor, -trīx, s. nūntiātio etc.

nuncin, s. nunc ►.

nūncio, s. nūntio.

nuncubi = num alicubi, **ob irgendwo,** Ter. u. Varro.

nūncupāmentum, ī, *n.* (nuncupo), die **Benennung,** Plur. bei Chalcid. Tim. 308.

nūncupātim, *Adv.* (nuncupo), **namentlich,** Sidon. epist. 7, 9, 13. Claud. Mam. de statu anim. 2, 9.

nūncupātio, ōnis, *f.* (nuncupo), **I** das **Nennen,** meton. die **Benennung, der Name,** Colum. 6. praef. § 7. Auson. grat. act. III. 12. p. 21,

15 Schenkl. Iulian. bei August. op. imperf. c. Iul. 5, 30. Apul. de Plat. 2, 7: Plur., consulum ac regum nuncupationes, Apul. de mund. 25 *in.* – **II** insbes.: **A** das öffentl. **Aussprechen** von Gelübden, Gebeten, feierlichen Formeln, die **Abkündigung,** sollemnis n. votorum, Liv.; u. bl. n. votorum, unter den Kaisern = A. von Gelübden, Gebeten für das Wohl des Fürsten, Tac. u. Suet.: so Plur. nuncupationes votorum, Tac. ann. 16, 22: n. sollemnium verborum, der feierlichen Formel, bei Einweihung eines Tempels, Val. Max. 5, 10, 1. – **B** die **Ernennung zum Erben,** Suet. Cal. 38, 2 u. ICt. – **C** die **Widmung** eines Buches, Plin. nat. hist. praef. § 8.

nūncupātīvus, a, um (nuncupo), **sogenannt, uneigentlich,** Ambros. de fide 5, 1. § 22.

nūncupātor, ōris, *m.* (nuncupo), der **Benenner,** primus philosophiae nuncupator et conditor, Apul. flor. 15. p. 19, 9 Kr.

nūncupo, āvī, ātum, āre (nomen u. capio), **nennen, benennen, benamen, I** im Allg.: alqd nomine dei, Cic.: mensem e suo nomine, Suet.: quae essent linguā nuncupata, namentlich angeführt, Cic.: maria, titulos, hernennen, namentlich anführen, Plin.: auctorem sui nominis, Liv. – poet., alcis fidem, anrufen, Pacuv. tr. 141. – **II** insbes.: **A** feierlich u. öffentlich **aussprechen, abkündigen, a** Gelübde, bes. von dem in die Provinz abgehenden Konsul nach vorhergegangenem Opfer, vota pro imperio suo communique re publica, Cic.: vota pro incolumitate exercitus, Val. Max.: u. bl. vota, Cic. u. Liv. – **b** eine Adoption, consultatum, pro rostris an in senatu an in castris adoptio nuncuparetur, Tac. hist. 1, 17. – **B vor Zeugen** als Erben **nennen,** zum Erben **ernennen, mündlich einsetzen,** heredem, Tac. u. Suet.: voce nuncupare heredem, Iustin.: nuncupare alqm inter heredes, einen zum Miterben ernennen, Suet.: nec quia offendit alius, nuncuparis, sed quia ipse meruisti, Plin. pan.: nuncupatum testamentum, ein im Beisein von Zeugen aufgesetztes Testament, wobei der Erblasser die Erben mit Namen genannt hat, Plin. ep.: alii testamenta sua nuncupant, kündigen laut ab u. plaudern so aus (in der Trunkenheit), Plin. – **C** zu einer Würde **ausrufen,** m. dopp. *Acc.*, alqm Caesarem, Aur. Vict.: alqam reginam, Iustin. – **D** einer Gottheit, dem Dienst einer Gottheit **zusprechen, weihen, widmen,** navem deae nuncupare dedicareque, Apul.: me ministerio felici (deae) nuncupatum destinatumque, Apul. – ▶ Archaist. Konj. Perf. od. Fut. exakt. nuncupassit, XII tabb. leg. 6. fr. 1 *ed. Schoell* (bei Cic. de or. 1, 245).

nunc-usque, bis jetzt, bis dato, bis auf diesen Tag, Amm. 14, 2, 13 u. a.

Nūndina, s. nūndinus.

nūndinae, s. nūndinus.

nūndinālis, e (nundinae), **zu den** *nundinae* **gehörig,** cocus, ein schlechter Koch (eig. der nur alle Wochen od. *nundinae* gebraucht wird), Plaut. aul. 321. Vgl. Fest. p. 173 (b), 1.

nūndinārius, a, um (nundinae), **zum Markt gehörig, Markt-,** forum, Plin. 8, 208: oppidum, Plin. 12, 80.

nūndinātīcius, a, um (nundinor), **feil,** capita, die (den Augen der Liebhaber ausgesetzten u. gleichs. feilen =) unverhüllten Köpfe der Jungfrauen, Tert. de virg. vel. 3.

nūndinātio, ōnis, *f.* (nundinor), **I** das **Markten, Feilschen** mit od. um etw., Cic. II. Verr.. 1, 120 u. 5, 10. Cod. Theod. 7, 4, 32: nund. iuris et fortunarum, Cic. de lege agr. 1, 9. – meton., der **Marktpreis,** Cod. Theod. 7, 4, 32. – **II** das **Bestechen,** Cod. Iust. 11, 31, 3.

nūndinātor, ōris, *m.* (nundinor), **I** der die Wochenmärkte besuchende **Händler, -Krämer,** Fest. 173 (a), 33: nund. avium, Vogelhändler, Ambros. in Luc. 9. § 19. – **II** übtr., der **Verhandler,** salutis, Ps. Quint. decl. 12, 3.

nūndinium, iī, *n.* (*sc.* tempus), **I** = nundinae, der **Wochenmarkt,** pecora in nundinium immunia, CIL 8, 4508. – **II** die **Konsularfrist,** da die Konsuln in der späteren Kaiserzeit nur auf 3, 4 od. 6 Monate gewählt wurden, Lampr. Alex. Sev. 28, 1 u. 43, 2. Vopisc. Tac. 9, 6. Ephem. epigr. 1, 187 *sqq.*

nūndino, āvī, ātum, āre (nundinae), **I** mit etw. **markten,** etw. **verhandeln, verkaufen,** pudorem, Firm. math. 6, 31: aliquid virginitatis, Tert. de virg. vel. 13: operam eius percontationi alienae abusui, Tert. ad nat. 2, 13: alienum corpus, verkuppeln, Isid. orig. 10, 63: per quos antea velut in auctione positus nundinatus es, Misith. bei Capit. Gord. 24, 5. – **II erkaufen, bestechen,** alqm, Prud. perist. 10, 969.

nūndinor, ātus sum, ārī (nundinae), eig. **Markt machen, I** eig., als Verkäufer od. Käufer, **A** *intr.*, **markten, Handel treiben, handeln, schachern,** Poenum sedere ad Cannas in captivorum pretiis praedaque alia nundinantem, Liv.: in cognitionibus patris nundinari praemiarique solitum, Suet. – **B** *tr.*: **1** mit etwas **markten,** etwas **verschachern, verhandeln,** sententias suas pretio, Apul. met. 10, 33. – **2 erschachern, erhandeln, erkaufen,** ius ab alqo, Cic.: senatorium nomen, Cic. – **II** scherzh. übtr., übh. wo **seinen Verkehr haben,** ubi ad focum angues nundinari solent, Cic. de div. 2, 66.

nūndinus, a, um (eig. nouendinus = novendinus, v. novem u. dies), **zu neun Tagen gehörig,** subst., **I Nūndina,** ae, *f.* (*sc.* dea), die Göttin und Vorsteherin der Reinigung, die man mit Knaben am neunten, mit Mädchen am achten Tag nach der Geburt vornahm, Macr. sat. 1, 16, 36. – **II nūndinae,** ārum, *f.*, der an jedem neunten Tag gehaltene **Markttag, Markt, Wochenmarkt,** als Zeit, Ort u. Geschäft (an dem die Landleute, wie bei uns, zur Stadt kamen, verkauften u. kauften und nebenbei sich nach den Angelegenheiten des Staates erkundigten, weshalb auch ein Gesetz [lex] während dreier solcher Markttage [trinum nundinum, s. unten] angeschlagen bleiben musste), Cic. u. a.; tertiis nundinis, am dritten Markttag, Gell.: in trinis nundinis, in drei M., Plin.: trinis nundinis continuis, an drei unmittelbar hintereinander folgenden M., Gell.: nundinas obire, die Märkte besuchen, um Wahlstimmen zu sammeln, Liv.: die nundinae auch Ferientage für die Schulen, hi pusilli nigri, qui exspectant nundinas, ut magister dimittat lusum, Varro sat. Men. 279. – Sing. nundina, Ven. Fort. vit. S. Mart. 1, 61. Sidon. epist. 7, 5, 2. – übtr., **a Markt** übh., illi Capuam nundinas rusticorum, horreum Campani agri esse voluerunt, Cic.: ut sibi instituere in agris suis nundinas permitteretur, Plin. ep. – **b** meton.: **α** das **Markten,** das **Feilschen** um usw., der **Handel** mit usw., totius rei publicae n., Cic.: vectigalium flagitiosissimae n., Cic. – **β** die **Zehrungskosten** beim Beziehen eines Marktes, Ulp. dig. 17, 2, 69. – **III nūndinum,** ī, *n.* (*sc.* tempus), die **Marktzeit,** inter nundinum, in der Zeit zwischen zwei nundinae, alle 8 Tage, Varro sat. Men. 186 u. 528. – trinum nundinum, drei (aufeinanderfolgende) Markttage = drei achttägige Wochen, doch so, dass die dritte Woche erst angegangen sein kann, also 17–24 Tage, promulgatio (legis) trinum nundinum, an drei Markttagen, Cic. Phil. 3, 8. Cic. pro Cornel. 1. fr. 32 (bei Prisc. 7, 9): conventio trinum nundinum, SC. de Bacch. lin. 23 (im CIL 1. *no.* 196): rogatio trino nundino promulgata, Quint. 2, 4, 35: comitia in trinum nundinum indicere, auf den dritten Markttag, Liv. 3, 35, 1: si, quod in ceteris legibus trinum nundinum esse oportet (eine Frist von wenigstens 17 Tagen), id in adoptione satis est trium esse horarum, nihil reprehendo, Cic. de domo 41: se praesentem trinum nundinum (an den drei Markttagen) petiturum, Cic. ep. 16, 12, 3: quarta sit accusatio trinum nundinum prodictā die, dass zum vierten die Anklage nach wenigstens siebzehntägiger Frist mit Ankündigung des Tages geschehe, Cic. de domo 45.

nunquam, s. numquam.

nūntia, ae, *f.*, s. nūntius.

nūntiātio, ōnis, *f.* (nuntio), **I** als *t. t.* der Religionsspr., die **Verkündigung, Meldung, Anzeige,** die der Augur über seine Beobachtungen macht, Cic. Phil. 2, 81 u. a. – **II** die **Anzeige, Angabe,** z. B. die Angabe herrenloser Güter, die dem Fiskus zufallen, ICt. – bes. Anzeige von dem zu unserem Schaden von jmd. unternommenen Neubau und somit der Einspruch dagegen, ICt.

nūntiātor, ōris, *m.* (nuntio), **I** der **Verkündiger, Anzeiger,** Eccl. – **II** der **Angeber, Denunziant,** ICt.: bes. eines zu seinem Schaden unternommenen Neubaues, der **Einsprucherhebende,** ICt.

nūntiātrīx, trīcis, *f.* (Femin. zu nuntiator), die **Verkündigerin,** m. Genet., ciconia redeuntis anni nuntiatrix, Cassiod. var. 2, 14, 3.

nūntio, āvī, ātum, āre (nuntius), mündlich **verkündigen, ankündigen,**

melden, anzeigen, hinterbringen, I im Allg.: nuntium optabilem, Plaut.: vera (v. d. Sinnen), Cic.: salutem alci alcis verbis, von jmd. einen Gruß vermelden, von jmd. grüßen, Cic.: prodigia, Liv.: hoc proelium, hanc pugnam, Caes.: alci bellum, ankündigen, Liv.: horas, Mart.: initia vigiliarum *per* centurionem nuntiari, Tac.: non enim dubito quin celerius tibi hoc rumor quam ullius nostrûm litterae nuntiarint, Cic.: mera mihi monstra nuntiarat, er hatte mir den Zustand als höchst gefährlich geschildert, Cic. – m. Ang. **wohin?** res celeriter isti domum nuntiatur, Cic.: haec nuntiant domum Albani, Liv.: eadem et in Asiam Antigono per epistulas nuntiat, Iustin.: occiso Sex. Roscio quis primus Ameriam nuntiat? bringt die N. (davon) nach A.? Cic.: Pompeio in hortos nuntiavit, Cic. (vgl. Fabri Liv. 23, 19, 11): praecipe, quae *ad* patrem vis nuntiari, Plaut.: quae nuntiare hinc te volo *in* patriam *ad* patrem, Plaut. (s. Brix Plaut. capt. 357). – m. Ang. **wo?** quae res cum nuntiata Carthagine esset, Iustin.: et Corintho et Athenis et Lacedaemone nuntiata est victoria, Iustin. (vgl. unten »Passiv m. *Acc.* u. *Infin.*«). – m. *de* u. Abl., cum paulo ante esset de hoc Tempsano incommodo nuntiatum, Cic.: Philippis Thessalus quidam de futura victoria nuntiavit auctore Caesare, Suet. – m. folg. indir. Fragesatz, abi nunciam intro, atque illa si iam laverit, mihi nuntia, Ter. – m. folg. *Infin.*, nuntiat patri abicere spem, Tac. ann. 16, 11. – m. folg. *Acc.* u. *Infin.*, qui (equites) nuntiarent prope omnes naves afflictas esse, Caes.: quem ad Sullam nuntiatum mittit paratum sese (esse) facere, Sall.: nuntiant principibus Argitheam (nach A.) se venturum (esse) cum Aetolorum delectis, Liv.: nuntians (der Meldung erstattende) centurio, factum esse quod imperasset, Tac.: te in urbe teneri nuntiabant litterae, Plin. ep. – Passiv, m. *Nom.* u. *Infin.*, utinam meus nunc mortuus pater ad me nuntietur, Plaut.: oppugnata domus C. Caesaris per multas noctis horas nuntiabatur, Cic.: adesse nuntiatur, Caes.: iamiamque adesse eius equites falso nuntiabantur, Caes.: m. *Acc.* u. *Infin.*, nuntiatur piratarum naves esse in portu, Cic.: u. *impers.*, Romam erat nuntiatum fugisse Antonium, Cic.: et Anagniae et Fregellis nuntiatum est murum portasque de caelo tactas, Liv.: nuntiatum Romae est Cimbros e Gallia in Italiam transisse, Eutr.; vgl. Fabri Liv. 22, 54, 9. – m. folg. *ut* u. Konj., nuntiate, ut prodeat foras, Plaut.: viatorem misit, qui consuli nuntiaret, ut sine lictoribus ad dictatorem veniret, Liv.: paulo post ferunt nuntiatum Simonidi, ut prodiret, Cic.: m. folg. bl. *Coniunctiv*, nuntiavit Pisoni Romam ad dicendam causam veniret, Tac. ann. 2, 79: iubet nuntiari miserae dicendam ad causam postero die adesset, Tac. ann. 11, 37: m. folg. *ne* u. Konj., ad praefectos mittit, qui nuntiarent, ne hostes proelio lacesserent, Caes. b.G. 4, 11, 6: delegit centurionem, qui nuntiaret regibus, ne armis disceptarent, Tac. ann. 2, 65. – *Abl. absol.*, quo mortuo nuntiato, Cic.; u. absol., nuntiato = auf diese Nachricht, Liv.; u. = da die Nachricht einlief, m. folg. *Acc.* u. *Infin.*, Tac. – absol., bene nuntias, du bringst gute Nachricht, Ter. Hec. 642. – II insbes., bei der Behörde **anzeigen, angeben,** wie herrenloses Gut beim Fiskus, ICt.: bes. einen zu unserem Nachteil unternommenen Neubau und so dagegen Einspruch erheben, ICt. – ▶ Archaist. im Gesetzstil nontiata esse, CIL 1, 201. lin. 5. – Wegen der Schreibung s. nūntius a. E.

nūntium, s. nūntius *no.* II, C.

nūntius, a, um (zsgz. aus noventius, w. vgl.), **verkündigend, meldend, hinterbringend,** I *adi.*: rumor, Cic.: littera, Ov.: fibra, Tibull.: verba nuntia animi mei, Ov.: simulacra nuntia formae, Lucr.: prodigia imminentium malorum nuntia, Tac. – II *subst.*: A **nūntius,** iī, *m.*, 1 konkr.: a übh., der **Verkündiger, Melder, Bote,** nuntii, renuntii, Plaut.: nuntius volucer, ein geflügelter Bote, Eilbote, Cic.: nuntios mittere ad alqm, Caes.: litteras et nuntios ad alqm mittere, Caes.: facere alqm certiorem per nuntium, Cic.: m. obj. *Genet.*, ut nuntios periculi victoriae praecederet nuntius, Vell. 2, 129, 3. – nuntius, v. einem weibl. Wesen, Val. Flacc. 2, 142. – b insbes., wie ἄγγελος, der **Himmelsbote, Engel,** Commodian. apol. 99. – 2 abstr.: a die **Botschaft, Nachricht, Anzeige,** falsus, Cic.: recens, Cic.: verus, Verg.: peiores nuntii, Hiobspost, Sen. – m. obj. *Genet.* (von), nunt. mortis Andromachi, Curt.: nunt. expugnati oppidi, Caes. – nuntium afferre, Cic., od. apportare, Ter., od. ferre, Liv., od. perferre, Cic., bringen, überbringen: nuntium accipere, Cic.: malum nuntium audire, Cic. – b insbes.: α der mündliche **Befehl,** mündlich überbrachte **Auftrag,** Nep. u. Cic. – β nuntium alci remittere (bei den ICt. auch mittere), **den Ehekontrakt** od. **die Ehe aufkündigen,** vor Vollziehung der Ehe, Plaut.; und nach Vollziehung = **die Ehe aufkündigen, sich trennen,** nuntium uxori remittere, Cic.: etsi mulier nuntium remisit, Cic.: übtr., nuntium remittere virtuti, der Tugend entsagen, Cic. – B **nūntia,** ae, *f.*, ein **weiblicher Bote,** die **Botschafterin, Anzeigerin, Verkündigerin,** historia nuntia vetustatis, Cic.: nuntia Iovis, v. Adler, Poëta b. Cic. – C **nūntium,** iī, *n.*, die **Nachricht, Anzeige,** nova nuntia, Catull. 63, 75: grandia nuntia, Sedul. 2, 474: de caelo nuntium erit, Censor. tabb. bei Varro LL. 6, 86. Vgl. Isid. orig. 10, 189. Serv. Verg. Aen. 6, 454 u. 11, 896. – ▶ Archaist. im Gesetzstil nontius, Cic. de legg. 2, 21. – Die Schreibung der besten Hdschrn. u. der Inschrn. ist nuntius (nicht nuncius), nuntio (nicht nuncio) usw.

***nuo,** ere (verwandt mit νεύω), **sich neigen,** bes. mit dem Kopf usw., **nicken, winken,** Stammwort zu numen, nutus, nuto, ab-nuo, ad-nuo u. a.

nūper, *Superl.* **nūperrimē,** *Adv.* (aus *novopar[om], neu bereitet), **neulich mal, neulich,** I eig. = **vor nicht langer Zeit, vor kurzem, unlängst,** qui nuper Romae fuit, Cic.: haec inter nos nuper (von neulich her) notitia admodum est, Ter.: conditores vestri, nuper etiam vindices, jüngst noch euere Verteidiger, Iustin.: quoniam nuperrime dictum facillime memoriae mandatur, Rhet. Her. 3, 18: quod ille nuperrime dixerit, Cic. de inv. 1, 25. – nunc n., Komik. u. Spät. – II übtr., **in neueren Zeiten** = **vor längerer Zeit, vor Zeiten** (s. Müller Liv. praef. § 12), nuper, id est, paucis ante saeculis, Cic.: vixi puellis nuper idoneus, ehemals, Hor.: nuper divitiae avaritiam invexere, Liv. – ▶ Kompar. nūperius angef. bei Prisc. 15, 26.

nūperus, a, um (nuper), **neu,** recens captus homo nuperus et novicius, frisch gefangener, neulich erst gekaufter u. neu ins Haus gekommener Mensch (Sklave), Plaut. capt. 718. – *Superl.* nuperrimus, Cod. Theod. 15, 1, 4; vgl. Prisc. 3, 20.

nūpta, ae, *f.*, s. nūbo.

nūptālīcius, a, um (nupta), **hochzeitlich, Hochzeits-,** donum, Ulp. dig. 50, 16, 194.

nūptiae, ārum, *f.* (nubo), die **Hochzeit,** das **Beilager,** I eig.: nuptiae Augusti, Liviae, mit Aug., mit Livia, Suet.: sororiae nuptiae, Sen. rhet.: nuptiarum expers, unverheiratet, Hor.: Cornificia multarum nuptiarum (griech. πολύγαμος), oft verheiratet, Cic.: dies nuptiarum, Suet.: dies, qui erat nuptiis destinatus, Suet.: diem dicere nuptiis, Tert.: constituere nuptias in hunc diem, Ter.: alci (einem Mädchen) nuptias promittere, Sen. rhet.: nuptias conciliare, stiften, Nep.: nuptias parare, adornare, exornare, facere, efficere, conficere, Komik.: nuptiis inter se iungi, Val. Max.: invitari ad nuptias, Iustin.: ad nuptias rogari, Amm.: nuptias aliquot dies proferre, Ter.: alci nuptias promovere, Ter.: nuptias maturare, Ter.: nuptias disturbare, Ter.: nuptias aspernari, Liv.: nuptias alcis recusare, Suet.: celebrare nuptias, Liv., sollemnia nuptiarum, Tac.: venire coctum ad nuptias, um zur H. zu kochen (v. einem Koch), Plaut.: cenare apud alqm in eius nuptiis, jmds. Hochzeitsgast sein, Cic.: numquam de nuptiis cogitasse, niemals ans Heiraten gedacht haben, Apul.: Ggstz., viduitatem (die Trennung vom Gatten) detestans nuptiasque (und die neue Heirat), Amm. 19, 9, 4. – II übtr., außerehel. **Beischlaf,** nuptias facere cum alqa, Plaut.: cotidianis nuptiis delectari, Rhet. Her.: meis praeclaris nuptiis destinata, Apul.: placuit Thrasyllo scaena feralium nuptiarum, Apul. – ▶ Dat. u. Abl. Plur. zsgzg. nuptis, CIL 2, 1963.

nūptiālis, e (nuptiae), **zur Hochzeit gehörig, hochzeitlich, Hochzeits-, Ehe-,** fax, Hor.: donum, Cic.: munus, Liv. u. ICt.: habitus, tunica, stola, vestis, Eccl.: velamen, Brautschleier, Ambros.: mundus (Putz), Apul.: dies, Sen.: cena, Plaut. u. Liv.: convivium, Solin. u. Amm.: sacrum, Liv.: sacra, Quint.: pactio, Ehevertrag, Ehebündnis, Liv.:

coniunctio, Varro: tabulae, Ehepakten, Heiratsurkunde, Tac.: fescennini (*sc.* versus), Sen. rhet.: carmen, Hieron.: sororis filiae nuptiale petere omen, zu erfahren suchen, wer die Schw. heiraten würde, Val. Max. 1, 5, 4.

nūptiāliter, *Adv.* (nuptialis), **hochzeitlich,** Augustin. de bono coniug. 23. Mart. Cap. 6. § 705.

nūptiātor, ōris, *m.* (nuptiae), der **Hochzeitmacher, Heirater,** Hieron. epist. 123, 7 u. adv. Iov. 1, 38. Gloss. III, 412, 21.

nūpto, āre (*Intens.* v. nubo), **heiraten, sich paaren,** Ps. Tert. Sodom. 45.

nūptula, ae, *f.* (*Demin.* v. nupta), ein **junges Weibchen,** nova, ein Bräutchen, Varro sat. Men. 10.

nūpturio, īvī, īre (*Desider.* v. nubo), **heiratslustig sein,** Apul. apol. 70. – Nbf. **nuptuo,** ptuīre, Mart. 3, 93, 18 Schn.

nūptus, ūs, *m.* (nubo), I das **Verhüllen,** Varro LL. 5, 72. – II meton., die **Heirat,** dies nuptus, Hochzeitstag, Gell.: nuptum passa, Stat.: sororem nuptui collocare, verheiraten, Hyg.: u. so sollemni nuptui filias locare, Aur. Vict.

nura, ae, *f.*, s. nurus ►.

nuricula, ae, *f.* (*Demin.* v. nurus), die **(liebe) Schwiegertochter,** CIL 9, 1954 (wo noricola).

Nŭrsia, ae, *f.*, Stadt im Norden des Sabinerlandes, j. *Norcia,* Suet. Vesp. 1, 3: frigida, Verg. Aen. 7, 715: habitata pruinis, Sil. 8, 418; vgl. Heinrich Iuven. 10, 74. – Dav. **Nūrsīnus,** a, um, **nursinisch,** rapa, Plin.: pilae (Rüben), Mart.: duritia, Fronto. – Plur. subst., Nursīnī, ōrum, *m.*, die Einwohner von Nursia, die **Nursiner,** Liv.

nurus, ūs, *f.* (altindisch *snušā́,* »des Sohnes Weib«, griech. νυός, ahd. *snur*), die **Schwiegertochter, Schnur,** I eig., Ter., Cic. u. a.: gener et nurus, ICt.: iam tua, Laomedon, oritur nurus, von Aurora, der Gemahlin des Tithonus, eines Sohnes des Laomedon, Ov. – II übtr.: A die **Braut des Sohnes,** ICt. – B die **Gattin des Enkels und Urenkels,** ICt. – C (poet.) = eine **junge Frau,** Ov. met. 2, 366 u. a. Ov. her. 16, 184: matresque nurusque, ältere u. jüngere Frauen, Ov. met. 3, 529. – ► Genet. Sing. nuruis, Auson. parent. 16 (18), 1. – Vulg. Nbf. norus, CIL 9, 2450. – Nbf. nura, ae, *f.*, CIL 8, 2694 u. 9065.

nūs (νοῦς), rein lat. mens, I der **Verstand,** Mart. Cap. 2 § 126. – II insbes., einer der Äonen des Valentinian, Tert. adv. Val. 7 u. 9.

nuscitio (nuscicio), ōnis, *f.*, s. luscitio.

nuscitiōsus, a, um, s. lusciōsus a. E.

nusquam, *Adv.* (ne u. usquam), **nirgends,** I eig. (Ggstz. uspiam, Cic. de inv. 2, 148; de legg. 1, 42; usque quaque, Cic. de inv. 2, 63; ubique, Sen. de ben. 3, 6, 2), Komik., Cic. u. a.: inhiat quod nusquam est, er schnappt nach einem Nichts, Plaut.: nusquam esse, nicht vorhanden sein, Hor. u. ICt. – nusquam loci, Gell. – n. gentium, nirgends in der Welt, Ter.: n. alibi, Cic.: n. non, überall, Plin. – bei Verben usw. der Bewegung teils **nirgendshin** (s. Brix Plaut. capt. 169), Komik., Rhet. Her. u. Liv.: nusquam nisi in patriam vestigium esse moturos, Curt. – teils **nirgendsher,** n. inde, Curt.: nusquam nisi a Lacedaemoniis, Nep.: ut nusquam ventum aut abitum nihil denique factum sine causa putetur, Rhet. Her. – II übtr.: 1 **nirgends, bei keiner Gelegenheit,** nusquam equidem quicquam deliqui, Plaut.: praestabo sumptum nusquam melius poni posse, Cic.: nusquam minus quam in bello eventus respondent, Liv. – 2 = **zu nichts,** plebem nusquam alio (zu nichts anderem, zu weiter nichts) natam quam ad serviendum putet, Liv. 7, 18, 7; vgl. 4, 54, 7. – 3 **nirgendshin** = **auf nichts anderes,** ut ad id omnia referri oporteat, ipsum autem nusquam, Cic. de fin. 1, 29.

nūtābilis, e (nuto), **wankend,** Apul. de deo Socr. 4.

nūtābundus, a, um (nuto), **hin und her wankend, schwankend,** I eig., Apul. met. 9, 41: ad (in Bezug auf) gressum nutabundi, Salv. de gub. dei 6, 13, 78. – II übtr. = **ungewiss,** Lact. 6, 3, 6.

nūtāmen, inis, *n.* (nuto), das **Sich-Neigen, Schwanken,** Sil. 2, 399.

nūtātio, ōnis, *f.* (nuto), das **Schwanken,** I im Allg.: illa frequens in utramque partem nutatio, Quint. 11, 3, 129: quid stultius quam timere nutationem aut subitos montium lapsus, Sen. nat. qu. 6, 2, 6. – bildl., n. rei publicae, der Verfall, Plin. pan. 5, 6. – II das **Sich-Neigen** des Hauptes, das **Nicken,** capitis, Plin. 11, 135.

nūto, āvī, ātum, āre (*Frequent.* von *nuo), **sich hin u. her-, auf und nieder neigen (bewegen), schwanken, wanken, wackeln,** I im Allg.: A eig.: rami pondere nutant, Ov.: ornus nutat, Verg.: nutant galeae, Liv.: nutat sidus, zittert mit schimmerndem Glanze, Calp.: desectum corpore caput nutaturumque instabili corpore, Plin. pan.: mihi domus ipsa nutare videtur, Plin. ep.: crebris vastisque tremoribus tecta nutabant, Plin. ep.: suspensum et nutans machinamentum, auf u. ab gehender Hebelarm, Tac.: mille et ducentos per annos nullo motu terrae nutavisse sedes suas, Tac. – *neutr. plur.* des Partiz. subst., nutantia fulcire, Apul. de deo Socr. 16 *extr.* – B übtr.: 1 im Allg.: **wanken, schwanken, nicht feststehen,** nutans acies, wankende, weichende, Tac. hist. 3, 18: cum victoria nutaret, schwankte, Aur. Vict. de vir. ill. 16, 2: tanto discrimine urbs nutabat, schwebte in so großer Gefahr, Tac. hist. 4, 52: novus et nutans adhuc princeps, noch nicht fest auf dem Thron sitzend, Tac. ann. 1, 17. – 2 insbes. a v. Staaten = **dem Verfall zuneigen, -nahe sein,** prope afflictam nutantemque rem publicam stabilire, Suet.: cum Romanum imperium non dubiā iam calamitate nutaret, Eutr. – b v. Pers., α im Urteil **schwanken,** in natura deorum, Cic.: animus nutat, Ov. – β in der Treue **schwanken, schwierig sein,** v. Pers., mox nutabat, Tac.: v. Staaten, nutans res publica, Suet.: Galliae nutantes, Tac.: civitates nutantes et dubiae, Suet. – II prägn., mit dem Kopf usw. **sich hin u. her neigen, nicken, winken,** 1 im Allg.: capite nutat, Plaut.: neque illa ulli homini nutet, nictet, adnuat, Plaut. – v. Schläfrigen, nutans crebro capitis motu, Suet.: nutans, distorquens oculos, Hor.: summaque percutiens nutanti pectora mento, Ov. – 2 insbes., befehlend **winken,** m. *ne* u. Konj., nutat, ne loquar, Plaut. Men. 612.

nūtrībilis, e (nutrio), **nahrhaft,** cibus, Cael. Aur. de morb. chron. 5, 1, 9: nutribiliora vina, Cael. Aur. de morb. acut. 2, 37, 212: nutribiliores suci, Cael. Aur. de morb. chron. 5, 10, 126. – subst., nūtrībilia, ium, *n.*, **nahrhafte Speisen,** Cael. Aur. de morb. chron. 1, 4, 108.

nūtrībiliter, *Adv.* (nutribilis), **ernährbar,** Th. Prisc. 4, 2.

nūtrīcātio, ōnis, *f.* (nutrico), I die **Säugung,** Gell. 12, 1, 5: Plur., puerorum nutricationes, Apul. de Plat. 2, 26. – II das **Wachstum** der Früchte, de nutricationibus atque alimoniis eorum, Varro r. r. 1, 44, 3.

nūtrīcātus, ūs, *m.* (nutrico), I das **Säugen,** Plaut. mil. 650. Varro r. r. 2, 1, 20. – II passiv = das **Heranwachsen** der Gewächse, das **Wachstum,** Varro r. r. 1, 47 u. 49.

nūtrīcio, ōnis, *m.* (nutrio), der **Wärter, Erzieher,** CIL 5, 1676 (Plur.)

nūtrīcium, iī, *n.*, s. nūtrīcius.

nūtrīcius, a, um (nutrix), **säugend, aufziehend, pflegend,** I *adi.*: sinus, Schoß der Amme, Colum. 3, 7, 3. – II *subst.*: A nūtrīcius, iī, *m.*, der **Ernährer** u. **Erzieher,** 1 eig.: Pothinus, nutr. pueri, Caes.: Ganymedes eunuchus, nutricius suus, Aur. Vict.: Faustulus nutricius, Varro. – 2 übtr.: Favonius afflatu nutricium exercebit, wird den Erzieher machen, Plin. 18, 337. – B nūtrīcia, ae, *f.*, die **Amme, Erzieherin,** Hieron. epist. 108, 30. – C nūtrīcium, iī, *n.*, 1 die **Säugung, Ernährung, Pflege,** illius pium maternumque nutricium, Sen. ad Helv. 19, 2. – 2 Plur. nutricia = θρεπτήρια, der **Erzieherlohn,** der **Ammenlohn,** Ulp. dig. 50, 13, 1 *extr.*

nūtrīco, āre (nutrix), **säugen, füttern, nähren, aufziehen,** pueros, Plaut. merc. 509: mulum, Varro r. r. 2, 8, 4: viperam sub ala, sprichw. = eine Schlange am Busen nähren, Petron. 77, 1: partus suos, Ps. Apul. Ascl. 36: quidquid malefici graminis nutricant terrarum sinus, Arnob. 1, 52: absol., Plaut. mil. 715: sus binis mensibus nutricat, Varro r. r. 2, 4, 14: Partiz. Präs. subst., praegnantes et nutricantes, Tert. ad ux. 1, 5. – im Passiv, nutricatur, Afran. com. 401: nutricantur, Varro r. r. 1, 23, 5 u. 2, 2, 17: nutricatum, Lucil. 1090.

nūtrīcor, ātus sum, ārī (nutrix), **säugen, füttern, nähren, aufziehen,** octonos porcos, Varro r. r. 2, 4, 19 Schn.; vgl. 3, 3, 4. – übtr., quos Menippea haeresis nutricata est, Varro sat. Men. 542: mundus omnia nutricatur, Cic. de nat. deor. 2, 86: eum paupertas ab incunabulis nutricata est, Apul. apol. 18.

nūtrīcula, ae, *f.* (*Demin.* v. nutrix), **I** die **Säugamme,** Hor. ep. 1, 4, 8. Suet. Aug. 94, 6. u. Ner. 42, 1. – **II** übtr., die **Ernährerin, Unterhalterin,** praediorum, Cic.: Gellius nutricula seditiosorum, Cic.: Africa nutricula causidicorum, Iuven.

nutrīfico, āre (nutrix u. facio), **die Amme abgeben, säugen,** Anecd. Helv. 282, 12.

nūtrīmen, inis, *n.* (nutrio), das **Nahrungsmittel,** Ov. met. 15, 354. Th. Prisc. 4. fol. 315, b.

nūtrīmentum, ī, *n.* (nutrio) = τροφεῖον (Gloss.), die **Nahrung, Ernährung,** Plin. 9, 2 u. 17, 213. Cael. Aur. de morb. chron. 2, 1. § 7 u. 9; 4, 3, 46. – übtr., sollicitudinis nutr. vitiosum et inutile, Sen. ad Marc. 11, 4: hoc et iste sermo truculentiae hominis nutrimento fuit, Apul. met. 9, 36. – gew. Plur. **nūtrīmenta**, ōrum, *n.*, die **Nahrung, I** eig.: **A** die **Nahrungsmittel,** nutrimenta ignis, Brennstoffe, Val. Max. u. Iustin.: u. so arida nutrimenta, Verg. – **B** die erste **Erziehung, Zucht,** locus nutrimentorum, Suet.: per hanc consuetudinem nutrimentorum (ersten Jugendjahre), Suet.: digna nutrimenta, quae etc., Val. Max.: nec reddita caro nutrimenta patri, und es wurde nicht die Erziehung gelohnt dem t. V., Val. Flacc. – **II** übtr., **Nahrung** u. **Pflege, erste Entwicklung** u. dgl., educata huius nutrimentis eloquentia, Cic.: incunabula et nutrimenta culpae, Val. Max.: favoris nutrimentis prosequi, durch Ausdrücke des Wohlwollens beleben u. stärken, Val. Max.: per arcanos susurros nutrimenta fictis criminibus subserentes, neue Nahrung gebend, Amm.

nūtrio, īvī u. iī, ītum, īre, **nähren, I** eig.: **A** im engeren Sinne, **a** leb. Wesen, **säugen, füttern,** pueros lupa nutrit, Ov.: balaenae nutriunt fetus mammis, Plin.: ciconia nutrit pullos serpente, Iuven.: aper nutritus glande, Hor.: taurus nutritus in herba, Iuven. – **b** Lebl., **nähren,** terra herbas nutrit, Ov.: ignes foliis, Ov.: arva, gedeihen lassen (v. der Ceres), Hor. – **B** im weiteren Sinne: **1** durch Nahrung u. Pflege **aufziehen, erziehen, großziehen, a** leb. Wesen: Romae mihi nutriri contigit atque doceri, Hor.: nutritus in armis, Suet. – **b** Lebl.: silvam, Hor.: iidem palmites, si coget infirmitas (vitis), nutriantur, lässt man stehen (wachsen), Plin. – **2 pflegen, warten,** corpora, Liv.: aegrum, Cels.: capillum, Plin.: comam, capillos, Eccl.: vinum, Colum.: ulcus, heilen, heil machen, Cels.: damnum naturae, durch sorgsame Pflege beseitigen, Liv.: sorte quādam nutriendae Graeciae datus, schonend zu behandeln, Liv.: nutriuntur optime (mensae citreae) splendescuntque manus siccae fricatu, Plin. – **II** übtr., **nähren, hegen und pflegen, unterhalten, befördern,** amorem, Ov.: furorem, Sil.: simultates, Tac.: pacem, Tac.: audacias privatorum, Auct. decl. in Sall.: mens rite nutrita, gepflegt (gebildet), Hor.: beneficentiam exemplis, Val. Max. – ► Synkop. Imperf. nutribat, Verg. Aen. 11, 572. Sil. 16, 29: nutribant, Verg. Aen. 7, 485: synkop. Perf. nutrimus, Nemes. ecl. 3, 26: archaist. Fut. nutribo, nach Cledon. 57, 12. Pompeii comment. 225, 12: nutribor, nach Rhemn. Palaem. 545, 18.

nūtrior, īrī = nutrio, Prisc. 18, 291. Verg. georg. 2, 425.

nūtrītio, ōnis, *f.* (nutrio), das **Säugen, Nähren,** Prisc. part. XII vers. Aen. 7, 156. p. 495, 34 K.

nūtrītius, a, um, s. nūtrīcius.

nūtrītor, ōris, *m.* (nutrio), der **Nährer, Erzieher,** volucrum equorum, Stat. Theb. 10, 228: equorum, Pferdezüchter, Pelagon. veterin. 17 (§ 267 *Ihm*). – bes. einer Pers., Orestis, Orest. trag.: Alexandri Severi, Lampr.: a nutritore suo manumissus, Suet.: potentium filiorum nutritores, Firm. – als *fem.*, Inscr.

nūtrītōrius, a, um (nutritor), **I zur Nahrung gehörig, nährend, nahrhaft,** lac, Th. Prisc. de diaet. 3. – übtr., gratia eius dulcis et nutritoria est, Augustin. serm. 25, 1; vgl. Augustin. c. Faust. 22, 46. – **II zur Erziehung gehörig,** cunae, Augustin. conf. 12, 27.

nūtrīx, trīcis, Genet. Plur. trīcum, *f.* (nutrio), **säugend, ernährend,** subst. = **Säugerin, Ernährerin, Amme, I** eig.: **a** v. Menschen, Ter., Cic. u. a.: cum lacte nutricis errorem suxisse, Cic.: mater nutrix, von einer Mutter, die ihr Kind selbst stillt, Gell. – **b** von Tieren, capra nutrix Iovis, Ov.: gallina nutrix, die Gluckhenne, Colum.: bona nutrix, vom Geflügel u. von Kühen, Colum.: mutae nutrices, Quint. – **c** v. Lebl., **Nährerin, Unterhalterin,** tellus leonum nutrix, Hor.: so von der Erde als Nährerin der Bäume usw., Plin.: von einem Acker, der jmd. ernährt, Plaut.: virgines perpetui nutrices et conservatrices ignis, Arnob.: poet., nutrices, die Brüste, Catull. 64, 18. – **II** übtr., **Nährerin, Amme = Beförderin,** est illa quasi n. eius oratoris, quem informare volumus, Cic.: curarum maxima n. nox, Ov.: n. discordia belli, Claud.: illa civitas (Athenae) mater aut nutrix liberalium doctrinarum et tot tantorumque philosophorum, Augustin. de civ. dei 18, 9. – ► Archaist. notrix, Quint. 1, 4, 16.

nūtus, ūs, *m.* (*nuo, ere), das **Sich-Neigen, die Neigung, I** im Allg. = ῥοπή, von der Neigung der Erde usw. nach unten, zu ihrem Mittelpunkt, die Schwerkraft, Gravitation, s. Cic. de or. 3, 178; Tusc. 1, 40: Plur., Cic. de nat. deor. 2, 98. – u. die Neigung, das Schwanken der Waage, Plur., nutus trutinarum, Pacat. pan. 26, 1. – **II** prägn., die Neigung des Kopfes, der Augen, Finger, das **Winken,** der **Wink, A** eig., Liv. u. Ov.: capitis, das Nicken, Quint.: digiti, Tert.: nutus conferre loquaces, einander sprechende Winke geben, Tibull.: alqm nutu aspernari, Suet.: nutibus uti, Cael. Aur.: in vicem sermonis nutibus uti motibusque, Solin.: nutibus loqui, Hieron. epist. 117, 6: furtivis oculorum nutibus adulescentium greges post se trahunt, v. Buhldirnen, Hieron. epist. 22, 13. – **B** übtr.: **1** der **Wink,** die **Willensmeinung,** der **Befehl,** das **Verlangen,** auctoritate nutuque legum, Cic.: divinae providentiae nutu, Lact.: ad nutum praesto esse, auf den Wink, Cic.: deorum nutu, Cic.: sub nutu atque arbitrio alcis esse, Liv.: nutu atque arbitrio alcis gubernari, Cic.: ad nutum imperiumque alcis agere, Liv.: unius hominis nutum intueri, Cic.: respirare contra nutum ditionemque, Cic.: servire nutibus dei, imperio ac nutibus dei, Lact.: regios omnes nutus tueri, Cic. – **2** die **Zustimmung,** die **Willfahrung,** annuite nutum numenque vestrum invictum Campanis, Liv. 7, 30, 2: cum vellem nutum meum precibus tuis accommodare, Apul. met. 6, 4: Ggstz., nam ego quoque simili nutu ac renutu respondere voto tuo possum, Plin. ep. 1, 7, 2.

nux, nucis, Genet. Plur. nucum, *f.* (ahd. *[h]nuz*), **I** die **Nuss,** sowohl welsche als Haselnuss, **A** eig., Liv. u. a.: abellana, Plin. u. Edict. Diocl.: iuglans, Plin.: escaria, Marc. Emp.: nux longa, quae vocatur Albana, Priap. – als Spielzeug der Kinder, pueri, qui tam parentibus amissis flebunt quam nucibus, Sen. – Sprichw., nuces relinquere, die Kinderschuhe ablegen, Pers. 1, 10: nux cassa, eine taube Nuss = wertlose Kleinigkeit, Plaut. Pseud. 371. Hor. sat. 2, 5, 36: so auch vitiosa nux, Plaut. mil. 316. – **B** übtr.: jede mit einer harten Schale bedeckte Obstfrucht, castaneae nuces, Verg.: amara nux, bittere Mandel, Cels. – **II** der **Nussbaum,** Verg. u. Liv.

nyctalmus, ī, *m.*, die **Blödsichtigkeit bei Tage,** Isid. orig. 4, 8, 8 *ed. Otto.*

nyctalōps, ōpis, Akk. ōpa, Akk. Plur. ōpas (νυκτάλωψ), **I** *m.* nur bei Nacht sehend, **bei Tage blödsichtig,** Plin. u. ICt.: von dieser Art **Blödsichtigkeit** selbst, Marc. Emp. 8. – **II** *f.* eine Pflanze, sonst nyctegretos gen. (nach Sprengel *Caesalpinia pulcherrima,* Willd.), Plin. 21, 62.

Nyctēgresia, ae, *f.* (νυκτηγρεσία), das **Nachtwachen,** ein Stück des Accius, Paul. ex Fest. 78, 4.

nyctēgretos, ī, *f.*, s. nyctalōps.

Nyctēis, s. Nycteus.

Nyctelius, a, um (Νυκτέλιος), **nächtlich,** ein Beiname des Bacchus wegen der bei Nacht gefeierten Bacchanalien, Nyctelius pater u. bl. Nyctelius, Ov. art. am. 1, 567. Ov. met. 4, 15. Anthol. Lat. 573, 2 M. Mar. Victorin. art. gr. 3, 5, 9. p. 111, 32 K.: dah. Nyctelia sacra, Serv. Verg. Aen. 4, 303: u. Nyctelius latex, vom Wein, Sen. Oedip. 504.

nycteris, idis, *f.* (νυκτερίς), eine uns unbekannte Pflanze, Th. Prisc. 4, 1.

Nycteus, eī u. eos, *m.* (Νυκτεύς), Sohn des Hyrieus, Enkel Neptuns, Vater der Antiopa, Prop. 3, 15, 12. Hyg. fab. 7 *sq.* – Dav. **Nyctēis**, ēidos, *f.* (Νυκτηΐς), die **Nyktëide** (die Tochter des Nykteus) = Antiopa, Prop. u. a.

nycticorax, acis, *m.* (νυκτικόραξ), der **Nachtrabe,** Hieron. epist. 106, 86. Vulg. deut. 14, 7 u. psalm. 101, 7. Ambros. in Luc. 7. § 185. Isid. orig. 12, 7, 41. Paul. Nol. epist. 40, 6.

nyctostratēgus, ī, *m.* (νυκτικόραξ), der **Oberste bei der Nachtwache,** der **Nachtwachtmeister,** rein lat. praefectus vigilum, Arcad. Charis. dig. 50, 4, 18. § 12.

nyma, ae, *f.*, Name einer uns unbekannten Pflanze, Plin. 27, 106.

nymfēum, -fīum, s. 2. nymphaeum.

1. nympha, ae, *f.* (νύμφη), eig. die **Verhüllte** (s. nūbo), **I** die **Braut** = neuvermählte **Ehefrau,** lat. nupta, Ov.; vgl. Ov. her. 1, 27. – **II** die **Puppe** eines Insekts, die **Nymphe** der Biene, Plin. 11, 48 u. 71.

2. nympha (in Inschr. auch nymfa, numfa), ae, *f.* u. **nymphē,** ēs, *f.* (νύμφη), die **Nymphe,** Plur. nymphae, die **Nymphen, I** eig., Naturgottheiten niederen Ranges, die, je nachdem sie ihren Sitz in Gewässern (im Meer, in Flüssen, in Seen [auch in den Gewässern der Unterwelt] u. in Quellen), auf Gebirgen u. in Grotten, in Waldtälern, Wäldern u. Hainen od. in Bäumen haben, als Meer-, Fluss-, See- u. Quellnymphen, als Wald- und Baumnymphen verehrt und nach ihren Wohnsitzen benannt werden (vgl. Nereis, Naias, Oreas, Dryas, Hamadryas), Pelagi nymphae, n. marinae, n. Pactolides, n. infernae paludis, n. Avernales, alle b. Ov.: u. v. den »Musen«, denen begeisternde Quellen geheiligt waren, n. Libethrides, s. Voß Verg. ecl. 7, 21. – Einzelne: n. Peneis = Daphne, Atlantis = Anna Perenna, Maenalis = Karmenta, vocalis = Echo, alle b. Ov. – **II** (poet.) meton. = **Seewasser,** Mart. 6, 43, 2, (Lachm. lympha). – ▶ Dat. u. Abl. Plur. auch nymphabus (nymfabus), CIL 2, 1164; 6, 549 u. 10, 6799.

nymphaea, ae, *f.* (νυμφαία), eine Wasserpflanze, die **Seeblume, Haarwurz,** Plin. 25, 75 *sq.* Ps. Apul. herb. 67. Marc. Emp. 33 (wo auch rein lat. clava Herculis).

1. Nymphaeum, ī, *n.* (Νυμφαῖον), ein Vorgebirge u. Hafen Illyriens an der Grenze von Mazedonien, wahrsch. j. *Capo di Redeni,* Caes. b. c. 3, 26, 4. Liv. 42, 36, 8. Lucan. 5, 720.

2. nymphaeum (in Hdschrn. u. Inschrn. auch nymphēum, nymfēum, nymfīum), ī, *n.* (νυμφαῖον), ein (den Nymphen heiliges) **Quellgebäude, Brunnenhaus,** mit Säulengängen u. Ruhebänken umgeben, Plin. 35, 151. Amm. 15, 7, 3. Cod. Iust. 11, 42, 5 u. 6. CIL 9, 6068: in der Schreibung nymfeum, CIL 10, 7017; nymfium, Capit. Gord. 32, 5 *ed. Peter.*

nymphālis, e (nympha), **zur Quelle gehörig, Quell-,** aqua, Th. Prisc. 4, 1.

nymphigena, ae, *f.* (nympha und gigno), der **Nymphensohn,** von Achilles, Anthol. Lat. 177, 3 (639, 3).

nymphōn, ōnis, *m.* (νυμφών), das **Brautzimmer,** Tert. adv. Valent. 32.

Nȳsa, ae, *f.* (Νῦσα), **I** Stadt in Karien am Messopis, j. Ruinen bei *Sultan-Hissar,* Plin. 5, 108. – **II** Stadt in Palästina, später Scythopolis gen., j. *El-Baisan,* Plin. 5, 74. – **III** Stadt in Indien bei dem gleichnamigen (sonst auch Meros genannten) Berg, Erziehungsort des Bacchus, Curt. 8, 10 (35), 7 *sqq.* Mela 3, 7, 4 (3. § 66). – Dav.: **A Nȳsaeus,** a, um (Νυσαῖος), **nysäisch, a** eig.: Hydaspes, Lucan. 8, 227. – Plur. subst., Nysaeī, ōrum, *m.*, die Einwohner von Nysa (in Karien), die **Nysäer,** Cic. ep. 13, 64, 1. – **b** poet. für **bacchisch,** Prop. u. a. – **B Nȳsēis,** ēidis, *f.* (Νυσηΐς), **nyseïsch,** nymphae, die den Bacchus bei Nysa erzogen, Ov. met. 3, 314. – **C Nȳsēius,** a, um (Νυσήϊος), **nyseïsch,** Lucan. 8, 801. – **D Nȳseūs,** eī, u. eos, *m.* (Νυσεύς), ein Beiname des Bacchus, Ov. met. 4, 13. – **E Nȳsiacus,** a, um (Νυσιακός), **nysisch** = bacchisch, Mart. Cap. 2. § 98. – **F Nȳsias,** adis, *f.* (Νυσιάς), **nysisch,** Ov. fast. 3, 769. – **G Nȳsigena,** ae, *m.* (Nysa u. gigno), **in Nysa geboren,** Catull. 64, 252. – **H Nȳsion,** iī, *n.* (Νύσιον), **der Efeu,** Ps. Apul. herb. 58. – **I Nȳsius,** a, um (Νύσιος), **nysisch,** Plin.: Beiname des Bacchus, **der Nysier,** Cic. Flacc. 60. Colum. poët. 10, 248 (wo Vok. Nysie). – **K Nȳsus,** ī, *m.*, Erzieher des Bacchus, dem er während des Zuges nach Indien die Herrschaft über Theben überließ, Hyg. fab. 131 u. 167.

O.

1. **O, o**, vierzehnter Buchstabe des lat. Alphabets, entsprechend den beiden griechischen O (Ο, Ω). – In der zum Teil altertümlichen Schreib- u. Sprechweise für e, wie vorsus st. versus; für u, wie antiquom st. antiquum. – Als Abkürzung für optimus, omnis u. dgl. in ihren verschiedenen Kasus.

2. **ō!** u. **ōh!** *Interi.* (ὦ od. ὤ), **o!** od. **ach!** ein Ausruf der Freude, Betrübnis, Verwunderung usw., mit folg. *Vocat.*, o paterni generis oblite! Cic. – mit folg. *Acc.*, o me miserum! o ich Ungl.! o über mich Ungl.! Cic.: o fortem! o welch ein Tapferer! Cic.: o hominem nequam, Cic. ep.: o hominem audacem! Ter.: o hominem impium od. impurum! Ter.: o ingentem confidentiam! Ter. – mit folg. *Nomin.*, o vir fortis atque amicus, Ter.: o fortunata mors, quae etc., Cic.: o frustra mihi suscepti labores! o spes fallaces! o cogitationes inanes meae! Cic. – poet. auch m. folg. *Genet.*, o mihi nuntii beati! Catull. 9, 5: o miserae sortis, Lucan. 2, 45. – o si, **o wenn doch,** bei Wünschen, o mihi praeteritos referat si Iuppiter annos, Verg.: o si adesset etc., Verg.: o! ne, Sen. de ben. 5, 4, 4 u. 7, 27, 2. – ▶ Bei Dichtern einem Wort nachgesetzt, spes o fidissima Teucrûm, Verg. Aen. 2, 281. – Auch vor anlautendem Vokal lang, s. Hor. de art. poët. 301, zuw. aber kurz, Verg. ecl. 2, 65.

Ōariōn, ōnis, *m.* (Ὀαρίων u. Ὠαρίων), poet. = Orion, Catull. 66, 94.

Oasis, Akk. im, *f.* (Ὄασις, vom koptischen *ouahé* = bewohnter Ort), eine fruchtbare Stelle in der libyschen Wüste, eine **Oase**, bes. die große (Ὄ. μεγάλη, O. maior) in Oberägypten (j. *Wah el Kebir*) u. die kleine (Ὄ. μικρά, O. minor) in Mittelägypten (j. *Wah el Bahire, Wah el Gharby* od. *Bahnasa el Kassar*), unter den Kaisern Verbannungsorte, Ulp. dig. 48, 22, 7. § 5. – Dav.: **A** **Oasēnus**, a, um, **oasenisch,** Cod. Theod. 9, 32. c. 1. – **B** **Oasītēs**, ae, *m.* (Ὀασίτης), **oasitisch,** nomoi, Plin. 5, 50.

Oaxēs, is, *m.* (Ὀάξης), ein Fluss auf Kreta, j. *Arcadi fiume,* Verg. ecl. 1, 65. Vib. Sequ. de flum. p. 15 *ed. Oberl.* – Dav. **Oaxis**, idis, Akk. ida, *f.*, **oaxisch,** poet. = **kretisch,** tellus O., Kreta, Varro Atacin. b. Serv. Verg. ecl. 1, 65.

ob, *Praep.* m. *Acc.* (altindisch *api*, zu, nach, griech. ἐπί), **I** im Raum, zur Angabe der Richtung, **a** bei *Verben* der Bewegung = **gegen ... hin, nach ... hin, nach ... zu, nach,** ob Romam legiones ducere, Enn. fr.: ob os ora sua obvertere, Enn.: ignis, qui est ob os offusus, Cic.; vgl. sufferre tergum ob iniuriam, Plaut. fr.: corvi quasi ob oculos imago constituta est, Augustin. – **b** bei *Verben* der Ruhe = **vor, über ... hin, über,** follem obstrinxit ob gulam, Plaut.: lanam ob oculum habere, Plaut.: ob oculos versari, Cic.: ob oculos mihi caliginem obstitisse, Plaut. – **II** in anderen Verhältnissen: **1** zur Bezeichnung des Zweckes, Zieles, der Ursache, Veranlassung = **um ... willen, wegen,** qui ob aliquod emolumentum suum cupidius aliquid dicere videntur, Cic.: ob rem iudicandam pecuniam accipere, Cic.: ob merita sua carus est, Sall.: unius ob iram prodimur, Verg.: ob eam iram, aus Unwillen darüber, Liv.: ob eam causam, Cic.: ob eas causas, Caes.: ob eam rem, quam ob rem, deswegen, Cic. u. Caes.: u. so quas ob res, Rhet. Her.: ebenso ob ea, ob quae, Sall.: u. ob id, ob id ipsum, ob hoc, ob haec, Liv., Vell. u. Tac.: non ob aliud, aus keinem anderen Grund, gerade deshalb, Curt.: ob industriam = *de industria,* Plaut.: ob metum, vor od. aus Furcht, Tac.: regi ignoti ob aetatem, infolge des usw., Curt. – **2** zur Bezeichnung des Entgeltes = **zum Entgelt für, gegen, für,** ob asinos ferre argentum, Plaut.: ager oppositus est pignori ob decem minas, Ter.: talentum magnum ob unam fabulam datum, C. Gracch. fr. – **3** ob rem, eig. einer Wirklichkeit, einem wirklichen Interesse gegenüber = **im Interesse der Sache, mit Erfolg für die Sache** (Ggstz. frustra), *An.* Non pudet vanitatis? *Do.* Minume, dum ob rem, Ter. Phorm. 526: id frustra an ob rem faciam, in vestra manu situm est, Sall. Iug. 31, 5. – ▶ ob vos sacro als *t. t.* der alten Religionsspr. = *vos obsecro,* nach Fest. 190 (b), 2.

ob-aemulor, ārī, **gegen** etw. Eifer erwecken, d. i. **reizen, aufbringen, erzürnen,** Tert. adv. Marc. 4, 31.

obaerātus, a, um, *Adi.* m. *Compar.* (ob u. aes), **verschuldet, in Schulden steckend,** Liv. u. a. – Plur. subst., obaerātī, ōrum, *m.*, **Verschuldete, Schuldner,** Cic. u. a.

ob-agito, āre, **beunruhigen,** Enn. b. Non. 147, 9.

obambulātio, ōnis, *f.* (obambulo), das **Hin- u. Hergehen,** frequentia et obambulatio hominum, Rhet. Her. 3, 31.

ob-ambulo, āvī, ātum, āre, **vor** od. **an** einem Ort **hin und her gehen, herumgehen, herumspazieren, umherstreifen, -schwärmen,** noctu ire obambulatum, Plaut.: m. *Dat.*, gregibus, Verg.: muris, Liv.: gymnasio, Suet. – m. *Acc.*, Aetnam, Ov. – m. Praepp., ante vallum, Liv.: in herbis, Ov.

Obarātor, ōris, *m.* (obaro), der **Bepflüger,** als Feldgott, Serv. Verg. georg. 1, 21.

ob-ārdēsco, ārsī, ere, **entbrennen,** Stat. Theb. 9, 856.

ob-ārēsco, āruī, ere, **trocken (dürr) werden,** Lact. de opif. 10, 3.

ob-armo, āvī, ātum, āre, gegen den Feind **bewaffnen,** dextras securi, Hor. carm. 4, 4, 21: clipeo filium, Auson. epigr. 23 (25), 1: in speciem proelii manus, Apul. met. 8, 16: contra me manus impias, Apul. met. 9, 1 *in.* – übtr., oculi obarmati ad vigilias, Apul. met. 2, 25 *in.*

ob-aro, āvī, āre, **überackern, überpflügen** = umackern, umpflügen, quidquid herbidi terreni extra murum est, Liv. 23, 19, 14.

obarrātus, a, um (ob u. arra), **durch ein Aufgeld verbindlich gemacht,** Sulp. Sev. epist. 3. § 2.

obātrātus, a, um (ob u. atratus v. ater), **überschwärzt,** Plin. 18, 349.

obātrēsco, ere (ob u. ater), **überschwärzt werden,** Iul. Firm. math. praef. p. 1 *ed. Basil.* (1551).

obaudiēns, entis, *PAdi.* m. *Compar.* (obaudio), **gehorsam,** quid obaudientius esse potest quam ut etc., Ambros. epist. 21.

obaudientia, ae, *f.* (obaudiens), der **Gehorsam,** Tert. exhort. ad castit. 2.

ob-audio, iī, īre, **gehorchen,** alci, Apul. met. 3, 15: absol., Tert. adv. Marc. 2, 2.

obaudītus, Abl. ū, *m.* (obaudio), das **Hinhören,** auris, Itala Iob 42, 5 (bei Augustin. de civ. dei 22, 29, 3. p. 627, 9 D.[2]).

ob-aurātus, a, um, **übergoldet,** Apul. met. 11, 8.

1. **obba**, ae, *f.*, ein größeres Gefäß von Ton mit breitem Boden, das bei Gelagen statt des crater als Mischgefäß gebraucht wurde, dann auch ein kleineres mit breitem Boden, weitem Bauch u. engerem Hals, etwa eine **Karaffe,** Varro sat. Men. 114. Pers. 5, 148. Tert. apol. 13.

2. **Obba**, ae, *f.*, Stadt in Afrika, in der Nähe von Karthago, Liv. 30, 7, 10.

ob-bibo, ere, **hinuntertrinken,** Epist. Hippocr. bei Marc. Emp. fol. 84 (b), 54 *ed. Ald.*

ob-blatero, āre, s. ad-blatero.

ob-brūtēsco, tuī, ere, **verstandlos werden, den Verstand verlieren,** Lucr. 3, 543. Prud. ham. 651: Perf. bei Afran. com. 418 u. Paul. ex Fest. 187, 2.

ob-c..., s. occa..., z. B. obcaecatio, s. occaecātio.

obdēnsātio, ōnis, *f.* (ob u. densare), die **Verdichtung,** cutis, Cael. Aur. de morb. chron. 1, 1, 47.

ob-do, didī, ditum, ere, **I** **vormachen, vorsetzen, vorschieben, vorstopfen,** **A** im Allg.: pessulum ostio od. foribus, Ter.: fores, Ov.: fores obditae ferratis trabibus, Plin.: obditis a tergo foribus, Tac.: u. im Bild, nec rigidam timidis vocibus obde forem, Ov. ex Pont. 2, 2, 42. – naves, um den Eingang zu verschließen, Flor. – ceram auribus, um nicht zu hören, Sen. – im Bild, nulli malo latus apertum, bloßgeben, Hor. sat. 1, 3, 59. – **B** prägn., **verschließen,** domum seris et catenis, Apul. met. 5, 9. – **II hineinfügen, -tun, -stecken,** capillos in nexus mutuos, Apul.: amiculis obditus, eingehüllt, Apul.

ob-dormio, īre, **einschlafen,** absol., Cels. 3, 18. p. 100, 38 D. Pelagon. veterin. 28 (§ 397 *Ihm*): obd. sub taxo, Plin. 16, 51. – Die Perfekt-Formen s. obdormīsco.

obdormīsco, mīvī (miī), ere (*Inchoat.* zu obdormio), **einschlafen,** obdormivisse ebrium, Plaut.: obd. in navi, Lact.: in mediis vitae laboribus, Cic.: in iure dicundo, Suet.: post cibum, Suet.

obdormītio, ōnis, *f.* (obdormio), das **Einschlafen,** übtr., duritia cordis obdormitio est, Augustin. in psalm. 75, 10: saeculi huius oblivio, quae nomine obdormitionis significatur, Augustin. in psalm. 4, 9.

obdormīto, āre (*Intens.* v. obdormio), **einschlafen,** Ven. Fort. misc. 3, 4 *in.* p. 120, 11 *Migne* u. a. Eccl.

ob-dūco, dūxī, ductum, ere, **I** (duco = ziehen): **A** etwas **vor** oder **über** etwas **ziehen, vorziehen, 1** im Allg.: fossam, Caes.: seram, den Riegel vorlegen, die Tür verschließen, Prop.: vestem, über den Mund ziehen, Tac. – im Bild, callum dolori, den Schm. abstumpfen, Cic.: tenebras clarissimis rebus, in Dunkelheit hüllen (einhüllen), Cic.: veritatem caligine, Lact. – **2** prägn.: **a überziehen, bedecken, umgeben,** trunci obducuntur libro aut cortice, Cic.: media arenis obducta, Mela: obductā nocte, unter dem Schleier der Nacht, Nep. – übtr., obducta cicatrix (rei publ.), verharschte Wunde, Cic.: dolor obductus, verhehlt, Verg.: so auch luctus obductos rescindere, Ov.: frons obducta, umwölkt, finster, traurig, Hor. – **b zumachen, verschließen,** penetralia, Lucan.: fores, Sen. poët. – **B einziehen, 1** in sich ziehen = **trinken,** venenum, Cic. Tusc. 1, 96: illam potionem publice mixtam non aliter quam medicamentum immortalitatis, Sen. de prov. 3, 12: mulsi pultarium, Petron. 42, 2. – **2 zusammenziehen, runzeln,** frontem, Hor. u. Quint.: obductā fronte, Iuven.: vultus, Sen. – **3 verletzen,** stomachum, Cael. Aur. de morb. chron. 3, 2, 28. – **II** (duco = führen) **gegen** etw. od. jmd. **heranführen,** vim Gallicam obduc contra in acie exercitum: lue patrium hostili fusum sanguen sanguine, Acc. Aen. 3 *sq.* (p. 281 R.[2]): alci obd. scortum, Plaut. merc. 1. argum. *v.* 6 *sq.*: Curium (als Amtsbewerber gegen andere) vorschieben, Cic. ad Att. 1, 1, 2. – übtr., posterum diem, noch zuziehen, noch zugeben, Cic. ad Att. 16, 6, 1. – ► Synkop. Infin. Perf. obduxe, Argum. ad Plaut. merc. 7. – Imperat. obduc, Acc. praetext. 1.

obductio, ōnis, *f.* (obduco), **I** das **Verhüllen, Bedecken,** nubila inimicā obductione pendent, Arnob. 1; 9. – insbes., das **Verhüllen** des Hauptes der Verbrecher bei der Hinrichtung, capitis, Cic. Rab. perd. 16: capitum, Amm. 14, 7, 21. – **II** übtr., die **Betrübnis, Trübsal,** Vulg. Sirach 2, 2; 5, 1 u. 10.

obducto, āre (*Intens.* v. obduco), **herzuführen,** Plaut. merc. 786, wo parag. Infin. obductarier.

obductus, ūs, *m.* (obduco), die **Betrübnis,** Vulg. Sirach. 25, 20.

ob-dulcēsco, dulcuī, ere, **süß werden,** Augustin. conf. 7, 20 *extr.*

ob-dulco, (āvī), ātum, āre, **versüßen, würzhaft machen,** alqd sale, Cael. Aur. de morb. chron. 3, 8, 146; 4, 1, 12: fauces, Ambros. hexaëm. 5, 12. Augustin. serm. 157, 1: fontes amari obdulcati, Vulg. Iudith 5, 15. – übtr., animam sapientis, Ambros. epist. 64, 2.

obdūrātio, ōnis, *f.* (obduro), die **Verhärtung, Verstocktheit** des Gemütes, Hieron. in Iob 18 u. 24. Augustin. in psalm. 77 u. a. Eccl.

obdūrefacio, ere (ob u. durus u. facio), **verhärten,** Non. p. 23, 6.

ob-dūrēsco, dūruī, ere, **hart werden, I** eig., Cato r. r. 50 *extr.* Varro r. r. 3, 14, 5: Gorgonis et satius fuit obdurescere vultu, zu Stein zu erstarren, Prop. 2, 25, 13: cubando in lecto hic exspectando obdurui (wurde steif), Plaut. truc. 916. – **II** bildl., **hart-, unempfindlich-, gefühllos werden, das Gefühl verlieren,** ipse obdurui, Cic.: dociliora sunt ingenia, priusquam obduruerunt, Quint.: nisi diuturnā desperatione rerum obduruisset animus ad dolorem novum, Cic.: his iam inveteratis consuetudine obduruimus, Cic.: quis contra studia naturae tam vehementer obduruit, ut etc., Cic.

ob-dūro, āvī, ātum, āre, **I** *intr.* **hart-, verhärtet sein;** dah. bildl., **aushalten, ausharren,** persta atque obdura, Hor.: perfer et obdura, Ov.: unpers., obduretur hoc triduum, Cic. – **II** *tr.* **hart machen, verhärten, unempfindlich machen,** bildl., obd. se contra manifestam veritatem, Lact. 1, 1, 23: dah. obdūrātus, a, um, **verhärtet,** verecundia, Capit.: patientia, Nazar.

obēdiēns, -dienter, s. oboediēns, oboedienter.

obēdientia, s. oboedientia.

obēdio, s. oboedio.

obēdītio, -tor, s. oboedītio, oboedītor.

ob-edo (ēdī), ēsum, ere, **wegfressen, aufzehren,** obesa cavamine terra est, Auct. Aetnae 436.

obeliscus, ī, *m.* (ὀβελίσκος, ein »kleiner Spieß«, übtr., von dem, was mit ihm Ähnlichkeit hat), **I** eine Spitzsäule mit einer kleinen Grundfläche, der **Obelisk,** Plin. 36, 64 u. 71. Suet. Claud. 20, 3. Amm. 16, 10, 17 u. 16, 17, 4. Isid. orig. 18, 31, 1 u. 2. – **II** die Rosenknospe, Auson. edyll. 14, 27. p. 244 Schenkl. – **III** die **Figur eines kleinen Spießes,** die man in den Büchern an die verdächtigen Stellen machte, Augustin. epist. 10, 2.

obelo, ātus, āre (obelus), **mit dem Obelus bezeichnen,** Isid. orig. 1, 20, 21: diple superne obelata, Isid. orig. 1, 20, 19 u. 20.

obelus, ī, *m.* (ὀβελός, ein »Spieß«, übtr.), die Figur eines liegenden Spießes an den verdächtigen Stellen der Bücher, der **Obelus,** Auson. ludus septem sapient. 13. p. 104 Schenkl. Hieron. epist. 112, 19. Isid. orig. 1, 20, 3.

ob-eo, īvī u. öfter iī, itum, īre, **I** *intr.*: **A an** od. **zu** od. **in etwas gehen, -kommen,** donec vis obiit, bis eine Kraft dazu kommt, Lucr.: in infera loca, Cic.: ad omnes hostium conatus, entgegengehen, Liv. – **B dahingehen** = **untergehen, a** eig.: v. Sternen u. Gestirnen, Cic. Arat.: v. der Sonne, Cic.: v. Dingen, die im Wasser sind, Lucr. – **b** übtr., **untergehen, zugrunde gehen,** v. Städten, Plin. 5, 117 u. 139. – prägn., v. Pers., **dahingehen, dahinscheiden** = sterben, Plaut., Hor. u. Liv.: morte voluntariā, Vell. u. Eutr.: morbo obiit, Vell. – **II** *tr.* **zu** etwas **herangehen, A** im Allg.: **a** eig.: Acheruntem obibo, Enn.: tantum urbis superfuturum, quantum flamma obire non potuisset, erreichen, Cic. – **b** übtr., **sich an** etw. **machen,** etw. **antreten,** sich einer Sache **unterziehen,** ein Geschäft **abwarten,** legationem, Cic.: res suas, Cic.: negotium, Cic.: curationes, Kuren vornehmen (v. Arzt), Plin. ep.: munus vigiliarum, Liv.: bellum, Liv.: proelia, Apul.: pericula, Liv.: munia imperii, Tac.: hereditatem, Cic.: vadimonium (Termin), diem (Termin), einhalten, Cic.: annum petitionis suae, Cic.: facinoris locum tempusque, abpassen, Cic.: diem suum, Plaut. u. Sulpic. in Cic. ep., od. diem supremum, Nep., od. bl. diem, Suet., d. i. sterben: dafür obire mortem, Ter. u. Cic.: mortem repentinam, Suet.: so ipsa mors ob rem publicam obita, Cic.: morte obitā, Cic. u. Gell.: mortes obitae, Tac.: mors obeunda, Cic.: dah. obitus, a, um, **gestorben, tot,** poëta morte obitus, Gell. 15, 20, 10: abs., Laev. fr. 24 M. (bei Prisc. 9, 49). CIL 5, 2065: Plur., obiti, Apul. de mund. 23. Paul. Nol. carm. 24, 568: obitae, CIL 6, 1906. – **B begehen, 1** eig. v. Pers., **a besuchen, bereisen,** provinciam, Cic.: villas, Cic.: vigilias, die Runde machen (v. Zenturionen), Tac.: cenas et facere et obire, Cic. – obire oculis, Plin. ep., od. visu, Verg., mit den Augen begehen, betrachten. – bildl., omnes oratione suā civitates, durchgehen, Cic. Verr. 2, 125. – **b** als Teilnehmer etw. **besuchen,** bei etw. **sich einfinden,** an etw. **teilnehmen,** comitia, Cic.: nundinas, Liv.: Alexandreae symposia, Apul. – **2** übtr., v. Lebl., um etw. **herumgehen, -laufen,** etw. **umgeben,** chlamydem limbus obibat, Ov.: clipeum obit pellis circumdata, Verg. – Perf. obit, CIL 3, 5568 u. 6, 7479. Capit. Anton. phil. 27, 9. Sen. Troad. 597 u. a. nachaug. Dichter. – Fut. obiet, CIL 6, 27852.

ob-equito, āvī, ātum, āre, an etw. **heranreiten, a** im feindl. Sinne, **α** m. *Dat.*, castris, portis, Liv.: Romanis, Liv.: moenibus, Curt. – **β** m. *Acc.*, civitatis moenia, Amm. 24, 2, 9. – **γ** m. *usque ad* u. Akk., usque ad ipsam Capenam portam, Liv. epit. 26 *in.* – **δ** absol., insolentissime, Val. Max. 3, 2, 21: obequitando agmen teneri, Liv. – Bildl., non obequitabit nec illis vibrantibus concitatisque sententiis velut missilibus utetur, Quint. 12, 9, 3. – **b** im freundl. Sinne, m. *Dat.*, ordinibus, Amm. 24, 1, 1. – absol., voces obequitantis (des an den Gliedern hinreitenden) acceptae, Flor. 4, 2, 50.

ob-erro, āvī, ātum, āre, **I** *intr.* vor od. an od. um od. in einem Ort **hin u. her-, auf u. ab irren, -schweifen,** agminatim (v. Elefanten), Solin.: tentoriis, Tac.: ignotis locis, Curt.: in domibus, Plin. – übtr., chordā eādem, fehlgreifen auf usw., Hor. – v. Lebl., crebris oberrantibus rivis, durchschneidend, Curt.: hanc imaginem menti eius, hanc oculis oberrasse, Plin. ep.: tanti periculi imago oculis oberrat, Curt.: u. so mihi monstrum oberrat, schwebt vor (vor Augen), Sen. poët.: intra tecta oberrat timor, Claud. – übtr. (v. Tönen), victor ululatus oberrat auribus, Stat. Theb. 9, 178. – **II** *tr.* gleichs. **beirren, beschweifen** = **umschweifen,** quantum (agri) non milvus oberrat, Pers.: paucis casulis et castellis oberratis, Apul. – übtr., dominos (die Affekte), Pers.: quas (caeli plagas) mitis temperies oberrat, Claud.

obēsitās, ātis, *f.* (obesus), die **Fettigkeit, Feistigkeit,** ventris, Suet.: nimia corporis, Colum.: cuiusdam, Suet.: übtr., v. Bäumen, Plin.

obēso, āre (obesus), **feist machen, mästen,** Colum. 8, 7, 4.

obēsus, a, um (v. *obedo), angegessen, **I** passiv, **abgezehrt** = mager, corpus, Laev. erotop. fr. 15 L.M. (b. Gell. 19, 7, 3 u. Non. 361, 16). – **II** medial, **wohlgenährt, fett, feist, A** eig. u. übtr.: **a** eig., v. Menschen (Ggstz. gracilis), Cels. u. a., v. Tieren (Ggstz. strigosus), Hor., Quint. u. a.: v. Körper u. v. Körperteilen, corpus (Ggstz. gracile), Cels.: cervix, Suet.: venter obesior, Cassiod. var. 11, 14, 4: obesissimus venter, Plin. 11, 200. – **b** übtr., **dick** = **aufgedunsen, geschwollen,** fauces, Verg.: venter, Apul. – **B** bildl., **a dumm, nicht fein, ungebildet,** iuvenis naris obesae, von unfeiner Nase (= ohne feinen Geruch), Hor.: aures, Calp.: mens, Auson. – **b träge, untätig,** somnus, Sulpiciae sat. 56.

obex, s. obiex.

ob-f..., s. off...

ob-g..., s. ogg...

ob-haereo, ēre, in etw. **festhängen, -stecken,** Tiberino vado (v. einem Schiff, festfahren), Suet. Tib. 2, 3.

ob-haerēsco, haesī, haesum, ere, an od. in etw. **fest hängen bleiben, stecken bleiben,** in medio flumine, Lucr.: alveum obhaesisse ad arborem, Aur. Vict.: inguinibus alienis obhaesisse, Sen.: consurgenti ei lacinia obhaesit, Suet. – bildl., utrisque pecunia sua obhaesit, ist beiden ans Herz gewachsen, Sen. de tranqu. anim. 8, 3.

ob-horrēsco, horruī, **darüber sich entsetzen,** Itala Ierem. 2, 12.

obhumo, āre (ob u. humus) = προσχώννυμι, **Schlamm-, Erdreich ansetzen, versanden machen,** Tert. de pall. 2.

ob-iaceo, iacuī, ēre, **vorliegen, vor** od. **bei** etwas **liegen,** ubi mortis thesauri obiacent, Enn. fr.: ibi obiacente sarcinarum cumulo, Liv.: saxa obiacentia pedibus, Liv.; vgl. saxorum obiacens moles, Liv. – v. Örtl., Graecia Ioniis fluctibus obiacet, Mela: a meridie Aegyptus obiacet, Tac.: paucis circa ipsum oppidum obiacentibus cultis (bebautes Land), Frontin. aqu.: insula obiacens, Plin. ep.

obicio, iēcī, iectum, ere (ob u. iacio), **I entgegenwerfen, -setzen, -stellen, A** eig.: argentum alci ob os, ins Gesicht schmeißen, Plaut.: tabulas alci ob os, unter die Nase halten, Apul. apol. 89: se copiis, Caes.: se telis hostium, Cic.: se hosti, Nep.: se alci infesto venienti obviam, Liv.: obicitur monstrum oculis, Verg.: si qui tremerent obiectā re terribili, bei einer schrecklichen Erscheinung, Cic.: visum a deo obiectum dormienti, Cic.: quo repentino obiecto visu, Nep. – **B** übtr.: **1 entgegnen, erwidern,** Cic. Phil. 2, 9 (vgl. § 8 opponere). – **2 preisgeben,** mutwillig und ohne Not **aussetzen,** consulem morti, Cic.: obiectus fortunae, Cic., calumniantibus, Quint. – m. *ad* od. *in* u. Akk., obiectus ad omnes casus, Cic.: ob. se in dimicationes, Cic. – **3 beibringen, eingeben, widerfahren lassen, verursachen,** alci laetitiam nec opinanti (unverhofft), Ter.: eam mentem (Gedanken), ut etc., Liv.: metum et dolorem, Cic.: spem, terrorem, Liv.: rabiem canibus, Verg.: alci errorem, vorspiegeln, Cic.: furorem, Cic. – dah. im Passiv obici = **widerfahren, begegnen, zustoßen, aufstoßen,** hocine de improviso mihi mali obici tantum! Ter.: tum hoc mihi esse obiectum malum! Ter.: hic aliud (ein anderer Vorfall) maius miseris obicitur, Verg.: obicitur animo metus, das Herz wird von Furcht ergriffen, Cic. – **II vor-, hinwerfen, -setzen, vor-, hinhalten, A** eig.: **1** im Allg.: argentum, Ter.: pabulum viride (*sc.* vitulis), Varro: corpus feris, Cic.: devorandos servos muraenis, Sen.: alqm leoni, Sen. (u. so leoni obici, Val. Max.): alqm bestiis, Eutr.: vinum naribus, Plaut.: canem acrem obiecto cibo lenire, Sen. rhet.: obiecta tela perfringere, Cic. – dah. obiectus v. Örtl. = **vor** etw. **vorliegend, liegend,** insula obiecta portui Brundisino, Caes.: silva pro nativo muro obiecta, Caes.: obiectis silvis, wegen der v. W., Caes. – **2** insbes., zum Schutz, zur Verteidigung **vorwerfen, vorsetzen, vorhalten,** carros pro vallo, Caes.: novum pro diruto muro, Liv.: Alpium vallum contra transgressionem Gallorum, Cic.: scutum, Liv.: nubem fraudibus, sie unsichtbar machen, Hor.: navem faucibus portus, Caes.: fores raptim, zuwerfen, Liv.: cervos (spanische Reiter), Liv.: fossam, Liv.: funes iumentaque, Auct. b. Alex. – **B** übtr.: **1 darbieten, bieten,** m. dopp. *Acc.*, delenimentum animis Volani agri divisionem, Liv. 4, 51, 5. – **2** als Beispiel **vorhalten, vor Augen stellen,** unum ex iudicibus selectis, Hor. sat. 1, 4, 123. – **3 vorwerfen, vorrücken,** alci furta, Cic.: num casus bellicos exprobrare aut obicere videor? Cic.: erubescant, si quis haec eis obiciat, Liv.: non tam sum existimandus de gestis rebus gloriari quam de obiectis confiteri, Cic. – m. folg. *quod* (dass), z. B. non tibi obicio, quod spoliasti, Cic.: m. folg. *Acc.* u. *Infin.*, obicit mihi me ad Baias fuisse, Cic. – mit folg. *de* u. Abl., alci de Cispio, Cic.: alci de morte Caesaris, Brut. et Cass. in Cic. ep.: quod obiectum est de pudicitia, Cic. – *Partic.* subst., obiecta, **Vorwürfe,** obiecta negare, Quint.: obiecta diluere, Quint. – ▶ obiexim, is = *obiecerim* etc., Plaut. Poen. 446; Cas. 404 Sch.

obiciter = ociter, Gloss. V, 125, 10 u. ö.

obiectāculum, ī, *n.* (obiecto), ein Vorwurf = ein **Damm** usw., Varro r. r. 3, 17, 9.

obiectāmentum, ī, *n.* (obiecto), der **Vorwurf,** Plur. bei Apul. apol. 1.

obiectātio, ōnis, *f.* (obiecto), **a** das **Vorwerfen,** der **Vorwurf,** Ennod. epist. 9, 30: Plur., aliorum obiectationes, Caes. b. 3, 60, 2. – **b** der **Einwand,** Schol. Pers. 1, 40.

obiectio, ōnis, *f.* (obicio), das **Entgegen-** od. **Vorwerfen, I** eig.: prorae, Ambros. epist. 100, 14. – insbes., das **Vorbauen,** saxorum, Arnob. 6, 3. – **II** übtr.: **a** das **Vorwerfen, Vorrücken,** m. subj. *Genet.*, plebis, Vulg. Sirach 42, 11: m. obj. *Genet.*, nominis, Tert. ad ux. 2, 5: eius facti, Mart. Cap. 5. § 445: absol., der **Vorwurf,** obiectionum invidia, Heges. 2, 9, 41: obiectionem repellere, Ps. Ambros. epist. 89. – **b** der **Einwand,** den man dem Gegner macht, Augustin. de nat. et grat. 10. Schol. Iuven. 10, 324 u. 346. – als rhet. Fig. = anthypophora (s. d.), Iul. Rufin. de schem. dian. § 4.

obiecto, āvī, ātum, āre (*Intens.* v. obicio), **I entgegenwerfen, -setzen, -halten, A** eig.: caput fretis, ins Meer tauchen, Verg. georg. 1, 386: huc illuc clipeum, Stat. Theb. 2, 602: ingerit obiectans trepidantibus ora leonis, Sil. 2, 194. – **B** übtr., **aussetzen, preisgeben,** in acie celebra vitam, Pacuv. fr.: se hostium telis, Liv.: caput periclis, Verg.: alqm periculis, Sall.: animam pro cunctis, Verg. – **II vorwerfen, A** eig.: nos feris et beluarum laniatibus, Arnob. 1, 26: immanibus equis mandendos obiectare advenas, Mela 2, 2, 9 (2. § 29). – **B** übtr. = **vorrücken,** alci possessiones ex bonis proscriptorum, Sall. fr.: alci probrum, Cic.: alci vecordiam, Sall.: natum (den Sohn = den Tod des Sohnes) obiectat et imputat illis, Ov. – m. folg. *Acc.* u. *Infin.*, Plaut. merc. 411; most. 810: nobilitas obiectare Fabio fugisse eum Ap. Claudium collegam, Liv. 10, 15, 12.

1. obiectus, a, um, s. obicio.

2. obiectus, ūs, *m.* (obicio), das **Entgegensetzen, Entgegenstellen,** das **Vorliegen, Entgegenliegen,** terrae, Plin.: plutei obiectu, durch eine vorgestellte Schirmwand, Caes.: femoris obiectu, Apul.: insula portum efficit obiectu laterum, Verg.: cum latera obiectu paludis tegerentur, Tac.: caeli temperies hieme mitis obiectu montis, durch das vorliegende Gebirge, durch eine Gebirgswand, Tac.: dare obiectum parmae, den Schild vorhalten, Lucr.: molium obiectus, die vorliegenden Hafendämme, Tac.

obiex, obicis, *c.* (v. obicio), alles, was vorgeworfen, vorgestreckt od. vorgemacht ist, **I** eig.: **a** der **Querbalken, Riegel,** Verg. u. Tac. – **b** der **Damm, Wall,** ab obice (infolge des Dammes) saevior ibat, Ov.: v. Felsengestade des Meeres, ruptis obicibus, Verg. u. Solin.: v. Felsen usw., se tegere obice saxi, Verg. – **c** die **Verrammelung,** die **Barrikade** (s. Nipperd. Tac. ann. 13, 39), obices portarum, Tac.: obices saxorum, Tac.: per obices viarum, Liv.: via clausa suā obice, Liv. – **II** übtr., **Hemmnis, Hindernis,** nullae obices, Hindernisse des Zutrittes, Plin. pan. 47, 5. – ▶ Nomin. obex, Sidon. carm. 2, 493. Alcim. Avit. epist. 78 u. 90; u. ›obex, καταφράτης‹, Gloss. II, 343, 22. Not. Tir. 100, 44ᵃ; vgl. Serv. Verg. Aen. 10, 377 (auch über das Geschlecht).

obifer, s. ovifer.

obilla, ae, *f.* (*Demin.* v. obba), ein **kleiner Topf,** Apic. 7, 265.

ob-īrāscor, īrātus, īrāscī, auf jmd. **einen Ingrimm bekommen, ingrimmig werden,** m. *Dat.*, fortunae, Liv. u. Sen.: cessantibus, Apul.: oro quaesoque non obirascaris mihi, Claud. Mam. – absol., Apul. apol. 3. – Oft Partiz. **obīrātus,** a, um, **ingrimmig,** mit *Dat.*, fortunae, Liv.: potentibus, Sen.: ambitio obirata rebus parum sibi cedentibus, Sen.

obīrātio, ōnis, *f.* (obirascor), der **Ingrimm,** Cic. ad Att. 6, 3, 7 zw. (Wesenberg u. Müller oratione).

obīrātus, a, um, s. ob-īrāscor.

obiter, *Adv.* (ob), **darüberhin, I** eig.: flumina ad lavandam hanc ruinam iugis montium ducere ob., Plin.: rotae, quas aqua verset ob. et mola, Plin.: quaedam propter alia seri ob., darüberhin säen, Plin. – **II** übtr.: **A obenhin, leichthin,** ob. et poena sit, Ps. Quint. decl. 16, 6. – **B zufällig,** ob. incidentia facile declinant, Plin.: in occurrentia ob. furit, Sen. – **C im Vorbeigehen, nebenbei, gelegentlich,** ob. dicere, Plin.: ob. nominare, Plin.: ob. nosci, Plin.: ob. plurimum conferre utilitatibus rei familiaris alcis, Plin. ep. – **D dabei,** verberat atque ob. (= *inter verberandum*) faciem linit, Iuven.: ob. cantare, Petron.: filium quoque ob. liberari, ICt. – **E zu gleicher Zeit, zugleich,** Ps. Quint. decl. 10, 16. Apul. met. 6, 26.

obitus, ūs, *m.* (obeo), **I** (nach obeo *no.* I, B) der **Untergang, a** eig., der Sterne, der Sonne, des Mondes, ortus aut obitus lunae, Cic.: Plur., signorum ortus et obitus, Cic. u. Apul.: stellarum ortus atque obitus, Catull. – **b** bildl., der **Untergang,** die **Vernichtung,** Caes., Cic. u. a.: obitus occasusque noster, polit. Untergang, Verschwinden (ins Exil), Cic. – prägn., das **Hinscheiden,** der (natürliche) **Tod,** Tulliae filiae, Cic.: immaturus, Suet.: post obitum vel potius excessum Romuli, Cic.: dici beatus ante obitum nemo debet, Ov.: Plur., educationes atque obitus singulorum, Apul.: dare obitus, Val. Flacc. – **II** (v. obeo *no.* II) das **Herangehen** zu usw., **A** im Allg.: quis est qui interrumpit sermonem obitu suo, durch sein plötzliches Erscheinen, Turpil. com. 67. – bildl., die **Verrichtung, Unternehmung,** fugae, Tert. de fuga in pers. 1. – **B** insbes., der **Besuch,** Ter. Hec. 859: civitatum multarum, Besuch, Bereisen, Apul. met. 9, 13. – ▶ Genet. obiti, Apul. de Plat. 2, 22.

obiūrgātio, ōnis, *f.* (obiurgo), das **Schelten, Tadeln,** der **Verweis,** Cic. u. a.: obiurgationem reprimere, Cic. – Plur., obiurgationes, Ggstz. laudationes, Sen. ep. 94, 39.

obiūrgātor, ōris, *m.* (obiurgo), der **Schelter, Tadler,** hic noster obi., Cic.: Stilbonis obi. Epicurus, Sen.: Sallustius gravissimus alienae luxuriae obi. et censor, Macr.: non modo accusator, sed ne obi. quidem ferendus est is, qui etc., Cic.: Plur., obiurgatores improbi, Cic.: obiurgatores suos convincere, Cic. – attrib., patruus obi., Apul. flor. 16. p. 20, 19 Kr.

obiūrgātōrius, a, um (obiurgator), **scheltend, Schelt-,** epistula, Cic.: verba, Gell.: clamor, Amm.: sonus vocis, Amm.

ob-iūrgo (altlat. **obiūrigo**), āvī, ātum, āre, **I tadeln, schelten, Vorwürfe machen, A** im Allg.: **α** m. *Acc. pers.:* M. Caelium, Cic.: monere amicos et obi., Cic.: alqm molli brachio *de* Pompei familiaritate, Cic.: ne, *in* quo te obiurgem, id ipsum videar imitari, Cic.: mit *in* u. folg. quod (dass), in quo cum obiurgarer, quod nimio gaudio paene desiperem, Cic. ep. – m. *Genet.* (wegen), obi. alqm neglegentiae, Min. Fel. 4, 3. – **β** m. *Acc. rei:* verecundiam alcis, Cic.: cotidie fatum, Sen.: naturam, Sen.: vitia, Gell.: leviter obiurganda est vana tristitia, Cels. – **γ** absol.: sic obiurgant, quasi oderint, Quint.: nequiquam consule obiurgante atque hortante, Liv.: nec satis ad obiurgandum causae, Ter. – **B** insbes.: **a im Ton des Vorwurfs auffordern,** m. folg. *ut* u. Konj., quā (epistulā) me obiurgas, ut firmior sim, Cic. ad Att. 3, 15, 1. – **b abmahnen,** obiurgans me a peccatis, Plaut. trin. 680. – **II** übtr., **übel mitspielen, strafen, a** körperl. = eins versetzen, hauen, schlagen, alqm verberibus, Sen., flagris, Suet.: alqm colaphis, Petron.: servum garrulum, Anthol. Lat.: sinum et latus interim, Quint. – **b** um Geld, non committam, ut sestertio (wegen eines S.) centies obiurgandus sim, Sen. de ben. 4, 36, 1. – ▶ Über die Form obiurigo s. Brix Plaut. trin. 68. Ritschl opusc. 2, 426 *sqq.* – Depon. Nbf. obiurgari, Serv. Verg. ecl. 6, 47.

ob-languēsco, guī, ere, **matt werden, ermatten, erschlaffen,** Cic. ep. 16, 10, 2.

oblaqueātio, ōnis, *f.* (1. oblaqueo), das **Grabenmachen um die Wurzeln,** das **Räumen,** Isid. orig. 17, 5, 30: oblaquiatio (so!) arborum, Menol. rust. Colot. im CIL 1, 1². p. 281.

1. oblaqueo, āre (ob u. lacus), um die Wurzel der Weinstöcke u. Bäume graben u. Vertiefungen machen, teils des Regens wegen, teils um das Unkraut auszureißen, **räumen,** Colum. 2, 14 (15), 3. Isid. orig. 17, 5, 31.

2. oblaqueo, āre (ob u. laqueus), **umschlingen, umgeben, einfassen,** gemmam argento, Tert. de res. carn. 7: mitram (das Schiffstau) herumschlingen, Ps. Tert. de Iona 44.

oblātīcius, a, um (offero), **freiwillig dargeboten, -angeboten, -gegeben,** impendium obl., Sidon. epist. 7, 9, 21: aurum obl., Cod. Theod. 6, 2, 5.

oblātio, ōnis, *f.* (offero), das **Darbieten, I** das **Anbieten,** das **Anerbieten, a** übh.: obl. eius, quod relictum est, Ulp. dig. 5, 2, 8. § 10: cautionis, Ulp. dig. 39, 2, 15. § 33. – **b** insbes., das **Gebot** in der Auktion, Cod. Theod. 5, 13, 18. – **II** das **Darbringen, 1** eig.: **a** das **Darreichen,** das **Darbieten,** luminis, der Lampe, Apul. met. 5, 22: victus vel potionis, Cod. Iust. 6, 23, 28 pr.: in sacrificii oblatione versari, mit der Darbringung einer Opfergabe, einer Opferhandlung beschäftigt sein, Leo serm. 22, 4: concupita oblatio, das D. des Gewünschten, Cael. Aur. de morb. acut. 1, 11, 82. – **b** die **Erlegung, Entrichtung,** quadrantis (im Bad), Ambros. in Luc. 7, 158: functionum publicarum, Cod. Iust. 10, 16, 5. – **c** die **Überreichung,** precum, Cod. Iust. 1, 20, 2. – **2** meton., das Dargereichte, **a** die **Spende,** das **Geschenk,** matronarum oblationes, Amm. 27, 3, 14. – bes. die freiwillige **Beisteuer** als Abgabe, Ps. Ascon. Cic. II. Verr.. 2, 5. p. 205, 6 B. Cod. Theod. 6, 2, 14. – **b** die **Opferspende, Opfergabe,** obl. dei, Ulp. dig. 24, 1, 5. § 12: absol., Ambros. de Cain et Abel 2, 6. § 18. Isid. orig. 8, 5, 22.

oblātīvus, a, um (offero), **freiwillig dargeboten, -angeboten, -gegeben,** Symm. epist. 10, 43. Serv. Verg. Aen. 6, 190. Mythogr. Lat. 3, 11, 14.

oblātor, ōris, *m.* (offero), der **Darbieter, Anbieter,** Tert. adv. Marc. 2, 26 *extr.* Ambros. de Cain et Abel 2, 6. § 18.

oblātrātio, ōnis, *f.* (oblatro), das **Anbellen,** übtr. = das Anfahren, Schelten, Hieron. epist. 133, 13.

oblātrātor, ōris, *m.* (oblatro), der **Anbeller,** Sidon. epist. 1, 3, 2.

oblātrātrīx, trīcis, *f.* (Femin. zu oblatrator), die **Widerbelferin,** v. einer Frau, Plaut. mil. 681.

ob-lātro, āre, **anbellen,** übtr., alci, anfahren, schelten usw., Sen. de ira 3, 43, 1: oblatrare atque obstrepere veritati, Lact. 5, 4, 3: alqm, Sil. 8, 249: alqd, scheltend vorwerfen, Demetrius oblatrans nescio quid, Suet. Vesp. 13: oblatrat *adversus* unitatem Christi, Augustin. serm. 8, 13: illud quod oblatrare consuestis, Ambros. de spir. scto 3, 13. § 92: nihil in deorum oblatraret dedecus, Prud. perist. 10, 913 *codd.* – absol., Amm. 14, 9, 1 u. 17, 11, 4.

oblectābilis, e (oblecto), **ergötzlich, angenehm,** Auson. epist. 19 *extr.* p. 180, 39 Schenkl.

oblectāmen, inis, *n.* (oblecto), **a** die **Ergötzlichkeit,** Plur., Ov. met. 9, 342. Stat. silv. 3, 5, 95. – **b Trost-, Beruhigungsmittel,** Plur., Ov. met. 11, 412 M. (Korn oblenimina).

oblectāmentum, ī, *n.* (oblecto), die **Ergötzlichkeit,** der **Zeitvertreib,** meae senectutis requies oblectamentumque, Cic.: oblectamenta puerorum, Cic.: oblectamenta aurium, Ohrenschmaus, Sen.: oblectamenta vitae, Sen.: oblectamenta fallacia et brevia, Sen.: ut illi haberent haec oblectamenta et solacia servitutis, Cic.: invenies in quolibet genere vitae oblectamenta et remissiones et voluptates, Sen.: erat ei in oblectamentis draco serpens, Suet.

oblectātio, ōnis, *f.* (oblecto), die **Ergötzung,** der **Genuss,** die **Lust,** beatae vitae, Cic.: animi, Cic.: requies plena oblectationis fuit, genussreich, Cic.: oblectationi oculisque cadere (v. Gladiator), zur Augenlust (Augenweide), Tac.: incipio ex hoc genere studiorum non solum oblectationem verum etiam gloriam petere, Plin. ep. – Plur., Sen. de tranqu. anim. 2, 9. Plin. ep. 7, 4, 4 u. 9, 17, 4.

oblectātor, ōris, *m.* (oblecto), der **Ergötzer,** hominis, Tert. de cor. mil. 8: misericordium beluarum (v. Arion), Apul. flor. 17. p. 27, 11 Kr.

oblectātōrius, a, um (oblectator), **ergötzend,** Gell. 18, 2 *lemm.*

oblecto, āvī, ātum, āre (ob u. lacto), **I** zum Zeitvertreib **ergötzen,** senectutem, Cic.: populum, Hor.: fictis legentium animos, Tac.: eruditorum hominum aures, Gell.: se, Cic.: se cum alqo, Cic.: se in alqo, an jmd., Ter.: se scriptis, Cic.: se aleā, Suet.: me te (Abl.) oblectes, Ter. – medial, oblectari, **sich ergötzen,** ludis, Cic.: ceris fingendis, Iustin. – obl. *intr.* = se obl., si portisculorum et remigum visu audituque oblectares, Fronton. epist. de fer. Als. 3. p. 224, 15 N. – **II** übtr., eine Zeit **angenehm ausfüllen,** otium temporis, Plin. ep.: iners otium, Ter.: moras, Ov.: tempus lacrimabile studio, Ov.

oblēnīmen, inis, *n.* (oblenio), **Trost-, Beruhigungsmittel,** Plur., *Ov. met. 11, 412 (die Handschrn. oblectamina).

ob-lēnio, īre, **besänftigen,** lectio illum (iracundum) carminum oblениat, Sen. de ira 3, 9, 1.

oblīcus, a, um, s. oblīquus.

oblīdo, līsī, līsum, ere (ob u. laedo), **I zudrücken,** collum, Prud. psych. 335: collum digitulis duobus, v. Erwürgen, Cic. pro Scauro 10: so auch fauces, Tac.: guttur, Prud. – **II erdrücken, erwürgen, zerquetschen,** fetus, Colum.: recens natos, Lact.: oblisus pondere, Plin. ep.

obligāmentum, ī, *n.* (obligo), **I** das **Band,** die **Verbindung,** Tert. de cor. mil. 14. – **II** übtr., die **Verbindlichkeit, Verpflichtung, verbindliche Kraft,** Tert. adv. Marc. 3, 22. Hieron. in epist. ad Ephes. 1, 14. Oros. 4, 13, 4.

obligātio, ōnis, *f.* (obligo), **I** das **Binden;** dah. als jurist. *t. t.* = die **Verbindlichmachung,** die **Verbürgung, Verpflichtung** (vgl. Gaius dig. 44, 7, 1), est gravior et difficilior animi et sententiae pro aliquo quam pecuniae obligatio, Cic. ep. ad Brut. 1, 18, 3: obligationes ex contractu aut re contrahuntur, aut verbis, aut consensu, Gaius dig. 44, 7, 1. § 1: obligationis tamen onere praetoris auxilio non levabitur, Papin. dig. 3, 3, 67. – **II** das **Gebundensein,** linguae, das Nichtgelöstsein der Zunge, Iustin. 13, 7, 1. – Dah. als jurist. *t. t.*: **a** das Verhältnis zwischen Gläubiger und Schuldner, das Recht des Gläubigers u. die Pflicht des Schuldners, das **Schuldforderungsverhältnis,** ICt. – **b** das **Pfandrecht** sowie der **Zustand des Verpfändetseins,** ICt.

obligātōrius, a, um (obligo), **verbindend, verbindlich,** ICt.

obligātus, a, um, *PAdi.* (v. obligo), **verbindlich, verpflichtet,** obligatus ei nihil eram, Cic. – *Compar.*, quanto quis melior et probior, tanto mihi obligatior abit, Plin. ep. 8, 2, 8.

ob-ligo, āvī, ātum, āre, **I anbinden, an** od. **in** etwas **befestigen, auf** etw. **binden, A** eig.: obligatus corio, in einen ledernen Sack gebunden, Rhet. Her.: muscus (articulis) obligatus, aufgebunden, Plin. – **B** übtr.: **a binden, verhindern, einschränken,** hoc iudicio districtus atque obligatus, Cic. I. Verr.. 24. – **b** jmd. einer Sache **schuldig machen,** ludos scelere, Cic.: alqm scelere, Cic. u. Suet. – refl. u. medial = **sich** eines Vergehens od. einer Strafe **schuldig machen,** in etw. **verfallen,** se furti, Scaev. b. Gell.: obligari fraude impiā, Cic.: legum iudiciorumque poenis, Cic.: übtr., superstitione, Cic. – **II zusammenbinden, zubinden, A** eig.: age obliga (den Brief), obsigna cito, Plaut. Bacch. 748: pecua ad hanc collo in crumina ego obligata defero, Plaut. truc. 956. – **B** übtr., durch Zauberei **binden,** Paul. sent. 5, 23. § 15. – **III verbinden, zubinden, A** eig.: oculos, Sen.: surculum libro, Varro: vulnus, Cic.: crus, Plaut.: venas, brachia, Tac.: alqm, jmd. (jmds. Wunde usw.) verbinden, Cic. – **B** übtr., **verbinden = a vereinigen,** cibum ovis, Eier hineinschlagen, Apic. 4, 123. – **b** durch Versprechen, Bürgschaft, Schwur, Bündnis, Wohltaten, Gesetze usw. **verbindlich machen, verpflichten, α** übh.: alqm sponsione, Liv.: vadem tribus milibus aeris, zur Bezahlung von usw., Liv.: se in acta alcis, Suet.: se chirographo ad alqd, ICt.: obligari foedere, Liv.: obligari tutelae et furti (*sc.* actione), ICt.: se nexu, Cic.: alqm militiae sacramento, einen (Soldaten) vereidigen, Cic.: alqm sibi liberalitate, Cic.: beneficio, Cic.: obligabis me (*sc.* tibi), Plin. ep.: so auch obligari alci, verbindlich werden, Ov.: me tibi obligatum fore, Cic.: Prometheus obligatus aliti, verurteilt, von einem Vogel seine Strafe zu leiden, Hor.: obligatam redde Iovi dapem, zu dem du dich durch Gelübde verbindlich gemacht hast, den gelobten, Hor. – mit folg. *ut* u. Konj., obligor, ut tangam laevi fera litora Ponti, ich bin genötigt, zu usw., Ov. trist. 1, 2, 83. – m. folg. *Supin.*, obligati sunt interrogatum, Amm. 28, 4, 10. – **β verpfänden, versetzen, mit einer Hypothek belasten,** praedia fratri, Suet.: bona sua pignori, verpfänden, ICt.: praedia obligata, verpfändete, auf denen eine Hypothek ruht, Cic.: fidem suam, sein Wort verpfänden, zum Pfand geben, Cic.

ob-ligūrio (obligurrio), iī, īre, **verleckern, verschwenden,** Iul. Val. 1, 27 (32), wo *Infin. Perf.* obligurisse.

obligur(r)ītor, ōris, *m.* (obligurio), der **Verleckerer, Verschmauser,** Firm. math. 5, 5. p. 134, 32.

oblīmo, āvī, ātum, āre (ob u. limus), **I überschlämmen, verschlämmen,** agros, Cic. de nat. deor. 2, 130: fossas, Suet. Aug. 18, 2: sulcos inertes, Verg. georg. 3, 136. – **II** übtr.: **A verschlemmen = vertun,** Hor. sat. 1, 2, 62. – **B verwirren, verfinstern,** universa, Solin. 11, 3: humanas mentes, Claud. rapt. Pros. 3, 29.

ob-lingo, ere, **belecken,** mentlam, CIL 4, 760.

oblinio, iī, ītum, īre, **beschmieren, bestreichen,** Infin., talearum capita misto fimo cum cinere oblinire, Colum. 5, 9, 3 (u. so Infin. noch Colum. 11, 2, 42; 12, 15, 2; 12, 44, 6): Perf., si quis aliquem caeno, luto oblinierit, Paul. dig. 47, 11, 1. § 1 (u. so oblinierit auch Scrib. Larg. 230): Partiz., cinis oblinita, Scrib. Larg. 245. – übtr., veritatem oblinire, ausstreichen, tilgen, Ambros. de spir. scto 3, 10. § 60.

ob-lino, lēvī, litum, ere, **I beschmieren = bestreichen, A** eig.: **1** im Allg.: se visco, Varro: se luto, Lact.: malas cerussā, Plaut.: omnem materiam alumine, Cl. Quadr. fr.: sanguine interemptorum hausto prius vultus suos, Solin.: oblitus caeno, Rhet. Her.: oblitus unguentis, Cic. fr.: oblitus cruore et luto, Cic.: oblitus faciem suo cruore, ne nosceretur, Tac.: oblitā facie (mit einem mit Teig überzogenen Gesicht), vehi, ne sol neve frigus teneram cutem laedat, Sen. – **2** insbes.: **a verschmieren, verpichen,** dolia, Cato: ora urceolorum oblita, Colum.: gypso oblitus cadus, Plin. – **b ausstreichen,** das Geschriebene auf der Wachstafel, Gell. 20, 6, 14. – **B** übtr.: **a verschmieren, zuschmieren, verstopfen,** oblinitur minimae si qua est suspicio rimae, Mart. 11, 45, 5. – **b** mit etwas **vollmachen, erfüllen,** auch **überladen,** villa oblita tabulis, Varro: lacunaria auro oblita, überladen, Apul. flor. 23: facetiae oblitae Latio, Cic.: actor oblitus divitiis, bekleidet, bedeckt, Hor.: oblitam reddunt orationem, mit Schmuck überladen, Rhet. Her. – **II beschmieren** = mit Kot **besudeln, A** eig.: catulos, Varro: quid tu istuc curas, ubi ego oblinar atque voluter, Lucil. – **B** übtr.: **a beflecken, besudeln,** se externis moribus, Cic.: oblitus parricidio, Cic.: alqm versibus atris, schmähen, Hor.: sunt omnia cum summo dedecore ac turpitudine tum singulari stultitiā atque inhumanitate oblita, Cic. – **b** os alci, jmdm. das Maul beschmieren, d. i. etw. weismachen, hintergehen, Plaut.

Curc. 589. – ► Archaist. Perf., cum oblinerunt vasa, Varro fr. b. Prisc. 10, 39.

oblīquātio, ōnis, *f.* (obliquo), die **schräge Richtung,** Macr. sat. 7, 1, 22. Chalcid. Tim. 87.

oblīquē, *Adv.* (obliquus), **I seitwärts, schräg, schief,** ferri, Cic.: agi, Caes. – **II** übtr., **verblümt, versteckt,** alqm perstringere, Tac.: admonere, Gell.

oblīquitās, ātis, *f.* (obliquus) = λοξότης, **I** die **schräge (schiefe) Richtung, Schiefheit, Schrägheit,** Plin. 2, 81 u. 3, 43: nullus sinus, obliquitas nulla, kein Winkel, Plin. ep. 8, 20, 4. – **II** übtr., die **Verblümtheit, Zweideutigkeit,** oraculi, Prisc. 18, 65: urbana, Augustin. c. Cresc. 4, 64.

oblīquo, āvī, ātum, āre (obliquus), **seitwärts-, schräg-, schief** od. **überzwerch richten, -lenken, -beugen, I** eig.: oculos, Ov.: obl. crinem nodoque substringere, Tac.: obl. ensem in latus, Ov.: sinus (velorum) in ventum, lavieren, Verg.: specula, quae facies prospicientium obliquant, Sen. – **II** übtr.: preces, versteckt-, auf feine Art vorbringen, Stat.: responsa, Arnob.: Q cuius (K) similis effectu atque specie, nisi quod paulum a nostris obliquatur, etwas gemildert ausgesprochen wird, Quint.

oblīquus (oblīcus), a, um (zu Wz. *leiqᵘ-*, biegen; vgl. limen, limes, licium), **seitwärts** (von der Seite) **gerichtet, -gehend, -befindlich, schräg, schief, von der Seite, I** eig.: motus corporis pronus, obliquus, supinus, Cic.: obl. crura, Plin.: obl. fenestrae, s. fenestra: obliquam facere imaginem, von der Seite, im Profil, Plin.: verres obliquum meditans ictum, Hor.: amnis cursibus obliquis fluens, Ov.: homines obliqui stant, uns seitwärts, nicht in gerader Linie mit uns, Cic.: oculo obliquo aspicere, Ov. (vgl. nec acies [der Blick] usquam devertenda, immo nec obliquanda, Apul. met. 2, 22): colles, wo man schräg gehen muss, Liv.: fulmina, schlängelnde, kreuzende, Sen.: ex obliquo, Plin., od. ab obliquo, Ov., od. per obliquum, Hor., od. in obliquum, Liv. u. Plin., von der Seite, seitwärts, nicht geradezu (vgl. bildl. sed ne aliam disputationem ex obliquo [abschweifend] habeam, Sen. de ben. 4, 9, 1). – *Compar.*, quia positio signiferi circa media sui obliquior est, Plin. 2, 188. – obliquum adv., obliquum intuens et torvum, Amm. 30, 9, 6. – **II** übtr.: **a** v. der Verwandtschaft, genus, **nicht von einer Mutter mit uns,** sondern **von einer Beischläferin,** Stat.: sanguis, Seitenverwandtschaft, Lucan. – **b** v. der Rede, **verblümt, halbverdeckt, zweideutig,** orationes, Suet. Dom. 2, 3: insectatio, Tac. ann. 14, 11: verba, Amm. 15, 5, 4. – **c** als gramm. *t. t.*: **α** casus obliqui, abhängige, weil sie sich auf ein anderes Wort beziehen, die *Casus* außer dem *Nominativ* u. *Vocativ*, Varro LL. u. Quint. – **β** allocutio, **wenn man durch den** *Accusativus cum Infinitivo* **erzählt, -spricht,** Quint. 9, 2, 37. – **d scheel, scheelsüchtig** = neidisch, obl. invidia, Verg. Aen. 11. 337: Cato adversus potentes semper obliquus, Flor. 4, 2, 9.

oblīscor, s. oblīvīscor a. E. ►.

obliter..., s. oblitterātio ...

oblitēsco, tuī, ere (ob u. latesco), **sich verbergen, sich verstecken,** in rimis (v. Sandkörnern), Varro r. r. 1, 51, 1: a nostro aspectu (v. Planeten), Cic. Tim. 37: erigensque cursum suum oblituit (v. einem Planeten), Sen. nat. qu. 7, 29, 3: qui velut timidum atque iners animal metu oblituit, Sen. ep. 55, 5.

oblitterātio, ōnis, *f.* (oblittero), das Löschen aus dem Gedächtnis = das **Vergessen,** Plin. u. a.

oblitterātor, ōris, *m.* (oblittero), der **Vergessenmacher,** Tert. adv. Marc. 4, 26 *extr.* Paul. Nol. epist. 16, 7.

oblittero, āvī, ātum, āre (oblino), **überstreichen, auslöschen,** übtr. = **aus dem Gedächtnis löschen, in Vergessenheit bringen, vergessen machen,** gew. Passiv oblitterari = **aus dem Gedächtnis schwinden, in Vergessenheit geraten, vergessen werden,** publici mei beneficii memoriā privatam offensionem oblitterarunt, Cic.: adversam prosperā pugnā oblitteravit (consul), Liv.: non tamen oblitterare famam rei male gestae potuit, Liv.: suo beneficio paternas simultates oblitterans, Liv.: rem silentio oblitteravit, Suet.: nec (mandata) ulla oblitteret aetas, Catull. – adversae pugnae in Hispania nullius in animo quam meo minus oblitterari possunt, Liv.: res prope iam oblitterata, Liv.: oblitterata aerarii nomina (Forderungen des Ärars), Tac.: inimicitiae Pelopidum exstinctae iam atque oblitteratae, Acc. fr.: nondum oblitteratā memoriā superioris belli, Liv.: ita praeteritis silentio oblitteratis, Liv.

oblitterus, a, um (oblino) = oblitteratus, **in Vergessenheit gekommen, vergessen,** Laev. b. Gell. 19, 7, 4.

oblīviālis, e (oblivio), **Vergessenheit verursachend,** Prud. cath. 6, 16.

oblīvio, ōnis, *f.* (obliviscor), **I** das **Vergessen,** die **Vergessenheit, a** appell.: fugitiva, Varro LL.: oblivio eorum, qui nunc sunt, neben reticentia posterorum, Cic.: ab oblivione vindicare, der Vergessenheit entreißen, Cic.: alqd oblivioni dare (anheimgeben), Liv., od. venire in oblivionem alcis rei, Cic., od. capere oblivionem alcis rei, Plin., etwas vergessen: capit me oblivio alcis rei, ich vergesse etwas, Cic.: alqd oblivione dimittere, sich etw. aus dem Gedächtnis schlagen, Tac.: alqm in oblivionem alcis rei adducere, machen, dass jmd. etw. vergisst, Liv.: omnes oblivio alta suppressit, Sen.: iniurias oblivione contriveram, hatte vergessen, Cic.: non iacēre in oblivione, sed in assidua commemoratione omnibus omnium flagitiorum esse, Cic.: in oblivionem ire, in V. geraten, Sen.: per oblivionem, aus Vergessenheit, Suet.: omnium factorum dictorumque oblivio, Suet., od. discordiarum oblivio, Iustin., Amnestie. – Plur., Hor. carm. 4, 9, 34. Gell. 9, 5, 6. Ps. Quint. decl. 306. – **b** *nom. propr.*: **α** oblivionis amnis od. aqua, der **Strom der Vergessenheit,** v. der Lethe, obl. amnis, Sen. ad Marc. 19, 4 H. (Koch Oblivio amnis). Lact. 7, 22, 16: aqua obl., Lact. 3, 18, 16; 7, 22, 9. – **β** Oblivio, ein Fluss im tarrakon. Hispanien, j. *Lima,* Mela 3, 1, 9 (3. § 10). Plin. 4, 115. Liv. epit. 55; vgl. Sil. 16, 477. – **II** die **Vergesslichkeit,** Curt. 7, 1, 9. Tac. ann. 11, 38. Suet. Claud. 39, 1.

oblīviōsus, a, um (oblivio), **I** leicht vergessend, **vergesslich** (Ggstz. memor), Cic. de inv. 1, 35; de sen. 36: *Superl.*, obliviosissimus, Tert. de anim. 24. – m. *Genet.*, obl. alienarum rerum, Donat. Ter. Andr. 5, 4, 46. – **II Vergessenheit verursachend,** Massicum (vinum), der die Sorgen vergessen machende (λαθικηδής), Hor. carm. 2, 7, 21.

oblīvīscor, lītus sum, līvīscī (viell. von oblino), **vergessen,** auch absichtlich = **nicht mehr denken an usw.** (Ggstz. memini, in mentem venit), **I** eig., m. *Genet.*, temporum suorum, Cic.: numquam noctis illius, cum etc., Cic.: controversiarum ac dissensionis, Caes.: offensarum, Tac.: oblivisci sui non sinere (v. einer Gabe), Sen.: o nimium nimiumque oblite tuorum, Ov.: *meminens* naturae et professionis *oblitus,* Sidon. epist. 4, 12, 1. – m. *Acc. rei,* iniurias, Cic.: haec tam crebra Etruriae concilia, Liv.: velut aliquid oblitus, als hätte er etwas vergessen (mitzunehmen), Liv.: ut alia obliviscar, anderes zu vergessen (als Parenthese), Cic. – m. *Acc. pers.*, semet, Acc. tr. 190: Ulixem, *ibid.* 488: deum, Vulg. psalm. 49, 22; Baruch 4, 8: oblitusque meorum obliviscendus et illis, Hor. ep. 1, 11, 9. – m. folg. *Infin.*, et nescio qui tibi sum oblitus hodie ac volui dicere, Ter.: ne obliviscar vigilare, Cic.: quod scribere oblitus es, Cic.: quod auspicari esset oblitus, Cic.: paene est oblita tollere, sie hätte beinahe vergessen, Ov.: obliti de natali suo edicere, Suet.: m. folg. *Acc.* u. *Infin.*, obliviscor Roscium et Cluvium esse viros primarios, Cic.: oblitus se paulo ante defensum (esse) ab illo, Sen. rhet.: oblitus tot civium animas trahere se in casum, Curt.: neu patruum sibi Othonem fuisse aut *oblivisceretur* umquam aut nimium *meminisset,* Tac. hist. 2, 48 *extr.* – m. folg. indir. Fragesatz, haud obliti, in qua urbe, inter quos simus, quali praeside ac rege spoliati, Curt.: etiam in scriptis obliviscebatur, quid paulo ante posuisset, Cic.: prae metu obliti, quid relinquerent, quid secum ferrent, Liv.: oblitus, quam caducis confideret, Sen. – v. Lebl., poma degenerant sucos oblita priores, Verg.: absol., oblito pectore, Catull.: obliviscentia saecla, die vergesslichen, Catull.: oblito palato, Ov. – refl., oblivisci sui, **sich vergessen** = **α** nichts von sich wissen, bei Lebzeiten = nicht daran denken, in welcher Zeit man lebe, Tac. dial. 2 (Andresen »aus sich, aus seinem Wesen heraustreten«): nach dem Tode, Sen. Herc. fur. 292 (296). – **β** sich nicht besinnen, nicht recht die Gedanken beisammen haben, Ter. eun. 306. – **γ sich vergessen** = seiner Würde uneingedenk sein, non oblita Iuno sui, Val. Flacc. 3, 664 *sq.* – **II** übtr., etw. **vergessen** = etw. **aus den Augen setzen,** consuetudinis suae, Cic.: paterni generis, Cic.: feritatis ingenitae, Liv.: pudoris, Ov.: oblitus nugarum, Scherz beiseitelassend, keinen Spaß verstehend, Sen. u. Petron.: oblivisci sui, sich selbst (seinem Charakter) untreu werden, seiner Gewohnheit nicht gemäß handeln, Cic. Phil. 2, 10; ep. 9, 12, 1. Verg. Aen. 3, 629. – m. *Acc.*, cultum oblitus es, Caecil. com. 61. – m. *Infin.*, obliti sunt Romae loquier linguā Latinā, Naev. fr. b. Gell. 1, 24, 2. – ► Passiv, adoptivae familiae obliviscuntur, Paul. dig. 23, 2, 60. § 3. – öfter Partiz. oblītus, Verg., Val. Max. u. a. – Metaplast. Fut. obliviscebor, Itala (Psalt. Veron.) psalm. 118, 16. – Partiz. oblīvītus, Commodian. instr. 1, 27, 8. – Nbf. **oblīscor,** wovon obliscar, Acc. tr. 488 u. parag. Infin. Präs. obliscier, Acc. tr. 190 u. Partiz. Fut. Pass. obliscendus, Plaut. mil. 1359 *Leo.*

oblīvium, iī, *n.* (obliviscor), poet. u. nachklass. Nbf. v. oblivio, die **Vergessenheit,** Sing., Tac. hist. 4, 9. Ambros. apol. David 31. § 16. – oft im Plur., Lucr., Verg. u. a. Dichter: alcis rei oblivia agere, Ov., od. ducere, Hor., etw. vergessen.

oblīvius, a, um (oblino), **überspült, überwaschen,** bildl., verba, von Wörtern, denen man nicht ansehen kann, ob sie fremd od. einheimisch sind, Varro LL. 5, 10. Vgl. obluvium.

ob-loco, āre, **verdingen,** operam ad puteos exhauriendos, Iustin. 11, 10, 9.

oblocūtio, ōnis, *f.* (obloquor), das **Widersprechen,** der **Widerspruch,** auch im Plur., Eccl. u. Gloss.

oblocūtor, ōris, *m.* (obloquor), der **Widersprecher,** Plaut. mil. 644.

oblongulus, a, um (*Demin.* v. oblongus), **etwas lang, länglich,** Gell. 17, 9, 7.

ob-longus, a, um, **länglich,** mensa, Varro LL.: hastile, Liv.: scutulum, Tac.: ovum, Plin.: figura, Plin.: urbs oblongā formā, Liv.: oblonga incurvis lateribus tecta, Sall.: foramen oblongius sit tanto, quantam epizygis habet crassitudinem, Vitr. 10, 11, 4.

obloquium, iī, *n.* (obloquor), der **Widerspruch,** Cassian. inst. coen. 5, 29: Plur., Sidon. epist. 7, 9, 8. Claud. Mam. de stat. anim. 2, 9, 4.

ob-loquor, cūtus sum, loquī, **I gegen** jmd. od. etw. **reden, dareinreden, widersprechen, 1** im Allg.: alci, Plaut., Cic. u. a.: absol., Plaut. u. Cic. – **2** insbes.: **a tadeln,** Sen. u. Tac. – **b schimpfen,** gannire et obloqui, Catull. 83, 4. – **II** übtr., **a darein-, dazu singen,** non avis obloquitur, Ov. ex Pont. 3, 1, 21. – **b** *tr.*, etwas **zu** etwas **erklingen** (ertönen) **lassen,** obloquitur numeris (zur Melodie) septem discrimina vocum, Verg. Aen. 6, 646.

ob-lūceo, ēre, **entgegenleuchten,** übtr. = **beeinträchtigen,** Fulg. myth. 1. praef. p. 22 M.

obluctātio, ōnis, *f.* (obluctor), das **Entgegenstreben, Widerstreben,** flammarum, Mart. Cap. 6. § 647: virtutum, Arnob. 2, 50: adversus mala, Lact. 3, 11, 11: Plur., quis obluctationes sensit? Ambros. de laps. virg. 4. § 12.

ob-luctor, ātus sum, ārī, **gegen** etw. **sich anstrengen, ankämpfen,** ihm **widerstreben, I** m. konkr. Objj.: **a** m. persönl.: soli Fabio, Sil. 8, 10. – **b** m. sächl.: genibus (mit den K.) adversae arenae, Verg.: diu flumini, Curt.: fruticibus, Colum. – **c** absol.: utcumque potui obluctatus sum, Sen. rhet.: fossor obluctans, Sen.: anima obluctans, Plin. ep.: obluctantia saxa, Stat.: urbs impigre obluctata, Auct. itin. Alex. – **II** übtr., m. abstr. Objj.: obluctans adhuc oblivioni, Curt.: ut erat animi semper obluctantis difficultatibus, Curt.: languor obluctatur saluti, Augustin.: qui flagitiosissimis consuetudinis vitiis oblectari magis quam obluctari student, Augustin.

oblūcuviāsse = mente errasse, Paul. ex Fest. 187, 11.

ob-lūdo, lūsī, lūsum, ere, **I** gegen einen **scherzen** od. **schäkern,** Plaut. truc. 103. – **II** jmd. **zum Besten haben, äffen,** alci, Prud. ham. 6.

ob-lūridus, a, um, **erdfahl,** Amm. 14, 6, 17.

obluvium, iī, *n.* (*ob-luo), die **Überspülung,** Acc. tr. 697 R.^{2} (R.^{1} mit den Hdschrn. oblivium).

ob-meritus, a, um, **sich wohlverdient gemacht habend,** CIL 8, 3064: parentes optim. obmeritae (Dat.) fecerunt, *ibid.* 8, 3892.

ob-mōlior, ītus sum, īrī, **I** zur Verteidigung **vorschieben,** truncos arborum et saxa, Curt. 6, 6 (22), 24: nec in promptu erat quod obmolirentur, Liv. 33, 5, 8. – **II** prägn., durch Vorschieben einer Sache etwas **verstopfen,** Liv. 37, 32, 7.

ob-mordeo, ēre, **einbeißen,** Isid. orig. 20, 16, 1.

ob-moveo, ēre, **hinzuschaffen,** Cato r. r. 134 u. 141.

ob-murmurātio, ōnis, *f.* (obmurmuro), das **Murmeln, Murren,** Amm. 26, 2, 3. Isid. regul. monach. 5, 7.

ob-murmuro, āvī, ātum, āre, **I** *intr.* **entgegenmurmeln, murren,** precibus meis, Ov. her. 17 (18), 47: obmurmurando dicere m. folg. *Acc.* u. *Infin.*, Frontin. 4, 6, 2: Pharisaeis obmurmurantibus, quod (weil, dass) etc., Ambros. de Cain et Abel 2, 4. § 16. – **II** *tr.* etwas **dabei-, dazumurmeln,** Suet. Oth. 7, 2.

ob-mussito, āre, **entgegenmurmeln, leise reden,** Tert. de pall. 4.

ob-musso, āre = obmussito, Tert. de anim. 18.

ob-mūtēsco, mūtuī, ere, **verstummen, I** eig.: **A** = die Sprache-, die Stimme verlieren, vor Entsetzen usw., obmutuit et concĭdit, Liv.: qui ebrius obmutuit, Cels.: vocem mittenti non et linguam obmutuisse et manum obtorpuisse, Cic. – umbrae hyaenae contactu canes obmutescere, Plin. – **B** = schweigen, still werden, omnes stupidi timore obmutuerunt, Rhet. Her.: ego neque Antonium verbum facere patiar, et ipse obmutescam, Cic.: Aeneas aspectu obmutuit amens, Verg. – **II** übtr., **verstummen** = aufhören, hoc studium nostrum conticuit subito et obmutuit, Cic.: dolor animi obmutuit, Cic.

obnātus, a, um (*obnascor), **an** etw. **hingewachsen,** mit *Dat.*, obnata ripis salicta, Liv. 23, 19, 11.

ob-necto (nexuī), nexum, ere, **I umschlingen,** glauco pampino obnexae, *Acc. tr. 257. – **II** = obligo, **verbindlich machen,** Fest. 190, 11.

ob-nexus, ūs, *m.*, die **Verbindung, Verknüpfung,** Plur. bei Tert. adv. Marc. 4, 37.

obnīsus, ūs, *m.* (obnitor), die **Mühe, Anstrengung,** Auct. itin. Alex. 16 (41).

ob-nītor, nīxus (nīsus) sum, nītī, **sich entgegenstemmen, sich gegen** etw. **stemmen, I** im engeren Sinne: trunco arboris, Verg.: obnixo genu scuto (Dat.), das Kn. gegen den Sch. gestemmt, Nep.: scutis corporibusque ipsis obnixi, Liv. – **II** im weiteren Sinne: **a** sich sträubend, sich widersetzend **sich entgegenstemmen, sich sträuben, sich widersetzen, Widerstand leisten, widerstreben,** nec omisit Silanus obniti, Tac.: stant obnixa omnia contra, Verg.: m. *Dat.*, trahentibus, Tac.: consilio od. manu hostibus, Tac. – übtr., obnitente vi animi, Vell.: matre obnitente, Tac.: m. *Dat.*, adversis, Tac.: muneribus alcis, Tac.: mens obnixa malo, Val. Flacc.: m. *adversus* u. Akk., adv. pigritiam, Augustin. epist. 1, 2: m. *Infin.*, obnixi non cedere, entschlossen, nicht zu weichen, Verg. georg. 4, 84. – **b sich mit aller Macht anstrengen, mit aller Macht dahin arbeiten,** m. *Infin.*, Pauli victoriam impedire, Vell. 1, 9, 6. – ► Parag. Infin. obnitier, Lucr. 4, 435. – Das Partiz. Perf. immer obnixus, auch Liv. 34, 46, 10.

ob-nīxē, *Adv.* (obnixus v. obnitor), **standhaft, beharrlich,** omnibus obnixe opibus nostrum nos officium meminisse, Plaut. Stich. 45: manibus pedibusque obn. omnia facere, alles daransetzen, Ter. Andr. 161: alqm obn. petere, ut etc., Hieron. epist. 57, 2: colloquia petere obn., Amm. 24, 2, 11: obn. agere, Pacat. pan. 11, 1: obn. deprecari, ne etc., Symm. epist. 3, 60: obnixe inflexibilis mansit, Amm. 29, 2, 14: meus animus meomet dolori obn. oppositus, Fronto de nep. am. 2. p. 232, 14 N.: *Compar.*, obnixius argumentari, Claud. Mam. de stat. anim. 1, 3, 7.

obnīxus, a, um, *PAdi* (v. obnitor), **standhaft, beharrlich, fest,** sed obnixos vos (velim) stabili gradu impetum hostium excipere, Liv. 6, 12, 8: obnixus corde curam premebat, Verg. Aen. 4, 332: obnixi frangunt mala murmura dentes, *ibid.* 11, 337: obnixum silentium tolerans, Apul. met. 4, 10: obnixus mugitus, *ibid.* 4, 21: obnixā fronte, mit eherner Stirn, Augustin. de civ. dei 2, 1. p. 54, 1 D.^{2} – m. *ad* u. Akk., obnixus animus ad perpetiendos cruciatus volnerum aut ignium, Sen. ep. 66, 40. – m. *Infin.* = fest entschlossen, non cedere, Verg. georg. 4. 84. – *Acc. neutr.* adv., obnixum taces, Auson. epist. 25, 28.

obnoxiē, *Adv.* (obnoxius; vgl. Gell. 7, 17, 5), **I straffällig,** perii nihil obn., unverschuldeterweise, Plaut. Stich. 497. – **II unterwürfig,** sententias dicere, Liv. 3, 39, 1.

obnoxietās, ātis, *f.* (obnoxius), die **Unterwürfigkeit,** Eccl.

obnoxio, āvī, āre, **sündig-, schuldhaft machen,** Eccl.

obnoxiōsus, a, um (obnoxius), **I unterwürfig, gehorsam,** Plaut. Epid. 695 G.; trin. 1038. – **II gefährlich,** res obnoxiosae, Enn. fr. scen. 303*.

obnoxius, a, um (ob u. noxa), irgendetwas Verletzendem **verfallen, I** im engeren Sinne, einer Strafe od. strafbaren Schuld **verfallen, straffällig, α** m. *Dat. pers.*: ego tibi me obnoxium esse fateor, Plaut. truc. 835. – **β** m. *Dat.* der Schuld, animus neque delicto neque libidini obnoxius, weder einem Verbrechen noch der Frivolität verfallen, Sall.: culpae communi, Ov.: turpi facto, Tibull. – **γ** m. *Genet.* der Schuld, wegen usw., criminum, Cod. Iustin.: pecuniae debitae, Liv. – **δ** absol., obnoxius et supplex, Cic. ep. ad Brut.: ego lege Aquiliā obnoxius sum, ICt.: obn. capita vestra, Liv. – **II** im weiteren Sinne: **A** jmds. Willkür usw. **unterworfen** = **untertan, untertänig, gehorsam, knechtisch ergeben, willfährig, 1** eig., Sall., Liv. u. a.: subiecti atque obnoxii vobis, Liv.: iis obnoxii, quibus etc., von Leuten abhängig, die usw., Sall.: amori uxoris obnoxius, seiner Gattin in Liebe zugetan, Tac. – **2** übtr.: **a von fremdem Willen abhängig, durch den Zwang der Verhältnisse gebunden, verpflichtet,** Ter., Sall. u. Liv.: luna radiis fratris obnoxia, Verg.: facies nullis obnoxia gemmis, keinem Edelstein verpflichtet, Prop. – **b unterwürfig, ohnmächtig, unselbständig, sklavisch, knechtisch, niederträchtig** von Gesinnung = **demütig, furchtsam, schwach** (Ggstz. superbus; s. Dietsch Sall. Cat. 48, 5. Fabri Sall. Iug. 31, 3. Kritz Sall. hist. fr. 4, 19, 4. Gronov Sen. de ira 3, 8 *in.),* Sall. fr., Liv. u. a.: pax obnoxia, ein knechtischer, feiger Friede, Liv. – **B** einem Übel **unterworfen** = **preisgegeben, ausgesetzt, sehr empfänglich** für ein Übel, **α** m. *Dat.*: irae, Sen.: bello, Ov.: periculo, Phaedr. (vgl. vides, quot periculis, quot contumeliis, quot ludibriis simus obnoxii, Plin. ep.): corpora morbis obnoxia, Tac.: mespila quoque in senecta obnoxia ei morbo, Plin.: arbores, quae frigoribus obnoxiae sunt, Liv. – **β** m. *ad* u. Akk.: pars eius ad tales casus obnoxia, Plin. 2, 197. – **γ** m. *in* u. Akk.: per fortunam in omnia obnoxii, Flor. 3, 20, 1. – **δ** absol. = **der Gefahr und dem Unglück ausgesetzt, schwach,** in hoc domicilio obnoxio animus liber habitat, Sen.: corpus, kränklich, schwächlich, Plin.: flos, die bald abfällt, bald Schaden leidet, schwach, Plin. – obnoxium est, **es ist bedenklich, gefährlich,** m. folg. *Infin.*, Tac. dial. 10 (Halm offensae).

obnūbilātio, ōnis, *f.* (obnubilo), die **Umwölkung, Verdüsterung,** bildl., tristitiae, Augustin. serm. 94, 4 *Mai.*

ob-nūbilo, āvī, ātum, āre, **umwölken, mit Wolken** od. **Nebel umziehen, umnebeln, verfinstern,** übtr., serenitatem vultus, Gell.: animam obnubilavit, wurde ohnmächtig, Apul.: odore sulfuris obnubilatus, betäubt, ohnmächtig, Apul. – bildl., ne tempestate contentionis serenitatem caritatis obnubilet, Augustin. epist. 36, 2: quia nequaquam eius sapientiam ullo errore obnubilant aut labe subvertunt, Augustin. de civ. dei 9, 4, 3. p. 373, 28 D.[2]

ob-nūbo, nūpsī, nūptum, ere, **verhüllen, bedecken, a** übh.: caput, alte Formel bei Cic., Liv. u. a.: caput tempestate, Sil.: comas amictu, Verg.: oculos numquam nictatione, Solin. – übtr., quod mare terras obnubit, ut nubes caelum, Varro LL. 5, 72: terra obnupta nubibus, Macr. sat. 1, 21, 5. – **b** prägn. = jmdm. das Haupt bedecken, Paul. ex Fest. 184, 4: virum, Val. Flacc. – ► Spätlat. Plusqu.-Perf. obnuberat, Ennod. dict. 1. p. 467; vgl. Placid. gloss. V, 36, 4.

obnūntiātio, ōnis, *f.* (obnuntio), als *t. t.* der Augurspr. = die **Meldung übler Vorbedeutungen,** obn. dirarum u. im Zshg. bl. obn., Cic. de div. 1, 29 *sq.*: Plur., Cic. ad Att. 4, 16, 7 (= 4, 17, 4); ad Q. fr. 3, 3, 2. Arnob. 2, 67: Plur. absol., Cic.

ob-nūntio, āvī, ātum, āre, **I melden, hinterbringen, verkündigen,** besonders etw. Böses, Ter. adelph. 547: m. bl. *Coniunctiv,* absit obnuntiat, Itin. Alex. 48 (110). – **II** als *t. t.* der Augurspr., v. Auguren oder Magistratspersonen bei bevorstehenden Handlungen des Staates, Komitien usw., **ein ungünstiges Anzeichen,** das bemerkt wurde, **melden,** um die Handlung dadurch zu hindern, consuli, Cic.: concilio, Cic.

oboediēns (obēdiēns), entis, *PAdi.* m. *Compar.* u. *Superl.* (v. oboedio), **gehorsam, willfährig, fügsam, a** v. Pers. usw., m. *Dat.*: nulli est naturae oboediens aut subiectus deus, Cic.: adeo imperio meliori animus mansuete oboediens erat, ut etc., so gutwillig fügte man sich besserem Befehl, dass usw., Liv.: imperiis vivorum nemo oboedientior fuit me uno, Liv.: imperiis oboedientissimus miles, Liv.: dicto oboedientem esse magistro, aufs Wort folgen, Plaut.: verb. ne plebs nobis dicto audiens atque oboediens sit, Liv. – m. *ad* u. Akk., ut ad nova consilia gentem quoque suam oboedientem haberet, Liv. 28, 16, 11. – absol., cetera omnia secunda et oboedientia sunt, glücklich (näml. Lage usw.) u. gehorsam (näml. Länder u. Völker), Sall. – subst., oboediēns, der **Gehorchende, Untergebene** (Ggstz. dominus et imperans), Cic. u. Liv. – **b** übtr., v. **Stoffen, fügsam,** oboedientissima quocunque in opere fraxinus, Plin.

oboedienter (obēdienter), *Adv.* (oboediens), **gehorsam, willig, gern,** collatum ob., Liv.: ob. imperata facere, Liv. u. Curt.: omnia ob. adversus Romanos facere, Liv.: omnia ob. a barbaris facta, Curt.: se sub imperio populi Romani fideliter atque ob. futuros, Liv. – nihil oboedientius fecerunt quam ut muros diruerent, Liv. – oboedientissime paruit, Augustin. de civ. dei 22, 8, 22. p. 578, 8 D.[2]

oboedientia (obēdientia), ae, *f.* (oboediens), der **Gehorsam,** absol. od. m. subj. *Genet.*, Cic. de off. 1, 102; parad. 5, 35. Vulg. eccl. 4, 17; Sirach 3, 1 u. a. – m. obj. *Genet.*, imperiorum, Plin. 8, 1 (der Elefanten). – m. *circum* u. Akk., mira plebei circum eum ob. (der Bienen), Plin. 11, 52. – m. *in* u. Abl., laudabilior quattuor et viginti (fascium) in consimili re ob., Val. Max. 1, 1, 3.

oboedio (obēdio, altlat. oboidio), īvī, ītum, īre (ob u. audio), **I** jmdm. **Gehör geben, sein Ohr leihen** = jmds. Rat folgen, alci, Nep. Dat. 5, 4. – **II** übtr., **gehorchen, gehorsam sein, sich fügen, a** v. Pers.: praecepto, Cic.: legi, Nep.: ventri, Sall.: tempori multorum, Cic.: alci ad verba, Cic.: paucis centurionibus in modum servorum, Tac.: verb. oboedire et parēre voluntati eius, Cic., obtemperare oboedireque magistratibus, Cic.: unpers., utrimque enixe oboeditum dictatori est, Liv. – m. allg. *Acc.*, ea (darin), Fronto ad Ver. 7. p. 134, 7 N.: haec omnia (in alledem), Apul. met. 10, 17. – **b** übtr., v. Lebl.: ramus oleae quam maxime sequax et oboediturus, äußerst nachgiebiger u. fügsamer, Plin. 17, 137. – ► Archaist. Fut. oboedibo, Afran. com. 206. – Depon. Nbf. oboedior, Gloss. II, 400, 30, wovon oboeditur, Augustin. conf. 1, 7, 11.

oboedītio, ōnis, *f.* (oboedio), das **Gehorchen,** der **Gehorsam,** Vulg. Rom. 5, 19 u. 6, 16. Ambros. de fuga saeculi 2, 12 *extr.*

oboedītor, ōris, *m.* (oboedio), der **Gehorcher,** praeceptorum suorum, Augustin. serm. 23, 6 *extr.*

ob-oleo, uī, ēre, **riechen** = einen Geruch von sich geben, m. folg. *Acc.*, nach etwas, alium (nach Kn.), Plaut. most. 39. Suet. Vesp. 8, 3: antidotum, Suet. Cal. 23, 3: eius faecem, Apul. apol. 60: absol., numnam ego obolui? roch ich denn? Plaut. Amph. 321. – alci alqd obolet, es riecht jmd. etwas, Apul. apol. 57. – übtr., oboluit Casinus procul, ich rieche den Kasinus von fern, Plaut. Cas. 814: oboluit marsuppium huic istuc, sie riecht den Beutel, Plaut. Men. 384.

obolus, ī, *m.* (ὀβολός), der **Obolus, I** eine kleine griechische Münze, der sechste Teil der Drachme, etwa zwölf Pfennige, Ter., Vitr. u. Plin. – **II** ein Gewicht, der sechste Teil einer Drachme, Cels. u. Plin.

ob-orior, ortus sum, orīrī, **entstehen, zum Vorschein kommen, sich zeigen,** oboriuntur tenebrae, Nep.: obortae sunt subito tenebrae, es wurde mir schwarz vor den Augen, Sen. rhet.: ebenso nox oboritur et crassa caligo, Sen. rhet. fr.: lacrimae omnibus obortae (sunt), es traten allen die Tr. in die Augen, Lucr.: lacrimis obortis, unter hervorbrechenden Tr., Verg. u. Curt.: tum risum obortum (esse) Scipioni, Liv.: concrevit saxo oborto, durch Verwandlung in Stein, Ov.: tanta haec laetitia oborta est, Ter.: vide, quanta lux liberalitatis et sapientiae tuae mihi apud te dicenti oboriatur (aufgeht), Cic.

obpr..., s. oppr...

obquinīsco, s. ocquinīsco.

ob-radio, āre, **entgegenstrahlen**, Isid. orig. 16, 18, 2.

obraucātus, a, um (ob u. raucus), **heiser geworden**, Solin. 10, 13.

ob-relinquo, ere, **dabei zurücklassen**, Commodian. instr. 1, 42, 8 (2, 1, 8).

obrendārium, iī, *n.* (st. obruendarium v. obruo), der **Aschenkrug**, CIL 6, 24606.

ob-rēpo, rēpsī, rēptum, ere, **herzukriechen, -schleichen, I** eig., **beschleichen, überraschen**, absol., Tibull. 1, 9 (8), 59. Flor. 4, 10, 2: Gallos in obsidione Capitolii obrepentes per ardua depulerat, Gell. 17, 21, 24. – mit *Dat.*, feles obrepunt avibus, Plin.: Cratippus inscientibus nobis obrepit, Cic. fil. in Cic. ep. – **II** übtr.: **A heranschleichen, überraschen, überrumpeln, überfallen**, mors obrepit interim, Plaut.: obrepsit dies, Cic.: ad honores, sich Ehrenstellen erschleichen, Cic.: nullae imagines obrepunt in animos dormientium extrinsecus, Cic.: operi longo fas est obrepere somnum, Hor.: senectus adulescentiae obrepit, Cic.: vitia nobis sub virtutum nomine obrepunt, Sen.: mit *Acc.* (s. Brix Plaut. trin. 61), tu me imprudentem obrepseris, Plaut.: tacitum te obrepet fames, Plaut. – unpers., ignoratione obreptum est (geschah es unvermerkt), *ut* sacrificantibus nobis eam secum mater inferret, Cypr. de laps. 25. – **B übertölpeln** = hintergehen, täuschen, obrepsisse videtur Servio falsa ... significatio, Gell. 6, 12, 4. – unpers., oft bei den ICt., z. B. licet obreptum fuerit praetori, Thryphon. dig. 26, 7, 55. § 4. – ► Vulg. Nbf. obripo, wovon obripit, Ven. Fort. vit. S. Mart. 4, 5: obripiat, Ven. Fort. app. 23, 19.

obrēptīcius, a, um (obrepo), **mit Schleichen verbunden, erschlichen**, petitio, Cod. Iust. 3, 6, 3.

obrēptio, ōnis, *f.* (obrepo), das **Heranschleichen**, der **Überfall**, Frontin. 2, 5, 36. Arnob. 5, 9: Plur., occultae obreptiones, Augustin. de fid. et opp. 5. § 7. – übtr.: **a** das **Überschleichen** = der sittliche Fall aus Vergesslichkeit, menschlicher Schwachheit, quod Petrus Christum sequitur devotionis, quod negat obreptionis (est), Ambros. in Luc. 10. § 72. – **b** das **Erschleichen**, precum (durch Bitten), Cod. Iust. 5, 8, 1: per obreptionem petere fundum alcis, Ulp. dig. 3, 5, 8. § 1: arrogari per obreptionem, durch E. (= durch Verheimlichung seines Standes), Ulp. dig. 2, 4, 10. § 2.

obrēptīvē, *Adv.* (obreptivus), **schleichend, insgeheim**, Cod. Theod. 16, 1, 4 *extr.*

obrēptīvus, a, um (obrepo), **I erschlichen**, Cod. Theod. 16, 10, 8. – **II geheim**, Symm. epist. 5, 64.

obrēpto, āvī, āre, (*Intens.* v. obrepo), jmd. **beschleichen**, ne quis obreptaverit, Plaut. Pers. 79: pinxit nobiles Bacchas obreptantibus Satyris, Plin. 35, 109.

obrētio, īre (ob u. rete), **ins Netz ziehen, verstricken**, Lucr. 3, 384.

obrigātio, ōnis, *f.* (*ob-rigo), die **Bewässerung**, Eutych. art. gr. 455, 28 K.

ob-rigeo, ēre, **über und über starr sein**, obrigente dextrā, Paulin. vit. S. Ambros. 20.

ob-rigēsco, riguī, ere, **erstarren, I** eig., physisch, **a** v. Lebl.: nocti ni interveniat (sol), fructus per pruinam obriguerint, Pacuv. tr. fr.: quod omnia, nisi interveniat sol, pruinā obriguerint, Varro LL.: pars difflatur vento, pars obrigescit frigore, Lucil. fr.: quod pars earum (regionum) appulsu solis exarserit, pars obriguerit nive pruināque, Cic.: e quibus (cingulis) duos obriguisse pruinā vides, medium autem illum solis ardore torreri, Cic. – **b** v. leb. Wesen: ita Sopater de statua C. Marcelli, cum iam paene obriguisset, vix vivus aufertur, Cic. Verr. 4, 87. – **II** geistig, v. Pers.: quid ergo? viro non vel obrigescere satius est? Sen. ep. 82, 2: contabui dolore et obrigui timore, Augustin. epist. 73, 6.

Obrimās, ae, *m.*, östl. Nebenfluss des Mäanders in Phrygien, nach e. der h. *Kodscha Tschai*, nach a. der *Sandukli Chai*, Liv. 38, 15, 12. Plin. 5, 106.

obripilātio, ōnis, *f.*, der **Fieberschauer**, Cass. Fel. 21. p. 33, 2 *Rose*.

obripo, s. ob-rēpo.

obrōborātio, ōnis, *f.* (ob u. roboro), das **Erstarren der Nerven**, Pelagon. veterin. 7. (§ 137 *Ihm*). Veget. mul. 5, 84, 3.

ob-rōdo, ere, etw. **benagen**, an etw. **herumnagen**, gew. bildl., vermis te semper obrodit, Ambros. de Tob. 7. § 26: haec sunt argumentationis ossa, quae obroditis, Tert. adv. Marc. 2, 5 *in.*: ut quod obrodat sit, Plaut. Amph. 724: sacrilego morsu pretiosum fidei velamen obrodunt, Ambros. de spir. scto 1, 16. § 164: frequenter obrodi a maledicis obtrectatoribus, Ambros. in psalm. 118. serm. 8. § 36.

obrogātio, ōnis, *f.* (obrogo), ein **Vorschlag zu einem Gesetz** (lex), **wodurch ein anderes Gesetz aufgehoben** od. **geändert wird**, Rhet. Her. 2, 15.

ob-rogo, āvī, ātum, āre, **I ein bisheriges Gesetz ganz** od. **zum Teil** durch ein neues Gesetz **aufheben**, ihm, wenn es auch fortbesteht, **seine volle Gültigkeit benehmen**, huic legi nec *obrogari* fas est, neque *derogari* aliquid ex hac licet, neque tota *abrogari* potest, Cic.: obr. legibus Caesaris, Cic.: lex nova antiquae obrogat, Liv. – **II der Annahme** von Gesetzvorschlägen **sich entgegenstellen**, legibus, Flor. 3, 17, 8: legibus alcis, Flor. 3, 15, 4. Aur. Vict. de vir. ill. 65, 5.

ob-rubēsco, ere, **über und über erröten**, frons aut pudore *obrubescit*, aut timore *pallescit*, Augustin. serm. 107, 7.

ob-ructo, āre, **entgegenrülpsen**, alci, Apul. de mund. 59.

ob-ruo, ruī, rutum, Partiz. Fut. akt. obruitūrus, ere, mit einer Masse (Erde, Kleidern usw.) **überdecken, überschütten, verscharren, versenken, vergraben, I** eig.: **A** im Allg.: alqm lapidibus, Cic.: se arenā, Cic.: aegros veste, Plin.: mortuorum corpora terrā, Iustin.: miles nivibus pruinisque obrutus, Liv.: obr. alqm vivum, Sall.: thesaurum, Cic.: quod superest tuā obrue dextrā, zerschmettere, Verg.: submersas obrue puppes, Verg.: hunc phalarica obruat, erdrücke, begrabe unter seiner Last, Lucan. – poet., terram nox obruit umbris, bedeckt, Lucr. 6, 864. – **B** insbes.: **a** eingrabend **säen**, milium, lupinum, Colum. – **b überladen**, alqm vino et epulis, Nep.: se vino, Cic. – **II** übtr.: **A** im Allg.: an (vis animi) metuit ... domus (= *corpus*) aetatis spatio ne fessa vetusto obruat, dass der Ruin des alten Hauses sie überschütte, Lucr.: testem omnium risus obruit, drückte zu Boden (= brachte in Verwirrung, außer Fassung), Cic.: obruimur numero, werden übermannt, Verg.: obrui aere alieno, in Schulden versinken, tief in Schulden geraten, Cic.: sorte ipsā obruebantur inopes, das Kapital erdrückte die Armen, Liv.: obrui negotii magnitudine, Cic.: obrui opprobriis, überschüttet werden, Augustin.: obrutus criminibus, überhäuft mit usw., Cic.: tot malis obrutus homo, von so vielen Leiden ergriffener (befallener), Cels.: deus me obruit, überschüttet mich mit Unglück, Prop.: te verbis obruit, donnert nieder, Cic. – **B** insbes., **bedecken, begraben, 1** = **verdunkeln, in Schatten stellen, in den Hintergrund drängen, vernichten, vergessen machen, in Vergessenheit begraben**, nomen alcis, Cic.: omen, Cic.: alqd perpetuā oblivione, Cic.: ea quae decrevimus (unsere gefassten Beschlüsse), Cic.: Vatinium dignatione obruerat, hat er durch Übergewicht seiner Würde (die Macht seines Ansehens) in den Staub gedrückt, Vell.: Marius Catuli interitu sex suos obruit consulatus, verdunkelte den Ruhm von sechs Konsulaten, Cic.: obruitur tot et tam illustribus consulatibus L. Furius Bibaculus, Val. Max.: obruimur ambitione et foro, wir gehen unter in Bewerbungen u. Prozessen, Cic. – **2 verdunkeln, in Schatten stellen** = übertreffen, famam alcis, Tac. Agr. 17, 3: Venus nymphas obruit, Stat. Ach. 1, 293 *sq.* – ► Infin. Präs. Pass. obri, CIL 6, 19668.

obrussa, ae, *f.* (verwandt mit ὄβρυζον; vgl. obryzum), die **Feuerprobe** des Goldes, die **Kapelle**, Plin. 33, 59: aurum ad obrussam, nach der Kapelle, also »sechzehnkarätiges«, Suet. Ner. 44, 2: u. so reticulum aureum, quem (so!) ex obrussa esse dicebat, aus sechzehnkarätigem (reinem) Gold, Petron. 67, 6. – bildl., adhibenda tamquam obrussa ratio, Cic. Brut. 258: haec eius (animi) obrussa est, Probe, Sen. ep. 13, 1: omnia argumenta ad obrussam exigere, der F. unterwerfen (= genau prüfen), Sen. nat. qu. 4, 5, 1.

obryza, s. obryzum aurum.

obryzātus, a, um (ὄβρυζον), aus **Probegold gefertigt,** Cod. Iust. 11, 10, 3 u. a. – dass. **obryziacus,** a, um, Cod. Theod. 7, 24.

obryzum aurum, ī, *n.* (χρυσίον ὄβρυζον), geläutertes Gold, **Probegold,** Vulg. 2. chron. 3, 5. Isid. orig. 16, 18, 2. – bl. obryzum, ī, *n.*, Beda de orthogr. 282, 9 K.; u. Nbf. obryza, ae, *f.*, Cod. Theod. 12, 6, 12 u. 12, 7, 3. Beda de orthogr. 282, 9 K.

ob-saepio (obsēpio), saepsī, saeptum, īre, **unzugänglich machen, versperren, absperren, I** eig.: hostium agmina obsaepiunt iter, Liv.: mox iter, apertis quae vetustas obsaepserat, pergit, Tac.: ubi illum saltum video obsaeptum, Plaut.: occursu militum obsaeptum sensit porticum, Liv. Vgl. Drak. Liv. 39, 1, 5. – **II** bildl., plebi ad curules magistratus iter obsaepsit, Liv.: adipiscendi viam obsaepiebant, Cic.: coniuratio obsaepiatur insidiis, Cic. fr.: quem regio apparatu ornarunt et quasi sui milites obsaepserunt, Capit.: obsaepta diutinā servitute ora reseramus frenatamque tot malis linguam resolvimus, den durch l. Skl. verschlossenen Mund, Plin. pan.

obsaeptio, ōnis, *f.* (obsaepio), die **Absperrung,** obs. crassi umoris (durch verdickte Feuchtigkeit), Iulian. b. Augustin. op. imperf. c. Iul. 3, 119.

ob-salūto, āre, **als Gruß darbringen,** Fest. 193, 30.

ob-satullo, āre (*Demin.* zu obsaturo), **ein wenig sättigen,** Poët. com. inc. b. Fest. 193 (a), 14 (Comic. pall. fr. inc. 73. p. 124 R.[2]).

ob-saturo, āre, **sättigen,** propediem istius obsaturabere, du wirst ihn ehestens satt kriegen, Ter. heaut. 869.

obscaen…, s. obscēn…

ob-scaevo (opscaevo), āvi, āre, **böse Anzeige geben, -bringen,** Plaut. asin. 266.

Obscē, *Adv.*, s. Oscī.

obscēnē (obscaene), *Adv.* (obscenus), **unanständig, unsittlich, unzüchtig,** sed dicitur non obsc., Cic. de off. 1, 128: obscenius concurrerunt litterae, mit ziemlich unanständigem Klang, Cic. or. 154: cuius obscenius excitata natura, Cic. de nat. deor. 3, 56: impudicissime et obscenissime vixit, Eutr. 8, 22.

obscēnitās (obscaenitās), ātis, *f.* (obscenus), die **Garstigkeit, Hässlichkeit, I** das **Unflätige,** das **Zotige,** die **Unzüchtigkeit,** rerum, verborum, Cic.: soloecismorum, Arnob.: in obscenitatem compellere, ICt.: Plur., talibus obscenitatibus delectari, Augustin. de civ. dei 2, 4 *extr.* – konkret, propudiosa corporum obsc., die Genitalien, Schamglieder, Arnob. 5, 27: obscenitate amputatā, Arnob. 5, 12: Plur., per obscenitates bibere, unzüchtige, obszöne Figuren, Plin. 33. pr. § 4. – **II** das **Ungünstige, Unheilvolle,** mali ominis, Arnob. 1, 16.

obscēnus (obscaenus, nicht obscoenus), a, um (ob u. cenum, caenum), **kotig, schmutzig, ekelhaft, garstig, I** eig., für das ästhetische Gefühl, volucres, die Harpyien, Verg.: cruor, Verg.: avis, der Wiedehopf, Plin.: risus, Ov.: fetus, Fehlgeburten, Liv.: vas, das Nachtgeschirr, Sen. ep. 77, 14. – subst.: **a** obscenum, ī, *n.*, das **Schamglied,** magnitudo obsceni, Lact.: virile, Ov. u. Lact.: puer duplici obsceno natus, Iul. Obsequ. Vgl. Burm. Ov. fast. 6, 631. Bünem. Lact. 1, 21, 28 u. Lact. epit. 23, 8. – **b** Plur., obscēna, ōrum, *n.*, **α** (*sc.* membra) der **Hintern,** Sen., oder die **Schamglieder, Schamteile,** das **Gemächt,** Mela, Suet. u. a. – **β** = excrementa, der **Kot,** Ov. u. Mela. – **II** übtr.: **A** für das moralische Gefühl, **schmutzig, unflätig, ekelhaft, anstößig, zotig, unzüchtig, unsittlich, pöbelhaft,** verba, Varro: sermones, Hor.: obsceno verbo uti, eine Zote reißen, Sen.: illud est obscenius (dictum), Cic.: versus obscenissimi, Cic. -gestus, Tac.: voluptates, Cic.: flammae (Liebe), Ov.: adulterium, Ov.: puellae, Huren, Sen. rhet.: viri, Unzüchtige (*pathici* u. dgl.), Liv.: so greges, v. den Priestern der Cybele, Ov.: vita obscenior, Val. Max. – subst., **a** obscēnī, ōrum, *m.*, Unzüchtige (*pathici* u. dgl.), Sen. exc. contr. 4. praef. § 10. Lampr. Alex. Sev. 15, 2 (vgl. Plin. 28, 9 etiam cum obscenus vixeris aut nefandus). – **b** obscēna, ōrum, *n.*, **Unzüchtigkeiten, α** = unzüchtige Handlungen, Sen. rhet. – **β** = unzüchtige Worte, unzüchtige Lieder, Zoten, Quint. u. Ov. – **B** eine böse Anzeige gebend, **ungünstig, unheilvoll,** dicta, Acc. tr. fr.: omen, Cic.: fames, Verg.: canes, volucres (Nachteulen), Verg.

obscoen…, s. obscēn…

obscūrātio, ōnis, *f.* (obscuro), die **Verdunkelung, Verfinsterung, I** eig.: solis, Cic. fr. u. a. (Plur., solis obscurationes, Vitr. 9, 1, 11, Ggstz. effulsiones, Chalcid. Tim. 70): lunae, Sen. nat. qu. 6, 3, 3: illā obscuratione, Dunkelheit, Auct. b. Hisp. 6, 5. – **II** bildl., Cic. de fin. 4, 30 u. 32 (wo Plur.).

obscūrē, *Adv.* (obscurus), **I dunkel,** cernere, Cic. Acad. II. fr. 10 (aus Non. 474, 28). – **II** bildl., **dunkel, a** = **undeutlich, unvernehmlich, unverständlich** (Ggstz. plane), disserere, Cic.: obscurius dicere, Cic. u. Quint. – **b** = **im Dunkeln, unvermerkt, insgeheim** (Ggstz. aperte, perspicue), Cic.: alqd non obsc. ferre, Cic., od. gerere, Suet., etw. nicht geheimhalten, sich merken lassen. – **c** = **unbekannt, unberühmt,** regnare obscurius, ziemlich ruhmlos, Eutr. – bes. der Herkunft nach, obsc. natus, von dunkler, niedriger Herkunft, Eutr. u. Macr.: obscurissime natus, Eutr. u. Amm.

obscūrefacio, ere (obscurus u. facio), **verdunkeln, unsichtbar machen,** Non. 146, 28.

obscūriloquium, iī, *n.* (obscurus u. loquor), ein **dunkler Ausdruck,** Gloss. IV, 410, 22 u. V, 598, 46.

obscūritās, ātis, *f.* (obscurus), **I** die **Dunkelheit, Verdunkelung,** lucis, Liv.: latebrarum, Tac.: oculorum, visus, Plin.: Plur., obscuritates oculorum, Plin. 28, 167. – **II** bildl., die **Dunkelheit, a** = die **Unverständlichkeit,** verborum, Cic.: rerum, Cic.: Sallustii, Suet.: naturae, Cic.: in ea obscuritate et dubitatione, Cic. – Plur., obscuritates somniorum, Cic.: divinarum scripturarum, Hieron.: caecis obscuritatibus involutus, Arnob.: meton. = dunkle Stellen, Gell. 20, 1, 5. – **b** = die **Unbekanntheit, Unberühmtheit, Niedrigkeit** (Ggstz. claritas), humilitas et obsc. (eorum), Cic.: obsc. generis, Flor.: sordes et obsc. Vitellianarum partium, Tac.

obscūro, āvī, ātum, āre (obscurus), **I** eig.: **verdunkeln,** aedes, ICt.: regiones, Cic.: lumen lucernae, Cic.: visus obscuratus, dunkel gewordene Augen, Plin. – unpers., obscurat, **es wird dunkel,** misit tenebras et obscuravit, Vulg. psalm. 104, 28: ubicumque obscuraverit, Vulg. Sirach 36, 28. – **II** übtr.: **1** übh., geistig **verdunkeln, verfinstern, der Überlegung berauben,** amorem tibi pectus obscurasse, Plaut. trin. 667. – **2** insbes.: **a** dem Laut nach **verdunkeln, verdumpfen, dumpf aussprechen** (Ggstz. exprimere), vocem, Quint.: litteram, litteras, Cic. u. Quint. – **b** dem Verständnis nach **verdunkeln, verhüllen, undeutlich machen** od. **vortragen,** alqd ἀλληγορίαις, alqd dicendo, Cic.: stilum, Suet.: proscriptio obscurata, ein unleserlich gewordener öffentlicher Anschlag, ICt. – **c** der Geltung nach **verdunkeln, in den Hintergrund treten lassen, in Schatten stellen, vergessen machen,** Passiv obscurari auch = **in den Hintergrund treten, nicht in Betracht kommen,** Fortuna res celebrat obscuratque, Sall.: eorum memoria obscurata est, Cic.: nummus in Croesi divitiis obscuratur, Cic.: consuetudo, quam obscurari volunt, der sie alle Gültigkeit absprechen, Cic.: obscurata vocabula, unbekannt gewordene, Hor. – **3 verstecken, verbergen, bedecken, unsichtbar machen, verhehlen,** coetus (*al.* coeptus) tenebris, Cic.: caput lacernā, Hor.: magnitudinem periculi, Cic.: laudes, Cic.: quod non obscurari potest, Cic.

obscūrus, a, um (altind. *skunā́ti*, ›bedeckt‹, griech. σκῦλόω ›verhülle‹, ahd. *skūr*, Wetterdach), **dunkel, ohne Licht, schattig, I** eig.: cubiculum (Ggstz. lucidum), Sen. u. Suet.: caelum, Hor.: lucus, Verg.: umbra, nubes, nox, Verg.: iam obscurā luce, da es schon dunkel war (Ggstz. luce clarā), Liv.: sub obscuro mane, Colum.: aquae, trübe, Ov.: poet., ibant obscuri, im Dunkeln, Verg. Aen. 6, 268. – subst., obscūrum, ī, *n.*, das **Dunkel,** die **Dunkelheit,** noctis, Verg.: in obscuro contineri (v. Vögeln), Sen.: adv., obscurum dissilit aër, Lucan. 5, 631. – **II** übtr.: **1 dunkel, a** dem Laut nach **undeutlich, dumpf,** vox, Quint.: cantus obscurior, verhaltener, Cic. u. Quint. – **b** dem

Verständnis nach **dunkel = unverständlich, undeutlich, unklar, ungewiss, unsicher** (Ggstz. perspicuus), res, Cic.: oracula, Cic.: Heraclitus valde obscurus, Cic.: utilitatis ratio aut perspicua nobis aut obscura, auf einem dunklen Gefühl beruhend, Cic.: cur hoc tam obscurum est et caecum? Cic.: scientia obscurior, Cic.: res obscurissimae, Cic.: mit *Infinit.*, Heraclitus obscurus involvere omnia, Fronto ep. ad Ver. 1, 1. p. 114, 13 N. – non obscurum est, es erhellt, ist offenbar, liegt auf der Hand, m. folg. indir. Fragesatz, non erat obscurum, quid homo improbus ac nefarius cogitaret, Cic. Verr. 2, 91: tamen, utrum sciant pingere, an nesciant, non obscurum est, Cic. de or. 1, 73: m. folg. *quin* u. Konj., neque est obscurum, quin in contrariis contraria sumenda sint, Cic. part. or. § 51. – subst., obscūrum, ī, *n.*, das **Dunkel,** si in tanta scriptorum turba mea fama in obscuro est, Liv. praef. § 3: non in obscuro haberi, nicht für ungewiss gelten, Tac.: veritas in obscuro latēre adhuc existimatur, Lact. 3, 1, 1: si potes id quoque docere, quod in obscuro est, *an* didiceris, Plin. ep. 8, 14, 11. – **c** der Geltung nach **dunkel = unbekannt, unberühmt, niedrig** dem Stand nach (Ggstz. clarus), nomen, Caes.: non obscurus fuit, war nicht ohne Ruhm, Cic.: obscuro loco natus, von unbekannter, niedriger Herkunft, Cic. u. Liv.: obscuris orti maioribus, Cic.: natus obscurissimis initiis, Vell. 2, 76, 4: loci obscuri (Ggstz. rerum gestarum vestigiis nobilitati), Cic.: Ggstz., hominibus litteratis et historicis est *notior,* populo et suffragatoribus obscurior (minder bekannt), Cic. Mur. 16. – **2 trübe, unsicher,** nolo plebem Romanam obscurā spe et caecā exspectatione haerere, Cic. de lege agr. 2, 66. – **3 versteckt, verborgen, unsichtbar,** locus, Liv.: tabernae, Winkelkneipen, Hor.: funda, Val. Flacc.: vitam transmittere per obscurum, insgeheim, im Stillen, Sen.: obscura Pallas, versteckt (unter der Gestalt der Alten), Ov.: mamma, mäßig erhoben, Val. Flacc. – **4** dem Charakter nach **versteckt, heimlich, zurückhaltend** (Ggstz. apertus), homo, Cic.: obscurior natura (Naturell), Tac.: odium (Groll), Cic.: simultates, Cic.: obscurus *adversus* alios, Tac. ann. 4, 1.

obsecrātio, ōnis, *f.* (obsecro), das **Bitten um Gottes willen,** das **Beschwören,** das **flehentliche Bitten,** das **Flehen** (griech. ἱκεσία), **I** im Allg.: obs. illa iudicum *per* carissima pignora, Quint. 6, 1, 33: prece et obsecratione humili ac supplici uti, Cic. de inv. 1, 22: alcis obsecrationem repudiare, Cic. Font. 38: summis obsecrationibus monere, ne etc., Iustin. 24, 8, 7. – als Redefigur, Cic. de or. 3, 205. – **II** insbes.: **A** das **öffentliche Gebet,** verb. procurationes et obs., Cic. de har. resp. 63: supplicatio per omnia pulvinaria et obsecratio in unum diem indicta, Liv. 27, 11, 6; vgl. 26, 23, 6: obsecratio a populo duumviris praeeuntibus est facta, Liv. 4, 11, 5; vgl. 31, 9, 6. – **B** die **Beteuerung unter Anrufung Gottes;** Plur. b. Iustin. 24, 2, 5 (Ruehl execr.).

obsecro (opsecro), āvī, ātum, āre (ob u. sacro), jmd. **bei allem, was ihm heilig ist-, um Gottes willen-, inständigst bitten, anflehen,** pro di immortales, obsecro vostram fidem, Plaut.: quod, multis lacrimis cum eum oraret atque obsecraret, impetrare non potuit, Cic. – mit folg. *ut* od. *ne* od. *ut ne* u. Konj., obsecro te, ut id facias, Cic.: quam ob rem te obsecro isdem precibus, quibus S.P.Q.R., ut etc., Cic.: obsecravit per fratris sui cinerem, ut etc., Cic.: Minervam genibus nixus obsecro atque oro, Fronto: nunc *tecum* obsecro, ut mihi subvenias, Titin. com. 32: mi vir, te obsecro, ne facias, Ter.: nunc te per amicitiam et amorem obsecro, principio ut ne ducas, Ter.: m. *Acc. pers.* u. allg. *Acc. rei* u. folg. *ut* u. Konj., te hoc (darum), ut etc., Cic. Quinct. 99: quod (worum) ego vos oro atque obsecro, ut etc., Sall. hist. fr. 1, 48 (51), 9. – m. bl. *Coniunctiv,* Bassus multis precibus paene etiam lacrimis obsecrabat implerem meum tempus, Plin. ep. – m. *pro* u. Abl., pro mea vos salute non rogavit solum, verum etiam obsecravit, Cic. – Insbes., **a** als Deprekationsformel, obsecro, **ich bitte, flehe,** Ter.: oro, obsecro, ignosce, Cic. – **b** als Ausdruck des Staunens, **ei der tausend! um Himmels willen!** obsecro, quem video? Ter.: obsecro, an is est? Ter.: au tace obsecro, Ter.: au, quid me censes, obsecro? Afran. fr. – **c** als Höflichkeitsformel, **ich bitte dich = hör einmal,** Attica, obsecro te, quid agit? Cic.: ubi est? obsecro vos, Liv.: sed, obsecro te, ita venusta habeantur ista, non ut etc., Cic.

obsecula (opsecula), ae, *f.* (obsequor), die **Willfahrerin,** Laev. erotop. fr. 6 M. (bei Charis. 288, 11).

obsecundanter, *Adv.* (obsecundo), **willfahrend, gemäß,** naturae vivere, Nigid. b. Non. 147, 24.

obsecundātio, ōnis, *f.* (obsecundo), die **Willfährigkeit, Nachgiebigkeit,** Cod. Theod. 12, 1, 92. Augustin. epist. 22, 1 u. enarr. in psalm. 134, 16. Gregor. epist. 2, 10.

obsecundātor, ōris, *m.* (obsecundo), der **Diener,** Cod. Theod. 6, 26, 3.

ob-secundo, āvī, ātum, āre, jmds. Absichten und Unternehmen **begünstigen** und **befördern,** jmdm. **zu Willen sein, willfahren,** in loco (wenn es am Platz ist = zur rechten Zeit), Ter.: alci, Cic.: ut eius (Pompei) semper voluntatibus non modo cives assenserint, socii obtemperarint, hostes oboedierint, sed etiam venti tempestatesque obsecundarint, der Zug der Winde u. Stürme gefolgt ist, Cic. – ► Depon. Nbf. **obsecundor,** ātus sum, āri, Lucifer de reg. apost. p. 802 *Migne.*

obsecūtio, ōnis, *f.* (obsequor), die **Willfährigkeit,** der **Gehorsam,** Arnob. 6, 17 u. a.

obsecūtor, ōris, *m.* (obsequor), **einer, der gehorcht,** legis, Tert. adv. Marc. 4, 9 *extr.*: uti se obsecutoribus ad cupita, Iul. Val. 3, 2 (3, 1).

obsecuus, s. ob-sequor ►.

ob-sēpio, -**sēptio,** s. ob-saepio, obsaeptio.

obsequēla (obsequella), ae, *f.* (obsequor), die **Nachgiebigkeit, Willfährigkeit,** Afran. com. 257. Turpil. com. 63 u. 210. Prud. cath. 7, 51. Hieron. in epist. ad Tit. 2: obs. legis, Augustin. de bono viduit. 11: obsequellam facere alci, nachgeben, Plaut. asin. 65: per obsequelam orationis, durch nach dem Munde Reden, Sall. hist. fr. 2, 49 (2, 58).

obsequēns, entis, *PAdi.* (v. obsequor), **nachgiebig, willfährig, I** im Allg.: patri sum obsequens, Ter.: ubi iidem equi *obsequentes* alteri equiti, alteri *contumaces* sunt, Sen. – animus omni umore obsequentior, Sen.: tibi obsequentior, Ps. Sall.: mihi obsequentissimus, Inscr.: nurus obsequentissima, Ps. Quint. decl.: contubernalis obsequentissimus, Inscr.: curae mortalium obsequentissimam esse Italiam, Colum. – **II** insbes., v. der Gottheit = **gnädig,** v. der Venus, Plaut. rud. 260 Sch.: bes. v. der Fortuna, Plaut. asin. 716. CIL 1, 1153; 5, 814.

obsequenter, *Adv.* (obsequens), **nachgiebig, willfährig,** haec facere, Liv.: parēre, Plin. ep.: in contubernio aviae obsequentissime vixit, richtete sich in allen Stücken nach der Großmutter, Plin. ep. 7, 24, 3.

obsequentia, ae, *f.* (obsequens), die **Nachgiebigkeit, Willfährigkeit,** Caes. b. G. 7, 29, 4. Interpr. Iren. 4, 13, 2 u. 16, 4. Vgl. obsequela.

obsequiālis, e (obsequium) = obsequiosus, Ven. Fort. carm. 6, 5, 274 *Leo.*

obsequibilis, e (obsequor), **nachgiebig, willfährig,** Gell. 2, 29, 12.

obsequiōsus, a, um (obsequium), **voll Nachgiebigkeit (Willfährigkeit), sehr nachgiebig** od. **willfährig,** obsequiosus mihi semper fuisti, Plaut. capt. 418.

obsequium, iī, *n.* (obsequor), die **Nachgiebigkeit, Willfährigkeit, Gefälligkeit, Dienstbeflissenheit,** bes. die sich hütet, den Launen anderer zu nahe zu treten, **I** im Allg., Ter., Cic. u. Liv.: amantis, Ov.: caelibis, Hor.: servorum, Serv. Verg.: ventris, das Schlemmen, Hor.: in obsequium desiderii, Willfahrung des Wunsches, Curt.: obsequio grassare, zeige dich recht höflich, Hor.: obsequium animo sumere, nach seinem Willen leben, Plaut.: obsequio et observantiā in regem cum omnibus certare, Liv.: redemptum esse ad obsequium mentiendi, Schol. Bob.: m. *Gen. obi.*, obsequium scribendi, Frontin. – Plur., inter obsequia fortunae, Gunstbezeigungen, Curt.: omnia ei obsequia polliceor, Planc. in Cic. ep.: obsequia meliorum nox abstulerat, Tac. – übtr., v. Lebl., obs. aquarum, willfährige Strömung, Ov.: flectitur obsequio curvatus ab arbore ramus, durch Nachgeben, Ov. – **II** insbes.: **A** die **Hingebung** in der Liebe, zur Wollust, flagitiosa obsequia, Tac., dah. = Beischlaf, Begattung, v. Menschen u. Tieren, Curt. u. Colum.: obsequium amatori venditare, Liv. – **B der Gehor-**

sam gegen Höhere (Ggstz. contumacia), deforme obsequium, Kriecherei, Servilismus (Ggstz. abrupta contumacia, Radikalismus), Tac.: u. so obsequium in principem, Tac.: obsequium erga Romanos, Tac.: in obsequium regentis parati, Tac.: iurare in alcis obsequium, Gehorsam schwören, den Eid der Treue leisten, Iustin.: obsequium rumpere, Suet.: populum in obsequia principum formare, Iustin. – als milit. *t. t.*, der milit. **Gehorsam,** die **Subordination,** amor obsequii, Tac.; contra morem obsequii, contra fas disciplinae vim meditantur, Tac. – meton., a der **Dienst** bei einem Höheren, bes. **Ordonnanz-Dienst,** ad obsequium venire, Capit.: milites ad obsequia iudicum vel tribunorum deputare, Veget. mil.: ratio obsequiorum, Veget. mil. – b Plur. obsequia = **Ordonnanzen, Klienten, Begleiter, Gefolge,** Claud. Mam. u. Cassiod.: marinum obs., Gefolge, Apul. – ► Synk. Dat. Plur. obsequis, CIL 5, 131.

ob-sequor, secūtus sum, sequī, I jmdm. **Folge leisten, folgen, willfahren, sich nach** jmd. **richten,** 1 im Allg.: senibus, Ter.: tibi roganti, Cic.: patri obsequi et parēre, Gell.: de te tibi obsequor, Cic.: obs. alci in omnibus et severioribus consiliis, Eutr.: obsequendi sedulitas, Amm. – m. allg. *Acc.* = in etw., id (darin) gnato suo, Plaut. asin. 76: quae (worin), Fronto ad Ver. 7. p. 234, 7 N.: quaedam (in einigen Fällen), Gell. 2, 7, 12: dah. de mandatis obsequendis, Gell. 1, 13, 9. – m. folg. *ut (uti)* u. Konj., neque, uti de M. Pompilio referrent, senatui obsequebantur, Liv. 42, 21, 1: obsecutus est, ut sepeliret (corpus), Augustin. serm. 44, 7. – 2 insbes.: a einem Höheren **gehorchen,** alci, z. B. dictatori, Eutr. 1, 12. – b einem Fürsten **huldigen,** multi reges ex regnis suis venerunt, ut ei obsequerentur, Eutr. 7, 10. – II übtr., einer Sache (bes. einer Stimmung od. Leidenschaft) **sich hingeben, sich überlassen, nachhängen, nachleben, nachkommen,** a v. Pers.: alcis voluntati, Cic.: amori, Plaut.: animo, nach seinem Willen leben, Ter.: fortunae, Caes. in Cic. ep.: studiis, Nep.: tempestati, Cic.: imperio, nachkommen, Iuven.: malle gloriae suae quam irae obsequi, Curt.: necessitatibus suis, sich in das Unvermeidliche schicken, Sen.: Ggstz. cum huic (cupiditati) obsecutus sit, illi est repugnandum, Cic. – b v. Lebl., aes malleis obsequitur, gibt nach, wenn es geschmiedet wird, Plin.: caput manibus ac lateribus obsequatur, richte sich nach den usw., Quint. – ► *Pass. impers.*, volo amori obsecutum illius, Plaut. asin. 77. (Vers wahrsch. unecht).

obserātio, ōnis, *f.* (s. 1. ob-sero), der **Verschluss,** Ven. Fort. vit. S. Menard. 6.

ob-sēricātus, a, um, **über und über in Seide gekleidet,** Augustin. serm. 61, 8.

1. **ob-sero,** āvī, ātum, āre, **verriegeln,** mit einem Riegel (sera) **verschließen,** ostium intus, Ter.: fores (Ggstz. aperire), Suet.: aditus, Amm.: plebis aedificiis obseratis, patentibus atriis principum, Liv. – übtr., aures, Hor.: palatum (den Mund), schweigen, Catull.: vitia, den Lastern einen Riegel vorschieben, Augustin.

2. **ob-sero,** sēvī, situm, ere, I **hinsäen, hinpflanzen,** tribus tantis illi minus (frumenti) redit quam obseveris, Plaut. trin. 530: scherzh., pugnos, derb durchprügeln, Plaut. Men. 1012. – bildl., istic mores malos, Plaut. trin. 531: aerumnam gravem in alqm, verursachen, Plaut. Epid. 557. – II **besäen, verpflanzen,** terram frugibus, Cic.: saepimentum virgultis, Varro: loca obsita virgultis, Liv.: rivus circa obsitus palustribus herbis, Liv. – *Partic.* obsitus, a, um, übtr., **besät,** d. i. **bedeckt** mit etwas, **voll** von etwas, Io saetis obsita, Verg.: terga obsita conchis, Ov.: anus pannis obsita, Ter.: homo pannis obsitus, Suet.: pannis annisque obsitus, ein alter Bettler, Ter.: obsita squalore vestis, Liv.: legati obsiti squalore et sordibus, Liv.: obsitus aevo, Verg. – ► Synkop. Infin. Perf. obsesse, Acc. tr. 115. – Ungew. Perf. obseruit, Serv. Verg. georg. 1, 19.

observābilis, e (observo), I **beobachtbar, bemerkbar,** Sen. de ben. 4, 23, 1. Quint. 9, 1, 20: *neutr. pl.* subst., quae alia observabilia in finibus sunt, die üblichen Zeichen, Gromat. vet. 151, 24. – II **bemerkenswert,** Apul. met. 11, 21. Vulg. exod. 12, 42.

observāns, antis, *PAdi.* m. *Compar.* u. *Superl.* (v. observo), I **beobachtend,** observantior aequi, Claud. IV. cons. Hon. 297: observantissimus omnium officiorum, Plin. ep. 7, 30, 1: observantissima lex suorum itinerum, Apul. de mund. 33 *extr.* – II **hochachtend,** homo tui observans, Cic. Quinct. 39: observans magistri, Charis. 100, 1: observantissimus mei, nostri, Cic. ad Q. fr. 1, 2, 3. § 11; ep. 13, 3 *in.*: mei summe observantissimus, Plin. ep. 10, 26 (11), 1.

observanter, *Adv.* (observans), I **sorgfältig,** Macr. somn. Scip. 1, 1. § 7. Apul. apol. 72: *Compar.*, Amm. 23, 6, 79: *Superl.*, Gell. 10, 21 *lemm.* Augustin. de anim. 34. – II **mit Hochachtung,** ita officiose atque observanter milites triumphavere, Scaur. orat. fr. bei Charis. 201, 4: ad precandum observanter accedere, Lact. 5, 19, 26.

observantia, ae, *f.* (observans), I die **Beobachtung, Wahrnehmung,** temporum, Vell. 2, 106, 3. – II insbes.: A die **Ehrerbietung,** die **Ehrfurcht,** die **Hochachtung,** die **rücksichtsvolle Aufmerksamkeit** gegen jmd., Cic.: in regem, Liv.: mea, gegen mich, Planc. in Cic. ep. – B die **Achtsamkeit** auf etw., die **Befolgung,** a übh.: prisci moris, Val. Max. 2, 6, 7: iuris, legum, ICt. – b prägn., die Befolgung relig. Gebräuche, der **Gottesdienst,** die **Religion,** Cod. Theod. 16, 5, 12 u. 54.

observantiēs = observantia, Charis. 118, 2.

observātē, *Adv.* (observo), **beobachtend,** observate curioseque, mit sorgfältiger Beobachtung, Gell. 2, 17 *in.*

observātio, ōnis, *f.* (observo), I die **Wahrnehmung, Beobachtung,** siderum, Cic.: notitia sui corporis et obs., Cic.: caelestium observationum ratio, Val. Max.: observatio, quae res prodesse soleant (corpori) aut obesse, Cic.: observationes, testificationes, Cic.: observationi operam dare, sich der Beob. (Wacht) unterziehen, Plaut.: innumerabilium saeculorum observationes cognovit, Val. Max. – als Eigenschaft, die **Beobachtungsgabe,** Plin. 18, 284. – II insbes.: A die Beobachtung des Pflichtmäßigen, die **Pflichtmäßigkeit,** adeo summa erat observatio in bello movendo, Cic. de off. 1, 37. – B die **Hochachtung, Ehrerbietung,** Val. Max. 1, 1, 8: divina, Cod. Theod. 12, 1, 104: christianitatis, *ibid.* 12, 1, 112. – C die **Beobachtung, Einhaltung,** dierum, Gell. 3, 2, 3: in observatione est, ut etc., es wird darauf geachtet, dass usw., Plin. 17, 163. – meton., die **Beobachtung, Regel,** parva, Quint.: sermonis antiqui, Suet.: observationem hanc M. Tullii aspernari, Gell.: dare observationes aliquas coquendi, Plin.

observātor, ōris, *m.* (observo), der **Beobachter,** malorum bonorumque nostrorum observator et custos, Sen.: Messala Latini sermonis observator diligentissimus, Sen. rhet.: nemo observator, nemo castigator assistet, Plin. pan.: catholicae legis observatores, ICt.

observātrīx, trīcis, *f.* (Femin. zu observator), die **Beobachterin,** Tert. de cor. mil. 4. Ps. Soran. qu. medic. 14.

observātus, Abl. ū, *m.* (observo), die **Beobachtung,** Varro r. r. 2, 5, 3.

observito, āvī, āre (*Intens.* v. observo), **eifrig beobachten,** traiectiones motusque stellarum, Cic. de div. 1, 2: omnia, Apul. de deo Socr. 19: easdem caerimonias, Massur. Sabin. fr. bei Gell. 10, 15, 26: id vel in primis obs., ut etc., Apul. met. 8, 15.

ob-servo, āvī, ātum, āre, etwas **beobachten, auf** etwas **achtgeben, passen, merken, lauern,** I im Allg.: virum, den M. belauern, auf den M. aufpassen, Plaut.: motus stellarum, Cic.: aquilae volatus, Plin.: occupationem alcis observare tempusque aucupari, auf die Zeit lauern, wo jmd. beschäftigt ist (um sie sich zunutze zu machen), Cic.: sese, sehr auf sich aufmerksam sein, Cic.: obs. se *ab* alqa re, sich in Acht nehmen vor etw., Interpr. Iren. praef. § 2. – m. folg. indir. Fragesatz, observans, quae signa ferant, Verg.: observat, quem ad modum se unus quisque vestrûm gerat in retinenda religione, Cic. – absol., non enim id agit, ut insidietur et observet, sed iam favet, Cic. or. 210. – II insbes.: A **auf** etwas **achtgeben,** etw. **hüten,** ianuam, Plaut.: greges, Ov.: draconem, Cic. poët. – B jmdm. **Ehrerbietung-, Hochachtung erweisen,** jmd. **ehren, verehren, schätzen,** deos, Ov.: alqm ut patrem, Cic.: alqm parentis loco obs., Cic.: alqm colere atque observare, Cic.: clarissimus et nobis observandus vir, Fronto ep. ad Anton. Pium 4. p. 167, 6 N. – C etwas **beobachten, auf** etw. **achten, halten,** etw. **einhalten** = sich nach etwas richten, etw. befolgen, a v. Pers.: leges, Cic.: praeceptum, Caes.: centesimas, Cic.:

vacationem, Liv.: suffragium, Liv.: commendationem alcis, Cic. – m. folg. *ut* u. Konj., **darauf halten, darauf sehen (achten)**, Suet. Claud. 22: unpers., observatum est, ut etc., Liv. 2, 5, 10. observandum est, ut etc., Colum. 9, 3, 4: ebenso observare m. folg. *ne* u. Konj., Cic. de amic. 58. Pelagon. veterin. 25 (336 *Ihm*): unpers., quod ne accĭdat observari nec potest nec necesse est, Cic. or. 190: observatum est, ne quotiens introiret urbem, supplicium de quoquam sumeretur, Suet. Aug. 57, 2. – **b** übtr., v. Lebl.: etesiae tempus observant, Sen. de nat. qu. 4, 2, 22.

obses, sidis, *m.* u. *f.* (ob u. sedeo), **I** der, die **Geisel**, obsides dare, accipere, Caes.: obsides dare inter se, Caes.: obsidem dare filium, Eutr.: obsides alci imperare, Cic.: alqm retinere obsidem, Nep. u. Curt.: Cloeliam obsidem reposcere, Liv.: una ex obsidibus, Flor. – **II** übtr., der **Bürge, Gewährleister**, futurae pacis, Sen. rhet.: eius rei obsidem fore, er wolle dafür stehen, Nep.: quarum (nuptiarum) illa cum obsides filios mortuos accepisset, Cic.: obsides non dedit, mit folg. *Acc.* u. *Infin.*, Cic. – v. Lebl., habemus sententiam tamquam obsidem, Cic.: obsidem se animum eius habere, Liv. – ► Genet. Plur. immer obsidum (wenn auch in guten Handschrn. obsidium).

obsessio, ōnis, *f.* (obsideo), das **Besetztsein**, die **Einschließung, Blockade**, templorum, Cic.: viae, Cic.: hominum, Caes.

obsessor, ōris, *m.* (obsideo) »der irgendwo sitzen bleibt«, **I** im Allg.: hoc ego fui hodie solus obs. fori, deswegen blieb ich sitzen heut' allein am Markt, Plaut. Pseud. 807: vivarum obs. aquarum, die Bewohnerin (v. der Wasserschlange), Ov. fast. 2, 259. – **II** insbes., der **Besetzer** = **Blockierer, Einschließer, Belagerer**, curiae, Cic. de domo 13: Luceriae, Liv. 9, 15, 3: viarum obsessores, Wegelagerer (als Erklärung v. latrones), Paul. ex Fest. 118, 16: absol., plus pavoris obsessis quam obsessoribus obtulit, Tac. hist. 3, 73.

Obsiānus, a, um, s. Obsius.

ob-sibilo, āre, **hinzischeln**, dulces strepitus, ein angenehmes Säuseln von sich geben, Apul. met. 11, 7.

obsidātus, ūs, *m.* (obses), die **Geiselschaft**, Amm. 16, 12, 25 u. 18, 6, 20. Schol. Iuven. 2, 164.

obsideo, sēdī, sessum, ēre (ob u. sedeo), **I** *intr.* irgendwo **sitzen, sich aufhalten**, servi ne obsideant, sollen nicht dasitzen, Plaut. Poen. prol. 23: obs. domi, Ter. adelph. 718: in limine, Val. Flacc. 2, 238. – **II** *tr.* **vor** od. **in** od. **auf** etwas **sitzen, A** im Allg.: aram, Plaut.: ranae stagna obsident, Plin.: regiam, umlagern, Curt.: Apollo, qui umbilicum terrarum obsides, den Mittelpunkt der Erde bewohnst, Poëta b. Cic. – **B** insbes. **besetzt halten, besetzen, einschließen, blockieren, 1** eig.: totam Italiam suis praesidiis obsidere atque occupare, Cic.: totam Italiam suis opibus obsidere, Cic.: omnes aditus, Cic.: viam, Caes.: vias cum ferro, wegelagern, Lact.: fores, Nep.: urbem, Cic.: homines, Nep.: Capua obsidebatur acrius quam oppugnabatur (berannt), Liv. – **2** übtr.: **a besetzt halten, innehaben**, nihil est, quod vacet corpore; corporibus omnis obsidetur locus, mit K. ist jeder Raum angefüllt, Cic.: palus obsessa salictis, Ov.: fauces obsessae, eingeengter, Verg. – bildl., aures (patris), Liv.: animum alcis, Iustin.: qui tempus meum obsideret, der sich meiner Zeit bemächtigte, sie mir wegnähme, Cic.: tribunatus obsessus, eingeschränkt, behindert, Cic.: ab oratore iam obsessus est, er (der Zuhörer) ist vom Redner schon ganz in Anspruch genommen, Cic. – **b auf** etw. **lauern, passen, achtgeben, die gelegene Zeit** zu etw. **abpassen**, stuprum, Cic.: rostra, Cic.

obsidiālis, e (obsidium), **zur Belagerung (Blockade) gehörig, Belagerungs- (Blockade-)**, graminea corona obs., ein Kranz aus Gras, der zur Belohnung dem Feldherrn gegeben wurde, der ein vom Feind eingeschlossenes oder hart bedrängtes Heer befreit hatte (s. Paul. ex Fest. 191, 21 *sqq.*), Liv. 7, 37, 2: machinae, Heges. 5, 20, 2: machinamenta, Auct. itin. Alex. 47, 18 Mai = 19 Volk.

Obsidiānus, a, um, falsche Lesart st. Obsianus, s. Obsius.

1. **obsidio**, ōnis, *f.* (obsideo), das **Besetzthalten**, dah. **I** eig.: die **Einschließung, Blockade**, obsidionum instrumenta, Belagerungsgeräte, Heges. 2, 15, 17: itinerum obsidiones, Augustin. c. Iulian. Pelag. 3, 1, § 5: obs. continua, Liv.: urbem obsidione claudere, Nep., cingere, Verg. u. Iustin., premere, Verg. u. Liv., in obsidione tenere, Nep.: alqm in obsidione habere, Caes.: urbi obsidionem inferre, Lic.: obsidionem ferre, pati, sustinere, tolerare, Liv.: esse in obsidione, Liv.: obsidionem trahere, Liv.: obsidione solvere od. eximere, Liv.: solvere obsidionem urbis, Liv.: obsidione liberare, entsetzen, Ubios, Caes., Cyzicum, patriam, Nep.: Capuae obsidionem liberare, K. entsetzen, Liv.: obsidionem relinquere, Caes.: ab obsidione recedere, Iustin.: partim vi, partim obsidione urbes capere, Cic.: obsidio deinde per paucos dies magis quam oppugnatio (Berennen) fuit, Liv. – **II** übtr.: **1** die **Bedrängnis**, qui ex obsidione feneratores exemerit, Cic.: rem publicam liberare obsidione, Cic. – **2** die **Gefangenschaft** an einem Ort, Iustin. 2, 12, 6 u. a. – **3** die **Geiselschaft**, Greg. Tur. hist. Franc. 3, 14. p. 118 u. 3, 15. p. 122, 9.

2. **obsidio**, āre, s. obsidior.

obsidiōnālis, e (obsidio) die **Einschließung-**, die **Blockade betreffend, Blockade-**, corona, Aur. Vict. u. Gell. (vgl. obsidialis): machinae, Amm.: commentum, Amm.: mora, Frontin.

obsidior, ārī (obsidium), auf jmd. **lauern**, ihm **nachstellen**, m. *Dat.*, apibus, Colum. 9, 14, 10: absol., obsidiando perit, Commodian. instr. 2, 20, 11. – Akt. obsidio, wov. obsidiaverunt, Gloss. V, 630, 19.

1. **obsidium**, iī, *n.* (obsideo), das **Besetzthalten**, die **Belagerung, Einschließung, Blockade, I** eig. u. übtr.: **1** eig.: sociae civitatis, Flor.: obsidium facere Ilio, Plaut.: apud Cyzicum in obsidio morari, Sall. fr.: occupare obsidio Lacedaemonis exercitum, Liv.: obsidium solvere, Tac.: obsidio decedere, die B. aufheben, Tac.: obsidium Mogontiaci liberare, M. entsetzen, Tac. – **2** übtr., die **Nachstellung**, obsidia hominum aut insidiosorum animalium, Colum. 8, 2, 7. – **II** bildl.: **A** das **Achtgeben**, die **Vorsicht**, Colum. 9, 9, 1. – **B** die **Gefahr**, adesse tuo tergo obsidium, Schläge, Plaut. mil. 219. – **C** = praesidium, subsidium, der **Schutz**, die **Hilfe**, Lael. bei Fest. p. 193 (a), 21 *sqq.* – ► Nbf. Plur. obsidiae, Commod. instr. 2, 3, 13.

2. **obsidium**, iī, *n.* (obses), der Zustand eines Geisels, die **Geiselschaft**, Meherdates obsidio (als Geisel) nobis datus, Tac. ann. 11, 10.

ob-sīdo, sēdī, sessum, ere, **sich an** etwas **hinsetzen**, einen Ort **in Belagerungszustand versetzen**, einen **Ort besetzen**, eines Ortes durch Besetzung **Herr werden, I** im Allg.: ne auriculam obsidat caries, Lucil. fr.: aër obsidit vias oculorum, Lucr. – **II** insbes., als milit. *t. t.*, pontem, Sall.: Ciceronis ianuam, Sall.: loca opportuna armatis hominibus, Sall.: milite campos, Verg. – übtr., praedator cupit immensos obsidere campos (durch Kauf in seinen Besitz zu bringen), Tibull. 2, 3, 41.

obsīgnātio, ōnis, *f.* (obsigno), das **Besiegeln, Untersiegeln**, tabularum, Gell. 14, 2, 7. – bildl., Tert. de bapt. 13.

obsīgnātor, ōris, *m.* (obsigno), der **Besiegler, Untersiegler** einer Urkunde, Klageschrift usw. als Zeuge (vgl. obsigno *no.* I, B), litterarum, Cic.: testamenti, Cic.

ob-sīgno, āvī, ātum, āre, **I besiegeln, A** im Allg., **oben zusiegeln, versiegeln, siegeln**, epistulam, Plaut., Cic. u. a. (u. so eri imagine obsignata epistula, Plaut.): anulo obsignare tabulas, litteras, Plaut., Curt. u. a.: litteras (Urkunden) publico signo, Cic.: pecuniam, Cic.: lagoenas, Q. Cic. in Cic. ep. – **B** insbes.: **1** zur Verstärkung der Gültigkeit einer Urkunde, eine Obligation, Klageschrift, ein Testament (als Zeuge) u. dgl. **besiegeln, untersiegeln**, tabulas, Cic.: testamentum, Cic. – scherzh., testificari, tabellas obsignare velle, Zeugen beiziehen u. ein durch Unterschrift u. Siegel beglaubigtes förmliches Protokoll (über die Lehre Epikurs) vollziehen lassen wollen (damit ihm diese ihm wohlgefällige Lehre nicht widerrufen u. entzogen werden könne), Cic. Pis. 69. – u. tu quidem tabellis obsignatis agis mecum et testificaris, quid dixerim aliquando aut scripserim, du hältst mir ja ein förmliches, vor Zeugen (obsignatores) vollzogenes Protokoll vor u. rufst Zeugen darüber auf, was ich usw., Cic. Tusc. 5, 33. – dah. übtr., **durch eine unterschriebene und besiegelte Urkunde-, urkundlich** etw. **verpfänden**, tria agri iugera pro amico ad aerarium, Val. Max. 4, 4, 7 (Kempf subsigno). – **2** die Effekten u. Papiere eines Angeklagten

versiegeln, Cic. II. Verr.. 1, 50. – dah. cum alqo contra alqm obsignare litteras, gegen jmd. klagbar werden, Cic. pro Scauro 45. – **II eindrücken, einprägen,** formam verbis, eine Gestalt geben, Lucr.: illud in his obsignatum rebus habere convenit, präge dir dabei fest in den Sinn, m. folg. *Acc.* u. *Infin.*, Lucr.

ob-sipo, āre, **entgegensprengen, -spritzen,** aquolam (aculam), sprichw. = erquicken, Mut machen, Plaut. cist. 579.

ob-sisto, stitī, ere, **I** *intr.* **vor etw. hintreten, -sich stellen, A** im Allg.: hic obsistam, hier will ich mich davorstellen, Plaut.: alci obviam, Plaut.: alci abeunti, Liv.: übtr., alcis famae, verdunkeln, Liv. – **B** insbes., **Stellung nehmen** gegen jmd., **sich feindlich entgegenstellen, sich widersetzen, widerstreben,** alci, Cic.: dolori, Cic.: visis, nicht beipflichten, Cic.: mit folg. *Infin. Praes. Pass.*, Tac. Germ. 34, 4: m. folg. *ne* u. Konj., Cic. Verr. 5, 5. Nep. Milt. 3, 5: alci obs. m. folg. *quo minus* u. Konj., Cic. de nat. deor. 2, 35. Sen. de ben. 5, 5, 3: u. so unpers., Q. Ciceroni obsisti non potuit, quo minus Thyamim videret, Cic. ad Att. 7, 2, 3. – absol., cum obsistere (Stellung zu nehmen) ac defendere conarentur, Cic.: nec obsistere nec insequi poterant, Liv. – **II** *tr.* an od. gegen etw. **hinstellen;** dah. obstitus sol, die von der Seite stehende Sonne (Ggstz. sol adversus), Apul. de deo Socr. 1. – u. in der Augurspr., obstitus, gegenüberstehend = **vom Blitz getroffen,** fulgora atque obstita pianto, Cic. de legg. 2, 21; vgl. Paul ex Fest. p. 193 (a), 4. – ► Partiz. Fut. Akt. obstiturus, Itin. Alex. 21 (55).

Obsius, iī, *m.*, **Obsius,** Entdecker eines Minerals in Äthiopien, Plin. 36, 196. – Dav. **Obsiānus,** a, um, **obsianisch,** lapis, der Obsianstein, nach Beckmann wahrsch. das vulkanische Glas, Lavaglas, isländischer Achat, Plin. 36, 157: vitrum, Obsianglas (nachgemachter Obsianstein), *ibid.*: elephanti, aus Obsianstein od. -glas, *ibid.* § 196: subst., Obsiāna, ōrum, *n.*, Obsiangefäße, *ibid.*

obsolefacio, fēcī, factum, ere (obsoleo u. facio), **abnutzen,** ne illam vis temporis et vetustatis obsolefaceret longitudo, Arnob. 5, 8. – Gew. Passiv obsolefio, factus sum, fierī, **zuschanden werden, sich abnutzen, an Ansehen verlieren** u. dgl., rivi non operā obsolefacti, Sen.: auctoritas obsolefacta, Sen.: ne paterentur nomen obsolefieri, Suet.: in homine turpissimo obsolefiebant dignitatis insignia, verloren ihren Glanz, Cic. Phil. 2, 105.

obsolēsco, lēvī, ere (obs u. oleo), **nach und nach vergehen, sich abnutzen, unscheinbar werden, alt werden, abkommen, aus der Mode kommen, verkommen, verkümmern, an Ansehen-, an Wert verlieren,** Varro LL. u. a.: antiquam officii rationem dilexit, cuius splendor omnibus his motibus obsolevit, Cic.: virtus splendet per se semper neque alienis umquam sordibus obsolescit, Cic.: cito gloria obsolescit in (gegenüber, vor) sordidis hostibus, Curt.: alia vetustate obsoleverunt, Liv.: obsolevit iam oratio, Cic.: vectigal, Cic.: laus, Tac.

obsolētē, *Adv.* (obsoletus), **alt, abgetragen, unscheinbar,** paulo obsoletius vestitus, Cic. II. Verr.. 1, 152.

obsolēto, āre (obsoletus), **unscheinbar machen, besudeln,** Tert. adv. gnost. 6. – bildl., Tert. apol. 15.

obsolētus, a, um (obsolesco), **unscheinbar, abgenutzt, abgetragen, I** eig.: color, Colum. u. Suet.: tectum, morsches u. verfallenes, Hor. – verba, altväterische, veraltete, Cic. – bes. v. der Kleidung, vestis, Liv.: vestitus obsoletior, Cic., obsoletissimus, Apul.: obsoletus (in einem abgetragenen Kleid) Thessalonicam venisti, Cic. – u. durch Schmutz usw. **besudelt,** nec obsoleta sordibus, Hor.: dextra obsoleta sanguine, Sen. poët. – **II** übtr., **gemein, alltäglich,** gaudia, Liv.: crimina, Cic.: obsoletior oratio, eine etwas gemeine Sprache (ohne gewählte Worte u. ohne Redeschmuck), Cic.: honores, Nep.

ob-solido, āre, **dicht machen, festmachen,** tectorio rigide obsolidato, wenn der Putz, rasch sich verhärtend, fest wird, Vitr. 2, 3, 2.

obsōnātio, ōnis, *f.* (obsono), der **Einkauf für die Küche,** Donat. Ter. Andr. 2, 2, 32.

obsōnātor (opsōnātor), ōris, *m.* (obsono), der **Einkäufer** (von Fleisch, Zugemüse usw.) **für die Küche,** Plaut. mil. 667. Sen. ep. 47, 8. CIL 6, 5353 u. 6, 8945.

obsōnātus (opsōnātus), ūs, *m.* (obsono), der **Einkauf für die Küche,** Plaut. Men. 277 u. 288; truc. 740.

obsōnito (opsōnito), āvī, āre (*Frequ.* v. obsono), **schmausen,** centenis, Cato oratt. 27. fr. 1 (bei Fest. 201, 33).

obsōnium (opsōnium), iī, *n.* (ὀψώνιον), die **Zukost,** bes. Fische, Gemüse, Obst, obs. opulentum, Plaut.: obs. piscium, Apul.: obsonium obsonare, Plaut.: obsonium curare, Plaut.: obsonium scindere, Sen.: fici panis simul et opsonii vicem siccatae implent, Plin. – im Plur. = ὄψα, **Fischspeisen,** obsonia coëmere, Hor.: obsonia captare, Hor.

1. obsōno (opsōno), āvī, ātum, āre (ὀψωνέω), **zum Essen einkaufen, Speisen einkaufen, für die Küche einkaufen, I** eig., alci, Plaut.: obsonium, Plaut.: prandium, Plaut.: bubulam de aliquo proavo suo, Tert.: obsonatum ire, pergere, mittere, Plaut.: im Bild, ambulando famem, statt der Zukost einkaufen, Cic. Tusc. 5, 97. – im Passiv, tu facito obsonatum nobis sis opulentum obsonium, Plaut.: unpers., tribus obsonatum est, Plaut.: vix drachumis est obsonatum decem, Ter.: iube de foro obsonarier (parag. Infin.), Plaut. Men. 209. – **II** meton., **schmausen, einen Schmaus-, ein Gastmahl geben,** Ter. adelph. 117 u. 964. – ► Dep. Nbf. **obsōnor,** ātus sum, ārī, absol., Plaut. Stich. 681: de suo filiai nuptiis, Plaut. aul. 295.

2. ob-sono, āre, **dareinrauschen,** alcis sermoni, dareinreden, Plaut. Pseud. 208.

obsōnor, s. 1. obsōno ►.

ob-sōpio, īvī, ītum, īre, gefühllos machen, dah. **einschläfern,** a somni tempore prohibere ne obsopiantur, Scrib. Larg. 180 *extr.*: quā odoris novitate obsopitus, ohnmächtig, betäubt usw., Solin. 12, 9.

ob-sorbeo, uī, ēre, **hinunterschlürfen, einschlürfen,** eine Flüssigkeit, Plaut. mil. 834: aquam, Plaut. Curc. 313: unionem liquefactum, Plin. 9, 121: absol., (Charybdis) ter die obsorbebat terque eructabat, Hyg. fab. 125: ursis homines non plane comedendi, sed obsorbendi obiectabantur, Lact. de mort. pers. 21, 6. – Übtr., quae (fores) obsorbent quicquid venit intra pessulos, Plaut. truc. 351.

ob-sordēsco, duī, ere, **I schmutzig werden,** Prud. apoth. 146. – **II** bildl., Libanus obsorduit, Vulg. Isai. 33, 9.

obstāculum, ī, *n.* (obsto), das **Hindernis,** Sen. nat. qu. 2, 52, 1. Amm. 17, 13, 4: obst. corporis, Arnob. 2, 28. – Plur., Prud. ham. 599. Apul. flor. 18. p. 31, 6 Kr.: ut nullis habitetur obstaculis ad usque fretum, der Wohnbarkeit kein H. entgegensteht, Amm. 21, 10, 4.

obstantia, ae, *f.* (obsto), **I** das **Davorstehen,** terrae, Vitr. 9, 5, 4. – **II** der **Widerstand,** die **Hinderung,** das **Hindernis,** aëris, Vitr.: calculus liberatus ab obstantia, Vitr.

ob-sterno, ere, **hinstreuen = unterwerfen, preisgeben,** Apul. apol. 97.

obstetrīcius (opstetrīcius), a, um (obstetrix), **zur Hebamme (Wehmutter) gehörig, Hebammen-, I** eig.: manus, Arnob. 3, 10. – subst., obstetrīcia, ōrum, *n.*, die **Hebammendienste,** dearum, Plin. 35, 140. – **II** bildl.: sensus dictu periculosus et paene opstetricius, Fronto de eloqu. 2. p. 148, 17 N.

obstetrīco, āvī, āre (obstetrix), **Hebammendienste tun,** obstetricandi scientia, Vulg. exod. 1, 19: quasi ipsae obstetricaverint, Interpr. Iren. 2, 28, 6: obstetricante manu eius, Vulg. Iob 26, 13: poëtis obstetricantibus (bildl.), Tert. ad nat. 2, 2. – prägn., obst. alqam, eine **entbinden,** Hebraeas, Vulg. exod. 1, 16: dei emissiones, Interpr. Iren. 2, 14, 8. – ► Depon. **obstetrīcor,** ātus sum, ārī, Interpr. Iren. 4, 33, 3 (wo semel ipsos obstetricatos esse affirmant).

obstetrīx (obstitrīx, opstitrīx), trīcis, Genet. Plur. trīcum, *f.* (obsto), die **Wehmutter, Hebamme,** Plaut. capt. 629; cist. 141 u. a. Ter. adelph. 292 u. 354. Varro vit. P. R. 2, 18. Hor. epod. 17, 51. Val. Max. 3, 4. ext. 1. Colum. 7, 3, 16. Plin. 28, 67. Apul. apol. 69. Amm. 16, 10, 19. Firm. math. 8, 23.

obstinātē, *Adv.* m. *Compar.* u. *Superl.* (obstinatus), **beharrlich, fest entschlossen, hartnäckig** im Guten u. Bösen, aggredi, Plaut.: negare, Caes.: credere, Liv. – obstinatius agere, Suet. – obstinatissime recusare alqd, Suet.: obstinatissime tenuit, ne etc., Suet.

obstinātio, ōnis, *f.* (obstino), die **Beharrlichkeit** im Guten u. Bösen, die **Hartnäckigkeit, Unveränderlichkeit im Entschluss,** der **Starrsinn,**

animi, Sen.: sententiae, Festigkeit in seinen Grundsätzen, Cic.: fidei, unerschütterliche Treue, Tac.: taciturna, hartnäckiges Schweigen, Nep.: pertinacia et inflexibilis obstinatio, Plin. ep.: eandem obstinationem adventantis exercitus nuntiabant, Tac.

obstinātus, a, um, *PAdi.* (obstino), **darauf bestehend, fest entschlossen, hartnäckig,** neque ille minus obstinatus ingenti pontem obtinet gradu, Liv.: obst. animus, Liv.: pudicitia, Liv.: obstinatior voluntas, Cic.: obstinatissima virtus, Sen.: obstinatissima contentio, pervicacia, Augustin. – mit *Praepp.*, sit aliquis adeo *contra* veritatem obstinatus, ut etc., Quint.: *adversus* ea omnia obstinato animo, Liv.: multo obstinatior *adversus* lacrimas muliebres erat, Liv.: obst. propositum *erga* haec et similia, Amm.: obstinato *ad* mortem animo, Liv.: *ad* moriendum obstinatum esse, Curt.: *ad* tacendum (ad silendum) obstinatus, hartnäckig schweigend, Curt.: obstinatae *in* perniciem Romae duae urbes, Amm. – mit folg. *Infin.*, obstinati mori, Liv.: obstinati claudere (portas), Liv.: obstinatum est tibi (du bist fest entschlossen) non suscipere imperium, nisi etc., Plin. pan.

obstineo, ēre (ob u. tenere), **entgegenhalten = zeigen, erscheinen lassen,** Carm. vet. bei Fest. 197, 8.

obstino, āvī, ātum, āre (ob u. sto), etwas **mit Beharrlichkeit vornehmen, hartnäckig sich vornehmen,** auf etwas **bestehen,** rem, Plaut. aul. 267: im Passiv, obstinari exorsus, Pacuv. tr. 425: quando id certum atque obstinatum est, Liv. 2, 15, 5. – m. *Infin.*, obstinaverant animis vincere aut mori, Liv. 23, 29, 7. – m. *ad* u. Akk., ipso Vespasiano ad obtinendas iniquitates haud perinde obstinante, auf U. bestand, Tac. hist. 2, 84. – Partiz. obstinātus als Adj. s. bēs.

obstipēsco, puī, ere, s. obstupēsco.

obstīpus, a, um (ob u. stīpo), übh. **nach einer Seite geneigt** (Ggstz. rectus, wie λοξός, Ggstz. ἰθύς); dah. nach dem Zusammenhang: **a rückwärts geneigt, -gezogen, nach hinten übergebogen,** cervix, Suet. Tib. 68, 3. – **b sich auf die Seite neigend, auf die Seite geneigt,** caput, Cic. de nat. deor. 2, 107 (der dort das λοξὸν κάρη bei Arat. übersetzt): obstipo capite, den Kopf auf die Seite hängen lassend (v. Duckmäusern), Hor. sat. 2, 5, 92. Pers. 3, 80: prägn., cum obstipae sues transversa capita ferunt, Colum. 7, 10, 1.

obstitrīx, s. obstetrīx.

obstitus, a, um (obsisto), **nach der Seite geneigt, schräg,** sol, *Apul. de deo Socr. 1. – subst., obstitum, ī, *n.*, die **schräge Richtung,** circulorum, *Apul. de deo Socr. 2 G.

ob-sto, stitī, stātūrus, āre, **an** od. **gegen** od. **bei** etwas **stehen, I** im Allg.: si rex obstabit obviam, im Wege dastehen, Plaut. Stich. 287: summis a postibus, Stat. Theb. 4, 17: dominae niveis a vultibus, Stat. silv. 1, 2, 23. – **II** insbes. hinderlich **entgegen-, im Wege stehen, hinderlich sein, a** eig., m. *Dat.*, alci a sole, Val. Max.: quercus obstitit retro eunti, Ov. – absol., in fossis si aliquid aquae obstat, Cato: exercitus duo hostium obstant, Liv.: conferti in portis obstando magis quam pugnando castra tutabantur, Liv.: obstantes silvae, nebulae, Ov. – m. *ab* u. Abl. (von … her), exercitus duo, unus ab urbe, alter a Gallia obstant, Sall. Cat. 58, 6: nullae obstant a Caesare nubes, Lucan. 1, 59: im Bild, et tibi umbra ignobilitatis a probatore obstitit, Apul. apol. 16. – Partiz. subst., obstantia silvarum amoliri, was in den W. hinderlich ist, wegräumen, Tac. ann. 1, 50. – **b** übtr.: **α** m. *Dat.:* alci, Cic.: consiliis alcis, Nep.: bono publico, Liv.: bonis communibus, Verg.: eos homines metuo ne obsint mihi neve obstent, Plaut.: poet., di deaeque, quibus obstitit Ilium, im Wege = verhasst war, Verg. Aen. 6, 64: unpers., indignatur amans obstari animae, Ov. met. 11, 788. – **β** m. *ad* u. Akk.: et ad reliquos similes conatus verecundia irae obstabat, Liv. 5, 25, 3. – **γ** m. *in* u. Akk.: in laudem vetustorum invidia non obstat, Sen. de ben. 7, 8, 2. – **δ** m. folg. *quin, quo minus, ne* u. Konj.: quibus non humana ulla neque divina obstant, quin socios amicos trahant excindant, Sall. hist. fr. 4, 61 (19), 17: quid obstat, quo minus sit beatus, si non sit bipes? Cic. de nat. deor. 1, 95: ne quid divini humanive obstet, quo minus iustum piumque de integro ineatur bellum, Liv. 9, 8, 6: obstat verecundia, quo minus percenseamus, quo etc., Plin. pan. 91, 3: non facinus, non probrum aut flagitium obstat, quo minus magistratus capiant, Ps. Sall. de rep. 2, 3, 4 (vgl. 2, 8, 4): cum ibi quoque religio obstaret, ne non posset nisi ab consule dici dictator, Liv. 4, 31, 4: ne id, quod placebat, decerneret in tantae nobilitatis viris, ambitio obstabat, Liv. 5, 36, 9: ea ne impedirent tribuni, dictatoris obstitit metus, Liv. 3, 29, 6. – spätlat. transit., im Passiv, possibilium pleraque obstari (verhindert werden), *quo minus* proveniant, non possunt, Chalcid. Tim. 155. – **ε** mit folg. *cur* u. Konj.: quid obstat, cur non fiant (nuptiae)? Ter. Andr. 103. – **ζ** absol.: si omnia removentur, quae obstant et impediunt, alle entgegenstehenden Hindernisse, Cic.: quae in rebus multis obstant, odiosa sunt, Plaut.: obstantes colubrae, die widerspenstigen, Ov.: obstantes remi, die widerstrebenden, Ov. – unpers., nec, si non obstatur, propterea etiam permittitur, Cic. Phil. 13, 14. – ► synk. osto, Commod. instr. 2, 18, 15 D. – Perf. obstetit, Afran. com. 71. – Partiz. Fut. akt. obstātūrus, a, um, Sen. ep. 95, 38. Quint. 2, 11, 1. Frontin. aqu. 121. Stat. Theb. 7, 247.

obstrāgulum, ī, *n.* (obsterno), der zum Befestigen der Schuhsohlen dienende **Schuhriemen,** crepidae, Plin. 9, 114.

ob-strangulo, (āvī), ātum, āre, **erwürgen,** bildl., mens obstrangulata, Prud. cath. 7, 10.

obstrepitāculum, ī, *n.* (obstrepo), das **Gegengeräusch,** Tert. adv. Marc. 1, 20.

obstreperus, a, um (obstrepo), **entgegenrauschend, -zirpend,** cicadae occinunt carmine obstrepero, Apul. flor. 13. p. 15, 18 Kr.

obstrepito, āre (*Intens.* v. obstrepo), **entgegenrauschen, ertönen lassen,** Claud. rapt. Pros. 2, 355.

ob-strepo, strepuī, strepitum, ere, **bei** oder **gegen** etwas **rauschen, -ertönen, -sich hören lassen, I** im Allg.: obstrepit avis, singt dabei, Sen. poët.: nihil sensere obstrepente pluviā, sie merkten nichts wegen des rauschenden Regens, Liv.: m. *Dat.*, arbor obstrepit aquis, Prop.: matutinis obstrepuit alitibus, schrie um die Wette mit den Hähnen, Prop.: qui inordinati atque incompositi obstrepunt portis, an den T. lärmen, toben, Liv. – Passiv, secretus ab omni voce locus, si non obstreperetur aquis, umrauscht würde von usw., Ov. fast. 6, 9 *sq.*: u. bildl., quae in Cn. Pompeium et ampla et nova congesta sunt, hinc assensione favoris, illinc fremitu invidiae litterarum monumentis obstrepuntur, Val. Max. 8, 15, 8 (Kempf obstrepunt). – **II** insbes.: **A** eig.: **1 bestürmen,** irritis precibus surdas principis aures, Plin. pan. 26, 2 K. – **2** jmd. in seiner Rede durch ein Missbilligung bezeichnendes Geräusch, wie durch Geschrei, Scharren mit den Füßen usw., **übertönen, überschreien, unterbrechen, stören,** alci, Cic. u. a.: obstrepere omnes, hostem atque parricidam vocare, Sall.: obstrepunt et intercedunt, ne audiant, Lact.: oblatrare et obstrepere veritati, Lact. – Passiv, sed tamen eius modi res nescio quo modo, etiam cum leguntur, obstrepi clamore militum videntur et tubarum sono, Cic. Marc. 9: unpers., decemviro obstrepitur, Liv. 3, 49, 4. – **B** übtr., **beschwerlich fallen, in den Weg treten, hinderlich sein, behelligen,** alci litteris, Cic.: actis Pompeii, Flor.: ne scelera virtutibus obstrepant, Flor.: ne restagnatio intempestiva alvi obstrepat, Plin.

obstrictē, *Adv.* (obstringo), **verpflichtet,** *Compar.* bei Augustin. de civ. dei 2, 24 *extr.* u. 2, 28 *in.*

obstrictio, ōnis, *f.* (obstringo), die **feste Umgürtung,** solita cinguli obstr., Cassian. coenob. inst. 1, 2.

obstrigillātor, ōris, *m.* (obstrigillo), der **Tadler,** Varro sat. Men. 436.

obstrigillo (obstringillo), āre, **I hinderlich sein, im Wege sein** od. **stehen, entgegenstehen,** Enn. sat. 5. Sen. ep. 115, 6. Isid. orig. 10, 199: alci, Varro sat. Men. 264. – **II** insbes., **in den Weg treten = durchnehmen, tadeln,** obstrigillandi causā, Varro r. r. 1, 2, 24.

obstrigillus, ī, *m.* (obstringo), eine **Schuhsohle,** die durch Riemen am Fuß befestigt wird, Isid. orig. 19, 34, 8. – Nbf. obstrigillum, ī, *n.*, Gloss. V, 228, 16.

obstringillo, s. obstrigillo.

obstringo, strīnxī, strictum, ere, **I** vorn od. von oben her **zuziehen, -zuschnüren, -zubinden, A** eig. u. übtr.: **1** eig.: collum suum laqueo, Plaut.: Amphitruonem collo hic obstricto traham, bei der Gurgel (fassend) schleppe fort, Plaut.: vinculi genus ad insitionem non unum est; alii viminibus obstringunt etc., Colum. – **2** übtr.: **a eingeschlossen halten,** ventos, Hor. carm. 1, 3, 4. – **b zusammenhalten,** purpurea vestis ingentibus obstricta gemmis (Spangen), Flor. 4, 11, 3. – **B** bildl., **1** an eine Verpflichtung **streng binden, fesseln = verbindlich machen, verpflichten, sich verpflichten, a** pers. Objj.: alqm legibus, Cic.: foedere, Cic.: officiis, Cic.: alqm beneficio obstrictum habere, Caes.: beneficio obstrictus, Cic. – alqm conscientiā, sich jmd. (jmds. Treue) durch Mitwissenschaft versichern, Tac. hist. 4, 55. – refl., se alii matrimonio, sich zu einer anderen Ehe verpflichten, Tac. – absol., obstringere iureiurando = »eidlich versichern«, m. folg. *Acc.* u. *Infin.*, Caes. b. G. 1, 31, 7. Tac. ann. 1, 14 u. 4, 31: ebenso obstringi gentili religione m. folg. *Acc.* u. *Infin.*, Tac. ann. 12, 34. – **b** sächl. Objj.: ut fides regis beneficio aliquo obstringeretur, man sich der Treue des Königs durch einen Dienst versichere, Iustin.: alci fidem suam, sein Wort verpfänden, Plin. ep.: u. so fidem suam in alqa re, Plin.: sub ea tamen condicione, ne cui meam fidem obstringam (mich gegen keinen verbindlich mache = keinem ein sicheres Versprechen gebe). Omnia enim libera parentibus servo, Plin. ep. – clementiam suam obstringens crebris orationibus, seine Milde verbürgend, Tac. – **2** in ein übles Verhältnis **verwickeln, verstricken, α** m. *Abl.*: amicos aere alieno, in Schulden verwickeln, -setzen, Brut. in Cic. ep. (u. so obstricti aere alieno, Liv. epit.): nullā mendacii religione obstrictus, ohne sein Gewissen mit einer Lüge zu belasten, Caes.: obstringi conscientiā tanti facinoris, mit dem Bewusstsein eines so großen Frevels belastet werden, Liv. 4, 17, 5: alqm nefario scelere, in eine Freveltat verstricken, -verwickeln, Caes.: alqm pecuniā et stupro in omne flagitium, Tac. – refl., se scelere, se parricidio, sich schuldig machen, Cic. – **β** medial m. *Dat.* = **sich schuldig machen,** eidem sceleri obstrictus est, Lact. 3, 18, 6. – **γ** medial m. *Genet.* = **sich schuldig machen,** obstringi furti, Masur. Sabin. ICt. bei Gell. 11, 18, 21. – **II** vor etw. **vorbinden,** follem ob gulam, Plaut. aul. 302: tauros valido aratro, vorspannen, Val. Flacc. 7, 602.

obstrūctio, ōnis, *f.* (obstruo), das **Verbauen, Verschließen,** der **Verschluss,** das **Einschließen,** haec obstructio non diuturna est, Cic. Sest. 22. – m. subj. *Genet.*, corporum, Arnob. 2, 28.

obstrūdo, s. ob-trūdo.

obstrūdulentus, a, um (obstrudo), **verschluckbar,** Titin. com. 165.

ob-struo, strūxī, strūctum, ere, **I entgegenbauen, -türmen, vorbauen,** saxa, Ov. met. 3, 570. Curt. 4, 3 (14), 13: pro diruto novum murum, Liv. 38, 29, 2: aliis (munimentis) frons in Etruriam spectans auxiliis (gegen den Entsatz), si qua forte inde venirent, obstruebatur, die anderen Befestigungswerke mit der Front (Vorderseite) gegen etwaigen Entsatz von Etrurien aus gerichtet waren, Liv. 5, 1, 9: u. der *t. t.*, obstruere luminibus alcis, jmdm. das Licht verbauen, Cic. de dom. 115: u. so im Bild, sic Catonis luminibus obstruxit haec posteriorum quasi exaggerata altius oratio, Cic. Brut. 66. – **II verbauen, verrammen, versperren, verstopfen, a** eine Örtl.: obstr. fenestras, ICt. u. Inscr.: lumina, Inscr.: portas, Caes. u. Sil.: omnes castrorum portas, Caes.: eius aedis valvas, Nep.: curiam, Suet.: portum, Liv.: vias, Frontin. u. Iustin.: hominibus aditus omnes et obsaepire vias, Lact.: obstr. alci omnem aditum ad conditos fructus, Cic. omnes frigoris et iniuriae aditus, Plin.: limen tecti, Ov.: terras et undas, Ov.: aditus angusti et obstructi, Plin. pan.: paene obstructis (unzugänglichen) hieme Alpibus, Vell. – m. *Abl.* (mit, durch), portas singulis ordinibus caespitum, Caes.: munimentis et turribus fabricatis iter, Lact.: iter Poenis (den P.) vel corporibus suis, Cic.: exitum lapidibus opplere et obstruere, Auct. b. Alex.: obstr. omnia flumina atque omnes rivos magnis operibus, Caes.: molibus undas et latum deiectis rupibus aequor, Lucan.: si aqua fluens iter suum stercore obstruxerit, ICt. – im Bild, obstr. perfugia (die Schlupfwinkel) improborum, Cic. Sull. 79: alienandi viam, Cod. Iust. 5, 71, 11: omnis cognitio (jeder Weg zur Erk.) multis est obstructa difficultatibus, Cic. Acad. 2, 7: is terror obstructas mentes (die verstockten Gemüter) consiliis ducis aperuit (machte zugänglich), Tac. hist. 3, 21. – **b** die Körperteile u. Sinneswerkzeuge, quod iugula concava non haberet, obstructas eas (corporis) partes et obturatas esse dicebat, Cic. de fato 10: huic geminae nares et spiritus oris obstruitur, Verg. georg. 4, 301: cuius aures morbus obstruxit, Sen. de ben. 3, 17, 2. – im Bild, placidas viri deus obstruit aures, verstopft die Ohren (= macht taub gegen Bitten, unerbittlich), Verg. Aen. 4, 440; vgl. Sil. 17, 84: ut si laedere quemquam instituisset, nec exorari posset nec ad ignoscendum erroribus inclinari, ideoque aures eius non cerā sed plumbis videbantur obstructae, Amm. 27, 11, 6: ad tuas aures cum ceteris omnibus tum vel maxime avaris adulationibus obstructus est aditus, Plin. pan. 41, 3: cum pingeret eum, traditur madidis lupinis vixisse, quoniam simul et famem sustinerent et sitim nec sensus nimiā dulcedine obstruerent, die Sinneswerkzeuge abstumpften, Plin. 35, 102.

obstrūsio (obtrūsio), ōnis, *f.* (obstrudo) = ἔμφραξις, die **Verstopfung,** Cael. Aur. de morb. acut. 1. praef. § 6 u. 12 u. a. Th. Prisc. 4. fol. 317, b.

ob-stupefacio, fēcī, factum, ere, **betäuben, erstarren machen,** Passiv **obstupefio,** factus sum, fierī, **betäubt werden, erstarren,** Partiz. Perf. = **betäubt, erstarrt, gefühllos, abgestumpft, I** physisch: ut amissā mente (Besinnung) obstupefieret ac paulatim per maerorem deficiente animo concĭderet, Dict. 4, 21: subito deinde ex nimio haustu rigoris obstupefactis nervis et torpore hebetatis artubus, Val. Max. 3, 8. ext. 6: Macedo miles nimio frigore obstupefactus, Val. Max. 5, 1. ext. 1. p. 223, 7 H. – **II** geistig, **a betäuben, erstarren machen,** nisi metus maerorem obstupefaceret, übertäubte, Liv. 25, 38, 3: obstupefacto voluptatibus corde, das Herz durch Wollust verhärtet war, Treb. Poll. Gallien. 9, 3. – **b die Besonnenheit benehmen (entreißen), stutzig machen, bestürzt machen, in Staunen** od. **in Bestürzung versetzen, in Schrecken setzen,** ita eum tum timidum illic obstupefecit timor, Ter.: Britannos quoque visa classis obstupefaciebat, Tac.: obstupefecit ea alacritas ducem Romanum, Tac.: in furore obstupefacies gentes, Vulg.: Gallos quoque velut obstupefactos miraculum victoriae tam repentinae tenuit, Liv.: obstupefactus et attonitus prosilit, Prud. – m. *Abl.* (durch, über), ipso miraculo audaciae obstupefecit hostes, Liv.: tametsi novo spectaculo obstupefacti erant, überrascht worden waren, Val. Max.: non obstupefactus ac perterritus (stutzig u. scheu gemacht) meā diligentiā, Cic.: obstupefactis hominibus ipsā admiratione, Cic.: obstupefacti audaciā Romanorum, Liv.: velut numinis occursu obstupefactus, Sen.

obstupendus, a, um (ob u. stupeo) od. **obstupēscendus,** a, um (obstupesco), **staunenswert,** obstupenda optimorum morum constantia, Varro sent. 82 *ed. De-Vit.* (Riese 74 obstupescenda): ordinatarum rerum obstupenda praeconia, Cassiod. var. 6, 23, 1.

ob-stupeo, ēre, **a** *intr.* = θαμβοῦμαι, **in Staunen versetzt werden,** Gloss. II, 326, 24. – **b** *tr.* = καταπλήσσω, **in Staunen versetzen,** Gloss. II, 343, 2.

obstupēscendus, s. obstupendus.

obstupēsco (obstipēsco, opstipēsco), stupuī (stipuī), ere, **betäubt werden, starr werden, erstarren, I** physisch: obstupescit ita corpus nec sentit cruciatum, Plin. 36, 56: quid contremiscis senex? quid, lingua, trepidas? quid, oculi, obstupuistis? Sen. contr. 2, 3 (11), 1: donec desinat dolor et obstupescat ea pars, Scrib. Larg. 11: dentes obstupescent tui, werden stumpf werden, Vulg. Sirach 30, 10; vgl. Vulg. Ierem. 31, 29 u. 30. – m. *Abl.* (durch), vel frigore maxillae obstupuerint, Pelagon. veterin. 17 (270 *Ihm*). – **II** geistig: **a erstarren,** membra mea debilia sunt; animus timore obstipuit, mein Herz ist erstarrt vor Schrecken, Ter. adelph. 613: prägn., m. *ab* u. Abl., hoc terrore obstipuerant multitudinis animi ab omni conatu novorum consiliorum, war der Volksgeist vor (zu) jedem Versuch einer Staatsumwälzung erlahmt, Liv. 34, 27, 9. – **b verblüfft werden, stutzig werden, wie versteinert werden, in Bestürzung geraten, in Staunen (in Erstaunen, Verwirrung) geraten,** auch (vor Erstaunen, Furcht usw.) **stumm werden,** obstipui, Ter. u. Ov.: obstupui ego, Petron.: obstipui steteruntque comae, Verg.: quid hic astans obstipuisti? was stehst du wie versteinert da? Plaut.: Ascyltos quidem paulisper obstupuit, war ein Weilchen stumm (schwieg ein W.), Petron.: postquam factum est obstupui et mihi visus sum captus esse, Cic.: sic enim obstipuerant, sic terram intuebantur ..., ut etc., ihr starres Erstaunen, ihre zur Erde niedergeschlagenen Augen waren von der Art, dass usw., Cic.: obstupescunt (apes) potantes, wie erstaunt trinken sie davon, Varro: ipsae medius fidius mihi litterae (die Buchstaben) saeculi nostri obstupescere videntur, cum etc., Val. Max.: obstipuere animi Rutulis (den R.), Verg. – m. prädik. Adj., quidnam torpentes subito obstipuistis, Achivi? was seid ihr so plötzlich vor Erstaunen starr? Cic. poët.: obstipescent posteri imperia, provincias ... triumphos audientes et legentes tuos, Cic.: ac primo conspectu tam foedae rei mirabundi parumper obstipuerunt, Liv.: obstipuerunt tot legiones, tam robustas senectutis reliquias intuentes, Val. Max.: Psyche immanitate praecepti consternata silens obstipuit, war vor Erstaunen still, Apul.: ipso aspectu defixus obstupui, Apul.: obstupui ego supplicii metu pavidus, Apul. – m. *Abl.* (durch, über), cum eorum aspectu obstipuisset bubulcus, Cic.: tum veluti proditā dolo Antiphili praetoris urbe captāque obstipuerunt omnes, Liv.: obstipuit visu Aeneas, Verg.: obstipuit formā Iove natus, Ov.: quid tantis obstupescis opibus? Apul. – m. *ad* (bei) u. Akk., obstupuerant ad magnitudinem pristinae eius fortunae virtutisque, Liv. 39, 50, 2. – m. allg. *Acc.*, infert et alia, quae (worüber) multo grandius obstupescas, Cassiod. var. 2, 39, 11.

ob-stupidus, a, um, **starr, betäubt, verblüfft,** quid astitisti obstupida? Plaut. mil. 1254: consiluisse universos dicit quasi attonitos et obstupidos (stumm u. starr), Gell. 5, 1, 6: hiat sollicita, studio obstupida, suspensa animo civitas, Pacuv. tr. 54: his actis consternatus ac prorsus obstupidus, Apul. met. 1, 25.

ob-stupro, ātus, āre, **schänden,** Lampr. Comm. 3. § 4.

ob-sufflo, āre, **entgegenblasen, anblasen,** Ps. Quint. decl. de tribuno Mariano 7.

ob-sum, fuī, esse, **entgegen-, hinderlich sein, schaden** (Ggstz. prosum), **α** m. *Dat.*: *Ty.* Nunc falsa prosunt. *He.* At tibi oberunt, Plaut.: non modo igitur nihil prodest, sed obest etiam Clodii mors Miloni, Cic.: subicimus id, quod aut nobis adiumento futurum est, aut offuturum illis e contrario, Rhet. Her.: sapientia sine eloquentia parum prodest civitatibus, eloquentia vero sine sapientia nimium obest plerumque, prodest numquam, Cic.: nec hodie, ut prosit mihi gratia Romanorum, postulo; ne obsit, tantum precor, Liv.: obsunt auctoribus artes, Ov. – **β** non od. nihil obest m. folg. *Infin.*: nec, dum degrandinat, obsit agresti fano supposuisse pecus, Ov. fast. 4, 755 *sq.*: nihil obest dicere, Cic. ep. 9, 13, 4. – **γ** absol.: et omnino non modo id, quod obest, sed etiam id, quod neque obest neque adiuvat, satius est praeterire, Rhet. Her.: quod obesse plurimum et prodesse poterat (v. Alcibiades), Nep.: an in eo auctoritas nihil obest? Cic. – ▶ Archaist. Fut. obescet, Paul. ex Fest. 188, 9. – Konj. obsiet, Ter. Hecyr. 735.

ob-suo, suī, sūtum, ere, **I annähen,** caput, Ov. fast. 2, 578. – **II zunähen,** sporta auri obsuta, Sen. rhet.: obsuta lectica, deren Vorhänge überall zugenäht sind, Suet.: obsutum os, Gell.

ob-surdēsco, duī, ere, **taub werden, I** eig., v. den Ohren, hoc sonitu oppletae aures hominum obsurduerunt, Cic. de rep. 6, 19: v. Menschen, si (sapiens) excaecetur, obsurdescat, obmutescat, membris debilitetur, Augustin. de civ. dei 19, 4. *no.* 4: im Bild, obsurdueram stridore catenae mortalitatis meae, Augustin. conf. 2, 2. § 2. – **II** übtr.: **a gegen Erinnerungen taub bleiben, Erinnerungen kein Gehör geben,** v. den Ohren, obsurduerunt aures hominum *ad* tam salutaria praecepta, Ambros. de Tobia 3, 9: v. Menschen, Cic. de amic. 88. Augustin. serm. 21, 6: his linguis *adversus* prophetas obsurduit, Augustin. serm. 41, 5: u. so obs. adversus omnem veritatis tubam, Augustin. c. Iul. Pelag. 4. § 11: si obsurduisti *contra* veram fidei rationem, Augustin. serm. 181, 6: obsurdescens *in* aliis etiam nimium seriis, taub (unempfindlich) bei usw., Amm. 19, 12, 5. – **b betäubt werden, erlahmen,** v. Zuständen, obsurduit iam haec in me aerumna miseria, Caecil. com. 86 R.[2]

ob-taedēscit (optaed.), ere, *v. impers.*, **es ekelt an,** nolo obtaedescat, Plaut. Stich. 734.

ob-tego, tēxī, tēctum, ere, (vorn) **bedecken, I** im Allg.: alqd linguā bubulā, Cato r. r. 40, 4. – **II** insbes.: **A** (verbergend) **bedecken, verdecken, verbergen, a** eig.: porcellum vestimentis, Phaedr.: u. so domus arboribus obtecta, Verg. – **b** übtr.: errata, bemänteln, Plaut.: divina humanaque, verschleiern (= geheimhalten), Tac.: turpitudinem adulescentiae obscuritate, Cic.: veritas non obtecta praestigiis, Amm. – Partiz. obtegens m. *Genet.*, sui obtegens (über sich verschlossen), in alios criminator, Tac. ann. 4, 1. – **B** (gegen etw. schützend) **bedecken, decken, schützen, a** eig.: eam partem castrorum vineis, Caes.: u. so armis militum obtectus, Caes. – **b** übtr.: aegre meliorum precibus obtectus, durch die Fürsprache der Besseren geschützt, Tac. ann. 16, 5. – ▶ arch. Infin. Präs. optigere, Plaut. most. 141 u. 164.

obtemperanter, *Adv.* (obtempero), **I willig, gehorsam,** M. Aurel. b. Fronto ep. ad M. Caes. 5, 11. Prud. perist. 2, 112. Augustin. de civ. dei 16, 25 u. a. – **II maßvoll, mit Maß** (Ggstz. inhianter), appetere, Augustin. op. imp. c. Iul. 1, 70.

obtemperātio, ōnis, *f.* (obtempero), das **Willfahren,** der **Gehorsam,** corporis, Augustin. de mus. 1, 7: m. *Dat.*, scriptis legibus, Cic. de legg. 1, 42.

ob-tempero, āvī, ātum, āre, **sich** in seiner Handlungsweise **nach** jmd. od. jmds. Willen usw. **streng richten,** ihm **willfahren,** alci, Ter., Cic. u. a.: voluntati alcis, Cic.: imperio alcis, Caes.: legibus, Nep.: obtemperare oboedireque magistratibus, Cic.: nam et hic deo *paret* et huic *oboediunt* maria terraeque et hominum vita iussis supremae legis *obtemperat,* Cic.: neque solum iis praescribendus est *imperandi,* sed etiam civibus *obtemperandi* modus, Cic. – ut *ad* verba nobis *oboediant,* non *ad* id, quod ex verbis intellegi possit, *obtemperent,* Cic. – neque mihi quidquam obtemperant, Ter. – *impers.,* si mihi esset obtemperatum, Cic.

ob-tendo, tendī, tentum, ere, **I** vor etwas **vorspannen, vorziehen, vormachen, vorhalten, A** eig.: coria munientibus, Curt.: nebulam pro viro, Verg.: sudarium ante faciem, Suet.: quamvis obtenta nox denset tenebras, Solin.: obtentā densantur nocte tenebrae, unter dem Zelt der Nacht, Verg. – medial, obtendi alci rei, übtr., von Örtlichkeiten = **sich** vor etw. **hinziehen,** Britannia Germaniae obtenditur, Tac.: huic (Libano) par interveniente valle mons adversus Antilibanus obtenditur, Plin. – **B** übtr.: **1** im Allg.: curis luxum obtendebat, er ließ die Regierungssorgen vor der Schwelgerei in den Hintergrund treten, Tac. hist. 3, 36. – **2** insbes., **vorschützen** (s. Bünem. Lact. 4, 24, 10), rationem turpitudini, Plin. ep.: preces matris, Tac. – **II** wie mit einem Vorhang **verhüllen,** limina silvis, Stat.: diem nube, Tac.: pulvere, Sil. – im Bild, multis simulationum involucris tegitur et quasi velis quibusdam obtenditur unius cuiusque natura, eines jeden Charakter ist gleichsam wie mit einem Schleier verhüllt, Cic. ad Q. fr. 1, 1, 5. § 15.

obtenebrātus, a, um (ob u. tenebro), **verdunkelt,** Ambros. de dign. sacerd. 5, 6.

ob-tenebrēsco, ere, **sich verfinstern,** v. der Sonne, Hieron. in Isai. 5, 13, 11. Vulg. Iob 18, 6.

ob-tenebro, āre, **verfinstern,** Eccl.

obteneo, s. obtineo ▶.

obtēnsus, ūs, *m.* (obtendo), der **Vorwand,** Fronto ad amic. 2, 7. p. 198, 10 N.

obtentio, ōnis, *f.* (obtendo), die **Verhüllung,** die **verhüllende Einkleidung,** ambifaria, Arnob. 5, 36: Plur., obtentiones allegoricae, Arnob. 5, 35.

1. obtentus, ūs, *m.* (obtendo), **I** das **Vorziehen, Vormachen, Vorstecken, A** eig.: frondis, Verg.: nubium, Plin.: vestis, Sen. poët.: togae, Gell.: pallae, Claud. – **B** übtr.: **1** der **Vorwand, Deckmantel,** sub eius obtentu cognominis, Liv.: sub obtentu liberationis, Iustin.: sub obtentu damnationis, Lact.: obtentu philosophiae nominis, Gell.: tempora rei publicae obtentui sumpta, Tac.: iniquum ratus maiestatem publicam privatae perfidiae obtentui esse, ein D. sein, beschönigen solle, Val. Max. – **2** (sub) obtentu, **im Hinblick auf, mit Rücksicht auf, wegen, um … willen, zum Zweck,** ICt. – **3** die **Hinderung,** das **Hindernis,** non terror obtentui est, Nazar. pan. 5, 3. – **II** nach obtendo *no.* II) die **Verhüllung,** die **Verschleierung, a** = die Verbergung, quia secundae res mire sunt vitiis obtentui, Sall. hist. fr. 1, 41 (45), 24: Capreas insulam quaesierat flagitiis obtentui, Aur. Vict. de Caes. 2, 2. – **b** – die **verhüllende allegorische Einkleidung,** Lact. u. Arnob.

2. obtentus, ūs, *m.* (obtineo), die **Behauptung,** Chalcid. Tim. 161. 181. 264.

ob-tero, trīvī, trītum, ere, **I zermalmen, zerbrechen, zertreten, zerquetschen, A** eig.: in stabulo infantes (v. den Rindern), Varro: ranas, Phaedr.: puerum, Suet.: obtriti sunt plures quam ferro necati, Liv.: non posse obtritos internoscere, Cic.: obtritae catenis manus, Sen. rhet. – **B** übtr.: **zunichte-, zuschanden machen, herabsetzen, herabwürdigen,** calumniam, Cic.: omnia, iura populi, Liv.: aperte artem extispicum, Trag. inc. fr.: laudes eius, Curt.: Philippi res (Taten), Curt.: populi Romani senescentem cum viribus maiestatem, Liv.: alqm verbis, Liv.: invidiā laudem virtutis, Nep.: obteritur laus imperatoria criminibus invidiae, Cic. – **II abreiben,** dentes carbone de rogo, Apul. apol. 8. – ► *Perf.* obteruit, Fulgent. ed. Helm. p. 143, 1: *Perf. Coniunctiv* obteruerit, Apul. apol. 8. – *Plusqu.* synk. obtrisset, Liv. 3, 56, 8.

obtēstātio, ōnis, *f.* (obtestor), die **Beschwörung, I** die Verpflichtung zu etwas durch Anrufung des göttlichen Namens (vgl. Donat. Ter. Andr. 3, 3, 8), obtestatio et consecratio legis, Cic.: tua obt. tibicinis, Cic.: obtestationem componere, Beschwörungsformel, Liv. – **II** übtr., das **inständige Bitten, Flehen,** Nep., Liv. u. Tac.: Plur., Liv. epit.

ob-tēstor, ātus sum, ārī, **I zum Zeugen (Zeugnis) anrufen,** sacra regni, eiusdem familiae deos et hospitales mensas, Tac.: deûm hominumque fidem, Liv.: necessitudinem nostram tuamque in me benevolentiam, Brut. in Cic. ep. – mit folg. *Acc.* u. *Infin.*, clare obtestatus deos neque legisse neque attigisse quicquam, Suet. Cal. 15, 4. – **II** übtr.: **1 feierlich anrufen, beschwören, inständig bitten, flehen, anflehen,** multum ac diu obtestans, Liv.: per ego haec genua te obtestor, Plaut.: quem obtester? quem implorem? Cic.: suos obtestari, Caes. – m. folg. *ut* u. Konj., Iovem maximum obtestatus, ut sceleris atque perfidiae Bocchi testis adesset, Sall.: nunc te obtestor, ut mihi ignoscas, Plaut.: obtestatur, ut suae salutis rationem habeat, Caes.: morte me ut vindices a Romanorum arbitrio, oro obtestorque, Liv.: passis manibus obtestabantur Romanos, ut sibi parcerent neu, sicut Avarici fecissent, ne a mulieribus quidem atque infantibus abstinerent, Caes.: quam ob rem a te peto vel potius omnibus te precibus oro et obtestor, ut etc., Cic.: ita te obtestor *per* senectutem illam (bei deinem grauen Haupt), ut etc., Plaut.: per omnes deos te obtestor, ut etc., Cic. u. Caes.: per tot tropaea regum oro et obtestor, ut etc., Curt.: per hanc dextram, per regni fidem moneo obtestorque te, uti … neu etc., Sall.: oro et obtestor, primum ut etc. … deinde ut etc., Plin. pan. – m. folg. *ne* u. Konj., set te obtestor, Hegio, ne tuum animum avariorem faxint divitiae meae, Plaut.: quā re oro obtestorque vos, indices, ne etc., Cic.: quaeso immo et obtestor, ne umquam pro me vota res publica invita suscipiat, Plin. pan.: per deos atque homines ego te obtestor, ne tu istunc hominem perduis, Plaut.: per tuam fidem perque huius solitudinem te obtestor, ne abs te hanc segreges neu deseras, Ter.: lacrimans obtestatur per amicitiam perque sua ante feliciter facta, ne etc., Sall. – m. folg. bl. *Coniunctiv,* obsecro vos ego, mi auxilio, oro obtestor, sitis, Plaut. aul. 715: te et senatum obtestamur, consulatis miseris civibus, Sall. Cat. 33, 5. – m. folg. *Imperat.* (statt des *Coniunctivs*), nunc te obtestor, celere sancto subveni censorio! Pacuv. praet. 3. p. 280 R.[2]: vos publicā voce obtestor atque precor, custodite, servate, protegite hunc statum, hanc pacem, Vell. 2, 131, 1 (u. so auch Tac. ann. 4, 8 *extr.*): wechselnd mit *Imperat.* u. *Coniunctiv,* per hanc fidem invictam oro et obtestor, in nostris castris tibi tabernaculum statue, nos corporis tui custodes esse patiaris, Curt. 5, 11 (30), 6. – m. *Acc. pers.* u. allg. *Acc. rei* od. bl. m. *Acc. rei* (um), eadem suum quisque contubernalem, amicum, notum prosequens erat obtestatus, Auct. b. Alex. 16, 4: multa obtestatus de salute sua Pomptinum, beschwor den Pomptinus lange um seine Rettung, Sall. Cat. 45, 4: haec monendo obtestandoque, Liv. 10, 19, 4; zugl. m. folg. *ne* u. Konj., illud te pro Latio obtestor, ne etc., Verg. Aen. 12, 820. – absol., multam ac diu obtestans, Liv.: pro cuiusque ingenio pollicendo minitando obtestando alium alio modo excitare, Sall. – Partiz. Perf. passiv, **beschworen, inständig gebeten,** ni obtestatus pepercisset, Amm. 31, 9, 4: obtestato nomine salvatoris, Augustin. serm. 216, 6: obtestatā fide, Apul. met. 2, 24. – **2 beteuern, heilig versichern,** m. *Acc.* u. *Infin.*, obtestans se adversus omne fas ac nefas a te equite Romano esse trucidatum, Val. Max. 6, 2, 8: summam rem publicam agi obtestans, Tac. ann. 12, 5: iam iamque adfore (Agrippinam) obtestans, *ibid.* 14, 7: aut militum se manibus aut suis moriturum obtestans, Tac. hist. 3, 10: cum Solem intuens obtestaretur ignarum cladis Numeriani se fuisse, Aur. Vict. de Caes. 39, 13.

ob-texo, texuī, textum, ere, **I darüberweben,** fila araneosa alarum maxime lanugine, Plin. 11, 65. – übtr., excusationes obt. avaritiae suae, mit E. ihre H. bemänteln, Ambros. in Luc. 8. § 78. – **II** mit etwas überweben, übtr. = **bedecken, verhüllen, a** konkr. Objj.: caelum obtexitur umbrā, Verg. Aen. 11, 611: caelum obtexitur nubibus, Ambros.: per nubes caelum aliud obtexens, Plin. – **b** abstr. Objj.: obt. specie veritatis testimonium fraudis, Ambros. in Luc. 6. § 102.

obticentia, ae, *f.* (obticeo), das **Schweigen,** griech. ἀποσιώπησις, als Redefig., Cels. b. Quint. 9, 2, 54

obticeo, ē re (ob u. taceo), **Schweigen beobachten,** Ter. eun. 820.

obticēsco, ticuī, ere (obticeo), **schweigsam werden, Schweigen eintreten lassen, verstummen,** gew. nur im Perf., Ter., Hor., Iustin. u. a.: mit allg. *Acc.*, cetera obticuit, Lact. de ira 4, 13.

obtinentia, ae, *f.* (obtineo), das **Sich-geltend-machen, Vorherrschen,** per obtinentiam, id est κατὰ ἐπικράτειαν, Prisc. 18, 146.

obtineo (optineo), tinuī, tentum, ēre (ob u. teneo), **I festhalten,** optine aures (meas), halte mich bei den Ohren, Plaut. Cas. 641. – **II** mit dem Nbbgr. des Besitzes = **im Besitz halten, -haben, innehaben, einnehmen, A** eig.: novem dispessis iugera membris, Lucr.: suam domum, seine Heimat haben, Cic.: loca, bewohnen, Caes.: vada custodiis, besetzt halten, Caes.: u. so citeriorem ripam armis, Liv.: übtr., noctem insequentem eadem caligo obtinuit, in der folgenden N. dauerte dieselbe F. fort, Liv. – **B** übtr., **innehaben, einnehmen,** principem locum = der Vornehmste sein, Caes.: secundum dignitatis locum, Caes.: locum proverbii, als Sprichwort gelten, Cic. – u. so numerum deorum, unter die Götter gerechnet werden, -gehören (v. mehreren), Cic.: caseus medicamenti vim obtinet, dient als M., Plin. – quae (fama) plerosque obtinet, von dem die meisten eingenommen sind, Sall. Iug. 17, 7. – **III** mit dem Nbbgr. der Festigkeit = etw. **festhalten, behaupten, A** eig.: pontem, Liv. – regnum, Caes.: principatum, Caes. u. (von Rennpferden beim Rennen) Plin.: imperium, Tac. (vgl. unten *no.* IV, a): provinciam, Liv.: hereditatem, Cic.: longinquis itineribus percursando quae obtineri nequibant, Tac.: quarta aestas obtinendis quae percurrerant insumpta, Tac. – **B** übtr.: **a** als zukommend **behaupten,** ius summ contra alqm, Cic.: dah. causam, einen Prozess, eine Sache (im Senat) durchsetzen, Cic., Caes. u. a. (s. Held Caes. b. G. 7, 37, 2): rem, die Sache durchsetzen = gewinnen, Caes.: res facile obtinebatur, ging leicht durch, Cic. – absol., obtinuit m. folg. *ut* u. Konj., er setzte es durch, dass usw., Liv. 4, 12, 4; 35, 10, 9. Val. Max. 6, 4, 2. Suet. Claud. 41, 3. Tac. ann. 3, 10: und so m. folg. *ne* u. Konj., Suet. Caes. 23, 1: u. obtinere non potuit m. folg. *quin* u. Konj., Suet. Tib. 31, 1, – m. folg. *Infin.*, cum admitti magnā ambitione aegre obtinuisset (durchgesetzt hatte), Iustin. 1, 3, 2. – absol., nec obtinuit, Suet. Caes. 11: obtinuisset adeo, nisi etc., Suet. Caes. 14, 2. – **b als Behauptung aufstellen, behaupten,** dah. auch **bewei-**

sen (s. Cic. Tusc. 1, 26), duas contrarias sententias, Cic.: locum, Cic.: non dicam id, quod debebam obtinere, Cic. – **IV** mit dem Nbbgr. des Bestehens, der Dauer = **fest an** etw. **halten, von** etw. **nicht abgehen, a** *tr.*: obt. perpetuo equestrem ordinem, beibehalten, Nep.: fasces et imperium, beibehalten, Liv. (vgl. oben *no.* III, A): silentium, fortsetzen, Cic.: u. so maestum silentium, Liv.: vitam, Cic.: u. so lex, quae in conviviis Graecorum obtinebatur, das festgehalten, streng beobachtet wurde, Cic.: malim equidem de filio verum esse, quod et plures edidere auctores et fama obtinuit, allgemeine Sage blieb, Liv. 21, 46, 10. – m. *Infin.*, earum artem et disciplinam optineat colere, Plaut. mil. 186. – **b** *refl.* = **α fortwährend bestehen, -gelten, sich behaupten, sich geltend machen,** pro vero, Ps. Sall.: nulla pro socia obtinet, Sall.: adeoque in eo gloria bonitatis obtinuit, ut etc., Eutr.: obtinuisset eius sententia, nisi etc., Vopisc. – **β** vor etwas **sich behaupten, den Vorzug haben,** plurium sententia obtinet, ICt.: quod et honestius est et merito obtinuit, ICt. – ► Perf. obtenui, CIL 1, 28: Parag. Infin. optinerier, Plaut. Men. 913.

obtingo, tigī, ere (ob u. tango), **I** *tr.* etw. **berühren,** an etw. **anstoßen,** mustulentus aestus nares obtigit, Plaut. fr. b. Non. 415, 16 (64, 2 attigit). – **II** *intr.* **zuteil werden, zufallen, eintreten, zustoßen, a** übh.: rem secundam obtingere, Plaut.: optata obtingent, Plaut.: hic dies pervorsus atque advorsus mi obtigit, Plaut.: illud paene inter omnes constitit, talem ei mortem paene ex sententia obtigisse, Suet.: istuc tibi ex sententia obtigisse laetor, Ter.: praeter spem atque incredibile hoc mi obtigit, Ter.: quod cuique obtigit, id quisque teneat, Cic.: sortito obtigit plaga septentrionalis, Vulg.: si quid obtigerit, aequo animo paratoque moriar, Cic.: vir et uxor iuraverant, ut, si quid alteri obtigisset, alter moreretur, Sen. rhet. – m. *Infin.*, nulli sapere casu obtigit, Sen. ep. 76, 6. – **b** durch das Los **zuteil werden, zufallen,** mihi obtinget sors, Plaut.: quibus sors obtigisset, Suet. – bes. als publiz. *t. t.*, v. Ämtern u. Beamten, alci sorte obtingit provincia aquaria, Cic.: alci obtingit consulatus, id munus, Suet.: alqs alci obtingit quaestor (als Qu.), Cic. u. Nep.

ob-tinnio, īre, **vorklingen,** ecquid illi aures obtinnirent, Apul. apol. 48.

ob-torpēsco, torpuī, ere, **erstarren, starr-, gefühllos werden, a** körperlich, et linguam obmutuisse et manum obtorpuisse, Cic.: manus prae metu obtorpuerunt, Liv.: oculi subitā caligine obtorpuerunt, Sen. rhet. – **b** geistig, subactus miseriis obtorpui, Cic. poët.: circumfusus undique pavore ita obtorpuit ut etc., Liv.: animi obtorpuerant, Liv.: repentino mentis nubilo obtorpescunt, Apul.

ob-torqueo, torsī, tortum, ēre, **I hindrehen,** obtorque prorim (= proram), Acc. tr. 575: laevas dextrasque in undas obtorquet proram, Stat. Theb. 5, 414. – **II herumdrehen, umdrehen,** collum od. gulam, die Kehle umdrehen, d. i. derb bei der K. anfassen, wenn man einen mit Gewalt vor Gericht zog usw., consuli ita collum in comitio obtorsit, ut multus sanguis flueret e naribus, Aur. Vict.: obtorto collo (mit Gewalt bei der Kehle) ad praetorem trahi, Plaut.: u. so alqm collo obtorto ad subsellia reducere, Cic.: obtortā gulā in vincula abripi, Cic. – obtorto valgiter labello, gekrümmt, gebogen, Petron. fr.: obtorti circulus auri, gedrehtem, gewundenem, Verg.

obtortio, ōnis, *f.* (obtorqueo), die **Verdrehung,** Fulg. expos. serm. ant. 46. p. 123. 12 *Helm.*

ob-traho, trāxī, ere, **entgegenkehren,** Tert. de vel. virg. 15.

obtrectātio, ōnis, *f.* (obtrecto), die missgünstige **Verkleinerung, Missgunst, Eifersucht, missgünstige Anfeindung, missgünstiger Tadel** (s. Cic. Tusc. 4, 18), oft neben invidia, Plaut., Cic. u. a.: obtr. domestica, Cic.: m. subj. *Genet.*, malevolorum obtrectationes et invidiae, Vatin. in Cic. ep.: eorum malevolentissimae obtrectationes (Eifersüchteleien), Cic. ep.: m. obj. *Genet.*, laudis, Caes.: gloriae alienae, Liv.: m. *Praepp.*, obtrectatio atque invidia adversus crescentem in dies gloriam alcis, Liv. 28, 40, 8: nulla in oratione cuiusquam erga Flavianos obtr., Tac. hist. 3, 37. – ut, inter quos tanta laudis *aemulatio*, nulla intercederet *obtrectatio*, Nep. Att. 5, 4: consilium habere potest obtrectationem, ist der Anfeindung (dem Tadel) ausgesetzt, Planc. in Cic. ep. 10, 18, 1.

obtrectātor, ōris, *m.* (obtrecto), der missgünstige **Widersacher,** der **Verkleinerer,** der **Missgünstige,** der **Neider,** beneficii, Cic.: laudum mearum, Cic.: obtrectatores et invidi Scipionis, Cic.: huic sententiae obtrectatores amici regis erant, Iustin. 31, 6, 1.

obtrectātus, Abl. ū, *m.* (obtrecto) = obtrectatio, Gell. praef. § 16.

obtrecto, āvī, ātum, āre (ob u. tracto), aus Missgunst jmdm. entgegenarbeiten, jmds. **Widersacher sein,** jmd. od. jmds. Taten u. Talente **verkleinern,** um sich zu erheben, jmdm. aus Neid **zuwider sein,** ihm **Abbruch tun,** m. *Dat.*, alci, Cic.: gloriae, laudibus alcis, Liv.: legi alcis, Cic.: inter se, Nep.: m. *Acc.* (s. Weißenb. Liv. 45, 37, 6), laudes, Liv.: deorum numen (Macht), Val. Max.: eorum poëmata, Gell.: absol., ne aut obstare auf obtrectare videretur, Suet. Tib. 10, 1.

obtrītio, ōnis, *f.* (obtero), **I** die **Abreibung,** per obtritiones quasdam, Augustin, de mor. Manich. 2, 16, 43. – **II** die **Zerknirschung,** cordis, Augustin, serm. 216, 4.

obtrītus, Abl. ū, *m.* (obtero), das **Zertreten, Zerquetschen,** Plin. 18, 258.

ob-trūdo (obstrūdo), trūsī, trūsum, ere, **I nach** etw. **hinstoßen, in** etw. **hineinstoßen, A** eig.: **1** im Allg.: titionem inguinibus, Apul. met. 7, 27. – **2** insbes.: **hinterwürgen** = hastig verschlingen, aliquid prius obstrudamus, pernam, sumen, glandium, Plaut. Curc. 366: obstrusero aliquid strenue, Plaut. Stich. 593. – **B** übtr.: **a** einem jmd. od. etwas **an den Hals werfen, aufdringen,** alci virginem, Ter.: palpum alci, durch aufgedrungene Liebkosungen hintergehen, Plaut. – **b** mit etwas **verhüllen,** obstrusa carbasa pullo, rings mit Schwarz gesäumte (verbrämte) Gewänder, Ov. met. 11,48. – **II verstopfen,** os obtrudite, ne plura iactet improbus, Prud. perist. 5, 95.

obtruncātio, ōnis, *f.* (obtrunco), das **Köpfen, Stutzen,** vitis, Colum. 4, 29, 4. – außerdem Rufin. Orig. in genes, hom. 3, 4.

ob-trunco, āvī, ātum, āre, **I** oben abschneiden, **köpfen,** vitem, Colum. 4, 29, 13. – **II niederhauen, niedermetzeln, in Stücke hauen,** cervos comminus ferro, den H. den Genickfang geben, Verg. (vgl. ceteri in vicem pecorum obtruncabantur, Sall. fr.): pueram, Tragic. inc. fr. bei Cic.: regem, dominum, Liv.: cedere alius, alius obtruncare, Sall.: iuxtim Numicium flumen obtruncatur, Sisenn. fr.

obtrūsio, s. obstrūsio.

ob-tueor (optueor), ērī, **I** irgendwo **hinsehen, ansehen,** ad alqm. Plaut.: alqm, Plaut. – **II erblicken,** Plaut. most. 840. – ► Parag. Infin. optuerier, Plaut. Amph. 900; most. 840. – Archaist. Nbf. optuor, wov. 2. Pers. Indik. Präs. optuere, Plaut. most. 69 u. 837: Infin. Präs. obtuī, Acc. tr. 285 u. 319.

ob-tundo (optundo), tudī, tūsum u. tūnsum, ere, **I gegen** od. **auf** etw. **schlagen,** os alci, Plaut.: pectora pugnis, Firm. – Passiv, sum obtusus pugnis pessime, Plaut.: obtunso ore, Plaut. – **II** durch Schlagen **stumpf machen, abstumpfen, A** eig.: telum, Lucr.: gladios, Claud.: fabri obtundunt malleo et hebetant, Donat. Ter. Andr. 2, 2, 11. – **B** übtr.: **1** die Schärfe der Sinnes- od. Geisteswerkzeuge **abstumpfen = schwächen, a** das Gesicht, aciem oculorum, Plin. – **b** das Gehör = **betäuben,** auditum, Plin.: aures vocis inauditos sonitus obtundere frustra, Lucr. – dah. obtundere aures alcis, jmdm. damit in den Ohren liegen, mit folg. *Acc.* u. *Infin.*, obtuderunt eius aures te socium praetoris fuisse, Timarch. bei Cic. Verr. 3, 157: m. folg. *ne* u. Konj., istoc ergo aures graviter obtundo tuas, ne quem ames, Plaut. cist. 118. – **c** die Stimme = **verdumpfen, heiser machen,** myaces vocem obtundunt, Plin.: ipsa haec, si transit clausa viarum, vox obtunditur, Lucr.: et causā servandae vocis, quae illi facillime obtundebatur, Augustin. conf. 6, 3, 3. – dah. v. Redner, Schauspieler, obt. vocem (in dicendo), sich heiser reden, Cic. u. Liv. – **d** den Magen, obtusus illis stomachus, abgestumpfter, Plin. ep. 7, 3, 5. – **e** die Körperkräfte, et obtusis ciderunt viribus artus, Lucr. 3, 452 – **f** die Geisteswerkzeuge – **abstumpfen** (Ggstz. acuere), mentem, ingenia, Cic.: vigor animi obtusus, Liv.: et multa alia, quae idcirco non replico, ne sensum legentis videar obtundere, Hieron. epist. 129, 2 *extr.* – **g** einen Affekt, nihil est, quod tam obtundat elevetque aegritudinem, quam etc., was in dem Grade der Kümmernis ihren Stachel und ihre Kraft nimmt, Cic. Tusc. 3, 34. – 2 eine Pers. mit Worten **belästigen, lästig fallen, behelligen, in den Ohren liegen** (s. Spengel Ter. Andr. 348), alqm gratulando, rogitando, Ter.: longis epistulis, Cic.: cupio non obtundere te, Luccei. in Cic. ep.: ne me obtundas de hac re saepius, Ter.: m. folg. *ut* u. Konj., ita plorando, orando; instando atque obiurgando me optudit, eam uti venderem, Caecil. com. 150: mit folg. *Coniunctiv*, non cessat optundere, totam prorsus a principio fabulam promeret, Apul. met. 9, 23 *extr.*: absol., obtundis, tametsi intellego, Ter.: si meministis obtundam, Rhet. Her.: non obtundam diutius, Cic.: ne obtundam nota referendo, Macr.: verba obtundentia, Gell.

obtūnsē, s. obtūsē.

obtūnsio, ōnis, *f.*, s. obtūsio.

obtūnsitās, s. obtūsitās.

obtūnsus, a, um, s. ob-tundo u. obtusus.

obtūrāculum, ī, *n.* (obturo), der **Stöpsel**, Marc. Emp. 35.

obtūrāmentum (optūrāmentum), ī, *n.* (obturo), der **Stöpsel, Zapfen**, cadorum obturamenta, Plin. 16, 34: ut repleto stagno excussis obturamentis erumpat torrens, Plin. 33, 75: obturamentum deponere, Past. Herm. 2, 11. Vgl. Gloss. III, 130, 13 obturamentum, βύσμα.

obtūrātio, ōnis, *f.* (obturo), die **Verstopfung**, aurium, Vulg. Sirach 27, 15.

obturbātor, ōris, m. (obturbo), der **Verwirrer**, Ascon. ad Cic. div. in Caecil. 49. p. 119 B.

ob-turbo (opturbo), āvī, ātum, āre, **in Unordnung bringen, verwirren**, I eig.: A im Allg.: hostes, Tac.: quosdam occurrentium, Tac. – B insbes., eine Flüssigkeit **trübe machen, trüben**, proculcatione aquam, Plin. 8, 68. – II übtr.: A **übertäuben**, a physisch, mit Geschrei **übertönen, überschreien**, obturbabatur militum vocibus, Tac. hist. 3, 10. – absol., obturbabant patres, lärmten-, schrieen entgegen, Tac. ann. 6, 24: *Pass. impers.*, obturbatur, obstrepitur, Plin. ep. 9, 13, 19. – b geistig **betäuben**, me scriptio et litterae non leniunt, sed obturbant, Lesen und Schreiben lindert meinen Schmerz nicht, aber es betäubt ihn wenigstens, Cic. ad Att. 12, 16 *extr.* – B **stören, unterbrechen**, ne opturba ac tace, Plaut. Poen. 261: itane vero obturbat? Ter. Andr. 926: necubi lectorem vel auditorem obturbaret vel moraretur, Suet. Aug. 86, 1: labrum imum perfundito: ea fistulam subdito, ut obdurari recte possit, Cato: quam (solitudinem) non obturbavit Philippus, Cic. ad Att. 12, 18, 1.

obturgēsco (opturgēsco), tursī, ere, **schwellen, aufschwellen**, Lucr. 6, 658. Paul. ex Fest. 30, 13: *Perf.*, Lucil. 172.

obtūro, āvī, ātum, āre, **verstopfen**, I eig.: os, Plaut.: foramina, Plin.: fontes aquarum, Vulg.: nares, wir »zuhalten« (bei einem üblen Geruch), Eccl.: dolia operculis, Vitr.: eas partes (corporis) obstructas et obturatas esse dicebat, Cic. – II übtr.: alci aures, wegen jmd. die Ohren verstopfen, ihn nicht hören wollen, Hor.: u. so aures, um etw. nicht zu hören, Eccl.: amorem edendi, stillen, Lucr.

obtūsē (obtūnsē), *Adv.* m. *Compar.* (obtusus), **stumpf, schwach** (Ggstz. acute), a physisch: in aqua (crocodili) obtunsius vident, in terra acutissime, Solin. 32, 28. – b geistig, cum hoc alii faciant obtuse, alii acute, Augustin. de doctr. Chr. 4, 5, 7: obtuse et sine ulla ratione vixerunt, Schol. Pers. 5, 61.

obtūsiangulus, a, um (obtusus u. angulus), **stumpfwinkelig**, triangulum, Boëth. art. geom. p. 376, 9 Fr. Gromat. vet. 378, 17.

obtūsio (obtūnsio), ōnis, *f.* (obtundo), I das **Stoßen**, der **Stoß**, dignum esse obtunsione, Augustin. quaest. 68, 4: alqm capite suppuratum reddere obtunsione oris, Lampr. Commod. 10, 4. – prägn., das **Zerstoßen, Quetschen**, obtusio membri, Tert. de res. carn. 57. – II übtr., das **Abgestumpftsein**, a der Stimme, die **Dumpfheit**, vocis inarticulatae obtunsio et raucedo, Cael. Aur. de sign. diaet. pass. 86. – b (obtusio) der Sinne, die **Stumpfheit**, sensuum, Tert. adv. Marc. 3, 6. Cael. Aur. de morb. chron. 1, 1, 6: visus, *ibid.* 1, 1, 5 u. 3, 3, 46: mentis, Augustin, op. imperf. c. Iul. 1, 54: absol., Cael. Aur. de morb. chron. 1, 4, 62 u. 2, 6, 91.

obtūsitās (obtūnsitās), ātis, *f.* (obtusus), die **Stumpfheit**, Chalcid. Tim. 21 u. 22. Isid. de nat. rer. 11, 1.

obtūsus (obtūnsus), a, um, *PAdi.* (v. obtundo), **abgestumpft, stumpf**, I eig.: falx, Colum.: telum, Ov.: pugio, Tac.: angulus, Vitr. – II übtr.: a v. den Sinnen, **abgestumpft, stumpf**, obtusi sunt sensus eorum, Vulg. 2. Cor. 3, 14. – b v. Gehör = **stumpf, betäubt**, aures, Cels. u. a. – dah. durch vieles Reden, starke Töne **betäubt, ermüdet**, aures, Rhet. Her. u. Sil. – c v. der Stimme = **dumpf, heiser** (Ggstz. clarus), vox, Quint. – u. von den Stimmwerkzeugen, fauces, Quint. – d von der Schärfe (dem Schimmer) des Lichtes = **verdunkelt**, neque tum stellis acies obtusa videtur, Verg. – e von der Schärfe des Geistes = **abgestumpft**, cuius (animi) obtusior sit acies, Cic.: acumen obtunsius et bardum, Arnob.: sensus oculorum atque aurium hebetes, vigor animi obtunsus, Liv.: ingenium obtunsum (dumm), Amm.: obtuso ingenio esse, Gell. – übtr., v. der Pers., ad alqd obtusi et hebetes, Cic. – u. v. der Munterkeit, Lebhaftigkeit des Geistes, vigor animi obtunsus, Liv.: obtusi cordis esse, stumpfsinnig (Ggstz. vegetioris ingenii), Val. Max.: verb. hebes et obtusi cordis, Lact: hebetis atque obtusi cordis esse, Val. Max.: quis adeo obtunsi pectoris et a sensu humanitatis extorris est, qui ignorare possit etc., Edict. Diocl. prooem. § 18. p. 4 M. – f vom Gefühl = **gefühllos, unempfindlich**, pectora, Verg. Aen. 1, 567. – g v. der Wirkung = schwach wirkend, **schwach**, venenum, Calp.: ne obtusior sit usus genitali arvo, Verg. – bildl., iurisdictio obtusior, oberflächlichere, Tac.

obtūtus, ūs, *m.* (obtueor), I das **Hinsehen**, der **Blick**, oculorum, Cic.: obt. acris, Sil., Ggstz. hebes, Apul.: obtutum in re figere, Cic. – m. obj. *Genet.*, in obtutu malorum, im Anschauen, Betrachten, Ov. trist. 4, 1, 39. – Plur., perspicacissimi oculorum obtutus, Cassian. coen. inst. 5, 18: nostri obtutus, Sidon. epist. 3, 11, 1: nil intercurrens obtutibus, Prud. ham. 907. – II meton.: a das **Sehvermögen**, die **Sehkraft**, collis herbosi omnem inaequalitatem aegrescentis obtutus repellunt, Ambros. epist. 29, 2. – b das **Auge**, gemino obtutu eluminatus, Sidon. epist. 8, 11, 11: isto gemino obtutu circulatorem aspexi, Apul. met. 1, 4: gew. Plur., sub obtutibus suis, Mamert. grat. act. 5, 2: sub obtutibus eius, Amm. 17, 8, 5: videri nostris obtutibus constitutis in terra, Amm. 20, 3, 12: splendore praestringere occursantes obtutus, Amm. 24, 6, 8.

Obuculum, ī, *n.*, Stadt in Hispania Baetica am Bätis, j. *Monclova*, Auct. b. Alex. 57, 3.

obumbrāculum, ī, *n.* (obumbro), die **Umschattung, Verdunkelung**, Eccl.

obumbrāmentum, ī, *n.* (obumbro), die **Überschattung, Verdunkelung**, Eccl.

obumbrātio, ōnis, *f.* (obumbro), die **Umschattung, Verdunkelung**, Chalcid. Tim. 242 u. Eccl.: Plur., Chalcid. Tim. 109. – insbes., die **verdunkelnde Einkleidung**, Arnob. 5, 41.

obumbrātrīx, trīcis, *f.* (obumbro), die **Beschatterin, beschattend**, arbores templi obumbratrices scelerum, Tert. apol. 9.

ob-umbro, āvī, ātum, āre, **beschatten**, I eig. u. übtr.: A eig.: humum, Ov.: coma plurima umeros, ut lucus, obumbrat, Ov.: vitis, cuius palmite omnis Asia obumbraretur, Iustin.: m. *Dat.*, sibi, sich Schatten machen, Plin. – B übtr.: 1 **verdunkeln**, aethera telis, Verg.: nubes solem obumbrant, Plin. – 2 **leicht verhüllen, verdecken**, obumbrata germina, Pallad.: non obumbrato vel obtecto calvitio, Apul.: glabellum feminal roseā palmulā potius *obumbrans* de industria quam *tegens* verecundiā, Apul. – II bildl.: 1 **verdunkeln**, a übh.: sensus, Quint.: honestissimis sensibus res turpes, Arnob.: numquam obscura (bedeutungslos) nomina, etiam si aliquando obumbrentur, Tac. – sprichw., sapientia vino obumbratur, der Wein benebelt den Verstand, Plin. 23, 41. – b **verdecken, verhehlen, beschönigen**, simulationem lacrimis, Petron.: erroris sub imagine crimen, Ov.: nec ullus error, qui facti crimen obumbret, erit, Ov. – 2 (gleichs. wie ein beschattender Baum) **schützen**, magnum reginae nomen obumbrat (eum), Verg. Aen. 11, 223.

ob-uncātus, a, um, **einwärts gebogen**, obuncatis unguibus, quod

Graeci γρύπωσιν vocant, Cael. Aur. de morb. chron. 2, 14, 198 (vgl. unguium uncatio, quam γρύπωσιν vocant, Cael. Aur. de morb. acut. 3, 32, 168).

ob-unco, āre, **anhäkeln,** quem nefandis ulnarum gremiis procax obuncabat, Aldh. de laud. virg. 16 (32).

obūnctulus, a, um (*Demin.* v. obunctus), **fein besalbt,** tunica et togula, Titin. com. 138.

obūnctus, a, um (ob u. ungo), **besalbt, gesalbt,** Apul. met. 2, 9 u. a.

ob-uncus, a, um, **einwärts gebogen, gekrümmt,** rostrum, Verg.: pedes aquilae, Ov.: falx, Arnob.

obūstus, a, um (ob u. uro), **angebrannt,** torris, Verg.: sudes, durch Brennen gehärtet, Verg.: quercus, Sil. – übtr., glaeba obusta (angegriffen) gelu, Ov.

ob-vāgio, īre, **vorwimmern,** Plaut. Poen. prol. 31.

obvāgulo (āvī), ātum, āre (obvagio), **Geschrei-, laute Klage erheben** (gegen einen am Gerichtstag ausgebliebenen Zeugen, u. zwar vor dessen Haus), Fest. 233 (a), 31 u. 375 (a), 14.

ob-vāllo (āvī), ātum, āre, **mit einem Wall umgeben, verschanzen,** urbem, Fest. 178 (a), 15: ut vos his fluminibus obvallemini, Iul. Val. 1, 34. – bildl., locus omni ratione obvallatus, Cic. de lege agr. 2, 3.

obvāllus, a, um, **verschanzt,** Acc. tr. 111 R.[2]

obvāricātor, ōris, *m.* (obvaro), **der sich hindernd in den Weg stellt,** Fest. 194 (b), 1. Paul. ex Fest. 195, 9.

obvāro, āre (ob u. varus), **sich** hindernd **entgegenstellen,** consiliis, Enn. fr. scen. 4.

ob-vēlo, āre, **verhängen, überhängen,** Eccl.

obvenientia, ae, *f.* (obvenio), die **Begebenheit,** der **Zufall,** Tert. adv. Val. 19.

ob-venio, vēnī, ventūm, īre, **I** absichtlich bei etwas **sich einfinden,** se in tempore pugnae obventurum, Liv. 29, 34, 8. – **II** übtr.: **a begegnen = widerfahren, aufstoßen, sich zutragen, vorfallen,** occasio haec, quae obvenit, Plaut.: cuius (irae) explendae matura obvenit occasio, Curt.: vitium obvenit consuli (bei den Auspizien), Liv.: u. so id obvenit vitium, quod etc., Cic.: quaecumque obvenissent, Suet. – **b an** jmd. **kommen,** jmdm. **zuteil werden,** ihm **zufallen,** hereditas alci obvenit, Plin. ep.: fundus mihi hereditate obvenit, Varro: ei sorte provincia obvenit, Cic.

obventīcius, a, um (obvenio), **zufällig,** Tert. adv. Marc. 2, 3.

obventio, ōnis, *f.* (obvenio), die **Einkünfte,** durch Vermieten usw., ICt. (auch Plur.).

obventus, ūs, *m.* (obvenio), das **Begegnen,** die **Ankunft,** Tert. de anim. 41.

ob-verbero, āre, **gehörig durchprügeln,** Apul. met. 7, 25 u. a.

obversio, ōnis, *f.* (obverto), das **Hinkehren, Hinhalten,** alterius malae (der anderen Backe), Hieron. in Isai. 18, 66. *v.* 5.

obverso, s. ob-versor a. E. ►.

ob-versor, ātus sum, ārī, **vor** etwas **herumgehen, -sich herumtreiben, -herumschwärmen, -sich zeigen, A** eig.: castris, Liv.: limini, Plin. ep.: Carthagini, Liv.: obversata vestibulo carceris maesta turba, Liv.: obversans in urbe inter coetus, Tac.: in oculis principum in foro Carthaginiensium, Iustin.: Appio in somnis eadem obversata species, erschien im Traum, Liv. – **B** übtr., wie unser »vor Augen, vor der Seele **schweben**«, non obversatam esse memoriam noctis illius, Liv.: ante oculos, Cic.: oculis, non animis modo sed paene oculis, Liv. u. Sen.: obversantur animo honestae species, Cic. – ► Akt. Nbf. obverso nach Prisc. 8, 29.

ob-verto (vorto), vertī (vortī), versum (vorsum), ere, **entgegen-** od. **gegen** etwas **hinkehren, -drehen, -wenden, I** *act.*: arcus in alqm, Ov.: fenestras in aquilonem, Plin.: navem, Cic. fr.: proras pelago, Verg.: u. so cornua antemnarum, richten, Verg.: remos, Verg.: ordines ad clamorem, Liv. – **II** medial obverti = **sich hinwenden, sich zu-** od. **hinkehren, A** eig.: **a** im Allg.: obversus in aciem, Liv.: capita sunt obversa soli, Colum.: obversus ad matrem, Tac.: bona vestra introrsus obversa sunt, Sen. – **b** insbes., feindlich **gegen** jmd. **Front machen,** ut circumagi signa (sich schwenken) obvertique aciem in hostem viderunt, Liv. 6, 24, 7: profligatis obversis, nach Besiegung seiner Gegner, Tac. ann. 12, 14. – **B** übtr., seine Aufmerksamkeit-, seine Neigung auf etwas **hinwenden,** ihm **zuwenden,** milite ad sanguinem et caedes obverso, indem der S. sich nur mit Blutvergießen u. Mord beschäftigte, Tac.: obversis militum studiis, indem die Liebe der Soldaten ihm entgegenkam, Tac.

ob-viam, *Adv.*, in den Weg = **entgegen,** mit Verben des Gehens, Eilens usw., zur Bezeichnung des friedlichen u. feindlichen Begegnens, obv. alci ire od. prodire od. procedere, Cic. u. a., od. occedere, Plaut., od. proficisci, Caes., od. se ferre, Cic., od. se offerre, Ter., od. occurrere, Liv.: od. egredi, Curt.: obv. vadere (rücken) alci, Iustin.: alci obv. currere, Ter.: obv. dari, Ter., obv. alci fieri, Ter. u. Cic., od. esse, Plaut., begegnen: obv. effundi, entgegenströmen (v. einer Menschenmenge), Liv.: obv. venire, entgegenkommen, Cic. (u. so alius alii obviam venientes, die einander Begegnenden, Vitr.): obv. advenire alci, Gracch. fr.: alqm forte habere obv., jmdm. zufällig begegnen, Gell.: obv. mittere, Cic.: pecora alci obv. agere, Liv. – u. bildl., obv. alci esse = zur Hand sein (von Pers. u. Dingen) u. = hinderlich sein (v. Kümmernis usw.), Plaut. – obv. ire alci rei, **α** einer Sache entgegengehen, -treten, sich widersetzen, periculis, Sall.: irae, Liv.: cupiditati hominum, Cic.: m. folg. *ne* u. Konj., agendum atque obviam eundum est, ne spolia vostra penes illos sint, Sall. hist. fr. 1, 41 (45), 7. – **β** einem Übel begegnen, steuern, abhelfen, timori, Tac.: infecunditati terrae, Tac.: nullis plebis scitis (Abl.) obviam itum fraudibus (Dat.), Tac.: absol., ni Caesar obviam isset, Tac. – in obviam, Eccl., s. Rönsch Itala p. 233.

obviam-itio, ōnis, *f.*, das **Entgegengehen,** Cic. ad Att. 11, 16, 1 u. 13, 50, 4 (auch getrennt).

ob-vigilo, (āvī), ātum, āre, **wachsam sein,** obvigilatost opus, es ist Wachsamkeit nötig, Plaut. Bacch. 398.

ob-vio, āvī, āre, **begegnen, I** eig.: alci, Veget., Iul. Vict. u. Eccl. – **II** bildl.: **a entgegentreten = sich widersetzen,** Macr. u. a. – **b begegnen, abhelfen, verhindern,** Pallad. u. a.

obvius, a, um (ob u. via), **begegnend, entgegen, I** eig.: obviae litterae, unterwegs eintreffende, Tac.: obv. esse alci, Cic., od. fieri, Liv., in den Wurf kommen, entgegentreten, begegnen: obvios esse inter se, einander begegnen, Sall.: quidquid concitatis equis obvium esset, alles, was dem Lauf der Rosse entgegenträte, Curt.: alqm obvium habere, Tac. u. Iustin.: se dare alci obvium, begegnen, Liv.: ebenso dari alci obvium, jmdm. in den Wurf kommen, begegnen, Liv.: obvium ire hosti, entgegenrücken, Curt: litteras obvias alci mittere, Cic.: litterae mihi volant obviae, Cic.: cui mater se tulit obvia, Verg.: obvia cui Camilla occurrit, Verg.: alci obvius eo, Ov.: poterisne rotatis obvius ire polis, ne te citus auferat axis, kannst du der Umdrehung der Pole entgegengehen, ohne dass dich ihr rascher Flug davonträgt, Ov.: in obvio classi esse, der Fl. begegnen, Liv.: nullo obvio hoste, da sich kein F. entgegenstellte, Curt.: quidquid venerit obvium loquamur, was uns vor den Mund kommt, Mart.: u. so in legendo esse obvium (aufstoßen), v. Wörtern, Gell. 18, 12, 10: u. se dare obvios, plötzlich einfallen, v. Versen, Macr. sat. 5, 3, 1. – subst., obvius, iī, *m.*, der **Begegnende,** libellus ab obvio quodam porrectus, Suet.: oft Plur., obvios percunctari, Cic.: obvios non videre, Quint.: passim obvii (wer in den Weg kam) caedebantur, Curt.: stercore in vultum et pectus ab omnibus obviis appetitus, Eutr. – **II** übtr.: **1 entgegen (im Wege, in der Nähe, zur Hand) befindlich, -liegend,** montes, qui obvii erant itineri adversariorum, die dem Marsch der G. im Wege lagen, Nep.: cubiculum obvium soli, Plin. ep.: calvitium quoquoversus obvium, sichtbar, Apul.: quidquid obvium erat (zur Hand war), quo armari possent, arripiunt, Curt. – bes. von Wörtern, **oft vorkommend, gang und gäbe,** est ›vestibulum‹ in sermonibus celebre atque obvium verbum, Macr. sat. 6, 8, 15: ›municipes‹ et ›municipia‹ sunt verba dictu facilia et usu obvia, Gell. 16, 13, 1. – **2 ausgesetzt, preisgegeben,** furiis ventorum, Verg.: Graiis, Verg. – **3 naheliegend, leicht-, bald zur Hand,** opes, Tac.: urbana crimina, quorum obvii testes erant, Tac.: virtutem obviam et illaboratam habere, ungesucht und ohne Mühe, Quint.: cuncta prompta et obvia habere, Tac. – m. folg. *Infin.*, cum obvium proximumque esset dicere ›dimidiā etc.‹, Gell. 3, 14, 12. – **4 entgegen-, zuvorkommend, leicht zugänglich, gefällig,** comitas, Tac.: voluntas, Quint. – v. Pers., est obvius et expositus, Plin. ep. – **5 sich leicht einfindend, sich aufdrängend,** obviā rerum similitudine et satietate, Tac. ann. 4, 33: exemplum velut obviā assentatione conquirere, Plin. ep. 1, 8, 17.

ob-volito, āre, **herumfliegen, -flattern, streifen,** v. Menschen, Porc. Latro decl. 11 u. 32.

ob-volūtātus, a, um, **verwickelt,** Veget. mul. 3, 4, 30.

obvolūtio, ōnis, *f.* (obvolvo), die **Verhüllung,** Macr. somn. Scip. 1, 11 *extr.* § 12 (u. daraus Mythogr. Lat. 3, 6, 8). Cael. Aur. de morb. acut. 2, 11, 79: obv. pellium, Cassian. coll. 17, 17 *extr.*

obvolūtor, ārī (ob u. voluto), **sich hinwerfen,** obvolutans genibus = γουνούμενος, sich zu Füßen werfend, Dosith. 56, 2 K.

ob-volvo, volvī, volūtum, ere, **I hinwälzen,** Passiv obvolvī medial = **hinfallen, niederfallen vor** usw., genibus alcis, Dict. 2, 19 u. 42 u. a. – **II einwickeln, verhüllen,** caput alcis, Cic.: caput togā (v. Cäsar), Suet. (u. so capite obvoluto, Plaut., Cic. u. Sen., capitibus obvolutis, Liv.): os folliculo, Cic.: brachium lanis fasciisque, Suet.: stuppā sulphure et bitumine obvolutae sagittae, Veget. mil. – übtr., fax obvoluta sanguine, Enn. fr. scen. 63: vitium verbis decoris, verschleiern, bemänteln, Hor. sat. 2, 7, 42.

obvorto, s. ob-verto.

occa, ae, *f.* (occo), die **Egge,** crates, quae occa vocatur a vulgo, Veget. mul. 1, 56, 5. Vgl. Gloss. Scal. V, 606, 30 ›occa rastrum‹.

occabus (occavus), ī, *m.* (ὄκκαβος), das **Armband,** CIL 10, 3698 u. 13, 1751.

occaecātio, ōnis, *f.* (occaeco), die **Bedeckung,** Seren. b. Non. 61, 31.

occaeco, āvī, ātum, āre (ob u. caeco), **I blind machen, blenden, a** eig.: **α** für immer: oculos, Cels.: quidam subito occaecati sunt, sind erblindet, Cels. – **β** auf einige Zeit, jmd. durch Staub usw. **blenden,** hostem respersu pinnarum (v. einem Vogel), Plin.: occaecatus pulvere effuso hostis, Liv.: oculis umore occaecatis, getrübt, schwimmend, Rutil. Lup. – **b** übtr., **verblenden,** animos, Liv.: vana pacis consilia, Liv.: occaecati cupiditate, stultitiā, Cic. – **II verdunkeln, verfinstern, a** eig.: tam densa caligo occaecaverat diem, ut etc., Liv.: solem vides satin ut occaecatus est prae huius corporis candoribus, Plaut.: noctis et nimbûm occaecat (*sc.* diem) nigror, Pacuv. tr. fr. – **b** übtr.: quae ratio velut ignorantiae tenebris occaecata luce veritatis caruit, Colum.: narratio obscura totam occaecat orationem, macht dunkel, -unverständlich, Cic.: ne aut occentur tenebris imagines aut splendore praefulgeant, Rhet. Her. – **III** wie **verblenden = verdecken, unsichtbar machen,** semen, Cic.: fossas, Colum.

occallātio, ōnis, *f.*, die **Abgestumpftheit, Gefühllosigkeit,** Priscill. tract. 4, 77[b].

occallātus, a, um (ob u. callus), **dickhäutig = abgestumpft, gefühllos,** fauces occallatae cibis ardentibus, Sen. nat. qu. 4, 13, 10.

occallēsco, calluī, ere (ob u. calleo), **dicke Haut bekommen, dickhäutig werden, sich** (an der Haut) **verhärten, I** eig.: occallescunt latera plagis, Plaut.: occallescit tumor, Cels.: os meum sensi pando occallescere rostro, Ov. – **II** übtr., **dickhäutig-, unempfindlich-, stumpf-, gefühllos werden,** v. Pers., Cic. u. a.: sic mores occalluere, ut etc., Colum.

occano, canuī, ere (ob u. cano), **dazu-, dareinblasen,** als milit. *t. t.*, iussu Metelli cornicines occanuere, Sall. hist. fr. 1, 71 (69): occanere cornua tubasque iussit, Tac. ann. 2, 81.

occanto, ātus, āre (ob u. canto), **bezaubern,** alqm, Paul. sent. 5, 23. § 15: mulier occantata, Apul. apol. 84.

occāsio, ōnis, *f.* (v. occāsum, dem Supinum v. occĭdo), eig. das »Sich-Zutragen, der Zufall«; dah. die **Gelegenheit,** der **günstige Zeitpunkt,** griech. εὐκαιρία, **I** im Allg., absol., od. m. *Genet.* od. m. *ad* u. *Acc.*, od. m. folg. *Infin.* od. m. folg. *ut* u. Konj., occ. ampla calumniae, Cic.: occ. tam bona, Plaut.: occ. bellissima, Petron.: occ. tanta, tam brevis, tam optata, tam insperata, Ter.: occ. aggrediendi commoda, Rhet. Her.: occ. victoriae opportuna, Vell.: summa eludendi occ., Ter.: occ. minor, minima, Suet.: occ. rara, Quint., rarissima, Plin. ep.: occ. tua, sua, die dir, ihm günstige G., Liv. u. Planc. in Cic. ep. u. Curt. (s. Mützell Curt. 4, 6 [27], 13. p. 252). – m. subj. *Genet.*, occ. solitudinis, die begünstigende Einsamkeit, Tac.: occ. temporis, G., die die Zeit bietet, günstiger Augenblick, Caes. – m. obj. *Genet.* (zu), victoriae, Caes.: fugae, Curt.: dimicandi, Caes.: vincendi, Curt.: rei (bene) gerendae, ein Unternehmen glücklich auszuführen, Caes. (s. unten mit Verben). – abstinere non ullā belli occasione, Suet. – m. *ad* u. Akk., infida ad occasiones, bei sich darbietenden G., Tac. – occasio adest m. folg. *Infin.*, nunc adest occasio bene facta cumulare, Plaut. capt. 423: laeti occasionem sceleris exsequendi admotam (nahegerückt sei), Curt.: amittere eius modi oder utriusque rei occasionem, Cic. u. Liv.: non amittere occasionem negotii bene gerendi, Caes.: amissā proximi temporis occasione, den nächsten günstigen Augenblick, Auct. b. Alex.: aperire occasionem, Liv.: aucupari fortuito oblatam occasionem, Auct. b. Afr.: arripere occasionem, Iustin.: capere occasionem, Plaut. u. Auct. b. Afr.: captare occasionem, Cic. u. Liv.: captare malorum operum occasiones, nach G. Böses zu tun haschen, Cels.: captare maiorum rerum occasiones, Suet.: dare nullam umquam occasionem, Suet.: dare aliquam occasionem sui opprimendi, Nep.: datur occasio aequo loco dimicandi, Caes.: datur alci occasio criminandi Servi apud patres, Liv.: dare alci occasionem m. folg. *ut* u. Konj., si quando tempus ipsum aut res aut locus dederit occasionem nobis aliquam, ut dicamus aliquid ad tempus apte, Cic. part. or. 30: occasione datā, bei (gegebener) Gelegenheit, Cic. u. Nep.: deesse occasioni, eine G. unbenutzt lassen, z. B. ne cui deesset occasioni, Liv.: neque occasioni tuae desis, neque suam occasionem hosti des, Liv.: ad opprimendos adversarios ne occasioni temporis deesset, Caes.: dimittere talem occasionem victoriae, Caes.: dimittere occasionem a fortuna datam liberandae Graeciae, Nep.: dimittere occasionem navigandi, rei bene gerendae, Caes.: dum licet, dum occasio est, Liv.: si fuerit occasio, Cic.: quem si interficere voluisaet, quantae quotiens occasiones quam praeclarae fuerunt! Cic.: erat occasio rei gerendae, Caes.: brevis consulendi est occasio, Caes.: praediorum comparandorum occasio aut nulla aut rarissima est, Plin. ep.: abiendi tibi etiam nunc occasio est, Plaut. fr.: legendi semper occasio est, audiendi non semper, Plin. ep.: quoniam occasio ad eam rem fuit meā virtute parta, Plaut. – est occasio m. folg. *Infin.* (s. Brix Plaut. capt. 421), z. B. nunc est illa occasio inimicum ulcisci, Plaut.: wechselnd m. *Genet. Gerund.*, summa eludendi occasiost mihi nunc senes et Phaedriae curam adimere argentariam, Ter. Phorm. 885: est occasio m. folg. *ut* u. Konj., fuit occasio, si vellet, iam pridem argentum ut daret, Plaut. Pseud. 285: rara haec occasio est, ut referri possint divini honores, Quint. 3, 7, 17. – facere aliquam occasionem, Liv.: depugnare, si occasio tulerit, Planc. in Cic. ep.: habere occasionem recuperandi sua, Liv.: habere regnandi occasionem, Cic.: habere maiores occasiones ad opitulandum, Planc. in Cic. ep.: habere occasionem m. folg. *ut* u. Konj., non habeo ullam occasionem, ut apud te falsa fabuler, Plaut. Epid. 645: imminere occasioni alloquendi regem, Curt.: hāc impulsi occasione, Caes.: nancisci occasionem, Afran, com. fr. u. Auct. b. Afr.: nancisci amplam occasionem calumniae, Cic.: nancisci aliquam occasionem dimicandi, Caes.: sibi oblatam esse occasionem ad occupandam Asiam, Cic., od. rei gerendae, Hirt. b. G.: occasione oblatā, bei (dargebotener) G., Suet.: omittere occasionem, Cic.: occasio, quae obvenit, Plaut.: cuius irae explendae matura obvenit occasio, Curt.: nullam omittere occasionem m. folg. *quin* u. Konj., Sulp. Sev. dial. 1, 4, 6: ostentare alci occasionem, Ter.: petere ex incommodo alieno suam occasionem, im Trüben fischen, Liv.: praetermittere occasionem, Liv., nullam occasionem profectionis, Auct. b. Afr.: non praetermittere occasionem ad oppidum recuperandum, Auct. b. Hisp.: praetermittere non nullas eius rei occasiones, Caes.: praebere eius rei occasionem, Quint.: praebere alci faciliorem occasionem perficiendi conata, Suet: privare alqm tantae laudis occasione, Cic.: quaerere tempus atque occasionem fraudis ac doli, Caes.: quaerere undique criminandorum patrum apud plebem occasiones, Liv.: (eos) nequiquam postea praetermissam occasionem quaesituros, Liv.: rapere occasionem de die, Hor.: non facile occasionem postea reperiemus, Caes. occasionem repperisti, ubi perconteris me, Plaut.: teneo quam optabam occasionem neque omittam, Cic.: hanc igitur occasionem oblatam tenete (haltet beim Schopfe fest), Cic.: quin tu urges istam occasionem et facultatem (ei, so benutze doch diese schickliche G.), quā melior numquam reperietur, Cic.: uti occasione, Iustin., hāc occasione, Cels., occasionibus, Quint.: uti occasione rapiendae dominationis, Suet.: strenue uti occasione vincendi, Curt.: uti occasione et beneficio fortunae ad nostros opprimendos, Caes. – per occasionem, mit (bei) Gelegenheit, Sall. u. Liv.: per omnem occasionem, Suet.: per has occasiones, per easdem occasiones, Cels.: so auch ex occasione (Ggstz. ex destinato, vorsätzlich), Suet.: aperuerunt ad occasionem locum, Liv.: ad occasionem aurae evehi, bei günstigem Wind, Suet. – II insbes.: A die **Gelegenheit, einen Handstreich auszuführen,** occasionis esse rem, non proelii, es handle sich um einen Handstreich, nicht um eine Schlacht, Caes. b. G. 7, 45, 9: piratis omnes occasiones indicare, Sen. contr. 1, 6, 10: occasionibus imminere, Frontin. 2, 5, 22: occasiones quaerere, Sen. de ira 3, 21, 1. – B die **Gelegenheit,** etw. **zu haben,** das **Vermögen,** der sich zur Benutzung darbietende **Vorrat,** oleae rara occ. est, Colum.: nec esset cortinis attollendis lapidum occasio, Plin. – C eine schickliche Art, sich aus etw. herauszuhelfen, ein **anständiger Vorwand** (griech. ἀφορμή), Quint. 3. 8, 47; 12, 10, 13: Plur., Quint. 6, 1, 5.

occāsiuncula, ae, *f.* (*Demin.* v. occasio), eine **ganz hübsche Gelegenheit,** Plaut. trin. 974. Schol. Bob. ad Cic. Planc. 34. p. 269, 18 B. Hieron. in Isai. 7, 21. *v.* 3.

occāsīvus, a, um (occasus v. occĭdo), **gegen Sonnenuntergang gelegen, westlich,** regiones, Mart. Cap. 6. § 594.

occāsus, ūs, *m.* (occĭdo), I der **Untergang** der Gestirne (Ggstz. ortus, exortus), A eig.: 1 im Allg.: solis, auch als Zeit u. als Himmelsgegend (= der Westen), Caes. u. a.: occ. lunae (Ggstz. exortus), Plin.: ortus occasusque signorum (der Himmelszeichen), Quint.: ortus occasusque lunae, Mela: solis exortus, cursus, occasus (Plur.), Rhet. Her.: solis lunaeque ortus occasusque (Plur.), Liv.: occ. Maiae, Verg.: ab occasu solis ad exortus intendere iter, Liv.: iam sol occasui declivis est, Min. Fel. – 2 prägn., der **Untergang der Sonne,** a als Zeit, der **Abend,** praecipiti in occasum die, Tac. – b als Himmelsgegend, der **Abend, Westen,** ab occasu, Verg.: in occasum, Verg.: ad occasum habitantes, die Abendländer (Ggstz. orientis incolae), Plin. – B übtr., der **Untergang,** das **Verderben, Ende,** 1 im Allg.: rei publicae, Cic., occasus noster, vom Exil, Cic. – 2 insbes.: a der **Hingang** = der **Tod,** Cic. u. Nep. – b die **Leiche,** das **Leichenbegängnis,** occasibus fatigari, Apul. de mund. 23. – II = occasio, die **Gelegenheit,** Enn. ann. 129 u. 166: occasus tempusve, Enn. ann. 294.

occātio, ōnis, *f.* (occo), das **Eggen,** Cic. de sen. 51. Colum. 11, 2, 60. Plin. 18, 180.

occātor, ōris, *m.* (occo), der **Egger,** Colum. 2,13, 1; vgl. Fest. 181 (a), 25. – bildl., sator sartorque scelerum et messor maxume. *Ty.* Non occatorem dicere audebas prius? Plaut. capt. 662. – personif., als röm. Feldgott, der zum Eggen sein Gedeihen gibt, Serv. Verg. georg. 1, 21.

occātōrius, a, um (occator), **zum Eggen gehörig,** Colum. 2, 12 (13), 2.

occavus, s. occabus.

occēdo, cessī, ere (ob u. cedo), **entgegentreten, hintreten,** alci obviam, Plaut.: bl. alci, Varro: in alcis conspectum, Plaut.

occēnsus (obsc.), a, um = accensus, Enn. ann. 396.

occentātio, ōnis, *f.* (occento), das **Anstimmen, Schmettern,** bucinarum, Symm. laud. in Valent. 2, 14 *in.*

occento, āvī, āre (ob u. canto), **entgegensingen,** I jmd. od. etwas **ansingen,** jmdm. **ein Ständchen bringen,** a im guten Sinne: senem, dem Gr. ein Liedchen vorsingen, Plaut. Stich. 572: absol., Plaut. Curc. 145. – b im üblen Sinne, **auf öffentlicher Straße-, vor der Tür ein Spottlied** auf jmd. **anstimmen,** absol., XII tabb. 8. fr. 1 (b. Cic. de rep. 4, 12); vgl. Fest. 181 (a), 12. – mit *Acc.* des Ortes, ostium (vor der T.), Plaut. merc. 408 u. Pers. 569. – II **vor dem Haus** ein Lied **anstimmen,** hymenaeum, Plaut. Cas. 806 Sch.: funebria, von einem Unglück verkündenden Vogel, Amm. 30, 5, 16. – ► Archaist. occentassint = *occentaverint,* Fest. 181 (a), 12. – arch. Infin. Fut. ex. occentassere, Fragm. Bob. (VII) 544, 29.

occentus, ūs, *m.* (occino, s. Prisc. 11, 35), das **Pfeifen,** soricis, Plin. 8, 223. Val. Max. 1, 1, 5. Amm. 16, 8, 2.

occepso, s. occipio.

occepto, āvī, āre (*Intens.* v. occipio), **anfangen,** mit folg. *Infin.*, insanire, Plaut. Men. 916 u. 934: absol., Plaut. rud. 776, wo archaist. occeptassit = *occeptaverit.*

occhī, ōrum, *m.*, eine Art Bäume in Hyrkanien, den Feigenbäumen ähnlich, aus denen ein Honig floss, viell. der **Manna-Süßklee** (*Hedysarum Alhagi,* L.), nach Onesicritus bei Plin. 12, 34.

occidāneus, a, um (occidens), **abendlich, westlich, Abend-, West-,** ventus, Gromat. vet. 318, 25.

occidēns, entis, *m.* (eig. *Partic. Praes.* v. occĭdo, verst. sol), der **Abend,** der **Westen,** I eig., Cic. u. a.: hibernus, die Winter-Abendseite, Vitr. u. Sen., Ggstz. aestivus, Colum. – II meton., die abendländischen Länder u. Völker, das **Abendland,** der **Okzident** (Ggstz. oriens), Plin., Plin. pan. u. a.

occidentālis, e (occidens), **abendlich, westlich,** latus septentrionis, Plin.: plaga, Vulg.: ventus, Abendwind, Gell. u. Vulg.: sidus, Amm. – subst., occidentālia, ium, *n.*, der **Westen** (Ggstz. eoa, der Osten), Chalcid. Tim. 97.

occĭdio, ōnis, *f.* (occīdo), die gänzliche **Niedermetzelung, Vertilgung,** ne in occidione victoriam ponerent, Liv.: nec ad occidionem gens (apum) interimenda est, gänzlich, mit Stumpf und Stiel, Colum: occidione occīdere (gänzlich niederhauen) equitatum od. copias, Cic., duos exercitus, Liv.: omnes occidione caedi, gänzlich niedergehauen (niedergemetzelt) werden, Iustin.: u. so occidione occumbere, Tac., u. occidione ad unum perire, Aur. Vict.

occĭdium, iī, *n.* = occīdio, Prud. apoth. 627.

1. occīdo, cīdī, cīsum, ere (ob u. caedo), I **zu Boden schlagen,** alqm pugnis, Ter. adelph. 559: alqd, Varro r. r. 1, 31 *in.*: übtr., coctură occisā, bei gedämpftem, schwachem Feuer, Apic. 6, 221: occisā est haec res, die Sache ist verloren, ich bin verloren, Plaut. (s. Brix Plaut. Men. 411): u. so occisissimus sum omnium qui vivont, ich bin der verlorenste Mensch von allen Menschenkindern, Plaut. Cas. 694. – II insbes., **erschlagen, niederhauen, töten,** A eig.: hominem, Cic.: hospitem, Liv.: ad unum omnes, Liv.: alqm inermem, Ov.: copias hostium, Cic.: matrem coram patre, Sen. rhet.: fratrem in conspectu patris, Sen. rhet.: uno ictu (mit einem Hieb, Stoß) alqm, Plin.: u. so uno vulnere feram, Curt.: alqm manu suā, Flor., suis manibus, Cic.: alqm veneno, Suet.: alqm indictā causā, Cic.: adversi (von vorn) raedarium occidunt, Cic.: nec postea cum illo panem gustare potui, non si me occidisses (wenn man mich totgeschlagen hätte), Petron. – se occidere, Cic. fr., Suet. u. a.: se cultro, Aur. Vict.: se mutuis vulneribus, Aur. Vict.: se invicem, Eutr. u. Serv. Verg. – absol., sanguis detractio occidit (ist tödlich), Cels.: u. so ictus colubrae occidit, Cels.: ad occidendum iam armatum esse, zum Mord, Sen. contr.: defendenda religio est non occidendo, sed moriendo, Lact. – B übtr.: **fast töten, fast umbringen, fast zu Tode martern,** alqm, unglücklich machen (Ggstz. servare), Hor.: occidisti me tuis fallaciis, Ter. – bes. durch Fragen, Reden usw., occidis me, cum istuc rogitas, Plaut.: rogando, legendo, Hor.: occidis fabulans, du bringst mich mit deinem Geschwätz um, Plaut. – ► Archaist. Perf. occīsit, Lex vet. bei Fest. 178 (b), 21. XII tabb. lex VIII. fr. 11 (bei Macr. sat. 1, 4, 19). – Redupl. Perf. occididisti, Itala (Laudian.) act. apost. 2, 23.

2. occĭdo, cidī, cāsum, ere (ob u. cado), I **niederfallen, hinfallen,** alia signa de caelo ad terram occidunt, Plaut.: alii super alios occiderunt, Liv.: arbores levi momento impulsae occidunt, Liv. – II prägn.: A **fallen** = **umkommen, untergehen, sein Ende erreichen, auf-**

hören, I eig.: in bello, Cic.: ornatus mundi occidat, Cic.: ne sacrorum memoria occideret, Cic.: oculorum lumen occidit, Lucr.: quod si numquam oritur (Anfang hat), ne occidit (hört auf) quidem umquam, Cic.: vita occidens, der Abend des Lebens (wenn man am Abend des Lebens ist), Cic. – 2 übtr., **untergehen, zugrunde gehen, verloren gehen, -sein,** sin plane occidimus, Cic.: ego occidi planissume, Plaut.: perire aut occidere, Tac.: spes occidit, Hor.: beneficia vestra occasura esse, Cic.: dah. occidi, ich bin verloren, Ter.: occidi atque interii, ich bin verloren und es ist aus mit mir, Plaut. – B v. Gestirnen usw., **untergehen** (Ggstz. oriri, exoriri, aufgehen), sol occidit, Liv.: ne luna occidat, Tragic. vet. inc. fr.: Capra (als Gestirn) occidit, Colum.: acerbus creditor nullum diem gratis occidere patitur, Sen.: utrum mergeretur Iuppiter an occideret an retrogradus esset, ante paucos annos didicimus, Sen. – occidente sole, bei Sonnenuntergang, Cic.: ab orto usque ad occidentem solem, Liv. – sol occasus, Sonnenuntergang, XII tabb. fr.: sole occaso, nach S., Lucil. fr. u. Claud. Quadrig. fr.: ante solem occasum, ad solem occasum, post solem occasum, Plaut. Varro fr. u. Gell.: a sole occaso, Gell.

occiduālis, e (occiduns), **abendlich, westlich,** oceanus, Prud. c. Symm. 2, 598.

occiduus, a, um (2. occido), I **untergehend,** a eig.: Phoebus, Ov.: sol, Ov.: sidus, Amm.: sole iam fere occiduo, Gell. – b meton., **abendlich, abendländisch, westlich,** occiduae Galliae partes, Cassian.: sol, die Abendgegend, der Westen, Ov.: oriens occiduusque dies, der Osten u. Westen, Ov.: aquae, Abendmeer, Ov.: arenae, Sand eines westlichen Flusses (des Baetis), Calp. – subst., α occiduus, ī, *m.* (*sc.* sol), der **Westen** (Ggstz. oriens), Isid. ong. 5, 35, 8. – β occidua, ōrum, *n.*, der **Westen** (Ggstz. eoa, der Osten), Chalcid. Tim. 94 u. 109 *sqq.* – II übtr.: a **untergehend** = **dem Tode nahe,** Ov. met. 15, 227. – b **vergänglich, hinfällig,** Paul. Nol. carm. 32, 304. Chalcid. Tim. 206. – subst., occidua, ōrum, *n.*, das **Vergängliche,** Chalcid. Tim. 76.

occillo, āre (occa), **zereggen** = **zerschlagen,** alci os, Plaut. Amph. 183.

occino, cecinī u. cinuī, ere (ob u. cano), I **darein-, dazuschreien, krächzen, blasen,** occinente liticine, Amm. 16, 12, 62: bucinis occinentibus, Amm. 31, 16, 13. – II **seine Stimme hören lassen,** v. Weissagevögeln, si occecinerit avis, Liv. 6, 41, 8: ante consulem haec dicentem corvus voce clarā occinuit, Liv. 10, 40, 14: tres corvi in eum adversum occinentes, ihn ankrächzend, Val. Max. 1, 4, 2: haec animalia (= aves) inter se vario tempore et vario modo occinunt et occipiunt carmine, Apul. flor. 13.

occipio, cēpi (coepī), ceptum, ere (ob u. capio), I *intr.* **anfangen, beginnen,** inventas occipit, Lucr.: dolores occipiunt, Ter.: quia hiems occipiebat, Tac.: priusquam lux occiperet, Amm.: a meridie nebula occepit, Liv. 29, 27, 6 H. (Weißenb. u. Madvig excepit). II *tr.* **anfangen, beginnen, unternehmen,** A im Allg.: quaestum, Ter.: m. folg. *Infin.*, socordius ire occoepere, Sall. fr.: regnare occepit, Liv.: vexillum flagitare occipiunt, Tac.: absol., ita ut occepi (wie gesagt), stehende Formel zur Wiederaufnahme der Rede nach einer Unterbrechung, Plaut. (s. Brix Plaut trin. 897). – Passiv, quod occeptum est, Plaut.: m. folg. *Infin. Pass.*, fabula occepta est agi, Ter. – B insbes., **anfangen, antreten,** magistratum, Liv. u. Tac. – ► Archaist. *Fut. exact.* occepso, is, it, Plaut. Amph. 673; asin. 794 u. a.

occipitium, iī, *n.* (occiput), der **Hinterkopf,** Plaut. aul. 64. Cels. 4, 2. Scrib. Larg. 46. Quint. 11, 3, 160. Plin. 11, 107 (der Heuschrecken): post occipitium, im Rücken, Varro vit. P. R. 4. fr. 6 (bei Non. 245, 15). – Plur., Amm. 16, 12, 16 u. 31, 7, 13. – im Sprichs. d. 2: frons *no.* I, a.

occiput, pitis, Abl. pitī, *n.* (ob u. caput), der **Hinterkopf,** Pers. 1, 62. Auson. epigr. 11, 8. p. 198 Schenkl. Alcim. Avit. carm. 1, 97.

occīsio, ōnis, *f.* (occido), der **Totschlag,** der **Mord,** illius, Rhet. Her.: parentis, Cic.: ille, cuius gladio occisio erat facta, Cic.: si caedes et occisio facta non erit, Cic.: fortissimorum occisiones, Apul.: Titanum gentem occisione (Variante occidione) delere, Lact.

occīsissimus, s. 1. occīdo *no.* I.

occīsor, ōris, *m.* (occīdo), der **Töter, Mörder,** regum, Plaut. mil. 1055: occ. Herodes, Petil. bei Augustin. c. litt Petil. 2. § 72: Plur. occisores, Cypr. epist. 66, 10.

occīsōriŭs, a, um (occisor), **zum Töten gehörig, Schlacht-,** animalia, Tert. de anim. 33 *in.*

occlāmito, āre (ob u. clamito), **ein Geschrei erheben, laut schreien,** Plaut. Curc. 183: m. folg. *Acc.* u. *Infin.*, Plaut. Amph. 884 G.

occlārēsco (ob-clārēsco), ere, **zu Berühmtheit gelangen,** Solin. 2, 54.

occlaudo, ere (ob u. claudo) = occludo, Cod. Theod. 11, 24, 1.

occlūdo, clūsī, clūsum, ere (ob u. claudo), **verschließen,** I = **zuschließen,** aedes, Plaut.: ostium, Plaut.: post tergum (hinter sich) ostium, Vulg.: tabernas, Varro LL. u. Cic.: aedes, Plaut.: armarium, Plaut.: aures ceris (um nicht zu hören), Amm. 29, 2, 14: übtr., aures, die Ohren verschließen, Apul. met. 9, 19. – II = **einschließen, einsperren,** alqm apud se, domi, Plaut.: furax servus, cui nihil sit obsignatum nec occlusum, Cic. – übtr., linguam, Einhalt tun, Plaut.: dum eius lubido occlusa est contumeliis, seinem Gelüst der Weg versperrt ist (sein G. gehemmt ist), Ter. Andr. 557. – ► Synk. Perf. occlūstī, Plaut. trin. 188.

occlūsio, ōnis, *f.* (occludo), die **Verschließung, Verstopfung,** viae, Th. Prisc. 4. fol. 317 (a).

occlūsus (obclūsus), a, um, *PAdi.* (v. occludo), **verschlossen,** übtr., occlusiorem habeant stultiloquentiam, Plaut. trin. 222: obtunsus, hebetior et obclusior, Isid. orig. 10, 198: ostium occlusissimum, Plaut. Curc. 15ª G.

occo, āvī, ātum, āre, **eggen,** segetem, poet. = das Land bestellen, Hor.: agrum, Colum.: in Weinbergen = die aufgegrabene Erde locker machen u. ebnen, Varro u. Pallad. – übtr., Clotho colum baiulat, Lachesis trahit, Atropos occat, Anthol. Lat. 792, 2 R.

occoepī, s. occipio.

occrēsco (obcrēsco), ere, **heranwachsen, emporkommen,** antequam religio Christiana occresceret, Augustin. de civ. dei 2, 3 *lemm.*

occubitus, ūs, *m.* (occumbo), der **Untergang,** solis, Hieron. epist. 108, 34. Vulg. genes. 28, 11. Vulg. deuteron. 11, 30 u. iudic. 14, 18.

occubo, buī, bitum, āre (ob u. cubo), I **davorliegen, davor Wache stehen,** Plaut. mil. 212. – II **dahingestreckt liegen,** v. Toten, tumulo, im Grab, Verg.: patriā urbe, Verg. – flebili leto, Sen. poët.: consul pro vestra victoria morte occubans, der, um euch den Sieg zu verschaffen, tot dahingestreckt liegt, Liv. 8, 10, 4.

occulco, āvī, ātum, āre (ob u. calco), **niedertreten,** bene occulcato, Cato r. r. 49, 2: palea occulcata pedibus, Varro r. r. 1, 13, 4: occ. signa ordinesque, v. Elefanten, Liv. 27, 14, 7.

occulo, culuī, cultum, ere (zu celo, clam), durch eine Hülle den Augen anderer entziehen, **verdecken, verbergen** (Ggstz. aperire), I eig.: virgulta multā terrā, Verg.: vulnera, Cic.: alqm, Liv.: classem in convexo nemorum sub rupe cavata, Verg.: sese silvā prope viam, Liv.: feminae occuluntur parietum umbris, werden verborgen gehalten, Poët. inc. bei Cic. Tusc. 2, 36. – II übtr., vor dem geistigen Auge **verdecken, verbergen** = verheimlichen, puncta argumentorum, Cic.: ea (vitia), Quint.: narratum ab iis, Tac. – ► Synk. Perf. u. Plusqu.-Perf., occulerunt, Arnob. 5, 33 *extr.*: occulerat, Val. Flacc. 2, 280: occulisset, Schol. ad Caes. Germ. Arat. 324. p. 412, 5 E. u. 437. p. 421, 14 E.

occultātio, ōnis, *f.* (occulto), das **Versteckt-, Verborgenhalten,** das **Verbergen,** I eig.: ›latitare‹ est non turpis occultatio sui, Cic. fr.: occultatione se tutari, Cic.: sed ibi (Brundisii) occultatio nulla est, dort ist's unmöglich, verborgen zu bleiben, Cic.: occultatio stellarum, Verdunklung, Plin.: in spelunca, Plin. – II übtr., a die **Verheimlichung,** occultatione propositā aut impunitate, Cic.: cuius rei nulla est occ., was zu verheimlichen keine Möglichkeit ist, Caes. – b als rhet. *t. t.*, die **Übergehung** (wenn man sagt, man übergehe, oder wisse nicht, oder wolle nicht sagen, was man gerade sagt), griech. παράλειψις, Rhet. Her. 4, 37.

occultātius, *Adv.* im *Compar.* (occultatus v. occulto), **auf versteckte Weise,** alqm veneno occultatius (auf minder auffallende Weise) petere, Aur. Vict. de Caes. 17, 7.

occultātor, ōris, *m.* (occulto), der **Verborgenhalter**, ille latronum occ. et receptor locus, der zum Versteck u. Aufenthalt von R. dienen kann, Cic. Mil. 50

occultē, *Adv.* (occultus), **verborgen, im Verborgenen, insgeheim, heimlich** (Ggstz. aperte, palam), Rhet. Her., Cic. u. a.: per tramites occulte perfugere, Sall.: latēre, Cic.: ferre, verheimlichen, verhehlen, Ter.: dicere, sich dunkel (unverständlich) ausdrücken, Cic.: alqd conari occultius, Cic.: quam potuit occultissime reliquas legiones duxit, Caes.: quam occultissime traiecto amni, Liv.

occultim, *Adv.* (occultus) = occulte, Solin. 4. § 3.

1. **occulto**, āvī, ātum, āre (*Intens.* v. occulo), wie durch eine Hülle fort u. fort den Augen anderer entziehen, **verdeckt-, verborgen-, versteckt halten, verbergen, verstecken, I** eig.: se ibi, Cic.: se ramis, Tac.: se tugurio, Sall.: se silvis, Liv.: latebrose se ab alcis conspectu, Plaut.: se non Ponto neque Cappadociae latebris, Cic.: se post montem, Caes.: alqd in terra, Caes.: se in hortis suis, Cic.: se alci, Plaut.: stellae occultantur halten sich verborgen (Ggstz. aperiuntur), Cic. – **II** übtr., **verborgen (verdeckt) halten = verheimlichen**, verb. alqd occultare et dissimulare, Cic., dissimulare et occultare, Caes., occultare et abdere (in sich verschließen), Tac.: occ. neminem (= nullius nomen), Cic.: flagitia, Cic.: consilium, fugam, Caes.: iter, Sen. rhet.: inceptum suum, Sall. – m. folg. *Infin.*, est res quaedam, quam occultabam tibi dicere, Plaut. Pers. 493. – ► Archaist. Perf.-Form occultassis = *occultaveris*, Plaut. trin. 627.

2. **occultō**, *Adv.* (occultus), **insgeheim**, Afran. com. 295. Lucr. (1, 314) bei Isid. orig. 20, 14, 1 (Lachm. u. Bern. occulte).

occultus, a, um, *PAdi.* (v. occulo), **verborgen, versteckt, heimlich, geheim** (Ggstz. apertus), **I** *adi.*: **A** eig., **a** v. Personen (st. d. *Adv.*), occultus prospectans, versteckt zusehend, Ggstz. coram prospectans, Tac. – **b** v. Lebl.: occ. iter, Prop.: occultissimum iter, Suet.: occultissimus exitus, Liv. – **B** übtr.: **1** im Allg.: **a** v. Lebl.: res, Cic.: pactum, Liv.: malum, Cic.: occultior cupiditas, Cic.: res occultissimae, Cic.: alqd occultum ferre, geheimhalten, Sall. – **b** v. Pers. (st. des *Adv.*): non occulti ferunt, machen kein Geheimnis daraus, Tac.: qui eiusmodi preces occulti illuderent, im Geheimen, Tac. – **2** prägn., in Bezug auf den Charakter, **versteckt, heimlich**, v. Pers., Cic. u. a.: *m. Genet.*, odii, Tac.: consilii, heimlich einverstanden, Tac. – **II** *subst.*: **1** eig.: occulta ac recondita templi, die verborgenen u. entlegenen Räume, Caes. b. c. 3, 105, 4: occulta saltuum, verborgene Schluchten, Tac. ann. 1, 61. – **2** übtr., occulta, ōrum, *n.*, das **Geheime**, die **Geheimnisse**, Cic. u. a.: omnia mea occulta, geheime Absichten, Ter.: qui propter acumen occultissima perspicis, die verborgensten Tiefen (Absichten), Luccei. in Cic. ep.: occulta, Ggstz. nota, Tac.: m. *Genet.*, occulta coniurationis, Tac. ann. 15, 74. – u. in den adverb. Ausdrr.: in occulto, Liv., od. ex occulto, Cic., od. per occultum, Tac., im Verborgenen, im Geheimen, heimlich.

occumbo, cubuī, cubitum, ere (ob u. *cumbo v. cubo), **nieder-, hinfallen, -stürzen, -sinken, I** eig.: mortem, in den Tod dahinsinken, in den Tod gehen, sterben Cic.: u. so mortem pro patria, Cic., pro re publica, Liv.: mortem pro duce suo, Lact.: morte, Liv.: ignobili atque inhonestā morte, Liv.: poet. certae morti, Verg., od. neci, Ov.: auch bl. occumbere, Liv. epit.: occ. honeste, Cic., pro libertate, Suet., ante annos suos, Ov.: ob rem publicam, Liv. epit.: cum veter occubuit Priamus sub Marte Pelasgo, Enn. ann. 17. – Rullo occumbis, unterliegst dem R., Cic. – **II** übtr., **untergehen**, v. Gestirnen (Ggstz. oriri = aufgehen), Iustin. 37, 2, 3.

occupātīcius, a, um (occupo) = occupatorius, Paul. ex Fest. 180, 8. Fest. 181 (b), 8.

occupātio, ōnis, *f.* (occupo), **I** die **Besetzung, Einnahme**, fori, Cic.: veteri occupatione, durch alte Besitznahme, Cic. – **II** übtr., die **Abhaltung**, die **Beschäftigung**, occupationes infinitae, Cic.: molestissimae, Cic.: otiosissimae, Plin. ep.: occupationes publicae, Staatswirren, Caes.: maximarum quasi concursus occupationum, Cic. – m. obj. *Genet.* (mit od. wegen etw.), hae tantularum rerum occupationes, Caes.: occupationes rei publicae, Caes.: occ. magistratuum et temporum, der M. u. die die Zeitumstände mit sich brachten, Caes. – quorum non otiosa vita dicenda est, sed desidiosa occupatio (geschäftiger Müßiggang), Sen.: nullis occupationibus est implicatus, Cic.: maximis occupationibus impediri, distineri, Cic.: expedire se ab omni occupatione, Cic.: relaxare se istā occupatione, se molestissimis occupationibus, Cic.: maximas occupationes excipere, Cic.: alcis occupationem (die Zeit, wo jmd. beschäftigt ist) observare tempusque aucupari, Cic.: animus nunc requietem quaerit ex magnis occupationibus, Luccei. in Cic. ep.

occupātōrius, a, um (occupo), **zur Besitznahme gehörig**, ager, in Besitz genommen, Gromat. vet. 2, 20; 5, 23 u. a.: condicio, *ibid.* p. 153, 4: licentia, *ibid.* 284, 7.

1. **occupātus**, a, um, *PAdi.* (occupo), **I** in Beschlag genommen = **verheiratet**, Plur. subst., occupatae (Ggstz. vacuae), Ps. Quint. decl. 376. – **II durch Geschäfte (durch andere Dinge) in Anspruch genommen, beschäftigt** (Ggstz. otiosus u. nachaugust. vacuus), homo occupatus, Sen.: homines occupati, Plaut.: homo vehementer occupatus, Cic.: occupata est, sie hat zu tun, Plaut. (s. Brix Plaut. mil. 252): quamvis occupatus sis, otii tamen plus habes, Cic.: suspenso animo et occupato, in der Zerstreuung und mit anderen Dingen beschäftigt, Cic.: occupata mea tempora, Cic.: aures occupatae, Phaedr.: festinabam eramque occupatior, Cic.: quod comitiorum dies occupatiorem me habebant, Cael. in Cic. ep.: non dubito, quin occupatissimus fueris (viele Abhaltungen gehabt hast), Cic. – m. *Genet.*, occupatus animi, Cl. Mam. de stat. anim. praef. p. 697 Migne. – m. *in* u. Abl., minime male cogitantes, qui in eo studio occupati sunt, Cato: occupati in munitione castrorum, Caes.: occupatus in apparatu nuptiarum, Iustin.: certum aliquid, in quo animum debeat habēre occupatum, dem er seine ganze Aufmerksamkeit widmen muss, Cic.: in metendo occupati, Caes.: non in apparando bello, sed in sufficiendo collega occupatus, Cic.: qui in eo erat occupatus, ut bellum quam diutissime duceret, Nep. – m. *circa* u. Akk., Semiramis circa cultum capitis sui occupata, Val. Max.: circa consularia occupatus comitia, Sen. – m. *inter* u. Akk., inter pectinem speculumque occupati, Sen. de brev. vit. 12, 3. – m. *Infin.*, quamquam negotiumst, si quid vis, non sum occupatus umquam amico operam dare, hab ich einem Fr. zu dienen immer Zeit, Plaut. merc. 288.

2. **occupātus**, ūs, *m.* (occupo) = occupatio, Sidon. epist. 4, 2, 3: Plur., post magni Alexandri occupatus, Schol. Iuven. 6, 83.

1. **occupo**, āvī, ātum, āre (ob u. capio), **einnehmen, I** eig.: **1** einen Ort od. einen Ggstd. **einnehmen, besetzen, sich** seiner **bemächtigen,** ihn **in Beschlag nehmen, überrumpeln**, Italiam praesidiis, Cic.: locum, Cic.: possessiones, Cic.: urbem, Liv.: regnum, Cic.: tyrannidem, Cic.: tempus occupandi res (die Staatsgewalt), Liv.: aditum, hineingehen, Verg.: currum, besteigen, Ov.: alqm amplexu, umarmen, Ov.: familiam optimam, in Beschlag nehmen, Plaut.: so auch Sextius noster eum occupavit, nahm ihn in Beschlag (er musste durchaus Wohnung bei ihm nehmen), Cic. – **2** einen Ort od. Gegenstand **besetzen, a sich an** etw. **ansetzen**, crustae occupant intus vasa omnia, in quis aquae fervent, Plin. 20, 95. – **b** mit etw. **besetzen** = mit etwas anfüllen, urbem (*sc.* aedificiis), Liv.: polum nube, Hor.: aream fundamentis, Liv.: navem frumento, Auct. b. Afr. – **c** v. Örtlichk. = **einnehmen**, urbs oram freti occupat, Mela: superna litora Padus occupat, Mela: Hercynia silva iter sexaginta dierum occupat, Mela. – **II** übtr.: **1 überfallen, überraschen, a** femdl.: alqm, Liv. u. Curt.: alqm gladio, Verg., saxo, Ov.: mors ipsam occupat, ereilt sie, Ter.: sopor occupat artus, Verg.: si occupasset (nos) artior casus, wenn wir ins Gedränge kämen, Amm. – **b** selten im freundlichen Sinne = **überraschen**, alqm, Hor. ep. 1, 7, 66. – **2 zuvorkommen**, rates, Ov.: ortum solis, Curt.: Servilius Ahala Sp. Maelium regnum appetentem occupatum (indem er ihm in der Ausführung seines Vorhabens zuvorkam) interemit, Cic.: u. absol., albati equo Corace occupavere, kamen zuvor, gewannen den Vorsprung (beim Wettrennen), Plin. 8,160: dah. = zuerst etwas tun, iuvenem occupat, redet zuerst ihn an, Val. Flacc.: num quid vis? occupo, willst du etwas? rede ich ihn zuerst an,

frage ich zuerst, Hor. – m. folg. *Infin.* (s. M. Müller Liv. 1, 14, 4. Weißenb. Liv. 4, 30, 3. Fabri Liv. 21, 39, 10), castris castra conferre occupant, Enn. fr.: occupabo adire, will zuerst auf ihn zugehen, Plaut.: interdum rapere occupat, Hor.: occupant bellum facere, Liv.: occupavit Padum traicere, Liv.: occupat eventum telo temptare priorem, Sil. – **3 in Besitz nehmen, einnehmen, sich bemächtigen,** v. Pers.: proximum quodque verbum, aufgreifen, Quint.: multum est primo aspectu oculos occupasse, gefesselt zu haben, Sen.: carnificis manum, dem Sch. ins Handwerk greifen, Curt.: falsis criminibus aures occupare, Curt.: animos eorum, qui audiunt, magnitudine rei, Cic.: validioris gratiam, zu gewinnen suchen, Curt.: admirationem, erzwingen, Sen.: proximos illi tamen occupavit Pallas honores, hat inne, Hor.: occ. nomen beati, beanspruchen, Hor.: occupandi temporis causa, um Zeit zu gewinnen, Sen. – v. Gemütszuständen usw., timor occupavit exercitum, Caes.: pavor occupat animos, Liv.: mentes Siculorum occupat superstitio, Cic.: occupati metu, Curt. – opinio vetus falsa occupavit et convaluit (hat Platz gegriffen und Wurzel gefasst) m. folg. *Acc.* u. *Infin.*, Gell. 4, 11, 1. – **4 in Beschlag nehmen, a** eine gewisse Zeit od. Zahl in **Beschlag nehmen, wegnehmen,** haec causa primos menses occupabit, Cael. in Cic. ep. 8, 10, 3: cum in mentem venit tres et sexaginta annos aeque multa volumina occupasse mihi, Liv. 31, 1, 3. – **b in Anspruch nehmen, beschäftigen,** animum in funambulo, Ter.: homines occupatos hāc re, Plaut.: occupat res cogitationes hominum, Liv.: in apparando acerrime esse occupatum, Nep.: in patria funditus delenda occupatum et esse et fuisse, Cic.: occupati aliarum rerum curā, Liv.: occupatus variis cogitationibus iudex, Quint. Vgl. occupatus. – **c hindern,** profluvium sanguinis occupat secantes, Curt.: ministeria aestu occupantur, Curt. – **d** occupatum esse in alqa re, **nur in** etw. **begriffen, auf** etw. **beschränkt sein,** res enim sunt parvae, prope in singulis litteris atque interpunctionibus occupatae, Cic. Mur. 25. – **5** Geld irgendwo **anlegen,** pecuniam in pecore, Colum.: pecuniam grandi fenore, gegen hohe Zinsen anlegen, Cic.: pecunias apud alqm, Cic. – **6 beschleunigen, rasch ausführen,** facinus, Iustin.: transitum, Iustin.: mortem manu, Flor.: preces, Sen. poët. – mit folg. *Acc.* u. *Infin.*, **sich beeilen,** id nos priores facere occupabimus, Cato origg. 5. fr. 3. – ► Archaist. *Coni. Perf.* occupassis, Plaut. most. 1097: occupassit, Plaut. asin. 818.

2. occupo, ōnis, *m.* (1. occupo), der **Sich-Bemächtiger,** der **Langfinger,** euphem. v. Gott der Diebe (Merkur), occuponem propitium! Möge uns der L. günstig sein! Petron. 58, 11.

occurro, currī, cursum, ere (ob u. curro), **I entgegenlaufen,** eilig **entgegengehen, begegnen, auf** jmd. od. etw. **stoßen,** A) eig. u. übtr.: **1** eig., **a** im Allg.: alci, Caes.: alci obviam, Liv.: signis, Caes.: eadem figura in litore occurrisse narratur, Plin. ep.: quadrigae inter se occurrentes, einander begegnend, Curt. – **b** insbes.: **α entgegengehen** aus Höflichkeit u. Achtung, Alexandro, filiis, Curt.: turba occurrentium prosequentiumve, Suet. – **β** wie ἀπαντᾶν – jmdm. feindlich **entgegengehen, -ziehen, gegen** jmd. **vorrücken, aus** jmd. **losgehen,** Pompeianis commodiore itinere, Caes.: armatis, Caes.: Dareo, Curt.: alci cum classe, Caes.: prima (zuerst) quadriremis occurrit, Curt.: statim castris exeundum et occurrendum esse, Caes. – **2** übtr., v. Lebl.: **a aufstoßen, begegnen, in den Weg kommen,** in asperis locis silex saepe impenetrabilis ferro occurrebat, Liv. 36, 25, 5: oras ad eurum sequentibus nihil memorabile occurrit, Mela 3, 9, 3 (3. § 88). – **b** v. Örtl., **entgegentreten, auf** od. an etw. **stoßen, vor** etw. **liegen,** apud Elegeam occurrit ei (Euphrati) Taurus mons, Plin.: Media ab occasu transversa oblique Parthiae occurrens, in schräger Richtung quervor liegend vor P., Plin.: quem locum occurrens Terinaeus sinus peninsulam efficit, Plin.: abruptā quā plurimus arce Cithaeron occurrit caelo, Stat., – **B** bildl., **begegnen, a** zuvorkommend, **entgegenarbeiten, zuvorkommen, vorbeugen,** incendio, Einhalt tun, Curt.: occurrere atque obsistere omnibus consiliis alcis, Cic.: ante eius avaritiae scelerique, Cic.: periculo, Plin. ep.: *impers.*, occursum est, ne etc., Val. Max. – **b** abhelfend, **vorbeugen, abhelfen, zu Hilfe kommen,** venienti morbo, Pers.: vitio, Plin. ep.: utrique rei, Nep.: exspectationi, Cic.: vestrae sapientiae, Cic. – **c** einwendend **begegnen, α** v. Redner, **entgegnen, erwidern, einwenden, die Einwendung machen,** alci, Quint.: meditatae orationi alcis statim, Tac. – *Impers.*, occurretur, sicut occursum est, Cic. – **β** v. der Sache, **entgegentreten, entgegenstehen, entgegengestellt-, eingewendet werden können,** quid occurrat, non videtis, Cic.: nam occurrit illud, Cic. – **II bei** etwas als Teilnehmer usw. **eintreffen, sich einfinden,** ihm **beiwohnen,** es **abwarten, A** eig.: neutri proelio, Liv.: so auch comitiis, Liv.: concilio od. ad concilium, Liv.: negotiis, Cic.: nulli rei, Liv. – ad tempus occ., Cic.: paulo serius ad praedictam cenae horam, Suet. – **B** übtr. u. bildl., **sich** dem körperl. od. geistigen Auge **darstellen, sich darbieten, vor Augen** usw. **kommen** od. **treten, vorkommen,** occ. oculis, Liv., Colum. u. a. – in mentem, Cic., animo, Cic., memoriae, Iustin., od. bl. occurrere, Cic., einfallen, in den Sinn kommen: occursuram ei extemplo domesticorum funerum memoriam, Liv.: alci et desiderium quietis et satietas gloriae occurrit, tritt nahe (wandelt an), Curt.: haec tenenda sunt oratori, saepe enim occurrunt (kommen oft vor), Cic.: m. prädik. Adj. od. Subst., mihi tu occurrebas dignus eo munere, quo etc., Cic.: sic dulcis amicis occurram, Hor.: mihi multo difficilior occurrit cogitatio, kommt mir weit schwieriger vor, Cic. (vgl. Sorof Cic. Tusc. 1, 51): ne cui de liberis cogitanti dirum omen occurram, Sen. rhet.: m. folg. *Acc.* u. *Infin.*, occurrebat ei (es schoss ihm der Gedanke durch den Kopf), mancam ac debilem praeturam suam futuram consule Milone, Cic. Mil. 25: rursus occurrebat (*sc.* ei) maiora periculis praemia (*sc.* esse), Curt. 3, 8 (21), 21: una defensio occurrit (bietet sich mir dar), quod (dass ich) muneribus tuis obniti non debui, Tac. ann. 14, 53. – unpers. mit bl. *Infin.*, occurrit aliqua dicere, Plin. 24, 156. – ► Die Perf.-Form occucurri, Plaut. merc. 201. Phaedr. 3, 7, 3 u. Phaedr. app. 30, 3 M. Not. Tir. 27, 32. Sen. ep. 120, 4; nat. qu. 1, 14, 3. – Perf. occecurrit, Ael. Tubero bei Gell. 6 (7), 9, 11.

occursāculum, ī, n. (occurso), was einem aufstößt, occursacula noctium, Nachterscheinungen, Gespenster, Apul. apol. 64.

occursātio, ōnis, *f.* (occurso), das freundliche, beglückwünschende **Entgegenkommen,** facilis est illa occ. et blanditia popularis, leicht ist es, den Leuten entgegenzulaufen u. ihnen etwas Freundliches zu sagen, Cic. Planc. 29; vestrae vero et vestrorum ordinum occursationes, absichtliche Begegnungen, Glückwünsche, Cic. Mil. 95.

occursātor, ōris, *m.* (occurso), **der an andere herangeht,** um sie zu grüßen, mit ihnen zu reden, Auson. edyll. 2, 25. p. 33 Schenkl.

occursātrīx, trīcis, *f.* (Femin. zu occursator), **die Entgegengeherin,** Fest. 333 (a), 1.

occursio, ōnis, *f.* (occurro), **a** die **Begegnung,** der **Besuch,** Sidon. epist. 7, 10, 1. – **b** der **Anfall,** die **Anfechtung,** occursiones passionum corporis, Augustin. de mus. 6, 32: sine ullis fortunae occursionibus, Sen. ep. 67, 14.

occursito, āre (*Intens.* v. occurso), **begegnen,** Solin. 25, 6.

occurso, āvī, ātum, āre (*Intens.* v. occurro), **I entgegenlaufen,** eilig **entgegengehen, A** eig.: **a** übh., **begegnen, auf** jmd. stoßen, alci, Verg. u. Tac.: v. Lebl., Plin. – **b** feindlich entgegengehen, **einen Angriff machen** od. **Widerstand leisten,** fortissimus quisque et promptissimus ad occursandum pugnandumque, Gell. 3, 7, 6. – **B** übtr., **widerstreben, entgegenwirken,** invidi, occursantes, factiosi, Sall. Iug. 85, 3: intercedere casibus, occursare fortunae, Plin. pan. 25, 5. – **II heranlaufen,** eilig **herankommen, A** eig.: huc, Plaut.: portis, Liv.: numinibus, sich nahen, Plin. pan.: archaist. m. *Acc.*, me occursant multae, überlaufen mich, Plaut. mil. 1047. – **B** übtr., in der Seele **erscheinen, einfallen, beifallen, in die Gedanken kommen,** animo, Plin. ep. 5, 5, 7: ohne animo, Plin. ep. 2, 3, 2.

occursor, ōris, *m.* = qui occurrit, v. Zahlen, Augustin. de music. 6, 6. § 16 u. 6, 9, 24.

occursōrius, a, um (occursor), **zum Entgegengehen gehörig,** potio, Vortrunk vor der Mahlzeit, Apul. met. 9, 23.

occursus, ūs, *m.* (occurro), das **Entgegenkommen,** das **Begegnen,** die **Begegnung,** das **Stoßen auf,** omnium hominum, der Zulauf, Vell.: philologiae occursibus non interesse, Mart. Cap.: mustelae, Amm.: vacuae occursu hominum viae, Liv.: contractā ex occursu rixā, Vell.: velut numinis occursu obstupefactus, Sen.: occursu (durch das Herbeieilen) satellitum inhiberi, Curt.: u. so occursu militum (durch herbeigeeilte Soldaten) obsaeptum esse, Liv.: ex occursu, Suet.: revereri occursum, non reformidare, Plin. ep.: alcis occursum vitare, Tac. – v. Lebl., stipitis occursu, Anstoßen, Ov.: fraterni occursus (solis), Sen.

Ōceaneus, s. Ōceanius.

Ōceanicus, a, um (Oceanus), **zum Ozean gehörig, des Ozeans,** litus, Mela 3, 3, 1 (3. § 25).

Ōceanidēs, ae, *m.* (Oceanus), der **Ozeanide** (Sohn des Oceanus), Prisc. part. XII vers. Aen. 11, 199.

Ōceanis, idis, *f.* = Oceanitis (s. d.), Prisc. part. XII vers. Aen. 11, 199.

Ōceanītis, tidis, *f.* (Ὠκεανῖτις), die **Ozeanite,** Tochter des Oceanus, Plur. bei Verg. georg. 4, 341. Hyg. fab. praef. p. 4 M.

Ōceanius, a, um (Oceanus), **zum Ozean gehörig, ozeanisch, des Ozeans,** Prisc. part. XII vers. Aen. 11, 199: ales Oceania, Isid. orig. 12, 7, 25 (wo Otto Oceanea).

Ōceanus, ī, *m.* (Ὠκεανός), **I** das **Weltmeer,** der **Ozean,** nach der Sage Gemahl der Tethys, Cic. u. a.: Oceanus Atlanticus, Solin. 56, 5: mare Oceanus, Caes. b. G. 3, 7, 2. Mela 2, 6, 2 (2. § 86). Tac. ann. 1, 9; hist. 4, 12. Amm. 23, 6, 12: mare Oceanum, Ampel. 1, 2 u. 7, 1. – **II** übtr.: **A** eine **große Badewanne,** Lampr. Alex. Sev. 25, 5. – **B** röm. Beiname, Mart. 3, 95, 10 u. 6, 9, 2.

Ocella, ae, *m.* (ocellus), der **Kleinäugige,** röm. Beiname, Plin. 11, 150.

ocellātus, a, um (ocellus) = ὠμματωμένος, **mit kleinen Augen versehen,** subst. *Plur.*, ocellātī, ōrum, *m.* (*sc.* lapilli), **a ovale Edelsteinchen,** Varro sat. Men. 283. – **b Steinchen, Schnellkügelchen,** die mit Augen bezeichnet sind, wie die Würfel, ludere ocellatis, Suet. Aug. 83.

ocellus, ī, *m.* (*Demin.* v. oculus), **I** das **kleine Auge,** das **Äuglein, Auge,** Plaut. u. Ov. – bildl., von etw. Vortrefflichem, ocelli Italiae, villulae nostrae, Cic.: insularum ocelle, Catull. – in Liebkosungen, ocelle mi! »mein Augapfel!« Plaut. – **II** übtr., der **Knollen** an den Wurzeln des Rohres, sonst oculus gen., Plin. 21, 20.

Ocelum, ī, *n.*, Stadt der Graioceli im zisalpin. Gallien, j. *Oulx* westl. v. Turin, Caes. b. G. 1, 10, 5.

ōchra, ae, *f.* (ὤχρα), **Ocker, Berggelb,** ein erdiger Metallkalk, Vitr. u. a.

1. Ochus, s. Artaxerxēs *no.* III.

2. Ōchus, ī, *m.* (Ὦχος), Fluss in Baktrien, Curt. 7, 10 (39), 15. Iustin. 10, 3, 1.

ōcimum, ī, n. (ὤκιμον), das **Basilienkraut** (*Ocimum basilicum,* L.), Plin. 19, 117. Arnob. 7, 16. Isid. orig. 17, 10, 16: Plur., Colum. poët 10, 319. Ser. Samm. 441. Pers. 4, 22 – ► Nbf. ōcimus, Aemil. Macer bei Charis. 72, 18 u. bei Beda de orthogr. 282, 19 K.

ōcinum, ī, *n.* (ὤκινον), ein Futterkraut, viell. eine Kleeart, Cato r. r. 54, 3. Varro r. r. 1, 31, 4. Plin. 17, 198; vgl. Non. 550 *sq.* Hauthal Pers. 4, 22.

ōcior, ōris, *Adi. Compar.* (ὠκίων), *Superl.* ōcissimus, a, um (ὤκιστος), **I geschwinder, schneller,** ocior cervis, Hor.: ocior ventis, Verg.: Romanorum cursus ad victorem etiam ocior fuit, Liv.: omnium venenorum ocissimum (am schnellsten wirkend) esse aconitum, Plin. – m. *Infin.*, ocior conscendere antemnas, Ov. met. 3, 616. – **II** übtr., der Zeit nach geschwinder = **zeitiger, eher, früher,** ficorum radices, Plin.: ocissima pira, Plin.

ōciter, *Adv.* = ὠκέως, gew. *Compar.* **ōcius,** *Superl.* **ōcissimē** od. **ōcissumē** (ocior), **geschwind, schnell, hurtig, a** Positiv, Apul. met. 1, 23 *extr.* Serv. Verg. Aen. 9, 402. – **b** Kompar. ōcius, **geschwinder, schneller, hurtiger,** (Ggstz. tardius), properare, Ter.: facere, Cic.: in morbum et incĭdere tardius et recreari ocius, Cic.: u. = **geschwind, schnell, sogleich, auf der Stelle** (s. Lorenz Plaut. most. 664. Spengel Ter. Andr. 724), imperio parēre, Verg.: amoveri ocius iussit, Suet.: exi ocius, Plaut.: responde ocius, Plaut.: accipe a me hunc ocius, Ter.: nemon oleum fert ocius? Hor.: fustes huc ocius afferte, Iuven.: ellipt., ocius ad navem! bringt es auf der Stelle zum Sch., Pers. – übtr.: **α eher = zeitiger,** quid ocius aut quid serius futurum sit, Cic.: serius ocius, später od. früher, Hor. – **β eher = leichter,** angulus iste feret piper et tus ocius uvā (als Tr.), Hor. ep. 1, 14, 23. – **c** Superl.: tanto ocius te ut poscat et tu, id quod cupis, quam ocissume ut des, Ter.: quam ocissume ad provinciam accedere, Sall. – ► ōximē = ocissime, nach Paul. ex Fest. 195, 1.

ōcius etc., s. ōciter.

ocliferius, a, um (oculus u. ferio), **in die Augen stechend, augenfällig,** Sen. ep. 33, 8.

oclopeta, s. ōtopeta.

Ocnus, ī, *m.* (Ὄκνος), **I** Erbauer der Stadt Mantua, Verg. Aen. 10, 198. – **II** eine allegorische Figur in einem Gemälde des Nikophanes, ein Mann, der ein Seil dreht, das eine Eselin wieder zernagt, Plin. 35, 137: sprichw. gewordenes Symbol jeder vergebens unternommenen, nie zu Ende kommenden Arbeit, Prop. 4, 3, 21.

ocquīnīsco (oquīnīsco), ere (ob u. *quinisco), **sich niederbücken, -kauern,** Pompon. com. 126 u. 149.

ocrea, ae, *f.*, die **Beinschiene,** der **Beinharnisch,** womit das Schienbein bedeckt war (s. Varro LL. 5, 116. Isid. orig. 19, 34, 5. Fest. 181 [a], 23), gew. im Plur., als Tracht der Krieger, Verg. Aen. 7, 634. Liv. 9, 40, 3. Veget. mil. 1, 20. p. 23, 11 L.[2]: der Jäger, **Gamaschen,** Ps. Verg. moret. 121.

ocreātus, a, um (ocrea), **mit einem Beinharnisch versehen,** Hor. sat. 2, 3, 234: ocr. crura, umschiente, Plin. 19, 27.

Ocrēsia, ae, *f.*, die Mutter des Servius Tullius, Orat. Claud. col. 1. lin. 18. Plin. 36, 204. Aur. Vict. de vir. ill. 7, 1. Ov. fast. 6, 627. – Nbf. **Ocrīsia,** ae, *f.*, Arnob. 5, 18.

Ocriculum, ī, *n.*, eine Stadt in Umbrien, am Tiber, j. Ruinen beim h. *Otricoli,* Liv. 22, 11, 5. Plin. ep. 6, 25, 1. Tac. hist. 3, 78. – Dav. **Ocriculānus,** a, um, **okrikulanisch,** Cic. u. a. – Plur. subst., Ocriculāni, ōrum, m., die Einwohner von Okrikulum, die **Okrikulaner,** Liv.

ocris, Akk. crim, *m.*, ein **steiniger Berg,** Liv. Andr. tr. 31 R. [2]

Ocrīsia, s. Ocrēsia.

octachordos, on (ὀκτάχορδος), **achtsaitig, achtstimmig,** Vitr. 10, 8 (13), 2. – subst., octachordum, ī, *n.*, Boëth. inst. mus. 1, 20. p. 207, 14 Fr. u. 5, 14. p. 363, 21 Fr.

octachōrus, a, um (ὀκτάχωρος), **acht Kapellen habend,** templum, de Rossi Inscr. Christ. Vol. II. p. 161.

octaētēris, ridis, Akk. rida, *f.* (ὀκταετηρίς), ein **Zeitraum von acht Jahren,** Censor. 18, 4 *sq.*

octagēnsimus, s. octōgēsimus ►.

octaginta, s. octōginta ►.

octagōnos, on (ὀκτάγωνος), **achteckig,** turris, Vitr. 1, 6, 4. – subst., octagonon (octogonum), ī, *n.*, das **Achteck,** Vitr. 1, 6, 4. Gromat. vet. 326, 24 (wo octog.). Boëth. inst. arithm. 2, 15 (wo octog.).

octahedrum, ī, n. (ὀκτάεδρον), ein von acht Flächen begrenzter Körper, ein **Achtflach,** ein **Oktoëder** (mathem. *t. t.*), Chalcid. Tim. 53 u. 326.

octameter, metra, metrum (ὀκτάμετρος), **achtfüßig,** versus, Mar. Victorin. de metr. 2, 4, 30. p. 82, 27 K.

octangulus, a, um (octo u. angulus), **achteckig, achtwinkelig,** Apul. de Plat. 1, 7.

octāns, antis, *m.* (octo), der abgeteilte Bogen eines Kreisausschnittes von 45 Grad, der **Oktant,** Vitr. 10, 6, 1.

octānus, ī, *m.* (octo), ein **Soldat der achten Legion,** Prisc. de fig. num. § 26 K.

octaphoros, on, **von achten getragen,** lecticā octaphoro ferri, Cic. Verr. 5, 27. – subst., **octaphoron,** ī, *n.*, eine **von acht Sklaven getragene Sänfte,** alqm portare octaphoro (octophoro), Cic. ad Q. fr. 2, 10, 2: octaphoro vehi, Suet. Cal. 43: octaphoro portari, Mart. 6, 84, 1: octaphoro vectari, Apul. apol. 76.

octas, adis, *f.* (ὀκτάς), die Zahl **acht,** rein lat. octonarius numerus, Mart. Cap. 7. § 740.

octasēmus, a, um (ὀκτάσημος), *t. t.* der Metrik, **achtzeitig,** Mart. Cap. 9. § 985.

octasȳlos, on (ὀκτάστυλος), **achtsäulig,** Vitr. 3, 2, 7 *sq.* u. 3, 3, 7.

octateuchos, on (ὀκτάτευχος), **achtbändig,** primus scripturanum divinarum codex est octateuchos, Cassiod. instit. div. litt. 1.

octāvānus, ī, *m.* (octavus), ein **Soldat der achten Legion,** Mela 2, 5, 3 (2. § 77). Plin. 3, 35.

octāvārium, iī, n. (octavus), die **Abgabe des achten Teiles,** Cod. Iust. 4, 61, 8.

Octāvius, a, um, Name einer röm. *gens,* aus der am bekanntesten der spätere Kaiser Augustus. – *Adi.* **oktavisch,** gens, Suet. – Dav. **Octāviānus,** a, um, **oktavianisch,** Caes.: bellum, des Cn. Oktavius mit Cinna, Cic. – bes. subst., Octāviānus, Beiname des aus der gens Octavia in die gens Iulia adoptierten späteren Kaisers Augustus, Cic. u. a.

octāvus, a, um (octo), der **achte,** **I** *adi.:* pars, Cic.: legio, Caes.: hora, Caes.: octavo decimo aetatis anno, Tac. – subst., ager efficit cum octavo (*sc.* grano), trägt achtfältig, Cic. Verr. 3, 114: octavo (*sc.* die) Idus Apriles, am achten vor den I. des Apr., Colum. 11, 2, 34: octavo od. in octavo (*sc.* libro) Aenëidos, im achten Buch, Auson. edyll. 13 *extr.* p. 146, 22 Schenkl. Prisc. part. XII vers. Aen. 5, 100: ad octavum (*sc.* lapidem), beim achten Meilenstein, Tac. hist. 3, 15. – *Adv.,* octāvum, **zum achten Mal,** Liv. 6, 36, 7: u. octāvo, **achtens,** Cassian. coenob. inst. 4, 39; **achtmal,** Capit. Macr. 3, 1. – **II** *subst.,* octāva, ae, *f.,* **a** (*sc.* hora) die **achte Stunde,** Iuven. 1, 49. – **b** (*sc.* pars) der **achte Teil,** das **Achtel,** als Abgabe, Auct. b. Afr. 98, 2. Cod. Iust. 4, 61, 7 u. a.

octennis, e (octo u. annus), **achtjährig,** puer, Amm. 18, 6, 10.

octennium, iī, *n.* (octo u. annus), ein **Zeitraum von acht Jahren,** tertio quoque octennio, alle 24 Jahre, Macr. sat. 1, 13. § 13.

octiēs (octiēns), *Adv.* (octo), **achtmal,** Cic. u. a. – u. **zum achten Mal,** consul octiens Augustus, Amm. 16, 1, 1.

octigēsimus = octingentesimus, Prisc. de fig. num. § 22.

octingēnārius, a, um (octingeni), **aus acht Hunderten bestehend,** Varro r. r. 2, 10. § 11. Prisc. de fig. num. § 27.

octingēnī u. **octingentēnī,** ae, a (octo u. centum), **je achthundert,** Prisc. de fig. num. § 24.

octingentēnārius = octingenarius, Prisc. de fig. num. § 27.

octingentēnī, s. octingēnī.

octingentēsimus, a, um (octingenti), der **achthundertste,** Cic. de sen. 4. Prisc. de fig. num. § 22. – subst., octingentesimo (*sc.* anno), Tac. ann. 11, 11 u. octingentesimus (*sc.* dies) urbis mire celebratus, Aur. Vict. de Caes. 4, 14.

octingentī, ae, a (octo u. centum), **achthundert,** Cic. u. a.

octingentiēs, *Adv.* (octingenti), **achthundertmal,** Vopisc. Tac. 10. § 1. Frontin. aqu. 7. Mart. Cap. 6. § 610.

octipēs, pedis (octo u. pes), **achtfüßig,** cancer, Prop. 4, 1, 150. Ov. fast. 1, 312.

octiplicātus, s. octuplicātus.

octō (griech. ὀκτώ, gotisch *ahtan,* ahd. *ahto*), **acht,** Cic. u. a.: decem et octo, Hirt. b. G.: octo et virginti, Gell.

October, bris, bre, Abl. brī (octo u. Suffix ber), **zur Acht gehörig, Oktober-,** **a** mensis October, der achte, dann (wie bei uns) der zehnte Monat des röm. Jahres, der **Oktober,** Cic. u. a.: auch subst. bl. Octōber, bris, *m.,* Colum. u. a. – **b** zum Monat Oktober gehörig, **des Oktobers,** Kalendae Octobres, Nonae Octobres, Idus Octobres, Cic. u. a.

octōchordos, s. octachordos.

octōdecim, *Numer.* (octo u. decem), **achtzehn,** Liv. 39, 5, 14. Frontin. strat. 2, 5, 37. Eutr. 1, 1. § 1 (Wagner decem et octo).

Octodurus, ī, *f.,* Ortschaft der *Veragri,* j. *Martigny (Martinach)* im Walliser Land, Caes. b. c. 3, 1, 4.

octōgamus, ī, *m.* (ὀκτώ u. γάμος), **achtmal verheiratet,** Hieron. adv. Iov. 1, 8 *extr.*

octōgēnārius, a, um (octogeni), **achtzig enthaltend,** homo, achtzigjährig, Plin. ep. u. Aur. Vict.: fistula, deren Blech achtzig Zoll in der Breite hat, Vitr. u. Frontin.

octōgēnī, ae, a, **I** *distr.,* **je achtzig,** Varro u. Liv. – **II** **achtzig** auf einmal, Plin. u. Frontin. – ► Genet. Plur. octogenûm, Frontin. aqu. 59.

Octogēsa, ae, *f.,* Stadt in Hispania citerior, am linken Ufer des Ebro, j. *Almatret,* Caes. b. c. 1, 61, 5; 1, 68, 1 u. 1, 70, 4.

octōgēsimus, a, um (octoginta), der **achtzigste,** Varro, Cic. u. a. – ► Nbf. octogēnsimus, Plin. ep. 2, 1, 4 K. Iuven. 4, 92 u. 6, 192: octagēnsimus, Ulp. dig. 38, 5, 1. § 27 M.

octōgessis, is, *m.,* **achtzig Asse,** Prisc. de fig. num. § 31.

octōgiēs (octōgiēns), *Adv.,* **achtzigmal,** Cic. Pis. 86.

octōginta, *Numer.,* **achtzig,** Cic. u. a. – ► Nbf. octuaginta, Colum. 11, 2, 40: octaginta, Hieron. chron. 2. CIL 3. p. 810 u. 811.

octōgōnos, s. octagōnos.

octōiugis, e (octo u. iugum), **achtspännig,** verächtl. übtr., octoiuges ad imperia obtinenda ire, acht Mann hoch = ihrer acht, Liv. 5, 2, 10. – subst., einer der Äonen des Valentinus, Tert. adv. Valent. 36.

octōminūtālis, e (octo u. minutus), **acht Heller** (oder sonstige kleine Münzen) **geltend,** Lampr. Alex. Sev. 22, 8.

octōnārius, a, um (octoni), **aus acht bestehend,** numerus, Varro u. Spät.: versus, achtgliedriger jambischer Vers, Quint.: fistula, deren Blech acht Zoll breit war, Plin. u. Frontin.

octōnātio, ōnis, *f.* (octoni) = ὀγδοάς, die **Achtzahl,** Interpr. Iren. 1, 1, 3 u. a.: Plur., Interpr. Iren. 2, 16, 4.

octōnī, ae, a (octo), **I** *distr.* **je acht,** huius generis octoni ordines, Caes.: cum alii octonos lapides effoderint, jeder acht Steine, Plaut.: praetoribus octona milia data, jedem achttausend, Liv.: octoni (*sc.* asses) aeris, je acht As schweres Geld, Hor., Plin. u. Inscr. – Sing., octonus numerus, die Acht, Hilar. prol. in psalm. 14: bis octono sub consule, Auson. epith. 35, 1. p. 80 Schenkl. – **II** **acht** auf einmal, Ov. met. 5, 50 u. a.

octōphoron, ī, *n.,* s. octaphoros.

octōsyllabos, on (octo u. syllaba), **achtsilbig,** Caes. Bass. de metr. Hor. 1, 3. p. 306, 4 K.

octōtopī, ōrum, *m.* (ὀκτὼ τόποι), **acht Orte des Himmels,** zwischen den vier Hauptgegenden od. Punkten des Himmels, in der Astrologie, Manil. 2, 969.

octō-vir, viri, *m.,* **Mitglied des Achtmännerausschusses,** CIL 9, 4119.

octuāginta, s. octōginta.

octuplex, **achtfältig,** Not. Tir. 65, 47ᵃ.

octuplicātio, ōnis, *f.* (octuplico), die **Verachtfachung,** Mart. Cap. 7. § 796.

octuplicātus (octiplicātus), a, um (octuplus), **verachtfacht, achtmal vermehrt,** Liv. 4, 24, 7 (Hertz octipl.).

octuplus, a, um (ὀκταπλοῦς), **achtfach,** pars, Cic. Tim. 22: portio, Chalcid. Tim. 96. – subst., octuplum, ī, *n.,* das **Achtfache,** bes. als Strafe, ex edicto iudicium in octuplum persequi, Cic.: octupli iudicium dare, Cic.: poena octupli, achtfache Strafe, Cic.: damnari octupli, Cic.: pretia venalium rerum non quadruplo aut octuplo statuere, Edict. Diocl. prooem. 2. § 2.

octus, s. octussis ►.

octussis, is, *m.* (octo u. as), **acht Asse,** Quanti emptae? Parvo. Quanti ergo? Octussibus, Hor. sat. 2, 3, 156. Vgl. Charis. 76, 4 (der nur den *Genet.* u. *Abl.* gelten lässt). – ► Nbf. octus, Volus. Maecian. in Meteol. script. p. 68, 3 H.

oculāre, is, *n.,* s. oculāris.

oculāris, e (oculus), **zu den Augen gehörig, Augen-,** tunica, Augenhäutchen, Veget.: medicus, Veget.: malum, Augenübel, Amm. – subst., oculāre, ī, *n.,* die **Augensalbe,** Pelagon. veterin. 30 (429 *Ihm*).

oculāriter, *Adv.* (ocularis), **mit den Augen,** intueri (Ggstz. iudicialiter), Sidon. epist. 7, 14, 4.

oculāriārius, a, um (oculus), **zu den Augen gehörig,** faber, der Glasaugenverfertiger (für die Statuen), CIL 6, 9402.

oculārius, a, um, **zu den Augen gehörig, Augen-,** claritas, der Augen,

Solin.: aegritudo, Solin.: medicina, Hyg.: medicus, Cels., Val. Max. u. Inscr.: chirurgus, Inscr. – subst., oculārius, iī, *m.*, der **Augenarzt,** Scrib. Larg. 37 u. 38.

oculāta, ae, *f.* (oculatus) ein Fisch, der **Brandbrassen** (*Sparus Melanurus,* nach Oken), Cels. 2, 18. Plin. 32, 149.

oculātim, *Adv.* (oculus), **mit bloßen Augen,** Cassian. coenob. inst. 12, 29.

oculātus, a, um (oculus), **I mit Augen versehen,** oculatus duobus luminibus, Cassiod. var. 1, 4, 15: Cherubim per totum corpus oculati sunt, Hieron. epist. 53, 8: aedis patulis oculata fenestris, Ven. Fort. carm. 3, 7, 47. – dah. **a sehend,** animalia intrinsecus oc., Aldh. de re gramm: testis, Augenzeuge (Ggstz. auritus testis), Plaut. u. Fulg.: inspectio, mit eigenen Augen, Arnob.: Clodius male oculatus, Suet.: deus oculatior, besser sehend, Tert. adv. Marc. 2, 25. – **b augenförmig,** oculati ex fulvo circuli, Solin. 17, 8. – **c mit Sternen** (wie mit Augen) **versehen,** palla, Mart. Cap. 1. § 66. – **II sichtbar, in die Augen fallend, augenfällig,** quam oculatissimo loco, Plin. 34, 24: dah. oculatā die vendere, an sichtbarem (Zahl-)Tag, d. i. für bares Geld (Ggstz. caecā die emere), Plaut. Pseud. 301.

oculeus, a, um (oculus), **I voller Augen, vieläugig,** Argus, Plaut. aul. 555. – dah. mit **Sternen** (wie mit Augen) **versehen,** Mart. Cap. 8. § 810. – **II scharfsichtig,** Apul. met. 2. 23.

oculissimus, a, um (gleichs. *Superl.* v. oculus) **sehr lieb und wert,** oculissime homo, Plaut. Curc. 121: oculissimum ostium, *ibid.* 15 *sq.* Vgl. Fest. 178 (a), 21 u. Paul. ex Fest. 179, 8.

oculitus, *Adv.* (oculus), **wie seine Augen,** amare, Plaut, fr. b. Non. 147, 6.

oculo, āre (oculus), **I mit Augen versehen, sehend machen,** Tert. de paenit. 12. – bildl., **erleuchten, aufklären,** alqm, Tert. apol. 21 u. a. Eccl. – **II sichtbar-, in die Augen fallend machen,** purpurā vestem, Tert. de pudic. 8 *in.*

oculōsus, a, um (oculus), **voller Augen,** Aldh. de re gramm. (Class. auct. vol. 5. p. 579).

oculus, ī, *m.* (*Demin.* v. *ocus, vgl. griech. ὄσσε, ὄψομαι, ὄπωπα), das **Auge, I** eig.: oculi acres, Cic., acriores, Sen.: acuti, Cic.: aegri, vitiosi, Sen.: aperti, Cic.: aquilini, Apul.: ardentes, Verg. u. Sen.: arguti, Cic.: attenti, Veget. u. Cael. Aur.: attentiores, Val. Max.: atroces, Gell.: avidi, Plin.: boni, Prop.: bubuli, Petron.: cadentes, Sen. rhet.: caeci, Sen.: caerulei, caesii, Cic.: caligantes, Gell.: caprini, Plin.: clari, Cato: clariores, Plin.: clausi, Sidon.: concavi, Suet: conditi, Sen. rhet.: conivente s, Cic.: contenti (gespannte), Suet.: defessi, Verg.: deficientes, Sen.: defixi, Hor.: demissi, Sen. rhet.: oculus dexter, sinister, Plin. ep.: oculi duri, starre, Plaut: eminentes, Cic.: errantes, Cic.: exstantes, Suet.: felinei, Serv. ad Verg.: flentes, Boëth.: fulgentes, Hor.: glauci, Plin.: grandes, Suet.: graves, Cic.: hebetes, hebetiores, Plin. u. Suet. (u. so uterque oculus naturā hebes, Plin.); hiantes, Plaut.: hilares, Sen.: humidi, Plin.: ignei, Solin.: immobiles, Plin., immoti, Ov.: impudentissimi, Cic.: infesti, Cic.: ingentes, Aur. Vict: intenti, Cic.: labentes, Prop.: lacrimantes, Plaut: laeti, Sen.: languidi, Quint.: limi, Plaut. u. Plin.: lippi, Plaut. u. Vitr.: loquaces, Tibull.: lyncei, Boëth.: magni, Varro: oculi igne micantes, Ov.: minaces, Sen.: mites, Val. Max.: morientes, Amm.: nigri, Plaut. u. Varro: operti, Sen.: parvi, Plin.: ravi, Varro: recti, Cic.: reducti introrsus oculi, hohle, Sen. rhet.: rigentes, Plin.: rigidi, Quint.: sicci, Hor. u. Sen.: torvi, Ov.: truces, Cic.: tumentes, Sen.: udi, Ov.: vagi, Veget.: vegeti, Suet.: vigiles, Verg. – acies oculorum, Cic.: album oculi, Cels.: ardor oculorum, Cic.: dolor oculorum, Sen. u. Aur. Vict.: fulmen oculorum tuorum, Aur. Vict.: oculorum hebetatio, Plin.: oculorum ludibrium (Täuschung), Ggstz. vera species, Curt.: lumina oculorum, Nep.: lux oculorum edita, vorstehende Augen, Amm.: oculorum magnitudo et candor, Capit.: locus oculi, die Augenhöhle, Plaut.: oculorum margo, Stat.: oculorum mendacium (Trug), Cic.: oculorum gravis morbus, Nep.: furtivi oculorum nutus (Zwinkern), der Buhldirnen, Hieron.: oculorum orbes (Ränder), Tac.: oculorum poena, die Str., die seine A. hätte treffen sollen, Cic.: oculorum atque aurium sensus (Sing.), Sen.: sensus oculorum atque aurium hebetes, Liv.: oculorum valetudo, Cic.: oculorum vigor integer, Plin. ep.: ulcera oculorum, Marc. Emp. – aeger oculis ex verna intemperie, Liv.: oculis captus, Cic.: captus altero oculo, auf einem A. blind, Suet.: oculorum dolore correptus, Aur. Vict.: corpore toto pulcher, sed magis oculis, Aur. Vict.: oculorum tabe notus, bekannt als einer, dem das Augenlicht vergangen, Tac. – abesse ab oculis et fori et curiae, entrückt sein den A. des F. u. der K., Cic.: abire ex oculis, Liv., ab oculis, Plaut. u. Sen.: adicere oculos, s. ad-icio *no.* I, 2, a: adicere oculum hereditati, auf die E. ein A. werfen, Cic.: advertere oculos, seine Blicke darauf richten, Plin. pan.: pretia solis oculis (nach dem Augenmaß) aestimantur, Amm.: allevare (aufschlagen) oculos, v. einem Ohnmächtigen, Curt.: amittere (verlieren) oculos, Caes., oculum, Aur. Vict. (bes. im Kampf): amoliri (entrücken) alqm ab oculis mortalium, Curt.: aperire oculos, s. a-perio *no.* II, a, α: aspernari oculis pulchritudinem rerum, Cic.: non haec aspicere oculis aequis, Verg.: ne rectis quidem oculis aspicere posse instructam aciem, Suet.: attollere oculos, s. at-tollo *no.* I, 1: auferre observantibus etiam oculos, vor sichtlichen Augen betrügen, Liv.: auferri ex oculis, den Blicken entzogen werden, entschwinden (v. leb. Wesen u. Lebl.), Sen. u. Tac.: auferre se ex oculis, Sen. u. Sil.: non oculorum modo usum, sed etiam aurium auferre (v. einem Geschrei), Curt.: avertere oculos, Ov.: alqā re avertere oculos hostium, Liv.: avertere oculos ab alcis facie, Aur. Vict.: avertere ab alqo omnium in se oculos, Liv.: avertere in semet omnium oculos animosque, Curt.: avertere alqd ab oculis et naribus alcis, Cic.: se ex oculis avertere et auferre, Verg.: cadere sub oculos, Cic.: cadere oblectationi oculisque (zur Augenweide), Tac.: oculi mihi caecutiunt, Plaut. u. Varro: caligant oculi, Cels. u. a.: capessere oculis egregium spectaculum, Liv.: capere fructum oculis ex alqa re, die Augen weiden an etw., Nep.: capi altero oculo, auf einem Auge blind werden, Liv.: captum esse oculis et auribus, Cic., auribus et oculis, Liv.: circumferre oculos, s. circum-fero *no.* II, b: claudere oculos, Lucan.: comedere oculis pueros molles, Mart.: comprimere oculos, Ov., Sen. u. a.: configere cornicum oculos, s. cōn-figo: conivere altero oculo, Cic.: conicere oculos, s. con-icio *no.* I, 2, a: contemplari intentis oculis, Cic.: contueri alqm duobus oculis, et non altero, Cic.: credere oculis magis od. amplius quam auribus, Liv. u. Sen.: oculis mihi dedit signum, Plaut.: defigere oculos in etc., s. dē-figo *no.* II, a: nusquam ab alqo deflectere oculos, Liv.: deicere (niederschlagen) oculos, Sen.: deicere in terram oculos, Quint. u. a.: deicere nusquam oculos de od. ab etc., s. dē-icio *no.* II, A: delectare spectaculis oculos, Sen.: delectare imperitorum oculos, Plin. ep.: demittere oculos, s. dē-mitto *no.* I, A, β: detergere oculos (v. Schlaftrunkenen), Petron.: devorare oculis, s. 1. dē-voro *no.* II, A, 3, a: diducere oculum, Cels.: dirigere oculos, s. dī-rigo *no.* II, A, 1, d: dissaviari oculos alcis, Q. Cic.: distorquere oculos, Hor.: oculi dolent, Plaut.: oculi dolent nimio fletu, Vopisc., spectando, Auson.: elabi ex oculis (v. einer Schlange), Liv.: effodere alci oculos, Cic.: elidere oculos, Plaut.: erigere oculos (bes. v. Sterbenden), Cic., cadentes iam oculos ad nomen alcis, Sen.: eruere alci oculum, Sen., sibi oculos, Lact.: eruere coturnicum oculos, Quint. – esse in oculis, vor Augen (sichtbar) sein, v. Örtl., Ov. u. Tac., u. vor Augen stehen, schweben (bildl.), Liv. u. a. (s. Fabri Liv. 22, 12, 6. Drak. Liv. 37, 28, 1. Mützell Curt. 3, 6 [14], 3. p. 72, a): esse in oculis alcis od. alci, bei jmd. sehr beliebt sein, von jmd. auf den Händen getragen werden, Cic. (vgl. Kühner Cic. Tusc. 2, 63): esse ante oculos, vor Augen (sichtbar) sein, Cic., u. ante oculos esse alci, jmdm. vor Augen stehen od. schweben (bildl.), Plin. ep.: non libenter esse ante oculos suorum civium, nicht gern unter den Augen seiner Mitbürger weilen, Nep. – ferre alqm in oculis, sehr viel auf jmd. halten, jmdm. von Herzen gut sein, Cic.: u. so ferre alqm oculis, Q. Cic.: figere oculos in terram, Sen.: figere oculos in virgine, Ov.: flectere oculos, Verg.: fugere oculos, nicht zu sehen (zu erkennen) sein, Sen.: aber oculos iuvenum fugere (v. einem Mädchen), Hieron.: nemo civis est, qui vos non oculis fugiat, auribus respuat, Cic.: felium in tenebris fulgent radiantque oculi, Plin.: oculos centum habere, Phaedr.: vellem oculos non habere! o dass ich doch blind wäre! Ps. Quint. decl.: ante oculos habere urbem latam in triumpho suo, Liv.: habere ante oculos immortalitatem (bildl.), Plin. ep.: semper alqm ante oculos habere (bildl.), Sen.: ante oculos habere (bildl.) mit folg. *Acc.* u. *Infin.*, Plin. ep. 8, 24, 4: semper id in oculis habere (vor A. haben, sich vor A. stellen, bildl.), quod quaeritur, Quint.: habitare in oculis, den Leuten nicht aus den A. gehen (v. Pers.), Cic.: ähnl. haerere in oculis, sich vor unseren Augen hinpflanzen, v. Pers., Cic.: hebetare oculos, Lact., aciem oculorum, Plin.: implevit oculos, die A. gingen ihr (vor Trauer) über, Sen.: arena magnā vi agitata ora oculosque implere solet, Sall.: implere oculos (seine A. weiden an usw.) insolito spectaculo, Plin. pan.: oculi implentur (füllen sich) lacrimis, Hieron.: incurrere in oculos u. bl. oculis, s. in-curro *no.* II, B, 1: ingerere oculis, s. in-gero *no.* II, 3: inhaerere oculis u. oculis alcis, vor A. schweben (bildl.), Vell. u. Ov.: inserere oculos, s. 2. īnsero *no.* I, A: oculus quoquam intenditur (wird gerichtet), Cels.: intendere oculos alci rei od. in alqd, hinrichten nach etw., Sen. u. Iustin.: omnium oculis mentibusque ad pugnam intentis, Caes.: intentere manus in alcis oculos, Petron.: intueri alqd intentis oculis, Cic. u. Sen.: iurare per oculos suos, Plaut. u. Ov.: laborare oculis, Scrib. Larg.: oculos hoc meos laedit, Sen.: librum ab oculo legit, ohne Anstoß, Petron.: liberate oculos meos (geht mir aus den A.), ingratissimi cives! Curt.: lustravi oculis totam urbem, Petron.: ut oculi aut nihil mentiantur aut non multum mentiantur, Cic.: frons, oculi, vultus persaepe mentiuntur, Cic.: flagrant et micant oculi (des Zornigen), Sen.: insectorum omnium oculi moventur, Plin.: obligare oculos, Sen. u. Curt.: obversari in oculis principum in foro, sich sehen lassen vor den usw., Iustin.: aber obversari ante oculos, vor Augen stehen (schweben), bildl., Cic.: obversari oculis, vor Augen stehen, eig. u. bildl., Liv. u. Sen.: primo aspectu occupare oculos, einnehmen, fesseln, Sen.: occurrere oculis (v. Pers. u. Lebl.), Ov., Curt. u. Colum.: occurrit alqd necopinato oculis, Liv.: offendere vehementius oculos hominum, Cic.: operire (zumachen) oculos, Petron.: operire oculos alci od. oculos alcis (eines Sterbenden), Plin. u. Sen. rhet.: opponere alternos foramini oculos, Hor.: opponere manus oculis suis, Petron., ante oculos, Ov.: opprimere oculos suos, Lact.: opprimere oculos (eines Sterbenden), Val. Max.: parcere oculis suis, seinen Augen ein schreckliches Schauspiel ersparen, Domit. bei Suet.: pascere (weiden) oculos alcis cruciatu atque supplicio, Cic., in alcis corpore lacerando, Cic.: neque oculis neque auribus percipi posse, Cic.: percurrere veloci oculo, mit raschem Blick überfliegen, Hor.: perdere (verlieren) oculos, Cic. u. Sen., ambos oculos, Iuven.: diu perlustrare oculis, Liv.: ponere ante oculos, sibi ponere ante oculos, Cic.: alci ponere ante oculos, Sen.: ante oculos positus, vor Augen liegend = alltäglich, z. B. res, Cic., u. = augenscheinlich, offenbar, z. B. pestis, Cic.: in oculis cotidianoque aspectu populi Rom. positum esse (z. B. v. einem Tempel), Cic.: praestringere oculos, Cic., aciem oculorum, Plaut.: premere oculos, zudrücken (einem Toten), Verg.: proponere ante oculos, ante oculos suos, Cic., sibi ante oculos, Rhet. Her. u. Serv. Sulpic. in Cic. ep.: proponere oculis, Cic.: prosequi alqm oculis (nachsehen) euntem, Sil., abeuntem, Tac.: prosequi alqm contentis oculis, Suet.: recedere ab oculis, dem Blick entschwinden (v. Sterbenden), Plin. ep.: referre (zurückwenden) oculos ad terram identidem, Liv.: reflectere oculos, Ov.: removere (entrücken) ab oculis, Cic.; restituere oculos, das Gesicht (die Sehkraft) wiedergeben, Suet.: subtrahere (fernhalten) oculos suos, Tac.: retorquere oculos, wegwenden, Ov.: retorquere oculos (zurückschielen) saepe ad hanc urbem, Cic.: medicamenta, quibus sanantur oculi, Sen.: oculis non satiari posse, sich nicht satt sehen können, Sen. rhet.: non sanguine et vulneribus suis alcis mentem oculosque satiare, Cic.: non solum animis, sed etiam oculis servire civium, nicht bloß die Gesinnungen, sondern auch die Blicke der B. zu berücksichtigen haben, Cic.: in oculis situm esse, vor A. liegen (stehen), Sall.: non deest forma, quae sollicitet oculos, Sen.: stare ante oculos, Sen.: subducere alqd oculis mortalium, Curt.: subito oculis subductum esse, Curt.: subicere oculis, Liv., ante oculos, Quint.: subicere rem dicendo oculis, Cic.: urbs subiecta oculis, Liv.: alqm subtrahere oculis civitatis, Liv.: tergere pedibus oculos (v. Tieren), Plin.: tollere oculos, Cic., oculos ad proceres, Lact., oculos in caelum, Lact.: tollere ex oculis, den A. entrücken, Hor.: tollere manum supra oculos, Quint.: torquere (verdrehen) oculum, Cic.: torquere oculos (den Blick wenden) ad moenia, Verg.: tenere (fesseln) oculos artificum, Plin. ep.: adversus alqd rectos oculos tenere, auf etwas mit unverwandtem Blick hinsehen, Sen.: teneo huic oculum, den hab ich im Auge, Plaut.: subiectos campos terminare oculis haud facile quire, Liv.: transferre oculos animumque ad alqd, Blick und Aufmerksamkeit auf etwas wenden, Cic.: oculi alci tument (sind geschwollen), Cels.: converso bacillo alci tundere oculos vehementissime, Cic.: certe oculis uteris, du hast recht gesehen, Plaut.: venire sub oculos, Sen.: versari ante oculos, vor A. stehen, schweben, Cic.: u. so versari ob oculos, Cic., in oculis animoque, Cic.: oculis meis vidi, Petron.: clare oculis video, Plaut.: rectis oculis gladios micantes videre, Sen.: vitare oculos hominum, Cic.: volitare ante oculos istorum, Cic. – in oculis alcis, vor jmds. Augen, z. B. populari agros, Liv.: in oculis omnium geri, vor den Augen der Welt vorgehen, Cic. – ante oculos alcis, vor jmds. Augen, z. B. perire, trucidari, Liv. – sub oculis alcis, unter jmds. Augen, z. B. sub avi oculis necari, Iustin.: sub oculis omnium pugnatur, Caes.: tanto sub oculis accepto detrimento perterritus exercitus, Caes. – procul ab oculis, fern von den Augen (Blicken), z. B. quae in provincia procul ab oculis facta narrabantur, Liv. – als Liebkosungswort, ocule mi! mein Augapfel! Plaut. Curc. 203. – im Doppelsinn par oculorum in amicitia M. Antonii triumviri, Augenpaar u. Freundespaar, Suet. rhet. 5.

II übtr.: **a** v. etwas Vorzüglichem, im Bild, illos oculos orae maritimae effodere, der Meeresküste jene Augen ausgraben (= die beiden hervorragenden Städte, Korinth u. Karthago, vernichten), Cic. de nat. deor. 3, 91: u. so ex duobus Graeciae oculis (Sparta u. Athen) alterum eruere, Iustin. 5, 8, 4. – **b** v. Sonne und Sternen, oculus mundi, Ov.: oculi stellarum, Plin.: sol et luna, duo mundi, ut ita dicam, clarissimi oculi, Hieron. epist. 98, 2. – **c** das **Auge** auf dem Fell der Panther, breves macularum oculi, kleine augenförmige Flecke, Plin. 8, 62: des Pfauenschwanzes, pavonum caudae oculi, Plin. 13, 96. – **d** das **Auge,** die **Knospe,** Verg., Colum. u. a. – **e** die **Knollen** od. das **Dicke** an gewissen Wurzeln, des Rohres usw., Cato, Varro u. Plin. – **f** eine Pflanze, sonst aizoon maius gen., Plin. 25, 160. – **g** als *t. t.* der Baukunst, oculus volutae, das **Schneckenauge,** an den ionischen Säulen, eine kleine Kreisfläche, wo der umlaufende Saum der Schnecke anfängt, Vitr. 3, 5, 6.

ocymum, richtiger ocimum, s. d.

ōdāriārius, a, um (odarium), **zum Gesang gehörig, Gesang-,** magister, CIL 6, 10133.

ōdārium, iī, *n.* (ᾠδάριον), ein **Gesang, Lied,** rein lat. carmen, Petron. 53, 11.

ōdē, ēs, Akk. ēn, *f.* (ᾠδή), der **Gesang,** bes. der lyrische, das **Lied,** rein lat. carmen, Sidon. epist. 9, 15, 1. Mar. Victorin. 4, 3, 2 *sqq.* p. 160 *sqq.* (K.): hac ode, Porphyr. Hor. carm. 1, 1, 1: übtr. v. Gesang des Vogels, et merulus modulans tam pulchris zinzitat odis, Anthol. Lat. 762, 13 (233, 13).

ōdēum u. **ōdīum**, ī, *n.* (ᾠδεῖον), ein zu musikalischen u. poetischen Wettstreiten bestimmtes Gebäude, das **Odeum,** Vitr. 5, 9, 1. Tert. de res. carn. 42. Amm. 16, 14,10: Form odīum, Suet. Dom. 5 R. M. Aurel. b. Fronto ad M. Caes. 2, 6. p. 30,16 N.

ōdī, ōdisse, Partiz. Fut. ōsūrus (vom alten odio, odīvī od. ōdī, ōsum, īre, einen Hass gegen jmd. fassen; also im *Perf.* = einen Hass gefasst haben, d. i.) **I hassen** (Ggstz. amare, diligere, alci favere et cupere), **a** v. Pers.: odi (*sc.* Romanos) odioque sum Romanis, ich hasse die Römer u. werde von den R. gehasst, Liv.: odisse tribunos, seinen Hass auslassen an den Tr., Liv.: alqm multo peius quam illum ipsum Clodium, Cic.: celebritatem, Cic.: quosdam minus aut magis osos (esse) veritatem, Sen. rhet.: m. folg. *Infin.*, inimicos semper osa sum optuerier, Plaut.: servire et pati contumelias peius odero malis omnibus aliis, Brut. in Cic. ep.: oderunt peccare boni virtutis amore, Hor.: falli odit anima, Augustin. – absol., Ggstz. amare, Cic., Ggstz. favere, Cic., Ggstz. timere, Tac. u. a.: oderint, dum metuant! Suet. – **b** v. Lebl.: aeque (cucurbitae) hiemem *odere*, *amant* rigua et fimum, Plin. 19, 69: ruta odit hiemem et umorem ac fimum, Plin. 19, 156: m. folg. *Acc.* u. *Infin.*, ferro laedi vitalia odit (balsamum), Plin. 12, 115. – **II** übtr., **es nicht gern sehen, verdrießlich sein,** odi, cum late splendida cera vacat, Ov. am. 1, 11, 20. – ► **a** *Praes.* odio, Fest. 201 (a), 18: odis, Ambros. in psalm. 118, 17; *Coniunctiv* odiant, Arnob. in psalm. 37: *Imperf.* odiebant, *ibid.* 73; *Coniunctiv* odirem u. *Infin.* odire, Charis. 257, 16 u. 21 (ohne Beleg); *Fut.* odies, odiet, Tert. adv. Marc. 4, 35. Hieron. epist. 22, 31, odibunt, Vulg. Itala prov. 1, 22: *Imperat.* odito, Vulg. Sirach 17, 23, odite, Vulg. psalm. 96, 10: *Gerund.* odiendi, Ps. Apul. de Plat. 3 *in.*: *Partic. Praes.* odientes, Tert. adv. Marc. 4, 16. Vulg. deut. 7, 10, odientium, Vulg. Sirach 25, 20: *Partic. Fut.* oditurus, Tert. ad nat. 1, 1: *Praes. Pass.* oditur, Tert. apol. 3. Hieron. epist. 43, 2. Vulg. Sirach 20, 8: *Infin. Praes. Pass.* odiri ab omnibus populis, Cassiod. hist. eccl. 6, 2. – **b** Ungew. *Perf.* odivi, Vulg. psalm. 118, 104: odivit, Anton, bei Cic. Phil. 13, 42. – **c** *Perf. depon.* osus sum, ich bin verhasst u. Partic. osus, C. Gracch. b. Fest. 201, 18. Plaut. Amph. 900. Sen. suas. 1, 5. Gell. 4, 8, 3. – **d** *Fut. periphr.* si osurus esset, hassen würde, Cic. de amic. 59: *Partic. Fut.* osurus, Gell. 1, 3, 30. Vgl. übh. Charis. 257, 12 *sqq.*

odibilis, e (odi), **hassenswert** (Ggstz. amabilis), Acc. didasc. 1, 7 L. M. (b. Prisc. 6, 68). Lampr. Heliog. 18, 1. Ambros. epist. 33, 1 u. a. Eccl.

ōdinolytēs, ae, *m.* (ᾠδινολύτης, v. ὠδινολύτης u. λύω), der **Linderer der Geburtsschmerzen,** v. Fisch echeneis od. mora, Plin. 32, 6.

odiōsē, *Adv.* (odiosus), **hassenswert, widrig, verdrießlich, auf ärgerliche Weise, lästig,** Komik., Cic. u. a. – *Superl.* odiōsissimē, Augustin. de dono pers. 61.

odiōsicus, a, um, scherzh. gebildetes Wort, st. odiosus, Plaut. capt. 87.

odiōsus, a, um (odium), **Ärgernis gebend, -erregend, verhasst, widerwärtig, widrig, anstößig, verdrießlich, lästig,** (tu) odiosa (= odiose) cessas, Ter.: genus hominum, Cic.: orator, langweilig, Cic.: donum, Plaut.: verbum, Cic.: et hercule nihil odiosius, nihil molestius, Cic.: negotium odiosissimum, Fronto: odiosissima natio, Phaedr.: odiosum est m. folg. *Infin.*, Cic. Rosc. Am. 47; Phil. 1, 27. – *neutr. pl.* subst., huc enim odiosa afferebantur, verdrießliche Geschichten, Cic. ad Att. 6, 3, 4. – ► Archaist. Schreibung odiossus (aus odionsus), s. Brix Plaut. trin. 37.

1. odium, iī, *n.* (v. odio, s. ōdī), **I** subj. = der **Hass,** der **Widerwille,** die **Abneigung, Feindschaft** (Ggstz. amor, benevolentia, gratia, favor), Plur. odia, auch = **Äußerungen-, Regungen des Hasses,** m. Ang. **gegen wen?** durch *in* od. *erga* od. *adversus* m. Akk., odium in omnes, Cic.: in Romanos, Römerhass Vell.: alcis odium in mulieres, Frauenhass, Gell.: nota in eum Seiani odia, Tac.: odium erga Romanos, Römerhass, Nep.: adversus Persea, Liv.: adversus hostes, Val. Max.: adversus iustos, Lact.: durch *inter*, z. B. intestinum inter patres plebemque odium, Liv.: procerum odia inter se, Iustin.: durch obj. *Genet.*, odium Autronii, gegen A., Cic.: vestri, gegen euch, Cic.: odium regis, gegen den König, Iustin.: odium mulierum, gegen die F., Cic.: defectionis, wegen des A., Caes. (vgl. Drak. Liv. 41, 23, II): durch *Adi.*, odium decemvirale, gegen die Dezemvirn, Liv.: bes. durch das *Pronom. poss.*, odium tuum, gegen dich, Ter.: odium nostrum, gegen uns, Ov.: vestrum, gegen euch, Liv. – odium acerbum, acerbissimum, Cic.; anceps, bei beiden Parteien, Liv.: capitale, Cic.: compressum (verhaltener) atque tacitum, Cic.: diuturnum, Cic.: hereditarium in alqm odium, Vell. (vgl. velut hereditate relictum paternum odium erga Romanos, Nep.): odium hostile, Iustin.: implacabile, Nep.: inexorabile, Ov.: inexpiabile, Liv.: iniustum, Cic.: odium penitus insitum, Cic.: odium omnium iustum et iam diu tibi debitum, Cic.: odia iusta, Quint.: illius nefarium in omnes odium, Cic.: odium novercale, Aur. Vict.: odia novercalia, Tac. u. Iustin.: odium paternum, Iustin.; odium in Romanos perenne, Aur. Vict.: huius perpetuum odium erga Romanos, Nep.: odia pertinacia, Tac.: odium privatum, Vell.: odia privata, Cic.: odium recens, Liv. – accensus odio, Liv.: agitare odium adversus alqm, Tac.: ardere odio alcis, Cic.: tantum cepisse odium regni, ut etc., Cic.: audivi cepisse odium tui Philumenam, Ter.: colligere alci odium (vom Unglück), Caes.: conciliare alci odium, Quint.: concitare odium, Quint., magnum odium, Cic.: concoquere odia, Cic.: non consentire in odio Crassi (gegen Kr.), Auct. b. Alex.: odium in rem publicam et in omnes bonos conceptum iam diu continere (in sich tragen), Cic.: omnium in se gentium non solum odia, sed etiam arma convertere, Cic.: in odium se ira convertit, Petron.: creare odium, Cic.: demovere odium a nobis ac nostris (Ggstz. struere odium in alios), Cic.: deponere odium, Nep., omnia privata odia, Cic.: differre odium regis (gegen den K.) in vindictae occasionem, Iustin.: capitali odio ab alqo dissidere, Cic.: difficulter odia dissimulare, Auct. b. Alex. – odio esse alci, von jmd. gehasst werden, jmdm. lästig, unausstehlich sein, viro odio esse, Plaut.: odio es mihi, ich kann dich nicht ausstehen, Plaut.: odi odioque sum Romanis, ich hasse die R. u. werde von ihnen gehasst, Liv.: numquam tanto odio civitati Antonius fuit, quanto est Lepidus, Cic.: cui Tubuli nomen odio non est? Cic.: ei summo esse odio nomen populi Romani, Hirt. b. G. – in odio esse, gehasst werden, Cic.: in odio esse alci od. in odio esse apud alqm, von jmd. gehasst werden, Cic. – quod mihi cum P. Clodio odium fuit, nisi quod etc.? warum habe ich den P. Clodius gehasst? Cic. – efferati odio irāque, Liv.: quod adversus Persea odium Romanorum ut maturius erumperet, Liv.: effundere omne odium, Cic.: exercere (auslassen) inexorabile odium, Ov.: exercere hereditarium in alqm odium, Vell.: exercere odium in prole paternum, den H. gegen den V. am Sohn auslassen, Ov.: explere odium factis simul dictisque, Liv.: explere odium sanguine inimici, Cic.: deinde suum, Memmii, Metelli odium exprompsit, ließ sich darüber aus, wie er, wie M. usw. (den Cäsar) hasste, Cic.: exstinguere odium (Ggstz. incendere odium, im Bild), Cic.: magnum odium video cum crudelissimo excidio exstitisse, Cic.: odium turpitudo iudici facit, Quint.: tanto odio ferebatur in Caesarem, ut etc., Nep.: flagrare odio, von H. entbrannt sein, Cic.: flagrant odio tua pectora nostro (gegen mich), Ov.: civitas intestino inter patres plebemque odio flagrabat, Liv.: cameli odium gerunt adversus equos naturale, haben eine angeborene Abneigung gegen die Pf., Plin.: odium habere, gehasst werden, Sen.: odii nihil habet, gehasst wird er gar nicht, Cic.: propter morum differentiam odium habet, Petron.: aber gemitu et maestitia declaravit, quantum haberet odium servitutis, wie sehr er die Kn. hasste, Cic.: odium illud, quod habuit (hegte) in equestrem ordinem, Cic.: alqm sibi odio habere, jmd. hassen, Plaut.: inflammare odium suum (Ggstz. lenire), Cic.: odia improborum, quae iam exstincta erant, rursus in nos incendamus, Cic.: ex petitione pontificatus odio incensus, Sall.: incurrere in odia hominum, Cic.: inest hoc tempore haud obscurum odium atque id insitum penitus et inustum animis hominum amplissimorum, Cic.: insigne adversus Persea odium Romanorum fecit, er gab deutlich zu erkennen, Liv.: intendere odium, noch mehr hassen, Tac.: irritare iram et odium, Liv.: irruere in odium offensionemque rei publicae, Cic.: laborare odio apud hostes, Liv.: odium precibus mitigari potest, Cic.: mittere (fahren lassen) ac finire odium, Liv.: asperitas odium saevaque bella movet, Ov.: patefecit odium suum in me, Cic.: pervenire magnum od. maximum in odium alcis, Nep.: non ut odio permotus videar, Cic.: placavi odia improborum, Cic.: ponere decemvirale odium, Liv.: omne odium in me profudistis, habt an mir ausgelassen, Cic.: odium, quod in ipsum attulerunt, id in eius imaginem et simulacrum profuderunt, Cic.: quaerere causam odii, Liv.: remittere privata odia publicis utilitatibus, Tac.: restinguere odium alcis, Cic.: odium diuturnum saturare cupere, Cic.: Flacci sanguine illius nefarium in omnes odium saturare, Cic.: sedare odium, Cic.: eius ista odia non solum sorbere (verschlucken), sed etiam concoquere (verdauen), Cic.: struere in alios odium (Ggstz. a nobis ac nostris demovere), Cic.: subire odium alcis, Cic.: suscipere odium in alqm, Auct. b. Alex., implacabile odium in alqm, Nep.: aber in eo magnum odium Pompei suscepistis, damit habt ihr euch bei P. sehr verhasst gemacht (sehr schlecht empfohlen), Cic.: a Tyria collectum paelice (den gegen das tyr. K. gefassten) transfert in generis socios odium, Ov.: quid opus est armis, inter quos odia sublata sunt, Curt.: venire in odium, verhasst werden, Cic.: venire alci in acerbissimum odium, sich bei jmd. aufs Bitterste verhasst machen, Cic.: si iudicium posterorum in odium vertit (umschlägt), Tac.: vincere odium, Cic.: vitare odium neminem lacessendo, Sen.: omnium odio vivere, allen verhasst leben, Eutr.: nomen imperii in commune odium orbis terrae vocabatur, wurde dem gemeinsamen H. des E. bloßgestellt, Cic.: cum is non suo crimine, sed multorum vitio sit in quoddam odium iniustum vocatus, manches Gehässige ungerechterweise aufgebürdet worden ist, Cic. – dah. **a** übtr., die **Abneigung,** der **Widerwille** eines lebl. Ggstds., odium raphanis cum vite, Plin.: quercus et olea pervicaci odio dissident, Plin. – **b** meton., der **Gegenstand des Hasses, der Hass, der Verdruss, der Abscheu,** eine **unausstehliche Person,** ein **hassenswerter Mensch** (s. Brix Plaut. mil. 923), deorum odium atque hominum, Plaut. rud. 319: populi odium, Plaut. mil. 923: L. Antonius, insigne odium (ein besonderer Gegenstand des Hasses) omnium hominum vel, si etiam di oderunt quos oportet, deorum, Cic. Phil. 14, 8: quam ob rem odium eos omnium populorum esse, Iustin. 11, 3, 10: cum tua religione, odium, nodum in scirpo quaeris, Ter. Andr. 941. – **II** objekt. = das **Verdrießliche, Unangenehme** bei einer Person od. Sache, die **Unannehmlichkeit,** der **Ekel, a** übh.: neque agri neque urbis odium me percipit, ich werde überdrüssig, Ter.: ne novi verbi assiduitas odium pariat, Rhet. Her. – **b** insbes., v. Pers., **gehässiges, lästiges, widerwärtiges (unausstehliches) Wesen, -Benehmen, Unwille, Grimm,** actor mihi cor odio sauciat, Plaut.: cum tuo istoc odio, Ter.: odio et strepitu senatus coactus est perorare, Cic.: tundendo atque odio effecit, durch das verdrießliche, unaufhörliche Vorpredigen, Ter.: odio tuo me vinces, Ter.: odio qui posset vincere regem, Hor.: quod erat odium! quae superbia! Cic.

2. **ōdīum,** iī, *n.*, s. ōdēum.

ōdo, ōnis, *m.* = udo, Ulp. dig. 34, 2, 25. § 4 (wo aber M. adonum).

odontītis, tidis, *f.* (ὀδοντῖτις), eine Pflanze, gut gegen Zahnschmerzen, das **Zahnkraut** (*Euphrasia Odontites,* L.), Plin. 27, 108.

odor, ōris, *m.* (zu griech. ὄζω, ὄδωδα, ὀσμή), der **Geruch, I** eig. u. bildl.: **1** eig., Cic.: odorem trahere naribus, Phaedr. – Insbes., **a** der **(üble) Geruch, Gestank,** Sall., Verg. u. a. – **b** der **Wohlgeruch, Duft,** Verg. u. Hor. – **c** übtr., der **Dampf, Dunst,** ater, Verg.: insolitus, Liv.: culinarum fumantium, Sen. – **2** übtr., die **Witterung** einer Sache, **Vermutung, Ahnung,** odore aliquo legum recreatus, Anhauch, Cic.: est non nullus odor dictaturae, man munkelt von einer D., Cic.: qui quodam odore suspicionis Stalenum corruptum esse sensisset, der davon schon einigen Wind hatte u. den Verdacht hegte, dass usw., Cic. – **II** meton.: **1 Wohlgeruch = Räucherwerk,** Assyrius odor, Catull.: Arabius odor (Weihrauch), Plaut.: tus exiguum et odoris unius glebula, Arnob.: fumat ara multo odore (Weihrauch), Hor.: attrib., unguen odor, Apul. flor. 19. p. 33, 2 Kr. – Plur. = **wohlriechende Spezereien, Gewürze, wohlriechende Wasser, Salben, Balsame** (griech. φάρμακα), unguenta atque odores, Plaut.: tus et odores, Hor.: coquere odores, Sen.: incendere odores, Cic.: Poppaeae corpus differtum odoribus conditur, Tac.: mercator, qui odores ac purpuras portabat, Sen. – **2** der **Geruchsinn** (neben auditus, tactus, gustatus), Rhet. Her. 2, 8. Ambros. in Luc. 7. § 140. – ► Archaist. Nbf. odōs, ōris, *m.*, Plaut. capt. 815; Curc. 105; Pseud. 841 u. 842. Sall. Iug. 44, 4.

odōrābilis, e (odoror), **riechbar,** Ambros. de Noë 15. § 52. Isid. diff. 1, 142.

odōrāmen, inis, *n.* (odor) = odoramentum, Plur., Macr. sat. praef. § 8. Chalcid. Tim. 50 E. u. 220.

odōrāmentum, ī, *n.* (odoro), **wohlriechende Spezereien, Räucherwerk, Balsam usw.,** Plur. bei Colum. 11, 2, 71. Plin. 15, 29. Cael. Aur. de morb. acut. 2, 9, 37 u. 42. Vulg. Isai. 39, 2. Augustin. serm. 136, 3 Mai. CIL 11, 1088 (Plur.).

odōrārius, a, um (odor), **zum Räuchern dienlich,** murra, Plin. 12, 70.

odōrātio, ōnis, *f.* (odoror), das **Riechen,** der **Geruch** = die **Wahrnehmung durch den Geruchsinn,** u. meton. = der **Geruchsinn,** Lact. de opif. dei 10, 10: Plur., Cic. Tusc. 4, 20: duas odorationes habere, Interpr. Iren. 1, 18, 1. – übtr., aliqua odoratio immortalitatis, Interpr. Iren. 1, 4, 1.

odōrātīvus, a, um (odoro), **riechend, wohlriechend,** herba, Ps. Apul. herb. 79 *extr.*

1. **odōrātus,** a, um, *Partic.* v. odoror, s. d.

2. **odōrātus,** a, um (v. odor), **riechend, einen** (bes. **einen angenehmen) Geruch von sich gebend, wohlriechend,** cedrus, Verg.: capilli, Hor.: vinum, Plin. u. Lact.: odoratus capillos rosā, Hor.: nec male odorati sit anhelitus oris, Ov.: odorati imbres, Sen. rhet.: odora laurus, cupressorum odoratius lignum, Apul.: liquor odoratior, Plin.: vina mustis odoratiora, Plin.: flores odoratissimi, Plin.: unguenta odoratissima, Augustin. – übtr., Indi, in deren Land wohlriechende Spezereien wachsen, Sil.: so auch Armenii, Tibull.

3. **odōrātus,** ūs, *m.* (odoror), **I** das **Riechen,** der **Geruch,** als Wahrnehmung durch den Geruchsinn, Cic. de nat. deor. 2, 158. Vulg. 1. Cor. 12, 17. – **II** übtr.: **A** der **Geruchssinn,** der **Geruch,** Cic. Acad. 2, 20. Plin. 11, 10. – **B** (= odor) der **Geruch** einer Sache, Plin. 25, 151.

odōrifer, fera, ferum (odor u. fero), **I Geruch verbreitend, riechend, wohlriechend,** panacea, Verg. Aen. 12, 419: lances, Prop. 2, 13, 23: flores, Sil. 16, 309: germen, Ven. Fort. carm. 4, 26, 109: herbae, Cassiod. exp. in psalm. 15 *extr.* (tom. 2. p. 6, b *ed. Garet*): odoriferi fructus (bildl.) sanctae religionis, Ambros. de spir. scto 2, 5. § 40: Cethura, quae odorifera significatur, Ambros. de Cain et Abel 1, 6. § 23. – **II Wohlgerüche** (Weihrauch, Myrrhen) **hervorbringend,** insulae, Plin. 6, 155: Arabia, Plin. 5, 65: gens, v. den Persern, poet. = das morgenländische, Ov. met. 4, 209.

odōrificātus, a, um (odor u. facio), **wohlriechend gemacht,** Ambros. epist. 8, 64.

odōrisequus, a, um (odor u. sequor), **dem Geruch** (der Witterung) **nachgehend,** canes, Ter. Maur. 1938; vgl. Serv. Verg. Aen. 4, 132.

odōro, āvī, ātum, āre (odor), **I riechend-, wohlriechend machen,** aëra fumis, Ov.: mella, Colum.: caelum sulfure, Avien. Arat. – **II** durch den Geruchsinn wahrnehmen, **riechen,** canales, Tert. de pall. 5: libationem, Vulg. Sirach 30, 19: absol., nares habent et non odorabunt, Vulg. psalm. 113, 6: quod naribus potius audiret, odoraret oculis, auribus cerneret, Lact. de opif. dei 6, 12; vgl. 14, 7: odora et senti quam suave est, Augustin. serm. 112, 7.

odōror, ātus sum, ārī (odor), **riechen, I** eig.: **a** = durch den Geruchsinn wahrnehmen, odorem suavitatis (den lieblichen Geruch), Vulg. genes. 8, 21: sacrificium, Vulg. 1. regg. 26, 19: absol., nec comedunt nec odorantur, Vulg. deut. 4, 28. – **b an** etw. **riechen,** durch Riechen untersuchen, pallam, Plaut. Men. 166. – **c wittern,** cibum, Hor.: hominem, Colum. – **II** übtr.: **a riechen** = merken, procul bellum, Vulg. Iob 39, 25. – **b** = **erforschen, ausspüren,** pecuniam, Cic.: quid futurum sit, Cic.: tu velim ex Fabio odorere, dem F. auf den Zahn fühlst, Cic. – **c** verächtl. = nach etw. **trachten,** quos odorari hunc decemviratum suspicamini, dass ihnen dieses Dezemvirat in die Nase sticht, Cic. de lege agr. 2, 65. – **d** in etwas **nur riechen, nur einen Blick tun** (= sich nur oberflächlich mit etw. bekannt machen), odoratus philosophiam, Tac. dial. 19, 3: veritatem ita leviter, ut etc., Lact. 7, 1, 11.

odōrus, a, um (odor), **I riechend,** u. zwar: **a wohlriechend,** flos, Ov. u. Apul.: arbor (von der Myrrhe), Ov.: pigmenta, Macr. – *Compar.*, proximum Zmyrnaeum odorius, Plin. 20, 177. – *Superl.*, nardum Syriacum odorissimum, Isid. orig. 17, 9. § 3: radices odorissimae, *ibid.* § 8. – **b (übel)riechend, stinkend,** sulfur, Claud. in Olyb. et Prob. cons. 256: lumen (sulfuris), Claud. VI. cons. Hon. 324. – **II riechend = witternd,** odora canum vis, Verg. Aen. 4, 132.

odōs, ōris, *m.*, s. odor.

Odrysae (Odrusae), ārum, *m.* (Ὀδρύσαι), eine große Völkerschaft in Thrazien am Fluss Hebros, die ein eigenes Reich bildete, im heutigen

Rumili, Liv. 39, 53, 12. Curt. 10, 1 (6), 45: Form *-usae* b. Tac. ann. 3, 38. – Dav. **Odrysius,** a, um, **odrysisch,** poet. = **thrazisch,** Ov.: tellus, Trazien (ἡ γῆ Ὀδρυσίς, Anth.), Sil. – subst., Odrysius, iī, *m.*, der **Odrysier, Thrazier** = Orpheus, Val. Flacc.: Plur., Odrysiī, ōrum, *m.*, die **Odrysier, Thrazier,** Ov.

Odyssēa (Odyssīa), ae, *f.* (Ὀδύσσεια, *sc.* μοῦσα), ein Gedicht Homers, das von den Irrfahrten des Ulixes handelt, Varro sat. Men. 60 (wo griech. Akk. Odyssian). Ov. trist. 2, 375. Auson. epitaph. 6, 2 (wo griech. Akk. Odyssean): neben Ilias (w. vgl.), Sen. ep. 88, 40 u. de brev. vit. 13, 2. Petron. 29, 9 (wo griech. Akk. Odyssian). – u. ein Gedicht des Livius Andronikus, Cic. Brut. 71. Gell. 6 (7), 7, 11 (Hertz Odyssia). – **portus Odyssēae** (Ὀδυσσεία ἄκρα, Ptol.), ein Vorgebirge, die äußerste Spitze von Südsizilien, Cic. Verr. 5, 87.

Oea, ae, *f.*, eine Stadt in Afrika, j. *Tripoli,* Mela 1, 7, 5 (1. § 37). Sil. 3, 257. Apul. apol. 17. – Dav. **Oeēnsis,** e, **öensisch,** civitas = Oea, Plin. – Plur. subst., Oeēnsēs, ium, *m.*, die Einwohner von Öa, die **Öenser,** Tac.

Oeagrus, ī, *m.* (Οἴαγρος), König in Thrazien, Vater des Orpheus, Ov. Ib. 480. Hyg. fab. 14. – Dav. **Oeagrius,** a, um, **öagrisch,** poet. = **thrazisch,** Hebrus, Verg.: oder = **orphisch,** Oeagrios pulsabat nervos, spielte auf der Zither (wie Orpheus), Sil.

Oebalia, s. Oebalus.

Oebalus, ī, *m.* (Οἴβαλος), König in Sparta, Sohn des Perieres von der Nymphe Batea, Vater des Tyndarus, Hippokoon, Ikarion und der Arene, Großvater der Helena, Hyg. fab. 78. – Dav.: **A** **Oebalidēs,** ae, *m.* (Οἰβαλίδης), der **Öbalide** (Sohn od. Nachkomme des Öbalus) = ein Spartaner, puer, von Hyazinthus, Ov.: Oebalides, v. Pollux, Val. Flacc.: Oebalidae, v. Kastor u. Pollux, Ov. – **B** **Oebalis,** idis, *f.*, **von Öbalus herrührend, öbalisch, a spartanisch,** nympha, Helena, Ov. – **b** **sabinisch,** weil die Sabiner von Sparta abstammen sollen, matres, Ov. – **C** **Oebalius,** a, um, **zu Öbalus gehörig, öbalisch, a spartanisch,** vulnus, des Hyazinthus, Ov.: paelex, Helena, Ov.: Oebalia arx, d. i. **Tarent,** der Sage nach von Spartanern unter ihrem alten König Öbalus gegründet, Verg. georg. 4, 125: u. bl. Oebalia, **Tarent,** Claud. in Olyb. et Probr. cons. 260. – **b** **sabinisch,** Titus (Tatius), Ov.

Oechalia, ae, *f.* (Οἰχαλία), Stadt auf Euböa, Residenz des Eurytus, des Vaters der Jole, von Herkules zerstört, Verg. Aen. 8, 291. Ov. her. 9, 1. Hyg. fab. 35. – Dav. **Oechalis,** idis, *f.* (Οἰχαλίς), **aus Öchalia,** eine **Öchalierin,** Ov. met. 9, 331.

Oecleus, eī, *m.* (Οἰκλεύς), Vater des Amphiaraus, Hyg. fab. 128. – Dav. **Oeclīdēs,** ae, *m.* (Οἰκλείδης), der **Öklide** = Amphiaraus, Ov. u. Stat.

oeconomia, ae, *f.* (οἰκονομία), die gehörige Einteilung der einzelnen Teile einer Rede, eines Theaterstückes, sodass sie ein harmonisches Ganzes ausmachen, die **Ökonomie,** Quint. 1, 8, 9 u. a. Donat. Ter. Andr. 2, 3, 25 u. 3, 1, 1. Serv. Verg. Aen. 1, 30 (griech. bei Cic. ad Att. 6, 1, 11).

oeconomicus, a, um (οἰκονομικός), **I die Wirtschaft betreffend,** subst., Oeconomicus, ī, *m.* (οἰκονομικός), der **Haushalter,** Titel einer Schrift des Xenophon, Cic. de off. 2, 87. Gell. 15, 5, 8. – **II** übtr., von der **gehörigen Einteilung in der Redekunst,** dispositio causae, Quint. 7, 10, 11.

oeconomus, ī, *m.* (οἰκονόμος), der **Wirtschafter, Schaffner, Verwalter,** Cod. Iust. 1, 3, 33. Cod. Theod. 9, 45, 3: im Kloster, Hieron. epist. 22, 35.

oecos u. **-us,** ī, *m.* (οἶκος), der **Saal,** Vitr. 6, 3 (5), 8; 6, 7 (10), 2. Plin. 36, 184.

oecūmenē, ēs, *f.* (οἰκουμένη), die (bes. von Griechen) **bewohnte Erde,** Gromat. vet. 61, 19 u. bes. 62, 3.

oecus, s. oecos.

Oedipūs, podis u. pī, Akk. podem u. pum, Abl. pode u. pō, Akk. Plur. podas, *m.* (Οἰδίπους, ποδος, Akk. ποδα u. πουν), König in Theben, Sohn des Lajus u. der Jokaste, löste das Rätsel der Sphinx, tötete seinen Vater und heiratete, ohne es zu wissen, seine Mutter, mit der er den Eteokles u. Polynices, die Ismene u. Antigone zeugte, Varro sat. Men. 347. Cic. de fato 30: Genet. podis, Cic. de fin. 5, 3. Lact. 6, 20, 23: Genet. pi, Hieron. epist. 52, 3: Akk. podem, Suet. Nero 21, 3 u. 46, 3, pum, Cic. de fato 30. Mythogr. Lat. 1, 204 u. 2, 230. Oros. 1, 12, 9. Vok. Oedipus, Sen. Phoen. 178: Abl. pode, Cic. de fato 33: Abl. Oedipo (nach dem epischen Οἰδίπους, που), Plaut. Poen. 443: Akk. Plur. podas, Ov. trist. 1, 1, 114. Mart. 9, 25, 10. – sprichwörtl., Davus sum, non Oedipus, ich bin kein Ödipus, der alle Rätsel lösen könnte, Ter. Andr. 194: Oedipo opus coniectore est, Plaut. Poen. 443. – Stoff einer Tragödie des Sophokles, Cic. de sen. 22 (Akk. -pum). Val. Max. 8, 7. ext. 12 (Abl. -pode): u. einer Tragödie Cäsars, Suet. Caes. 56, 7. – Dav.: **A** **Oedipodēs,** ae, *m.* (Οἰδιπόδης) = Oedipus, Claud. u. a.: Abl. -podā, Sen. poët. – **B** **Oedipodīonidēs,** ae, *m.*, **Sohn des Ödipus,** d. i. Polynices, Stat.: Oedipodionidae, Eteokles u. Polynices, Stat. u. Auson. – **C** **Oedipodīonius,** a, um, **zu Ödipus gehörig, ödipodionisch,** Thebae, Ov. met. 15, 429 u. Lucan. 8, 407: ales, von der Sphinx, Stat. Theb. 2, 305.

Oeēnsis, s. Oea.

oenanthē, ēs, *f.* (οἰνάνθη), **I** die Traube des wilden Weinstocks (vitis labrusca), Plin. 12, 132. – **II** ein Dornengewächs, die **bibernellartige Rebendolde** (*Oenanthe pimpinelloides,* L.), Plin. 21, 167. – **III** ein Vogel, sonst parra gen., wahrsch. der **Kiebitz,** Plin. 10, 87.

oenanthinus, a, um (οἰνάνθινος), aus der Traube des wilden Weinstocks gemacht, oleum, Plin.: vinum, Plin.

oenanthium, iī, *n.* (oenanthe), **Öl** od. **Essenz aus wilden Trauben,** Lampr. Heliog. 23, 1.

oenelaeum, ī, *n.* (οἰνέλαιον), **mit Öl versetzter Wein,** Marc. Emp. 6.

Oeneus, eī u. eos, Akk. ea, *m.* (Οἰνεύς), König in Ätolien oder Kalydon, Gemahl der Althäa, Vater des Meleager, Tydeus, der Deïanira usw., Ov. met. 8, 273 *sqq.* u. a.: una vecors Oenei partu edita, von der Deïanira, Cic. poët. Tusc. 2, 20. – Dav.: **A** **Oenēius** u. zsgzg. **Oenēus,** a, um (Οἰνήϊος), **önëisch,** Ov. – **B** **Oenēis,** ēidis, *f.* (Οἰνηΐς), die **Öneide** (Tochter des Öneus) = Deïanira, Sen. poët. – **C** **Oenīdēs,** ae, *m.* (Οἰνείδης), der **Önide** (Sohn od. Nachkomme des Öneus) = Meleager, Ov. her. 3, 92; met. 8, 414: od. = Diomedes, Sohn des Tydeus, Ov. met. 14, 512.

oenobrechēs, *f.* (οἰνοβρεχής), eine schotentragende Pflanze, Plin. 24, 155.

oenochoos, oī, *m.* (οἰνοχόος), der **Weinschenk, Mundschenk,** Schol. Caes. Germ. Arat. 287. p. 405, 21 E.

oenof…, s. oenoph…

oenogarum, ī, *n.* (οἰνόγαρον), eine **mit** *garum* **angemachte Weinbrühe,** Apic. 1, 32 u. a. – Dav. **oenogarātus,** a, um, **mit einer Weinbrühe bereitet,** Apic. 8, 329 u. 379.

Oenomaus, ī, *m.* (Οἰνόμαος), König in Elis u. Pisa, Vater der Hippodamia (vgl. Hippodamia), Schwiegervater des Pelops, Großvater des Atreus, Thyestes usw., Stoff einer Tragödie des Accius, Stat. Theb. 1, 275. Cic. poët. Tusc. 3, 26; ep. 9, 16, 4.

oenomeli, litos, *n.* (οἰνόμελι), **Weinhonig,** eine Art Met, Ulp. dig. 33, 6, 9. – Nbf. **oenomel,** Th. Prisc. 2. chr. 14. – Nbf. **oenomelum,** ī, *n.*, Isid. orig. 20, 3, 11.

Oenōnē, ēs, *f.* (Οἰνώνη), eine phrygische Nymphe, Tochter des Flussgottes Cebren, die von Paris auf den Ida entführt, aber später treulos verlassen wurde u. vor Schmerz über die Untreue ihres Geliebten starb, Ov. her. 5, 3. Suet. Dom. 10, 4. Dict. 3, 21 *extr.* – ► arch. Nbf. Oinōnē, Mart. Cap. 3. § 236.

oenophorum (*sc.* vas), ī, *n.* (οἰνοφόρον, *sc.* σκεῦος), ein **Weingeschirr, Flaschenkorb,** Lucil. 139. Hor. sat. 1, 6, 109. Pers. 5, 140. Iuven. 6, 426. – Sing. auch oenoferus, ī, *m.*, nach Prob. de nom. exc. 211, 13 K. – Plur. Nbf. oenophoria, iōrum, *n.*, Paul. sent. 3, 6, 90.

Oenopidēs, ae, *m.* (Οἰνοπίδης), ein Mathematiker aus Chios, wahrsch. Zeitgenosse des Anaxagoras, der das Steigen u. Fallen des Nils erklärt haben soll, Sen. nat. qu. 4, 2, 26.

Oenopia, ae, *f.* (Οἰνοπία), eine Insel, später Aegina gen., Ov. met. 7, 472. – Dav. **Oenopius,** a, um, **önopisch,** Ov. met. 7, 490.

Oenopiōn, ōnis, *m.* (Οἰνοπίων), König auf Chius, Vater der Merope, Cic. Arat. phaen. 425.

oenopōlīum, iī, *n.* (οἰνοπωλεῖον), die **Weinschenke,** Plaut. asin. 200.

oenothēra, u. **-thēris**, s. onothērā.

oenotropae, ārum, *f.* (οἰνότροποι), **Weinverwandlerinnen,** Dict. 1, 23 *extr.*

Oenōtrus, ī, *m.*, **Önotrus,** König der Sabiner, Serv. Verg. Aen. 1, 532: Bruder des Peucetius, Plin. 3, 99. – Dav.: **A** **Oenōtria**, ae, *f.*, alter Name des südöstlichen Teils von Italien (Bruttium u. Lukanien), Serv. Verg. Aen. 1, 532. – meton. = ganz **Italien,** Claud. I. cons. Stil. 2, 262. – **B** **Oenōtriī**, iōrum, *m.*, die Bewohner Önotriens, die **Önotrier,** Plin. 3, 71. – **C** **Oenōtrius**, a, um, **önotrisch,** meton. = **italisch, römisch,** tellus, Verg.: iura, Sil. – **D** **Oenōtrus**, a, um, **önotrisch,** meton. = **italisch,** viri, Verg.: terrae, Sil.

1. **oenus**, a, um, altlat. = unus, Cic. de legg. 3, 9.

2. **Oenūs**, Akk., ūnta, *m.*, Fluss in Lakonien, der unterhalb Spartas in den Eurotas mündete, j. *Kelefina,* Liv. 34, 28, 1.

oeōnisticē, ēs, *f.* (οἰωνιστική), die **Vogelschau** der Auguren, Mart. Cap. 9. § 894.

oestrus, ī, *m.* (οἶστρος), **I** die **Rossbremse, Bräme,** Verg. u. Plin. – **II** meton.: **a** die weissagerische oder poetische **Raserei, Begeisterung,** der **Enthusiasmus,** Stat. u. a. – **b** die **Raserei** der Sinnlichkeit, libidinis, Hieron. epist. 97, 11. – ► Nbf. Plur. oestra, Orest. tr. 593 u. Sing. oestrum furor Graeco vocabulo, Paul. ex Fest. 195, 3.

Oestrymnis, Akk. in, *f.* (*sc.* arx), **Oestrymnicus sinus, Oestrymnides īnsulae,** Vorgebirge, Meerbusen u. Inseln von uns unbekannter Lage, der Meerbusen viell. der Busen von Gascogne, die Inseln viell. die Cassiterides (s. d.), Avien. or. mar. 91 u. 94 *sq.* u. 113.

oesus, s. ūsus ►.

oesypum, ī, *n.* (οἴσυπος), der an ungewaschener Schafwolle klebende Schweiß und Schmutz, Plin. 29, 35 u. 112. – Ein daraus abgekochter Extrakt diente teils als Heilmittel, teils beim Ankleiden der römischen Damen als Schönheitsmittel, Plin. 30, 28 *sqq.*: Plur. bei Ov. art. am. 3, 213; rem. 354.

Oeta, ae, *f.* u. **Oetē**, ēs, *f.* (Οἴτη), eine Gebirgskette in Thessalien, die sich von Thermopylä bis an den Pindus u. von da südwestlich bis zum ambrazischen Meerbusen erstreckt, woselbst sich Herkules verbrannte, j. *Kumayta,* Form -a, Cic. Tusc. 2, 19. Ps. Verg. cul. 202: Form -e, Ov. met. 9, 165 u. a. Lucan. 8, 800 u. a.: Form Oete als *masc.*, Ov. met. 9, 165 u. 204. Claud. Gigant. 66. – Sprichw., tibi deserit Hesperus Oetam, Verg. ecl. 8, 30. – Dav. **Oetaeus** (Oetēus), a, um (Οἰταῖος), **ötëisch,** mons, Cic.: montes, Liv.: deus, Prop., u. bl. Oetaeus, Ov., v. Herkules: Thermopylae, Catull.

oetor, oetier, s. ūtor ►.

oetum, ī, *n.* (οὔϊτον, οὔϊγγον), eine ägyptische, Knollen tragende Pflanze, nach Sprengel *Arachis hypogaea* (L), nach Billerbeck die **ostindische Yamswurzel,** Plin. 21, 88.

ofella, ae, *f.* (*Demin.* v. offa, wie mamilla v. mamma), ein **Bissen, Mundbissen, Stückchen,** Fleisch usw., Mart. u. a. – u. übh. ein **Klümpchen,** Ser. Samm. 840.

offa, ae, *f.*, ein **Bissen, Mundbissen,** **I** eig.: **A** im Allg., Plin. 18, 84. – Sprichw., inter os et offam, zwischen Lipp' u. Kelches Rand, Cato oratt. 65. fr. 1. – **B** insbes., ein gerundeter Bissen aus Mehl usw., das **Kügelchen, Klößchen,** pultis, Cic.: panis, Colum.: Cerbero melle soporatam et medicatis frugibus offam obicere, Verg. – **II** übtr.: **A** jedes **Stück** Fleisch, penita, Schwanzstück, Fest. u. Arnob.: porcina, Fest. – **B** das **Klümpchen,** das **Kügelchen,** gummi in offas convolutum, Plin.: dah. eine **Geschwulst,** Iuven. – **C** ein **Klumpen,** eine **formlose Masse,** von unzeitigen Geburten, Iuven.: leporis, Plin.: bildl., carminis, Pers.

offarcinātus, a, um (farcino), **vollgestopft, bepackt,** Tert. adv. Marc. 4, 24 *in.*

offārius, iī, *m.* (offa), der **Klößebereiter, Kloßkoch,** Isid. orig. 20, 2, 26.

offātim, *Adv.* (offa), **bissenweise, stückweise,** Plaut. truc. 613. Isid. orig. 20, 2, 26.

offector, ōris, *m.* (officio *no.* II), der **Auffärber,** Paul. ex Fest. 112, 6 u. 192, 10. CIL 4, 864.

offectūra, ae, *f.* (officio), die **Finsternis,** erroris, Cypr. sent. episc. 10.

offella, ae, *f.* (*Demin.* v. offa), ein **kleines Bisschen, -Stückchen,** Apic. 7, 270 u. Gloss.

offendiculum, ī, *n.* (offendo), der **Anstoß,** das **Bedenken,** das **Hindernis,** Plin. ep. 9, 11, 1. Cypr. de mort. 12. Vulg. 1. Cor. 8, 9 u. a. Eccl.

offendix, dicis, *f.* u. **offendimentum**, ī, *n.*, das **Kinnband** an der Priestermütze (apex), Fest. 205 (a), 2 u. Paul. ex Fest. 204, 1.

1. **offendo**, inis, *f.* (offendere) = offensio, Non. 146, 32.

2. **offendo**, fendī, fēnsum, ere (ob u. *fendo), **I** *intr.* **an etwas anstoßen, anschlagen,** **A** eig.: **1** im Allg., mit folg. *Dat.*, solido, an etwas Festes, Hor.: mit *in* u. Akk., in cornua, Solin.: mit *ad* u. Akk., ad eundem lapidem bis offendere, sprichw., zweimal denselben Fehler machen, Auson. epist. 11 *med.;* ellipt., bis ad eundem, Cic. ep. 10, 20, 2. – **2** prägn., anstoßend **Schaden leiden, verunglücken,** naves in redeundo offenderunt, Caes.: in quibus (aquis) offendit naufraga puppis, Ov. – **B** übtr.: **a** **anstoßen, verstoßen = fehlen, einen Fehler machen, etwas versehen,** neque in eo solum offenderat, quod etc., Nep.: in quo ipsi offendissent, Cic.: si quid offenderit, Cic.: apud alqm, Cic. – **b** an etwas od. jmd. **anstoßen, -sich stoßen, -Anstoß nehmen, -etwas auszusetzen** od. **zu tadeln haben,** in me offenditis, Caes.: si in me aliquid offendistis, Cic.: im Passiv unpers., a quibus enim nihil praeter voluptatem aurium quaeritur, in eis offenditur (da nimmt man Anstoß), simul atque imminuitur aliquid de voluptate, Cic. – **c** **anstößig sein, auffallen, auffallend sein, missfallen,** cum consulare nomen offenderet, Liv. – **d** **in Gefahr kommen, zu Schaden kommen, in Unglück geraten,** im Krieg = **eine Niederlage (eine Schlappe) erleiden,** ad fortunam, Phaedr.: apud iudices, verurteilt werden, Cic.: cum multi viri fortes offenderint, Cic.: tamquam Atilius primo accessu ad Africam offenderit, Liv.: im Passiv, quoties culpā ducis vel tribuni vitio in exercitu esset offensum, Caes. – **II** *tr.* **anstoßen, anschlagen,** (**sich**) **an etwas stoßen, schlagen,** **A** eig.: **1** im Allg.: caput, sich an den Kopf stoßen, Liv.: caput ad fornicem, Quint.: pedem, Val. Max.: pedem suum ad lapidem, Vulg.: pes offensus, der Fuß, an den man sich gestoßen hat, Ov.: alqm pede, Plaut.: scutum, Liv.: lapidem, Apul. – **2** prägn.: **a** auf jmd. od. etwas **stoßen,** jmd. od. etw. **antreffen, finden,** m. dopp. *Acc.*, alqm imparatum, Cic.: alqm ita affectum, ut etc., Cic.: eundem bonorum sensum, Cic.: cum aliquem offensum fortuito videret minus bene vestitum, den er zufällig traf, Nep.: haec facite ut offendam parata, Plaut.: hocine modo hic rem curatam offendet suam? Plaut.: quod nondum effectum templum offenderant, Cic. – **b** anstoßend usw. **verletzen, beschädigen,** latus vehementer, Cic. – u. übh. einen Körperteil usw. **beschweren, belästigen,** alcis aures tracti subsellii stridor offendit, Sen.: colorum claritas aciem oculorum offendit, Plin.: polypodion offendit stomachum, Plin.: corpus offensum est, ist angegriffen, Cels.: id demere, quod rancidius offenderet auditum, Rhemn. Palaem. 542, 16 K. – **B** übtr.: **a** **zu nahe treten** = verletzen, hos ego sermones, quod et multi sunt et tuam existimationem, ut ego sentio, non offendunt, lacessivi numquam, Cic. ep. 3, 8, 7. – **b** **beleidigen, kränken,** alqm od. alcis animum, Cic.: aber animum in alqo, sich durch jmd. beleidigt fühlen, Cic.: honestius putabat offendere quam odisse, Tac. – v. Lebl., eos splendor offendit, Cic.: id quod offendit Etruscos, Liv.: offendit ea res populorum Etruriae animos non maiore odio regni quam ipsius regis, das beleidigte die Völker Etruriens, weil sie ebensosehr den König als das Königtum hassten, Liv. – medial offendi = durch etwas **sich beleidigt-, gekränkt fühlen,** über etw. **unwillig-, aufgebracht werden,** fidis medicis, Hor.: maculis, Hor.: offensā in eum militum voluntate, Nep. – mit folg. *Acc.* u. *Infin.*, ut non offendar surripi (ista munera), Phaedr.: offendebatur (er konnte es nicht leiden) componi aliquid de se, Suet.

► *Partic.* offēnsus, a, um, **a** **beleidigt, aufgebracht, unwillig,** animus, Cic.: offensus crudelitate, Iustin.: off. alci, Cic. u. a. – **b** **anstößig, verhasst,** argumentum, Cic.: forma semel offensa, Hor. – mit *Dat.* (v. Personen), civibus, Cic.: etiam si is invidiosus aut multis offensus esse videatur, Cic.: pontificibus offensior, Suet. Nero 2, 1. – subst., offēnsum, ī, *n.*, das **Anstößige,** der **Verstoß,** offensum est, quod eorum, qui audiunt, voluntatem laedit, Cic. de inv. 1, 92.

offēnsa, ae, *f.* (offendo), das **Anstoßen, I** eig., u. zwar prägn. = die **Unbequemlichkeit,** der **unangenehme Zufall,** gustus, Verletzung, Colum.: nullā dentium offensā, ohne die Z. anzugreifen, Plin.: sine offensa, Sen.: sine offensa fricantium, Sen. – **II** übtr.: **1** der **Anfall** einer Krankheit, die **Unpässlichkeit,** leves offensae, Sen.: offensam sentire in cena, Cels. – **2** der **Anstoß, a** der Anstoß = das **Ärgernis,** der **Verstoß,** die **Kränkung,** und die dadurch herbeigeführte **Ungunst, Ungnade, ungünstige, ungnädige Stimmung,** das **gespannte Verhältnis** (s. Heräus Tac. hist. 2, 92, 9), in magna offensa sum apud Pompeium, Cic.: res habet offensam, Quint.: sine offensa cum uxore vivere, Plin. ep.: sine offensa edicti, V. gegen das E., ICt. – Plur., subitae offensae, Tac.: amicitiarum tenax, in offensis exorabilis, Vell.: civitas rimandis offensis sagax, Tac.: offensas principum speculari, Tac.: offensam incurrere, in Ungnade fallen, Vopisc.: offensam mereri, Vopisc.: offensas subire, Plin. ep.: offensas subire pro alqo, Plin. ep.: offensas vindicet ense suas, Ov. – **b** die **Widerwärtigkeit,** per eiusmodi offensas emetiendum confragosum hoc iter (vitae), Sen. ep. 107, 2.

offēnsāculum, ī, *n.* (offenso), **I** das **Anstoßen,** Apul. met. 9, 9. – **II** der gegebene **Anstoß,** Eccl.

offēnsātio, ōnis, *f.* (offenso), das **Anstoßen,** Plin. 28, 221: offensatione illā (hastae) commoneri, Quint. 11, 3, 130. – bildl., ut ne parvulā quidem titubatione aut offensatione impediremur, Rhet. Her. 2, 12: patienter ferre offensationes puerorum discentium, die Verstöße, Sen. de ben. 5, 25, 6.

offēnsātor, ōris, *m.* (offenso), der **Strauchler, Stolperer** = der **Stümper,** Quint. 10, 3, 20.

offēnsibilis, e (offendo), **strauchelnd,** Lact. 4, 26, 10.

offēnsio, ōnis, *f.* (offendo), das **Anstoßen** an etwas, **I** eig. u. meton.: **a** eig., m. subj. *Genet.*, pedis, Cic. de div. 2, 84, u. Plur. offensiones pedum, Plin. 2, 24: off. dentium vel compressio labiorum, Lact. opif. dei 10, 13: absol., offensione et tactu sonitus expresserat claritatem, Vitr. 9, 8, 3. – **b** meton., das Hervorragende, woran man sich stößt od. stoßen kann, der **Anstoß,** Cic. Tim. 17 M. – **II** übtr.: **1** der **Anfall** von einer Krankheit, die **Unpässlichkeit,** das **Übelbefinden,** corporum, Cic.: gravis, Cic. – **2** das Anstoßnehmen der Tiere, das **Stutzen,** offensiones et pavor iumentorum, Augustin. de civ. dei 22, 22, 3. p. 605, 31 D^2. – **3** der **Anstoß, a** der **Anstoß** = das **Ärgernis** u. die dadurch herbeigeführte **Ungunst, Ungnade, ungnädige, ungünstige Stimmung,** der **Misskredit,** offensio hominum, Cic.: off. populi, der Misskredit beim Volk, Nep.: dagegen off. totius ordinis, der Misskredit des g. St., Cic.: u. so off. iudiciorum, Cic.: principum inclinatio (Hinneigung) in hos, offensio in illos, Tac.: quod apud alios gratiam, apud alios offensionem habet, was bei einigen als Vorzug, bei anderen als Fehler gilt, Plin.: in alcis offensionem cadere (v. Lebl.), Cic.: unam illam offensionem subire, Cic.: non dissimilem offensionem subire, Plin.: suscipere istam apud populos provinciae totius invidiam atque offensionem non ambitionis causā, sed etc., Cic.: quasi de industria in odium offensionemque populi Romani irruere (v. Pers.), Cic.: effugere alcis offensionem, Cic.: suspiciones offensionesque aut evitare aut elevare aut ferre, Cic.: timere offensionem apud Romanos, Liv.: mihi maiori offensioni sunt quam delectationi possessiunculae meae, Cic.: ea quae habent ad res certas vitiosam offensionem atque fastidium, eine krankhafte Abneigung und Widerwillen, Cic.: u. so Plur. offensiones = krankhafte Abneigungen (Ggstz. aegrotationes, krankhafte Neigungen), Cic. Tusc. 4, 23. – **b** der **Anstoß** = die **Widerwärtigkeit, Verdrießlichkeit,** der **Unfall,** die **Niederlage, Schlappe,** offensio periculosa, Cic.: off. iudicii (vor Gericht), Cic.: offensione permotus, Caes.: offensionem timere (beim Anhalten um ein Amt), Cic.: Plur., offensiones belli, Cic. de imp. Pomp. 28.

offēnsiuncula, ae, *f.* (*Demin.* v. offensio), **a** ein **kleiner Anstoß,** ein **kleines Ärgernis,** velim, si qua offensiuncula facta est animi tui perversitate aliquorum, des te ad lenitatem, Cic. ep. 13, 1, 4: cum post offensiunculas (geringem Zwiespalt) in gratiam redeatur, Gell. 8, 6. – **b** eine kleine **Widerwärtigkeit,** ista in aedilitate offensiunculam accipere, eine kleine Schlappe erleiden (= bei der Ädilenwahl übergangen werden), Cic. Planc. 51.

offēnso, āre (*Intens.* v. offendo), **anstoßen, I** eig.: sponte suā forte off., Lucr. 2, 1059: pueri in aedibus saepius pedibus offensant, Varro sat. Men. 12: cogitur offensare igitur pulsareque fluctu ferrea texta suo, Lucr. 6, 1053: off. capita, die Köpfe an die Wand stoßen, Liv. 25, 37, 9. – **II** übtr., in der Rede **anstoßen, still halten, stocken,** Quint. 10, 7, 10: offensans lingua, Min. Fel. 2, 1; vgl. auch Zumpt Quint. 10, 3, 20.

offēnsor, ōris, *m.* (offendo), der **Beleidiger,** Arnob. 7, 8.

offēnsum, ī, *n.*, s. 2. offensus unter 2. offendo ►.

1. offēnsus, a, um, s. 2. offendo ►.

2. offēnsus, ūs, *m.* (offendo), das **Anstoßen, I** eig., Sing. bei Lucr. u. Tert., Plur. bei Lucr. – dah. das **Stoßen auf, Begegnen,** Stat. Theb. 12, 283. – **II** übtr., der **Anstoß,** sin vita in offensu est, dir ein Anstoß-, dir verhasst ist, Lucr. 3, 939.

offerentia, ae, *f.* (offero), das **Sich-Darbieten,** causarum, Tert. adv. Marc. 4, 24.

offero, obtulī, oblātum, offerre (ob u. fero), **entgegentragen, -bringen, darstellen,** (vorsätzlich) **zeigen, I** eig.: **1** im Allg.: **a** aktiv: tela ob moenia, Acc. fr.: aciem strictam venientibus, Verg.: os suum non modo ostendere, sed etiam offerre, sich vorsätzlich zeigen, sehen lassen, Cic.: poenam oculis deorum, vor den Augen der Götter vollziehen, Liv.: neque ut quicquam interesset inter intestinum et oblatum, und dass es durchaus gleichgültig ist, ob ein solcher Zustand durch etwas Innerliches oder etwas Äußerliches hervorgerufen ist, Cic. Acad. 2, 48. – **b** refl.: **α** se alci, **entgegentreten, sich zeigen, sich sehen lassen, erscheinen,** Cic. – **β einfallen, sich von selbst finden,** ipsi occurrent orationi; ipsi se offerent, Cic. – **γ begegnen, stoßen auf,** obviam, begegnen, Ter.: se advenientibus, sich zeigen, entgegengehen, Cic.: und feindlich = **sich entgegenstellen,** feindlich begegnen od. entgegengehen, Liv. – **c** Passiv offerri, **begegnen, sich zeigen, erscheinen,** auxilium eius oblatum est, Cic. – **2** insbes., **seine Notdurft verrichten, kacken,** libidines offerendi et conatus, Marc. Emp. 31: vas, ubi offertur, *ibid.* – **II** übtr.: **A** im Allg., medial = **aufstoßen,** oblata religio est, eine religiöse Bedenklichkeit stieß ihm auf, Cic.: metu oblato, Cic. – refl. = **sich widersetzen,** statim me Antonii sceleri obtuli, Cic. – **B** insbes.: **1 entgegenstellen, aussetzen, preisgeben, sich weihen,** se invidiae periculisque omnibus pro salute alcis, Cic.: se periculis sine causa, Cic.: se ultro morti, Caes.: se acriter morti (v. Gladiator), Cic.: se pro patria ad mortem, Cic.: ultro se proelio, Caes.: se in discrimen, Cic. – **2** gegen jmd. **vorbringen,** crimina, Cic. – **3 anbieten, antragen,** alci operam suam, Liv. – off. se, **sich anbieten, sich erbieten,** finem feci offerendi mei, Cic.: alii offerunt se, si quo usus operae sit, Liv.: m. dopp. *Acc.*, magistratibus se offere consiliarium (als B.), Suet.: consortem imperii generumque se Vitellio, Suet. – m. folg. *Acc.* u. *Infin.*, Tac. ann. 11, 33 u. 16, 26. – **4** etwas **darbringen, erweisen, zufügen, antun, a** übh.: opem et auxilium, Lucil. fr.: beneficium alci, Caes.: optata, Ter.: alci mortem, Cic.: vitium virgini, Ter.: stuprum, Cic.: incendium, Cic.: laetitiam alci, Ter.: errorem, Liv. – **b** insbes., **Gott schenken, heiligen, weihen, opfern,** Eccl. – **5 herbeiführen, mit sich führen,** obiciuntur etiam (animo) saepe formae, quae reapse nullae sunt, speciem (eine Täuschung) autem offerunt, Cic. de div. 1, 81. – ► Im afrik. Vulgärlat. Imperat. offers, Apul. met. 10, 16 (*cod. F*). Itala Matth. 8, 4; Marc. 5, 24; Luc. 5, 14; u. offert, Itala (ev. Palat.) Marc. 1, 44.

offertor, ōris, *m.* (offero), der **Opferdarbringer,** Commodian. instr. 1, 39, 10.

offertōrium, iī, *n.* (offero), die **Opferstätte,** Isid. orig. 6, 19, 24.

offerūmentae, ārum, *f.* (offero), **Geschenke** scherzh. = Schläge, Plaut. rud. 753.

officiālis, e (officium), **zur Pflicht-, zum Amt-, zum Dienst gehörig,**

libri, die von den Pflichten handeln, Lact.: operae, Pflicht-, Amtsdienste, ICt. – subst., officiālis, is, *m.*, ein **Diener** der Obrigkeit, ein **Subalternbeamter,** ICt., Spart., Apul. u. Inscr. – Bildl., aemulationi occurrant necesse est officiales suae, ira, discordia, odium, Tert. adv. Marc. 1, 25 *extr.*

officīna, ae, *f.* (= opificina, v. opifex), **I** die **Werkstatt, Werkstätte,** **1** im Allg.: off. fabrilis, die Waffenschmiede, Treb. Poll.: off. fabri ferrarii, die Schmiedewerkstätte, Augustin.: off. armorum, Waffenfabrik, Caes.: off. fullonis, officinae fullonum, Plin.: textorum, fabrorum officinae, Sen.: off. carnificum, Hieron.: vestium promercalium, Werkstatt, wo Kleider zum Verkauf gemacht werden, Suet.: pulmo est spirandi officina, Plin. – im Bild, **Werkstätte, Herd, Sitz, Quelle,** cuius domi (in dessen Haus) quaestuosissima est falsorum commentariorum et chirographorum officina, Cic.: falsi testes, falsa signa testimoniaque et indicia ex eadem officina exibant, Liv.: Isocratis domus quasi ludus quidam et officina dicendi, Cic.: philosophi ii, qui quasi officinas instruxerunt sapientiae, Cic.: u. so officina nequitiae, corruptelarum, v. einem liederlichen Haus, Cic. u. Liv. – **2** insbes., mit u. ohne cohortalis = ὀρνιθών (ornithon), der Hühnerhof, der Ort, wo das Geflügel sich aufhält, um Eier zu legen und zu brüten, der **Zuchtort,** Colum. 8, 3, 1 u. a. – **II** die **Verfertigung, Bildung,** in magnis corporibus ... facilis officina sequaci materiā fuit, Plin. 11, 2. – ► oficina geschr., CIL 6, 8455.

officīnātor, ōris, *m.* (officina), der **Meister** in einem Handwerk, der **Werkmeister,** Vitr. 6, 8 (11), 9. Apul. met. 9, 6: officinatores et nummularii officinarum argentariarum, CIL 6, 298: officinator monetae, Münzmeister, CIL 6, 1145 u. 6, 8463.

officīnātrīx, trīcis, *f.* (Femin. zu officinator), die **Werkmeisterin,** CIL 6, 9715.

officio, fēcī, fectum, ere (ob u. facio), **I** **entgegentreten,** im üblen Sinne = jmdm. **in den Weg treten,** etwas **versperren, verbauen, verlegen, hemmen,** **A** eig., mit *Dat.*, alci apricanti, jmdm. vor das Sonnenlicht treten, Cic.: luminibus alcis, jmdm. das Licht versperren, -verbauen, Cic. u. ICt.: hostium itineri, dem Feind den Marsch, Weg versperren, Sall.: cum alii in angustiis ipsi sibi officerent, einander im Weg waren, den Weg versperrten, Sall.: umbra terrae soli officiens, in den Weg tretend, Cic.: demoliri aedes, quarum altitudo officeret auspiciis, im Wege stehe, Cic.: nisi pulvis vento flatus omnium prospectu offecisset, Auct. b. Afr. – mit *Acc.*, adversariorum iter, Auct. b. Afr.: offecti corporis sensus, Lucr. – **B** übtr.: **1** im Allg.: mentis tuae quasi luminibus officit altitudo fortunae meae, blendet die Augen deines Geistes, Cic.: horum concisis sententiis officit Theopompus altitudine orationis suae, verdunkelt, Cic. – **2** insbes., physisch, politisch od. geistig einer Sache **im Wege-, hinderlich sein, Eintrag tun,** sie **beeinträchtigen** (verb. officere et obstare, obstare atque officere), lactucae officiunt claritati oculorum, Plin.: officiunt laetis frugibus herbae, Verg. – libertati, Liv.: commodis alcis, Sall.: eius gloria iam imperatoris famae officiebat, überstrahlte, Liv.: u. so qui nomini (Ruf) officient meo, Liv.: ei pecuniae vita Sex. Roscii obstare atque officere videtur, Cic.: alci non off. mit folg. *quo minus* u. Konj., Plin. ep. 6, 29, 6. – **II** **darübermachen,** proprio colori novum, Paul. ex Fest. 112, 6.

officiōsē, *Adv.* m. *Compar.* u. *Superl.* (officiosus), **gefällig, dienstfertig, zuvorkommend,** hoc facere, Cic.: scribere, Cic.: sed illa officiosius, Cic.: reverentissime et officiosissime venit ad me, Plin. ep.

officiōsitās, ātis, *f.* (officiosus), die **Gefälligkeit, Dienstfertigkeit,** Eccl.

officiōsus, a, um (officium), **I** **voller Diensteifer,** **a** = **gefällig, dienstfertig, dienstbeflissen, zuvorkommend,** bes. von der Dienstfertigkeit, Erweisung von Achtung, Ehre eines Niederen gegen einen Höheren, homo, Cic.: in alqm, Cic.: voluntas, Ov.: epistula, Ov.: homo officiosior, Cic.: officiosissima natio, Cic. – **b** **vom Diensteifer** gleichs. **diktiert, aus Diensteifer übernommen** usw., dolor, Cic.: labores, Cic.: pietas, dienstwillige, Sen. – **II** »dienstgemäß«; dah. subst., officiōsus, ī, *m.*, **a** ein **Diener** im Bad, Petron. 92, 11. – **b** der **Buhle, Liebhaber,** Sen. exc. contr. 4. praef. § 10.

officiperda, ae, *m.* (officium u. perdo), **der die Gefälligkeiten anderer übel anwendet,** Ps. Caton. dist. 4. *no.* 43.

officium, iī, *n.* (viell. aus opificium mit veränderter Bedeutung), **I** = καθῆκον (s. Cic. ad Att. 16, 11, 4), die moralische **Obliegenheit, Pflicht, Verpflichtung, Verbindlichkeit, Schuldigkeit,** der **Dienst,** der **Beruf** (in bürgerlichen u. gesellschaftlichen Verhältnissen, wie die religiöse Pflicht debitum, religio), **A** im Allg.: **a** objekt.: esse in officio, Cic., od. officium suum facere, Ter., od. servare, Cic., od. exsequi, Cic., od. officio fungi, Cic., od. officio satisfacere, Cic., seine Pflicht tun, beobachten, erfüllen: scribendi officium explere, Cic.: officium implere, Sulp. Sev.: hominis officium implere, Lact.: religionis officium implere, Sulp. Sev.: officium publicum implere, Plin. ep.: officium praestare, Caes., u. alci praestare, Caes. u. a.: officii duxit, hielt es für Pflicht, Suet.: officium suum deserere oder ab officio discedere oder officio suo deesse, seine Pflicht aus den Augen setzen, -nicht tun, -nicht beobachten, Cic.: cessare officio, Liv., in officio, Liv.: qua ex re intellegi facile potuit, nullum esse officium tam sanctum atque solemne, quod non avaritia comminuere atque violare soleat, Cic. – v. Tieren, canes funguntur officio luporum, den Beruf, Rhet. Her. – übtr., v. Lebl., neque pes neque mens satis suum officium facit, Ter. – **b** subj.: **α** das **Pflichtgefühl,** Cic. Tusc. 4, 61; ep. 10, 1, 4. Nep. Att. 4, 2: imperatoris, Caes. b. G. 1, 40, 10: pudor atque officium, Caes. b. G. 1, 40, 14. – **β** die **Pflichttreue, Pflichtmäßigkeit,** Cic. Rosc. Am. 39. – **B** insbes., die **Unterwürfigkeit,** der **Gehorsam** Besiegter, in officio esse, Caes.: in officio continere, Caes.: officio assuefactus, Caes. – **II** = jede **pflichtmäßige Handlungsweise** od. **Handlung,** **A** im Allg.: nullā re tam laetari soleo, quam meorum officiorum conscientiā, quibus si quando non mutue respondetur, apud me plus officii residēre facile patior, Cic.: ignoscendi ratio quaeritur ex iis locis, si plura aut maiora officia quam maleficia videbuntur constare, Rhet. Her. – **B** insbes.: **1** die **Dienstfertigkeit, Dienstbeflissenheit, Höflichkeit, Gefälligkeit,** litterae officii plenae, Cic.: homo summo officio praeditus, ein sehr gefälliger Mann, Cic. – **2** die **Gefälligkeit,** der **Liebesdienst,** **a** übh.: mea in te omnia summae necessitudinis officia constabunt, Cic.: illius in ullum ordinem officia, Cic.: alci officium negare non posse, Suet.: debere alci mutua officia, Plin. ep. – **b** prägn. = **α** die **Höflichkeits-** od. **Ehrenbezeigung, Ehrfurchtsbezeigung,** die man jmdm. bei öffentlichen Gelegenheiten (bei Sponsalien, Hochzeiten, bei Verleihung der männlichen Toga, bei Testationen, Advokationen, Amtsbewerbung, Amtsantritt) durch Begleitung aufs Forum usw., Aufwartung im Haufe usw. erweist, der **Ehrendienst,** praetoris, urbani praetoris officium, das beim Amtsantritt eines Prätors übliche Geleit, Plin. ep. u. Amm. (vgl. Valesius Amm. 26, 1, 1): frequentiam atque officium suum Antonio praestare, Hirt. b. G.: urbana officia alci praestare, Nep. u. Balb. in Cic. ep.: officium facere, Hor.: celebrare officium nuptiarum, der Hochzeitsfeier beiwohnen, Suet.: exsequiarum officium implere, Iustin.: quae causa officii? nubit amicus, Iuven.: officio togae virilis interfui, habe der Zeremonie, als jemand das männliche Kleid bekam, beigewohnt, Plin. ep.: relicto novorum consulum officio, nachdem man die Aufwartung bei den neuen Konsuln abgebrochen, Suet.: inter officia prosequentium, Suet.: remissis quattuor triremibus Massiliensibus, quae officii causā ab domo prosecutae erant, Liv.: suprema officia, der letzte Liebesdienst (durch Geleit der Leiche), Tac.: so auch off. triste, Ov. – **β** im obszönen Sinne, der **Dienst = Beischlaf** (vgl. Sen. exc. contr. 4. praef. § 10), saepe est experta puella officium totā nocte valere meum, Prop.: ter Libas officio continuata meo est, ist dreimal nacheinander von mir bedient worden, Ov.: quae multas saepe hereditates officio aetatis extorserat, Petron. – **3** der **Dienst** = das **Amt,** die **Verrichtung,** das **Geschäft,** die **Amtsverrichtung,** das **Amtsgeschäft,** **a** eig. (griech. πρᾶξις), maritimum, Seedienst, Caes.: publicum, Ggstz. privatum, Quint.: legationis, Caes.: officium militiaeque labor, Ov.: officium admissionis, Suet.: officia palatina, kaiserl. Hofämter, Aur. Vict. epit. 14, 11. – officia civilia, öffentliche Geschäfte, Suet.: officia praetorum et consulum, Spart.: officium recipere, Sen.: officio distringi, Plin. ep. – quidam ex officio admissionis, einer vom Dienst der Anmeldung zur Audienz = ein Kammerherr, Suet. – **b** meton., **Beamte,** officiorum omnium milites, Lact. de mort. pers. 31, 3: officia palatina, kaiserl. Hofbeamte, Treb. Poll. Gall. 17, 8 (vgl. *no.* a): cum officio et comitate angelorum, Tert. adv. Val. 16. – u. **Gerichtsbeamte, Amtspersonal,** ICt.

offīgo, fīxī, fīxum, ere (ob u. figo), **einschlagen, befestigen,** furcas circum, Cato: bis pedes, bis brachia (*sc.* ad crucem), Plaut.: ita densos (vallos) offigunt implicantque ramis, ut etc., Liv.: off. manum alcis ad tabulam ostii clavo grandi, Apul.

Offilius, s. Ofillius.

offirmātē, *Adv.* (offirmatus), **sehr hartnäckig, steif und fest,** resistere, Suet. Tib. 25, 2.

offirmātio, ōnis, *f.* (offirmo), die **Standhaftigkeit,** Hieron. epist. 121, 5.

offirmātus, a, um (offirmo), **a standhaft,** feram et perferam usque abitum eius animo forti atque offirmato, Plaut. Amph. 646. – **b** im üblen Sinne, **eigensinnig,** mihi videtur illius voluntas obstinatior et in hac iracundia offirmatior (verbissener), Cic. ad Att. 1, 11, 1.

offirmo, āvī, ātum, āre (ob u. firmo), **I festmachen, verwahren,** fores perticā, Apul. met. 7, 28: ostiis cenaculi offirmatis serā, Vulg. iudic. 3, 23. – **II** übtr.: **1** im Allg.: certum offirmare est viam me quam decrevi persequi, auf dem Wege auszuharren, Ter. Hec. 454. – off. animum (suum), sich ein Herz fassen, sich ermannen, Plaut. merc. 82. Plin. ep. 7, 27, 8: u. so et tamen offirmato animo mitescit metus, nachdem man sich ein Herz gefasst, *Pacuv. tr. 293: u. modo tute ipse tete offirma et compara, ermanne dich, Acc. tr. 372. – off. cor, das Herz verstocken (verstockt machen), Vulg. deut. 2, 30. – **2** insbes., off. se u. gew. bl. off., sich in seinem Sinne (Willen u. Wollen) befestigen, **sich fest entschließen, fest entschlossen sein, seinen Kopf aufsetzen, darauf bestehen, sich darauf versteifen,** age quaeso, ne tam offirma te (versteife dich nicht so darauf, sei nicht so hartnäckig), Ter. heaut. 1052: quid agimus, soror, si offirmabit pater adversum nos, wenn der V. darauf besteht, Plaut. Stich. 68: quin tu animo offirmas, warum bist du in deinem Sinn nicht fest, warum bestehst du in deinem Sinn nicht darauf, Catull. 76, 11: offirmatus (hartnäckig gemacht) mirā praesumptione, Apul. met. 10, 10: u. satin offirmatum quod mihi erat (was ich mir so fest vorgenommen), id me exorat, Plaut. Bacch. 1199 *Leo.* – m. folg. *Infin.,* offirmastin occultare, quo te immittas, pessume? Plaut. Pers. 222: u. so Ter. eun. 217. Iul. Val. 1, 35 (35). – m. folg. *ne* u. Konj., obseratis urbis suae claustris Abderitae eum ne reciperent offirmaverunt, Iul. Val. 1, 48 (43).

offla, s. offula.

offlecto, ere (ob u. flecto), **umlenken,** navem, Plaut. rud. 1013.

offōco, āvī, āre (ob u. faux), **erwürgen, ersticken,** Sen. de brev. vit. 2, 4 u. ad Marc. 24, 5. Flor. 2, 11, 6. Tert. de idol. 24. Augustin. de mor. Manich. 2, 9, 17 u. serm. 32, 2. Schol. Iuven. 14, 222.

offrēnātus, a, um (ob u. freno), »am Zaum gefasst und beliebig geführt«, wir **an der Nase herumgeführt** = angeführt, getäuscht, Plaut. capt. 755. Apul. met. 6, 19; apol. 77.

offringo, frēgī, frāctum, ere (ob u. frango), **zerbrechen,** terram, wenden, zweibrachen, felgen (v. zweiten Pflügen), Varro r. r. 1, 29, 2 (vgl. 1, 32, 1): glebas, Colum. 2, 11, 3. Vgl. Paul. ex Fest. 199, 3.

offūcia, ae, *f.* (ob u. fucus), die **Schminke, I** eig., Plaut. most. 264. – **II** übtr., die **Täuschung,** das **Blendwerk,** *Plaut. Pseud. 1176 (1193) Lor.: im Plur. Plaut. capt. 656. Gell. 14, 1. § 2. Anthol. Lat. 250, 1 R.

offula u. synk. **offla,** ae, *f.* (*Demin.* v. offa, s. Varro LL. 5, 110), das **Bisschen, Stückchen,** off. carnis, Varro u. Colum.: offla collaris, Halsstück, Petron.: off. panis, Veget. mul.: farina in brevissimas offulas redacta, Pallad.: quis potest sine offula vivere? wer kann ohne ein Stück Wurst leben? Claud. bei Suet. – als Schimpfwort, crucis off., Galgenstrick, Petron. 58, 2.

offulcio, (sī), tum, īre (ob u. fulcio), **zustopfen,** Apul. met. 1, 13 u. a.

offulgeo, fulsī, ēre (ob u. fulgeo), **entgegenglänzen, -scheinen, erscheinen,** lux oculis offulsit, Verg.: omen dextrum conatibus offulsit, Sil.: si forte aliqui inter dicendum offulserit extemporalis color, Quint.: inopina subito amici mei species offulsit, Ps. Quint. decl.

offundo, fūdī, fūsum, ere (ob u. fundo), **I hingießen, -schütten, vorschütten, A** eig.: cibum (avibus), Plaut. asin. 216. – **B** übtr.: **1** jmd. hinstürzen, Passiv medial = **hinstürzen,** asinus offunditur, Apul. met. 4, 5. – **2 verbreiten,** Passiv medial = **sich ergießen, sich verbreiten, a** eig.: noctem rebus, Cic.: aër nobis offunditur, umgibt uns, Cic.: ignis ob oculos offusus, Cic.: altitudo caliginem oculis offundit, macht einen schwindeln, Liv.: caligo oculis offunditur, Curt.: tenebrae offunduntur oculis, Sen. rhet. – **b** bildl.: si quid tenebrarum offudit exsilium, wenn die Verbannung das Gemüt in trübe Stimmung versetzt hat, Cic.: offundunt tenebras (sie führen hinters Licht) et veritatem caligine obducunt, Lact.: u. so tenebras offundere iudicibus, die R. mit Blindheit schlagen, hinters Licht führen, Cic. fr.: hic error et haec indoctorum animis offusa caligo est, quod etc., dieser Irrtum und diese arge Verblendung ist in den Gemütern der Ungelehrten deshalb eingerissen, weil sie usw., Cic.: tanta offusa oculis animoque religio, die auf Auge u. Gemüt so mächtig wirkende Heiligkeit, Liv.: omnium rerum terror oculis auribusque est offusus, jede Art von Schr. drängte sich ihren Augen und Ohren auf, Liv.: ne nimium terroris offundam, euch nicht allzu sehr in Schrecken setze, Liv.: u. so incompositis subitum pavorem, Liv. – **II über-, beschütten, bedecken, a** eig.: lumen lucernae luce solis offunditur, wird verfinstert, Cic.: oculos tuos clarissima in luce tenebris offusos, wie mit einem Nebelkreis umzogen, Val. Max. – **b** bildl.: eo pavore offusum Claudium, den Kl. habe eine solche Bestürzung überfallen, Tac. ann. 11, 31: omnium Marcellorum memoria meum pectus offudit, hat erfüllt, Cic. Marc. 10.

offuscātio, ōnis, *f.* (offusco), die **Verdunkelung,** bild., deorum, Herabsetzung, Tert. ad nat. 1, 10: so Tert. de res. carn. 43. Vulg. Sirach 41, 24.

offusco, ātus, āre (ob u. fusco), **verdunkeln,** bildl., prope totum ecclesiastici splendoris lumen offuscant, Salv. de gub. dei 7, 19, 81: iustitiam, herabwürdigen, Tert. adv. Marc. 2, 12: ne quis offuscetur, mit Schmach bedeckt werde, Tert. de spect. 22: quoniam offuscata sum, Ambros. in psalm. 118. serm. 2. § 9.

offūsio, ōnis, *f.* (offundo), **I** die **Verbreitung** über etw., tenebrarum, Ambros. hexaëm. 1, 8. § 32. – **II** die **Verblendung,** vanitatum offusio mentem occupat, Ambros. de fug. saec. 1, 1.

oficīna, s. officīna ►.

Ofillius (Offilius, Ofilius), iī, *m.*, **I** (Ofillius), ein Kampaner von vornehmer Geburt, Liv. 9, 7, 2. – **II** Aul. Ofillius (Offilius), Zeitgenosse Ciceros, ein berühmter Rechtsgelehrter, der zu Cäsar in sehr freundschaftlichem Verhältnis stand, Cic. ep. 7, 21 u. ad Att. 13, 37, 4.

ogdoas, adis, Akk. ada, *f.* (ὀγδοάς), eine **Zahl von acht,** die **Acht,** Hieron. epist. 36, 9 u. 53, 2. Interpr. Iren. 1, 9, 2 u. 2, 14, 1. – als einer der Äonen des Valentinus, Tert. adv. Valent. 7 u. a.

oggannio (obgannio), īvī u. iī, ītum, īre, **hin-** od. **vorbelfern, hin-** od. **vorschwatzen,** centiens eadem imperare atque oggannire, Plaut. asin. 422: alci alqd usque (immerfort) ad aurem, Ter. Phorm. 1030: u. so alqd in aurem mulieris, flüstern, zischeln, Apul. met. 2, 2.

oggero (obgero), gessī, gestum, ere, **darbringen, darbieten,** osculum alci, Plaut. truc. 102: amor amarum oggerit, Plaut. cist. 70: oggeritur imperium alci resistenti, wird aufgedrungen, Aur. Vict. epit. 45, 3.

Ogulnius, a, um, Name einer röm. *gens,* Liv. 10, 6, 3; 27, 3, 9 u. ö.

Ōgygēs, is u. ī, *m.* u. **Ōgygus,** ī, *m.* (Ὠγύγης, Ὤγυγος), Erbauer u. König von Theben in Böotien, unter dessen Regierung eine große Wasserflut gewesen sein soll, Form *-ges,* Varro r. r. 3, 1. § 2 u. (*Genet.* Ogygi) § 3. Paul. ex Fest. 179, 13: Form *-gus,* Augustin. de civ. dei 18, 8. p. 230, 24 u. 231, 4 D.[2] Varro *ibid.* p. 230, 38. Augustin. de civ. dei 21, 8, 2. p. 441, 18 D.[2] Fest. 178 (b), 10. – Dav.: **A Ōgygidēs,** ae, *m.* (Ὠγυγίδης), ein **Ogygide** (ein Nachkomme des Ogyges), poet. = ein Thebaner, Stat. Theb. 2, 586. – **B Ōgygius,** a, um (Ὠγύγιος), **ogygisch** = thebanisch, moenia, Acc. fr.: populus, Sen.: deus, der thebanische Bacchus, Ov.

ōh! *Interi.*, o! ach! Komik.

ohē! *Interi.*, beim Anruf, **halt!** abscede! etiamnunc! etiamnunc! etiam! ohe! istic adstato, Plaut.: ohe! desine! Ter.: ohe! odiose facis, halt! sei still! Plaut.: bes. bei iam od. bei iam satis, z. B. ohe, iam desine, Plaut.: ohe, iam satis uxor est, Plaut.: ohe, iam satis est, ohe, libelle, Mart.

oho! *Interi.*, **oho!** als Ausdruck der Verwunderung bei einer plötzlich eingetretenen Erscheinung, Komik.

oica, ae, *f.*, ein uns unbekannter Edelstein, Plin. 37, 176. Isid. orig. 16, 12, 1.

oiei, *Interi.*, Ausruf der Klage, Ter. eun. 716 u. Phorm. 663.

Oīl͡eus, eī u. eos, *m.* (Ὀϊλεύς), König in Lokris, Vater jenes Ajax, der die Kassandra schändete und zum Unterschied von Ajax, Telamons Sohn, Aiax Oileos (*sc.* filius) oder auch selbst Aiax Oileus heißt, Cic. Tusc. 3, 71. Dares Phryg. 13. – der Sohn, Aiax Oilei (Ribbeck Oili) b. Verg. Aen. 1, 41 (wo Oīlei dreisilb.). Hyg. fab. 114. Dict. 1, 14; 3, 7; 4, 7; 5, 12: od. Oileos Aiax, Ov. met. 12, 622 (617): u. Aiax Oileus, Hyg. fab. 81. Dict. 1, 17. Serv. Verg. Aen. 2, 414; vgl. tui Aiaces Oileos, Anton. bei Cic. de or. 2, 265. – Dav.: A **Oīliadēs**, ae, *m.* (Ὀϊλιάδης), der **Oīliade** (Sohn des Oīleus) = Ajax, Sil. 14, 479. – B **Oīlīdēs**, ae, *m.* (Ὀϊλείδης), der **Oīlide** (Sohn des Oīleus) = Ajax, Prop. 4, 1, 117.

Oinōnē, s. Oenōnē.

oinos, -us, a, s. ūnus a. E.

oinvorsei, s. ūniversus a. E.

oisus, s. ūsus ►.

oitilis, s. ūtilis ►.

olāx, ācis (oleo), **riechend**, Mart. Cap. 1. § 82 u. a.

Olbia, ae, *f.* (Ὀλβία), I Stadt in Bithynien, später Nicaea gen., Plin. 5, 148. – II Stadt im europäischen Sarmatien, am Hypanis, eine Kolonie der Milesier, j. *Kudak* bei *Okzakow*, Mela 2, 1, 6 (2. § 6), auch Olbiopolis u. Miletopolis gen., nach Plin. 4, 82. – III Stadt im höchsten Norden der Ostküste Sardiniens, mit dem einzigen guten Hafen an dieser Küste, in dem gewöhnlich die nach der Insel reisenden Römer landeten, Cic. ad Q. fr. 2, 6, 7. Flor. 2, 2, 16. Val. Max. 5, 1, 2. – Dav.: A **Olbiānus**, a, um, **olbianisch**, sinus (bei Olbia in Bithynien), j. *Golfo d'Ismid*, Mela 1, 19, 4 (1. § 100). – B **Olbiēnsis**, e, **olbiensisch, aus (von) Olbia**, epistula Olbiensis, aus Olbia auf Sardinien, Cic.: ager, das Gebiet von Olbia auf Sardinien, Liv.

olca, ae, *f.*, falsche Lesart statt oica, s. d.

olea, *f.* (ἐλαία), I die **Olive, Ölbeere**, Scriptt. r. r. u. a. – II der **Ölbaum, Olivenbaum**, Cic. u. a.: oleae ramus, Verg. u. Liv.: olea arbor, als Ortsname, Amm. 23, 5, 7. – ► Abl. Plur. oleabus, Gell. bei Charis. 54, 18.

oleagineus, a, um (olea), I **von Ölbäumen, Öl-**, semen, Varro: codicilli, Cato: pali, Gromat. vet. – II übtr.: **dem Ölbaum** od. **der Olive ähnlich**, uva, Plin. 14, 38: vitis, Colum. 3, 2, 27 zw.

oleāginus, a, um (olea), **olivenfarbig**, virgula, Ölzweig, Nep. Thras. 4, 1. Paul. ex Fest. 10, 12: berulli oleagini, hoc est colore olei, Plin. 37, 77: color, Veget. mul. 3, 17, 1. – subst. oleāgina, ae, *f.*, der **Ölbaum**, Ven. Fort. carm. 7, 12, 109.

oleāmen, inis, *n.* u. **oleāmentum**, ī, *n.* (oleum), die **Ölsalbe**, Scrib. Larg. 269 u. 222.

oleāris, e (oleum), **von Öl**, unguen, Ven. Fort. carm. 5, 5, 103.

oleārius, a, um (oleum), **zum Öl gehörig, Öl-**, vasa, torcularia, molae, Varro: dolia, Plin.: cella, Cato u. Cic.: cos, der beim Wetzen mit Öl besprengt wird, Plin.: diffusor, der Ölverzapfer, CIL 2, 1481. – subst., oleārius, iī, *m.*, der **Ölschläger, -händler**, Plaut. capt. 489. Colum. 12, 50 (52), 13.

Ōlearos u. **-us**, *f.* u. **Ōliaros**, ī, *f.* (Ὠλέαρος, Ὠλίαρος), eine sporadische Insel des Ägäischen Meeres, westl. von Paros, j. *Antiparos*, Form Olearos, Verg. Aen. 3, 126. Mela 2, 7, 11 (2. § 111): Form Olearus, Plin. 4, 67: Form Oliaros, Ov. met. 7, 469.

oleastellus, ī, *m.* (*Demin.* v. oleaster), eine Art Ölbäume, Colum. 12, 49 (51), 3.

oleaster, trī, *m.* (olea), der **wilde Ölbaum**, Cic. u. a. – Heterogen **oleastrum**, ī, *n.*, Gramm. inc. de gener. nom. p. 90 H.: Plur. oleastra, Calp. ecl. 2, 44: silvae oleastrorum, Augustin. c. Iulian. 6. § 21.

oleātus, a, um (oleum), **mit Öl getränkt, -angemacht**, panis, Vulg. num. 11, 8: puls, Cael. Aur. de morb. acut. 2, 37, 208.

oleïtās, ātis, *f.* (olea), die **Ölzeit, Öllese**, das Einsammeln der Oliven, Cato r. r. 144, 5: u. das Ölpressen, Cato r. r. 68.

Ōlenius, Ōlenos, s. Ōlenus.

olēns, entis, *PAdj.* (v. oleo), **riechend**, a **wohlriechend**, Verg., Ov. u. a. Dichter. – b **übelriechend, stinkend**, Plaut., Verg. u. a. Dichter.

olentia, ae, *f.* (oleo), der **Geruch**, Tert. adv. Marc. 2, 22.

olenticētum, ī, *n.* (oleo), die **Mistpfütze**, bildl., Apul. apol. 8. Claud. Mam. de stat. anim. 2, 9. p. 137. 1 *Engelbrecht*.

Ōlenus od. **-os**, ī, *f.* (Ὤλενος), I Stadt in Achaja, zwischen Paträ u. Dyme, Olenum gen. bei Plin. 4, 13. – II alte Stadt in Ätolien am Aracynthus, Stat. Theb. 4, 105. Sen. Troad. 826. Hyg. astr. 2, 13. – Dav. **Ōlenius**, a, um (Ὠλένιος), **olenisch** = achajisch, ätolisch, capella od. pecus, die Ziege der Amalthea, Ov.: Tydeus, aus Kalydon in Ätolien, Stat.

oleo, uī, ēre (= *odeo, v. ὄζω), I **riechen**, A eig.: bene, Cic.: male, Plaut.: suave, Catull. u. Augustin.: cui os olet, stinkt, ICt.: m. *Abl.*, sulfure, Ov.: m. *Acc.* = nach, nihil, nach nichts, Cic.: vina, Hor.: ceram, crocum, Cic.: hircum, Sen.: feras male, stinken nach usw., Iul. Val. – B übtr., **nach etw. riechen** = etw. **an den Tag legen, verraten**, malitiam, Cic.: nihil peregrinum, Cic.: verba olent alumnum, Quint. – II **sich durch den Geruch bemerkbar machen**, übtr., **sich verspüren (sich leicht merken) lassen**, olet homo quidam, ich rieche, ich wittere einen M., Plaut.: aurum huic olet, er riecht es, merkt, dass ich Geld habe, Plaut.: quid, illud non olet, unde sit, quod dicitur cum illis? cum autem nobis non dicitur, sed nobiscum? Cic. or. 154. – ► Perf. auch olēvī, nach Prisc. 9, 53. – Formen nach der 3. *Conjug.*: olunt, *Petron. 50, 7 B.: olat, Afran. com. 178: olant, Pompon. com. 6. Plaut. most. 268 u. 278; Poen. 268. Plaut. fr. bei Diom. 383, 16: olĕre, Plaut. most. 42.

oleomella, ae, *f.*, ein Fruchtbaum Syriens, Isid. orig. 17, 7, 11.

oleoselīnum, ī, *n.*, eine Art Eppich, Isid. orig. 17, 11, 3.

oleōsus, a, um (oleum), **ölig, voller Öl**, semen, Plin.: butyrum, Plin.: liquor, Cassiod.

olerāceus, a, um (olus), **dem Kraut ähnlich, krautig**, frutex, Plin. 26, 85.

olero (holero), āre (olus), **mit Kraut bepflanzen**, hortulos, Gn. Matt. b. Prisc. 6, 91.

oleror, ārī (olus), **Gemüse holen** od. **einkaufen**, Eutych. 458, 32 K (ohne Beleg).

olēsco, ere, **wachsen**, Fest. 309 (a), 19. Paul. ex Fest. 308, 1.

olēto, āvī, āre (2. oletum), **besudeln**, Frontin. aqu. 97. – übtr., se oletavit perfidiā, Ambros. gest. concil. Aquilei. § 59.

1. **olētum**, ī, *n.* (v. olea) = olivetum, ein mit Ölbäumen bepflanzter Ort, ein **Ölbaumgarten**, Cato r. r. 3, 5 u. a.

2. **olētum**, ī, *n.* (v. oleo), der **Kot**, die **Exkremente**, Pers. 1, 112. Veranius bei Paul. ex Fest. 203, 1.

oleum, eī, *n.* (ἔλαιον), der ausgepresste Olivensaft, das **Öl, Baumöl**, amygdalinum, Plin.: laurinum, Plin. u. Pallad.: lentiscinum, Plin. u. a.: narcissinum, Plin.: conditum, altes, ranziges, viride, frisches, Suet. u. (Ggstz. malum) Colum.: cibarium, Edict. Diocl. u. Pelagon.: legitimum, die gehörige Menge Öl, Petron: vivum, Naphtha, Gratt. cyn. 434: oleum, hoc est amygdalis amaris expressum, Plin.: instillare oleum lumini, Cic.: aula oleo indiget, Gell.: procurator ad oleum (Ölverteiler ans Volk), CIL 14, 20. – Sprichw., oleum et operam perdere, v. vergeblich angewandter Mühe, Plaut. Poen. 332: u. so et operam et oleum perdere, Cic. ep. 7, 1, 3: u. oleum perdere et impensas, Hieron. epist. 57, 12. – oleum flammae od. igni adicere, Öl ins Feuer gießen, Hieron. epist. 22, 8 u. 125, 11: so ellipt., oleum in incendium, Porphyr. Hor. sat. 2, 3, 321. – bildl., nitidum quoddam genus est verborum et laetum, et palaestrae magis et olei quam huius civilis turbae ac fori, es fehlt ihren Worten nicht an Glanz u.

Anmut, aber sie verraten zu sehr Schule u. Feile, als dass sie dem großen Haufen der Bürger auf dem Forum gefallen könnten, Cic. de or. 1, 81 M.

olfacio, fēcī, factum, ere (oleo u. facio), **I riechen, A** eig.: alqd, Cic.: absol., sagacissime, einen sehr scharfen Geruch haben, Plin.: olfactus, a, um, gerochen, Plin.: sensus olfaciendi, Geruchsinn (neben sensus cernendi), Augustin. epist. 147, 7. – **B** bildl., etwas **riechen, wittern = bemerken, wahrnehmen,** nummum, Cic.: non sex totis mensibus prius olfecissem quam ille quidquam coeperet? Ter. – **II** alqm alqā re, jmdm. **den Geruch** von etw. **beibringen,** labra (agnorum) lacte, Geschmack der M. beibringen, sie an die M. gewöhnen, Varro r. r. 2, 2, 16. – ► Imperat. olfac, Augustin. conf. 10, 35. – Passiv **olfio,** ὀσφραίνομαι, Dosith. 63, 11 K.

olfactārius, s. olfactōrius.

olfactātrīx, trīcis, *f.* (olfacto), die **Riecherin,** bildl., die **Bemerkerin,** Plin. 17, 239.

olfacto, āvī, ātum, āre (*Intens.* v. olfacio), **I an** etw. **riechen,** etw. **beriechen,** alqd, Plaut. u. Plin. – **II** etw. **riechen, wittern,** übtr. = **wahrnehmen,** Plin. 18, 364.

olfactōriolum, ī, *n.* (olfacio), das **Riechfläschchen,** Hieron. in Isai. 2, 3, 18. Vulg. Isai. 3, 20; vgl. Isid. orig. 19, 31, 19.

olfactōrius, a, um (olfacio), **riechend,** sucina (Bernsteinkugeln), Fronto de orat. 1. p. 157, 11 N. (wo falsch olfactariae). – subst., olfactōrium, iī, *n.*, der **Blumenstrauß, Strauß,** Plin. 20, 92 u. a.

olfactus, ūs, *m.* (olfacio), **I** das **Riechen,** der **Geruch,** Plin. 32, 28 u. 35, 182: m. obj. *Genet.*, cuius (clavae) olfactu refugerunt canes, Solin. 1, 11. – **II** insbes., der **Geruch** als Sinn, der **Geruchsinn,** Plin. 10, 194 u. a. Augustin. serm. 4, 6.

olfio, s. olfacio ►.

Ōliaros, ī, *f.*, s. Ōlearos.

olība, s. olīva ►.

olidus, a, um (oleo), **I riechend,** vasa bene olida, Colum.: amphorae, Colum. – **II** insbes., **(übel)riechend, stinkend,** caprae, Hor.: senex, Suet.: venter, Sen.: olidissima basia, Petron.

oligochronius, a, um (ὀλιγοχρόνιος), **von kurzer Zeit, nicht lange lebend, -dauernd,** Firm. math. 4, 15, 3 u. 8, 19, 12.

ōlim, *Adv.* (alter Akk. von ollus = ille), **seinerzeit, I** zur Bezeichnung eines unbestimmten, ganz beliebig zu denkenden Zeitpunktes übh., **einmal, A** in der Vergangenheit: **a** = **ehemals, einst, sonst, vor Zeiten,** fuit olim senex, Plaut. u. Ter. (s. Meißner Ter. Andr. 221): qui mihi dixit olim, Cic.: alium esse censes nunc me atque olim, cum dabam? Ter.: u. so korresp., olim ... mox, Tac.: olim vel nuper, Cic.: olim ... post ... dein ... nunc, Sall.: verb. olim quondam, Ter.: prius olim, Plin.: olim quom (cum), damals als, Ter. – ab olim, Jordan. Get. praef. – attrib. = **ehemalig,** olim conditores, Iustin. 2, 12, 3. – **b längst, schon lange, seit langer Zeit,** *He.* abi stultus, sero post tempus venis. *Er.* igitur olim si advenissem, magis tu tum istuc diceres, Plaut.: hoc si quis pretii cupidus vidisset tui, olim redisses ad splendorem pristinum, Phaedr.: olim nescio quid sit otium, Plin. ep.: scherzh., novi hominem olim oliorum, ich habe den Menschen von je und jerum gekannt, Petron. 43, 8. – **B** in der Zukunft: **a** einmal = **künftig einmal, einst, dereinst,** non si male nunc, et olim sic erit, Hor.: utinam coram tecum olim potius quam per epistulas (*sc.* colloquar), Cic.: olim quom (cum) sudum est, dann, wann, Plaut. (s. Brix Plaut. trin. 523. Meißner Ter. Andr. 545). – **b** in Frage- u. Konditionalsätzen, **einmal = je, jemals,** an quid est olim salute melius, Plaut.: o mihi tum quam molliter ossa quiescant, vestra meos olim si fistula dicat amores! Verg. – **II** zur Bezeichnung der fortdauernden Wiederkehr derselben Zustände = **zuzeiten, hin und wieder, manchmal, gewöhnlich,** bes. in Beispielen u. Vergleichen (s. Orelli Hor. sat. 1, 1, 25), color oris erat, qui frondibus olim esse solet seris, Ov.: nunc lenonum plus est fere, quam olim muscarum est, cum caletur maxime, Plaut.: saxum tumidis submersum tunditur olim fluctibus, Verg.: ut pueris olim dant (gewöhnlich geben = zu geben pflegen) crustula blandi doctores, elementa velint ut discere prima, Hor.

olimo, āre, **hell-, klar machen, reinigen,** Gloss. IV, 361, 13 ›limpidat, olimat‹.

olisātrum, s. olusatrum.

oliserum, ī, *n.* = olusatrum (s. d.), Plur. bei Apic. 3, 93.

Olisipo (auch **Olisippo** u. **Ulisippo** geschr.), ōnis, *m.*, Stadt Lusitaniens am rechten Ufer des Tagus, j. **Lissabon** od. **Lisboa,** Varro r. r. 2, 1, 19: Form Olisippo, Plin. 4, 117: Form Ulis., Mela 3, 1, 6 (= 3. § 8). – Dav. **Olisīpōnēnsis,** e, **olisiponensisch,** Plin.

olitor (holitor), ōris, *m.* (olus), der **Küchengärtner, Kohlgärtner,** Naev. com. 19. Plaut. trin. 408. Varro LL. 6, 20. Cic. ep. 16, 18, 2. Hor. ep. 1, 18, 36. Colum. 11, 1, 2. Plin. 19, 64. CIL 1, 1057; 6, 9457 u. 9458 (wo holitor). – Sprichw., mulier holitori numquam supplicat si quast mala, Plaut. mil. 193.

olitōrius (holitōrius), a, um (olitor), **zum Küchengärtner-, zu den Küchengewächsen gehörig, Küchen-, Gemüse-,** horti, Ulp. dig. 50, 16, 198: ostiola, kleine Türen zu Gemüsegärten, Plin. 19, 125: forum, s. forum *no.* II, A, 2, b.

olīva, ae, *f.* = olea, **I** die **Olive,** Colum., Hor. u. a. – **II** der **Ölbaum, Olivenbaum, A** eig., Cic. u. a.: arbor olivae, Colum.: olivae ramus, Verg., ramulus, Colum.: surculus olivae, Ölzweig, Augustin. – **B** meton.: **1** ein Hirtenstab von Olivenholz, ein **Olivenstab,** Verg. ecl. 8, 16. – **2** der **Ölzweig,** Hor. u. Ov. – Im Vulgärlat. oliba, Edict. Diocl. 6, 89–91.

olīvārius, a, um (oliva), **zu den Oliven gehörig, Oliven-, Öl-,** metretae, Colum.: molae, ICt.

olīvastellum, ī, *n.* (*Demin.* v. olivaster = oleaster), ein kleiner **wilder Ölbaum,** Gromat. vet. 305, 4. p. 308, 8 u. 20 a.

olīvātio, ōnis, *f.* (olivo) = ἐλαιοποιΐα, die **Ölbereitung,** Gloss. II, 294, 5.

olīvētum, ī, *n.* (oliva), die **Ölbaumpflanzung,** der **Ölbaumgarten,** Cic. u. a.

olīvifer, fera, ferum (oliva u. fero), **Oliven tragend,** Mutusca, das an Ölbäumen reiche, Verg.: arva, v. Sabinerland, Ov.: corona, von Ölzweigen, Mart.

olīvitās, ātis, *f.* (oliva), die **Olivenlese,** die **Olivenernte,** Varro sat. Men. 219. Colum. 12, 50. § 1 u. 12, 52. § 1 u. § 8 u. § 15. Mamert. grat. act. 22, 1. (Eumen.?) pan. Constant. 13, 3 B. Min. Fel. 17, 7: Plur., largissimae olivitates, Colum. 1, 1, 5.

olīvitor, ōris, *m.* (oliva), der **Ölbaumgärtner, -pflanzer,** Sidon. epist. 2, 9, 1.

olīvo, āre (oliva), **Oliven lesen, Olivenernte halten,** Plin. 15, 11.

olīvum, ī, *n.* (oliva), **I** das **Öl,** Plaut., Verg. u. a. – cur olivum sanguine viperino cautius vitat? das Öl der Ringkämpfer = die Palästra, Hor. carm. 1, 8, 8. – **II** insbes., **Salböl, wohlriechende Salbe,** Catull. u. Prop.

ōlla, ae, *f.* (eig. ola = 2. aula, w. vgl.), der **Topf, Hafen,** zum Kochen usw., Cato u. a.: olla parvula, Paul. ex Fest.: aënea, Hieron.: olla fictilis, Colum.: grandis, Iuven.: ollam denariorum implere, Cic.: olerum fasciculos in ferventem ollam deiciunt, Hieron. – Sprichw., ipsa olera olla legit, (viell.) der Topf bedient sich selbst, Catull. 94, 2: olla male fervet, wenn der Topf nicht mehr überläuft (wenn es nicht mehr hoch hergeht), Petron. 38, 13. – ► arch. Nbf. aula, s. 2. aula.

ōllāris, e (olla), **zum Topf gehörig, Topf-,** uvae, die in Töpfen aufgehoben werden, Mart. 7, 19, 9; vgl. Colum. 12, 45 (43), 7.

ōllārius, a, um (olla), **zu den Töpfen gehörig, Topf-,** Plin. 34, 98: fusor, der Töpfer, CIL 6, 1885. – subst., ollārium, iī, *n.*, der **Aschenbehälter** in Grüften, CIL 14, 3932.

olle, s. ollus.

ollīc, *Adv.*, archaist. = illic, Paul. ex Fest. 196, 6.

ōllicoquus, a, um (olla u. coquo), **im Topf gekocht, gesotten,** exta, *Varro LL. 5, 104. Vgl. aulicoctus.

ōllicula, ae, *f.* (*Demin.* v. olla), ein **kleiner Topf,** Th. Prisc. 4, 1.

ōllula, ae, *f.* (*Demin.* v. olla), ein **kleiner Topf,** Varro r. r. 1, 54, 2. Apul. met. 2, 7. Arnob. 5, 18 u. 19; 6, 14. Gargil. Mart. de arb. pomif. 2, 13. – ► arch. Nbf. aulula, Apul. met. 5, 20.

ollus u. **olle,** a, altlat. = *ille, a,* z. B. Nomin. ollus, olla u. Abl. ollo, ollā,

Varro LL. 7, 42: Dat. Sing. olli, Enn. ann. 33. Cic. de legg. 2, 21. Verg. Aen. 1, 254: Nomin. Plur. olli, Enn. ann. 555. Verg. Aen. 5, 197: Dat. Plur. ollis, Enn. ann. 306. Lucr. 6, 208. Cic. de legg. 3, 7: Akk. Plur. ollos, Cic. de legg. 2, 22, u. olla, *ibid.* 2, 21.

olma, ae, *f.*, Name der Pflanze ebulum bei den Daziern, Ps. Apul. herb. 91.

olo, ere, s. oleo ►.

ololȳgōn, gonis, *m.* (ὀλολυγών), eig. das **Quaken** der männlichen Frösche, wodurch sie die Weibchen zur Begattung locken, der **Liebesruf,** im Plur. meton. v. den männlichen Fröschen selbst, Plin. 11, 172.

1. **olor**, ōris, *n.* (vgl. ἐλώριος, Wasservogel), der **Schwan** (rein lat. für das griech. cycnus [κύκνος], s. Isid. orig. 12, 7, 18 u. 19), Plin. 10, 63, 131 u. 203. Suet. fr. 161. p. 251, 2 R. Apul. flor. 17. p. 27, 16 Kr.; de deo Socr. prol. p. 3, 24 u. 4, 1 G. Cypr. ad Donat. 8 *extr.* Verg. ecl. 9, 36; Aen. 11, 580 u. a. Dichter. – wechselnd mit cygnus, Sen. Agam. 714 *sq.* Claud. in Eutr. 1, 997 *sq.* (*cod. Ambros.* olos).

2. **olor**, oris, *m.* (= odor), der **Geruch,** Varro LL. 6, 83.

olōrifer, fera, ferum (olor u. fero), **Schwäne tragend,** Claud. epist. ad Seren. 12.

olōrīnus, a, um (olor), **von Schwänen, Schwan-,** pinnae, Verg.: alae, Ov.: cantus, Sidon.

olōs, s. 1. olor.

olosēricus, s. holosēricus.

olosīricoprāta, s. holosēricoprāta.

olovitreus, s. holovitreus.

olus (holus), eris, *n.*, **I** jedes **Grünkraut, Küchenkraut, Gemüse, Kohl, Rüben usw.,** Afran. fr., Scriptt. r. r. u. a.: olerum fasciculi, Hieron.: olus prandere, Hor. – Sprichw., multa Syrorum olera (griech. πολλὰ Σύρων λάχανα), Plin. 20, 33. – **II** insbes., olus atrum, Genet. oleris atri, *n.*, **Schwarzkohl** (*Smyrnium olusatrum,* L.), Colum. 11, 3, 18 u. 12, 7, 1: atrum olus (holus), Plaut. Pseud. 814: dass. poet. olus pullum, Colum. poët. 10, 123. Vgl. olusatrum. – ► Heterokl. Genet. Plur. holerorum, Lucil. 510: Abl. oleris, Cato r. r. 149, 2.

olusatrum (holusatrum), ī, *n.* = olus atrum, **Schwarzkohl** (*Smyrnium olusatrum,* L.), Colum. 11, 58, 2. Plin. 12, 45; 19, 162; 20, 117. Scrib. Larg. 195. Cael. Aur. de morb. chron. 3, 4, 59. Plin. Val. 3, 14. fol. 195 (a), 19 (wo falsch olosanti). – Auch holisatrum, ī, *n.*, Apic. 3, 97; 4, 124 u. 139. – Nach Plin. 19, 162 = hipposelinon od. smyrnion.

olusculum (holusculum), ī, *n.* (*Demin.* v. olus), **Küchenkraut, Gemüse, Kohl,** Cic. ad Att. 6, 1, 13. Hor. sat. 2, 6, 64. Iuven. 11, 79: oluscula pomaque, Gell. 19, 7, 1: herbae et holuscula, Fronto de fer. Als. 3, p. 225, 21 N.

Olympēni, s. Olympos.

Olympia, ae, *f.* (Ὀλυμπία), eine dem Zeus (Jupiter) heilige Gegend in Elis Pisatis, geschmückt mit Hainen, Altären u. Gebäuden, bes. mit einem prächtigen Zeustempel, in dem die berühmte Zeusstatue des Phidias stand, Schauplatz der olympischen Spiele, Varro sat. Men. 34. Rhet. Her. 4, 4. Cic. de or. 3, 127. Liv. 26, 24, 14. – Dav.: **A** **Olympiacus**, a, um (Ὀλυμπιακός), **olympisch,** palma, Verg. u. Solin.: corona, Suet.: mercatus (s. d.), Iustin. – **B** **Olympias**, adis, *f.* (Ὀλυμπιάς), eine **Olympiade,** d. i. ein Zeitraum von vier Jahren, nach dessen Ablauf die olympischen Schauspiele von neuem gefeiert wurden; daher eine Jahrrechnung bei den Griechen, die mit dem J. 776 v. Chr. beginnt, Cic. u. a. – poet. v. einer fünfjährigen Zeit, Ov. u. Mart. – **C** **Olympicus**, a, um (Ὀλυμπικός), **zu Olympia gehörig, olympisch,** pulvis, Hor.: stadium, Sen. poët. – **D** **Olympiēum**, ī, *n.* (Ὀλυμπίειον), ein **Tempel** des olympischen **Zeus,** Vell. 1, 10, 1. – **E** **Olympionīcēs**, u. **-ca**, ae, *m.* (Ὀλυμπιονίκης), ein **Sieger in den olympischen Kampfspielen,** Nomin. -ces, Cic. Tusc. 1, 111 u. Flacc. 31: Nomin. -ca, CIL 4, 3291 (Add. p. XVII): attrib., Olympionicae equae, Colum. 3, 9, 5. – **F** **Olympium**, iī, *n.* (Ὀλύμπιον), eig. »Tempel des olympischen Zeus«, dann Städtchen auf der Insel Sizilien, nicht weit von Syrakus, mit einem Tempel des Zeus, Liv. 24, 33, 3. Vitr. 7. praef. § 17. – **G** **Olympius**, a, um (Ὀλύμπιος), **zu Olympia gehörig, olympisch,** Iuppiter Ol., Cic. or. 5 u. a.: templum Iovis Olympii, in Athen, Plin.: u. dafür templum Olympium, Vitr.: ludi Olympii, Plaut. Stich. 306 (dagegen ludi Olympia [s. im Folg.], Varro fr. bei Charis. 99, 18). – subst., Olympia, ōrum, *n.* (*sc.* certamina od. sollemnia), die **olympischen Kampfspiele,** wo sich die Jugend im Fahren, Springen, Laufen, Ringen, Werfen des Diskus usw. zeigte u. als Preis einen Ölkranz bekam, ad Olympia proficisci, Cic.: Olympia vincere, in den ol. Spielen siegen, Enn. fr. u. Vitr.: coronari Olympia, in den ol. Sp., Hor.

1. **Olympias**, s. Olympia u. (Plur.) Olympos.

2. **Olympias**, adis, *f.* (Ὀλυμπιάς), Tochter des Königs Neoptolemus in Epirus, Gemahlin des Königs Philipp von Mazedonien, Mutter Alexanders des Gr., Cic. de div. 1, 47. Curt. 5, 2 (9), 22 u. a.

3. **Olympiās**, ae, *m.* (Ὀλυμπίας), ein der Insel Euböa eigener Wind, der **West-Nord-Westwind,** Plin. 2, 120 u. a.

Olympicus, **-iēum**, **-ionīcēs**, **-ium**, **-ius**, s. Olympia.

Olympos u. **-us**, ī, *m.* u. *f.* (Ὄλυμπος), **I** *m.*: **A** ein Berg an der Grenze von Mazedonien und Thessalien, wegen seiner Höhe von den Alten für den Wohnsitz der Götter gehalten, j. *Elymbo,* bei den Türken *Semavat Evi* (d. i. Wohnsitz der Himmlischen), Varro LL. 7, 20; r. r. 3, 16, 7. Mela 2, 3, 2 (2. § 36). Verg. georg. 1, 282. Lucan. 2, 271. – (poet.) meton., der **Himmel,** Verg. ecl. 6, 86. Ov. met. 1, 212. – **B** ein berühmter Flötenbläser u. Schüler des Marsyas, der sich mit Pan in einen Wettkampf einließ, Ov. met. 6, 393. Plin. 36, 35. Hyg. fab. 165 u. 273. – **II** *f.*, eine Stadt Lyciens am Berg Olympus, j. Ruinen bei *Deliktash,* Cic. II. Verr.. 1, 56. Flor. 3, 6, 5. Eutr. 6, 3. – Dav.: **A** **Olympēnī**, ōrum, *m.* (Ὀλυμπηνοί), die Einwohner von O., die **Olympener,** Cic. de lege agr. 1, 5. – **B** **Olympiades**, dum, Akk. -das, *f.*, die Olympiaden = die auf dem Olymp wohnenden Musen, Varro LL. 7, 20.

Olynthos u. **-us**, ī, *f.* (Ὄλυνθος), Stadt auf Chalcidice an Mazedoniens Grenzen, die Philipp von Mazedonien durch Bestechung zweier Vornehmen in seine Hände brachte, Form *-os,* Sen. exc. contr. 3, 8; contr. 10, 5 (34), 1 *sqq.* Mela 2, 2, 9 (2. § 30). Plin. 4, 42: Form *-us,* Nep. Pel. 1, 2. Sen. contr. 5 (10), 34. § 2 u. 13. Plin. 11, 99: Genet. Olynthi, Sen. contr. 5 (10), 34. § 14. Iuven. 12, 47. – Dav.: **A** **Olynthia**, ae, *f.*, die Gegend um Olynth, Varro r. r. 1, 44, 3. – **B** **Olynthius**, iī, *m.* (Ὀλύνθιος), ein **Olynthier,** Sen. contr. 10, 5 (34). § 1 *sqq.*: Plur. Olynthiī, ōrum, *m.* (Ὀλύνθιοι), die Einwohner von Olynth, die **Olynthier,** Sen. contr. 10, 5 (34), 10 *sqq.* Nep. Timoth. 1, 2. Iustin. 7, 4, 6 u. 8, 3, 10.

olȳra, ae, *f.* (ὄλυρα) = arinca, eine Getreideart, dem Spelt sehr ähnlich, nach einigen *Triticum monococcum* (L.), das **Einkorn,** Plin. 18, 62 u. 22, 121.

omānē = humane (s. d.), CIL 14, 2934.

omāsum, ī, *n.*, **Rinderkaldaunen,** Hor. ep. 1, 15, 34. Val. Max. 8, 1. damn. 8. Plin. 8, 180 (Detl. u. Mayh. omassum): pingui tentus omaso, dickwanstig, Hor. sat. 2, 5, 40.

ombria, ae, *f.* (v. ὄμβρος, der Regen), der **Regenstein,** ein uns unbekannter Edelstein, Plin. 37, 176.

1. **ōmen**, inis, *n.* (altlat. osmen, aus **ou̯ismen* zu griech. οἴομαι [*οϝισjομαι]), ein (gutes od. schlimmes) **Anzeichen,** ein **Vorzeichen,** eine **Vorbedeutung,** ein **Omen,** **I** eig.: **A** im Allg.: omen detestabile, Cic.: laetum, triste, Glück, Unglück bedeutendes, Tac.: omen adversum, Suet.: velut ominis causā, Liv.: hisce ominibus proficiscere, Cic.: hoc detestabile omen avertat Iuppiter, Cic.: i secundo omine, glücklich, in Gottes Namen, Hor.: omen habere, Ov.: omen capere, ein Omen zu bekommen suchen, abwarten, Cic.: omen accipere, das O. annehmen, Cic. u. Liv.: ne in omen verteretur irritum inceptum, als ein (schlimmes) V. gedeutet würde, Curt.: quod omen res consecuta est, dieses O. ging in Erfüllung, Cic. – **B** insbes.: **1** der **Wunsch** als gutes Omen, quam (rem) tu ipse optimis ominibus prosequeris, Cic. ep.: omina fausta, Beglückwünschungen, Suet. – **2** die **Andeutung, Bedingung,** eā lege atque omine, ut etc., Ter. Andr. 200. – **II** meton.: **A** was mit Auspizien verbunden ist, prima omina = *nuptiae,* Verg. Aen. 1, 346. – **B** ein **feierlicher Brauch,** Verg. Aen. 7, 174.

2. ōmen, inis, *n.* = omentum, Arnob. 7, 25.

ōmentātus, a, um, **mit** *omentum* **angefüllt,** Apic. 2, 40.

ōmentum, ī, *n.* **I** die **Fetthaut,** auch das **Fett,** die **Fettigkeit,** eines Menschen, Pers. 5, 74: der Tiere, **Lappen-** od. **Gekrösefett,** Plur. bei Apic. 5, 194. – **II** das **Netz,** die **Netzhaut,** die die Gedärme bedeckt u. zusammenhält, Cels. u. Plin. – **III** die **fetten Eingeweide,** Iuven. u. Pers. – **IV** jede umhüllende Haut der inneren Teile des Körpers, wie Beinhaut, Hirnhaut, Macr. sat. 7, 9, § 13 *sqq.*: elephantina omenta, Suet. fr. 104. p. 133, 10 R.

ōminālis, e (omen), **von übler Vorbedeutung,** quaedam ominalia, Dosith. 25, 6 K.

ōminātio, ōnis, *f.* (ominor), die **Vorbedeutung,** bona, Paul. ex Fest. 88, 6.

ōminātor, ōris, *m.* (ominor), der **Weissager,** Plaut. Amph. 722.

ōmino, āre = ominor, Pompon. com. 36.

ōminor, ātus sum, ārī (omen), **I weissagen,** malo alienae quam nostrae rei publicae ominari, Cic.: om. felix faustumque imperium, Liv.: optare alci ominarique in proximum annum consulatum, Plin. ep.: om. vera de exitu Antonii, Vell.: naves cum commeatu rediere velut ominatae (gleich als wenn sie es geahnt hätten), m. folg. *Acc.* u. *Infin.*, Liv. 29, 35, 1. – **II reden, sprechen,** insofern man sich Glück od. Unglück bedeutender Worte bedient, **anwünschen** usw., melius ominare, Plaut.: male ominata verba, Worte von unglücklicher Vorbedeutung, Hor.: ominari horreo, mich schaudert, das verhängnisvolle Wort auszusprechen, Liv. 7, 30, 23.

ōminōsē, *Adv.* (ominosus), **unter (schlimmer) Vorbedeutung,** Ps. Quint. decl. 6, 5.

ōminōsus, a, um (omen), **voll von Vorbedeutungen,** res, Plin. ep. 3, 14, 6: quod multi ominosum putarunt, Lampr. Anton. Diad. 5, 3. – mons quasi avibus obscenis ominosus (Unglück verheißend), Messala b. Gell. 13, 14, 6. – ► Kompar. Neutr. ominosius, Aquil. Rom. 5.

omissio, ōnis, *f.* (omitto), die **Unterlassung,** Symm. epist. 3, 48 u. a.: om. praedarum, Entziehung, Aur. Vict. de Caes. 11, 11. – als rhet. Fig. = ἀντίφρασις, wenn man erklärt, etwas nicht sagen zu wollen, und es doch eben damit ausspricht, Iul. Rufin. de schem. dian. § 12.

omissus, a, um, *PAdi.* (v. omitto), **sich gehen lassend, nachlässig, unachtsam,** bes. in Geldsachen, animo esse omisso, Ter. heaut. 962: ne ab re sint omissiores paulo, mit dem Ihrigen ein wenig zu locker, Ter. adelph. 831.

omitto, mīsī, missum, ere (= *ommitto od. *obmitto), **von sich lassen, fahren-, gehen lassen, I** eig. (s. Brix Plaut. mil. 1096), genua, Plaut.: arma, sinken od. fallen lassen, Liv.: so auch habenas, Tac.: iube me omittere hos qui retinent, Plaut.: omissam facere concubinam, laufen lassen, Plaut.: omitte mulierem, Ter.: omitte me, lass mich in Ruhe, Ter.: animam, sein Leben lassen, sterben, Plaut. – **II** übtr.: **A** im Allg., **fahren lassen, sein lassen, ganz einstellen, aufgeben, hintansetzen,** navigandi in Aegyptum consilium, Liv.: belli consilia, bella, den Gedanken an Kr. fallen lassen, Liv.: u. so mota arma, Liv.: timorem, Cic.: spem, Liv.: pietatem, Cic.: studia tantum intermittantur, ne omittantur, Varro fr.: omnibus rebus omissis, mit Hintansetzung aller usw., Caes.: om. maritum, fahren lassen, verlassen, Tac. ann. 13, 44. – m. dopp. *Acc.*, ne tantum scelus impunitum omittatis, ungestraft hingehen lasst, Sall. Iug. 31, 20 Iord. – m. folg. *Infin.* = unterlassen, aufhören, deutsch auch durch »nicht weiter, nicht mehr«, omittat urgere, er dringe nicht weiter in uns, Cic.: persequi defectores omiserunt, verfolgten nicht weiter, Iustin.: omitte mirari, wundere dich nicht mehr, Hor.: iam omitto iratus esse, nun will ich nicht mehr zürnen, nun will ich meinen Zorn fahren lassen, Plaut. – non om. m. folg. *quo minus* u. Konj. = es sich nicht entgehen lassen, zu usw., hostis non omissurus, quo minus expeditus incompositos in agmine aggrederetur, Tac. hist. 2, 40. – **B** insbes.: **1** unbenutzt **vorbeilassen, unbenutzt lassen,** navigationem, Cic. ad Q. fr. 2, 5, 3 M.: teneo quam optabam occasionem neque omittam, Cic. de legg. 1, 5. – **2 unerwähnt lassen, nichts von** etw. **erwähnen,** etw. od. jmd. **übergehen,** von etw. od. jmd. **absehen,** omitto illa vetera, Cic.: omitto gratulationes, epulas etc., Cic.: omitto innumerabiles viros, Cic.: eos omittamus, qui etc., Cic.: pleraque differat et praesens in tempus (vor der Hand) omittat, Hor.: de reditu Gabinii omittamus, Cic.: at de me omittamus! Cic.: mit folg. indir. Fragesatz, omitto, quid ille tribunus fecerit, Cic. – ut haec omittam (als Parenthese), Cic.: ut omittam cetera, quae sunt innumerabilia, de istis duobus cum cogito etc., Cic.: nam ut omittam Philippum, omnium his temporibus potentissimus rex Antiochus fuit, Nep.: ut omittam quod (zu geschweigen, dass, abgesehen davon, dass) ... certe, Lact. 4, 24, 6. – **3 aus den Augen lassen, außer Acht lassen,** hostem, Liv.: Galliam, Liv.

ommento, āre (ob und manto), **verharren, verweilen,** Liv. Andr. Odyss. fr. bei Fest. 190, 14.

ommoveo, s. ob-moveo.

omnicanus, a, um (omnis u. cano), **überall singend, -ertönend,** oratio, Apul. flor. 13.

omnicarpus, a, um (omnis u. carpo), **alles benagend,** Varro LL. 5, 97.

omniciēns, entis (omnis u. cieo), **alles erregend,** sensus, Lucr. 2, 942 (Lachmann u. Brieger omnituentes).

omnicolor, ōris (omnis u. color), **von allen Farben,** Lucil. 311. Prud. perist. 12, 39.

omnicreāns, antis (omnis u. creo), **allerschaffend,** Augustin. conf. 11, 13 *in.* u. a.

omnifāriam, *Adv.* (omnis, s. Prisc. part. XII vers. Aen. 2, 60), **allseitig, überall, in jeder Weise,** Gell. 12, 13, 20. Macr. sat. 7, 13, 10. Apul. de deo Socr. prol. p. 2, 19 G. Capit. Anton. phil. 11, 4. Vopisc. Aurel. 27, 5. Cod. Theod. 2, 24, 2. Cael. Aur. de morb. acut. 3, 16, 129; de morb. chron. 1, 1, 49 u. Eccl.

omnifārius, a, um (omnis), **allseitig,** commutatio, Chalcid. Tim. 76. – ► Cael. Aur. de morb. acut. 3, 16, 129 steht Adv. omnifariam.

omnifluentia, ae, *f.* (omnis u. fluo), der **allseitige Überfluss,** lacrimarum, Mythogr. Lat. 2, 90.

omnifōrmis, e (omnis u. forma), **von allerhand Gestalten,** Apul. u. Eccl.

omnigena, ae, Genet. Plur. ûm, *c.* (omnis u. geno = gigno), **von allerhand Zeugung = von allerhand Art,** omnigenûm deûm monstra, Verg. Aen. 8, 698 (vgl. Prisc. 7, 9): omnigenûm genitor deûm, Mart. Cap. 9. § 912: omnigenis formis, Claud. Gigant. 51.

1. omnigenus = omne genus, *Acc.*, **von allerhand Art, allerlei,** Lucr., Varro u. a. – m. *Genet. partit.*, doctrinae omnigenus, Auct. b. Gell. 14, 6, 1 H. Vgl. übh. Lachm. Lucr. 2, 759. p. 118 u. 5, 440. p. 292.

2. omnigenus, a, um (omnis u. gigno), **alles hervorbringend,** Prud. c. Symm. 1, 13.

omnimedēns, entis (omnis u. medeor), **alles heilend,** Paul. Nol. carm. 27, 17.

omnimodātim, *Adv.*, **in jeder Hinsicht,** Virg. Maron. epit. de sap. p. 4, 12. *ed. Huemer.*

omnimodē, *Adv.* (omnis u. modus), **auf alle Art,** Chalcid. Tim. 50 B. – Comoed. pall. inc. 27 R.[2] bei Fronto ad M. Caes. 1, 8 (2, 1). p. 24, 20 N. hat die Hdschr. omni modo.

omnimodīs, *Adv.* (omnis u. modus), **auf alle Weise, in jeder Hinsicht,** *Plaut. Stich. 684. Lucr. 1, 683; 2, 489 u. a. Apul. flor. 4 u. 18. Ambros. de laps. virg. 3, 14. Cassiod. var. 11. praef. § 4. p. 326, 21 M.

omnimodō, *Adv.* (omnis u. modus), **auf alle Weise, in jeder Hinsicht,** Gell. 18, 15, 2 H. Pompon. dig. 29, 2, 11 M. – ► In anderen Stellen, z. B. Sen. de ben. 2, 1, 2. Cels. 7, 4, 3. Lact. 6, 12, 2. Augustin. serm. 117, 13 getrennt geschrieben.

omnimodus, a, um (omnis u. modus), **von allerhand Art, allerhand, jeglich,** Varro LL. 7, 61 M. Apul. met. 5, 25; apol. 50. Vulg. Isai. 66, 10. Augustin. conf. 12, 12 u. serm. 65, 4.

omnīnō, *Adv.* (omnis), **im Ganzen, in allem, I** zur Bezeichnung der weitesten Ausdehnung eines Zustandes, **gänzlich, ganz, überhaupt,** cum defensionum laboribus senatoriisque muneribus aut omnino aut magna ex parte essem aliquando liberatus, Cic.: qui omn. Graecas non ament litteras, plures, qui philosophiam, Cic. – dah. bes.

a wenn man vom Einzelnen zum Ganzen übergeht, **überhaupt, im Allgemeinen,** de hominum genere aut omn. de animalibus loquor, Cic. – **b** wenn eine Steigerung der Begriffe stattfindet, **überhaupt nur, sogar nur,** nam pleraque tacta tantum et omn. commota latissime serpunt, Plin. ep.: nec leges ullae sunt nec iudicia nec omn. simulacrum aliquod aut vestigium civitatis, Cic.: verb. non modo ... sed omnino, Cic. – **c** wenn man eine Aussage kurz zusammenfasst, **kurz, mit einem Wort,** omnino, ut te absolvam, nullam pictam conspicio hic avem, Plaut. – **d** bei Zahlen, **überhaupt, im Ganzen, in allem,** quinque omn. fuerunt, Cic.: diebus omn. decem et octo, Caes. – **II** zur Bezeichnung des höchsten Grades eines Zustandes od. einer Eigenschaft, **gänzlich, ganz und gar, durchaus, in jeder Hinsicht, vollständig,** nunc ego omn. occĭdi, Plaut.: fieri omnino neges, Cic.: me omn. lapidem, non hominem putas, Ter.: Maximum fratrem, egregium virum omn., sibi nequaquam parem colebat, Cic. – dah. **a** neben Superlativen, miserrima est omn. ambitio honorumque contentio, Cic.: aptissima omn. sunt arma senectutis, Cic. – u. mit *omnis* verb., omn. omnium horum vitiorum atque incommodorum una cautio est, Cic. – **b** neben negativen Ausdrücken, is omn. servus in familia non erat, Cic.: non usquam id quidem dicit omnino (vollständig), sed, quae dicit, idem valent, Cic.: quod autem sine sensu sit, id nihil ad nos pertinere omnino (durchaus nicht), Cic.: soli tamen dicamus potius, quam omn. non dicamus, Quint.: sensu omisso fit idem quasi natus non esset omn., Cic.: nulla omn. in re, Cic. – **III** zur Bezeichnung der allgemeinen Gültigkeit einer Aussage, **überhaupt, allerdings,** nego illum adulescentem omn. illo die esse mortuum, Cic.: quod amici genus adhibere omn. levitatis est, Cic. – dah. bes. **a** in Einräumungen, mit folg. Adversativsatz, pugnas omnino, sed cum adversario facili, Cic. – **b** in allgemeinen Behauptungen, omn. illud honestum, quod animi efficitur, non corporis viribus, Cic.: omn. est amans sui virtus, Cic.

omninōminis, e (omnis u. nomen), **allnamig,** innominis vel omninominis (v. Gott), Ps. Apul. Ascl. 20.

omniparēns, entis (omnis u. parens), **allgebärend, allhervorbringend, Allmutter,** terrae, Lucr.: Terra, Verg.: aether, Calp.

omnipater, tris, *m.* (omnis u. pater), der **Allvater,** Prud. perist. 3, 70.

omnipavus, a, um (omnis u. paveo), **alles fürchtend,** als Übersetzung von πανταφόβος (pantaphobos) od. richtiger von παντοφόβος (pantophobos), Cael. Aur. de morb. acut. 3, 12, 108.

omniperītus, a, um (omnis u. peritus), **allerfahren,** Anthol. Lat. 779, 110 (109, 110).

omnipollēns, entis (omnis u. polleo), **allvermögend,** Prud. apoth. praef. 19 (31).

omnipotēns, entis (omnis u. potens), **allmächtig,** Neptunus, Turpil. com. fr.: Iuppiter, Enn. ann. fr., Catull. u. Val. Max.: Fortuna, Verg.: deus, Eccl.: ego omnipotens ted posco, Enn. tr. fr. – *Compar.*, nam si ideo omnipotens Pater, qui Filium habet, omnipotentior ergo esse potuit, si plures haberet, Ambros. de fide 4, 8. § 85. – *Superl.*, omnipotentissimus deus, Macr. somn. Scip. 1, 17, 12. Augustin. conf. 1, 4. § 4, od. creator, Augustin. de civ. dei 21, 9, 2. Cl. Mam. de stat. anim. 1, 5, 1.

omnipotenter, *Adv.* (omnipotens), **allmächtig,** Augustin. de civ. dei 14, 27 *in.*

omnipotentia, ae, *f.* (omnipotens), die **Allmacht,** Macr. somn. Scip. 1, 6. § 18 u. a. (s. *Janii* prolegg. vol. I. p. XLII). Prud. c. Symm. 2. praef. 26. Cl. Mam. de stat. anim. 1, 5, 1. Augustin. serm. 295, 5.

omnis, e, **aller, alle, alles, I** in Bezug auf die Zahl, **A** übh.: omnis fortuna, Cic.: omnes habenas effundere, Verg.: sine omni periculo, ohne alle (jede) G., Ter.: sine omni sapientia, ohne die gesamte Philosophie, Cic.: ut omittas leges alias omnes, Cic. – omnis cetera praeda, Liv.: omnes ceterae res, Cic.: ceterum omne argentum, Liv.: ceterae omnes copiae, Liv.: cetera omnia, Cato. – alii omnes, Sall. u. Liv.: leges aliae omnes, Cic.: aliae res omnes, Cato: alia omnia, Cic.: omnia alia, Plin. ep.: virtutes omnes reliquae, Cic.: reliqui magistratus omnes, Liv. – omnes universi, s. ūniversus. – ad unum omnes, s. ūnus. – omnes antiquissimi, alle, auch die ältesten, Cic.: omnia minima, alles, auch die geringste Kleinigkeit, Cic.: omnia tua etiam minima commoda, Cic. – omnia quaecumque loquimur, Cic., agimus, Liv. – Singul. omnis subst., brevem vitam esse omni, multo magis seni, Sen. suas. 7, 10: Plur. subst., omnes, alle (alle Menschen), Cic.: omnes, etiam infimi, Lentul. in Cic. ep.: m. partit. *Genet.*, ibi Samnitium omnes considunt, Liv. 10, 31, 5: Macedonum fere omnibus et quibusdam Andriorum ut manerent persuasit, Liv. 31, 45, 7. – omne, alles, Cic.: gew. Plur., omnia, alles, Cic.: omnia facere, alles tun, alle Mühe anwenden, Cic.: cum Patrone Epicurio mihi omnia sunt, ich stehe mit dem E. P. durchweg in dem freundschaftlichsten Verhältnis, in ganz gutem Einvernehmen, Cic. ep. 13, 1, 2: alia omnia sibi cum collega ratus, alle anderen Angelegenheiten mit dem K. gemeinschaftlich betreiben zu müssen, Sall. Iug. 43, 2: in eo sunt omnia, hierauf beruht alles, Cic.: tutus et ad omnia (in jeder Hinsicht) opportunus locus, Liv.: per omnia, Liv., Vell. u. Quint., od. bl. omnia, Verg., in allen Stücken: ante omnia, vor allen Dingen, vorzüglich, Liv.: alia omnia, das Gegenteil, Plin. ep.: dah. in alia omnia ire oder discedere, Cic., od. transire, Hirt. b. G., das Gegenteil behaupten, anderer Meinung sein: omnia esse, alles sein, alles gelten, das Faktotum sein (v. Pers.), hic enim omnia erat, Varro: Demetrius iis unus omnia est, Liv. – **B** insbes.: **a** = **jeder,** zuw. auch unser **allemal, jedesmal,** militat omnis amans, Ov.: omni die, Gell.: omnibus annis, Plin. u. Plin. pan.: omnibus mensibus, Cic.: omnibus tricenis diebus, Plin.: omnis veretur amor, die Liebe fürchtet allemal, Prop.: quaedam gallinae omnia gemina ova pariunt, einige Hühner legen allemal Doppeleier (Eier mit zwei Dottern), Plin. – **b** = **jedweder, aller und jeder Art, jegliche Art von** usw., **allerlei, von allerlei Art, alle möglichen, lauter,** olus omne, Hor.: omnis superstitio, Liv.: omnis exempli documenta, Liv.: omnibus precibus petere, Cic.: omnibus tormentis necare, Caes.: omnibus rebus, auf alle mögliche Weise, in jeder Beziehung, Caes. – omnes secundos proventus rerum exspectare, lauter, Caes.: omnes (lauter) milites tales habere, Ps. Quint. decl.: omnis (lauter) ordo, Cic. Vgl. übh. Müller Liv. 1, 31, 6. Fabri Liv. 22, 41, 6. Schömann Cic. de nat. deor. 2, 56. Dietsch u. Fabri Sall. Iug. 103, 1. – **II** in Bezug auf die Stetigkeit = **ganz,** zuw. **aller, alle, alles,** Gallia omnis, Caes.: omnis insula, Caes.: sanguinem suum omnem effundere, Cic.: accepto omni patrimonio, Eutr.: in omni vita, Cic.: non omnis moriar, Hor.: omne corpus intendere, Cic. – ▶ omnia bei Dichtern zweisilb., s. Lachmann Lucr. 1, 1106. p. 72 *sq.*

omnisonus, a, um (omnis u. sono), **überall ertönend,** Mart. Cap. 9. § 912 u. § 921. Paul. Nol. carm. 24, 81.

omnitenēns, entis (omnis u. teneo), **allbeherrschend,** Tert. adv. Marc. 5, 9. Augustin. conf. 7, 15 u. 11, 3.

omniter, omnino, non omniter, Anecd. Helvet. p. 117, 29 *Hagen.*

omnituēns, entis (omnis u. tueor), **allsehend,** sensus, Lucr. 2, 942 (Bernays omnicientes): sol, Apul. de mund. 29: fatorum genitor tutela meorum omnituens, Val. Flacc. 5, 246 *sq.*

omnivagus, a, um (omnis u. vagus), **überall umherschweifend,** Diana, Cic. de nat. deor. 2, 68.

omnivolus, a, um (omnis u. volo), **alles wollend,** Iuppiter, Catull. 68, 140.

omnivomus, a, um (omnis u. vomo), **alles ausspeiend** od. **auswerfend,** Oceanus, *Anthol. Lat. 78, 14 M.

omnivorus, a, um (omnis u. voro), **alles verschlingend,** Plin. 25, 94.

omoeoptōton, s. homoeoptōton.

omoeoteleuton, s. homoeoteleuton.

ōmophagia, ae, *f.* (ὠμοφαγία), **der Genuss des rohen Fleisches,** Arnob. 5, 19 *in.*

omphacium, iī, *n.* (ὀμφάκιον), Öl oder Saft aus unreifen Oliven od. Weintrauben, Plin. 12, 130 u. a. – dah. **omphacomel**, mellis, *n.*, Sirup aus Omphazium, Pallad. 9, 13 *lemm.* Plin. Val. 5, 21.

Omphalē, es, *f.* (Ὀμφάλη), Tochter des lydischen Königs Jordanos und Gemahlin des Tmolos, nach dessen Tode Königin in Lydien, bei der

Herkules, der Sage nach wegen des an Iphitus begangenen Mordes, als Sklave verkauft, in weiblicher Kleidung diente, Ter. eun. 1027. Prop. 3, 11, 17. Hyg. fab. 32. – ► Nbf. Omphala, Genet. Omphalae, Lact. 1, 9, 7: Abl. Omphalā, Hyg. astr. 2, 14.

omphalocarpos, ī, *m.* (ὀμφαλόκαρπος, mit nabelförmiger Frucht), eine Pflanze = aparine, Plin. 27, 32.

omphalos, ī, *m.* (ὀμφαλός), der **Nabel**, dah. meton. der **Mittelpunkt**, rein lat. umbilicus, Auson. edyll. 11, 60. p. 131, 7 Sch.

onager u. **onagrus**, ī, *m.* (ὄναγρος), **I** der **wilde Esel, Waldesel** (rein lat. asinus ferus, s. Amm. 23, 4, 7), Nomin. gew. onager, Cels. 2, 18. p. 64, 20 D. Mart. 13, 97, 1 u. 100, 1. Vulg. Iob 6, 5 u. Sirach. 13, 23. Ven. Fort. carm. 7, 4, 22: Nom. Plur. onagri, Cic. ad Att. 6, 1, 25: Nomin. onagrus, Varro r. r. 2, 6, 3: andere Kasus, Verg. georg. 3, 409. Plin. 8, 170 u. 174 *sq.* Capit. Gord. 33, 1: zur Maultierzucht gebraucht, Colum. 6, 37, 3. Petron. 38, 4: onagrorum est mugilare, Suet. fr. 161. p. 248, 2 R. (vgl. Anthol. Lat. 762, 53 R. = 233, 53 M.). – **II** (onager) übtr., eine Kriegsmaschine, mit der Steine abgeschossen wurden, Veget. mil. 2, 10; 4, 22 u. a. Amm. 23, 4, 7.

onāgos, ī, *m.* (ὀναγός), der **Eseltreiber**, Plaut. asin. prol. 10.

onagrus, s. onager.

Onchae, ārum, *f.*, Ort in Syrien zwischen Issus u. Thapsakus, Curt. 4, 1, 3.

Onchēsmītēs, ae, *m.* (Ὀγχησμίτης, *sc.* ventus), ein von dem epirischen Hafen Onchesmus aus wehender, günstiger Wind, Cic. ad Att. 7, 2, 1.

onco, āre, Naturlaut des Esels, Suet. fr. 161. p. 249, 1 R. Anthol. Lat. 762, 55 (233, 55).

onēar, atis, *n.* (ὄνειαρ, Labsal, Stärkung), eine Pflanze = onothera, Plin. 26, 111.

onerāria, ae, *f.*, s. onerārius.

onerārius, a, um (onus), **eine Last** oder **Fracht tragend, Last-, Fracht-**, navis, Plaut., Caes. u. a.: iumenta, Liv. – subst., onerāria, ae, *f.*, das **Frachtschiff, Transportschiff**, Naev. b. Pun. fr. inc. V. (bei Suet. fr. p. 243, 7 R). Sisenn. hist. 3. fr. 39. Cic. ad Att. 10, 12, 2: im Sprichw., s. celōx a. E.

onero, āvī, ātum, āre (onus), **I beladen, bepacken, befrachten, A** eig.: **1** im Allg.: naves, Caes.: ancillas veste, Ter. – **2** insbes.: **a beladen, belasten, beschweren**, aures lapillis, Ov.: hostes (*sc.* saxis), Liv.: cervicem tauri aratro, Ov.: onerari epulis, sich mit Essen überladen, Sall.: so auch vino, Sall.: vino ciboque corpora, Liv. – übtr., cibus onerat, macht Beschwerden, Plin. 29, 48. – **b beschweren** = bedecken, membra sepulcro, Verg.: ossa aggere terrae, Verg.: umerum pallio, den Mantel über die Schulter nehmen, Ter. – **c beschälen (bedecken) lassen**, vaccam, Pallad. 8, 4, 1. – **d besetzen**, mensas dapibus, Verg. georg. 4, 133 u. Aen. 1, 706. – **e bewaffnen**, manum iaculis, Verg. Aen. 10, 868. – **B** übtr.: **1** im Allg. = **beladen, bepacken**, iudicem argumentis, dem R. Beweise aufladen, Cic.: alqm mendaciis, jmdm. die Hucke voll lügen, Cic.: u. so probe oneratus, tüchtig angeführt, Plaut. mil. 935. – **2** insbes.: **a beschweren, belästigen**, aethera votis, Verg.: verba lassas onerantia aures, Hor.: plebei scitum, quo oneratus magis sum quam honoratus, mehr beschwert als beehrt, Liv. – **b überhäufen, überschütten, α** im üblen Sinne, alqm contumeliis, Cic.: pugnis, Plaut.: iniuriā, Ter. – **β** im guten Sinne (s. Weißenb. Liv. 35, 11, 6), alqm laudibus, Liv.: alqm promissis, Sall., u. ingentibus promissis, Liv. – **c schwerer-, ärger machen, noch lästiger-, unerträglicher machen, vermehren**, dolorem, Curt.: curas, Tac.: inopiam alcis, Liv.: bellum Latinorum defectione, Liv.: quem (dilectum) suāpte naturā gravem onerabant ministri avaritiā ac luxu, Tac. – **II** in ein Gefäß, Schiff usw. **laden**, vina cadis, einfüllen, Verg.: dona Cereris canistris, Verg.: oneravi vinum, lardum, ich habe (ins Schiff) geladen, Petron. – ► oneratus mit folg. *Genet.*, Pacuv. tr. 291.

onerōsē, *Adv.* (onerosus), **lästig**, Paul. Nol. ep. 11, 6: *Compar.* onerosius, Cassiod. de anim. 11.

onerōsitās, ātis, *f.* (onerosus), die **Lästigkeit, Last**, Tert. de cult. fem. 2, 7 *in.* zw. (Oehler operositas).

onerōsus, a, um (onus), **I lästig, schwer, drückend**, praeda, Verg.: hasta, Ov.: sit humus cineri non onerosa tuo, Ov.: aër est onerosior igne, Ov. – **II** bildl., **lästig, beschwerlich**, collatio, Plin. ep.: exercitus voracibus impensis onerosus, Val. Max.: nec est quod verearis ne sit mihi onerosa ista donatio, Plin. ep.: onerosior altera sors est, Ov.: plus onerosus honor, Sidon.: perquam erat onerosum accusare damnatum, Plin. ep.

onīrocritēs, ae, *m.* (ὀνειροκρίτης), der **Traumdeuter**, rein lat. (somniorum) coniector, Fulg. myth. 1. p. 4 M.

onīros, ī, *m.* (ὄνειρος, Traum), der **wilde Mohn**, wegen seiner einschläfernden Macht, Ps. Apul. herb. 53.

oniscus od. **-os**, ī, *m.* (ὀνίσκος), der **Kellerwurm**, die **Kellerassel**, Plin. 29, 136 u. a.

onītis, tidis, Akk. tim, *f.* (ὀνῖτις), eine Pflanze, Art des origanum, Plin. 20, 175. Ps. Apul. herb. 122.

onobrychis, chidis, *f.*, s. oenobrechēs.

onocardion, iī, *n.* (ὀνοκάρδιον), die auch chamaeleon gen. Pflanze, **Eberwurz**, Ps. Apul. herb. 25.

onocentaurus, ī, *m.* (ὀνοκένταυρος), der **Eselszentaur**, eine ungeschwänzte Affenart, übtr. von unreinen Dämonen, Vulg. Isai. 13, 21; 34, 11 u. 14; vgl. Hieron. in Isai. 6, 13, 22.

onochīles, is, *n.* u. **onochēlis**, lidis, Akk. lim, *f.* u. **onochīlon**, ī, *n.* (ὀνοχειλές u. ὀνοχειλίς), eine Pflanze, Art der **Ochsenzunge** (anchusa), Plin. 21, 100 u. 22, 51.

Onocoētēs, ae, *m.* (*Ὀνοκοήτης, von ὄνος u. κοιᾶσθαι), der **Eselspriester**, heidn. Schimpfname Christi, Tert. adv. nat. 1, 14; vgl. Oehler Tert. apol. 16. tom. 1. p. 181.

onocrotalus, ī, *m.* (ὀνοκρόταλος), die **Kropfgans** (*Pelecanus Onocrotalus*, L.), Plin. 10, 131. Mart. 11, 21, 10. Vulg. Levit. 11, 18 u. a.

onomatopoeïa, ae, *f.* (ὀνοματοποιΐα), die Bildung eines Wortes nach einem Naturlaut, wie Wiehern, Grunzen usw., Quint. 8, 6, 31. Charis. 274, 24. Beda de tropis p. 613, 29 *ed. Halm.*

onōnis, s. anōnis.

ononychītēs, ae, *m.* (ὀνονυχίτης), **Eselsklauen habend**, Beiname des Gottes der Schriften bei den Heiden, Tert. apol. 16.

onopradon, ī, *n.*, eine Pflanze, viell. die **Wegedistel**, Plin. 27, 110.

onopyxos, ī, *f.* (ὀνόπυξος), **Eselsbuxus**, eine Distelart, Plin. 21, 94.

onosma, atis, *n.* (ὄνοσμα), eine Pflanze, mit der anchusa verwandt, Plin. 27, 110.

onothērā, ae, *m.* (ὀνοθήρας), eine auch onear genannte Strauchart, Plin. 26, 111 u. 146. – Nbf. **onothēris**, ridis, *f.* (ὀνοθηρίς), Plin. 24, 167 *codd. optt.* (Detl. oenotheris, Jan onothuris).

onus (in Hdschr. oft honus), eris, *n.* (vgl. altindisch *ānaḥ*, der Lastwagen), die **Last, I** eig.: **1** im engeren Sinne, die **Last, Ladung, Fracht**, merces atque onera, Cic.: onera vehiculorum, Suet.: onus dorso subire, Hor.: iumentis onera deponere, Caes.: onera transportare, Caes.: onera capere posse (v. Kähnen), Liv.: naves onerariae LXIII expugnatae, quaedam cum suis oneribus, Liv.: alterius navis, alterius onus erat, Cic.: aptus onere ferundo (v. d. Schultern), Capit.: accommodatus oneri ferundo (v. Kamel), Sen.: tanto aptiora exportandis oneribus tarda iumenta sunt quam nobiles equi, Sen. – **2** im weiteren Sinne: **a** objekt. = jede **Last, Bürde**, tanti oneris turrim moturos sese confiderent, Caes.: on. gravidi ventris, u. bl. onus, Leibesbürde, Leibesfrucht, Ov.: onera ciborum, die Exkremente, Plin.: und so onus ventris, Mart. u. Lampr. – **b** subjekt. = die **Last, Schwere** einer Sache, Curt. 5, 3 (12), 21. – **II** übtr.: **A** im Allg., die **Last, Lästigkeit, Beschwerlichkeit, Bürde**, die **schwierige Aufgabe, a** objekt., onus (Aufgabe) grave et Athenarum et Cratippi (von Seiten A. und des Kr.), Cic.: magnitudo oneris (der lästigen, schwierigen Aufgabe), Tac.: quantis oneribus premerere, lästigen Beschäftigungen, Cic.: oneri esse, zur Last sein, beschwerlich fallen, Sall. u. Liv.: providere debent, quid oneris in praesentia tollant, Cic.: plus oneris sustuli (habe ich auf mich genommen), quam ferre me posse intellego, Cic.: unam familiam subisse civitatis onus, Liv.: neque mihi quidquam oneris suscepi, cum illa dixi, *quo minus* honeste hanc causam et libere possem defendere, noch fällt mir wegen jenes Vortrages irgendetwas zur Last, sodass ich nicht usw., Cic. Clu. 142: onus alci iniungere, eine Last (des Amtes) auflegen, Liv.: hoc onus si aliqua ex parte allevabitis, Cic.: id onus reicere (von sich werfen), Cic.: opprimi onere officii, Cic.: et praetori et consilio haud mediocre onus demptum erat de Scipione cognoscendi, Liv. – probandi onus, Last, Verbindlichkeit, ICt. – **b** subjekt., die **Last, Schwere** einer Sache, epici carminis onera lyrā sustinere, Quint. 10, 1, 62. – **B** insbes.: **a** die **Last,** die **Abgabe,** bes. die **Schuldenlast,** oneribus premi, Cic.: onera graviora iniungere, Caes.: Ilienses ab omni onere immunes praestare, Suet. – **b** die **Last,** die **Ausgabe, Unkosten,** onera bellorum civilium, Suet.: onera imperatoria (eines Kaisers), patria (eines Vaters), Suet.: explicare onera, sich aus der Geldklemme befreien, Suet.

onusto, āvī, ātum, āre (onus), **belasten, stark beladen,** Vulg. Iudith 15, 7 u. a. Eccl.

onustus, a, um (onus), **beladen, belastet, bepackt, befrachtet, I** eig.: corpus, mit Speise beladen, Lucr. (vgl. unten *no.* II, b): navis, iumentum, Liv.: *Superl.*, carri onustissimi, Iul. Val. 2, 26 (14). – m. *Abl.*, onustus plurimā praedā, Plaut.: naves onustae frumento, Cic.: asellus onustus auro, Cic.: frumento coëmpto affatim onustus (asinus), Apul.: currus quinque liberis onustus, Tac.: onusti omnes catenis, Amm. – m. *Genet.*, navis onusta remigum epibatarumque, bemannt mit usw., Auct. b. Afr. 63, 3: magna vis camelorum onusta frumenti, Tac. ann. 15, 12. – **II** übtr.: **a voll, erfüllt, reichlich versehen,** onusti cibo et vino (Ggstz. integri, noch nüchterne), Cic.: ager praedā onustus, Sall.: pharetra onusta telis, Tac.: aula onusta auro, Plaut.: rami onusti bacis et pomis, Fronto: amici tam probe oleo onusti, Plaut.: pectus onustum laetitiā, Afran. fr. – m. *Genet.*, aula onusta auri, Plaut. aul. 611 u. 617. – **b beladen, belastet,** m. *Abl.*, onustus fustibus, Plaut.: dolis astutiisque, Plaut.: onustus sacrilegio, Phaedr. 4, 11, 3. – absol., onustum gero corpus, mit Alter belasteten, Plaut. Men. 757. – ► Archaist. Nbf. honustus, nach Gell. 2, 3, 3; oft in Handschriften.

onychintinus, a, um = onychinus, Sidon. epist. 9, 7, 3.

onychinus, a, um (ὀνύχινος), **I** ähnlich der Farbe eines Menschennagels (ὄνυξ), **onyxfarben, Onyx-,** pruna, Colum. 12, 10, 3: pira, Plin. 15, 55. – **II** vom onyx als Stein, und zwar: **1** als Edelstein, onychinus lapis, der Onyx, Vulg. genes. 2, 12; exod. 25, 7 u. a.: u. ders. bl. onychinus, Tert. adv. Marc. 2, 10. Vulg. exod. 28, 20: synkop. onychnus, Iuvenc. in exod. 1061. – **2** als Marmorart, tegimen, Überkrustung (eines Flusses durch Frost) wie aus Onyx, Laev. b. Gell. 19, 7 *extr.* – subst., onychina, ōrum, *n.* (*sc.* vasa), Onyxgefäße, Lampr. Heliog. 32, 2 (Peter onychis, s. onyx *no.* II, B).

onychītis, tidis, *f.* (ὀνυχῖτις), eine Art Galmei, Plin. 34, 103.

onychnus, s. onychinus *no.* II, 1.

onychus, s. onyx *no.* II, B.

onyx, ychis, Akk. ycha, Akk. Plur. ychas, *m.* u. *f.* (ὄνυξ, der Nagel am Finger; dah. meton. wegen der glänzenden Farbe), **I** *fem.*, ein gelblicher Edelstein, den man zu Kameen gebrauchte, Plin. 37, 90. Vulg. exod. 30, 34 (wo Akk. onycha) u. Ezech. 28, 13: Indica, Plin. 37, 90. – **II** *masc.*, ein gelblicher Marmor (Alabaster), der **Onyx, A** eig., als Material zu allerhand Geräten, Plin. 36, 59 *sqq.*: u. zum Täfeln der Fußböden, Lucan. 10, 117. Mart. 12, 50, 4. – **B** meton., ein **Onyxgefäß, -büchschen** als **Salben-, Balsambüchschen,** Catull. 66, 82. Hor. carm. 4, 12, 17. Prop. 2, 10, 30: murreus, Prop. 3, 10, 22: *fem.* b. Mart. 7, 94, 1. – Nbf. onychus, ī, *m.*, ein **Onyxgefäß** als Nachtgeschirr, Lampr. Heliog. 32, 2 *Peter.* – **III** eine **Muschel** aus der Gattung der Kammmuscheln, Plin. 32, 103 (wo Akk. Plur. onychas) u. 151.

opācitās, ātis, *f.* (opacus), die **Beschattung,** der **Schatten,** ramorum, Sen. u. Plin.: arborum, Tac.: noctium, Plin.: loci (Ggstz. apricitas), Iustin. 36, 3, 5: Plur., opacitates nemorum, Augustin. de civ. dei 22, 24, 5. p. 615, 18 D.[2]

opāco, āvī, ātum, āre (opacus), **mit Schatten bedecken, beschatten, I** eig. u. übtr.: **A** eig.: locum (v. einem Baum), Cic.: terras (v. der Sonne), Cic. – **B** poet. übtr. = **bedecken,** lanugo opacat genas, Pacuv. tr. fr.: opacat tempora pinus, Sil. – **II** übtr., **verdunkeln,** Augustin. de mor. eccl. cath. 1, 2.

opācus, a, um, schattig, **I** passiv = **beschattet** (Ggstz. apricus), **A** eig.: ripa, Cic.: frigus, die Kühle des Schattens, schattige Kühle, Verg.: collis antiquā cupresso nemorosus et opacus, Plin. ep.: locus densiore umbrā opacior, Plin. ep. 5, 6, 33: platanon opacissimus, Plin. ep. 1, 3, 1: opacissima nemorum pascua (Ggstz. aprica hiberna), Colum. 6, 22, 2. – *neutr.* subst., in opaco, im Schatten, Plin.: per opaca locorum, schattige Gegenden, Verg. – **B** übtr.: **1 schattig** = **dunkel, finster,** nox, Verg.: mater, die Erde, Ov.: vetustas, Gell. – **2** = **dicht,** barba, Catull. 37, 19. – **II** aktiv = **beschattend,** arbor, Verg.: nubes, Ov.

Opālia, ium, *n.*, s. 2. Ops.

opalus, ī, *m.* (ὀπάλλιος), der **Opal,** ein Halbedelstein, Plin. 37, 80 *sqq.*

Opecōnsīva (Opicōnsīva), ōrum, *n.*, das am 25. August gefeierte Fest der Ops Consiva, Opec. b. Varro LL. 6, 21: Opic. im Calend. Maff. im CIL I, 1.[2] p. 225; vgl. p. 327.

opella, ae, *f.* (*Demin.* v. opera), die **Mühe, Arbeit,** der **Dienst,** Lucr. 1, 1106 (1114). Hor. ep. 1, 7, 8.

opellum, ī, *n.* (*Demin.* v. opus), das **Werkchen, Schriftchen,** Claud. Mam. p. 24, 15 Engelbr.; s. Engelbr. Claud. Mam. p. 60.

opera, ae, *f.* (opus, eris), die **Arbeit, Mühe, Bemühung, Bestrebung, Tätigkeit,** die man auf etwas verwendet, **I** eig.: **A** im Allg.: multi reperiuntur linguā factiosi, inertes operā, Plaut.: nusquam nec opera sine emolumento nec emolumentum ferme sine impensa opera, Liv.: laborem et operam in alqa re consumere, Arbeit u. M. auf etw. verwenden, Cic.: omnem curam atque operam in alqa re ponere, Cic.: operam alci rei insumere, sich mit etw. befassen, Tac.: operam tribuere rei publicae, seine Tätigkeit widmen, Cic.: operam studiumque conferre in rem, Mühe u. Eifer auf etw. verwenden, Cic.: operam ludere (vertändeln), Komik. (Brix Plaut. capt. 341): operam perdere, Sen.: frustra operam insumere, Liv.: non satis operae insumere in alqa re, Tac. dial.: tibi haec opera sumenda est, ut etc., Cic.: u. operam sumere mit *Infin.*, Plaut. Men. 244: operam sumere *ad* pervestigandum, Plaut. merc. 935. – bes. operam navare, s. nāvo. – u. operam dare alci rei, auf etwas Mühe verwenden, eine Sache pflegen, sich mit etwas beschäftigen (s. Fabri Liv. 22, 2, 1), valetudini, Cic.: amori, Ter.: sermoni, Cic.: liberis, Kinder zeugen, Cic.: libellis palaestraeque, sich mit Lesen u. Leibesübungen beschäftigen, Liv.: u. so lectioni, Capit., lectioni operum tuorum, Hieron.: impensam huic scientiae operam dare, Quint.: philosophiae operam vehementer dare, Capit.: Epidicum quaerendo, Plaut.: auscultando, Plaut.: pingendo sub magistro Diogneto, Capit.: rei quaerendae, Plaut.: legibus condendis, Liv.: placandis dis habendoque delectu, Liv.: fidibus tractandis, Val. Max.: so auch religionibus colendis operam addere, Cic.: u. operam dare mit folg. *ut* od. *ne* u. Konj. = sich bemühen, darauf hinarbeiten, darauf sehen, dass od. dass nicht usw., Cic. u. Caes.: enixe operam dare, ut etc., Liv.: sedulo od. obstinate od. opere maximo operam dare, ut etc., Plaut. u. Ter.: so auch omnem operam dare, ut od. ne etc., alle Mühe aufwenden, dass od. dass nicht usw., Sen. de vit. beat. 2, 3; ad Polyb. 13 (32), 3: u. so studiose operam dare, ut ne etc., Cic. ep. 13, 11, 1: ferner operam dare m. folg. bl. *Coniunctiv*, Planc. in Cic. ep. 10, 21, 6. Varro r. r. 1, 13, 7: mit folg. Fragesatz (mit quî), Ter. Andr. 307: u. m. folg. *Infin.*, id scire, Ter. Hec. 553 (u. so Lucr. 6, 1017. Augustin. serm. 243, 5). – operae pretium habere, den Lohn für seine Mühe haben, Liv.: est operae pretium (es verlohnt sich der Mühe, ist der Mühe wert) m. folg. *Infin.*, Enn. fr., Cic. u. a.: non operae est (es lohnt sich nicht der Mühe) m. folg. *Infin.*, Liv. (s. M. Müller Liv. 1, 26, 4): haud sane operae est m. folg. *Infin.*, Curt. 7, 9 (33), 37: operae pretium facere, etw. tun, was der Mühe wert ist (lohnt), sich ein Verdienst erwerben (s. M. Müller Liv. praef. § 1), Liv.: ipse purpuram, amici operas (dabant), gaben ihre Arbeit dazu, arbeiteten es, Cic.: homines in operas mittere, den Leuten Arbeit u. Verdienst verschaffen, Cic.: opera est mihi, ich bemühe mich, Plaut.:

dah. datā operā, Cael. in Cic. ep., od. deditā operā u. (selten) operā deditā, Cic., mit Fleiß, vorsätzlich (s. dē-do a. E.): so auch non sponte neque operā consultā (mit Absicht), Gell. 7 (6), 17, 3.

B insbes.: **1** die **Bemühung, Mühwaltung,** für andere = der **Dienst,** die **Dienstleistung,** exigere (in Anspruch nehmen) operam alcis od. ab alqo, Vell. u. Cic.: alcis operā uti bonā, singulari in alqa re, Caes. u. Vell.: operam suam polliceri, Sall. u. Vell.: operam fortium virorum edere, sich als tapfere Männer zeigen, Liv.: operas dare pro magistro, den Vizedirektor abgeben, Cic.: so auch esse in operis societatis, in Diensten der Gesellschaft sein, Cic.: operas reddas Musis, Dienste wieder erweisen, Cic.: operam alci dicare, jmdm. einen Dienst erweisen, Plaut. u. Ter.: suo sumptu operam rei publicae praebere, Dienste leisten, Liv.: alci hanc saltem operam eo bello praestare, ut etc., Liv.: denegare operam rei publicae, Liv.: eorum operae pretium facere, ihre Dienste würdigen, Liv. – bes. operam dare alci od. alci rei, **α** übh. jmdm. einen Dienst erweisen, jmdm. zur Verfügung stehen, in jmds. Interesse wirken, z. B. amico, Komik. (vgl. Lorenz Plaut. Pseud. 525): paululum mihi da operae, Ter.: operam alci dare egregiam, vortreffliche Dienste leisten, Cic.: fideliter operam dare suo veteri domino, Plaut. **β** durch Zuhören, jmdm. aufmerksam zuhören (s. Brix Plaut. capt. prol. 6), alci, Plaut., od. sermoni alcis, Cic.: dicendi magistro, Suet.: assidue phonasco, beständigen Unterricht nehmen bei usw., Suet. **γ** vom Richter, der eine Sache untersucht u. schlichtet = die Sache vornehmen, untersuchen, schlichten, Ter. u. Cic. **δ** durch seine Gegenwart, auctioni, abhalten, besorgen, Cic.: rebus divinis, den Gottesdienst abhalten, verrichten, Cic. (u. so per aliquot dies rebus divinis, v. den Konsuln, Liv.): funeri, beiwohnen, Cic.: tonsori, sich rasieren lassen, Suet. – meā, tuā, alcis etc. operā, durch mein (dein usw.) Bemühen, Zutun, durch meine usw. Schuld, Ter., Cic. u. Liv.: unā operā od. eādem operā, in gleicher Weise, ebensogut, Plaut. u. Liv. – **2** eine religiöse Handlung, ein **Opfer,** solvo operam Dianae, Afran. com. 144.

II meton.: **1** das **Tagewerk,** quaternis operis, Varro: puerilis una opera, Colum. – **2** die **Zeit,** die man auf etw. verwenden kann, die **Muße,** deest mihi opera, Cic.: est mihi operae, ich habe Zeit, es ist mir gelegen, Liv.: si operae est auribus, wenn die Ohren Zeit haben, Plaut.: operae mi ubi erit (wenn ich Muße habe), ad te venero, Plaut. truc. 883: non operae est mihi etc. (auch ohne *Dat.* der Person), ich habe nicht Zeit, mir ist's nicht gelegen, ich habe nicht Lust, will nicht, Liv. u. Gell. (aber operae non est, es darf nicht geschehen, Plaut. merc. 917). – **3** der für Bezahlung dienende **Arbeiter, a** im guten Sinne, **Tagelöhner, Geselle,** unius operae tactu, Vitr.: opera nona, Hor. – gew. im Plur. b. Cic. u. a.: operae fabrorum, Cic. – **b** (im Plur.) im verächtlichen Sinne = erkaufte **Helfershelfer,** Clodianae, Cic.: operae theatrales, Beifallklatscher im Schauspielhaus (Leute, die sich zur Bezeigung von Beifall oder Missfallen im Theater um Lohn verdingen), Tac. ann. 1, 16: u. so operae veteres a scaena, CIL 11, 4813. – **4** die **Tat** (im Ggstz. zu »Rat«), contra operā expertus, Plaut.: ista dicta te expedire et operis et factis volo, Plaut.: alcis operā et consilio uti, Sulpic. in Cic. ep.: ut neque amicis neque etiam alienioribus operā, consilio, labore desim, Cic. – **5** konkret = opus, das **Gemächt, Werk,** operae araneorum, Spinnengewebe, Plaut. asin. 425: obscura opera Myrmecidum, Varro LL. 7, 1. – aber Cic. ad Att. 15, 13, 6 ist exstabit opera peregrinationis huius = es wird sich die schriftstellerische Tätigkeit (auf) dieser Wanderung herausstellen.

operāns, antis, *PAdi.* im *Compar.* u. *Superl.* (v. operor), **wirksam,** bonitas operantior, Tert. adv. Marc. 2, 4: omnium inquit praestantius atque operantius esse sinapi tritum cum aceto admixto, Cael. Aur. de morb. acut. 2, 9, 38: clysteres operantissimi, *ibid.* 2, 39, 225.

operantius, *Adv.* im *Compar.* (operans), **wirksamer,** aridas vaporationes operantius mederi quam cataplasmata, Cael. Aur. de morb. acut. 3, 8, 89.

operārius, a, um (opera), **zum körperlichen Dienst-, zur Arbeit gehörig, Arbeits-, Handwerks-, I** *adi.:* pecus, Arbeitsvieh (Ochsen usw.), Colum.: vinum, Gesindewein, Plin.: usus, der Nutzen eines Dings (z. B. eines Zahns) bei einem Geschäft, Plin.: übtr., homo, ein gewöhnlicher Handlanger, bloßer Tagelöhner, Cic.: homines paene operarii, die fast nur zur Verrichtung der rohesten Arbeiten fähig sind, Cic. – **II** *subst.:* **A** operārius, iī, *m.*, der **Arbeiter, Tagelöhner, Handlanger,** Cic. u. a.: habere oportet operarios quinque, Cato r. r. 10, 1: praesertim cum operarii aut baiuli deesse non possint, Cic.: satis bonus op., Plaut. vid. fr. I, 7 Stud.: op. rusticus, der Ackerbauer als Tagelöhner, Edict. Diocl. 7, 1: so auch op. agrarius, Vulg. Sirach 37, 13: reddere operario mercedem, Augustin. epist. 153, 23: übtr., quos singulos sicut operarios (bloße Handlanger) barbarosque contemnas, eos etc., Cic. Tusc. 5, 104: quidam operarii linguā celeri et exercitatā, bloße Handlanger (lebendige Maschinen) mit schneller und geübter Zunge, bloße Zungendrescher (v. schlechten Rednern), Cic. de or. 1, 83: u. so operarium nobis quendam oratorem facis, zum Handlanger, Cic. de or. 1, 263. – **B** operāria, ae, *f.*, **1** die **Arbeiterin,** apes operariae sunt tantum, non procreatrices, Cassian. de inc. Chr. 7, 5. – von einer gemeinen Buhldirne, Plaut. Bacch. 74. – **2** die **Wohltäterin, Gnadenspenderin,** amatrix pauperorum et operaria, de Rossi Inscr. Christ. Vol. I. *no.* 62.

operātio, ōnis, *f.* (operor), **I** das **Arbeiten,** die **Arbeit, Verrichtung,** das **Gewerbe,** Plin. 11, 61 u. 80. Vulg. psalm. 106, 23. Augustin. conf. 11, 5: operatione et industriā, Donat. Ter. Andr. 4, 4, 50: aurifices et qui ex auri operatione (Beschäftigung m. G.) lucrentur, Firm. math. 8, 22: Plur., divisiones operationum, Vulg. 1. Cor. 12, 6. – von Lebl., operatio umidae potestatis, die Einwirkung des feuchten Grundstoffes, Vitr. 2, 9, 9. – **II** insbes.: **a** die religiöse **Werktätigkeit, -Verrichtung,** op. religiosa, Iul. Val. 1, 33 (34): op. sacrorum, CIL 6, 2136: Plur., operationes, Fest. 242, 28. – **b** die christl. **Werktätigkeit,** die **Mildtätigkeit,** Lact. 6, 12, 24. Prud. psych. 573: Plur., Tert. adv. Marc. 2, 10. Heges. 5, 2, 20.

operātor, ōris, *m.* (operor), der **Arbeiter, Verrichter, Schöpfer** einer Sache, Firm. math. 3, 9. Tert. apol. 23 u. a. Lact. 6, 18, 13. Ambros. in Luc. 9. § 14: op. aquarius, Sulp. Sev. dial. 1, 19, 4.

operātōrius, a, um (operor), **schaffend, bildend,** Ambros. hexaëm. 1, 1, 1; de fug. saec. 2, 11 u. a. Eccl.

operātrīx, trīcis, *f.* (Femin. zu operator), die **Bewirkerin, Verursacherin,** Tert. de anim. 11 u. 52 a. Eccl.: op. sapientia, die schaffende W., Ambros. de spir. scto 2, 9. § 92.

1. **operātus,** a, um, *PAdi.* im *Compar.* (operor), **wirksam, kräftig,** operatior fallaciae vir, Tert. de anim. 57.

2. **operātus,** ūs, *m.* (operor), die **Arbeit,** Tert. adv. Prax. 16 *extr.*

operculo, āvī, ātum, āre (operculum), **mit einem Deckel versehen, -bedecken,** dolia, Colum.: favos, Colum.

operculum, ī, *n.* (operio), der **Deckel,** aheni, Cato: dolii, Cato: arcae, Liv., arculae, Colum.: vasis, Vitr.: op. dolii ferreum, Liv.: aspera arteria tegitur quasi quodam operculo, Cic. – im Sprichw., s. 1. patella.

operīmentum, ī, *n.* (operio), die **Decke,** operimenta decem, Cato: op. dolii, Deckel, Plin.: op. oculorum (eines Pferdes), Plin.: operimenta equorum, Sall. fr.: redditur terrae corpus et ita locatum ac situm quasi operimento matris obducitur, Cic. de legg. 2, 56: operimenta animae, Ambros. de Noë et arca 29. § 112.

operio, peruī, pertum, īre (aus *op-verio; vgl. aperio), **I überdecken, zudecken, bedecken, A** eig. u. übtr.: **1** im Allg.: **a** eig.: summas amphoras auro, Nep.: limina sertis, Lucr.: fronde casam, Tibull.: brachia plumis, Ov.: classem primo impetu ingenti lapidum saxorumque nimbo, Liv. – v. Lebl., mons opertus nubibus, Ov.: umbris nox operit terras, umhüllt, Verg. – **b** übtr.: alqm loris usque ad necem = mit Schlägen zudecken, Ter. adelph. 182. – **2** insbes.: **a** mit dem Gewand (bes. mit der Toga) **zudecken, verhüllen,** caput, Plaut. u. Petron.: (u. so capite operto esse, Cic.): caput pallio, Petron.: alqm paludamento, Tac.: alqm veste multā, Cels., veste multā gravique, Tac.: opertus tunicā, Prop. – **b** mit Erde **bedecken, begraben,** reliquias malae pugnae, Tac. ann. 15, 28. – **B** bild.: **1** mit Schande usw. **bedecken, beladen,** nur im *Partic.:* iudicia operta dedecore, Cic.: opertus infamiā, Tac. – **2 verbergen, verhehlen,**

luctum, Plin. ep.: res opertae, Cic. u. Curt. – **II** **zumachen, verschließen,** tantum operire soles aut aperire domum, Catull.: ostium, Ter.: lecticam, Cic.: opertis valvis, Cic.: oculos, die (eigenen) A., Petron.: oculos alcis, eines Gestorbenen, Sen. rhet.: u. so morientibus operire oculos rursusque in rogo patefacere, Plin. – ► Synkop. Imperf. operibat, Prop. 3, 13, 35: operibantur, Varro LL. 5, 167. – Archaist. Fut. operibo, Pompon. com. 147.

operior, īrī, s. op-perior.

opero, āvī, ātum, āre, **ins Werk setzen, bereiten,** Cassiod. hist. eccl. 10, 33. Commodian. instr. 1, 30, 14. Chalcid. Tim. 238: Partiz. operātus, Tert. de praescr. haer. 29. Lact. 7, 27, 4.

operor, ātus sum, ārī (opus), **I** *v. intr.* **werktätig sein, arbeiten, beschäftigt sein,** **A** eig., konstr. mit *in* u. Abl. od. m. bl. *Dat. commodi* od. absol., **a** als *t. t.* des Landbaus = **arbeiten,** in agro, ICt.: aratorem conspexit quendam operantem, Lact.: u. bes. von den Bienen, seniores intus operantur, Plin.: excrementa operantium intus egerunt, Plin. – **b** als *t. t.* der Religionsspr., **tätig sein,** und zwar m. *Dat.* einer gottesdienstlichen Handlung = sie **verrichten,** ihr **obliegen,** sacris, Hor. u. Liv.: celebrandis Fornacalibus, Lact.: superstitionibus (abergläubischen Gebräuchen), Liv.: aliis (prodigiis) procurandis, die anderen Zeichen sühnen, Liv. – oder mit *Dat.* einer Gottheit = ihr **dienen, opfern,** deo, Tibull.: Tartareo Iovi, Sil.: Libero Patri, Curt.: Vesta, fave, tibi nunc operata resolvimus ora, dir dienenden, dir ergebenen Mund, Ov. – absol. = **ein Opfer verrichten, opfern, der Gottheit dienen,** Prop., Tac. u. a.: laetis operatus in arvis, indem du opferst auf fröhlichen Auen, Verg. – dah. bei Eccl. **opfern** = **Almosen spenden,** Cypr. u. a. – **c** übh. mit etw. **beschäftigt sein,** einer Beschäftigung **obliegen,** etwas **pflegen,** in cute curanda, Hor.: in excolendo iure amicitiae, Val. Max. – caedendis materiis, Tac.: scholae, Quint.: studiis Dianae, Ov.: studiis liberalibus, Tac.: studiis litterarum, Val. Max.: capillis ornandis, Ov.: conubiis arvisque novis, mit Ehen und Ackerverteilung, Verg. – Partiz. subst., **α** operantes, die Schanzarbeiter, Tac. ann. 1, 64. β) operati, die Grubenarbeiter, Plin. 33, 70. – **B** übtr., v. Lebl. = **tätig sein, wirken,** **a** physisch, quod (venenum) cum minus operaretur, Lampr.: hoc modo etiam bulbi ex aqua cocti operabuntur, Prisc. – **b** geistig, quod ad crudelitatem operari videretur, Capit.: pactum non debere ad sui dispendium operari, gelten, Cod. Iust. – **II** *v. tr.:* **1** **bearbeiten,** quanti operantur terram et exercent vomere, Hieron. epist. 129, 2. – **2** **ausarbeiten, verfassen,** Graecam scripturam, Augustin. epist. 71, 6; vgl. de civ. dei 10, 10. – **3** **üben, ausüben, wirken,** iustitiam, Lact. 6, 12, 38; 6, 13, 4; 6, 24, 4: scelus, verüben, Vulg. Levit. 20, 12 u. a.: miracula, Ambros. in Luc. 4. § 47: salutem domino, bereiten, Interpr. Iren. 3, 21, 8.

operōsē, *Adv.* (operosus), **mit großer Mühe, mühsam, mit vieler Arbeit,** Cic. u. a.: op. nihil agere, Sen. – sensus hominum operosius occupati sunt, Sen. de brev. vit. 9, 1: dicemus operosius, genauer, Plin. 18, 238.

operōsitās, ātis, *f.* (operosus), die **Mühwaltung, Geschäftigkeit, Sorgfalt,** bes. die **übertriebene,** supervacua (Übersetzung von περιεργία), Quint. 8, 3, 55: außerdem bei Vopisc. Tac. 11, 3. Tert. de anim. 2 u. a.; vgl. Oehler Tert. de cult. fem. 2, 10.

operōsus, a, um (opera), **voller Mühe,** **I** aktiv = **sich sehr beschäftigend, sich viele Mühe gebend, tätig,** **a** eig., Cic.: Syria in hortis operosissima, Plin.: m. *Genet.*, vates operose dierum, in Ansehung der usw., Ov. fast. 1, 101 u. 3, 177. – **b** übtr., **wirksam,** herba, Ov. met. 14, 22. – **II** passiv, **mit vieler Mühe verbunden, mühevoll, mühsam,** labor, Cic.: ars, Cic.: artes, Handwerke, Cic.: opus, Cic.: molesta negotia et operosa, Cic.: res distracta et operosa (Ggstz. hilaris ac pacata), Sen.: non operosa comis, nicht mit gekünsteltem Haarputz, Prop.: operosius sepulchrum facere, Cic.: moles operosa mundi, der künstliche Bau des Weltalls, Ov.: monumentorum arduus et operosus honos, die E. eines hohen u. mühsamen Denkmals, Tac.: castaneae operosae cibo, schwer zu verdauen, Plin.

opertāneus, a, um (opertum), **geheim, verborgen,** sacra (*sc.* Bonae Deae), Plin. 10, 156: dii, Mart. Cap. 1. § 44.

opertē, *Adv.* (opertus v. operio), **versteckt, verblümt,** Gell. 4, 11, 10.

opertio, ōnis, *f.* (operio), die **Bedeckung,** Varro LL. 5, 72.

operto, āre (*Intens.* v. operio), **bedecken,** Enn. ann. 508.

opertōrium, iī, *n.* (operio), **I** die **Decke,** Sen. ep. 87, 2. Vulg. exod. 36, 19 u. 39, 33; psalm. 101, 27. Ambros. de off. 2, 29, 147. – bildl., op. peccati, Ambros. in psalm. 118. serm. 7. § 31 u. cant. cantic. 3. § 2. – **II** das **Grab,** Sidon. epist. 3, 12, 2.

opertum, ī, *n.* (operio), **I** ein **geheimer (verborgener) Ort,** Bonae Deae, s. Bona Dea. – telluris operta subire, in die Tiefen der E. (Unterwelt) hinabsteigen, Verg. Aen. 6, 140. – **II** das **Geheimnis,** Apollinis operta, Geheimsprüche, Orakel, Cic. de div. 1, 115: comminiscitur opertum hoc litterarum, Briefgeheimnis, Gell. 17, 9, 22: qui divinarum litterarum operta aperuerunt, Augustin. de doctr. Chr. prol. § 1.

opertus, ūs, *m.* (operio), die **Umhüllung, Verschleierung,** Dat. opertui, Apul. apol. 56: Abl. opertu, Macr. sat. 7, 9, 26. Paul. Nol. carm. 20, 282.

operula, ae, *f.* (*Demin.* v. opera), **I** die **kleine (geringe) Mühwaltung,** Ulp. dig. 50, 14, 3. Arnob. 4, 30. Augustin. epist. 261, 3. – **II** der **kleine Verdienst-, Gewinst,** Apul. met. 1, 7.

opēs, um, s. 1. ops.

ophiaca, ōrum, *n.* (ὀφιακά), Gedichte od. Schriften über Schlangen, Plin. 20, 258.

ophicardēlos, ī, *m.* (barbar. W.), ein uns unbekannter Edelstein, wahrsch. eine Art Onyx, Plin. 37, 177.

ophidion, iī, *n.* (ὀφίδιον, eine kleine Schlange), ein Fisch, dem conger ähnlich, nach einigen der **Graubart** (*Ophidium barbatum,* L.), Plin. 32, 109 u. 149.

Ophiogenēs, um, *m.* (Ὀφιογενεῖς), eine Völkerschaft in Kleinasien, die die Schlangenbisse heilte, Varro fr. b. Prisc. 10, 32. Plin. 7, 13.

ophiomachus, ī, *m.* (ὀφιομάχος), der **Schlangenkämpfer,** eine Art Heuschrecken ohne Flügel, Feinde der Schlangen, Vulg. Levit. 11, 22.

1. ophīōn, onis, *m.* (ὀφίων), ein fabelhaftes Tier auf Sardinien, Plin. 28, 151.

2. Ophīōn, onis, *m.* (Ὀφίων), **I** Begleiter des Kadmus, wov. **Ophīonius,** a, um, **ophionisch,** poet = **thebanisch,** caedes, des Pentheus, Sen. Oed. 485 (496). – **II** Vater des Amykus, wovon **Ophīonidēs,** ae, *m.* (Ὀφιονίδης), der **Ophionide** (Sohn des Ophion) = Amykus, Ov. met. 12, 245.

Ophiophagī, ōrum, *m.* (Ὀφιοφάγοι), die **Schlangenesser,** eine Völkerschaft in Afrika, Mela 3, 8, 8 (3. § 81). Plin. 6, 169. Solin. 33, 17.

ophiostaphylē, ēs, *f.* (ὀφιοσταφυλή), die **Schlangentraube,** eine Art der Kapernstaude, Plin. 13, 126.

Ophir, *indecl.* (hebr. אופיר), das Land **Ophir** im südlichen Arabien, Vulg. 1. regg. 9, 28 u. a. – Dav. **Ophirius,** a, um, **aus Ophir,** Plin. 36, 193.

Ophītae, ārum, *m.* (Ὀφῖται), die **Schlangenanbeter,** eine häretische Sekte, Tert. de praescr. haer. 47. Isid. orig. 8, 5, 10.

ophītēs, ae, *m.* (ὀφίτης), der **Schlangenstein,** eine Art Marmor mit Schlangenflecken, wahrsch. unser **Serpentinstein,** Plin. 36, 56 u. 158. Lucan. 9, 714. Stat. silv. 1, 5, 35: Plur., Mart. 6, 42, 15.

Ophiūchus, ī, *m.* (Ὀφιοῦχος), der **Schlangenträger,** ein Gestirn, rein lat. Anguitenens, Cic. poët. de nat. deor. 2, 109. Manil. 1, 331.

ophiūsa, ae, *f.* (ὀφιοῦσα), **I** ein magisches Kraut auf der Insel Elephantine bei Äthiopien, Plin. 24, 163. – **II** als *nom. propr.*, **Ophiūsa,** ae, *f.* (Ὀφιοῦσα), alter Name der Insel Zypern, dah. **Ophiūsius,** a, um (Ὀφιούσιος), **ophiusisch** = zyprisch, arva, Ov. met. 10, 229.

ophrȳs, phryos, *f.* (ὀφρύς), eine Pflanze mit zwei Blättern, das **Zweiblatt,** Plin. 26, 164.

ophthalmiās, ae, *m.* (ὀφθαλμίας), ein Fisch, rein lat. oculata (s. d.), Plaut. capt. 850.

ophthalmicus, a, um (ὀφθαλμικός), **die Augen betreffend, Augen-,** morbus, Cassian. coll. 24, 15. – subst., ophthalmicus, ī, *m.*, der **Augenarzt,** Mart. 8, 74, 1.

Opicōnsīva, s. Opecōnsīva.

Opicus, a, um, **opisch, oskisch,** appellat. = **altfränkisch, den Musen abgeneigt, rohsinnig, roh** (s. die Scholien Iuven. 3, 206), von Personen, Cato u. Tiro fr., Iuven. u. a.: chartae, altfränkische (im altfränkischen Stil verfasste), Auson.

opifer, fera, ferum (ops u. fero), **Hilfe leistend, hilfreich,** deus, v. Äskulap, Ov. met. 15, 653: Ops, *Plin. 11, 174 M. Comment. diur. Aug. 23 in Ephem. epigr. 1. p. 35: Fortuna, CIL 14, 3539: v. Lebl., (folia fraxini) imposita ulceri opifera ac nihil aeque reperiuntur, Plin. 16, 64. – Subst. opifer, ferī, *m.* der **Hilfebringer,** v. Apollo, als Gott der Heilkunst, Ov. met. 1, 521.

opifex, ficis, *c.* (opus u. facio), **I Werkmeister, Verfasser, Arbeiter, Bildner (Bildnerin),** meist attrib., mundi, Cic.: carinae (v. der Europa), Hor.: verborum, Cic.: persuasionis opifex callidus, der meisterlich verstand, schlau zu überreden, Amm.: stilus est dicendi opifex, Cic. – v. Tieren, silvestres apes opifices magis, sind arbeitsamer, Varro r. r. 3, 16, 19. – v. Lebl., sanguis ille opifex, jener Nahrung gewährende Stoff, Gell. 12, 1, 13: opifex calor, Lact. 2, 9, 22: splendor opifex, Apul. apol. 14: fraus fallendi versuta opifex, Prud. Psych. 260: esse rhetoricen persuadendi opificem, Meisterin in der Überredungskunst, Quint. 2, 15, 4 (vgl. Amm. 30, 4, 3). – mit folg. *Infin.*, Pers. 6, 3. – **II** insbes., ein **Handwerker, (bildender) Künstler,** Cic. u. a.: institores opificesque, Liv.: opifices atque servitia, Sall.: opificis socius (Gehilfe), Macr.: opifex ferri, Aur. Vict., ferrarius, Treb. Poll.

opificīna, ae, *f.* (opifex) = officina, **I** die **Werkstatt,** Plaut. mil. 880. – **II** die **Arbeit,** das **Werk,** Iul. Val. 3, 51 (28).

opificium, iī, *n.* (opifex) = ἐργοποιΐα, χειροτεχνία (Gloss.), das **Anfertigen einer Arbeit,** die **Arbeit,** Varro r. r. 3, 16, 20. Lact. de ira 13, 13; epit. 39, 11. Augustin. c. sec. resp. Iul. 3, 154: Plur., Chalcid. Tim. 233 u. 260.

opificus, a, um (opus u. facio), **durch eigene Arbeit verfertigt,** opera (Plur.), Apul. flor. 9 H. (Krüger opificia): sermo, Eustath. hexaëm. 3, 10: praecepta, *ibid.* 7, 1 *cod.* (Migne opificibus).

Opigena, ae, *f.* (ops u. geno = gigno), die **Geburtshelferin,** ein Beiname der Juno, da sie den Kreißenden beistand, Mart. Cap. 2. § 149.

ōpilio u. **ūpilio,** ōnis, *m.* (ovis u. pello), der **Schäfer, Schafhirt, Ziegenhirt,** Form op. bei Plaut. asin. 540. Colum. 7, 3, 13. Alfen. dig. 32, 1, 60. § 3. Apul. met. 8, 19: op. gregis, Vulg. genes. 38, 12: Form up., Verg. ecl. 10, 19. Apul. flor. 9; apol. 87; met. 5, 25 u. bei anderen als Variante; s. Hildebr. Apul. flor. 3.

opīmē, *Adv.* (opimus), **reichlich, herrlich,** Plaut. Bacch. 373. Varro LL. 5, 92.

Opīmiānus, a, um, s. Opīmius.

opīmitās, ātis, *f.* (opimus), **I** die **Wohlbeleibtheit, Feistheit,** *opimitas* sapientiam impedit, *exilitas* expedit, Tert. de anim. 20. – **II** die **Reichlichkeit,** der **Reichtum,** die **Herrlichkeit,** gentis, Amm. 34, 3, 4: praedarum, Amm. 16, 11, 9; 17, 2, 1; 19, 11, 2: domini corporis, Tert. de pudic. 9: Plur., maximae opimitates, Plaut. asin. 282; capt. 769.

Opīmius, a, um, Name einer röm. *gens,* aus der am bekanntesten L. Opimius, unter dessen Konsulat (91 v. Chr.) ein sehr gutes Weinjahr war, Cic. Brut. 287. Vell. 2, 7. – Dav. **Opīmiānus,** a, um, **opimianisch,** vinum, Vell. u. a.

opīmo, āvī, ātum, āre (opimus) **I fett-, fruchtbar machen, A** eig.: terram ad educandos fetus suos, Apul. de mund. 23. – bildl., venustos uberi facundiā sales, Auson. epist. 15, 1 *sq.* p. 173 Schenkl. – **B** übtr.: **a reichlich machen, erfüllen,** autumnum, Auson. egl. de mens. monos. 9. p. 10, 9 Schenkl: mensam suam numquam nisi agrestibus, mit ländlichen Gerichten besetzen, Vopisc. Tac. 11, 5. – **b verherrlichen,** numina victimis, Mart. Cap. poët. 9. § 914. – **II fett (feist) machen,** turtures, Colum., ostrea, Sidon.

opīmus, a, um (ops, opis), **I** aktiv, u. zwar von der Erde und den Feldfrüchten, **nährend, fruchtbar, fett,** ager, Cic.: regio, Cic.: opima Larissa (Λάρισσα ἐριβῶλαξ, Hom.), Hor.: campus, Liv.: vitis, Plin. – **II** passiv = **wohlgenährt, fett, feist, A** eig. u. bildl.: **a** eig.: bos, Mastochse, Cic.: habitus corporis, Cic.: membra opimiora, Gell. 5, 14, 25: bos opimissimus, Tert. ad nat. 2, 8. – **b** bildl., v. der Rede, **überladen,** opimum dictionis genus, Cic.: nimis opima pinguisque facundia, überladene u. schwülstige, Gell. – **B** übtr.: **a bereichert, reich,** praedā opimus, Cic.: Tusculanus ager opimus copiis, reich an Vorräten, Liv. – bildl., opus opimum casibus, ein Werk, reich an Wechselfällen, Tac. hist. 1, 2. – **b reichlich, ansehnlich, herrlich,** praeda, Cic. u. Hor.: divitiae, Plaut.: dapes, Verg.: regnum, Liv.: ornamenta, Cic.: accusatio, einträgliche, Cic.: messis, Plin. ep. – spolia opima, Liv., od. opimum decus, Curt., Waffen, die ein Feldherr dem anderen abnimmt, die Feldherrnbeute; u. (spolia op.) = im Zweikampf abgenommene Waffen, Ehrenbeute, Liv. 23, 46, 14: u. subst. bl. opīma, ōrum, *n.*, die Feldherrnbeute, Plin. pan. 17, 3. Flor. 2, 17, 11. – **c feist = fröhlich** (Ggstz. macer), Hor. ep. 2, 1, 181.

opīnābilis, e (opinor), **auf Vermutungen-, bloß auf der Vorstellung beruhend, vermutlich, eingebildet,** Cic. u. a.

opīnātio, ōnis, *f.* (opinor), die **Vermutung, Vorstellung, Einbildung,** Cic. u. a.: Plur., Arnob. 4, 9 *in.*

opīnātīvus, a, um (opinor), **eine Vermutung bezeichnend,** verba, Prisc. 18, 147.

opīnātō, *Adv.* (opinatus) = προσδεδοκημένως, **vermutungsweise,** Dosith. p. 41, 1 K.

opīnātor, ōris, *m.* (opinor), **I zu Vermutungen geneigt,** ein **Vermuter,** Cic. Acad. 2, 66. – **II** der **Getreideeinforderer für die Miliz** in den Provinzen, Cod. Iust. 12, 38, 11.

opīnātrīx, trīcis, *f.* (Femin. zu opinator), die **Vermuterin,** Chalcid. Tim. 137 u. 213.

1. opīnātus, a, um, *PAdi.*, s. opīnor ►.

2. opīnātus, ūs, *m.* (opinor), die **Vermutung,** propter opinatus animi, Lucr. 4, 463.

opīnio, ōnis, *f.* (von opin-or), die **Vermutung, Meinung,** der **Glaube** (dah. auch die **Erwartung**), die **Annahme, Einbildung, Ansicht,** auch das **Vorurteil** (Ggstz. veritas), **I** im Allg.: op. insita, penitus insita, Cic.: falsa, Cic.: mala, Cic.: vana, Cels.: vetus, Colum.: vetusta, Cic. – m. subj. *Genet.*, opinione omnium, Cic.: opinione vulgi, Cic.: pro opinione Thrasybuli, nach der Erwartung des Thr., Nep. – m. obj. *Genet.*, op. eius diei, von dem Erfolg dieses Tages, Caes.: eius (cuius) rei, Caes.: timoris, scheinbare Furcht, Caes.: trium legionum, drei Legionen zu erhalten, Caes.: deorum, Vorstellung von den G., Cic. – m. *de* u. Abl., op. de dis immortalibus, Cic. – cui opinioni etiam nos accedimus, Quint.: ipse eorum opinionibus accedo, qui etc., Tac.: de alqo falsam opinionem accipere (überliefert bekommen), Cic.: adsunt huic opinioni meae leges, quae etc., es sind für diese meine Ansicht, für diese A. sprechen, Plin. ep.: adducere alqm in eam opinionem, ut putet m. folg. *Acc.* u. *Infin.*, Cic.: in eam opinionem rem adduxerunt, ut etc., sie haben die M. hervorgerufen, Cic.: cui opinioni et Vergilius assentit, Lact.: timoris opinionem quibuscumque rebus poterat augebat, Caes.: si quam opinionem iam vestris mentibus *comprehendistis,* si eam ratio *convellet,* si oratio *labefactabit,* si denique veritas *extorquebit,* Cic.: notior est ista vetus agricolis concepta opinio, Colum.: confirmata est opinio mea hesterno Fanniae sermone, Plin. ep.: cuius opinionis levitas confutata a Cotta non desiderat orationem meam, Cic.: nunc peto, ut, si quam huc graviorem de illo iudicio opinionem attulistis (mitgebracht habt), hanc causā perspectā atque omni veritate cognitā deponatis, Cic.: opinio, quae de Romanis Aetolisque est (herrscht), Liv.: quod opinio de dis immortalibus et omnium esset et cotidie cresceret, Cic.: est eadem opinio cuiusdam eruditissimi, diese Meinung (Ansicht) hat ein usw., Plin. ep.: cuius opinionis etiam Corn. Celsus est, derselben M. ist auch K. Celsus, Colum. 2, 12, 6: ut opinio nostra est (als Parenthese), Cic.: haec tamen opinio est (herrscht) populi Romani m. folg. *Acc.* u. *Infin.*, Cic.: magna nobis pueris opinio fuit mit folg. *Acc.* u. *Infin.*, zur Zeit unseres Knabenalters herrschte stark die Ansicht, dass usw., Cic.: est enim non vana opinio mit folg. *Acc.* u. *Infin.*, Cels.: res non erat in opinione dubia, es handelte sich nicht um eine zweifelhafte

M., Cic.: unde intellegi debet perturbationem quoque omnem esse in opinione, beruhe auf der Einbildung, Cic.: ante fuisse in illa populari opinione, vorher diese volkstümliche Meinung geteilt haben, Cic.: in qua me opinione sine causa esse, ne quis vestrûm credat, Liv.: in qua opinione etiam M. Tullius fuit, Lact.: neque enim sum in hac opinione, quā quidam, ut credam mit folg. *Acc.* u. *Infin.*, Quint.: his litteris lectis in eadem opinione fui, quā reliqui omnes, te esse venturum, war ich gleich den übrigen der M., dass du usw., Cic.: evellam ex animis hominum tantam opinionem? tam penitus insitam? Cic.: inserit novas opiniones (Ansichten), evellit insitas, Cic.: ne opinionem fracti ossis frustra faciat, uns fälschlich zu der Ansicht bringe, der Knochen sei gebrochen, Cels.: non fallam opinionem tuam (deine Erwartung), Cic.: neque eum prima opinio fefellit, Caes.: ne usu manuque reliquorum opinionem fallerent, sie sollten nun durch die praktische Ausführung ihres Gedankens der Erwartung der übrigen entsprechen, Caes.: ut mea fert opinio u. ut opinio mea fert (als Parenthese), Cic.: ut mea quoque fert opinio, Colum.: mea tamen fert opinio, *ut* tempus spectandum sit captivitatis, Ulp. dig. 24, 1, 32. § 14: de his eandem fere quam reliquae gentes habent opinionem, Caes.: vere (wahrheitsgetreu) quam habuerant opinionem ad eum perferunt, Caes.: falsam de illis habuit opinionem, malam de vobis, Cic.: nisi de vobis malam opinionem animo imbibisset, Cic.: ne possum quidem in ullam aliam incĭdere opinionem, nisi in eam, in qua etc., man kann gar nicht anders von mir denken, als dass ich usw., Dolab. in Cic. ep.: quo facilius nostra quoque opinio interponi (dazwischengeschoben werden) possit, Cic.: inveteravit (es hat sich festgesetzt) enim iam opinio perniciosa rei publicae vobisque periculosa, Cic.: libenter irrepere in opinionem gratiae, gern die M. erschleichen, dass man beliebt sei, Cic.: labi opinione, Cic.: ut haec opinio minuatur, Cic.: opinio non modo Romae, sed etiam apud exteras nationes omnium sermone percrebruit mit folg. *Acc.* u. *Infin.*, Cic.: speciem atque opinionem pugnantium praebere, scheinbar den Glauben erregen, als ob sie kämpften, Caes.: tantam opinionem timoris praebuit, ut etc., es hatte so sehr den Anschein, dass er sich fürchte, Caes.: haec eius diei praefertur opinio, ut etc., man trägt sich mit der M., Caes.: ipsa evidentia eius opinioni repugnat, Cels.: subire duarum rerum opinionem, sich einem zweifachen Urteil aussetzen, Liv.: ne vos falsa opinio teneat, Liv.: tenet vicinitatem opinio (die N. steht in der M.) tamquam et natus ibi sit, Suet.: cuius rei opinio tolli non poterit, Caes.: in eam opinionem Cassius veniebat (K. kam in den Verdacht) finxisse bellum, Cael. in Cic. ep.: nemini in opinionem veniebat (n. fiel es ein) m. folg. *Acc.* u. *Infin.*, Nep.: utrisque venit in opinionem (beiden kam der Gedanke) m. folg. *Acc.* u. *Infin.*, Nep.: laetitia et libido in honorum opinione versantur, beruhen auf der Einbildung von Gütern, Cic.: vicit opinionem meam, er hat meine Erwartung noch übertroffen, Cic.: praeter opinionem, wider Vermuten, Cic.: u. so contra opinionem, Caes.: contra opinionem meam, Plin. ep.: contra opinionem omnium, Caes.: ultra opiniones omnium, Iul. Val.: opinione celerius, schn. als man vermutet hatte, Cic.: celerius omni opinione, Caes.: celerius omnium opinione, Auct. b. Alex.: reditus eius fuit celerior omnium opinione, *ibid.* **II** insbes.: **A** die beurteilende, richtende **Meinung** der Leute, **1** übh., die **gute Meinung,** das **günstige Vorurteil,** de quo nulla umquam *opinio* fuerit, nulla in hoc ipso iudicio *exspectatio* futura sit, Cic.: magna est hominum opinio de te, die Welt denkt groß von dir, Cic.: opinione non ullā, quam de meis moribus habeat, Cic.: opinio, quam is vir haberet integritatis meae (von der Redlichkeit meiner Gesinnung hegt), Cic.: contra opinionem militum famamque omnium (gegenüber der g. M. der Soldaten [über Cäsar]) videri proelium defugisse magnum detrimentum afferebat, Caes.: opinionem afferunt populo (sie flößen dem V. das günstige V. ein) eorum fore se similes, Cic. – **2** der **Ruf, a** der **gute Ruf, α** m. obj. *Genet.:* amor multitudinis commovetur ipsa famā et opinione liberalitatis, beneficentiae, iustitiae, Cic.: propter eximiam opinionem virtutis, Caes.: nondum eandem vetustatis ac virtutis cepisse opinionem, noch nicht denselben Ruf der Kriegserfahrung u. Tapferkeit erworben haben, Caes.: in Gallia maximam virtutis opinionem habere, in gr. R. der T. stehen, Caes.: summam habere iustitiae et bellicae laudis opinionem, Caes. – **β** m. subj. *Genet.:* iam pridem auditā Alexandri opinione, Iustin. 12, 8, 2. – **γ** absol., verb. opinio et fama, Tac. dial. 10, 1: cupidi opinionis, Quint. 12, 9, 4: affert et ista res opinionem, Quint. 2, 12, 5: tantae opinionis viros habere, Sen. contr. 1. praef. § 1: tantae opinionis fuit, ut etc., Sen. contr. 1, 1, 22. – **b** der **üble Ruf,** malignitatis opinionem vereri, Tac. dial. 15: ne invidiae et ingrati animi adversus clarissimum civem opinionem habeat, Liv. 45, 38, 6. – **B** das **Gerücht,** divulgatā opinione tam gloriosae expeditionis, Iustin. 42, 2, 11: quae opinio erat edita in vulgus, dieses G. hatte sich nämlich allgemein verbreitet, Caes. b. c. 3, 29, 3: exiit opinio m. folg. *Acc.* u. *Infin.*, Suet. Ner. 53: opinio etiam sine auctore exierat (es hatte sich das unverbürgte G. verbreitet) m. folg. *Acc.* u. *Infin.*, Liv. 3, 36, 9: per regna mittit, qui opinionem sererent (ausstreuen sollten) m. folg. *Acc.* u. *Infin.*, Iustin. 8, 3, 8.

opīniōsus, a, um (opinio), **voller Vermutungen, reich an Hypothesen,** Tert. adv. Marc. 4, 35. – ► Bei Cic. Acad. 2, 143 ist das handschr. opinosissimi sicher verderbt (viell. zu lesen opinione omnium ingeniosissimi).

opīniuncula, ae, *f.* (*Demin.* v. opinio), die **geringe Meinung,** Salv. adv. avar. 4, 5, 26; epist. 7, 5. Cassian. de inc. Chr. 7, 2: Plur., Chalcid. Tim. 246.

opīno, āre, archaist. = opinor, Enn. fr. scen. 145. Pacuv. tr. 101. Caecil. com. 17. Plaut. Cas. 541; Pseud. 87; rud. 999; trin. 422. Plaut. fr. bei Non. 474, 32.

opīnor, ātus sum, ārī (von *opio, ōnis, die Meinung, der Nbf. von optio, ōnis), **vermuten, vermeinen, wähnen, in der Einbildung stehen,** vermutungsweise **glauben, meinen, denken** (Ggstz. compertum habeo, affirmo, pro certo habeo), mit allg. *Acc.*, ex quo intellegitur multa falso homines opinari, Cic.: sapiens nihil opinatur, Cic.: sapientem saepe aliquid opinari quod nesciat, Cic.: quod ego non magis somniabam neque opinabar neque censebam, Plaut. – m. folg. *Acc.* u. *Infin.*, opinatus sum me in provinciam exiturum, Cic. – m. *de* u. Abl., so u. so denken u. **sich** demgemäß **äußern,** Vergilius quoque id ipsum, quod Cicero, de fato opinatus est, Gell.: de alqo male, Suet.: u. so durius de rege, Iustin.: de vobis non secus ac de teterrimis hostibus opinatur, Cic. – absol., loquor, ut opinor, Cic.: proinde desinant quidam quaerere ultra aut opinari, mihique, qui compertum habeo, credant, Suet: ut percipi nihil putem posse, assensurum autem non percepto, id est, opinaturum sapientem existimem, sed ita ut intellegat se opinari, Cic.: parva opinatu, Plin. – u. absol. als Parenthese, ut opinor, wie ich vermute, denke, Komik. u. Cic.: vor um, ut opinor, aber freilich, Cic.: u. bl. opinor, vermute, denke ich, vermutlich, in der Frage auch = nicht wahr? Komik. u. Cic.: sed, opinor, quiescamus, Cic. – ► *Partic.* opinātus passiv., **a vermutet, vermeintlich, eingebildet, in der Einbildung bestehend, Schein-,** bona, mala, Cic.: vestra sunt irreligiose opinata, Arnob. – **b** in hoher Meinung (bei den Leuten) stehend, **berühmt,** certamen, Amm. 21, 6, 3: opinatissima civitas, Vulg. Iudith 2, 13. Cassiod. var. 8, 33, 4: opinatissimus medicus, Acro Hor. sat. 2, 3, 161: opinatissimi bibliopolae, Acro Hor. ep. 2, 3, 345.

opīnōsus, s. opīniōsus.

opīnus, a, um (opinor), nur in inopinus, necopinus, s. d.

opiparē, *Adv.* (opiparus), **herrlich, prächtig,** edere et bibere, Cic.: alqm munerari, Cic.: instructa domus opime atque opipare est, Plaut.: opipare a Pythio apparatum convivium, Cic.

opiparis, e = opiparus, Apul. met. 1, 24 u. a.

opiparus, a, um (opes u. paro), **herrlich, prächtig** (vgl. Paul. ex Fest. 188, 8), Athenae, Plaut. Pers. 549: opimitates, Plaut. capt. 769: obsonia, Plaut. mil. 107: munera, Apul. met. 5, 15: cenae, Porph. Hor. carm. 1, 37, 2: templum, Iul. Val. 1, 42 (46): loca, *ibid.* 3, 27 (50).

1. Ōpis, is, Akk. im, *f.* (Ὦπις), eine Nymphe im Gefolge der Diana, Verg. Aen. 11, 532.

2. Opis, s. 2. Ops.

opisthodomns, ī, *m.* (ὀπισθόδομος), der **hintere Teil** eines Hauses od. Tempels, Fronto epist. ad M. Caes. 1, 6 (8). p. 16, 17 N.

opisthographus, a, um (ὀπισθόγραφος), **auf der Rückseite** (des Papiers) **geschrieben,** libri, Plin. ep. 3, 5, 17: epistulae, Porphyr. Hor. ep. 1, 20, 9 M. – subst., opisthographum, ī, *n.*, das **auf der Rückseite Geschriebene,** Ulp. dig. 37, 11, 4.

opisthotonia, s. opisthotonos.

opisthotonicus, a, um (ὀπισθοτονικός), mit der Krankheit opisthotonos behaftet, Plin. 20, 197. Veget. mul. 5, 56, 1 *sqq.*

opisthotonos, ī, *m.* (ὀπισθότονος), **I** eine Krankheit, bei der der Kopf durch einen Muskelkrampf sich nach dem Rückgrat zu beugt u. nicht wieder vorwärts beugen lässt, etwa **Nackenkrampf,** Plin. 23, 48 u. a. (griech. b. Cels. 4, 3): dah. opisthotoni, mit dieser Krankheit behaftet (v. Pferden), Pelagon. veterin. 8 (140 *Ihm*) u. bes. 17 (270. 271. 272 *Ihm*). – Nbf. **opisthotonia,** ae, *f.*, rein lat. supinus raptus, Ggstz. emprosthotonia (rein. lat. pronus raptus), Cael. Aur. de morb. acut. 3, 6, 61. – **II** eine Krankheit, bei der der Mensch rückwärts niederstürzt, Hieron. 3. epist. ad Ephes. 6, 4.

opiter est, cuius pater avo vivo mortuus est, Festus 184, 10.

opitimus = optimus, CIL 6, 2440.

opitīon, ōnis, Akk. ōna, *m.* (ὀπιτίων), ein Zwiebelgewächs, der **Opition,** Plin. 19, 95.

opitulātio, ōnis, *f.* (opitulor), die **Hilfeleistung,** Ulp. dig. 4, 4, 1 *pr.* Augustin. de civ. dei 11, 1. Oros. 5, 18, 26: Plur., Vulg. 1. Cor. 12, 28: gratiosae opitulationes, Arnob. 4, 4.

opitulātor, ōris, *m.* (opitulor), der **Helfer,** Hieron. in Isai. 7, 17. § 10. Augustin. de civ. dei 9, 7: sodalis op., Apul. flor. 16. p. 20, 19 Kr.: m. *Dat.* (wem?), egenis op., Apul. de deo Socr. 16. – als Beiname Jupiters, Paul. ex Fest. 184, 11.

opitulātus, ūs, *m.* (opitulor), die **Hilfeleistung,** Fulg. myth. 3, 8.

opitulo, āre = opitulor, Liv. Andr. tr. 20.

opitulor, ātus sum, ārī (ops u. *tulo = fero), **Hilfe leisten, helfen, beistehen, a** v. Pers.: amico, Plaut.: sontibus, Cic.: decretis (durch B.) inopiae plebis, abhelfen, Sall.: vino aegris, Apul.: medici saluti opitulantes, Augustin.: permultum ad dicendum, Cic.: absol., cum ceteri non possent aut nollent opitulari, Cic. – **b** v. Lebl.: eiusdem generis est illa frequentatio, quae plurimum coniectoralibus causis opitulatur, Rhet. Her. 4, 53: numquid dubium poterit esse, quin Verre praetore plus Mamertinis cybaea quam Tauromenitanis foedus opitulatum sit? Cic. Verr. 5, 50. – non op. m. folg. *quin* od. *quo minus* u. Konj., ne id quidem tam breve spatium potest opitulari, quin et mihi adverseris et rem publicam profliges? Nep. fr. XII (epist. Cornel.). § 2: nec illi morum probitas, quo minus hāc contumeliā aspergeretur, opitulata est, Val. Max. 9, 14, 3. – ▸ Parag. Infin. opitularier, Pacuv. tr. 287. Plaut. Curc. 332.

opitulus, ī, *m.* (ops u. *tulo = fero), der **Helfer,** als Beiname Jupiters, Augustin. de civ. dei 7, 11. Paul. ex Fest. 184, 11.

opitumus = optimus, CIL 1, 1016.

opium, iī, *n.* (ὄπιον), der **Mohnsaft,** das **Opium,** Plin. 20, 199 *sqq.* u. 25, 130. Scrib. Larg. 21 *sq.* u. a. Plin. Val. 3, 8.

oplomachus, s. hoplomachus.

opobalsamētum, ī, *n.* (opobalsamum), eine **Balsampflanzung,** Iustin. 36, 3, 3.

opobalsamum, ī, *n.* (ὀποβάλσαμον), der aus der angeritzten Rinde der Balsamstaude sich ergießende od. von selbst aus der Pflanze hervorquellende Saft (ὀπός), der **Balsam,** Cels. 5, 23, 3. Plin. 13, 18 u. 37, 204. Scrib. Larg. 33 u. a. Iustin. 36, 3, 1: arbores opobalsami, Balsambäume, Iustin. 36, 3, 4. – Plur., Stat. silv. 3, 2, 141. Mart. 11, 8, 1. Iuven. 2, 41.

opocarpathon, (opocarpatum), ī, *n.* (ὀποκάρπαθον), der **giftige Saft** (ὀπός) **von** *carpathum,* Plin. 28, 158 u. 32, 97.

opopanax, nacis, *m.* (ὀποπάναξ), der **Saft** (ὀπός) **der Pflanze** *panax,* Cels. 5, 19. Plin. 20, 264. Scrib. Larg. 82 u. 107 u. a. Pelagon. veterin. 3 (35 *Ihm*) u. ö. Gargil. cur. boum 22.

opōricē, ēs, *f.* (ὀπωρική), eine **aus Baumfrüchten** (Quitten usw.) **bereitete Arznei,** Plin. 24, 129.

opōrothēca, ae, *f.* (ὀπωροθήκη), ein **Obstbehältnis,** Varro r. r. 1, 59, 2: Plur., Varro r. r. 1, 2, 10.

oportet, tuit, ēre, *verb. impers.*, **es muss,** sowohl = **es ist nötig, es gebührt sich,** als = **es ist zweckdienlich, es ist ersprießlich,** m. folg. bl. *Coniunctiv,* mit folg. *Acc.* u. *Infin.*, ohne bestimmtes Subjekt m. folg. *Infin.* u. absol., faber haec faciat oportet, Cato: ego crimen oportet diluam, Cic.: exstent oportet vestigia, es müssen durchaus Sp. vorhanden sein, Cic.: quare pransum ac paratum esse hominem oportet, Varro fr.: hoc fieri et oportet et opus est, Cic.: signum ablatum esse non oportuit, Cic.: quos reduci oporteat, Liv.: bellum suscipi od. geri oportet, Liv.: quid facere nos oportet, qui etc.? Cic.: quid oportet nos facere a volgo longe longeque remotos? Hor.: interrogo vos, quid me haec si fiant facere oporteat? Sen. rhet.: cum consilio nostro subvenire saluti communi oporteret, Cic.: indulgere potius comitati patrum atque obsequio plebis oportuit, Liv.: primum assumere (einnehmen) oportet, quae nauseam faciunt, Scrib. Larg. – im Ggstz. zu *necesse est,* z. B. tamquam ita fieri non solum oporteret, sed etiam necesse esset, Cic. – in der Umgangsspr., statt des *Infin.* od. *Acc.* u. *Infin.* m. *Partic. Perf. Pass.* (s. Spengel Ter. Andr. 239. Wagner Ter. heaut. 200), at non missam oportuit, Plaut.: aurem admotam oportuit, Plaut.: mansum oportuit, Ter.: interemptam oportuit, Ter.: non oportuit relictas, man hätte sie nicht verlassen sollen, Tac. – bei Spät. mit folg. *ut* u. Konj., P. Syr. sent. app. 31. p. 367 R.[2] Augustin. de civ. dei 1, 10. Boëth. de cons. phil. 1. pros. 4. – absol., quidquid vero non licet, certe non oportet, Cic.: alio tempore atque oportuerit, Caes. – ▸ Persönl. im Plur., morbosum factum, ut ea quae oportuerint, facta non sint, Cael. Antip. bell. Pun. sec. hist. 5. fr. 36 (bei Prisc. 8, 77).

ōportūn…, s. opportūn…

oppallēsco, palluī, ere (ob u. pallesco), **erblassen,** Prud. perist. 1, 92.

oppando, pandī, pānsum, ere (ob u. pando), **gegen-** od. **vor** etwas **ausspannen, -ausstrecken, -ausbreiten,** Gratt. cyn. 55. Tert. apol. 16 u. 48. Prud. psych. 410. Hieron. in epist. ad Galat. 1. *v.* 11 u. 12: velum, Vulg. exod. 27, 21 u. 35, 12. – *Partic.* subst., oppānsum, ī, *n.*, die **Hülle,** corporis, Tert. de anim. 53.

oppango, ere (ob u. pango), **anschlagen, anheften,** Fest. 281, 8. Vgl. oppingo.

oppecto, ere (ob u. pecto), **bekämmen,** scherzh. = eine Speise **beklauben, abklauben,** Plaut. Pers. 111.

oppēdo, ere (ob u. pedo), jmd. **anfarzen,** wie καταπέρδειν, Ausdr. des gemeinen Lebens = jmd. verächtlich behandeln, verhöhnen, alci, Hor. sat. 1, 9, 70.

op-perior, pertus u. (selten) perītus sum, īrī (vgl. experior), **I** *intr.* **warten,** hic, Plaut.: ibidem, Cic.: parumper hic, Ter.: hic apud vos, Plaut.: paululum, Ter.: unam horam, Ter.: unum diem, Nep. – **II** *tr.* auf etwas od. jmd. **warten,** etw. od. jmd. **erwarten,** etw. **gewärtig sein,** hominem hic, Ter.: abi intro; ibi me opperire, Ter.: agmen peditum, Liv.: ibi Crateron et Antipatrum, Iustin.: alcis adventum Babyloniae, Iustin.: suorum aliquem aut nuntios de iis, Liv.: nuntios patrati facinoris, Tac.: eventum alienarum fortunarum, Liv.: tempora sua, Liv. – m. folg. *dum* (bis) u. Konj., erum opperiar, dum veniat, Plaut. rud. 328. – m. folg. *ut* u. Konj., Plaut. Bacch. 486. Liv. 42, 48, 10. Tac. ann. 15, 68. Apul. apol. 17: verb. manere opperirique, ut etc., Tiro bei Gell. 7, 3, 42. – ▸ Parag. Infin. opperirier, Plaut. cist. 592; truc. 326. Ter. eun. 890. – Archaist. Perf. opperitus sum, Plaut. most. 788 (dagegen oppertus sum bei Ter. Phorm. 514): Fut. opperibor, Plaut. Pseud. 323; truc. 209. Ter. heaut. 619: opperibere, Plaut. Bacch. 48. Ter. heaut. 833. – Imperat. opperimino, Plaut. truc. 198 u. Apul. met. 1, 22.

oppessulātus, a, um (ob u. pessulus), **verriegelt,** ianuam firmiter oppessulatam pulsare, Apul. met. 1, 22: oppessulatas ianuas perrumpere conati, Amm. 31, 13, 15: quo diligentius oppessulatas invenit fores, Petron. 97, 7: quod (foris) diligentissime fuerat oppessulata, Apul. met. 9, 30.

oppeto, īvī u. iī, ītum, ere (ob u. peto), **entgegengehen,** poenas superbiae, seinen Übermut büßen, Phaedr. 3, 16, 2. – bes. pestem od. malam pestem, in den Untergang (in den Tod) gehen, Plaut. u. Enn. fr.: opp. mortem = »in den Tod gehen, sterben«, Cic. u. a.: voluntariam mortem opp., Val. Max.: miseram mortem opp., Gell.: u. letum pro patria opp., Liv. 45, 26, 8: dass. bl. oppetere, Verg., Tac. u. a.: opp. non senio nec aegritudine, sed fame, Plin.: gloriosā morte, Prud.: gloriosum esse existimans iussā morte oppetere, Amm.

oppexus, ūs, *m.* (oppecto), die **Haartracht, Frisur,** Apul. met. 11, 9.

oppico, āre (ob u. pico), **mit Pech verschmieren, verpichen,** Cato r. r. 120.

oppidāneus, a, um (oppidum), **städtisch,** Cod. Theod. 1, 1, 38 *sqq.*

oppidānus, a, um (oppidum), **aus** oder **in einer Stadt** außer Rom, **aus** od. **in einer Landstadt, städtisch,** im verächtl. Sinne = **kleinstädtisch,** senex, Cic.: genus (Geschlecht), Tac.: genus dicendi, Cic. – subst., oppidānus, ī, *m.*, der **Städter,** oppidani domus, Liv. 29, 9, 2: oft Plur. oppidānī, ōrum, *m.*, die **Einwohner der Stadt,** die **Städter,** Caes., Ggstz. pagani, Auct. b. Alex., od. cultores (Landbauer), Tac.

oppidātim, *Adv.* (oppidum), **städteweise, in allen Städten,** Suet. Aug. 59; Galb. 18, 1. Fronto princ. hist. p. 203, 8 N. Itiner. Alex. 7 (4, 44).

oppidō, *Adv.* (altindisch *ā padād,* von Grund aus; zu Quintilians Zeit veraltet, s. Quint. 8, 3, 25), **gewaltig, gar, ganz völlig,** steigernd bei Adjj. u. Advv., seltener bei Verben, forensium negotiorum opp. gnarus, Amm.: servirent praeterquam opp. pauci, äußerst wenige, Cic. ep.: mimus vetus opp. ridiculus, Cic.: opp. adulescens sacerdos lectus, Liv.: opp. perquam pauci, Auct. b. Afr.: opp. deterrimi, Apul.: opp. opportune te obtulisti mihi obviam, Ter.: reddidi aurum omne opp., bis auf den letzten Heller, Plaut.: perii ego opp., ich bin völlig verloren, Plaut.: m. *Compar.*, opp. formido cumulatior, Apul. met. 2, 25. – opp. quam (= *sane quam*), **ungemein, überaus,** oppido quam breve intervallum videtur, Liv.: pleraque opp. quam parva erant, Liv. – opp. in der Wechselrede als Antwort, wo es zu dem aus der Frage zu ergänzenden Adj. od. Adv. gehört, estne ita uti dixi liberalis? *De.* oppido, übergenug, Ter.

oppidulum, ī, *n.* (*Demin.* v. oppidum), das **Städtchen,** Cic. ad Q. fr. 2, 10 (12), 2. Hor. sat. 1, 5, 87. Hieron. in Augustin. epist. 75, 21.

oppidum, ī, *n.* (aus *op-pedum; vgl. griech. πέδον, Grund, Boden), jeder umfriedete Raum; dah. **I** (altlat.) die **Schranken** des Zirkus, Naev. b. Varro LL. 5, 153. – **II** als **fester Sitz, fester Punkt, fester Platz** = **a** die **Stadt** als Aufenthaltsort, Wohnplatz, opp. Genabum, Caes.: opp. Mitylene, Vitr.: antiquum opulentum opp., Enn. fr.: opp. maritimum, Liv.: novum Gallorum opp., Liv.: opp. parvulum, Curt.: opp. pervetus in Sicilia, Cic.: libera ac foederata oppida, Suet.: oppidum aedificare, Liv.: post me erat Aegina, ante me Megara, dextrā Piraeus, sinistrā Corinthus; quae oppida quodam tempore florentissima fuerunt, nunc prostrata ac diruta ante oculos iacent, Sulp. in Cic. ep.: cum uno loco tot oppidûm cadavera proiecta iacent, Sulp. in Cic. ep.: sanguine per triduum in oppido (in der St. = in Rom) pluisse, Liv.: urbe oppidove (aus Rom od. einer Landstadt) egressus, Suet. – mit *Genet.* des Städtenamens (wie ἄστυ), in oppido Antiochiae, Cic. ad Att. 5, 18, 1. – Plur. oppida, dichterisch = die Prachtgebäude der Stadt, die Staatsgebäude, Hor. carm. 2, 15, 18. – **b** ein verschanzter Wald bei den Britanniern, Caes. b. G. 5, 21, 3. – ► Genet. Plur. oppidûm, Sulp. in Cic. ep. 4, 5, 4.

oppīgnerātor, ōris, *m.* (oppignero), der **Pfandnehmer, Pfandleiher,** Eccl.

oppīgnero, āvī, ātum, āre (ob u. pignero), **verpfänden, zum Pfand geben,** libellos pro vino, Cic. Sest. 110: ad Cladi mensam vix octonis nummis anulum, Mart. 2, 57, 7 *sq.* – bildl., alcis filiam, Ter. heaut. 794: si quod aliud humilius verbum, quo se oppigneret, invenit, Sen. de ben. 3, 5, 2.

oppīlātio, ōnis, *f.* (oppilo), das **Zustopfen,** die **Verstopfung,** narium, Scrib. Larg. 47.

oppīllāgo, inis, *f.* (oppilo), der **Mundknebel,** Gloss.

1. oppīlo, āvī, ātum, āre (ob u. 2. pilo), **verstopfen, verrammen, verschließen,** Cato r. r. 100. Varro LL. 5, 135: ostia, Lucr. 6, 725: scalas tabernae librariae, Cic. Phil. 2, 21: portas, Vulg. 2. Esdr. 7, 3: loca occulta, Vulg. 1. Mach. 2, 36: übtr., opp. aurem, Augustin. in psalm. 57, 10: et omnis iniquitas oppilabit os suum, Vulg. psalm. 106, 42: oppilatum est os loquentium iniqua, Augustin. in psalm. 62, 20: ora contradicentium multis et magnis ac manifestis sanctarum scripturarum testimoniis opp., zum Schweigen bringen, Augustin. c. epist. Parmen. 1.

2. oppīlo, āre, **rupfen, ausraufen** = τίλλω, Gloss. II, 455, 34.

oppingo, pēgī, ere (ob u. pango), **aufheften** = **aufdrücken,** savium, Plaut. Curc. 60

Oppius, a, um, röm. Familienname, unter dem am bekanntesten C. Oppius, der vertraute Freund Cäsars, mit Unrecht für den Verf. des bellum Alex. u. Hisp. (am Cäsar) gehalten, Suet. Caes. 52 u. 56 u. 72: oft in Cic. epp., s. *Orelli* Onomast. Tull. 2. Vgl. Herzog Caes. b. G. – *Adi.* **Oppius mōns,** einer der beiden den mons Esquilinus bildenden Hügel (vgl. Cispius), j. Hügel von *St. Pietro in Vincola,* Varro LL. 5, 50.

oppleo, plēvī, plētum, ēre (ob u. *pleo), **erfüllen, anfüllen, I** eig.: aedes spoliis, Plaut.: lacrimis os totum sibi, Ter.: participes suos praedā onerare atque opplere, Plaut.: oppletum oppidum est solariis, Aquil. com. fr.: nives omnia oppleverant, Liv.: caesi hostes decem milia passuum cadaveribus atque armis opplevere, Tac.: uti passim domus fora viae templaque cruore ac cadaveribus opplerentur, Aur. Vict.: cuncta coloribus egregiis et odoribus opplet, Lucr.: nec opplendae sunt huiusmodi cognitionibus chartulae, Gran. Licin. – **II** übtr.: adeo totam urbem opplevit luctus, ut etc., Liv.: vetus haec opinio Graeciam opplevit, Cic.: mentes oppletae tenebris ac sordibus, Cic.: semper studuit opplere famā ac flagitiis, Turpil. com. 162 (C. F. W. Müller famae ac flagiti).

opplōro, āre (ob u. ploro), **gegen** etwas **weinen,** quin vos auribus meis opplorare desinitis? mir die Ohren voll zu weinen, Rhet. Her. 4, 65.

oppōno, posuī, positum, ere (ob u. pono), **gegen** od. **vor** od. **an** etw. **hinsetzen, -stellen, -legen, -halten, I** eig.: **A** im Allg.: fores, die Türflügel vorsetzen, die Tür verschließen, Ov.: auriculas, Hor.: manus oculis od. ante oculos, Ov., manum ad oculos, Suet.: foramini oculos, Petron.: alci pedem, Petron. – refl., calculus intus se opposuit, Cels.: medial, luna subiecta atque opposita soli, der S. gegenübergetreten, Cic. – **B** insbes.: **1** zum Schutz, zur Abwehr usw. **gegen** od. **vor** etw. **hinstellen, a** vor das zu Beschützende: turrim ad introitum portus, Caes. – armatos ad omnes introitus, Caes.: gallinae se opponunt, stellen sich vor (vor ihre Jungen), Cic.: u. so Pompeium persequi Caesar dicitur, ut interficiat, et non omnes corpora nostra opponimus, decken ihn (den P.) mit unseren Körpern, Cic.: u. so coniuges quoque et liberi sequuntur hanc aciem, parata hostibus praeda, nisi *pro* carissimis pignoribus corpora opponimus, wenn wir diese t. Pf. nicht mit unseren Körpern schützen, Curt. – **b** gegen das Andrängende, ihm **entgegenstellen, -setzen,** moles oppositae fluctibus, Cic.: propugnaculum istis nationibus oppositum et obiectum, Cic.: lana opponitur ossi, wird vor den Kn. vorgelegt (damit er nicht vorfalle), Cels.: opp. castra ante moenia, Liv.: munitiones, Liv. – urgenti hosti fratrem cum classe, Nep.: alci equites, Caes.: se alci, Caes. u. a. – **2** als *t. t.* des Würfelspiels, beim Spiel als Gegengewinn **dagegensetzen,** *pono* pallium: ille suum anulum *opposivit,* Plaut. Curc. 356. – **3** als *t. t.* der Wagenrenner, obliquum opp. currum u. bl. opp., mit dem Wagen **quervor (quer in den Weg) fahren** (um den folgenden durch den Anprall zu Fall zu bringen), opp. curr., Sil. 16, 395 u. 407: bl. opp., Plin. 8, 160. – **II** übtr.: **1** als jurist. *t. t.*, als Pfand-, zum Pfand gegen etw. **einsetzen, verpfänden,** vix hercle opino, etsi me opponam pignori, Plaut.: ager oppositus est pignori ob decem minas, Ter.: opp. res suas ad securitatem creditoris, Sen.: domos nostras, Vulg.: animam suam tibi, Vulg. (vgl. II, 2 aus Catull.). – **2** einer üblen Einwirkung, Gefahr usw. **aussetzen,** alqm ad ictus solis, Gell.: nudatas radices hiberno frigori, Plin. – se periculis, Cic.: ad omne periculum atque ad omnem invidiam solus opponitur, Cic. – im Doppelsinn mit opp. = verpfänden, villula nostra non ad austri flatus opposita est, ... verum ad milia quindecim et ducentos, Catull. 26, 1 *sqq.* – **3** mit Worten **entgegensetzen,** **a** als Schreckbild **vorhalten, vor Augen halten,** alci formidines, Cic.: terrorem, Cic., vgl. Halm Cic. Sest. 42. p. 155. – **b** als Gegengrund usw. **entgegensetzen, dagegen anführen, -vorbringen, -geltend machen, -einwenden,** non minorem suam auctoritatem, Cic.: alci nomen, Cic.: valetudinem alcis, Cic.: causam muri, Cic.: quid habes quod mihi opponas? Cic.: quae nostris opponuntur refutare, Quint. – m. folg. *Acc.* u. *Inf.*, introducebat Carneades, non quo probaret, sed ut opponeret Stoicis, summum bonum esse frui rebus iis, quas primas natura conciliavisset, um den St. einzuwenden, den St. zum Trotz, Cic. Acad. 2, 131. – **c** **vergleichend entgegen-, gegenüberstellen,** multis secundis proeliis unum adversum, Caes.: plures Graeciae, Phaedr. – **d** als Gegensatz **entgegen-, gegenüberstellen,** im Passiv **entgegen-, gegenüberstehen,** nunc omni virtuti vitium contrario nomine opponitur, steht als Gegensatz gegenüber, Cic.: quid ergo opponitur clementiae? crudelitas, Sen.: voluptatem et dolorem duo mala dicunt esse opposita inter se, Gell. – ► Archaist. Pers. opposivit, Plaut. Curc. 356: Partiz. Perf. synk. oppostus, Lucr. 4, 148.

opportūnē, *Adv.* (opportunus), **bequem, gelegen, zur guten Stunde,** vox opp. emissa, Liv.: ut tempore opportuneque attulistis, Plaut.: te exspecto; oppido opp. te obtulisti mi obviam, Ter.: pater, opp. advenis, Ter.: ellipt., ambo opp. (*sc.* adestis); vos volo, Ter. (s. Spengel Ter. Andr. 345): opp. adest homo summā fide et omni virtute praeditus, L. Plaetorius, Cic.: atque mihi quoque videor venisse, ut dicis, opportune, Cic.: nuntiis opportunissime allatis, Caes.: Anticyra in Phocide ad id opportunissime sita visa (est), Liv.: m. *Dat. Gerund.*, per eos dies opp. irritandis ad bellum animis litterae ab M. Aurelio allatae, Liv. 31, 5, 5 (Hertz u. Weißenb. oportune, wie auch Porphyr. Hor. carm. 1, 10, 14 im *cod. Monac.*; vgl. opportunus a. E. ►).

opportūnitās, ātis, *f.* (opportunus), **I** die **bequeme-, günstige Lage,** loci, Caes. u. Sall.: regionis, Sen.: viae, Plin. ep.: ut a custodia huius opportunitatis (so günstigen Ortslage = günstig gelegenen Ortes) oculos hostium averteret, Curt. – **II** übtr.: **a** von der Zeit u. dem in der Zeit Geschehenden = die **gelegene Zeit,** der **rechte Zeitpunkt,** die **günstige-, lockende Gelegenheit,** griech. εὐκαιρία, Cic. u. a.: divina, ein günstiger, von Gott gefügter Zufall, Cic.: opportunitas suae liberorumque aetatis, die lockende Gelegenheit (Versuchung) bei seinem und der Kinder Alter, Sall.: magnas opportunitates corrumpere, Sall.: magnae opportunitates ad cultum hominum atque abundantiam aliae aliis in locis reperiuntur, Cic. – **b** von körperlicher u. geistiger Beschaffenheit = die **günstige-, zweckmäßige Anlage,** omitto opportunitates habilitatesque reliqui corporis, Cic.: quanta opportunitas in animis hominum ad res maximas, welch große Anlage (welcher Stoff) ... zu usw., Cic. – **c** v. Beschaffenheit der Umstände = **Bequemlichkeit, günstiger Umstand, Vorteil,** Cic. u. a.: habere opportunitates, Vorteil bieten, Cic.: opportunitate aliquā datā, Caes.: opportunitates maritimae, die Vorteile des Meeres, Liv. 45, 30, 4: opportunitates fluminum, günstige Flussverhältnisse, Vitr. 1, 5, 1. – Über die Schreibung oportunitas vgl. opportunus a. E. ►.

opportūnus, a, um (ob u. portus; vgl. importunus), eig. »zur Fahrt bequem«; dah. der örtlichen Lage nach **bequem, gelegen, geeignet** für einen Zweck, **I** im Allg.: **A** eig.: loca, Sall.: urbs opportunissima egregio portu, Liv. – mit *Dat.* des Zweckes, collis opportunus usui, Sall.: locus *opportunus consiliis* an *adversus,* Quint. – m. *ad* u. Akk., locus tutus et ad omnia opportunus, Liv. – **B** übtr.: **a** der Zeit nach **gelegen, günstig** zu einem Zweck, tempus, Cic.: aetas opportunissima, Cic.: nihil ne tempore quidem ipso opportunius accidere vidi, Cic.: nequiquam opportuna res cecĭdisset, wäre umsonst die günstige Gelegenheit eingetreten, Sall.: opportunum est, *ut* haec vobis dicantur, Augustin. serm. 102, 5. – m. *Dat.* des Zweckes, insidiis opp. tempus, Val. Max.: nox opportuna est eruptioni, Liv.: v. Pers., consilio in cetera exsequenda belli haud parum opportuni (venere), zu Ratschlägen für die Ausführung der übrigen Kriegspläne ganz gelegen, Liv. – **b** der Beschaffenheit nach **passend, dienlich, brauchbar, geeignet** zu einem Zweck, **α** v. Lebl.: opp. iocus, ein passend (gut) angebrachter, Quint.: aetatem habes opportunissimam, du stehst in einem schönen Alter, Cic. – mit *Dat.* des Zweckes, sic igitur quoque res accendi fulmine debet, opportuna fuit si forte et idonea flammis, entzündbar u. fähig der Flamm' ist, Lucr.: ceterae res, quae expetuntur, opportunae sunt singulae rebus fere singulis, von anderen Gegenständen, die man begehrt (wie Reichtum, Macht, Gesundheit), dient jeder für sich nur zu einem Zweck, Cic.: Iugurthae alia omnia opportuna, Sall. – **β** v. Pers. = zu etwas **geeignet, recht, geschickt, gewandt,** homines, Sall. – mit *Dat.* od. mit *ad* u. Akk. des Zweckes, opportunos sibi cognovit, Sall.: T. Quinctius Capitolinus, minime opportunus vir novanti res, Liv.: praefectus haud sane opportunus insidiantibus, für Tücke und Hinterlist nicht besonders zugänglich, Liv.: his audiendis credendisque opportuna multitudo, die dergleichen Reden gern anhörte u. glaubte, Liv.: ad haec magis opportunus nemo est, dazu schickt sich keiner besser, Ter. – im üblen Sinne zu etwas (einer Krankheit) **veranlagt, geneigt,** qui his opp. est, Cels. – **II** prägn., zum Angriff gelegen = einem Angriff usw. **ausgesetzt, preisgegeben, bloßgestellt,** absol. u. mit *Dat.* der Pers. oder Sache, der jmd. ausgesetzt ist, **a** v. Örtl.: opportuna loca dividenda praefectis esse, Liv.: oppidanos per muros urbisque opportuna loca in stationibus disponunt, Liv.: opportuna consilio urbs, Liv. – Plur. subst., opportūna, ōrum, *n.*, **dem feindlichen Angriff ausgesetzte Punkte,** opportuna moenium, Liv.: opportuna locorum permunivit, Tac. – **b** v. leb. Wesen: opportuniores, quod intenti cum maxime operi essent, Liv.: Gallos caedunt, ob nullam rem aliam opportunos, quam ob iracundiam, Sen. – cavere tamen, necubi hosti opportunus fieret, dem Feind eine Blöße zu geben, Sall.: Romanus ... opportunus huic eruptioni fuit, Liv. – bes. oft opportunus iniuriae, einer Unbill (Misshandlung), einer Gefahr ausgesetzt, Sall. u. a.: opportuniores hae partes iniuriae sunt (sind verletzbarer), quam quae iam male habent, Cels. – ► Die Schreibung oportunus, oportune u. oportunitas inschr., z. B. CIL 11, 5749 *v.* 6.

oppositio, ōnis, *f.* (oppono), das **Entgegensetzen,** oppositiones falsi nominis scientiae, das Widersprechen, Vulg. 1. Tim. 6, 20. – als rhet. Fig., a) = ἀντίθεσις, ἀντίθετον, wenn ein Wort einem anderen von entgegengesetzter Bedeutung gegenübersteht, Iul. Rufin. de schem. lex. § 11. Carm. de fig. 22. p. 64 H. – **b** = ἀνθυποφορά (s. anthypophora), Iul. Rufin. de schem. dian. § 4.

1. **oppositus,** a, um, *PAdi.* (v. oppono), **I** von der geographischen Lage = **gegenüberliegend, vorliegend** vor usw., opp. mons, Caes.: Buthrotum oppositum Corcyrae, Caes.: oppidum oppositum Thessaliae, Caes.: oppositum petens *contra* Zanclēia saxa Rhegion, Ov. – **II** **entgegengesetzt, widersprechend,** subst., opposita, ōrum, *n.*, **Sätze, die miteinander im Widerspruch stehen,** ἀντικείμενα, Gell. 16, 8, 13 *sq.*

2. **oppositus,** im Sing. nur Abl. ū, *m.* (oppono), **1** das **Entgegenstellen, Entgegensetzen,** **1** aktiv: opposítu membrorum, Sil. 10, 211: foliorum oppositu (Vorlegen) pudenda velatus, Auson. perioch. Odyss. 6: Plur. laterum nostrorum oppositus pollicemur, Cic. Marc. 32. – **2** passiv = das **Entgegengestellt-, -gelegtsein,** das **Entgegenstehen, Vorstehen, Vorliegen,** solem lunae oppositu solere deficere, Cic. de rep. 1, 25: u. so Plin. 2, 181. Gell. 4, 5, 3. – **II** übtr., die **Gegenanführung,** vocabulorum, Gell. 14, 5, 4.

oppressio, ōnis, *f.* (opprimo), **I** das **Herabdrücken, Abwärtsdrücken,** **1** eig.: **a** im Allg., Vitr. 10, 3, 3. – **b** prägn., das **Überherfallen, Überschütten,** oppressiones ruinarum, Augustin. de civ. dei 22, 22, 3. p. 605, 30 D.[2] – **2** übtr., die **Unterdrückung,** legum et libertatis, Cic. de off. 3, 83. – **II** das **Anfallen, Überfallen** einer Person, die **Gewalttat,** Ter. Phorm. 238. – insbes.: **a** die **gewalttätige Besitznahme,** der feindl. **Überfall,** die **Überrumpelung** des Feindes, Oros. 5, 18, 18, eines Ortes, curiae, Cic. de domo 5: Plur. oppressiones, Augustin. ep. 153, 24. Vulg. Sirach 40, 9. – **b** als spät. mediz. *t. t.* =

κατάληψις, ein **plötzlicher Anfall von Bewusstlosigkeit, die Starrsucht** (auch apprehensio gen.), Cael. Aur. de morb. acut. 2, 10, 56; de morb. chron. 2, 5, 86.

oppressiuncula, ae, *f.* *(Demin.* v. oppressio), das **Drücken, Betasten,** Plur., Plaut. Pseud. 68.

oppressor, ōris, *m.* (opprimo), der **Unterdrücker, a** im guten Sinne, vindices et oppressores dominationis, Brut. in Cic. ep. ad Brut. 1, 16, 6. – **b** im üblen Sinne, oppr. libertatis, Aur. Vict. epit. 1, 31: infirmorum oppressores, Augustin. serm. 17, 4: oppr. pauperum, *ibid.* 78, 3. Isid. sent. 3, 45, 3 u. 4: oppr. pupillorum et viduarum, Augustin. c. litt. Petil. 2, 82: animalium terrigenarum deceptor oppressor exstinctor, Augustin. de civ. dei 16, 4. p. 131, 3 D.[2]

oppressus, Abl. ū, *m.* (opprimo), das **Niederdrücken,** der **Druck,** quid in oppressu valido durabit eorum? Lucr. 1, 851. – prägn., das **Überschütten,** saxei montis oppressu, Sidon. epist. 9,11, 9: iacēre ruinae oppressu, Augustin. epist. 181, 7 u. c. duas epist. Pelag. 2, 6.

opprimo, pressī, pressum, ere (ob u. premo), **I herab-, nieder-, zudrücken, -halten, A** eig.: **1** im Allg.: sinistrā manu mulieris pectus, Liv.: digito linguam, Cael. Aur. – taleam pede, niedertreten, in den Boden treten, Cato. – ora loquentis, Ov.: opprime os, halt den Mund, Ter. – oculos (des Sterbenden), Val. Max. – **2** prägn.: **a nieder-, ein-, zudrücken = zerdrücken, zerquetschen, erschlagen, ersticken, verschütten, α** übh.: fauces, jmdm. den Mund stopfen (nicht aus voller Kehle reden lassen), Sen.: fauces (alcis) manu suā, Suet.: trabem deicere et hominem oppr., ICt.: sidunt rimae subito et opprimunt operatos, Plin. – bes. im Passiv, ne quis porcellus a matre opprimatur, Varro: opprimi senem iniectu multae vestis, Tac.: ruinā conclavis opprimi, Cic.: arenarum molibus oppressus, Iustin.: terrā oppressus, Cic. – **β** eine Flamme, ein Feuer **erdrücken, ersticken,** flammam in ore, Enn. tr. fr.: cum aquae multitudine vis flammae opprimitur, Cic. – **γ** Buchstaben bei der Aussprache gleichs. niederdrücken, **verschlucken,** litterae neque expressae neque oppressae, Cic. de off. 1, 133. – **b** im Kampf **niederwerfen,** miles Gallus ab equite Romano oppressus trahitur crinibus, Suet. Ner. 41, 2. – poet., übh. **niederstrecken,** iaculo leonem, Val. Flacc. 3, 24. – **B** übtr.: **1 niederhalten, unterdrücken, nicht aufkommen lassen, nicht zum Vorschein kommen lassen, a** übh.: eius rei mentionem, Liv.: mentionem memoriamque contentionis huius, Liv.: dolorem, Cic.: desiderium, Sen.: iram, Sall. – **b vertuschen, verdecken, verhehlen,** verb. alqd opprimere atque abscondere, Cic.: insigne veri (Merkmal der Wahrheit), Cic. – **2** jmd. **niederdrücken, zu Boden drücken, fast erdrücken, hart bedrängen,** calamitas eum oppressit, Ter.: bes. im Passiv, opprimi onere fenoris, Sall., onere officii, Cic.: opprimi aere alieno, Cic.: opprimi totius corporis doloribus, Cic.: timore oppressus, Caes.: somno oppressus, in tiefem Schlaf, Caes.: urbem oppressam servitute tenere, unter dem Druck der Knechtschaft halten, Nep.: vi oppressam civitatem tenere, Cic.: rem publicam oppressam tenere, auf den Gang der öffentlichen Angelegenheiten einen drückenden Einfluss üben, Val. Max. – **3** ein Übel wie ein Feuer **niederhalten,** mit feindl. Gewalt **niederdrücken, dämpfen, erdrücken, ersticken, unterdrücken,** orientem ignem, Liv.: perniciosam potentiam exstinguere atque opprimere, Cic.: quaestionem exstinguere opprimereque, Liv.: tumultum, Liv.: motum, Eutr.: orationem, einer Äußerung hindernd entgegentreten, Cic.: fraudem, vereiteln, Liv. – **4** jmd. od. etw. als Gegner, Feind, Verfolger usw. niederwerfen, **a** im Krieg = jmd. **überwältigen,** mit jmd. **fertig werden,** nationem Allobrogum, Cic.: belli reliquias, Cic.: adversarios, Nep. – **b** im polit. Leben, vor Gericht usw. jmd. od. etw. **stürzen, niederdrücken,** ihm **den Untergang bereiten,** ihn **unterliegen lassen,** im Passiv = **unterliegen,** alqm, Cic. u. a.: libertatem, Nep.: opprimi factione militari, Eutr. – oppr. alqm iniquo iudicio, Cic.: insontem oblato falso crimine, Liv. Vgl. Drak. Liv. 2, 52, 4. – **c** übh. jmd. **überwältigen,** jmds. **sich bemächtigen,** jmd. **verhaften,** muscam, Phaedr.: suspectissimum quemque, Suet.: desertorem, ICt. – **5** jmdm. gleichs. die Kehle zuschnüren, ihn **festhalten, nicht loslassen,** bei einem Versprechen usw., verum oppressit, Plaut. mil. 1209: institit, oppressit, non remisit, Cic. Verr. 3, 135. – **II** an jmd. **hindrängen,** jmd. **anfallen,** über jmd. **herfallen,** ihn **überfallen, überraschen, A** eig.: **a** v. Pers., bes. als milit. *t. t.*: Ciceronem, Sall.: comminus alqm, Hirt. b. G.: improvidos incautosque hostes, Liv.: prope repentino adventu incautos, Liv.: alqm imprudentem, Ter.: in tabernaculo opprimi, Caes.: matronas in Eleusinis sacris noctu, Iustin. – **b** v. lebl. Subjj., **überfallen, überraschen,** plötzlich **ereilen, erreichen,** alqm mors oppressit, Cic.: alqm lux (Tag) od. nox oppressit, Cic. u. Liv.: oppressi luce, vom Tag überrascht, Hirt. b. G.: alqm ignis, clades opprimit, Liv.: alqm opprimit tantus improviso morbus, Cic.: absol., hiems oppressit, kam über den Hals, Liv. – **B** übtr., jmd. durch etw. **überraschen, übertölpeln, aus der Fassung bringen,** numquam ille me opprimet consilio (durch die Schnelligkeit seines Entschlusses), Cic.: ne subito a me opprimantur (durch Fragen), haec sum rogaturus, Cic.

opprobrāmentum, ī, *n.* (opprobro), der **schimpfliche Vorwurf,** der **Schimpf,** facere damni mavolo, quam opprobramentum aut flagitium muliebre inferri domo, als dass über mein Haus Schimpf u. Schande komme wegen eines Weibes, Plaut. merc. 420 R.

opprobrātio, ōnis, *f.* (opprobro), das **Vorwerfen,** der **Vorwurf,** oppr. acerba reprehensionis, bitterer Tadel, Gell. 2, 7, 13: inopinatā opprobratione permotus, Gell. 12, 12, 4.

opprobriōsus, a, um (opprobrium), **schimpflich,** Cod. Iust. 1, 3, 4. Ambros. de Cain et Abel 1, 4, 14.

opprobrium (obprobrium), iī, *n.* (ob u. probrum), **I** der **Vorwurf, Schimpf,** die **Beschimpfung,** alci esse opprobrio, jmdm. zum Schimpf gereichen, Cic. fr. (de rep. 4, 3), Nep. u. Quint.: maioris fugiens opprobria culpae, Hor.: postquam ad illa duo opprobria pervenit, Nep. – **II** meton.: **A** v. Pers., der **Schimpf,** die **Schande,** generis, v. Minotaurus, Ov.: maiorum, Tac.: opprobria Romuli Remique, Catull. – **B** das **Schimpfwort,** die **Schimpfrede, Schmährede,** verb. maledictum et opprobrium, Suet.: opprobria dicere, Ov., fundere, Hor.

opprobro, āre (ob u. probrum), **vorwerfen,** alci rus, Plaut.: alci crimina formae, Gell.: alci humilitatem generis, Porphyr. – ► Parag. Infin. opprobrarier, Plaut. most. 301. – Depon. Nbf., opprobror tibi, ὀνειδίζω σοι, Auct. inc. de idiom. cas. 567, 8 K.

oppūgnātio, ōnis, *f.* (oppugno), die **Berennung, Bestürmung,** die **Belagerung mit Sturm,** der **Angriff mit Sturm,** eig. als milit *t. t.*, bildl. im polit. Leben u. vor Gericht, die **Opposition,** oppidi, oppidorum, castrorum, Caes.: maritima (von der Seeseite), Liv.: repentina, longa et difficilis, Caes.: spe longior atrociorque, Liv.: continua, non nocte non die remissa, Liv.: terrā marique oppugnationem instruere, von der Land- u. Seeseite her Vorkehrungen zum Sturm treffen, Liv.: ab ea parte oppugnationem ostendere, einen Scheinangriff machen, Liv.: oppugnationem eiusdem castelli temptare, Liv.: oppugnationem inferre, propulsare, Cic. (bildl.): oppidum premere obsidione et oppugnationibus (wiederholte Bestürmungen), Caes.: oppugnationem sustinere, Caes.: relinquere (aufgeben) oppugnationem, Tac., inceptam oppugnationem, Caes.: oppugnationem arcere, Liv.: ita maritima oppugnatio est elusa (wurde vereitelt), Liv.: etenim εἰλικρινὲς iudicium sine oppugnatione (ohne jmds. Widerspruch), sine gratia nostra erat, Cic. – Insbes., **a** die **Belagerungsmethode,** Caes. b. G. 2. 6, 1: Plur., Cic. de or. 1, 210. – **b** die **Bestürmungs-, Belagerungskunst,** scientia oppugnationis, Caes. b. G. 7, 29, 2.

oppūgnātor, ōris, *m.* (oppugno), der **Berenner, Bestürmer, Angreifer,** als milit. *t. t.* u. bildl. im polit. Leben, hostis et oppugnator patriae Antonius, Cic.: Caulonis oppugnatores, Liv.: ignem tectis oppugnatores iniecerunt, Tac. – bildl., meae salutis non modo non *oppugnator* sed etiam *defensor* fuit, Cic. Planc. 76.

oppūgnātōrius, a, um (oppugnator), **zur Bestürmung gehörig, Bestürmungs-,** res, Vitr. 10, 12, 2 u. a.

oppūgnātrīx, trīcis, *f.* (Femin. zu oppugnator), die **Angreiferin, Bekämpferin,** daemonum, Augustin. serm. 30 (?).

1. oppūgno, āvī, ātum, āre (ob u. pugno), **gegen** jmd. od. etwas **ankämpfen, I** eig., jmd. od. etwas **angreifen** (Ggstz. defendere), alqm,

Cic.: Macedoniam, Liv.: rates, Prop. – bes. einen Ort, eine Stadt, eine Festung **berennen, bestürmen,** oppidum, Cic.: castra, Caes.: locum munitum, Caes.: decem annos urbs oppugnata est, Liv.: urbem non coronā, sed operibus, Liv.: u. (im Bild) quae res aperte petebatur, ea nunc occulte cuniculis oppugnatur, Cic.: absol., ut una semper pars (exercitus) quietis interim duabus oppugnaret, die Belagerung fortsetzte, Liv.: quorum acerrimo concursu cum magnam partem diei esset oppugnatum, gegeneinander gekämpft worden war, Nep. – **II** übtr., jmd. od. etw. **angreifen, anfechten, bestürmen,** jmdm. **zu Leibe gehen** (Ggstz. alqd defendere, pro alqa re propugnare), alqm, Cic.: rem, Cic.: alqm omnibus machinis ac tormentis opp., mit allem möglichen groben Geschütz, Cic.: alqm aperte pecuniā, Cic.: alqm clandestinis consiliis, Cic.: aequitatem verbis, Cic. – ► Archaist. Infin. Perf. oppugnassere, Plaut. Amph. 210.

2. oppūgno (āvī), ātum, āre (v. ob u. pugnus), **mit Fäusten schlagen,** os, Plaut. Cas. 412.

opputo, āre (ob u. puto), **beschneiden,** Bäume, Plin. 17, 156.

1. ops, opis, *f.*, Plur. opēs, opum, *f.*, *Sing.* nur im *Genet.*, *Acc.* u. *Abl.* gebr. (altindisch *ápnaḥ*, Ertrag, Habe, Besitz, griech. ὄμπνη, Nahrung, Reichtum, Besitz), jedes fördernde Mittel, so wie opus das geförderte Werk; dah. **I** (altlat.) = opera, die **Bemühung,** der **Dienst,** opis pretium, Enn. fr. var. 20*. – **II** die **Macht,** das **Vermögen** = alles, was uns in den Stand setzt, große Dinge auszurichten, es sei Reichtum, Freunde, Truppen, Ansehen usw., **a** das **zeitliche Vermögen,** die **Finanzen,** der **Reichtum,** die **Hilfsquellen,** oft verb. spes opesque, spes atque opes vitae meae, mein Hoffen und mein Glück (Lebensglück), Plaut. (s. Brix Plaut. capt. 442): ruris opes, Ov.: opes acquirere, Plin.: opibus, armis, potentiā valere, Cic.: urbium opes exhaurire, die reichen Städte ausplündern, Liv.: attritis opibus, bei zerrütteten Finanzen, Tac.: dah. der **Reichtum,** den man sehen lässt, die **Pracht,** opes amovento, Cic. de legg. 2, 19. – **b** die **Macht** = die **Truppen,** das **Heer,** regiis opibus praefuturum, Nep.: tantas opes prostravit, Nep. – **c** die polit. **Macht,** die **Vielvermögenheit,** der **Einfluss,** summae opes, Cic.: tantae opes rei publicae, Cic.: opes affectare (erstreben), Liv.: largitione periculosas libertati opes struere (gründen), Liv.: patriae opes augere, Nep.: alcis opes evertere, Cic.: opes Lacedaemoniorum concutere, Nep.: opes Gallorum frangere, Liv.: opes consequi, Cic.: opes et dignitatem teuere, Cic.: tum in minime pertinaci genere pugnae sic fortuna exercuit opes (machte seinen Einfluss so geltend), ut etc., Liv. – **III** die physische **Macht,** das **Vermögen,** die **Kraft, Kräfte, Stärke,** omni ope anniti od. eniti, ut etc., Liv.: omni ope atque operā eniti, ut etc., Cic.: summā ope anniti, ut etc., Gell.: summis opibus anniti, ut etc., Liv. (u. so summis od. omnibus opibus, ex summis opibus bei Verben, Plaut.; s. Brix Plaut. mil. 620): omnibus viribus atque opibus resistere, mit aller Macht, Cic.: est opis nostrae, Verg.: arbor habebit opes, Ov. – **IV** der **Beistand,** die **Beihilfe,** die **Hilfe, Unterstützung,** opem ferre alci, helfen, unterstützen, Cic.: aliquid opis ferre rei publicae, Cic.: opem a te petimus, Cic.: medicam opem sentire, v. medizin. Hilfe, Ov.: opis haud indiga nostrae, Verg.: opem dare, Ov.: so auch im Plur. = die **Hilfe, Unterstützung, Unterstützungen,** sine hominum opibus et studiis, Cic. de off. 2, 20: alienarum opum indigens, Nep. regg. 3, 4. – ► Abl. Sing. ungew. opi, Varro LL. 5, 141.

2. Ops, Opis, *f.*, die Göttin **Ops** = die Erde, als Mutter der Feldfrüchte und als Sinnbild der Fruchtbarkeit, Nahrung, des Überflusses u. Reichtums, Schwester u. Gemahlin des Saturnus, mit der Rhea = Cybele identifiziert, Varro LL. 5, 57 u. 64. Macr. sat. 1, 10. § 19 *sq.* Cic. Tim. § 35. Ov. met. 9, 498: ad Opis (*sc.* aedem), Cic. Phil. 2, 93: Ops opifera, s. opifer. – Nbf. Opis b. Hyg. fab. 139. Fulg. myth. 1, 2. – Dav. **Opālia,** ium, *n.*, das am 9. Dezember gefeierte Fest der Ops, die **Opalien,** Varro LL. 6, 22. Macr. sat. 1, 10. § 18 *sq.*

3. ops = opulentus, Prisc. 7, 41.

opscaevo, s. ob-scaevo.

opscēnus, s. obscēnus.

opsculto, s. ausculto►.

opsecula, s. obsecula.

opsōnātor, s. obsōnātor.

opsōnium, s. obsōnium.

opsōno u. **-nor,** s. 1. obsōno.

opstetrīx, s. obstetrīx.

optābilis, e (opto), **wünschenswert,** mihi pax in primis fuit opt., Cic.: venit ecce optabile tempus, Ov.: quaeris an omne bonum optabile sit, Sen. – alci optabilius est m. folg. *Infin.*, certe optabilius Miloni fuit dare iugulum P. Clodio, Cic.: utrum bono viro et sapienti optabilius (esse) putas sic exire, ut etc., Cic. – optabile est m. folg. *ut* u. Konj., quae ut concurrant omnia, optabile est, Cic. de off. 1, 45. – optabile est m. folg. *Infin.*, cum tibi placere omnibus summe optabile sit, Fronto epist. ad Caes. 1, 7. p. 18, 22 N.

optābilius, *Adv.* im *Compar.* (optabilis), **wünschenswerter,** Val. Max. 5, 1. ext. 6.

optaedēscit, s. ob-taedēscit.

optandus, a, um, *PAdi.* (opto), **wünschenswert,** tua vita haec expetenda optandaque est, Ter.: cum alia *optanda sint,* alia *aversanda,* Sen.: eis otium divitiae, optanda alias, oneri miseriaeque fuere, Sall.: cum sit maxime optandum, ut etc., Plin. pan.: m. *Dat.*, misera quidem res, sed optanda Seleuco fuit, Iustin.: optandum sibi fuisse ait, *ut* etc., Iustin.: maxime fuit optandum Caecinae, *ut* controversiae nihil haberet, secundo loco *ut ne* cum tam improbo homine haberet, Cic.: *neutr. pl.* subst., virtus gloria atque alia optanda bonis, Sall. Iug. 64, 1.

optātē, *Adv.* (opto), **nach Wunsch,** Lampr. Alex. Sev. 58, 1.

optātio, ōnis, *f.* (opto), **I** das **Wünschen,** der **Wunsch, a** übh.: optio est optatio, Paul. ex Fest. 184, 13: adverbia significant optationem, ut ›utinam, o, o si‹, Diom. 404, 10: Plur., alci tres optationes dare, drei Wünsche erlauben, Cic. de off. 3, 94: iterum agit de hominum optationibus, Schol. Pers. 2, 42. – **b** als Redefigur, griech. εὐχή, Cic. de or. 3, 205 u. Quint. 9, 1, 32. – **II** das **Wählen,** die **Wahl** = die Freiheit, zu wählen, Symm. epist. 1, 1.

optātīvē, *Adv.* (optativus), **in Wunschform, im Optativ,** hic *fuerit* opt. posuit, Prisc. 18, 126.

optātīvus, a, um (opto, s. Prisc. 2, 40), **wünschend, einen Wunsch ausdrückend,** modus, der Optativ, Diom. 340, 4. Prisc. 8, 42. Augustin. in psalm. serm. 14. § 1. Mart. Cap. 3. § 310: adverbia, Prisc. 15, 34. – subst., optātīvus, ī, *m.* (*sc.* modus), der Optativ, Prisc. 18, 124 *sqq.*

optātō, *Adv.* (optatus), **erwünschterweise, nach Wunsch,** Plaut. Amph. 658. Ter. Andr. 533. Cic. ad Att. 13, 28, 3. Verg. Aen. 10, 405. Commodian. instr. 2, 11, 12.

optātum, ī, *n.*, s. optātus.

optātus, a, um, *PAdi.* (v. opto), **erwünscht, ersehnt, willkommen, angenehm,** rumor, Cic. labra, Prop.: mihi quaestor optatior nemo obtingere potuit, Cic.: optatissime frater, Cic.: optatissimum Ambiorigi beneficium, Caes. – mihi optatum illud est, in hoc reo finem accusandi facere, Cic.: quid enim est illis optatius, quam uno tempore nos circumvenire et vos nefario scelere obstringere? Caes.: mihi nihil fuit optatius, quam ut abs te quam gratissimus erga te esse cognoscerer, Cic.: nonne optatissimum sibi putant esse filios suos rei familiari maxime servire? Cic. – subst., optātum, ī, *n.*, das **Erwünschte,** der **Wunsch,** praeter optatum meum, Cic.: optatum impetrare, Cic.: optatis meis fortuna respondit, Cic.: mihi in optatis est (ich wünsche), m. folg. *Infin.*, Cic.: optata furiosorum, Träumereien, Luftschlösser, Cic. – optato (Abl.), s. bēs.

optempero, s. ob-tempero.

opter = propter, Gloss. IV, 265, 15. CIL 6, 1467.

opticē, ēs, *f.* (ὀπτική), die **Optik,** Vitr. 1, 1, 4.

optigo, s. ob-tego.

optimās (optumas), ātis (optimus), **einer von den Besten, -Edelsten,** genus (Ggstz. genus regale u. populare), Cic. de rep. 2, 41 (wo Abl. optimati): matronae optimates, Enn. fr. scen. 259: amor, Apul. apol. 12 (wo Abl. optimati): eminentia, Chalcid. Tim. 44 D. – subst., optimās, ātis, *m.*, der es mit dem Wohl des Staates hält, der **Patriot,** und da die Patrioten meist auf der Seite des Senates u. der Vornehmen waren = der **Aristokrat,** te parum optimatem esse, Cael. b. Cic. ad Att. 10, 9. litt. A. § 2. – gew. Plur. optimātēs, Genet. gewöhnl. um, selten ium, *m.*, die **Patrioten** = die **aristokratische Partei,** die **Aristokraten** (Ggstz. populares, die Volksmänner, die Volkspartei), Cic. u. a.: als *fem.*, optimates Gothicae, edle gotische Frauen, Lampr. Bonos. 15, 6.

optimē, *Adv.*, s. bene.

optimitās, ātis, *f.* (optimus), als unlateinisch angeführt b. Mart. Cap. 4. § 369.

optimus, a, um (opto), s. bonus.

optineo, s. obtineo.

optingo, s. obtingo.

optio, ōnis (von *opio, ere, dem Stammwort zu optāre), **I** *fem.*, der **freie Wille,** die **freie Wahl,** die **Willkür,** das **Belieben,** optio haec tua est; utram harum vis condicionem accipe, Plaut.: utro frui malis, optio sit tua, Cic.: sed magis sumendam et, si optio esset (wenn er seinen freien Willen hätte, wählen dürfte), eligendam Metelli (vitam), Reguli reiciendam (aiebat), Cic.: an erit haec optio et potestas tua, ut dicas etc., steht das in deiner Willkür? Cic.: quando autem dubium fuisset apud patres nostros, eligendi cui patroni daretur optio, quin aut Antonium optaret aut Crassum? Cic.: si mihi optio daretur, *utrum* malim defendere, *an* etc., mir die Wahl gestellt würde, ob ich ... oder ob ich usw., Cic.: so auch optio vobis datur, *utrum* velitis casu illo itinere Varenum usum esse, *an* huius persuasu et inductu, Cic. fr.: si naturae nostrae optio daretur, contentane sit suis integris incorruptisque sensibus, an postulet melius aliquid, Cic.: quotiens ille tibi potestatem optionemque facturus sit, ut eligas, utrum velis, factum esse necne, verum esse an falsum, Cic.: ex collegis optione a senatu datā, obwohl ihm der S. die Wahl eines Kollegen freigestellt hatte, Liv. – **II** *masc.* = der **Gehilfe,** den man sich wählt, **A** im Allg., der **Assistent,** Plaut. u. ICt. – **B** insbes.: **a** als milit. *t. t.* = der Gehilfe des Zenturio, etwa der **Feldwebel,** Varro LL. 5, 91. Tac. hist. 1, 25. Veget. mil. 2, 7. – **b** der **Unterchef** eines Bureaus, CIL 6, 8505.

optiōnātus, ūs, *m.* (optio *no.* II), die Stelle des optio, die **Feldwebelstelle,** Plur. bei Cato orat. 5. fr. 2.

optīvus, a, um (opto), **nach beliebiger Wahl angenommen, beliebt,** cognomen, Hor. ep. 2, 2, 101: tutores (Ggstz. tutores dativi), Gaius inst. 1, 154.

opto, āvī, ātum, āre (*Frequ.* eines alten *opio, ere), **sich** etwas **ausersehen, I** wählend = etwas **sich ersehen, aussuchen, wählen,** locum tecto, Verg. – m. folgendem Fragesatz, opta, utrum vis, Plaut.: ut optet, *utrum* malit cervices Roscio dare, *an* insutus in culleum per summum dedecus vitam amittere, Cic. – **II** wünschend = **wünschen, den Wunsch äußern, Verlangen tragen, verlangen, sich Hoffnung machen** (hingegen cupere, Wünsche hegen), illam fortunam, Cic.: ad eum, quem cupimus optamusque vestitum redire, Cic.: quod in tanto bello vix optandum videtur, Cic.: – mit folg. *Infin.*, cur me morti dedere optas? Plaut.: quae sese inhoneste optavit parere hic divitias potius, lieber gewollt hat, Ter.: hunc videre saepe optabamus diem, Ter.: etsi dimicare optaverat, Hirt. b. G.: hostes perdere prius quam perire optantes, Liv.: si vis vivere, quid optas mori? Sen.: quis tam crudeles optavit sumere poenas? hat es übers Herz bringen können, Verg.: tametsi tantam calamitatem rei publicae quam tardissime audire optandum est, Pollio in Cic. ep. – m. folg. *Acc.* u. *Infin.*, omnes mortales sese laudarier optant, Enn. fr.: quid ipsum me facere optes, Lucil. fr.: spero et opto nobis hanc coniunctionem voluptati fore, Cic.: opto redargui me, Cic.: optant hoc fonte prohiberi posse oppidanos, Hirt. b. G.: non oportet tibi amplius quam semel licere optare, Sen. rhet.: opto te bene cenare, gesegnete Mahlzeit, Inscr. – m. folg. *ut* u. Konj., optavit, ut in currum tolleretur, Cic.: numquam a dis immortalibus optabo, ut etc., Cic. – m. folg. *ne* u. Konj., fulmen optare ne se attingat, Sall. fr.: ne quis iuvenum currat velocius, optat, Ov. – m. folg. *ut ne* u. Konj., maxime fuit optandum Caecinae, ut ne etc., Cic. Caecin. 23. – m. folg. bl. *Coniunctiv,* sed mihi vel tellus optem prius ima dehiscat, Verg.: crescat tua civibus opto urbs, Ov. – m. *Acc.*, mortem, sich den T. w., Cic. u. Sen.: mortem viri (v. e. Frau), Lact.: divitias, Sen. – mit dopp. *Acc.*, se quisque eum optabat, quem fortuna in certamen legeret, Liv. 21, 42, 2: fortem te et hilarem et privatim et publice opto, Plin. ep. 10, 1 *extr.* – m. *Acc.* u. m. Ang. **wem?** = jmdm. etw. **wünschen** (im guten u. üblen Sinne), alci eam rem publicam, in qua etc., Cic.: alci furorem et insaniam, Cic.: alci mortem, Liv. u. Sen.: amicae suae exsilium, Sen.: optamus tibi ominamurque in proximum annum consulatum, Plin. ep. – m. Ang. **für wen?** durch *pro* m. Abl., ut facis, pro amicis bene optes, M. Aurel. bei Fronto 5, 31 (46). – m. Ang. **von wem? von Seiten wessen?** durch *ab* m. Abl., hoc si effeceris, quodvis donum praemium a me optato (erwarte), id optatum feres, Ter.: quibus ampliora homines ne ab dis quidem immortalibus optare solent, Liv.: nihil optare a dis homines, Vell. – opto absol., Diogenes ab Alexandro rege iussus optare, Varro sat. Men. 281 B. – ► Archaist. Konjunktiv Perf. optassis, Plaut. mil. 669. – *PAdi.* optandus u. optatus, a, um, s. bes.

optueor, s. ob-tueor.

optumās, s. optimās.

optumē, *Adv.*, s. bene.

optumus (optim.), s. bonus.

optundo, s. ob-tundo.

optūrāmentum, s. obtūrāmentum.

opturbo, s. ob-turbo.

opturgēsco, s. obturgēsco.

optūro, s. ob-dūro.

optus, a, um (ὀπτός), **gebraten, geröstet,** Plin. Val. 1, 37.

opulēns, entis (opes), Nbf. v. opulentus, **I reich** an Vermögen usw., matrona quaedam pollens et opulens, Apul. met. 10, 19: non opulens, nec egens, Auson. edyll. 2, 7. p. 33, 7 Schenkl: op. senectus, Auson. prof. 20, 5. p. 67, 38 Schenkl: omnia affluentia, omnia opulentia, Apul. de deo Socr. 22. – Plur. subst., opulentes, die **Reichen** (Ggstz. pauperes), Nep. Chabr. 3. § 3 *Luchs.* – **II reich** an inneren Mitteln, **A** an Streitkräften, **stark,** castellum, Apul. met. 8, 15. – **B reich** an Macht, **mächtig, angesehen,** civitas, Sall. Iug. 69, 3.

opulentē u. **opulenter,** *Adv.* (opulentus u. opulens), **reichlich, kostbar, herrlich,** domus opulente ornata, Apul. apol. 93. – illos *arte* (knapp), me *opulenter* colere, Sall. Iug. 85, 34. – ludos opulentius (mit mehr Pracht) instructiusque quam priores reges facere, Liv. 1, 35, 7.

opulentia, ae, *f.* (opulens), **I** die **Wohlhabenheit,** der **Reichtum** (Ggstz. egestas, inopia, paupertas), **a** eig.: Sall. u. a.: metallorum, Plin.: Plur. opulentiae, Plaut. Bacch. 519ª G.; trin. 490. Gell. 20, 5, 8. Arnob. 4, 9 *extr.* – **b** übtr.: mentium vera opulentia, Augustin. de civ. dei 4, 18, 1. p. 224, 3 D.² – **II** die durch äußere Mittel verschaffte polit. **Macht** eines Volkes usw., Sall. u. a.

opulentitās, ātis, *f.* (opulens) = opulentia, Plaut. mil. 1171. Caecil. com. 106.

opulento, āre (opulens), **reich machen, bereichern,** Hor. ep. 1, 16, 2: mensam dapibus pretiosis, Colum. 8, 1, 2.

opulentus, a, um (ops), reich an fördernden Mitteln (Ggstz. inops), **I reich** an phys. Mitteln, bes. an Vermögen, **vermögend, wohlhabend, A** eig.: opulenti homines et copiosi, Cic.: iuvenes op., Sen.: Etruriae arva, Liv.: agri, bona, Curt.: civitas, Cic.: oppidum, Caes.: urbs opulenta, opulentissima, Mela: ille Croesus, inter reges opulentissimus, Sen.: aeque *mendicus* atque ille *opulentissimus* censetur censu, Plaut. – mit *Abl.* (durch), fortunā opulentus (Ggstz. fortunā egenus), Apul. flor. 3. p. 4, 9 Kr. – m. *Abl.* (an), adulescens auro opulentus, Plaut.: exercitus praedā op., Liv.: pecuniā dites et voluptatibus opulentī, in Wollust schwelgend, Tac.: Etrusci campi omnium copiā rerum opulenti, Liv.: Numidia agro virisque opulentior, Sall. – m. *Genet.* (an), opulenta honorum copia, Hor.: provinciae nec virorum inopes et pecuniae opulentae, Tac. hist. 2, 6 Nipperd. (Halm u. a. pecuniā). – **B** übtr., **reich, reichlich (vorhanden), ansehnlich,**

glänzend, res haud op., Liv.: op. obsonium, Plaut.: op. mensa, reichliches Mahl, Augustin.: opulentiorem vitam hominum reddere, Cic.: dona opulentissima, Suet.: opulenta ac ditia stipendia facere, Liv. – *neutr. pl.* subst., intactae regionis opulenta, der Reichtum, Curt. 5, 9 (27), 16. – **II** reich an inneren Mitteln: **A** an Streitkräften, **stark,** minus opulento agmine (mit einem schwächeren Geschwader), quam profectus erat, Seleuciam rediit, Liv. 33, 41, 9. – **B** reich an Macht u. Ansehen, **mächtig, angesehen,** reges, Sall.: opulentior factio, Liv. – Plur. subst., opulenti (Ggstz. ignobiles), Enn. fr. scen. 200: opulentiores (Ggstz. humiliores), Hirt. b. G. 8, 51, 3. – **C reich** an Inhalt, **reichhaltig,** liber opulentissimus, Gell. 14, 6, 5.

opulēsco, ere (opes) **reich werden,** Fur. b. Gell. 18, 11. § 4.

opulus, ī, *f.,* **Feldahorn, Maßerle, Maßholder** (*Acer campestre,* L.), Varro r. r. 1, 8, 3. Colum. 5, 6, 4 u. 7, 1; de arb. 16, 1. Plin. 17, 201.

Opūns, s. 3. Opūs.

Opūntius, a, um, s. 3. Opūs.

1. opus, eris, *n.* (altindisch *āpaḥ,* das Werk), das **Werk, I** im engeren Sinne, das **Werk** = die materielle **Arbeit,** die **Beschäftigung, A** eig.: **1** im Allg.: **a** leb. Wesen: **α** der Menschen, opus ingens, Liv.: opus rusticum, Komik. u. Colum.: opus servile, Liv.: opus militare, Arb. der Soldaten, Suet.: opera fabrilia, Handarbeiten, ICt., bes. Schmiedearbeiten, -geschäfte, Verg.: opus manuum, Ov.: opera nostrarum artium, Cic.: admonitor operum, Ov.: immunes operum, Ov.: famuli operum soluti (von der Arbeit entbundene), Hor.: in opus se collocare (sich verdingen), Plaut.: milites ad opus privatum mittere, ICt.: omnia opera mature conficere, Cato: opus facere, arbeiten, Ter.: opus rusticum od. opus ruri facere, Feldarbeit verrichten, Ter.: differre opus, Ov.: exigere (prüfen) opus, Ov.: favere operi, fleißig arbeiten, Ov.: u. so instare operi, Verg.: istaec opera perficere, Plaut.: in totum diem velut opus ordinare, gleichs. das Tagewerk verteilen, Quint.: opus quaerere (suchen), Cic. u. Liv.: pauper, cui in opere vita erat, der von der A. lebte, Ter.: menses octo continuos his opus non defuit, Cic.: magni operis videbatur m. folg. *Infin.,* es schien ein großes Stück Arbeit zu sein, Curt: in od. ad opus publicum (öffentl. Strafarbeit) damnari od. dari, ICt. – **β** der Tiere (vgl. Cic. de off. 2, 11): si mures aliquid corroserint, quorum est opus hoc unum, Cic.: bes. v. der Arbeit der Bienen, opus facere, Varro: pro me opus facere, Ps. Quint. decl.: fervet opus, Verg.: iustis operum peractis, Colum.: omnibus (apibus) una quies operum, labor omnibus unus, Verg. – **b** lebl. Subjj., die **Wirkung,** der **Effekt,** opus meae bis sensit Telephus hastae, Ov. met. 12, 112: e sagittifera prompsit duo tela pharetra diversorum operum, Ov. met. 1, 469: v. Abstr., suum quasi opus efficere, sozusagen ihre W. hervorbringen, Cic. top. 62.

2 prägn.: **a** die **Arbeit** des Landmanns u. der Pflugstiere, die **Feldarbeit** (vollst. opus rusticum, s. oben), arma operis sui, Ov.: intentus operi diurno, Curt.: opus facere, Ter. (u. so bovem commodare, ut opus faceret, ICt.): facere patrio rure opus, Ov.: opere se exercere, Sen.: alqm in ipso opere deprehendere, Flor. – **b** die **Praxis** des Arztes, opus facere, seine Praxis betreiben, Alfen. dig. 38, 1, 26: manere (erwarten) medicum, dum se ex opere recipiat, bis er von seiner Praxis zurückkommt, Plaut. Men. 883. – **c** das **Weidwerk** des Jägers, Romanis sollemne viris opus, Hor. ep. 1, 18, 49. – **d** die **Arbeit** des Bauhandwerkers od. -meisters, das **Bauen,** der **Bau,** muri od. fossa ingentis operis, Curt.: moles novi operis, die neu zu erbauenden Dämme, Curt.: lex operi faciundo, Baukontrakt, Cic.: publicorum operum exactio, Cic.: opus pupillo redimere (für den Mündel erstehen), Cic.: interim omnes servi atque liberi opus facerent, sollten beim Bau Hand anlegen, Nep. – **e** die **Bergwerksarbeit,** der **Bergbau,** in opus metalli od. metallicum damnari od. dari, ICt.: u. so bl. in opus damnari, Plin. ep.: in opus salinarum dari, ICt. – **f** als milit. *t. t.,* die **Schanzarbeit,** labor operis, Caes.: opus castrorum, Lagerarbeit, Lagerbefestigung, Sall.: fessus od. fatigatus operibus proeliisque, Liv.: in opere occupatum esse, Caes.: dies noctesque in opere versari, Caes.: opus facere, schanzen, Caes.: milites opere prohibere, Caes.: milites ab opere deducere, revocare, Caes.: in operibus, in agminibus multus adesse, Sall. – **g** die **Kriegsarbeit** = Kampfesmühe, Kampf, militia et grave Martis opus, Verg. Aen. 8, 516: opus belli, Prop. 3, 11, 70: opera bellica (Kriegshandwerk, Ggstz. civiles artes), Vell. 2, 97, 2. – **h** die **Arbeit** im Ggstz. zur Natur, natürlichen Lage, die **Händearbeit, Menschenhand, Kunst,** mons naturā velut opere praeceps, Sall.: locus egregie naturā et opere munitus, Caes.: oppidum magis opere quam naturā munitum, Sall.: nihil est opere aut manu factum, quod non aliquando consumat vetustas, Cic. – **i** die Art der Bearbeitung eines Kunstwerkes, die **Arbeit,** hydria praeclaro opere, Cic.: haec omnia antiquo opere et summo artificio facta, Cic.: quarum (bullarum) iste non opere delectabatur, sed pondere, Cic.: erit exstructa moles opere magnifico, in großartigem Stil, Cic.: fabricavit Argus opere Palladio ratem, nach Art der Arbeit der Pallas (= künstlich), Phaedr. – **k** dezent, das **Werk** = der Beischlaf, et pudor obscenum diffiteatur opus, Ov. am. 3, 14, 28: cum fit amoris opus, Ps. Ov. her. 15, 46: opere faciundo lassus, Plaut. asin. 873: accedere ad opus, Mart. 7, 18, 5. **B** meton.: **1** der **Stoff** für eine Arbeit, digitis subigebat opus, Ov. met. 6, 20. – **2** das gefertigte **Werk,** opera magnifica atque praeclara, Cic. ut enim pictores et ii, qui signa fabricantur, et vero etiam poëtae suum quisque opus a vulgo considerari vult, Cic.: gerebat auribus cum maxime singulare et vere unicum naturae opus, Plin.: mirabilia Orientis opera, Wunderwerke, Curt.: u. so septem opera esse in orbe terrae miranda, Gell. – So nun prägn., **a** das **Werk** = das **Bauwerk,** der **Bau,** das **Gebäude,** Plur. die **Bauten,** curator operum, ICt.: opus publicum, ICt.: opera publica, Liv. u. ICt.: urbana, Liv.: opus balinei, ein Badehaus, Plin. ep.: opus exornare tuā statuā, Plin. ep.: reficere exstruereque opera, Suet. – **b** als milit. *t. t.,* militaria opera, milit. Werke (Bauten), Curt. 9, 8 (32), 14; insbes. **α** das **Schanzwerk,** das **Befestigungswerk, Verteidigungswerk,** opus castrorum, Lagerbefestigung, Caes.: opus hibernorum, Winterlagerbefestigung, Caes.: emporium opere magno munitum, Liv.: fundas libriles sudesque in opere disponere, Caes. – Plur., Werke = Schanzwerke, Befestigungswerke, Schanzen, Befestigungslinie, magnitudo operum, Hirt. b. G.: castra magnis operibus communita, Sall. fr.: castra od. tumulum magnis operibus munire, Caes. – **β Belagerungswerk,** opera munitionesque, Cic. u. Liv.: magnitudo operis, Caes.: urbem operibus circumdare, claudere, Vell. u. Nep.: Mutinam operibus munitionibusque saepire, Cic.: urbem ingentibus operibus saepire, Liv. – **γ Belagerungswerkzeug, -maschine,** urbem vineis aliisque operibus oppugnare, Liv.: operibus urbem expugnare, Liv. – **δ** das **Werk** = der **Damm,** summi operis fastigium, Curt.: opus accipere (in den Boden aufnehmen), Curt.: opus iacĕre (aufwerfen), Curt.: flumen operibus obstruere, Caes. – **c** ein **Werk** der Kunst (Bildhauerei, Malerei, Weberei usw.), ein **Kunstwerk,** Silanionis opus tam perfectum, tam elegans, v. einer Statue, Cic. (u. so singularis talium operum auctor, Vell.): opus admirabile, Cic.: opus caelatum, Auct. b. Hisp.: pocula faginea, caelatum divini opus Alcimedontis, Verg.: totum Numidae sculptile dentis opus, Ov.: op. marmoreum, Marmorbild, Ov.: op. Mentoreum, ein von Mentor verfertigter metallener Becher mit Reliefs, Prop.: opus plumarium, Vulg.: ut reconcinnetur (palla) atque ut opera (Stickereien) addantur quae volo, Plaut.: hanc vestem, quā indutus sum, sororum non donum solum, sed etiam opus vides, Curt.: materiam superabat opus, Ov. – **d** ein **Werk** der Architektur, opus albarium, tectorium, musivum, s. albārius usw. – **e** ein **Werk** der Backkunst, opus pistorium, Backwerk, Cels. u. Plin. – u. ein Werk der Kochkunst, ein **Gericht,** opus spumeum, Anthim. 34 u. 40: fit etiam de hordeo opus bonum, Anthim. 64. – **f** ein **Werk, Erzeugnis** der Biene, cerea opera sua, Colum. 9, 7, 3: ceris opus (= den Honig) infundite, Phaedr. 3, 13, 9. – **g** eine **Arbeit,** ein **Werk** der Literatur, tantum opus, Liv.: caelatum novem Musis opus, Hor.: in utriusque operis sui ingressu, Quint.: opus habeo in manibus, Cic.: pangis aliquid Sophocleum? fac opus appareat (dass man etwas von dem W. zu sehen bekommt), Cic.: nullum opus otii exstat, Cic.: sane texebatur opus luculente, so war das Werk gewiss recht schön angelegt, Cic.: id quoque adiungere operi, Quint.: opere ipso (Geschichtswerk) coniungere alqd, Curt.: opus exigere, das W. (die Dichtung) zu Ende führen, Ov. – dah. ein Hand- u. Lehrbuch, opus geographicum, der Geographie, Mart. Cap. 6. § 609. – **h** die **Gattung,** das **Fach** der Darstellung in Kunst u. Literatur; in der Kunst, Vell. 1, 16, 2; 1, 17, 4; in der Literatur, Hor. sat. 2, 1, 2. Quint. 10, 1, 31; 10, 1, 67 u. 69.

II im weiteren Sinne, **a** die **Arbeit** = **Aufgabe, Obliegenheit, Leistung, Verrichtung, Handlung,** der **Dienst,** viri docti, Plaut.: oratorium, Aufgabe, Verrichtung des Redners (z. B. reden, Zeugen abfragen usw.), Cic.: censorium, Geschäft des Zensors (Erteilen einer Rüge), Cic.: opus πολιτικόν, eine Handlung, ein Dienst zum Besten des Staates, Cic.: periculosae plenum opus aleae, Hor.: operum hoc tuorum est, das wäre eine von deinen Aufgaben (ein Stück Arbeit für dich), Hor.: Amynander quod sui maxime operis erat, impigre agebat, was ihm vornehmlich oblag, Liv.: u. so sui maxime operis esse credens m. folg. *Acc.* u. *Infin.*, Liv.: sunt quibus unum opus est (die es sich zur einzigen Aufgabe gemacht haben) m. folg. *Infin.*, Hor.: aggredi ad pacis maximum opus, Liv.: certatim ad hoc opus (dem Mord des Tyrannen) curretur, Cic.: nobis nostrum intueri opus sat est, unsere Aufgabe im Auge zu behalten, Quint. – **b** das **Werk** = das **Unternehmen,** die **Tat,** opus egregium, Curt.: mirabile, Curt.: virtutis opus, Verg. u. Curt.: magnum opus conari, Caes. fr.: gloria plus habet nominis quam operis, beruht mehr auf dem N. als auf Taten, Curt.: neve operis famam posset delere vetustas, Ov. – Plur., opera magna, Curt., maiora, Ov.: bellica, Curt.: alqm operibus anteire, Caes.: his immortalibus editis operibus, Liv.: Aeneae etiam ultimum mortalium operum fuit, Liv. – im christl. Sinne, Plur. opera = die **guten Werke** (καλὰ ἔργα), Cypr. epist. 18, 2. Ambros. de off. 1, 31, 163. Lact. 3, 9, 15. Vulg. Matth. 5, 16. – **c** Plur. opera, polit. **Werke** = **Schöpfungen, Einrichtungen,** commendans illi sua atque ipsius opera, Vell. 2, 123, 2: primum principalium eius operum erat ordinatio comitiorum, Vell. 2, 124, 3. – **d** die wissenschaftl. **Materie, Wissenschaft,** is libros de iure civili plurimos et qui omnem partem operis fundarent (vollständig behandelten) reliquit, Pompon. dig. 1, 2, 2. § 44: Tubero doctissimus quidem habitus est iuris publici et privati et complures utriusque operis libros reliquit, *ibid.* § 46. – **e** die **Mühe,** Bemühung, magno opere, maximo opere, s. māgnopere: maiore opere, Cato fr.: non minimo opere, Licin. fr.: summo opere, Lucr. (vgl. summopere): quanto opere, s. quantopere: quantillo opere, wie leicht, Plaut.: tanto opere, s. tantopere: ebenso opere tanto, Plaut.: nimio opere, gar sehr, Cic. (s. Haupt opusc. 2, 457).

2. opus, *n. indecl.*, das Werk – die nötige Sache, das **Bedürfnis,** nur in den Verbindungen: **I** opus est = **es ist nötig, -notwendig, -vonnöten,** mit *Dat. pers.*, mit Angabe der nötigen Sache, **α** im *Nom.*: dux nobis et auctor opus est, Cic.: opus sunt boves, Varro: nobis exempla opus sunt, Cic.: sponsae aurum, vestem, ancillas opus esse, Ter.: deciens nummos mihi opus esse, Cic.: si quid ipsi Caesare opus esset, wenn er etwas von C. bedürfte, Caes.: in eam rem fidem suam, si quid opus esse putaret (nötigenfalls), interponeret, Cic.: illud te rogo, sumptu ne parcas ulla in re, quod *ad* valetudinem opus sit, Cic.: quaecumque *ad* proximi diei oppugnationem opus sunt, noctu comparantur, Caes.: quorsum est opus? Hor.: quae curando vulneri opus sunt, Liv. – **β** im *Abl.*: sive forte opus sit cuneo aut globo, Cato fr.: silentio opus est, Afran. fr.: auctoritate tuā nobis opus est, Cic.: expedito homine opus est, Cic.: tacito cum opus est, clamas, Rhet. Her.: quid verbis opus est? was bedarf es noch der Worte? (bei Abbrechung einer weiteren Erörterung), Plaut.: *in* cuius laudes exsequendas Cicerone laudatore opus fuerit, Liv. epit. – u. so immer mit *Abl.* des *Partic. Perf. Pass.*: non opus est recitato, Cato fr.: rescripto nihil opus est, Antwort ist nicht nötig, Fronto: quid opus sit facto? Nep.: facto, non consulto in tali periculo opus esse, Sall.: cur properato opus esset, Cic.: opus est puellā servatā, Ov.: sibi opus esse domino eius convento, Liv. – **γ** selten im *Genet.*: quanti argenti opus fuit, Liv.: ad consilium pensandum temporis opus esse, Liv.: magni nunc erit oris opus, Prop.: sive illi laterum seu fuit artis opus, Priap. – **δ** im *Acc.*: puero opus est cibum, Plaut.: opus est calcis modium unum, Cato. Vgl. über *no.* α bis δ Diom. 316, 27 *sqq.* – **ε** im 2. *Supin.*: sed ita dictu opus est, Ter.: quod scitu opus est, Cic. – **ζ** im *Infin.* od. *Acc.* u. *Infin.*: quid tibi opus vixisse, Plaut.: quid opus est affirmare? Cic.: opus sit nihil deesse amicis, Cic.: quid opus est caveri lege ne puniatur infans, si pulsaverit patrem? Sen. rhet.: non opus est nunc intro te ire, Plaut.: m. *Nom.* u. *Infin.*, tu, quae istic opus erunt administrari, prospicies, Brut. in Cic. ep. 11, 11, 2. – **η** m. *ut* od. *ne* u. Konj.: mihi opus est, ut lavem, Plaut.: tibi opus est, aegram ut te assimules, Plaut.: ad hoc efficiendum intellegebant opus esse, non ut etc. … nec ut etc. … sed ut etc., Tac. dial. 31 *in.*: reus, cui opus esset ne reus videretur, Plin. ep. 7, 6, 3. – **θ** m. bl. *Coniunctiv*: seu sit opus quadratum acies consistat in agmen, Tibull. 4, 1, 101: quamquam non est opus affingas aliquid aut adstruas, Plin. ep. 9, 33, 11: quam (avaritiam tuam) refrenes aliquantulum opus est, Augustin. ep. 12: opus est multum vestiariis, quia frigus pati non potes, Augustin. serm. 38, 25. – **ι** absol.: sic opus est, Ov. met. 1, 279. – **II** opus habere alqā re, etwas **nötig haben,** Colum. 9, 1, 5. Itala 1. Thess. 5, 1 (bei Ambros. de fid. 5, 17, 213) u. a. Eccl.: vgl. jedoch Diom. 316, 33 nos non dicimus ›opus habeo, opus habebam‹, sed ›opus est mihi, opus erat mihi‹.

3. Opūs, ūntis, *f.* (Ὀποῦς), Stadt in Lokris in Griechenland, j. *Talanta*, Liv. 28, 7, 8. Ov. ex Pont. 1, 3, 73: Nbf. Opūns, Longus in Schol. Veron. ad Verg. Aen. 3, 705. – Dav. **Opūntius,** a, um, **opuntisch,** Cic. – Plur. subst., Opūntiī, ōrum, *m.* (Ὀπούντιοι), die Einwohner von Opus, die **Opuntier,** Liv.

opusculum, ī, *n.* (*Demin.* v. opus, eris), ein literarisches **Werkchen,** Cassi Parmensis, Hor.: Sulpitiae, Auson.: istud, Solin.: hoc, Veget. mil.: parvum, Cic.: opuscula minuta, Cic.: opuscula mea, Hor.

oquinīsco, s. ocquīnīsco.

oquoltus, arch. = occultus, CIL 1, 196, 15, wo Abl. in oquolto.

oqupātus, arch. = occupatus, CIL 1, 200, 25.

oquulus, Nbf. von oculus, nach Prisc. 1, 48.

1. ōra, ae, *f.* (v. 1. ōs), das **Äußerste** jeder Sache, der **Rand, Saum,** das **Ende,** die **Grenze, I** im Allg.: poculi, Lucr.: regionum, Cic.: extremae silvae, Liv.: clipei, Verg.: orae vulneris, Cels.: orae lori, Gell.: purpurea ora, Borte (des Gewandes), Catull.: poet., oras evolvite belli, den Kriegsschauplatz, Verg. – Nbf. ōrum, Itiner. Anton. p. 15, 6 *Gildemeister*. – **II** insbes.: **A** die **Küste, Seeküste,** Italiae, Asiae, Liv.: oris Italiae maritimis, Cic.: oram Italiae legere u. dgl., s. 2. lego (*no.* I. 3, a) u. moratim. – meton., ora maritima = die Küstenbewohner, Cic. de imp. Pomp. 67: pulcherrimam Campaniae oram descivisse, Tac. hist. 3, 60. – **B** die **Gegend, Himmelsgegend,** Cic., Verg. u. Plin.: orientis, Hor. – poet., Acheruntis orae, Unterwelt, Lucr.: u. luminis, Welt, Erde, Licht, Leben, Lucr. u. Verg. – **C** der **Erdgürtel,** die **Zone,** Cic. Tusc. 1, 68.

2. ōra, ae, *f.* (verwandt mit orea od. aurea, ein Pferdezaum, in der Fuhrmannssprache), als *t. t.* der Schifferspr. = ein **Tau, Schiffsseil,** womit das Schiff am Ufer befestigt wird, oras et ancoras praecīdere, Liv.: oram solvere, Quint.: oras resolvere, Liv.

ōrāculārius, a, um (oraculum), **sich mit Orakeln abgebend, weissagend,** servi, Petron. 43, 6.

ōrāculum, ī, *n.* (ōro), **I** die **Sprechstätte, 1** im Tempel zu Jerusalem, Vulg. 3. regg. 6, 18. – **2** die Sprechstätte als heilige Anstalt zur Göttersprucherteilung (z. B. zu Delphi), das **Orakel,** numquam illud oraculum Delphis tam celebre et tam clarum fuisset, nisi etc., Cic.: oraculum adire, Ov.: adire Iovis Hammonis oraculum, Curt.: consulere oraculum, Suet., oracula, Ov. – übtr., domus iuris consulti oraculum civitatis, Cic. de or. 1, 200: Socrates humanae sapientiae quasi quoddam terrestre oraculum, Val. Max. 7, 2. ext. 1: augustae reserabo oracula mentis, Ov. met. 15, 145. – **II** ein Orakel als Spruch = der **Orakelspruch, Götterspruch, 1** eig.: oraculum edere, Cic.: oraculum petere a Dodona, Cic. – **2** übtr., wie **Orakel** = **a** jeder **gött-**

liche, weissagerische Ausspruch, die Weissagung, somnii et furoris oracula, Cic.: oracula fundere, Cic. – b = ein (merkwürdiger) Spruch, Ausspruch, ein aufgestellter Satz, physicorum, Cic.: inde illa reliqua oracula, Plin. – c der Ausspruch, der Erlass, die Entscheidung des Kaisers, ICt. – ► Synkop. oraclum (oracla u. dgl.), Acc. tr. 624. Trag. inc. fr. 13 (bei Cic. de div. 1, 42). Varro sat. Men. 326 u. 459. Cic. de div. 1, 81. Ov. met. 1, 321.

ōrāmentum, ī, *n.* (oro), die **Bitte,** Plur., Plaut. truc. 318 *Schoell.*

ōrārium, iī, *n.* (v. os = Gesicht), das **Schweißtuch, Schnupftuch,** Vopisc. Aurel. 48, 5. Treb. Poll. Claud. 17, 7. Prud. perist. 1, 86. Hieron. epist. 52, 9. Augustin. de civ. dei 22, 8. *no.* 8. p. 573, 28 D.[2]

ōrārius, a, um (1. ora), **zur Küste gehörig, Küsten-,** navis, navicula, ein Küstenschiff, Küstenfahrer, Plin. ep. 10, 15 (26) und 17 (28) *in.*

ōrāta, ae, *f.* = aurata (s. d.), Fest. 182 (b), 13. – u. dav. **Ōrāta,** ae, *m.*, Beiname des sergischen Geschlechts, vgl. Fest. 182 (b), 13 *sqq.*

ōrātio, ōnis, *f.* (ōro), **I** das **Reden,** die **Sprache,** als Gabe, seine Gedanken u. Empfindungen durch Worte auszudrücken, **A** im Allg.: quae (ferae) sunt rationis et orationis expertes, Cic. de off. 1, 50. – **B** insbes.: **1** (= lingua) die einem Volk eigentümliche **Sprache,** oratio Latina, Gell. 10, 22, 3: or. Graeca, Gell. 11, 1. § 1; 18, 10. § 11. – **2** prägn.: **a der rednerische Ausdruck,** Latina, Cic. de off. 1, 2: utriusque orationis facultas, Fertigkeit in beiden Arten des Ausdrucks (näml. des rhetor. u. philos.), Cic. de off. 1, 1. – **b** die **Beredsamkeit, Rednergabe,** elatio atque altitudo orationis suae, Cic.: satis in eo fuit orationis, Cic.: vincas oratione Regulos, Mart. – **c** die Art der Beredsamkeit, die **Redeweise,** sed et huius (Demosthenis) oratio in philosophiam tralata pugnacior, ut ita dicam, videtur et illorum (Aristotelis, Theophrasti) in iudicia pacatior, Cic. Brut. 121. – **II** meton., die **Rede, Sprache** = die **Aussage,** der **Ausdruck,** die **Darstellung,** die **Äußerung,** die **Worte** jmds., **A** im Allg.: haec oratio, Ter. u. Cic.: oratio abhorrens (nicht passend) a persona gravissimi hominis, Cic.: oratio Aetnensium, Siculorum, aratorum, von den usw., Cic.: honesta oratio est, das ließe sich recht gut hören, das klingt ganz gut, Ter. u. Cic.: in qua oratio (der Redestoff, die Worte) deesse nemini possit, Cic.: orationem bonorum imitari, Cic.: non ita sunt dissimili argumento, sed tamen dissimili oratione sunt factae (fabulae) ac stilo, Ter.: quam orationem habuerit tecum, was er mit dir gesprochen hat, Cic.: tecum mihi instituenda est oratio, ich habe noch ein Wort mit dir zu sprechen, Cic.: apud quem (Platonem) saepe haec oratio usurpata est (häufig die Behauptung ausgesprochen wird), ut nihil praeter virtutem diceretur bonum, Cic.: erit ergo rebus ipsis par et aequalis oratio, Cic.: iam vero virtuti Cn. Pompei quae potest oratio par (entsprechender, erschöpfender Ausdruck) inveniri? Cic. – im Zshg. zuw. = **Einrede,** ista oratio, Cic. de imp. Pomp. 52: illorum oratio, qui dissentiunt, *ibid.* 68. – u. = **Entschuldigungsrede, Entschuldigung,** perceptā oratione eorum, Caes. b. G. 5, 1, 8. – **B** insbes.: **a** eine nach den Vorschriften der Redekunst u. für einen öffentlichen Vortrag ausgearbeitete **Rede,** ein **Vortrag,** orationes iudiciorum, gerichtliche R., Cic.: M. Caesaris, Suet.: or. Q. Metelli de prole augenda, Suet.: oratio Neronis, quā in Vindicem perorabat, Suet.: m. obj. *Genet.*, oratio falsae legationis, über usw., Cic.: or. plebi acceptior, Liv.: or. accurata, Cic., accuratior, Liv.: acris et vehemens, Liv.: contumeliosa, Cic.: contentiosa et pugnax, Plin. ep.: continens, Cic., continua, Sen. u. Tac.: extemporalis, Quint.: erudita (Ggstz. popularis), Cic.: festiva, Cic.: florida, Quint.: inelaborata, Sen.: longa, Cic.: luculenta, Sall.: magnifica, Tac. u. Plin. ep.: non valde nitens, non plane horrida, Cic.: de horridis rebus nitida est oratio tua, Cic.: or. nuda et rudis (nüchterne u. ungekünstelte), Cic.: or. ad tempus (nach den Verhältnissen) parata, Liv.: perpetua, Cic. u. (Ggstz. concisa) Quint.: polita, Cic.: popularis (Ggstz. erudita), Cic.: orationes populares, Liv.: or. praeparata (im Voraus entworfene), Liv.: or. summissa et infracta (demütige u. mutlose), Liv.: or. subita et fortuita (aus dem Stegreif gehaltene u. durch Zufall veranlasste), Ggstz. commentatio et cogitatio, Cic. – oratio honorifica *in* alqm, Cic.: orationes criminosae *in* patres, Liv.: orationes et *pro* se et *pro* aliis et *in* alios, Liv. – adhibere orationem ad alqm, eine Ansprache an jmd. richten, Cic.: adhibere orationem ad singulas perturbationes, gegen die einz. L. anwenden, Cic.: si temporum potius quam maiestatis memor adhibeatur oratio, eine mehr der Zeit als der Hoheit angemessene Rede angewendet werde, Cic.: nec ab officio vestro nec ab ipsa causa P. Sestii abhorrebit (wird unangemessen sein) oratio mea, Cic.: si quid in nostra oratione claudicat, sentit (vulgus), Cic.: comparare ad id longam orationem, Cic.: componere orationem, Liv., alci reo orationem, Quint.: nullo modo possum omnia istius facta aut memoriā consequi aut oratione complecti, Cic.: ita compresseram (hielt so verborgen) orationem, ut numquam emanaturam putarem, Cic.: convertere orationes e Graeco, Cic.: sed nescio quo pacto ab amicitiis perfectorum hominum, id est sapientium, ad leves amicitias defluxit oratio, Cic.: iam a sapientium familiaritatibus ad vulgares amicitias oratio nostra delabitur, Cic.: dicere orationem de scripto, vom Konzept halten, Cic.: ediscere orationem, Cic.: exprimere oratione mores alcis, Cic.: exstat eius (Appii) oratio, Cic.: Catonis oratio scripta exstat Originum quinto libro inclusa, Liv.: facere ac polire orationem, Cic.: facere orationem pro P. Sextio (v. Cicero), Gell.: habere orationem in senatu, Cic., in agrestium conventu, Cic., apud imperitam multitudinem, Cic.: habere orationem de optimo civitatis statu, Cic.: habere orationem super ea re, Tac.: habere orationem adversus alqm, Hieron.: oratione ultro citro habitā, durch Hinüber- u. Herüberreden, Liv.: incipere orationem de alqa re, Tac.: includere alqd orationi suae, Cic.: magnā spe ingredior in reliquam orationem, schreite ich zu dem übrigen Teil der R., Cic.: ingressus in eam orationem, Caes.: quorum mediam orationem interrumpunt subito undique tela immissa, Caes.: oratio mea interrumpitur interpellatione alcis, Cic.: mittere orationes ad senatum, Suet.: proferre (ins Publikum bringen) orationem, Cic.: recitare orationem, Cic.: pleraeque scribuntur orationes habitae iam, non ut habeantur, Cic.: serere populares orationes, Liv.: mihi haec oratio suscepta non de te est, sed de genere toto, mein Vortrag hat es nicht mit dir zu tun, sondern mit usw., Cic.: oratio turget, Rhet. Her.: sed antequam ad eam orationem venio, quae etc., zu dem Teil der Rede, Cic.: in extrema oratione nostra, im letzten Teil unserer R., Cic. – prägn., Gegenstand der Rede, **Thema,** huius orationis difficilius est exitum quam principium invenire, Cic. de imp. Pomp. 3. – **b** die **Prosa,** aber nur im Ggstz. zur Poesie, vollst. oratio soluta (Ggstz. oratio poëtica, Varro LL. 6, 97: Ggstz. versus, Varro r. r. 1, 1, 9), saepissime et in poëmatis et in oratione peccatur, Cic. or. 70 (u. so im Ggstz. zu poëma, versus oft bei Cic., s. Jahn Cic. or. 174): oratione et versu promptissimus, Spart. Hadr. 15, 10. – **c** ein **Gebet,** bes. das **Vaterunser,** Tertull. u. a. Eccl. – **d** zur Kaiserzeit = ein kaiserl. **Schreiben, Reskript, Erlass** u. dgl., Tac. u. Suet.

ōrātiōnālis, e (oratio), **bloß eine Rede enthaltend,** orationales (usus) sunt quibus oratio inest sola, Prisc. praeex. 2. § 8.

ōrātiuncula, ae, *f. (Demin.* v. oratio), eine **kleine, gar hübsche Rede,** illa aureola, Cic. de nat. deor. 3, 43: Scipionis oratiunculae, Fronto ad M. Caes. 2, 10. p. 34, 15 N.: oratiunculae Tullianae, M. Caes. bei Fronto ad M. Caes. 4, 13. p. 76, 8 N.: ut ipsā oratiunculā, quā usus est (Cicero), patet, Quint. 4, 3, 17: indicant oratiunculae, Cic. Brut. 77.

ōrātor, ōris, *m.* (ōro), **I** der **Redner, A** der **Sprecher** einer Gesandtschaft, ein **Gesandter** mit mündlichen Aufträgen (s. Wagner Ter. heaut. prol. 11), Cato fr., Cic. u. a. – **B** prägn.: **a** der durch Kunst gebildete **Redner,** Cic. u. a.: or. clarus, Cic.: illustris, Cic.: Latinus, Cic.: magnus, Cic.: mediocris, Cic.: optimus, Plin.: probabilis, Cic.: summus, Cic.: tolerabilis, Cic.: vendibilis, Cic. – vorzugsw. v. Cicero, Lact. 1, 9, 3. – **b** der **Lehrer der Beredsamkeit,** Edict. Diocl. 7, 71. – **II** ein **Bitter,** Plaut. Poen. 358 u. Stich. 494 (im Doppelsinn mit *no.* I, A).

ōrātōriē, *Adv.* (oratorius), **rednerisch,** Cic. u. a.: Ggstz. tragice, comice, Sen. ep. 100. § 10.

ōrātōrius, a, um (orator), **I zum Redner gehörig, rednerisch, oratorisch,** ingenium, Cic.: ornamenta, Cic.: ornatus, Quint: ars, Quint.:

oratio, den Regeln der Rhetorik entsprechend, Cic.: oratoriae artes, Rednertalente (Ggstz. artes imperatoriae), Iustin.: virtus or. (Ggstz. virtus poëtica), Quint.: oratorias litteras docere, Lact. – subst., ōrātōria, ae, *f.* (*sc.* ars), die **Redekunst,** als Übersetzung des griech. rhetorice, Quint. 2, 14, 1. Augustin. conf. 2, 3 u. 8, 5. Claud. Mam. de stat. anim. 3, 5, 1. – **II zum Beten gehörig,** subst., ōrātōrium, iī, *n.*, das **Bethaus,** die **Betkammer,** Augustin. epist. 221, 11 u. a. Eccl.

ōrātrīx, trīcis, *f.* (Femin. zu orator), **I** die **Redende, Rednerin,** als Übersetzung des griech. rhetorice, die **Redekunst,** Quint. 2, 14, 1. – **II** die **Bitterin, Erbitterin,** Plaut. mil. 1072: quae virgines postea fuerant oratrices pacis et foederis, durch ihre Fürsprache Fr. u. B. bewirkt hatten, Cic. de rep. 2, 14.

ōrātus, ūs, *m.* (oro), das **Bitten,** illarum oratu, Plaut. Cas. 775: oratu tuo, Cic. Flacc. 92. – mutui oratus vicissitudo, Sidon. epist. 9, 14, 1: magnis oratibus, Coripp. laud. Iust. 2, 4.

orbātio, ōnis, *f.* (orbo), die **Beraubung, Entziehung,** per orbationem = κατὰ στέρησιν, Sen. ep. 87, 39.

orbātor, ōris, *m.* (orbo), der die Kinder der Eltern beraubt, der **Verwaiser,** mei (mein), Ov. met. 13, 500.

orbātrīx, trīcis, *f.* (Femin. zu orbator), die **Verwaiserin,** Dracont. hexaëm. 3, 325.

orbiculāris, e (orbiculus), **kreisrund,** Marc. Emp. 4.

orbiculātim, *Adv.* (orbiculatus), **kreisweise, in Kreisen,** Plin. 11, 177.

orbiculātus, a, um (orbiculus), **rundgeformt, rund, kreisrund,** ambitus foliorum, Plin.: mala, epirotische Äpfel (das feinste Obst, das man in Rom kannte), Varro, Cael. in Cic. ep. u. a.: pirum, Cloat. bei Macr.

orbiculus, ī, *m.* (*Demin.* v. orbis), eine **kleine** Scheibe, **I** im Allg.: radix concisa in orbiculos, in kleine Scheiben zerschnitten, Plin.: oculorum orbiculi mobiles, Arnob.: orbiculi lapillorum (der Perlen), Solin. – **II** insbes.: **1** die **Rolle** im Kloben, Cato r. r. 3, 6. – **2** die **Rolle** an der Hebemaschine usw., Vitr. 10, 2. § 1 u. 8*sq.* u. a.

orbifico, āre (orbus u. facio), **kinderlos machen,** Acc. tr. 421.

orbīle, is, *n.* (orbis), der äußere Umfang des Rades, die **Felgen,** Varro r. r. 3, 5, 15.

Orbilius, iī, *m.*, O. Pupillus, ein bekannter lateinischer Grammatiker, Hor. ep. 2, 1, 71.

orbis, is, *m.*, jede **Rundung,** **I** der **Kreis,** **A** im Allg.: in orbem torquere, Cic.: equitare in orbem, ringsherum, in einem Kreis, Ov.: orbem ducere, Sen., od. efficere, Ov., einen Kreis machen: digitum iusto orbe terit anulus, passt gerade an den Finger, Ov.: orbis saltatorius, Tanzreif, Cic.: orb. laneus, wollene Binde, Prop.: orb. rotae, Felgen, Ov., Plin. u. a.: interior pars urbis, cui brevior munitionis orbis (ein engerer Mauerkreis) circumiectus erat, Liv. – **B** insbes.: **1** als milit. *t. t.* = ein **Kreis, Karree,** orbem facere, Caes. u. Sall.: in orbem consistere, Caes.: in orbem coire, Liv.: orbem colligere, volvere, Liv.: in orbem se tutari, Liv. – **2** von Himmelskreisen: orb. signifer, der Tierkreis, Cic.: orbes finientes, der Horizont, Cic.: orbis lacteus (γαλαξίας κύκλος), die Milchstraße, Cic. – **3** v. den Windungen, kreisförmigen Bewegungen, immensi orbes, der Schlangen, Verg.: columbarum crebris pedum orbibus adulatio, Plin. – v. Kreislauf des Jahres, annuus exactis completur mensibus orbis, ex quo etc., Verg.: triginta magnos volvendis mensibus orbes imperio explebit, Jahresläufe, Verg. – temporum orbes, Curt. – v. Kreislauf der Geschäfte, der Erscheinungen, imperium per omnes in orbem ibat, ging im Kreis-, ging die Reihe herum, Liv.: ut idem in singulos annos orbis volveretur, damit sich derselbe Kreislauf (der Erscheinungen) regelmäßig alle Jahre wiederhole, Liv. – v. der periodischen **Abrundung, Periode** der Rede, orationis od. verborum, Cic.: ut forma ipsa concinnitasque verborum conficiat orbem suum, Cic. – v. abgeschlossenen Kreis von Ansichten, explosae eiectaeque sententiae Pyrrhonis, Aristonis, Erilli, quod in hunc orbem, quem circumscripsimus, incĭdere non possunt (weil sie in den von uns beschriebenen Kreis nicht fallen dürfen), adhibendae omnino non fuerunt, Cic. de fin. 5, 23; vgl. Hor. de art. poët. 132. – v. abgeschlossenen Kreis, dem Inbegriff der Enzyklopädie der Wissenschaften, orbis doctrinae, Übersetzung von ἐγκύκλιος παιδεία, Quint. 1, 10, 1. – v. abgeschlossenen Kreis, dem Inbegriff der Länder und ihrer Bewohner auf der Erde, orbis terrarum, der Erdkreis, die Welt (versch. von orbis terrae, s. unten *no.* II, B, 1, c), Cic. u. a.: velut conventum terrarum orbis (der ganzen Welt) acturus, Iustin.: u. bl. orbis, z. B. alter orbis, ein zweiter Erdkreis, eine neue Welt, Vell. 2, 46, 1. Flor. 3, 10, 16: bes. v. röm. Reich, orbis noster, Vell. 1, 2, 3 (vgl. 124, 1 u. 126, 3): orbis Romanus, Aur. Vict. epit. 41, 19: orbis totus, Sen. contr. 1. pr. 11. CIL 8, 27 u. 1179: orbis pacator, *ibid.* 1579. – **II** die **Scheibe,** **A** im Allg.: orb. mensae, ein rundes Tischblatt, Ov.: orb. genuum, die Kniescheibe, Ov. – **B** insbes.: **1** v. Weltkörpern: **a** die **Scheibe** der Sonne und des Mondes, solis orbis, Liv. u. Vell.: u. so bl. lucidus orbis erit, Verg.: v. Mond, lunae orbis fulgens, Lact.: luna implet orbem, Ov. – **b** der **Himmel,** Verg. u. Hor. – **c** orbis terrae (hier nicht terrarum, s. oben *no.* I, B, 3 a. E.), die **Erdscheibe,** nach der Meinung der Alten, die **Erde,** das **Erdenrund,** **α** übh.: orbis terrae circuitio, Vitr.: veram mensuram orbis terrae colligere, den Umfang der Erde genau berechnen, Vitr.: ager Campanus orbis terrae pulcherrimus, Cic.: summum consilium orbis terrae, Cic. – **β** poet. wie unser **Erde** = **Land, Gebiet, Gegend,** Eous, das Morgenland, Ov.: Scythicus, Ov. – **γ** poet. = **Reich,** di te summoveant orbe suo, Ov.: Crete, qui meus est orbis, Ov. – **δ** meton. = das **Menschengeschlecht,** orbis terrae iudicio ac testimonio comprobari, Cic.: toti salutifer orbi cresce puer, Ov. – **2** v. anderen Gegenständen: **a** ein runder **Tisch** (bes. v. Marmor), Mart. u. Iuven. – **b** ein mit runden Stücken von buntem Marmor eingelegter Fußboden, Iuven. 11, 175. – **c** die runde **Scheibe** des discus, quo ictus ab orbe cadas, Ov. Ib. 586. – **d** die **Waagschale,** Tibull. 4, 1, 44. – **e** der **Spiegel,** Mart. 9, 18, 5. – **f** der **Schild,** Verg., Petron. u. a. – **g** das **Rad,** Verg. georg. 3, 361. – u. v. Rad der Fortuna, Tibull. 1, 5, 70. Ov. trist. 5, 8, 7; ex Pont. 2, 3, 56. – bildl., festive et minore sonitu, quam putaram, orbis in hac re publica est conversus, hat sich das Rad (der Politik) gedreht, Cic. ad Att. 2, 9, 1: u. so sic orbem rei publicae esse conversum, ut vix sonitum audire, vix impressam orbitam videre possemus, *ibid.* 2, 21, 2: circumagetur hic orbis, das Blatt wird sich wenden, Liv. 42, 42, 6. – **h** die **Drehscheibe** an der Öl- u. Weinkelter, Cato r. r. 11, 2; 13, 1; 18, 9 u. ö. – **i** die **Höhlung,** der **Kreis** der Augen, Ov.: u. die **Augen** selbst, Ov. u. a. – **k** eine Art **Handpauke** (tympanum), Auct. b. Suet. Aug. 78 (wo es aber das Volk in Bezug auf Augustus für »Erdkreis« nimmt). – **C** übtr., ein uns unbekannter Fisch, Plin. 32, 14. – ▶ Ungew. *Abl.* orbi, Lucr. 5, 705 u. 1164. Varro r. r. 3, 5, 16; 3, 16, 5. Cic. Arat. 340 u. 363. Manil. 5, 128 u. 279; in der Verbindung toto in orbi terrarum, Lucr. 5, 74, 6, 629. ex orbi terrarum, P. Rutil, fr. b. Charis. 139, 10. u. im lokat. orbi terrarum, Lucr. 2, 543. Cic. de rep. 5, 10; Verr. 4, 82; de domo 10, 24: ebenso orbi terrae, Cic. Sest. 66. Vgl. Charis. 139, 20. – Nbf. orbs, Ven. Fort. carm. 8, 6 (7), 198; 9, 3, 14. – Nbf. urbis, CIL 9, 5940, 2.

orbita, ae, *f.* (orbis), **I** das **Wagengeleise,** das **Fahrgeleise,** Cic. u. a.: dicht. übh. die **Bahn,** der **Pfad,** Verg. georg. 3, 293. – bildl., das **Geleise,** die **Spur** = das **Beispiel,** Varro vit. P. R. 2. fr. 23 (b. Non. 542, 28): orb. veteris culpae, böses Beispiel, Iuven. 14, 37. – **II** der **Einschnitt** eines Bandes, Plin. 17, 210. – **III** der **Kreislauf,** die **Bahn,** lunaris illa orbita, die Mondbahn, Sen. nat. qu. 7, 10, 2: u. so orbita lunae, Auct. Aetnae 230.

orbitās, ātis, *f.* (orbus), **I** das **Beraubtsein** einer Sache, der **Verlust,** luminis, Plin. 7, 124: oculi, Apul. de deo Socr. 7: tecti, Plin. 35, 17. – **II** insbes.: **1** das Beraubtsein der Kinder od. Eltern, das **Verwaistsein,** die **Kinderlosigkeit, Elternlosigkeit,** **a** eig., Plaut., Cic. u. Liv.: ne opibus et orbitate Silanae maritus poteretur (Africanus), Tac.: v. Verwitwetsein, der **Witwenstand,** Iustin. 2, 4, 4. – Plur., orbitates liberûm, Cic. Tusc. 3, 58: liberorum, Arnob. 7, 11: meorum orbitates, Augustin. epist. 140, 135: quorum (Maximorum, Catonum etc.) orbitates, Hieron. epitaph. Nepot. tom. 1. p. 335 Vall.: u. bl. orbitates, Cic. Tusc. 5, 16 u. 24. Solin. 40, 14. Lact. 1, 21, 11. Arnob. 5, 44.

Augustin de civ. dei 22, 22, 3. p. 605, 19 D.[2] – **b** bildl., orbitas rei publicae virorum talium, das Verwaistsein von s. M., das Vermissen, Entbehren s. M., Cic. – **2** das Beraubtsein der Augen, die **Blindheit,** Apul. met. 8, 12 *extr.*

orbitōsus, a, um (orbita), **voller Wagengeleise,** Verg. catal. 8, 17.

orbitūdo, inis, *f.* (orbus) = orbitas, Turpil. com. 211. Acc. tr. 94. Pacuv. tr. 135.

orbītus, a, um (orbis), gekreist = **kreisförmig,** motus, Varro sat. Men. 202. Arnob. 2, 58. Vgl. Gloss. Lat. Arab. p. 708, 19 *ed. Vulcan.* ›orbitus, an(n)ualis‹.

Orbius clīvus = Urbius clivus, s. d.

orbo, āvī, ātum, āre (orbus), **berauben, I** im Allg., m. *Abl.,* Italiam iuventute, Cic.: rem publicam multis fortibus civibus, Cic.: alqm sensibus, Cic.: tali amico orbatus, Cic.: patria multis claris viris orbata, Cic.: tantā gloriā orbatus, Cic.: omni spe salutis orbatus, Cic.: luminibus orbatus est, Lact.: luminibus orbatus, Suet. – poet., orbatae vela carinae, Stat. silv. 5, 3, 238. – **II** insbes.: **1** der Eltern od. Kinder **berauben, verwaist machen,** filio orbatus, Cic.: fulmina orbatura patres, Ov. – von Tieren, catulo orbata leaena, Ov. – **2** der Augen od. Sehkraft berauben, **blenden,** alqm, Ps. Cypr. de pasch. comp. 11. Ps. Augustin. solil. 7, 2.

Orbōna, ae, *f.* (orbus), die **Göttin des Verwaistseins,** von Eltern angerufen, die verwaist wieder Kinder zu erhalten wünschten, Cic. de nat. deor. 3, 63. Plin. 2, 16.

orbs, s. orbis a. E. ►.

orbus, a, um (griech. ὀρφ-ανός), einer Sache **beraubt, entledigt, ohne** etwas, **I** übh., m. *Abl.,* orbus omnibus sensibus, Vell.: orbus altero lumine, Plin.: orba luminibus senecta, Plin.: lintea orba ventis, Ov.: mare portubus orbum, Ov.: forum litibus orbum, Hor.: rebus omnibus, Cic.: Gabina res orba consilio auxilioque, rat- u. hilflos, Liv.: verba orba viribus, Ov. – m. *Genet.,* pedum, Lucr.: luminis, Ov.: auxilique opumque, Plaut. rud. 349. – **II** insbes.: **1** der Kinder od. Eltern beraubt, **verwaist, elternlos, vaterlos, kinderlos, a** eig.: parens liberorum an orbus sit, Quint.: orbus senex, Cic.: filius, Cic. – m. *Genet.,* Memnonis orba mei venio, Ov. met. 13, 595. – m. *Abl.,* patre, Ter.: virili sexu, Afran. fr.: pueri parentibus orbi, Verg.: liberis, Liv.: a totidem natis orba sit illa viro, Ov. her. 6, 156. – v. Tieren, wie ἄπαις τέκνων, liberis orbae oves, Plaut. capt. 818. – poet., orbum cubile, verwitwet, Catull. 66, 21. – subst., orbus, ī, *m.* u. orba, ae, *f.,* eine **Waise,** Ter. u. Liv.: orbi orbaeque, Waisen u. Witwen, Liv. – **b** übtr., **verwaist** (gleichs. des Versorgers, Beraters beraubt), res publica, Cic.: orba fuit ab optimatibus illa contio, Cic.: Sulpicius (*sc.* morte suā) legationem orbam reliquit (weil er der Weiseste unter den Gesandten war), Cic. – **2 der Augen beraubt, blind** (vgl. Paul. ex Fest. 183, 3), noch j. ital. *orbo,* en orba et saeva et iniqua fortuna, Apul. met. 5, 9: übtr., orbi palmites, ohne Fruchtaugen (Ggstz. frugiferi), Colum. 4, 27, 4.

1. orca, ae, *f.* (v. ὄρυγα), eine Art Walfische, viell. der **Butzkopf, Nordkaper** (*Delphinus Orca,* L.), Plin. 9, 12; vgl. Paul. ex Fest. 180, 10.

2. ōrca, ae, *f.* (verwandt mit urceus), **I** ein Gefäß mit weitem Bauch, die **Tonne,** zu Most, Varro r. r. 1, 13, 6: bes. zu Feigen, Colum. 12, 15, 2. Plin. 15, 82. Paul. ex Fest. 180, 10: zu eingesalzenen Fischen, Pers. 3, 76: Byzantia (mit byzantinischen Thunfischen), Hor. sat. 2, 4, 66: als Maß, Vopisc. Aurel. 50, 4. Cassiod. var. 3, 7, 1. – **II** der **Trichter** im Brettspiel, durch den die Würfel geworfen werden, Pompon. com. 190. Pers. 3, 50 (vgl. pyrgus).

Orcades, um, *f.,* Inseln bei Schottland, jetzt die *Orkneys-Inseln,* Mela 3, 6, 7 (3. § 54). Plin. 4, 103: Akk. Plur. Orcadas, Iuven. 2, 161. Oros. 7, 6, 10.

orchas, adis, *f.* (ὀρχάς), eine hodenartig gestaltete Art Oliven, Verg. georg. 2, 86.

orchēstopolārius, iī, *m.* (ὀρχηστής und πολέω), ein Tänzer, der besondere Sprünge u. Kunststücke macht, Firm. math. 8, 15, 2.

orchēsta, ae, *m.* (ὀρχηστής), der **pantomimische Tänzer,** Cassiod. var. 4, 51, 8 (die *codd.* horcistarum).

orchēstra, ae, *f.* (ὀρχήστρα), **I** der vornehmste Platz im Vordergrund des Schauspielhauses, der für die Senatoren bestimmt war, die **Orchestra,** Varro sat. Men. 561. Vitr. 5, 6, 1. Suet. Aug. Caes. 39, 2 u. a. CIL 2, 183. – meton. = der **Senat,** Iuven. 3, 178. – **II** in der späteren Kaiserzeit eine Erhöhung auf der Vorderbühne, auf der Musiker, Tänzer u. Pantomimen auftraten, Fest. 181 (b), 22.

orchilos, ī, *m.* (ὀρχίλος), ein Vogel, wahrsch. der **Zaunkönig,** Avien. progn. 437.

orchis, is, *m.* (ὄρχις, die Hode), **I** eine Pflanze mit hodenförmigen Wurzeln, das **Knabenkraut,** Plin. 26, 95 u. 146. – **II** eine hodenartig gestaltete Art Oliven, Colum. u. Pallad. – Dies. auch **orchītis, orchītēs, orcītēs, orchīta,** Scriptt. r. r. u. Plin.

Orchomenos u. **-us,** *m.* u. **Orchomenum,** ī, *n.* (Ὀρχομενός), **I** Stadt in Böotien, j. Ruinen beim Dorf *Scripu* am nördl. Ufer des Zephissus, Form *-os,* Mela 2, 3, 5 (2. § 43): Form *-us,* Caes. b. c. 3, 55, 3. Plin. 4, 29. – Dav. **Orchomenius,** a, um (Ὀρχομένιος), **orchomenisch,** lacus, calamus, Plin. – Plur. subst., Orchomeniī, ōrum, *m.,* die Einwohner von Orchomenos, die **Orchomenier,** Nep. u. Iustin. – **II** Stadt in Arkadien, j. Ruinen bei *Kalpaki,* Form *-os,* Liv. 32, 5, 4. Ov. met. 5, 607 u. 6, 416: Form *-um* b. Plin. 4, 20.

Orchus, s. Orcus.

orcīniānus, a, um (orcus), **zum Totenreich gehörig, Toten-,** sponda, Totenbahre, Mart. 10, 5, 9.

orcīnus (orcīvus), a, um (orcus), **zum Totenreich gehörig, Toten-,** liberti, durch das Testament frei gewordene, ICt.: senatores orcivi, nach dem Tode Cäsars gleichs. durch dessen Testament in den Senat gekommene, Suet. Aug. 35, 1. – ► Naev. epigr. fr. b. Gell. 1, 24, 2 Hertz orchi (= orci).

ōrciola, s. urciola.

ōrciolārius, s. ūrceolāris.

ōrciolum, -olus, s. ūrceolus.

orcītēs, s. orchis.

orcīvus, s. orcīnus.

ōrcula, ae, *f.* (*Demin.* v. orca), das **Tönnchen,** die **Gelte,** Cato r. r. 117. Gromat. vet. 337, 21 u. a.

ōrculāris, e (orcula), **durch Tönnchen gebildet,** terminus, Gromat. vet. 344, 25.

Orcus, ī, *m.* (verwandt mit ὄρχος [so Orchus, Naev. epigr. b. Gell. 1, 24, 2] u. ὅρκος [s. Casaub. Suet. Aug. 35], eig. ein rings umschlossenes Gebiet, aus dem niemand entkommen kann; dah.) **I** der Wohnsitz der gestorbenen Menschen, die **Unterwelt,** das **Reich der Toten** (Ggstz. terra), Verg. u. a. – **II** übtr.: **A** der **Gott der Unterwelt, Pluto,** Verres, alter Orcus, Cic.: pallidus, Verg. – **B** der **Tod,** cum Orco rationem habere od. ponere, seine Rechnung mit dem Tod machen, Varro u. Colum.: accire vocibus Orcum, Lucr.: Orcum morari, den T. noch auf sich warten lassen, Hor. – ► Nbf. Horcus, Plaut. epid. 176 *cod. A.* Verg. georg. 1, 277 R.

orcȳnus, ī, *m.* (ὄρκυνος), eine Art großer Meerfische aus der Gattung der Thunfische, Plin. 32, 149.

ordeāceus, -ārius etc., s. hordeāceus …

ordeolus, s. hordeolus.

ordeum, s. hordeum.

ōrdia prīma = primordia, Lucr. 4, 28.

ōrdinābilis, e (ordino), **geordnet,** Boëth. inst. arithm. 1, 27. p. 54, 22 Fr. u. 2, 25. p. 111, 13 Fr.

ōrdinālis, e (ordo), **eine Ordnung anzeigend,** nomen, Prisc. 2, 31.

ōrdināriē, *Adv.* (ordinarius), **ordentlich,** Tert. de res. carn. 2.

ōrdinārius, a, um (ordo), **I in gehöriger Reihe und Ordnung stehend,** vites, Colum.: silex, Steine, die in Reihen so gelegt werden, dass die oberen jedesmal die Fugen der unteren decken, Vitr. – **II** bildl.: **A ordentlich, der Ordnung und Gewohnheit gemäß, gewöhnlich, eigentlich,** consilium, Liv.: ordinarii rei publicae usus, Liv.: non est res subsiciva philosophia; ordinaria est, sie ist nicht Nebensache; sie ist Hauptsache, Sen.: consules, die ordentlichen (im Jahr zuerst gewählten, die auch dem Jahr den Namen geben, Ggstz. suffecti), Liv.

u. a.: so auch consulatus, Suet.: pugiles, Suet.: paria gladiatorum (Ggstz. postulaticia), Sen.: miles, Rottmeister, Veget. mil. u. Inscr.: u. bes. von Sklaven, die regelmäßig mit etwas betraut sind, paedagogus, Sen.: dispensator, Suet.: servus (Ggstz. vicarius), ICt.: deren Amt, ord. officium, Sen. – **B ordentlich, gehörig, vorzüglich,** oleum, gutes (aus guten, nicht abgefallenen Oliven gemachtes) Öl, Colum.: oratio, Sen.

ōrdinātē, *Adv.* (ordinatus), **ordentlich, in gehöriger Ordnung, geordnet,** distincte et ordinate disponere, Rhet. Her. 4, 69: ›inconditum‹ non ordinate compositum, Paul. ex Fest. 107, 18: a cuius (ceti) crista ordinate utrisque piscibus disposita est tenuis fusio stellarum, Vitr. 9, 5 (7), 3: ibant caute et ordinate, Vulg. 1. Mach. 6, 40: tamquam (astra) non possent tam disposite, tam ordinate moveri, Lact. 2, 5, 15: ille ord. etiam malis utendo permanet bonus, Augustin. epist. 140, 4: quo plenius et ordinatius retractentur, Tert. adv. Marc. 1, 19: ordinatissime subiungere, Augustin. retract. 1, 24.

ōrdinātim, *Adv.* (ordinatus), **nach der Reihe, reihenweise, I** im Allg., Caes. b. c. 2, 10, 5. Sulpic. in Cic. ep. 4, 5, 3. – **II** als milit. *t. t.* = **nach Gliedern, gliederweise,** Brut. in Cic. ep. 11, 13, 2 M. Amm. 24, 1, 4.

ōrdinātio, ōnis, *f.* (ordino), **I** aktiv = die **Aufstellung der Reihe nach;** übtr., die **Anordnung, a** = τάξις, als *t. t.* der Architektur, die **Anordnung, Anlage,** Vitr. 1. 2. § 1 u. 2: Corinthiorum et Ionicorum operum ordinationes, Vitr. 4, 8, 5. – **b** die **Ordnung, Anordnung** = **Einrichtung, Regelung, Regulierung, α** übh., m. subj. *Genet.*, dei ord., Vulg. Rom. 13, 2. – m. obj. *Genet.*, ord. vitae nostrae (meiner Lebensweise), Plin. ep. 9, 28, 4: tantae disciplinae corpus ad perfectam ordinationem perducere, in eine systematische Ordnung bringen, Vitr. 4. praef. § 1: ordinatione tuā perseverat dies, Vulg. psalm. 118, 91. – **β** im Staatsleben, comitiorum, Neugestaltung, Vell. u. Plin. ep.: anni, Suet.: orientis, die Regierung des O., Herrschaft über den O., Suet.: rerum omnium, Nerva in Plin. ep.: quid ordinatione civilius? die Verleihung einer neuen Verfassung, Plin. ep. – **c** die Bestellung zu einem Amt, die **Bestallung, Amtsbesetzung,** proximā ordinatione Aegypto praeficere Maecium Rufum, Domit. bei Suet. Dom. 4, 2. – dah. auch die **geistliche Weihe,** die **Ordination** eines Priesters, Sidon. epist. 7, 6, 10 u. a. Eccl. – **II** passiv = **a** die **Reihenfolge, Reihe,** ord. vitium per fissuram insitarum, Colum. 4, 29, 12: dispositis ordinationibus decoros ambitus inerrare (v. Tanzenden), Apul. 10, 29. – honores et munera non ordinatione (nach der Reihenfolge), sed potioribus quibusque iniungenda, Paul. dig. 50, 2, 7 pr. – **b** die getroffene **Ordnung, Anordnung,** ordinationem institutam conservare, Colum. 12, 3, 10: eorum (voluminum) ordinationes institui, ut etc., Vitr. praef. § 5: konkr., mundus est ornata ordinatio (ein geordnetes, geregeltes Werk), Apul. de mund. 1.

ōrdinātīvus, a, um (ordino), **eine Ordnung (Reihenfolge) bedeutend, anzeigend,** Tert. adv. Hermog. 19: qualitas, Diom. 412, 8. Dosith. 43, 18 K.: coniunctio, Diom. 417, 22. Dosith. 51, 13 K.: adverbia, Prisc. 15, 36.

ōrdinātor, ōris, *m.* (ordino), **a** der **Ordner, Einrichter, Regulierer, α** übh.: summus ille creator ordinatorque, Augustin. de civ. dei 19, 12, 3. p. 376, 15 D.[2]: ille rerum ord., Apul. de Plat. 1, 10: praetorii edicti perpetui ord., Cod. Iust. 4, 5, 10: mittam ordinatores (*sc.* vini), Abzieher von einem Faß auf das andere, um den Wein zu klären, Schöner, Vulg. Ierem. 48, 12. – **β** als jurist. *t. t.*, der **Einleiter** eines Prozesses, ord. litis, Sen. ep. 109, 14. – **b** der **Ordinierer, Weiher** eines Priesters (Bischofs), Augustin. epist. 43, 3 u. a. Eccl.

ōrdinātrīx, trīcis, *f.* (Femin. zu ordinator), die **Ordnerin,** Augustin. epist. 118, 24 u. a.

ōrdinātus, a, um, *PAdi.* (v. ordino), **geordnet, ordentlich,** Cic., Nep. u. a.: vir, Sen.: vita ordinatior, Sen.: meatus ordinatissimi, Apul.: animus ordinatissimus cum decore tum viribus, Sen.

ōrdino, āvī, ātum, āre (ordo), **I ordnen, in Reihen aufstellen, a** als *t. t.* des Landbaus: **α in Reihen anpflanzen, -anlegen,** latius arbusta sulcis, Hor.: vineam paribus intervallis, Colum. – **β** prägn., **in Reihen bepflanzen,** locum vitibus, Colum.: villa non otiosis ordinata myrtetis, Mart. – **b** als milit. *t. t.*: **α in Reih u. Glied aufstellen, ordnen,** aciem, Curt. u. Iustin.: copias, Nep.: agmina, Hor.: pugna non illa ordinata per (nach) principes hastatosque ac triarios, Liv.: bildl., cupiditates improbas, Sen. – **β in Reihen (Rotten) abteilen, -ordnen, -aufstellen,** voluntarios milites ordinavit centuriavitque, Liv. 29, 1, 1. – **II** übtr.: **1** im Allg., **ordnen** = **in einer gewissen Reihenfolge aufstellen,** affluentes annos, die Reihe reicher Jahre zählen, Hor.: aliter apud alios ordinatis magistratibus, in anderer Reihenfolge aufgestellt, Liv. – **2** prägn.: **a ordnen** = **in Ordnung bringen, ordentlich einrichten, regeln, über** od. **in** etw. **Verfügung treffen, über** etw. **verfügen, α** übh.: bibliothecas, Suet.: horologium diligentius, Plin.: valetudinaria bene ordinata, Colum.: ord. publicas res, gehörig zusammenstellen (v. Geschichtsschreiber), Hor.: suas res, sein Haus bestellen, Val. Max.: suo arbitrio res suas, Sen.: facultates proprias, über sein Vermögen verfügen, ICt: diem, gehörig einteilen, Sen.: vitam, Gell.: ceteras partes orationis, Cic.: ars perpetuis praeceptis ordinata, Liv.: tam ordinata disciplina, Liv.: ord. desideria militum, Suet.: opus in totum diem, Quint.: ita dii fata ordinaverunt, ut etc., Curt. – **β** im Staatsleben, **αα** Zustände u. Verhältnisse, res, Vell.: orientales res, Capit.: statum rei publicae, Suet.: statum liberarum civitatum, Plin. ep.: provincias, in den Pr. Anordnungen treffen, Vell.: proconsulares provincias ex senatus voluntate, Lampr.: omnium censum, Eutr.: pacem inter eos, Eutr.: equestrem militiam (die Dienstverhältnisse der Ritter) ita, ut etc., Suet.: gentem Euergetarum (die Angelegenheiten des Stammes der Eu.), Curt. – **ββ** ein Amt **vergeben,** tribunatus, praefecturas, ducatus, Iustin.: magistratus in plures annos, Suet. – **γγ** als jurist. *t. t.*, einen Prozess **einleiten,** litem, causam, ICt. – **b** jmd. in ein Amt **einsetzen, α** einen Beamten **bestellen,** dispensatorem, Suet.: procuratores, Lampr.: procuratorem, curatorem, tutorem, spät. ICt.: filium in successionem regni, Iustin.: consules in futurum annum, Eutr. – **β** einen Priester **ordinieren,** sacerdotes, Lampr. Alex. Sev. 45, 7. Augustin. serm. 273, 3: u. so auch Cassiod. hist. eccl. 9, 36. – **c abfassen,** edictum, ICt.: libellus inscriptionum legitime ordinatus, ICt. – bes. eine letzte Willensordnung **errichten,** testamentum, Sen. u. ICt.: iudicia suprema od. bl. suprema, Quint. u. ICt.: codicillos, ICt.: – **d verordnen, festsetzen, bestimmen,** quod cum vestro consilio fuerit ordinatum, id etc., spät. ICt.: hoc etiam praesente sanctione credimus ordinandum, ut etc., spät. ICt. – **e** jmd. **beauftragen,** a quibus ordinatus est, ut annales belli Troiani conscriberet, Dict. Cret. prol.

ōrdio, s. ōrdior ►.

ōrdior, ōrsus sum, īrī (verwandt m. ordo), **reihen, I** im engeren Sinne, ein Gewebe **anreihen, anzetteln, anfangen** (vgl. Isid. orig. 19, 29, 7. Fest. 185, 31), telam, Hieron. in Isai. 9, 30. *v.* 1. Vulg. Isai. 25, 7: araneus orditur telas, Plin. 11, 80: v. der Parze, altera (Parca), quae hominis vitam ordiatur, altera, quae contexat, tertia, quae rumpat et finiat, Lact. 2, 10, 20: u. im Bild, singulis corporum morbis subtexemus remedia orsi a capite, Plin. 25, 132. – **II** im weiteren Sinne, übh. **anfangen, beginnen, A** im Allg.: alterius vitae quoddam initium, Cic.: maiorem furorem, Verg. – **B** insbes., redend, darstellend etw. **beginnen, an** etw. **gehen, von** etw. **ausgehen, zu** etw. **fortgehen, a** übh.: **α** m. *Acc.*: sermonem, Cic.: orationem, Cic.: fabulam, Ov.: bellum, Liv.: tantam rem, Liv.: reliquas res, Cic.: reliquos ordiamur, Nep.: ab initio tantam rem, Liv.: sed ab initio est ordiendus, ich muss mit ihm (mit seinem Leben) von vorn beginnen, Nep. – **β** mit *Infin.:* de alqa re disputare, Cic.: loqui, dicere, Verg. u. Ov.: Philippi res orsus obterere, Curt. – **γ** absol.: de alqo paulo altius, Cic.: a principio, a sensibus, Cic.: ab ducibus comparandis, Liv.: *ordiri* a superiore paeone, posteriore *finire,* Cic. – orsus (ausgehend) a Macedonia, Curt. – sed ut, unde est orsa, in eodem terminetur oratio, Cic. – **b** prägn., mit der Rede **beginnen, anheben,** sic orsus Apollo, Verg.: m. *Dat.* **zu wem?** miranti sic orsa deae dea, Ov. – *Part. perf. pass.* Plur. subst. **orsa,** ōrum, *n.*, **I** das **Beginnen, Unternehmen,** Verg. Aen. 10, 632. Liv. praef. § 13. u. nachaugust. Dichter. – **II** (poet.) **Worte, Rede,** sic ore vicissim orsa refert, Verg. Aen. 7, 435 u. 11,

124: Menandri, Gedichte, Stat. u. Auson. – ▶ Archaist. *Fut.* ordibor, Acc. tr. 95: *Perf.* orditus sum u. *Partic. Perf.* orditus, Sidon. epist. 2, 9, 6. Vulg. Isai. 25, 7. Hieron. in Isai. 9, 30. *v.* 1 (wo orditi telam u. passiv ordita tela): Nbf. (v. ordio) *Infin. Praes.* ordire, Afran. com. 319: *Inf. Perf. act.* ordisse, Isid. orig. 19, 20, 1 (wo telam ordisse).

ōrdium, iī, *n.*, s. prīmordium.

ōrdo, inis, *m.* (ordior), **I** die **Reihe, Ordnung, A** im Allg.: olivarum, Cic.: duplex dentium, Val. Max. u. Plin.: longus vehiculorum, Sen.: longus funebrium pomparum, Ps. Quint. decl.: arbuscula in ordinem ponere, Varro: vites ordine ponere, Verg.: arbores serere in ordines, Varro. – ordine, **a** der Reihe nach, Punkt für Punkt, bis ins Einzelne, Komik. u. Cic. **b** ordnungsmäßig, wie sich's gebührt, gehörig, Plaut. u. Cic. (s. Wagner Ter. heaut. 706. Lorenz Plaut. Pseud. 655): verb. recte et (od. atque) ordine, Sall. u. Liv. – ex ordine, **α** nach der Reihe u. Ordnung, Ter. u. Cic. **β** in einem weg, Verg. **γ** sofort, sogleich, Verg. – in ordinem, Cic., od. in ordine, Verg., nach der Reihe, -Ordnung: nullo ordine, ohne Ordnung, ungeordnet, nicht in Reih u. Glied gestellt, Caes. – extra ordinem, **α** außer der Reihe u. Ordnung, außerordentlich, alci provinciam decernere, Cic.: provincia data est, Suet. **β** außerordentlich, ungemein, Cic. **γ** außerordentlich, zufälligerweise, Quint. **δ** wider alle Ordnung, -Gewohnheit, -Sitte, Cic. – ordine se vocante, als ihn die Reihe traf, Macr. sat. 2, 2, 12. – **B** insbes.: **1** die **Reihe Bänke** od. **Sitze,** v. Ruderbänken, Verg. u. Plin.: in quattuordecim ordinibus sedēre, auf den vierzehn Reihen Bänken sitzen, Ritter sein (denn ihre Sitze im Theater hießen quattuordecim ordines), Cic. – **2** als milit. *t. t.* = **Glied, Reih und Glied,** ordines explicare (ausbreiten), Liv.: ordine egredi, aus R. u. Gl. treten, Sall.: u. so excedere ordinem agminis, Liv.: ordinem u. ordines commutare, die Front verändern, Sall.: servare ordinem, Liv., ordines, Caes.: observare ordines, Sall.: ordines restituere, Sall.: ordines turbare, Liv.: Romanorum ordines conturbare, Sall.: ordines perrumpere, Liv.: ordines pugnantium dissipare, Liv. – u. ein **Glied, Zug,** eine **Zenturie, Kompanie,** ordinem ducere, eine Kompanie befehligen, Zenturio (Hauptmann) sein, Caes. u. a.: honestum ordinem in Algido ducere, Zenturio von höherem Rang sein, ein höheres Kommando haben, Liv. – alqm in ordinem cogere, s. cōgo *no.* II, 2, a: meton.: **a** die **Zenturionenstelle, Hauptmannsstelle,** Caes. u. Liv. – **b** der **Hauptmann** selbst, ordines primi, Hauptleute von den ersten Kompanien (der hastati, principes und triarii, die in zehn solche ordines oder centuriae eingeteilt gewesen zu sein scheinen: also ordo = der dreißigste od. sechzigste Teil einer Legion), Caes. u. Liv. – **3** der **Stand, a** die **Klasse** der Bürger (in Rom Senatoren-, Ritter- u. Plebejerstand), ordo amplissimus od. senatorius, der Senatorenstand, Cic.: so auch hic ordo, Senat, Kollegium (des Senates), Cic. Cat. 1, 20: in Kolonien u. Munizipien, ordo Mutinensis, Tac.: ferner ordo equester, Ritterstand, Cic.: ordo pedester, die Klasse der Bürger, die zu Fuß dienen, Liv. – **b** übh., der **Stand,** die **Klasse, Abteilung,** publicanorum, libertinorum, scribarum, Cic.: sacerdotum od. sacerdotalis, Eccl.: matronarum, Val. Max.: homo mei loci atque ordinis, von meinem Rang u. Stand, Ter. – u. der **Rang,** die **Stellung,** mearum rerum ordo, die meinen Vermögensverhältnissen angemessene St., Plaut: scis ordine ut aequomst tractare homines, jeden nach seiner Stellung u. Lage, Plaut.: illa (luxuriae spolia) per ordinem (nach der Rangordnung) expandere (Ggstz. in unum acervum dare), Sen. – **II** die **Ordnung, Reihenfolge, gehörige Aufeinanderfolge, ordentliche Einrichtung, -Beschaffenheit, A** eig.: rerum, Cic.: ordo annalium, die R. der Begebenheiten in den Annalen, Cic.: vicissitudines rerum atque ordines, Wechsel u. Aufeinanderfolge in der Natur, Cic.: cetera nomina in ordinem referre, in ihrer O. eintragen, Cic.: in ordinem se referre, wieder in Ordnung kommen, Cic.: res in ordinem adducere, in Ordnung bringen, Cic.: in ordinem redigere, s. redigo *no.* II, B, a: servare ordinem in sententiis rogandis, Cic.: servare hunc ordinem laboris quietisque, Liv.: ordinem conservare od. tenere, Cic.: ordinem sequi, Cic.: ordinem immutare, Cic.: explicare ordines temporum, die Begebenheiten chronologisch ordnen, Cic. – **B** übtr.: **1** die **Verfassung,** der **Zustand,** Plaut. trin. 451. – **2** die **Verordnung, Einrichtung,** magni numinis, Manil. 1, 531.

Ordovicēs, um, Akk. as, *m.*, Völkerschaft in Britannien, der Insel Mona (j. *Anglesey*) gegenüber sesshaft, Tac. ann. 12, 33; Agr. 18. §4.

ōreae, ārum, *f.* (1. ōs), das **Gebiss** am Zaum, Naev. com. 20. Titin. com. 119; vgl. Fest. p. 182 (b), 23 u. Paul. ex Fest. p. 183, 8: Nbf. ōriae, Paul. ex Fest. 8, 12 u. aureae, *ibid.* 8, 12.

orēas, adis, Akk. ada, Akk. Plur. adas, *f.* (ὀρειάς), die **Bergnymphe, Oreade,** Fest. 182 (b), 31. Verg. Aen. 1, 500. Ov. met. 8, 787. Calp. ecl. 4, 136. Nemes. cyn. 96. – griech. Nbf. **oreias** (ὀρειάς), Akk. Plur. oreiadas, Auson. Mos. 176.

oreoselīnum, ī, *n.* (ὀρεοσέλινον), der **Bergeppich,** die **Bergpetersilie** (*Athamanta oreoselinum,* L.), Plin. 19, 124.

ōrēsco, s. aurēsco.

Orestēs, ae u. is, *m.* (Ὀρέστης), Sohn des Agamemnon u. der Klytämnestra, Bruder der Iphigenia und Elektra, tötete auf des Orakels Befehl seine ehebrecherische Mutter und deren Buhlen Ägisthus, die Mörder des Agamemnon, und entführte mit Hilfe seines treuen Freundes Pylades u. seiner Schwester Iphigenia, der Dianapriesterin im taurischen Chersones, das Bildnis der Diana von dort nach Italien in die Nähe von Aricia, Nom., Rhet. Her. 1, 25 u. 26. Cic. de fin. 2, 79. Verg. Aen. 3, 331 u. 4, 471. Hor. sat. 2, 3, 133: Genet. Orestae, Ov. trist. 1, 9, 27. Iustin. 17, 3, 7; Orestis, Ov. her. 8, 9; Oresti, Gell. 7, 5, 5: Dat. Orestae, Ov. am. 2, 6, 15 u. a. Mart. 6, 11, 3; Oresti, Ov. her. 8, 59: Akk. Orestem, Cic. Tusc. 3, 11 u. a.; Oresten, Cic. de fin. 2, 79: Vok. Orestă, Ov. trist. 1, 5, 22; Orestē, Ov. her. 8, 15: Abl. Oreste, Cic. Pis. 47. – Stoff einer Tragödie, s. Iuven. 1, 6. Donat. 375, 25 K. Pompeii comment. 162, 11 K. Consent. 345, 3 K. – Dav. **Orestēus,** a, um (Ὀρέστειος), **orestëisch,** dea, Diana, Ov. met. 15, 489.

ōrēum, s. hōraeos.

orexis, is, Akk. im u. in, *f.* (ὄρεξις), das **Verlangen,** der **Appetit,** Iuven. 6, 428 u. 11, 127. Lampr. Heliog. 29, 9.

orf…, s. orph…

organālis, e (organum), **zur Orgel gehörig, Orgel-,** fistulae, Mythogr. Lat. 3, 12.

organārius, iī, *m.* (organum), der Spieler eines musikalischen Instrumentes übh., der **Musiker,** Beda 282, 7 K.; insbes. = der **Pfeifenbläser** od. **Wasserorgelspieler** (griech. ὑδραύλης), Amm. 28, 1, 8. Firm. math. 4, 14, 17.

organicus, a, um (ὀργανικός), **I organisch,** corpus, Chalcid. 222. – **II** insbes.: **1 mechanisch,** telarum administratio, Vitr. 10, 1, 5. – **2 musikalisch,** melos, Cato fr.: modus, Chalcid.: saltus Heliconis, Lucr. – subst., organicus, ī, *m.*, der **Musiker, Künstler** (im Saitenspiel), Lucr. 2, 412 u. 5, 334.

organulum, ī, *n.* (*Demin.* v. organum), **kleines Orgelwerk,** Fulg. myth. 1. praef. p. 11 M.

organum, ī, *n.* (ὄργανον), **I** jedes **Werkzeug,** im Landbau, Colum.: im Kriegs- u. Bauwesen, Vitr.: in der Astronomie, Plin.: in der Medizin v. Katheter der Ärzte, Plin. 26, 17: übtr., org. oris, v. der Zunge, Prud. perist. 10, 2: is (animus) quo generosior celsiorque est, hoc maioribus velut organis commovetur, Quint. 1, 2, 30. – **II** insbes., ein **musikalisches Instrument, a** ein **Pfeifenwerk, Orgelwerk, Blaswerk,** Sing., Quint. 11, 3, 169. Lampr. Alex. Sev. 27, 9. Cassiod. de music. 5: gew. Plur., Quint. u. a.: lingulae organorum (der Wasserorgel), Vitr.: folles organorum, Augustin.: scaenica organa, Suet. Ner. 44, 1: organa hydraulica, Suet. Ner. 41, 2, dass. organa aquatica, Mythogr. Lat. 3, 12. – v. der **Orgel** in der Kirche, Augustin. enarr. in psalm. 150, 7 u. a. Eccl. – **b** = psalterium und meton. = psalmorum liber, Isid. orig. 6, 2, 15.

Orgetorīx, rīgis, *m.*, ein vornehmer Helvetier, Caes. b. G. 1, 2 *sqq.*

Orgia, ōrum, *n.* (ὄργια, τά), **I** nächtlicher Geheimdienst zu Ehren des Bacchus, die **Bacchusfeier,** das **Bacchusfest,** Catull. 64, 259 u. 260. Verg. georg. 4, 521; Aen. 4, 303. Ov. met. 4, 1 u. 11, 93. – u. übtr., jeder **Geheimdienst,** Iuven. 2, 91. Stat. silv. 5, 5, 4. – **II** bildl., **Ge-**

heimnisse, Mysterien, naturae, Colum. poët. 10, 219: Itala, Geh. der Liebe in lat. Sprache, Prop. 3, 1, 2.

orgiophanta, ae, *m.* (ὀργιοφάντης), der **Vorsteher der Orgien,** CIL 10, 1583.

ōria, s. hōria.

ōriae, s. ōreae.

orībatēs, ae, *m.* (ὀρειβάτης), der **Bergsteiger,** Plur. bei Firm. math. 8, 17.

orichalcum, ī, *n.* (ὀρείχαλκος), das **Bergerz,** urspr. ein natürliches Messingerz u. das daraus bereitete Messing; dann **I** das künstlich bereitete **Messing,** Cic. de off. 3, 92. Hor. de art. poët. 202: album orichalcum, Verg. Aen. 12, 87. – **II** meton.: **a** = die messingene **Tuba,** Val. Flacc. 3, 61. – **b** = messingene **Waffen,** Stat. Theb. 10, 660. Vgl. aurichalcum.

ōricilla, ae, *f.*, s. auricilla.

Ōricos, ī, *f.* u. **Ōricum,** ī, *n.*, eine Stadt in Epirus, j. *Erico,* Form *-um,* Hor. carm. 3, 7, 5. Mela 2, 3, 12 (2. § 56). Liv. 24, 40, 2 *sqq.*: Form *-os,* Prop. 1, 8, 20. Lucan. 3, 187. – Dav.: **A Ōricius,** a, um, **oricisch,** Verg. – **B Ōricīnī,** ōrum, *m.*, die Einwohner von Orikum, die **Oriciner,** Liv.

ōricula, ae, *f.*, s. auricula.

ōriculārius, a, um, s. auriculārius.

Ōricum, s. Ōricos.

orīdia, s. orȳza.

oriēns, entis, *m.* (eig. *Partic.* v. orior, *sc.* sol), **I** die **aufgehende Sonne,** personif. der **Sonnengott, Tagesgott** (Sol), Verg. Aen. 5, 739. Ov. fast. 1, 653. – **II** meton., die Morgengegend, der **Morgen, Osten** (Ggstz. occĭdens, der Abend, Westen), **1** als Himmelsgegend, oriens aestivus, die Sommermorgenseite, Plin.: oriens hibernus oder brumalis, die Wintermorgenseite, Colum.: oriens vernus vel solstitialis, Gell.: in orientem versum esse, Liv., ad orientem spectare, Vitr., vergere, Curt. (v. Örtl.): qui has nobiscum terras ab oriente ad occidentem colunt, Cic. – **2** als östlich gelegenes Land und dessen Bewohner, das **Morgenland,** der **Orient,** orientis incolae (Ggstz. ad occasum habitantes), Plin.: talibus nuntiis et rumoribus patebat ad orientem via, Cic.: hic alternis commeatibus orientem occidentemque conectit, Plin. pan.: universum orientem in potestatem redigere, Iustin.

orientālis, e (oriens), **orientalisch, morgenländisch, in** od. **aus dem Orient (Morgenland),** ventus, Gell.: pericula et opera, Iustin.: auxilia, regna, Iustin.: bellum, Capit.: populi, Treb. Poll.: imperium, Vopisc. – subst., **α** orientālēs, ium, *m.*, die **Morgenländer, Orientalen,** Iustin. 36, 3, 9. – **β** orientālēs, ium, *f.*, **wilde Tiere aus dem Morgenland,** numerosae, CIL 10, 7295.

ōrifacium, iī, *n.*, s. ōrificium.

ōrificium, iī, *n.* (1. os), **I** die **Mündung,** Macr. sat. 7, 4, 17. Apul. met. 11, 11. Th. Prisc. 2. chr. 9 u. 3, 5. Plin. Val. 2, 18. – Nbf. ōrifacium, Apul. met. 2, 15. – **II** das **Gesicht,** labra et ipsa orificia intumescunt, Veget. mul. 5, 22, 1. – **III** der **Deckel** einer Kiste, derepit in quandam cistulam et supergesto delitescit orificio, Apul. met. 9, 40 zw.

ōrīga, ae, *m.*, s. aurīga ►.

orīganon u. **-um,** ī, *n.* u. **origanus,** ī, *f.* (ὀρείγανον u. ὀρείγανος, ὀρίγανον u. ὀρίγανος), eine Pflanze, der **Wohlgemut, Dosten,** Colum. 9, 4, 2. Plin. 12, 89 u. 91; 19, 117 *sqq.* Pallad. 1, 35, 8: origanus herba, Ser. Samm. 879. – Dav. **orīganītēs vīnum** (ὀριγανίτης οἶνος), mit Wohlgemut (Dosten) gewürzter Wein, Cato r. r. 127, 2 (wo Genet. originiti vini).

Ōrigenēs, is, *m.* (Ὠριγένης), ein bekannter griech. Kirchenschriftsteller, wahrsch. geb. zu Alexandria ums Jahr 185 n. Chr., gest. zu Tyrus 254 n. Chr., Augustin. de civ. dei 21, 17 u. a. Eccl. – Dav. **Origenistēs,** ae, *m.*, ein Anhänger des Origenes, ein **Origenist,** Hieron. epist. 84, 3 u. a.

orīginālis, e (origo), **ursprünglich, vom Ursprung an,** Apul. u. a.

orīgināliter, *Adv.* (originalis), **ursprünglich,** Augustin. retr. 1, 15 u. a.

orīginārius, a, um (origo), **ursprünglich,** spät. ICt. u. Eccl. – subst., orīgināriī, ōrum, *m.*, die **Eingeborenen,** spät. ICt.

orīginātio, ōnis, *f.* (origo), die **Wortableitung, Etymologie,** s. Quint. 1, 6, 28.

orīginitus, *Adv.* (origo), **ursprünglich,** Amm. 31, 2, 20.

origo, inis, *f.* (orior), **I** der **Ursprung,** principii nulla est origo, Cic.: res a parva origine orta, Liv.: ab alqo originem trahere, Liv., od. habere, Plin.: ab alqo originem ducere, Hor., deducere, Plin.: origines, die **Urgeschichte,** eine Schrift des älteren Kato, Cic. Planc. 66. Gell. 18, 12, 7. Serv. Verg. Aen. 1, 5: dah. M. Cato in sexta origine, im sechsten Buch seiner Urgeschichte, Gell. 20, 5, 13. – **II** die **Geburt, Abstammung, A** eig., Ov. u. Tac. – **B** meton.: **a** der **Stamm,** das **Geschlecht,** ab origine ultima stirpis Rom. generatus, aus einer sehr alten Familie, Nep.: v. Tieren, cuncta ab origine gens, Verg. – **b** der **Stammvater, Urvater, Ahnherr,** pater Aeneas Romanae stirpis origo, Verg.: origo Iuliae gentis Aeneas, Tac.: v. zweien usw., die **Stammväter, Urväter, Ahnherren, Ahnen,** sunt huius origo Ilus et Assaracus, Ov.: Thuisto et Mannus origo gentis conditoresque, Tac. – übtr., die **Mutterstadt** von Kolonien, Sall. u. a. Histor. (s. Fabri u. Dietsch Sall. Iug. 19, 1); u. bildl. gleichs. das **Mutterland** von etwas, Iudaea origo eius mali, Tac. – **c** der **Urheber,** melioris mundi, Ov.: Pegasus huius origo fontis, Ov. – **d** die **Ursubstanz,** Plur., Chalcid. Tim. 27 u. 292.

ōriola, ae, *f.*, s. hōriola.

1. Ōrīōn, ōnis, Akk. ōnem u. ōna, *m.* (Ὠρίων), ein Gestirn mit einem Gürtel u. drei Schwertern, dessen Untergang im Spätherbst Sturm u. Regen bringt, nach der Sage ein an den Himmel versetzter Jäger, Hyg. fab. 195; astr. 2, 34. Lact. 4, 15, 21. Ov. fast. 5, 493. Hor. carm. 1, 28, 21. Verg. Aen. 1, 535; 3, 517. – ► Die lateinischen Dichter verkürzen gegen den Gebrauch der griechischen alle drei Silben nach Versbedürfnis, sodass sich außer Ōrīōn auch Ŏrīōn, außer Ōrīōnis auch Ŏrīōnis u. Ōrĭōnis u. Ŏrĭōnis findet.

2. orīon, iī, *n.* (ὄρειον, montanum), eine Art der Pflanze polygonos, Plin. 27, 115.

orior, ortus sum, oritūrus, īrī (vgl. ὄρ-νυ-μι, ὄρωρα), **sich erheben, aufsteigen, I** v. Pers.: cum consul oriens de nocte silentio diceret dictatorem, Liv. 8, 23, 15: ortus est longe saevior Catulus, Sall. hist. fr. 3, 61 (82), 10. Vgl. Vel. Long. de orthogr. 74, 19 K. – **II** übtr., **sich erheben = sichtbar werden, A** v. der Sonne u. v. Gestirnen (Ggstz. cadere, occĭdere, occumbere), **aufgehen, sich zeigen, sichtbar werden,** stella oritur, Ov.: ortā luce, am Morgen, Caes.: ab orto usque ad occidentem solem, Liv.: solem atque lunam in eandem partem semper occĭdere atque oriri semper ab eadem, Lact. – dah. oriens sol, die Morgengegend, der Osten, z. B. ad orientem solem spectare, nach O. liegen (v. Örtlichkeiten), Caes.; u. das Morgenland, der Osten, Cic. (vgl. oriens). – bildl., iuvenes orientes, aufstrebende, Vell. – **B** übh. **entstehen, entspringen,** oritur tempestas, Nep.: oritur clamor, Caes.: plurimis simul locis circa forum incendium ortum, Liv.: ventus oriens, Nep.: rumor ortus, Cic. – ibi Caicus amnis oritur, Plin.: fons oritur in monte, Plin. ep.: Sagaris oritur in Phrygia, Plin.: Tigris oritur in montibus Uxiorum, Curt.: Marsyas amnis haud procul a Maeandri fontibus oriens, Liv.: Maeander ex arce summa ortus, Liv.: Rhenus oritur ex Lepontiis, Caes.: incliti amnes Caucaso monte orti, Curt.: ex eo medio quasi collis oriebatur (erhob sich, trat hervor), Sall.: officia, quae oriuntur a suo cuiusque genere virtutis, Cic.: odium certaminibus ortum, herrührend, Vell. – dah. **a geboren werden, seinen Ursprung bekommen, abstammen,** in quo (solo) ortus es, Cic.: qui ab illo (Catone) ortus es, Cic.: Belgas esse ortos ab Germanis, Caes.: ex concubina ortus erat, Sall.: ex Tantalo ortus Pelops, Quint.: eā familiā ortus, Sall.: ortus ex ea familia, quae etc., Liv.: Numae nepos, filiā ortus, Liv.: sorore eius ortus, Liv.: orti Atticis, Vell.: ex eodem loco ortus, Ter.: equestri loco ortus, Cic.: regiā stirpe ortus, Curt.: pueri orientes, die geboren werden, Cic.: homo a se ortus = homo novus, der zuerst die hohen Ehrenämter in seiner Familie bekleidete, also sich selbst gleichsam die adlige Geburt gegeben hat, Cic.: si cuius oriundo sis patriae reminiscare, Boëth. cons. phil. 1, 5. – **b wachsen, hervorwachsen,** uva oriens,

Cic.: olea vitisque et cetera calidioribus terris oriri sueta, südlichen Gewächse, Tac. – **c** **anfangen, den Anfang nehmen,** ab his sermo oritur, sie eröffnen das G., Cic.: oratio oriens, Cic.: nox oritur, Ov.: initium turbandi omnia a femina ortum est, Liv.: cum id malum (Unheil des Bürgerkrieges) ab Asculanis ortum esset, ausgegangen war, Vell. – ► *Indic. Praes.* gew. nach der 3. Konjug. orior, oreris, oritur, orimur, orimini: ebenso *Imperf. Coni.* oreretur: *Imperat.* orere, Val. Max. 4, 7, 6. – Part. Fut. Akt. oritūrus, Hor. ep. 2, 1, 17. Suet. Galb. 9. – Perf. vulg. orsus est, Ennod. vit. Epiph. p. 347, 23.

orīpelargus, ī, *m.* (ὀρειπέλαργος), der **Bergstorch,** Plin. 10, 8 (dort fälschlich unter die Adler gezählt, da er = das Weibchen des Aasgeiers, *Vultur Percnopterus,* L.).

Ōrīthyia, ae, *f.* (Ὠρείθυια), **I** Tochter des Erechtheus, des Königs in Athen, die ihrem Entführer Boreas den Zethes u. Kalaïs gebar, Cic. de legg. 1, 3. Ov. met. 6, 683: Akk. Orithyian, Ov. met. 6, 707. – **II** Königin der Amazonen, Iustin. 2, 4, 17.

orītis, tidis, *f.* (*ὀρῖτις), ein uns unbekannter Edelstein, Plin. 37, 176.

1. oriundus, a, um (orior), **seinen Ursprung-, seine Abstammung habend** oder **herleitend** von usw., inde (*sc.* a Carthagine), Plaut. u. (*sc.* a plebe) Liv.: ab ingenuis, Vet. ICt. bei Cic.: liberis parentibus, Colum.: a Troia, ab Lavinio, Albā, ab Albanorum stirpe regum Romani oriundi essent, Liv.: nati Carthagine, sed oriundi ab Syracusis exsule avo, Liv.: oriundi ex Achaia, Liv.: ex Etruscis, Liv.: Argis oriundos esse, Liv.: v. Lebl., sacerdotium Albā oriundum, Liv. 1, 20, 3.

2. Oriundus, ī, *m.,* ein auf dem Berg Scordus entspringender Fluss im dalmatischen Illyrien, Liv. 44, 31, 4.

orīza, s. orȳza.

Ormenis, idis, Vok. ni, *f.* (Ὀρμενίς), die **Ormenide** (Enkelin des Ormenus) = Astydamia, Ov. her. 9, 50.

ormenos agrios, iī, *m.* (ὄρμενος ἄγριος) = asparagus silvester, **wilder Spargel,** Plin. 26, 94. – u. bl. orminos, Plin. 20, 110 (griech. ὅρμινος, Plin. 19, 151).

orminos, s. ormenos agrios.

ōrnāmentārius, iī, *m.* (ornamentum), **mit den Ehren** eines Amtes versehen, ohne es wirklich zu bekleiden, **Ehren-,** decurio, CIL 12, 3200.

ōrnāmentum, ī, *n.* (orno), **I** die **Zurüstung, Ausrüstung, Rüstung,** ceterae copiae, ornamenta (Ausrüstungsgegenstände), praesidia vestra, Cic.: pacis ornamenta, Bedürfnisse, Cic.: ornamenta (das Kostüm) absunt, Plaut.: ornamenta (die Requisiten) a chorago sumere, Plaut.: ornamenta boum, Geschirr, Cato: u. so elephantorum, Auct. b. Afr.: ornamenta columnarum, Ausstaffierungen, Ornamente, Vitr. – Sprichw., per ornamenta ferire od. percutere, durch die R. hindurch, d. i. an dem Punkt treffen, wo es jmd. am wenigsten vermutet, Sen. nat. qu. 4. pr. 5; ep. 14, 15. – **II** prägn.: **A** die **Zierde,** der **Schmuck,** die **Kostbarkeit,** ornamenta fanorum, Kleinodien, Lact.: ornamenta imperialia, die Kostbarkeiten des kaiserl. Palastes, Capit.: omnia generis, honoris insignia atque ornamenta, Cic.: pecuniam omnem omniaque ornamenta ex fano Herculis in oppidum conferre, Caes. – insbes. = der weibl. **Schmuck,** von Edelsteinen u. Perlen = das **Geschmeide,** Plaut. most. 248 u. a. Ter. heaut. 837. CIL 2, 2060 u. 3386: dah. ab ornamento od. ab ornamentis, Aufseher über das Geschmeide, CIL 6, 8952 und 8953. – bildl., senectutis, Cic.: ornamento est civitati, Caes.: maximum ornamentum amicitiae tollit, qui ex ea tollit verecundiam, Cic. – insbes. der **Schmuck,** die **Schönheiten, Vorzüge** der Rede, orn. eloquentiae, Quint.: ornamenta orationis, Cic.: oratoria ornamenta dicendi, Cic.: ornamenta elocutionis, Quint.: sententiarum ornamenta et conformationes, Cic.: sic statuo et iudico, neminem omnium tot et tanta, quanta sint in Crasso, habuisse ornamenta dicendi, Cic. – **B** die ehrende, hebende **Auszeichnung,** äußere **Ehre,** quaecumque a me ornamenta in te proficiscentur, Cic.: quanto esset sibi (Dion) ornamento sentiebat, Nep.: amicitiam populi Romani sibi ornamento et praesidio, non detrimento esse oportere, Caes.: omnia ornamenta congerere ad alqm, Cic.: nulla ornamenta habere ab alqo, Nep.: eripies igitur pupillae togam praetextam? detrahes ornamenta non solum fortunae, sed etiam ingenuitatis? Cic.: uxoria ornamenta, Titel, Rang, Suet.: consulare, Rang u. Vorteile eines Konsuls, Suet.: u. so ornamenta aedilicia, CIL 2. 4268.

ōrnātē, *Adv.* m. *Compar.* u. *Superl.* (1. ornatus), **zierlich, mit Geschmack, geschmackvoll,** facere, herrlich, Cic.: comparare magnifice et ornate convivium, Cic. – bes. als rhet. *t. t.,* orn. loqui, dicere, Cic.: causas agere ornatius, Cic.: causam ornatissume et copiosissume defendere, Cic. Brut 21.

ōrnātio, ōnis, *f.* (orno), die **Ausschmückung, Verzierung,** Vitr. 5, 8, 8: ornationes (templi), CIL 14, 2795.

ōrnātīvus, a, um (orno), **zur Ausstattung (zum Schmuck) geeignet** oder **dienend,** coniunctiones, Pompeii comment. 266, 21 K.

ōrnātor, ōris, *m.* (orno), der **Schmücker,** deorum ornatores sive templorum conditores, Firm. math. 3, 6, 9: loci huius ornator, CIL 6, 1767. – als kaiserl. Diener, der Besorger der Toilette, ornator glabrorum (der seinen Dienerschaft), CIL 6, 8956.

ōrnātrīx, trīcis, *f.* (Femin. zu ornator), die **Schmückerin,** gew. eine Sklavin. – bes. die **Haarschmückerin,** Ov. am. 1, 14, 16; art am. 3, 239. Claud. b. Suet. Claud. 40, 2. CIL 6, 8957–60 und 6, 9726–36. Schol. Iuven. 6, 477 u. 491 u. 498. Paul. ex Fest. 9, 6.

ōrnātūra, ae, *f.* (orno) = κόσμησις (Gloss. II, 139, 54), die **Verzierung, Garnitur,** v. Kleidersaum, Edict. Diocl. 7, 42. Schol. Iuven. 6, 499.

1. ornatus, a, um, *PAdi.* (v. orno), **I** **ausgerüstet, gerüstet, mit dem Nötigen versehen,** myoparo, Cic.: equus, aufgezäumtes, Liv.: elephantus, angeschirrter, Nep., verb. elephantus ornatus et loricatus, ornatus armatusque, Auct. b. Afr.: ornatissimus et paratissimus omnibus rebus, Cic.: naves omni genere armorum ornatissimae, Caes.: fundus ornatissimus, Cic.: ornatus (angetan, ausstaffiert) haud ex suis virtutibus (nach Verdienst), Plaut.: u. so ornatus esses ex tuis virtutibus, Ter.: ita ego te hinc ornatum (zugerichtet) amittam, tu ipsus te ut non noveris, Plaut. – **II** prägn.: **a** **schmuckvoll, zierlich, geschmackvoll, schön,** oratio, Cic.: ornati homines in dicendo et graves, Männer, die schön u. nachdrucksvoll zu sprechen verstehen, Cic.: nihil ornatius, Cic.: quis verbis aut ornatior aut elegantior? wessen Rede hat mehr Schmuck oder feinere Auswahl der Worte? Nep. fr. – dah. ornatus u. öfter ornatissimus, mit **allen Eigenschaften geziert, vortrefflich, ansehnlich,** als Titel, wie bei uns **hochansehnlich, hochgeehrt** usw., homo ornatissimus loco, nomine, virtute, Cic.: adulescens ornatissimus, Cic. – **b** **ehrenvoll, Ehre machend, ehrend,** atque huic arti finitima est dicendi facultas et gratior et ornatior, Cic.: locus ad dicendum ornatissimus, Cic. – **c** **geehrt, beehrt,** testimoniis, Cic.: honoribus, Cic.: a vobis sum ornatus, Cic.: vir ornatus, ein geehrter, geachteter (Ggstz. non probatus) Val. Max.: Syracusae urbs ornatissima, Augustin. de civ. dei 1, 6.

2. ōrnātus, ūs, *m.* (orno), **I** die **Zurüstung,** **1** eig.: in aedibus nil ornati (= ornatus), Ter. Andr. 365: Pompeis emptus ornatus (trapeti), Cato r. r. 22, 3. – **2** meton., die **Austattung** = die angelegte **Kleidung, Rüstung,** das **Kostüm,** prologi, Ter.: muliebris, Cic.: militaris, Cic.: nauclericus, thalassicus, Plaut.: pulcherrimo vestitu et ornatu regali, Cic.: gladiatores eo ornatu armarunt, Rüstung, Liv.: equus regio ornatu instructus, mit königl. Pracht aufgezäumtes, Plin. – **II** prägn., die schmückende **Ausstattung,** die **Ausschmückung, Verzierung,** **1** eig.: urbis, Ausschm. der Stadt durch Kunstwerke, Cic.: portarum, Hirt. b. G.: Plur., parietes, quarum ornatus tot saecula manserant, Cic. Verr. 4, 122. – im Bild, quocumque (oratio) ingreditur, eodem est instructu ornatuque comitata, von derselben Ausstattung (Gedankenstoff) und Ausschmückung (Redeschmuck), Cic. de or. 3, 23. – **2** übtr., der **Schmuck,** die **Zierde,** aedilitatis, Cic.: caeli, Cic. – insbes., der Rede, verborum, Cic.: ornatum afferre orationi, Cic. – ► Genet. ornati, Ter. Andr. 365; eun. 237.: Dat. Sing. ornatu, Caes. fr. bei Gell. 4, 16, 8: Dat. Plur. ornatibus, Mart. Cap. 9. § 890: Abl. Plur. ornatibus, Mart. Cap. 1. § 36 u. ö.

orneoscopus, ī, *m.* (ὀρνεοσκόπος), der **Vogelschauer, Vogeldeuter** (rein lat. auspex), Lampr. Alex. Sev. 27, 6.

orneus, a, um (ornus), **von der wilden Bergesche,** Colum. 11, 2, 82.

Ornī, ōrum, *m.* (Ὄρνοι), befestigter Ort in Thrazien an der Propontis, Nep. Alc. 7, 4 H.

ornīthiās, ae, Akk. ān, *m.* (ὀρνιθίας), der **Vogelwind,** ein Frühlingswind, mit dem die Zugvögel ankommen, Plin. 2, 122: von Norden wehend b. Colum. 11, 2, 21 u. b. Apul. de mund. 12, v. Osten b. Vitr. 1, 6, 10.

ornīthogalē, es, *f.* (ὀρνιθογάλη), die **Hühnermilch,** eine Pflanze, Plin. 21, 102.

ornīthōn, ōnis, Akk. ōna, *m.* (ὀρνιθών), das **Vogelhaus, Geflügelhaus,** rein lat. aviarium, Varro r. r. 2. praef. § 5; 3, 2, 2 u. a. Colum. 8, 3, 1.

ōrno, āvī, ātum, āre (aus *ord[i]no), **I ausstatten, ausrüsten,** mit dem Nötigen **versehen, zubereiten, veranstalten,** convivium, Cic.: classem, Cic.: naves, Liv.: exercitum, Liv.: alqm mulis tabernaculisque, Liv.: alqm armis, Verg.: provinciam, dem Konsul oder Prätor die nötigen Mittel zur Verwaltung seines Bezirkes od. Kommandos (an Geld, Truppen, Unterbeamten) anweisen, Cic.: so auch consules, praetores, Cic.: fugam, sich zur Flucht anschicken, Ter. – **II** prägn., **schmücken, zieren, A** eig.: domum suam, Cic.: collum, Ov.: capillos, zurechtmachen, frisieren, Ov.: alqm torque atque armillis aureis ceteroque regio cultu, Nep.: alcis sepulchrum floribus, Cic.: aedem frondibus, Prop.: centunculum ornatum ab acu, eine gestickte Pferdedecke, Edict. Diocl. 7, 53. – ibo et ornabor, will mich herausputzen, Plaut.: vidua nostra morosius ornabatur, putzte sich koketter heraus, Hieron. – **B** übtr.: **1 schmücken, ausschmücken, hervorheben,** vom Redner, orationem, Cic.: quae vellet, Cic.: seditiones, loben, Cic.: fuit ornandus in Manilia lege Pompeius, Cic.: alienis laudibus se ornare, sich mit fremden Federn schmücken, Cic. Phil. 2, 25. – **2 befördern, förderlich sein, heben, auszeichnen, beehren,** civitatem omnibus rebus, in allen Stücken förderlich sein, Caes.: u. so civitas meis beneficiis ornata, dem ich wesentliche Gefälligkeiten erwiesen habe, Cic.: qui me non solum meis laudibus ornaret (ehrte), sed etiam oneraret (beschwerte) alienis, Cic.: regio se huius honore ornari arbitrabatur, Cic.: ornatus esses ex virtutibus (ironisch), wärest belohnt worden, Ter.: quod eum (Pompeium) ornasti, ihm zu einer bekannten Ehre (praefectura annonae) verholfen hast, Cic.: u. so öfter verb. mit tollere, von dem, der junge Leute auf eine ehrende Weise unterstützt u. hebt, s. Cic. ep. 11, 20 *in.* Suet. Aug. 12. – ► Parag. Infin. Präs. Pass. ornarier, CIL 1, 1306, 5.

ornus, ī, *f.*, **I** die **wilde Bergesche** od. **Mannaesche** (*Fraxinus Ornus,* L.), Colum. de arb. 16, 1. Plin. 16, 73 u. 17, 201. Verg. ecl. 6, 71; georg. 2, 71 u. 111. Hor. carm. 1, 9, 12 u. 2, 9, 8. Ov. met. 10, 101. – **II** meton. (poet.) = ein eschener **Speer,** ornus ferrata, Sil. 1, 337: vibrabilis ornus, Auson. epist. 25, 108. p. 193 Schenkl.

ōro, āvī, ātum, āre (ōs, oris), sich durch den Mund **vernehmen lassen, reden, I** im Allg., **reden, sprechen, a** übh.: **α** absol.: talibus orabat dictis, Verg.: iuveni oranti subitus tremor occupat artus, Verg.: orantis medias deseruere preces, Ov. – **β** m. *Acc.* der Sache: bonum aequomque oras, Plaut.: ius (= aequom) hic orat (mit scherzh. Anspielung auf das Rechtsprechen des Prätors), Plaut.: u. so ius bonum oras, Plaut. – **b** als Redner, öffentlich (vor Gericht) **sprechen, reden,** orandi nescius, kein Redner, Tac.: orandi validus, ein tüchtiger Redner, Tac.: ars orandi, die Redekunst, Quint.: orandi scientia, Quint.: genus orandi, Tac.: orandi genus lene iucundumque, Aur. Vict.: scio nunc tibi esse praecipuum studium orandi, ich weiß, dass gegenwärtig die gerichtliche Beredsamkeit dein vorzügliches Studium ist, Quint.: vestra in nos promerita complecti orando, Cic.: Latine Graeceque vel in orando vel in fingendis poëmatibus promptus et facilis ad extemporalitatem usque, Suet. – m. *pro* u. Abl., causam dixit et ipse pro se oravit, hielt selbst für sich die Verteidigungsrede, Liv. 39, 40, 12. – Partiz. subst., orantes, die Redenden, die Redner, Tac. dial. 6. § 6. – **c** etw. öffentl. **besprechen,** etw. **vortragen,** über etw. **verhandeln,** rem ubi pacunt (pagunt), orato, wo ein Vertrag geschlossen wird, da soll er verhandelt werden, XII tabb. fr.: causam, Cic., Liv. u. Tac.: capitis causam, Cic.: causas melius, Verg.: litem, Cic.

II bittend **ansprechen, anrufen, ersuchen, bitten, a** im Allg.: **α** m. *Acc.* der Pers., die man bittet: virginem, Liv. Andr.: longis Hecaten ululatibus, Ov.: principem agnitum oraverat, er hatte den Kaiser erkannt u. bei ihm Abbitte getan, Tac. – oft (parenthet.) oro te, ich bitte dich, dic, oro te, clarius, Cic.: ne illa quidem, oro vos, movent? Liv.: quid, oro te, habent liberale isti ieiuni vomitores? Sen. – **β** m. *Acc.* des Ggstds., um den man bittet, um etwas **ansprechen, anhalten, anrufen, ersuchen, bitten,** etw. **erbitten,** eius mortem, Ter.: vitam, Verg.: vitam suppliciter, Liv.: auxilium ad bellum, Liv.: finem malorum, Ov.: veniam, Ov.: hanc extremam veniam (Gnade, Gunst), Verg.: im Passiv m. dopp. *Nom.*, socer non orandus erat, vi sed faciendus Erechtheus, ich musste mir E. zum Schw. nicht erbitten, sondern ihn mit Gewalt dazu machen, Ov. met. 6, 701. – m. Ang. **wem? für wen? wozu?** durch *Dat.*, gnato filiam, Ter.: opes rebus affectis, Liv.: opem valetudini, Suet.: veniam dapibus nullisque paratibus, Ov.: tempus sermoni, Tac. – **γ** m. *Acc.* der Pers. u. *Acc.* der Sache: scin quid te orem? Ter.: quod ego te per dextram hanc oro, Ter.: hoc consulem, Liv.: multa deos, Verg.: auxilia regem, Liv.: alqm libertatem, Suet. – **δ** m. *ut* od. *ne* u. Konj. od. m. bl. *Coniunctiv*, teils ohne *Acc.* der Pers., m. *ut* u. Konj., gnatam ut det oro, vixque id exoro, Ter.: peto a te vel, si pateris, oro, ut homines miseros conserves incolumes, Cic.: morte me ut vindices ab Romanorum arbitrio, oro obtestorque, Liv.: orat atque obsecrat, ut sibi parcat, Caes.: orat multis et supplicibus verbis, ut liceat et ut sibi rescribam, Cic.: Curianus orabat, ut sibi donarem portionem meam, Plin. ep. – m. *ne* u. Konj., rogare et orare, ne illos supplices aspernarer, quos etc., Cic.: ecce amici orantes obsecrantesque, ne reliqua recitaret, Plin. ep. – m. bl. *Coniunctiv*, velatis manibus orant, ignoscamus peccatum suum, Plaut.: quod superest, oro, liceat dare tuta per undas vela tibi, Verg.: faveas, oramus, Ov.: tum mater orari, hortari, iubere, quoquo modo fugerem, Plin. ep.: orant, suppliciis suis potius saturaret se quam contumeliis, Iustin.: oro quaesoque, non obirascaris mihi, Claud. Mam. – teils m. *Acc.* der Pers., m. *ut* u. Konj., oro te, mihi ut ignoscas, Plaut.: rogat oratque te, ut sibi per te liceat vitam in egestate degere, Cic.: te oro et obsecro, ut mihi per hos conserves eum, Cic.: reliquum est, ut te orem, ut valetudini tuae diligentissime servias, Cic.: Arria milites orabat, ut simul imponeretur (eingeschifft werde), Plin. ep.: deos semper oravi, ut, quod evenit, periret Tiberius, Suet.: Minervam genibus (auf den Kn.) nixus obsecro atque oro, ut etc., Fronto: m. *ne* u. Konj., rogat eos atque orat, ne oppugnent filium suum, Cic.: Timoleon omnes oravit, ne id facerent, Nep.: omnes vos oratos volo (ich will euch alle gebeten haben), ne plus iniquom possit quam aequom oratio, Ter. – teils m. vorhergeh. allg. *Acc.*, m. folg. *ut* od. *ne* u. Konj., idque postremum parentes suos liberi orabant, ut levandi sui cruciatus causā lictori pecunia daretur, Cic.: illud te ad extremum et oro et hortor, ut in extrema parte muneris ac negotii tui diligentissimus sis, Cic.: quod te, Aesculapi, et te, Salus, ne quid sit huius oro, Ter. Hec. 338. – teils m. *ab* u. Abl. der Pers., m. folg. *ut* od. *ne* (*ni*) u. Konj., mit u. ohne vorhergeh. allg. *Acc.*, hoc me a vobis orare Iuppiter iussit, ut conquaestores singula in subsellia eant, Plaut. Amph. prol. 65: primum hoc abs te oro, ni me inexorabilem faxis, Pacuv. tr. 122: petivit oravitque a suis amicissimis impense, ut Aeneida adolerent, Gell. 17, 10, 7: oratus ab Artario medico, ne in castris remaneret, Vell. 2, 70, 1. – teils m. *cum* u. Abl. der Pers. u. m. *Acc.* der Sache, tu vero face quod tecum precibus pater orat, Enn. ann. 20: m. folg. *ut* u. Konj., egi atque oravi tecum, uxorem ut duceres, Ter.: tecum oro et quaeso, ut ei detur, Plaut.: m. vorhergeh. allg. *Acc.*, hoc tecum oro, ut illius animum atque ingenium regas, Plaut. – **ε** m. folg. *Infin.*, teils ohne *Acc.* der Pers., die man bittet, oratus sum huc venire, Plaut.: iam pridem a me illos abducere orat, Verg.: oratque mori, Sen. tr. – teils m. *Acc.* der Pers., principem orabat deligere senatores, ex quibus etc., Tac. ann. 6, 2: Vibidiam oravit pontificis maximi aures adire, Tac. ann. 11, 32; u. so Tac. ann. 12, 9 u. 13, 13. – **ζ** m. folg. *Acc.* u. *Infin. Praes. Pass.*, vel Aegypti praeturam concedi sibi oraret, Suet. Ner. 47, 2: quis (occultis precibus) permitti Meherdaten patrium ad fastigium orabant, Tac. ann. 11, 10 *extr.* – **η** m. *pro* u. Abl., nec pro civibus se orare, sed pro innoxio patriae solo et pro urbe, Iustin. 11, 4, 4: ut Octavius orandus sit pro salute cuiusquam civis, Cic. ep. ad Brut. 1, 16, 2: m. folg. *ut* u. Konj., ut (deum) pro illa ores, ut sit propitius, Plaut asin. 783. – **θ** m. *Dat.* **für wen?** venit oratum filio, Plaut. trin. 611. – **ι** beim *Imperativ,* per deos oro, este mei memores, Ov. met. 13, 376 *sqq.*: remove istaec, oro te, Suet. Caes. 49, 3: absiste inceptis, oro, Sil. 11, 336 (vgl. 11, 350). – **κ** ganz absol.: oro, obsecro, ignosce, Cic.: oremus, accusemus, gravius denique minitemur, Ter.: per genua (fußfällig) orare conans, Suet.: orandi iam finem face, Ter.: sororem dare Prusiae precanti atque oranti, Liv.: oranti surdas praebere aures, Ov. – **b** **beten,** talibus orabat dictis, Verg. Aen. 6, 124: mulierem decalvatam orare non decet, Ambros. in Luc. 6. § 19: idem (Christus) secessurus orandi gratiā, ut solebat, in montem, Lact. 4, 15, 20: Passiv unpers., oratur, es wird gebetet, Sidon. epist. 5, 14, 3. – ► Synk. *Perf.* orasti, Plaut. mil. 1269: 2. Pers. *Coni. Perf.* orasseis (= oraveris), Plaut. Epid. 728 G.

orobanchē, ēs, *f.* (ὀροβάγχη, Ervenwürger), ein Unkraut, **Sommerwurz, Sonnenwurz** (*Orobanche maior,* L.), Plin. 18, 155 u. a.

orobiās, ae, *m.* (ὀροβίας), eine kleinere Art des Weihrauchs, der Kichererbse (ὄροβος) ähnlich, Plin. 12, 62. Vgl. stagonias.

orobinus, a, um (ὀρόβινος), **kichererbsenartig, -ähnlich,** color, Plin. 37, 163.

orobītis, tidis, Akk. tin, *f.* (ὀροβῖτις), **der Kichererbse** (ὄροβος) **ähnlich,** subst. (*sc.* chrysocolla) = mit dem Färbekraut lutum gelblich gefärbter Borax, Plin. 33, 89.

orobus, ī, *m.* (ὄροβος), die **Kichererbse,** Cael. Aur. de morb. acut. 2, 19, 113. Plin. Val. 1, 58.

Orōdēs, is u. ī, *m.* (Ὀρώδης), **I** König der Parther, der Krassus gefangen nahm, Cic. ep. 15, 1, 2 u. a. Vell. 2, 46, 4. Iustin. 42, 4, 3 *sq.* – **II** König der Albaner, Eutr. 6, 11.

Orontēs, is, *m.* (Ὀρόντης), der Hauptstrom Syriens, der durch Antiochia strömte, j. *Aasi* od. *Ahssy,* Mela 1, 12, 5 (1. § 69). Prop. 2, 23, 21: Genet. auch Oronti, Verg. Aen. 1, 220 (vgl. Charis. 132, 22), u. Orontae, nach Prisc. 6, 61: Akk. auch Oronten, Verg. Aen. 1, 113. – Dav. **Orontēus,** a, um, **orontēisch,** poet. = **syrisch,** murra, Prop. 1, 2, 3.

Orōsius, iī, *m.,* Paulus, christl. Presbyter zu Tarragona in Hispanien (am Anfang des 5. Jahrh. n. Chr.), Zeitgenosse u. Verehrer des heiligen Augustinus.

Orphaicī, ōrum, *m.,* s. Orpheus.

orphanitās, ātis, *f.* (orphanus), das **Verwaistsein,** Alcim. Avit. epist. 5. CIL 13, 2016 (wo orfanitatem).

orphanotrophīum, iī, od. **-ēum,** ēī, *n.* (ὀρφανοτροφεῖον), das **Waisenhaus,** Cod. Iust. 1, 2, 17 u. 22.

orphanotrophus (orfanotrofus), ī, *m.* (ὀρφανοτρόφος), der Waisen erzieht, der **Waisenvater,** Cod. Iust. 1, 3, 32. Ven. Fort. vit. S. Mart. 2, 405.

orphanus (orfanus), ī, *m.* (ὀρφανός), die **Waise,** Ambros. serm. 24. § 3. Vulg. psalm. 108, 9 u. a.: orphanus, id est pupillus, Augustin. quaest. in deut. 5. qu. 43.

Orphēus, eī u. eos, Akk. eum u. ea, *m.* (Ὀρφεύς), ein berühmter Sänger, Sohn der Muse Kalliope u. des Apollo od. Öagrus, Gemahl der Eurydice (s. Eurydicē), Nom., Cic. de nat. deor. 3, 45. Ov. trist. 4, 1, 17. Hyg. fab. 14. Apul. flor. 17. Lact. 1, 5, 4: Genet. Orphei, Cic. de nat. deor. 1, 41. Hyg. fab. 14, u. Orpheos, Ov. Ib. 600. Stat. silv. 2, 7, 40 u. 99: Dat. Orpheo, Ov. am. 3, 9, 21. Phaedr. 3. prol. 57 u. griech. Orphei od. (nach Prisc. 7, 8) Orphi (Ὀρφεῖ), Verg. ecl. 4, 57: Akk. Orpheum, Cic. de nat. deor. 1, 107. Mythogr. Lat. 2, 44; u. Orphea, Hor. carm. 1, 12, 8. Verg. ecl. 3, 46. Prop. 3, 2, 1. Ov. met. 11, 23. Sen. ep. 88, 39: Vok. Orpheu, Verg. georg. 4, 494. Ps. Verg. cul. 290. Ov. met. 11, 44: Abl. Orpheo, Cic. Tusc. 1, 98. Iustin. 11, 7, 14. – Dav.: **A** **Orphaïcī,** ōrum, *m.* (Ὀρφαϊκοί), die Anhänger des Orpheus, die **Orphiker,** Macr. somn. Scip. 1, 12. § 12. – **B** **Orphēicus,** a, um, **orphēisch, des Orpheus,** versus (Plur.), Macr. sat. 1, 18, 17: praecepta, Longin. bei Augustin. epist. 234, 1. – **C** **Orphēus,** a, um (Ὀρφεῖος), **orphēisch, des Orpheus,** vox, Ov.: lyra, Prop. – **D** **Orphicus,** a, um (Ὀρφικός), **orphisch, des Orpheus,** carmen, Cic. de nat. deor. 1, 107.

orphus, ī, *m.* (ὀρφός), der **Orf,** ein Meerfisch, Plin. 9, 57 u. 32, 152. Ov. hal. 104.

orropȳgium, s. orthopȳgium.

ōrsa, ōrum, *n.,* s. ōrdior.

ōrsus, ūs, *m.* (ordior), **I** der Anfang des Gewebes, der **Zettel,** tenuis, der Spinne, Ps. Verg. cul. 2. – **II** übh. das **Unternehmen, Beginnen,** vani pectoris orsus, Cic. poët. de div. 2, 63.

orthagoriscus, ī, *m.* (ὀρθαγορίσκος), das **Schweinchen, Ferkelchen,** ein Seefisch, der wie ein Schweinchen grunzte, Plin. 32, 19 u. 149.

orthampelos, ī, *f.* (ὀρθάμπελος, v. ὀρθός = gerade, u. ἄμπελος = Weinstock), ein **Weinstock, der keiner Stütze bedarf,** Plin. 14, 40.

orthembasis, is, *f.,* der **Geradschritt,** Not. Tir. 93, 99.

orthius, a, um (ὄρθιος), **hoch, erhaben,** carmen orthium (νόμος ὄρθιος, Herodot 1, 24), ein Gesang (zur Zither) in sehr hoher Tonart, Gell. 16, 19, 14: pes (Versfuß), Diom. 481, 24. Mart. Cap. 9. § 985 u. § 988.

orthocissos u. **-us,** ī, *f.* (ὀρθόκισσος), **emporrankender Efeu** (Ggstz. χαμαίκισσος), Colum. 11, 2, 30.

orthocōlus, a, um (ὀρθόκωλος), **mit steifen Gelenken,** Veget. mul. 2 (3), 54 *in.*

orthocyllus, a, um (ὀρθόκυλλος), **mit steif gewordenen krummen Gliedern,** die nicht wieder gerade werden können, **gelähmt, kontrakt,** Pelagon. veterin. 16 (266 *Ihm*).

orthodoxus, a, um (ὀρθόδοξος), **rechtgläubig,** Cod. Iust. 1, 2, 12 u. 14.

orthogōnius, um (ὀρθογώνιος), **rechtwinkelig,** trigonum, Vitr. 10, 6, 4. Gromat. vet. 301, 6 u. 10; 300, 13 (wo hortogonium) u. a.: triangulum recto angulo, quod Graeci orthogonion appellant, Gromat. vet. 106, 18.

orthogōnus, um (ὀρθόγωνος), **gerad-** od. **rechtwinkelig,** lapis, Gromat. vet. 404, 14: gamma, *ibid.* 357, 14 (wo hortogonum).

orthographia, ae, *f.* (ὀρθογραφία), **I** die **Rechtschreibung, Orthographie,** Suet. Aug. 88. – **II** der **Aufriss** eines Gebäudes, die Zeichnung seiner Vorderseite, der **Standriss,** Vitr. 1, 2, 2.

orthographus, a, um (ὀρθογράφος), **richtig schreibend,** veritas, Mart. Cap. 1. § 65. – subst. orthographus, ī, *m.* (ὀρθογράφος), der **Rechtschreiber, Orthograph,** Cassiod. orthogr. (VII) 209, 11 K.

orthomastius, a, um (ὀρθομάστιος, von ὀρθός = gerade, u. μαστός = die Brust), **hochbrüstig,** mala, eine Art großer Äpfel, Plin. 15, 51.

orthopnoea, ae, *f.* (ὀρθόπνοια), **schwerer Atem, Engbrüstigkeit,** Plin. 21, 160: Plur., Plin. 21, 142 u. a. – Dav. **orthopnoïcus,** a, um (ὀρθοπνοϊκός), **engbrüstig, keuchend,** gew. Plur. subst., orthopnoici, Plin. 20, 193 u. a.

orthopsalticus, a, um (ὀρθοψαλτικός), **in sehr hoher Tonart tönend,** Varro sat. Men. 352.

orthopȳgium, iī, *n.* (ὀρθοπύγιον), der gerade emporstehende **Steiß, Bürzel,** macrae anatis, Mart. 3, 93, 12 Schn. (*al.* orropygium, ὀρρο-πύγιον).

orthostata, ae, *m.* (ὀρθοστάτης), die **Stirnmauer,** rein lat. frons, Vitr. 2, 8, 4 u. a.

ortīvus, a, um (ortus), **aufgehend,** sol, Apul. met. 3, 28: cardo, der Teil des Himmels gegen Morgen, Manil. 3, 189.

Ortogordomaris, ī, *m.,* ein Fluss im Land der Paropamisaden im inneren Asien, Amm. 23, 6, 70.

Ortōna, ae, *f.,* Haupt- u. Hafenstadt der Frentani in Latium, noch j. *Ortona,* Liv. 2, 43, 2 u. a.

ortulānus, s. hortulānus.

1. ortus, ūs, *m.* (orior), **I** der **Aufgang** (Ggstz. occasus, obitus), **1** eig.: ortus primi solis, Verg.: ortus quartus lunae, der vierte Tag nach dem Neumond, Verg.: ortus brumalis, die Winter-Morgenseite, Apul. – oft Plur., solis et lunae reliquorumque siderum ortus, Cic.: ortus et obitus signorum, Cic.: stellarum ortus atque obitus, Catull.: ortus occasusque siderum, Cic. – u. das **Sich-Erheben** des Windes, Favonii, Plin. 17, 57. – **2** meton.: ortus solis, Sonnenaufgang = Morgengegend, Orient, Cic. u. Liv.: ab ortu ad occasum commeans, Cic. – **II** übtr., die **Entstehung, a** leb. Wesen, die **Entstehung, Geburt,** deorum (Ggstz. interitus), Cic.: puerorum, Cic.: primus animantium, Cic.: primo ortu, gleich nach der Geburt: Cic.: Cato ortu Tusculanus, Cic.: ortum ducere ab Elide, abstammen von E., Ov. – **b** das **Wachsen, Hervorwachsen** der Feldfrüchte usw., Lucr. 5, 211. – **c** die **Quelle,** Avien. or. marit. 61. – **d** abstr. Ggstd., die **Entstehung,** der **Ursprung,** tribuniciae potestatis, Cic.: iuris ortum a fonte repetere, Cic.

2. ortus, ī, *m.*, in Handschrn. und nach den Gramm. st. hortus, s. Haupt opusc. 1, 58.

ortyga, ae, *f.* (latinisiert aus ὄρθυξ), die **Wachtel,** Hyg. fab. 53 (wo *cod. F* ortygiam, Schmidt ortygem [vom Nomin. ortyx]): ova ortygarum, Th. Prisc. 4. fol. 315 (b), 3.

Ortygia, ae, *f.* u. **Ortygiē,** ēs, *f.* (Ὀρτυγία), **I** eine einen Teil von Syrakus bildende Insel, Verg. Aen. 3, 694. Ov. met. 5, 499 u. a.: Form *-iē*, Ov. fast. 4, 471. – **II** alter Name der Insel Delos Verg. Aen. 3, 124 u. a. Hyg. fab. 53 u. 140. Mythogr. Lat. 2, 17: Form *-iē*, Ov. met. 15, 337. – Dav. **Ortygius,** a, um (Ὀρτύγιος), **ortygisch,** dea, Diana, Ov.: Ortygiae boves, die Apollo hütete u. Merkur ihm stahl, Ov.: griech. Ortygie Arethusa, Sil.

ortygomētra, ae, *f.* (ὀρθυγομήτρα), **I** eig. die »Wachtelmutter«, ein Vogel, der die Wachteln anführt, wenn sie übers Meer ziehen, unser **Wachtelkönig,** Plin. 10, 66. Solin. 11, 22. – **II** die **Wachtel,** Tert. adv. psych. 16. Arnob. in psalm. 104.

1. ortyx, ygis, *f.* (ὄρτυξ), eine Pflanze, sonst stelephuros gen., Plin. 21, 101.

2. ortyx, s. ortyga.

ōrum, i, *n.*, s. 1. ōra.

oryx, ygis, *m.* (ὄρυξ), eine wilde Ziegen- od. Gazellenart in Afrika, Colum. 9, 1. § 1 u. 7. Plin. 2, 107 u. 8, 214. Mart. 13, 95, 2. Iuven. 11, 140. Lampr. Comm. Anton. 13, 3. Vulg. deut. 14, 5 u. Isai. 51, 20.

orȳza (orīza), ae, *f.* (ὄρυζα), der **Reis,** Cels. 2, 18 u. 20. Plin. 18, 71 u. 75. Hor. sat. 2, 3, 155. Anthim. 70 u. 71 (wo oriza): kollektiv = Reiskörner, Lampr. Heliog. 21, 3 (wo oriza). – vulg. Nbf. orīdia, Apic. 2, 52; 4, 153 u. 155. Not. Tir. 68, 32.

1. ōs, ōris, *n.* (altindisch *ās*, der Mund), **I** das **Antlitz, Gesicht, A** im Allg.: **1** eig., Plaut., Cic. u. a.: os suum non solum ostendere, sed etiam offerre, Cic.: per ora hominum traduci, Liv.: incedunt per ora vestra magnifici, Sall.: alci os percutere, Sen.: alci os sublinere, s. sub-lino: alcis os inspuere, jmdm. ins G. spucken, Serv.: alqm coram in os laudare, Ter.: os praebere ad contumeliam, sich persönlichen Beschimpfungen aussetzen, Liv.: alci esse ante os, vor Augen sein, Cic.: in ore sunt omnia, jede Wirkung beruht auf dem Ausdruck des Gesichtes, Cic.: in ore alcis agere, vor jmds. Augen sich zeigen, Sall. fr. u. Tac. (s. Heräus Tac. hist. 3, 36, 3): u. so in ore eius iugulari, Tac.: in foro atque in ore omnium cotidie versari, Cic.: quae in ore atque in oculis provinciae gesta sunt, Cic. – **2** meton., das **Gesicht** in Bezug auf den Charakter, wir die **Stirn,** quo tandem ore domos quasi in captivo habitu reversuros? Curt. 6, 6 (21), 10: bes. von der **Dreistigkeit, Unverschämtheit,** durum, **Unverschämtheit,** Cic.: ferreum, dreiste Stirn, Suet. – u. so absol., Academiae, Cic.: si Appii os haberem, Cic. – **B** als Vorderseite eines Kopfes, die **Maske, Larve,** Gorgonis, Cic.: ora corticibus sumunt horrenda cavatis, Verg.: truncis arborum antefixa ora, Vorderschädel, Tac. – **II** der **Mund,** das **Maul, 1** eig.: cadit frustum ex ore pulli, Cic.: ingerere alci in os tritici grana, Cic.: inserere in os minima mansa, Cic. – os aquā implere, Wasser in den Mund nehmen, Sen.: alqd intra os recipere, in den Mund nehmen, Solin.: aperire os suum (um zu reden), Vulg.: aperire ora fatis futuris, für die Weissagungen der Zukunft den Mund öffnen, d. i. das zukünftige Schicksal offenbaren, Verg.: in ore atque in lingua habere verba haec, im M. u. auf den Lippen haben, Gell.: alqm semper in ore habere, im Mund haben, Cic.: in ore est, Cic., od. alci semper od. valde in ore esse, Cic. (s. Kühner Cic. Tusc. 1, 116): omnibus in ore esse, Cornif.: in ore atque sermone omnium esse, Cic.: in ore vulgi esse, Cic. (u. so nec quicquam magis in ore vulgi, Tac.): in ore hominum agere (leben), Tac.: Postumius in ore erat (*sc.* hominum), Liv.: in ora hominum abire, Liv., od. volitare per ora virûm, Enn. fr., zum Gerede dienen: so auch in ora vulgi pervenire, Catull.: verbum ecquod umquam ex ore huius excĭdit, in quo quisquam posset offendi? Cic.: non putas fas esse verbum ex ore exire cuiusquam, quod non iucundum et honorificum ad aures tuas accĭdat? Cic.: uno ore, einstimmig, einhellig, z. B. consentiunt uno ore omnes, Cic.: uno ore omnes omnia bona dicunt, Ter.: omnium ore Rubellius Plautus celebratur, Tac.: mille ora, Val. Flacc. 6, 37: ora mille linguaeque totidem, Apul. met. 11, 25. – v. Hühnern, der **Schnabel,** Plin. 10, 156. – übtr., ex totius belli ore ac faucibus, Cic. Arch. 21. – **2** meton.: **a Zunge, Mundwerk, Sprache, Aussprache, Organ,** os promptum (geläufiges), Quint.: os planum, Plin. ep.: os confusum, Plin. ep.: os (freches Mundwerk) habeat, linguam (kecke Zunge, Zungenfertigkeit), Plaut.: arrogantia oris, die anmaßende Rede, Tac.: tanta erat commendatio oris atque orationis (seines Organs u. seiner Rede), ut etc., Nep. – **b** die **Mundart,** der **Dialekt,** os Latinum, Plin. ep.: os Hispanum, Gell. – **c** die **Sprache** als Mittel zum Unterricht usw., philosophorum ingenia Socratico ore defluentia, aus der Schule des S., Vell.: ardor oris, der Beredsamkeit, Vell.: os Pindari, Dichtersprache, Gesang, Vell. – **3** übtr.: **a** die **Mündung** = die **Öffnung,** der **Eingang,** das **Loch,** portus, Cic.: ponti, Cic.: specus, Liv.: ora et exitus specuum, Tac.: dolii, Liv.: fornacis, Ofenloch, Plin.: ulceris, Verg. – **b** von Flüssen, **α** die **Mündung,** Tiberis, Liv. 1, 33, 9. – **β** die **Quelle,** ora novem Timavi, Verg. Aen. 1, 245. – **c** ora navium rostrata, die **Schiffsschnäbel,** Hor. epod. 4, 17. – **d** ora leonis, eine Pflanze, **Löwenmaul,** Colum. poët. 10, 98. – ► Genet. Plur. orium, Cassian. de incarn. Chr. 7. 5, orum, Fragm. Bob. de nom. (V) 561, 11: Dat u. Abl. oribus, Varro LL. 7, 64. Verg. Aen. 8, 486. Curt. 7, 5 [20], 7. Arnob. 1, 64 u. 3, 10. Augustin. serm. 34, 6. Pallad. 3, 25, 9.

2. os, ossis, Genet. Plur. ossium, *n.* (vgl. altindisch *asthi*, Bein, Knochen, griech. ὀστέον), **I** das **Gebein,** der **Knochen,** das **Bein,** Plur. ossa = die **Gebeine,** das **Gerippe,** Cic. u. a.: dolorem cineri eius atque ossibus inussisti, Cic.: ossa beluae, Gerippe, Plin.: so auch lacertarum et serpentium, Vitr. – ossa legere, s. 2. lego *no.* I, 1. – (in) ossibus, in den Gebeinen, im Innersten, Verg. – im Bild, vom Redner, imitari non ossa (gleichs. das Gerippe) solum, sed etiam sanguinem, Cic.: u. von der Magerkeit im Ausdruck, ossa nudare, gleichs. das Fleisch von den Knochen schaben, Cic. – **II** übtr.: **1** das **Harte** od. **Innerste** in Bäumen od. Früchten, arborum, Plin.: olearum ac palmularum, Kerne, Suet. – Plur. ossa = die **steinharte,** den Kern einer Frucht (z. B. der Pfirsiche) umschließende **Schale,** Gargil. Mart. de arb. pomif. c. 2. *no.* 1. 2. 3 u. 5. – **2** meton., der aus einem Knochen gearbeitete **Schreibgriffel,** osse arare (poet. = beschreiben), Titin. com. 160: ceram ossibus scribere (beschreiben), Isid. orig. 6, 9, 2. – ► Nbf. **a** ossum, ī, *n.*, Gell. fr. b. Charis. 139, 3 u. bei Prisc. 7, 37. Ps. Tert. poët. adv. Marc. 2, 195. Apul. apol. 49; vgl. Charis. 138, 21 u. Prisc. 6, 69 (dagegen Mart. Cap. 3. § 303): Genet. Plur. ossōrum, Soran. Lat. p. 30, 7 u. p. 92, 24 u. p. 93, 10: Dat. ossis, Acc. ann. fr. inc. 8 bei Prisc. 6, 69. – **b** ossu, Charis. 139, 4. Prisc. 6, 69: Plur.: ossua, CIL 1, 1010 u. 6, 8775: Genet. ossuum, Pacuv. tr. 102. Prud. perist. 5, 111. Tert. de res. carn. 30 *sqq.*: Genet. ossuorum, Ps. Cypr. de aleat. 6. – **c** ossīva, CIL 1, 957. – **d** ossa, ae, *f.*, wovon Genet. Plur. ossārum, Oribas. 21, 16.

Osca, ae, *f.*, Stadt in Hispania Tarrac., j. *Huesca* in Aragonien, Vell. 2, 30, 1. Flor. 3, 22, 9. – Dav. **Oscēnsis,** e, **oscensisch,** argentum, eine Art spanischer Silbermünze, die zu Oska schon vor der Römer Zeit geprägt wurde, Liv. – Plur. subst., Oscēnsēs, ium, *m.*, die Einwohner von Oska, die **Oscenser,** Caes.

Oscē, *Adv.*, s. Oscī.

ōscēdo, inis, *f.* (mit oscito verwandt), **I** die **Neigung zum Gähnen,** Gell.

4, 20, 9. – **II** ein Mundgeschwür, bes. im Mund kleiner Kinder, wenn sich eine scharfe und eiternde Substanz in den unteren Teilen des Mundes absetzt, nach Turnebus = ἄφθαι, Schwämmchen, Ser. Samm. 231. Isid. orig. 4, 8, 17.

ōscen, inis, *m.* (= obscen, von obs u. cano), als *t. t.* der Augurspr. = ein Vogel (z. B. Rabe, Krähe, Eule), aus dessen Stimme die Auguren weissagten, ein **Weissagevogel,** Varro LL. u. a.: oscen corvus, Hor., oscines corvi, Sidon.: cantus sinister oscinis, Cic.: cantus oscinum, Amm. – ► Als *fem.*, Ap. Claud. bei Fest. 197, 8. Varro LL. 6, 67. Plin. 10, 43 u. 80.

Oscēnses, ium, *m.*, s. Osca.

Oscī, ōrum, *m.*, die **Osker**, eine Völkerschaft in Kampanien, durch die Kriege mit den Römern ausgerottet, Varro LL. 7, 29. Verg. Aen. 7, 730. – Dav. **Oscus** (altlat. Obscus), a, um, **oskisch,** lingua, vocabulum, Varro LL.: ludi, eine scherzhafte Art Schauspiele, Cic. – *Adv.* **Oscē** (altlat. Obscē), **oskisch, nach Art der Osker,** Fest. 293 (a), 15. Titin. com. fr., Varro LL. u. Gell.

oscillātio, ōnis, *f.* (oscillo), das **Schaukeln,** Petron. 140, 9. Fest. p. 194 (b), 20: dies festus oscillationis, das Schaukelfest, zu Athen der Erigone zu Ehren gestiftet, Hyg. fab. 130.

oscillo, āre (2. oscillum), sich **schaukeln,** Santra bei Fest. 194 (b), 9 u. 10. Schol. Bob. Cic. Planc. 9. p. 256, 4 B. – Passiv od. Depon., **oscillor**, ārī, **geschaukelt** werden od. **sich schaukeln,** Mythogr. Lat. 1, 19 *extr.*

1. ōscillum, ī, *n.* (*Demin.* v. 1. ōs), das **Mündchen,** dah. **I** das **Grübchen in der Mitte der Hülsenfrüchte,** wo der Keim herauswächst, Colum. 2, 10, 3. – **II** eine **kleine Maske,** besonders Wachsbildchen des Bacchus, die man an der Feldmark aufhängte, um böse Geister abzuwehren, Verg. georg. 2, 389. Macr. sat. 1, 7. § 31. u. 11. § 48.

2. oscillum, ī, *n.* (v. ob od. obs u. cilleo od. cillo = *moveo*) = αἰώρα, die **Hängematte,** die **Schaukel,** bes. beim Bacchusdienst, Fest. 194 (b), 8. Tert. de pall. 1 *extr.*. Mythogr. Lat. 1, 19 *extr.* Schol. ad Caes. German. Arat. 95. p. 389, 10 Eyss.: oscillis moveri, Fest. 194 (b), 25: oscillo iactari, Schol. ad Caes. German. Arat. 95. p. 389, 12 Eyss.

ōscines, um, *m.*, s. ōscen.

ōscitābundus, a, um (oscito), **einmal über das andere gähnend,** Gell. 4, 20 *lemm.* Sidon. epist. 2, 2, 2 u. 5, 14, 2.

ōscitanter, *Adv.* (oscito) **gähnend, schläfrig,** übtr. = ohne jede lebhafte Teilnahme, Cic. Brut. 277.

ōscitātio, ōnis, *f.* (oscito), **I** das **Aufsperren des Mundes,** Plin. 9, 107. – **II** insbes., das **Gähnen,** **a** eig., Cels. 1, 3. Sen. ep. 74, 33; de brev. vit. 14, 4; de clem. 2, 6, 4. Plin. 7, 42. Gell. 4, 20, 9: Plur., frequentes oscitationes, Cels. 2, 2: longas trahere oscitationes, Mart. 2, 6, 4. – **b** übtr., non et ipse (iudex) nostrā oscitatione (matte Sprache) solvatur, Quint. 11, 3, 3: Bruti senis oscitationes, lässig geschriebene Schriften, Stat. silv. 4, 9, 20.

ōscito, āre u. **ōscitor**, ārī (v. ōs u. cieo = *moveo*), **I den Mund aufsperren,** Plaut.: oscitat leo, die Pflanze Löwenmaul öffnet sich, Colum. poët. – folia arborum ad solem oscitant, wenden sich hin, Plin. – **II** insbes., aus Langeweile, Krankheit, Müdigkeit usw. **gähnen,** admone eum, ne postea tam improbe oscitet, Sen.: oscitans iudex, Cic.: hesternā potatione oscitantes, Cic fr.: oscitat extemplo, Lucr.: ut pandiculans oscitatur, Plaut.: m. *Acc.*, quid adhuc oscitamus crapulam hesternam? gähnen wir vom g. R., Augustin. de ver. rel. 3. – bildl., cum maiores (calamitates) impendēre videantur, sedetis et oscitamini, sitzt ihr u. gähnt = legt teilnahmlos die Hände in den Schoß, Rhet. Her. 4, 48 Fr. – dah. oscitāns = **schläfrig, lässig, teilnahmlos,** interea obscitantes opprimi, Ter.: osc. Epicurus, Cic.: osc. sapientia, Cic. – ► Parag. Infin. oscitarier, Turpil. com. 15.

ōsculābundus, a, um (osculor), **zu wiederholten Malen küssend,** Suet. Vit. 2, 5. – m. *Acc.*, manum sacerdotis, Apul. met. 11, 6: manus nostras, Apul. apol. 94.

1. ōsculātio, ōnis, *f.* (1. osculo) = ἀναστόμωσις, die **Erweiterung der Venen,** Cael. Aur. de morb. chron. 2, 10, 121 u. 123; 5, 10, 109. Th. Prisc. 4. fol. 317 (a). Cass. Fel. de medic. 39.

2. ōsculātio, ōnis, *f.* (osculor), das **Küssen,** Catull. 48, 6. Cic. Cael. 49. Cypr. epist. 4, 3.

1. ōsculo, āre (ōs, ōris) = ἀναστομόω, **die Venen erweitern,** Cael. Aur. de morb. chron. 2, 10, 123.

2. ōsculo, āvī, ātum, āre (archaist. Nbf. v. osculor), **küssen,** osculavi caput, Titin. com. 155: osculato tuo capite, Apul. met. 2, 6: genua eius osculare, Spart. Hadr. 25, 1: genua sibi osculari patiebatur, Capit. Maximin. iun. 2. § 7: cum videret sacerdotibus a domestica sorore vel matre manus osculari, Paulin. vit. Ambros. 4: osculor ab illo, Cledon. 19, 4 K.

ōsculor, ātus sum, ārī (osculum), **küssen,** mulierem, Plaut.: filiolam, Cic.: manum, Sen. manus, capita sororibus, Ambros.: simulacrum, Cic.: epistulam, Cic.: alcis vulnera, Sen rhet.: inter se (einander), Plaut.: cum alqo, sich mit jmd. k., mit jmd. kosen, Plaut. – prägn., jmd. **herzen und küssen, hätscheln, mit** jmd. **schön tun, kokettieren,** inimicum meum sic amplexabantur, sic in manibus habebant, sic fovebant, sic me praesente osculabantur, ut etc., Cic. ep. 1, 9, 10: u. so bildl., scientiam iuris tamquam filiolam osculari suam, Cic. Mur. 23. – ► Archaist. im Plautus ausculor, z. B. Plaut. asin. 892; merc. 575 G. vgl. Paul. ex Fest. 28, 9: parag. Infin. auscularier, Plaut. asin. 895 G.: oscularier, Plaut. mil. 243.

ōsculum, ī, *n.* (*Demin.* v. 1. os), **I** das **Mündchen, Mäulchen,** Ov. u. Petron.: alcis osculum delibare digitis, Suet.: oscula summa delibare, Verg. – **II** meton., das **Mäulchen** = der **Kuss,** Komik. Cic. u. a.: breve osc., ein flüchtiger K., Tac.: collabella osculum, Laber. com. fr.: labiis osculum imprimere, Min. Fel.: oscula dulcia figere, Verg.: foribus oscula figere, Lucr.: peregrinae terrae oscula figere, Ov.: pedibus alcis oscula figere, Maximin. bei Capit.: gelidis in vultibus oscula figere, Ov.: osculum alci ferre, Plaut.: oscula ferre, K. geben, Cic.; od. K. bekommen, Ov.: oscula sumere, Prop. u. Ov., capere, Ov.: osculum dare, Ambros.: alci osculum dare, Cato fr., Petron. u. Vulg.: oscula dare, Tibull. u. a.: oscula dare alci, Ov., ossibus, Ov., sacratis liminibus, Tibull.: osc. iungere, jmd. küssen, Ov., sich küssen, Petron.: alci osculum porrigere, Hieron., praestare, Serv.: eorum manus osculis conterere, Sen.: osculis fatigare dextram, Tac.: suprema oscula petere, um den Scheidekuss bitten, Tac. – ► archaist. ausculum, Prisc. 1, 52; aber Plaut. Amph. 716 u. 800 die Handschr. osculum.

Oscus, a, um, s. Oscī.

Osdroēna, ae, *f.* (Ὀσροηνή), Landstrich der Osdroëner im westl. Teil von Mesopotamien, dem heutigen *Diar Modhar,* Amm. 14, 3, 2 u. 14, 8, 7. – dessen Einwohner **Osdroēnī**, ōrum, *m.*, die **Osdroëner,** Eutr. 8, 3: dies. Osroēni, Ruf. Fest. brev. 20.

Osīris, ris, ridis u. ridos, Akk. rim u. rin, *m.* (Ὄσιρις), Gemahl der Isis, Schutzgott Ägyptens u. des Nils, durch seinen Bruder Typhon umgebracht u. zerstückelt, unter Klagen von der Gattin aufgesucht, weshalb das Aufsuchen u. Wiederfinden seines Leichnams unter die Zeremonien seines Kultus aufgenommen wurde, Tibull. 1, 7, 29. Ov. met. 9, 693. Iuven. 8, 29. Lact. 1, 21. § 22 u. 24. – Genet. Osiris, Plin. 5, 60. Apul. met. 11, 27. Augustin. de civ. dei 8, 26, 2. p. 365, 12 u. 8, 27, 2. p. 367, 7 D.[2]; u. Osiridis, Varro bei Serv. Verg. georg. 1, 19. Tert. de pall. 3. Augustin. de civ. dei 10, 11. Serv. Verg. georg. 1, 166; u. Osiridos, Iul. Val. 1, 24 (31): Dat. Osiri, CIL 6, 348: Akk. Osirim, Verg. Aen. 12, 548. Hor. ep. 1, 17, 60. Tibull. 1, 7, 27. Lucan. 8, 833; 9, 159. Augustin. de civ. dei 6, 10, 2. p. 268, 19 D.[2] Serv. Verg. georg. 1, 19. Firm. de err. 2, 2; u. Osirin, Macr. sat. 1, 21, 12 (Variante Osirim). Schol. Iuven. 6, 533: Abl. Osiri, Iuven. 8, 29; u. Osire, Mart. Cap. 3. § 223; u. Osiride, Augustin. de civ. dei 10, 11, 2. p. 420, 18 D.[2]

Osismī, ōrum, *m.*, Volk auf der Nordwestspitze des keltischen Galliens (*Bretagne*), zu den aremorischen Staaten gehörig, Caes. b. G. 2, 34; 3, 9, 10; 7, 75, 4. Mela 3, 2, 23 (3. § 23), wo Form Ossismi. Plin. 4, 107 (Form Ossismi). – Dav. **Osismicus**, a, um (Ossism.), osismisch, litora, Mela 3, 6, 48 (3. § 48), wo Form Ossism.

ōsor, ōris, *m.* (odi), der **Hasser** (vgl. Isid. orig. 10, 197. Paul. ex Fest. 196, 5), uxoris, Plaut. asin. 859: mulierum, Plaut. Poen. prol. 74:

sanguinis humani, Auson. epist. 4, 24: regii nominis, Pacat. pan. 20, 5: suos osores vel detractores, Augustin. de civ. dei 5, 19. p. 229, 18 D.[2]: Ggstz., *osores* et *amatores* quorundam hominum deos fingere, Apul. de deo Socr. 12: *osor* quoque nec *amicus* virtutum sit necesse est, Apul. de Plat. 2, 22.

ōspicor, s. auspicor ►.

osprātūra, ae, *f.* (ὄσπριον), der **Einkauf von Hülsenfrüchten,** Arcad. Charis. dig. 50, 4, 18. § 19 (Mommsen pratura).

ospreos, eī, *m.* (ὄσπρεος), die **Hülsenfrucht** (kollektiv als Titel einer Schrift), Apic. 5 *lemm.*

Osroēnī, s. Osdroēna.

Ossa, ae, *f.*, wie im Griechischen [*m.* nur Ov. met. 1, 155] (Ὄσσα), sehr hoher Berg in der thessal. Landschaft Magnesia, an der Küste des Sinus Thermäus, j. *Kissavo,* Mela 2, 3, 2 (2. § 36). Verg. georg. 1, 281. Plin. 4, 30 (Akk. Ossam). – griech. Akk. Ossan, Prop. 2, 1, 19. Ov. fast. 1, 307. Sen. Herc. Oet. 1735 (1740). Auct. Aetnae 49. – Dav. **Ossaeus,** a, um (Ὀσσαῖος), **ossäisch,** ursa, Ov.: saxa, Ps. Verg.: rupes, Lucan.: Ossaei bimembres, die am Ossa hausenden Zentauren, Stat.

ossārium, s. ossuārius.

osseus, a, um (2. os), **I** **beinern, knöchern,** culter, Colum.: cultellus, Plin.: cultellulus, Solin.: mucro (Schreibgriffel), Atta com. fr.: forma, Totengerippe, Ov. – **II** übtr., knochenähnlich = **knochenhart, knochendürr** u. dgl., ilex, Plin.: manus, Iuven.

ossiculāris, e (ossiculum), **zu den Knochen gehörig, Knochen-,** medicamentum, Veget. mul. 6, 28, 6.

ossiculātim, *Adv.*, **knochenweise, knöchleinweise,** Caecil. com. 50.

ossiculum, ī, *n.* (*Demin.* v. 2. os), **I** das **Knöchlein,** ossicula parva, Plin. 11, 134: tenuissima minutaque ossicula, Gell. 6, 1, 10: ossiculare medicamentum, quod facit ad omnia ossicula, Veget. mul. 6, 28, 6: Nbf. ossucula mea, CIL 6, 24800. – **II** übtr., der **Kern,** bes. der Dattelkern, Apic. 2, 52 (wo Form ossucla).

ossifragus, ī, *m.* u. **ossifraga,** ae, *f.* (2. os u. frango), **I** (Form *-gus*) eig., der **Beinbrecher, Gliederverstümmler,** Cass. Sev. bei Sen. contr. 10, 4 (33), 2. – **II** übtr., eine Adlerart, ohne Zweifel **Seeadler, Beinbrecher** (*Falco Ossifragus,* L.), Form *-ga,* Lucr. 5, 1077. Paul. ex Fest. 112, 3 u. 316, 9. Fest. 317 (b), 33: Form *-gus,* Plin. 30, 60.

ossilāgo, inis, *f.*, **I** die **Knochen-, Beinhärte,** Veget. mul. 2, 22 *in.:* Plur., ossilagines vel nervi crassi, Pelagon. veterin. 16 (252 *Ihm*). – **II** als *nom. propr.*, Ossilago = Ossipagina (s. d.), Arnob. 4, 7.

Ossipāgina, ae, *f.*, eine Göttin, die die zarten Knochen des Kindes im Mutterleib härtet u. kräftigt, Arnob. 3, 30.

Ossismī, Ossismicus, s. Osismī.

ossīva, ae, *f.*, s. 2. os ►.

ossōsus, s. ossuōsus.

ossu, s. 2. os ►.

ossuārius, a, um (2. os od. ossum), **zu den Knochen-, Gebeinen gehörig,** olla, Gebeinurne, Totenurne, CIL 6, 8726. – subst., ossuārium (ossārium), iī, *n.*, das Behältnis für die Gebeine der Toten, die **Gebeinurne, Totenurne,** Ulp. dig. 47, 12, 2. CIL 12, 70 u. 14, 1473.

ossuclum u. **ossuculum,** s. ossiculum.

ossulāgo, inis, *f.*, s. ossilāgo.

ossum, ī, *n.*, s. 2. os ►.

ossuōsus, a, um (2. os), **voll Knochen, knochig,** Veget. mul. 3, 13, 4. – Andere Form **ossōsus,** Cael. Aur. de salut. praec. 3[b], 5.

ostendo, tendī, tentum u. später tēnsum, ere (obs u. tendo), **entgegenstrecken, -halten,** **I** eig.: **A** im Allg.: ostendo manus, Plaut. Epid. 683. – **B** insbes.: **1** **aussetzen,** supinatas aquiloni glaebas, Verg.: lucos Phoebo, Stat.: catulos canesque maritas tepido soli, Nemes.: im Passiv, ager, qui soli ostentus erit, Cato: locus ostentus soli, Cato. – **2** den Blicken **darbieten, zeigen, sehen lassen,** os suum populo, so alci, Cic.: dentem medico, Suet. – u. als milit. *t. t.* = um den Feind zu schrecken od. zu täuschen, Truppen usw. **sehen lassen, zeigen,** ad terrorem hostium aciem, Liv.: pedestres copias, Caes.: ab ea parte oppugnationem, einen Scheinangriff (auf die Stadt) machen, Liv.: u. refl., se, Caes., Sall. u. a. – **3** dem Gehör entgegenhalten, **zeigen** = vernehmen-, hören lassen, vocem, Phaedr. 1, 13, 9. – **II** übtr.: **A** im Allg.: loci anquirentibus nobis ostendunt se et occurrunt, zeigen sich, bieten sich dar, Cic. – **B** insbes.: **1** **entgegenhalten, vorhalten,** **a** = **vor Augen halten** (als etwas zu Erwartendes), **in Aussicht stellen,** die **Aussicht auf etwas zeigen,** tum spem, tum metum, Cic.: laudem strenuis, solacium invalidis, exemplum omnibus ostendere, Tac.: spem auxilii, Vell.: alci spem falsam, vorspiegeln, Cic.: laboranti certum subsidium, Cic.: munus, Cic.: dah. ostenditur spes alcis rei, es zeigt sich die Aussicht, die Hoffnung auf etwas, Ter. u. a.: ebenso bl. ostenditur alqd (z. B. victoria, triumphus), Liv. – **b** einwendend **entgegenhalten, entgegenstellen,** quaedam mihi magnifica et praeclara eius defensio (Verteidigungsgrund) ostenditur, Cic. Verr. 5, 1. § 1. – **2** **zeigen, an den Tag legen, -geben,** **a** **offenbaren,** se alci inimicum, Nep.: se acrem et severum ducem, Suet.: potestatem suam in alqm, Ter.: peccata in alqa re, Ter.: virtutem, Sall.: vires suas in alqo, Sen. rhet. – u. drohend, virum me natam vellem: ego ostenderem, wollte zeigen (was ich vermöchte u. dgl.), Ter. – **b** **zeigen, bemerkbar machen, darstellen, darlegen, eröffnen, veranschaulichen, erklären, zu verstehen geben, andeuten, kundtun,** alci sententiam suam, Ter.: quod epistulis eius ostenditur, Suet.: ostendi hoc *ex* epigrammate, Gell. – m. dopp. *Acc.*, alqm nocentem, Plin. ep. 3, 9, 12: im Passiv m. dopp. *Nom.*, quibus verbis Philippus ostenditur non corporis dehonestamento laetus, sed etc., Tit. Castric. bei Gell. 2, 27, 5. – m. folg. *Acc.* u. *Infin.*, te plura in hac re peccare ostendam, Ter.: nihil sibi gratius ostendit futurum (esse), Cic.: tanti eius apud se gratiam esse ostendit, uti (dass) etc., Caes.: ostendit se cum rege colloqui velle, Nep.: im Passiv m. folg. *Nom.* u. *Infin.*, signum est, per quod ostenditur idonea perficiendi facultas esse quaesita, Rhet. Her. 2, 6; u. so Cic. de inv. 2, 54. Caes. b. c. 3, 105, 5. Apul. apol. 102. – m. folg. indir. Fragesatz, quid sui consilii sit ostendit, Caes.: quid fieri velit (vellet) ostendit, er gibt (erteilt) Verhaltungsbefehle, Caes. (s. Kraner Caes. b. G. 5, 2, 3). – m. *de* u. Abl., de his partibus primum ostendendum est, wir müssen uns zuerst über diese Teile erklären, Rhet. Her. 2, 23. – absol., sed aliter atque ostenderam facio, Cic.: uti supra ostendimus (als Parenthese), Nep.: ebenso ut ostendimus supra, Nep. – ► *Fut. act.* ostende = ostendam, Fest. 201, 23. – *Partic. Fut.* ostenturus, Cato orat. 52. fr. 2; später ostensurus, Apul. fr. b. Prisc. 10, 28: *Partic. Perf.* ostentus, Pacuv. tr. 238. Acc. tr. 253. Acc. tr. Brut. 34. Ter. Phorm. 825. Cato r. r. 6. § 2 u. 4. Varro r. r. 1, 24, 1 u. 25; später ostensus, Lucan. 2, 192. Stat. Ach. 2, 53 (1, 727). Apul. de mund. 3 u. apol. 44. Ulp. dig. 16, 3, 1. § 41 u. Spät.

ostēnsio, ōnis, *f.* (ostendo), das **Zeigen, Sehenlassen,** Apul. met. 3, 9. Aquil. Rom. § 42. Tert. adv. Marc. 5, 11. Interpr. Iren. 2, 14, 8: ficta pacis, Hieron. epist. 82, 8.

ostēnsiōnālis, e (ostensio), **zur Parade dienend,** milites, Lampr. Alex. Sev. 33. § 3.

ostēnsor, ōris, *m.* (ostendo), der **Zeiger,** Tert. apol. 11. Isid. sent. 1, 14, 8.

ostēnsus (Partiz.), s. ostendo ►.

ostentābiliter, *Adv.* = exserte, Placid. gloss. V, 20, 12.

ostentāmen, inis, *n.* (ostento), das **Gepränge,** Prud. psych. 204.

ostentāneus, a, um (ostendo), **zeigend,** fulmina ostentanea, Gefahr drohende, Sen. nat. qu. 2, 49, 2 (Haase dentanea, Fickert tentanea); vgl. ostentatorius.

ostentārius, a, um (ostentum), **die Anzeichen betreffend,** Mart. Cap. 2. § 151. – subst., ostentārius, iī, *m.* (*sc.* liber), ein **Zeichendeuterbuch,** Macr. sat. 3, 7, 2 u. 3, 20, 3.

ostentātīcius, a, um (ostento), **prangend,** virginitas, Tert. de virg. vel. 3.

ostentātio, ōnis, *f.* (ostento), **I** das **Zeigen, Zur-Schau-Tragen, -Stellen** einer Sache, hostilem terrorem non armorum magis quam togarum ostentatione compescere, Plin. pan.: scaenae ad ostentationem histrionum fabricatae, Sall. fr. – v. militär. Kundgebung, ostentationis causā (um sich zu zeigen) latius vagari, Caes.: tantā celeritate et ostentatione virium (Entfaltung seiner Streitkräfte), ut etc., Tac. –

II übtr.: **A** das **Zur-Schau-Tragen,** **a** um zu prahlen = das **Prahlen,** die **Prahlerei,** absol., Cic. u. a.: ingenii, mit usw., Cic.: scientiae, Cic.: ost. inanis, Auct. b. Alex.: genus ostentationi comparatum = γένος ἐπιδεικτικόν, die auf Prunk (glänzende Worte) berechnete Darstellung, Quint. – Plur., multorum annorum ostentationes meas (meine vieljährigen Verheißungen [einer gerechten u. unparteiischen Amtsführung]) nunc in discrimen esse adductas, Cic. – **b** um zu täuschen = die **täuschende Vorspiegelung,** doloris, verstellter Schmerz, Sen. – absol. = die **Verstellung, Täuschung, Heuchelei,** der **Schein** (Ggstz. veritas), Cic. u. a. – **B** das **Zeigen,** die **Schaustellung** = das **An-den-Tag-Legen, Kundgeben, Offenbaren,** cognomen Imperiosi ab ostentatione saevitiae accitum, den ihm seine unverhohlene Unbarmherzigkeit zuzog, Liv.: orsus hinc a pietatis ostentatione, Suet.: quas copias credebat instrui ad ostentationem regiae fiduciae, Auct. b. Alex.: adversa (fortuna) velut in ostentationem fragilitatis humanae destruens quae cumulaverat, Iustin.; vgl. Dederich Gloss. ad Dict. 1, 5. p. 247.

ostentātor, ōris, *m.* (ostento), **I** der etwas **vor Augen stellt, auf** etwas **aufmerksam macht,** rector iuveni et ceteris periculorum praemiorumque ostentator, der den Jüngling leiten u. den übrigen ihre Aussichten, die schlimmen wie die guten, vor Augen stellen sollte, Tac. ann. 1, 24. – **II** der **Zurschautrager, Prahler, Großtuer,** pecuniae gloriosus, Rhet. Her.: factorum, mit usw., Liv.: omnium quae diceret atque ageret arte quādam ostentator, der bei allem, was er sagte und tat, auf eine Art von künstlicher Wirkung ausging, Tac. hist. 2, 80.

ostentātōriē, *Adv.* (ostentatorius), **großtuerisch,** vivere, Eustath. hexaëm. 5, 6.

ostentātōrius, a, um (ostento), **zeigend,** fulmen ost., Gefahr drohender, Serv. Verg. Aen. 8, 429.

ostentātrīx, trīcis, *f.* (Femin. zu ostentator), die **Prahlerin,** attrib. = **prahlend** mit usw., sui, Apul. u. a.: vani splendoris, Prud.

ostento, āvī, ātum, āre (*Intens.* v. ostendo), **entgegenhalten, hinhalten, darbieten,** **I** eig.: **A** im Allg.: alci iugula sua pro capite alcis, Cic. – als etwas zu Erwartendes, alterā manu panem, Plaut. aul. 195. – **B** insbes., **den Blicken entgegenhalten, -darbieten, zeigen,** **a** übh.: passum capillum, Caes.: Germanici liberos, Suet. – dah. als milit. *t. t.*, um den Feind zu schrecken usw., Truppen **zeigen,** equitatum omnibus locis iniciendi terroris causā ostentare coeperunt, Caes. – **b** **prahlend zeigen,** cicatrices suas, Ter.: equum armaque capta, Liv. – **II** übtr.: **A** im Allg., **vorhalten, vor Augen halten** (als etwas zu Erwartendes), **in Aussicht stellen, versprechen,** agrum, Cic.: praemia, Sall.: sociis spem pro re, Liv.: ostentabatur in spem Pomptinus ager, Liv.: largitio aliqua promulgata quae verbis ostentari potest, revera fieri nisi exhausto aerario nullo pacto potest, Cic.: cum unius filii recuperandi spes esset ostentata, Cic.: occasio mihi ostentata, Ter.: spes se quaedam mihi ostentabat fore, ut etc., Cic.: nova iura Cappadociae ostentata magis quam mansura, mehr zum Schein gegeben als für die Dauer, Tac. – **B** insbes.: **1** prahlend **zur Schau tragen,** **a** mit etwas **prahlen, -sich großtun, auf etw. sich viel wissen,** memoriam, Rhet. Her.: prudentiam, Cic.: u. so se, viel Aufhebens von sich machen, prahlen, großtun, Cic. u. a.: se inani simulatione, Caes.: studium ostentandi, Vielwisserei, Gell. – **b** (prahlend) **sich auf** jmd. od. etwas **berufen,** alqm, Caes.: u. so aetatis honorem, Caes. – **2** drohend zeigen, mit etw. **drohen, -bedrohen,** caedem, Cic.: bellum, Plin. ep. – **3** als Muster **vorhalten,** desine Tydiden vultuque et murmure nobis ostentare meum (meinen Freund), Ov. met. 13, 350*sq.* – **4** **zeigen, an den Tag legen, offenbaren,** **a** übh.: quasi aequitatem integram, Suet.: longe lateque principem, den Fürsten zeigen, offenbaren (v. Eigenschaften), Plin. pan. – refl. se, sich zeigen (seinen Eigenschaften nach), in aliis rebus, Cic.: huic te ostentes oportet, dieser (Nachwelt) musst du dich (in deiner ganzen Größe) zeigen, Cic. – se comem et magnificum, Tac. – **b** durch Schrift od. Wort **zeigen, darlegen, zu erkennen geben,** mit folg. *Acc.* u. *Infin.*, cotidiano sermone quaedam frequentius et notabiliter usurpasse eum, litterae ipsius autographae ostentant (bezeugen), Suet. Aug. 87, 1: et simul ostentavi tibi me istis esse familiarem, Cic. ep. 9, 6, 2. – m. folg. indir. Fragesatz, ostentans, quanta eos in posterum a plebe Romana maneret invidia, Suet. Caes. 14, 1. – **5** etw. **zeigen** = **auf** etw. **hinweisen, auf** etw. **schließen lassen, von etw. zeugen,** vires (Macht) autem veteres earum urbium hodieque magnitudo ostentat moenium, Vell. 1, 4, 2: numnam caelatus in manu dextra scyphus, caelo dolitus, artem ostentat Mentoris? Varro sat. Men. 7. – ► Parag. Infin. ostentarier, Plaut. most. 287.

ostentum, ī, *n.* (ostendo), das **Anzeichen,** das **Wunderzeichen,** das man auf die Zukunft deutet (vgl. Cic. de nat. deor. 2, 7), deorum ostenta, Suet.: ostentorum mira, Aur. Vict.: ostentorum ac fulgurum denuntiationes, Val. Max.: ostenta et praedictiones, Suet.: gravissimum ostentum, Cic.: caelestia ostenta, Iustin.: triste ost., Iustin.: multa admoneri ostentis, Cic.: cunctanti ostentum tale factum est, Suet.: ostentis praecipue moveri, Suet.: nuntiare gravissimum ostentum ordini, Cic.: magnorum periculorum metus ex ostentis portenditur, Cic.: ostentum illud Augusti potentiam portendisse, Suet.: altero ostento periculum a custodibus domino portendi, Suet.: procurare ostentum, Phaedr., familiare ostentum, Liv.: ostento terreri, Suet.: nec pro ostento ducendum, si pecudi cor defuisset, Suet. – übtr.: **a** ein **Wunder, Wunderding,** ostenti prorsus genus (eine Art von W.), si in tanto populo parricidium sileri potuit, Iustin. 10, 1, 6: scis Appium censorem hic ostenta facere, hier gewaltigen Spuk macht, Cael. in Cic. ep. 8, 14, 4. – **b** ein **Ungeheuer,** ein **Scheusal,** verebar, ne velut monstrum ostentumque me obtruncatum vulturiis pabulum redderent, Apul. met. 10, 17: in moral. Hinsicht, Vatinius inter foedissima eius aulae ostenta fuit, Tac. ann. 15, 34.

1. **ostentus,** Dat. uī, Abl. ū, *m.* (ostendo), das **Zeigen,** **I** eig., das **Zur-Schau-Stellen,** corpora extra vallum abiecta ostentui, zur Schau, Tac. ann. 1, 29. – **II** übtr.: **A** das **Zur-Schau-Stellen,** **1** im Allg.: vivere iubet ostentui clementiae suae, seine Gnade zur Schau zu stellen, Tac.: ire ostentui gentibus, zum Schauspiel für die V., Tac.: quoniam eo natus sum, ut Iugurthae scelerum ostentui essem, damit I. an mir sein Verbrechen zur Schau ausstelle, Sall. – capitis poenam horrificam atrocitatis ostentu reddiderunt, Gell. 20, 1, 48. – **2** insbes., der täuschende **Schein,** die **Spiegelfechterei, der Trug,** illa deditionis signa ostentui credere, Sall. Iug. 46, 6. – **B** das **Zeigen, Offenbaren, der offenbare Beweis,** ore ac membris in eum pallorem albentibus, ut ostentui esset multum vitalis spiritus egestum, Tac. ann. 15, 64.

2. **ostentus** (Partiz.), s. ostendo.

ōstēs, ae, *m.* (ὤστης), eine Art Erdbeben, Apul. de mund. 18.

1. **Ōstia,** ae, *f.* u. **Ōstia,** ōrum, *n.* (ostium; vgl. unseren Städtenamen »Gemünd«), eine Stadt in Latium, am Ausfluss des Tibers, von Ankus Marcius erbaut, um Rom als Hafenplatz zu dienen, j. Ruinen zwischen *Torre Bovacciana* u. dem h. *Ostia,* Cic. ep. 9, 6, 1 u. ad Q. fr. 3, 2. 1. Liv. 1, 33, 9. Tac. ann. 16, 9. Mela 2. §71. Plin. 2, 121 u. ö.: Form Ostia, ōrum, Liv. 9, 19, 4; 22, 37, 1; 27, 23, 3. Augustin. conf. 9, 11, Iuven. 8, 171: Abl. gew. Ostiis, aber auch Ostis, z. B. CIL 10, 1562 u. 14, 296. – Dav. **Ostiēnsis,** e, **ostiensisch,** via, nach O., Hieron. de vir. ill. 5: portus, Porphyr.: populus, Liv.: incommodum, der daselbst durch die Seeräuber erlittene Verlust der römischen Flotte, Cic.: provincia, die Verproviantierung der Stadt Rom u. die Aufsicht über die Wasserleitungen, die der jedesmalige Quästor zu Ostia hatte, Cic. u. Suet.: ofellae, Apic.

2. **ostia,** ae, *f.*, s. hostia ►.

ōstiārius, a, um (ostium), **zur Tür gehörig, Tür-,** **I** *adi.*: ancilla, Türhüterin, Pförtnerin, Vulg. Ioann. 18, 17 u. a. Eccl. – **II** *subst.*: **a** **ōstiārius,** iī, *m.*, der **Türhüter, Pförtner,** Varro, Sen. u. a.: dah. auch der **Küster,** Cod. Theod. 1, 3, 6 u. a. – **b** **ōstiāria,** ae, *f.*, die **Türhüterin, Pförtnerin,** Ambros. in Luc. 10. §75. Vulg. 2. reg. 4, 5; Ioann. 18, 16. – **c** **ōstiārium,** iī, *n.* (*sc.* tributum), die Abgabe von den Türen, die **Türsteuer,** Caes. b. c. 3, 32. 2.

ōstiātim, *Adv.* (ostium), **I** **von Tür zu Tür, von Haus zu Haus, Haus für Haus,** compilare totum oppidum, Cic.: privatorum argentum petere,

Eutr.: stipem mendicare, Hieron.: haec crimina agere ostiatim, Cic. – **II** übtr., **einzeln,** Vopisc. Carin. 17. § 7.

ōstĭcium, s. ūstīcium.

ōsticus, a, um (ὠστικός), **stoßend,** Marc. Emp. 15.

Ōstiēnsis, e, s. 1. Ōstia.

ostīgo, in der Hirtensprache = mentigo, Colum. 7, 5, 21.

ōstiolum, ī, *n.* (*Demin.* v. ostium), eine **kleine Tür,** Colum. 8, 14, 1. Plin. 19, 125. Vulg. 3. regg. 6, 31; Ezech. 41, 24; Daniel 14, 20. Paul. ex Fest. 84, 15: ost. casae, Petron. 136, 4: ansa ostioli rupta, Petron. 96, 1.

ōstium, iī, *n.* (ōs, ōris), der **Eingang, I** im Allg.: portus, Cic.: fluminis Cydni, Mündung, Cic.: u. so ostia Rhodani amnis, Iustin.: Oceani, Straße von Gibraltar, Cic.: duobus ostiis exire (v. einem Fluss), Mela: uno ostio effluere od. emitti (v. einem od. zwei Flüssen), Mela: ostia aperiunt muribus, Zugang, Varro. – **II** insbes., die **Tür, Haustür,** ost. rectum, Vordertür (Ggstz. posticum ost., Hintertür), Plaut.: ost. carceris, Cic.: ostium crepuit, Komik. u. Petron. (s. crepo): concrepuit ostium, Ter.: ostium aperire, Ggstz. operire, Ter.: aperto ostio dormire, Cic.: ab ostio omnia istaec auscultavisse, Plaut.: ab ostio quaerere, Cic.: obdere pessulum ostio, Ter.: obserare ostium intus, Ter.: pernoctare ante ostium carceris, Cic.: patuere ingentia ostia domus, Verg. – ► Alter Genet. ostiei, CIL 1, 577 (wo ostiei lumen). – arch. austium, Akk. Plur. austia, CIL 1, 1463.

osto, s. ob-sto a. E. ►.

ostocopos, ī, *m.* (ὀστοκόπος), die gänzliche bis in die Knochen dringende Ermattung, wobei man die Knochen wie zerschlagen fühlt, Ser. Samm. 892. Pelagon. veterin. 3 (34 *Ihm*) u. 10 (190 *Ihm*).

ostomachium, iī, *n.*, ein **Spiel mit Figuren aus Elfenbein,** Ennod. carm. 2, 133 lemm. *ed. Hartel* (Auson. Cent. nupt. p. 140, 26 *ed. Schenkl* griech. ὀστομάχιον).

ostrăceum, eī, *n.* (ὀστράκεον, ὀστράκειον), eine Muschel, sonst onyx gen., Plin. 32, 134.

ostraciās, ae, *m.* (ὀστρακίας), ein Halbedelstein, wahrsch. **ein Hornstein** od. **Chalzedon,** Plin. 37, 177.

ostracītēs, ae, *m.* (ὀστρακίτης), ein uns unbekannter Stein, Plin. 36, 139.

ostracītis, tidis, *f.* (ὀστρακῖτις), **I** = ostracias (s. d.), Plin. 37, 177. – **II** eine Art **Galmei** (cadmia), Plin. 34, 103.

ostracodermus, a, um (ὀστρακόδερμος), **mit scherbenartiger, harter Haut** od. **Schale,** subst., ostracoderma, ōrum, *n.*, od. ostracodermae, ārum, *f.*, Schaltiere (Krebse, Muscheln), Plin. Val. 5, 13 u. 5, 16 (wo jetzt ostragoderinas).

ostrea, ae, *f.* u. **ostreum,** ī, *n.* (ὄστρεον), die Auster, **Muschel, Meerschnecke,** Form *-ea*, Comic. vett., Lucil. fr., Cic. fr. u. a.; Form *-eum*, Lucil. fr., Varro fr. u. Sen. – ► Nbf. ostria, Edict. Diocl. 5, 6.

ostreārius, a, um (ostrea), **zu den Austern gehörig,** panis, Brot, das die Alten zu den Austern zu essen pflegten, Plin. 18, 105. – subst., ostreārium, iī, *n.*, die **Austernbank,** die die Alten künstlich anlegten, Plin. 9, 161. Macr. sat. 2, 11. § 3.

ostreātus, a, um (ostrea), gleichs. mit Austernschalen besetzt, **grindig, schorfig,** quasi ostreatum tergum ulceribus gestito (nämlich von Schlägen), Plaut. Poen. 398.

ostreōsus u. **ostriōsus,** a, um (ostrea), **austernreich,** Cyzicos ostr., Priap. 75, 13: ora Hellespontia ceteris ostriosior oris, Catull. fr. bei Ter. Maur. 2758.

ostreum, ī, *n.*, s. ostrea.

ostria, s. ostrea ►.

ostriārius, s. ostreārius.

ostriāgo, inis, *f.*, eine uns unbekannte Pflanze, Ps. Apul. herb. 28.

ostricolor, ōris (ostreum u. color), **purpurfarbig,** Sidon. carm. 5, 18.

ostrifer, fera, ferum (ostreum u. fero), **Austern bei sich führend, austernreich,** Verg. u. a.

ostrīnus, a, um (ostrum), **purpurn,** ricula, Turpil. com. 74: supparum, Varro sat. Men. 121: torus, Prop. 1, 14, 20: tunica, Prop. 2, 29, 26: colores, Prop. 3, 13, 7.

ostriōsus, s. ostreōsus.

ostrītis, tidis, *f.* (ὀστρῖτις), der **Austernstein,** ein Halbedelstein, Plin. 37, 177 (wo die bamb. Handschr. ostriti, Dativ v. ostrītes, griech. ὀστρίτης).

Ostrogothī, ōrum, *m.*, die **Ostgoten,** Claud. in Eutr. 2, 153: Nbf. Austrogoti, Treb. Poll. Claud. 6, 2. – Sing. Ostrogothus, ī, *m.*, kollektiv b. Sidon. carm. 2, 377 u. 5, 583.

ostrum, ī, *n.* (ὄστρεον), **I** das **Meerschneckenblut, der Purpur,** Vitr.: vestes ostro perfusae, Verg. – **II** meton.: **A ein purpurnes Gewand,** eine **purpurne Decke,** ein **Purpur,** Verg. u. a. – **B** der **Purpurglanz, Purpur,** Auct. Aetnae 334.

ostrya, ae, *f.* u. **ostrys,** yos, Akk. yn, *f.* (ὀστρύα u. ὀστρύς), ein Baum mit hartem Holz, die **Hopfenbuche** (*Carpinus ostrya,* L., *Ostrya vulgaris* und *orientalis,* Willd.), Plin. 13, 117.

ōsūrus, a, um, s. ōdī.

ōsus, a, um (odio), **a** aktiv, **dem** jmd. od. etw. **zuwider ist,** jmd. od. etw. **hassend** (vgl. Prisc. 5, 19), inimicos semper osa sum optuerier, es ist mir zuwider, Plaut. Amph. 900: osus eum morum causā fuit, er hasste ihn, Gell. 4, 8, 3: quosdam (reges) minus aut magis osos veritatem, *Sen. suas. 1, 5. – **b** passiv, **verhasst,** re verā enim per invidiam fit, ut boni viri dum vivant osi sint, Porphyr. Hor. carm. 3, 24, 30.

1. osyris, *f.* (ὄσυρις), eine Pflanze, wahrsch. **besenartiger Gänsefuß** (*Chenopodium Scoparia,* L.), Plin. 27, 111.

2. Osȳris, s. Osiris.

Otăcilius, a, um, Name einer römischen gens, aus der zu nennen O. Crassus, ein Pompejaner, Caes. b. c. 3, 28 *sq.*

ōtacūstēs, ae, *m.* (ὠτακουστής), der **Horcher, Ausspäher, Spion,** Apul. de mund. 26.

ōtalgicus, a, um (ὠταλγικός), **vom Ohrenschmerz herrührend,** morbus, Cassian. collat. patr. 24, 15.

Otho, ōnis, *m.* (Ὄθων), ein röm. Beiname, unter dem bes. bekannt sind **1** L. Roscius Otho, Volkstribun 68 v. Chr., Urheber der lex, dass die Ritter besondere Sitze im Theater haben sollten, Cic. Mur. 40. – **2** M. Salvius Otho, ein röm. Kaiser, Suet. Oth. 1. – Dav. **Othōniānus,** a, um, **othonianisch,** partes, duces, des Kaisers Otho, Tac.

othonna, ae, *f.*, eine uns unbekannte Pflanze, Plin. 27, 109.

Ōthos (Othus), s. Ōtos.

Othryadēs, ae, *m.* (Ὀθρυάδης), **I** der **Othryade** (Sohn des Othrys) = Panthus, Verg. Aen. 2, 319 u. 336. – **II** ein spartanischer Heerführer, der im Gefecht mit den Argivern allein übrig blieb, Ov. fast. 2, 665. Val. Max. 3, 2. ext. 4.

Othrys, yos, Akk. yn u. ym, *m.* (Ὄθρυς), ein hohes (dah. nivalis) u. waldreiches (dah. piniger) Gebirge in der thessal. Landschaft Phthiotis, j. *Goura*, nach a. *Katavothry,* seine höchste Spitze j. *Jerako,* Verg. Aen. 7, 675 (wo Akk. -ym). Ov. met. 12, 513. – von spät. Dichtern nach Thrazien versetzt, Stat. Theb. 4, 655 (wo Akk. yn). Val. Flacc. 1, 24. – Dav. **Othrysius,** a, um, **othrysisch,** poet. = **thrazisch,** pruina, Mart.: orbis, von Thrazien, Mart.

ōtia, ae, *f.* (= ὠτίον, Öhrchen), eine Muschelart, Plin. 32, 149.

ōtiābundus, a, um (otior), **sich der Muße hingebend, Muße genießend,** Sidon. epist. 4, 18, 2.

ōticus, a, um (ὠτικός), **für die Ohren bestimmt, Ohren-,** clyster, Ohrenspritze, Cael. Aur. de morb. chron. 2, 1, 23.

ōtiolum, ī, *n.* (*Demin.* v. otium), die **wenige Muße,** cum otiosus sum, plane ubi delectem otiolum meum non habeo, meine paar Mußestunden angenehm ausfülle, Cael. in Cic. ep. 8, 3, 1.

ōtior, ātus sum, ārī (otium), **Muße haben, -genießen, müßig sein,** cum se Syracusas otiandi, non negotiandi causā contulisset, um der Muße (Ruhe), nicht um den Geschäften zu leben, Cic. de off. 3, 58: Baiis remotis arbitris otiabar, Symm. epist. 1, 3: domesticus otior, faulenze zu Hause, Hor. sat. 1, 6, 128.

ōtiōsē, *Adv.* (otiosus), **I mit Muße, müßig, ohne Geschäfte,** Cic. u. Liv. – **II** übtr.: **1 mit Muße, langsam, ohne Eile** (Ggstz. strenue), Plaut. Cic. u. Liv. – **2 ruhig, ohne Furcht, Ter.** heaut. 342. – ► Archaist. Nbf. otiosse, Plaut. trin. 1077 R.

ōtiōsitās, ātis, *f.* (otiosus), das **Nichtstun**, die **Muße**, Acro Hor. ep. 2, 1, 93 H. Vulg. Sirach 33, 29. Cassian. coenob. inst. 10, 14 u. 20. Eustath. hexaëm. 8, 8. – meton., otiositates suas edere, die Früchte seiner Muße (= Schriften), Sidon. ep. 2, 10, 3.

ōtiōsus, a, um (otium), **reich an Muße, I** eig.: **a müßig, untätig, unbeschäftigt, feiernd, geschäftslos, ohne Geschäfte,** u. insbes. **ohne öffentliches Amt, ohne öffentliche Geschäfte** (Ggstz. negotiosus, occupatus), **α** v. leb. Wesen: homo, Cic.: otiosi urbani, Pflastertreter, Liv.: homines otiosissimi, Cic.: di, die nichts zu tun haben, Cic.: bos, Hor.: quem locum nos otiosi (in einem müßigen Stündchen) convertimus, Cic.: cum otiosus (in müßigen Stunden) stilum prehenderat, Cic.: licuit Themistocli otioso esse, Cic.: Plur. subst., otiosis (Müßiggängern) locus hic non est; discede morator (Bummler), CIL 4, 813. – **β** v. Lebl.: otium, Cic.: aetas, tempus, Cic.: otiosissimae occupationes, geschäftiger Müßiggang, Plin. ep.: honor otiosus ac vacans, unverwaltetes u. erledigtes Ehrenamt, Plin. pan.: übtr., pecunia, brach daliegendes, keine Zinsen bringendes, ICt.: u. so pecuniae publicae vereor ne otiosae iaceant (Ggstz. occupatae), Plin. ep.: fons vel rivus huc convenit otiosus, in aller Gemächlichkeit, Pallad, 1, 37, 3. – **b frei von Berufsarbeiten, α** v. Pers., **der Muße ergeben, den Wissenschaften lebend, literarisch beschäftigt, ein Literat,** Cic. u. a.: numquam se minus otiosum esse quam cum otiosus (esset), Cic.: otiosa Neapolis, mußereich, Hor.: Plur. subst. m. *Genet.*, studiorum otiosi, die Muße für wissenschaftliche Beschäftigungen haben, Plin. nat hist. praef. § 6. – im weiteren (üblen) Sinne, **sich gehen lassend,** v. Redner, Tac. dial. 18 u. 22. – **β** v. Lebl., **der Muße gewidmet,** dies, Cic.: senectus, Cic.: u. alci otiosum est m. folg. *Infin.*, es macht sich jmd. einen Zeitvertreib daraus, zu usw., Tac. ann. 13, 3. – **c** politisch **müßig, untätig, teilnahmlos, neutral, Ruhe haltend, friedsam, α** von Pers.: omnes fere socii spectatores se otiosos praebuerunt Leuctricae calamitatis, Cic.: istos otiosos reddam, will sie zur Ruhe bringen, Cic.: subst., otiosi, Neutrale, Cic. ep. 9, 6, 3; od. friedliche Bürger, Tac. Agr. 40. – **β** v. Lebl., **friedlich, ruhig,** dignitas, Cic. Sest. 98. – **II** übtr.: **a** gemütlich, **ohne Unruhe, ruhig, sorglos, unbesorgt, unbekümmert,** animo otioso esse, Ter. u. Gell.: quin tu otiosus es, Ter.: quid *otiosius* quiete animi, quid irā *laboriosius,* Sen.: otiosum Fadium reddere, dem F. die Ruhe wiedergeben, Cic. – m. *ab* (von Seiten) u. Abl., otiosus ab animo, Ter. Phorm. 340. – **b müßig = überflüssig, unnütz,** peregrinatio, Curt.: sententiae, Quint.: sermo, Quint.: quaestio, Gell. – dah. otiosum est mit *Infin.* = es ist überflüssig, persequi singula, Lact. 2, 4, 28: ire per singulos, Min. Fel. 23, 1 (21, 9).

ōtis, tidis, *f.* (ὠτίς), eine Trappenart (wahrsch. *Otis arabs,* L.), Plin. 30, 131 (griech. Plin. 10, 57).

ōtium, iī, *n.*, die Ruhe von Berufstätigkeit, das **Nichtstun,** die **Geschäftslosigkeit, freie Zeit, Muße,** das **Stillleben, a** übh. (Ggstz. negotium [w. vgl.], labor, festinatio): otium inertissimum ac desidiosissimum, Cic.: cui non industrio otium poena est? Sen.: otium sine litteris mors est, Sen.: id velle paene dementis otii est, ist fast unsinnige Zeitverschwendung, Plin.: alere otium serendis rumoribus natum, Curt.: agere otium, Lucan.: agere vitam in otio, Ter.: amplexari otium, Cic.: sic sum otium complexus (ich habe mich so dem N. ergeben), ut ab eo divelli non queam, Cic.: se conferre de turba et a subselliis in otium soliumque, Cic.: cogitare in otio de negotiis, Cic.: otium dare corpori, Phaedr.: si quid datur oti, illudo chartis, Hor.: aliqua regio ad populi otium (Erholung) dedicata, Sen.: diffluere otio, Cic.: mollia otia peragere, in behaglichem Müßiggang leben, Ov.: haud otium est, Ter.: frui otio, Cic.: habere plus otii, Cic.: hebescere et languescere in otio, Cic.: languere otio, in Schlaffheit verfallen aus Mangel an öffentlicher Tätigkeit, Cic.: fortasse his rebus admoneris, ut te magis ac magis otio involvas (dich in ein Stillleben vergräbst), quod non abrumpi, sed intermitti volo, Plin. ep.: diuturno otio involuti, in ein dauerndes Stillleben vergraben, Amm.: marcescere otio, Liv.: marcescere otii situ et inertiā sopiri, Liv.: otium ex labore, copia ex inopia corpora varie movebat, Liv.: nancisci plus otii, Cic.: natio occupata in otio, dem geschäftigen Müßiggang ergeben, Phaedr.: ut non tam otium sibi quam negotium quaesisse videantur, Lact.: a negotiis publicis se removere ad otiumque perfugere, Cic.: persequi (suchen) otium, Cic.: non prospicere otio, Cic.: se in otium referre, sich ganz aus dem öffentlichen Leben zurückziehen, Cic.: remotum a studiis ambitionis otium ac tranquillitatem vitae sequi, Cic.: resides et otium sequentes, sich dem N. hingebend, Phaedr.: u. so hanc vitam urbanam atque otium secutus sum, Ter.: a rei publicae pulcherrimis muneribus otium sibi sumere, Cic.: tabescere otio, Cic.: venire in otium, Cic. – per otium (in aller Ruhe, mit Muße) cibum capere, Liv., spolia legere, Liv.: u. so quamlibet lambe (trinke) otio, Phaedr. – übtr., v. Lebl., quies aëris et otium et tranquillitas, Sen. nat. qu. 1, 2, 8: operis otium, das Ruhen der Arbeit, die Freizeit, Plin. 11, 25. – **b** die **freie Zeit, Muße** für andere Arbeiten, otium rei si sit, Plaut.: cum otium est, Cic.: si modo tibi sit otium, Cic.: non hercle otium est nunc mi auscultandi, Ter. – m. *ab* u. Abl., tantumne ab re tua est oti tibi, aliena ut cures, Ter. heaut. 75. – bes. die **freie Zeit, Muße** zu wissenschaftl. Beschäftigungen, Tusculi requies atque otium, Cic.: otium litteratum, Cic.: moderatum atque honestum, Cic.: studiosum (gelehrte), Plin. ep.: abundare otio studioque, Cic.: otio nimio et ingeniis uberrimis affluere, Cic.: otium suum consumere in historia scribenda, Cic.: de his rebus in angulis consumendi otii causā disserere, Cic.: otium studio suppeditare, Rhet. Her.: neque enim quisquam hoc Scipione elegantius intervalla negotiorum otio dispunxit, verstand es besser, die Pausen zwischen den Geschäften mit geistig belebter Muße auszufüllen, Vell. – Plur. meton., otia nostra, die Früchte meiner Muße (v. Gedichten), Ov. trist. 2, 224. – **c** die politische **Ruhe, Ruhe und Frieden** im Staat (oft verb. pax atque otium, otium paxque), otium domesticum, Cic.: diuturnitas otii, Caes.: nihil est tam populare quam pax, tranquillitas, otium, Cic.: omnis opera atque quaestus alitur otio, Cic.: amplexari otium, die Erhaltung der Ruhe zu fördern suchen, Cic.: otii esse amantissimum, am friedliebendsten sein, Cic.: ex maximo bello tantum otium toti insulae conciliare, ut etc., Nep.: valde me ad otium pacemque converto, Cic.: deducere rem ad otium, die Sache gütlich beilegen, Caes.: impune in otio esse posse, ungestr. in R. u. Fr. leben können, Cic.: perturbare otium, Cic.: nec cernentes ex illo brevi otio (Waffenruhe) multiplex bellum rediturum, Liv. – studia recta et honesta per otium (in Friedenszeiten) concelebrata, Rhet. Her. – m. *ab* u. Abl. (s. Müller Liv. 1, 31, 5), ab hoste otium fuit, Liv.: ab seditionibus urbanis otium fuit, Liv.

ōtopeta, ae, *m.* (ὠτοπετής, auritus, Gloss.), das **Langohr** = der **Hase,** Petron. 35, 4 zw. (*cod. Trag.* oclopetam von oculus u. peto; aber was?).

Ōtos (Othos) u. **Otus** (Ōthus), ī, *m.* (Ὦτος), einer der Aloïden (s. Alōidae unter Aloeus), Ps. Verg. cul. 233. Hyg. fab. 28. Amm. 22, 14, 3.

ōtus, ī, *m.* (ὠτός od. ὦτος), die **Bergeule, Horneule** (*Stryx Otus,* L.), Plin. 10, 68.

ouls, s. uls.

ovālis, e (ovo), **zur Ovation gehörig,** corona, Kranz, den der Feldherr bei der Ovation aufsetzt, Gell. 5, 6. § 20; vgl. Paul. ex Fest. 195, 7.

ovanter, *Adv.* (ovo), **frohlockend,** Tert. adv. Valent. 28.

ōvārius, a, um (ovum), **zum Ei gehörig, Eier-,** subst., **a** ōvārius, iī, *m.*, der **Eieraufseher, Eierhüter,** CIL 11, 5067. – **b** ōvārium, iī, *n.* = ovum *no.* I, c (s. d.), CIL 8, 9065.

ovātio, ōnis, *f.* (ovo), der kleine Triumph, wenn der Feldherr nach davongetragenem Sieg nicht auf einem Wagen, wie beim Triumph, sondern nur zu Pferd od. zu Fuß, einen Myrtenkranz auf dem Haupt, seinen siegreichen Einzug hielt, die **Ovation,** ovatio de servis, Flor. 3, 19, 8: Plur., Gell. 5, 6. § 27.

1. ōvātus, a, um (ovum), **I eiförmig, oval,** Plin. 15, 85 u. a. – **II ovale Pünktchen habend,** Plin. 35, 3.

2. ovātus, a, um, s. ovo.

3. ovātus, ūs, *m.* (ovo), das **Frohlocken,** Plur. bei Val. Flacc. 6, 187.

oviārius, a, um (ovis), **zu den Schafen gehörig, Schaf-,** pecus, Schafvieh, Colum. 7, 6 *in.*: greges, Schafherden, CIL 9, 2438. – subst., oviāria, ae, *f.*, die **Schäferei,** Varro r. r. 2. praef. § 6. – ► oviārium, iī, *n.*, der **Schafstall,** ungebr. nach Varro LL. 8, 54.

ōvico, āre (ovum), **mit einem Ei abquirlen,** ovo crudo ovicare, Plin. Val. 1, 17.

ovicula, ae, *f.* (*Demin.* v. ovis), das **Schäfchen,** Aur. Vict. de vir. ill. 43, 1. Tert. de pall. 3. Augustin. de doctr. Chr. 3, 21. Hieron. epist. 16, 1.

Ovidiānus, s. Ovidius.

Ovidius, iī, *m.*, röm. Rittergeschlecht in Sulmo, aus dem bes. bekannt P. Ovidius Naso, der bekannte Dichter der Metamorphosen usw. zu Augustus' Zeit (geb. 43 v. Chr. zu Sulmo, gest. 17 n. Chr.), im Jahre 8 n. Chr. nach Tomis (Kostanza) am Schwarzen Meer verbannt, Quint. 10, 1. § 88. 93 u. 98. Sen. ep. 79, 5: der Beiname Naso, Ov. trist. 2, 119 u. a. – Ein anderer Ovidius b. Mart. 7, 44 *sq.* u. a. – Dav. **Ovidiānus,** a, um, **ovidianisch, des Ovid,** Ovidianum illud: ›inepta loci‹ (s. Priap. 3, 8 B.), Sen. contr. 1, 2, 22.

ovifer, ferī, *m.* (ovis u. ferus), das **wilde Schaf,** Edict. Diocl. 8, 25 (wo vulg. obifer). Apic. 8, 352. Vgl. Gloss. ›πρόβατον ἄγριον, ovifer‹.

ōvificus, a, um (ovum u. facio), **Eier legend,** animalia, Eustath. hexaëm. 7, 1.

ovīle, is, *n.*, s. ovīlis.

ovīlio, ōnis, *m.* (ovis), der **Schäfer, Schafhirt,** Iavolen. dig. 33, 7, 25. § 2.

ovīlis, e (ovis), **zu den Schafen gehörig, Schaf-, I** *adi.*: grex, Schafherde, ICt.: stabulatio, Apul. – **II** *subst.*, ovile, is, *n.* (*sc.* stabulum), **A** der **Schafstall,** Varro LL., Verg., Colum. u. a.: auch der **Ziegenstall,** Tibull. u. Ov. – **B** der eingezäunte Platz auf dem Marsfeld, wo die Römer bei ihren Komitien abstimmten, der **Abstimmungsplatz,** Liv. 26, 22, 11; vgl. Serv. Verg. ecl. 1, 34.

ovīllīnus, a, um = ovillus, **Schaf-,** lac, caro, Th. Prisc. de diaet. 3 u. 6.

ovīllus, a, um (*Demin.* v. ovinus), **zu den Schafen gehörig, Schaf-,** pecus, Varro: grex, Carm. vet. b. Liv.: lac, Plin. u. Edict. Diocl.: caseus, Colum. – subst., ovīlla, ae, *f.* (*sc.* caro), Schaffleisch, Prisc. 2, 60.

ovīnus, a, um (ovis), **vom Schaf, Schaf-,** cauda, Ser. Samm. 254: pellis, Augustin. in psalm. 110, 2 u. a.: lac, Sex. Placit. 15, 5: sevum, Plin. Val. 1, 58 *in.* – Subst., ovīna, ae, *f.* (*sc.* caro), Schaffleisch, Prisc. 2, 60.

ōviparus, a, um (ovum u. pario), **I** = ᾠοτόκος, **Eier legend,** pisces, Apul. apol. 38: alvus, Auson. Mos. 133. II) passiv = **aus Eiern entstanden,** fetus, Fulg. myth. 1, 12.

ovis, is, *f.* (altindisch *ávi-h,* griech. ὄϊς), das **Schaf, I** eig. u. übtr.: **a** eig.: custos ovium, Verg.: magister ovium, Verg.: pastor ovium, tonsura ovium, Varro: glabra, scabra, Plaut.: ovis fera, Varro: ovis mas, Varro LL.: nigra, Verg.: placida, Ov.: semimas, ein kastriertes (männliches), Ov.: pascere oves, Verg.: tondere ovem, oves, Plaut., Plin. u. a., oves in anno bis, Varro. – Sprichw., ovem lupo committere, den Wolf zum Schafmeister machen, den Bock zum Gärtner machen, Ter. eun. 832. – **b** übtr., v. Menschen, als Schimpfwort, wie **Schaf = Einfaltspinsel,** Plaut. Bacch. 1121^{b}. – **II** meton. (poet.) = die **Wolle,** Tibull. 2, 4, 28. – ► ovis als *masc.*, Varro b. Gell. 11, 1, 4 u. b. Non. 216, 22.

ovo, āre (v. euoë, ähnlich dem griechischen εὐάζω, juchheen), **I frohlocken, jubeln,** seine Freude durch Stimme und Gebärden äußern, **a** v. Pers.: Plaut., Verg. u. Liv. – m. *Abl.* (über), ovans victoriā, duplici victoriā, Liv.: spoliis exercituum et ducum caedibus ovans, Tac.: laetus ovat nunc lande virûm, nunc vatis honoro carmine, Val. Flacc. – **b** v. Tieren, ovantes gutture corvi, aus jubelnden Kehlen schreiende, Verg. georg. 1, 432. – **c** v. Lebl.: non Africus alto tantus ovat, Val. Flacc. 2, 507. – **II eine Ovation** (einen siegreichen Einzug zu Pferd od. zu Fuß) **halten** (s. ovātio), Cic. u. Liv.: ovans triumphavit, hielt zu Fuß seinen Triumphzug, Vell.: ovans urbem ingressus est, Plin.: et ovans et curru ingressus est urbem, Suet.: ovantium corona (myrtea), Plin.: ovasse de Britannis, Tac. – übtr., ovantes currus, Triumphwagen, Prop. 3, 9, 53: ovatum aurum, im Triumph aufgeführtes, erbeutetes, Pers. 2, 55. – ► 1. *Pers. Indic. Praes.* ovo ungebr., s. Macr. de diff. 23. § 8.

ōvum, ī, *n* (v. ᾠόν), das **Ei, I** eig. u. übtr.: **a** übh.: ova pavonis, Petron., pavonina, Varro: ova gallinacea, Varro: ova pullina, Hühnereier, Lampr.: ovi vacuati testa, Cael. Aur.: ovi putamen, Eierschale, Colum. u. Plin.: ovum parĕre od. gignere, Cic., od. facere, Varro, od. edere, Plin., od. ponere, Colum.: ovum incubanti gallinae subducere, Suet. – Sprichw., (da Eier gew. den Anfang, Obst den Beschluss der Mahlzeit machten), integram famem ad ovum affero, bis zum Ei, d. i. Anfang der Mahlzeit, Cic. ep. 9, 20, 1: ab ovo usque ad mala, von Anfang bis zu Ende, Hor sat. 1, 3, 6. – **b** in Bezug auf den Mythos der Leda (s. 2. Lēda), ovo prognatus eodem, v. Pollux, Hor sat. 2, 1, 26: nec gemino bellum Troianum orditur ab ovo, Hor de art. poët. 147. – **c** übtr., eine der sieben eiförmigen Figuren im Zirkus (als Anspielung auf die beiden Eier, aus denen die Götter der zirzensischen Künste, Kastor u. Pollux, zur Welt gekommen waren), nach denen im Zirkus die Umläufe gezählt wurden, indem man nach jedem Umlauf ein Ei von seinem Gestell (fala, s. d.) abhob, ovum sublatum est, Varro r. r. 1, 2, 11: ova ad notas curriculis numerandis, Liv. 41, 27, 6. Vgl. Tert. de spect. 8. Isid. orig. 18, 19, 1. – **II** meton.: **A** das **Maß einer Eierschale,** tribus ovis, Plin. 22, 137. – **B** die **Eigestalt, ovale Gestalt,** Calp. ecl. 7, 34.

oxalis, idis, Akk. ida, *f.* (ὀξαλίς), eine Art Ampfer, **Sauerampfer** (*Rumex acetosa,* L.), Plin. 20, 231.

oxalmē, ēs, *f.*, s. oxyalmē.

oximē, s. ōciter ►.

Oxiones, Akk. as, *m.*, eine sarmatische Völkerschaft, Tac. Germ. 46 *extr.*

oxiporium, s. oxyporium.

oxizōmus, s. oxyzōmus.

1. **Oxos** u. **-us,** ī, *m.* (Ὦξος), der bedeutendste Fluss Asiens nächst dem Indus, der nordwestl. von der Quelle des Indus entspringt, auf der Grenze von Hyrkanien u. Sogdiana fließt und sich in den Aralsee ergießt, j. *Amu* od. *Dschihun,* Mela 3, 5, 6 (3. § 42). Plin. 6, 48. Curt. 7, 4 (17), 21.

2. **oxos,** Abl. ō, *n* (ὄξος), **saurer Wein, Weinessig,** Charis. 139, 15.

oxyalmē, ēs, *f.* (griech. ὀξάλμη), eine Brühe (Tunke) von Essig u. Salzwasser, **saure Salzbrühe,** Plin. 23, 61 D. (Sillig oxalme). Min. Fel. 20. p. 30, 22 (Rose oxalme).

oxybaphon, ī, *n.* (ὀξύβαφον), eig. **Essignäpfchen;** übtr. ein Maß für Flüssigkeiten, 15 Drachmen enthaltend, Auct. de pond. 76. – Falsche Form oxybaphus b. Isid. orig. 16, 26, 4.

oxyblatta, ae, *f.*, der **hochrote Purpur,** Cod. Iust. 4, 60, 1; vgl. Mommsen Edict. Diocl. p. 93 *sq.*

oxycedros, ī, *f* (ὀξύκεδρος), eine Art Zedern mit spitzen Blättern, Plin. 13, 52.

oxycominum, ī, *n.*, die **eingesalzene Olive,** Petron. 66. § 7.

oxycrās, Abl. crāte, *m.* (ὀξύκρατον) = posca (s. d.), Plin. Val. 1, 63.

Oxydracae, ārum, *m.*, ein Volk in Indien zwischen Indus u. Acesines, Curt. 9, 4, 15 u. 9, 24, 26.

oxygala, ae, *f.* u. **oxygala,** *neutr.* (ὀξύγαλα), wörtlich **saure Milch,** der dichtere Teil der zur Säure gebrachten od. gekästen Milch, etwa unsere **Matten,** Colum. 12, 8 *in.* Plin. 28, 134 *sq.*

oxygarum, ī, *n.* (ὀξύγαρον), eine Brühe (Tunke) von Essig u. garum, Mart. 3, 50, 4. Plin. Val. 2, 23. Ps. Apul. herb. 59, 3. Apic. 1, 35.

oxygōnius, um (ὀξυγώνιος, ον), **spitzwinkelig,** trigonum, Gromat. vet. 299, 4 u. a.: (terminus) trigonus oxygonius, *ibid.* 341, 8.

oxygōnum, ī, *n.* (ὀξύγωνον), ein **spitzwinkeliges Dreieck,** Gromat. vet. 299, 6 u. 13.

oxylapathon, ī, *n* (ὀξυλάπαθον), eine Art Ampfer mit spitzen Blättern, **spitzblätteriger Ampfer** (*Rumex acutus,* L.), Plin. 20, 231 u. 233.

oxymel, s. oxymeli.

oxymeli, litos, Abl. li u. gew. lite, *n.* (ὀξύμελι), **Essig mit Honig vermischt,** Scriptt. r. r. u. Plin. – Nbf. **oxymel,** mellis, *n.*, Plin. Val. praef. fol. 164 (a) *ed. Ald.* u. Plin. Val. 1, 60. Th. Prisc. 1, 16: u. **oximelum,** ī, *n.*, Isid. orig. 20, 3, 12 *ed. vulg.* (Otto oxymeli): u. **oxymelitēs,** ae, *m.*, Akk. oximelitēn, Th. Prisc. 2, 19.

oxymōrus, a, um (ὀξύμωρος), **scharfsinnig-närrisch,** verba, die dumm und einfältig scheinen, aber einen verdeckten Scharfsinn enthalten, Ps. Ascon. ad Cic. div. in Caec. 1. § 3. p. 101, 8 B.

oxymyrsīnē, ēs, *f.* (ὀξυμυρσίνη), **Myrtendorn, Mäusedorn,** rein lat. ruscus, Plin. 15, 27. Scrib. Larg. 153.

oxypaederōtinus, a, um (ὀξυπαιδερώτινος), **opalfarbig,** Vopisc. Aurel. 46, 4.

oxypiper, eris, *n.* (ὀξύς u. piper), **mit Essig angemachter Pfeffer,** Th. Prisc. 4, 1.

oxyporium, iī, *n.* (ὀξυπόριον), ein leicht durchgehendes, dah. **die Verdauung förderndes Arzneimittel,** Plin. Val. 1, 60 u. 2, 8. Th. Prisc. 2, 16 (fol. 306, a). Gargil. Mart. de medic. ex pomis § 25. Apic. 3, 104 (wo oxiporium).

oxyporus, a, um (ὀξυπόρος), **schnell durchgehend, -durchdringend,** von Speisen, die einen scharfen Geschmack haben od. sich bald verbauen, u. v. Arzneien, die bald wirken, Colum. 12, 59, 5. Plin. 20, 65 u. 256.

oxys, yos, *m.* (ὀξύς, scharf), **I gemeiner Sauerklee, Hafenampfer, Buchampfer** (*Oxalis acetosella,* L.), Plin. 27, 112. – **II** eine Art **Binsen,** Plin. 21, 113.

oxyschoenos, ī, *m.* (ὀξύσχοινος), eine spitze od. scharfe Binsenart, Plin. 21, 112.

oxytonon, ī, *n* (ὀξύτονον), **wilder Mohn,** Ps. Apul. herb. 53.

oxytriphyllon, ī, *n* (ὀξυτρίφυλλον), eine Art **Klee mit spitzen Blättern** (*Trifolium italicum,* L.), Plin. 21, 54.

oxyzōmus (oxizōmus), a, um (ὀξύζωμος), **mit einer scharfen Brühe (Tunke),** Apic. 6, 241: porcellus, Apic. 8, 392.

ozaena, ae, *f.* (ὄζαινα), **I** als Tier = der **übelriechende Meerpolyp,** Plin. 9, 89. – **II** als Geschwür = ein **Nasengeschwür, Nasenpolyp,** noch j. ital. *ozene,* Plin. 25, 165. Cael. Aur. de morb. chron. 2, 1, 7. Pelagon. veterin. 16 (232. 248. 250 u. ö. *Ihm,* wo ozina geschr.).

ozaenītis, idos, *f.* (ὀζαινῖτις), die **unechte Narde,** eine der Narde ähnliche Pflanze, Plin. 12, 42.

ozīna, s. ozaena.

ozīnōsus, a, um (ozina = ozaena), **mit Nasengeschwüren behaftet,** Pelagon. veterin. 16 (260 *Ihm*).

ōzymum, ī, *n.,* s. ōcimum.

P.

P, p, der fünfzehnte Buchstabe des latein. Alphabets, entsprechend dem griech. Π (Pi), aber Pe genannt. – Als Abkürzung bezeichnet P. den Vornamen Publius: P. C. = Patres Conscripti: P. M. = Pontifex Maximus: P. R. = Populus Romanus: P. VIII = pedum octo.

pabillus, ī, *m.* (*Demin.* v. pabo), eine **kleine Schubkarre,** Lampr. Heliog. 29, 2.

pabo, ōnis, *m.*, ein einräderiges Fuhrwerk, etwa **Schubkarre,** Gloss. Scal. V, 606, 45.

pābulāris, e (pabulum), **zum Futter gehörig, -dienlich,** vicia, Colum. u. Pallad.

pābulātio, ōnis, *f.* (pabulor), **I** die **Fütterung, Weide,** Varro u. Colum. – **II** insbes., als milit. *t. t.* = das **Futterholen, Furagieren,** pabulatione premi, Caes.: pabulatione intercludi, Caes.: omnes nostras pabulationes frumentationesque observabat, Caes.

pābulātor, ōris, *m.* (pabulor), der **Futterholer, Furagierer,** Caes. u. Liv.

pābulātōrius, a, um (pabulor), **zum Futter gehörig, Futter-,** corbis, Colum. 6, 3, 5 u. 11, 2, 93.

pābulor, ātus sum, ārī (pabulum), **I** *intr.* **seine Nahrung-, seinen Unterhalt suchen, 1** v. Menschen: **a** v. Fischern, die fischen gehen, Plaut. rud. 295. – **b** als milit. *t. t.* = **Futter holen, furagieren,** Caes. u. Liv. – **2** v. Tieren, **Futter suchen, weiden,** Colum. u. a. – **II** *tr.* **füttern,** übtr., oleas fimo, düngen, Colum. 5, 9, 13.

pābulōsus, a, um (pabulum), **futterreich,** Hibernia, Solin. 22. § 2.

pābulum, ī, *n.* (pāsco), das **Futter,** die **Speise, Nahrung, I** eig.: **1** im Allg.: florida mundi pabula, Lucr.: pabula caelestia, Ambrosia, Ov.: pabula dira, v. den von Polyphem gefressenen Menschen, Val. Flacc. – **2 Futter, Futterkräuter** für die Tiere, pab. aestivum, hibernum, Sen.: pabula pinguia, Verg.: pisces exire ad pabula, Plin.: pabula carpit ovis, Ov.: hirundo pabula parva legens, Verg. – insbes., als milit. *t. t.* = die **Furage,** pabulum secare, pabulum convehere, Caes.: meton., infensare pabula (die Furagierenden), Tac. ann. 6, 34. – **II** übtr., das **Futter,** die **Nahrung,** doctrinae, Cic.: morbi, Ov.: amoris, Lucr.: animae, Lact.: est animorum ingeniorumque naturale quoddam quasi pabulum consideratio contemplatioque naturae, Cic.: scherzh. Acheruntis pabulum, N. für den A., etwa unser »Höllenbraten«, Plaut. Cas. 157.

pābus, s. pāvus.

pācālis, e (pax), **zum Frieden gehörig, Friedens-,** laurus, olea, Ov.: flammae, auf dem Altar der Friedensgöttin, Ov.

pācātē, *Adv.* (pacatus), **friedlich, in Frieden, in Ruhe, ruhig,** itaque ex turpissima lite in risum diffusi pacatius ad reliqua secessimus, Petron. 10, 3: u. so *Compar.* Augustin. epist. 148, 17. – *Superl.*, pacatissime et commodissime, Augustin. solil. 2, 7.

pācātio, ōnis, *f.* (paco), der **Friedensschluss, Friede,** Frontin. strat. praef. p. 2 *ed. Deder.*

pācātor, ōris, *m.* (paco), **Beruhiger, Friedensstifter, -bringer,** ille victor pacatorque gentium populus, Sen. de ben. 5, 15, 6: malorum hostis, bonorum vindex, terrarum marisque pacator, Sen. de ben. 1, 13, 3: pac. Nemeae, v. Herkules, Sil.: terrae pac. Iberae, v. Scipio, Sil.: Rheni pac. et Istri, Claud.: pac. orbis, Sen. poët.: pac. operum (v. Schlaf), Tert.

pācātōrius, a, um (pacator), **den Frieden befördernd, friedfertig,** Tert. adv. Marc. 4, 29 *extr.*

pācātus, a, um, *PAdi.* (paco), **im Zustand des Friedens befindlich, in Ruhe und Frieden lebend, sich ruhig verhaltend, friedlich, ruhig** od. **noch in Frieden gelassen, noch unangefochten gelassen, a** eig.: civitas, Cic.: mare, Hor u. Ov.: ager (Gebiet) male pacatus, Cic.: domus, Freundes Haus (Ggstz. domus hostilis), Liv.: ne notā quidem ullā pacatus an hostis sit discerni ac iudicari potest, Cic.: quod insigne pacatorum (ein Zeichen friedlich Gesinnter) esse consuerat, Caes.: nequitia pac., Schlechtigkeit im Frieden, bei friedlichem Benehmen, Cic.: nec hospitale quidquam pacatumve satis prius auditum, quam Massiliam venere, die Stimme der Gastfreundschaft u. des Friedens, Liv.: pacatius ingressi iter, Sen.: pacatius arvum subeant, Ov.: provincia pacatissima, Cic.: pacatissima et quietissima pars, Caes.: pacatissimae gentes, Cic.: pacatissimae Syriae gazae, Cic. – m. *Dat.*, huic pacatus esse, friedlich gegen diesen, Cic. Phil. 7, 24: numini eius pacatissimus, ganz gehorsam, CIL 8, 995. – subst., pācātum, ī, *n.* u. Plur. pācāta, ōrum, *n.*, **α friedliche Gegend, -Gegenden, Freundesland,** sine commeatu vagi milites in *pacato,* in *hostico* errent, Liv.: ex pacatis praedas agere, Sall.: qui medius inter *pacata* et *hostilia* fluit, Danubius ac Rhenus, Sen. – **β** *Compar.* m. *Genet.*, pacatiora vitae, friedlichere, ruhigere Lebensverhältnisse, Amm. 26, 7, 1. – **b** übtr.: illorum oratio pacatior (Ggstz. huius oratio pugnacior), Cic. Brut. 121: compositus et pacatus animus, Sen. contr. 2. praef. § 2: res hilaris ac pacata, ein Gegenstand von heiterem u. friedlichem Wesen (Ggstz. res distracta et operosa), Sen. ep. 66, 24: omnia divina scripta inter se pacata (einträchtig) consistunt, Augustin. serm. 1, 4.

Pachȳnum, ī, *n.* u. **Pachȳnos** u. **Pachīnus**, ī, *f.* (Πάχυνος, ἡ), das südliche Vorgebirge Siziliens nach Griechenland zu, j. *Capo di Passaro,* Nom. -um, Mela 2. § 116. Plin. 3, 89: Nom. -os, Ov. met. 13, 725: Nom. -us, Avien. descr. orb. 635. Prisc. perieg. 472 (an beiden Stellen Păchȳnus gemessen): Genet. b. Cic. Verr. 5. 87: Akk. -on, Ov. fast. 4, 479; u. -um, Cic. Verr. 5, 87. Liv. 24, 27, 7 u. a.: Vokat. Pachyne b. Ov. met. 5, 351.

Pacidēiānus, ī, *m.*, ein berühmter Fechter, Lucil. 151. Cic. de opt gen. 17. Hor sat. 2, 7, 97; vgl. Aeserninus unter Aesernia.

pācifer, fera, ferum (pax u. fero), **Frieden bringend,** oliva, Verg.: laurus, Plin.: oft als Beiname der Gottheiten, z. B. des Merkur, Ov. u. Inscr.: des Jupiter, des Mars, Inscr.: des Apollo, der Minerva, Inscr.

pācificātio, ōnis, *f.* (pacifico), die **Friedensstiftung, Vermittlung des Friedens,** Cic. u. a.

pācificātor, ōris, *m.*, (pacifico), der **Friedensstifter,** Cic. u. a.

pācificātōrius, a, um (pacificator), **den Frieden vermittelnd, Friedens-**, legatio, Cic. Phil. 12, 3.

pācificē, *Adv.* (pacificus), **friedlich,** Cypr. epist. 44, 3. Augustin. epist. 33, 6 u. serm. 358, 5. Vulg. genes. 26, 31 u. a.

pācifico, āvī, āre (pax u. facio), **I besänftigen, versöhnen,** caelestes heros, Catull. 68, 76: divos, Sil. 15, 421. – **II besänftigen, beruhigen,** mentem suam, Sen. Agam. 225: aures Pieriis modis, Claud. in Rufin. lib. 2. praef. 20.

pācificor, ātus sum, ārī (pax u. facio), **Frieden machen, schließen,** auch **den Frieden vermitteln,** pacificantes Rhodii, Liv.: Iugurthā pacificante, Sall.: nunc ad pacificandum bene atque honeste inter primos stabis, Liv.: pacificandum cum altero statuit, Iustin.: pacificatum legati veniunt, Liv.: Agathocles pacificatus cum Atheniensibus, Iustin.: übtr., satine tecum pacificatus sum? Plaut. Stich. 517 G.

pācificus, a, um (pax u. facio), **Frieden schließend, -stiftend, friedlich,** persona, Cic.: Ianus, Mart.: mores, Claud.: Ggstz., hodie *pacificus,* crastinā die *litigiosus,* Ambros. epist. 7, 22: scribit in suis illis, ut ille vult *pacificis,* ut ego sentio *mordacissimis* litteris, quod numquam a me laesus sit, Hieron. epist. 82, 4.

pacio, s. pactio ►.

pacīsco, ere = paciscor, Naev. bell. Pun. 7. fr. 2. p. 17 *ed. Vahlen.* Plaut Bacch. 870 *sq.*

pacīscor, pactus sum, pacīscī (zu pāx, pango), mit jmd. über etwas **Abrede-, ein Übereinkommen-, ein Abkommen treffen, einig wer-**

den, etwas **verabreden, abmachen, sich ausbedingen, einen Vertrag-, Vergleich** mit jmd. **schließen,** **a** *intr.*: pac. inique, Cic.: pac. cum decumano, Cic.: cum illo paululā pecuniā, Plaut. – m. *ut* u. Konj., per occulta colloquia paciscitur magnā mercede cum Celtiberorum principibus, ut copias inde abducant, Liv.: pacti inter se sunt, ut die statutā equos ante regiam primo mane perducerent, Iustin.: ut mea sit servata meā virtute, paciscor, Ov. – m. *ne* u. Konj., non est meum ... votis pacisci, ne Cypriae Tyriaeque merces addant avaro divitias mari, Hor carm. 3, 29, 59*sq.* – mit bl. *Coniunctiv,* sed iam nunc paciscor sit (cena) expedita, Plin. ep. 3, 12, 1. – **b** *tr.*: provinciam, Cic.: pretium, Cic.: pacem, Liv.: vitam ab alqo, Sall.: cum alqo HSLX, Auct. b. Alex.: v. Verlobungen, nuptias filiae cum alqo, Iustin.: ex qua domo pactus esset (feminam), sich verlobt hatte, Liv. – m. *Infin.* = sich verpflichten, qui stipendium populo Romano dare pactus est, Liv. 21, 41, 9: u. so Ov. met. 7, 739 u. 9, 425; fast. 5, 702. Plin. 8, 18. Calp. ecl. 6, 46. – m. *Acc.* u. *Infin.* = sich ausbedingen, dass usw., pactos (Aetolos) in foedere suas urbes agrosque fore, Liv. 34, 23, 7. – übtr., vitam pro laude, vertauschen, hingeben, Verg.: letum pro laude, eintauschen, erdulden, Verg. – ► *Partic.* pactus, a, um, passiv = **verabredet, ausbedungen, durch Vergleich versprochen,** indutiae, Cic.: praemium, Cic.: pactam esse diem, Cic.: pactā mercede, Quint.: so auch v. Verlobungen, Turnus, cui Lavinia pacta fuerat, Liv.: dah. pactō (*Abl. absol.*), nach getroffener Verabredung, pacto inter se, ut etc., Liv. 28, 21, 5.

1. pāco, āvī, ātum, āre (pax), **zum Frieden bringen, Ruhe u. Frieden verschaffen, ruhig** od. **friedlich machen,** Amanum, Cic.: Galliam, Caes.: mare, Liv.: mare a praedonibus, Monum. Ancyr. – poet. übtr., **a beruhigen,** incertos animi aestus, Claud.: dolorem, Claud. – **b sicher machen,** silvas incultas vomere, urbar machen, Hor.: metu silvas, Manil.; vgl. Lachm. Lucr. 5, 1203.

2. pāco, ere, s. pango a. E.

Pacorus, ī, *m.* (Πάκορος), **I** Sohn des Orodes, des Königs von Parthien, geb. um 68 v. Chr., gefährlicher Gegner der Römer, Cic. ad Att. 5, 18, 1. Vell. 2, 78, 1. Flor. 4, 9, 5. Iustin. 42, 4, 5. – **II** ältester Sohn u. Nachfolger des Vologeses, des Königs von Parthien, um 90 v. Chr., Mart. 9, 36, 3.

pacta, ae, *f.* (paciscor), die **Verlobte,** die **Braut,** nach Annahme der Bedingungen und erfolgter Zusage, Verg. Aen. 10, 79, Vell. 1, 1, 3.

pactīcius, a, um (paciscor), **verabredet,** cessatio pugnae, Gell. 1, 25, 8.

pactilis, e (pango), **zusammengefügt, -geflochten,** corona, Plin. 21, 11.

pactio, ōnis, *f.* (paciscor), das **Übereinkommen, Abkommen,** die **Verabredung, Ausbedingung,** der **Vertrag, Vergleich,** im Krieg die **Kapitulation,** im üblen Sinne ein **Komplott** zwischen zwei Personen od. Parteien, **I** im Allg.: victoriā pax, non pactione parienda est, Cic.: p. verborum, Cic.: facere pactionem de alqa re od. m. folg. *ut* u. Konj., Cic.: pactionem inire, Iustin.: ad pactionem adire cum alqo, einen Vergleich schließen, sich vergleichen, Plaut. aul. 202: in pactione manere, Nep.: arma per pactionem tradere, kapitulieren, Liv. – übtr., nullā pactione, auf keine Art, schlechterdings nicht, Sen. suas. 7, 14. – **II** insbes.: **A** der **Kontrakt** zwischen den Generalpächtern u. Einwohnern einer Provinz, pactiones conficere, Cic. – **B der betrügerische Vertrag,** das **geheime Abkommen, die geheime Verabredung,** pactionis suspicio, Cic.: spe pactionis, Sall. – ► arch. pacio, Fest. 250 (b), 23.

Pactōlus, ī, *m.* (Πακτωλός), ein Fluss in Lydien, der Goldsand mit sich führte (dah. Chrysorrhoas gen., Plin. 5, 110. Solin. 40, 11. Hyg. fab. 191 u. 242: u. Lydius aurifer amnis, Tibull. 3, 3, 29), wahrsch. der heutige *Sarabat,* Verg. Aen. 10, 142: griech. Akk. Pactolon, Ov. met. 11, 87. – Sprichw. vom Reichtum, tibique Pactolus fluat, Hor. epod. 15, 20; vgl. Prop. 1, 14, 11. Iuven. 14, 299. – Dav **Pactōlis,** idis, *f.* (Πακτωλίς), **paktolisch,** nymphae, Ov. met. 6, 16.

pactor, ōris, *m.* (paciscor), der **Vermittler, Unterhändler,** foederum interpretes, societatis pactores, Cic. Verr. 5, 55.

pactum, ī, *n.* (paciscor), der **Vertrag, Vergleich,** die **Verabredung,** p. occultum, Geheimvertrag, Liv.: pacta servanda sunt, Cic.: manere in pacto, Cic. – übtr., nullo pacto, auf keine Art, schlechterdings nicht, Cic.: aliquo pacto, auf irgendeine Art, gleichviel welche = auf jede Art, Ter.: alio pacto, auf eine andere Art, Cic.: eodem pacto, auf dieselbe Weise, Cl. Quadr. fr.: eo pacto, auf diese Art, dabei, *ibid.*: isto pacto, auf diese od. solche Art, Cic.: quo pacto, warum, Plaut.: nescio quo pacto, s. ne-scio *no.* I, c.

Pactumēius, ī, *m.*, Name eines untergeschobenen Sohnes der Kanidia, Hor epod. 17, 50.

pactuor, ārī = pango, Anon. Val. § 49. Vgl. Gloss. IV, 270, 44 pepigit, pactuatus est.

1. pactus, ī, *m.* (paciscor), der **Verlobte,** der **Bräutigam,** Stat. Theb. 3, 17.

2. pactus, a, um, s. pacīscor ►.

Pactyē, ēs, *f.* (Πακτύη) eine Stadt in Thrazien an der Propontis, j. *St. Georg,* Nep. Alc. 7, 4. Plin. 4, 48.

Pācuvius, iī, *m.*, **I** M. Pacuvius, ein röm. Dichter aus Brundisium, Schwestersohn des Ennius, der zur Zeit des zweiten punischen Krieges lebte, von dessen Trauerspielen wir nur noch Fragmente haben (gest. in Tarent ums Jahr 132 v. Chr.), Cic. Brut. 229. Quint. 40, 1, 97. Hor. ep. 2, 1, 56. – Dav. **Pācuviānus,** a, um, **pakuvianisch, des Pakuvius,** ille Pacuvianus, jener bei Pakuvius, Cic.: illud Pacuvianum, jener Ausspruch des Pakuvius, Gell.: testudinem Pacuvianam putas? Tert. – **II** Pacuvius Labeo (Antistius), Vater des berühmten Juristen Antistius Labeo und ebenfalls Jurist, einer der Verschworenen bei Cäsars Ermordung (starb 42 v. Chr.), Gell. 5, 21, 10.

Padaeus, ī, *m.*, der **Padäer,** Plur. Padaeī, ōrum, *m.* (Παδαῖοι), die **Padäer,** ein rohes Nomadenvolk im NW. Indiens (in *Multan* od. *Ajmer*), Sing. Padaeus kollektiv bei Tibull. 4, 1, 145.

Padānus, s. Padus.

Padus, ī, *m.*, der größte Fluss Italiens, der auf dem Berg Vesulus (der höchsten Spitze der kottischen Alpen) entspringt, während seines Laufes eine Menge Flüsse in sich aufnimmt u. zwischen Ravenna u. Hadria in vielen Mündungen sich in das Adriatische Meer ergießt, j. Po, Liv. 5, 33, 10 u. 35, 2. Verg. Aen. 9, 680. Ov. am. 2, 17, 32. – Dav. **Padānus,** a, um, **padanisch, am** od. **im Po,** silva, Solin. 20, 9: culex, Sidon. epist. 1, 8, 2.

Padūsa, ae, *f.*, ein aus dem Po durch Ravenna gezogener Graben, j. *cannali di S. Alberti,* Verg. Aen. 11, 457.

Paeān, ānis, Akk. ānem u. āna, *m.* (Παιάν), **I** eig. der Arzt der Götter, übtr. auf Apollo, sofern er durch Aussprüche u. Ratschläge von Krankheiten u. anderen Übeln befreite, Cic. Verr. 4, 127*sq.* Ov. met. 14, 720. – **II** meton.: **a** ein an Apollo gerichteter Festhymnus, dann jeder Gesang zu Ehren einer Gottheit, ein **Jubelgesang, Siegesgesang, Lobgesang,** Cic. de or. 1, 251 u. 3, 183. Verg. Aen. 6, 657. Prop. 3, 15, 42. Sil. 12, 341 (paeana canere): dicite ›io Paean!‹ juchhei, heisa! Ov. art. am. 2, 1. Vgl. Macr. sat 1, 17. § 17*sq.* – dah. **b** wie παιάν = paeon (παιών), der in Päanen vorwaltende Versfuß von drei kurzen und einer an beliebiger Stelle stehenden langen Silbe (also –◡◡◡ od. ◡–◡◡ od. ◡◡–◡ od. ◡◡◡–), Cic. or. 215 u. 218.

paeānītis, tidis, *f.*, ein uns unbekannter Edelstein, Plin. 37, 180. – ders. **paeānītēs,** Akk. em u. ēn, *m.*, Solin. 9, 22 (wo Akk. -em). Prisc. perieg. 440 (wo Akk. -en). Isid. orig. 14, 4, 13 (*cod. Gu.* 2 peaniten, *Ar.* paeantidem).

paedagōga, ae, *f.* (paedagogus), die **Hofmeisterin, Führerin,** Hieron. epist. 128, 4. CIL 8, 1506.

paedagōgātus, ūs, *m.* (paedagogus), die **Anführung,** der **Unterricht,** Tert. adv. Valent. 13.

paedagōgiānus, a, um (paedagogium), **aus dem Pädagogium,** puer, ein Page, Amm. 26, 6, 15. – Plur. subst., paedagōgiānī, ōrum, *m.*, **Pagen,** Cod. Theod. 8, 7, 5.

paedagōgīum, iī, *n.* (παιδαγωγεῖον), **I** ein Ort, wo Knaben, die zu edleren Verrichtungen bestimmt sind (Pagen), erzogen werden, ein **Pädagogium, Pageninstitut,** Plin. ep. 7, 27, 13. – bildl. u. euphemist. von »Verführung«, ingenuorum paedagogia, Suet. Ner. 28, 1. –

II meton., die im Pädagogium erzogenen Knaben, die **Pagen, Edelknaben,** Sen. u. a.

paedagōgo, āre (παιδαγωγῶ), als Hofmeister **erziehen,** Pacuv. tr. 192. Fulg. de continent. Verg. p. 163 M.

paedagōgus, ī, *m.* (παιδαγωγός), **I** der **Kinderführer, Knabenführer,** ein Sklave, der den Knaben in die Schule begleitete und von dort zurückholte, auch zu Hause beaufsichtigte, der **Hofmeister, Mentor** (s. Quint. 1, 1, 8 *sqq.*), Plaut. Bacch. 441. Cic. de amic. 74. Sen. ep. 60, 1 u. 94, 9. Spart. Hadr. 2, 7. Edict. Diocl. 7, 65: sub lege tamquam sub paedagogo parvulos custoditos, Augustin. retract. 1, 26. – paedagogi vultus, die Miene eines alles tadelnden Hofmeisters, Mentormiene, Schulmeistermiene, Suet. Ner. 37, 1. – scherzh. von einem Liebhaber, der seine Geliebte in die Schule hin- und zurückbegleitet, Ter. Phorm. 144. – *adi.*, lex paedagoga, Paul. Nol. carm. 21, 681. – **II** übtr.: **a ein Mentor** = ein Führer, Leiter, Erzieher, Plaut. Pseud. 447. Sen. ep. 11, 9. Suet. Galb. 14, 2: unicuique nostrûm paedagogum dari deum, Sen. ep. 110, 1. – im üblen Sinne = **Zuchtmeister,** paed. senatorum, Vopisc. Aurel. 37, 3: paedagogi publici, Z. für jedermann, Sen. ep. 123, 11. – **b der Unterweiser, Lehrer,** agricolationis quasi paedagogus, Colum. 1, 1, 13: paedagogus litterarius, Vospic. Bonos. 14, 1.

paederōs, ōtis, Akk. ōta, Akk. Plur. ōtas, *m.* (παιδέρως), **I** von Steinen, **a** der **Opal,** Plin. 37, 84. – **b** eine Art Amethyst, Plin. 37, 123. – **II** von Pflanzen: **a** eine Art **Bärenklau** (acanthus), Plin. 22, 76. – **b** bei den Griechen der **Kerbel** (caerefolium), Plin. 19, 170.

paedīa, ae, *f.* (παιδεία), die **Lehre,** v. der Arithmetik, Mart. Cap. 7. § 728 (griech. 6. § 578).

paedīcātor, s. pēdīcātor.

1. paedīco, āre, s. 1. pēdīco.

2. paedīco, ōnis, *m.*, s. 2. pēdīco.

paedor (pēdor), ōris, *m.* (verwandt mit pedo), **I** der stinkende **Schmutz, Unflat,** aus Mangel an Wartung, Cic. u. a.: paedorem exuere, Tac.: Plur. Cic. Tusc. 3, 62. – **II** der **Gestank,** Augustin. de civ. dei 14, 24, 2. p. 51, 11 D.[2]: oris, Cael. Aur. de morb. chron. 3, 3, 46.

paegniāris, s. paegniārius.

paegniārius (pēgniārius), iī, *m.* (παίγνιον), der **Aufführer von Waffenspielen,** *Suet. Cal. 26, 5 (Ihm paegniaris). CIL 6, 631 u. 6, 10168.

paelex, paelicātus, s. pēlex, pēlicātus.

Paelīgnī, ōrum, *m.*, eine italische Völkerschaft u. deren Gebiet in Samnium neben den Frentanern, südlich von den Marrucini, in dem heutigen *Abruzzo citeriore,* Cic. Vatin. 36. Caes. b. c. 1, 15, 7. Liv. 8, 6, 8. CIL 9, 3306: Sing. Paelignus kollektiv, Cato origg. 2. fr. 18. – Dav.: **a Paelīgnus,** a, um, **pälignisch,** cohors, Enn.: miles, Ov.: anus, Zauberin (weil die Päligner im Ruf der Zauberei standen), Hor. – **b Paelīgniānus,** a, um, **pälignianisch,** fundus, CIL 6, 8972.

Paemānī, ōrum, *m.*, belgisches Volk bei Lüttich, östlich von der Maas (der Name ist in der heutigen Landschaft *Famene* erhalten), Caes. b. G. 2, 4, 10.

paemināsus (pēminōsus), a, um, **brüchig, rissig,** area, Varro r. r. 1, 51, 1.

paene (pēne), *Adv.*, **I beinahe, fast, so gut wie, sozusagen,** Ter., Cic. u. a.: verstärkend paene vixdum, Suet.: steigernd, quam paene, Verg. u. Ov. – **II gänzlich, ganz und gar, förmlich,** non paene sum deceptus, Planc. in Cic. ep.: *Superl.* paenissime, Plaut. u. Apul.

paenīnsula (pēninsula), ae, *f.* (paene u. insula), die **Halbinsel,** Liv. 26, 42, 8. Plin. 3. 95. – Nicht zsgzg. Nbf. paeneinsula od. getrennt paene insula, Catull. 31, 1. Liv. 31, 40, 1 (Madvig paeninsula). Mela 2. § 24. Oros. 1, 2, 69.

paenissimē, s. paene.

paenitenter (poenitenter), *Adv.* (paeniteo), **mit Reue, bereuend,** Min. Fel. 26, 1.

paenitentia (poenitentia), ae, *f.* (paeniteo), die **Reue,** paen. sera, Phaedr.: celeris paenitentia, sed eadem sera atque inutilis, Liv.: *velox* ingenio mobili *paenitentiae,* Tac.: mit obj. *Genet.*, paen. coepti, dicti, Quint.: gestae rei, Plin.: agere paenitentiam alcis rei, über etw. R. zeigen, etw. bereuen, Val. Max., Sen., Plin. ep. u. a.: dafür paenitentiam gerere, Eccl.: mutari in paenitentiam, Tac.: in paenitentiam converti, Suet.: revocatis ad paenitentiam defectoribus, Suet.

paenitentiālis, e (paenitentia), **zur Reue gehörig, Reue-,** presbyter, Reu- u. Bußvorsteher, Cassiod. hist eccl. 9, 35.

paeniteo (poeniteo), uī, ēre (paene), **I Unlust-, Unzufriedenheit-, Reue verursachen,** me haec condicio nunc non paenitet, ich bin nicht unzufrieden mit usw., Plaut. Stich. 51. – **II Unlust-, Unzufriedenheit-, Reue empfinden** (über etwas, was man gern nicht getan od. gelitten hätte), **A** *pers.* = etw. **verwerflich finden, missbilligen, sich leid sein lassen, bereuen,** m. *Genet. rei,* dimissi Demetrii, Iustin.: neglecti consilii, Iustin., u. so paenitens consilii, Sall.: non vult paenitere *a* fornicatione sua, Vulg. apoc. 2, 21. – absol., paeniterent, paenituerunt, non paenitebis, Vulg.: si paenitere possint, Liv.: paenitens, Cic.: paeniturus, Sall.: vis paenitendi (der Reue), Cic.: paenitendo, durch Reue, Cic. – dah. non od. haud paenitendus, **nicht verwerflich,** magister, Liv.: dicta, Gell.: iuvenis neque corpore neque animo neque fortunā paenitendus, Apul. – **B** *impers.*, paenitet alqm alcis rei u. dgl., **es ist** jmd. **unzufrieden** od. **nicht zufrieden, -böse** über etw., **es findet** od. **fühlt sich** jmd. bei etw. **nicht befriedigt, es genügt** jmdm. **etw. nicht, es ist** jmdm. etw. **nicht genug, es tut** jmdm. etw. **leid, es ärgert, verdrießt** jmd. etw., **es reut** jmd. etwas, u. non paenitet auch = **es ist** jmd. **zufrieden, es genügt** jmdm., **es ist** jmdm. **genug, α** m. (u. zuw. ohne) *Acc. pers.* u. *Genet. rei:* suae quemque fortunae paenitet, Cic.: sapientiam numquam sui paenitet, ist niemals mit sich selbst unzufrieden, Cic.: ne eius nati rem publicam paeniteret, der Staat sich über seine Geburt beklagen sollte, Vell.: ut quoius me non paeniteat mittas mihi, Plaut.: me haud paenitet eorum sententiae esse, quibus etc., ich bin nicht abgeneigt, der Meinung derer beizutreten, denen usw., Liv. – populum iudicii paenitebat, das Volk reute das U., Nep.: me paenitet consilii, Cic. – ohne *Acc. pers.*, aetatis maxime paenitebat, an seiner Jugend stieß man sich am meisten, Liv.: tamquam paeniteat laboris (die A. nicht genüge, noch zu wenig sei), novum bellum cum finitimo populo et potentissimo parari, Liv.: u. so velut paeniteret eius fidei, quam etc., als sei ihnen die Tr. leid (als ärgere sie die Tr.), die usw., Vell. – **β** mit *Acc. pers.* u. *Nom. pronom. neutr.*, nihil sane esse, quod nos paeniteret, Cic.: id me paenitet, Gell. – mit bl. *Acc. pers.*, solet Dionysium, cum aliquid furiose fecit, paenitere, Cic. – m. bl. *Nom. pronom. neutr.*, nihil, quod paenitere possit, facere, Cic.: so nihil umquam paenitendum admisi, Amm. – **γ** m. *Acc. pers.* u. folg. *Infin.*, ut eum paeniteat non deformem esse natum, sich darüber beklagen sollte, dass er nicht usw., Cic.: neque me paenitet (ich bin gar nicht böse darüber), causam A. Cluentii *defendere,* Cic.: non paenitet me *vixisse,* Cic. – **δ** m. bl. *Infin.*, ut fortiter fecisse paeniteat, Cic.: nisi forte sic loqui paenitet, Cic.: quamvis paenituisset audisse, Sen. rhet.: ecquid paenitet absolvisse, Sen. rhet. – **ε** m. *Acc. pers.* u. folg. *Acc.* u. *Infin.*, ut eum tali virtute tantāque firmitate animi se in rem publicam fuisse paeniteat, Cic. Sest. 95. – **ζ** m. bl. *Acc.* u. *Infin.*, paenitet in posterum diem dilatum (esse) certamen, Liv. 10, 40, 1. – **η** m. *Acc. pers.* u. folg. *quod* (dass), an paenitet vos, quod salvum atque incolumem exercitum nullā omnino nave desideratā traduxerim? Caes.: Quintum paenitet, quod animum tuum offendit, Cic. – **θ** m. bl. folg. *quod* (dass), neque mihi umquam veniet in mentem paenitere, quod a me ipse non desciverim, Cic. ad Att. 2, 4, 2: paenitet enim quod … deduxisti, Liv. 10, 34, 18: quod male emptum est, semper paenitet, Plin. 18, 26: paenitet, quod non ab adultero coepi, Ps. Quint. decl. 335. – **ι** m. u. ohne *Acc.* u. folg. indir. Fragesatz (s. Brix Plaut. trin. 321. Wagner Ter. heaut. 72), paenitetne te, quot ancillas alam? Plaut.: is probus quem paenitet quam (wie) probus sit et frugi bonae, Plaut.: tamdiu velle debebis, quoad te, quantum proficias, non paenitet, Cic.: enim quantum (wie wenig) hic operis fiat paenitet, Ter.: quod, a senatu quanti fiam, minime me paenitet, Cic. – **κ** absol., paenitet et torqueor, ich fühle Reue u. Qual, Ov. ex Pont. 1, 1, 59 *sq.*: nunc paenitet, Sen. contr. 7, 7 (22), 9: piget, pudescit, paenitet, Prud. cath. 2, 26.

paeniteor, ērī (Nbf. v. paeniteo), **Reue empfinden,** Vulg. Marc. 1, 15; act. apost. 3, 19 u. a. Eccl.

paenitūdo (poenitūdo), īnis, *f.* (paeniteo) = paenitentia, die **Reue,** Pacuv. tr. 313. Auson. sapient. de Thale 21. Schenkl. Sidon. epist. 6, 9, 1. Hieron. epist. 70, 1; adv. Jovin. 2. *no.* 8. Ambros. de lapsu virg. 8. *no.* 33. Augustin. serm. 22, 6 u. a. Itin. Alex. 39 (91). Cael. Aur. de morb. chron. 1, 5, 177.

paenula, ae, *f.* (φαινόλης), **I** ein rundes und geschlossenes Oberkleid, eine Art runder Kittel mit einer Kapuze, oben mit einem Loch, durch das der Kopf gesteckt wurde, bes. auf Reisen od. in der Stadt bei sehr kaltem od. nassem Wetter von vornehmen und geringen Leuten, bisweilen auch von Frauen, später sogar von Rednern vor Gericht getragen, die **Pänula,** Pompon. com. 94. Varro sat. Men. 571. Cic. Mil. 54. Hor. ep. 1, 11, 18. Quint. 6, 3, 66 u. 8, 3, 54. Lampr. Alex. Sev. 27. 4. Ulp. dig. 34, 2, 23. § 2. Tac. dial. 39: paen. mulionia, Cic. Sest. 82. – Sprichw., paenulam alci scindere, einem die Pänula zerreißen, d. i. ihn sehr bitten zu bleiben (Ggstz. vix paenulam alci attingere), Cic. ad Att. 13, 33, 4 (13, 33ª, 1). – **II** übtr., die **Bedeckung,** der **Umhang,** reliquum pedem paenulā scorteā pertegere, Varro sat. Men. 267: ne paenula desit olivis, Mart. 13, 1, 1: der Deckel (die Kappe) des Windkessels, Vitr. 10, 7. § 2 u. 3.

paenulārius, a, um, **zur Pänula gehörig,** negotiator, CIL 13, 6366. – subst., **a** paenulārius, iī, *m.*, der **Fabrikant der Pänula,** CIL 10, 1945. – **b** paenulārium, iī, *n.*, das **Behältnis-, Futteral der Pänula,** Nov. com. 35.

paenulātus, a, um (paenula), **die Pänula anhabend, in einer Pänula,** von Reisenden = **im Reisekleid,** Cic., Sen. u. a.

paenultimus, a, um (paene u. ultimus), der **vorletzte** (Ggstz. antepaenultimus), meta, Auson. eglog. quotae Calendae sint etc. 13. p. 12 Schenkl: locus, Diom. 431, 10 u. a. Gramm. – subst., paenultima, ae, *f.* (*sc.* syllaba), die **vorletzte Silbe,** Gell. 4, 7, 2. Augustin. epist. 3, 5. Diom. 432, 21 *sqq.* u. a. Gramm.

paenūria, ae, *f.*, s. pēnūria.

1. paeōn, ōnis, *m.* (παιών) = paean *no.* II, b (s. d.), Diom. 480, 22 u. a. Gramm.

2. Paeōn, onis, *m.*, s. Paeones.

Paeones, um, Akk. as, *m.* (Παίονες), die **Päonier,** eine mazedonische Völkerschaft in der späterhin Emathia genannten Landschaft, Liv. 42, 51, 5. Ov. met. 5, 313. – Sing. **Paeōn,** onis, *m.* (Παιών), der **Päonier,** Liv. 42, 51, 6. – Dav.: **A Paeonia,** ae, *f.* (Παιονία), **Päonien,** eine Landschaft Mazedoniens, später Emathia (s. d.) gen., Liv. u. Plin.: Paeoniae gentes, Plin. – **B Paeonis,** idis, *f.* (Παιονίς), **aus Päonien,** die **Päonierin,** Ov. met. 5, 303.

1. paeōnia, ae, *f.* (παιωνία), die **Päonie, Pfingstrose, Gichtrose,** Plin. 25, 29. Isid. orig. 17, 9, 48. Ps. Apul. herb. 64.

2. Paeonia, ae, *f.*, s. Paeones.

paeōnicus, a, um (paeon), **päonisch,** pes, Quint. 9, 4, 47.

Paeonis, idis, *f.*, s. Paeones.

Paeōnius, a, um (Παιώνιος), **zu Päon (dem Arzt der Götter) gehörig, päonisch,** herbae, medizinisch heilsame, Verg.: mos, Art der Ärzte, Verg.

Paestānus, s. Paestum.

Paestum, ī, *n.*, eine Stadt in Lukanien, bei den Griechen Posidonia gen., berühmt wegen der zweimal blühenden Rosen, j. *Pesto,* Cic. ad Att. 11, 17, 3. Prop. 4, 5, 59 (61). – Dav. **Paestānus,** a, um, **pästanisch,** sinus, der Meerbusen von Salerno, Cic. u. Mela: rosae, Ov. – Plur. subst., Paestānī, ōrum, *m.*, die Einwohner von Pästum, die **Pästaner,** Liv.

paetulus, a, um, *Demin.* v. paetus, s. d., Cic. de nat. deor. 1, 80.

paetus, a, um, verliebt mit den Augen blinzelnd, **schmachtend und zärtlich** im Blick, griech. ὑγρός, wovon strabo, **schielend,** das Übermaß ist, bes. als Beiwort der Venus, Varro fr., Auct. Priap. u. a.: dah. übtr. als mildernde Benennung für strabo, Hor sat. 1, 3, 45.

pāgānālia, ium, *n.* (pagus), ein **Gaufest, Dorffest, ländliches Fest,** Varro LL. 6, 24.

pāgānicus, a, um (paganus), **I zum Dorf-, zum Land gehörig, ländlich,** feriae, Varro: bona habere in paganico (*sc.* solo od. agro etc.), Cod. Iust. – subst. pāgānica, ae, *f.* (*sc.* pila), ein mit Flaumfedern ausgestopfter Ball, Mart. 7, 32, 7 u. 14, 45, 1. – **II heidnisch,** Salv. de gub. dei 1, 1. § 1; adv. avar. 3, 7, 31 u. a. Eccl.

pāgānismus, ī, *m.* (paganus), das **Heidentum,** Augustin. de div. quaest. qu. 83.

pāgānitās, ātis, *f.* (paganus), das **Heidentum,** Cod. Theod. 15, 5, 5.

pāgānus, a, um (pagus), zum **Gau** od. **Dorf gehörig, im Gau** od. **Dorf befindlich, ländlich, Land-, I** eig.: **A** im Allg.: focus, Ov.: lex, Plin. – subst., pāgānī, ōrum, *m.*, **Dorfbewohner, Landleute, Bauern,** pagani et oppidani, Auct. b. Alex.: pagani aut montani, Cic. – **B** insbes. (im Ggstz. zur Landmiliz) **zivil, bürgerlich,** peculium, Cod. Iust. – subst. = die **Zivilperson,** der **Zivilist, Philister,** im Plur. auch = die Zivilbevölkerung (Ggstz. miles), s. Heräus Tac. hist. 1, 53, 13), Suet., Tac. u. a. – **II** übtr.: **A bäuerisch, ungelehrt,** cultus, Plin. ep. 7, 25, 6. – **B heidnisch,** subst., der **Heide,** Eccl. u. spät. ICt.

Pagasa, ae, *f.* u. (poet.) **Pagasē,** ēs, *f.* u. **Pagasae,** ārum, *f.* (Παγασαί), eine Seestadt in Thessalien, Bauort des Schiffes Argo, j. Ruinen bei *Volo,* Form *-sa,* Mela 2, 3, 6 (2. § 44). Plin. 4, 29. – Form *-se,* Prop. 1, 20, 17. – Form *-sae,* Val. Flacc. 8, 451. – Dav.: **A Pagasaeus,** a, um (Παγασαῖος), **pagasäisch, von** od. **zu Pagasä,** sinus, j. Busen von *Volo,* Mela: puppis, das Schiff Argo, Ov.: so auch carina, Ov., u. ratis, Lucan.: coniunx, Alcestis, Tochter des thessalischen Königs Pelias u. Gemahlin des Admetus, Ov.: u. Pagasaeus v. Jason, dem Anführer der Argonauten, Ov. – **B Pagasēius,** a, um (Παγασήϊος), **pagasēisch,** puppis, Val. Flacc. 1, 422. – **C Pagasicus,** a, um, **pagasisch,** sinus (ὁ Παγασητικὸς κόλπος), der pagasische Busen, j. Busen von *Volo,* Plin. 4, 29 u. 72.

pāgātim, *Adv.* (pagus), **dorfweise, bezirkweise, gemeindeweise,** Liv. 31, 26. § 10 u. 30. § 6.

pāgella, ae, *f.* (*Demin,* v. pagina), die **Seite** des Papiers, sed quid ago? non imitor Λακωνισμόν tuum: altera iam pagella procedit, Cic. ep. 11, 25, 2: extrema pagella pupugit me tuo chirographo, Cic. ep. 2, 13, 3: cum legisset tres pagellas, Vulg. Ierem. 36, 23: in extrema pagella (epistulae), Hieron. epist. 73, 1.

pāger, grī, *m.*, s. phager.

pāgina, ae, *f.* (*pago, pango), **I** der Streifen vom Bast der Papyrusstaude in der Größe, wie das Maß der Pflanze sie hergab, von denen auch mehrere je nach Bedarf zu größeren Streifen zusammengeleimt wurden, die man aufrollte, ein **Blatt Papier,** und da die Alten gew. nur eine Seite des Papiers beschrieben, auch eine **Seite** u. selbst eine **Kolumne, 1** eig., Cic. u. a.: liminaris pagina, die Vorderseite, Augustin. epist. 40, 2: pagina altera capite primo, CIL 11, 3614: censoriarum legum paginae, Plin.: in extrema pagina Phaedri, Cic.: respondeo primum postremae tuae paginae, Cic.: cum hanc paginam tenerem, Cic.: plures infestare paginas, Plin.: fortuna utramque paginam facit, eig. nimmt beide Seiten ein (wo Ausgabe u. Einnahme steht) = ihm wird alles zugeschrieben, sowohl Gutes als Böses, Plin. 2. 22. – bes. eine **Seite,** ein **Blatt** in einem Magistratsverzeichnis, paginas in annalibus magistratuum fastisque percurrere licet consulum dictatorumque, Liv. 9, 18, 12: ergo non alia nos pagina quam te consulem accipiet, Plin. pan. 92, 2. – **2** meton., die **Schrift,** das **Geschriebene,** lasciva est nobis pagina, vita proba, Mart. 1, 4, 8: pagina sancta, heilige Schrift, Hieron. epist. 22, 17: paginae consulares, konsularische Verzeichnisse, Amm. 22, 17, 1 (vgl. *no.* I, 1): paginae fundorum, die (alphabetischen) Verzeichnisse, Gromat. vet. 313, 3. – **II** übtr.: **A** eine **Platte,** tabellae marmoreae aut paginae, rautenförmige Platten (zum Täfeln des Fußbodens), Pallad.: paginae valvarum, die Füllung, Plin.: pagina honorum, die am Fuße von Triumphalstatuen in den Marmor eingelassene eherne Platte, auf der die Titel, bekleideten Ehrenstellen u. Verdienste eingegraben waren, die »Liste der Ehren«, Iuven. – **B** vier Reihen ins Viereck angebundener Weinstöcke, ein **Quartier,** Plin. 17, 169.

pāgino, ātus, āre (pagina), **I zusammenfügen,** solido navis paginata robore, Paul. Nol. carm. 21, 353. – II übtr., **abfassen, schreiben,** aliquid de veterum scriptorum interpretationibus, Ambros. epist. 50, 16.

pāginula, ae, *f.* (*Demin.* v. pagina), **eine kleine Seite,** Not Tir. 76, 24 (wo paginola): bes. ein (kleines) **Blatt,** eine (kleine) **Seite** in einem Magistratsverzeichnis, Plur. = die **Verzeichnisse** (vgl. pagina *no.* I, 1), non minus longae futurorum consulum paginulae quam factorum, Cic. ad Att. 4, 8. litt. b. § 2.

pagmentum, ī, *n.* (*pago = pango), der **Beschlag,** die **Bekleidung,** conexa utrarumque pellium pagmenta, Itin. Alex. 33 (77).

pago, ere, s. pango a. E.

pāgur, *m.,* s. phager.

pagūrus, ī, *m.* (πάγουρος), ein Meerkrebs, wahrsch. der **Taschenkrebs,** Plin. 9, 97.

pāgus, ī, *m.* (pango), der Landgemeindeverband einer ganzen Bauernschaft, der **Dorffrieden,** I im engeren Sinne, das **Dorf,** a der Ort: magister pagi, Dorfvorstand, Schultheiß, Gromat. vet.: pagi foraque et conciliabula, Dörfer, Marktflecken und Kreisorte, Liv.: pagus proximus, Apul.: rugosus frigore pagus, ein raues Gebirgsdorf, Hor.: praemia ingeniis pagos et compita circum Thesidae posuere, Verg. – b die **Dorfgemeinde,** pagus agat festum, Ov.: festus in pratis vacat otioso cum bove pagus, Hor. – II im weiteren Sinne, der **Bezirk, Gau, Kanton** (sowohl der Ort als die Bewohner), collegia omnia, pagi, vicinitates, Q. Cic. de pet. cons. 30: pagus (= δῆμος) Atticae regionis, Hyg. fab. 79. – bes. der Germanen u. Gallier, Tigurinus, Caes.: omnis civitas Helvetia in quattuor pagos divisa est, Caes.: iura per pagos vicosque reddere, Tac.: improviso unum pagum adoriri, Caes.: pagos centum Sueborum ad ripas Rheni consedisse, Caes.: centum pagi iis habitantur, Tac. – ► Archaist. Genet. pagei, CIL 1, 571 u. 573. – Abl. Plur. pageis, *ibid.* 1, 804.

pāla, ae, *f.* (st. pagela, von pango), I der **Spaten,** das **Grabscheit,** Varro u. Liv. – II der **Backofenschieber,** Cato r. r. 11, 4. – III die **Wurfschaufel,** Cato r. r. 10, 3 u. 11, 5. Cypr. epist. 54, 3 u. 55, 25. Tert. de praescr. 3. – IV der **Kasten** am Ring, in den der Stein gefasst ist (σφενδόνη), Cic. de off. 3, 38 (vgl. funda *no.* II, B, 2). – V ein indischer Baum, **Pisang** (*Musa paradisiaca,* L.), Plin. 12, 24. – VI das **Schulterblatt,** Cael. Aur. de morb. acut. 2, 35, 185 u. a.

pālābundus, a, um (palor), **umherschweifend, umherirrend,** Iudaei, Tert. apol. 21: milites, Auct. itin. Alex. 22 (56): oves, Cypr. epist. 42, 4: verb. errantes et palabundi, Cypr. epist. 49, 2: dispersi et palabundi vagantur, Cypr. quod idola etc. 10.

palacurna, ae, *f.* = palaga, s. d.

Palaemōn, onis, Akk. onem u. (poet.) ona, *m.* (Παλαίμων), I ein Meergott, vorher Melicerta (s. d.) gen., Cic. de nat. deor. 3, 39. Verg. Aen. 5, 823. Ov. met. 4, 542 u. a. – II Remmius Palaemon, ein Grammatiker zur Zeit des Tiberius u. Klaudius, Quint. 1, 4, 20 u. 5, 60. Suet. gr. 23. – III ein Hirt, Verg. ecl. 3, 50. – Dav. **Palaemonius,** a, um (Παλαιμόνιος), zu **Palämon** (Melicerta) **gehörig, palämonisch,** poet. = **korinthisch,** Stat. u. Claud.

Palaepharsālus (Palaeo-pharsalus), ī, *f.* (ἡ παλαιὰ Φάρσαλος), **Alt-Pharsalus,** Stadt in Thessalien, in der Nähe von Pharsalus, j. *Farsa,* Liv. 44, 1, 5. Auct. b. Alex. 48, 1. Eutr. 6, 16.

Palaephatus, ī, *m.* (Παλαίφατος), ein griechischer Schriftsteller (schrieb de incredibilibus), wovon **Palaephatius,** a, um, **paläphatisch, des Paläphatus,** vox, Ps. Verg. Cir. 88.

Palaepolis, Akk. polim, *f.* (Παλαίπολις), **Altstadt,** der ältere Teil der Stadt Neapolis (*no.* II) in Kampanien, Liv. 8, 22. § 5 u. 8. – Dav. **Palaepolitānī,** ōrum, *m.,* die Einwohner von Paläpolis, die **Paläpolitaner,** Liv. 8, 22, 8.

Palaestē, ēs, *f.* (Παλαιστή), die nördlichste Stadt der Provinz Chaonia in Epirus an der Küste, j. *Palasa,* Caes. b. c. 3, 6, 3 nach Vermutung (*cod.* Pharsalia). – Dav. **Palaestīnus,** a, um, **palästisch,** arenae, Lucan. 5, 460: deae, die Furien, Ov. fast 4, 236 (Merkel Meletinas [am Fluss Meles hausende]).

palaestēs, ae, *m.* (παλαιστής), der **Ringer,** Lampr. Alex. Sev. 27, 10.

Palaestīna, ae, *f.* u. -īnē, ēs, *f.* (Παλαιστίνη), das Land **Palästina,** der Wohnsitz der Israeliten, j. *Falestin,* Form *-ina,* Mela 1. § 64. Oros. 1, 2, 24 u. ö.: Form *-ine,* Mela 1. § 63 *sq.* Plin. 5, 66 u. 69 u. 12, 80. – Dav.: A **Palaestīnēnsis,** e, **palästinensisch,** Neapolitani Palaestinenses, die paläst. Neapolitaner = Einwohner der Stadt Neapolis (Flavia) in Palästina, des Sichem der Bibel, j. *Nabulus, Naplus* od. *Naplusa,* Spart. Sever. 8, 5. – B **Palaestīnus,** a, um, **in** od. **aus Palästina, palästinisch,** Syrus, Tibull. u. Ov.: aqua, v. Euphrat, Ov.: liquores, Balsam, Stat.: ferae, Vopisc. – Plur. subst., Palaestīnī, ōrum, *m.* (Παλαιστινοί), die Einwohner von Palästina, die **Palästiner,** Spart. u. Hieron.; im weiteren Sinne = Syrer, Ov.

Palaestīnus, a, um, s. Palaestē u. Palaestīna.

palaestra, ae, *f.* (παλαίστρα), I die **Ringschule, Ringanstalt, der Ringplatz** u. übh. der **Leibesübungsplatz,** a eig., Plaut., Cic. u. a.: palaestra nitida u. uncta (weil die nackten Ringer sich den Körper mit Öl bestrichen), Ov. – b übtr., ein **Übungsort,** eine **Schule,** für die Beredsamkeit, Cic. de or. 1, 98: scherzh. von einem Bordell, Plaut. Bacch. 66. Ter. Phorm. 484. – II meton.: a das **Ringen,** die **Turnübung,** die **Ringkunst,** palaestrae operam dare, Nep.: discere palaestram, Cic.: periculum facere in palaestra, Ter.: palaestrae peritus, Quint. – dah. b übtr., aber mit Anspielung auf die Turnübung, α übh., die **Übung,** ingenii sui palaestram exercere, Fulg. myth. 2. praef. p. 65 M. – β v. der Redekunst, die **Übung, Routine,** die **Schule,** die Kunst, insofern sie Anmut in der Bewegung des Körpers u. im Ausdruck verleiht, non tam armis institutus quam palaestrā, der seine Bildung nicht sowohl auf dem Waffenplatz (als gerichtl. Redner) als in der Schule geholt hatte, Cic.: nitidum genus verborum, sed palaestrae magis et olei, quam huius civilis turbae ac fori (s. oleum), Cic.: in quo non motus hic habeat palaestram quandam, bei dem sich nicht gewissermaßen die Schule zeigt, Cic.: habuit vires agrestes ille quidem atque horridas, sine nitore ac palaestra, ohne Feile und Schule, Cic.: numerus (die musikalische Form) ... quasi quandam palaestram et extrema lineamenta orationi attulit, hat der Rede ein gewisses Gepräge der Kunst, gleichs. die letzten Pinselstriche gegeben, Cic. – c die **Kunst,** das **Kunststück,** utemur eā palaestrā, Cic. ad Att. 5, 13, 1. – ► Nomin. Plur. palaestra, Ennod. epist. 1, 9 u. (Akk. Plur.) Ennod. epist. 2, 6.

palaestricōs, *Adv.* (παλαιστρικῶς), **wie in der Palästra,** Afran. com. 154 R.[1] (R.[2] perpalaestricos).

palaestricus, a, um (παλαιστρικός), **zur Palästra gehörig, palästrisch,** I *adi.:* exercitus, Plaut.: motus, Bewegungen, wie sie in der Palästra (als Anstandsschule) erlernt werden, Tanzmeisterbewegungen, Cic.: doctor, magister, Lehrer der Ringkunst, Quint.: facies suci palaestrici plena, von Kraft strotzendes, Apul.: ephebus, v. dem im Kampf mit Apollo vom Diskus getroffenen Hyazinthus, Prud.: ironisch, pal. praetor, ein der Palästra (Ringschule) ergebener Prätor, v. Verres, der zugunsten eines Ringervereins einen Prozess schlichtete, Cic. Verr. 2, 54: illud palaestricum prodigium, Abschaum aus der Ringschule, v. einer Pers., Claud. or. fr. col. 2. lin. 15. p. 316 *ed. Nipp.* – II *subst.:* A palaestrica, ae, *f.* (*sc.* ars), die **Ringkunst,** Quint. 2, 21, 11: palaestricam exercere, Firm. math. 4, 7, 1. – B palaestricus, ī, *m.* (*sc.* doctor), ein **Lehrer in der Palästra,** palaestricis vacare, Quint. 1, 11, 15.

palaestrīta, ae, *m.* (παλαιστρίτης), **in der Palästra** (Ringschule) **übend,** artifices, gewandte Ringkämpfer, Amm. 15, 3, 4. – subst., palaestrīta, ae, *m.,* der **Ringer,** Cic. u. a. – Nbf. palaestrītes, Not. Tir. 107, 91.

palaestro, āre (palaestra), **sich in der Palästra üben,** Fronto de diff. voc. (VII) p. 531, 4 K. – übtr., **Übungen anstellen,** palaestrans ingenium, Fulg. myth. 1. praef. p. 12, 7 *Helm.*

Palaetyros, ī, Akk. on, *f.,* **Alt-Tyros** an der Küste Phöniziens, südl. von Sidon, 586 v. Chr. von Nebukadnezar zerstört, worauf die Bewohner sich auf einer nahe an der Küste gelegenen Insel anbauten, Curt. 4, 2 (7), 4 (4, 2 [10], 18 Tyrus vetus genannt).

palaga u. **palacurna,** ae, *f.* (hispan. Wort), ein **Goldklumpen,** Plin. 33, 77.

palam, **I** *Adv.* **offen, öffentlich, vor den Augen der Leute,** **A** eig.: rem gerit, Cic.: secum habuit armatos, Cic.: p. se ferre, Suet. – im Ggstz. zu clam, obscure, secreto, occulte, tacite, intus u. a., palam in eum tela iaciuntur, clam subministrantur, Cic.: clam et palam coeptis obviam ire, Liv.: nec palam nec secreto, Liv.: palam ... obscure, Cic.: palam ... intus, Tac. – verb. palam atque aperte, Plaut.: aperte ac palam, Ov.: palam ante oculos omnium, Cic.: luce palam, Cic. u. Liv. – **B** übtr.: **1** **offen, offen und frei, ohne Rückhalt, unverhohlen,** p. profiteri, dicere, Suet.: p. nec dissimulanter improbasse, Suet.: palam bellum tractare, Tac.: verb. palam et libere (Ggstz. furtim), Cic.: palam agere et aperte dicere, Cic. – **2** **offen, offenbar, augenscheinlich,** p. proferre, offen darlegen, Cic.: p. mentiri, Plaut.: sententiae p. falsae, Quint.: quia cetera palam vana obiecisset, lauter offenbare Nichtigkeiten, Tac. – **3** **offenkundig, bekannt,** res est p., Plaut.: p. est, jeder weiß es, Plaut. u. Ter.: m. folg. *Acc.* u. *Infin.*, Plin.: p. facere, bekanntmachen, Nep.: p. fieri, bekanntwerden, mit folg. *Acc.* u. *Infin.*, Cic.: huius de morte ut p. factum est, Nep.: so auch euphem., palam facere de alqo, jmds. Tod bekanntmachen, simul de se ac de re publica, zugleich sich u. den Staat aufgeben, Sen. de tranqu. 16, 1: u. palam fit de alqo, jmds. Tod wird bekannt, Suet. Ner. 8. – **4** **vor den Leuten, in den Augen der Leute** = in der Meinung der Menge, habes uxorem sine mala fama palam, Ter. – in palam = ἐν φανερῷ, Vulg.; s. Rönsch Itala p. 234. – **II** *Praep.* (= coram) mit *Abl.*, **vor, in Gegenwart,** p. populo, Liv.: me p., Ov.: p. senatu, Aur. Vict.

Palamēdēs, is, *m.* (Παλαμήδης), Sohn des euböischen Königs Nauplius, der Erfinder der Leuchttürme, des Maßes, der Waage, des Brettspiels, der Würfel, der Wurfscheibe, der vier griechischen Buchstaben Θ, Ξ, Φ, Χ (s. Plin. 7, 192), nach anderen der Buchstaben Υ u. Δ durch Beobachtung des Fluges der Kraniche, begleitete Agamemnon nach Troja, wo er von Ulixes, den er zum Zug nach Troja gezwungen hatte, beständig verfolgt und zuletzt auf dessen Veranlassung getötet wurde, Varro Atac. bei Interpr. vet. ad Verg. Aen. 2, 82. Rhet. Her. 2, 28. Cic. Tusc. 1, 98 (wo Akk. Palamedem). Poët. trag. bei Cic. de off. 3, 98 (wo Genet. Palamedi). Quint. 3, 1, 10 (wo Akk. Palameden). Ov. met. 13, 56 *sq.* Hyg. fab. 95 u. 105. Serv. Verg. Aen. 2, 81: Palamedis avis, der Kranich, Mart. 13, 75, 2. – Dav.: **A** **Palamēdēus,** a, um (Παλαμήδειος), **palamedeïsch,** Manil. 4, 206. – **B** **Palamēdiacus,** a, um (Παλαμηδιακός), **palamedisch,** Cassiod. var. 8, 31, 8. – **C** **Palamēdicus,** a, um (Παλαμηδικός), **palamedisch,** Auson. Technop. de monos. 25. p. 138 Schenkl.

palanga, s. phalanga.

palāra, ae, *f.*, ein uns unbekannter Vogel, Anthol. Lat. 233, 11 M. zw. (Riese 762, 11 per ora).

pālāris, e (palus, ī), **zu den Pfählen gehörig, Pfahl-,** **I** *adi.*: silva, aus dem Pfähle geholt werden, Ulp. dig. 7, 1, 9. § 7. – **II** *subst.*: pālāria, ium, *n.*, die **Fechtübung gegen den** (als Feind betrachteten) **Pfahl,** Charis. 34, 4 (vgl. 1. palus *no.* II).

palasea u. **plasea**, ae, *f.*, das **Schwanzstück** vom Rind, Arnob. 7, 24 u. 25.

palatha, ae, *f.* (παλαθή), eine Masse von getrockneten Früchten, bes. Feigen, die in eine längliche Form zusammengedrückt wurde, eine Art **Fruchtmus,** Vulg. Iudith 10, 5.

palathium, iī, *n.* (παλάθιον), Demin. v. palatha (s. d.), pal. caryotarum, Mart. 13, 27 *lemm.*

Palātīnus, a, um (Palatium), **I** zum Berg Palatium gehörig, **palatinisch,** collis, Ov.: Apollo, der von Augustus zu einer Bibliothek umgewandelte Tempel des Apollo, Hor.: ludi, Schauspiele, die Livia zu Ehren des Augustus einführte, und die jährlich auf dem Palatium abgehalten wurden, Suet.: aves, die dort von Romulus gesehenen, Ov.: Palatina tribus u. subst. bl. Palātīna, ae, *f.*, die palatinische Tribus, Varro LL. u. Cic. – Weil Kaiser Augustus und seine Nachfolger ihre Wohnung auf dem Palatium hatte, dah. **II** **kaiserlich,** domus, Suet.: laurus, vor dem kaiserlichen Palast, Ov. – Plur. subst., Palātīnī, ōrum, *m.*, die kaiserlichen Palastdiener, der kaiserliche Hof, Lampr. Heliog. 20, 6.

pālātio, ōnis, *f.* (palo), das **Einschlagen der Pfähle,** Plur. bei Vitr. 2, 9, 10.

Palātium, iī, *n.*, **I** der **palatinische Berg** in Rom u. der dort von Romulus angebaute Stadtteil, Cic. u. Liv.: poet. im Plur., herbosa Palatia, Tibull. 2, 5, 25. – Weil auf diesem Berg Kaiser Augustus und seine Nachfolger ihre Wohnung hatten, dah. **II** der **Palast,** Palatia fulgent, Ov.: von den Wohnungen der Götter, Palatia caeli, Ov.: Palatia matris secreta, vom Tempel der Cybele auf dem Palatium, Iuven. – u. dah. wieder = **kaiserlicher Hof,** palatii decurio, Amm.: palatii annonae, die Gehälter der Hofleute, Amm.: in palatio peius cenare quam domi, Lact. – ► Die erste Silbe lang b. Mart. 1, 70, 5 u. a.

Palātua, ae, *f.*, die **Schutzgöttin des** *Palatium,* Varro LL. 7, 45; ihr Priester hieß flamen Palatualis, *ibid.*

palātum, ī, *n.* (u. **palātus,** ī, *m.*, als ältere Form, Cic. de fin. 2, 24), **I** der **Gaumen,** als Werkzeug des Geschmackes, p. subtile, Hor.: p. torpens (unempfindliche), Ov.: voluptatem palato percipere, Cic.: boum dare membra palato, Ov. – als Werkzeug des Redens, nec sine lingua nec sine palato loqui, Cic. Tusc. 1, 37: obserare palatum, den G. verschließen = schweigen, Catull.: ferire balba verba palato, Hor.: stupuerunt ignavo verba palato, Ov. – Plur., palata docta et erudita, Colum. 8, 18, 4. – **II** poet. übtr., pal. caeli, das Gewölbe des Himmels, in einem Wortspiel, sed dum palato (mit der Mundwölbung), quid sit optimum, iudicat, caeli palatum (die Himmelswölbung), ut ait Ennius, non suspexit, Cic. de nat. deor. 2, 49.

palē, ēs, *f.* (πάλη), das **Ringen,** Stat. Ach. 2, 441 u. Theb. 6, 830. Sidon. epist. 9, 13, 5 *v.* 69; carm. 23, 302.

palea, ae, *f.* (altind. *palāva-s,* Spreu, griech. πάλη, feines Mehl), **I** die **Spreu,** das **Kaff,** Sing., Scriptt. r. r., Cic. u. a. – Plur., palearum navis, ein Spreuschiff, eine Schiffsladung Spreu, Cic.: ubi paleis vestita sunt frumenta, Colum. – **II** übtr.: **A** palea aeris, **Erzschaum,** Plin. 34, 134. – **B** das rote Läppchen am Schnabel des Hahnes, der **Bart, Hahnenbart,** Varro u. Colum.

paleālis, e (palea), **zur Spreu gehörig, Spreu-,** uva, in Spreu aufbewahrt, Cael. Aur. de morb. acut. 2, 37, 209 u. 3, 21, 204.

palear, āris, *n.* (v. palea), **I** die herabhängende Haut unter dem Hals des Stieres, die **Wamme, Wampe,** Sen. Hipp. (Phaedr.) 1053. – gew. Plur., Verg., Colum. u. a. – **II** meton. = rumen, die **Kehle,** der **Schlund,** palearibus revocat herbas, käut wieder, Calp. ecl. 3, 17.

paleāris, e (palea), **zur Spreu gehörig, Spreu-,** arista, Ven. Fort. de vita S. Mart. 3, 284: tegmen (Ggstz. medulla hordei), Augustin. de div. quaest. qu. 61, 1. – subst., paleāre, is, *n.* = ἀχυρών, ein **Spreuhaufe,** Gloss. II, 141, 19.

paleārium, iī, *n.* (palea), der **Spreuboden,** Colum. 1, 6, 9.

paleātus, a, um (palea), **mit Spreu versehen, -vermischt,** Colum. u. Plin.

palerae, s. phalerae.

Palēs, is, *f.* (zu opilio), eine der dunklen altitalischen Feldgottheiten, die gute Bergweide gab (dah. montana, Nemes. ecl. 2, 55) und mit Inuus das große und kleinere Vieh vor Seuchen und Raubtieren schützte und es befruchtete (Ov. fast. 4, 747–774. Arnob. 3, 23); gewöhnlich als Hirtengöttin in Tempeln verehrt (pastoria, Flor. 1, 20, 2) und von Hirten unter Bäumen aufgestellt, Tibull. 2, 5, 28: nach einigen männlichen Geschlechts, Jupiters Sohn, Diener u. Meier, Mart. Cap. 1. § 50. Varro b. Serv. Verg. georg. 3, 1. Arnob. 3, 40. – lux Palis od. sacra Palis = Palilia (s. unten), Ov. fast. 4, 640 u. 820. – Dav. **Palīlis,** e, **zur Pales gehörig,** flamma, das Strohfeuer am Fest der Pales (s. unten), Ov.: festa Palilia, Tibull. u. Ov.: u. bl. Palilia (gew. Parilia geschr.), ium, *n.*, die **Palilien,** ein ländliches Reinigungsfest zu Ehren der Pales, das am 21. April, dem Tag der Gründung Roms durch Hirten, gefeiert wurde. Nach vollbrachtem Opfer zündete man Haufen von Stroh od. Heu in Reihen an, trieb das Vieh hindurch u. die Hirten selbst sprangen dann nach, Varro, Cic. u. a. – u. dav. **Palīlicius** (Parīlicius), a, um, **zu den Palilien gehörig,** sidus, die Hyaden, weil sie am Fest Palilia in der Abenddämmerung verschwanden, Plin. 18, 247.

palēstrīta, s. palaestrīta.

Palīcī, ōrum, *m.* (Sing. Palīcus, ī, *m.*, bei Verg. Aen. 9, 585 u. Ov. ex Pont. 2, 10, 25), **I** Zwillingsbrüder und Söhne des Jupiter, die als Heroen auf Sizilien bei der am See der Palīci liegenden Stadt Palīca einen Tempel hatten, Macr. sat. 5, 19, 15 *sqq.*: dah. der See, stagna Palici, Ov. ex Pont. 2, 10, 25: stagna Palicorum, Ov. met. 5, 406: lacus, cui Palicus nomen est, Firm. math. 1. praef. p. 2, 10 Kr. u. Sk. – **II** die Einwohner der Stadt Palīca, Sil. 14, 219.

Palīlicius, Palīlis, s. Palēs.

palillogia, ae, *f.* (παλιλλογία), die **Wiederholung eines Wortes** od. **Gedankens,** rein lat. iteratio, Mart. Cap. 5. § 533. – Form palinlogia, Beda de schem. p. 609, 28 *ed. Halm.*

palimbacchīus pēs = antibacchius, Quint. 9, 4, 82. Diom. 465, 20: auch palinb. geschr., Diom. 479, 20.

palimpissa, ae, *f.* (παλίμπισσα), **zweimal gesottenes Pech,** Plin. 24, 40.

palimpsēstos, ī, *m.* (παλίμψηστος), Pergament, von dem man die Schrift abgekratzt hatte, um von neuem darauf schreiben zu können, ein **Palimpsest,** Catull. 22, 5. Cic. ep. 7, 18, 2.

palinbacchīus, s. palimbacchīus pēs.

palingenesia, ae, *f.* (παλιγγενεσία), die **Wiedergeburt,** rein lat. iterata generatio, Mythogr. Lat. 3, 6, 12 u. 27.

palinōdia, ae, *f.* (παλινῳδία), die Wiederholung des Gesangs, **I** eig., ein **wiederholter Gesang,** palinodiam in exitium concinere nostrum, das alte Lied anstimmen, uns zu verderben, Amm. 18, 5, 4. – **II** übtr., der **Widerruf,** palinodiam canere (= παλινῳδεῖν), widerrufen, Macr. sat. 7, 5, 4.

Palinūrus, ī, *m.* (Παλινοῦρος), **I** der Steuermann des Äneas, der am Steuerruder einschlief, an der Küste von Lukanien ins Meer stürzte u. so dem dort liegenden Vorgebirge den Namen gab, Verg. Aen. 5, 871; 6, 337 u. 341; vgl. Mela 2, 4, 9 (2. § 69). Lucan. 9, 42. – Im Wortspiel mit πάλιν οὐρεῖν, Mart. 3, 78, 2. – **II** Vorgebirge mit Hafen an der Westküste Lukaniens, das Vorgeb. noch j. *Cap Palinuro,* der Hafen *Porto di Palinuro,* Liv. 37, 11, 6. Verg. Aen. 6, 381. Hor. carm. 3, 4, 28.

pālitor, ārī (*Intens.* v. palor), **umherschweifen,** Plaut. Bacch. 1123.

paliūraeus, a, um (paliurus), **mit Christdorn bewachsen,** prata, Fulg. myth. 1. p. 10 M.

paliūrus, ī, *f.* (παλίουρος), ein dorniger Strauch, der **Judendorn, Christdorn** (*Rhamnus Paliurus,* L.), Verg., Colum. u. Plin. – ► *fem.* nach Plin. 13, 111.

palla, ae, *f.,* **I** ein langes, weites, bis auf die Füße herabgehendes, vorn offenes u. mit vielen Hefteln zusammengehaltenes **Obergewand** der röm. Frauen, das über der stola getragen wurde u. worin sie ausgingen, dah. gew. prächtig gestickt, eine Art **Staatsmantel,** Plaut., Cic., Hor. u. a.: auch als Gewand der tragischen Schauspieler auf der Bühne, Hor.: der Zitherspieler, Rhet. Her.: des Phöbus u. Boreas, Ov.: des Osiris, Tibull. – **II** ein **Vorhang,** Sen. de ira 3, 22, 2. – ► Cic. de rep. 4, 4 liest man jetzt palliis interiectis (wenn nur Mäntel dazwischen wären).

pallaca, ae, *f.* (παλλακή), das **Kebsweib,** die **Beischläferin,** Plin. 35, 86. Suet. Vesp. 21.

pallacāna (pallachāna), ae, *f.* = gethyum, Plin. 19, 105. Apic. 4, 145 u. 9, 409.

Pallacīnē, ēs, *f.,* eine Örtlichkeit in Rom, de Rossi Inscr. christ. I. *no.* 97; vgl. Schol. Gronov. argum. ad Cic. pro Rosc. Am. p. 424, 13 B. – Dav. **Pallacīnus,** a, um, **pallazinisch,** balneae, in der Nähe des circus Flamininus, Cic. Rosc. Am. 18 (dagegen Pompeii comment. 162, 25 K. in derselben Stelle balneae Pallaceni).

Palladium, Palladius, s. 1. Pallas.

Pallantēum, -tēus, -tias, -tis, -tius, s. 2. Pallās.

1. Pallas, adis u. ados, Akk. adem u. ada, Vok. a, *f.* (Παλλάς), poet. Beiname der Athene der Griechen u. der ihr entsprechenden Minerva der Römer (s. Minerva über die Göttin), Hor. carm. 1, 12, 20. Ov. met. 5, 263 u. a.: iratā Pallade (= *invitā Minervā,* s. Minerva), Ov. fast. 3, 826: Palladis ars = *lanificium,* Ov. ex Pont. 3, 8, 9: arbor, Ölbaum, Ov. art. am. 2, 518 u. Mart. 1, 76, 7: ales, die Nachteule, Ov. fast. 2, 89. – exstincti Pallados ignes, v. Feuer der Vesta (weil das Palladium im Tempel der Vesta stand), Prop. 4, 4, 45. – meton.: **a** der **Ölbaum,** Ov. am. 2, 16, 8. – **b** das **Öl,** Ov. her. 17 (18), 44 u. trist. 4, 5, 4. CIL 8, 212 *v.* 28. – **c** das **Bild der Pallas,** das **Palladium** (s. unten), Ov. met. 13, 99 u. a. – **d** der **Tempel der Pallas,** Ov. trist. 2, 293. – Dav. abgel. **Palladius,** a, um (Παλλάδιος), **1 zur Pallas gehörig, palladisch,** numen, Pallas, Ov.: ramus, Ölzweig, Verg.: corona, aus Ölzweigen, Ov.: arx, Burg in Athen, wo Pallas verehrt wurde, Prop.: arces, Athen, Ov.: honores, von der Pallas herrührend, angeboten, Ov.: ratis, das Schiff Argo, Ov.: latices, Öl, Ov. – subst., Palladium, iī, *n.* (Παλλάδιον), das Bild der Pallas in Troja (armiferae signum caeleste Minervae, Ov. fast. 6, 421), das vom Himmel gefallen war und als Unterpfand der öffentlichen Wohlfahrt im Verborgenen aufbewahrt u. verehrt wurde; Ulixes u. Diomedes entwendeten das Bild, weil Troja nicht erobert werden konnte, solange es im Besitz des Palladiums war, Verg. Aen. 2, 164 *sqq.* – Die Römer behaupteten, im Besitz des Palladiums zu sein, das im Tempel der Vesta aufgestellt war, Flor. 1, 2, 3. – **2** appellat. = **künstlich, geschickt,** ars, Mart.: manus, Stat.

2. Pallās, antis, *m.* (Πάλλας), **I** Sohn des Pandion u. Vater der Minerva, Cic. de nat. deor. 3, 59. – **II** einer der Giganten, Claud. Gigant. 95. – **III** Großvater oder Urgroßvater des Euander, Verg. Aen. 8, 51 u. 54. – **IV** Sohn dieses Euander, Verg. Aen. 8. 104 *sqq.* – Dav. abgel.: **A Pallantēus,** a, um, **zu Pallas gehörig, pallantēisch,** moenia, die Stadt Pallanteum, wo Euander in Italien seinen Wohnsitz hatte, Verg. Aen. 9, 196 u. 241. – subst., Pallantēum, ēī, *n.* (*sc.* oppidum), **a** eine Stadt in Arkadien, nach Euanders Großvater od. Urgroßvater Pallas so benannt, Liv. 1, 5, 1. Iustin. 43, 1, 6. – **b** eine Stadt in Italien, von Euander in der Gegend erbaut, wo später Rom gegründet wurde, Verg. Aen. 8, 54 u. 341. – **B Pallantias,** adis, *f.* (Παλλαντιάς), **Aurora,** die **Morgenröte,** als Nachkömmling des Giganten Pallas, Ov. met. 9, 421 u. a. – **C Pallantis,** idos, *f.* (Παλλαντίς) = Pallantias, **Aurora,** die **Morgenröte,** Ov. met. 15, 700. – meton. = der **Tag,** Ov. fast. 6, 567. – **D Pallantius,** a, um (Παλλάντιος), **zu Pallas gehörig, pallantisch,** heros, Euander, Ov. fast. 5, 647.

Pallātīnus, Pallātium, s. Palāt…

pallefactus, s. pallēsco ►.

pallēns, entis, *PAdi.* (v. palleo), **blass, bleich, I** eig.: **A** im Allg., Verg. u. a. – bes. von dem, was sich in der Unterwelt befindet, umbrae Erebi, Verg.: animae, Verg.: undae, Tibull. – **B** insbes., **gelb, gelbgrün, fahlgrün, mattgrün, schmutziggelb,** hedera, herbae, Verg.: lupini, Ov.: viola, entw. »Goldlack« od. »Nachtviole«, Verg.: oliva, Verg.: sol pallentes iungit equos (bei einer Sonnenfinsternis), Tibull.: Phoebe pallens, Claud.: toga mortui tribulis, Mart. – **II** meton. = **blass machend,** morbi, Verg.: philtra, Ov.: mores, Pers.: fama, Tac.

palleo, palluī, ēre (altind. *palitā-s,* altersgrau, griech. πολιός, grau, ahd. *falo,* fahl), **blass sein, I** im Allg.: **A** eig. u. meton.: **1** eig.: cum mea rugosā pallebunt ora senectā, Tibull.: morbo, Iuven.: otio, Mart.: pallent amisso sanguine venae, Ov. – v. Pers., sudat, pallet, Cic.: palleat omnis amans, Ov.: metu, timore, mortis cogitatione, Ov.: viso nummo, Pers. – **2** meton.: **a** infolge einer üblen od. einer guten Leidenschaft **blass-, bleich-, krank sein, α** absol.: corpora ignaviā (vom Nichtstun) pallentia, Sen.: quisquis ambitione malā aut argenti pallet amore, Hor. – im guten Sinne, v. eifrig Studierenden, vigilandum, durandum, enitendum, pallendum est, man muss wachen, aufmerken, ausdauern, sich anstrengen, dass man darüber bleich wird, Quint. 7, 10, 14. – **β** m. *Acc.* od. *Dat.,* bei od. über etwas **erbleichen** = etwas bis zum Erblassen-, eifrig studieren, m. *Acc.,* hoc est quod palles, Pers.: iratum Eupolidem, Pers.: m. *Dat.,* tunc utile multis pallere, Iuven. – **b** vor Furcht, Besorgnis **erblassen** = **sich fürchten, besorgt sein, sich ängstigen,** Marco sub iudice palles, Pers.: ad omnia fulgura, Iuven.: m. *Acc.,* pontum, vor usw., Hor.: m. *Dat.,* pueris, wegen usw., Hor. – **B** übtr., **sich entfärben, seine natürliche Farbe verlieren,** ne vitio caeli palleat aegra seges, Ov.: mit *Acc.,* multos colores, sich oft entfärben, Prop. – **II** insbes., **gelb-, gelbgrün-, dunkelgelb sein,** arca palleat nummis, Mart.: currus quoque carmine nostro pallet avi, pallet nostris Aurora venenis, Ov.

palleolātim, s. palliolātim.

pallēsco, palluī, ere, **blass werden, erblassen, I** eig. u. meton.: **1** eig.: umbratili vitā (durch das viele Stubensitzen), Quint.: qui timent, sanguine ex ore decedente pallescunt, Gell.: pallescet super his, vor Staunen, Hor.: curis, Prop.: nullā culpā, besorgt sein, sich ängstigen, Hor.: in femina, in Liebe zu einer Frau erblassen = heftig-, sterblich verliebt sein in usw., Prop.: Ggstz., frons aut pudore *obrubescit* aut timore *pallescit,* Augustin. serm. 107, 7. – dicht. m. *Acc.*, pontum mediasque fraudes palluit, vor dem Meer u. inmitten des Trugspieles, Hor. carm. 3, 27, 28. – **2** meton. = **besorgt sein, sich ängstigen,** nullā culpā, Hor. ep. 1, 1, 61: omnes futurā morte pallescunt, Augustin. conf. 8, 3. – **II** übtr., **gelb werden,** pallescunt frondes, Ov.: saxum palluit auro, Ov. – ► Perf. auch pallefactus sum, nach Diom. 343, 31.

palliastrum, ī, *n.* (pallium), ein **schlechter Mantel,** Apul. met. 1, 6 u. a.

palliātus, a, um (pallio), **mit einem Pallium angetan,** gew. v. Griechen, die *pallia* trugen, bes. von griech. Philosophen, Graecus, Plaut., Graeculus, Cic., ein griech. Gelehrter, -Philosoph; ebenso bl. palliatus, Suet.: fabula, Schauspiel, in dem griechische Charaktere in griech. Tracht auftreten (Ggstz. togata), Varro fr. (dies. auch subst. bl. palliata, Donat. Ter. Phorm. 1, 1, 15): ut illi palliati topiariam facere videantur, Statuen in griech. Tracht, Cic.

pallidulus, a, um (*Demin.* v. pallidus), **gar blass, gar bleich,** Catull. 65, 6. Hadr. bei Spart. Hadr. 25, 9.

pallidus, a, um (palleo), **blass, bleich, I** im Allg.: **A** eig. u. meton.: **1** eig., Hor. u. a.: stellae pallidissimae, Plin.: vor Furcht, pallida sedi, Ov.: nomine in Hectoreo pallida semper eram, Ov.: vor Liebe, in alqa, sterblich verliebt in usw., Prop. u. Ov. – bes. von den Gestalten usw. der Unterwelt, turba, Tibull.: Ditis regna, Lucan. – **2** meton., aktiv = **blass, blass machend,** mors, Hor.: cura, Mart.: aconita, Lucan.: vina (*sc.* venenis mixta), Prop. – **B** übtr.: **1 schimmelig,** ficus fit pallidior, Varro r. r. 1, 67. – **2 unscheinbar, hässlich** (von Ansehen), immundo pallida mitra situ, Prop.: iacebis inter arva pallidus situ, Priap.: pallida viscera tetra tincta notis, Lucan. – **II** insbes., **gelb, olivengrün** (χλωρός), hospes inauratā pallidior statuā, Catull. 81, 4 (vgl. Sil. 1, 233 effosso concolor auro).

pallio, āre (pallium), **mit einem Mantel bedecken,** übtr. **verbergen,** palliare se volunt nomine pietatis et dealbare, Augustin. serm. 9, 20: saepe sub parsimoniae nomine se tenacia palliat, versteckt sich hinter der Sp., Gregor. M. reg. past. 2, 9.

palliolātim, *Adv.* (palliolum), **mit einem Mäntelchen,** amictus, Plaut. Pseud. 1275: peniculamentum tenet pall., *Caecil. com. 133 R.²: saltare, Fronto de orat. p. 157, 5 N. (wo palleolatim).

palliolātus, a, um (palliolum), **mit einer Kopfhülle (einer Kapuze) bedeckt, -versehen,** Suet. u. Mart.: tunicae, Mäntel mit Kapuze, Vopisc. Bonos. 15, 8.

palliolum, ī, *n.* (*Demin.* v. pallium), **I** der griechische **Mantel,** bes. der Philosophen, Plaut. u. a. – **II** eine **Kopfhülle,** eine **Kapuze,** Ov., Sen. u. a.

pallium, iī, *n.* (palla), **I** jede **Hülle, Bedeckung,** Bettdecke, Matratze, Prop. u. Ov.: vetus, Suet.: Decke über einen Toten, Apul.: ein Vorhang, diducere lecticulae pallia, Eutr.: Plur. pallia, Lappen, Petron. – **II** insbes., ein weiter **Überwurf** der Griechen, das **Oberkleid,** der **Mantel,** den auch Römer unter Griechen, sowie griech. u. röm. Hetären (amicae) trugen, bestehend aus einem Stück Zeug von viereckiger od. länglich viereckiger Form, Plaut., Cic., Ov. u. a.: Tracht der griech. Philosophen, Gell. u. Apul.: u. der Redner, dah. manum intra pallium continere, sich im Reden einschränken, nicht sehr weitläufig sein, Quint. 12, 10, 21 (vgl. 11, 3, 138). – Sprichw., tunica propior palliost, das Hemd ist mir näher als der Rock, Plaut. trin. 1154.

pallor, ōris, *m.* (palleo), die **blasse Farbe, Blässe, Bleichheit, I** im Allg.: **A** eig. u. meton.: **1** eig., Cic. u. a.: amantium, Hor.: so auch vom Reich der Toten, Ov.: aurorae, wenn sie erst aufgeht, Stat. – Plur. pallores, Lucr. 4, 334 (311): tot hominum pallores (Totenblässe), Tac. Agr. 45. – **2** meton., die **Angst, Furcht,** Plaut. u. Prop. – personif. (als Gottheit), Pallor, die **Blässe,** die **Angst,** Liv. 1, 27, 7. – **B** übtr.: **1** der **Schimmel,** Vitr. u. Colum. – **2** die **Unscheinbarkeit, hässliche Farbe,** Lucr.: pallorem ducunt rami, Ov. – **II** insbes., die **gelbliche-, gelbrote Farbe,** obscurus solis pallor, Plin.

pallula, ae, *f.* (*Demin.* v. palla), ein **Mäntelchen,** Plaut. truc. 52; 271 u. 536.

palma, ae, *f.* (griech. παλάμη, ahd. *folma,* Hand), **I** die **flache Hand, 1** eig., Cic. u. a. – **2** meton.: **a** die **ganze Hand,** palmis passis, Caes.: palmarum intentus (Plur.), Cic. – u. wieder meton. = der **Backenstreich,** Lact. 4, 18, 13. Vulg. Matth. 26, 27. Commodian. apol. 351 u. a. Eccl. (s. Rönsch Itala p. 319). – **b** der **Gänsefuß,** Plin. 10, 52. – **c** der unterste breitere Teil des Ruders, die **Schaufel,** Catull., Vitr. u. a. – **II** die **Palme,** der **Palmbaum** (*Phoenix dactylifera,* L.), **1** eig., Verg. georg. 2, 67. Plin. 13, 26 *sqq.*: arbor palmae, Suet. Aug. 94, 11: palmae arbores, Itin. Alex. 20 (51): rami palmarum, Palmzweige, Vulg. 1. Mach. 13, 51 u. a. Eccl. – **2** meton.: **a** die Palmfrucht, die **Dattel,** Ov., Plin. u. Pers. – **b** der **Palmzweig,** kollektiv die **Palmzweige,** die in die Weinfässer gehängt wurden, um den Wein angenehmer zu machen, Cato: als Besen gebraucht, Hor. u. Mart. – insbes. als Siegeszeichen, Liv.: dah. meton.: **α** der Preis, um den man kämpft, die **Siegespalme,** der **Siegespreis,** der **höchste Ehrenpreis,** palmam dare, accipere, Cic.: Pythias et Olympiacas palmas quadrigis adipisci, Solin.: cum septimo spatio palmae appropinquat (agitator), Sen.: alqm mercede palmarum fraudare, Suet. – bildl., der **Preis, Vorzug,** palmam ferre, Cic.: palmam in aliam partem possidēre, Plaut.: huic equidem consilio palmam do, Ter.: facile palmam habes, Plaut. – od. der **Ruhm,** egregiam istam palmam belli Punici patrati petis, Liv.: ut vos de P. Africano palmam peteretis, Liv. – **β** der **Sieg,** palma Olympiaca, Verg.: bellorum palmae laureaeque, Iustin.: alci hanc palmam reservare, Cic.: ea nobis ingens palmae contentio, Wettstreit um den Sieg, Quint. – v. einem **Mord,** einer **Mordtat,** plurimarum palmarum gladiator, Cic. – **γ** der **Bewerber um den Siegespreis,** subit tertia palma Diores, Verg. Aen. 5, 339; u. so Sil. 16, 503. – **δ** der **zu Besiegende,** od. der, mit dem man um den Sieg streitet, Sil. 4, 392. – **III** der **Schoss, Zweig,** Scriptt. r. r., Caes. u. Plin.: palma stipitis, Liv.: palmae arborum eminentium, Curt. – **IV** die **Frucht** eines Baumes in Ägypten, ähnlich der Balsamfrucht, Plin. 12, 103. – **V** ein Baum in Afrika, zu Salben verarbeitet, Plin. 12, 134: auch ein Strauch im Meer, Plin. 13, 138. – **VI** = parma, der **Schild,** Tibull. 1, 9, 82 zw. (Bährens parma). – **VII** eine eingebrannte Figur (viell. einer Dattel od. flachen Hand ähnlich), Veget. mul. 5, 40, 3.

palmālis, e (palma), **eine Palme (Querhand) groß,** Mar. Victorin. de metr. 1, 12, 14. p. 51, 9 K.

1. palmāris, e (v. palma), **I zu den Palmen gehörig, voller Palmen,** lucus, Amm. 24, 4, 7. – **II** übtr.: **a des Siegespreises = höchsten Ehrenpreises wert** (auch ironisch), illa statua palmaris, jene St., der höchste Ehrenpreis, Cic. Phil. 6, 15: sed illa palmaris, das ist des h. E. wert, Cic. de nat. deor. 1, 20 (Baiter u. Müller palmaria). – **b zum Sieg gehörig, Sieges-,** dea, Siegesgöttin, die einen Palmzweig trug, Apul. met. 2, 4: ludi, Siegesspiele, CIL 9, 1666.

2. palmāris, e (v. palmus), **eine Palme (Querhand) groß,** Varro u. a.

palmārium, iī, *n.* (palma), **I** das **Hauptwerk,** Ter. eun. 930. – **II** das **Honorar** der Advokaten nach gewonnenem Prozess, Ulp. dig. 50, 13, 1. § 12.

palmārius, s. 1. palmāris *no.* II, a.

palmatiās, ae, *m.* (παλματίας), eine Art **Erdbeben,** Apul. de mund. 18.

palmātus, a, um (palma), **I mit dem Aufdruck der flachen Hand versehen,** palmatus sanguine paries, handbreit beschmiert mit Blut, Ps. Quint. decl.: cervus, ein der flachen Hand ähnliches Geweih habend, Capit. – **II gepalmt,** d. i. **1** die Figur der Palmen inwendig habend, lapis, Plin. 36, 134. – **2 mit eingestickten Palmenzweigen geziert,** tunica u. toga, das Gewand des Jupiter Kapitolinus, dah. auch der triumphierenden Feldherren, Liv., Mart. u. a.

palmes, itis, *m.* (palma), **I** ein Zweig oder Schoss am Weinstock, der

Rebschoss, Verg., Colum. u. a. – meton. (poet.), der **Weinstock,** kollekt. die **Weinstöcke,** der **Weinberg,** Verg., Mart. u. Stat. – **II** übtr., der **Zweig** übh., palmites arborum, Curt. zw. (Vogel palmae): palmes crudus arboris, Lucan.: opaco palmite bacae, Claud.

palmēsco, ere (palma), **schossen,** Diom. 344, 5.

palmētum, ī, *n.* (palma), der **Palmenwald,** die **Dattelpflanzung,** Iustin. 36, 3, 3: Plur., Hor. ep. 2, 2, 184. Plin. 5, 70. Tac. hist. 5, 6.

palmeus, a, um (palma), **I eine Palme (Querhand) hoch,** caulis, Plin. 26, 95. – **II von** od. **aus Palmen,** tabulae, Vitr.: tegetes, Colum.: vinum, Plin.

palmicius (palmiceus), a, um (palma), **aus Palmen,** sporta, Sulp. Sev. dial. 1, 11, 4: fiscella, *ibid.* 1, 14, 2: sportella, Plin. Val. 3, 14. fol. 194 (b), 14.

palmifer, fera, ferum (palma u. fero), **I Palmen (Datteln) tragend, palmenreich,** Thebae, Prop.: Arabes, Arabien, Ov. – **II Palmzweige davontragend = siegend,** quadrigae, Anth. Lat. 320, 13 R. (331, 13 M.).

palmiger, gera, gerum (palma u. gero), **Palmen-, Palmenzweige tragend,** Plin. 35, 27. Ps. Sulp. Sev. app. epist. 6, 1.

palmipedālis, e (palmipes), **einen Fuß und eine Palme** (Handbreit) **groß,** Varro u. a.

palmipēs, pedis (palma u. pes), **I breitfüßig,** Plin. 10, 29 u. a. – **II einen Fuß und eine Palme** (Handbreit) **groß,** Plin. 17, 143.

1. palmo, āre (palma), das **Zeichen der flachen Hand eindrücken,** Ps. Quint. decl. 1, 12.

2. palmo, āre (v. palmes), **den Wein anbinden,** Colum. 11, 2, 96.

palmopedālis, palmopēs, s. palmipedālis, palmipēs.

palmōsus, a, um (palma), **voller Palmbäume, palmenreich,** Verg. Aen. 3, 705.

palmula, ae, *f.* (*Demin.* v. palma), **I** die **flache Hand, 1** eig., Plur., Varro sat. Men. 355. Apul. met. 3, 21 u. 8, 9. – **2** meton., der unterste breite Teil des Ruders, die **Ruderschaufel,** dann das **Ruder** selbst, Catull. 4, 4 (Ggstz. linteum, Segel) u. 4, 17. Verg. Aen. 5, 163. – **II** die **Palme,** der **Dattelbaum, 1** eig., Varro r. r. 2, 1, 27. – **2** meton., die **Dattel,** Varro u. a.

palmulāris, e (palmula), **zur flachen Hand gehörig,** frictus, mit der flachen Hand, Mart. Cap. 8. § 805.

palmulus, ī, *m.* (*Demin.* v. palmus), **eine flache Hand voll,** als Maß, Apic. 6, 253.

palmus, ī, *m.* (palma), die **flache Hand** als Längenmaß, die **Palme, a** als griech. Längenmaß = vier Querfinger od. vier Zoll, eine **Querhand,** der vierte Teil eines römischen Fußes (griech. παλαιστή u. δῶρον), Plin. 35, 171. Vitr. 2, 3, 3 u. 3, 1, 5. – **b** als röm. Längenmaß, eine **Spanne** – zwölf Zoll, Varro r. r. 3, 7, 4: palmi altitudine, Plin. 12, 48.

Palmȳra (Palmīra), ae, *f.* (Παλμύρα, Παλμίρα), Stadt in Syrien, Residenz des palmyrenischen Reichs unter Odenathus u. dessen Gemahlin Zenobia, eine der herrlichsten Städte des Orients, j. großartige Ruinen beim Flecken *Thadmor,* Plin. 5, 88. Mart. Cap. 6. § 680. – Dav. **Palmȳrēnus,** a, um (Παλμυρηνός), **palmyrenisch,** Plin. 5, 87.

1. pālo, āvī, ātum, āre (palus), **mit Pfählen versehen, anpfählen,** vitem, Colum. u. Pallad.

2. pālo, āre, s. pālor a. E.

pālor, ātus sum, ārī (durch pāla von pando), **einzeln umherschweifen, sich zerstreuen,** agmen palatur per agros, Liv.: oft Partiz. palantes u. palati, Liv. u. a. (s. Drak. Liv. 1, 11, 2): verb. vagi palantesque od. palatique, Sall. u. Liv. (s. Fabri Liv. 21, 61, 2): palantia sidera, Lucr. – bildl., errare atque viam palantes quaerere vitae, Lucr.: animi palantes, Ov. – ► Aktive Nbf. pālo, āre, Sulpic. sat. 43. – Genet. Plur. des Partiz. Präs. palantum, Sil. 5, 445.

palpābilis, e (palpo), **betastbar, handgreiflich** (Ggstz. impalpabilis), Oros. 1, 10, 2. Hieron. in Isai. 10, 32, 4 u. a. Eccl.

palpāmen, inis, *n.* (palpo), das **Streicheln,** Prud. ham. 303.

palpāmentum, ī, *n.* (palpo), das **Streicheln, Schmeicheln,** Amm. 27, 11, 6.

palpātio, ōnis, *f.* (palpo), **I** das **Betasten,** tenebrae et palp., handgreifliche F., Vulg. Ierem. 32, 14. – **II** das **Streicheln,** die **Liebkosung,** blanditiae et palp., Cypr. epist. 33, 2: mollis palp. verborum, Cassian. coen. inst. 10, 17: Plur. b. Plaut. Men. 607.

palpātor, ōris, *m.* (palpo), der **Streichler, Schmeichler,** Plaut. Men. 260 u. a. Cypr. ad Donat. 11. Cassian. coll. 10, 13.

palpātus, ūs, *m.* (palpo), das **Betasten,** Eccl.

palpebra, ae, *f.* (vgl. palpito), **I** das **Augenlid,** Cels. 5, 26, 23: gew. Plur. **palpebrae,** ārum, *f.*, die **Augenlider,** Cic. u. a. – Nbf. palpebrum, ī, *n.*, Cael. Aur. de morb. chron. 2, 1, 5; vgl. Non. 218, 19. – **II** meton., palpebrae, ārum, *f.*, die **Haare an den Augenlidern,** Plin. 11, 154 u. 25, 156.

palpebrālis, e (palpebra), **zu den Augenlidern gehörig, Augenlider-,** setae, Prud. ham. 872.

palpebrāris, e (palpebra) = βλεφαρικός, **zu den Augenlidern gehörig, Augenlider-,** collyria, Cael. Aur. de morb. chron. 4, 2, 17.

palpebrātio, ōnis, *f.* (palpebro), die häufige und schnelle Bewegung der Augenlider, das **Blinzeln,** oculorum, Cael. Aur. de morb. acut. 1, 3, 148 u. a.

palpebro, āre (palpebra), die Augenlider öfters bewegen, **blinzeln,** Cael. Aur. de morb. acut. 2, 10, 70.

palpebrum, s. palpebra *no.* I.

palpitātio, ōnis, *f.* (palpito), die **häufige** u. **schnelle Bewegung,** oculorum, das Blinzeln, Plin.: cordis, das Klopfen, Plin.: partium, das Zucken, Plin.: u. so nervorum sine intermissione vibrantium, Sen. ep. 95, 16.

palpitātus, Abl. ū, *m.* = palpitatio, Plin. 9, 90.

palpito, āvī, ātum, āre, **zucken,** palpitat lingua, Ov.: palpitat cor, klopft, Cic., bes. von den mit dem Tode Ringenden, Ov. u. Suet.: cor sub vulnere palpitans, Sen.: palpitantibus praecordiis vivitur, Sen.: palpitat agnus (als Opfertier), Calp.: im obszönen Sinne, Iuven. 3, 134: übtr., his arduus ignis palpitat, zuckt-, lodert empor, Stat.: bildl., animus palpitans, Petron. 100, 4.

1. palpo, āvī, ātum, āre, u. **palpor,** ātus sum, ārī (palpus), ein Tier **sanft** (mit der flachen Hand) **klopfen und streicheln,** um es zu liebkosen, **I** eig.: lupos palpare, Manil. 5, 705: equum permulcere vel palpari, Ulp. dig. 9, 1, 1. § 7: tamquam si manu palpetur, Schol. Iuven. 6, 196: animalia blandi manu palpata magistri, Prud. perist. 11, 91: modo pectora praebet virgineā palpanda manu, Ov. met. 2, 867: m. *Dat.* (im Bild), cui male si palpere, recalcitrat, Hor. sat. 2, 1, 20: palpo vel palpor equo, Charis. 293, 32. – **II** bildl., jmdm. **um den Bart gehen** = **schmeicheln, liebkosen,** m. *Dat.*, blande mulieri palpare, Acc. fr.: scribenti palparer, Pollio in Cic. ep.: m. *Acc.*, palpare obvios, Claud. Mam.: quem munere palpat, Iuven.: Veneris iram palpare, durch Liebkosungen zu besänftigen suchen, Apul.: Passiv, ut malarum societate palpentur, Hieron. epist. 123, 18: absol., exora, blandire, palpa, Plaut. Poen. 357 G. u. L.: viden, scelestus ut palpatur, Plaut. rud. 1093: nihil asperum territumque palpanti est, Sen.

2. palpo, ōnis, *m.* (palpo, āre), der **Streichler, Schmeichler,** Pers. 5, 176.

palpum, ī, *n.* od. **palpus,** ī, *m.* (der *Nomin.* kommt nicht vor), der **Klopfer,** der **Striegel,** bildl., timidam palpo percutit, schmeichelt der Bekümmerten, Plaut.: mihi obtrudere non potes palpum, mir sollst du es (das Lob) nicht anhängen, Plaut.

palūdāmentum, ī, *n.*, der vom sagum durch Länge, Stoff u. Farbe verschiedene **Soldatenmantel, Kriegsmantel, Feldmantel,** vorzugsw. der **Feldherrnmantel,** griech. χλαμύς, Liv. u. a. (vgl. Apul. apol. 22 hoc Diogeni et Antistheni pera et baculum, quod imperatoribus paludamentum): v. der Agrippina getragen, Plin. 33, 63 (wofür Tac. ann. 12, 56 chlamys aurata).

palūdātus, a, um, **mit dem Kriegsmantel angetan, im Kriegsmantel,** v. Konsuln usw. = **im Feldherrnmantel,** virgines, Fest.: lictores, Liv. (s. Weißenb. Liv. 31, 14, 1): duces, Iuven.: duo vulturii, v. den Konsuln, Liv.: Pansa noster paludatus a. d. III. Kal. (Ian.) profectus est, Cic.: paludati votis nuncupatis (consules) exeunt, Caes.: quae clam commissa capite luerentur, quia paludati fecere, laudamus, Sen. –

poet., pal. aula, der kaiserliche Hof, Claud. VI. cons. Hon. 596. – Plur. subst., palūdātī, ōrum, *m.*, **Krieger** (Ggstz. tunicati, friedliche Bürger), Sidon. epist. 5, 7, 3.

palūdester, tris, tre (2. palus) = paluster, Cassiod. var. 2, 32, 2: paludestria loca, Oribas. frgm. Bern. 2, 24. p. 17, 8 H.

palūdicola, ae, *c.* (2. palus u. colo), **in (an) Sümpfen wohnend,** Sidon. epist. 4, 1, 4 u. 7, 17, 2 *v.* 19.

palūdifer, fera, ferum (2. palus u. fero), **sumpfig machend,** aquae, Anthol. Lat. 762, 42 (233, 42).

palūdigena, ae, *c.* (palus u. geno = gigno), **im Sumpf entstanden,** papyrus, Anthol. Lat. 94, 1 (1118), 1.

palūdivagus, a, um (2. palus u. vagus), **an** od. **in Sümpfen umherschweifend,** Avien. descr. orb. 312.

palūdōsus, a, um (2. palus), **sumpfig, reich an Sümpfen,** humus, Ov. met. 15, 268: Ravenna, Sil. 8, 601: Nilus, Stat. silv. 3, 2, 108.

pālum, s. 1. pālus.

palumbācius, a, um (palumbes), **holztaubenfarbig, grau,** termini (marmorei) palumbacei, von grauem Marmor, Gromat. vet. 351, 24.

palumbēs u. **palumbis,** is, Genet. Plur. ium, *m.*, die **große Holztaube, Ringeltaube,** griech. φάττα, Verg., Cic. fr. u. a. – Sprichw., palumbem alci ad aream adducere, jmdm. eine gute Gelegenheit zu etw. geben, Plaut. Poen. 676: duae me unum expetitis palumbem, einen Liebhaber, Plaut. Bacch. 51 L. – ► Nom. palumbes, Cic. fr. bei Serv. Verg. ecl. 1, 58: palumbis, Plin. 30, 60 u. 144. – Femin. aëriae palumbes, Verg. ecl. 3, 69: fabulosae palumbes, Hor. carm. 3, 4, 12.

palumbīnus, a, um (palumbes), **von Holztauben,** caro, Plin.: fimum, Plin.: ovum, Lampr. – Plur. subst., palumbīnī, ōrum, *m.* (*sc.* pulli), junge Holztauben, Edict. Diocl. 4, 28.

palumbis, s. palumbēs.

palumbulus, ī, *m.* (*Demin.* v. palumbus), das **Holztäubchen, Täubchen,** ein Liebkosungswort, Apul. met. 10, 22 u. a.

palumbus, ī, *m.* = palumbes (s. d.), Scriptt. r. r., Cels. u. a. – Name eines berühmten Fechters, dah. der Doppelsinn u. Scherz bei Suet. Claud. 21, 5.

1. pālus, ī, *m.* (pango, eig. pag-lus, dah. *Demin.* paxillus), der **Pfahl,** **I** im Allg., Cic. u. a.: alqm ad palum alligare od. deligare, Cic. – = **Nagel,** figere palum in parietem, Plaut. mil. 1140. – **II** als milit. *t. t.*, der **Pfahl** = das hölzerne Phantom eines Gegners, gegen das der junge Soldat zur Übung seine Angriffe richtete, ad palum doceri, contra palum se exercere, ad palum exerceri, s. Veget. mil. 1, 11 u. 2, 23: dah. im Bild, exerceamur ad palum, müssen uns gegen Angriffe des Geschicks gefasst machen, Sen. ep. 18, 8. – ► Nbf. pālum, ī, *n.*, Varro sat. Men. 179 (wo Plur. pala).

2. palūs, ūdis, *f.* (altindisch *palvalá-m*, Pfuhl, griech. πηλός, παλός Schlamm), **I** ein **stehendes Wasser,** der **Sumpf,** die **Pfütze,** der **Pfuhl,** zuw. auch der **See,** Caes. u. a.: Stygia palus, v. Styx in der Unterwelt, Lact.: ders. inferna palus, Lact.: u. v. dems., tarda palus, Verg., u. dis iuranda palus, Ov.: tenebrosa palus Acheronte refuso = palus Acherusia bei Kumä, Verg.: quod utrumque (aquam pabulumque) large palus (der See) praebere poterat, Auct. b. Alex. – **II** meton., das **Sumpfrohr,** Mart. 14, 160, 1. – ► Genet. Plur. gew. paludum (vgl. Charis. 144, 28); doch auch paludium, Liv. 21, 54, 7. Mela 3. § 82. Plin. 2, 274. Iustin. 44, 1, 10.

palūster, tris, tre, u. **palūstris,** e (2. palus), **zum Sumpf gehörig, I sumpfig, 1** eig.: limus paluster, Liv.: ager paluster, Liv.: ager palustris, Colum.: caelum palustre, Liv.: locus paluster (Ggstz. locus arenosus), Ulp. dig.: locus palustris, Pallad.: herbae palustres, Liv.: loca frigida et palustria (Ggstz. agri sicci et aprici), Cic. – dah. Minturnae palustres, Hor. – Plur. subst., palūstria, ium, *n.*, **sumpfige Stellen** od. **Gegenden,** pal. lacus, Plin. 12, 104: eius (dieses Baches) pal., Vulg. Ezech. 47, 11: Aegypti, Plin. 13, 71: Patavinorum, Plin. 14, 110. – **2** bildl., lux, sumpfiges Leben, im Sumpf der Laster durchlebt, Pers. 5, 60. – **II im Sumpf befindlich -lebend, Sumpf-,** ranae, Hor. sat. 1, 5, 14: aves, Mela 3, 6, 8 (3. § 56). – Plur. subst., palūstria, ium, *n.*, **Sumpfpflanzen,** Plin. 13, 68.

pammachārius, iī, *m.* (pammachum), der **Sieger im Allkampf,** Ambros. in psalm. 36. § 55. Iunior descr. orb. *c.* 19 in Class. auct. 3. p. 396 (wo jetzt paumacarios).

pammachium (pammachum), iī, *n.* (παμμάχιον), der **Allkampf,** ein aus Ringen, Faustkampf u. Zestuskampf bestehender gymnastischer Wettkampf, Hyg. fab. 273. CIL 6, 10154 (pammachum).

Pammenēs, is u. ī, *m.* (Παμμένης), ein namhafter Rhetor zu Athen, Lehrer des Brutus, Cic. Brut. 332; ad Att. 5, 20, 10 (wo Genet. -meni).

Pamphȳlia, ae, *f.* (Παμφυλία), eine Landschaft in Kleinasien, am Meer zwischen Cilicien u. Lycien, Liv. 33, 41, 6. Stat. silv. 1, 4, 77. – Dav. **Pamphȳlius,** a, um (Παμφύλιος), **pamphylisch,** legati, Liv.: mare, Liv.: tellus, Lucan. – Plur. subst., Pamphȳliī, ōrum, *m.* (Παμφύλιοι), die Einwohner von Pamphylien, die **Pamphylier,** Cic.

pampināceus, a, um (pampinus) = pampineus, Colum. 12, 20, 5.

pampinārius, a, um (pampinus), **zu den Ranken gehörig, Ranken-,** palmes, der nur Ranken u. Blätter hat, aber keine Frucht, Colum.: so auch sarmentum, Colum.; u. subst. bl. pampinārium, iī, *n.*, Plin.

pampinātio, ōnis, *f.* (pampino), das **Ablauben** der überflüssigen Weintrauben u. Blätter, die **Breche,** Colum. u. Plin.

pampinātor, ōris, *m.* (pampino), der **Abranker,** Colum. 4, 10, 2 u. a.

1. pampinātus, a, um (pampinus), **I mit Weinranken** (in halberhabener Arbeit), lanx argentea pampinata, Treb. Poll. Claud. 17. § 5. – **II** übtr., **gerankt, rankenförmig,** orbis, Plin. 16, 225.

2. pampinātus, a, um, s. pampino.

pampineus, a, um (pampinus), **von Weinlaub (Rebenlaub),** corona, Tac.: autumnus, Verg.: uva, Ov.: hasta, Thyrsusstab, Ov.: ulmi, mit Wein bekleidet, Calp.: poet., odor, Weindunst, Prop.

pampino, āvī, ātum, āre (pampinus), **abranken, ablauben,** vites, Varro: salicem, Colum.

pampinōsus, a, um (pampinus), **voll Rebenblätter, voll Rebenlaub,** Colum. u. Plin.

pampinus, ī, *m.*, der frische **Trieb des Weinstocks,** der Ranken u. Laub macht, die **Weinranke,** das **Weinlaub,** Cic., Colum. u. a. – übtr., der dünne, sich windende Schoss, mit dem sich Bohnen u. andere Gewächse anklammern, die **Ranke,** Plin.: und was ihm ähnlich ist, Plin. – ► Auch *gen. fem.*, Lucil. 1270. Varro nach Serv. Verg. eccl. 7, 58. Claud. laud. Stil. 3, 366; epithal. Pallad. et Cer. 5 u. cons. Stil. 3, 367. Sidon. epist. 5, 17, 4.

Pān, Genet. Pānis u. Pānos, Akk. nur Pāna, *m.* (Πάν = πάων, der Weidende), **Pan,** ein bes. in Arkadien heimischer Wald-, Weide- und Hirtengott, Schutzgott der zahmen u. wilden Herden, Beschützer der Jäger, als Hirtengott Erfinder der Syrinx od. Hirtenflöte, als Waldgott der Schreckensgott der Wanderer, Ov. fast. 2, 277: Genet. Panis, Hyg. fab. 224, Panos, Verg. Aen. 8, 344: Akk. Pana, Cic. de nat. deor. 3, 56. Verg. georg. 2, 494. – Plur. Panes, dem Pan nachgebildete Gottheiten, Ov. her. 4, 171 u. a.: Genet. Panum, Mela 3, 9, 6 (3. § 95): Akk. Panas, Colum. poët. 10, 427. Sidon. carm. 22, 37.

pāna, s. pānus *no.* II.

panaca, ae, *f.* (*sc.* testa), ein Trinkgeschirr, Mart. 14, 100 *lemm.*

panacēa, ae, *f.* u. **panaces,** is, *n.* u. **panax,** acis, *m.* (πανάκεια, πάνακες, πάναξ, eig. alles heilend, daher) **I** eine erdichtete Pflanze, die für alles helfen soll, **Panazee, Allheilkraut,** Form -ea, Verg. Aen. 12, 419. Lucan. 9, 918. Pelagon. veterin. 28 (400 *Ihm*): Form *-es*, Cels. 3, 21. p. 107, 13 u. 5, 27. *no.* 12. p. 204, 20 D. (wo panaces als *fem.*). Plin. 25, 30 *sqq.* (wo panaces als *neutr.*): Form *-ax*, Colum. 11, 3, 29. Cael. Aur. de morb. acut. 2, 29, 154. – **II** die auch ligusticum silvestre gen. Pflanze, Form *-ax*, Plin. 19, 165: Form *-es*, Plin. 20, 168. – Plur. panaces, Lucr. 4, 122. – **III** eine Pflanze, **Heilwurz** (*Pastinaca opopanax*, L.), Form *-ax*, Plin. 12, 127. – **IV** personif. Panacea, ae, *f.*, eine der vier Schwestern des Äskulap, Plin. 35, 137.

panacinus, a, um (panax, panacea), **von der Panazee,** clyster, Cael. Aur. de morb. chron. 4, 7, 95: oleum, *ibid.* § 104.

Panaetius, iī, *m.* (Παναίτιος), stoischer Philosoph aus Rhodos, Lehrer und Freund des jüngeren Scipio Afrikanus, geb. 185, gest. 112 v. Chr.,

Cic. de or. 1, 45; Tusc. 1, 81 u. a. Vell. 1, 13, 3. Hor. carm. 1, 29, 14 (zsgz. Genet. Panaeti).

Panaetōlicus, a, um (Παναιτωλικός), **zu ganz Ätolien gehörig, panätolisch,** concilium, Liv. 31, 32, 3 *sq.* u. 35, 32, 7.

Panaetōlius, a, um (Παναιτώλιος), **zu ganz Ätolien gehörig, panätolisch,** concilium, Liv. 31, 29, 1.

panaricium, iī, *n.*, eine Krankheit an den Nägeln, vermutlich = paronychium, der **Wurm** am Finger, Ps. Apul. herb. 42.

pānāriolum, ī, *n.* (*Demin.* v. panarium), das **Brotkörbchen,** Mart. 5, 50, 10.

pānārium, iī, *n.* (panis), der **Brotkorb,** Varro LL., Plin. ep. u. a.: größerer aus Marmor, **Trog,** CIL 1, 1016. – Nbf. **pānārius**, iī, *m.*, CIL 9, 2854.

Panathēnāicus, a, um (Παναθηναϊκός), **zu den Panathenäen** (Παναθήναια, einem Volksfest der Athener) **gehörig** subst., **I** Panathēnāicus, ī, *m.* (Παναθηναϊκὸς λόγος), eine an den Panathenäen vorgetragene Festrede des Isokrates, Cic. u. a. – **II** Panathēnāica, ōrum, *n.* = Παναθήναια, die **Panathenäen,** ein allgemeines Volksfest der Athener, Varro bei Serv. Verg. georg. 3, 113.

panax, acis, *m.* (πάναξ), s. panacēa.

pancarpineus, a, um (pancarpius), **aus allerlei Früchten bestehend,** cibus, Varro sat. Men. 567.

pancarpius u. **pancarpus**, a, um (παγκάρπιος, πάγκαρπος), **aus allerlei Früchten-,** dann übh. **aus allerlei bestehend,** Eccl.: pancarpiae coronae, aus allerlei Blumen bestehende, Paul. ex Fest. 220, 20.

Panchāia, ae. *f.* (Παγχαΐα), eine fabelhafte Insel im Erythräischen Meer, an der Ostküste Arabiens, reich an edlen Metallen, Weihrauch u. Myrrhen, Verg. georg. 2, 139. Tibull. 3, 2, 23. Plin. 10, 4. – Dav. **Panchaeus** u. **Panchāius**, a, um, **panchaïsch,** Lucr., Verg., Tibull. u. Ov.: Panchaei odores, Apul. de mund. 35 *extr.* – u. **Panchāicus**, a, um, **panchaïsch,** resinulae, Weihrauch, Arnob. 7, 27.

panchrēstārius (panchristārius), iī, *m.*, der **Zuckerbäcker, Lebküchler,** Arnob. 2, 38.

panchrēstus, a, um (πάγχρηστος), **ganz-, durchaus-, zu allem gut, -nützlich,** Plin. – übtr., medicamentum, Universalmittel, d. i. Geld, Cic. Verr. 3, 152.

panchrōmos, ī, *m.* (πάγχρωμος), das **Eisenkraut, Taubenkraut,** rein lat. verbenaca, Ps. Apul. herb. 3.

panchrus, ī, *m.* (πάγχρους, von allen Farben), ein uns unbekannter Edelstein, Plin. 37, 178.

pancratiās, ae, *m.*, falsche Lesart st. pancratiastes, s. d.

pancratiastēs, ae, Akk. ēn, Abl. ē, *m.* (παγκρατιαστής), der **Pankratiast,** d. i. der im Gesamtkampf (Ring- u. Faustkampf) sich Messende, Plin., Quint. u. a.

pancraticē, *Adv.*, **nach Art der Pankratiasten,** valere, kerngesund, Plaut. Bacch. 248.

1. **pancration** u. **-ium**, iī, *n.* (παγκράτιον), der **Allkampf,** das **Doppelringen,** eine Art Leibesübung, die das Ringen (lucta) u. Klopffechten (pugilatus) zugleich in sich fasste, Prop. 3, 14, 8. Sen. de ben. 5, 3 *in.* Plin. 34, 79. Hyg. fab. 273. Augustin. in psalm. 57, 7. CIL 6, 10, 154.

2. **pancration**, iī, *n.* (*Demin.* v. παγκρατής, ές), das **Allgewaltige, Allkräftige,** Beiname der Pflanze Zichorie wegen ihrer ausgezeichneten Heilkraft, Plin. 20, 74: ebenso der Pflanze scilla pusilla, Plin. 27, 118.

Panda, ae, *f.* (pando), die **Göttin des Eröffnens,** Varro b. Gell. 13, 22, 4. Arnob. 4, 3 (wo dea Panda vel Pantica).

Pandāna, ae, *f.* (porta), der Durchgangsbogen am kapitolinischen Hügel (Mons Saturnius), in alter Zeit Saturnia gen., Varro LL. 5, 42. Solin. 1, 13.

Pandātaria u. **Pandāteria**, ae, *f.* (Πανδαταρία, Πανδατερία), eine sehr fruchtbare kleine Insel außerhalb des puteolanischen Meerbusens (des jetzigen Golfs von Neapel), nordwestl. von Ischia (Aenaria), unter den Kaisern Verbannungsort, jetzt *Ventotene,* Form *-taria,* Mart. Cap. 6. § 644: Pandataria terra, Ps. Sen. Octav. 1001 (970): Form: *-teria,* Varro r. r. 1, 8, 5 u. 3, 5, 7. Plin. 3, 82. Mela 2, 7, 18 (2. § 121). Suet. Tib. 53, 2. Tac. ann. 1, 53 u. 14, 63. Itin. Anton. 515, 6.

pandātio, ōnis, *f.* (pando, are), das **Sich-Werfen** des Holzes, Vitr. 7, 1, 5.

pandectēs, ae, *m.* (πανδέκτης), **der alles in sich fassende (enthaltende),** cum adverbium Stoici pandecten vocent, Charis. 194, 20. – dah. ein Buch, das alles oder allerlei in sich fasst, eine **schriftliche Sammlung,** Apic. lib. 4 *lemm.*: Tiro in Pandecte, Charis. 207, 30: in pandecte Latino corporis grandioris, Cassiod. inst. div. litt. 5. – Plur. pandectae, ārum, *f.*, die **Pandekten,** die vom Kaiser Justinian veranstaltete Sammlung der Gesetze u. Rechte aus den Schriften der Juristen, Iustinian. epist. ad senat. et omn. pop. § 1. Iustinian. inst. 1, 10, 11.

pandēmus (πάνδημος), **das ganze Volk betreffend, allgemein,** lues, Amm. 19, 4, 7.

pandex = qui semper pandit ora ad potandum, Gloss. Scal. V, 607, 15.

pandiculāris diēs = communicarius dies (s. d.), Paul. ex Fest. 220, 19.

pandiculor, ārī (pandus od. pando, ere), **sich dehnen, sich recken,** beim Gähnen, Plaut. Men. 832.

Pandīōn, onis, Akk. ona, *m.* (Πανδίων; Pandĭon gemessen b. Avien. descr. orb. 1218), König in Athen, Vater der Prokne u. Philomela (von denen erstere in eine Schwalbe, letztere in eine Nachtigall verwandelt wurde), Ov. met. 6, 426 u. (Akk.) 676: Pandionis populus, Lucr. 6, 1141: Cecropiae Pandionis arces, Athen, Mart. 1, 25, 3: Pandione nata = Prokne, Ov. met. 6, 636; od. = Philomela, Ov. ex Pont. 1, 3, 39. – Dav. **Pandīonius**, a, um, **pandionisch, des Pandion,** auch poet. = **athenisch,** Athenae, Ov. met. 15, 430: volucres, Schwalbe und Nachtigall, Sen. poët.: arces, Athen, Claud.: cavea, Theater zu Athen, Sidon.

1. **pando**, āvī, ātum, āre (pandus), **I** *tr.* **krümmen, biegen,** bes. aufwärts, posteriora, Quint. 11, 3, 100. – oft Passiv pandari, **sich krümmen, sich biegen,** nec pandentur onere fructuum, Colum.: cetera omnia inferiora pandantur, Plin.: manus leviter pandata, Quint. – **II** *intr.* **sich biegen,** ulnus et fraxinus … non habent rigorem, sed celeriter pandant, Vitr.: non pandabit materies, Vitr.

2. **pando**, pandī, pānsum u. passum, ere (*Causat.* zu pateo), **I auseinander-, ausbreiten, ausspannen, ausspreizen, a** eig.: vela, Cic. u. Ov.: pennas ad solem, Verg.: aciem, Liv.: annosa brachia pandit ulmus opaca, Verg.: rosa paulatim rubescens dehiscit ac sese pandit, u. breitet sich (ihren Kelch) aus, Plin. – crines passi, capillus passus, fliegende Haare, Caes. u. a.: passis manibus od. palmis, mit ausgebreiteten, ausgestreckten Händen, Caes.: manibus ac pedibus pansis, Vitr.: velis passis, Cic. – **b** bildl.: alia illa divina (bona) longe lateque se pandunt caelumque contingunt, gewinnen weit und breit Einfluss, Cic. Tusc. 5, 76. – verba passa, aufgelöste W. = Prosa, Apul. flor. 15. p. 19, 1 Kr. – **II** übtr.: **A aufsperren, auftun, aufreißen, öffnen, eröffnen,** im Passiv medial = **sich auftun, sich öffnen, a** eig.: pandite atque aperite ianuam hanc, Plaut.: moenia urbis, Verg.: rupem ferro, gangbar machen, Liv.: via panditur, ist offen, liegt frei, Tac.: poet., agros (igni), durch Feuer bloßlegen, Lucr. 5, 1246: tria guttura, weit aufreißen, Verg. – medial, panduntur portae, Verg.: panduntur inter ordines viae, es öffnen sich Gassen, Liv.: u. v. Örtlichkeiten, die sich gleichs. »vor unseren Blicken auftun, -eröffnen, sich weit und breit ausdehnen od. erstrecken«, repente velut maris vasti sic universa panditur planities, Liv.: urbs ea in ora Oceani sita est, ubi primum e faucibus angustis panditur mare, Liv. – **b** bildl.: **α** im Allg.: spectacula pictā caudā, die schönste Farbenpracht sich entfalten lassen, Hor.: viam fugae, salutis, Liv.: viam ad dominationem, bahnen, Liv.: tempora veris se pandunt, eröffnen sich, Lucr. – **β** insbes., **eröffnen = offenbaren, kundtun,** oraculum, Catull.: nomen, Ov.: res, Verg.: quae nunc panduntur fatis, Orac. vet. b. Liv. 5, 16, 10: o decus Haemonidum, populis quae pandere fata potes, Lucan. 6, 590. – **B** ausbreitend **trocknen,** uvam in sole, Colum.: uva passa, getrocknete Weintraube, Rosinen, Plaut. u. Edict. Diocl.: so auch racemi passi, Verg.: lac passum, geronnene, Ov. – scherzh., senes passi, ausgetrocknete, dürre, Lucil. 557.

Pandōra, ae, *f.* (Πάνδωρα = die von allen Beschenkte, Allbegabte), die erste, von Vulkan aus Erde gebildete und von allen Göttern mit allen weiblichen Liebreizen ausgestattete Frau, von Jupiter mit einer alle Übel enthaltenden Büchse den Menschen zur Strafe zugeschickt, weil Prometheus das Feuer vom Himmel entwendet hatte, Hyg. fab. 142: Genet. Pandoras, Plin. 36, 19. – Sprichw., Pandora Hesiodi, von einer Sache, an deren Verfertigung viele teilhaben, Tert. adv. Valent. 12.

pandōrium u. **-us**, s. pandūra.

Pandrosos, ī, *f.* (Πάνδροσος), Tochter des Kekrops, Ov. met. 2, 559.

pandūra, ae, *f.* (πανδοῦρα), ein dreisaitiges musikalisches Instrument, Varro LL. 8, 61 (neben psalterium). Mart. Cap. 9. § 906 u. § 924: Nbf. **pandūrium**, iī, *n.* (πανδούριον, Hesych.), Cassiod. in psalm. 36. *v.* 1 u. de music. 5 *ed. Garet*: u. pandōrium, Isid. orig. 3, 20, 1: u. pandōrius, iī, *m.*, Isid. orig. 3, 20, 8.

pandūrizo, āvī, āre (πανδουρίζω), **auf der** pandura **spielen,** Lampr. Heliog. 32, 8.

pandus, a, um (pando), **krumm, gekrümmt, gebogen,** Verg., Ov., Vitr. u. a.: homo, mit einem Katzenbuckel, Quint.

pāne, s. pānis ►.

panēgyricus, a, um (πανηγυρικός), **I zur allgemeinen Festversammlung-, zum Volksfest gehörig,** subst., panēgyricus, ī, *m.* (πανηγυρικός mit u. ohne λόγος), Isocratis, die Festrede des Isokrates, worin er die Griechen zur Eintracht u. zum Krieg gegen die Perser zu bewegen sucht, daneben aber auch die Verdienste der Athener erhebt, der **Panegyrikus,** Cic. u. Quint. – dah. **II** übtr., **rühmend, lobend,** libri, Lobschriften, Auson. prof. 1, 13. – subst. panēgyricus, ī, *m.*, eine **Lobrede,** ein **Panegyrikus,** Quint. 2, 10, 11 u. 3, 4, 14. Spart. Pesc. 11, 5: panegyrici mendaces, Lact. 1, 15, 13.

panēgyrista, ae, *m.* (πανηγυριστής), der **Lobredner,** Sidon. epist. 4, 1, 2.

panerastos, ī, *m.* (*πανεραστός), u. **panerōs**, ōtis, *m.* (*πανέρως), der **Allgeliebte,** ein uns unbekannter Edelstein, der fruchtbar machen soll, Plin. 37, 178.

Pangaeus mōns, *m.* u. poet. **Pangaea**, ōrum, *n.* (τὸ Παγγαῖον), ein raues Gebirge Mazedoniens an der thraz. Grenze, in der Nähe von Philippi, reich an Gold- u. Silbergruben, j. *Pangea,* nach a. *Pirnari,* Plin. 4, 40 u. 7, 197: Form *-a,* Verg. georg. 4, 462. Lucan. 1, 679. – Dah. bei spät. röm. Dichtern **Pangaeus**, a, um, **pangäisch = thrazisch,** nemora, Sil. 2, 73: iuga, Val. Flacc. 4, 631: arx, Val. Flacc. 1, 575.

pango, pānxī, pānctum u. (v. urspr. pago) pēgī u. (in der übertr. Bedeutung gew.) pepigī, pāctum, ere (vgl. πήγνυμι), **befestigen, einschlagen, einsenken, I** eig.: **A** im Allg.: clavum, Liv.: ancoram litoribus (*Dat.*), Ov.: litteram in cera, mit dem Griffel eindrücken, Colum. – **B** insbes., **pflanzen,** ramulum, Suet.: poet., filios, zeugen, Prud. – meton., **bepflanzen,** hortus, qui crebro pangitur, Fronto: vitiaria malleolis, Colum.: colles (mit Weinstöcken), Prop. – **II** übtr.: **A** etw. gleichs. **aneinanderfügen, 1** im Allg., **unternehmen,** neque prima per artem temptamenta tui pepigi, auch suchte ich nicht zuvor dein Herz künstlich (schlau) zu durchforschen, Verg. Aen. 8, 143 *sq.* – **2** schriftlich **verfertigen, abfassen, a** übh.: ἀνέκδοτα (geheime Memoiren) Theopompio genere aut etiam asperiore multo, Cic. ad Att. 2, 6, 2: absol., de pangendo nihil fieri potest, mit dem Schriftstellern kann es nichts werden, Cic. ad Att. 2, 14, 2. – **b** als Dichter abfassen, **α verfassen, dichten,** versum, Gell.: versus de natura rerum, Lucr.: carmina, Lucr. u. Tac.: aliquid Sophocleum, Cic.: poëmata, Hor.: absol., quibus aliqua pangendi facultas, die im Versbau einiges Geschick hatten, Tac. ann. 14, 16. – **β** prägn., **besingen,** vestrûm maxima facta patrum, Enn. fr. var. 16 (bei Cic. Tusc. 1, 34). – **3 absingen, hersingen,** in conviviis ad tibias egregia superiorum opera carmine comprehensa, Val. Max. 2, 1, 10. – **B festsetzen, 1** im Allg. = **bestimmen,** terminos, Cic.: fines, Cic. – **2 festsetzen = schließen, verabreden, ausbedingen, sich versprechen lassen** od. selbst **versprechen, einen Vergleich schließen, akkordieren** (nur in den Perfektformen), **a** übh.: pacem, Liv.: foedera, Verg.: amicitiam, societatem cum alqo, Liv.: pretium libertati, Tac.: salutem sibi et millies HS ab alqo, Suet.: si qui inter se pepigerunt, Rhet. Her. – m. *Genet.* od. *Abl.* des Preises (s. Weißenb. Liv. 38, 24, 8), tanti pepigerat, Liv.: non fuit armillas tanti pepigisse Sabinas, Ov.: pretium, quo pepigerant, Liv.: ducentis Philippis pepigi, Plaut. – mit folg. *ut* u. Konj., ut vobis mitterem ad bellum auxilia pepigistis, Liv.: alii occulte pepigisse interpretabantur, ut Tigranes quoque Armeniā abscederet, Tac.: cum adversariis pepigit, ut sibi una legio cum Illyrico concederetur, Suet. – m. folg. *ne* u. Konj., pepigit, ne illo medicamento umquam postea uteretur, Cic.: pepigerat Pallas, ne cuius facti in praeteritum interrogaretur, Tac. – m. folg. bl. *Coniunctiv,* pepigere, equestribus proeliis Eunones certaret, obsidia urbium Romani capesserent, Tac. ann. 12, 15. – m. folg. *Infin.* = versprechen, geloben, ii quoque obsides dare pepigerunt, Liv.: apud altaria deûm pepigere fraudem inimicorum ulcisci, Tac.: m. *Abl.* des Preises, qui mecum iam dudum grandi pecuniā pepigit reducere paulisper ab inferis spiritum, Apul. met. 2, 28. – **b** insbes., v. Eheverlöbnis, quae pepigere viri, pepigerunt ante parentes, den Bund, den geschlossen haben usw., Catull. 62, 28. – m. *Acc. pers.*, te peto, quam lecto pepigit Venus aurea nostro, verheißen hat, Ov. her. 16, 35: haec mihi se pepigit, pater hanc tibi, mir hat sie sich verlobt, Ov. her. 20, 157. – ► Urspr. Form pago (paco), ere (s. Prisc. 10, 32), rem ubi pagunt (pacunt), orato; ni pagunt (pacunt) *etc.*, XII tabb. fr. 1, 6 u. 7 *ed. Schoell* (bei Rhet. Her. 2, 20): ni cum eo pacit, talio esto, XII tabb. fr. 8, 2 *ed. Schoell.* (b. Fest. 363 [a], 6).

pangōnus, ī, *m.* (*πάγγωνος = von allen Seiten winkelig), ein uns unbekannter Edelstein, wahrsch. die doppelte sechsseitige Pyramide des Bergkristalls, Plin. 37, 178.

Panhormus etc., s. Panormus.

pāniceus, a, um (panis), **aus Brot gemacht,** milites, scherzh. mit Anspielung auf panis u. die samnitische Stadt Pana, Brothäuser, Brotheimer, Plaut. capt. 162. – mensae, große Brotkuchen, Serv. Verg. Aen. 3, 257.

pānicium, iī, *n.* (stammverwandt mit panis), **I** das **Gebäck,** Cassiod. var. 9, 5, 1. – **II** = panicum (s. d.), Paul. Nol. epist. 3 ad Sever. Edict. Diocl. 1, 6. Not. Tir. 68, 33.

pānicula, ae, *f.* (*Demin.* v. pana, Nbf. v. panus), **I** = panus *no.* I (s. d.), Aldh. de laud. virg. 15: panucula geschr., Paul. ex Fest. 220, 16, u. panucla, Non. 149, 22. – **II** an den Gewächsen, der **Büschel,** die **Rispe,** die **Klunker,** Plin. 16, 49 u. a.: bes. der Blüten- u. Samenbüschel, der **Kolben,** an den Rohr- u. Schilfarten, die zum Dachdecken gebraucht wurden, Plin. 8, 117 u. a. – **III** eine Art Geschwulst, Scrib. Larg. 82. Ps. Apul. herb. 13. Plin. Val. 3, 27 u. 4, 8.

pāniculus, ī, *m.* (*Demin.* v. panus), **I** ein **Rohrbüschel** (vgl. panicula *no.* II), pan. tectorius, ein R. auf dem Dach, Plaut. mil. 18. – **II** eine Art Geschwulst, Plin. Val. 4. fol. 314 (b), 26 (wo jetzt panniculus).

pānīcum, ī, *n.* (v. panus) = ἔλυμος, **welscher Fench, italienische Hirse** (*Panicum italicum,* L.), Caes. b. c. 2, 22, 1. Plin. 18, 49 u. a.

pānifex, ficis, *m.* (panis u. facio), der **Brotbereiter, Brotbäcker,** Th. Prisc. 4, 2.

pānifica, ae, *f.* (panis u. facio), die **Brotbäckerin,** Vulg. 1. regg. 8, 13.

pānificium, iī, *n.* (panis u. facio), **I** das **Brotbacken,** Varro LL. 5, 105. – **II** meton., das **Gebäck** (Brot, Kuchen usw.), Cels. 2, 18. – bes. **Opferkuchen,** Suet. Vesp. 7, 1. Iustin. 20, 2, 7.

pānificus, ī, *m.* (panis u. facio) = ἀρτοποιός, der **Brotbäcker,** Gloss. II, 246, 15.

pānion, iī, *n.* = satyrion, Ps. Apul. herb. 15.

Paniōnius, a, um (Πανιώνιος), **dem ganzen Ionien gehörig, -heilig,** Apollo, Vitr. 4, 1, 5: regio (= Panionium), Plin. 5, 113. – subst., Paniōnium, iī, *n.* (Πανιώνιον), der gemeinsame Versammlungsort aller Ionier, das **Panionium,** ein heiliger Hain od. Bezirk am nördlichen Abhang des Vorgebirges Mykale, mit einem Bundestempel, wo die zwölf Städte des ionischen Bundes ihre Bundesversammlungen abhielten, Mela 1, 17, 2 (1. § 87).

pānis, is, *m.* (zu pā-sco), das **Brot, I** eig.: panis hordeaceus, Plin.: panis fermentatus, Plin., Ggstz. panis sine fermento, Cels., od. panis azymus, Scrib. Larg.: panis cibarius, gewöhnliches, schlechtes, Cic. (dafür p. secundus, Hor.): p. ater, Ter.: p. siccus, bloßes, trockenes Brot, Sen.: militaris, Plin.: rusticus, Plin.: plebeius, Sen.: vetus aut nauticus, Plin.: caelestis, Manna, Lact.: panis furfuribus conspersus, Phaedr.: frustum panis, Cato fr. u. a.: frustum hordeacei panis, Sen.: panis absumpti fragmenta, Sulp. Sev.: mollia panis, Krume, crusta panis, Rinde des Brotes, Plin.: panem fingere od. defingere (formen), Sen. u. Cato: alqm in furnum condere pro rubido pane, Plaut.: panem coquere, Varro fr. u. Plin.: panem (suum) esurienti frangere od. infringere, Vulg. u. Tert.: cum esuriente panem suum dividere, Sen.: cotidianum comedimus panem, Hieron. – Plur., **Laibe,** bini panes, Plaut. Pers. 471: ex hoc (genere radicis) effecti panes, Caes. b.c. 3, 48, 2: außerdem Varro vit. P.R. 1. fr. 30 (bei Non. 63, 30). Suet. Cal. 37, 1 u. a. – **II** übtr., eine Masse in Gestalt eines Brotes, ein **Brot,** panes aerei, Plin. 34, 107: panes viridantis aphronitri, Stat. silv. 4, 9, 37: in formam panis redigere, Colum. 12, 15, 5. – ▶ Nbf. pane, is, *n.*, Plaut. Curc. 367; vgl. Arnob. 1, 59. – Genet. Plur. panium, Caes. bei Charis. 90, 8 u. 141, 20: panum, Verr. bei Charis. 90, 8. Vulg. num. 6, 15 u. 8, 2; 2. paral. 2. 4; Isai. 36, 17; Matth. 16, 12. Sulpic. Sev. dial. 1, 14, 3. Aldh. de laud. virg. 39; vgl. Prisc. 7, 77. Gramm. inc. de dub. nom. 586, 19 K.

Pāniscus, ī, *m.* (Πανίσκος), ein **kleiner Pan,** eine dem Pan nachgebildete Feldgottheit, Cic. de div. 1, 23: Plur. bei Cic. de nat. deor. 3, 43. Suet. Tib. 43, 2.

pānnārius, a, um (pannus), **zum Tuch gehörig, Tuch-,** subst., pānnāria, ōrum, *n.*, Geschenke an Tuch, Stat. silv. 1, 6, 31.

pānneus, a, um (pannus) = ῥάκινος (Gloss.), **zerlumpt,** vestis, Paul. Nol. carm. 21, 327.

pānnicium, s. pānicium.

pānniculārius, a, um (panniculus), **zu den Lumpen gehörig, Lumpen betreffend,** subst., **a** pānniculāria, ae, *f.* (*sc.* res), ein **Lumpen,** panniculariae causa, Hadr. b. Ulp. dig. 48, 20, 6 M. – **b** pānniculāria, ōrum, *n.*, **Lumpen, lumpiger Anzug,** *ibid.*

1. pānniculus, s. pāniculus *no.* II.

2. pānniculus, ī, *m.* (*Demin.* v. pannus), ein **Stückchen Tuch, Läppchen, Lumpen, Fetzen,** duplex, Cels.: quadratus, Cels.: pila ex panniculis facta, Cels.: quasi centonem ex multis et pessimis panniculis consarcientes, Interpr. Iren. – verächtl. v. einem Gewand, bombycinus, Iuven. 6, 260.

Pannonii, ōrum, *m.* (Παννόνιοι), die **Pannonier,** die Bewohner der Landschaft Pannonien (s. im Folg.), gewandte Reiter, Vell. 2, 121, 2. Suet. Tib. 17, 1. Tac. ann. 15, 10. Lampr. Alex. Sev. 27, 6: Sing. Pannonius ferox, Stat. silv. 1, 4, 78: fallax Pannonius, Tibull. 4, 1, 108: Pannoniorum inscitiae, Fronto princ. hist. p. 207, 14 N. – Dav.: **A Pannonia,** ae, *f.* (Παννονία), eine Landschaft zwischen Dazien, Norikum u. Illyrien (j. ein Teil von Ungarn, Slavonien u. Bosnien), Ov. trist. 2, 225. Plin. 3, 147. Plin. pan. 8, 3: eingeteilt in Pann. inferior od. secunda (ἡ κάτω Παvv.), Unterpannonien, Eutr. 9, 4 u. 10, 5, u. Pann. superior (ἡ ἄνω Παvv.), Oberpannonien; dah. Plur. Pannoniae, Eumen. pan. Constant. 10, 2. Pacat. pan. Theod. 11, 4. Sulp. Sev. chron. 2, 38, 2; vit. S. Mart. 2, 1. CIL 3, 6575 u. 8, 7977. – **B Pannoniacus,** a, um, **pannonisch,** Spart. Sever. 10, 7. – **C Pannonicus,** a, um, **pannonisch,** Plin. u. Mart.: exercitus, alae, Tac. – u. dav. Pannoniciānī, ōrum, *m.*, die Soldaten der in Pannonien stehenden Legion, die Pannonizianer, Notit. dign. orient. 8. § 1. C. *no.* 15. p. 31 Boeck. – **D Pannonis,** idis, *f.*, **pannonisch,** ursa, Lucan. 6, 220.

pānnōsitās, ātis, *f.* (pannosus), die **lumpige-, lappige Beschaffenheit,** Cael. Aur. de morb. acut. 1, 11, 86.

pānnōsus, a, um (pannus), **I lumpig, zerlumpt,** v. Pers., Cic. u. a. – Plur. subst., pānnōsi (Ggstz. holosericati), Augustin. in psalm. 85, 3. – **II** übtr.: **1 lumpig, zerlumpt, armselig,** resculae, Apul. met. 4, 12. – **2 lappig, welk, runzelig,** mammae, Mart.: macies, Sen.: faex aceti, pelzige, Pers.

Pānnūceātī, ōrum, *m.* (pannuceus), die **Zerlumpten,** Titel einer Komödie des Pomponius, Non. 18, 21 u. a.

pānnūceus u. **-cius,** a, um (pannus), **I lumpig, zerlumpt,** Petron. u. Pers. – subst., pānnūcia, ae, *f.* (*sc.* vestis), ein **mit Flicklappen besetztes, zerlumptes Gewand,** Isid. orig. 19, 22, 24. – **II** übtr., **lappig, runzelig, welk, schlaff,** Mart. u. Plin.

pānnulus, ī, *m.* (*Demin.* v. pannus), ein **Lumpen,** tunica in pannulos (Fetzen) defrustata, Amm. 31, 2, 5. – im Plur. meton., **Lumpen** = ein **zerlumptes Kleid,** Apul. met. 7, 5 u. a. Amm. 22, 9, 11.

pānnus, ī, *m.* (πῆνος, dor. πᾶνος), eig. = panus *no.* I (s. d.); dah. meton.: **I** ein **Stückchen Tuch,** ein **Lappen,** p. lineus, Plin.: assuitur pannus, Hor. – als Taschentuch, Serviette usw., Mart.: als Binde, Kopfbinde, Ov. u. Val. Max.: als Hülle, Binde um kranke Körperteile, Plin.: als Tüchlein, etwas darin aufzuheben, Petron. – im Sing. u. Plur. verächtl. vom ärmlichen Gewand der Menschen, ein **Lumpen,** eine **Fahne,** albus, Hor.: duplex, Hor.: pannis obsitus, Ter. u. Suet. – **II** übtr., ein herabhängendes (viell. lumpenförmiges) Gewächs am Baum aegilops, panni arentes, eine Art trockener Lappen, Plin. 16, 33. – ▶ Heteroklit. Abl. pannibus, Pompon. com. 70.

pānnuvellium, iī, *n.* (nach Varro von pannus u. volvo) = πηνίον, πήνισμα, das **aufgehaspelte-, aufgespulte Garn des Einschlages,** die **Spule-, Spindel mit dem aufgehaspelten Garn,** Varro LL. 5, 114.

pannychismus, ī, *m.* (παννυχισμός), das **Wachen durch die ganze Nacht,** Arnob. 5, 24.

pannychius, a, um (παννύχιος), **die ganze Nacht dauernd,** negotium, M. Aurel. bei Fronto epist. ad M. Caes. 3, 5. p. 43, 21 N.

Panomphaeus, ī, *m.* (Πανομφαῖος), der Urheber aller Orakel u. göttlichen Anzeichen, ein Beiname Jupiters, Ov. met. 11, 198.

1. Panopē, ēs, *f.* (Πανόπη = Πανοπεύς), alte Stadt in Phocis am Cephissus, j. Ruinen b. *Agio Vlasi* (St. Blasius), eine Stunde von *Dhavlia* (dem alten Daulis), Ov. met. 3, 19. Stat. Theb. 7, 344.

2. Panopē, ēs, *f.* u. **Panopea,** ae, *f.* (Πανόπη, Πανόπεια), eine Meernymphe, Form *-e,* Ov. fast. 6, 499. Auct. inc. consol. ad Liv. 435: Form *-ea,* Verg. Aen. 5, 240 u. 825.

Panormus (Panhormus), ī, *f.* (Πάνορμος) u. **Panormum** (Panhormum), ī, *n.*, Name vieler Städte, von denen bes. bemerkenswert die uralte u. bedeutende Stadt an der Nordküste Siziliens, an der Mündung des Flusses Orethus (Vib. Sequ. p. 15), Kolonie der Phönizier (daher vom phöniz. *Panhorm,* großer Felsen, benannt, weshalb in Hdschr. auch *Panh.* geschrieben wird, s. Zumpt Cic. Verr. 2, 63. p. 304 u. Tzschucke Mela vol. 2. p. 2. p. 574), j. Ruinen bei *Palermo,* Form *-um,* Plin. 3, 90: Form*-us,* Mela 2, 7, 16 (2. § 118). Sil. 14, 262: Genet., Cic. Verr. 2, 63. Liv. 24, 36, 5. – Dav. **Panormitānus** (Panhormitānus), a, um, **panormitanisch, aus Panormus,** Cic. – Plur. subst., Panormitānī, ōrum, *m.*, die Einwohner von Panormus, die **Panormitaner,** Frontin. strat. 3, 17, 1. CIL 10, 7272.

pānōsus, a, um (panis), **brotartig,** cibus, Cael. Aur. de morb. chron. 1, 4, 91; 2, 14, 203.

pānsa, ae, *m.* (pando), **breitfüßig,** ein **Breitfuß,** v. Menschen, Plaut. merc. 640. – dah. *nom. propr.*, Pānsa, als röm. Beiname, s. Plin. 11, 254.

pantagathus, ī, *m.* (πανταγαθός), **ganz gut, I** pantagathī, ōrum, *m.*, eine Art Glück verkündender Vögel, Lampr. Anton. Diad. 4. § 6. – **II** eine Pflanze = pulegium, Ps. Apul. herb. 92.

Pantagīes u. **Pantagiās** (Panthagia), ae, *m.* (Πανταγίης, Πανταγίας), ein kleiner Fluss an der Ostküste Siziliens, j. *Fiume di Porcari,* Verg. Aen. 3, 689 (*Genet.*). Ov. fast. 4, 471 (Akk. -ien). Claud. rapt. Pros. 2, 58 (Akk. - iam).

pantaphobos, on, richtiger pantophobos, on (παντοφόβος), **alles fürchtend,** rein lat. omnipavus, Cael. Aur. de morb. acut. 3, 12, 108.

pantelīum, iī, *n.* (παντελεῖον), das **Einweihungsfest** im Mithrasdienst, CIL 10, 1596.

pantex, icis, *m.* (Priap. 83, 28), gew. Plur. pantices, der **Wanst,** die **Gedärme,** Nov. com. 91. Plaut. Pseud. 184. Verg. catal. 5, 31. Mart. 6, 64, 19.

1. panthēr, thēris, *m.* (πάνθηρον), ein **großes Fangnetz,** Varro LL. 5, 100.

2. panthēr, thēris, *m.* (πάνθηρ), u. latinisiert **panthēra,** ae, *f.*, der **Panther,** das **Panthertier,** Form *-er,* Anthol. Lat. 762, 50 (233, 50): klass. Form *-era,* Varro LL. 5, 100. Varro de libr. gramm. 3. *no.* 6. p. 150 Wilm. (aus Philarg. in Verg. ecl. 2, 63). Cic. ep. 2, 11, 2. Liv. 39, 22, 2.

1. panthēra, ae, *f.* (πανθήρα), der **ganze Fang,** Ulp. dig. 19, 1, 11. § 18.

2. panthēra, s. 2. panthēr.

panthēreus, a, um (panthera), **zum Panther gehörig, Panther-,** terga, Verg. Aen. 8, 460.

panthērīnus, a, um (panthera), **I von Panthern,** Plin. 35, 138. – **II gefleckt** wie ein Panther, Plin. 13, 96. – scherzh. übtr., genus hominum, gefleckt, bunt von Schlägen, Plaut. Epid. 18 G.

panthēris, *f.* (panther), das **Weibchen des Panthers,** Varro LL. 5, 100.

panthērocamēlus, ī, *m.* (πάνθηρ u. κάμηλος) = camelopardalis, der **Kamelparder,** die **Giraffe,** Lucil. sat. fr. inc. 83 M.

Panthēum, ēī, *n.* (Πάνθειον u. Πάνθεον), **I** der große, von Agrippa erbaute Jupitertempel in Rom, später von Hadrian u. a. Kaisern wiederhergestellt, j. *Tempio di S. Maria Rotonda,* Plin. 34, 13 u. 36, 38. Spart. Hadr. 19, 10. Macr. sat. 3, 17, 18. Amm. 16, 10, 14. – **II** die Statue eines Gottes, an der sich die Symbole mehrerer anderer Gottheiten befanden, Auson. epigr. 30, 7. CIL 2, 1165 u. 6, 557.

Panthous (Πάνθοος) u. zsgzg. **Panthus,** ī, *m.* (Πάνθους), Sohn des Othrys, Vater des Euphorbus, Hyg. fab. 115: Form Panthus b. Verg. Aen. 2, 318 u. 319: Vokat. Panthu, Verg. Aen. 2, 322 u. 429. – Dav. **Panthoidēs,** ae, *m.* (Πανθοΐδης), der **Panthoïde** (Sohn des Panthous), **a** = Euphorbus, Ov. met. 15, 161. – **b** = Pythagoras, weil er vorgab, er wäre Euphorbus gewesen, Hor. carm. 1, 28, 10.

Pantica, s. Panda.

panticēs, um, *m.*, s. pantex.

panticōsus, a, um (pantex), **voll von Gedärmen,** venter, Serv. Verg. Aen. 3, 217.

Pantilius, iī, *m.* (πᾶς u. τίλλω), **Meister Zwickerling,** fingierter Name eines bissigen Dichterlings (dah. Beiname cimex, bissige Wanze), Hor. sat. 1, 10, 78.

Pantolabus, ī, *m.* (παντολάβος, alles nehmend), **Schnapphahn,** Name eines Schmarotzers, Hor. sat. 1, 8, 11; 2, 1, 22.

pantomīma, ae, *f.* (pantomimus), die **Pantomime,** Sen. ad Helv. 12, 6.

pantomīmicus, a, um (παντομιμικός), **pantomimisch,** Sen. ep. 29, 12.

pantomīmus, ī, *m.* (παντόμιμος), **I** der **Pantomime,** Sen. exc. contr. 3. praef. § 16. Sen. ep. 47, 17. Suet. Aug. 45, 4. Plin. pan. 46. § 1. 3. 4. Iulian. dig. 38, 1, 25. § 1. Vopisc. Carin. 19, 2. – **II** ein **pantomimisches Stück,** Plin. 7, 184.

pānucula (pānucla), s. pānicula *no.* I.

pānus, ī, *m.* (πῆνος, dor. πᾶνος), **I** das auf die Spule gehaspelte Garn des Einschlags od. Eintrags, die Spule mit dem aufgehaspelten Garn, Lucil. 298; vgl. Non. 149, 22. – **II** eine Art Geschwulst, viell. **geschwollene Drüsen** od. **Hoden** (s. Non. 149, 28), Cels. 5, 28, 10 D. Plin. 24, 11. Afran. com. 218. Nov. com. 65. Marc. Emp. 15: Nbf. pāna, ae, *f.*, Plin. Val. 3. 27, 1. Plin. iun. de medic. 3, 5 R. – **III** der **Büschel** der Hirse, Plin. 18, 54.

pānuvellium, iī, *n.* (panus u. volvo), s. pānnuvellium.

1. pāpa (pappa), ae, *f.* (Naturlaut), das Wort, womit lallende Kinder die Speise benennen, Varro b. Non. 81, 3.

2. pāpa, ae, *m.* (Naturlaut), der Papa = Vater; dah. der **Bischof,** Eccl.

papae! *Interj.* (παπαί), **ei ei! potz tausend!** Plaut. Bacch. 207; rud. 1320 u. a. Ter. eun. 229 u. 416. Pers. 5, 79. Hieron. epist. 125, 13.

pāpārium, iī, *n.* (1. papa), ein **Brei,** paparium facere dominicae libidini, Sen. contr. 2, 1 (9), 35.

pāpās (pappās, griech. πάππας), ae, *m.*, der **Erzieher,** Iuven. 6, 633.

papāver, eris, *n.*, **I** der **Mohn,** candidum, nigrum, Plin.: papaveris folium, Plin.: papaveris semen, Plin. – archaist. als *masc.* (vgl. Prisc. 5, 44), Gallicanus, Cato fr.: *Acc.* papaverem, Plaut. Poen. 326 u. trin. 410. Varro fr. bei Non. 220, 11. – Sprichw., confit cito; non hercle minus divorse distrahitur cito, quam si formicis tu obicias papaverem, Plaut. trin. 410. – im Gleichnis, melliti verborum globuli et omnia dicta factaque quasi papavere et sesamo sparsa, Petron. 1, 3. – Plur. papavera, bald = **Mohnarten,** Plin. 19, 21; bald = **Mohnpflanzen,** papavera lasso collo, Petron. poët. 132, 11: papaverum capita, Mohnköpfe, Liv. 1, 54, 6; bald = **Mohnblumen,** Plin. 13, 108; bald = **Mohnkörner, Mohn,** Verg. georg. 4, 545. Ov. am. 3, 6, 31. Ser. Samm. 362; bald = **Mohnköpfe,** decutere papavera altissima, Plin. 19, 169. – **II** übtr., papaver fici, **Feigenkerne,** Tert. adv. haeret. 36.

papāverātus, a, um (papaver), **mit Mohn glänzend weiß gemacht** (vgl. Plin. 19, 21), toga, Lucil. 1144 bei Plin. 8, 195.

papāverculum, ī, *n.* (*Demin.* v. papaver), eine Pflanze = leontopodion, Ps. Apul. herb. 7.

papāvereus, a, um (papaver), **von Mohn,** comae, die Staubfäden des Mohns, Ov. fast. 4, 438.

Paphiacus, Paphius u. **Paphiē,** s. Paphos.

Paphlago, onis, *m.* (Παφλαγών), der **Paphlagonier,** Nep. Dat. 2, 4. CIL 6, 9675 (wo Nom.). – Plur. Paphlagones, um, Akk. as, *m.*, die **Paphlagonier,** Plaut. Curc. 442. Mela 1, 19, 8 (1. § 104). Avien. descr. orb. 959. – Sprichw., wegen ihrer bäuerischen Sitten, Curt. 6, 11 (41), 4 (wo griech. Akk. -onas). – Dav.: **A Paphlagonius,** a, um (Παφλαγόνιος), **paphlagonisch,** Plin. – **B Paphlagonia,** ae, *f.* (Παφλαγονία), **Paphlagonien,** eine kleinasiatische Landschaft zwischen Pontus u. Bithynien, Liv. u. a.

Paphos od. **-us,** ī (Πάφος), **I** *m.*, Sohn des Pygmalion, Gründer der gleichnam. Stadt, Ov. met. 10, 297. Hyg. fab. 242. – **II** *f.*, Stadt auf Zypern, in der der älteste u. berühmteste Tempel der Venus war, Verg. Aen. 10, 51. Hor. carm. 1, 30, 1. – Dav.: **A Paphiacus,** a, um (Παφιακός), **aus Paphos, paphisch,** Avien. descr. orb. 227. – **B Paphius,** a, um (Πάφιος), **a paphisch, zyprisch,** Venus, Tac.: heros, Pygmalion, Vater des Paphus, des Erbauers der Stadt Paphos, Ov.: thyrsi, paphische Laktuke, -Laktukenstrünke, Colum. poët. – **b** poet. **paphisch** = **der Venus heilig,** myrtus, Ov.: columbae, Mart. – Griech. Form des *fem.* subst., **Paphiē,** ēs, *f.* (Παφίη), **α** die **Paphische,** als Beiname der Venus, Mart. u. Auson. – **β** die **paphische Laktuke,** Colum. poët. 10, 193.

pāpilio, ōnis, *m.*, **I** der **Schmetterling, Falter, Sommervogel,** Colum. 9, 14. § 2. 8 u. 9. Plin. 11, 65 u. 100. Ov. met. 15, 374. Mart. 12, 61, 6: minimus pap., Mart. 8, 33, 8. – **II** das **Zelt, Lustzelt** (wov. das französ. *pavillon*), Spart. Pesc. 11, 1. Lampr. Alex. Sev. 51, 5. Tert. ad martyr. 3.

pāpiliunculus, ī, *m.* (*Demin.* v. papilio), ein **kleiner Schmetterling,** Tert. de anim. 32.

papilla, ae, *f.* (vgl. papula), **I** die **Warze** an den Brüsten der Tiere u. Menschen, die **Zitze,** Plin. u. Plin. ep. – meton. = die **Brust** (mamma), Plaut., Catull. u. Verg.: papillae lactantes, Cinna fr.: papillas exosculari, Suet.: papillae auratae, von den goldenen Kettchen, die man statt der Perlen um die Brüste legte, Iuven. – v. der männlichen Brust, infra laevam papillam (v. Otho), Suet. Oth. 11, 2. – **II** übtr.: **A** die **Blatter,** das **Bläschen, Hitzbläschen,** Ser. Samm. 134 u. 1100. Th. Prisc. 1, 6. – **B** die **Rosenknospe,** Auct. perv. Ven. 14 u. 21.

papillātus, a, um (papilla) = θηλοειδής (Gloss.), **zitzenförmig,** corymbus, Anthol. Lat. 84, 3 (1020, 3). Hieron. epist. 66. *no.* 1 (wo papylatus geschr.).

Pāpiniānus, ī, *m.*, Aemilius, einer der größten röm. Rechtsgelehrten, Zeitgenosse und Freund des Kaisers Septimius Severus, Spart. Sever. 21, 8 u. a. – Dav. **Pāpiniānista,** ae, *m.*, ein fleißiger Leser des Papinian, ein **Rechtsbeflissener,** Iustinian. ep. praef. dig. 2.

Papīrius, a, um, Name einer röm. *gens,* aus der viele berühmte Männer hervorgingen, s. *Orelli* Onomast. Tull. 2. p. 439 *sqq.* – *Adi.*, **papirisch,** lex, Liv. – Dav. **Papīriānus,** a, um, **papirianisch, des Papirius,** domus, Cic.: lex, Plin.

Pāpius, a, um, Name einer röm. *gens,* aus der am bekanntesten C. Papius, ein Volkstribun, Urheber der lex Papia de peregrinis exterminandis, Cic. de off. 3, 47. – M. Papius Mutilus, Konsul zu Augustus' Zeit, mit seinem Mitkonsul Poppaeus Urheber der lex Papia Poppaea über die Beförderung der Ehen, Tac. ann. 2, 32. – Papia, die Gattin des Oppianikus, Cic. Clu. 27. – *Adi.* **papisch,** lex (s. vorher), Cic. u. a.

papo, richtiger pappo, s. d.

pappa, ae, *m.*, s. 1. pāpa.

pappārium, iī, *n.*, s. pāpārium.

pappās, ae, *m.*, s. pāpās.

pappo, āre, **pappen** = essen, Plaut. Epid. 727 G. Pers. sat. 3, 17.

pappus od. **-os,** ī, *m.* (πάππος), **I** ein **alter Mann** (s. Varro LL. 7, 29), Pompon. com. 111. – dah. der **Alte** = der Großvater, Auson. edyll. 4, 18. p. 37 Schenkl. – **II** der wollige, haarige Samen gewisser Pflanzen, des Löwenzahns, Salats usw., die **Samenkrone,** Plin. 21, 97. Schol. Bern. Verg. georg. 1, 369. – **III** eine Pflanze = erigeron, Plin. 25, 168.

papula, ae, *f.*, die **Blatter,** das **Bläschen, Hitzbläschen,** Afran. com. fr., Verg., Cels. u. a. – Sprichw., papulas observatis alienas obsiti plurimis ulceribus, ihr seht den Splitter in des Bruders Auge, aber nicht den Balken im eigenen, Sen. de vit. beat. 27, 4.

papulo, āre (papula), **Bläschen verursachen,** auf der Haut, Cael. Aur. de morb. chron. 2, 1, 34 u. 3, 4, 54.

papyllātus, s. papillātus.

papȳrāceus, a, um (papyrus), **aus der Papierstaude,** naves, Plin. 6, 82: ellychnium, Plin. 28, 168.

papȳrifer, fera, ferum (papyrus u. fero), **die Papierstaude hervorbringend, -tragend,** Nilus, Ov. met. 15, 753: u. so amnis, Ov. trist. 3, 10, 27.

papȳrio, ōnis, *m.* (papyrus), Ort, wo viel Papyrus wächst, das **Papyrusgeröhr,** Vulg. exod. 2, 5.

papȳrius, a, um (papyrus), **aus Papierstaude, aus Papier,** Auson. ep. 7, 2, 48. p. 165 Schenkl.

papȳrus, ī, *f.* u. **papȳrum,** ī, *n.* (πάπυρος), **I** die **Papierstaude** in Ägypten (*Cyperus Papyrus,* L.), aus deren Holz man Schiffe, aus deren Bast Segel, Kleider, Stricke, Bänder und aus dem innersten Bast Papier machte, Sen. u. a.: zu Scheiterhaufen gebraucht, Mart. – **II** meton.: **A** ein **Kleid aus Papyrusbast,** Iuven. 4, 24. – **B** das aus Papyrusbast bereitete **Papier,** zum Schreiben, Catull. 35, 2: zum Einwickeln, Mart. 3, 2, 4. – **C** der **Docht,** Paulin. Mart. 23, 118. Greg. Tur. u. a.

pār, paris, **gleichkommend, gleich** in Ansehung des Verhältnisses gewisser Eigenschaften, **I** einem anderen: **A** im Allg.: **a** *adi.*: pari intervallo, Caes.: mons pari tractu, in gleicher Richtung, Sall.: par similisque ceteris, Sall.: similia omnia magis visa hominibus, quam paria, Liv.: est finitimus oratori poëta ac paene par, Cic.: alqd pari atque eadem in laude ponere, Cic.: prima pares ineunt gravibus certamina remis, Verg.: pares vetere proverbio cum paribus facillime congregantur, gleich und gleich gesellt sich gern, Cic. de sen. 7: u. so ut solent pares facile congregari cum paribus, Amm. 28, 1, 58. – mit *in* u. Abl., ut sint pares in amore et aequales, Cic. – mit *Abl.*, in usw., an usw., libertate esse parem ceteris, Cic.: eloquentiā parem habuisse neminem, Cic.: pares aetate ministri, Verg.: par annis, Ov.: ambo aevo cantuque pares, Nemes. (dafür poet. cantare pares, sich gleich im Gesang, Verg. ecl. 7, 5): aber in qua par facies nobilitate suā est, mit usw., Ov.: scalae pares moenium altitudine, Sall. fr. – mit *Genet.*, aetatis mentisque pares, im usw., Sil.: aber cuius paucos pares tulit, ihm gleiche, Cic. – mit *ad* u. Akk. = in Bezug auf usw., in usw., homo par ad virtutem, Liv. – mit *Dat.*, hominem cuivis summorum tuae aetatis vel ingenio vel industriā vel famā parem, Cic.: *Superl.*, forma virtutei (Dat.) parisuma fuit, CIL 1, 30: parissumi estis hibus, Plaut. Curc. 506. – mit *cum* u. Abl. (vgl. Fabri Sall. Iug. 14, 9), erant ei quaedam ex his paria cum Crasso, Cic.: quem tu parem cum liberis tuis fecisti, deinen Kindern gleichgestellt hast, Sall. – mit *inter se,* z. B. eas (virtutes) esse inter se aequales et pares, Cic. – mit folg. Vergleichungspartikeln, wie par *atque* (od. *ac*), Plaut., Cic. u. a.: *et,* Cic.: *quam,* Liv. u. Spät. – **b** *subst.*: **α** *comm.*: der (die) **gleiche,** der **Genosse,** die **Genossin,** opulentus par, Tischgenosse, Tischnachbar, Partner, Plaut.: infans cum paribus (Gespielen) inquinata sum, Petron. – bes. der **Gatte,** die **Gattin,** accumbit cum pare quisque suo, Ov.: serpens parem quaerens, Hyg. – **β** *neutr.*: **αα** das **Gleiche, Gleiches,** pari par respondere, Plaut., od. paria paribus respondere, Gleiches mit Gleichem erwidern, Cic. – par pari respondere, bar bezahlen, Cic.: par pro pari referre, Gleiches mit Gleichem vergelten, Ter. u. Cic. ep.: paria facere, die Rechnung ausgleichen, Sen. – aber paria facere cum rationibus domini, die Rechnungen des Herrn gehörig abschließen, Colum.: u. so bildl., velut paria secum facere (v. der Natur), sich durch sich selbst gleichs. bezahlt machen, Plin.: cotidie cum vita paria facere, Abrechnung halten, Sen.: paria facere cum influentibus negotiis, zum Abschluss bringen, rein aufarbeiten, Sen.: pro tanto munere paria accipiendo facere, ein so gr. Gesch. schon durch die Annahme vollständig gleichmachen, Sen.: poteram tecum et hāc Maecenatis sententiā parem facere rationem, konnte dich durch diesen G. des M. vollständig bezahlt machen, Sen.: paria pessimis audere, den Schlechtesten es gleichzutun suchen, Sen. – par impar ludere, Gleich und Ungleich (Gerade und Ungerade) spielen, ein Kinderspiel, Hor. sat. 2, 3, 248. Aug. b. Suet. Aug. 71, 4. – ex pari, auf gleiche Weise, Sen. ep. 59, 14. – **ββ** das **Paar,** gladiatorum, Cic.: tria aut quattuor paria amicorum, Cic.: par consulum, Vell.: par nobile fratrum, Hor.: par columbarum, Ov.: par oculorum, Suet.: scyphorum paria complura, Cic.: dua (so!) paria tabularum, CIL 3. p. 951 lin. 20. – **B** insbes.: **1** jmdm. **gleich stark, gewachsen, a** *adi.*: alci, Caes.: par Atlanti viribus, Ov.: adhuc pares non sumus (fletui), Cic.: *adversus* victores, Iustin.: nec enim erat *ad* vim apertam par, Liv. 1, 5, 7: par *in* (zum) adversandum, Liv. 22, 35, 4: m. *Abl.*, ut me haud par est, Plaut.: ut par erat tuā singulari bonitate, Cic.: armis se parem existumare, Sall.: abs., universos pares esse, Nep. – **b** *subst. m.*, der **Gegner,** Ov.: nec quemquam aspernari parem, qui se offerret, Liv.: habeo parem, quem das, Hannibalem, Liv. – **2** bildl., **entsprechend, angemessen, schicklich** u. dgl., par conubium, ebenbürtige Ehe, Catull.: ut par est, Lucr. u. Cic.: ut constantibus hominibus par erat, Cic.: erit rebus par oratio, Cic.: feceris par tuis ceteris factis, si etc., Plaut.: par est, Lucr., Catull. u. a.; mit folg. *Acc.* u. *Infin.*, Cic. u. a.; mit folg. *ut* u. Konj., Plaut. – **II** sich selbst **gleich, gleich stark** in irgendeiner Eigenschaft, ut par sis in utriusque orationis facultate, Cic.: animo ac viribus par, Liv. – ► *Nom. fem.* paris, Atta com. 14 (p. 162 R.^{2}). – *Abl.* gew. pari, aber auch cum pare (Genossen od. Gatten), Cic. post red. in sen. 17. Sen. de ira 2, 34, 1. Ov. fast. 3, 193 u. 526; 4, 98: sine pare, Plin. 8, 79: adj., pare sacrificio, Capit. Maximin. 24, 7; vgl. Charis. 26. 21 u. Prisc. 7, 10.

parābilis, e (paro), **leicht beschaffbar, leicht anzuschaffen, -zu haben, -zu gewinnen,** divitiae naturae, Cic.: levis et par. cultus, Curt.: parcus ac par. cultus, Curt.: mit *Abl. pret.*, usitatae et non magno parabiles res, Sen.

parabola, ae, *f.*, s. parabolē *no.* II.

parabolānus, ī, *m.* (v. parabolus, wie secundanus v. secundus), **einer von den Wagehälsen** (paraboli), spät. ICt.

parabolē, ēs, *f.* (παραβολή), **I** als astron. *t. t.*, das **Dabeistehen-,** die **Begleitung der Gestirne,** Plur. bei Chalcid. Tim. 124. – **II** das **Gleichnis,** Sen. ep. 59, 6, Quint. 6, 3, 59 u. 8, 3, 77. Apul. de not. aspir. § 24. – Nbf. parabola, ae, *f.*, das **Gleichnis** als Erzählung, die **Parabel,** Tert. adv. Marc. 3, 5. Augustin. quaest. euang. 2, 45 u. oft in der Vulgata.

parabolicē, *Adv.* (parabole), **gleichnisweise,** Hieron. in Matth. 15. *v.* 15 *sq.* Sidon. epist. 5, 17, 11.

parabolus, ī, *m.* (παράβολος), der **Wagehals,** Cassiod. hist. trip. 11, 17 *extr.*

paracentērium, s. paracentēsis.

paracentēsis, Akk. im, Abl. i, *f.* (παρακέντησις), das **Durchstechen,** in der Chirurgie, die **Inzision,** Plin. 25, 144. Veget. mul. 1, 43, 3. Cael. Aur. de morb. chron. 3, 8. *no.* 121. 123 u. 132. – das Werkzeug hierzu **paracentērium,** iī, *n.* (παρακεντήριον), Veget. mul. 2 (3), 17, 2.

paracharactēs, ae, *m.* (παραχαράκτης), der **Falschmünzer,** Cod. Theod. 9, 21, 9.

paracharagma, atis, *n.* (παραχάραγμα), **falsche Münze,** übtr. **falsches Gepräge, falscher Stempel,** Cassian. coll. 1, 22 u. 2, 22.

paracharaximus, a, um (παραχαράξιμος), **falsch geprägt,** nomisma, Cassian. coll. 2, 21. – subst., paracharaxima, ōrum, *n.* (*sc.* nomismata), **falsche Münzen,** Cassian. coll. 1, 20.

paraclētus, ī, *m.* (παράκλητος), der **Beistand, Schützer, Lehrer, Tröster, Fürbitter,** Tert. de vel. virg. 1 u. a. Eccl.

paracynanchē, ēs, *f.* (παρακυνάγχη), die **partielle Hundebräune,** eine Entzündung der Seitenteile des menschl. Rachens, wobei der Kranke die Zunge herausstreckt, Cael. Aur. de morb. acut. 3, 1, 3.

parada, ae, *f.*, die **Bedeckung** eines Kahnes zum Schutz gegen die Sonne, Auson. epist. 5, 29. Sidon. epist. 8, 12, 5.

paradīgma, atos, *n.* (παράδειγμα), das **Beispiel, Paradigma,** als rhet. *t. t.*, Tert. de anim. 43. Beda de trop. p. 618, 17 *ed. Halm.* Apul. de not. aspir. § 24. – als gramm. *t. t.*, Charis. 277, 16. Diom. 464, 17. – ► heterokl. Abl. Plur. paradigmatis, Ven. Fort. prooem. § 1.

paradīgmaticos, ē, on (παραδειγματικός), **zum Beispiele dienend, in Form eines Beispieles,** enthymema, Iul. Vict. art. rhet. 11. p. 233, 43 *Orelli.*

paradīsiacus, a, um (παραδεισιακός), **paradiesisch,** Alcim. Avit. poëm. 1, 300. Ven. Fort. carm. 6, 8, 1.

paradīsicola, ae, *m.*, (paradisus u. colo), ein **Bewohner des Paradieses** (Himmels), Prud. ham. 928.

paradīsus, ī, *m.* (παράδεισος, ein persisches Wort), **I** ein großer **Baum- u. Tiergarten,** ein **Park,** Augustin. serm. 343, 1; vgl. Gell. 2, 20, 4. – **II** übtr., das **Paradies, A** als Wohnsitz der ersten Menschen, Hieron. epist. 52, 5 u. a. Eccl. – **B** als Wohnsitz der Seligen, der **Himmel,** Tert. apol. 47 u. a. Eccl. – Nbf. paradīsum, ī, *n.*, Gloss. III, 429, 19.

paradoxos, on (παράδοξος), **wider Erwarten, wunderbar, seltsam, paradox,** nur subst.: **I** paradoxos, ī, *m.* = παραδοξονίκης, **wider Erwarten Sieger,** von jmd., der an einem Tag in der lucta u. dem pancratium gesiegt hat, Plur. bei Augustin. de rhet. § 17 *ed. Halm.* – u. von Mimen, Plur. bei Schol. Iuven. 8, 184. – **II** paradoxon, ī, *n.*, **A** eine Redefigur, rein lat. sustentatio od. inopinatum, das **Hinhalten,** die **Spannung** des Zuhörers, Isid. orig. 2, 21, 29 (griech. bei Rufinian. de fig. sent. § 34). – **B** ein **paradoxer Satz,** Augustin. de rhet. § 21. – Plur. paradoxa, ōrum, *n.* (παράδοξα), **paradoxe Sätze,** von Cicero übersetzt durch quae sunt mirabilia contraque opinionem omnium (= auffallende u. der Meinung aller zuwiderlaufende Sätze) od. bl. durch mirabilia (wunderliche Sätze), Stoicorum, s. Cic. parad. prooem. § 4; Acad. 2, 136.

paraenesis, eos, *f.* (παραίνεσις), die **Ermahnung, Erinnerung, Vorschrift,** Vulc. Gall. Avid. Cass. 3, 7.

Paraetacēnē, ēs, *f.* (Παραιτακηνή), eine Berggegend an der Grenze von Medien u. Persis, j. *Serhud,* Curt. 5, 13 (35), 1. Plin. 6, 131. – deren Einwohner **Paraetacae,** ārum, *m.* (Παραιτάκαι), die **Parätaker,** Nep. Eum. 8, 1; u. **Paraetacēnī,** ōrum, *m.* (Παραιτακηνοί), die **Parätacener,** Plin. 6, 116.

Paraetonium, iī, *n.* (Παραιτόνιον), befestigte Grenzstadt im ägyptischen Libyen, j. *el Baretone* od. *Bereck,* Auct. b. Alex. 8, 2. Flor. 4, 11, 9. Ov. met. 9, 773. – Dav. **Paraetonius,** a, um, **parätonisch,** poet. = **ägyptisch,** Stat., od. = **afrikanisch,** Sil. – subst., Paraetonium (od. -on), iī, *n.*, eine feine u. reine Kreide, **Parätoner Weiß,** Vitr. u. Plin.

paragauda, ae, *f.* u. **paragaudis,** is, *f.*, **I** eine zum Schmuck in Kleidern eingewirkte **Borte,** auratae aut sericae paragaudae, Cod. Iust. 11, 8, 1. Cod. Theod. 10, 21, 1. – **II** meton., ein **bortiertes Kleid,** paragaudem triuncem, Gallien. bei Treb. Poll. Claud. 17, 6: lineae paragaudae, Vopisc. Aurel. 15, 4. – Dav. **paragaudius,** a, um, **mit Borte versehen,** interula, Valerian. bei Vopisc. Prob. 4, 5 P.

paragōgē, ēs, f. (παραγωγή), die **Verlängerung** eines Wortes, der **Buchstabenansatz** (wie *mittier = mitti*), Diom. 441, 17.

paragōgia, ōrum, *n.* (παραγώγια), **Wasserleitungen,** Cod. Iust. 11, 42, 10.

paragōgus, a, um (παραγωγός), **abgeleitet,** verba, Charis. 256, 2.

parăgoricus, a, um (παρηγορικός), **zur Besänftigung dienend, besänftigend,** Th. Prisc. 1, 15 u. 2, 16.

paragramma, atis, *n.* (παράγραμμα), der **Schreibfehler,** Hieron. epist. 71, 5.

paragraphus, ī, *f.* (παράγραφος), ein gramm. Zeichen in Gestalt eines S, das die Trennung des Stoffes anzeigen soll, Isid. orig. 1, 20, 8.

paralios, on (παράλιος), **am Meer befindlich, -wachsend,** Plin. 20, 206 u. a.

paralīpomena, ōrum, *n.* (παραλειπόμενα, τά), die **Bücher der Chronik** in der Bibel, Hieron. epist. 53, 8.

parallēlepipedum, ī, *n.* u. **parallēlepipedus,** ī, *m.* (*παραλληλεπίπεδον u. -πεδος), eine geom. Figur, Boëth. inst. arithm. 2, 5. p. 111, 15 u. 115, 1 Fr. Chalcid. Tim. 18.

parallēlogrammus, a, um (παραλληλόγραμμος), **aus Parallellinien bestehend,** Gromat. vet. 223, 5; 340, 27 u. a. – subst., parallelogrammum, ī, *n.* (παραλληλόγραμμον), das **Parallelogramm,** Gromat. vet. 384, 11 *sqq.*; 385, 2. Boëth. art. geom. p. 378, 8 u. 383, 13 Fr. Chalcid. Tim. 11 u. 18. – u. dass. parallelogrammus, ī, *m.*, Boëth. art. geom. p. 418, 19 u. 419, 6 Fr. Grom. vet. 249, 9.

parallēloneus, a, um (παράλληλος), **parallel,** Gromat. vet. 309, 14.

parallēlos, on u. **parallēlus,** a, um (παράλληλος), **parallel,** parallelos linea, Vitr.: parallelae lineae, Boëth.: paralleli circuli, Macr., u. bl. paralleli, Plin. u. Solin., die Weltabschnitte (segmenta mundi) an der Himmelskugel, Parallelkreise.

paralysis, is u. eos, Akk. in, Abl. i, *f.* (παράλυσις), **I** als mediz. *t. t.*, die **Lähmung der Nerven** an einer Seite des Körpers, die **Paralyse,** der **Schlagfluss,** rein lat. nervorum resolutio od. remissio, Plin. u. a. – **II** als *t. t.* der Haruspizin, die **Auflösung, Erklärung,** Fulg. myth. 3, 10.

paralyticus, i, *m.* (παραλυτικός), der an einer Seite des Körpers **Gelähmte,** der **Paralytiker,** Plin. u. a.

paramesē, ēs, *f.* (παραμέση), *sc.* chorda, die Saite neben der mittelsten, von fünf die zweite; daher der Ton zunächst dem mittleren, das eingestrichene h, Vitr. 5, 4, 5.

paramma, ae, *f.* (*πάραμμα v. παράπτω), wahrsch. ein **lederner Sattel,** zum Reiten auf dem Maultier befestigt, Edict. Diocl. 10, 3.

paramus, ī, *m.* (span. Wort), eine **öde Hochebene,** noch j. span. *páramo,* CIL 2, 2660. Iul. Honor. in den Geographi ed. Riese p. 36.

paranarhīnon, s. antirrhinon.

parandrus, s. tarandrus.

paranētē, ēs, *f.* (παρανήτη), *sc.* chorda, die vorletzte Saite; daher der Ton zunächst dem letzten, Vitr. 5, 4, 5 *sq.* u. a.

parangārius, a, um (παρά u. ἀγγαρία), **außer dem gewöhnlichen Spanndienst** (s. angarīa), praestatio, u. subst. bl. parangaria, Nebenspanndienst, spät. ICt.

paranymphus, ī, *m.* (παράνυμφος), der **Brautführer,** Augustin. de civ. dei 6, 9 u. 14, 18. Ps. Augustin. serm. app. 47, 1. Ven. Fort. carm. 8, 5, 305. – so auch **paranympha,** ae, *f.*, die **Brautjungfer,** Isid. orig. 9, 7, 8.

Parapamisadae, -misus, s. Paropamisus.

parapegma, atis, *n.* (παράπεγμα, das Angeheftete, Aufgehängte), eine **astronomische Rechnungstafel, -Rechnungstabelle,** Vitr. 9, 6. § 3 (wo heteroklit. Genet. Plur. parapegmatorum).

parapetasius, a, um (παραπετάσιος v. παραπετάζω), **bedeckend, zur Bedeckung dienend,** aedificia, etwa Schuppen, Scheuer, spät. ICt.

parapeteuma, atis, *n.* (παραπέτευμα), eine **Getreidemarke,** Cod. Iust. 11, 24, 2.

paraphasis, Akk. in, *f.* (παράφασις) = detuitio (s. d.), Chalcid. Tim. 239.

paraphoros, on (παράφορος), **schlecht, von schlechter Art,** alumen, Plin. 35, 185.

paraphrasis, Akk. im, Abl. ī, *f.* (παράφρασις), die **Umschreibung,** Quint. 1, 9, 2; 10, 5, 5.

paraphrastēs, ae, *m.* (παραφράστης), der umschreibende Übersetzer, der **Paraphrast,** Hieron. praef. ad lib. reg. *extr.*

paraplēctī, ōrum, *m.* (παράπληκτοι), an einzelnen Teilen des Körpers (teilweise) vom Schlagfluss Gerührte und so Gelähmte (Ggstz. apoplecti, am ganzen Körper vom Schlagfluss Getroffene u. Gelähmte), Cael. Aur. de morb. acut. 3, 5, 55.

paraplēxia, ae, *f.* (παραπληξία), die **teilweise Lähmung** des Körpers **durch den Schlagfluss** (Ggstz. apoplexia, die völlige Lähmung usw.), Cael. Aur. de morb. acut. 3, 5, 52.

parapsis, idis, *f.*, s. paropsis.

parapycnos, ī, *m.*, das fünfsilbige Versglied, ◡–◡◡◡, Diom. 481, 15.

parārius, iī, *m.* (paro), der **Unterhändler, Makler, Sensal,** Sen. de ben. 2, 23, 2 u. 3, 15, 2.

parasanga, ae, *m.* (παρασάγγης), eine **Parasange, persische Meile,** das persische *Farsang,* gew. 30 Stadien od. rund 6 km, Plin. 6, 125. Hieron. in Ioël. 3. *v.* 18.

parasceuē, ēs, *f.* (παρασκευή), die Zurüstung, bei den Juden der Tag vor dem Sabbat, der **Rüsttag,** Tert. adv. Marc. 4, 12 u. a. Eccl.

parasēmum, ī, *n.* (παράσημον), das **Abzeichen** eines Schiffes, liburnae, Schol. Iuven. 4, 77.

parasīta, ae, *f.* (parasitus), die **Schmarotzerin,** die **Schranze,** Hor. sat. 1, 2, 98. – übtr., attrib. v. Tieren, avis par., Plin. 10, 68.

parasītaster, trī, *m.* (parasitus), ein **erbärmlicher Schmarotzer, Afterschmarotzer,** Ter. adelph. 779; vgl. Prisc. 3, 27.

parasītātio, ōnis, *f.* (parasitor), das **Schmarotzen,** die **Schmarotzerei,** Plaut. Amph. 521.

parasīticus, a, um (παρασιτικός), **zum Schmarotzen (Schranzen) gehörig, Schmarotzer-,** ars, die Schmarotzerkunst (ἡ παρασιτική), Plaut.: periuratiunculae, Plaut.: mensa, Aug. b. Suet. in vita Hor. p. 45 *Reiff.*: vestimenta, Schol. Iuven.

parasītor, ārī (parasitus), **schmarotzen, schranzen,** Plaut. Pers. 56 G. (wo parasitando) u. Stich. 637 (wo parag. Infin. parasitarier).

parasītus, ī, *m.* (παράσιτος, mit od. bei einem anderen essend, dah.) **I** im guten Sinne, der **Tischgenosse, Gast** (rein lat. conviva), parasiti Iovis (v. den Göttern), Varro b. Augustin. de civ. dei 6, 71; ebenso Apul. met. 10, 16: parasitus Phoebi, v. einem Schauspieler, Freund der Dichtkunst, Mart. 9, 28, 9. – **II** öfter im übeln Sinne, der **Schmarotzer, Schranze,** der sich für freien Tisch zum Schmeichler und Possenreißer hergibt, Komik., Cic. u. a.: scherzh., ne ulmos parasitos faciat, mich tüchtig prügele, Plaut. Epid. 311 G.

parastas, ados, *f.* (παραστάς), das **senkrechte Stück** des Spannrahmens an der Katapulte u. Ballista, das **senkrechte Rahmenstück,** Vitr. 10, 10 (15), 2 u. ö.

parastatēs, ae, *m.* (παραστάτης) = parastas (s. d.), Vitr. 10, 11, 5.

parastatica, ae, *f.* (παραστατική), **I** als *t. t.* der Architektur: **a** ein viereckiger Wandpfeiler, ein **Pilaster,** Vitr. 5, 1, 6 u. a. Plin. 33, 52. – **b** = parastas (s. d.), Vitr. 10, 11, 6. **c** Plur. parastaticae, zwei Knochen im Knie des Pferdes, Veget. mul. 4, 1.

parastichis, idis, *f.* (παραστιχίς), eine Reihe Buchstaben am Anfang oder Ende der Verse, die einen besonderen Sinn geben (den Namen des Verfassers nennen usw.), das **Akrostichon,** Suet. gr. 6 (griech. b. Gell. 14, 6, 4).

parasynanchē, ēs, *f.* (παρασυνάγχη), die **partielle Halsbräune,** Cael. Aur. de morb. acut. 3, 1, 3.

parasynaxis, is, *f.* (παρασύναξις), eine **verbotene geheime Zusammenkunft,** Cod. Iust. 1, 5, 8. § 3.

parātārius, a, um = parabilis, **leicht anschaffbar,** Apic. 8, 359 zw.

parātē, *Adv.* (paratus), **vorbereitet, a** = **schlagfertig,** ad dicendum venire magis audacter quam parate, Cic.: paratius atque accuratius dicere, Cic.: diligentius paratiusque venire (*sc.* ad accusandum), Cic.: paratissime respondere, Plin. ep. Vgl. Halm Cic. Rosc. Am. 72. – **b** = **sorgfältig, genau,** Plaut. rud. 192 Sch.

parātio, ōnis, *f.* (paro), die **Erwerbung, Zubereitung,** silentio opus est; nulla inest paratio, Afran. com. 268: etiamsi difficilis earum rerum paratio est, Paul. dig. 30, 1, 39. § 7: sed sane fuerit regni paratio plebi sua restituere, ein Trachten nach der Krone, Sall. Iug. 31, 8.

paratragoedo, āre (παρατραγῳδέω, ῶ), **tragisch reden, -sich ausdrücken,** Plaut. Pseud. 707.

parātūra, ae, *f.* (paro), die **Zubereitung, Zurüstung,** Tert. apol. 47 u. a. Auct. vit. Cypr. 2 u. 11.

1. parātus, a, um, *PAdi.* (1. paro), **I bereit, bereitstehend, in Bereitschaft (stehend** od. **gesetzt), 1** im Allg.: domus, bereit zur Aufnahme (der Heimatlosen), Verg.: u. so sedes, Verg.: mors, vorbereiteter, Ov.: victoria, leicht gewonnener, Liv.: prompta et parata in agendo et in respondendo celeritas, Cic.: paratum id (cognomen) quidem et in medio positum (gewöhnlicher u. allbekannter), novum tamen, Plin. pan.: obvius et paratus umor occurrit, Plin. ep.: tibi erunt parata verba, huic homini verbera, Ter.: cetera, quotiescumque voletis, et hoc loco et aliis parata vobis erunt, Cic.: quos locos multā commentatione atque meditatione paratos atque expeditos habere debetis, bereit u. fertig zur Hand haben, Cic.: philosophi habent paratum (in Bereitschaft, bei der Hand), quid de quaque re dicant, Cic.: m. *ad* u. Akk., famulae ad talia sacra paratae, bereitstehend, angestellt, Ov. met. 14, 311. – **2** zu etw. **bereit, a** v. lebl. Subjj., m. *ad* u. Akk., omnia sibi esse ad bellum apta ac parata, in bester Bereitschaft, Caes.: m. *in* u. Akk., rictus in verba paratus, zum Sprechen bereit, eben im Begriff zu sprechen, Ov.: m. *Dat.*, parata semper appulsui frons (prorae), Tac. – **b** v. Pers., zu etw. **bereit, gerüstet, geneigt, bereitwillig, entschlossen,** auf etw. **gefasst,** animo paratus, Caes. (u. so ita sum animo paratus, ut etc., Planc. in Cic. ep.: u. ut animo parati essent in posterum [für die nächste Zukunft], Caes.): animo paratior, Auct. b. Alex.: sese esse paratos, Auct. b. Afr.: omnium esse militum paratissimos animos, Caes.: m. *ad* u. Akk., ad omnia mulieris negotia paratus, Cic.: paratus ad omnem eventum, Cic.: paratus ad navigandum, bereit, sich einzuschiffen, Cic.: navis parata ad navigandum, zum Auslaufen bereit, Caes.: animo ad dimicandum paratum esse, Caes. (u. so tam paratus ad dimicandum animus [hostium], ut etc., Caes.): paratiores ad omnia pericula subeunda esse, Caes.: homo ad omne facinus paratissimus, Cic.: esse ad bellum gerendum paratissimum, Caes.: m. *in* u. Akk., in omne obsequium, Suet., in obsequium parentis, Tac. dial.: in novas res, Tac.: m. *Dat.*, acies parata neci, Verg.: miles paratus omni loco castris ponendis, Liv.: athleta certamini paratior, Quint.: miles ipsi adeo paratus (ergeben), ut etc., Tac.: m. *Infin.*, id quod parati sunt facere, Cic.: se iterum paratum esse decertare, Caes.: vos servire magis quam imperare parati estis, Sall.: quod pericula subire paratissimus fueris, Cic.: m. *in* u. Akk. u. m. *Infin.* zugl., in utrumque paratus, seu versare dolos seu certae occumbere morti, Verg. – **II** prägn., **wohl ausgerüstet, a** eig.: **wohlversehen, wohlgerüstet, kampfgerüstet, schlagfertig** (oft mit instructus verb.), exercitus paratus atque instructus, Caes.: instructus paratusque, Liv.: classis instructa parataque, Liv.: instructi paratique, Liv.: parati in armis erant, Caes.: naves paratissimae atque omni genere armorum ornatissimae, Caes.: provincia omnium civitatum consensu paratissima, zum Kampf völlig gerüstet, Cic.: im Bild, fortitudo satis est instructa, parata, armata (gewappnet) per se, Cic.: m. *Abl.*, qui scutis telisque parati ornatique sunt, Cic.: adulescens et equitatu et peditatu et pecuniā paratus, Cic.: m. *ab* (von Seiten) u. Abl., si paratior ab exercitu esses, wärest du besser gerüstet, Cael. in Cic. ep.: cum deûm benignitate ab omni re (in jeder Hinsicht) sumus paratiores, Planc. in Cic. ep.: m. *contra* u. Akk., im Bild, optime contra fortunam paratus armatusque, gegen die Schläge des Schicksals gerüstet u. gewappnet, Cic. ep. 5, 13, 1. – **b** übtr., **gehörig gerüstet, vorbereitet, wohl bewandert, geschult,** verb. paratus atque instructus, Cic.: paratus et meditatus, paratus meditatusque, Cic.: itane huc paratus advenis? Ter.: m. *ad* u. Akk., ut ad partes (zu seiner Rolle) paratus veniat, Varro: Hernicos ad partes (ihrer Rolle) paratos esse, Liv.: ad permovendos animos instructi et parati, Cic.: quo paratior ad usum forensem promptiorque esse possim, Cic.: m. *in* u. Akk., in suam mortem paratissimus, Sen. contr. 7, 3 (18), 3: in omnes causas paratus, Quint. 10, 5, 12: m. *in* u. Abl., in iure paratissimus, Cic.: homines in rebus maritimis ornatissimi paratissimique, Cic.: m. *Abl.*, paratus simulatione, ein Meister in der Verstellung, Tac. Agr. 42.

2. parātus, ūs, *m.* (paro), die **Zubereitung,** die **Zurüstung,** die **Einrichtung,** die **Anstalten,** necessarius vitae cultus aut paratus, Cic. de fin. 5, 53: ille occulti paratus sacri, Liv.: triumphi, Ov.: funebris, Tac.: militum et armorum, Sall.: Tyrios induta paratus, Kleidung, Anzug, Ov.: largis paratibus uti, prächtige Kleidung, prächtiger Anzug, Schmuck, Ov. epist. 15 (16), 191: nihil severum, ne miserum quidem ex tanto paratu (all dem Wesen der Welt) putat, Sen.: omisso paratu invadendae Syriae, Tac. hist. 2, 59.

paraverēdus, ī, *m.* (*vox hybr.* v. παρά u. veredus), eig. das **Nebenpferd,** d. i. Postpferd bei besonderen Fällen, ein **Extrapostpferd,** Cassiod. var. 5, 39, 14 u. spät. ICt.

parazōnium, iī, *n.* (παραζώνιον), ein **kleines Schwert,** ein **Dolch,** Mart. 14, 32 *lemm.*

Parca, ae, *f.* (*par[i]ca zu pario, Geburtsgöttin), die uns unter Los zuteilende Göttin, die **Parze, Schicksalsgöttin,** Hor. carm. 2, 16, 39. Ov. am. 2, 6, 46. – Plur. Parcae, die drei **Parzen** (Μοῖραι, einzeln Κλωθώ, Clotho, Λάχεσις, Lachesis, Ἄτροπος, Atropos), von denen der Menschen Schicksal und Tod abhing (Klotho, sagt man, hielt den Rocken, Lachesis spann, Atropos schnitt den Lebensfaden ab), Varro LL. 6, 52. Cic. de nat. deor. 3, 44. Lact. 2, 10, 20. Verg. ecl. 4, 47 u. a. Dichter.

parcē, *Adv.* (parcus), **I sparsam, spärlich, kärglich,** parce ac duriter se habere od. vitam agere, Ter.: frumentum parce metiri, Caes.: parce tempore uti (Ggstz. prodige), Sen.: potestatem aquae quam parcissime facere, Colum.: parce parcus, äußerst sparsam, Plaut. aul. 314. – **II** übtr.: **A sparsam = mit Maßen, wenig,** scribere, Caecin. in Cic. ep.: loqui, Sen.: ludere, Cic.: laedere, nur leicht, Cic.: parcius dicere de laude alcis, Cic.: ut parcissime scribam, Amm.: civitatem Romanam parcissime dare, Suet. – **B sparsam = selten,** parcius quatiunt fenestras, Hor. carm. 1, 25, 1.

parcēprōmus, ī, *m.* (parcus u. promo), der kärglich (aus dem Beutel) herausgibt, ein **Knicker,** ein **Filz,** Plaut. truc. 184 *Schoell.*

parciloquium, iī, *n.* (parce u. loquor), das **sparsame Reden,** Apul. met. 5, 13.

parcimōnium, iī, *n.*, s. parsimōnium.

parcitās, ātis, *f.* (parcus), **I** die **Sparsamkeit,** ciborum, Cael. Aur. de morb. chron. 3, 8, 118: animadversionum, Sen. de clem. 1, 22, 2: absol., Macr. somn. Scip. 1, 8, 7. Pallad. 1, 26, 1. P. Syri sent. app. 229 R.²: privata parcitas (Ggstz. liberalitates publicae), Cassiod. var. 2, 2, 4. – **II** die **Schonung,** Cassiod. hist. eccl. 3, 2; 6, 12.

parciter, *Adv.* (parcus) = parce, Pompon. com. 179. Claud. Mam. de stat. anim. praef. p. 19, 17 *Engelbr.*

parco, pepercī (seltener parsī), parsum, ere (parcus), **I** etw. **sparen, schonen, mit** etw. **sparsam sein, mit** etw. **sparsam (haushälterisch) umgehen,** mit *Dat.*, pretio, Plaut.: impensae, Liv.: sumptu, Cic. – m. *Acc.*, pecuniam, Plaut. Curc. 381: fetus, Lucr. 2, 1063: oleas, Cato r. r. 58: talenta gnatis parce tuis, Verg. Aen. 10, 532. – **II** übtr.: **A** etw. od. jmd. **schonen, verschonen** = zu erhalten suchen, nicht verletzen, aedificiis, Cic.: auribus alcis, Cic.: vitae, Nep.: valetudini, Cic.: sibi, Caes. u. a.: ne reliquis quidem nepotibus parsurus creditur, Suet.: nihil pretio parsit, filio dum parceret, er sparte keine Kosten, wenn er nur den Sohn schonen konnte, Plaut.: civibus victis ut parceretur, Matius in Cic. ep.: ei opportere parci, Val. Max. – m. *Dat. pers.* u. *Acc. rei*, vitam modo sibi ut parcerent oravisse, Gell. 16, 19, 10. – abs., pepercisse illum iudicas, quod non tota capita praecidit, Sen. – **B etwas sparen = a unterlassen,** vor etw. **sich hüten, sich in Acht nehmen,** labori, Cic.: ne cui rei parcat, Nep.: lamentis, Verg.: bello, Verg. – m. folg. *Infin.*, pressare parce, Plaut.: parce fidem ac iura societatis iactare, prahle nicht, unterlass das Prahlen mit usw., Liv.: parce pias scelerare manus, Verg.: deprendere parcite, Ov.: parcite, oves, nimium procedere, enthaltet euch, hütet euch, Verg.: parcam explicare causas, Pacat. pan. – m. folg. *ne* u. Konj., ne tibi aegritudinem parerem, parsi sedulo, Plaut. trin. 316. – **b** einer Sache **sich enthalten,** von etw. **sich zurückhalten,** in etw. **sich mäßigen,** m. *Dat.*, parce metu, fürchte dich nicht, Verg.: auxilio, von der angebotenen Hilfe nicht Gebrauch machen, Cic.: euri parcebant flatibus, Verg.: parcere oculis, Prop., od. luminibus, Ov., nicht hinsehen: neque parcetur labori, Cic. – m. *Infin.*, hancine ego vitam parsi perdere, Ter. – mit *ab* u. Abl., unpers., ut ab caedibus et ab incendiis parceretur, Liv. 25, 25, 6: ab sceleribus parce, Augustin. de civ. dei 2, 24, 2. p. 89, 2 D.²: ut ab alienis parcat vobis, Augustin. serm. 216, 10: vobis a verbis durioribus parcite, Augustin. epist. 211, 14. – m. bl. *Abl.*, manu, Augustin. serm. 5, 2. – m. *Abl. Gerund.* od. *Gerundiv.*, et non parcant obiurgando peccata, Augustin. de civ. dei 1, 9, 3. p. 16, 31 D.² (u. so Apul. met. 1, 2): et ne hic quidem contumeliis in eos dicendis parcitis, Liv. 26, 31, 5 (u. so Augustin. de civ. dei 1, 9, 2. p. 15, 10 D.²). – m. *in* u. Akk. = **schonend sein** od. **verfahren** gegen usw., in hostes, Lucr.: parce in feminam, Apul. – ► Synk. Konj. parsis = parseris, Plaut. Bacch. 910 u. Pseud. 79: ungew. *Perf.* parcui, Naev. com. 69. – Partiz. Fut. Akt. parsūrus, Varro nach Diom. 368, 10. Liv. 26, 13, 16; 35, 44, 6. Suet. Tib. 62, 3 u. Ner. 37, 3; parciturus, Hieron. epist. 14, 2. – Perf. Pass. unpers., mihi parcitum est, Schol. Bern. Lucan. 2, 102.

parcus, a, um (verwandt mit parum, παῦρος), **I sparsam, nicht verschwenderisch,** im üblen Sinne **karg, knickerig** (Ggstz. magnificus, elegans), **a** in Ausgaben, pater, Cic.: colonus parcissimus, Cic.: parcissimum hominem vocamus pusilli animi et contracti, Sen. – m. *Genet.*, aceti, Hor.: pecuniae, Suet.: donandi Hor.: rei suae parcus ac diligens, Capit. – **b** in anderen Beziehungen, **sparsam = sich mäßigend, sich einschränkend,** m. *in* u. Abl., in largienda civitate, Cic.: in laudando, Plin. ep. – m. *in* od. *erga* u. Akk., in cibum, Iustin. 41, 3, 9: erga tribuendas celsiores dignitates impendio (gewaltig) parcus, Amm. 21, 16, 1. – mit *Genet.*, vini, Suet. u. (Ggstz. ad cibum promptus) Treb. Poll.: cibi, Spart.: pecuniae, der nicht Geld zusammenzuscharren sucht, Iustin., od. sparsam, Tac.: parcus sanguinis civium, Tac.: parcior somni, Iustin.: cibi parcissimus, Spart.: parcissimus honorum, Traian. in Plin. ep. – m. folg. *Infin.*, Sil. 1, 680 u. 8, 462. Mart. 9, 101, 19. – **II** übtr., **sparsam, kärglich, klein, gering, wenig, nicht reichlich,** lucerna, Prop.: sal, Verg.: vento lintea parca dari, Ov.: merito parcior ira meo, Ov.: somnus parcior, Iustin.: verba, schonende, Ov.: optima mors, parcā quae venit apta die, in kurzer Zeit, Prop.

parda, ae, *f.*, der **weibliche Panther,** Acro Hor. ep. 2, 1, 194. Isid. orig. 12, 2, 11. Mythogr. Lat. 1, 39.

pardaliacē, s. pardalianches.

pardalianches, is, *n.* (παρδαλιαγχές), Beiname einer giftigen Pflanze, an der der Panther erstickt, Plin. 8, 99 u. a.: dass. pardaliacē, Akk. ēn, Solin. 17, 10 M.

pardalīos, on od. um (παρδάλειος), **I** ein wie ein Panther gefleckter Stein, der **Pantherstein,** Plin. 37, 190. – **II pardalīum**, iī, *n.*, eine uns unbekannte Salbe, Plin. 13, 6.

pardalis, is, *f.* (πάρδαλις), der weibliche **Pardel, Panther,** Curt. 5, 1 (3), 21.

pardalīum, īī, *n.*, s. pardalīos *no.* II.

pardus, ī, *m.* (πάρδος), der männliche **Pardel** od. **Panther** (das Weibchen parda od. panthera od. pardalis), Plin. 8, 63 u. a. Iuven. 11, 123. Iul. Val. 3, 19 (17): pardorum est felire, Suet. fr. 161. p. 247, 5 R.; vgl. Anthol. Lat. 762, 50 (233, 50).

parēās, ae, *m.* (παρείας), eine Art Schlangen, Lucan. 9, 721. – Andere Schreibweise pariās, Isid. orig. 12, 4, 27.

parectatos, on (παρέκτατος v. παρεκτείνω), ausgedehnt = **aufgewachsen, erwachsen,** subst. der **Erwachsene,** Lucil. sat. 28, 28 u. Plur. parectatoi, Lucil. sat. 9, 71 (Marx *v.* 752 pareuctaton u. *v.* 321 pareutactoe). Varro bei Non. 67, 16 (L. Müller parectatoi adsunt mulierque venusta).

paredros, ī, *m.* (πάρεδρος), **ansitzend, anwohnend,** spiritus, Tert. de anim. 28 *extr.*

parēgoria, ae, *f.* (παρηγορία), die **Linderung,** der **Trost,** Ps. Apul. herb. 24 *extr.*

parēgoricus, a, um (παρηγορικός), **lindernd,** Th. Prisc. 1, 9. Marc. Emp. 36.

parēlion (parhēlion), iī, *n.* (παρήλιος), eine **Nebensonne,** Sen. nat. qu. 1, 11, 2 u. 13, 1.

parembolē, ēs, *f.* (παρεμβολή), der **angesetzte Schmuck** eines Werkes, CIL 6, 726.

paremphatus, a, um (*παρέμφατος), **mit genauer Bestimmung der Person** (gramm. *t. t.),* Ggstz. aparemphatus, Macr. de diff. etc. 19, 1.

1. pārēns, entis, *PAdi.* (v. pareo), **gehorsam,** oportuit silvam morigeram parentemque subdi, Chalcid. Tim. 270: parentiores exercitus, Cic. de off. 1, 76. – Plur. subst., parentēs, ium, *m.,* die **Untertanen,** Sall. Iug. 3, 2; 102, 7. Vell. 2, 108, 2: male parentes, ungehorsame Untertanen, Sen. ep. 90, 5. – ► Genet. parentum, Verg. Aen. 6, 223. Sil. 14, 82.

2. parēns, entis, *c.* (v. pario = gigno), **I** der **Erzeuger,** die **Erzeugerin,** der **Vater,** die **Mutter** (im natürlichen Verhältnis als Erzeuger, während pater u. mater mehr im sozialen u. bürgerlichen), **a** eig., Cic. u. a.: parens liberorum an orbus, Quint. – Plur. parentēs, um u. ium (*masc.*), die Eltern (Ggstz. liberi), Plaut., Cic. u. a. (aber principum coniuges ac parentes, der Fürsten Gattinnen u. Mütter, Tac.): modicis ortus parentibus, Vopics.: rusticis parentibus natus, ein Bauernkind, Macr. – parens Idaea, Ov., od. parens Idaea deûm, Verg., Cybele: Tegeaea od. Euandri, Karmenta, Ov.: so auch bl. parens v. Jupiter, Hor. – v. Tieren, Varro: v. Bäumen u. Gewächsen, Plin. – **b** übtr.: **α** übh., gleichs. **Vater** od. **Mutter, der Stifter, Urheber, Erhalter, Wohltäter,** v. Lebl. auch = die **Quelle,** der **Grund,** parens lyrae, v. Merkur, Hor.: patriae, Cic.: operum, Cic.: Socrates parens philosophiae, Cic.: earum rerum parens est sapientia, Cic. – **β** die **Mutterstadt,** von der eine Kolonie ausging, Sidon Thebarum Boeotiarum parens, Plin. 5, 76: cum ita contra matrem suam ac parentem urbem consurgeret, Haupt- u. Mutterstadt, Flor. 3, 18, 5: certare pio certamine cuiuslibet bonae artis ac virtutis ausi sumus cum parentibus quaeque civitas et conditoribus suis, Liv. 37, 54, 19. – **II** im weit. Sinne = **a Großvater,** Ov. met. 5, 237. – Plur. die **Großeltern, Urgroßeltern** u. **Vorfahren,** Verg. u. ICt. – **b** übh. **Vetter,** parens et ipse Tarquinii, v. Brutus, Eutr. 1, 8. – Plur. = **Vettern, Anverwandte** (männl. u. weibl.), Curt., Flor. u. Capit. – ► Genet. parentum u. parentium gleich gut.

parentālis, e (parens, parentes), **I elterlich, der Eltern,** umbrae, Ov. trist. 4, 10, 87. – **II zur Totenfeier der Eltern** (u. Anverwandten) **gehörig, a** *adi.:* dies, Tag der Totenfeier, Ov.: Mars, der Kampf der aus Memnons Scheiterhaufen erstandenen Vögel, die jährlich auf der Grabesstätte ihm zu Ehren, als Kinder von ihm, eine Art von Gefecht halten, Ov.: profusiones, s. profūsio. – **b** *subst.,* parentālia, ium, *n.,* die **Totenfeier** zu Ehren der Verwandten, das **Totenopfer,** die **Parentalien,** Cic. Phil. 1, 13. CIL 5, 4410 u. a.: Genet. Plur. parentaliorum, CIL 5, 7272 u. 11, 5047.

parentātio, ōnis, *f.* (parento), die **Totenfeier,** Tert. de spect. 12.

parentātus, Abl. ū, *m.* (parento), die **Totenfeier,** Probi app. 193, 8.

parentēla, ae, *f.* (parens), die **Verwandtschaft,** Capit. Gord. 23, 6. Isid. sent. 3, 21, 7. Cassiod. var. 1, 3, 5; 8, 1, 3 u. s.

parenthesis, is, *f.* (παρένθεσις), **I** als rhet. *t. t.,* der **Zwischensatz,** die **Parenthese,** Beda de trop. p. 614, 18 *ed. Halm.* – **II** als gramm. *t. t.,* das **Einschieben** eines Buchstabens od. einer Silbe, Charis. 278, 8.

pārentia, ae, *f.* (pareo), der **Gehorsam,** Chalcid. Tim. 270.

parenticīda, ae, *m.,* der **Elternmörder,** Gloss. IV, 418, 38. Not. Tir. 48, 36.

parenticīdium, iī, *n.,* der **Elternmord,** Gloss. II, 531, 36.

parento, āvī, ātum, āre (parens), **I** Eltern, Anverwandten u. übh. teuren Personen an ihrem Grab **ein feierliches Totenopfer** (parentalia) **darbringen,** mortuis, Cic. u. a.: quibus ius ibi parentare, Varro LL.: Accae Larentiae publice, Varro LL. – **II** übtr., jmdm. **ein Totenopfer bringen** = seinen Tod durch den Tod eines anderen rächen, Cethego, Cic.: u. übh. gleichs. ein Opfer zur Befriedigung bringen, umbris, die Sch. versöhnen, Ov.: iniuriae suae, Petron.: luxuriae, Sen.

pāreo, uī, itum, ēre (zu griech. πεπαρεῖν, vorzeigen), **I erscheinen, sichtbar sein, sich sehen lassen, A** eig., viell. *t. t.* der Religionssprache, immolanti iocinera replicata paruerunt, Suet. Aug. 95: cui pecudum fibrae, caeli cui sidera parent, Verg. Aen. 10, 176. – ad portum paruit Hermogenes, Mart. – **B** übtr., **sich zeigen** = **erhellen, offenbar sein, sich ergeben,** bes. m. folg. *Acc.* u. *Infin.,* Suet. u. ICt. – u. *impers.,* paret, bes. als jurist. Formel, **es erhellt, steht fest, ist erwiesen,** Cic., Petron. u. ICt.: u. so si paret, si pareret, Cic. – **II** prägn.: **A** (wie apparere *no.* II, β) einer römischen Magistratsperson als Gehilfe **zur Seite stehen,** magistratibus in provincias euntibus, Gell. 10, 3, 19: ad memoriam, ad libellos, Spart. Pesc. 7, 4. – **B** übtr.: **1 gehorchen, a** = **gehorsam sein, Folge leisten, nachleben** (Ggstz. imperare, befehlen, s. Wölffl. Liv. 21, 4, 3), verb. parere et oboedire praecepto alcis, oboedire et parere voluntati alcis, parere et dicto audientem esse alci, Cic.: ducibus, Liv.: legibus, Cic.: dicto, Liv.: Passiv unpers., legato a centurionibus parebatur, Tac. ann. 1, 21: cum bene imperanti bene pareretur, Sen. ep. 90, 5. – m. in od. ad omnia, in allen Stücken, Vell. 2, 23, 6. Sen. de ben. 3, 20, 2. – m. allg. *Acc.,* quaedam (in einigen Fällen) esse parendum, quaedam non obsequendum, Gell. 2, 7, 12. – absol., non parere, ungehorsam sein, Nep. u. ICt.: numquam ingenium idem ad res diversissimas, parendum atque imperandum, habilius fuit, Liv. – v. lebl. Subjj., parerent arva colono, Verg.: virecta parentia ventis, Tibull.: gestus animo cum voce paret simul, Quint.: si tam diversa parent simul, zu Gebote stehen, Quint. – **b** = nach etw. **sich richten,** ihm **willfahren, nachgeben, nachleben,** von etw. **sich leiten lassen,** irae plus quam utilitati, Nep.: naturae, Nep.: cupiditatibus, necessitati, utilitati, Cic.: terminis, Cic.: promissis, nachkommen, Ov.: usuris, solutioni, nachkommen = bezahlen, spät. ICt. – **2 gehorchen** = **unterworfen-, untertänig sein, dienen,** neque uni neque paucis, Cic.: Caesari, Caes.: v. Städten, regi, Plin.: perpetuo imperio, Nep. – v. lebl. Subjj., omnis res, virtus, fama, decus, divina humanaque pulchris divitiis parent, Hor. – ► Perf. Pass. unpers. paritum est u. esse, Papin. dig. 31, 1, 67. § 2. Symm. epist. 10, 43.

parergon, ī, *n.* (πάρεργον), **Beiwerk, Nebenwerk, a** in der Malerei, ein Nebenzierat, Nebenfiguren, Vitr. u. a. – **b** Plur. parerga, ōn, *n.,* eine Schrift des Accius, Non. 61, 24.

pareutactos, s. parectatos.

parhēlion, s. parēlion.

parhippus (parippus), ī, *m.* (πάριππος), das **Beipferd, Nebenpferd,** Cassiod. var. 4, 47, 5; 5, 5, 3 u. spät. ICt.

parhomoeon, ī, *n.,* s. paromoeon.

parhypatē (parypatē), ēs, *f.* (παρυπάτη), *sc.* chorda, die Saite neben der obersten od. ersten; dah. auch der Ton zunächst dem obersten, Vitr. 5, 4, 5. Censor. fr. 12, 3 (wo parybate).

pariambōdes, is, *n.* (παριαμβῶδες), das fünfsilbige Versglied ◡–◡–– (z. B. pĕtītĭōnēs), Diom. 482, 1.

pariambus, ī, *m.* (παρίαμβος), **I** das dreisilb. Versglied ◡––, Diom. 479, 17. – **II** das fünfsilb. Versglied –◡◡◡◡, Diom. 475, 10. – **III** nach einigen = pyrrhichius, Quint. 9, 4, 80.

Pariānus, a, um, s. Parium.

pariās, ae, *m.,* s. pareās.

pariātio, ōnis, *f.* (pario, āre), die völlige **Bezahlung, Berichtigung** einer Rechnung, Plur. bei Scaev. dig. 12, 6, 67. § 3.

pariātor, ōris, *m.* (pario, āre), **Berichtiger, Bezahler** einer Rechnung, Paul. dig. 35, 1, 81 *in.*

pariātōria, ae, *f.* (pario, āre), die **Ausgleichung,** Augustin. in psalm. 61.

parichrus, ī, *m.,* ein Edelstein, so weiß wie parischer Marmor, Ambros. in psalm. 118. serm. 16. § 42.

pāricīda, -cīdālis, -cīdium, s. parricīd…

pārientia, ae, *f.,* s. pārentia.

pariēs, etis, *m.,* die **Wand, I** eig.: paries cubiculi, Plin. ep.: fornicum parietes, Liv.: latericii parietes, Plin.: parietem ducere (führen, ziehen) per vestibulum sororis, Cic.: parietes turris lateribus (mit Backsteinen) exstruere, Caes.: perfodere parietem od. parietes, Plaut., fornicum parietes, Liv.: transfodere parietem, Liv.: nullo modo posse isdem parietibus (zwischen denselben vier Wänden od. Pfählen) tuto esse tecum, Cic.: u. so forensi luce carere intraque parietes alere eam gloriam, quam etc., Cic.: cum res peragi intra parietes (in einem Familienrat) nequisset, Liv.: aut intra parietes (innerhalb der vier Wände = auf gütlichem Wege) aut summo iure experiri, Cic.: tantam causam dico intra domesticos parietes, Cic.: hoc igitur potissimum loco tractanda est quaestio, utilius sit domi atque intra privatos parietes studentem continere an frequentiae scholarum et velut publicis praeceptoribus tradere, Quint. – Sprichw., utrosque parietes linere, δύο τοίχη ἀλείφειν, unser »auf beiden Achseln tragen«, Petron. 39, 7: duo parietes de eadem fidelia dealbare, s. fidēlia: in caducum parietem inclinare, eine schlechte Stütze haben, Spart. Hadr. 23. § 14. – **II** übtr.: ero paries (inter vos), Scheidewand, Plaut.: densitatis, v. Gesträuchen, die dicht zusammenwachsen, wie eine Wand, Plin.

parietālis, e (paries), **zur Wand gehörig,** herba, Mauerkraut, Glaskraut, Rebhühnerkraut (sonst parietaria gen.), Marc. Emp. 13.

parietārius, a, um (paries), **zur Wand gehörig, Wand-,** structor, Firm. math. 8, 24, 8. CIL 6, 9910: pictor, Stubenanstreicher, -maler, Edict. Diocl. 7, 8. – parietaria herba, das Mauerkraut, Glaskraut, Ps. Apul. herb. 81: als Spitzname Trajans (wegen der von ihm herrührenden vielen Inschriften auf öffentlichen Gebäuden), Aur. Vict. epit. 41, 13 (dafür Amm. 27, 3, 7 ders. herba parietina).

parietinus, a, um (paries), **zu den Wänden gehörig, Wand-,** forma, Tert. de pudic. 20: herba, Amm. 27, 3, 7 (s. parietārius). – subst., parietinae, ārum, *f.*, alte, halb od. ganz eingefallene-, verfallene Wände od. Mauern, **altes Gemäuer, Ruinen,** Cic. u. a.: dah. anspielend, tenebris et quasi parietinis rei publicae, Cic.

Parīlia, ium, *n.*, s. Palēs.

Parīlicius, a, um, s. Palēs.

parilis, e (par), **gleich, gleichförmig,** Lucr., Cic. poët., Ov. u. a.

parilitās, ātis, *f.* (parilis), die **Gleichheit,** Gell. 14, 3, 8. Apul. met. 2, 10 u. Eccl. (s. Rönsch Itala p. 54).

pariliter, *Adv.* (parilis), **gleichförmig,** Charis. 214, 17.

parimembre, is, *n.* (par u. membrum) = ἰσόκωλον, **gleichgebildete Redeglieder,** als rhet. Fig., Carm. de fig. 82. p. 66 H.

1. pario, āvī, ātum, āre (par), **gleichmachen,** dah. **I** refl. pariare u. medial pariari = **gleich sein,** Tert. de anim. 30 u. 32; de res. carn. 6. – **II** insbes.: **a** eine Schuld **ausgleichen,** völlig **abzahlen,** alci, Ulp. dig. 40, 1, 4: einen Beitrag berichtigen, bezahlen, CIL 6, 11035. – **b kaufen und verkaufen, Schacher treiben,** Lampr. Alex. Sev. 49, 1.

2. pario, peperī, partum, paritūrus, ere (zu Wurzel **per,* bringe hervor in griech. ἔπορον, brachte, gab), **gebären, hecken, I** eig.: **a** von Frauen, quintum (zum fünften Mal), Cic.: ibi semel, Solin.: apud alqm (bei jmd. = in jmds. Haus), Cic.: sine obstetricis opera, sine doloribus, Plaut.: liberos ex sese, Sulpic. in Cic. ep. – **b** v. Säugetieren, equuleum, Liv.: animal (lebendige Junge), vom Walfisch, Plin.: formatos pullos, Macr. – **c** v. Vögeln, primum (zum ersten Mal), Cato: quae id gallina peperisset, Cic.: ova, Eier legen, Cic. – **d** v. Fischen, **laichen,** Plin. – *Partic.* subst. (als Deponens), parta, ae, *f.* = *quae peperit,* Colum. 7, 4, 3. – **II** übtr.: **A** physisch **zeugen, hervorbringen,** fruges et reliqua, quae terra pariat, Cic.: ligna putrefacta pariunt vermiculos, Lucr.: urbes, Cic. – **B** geistig **erfinden, aushecken,** verba, Cic.: quae ab oratore pariuntur, Cic.: fabulae Scyllam peperere, Iustin. – **C** zeugen = zuwege bringen, **a** im guten Sinne = **verschaffen, erwerben,** amicos, Ter.: sibi laudem, Cic.: victoriam ex hoste, Liv.: praedam, Cic.: consulatum, Cic.: gratiam ab alqo, Sall. fr., ingentem gratiam apud alqm, Liv.: sibi amicitiam cum alqo, Nep.: maximam fiduciam mihi parit victor exercitus, Sall. fr.: ei nihil est domi nisi armis partum aut per iniuriam, Sall. fr.: quidquid partum est, alles Erworbene = alle Eroberungen, Sen. – *Partic.*, parta bona, erworbene, Cic.: male partae opes, Lact. – Plur. subst., parta, ōrum, *n.* = das **Erworbene, α** das **erworbene Vermögen,** patris mei bene parta, Ter.: parta viri retinere, amittere, Sall.: male parta male dilabuntur, Naev. tr. fr.: propter annonae caritatem ante parta consumpsisse, Auct. b. Afr. – **β** die **Eroberungen,** parta a Lucullo, die Eroberungen des L., Tac.: parta retinere, Tac. – **b** im üblen Sinne = **verursachen, stiften, zuziehen,** discidium, Lucr.: odium, Ter.: dolorem, Cic.: suspicionem, Cic.: letum sibi manu, sich den Tod geben, Verg. – ► Archaist. *Fut.* paribis, Pompon. com. 20: *Infin.* parire, Enn. ann. 10 (bei Varro LL. 5, 59). Plaut. vidul. fr. 17 St. = fr. XIX. ed. 2. p. 62. Vgl. Diom. 483, 5. Prisc. 8, 33; 10, 8 u. 50. Auct. inc. de verbo *c.* 8. § 1 (an Macrobii op. vol. 1. p. 296 *ed. Ian*); dagegen Prob. cath. 36, 15: *Coni. Imperf.* pariret, Itala (Cant.) Luc. 1, 57.

Parion, iī, *n.*, s. Parium.

parippus, s. parhippus.

1. paris, s. pār ►.

2. Paris, idis, *m.* (Πάρις), Sohn des trojanischen Königs Priamus, nach seiner Geburt ausgesetzt u. auf dem Berg Ida unter Hirten erzogen (dah. pastor, Hor. carm. 1, 15, 1); Schiedsrichter in dem Schönheitsstreit zwischen Juno, Pallas u. Venus; Urheber des trojanischen Krieges, in dem er selbst durch des Philoktetes Geschoss fiel, Hyg. fab. 91 u. 92: Genet. -idis, Cic. de nat. deor. 3, 91. Verg. Aen. 1, 27. Suet. Dom. 3, 1. Auson. perioch. Iliad. prooem. p. 127, 21 Schenkl: Dat. -idi, Prop. 3, 8, 29: Akk. -idem, Varro fr. (aus Augustin. de civ. dei 18, 10). Verg. Aen. 5, 370. Tac. ann. 13, 19: Abl. -ide, Mythogr. Lat. 1, 140: aber Dat. Pari, Varro LL. 8, 34: Akk. Parim, Enn. fr. scen. 53. Prop. 3, 13, 63. Mart. 12, 52, 10. Hyg. fab. 91; Parin, Prop. 3, 1, 30. Ov. rem. 457; met. 12, 601 u. 13, 200: Vok. Pari, Prop. 2, 3, 37. Ov. rem. am. 573: Abl. Pari, nach Prisc. 7, 58. Vgl. Alexander *no.* I.

Parīsiī, ōrum, *m.*, eine Völkerschaft im keltischen Gallien, mit der Hauptstadt Lutetia (Parisiorum), j. *Paris,* Caes. b. G. 6, 3; 7, 4 u. 34 u. a. Plin. 4, 107. Amm. 15, 11, 3 u. a.: die Hauptst. ebenf. Parisii gen., Notit. Imperat. *c.* 65. Amm. 20, 5, 1. – Dav. **Parīsiacus,** a, um, **parisisch,** Ven. Fort. vit. S. Mart. 4, 636. CIL 13, 3026.

paritās, ātis, *f.* (par), die **Gleichheit** (Ggstz. imparitas), Arnob. 2, 50. Boëth. arithm. 1, 5.

pariter, *Adv.* (par), **I gleich, auf gleiche Weise, ebenso,** Cic.: mit folg. *et, que, atque* (*ac*), *ut,* wie, als, Ter. u. Cic.: expugnandi pariter cogendique ad deditionem spe amissā, Liv.: pariter ac si etc., gleich als wenn, Sall.: mit folg. *qualis,* Sall.: pariter ... pariter, wie im griech. ἅμα ... ἅμα, pariter Phoebes, pariter maris ira recessit, Ov.: m. folg. *Dat.*, pariter ultimae propinquis, Liv. – **II** übtr.: **A zugleich, a** in Gesellschaft, m. folg. *cum* u. Abl., Cic. u. a.: mit folg. *Dat.*, Stat. – **b zu gleicher Zeit,** nam plura castella Pompeius par. distinendae manus causā tentaverat, Caes.: par. cum luna crescere, Cic.: par. cum occasu solis, Sall. – **B ebenfalls, gleichfalls, auch,** Ter. u. Ov.

parito, āre (*Intens.* v. paro), **eben damit umgehen, eben sich anschicken, eben im Begriff sein zu usw.,** mit folg. *Infin.*, Plaut. merc. 649: mit folg. *ut* u. Konj., Plaut. Pseud. 486.

pāritor, ōris, *m.* (pareo), der **Trabant,** Aur. Vict. de Caes. 2, 4.

Parium (**Parion**), iī, *n.* (Πάριον), Hafenstadt in Mysien am Hellespont, zwischen Lampsakus u. Priapus, milesische Kolonie, j. Ruinen bei *Kemer* od. *Kamares,* Sall. hist. fr. 4, 61 (19), 14. Mela 1, 19, 1 (1. § 97). Val. Flacc. 2, 622. – Dav. **Pariānus,** a, um, **parianisch,** civitas, Cic.: colonia, Plin.

Parius, a, um, s. Paros.

1. parma, *f.* (πάρμη), **I** ein kleiner, runder **Schild,** wie ihn das leichte Fußvolk u. die Reiterei trug, Varro fr., Nep., Liv. u. a. – poet. übh. = **Schild,** Verg. u. a. Dichter. – meton., der mit der parma bewaffnete Gladiator, der Thrāx (s. Thraex unter Thraces), Mart. 9, 68, 8. – **II** das **Ventil** im Blasebalg, Auson. Mosell. 269.

2. Parma, ae, *f.*, Stadt im zispadan. Gallien (Oberitalien), Kolonie der Etrusker, im J. 183 v. Chr. von den Römern kolonisiert, berühmt durch treffliche Viehzucht, bes. Schafzucht, noch j. *Parma,* Liv. 39, 55, 6. Mart. 14, 155, 1. – Dav. **Parmēnsis,** e, **parmensisch,** subst. = **der Parmenser,** Hor.: Plur. Parmēnsēs, īum, *m.*, die Parmenser, Cic.

parmātus, a, um (parma), **mit Schilden versehen,** cohors, Liv. 4, 38, 3: subst. parmātī, ōrum, *m.* (*sc.* milites), die **Schildträger,** Liv. 4, 39, 1.

Parmenidēs, is, *m.* (Παρμενίδης), berühmter griech. Philosoph aus Elea, mit Zeno Haupt der eleatischen Schule, Cic. Acad. 2, 14 u. 129.

Parmenio u. **Parmeniōn**, ōnis, *m.* (Παρμενίων), ein vornehmer Mazedonier, Vertrauter u. Feldherr Philipps und Alexanders d. Gr., Form *-io*, Iustin. 12, 1, 3. Iul. Val. 2, 8 *ed. Paris.*: Form *-ion*, Curt. 7, 2 (8), 23 *sqq.* Val. Max. 6, 4. ext. 3. Iustin. 12, 5, 3: Akk. Parmeniona, Curt. 3, 13 (33), 2 u. 5, 6 (21), 11. Iustin. 11, 10, 4. Iul. Val. 3, 27 (17).

Parmēnsis, e, s. 2. Parma.

parmula, ae, *f.* (Demin. v. parma), ein kurzer, runder **Schild**, parmulae non amplae, Frontin. 4, 7, 29: relictā non bene parmulā, Hor. carm. 2, 7, 10: parmulis pugnare, Fest. 238 (b), 9: parmulam ventilare, Fronto de oratt. p. 158, 21 N.

parmulārius, iī, *m.* (parmulus), **I** der **Schildfreund**, ein Anhänger der Partei der mit der parma bewaffneten thrazischen Fechter (Thraeces), Quint. 2, 11, 2. Suet. Dom. 10, 1. – **II** der **Schildträger**, ein mit einer parma bewaffneter Diener der Pontifices, CIL 6, 2196.

Parnāsis, s. Parnāsos.

Parnāsos (Parnassos) u. **Parnāsus** (Parnassus), ī, *m.* (Παρνασός, spätere Schreibart Παρνασσός; vgl. Tzschucke Mela vol. 2. part. 2. p. 194), ein hoher zweigipfeliger Berg in Phokis, an dem Delphi u. der kastalische Quell lag, dem Phöbus u. den Musen heilig Form *-os*, Mela 2, 3, 4 (2. § 40), wo Parthey *-assos*, Stat. Theb. 7, 346 (wo P. biceps): Form *-us*, Ov. met. 1, 317; 2, 221 (wo P. biceps), Plin. 31, 43: iugum Parnasi, Liv. 42, 16, 1: biverticis Parnasi, Stat. Theb. 1, 628 M.: bicipiti Parnaso, Pers. prol. 2. – Dav.: **A** **Parnāsius** (später Parnassius), a, um (Παρνάσιος), **parnasisch**, u. poet. = **delphisch, apollinisch**, rupes, Verg.: laurus, Verg.: templa, Ov.: vox, des delph. Orakels, Val. Flacc. – subst., Parnassia, ae, *f.*, die **Muse**, Claud. cons. Probr. et Olybr. 71. – **B** **Parnāsis**, idis, *f.* (Παρνασίς), **parnasisch**, Ov. met. 11, 165. – **C** **Parnāsēus**, a, um, **parnasisch**, Avien. Arat. 619.

Parnēs, ēthis, *m.* (Πάρνης, ηθος), der **Parnes**, Berg in Attika an der Grenze von Böotien, j. *Ozia* od. *Nozia*, Stat. Theb. 12, 620. Sen. Phaedr. 4 (wo Leo Dat. Parnetho hat).

1. paro, āvī, ātum, āre (zu pario), **I** **bereiten, zubereiten, gehörig einrichten, sich zu** etwas **rüsten** usw., **zu** etwas **Vorkehrungen treffen**, **a** m. *Acc.*: quod parato opus est para, Ter.: parare convivium, Cic.: lautioris mensae epulas, Hieron.: turres, falces, Caes.: bellum, Caes.: bellum alci, Nep.: alci necem, jmdm. nach dem Leben trachten, Liv.: parare fugam, Cic.: parare venenum in suam vitam, Sen. rhet.: orationem ad tempus, Liv.: iter, Caes.: parare se ad iter, Liv.: se ad discendum, Cic.: se proelio, Iustin.: absol., intus para cura vide, Plaut.: para, abi domum, Ter. – **b** mit folg. *Infin.* = **eben willens sein, eben damit umgehen, eben im Begriff sein** od. **stehen, eben sich anschicken** (s. Gronov Liv. 2, 56, 12. Kritz Sall. Cat. 46, 3), nunc publicas litteras Romam mittere parabam, Cic.: qui in Apuliam ad concitanda servitia proficisci parabat, Sall.: Labienum adoriri parabant, Caes.: caput multa parantis dicere deturbat terrae, Verg. – **c** m. folg. *ut* od. *ne* u. Konj., animo virili ut sis para, Ter.: deos paravisse, ne etc., haben es so eingerichtet usw., Plaut.: *impers.*, si ita naturā paratum esset, ut ea dormientes agerent, Cic. de div. 2, 122. – **d** absol., oft bei Sall.: ad iter parare, Liv. – **II** übtr., **verschaffen, anschaffen, erwerben**, **A** im Allg.: amicos, Sen.: divitias, Ov.: exercitum, copias, aufbringen, Sall.: non modo pacem, sed etiam societatem, schließen, Liv.: praesidium senectuti, Cic.: Partiz. subst., parāta, ōrum, *n.*, das **Erworbene**, der **Besitz**, Hor. carm. 1, 31, 17. – **B** insbes., für Geld **anschaffen, kaufen**, hortos, praedia, Cic.: frumentum, Caes.: iumenta impenso pretio, Caes.: aere, argento paratus, von Sklaven, Sall. u. Liv.

2. paro, (āvī), ātum, āre (von par = gleich), **I** **gleich schätzen**, eodem vos pono et paro, Plaut. Curc. 506. – **II** die **Amtsgeschäfte ausgleichen**, in Betreff der Amtsgeschäfte **sich vergleichen**, se paraturum cum collega, Cic. ep. 1, 9, 25.

3. paro, ōnis, *m.* (παρών), eine Art leichter Schiffe, die **Barke**, Cic. fr. b. Isid. orig. 19, 1, 20. Gell. 10, 25 *extr.*

parochia, ae, *f.*, s. paroecia.

parochus, ī, *m.* (πάροχος), **I** der **Lieferant**, der in Italien und in den Provinzen angestellte Beamte, der gegen eine vom Staat bestimmte Taxe die reisenden Magistratspersonen, Gesandten usw. beherbergen u. beköstigen musste, Cic. ad Att. 13, 2, 2. Hor. sat. 1, 5, 46: rein lat. copiarius, Porphyr. Hor. sat. 1, 5, 46. – **II** übtr., der **Gastgeber, Wirt** (vom Haus), Hor. sat. 2, 8, 36.

parōdia, ae, *f.* (παρῳδία = der Gegengesang), die **Gegenrede** jmds., bes. mit Beibehaltung derselben Worte oder doch fast derselben, Ps. Ascon. Cic. I. Verr.. 29 B.

paroecia, ae, *f.* (παροικία), woraus verdorben parochia, der Sprengel eines Bischofs usw., die **Parochie**, Eccl.

paroemia, ae, *f.* (παροιμία), das **Sprichwort**, als rhet. Fig., Beda de trop. p. 616, 15 *ed. Halm.*

paroemiacum, ī, *m.* (παροιμιακόν), der katalektische anapästische Dimeter, der die anapästischen Systeme zu beschließen und, wenn sie länger sind, hier und dazu unterbrechen pflegt, ◡◡ – ◡◡ – ◡◡ – ⏓, Serv. de cent. metr. 462, 6 u. 466, 8.

paromoeon (parhomoeon), ī, *n.* (παρόμοιον), eine rhet. Figur, **Gleiches gegen Gleiches**, rein lat. assimile, Charis. 282, 7. Diom. 446, 3.

paronomasia, ae, *f.* (παρονομασία), eine Redefigur, rein lat. agnominatio (s. d.), Charis. 282, 1. Diom. 446. 13.

parōnychium, iī, *n.* (παρωνυχία, ἡ), der **Neid-** od. **Niednagel**, rein lat. reduvia, Plin. 21. 142 u. a.

parōnymon, ī, *n.* (παρώνυμον), ein von einem Namen od. Wort abgeleitetes Wort mit veränderter Bedeutung (wie eques von equus), das **Paronymum**, Diom. 324, 8.

Paropamisus (Parap.), ī, *m.* (Παροπάμισος, Παραπάμισος) u. **Paropanisos** (Parap.), ī, *m.* (Παροπάνισος, Παραπάνισος), ein Hauptgebirge im Inneren Asiens, das sich vom Imaus aus westl. durch die Mitte des großen asiatischen Hochlandes hinzog, die nördl. Grenze von Indien bildete u. die Quellen des Indus u. Oxus enthielt, j. *Kohi Baba*, Plin. 6, 60. Curt. 7, 4 (18), 31. – Nbf. Propanisus, Mela 1. § 81 F. – Dav. die Einwohner eines an seinem südl. Abhang gelegenen Landstrichs von Asien **Paropamisadae** (Parap.), ārum, *m.* (Παροπαμισάδαι u. Παραπαμισάδαι), Curt. 7, 3 (12), 6, u. **Parapanisādae**, ārum, *m.*, Amm. 23, 6, 70. – Nbf. Propanisadae, Mela 1. § 13 F.

paropsis (auch parapsis, parabsis geschr.), idis, Akk. Plur. ides u. idas, *f.* (παροψίς), eine **Schüssel** zum Auftragen der feinsten Gerichte, Petron. 34, 2. Suet. Galb. 12, 3. Ulp. dig. 34, 2, 19. § 9. Mart. 11, 27, 5 u. 11, 31, 18. Iuven. 3, 142. Charis. 106, 10. Isid. orig. 16, 20, 4 u. 20, 4, 10. Prud. psych. 532 (parabsis).

paroptēr, ēris, *m.* (παροπτάω), ein Bratgefäß zum Braten auf der einen Seite oder auf der Oberfläche, Th. Prisc. 3, 9.

paroptēsis, Akk. in, Abl. ī, *f.* (παρόπτησις), das **Braten auf der einen Seite** od. **auf der Oberfläche**, Cael. Aur. de morb. chron. 2, 1, 34; 5, 11, 134.

paroptus, a, um (πάροπτος), **an der Oberfläche-, leichthin gebraten**, pullus, Apic. 6, 244.

Paros u. **Parus**, ī, *f.* (Πάρος), eine Insel des Ägäischen Meeres, Geburtsort des Archilochus, Form *-os*, Mela 2, 7, 11 (2. § 111). Ov. met. 8, 221: Form *-us*, Nep. Milt. 7, 2. Liv. 31, 15, 8: berühmt wegen des weißen Marmors, dah. marmorea, Ov. met. 7, 465; u. nivea, Verg. Aen. 3, 126. – Dav. **Parius**, a, um (Πάριος), **parisch**, crimen, Paros betreffend, Nep.: lapis (Πάριος λίθος), parischer Marmor, Verg. u. Mart.: iambi, des Archilochus, Hor. – Plur. subst., Pariī, ōrum, *m.* (οἱ Πάριοι), die Einwohner von Paros, die **Parier**, Nep. u. a.

parōtida, ae, *f.*, s. parōtis *no.* I.

parōtis, idis, Akk. Plur. idas, *f.* (παρωτίς), **I** ein **Geschwür** an der Ohrendrüse, Plin. 24, 15: Plur. b. Plin. 20, 4 u. a. – Nbf. parōtida, ae, *f.*, Isid. orig. 4, 8, 2. Th. Prisc. 1, 8. – **II** die **Seitenrolle** (= ancon, der Kragstein), Vitr. 4, 6, 4.

parra, ae, *f.*, ein Vogel, dessen Geschrei Unglück bedeutete, nach einigen die **Schleiereule** (j. im Venetianischen *parruzza*), nach anderen der **Grünspecht**, Plaut. asin. 260. Plin. 18, 292. Hor. carm. 3, 27, 1. Prud. c. Symm. 2, 571. – Nbf. parrus, ī, *m.*, Anthol. Lat. 733, 9 u. 762, 9 R. (Meyer 233, 9 parus). Aldh. de re gramm. in Class. Auct. 5. p. 570, 7 (wo parri tinnipant).

Parrhasia, ae, *f.*, od. (nach anderer Lesart) **Parrasiē,** ēs, *f.* (Παῤῥασία), Landschaft und gleichn. Stadt im südl. Arkadien, Plin. 4, 20 (Ian Parrasiē, Detl. Parrhasiē). – Dav.: **A Parrhasis,** idis, *f.* (Παῤῥασίς), **parrhasisch,** poet. = **arkadisch,** Arctos od. ursa = ursa maior od. Callisto, Tochter des arkadischen Königs Lykaon, als Gestirn = der Bär, das Siebengestirn, Ov.: so auch stellae, Ov.: subst. Parrhasis = *Callisto,* Ov. – **B Parrhasius,** a, um (Παῤῥάσιος), **parrhasisch,** poet. **a** = **arkadisch,** virgo, Kallisto, Ov.: dea, Karmenta, Ov.: Euander, Verg.: ders. rex, Sil.: axis, Nordpol, Mart.: iugum, Wagen (als Gestirn), Mart.: Parrhasio Panos de more (Weise), Verg. – **b** (weil der arkadische König Euander auf dem palatinischen Berg zu Rom gewohnt haben soll) = **palatinisch** od. **kaiserlich,** domus, aula, Mart.

1. **Parrhasius,** a, um, s. Parrhasia.

2. **Parrhasius,** iī, *m.* (Παῤῥάσιος), ein berühmter griech. Maler aus Ephesus, der als Nebenbuhler des Zeuxis um 400 v. Chr. zu Athen lebte, Sen. contr. 10, 5 (34), 1 *sqq.* Plin. 35, 67 *sqq.* Hor. carm. 4, 8, 6. Prop. 3, 9, 12: Plur. Parrhasii, Künstler wie Parrhasius, Cic. Tusc. 1, 4.

parricīda (pāricīda), ae, *c.*, archaist. auch parricidas, XII tabb. b. Paul. ex Fest. 221, 17 (aus *pāsus = πηός, dor. πāός, Verwandter u. caedo), ein **arger-, verruchter Mörder** an nahe Verbundenen, **a** vom Kindes- und Geschwistermörder, p. liberûm, v. Verginius, Liv. 3, 50, 5: v. Horatius = Schwestermörder, Flor. 1, 3, 5: v. Iugurtha = Brudermörder, Flor. 3, 1, 6: attribut., parricidā nece, brudermörderischen, Arnob. 3, 26 *extr.* – **b** vom Vatermörder, Cic. Mil. 17. Hor. carm. 3, 29, 8: v. der Iulia, consilia parricidae, vatermörderische Pläne, Plin. 7, 146 (vgl. parricidia fingere et cogitare, vatermörderische Pläne machen u. im Schilde führen, Sen. ad Marc. 26, 4). – v. Elternmörder, Cic. Rosc. Am. 70; or. 107. Sen. de clem. 1, 23, 2. Suet. Claud. 34, 1. Val. Max. 1, 1, 13. – **c** v. Mörder freier Bürger, p. civium, Cic. Cat. 1, 29: u. so parricidae b. Sall. Cat. 14, 3; vgl. Paul. ex Fest. 221, 17. – **d** v. Mörder des Staatsoberhauptes, des Vaters des Vaterlandes (pater od. parens patriae), wie von den Mördern Cäsars, Cic. Phil. 2, 31; ep. 12, 3, 1: Brutus suarum prius virtutum quam patriae parentis parricida, vorher ein Mörder an seinen Tugenden usw., Val. Max. 6, 4, 5. – **e** v. dem, der sich an Heiligem, bes. am Vaterland (gleichs. der gemeinsamen Mutter aller) schwer vergeht, z. B. vom Heiligenräuber, Cic. de legg. 2, 22. – v. Verräter an Vaterland, Staat u. Staatsoberhaupt, »Vaterlandsverräter, Hochverräter«, wie v. den Katilinariern, parricidae rei publicae, Sall. Cat. 51, 25: u. so (v. dens.) *ibid.* 52, 31. Flor. 4, 1, 10: v. den Pompejanern, Tac. ann. 4, 34: v. den Antonianern, Cic. ep. 10, 23, 5: v. Vitellius (der sich gegen Otho empörte), Tac. hist. 1, 85, 5.

parricīdālis u. **parricīdiālis,** e (parricidium), **mörderisch, verrucht, gottlos, α** Form *-dalis,* gladius, Petron.: culleus, Augustin.: scelus, venenum, Iustin.: discordia, Iustin.: bellum, v. Bürgerkrieg, Flor.: voluntas, Solin.: animus, Lampr. – **β** Form *-dialis,* populus Iudaeorum, Ambros. de Cain et Abel 1, 2. § 5: insidiatores, CIL 3, 427.

parricīdāliter, *Adv.* (parricidalis), **mörderisch,** frendens, Augustin. epist. 34, 3.

parricīdātus, ūs, *m.* = parricidium, Cael. b. Quint. 1, 6, 42.

parricīdiālis, s. parricīdālis.

parricīdiāliter, *Adv.* (parricidialis), **mörderisch,** Lampr. Alex. Sev. 1. § 7.

parricīdium (pāricīdium), iī, *n.* (parricida), ein arger, verruchter **Mord** an nahe Verbundenen, vom Kindes- und Geschwistermord, z. B. v. Sohnesmord, p. filii, Liv. 8, 11, 7: u. so absol., Iustin. 17, 1, 16. – v. Brudermord, p. fratris od. p. fraternum, Liv. 40, 24. Cic. Clu. 31: u. so absol., Cic. de nat. deor. 3, 67. Quint. 9, 2, 88. Iustin. 1, 9. – v. Vater-, Mutter- u. Onkelmord, patris et patrui p., Cic. Phil. 3, 18: p. matris, Suet. Ner. 34, 5. – v. Elternmord übh., Cic. Rosc. Am. 73 u. a. – vom Verwandtenmord, Liv. 1, 13, 2. – v. Bürgermord, Cic. Verr. 5, 170 (gemildert prope parr.). – v. Empörung gegen das Vaterland, Verrat, Hochverrat am Vaterland, p. patriae, Cic. Sull. 6; Phil. 2, 17; de off. 3, 83: p. publicum, Liv. 28, 29 *in.* – v. Versündigung an der Philosophie (als parens vitae = Mutter des Lebens), Cic. Tusc. 5, 6.

parrus, s. parra.

pars, partis, Akk. partim u. partem, *f.* (vgl. portio, ἔπορον), der **Teil,** das **Stück,** die **Abteilung,** die **Portion, I** im Allg. (Ggstz. totum, integritas, universitas): fluminis, Caes.: urbis, Cic.: alqd populi ad partes dare, es den Komitien des Volkes überlassen, das Volk daran teilnehmen lassen, Cic.: partes facere, Teile machen, abteilen, einteilen, Cic.: partem facere, teilnehmen, einen Teil bekommen, ICt.: alqd partem sui facere, etw. in Fleisch u. Blut übergehen lassen, sich ganz zu eigen machen, Sen. de ben. 7, 2, 1: partem habere in alqa re, teilhaben, Anteil nehmen, Cic.: dare partes (amicis), teilnehmen lassen od. Verrichtungen (zu ihrem Vorteil) dabei auftragen, Cic.: locare agrum partibus, so verpachten, dass der Pächter mit dem Verpächter zuteile geht, einen Teil od. die Hälfte bekommt, Plin. ep.: aequā parte, mit gleichem Risiko, Plaut.: magna pars, Cic.: pars hominum, einige, Hor.: maxima pars hominium, Cic.: in parte laboris esse, mit teil daran nehmen, Liv. – Besondere Verbindungen: **a** pars partitiv, ein Teil = **einige,** pars … pars, Liv.: pars … alii … plerique, Sall.: alii … pars, Liv. – pauci … pars … pars fugiunt, Liv. – als Kollektiv mit dem Plur. des Verbums, pars explorent, Liv.: pars in crucem acti, Sall.: magna pars caesi sunt, Liv. – **b** parte … parte, zum Teil … zum Teil, teilweise … teilweise, Ov. – pro parte od. pro sua, mea, tua etc. parte, für seinen, ihren usw. Teil, Cic. – **c** ex aliqua parte, einesteils, Cic. – ex ulla parte, von irgendeiner Seite, Cic. – nullā parte, ganz und gar nicht, Ov. u. Quint. – quā parte, in welcher Beziehung, Hinsicht, Sen – omni ex parte, Cic., od. omni a parte, Ov., od. bl. omni parte, Liv., in jeder Hinsicht, gänzlich, völlig, durchaus (s. Fabri Liv. 22, 15, 9). – magna ex parte, großenteils, Cic.: maiore ex parte od. maxima ex parte, größtenteils, Cic.: in parte, teilweise (Ggstz. totus), Lact. (s. Bünem. Lact. de ira 5, 8). – **d** magnam partem, großenteils, Cic.: maximam partem, größtenteils, Caes. – **e** Akk. partim, partitiv = zum Teil, teils, partim me amici deseruerint, partim prodiderint, Cic.: partim a se ornatis, Cic. – partim … alii, Sall.: so auch aliae … partim … aliae, Cic. – mit Plur. des Verbums usw., cum partim e nobis ita timidi sint, Cic.: eorum partim ea sunt, Liv.: quorum partim invitissimi castra sunt secuti, Nep.: partim illorum, Cato fr. – **f** multis partibus = um vieles, vielmal, weitaus, plures, weitaus die Mehrzahl, Cic.: numero m. p. erat inferior, Caes.: m. p. augere, Caes., superari, Cic. – omnibus partibus, durchgängig, in allen Stücken, unendlich, Caes. u. Cic.; s. C. F. W. Müller Cic. Lael. 47. p. 326. – decem partibus (zehnmal lieber) tuas litteras legere malim quam omnes Marsicos palmites, Fronto ad M. Caes. 4, 4. p. 67, 16 N. – **g** in eam partem = **auf der Seite, von der Seite,** Ter. u. Cic.; od. = dergestalt, Cic.; od. = in der Absicht, deswegen, Cic. – in utramque partem = *pro* und *contra,* dafür und dagegen, disputare, Cic. (neque ullam in partem disputo, Cic.); od. = auf beide Fälle, Cic.: accipere in partem optimam, von der guten, besten Seite aufnehmen, -erklären, Cic.: in partem mitiorem interpretari, nach der gelindesten Seite, Cic.: nullam in partem, auf keinen Fall, ganz und gar nicht, Cic.: vehemens in utramque partem, zu gütig und zu zornig, Ter. – **h** per partes, teilweise, stückweise, Plin. ep. u. Quint. – **i** in omnes partes, in jeder Beziehung, völlig, valet, Cic.: hingegen nullam ad partem valet, gilt, taugt schlechterdings nichts, Cic.: in omnem partem, überallhin, auf alle od. allen Seiten, Verg.: in partes muneris sui, auf seinen Anteil usw., Liv. – **k** in partem venire alcis rei, an etwas teilnehmen, Cic.: in partem vocare, Cic. u. Liv., od. revocare, Liv., teilnehmen lassen, teilhaftig machen, in partem praedae od. curarum vocare, an der B. usw. teilnehmen lassen, zur Teilnahme an der B. usw. auffordern, Liv. u. Tac.; vgl. Weißenb. Liv. 5, 21, 5. – **l** in parte, zum Teil, Liv.: in partem, du für deinen Teil, Plaut. – **m** pro parte, pro sua parte, für seinen Teil = nach seinen Kräften, Liv.: so auch pro virili parte, s. virilis.

II insbes.: **A** die **Portion Essen,** Petron. u. Suet. – **B** der **Anteil, a** an einer Erbschaft, ne expers partis esset de bonis nostris, Ter. heaut. 652. – **b** an einem Aktienunternehmen, der **Anteilschein,** die **Aktie,** magnas partes habuit publicorum, Cic.: dare partes, Cic.:

partes illo tempore carissimae, Cic.; vgl. Orelli u. Halm Cic. Vatin. 12, 29. – **C** ein **Stück** zum Vortragen (griech. ῥῆσις), iam quattuor partes dicit (sagt auf, trägt vor), Petron. 46, 3: u. so decem partes dicit, Petron. 75, 4: partes centum dico, Petron. 58, 7. – **D Geschlechtsteil, Glied,** Ov. u. Auct. Priap.; vollst. pars genitalis, Porphyr.: von der Hode, Colum. – **E** die **Art** (species) einer Gattung (genus), Cic.: so auch eā parte belli, Liv. – **F** pars u. partes, die **Partei,** pars regis, Eutr.: pars Mariana, Eutr.: partes Sullanae, Nep.: partes Marianae, Eutr.: partes Bruti Cassiique, Eutr.: nullius partis esse, neutral sein, Asin. Poll. in Cic. ep.: erat illarum partium, Cic.: aut in diversis aut in neutris partibus esse, Sen. – vor Gericht, pars adversa, die Gegenpartei, Quint.: a parte heredum intraverant duo, Plin. ep.: utrique parti actionem dare, Sen. – **G** partes, die **Rolle** eines Schauspielers, **a** eig., Ter.: primas partes agere, die Hauptrolle, Cic.: ebenso secundae, tertiae, Cic. – **b** übtr., die **Rolle** = die **Verrichtung, Obliegenheit,** das **Amt,** die **Pflicht,** puero me hic sermo inducitur, ut nullae esse possent partes meae, sodass ich darin (in den Büchern de oratore) keine Rolle haben kann, Cic.: priores partes, der Vorrang, Cic.: tuum est hoc munus, tuae partes, Cic.: Antonii audio esse partes, *ut* de tota eloquentia disserat, Cic.: partes implere, Ov. – **H** die **Gegend, Seite,** nullā parte, nirgends, Ov. met. 14, 398: Alpes adhuc eā parte inviae, Eutr. 3, 8: gew. Plur., partes orientis, Cic.: Eoae, Hor.: omnes quae in istis partibus essent opes copiaeque tuas esse, Cic. Vgl. Ruhnken Ov. her. 18, 197. – ► *Acc.* partim für partem, Cic. u. a. (s. Halm Cic. de imp. Pomp. 26): *Abl.* parti, Plaut. Men. 478; Pers. 72. Cato r. r. 136. Varro r. r. 1, 13, 5. Lucr. 1, 1113 u. a.: u. partei, CIL 1, 206. – Nom. Plur. parteis, Varro LL. 5, 21 u. 56. – Genet. Sing. partus, CIL 1, 197. lin. 12. – Genet. Plur. partum, Caes. u. Nep. nach Charis. 141, 24.

Parsagada, s. Pasargadae.

parsimōnia, ae, *f.* (parco), die **Sparsamkeit** (Ggstz. largitas), Komik., Cic. u. a. – Plur, **Ersparungen,** Plaut. trin. 1028: u. die **Fasten,** Prud. cath. 7, 3. – Sprichw., sera parsimonia in fundo est, von zu spät angewandter Mühe, Sen. ep. 1, 5.

parsimōnium, iī, *n.* = parsimonia, CIL 8, 132, 5. Corp. gloss. 2, 142. *no.* 30. – Nbf. parcimonium, CIL 5, 123.

partecta, ōrum, *n.* (aus παρά, u. τεκτεῖν), viell. die **Seitenhallen** im Zirkus, Chronograph. ed. Mommsen p. 647, 4 u. 648, 25.

Parthāōn (wahrsch. richtiger Porthāōn), onis, *m.* (Παρθάων, richtiger Πορθάων), Sohn Agenors u. der Epikaste, König in Kalydon, Vater des Öneus, Plaut. Men. 745. Hyg. fab. 14. 129. 172 u. 175. Stat. Theb. 2, 726: Parthaone natus, Öneus, Ov. met. 9, 12. – Dav.: **A Parthāonidēs,** ae, *m.* (Παρθαονίδης, richtiger Πορθαονίδης), **der Parthaonide** (Sohn oder Nachkomme des Parthaon) – Meleager, sein Enkel, Val. Flacc. 3, 705. – **B Parthāonius,** a, um, **parthaonisch,** domus, des Öneus, Ov. met. 8, 542. Stat. Theb. 1, 670.

Parthēnī u. **Parthīnī,** ōrum, *m.* (Παρθεινοί u. Παρθινοί), eine illyrische Völkerschaft in der Nähe von Dyrrhachium, Form *-eni,* Plin. 3, 143: Form *-ini,* Cic. Pis. 96. Caes. b. c. 3, 11, 3.

partheniae, ārum, *m.* (παρθενίαι), **Jungfernkinder,** Iustin. 3, 4, 7 (20, 1, 15 spurii gen.).

parthenicē, ēs, *f.* (παρθενική), eine Pflanze = parthenion, Catull. 61, 194.

parthenicon, ī, *n.* (παρθενικόν), die auch pulegium genannte Pflanze, Ps. Apul. herb. 92.

parthenion od. **-ium,** iī, *n.* (παρθένιον), Pflanzenname, **I** = perdicium, Plin. 21, 176. – **II** = linozostis, Plin. 25, 38. – **III** = artemisia, Ps. Apul. herb. 11.

parthenis, idis, *f.* (παρθενίς), eine Pflanze = artemisia, Plin. 25, 73.

Parthenium mare oder **pelagus** (griech. τὸ Παρθενικὸν πέλαγος), der östlichste Teil des mare internum, zwischen Ägypten u. Zypern, Amm. 14, 8, 10; 22, 16, 9. – od. der westlichste, Macr. sat. 7, 12, 35.

1. Parthenius, iī, *m.* (Παρθένιος), ein griechischer erotischer Dichter und Grammatiker (Lehrer Vergils), von dem wir noch eine Schrift in Prosa περὶ ἐρωτικῶν παθημάτων haben, Gell. 9. 9 *in.* Suet. Tib. 70, 2. Macr. sat. 5, 17, 18.

2. Parthenius, iī, *m.* (mons) = Παρθένιος, Gebirge auf der Grenze von Argolis u. Arkadien, Liv. 34, 26, 9. – dass. saltus Parthenii, Verg. ecl. 10, 57: Parthenium nemus, Ov. met. 9, 188: Partheniae valles, Ov. her. 9, 49: Parthenia antra, Prop. 1, 1, 11.

Parthenopaeus, ī, *m.* (Παρθενοπαῖος), einer der sieben Fürsten vor Theben, Verg. Aen. 6, 480. Hyg. fab. 99 u. 270.

Parthenopē, ēs, *f.* (Παρθενόπη), alter Name der Stadt Neapolis von der Sirene Parthenope, die dort begraben sein soll (s. Sil. 7, 34), Verg. georg. 4, 564. Ov. met. 15, 712. – Dav. **Parthenopēius,** a, um (Παρθενοπήϊος), **parthenopëisch,** poet. = **neapolitanisch,** Ov. met. 14, 101.

Parthī, ōrum, *m.* (Πάρθοι), die **Parther,** eine szythische Völkerschaft südlich von Hyrkanien, nordöstlich von den kaspischen Pässen, als gewandte, wild umherstreifende Reiter und tüchtige Bogenschützen berühmt, den Römern furchtbar, s. Iustin. 41, 1 *sqq.* (Ursprung, Sitten usw. der Parther). Vgl. (über die Siege über die Römer) Hor. carm. 3, 6, 9. Schmid Hor. ep. 1, 12, 27. p. 272 *sq.* – wegen ihrer Treulosigkeit berüchtigt, dah. Parthis mendacior, Hor. ep. 2, 1, 112. – Sing. Parthus = rex Parthorum, Vell. 2, 102, 1. – Dav.: **A Parthia,** ae, *f.* (Παρθία), **Parthien,** das Land der Parther (s. vorher), Plin. u. Iustin. – **B Parthicus** (Particus), a, um (Παρθικός), **parthisch,** bellum, mit den Parthern, Cic.: regnum, Plin.: equitatus, Flor.: pellis, parthisches (von den Parthern zubereitetes, scharlachrotes) Leder, Marc. dig.: sacculus, aus parth. Leder, Amm.: so auch cingula, Claud.: lasar Particum, Apic. 1, 31 u. 5, 199: pullus Particus, Apic. 6, 9. – Parthicus, Beiname röm. Kaiser als Besieger der Parther, CIL 2, 2054 u. ö. – u. dav. **Parthicārius,** a, um, **zu den parthischen Fellen gehörig, Partherfell-,** negotiatores, Cod. Iust. 10, 47, 7: praetor, der den Partherfellhändlern Recht sprach, CIL 2, 4110. – **C Parthiēnē,** ēs, *f.* (Παρθυηνή) = Parthia, Curt. u. a. – **D Parthus,** a, um (Πάρθος), **parthisch,** eques, Cic.: reges, Sen.: tellus, Prop.

Parthīnī, s. Parthēnī.

partiālis, e (pars), **teilig, partiell,** Gregor. epist. 4, 36.

partiāliter, *Adv.* (pars), **teilweise, partiell,** Cael. Aur. de morb. chron. 2, 1, 36.

partiārius, a, um (pars), **zu Teilen gehend, I** *adi.:* pecora partiaria pascenda suscipere, sodass sich Herr u. Hirt in die Jungen teilen, Cod. Iust.: colonus, der Bebauer (Pächter) des Ackers gegen einen Anteil am Ertrag, ICt. – *Abl.* partiāriō *adv.* = **teilweise, zur Hälfte,** Cato u. Apul. – **II** *subst.* = der **Teilhaber, Teilnehmer, a** eig. = partiarius colonus (s. vorher) agelluli, CIL 6, 3400*. – **b** bildl., erroris tui, Tert. adv. Marc. 3, 16: sententiae illorum, Tert. de res. carn. 2.

partiātim, *Adv.* (pars), **teilweise, stückweise,** Cael. Aur. de morb. acut. 1, 11, 79.

partībilis, e (partio), **teilbar,** Claud. Mam. de stat. anim. 1, 18. Boëth. Arist. top. 5, 5. p. 704: *Compar.,* quod in parva est partibilius, Boëth. Arist. post. anal. 2, 11. p. 551.

particeps, cipis, Abl. cipe (pars u. capio), **Anteil habend** od. **nehmend** an usw., **beteiligt** bei usw., **teilnehmend** an usw., **teilhaftig,** praedae ac praemiorum, Caes.: sui consilii, Caes.: regni, Iustin.: regis arcanorum, Iustin.: periculorum, Curt.: tori, von Gatten, Ov.: leti, sterblich, Lucr.: animus rationis compos et particeps, Cic. – esse alci (mit jmd.) participem sceleris in regem suum, Curt.: esse alci participem ad omne secretum, Tac. – Vulg. Nbf. participes, Itala (Clar.) Hebr. 2, 14. – subst., der **Teilnehmer, Genosse, Kamerad,** meus, mein Partner, Ter.: participes mei, Plaut.: huius belli ego particeps et socius et adiutor esse cogor, Cic.: nisi fuisset (coniurationis) auctor aut (esset) particeps, Curt.

participābilis, e (participo), **teilhaftig,** Chalcid. Tim. 339. Interpr. Iren. 3, 8, 3.

participālis, e (particeps), **zum Teilnehmer gehörig,** verba, Partizipia, Varro LL. 10, 34; od. dem Partizipium ähnliche Zeitwörter, Quint. 1, 4, 29 H. – curae, teilnehmende, Arcad. dig. 1, 11, 1.

participātio, ōnis, *f.* (participo), die **Teilhaftmachung, Mitteilung,** Spart. Iul. 6, 9. Augustin. de quaest. 83. *no.* 24. Vulg. 1. Cor. 10, 16. Cod. Theod. 7, 18, 4.

participātus, ūs, *m.* (participo) = participatio, Spart. u. a.

participes, s. particeps.

participiālis, e (participium), **zum Partizipium gehörig,** verbum, ein dem Partizipium ähnlicher Teil des Verbums, z. B. das Supinum, Gramm.: verba, Quint.: ebenso participialia vom Gerundium u. Supinum, Gramm.: p. nomina, von den Partizipien kommende (wie neglegens, amans), Gramm.

participiāliter, *Adv.* (participialis), **partizipialisch, nach Art eines Partizipiums,** Fest. 194 (b), 31 u. 352 (b), 27. Porphyr. Hor. carm. 4, 5, 15.

participium, iī, *n.* (particeps), I das **Teilnehmen,** Cod. Iust. 1, 4, 34. § 3. – II als gramm. *t. t.* = das **Partizipium,** Varro LL. u. a. Gramm.

participo, āvī, ātum, āre (particeps), **teilhaft machen,** I m. *Acc.* od. mit *Dat. pers.* od. *rei* = jmd. einer Sache **teilhaftig machen,** jmd. an etw. **teilnehmen lassen,** a m. *Acc. pers.:* α im Allg., m. *Genet. rei,* alqm consilii, Plaut.: mit *Abl. rei,* alqm sermone suo, Plaut.: prandio, Apul.: participatus honore, Paul. Nol.: dentes sensu participentur, Lucr.: sequitur igitur ad participandum alium alio communicandumque inter omnes ius nos naturā esse factos, Cic. de legg. 1, 33. – β insbes., jmdm. benachrichtigend **mitteilen,** ubi sint, quid agant … neque participant nos neque redeunt, Plaut. Stich. 33. – b m. *Dat. pers.* od. (personif.) *rei* = jmdm. od. einer Sache **mitteilen,** aliis, Lact.: pauperibus, Ambros.: ex mensa regis cibis gentilium, Sulp. Sev. – II mit *Acc. rei,* a etwas mit jmd. **teilen** = jmd. einer Sache **teilhaftig machen,** laudes cum alqo, Liv.: u. so bloß laudes (verst. cum eo), Liv.: regnum cum alqo, Iustin.: venationem semper cum amicis, Spart. Hadr. – m. *Dat. pers.,* vitam corpori, gratiam discipulis suis, Iren. interpr. (s. Bünem. Lact. 5, 6, 1): quod mala non cuiquam, non bona participo, Auson. parent. 11, 16 Schenkl. – ohne *Acc.,* partic. cum fure, Vulg. prov. 29, 24. – b an etw. **teilnehmen,** einer Sache **teilhaft werden,** pestem parem, Enn. fr.: voluptates, Gell.: lucrum, damnum, ICt.: dass. m. *de* u. Abl., de uno pane, Vulg. 1. Corinth. 10, 17. – Nbf. **participor,** ātus sum, ārī, **an der Teilung** von etw. **teilnehmen,** pretium (am Kaufpreis), Ulp. dig. 4, 4, 9. § 4.

particula, ae, *f.* (*Demin.* v. pars), I ein **kleiner Teil,** ein **Stückchen, ein bisschen, ein wenig,** caeli, Cic.: arenae, Hor.: hyaenae corii, ein Stückchen Hyänenfell, Scrib. Larg.: particulae errabundae, zerstreute Bruchstücke (einer Schrift), Vitr. – II insbes.: a als rhet. *t. t.,* ein **Redeteilchen,** Quint.: particulae (kleine Notizen), quas ceris mandamus, Quint. – b als gramm. *t. t.,* eine **Partikel,** Gell. 2, 17, 6 u. a.

particulāris, e (particula), **einen Teil betreffend,** Ps. Apul. de Plat. 3. p. 268 u. 271 H. Cod. Iust. 9, 6, 6. Cod. Theod. 11, 5, 4. Th. Prisc. 2. chr. 21.

particulāriter, *Adv.* (particularis), **insbesondere, partikulär, speziell,** Ps. Apul. de Plat. 3. p. 268 H. Cael. Aur. de morb. acut. 2, 10, 65: Ggstz. generaliter, Firm. math. 1, 5 *extr.:* Ggstz. universaliter, Augustin. retract. 1, 5 *extr.*

particulātim, *Adv.* (particula), I **teilweise,** Rhet. Her. u. a.: Ggstz. ubique, Lact. 2, 10, 23. – II **stückweise,** Varro r. r. 2. praef. 2.

particulātio, ōnis, *f.* (particula), die **Zerteilung, Zerstückelung,** Mart. Cap. 9. § 953.

particulo, ōnis, *m.* (particula), der **Teilnehmer, Genosse, Miterbe,** Pompon. com. 140.

Particus, a, um, s. Parthī.

partilis, e (pars), **teilbar, einzeln,** Augustin. de trin. 12, 9. Claud. Mam. de stat. anim. 1, 18, 3 *extr.:* partilia fata, die Schicksale der einzelnen Menschen, Amm. 14, 11, 25.

partiliter, *Adv.* (partilis), **teilweise, stückweise,** Arnob. u. a. Spät. (s. Muncker Fulg. myth. 3, 2).

partim, s. pars.

1. **partio,** ōnis, *f.* (pario, ere), das **Gebären,** Plaut. u. Gell.: dolores partionis, Afran. fr.: m. subj. *Genet.,* mulieris, Gell. – v. Hühnern, das **Legen,** Varro r. r. 3, 9, 4.

2. **partio,** īvī u. iī, ītum, īre, u. **partior,** ītus sum, īrī (pars), **teilen,** I im Allg., **teilen** = ein Ganzes in zwei od. mehrere Teile **zerlegen, trennen** (Ggstz. iungere), α aktive Form: sol imparibus currens anfractibus aetheris oras partit et in partes non aequas dividit orbem, Lucr. – acies facilis partienti, cum opus esset, facilis iungenti, Liv. – β depon. Form: ne signare quidem aut partiri limite campum fas erat, Verg.: illum acies curvae secat undique falcis partiturque rotis, Val. Flacc. – γ passive Form: carcere partitos circus habebit equos, Ov.: partito exercitu, Caes.u. Liv.: partitā, classe, Liv.: legatos partitis praefecit provinciis, Vell. 2, 113, 3: partiendum sibi ac latius distribuendum exercitum putavit, Caes.

II insbes.: A behufs der Ab- u. Einteilung in Teile (Unterabteilungen) **zerlegen, teilen, abteilen, einteilen,** α aktive Form: nihil de dividendo et partiendo docet, Cic. – β depon. Form: genus universum in species certas partietur ac dividet, Cic.: id ipsum in ea quae decuit membra partitus est, Cic.: si diceretur centum quinquaginta sex, in vigenos quinos partiri debuimus (mussten wir mit 25 dividieren), ut fierent eorum sex partes, Augustin. serm. 252, 8. – γ passive Form: pes, qui adhibetur ad numeros, partitur in tria, Cic. or. 188; quae (divisio) in sex partita (est), Varro: eadem sunt membra in utriusque disputatione, sed paulo secus a me atque ab illo partita ac distributa, Cic.

B behufs der Mitteilung oder Zuteilung oder Verteilung **teilen,** 1 **gebend:** a = **mitteilen, zuteilen, erteilen,** α aktive Form: aeternabilem divitiam partissent, Acc. fr.: tu partem laudis caperes, tu gaudia mecum partisses, Lucil. fr.: hanc quidem nanctus praedam pariter cum illis partiam, Plaut.: consules designati provincias (Amtsgeschäfte) inter se partiverant, Sall.: mea bona inter eos (cognatos) partiam, Plaut.: regnum inter se partivere, Tac. – pensa inter virgines partiens, Iustin.: dulcem in ambos caritatem (Liebkosungen) partiens, Phaedr. – exercitus se pro necessitudine partiturum cum Scipione, Caes. – β depon. Form: quod tum redactum esset aequaliter omnes (verst. inter se) partirentur, Cic.: pupillis bona erepta cum eo partitus est, Cic.: nonne … aerarium cum eo partitus es? Cic.: suum honorem cum Scipione partitur, Caes.: curam dilectus in consules partitur, Tac.: ipsi provincias (Geschäfte) inter se partiuntur, Hirt. b. G.: u. so consules partiti inter se od. bl. partiti (sunt) provincias, Liv.: officia inter se partiuntur, Caes.: inter se partitis copias, nachdem sie die Tr. unter sich verteilt hatten, Liv.: id opus inter se partiuntur, Caes.: cum partirentur inter se (die Rollen unter sich verteilten), qui Capitolium, qui rostra, qui urbis portas occuparent, Cic. – γ passive Form: quae (animi natura) periit partita per artus, Lucr.: regionibus partitum (est) imperium, Liv.: rivalem partitaque foedera lecti sentiat, mit einem Zweiten geteilten, Ov.: plures partitis temporibus erant in opere, in verteilten Stunden, d. i. abwechselnd, Caes.: partita ducibus multitudinis ministeria esse, die Rollen seien zugeteilt den usw., Liv. – b jmd. an etw. **teilnehmen lassen,** eandem me in suspicionem sceleris partivit pater, Enn. fr. scen. 327. – 2 empfangend, leidend etw. **teilen** = **seinen Teil** von etw. **sich zueignen** od. **bekommen,** te portitorem ad partiendas merces missum putares, Cic.: neque ego hoc partiendae invidiae, sed communicandae laudis causā loquor, Cic.

C behufs der Ausgleichung **schlichten, ausmachen,** vos (ista) inter vos partite, Plaut. Amph. 1035. – ► Parag. Infin. partirier, Auson. epigr. 139, 8. – Vulg. Fut. partibor, Vulg. psalm. 59, 8.

partipedēs versus = ποδομερεῖς στίχοι, Verse, die mit jedem einzelnen Versfuß einen einzelnen Teil der Rede abschließen, Diom. 499, 12.

partītē, *Adv.* (partitus, Partiz. v. partio), **mit bestimmter-, deutlicher Einteilung,** dicere, Cic. or. 99.

partītim, *Adv.*, **einzeln,** Solin. 7, 18.

partītio, ōnis, *f.* (2. partio, partior), die **Teilung,** I die **Abteilung, Einteilung,** 1 im Allg.: si qua in re discrepavit ab Antonii divisione nostra partitio, Cic.: Graecos partitionem quandam artium fecisse video, Cic. – Plur. partitiones, Solin. 9, 1. – **2** insbes.: **a** als philos. *t. t.*, die logische **Abteilung, Einteilung, Gliederung** (und zwar des Ganzen in Teile, während divisio die Zerlegung der Gattung in Arten), Sing. u. Plur., s. Cic. top. 28; 30; 34. Quint. 4, 5, 1 *sqq.*; 5, 10, 63; 7, 1, 1. – **b** als rhet. *t. t.*, die rhet. **Einteilung,** die **Verteilung des Stoffes,** griech. διαίρεσις, s. Cic. de inv. 1, 31 *sq.* Quint. 1, 2, 13. So als Titel einer Schrift Ciceros de partitione oratoria. – **II** die **Teilung** unter zwei od. mehrere, die **Verteilung, 1** im Allg.: part. aerarii, Cic.: aequabilis praedae part., Cic. – **2** insbes., die **Teilung, Verteilung** der Erbschaft, Cic. Caecin. 15; de legg. 2, 50 u. ICt.

partito, āre (*Frequ.* v. pario), **wieder u. wieder gebären,** Prisc. 10, 8.

partitūdo, inis, *f.* (pario, ere), das **Gebären,** Plaut. aul. 75 u. 276. Cod. Theod. 9, 42, 10. Sulp. Sev. chron. 1, 9, 3: appetente partitudinis tempore, Iul. Val. 1, 6 (12).

partuālis, e (partus), **zum Gebären gehörig,** Tert. adv. Marc. 4, 20 *extr.*

Partula, ae, *f.* (partus), die **Göttin des Gebärens,** Tert. de anim. 37.

partūra, ae, *f.* (pario, ere), das **Gebären,** Varro r. r. 2, 1, 26.

partūriālis, e (parturio), **durch Geburt hervorgebracht,** ova, gelegte, Cassiod. de anim. 2.

parturio, īvi, īre (*Desider.* v. pario), **I gebären wollen, kreißen, 1** eig., v. Menschen, Plaut., Ter. u. a.: regem P. R. naturam parturire, die N. sei im Begriff, dem röm. Volk einen König zu gebären, Suet. – von Tieren, canis parturiens, Phaedr. 1, 19, 3. – Sprichw., parturiunt montes, nascetur ridiculus mus, von denen, die große Erwartungen erregen, am Ende aber wenig zustande bringen, Hor. de art. poët. 139; vgl. Phaedr. 4, 23, 1 *sqq.* – **2** bildl., **a** mit etw. gleichs. **schwanger gehen** = mit etw. umgehen, etwas vorhaben, res publica parturit periculum, aus ihr wird eine Gefahr hervorgehen, Cic.: minas, Ov.: ut aliquando dolor populi Rom. pariat, quod iam diu parturit, Cic.: u. so quod diu parturit animus vester, aliquando pariat, Liv. – **b** (wie ὠδίνειν) **kreißen, Wehen haben** = sich kümmern, ängstigen, si tamquam parturiat unus pro pluribus, Cic. de amic. 45: iam misellam puellam parturibam, Apul. met. 7, 4. – **II** prägn., kreißend **gebären,** Liberum (v. Jupiter), Plin.: fetus, hervorzubringen drohen, Hor.: ante colles parturiebar (wurde ich geboren), Vulg. prov. 8, 25: v. Hühnern, **Eier legen,** Varro. – poet., Notus parturit imbres. Hor.: arbor parturit, schlägt aus, Verg.: parturit ager, fängt an zu grünen, Früchte zu tragen, Verg. – ► Synkop. *Imperf.* parturibam, Apul. met. 7, 4, u. parturibat, Phaedr. 4, 23, 1. Fulgent. de aet. mund. et homin. 8. p. 155, 19 *Helm.* – Perf. parturivit steht bei Ambros. in Luc. 10. § 26.

parturītio, ōnis, *f.* (parturio), das **Gebärenwollen, Kreißen, I** eig., Hieron. adv. Iovin. 1. *no.* 22. – **II** bildl., das **Gebären, Erzeugen,** novae vitae, Augustin. conf. 8, 6, 15: cordis mei (Ggstz. conceptio), Augustin. epist. 31, 6.

partus, ūs, *m.* (pario), das **Gebären,** die **Geburt, I** eig.: **a** v. weibl. Personen, Cic. u. a.: partus tempus adventat, Macr.: quando partus tempus advenerit, Vulg.: alqm partu edere, reddere, eniti, jmd. gebären, Ov.: cum alqo uno partu editum esse, Eutr. – uxor in partu perierat, Sen. rhet.: ex partu decedere, im Kindbett sterben, Ascon. in Cic. Pison. p. 4, 22 K. – v. Tieren, das **Hecken,** Varro: v. Vögeln, das **Eierlegen,** Colum.: v. Fischen, das **Laichen,** Hor. u. Plin.: übtr. vom trojan. Pferd, Pergama partu inflammare nocturno Graiugenarum, Lucr. – im Bild, Graeciae oratorum partus atque fontes, die Geburten u. Quellen = Entstehung u. Ursprung, Cic. Brut. 49. – **b** vom Mann, die **Zeugung,** wie im Griech. τόκος, Cic. poët.: v. Hähnen, Varro. – **II** meton.: **A** das **Gebären,** die **Geburtszeit,** Cic. Clu. 31. Ov. met. 9, 674. – **B** die **Geburt, Leibesfrucht** (das Kind, Junge, die Kinder, Jungen), **a** von vierfüßigen Tieren u. bes. v. Menschen, Latona partu gravida, Tac.: bicipites hominum aliorumve animalium partus, Tac.: partus monstrosus, Fehlgeburt, Augustin.: ferae partus suos diligunt, Cic.: partum ferre od. gerere, schwanger (trächtig) sein, Plin.: apud eum plures enixa partus, Liv.: coniunx sex partus enixa, Tac.: partum edere, v. Menschen, Tac., v. Tieren, Cic. u. a.: partus abigere, Tac.: partum sibi medicamentis abigere, Cic.: partum elidere, Cels. u. Plin.: partus Ledae, Helena u. Klytämnestra, Prop.: partus terrae, die Giganten, Hor. – **b** von den Hühnern, das Ei, Apul. met. 9, 33. Solin. 7, 29. – **c** übtr., v. Wein, Varro: v. Baumfrüchten, Plin.: v. Feldfrüchten, Ambros. – **d** bildl., neque concipere aut edere partum mens potest, nisi etc., Petron. – ► Dat. Sing. partu, Prop. 1, 13, 30: Dat. u. Abl. Plur. partubus, Hor. epod. 5, 5 (vgl. Diom. 308, 2. Prisc. 7, 91); ungew. partibus, Apul. met. 9, 33; de Plat. 2, 26. – Archaist. Genet. parti, Pacuv. tr. 77, u. partuis, Varro sat. Men. 26.

parum, *Adv.* (altes *neutr.* von parvus), *Compar.* minus, *Superl.* minimē, **I parum,** mit u. ohne *Genet.*, **A zu wenig, nicht genug** (Ggstz. satis u. nimium, s. Cic. Clu. 160; or. 73), satis eloquentiae, sapientiae parum, Sall.: non parum agrorum, ein guter Teil Ä., Eutr.: pro Cluentii voluntate nimium, pro rei publicae dignitate parum, pro vestra prudentia satis dixisse videor, Cic.: haud parum audax inceptum, ziemlich kühnes, Liv.: scripsit non p. multa, ziemlich viel, Quint.: p. consulitis, nicht genug, nicht eben sehr, Ter.: p. memineris, Cic. – parum est, es genügt nicht, reicht nicht aus, mit folg. *quod,* Ter. Phorm. 546. Cic. Sest. 32: m. folg. *ut* u. Konj., Plin. pan. 60, 1: m. folg. *Infin.*, Ov. fast. 2, 415. Fulg. myth. 1, 1. p. 30 M.: illis parum est m. folg. *Infin.*, Sall. Iug. 31, 22: parum est m. folg. *Acc.* u. *Infin.*, Liv. 38, 54, 9. Plin. 34, 28. – parum habere, nicht zufrieden sein (Ggstz. satis habere), mit folg. *Infin.*, Sall. Iug. 31, 9. Liv. 42, 3, 6. Vell. 2, 76, 4. – p. diu, zu kurz, Cic.: non p. saepe, oft genug, ziemlich oft, Cic.: u. so haud p. callide, schlau genug, ziemlich schlau, Liv. – absol. als Ausruf, parum! noch nicht genug! nochmals! da capo! Plaut. Pseud. 1276. – **B nicht sonderlich viel, nicht sehr, nicht recht,** sed nos veremur, ne parum hic liber mellis et absinthii multum habere videatur, Quint.: non qui parum habet, sed qui plus cupit, pauper est, Sen.: adeo nihil aut certe parum interErat inter imperatorem factum et futurum, Plin. pan.: quod ei parum confidebat, Auct. b. Afr.: homo non parum sciens, nicht schlecht unterrichteter, wohl unterrichteter, Auct. b. Hisp. – ► Bei Cic., Caes., Sall. u. Liv. nur = **zu wenig;** s. Madv. Cic. de fin. 5, 91 u. Dietsch Sall. Iug. 85, 31.

II minus, A weniger, plus minus, mehr oder weniger, ungefähr, Hirt. b. G.: minus minusque, Ter. u. Liv., od. minus ac minus, Plin., od. minus atque minus, Verg., weniger und weniger, immer weniger und weniger: nihil minus, nichts weniger, ganz u. gar nicht, Ter. u. Cic.: non m., Cic. u. Liv., od. haud m., Liv., nicht weniger, ebensowohl: so auch neque m., und ebensowohl, Nep. – mit folg. Vergleichungspartikeln, quam od. atque (ac), Cic., Verg. u. a.: nihil minus quam, alles andere mehr, am allerwenigsten, Liv. (s. Weißenb. Liv. 3, 3, 2). – u. mit fehlendem *quam,* haud minus duo milia, nicht weniger als usw., nicht unter usw., Liv.: m. triginta diebus, in weniger als dreißig Tagen, Cic.: ne dona m. quinum milium (daret), keine Geschenke unter fünftausend Asse, Liv. – m. folg. *Abl.*, **α** des verglichenen Gegenstandes, nemo illo fuit m. emax, Nep.: minimo m., beinahe, um ein Haar, Apul. – **β** mit *Abl.* der Menge, Zahl usw., **um wieviel?** facere dimidio m. palas, um die Hälfte weniger, Varro: uno m. teste haberet, einen Zeugen weniger, Cic.: generosae (sues habent mammas) duodenas, vulgares binis m., zwei weniger, Plin.: multo m., viel weniger, Cic.: paulo m., etwas weniger, Cic., u. (= ὀλίγου δεῖν) fast, beinahe, Plin. ep.: quanto minus (fast ebensoviel), quam etc., Plin. pan.: eo m., desto weniger, und quo m., je weniger, Cic.: aber quo minus dixi quam volui de te, um was ich weniger, d. i. was ich dir noch nicht genug ans Herz gelegt habe, Plaut. capt. 430: quo tu minus scis aerumnas meas, um was du weniger, d. i. was du noch nicht genug weißt von meinem Unglück, Ter. Andr. 655. – bes. = **weniger, außer, ausgenommen,** bis sex cecĭderunt, me m. uno, außer mir allein, mich allein ausgenommen, Ov. – **B nicht sonderlich, nicht recht,** m. diligenter, Nep.: m. multi, Cic.: intellexi m., nicht recht, Ter. – **C nicht so, nicht so sehr,** m. infesta, quam etc., Liv. – **D nicht, a** nach quo (dass), prohibuisse, quo minus etc., Cic.: neque recusavit, quo m. poenam subiret, weigerte sich nicht, die Strafe zu leiden, Nep.: deterrere, quo m., Cic.: auch minus quo, Ter. – **b** in den Formeln si minus, **wo nicht,** sin minus, **wo aber nicht, widrigen-**

falls, worauf gern at, tamen etc. zu folgen pflegen, si assecutus sum, gaudeo; sin minus, hoc me tamen consolor, Cic. – **E zu wenig** (gew. mit plus, das dann **zu viel** heißt), m. dicere, Cic.: plus minusve faxit, zu viel od. zu wenig, Ter.; vgl. plus (*adv.*) unter multus.

III *Superl.* **minimē** (auch minumē geschr.), **A am wenigsten, a** übh.: quā m. arduus ad nostras munitiones ascensus videbatur, Caes.: mihi placebat Pomponius maxime, vel dicam, minime displicebat, Cic.: quod minime apparet et valet plurimum, Cic.: quod ad te minime omnium pertinebat, am allerwenigsten, Cic. – **b** bei Adjektiven, um den Grad der angegebenen Eigenschaft unbestimmt zu lassen, den richtig zu würdigen der jedesmalige Zusammenhang lehrt, **keineswegs, gar nicht, ganz und gar nicht,** homo m. ambitiosus, Cic.: m. vafer, m. malus, Cic. – **c** bei Antworten, **keineswegs, ganz und gar nicht,** Cic. u. a.: verstärkt minime vero, Cic.: minime hercle vero, Plaut.: minime gentium, ganz und gar nicht, um Himmels willen nicht, beileibe nicht, Ter. – **B wenigstens,** Liv. u. Colum.

parumper, *Adv.*, **I auf eine kurze Zeit, (auf) eine kleine Weile** (im Sinne des Abkürzens, während paulisper, eine »kleine Weile lang«, im Sinne ruhigen Aushaltens, des Sich-Geduldens), Ter., Cic. u. a. – **II in kurzer Zeit, schnell,** Enn. ann. 53 u. a.

parunculus, ī, *m.* (*Demin.* v. 3. paro), eine **kleine Barke,** Cic. fr. b. Isid. orig. 19, 1, 20.

1. pārus, ī, *m.*, richtiger parrus, Nbf. von parra, s. d.

2. Parus, ī, *f.*, s. Paros.

parvē, *Adv.* (parvus), **wenig, kurz,** Vitr. 9, 4 (6), 5: parvissime memorare, Cael. Aur. de morb. acut. 2, 34, 182 u. 2, 38, 218.

parvibibulus, ī, *m.* (parvum u. bibo) = βραχυπότης, **der Wenigtrinker,** Cael. Aur. de morb. acut. 3, 15, 120.

parvicollis, e (parvus u. collum) = (μικροτράχηλος), **einen kleinen Hals habend,** Cael. Aur. de morb. chron. 2, 12, 137.

parvitās, ātis, *f.* (parvus), die **Kleinheit, I** eig.: vinculorum, Cic.: terrae, Plin.: Plur., parvitates et magnitudines rerum, Gell. – **II** übtr., die **Geringheit, Unbedeutendheit,** pretii, Donat.: quaestionis, Gell.: mea p., meine Wenigkeit = ich, Val. Max. praef.

parvulus (parvolus), a, um (*Demin.* v. parvus), **I klein,** navicula, Caes.: navigiolum, Auct. b. Afr.: casula, Apul.: oppidum, Curt.: castellum, Sen.: pecunia, kleines Vermögen, Cic.: parvula equestria proelia, Caes.: p. res, Ter. u. Cic.: causa, Bagatelle, Cic.: causula, ganz geringe Veranlassung, Auct. b. Afr.: filius, Lact., pueruli, Hieron., pusio, Arnob.: parvulo labore, mit einem bisschen Mühe, Cic. – erat parvulus staturā (von St.), Sen. rhet. – dum parvulum (etwas Unbedeutendes) consequamur, Cic.: ex parvulo incipere, klein anfangen, Cels.: parvula (beschränkte Verhältnisse) laudo, Hor. – parvulum adv. = nur ein wenig, si (scrotum) ducitur, aut nihil aut parvulum intenditur, Cels. 7, 18. p. 297, 5 D.: quia parvulum referret, an idem displiceret, quibus non idem placuisset, Plin. ep. 8, 14, 14; vgl. Plin. ep. 8, 17, 6. – **II** übtr., **klein = jung, a** übh.: Aeneas, Verg.: filius, Cic., filiolus, Val. Max.: filia, Nep.: filii vel parvuli vel grandiusculi, Augustin.: aetas, Iustin.: parvulus, ein kleines Kind, Iustin.: a parvulo, von der ersten Kindheit an, Ter.: so auch ab parvulis (v. mehreren oder wenn einer von sich im Plur. spricht), Caes.: dah. parvuli, Kinder = Unverständige, Arnob. 1, 43. – **b noch zu jung** für etwas = ihm **nicht gewachsen,** m. *Dat.*, illi rei ego etiam nunc sum parvolus, Plaut. Pseud. 783.

parvus, a, um (aus *parvom, *neutr.* = παῦρον), *Compar.* **minor,** *neutr.* minus, Genet. ōris, *Superl.* **minimus,** a, um, **klein, I** eig.: **A** der räumlichen Ausdehnung nach (Ggstz. magnus, amplus), capra (Ggstz. capra ampla), Varro: pisciculi, Cic.: filius, Cic.: puella (Ggstz. puella longissima), Ov.: corpus, Hor.: navicula, Cic.: herba, Plin.: flumen, Mela: insula, Liv.: oppidum, Mela: libellus, Cic. fr.: locus, Cic. – calceus minor, Hor.: serrulae manubriatae minores maioresque ad mensuram cubiti, Pallad.: Hibernia dimidio minor quam Britannia, Caes.: naves, quarum minor nulla erat duum milium amphorûm, Lentul. in Cic. ep.: minor frontem, verstümmelt an usw., Sil.: bildl., capitis minor = *capite deminutus,* ein bürgerlich Toter, Hor. – minima res, Cic.: min. digitus, Plaut. u. Plin.: min. altitudo fluminis, Caes. – **B** der Zahl, Menge, dem Gewicht nach **klein = gering, unbeträchtlich, a** *adi.*: numerus navium, Nep.: manus, copiae, Sall. – minor numerus militum, Auct. b. Alex. – minimus numerus, Liv. – oder = **wenig,** cibus, Ov.: parvi odoris, Plin.: sucus, Plin.: cruor, Lucan. – si pecunia non minor esset facta, Cic. – minimus cibus, Ov. – minimus sanguis, ein ganz klein wenig Blut, der kleinste Blutstropfen, Iuven. – probatio in minimo pondere, Plin.: non minimo opere = *maximo opere,* Licin. fr. – **b** *subst.*, parvum, ī, *n.*, **etwas Weniges, eine Wenigkeit,** bes. = geringes Vermögen, parvum sanguinis, Lucan.: contentus parvo, Cic. u. a.: u. so parvo beati, Hor.: u. vivitur parvo bene, Hor. (vgl. Schmid Hor. ep. 2, 1, 139. Mitscherlich Hor. carm. 2, 16, 13. Tibull. 1, 1, 25): parvo potens, in Armut reich, Verg.: parvo admodum plures, etwas mehr, Liv.: parvo assuescere, Sen.: bei Zahlangaben, cum per annos quattuor imperasset decem parvo minus, nach einer nahezu vierzehnjährigen Regierung, Amm. – parvi refert, es liegt wenig daran, s. rēfert. – u. so auch im *Compar.*, minus praedae, Liv.: minus nihilo, weniger als nichts, Ter. – u. im *Superl.* minimum, sehr weniges, Ter. u. Cic.: minimo minus, um ein Haar, Apul. – **c** *adv.*, minimum, **α am wenigsten, sehr wenig,** valere, Cic.: quae non minimum commendat, nicht wenig, Nep.: ne minimum quidem, nicht im Mindesten, ganz und gar nicht, Cic. – **β zum mindesten, wenigstens,** ita fiunt omnes partes minimum octoginta et una, Varro.

II übtr.: **A** dem Wert nach **gering, unbedeutend, unbeträchtlich, a** *adi.*: parva dona od. munera, Ov. u. Hor.: paucae et parvi pretii res, Liv.: ea parva ducere, Cic.: parvi pretii deputare, Ter.: parvo vendere pretio, Cic.: (homo) minimi pretii, ganz nichtswürdiger, Plaut.: minimo sumptu, Plaut.: quaestus minimus et sordidus (Ggstz. quaestus magnus et evidens), Auct. b. Alex. – **b** *subst.*, parvum, ī, *n.*, **etwas Geringes, eine Kleinigkeit,** in den Verbndgg.: parvi id facio, Sall., od. parvi aestimo, Cic., od. pendo, Ter. u. Sall., od. duco, Cic., geringschätzen, parvi esse, wenig gelten, Cic.: parvo curare, Cic.: parvo emere, Hor.: parvo constare (zu stehen kommen, kosten), Ggstz. magno constare, Sen.: parvo parata (wohlfeile) remedia adhibere, Sen. – so im *Compar.*, minoris, wohlfeiler, geringer, vendere, Cic.: aestimare, Sulpic. (b. Cic.) u. Nep., od. ducere, Sall. – u. im *Superl.*, minimi facere, sehr gering, Plaut.: minimo emere, Plaut.

B der extensiven und intensiven Stärke, dem Grad, der Geltung nach = **klein, gering, schwach, a** v. der Stimme u. Rede (Ggstz. magnus), **α** = **schwach, leise,** parvae murmura vocis, Ov.: parva murmura, Ov.: voce parvā refert, Ov. – **β** = **demütig,** animis verba minora, Ov.: verbis minoribus uti, Ov.: iacit ante fores verba minora deo, Prop. – **b** vom Geist = **klein, nicht produktiv,** non tibi parvum ingenium, Hor.: u. übtr., von der Person, operosa parvus (ein kleiner Geist) carmina fingo, Hor. – **c** von Gesinnung und Denkart = **klein, kleinlich, kleinmütig,** onus parvis animis et parvo corpore maius, Hor.: parvi animi (= μικρόψυχον) haberi, Hor.: nihil est tam angusti animi tamque parvi quam amare divitias, Cic. – subst., nil parvum loquar, nil parvum sapias, nur Erhabenes, Hor. – **d** v. der Dichtungsart = *tenuis, humilis,* **niedrig, leicht,** carmen, Hor.: modi, Hor. – **e** von Verhältnissen, Zuständen und Eigenschaften aller Art = **klein, gering, unbedeutend, unwichtig, unerheblich,** res, Cic. u. a.: dictu parva (für die Erzählung unbedeutende), sed magni eadem in re gerenda momenti res, Liv.; vgl. minora dictu prodigia, Liv.: parva momenta, Caes.: parvo momento, Caes.: parvo labore, Cic. – commodum parvum, Cic.: beneficium parvum, Cic.: parva pericula (Ggstz. pericula maiora), Tac. – parva fides, Ter.: minus periculum, Curt.: minima vitia, Hor. – subst., si parva licet componere magnis, Verg.: parva queror, Ov. – Sprichw., minima de malis (*sc.* eligenda), man muss von allen Übeln das kleinste wählen, Cic. de off. 3, 105. – **f** v. Pers., **α** dem Vermögen, dem Stand, der Geltung bei anderen nach **gering, ärmlich, niedrig, unbedeutend** (Ggstz. magnus, amplus), Lares, ärmliche, Iuven.; dies. di, Hor.: senator, Auct. b. Afr.:

domus (= Familie), Ov.: numen, Ov.: qui Neronem … quasi minores (Leute von geringerer Bedeutung) evasere, Tac.: u. so minores duces, Tac. – Kompar. minor m. Abl. = geringer als usw. = jmdm. nachstehend, untertan, sich unterordnend, te minor, Hor.: inventore minor, Hor.: dante minor, indem du dich vor dem Geber erniedrigst, Hor. – subst., neque ulla est aut magno aut parvo (dem Geringen, Armen) leti fuga, Hor.: parvum (den geringen Mann, der sich wenig dünkt) parva decent, Hor.: hoc studium parvi properemus et ampli, Niedere und Hohe (alle, welchem Stand wir auch angehören), Hor. – Kompar. minor, teils der Geringere vom Stand, Plur. bei Tac. ann. 15, 20; teils der Geringere an Rang, der Untere (im Ggstz. zu den Oberen, Offizieren), minor ordine, Ov. ex Pont. 4, 7, 49: u. so Plur. minores, die Unteren, Tac. ann. 15, 16 *extr.;* teils der Untergebene, Tac. Germ. 39: u. so Plur. minores, *ibid.* 36. – **β** Kompar. minor, der Kraft, Stärke nach **geringer, nachstehend, nicht gewachsen, unterliegend,** minor (equus), Hor.: animus consiliis minor, Hor.: minor cedo monitis, Val. Flacc. – dah. minor m. *Infin.* = **nicht gewachsen, nicht imstande,** tanto certare minor, Hor. sat. 2, 3, 313: heu fatis superi certare minores! Sil. 5, 76.

C der Zeit, dem Alter nach **klein, 1** übh., **klein, kurz, a** *adi.:* tempus, Lucr.: consuetudo, Ter.: nox, Val. Flacc.: vita, Lucan.: patientia, Phaedr. – dies sermone minor fuit, Ov. – minima pars temporis, Caes.: parvo post tempore, Val. Max. – **b** *subst.,* **α** parvum, ī, *n.,* **eine kurze Zeit,** in der Verbndg. parvo post, bald darauf, Plin.: quam parvom vixserim (so!), CIL 2, 1233. – **β** minimum ī, *n.,* **eine sehr kurze Zeit,** ne minimum quidem temporis, Tac. – **c** *adv.,* minimum = **sehr kurze Zeit,** dormiebat m., Plin.; od. = **sehr wenig, sehr selten,** sexies per annos; cum minimum, quater, Plin. – **2** insbes., dem Alter nach **klein** = **jung, a** *adi.:* aetate parvi, Suet.: parvi liberi, Sall.: virgo, Catull.: Iuppiter, Ov.: infantes, Lucr. – aetas minor, das Jugendalter, Lact. u. Ambros.: aetate minor, Ov.: qui minor est natu, Cic.: aliquot annis minor natu, Cic.: minor triginta annis natus, Cic.: minor quinque et viginti annis natus, Nep.: minor quinquaginta annos natus, Frontin.: minor uno mense vel anno, Hor.: minor viginti annis, ICt.: minores viginti quinque annorum decuriones facti, ICt.: obsides ne minores octonûm denûm annorum etc., Liv.: videndum, ne sint (equae) minores trimae, maiores decem annorum, Varro. – cum minor (aetate) Hecuba fuerit quam Helena, Sen. – filia minor Ptolemaei regis, Caes.: minor Atrides, v. Menelaus, Ov.: Gordianus minor, Capit.: minor erus, der junge Herr (Sohn des Hauses, Ggstz. erus maior, der alte Herr), Komik. (s. Wagener Ter. heaut. 628). – u. absol. als jurist. *t. t.* = minorenn, ICt. – minimus natu horum omnium Timaeus, Cic.: minimus filius Phraatis, Iustin. – **b** *subst.:* **α** parvus, ī, *m.,* **ein kleiner Knabe,** parva, **ein kleines Mädchen,** parvi, **kleine Kinder,** Ter., Cic. u. Hor.: dah. a parvo, von Jugend auf, Liv.; u. so (von mehreren od. v. einem, der von sich im Plur. spricht) a parvis, Ter. u. Cic. – **β** minores = **jüngere Leute, junge Leute,** Hor. u. Ov. – u. die **Jüngeren** = die Kinder, Lact. u. Sil.; od. = die Nachkommen, die Nachwelt, Lucr. 5, 1197. Verg. u. Sil.

► Eig., aber ungewöhnlicher *Compar.* parvior, Cael. Aur. de morb. chron. 2, 1, 26 (wo volantum parviores); u. *Superl.* parvissimus, Varro sat. Men. 375. Lucr. 1, 615 u. a. Cael. Aur. de morb. chron. 1, 1, 5 u. 29; 2, 13, 172. Veget. mil. 1, 8. p. 13, 2, L.[2] Oros. 2, 18, 4 u. 7, 27, 6. – archaist. minerrimus, Paul. ex Fest. 122, 17. – Gesteigerter *Superl.* (spätlat., wie ἐλαχιστότατος spätgriech.) minimissimus, Arnob. 5, 7 u. 14. Itala (Tolet.) 4. regg. 18, 24.

parygrus, a, um (πάρυγρος), **ein wenig feucht,** cerotum, Marc. Emp. 36.

Pasargadae, ārum, *f.* (Πασαργάδαι), eine von Cyrus angelegte, von den Magiern bewohnte Burg (castellum) in Persis, südöstl. von Persepolis, worin das Grabmal des Cyrus war, und wo jeder neue König die Weihe empfing, j. Ruinen bei *Darabgerd,* Plin. 6, 99. – Andere Form Parsagada, ōrum, *n.* (Πασαργάδα, Ptolem.), Curt. 5, 6 (20), 10.

pascālis, s. pāscuālis.

pasceolus, ī, *m.* (φάσκωλος, wofür auch φάσκαλος üblich war), das **Geldsäckchen,** der **Beutel,** die **Börse,** Cato orat. 49. Lucil. 446. Plaut. rud. 1314. – Dafür phascōlium, iī, *n.,* Plur. bei Paul. ex Fest. 223, 1 (wo jetzt phascola).

pascha, ătis, *n.* (vom hebr. פסח), **I** das **Paschafest, Osterfest,** die **Ostern,** Symm. u. a.: pascha facere od. celebrare cum Iudaeis, Hieron. de vir. ill. 43 u. 45. – **II** das **Osterlamm,** Vulg. 1. Corinth. 5, 7.

paschālis, e (pascha), zu **Ostern gehörig, Oster-,** tempus, Cod. Theod.: dapes, Sedul.: liber, von Ostern handelndes, Augustin.

pascito, āre (*Intens.* v. pasco), **weiden, fressen,** Varro r. r. 3, 16, 19.

pāsco, pāvī, pāstum, ere (Wurzel *pā, pāt,* essen, griech. πατέομαι: pānis, pābulum), **I fressen lassen, weiden lassen, weiden, füttern, A** eig.: **1** zunächst von Hirten usw., Vieh **weiden,** sues, Cic.: iumenta, Caes.: greges armentaque, Ov.: pecus, Hygin.: pecus pastum agere, Varro LL.: sues pastum exigere, Varro: pecora pastum propellere, Liv.: in eo saltu armentum pascere solitus, Liv. – absol. = **Vieh weiden,** pascendi locus, Varro: in privato (auf eigenem Grund u. Boden) pascere, Ov.: u. prägn. = **Viehzucht treiben, Vieh auf die Weide gehen lassen,** Cic. u. Colum.: bene od. male pascere, Cic. – **2** übh., **füttern, nähren, ernähren, unterhalten,** teils Tiere, canes hordeaceā farinā, Colum.: ubi bestiae pastae sunt, Cic.: leo cadaveribus pastus, Amm.: teils Menschen, nos olusculis soles pascere, abzufüttern, Cic. ep.: fundus pascit erum, Hor.: alqos rapinis et incendiis et omnibus exitiis publicis, den Unterhalt verschaffen, Cic.: quos paverat (gemästet = bereichert hatte) per aliquot annos publicus peculatus, Liv.: pasc. magnificentissime alqm convivio, bewirten, Eutr.: p. aniculam, Lampr.: p. se arte sutoris, Augustin. – bes. Sklaven, quot pascit servos? füttert = hält er? Iuven.: paucos ventres, Sen.: viginti ventres et canem, Petron. – *intr.* = **speisen, Tafel halten,** cum plurimis simmatibus (= sigmatibus) pasceret, Spart. Hadr. 17, 4. – **B** übtr.: **1 füttern, nähren, wachsen lassen, erzeugen,** polus dum sidera pascet (weil die Alten glaubten, dass die Gestirne sich von aufsteigenden Dünsten nährten), Verg.: barbam, Hor.: crinem, Verg.: crinem barbamque, Sidon.: caesariem, Sidon.: filicem, Hor.: pascitur ara deae, Ov.: flammas, Ov.: ignis pascitur per viscera, frisst weiter, Ov.: vitis brevitate crassitudinem pascens, Plin.: pascere iugera agri, bebauen, Mart.: nummos alienos, anderer (der Wucherer) Geldsäcke (durch hohe Zinsen od. Zins auf Zins) füttern = der Wucherer Habe mehren od. (durch hohe Zinsen) Schulden auf Schulden häufen (Porphyr.), Hor. ep. 1, 18, 35. – spes inanes, nähren, Verg.: amorem, Ov.: ieiunia, stillen, Ov. – **2 weiden, ergötzen,** oculos in alqa re, Cic.: oculos animumque alqā re, Cic. – **II** = *depascere,* **A** (durch das Vieh) **abweiden (lassen),** asperrima (collium), Verg.: vestros campos placide (in aller Ruhe), Vet. carm. bei Liv. – **B** übtr., **fressen, verzehren,** lente revocatas ruminat herbas atque iterum pasto pascitur ante cibo, Ov. am. 3, 5, 17 *sq.* – Dav. *Depon.*

pāscor, pāstus sum, pāscī, **I fressen, äsen, weiden, 1** auf der Weide, ire pastum, Plaut.: locus, quo pastum exeant diebus apricis, Varro: simul exieris pastum cum tenero grege, Phaedr.: mula pastum missa, Hor.: pasci per herbas, Verg.: boves pascuntur frondibus, Verg.: caprae studiose de agrestibus fruticibus pascuntur, Varro: capellae pascentes, Verg. – **2** übh., **fressen,** von den Weissagehühnern, cum pulli non pascerentur, nicht fressen wollten, Cic.: non pascentibus in auspicando pullis, Suet. – **II** mit *Acc.* = **abweiden,** pascuntur silvas, Verg.: mala gramina pastus, Verg.: beluae pastae radices fruticum, Plin. – **III** übtr., **sich weiden, sich ergötzen,** alqā re, his ego rebus pascor, Cic.: pasci bibliothecā Fausti, Cic.: dolore, Ov.

pāscua, ae, *f.* u. ōrum, *n.,* s. pāscuus.

pāscuālis u. synk. **pāscālis,** e (pascuum), **auf die Weide gehend, α** Form *pascualis:* oves, Paul. ex Fest. 243, 5. Vulg. 3. regg. 4, 23: vitulus, Vulg. 1. regg. 28, 24. – **β** Form *pascalis:* oves, Cato oratt. 52. fr. 2: pecus, Lucil. 1246*.

pāscuōsus, a, um (pascuum), **reich an Weide, zur Weide dienlich,** Ps. Apul. herb. 92.

pāscuus, a, um (pasco), **zur Weide dienlich,** ager, Plaut. u. Cic.: silva, ICt. – subst., **a** pāscuum, ī, *n.,* die **Weide,** Scriptt. r. r. u. a.: paucorum iugerûm pascuum, Sen. – ebenso Plur. pāscua, ōrum, *n.*, Cic. u. a.: pascua aestiva, hiberna, Sen. – **b** pāscua, ae, *f.*, die **Weide,** das **Futter,** Tert. apol. 22. Vulg. psalm. 78, 13. Augustin. serm. 47, 1 u. 13; in psalm. 129, 4. Arnob. iun. in psalm. 78. Cael. Aur. de morb. chron. 4, 3, 55: übtr., **Speise,** Apul. met. 2, 7; Ps. Apul. Ascl. 8.

Pāsiphaē, ēs, *f.* u. **Pāsiphaa,** ae, *f.* (Πασιφάη, die Alleuchtende), Tochter des Helios (Sol), Schwester der Circe, Gemahlin des Königs Minos auf Kreta u. Mutter des Minotaurus, Androgeus, der Phädra u. Ariadne; Venus, die über die Sprösslinge des Helios erbittert war, flößte ihr eine brennende Liebe zu einem schönen Stier ein u. sie gebar von ihm den Minotaurus, Ov. art. am. 1, 295. Suet. Ner. 12, 2: Pasiphaës gener, v. Theseus, Ov. Ib. 90. – Dav. **Pāsiphaēius,** a, um (Πασιφαήϊος), **pasiphaëisch,** subst., Pasiphaëia, Tochter der Pasiphaë = Phädra, Ov. met. 15, 500.

Pāsitelēs, Akk. ēn, *m.* (Πασιτέλης), ein berühmter Toreute aus Großgriechenland, röm. Bürger, Zeitgenosse des Roscius, Plin. 35, 156 u. 36, 39 *sq.* *Cic. de div. 1, 79.

Pāsithea, ae, Akk. ān, *f.* (Πασιθέα), eine der drei Grazien, Catull. 63, 43. Sen. de ben. 1, 3, 7. Stat. Theb. 2, 286.

Pasitigris, is, *m.*, nach einigen »der kleine Tigris«, Beiname des Flusses Eulaeus (j. *Kurun*) in seinem Lauf gegen den persischen Meerbusen; nach anderen der vereinigte Euphrat u. Tigris, Curt. 5, 3, 1.

passar, s. passer ►.

passarārius, s. passerārius.

passārius, falsche Lesart st. passerarius, s. d.

passeolus, s. phasēlus.

passer, eris, *m.*, I der **Sperling,** Catull., Cic. u. a.: p. domesticus od. parietinus, Haussperling, Augustin.: u. so parietum passeres, Augustin.: voluptas, quae passeribus nota est omnibus, Cic. – als Liebkosungswort, Plaut. Cas. 138. – II der **Stachelflunder,** ein Plattfisch, Hor. sat. 2, 8, 20. Ov. hal. 124. Colum. 8, 16, 7. Plin. 9, 72 u. 32, 150. – III passer marinus = *struthiocamelus,* der **Strauß,** Plaut. Pers. 199. Auson. epist. 11 *extr.* Paul. ex Fest. 222, 16: auch bl. passer, CIL 10, 3704. – ► Vulg. Nbf. passar, Itala (Taurin.) Matth. 10, 29 u. 31 u. Itala (Ashb.) Levit. 11, 15; vgl. Prob. app. 198, 33 K. ›passer non passar‹.

passerārius, a, um (passer), **zum Sperling gehörig, Sperlings-,** ficus = callistruthia (s. d.), *Capit. Albin. 11, 3 (wo die Hdschrn. passarias, weshalb vielleicht richtiger passararias v. passar, s. passer a. E.).

passerātim, *Adv.* (passer), **nach der Sperlinge Art,** Charis. 182, 22.

passercula, ae, *f.* (*Demin,* v. passer), ein (weibl.) **kleiner Sperling,** als Liebkosungswort von einem Mädchen, M. Aurel. b. Fronto ad M. Caes. 4, 6. p. 70, 5 N.

passerculus, ī, *m.* (*Demin.* v. passer), **ein kleiner Sperling,** Cic. de div. 2, 65. Arnob. 7, 8: scherzh. passerculi et columbuli mei, v. poet. Versuchen, Plin. ep. 9, 25, 3. – als Liebkosungswort, Plaut. asin. 666 u. 694.

passerīnus, a, um (passer), **für Sperlinge,** prandium, Pompon. com. 177.

passernices, eine Art **Wetz-** od. **Schleifsteine** in Gallien, Plin. 36, 165.

passibilis, e (patior), **der Empfindung fähig, leiden könnend,** Cael. Aur. de morb. acut. 3, 7, 71 u. Eccl.

passibilitās, ātis, *f.* (passibilis), das **Vermögen, zu leiden,** die **Passibilität,** Arnob. 2, 26.

passibiliter, *Adv.* (passibilis), **leidend,** Tert. de anim. 45.

passim, *Adv.* (passus v. pando), I **weit und breit herum zerstreut und ohne Ordnung = weit und breit, allenthalben, allerorten, überall,** u. mit Berücksichtigung des wohin? = **allenthalben hin, nach allen Seiten hin** (nicht = hier u. da, -dahin, s. Fabri Liv. 21, 7, 4), ille iit passim, ego ordinatim, Brut. in Cic. ep. 11, 13, 2: Numidae barbarā consuetudine nullis ordinibus passim consederant, Caes.: ignis totis se passim dissipavit castris, Liv.: in vicos passim suos diffugiunt, Liv.: fuga fieri passim coepta est, die Flucht wurde allgemein, Liv. – II übtr.: A **ohne Ordnung = ohne Unterschied** der Person od. Sache, **durcheinander, in Masse, in Menge** (vgl. Dissen Tibull. 2, 3, 69. Nipperd. Tac. ann. 14, 15. Bünem. Lact. 3, 9, 5), servi cum dominis recumbunt passim, Iustin.: Garamantes matrimoniorum exsortes passim cum feminis degunt, Plin.: glans aluit veteres, et passim semper amarunt, Tibull.: minora navigia passim amiserunt, Tac. – dah. auch **planlos,** atomi passim cohaerentes, Lact. de ira 10, 27. – B **ohne Überlegung,** effundere alqd, Lact. 3, 9, 5; de mort. pers. 37, 5.

passio, ōnis, *f.* (patior), I das **Leiden, Erdulden,** poenarum, Ps. Apul. Ascl. 28. – absol. im christl. Sinne oft bei den Eccl. (s. Bünem. Lact. 5, 23, 5): dominica, das Leiden des Herrn (Jesus), Sulp. Sev. – insbes. das körperl. **Leiden,** die **Unpässlichkeit, Krankheit,** Cael. Aur. u. a.: epileptica od. puerilis od. sacra, die Epilepsie, Cael. Aur.: passio cadentium capillorum, Th. Prisc.: Plur. corporum passiones, Körperleiden, Arnob. – II übtr.: A die **Empfindsamkeit,** der **Affekt,** Augustin. de civ. dei 8, 16 u. a. – dagegen animi passio = πάθη, das Seelenleiden, Varro bei Charis. 241, 33. – B der **Zufall,** das **Naturereignis,** Apul. de mund. 10 u. 18. – ► sui passio, s. suī-passio.

passiolus, s. phasēlus.

passiōnālis, e (passio), **empfindsam, der Empfindung fähig,** Tert. de testim. anim. 3. Cael. Aur. de morb. chron. 1, 4, 83.

passito, āre, Naturlaut des Stares, Suet. fr. 161. p. 253, 1 R. Anthol. Lat. 762, 17 (233, 17), wo jetzt pusitat.

1. passīvē, *Adv.* (1. passivus), I **zerstreut, allenthalben, überall,** dispersi crines, Apul. met. 11, 3. – II übtr., **ohne Unterschied,** Ter. de ieiun. 2.

2. passīvē, *Adv.* (2. passivus), **passiv** (Ggstz. active; beide als gramm. *t. t.*), proferre, dicere, ponere, Prisc. 8, 16 u. 20.

1. passīvitās, ātis, *f.* (1. passivus), die **Unstetigkeit, Unbeständigkeit,** der **Mangel des Unterschiedes,** Ter. de pall. 4 u. a. (s. Hildebr. Apul. met. 6, 10).

2. passīvitās, ātis, *f.* (2. passivus), die **passive Bedeutung** (Ggstz. activitas), gramm. *t. t.*, Prob. cath. 39, 32. Asper 551, 11. Sacerd. 1, 18 (Analect. gramm. p. 4 *ed. Endlich.*).

passīvitus, *Adv.* = passim, Tert. de pall. 3.

1. passīvus, a, um (v. pando), I **allenthalben-, überall befindlich,** morsus, Apul.: nomen dei, mehreren zukommend, -beigelegt, Tert. – II übtr., **untereinander gemengt,** congeries, Apul. met. 6, 10. – subst., passivi = *populares,* Augustin. c. Adamant. 24; vgl. Schol. Iuven. 8, 182.

2. passīvus, a, um (v. patior), **passiv,** I **empfindsam, der Empfindung und der Affekte fähig,** Apul. u. a. – II insbes., als gramm. *t. t.*, **passiv** (Ggstz. activus), significatio, constructio, Gramm.: verba, Gramm.

passo, āvī, āre (*Intens.* v. patior), **leidend sein,** quibus vero etiam ungues passaverint, Th. Prisc. 1, 30.

passor, ōris, *m.* (pando), der **Aufsperrer, Öffner,** Prisc. 10, 180.

passum, ī, *n.* (pando), *sc.* vinum, Wein aus getrockneten Trauben, **Sekt,** Varro fr., Scriptt. r. r., Verg. u. a.

1. passus, a, um, *Partic.* v. 2. pando, s. d.

2. passus, a, um, *Partic.* v. patior, s. d.

3. passus, ūs, *m.* (pando), I das Ausspreizen der Füße beim Gehen, der **Schritt,** A eig. u. bildl.: **a** eig.: passus perpauculi, Cic.: passu anili procedere, Ov.: rapidis ferri passibus, Verg. – **b** bildl., vom Glück, Alter, passibus ambiguis Fortuna errat, Ov.: strepitum passu non faciente venit senectus, Ov. – B meton., die Spur des Trittes, die **Fußstapfe,** der **Tritt,** Ov.: passu stare tenaci, Ov. – II der **Doppelschritt,** als ein Längenmaß von 1, 5 m, Plin. 2, 85. – mille passus, eine römische Meile = 1, 5 km, Caes. u. a.: milia passuum ducenta, Cic. – Genet. Plur. auch passûm, Plaut. Men. 178; truc. 334. Lucil. 114 u. 506. Liv. 21, 59, 2. Mart. 2, 5, 3.

1. pāsta, ae, *f.* (pasco), ein **gemästetes Huhn,** die **Poularde,** Plin. Val. 2, 30.

2. pasta, ae, *f.* (πάστη), ein Gericht von gemischten u. eingebrockten Speisen (wov. franz. *pâte*), Marc. Emp. 1.

pāsticus, a, um (pastus, a, um), **gefüttert, gemästet,** Apic. 8, 368 *codd.* (Schuch particum).

pāstillārius, iī, *m.* (pastillus), der **Pastillenbereiter,** CIL 8, 9765 u. 6, 9766 (wo pastilarius).

pāstillico, āre (pastillus), **die Gestalt eines Kügelchens haben,** Plin. 21, 49.

pāstillulus, ī, *m.* (*Demin.* v. pastillus), eine **kleine Pille,** Marc. Emp. 16.

pāstillum, ī, *n.* (*Demin.* v. panis), alte Nbf. v. pastillus, das **Brötchen,** Varro b. Charis. 37, 15. – als kleines Opferbrot, Fest. 250 (b), 30.

pāstillus, ī, *m.* (nach Paul. ex Fest. 222, 18 *Demin.* v. panis), **I** ein **Kügelchen** aus Mehl, Plin. 22, 29; vgl. Paul. ex Fest. 222, 18. – **II** ein **Kügelchen** von Arzneien, die **Pille** (griech. τροχίσκος), Cels. u. Plin.: alqd dividere in pastillos, aus etw. Pillen machen, Plin.: von wohlriechenden Sachen, zum Auf- od. Zwischenstreuen (griech. διάπασμα), zum Kauen, um dem Atem einen angenehmen Geruch zu geben, eine **Würzmorselle, Pastille,** Hor., Mart. u. Plin.

pastināca, ae, *f.,* **I** = σταφυλῖνος (Gloss.), der **Pastinak,** ein Küchengewächs, begriff auch unsere **Möhren** oder **Karotten,** Cels. 2, 18 u. 24. Plin. 19, 88. Isid. orig. 17, 10, 6. Cass. Fel. 44. p. 111, 15 R. Edict. Diocl. 6, 44. – **II** = trygon, der **Stachelroche** (*Raia pastinaca,* L.), Cels. 6, 9, p. 247, 10 D. Plin. 9, 73 u. 78 u. 155.

pastinātio, ōnis, *f.* (pastino), **I** die **Behackung** des Weinberges, Colum. 3, 12, 6 u. 3, 13, 9. – **II** meton., der **behackte Boden** des Weinberges, Colum. 3, 3, 15 u. a.

pastinātor, ōris, *m.* (pastino), der **Behacker** des Weinberges, Colum. 3, 13, 12. Augustin. c. sec. resp. Iul. 4, 135. Firm. math. 5, 4, 18.

pastinātum, ī, *n.,* s. pastino.

pastino, āvī, ātum, āre (pastinum), einen Ort **behacken** od. **umgraben,** um ihn geeignet zu machen, Weinstöcke hineinzupflanzen, agrum, Colum.: vineas, Plin., Salv. u. Greg. Tur.: dah. solum pastinatum u. subst. bl. pastinātum, ī, *n.,* ein **behackter** u. **zubereiteter Boden,** Colum. u. Plin.

pastinum, ī, *n.,* **I** ein zweizackiges Werkzeug, um den Weinberg od. einen zum Weinbau bestimmten Ort umzuhacken (nach unserer Art, umzugraben) u. den Weinstock hineinzusetzen u. zu befestigen, die **Weinhacke,** Colum. 3, 18, 1 *sqq.* – **II** meton.: **A** das **Umhacken** des Weinberges, Pallad. 2, 10 u. a. – **B** der **umgehackte** (**umgegrabene**) **Boden,** Pallad.: pastina instituere, ICt.

pāstio, ōnis, *f.* (pasco), **I** die **Weide, Viehweide,** die **Fütterung,** Scriptt. r. r. u. a. – **II** konkr. = die **Weide,** der **Weideplatz,** Sing. bei Varro u. Cic.: Plur. bei Varro u. a. Vgl. Halm Cic. de imp. Pomp. 14 *ed. mai.*

pastophorī, phorûm, *m.* (παστοφόροι), ein Kollegium von Priestern, die das Bild eines Gottes in einer kleinen Blende od. Kapelle (παστός) herumtragen, Apul. met. 11, 17 u. 30 (wo an beiden Stellen Genet. -phorûm). CIL 5, 7468 (auch hier Genet. phorûm).

pastophorium, iī, *n.* (παστοφορεῖον u. παστοφόριον), eine kleine Kapelle an einem Tempel, in der das Bild eines Gottes aufbewahrt wurde und dessen Diener sich aufhielten, Hieron. in Isai. 22, 15. Vulg. 1. Mach. 4, 38 u. 57.

pāstor, ōris, *m.* (pasco), **I** der **Hirt,** Cato, Cic. u. a.: boum, Prob. ad Verg.: ovium, Eccl. u. Serv.: armentarius, Eccl.: pastor (Schäfer) vel equiso vel busequa, Apul.: pastorum domina, v. der (Göttin) Pales, Ov.: pastor Aetnaeus, v. Polyphem, Ov.: pastorum dux geminus, Romulus u. Remus, Ov. – übtr., als Übersetzung von ποιμὴν λαῶν, pastor populi, Quint. 8, 6, 18. – **II** der **Hühnerwärter,** columbarius, Varro: gallinarum, Colum.: anserum, ICt.

pāstōrālis, e (pastor), **zu den Hirten gehörig,** ihnen **eigen** usw., **Hirten-,** vita, Hirtenleben, Varro: habitus, Liv.: baculum, Sil.: dea, Solin.: canis, Colum.: myrtus, Wurfstab der Hirten aus Myrtenholz, Verg.: fistula, Plin. u. Macr.: casa, Val. Max.: carmen, Ter. Maur. u. Diom.: auguratus Romuli fuit pastoralis, unter den Hirten entstanden, Cic.

pāstōrāliter, *Adv.* (pastoralis), **hirtenmäßig,** Ven. Fort. 8 in epist. post carm. 17.

pāstōricius, a, um (pastor), **zum Hirten gehörig, Hirten-,** vita, Varro: res, Hirtenwesen, Viehzucht, Varro: canis, Apul.: fistula, Cic.

pāstōrius, a, um (pastor), **zum Hirten gehörig, Hirten-,** pellis, Hirtenpelz, Ov.: sacra, die Palilien (s. Palēs), Ov.: ille p. populus, Hirtenvolk, Flor.

pāstūra, ae, *f.* (pasco), die **Weide,** Acro Hor. carm. 2, 6, 10. Pallad. 10, 8.

pāstus, ūs, *m.* (pasco), **I** die **Fütterung, A** eig.: ad pastum accedunt, Cic. – **B** meton., das **Futter** des Viehes, victimarum, Plin. ep. 96, 10: pastum capessere, fressen, Cic. – übtr., die **Nahrung, Nahrungsmittel** der Menschen, Lucr. – **II** das **Weiden, Fressen, A** eig.: eius herbae, Plin. – **B** meton., die **Weide,** Verg., Gell. u. a.

patagiārius, iī, *m.* (patagium), der **Bortenmacher, Tressenmacher,** Plaut. aul. 509; vgl. Paul. ex Fest. 321, 2.

patagiātus, a, um (patagium), **oben mit einer Borte (Tresse) versehen,** tunica, Plaut. Epid. 231 G.; vgl. Paul. ex Fest. 221, 2.

patagino, āre (patagium), **einen brandigen Rand bekommen,** Pelagon. veterin. 25 (335 *Ihm*).

patagīum, iī, *n.* (παταγεῖον), eine breite **Borte, Tresse** oben am Kleid der röm. Damen, Naev. tr. 46 R.[2] Apul. met. 2, 9. Tert. de pall. 3. Vgl. Paul. ex Fest. 221, 2. Non. p. 540, 4.

patagus, ī, *m.* (πάταγος), eine Krankheit, Plaut. b. Macr. sat. 5, 19. § 12. Paul. ex Fest. 221, 3.

Patalia gēns, Volk im Indus-Delta mit der Hauptstadt Patala, Curt. 9, 8 (33), 28.

Patara, ōrum, *n.* (Πάταρα, τά), blühende Seestadt an der südlichen Landspitze Lyziens, die das karische u. lyzische Meer trennte, mit einem berühmten Orakel des Apollo, j. Ruinen neben der Bai von Kalmaki, Liv. 33, 41, 5 u. a. – Nbf. Patara, ae, *f.,* Plin. 5, 100. Mela 1. § 82. Serv. Verg. Aen. 4, 143. – Dav.: **A Patarēus,** eī u. eos, *m.* (Παταρεύς), der Patareer, d. i. Apollo, Hor. – **B Pataraeus,** a, um, **pataräisch,** Ov. – **C Patarēis,** idis, *f.* (Παταρηΐς), **patarēisch,** Avien. – **D Patarānī,** ōrum, *m.,* die Einwohner von Patara, die **Pataraner,** Cic.

Patavio, s. Poetovio.

Patavium, iī, *n.,* Stadt in Venetien, an den Ufern des Flusses Medoakus (j. Bacchilione), eine der reichsten Städte des röm. Reiches, Geburtsort des Geschichtschreibers Livius, j. *Padua,* Liv. 10, 2, 9. Suet. Tib. 14, 3. – Dav.: **A Patavīnitās,** ātis, *f.,* die Art, wie man in Patavium redete, die **Patavinität,** Quint. 1, 5, 56 u. 8, 1, 3. – **B Patavīnus,** a, um, **patavinisch,** municipium, Padua, Cic.: volumina, die Schriften des Livius, Sidon. poët.: Plur. subst., Patavīnī, ōrum, *m.,* die Einwohner von Patavium, die **Pataviner,** Cic. u. a.

patefacio, fēcī, factum, ere, *Pass.* **patefīo,** factus sum, fieri (pateo u. facio), **offen machen, öffnen, aufmachen, I** eig.: **A** im Allg.: portas, Liv.: compositos ocellos, Prop.: aures assentatoribus, Cic.: surdorum aures, Lact.: ordines, Liv. – im Bild, quantam fenestram ad nequitiem patefeceris, Ter. heaut. 481: illa ianuam famae patefecit, Plin. ep. 1, 18, 4. – **B** prägn.: **1 öffnen, gangbar machen,** vias, iter, Caes. – u. wie ἀνοίγειν, sich zu einem Ort **einen Weg bahnen,** zuerst an einem Ort **eindringen,** gleichs. **die Bahn brechen,** loca patefecit, Nep.: patefactum nostris legionibus esse Pontum, qui ante populo Romano ex omni aditu clausus erat, Cic.: priusquam tellus in longas est patefacta vias, Tibull. – **2 öffnen, sichtbar machen,** orbem, Ov.: ex quo (cubiculo) tibi Stabianum perforasti et patefecisti Misenum, nach dem M. eine Aussicht eröffnet hast, Cic. – **3** durch Öffnen (Graben, Pflügen) etwas machen, **aufreißen,** presso sulcum aratro, Ov. met. 3, 104. – **II** übtr., **entdecken, offenbar machen, bekanntmachen, eröffnen, ans Licht bringen,** rem, Cic.: coniurationem, Cic.: odium suum in alqm, Cic.: verum, Cic.: totum se alci, sich, seine Gesinnungen, Cic. – ► Die Silbe te zuw. lang, Lucr. 4, 343 (320); 6, 999 (1001). Calp. 1, 35.

patefactio, ōnis, *f.* (patefacio), die **Öffnung,** einer Wunde, Th. Prisc. 1, 19. – übtr., die **Enthüllung,** haec patefactio quasi rerum opertarum (der gleichsam verschleierten Begriffe), Cic. de fin. 2, 5.

patefīo, factus sum, s. patefacio.

Patelāna, s. 2. Patella.

1. patella, ae, *f.* (*Demin.* v. patera), **I** ein flaches Geschirr, worin die

Speisen gekocht und aufgetragen wurden, die **Schüssel, Platte, I** im Allg.: **a** eig., Varro fr., Plin. u. a. – Sprichw., invenit patella operculum, gleiche Brüder, gleiche Kappen, Hieron. epist. 127, 9; u. so accessit huic patellae dignum operculum, Hieron. epist. 7, 5. – **b** meton., eine Art Backwerk, Th. Prisc. 2. chr. 18. – **2** insbes., der **Opferteller,** die **Opferplatte,** Cic. u. a.: deorum, Val. Max.: dah. edere de patella, etwa = sich am Altar zu Tisch setzen (v. Religionsverächtern), Cic. de fin. 2, 22. – **II** übtr., die **Kniescheibe,** Cels. 8, 1. p. 308, 21 u. 8, 21. p. 360, 30 D.

2. **Patella** u. **Patellāna** (Patelāna), ae, *f.* (patesco), die die Saat im Schossen begünstigende Gottheit, Arnob. 4, 7. Augustin. de civ. dei 4, 8.

patellārius, a, um (1. patella), **zur Schüssel gehörig,** di, die Laren und Penaten, denen bei jeder Hochzeit ein Teller mit Erstlingen der Früchte und ein Salzfässchen hingesetzt wurden, Plaut. cist. 522.

1. **patena,** ae, f., s. patina.

2. **patena,** ae, *f.* (griech. Lehnwort v. φάτνη, vulg. πάθνη), die **Krippe,** Phaedr. 1, 28 (26), 4 *Dr.* Colum. 12, 43, 2. Veget. mul. 2, 28, 3. Apic. 3, 62 *sq.* u. 72. Compend. Vitr. 16. p. 300, 10 *Rose.*

patēns, entis, *PAdi.* (v. pateo), **offen, I** eig.: **A offen, gangbar, unversperrt, frei,** via patens apertaque, Liv.: via patentior, Liv. – patens caelum, freier Himmel, freie Luft, Cic.: campi patentes, Sall.: vallis patentior quam cetera, Liv.: loca patentia, Liv., patentiora, Caes., patentissima, Suet. – subst., ex patenti utrimque (aus einem weiten Raum, den es zu beiden Seiten eingenommen hat) coactum in angustias mare, Liv. 28, 6, 9: per patentia ruinis (Breschen) agmina armatorum in urbem vadebant, Liv. 21, 11, 9. – **B offen** = weit, dolium quam patentissimi oris, Colum. 12, 6, 1. – **II** übtr.: **A** für etw. **offen,** domus patens atque adeo exposita cupiditati et voluptatibus (Ggstz. domus clausa pudori et sanctimoniae), Cic. Quinct. 93. – **B offenbar,** causa, Ov. met. 9, 537.

patenter, *Adv.* (patens), **offen, offenbar** (Ggstz. abscondite), Boëth. art. geom. p. 408, 24 Fr. Cassiod. in psalm. 106, 17. Plin. Val. 1, 57: *Compar.* patentius, Cic. de inv. 2, 69.

patenula, ae, *f.* (*Demin.* v. 1. patena), eine **kleine Pfanne,** Gregor. Tur. in glor. conf. 22.

pateo, uī, ēre (vgl. πετάννυμι), **offen sein, offenstehen, I** im Allg. (Ggstz. clausum esse, obseratum esse): aedes patent, Plaut.: valvae patent, Cic.: patentes ianuae, portae, Liv.: nares semper patent propter etc., Cic.: ut patere videantur, quae prius obstructa fuerant, Nazar. pan. – v. Wunden = **offenstehen, klaffen,** plagae patentes, Liv.: foediores patebant plagae, Liv. – **II** prägn.: **A offen-, zugänglich-, gangbar sein, a** eig.: aditus patuit, Cic.: e fossa in cubiculum patet iter, Liv.: cubiculum, quod nisi mulieri et decumano patebat alii nemini, Cic.: im Bild, patet isti (dort) ianua leto, Verg. Aen. 2, 661. – **b** übtr., **offenstehen** = **freistehen, zu Diensten stehen,** honores patent alci, Cic.: omnia Ciceronis patere Trebiano, Cic.: patuit quibusdam fuga, Liv.: omnibus vestram misericordiam vestrumque auxilium aequum est patere, Liv. – **B offenstehen, ausgesetzt sein, a** eig.: vulneri, Liv.: ictibus tuis, Sen.: morbis, Cels.: periculis, Sen. – **b** übtr., multa patent in eorum vita, quae fortuna feriat, Cic. – **C offen vor Augen liegen, sichtbar sein, a** eig.: nomen in adversariis patet, ist befindlich, Cic.: ecquidnam in tabulis patet lucelli expensum, Catull. – **b** übtr., **offenbar sein,** causa patet, Ov.: res patent, Cic.: ut procedente libro patebit, wie sich im Verlauf des B. zeigen wird, Quint.: dah. patet, **es ist offenbar, es erhellt,** mit folg. *Infin.*, Apul. met. 5, 4: m. folg. *Acc.* u. *Infin.*, Cic. Tusc. 1, 54. Tac. hist. 4, 16. – **D** als geogr. *t. t.* = sich so u. so weit **erstrecken, a** eig.: fines Helvetiorum, qui in longitudinem milia passuum CCXXXX, in latitudinem CLXXX patebant, Caes.: Tuscorum opes late terrā marique patuere, Liv.: quae (Gallia) circuitu patet ad bis et tricies centena milia passuum, Eutr. – **b** übtr., late patere, sich weit erstrecken, weit verzweigt sein, einen weiten Spielraum haben, eine weite Anwendung finden, ista ars late patet et ad multos pertinet, Cic.: hoc praeceptum patet latius, Cic.: in quo vitio latissime patet avaritia, Cic.

pater, tris, *m.* (altindisch *pitār-*, griech. πατήρ, gotisch *fadar*), der **Vater, I** eig., meton. u. bildl.: **A** eig.: pater adoptivus, ICt.: pater mi, Ter.: patre certo nasci, Cic., Ggstz. patre nullo nasci, Liv.: a patre deduci, Cic.: alqm patris loco colere, Cic. – Plur. patrēs, die Eltern, Ov. – v. Tieren, vir paterque gregis, Ov.: patris praeferre habitum, Colum. – **B** (poet.) meton.: **1** = **Vaterliebe,** rex patrem vicit, Ov. met. 12, 30: indue mente patrem, Claud. III. cons. Hon. 157. – **2** die **Ähnlichkeit des Vaters,** Claud. IV. cons. Hon. 517. – **C** bildl., der **Vater** = der **Urheber** einer Sache, Lucr. u. Verg. – **II** übtr.: **A** von älteren Verwandten: **a** = **Pflegevater,** Ter. adelph. 452. – **b** = **Schwiegervater,** Tac. ann. 1, 59. – **B** der **Vater** als **Vorsteher, a** pater familias od. familiae, **Hausvater, Hausherr,** Cic. u. Caes.; Plur. patres familias, Cic., familiae, Caes., familiarum, Suet. – p. familias auch im Allg. zur Bezeichnung eines gewöhnlichen schlichten Bürgers, unus p. fam., Cic. – **b** p. cenae, **der Gastgeber,** Hor. sat. 2, 8, 7. – **c** p. esuritionum, Haupt der Hungerleider, von einem sehr Armen, Catull. 21, 1. – **C** patres, die **Väter** = **Vorfahren,** aetas patrum nostrorum, Cic.: patrum memoriā, Cic. – **D Vater,** als Anrede an eine ältere Person, Komik. (s. Spengel Ter. Andr. 939. p. 140, a). – u. als Ehrentitel, aus Hochachtung wegen des Alters od. wegen genossener Wohltaten, Hor. sat. 1, 3, 126; ep. 1, 7, 37: von Äneas, Verg. Aen. 5, 348 u. ö. – dah. **a** pater patriae, **Vater des Vaterlandes,** ein Ehrenname, Cic. u. a. – **b** pater conscriptus, ein **Senator,** s. cōn-scrībo. – Plur. patres, die **Senatoren,** der **Senat,** Cic. u. Liv.; u. **Patrizier** übh. (Ggstz. plebeii), Cic. ep. 9, 21, 3. – **c** von den Göttern, Iuppiter, Cic.: Lemnius, Vulkan, Cic.: Tiberinus pater, Tibergott, Liv.: superûm pater, Mart. – **d** pater patratus, der **Bundesvater, Bundespriester,** der oberste der Fetialen, der die Bündnisse schloss, Cic. – **e** von einem **Greis,** Verg. Aen. 5, 521 u. 533. – ► Archaist. Genet. patrus, CIL 1, 1469: archaist Dat. Sing. patre, CIL 1, 182, patrei, CIL 1, 807 u. ö. – vulg. Genet. Plur. patruum, CIL 14, 374, 15.

patera, ae, *f.* (pateo), ein flaches Trink- u. Opfergeschirr (zu Libationen), die **Schale, Opferschale** (vgl. Varro LL. 5, 122), Plaut., Cic. u. a.: pat. sacrificalis, Vopisc.

Paterculus, ī, *m.*, röm. Beiname, s. Vellēius.

paterfamiliās od. **-ae**, s. pater.

paternē, *Adv*, (paternus), **väterlich,** Augustin. epist. 37, 3; conf. 4, 3.

paternitās, ātis, *f.* (paternus), **I** die **Vaterschaft,** Vulg. Ephes. 3, 15. Fulg. myth. 1, 1 *in.*: Plur., Itala num. 1, 2. Isid. orig. 9, 6, 9. – **II** übtr., die **väterliche Gesinnung,** Augustin. epist. 253.

paternus, a, um (pater), **I väterlich, vom Vater übernommen** od. **ererbt, des Vaters** (Ggstz. maternus), solium (Thron), Cic.: horti, Cic.: paternae atque avitae possessiones, Cic.: paternus ager atque avitus, Sen.: pat. lacrimae, Sen. rhet.: pat. avus, von väterl. Seite, Hor. u. Plin. ep.: pat. iniuria, gegen den V., Ter.: subst., paterna, ōrum, *n.*, das väterliche Vermögen, Quint. 7, 1, 43. – v. Tieren, paternam formam referre, Colum. – **II vaterländisch,** Hor. u. Ov.

patēsco, patuī, ere (*Inchoat.* v. pateo), **geöffnet werden, sich öffnen, I** im Allg.: **a** eig.: atria longa patescunt, Verg.: gurges, qui patescit, Sen.: modo occurrentibus silvis via coartatur, modo latissimis pratis diffunditur et patescit, Plin. ep.: patescens fungus, Plin. – **b** übtr., **offenbar werden, sich offenbaren, ans Tageslicht kommen,** quorum vitia retractando patescunt, Sen.: Danaûm patescunt insidiae, Verg. – **II** prägn., **sich ausdehnen, sich erstrecken,** via interest perangusta, deinde paulo latior patescit campus, Liv.: neque enim poterat patescere acies, Tac.: latius patescente imperio, Liv. – ► depon. Nbf. Infin. patesci, Ven. Fort. praef. § 3 *Leo.*

patētae, ārum, *f.* (v. πατητός, ή, όν, getreten), eine Art **Datteln,** die, wenn sie aufspringen, aussehen, als ob man darauf getreten hätte, Plin. 13, 45. Cael. Aur. de morb. acut. 2, 18, 108 u. a.

pathēticē, *Adv.* (patheticus), **pathetisch,** Macr. sat. 4, 6, 10.

pathēticus, a, um (παθητικός), **pathetisch, affektvoll,** oratio, Macr. sat. 4, 2. § 1 *sqq.* u. ö.

pathicus, a, um (παθικός, v. πάσχω), **der Unzucht mit sich treiben**

lässt, Catull. u. a. – übtr., libelli pathicissimi, voll Unzüchtigkeiten, Mart. 12, 95, 1. – ► arch. paticus, CIL 4, 2360.

pathopoeïa, ae, *f.* (παθοποιΐα), die **Erregung der Leidenschaften,** als rhet. Fig., Empor. de ethop. p. 303, 562, 10 H. (griech. bei Iul. Rufin. de fig. sent. § 36).

pathos, *n.* (πάθος, τό), das **Pathos** = die Leidenschaft, der Affekt, Macr. sat. 4, 6, 1 *sqq.*: pathos movere, *ibid.* § 6 u. 13, permovere, *ibid.* § 10: pathos habere, *ibid.* § 24.

patibilis, e (patior), I passiv, **erträglich, leidlich,** dolor, Cic. Tusc. 4, 51. – II aktiv: A **fähig,** etw. **zu erleiden,** m. *Genet.*, infinitae sectionis pat. silva, Chalcid. Tim. 315. – B = παθητικός, **empfindsam, der Empfindung fähig, mit Empfindung begabt** (Ggstz. impetibilis), natura, Cic.: anima, Lact. – subst., impetibile (impat.) de patibili numquam potest oriri, Lact. – C **leidend, passiv** (Ggstz. activus), Lact. 2, 9, 21.

patibulātus, a, um (patibulum), **mit dem Block (Halsblock) beladen,** Plaut. most. 56.

patibulum, ī, *n.* (pateo), I der **Block, Halsblock,** ein aus zwei verbundenen Balken bestehendes Strafwerkzeug für Sklaven u. Verbrecher, das geöffnet um den Hals gelegt u. dann geschlossen wurde, worauf die Hände an die beiden Enden des Blockes gebunden od. genagelt wurden. Mit diesem Block beladen wurde ein zum Kreuzestod Bestimmter zum Richtplatz geführt u. an den Pfahl (crux) hinaufgezogen, sodass der Block, wenn er befestigt war die Querstange des Kreuzes bildete, Plaut., Cic. u. a.: brachia patibulo explicare (ausstrecken), Sen.: alqm patibulo affigere od. suffigere (annageln), Sall. fr. u. Iustin. – Nbf. patibulus, ī, *m.*, Licin. Macer ann. fr. 23 (bei Non. 221, 12). Plaut. carbon. fr. 3 Weise. – II ein hölzerner **Türriegel,** Titin. com. 31. – III eine **Stange** für die Weinstöcke, Cato u. Plin.

patibulus, s. patibulum *no.* I.

paticābulum, ī, *n.* (pateo), ein **offener Raum,** CIL 6, 10298.

paticus, s. pathicus ►.

patiēns, entis, *PAdi.* (v. patior), I **erduldend, ertragend, fähig, zu erdulden (zu ertragen),** A eig., m. folg. *Genet.*, p. laborum, Sall.: laboris ultra fidem (unglaublich) p., Suet.: pecus nec aestus nec frigoris p., Colum.: p. servitutis, Plin. pan.: equus sessoris p., sich gefallen lassend, Suet.: patientior laboris natura est pueris quam iuvenibus, Quint. – amnis (Rhenus) navium p., Liv. u. Tac.: (campus) p. vomeris, Verg.: animum patientem incommodorum esse et futurum esse, Cic. – B poet. übtr., **hart, nicht nachgiebig,** aratrum, Ov.: patientior saxo, Prop. – II prägn., **ausdauernd, geduldig,** Cic. u. a.: ut patiens, Hor.: alqm patientiorem lenioremque facere (von einem Brief), Cic.: miserrimus et patientissimus exercitus, Caes. – m. *ad* u. Akk. Gerund., ut est gens minime ad morae taedium ferendum patiens, gar nicht geduldig erträgt, Liv. 33, 36, 8.

patienter, *Adv.* (patiens), I **mit Ausdauer, geduldig,** ferre alqd patienter et fortiter, Cic., patienter et aequo animo, Caes.: alqd patientius ferre, Cic.: alqd patientissime tolerare, Val. Max.: patientissime sustinere malos, Augustin. – II **genügsam,** prandere olus, Hor. ep. 1, 17, 12; vgl. patientia *no.* II, D.

patientia, ae, *f.* (patiens), der Zustand des patiens, das **Erleiden,** das **Erdulden, Ertragen,** I im Allg.: famis, frigoris, Cic.: contumeliarum, Sen.: dedecoris, Curt.: audiendi, Quint.: ille extra patientiam malorum est, vos supra patientiam, Sen. – II prägn.: A das Ertragen der Anstrengungen, widrigen Geschickes, von Lasten usw., die **Ausdauer,** die **Duldsamkeit, Arbeitsamkeit** u. dgl., Cic. u. a.: p. corporis, Sen.: in carendo, Cic.: belli necessitatibus non eam patientiam adhibere, quam etc., für die Bedürfnisse des Krieges nicht dieselbe Ausdauer beweisen, Liv. – B das **Sichpreisgeben** zur Wollust, Cic. u. a. – C die **Nachgiebigkeit,** 1 im guten Sinne, die **Nachsicht, Geduld,** Cic. u. a. – 2 im üblen Sinne, a die **Gleichgültigkeit, Mattherzigkeit,** Plin. ep. u. a. – b die **Unterwürfigkeit,** oft bei Tac. – D die **Entsagung, Genügsamkeit,** quem simplici panno patientia velat, Hor. ep. 1, 17, 25.

patina (patena), ae, *f.* (πατάνη), die **Schüssel, Pfanne** usw., Komik., Cic. u. a.: iam dudum animus est in patinis, sind die Gedanken in der Sch., Ter.: in patina, in der Brühe (Ggstz. a manu), Apic. – meton., die in der Pfanne bereitete Speise, das **Pfannengericht,** Apic. 3, 62 u. 4, 121 *sqq.*

patinārius, a, um (patina), **zur Schüssel gehörig, Schüssel-,** struices, Haufen von Schüsseln, Plaut. Men. 102: piscis, in der Brühe aufgetragen, Plaut. asin. 180. – subst., patinārius, iī, *m.*, der **Schüsselfreund = Fresser,** Suet. Vit. 17, 2.

patio, ere, altlat. = patior, Naev. com. 67. Cic. de legg. 3, 11 (wo Imperat. patiunto): Infin. patere, Iul. Val. 3, 46 (26).

patior, passus sum, patī (verwandt mit πάσχω aor. ἔ-παθ-ον), etw. **dulden, erdulden,** = ein Leiden, ein Übel **über sich ergehen lassen, sich gefallen lassen** od. **lassen müssen, hinnehmen** od. **hinnehmen müssen,** I eig.: A im Allg.: a v. Pers.: cum ipse per se et a se et pateretur et faceret omnia, Cic.: invicem pati et inferre vulnera, Liv.: id damnum haud aegerrime pati, sich nicht sehr betrüben über usw., Liv.: p. toleranter dolores, Cic.: p. gravissimum supplicium, Caes.: servitutem pati posse, Cic.: pauperiem amice p., Hor.: laborem viae pati posse, Liv.: cum morbum, qui ›comitialis‹ dicitur, pateretur, Gell.: synanchen pati, Gell.: quartanam passus, Gell.: inter viam latrones sum passus, bin ich von R. überfallen worden, CIL 8, 2728 lin. 13. – absol., patietur, perferet, non succumbet, Cic.: res est ad patiendum tolerandumque difficilis, Cic. – selten im guten Sinne, p. bonum, ruhig hinnehmen, Plaut.: bona, Rutil, It.: nec somnum capere, nec quietem pati poterat, er konnte weder einschlafen, noch der R. sich hingeben, Curt.: u. so m. folg. *dum,* exiguum pati (sich ein wenig gedulden, ein wenig warten), dum decolorentur, Colum. – b v. Lebl.: semina falcem pati consuescere, Plin.: tunc patitur cultus (*Acc. Plur.*) ager, Ov. – B insbes.: 1 jmd. (jmds. Wesen, Launen) **geduldig hinnehmen, dulden,** omnes facile perferre ac pati, Ter. Andr. 62. – 2 im obszön. Sinne, **sich gefallen lassen, sich preisgeben,** muliebria, Sall.: Venerem, Ov.: virum, Sen.: im Doppelsinne, Plaut. capt. 864. – 3 wie πάσχειν = **sich in einer** von außen erregten **Gemütsbewegung befinden,** nonne quiddam pati furori simile videatur? Quint. 1, 2, 31. – 4 wie καρτερεῖν = **standhaft-, unter Beschwerden-, unter Entbehrungen ausharren, es aushalten,** pati nequeo, Plaut.: ubi pati non poteris, Ter.: pati dum potuerunt, Nov. fr.: iam non potuisse pati amplius et ad sidera evolasse, Hyg.: mit Angabe der Zeit, novem saecula, von der Krähe, Ov.: mit Angabe des Ortes, in silvis, Verg.: absol., sine armis posse p., Lucan. Vgl. Gronov Sen. Thyest. 470. – 5 **aushalten, vertragen,** (ohne Schaden) **überstehen,** imbres et ventos fortius, vom Weinstock, Colum.: intemperiem caeli, Colum.: vetustatem, Sen. ep. 31, 10: dilationem, Plin. – II übtr.: 1 **erleiden, leiden** = etw. erfahren, von etw. betroffen werden, nullam repulsam, Ov.: minus iacturae, Colum.: naufragium, Sen. poët. u. Eutr.: famem, Curt. u. Lact.: omnibus civilibus bellis nullam cladem nisi per legatos suos passum esse, Suet.: pati iniuriam, Sen.: tanto graviores iniurias, quanto est infirmior, patitur, Plin. ep.: oft ultima od. omnia ultima pati, das Äußerste (Ärgste) über sich ergehen lassen, Curt. u. Liv.: u. so extrema pati, Verg.: famem ferrumque et extrema pati, Tac.; vgl. Mützell Curt. 3, 1, 6. p. 9 (b). – 2 etw. **sich gefallen lassen, leiden = zulassen, zugeben, gestatten, geschehen lassen,** emphatisch = **so hart sein, etwas geschehen zu lassen,** a v. Pers.: α übh.: ista, Cic. – m. folg. *Acc.* u. *Infin.* (s. Ribbeck Coroll. ad Tragic. fr. p. XXI *sq.* Bünem. Lact. 1, 1, 6), pervicacem dici me esse et vincere perfacile patior, Acc. fr.: ubivis facilius passus sim quam in hac re me deludier, Ter.: nullam patiebatur esse diem, quin aut in foro diceret aut meditaretur extra forum, ließ keinen Tag hingehen, ohne dass er usw., Cic. Brut. 302: nullo se implicari negotio passus est, Cic.: neque est ille vir passus in re publica diutius vestrorum scelerum pestem morari, Cic. Font. 37: liberos suos palam ad se adire non patiuntur, Caes.: non enim inauditum et indefensum saeculum nostrum patiar hāc vestrā conspiratione damnari, Tac. dial. – m. folg. *ut* u. Konj., quod si in turpi reo patiendum non esset, ut … arbitrarentur, Cic. – non patior m. folg. *quin* u. Konj., non possum pati, quin tibi caput demulceam, ich kann nicht umhin, dich beim Kopf zu nehmen, Ter. heaut. 762: u. so miles non poterat pati, quin se armatum bestiae offerret, Auct. b. Afr. 84, 1. – absol., non feram, non patiar, non sinam, ich kann's, ich will's, ich darf's nicht dulden, Cic. – **β** m. *Advv.* od. abverb. Ausdrr.: facile, facillime, non moleste, libenter, aequo (aequissimo) animo, indigne, periniquo animo p., m. folg. *Acc.* u. *Infin.*, Cic. – absol., aequo animo patitor, Plaut. – **γ** m. *Adi.* als Prädikat, **sein lassen,** nihil intactum neque quietum pati, Sall.: nihil apud hostes quietum pati, Tac.: nec quicquam satis tutum munientibus pati, Liv.: non pati tacitum, quod etc., es nicht mit Stillschweigen übergehen (= es nicht ungerügt lassen), dass usw., Liv.: erupturas in rem publicam conspirationes inultas pati, Quint. – **b** v. Lebl.: ut tempus locusque patitur, Liv.: quantum illius ineuntis aetatis meae patiebatur pudor, Cic.: m. folg. *ut* u. Konj., neque suam pati dignitatem, *ut* etc., Caes.: neque suam neque populi Romani consuetudinem pati, ut etc., Caes. – **3** (als gramm. *t. t.*) **leiden** = **passiven Sinn haben,** patiendi modus, die Passivform (Ggstz. faciendi modus), Quint. 1, 6, 26; 9, 3, 7: habere naturam patiendi (vom Verbum paciscor), Quint. 1, 6, 10. – ► sui passus, s. suī-passus.

patīsco, ere, s. patēsco.

Patmos, ī, *f.* (Πάτμος), eine der Sporaden, südl. von Samos an der kleinasiat. Küste, Verbannungsort der Römer, j. *Patino,* Plin. 4, 69.

pator, ōris, *m.* (pateo), die **Öffnung,** Apul. met. 1, 19 u. a.: narium, Scrib. Larg. 46 u. 47.

Patrae, ārum, *f.* (Πάτραι), Stadt in Achaja, mit einem Hafen, j. *Patras,* Liv. 27, 29, 9. Cic. ep. 7, 28, 1; 13, 17, 1. – Dav. **Patrēnsis,** e, **patrensisch,** Cic. – Plur. subst. Patrēnsēs, ium, *m.*, die Einw. von Paträ, die **Patrenser,** Cic.

patraster, trī, *m.* u. **patrāter,** trī, *m.* (pater) = πατρωός, der **Stiefvater,** Form *-aster,* CIL 6, 11754: Form *-ater,* Murat. inscr. 1958, 6.

patrātio, ōnis, *f.* (patro), **I** die **Beendigung,** Vell. 2, 98, 2. – **II** euphem., die **Vollziehung des Beischlafes,** Schol. Pers. 1, 18. Th. Prisc. 2, 11.

patrātor, ōris, *m.* (patro), der **Vollzieher, Vollstrecker,** necis, Tac. ann. 14, 62: amoris, Avien. Arat. 20: illustrium operum atque signorum, Hieron. in Isai. prolog. *in.* tom. 4. p. 18 *ed. Migne:* mirabilium operum, Hieron. de vir. ill. 13. p. 18, 31 *Herding.*

Patrēnsis, s. Patrae.

patria, ae, *f.*, **Vaterland** usw., s. patrius.

patriarcha u. **-ēs,** ae, *m.* (πατριάρχης), der **Patriarch,** d. i. **I** der Stammvater, Eccl. – **II** einer der vornehmsten Bischöfe, Vopisc. Saturn. 8, 4. – ► synk. Genet. Plur. patriarchûm, Paul. Nol. carm. 24, 209.

patriarchālis, e (patriarcha), **patriarchalisch, des** od. **der Patriarchen,** Alcim. Avit. epist. 2 *extr.* p. 21, 30 *Peiper.*

patriarchicus, a, um (patriarcha), **zum Patriarchen gehörig, patriarchisch,** sedes, Iustinian. nov. 7.

patricē, *Adv.* (patricus), **väterlich,** Plaut. Cas. 723 *Schoell.*

patriciātus, ūs, *m.*, die **Würde eines** *patricius* **in Rom,** Suet. Aug. 2, 1. – zu Zeiten des Kaisers Konstantin ein hoher Ehrentitel, Cassiod. var. 8, 9, 3.

patricīda, ae, *m.* (pater u. caedo), der **Vatermörder,** Cic. de dom. 26. Prud. ham. 564.

patricīdium, iī, *n.* = πατροκτονία, der **Vatermord,** Gloss. III, 38, 4.

patriciolus, ī, *m.* (*Demin.* v. patricius), ein **junger Patrizier,** Prisc. 3, 26.

patricius, a, um (patres, s. pater *no.* II, D, b), **patrizisch** (adelig), **I** *adi.:* pueri, Plaut.: homo, ein Patrizier, Salv.: gens, Iuven.: familia, Cic. u. Vell. – **II** *subst.*, patricius, der **Patrizier,** Plur. patricii, die **Patrizier** (eingeteilt in patricii maiorum u. minorum gentium, Patrizier aus den älteren und jüngeren Geschlechtern), u. patricia, die **Patrizierin,** cur non sancitis, ne vicinus patricio sit plebeius? Liv.: quid enim in re est aliud, si plebeiam patricius duxerit, si patriciam plebeius? Liv.: si hoc tibi sumis, nisi qui patricius sit, neminem bono esse genere natum, Cic.: fuerunt patricii minorum gentium, quorum princeps etc., Cic.: primus e patriciis Corneliis, Cic.: e patriciis exire, aus einer patrizischen Familie in eine plebejische durch Adoption übergehen, Cic. – ► Von des Kaisers Konstantins Zeiten an war patricius nur noch ein sehr hoher Ehrentitel u. Rang.

Patricolēs, s. Patroclus.

patricus, a, um (pater) = patrius, **väterlich,** casus, der Genetiv, Varro LL. 8, 66 u. a. Serg. expl. in Donat. 528, 3.

patriē, *Adv.* (patrius), **väterlich,** Quint. 11, 1, 68.

patrīmēs, s. patrīmus ►.

patrimōniālis, e (patrimonium), **zum Erbgut-, zum Erbvermögen gehörig,** ICt.

patrimōniolum, ī, *n.* (*Demin.* v. patrimonium), ein **kleines Erbgut, -Erbvermögen,** Hieron. epist. 54, 15.

patrimōnium, iī, *n.* (pater), das vom Vater geerbte Gut, das väterliche **Erbgut, Erbvermögen, Vermögen,** patr. satis amplum, satis lautum, Cic.: artum (spärliches), Val. Max.: amplum et copiosum, Cic.: lautum et copiosum, Cic.: exiguum, Val. Max. u. Iustin.: luculentissimum, Cic.: ornatissimum (wohlbestellte, schönste), Cic.: publicum, Staatsvermögen, Cic.: patrimonii inops, Val. Max.: fundus in Veienti, caput (Hauptteil) patrimonii, Liv.: patrimonii possidendi communio, Gütergemeinschaft, Val. Max.: non amplissimae patrimonii copiae, Cic.: naufragium patrimonii luculentissimi, Cic.: patrimonii tertia pars, Plin. ep.: patr. populi Romani, Cic. – paterni iuris defensor et quasi patrimonii propugnator (Verfechter), Cic. – accipere duo lauta et copiosa patrimonia, Cic.: aequare patrimonia, Iustin.: quadrantes aggerere patrimonio, Phaedr.: acquirere magnum patrimonium, Hygin.: amittere patrimonium, Nep. u. Sall.: amplificare patrimonium, Colum.: augere patrimonium, Cic.: comedere patrimonium, Cic.: concedere alci patrimonii partes, Iustin.: conferre patrimonii tertiam partem in ea, quae solo continerentur, auf liegende Güter verwenden, Plin. ep.: patrimonium conficere (verbrauchen, vertun) cum alqo, Cic.: consequi amplissimum patrimonium, Val. Max.: ut frater meus existimet adiuncto isto fundo patrimonium fore suum per te constitutum (geregelt), Cic.: devorare patrimonium, Cic.: dimittitur patrimonium, wild verschleudert, Cic.: dissipare patrimonium Graecorum conviviis (in Schm. mit Gr.), Cic.: lege Semproniā patrimonium publicum dissipari, Cic.: distribuere liberis patrimonium, unter die K. verteilen, Val. Max.: ebenso dividere patrimonium omne suum amicis, Iustin.: non patrimoniis ditare Scythas (v. unfruchtbarem Boden), Iustin.: effundere (vergeuden) patrimonium suum, patrimonia, Cic.: eripere alci patrimonium, Cic.: expellere alqm e patrimonio tamquam e naufragio nudum, Cic.: obtinere (behaupten) alcis tam amplum et copiosum patrimonium, Cic.: partiri (inter se) exigua patrimonia, Iustin.: redigere patrimonium in nummos, zu Geld machen, Lact.: relinquere (hinterlassen) patrimonium, Colum. (vgl. unten bildl.): retinere (zu behaupten suchen) patrimonium, Cic.: patrimonium alcis liberis incolume servare, Val. Max.: spoliari patrimonio ornatissimo, Cic.: patrimonium ne ad exsequiarum quidem impensam sufficit, Val. Max. – Bildl., filio meo satis amplum patrimonium relinquam memoriam nominis mei, Cic.: liberis nostris satis amplum patrimonium paterni nominis ac memoriae nostrae relinquemus, Cic.

patrīmus, a, um (pater), **den Vater noch am Leben habend,** Cic., Liv. u. a. – Nbf. patrīmēs, Nomin. Sing., Paul. ex Fest. 93, 2, Nomin. Plur., *ibid.* 126, 2.

patriōta, ae, *m.* (πατριώτης), der **Landsmann,** Gregor. epist. 8, 37.

patriōticus, a, um (patria), **vaterländisch, heimatlich,** possessiones, Cassiod. var. 12, 5, 6: responsio, in der Muttersprache, *ibid.* 11, 1, 7. – subst., patriōticus, ī, *m.*, der **Landsmann,** Ven. Fort. vit. S. Maur. 8.

patrisso, āre (πατριάζω = πατρώζω), **dem Vater nacharten, den Vater spielen,** Plaut. Pseud. 442. Ter. adelph. 564. Apul. Flor. 3. p. 3, 16 Kr. Vgl. Diom. 345, 22: aber Consent. art. 376, 33 K. patrizat.

patrītus, a, um (pater), **väterlich,** avito ac patrito more, Varro sat. Men. 258: secundum leges patritas, Varro bei Non. 161, 8: patrita illa atque avita philosophia, Cic. Tusc. 1, 45: aetas tibi familiaris et patrita, Fronto ep. ad amic. 2, 7 (6) *extr.* p. 198, 15 N.: patrita sedes, Arnob. 3, 62. – Plur. subst., patrīta, ōrum, *n.* (*sc.* nomina), **Patronymika,** Tert. adv. Valent. 12.

patrius, a, um (pater), **väterlich, I** *adi.*: **a väterlich = des Vaters,** animus, Cic.: amor, eines Vaters, Ov.: metus, eines Vaters, zärtliche, Ov.: motus, innige, zarte, Ov. – **b väterlich** = vom Vater-, von den Vätern (Eltern) stammend od. ererbt, res, Cic.: so auch bona, Ter.: dolor pedum, der Familie eigen, Plin. ep.: mos, von den Voreltern geerbter, alter Brauch, Cic. de or. 1, 84. Ov. met. 12, 11 (vgl. unten *no.* II, B): so di penates patrii, die von den Voreltern geerbten Hausgötter, Cic.: casus, der Genetiv, Gell.: patrii cultusque habitusque locorum, eigentümlich, Verg. – **II** *subst.*: **A patrium,** iī, *n.* (*sc.* nomen) = patronymicum, Quint. 1, 5, 45. – **B patria,** ae, *f.* (*sc.* terra), das **Vaterland,** die **Heimat,** der **Geburtsort,** patriā Atheniensis an Lacedaemonius? Cic.: patriam recuperare, Liv.: alqm restituere in patriam, Liv.: cremata patria, die Vaterstadt, Liv. – patria maior = μητρόπολις, Mutterstadt (im Ggstz. zur Kolonie), Curt. – patria est, ubicumque est bene, Pacuv. tr. fr. bei Cic. Tusc. 5, 108 (Trag. inc. fr. 92 R.[2]). – arch. Genet. patriai, Lucr. 1, 41. – Dav. ein neues *Adi.* **patrius,** a, um, **vaterländisch,** mos, Cic. parad. 4, 27 (vgl. oben): ritus, Cic.: sermo, Cic.

patrizo, s. patrisso.

1. patro, āvī, ātum, āre (zu ahd. *fazzōn* = nhd. fassen), etwas **durchsetzen, vollbringen, zustande-, zu Ende bringen** (s. Dietsch, Sall. Iug. 13, 5), promissa, Cic.: pacem, Liv., victoriam, Tac.: bellum, Sall. u. a. (s. Drak. Liv. 42, 30, 11): facinus, Liv. u. a.: pessimum facinus, Sall.: multa per duces et ingentia, Eutr.: Ggstz., coepta patrataque expugnatio eundem intra diem foret, Tac.: maluit patrati quam incepti facinoris reus esse, Tac. – insbes., patr. iusiurandum, die beim Abschluss eines Bündnisses nötige Eidesformel u. die übrigen Bräuche vollziehen = das Bündnis schließen, Liv. 1, 24, 6. – pater patratus, s. pater *no.* II, D, d. – im obszönen Sinne, patranti fractus ocello, es schwimmen die Äuglein lüstern gebrochen (Teuffel), Pers. 1, 18: sunt lusci oculi atque patrantes, Anthol. Lat. 902, 3 (923, 3). – patrare coitum, den Beischlaf vollziehen, Anthol. Lat. 358, 5 R.: dass. bl. patrare, Porphyr. Hor. sat. 1, 5. 84.

2. Patro od. **Patrōn,** ōnis, *m.* (Πάτρων), ein Epikureer, Nachfolger des Phädrus, Cic. ad Q. fr. 1, 2, 14; ad Att. 5, 11, 6 u. 19, 3.

patrōcinālis, e (patrocinium), **das Patronat betreffend,** tabula, eine Urkunde, in der eine Gemeinde jmd. zum Patron ernennt, CIL 9, 3160: auch tabula patronatus gen., Schol. Iuven. 10, 57. CIL 11, 5749.

patrōcinium, iī, *n.* (= patronocinium, v. patronus), die **Vertretung, Beschützung, I** eig., vor Gericht = die **Vertretung, Verteidigung,** patrocinium feneratorum adversus plebem, Liv.: nomini ac familiae praestare Treboniae legis patrocinium, Liv.: controversiarum patrocinia suscipere, Cic.: cuius (rei) hoc unum patrocinium est, indignum se vitā fuisse, Sen. contr. 7, 3 (18), 5. – meton., patrocinia = **Schützlinge, Klienten,** Vatin. in Cic. ep. 5, 9, 1. – **II** übtr., der **Schutz, Schirm** übh., difficilis causae mite patr., Ov.: patrocinium voluptatis repudiare, Cic.: susceptum patrocinium libertatis Graecorum non deserere, Liv.: patrocinia vitiis quaerere, Plin.

patrōcinor, ātus sum, ārī (patronus), **beschützen, beschirmen, Schutz leisten, verteidigen,** alci, Ter., Quint. u. a.: loco, Auct. b. Hisp.: iustitiae, Lact. – ► patrocinatus passiv bei Tert. adv. gnost. 4.

Patrocliānus, a, um, nach Patroklus benannt, **patroklianisch,** P. sellae = *latrinae,* Mart. 12, 78, 9.

Patroclus, ī, *m.* (Πάτροκλος), Sohn des Menötius, mit seinem Vetter Achilles erzogen, dann dessen Waffenfreund vor Troja, wo er mit den Waffen Achills gegen Hektor zog, aber durch Hektors Hand fiel, Ov. ex Pont. 1, 3, 73. Hyg. fab. 81, 97 u. a. Mythogr. Lat. 1, 209 u. a.: griech. Akk. Patroclon, Prop. 2, 8, 33. – Poet. Nbf. Patricolēs (= Πατροκλῆς), Enn. fr. scen. 161 (u. danach Cic. Tusc. 2, 39). Fronto epist. ad M. Caes. 1, 7 (6). p. 19, 5 N.

patrōna, ae, *f.* (patronus), die **Patronin, Vertreterin I** = die **Beschützerin, Verteidigerin, Gönnerin,** Ter., Cic. u. a. – **II** die **Herrin, Gebieterin** eines Freigelassenen, CIL 1, 1009, 16. Plin. ep. 10, 6 (22), 2. – v. Minerva, o patrona virgo, Catull. 1, 9.

patrōnālis, e (patronus), **den Patron betreffend,** verecundia, gegen den P., Marc. dig. 39, 5, 20.

patrōnātus, ūs, *m.* (patronus), das **Patronat, Würde eines Patrons,** dem Freigelassenen gegenüber, ICt. – tabula patronatus, s. patrōcinālis.

Patrōn, s. 2. Patro.

patrōnomica, s. patrōnymicus.

patrōnus, ī, *m.* (pater), **I** der **Schutzherr, Schirmherr, Vertreter, Patron,** sowohl einzelner als ganzer Städte u. Provinzen vor Gericht, vor dem röm. Senat usw. (Ggstz. cliens, der Klient, u. vor Gericht Ggstz. accusator), patronus, defensor, custos coloniae, Cic.: p. agri Piceni, Cic.: partis adversae, adversarii (beide = Gegenanwalt), Quint.: patronum causae dare alqm, Cic.: huic causae patronum exsistere, Cic. – insbes. (weil der freigelassene Sklave unter dem Schutz seines Herrn blieb) = der **Herr eines Freigelassenen,** der **Patron,** Cic. – **II** übtr., übh. der **Vertreter, Beschützer, Verteidiger,** plebis, Liv. u. (Ggstz. defensor senatoriae causae) Iustin.: foederum, Cic.: patr. causae (des Prozesses) u. bl. patronus = Advokat, Cic.

patrōnymicē, *Adv.* (patronymicus), **vom Namen des Vaters entlehnt,** Charis. 124, 10. Interpr. Iren. 1, 2, 5.

patrōnymicus, a, um (πατρωνυμικός), **vom Namen des Vaters** (auch von Vorfahren) **entlehnt,** nomen, das Patronymikum, z. B. Anchisiades (s. Anchīsa), Pelides (s. Pēleus) u. a., Prisc. 2, 32. – subst., patrōnymicum, ī, *n.,* das **Patronymikum,** ergo Mygdonides patronymicum est, Serv. Verg. Aen. 2, 341: Plur., patrōnymica, ōrum, *n.,* **Patronymika,** Prisc. 2, 32. Consent. 341, 4 u. 7: dafür andere Form patronomica, (Serg.) explan. in Donat. 537, 7.

patruēlis, e (patruus), **I von des Vaters Bruder abstammend** (Ggstz. matruelis), fratres patrueles u. sorores patrueles, Geschwisterkinder, Bruderssöhne, Bruderstöchter ICt. – frater patruelis, Cic. u. bl. patruelis, Suet., des Vaters Brudersohn, Vetter: so auch nulla patruelis (soror), Muhme, Geschwisterkind, Pers. – übtr., frater patruelis = des Vaters Schwestersohn, Vetter, Cic. Cael. 60. – **II des Vaters Bruderssöhnen gehörig** od. **gemeinschaftlich, vetterlich,** origo, Ov.: dona (= arma Achillis), sagt Ajax, weil sein und des Achilles Vater Brüder waren, Ov.: regna, des Danaus, der des Ägyptus Bruder, folglich der Jünglinge Vatersbruder war, Ov.

patruus, ī, *m.* (pater), **des Vaters Bruder, der Oheim** von väterlicher Seite (während avunculus der Oheim von mütterlicher Seite), **a** eig., Cic. u. a.: patr. magnus = *frater avi,* ICt.: p. maior = *frater proavi,* Tac. ann. 12, 22 u. ICt.: p. maximus = *frater abavi,* ICt. – **b** bildl., ein **strenger Sittenrichter** (wie die Oheime gegen ihre Neffen zu sein pflegen), Cic. u. Hor. – Dav. **patruus,** a, um, **dem Vatersbruder gehörig, des Oheims,** lingua, Hor.: ensis, Ov. – scherzh., o patrue, o patrue mi patruissime! mein alleronkligster Onkel! Plaut. Poen. 1197 G.

pattioca, s. batioca.

Patulcius (Patultius), iī, *m.* (pateo), **I** ein Beiname des Janus, als **Aufschließer** des Himmels, der Wolken, des Landes u. Meeres (Ggstz. Clusius), Ov. fast. 1, 129. Macr. sat. 1, 9. § 15 *sqq.* – **II** ein Schuldner Ciceros, wovon **Patulciānus,** a, um, **patulcianisch, des Patulcius,** nomen (Schuld), Cic. ad Att. 14, 18, 2.

patulus, a, um (pateo), **I offen, offenstehend, geöffnet,** pinna (eine Muschel), Cic.: fenestra, Ov.: os (Mund, Öffnung), Quint. u. Donat.: orificium (Öffnung), Th. Prisc.: latitudo, die breite, weit offene Straße, Tac. – **II ausgebreitet, weit, breit,** rami, Cic.: mundus, Lucr.: quercus, Ov.: plaustra, Verg.: lacus, Ov.: urbis loca, Tac.: orbis, allen offenstehend, jedem zugänglich = zu gemein, Hor. de art. poët. 132.

pauciēs (pauciēns), *Adv.* (paucus), **wenige Male, selten,** Titin. com. 40. Cael. Antip. hist. 6. fr. 43 (b. Non. 157, 19).

pauciloquium, iī, *n.* (paucus u. loquor), das **wenige Reden** (Ggstz. multiloquium), Plaut. merc. 31.

paucitās, ātis, *f.* (paucus), die **Wenigkeit, kleine-, geringe Anzahl, wenige** (Ggstz. multitudo), portuum, Caes.: militum, Caes.: hostium, Nep.: oratorum, Cic.: nimia paucitas suorum, Liv.: contemnere paucitatem eorum, qui in arce sunt, Liv.: contemnere paucitatem hostis, Curt.: multitudinem paucitas superat, Sall.: fuge multitudinem, fuge paucitatem, fuge etiam unum, Sen.: alius erat cum *turbae* (großen Haufen der Zuhörer) se commiserat, alius cum *paucitatem* contempserat, Sen. rhet.

pauculus, a, um (*Demin.* v. paucus), **sehr wenig, gar wenig,** post pauculum tempus, Apul. met. 11, 29 *in.* – gew. im Plur., **sehr** od. **gar wenige, ein paar, a** v. Lebl., verba, Plaut.: versus, Gell.: dies, Komik., u. Cic.: anni, ein paar Jährchen, Plin. ep.: pauculae temporum stillae, Augustin.: pauculis mensibus, Mamertin. – subst., paucula, ōrum, *n.*, **einiges, ein paar Wörtchen,** paucula etiam sciscitare prius volo, Plaut.: paucula loquitor, Ter.: pauculis respondit, Afran. fr. – **b** v. leb. Wesen, amici, Cato fr. bei Fronto ad Anton. 1, 2. p. 100, 10 N.: homines, Cato fr. bei Fest. 154 (b), 2: seditiosi pauculi, L. Sulla bei Sen. de clem. 1, 12, 2: hi pauculi, qui supersunt, Sen. apoc. 3, 3. – pauc. capellae, Apul. met. 10, 30: pauc. oves, Vulg. 1. regg. 17, 28.

paucus, a, um, u. öfter Plur. **paucī,** ae, a (stammverw. m. dem gr. παῦρος), *Adi.* mit *Compar.* u. *Superl.*, **I wenig, wenige, A** Sing. sermo, Rhet. Her. 4, 45: tritici numerus (Ggstz. magnus fici numerus), Auct. b. Afr. 67, 2: manus, Vitr. 1, 1, 6: aes, Gell. 20, 1, 31: tempus, Hyg. fab. 194. Schol. ad Caes. Germ. Arat. 146. p. 392, 21 Eyss. u. Greg. Tur. hist. Franc. 5, 20: potus paucissimus, Cael. Aur. de morb. acut. 2, 18, 108 (u. poet. pauco foramine = Plur. paucis foraminibus, Hor. de art. poët. 203). – **B** Plur., paucis rebus, Cic.: castella pauca (Ggstz. castella creberrima), Liv.: pauciora bona od. mala (Ggstz. plura bona od. mala), Cic.: pauciora navigia, Auct. b. Afr.: pauciores viri reperti sunt, qui etc., Cic.: paucissimae plagae, Cels.: pugna memorabilis inter paucas, wie wenige, d. i. ganz besonders m., Liv.: u. so inter paucas munita urbs, Liv.: inter paucos senatorii ordinis splendidos, Val. Max.: paucorum hominum, der sich auf den Umgang mit wenigen beschränkt, Hor. sat. 1, 9, 44 (vgl. Ter. eun. 409 perpaucorum hominum). – Plur. subst.: **a** paucī, ōrum, *m.*, **wenige,** Ggstz. omnes, Cic.: Ggstz. plerique, Sall.: pauci amicorum, Curt.: *Compar.* pauciores, Ggstz. plures, Cic.: inter paucos disertus, beredt wie wenige, d. i. ganz besonders beredt, Quint. – Insbes., **α** (wie οἱ ὀλίγοι) die **Wenigen** im Staat = die Mächtigen, die Oligarchen (vollst. pauci potentes), oft bei Sall. (s. Fabri Sall. Cat. 20, 7): so auch *Compar.* pauciores, die Vornehmeren, Hochgestellten (Ggstz. plures, der größere Haufe), Plaut. trin. 34. – **β** die **Wenigen** = die Urteilenden (im Ggstz. zur großen Menge), pauci ac sapientes, Lucil. 462: Ggstz. populus, Cic. or. 13 (wo die Minderheit der kritisierenden Philosophen gemeint ist). – **b** pauca, ōrum, *n.*, **etwas weniges** (Ggstz. multa), pauca possidere, Sen.: si cum plura sunt pauciora dicamus, Rhet. Her.: inter pauca laudatur, Plin. – bes. **wenig Worte, ein paar Worte** (s. Klotz Ter. Andr. 536), ut in pauca conferam, dass ich es kurz fasse, Cic.: paucis te volo, nur ein paar Worte! Ter.: licetne pauca! darf ich nur ein paar Worte sagen? Ter.: non potuit paucis plura plane proloqui, Plaut.: paucis exponere situm, Sall.: cetera quam paucissimis absolvam, Sall. – **II einige wenige, etliche,** paucis diebus, Ter. u. Cic. – Plur. subst., cenare cum paucis, Plin. ep. 4, 22, 4: sibi et paucis opima quaedam, ceteris vilia et minuta ponebat, Plin. ep. 2, 6, 2. – m. *Genet. partit.*, paucis amicorum adhibitis, Tac. hist. 2, 1: paucae bestiarum, Liv. 30, 33, 14. – ► Genet. Plur. paucûm, Enn. ann. 247: Abl. Plur. im Fem. paucabus, Gell. bei Charis. 54, 15.

paulātim (paullatim), *Adv.* **I allmählich, nach und nach, gemach, a** örtlich: locus erat castrorum editus et paul. ab imo acclivis, Caes.: colles paul. rarescunt, Tac. – **b** zeitlich: paul. consuescere Germanos Rhenum transire, Caes.: paul. licentia crevit, Sall.: si paul. haec consuetudo serpere ac prodire coeperit, Cic. – **II einzeln, stückweise,** discedere ex castris, einer nach dem anderen, Caes. b. G. 4, 20, 3: locare, ICt. – m. *Genet.*, aquae paulatim addito, füge einzelweise Wasser hinzu, Cato r. r. 74.

Pauliānus, a, um, s. 2. Paulus.

paulisper (paullisper), *Adv.* **ein Weilchen, ein wenig = kurze Zeit,** paul. manere (warten), hic (hier) opperiri, Plaut.: tacere, Plaut.: proelium intermittere, Caes.: lecticam deponere, Cic.: partes alcis suscipere, Cic. Vgl. parumper. – m. folg. *dum* od. *donec,* z. B. paul. mane, dum edormiscat, Plaut.: paul., dum se uxor comparat, commoratus est, Cic.: sedit tacitus paul., donec nuntiatum parata omnia esse, Liv.

paulō (paullo), s. 1. paulus.

paululātim, *Adv.* = paulatim, Apul. met. 2, 16 u. 5, 20.

paululō, s. paululus.

paululum, *Adv.*, s. paululus.

paululus (paullulus), a, um (*Demin.* v. paulus), **gering = klein** der Größe, Länge usw. nach, u. = **wenig** der Menge nach, equi hominesque paululi et graciles, winzige, Liv.: spatium, Ter.: via, Liv.: pecunia, Plaut.: sal, Pallad. – *neutr.* paululum, **a** *subst.* = **ein wenig, eine Kleinigkeit,** morae, Cic.: operae, kleiner Dienst, Ter.: absol., primo paululum ... deinde magis, Cato: paululum deesse, Cic.: paululo contentum esse, Ter.: dah. paululo beim *Compar.*, p. deterius, ein wenig schlechter, Luccei. in Cic. ep. – **b** *adv.* **ein wenig, ein Weilchen,** paululum respirare, Cic.: mulieres p. e convivio evocare, Iustin.: p. ante, kurz vorher, Gell. – ► Vulg. Nbf., labellum pollulum, Cato r. r. 10, 2: sublaminae pollulae, *ibid.* 21, 3: Plur. subst., polluli (Ggstz. plures), Varro LL. 5, 167.

1. **paulus** (paullus), a, um (verwandt mit paucus u. pauper u. mit dem griech. παῦρος), **gering, winzig, klein,** sumptus, Ter.: momentum, Ter.: lar, Varro LL. – *neutr.* paulum, **a** *subst.* = **ein Weniges, eine Kleinigkeit, wenig,** lucri, Ter.: partium, Cic.: p. aliquid damni contrahere, Cic.: p. defuit, Caes.: p. aliquid sederunt, ein Weilchen, Quint.: paulo mederi, durch eine Kleinigkeit, Ter.: dah. paulo, **um ein Weniges, ein wenig,** beim *Compar.*, paulo melior, Cic.: non paulo melius, Sen. ep. 8, 10: paulo salubrius, Cic.: p. minus, etwas kleiner u. dgl., Cic.: aber nachaug. = beinahe, Suet.: paulo afuit, quin m. Konj., Amm. 29, 6, 7. – u. bei *Advv.*, p. secus, Cic.: p. ante, kurz vorher, Cic.: paulo post, Cic., od. post paulo, Caes., kurz nachher. – **b** *adv.* = **ein wenig, nur etwas,** paulum commorari, Cic.: post paulum, bald nachher, Quint.: paulum modo pronus, Sall.: si paulum modo res essent refectae, Nep.: beim *Compar.*, haud paulum mortali maior imago, Sil. 15, 21: paulum si tardius artus cessissent, Stat. Theb. 10, 939: paulum superiores, Quint. 1, 7, 21.

2. **Paulus** (Paullus), ein röm. Beiname, bes. der ämilischen Familie, aus der am bekanntesten L. Aemil. Paulus Macedonicus, der Besieger des Perseus (der leibliche Vater des P. Cornelius Scipio Aemilianus Africanus minor), u. dessen Vater L. Aemilius Paulus, der in der Schlacht bei Kannä befehligte u. fiel, s. Orelli Onomast. Tull. 2. p. 16 *sqq.*: Plur. Pauli, Männer wie Paulus, Cic. de amic. 21. – Iul. Paulus, ein Jurist, Schüler des Papinianus, Lampr. Alex. Sev. 26, 5. – Paulus Diaconus, Epitomator des Festus. – Dav. **Pauliānus,** a, um, **paulianisch,** victoria, des L. Äm. Paulus Maced. (s. oben), Val. Max.: responsum, des Juristen Paulus, ICt.: ebenso actio, ICt.

paumentum, s. pavīmentum.

pauper, eris (zsgz. aus pauci-parus [pario], der sich wenig erwerbende), **arm, unbemittelt,** von dem, der kein bedeutendes Vermögen, aber sein mäßiges Auskommen hat (Ggstz. dives u. locuples), **a** von Menschen, vir, homo, Cic.: homo pauperum pauperrimus, Plaut.: ex ditissimis (steinreichen) hominibus pauperrimos (bettelarme) facere, Capit.: sisne ex pauperrimo dives factus, Cic.: facere alqm pauperem, zum armen Mann machen, Sen.: als Fem. haec filia eius pauper placet, Plaut.: quae in patria honeste pauper vivit, Ter. – mit *Genet.*, pauper argenti, Hor.: pauper aquae, Hor.: frugum pauperes Ituraei (Ggstz. odorum divites Arabes), Apul. flor. 6. p. 5, 16

Kr. – subst., pauper, der **Arme,** bes. Plur. pauperes, die **Armen,** pauper ubique iacet, Ov.: pauperes locupletesque, Sen.: pauperum tabernae, Hor. – maior pauperiorum turba, Hor. – **b** übtr., v. Lebl., **beschränkt, ärmlich, mäßig,** res, Plaut.: domus, Verg.: ager (Ggstz. ager felix), Tibull.: et carmen fluit pauperiore venā, Ov.: ieiuna et pauper eloquentia, Quint.: pauperibus sacris, Prop.: pauperibus tectis, Stat. – m. *Abl.*, caput carnibus pauperum, Cael. Aur. de morb. chron. 1, 1, 33: ars nec exemplis pauperior nec oratione defectior, Apul. de deo Socr. p. 4, 13 G. (p. 111 H.). – ► Heteroklit. *fem.* paupera, Plaut. fr. bei Serv. Verg. Aen. 12, 519 (nach Varro LL. 8, 77 ungebräuchlich): vidua paupera, Itala Luc. 21, 3 u. 1. Cor. 15, 10: *Dat. masc.* paupero, Augustin. serm. 3, 2. Mai. Itala (Wirceb.) prov. 13, 17: *neutr.* pauperum, Cael. Aur. de morb. chron. 1, 1, 33: *Genet. Plur.* pauperorum, Petron. 46, 1. de Rossi Inscr. christ. Vol. I. *no.* 62.

pauperculus, a, um (*Demin.* v. pauper), **gar arm, ärmlich, armselig,** senex, Plaut.: anus, Ter.: mater, Hor.: (liberi, Freie) plerique pauperculi, Varro. – v. Lebl., domus, Augustin. serm. 23, 7: quamquam res nostrae sunt pauperculae, Plaut. Pers. 345. – subst., **a** *Plur. masc.*, pauperculi, ōrum, die **Armen,** Schol. Pers. 3, 103. – **b** *Sing. fem.* paupercula, ae, eine **arme Frau, eine Arme,** Hieron. epist. 69, 5. – ► Synkop. pauperclus, Commodian. instr. 2, 36, 7 D.

pauperēsco, ere (pauper), **arm-, dürftig werden,** übtr., pauperescunt vires eius, Arnob. in psalm. 30.

pauperiēs, ēī, *f.* (pauper), **I** die **Armut** (s. pauper), Ter., Verg. u. a. – **II** übtr., der von einem vierfüßigen Tier angerichtete **Schaden,** pauperiem facere, Ulp. dig. 9, 1, 1 *pr.*

pauperius, *Adv. Compar.* (v. pauper), **ärmer, armseliger,** Tert. de cultu fem. 2, 11 *extr.*

paupero, āre (pauper), **I arm machen,** Plaut. u. a. – **II** übtr., alqm alqā re, jmd. um etwas **bringen,** einer Sache **berauben,** Plaut., Hor. u. a.

paupertās, ātis, *f.* (pauper), die **Armut, I** eig. u. übtr.: **A** eig., als **spärliches Auskommen** (Ggstz. divitiae), paupertas vel potius egestas ac mendicitas, Cic.: in paupertate vivere, Cic.: eum esse locupletem, qui paupertati suae aptus est et parvo se divitem facit, Cic. – Plur., potes animo advertere et horum temporum divitias et illorum paupertates, Varro vit. P. R. 1. fr. 15 (bei Non. 162, 20): ex multis paupertatibus divitiae fiunt, Sen. ep. 87, 38. – prägn., paupertas, das **bisschen Armut** = das kleine Vermögen, Scaevol. dig. 36, 1, 78. § 12. – **B** übtr. (= egestas, inopia), die **Dürftigkeit,** der **Mangel,** die **Not,** Cic. u. a. – **II** die **Armut** der Sprache usw., Sulpic. in Cic. ep. u. Quint.

paupertātula, ae, *f.* (*Demin.* v. paupertas), die **Armut,** Hieron. epist. 127, 14. Vulg. (Amiat. et Tolet.) paral. 22, 14.

paupertīnus, a, um (pauper), **arm, armselig, I** eig., Varro fr., Gell. u. a. – **II** übtr., litterae, Gell.: cor, Arnob.: ingenium, Symm.

paupulo, āre, Naturlaut des Pfaues, Suet. fr. 161. p. 251, 4 R. Anthol. Lat. 762, 26 R.

pausa, ae, *f.* (παῦσις), **I** die **Pause,** das **Innehalten,** der **Stillstand,** das **Ende,** vitae, Lucr.: pausam facere = aufhören, innehalten, Plaut.; od. = ein Ende machen, endigen, Apul.: pausam facere ore fremendi, Enn. ann. 586: u. so dare pausam ore loquendi, Lucil. 18: pausam dare conciliis, Lucr.: nobis datur bona pausa loquendi, Acc. fr.: iam iam da pausam, Plaut.: pausa parva fit ardoris, hört ein wenig auf, Lucr.: quae denique pausa pugnandi fieret, Enn. fr.: cum bibendae nivis pausa fieret nulla, Gell.: pausam laborum afferre, Fronto. – **II** insbes. als *t. t.* der Religionsspr., die **Station** bei den Isis-Prozessionen, pausas edere u. omnes pausas explere, alle Stationen mitmachen, Spart. Carac. 9, 11; Pesc. 6, 9. – ► Nbf. pausum, ī, *n.*, CIL 8, 18608.

pausābilis, e (pausa), **innehaltend,** inspiratio pausabilior, gelinder, Cael. Aur. de morb. chron. 2, 13, 150.

Pausaniās, ae, *m.* (Παυσανίας), **I** Sohn des Kleombrotus, Anführer der Spartaner bei Plataä, 479 v. Chr., gest. 467 v. Chr., Cic. de off. 1, 76. Nep. Paus. 1 *sqq.* – **II** ein Mazedonier, Mörder des Königs Philipp, Iustin. 9, 4, 6.

pausārius, iī, *m.* (pausa), der **Vorgesetzte der Ruderknechte,** der mit dem Hammer anzeigt, wann sie innehalten sollen, der **Rudermeister,** Sen. ep. 56, 5.

pausātio, ōnis, *f.* (pauso), das **Innehalten, Pausieren, Aufhören,** Augustin. conf. 9, 4 u. in psalm. 40, 5 u. 51, 8: m. *Genet.*, prandii, Plin. Val. 5, 41: spiritus, Hieron. epist. 28, 2. – prägn., das **Ruhen im Grab** = der Tod, post nostram pausationem, CIL 3, 2654.

pausea (pausia) u. **pōsea** (pōsia), ae, *f.*, mit und ohne oliva, eine sehr fleischige Art **Oliven,** die im unreifen Zustand am besten zu grünem Öl u. zum Einmachen gebraucht wurde, Form pausea, Varro r. r. 1, 60 (*cod. P* puseas). Colum. 12, 49, 1 u. 50, 1: Form pausia, Verg. georg. 2, 86. Colum. 5. 8, 3 Schn. (*cod. P* posea) u. arb. 17, 3. Pallad. 3, 18, 4. Isid. orig. 17, 7, 23: Form posea, Cato r. r. 6, 1 K., aber 7, 4 K. ›posias‹ Varro r. r. 1, 24, 1: vulg. possia, Schol. Bern. Verg. georg. 2, 86 (wo jetzt rossia).

Pausiās, ae, Akk. ān, *m.* (Παυσίας), ein berühmter griech. Maler aus Sikyon, Vertreter der enkaustischen Malerei, Zeitgenosse des Apelles, Plin. 21, 4; 35, 123. – Dav. **Pausiacus,** a, um, **pausiacisch, des Pausias,** tabella, Hor. sat. 2, 7, 95.

pausillisper, s. pauxillisper.

pausillulus, s. pauxillulus.

pausillus, s. pauxillus.

pauso, āvī, āre (pausa), **I** eig., **innehalten, pausieren, ruhen,** cum dolor pausaverit, Cael. Aur.: pausante vomitu, tumore, Cael. Aur.: pausa et quiesce, populus meus, Vulg. 4. Esdr. 2, 24. – **II** übtr., ruhen = **sterben,** pausabit (= pausavit) pridie Idus M., de Rossi Inscr. Christ. Vol. I. *no.* 117.

pausum, s. pausa ►.

Pausus, ī, *m.* (pausa), der **Gott der Ruhe,** Arnob. 1, 28.

pauxillātim, *Adv.* (pauxillus) = paulatim, Plaut. rud. 929 u. a.; vgl. Diom. 407, 7.

pauxillisper, *Adv.* (pauxillus) = paulisper, Plaut. truc. 5, 21 (885), wo Spengel u. Schoell (913) pausillisper.

pauxillitās, ātis, *f.* (pauxillus), die **Winzigkeit** (Ggstz. proceritas), Ambros. hexaëm. 6, 9. § 54.

pauxillō, s. pauxillus.

pauxillulus, a, um (*Demin.* v. pauxillus), **ganz wenig, ganz klein, winzig,** fames, Plaut.: lembus, Plaut.: poculum; Plaut.: carnes, kleine Fleischklümpchen, Solin. – subst., pauxillulum, ī, *n.*, **etwas Weniges, eine Kleinigkeit,** reliquum pauxillulum nummorum, der ganz kleine Rest, Ter.: animae pauxillulum, Naev. com. fr.: da quid pauxillulum, Plaut. – *adv.* = **ein wenig,** forem hanc pauxillulum aperi, Plaut. Bacch. 833 (Götz pausillulum, wie auch rud. 729). Sidon. epist. 8, 3, 3 u. a. – ► In Hdschrn. auch pausillulus.

pauxillus, a, um (*Demin.* v. paullus), **ganz wenig, ganz** od. **winzig klein,** res, Plaut.: semina, Lucr.: nepos, Afran. fr.: aedes (Tempel), Solin. – subst., pauxillum, ī, *n.*, **ein wenig, ein Weniges,** si pauxillo potes contentus esse, Plaut. capt. 176: pauxillo prius convenit me, Afran. fr.: pauxillo ([um] ein wenig) levius, Cels. – *adv.* = **ein wenig,** pauxillum manus conseres, ut conquiescas, Vulg. prov. 24, 33. – ► In Hdschrn. auch pausillus.

pāva, ae, *f.* (pavus), die **Pfauhenne,** Auson. epigr. 64 (69), 4. p. 213, 4 Schenkl.

pavefacio, (fēcī), factum, ere (paveo u. facio), **erschrecken,** fulgente eius lumine pavefactus est, Ambros. in psalm. 118. serm. 8. § 17. – Partiz. pavefactus, a, um, **erschreckt, geängstet,** Ov. met. 9, 314 u. a. Sen. Herc. fur. 1022 (1026). Suet. Aug. 99, 2.

Paventia, ae, *f.* (paveo), die die Kinder vor plötzlichem Schrecken bewahrende Göttin, Augustin. de civ. dei 4, 11. p. 161, 9 D.[2]

paveo, pāvī, ēre (vgl. πτοϝέω scheue), vor Furcht-, vor Angst **beben, zittern, zagen, besorgt sein, sich ängstigen,** Plaut. u. Ov.: paveo mihi, meinetwegen, Ter.: sibi pavens, für sich besorgt, Tac.: pav. divitiis (für seine R.), Aur. Vict. – m. *Acc. resp.* = wegen, über usw. (s. Heräus Tac. hist. 3, 56, 10), lupos, Hor.: vana miracula, Liv.: omnia, Sall.: casum, Tac.: nec pedibus tantum pavendas serpentes, auch haben nicht bloß die F. sich vor den Schl. zu fürchten, Plin. – m. *Abl. causae*, novitate, Ov.: admiratione, Liv. – m. *ad* u. Akk., ad omnia, Liv.: ad singulos nuntios, Liv.: ad necopinatum tumultum, Liv. – m. folg. *Infin.*, pavetque laedere, Ov. met. 1, 386: nec illae numerare aut exigere plagas pavent, Tac. Germ. 7: nec pavet hic populus pro libertate subire, Lucan. 3, 349: sumere ne lector iuge paveret opus, Rut. Nam. 2, 4: verb. paveo et formido m. *Inf.*, Apul. met. 3, 15: mit folg. *Acc.* u. *Infin.*, vimque homini tantam providus esse pavet, Avian. fab. 29, 8. – mit folg. *ne* u. Konj., id paves, ne ducas tu illam, Ter. Andr. 349: paventibus cunctis, ne eadem quae sub Gallieno fuerant provenirent, Vopisc. Aurel. 18, 4. – *Partic.* pavens = sich ängstigend, ängstlich, Sall. u. a.: Plur. subst., paventes, Zagende (Ggstz. securi), Plin. pan. 95, 5. – übtr., venae pavent, die Saftgefäße fahren zusammen, stocken, Tac. hist. 5, 6.

pavēsco, ere (*Inchoat.* zu paveo), vor Furcht-, vor Angst **beben, zittern, sich ängstigen,** velut pavescentes et deprecantes, Quint. – m. *ad* u. Akk., ad tactum (v. einem Tier), Colum.: ad caeli fragorem, Sen. – m. *Abl. causae*, omni strepitu, Sall.: mit *Acc. resp.* = wegen, vor, bellum, Tac.: iudicium magistratuum, Tac.: inania legionum nomina non pavescere, Tac.: manes umbrasque, Sil.: Passiv, quoniam bene generaliter pecuniosus pavescitur, Cassiod. in psalm. 48, 17.

pavibundus, a, um (paveo), **ängstlich, angstvoll,** trepidationes, Arnob. 7, 13: quis non pavibundus exsiliat? Augustin. serm. 22, 1.

pavīcula, ae, *f.* (pavio), der **Schlegel,** womit man etwas eben schlägt, Cato u. Colum.

pavidē, *Adv.* (pavidus), **ängstlich, furchtsam,** Lucr. 2, 45. Liv. 5, 39, 8. Quint. 11, 3, 49.

pavido, āre (pavidus), **in Furcht setzen,** totum orbem, Commodian. apol. 995.

pavidus, a, um (paveo), **I** vor Furcht od. Angst **bebend, zitternd, furchtsam, ängstlich, schüchtern,** Liv. u. a.: lepus, Hor.: aves, Ov.: excipiunt plausu pavidos, Verg. – m. *Genet. loc.*, pavidus animi, Aur. Vict. de Caes. 4, 1. – m. folg. *ne* u. Konj., oppidani pavidi, ne iam facta in urbem via esset, fossam intra murum ducere instituunt, Liv. 37, 7. § 7. – m. folg. *Infin.*, non pavidus feras mulcere leaenas, Sil. 1, 406. – m. folg. *Genet.* = wegen, offensionum, Tac.: nandi (im Schwimmen) pavidus, Tac.: Cilices pavidi maris, die sich nicht aufs Meer wagen, Lucan. 8, 811. – m. *ad* u. Akk., ad omnes suspiciones pavidus, Tac. – pavida ex somno mulier, angstvoll auffahrend aus usw., Liv. – *Compar.*, quos pavidiores accepimus, Plin. 11, 144. – *Superl.*, intra mens pavidissima, Sen. de ira 1, 20, 5: talin', pavidissime, dignum me vitā putasti? Sil. 10, 65. – *neutr. adv.*, pavidum blandita, Ov. met. 9, 569. – **II** übtr.: **A ängstlich, mit Angst verbunden,** fuga, Sil.: murmur, Lucan. – **B ängstigend, Angst erweckend,** metus, Ov.: religio, Lucr.: lucus, Stat.

pavīmentārius, iī, *m.* (pavimentum), **der Estrichverfertiger,** CIL 6, 243 u. 10, 6638.

pavīmentātus, a, um (pavimentum), **mit Estrich versehen,** porticus, Cic. ad Q. fr. 3, 1, 1. § 1; de domo 116. Vitr. 6, 5, 3.

pavīmento, āre (pavimentum), **I** einen Ort **feststampfen, täfeln,** Plin. 27, 15. – **II** übtr., **fester machen, befestigen,** peccata, Augustin. serm. 332, 4: malam conscientiam pugnis (mit Schlägen an die Brust), *ibid.* 82, 14.

pavīmentum, ī, *n.* (pavio), der aus Steinchen, Erde od. Kalk geschlagene **Estrich, Estrichboden,** p. facere, Varro, Cic. u. a.: mero tingere p., Hor.: Plur. b. Auct. b. Alex., Plin. u. a. – ► pavĭmentum gemessen Epithal. Laurent. et Mar. 96 (Poët. Lat. min. *ed. Wernsdorf.* tom. 4. p. 495). – Synk. Form paumentum, Iulian. exc. ex comm. in Donat. 324, 10 K.

pavio, īvī, ītum, īre (παίω), **schlagen, I** im Allg.: terram, Cic.: arenam, Lucr. – **II** insbes., **schlagen, stampfen,** um dicht u. eben zu machen, terram, Plin.: area pavita, Varro. – Partiz. subst., pavītum, ī, *n.* = pavimentum (s. d.), Paul. Nol. carm. 25, 37.

pavitātio, ōnis, *f.* (pavito), die **Erschütterung,** das **Zittern,** Apul. de mund. 18.

pavitēnsis, e, **dicht gewirkt, schweren Stoffes** (v. Gewändern, Ggstz. levidensis), Isid. orig. 19, 22, 19.

pavito, āvī, āre (*Intens.* v. paveo), **I** vor Furcht oder Angst **heftig beben, heftig zittern, sich fürchten, sich ängstigen,** Verg. u. a.: mit *Acc.*, Lucr. 6, 38. – **II** insbes., vor Fieberfrost **zittern** = **fieberkrank sein,** Ter. Hec. 321: pavitantes palpebrae, Cael. Aur. de sign. diaet. pass. 31.

pavītum, ī, *n.*, s. pavio.

pāvo, ōnis, *m.* (griech. ταώς = ταϝώς), der **Pfau,** der der Juno heilige Vogel (Iunonia avis), Varro, Cic. u. a.: sein Fleisch, eine Lieblingsspeise der Römer, Cic. u. Iuven. – v. Männchen u. Weibchen mit dem Zusatz masculus u. femina, Colum.

pāvōnāceus, a, um (pavo), **pfauenartig, buntfarbig,** Plin. 36, 159.

pāvōnīnus, a, um (pavo), **von Pfauen,** ovum, Varro r. r. 3, 9, 10. Colum. 8, 11, 11. Petron. 33, 4. Pallad. 1, 30, 2: genus, Colum. 8, 5, 10: pulli, Colum. 8, 11, 13: muscaria, aus Pfauenschweifen, Mart. 14, 67 *lemm.* – übtr., **buntfarbig,** lectus, aus Ahornholz, Mart. 14, 85 *lemm.*: ornatus, Tert. adv. Val. 13.

pavor, ōris, *m.* (paveo), **I** das **Zittern, Beben** vor Furcht, Erwartung, Freude usw., die **Beklemmung, a** im üblen Sinne, die **Angst, Furcht,** das **Entsetzen,** Cic. u. a.: caecus, Tac.: inconsultus, Liv.: simulatus (Ggstz. verus), Liv.: pulsans, die (vor Erwartung) klopfende Angst, das ängstlich gespannte Klopfen, Verg.: pavorem facere (v. einem Umstand), Liv.: alci pavorem inicere, incutere, Liv.: pavorem sedare, Liv.: pavorem offundere incompositis, Liv.: pavor est, pavor alqm capit, m. folg. *ne* (dass) u. Konj., Liv. – Plur. pavores, Plin. 28, 98 u. a. Tac. hist. 2, 76 u. 4, 38. Lucan. 1, 521. Val. Flacc. 7, 147. – **b** im guten Sinne, **α** das erwartungsvolle, freudige **Beben,** Verg. und Sil. – **β** die religiöse Furcht, **Ehrfurcht, Scheu,** priscus, Sil. 3, 690: venerabilis, Auson. grat. act. 1. § 2. – **II** personif., **Pavor,** als Gottheit, Liv. 1, 27, 7. Val. Flacc. 1, 799: Plur., Arnob. 1, 28. – ► Archaist. Nbf. **pavōs**, ōris, *m.*, Naev. tr. 45. Pacuv. tr. 82 (aus Cic. or. 155).

pāvus, ī, *m.* = pavo, der **Pfau,** Enn. ann. 15. Varro sat. Men. 403. Mart. 5, 37, 10. Auson. epigr. 69, 4. Arnob. 7, 8. Tert. de pall. 3 u. 5; de anim. 33. Vulg. 3. regg. 10, 22. Vulg. 2. paral. 9, 21. Apic. 2, 49. Fulg. myth. 3, 3. – vulg. pabus, Edict. Diocl. 4, 39.

1. pāx, pācis, *f.* (zu paciscor, pango, πήγνυμι), der zwischen zwei feindlichen, streitenden, bes. zwischen zwei Krieg führenden Parteien geschlossene Vergleich, der **Friede, I** eig.: pax aeterna, Verg. u. Flor.: bona, Liv.: civilis, nach einem Bürgerkrieg, Suet.: cruenta, Tac.: fida, Nep.: incruenta, Tac.: inhonesta, Tac.: iniquissima, Cic.: iniusta, Cic.: longa, Curt.: maritima (zur See), Cic.: perpetua, Sall. fr. u. Liv.: pax similis belli, Sen.: summa (tiefste), Cic. u. Tac.: tuta, Cic. u. Liv. – pacis cupidus, Sall.: in pacis artes promptior, Flor. – pacis artes, Curt. u. Flor.: pacis bona (Segnungen), Liv.: ebenso pacis commoda, Cic., u. pacis emolumenta, Tac.: condiciones pacis, Caes. u. a. (s. condicio *no.* B. 1): pacis consilia, Liv.: pacis foedus, Vell.: pacis leges (Bedingungen), Liv.: pacis initia (Präliminarien), Varro: merces pacis, Sall. fr.: pacis ornamenta (Bedürfnisse), Cic.: intimus sinus pacis, Plin. pan.: pacis spes, Sall. u. Liv.: summa tranquillitas pacis atque otii, Cic.: pacis auctor, Friedensapostel, Cic. u. Liv.: pacis semper auctor, pacis semper laudator, Cic.: internuntius pacis, Curt.: pacis eius interpres, Liv.: interpres pacis et concordiae, Cic.: pacis bellique moderator, Flor.: pacis nuntius, Cic.: nata filia quasi futurae pacis obses, Sen. rhet.: pacis petendae oratores, Friedensgesandte, Liv.: oratrices pacis et foederis (v. den Sabinerinnen), Liv.: pignora pacis, v. Geiseln, Liv.: reconciliator pacis, Friedensstifter, Liv.: ruptores pacis, Tac.: auctores sponsoresque pacis, Liv.: forum, quod mihi templum quoddam pacis videtur, Ps. Quint. decl. – m. Ang. **mit wem?** durch *cum* m. Abl., z. B. cum iis, Cic. u. Liv.; oder durch *Genet.*, z. B. patris, mit dem V., Ter.: pax Pyrrhi, mit P., Cic.: ebenso Ariovisti, Caes. – Abl. pace, im Frieden, Liv. u. a.; u. Ggstz. bello, Sall. (dah. bei Liv. verb. pace belloque, pace ac bello u. dgl., s. M. Müller Liv. 2, 1, 1): velut multā pace, wie im tiefen Fr., Tac. (aber auch in multa pace, Tac. hist. 3, 71): quasi mediā pace, gleichsam mitten im

Fr., Tac.: pacis temporibus, in Friedenszeiten, Iustin.: aber auch in pace, im Fr., Sall. u. a. (auch Ggstz. in bello): in pace et otio, Cic.: in media pace, mitten im Fr., Liv. u. a.: cum pace, im Frieden (unbehelligt), z. B. alqm dimittere, Cic.: cum bona pace, in gutem Frieden, ohne Störung, unbehelligt, in Ruhe, friedlich, z. B. exercitum per fines suos transmittere, Liv., alteri populo imperitare, Liv.: vgl. Fabri Liv. 21, 24, 5. – pacis caritate, aus Liebe zum Fr. (Ggstz. belli amore), Tac. hist. 2, 37. – abnuere pacem (Ggstz. polliceri), Sall.: abnuere has pacis leges, Liv.: accipere pacem, Liv.: accipere pacem quāvis tutā condicione (unter jeder leidlichen B.), Cic.: alqm auctoritate adducere ad pacem, Cic.: adhortari alqm ad pacem, Cic.: agere (halten) pacem, Sall. fr.: agere tranquillam pacem, in Ruhe u. Frieden leben, Liv.: laetos agitare pacem, im frohen Genuss des Fr. leben, Sall. (vgl. quaesitum ab eo, pacem an bellum agitaturus foret, ob er Fr. od. Kr. haben wollte, Sall.): amittere spem pacis, Iustin., spem in perpetuum cum iis pacis, Liv.: aspernari pacem, Liv.: avertere alqm a consiliis pacis, Liv.: docebo ne coagmentari quidem posse pacem, Cic.: colere cum fide pacem, Liv.: componere pacem his condicionibus, Liv.: componere pacem cum Philippo, Liv.: componere qualemcumque pacem, um jeden Preis Fr. schließen, Aur. Vict.: conciliare pacem, Caes., pacem inter cives, Cic., pacem inter se, Enn. fr.: conficere pacem maritimam summā virtute atque incredibili celeritate (v. Pompejus), Cic.: confirmare cum proximis civitatibus pacem et amicitiam, Caes.: continere Galliam in pace, Hirt. b. G.: pax convenit, Sall., pax convenit cum alqo, Liv.: convenit mihi cum alqo de pace, Iustin.: cupere pacem, Sall. u. Flor.: dare pacem, Sall. u. Liv., alci pacem, Liv.: dare alci pacem summam, Cic.: dare alci pacis leges, Liv.: decernere pacem, concordiam et alia huiuscemodi, Sall. fr.: deferre (antragen) pacem hostibus, Liv.: dicere alci pacis leges, Liv.: dimittere pacis condiciones, Caes.: dirimere pacem, Liv., pacem Pyrrhi, Cic.: disturbare pacem et concordiam palam, Sall. fr.: emere pacem pretio, Liv.: eripere alci pacem, Cic.: cum Antoniis (mit Leuten wie Antonius) pax potest esse? Cic.: ulterior Hispania eo anno in pace fuit, Liv.: ubi pax evenerat (erfolgt war) aequitate, Sall.: exercere aeternam pacem, Verg.: exposcere pacem Teucris, Verg.: haec nova iniuria exturbavit (machte zunichte) omnem spem pacis, Liv.: facere pacem, Caes. u. a., pacem cum alqo, Cic. u. a.: ut pax fieret cum Carthaginiensibus, Liv.: pacem facere velle talibus condicionibus, Nep.: pax erat facta per obsidem puerum nobilem, Cic.: pacem facere (stiften) inter Thrasybulum et eos, qui urbem tenebant, his condicionibus, Nep.: firmare cum alqo perpetuam pacem amicitiamque, Liv.: florere (in vollem Maße genießen) bonā pace, Liv.: pacem an bellum gerens, im Friedens- od. Kriegsstand, Sall.: habere pacem (Ggstz. bellum gerere), Cic. u. Sall.: in quadraginta annos tutam pacem habere, Liv.: equidem ad pacem hortari non desino, Cic.: imminuere Bocchi pacem, Sall.: impetrare pacem, Liv.: cum sententia senatus inclinaret ad pacem foedusque faciendum, Liv.: inclinantur ad pacem omnium animi, Liv.: inire pacem cum alqo circa Misenum, Vell.: tanta barbaria est, ut nec intellegant pacem, dass sie vom Fr. keinen Begriff haben, Flor.: eam pacem irritam facere, Liv.: iungere pacem, Nep. u. Liv.: felicior pax est numquam lacessita, quam multo reparata sanguine, Sen.: loqui de pace, Liv.: malle pacem quam bellum od. bellum quam pacem, Sall.: mittere ad Caesarem legatos de pace, Caes.: mittere utroque legatos de pace, Liv.: mutare pace bellum, Sall.: pacem optare magis quam defendere, Sall. fr.: orare pacem, Sall.: dare vere pacem, non tantum ostendere (nicht bloß von ferne zeigen), Liv.: pangere pacem cum alqo, Liv.: paritur pax bello, Nep.: parare pacem, Liv.: parare alci pacem in perpetuum, Liv.: neque bellum neque pacem pati posse, Liv.: petere pacem, Caes. u. a.: pacem petere ab alqo, Nep.: polliceri pacem, Sall.: postulare pacem, Sall.: praestare (aufrechterhalten) pacem, Sall. fr.: pacem ratam (gesichert) velle, Sall.: reconciliare pacem, Nep.: recuperare pacem, Sall.: redimere pacem obsidibus datis, Caes.: reparare pacem multo sanguine, Sen.: repetere pacem, Sall. fr.: repudiare pacem, Cic. u. Liv.: revocare senatum iam inclinatum a Pyrrhi pace, Cic.: rumpere pacem, Verg.: servare pacem, Vell., pacem cum alqo, Cic.: servire paci, auf den Fr. hinarbeiten, den Fr. anbahnen, Nep.: simulare pacem, Cic. u. Sall.: sollicitare omnium pacem, Liv.: inter duos reges statuitur pax, Iustin.: suadere pacem, Sall. fr.: coepisse suadere pacem, Cic.: turbare pacem, Liv., pacem Italiae, Tac.: uti pace, Fr. haben, Cic.: eo die pace sunt usi, ruhten die Feindseligkeiten, Caes.: velle pacem, Cic. – Plur. paces, **Friedensverträge, Friedensschlüsse, Friedenszustände,** bella atque paces, Sall. Iug. 31, 20: bella et paces, Hor. ep. 1, 3, 8: bonae paces, glückliche Fr., Segnungen des Fr., Hor. ep. 2, 1, 102: paces perficere, Plaut. Pers. 753: animadvertendum primum, quibus de causis aut quem ad modum constituerint paces, secundum, quā fide et iustitiā eas coluerint, Varro vit. P. R. 3. fr. 7 (bei Non. 149, 15). – Personif., **Pax**, die **Friedensgöttin, a** der Römer, der Augustus zuerst einen Altar auf dem Marsfeld weihte, an dem dreimal im Jahr (am 30. Jan., am 30. März u. am 4. Juli) geopfert wurde, Suet. Vesp. 9, 1. Ov. fast. 1, 709. Hor. carm. saec. 57. Petron. 124. *v.* 249. – **b** der Griechen = Εἰρήνη, Nep. Timoth. 2, 2.

II übtr.: **1** der **Friede,** die **Ruhe, a** lebl. Ggstd., des Meeres, pax ipsa tumet, Stat. Theb. 7, 87: sensim infusā tranquilla per aequora pace, Sil. 7, 258: eines Flusses, flumen cum pace delabens Etruscum in mare, Hor. carm. 3, 29, 35: ubi pax fluminis rediit, Flor. 4, 2, 28: der Winde, ventorum paces, Lucr. 5, 1228. – **b** der Mienen, des Gemütes, pacem vultus habet, Ov. met. 2, 858. – pax animi (v. Schlaf), Ov. met. 11, 624: pacem mentis habere volunt (carmina), Ov. trist. 5, 12, 4: temperantia pacem affert animis, Cic. de fin. 1, 47: semper in animo sapientis est placidissima pax, Cic. Tusc. 5, 48: pacem demus animo, Sen. de ira 3, 41, 2. – So auch die parenthet. Verbindungen, pace quod fiat tuā, sei nicht ungehalten oder böse darüber, Ter. eun. 466: u. pace tuā dixerim, sei darüber nicht ungehalten od. böse, nimm es mir nicht übel! verzeihe mir meine Worte! (wenn man eine abweichende Ansicht od. tadelnde Bemerkung vorbringt), Cic. Tusc. 5, 12 u. a. (s. Wyttenbach Cic. de legg. 3, 29): ebenso pace horum dixerim, Cic. de or. 1, 76: pace loquar Veneris, V. sei darüber nicht böse, Ov. am. 3, 2, 50: pace vel Quirini vel Romuli dixerim, Quirinus oder Romulus mag mir das Wort verzeihen, Cic. de off. 3, 41: pace diligentiae Catonis dixerim, ohne der Gründlichkeit des K. zu nahe treten zu wollen, Vell. 1, 7, 4: pace P. Cassii Scipionisque et Laelii dixerim, Vell. 1, 17, 3: pace maiestatis eius dixerim, seine Majestät möge mir den Ausdruck verzeihen, Vell. 2, 129, 3. – **c** die **Ruhe,** der **Friede** der Seele im Grab, excepit illum magna et aeterna pax, er ging zum ewigen Fr. (= zur ewigen Ruhe) ein, Sen. ad Marc. 19, 6: u. auf Grabschriften, hic requiescit in pace N. N., s. CIL 10, 3303 u. ö. – **2** die **Gnade, Gunst,** der **Beistand der Götter,** pacem ab Aesculapio petas, Plaut.: ab Iove ceterisque dis pacem ac veniam (Gnade u. Huld) peto, Cic.: pacem veniamque precata deorum, Liv.: iussi pacem deûm exposcere, Liv.: pacem deorum sanguine eorum exposcentes, Iustin.: caesis de more iuvencis exorat pacem divûm, Verg.: occupandam manium ac deae pacem rati, Iustin.: diu non impetrata pax deûm, Liv.: si pax veniaque ab diis impetrata esset, Liv. – **3** die **friedliche** (röm.) **Herrschaft,** pax Romana, Sen. de prov. 4, 14; ad Polyb. 15 (34), 1; de clem. 1, 4, 2. Plin. 27, 3. – **4** die wiederhergestellte **Ruhe** in der Kirche, **Ruhe und Friede,** Eccl. (s. Bünem. Lact. 5, 13, 10 u. 5, 21, 4).

2. pax! *Interi.*, **I schnapp!** Plaut. trin. 891. – **II** (πάξ, Hesych.) **damit basta! genug!** Plaut. mil. 808 u. Stich. 772. Ter. heaut. 291 u. 717. Petron. 66, 7. Auson. edyll. 12. grammaticom. *v.* 22. p. 139 Schenkl. Apul. apol. 75. Vgl. Ritschl opusc. 2, 254.

pāxillus, ī, *m. (Demin.* v. pālus, s. d.), ein **kleiner Pfahl,** ein **Pflock,** Cic. or. 153. Varro, Colum. u. a.

peccāmen, inis, *n.* (pecco), der **Fehler,** die **Sünde,** Prud. apoth. 911 u. a. Eccl.: Plur., Prud. ham. 619 u. a.

peccāns, antis, *PAdi.* (pecco), **fehlerhaft, unrecht,** est etiam profecto peccantius prohibito cibo vinum dare, Cael. Aur. de morb. acut. 3, 8, 88.

peccanter, *Adv.* (peccans), **fehlerhaft, unrecht, falsch,** Cael. Aur. de morb. acut. 2, 9, 40 u. 3, 1, 5.

peccantia, ae, *f.* (pecco), die **Sünde,** Tert. adv. Iud. 10.

peccātēla, ae, *f.* (pecco), die **Sünde,** Tert. de anim. 40.

peccātio, ōnis, *f.* (pecco), das **Fehlen, Sündigen,** die **Sünde,** Gell. 13, 20, 19, als Erklärung von peccatus.

peccātor, ōris, *m.* (pecco), der **Sünder,** Eccl.

peccātōrius, a, um (peccator), **sündhaft,** Tert. adv. Marc. 2, 24 u. a.

peccātrīx, trīcis, *f.* (Femin. zu peccator), die **Sünderin, sündigend, sündhaft,** Eccl.

peccātum, ī, *n.* (pecco), eine pflichtwidrige Handlung, die **Sünde,** das **Vergehen, Verbrechen,** im milderen Sinne der **Fehler,** das **Versehen,** der **Irrtum,** stultitiae, Cic.: peccatum suum confiteri, Cic.: eā iam aetate sum, ut non siet peccato mihi ignosci aequum, bei einem Versehen, Ter. – peccatum mortiferum, Todsünde, Augustin. serm. 71, 7.

peccātus, Abl. ū, *m.* (pecco), das **Vergehen,** in manifesto peccatu teneri, Cic. Verr. 2, 191 (angeführt von Val. Prob. b. Gell. 13, 20, 17).

pecco, āvī, ātum, āre, **I etwas versehen, einen Fehler machen, fehlen, sündigen,** de se, Ter.: in se, Cic.: in alqm, Curt.: erga alqm, Plaut.: in alqa re (z. B. in syllaba), Cic.: m. bl. *Abl.*, ingenuo amore, Hor.: verbo, Ov. – m. *Acc.*, klass. nur m. allg. *Acc. neutr.* = **es** in etw. **versehen,** si unam (Fl. in una syllaba) peccavisses syllabam, Plaut. Bacch. 433 G. (vgl. cum loquor una mihi peccatur littera, Priap. 7, 1): eadem peccat, begeht dieselben Fehler, Cic.: multa, Cic.: plura, Ter.: nihil, Sen.: dah. im Passiv, multa peccantur, es wird viel versehen, es werden viele Fehler gemacht, Cic. – *abl. abs.* peccato, Ter. Hec. 737. – Partiz. subst., peccantes, die Fehlenden, Sünder, Nep. u. a. – **II** insbes., **fehlen, sich vergehen, sträflich handeln, sich vergreifen,** in homine, Caes.: bes. von Unzucht u. Ehebruch, in togata (muliere), Hor.: matrona peccans, Hor.: quid (precatur) meretrix, nisi ut plurimum peccet? Lact.: v. lebl. Subjj., anulus peccaverat, Mart. – ► arch. Fut. ex. peccasso, Plaut. rud. 1348, peccassis, Plaut. rud. 1150 u. Stich. 725 G., peccassit, Plaut. Cas. 825. – Synk. Perf.-Formen peccasti, peccasim etc.

pecorālis, e (pecus, oris), **zum Vieh gehörig, Vieh-,** multa, Strafe an Vieh, Fest. 202 (b), 16.

pecorīnus, a, um (pecus, oris), **vom Kleinvieh,** caseus, Schaf- od. Ziegenkäse, Th. Prisc. 5, 43.

pecorōsus, a, um (pecus, oris), **reich an Vieh,** Palatia, Prop.: ver, Stat.: Arcadia, Serv. Vgl. Savaro Sidon. epist. 2, 2 *extr.* p. 120.

pecten, inis, *m.* (pecto), der **Kamm, I** eig., zum Kämmen der Haare, Plaut. u. a.: pectine cotidie expedire capillum, auskämmen, Fronto: deducere pectine crines, Ov.: flectere comas pectine, kräuseln, Petron. (vgl. fuit flexo ad pectinem capillo, er trug sein Haar in künstlichen Locken, Spart.): inter pectinem speculumque occupatus, Sen. – **II** übtr.: **a** der **Kamm** beim Weben, der **Weberkamm,** das **Weberblatt,** Verg. u. Ov.: dentes pectinis, Varro LL. 5, 113. – meton., die **Weberkunst,** das **Weben,** p. Niliacus, Mart. 14, 150, 2. – **b** ein Werkzeug, Flachs zu riffeln, Wolle zu krempeln, die **Riffel, Raufe, Krempel,** Plin. 11, 77. – **c** der **Rechen,** die **Harke,** Ov. u. Colum. – **d** p. dentium, die **kammförmige Reihe** der Zähne, Prud. perist. 10, 934. – **e** das **Zusammenfalten** der Hände in großer Angst usw., digiti inter se pectine iuncti, Ov. met. 9, 299. – u. das **Verschlingen** der Ruder zweier Schiffe, mistis obliquo pectine remis, Lucan. 3, 609. – **f** die **Ringe, Adern** im Holz, Plin. – **g** die **Schamhaare,** Plin. u. Iuven.: u. das **Schambein,** Cels. 8, 1 *extr.* – **h** ein **Tanz,** wobei die Tanzenden sich gleichs. verflechten, Stat. Ach. 2, 159. – **i** das Werkzeug, womit die Saiten auf der Laute angeschlagen werden, der **Griffel,** Verg. Aen. 6, 647. Iuven. 6, 382. – meton.: **α** die **Laute,** Val. Flacc. 3, 160. – **β** das **Lied,** alterno pectine, ein elegisches Lied (Hexameter und Pentameter abwechselnd), Ov. fast. 2, 121. – **k** die **Kammmuschel,** Hor. u. Plin. – **l** p. Veneris, eine Pflanze, viell. **Nadelkerbel, Hechelkamm,** Plin. 24, 175.

pectinārius, a, um (pecten), **zur Wollkrempel gehörig, Wollkrempel-,** refector, CIL 5, 7569. – subst., pectinārius, iī, *m.*, der **Wollkrempler,** CIL 5, 2543: vollst. lanarius pectinarius, CIL 5, 4501.

pectinātim, *Adv.* (pectinatus), **kammförmig, kammartig,** Vitr. 1, 5, 7. Plin. 8, 89 u. a.

pectinātor, ōris, *m.* (pectino) = κτενιστής (Gloss.), der **Wollkrempler,** CIL 5, 2538.

1. **pectinātus,** a, um, s. pectino.

2. **pectinātus,** a, um (pecten), **kammförmig,** fastigiorum duplex pectinata dispositio, die sich kreuzende doppelte Giebelanlage, Vitr. 5, 1, 10.

pectino, āvī, ātum, āre (pecten), **I kämmen,** leviter pectina (capillos), Marc. Emp. 6: iuba ista tua probe pectinata, Apul. met. 6, 28. – u. **krempeln,** lana pectinata, Paul. sent. 3, 6, 82. – **II** übtr., **eggen, untereggen,** segetem, Plin. 18, 186.

pectio, ōnis, *f.* (pecto), das **Kämmen** der Haare, Cael. Aur. de morb. chron. 1, 4, 98.

pectitus, a, um, s. pecto.

pecto, pēxī, pexum u. pectitum (vulg.), ere (πέκτω, πεκτέω), **I kämmen,** capillos, Ov.: capillum, Curt.: caesariem, Hor.: comas pectine denso, Tibull.: ego comas pectar, Ov.: ille pexus pinguisque doctor, gekräuselte u. pomadisierte (bildl. = allzu zierliche), Quint. 1, 5, 14. – **II** übtr.: **A hecheln, riffeln, krempeln,** stuppam, Plin.: pectitae lanae, Colum. 12, 3, 6: dah. scherzh., alqm fusti od. pugnis, striegeln, derb abprügeln, Plaut. – *Partic.* pexus, a, um, eig. aufgekrempelt, dah. langwollig, flockig, vestes, Plin.: tunica, noch langwollig, noch neu, Hor.: munera, Mart.: u. übtr., folium, Colum. 11, 3, 26. – **B** mit dem Karst **wohl bearbeiten, -behacken,** ferro bicorni (terram), Colum. poët. 10, 148: pectita tellus, *ibid.* 10, 94. – ► Perf. pexui (nach Angabe der meisten Grammatiker), Alcim. Avit. epist. 77.

pectorālis, e (pectus), **zur Brust gehörig, Brust-,** os, Cels.: cinctum, Apul.: tunicula, Amm.: fascia, Mart. u. Eccl. – subst., pectorālia, ium, *n.* (*sc.* tegumenta), der **Brustharnisch, Panzer,** Varro LL. u. Plin.

pectorōsus, a, um (pectus), **starkbrüstig, hochbrüstig,** Colum. 8, 2, 8. Plin. 14, 140. – *Compar.*, Priap. 36, 9.

pectunculus, ī, *m.* (*Demin.* v. pecten), eine **kleine Kammmuschel,** Varro LL. 5, 77. Varro sat. Men. 403. Colum. 8, 16, 7. Plin. 9, 84.

pectus, oris, *n.* (vielleicht zu altind. *pakša-ḥ*, Flügel, Achsel), die **Brust** an Menschen u. Tieren, **I** eig., die **Brust,** der **Brustknochen,** das **Brustbein,** Cels., Verg. u. a.: p. latum, Plin.: pectoris latitudo, Quint.: exstare (*sc.* aquā) pectore tenus, Tac.: nudare pectus, Liv.: antrum pectoris, Brusthöhle, Augustin.: reserato pectore, das Innere der Brust, Ov. – Plur. poet. v. der Brust einer Person, Ov. u. a. – **II** bildl., die **Brust, 1** als Sitz des Mutes, der Empfindung, Neigung, Affekte usw., das **Herz, Gefühl,** die **Seele,** sed haec res mihi in pectore et corde (Herz u. Seele) curae est, Plaut.: canum fido cum pectore corda, Ter.: dura illa pectora (v. d. Samnitern), Liv.: toto pectore amare, von ganzem Herzen, Cic.: eā pietate omnium pectora imbuere, ut etc., Liv. – forti pectore, Mut, Hor.: pectore puro, Gewissen, Bewusstsein, Hor. – u. wie **Herz, Seele,** p. amicitiae, Freundesherz, Freund, Manil. u. a.: cara sororum pectora, Verg. – **2** als Sitz der Einsicht, des Verstandes usw., das **Herz,** der **Sinn,** die **Einsicht,** der **Verstand, Geist,** die **Seele,** toto pectore cogitare, Cic.: non tu corpus eras sine pectore, Hor.: pectore habere deum, v. Begeisterten, Ov.: excīdere pectore alcis, vergessen werden, Ov.: de summo pectore dicere, unüberlegterweise, Gell.

pectusculum, ī, *n.* (*Demin.* von pectus), das **Brüstchen,** Hieron. epist. 22, 30 Fulg. myth. 1. praef. p. 13 M. u. 2, 9.

pecu, Dat. ū, Abl. ū, Plur. Nom. u. Akk. pecua, Genet. pecuum, Dat. pecubus (altind. *páçu*, gotisch *faíhu*, ahd. *fihu*), *n.* (verwandt mit pecus), das **Vieh,** als Gattung, luna muribus fibras et pecu (Marx iecur) addit, Lucil. 1201: cum eunt sic a pecu palitantes, Plaut. Bacch. 1123: cum a pecu cetero absunt, *ibid.* 1139ᵃ G.: non vides referre me uvidum rete, sine squamoso pecu? Plaut. rud. 942. – Plur., Varro, Cic. u. a. (s. Halm Cic. de imp. Pomp. 15. p. 113 *sqq.*).

pecuālis, e (pecu), **zum Vieh gehörig,** animal, ein Vieh, Sedul. carm. pasch. 1, 162 H.

pecuārius, a, um (pecu), **zum Vieh gehörig, Vieh-, I** *adi.*: grex, Varro: res, Viehzucht, Plaut., Varro u. Cic.: agri, für das Vieh (zur Viehzucht) geeignete, Sall. fr. – **II** *subst.*: **A** pecuārius, iī, *m.*, **a** der **Viehzüchter,** Cic.: dah. pecuarii, die Pächter der öffentlichen Weideplätze (in den Provinzen), Cic. u. Liv. – **b** ein Intendanturbeamter beim Heer, der für Schlachtvieh sorgte, pequarius (so!), CIL 8, 2553 u. 2568: pequ. legionis, *ibid.* 8, 2791: pequ. legionis XX, *ibid.* 13, 8287. – **B** pecuāria, ae, *f.*, **α** (*sc.* statio), der **Viehstand,** die **Viehhalterei,** pecuariae grandes od. magnae, Varro r. r. 2. praef. § 6 u. 7. – **β** die **Viehzucht,** Varro r. r. 3, 1, 9: pecuariam facere, Viehzucht treiben, Suet. Caes. 42, 1. – **C** pecuāria, ōrum, *n.*, **Viehherden,** Verg. georg. 3, 64. Pers. 3, 9: feminarum pecuaria separare, die Weibchen (der Elefanten) in besondere Herden abtrennen, Plin. 8, 27: heteroklit., agros suis pecuaribus implet, Coripp. Ioann. 6, 280.

pecuātus, a, um (pecu), **tierisch,** Fulg. serm. ant. 51. p. 124, 17 *Helm.*

pecudālis, e (pecus, udis), **zum Vieh gehörig, Vieh-,** nomen, Mart. Cap. 8. § 806.

pecudiārius, iī, (pecu), der **Hirt,** Gloss. IV, 270, 1 u. V, 509, 41.

pecuīnus, a, um (pecu), **I vom Vieh, Vieh-,** daps, Cato r. r. 132, 2: ossa, Apul. met. 8, 30. – **II viehisch,** animi non modo humani, verum etiam pecuini et ferini, Apul. de mag. 12.

pecūlantia, ae, *f.* (peculor) = peculatus (s. d.), Commodian. instr. 2, 28, 13.

pecūlātor, ōris, *m.* (peculor), der **Veruntreuer öffentlicher Gelder,** der **Verbrecher am Staatseigentum,** Cic. de off. 3, 73. Tac. hist. 1, 53: m. *Genet.*, tamquam peculator (Veruntreuer) Veientanae praedae reus factus, Val. Max. 5, 3, 2 *in.*

pecūlātus, ūs, *m.* (peculor), der **Unterschleif,** die **Veruntreuung öffentlicher Gelder,** p. publicus, Varro u. Liv.: peculatum facere, Cic.: peculatus damnari, Cic. – bildl., amor in me peculatum facit, spielt an mir Betrug, Plaut. cist. 72.

pecūliāris, e (peculium), **I zum Privateigentum-, zum Sondergut gehörig, a = eigen, eigentümlich, Sonderguts-,** oves, Plaut.: aedes, ICt.: servus, Suet. u. ICt. – **b** = das Privateigentum-, das Sondergut betreffend, **Eigentums-, Sonderguts-,** causa, ICt.: peculiari nomine, wegen des Sondergutes, für das Sondergut u. dgl., ICt. – **II** übtr.: **a** jmdm. **eigentümlich** u. zugleich seiner Art nach von anderen Dingen **verschieden,** testis, Cic.: cognomen, Plin. pan.: hoc mihi peculiare fuerit, Cic. – **b** eigen in seiner Art, **ganz besonders, außerordentlich,** munus, Iustin.: edictum, Cic.

pecūliāriter, *Adv.* (peculiaris), **I eigentümlich, als Eigentum, als Sondergut,** ICt. – **II** übtr., **besonders, insbesondere,** Quint. u. a.: *Compar.* peculiarius, Cassian. coenob. inst. 5, 4.

pecūliārius, a, um = peculiaris, Pompon. dig. 15, 1, 4. § 5. Marcian. dig. 33, 8, 14. Ulp. dig. 44, 4, 4. § 34. CIL 6, 8868.

pecūliātus, a, um, s. pecūlio.

pecūlio, āvī, ātum, āre (peculium), **mit einem Eigentum versehen, -beschenken,** ob istanc rem ego aliqui te peculiabo, Plaut. Pers. 192. – *Partic.* pecūliātus, a, um, **a mit einem Sondergut versehen,** servus, ICt. – **b mit Vermögen versehen, begütert,** plane bene pec., Asin. Poll. in Cic. ep. 10, 32, 1: libertus satis pec., Apul. met. 10, 17. – **c** übtr., **mit einem gehörigen Patengeschenk** (= männl. Glied) **versehen,** Priap. 52, 7.

pecūliolum, ī, *n.* (*Demin.* v. peculium), ein **kleines Eigentum,** Quint. 1, 5, 46.

pecūliōsus, a, um (peculium), **viel Sondergut habend,** servus, Plaut. rud. 112. Augustin. in psalm. 38, 12: ager pecorosus in pascuis, peculiosus in pastoribus, Sidon. epist. 2, 2, 19.

pecūlium, iī, *n.* (v. pecus, wie auch pecunia), das (urspr. in Vieh bestehende) **Vermögen, I** eig.: **A** im Allg.: cupiditate peculii, Cic.: cura peculi, Verg. – **B** insbes., der Inbegriff gewisser von einem Gesamtvermögen abgesonderter Vermögensstücke, das **Sondergut, a** der zurückgelegte **Notpfennig, Sparpfennig** des Hausherrn, Cels. dig. 32, 1, 79. § 1. – **b** das zur freien Verfügung abgesondert vom Vermögen des Hausherrn besessene Vermögen der Hausfrau, des Hauskindes, der Haussklaven, u. zwar: **α** das neben der Mitgift von der Hausfrau eingebrachte Vermögen, das **Paraphernalvermögen,** Ulp. dig. 23, 3, 9. § 23: wohl bestehend in dem von der Tochter im Vaterhaus besessenen Sondergut, das ihr der Vater in die Ehe mitgab, s. Suet. Tib. 50, 1. – **β** das **Sondergut** des Sohnes, das er sich als Soldat (pec. castrense), durch andere Beschäftigungen (quasi castrense), durch Bewilligungen vom Vater (profecticium) od. durch Erbschaften von mütterlicher Seite (adventicium) erworben hat, Plaut., Hor., Liv. u. a. Vgl. dig. 15. tit. 1. de peculio; 49, 17, 5 *sqq.* de peculio castrensi. – **γ** das **Sondergut,** der **Sparpfennig** des Haussklaven (durch Nebenarbeiten verdient u. meist zum Erkaufen der Freiheit benutzt), Varro, Cic. u. a. – **II** übtr.: **A** scherzh., ein **Sparpfennig** = besondere (schriftl.) Zugabe, sed iam debeo epistulam includere. Sic, inquis, sine ullo ad me peculio veniet? Noli timere, aliquid secum fert, Sen. ep. 12, 10. – **B** das **Patengeschenk** = das männliche Glied, Petron. u. Lampr.

pecūlor, ārī (peculium), **durch Unterschleif betrügen,** rem publicam, Flor. 3, 17, 3.

pecūnia, ae, *f.* (v. pecus, weil der Reichtum der Alten in Vieh bestand), **I** das (zeitliche) **Vermögen,** pec. aliena, Cic.: ampla atque praeclara, Cic.: magna, maxima, Cic.: pecuniae magnitudo, Cic.: pecuniam facere, V. erwerben, Cic.: u. so ex nummis pecuniam maximam facere, Cic.: magnam pecuniam secum portare (mitbringen), Nep.: cum magna pecunia venire, Nep.: magna pecunia alci relicta est (erblich hinterlassen), Cic.: in pecore tum consistebat pecunia pastoribus, Varro LL.: in alienam pecuniam tam amplam atque praeclaram nullo iure invasit, Cic. – **II** insbes., das **Geld,** die **Geldmasse, Geldsumme,** Plur. **Gelder, Geldmengen, Geldsummen, a** übh.: pec. aerea, argentea, aurea, Augustin. de civ. dei 4, 21 u. 28: non adesa iam, sed abundans etiam pec., Cic.: pec. amplior, Auct. b. Alex.: captiva (erbeutetes), Liv.: cruenta, Blutgeld, Cic. u. Val. Max.: fenebris, Suet.: grandis, Cic.: immanis, infinita, ingens, Cic.: innumerabilis, Cic.: multaticia, Liv.: numerata od. praesens, bares Geld, Cic.: pecunia parvula, Cic.: pec. publica, Staatseinkünfte, Staatskasse, Cic., Kriegskasse, Caes.: pec. reliqua, der Rest des G., Cic.: pec. venditorum hominum, Erlös aus usw., Eutr.: pec. ludiaria, Spielgeld, Inscr. – pecuniae extraordinariae, Cic.: familiares, das Privatvermögen, Tac.: magnae, Cic.: multae, Cic.: tantae et tam infinitae pecuniae, Cic. – cupidus pecuniae, Cic.: inops pecuniae, Val. Max. – tanta pecuniae accessio, Nep.: cupiditas pecuniae, Nep.: dissipatio pecuniae publicae, Cic.: effusiones pecuniarum, Cic.: pecuniae reditus, Geldeinkünfte, Nep.: summa pecuniae, Liv.: incredibilis pecuniae summa, Curt.: pecuniae quinquaginta talenta, Nep.: pecuniae usura, Cic.: pecuniae usus, Nep. – abiurare in iure pecuniam, Plaut.: accipere pecuniam, übh. »Geld empfangen« u. »Geld nehmen, sich bestechen lassen«, Cic.: ob innocentes condemnandos pecunias accipere, Iustin.: accipere pecuniam numeratam ab alqo, Nep.: accipere pecuniam fenore (gegen Zinsen), Liv.: accipere (erheben) ex aerario pecuniam alcis nomine, Cic.: aedificatur pecuniā publicā classis centum navium, Nep.: amittere pecuniam grandem, Cic.: attribuere (anweisen) pecuniam publicam ex vectigalibus populi Romani ad emendum frumentum, Cic.: auferre pecuniam ab alqo, Cic.: augere summam pecuniae, zum Gebot zulegen, Liv.: avertere pecuniam domum, unterschlagen, Cic.: capere (nehmen, sich zueignen) pecunias, pecunias magnas hoc nomine, Cic.: capere (sich geben lassen) aperte pecunias ob rem iudicandam, Cic.: cogere pecuniam, pecunias u. dgl., s. cōgo *no.* I, 1, c: coacervare pecuniam, pecunias, Cic.: pecunias levioribus usuris mutuatum graviore fenore collocare, Suet.: in ea provincia magnas pecunias collocatas habere (angelegt haben), Cic.: conciliare (sich erwerben) pecuniam, Cic.: conferre pecuniam, pecunias, zusammenschießen, Nep., pecuniam simul cum ceteris, Nep., alci pecuniam ad statuam, Cic.: conficere pecuniam, s. cōn-ficio *no.* I, 2, a: flare et conflare pecuniam, Münzen und Geld (sich) machen, Cic.: chirographis venalibus innumerabilem pecuniam congerere in illam domum, Cic.: conicere (stecken, verwenden) tantam pecuniam in praeclara illa propylaea, Cic.: consumptam esse omnem istam pecuniam in statuis, Cic.: corripere (an sich reißen, in Beschlag nehmen) pecuniam innumerabilem, Cic., pecunias, Cic.: corrogare pecuniam ad necessarios sumptus, Caes.: corrumpere alqm pecuniā, Nep.: curare pecuniam, s. cūro *no.* II, 3, b: dare pecuniam ad alqd, Nep.: eam pecuniam datam esse statuarum nomine, Cic.: dare pro pecunia aliquid, quod est tantumdem, Ps. Quint. decl.: debere (alci) pecuniam, s. dēbeo *no.* I: celeriter pecunia deesse coepit, Nep.: deponere pecuniam apud alqm, Cic., ad Phacum (in Phakus), Liv., in Cilicia apud Solos in delubro, Cic.: devorare (durch die Gurgel jagen, verprassen) pecuniam, omnem pecuniam publicam, Cic.: dilapidare (verschwenden) pecuniam, Ps. Cic. ep. ad Octav. § 3 u. ICt.: dispensare pecuniam, die Kriegskasse verwalten, Kriegszahlmeister sein, Nep.: dissipare frustra pecuniam ex aerario acceptam, Cic.: dissipare atque effundere pecuniam publicam, Cic.: dissolvere pecuniam, Cic.: dissolvere alci pecuniam pro alqa re, etw. mit Geld ablösen, Caes.: donare pecuniae quinquaginta talenta civibus suis, Nep.: donari magnā pecuniā, Nep.: eripere ab alqo pecuniam grandem, Cic.: erogare (anweisen, auszahlen) ex aerario pecuniam publicam, Cic.: erogare quaestoribus pecuniam in classem, Cic., multas pecunias in operum locationes, Cic.: unde in eos sumptus pecunia erogaretur, Liv.: exhaurire omnem pecuniam ex aerario, Cic.: exigere pecuniam, pecunias, Cic., pecunias raptim, Liv.: facere (sich machen, erwerben) magnas pecunias ex metallis, Nep.: fenerare pecuniam, s. fēnero: fenerari pecuniam, pecunias, Cic.: fenori dare alci pecunias, Cic.: pecunias alci ferre acceptas, gutschreiben, Cic.: pecunias alci ferre expensas, in Rechnung bringen, als mir schuldig eintragen, Cic.: pecunias alci sine fenore expensas ferre, vorschießen, Liv.: pecuniā fidere, Nep.: pecuniam habere, non habere, Cic.: pecuniam tantam habere, ut etc., Cic.: imperare civitatibus pecuniam classis nomine, Cic.: imperare civitatibus tyrannisque magnas pecunias, Caes.: imperare iis ampliorem pecuniam, Auct. b. Alex.: imperare pecuniam, Cic.: indigere pecuniae, Cic., pecuniā, Nep.: pecunia publica largitione magistratuum quotannis interit (geht Null für Null auf), Nep.: legare alci pecuniam, Cic., alci testamento pecuniam, Ps. Quint. decl., alci testamento grandem pecuniam, Cic.: locupletare pecuniā totam Africam, Nep.: mercari praesenti pecuniā, Plaut.: multari pecuniā, Nep.: mutuari pecuniam, Ps. Quint. decl., pecunias, Cic., pecunias levioribus usuris, Suet.: pecunias mutuas sumere, Cic., ab alqo, Caes.: pecuniam mutuam sumere ab alqo, Cic.: insequentis anni pecuniam mutuam praecipere, als Anleihe vorausnehmen, Caes.: pecuniam dare mutuam, Cic.: quaerere pecunias mutuas fenore, Liv.: numerare alci pecuniam, Cic.: nescire pecuniam, das G. nicht kennen, Solin.: pecuniam occupare grandi fenore, Cic., graviore fenore, Suet.: parare (anschaffen) pecuniā alqd (z. B. equos, vasa pretiosa), Cic.: parĕre (erwerben) pecuniam in operis artificum scaenicorum, Gell.: pecunia non modo non contra leges, sed legibus (gesetzlich) parta, Cic.: pendĕre pecuniam, s. pendo *no.* I, B, 1: perdere pecuniam, Gell.: tantam pecuniam populi Romani tam brevi tempore perire potuisse, Cic.: permutare (in Wechsel umsetzen) pecuniam, Cic.: perscribere pecuniam, s. per-scrībo: persolvere alci pecuniam ab alqo, Cic.: petere pecuniam ab alqo, Cic.: polliceri alci pecuniam, Cic.: ponere (niederlegen) pecuniam apud alqm, Cic.: promere pecuniam ex aerario contra legem, Liv.: profundere pecuniam, Cic., tantam pecuniam, Plin. pan.: pecunia publica, quae ex metallis redibat, Nep.: redigere pecuniam ex etc. od. in etc., s. redigo *no.* II, A: redigere omnia in pecuniam, zu G. machen, Ps. Quint. decl.: referre (buchen, verrechnen) pecunias acceptas u. dgl., s. re-fero *no.* II, 2: repetere pecunias statuarum nomine, der Bildsäulen halber wegen Erpressung klagen, Cic.: reponere pecuniam in aerario, Nep.: repraesentare pecuniam ab alqo, durch Anweisung an jmd. bar zahlen, Cic.: retribuere populo pecuniam pro Siculo frumento acceptam, Liv.: seponere captivam pecuniam in aedificationem templi, Liv.: solvere pecuniam, s. solvo *no.* I, B, 1, a, α: sublevare pecuniā alcis fugam, Nep.: subministrare alci pecuniam, Cic.: sumere pecuniam alcis fide (auf jmds. Kredit) ab alqo, Cic.: ut pecunia superesset, quae in aerario reponeretur, Nep.: suppeditare alci pecuniam, Nep.: transferre omnem pecuniam Athenas, Nep.: cum privatis non potuerat transigi minore pecuniā, Cic.: venire (gelangen) paucis annis ad magnas pecunias, Cic. – **b** in spät. Kaiserzt. = nummus, die **Münze,** das **Geldstück, Geldmünze,** vitiare pecunias, Eutr. 9, 14. – bes. **die Kupfermünze,** scaenicis numquam aurum, numquam argentum, vix pecuniam donavit, Lampr. Alex. Sev. 33. § 3. – **c** personif., dea Pecunia, Arnob. 4, 9. Augustin. de civ. dei 4, 21: als Beiname Jupiters, *ibid.* 7, 11. – ► Archaist. pequnia oft in Inschr., z. B. CIL 1, 577 colum. 3, 13; 1, 604 u. ö.

pecūniālis, e (pecunia), **zum Geld gehörig, Geld-,** quaestus, Cael. Aur. de morb. chron. 1, 5, 147.

pecūniāriē, *Adv.* (pecuniarius) = pecuniariter, Ulp. dig. 16, 2, 10. § 2.

pecūniāris, e (pecunia), **zum Geld gehörig, Geld-,** damnatio, Verurteilung zu einer Geldstrafe, Macer dig. 48, 19, 10. § 2.

pecūniāriter, *Adv.* (pecuniaris), **nach Geld,** p. agere, auf Entschädigung in Geld, d. i. auf dem Zivilwege klagen, ICt.: p. interesse alcis, ein nach Geld anzuschlagendes Interesse haben, ICt.

pecūniārius, a, um (pecunia), *Adi.* mit *Compar.* u. *Superl.*, **zum Geld gehörig, Geld-,** lis, Quint.: negotium, Augustin.: poena, ICt.: condemnatio, ICt.: lucrum, Ambros.: res, Geldsache, Geldgeschäft, Cic. Rosc. Am. 117. Tac. ann. 6, 5; häufig = Geld, inopia rei pecuniariae, Geldmangel, Cic.: praemia rei pecuniariae, Belohnungen an Geld, Caes.

pecūniōsus, a, um (pecunia), **I reich an Geld, bemittelt,** von Pers., Cic. u. a.: feminae pecuniosiores, Suet.: homo pecuniosissimus, Cic. – von Abstr., senectus pec., Tac.: pec. orbitas et senecta, Reichtum im kinderlosen Greisenalter, Tac. – Plur. subst., pecuniosi et locupletes, Cic. – **II** aktiv = **bereichernd,** ars, Mart. 5, 56, 8.

1. pecus, oris, *n.*, das **Vieh** als Gattung gedacht (dagegen pecus, udis = ein einzelnes Stück Vieh), **I** eig.: **A** im Allg.: p. maius et minus, Varro: p. bubulum, Varro: p. equinum, Varro: p. ovillum, caprinum, Colum.: p. caprarium, Solin.: p. lanigerum, Schafe, Ov.: p. setosum, Colum., od. (poet.) setigerum, Ov., Schweine, p. volatile, Federvieh, Geflügel, Colum.: p. aquatile, Fische, Colum.: Nerei p., Fische, Liv. Andr. fr. u. Pacuv. fr.: Proteus pecus (Seetiere) agit, Hor. – v. den Bienen, Colum.: v. den Hummeln, Verg. – **B** insbes.: **1** das **Kleinvieh,** bes. **Schafe,** pecus capraeque, Plin.: balatus pecorum, Verg.: pecora et armenta, Curt.: pecus Tarentinum, molle, mit feiner Wolle, Colum., Ggstz. hirtum, mit grober Wolle, Laber fr. u. Colum. – pecus tondere, Suet. – **2** (poet.) = ein Stück Vieh, pecus magnae parentis, vom jungen Löwen, Ov. Ib. 455 M. – **3** das **Junge** im Mutterleib, Firm. math. 6, 31. Tert. adv. Marc. 4, 21; de res. carn. 34 u. a. Eccl. – **II** übtr., v. Menschen, als Schimpfwort, imitatorum servum pecus, Hor.: dominae pecora, Catull.

2. pecus, udis, *f.* (pecu, pecus, oris), das **Vieh** als einzelnes Stück, das **Tier, I** eig.: **A** im Allg.: Indica, v. Elefanten, Mart.: sus …; quā pecude, Cic. – gew. im Plur., pecudes, quae generis sui sequuntur greges, Cic.: pecudes natantes, Fische, Lucr.: u. so Neptuni pecudes, Fische, Plaut.: pecudes ferae, Varro: solertia pecudum, der Bienen, Verg.: verb. pecudes et bestiae, zahmes (od. nutzbares) u. wildes Vieh, Cic. – kollektiv (= 1. pecus), das **Vieh,** id genus pecudis, v. Pferden, Colum. 6, 27, 13. – **B** insbes.: **a** ein Stück **Kleinvieh,** bes. ein **Schaf,** armenta et pecudes, Lucr. – lien pecudis (des Schafes), Plin.: pecudes balantum, Lucr.: pecus Helles, der Widder, Ov. – **b** im Plur. = **Landtiere,** genus aequoreum, pecudes pictaeque volucres, Verg. georg. 3, 243. – **II** übtr., v. Menschen, bes. von Stumpfsinnigen, als Schimpfwort, Cic. Pis. 19: pecus aurea, Tac. ann. 13, 1: stupor hominis vel dicam pecudis (Schafes), Cic. Phil. 2, 30: Aristippus et Cyrenaici et ceterae pecudes philosophorum, Hieron. comm. in eccles. p. 441 Vall. – ► Als *masc.*, Enn. fr. scen. 296. Ven. Fort. vit. S. Mart. 3, 301 u. 311. – *Plur. heterogen.* pecuda, Acc. tr. 409. Sisenn. hist. 4.

fr. 76 (bei Non. 159, 17). Cic. de rep. 4, 1. fr. 7 (aus Non. 159, 13): inertissimorum pecudum, Apul. met. 8, 15.

pecusculum, ī, *n. (Demin.* v. pecus), das **Viehchen, Vieh,** Iuvenc. 2, 595.

pedālis, e (pes), **I zum Fuß gehörig, Fuß-,** praecisio, Fußabschneidung, Vulg. Ierem. 51, 13. – subst., pedāle, is, *n.,* das **Fußwerk** (= Schuhwerk), Petron. 56, 9 (vgl. pedule unter pedulis). – **II** das **Maß eines Fußes enthaltend, einen Fuß groß, -lang, -dick usw.,** Caes. u. a. – v. der Sonne = **einen Fußbreit im Durchmesser,** Cic. u. Sen. – subst., pedāle, is, *n.,* das **Fußmaß,** Fronto de diff. (VII) 522, 29 K.

pedāmen, inis, *n.* (pedo, āre) = pedamentum, Colum. 4, 26 *in.* u. a.

pedāmentum, ī, *n.* (pedo, āre), der **Pfahl,** womit Gewächse, Bäume, Weinstöcke gestützt werden, die **Stütze,** Varro, Colum. u. a.

pedāneus, a, um (pes), **I** = pedalis *no.* II (s. d.), Pallad. u. Solin. – **II** übtr.: **A** p. iudex, der **Unterrichter, Hilfsrichter,** dem der Magistrat od. Statthalter minder wichtige Rechtssachen zur Entscheidung übertrug, ICt. – **B** pedanei senatores = pedarii s. (s. pedārius), Gell. 3, 18, 10.

Pedānus, a, um, s. 2. Pedum.

pedārius, a, um (pes), **zum Fuß gehörig,** senatores, **niedere Senatoren, Senatoren zweiten Ranges,** die noch kein kurulisches Amt bekleidet hatten und noch kein eigenes Votum ablegen durften, sondern nur dem anderer sich anschlossen (s. Gell. 3, 18, 1 *sqq.* u. das. Varro u. Gav. Bass.), Tac. ann. 3, 65: Sing., pedarius senator, Fest. 210, 29: dies. subst. bl. pedāriī, ōrum, *m.,* Cic. ad Att. 1, 19, 9 u. 1, 20, 4: Sing., pedarii sententia, Laber. com. 88.

pedātim, *Adv.* (pes), **Fuß für Fuß,** incedere, Plin. 11, 253.

1. **pedātūra,** ae, *f.* (pedo, are), **I** = ποδισμός, die **Abmessung nach Füßen,** Gromat. vet. 216, 1; p. 217, 9; 252, 10 u. a. – **II** ein **nach dem Fußmaß bestimmter Raum,** Veget. mil. 3, 8. p. 83, 17 L.[2] Notit. dign. orient. c. XXXVI. p. 452 Boeck. CIL 6, 10235; 13, 4139 u. 7613.

2. **pedātūra,** ae, *f.* (1. pedo), die **Weinstütze,** CIL 10, 114.

1. **pedātus,** Abl. ū, *m.* (pedo, are), das **Anrücken** gegen den Feind, der **Angriff,** primo pedatu et secundo, Cato inc. libr. fr. 1: tertio pedatu, Cato origg. 1. fr. 27; oratt. 6. fr. 2. Plaut. cist. 526.

2. **pedātus,** a, um (pes), **mit Füßen versehen,** male pedatus, schlecht zu Fuß, Suet. Oth. 12, 1.

pedeplāna, ōrum, *n.* (pes u. planus), *sc.* loca, zu ebener Erde befindliche Gemächer, das **Erdgeschoss,** Cod. Theod. 7, 8, 13.

pedes, itis, *m.* (pes), **I** jeder **Fußgänger,** cum pedes iret, zu Fuß, Verg.: u. so etiamsi pedes incedat, Liv.: rex agmen circumibat pedes, Curt.: is pedes (zu Fuß) regem comitatus est, Curt. – **II** insbes.: **A** der **Fußgänger** als Soldat, der **Infanterist** (Ggstz. eques), **a** eig., Caes. u. a. – kollekt., das **Fußvolk,** die **Infanterie** (Ggstz. eques), Liv. u. a. Histor. – **b** übtr. (weil die Plebejer zu Fuß dienten, die Patrizier zu Pferd), equites peditesque, Plebejer, Bürgerstand, Cic. u. a.: u. Sing. kollektiv, eques pedes, Plaut. – **B** Plur. pedites = die **Landmacht, Landsoldaten,** classicae peditumque excursiones, Vell. 2, 121, 1.

pedester, tris, tre (pes), **zu Fuß, Fuß-, I** eig.: **A** im Allg. (Ggstz. equester): statua pedestris (Ggstz. statua equestris), Cic. Phil. 9, 13. – bes. als milit. *t. t.,* copiae, Fußvolk, Infanterie, Caes.: scutum, Schild der Infanterie, Liv.: acies, des Fußvolkes, Liv.: pugna, das Fechten zu Fuß, -der Infanterie, Liv.: exercitus, Nep.: stipendia pedestria facere, zu Fuß dienen, Liv.: ordo pedester, die Klasse der Bürger, die zu Fuß dienen, Liv. – Plur. subst., pedestres, **Fußsoldaten, Fußvolk, Infanterie,** Iustin. – **B** insbes., **zu Lande** (Ggstz. maritimus, navalis), iter, Caes. u. Liv.: pugna, Cic.: copiae, Nep. – **II** übtr., wie πεζός, was sich nicht erhebt, niedrig, v. Stil, **A in Prosa geschrieben, prosaisch,** historiae, Hor.: oratio, Quint. – **B** in der Darstellung, **gewöhnlich, einfach, ohne poetischen Schwung, ohne Pathos,** sermo, Hor. u. Vopisc.: Musa, Hor.: opus, Auson. – ► pedestris als *masc.,* Mart. spect. 2, 28, 8. Vopisc. Prob. 21. § 1. Veget. mil. 1, 20. p. 22, 4. p. 23, 8 u. p. 24, 4 Lang [2].

pedetemptim, *Adv.* (pes u. tendo), **I Fuß für Fuß, Schritt für Schritt,** Pacuv. tr. 256. – **II** bildl., **allmählich, nach und nach, bedächtig,** Cato fr., Lucil. fr., Cic. u. a.: verb. caute pedetemptimque, timide et p., sensim pedetemptimque, p. et gradatim, Cic.: paulatim et, ut dicitur, p., Quint. – *Compar.* pedetemptius, Fronto ad M. Caes. 3, 2. p. 41, 3 N.

pedica, ae, *f.* (pes), **I** die **(Fuß-) Schlinge,** der **Sprenkel,** die **Dohne, (Fuß-) Fessel,** für Tiere, Verg. u. Liv., u. Menschen, Plaut. – **II** bildl., die **Schlinge, Fessel,** amoris, Apul.: fraudium, Apul.

pēdīcātor, ōris, *m.* (1. pedico), der **Knabenschänder,** Calv. Licin. bei Suet. Caes. 49, 1.

pedicinus, ī, *m.* (pes), der **Fuß der Kelter,** Cato r. r. 18, 4.

1. **pēdīco** (paedīco), āvī, ātum, āre (*pēdex = pōdex), **unnatürliche Unzucht treiben,** bes. mit Knaben = **Knabenschänderei treiben,** absol., Mart. 7, 67, 1; 11, 78, 5; 11, 104, 17. Priap. 3, 9. CIL 4, 2194. 2319[b] u. a. (s. Ind. verbb.). – m. *Acc.* (mit jmd.), Catull. 16, 1 u. 7; 21, 4. Mart. 6, 67, 1; 11, 94, 6. CIL 4, 1691 u. 1882: pedicatur qui leget, *ibid.* 2360: pedicatus qui legit, *ibid.* 1798. – übtr., de cathedra quotiens surgis, pedicant miserae, Lesbia, te tunicae, Mart. 11, 99, 1 *sq.*

2. **pēdīco** (paedīco), ōnis, *m.* (*pēdex = pōdex), der **Knabenschänder,** Mart. 6, 33, 1 u. 12, 85, 1.

pēdicōsus, a, um (pedis), **voller Läuse,** Titin. com. 177.

pēdiculāris, e (2. pediculus), **zu den Läusen gehörig, Läuse-,** herba, Läusekraut (griech. σταφίς, ἀγρία), Colum. 6, 30, 8: morbus, Läusesucht (griech. φθειρίασις), Serv. Verg. georg. 3, 564.

pēdiculārius, a, um (2. pediculus), **zu den Läusen gehörig, Läuse-,** herba, Läusekraut, Scrib. Larg. 166 (vgl. pedicularis).

Pēdiculi, s. Poediculī.

pēdiculōsus, a, um (2. pediculus), **voller Läuse,** Mart. 12, 59, 8 (nach wahrsch. Vermutung, aber gegen die Analogie pedīculōsus gemessen). – Nbf. peduculosus, φθειράφιος, Gloss. II, 470, 56.

1. **pediculus,** ī, *m. (Demin.* v. pes), **I** ein **kleiner Fuß,** das **Füßchen,** Plin. u. a.: corneus, an einer Schale, Val. Max. – **II** übtr.: **1** der **Stiel** an einer Frucht (Apfel, Traube usw.), Colum.: so auch des Blattes, Plin. – **2** das unterste Ende, der **Zipfel,** utris, Paul. ex Fest. 15, 2.

2. **pēdiculus,** ī, *m.* (pedis), die **kleine Laus,** Cels.: bei Hühnern, Colum.: pediculi terrae, sonst scarabaei terrestres gen., Plin. – Nbf. peduculus, φθείρ, Gloss. u. Pelagon. veterin. 7 (118 u. 122 *Ihm):* u. synk. peduclus, Petron. 57, 8. p. 38, 25 B[5]. Iunior. orb. descr. 3 (Class. auct. 3, 390).

pēdis, is, *c.,* die **Laus,** Komik., Varro u. a.; vgl. Fest. 210 (b), 11 *sqq.* – ► Nomin. pedis steht Nov. com. 107 u. Non. 220, 25.

pedisequus (altlat. pedisecus), a, um (*peda = griech. πεδά, 'μετά', u. sequor), **nachfolgend,** subst., pedisequus, ī, *m.* u. pedisequa, ae, *f.* (in Inschrn. abgek. PED. od. PEDIS. od. PEDISQ. od. PEDISEQ.), der **Diener,** die **Dienerin,** die der Herrschaft auf dem Fuße folgen, Plaut., Cic. u. a. – im Bild, iuris scientiam eloquentiae tamquam ancillulam pedisequamque adiunxisti, Cic.: divitiae, quae virtutis pedisequae sint, Rhet. Her. – übtr., clamore pedisequorum nostrorum, unseres Nachtrabs unter dem Pöbel, Cic. ad Att. 2, 16, 1: pedisequos tibi sum, ich folge dir auf dem Fuße, Plaut. mil. 1009: v. Abstr., cum indiscreta felicium pedisequa (Begleiter) sit superbia, Pacat. pan. 20, 3. – ► Die Schreibung pedisequus auch in den besten Inschrn., z. B. CIL 6, 5540 (wo PEDISEQUS); vgl. Jahn spec. epigr. p. 57; dagegen entbehrt die Schreibung pedissequus jeder Begründung nach Klotz u. Spengel Ter. Andr. 123; doch Not. Tir. 45, 63 (pedissecus) u. Gloss. V, 232, 1.

peditastellus, ī, *m. (Demin.* v. *peditaster v. pedes), ein **gemeiner Fußsoldat,** Plur. peditastelli, **gemeines Fußvolk,** Plaut. mil. 54.

1. **peditātus,** ūs, *m.* (pedes, ditis), das **Fußvolk,** die **Infanterie** (Ggstz. equitatus), Caes. u. a.

2. **peditātus,** a, um (pedes), **aus Fußvolk bestehend,** cohors, Hyg. de castr. munit. § 19. CIL 13, 7705.

pēditum, ī, *n.,* s. 2. pēdo.

Pedius, a, um, Name einer röm. *gens,* aus der am bekanntesten der Konsul Q. Pedius, von Cäsar zum Miterben ernannt, Verfasser einer lex gegen die Mörder Cäsars, Suet. Caes. 83, 2. – *Adi.* **pedisch,** lex, Vell. u. Suet.

1. pedo, āvī, ātum, āre (pes), den Wein und andere schwache Gewächse durch Pfähle **stützen,** vineam, Colum. u. Plin.

2. pēdo, pepēdī, pēditum, ere, **einen (Wind) streichen lassen, furzen,** Hor. u. Mart.: deciesque viciesque, Mart. – *Partic.* subst., pēditum, ī, *n.* = *crepitus ventris,* der **Wind,** der **Furz,** Catull. 54, 3.

3. Pedo, s. Albinovānus *no.* II.

pēdor, s. paedor.

Pēducaeus, a, um, Name einer röm. Familie, aus der am bekanntesten Sext. P., Volkstribun im Jahre 133 v. Chr., der ein Gesetz (rogatio) de incestu an das Volk brachte. – u. dessen Sohn Sext. P., der in denselben zwei Jahren die Prätur in Sizilien verwaltete, als Cicero dort Quästor war, s. *Orelli* Onomast. Tull. 2. p. 414*sq.* (wo auch noch andere Peducaei genannt werden). – *Adi.* = **peducäisch, des Peducäus,** de incestu rogatio (s. oben), Cic. de nat. deor. 3, 74.

pēduclus, s. 2. pēdiculus.

pēduculātio, ōnis, *f.* (peduculo), das **Lausen,** Gloss. II, 495, 18.

pēduculo (pediculo) = φθειρίζω, **lausen,** Gloss. II, 471, 3 u. ö.

pēduculōsus, s. pēdiculōsus.

pēduculus, s. 2. pēdiculus.

pedūlis, e (pes), **zu den Füßen gehörig, Fuß-,** fascia, das Socken- od. Strumpfband, Ulp. dig. 34, 2, 5. § 4. – subst., **a** pedūle, is, *n.,* das **Fußwerk** = Schuhwerk, Fronto de diff. (VII) 522, 29 K. – **b** pedūlēs, ium, *m.,* **Gamaschen,** Isid. regul. monach. 12: pedules novi, Schol. Iuven. 1, 111.

1. pedum, ī, *n.,* der **Hirtenstab,** Verg. ecl. 5, 88.

2. Pedum, ī, *n.,* eine Stadt in Latium, südlich von Rom, an der Straße von Labikum nach Rom, vermutlich das heut. *Gallicano,* Liv. 2, 39, 4*sq.* u. a. – Dav. **Pedānus,** a, um, **pedanisch,** regio, Hor. ep. 1, 4, 2. – subst., **α** Pedānum, ī, *n.,* ein Landgut im Pedanischen, das **Pedanum,** Cic. ad Att. 9, 18, 3. – **β** Pedānī, ōrum, *m.,* die Einwohner von Pedum, **die Pedaner,** Liv. u. Plin.

Pēgae, ārum, *f.* (Πηγαί), eine Quelle in Bithynien, am Berg Arganthus, Prop. 1, 20, 33 H. (Hertzberg Pēgē, ēs, *f.* = Πηγή).

pēganon, ī, *n.* (πήγανον), **I** die **Raute, Gartenraute** (*Ruta graveolens,* L.), Ps. Apul. herb. 89. – **II** p. orīnon (ὀρεινόν), die **Bergraute** (*Peganum harmala,* L.), Ps. Apul. herb. 115.

Pēgasēius, -sēus, s. 1. Pēgasus.

Pēgasiānus, s. 2. Pēgasus.

1. Pēgasis, s. 1. Pēgasus.

2. Pēgasis, idis, *f.* (πηγή), eine **Wasser-** oder **Quellnymphe,** Ov. her. 5, 3.

1. Pēgasus u. **Pēgasos,** ī, *m.* (Πήγασος), das Musenpferd **Pegasus,** nach der Sage ein geflügeltes Ross (ales, praepes), aus dem Blut der Medusa entstanden, dessen Hufschlag die zu Gesang u. Poesie begeisternde Quelle Hippokrene (fons caballinus b. Pers. prol. 1) hervorlockte. Bellerophon fing den Pegasus auf den Rat der Minerva, bestand mit dessen Hilfe glücklich den Kampf gegen die Chimära u. versuchte sich dann auf dem Pegasus zum Himmel emporzuschwingen; das Ross warf ihn aber ab und setzte seinen Flug fort, Hyg. fab. 151. Ov. met. 5, 262: ales P., Hor. carm. 4, 11, 27: Form *-os,* Ov. met. 4, 786 (wo Akk. *-on).* – appellat., o hominem fortunatum, qui eiusmodi nuntios seu potius Pegasos habeat! geflügelte, rasche Boten, Cic. Quinct. 80. – der **Pegasus** als Gestirn, Hyg. astr. 2, 18. – Name von fabelhaften geflügelten Pferden in Äthiopien, Plin. 8, 72. – Dav.: **A Pēgasēius,** a, um (Πηγασήϊος), **pegasēisch,** poet. = **dichterisch,** Pers. prol. 14. – **B Pēgasēus,** a, um = Πηγάσειος, **pegasēisch,** volatus, des Pegasus, Catull.: Pegaseo gradu, mit beflügeltem (= schnellem), Sen. poët. – **C Pēgasis,** idis, *f.* (Πηγασίς), **pegasisch,** undae, Gewässer der Musen, Musenquellen (Hippokrene, Aganippe), Ov. – Plur. subst., Pegasides, die Musen, Prop. u. Ov.

2. Pēgasus, ī, *m.,* ein berühmter Rechtsgelehrter, unter Vespasian Konsul (consul suffectus) und Urheber des SC. Pegasianum, dann praefectus urbi, Pompon. dig. 1, 2, 2 *extr.* Iuven. 4, 77. – Dav. **Pēgasiānus,** a, um, **pegasianisch,** senatus consultum, Iustin. instit. 2, 23, 6: dass. bl. Pegasianum, Paul. sent. 4, 3. § 4.

Pēgē, s. Pēgae.

pēgma, atis, *n.* (πῆγμα), **I** alles aus Brettern Zusammengefügte, die **Maschine,** das **Gerüst,** Auson. epigr. 26, 10. Ulp. dig. 33, 7, 12. § 25. – **II** insbes.: **A** die **Bücherfächer,** das **Bücherbrett,** Cic. ad Att. 4, 8, litt. a. § 2. – **B** ein künstliches **Gerüst,** eine **Maschine** im Theater u. Amphitheater, die von selbst rasch vom Boden aufstieg (emporschnellte, rapitur) u. wieder niedersank, od. mit der größten Schnelligkeit sich auflöste, auf der man Gladiatoren kämpfen ließ od. Menschen zur Belustigung der Zuschauer emporschnellte, Sen. ep. 88, 2. Phaedr. 5, 7 (8) 7. Vopisc. Carin. 19, 2 u. a.; vgl. Ruperti u. Heinrich Iuven. 4, 122. Bremi Suet. Cal. 26.

pēgniāris, -ārius, s. paegniārius.

pēierātio, ōnis, *f.* (peiero), der **Meineid,** Salvian. de gub. dei 4, 16, 77.

pēiero u. **periero** u. urspr. Form **per-iūro,** āvī, ātum, āre, **falsch schwören, meineidig sein,** zuw. auch (bei Plaut.) übh. **falsch aussagen, lügen, α** Form *peiero,* Cic. u. a.: conceptis verbis, einen förmlichen Meineid schwören, Plaut., Cic. u. a.: aperte, Sen.: optime, lügen, Plaut.: *de* turdo, Mart.: mit bl. *Acc.,* fulminantem Iovem, Plin.: undas Stygias, Lucan.: mit folg. *Acc.* u. *Infin.,* Prop. u. Suet. – Partiz. Perf. peieratus = durch Meineid verletzt, ius, falscher Eid, Hor. carm. 2, 8, 1. – **β** Form *periero,* Plaut. truc. 30. Catull. 52, 3. Salv. de gub. dei 4, 16. § 76 u. 77. – **γ** Form *periuro,* non enim falsum iurare ›periurare‹ est, sed quod ›ex animi tui sententia iuraris‹, Cic. de off. 3, 108: außerdem Plaut. asin. 322. Hor. sat. 2, 3, 127. Vulg. Levit. 19, 12; prov. 30, 9; Matth. 5, 33. – Partiz. Perf. periuratus = durch Meineid verletzt, di, Ov. am. 3, 11, 22. – **δ** Form *peiuro,* Hor. sat. 2, 3, 127. Itala Matth. 5, 33.

pēiiūrius, s. per-iūrus ►.

pēior, s. 1. malus.

pēiōro, āre (peior), **I** *tr.* **schlechter machen, verschlimmern,** Paul. sent. 2, 18, 1. – **II** *intr.* **sich verschlimmern,** v. der Krankheit, Cael. Aur. de morb. acut. 2, 1, 3; de morb. chron. 1, 5, 173; 4, 1, 13.

pēiūrium, s. periūrium.

pēiūro, s. pēiero.

pēiūrus, s. per-iūrus.

pēius, *Adv.,* s. male.

pelagē, *n. plur.,* die Meere, s. pelagus ►.

pelagia, ae, *f.,* s. pelagius.

pelagicus, a, um (πελαγικός), **zum Meer-, zur See gehörig, Meer-, See-** (rein lat. marinus), pisces, Colum. 8, 17, 14.

pelagius, a, um (πελάγιος), **zum Meer-, zur See gehörig, Meer-, See-, I** = marinus (Ggstz. terrenus), **A** *adi.:* greges piscium, Seefische, Varro: conchae, Plin.: phalerae, Perlen u. Korallen, P. Syr. – **B** *subst.:* **1** pelagia, ae, *f.* (*sc.* concha), eine Art **Perlmuscheln,** Plin. 9, 131. – **2** pelagium, iī, *n.* (*sc.* pigmentum), **Purpurfarbe,** Plin. 9, 134 u. 138. – **II** = maritimus, **zur See, See-,** cursus, Phaedr. 4, 22, 7.

Pelagones, um, *m.* (Πελαγόνες), die **Pelagonen,** eine Völkerschaft im nördl. Mazedonien, Liv. 45, 30, 6. – Dav. **Pelagonia,** ae, *f.* (Πελαγονία), **a** die von den Pelagonen bewohnte Landschaft des nördl. Mazedoniens (der zu Mazedonien gehörige Teil von Päonien), Liv. 26, 25, 4 u. a. – **b** eine Stadt dieser Landschaft, j. *Bitoglia,* Liv. 45, 29, 9.

pelagus, ī, *n.* (πέλαγος), **I** das **Meer,** die **See,** rein lat. mare, Verg., Auct. b. Hisp., Vitr., Sen. rhet., Val. Max. u. a.: pelago terrāque, Ov. trist. 4, 10, 107. – **II** poet. übtr., v. einer der Meeresflut ähnlichen Wassermasse, pelago premit arva, mit seinem Meer, Verg. Aen. 1, 246. – u. v. einer solchen Sandmasse, pel. arenarum, Itin. Alex. 20 (51). – bildl., cum pauca excepta verba ex pelago sermonis populi (der Vulgärsprache) minus trita afferant, Varro LL. 9, 33: Herodiani scriptorum pelagus (Unmasse), Prisc. epist. ad Iulian. § 4. – ► Griech. Plur. pelage (πελάγη), Lucr. 5, 35 u. 6, 619. Catull. 63, 16. – Akk. Sing. pelagum, Corn. Sever. bei Prob. de nomin. 208, 18. Tert. adv. Iud. 3. Cassiod. var. 8, 10, 9.

pēlamys, ydis, *f.* (πηλαμύς), der **Thunfisch,** wenn er noch kein Jahr alt ist (älter heißt er thynnus), noch jetzt in Marseille *pelamyde* gen., Varro sat. Men. 403. Plin. 9, 48 u. 32, 150. Iuven. 7, 120.

Pelasgī, ōrum u. (poet.) ûm, *m.* (Πελασγοί), die ältesten Einwanderer Griechenlands, die von Herodot für die Ureinwohner gehalten werden. Sie wohnten urspr. in Thessalien u. Epirus. Von da verbreiteten sie sich nach Kleinasien, nach Kreta, nach Hellas u. dem Peloponnes, der Sage nach auch nach Latium u. Etrurien, Mela 1, 16, 1 u. 18, 2 (1. § 83 u. 92). Verg. Aen. 8, 600 *sqq.* – poet. übh. = **Griechen,** z. B. Verg. Aen. 2, 83. Ov. met. 12, 19. – Dav.: **A** **Pelasgias**, adis, *f.* (Πελασγιάς), **pelasgisch,** poet. = **griechisch,** urbs, Ov. – **B** **Pelasgis**, idis, Akk. ida, *f.* (Πελασγίς), **pelasgisch,** poet. = **griechisch,** Sappho, Ov. – **C** **Pelasgicus**, a, um (Πελασγικός), **pelasgisch,** Plin. – D) **Pelasgus**, a, um, **pelasgisch,** poet. = **griechisch,** Mars, Enn. fr.: pubes, Prop.: Iuno, Ov.: urbes, Ov.: genus lauri, Plin.: manus, Inscr.

pelecānus, ī, *m.*, s. pelicānus.

pelecinon, ī, *n.* (πελεκινόν), eine Art Sonnenuhr in Gestalt eines zweischneidigen Beiles (πέλεκυς), Vitr. 9, 8, 1. Exc. Vitr. 29. p. 309, 17 R.

pelecīnos, ī, *f.* (πελεκῖνος), ein Unkraut in den Linsen, das **Beilkraut,** Plin. 18, 155.

Pēlēius, a, um, s. Pēleus.

Pelethronius, a, um, Name einer Gegend in Thessalien, wo die Zentauren gewohnt haben, **pelethronisch,** Lapithae, Verg.: Erigdupus, der Zentaur E., Ov.: antra, Lucan.: pinus, Speer, Stat.: cithara, des Zentauren Chiron, Priap. – subst., Pelethronia, ae, *f.*, **Tausendgüldenkraut,** Ps. Apul. herb. 34.

Pēleus, eī u. eos, *m.* (Πελεύς), König in Thessalien, Sohn des Äakus in Ägina, Bruder des Telamon u. Halbbruder des Phokus. Wegen Ermordung seines Halbbruders mit seinem Bruder Telamon flüchtig geworden, gelangte er nach Phthia, heiratete dort die Thetis u. zeugte mit ihr den Achilles, Ov. met. 11, 217 *sqq.* Hor. de art. poët. 96. Catull. 64, 19: griech. Genet. Peleos, Val. Flacc. 1, 131. Mart. 2, 64, 3: Akk. Pelea, Catull. 64, 21 u. 301. Hor. carm. 3, 7, 17: Vokat. Peleu, Catull. 64, 26. Hor. de art. poët. 104: Abl. Peleo, Cic. de or. 3, 57. – Von einigen zu den Argonauten gezählt, Hyg. fab. 14, u. als Teilnehmer am Kampf der Zentauren u. Lapithen genannt, Ov. met. 12, 365 *sqq.* – Dav.: **A** **Pēlēius**, a, um (Πηλήϊος), **pelēisch,** poet. = **achillēisch,** facta, Sil. 13, 803: virgo, Brisēis, Stat. Ach. 2, 210. – **B** **Pēlīdēs**, ae, *m.* (Πηλείδης), der **Pelide** (Sohn des Peleus) = Achilles, Hor. carm. 1, 6, 6. u. a. Dichter. Apul. de deo Socr. 17.

pēlex (paelex), icis, *f.* (πάλλαξ), **I** die Beischläferin eines Ehemannes im Gegensatz zur Ehefrau als ihrer Nebenbuhlerin, das **Kebsweib,** die **Geliebte usw.** (Ggstz. uxor, materfamilias; vgl. Paul. ex Fest. 222, 3), Cic., Liv. u. a.: Oebalia = Helena, Tyria, = Europa, barbara = Medea, Ov.: Attica, Philomela, Mart. – subditus et ex pelice genitus, Liv.: hunc *iustā matre familiae,* illum *pelice ortum* esse, Liv. – mit *Genet.* der Ehegattin, deren Nebenbuhlerin das Kebsweib ist, p. filiae, Cic.: matris, sororis, Ov. – u. m. *Genet.* des Mannes, dessen Kebsweib sie ist, p. Cyri, Iustin. – **II** übtr., der **Buhle, Buhlknabe** eines Mannes (s. Paul. ex Fest. 222, 3), Macr. sat. 5, 16, 10. Arnob. 5, 7: m. *Genet.* der Ehegattin, pel. reginae, v. Cäsar, als Buhlen des Königs Nikomedes, Suet. Caes. 49, 1. – scherzh. pelex culcita facta est, der Pfühl (das Bett) ist mein Nachtbecken geworden, Mart. 14, 119, 2. – ► Die Schreibweise pellex aus einer sehr späten Inschr. im CIL 9, 577; doch findet sich Not. Tir. 35, 70 auch pellex u. Mommsen Paul. dig. 50, 16, 144 pellicem (wohl wegen des folgenden παλλακήν).

Pelia, s. 2. Peliās.

Pēliacus, a, um, s. Pēlion.

Peliades, s. 2. Peliās.

1. Pēlias, adis, *f.*, s. Pēlion.

2. Peliās, ae, *m.* (Πελίας), König in Thessalien, Bruder des Neleus, Halbbruder des Äson, Vater des Akastus, der Alcestis, Peisidice u. a., Schwiegervater des Admetus, der seinen Bruder Neleus vertrieb und selbst zu Jolkos herrschte, hierauf Jason, den Sohn seines Halbbruders, nach dem goldenen Vlies sandte (s. Īāsōn u. Mēdēa) und, weil er an dessen Rückkehr zweifelte, den Äson aus dem Wege räumte. Nach der Rückkehr des Jason wurde er von seinen eigenen Töchtern auf Anstiften der Medea, die vorgab, ihn durch Zauberei verjüngen zu wollen, zerstückt u. gekocht, Ov. met. 7, 297 *sqq.* Enn. fr. scen. 252. Plaut. Pseud. 869. Cic. de sen. 83. – Nach einer anderen Sage fand Jason nach seiner Heimkehr den Äson noch am Leben, aber hochbejahrt und altersschwach, weshalb ihn Medea verjüngte, s. Ov. met. 7, 162 *sqq.* – Peliae filiae, Enn. fr. scen. 277. – ► Nomin. Pelia, Sen. Med. 200 u. 276. – Dav. **Peliades**, um, *f.* (Πελιάδες), die **Peliaden** (Töchter des Pelias), Phaedr. u. Hyg.

pelicānus, ī, *m.* (πελεκᾶνος), der **Pelikan,** die **Kropfgans,** Hieron. brev. in psalm. 101. Vulg. psalm. 101, 7.

pēlicātus (paelicātus), ūs, *m.* (pelex, paelex), das **Verhältnis,** der **vertraute Umgang eines Kebsweibes** od. **mit einem Kebsweib,** das **Konkubinat,** die **wilde Ehe,** uxor pelicatus dolore concitata, Cic.: ab uxore propter pelicatus suspicionem interfectus, Cic.: quo dolore paelicatus uxor eius instricta, Apul. met. 8, 22: mit subj. *Genet.*, matris, Iustin.: nefarius matris pel., Cic.

pēlicula, s. pellicula.

Pēlīdēs, ae, *m.*, s. Pēleus.

Pēlīgnī, Pēlīgnus, s. Paelīgnī.

Pēlion, iī, *n.* (Πήλιον) u. **Pēlius**, iī, *m.*, ein Berg in Thessalien, Fortsetzung des Ötagebirges, j. *Petras,* Form *-ion,* Mela 2, 3, 2 (2. § 36). Ov. met. 12, 513: Form *-ius,* Plin. 4, 30: mons Pelius, Cic. de fato 35. – Dav.: **A** **Pēliacus**, a, um (Πηλιακός), **pelisch, des** od. **vom Pelion,** vertex, Catull.: montes, Val. Flacc.: apex, Ov.: trabs, das Schiff Argo (weil dessen Holz auf dem Pelion gehauen war), Prop.: u. so carina, Val. Flacc.: ferner cuspis, des Achilles (griech. Πηλιακὸν δόρυ), Ov.: axis, der Wagen des Achilles, Sen. poët. – **B** **Pēlias**, adis, *f.*, **vom Pelion, pelisch,** hasta, Ov.: arbor, Ov. – **C** **Pēlius**, a, um, **pelisch,** nemus, Enn. fr. scen. 246. Phaedr. 4, 7, 6.

Pella, ae, *f.* u. **Pellē**, ēs, *f.* (Πέλλα), Stadt in Mazedonien, Geburtsort und Residenz Alexanders des Gr., j. Ruinen *Palatitza* bei Alaklifi (Alla Kilissah), Liv. 37, 7, 11; 42, 41, 12. Cic. ad Att. 3, 8, 2. – Dav. **Pellaeus**, a, um, **pelläisch,** poet. **a** = **mazedonisch,** iuvenis, Iuven., od. tyrannus, Mart., v. Alexander. – **b** (weil Alexander Ägypten eroberte und Alexandria erbaute) = **alexandrinisch,** gula, der Alexandriner, Mart. – u. = **ägyptisch,** Verg.

pellācia, ae, *f.* (pellax), **I** die **Lockung, Anlockung** durch Schmeichelei, Zauberkünste usw., placidi ponti, Lucr. 5, 1002. – **II** insbes., die **Verführung** zur Unzucht, Arnob. 4, 28 u. a.

Pellaeus, a, um, s. Pella.

pellārius, iī, *m.* (pellis), der Verarbeiter der Felle, der **Kürschner,** Firm. math. 4, 14, 13; vgl. pelliarius.

pellāx, ācis (pellicio) = ποικιλομήτης, **verführerisch, ränkevoll, verschmitzt,** Ulixes, Verg. Aen. 2, 90: Iuppiter, Arnob. 5, 44: Geta, Auson. Technop. (XXVII) 9, 22. p. 137 Schenkl: adeo pellax esse voluisti, Iulian. bei Augustin. op. imp. c. Iul. 3, 162. – *Adv.* **pellāciter**, Aldh. de laude virgin. 44.

pelleātus, a, um (pellis) = pellitus, Paul. Nol. carm. 17, 250.

pellecebrae, s. perlecebrae.

1. pellēctio, ōnis, *f.* (pellego), das **Durchlesen,** Cic. ad Att. 1, 13, 1.

2. pellectio (v. pellicio), die **Verlockung, Verführung,** hunc proconsul multis pellectionibus sacrificare suasit, Act. martyr. S. Polycarp. 4.

pellego, s. per-lego a. E.

Pellēnē, ēs, *f.* (Πελλήνη), Stadt im Inneren von Achaja, Liv. 33, 15, 14. – Dav. **a** **Pellēnaeī**, ōrum, *m.*, die Einwohner von Pellene, die **Pellenäer,** Plin. 4, 12. – **b** **Pellēnēnsis**, e, **pellenensisch, bei** od. **aus Pellene,** ager, Liv. 33, 14, 7: Timocrates, Liv. 34, 29, 14. – Plur. subst., Pellēnēnsēs, ium, *m.*, die Einwohner von Pellene, die **Pellenenser,** Liv. 33, 15, 2.

pellesuīna, ae, *f.* (pellis u. suo), der **Kürschnerladen,** Varro LL. 8, 55.

pelleus, a, um (pellis), **aus Fellen,** Isid. orig. 19, 24, 1.

pellex, s. pēlex.

pelliārius, a, um (pellis), **zum Fell gehörig, Fell-,** pelliaria taberna (Kürschnerladen), ungebräuchl. nach Varro LL. 8, 55.

pellicātor, ōris, *m.* (pellicio), der **Verlocker, Verführer,** Paul. ex Fest. 204, 12.

pellicātus, ūs, *m.*, s. pēlicātus.

pellīceus, a, um, Variante v. pellicius, s. d.

pellicio, lēxī, lectum, ere (per u. lacio), **anlocken, an sich ziehen, für sich einnehmen, I** eig.: **A** im Allg.: senem per epistulas, Ter.: animum adulescentis, Cic.: mulierem ad se, Cic.: populum in servitutem, Liv.: alqm ad belli societatem, Liv.: alqm ad amicitiam petendam, Suet.: vim ferri, Eisen an sich ziehen, vom Magnet, Lucr. – **B** insbes., durch Zaubersprüche u. magische Künste die fremden Früchte **auf den eigenen Acker herüberziehen,** fruges alienas, Plin.: segetem alienam, XII tabb. fr. – **II** übtr., multo maiorem partem sententiarum suo lepore, auf seine Seite bringen, Cic. de or. 1, 243. – ► *Perf.* pellicuit, Varro Atac. u. Laev. fr. b. Prisc. 10, 3.

pellīcius (pellīceus), a, um (pellis), **aus Fellen gemacht, Fell-,** tunicae, Pallad.: stragula, ICt.: vestis, Sulp. Sev.: sella, Lampr.: indumenta, Isid.

pellicula, ae, *f. (Demin.* v. pellis), das **kleine Fell,** die **kleine Haut,** haedina, Cic.: caprina, Plin. – v. der Haut des Menschen, **a** eig.: **α** übh., scherzh. pelliculam curare, seine Haut pflegen, sich gütlich tun, Hor. sat. 2, 5, 38 (dafür cutem curare, Hor. ep. 1, 2, 29): non contineri od. se continere intra pelliculam suam, nicht bei seinem Leisten (Stand) bleiben, Porphyr. Hor. sat. 1, 6, 22: u. so te memento nunc in pellicula, cerdo, tenere tua, bleib bei deinem Leisten (Stand), Mart. 3, 16, 6: pelliculam veterem retines, Sitten, Pers. 5, 116. – **β** insbes., die **Vorhaut** des penis, Iudaei, qui sine pellicula sunt, Schol. Iuven. 14, 104: pelliculam recīdere, Porphyr. Hor. sat. 1, 9, 69. – **b** meton. = scortum, Auct. Atell. inc. IX. p. 275 R.[2] (bei Varro 7, 84).

pelliculātio, ōnis, *f.* (*pelliculo v. pellicio), das **Zu-Verlocken-Suchen,** die **Versuchung,** Cato oratt. inc. fr. 9.

pelliculo, āre (pellicula), **mit Fellen bedecken, -überziehen,** vas, Colum.: fideliam, Colum.

pellīnus, a, um (pellis), **aus Fellen gemacht,** femoralia (Beinkleider), Iul. Val. 3, 17 (17).

pellio, ōnis, *m.* (pellis), der Verarbeiter der Felle, der **Kürschner,** Plaut. Men. 404. Lampr. Alex. Sev. 24, 5. Tarrunt. dig. 50, 6, 6. Cod. Theod. 13, 4, 2.

pelliōnārius, iī, *m.* (pellis), der **Militärkürschner,** CIL 6, 5. *no.* 482*.

pellīris, e (pellis), **aus Fellen,** galerus, Paul. ex Fest. 204, 13.

pellis, is, *f.* (griech. πέλας, Haut, ahd. *fel),* das **Fell, I** das **Fell,** der **Pelz,** die **Haut,** sowohl abgezogen als noch am Körper befindlich, caprae, Varro: ovis, Lact.: vervecum pelles, Sulp. Sev.: p. agnina, ICt.: aprinea, Hyg.: bubula, Varro fr.: canina, Scrib. Larg.: caprina, Cic.: haedina, Val. Max. u. Sen.: leonina, Plin. u. Hyg.: ursina, Veget. mul. u. Edict. Diocl.: rugosa, Phaedr.: pelles Babylonicae, Parthicae, ICt.: lanatae, ICt.: indutoriae, ICt.: pelles, quibus involvuntur vestimenta, ICt.: pelles pro velis tenuiter confectae, Caes.: pelles candidas conficere, Plin.: detrahere (alci) pellem, Hor. u. Phaedr.: detrahere pellem alcis corpori, Plin.: caprarum pellibus vestitos esse, Varro: leonis pellem pro tegumento habere, Hyg. – Sprichw., caninam pellem radere, lästern, schmähen, Mart. 5, 60, 10. – bildl., detrahere alci pellem, die Fehler aufdecken, Hor. sat. 2, 1, 64: introrsum turpis, speciosus pelle decorā, von außen gleißend, Hor. ep. 1, 16, 45. – **II** verarbeitet, **1** das **Fell,** die **Haut,** das **Leder, a** zur Bedeckung der Winterzelte, sub pellibus, in Winterzelten (hingegen in hibernis, in den Winterquartieren übh.), Caes. u. a. – **b** zur Bekleidung, pellibus tecta tempora, Pelzmütze, Ov.: pellium nomine, zu Schilden, Cic. – **c** das **Pergament,** Mart. 14, 190, 1. – **2** meton.: **a** der **Schuhriemen, Schnürriemen,** pelles nigrae, Hor. sat. 1, 6, 27. – **b** der **Schuh,** ne vagus in laxa pes tibi pelle natet (schlottere), Ov. art. am. 1, 516: u. so (wohl danach) si pes laxā pelle non folleat (schlottert), Hieron. epist. 22, 28. – ► Abl. Sing. gew. pelle; doch auch pelli, *Lucr. 6, 1268. *Ps. Verg. Cir. 506 H. Apul. apol. 22 *extr.* (Krüger pelle). CIL 2, 2660, e.

pellītus, a, um (pellis), **I mit einem Fell (Pelz) bedeckt,** gegen Kälte usw., Sardi, Liv.: testes, aus Sardinien, Cic.: patres, v. den Senatoren der ältesten Zeit, Prop.: senes, Lact.: oves pellitae, Schafe mit feinerer Wolle, bes. tarentinische und attische (die zur Schonung des Vlieses mit einem Fell bedeckt wurden), Varro u. Hor. – **II mit Schwimmhäuten versehen,** alae, Macr. sat. 7, 16, 7.

pello, pepulī, pulsum, ere, (vgl. πάλλω, πεπαλών), **stoßen, schlagen, I** im Allg.: **a** eig.: terram pede, Lucr. u. Hor.: humum pedibus, stampfen, Catull.: fores, an die Tür schlagen, -klopfen, Ter. u. Cic.: puer pulsus, geklopft, mit Fäusten geschlagen, Cic.: poet., pulsus ramo, getroffen, Prop.: ebenso vulnere, Verg. – **b** übtr.: **α** jmd. **betreffen,** nulla me pepulit insignis iniuria, Cic. ep. 4, 13, 2. – **β** v. äußeren Eindrücken = jmds. Sinn od. Gemüt **berühren,** u. als Folge = **auf** Sinn und Gemüt (Herz) usw. **einen Eindruck hervorbringen, -Eindruck machen,** quemadmodum visa non pellerent, Cic.: ipsum nullius forma pepulerat captivae, Liv.: quod (concluse atque apte dictum) cum animos hominum auresque pepulisset, Cic.: non mediocri curā Scipionis animum pepulit, erregte keine geringen Besorgnisse bei S., Liv. – pellentibus causis, aus dringenden Gründen, Sen. rhet. – **II** insbes.: **A** stoßend-, schlagend **in Bewegung setzen, schnellen, rühren,** sagittam, abschnellen, absenden, Verg.: nervos in fidibus, schnellen, rühren, Cic.: so auch lyram, Ov.: classica, schmettern lassen, Tibull.: poet., Haemon, erschüttern (v. Wind), Ov. – bildl., longi sermonis initium pepulisti, du hast ein neues, sehr stoffreiches Gespräch angeregt, hast die Saiten zu einem neuen, sehr st. G. angeschlagen, Cic. Brut. 297. – **B** = **fortstoßen, forttreiben, verstoßen, vertreiben, verjagen, 1** übh.: **a** eig.: **α** mit Angabe **von wo?** alqm *e* foro, Cic.: alqm *ex* Galliae finibus, Caes.: alqm *a* sacris, Ov.: mit bl. *Abl.,* alqm foro, domo, possessionibus, Cic.: alqm patriā, Nep.: regno, Iustin. – lebl. Objj., placidam niveo pectore aquam, v. Schwimmenden, Tibull.: u. so facilis unda pellitur manu, Tibull.: flumen natatu, Auson. – aquam *de* agro, Plin.: calculos *e* corpore, Plin.: tectis frigorum vim, Plin. – **β** mit Angabe **wohin?** miles pellitur foras, Ter.: pelli *in* exsilium, Cic. – **b** übtr.: maestitiam ex animis, vertreiben, verscheuchen, Cic.: mit Angabe **wodurch?** curas vino, Hor.: famem glande, Ov. – malorum medicamentorum introitum, fernhalten, verhindern, Plin. – pulsis non necessariis, die unnötigen Ausgaben vermieden, Vopisc. Pert. 8, 11. – **2** prägn.: **a zum Weichen bringen, zurückdrängen,** flumen vehementius pulsum, Curt. 9, 9 (35), 9. – **b** als milit. *t. t.:* **α zum Weichen bringen, zurückdrängen** (vgl. Drak. Liv. 2, 50, 10), hostium acies a sinistro cornu pulsa atque in fugam conversa est, Caes.: primum gradu moverunt hostem, deinde pepulerunt, postremo iam haud dubie avertunt, Liv.: pelluntur Persae et mox proelio victi in fugam vertuntur, Iustin.: pulsi fugatique, Sall. – **β** = **schlagen,** exercitum, hostes, Caes.: adversariorum copias, Nep.: übtr., si animus hominem pepulit, geschlagen hat (wie einen Feind), Plaut. trin. 308. – **c** als publiz. *t. t.,* aus der Stadt, aus dem Land **vertreiben,** Diagoram, Nep.: exsules pulsi, Liv. – ► Ungew. *Plusqpf.* pulserat, Amm. 30, 5, 19 *codd.* (Gardth. pulsarat = pulsaverat).

Pellōnia, ae, *f.* (v. pello), die **Feindevertreiberin,** eine röm. Gottheit, Augustin. de civ. dei 4, 21. Arnob. adv. nat. 4, 4.

pellos, ī, (πελλός, ή, όν), **schwärzlich, dunkelfarbig,** Plin. 10, 164.

pellūceo, ēre, s. per-lūceo.

pellūciditās, ātis, *f.*, s. perlūciditās.

pellūcidulus, a, um, s. perlūcidulus.

pellūcidus, a, um, s. per-lūcidus.

pelluo, s. per-luo.

pelluviae, ārum, *f.* (pes u. luo), das **Waschwasser** zum Waschen der Füße, Fest. 161 (a), 18. Paul. ex Fest. 160, 4 u. 207, 1.

Pelopēa, -ēias, -ēius, s. Pelops.

Pelopidae, s. Pelops.

Pelopidās, ae, *m.*, berühmter Feldherr der Thebaner, befreite 379 v. Chr. Theben von der Herrschaft der Spartaner, die er 371 bei Leuktra schlug, fiel 364 bei Kynoskephalā, Nep. Pelop. 1 *sqq.* Iustin. 6, 9, 7.

Peloponnēnsis, -nēsiacus, -nēsius, s. Peloponnēsus.

Peloponnēsus u. **-os,** ī, *f.* (Πελοπόννησος), **die Pelopsinsel,** der Peloponnes, die südl. Halbinsel Griechenlands, j. *Morea,* Cic. de rep. 2, 8; ep. 7, 28, 1. Liv. 32, 21, 23: griech. Form *-os,* Varro r. r. 2, 5, 4. Mela 2, 3, 3 (2. § 38). – Dav.: **A Peloponnēnsis,** e, **peloponnensisch,** bellum, Ampel. 15, 12. – Plur. subst., Peloponnēnsēs, ium, *m.,* die **Bewohner des Peloponnes,** Curt. u. a. – **B Peloponnēsiacus,** a, um (Πελοποννησιακός), **peloponnesisch,** bellum, Cic. u. Sen.: gentes, litus, Mela. – Plur. subst., Peloponnēsiacī, ōrum, *m.,* die **Peloponnesier,** Mela 2, 3, 9 (2. § 52). – **C Peloponnēsius,** a, um (Πελοποννήσιος), **peloponnesisch,** civitates, Cic.: bellum, Nep.: tempora, des peloponnesischen Krieges, Quint. – Plur. subst., Peloponnēsiī, ōrum, *m.,* die **Peloponnesier,** Varro u. a.

Pelops, opis, *m.* (Πέλοψ), Sohn des Tantalus, Gemahl der Hippodamia, Schwiegersohn des Önomaus, Vater des Atreus, Thyestes u. a., der Liebling des Poseidon (Neptun); nach Pelops soll der Peloponnes benannt sein. Tantalus bewirtete einst die Götter, deren Liebling er war, schlachtete bei dieser Gelegenheit seinen Sohn Pelops, zerstückelte ihn (dah. truncatus Pelops, griech. πρισθείς, Stat. Theb. 4, 590) und setzte ihn seinen Gästen vor. Die Unsterblichen ließen sich durch das grässliche Gericht nicht täuschen und berührten es nicht. Nur Demeter (Ceres), vertieft in den Schmerz um ihre verlorene Tochter, verzehrte die Schulter. Darauf ließen die Götter durch Hermes (Merkur) die zerstückelten Glieder des Knaben in einen Kessel tun u. ihm durch Kochen Gestalt und Leben wiedergeben. Klotho zog ihn aus dem Kessel heraus, und da die verzehrte Schulter fehlte, ersetzte Demeter (Ceres) diese durch eine elfenbeinerne (dah. umero Pelops insignis eburno, Verg. georg. 3, 7), Hyg. fab. 83 *sq.* Cic. de nat. deor. 3, 53; Tusc. 2, 67: Pelope natus, Thyestes, Enn. fr. scen. 357: ex Tantalo Pelops, ex Pelope autem satus Atreus, Trag. inc. fab. 102: Pelopis genitor, Tantalus, Hor. carm. 1, 28, 7: Pelopis sedes, der Peloponnes, Sil. 15, 306. – Dav.: **A Pelopēias,** adis, *f.* (Πελοπηϊάς), **pelopëisch, peloponnesisch,** Mycenae, Ov. – **B Pelopēius,** a, um (Πελοπήϊος), **zu Pelops gehörig, pelopëisch, a** eig.: Atreus, Sohn des Pelops, Ov.: virgo, Iphigenia, Tochter des Agamemnon, eines Enkels des Pelops, Ov.: Pelopeia credar, für eine aus der Familie des Pelops, Ov.: arva, phrygisch, weil Pelops da geboren ist, Ov. – **b** poet. übtr., **peloponnesisch,** oppida, Stat.: regna, der Peloponnes, Stat.: sedes, Sitz des korinthischen Herrschers Kreon, Sen. poët. – **C Pelopēus,** a, um (Πελόπειος), **pelopëisch,** Agamemnon, des Pelops Enkel, Prop.: Orestes, des Pelops Urenkel, Lucan.: domus, des Pelops Familie, Prop.: moenia, Stadt Argos, Verg.: regna, der Peloponnes, Sil. – subst., Pelopēa, ae, *f.,* die Enkelin des Pelops, Tochter des Thyestes, Ov. u. Claud. – **D Pelopidae,** ārum, *m.* (Πελοπίδαι), die **Pelopiden** = die Nachkommen u. Verwandten des Pelops, wegen Gottlosigkeit u. Grausamkeit berüchtigt, Acc. tr., Cic. u. a. (Genet. Plur. Pelopidum, Acc. tr. 42). – **E Pelopius,** a, um (Πελόπιος), **pelopisch,** Sen. poët. – subst., Pelopia, ae, *f.,* die Enkelin des Pelops, Tochter des Thyestes, Serv. u. Hygin. – **F Peloponnēsus,** s. bes.

Pelōrias, adis, *f.,* s. Pelōros.

1. pelōris, idis, Akk. idem u. ida, Akk. Plur. idas, *f.* (πελωρίς), die **große Gienmuschel, Riesenmuschel,** Varro LL. 5, 77. Hor. sat. 2, 4, 32. Cels. 2, 29. Plin. 32, 99 u. 147. Mart. 10, 37, 9.

2. Pelōris, s. Pelōros.

Pelōros u. **-us,** ī, *m.* (Πέλωρος) u. **Pelōrum,** ī, *n.,* die nordöstl. Spitze Siziliens, j. *Capo di Faro* oder *Faro di Messina,* Nom. *-os,* Ov. met. 13, 727: Nom. *-us,* Sil. 14, 78: Nom. *-um,* Plin. 3, 73 u. 87 *sq.* Mart. Cap. 6. § 646. – Dass. **Pelōrias,** adis, *f.* (Πελωριάς), Ov. fast. 4, 479. Solin. 5, 2. – u. **Pelōris,** idis, Akk. ida, *f.* (Πελωρίς), Cic. Verr. 5, 6. Mela 2, 7, 16 (2. § 118). – Dav. **Pelōritānus,** a, um, **peloritanisch,** ora, Solin. 5. § 5.

pelta, ae, *f.* (πέλτη), ein kleiner, leichter Schild von der Gestalt eines Halbmondes, die **Pelta,** die **Tartsche,** Nep. Iphicr. 1, 4. Liv. 28, 5, 11. Verg. Aen. 1, 490.

peltastae, ārum, *m.* (πελτασταί), mit einer *pelta* (s. d.) bewaffnete Soldaten, **Peltasten,** Nep. u. Liv.

peltātus, a, um, **mit der** *pelta* **bewaffnet,** Ov. am. 2, 14, 2 *Ehw.* Mart. u. Claud.

peltifer, fera, ferum (pelta u. fero), **eine** *pelta* **führend,** v. den Amazonen, puellae, Stat. Theb. 12, 761: Maeotides, Sabin. epist. 2, 9.

pēluis, s. pelvis.

Pēlūsium, iī, *n.* (Πηλούσιον), Stadt in Unterägypten an der östlichen Nilmündung, berühmt durch den Anbau trefflicher Linsen und schönen Flachses, j. das Kastell *Tineh,* Caes. b. c. 3, 103, 1. Liv. 44, 19, 9. – Dav.: **A Pēlūsius,** a, um (Πηλούσιος), **pelusisch,** munera (Linsen), Mart.: linteum, Phaedr. – **B Pēlūsiacus,** a, um (Πηλουσιακός), **pelusisch,** lens, Verg.: linum, Plin.: saltus (Plur.), Paul. Nol. – **C Pēlūsiānus,** a, um, **pelusianisch,** mala, Colum. – **D Pēlūsiōtēs,** ae, *m.* (Πηλουσιώτης), aus Pelusium gebürtig, ein **Pelusiote,** Gell. u. Hieron.

pelvicula, ae, *f.* *(Demin.* v. pelvis), Vel. Long. 77, 6 K. Not. Tir. 101, 64.

pelvis (pēluis), is, Akk. em u. im, Abl. e u. i, *f.* (altindisch *pālavī,* eine Art Geschirr, griech. πελλίς, Schüssel, Becken), das **Becken,** die **Schüssel,** Varro LL., Cels., Plin. u. a.

pemma, atis, *n.* (πέμμα), **süßes Backwerk, Zuckerwerk,** eine **Süßigkeit,** Varro sat. Men. 417 u. 508. Apic. 7, 268.

penārius u. **penuārius,** a, um (penus), **zum Vorrat an Lebensmitteln gehörig,** cella penaria, die Vorratskammer, Kornkammer, Varro LL. 5, 162. Cic. de sen. 56; von Sizilien, Cic. Verr. 2, 5: cella penuaria, Suet. Aug. 6. Ulp. dig. 33, 9, 3. § 8: vasa penuaria, *ibid.* § 11: liquamen penuarium, CIL 4, 2596.

penātēs, ium, selten um, *m.,* mit u. ohne di (penus), **I** die **Penaten,** die röm. Hauptschutzgottheiten der Familien, sowie des aus dem Familienverband erwachsenen Staates (als Schutzgöttin des Staates publici od. maiores, als Schirmgötter der Familien minores, familiares, privati gen., u. im Innern jedes Hauses [im impluvium] verehrt), oft bei Cic. u. a. – **II** meton. = die **Wohnung,** das **Haus, Haus u. Hof,** raptus penatium, Plünderung von Haus u. Hof, Tac.: penates uxoris, Tac.: cura penatium, für das Hauswesen, Tac.: parvi penates, Ov.: penates privati, Rücktritt ins Privatleben, Tac.: alqm dis penatibus exturbare, Cic.: penates relinquere, Liv.: alqm in paternos penates deducere, Tac. – verb. lar ac penates tectaque, Liv.: vallum et tentorium cuique militi domus ac penates sunt, Liv. – poet. übtr., v. der Wohnung der Götter, Stat.: der Bienen, Verg.

penātiger, gera, gerum (penates u. gero), **die Penaten tragend,** Ov. met. 15, 450.

penātor, ōris, *m.* (penus), der **Proviantträger,** Cato oratt. 13. fr. 1.

penax, s. pinax.

pendeo, pependī, ēre (*Intens.* zu pendo), **hängen, herabhängen, I** eig.: **A** im Allg.; *ab* umero, Cic.: malo (Mastbaum) *ab* alto, Verg.: *a* naso, Mart. – *ex* arbore, Cic.: e poste, Ov.: ex umero, Ov. – *de* alcis collo, Ov. – mit bl. *Abl.* (an), collo, Prop.: tigno, Ov.: tenui filo (bildl.), Ov. (vgl. a cuius salute velut filo pendere statum orbis terrarum, dass das Wohl der Welt selbst am Faden seines Lebens hing, Amm.): aber capite deorsum, mit dem K. nach unten, Augustin. – *in* arbore, Cic.: in cruce, Sen. rhet.: in aëris spatio, Lucr.: in aëre, Ov.: in cervice alcis, an jmds. Hals hängen, Prop. u. Ov. – ut bos *in* latus (seitwärts) pendere videatur, Colum. 6, 14, 2. – *circum* oscula pendent nati, Verg. – *per* dorsum a vertice, Verg.: per pedes, Ter. – pendent poma *sub* arboribus, Prop. – pendentia serta *super* ramos, Ov. – absol., pendentes lychni, Lucr.

B insbes.: **1** venalem pendere, öffentlich zum Verkauf **ausgehängt, -angeschlagen sein,** ad lanium, Phaedr. 3, 4, 1: Claudius (= die Güter des Kl.) venalis pependit, Suet. Claud. 9, 2: rei, qui ante quinquennium proximum apud aerarium pependissent, deren Namen im Ärar ausgehängt, d. i. deren Prozesse beim Ärar anhängig gemacht worden waren, Suet. Dom. 9, 2. – **2 hängen, aufgehängt sein,** pendebit fistula pinu, Verg. ecl. 7, 24. – v. Sklaven, an der oberen Türpfoste **hängen,** an die obere Türpfoste **gehängt sein,** um Prügel zu empfangen (s. Brix Plaut. trin. 247), Plaut. u. Ter.: pendentem alqm ferire, Plaut.: pendentem plecti, Ter., verberibus caedi, Plaut.: tu iam pendebis, wirst an die Türpfoste kommen = Schläge erhalten, Ter. – u. v. Menschen übh. = **sich aufgehängt haben,** cur aliquis e trabe pependit, Ov.: quaerit altos, unde pendeat, ramos, Mart. – **3** v. Gewand, herabhängen = **herabwallen,** ut pendeat apte (chlamys), Ov. met. 2, 733. – **4 hereinhängen, a über uns schweben,** dum nubila pendent, Verg.: pendentia nubila, Ov.: scopulus pendet, Ov.: ensis alci pendet super impia cervice, Hor. – u. herüberhängend, schwebend **den Einsturz drohen,** nec opertum (litus) pendeat algā, Ov. met. 11, 233. – **b in der Luft hängen, -schweben,** capellae pendent de rupe, Verg.: illisaque prora pependit, Verg.: vestigia pendent, der Schritt schwebt (v. Eilenden), Stat. – **c** v. Fliegenden, bes. v. Vögeln, **schweben, aufschweben, hinschweben,** niveis in aëre pennis, Ov.: per aërias auras, Ov.: avis multa pependit, Mart. – **d** v. Wagenlenker, pronus pendens in verbera, ausliegend = sich vorwärts beugend zum Schlag, Verg. Aen. 5, 147; 10, 586. – **5** prägn., **a** v. Pers., irgendwo **hängen, sich** irgendwo **aufhalten,** pendes in limine nostro, Verg.: circa montem pendere, Flor. – **b** v. Körperteilen, **schlaff-, welk herabhängen,** pendent lacerti, Plin. ep.: fluidos pendere lacertos, Ov.: pendentes genae, Iuven. – **c** v. Ggstdn. des Gewichtes = so u. so viel **wiegen,** offula cum duabus costis, quae penderet III et XX pondo, Varro r. r. 2, 4, 11: cyathus pendet drachmas X, mna pendet drachmas Atticas centum, Plin. 21, 185: Lucio Titio modios centum, qui singuli pondo centum pendeant, heres dato, Ulp. dig. 33, 6, 7. § 1. – bildl., bona vera idem pendent, Sen. ep. 66, 30 *ed. Haas.*

II übtr.: **A** im Allg.: p. ex od. ab alcis ore, an jmds. Mund hängen = jmdm. aufmerksam zuhören, Lucr. u. Verg.: u. so absol., attentus et pendens (sehr gespannt), Plin. ep. – vultu, jmd. unverwandten Blickes ansehen, Quint. – omnia sunt hominum tenui pendentia filo, Ov.: hac noctu filo pendebit Etruria tota, Enn. fr.

B insbes.: **1** im Fortgang unterbrochen werden, **liegen bleiben, ins Stocken geraten sein, auf einige Zeit verschoben werden,** pendent opera interrupta, Verg. Aen. 4, 88. – **2** in Bezug auf den schwankenden Zustand des Hängenden, **a** v. Pers. usw. = **ungewiss-, zweifelhaft sein, unentschieden-, unentschlossen sein, schwanken,** ne diutius pendeas, palmam tulit, Cic.: animus tibi pendet, Ter.: animi pendentes, Liv. u. Curt.: nolo plebem Romanam obscurā spe et caecā exspectatione pendere, Cic.: animis spe et metu pendentibus, Liv.: u. pendere animi (im G.), Plaut., Ter., Cic. u. Liv.: ebenso animo, Cic. fr., u. animis (v. mehreren), Cic. u. Liv.: m. folg. indir. Fragesatz, quam diu futurum hoc sit, non nimis pendeo, Sen. ep. 69 (?). – **b** v. Lebl., wie **schweben = unentschieden-, ungewiss-, zweifelhaft sein,** pendet belli fortuna, Ov. met. 8, 12. – bes. im Juristenlat., mutui datio interdum pendet, ICt.: actio negotiorum interdum pendet, ICt. – pendere od. in pendenti esse, an od. donec od. quam diu etc., ICt.: ebenso alqd in pendenti habere, ICt. – v. Prozess, iudicio pendente, ICt.: lite, causā pendente, spät. ICt.: u. v. Angeklagten, ad senatum remissus diu pependit, blieb er wegen des Ausgangs seines Prozesses lange in Ungewissheit (blieb die Sache lange hängen), Plin. ep. 4, 9, 1. – **3** insofern das, was hängt, an etwas hängt = von etwas od. von jmd. **abhängen, auf** jmd. od. etwas **beruhen, a** von etwas, *ex* quo verbo tota illa causa pendebat, Cic.: spes pendet *ex* fortuna, Cic.: *de* tuis pendentia Dardana fatis, Sil.: mit bl. *Abl.*, rebus levissimis (v. einer Pers.), Cic.: spe, Liv.: momento, Cic.: aliunde, Cic.: fama pendet in tabellis, Cic. – **b** von jmd. *de* te pendens amicus, dir ergeben, Hor.: illa *ex* te totā pendebat perdita mente, hing an dir, mit der ganzen Seele verloren, Catull. 64, 69 *sq.*: incolumitas tua tuorumque, qui *ex* te pendent, Cic.: spes opesque *ex* patre pendent, Sall. – dah. **c** von etw. od. von jmd. **ausgehen,** ab uno corpore et ex una pendebat origine bellum, Ov. met. 1, 186: cum eius origo paterna a Numa Pompilio penderet, Eutr. 8, 9. – **d** von jmd. **abhängig sein** = jmdm. als Vorbild folgen, hinc omnis pendet Lucilius, Hor. sat. 1, 4, 6. – ► Vulg. *pendit* = pendet, Commod. instr. 1, 35, 9 u. 2, 20, 9: *pendunt* = pendent, CIL 8, 7854 (wo et auro similes pendunt in vitibus [uva]e).

pendīgo, inis, *f.* (pendeo), **I** ein **innerer Schaden** des Körpers, Veget. mul. 2, 44 u. 2, 55, 4. – **II** übtr., simulacri pendigines, die hohlen Räume in einer Bildsäule, Arnob. 6, 16.

pendo, pependī, pēnsum, ere, eig. herabhängen lassen, bes. die Waagschalen beim Wägen; dah. **wägen, abwägen, I** eig.: **A** im Allg.: **1** eig.: unumquodque verbum staterā aurariā, Varro: pari od. aequā lance pendere, Eccl. (s. lanx *no.* II, 1): lana pensa, Titin. com. fr.: herbae pensae, in die Waagschale gelegte, Ov. – **2** übtr.: **a abwägen, erwägen, beurteilen,** res, non verba, Cic.: consilium ex opibus, Cic.: alqm non ex fortuna, sed ex virtute, beurteilen od. schätzen, Cic.: consilio minus penso alqd facere, ICt. – **b schätzen, achten, halten,** mit *Genet.*, magni, hoch, Hor.: parvi, gering, Ter. u. Sall.: minoris, geringer, Augustin.: pluris, höher, Augustin.: quanti, Ter.: flocci, Ter.: nihili, Plaut. u. Ter. – **B** insbes. (weil die Alten, ehe sie geprägtes Geld hatten, beim Bezahlen einander das Metall zuwogen) = **zahlen, bezahlen, 1** eig.: pecuniam alci, Cic.: vectigal, Cic.: stipendium, Liv.: bina milia aeris, Liv.: usuram pecuniae alci, die Zinsen von dem Geld, Cic. – **2** bildl.: **a bezahlen, leisten,** was man schuldig ist, grates, abstatten, Stat. Theb. 11, 223. – **b** (weil die ältesten Strafen darin bestanden, dass der Straffällige dem Kläger oder der Obrigkeit ein od. das andere Stück Vieh od. eine Summe Geld bezahlen musste) = **ausstehen, leiden,** was man verdient hat, poenas pro scelere, Lucr.: poenas temeritatis, wegen der usw., Cic.: poenas capitis, Ov.: poenam nece, Ov.: supplicium, Liv.: ignominiam, Liv.: auch crimen, culpam, büßen, Strafe dafür leiden, Val. Flacc. – absol. = Strafe leiden, Val. Flacc. 1, 445. – **II** übtr.: **wiegen, schwer sein,** tantundem, Lucr. 1, 361: minus pondo octoginta Romanis ponderibus, Liv. 38, 38, 13. – bildl., bona vera idem pendunt, Sen. ep. 66, 29 (Haase pendent, s. pendeo *no.* I. a. E.). – ► Parag. Infin. pendier, Plaut. Poen. 1300.

pendulus, a, um (pendeo), **I hängend, herabhängend, a** übh.: collum, Hor.: libra, Ov.: genae (ebrii), Plin.: aures pendulae atque flaccentes, Lact.: pallium, Sulp. Sev.: tela (Webstuhl), weil die Kettenfäden herunterhängen, Ov. – **b** v. Örtl. usw. = **hängend, schwebend,** loca, Colum.: Setia, Mart. – u. **c** v. leb. Wesen = **schwebend,** v. Vögeln, Apul.: putator pendulus arbustis, Colum. – **II** bildl., **ungewiss, zweifelhaft,** spe pendulus, Hor. ep. 1, 18, 110: pendula turba, Prop. 4, 1, 18: Herodes pendulā exspectatione frustratus, Augustin. serm. 150, 1 Mai.

pēne, *Adv.*, s. paene.

Pēnēis, Pēnēius, s. Pēnēus.

Pēnelopa, ae, *f.* u. **Pēnelopē**, ēs, *f.* (Πηνελόπεια, Πηνελόπη), Gemahlin des Ulixes, Mutter des Telemach, berühmt durch ihre Keuschheit u. eheliche Treue, Form *-a* bei Plaut. Stich. 1. Cic. de nat. deor. 3, 56. Hor. sat. 2, 5, 76. Papin. dig. 33, 10, 9. § 1 M.: Form *-e* bei Cic. Acad. 2, 95. Hor. carm. 3, 10, 11 u. sat. 2, 5, 81. Prop. 3, 12, 38. Sen. ep. 88, 8. – Penelope appell. = keusche Frau (Ggstz. Helena, Ehebrecherin), Mart. 1, 62, 6. – Dav. **Pēnelopēus**, a, um, **penelopëisch, der Penelope,** Catull. u. Ov.

pēnelops, opis, Akk. Plur. opas, *m.* (πηνέλοψ), eine bunte Entenart (viell. *Anas Penelope,* L.), Plin. 37, 38.

Pēnēos, s. Pēnēus.

penes, *Praep.* m. *Acc.* (endungsloser Lokativ zu penus, oris, im Inneren), **bei, I** in Bezug auf Eigentum, Besitz u. Gewalt, istaec iam penes vos psaltria est? Ter.: hi (servi) centum dies penes accusatorem cum fuissent, Cic.: edicunt, penes quem quisque sit Caesaris miles, ut producatur, Caes.: penes te es? (wie ἐν ἑαυτῷ εἶναι) bist du bei dir? bei Verstand? Hor.: penes quos laus fuit, Cic.: eos agros, quorum adhuc penes Cn. Pompeium omne iudicium et potestas debet esse, decemviri vendent? Cic.: usus, quem penes arbitrium est et ius et norma loquendi, Hor. – bei Verben der Bewegung = **zu,** quam penes amantum summa summarum redit, Plaut. truc. 4: imperii iura penes Constantinum et Licinium devenere, Aur. Vict. epit. 41, 1. – **II** in Bezug auf Teilnahme, Schuld, penes rem publicam esse, es mit dem Staat halten, Tac.: penes te culpa est, Ter.: penes Aetolos culpam belli esse, Liv.: nullam penes se culpam esse, Liv.: alia omnis penes milites noxia erat, Liv. (vgl. Fabri Liv. 22, 44, 6): nulla poena penes eum levis, Lact.: ne quid ex contagione noxae remaneret penes nos, Liv. – ► penes oft dem regierten Wort nachstehend, quem penes, Plaut., Hor., Cic. u. a.: me, te penes, Komik.

Penestae, ārum, *m.* (Πενέσται), eine Völkerschaft im griech. Illyrien, Liv. 43, 21 *sqq.* u. a. – deren Land **Penestia,** ae, *f.,* Liv. 43, 19, 2.

pēnētica, ae, *f.* (πεινητική, verst. τέχνη), die **Hungerleiderkur,** peneticam facere, aufs Trockene gesetzt sein, Cael. in Cic. ep. 8, 1, 5 *ed. Klotz.*

penetrābilis, e (penetro), **I durchdringbar,** corpus nullo pen. telo, Ov.: sapiens nulli (telo) est pen., Sen.: profunda altitudo nullis inquirentium spatiis pen., keinem Maß der U. erreichbar, Tac.: terra cavernis quibusdam fistulisque ita pen., ut etc., Iustin. – **II** aktiv = **durchdringend, durchbohrend,** telum, Verg.: fulmen, Ov.: frigus, Verg.: tepor, Sen. de ben. 4, 23, 1: misericordia, ergreifende, Gell. 10, 3, 4: *Compar.,* quia (vinum) tanto penetrabilius efficitur, quanto etc., Macr. sat. 7, 12, 7: sermo dei est penetrabilior omni gladio ancipiti, Vulg. Hebr. 4, 14. Paul. Nol. in Augustin. epist. 121, 18.

penetrābiliter, *Adv.* (penetrabilis), **durchdringend,** deus pen. videt, durch u. durch, Gregor. in Tob. 25, 11.

penetral, penetrāle, s. penetrālis.

penetrālis, e (v. penetro, s. Prisc. 4, 24), **I durchdringend,** frigus, ignis, Lucr. 1, 494 u. 535: fulmineus multo penetralior ignis, Lucr. 2, 382. – **II innerlich, inwendig, A** *adi.:* focus, Cic. u. Catull.: tecta, Verg.: di, v. den Penaten (s. penātēs), Tac. ann. 2, 10. Sen. Oed. 265 (269) u. a. (vgl. Cic. de nat. deor. 2, 68). – **B** *subst.,* penetrāle u. apokopiert penetral, ālis, *n.,* gew. Plur. penetrālia, ium, *n.,* **1** das **Innere,** bes. v. Gebäuden, die **inneren Räume,** das **innere Gemach, a** eig.: penetrale urbis, Liv.: penetralia regum, Verg.: penetralium callidi, vertraut mit dem Inneren der Stadt, Amm. – aurium penetralia, Augustin. – **b** bildl., das **Innere, Geheime,** penetrale cordis et animae, Gell.: huius loci penetralia aperire, Quint.: penetralia sapientiae, Quint. – **2** insbes., v. Tempeln, Kapellen u. a. heiligen Örtl., das **Heiligtum,** bes. das der Penaten, **a** eig. u. meton.: conditum in penetrali fatale pignus, Liv.: adesse penetrali deum, Tac.: Capitolini summum penetrale tonantis, Mart. – meton. = die **Penaten,** Ov. met. 15, 35. Sil. 13, 62: Plur., Sil. 1, 668. – **b** bildl.: penetral philosophiae, Macr. sat. 7, 1, 5: penetral animi tui, Symm. epist. 2, 34. – ► Nbf. penetrālium, Vict. Vit. 2, 20.

penetrāliter, *Adv.* (penetralis), **innerlich,** Ven. Fort. de vita S. Mart. 4, 597.

penetrālium, s. penetrālis ►.

penetrātio, ōnis, *f.* (penetro), das **Eindringen,** Apul. flor. 18. p. 30, 21 Kr. Augustin. c. ep. Manich. 24, 26 u. serm. 15, 3 (wo es = das vollständige Durchschauen der Wege Gottes).

penetrātor, ōris, *m.* (penetro), **einer, der eindringt,** Eccl.

penetro, āvī, ātum, āre (penitus), **I** *tr.* **A hineinfügen, -tun, -setzen,** pedem intra aedes, Plaut.: se, wohin **gehen, hineindringen, sich** wohin **begeben,** in fugam, Plaut.: se in specum, Gell.: se foras, Plaut.: se ad plures, sich zu seinen Vätern versammeln (= sterben), Plaut.: v. Lebl., intra pectus se penetravit potio, Plaut.: ne esculenta et potulenta sese penetrarent, Apul. – Passiv medial, quae penetrata (eingedrungen) queunt sensum progignere acerbum, Lucr. 4, 668: u. so Lucr. 1, 529. – **B** durch etw. hindurchdringen = **tief** in etw. **eindringen,** etw. **durchziehen, durchdringen, a** eig.: sinus Illyricos, Verg. u. Iustin.: gentes, ulteriora (feindlich), Vell.: Asiam, Val. Flacc.: virgulta silvasque, Plin.: v. Lebl., loricam corpusque fervens arena penetraverat, Curt. – Passiv, ut penitus nequeat penetrari, Lucr.: penetratae cum victoria Media, Albania, Iberia, Vell.: iter Lucullo quondam penetratum, der Weg, auf dem L. einst vorgedrungen ist, Tac. – **b** übtr., jmd. **ergreifen, auf** jmd. **Eindruck machen,** id Tiberii animum altius penetravit, Tac.: nihil Tiberium magis penetravit, quam etc., Tac. – u. penetrabat eos (es ergriff sie der Gedanke) m. folg. *Acc.* u. *Infin.,* Lucr. 5, 1260. – **II** *intr.* **hineinkommen, -dringen, durchdringen, eindringen, a** eig., per angustias, Cic.: ad urbes, Cic.: ad Pelusii ostium, Curt.: huiusmodi in palaestram, Plaut.: in templa, Cic.: in Syriam, Cic.: in omnes regiones, Curt.: in castra Romanorum, Liv.: intra vallum, Liv.: specus fodiendo (durch Minieren) intra moenia, Vitr. – **b** übtr., nulla res magis penetrat in animos, Cic.: quo non ars penetrat? Ov.: una vox eius usque ad contumeliam senatus penetraverat, hatte sich verstiegen (war gegangen) bis zu usw., Tac.: cupere debemus, quo manuum nostrarum tela pervenerint, eodem gloriam famamque penetrare, Cic.

Pēnēus u. **-ēos,** ī, *m.* (Πηνειός), Hauptfluss Thessaliens u. übh. ganz Griechenlands, der auf dem Pindus entspringt u. zwischen dem Olymp u. Öta in den thermäischen Busen mündet, j. *Salambria* od. *Salamenia,* Ov. met. 1, 569 *sqq.;* 2, 243; 7, 230. Liv. 32, 15, 8: Vokat. Penee, Ov. am. 3, 6, 31. – als Flussgott Vater der Cyrene, Hyg. fab. 161. Verg. georg. 4, 355, u. der Daphne, Hyg. fab. 203. – Dav.: **A Pēnēis,** idis, *f.,* **penëisch,** unda, Wasser des Flusses Peneus, Ov.: nympha, Daphne, Ov. – **B Pēnēius,** a, um, **penëisch,** amnis, Lucan. 8, 33: arva, Ov.: Tempe, vom Peneus durchströmt, Verg.: Daphne, Ov.

pēnicillum, ī, *n.* u. **pēnicillus,** ī, *m.* *(Demin.* v. peniculus), **I** der **Pinsel,** Cic. u. a. – meton., die **Malerei,** Plin. 35, 60 *sq.* – u. dav. übtr. = die stilistische Darstellung, Cic. ad Q. fr. 2, 13, 2 (2, 15. litt. a. § 2). – **II** die **Wundfäden,** das **Bäuschchen,** die **Scharpie, gezupfte Leinwand,** Cels. u. a. – **III** ein **Schwamm** zum Abwischen, Colum. u. Plin.

pēniculāmentum, ī, *n.* (peniculus), der **Schwanz, Schweif, I** eig., Arnob. 5, 11. – **II** übtr., v. der **Schleppe** eines Kleides, Enn. ann. 362. Caecil. com. 132. Lucil. 565.

pēniculus, ī, *m.* *(Demin.* v. penis), das Schwänzchen; dah. **I** die **Bürste,** Plaut. Men. 391: peniculi, quis (= quibus) calciamenta tergentur, Fest. p. 230 (b), 24. – **II** der **Schwamm,** Plaut. u. Ter. – **III** der **Pinsel,** Marcian. dig. 33, 7, 17.

pēnīnsula, ae, *f.,* s. paenīnsula.

Pēnīnus, a, um, s. Poenīnus.

pēnis, is, *m.* (viell. aus *pesnis, griech. πέος), der **Schwanz,** peni (Abl.) bubulo ludentes, Naev. com. 102: hodie ›penis‹ est in obscenis, Cic. ep. 9, 22, 2. – gew. übtr., das **männliche Glied,** Cic. u. a.: pene, durch Unzucht, Sall. u. Hor. – als Schmeichelwort, purissimus penis, Suet. vit. Hor. p. 297 Roth.

pēnissimē, *Adv.,* s. paene.

penitē, *Adv.* (penitus), **inwendig, innerlich,** Catull. 61, 178.

1. pēnītus, a, um (penis), **mit einem Schwanz versehen,** offa, Schwanzstück, Fest. p. 230 (b), 24; 242 (b), 24. Arnob. 7, 24.

2. penitus, a, um (penus), **inwendig, innerlich,** ignis, Vitr.: fontis scaturigo, Apul.: usque ex penitis faucibus, Plaut.: penitior pars domus, Apul. fr.: interiores partes domuis (= domus), ut ait Plautus, penitissimae, Varro fr.: ex Arabia penitissuma, tief aus A., Plaut. – subst., penita, ōrum, *n.,* das **Innerste,** m. *Genet.,* mundi, Mart. Cap. 1 § 9: terrae, *ibid.* 6 § 600: sacri loci, Iul. Val. 3, 43 (24): absol. = die innersten Gemächer, in penita perducere, *ibid.* 3, 38 (22). – Dav.

3. penitus, *Adv.,* **I inwendig, ganz inwendig, im Innersten,** Manil. 4, 309. Auct. Aetnae 319. – dilectus Iovi, innig geliebt, Hor.: *Superl.* penitissime, Sidon. epist. 4, 9, 1 u. 8, 3, 3. – **II tief, A** = **tief hinein, bis auf das Innerste, aus der innersten Tiefe, 1** eig.: inclusum p. in venis, Cic.: saxum p. excisum, Cic.: argentum p. abditum, Cic.: p. in Thraciam se abdidit, Nep.: cum gladium p. abdidisset, tief ins Herz gestoßen hatte, Sen. rhet.: p. sonantes scopuli, Verg. – **2** übtr.: **a tief,** ea p. animis vestris mandate, prägt tief ein, Cic.: amor penitus haeret, Curt. – **b genau, bis auf das Innerste,** perspicere, Cic.: nosse, Cic.: notus, Hor.: videre, Cic. – **c gänzlich, ganz und gar, völlig,** diffidere, Cic.: se perdere, Cic.: Dalmatiam subigere, Eutr.: civilitatis p. expers, Eutr.: p. Romano nomini infestissimus, durch u. durch ein Todfeind der R., Vell. 2, 27, 1. – **d herzlich, von Herzen,** rogare, Cic. – **B** übtr., **weithin, weit,** cavas Satrachi penitus mittetur ad undas, Catull.: terrae penitus penitusque iacentes, weiter u. weiter, Ov.: penitus repostae gentes, Verg. – übtr., beim *Compar.* (= longe), **weit,** penitus crudelior, Prop. 1, 16, 17.

Penius, iī, *m.* (Πενιός), ein Fluss in Kolchis, der in das Schwarze Meer fließt, Ov. ex Pont. 4, 10, 47. Plin. 6, 14.

penna, ae, *f.* (altlat. pesna, Fest. 205, 14 u. 209, 10, zu πέτομαι, peto), die **Schwinge** = die **Feder** eines geflügelten Tieres, **I** im Allg.: **1** eig., Colum., Plin. u. a. – **2** meton.: **a** der **Flügel**, gew. im Plur., die **Flügel** der Vögel u. Insekten, Plin., Verg. u. a.: binae, zwei Fl., Plin.: vipereae, Schlangenflügel, Ov.: aves pullos pennis fovent, Cic.: pennas vertere, davonfliegen, Prop.: im Bild, decisis humilis pennis, mit beschnittenen Flügeln (= gescheiterten Hoffnungen), Hor. ep. 2, 2, 50: pennas extendere nido, die Fittige ausbreiten, flügge werden (eig. v. jungen Vögeln, bildl. von Pers., die sich durch Verdienst u. Vorzüge über die Niedrigkeit ihrer Geburt erheben), Hor. ep. 1, 20, 21. – Sing. penna kollektiv, das **Flügelwerk** = die Flügel, Ov. met. 2, 376 u. a. – **b** das **Fliegen,** der **Flug,** Prop. u. Ov. – **c** poet. = **Vogel,** certis pennis, Weissagevögel, Val. Flacc.: pennā velocior evolat, Sil. – **II** insbes.: **A** die **Feder** (Federn) am Pfeil, damit er die ihm gegebene Richtung einhält, Ov. met. 6, 258. – meton., der **Pfeil,** Val. Flacc. 9, 421 (Ov. fast. 2, 110 Merkel u. Riese pinna). – **B** die **Schreibfeder,** Isid. orig. 6, 14. § 3 u. 5.

pennātulus, a, um (*Demin.* v. pennatus), **beflügelt,** Tert. ad nat. 1, 10 *extr.*

pennātus, a, um (penna), **beflügelt, befiedert,** Zephyrus, Lucr.: Fama, Verg.: equus, Plin.: ferrum, gefiedertes Eisen, Pfeil, Plin.: agnae, im Salierlied = spicae, Paul. ex Fest. 211, 1: *Compar.*, u. zwar bildl., voto pennatior, Itin. Alex. 29 (68). – Plur. subst., pennati, Vögel, Iuvenc. 2, 496.

pennēsco, ere (penna), **Federn-, Flügel bekommen,** Cassiod. var. 1, 38, 2.

pennifer, fera, ferum (penna u. fero), **beflügelt, befiedert,** Sidon. carm. 2, 309.

penniger, gera, gerum (penna u. gero), **befiedert,** sagittae, Sil. 8, 373. Vgl. pinniger.

Pennīnus, a, um, s. Poenīnus.

pennipēs, s. pinnipēs.

pennipotēns, entis (penna u. potens), **beflügelt,** ferae, Lucr. 2, 878. – subst., pennipotentēs, um, *f.* = das **Geflügel** = die Vögel, Lucr. 5, 786.

pennor, ārī (penna), **Federn bekommen,** Dracont. 1, 262.

pennula, ae, *f. (Demin.* v. penna), der **kleine Flügel,** Sing. kollektiv, Ven. Fort. carm. 3, 19 (20), 10. – Plur., Hieron. adv. Pelag. 1, 14 *in.* Vgl. pinnula.

pēnsābilis, e (penso), **ersetzbar,** Amm. 31, 13, 11.

pēnsātio, ōnis, *f.* (penso), das **Wägen, Abwägen;** dah. **I** die **Ersetzung,** bonorum, Petron. 141, 6. – absol., der **Ersatz,** die **Aufrechnung, Gegenrechnung,** Ulp. dig. 16, 2, 7. § 1 u. a. Ps. Quint. decl. 232: Plur., Ulp. dig. 3, 5, 7 (8). § 2. – **II** die **Erwägung, Überlegung,** Amm. 16, 12, 33.

pēnsātor, ōris, *m.* (penso), der **Abwäger,** übtr., nullius verbi, Schol. Pers. 1, 128.

pēnsē, *Adv.* im *Compar.* (pensus), **genau, eifrig,** nihil tractandum pensius, Symm. epist. 2, 34: qui pensius ingenium mali spectatum haberet, Sulp. Sev. chron. 1, 35, 9.

pēnsiculātē, *Adv.* (pensiculo), **genau,** Gell. 1, 3, 12.

pēnsiculo (āvī), ātum, āre (penso), **abwägen, erwägen,** Gell. 13, 20, 11. Apul. flor. 9. p. 9, 18 Kr.; de deo Socr. *in.* p. 1, 12 G. (p. 103 H.).

pēnsilis, e (pendeo), **I hängend, herabhängend,** lychnuchi, Plin.: uva, zur Aufbewahrung aufgehängte, getrocknete, Hor.: reste se facere pensilem, sich aufhängen, Plaut.: u. so mit Anspielung auf das Aufhängen, pro uva passa pensilis, Plaut.: libertas pens., die Freiheit, sich aufzuhängen, Plin. – subst., pēnsilia, ium, *n.*, **α** (*sc.* poma) = Obst, das man zur Winterzeit aufhängt, um es zu erhalten, Varro r. r. 1, 59, 3. – **β** (*sc.* horologia) viatoria, transportable Reiseuhren, Vitr. 9, 8, 1. – **γ** (*sc.* membra) = *penis,* Priap. 52, 7. – **II** insbes., als *t. t.* der Baukunst, **schwebend** = auf Schwibbögen ruhend, horreum, Colum.: fabrica, Colum.: urbs, Plin.: horti, Curt. u. Lact.: agros et maria et urbes et montes pensiles facere, auf Schwibbögen anlegen, Lact. – plumis pensilibus, auf elastischen Polstern, Iuven. 1, 159. – bes. balineae (balneae, balinea), nach Sprengel »Tropfbäder«, nach anderen »Badezimmer mit einem von unten erwärmten hohen Fußboden«, Val. Max. 9, 1, 1. Plin. 9, 168. Macr. sat. 3, 15, 3. – übtr., **schwebend,** tribus, auf beweglichen Sitzen (im Theater), Plin. 36, 119. – ► Abl. Sing. pensile, Ven. Fort. vit. S. Mart. 4, 79.

pēnsio, ōnis, *f.* (pendo), **I** das **Wägen, Abwägen;** dah. meton., das **Gewicht,** die **Last,** Vitr. 10, 3, 4 u. 10, 11, 2. – **II** insbes., die **Zahlung, Auszahlung, A** meton.: **1** die einzelne **Rate,** der einzelne **Posten,** die an einem bestimmten Tag zu entrichten sind, decreverunt, ut *tribus pensionibus* ea pecunia *solveretur, primam praesentem* (bar) ii qui tum essent, *duas* (die beiden anderen) tertii et quinti consules numerarent, Liv.: pensionibus aequis solvere, Liv.: in pensione secunda caeci fuimus (war ich mit Blindheit geschlagen), Cic.: nihil debetur ei, nisi ex tertia pensione quae est Kal. Sext., Cic.: iusti crediti solutionem (Heimzahlung) in decem annorum pensiones distribuit, Liv. – **2** die **Abgabe, Auflage,** Aur. Vict. de Caes. 9, 6 u. a. – **3** der **Mietzins,** Iuven. u. Suet.: p. bima (zwei Jahre rückständiger), Mart.: locatori pensionem solvere, ICt. – u. der **Pachtzins,** Colum. u. Suet. – **4** die **Interessen,** Lampr. Alex. Sev. 26, 2. – **B** übtr., der **Ersatz,** iacturae, Entschädigung, Petron. 136, 12.

pēnsitātio, ōnis, *f.* (pensito), das »Wägen, Abwägen«, dah. **I** die **Zahlung,** Ps. Ascon. ad Cic. Verr. 2, 2, 5. p. 205, 5 B.: Plur., Eumen. grat. act. ad Constant. 12, 4. – **II** übtr.: **A** der **Ersatz,** die **Entschädigung,** Plin. 19, 103. – **B** der **Aufwand,** diurna, der tägliche Aufw. (an Speise u. Trank), Sulp. Sev. chron. 2, 8, 3.

pēnsitātor, ōris, *m.* (pensito), der **Abwäger,** verborum, Wortklauber, Gell. 17, 1, 3.

pēnsito, āvī, ātum, āre (*Intens.* v. penso), **I genau wägen, -abwägen, A** eig.: lanam, Aur. Vict. de orig. gent. Rom. 22. § 2: im Bild, vitam aequā lance, den Lebenswert mit gerechter Waage abw. = gerecht beurteilen, Plin. 7, 44. – **B** übtr., gleichs. **auf die Waagschale legen, erwägen, überdenken,** imperatoria consilia, Liv.: suas et inimicorum vires, Suet.: omnia, Plin. ep.: mit folg. indir. Fragesatz, sedulo p., quid od. quem etc., Plin. ep.: u. so *Abl. absol.*, saepe apud se pensitato, an etc., Tac.: diu pensitato, ne (enklit.) … an, Tac. – **II** insbes., eine Abgabe **zahlen, bezahlen, entrichten,** ii, qui vectigalia nobis pensitant (Ggstz. ii, qui vectigalia exercent atque exigunt), Cic.: stipendio, quod Arachosiis utraque natio pensitabat, imposito, Curt. – absol. u. prägn., praedia … quae pensitant, die steuerpflichtig sind, Cic. de lege agr. 3, 9.

pēnsiuncula, ae, *f. (Demin.* von pensio), die **Zahlung, Rate,** fenoris reliqua, Colum. 10. praef. § 1.

pēnso, āvī, ātum, āre (*Intens.* zu pendo), **I wägen, abwägen, darwägen, A** eig.: aurum, Liv.: sint iis portionibus pensata, quas subicimus, Colum. – im Bild, Romanos scriptores eādem trutinā, nach demselben Maßstab beurteilen, Hor. ep. 2, 1, 29 *sq.*: u. so non extranei dictum et filii parricidium aequā lance pensare, Ambros. in psalm. 118. serm. 7. § 23. – **B** übtr.: **1** im Allg.: **abwägen = beurteilen,** amicos ex factis, non ex dictis, Liv.: vires magis oculis quam ratione, Liv. – **2** insbes.: **a erwägen, überlegen,** consilium, Liv.: singula animi consulta, Curt. – **b** eins **gegen** das andere **wägen, gegeneinander abwägen, gegenrechnen, vergleichen,** honesta, Liv.: adversa secundis, Liv.: virtutibus vitia, Liv. epit. – **II aufwägen, A** eig.: odores ac purpuras et auro pensanda, mit G. aufzuwiegende Dinge, Kostbarkeiten, Sen. ep. 73, 5; vgl. 18, 9. – **B** übtr., **aufwägen, bezahlen, a = ausgleichen, vergelten, ersetzen, einbringen, entschädigen, wettmachen,** beneficia beneficiis, Sen.: exiguā turis impensā tanta beneficia, Curt.: munus munere, Ov.: vulnus vulnere, Ov.: praematuram mortem immortali nominis memoriā, durch einen beschleunigten Tod Unsterblichkeit erlangen, Vell.: moram velocitate, Sen.: transmarinae res quādam vice pensatae (verst. inter se), waren einigermaßen gegeneinander ausgeglichen, hielten sich einigermaßen das Gleichgewicht, Liv.: vicem alcis rei, die Stelle einer Sache vertreten, eben die Dienste tun als etw., Plin.: iter, abkürzen, Lucan.: quibus tot castrorum excidia pensantur, Tac. – **b** mit etw. **vertauschen,** Palatia caelo, Calp.: laetitiam maerore, Plin. – **c erkaufen = büßen,** victoriam damno amissi militis, Vell.: laudem cum damno (*sc.* filiae), Ov.: nece maturā tenerum pudorem, Ov.: nefarium concubitum voluntariā morte, Val. Max. – **d befriedigen = stillen,** sitis est pensanda tuorum, Calp. ecl. 5, 111.

pēnsor, ōris, *m.* (pendo), der **Abwäger,** mensores et pensores elementorum, Augustin. de civ. dei 15, 27, 2. p. 117, 19 D.²; vgl. Augustin. conf. 5, 4, 7.

pēnsum, ī, *n.* (pendo), **I** die den Sklavinnen als Tagesarbeit zugewogene **Wolle,** die **Wollarbeit, Tagesarbeit,** das **Pensum,** pensa mollia, Verg.: pensa partiri inter virgines, Iustin.: pensa tractare, Ambros.: pensa resolvere, Verg.: lanificium, in quo properant omnium mulierum pensa, Plin.: v. den Parzen, pensum mortale resolvere, den sterblichen Faden auflösen, unsterblich machen, Calp.: bonos viros luctu adfici, malos re familiari incolumi frui, neque mensum neque pensum fatorum lanificum (der Parzen) duco, Fronto de nep. amiss. 2. p. 233, 12 N. – **II** übtr., die **Aufgabe,** die man sich selbst (als Schriftsteller usw.) gestellt hat od. die einem gestellt ist, Cic. u. Liv.: pensum absolvere, Varro.

pēnsūra, ae, *f.* (pendo), das **Wägen, Abwägen,** Varro LL. 5, 183.

pēnsus, a, um, *PAdi.* (v. pendo), wichtig, Gewicht habend; dah. bildl. = **wichtig, schätzbar,** pensior condicio, Plaut.: ut nihil quidquam esset carius pensiusque nobis, Gell. – nihil pensi habeo, **ich lege auf nichts Wert** od. **Gewicht, ich bin gegen alles gleichgültig** (von Gewissen- oder Gedankenlosen, Leichtsinnigen, Gleichgültigen), Sall. Cat. 12, 2; Iug. 41, 9 (aber auch ratum pensumque nihil habeo, Atei. Capit. bei Gell. 13, 12, 2). – u. non (nec od. neque) od. nec quicquam pensi habeo od. duco, **ich lege keinen Wert** od. **kein Gewicht-, gebe nichts auf** etw., **achte** etw. **nicht, ich mache mir kein Gewissen aus** etwas, **scheue mich nicht zu usw.** (s. Nipperd. Tac. ann. 13, 15), neque fas neque fidem pensi habere, Tac.: u. so neque *in* divexanda (matre) quicquam pensi habere, Suet.: nihil pensi habuit, *quin* praedaretur omni modo, Suet. – u. m. folg. *Infin.,* neque dicere neque facere quicquam pensi habere, Suet.: nec pensi duxerat isdem imaginibus ascribi etc., Val. Max. – in gleicher Bed., alci nec … quicquam pensi est m. folg. Fragesatz, neque id quibus modis assequeretur quicquam pensi habebat, Sall.: sed illis, nec quid dicerent, nec quid facerent, quicquam pensi fuisse, hätten weder ihre Worte noch ihre Taten bedacht, Liv.: u. so nec mihi adest tantillum pensi iam, quos capiam calceos, ich frage nicht so viel danach, wie ich jetzt auftreten soll, Plaut.: u. im Bedingungssatz, quibus si quicquam pensi fuisset, Sall. Vgl. Fabri Sall. Cat. 5, 6 u. 23, 2. Nipperd. Tac. ann. 13, 15.

pentachordos, on (πεντάχορδος), **fünfsaitig,** Mart. Cap. 9. § 962.

pentacontarchus, ī, *m.* (πεντακόνταρχος), ein **Anführer von 50 Mann,** Vulg. 1. Mach. 3, 55.

pentadactylos, ī, *f.* (πενταδάκτυλος), das **Fünffingerkraut,** Plin. 32, 147. Ps. Apul. herb. 2.

pentadōros, on (πεντάδωρος), **fünf Palmen** (od. **Querhände) enthaltend,** Vitr. 2, 3, 3. Plin. 35, 170.

pentaëtēricus, a, um (πενταετηρικός), **fünfjährig,** certamen, Suet. vit. Lucan. p. 77, 17 R. CIL 2, 4136.

pentaëtēris, idis, Akk. ida, *f.* (πενταετηρίς), **fünf Jahre,** ein **Zeitraum von fünf Jahren,** Censor. 18, 3 u. 12.

pentafarmacum, s. pentapharmacum.

pentagōnium, iī, *n.* (πενταγώνιον), das **Fünfeck,** Gromat. vet. 348, 27.

pentagōnus, a, um (πεντάγωνος), **fünfeckig,** Gromat. vet. 249, 9; 348, 10. Boëth. inst. arithm. 2, 6 u. 13. – subst., pentagōnon u. pentagōnum, ī, *n.,* **a** das **Fünfeck,** Gromat. vet. 106, 24; 314, 2. Boëth. art. geom. p. 404, 6 u. 419, 12 Fr. – **b** = pentapetes, Ps. Apul. herb. 2.

pentameris (πενταμερής), **fünfteilig,** tome, Ter. Maur. *v.* 2578.

pentameter, tra, trum (πεντάμετρος, fünfmaßig), **fünffüßig** (als *t. t.* der Metrik), elegeum (Elegie), Diom. 503, 9; metrum, Isid. orig. 1, 38, 6. – subst., pentameter, trī, *m.,* der fünffüßige Vers, der **Pentameter,** Quint. 9, 4, 98 u. 109. Censor. fr. 14, 3. Diom. 502, 21 u. 506, 31: ders. pentametrus, ī, *m.,* Mar. Victorin. 3, 6, 2. p. 112, 27 K. Caes. Bass. de metr. 256, 23 K.

pentapetes, is, *n.* (πενταπετές) u. **pentaphyllon,** ī, *n.* (πεντάφυλλον), das **Fünfblatt, Fünffingerkraut** (*Potentilla,* L.), rein lat. quinquefolium, Plin. 25, 109. Ps. Apul. herb. 2.

pentapharmacum (pentafarmacum), ī, *n.* (πενταφάρμακον), eine **Tracht von fünf Gerichten,** Spart. Hel. 5. § 4 u. 5.

pentaphyllon, s. pentapetes.

Pentapolis, eos, Akk. im u. in, *f.* (Πεντάπολις), **Fünfstadt,** die nach ihren fünf Hauptstädten (Apollonia, Ptolemaïs, Arsinoë, Berenice, Cyrene) seit der Herrschaft der Ptolemäer so genannte Landschaft Cyrenaïka am libyschen Meer, j. das **Hochland von Barka** in Tripoli, Ruf. Fest. brev. 13. Serv. Verg. Aen. 4, 42 (wo Genet. u. Akk.). Vulg. sap. 10, 6 (Akk. -im). – Dies. **Pentapolitāna regio,** Plin. 5, 31.

pentaprōtīa, ae, *f.* (πενταπρωτεία), das **Kollegium der fünf Oberen,** Cod. Iust. 12, 29, 2.

pentaptōtos, on (πεντάπτωτος), **fünf Kasus habend** (gramm. *t. t.*), forma, Consent. 351, 22 K. (rein lat. forma quinaria, Charis. 150, 22). – subst., pentaptōta, ōrum, *n.,* Nomina, die fünf Kasus haben, Prisc. 5, 76.

pentas, adis, *f.* (πεντάς), die **Fünf,** die **Zahl von Fünfen,** Mart. Cap. 7. § 735 u. 745.

pentasēmos, on, u. **pentasēmus,** um (πεντάσημος), **fünfzeitig,** als *t. t.* der Metrik, rein lat. senarius, Diom. 506, 5. Mar. Victorin. 1, 11, 60. p. 49, 14 K. Mart. Cap. 9. § 978.

pentaspaston, ī, *n.* (πεντάσπαστον), ein **Flaschenzug von fünf Rollen** od. **Scheiben,** Vitr. 10, 2, 3.

pentasphaerum folium (πέντε u. σφαῖρα), eine Art Spezereien, viell. = malobathrum, Marcian. dig. 39, 4, 16. § 7.

pentastichos, on (πεντάστιχος), **fünf Säulenreihen habend,** porticus pentastichae (heteroklit.), Treb. Poll. Gallien. 18. § 5.

pentasyllabos, on (πεντασύλλαβος, ον), **fünfsilbig** (*t. t.* der Metrik), pedes, Mall. Theod. 2.

pentateuchus, ī, *m.,* od. **pentateuchum,** ī, *n.* (πεντάτευχος), die **fünf Bücher Mosis,** Tert. adv. Marc. 1, 10. Isid. orig. 6, 2, 2.

pentāthlum, ī, *n.* (πένταθλον), der **Fünfkampf,** Inbegriff der fünf Übungen (discus, cursus, saltus, lucta, iaculatio), rein lat. quinquertium, Paul. ex Fest. 211, 4. – Dav. **pentāthlus,** ī, *m.* (πένταθλος), der **sich im Fünfkampf Übende** u. der **Sieger im Fünfkampf,** rein lat. quinquertio, Plin. 34, 57 u. 68 72.

pentatomon, ī, *n.* (πεντάτομον) = pentapetes (s. d.), Ps. Apul. herb. 2.

pentēcostālis, e (pentecoste), **zu Pfingsten gehörig, Pfingst-,** festum, Tert. de idol. 14.

pentēcostē, ēs, *f.* (πεντηκοστή, *sc.* ἡμέρα), der fünfzigste Tag nach dem Passa, **Pfingsten,** Tert. de idol. 14. Ambros. in Luc. 3. § 16 u. 8. § 25.

Pentelēnsis mōns (Vitr. 2, 8, 9) oder

Pentelicus mōns (Πεντελικὸν ὄρος), ein Berg bei Athen, berühmt wegen seines Marmors, wov. **Pentelicus,** a, um, **pentelisch,** Hermae, aus Marmor vom pentelischen Berg, Cic. ad Att. 1, 8, 2.

pentelōris, e (πέντε u. lorum), **fünfstreifig,** Vopisc. Aur. 46, 6.

penterēmis, is, *f.* (πέντε u. remus) = penteris, Isid. orig. 19, 1, 23.

pentēris, is, *f.* (πεντήρης, *sc.* ναῦς), die **fünfruderige Galeere,** der **Fünfruderer,** Auct. b. Alex. 47, 2 u. b. Afr. 62, 5.

pentethronicus, a, um, ein erdichtetes Wort, Plaut. Poen. 471 *Goetz.*

Penthēius, a, um, s. Pentheus.

penthēmimerēs, Akk. ēn, *f.* (πενθημιμερής, aus fünf halben, d. i. $2^1/_2$ Teilen bestehend), verst. tome (τομή), der Versabschnitt nach der ersten Hälfte des dritten Fußes, bes. im Hexameter u. jambischen Trimeter, die **Penthemimeres,** rein lat. semiquinaria (verst. insectio), Auson. epist. 4, 86 u. Cento nupt. 1. p. 140, 23 Schenkl. Diom. 497, 8 u. 11. Serv. de cent. metr. 457, 9 K. Ter. Maur. *v.* 1725 (wo pentemimeris). – Dav. **penthēmimericus,** a, um, **penthemimerisch,** metrum, Plot. de metr. 512, 19 K.

Penthesilēa, ae, f. (Πενθεσίλεια), Königin der Amazonen, Bundesgenossin des Priamus gegen die Griechen, von Achilles besiegt, Verg. Aen. 1, 491. Prop. 3, 11, 14. Iustin. 2, 4, 31.

Penthēus, eī u. eos, Akk. eum u. ea, *m.* (Πενθεύς), König in Theben, Enkel des Kadmos, wegen seiner Verachtung des bacchischen Gottesdienstes von seiner rasenden Mutter, deren Schwestern und anderen Bacchantinnen zerrissen, Ov. met. 3, 514 *sqq.* Hyg. fab. 184. Mythogr. Lat. 2, 83: Genet. *-eī,* Hor. carm. 2, 19, 14. Mythogr. Lat. 3, 12; Genet. *-eos,* Prop. 3, 17, 24. Ov. trist. 5, 3, 40: Akk. *-eum,* Mythogr. Lat. 1, 151; Akk. *-ea,* Prop. 3, 22, 33. Ov. met. 3, 561 u. a.: Vok. Pentheu, Hor. ep. 1, 16, 73. – Dav.: **A** **Penthēus**, a, um (Πενθεῖος), **penthëisch, des Pentheus,** caedes, Ov.: genus, Stat. – Spät. poet. Nbf. **Penthēius**, a, um, mater, Sidon. carm. 22, 94. – **B** **Penthīdēs**, ae, *m.*, der **Penthide** (= Nachkömmling des Pentheus), von Lykurg, Ov. Ib. 445 u. 605. – **C** **Penthiacus**, a, um, **nach Art des Pentheus zerrissen,** gallinaceus, Petron. 47, 10.

pentorobon, ī, *n.* (πεντόροβον), eine Pflanze = paeonia, Plin. 25, 29 u. a.

Pentrī, ōrum, *m.*, eine Völkerschaft in Samnium mit dem Hauptort Bovianum, Liv. 9, 31, 4.

penuārius, a, um, s. penārius.

pēnula, pēnulārius, pēnulātus, s. paenula usw.

pēnūria, ae, *f.* (von πεῖνα, der Hunger), der **Mangel** an usw. (Ggstz. copia), cibi, Lucr., od. edendi, Verg., an Speise: omnium rerum, Liv.: aquarum, Sall.: argenti, Liv.: agrorum, Plin. ep.: sapientium civium bonorumque, Cic.: penuriā discipulorum, aus Mangel an Sch., Hieron.: temporis, Cassiod.: laudis, Apul.

penus, ūs u. ī, *c.* u. **penum**, ī, *n.* u. **penus**, oris, *n.* (wohl zu πένομαι, πόνος, das Erarbeitete), **I** der **Vorrat an Speisen u. Lebensmitteln,** der **Mundvorrat usw.,** penus, Cic.: omnem penum, Ter.: penos annuos, Plaut.: penu certā, ICt.: penori, ICt.: penui, ICt.: tradita peno, ICt.: penus aliud, Plaut.: penus (Genet.), Lucr. u. Vitr.: peni (Genet.), Plaut.: penus (Akk.), Hor.: penora, Colum. – **II** (penum), das **Heiligtum,** Lampr. Heliog. 6, 7.

Peparēthos u. **-us**, ī, *f.* (Πεπάρηθος), eine Insel des Ägäischen Meeres, eine der Zykladen, mit einer gleichnamigen Stadt, berühmt durch Wein u. Öl, j. *Scopelo,* Liv. 28, 5, 10; 31, 28, 6. Ov. met. 7, 470. – Dav. **Peparēthius**, a, um (Πεπαρήθιος), **peparethisch,** vinum, Plin. 14, 76.

peplis, idis, Akk. in, *f.* (πεπλίς), eine Pflanze, eine Art **Wolfsmilch** (*Euphorbia peplis,* L.), Plin. 20, 210 u. 27, 119

peplium, iī, *n.* (πέπλιον), eine Art der Pflanze **Wolfsmilch** (wahrsch. *Euphorbia esūla,* L.), Cael. Aur. de morb. acut. 2, 19, 115; de morb. chron. 4, 6, 89.

peplum, ī, *n.* u. **peplus**, ī, *m.* (πέπλον, πέπλος), **I** eig.: **A** ein großes, weites, faltenreiches weibl. Gewand von feinstem Stoff, prachtvoll gestickt, Claud. nupt. Hon. 123. Treb. Poll. trig. tyr. 29, 1. – bes. das der Athene, das in Athen beim Fest der Panathenäen zur Schau gestellt wurde, das **Peplum,** Plaut. merc. 67. Verg. Aen. 1, 480. Stat. Theb. 10, 56. – **B** später bei Griechen u. Römern = ein **prächtiges Oberkleid, Prachtgewand** der Männer, imperatorium, Treb. Poll. trig. tyr. 23, 3. – u. übh. ein **weites Oberkleid,** ein **weiter Überwurf,** Manil. 5, 393. Lact. 2, 4, 15: pepla lanea, pepla linea, Solin. 52, 20. – **II** übtr., ein Augenübel, etwa **Flor,** Ser. Samm. 220.

pepo, onis, *m.* (πέπων, ονος), eine große Art Melonen, die **Pfebe** (*Cucumis Melo,* L.), Plin. 19, 65 u. 20, 11. Tert. de anim. 32; adv. Marc. 4, 40. Edict. Diocl. 6, 32.

peponārius, iī (pepo), der **Melonenzüchter,** curator peponariorum collegii, CIL 6, 33897.

pepticus, a, um (πεπτικός), **zur Verdauung dienlich,** Plin. 20, 201.

pequ..., s. pecu...

per (altindisch *pári,* ringsum, griech. περί), *Praep.* m. *Acc.,* bezeichnet nicht bloß ein Durchgehen durch oder über einen Raum oder Körper, sondern auch die Verbreitung u. Ausdehnung über denselben, dient also **I** eig., in Bezug auf den Raum: **1** zur Bezeichnung des Durchgangs durch od. über einen Ort: **a** **durch = durch ... hindurch,** alterum iter per provinciam nostram (erat) multo facilius, Caes.: sanguis per venas in omne corpus diffunditur et spiritus per arterias, Cic.: membranas oculorum perlucidas fecit, ut per eas cerni posset, Cic.: per os anima exhalata, Ov. – **b** **durch = über, über ... hin, entlang, über ... hinweg,** coronam auream per forum ferre, Cic.: per temonem percurrere, Caes.: transire per corpora, Caes.: per gradus labi, Liv.: alqm per gradus deicere, Liv.: per patris corpus carpentum agere, Liv.: per munitiones se deicere, Caes.: spuma fluit per armos, Ov.: fugiens pauperiem per mare, per saxa, Hor. – per manus, von Hand zu Hand, trahi, tradere, Caes.: bildl., per manus traditae religiones, von einem zum anderen, Liv. – **c** = **vor ... hin,** incedunt per ora vestra magnifici, Sall.: nitidus quā quisque per ora cederet, Hor.: per ora hominum ferri, Plin. ep.: per ora hominum oder per hostium oculos traduci, Liv.: per ora civitatium traduci, Iustin.

2 zur Bezeichnung der durchgängigen Verbreitung und Ausdehnung über eine ganze Linie oder durch einen ganzen Raum oder einzelne Teile desselben, **über ... hin, längs ... hin, auf ... hin, in** od. **auf ... umher, unter ... umher,** equites per oram maritimam erant dispositi, Caes.: qui per imperii tui provincias ei credidissent, Cic.: per silvas vivit, Ov.: nascuntur in Balearibus ac per Hispanias, Plin.: invitati hospitaliter per domos (in den H. herum = von Haus zu Haus), Liv.: supplicatum per compita totā urbe est, Liv. – iactata per undas (ins Wasser), Verg.: ire per feras, unter ... umher, Ov.: u. so ire per umbras, Verg.

II übtr.: **A** in Bezug auf die Zeit, zur Bezeichnung der ununterbrochenen Fortdauer, u. zwar: **1** zur Angabe der Zeit, durch die hindurch eine Tätigkeit sich erstreckt, **durch ... hin, durch ... hindurch, lang, während,** ludi decem per dies facti sunt, Cic.: incendium per duas noctes tenuit, Liv.: quam provinciam tenuistis a praedonibus liberam per hosce annos, Cic.: Romae regnatum est per septem reges, Eutr.

2 zur Bezeichnung der Zeit, in deren Dauer ein einzelnes Ereignis fällt, **während, im Verlauf, in,** cum per ludos scorta raperentur, Liv.: per eos dies C. Figulus praetor Brundisium venit, Liv.: per diem perque noctem, Gell.: per illa tempora ... pro sua quisque potentia certabant, Sall.: duo fuerunt per idem tempus dissimiles inter se, im Verlauf derselben Zeit, Cic.: per tempus (während der rechten Zeit) advenis, Plaut. u. Ter.: visa dare obscuriora per somnium, Cic.: u. so per somnum, Cic.

3 bei Substst., die eine Eigenschaft, Stimmung, einen Zustand bezeichnen, zur Angabe, dass in und während derselben etwas geschieht = **während, in,** deutsch auch **oft = mit, unter,** quod fecisset per iram, Cic.: per dilationes bellum geri, Liv.: insutum in culleum per summum dedecus vitam amittere, Cic.: sive illa (visa) in cogitatione informantur, sive in quiete, sive per vinum, sive per insaniam, Cic.: ad quos (honores) per ludum et neglegentiam pervenistis, Cic.: reddens mutua per iocum atque vinum, Catull.: und so oft per otium, per ludum iocumque, Liv.: per seria et ludum, Curt.: s. Drak. Liv. 4, 58, 12; 30, 29, 3. Mützell Curt. 3, 7 (17), 3.

B in Bezug auf andere Verhältnisse: **AA** im Allg., zur Angabe des Durchlaufens gewisser Zustände usw., per tot extraordinaria imperia in summum fastigium evectus, Vell.: per multa deinde ac varia officia atque honores usque ad ministrationem totius imperii venit, Eutr.: per omnia, durchweg, in allen Stücken, Liv. u. a.

BB insbes., zur Angabe der mittelbar einwirkenden Person oder Sache, durch die (gleichs. hindurchgehend) etwas zustande kommt, und zwar: **I** die Person od. Sache als Mittel u. Werkzeug gedacht, **durch, vermittelst,** **a** als wirkliches Mittel u. Werkzeug, statuerunt iniurias per vos ulcisci, Cic.: per indicem damnari, Cic.: per tres populos Galliae potiri, Caes. – per manus demitti, an den H., Caes.: per manus alcis servari et educi, Cic.: per indutias et spem pacis decipere alqm, Cic.: per scelus adipisci alqd, auf dem Wege des V., Cic.: per litteras, Cic. u. a.: per senatusconsultum, per legem, Sall. – per me, per te, per se = durch mich usw. = allein, für mich, selbständig, ohne jemandes Zutun, -Hilfe, ohne Mitwirken anderer, isoliert u. dgl. (v. Pers. u. Dingen), Cic., Caes. u. a.; vgl. Held Caes. b. c. 1, 85, 1. Fabri Sall. Iug. 14, 4, – **b** als scheinbares, vorgeschütztes, bei Pers., **unter Angabe,** per Caecilium accusatur Sulla, Cic. – **c** bei Zuständen = **unter dem Schein, unter dem Vorwand,** fraudare alqm per tutelam aut societatem, Cic.: alqm per fidem fallere, Cic. – **2** als leitender Grund, leitende Ursache, Veranlassung, **wegen, aus,** per virtutem perire, Plaut.: per avaritiam decipere, Cic.: cum antea per aetatem huius auctoritatem loci non attingere auderem, Cic.: per causam supplementi equitatusque cogendi, aus Ursache der Rekrutierung usw., wegen der usw., Caes.: per metum potius quam voluntate, Liv. – **3** als gestattendes od. hinderndes Element, **wegen, halben, halber, vor** (s. Bremi Nep. Eum. 10, 3. Fabri Sall. Iug. 33, 3. Drak. Liv. 23, 18, 22), trahantur per me (meinethalben, soviel an mir liegt, vor mir) pedibus omnes rei, Cic.: si per me licuisset, Cic.: per te (soweit es auf dich ankäme) vel uti quaestum faceret vel uti veniret palam, Ter.: per Afranium stare, quo minus etc., Caes.: his per te (vor dir) frui non licet, Cic.: neque hoc per senatum efficere potuit, Nep. – quod per naturam fas esset, aut per leges liceret, Cic.: si per fata licuisset, Eutr.: cum per valetudinem posses, venire tamen noluisti, Cic.: id iis non licere per interdicta, Cic.: per valetudinem id bellum exsequi nequierat, Liv. – dah. bei Bitten, Schwüren, Anrufungen u. Ausrufungen = **um ... willen,** oro te per deos, Cic.: per dextram te istam oro, Cic.: per ego te deos oro, Plaut.: per ego te, fili, quaecumque iura liberos iungunt parentibus, precor quaesoque, Liv. (vgl. über die Wortstellung per ego Spengel Ter. Andr. 289 u. Weißenb. Liv. 23, 9, 2). – per deos iurare, Cic. – per deos immortales! Cic.: per deos atque homines! Cic.: per deos! Cic. Vgl. Ruhnken Ter. Andr. 3, 3, 6. Drak. Liv. 29, 18, 9.

► per wird selten dem regierten Wort nachgesetzt, wie Plaut. Poen. prol. 13. Verg. Aen. 6, 692. – per spätlat. m. *Abl.,* z. B. per multo tempore, CIL 10, 3344.

In der Zusammensetzung ist per **a** = **allerwege, durchweg, durchaus, durch und durch, über und über, völlig, gründlich** u. dgl. – **b** = **bis zu Ende, hinaus, hin.**

pēra, ae, *f.* (πήρα), der **Ranzen, Quersack,** Phaedr. u. a.: pera pastoralis, Vulg. 1. regg. 17, 40. Gregor. in Iob 18, 21: pera viatoria, Placid. gloss. – als Attribut der zynischen Philosophen, pera et baculum, baculum peraque, Apul. apol. 22. Mart. 4, 53, 3: pera, baculus, Auson. epigr. 53, 1. p. 49, 1 Schenkl.

per-absurdus, a, um, **durchweg (sehr) ungereimt, -abgeschmackt,** illud perabsurdum, quod dicitis etc., Cic.: haec quia videntur perabsurda, Cic.: etiam illud, si quis dicere velit, perabsurdum sit, ita diligi a se quemquam, ut etc., Cic.

per-accommodātus, a, um, **sehr bequem, sehr gelegen,** in der Tmesis per fore accommodatum tibi, Cic. ep. 3, 5, 3.

per-ācer, cris, cre, **sehr scharf,** bildl., orator ingenio peracri, Cic. de or. 3, 230: iudicium, Cic. ep. 9, 16, 4.

per-acerbus, a, um, **I sehr herb,** uva primo est peracerba gustatu, deinde maturata dulcescit, Cic. de sen. 53. – **II** bildl., **sehr empfindlich,** mihi quidem illud etiam peracerbum fuit, quod etc. (dass usw.), Plin. ep. 6, 5. § 6.

per-acēsco, acuī, ere, durch u. durch sauer werden, dah. bildl., **verdrießlich-, ärgerlich werden,** ita mihi pectus peracuit, Plaut. aul. 468: hoc est quo cor peracescit, Plaut. Bacch. 1099.

perāctio, ōnis, *f.* (perago), die **Ausführung,** ›deactio‹ peractio, Paul. ex Fest. 74, 11. – dah. der **Schlussakt,** senectus autem aetatis est peractio tamquam fabulae, Cic. de sen. 85.

peracūtē, *Adv.* (peracutus), **sehr scharf, sehr scharfsinnig,** moveri (denken), Cic. Acad. 1, 35: repperisse, Apul. apol. 34: queri, quod etc. (dass usw.), Cic. ep. 3, 7, 2.

per-acūtus, a, um, **sehr scharf, I** übtr., vom Ton, **sehr durchdringend, sehr hell,** vox, Cic. Brut. 241. – **II** bildl., **sehr scharfsinnig,** qui peracutus esset ad excogitandum, Cic. – übtr., oratio, Cic.

peradpositus, a, um, s. per-appositus.

per-adulēscēns, entis, *m.,* **ganz jung,** homo, Cic. de imp. Pomp. 61.

per-adulēscentulus, ī, *m.,* **ganz jung, blutjung,** Nep. Eum. 1, 4.

1. **Peraea,** ae, f. (περαία, *sc.* γῆ, das jenseits des Flusses, Meeres gelegene Land), **I** Per. Rhodiorum, Küstenstrich an der Südküste von Karien, der Insel Rhodos gegenüber, Liv. 32, 33, 6 u. a. – **II** in Palästina, das jenseits des Jordans Arabien und Ägypten zunächst gelegene Land, Plin. 5, 70.

2. **Peraea,** ae, *f.* (Περαία), Stadt in Argolis, Kolonie der Mytilenäer, Liv. 37, 21, 4.

per-aedifico, āre, **fertig bauen, ausbauen,** domum, Colum. 4, 3 *in.:* templum, Vulg. 3. Esdr. 4, 51.

peraequātio, ōnis, *f.* (peraequo), die **völlige Gleichmachung,** Solin. u. a. – insbes., die **gleichmäßige Verteilung der Steuern,** Cod. Iust. 10, 25, 1 u. 11, 58, 15. Cod. Theod. 5, 4, 3.

peraequātor, ōris, *m.* (peraequo), der **gleichmäßige Verteiler** der Abgaben, der **Steuerverteiler,** CIL 5, 1691. Cod. Iust. 10, 25, 1.

per-aequē, *Adv.,* **völlig gleich, ohne Unterschied,** Cic. u. a.

peraequo, āvī, ātum, āre (peraequus), **völlig gleichmachen,** partes, Vitr.: constructura peraequata, Vitr.: singulos culleos, jeder einen culleus Wein bringen, -tragen, -eintragen, Colum.: annum lunari computatione, Solin.: caput cum caelo, Commodian.

per-aestimo, āre, **gehörig-, gründlich schätzen,** Cod. Theod. 6, 29, 2 *extr.*

per-agito, āvī, ātum, āre, **I** um und um-, tüchtig bewegen, **A** eig.: **1 umhertreiben, -jagen, beunruhigen,** vehementius peragitati ab equitatu, Caes.: Aetna maiore vi peragitata, Sen. – **2 um und um rühren,** mustum, Colum. – **B** bildl., wie ein angesporntes Tier **aufstacheln, lebhaft antreiben,** hic stimulus peragitavit audaces, Sen. de ira 1, 7, 1. – **II durchführen, beendigen,** peragitatur enim messis mense Maio, Plin. 18, 169.

per-ago, ēgī, āctum, ere, **I** fort u. fort in Bewegung setzen, **A fort und fort-, ohne Unterlass bewegen, 1** eig.: **a** leb. Wesen **fort und fort umhertreiben, -jagen,** alqm ardenti quercu, Val. Flacc.: oestrus pecora peragens, Sen. – **b** Lebl.: humum, fort u. fort-, ohne Unterlass bearbeiten, Ov.: agili freta remo, fort u. fort aufwühlen mit dem R. = fort und fort durchfahren, Ov. – **2** bildl.: totum Sempronium usque eo perago, ut etc., bearbeite ich fort u. fort dermaßen, dass usw., Cael. in Cic. ep. 8, 8, 1. – **B fort und fort bis ans Ziel bewegen, bis ans Ziel fortführen,** nur bildl.: **1** im Allg.: **a** eine **Zeit hinbringen, verleben,** vitam procul patriā sub axe boreo, Ov.: aetatem sic, Ov.: sic peractā nocte, Curt. – absol., wie διάγειν, **sein Leben hinbringen, leben,** Pers. 5, 138. – **b** eine Person od. Sache vollenden = vertilgen, **α** eine Pers. = **αα vollenden lassen, sie ums Leben bringen,** im Passiv = **vollenden,** sterben, Erotion, quam pessimorum lex amara fatorum sextā peregit hieme, Mart.: externā peragi dextrā, Sil.: iam peractus eras, Mart. – **ββ entkräften, fertigmachen,** quae quot nocte viros peregit unā, tot etc., Priap. 34, 4. – **β** eine Sache: statim cibum, verdauen, Plin. – **c** eine Bewegung **durchführen, vollenden,** navigationem, Cic.: cursum, Verg.: cursum (Fahrt zur See) XII diebus, Plin.: v. Gestirnen, durchlaufen, duodecim signa (v. der Sonne), Verg.: u. so perag. meatus suos, Lact.: ambitum suum, Macr. – **d** eine Arbeit u. Tätigkeit **durchführen, ausführen, vollführen, vollenden, vollbringen** (Ggstz. incipere), multum egerunt, qui ante nos fuerunt, sed non peregerunt, Sen.: triginta diebus vix paginam, Mart.: inceptum, Verg. u. Liv.: opus, Suet.: bellum, Tac.: dona, die Austeilung der G. beenden, Verg.: mandata, Ov.: vices, abwechseln, Ov.: indicium, Liv.: summa scelera *incipi* cum periculo, *peragi* cum praemio, Tac. – quibus est fortuna peracta, überstanden, Verg.: quis non peractum esse cum Pompeio crederet? dass der Krieg mit P. ein Ende habe, Flor. 4, 2, 53. – **2** insbes.: **a** als publiz. *t. t.,* einen Ggstd. der leitenden Tätigkeit **hinaushalten, vollziehen,** comitia, Cic.: concilium, conventum, Caes. – **b** als *t. t.* der Bühnenspr., ein Stück, eine Rolle **durchspielen,** fabulam, Cic.: absol., tragici et comici actores in scaena peragunt, führen ihre Rolle durch, Vitr. – übtr., notam iudici fabulam peragit, Liv.: fabulam aetatis, Cic.: partes suas, als Advokat,

Plin. ep. – **c** als gerichtl. *t. t.*, eine Klage, einen Prozess **bis zur Entscheidung fortführen, durchführen,** einen Angeklagten **bis zum Spruch-, bis zur Verurteilung verfolgen,** accusationem, Plin. ep.: causam rei, Hor.: causas, Petron. – reum, Liv., Ov. u. a.; vgl. Orelli Tac. ann. 4, 21. – **d** etw. in bestimmte **Worte fassen,** in bestimmter Form (Formel) **vortragen, ausführen, entwickeln, erörtern, vollziehen,** postulata, die F. vortragen, formulieren, Liv.: suum iusiurandum, in gesetzl. Form aussprechen, formulieren, Liv.: verbis auspicia, in bestimmten Formeln nennen, Liv.: sententiam, den Antrag gesetzl. formulieren, Liv.: indicium, in der bestimmten gesetzlichen Form die Anzeige erheben u. beweisen, Liv.: rex cetera, ut orsus est, peragit, Liv.: res bello paceque gestas, Liv.: P. Decii non coeptas modo ante, sed cumulatas novā virtute laudes, aufzählen, Liv.: sententiam de eo paucis, mit wenigen Worten entwickeln, Liv.: res tenues tenui sermone peractae, Hor.: votum, Iuven. 10, 6. – **II** gleichs. **durchtreiben = durchbohren,** latus ense, Ov.: multo peracti ense, Stat. – ▶ Parag. Infin. peragier, Cato origg. 7. fr. 1 bei Gell. 13, 25 (24), 15.

peragranter, *Adv.* (peragro), **im Durchreisen,** Amm. 14, 1, 6.

peragrātio, ōnis, *f.* (peragro), **a** die **Durchwanderung,** das **Wandern,** itinerum, Cic. Phil. 2, 57: absol., Cic. de fin. 2, 109. – **b** = περίοδος, der **Umlauf, Kreislauf,** Chalcid. Tim. 44 A u. 59: solis, *ibid.* 70: Plur., amplissimorum orbium peragrationes, *ibid.* 83.

peragrātrīx, trīcis, *f.* (peragro), die **Durchwandrerin,** Mart. Cap. 6. § 588.

peragro, āvī, ātum, āre (per u. ager), **I durchwandern, durchgehen, durchreisen, durchstreifen,** agros, Cic.: urbes, Liv.: utrumque litus Italiae, Liv.: litora classe, Hor. – **II** übtr., **durchwandern, durchgehen, durchdringen,** Cic.: rerum naturam, als Forscher, Sen.: omnes latebras suspicionum dicendo, in seiner Rede durchsuchen, Cic.: absol., eā (daselbst) fama peragravit, Cic.: per animos hominum, auf alle im Menschen liegende Affekte wirken, Cic. – ▶ *Partic. Perf.* auch medial, peragratus victor omnes partes Germaniae, durchziehend, Vell. 2, 97, 4.

per-albus, a, um, **sehr weiß,** Apul. met. 1, 2 u. 5, 28. Gromat. vet. 306, 22 (lapis peralva, wo auch vulgär lapis alva [= alba]).

per-altus, a, um, **sehr hoch,** peraltis ripis, Liv. 21, 54, 1 H. (Wölfflin u. Weißenb. praealtis lesen, Vahlen Enn. ann. 187 arbusta per alta u. Hildebr. Apul. met. 8, 22 per altissimum puteum).

peralvus, s. per-albus.

per-amāns, antis, **sehr liebend,** homo peramans semper nostri fuit, war mir immer sehr zugetan, Cic. ad Att. 4, 8. litt. a. § 3.

per-amanter, *Adv.*, **sehr liebevoll,** qui me quidem perofficiose et peramanter observant, die mir mit der größten Gefälligkeit u. Aufmerksamkeit begegnen, Cic. ep. 9, 20, 3.

per-amārus, a, um, **sehr bitter,** übtr., mors, Augustin. serm. 31, 2 Mai: genus pravum et peramarum (sehr widerwärtiges), Itala psalm. 77, 10 b. Arnob. in psalm. 77.

per-ambulo, āvī, ātum, āre, **durchwandeln, durchwandern, I** im Allg.: rura, Hor.: multas terras, Varro: omnium cubilia, Catull.: omnium limina cotidie, Sen.: haec (praedia), Plin. ep. – poet. übtr., recte necne crocum floresque perambulet Attae fabula si dubitem, die mit Blumenduft u. Balsamessenz besprengte Bühne zu überschreiten verdiene oder nicht, Hor.: frigus perambulat artus, durchströmt, Ov. – **II** insbes., v. Arzt = bei den Kranken **umhergehen,** sie **besuchen,** si (medicus) me inter eos, quos perambulat, ponit, mich unter seine Patienten rechnet, Sen. de ben. 6, 16, 2.

per-amīcē, *Adv.* (peramicus), **sehr freundschaftlich,** perhonorifice et peramice, Cic. ad Att. 14, 12, 2 M.

per-amīcus, a, um, **sehr befreundet,** quae, (gentes barbarae) sibi mutuo peramicae sunt Auct. itin. Alex. 22 (56).

per-amoenus, a, um, **sehr angenehm,** aestas, Tac. ann. 4, 67.

per-amplus, a, um, **sehr weit** an Umfang, **sehr groß,** simulacrum, signum, Cic. Verr. 4, 109 u. 110.

peramus, s. pȳramis *no.* II, a.

per-anceps, cipitis, **sehr bedenklich,** Amm. 29, 5, 36.

perangustē, *Adv.* (perangustus), **sehr eng,** Cic. de or. 1, 163.

per-angustus, a, um, **sehr eng, sehr schmal,** fretum, Cic.: aditus, Caes.: via, Liv.: semita, Curt.: termini Macedoniae, Iustin.

per-anno, āvī, āre, **ein Jahr leben, -dauern,** puella nata non perannavit, Suet. Vesp. 5, 2.

per-antīquus, a, um, **sehr alt,** v. Pers., Ggstz. non ita sane vetus, Cic. Brut. 41: testes, Cic. de rep. 1, 58: philosophus, Fronto ad M. Caes. 1, 8 (2, 1). p. 23, 13 N.: sacrarium, Cic. Verr. 4, 4.

per-appositus, a, um, **sehr passend, sehr schicklich,** alci, Cic. de or. 2, 274.

per-ardeo, arsī, ēre, **durchbrennen, sehr brennen,** Paul. Nol. carm. 23, 404.

per-arduus, a, um, **sehr schwierig,** opus consideratā difficultate perarduum, Cassiod. inst. div. litt. 27 *extr.*: mihi autem hoc perarduum est demonstrare, Cic. Verr. 3, 166.

per-ārēsco, āruī, ere, **recht trocken werden,** Varro r. r. 1, 49, 1. Colum. 11, 3, 58 u. 12, 5, 4: si vero trunci pars secta solis afflatu peraruit, Colum. 4, 24, 5.

per-argūtus, a, um, **I sehr hell ertönend, -klingend,** Apul. met. 10, 18 u. a. – **II** bildl., **sehr scharfsinnig, -geistreich, sehr witzig,** homo, Cic. Brut. 176.

per-āridus, a, um, **sehr trocken, sehr dürr,** frons populnea, Cato: solum, fenum, Colum.

perarmātus, a, um (per u. armo), **wohl bewaffnet,** Curt. 4, 9 (36), 6 u. 4, 9 (38), 23.

per-armo, āre, **wohl bewaffnen, wohl rüsten,** Prud. cath. 6, 86.

per-aro, āvī, ātum, āre, **durchpflügen;** dah. übtr., **I durchfurchen, a** mit Runzeln überziehen, rugis anilibus ora, Ov. met. 14, 96. – mit Schwielen, Sidon. epist. 3, 13, 7. – **b** meton., (mit dem Schreibgriffel die wächserne Schreibtafel gleichs. durchfurchend) **schreiben,** litteram, Ov.: talia perarans manus, Ov. – **II durchsegeln,** pontum, Sen. Med. 650.

per-asper, era, erum, **sehr rau,** Cels. 5, 28, 14: perasperi inviique montes, Iul. Val. 3, 51 (28).

per-astūtulus, a, um, **sehr schlau,** mulier, Apul. met. 9, 5.

perāticum (bdellium), eine Art des Baumes Bdellium, Plin. 12, 35.

pērātim, *Adv.* (pera), **ranzen-** od. **quersackweise,** ductare, betrügen um das Geld im Ranzen, Plaut. Epid. 351 G.

perattentē, *Adv.* (perattentus), **sehr aufmerksam,** ab alqo audiri, Cic. Cael. 25.

per-attentus, a, um, **sehr aufmerksam,** superiore omni oratione perattentos vestros animos habuimus, Cic. Verr. 3, 10.

per-atticus, a, um, **sehr attisch** = sehr gewählt in der Darstellung, philosophus, Fronto ad M. Caes. 1, 8 (2, 1). p. 23, 13 N. (Studemund u. die Hdschr. peraticum, d. i. peranticum = perantiquum).

per-bacchor, ātus sum, ārī, **durchschwärmen,** multos dies, Cic. Phil. 2, 104: annum suum in re publica, Ps. Cic. decl. in Sall. 3, 10: übtr., perbacchata domos incendia, Claud. b. Get. 142.

per-bāsio, āre, **der Reihe nach-, einer nach dem anderen abküssen,** circumeuntem puerum, Petron. 41, 8.

per-beātus, a, um, **sehr glücklich,** Cic. de or. 1, 1.

per-bellē, *Adv.*, **sehr fein, sehr gut,** simulare, Cic. ep. 16, 18, 1: perbelle feceris, si etc., es wäre äußerst hübsch von dir, wenn du usw., Cic. ad Att. 4, 4. litt. a. § 1.

per-bene, *Adv.*, **sehr wohl, sehr gut,** prandere, Plaut.: Latine loqui, Cic.: fecisse fortunam, Liv.: perbene detectam esse avaritiam Romanorum, Liv.

per-benevolus, a, um, **sehr wohlwollend,** alci, Cic. ep. 14, 4, 6.

per-benīgnē, *Adv.*, **sehr gütig,** Ter. adelph. 702. – in der Tmesis, per mihi benigne respondit, Cic. ad Q. fr. 2, 7 (9), 2.

Perbibēsia, ae, *f.* (perbibo), s. Bibēsia.

per-bibo, bibī, ere, **I ganz aussaugen,** Plaut. Stich. 340. – **II ganz in sich trinken, ganz einsaugen, A** eig.: medicamenta, Colum.: lacrimas, Ov.: colores (von der Wolle), Sen. – im Bild, mentes eorum penitus sucum stultitiae perbiberunt, Lact. 2, 2, 16. – **B** übtr. =

geistig ganz in sich aufnehmen, studia, Sen.: rabiem, Ov.: Latinum sermonem, Quint.

per-bīto, ere, **zugrunde gehen, umkommen,** Pacuv. tr. 287: fame, Liv. Andr. tr. 27: cruciatu, Enn. fr. scen. 212: cruciatu maxumo, Plaut. Pseud. 778: malo cruciatu, Plaut. rud. 495.

perblandē, *Adv.* (perblandus), **sehr gewinnend,** alqm salutare, Macr. sat. 1, 2. § 16.

per-blandus, a, um, **sehr einnehmend, (gewinnend),** successor, Cic. ad Q. fr. 1, 2, 3: prima eius oratio perblanda ac benigna fuit, Liv. 23, 10, 1: adulatio, Iuvenc. 1, 705.

per-bonus, a, um, **sehr gut,** prandium, Plaut.: agri naturā perboni, Cic.: perbono loco res erat, Cic. – ► Superl. peroptimus, s. bes.

per-brevis, e, **sehr** od. **ausnehmend kurz,** v. Redner, et perornatus et perbrevis, Cic.: litterae (Brief), Cic. ep.: aevum, Liv.: perbrevi tempore, u. bl. perbrevi, in sehr kurzer Zeit, Cic.: perbrevi postea, ganz kurz nachher, Cic.

perbreviter, *Adv.* (perbrevis), **sehr kurz,** Cic. de or. 2, 235 u. de dom. 40.

perca, ae, *f.* (πέρκη), der **Barsch,** ein Fisch (*Perca,* L.), Plin. 9, 57. Ov. hal. 112. Auson. Mosell. 115. Apic. 10, 458.

per-caedo, cecīdī, ere, **gänzlich schlagen,** terga hostium, Flor. 4, 12, 7.

per-calefacio, ere, **durchhitzen,** nervorum labores reficere percalefaciendo exurendoque caloribus e corporibus umores vitiosos, Vitr. 8, 3, 4. – oft Passiv **per-calefio,** factus sum, fierī, **durchhitzt-, durchglüht werden,** percalefieri cogit aquam, Vitr.: omnia motu percalefacta, Lucr.: multo igni percalefacto cubiculo, Val. Max.: glebae ab sole percalefactae, Varro: ferrum ab ignis vapore percalefactum, Vitr.

per-calēsco, caluī, ere, **durch und durch heiß werden, durchhitzen,** Lucr. 6, 281. Ov. met. 1. 418.

per-calidus, a, um, **sehr warm,** aqua, Plin. Val. 2, 29.

per-callēsco, calluī, ere, **I** *intr.* **harthäutig werden;** bildl. **a** = **gefühllos werden, in Unempfindlichkeit übergehen,** Cic. Mil. 76. – **b tüchtig gewitzt werden,** usu rerum, Cic. de or. 2, 147. – **II** *tr.* etwas **gut verstehen lernen,** im Perf. = **gut verstehen,** quinque et viginti gentium linguas, Gell. 17, 17, 2: leges nostras decemvirales, Gell. 20, 1, 20.

per-candefacio, ere (*Pass.* percandefio), **sehr erhitzen,** terram, Vitr. 8, 3, 1.

per-candidus, a, um, **sehr (rein) weiß, sehr hell,** compositio, Cels. 5, 19, 24: gemma, Solin. 37, 20: argentum, Paul. ex Fest. 14, 19.

per-cārus, a, um, **I sehr teuer, sehr kostspielig,** Ter. Phorm. 558. – **II** bildl., **sehr teuer, sehr wert,** Cic. u. a.

per-cautus, a, um, **sehr vorsichtig,** Cic. ad Q. fr. 1, 1, 6. § 18.

per-celeber, bris, bre, **sehr gefeiert,** percelebris aquilae gloria, Plin. 10, 18: templum Iunonis vetustate et religione percelebre, Mela 2, 3, 4 (2. § 41). – percelebre est (es geht allgemein die Sage) m. *Infin.,* Antoniam Drusi (*sc.* uxorem) non spuisse percelebre est, Solin. 1, 74.

per-celebro, āvī, ātum, āre, **I sehr häufig tun, anhäufen,** mala, Arnob. 2, 43. – **II** insbes., etwas **oft im Munde führen,** im Pass. = **im Mund der Leute umhergeboten werden, im Umlauf sein,** versus percelebrantur de etc., Cic.: percelebrata sermonibus res est, Cic.

per-celer, is, e, **sehr schnell,** alcis interitus, Cic. Cael. 58: cruenta complura perceleri acta procinctu, Amm. 29, 6, 1.

perceleriter, *Adv.* (perceler), **sehr schnell, sehr bald,** auferre diploma, Cic. ep. 6, 12, 3: haec perceleriter confecit, Cic. de rep. 2, 12.

percello, culī, culsum, ere (per u. *cello), eig. erschüttern, dah. **I zu Boden werfen, -schmettern, niederwerfen, niederschmettern, A** eig. u. übtr.: **a** eig.: plaustrum oneratum, Cato fr.: abietem, Varro: Stymphalia monstra certā sagittā, v. Herkules, Catull.: alqm, Ter., Verg. u. Ov.: alqm stipite, Ov.: claustrum malleo forti, Amm.: im Bild, quod duo fulmina domum meam per hos dies perculerint, Liv. – Sprichw., plaustrum perculi, ich habe dem Fass den Boden ausgestoßen, Plaut. Epid. 592 G. – **b** übtr.: eos vis Martis perculit, Cic.: percellere hostes, (über den Haufen) werfen, schlagen, Liv.: perculsus, a, um, geschlagen (im Treffen), Liv. – von Krankheit, cum capram pestis perculerit, Colum. – **B** bildl., **erschüttern** = **a** der Kraft, Macht nach **erschüttern** = **zerrütten, zugrunde richten, stürzen,** imperium, Nep.: rem publicam, Tac.: alqm indicio, Tac.: perculit is dies Pompeium, Tac. – **b** im Gemüt **erschüttern** = **verzagt-, mutlos machen, bestürzt** od. **betreten (betroffen) machen,** alqm, Liv. u. a.: timore perculsa civitas, Cic. – prägn., m. folg. *ut* u. Konj. = so erschüttern (betreten machen), dass usw., is pavor perculit decemviros, ut consules consulerent, Liv. 3, 38, 6 (u. so Liv. 3, 30, 5 u. 42, 67, 1). – u. ebenso prägn. m. *in* u. Akk. = scheuchen in usw., quos pavor perculerat in silvas, Liv. 7, 15, 7. – **II** erschütternd **schlagen, -stoßen, A** eig. u. übtr.: **a** eig.: alci genu (mit dem K.) femur, Liv.: alqm genu, Liv. – **b** übtr., an etw. **schlagen, -anstoßen,** es **berühren,** vox repens perculit urbem, Val. Flacc. 2, 91. – **B** bildl., **antreiben, reizen,** alqm ad turpitudinem, Apul. apol. 12. – ► *Perf.* perculsit, Amm. 17, 8, 4; 25, 8. 13.

per-cēnseo, cēnsuī, ēre, **I** etwas **durchmustern, durchgehen, a** berechnend, zählend **durchgehen** = **berechnen, überschlagen, durchzählen, herzählen, der Reihe nach hernennen,** promerita numerando, Cic.: cladem acceptam, Liv.: locos inveniendi, Cic.: numerum legionum, Tac.: gentes, Liv.: infortunium, Apul. – **b** besichtigend **durchmustern, besichtigen, betrachten,** captivos, Liv.: manipulos, Varro. – bildl., beurteilend **beleuchten, kritisieren,** orationes legatorum, Liv.: orationem, Gell.: m. folg. Relativsatz, obstat verecundia, quo minus percenseamus, quo utrumque nostrûm testimonio ornaris, weiter auszuführen, Plin. pan. 91. – **II** übtr., **durchgehen** = **durchwandern, durchreisen,** Thessaliam, Liv.: signa, Ov.

percēnsio, ōnis, *f.* (percenseo), die **Durchmusterung,** Fronto de orat. 3. p. 149, 13 N.

perceptibilis, e (percipio), **I wahrnehmbar, begreiflich, fasslich,** opinio, Cassiod. hist. eccl. 5, 20: alterum intellectu perceptibile, Chalcid. Tim. 27 D: species corporum sive visu sive alio quolibet sensu perceptibiles, Augustin. de genes. ad litt. 1, 1. § 2: animo semper imitabilis et perceptibilis prima natura est, Boëth. inst. arithm. 1, 32 *in.* – **II teilhaftig, teilnehmend** an etwas, Boëth. dial. in Porphyr. 1, 20.

perceptio, ōnis, *f.* (percipio), das **Empfangen, Ansichnehmen, I** eig.: **a** die **Empfangnahme,** Ambros. in Luc. 4. § 15: frumentaria, Capit. Anton. phil. 7, 8. – **b** das **Einsammeln,** frugum, fructuum, Cic. u. Colum.: maximorum fructuum matura perc. (bildl.), Nazar. pan. – **II** übtr., das geistige **Auffassen, Erfassen, Begreifen,** die **Erkenntnis,** der **Begriff,** p. tua, Rhet. Her.: cognitio aut p., Cic.: veritatis, Augustin. – Plur., perceptiones animi, Cic.

perceptor, ōris, *m.* (percipio), der **Empfänger, Erlerner,** Augustin. soliloqu. 1, 1 *extr.;* serm. 127, 1.

percernis, e (per u. cerno), **leicht sichtbar,** CIL 12, 1329.

percīdo, cīdī, cīsum, ere (per u. caedo), **I zerhauen, zerschlagen,** os alci, Plaut.: os, Sen. – **II** insbes., im obszönen Sinne: percidere alqm = *pedicare,* Mart.: percidere alci os = *irrumare,* Mart.

percio, cīvī, citum, cīre, u. **per-cieo,** ciēre, **I erregen, in Bewegung setzen,** atrā bili percitast, Plaut. Amph. 727: se, Lucr.: res, Lucr. – dah. percitus, a, um, **a erregt, bewegt, aufgebracht, gereizt,** Ter., Cic. u. a.: irā percitus, Plaut. u. Fronto. – **b leicht zu erregen, reizbar, hitzig, auffahrend, heftig,** ingenium, Liv. 21, 53, 8: corpore et linguā percitus, Sall. hist. fr. 2, 35 (45). – **II** insbes., **nennen,** alqm impudicum, Plaut. asin. 475.

percipibilis, e (percipio), **wahrnehmbar, fasslich,** Mar. Victorin. de metr. 2, 1, 2. p. 4, 13 K. Chalcid. Tim. 342. 347. 349.

percipio, cēpī, ceptum, ere (per u. capio), **I einnehmen, in Besitz nehmen, sich bemächtigen, A** eig.: ardor percipit aëra, Lucr. – **B** übtr.: urbis odium me percipit, Ter.: percipit me voluptas atque horror, Lucr. – **II an sich nehmen, A** eig.: **1** übh., **annehmen,** auras, von einem Fliegenden, Luft schöpfen, Ov.: sensus percipit rem in se, Lucr.: sucum, Colum.: colorem, Plin.: cibum, essen, Veget. mul. – **2 in Empfang nehmen, bekommen, empfangen,** fructus, einsammeln, Cic.: lanas, Colum.: vectigalia, Plin.: arteria, per quam vox percipitur, Cic.: praemia, bekommen, genießen, Caes. – bildl., percipere magnos fructus ex amicitia alcis, Curt. – **B** übtr.: **1** **bemerken, wahrnehmen, vernehmen, hören, empfinden,** oculis, auribus, sensibus, Cic.: sonum, Cic.: voluptatem, Cic.: querelas, Liv.: m. folg. indir. Fragesatz, percipite, quae dicam, Cic.: percipe, quid dubitem, Verg.: m. folg. *Acc.* u. *Infin.*, vix tandem percepi super his rebus nostris te loqui, Plaut. most. 727. – **2** geistig in sich aufnehmen, **a** = **sich aneignen, lernen, erlernen,** im Perfektum = **wissen,** usum eius generis, Caes.: praecepta artis, Cic.: philosophiam, Cic.: pauca, Cic.: omnium civium nomina perceperat (wusste), Cic.: principum philosophorum ita percepta habuit praecepta, ut etc., hatte sich so zu eigen gemacht, dass er usw., Nep.: quod enim ipse *celeriter adripuit,* id cum *tarde percipi* videt, discruciatur, Cic.: dah. nomen perceptum usu a nostris, bekannt, geläufig den Unseren, Cic. – **b** **auffassen, erfassen** = **begreifen, deutlich einsehen,** alqd animo, Cic.: vis percipiendi, Quint.: ratio ipsis (von ihnen selbst) percepta, Curt.: dah. propercepto alci liquere, jmdm. als unumstößlicher Satz gelten, Gell. 14, 1, 11: u. percepta artis, durch Betrachtung u. Untersuchung gefundene Lehrsätze, Grundsätze, Regeln in Kunst u. Wissenschaft, Cic. de fato 11 (wo er das griech. θεορήματα übersetzt). – ► Synk. Perf. percepsti, Mart. 7, 56, 1.

percitus, s. percio.

per-cīvīlis, e, **sehr leutselig, -herablassend,** sermo, Suet. Tib. 28.

per-clārēsco, clāruī, ere, **sehr bekannt werden, sehr erhellen,** Honor. in Symm. epist. 10, 72 *in.* Boëth. inst. mus. 2, 23 *in.*

per-clūdo, clūsī, clūsum, ere (per u. claudo), **gänzlich ausschließen,** Paul. dig. 20, 2, 9.

percnopterus, ī, *m.* περκνόπτερος, mit schwarzbunten Flügeln = oripelargus, Plin. 10, 8.

percnus, ī, *m.* (περκνός, schwarzbunt), eine Art Adler, Plin. 10, 7.

per-cōgnōsco, (nōvī), nitum, ere, **genau kennenlernen,** Germania multis postea annis nec tota percognita est, Plin. 4, 98: litus id Germaniae percognitum nuper, Plin. 37, 45: lex naturae non ignota, etsi nondum percognita, Plin. 2, 116.

percolapo, s. per-colopo.

percōlātio, ōnis, *f.* (percolo), das **Durchseihen,** Plur. b. Vitr. 8, 6, 15.

1. **per-cōlo,** āvī, ātum, āre, **durchseihen,** **I** eig.: vinum, Cato: is umor percolatur, Cels. – **II** übtr., **durchsickern-, durchgehen lassen,** Passiv percolari = **durchsickern,** umor per terras percolatur, Lucr.: nives liquatae per terrae venas percolantur, Vitr.: umor autem omnis per illam teneritudinem percolatur, Lact.: cibos et potiones, wie durch einen Seiher durch sich hindurchgehen lassen, Sen.

2. **per-colo,** coluī, cultum, ere, **gehörig hegen u. pflegen, gehörig abwarten,** **I** im engeren Sinne, einen Ort **bebauen,** dah. **bewohnen,** Eleusiniam glebam (v. der Ceres), Apul. met. 11, 2. – **II** im weiteren Sinne, **1** physisch oder geistig gehörig pflegen, **a** physisch: **α** durch phys. Abwartung, **ausputzen, gehörig reinigen,** non ullā curā os (den Mund), Apul. apol. – u. durch äußeren Schmuck, **gehörig herausputzen,** femina perculta, Plaut. Poen. 232. – **β** durch mater. Förderung, **ausführen,** inchoata, Plin. ep. 5, 6, 41. – **b** geistig **gehörig pflegen, -betreiben,** **α** übh.: sapientiam percolunt, Apul. flor. 6. p. 6, 17 Kr.: vestras disciplinas studiosius percolo, Apul. flor. 18. p. 31, 20 Kr.: cumulata habent, quae sedulo percolunt, Apul. de deo Socr. 22. – **β** vermittelst der Rede **ausschmücken, mit rednerischem Schmuck umkleiden,** ita, quae priores nondum comperta eloquentiā percoluere, rerum fide tradentur, Tac. Agr. 10. – **2** übh. tätlich **hegen u. pflegen,** **a** eine Gottheit, einen Ort, eine Zeremonie, **α** m. *Acc.* der Gottheit = eine Gottheit **verehren, anbeten,** deos, Solin. 22, 7 (9). – m. Ang. **wobei?** durch *in* u. Abl., dei numen in uxoris laboribus, Apul. met. 6, 15. – gew. m. *Abl.* **womit?** alqam (deam) caeremoniis propriis, Apul. met. 11, 5: precibus Cupidinem deorum maximum, Apul. met. 5, 25 *extr.*: imagines defuncti divinis honoribus, Apul. met. 8, 7. – m. dopp. *Acc.* Iunonem virginem (als J.) vecturā leonis caelo commeantem, Apul. met. 6, 4. – **β** m. *Acc.* der Zeremonie usw. = verehrend **abhalten, feiern, feierlich begehen,** initia Cereris, Aur. Vict. Caes. 14, 4: funus, *ibid.* 20, 30. – **b** Menschen äußerlich **seine Achtung und Ergebenheit an den Tag legen, Ehre zollen, in Ehren halten,** patrem, Plaut. trin. 280: coniugem liberosque eius, Tac. ann. 4, 68. – m. *Abl.* **womit?** (**wodurch?**) = mit etwas **beehren, auszeichnen,** multos praefecturis et procurationibus, plerosque senatorii ordinis honore, Tac. hist. 2, 82.

per-colopo, āre (per u. colaphus), **abohrfeigen,** Petron. 44, 5.

per-cōmis, e, **überaus freundlich, überaus gefällig,** Cic. Brut. 212.

percommodē, *Adv.* (percommodus), **sehr bequem, -passend, -gelegen, sehr gut,** tumulus perc. situs ad commeatus excipiendos, Liv.: perc. dicere, Plin. ep.: perc. cadit od. accĭdit od. factum est m. folg. quod (dass), Cic.: perc. facis m. folg. quod (dass), Cic.

per-commodus, a, um, **sehr bequem,** m. *Dat.* (für), ipsis castris percommodum fuit, Liv. 22, 43. § 11. – percommodum est (es ist ganz zweckmäßig) m. *Infin.*, Veget. mil. 1, 10 *extr.* u. 2, 23. p. 57, 15 L.[2]

per-congruus, a, um, **völlig übereinstimmend** mit usw., m. *Dat.*, signa dedit nostris percongrua votis, Iuvenc. in Iosuē 566.

per-cōnor, ārī, **eine Unternehmung ausführen,** Sen. ep. 95, 46.

percontātio, ōnis, *f.* (percontor), **I** das **Fragen,** die **Frage, Erkundigung,** Cic. u. a.: directa perc., die unmittelbare Anfrage, Liv.: percontationem facere, ein Verhör anstellen, Liv.: m. folg. indir. Fragesatz, prima percontatio fuit, quā subactus iniuriā contra populum Romanum bellum tam infesto animo suscepisset, Liv. – **II** die **Frage** als Redefigur, Cic. de or. 3, 203.

percontātīvē, *Adv.* (percontativus), **fragend,** Porphyr. Hor. sat. 2, 7, 104. Donat. Ter. Phorm. 1, 2, 7.

percontātīvus, a, um (percontor), **I** **fragend,** modus, Diom. 338, 9: AIN percontativum verbum est, Donat. Ter. Andr. 5, 3, 4. – **II** **allgemein bekannt,** Cael. Aur. de morb. chron. 4, 8, 114.

percontātor, ōris, *m.* (percontor), der **Ausforscher, Aushorcher,** Plaut. Men. 933. Hor. ep. 1, 18, 69. Augustin. epist. 118, 10 u. de bon. coniug. § 27.

perconto (percuncto), āvī, ātum, āre = percontor (percunctor), z. B. si percontassem, Nov. com. fr.: alqd sedulo, Apul.: m. folg. indir. Fragesatz, quo pacto Troiam liquerit, Naev. b. Pun. fr.: im Passiv de ovium dentibus opiliones percontantur, Gell.: percontato pretio, Apul. – *Partic.* subst., percunctātum, ī, *n.* = ἀξίωμα, ein **ausgemachter Satz,** eine **Grundwahrheit,** non febricitare furiosos *percunctatum* non est sive *universale* (allgemeiner Satz), quod Graeci καθολικόν vocant, sed est discrepatione partile, Cael. Aur. de morb. acut. 1, 5, 46.

percontor od. **percuntor** (percunctor), ātus sum, ārī (per u. contus), alles ausforschen; dah. **I** **fragen, anfragen, sich erkundigen, forschen, eine Erklärung verlangen,** **a** alqd, nach etwas, perc. adventum Pamphili, Ter.: absurde quaedam, unpassende Fragen tun, Liv.: aurem, zu Rate ziehen, Gell.: ab od. ex alqo, jmd. fragen, sich bei jmd. erkundigen, Cic.: alqd ex alqo, bei jmd. nach etw.-, jmd. fragen wegen usw., Cic.: alqm ex alqo, nach einem bei jmd. sich erkundigen, Plaut. – mit folg. indir. Fragesatz, cum percontaretur ex anicula quadam, quanti aliquid venderet, Cic.: nutricem percontari, quid hoc rei sit, Liv.: percontantes, *quid* praetor edixisset, *ubi* cenaret, *quo* denuntiasset, Cic.: percontantibus nobis, ecquid forte Romā novi, ob es etwas Neues aus Rom gäbe, Cic.: perc., numquid ipsi velit dicere, Curt.: ut consulem percontaretur, liceretne extra ordinem pugnare, Liv.: Perum percontatur, an vera essent, quae etc., Curt. – **b** alqm, jmd. fragen, sich bei jmd. erkundigen, Hor. u. Liv.: alqm de re, Cic.: alqm alqd, Plaut., Hor., Liv. u. a. (s. Weißenb. Liv. 39, 12, 1). – **II** **erfragen, erforschen,** Apul. met. 1, 24. – ► Parag. Infin. percontarier, Plaut. Bacch. 189 u. a. – Die Schreibung percunctor oft in den besten Handschriften; vgl. Liv. 5, 32, 8; 28, 25, 5 u. 39, 34, 5.

per-contumāx, ācis, **sehr hartnäckig, sehr trotzig,** Ter. Hec. 504.

per-cooperio, peruī, īre, **ganz bedecken,** Th. Prisc. 4, 1. Gromat. vet. p. 307, 5.

percōpiōsē, *Adv.* (percopiosus), **sehr reichlich,** Sidon. epist. 4, 7, 3.

per-cōpiōsus, a, um, **sehr reich im Ausdruck, wortreich,** Plin. ep. 9, 31, 1. Sidon. epist. 1, 1, 4.

per-coquo, coxī, coctum, ere, **durchkochen,** **I** eig.: **a** **weichkochen,**

legumina, Vitr.: carnes, Plin.: alqd in furno, Fest – **b** **gar backen,** placentam, Cato r. r. 76, 4: panem, Sen. ep. 90, 23. – **II** übtr.: **A** **reif machen,** mora percoquit uvas, Ov.: sol percoquit fructus, Sen.: nam et sic facilius insolatur humus et fructus percoquitur, Colum.: pingues terrenique colles … opimam messem serius tantum sed non minus percoquunt, gewähren eine zwar etwas spätere, aber desto reifere Ernte, Plin. ep. – **B** **erhitzen, heiß machen,** umorem, Lucr. 6, 858: nullo modo facilius arbitror terram ab sole percoqui, Cic. fr. F. I, 12. – **C** **verbrennen, schwärzen,** nigra virûm percocto saecla colore, Mohren, Lucr. 6, 722.

per-crassus, a, um, **sehr dick,** Cels. 5, 26, 20.

per-crēbrēsco, bruī (in Hdschrn. auch percrebesco, bui), ere, **immer häufiger werden, überhandnehmen, sich allgemein verbreiten,** **a** im Allg.: opinio non modo apud populum Romanum, sed etiam apud exteras nationes omnium sermone percrebruit, Cic.: percrebruerat eā tempestate pravissimus mos, Tac.: sobrinarum (coniugia) diu ignorata tempore addito percrebruisse, Tac.: bes. v. Gerüchten, ipsa fama, quae *de* tua voluntate percrebruit, Cic.: fama percrebruit m. folg. *Acc.* u. *Infin.*, Caes.: ebenso valida fama percrebruit mit folg. *Acc.* u. *Infin.*, Suet. – **b** gerüchteweise **sich allgemein verbreiten** = **allgemein (überall) bekannt-, ruchbar werden,** res percrebruit, Cic.: si eius hoc tantum scelus percrebruisset, Cic.: m. folg. *Acc.* u. *Infin.*, cum hoc percrebrescit, plurimos nostros amicos inveniri, Cic.: percrebruerat (war herrschende Meinung gewesen) antiquitus urbem nostram nisi opibus Aegypti ali sustentarique non posse, Plin. pan.

per-crepo, crepuī, crepitum, āre, **I** *intr.* **laut ertönen, erschallen,** locum illum litoris percrepare totum mulierum vocibus cantuque symphoniae, Cic. Verr. 5, 31. – **II** *tr.* **laut verkündigen,** pugnam, Lucil. 621.

per-crībro, āre, **durchsieben,** Scrib. Larg. 87 u. a.

per-crucio, āre, **sehr quälen,** hoc est quod percrucior, worüber ich mich abängstige, Plaut. Bacch. 1099.

per-crūdus, a, um, **I** **ganz roh,** corium, Vitr. 10, 14 (20), 3. – **II** übtr., **ganz unreif,** pruna, Colum. 12, 10, 4.

per-cūdo, cūdī, ere, **durchstoßen,** ova rostellis (von den Küchlein), Colum. 8, 5, 14 (*ed. Schneid.* m. *cod. Sang.* pertuderint).

perculsus, ūs, *m.* (percello), die **Erschütterung,** Tert. de anim. 52.

percultor, ōris, *m.* (2. percolo), der **eifrige Verehrer,** doctorum, Aur. Vict. de Caes. 1, 5.

per-cumbo, cubuī, ere, als ungebr. angef. bei Varro LL. 9, 49.

percunctātio, -tātīvus, -tātor, s. percontātio …

percuncto, s. perconto.

percunctor u. **percuntor,** s. percontor.

per-cupidus, a, um, jmdm. **sehr geneigt,** tui, Cic. ep. 1, 7, 2.

per-cupio, ere, **sehr wünschen, sehr gern wollen,** et id ego percupio obsequi gnato meo, Plaut. asin. 76: *Th.* Vin interea, dum venit, domi opperiamur potius quam hic ante ostium? *Ch.* Immo percupio (verst. domi opperiri), Ter. eun. 894 *sqq.*: quas (bonas artes) qui sinceriter percupiunt appetuntque, hi sunt vel maxime humanissimi, Gell. 13, 17 (16), 1: quamquam ego percupiam omnino te nosse, Augustin. epist. 28, 1.

per-cūriōsus, a, um, **sehr neugierig,** Cic. Clu. 175.

per-cūro, āvī, ātum, āre, **völlig heilen, ausheilen,** inveterata et desperata a medicis vitia, v. Heilquellen, Sen.: vixdum satis percurato vulnere, Liv.: si (famex) suppuraverit, tarde percurabitur, Colum. – perc. mentem aegram et vitiis liberare, Sen.: quidquid imbecillum in animo nec percuratum est exulcerat, Sen.

per-curro, cucurrī od. currī, cursum, ere, **I** *intr.*: **A** **durch-, über** etwas **hinlaufen,** per mare et terras, Lucr. 6, 668: per temonem, Caes. – **B** **hin-, hinüberlaufen, -eilen,** ad forum, Ter.: circa mensam, Petron.: Philam, Liv.: citato equo Cales, Liv.: ad alqm, Cael. in Cic. ep.: curriculo percurre! lauf eilends hinüber! Ter. – **II** *tr.* **durchlaufen, durcheilen, durchreisen,** **A** eig.: agrum Picenum, Caes.: aristas, über … hin, Ov.: pectine telas, Verg.: luna percurrens fenestras, Prop.: percurritur glutino charta, Plin.: murmura percurrunt caelum, Lucr. – **B** übtr., **durchlaufen,** **1** v. Pers.: **a** = nacheinander verwalten, honores, Suet.: paene iunctim quaesturam, praeturam, consulatum, Suet.: quaesturam tribunatum praeturam honestissime, Plin. ep.: percursis honorum gradibus, Amm. – **b** **nach der Reihe erzählen, -anführen,** multas res oratione, Cic.: quas (partes) percurri, Cic.: quae breviter a te percursa sunt, Cic.: de re pecuaria breviter ac summatim percurram, Varro r. r. 2. praef. § 7: abs., Hor. sat. 1, 1, 24. – **c** mit dem Blick (dah. auch lesend), mit dem Gedanken **durchlaufen, durchfliegen, überfliegen,** veloci percurre oculo, Hor.: aevum animo, Sen.: multa animo et cogitatione, multa etiam legendo, Cic.: paginas in annalibus fastisque magistratuum licet consulum dictatorumque, Liv. – **2** v. Affekten, jmd. **durchbeben, durchschauern,** totum pectus percurrit pavor, Ps. Quint. decl. 9, 7: timor, qui lectoris percurrit animum, Sen. de ira 2, 2, 6: omnium pectora occulto metu percurrente, Curt. 4, 12 (46), 14.

percursātiō, ōnis, *f.* (percurso), das **Durchreisen,** Italiae, Cic. Phil. 2, 62: absol., o praeclaram illam percursationem tuam mense Aprili atque Maio! Cic. Phil. 2, 100.

percursio, ōnis, *f.* (percurro), das **Durchlaufen,** übtr.: **I** das **flüchtige Hinwegeilen** über einen Gegenstand der Rede (griech. ἐπιτροχασμός, wie Cäsars Wahlspruch: veni, vidi, vici), Cic. de or. 3, 202. – **II** das geistige Durchlaufen = das **Überdenken,** propter animi multarum rerum brevi tempore percursionem, insofern der Geist viele Gegenstände zu durchlaufen weiß, Cic. Tusc. 4, 31.

per-curso, ātus, āre (percurro), **I** *tr.* **durchstreifen,** ripas, Plin. pan.: percursando, quae obtineri nequibant, Tac.: Prasiacā percursatā, Iul. Vict. – **II** *intr.* **umherstreifen,** latronum modo totis finibus nostris, Liv. 23, 42, 10: species quaedam scurrarum percursantium, Ambros. de off. 1, 18, 72.

percursus, Abl. ū, *m.* (percurro), das **Durchlaufen,** aquae, *Vitr. 9, 8 (9), 4 *Rose.*

percussibilis, e (percutio), **durchdringend, durchgreifend,** Cael. Aur. de morb. acut. 1, 16, 163 u. a.

percussio, ōnis, *f.* (percutio), **I** das **Schlagen,** capitis percussiones, an den Kopf, Cic.: digitorum percussio, das Schnalzen, Schnippchenschlagen, Cic. – **II** als *t. t.* der Musik u. Rhetor. = der **Takt, Niederschlag,** intervallorum, Cic.: numerorum percussiones, Cic.: sermonis percussiones, Tonfälle, Quint.

percussiōnālis, e (percutio), **zum Schlagen geeignet, geschlagen,** instrumentum musicum, Cassiod. de music. 1.

percussor, ōris, *m.* (percutio), der **Verwunder, Erleger,** **a** eines Tieres, vulneratus percussorem novit, wenn er (der Löwe) eine Wunde bekommen hat, merkt er sich den Verwunder (Täter), Plin. 8, 51. – **b** der **Erdolcher** eines Menschen = ein (gedungener) **Mörder, Bandit,** Cic. u. a.: percussorum grex, Sen.: p. veneficus, ein feiger M., der selbst vor Gift nicht zurückschreckt, Curt. – angelus percussor, der Würgengel, Vulg. exod. 12, 23.

percussūra, ae, *f.* (percutio), der **Schlag, Stich, Stoß,** Ps. Apul. herb. 31. Veget. mul. 2 (3), 20, 1. Vulg. Sirach 27, 5 (aber Amiat. pertusura).

percussus, ūs, *m.* (percutio), das **Schlagen, Stoßen,** der **Schlag, Stoß,** percussu crebro, Ov.: percussu linguae, Sen.: percussu aquae, Vitr.: venarum inaequabili formicante percussu, Plin.: dentes ex percussu agitantes (wackelnd), Cass. Fel. 32. p. 66, 6 R.: non sentire percussum, bildl., Beleidigungen nicht schmerzlich empfinden, Sen. de ira 3, 25, 3.

per-cutio, cussī, cussum, ere (per u. quatio), **I** **durch u. durch stoßen, durchstoßen, durchbohren, durchstechen,** **1** im Allg.: rostro navem, Liv.: pectus, Liv.: venam, eine Ader schlagen = zur Ader lassen, Sen. – **2** prägn., durchstechend machen, **durchstechen,** fossam, Plin. ep. 10, 41 (50), 4. Frontin. 3, 17, 5. – **II** heftig erschütternd **schlagen, stoßen, hauen, werfen, schießen, treffen,** **A** eig.: **1** im Allg.: **a** eig.: alqm lapide, Cic.: ianuam manu, Tibull.: forem virgā, an die Tür klopfen, Liv.: terram pede, mit dem F. auf die Erde stampfen, Cic. (vgl. iubet propheta plaudere manu, percutere pede, Ambros. in Luc. 6, 9: u. pede ter percusso, in Dreitakten, Hor. sat. 1, 10, 43): Ditem in cor arundine, Ov.: Cato percussus esset, gestoßen,

Cic.: turres de caelo (vom Blitz) percussae, Cic. (u. so percussae arbores, vom Blitz getroffene, Sen.): percussus colapho od. colaphis, Sen.: percussus cultello, Verr.: m. respekt. *Acc.*, soror palmis percussa lacertos, Verg.: brachium (am A.) percussus, Auct. b. Afr. – **b** übtr., **treffen, berühren,** color percussus luce refulget, Lucr.: auriculae voce percussae, Prop. – **2** prägn.: **a** treffend **verwunden,** e muro alqm sagittā, Curt.: caput gladio, in den Kopf hauen, Hirt. b. G.: brachium gladio percussus, in den Arm verwundet, Auct. b. Afr.: equi calce percussus, vom Pferd getreten, Firm.: ferro vel sude percussus, Ps. Apul. herb.: vulnere percussus, Prop. – a serpente ac scorpione percussi, gebissen, gestochen, Plin. – **b** treffend **erlegen, totschlagen, töten,** alqm fusti, Auct. b. Hisp.: alqm securi, hinrichten, Cic. u. a.: hostem, Suet.: feras, Ov.: se, sich erdolchen, Liv. epit. 114: alqm fulmine, erschlagen (v. Jupiter), Cic.: u. so alqm ob id fulmine, Hyg.: u. fulmine percussus, Cic. – **c** schlagend machen, **α** als *t. t.* der Münzer, **schlagen = prägen,** nummum, Suet.: monetam, Vopisc.: übtr., omnia facta dictaque tua inter se congruant ac respondeant sibi et unā formā percussa sint, einerlei Gepräge haben, Sen.: vocabula Graeca Latinā monetā, Apul.: ne quod novum verbum ut aes adulterinum percutiat, Fronto de eloqu. 1. p. 140, 14 N. – **β** als *t. t.* der Webekunst = den Einschlag (subtemen) anschlagend **weben,** lacernae male percussae textoris pectine Galli, schlecht durchgearbeitet, grob gewebt, Iuven. 9, 30. – **γ** als *t. t.* der Kochkunst, laganum (das Kuchenblatt) fistulā perc., mit der Rolle austreiben, auswälgern, Apic. 4, 134. – **δ** als publiz. *t. t.* = ein Opfertier schlagend ein Bündnis **machen, schließen,** foedus, Auct. b. Alex. u. a. – **d** schlagend **rühren = schlagen,** lyram, Ov.: nervos dextrā, Quint. – u. = **tüchtig schwingen,** pennas, Ov.: faces, Prop. – **B** übtr.: **1** im Allg.: non percussit locum, hat die Stelle nicht getroffen, hat den richtigen Punkt verfehlt, Cic. Sest. 80. – **2** insbes.: **a** von Nachrichten, äußeren Eindrücken, Affekten, die Sinn u. Gemüt **heftig treffen, -ergreifen, durchbeben, einen starken Eindruck machen, aufs Herz fallen, stutzig machen,** percussit ilico animum, Ter.: hinc amnis, hinc hostis pectora pavore percusserant, Curt.: percussus atrocissimis litteris, betroffen, erschrocken, Cic.: quodcumque animos nostros probabilitate percussit, id dicimus, was auf uns den stärksten Eindruck der Wahrscheinlichkeit gemacht hat, Cic. – percussit cor spes, Lucr.: suspicione sum percussus, Cic.: ingenti percussus amore, Verg. – quonam modo ille vos vivus afficeret, qui mortuus inani cogitatione percussit, durch ein leeres Bild der Einbildungskraft Besorgnis einflößt, Cic. – **b** jmd. **prellen = anführen, betrügen,** alqm, Cic. Flacc. 46: alqm probe, Plaut. Pseud. 603: alqm per servolum, Caecil. com. 204: alqm strategemate, durch eine Kriegslist schlagen, Cic. ad Att. 5, 2, 2: se flore Liberi, sich betrinken, Plaut. Cas. 640. – **c** jmd. gleichsam **verwunden, eine tiefe Wunde schlagen, schmerzlich berühren,** percussisti me etiam de oratione prolata, hast mir einen Stich ins Herz gegeben, Cic. – percussus vulnere fortunae, Cic.: percussus calamitate, Cic. – ► Synkop. Perf. percusti, Hor. sat. 2, 3, 273.

perdāgātus, a, um (*perdago, wie indago), **nachgespürt,** Claud. Mam. de statu anim. 2, 3 *in.*

per-decōrus, a, um, **sehr anständig, sehr schön,** Plin. ep. 3, 9, 28.

per-dēleo, ēre, **gänzlich vertilgen,** Tert. adv. Iud. 11. Veget. mil. 3, 10. p. 92, 4 L.[2]

per-dēlīrus, a, um, **sehr albern, sehr unsinnig,** Lucr. 1, 692.

per-dēnsus, a, um, **sehr dicht,** Colum. 3, 12, 2.

per-depso, depsuī, ere, **durchkneten, durcharbeiten,** im obszönen Sinne, Catull. 74, 3.

per-dēscrībo, ere, **genau beschreiben, -angeben,** Gromat. vet. 365, 21.

perdīcālis, e (perdix), **zu den Rebhühnern gehörig, Rebhühner-,** p. herba = *perdicium,* Ps. Apul. herb. 81.

Perdicca u. **Perdiccās,** ae, *m.* (Περδίκκας), mazedon. Männername, Iustin. 7, 2, 1 (Perdicca). Curt. 3, 9 (24), 7 (Perdiccas), 4, 3 (11), 1 (Akk. Perdiccan) u. 10, 6 (19), 4 (Perdicca). Cic. Tusc. 5, 34 (Genet.).

perdīcium, iī, *n.* (περδίκιον), das **Rebhühnerkraut** (*Parietaria officinalis,* L.), Plin. 22, 41.

per-dīco, dīxī, ere, **völlig heraussagen,** Alcim. Avit. poëm. 5, 608.

per-difficilis, e, *Adj.*, **sehr schwer,** navigatio, quaestio, Cic.: amnis transitu perdifficilis, Liv.: perdifficillimus aditus, Liv. 40, 21, 4.

perdifficiliter, *Adv.* (perdifficilis), **sehr schwer,** Cic. Acad. 2, 47.

per-dignus, a, um, **sehr würdig,** tuā amicitiā homo, Cic. ep. 13, 6, 4.

per-dīligēns, entis, **sehr sorgfältig, sehr pünktlich,** res est hominis perdiligentis, erfordert große Pünktlichkeit, Cic. ad Q. fr. 3, 5. § 6: Maecius perdiligens carminum fuit aestimator, Porphyr. Hor. de art. poët. 387.

perdīligenter, *Adv.* (perdiligens), **sehr sorgfältig, sehr pünktlich,** Cic. Brut. 14 u. ad Att. 1, 11, 1.

per-dīsco, didicī, ere, **völlig-, gründlich-, gut lernen, auswendig lernen,** Cic. u. a.: dictata, Cic. – *Perf.* perdidici, **genau verstehen,** m. folg. *Infin.*, hominis speciem pingere, Cic. de or. 2, 69: m. folg. *Acc.* u. *Infin.*, istaec esse vera damno cum magno meo, Plaut. asin. 187.

perdisertē, *Adv.*, **sehr beredt,** Cic. de or. 1, 62.

per-disertus, a, um, **sehr beredt,** Gramm. Vatic. de praepos. § 5 (Class. auct. 5, 275, a).

per-dissipo, ātus, āre, **ganz zerstreuen,** Arnob. in psalm. 118.

perditē, *Adv.* (perditus), **I unmäßig, über die Maßen,** amare, sterblich, Tert.: conari, Quint. – **II heillos, grundschlecht,** se gerere, Cic. ad Att. 9, 2. litt. a. § 2: vivere, Augustin. de civ. dei 2, 22. p. 84, 1 D.[2]

perditim, *Adv.* (perditus), **unmäßig,** amare, sterblich, Afran. com. 354.

perditio, ōnis, *f.* (perdo), **I** das **Verderben,** die **Vernichtung,** Lact. 2, 14, 11 u. 4, 18, 32 u. a. Eccl.: perditionem eius meditari, Oros. 2, 5, 5. – **II** = ἀπώλεια, das **Verlieren,** der **Verlust,** Itala (frgm. Weing.) Ezech. 28, 7. p. 102 R.: famae, Fulg. contin. Verg. p. 151 M.: Plur., Salv. de gub. dei 6, 13, 78; adv. avar. 1, 1, 3.

perditor, ōris, *m.* (perdo), der **Verderber, Zugrunderichter,** rei publicae (Ggstz. servator), Cic. Planc. 89: perd. et vexator rei publicae (Ggstz. conservator et custos), Cic. Vatin. 7: afflictor ac perd. non modo dignitatis et auctoritatis sed ordinis et nominis sui, Cic. in Pis. 64: perditores hominum (v. bösen Geistern), Lact. 2, 14, 8.

perditrīx, trīcis, *f.* (Femin. zu perditor), die **Verderberin,** Tert. de exhort. castit. 13. Hieron. epist. 123, 8.

1. perditus, a, um, *PAdi.* (v. perdo), **verloren, hoffnungslos, verzweifelt, heillos, unglücklich, I** im Allg. (Ggstz. salvus): aeger, Ov.: valetudo, Cic.: res (Sing. = Sache od. Lage), Ter., Liv. u. (Ggstz. integra) Cic.: res (Plur. = Lage), Liv., Tac. u. Eutr.: iudicia, Cic.: sum perditus, ich bin verloren, Plaut. – **II** insbes.: **A unmäßig,** von starken Affekten, heftigen Leidenschaften, amor, Catull.: perditus amore, bis zum Sterben verliebt, Plaut.: perditus in quadam tardis pallescere curis incipis, sterblich verliebt, Prop.: perditus luctu, in tiefe Trauer versunken, Cic.: perditi animi esse, aufgebrachten Sinnes, Plaut. – **B** moralisch, **heillos, grundverdorben, grundschlecht, ruchlos, verworfen,** homines, Curt.: aere alieno p., durch Schulden heruntergekommen, Cic.: miseriā perditus, Cic.: adulescens p. et dissolutus, Cic.: p. atque dissoluta consilia, Cic.: mores, Curt.: nequitia, Cic.: nihil fieri potest miserius, nihil perditius, nihil foedius, Cic.: homo perditissimus, Cic.

2. perditus, ūs, *m.* (perdo), der **Verlust,** possessionum amissio et pecuniarum ingentium perditus, Ps. Cypr. de aleat. 6.

per-diū, *Adv.*, **sehr lange, sehr geraume Zeit,** Varro r. r. 1, 58, 1. Cic. de or. 1, 8 u. ad Att. 3, 22, 4. Apul. flor. 9. p. 10, 2 Kr.

perdius, a, um (per u. dius = dies), **den ganzen Tag hindurch,** v. Pers., gew. verb. perdius (perdia) et pernox, Gell. 2, 1, 2. Apul. met. 5, 6, od. pernox et perdius, Amm. 31, 2, 6. Symm. epist. 1, 53.

per-diūturnus, a, um, **sehr lange dauernd, sehr langwierig,** Cic. de nat. deor. 2, 85.

per-dīves, itis, **sehr reich,** Cic. ad Att. 6, 1, 3; Verr. 4, 59.

per-dīvido, dīvīsī, ere, **austeilen,** terram meam, Itala (Weing.) Ioël 3, 2.

perdīx, dīcis, *c.* (πέρδιξ), das **Rebhuhn,** Varro, Plin. u. a.: griech. Akk. Plur. perdicas Boeotias, Varro fr. – Mart. 3, 58, 15 ist picta perdix »der Birkhahn«, Mart. 13, 76, 1 »das Schneehuhn«. – Als *nom. propr.* ist **Perdīx** ein Neffe des Dädalus, von diesem aus Künstlereifersucht von der Burg Athens herabgestürzt, aber von Minerva in einen Vogel, wahrscheinlich in einen »Kiebitz«, verwandelt, Ov. met. 8, 250 *sqq.*

per-do, didī, ditum, ere, gleichs. zugrunde geben; dah. **I** (im Passiv gew. pereo, perditus, perire) **zugrunde richten, vernichten, verderben, ruinieren, unglücklich machen** (Ggstz. servare), **A** im Allg.: alqm, Cic.: puerum perditum perdere, vollends zugrunde richten, Cic.: perd. funditus civitatem, Cic.: desiderium per luxum atque libidinem pereundi perdendique omnia, Liv.: alqm capitis perdere, jmd. ums Leben bringen, dem Tod preisgeben, Plaut. asin. 132; Bacch. 490; mil. 371. Gell. 1, 3, 4: nos quidem miseras perdidit, sie hat uns (durch ihren Tod) in die tiefste Trauer versetzt, Ter. Andr. 803: quae (mors) omnes cives perdiderit et afflixerit, für alle B. ein harter Schlag war, Cic. Rosc. Am. 33. – poet., p. serpentem, töten, Ov.: aethera umbrā, verdunkeln, Val. Flacc. – im Passiv verbis perderis ipse tuis, Prosper epigr.: impii de terra perdentur, Vulg. prov. 2, 22: ne cum istis iudicer et perdar in die iudicii, Augustin. serm. 5, 3: quasi sterquilinium in fine perdetur, Vulg. Iob 20, 7: ut licentiosis cupiditatibus domitis haec vitia perderentur, Augustin. epist. 138, 14. – **B** insbes.: **1 vertun, verschwenden,** unnütz **vergeuden,** fortunas, Ter. – operam od. oleum et operam, Cic.: blanditias, Ov.: quae ego si non profundere ac perdere videbor, Cic.: mortem od. letum, Sen. u. Lucan.: Decius *amisit* vitam, at non *perdidit,* Rhet. Her.: tempus, Cic. u. Sen.: poteras has horas non perdere, konntest sie sparen, Plin. ep.: perditur haec inter misero lux non sine votis, Hor. sat. 2, 6, 59. – **2** moralisch **verderben,** cur perdis adulescentem nobis? Ter.: imperii mores, Plin. – **II** übtr., unwiederbringlich **verlieren, verlustig gehen, verlustig werden, um** etwas **kommen, A** im Allg.: vidulum cum auro atque argento multo, Plaut.: arma, zonam, Hor.: liberos, Cic.: vocem, Cic.: oculos, Cic.: vitam, Mart. (u. im Passiv si principis vita perditur, Amm. 14, 5, 4 [wo Gardth. periclitetur]): litem, Cic.: spem, Plaut. u. Liv.: fugam, den Weg zur Fl., Mart. – nomen, vergessen, Ter.: qui se putaret nihil habere, quod *de* existimatione perderet, Rhet. Her.: ne quid aut *ex* amore aut ex iudicio tuo perdam, Planc. in Cic. ep. – **B** insbes., im Spiel **verlieren,** quod in alea perdiderat, der Spielverlust, Cic.: absol., non cessat perdere lusor, Ov.: lucrandi perdendive temeritas, Spielwut, Tac. – ► Vulg. Perf. perdedi, CIL 7, 140 (wo perdedit). – archaist. *Coniunct. Praes.* perduim, is, it, int, Plaut. aul. 672; Amph. 845; Epid. 66 u. a. Ter. heaut. 811 u. a.: u. in der Verwünschungsformel di te (istum u. dgl.) perduint! Cic. Deiot. 21; ad Att. 15, 4, 3. Apul. met. 9. 21; apol. 75.

per-doceo, docuī, doctum, ēre, **ausführlich lehren, -unterrichten, -zeigen,** artes omnes, Plaut. Stich. 178: stultitiam suam, Quint. 1, 1, 8: m. dopp. *Acc.*, si quid Apollo utile mortales perdocet ore meo, Ov. rem. 490: tabula est aëna, quae te cuncta perdocet, CIL 12, 5732: alqm m. folg. *Infin.*, Ov. ex Pont. 4, 12, 28. Apul. met. 10, 17: alqm m. folg. *Acc.* u. *Infin.*, Lucr. 5, 1436. Oros. 2, 2, 4: m. folg. *ut* u. Konj., Plaut. capt. 719. – absol., res difficilis ad perdocendum, Cic. Sest. 96.

per-docilis, e, **sehr gelehrig,** perdociles tribuit sensus, Iuvenc. in exod. 1184.

perdoctē, *Adv.* (perdoctus), **sehr unterrichtet, sehr geschickt,** Plaut. most. 279.

per-doctus, a, um, **sehr unterrichtet, sehr geschickt,** Cic. u. a.: docte tibi illam perdoctam dabo, ganz gut abgerichtet, Plaut. mil. 258.

per-doleo, doluī, dolitum, ēre, **sehr-, tief schmerzen,** perdoluit (*sc.* tibi), Ter. eun. 154: id perdolitum est cuidam T. Manlio m. folg. *Acc.* u. *Infin.*, Claud. Quadrig. bei Gell. 9, 13. § 13.

per-dolēsco (dolīsco), doluī, ere, **tiefen-, heftigen Schmerz empfinden, sich tief betrüben,** Acc. tr. 317: indutiis per scelus violatis suam virtutem irrisui fore perdoluerunt, Caes. b. c. 2, 15, 1.

per-dolo (āvī), ātum, āre, **gut behauen, gehörig zuhauen, zimmern,** quae est (arboris pars) superior praecīsa alte circiter pedes XX et perdolata propter nodationis duritiem, Vitr. 2, 9, 7: petrae non perdolatae a ferro, Gromat. 342, 24. – m. Ang. **wozu?** durch *in* u. Akk., in materiem perdolari (v. Bäumen), Vitr. 2, 10, 2: fomes perdolatus in fulminis modum, Arnob. 6, 25.

per-dominor, ārī, **durchherrschen,** annum, Claud. Fesc. de nupt. Hon. 77.

perdomitor, ōris, *m.* (perdomo), der **Bezähmer,** Prud. cath. 4, 12.

per-domo, domuī, domitum, āre, **völlig bezähmen, -bändigen, -bewältigen, I** eig.: **a** einzelne Wesen: boves, Colum.: serpentem, serpentes, tauros feroces, Ov.: canes, Tibull.: unum virum non perd., Ov. – **b** ganze Länder, Völker **gänzlich bezwingen, unterjochen,** Latium, Hispaniam, Liv.: gentes, Vell.: Faliscos, Ov.: Salassos, Liv. epit.: omni Galliā cis Rhenum perdomitā, Sall. fr. – **II** übtr.: affectus disciplinā perdomantur, Sen.: farinam assiduā tractatione, auswirken, Sen.: vgl. poet. Ceres saxo perdomita, Stat.: nono sulco perdomari, vom Boden, Plin. ep. – ► Perf. perdomavi, Cic. (?) nach Cledon. 60, 15 K.

perdormīsco, ere (perdormio), **die ganze Nacht schlafen,** usque ad lucem, Plaut. Men. 928.

per-dūco, dūxī, ductum, ere, **I** an den Ort seiner Bestimmung **hinführen, hinbringen, A** eig.: **1** im Allg.: alqm Romam, Liv.: bovem ad stabula, Verg.: alqm ad Caesarem, Caes.: omnes naves incolumes, Caes. – **2** insbes.: **a** jmdm. ein Mädchen als Buhldirne **zuführen,** ein Mädchen **verführen, verkuppeln,** Cic. u. a. – **b** jmd. als Gefangenen **abführen,** Amm. 14, 5, 8; 15, 2, 7; 24, 4, 9. Oros. 4, 18, 21. – **c** Mauern, Gräben usw. irgendwo **hinführen, hinleiten,** murum fossamque ad montem, Caes.: viam a Bononia Arretium, Liv.: porticum a porta ad etc., Liv.: aquam Claudiam, Liv. epit.: aquam in coloniam, Traian. in Plin. ep. – **B** übtr., **hinbringen, 1** im Allg.: ad dignitatem, erheben zu usw., Caes.: so auch alqm ad honores amplissimos, Cic.: ad summum perductus, zur höchsten Stufe, Cic.: alqm ad furorem, Cic.: ad exitum, Cic.: ad perniciem, Varro: numquam ad liquidum fama perducitur, wird zur klaren Vorstellung der Wirklichkeit gebracht, Curt.: eo rem perduxit, ut etc., brachte es dahin, Nep. – **2** insbes.: **a hinbringen** = wozu **bewegen, vermögen,** alqm ad suam sententiam, Cic., od. in suam sententiam, Caes.: ad se, auf seine Seite, Caes.: alqm ad ducenta (talenta), zur Zahlung von 20 Tal. vermögen, Cic.: cum perducere (dazu vermögen) eum non posset, Nep.: m. folg. *ut* u. Konj., si dictis nequis perduci, ut vera haec credas, Plaut. most. 198. – **b** bis auf eine Zeit hinführen, **fortsetzen,** im Pass. **fortgesetzt werden, dauern,** agri colendi studia ad centesimum annum, Cic.: a prima pueritia usque ad ultimum eius diem familiarem amicitiam, Sen. rhet.: altercationem in serum, Liv.: orationibus in noctem perductis, Liv. – **c fertigmachen,** Apic. 6, 221. – **II** einen Trank **einziehen, einschlürfen, trinken,** totum liquorem, Arnob. poët. 5. *no.* 26: poculum continuo haustu, Apul. met. 10, 5: potiones calicis, CIL 8, 1027: aloë ex aquae cyathis tribus frigidis perducta, Scrib. Larg. 135 *extr.*: vino tritum (atriplex) et in potione perductum, Gargil. Mart. med. 7 (vgl. *ibid.* 31, 41, 53). – u. einen Buchstaben beim Sprechen **verschlucken,** promiscuus etiam promiscue facit, non promisce (u enim perduci non debet), Mar. Victorin. 1, 4, 14 K. – **III** etwas über etwas **ziehen, streichen, A** eig.: lanam membris, Ser. Samm. 457. – **B** übtr.: **1 überziehen, überstreichen,** corpus stercore, Ser. Samm.: totum nati corpus ambrosiae odore, besalben, Verg. georg. 4, 416. – **2 ausstreichen,** nomen, ICt. – ► Imperat. perduc, Ser. Samm. 755. Vulg. act. apost. 23, 17. – Synkop. Perf. perduxti, Mart. 3, 22, 4.

perductio, ōnis, *f.* (perduco), die **Hinführung, Hinleitung,** perductiones aquarum, Vitr. 8, 5 *in.*

perducto, āre (*Intens.* v. perduco), **hinführen** ins Haus u. dort **herumführen,** Plaut. most. 846.

perductor, ōris, *m.* (perduco), **I** der jmd. in das Haus hinführt, um ihm alles zu zeigen, der **Herumführer,** Plaut. most. 847. – **II** der **Zuführer** der Buhldirnen, der **Kuppler,** Cic. II. Verr.. 1, 33.

per-dūdum, *Adv.*, **sehr lange, vor sehr langer Zeit,** Plaut. Stich. 575.

perduellio, ōnis, *f.* (perduellis), die **feindselige Handlung, I** gegen Auswärtige, mit denen man Krieg führt; dah. meton. perduelliones = *perduelles,* **Feinde,** als schwülstig angeführt bei Rhet. Her. 4, 15; vgl. Placid. gloss. V, 38, 8 ›perduelliones‹ rebelliones, per quos bella oriuntur. – **II** gegen das Vaterland, der **Hochverrat,** sowohl Gewalttat gegen den Staat, seine Einrichtungen, sein Oberhaupt, seine Bürger, als Verbindung mit dem auswärtigen Feind, Desertion, erlittene Niederlage u. dgl., Liv. u. a.

per-duellis, is, *m.* (per u. duellum, archaist. = *bellum), I* ein kriegführender, ehrlicher **Feind,** Plaut., Cic. u. a. – **II** übtr., der **Privatfeind,** Plaut. Pseud. 583 u. 589. – ► Genet. Plur. synkop. perduellum, Acc. tr. Aen. 12.

perduim, is, it etc., s. per-do ►.

per-dulcis, e, **sehr süß,** Lucr. 4, 633: übtr., coniugi suo perdulcissimo, Reines. inscr. cl. 20. *no.* 150.

per-dūro, āvī, ātum, āre, **I** *intr.:* **A** **ausdauern, aushalten,** perduravit miser, Sen. de ira 2, 33, 4: perdurare non posse, Suet. Ner. 24, 2: perdurandi pervicacia, Plin. 17, 147: perd. apud alqm, Ter. Hec. 269: cotidie unanimiter in templo, Vulg. act. apost. 2, 46: in poculis, Augustin. epist. 29, 11. – **B** **fort und fort dauern, -währen,** non in senectutem, Sen.: longum in aevum, Ov.: augurii perdurat honos, Stat.: quaedam amplificata in suo genere et in sua proprietate perdurant, Sen. – **II** *tr.* **sehr hart machen, abhärten,** übtr., perseverantiā perduratus, Rufin. homil. in num. 19, 4.

per-dūrus, a, um, **sehr hart,** übtr., interpretatio, Papin. dig. 48, 3, 2, § 1: meretrix, sehr spröde (Ggstz. facilis), Ascon. Hor. sat. 1, 1, 120 *sq.*

Peredia, ae, *f.* (per u. edo), das **Fressland** (Ggstz. Bibesia, das Trinkland), scherzh. bei Plaut. Curc. 444. Vgl. Fest. 214, 28.

1. per-edo, ēdī, ēsum, ere, **ganz verzehren, aufzehren, a** v. leb. Wesen: apibus cibum (v. d. Drohne), Plaut. fr. bei Prisc. 10, 30: quinque panes et gemellos pisces, Prud. cath. 9, 58. – **b** v. lebl. Subjj. = **zernagen,** lacrimae peredere umore exsangues genas, Poëta bei Cic.: longa dies molli saxa peredit aquā, Tibull.: vellera morbo illuvieque peresa, Verg. – übtr. quos durus amor crudeli tabe peredit, Verg.: languoribus peresus, Catull.

2. per-ēdo, ere, **herausgeben,** melos, Vet. poëta in Sidon. epist. 9, 14, 4.

per-efflo, āvī, āre, **gänzlich aushauchen,** animam virilem, Apul. met. 8, 14 H. (Eyss. perflavit).

per-effluo, ere, **verfließen** = **dahinfahren** (verloren gehen), bildl. v. Pers., Vulg. epist. ad Hebr. 2, 1.

pereger, egrī, Nbf. von peregrinus, s. d., cibus, Ven. Fort. 4, 10, 14.

per-egrē, *Adv.* (per u. ager), **außerhalb der Stadt, über Land, a** (auch peregrī) auf die Frage **wo?** = **außerhalb der Stadt, über Land, in der Fremde, im Ausland,** domi ... peregri, Naev. com. fr.: peregri et domi od. peregre domique, Plaut., domi aut peregre, Ter.: peregre esse, Plaut.: habitare, Liv.: depugnare, Cic.: animus est peregre, bildl., Hor.: mit *in* u. Abl., dum ego in peregre eram, CIL 13, 1897: epulae splendidae in peregre, Vulg. Sirach 29, 29: scitis vos domini servos in peregre morari, Pastor Herm. tom. 1. p. 69, 10 Hilg. – **b** auf die Frage **woher?** = **aus der Fremde, aus dem Ausland, von auswärts,** advenire, Plaut.: redire, Ter.: nuntiare, Liv. – mit *ab* u. Abl. (getadelt von Charis. 111, 21), una a foro, altera a peregre, Vitr. 5, 6, 8. – **c** auf die Frage **wohin?** = **über Land, in die Fremde,** proficisci, Plaut. u. Suet.: exire, Hor.: abire, Titin. fr. u. Plin. Vgl. Brix Plaut. capt. 169.

per-ēgregius, a, um, **sehr vortrefflich,** tragoedia, Apul. apol. 37.

peregrī, s. per-egrē.

peregrīnābundus, a, um (peregrinor), **aus Lust im Ausland zu reisen,** Liv. 28, 18, 10. Fulg. myth. 3, 7 *extr.*

peregrīnātio, ōnis, *f.* (peregrinor), der **Aufenthalt im Ausland,** das **Reisen im Ausland,** das **Wandern, Pilgern,** perpetua, Cic.: longa, Ulp. dig.: longinqua, Tac.: necessaria, Gaius dig.: voluptaria, Vergnügungsreise, Sen.: transmarina, Quint.: terrena, Landreise (Ggstz. navigatio), Cael. Aur.: peregrinationes rusticationesque communes, Cic.: peregrinationes iucundae, Sen.: omne tempus in peregrinatione consumere, Cic.: peregrinationes duas omnino suscepit, Suet.: peregrinationibus mentem excolere, Ps. Quint. decl.: peregrinatione laetari od. gaudere, v. Tieren, Plin.

peregrīnātor, ōris, *m.* (peregrinor), ein **Freund des Reisens** (im Ausland), **reiselustig,** Cic. ep. 6, 18, 5. Apul. met. 1, 21 H. Firm. math. 8, 25, 10.

peregrīnitās, ātis, *f.* (peregrinus), **I** der **Stand eines** *peregrinus* od. **Nichtbürgers,** alqm redigere in peregrinitatem, das Bürgerrecht nehmen, Suet. u. ICt.: peregrinitatis reus, angeklagt als einer, der als Ausländer das röm. Bürgerrecht und dessen Vorteile sich angemaßt hat, Suet. – **II** übtr.: **A** die **ausländische-, fremde Weise, -Sitte, die Ausländerei,** cum in urbem nostram est infusa peregrinitas, Cic. ep. 9, 15, 2. – **B** insbes., die **Aussprache-,** der **Akzent eines Ausländers,** Quint. 11, 3, 30.

peregrīnor, ātus sum, ārī (peregrinus), **in der Fremde (im Ausland)-, als Fremder sich aufhalten, auf Reisen sein, umherreisen, -pilgern, -wandern, I** eig.: totā Asiā, Cic.: in aliena civitate, Cic.: Partiz. subst., peregrinantes, Reisende, Pilger, Sall. u. Plin. ep. – **II** übtr.: **A** im Allg.: **a** von lebl. Subjj.: quod in extremis finibus mundi arma Romana peregrinabantur, verweilten, Flor.: non ferunt amomi nardique deliciae, ne in Arabiam quidem, ex India et nave peregrinari, auf fremdem Boden heimisch zu werden, Plin.: haec studia pernoctant nobiscum, peregrinantur, rusticantur, Cic.: an vos soli ignoratis, vos hospites in hac urbe versamini? vestrae peregrinantur aures (sind auf Reisen, sind abwesend), neque in hoc pervagato civitatis sermone versantur? Cic. – **b** v. Pers.: **α** geistig gleichs. **hinauswandern, -schweifen,** cum alii saepe, quod ante pedes esset, non viderent, ille in infinitatem omnem peregrinabatur, Cic.: immensa et interminata in omnes partes magnitudo regionum, in quam se iniciens animus et intendens ita late longeque peregrinatur, ut etc., Cic. – **β** v. Pers. u. v. der Seele, m. *ab* u. Abl., **fern weilen** von usw., a corpore, a dei regno, Ambros. in psalm. 118. serm. 12. § 17; de Isaac et anima 5. § 17: a domino, Vulg. 2. Corinth. 5, 6. Augustin. serm. 21, 1. – **B** gleichs. nur als Fremder sich aufhalten, -weilen, **noch nicht einheimisch sein,** mihi videris Latine docere philosophiam et ei quasi civitatem dare, quae quidem peregrinari Romae videbatur, Cic. de fin. 3, 40: peregrinatus est huius animus in nequitia, non habitavit, er war zeitweilig auf der Bahn des Lasters gewandelt, hatte sich ihm aber nicht für immer ergeben, Val. Max. 6, 9. ext. 1. – ► Akt. Nbf. Infin. peregrinare, Iul. Val. 2, 35 (21) *cod. A.*

peregrīnus, a, um (peregre), **I** **fremd, ausländisch** (Ggstz. indigena, vernaculus, patrius, domesticus), navis, Plaut.: bos (Ggstz. indigena bos), Colum.: pecus (Ggstz. vernaculum pecus), Colum.: volucris, Zugvogel, Phaedr.: arbor, Plin.: divitiae, Hor.: ritus (Ggstz. ritus patrii), Liv.: mores, Liv. u. Iuven.: amores (Geliebte), Ov.: domestica peregrinaque historia, Val. Max.: timor, F. vor einem auswärtigen Feind, Liv.: so auch terror, Liv. – subst. peregrīnus, ī, *m.*, u. peregrīna, ae, *f.*, **a** der **Fremde,** die **Fremde,** der **Fremdling,** Ter. u. Cic. – **b** insbes., der **Nichtbürger,** der **Insasse,** neque civis, neque peregrinus, Cic.: peregrinus an civis sit, Quint.: praetor, der die Zivilstreitigkeiten unter diesen peregrini schlichtet, ICt.: provincia peregrina od. sors inter peregrinos, das Amt des Prätors, der die Streitigkeiten unter den Nichtbürgern schlichtete, Liv. – condicio p., der Stand eines Fremden, Plin. – **II** übtr., **fremd, unwissend** in etwas, gew. verb. peregrinus atque hospes, Cic.: in agendo, Cic.

per-ēlegāns, antis, **sehr fein,** vir perelegantis ingenii, ein sehr feiner Kopf, Vell. 1, 7. § 1. – insbes., **sehr gewählt** im Ausdruck, **sehr geschmackvoll,** quoniam tua fuit perelegans et persubtilis oratio, Cic. Planc. 58: genus (dicendi) est perelegans et cum gravitate salsum, Cic. de or. 2, 270.

perēleganter, *Adv.* (perelegans), **mit großer Wahl** im Ausdruck, dicere, Cic. Brut. 197.

per-ēlixo, āre, **tüchtig sieden,** Apic. 7, 289.

per-ēloquēns, entis, **sehr beredt,** Cic. Brut. 247.

1. peremnis, e (per u. amnis), **den Flussübergang betreffend,** auspicia, Flussübergangsauspizien, die angestellt werden, wenn man über ein Gewässer, dessen Quelle heilig ist, geht, Cic. de nat. deor. 2, 9 (vgl. Cic. de div. 2, 77): peremne auspicari, ein Flussübergangsauspizium anstellen, Fest. 245 (a), 22.

2. peremnis, s. per-ennis.

peremnitās, s. perennitās.

per-emo, s. perimo.

perēmptālis, e (peremptus v. perimo), **zum Vernichten-, Aufheben gehörig,** fulmina, die das durch frühere Blitze Verkündete aufheben (Ggstz. attestata, die es bestätigen), Sen. nat. qu. 2, 49, 2; vgl. Fest. 214 (b), 22.

perēmptio, ōnis, *f.* (perimo), die **Vernichtung, Tötung,** Augustin. c. Faust. 19, 23 u. tract. in Ioann. 27 *extr.*: carnis excruciatio vel peremptio, Augustin. de civ. dei 1, 9, 2. p. 16, 14 D.[2].

perēmptor, ōris, *m.* (perimo), der **Vernichter, Töter, Mörder,** incluti regis, Sen. Oed. 221 (225): mei mariti cruentus p., Apul. met. 8, 13: puer ille, peremptor meus, mein Schinder bis auf den Tod, *ibid.* 7, 24: absol., Prud. ham. praef. 19. Ambros. de inst. virg. 7. § 49. Vulg. 2. Mach. 4, 16.

perēmptōriē, *Adv.* (peremptorius), **entscheidend, unumstößlich,** Claud. Mam. de stat. anim. 3, 1 u. a. Eccl.

perēmptōrius, a, um (peremptor), **I tötend, tödlich,** Apul. met. 10, 11. Tert. de anim. 25. Ambros. de Cain et Abel 2, 10. § 35. Augustin. c. adv. leg. et proph. 2. § 6. Sidon. epist. 8, 11, 9. Chalcid. Tim. 45 B. – **II** gleichs. den Streit abschneidend, **nötigend, unvermeidlich, peremptorisch,** edictum, exceptiones, ICt. – **III** = peremptalis (s. d.), fulmen, Serv. Verg. Aen. 8, 429.

perēmptrīx, trīcis, *f.* (Femin. zu peremptor), die Vernichterin, Töterin, Tert. de anim. 42. Augustin. serm. 101, 2 Mai.

perendiē, *Adv.* (vgl. Charis. 81, 30 u. 215, 15. Isid. orig. 5, 30, 32), **übermorgen,** cras agito, perendie agito, Plaut.: quae cras veniat, perendie foras feratur, Plaut.: scies igitur fortasse cras, summum perendie, Cic. ad Att. 12, 44, 3.

perendinātio, ōnis, *f.* (vom ganz spätlat. perendino), die **Verschiebung auf übermorgen,** Mart. Cap. 9. § 897.

perendinus, a, um (perendie), **übermorgig, übermorgend,** dies, Cic.: perendino die, übermorgen, Caes.: in perendinum, auf übermorgen, Plaut.: diem perendini (= *perendinum)* angeführt bei Gell. 10, 24, 9.

Perenna, ae, s. Anna.

per-ennis, e (per u. annus), **I das ganze Jahr hindurch dauernd, -bleibend,** militia, Liv.: aves, Plin. – *Adv.* perenne, **das ganze Jahr hindurch,** Colum. – **II** übtr., **fortdauernd, immerwährend, beständig, a** v. konkr. Subjj.: aquae, immer fließend, nie versiegend, Cic.: u. so amnis, Cic. u. Liv.: cursus stellarum, Cic.: vinum, sich haltend, Colum.: monumentum aere perennius, Hor.: thalamus, dauerhaft, fest, stark, Ov.: so auch adamas, Ov. – **b** v. Abstr.: virtus, Cic.: loquacitas, Cic.: animus in rem publicam, Cic.: perennem (zum f.) militiam facere, Liv. – *Adv.* perenne, Pallad. u. Paul. Nol. – ► *Abl.* perenne, Ov. her. 8, 64 u. fast. 3, 654 (wenn nicht als adverb. Akk. aufzufassen, wie facile).

perenniservus, ī, *m.* (perennis u. servus), der **ewige Sklave,** Plaut. Pers. 421.

perennitās (peremnitās), ātis, *f.* (perennis), die **beständige Dauer, Beständigkeit, a** konkr. Ggstd.: cibi, Plaut.: perennitatem afferre frugibus conditis, Colum.: stirpi acquirere perennitatem longissimam, Colum.: Plur., fontium gelidae perennitates, der frischen Quellen Unversiegbarkeit, Cic. de nat. deor. 2, 98. – **b** abstr. Ggstd.: vitae, Ambros. in psalm. 118. serm. 13. § 22. – als Titel der Kaiser, perennitas vestra, Symm. epist. 10, 45. Ruf. Fest. brev. 2.

perenniter, *Adv.* (perennis), **beständig, immer, ewig,** Cod. Theod. 7, 20, 2 u. Eccl.

perennito, āre (perenno), **lange erhalten,** perennitasserit (= perennitaverit) huic (ventri) cibum, Plaut. Pers. 330 *Schoell.*

perenno, āvī, ātum, āre (perennis), **viele Jahre-, lange währen, -dauern, sich lange erhalten,** Ov. fast. 1, 721. Colum. u. a. – ► Colum. 12, 19, 2 Schneider perennare u. 12, 20, 8 perennem.

perenticīda, ae, *m.* = pericida (v. pēra u. caedo), der **Ranzen-** od. **Beutelschneider,** scherzh. und mit Anspielung auf parenticida, Plaut. Epid. 349 G.

per-eo, iī (selten īvī), itūrus, īre, **ganz weggehen, verloren gehen, sich verlieren, verschwinden, I** im Allg.: **a** v. Pers.: e patria, Plaut.: ecqua inde perisset soror, Ter. – **b** v. Lebl.: pereunt imbres, Lucr.: pereunt victae sole tepente nives, schmilzt, Ov.: u. so perit nix in ferculo, Plin. ep.: dolium lymphae pereuntis, schwindenden, Hor.: ne fecundae vena periret aquae, Ov. – v. Abstr., secretum inter nos periturum, das Geheimnis werde unter uns sich verlieren, unter uns bleiben, Petron.: ebenso fatum, Petron. **II** prägn., **verloren gehen** = **umkommen, untergehen, zugrunde gehen, A** eig., **a** v. Pers., **umkommen, ums Leben kommen, sterben, α** im Kampf von Feindes Hand, foede, praeclare, Cic.: fortiter, Sen. rhet.: dispersos perituros, Nep. – ab Hannibale, Plin. 11, 189: und im Schachspiel, fac pereat vitreo miles ab hoste tuus, lass deinen Bauer schlagen, Ov. art. am. 2, 208. – **β** durch Schiffbruch, Krankheit usw., naufragio, Cic.: morbo, Hirt. b. Alex. u. Suet., u. a morbo, Nep.: vulnere, Cic.: ex vulnere, Suet.: ex vulneribus, Liv.: summo cruciatu supplicioque, Cic. – absol., Cic.: si pertulisset (epistulam), sibi esse pereundum, sei verloren, ein Kind des Todes, Nep. – **γ** durch Selbstmord, eodem sibi leto, quo ipse interiisset, esse pereundum, Cic.: fame p., Cic.: liceat perire poëtis, Hor.: ut periturus, Tac. – **δ** durch Henkersschwert, ferro poenali, Amm. 28, 1, 5. b) v. Lebl.: pereunda puppis est probe, muss untergehen, Plaut.: quin aedes cum fundamento perierint, Plaut.: urbes pereunt funditus, Hor.: peritura regna, Verg.: tantam pecuniam tam brevi perire potuisse, Null für Null aufgehen, Cic.: qui patriam pro se perire censent, Liv. – **B** übtr.: **1 vor Liebe vergehen, unsterblich verliebt sein,** amore, Verg.: nudā Lacaenā, Prop. – m. *Acc.,* alteram efflictim perit, liebt zum Sterben, Plaut. – **2** politisch od. bürgerlich **untergehen, zugrunde gehen, fertig werden,** meo vitio pereo, Cic.: Moeragenes certe periit, Cic.: peristis (ihr seid des Todes), nisi etc., Plaut.: quod si fit, pereo funditus, Ter. – dah. der Ausdruck der Verzweiflung und Klage: pereo od. perii, **ich bin verloren! ich bin des Todes! o jemine! alle Wetter!** perii, Plaut. u. Ter.: pereo probe, Plaut.: pereo od. perii miser (misera), Plaut.: perii plane, planissume, Plaut.: prorsus perii, Plaut.: verb. interii, perii, Plaut.: perii, interii, occīdi, Plaut.: u. so periimus, actum est, o jemine, es ist um uns geschehen! Ter. – und als Beteuerung: peream, si, nisi, ni, **ich will des Todes sein,** wenn, wenn nicht usw., m. si, Ov., m. nisi, Cass. (b. Cic.) u. a., m. ni, Varro. – **3** v. Lebl., **verloren gehen, a** übh. v. dem, was ohne Erfolg, ohne Nutzen bleibt, opera et impensa periit, Auct. b. Macr.: ne oleum et opera philologiae nostrae perierit, Cic.: dum languet libertus, patrono operae pereunt, ICt.: omne discrimen perit, Sen. – u. v. der Zeit, die unbenutzt verstreicht, nullus perit otio dies, Plin.: ne quis, cum in urbem rediero, contubernio nostro dies pereat, Plin. ep.: qui dies interea cesserint, patrono perire, ICt.: si auxilii perierunt tempora primi, Ov. – **b** als jurist. *t. t.,* **verloren gehen, erlöschen,** quia multis actiones et res (Klagerecht und Anspruch) peribant, Liv. 39, 18, 1: perit lis, causa, ICt.: perit legatum, ICt.: perit privilegium, ICt. – ► *Imperf.* peribat, Plaut. Bacch. 469. Verg. Aen. 4, 696: peribant, Cic. Verr. 5, 116: *Perf.* perivit, Apul. met. 4, 21. – Synk. *Perf.* peristi, Prop. 2, 33, 31: perit, Lucr. 4, 769. Stat. Theb. 10, 323. Iuven. 8, 85. Spart. Hadr. 23, 16 *Peter.* Lact. 3, 20, 17: perissent, Lact. 3, 23, 14: perisse, Ov. am. 2, 19, 56. Liv. 1, 49, 1 u. a. Plin. ep. 2, 14, 12. – *Fut.* periet, Vulg. Sirach 23, 7. Orest. trag. 169: perient, Coripp. Ioann. 7, 27. – vulg. Nbf. **perio,** wovon periat, CIL 4, 1173 u. 1839.

per-equito, āvī, ātum, āre, **I** *intr.* **fort und fort reiten, überall umherreiten,** eā viā longe, Liv.: per agmen, Caes.: inter duas acies, Caes. – übtr., per omnes partes, überall herumfahren, Caes. b. G. 4, 33, 1. – **II** *tr.* **durchreiten,** aciem, Liv.: delphino maria, Plin.

per-erro, āvī, ātum, āre, **durchirren, durchschweifen, durchstreifen,** omne Latium, Liv.: orbem, Colum.: forum, Hor.: freta, Ov.: reges pererravit, schweifte herum von einem König zum anderen, Sen.: nunc hos, nunc illos aditus omnemque pererrat arte locum, sucht bald da, bald dort einen Zugang und jede Blöße zu erspähen, Verg. – Passiv, arva pererrantur, Ov.: pererrato ponto, Verg. – übtr., alqm totum luminibus, durchmustern, Verg.: hedera ramos pererrat, umschlingt, Plin. ep.: Nilus pererrat (durchschlängelt) Aegyptum, Mela: omnes denique istos ab infimis usque ad summos pererra (gehe durch), Sen. de brev. vit. 2, 4.

per-ērudītus, a, um, **sehr unterrichtet, -gebildet,** homo, Cic. ad Att. 4, 15, 2: vir litteris per., Flor. Verg. or. an poët. p. 106, 6 *ed. Halm:* talos per. Curius, Licin. Calv. bei Ascon. in Cic. or. pro tog. cand. *extr.*

per-excelsus, a, um, **sehr hervorragend,** Henna est loco perexcelso atque edito, Cic. Verr. 4, 107.

per-exeo, īvī, īre, durch etw. **herausgehen,** Chalcid. Tim. 80: bildl., Cassiod. var. 11, 6, 6. Interpr. Iren. 2. praef. § 1.

perexiguē, *Adv.* (perexiguus), **sehr wenig, sehr kärglich,** Cic. ad Att. 16, 1, 5.

per-exiguus, a, um, **sehr klein, sehr spärlich, sehr mäßig, sehr gering,** **I** eig.: **1** v. räuml. Ausdehnung (Ggstz. maximus), loci spatium, Caes.: semen, Cic.: ignes, Nep. – **2** der Zahl, der Menge nach **sehr spärlich, sehr wenig,** bona corporis, Cic.: factum argentum, Liv. – id erat perexiguum, Caes. – **II** übtr., der Zeit nach **sehr gering, sehr mäßig = sehr kurz,** dies (Frist), Cic. I. Verr.. 6.

per-exīlis, e, **sehr mager,** Colum. 11, 2, 60. – bildl., sic quoque perexile bonum est, quod etc., Boëth. cons. phil. 2. pros. 4.

per-exoptātus, a, um, **sehr erwünscht,** Gell. 18, 4, 2 (in der Tmesis).

per-expedītus, a, um, **sehr leicht,** defensio, Cic. de fin. 3, 36.

perexplicātus, a, um (per u. explico), **ganz bewerkstelligt,** Sidon. carm. 23, 285.

per-exsicco, āvī, ātum, āre, **ganz austrocknen,** terram eius, Itala (Weing.) Hos. 13, 15: proluvies sucis perexsiccata vitalibus, Arnob. 7, 24 (Reiffersch. percocta et exsiccata).

per-fabrico, āvī, āre, **fertig zimmern,** scherzh. = **recht anführen, überlisten,** alqm, Plaut. Pers. 781.

perfacētē, *Adv.* (perfacetus), **sehr witzig,** neque perfacete dicta sunt neque etc., Cic. II. Verr.. 1, 121.

per-facētus, a, um, **sehr witzig,** v. Pers., Cic. Brut. 105. – v. der Rede, exit aliquando aliquid si non perfacetum, at tamen fortasse non rusticum, Cic. Planc. 35.

perfacile, *Adv.* (perfacilis), **I sehr leicht,** perfacile hunc hominem de medio tolli posse, Cic.: perf. se tueri, Cic.: perf. apparet, Cic.: se centum (versus) perf. scripsisse, Val. Max. – **II sehr gern,** patior, Acc. tr. 9: perf. ego ictus perpetior argenteos, Plaut. most. 621.

per-facilis, e, **I sehr leicht,** erat perfacilis cognitu, Cic.: perfacile factu esse conata perficere, Caes. – **II sehr gefällig,** in audiendo, Cic. de or. 1, 93.

perfacul, *Adv.*, archaist. = perfacile, Fest. 214, 20 u. Paul. ex Fest. 215, 11.

per-fācundus, a, um, **sehr gesprächig, sehr beredt,** v. Pers., Iustin. 22, 1, 9. Apul. flor. 18. p. 30, 1 Kr.

per-familiāris, e, **sehr vertraut im Umgang,** hospitium, Liv.: alci, Cic. ad Q. fr. 2, 13, 4 u. (in der Tmesis) Gell. 2, 18, 1. – subst., ein **sehr Vertrauter, sehr vertrauter Freund,** meus, Cic.: Epicuri, Cic.

perfectē, *Adv.* (perfectus), **vollkommen, vollständig, völlig,** perf. eruditus, Cic.: perf. absolutus, Cic. u. Apul.: nihil ab eo nisi perf. fit, Cic.: perf. mustum deferbuit, Colum.: sed de hoc tum ego perfectius, cum vos effectius, Apul. flor. 16. p. 25, 13 Kr.: qui ne pluribus quidem verbis potuerim non obscurissime dicere, quod a Graecis perfectissime verbo uno et planissime dicitur, Gell. 11, 16, 9.

perfectio, ōnis, *f.* (perficio), die **Ausführung, Vollendung, Vervollkommnung, Vollkommenheit** (Ggstz. imperfectio, Augustin. in Galat. 12), si non perfectio, at conatus tamen atque adumbratio, Cic.: p. maximorum operum, Cic.: p. sui, Macr.: p. atque absolutio optimi, das Ziel idealer Vollkommenheit, Cic.: hanc ego perfectionem absolutionemque in oratore desiderans, Cic.: mit *Abl.* (durch), earum ipsarum rerum reapse, non oratione perfectio, Cic. de rep. 1, 2. – Plur., operum perfectiones, Vitr. 3, 1, 4.

perfectissimātus, ūs, *m.* (perfectus), die Würde dessen, der unter dem Kaiser Konstantin und den folgenden Kaisern den Titel perfectissimus hatte, spät. ICt.

perfectīvus, a, um (perficio), **steigernd** (als gramm. *t. t.*), Prisc. 14, 26.

perfector, ōris, *m.* (perficio), der **Vollender, Vervollkommner,** o Parmeno mi, o mearum voluptatum omnium inventor inceptor perfector, Ter. eun. 1034 *sq.*: stilus ille tuus, quem tu vere dixisti perfectorem dicendi esse ac magistrum, Cic. de or. 1, 257: huius operis maximi inter homines illum esse perfectorem volo, Cic. de rep. 5, 8.

perfectrīx, trīcis, *f.* (Femin. zu perfector), die **Vollenderin, Vervollkommnerin,** Nep. b. Lact. 3, 15, 10.

perfectum, ī, *n.*, s. 1. perfectus *no.* II.

1. perfectus, a, um, *PAdi.* (perficio), **I vollkommen, vollendet, tüchtig** (Ggstz. imperfectus, inchoatus), **a** v. Pers.: homo, orator, Cic.: femina, Sen.: in dicendo, in arte, Cic.: C. Memmius perfectus litteris, sed Graecis, Cic. – Perfectissimus, Ehrentitel der spät. Kaiszt (s. Bünem. Lact. 5, 14, 18 u. Cellar. Lact. de mort. pers. 21, 3). – **b** v. lebl. Subjj.: naturae, Cic.: officium, Cic.: eloquentia, Cic.: aetas, volles, reifes Alter von 25 Jahren, ICt.: defectio (solis), Sen. – valvas perfectiores nullas umquam ullo in templo fuisse, Cic. – quod ego summum et perfectissimum iudico, Cic.: argumentatio absolutissima et perfectissima, Rhet. Her. – subst., ad perfectum pervenire, zur Vollkommenheit gelangen, Varro: ad perfectum, vollkommen, Augustin.: natura perfecta format et de perfectis ista procedunt, Macr. sat. 7, 16, 12. – **II vollendet,** v. der Zeit, als gramm. *t. t.*, perfectum tempus u. bl. perfectum, das **Perfektum,** plus quam perfectum (tempus), das **Plusquamperfektum,** minus quam perfectum (tempus), das **Imperfektum,** Cledon. 60, 23 K. u. a. Gramm.

2. perfectus, ūs, *m.* (perficio), die **Vollendung, Vervollkommnung, Vollkommenheit,** Tert. de anim. 20: Plur. = Wirkungen, Vitr. 10, 3, 1.

per-fēcundus, a, um, **sehr fruchtbar,** terra hominum aliorumque animalium perfecunda generatrix, Mela 1, 9, 1 (1. § 49).

perferēns, entis, *PAdi.* (v. perfero), **erduldend,** iniuriarum, bei Kränkungen duldsam, Cic. de or. 2, 184. – Superl. perferentissimus, Augustin. in psalm. 147, 2.

perferentia, ae, *f.* (perfero), das **Ertragen, Erdulden,** malorum, Lact. 3, 11, 9.

per-fero, tulī, lātum, ferre, **bis an das Ziel-, bis zu Ende tragen, -bringen,** ein Ziel **erreichen lassen, I** eig. (v. Pers.) u. übtr. (v. Lebl.): **A** im Allg.: Aeneas tulit patrem per ignes et pertulit, Sen.: lapis non pertulit ictum, brachte den Wurf nicht hin = flog nicht ans Ziel, Verg.: hasta haud pertulit vires, drang nicht durch, Verg.: alveus fluminis non pertulit gravissimas naves, trug nicht dahin, Liv.: plerisque extremas syllabas non perferentibus, nicht zu den Ohren der Zuhörer bringen, Quint.: partus perferre, bis zur Entbindung tragen, austragen, Plin.: so auch ventrem, v. Tieren, Colum. – quos pavor pertulerat in silvas, hatte die W. erreichen lassen, Liv. – refl., se p. hinc ad reginae limina, sich hinbegeben, Verg. Aen. 1, 389. – **B** insbes., **überbringen, a** übh.: litteras ad alqm, Cic.: mandata ad alqm, Caes., alci, Tac.: nuntium alci, Cic.: fasciculum (litterarum) ad alqm perferendum curare, Cic.: so auch perferri, **überbracht werden, anlangen,** nondum fama de Titurii morte perlata, Caes.: fama Romam perlata est, Liv.: perfertur circa collem clamor, Liv. – **b** prägn., als Nachricht (Botschaft) **hinterbringen, berichten, verkündigen,** res Caesaris, Caes.: incommodum de Sabini morte, Caes.: consilium ad alqm, Caes.: quae, utcumque sunt tradita, incorrupta perferemus, Curt.: haec cum ad me frater pertulisset, Cic.: m. *Acc.* u. *Infin.*, equites pertulere consulem obsideri, Liv.: nuntius perfert incensas naves, Verg.: multorum litteris et sermone omnium perfertur ad me incredibilem tuam virtutem et fortitudinem esse, Cic. – alqd perferre ad senatum, Bericht erstatten über etwas (hingegen deferre, etwas an den Senat bringen, worüber ein Beschluss gefasst werden soll), Suet. – **II** übtr.: **A** im Allg.: intrepidos ad fata novissima vultus, beibehalten, behalten bis zu usw., Ov.: quotaquaeque felicitatem civitas pertulit, genoss immerfort, Sen. ep. 91, 7: so auch personam, eine Maske beibehalten = eine Rolle durchführen, Plin. ep. – **B** insbes.: **1 durchführen, vollführen, vollziehen, ausrichten,** mandata, Tac. (u. so mandata Clementi centurioni, quae perferret, Tac.):

iussa omnia, Prop.: ictum, Verg.: laborem, Stat.: legationem, Suet.: id quod suscepi, quoad potero, perferam, Cic. Rosc. Am. 10. – **2** etwas, trotz aller entgegenstehenden Schwierigkeiten, **durchführen = durchsetzen, behaupten,** legem, rogationem, Cic.: perfertur lex, das Gesetz geht durch, Cic.: quaestionem, Papin. dig. – **3** eine Silbe usw. **ganz hören lassen,** extremas syllabas non perf., Quint. 11, 3, 33. – **4** etwas **ganz-, männlich tragen, -ertragen, geduldig über sich ergehen lassen, ausstehen, erdulden, a** lebl. Objj.: leve est miserias ferre, perferre est grave, Sen. poët.: onus subire et p., Hor. – annuam oppugnationem, Liv.: vetustatem, das Altertum überdauern, Quint. – poenam decem annorum, ganz ausstehen, Nep.: poenas, Cic.: omnes indignitates contumeliasque, Caes.: perfer, si me amas, Cic.: verb. omnia pati et perferre, Caes.: perfer et obdura, Ov.: perferre, pati, non succumbere, Cic. – mit folg. *Infin.*, perfer et immundā ponere corpus humo, Ov. art. am. 2, 524: m. folg. *Acc.* u. *Infin.*, Achilles cessare in tectis pertulit arma sua, Prop. 2, 8, 30: urbes suas cremari pertulerunt, Tac. hist. 4, 58: hic se vivos obrui pertulerunt, Mela 1, 7, 6 (1. § 38): totum corpus uri, cremari sine ullis eiulatibus pertulerunt, Min. Fel. 37, 4. – **b** persönl. Objj.: facile omnes perferre ac pati, tragen und dulden, Ter.: facile omnes perpetior et perfero, finde sie alle noch ganz leidlich und erträglich, Cic.

per-ferus, a, um, **sehr wild,** Varro r. r. 2, 1, 5.

per-fervefīo, fierī, **sehr heiß werden,** quae sole perferve ita fit, ut etc., Varro r. r. 1, 9, 2.

per-fervēns, entis, **sehr heiß,** sol perferventissimus, Augustin. in psalm. 147, 2.

per-ferveo, ēre, **sehr heiß sein,** fons, ut illa (nox) procedit, ita calidior, rursus cum est media, perfervet, Mela 1, 8, 1 (1. § 39).

perfica, ae, *f.* (perficio), die **Vollenderin, Vollbringerin,** natura, Lucr. 2, 1116. – personif., Perfica, ae, *f.*, die **Vollzieherin,** die dem Koitus vorstehende Gottheit, Arnob. 4, 7.

per-ficio, fēcī, fectum, ere (per u. facio), etw. durch u. durch-, etw. **fertigmachen, zustande bringen,** mit etw. **zustande kommen,** etw. **vollenden, I** von jeder äußerl. Tätigkeit, die sich in Vollendung eines handgreiflichen, in die Sinne fallenden Produktes kundgibt, **1 fertigmachen, fertigbauen, vollenden** (Ggstz. inchoare), pontem, Caes.: aedem antiquitus inchoatam, Suet.: candelabrum e gemmis clarissimis opere mirabili perfectum, Cic. – **2 durcharbeiten, verarbeiten,** cibos ambulatione, verdauen, Plin.: lanas, zubereiten, Plin.: coria, gar machen, Plin.: corium perfectum (gegerbtes, Ggstz. pilosum, noch mit den Haaren), CIL 8, 4508. – **3** eine Summe als Ertrag **zuwege bringen, erzielen, herausschlagen,** perfici sexagena (milia HS) posse, Varro r. r. 3, 6, 6. – **4** übtr., einen Zeitraum **vollenden,** über einen Zeitraum **hinaussein,** centum qui perficit annos, der vor 100 Jahren gelebt hat, Hor.: perfectis, quos terrae debuit, annis, überstanden, Ov. – poet., perfecto sole, nachdem die Sonne (der Tag) zu Ende war, Stat. – **II** v. derjenigen Tätigkeit, die sich in Vollendung von Handlungen u. Zuständen kundgibt: **1 zustande bringen, a = verwirklichen, ausführen** (Ggstz. conari, cogitare u. dgl.), verb. absolvere et perficere, Cic.: multa, Cic.: scelus, Cic.: cogitata, Cic.: conata, Caes.: promissa, Ter.: mandata, Liv.: perfectum rite votum, Solin. – **b** v. der leitenden Tätigkeit, **hinaushalten, zu Ende bringen, beendigen, beschließen,** comitia, Liv., ferias Latinas comitiaque omnia, Caes.: lustrum, Liv. (s. Fabri Liv. 24, 43, 9): censum, Liv.: bellum, Liv. (s. Fabri Liv. 22, 38, 7). – **c** einen Beschluss **abfassen,** his senatus consultis perfectis, Liv.: consules perficere senatus decretum non ausi sunt, Tac. – **d** etw. **durchsetzen, erlangen, bewirken, es dahin bringen,** rem, Ter. – m. folg. *ut* u. Konj., perfice hoc precibus, pretio, ut etc., Ter.: perficiam, ut etc., Cic.: tum perfecit, ut etc., Nep.: perfice, si potes (womöglich), ut etc., Cic.: u. im Imperat. (wie fac) zur Umschr. eines affirmativen Imperativs, perfice, ut cures, Cic. – m. folg. *ne* u. Konj., omnia perfecit, quae senatus salvā re publicā ne fieri possent perfecerat, Cic. Phil. 2, 55. – non perf. m. folg. *quo minus* u. Konj., illud non perficies, quo minus tuā causā velim, Cic. ep. 3, 7, 6. – **2** obszön, wie ἐνεργεῖν, **zustande kommen, prästieren,** hunc, bei diesem, Mart. 3, 79, 2; vgl. Ov. art. am. 1, 389: tricies cum muliere, Capit. Maximin. 4, 7. – **3** prägn., **vollkommen ausbilden,** Achillem citharā, Ov. art. am. 1, 11.

perfidē, *Adv.* (perfidus), **treulos,** pater crudeliter exponens, perfide recipiens, Sen. contr. 9, 3 (26). § 11: perf. rumpere pactum, Gell. 20, 1, 54: p. agere, Tryphon. dig. 26, 7, 55. § 1: quod perf. gestum est, Ulp. dig. 44, 4, 4. § 13.

per-fidēlis, e, **ganz zuverlässig,** Cic. ad Att. 2, 19. § 5: m. *in* u. Akk., in amicos perfidelis, Aur. Vict. de Caes. 13, 8.

per-fīdēns, entis, **sich sehr verlassend** auf usw., arte pugnandi, Aur. Vict. de Caes. 17, 5 zw.

perfidia, ae, *f.* (perfidus), die **Wortbrüchigkeit, Treulosigkeit, Unredlichkeit,** Cic. u. a.: perfidiā trucidare alqm, Suet. Galba 3, 2. – Plur., Plaut. capt. 522 u. Pseud. 583. Gell. 14, 2, 6.

perfidiōsē, *Adv.* (perfidiosus), **wortbrüchig, treulos, unredlich,** perfidiose numquam quicquam hic agere decretumst mihi, Plaut. vidul. fr. II. *v.* 6 Stud.: si quod eorum ... perfidiose, crudeliter factum proferemus, Rhet. Her. 1, 8: ubi multa improbe, multa perfidiose facta videbitis, Cic. Rosc. Am. 118. – aut crebrius aut perfidiosius rebellantes, Suet. Aug. 21, 2.

perfidiōsus, a, um (perfidia), **wortbrüchig, treulos, unredlich, falsch,** v. Pers., Cic. u. a.: omnium perfidiosissimus C. Marius, Cic. – v. Handlungen, perfidiosum est fidem frangere, Cic.

per-fidus, a, um (per = παρά u. fides), **wortbrüchig, treulos, unredlich, I** eig.: **a** von Pers.: amicus, Cic.: perfide, du Schelm, du Treuloser, Prop.: homo, quoad vixerat, perfidissimus, Amm. 16, 12, 25. – m. *Genet.*, sacri pacti, Sil. 1, 5. – **b** v. Lebl.: non ego perfidum dixi sacramentum, Hor.: nex, infolge Treulosigkeit, Sen.: arma, Ov.: verba, Ov. – *Acc. neutr.* st. des *Adv.*, perfidum ridens, Hor. carm. 3, 27, 67. – **II** übtr., **unzuverlässig, unsicher,** via, Prop.: tellus, wegen der Untiefen an der Küste, Lucan.: flumen glacie perfidum, Flor.: vappa, zwar gut aussehender, aber schlechter Wein, Mart.

per-fīgo, (fīxī), fīxum, ere, **durchbohren,** Lucr. 6, 350 *ed. Lachm.* – *Partic.* perfixus bildl. = getroffen, durchzuckt, durch u. durch ergriffen von usw., telis pavoris, Lucr.: desiderio, Lucr.

per-fingo, ere, vollkommen **nachbilden (nachmachen),** varios avium cantus, Anthol. Lat. 1458, 1 M.

per-flābilis, e (perflo), **I durchwehbar, der freien Luft ausgesetzt,** di, Cic.: terra, Solin.: locus, Pallad. u. Apul.: aedium pator, Apul. – bildl., ad omnes dissensionum motus perflabiles (empfänglich) gentes, Amm. 30, 7, 10. – **II** aktiv = **durchwehend,** aër, Pallad. 1, 6, 9: tinnitus fidium, rauschender Saitenklang, Amm. 14, 6, 18.

per-flāgitiōsus, a, um, **sehr lasterhaft,** Cic. Cael. 50.

perflagrātus, a, um (per u. flagro), **sehr entbrannt,** dispendia lini, Mart. Cap. 6. § 576.

perflāmen, inis, *n.* (perflo), das **Durchwehen,** meton., der **Wind,** Prud. apoth. 692.

perflātilis, e (perflo), **durchwehbar,** Ambros. epist. 30, 5. Itala Ierem. 22, 14.

perflātus, ūs, *m.* (perflo), das **Durchwehen,** meton., der **Luftzug,** venti, Vitr. 4, 7, 4. – absol., Cels. u. Colum.: Plur. b. Colum. u. Plin.

perflētus, a, um (per u. fleo), **verweint,** diutino usu perfleta, Apul. met. 2, 24.

per-flo, āvī, ātum, āre, **I** *intr.*: **1 dauernd wehen, -blasen,** v. Westwind, Colum.: v. Stürmen, Plin. – **2 hinwehen,** ad alqm, Curt. 9, 4 (16), 21. – **II** *tr.*: **A durchblasen, a** v. Winden, **durchwehen,** durchsausen, nubilarium, Varro: colles, Cic.: granaria, Plin.: terras turbine, Verg.: altissima, Ov. – poet. übtr., spumanti turbine ignorantum aures, Sil. – **b** von Pers., auf einem Blasinstrument **ertönen lassen,** murmura conchā, Lucan. 9, 349. – **B hinhauchen, aushauchen,** perflavit animam virilem, Apul. met. 8, 14 (Hild. perefflavit; Helm efflavit).

per-flōreo, ēre, **über und über blühen,** Prisc. perieg. 1026.

per-fluctuo, āre, **durchwallen, durchwimmeln,** artus, Lucr. 3, 719 (721).

per-fluo, flūxī, flūxum, ere, **I durchfließen, 1** eig.: per colum, Lucr. 2, 392: perfluebant per frontem sudantis acaciae rivi, Petron. 23, 5. – **2** übtr., v. Gefäß, **auslaufen;** dah. scherzh.: plenus rimarum sum, hac atque illac perfluo, laufe hier u. da aus, d. i. kann die Geheimnisse nicht bei mir behalten, Ter. eun. 105. – **II** bis ans Ziel **hinfließen, 1** eig., **einfließen, einmünden,** in vas, Lucr.: v. Flüssen, in Tuscum pelagus, Mela: in mare, Plin. – **2** übtr., v. Gewand, **bis tief herniederwallen,** Apul. met. 11, 4. – **III überfließen, a** vor Überfluss **überfließen,** übtr., perfluat et pomis candidus ante sinus, Tibull. 1, 10, 68. – **b über und über fließen, -triefen,** sudore frigido, v. Pers., Apul.: pluvialibus nimbis, v. Tempeln, Arnob.

perfluus, a, um (perfluo), **zerfließend;** dah. übtr., **weichlich, üppig,** incessus, Apul. met. 11, 8.

per-fodio, fōdī, fossum, ere, **I durchgraben, durchbohren, durchstechen, a** übh.: Athonem, Cic.: montem, Varro: montes, Curt. parietem, Plaut. u. Sen.: parietes, Plaut. u. Cic. Isthmum, Colum.: terram rastris, Colum. poët.: dentes spinā argenteā, stochern, Petron.: ab hoc (pisce) naves perfossas mergi, würden Sch. in den Grund gebohrt, Plin.: poet., ilia plantā, spornen, Sil. – **b** mit dem Schwert usw. **durchbohren,** thoraca, Verg.: pectus, Plin. ep., pectora, Stat.: costas, Amm.: latus mucrone, Lucan.: iugulum ense, Sil.: vulneribus altis in cervice atque in latere equus perfossus est, Gell.: equus ilia (in den W.) perfossus, Sil.: perfossi cadunt, Gell. – **II durchstechen = ausstechen,** fretum manu (durch Kunst), Liv. 33, 17, 6. – ► nach der 4. Konjug. Imperat. perfodi, Itala (Tolet.) Ezech. 12, 65: Infin. Präs. Pass. perfodiri, Itala (Rhed. u. Amiat.) Matth. 24, 23 u. Luc. 12, 39.

perfoecundus, a, um, s. per-fēcundus.

perforāculum, ī, *n.* (perforo) = τέρετρον, der **Bohrer,** Gloss. II, 146, 10.

perforātio, ōnis, *f.* (perforo) = ἀνάτρησις, die **Durchbohrung, a** als mediz. *t. t.,* die **Trepanation,** testae (der Hirnschale), Cael. Aur. de morb. chron. 2, 1, 59. – **b** als *t. t.* der Baukunst, der **Durchstich,** operis, CIL 8, 2728.

perforātor, ōris, *m.* (perforo), der **Durchbohrer, Durchlöcherer,** parietum, der Einbrecher (griech. τοιχωρύχος), Plaut. Pseud. 979 R. u. Lor. (doch s. perfossor).

per-formīdātus, a, um, **sehr gefürchtet,** Sil. 3, 608 (*al.* praeformidatus).

per-formīdolōsus, a, um, **sehr furchtsam,** Aur. Vict. de Caes. 4, 9.

per-fōrmo, āre, **völlig bilden,** Tert. apol. 1.

per-foro, āvī, ātum, āre, **I** etw. **durchlöchern, durchbohren, ein Loch in** etw. **machen, a** übh.: navem, Cic. fr.: triremem hostium perf. et demergere, in den Grund bohren, Auct. b. Alex.: perf. operculum (dolii) ferreum pluribus locis, Liv.: perf. fundum caccabi, Scrib. Larg.: ovi vacuati testa (Schale) ex utroque suo vertice perforata, Cael. Aur.: aures flexuosis tramitibus perforatae, Arnob.: tales nugae in imo scrinii fundo muribus perforatae, von M. zernagt, Sidon.: auribus perforatis, mit (für die Ohrringe) durchlöcherten Ohren, Hieron.: im Bild, habebit sinum facilem, non perforatum, Sen. de vit. beat. 23, 5. – ex quo cubiculo tibi Stabianum perforasti, hast das St. durchbrochen, hast im St. Lichtungen angebracht, Cic. – übtr., (sol) radiis ubi culmina totis perforat, durchdringt, Stat. silv. 1, 5, 45. – **b** mit dem Schwert usw., **durchbohren,** latus ense, Ov.: scutum spiculis, Curt.: lacernam eius lanceā, Vell.: alqm hastā, Ov.: per armos uno duo pectora ictu, Ov. – **c** obszön, deprensos ego perforare possum Tithonum Priamumque Nestoremque, Priap. 76, 3. – **II** prägn., **durchbrechen,** duo lumina ab animo ad oculos perforata, Cic. de nat. deor. 3, 9: viae (Kanäle) quasi quaedam sunt ad oculos, ad aures, ad nares a sede animi perforatae, Cic. Tusc. 1, 46.

per-fortiter, *Adv.,* **sehr brav,** Ter. adelph. 567.

perfossio, ōnis, *f.* (perfodio), das **Durchbrechen** der Wand, der **Einbruch,** Itala exod. 22, 2.

perfossor, ōris, *m.* (perfodio), der **Durchbrecher** der Wände, der **Einbrecher,** v. Dieben, griech. τοιχωρύχος, Apul. apol. 32; vollst. perfossor parietum, Plaut. Pseud. 979 *cod. Ambr.*

per-foveo, ēre, **durchwärmen,** Sedul. 4, 25.

per-fremo, ere, **laut schnaubend einherrauschen,** Acc. tr. 403 (bei Cic. de nat. deor. 2, 89).

per-frequēns, entis, **sehr besucht, -volkreich,** emporium, Liv. 41, 1, 5.

per-frequento, āre, **sehr oft besuchen,** Nisam montem, Mythogr. Lat. 1, 120.

per-freto, āre (fretum), **hinübersegeln, hinüberfahren,** Solin. 27, 40.

perfricātio, ōnis, *f.* (perfrico), das **Abreiben, Frottieren,** Plin. Val. 1, 55 u. 2, 30.

per-frico, fricuī, fricātum u. frictum, āre, **tüchtig reiben, I** im Allg., **tüchtig reiben (abreiben), frottieren,** alqm, Cels.: alqm leniter, leviter, Cels.: alqm post febrem, Cels.: perfricari, si potest, maxime per se ipsum, saepius eodem die, et ante cibum et post eum, Cels.: ipse se perfricare debet, Cels.: in unctione vehementer perfricari, Cels. – crura brachiaque, Cels.: os (Gesicht), Cels.: pectus diu, Cels.: oculos, Apul.: caput leniter manibus suis, Cels.: caput sinistrā manu, sich in den Haaren kraulen, hinter den Ohren kratzen (v. Bedenklichen), Cic. Pis. 61. – m. Ang. des Stoffes **womit?** durch *Abl.* od. durch *ex* m. Abl. = **tüchtig abreiben, einreiben,** adipe, Cels.: oleo vetere, Cels.: sale contrito, Cels.: fauces felis extrinsecus fimo, Plin.: cervicum dolores butyro aut adipe ursino, Plin.: totam faciem alcis fuligine, Petron.: faciem alcis pisce, Suet.: manus ex vetere oleo, Cels.: totum corpus leniter ex oleo, Cels. – **II** prägn., das Gesicht usw. reiben, um die Schamröte zu vertreiben = **das Schamgefühl beseitigen, die Scham ablegen,** os, Cic.: faciem, Plin.: frontem, Mart. – ► Perf. perfricaveris, Marc. Emp. 32 *extr.* fol. 133, b.

1. perfrīctio, ōnis, *f.* (v. perfrigesco), die **Erkältung,** Plin. 20, 156. Cael. Aur. de morb. acut. 3, 5, 48: Plur., Plin. 20, 197. Scrib. Larg. 57 u. 257.

2. perfrictio, ōnis, *f.* (v. perfrico), die **Reibung** an der Haut, Veget. mul. 2, 7, 1 u. 2, 10, 3: Plur. bei Plin. 21, 116. Pelagon. veterin. 5 (58 u. 59 *Ihm).*

perfrīctiuncula, ae, *f. (Demin.* v. 1. perfrictio), eine **leichte Erkältung,** Fronto ad M. Caes. 4, 6. p. 69, 9 N.

per-frīgefacio, ere (per u. frigefacio, v. frigeo u. facio), **sehr kalt machen,** cor alci, machen, dass einem das Herz erkaltet = großen Schrecken einjagen, Plaut. Pseud. 1215.

per-frīgero, āre, **kalt machen, abkühlen, kalt werden lassen,** Scrib. Larg. 271.

per-frīgēsco, frīxī, ere, **kalt werden, sich erkälten,** v. Pers., Varro, Cels. u. a.: artus perfrigescere, Scrib. Larg.: perfrixisse tuas fauces, Mart. – bildl., Fronto ad M. Caes. 4, 5. p. 68, 24 N. – ► Vulg. Perf. perfriguerit, Plin. Val. 1, 57.

per-frīgidus, a, um, **sehr kalt,** erat hiems summa, tempestas perfrigida, Cic. Verr. 4, 86.

per-fringo, frēgī, frāctum, ere (per u. frango), **I durch und durch brechen, zerbrechen, zerschmettern, A** eig.: saxum, Cic.: compedes, Plin. ep.: claustra, Curt.: nucem, Plin. – an sich, suam ipse cervicem perfregit, brach sich das Genick, Tac.: naves perfregerant proras, Liv. – **B** übtr., unkräftig machen, **vereiteln,** zuw. **gewaltsam verletzen,** decreta senatus, Cic.: leges, Cic.: omnia cupiditate ac furore, Cic.: iracundiam alcis, Donat. – **II** etwas **durchbrechen,** durch etw. **sich gewaltsam Bahn brechen,** in etw. **sich mit Gewalt Eingang verschaffen, A** eig.: phalangem hostium, Caes.: aciem tenuem, Tac.: domus, einbrechen, Tac. – **B** übtr.: omnes altitudines, Cic.: animos (v. Redner), mächtig ergreifen, Cic.

per-frio, āre, **zerreiben, zerkrümeln, zerbröckeln,** bacas myrti, Colum. 12, 38, 5.

per-frīvolus, a, um, **sehr nichtswürdig,** Vopisc. Aur. 6. § 6.

perfrūctio, ōnis, *f.* (perfruor), das **Genießen,** Augustin. de quant. anim. 33; doctr. Christ. 1, 20.

perfruitio, ōnis, *f.* (perfruor), das **Genießen,** die **Ergötzung,** Augustin. epist. 102, 27 u. de trin. 6, 10.

per-fruor, frūctus sum, fruī, **I vollständig genießen, sich laben, sich erquicken** an usw., laetitiā, Cic.: regali otio, Cic.: vitā modicā, Cic.:

pacis libertatisque bonis (Segnungen), Liv.: amplexu alcis, Ov.: et amoenitate perfructus est, Cic. fr. b. Prisc. 10, 13: mutuis amplexibus et festinantibus saviis *sese* perfruuntur, Apul. met. 5, 7. – Partiz. Fut. Pass., ad quos sensus capiendos et perfruendos, Cic. de nat. deor. 2, 146: ad perfruendas voluptates, Cic. de off. 1, 8. – **II vollständig-, gehörig verrichten, erledigen,** mandatis patris, Ov. her. 11, 128.

perfuga, ae, *m.* (perfugio), der **Überläufer** zum Feind (als Schutz suchender Flüchtling, während transfuga = der Überläufer als Deserteur), Cic. u. a. – ► Auch *fem.* nach Prisc. 4, 6 (aber ohne Beleg).

per-fugio, fūgī, fugitum, ere, **hin-, hinüberfliehen, a** der Zuflucht wegen, **seine Zuflucht nehmen,** Corinthum, Nep.: ad alqm, Liv. – übtr., a negotiis publicis se removere ad otiumque perf., Cic.: ad fati necessitatem, Gell.: in fidem Aetolorum, Liv. – **b** als Überläufer, **übergehen** (zum Feind), ad alqm, Cic. u. Caes.: in castra Caesaris, Auct. b. Afr.

perfugium, iī, *n.* (perfugio), die **Zuflucht,** der **Zufluchtsort,** das **Asyl,** perfugium et praesidium salutis, Cic.: perfugium portusque supplicii, Cic.: perfugium sibi habebant, Lucr.: ut Dianae Leucophrynae perfugium inviolabile esset, Tac.: alqm excludere a portu (bildl.) et perfugio, Cic.: illo desperatissimo perfugio uti, Cic.: nobilitatis auctoritatisque Democriti perfugio uti, Gell.: spes me tenet hunc locum consessumque vestrum … eius fortunae miserae multumque iactatae portum ac perfugium futurum, Cic.: hiemis (für den W.), non avaritiae (für die Habsucht) perfugium maiores nostri in sociorum atque amicorum tectis esse voluerunt, Cic. – Plur., perfugia annonae, Cic.: perfugia silvarum et paludium, Eumen. pan.: obstruere perfugia improborum, Cic.: intercludere perfugia fortunae, Cic.

per-fulcio, īre, **tüchtig unterstützen,** eloquio senatum, Auct. paneg. ad Pis. 86 (98) *ed. Weber.*

per-fulguro, āre, **blitzen,** Stat. Theb. 7, 502 (Kohlmann praefulgurat).

perfūnctio, ōnis, *f.* (perfungor), die **Verrichtung, Verwaltung, Überstehung,** honorum, Cic. de or. 3, 7: laborum (neben perpessio dolorum), Cic. de fin. 1, 49. – von Lebl., annua fertur ei totius spatii esse perfunctio, die Vollendung, Ambros. hexaëm. 4, 5. § 24.

perfūnctōriē, *Adv.* (perfunctorius), **nur obenhin, leicht weg,** me verberare, Petron. 11, 4: rem agere, Augustin. epist. 21, 1: non perf. motus videris, Ambros. epist. 33. § 1 (vgl. Ambros. cant. cantic. 3. § 6): Ggstz., quippe in his *perfecte* docuit, quod *perfunctorie* posuit in Timaeo, Chalcid. Tim. 253.

perfūnctōrius, a, um (perfungor), **oberflächlich,** examinatio, Nov. Val. 3. de post. 2, 11. *c.* 1. § 1: gemitus, Ambros. in psalm. 37. § 37: sermo, *ibid.* 43. § 14: similitudo, Chalcid. Tim. 29 B. u. 330: tractatus, *ibid.* 142: leve quiddam incertumque et perfunctorium, *ibid.* 249.

per-fundo, fūdī, fūsum, ere, **übergießen, überschütten, I** eig.: **1** mit Flüssigkeiten = **über und über begießen, -benetzen, a** im Allg., Verg., Hor. u. Plin.: alqm sanguine, cruore, über und über bespritzen, Tac. u. Lact. (s. Bünem. Lact. epit. 63, 4): perfusa multo natorum sanguine Terra, überströmt, Ov.: manus cruore filii perfusa, Sen.: lacrimis alqm perf. iustis, in Tr. baden (= heftig beweinen), Ov. – Passiv perfundi, **überschüttet-, über und über benetzt werden,** u. medial **sich überschütten, sich über und über benetzen, sich schwemmen, sich abspülen, sich baden,** aquā ferventi a Rubrio, Cic.: nardo, Hor.: vivo flumine, Liv.: perfusus lacrimis, in Tr. gebadet, Ov.: u. so perfusus fletu, Liv.: boves hic perfunduntur, Varro: coepit, postquam perfusus est (im Bad abgegossen worden ist), defricari, Rhet. Her. – **b** insbes.: **α färben,** coloribus, Lucr.: ostro perfusae vestes, mit Purpur gefärbt, Verg. – **β** einen Ort **bespülen,** v. Meer, Verg.: v. Flüssen, Plin. – **2** mit trockenen Gegenständen = über und über beschütten, bestreuen, **a** eig.: canities perfusa pulvere, Verg.: papavera somno perfusa, Verg. – **b** übtr.: **α über und über-, ganz bedecken,** pedes amictu, Mart.: auro tecta, Sen. – **β über und über erfüllen, überströmen,** cubiculum sole perfunditur, Plin. ep.: cor perfusum frigore leti, Lucr. – **II** übtr.: **1** übh., das Bild vom bloßen Eintauchen in die Farbe hergenommen, perseveret … perbibere studia liberalia, non illa, quibus perfundi satis est (sich bloß einen Anstrich zu geben), sed haec, quibus tingendus est animus (womit das Gemüt gesättigt werden soll), Sen.: u. so si illā (humanorum divinorumque notitiā) se non perfuderit, sed infecerit, Sen. – **2** mit irgendeinem Affekt **durch-** oder **überströmen** = **erfüllen,** mentem amore, Catull.: qui (apparatus sacri) perfundere religione animum posset, Liv.: qui me horror perfudit, Cic. – u. im Passiv, sensus iucunditate quādam perfunditur, Cic.: perfundi laetitiā, Cic., gaudio, Liv., timore, Liv.: perfusus ultimi supplicii metu, Todesangst ausstehend, Liv. – **III hin-, hineinschütten,** sextarios musti in vas, Colum. 12, 24, 3. – **IV** jmdm. **ausfließen machen,** ut oculus puero perfunderetur, ausfloss, Iulian. b. Ulp. dig. 9, 2, 5. § 3 (dagegen dig. 19, 2, 13 in derselben Stelle Mommsen effunderetur). – ► Parag. Infin. perfundier, Ser. Samm. 982 (973 B.).

per-fungor, fūnctus sum, fungī, mit etw. völlig fertig werden, zu Ende kommen, **a** = **völlig-, gehörig verrichten, -verwalten** (gew. im Perf. od. Partiz. Perf.), honoribus, Cic.: rebus amplissimis, Cic.: munere, Cic. – **b** = **überstehen** (gew. im Perf. od. Part. Perf.), laboribus, Cic., molestiā, Cic., bello, Cic., periculis, Cic.: fato, Liv. u. a., od. vitā, Lucr. – m. *Acc.*, omnia perfunctus vitai praemia, Lucr. 3, 954: parsimoniā et officiis et frugalitate onera quaestoria et aedilicia et praetoria perfunctus est, Fronto ad Ver. imp. 2, 3. p. 135, 10 N.: timorem satis inanem perfuncti, Apul. met. 8, 16: u. im Zeugma, multa pro alqo perpessus atque perfunctus, Cic. ep. 1, 9, 10. – Partiz. passiv, vitā perfunctā, Lucr. 3, 966: memoria perfuncti periculi, Cic. Sest. 10: post perfuncta opera, Augustin. de civ. dei 18, 18, 1. p. 278, 10 D.[2] – absol., perfunctus sum, ich habe es überstanden, Cic., od. ich bin fertig, se perfunctos esse, Cic.: m. *ab* u. Abl., sues perfunctas esse a febri, das F. überstanden haben, Varro r. r. 2, 4, 5. – **c** = **genießen,** bonis, Sulpic. in Cic. ep.: epulis, Ov.

per-furo, ere, **I** *intr.* **fort und fort wüten,** Lucr., Verg. u. spät. Dichter. – **II** *tr.* **durchwüten, durchrasen,** domos, Stat. Theb. 4, 389.

perfūsio, ōnis, *f.* (perfundo), das **Begießen, Benetzen,** Cels. u. a.: Plur., alarum perfusiones, Plin. 23, 164. – prägn., die **Taufe,** Lact. 4, 15, 1.

perfūsor, ōris, *m.* (perfundo), der **Begießer,** ein Badediener, CIL 4, 840.

perfūsōriē, *Adv.* (perfusorius), **nur obenhin, leichthin, nicht genau, nicht bestimmt,** dicere, Scaev. dig. 21, 2, 69. § 5 u. a.

perfūsōrius, a, um (perfundo), **I** nur benetzend, bildl. = **nur die Oberfläche berührend, nicht gründlich, oberflächlich,** voluptas, Sen. ep. 23, 5. – **II verwirrend, sachverdrehend,** assertatio, ein Prozess, in dem durch Schikane einem Herrn das Eigentumsrecht an seinen Sklaven streitig gemacht wird, Suet. Dom. 8, 1.

Pergamum, ī, *n.* u. **Pergamus** u. **Pergamos,** ī, *f.* (Πέργαμον u. Πέργαμος), eig. jede Burg od. Anhöhe; dah. **I** die Burg von Troja (bei Hom. ἡ Πέργαμος, bei Spät. τὸ Πέργαμον u. Plur. τὰ Πέργαμα), *Sing. neutr.*, Sen. Agam. 421 (442); Troad. 14: *Sing. fem.*, Troiana Pergamus, Stat. silv. 1, 4, 100. – gew. *Plur.*, **Pergama,** ōrum, *n.*, Lucr. 1, 476. Verg. Aen. 1, 651. Ov. met. 13, 374: Form Pergamos, Stat. silv. 3, 4, 68 u. 106. Auct. Aetnae 18. – **II** Stadt in Großmysien am Fluss Kaikus (mit dem sich hier der mitten durch die Stadt fließende Selinus und der ihre Mauern bespülende Cetius vereinigen), später Hauptstadt des pergamenischen Reiches, berühmt durch eine große Bibliothek u. durch die Erfindung des Pergamentes, j. *Bergama,* Nom. -um, Plin. 5, 126: Genet., Liv. 37, 20, 8. Plin. 13, 70: Akk., Liv. 29, 11, 7: Abl., Liv. 27, 19, 1. – Dav.: **A Pergamēnus,** a, um (Περγαμηνός), **zu Pergamum** (in Mysien) **gehörig, pergamenisch,** ager, Liv.: naves, Nep.: civitas, Cic. – subst., **a** pergamēna, ae, *f.* (*sc.* charta), **Pergament,** Isid. orig. 6, 11, 1. Not. Tir. 76, 25 (wo pergamina). – **b** Pergamēnī, ōrum, *m.*, die Einwohner von Pergamum, die **Pergamener,** Cic. u. Nep. – **B Pergameus,** a, um (Περγάμιος), **a zur Burg Pergamus-, zu Troja gehörig, pergamisch, trojanisch,** arces, Verg.: vates, Kassandra, Prop. – poet. = **römisch** (weil die Römer ihre Abkunft von den Trojanern herleiteten), Sil. 1, 47. – **b zur Stadt Pergamum** (in Mysien) **gehörig, pergamisch,** deus, der (zu P. verehrte) Äskulap, Mart. 9, 16, 2.

per-gaudeo, ēre, **sich sehr freuen,** Cic. ad Q. fr. 3, 1 (3), 9.

per-glīsco, ere, **zunehmen,** gallina pergliscit, Colum. 8, 7, 4.

per-gnārus, a, um, **sehr kundig,** locorum, Sall. hist. fr. 4, 1 (22): magia colendi eos (immortales) ac venerandi pergnara, Apul. apol. 26.

pergnōsco, s. per-nōsco.

pergo, perrēxī, perrēctum, ere (per u. rego), fort und fort richten, eine Richtung, Bewegung **verfolgen,** bis zu einem Punkt **vordringen** u. dgl., u. bes. eine schon begonnene Richtung, Bewegung **weiter verfolgen, fortsetzen, I** eig.: **α** m. *Acc.:* iter, Sall., Liv. u. a. (s. Fabri Liv. 21, 30, 1): iter coeptum, Auct. b. Afr.: pergam, quo coepi, hoc iter, Ter. – **β** mit *Infin.:* ire, porro ire, weiter, vorwärts gehen, -marschieren, fürbass gehen, Liv. (s. Fabri u. Weißenb. Liv. 21, 22, 9. Mützell Curt. 3, 8 [19], 8): retro ire, Curt.: Saguntum ire, bis S. vordringen, Liv.: hosti obviam ire, Liv.: ire ad hostes, Liv.: ad eum ire, Cic.: navigare Peloponnesum, bis nach dem P. segeln, Liv. – perge linquere aonios specus, spute dich usw., Catull. 61, 27. – **γ** absol. = wohin **seinen Weg richten, -nehmen, verfolgen, fürbass gehen, aufbrechen, sich aufmachen, sich weiter begeben, fortgehen, vordringen** u. dgl., huc, horsum, Ter.: perge porro, Cic.: domum, Sall.: eādem, quā ceteri, viā, denselben Weg verfolgen, Cic. – alci obviam, entgegengehen, Rhet. Her.: ad castra, Caes.: in solitudines, Sall. – in Macedoniam ad Planciumque, Cic.: ad delendam urbem Veios, Liv.: adversum hostes, Sall.: in bellum adversus Lacedaemonios, Iustin.: Aethiopiam (nach Äth.), Hieron.: rogitantes quo pergeret (wohin er wolle), ad imperatorem an ad patres, Tac. – m. 1. *Supin.,* nunc, quod occepi, obsonatum pergam, Plaut. mil. 749 (vgl. *no.* II, B, 1, γ). – *impers.,* ad plebem pergitur, Caecil. com. 185. – **II** übtr.: **A** im Allg., v. abstr. Subjj.: ut ad eas (virtutes) cursim perrectura beata vita videatur, im vollen Lauf seinen Weg nehmen, Cic.: animus ad ultionem voluntate et iudicio pergens, Sen. – *impers.,* non potest ad similitudinem pergi rei, quae necdum est, man kann nicht kommen, Macr. sat. 7, 16, 13. – **B** insbes., v. Pers., eine Handlung u. dgl. **verfolgen,** etw. fort und fort-, **mit Eifer betreiben,** schon Begonnenes **durchführen, darin fortfahren, 1** im Allg.: **α** mit *Acc.:* prospere cessura, quae pergerent (was sie vorhätten, was sie wollten), Tac. ann. 1, 28. – **β** m. *Infin.:* sed ut occepisti, perge operā experirier, quid ista epistula narret, Plaut.: id agere perrexi, Cic.: senem trucidare, Tac. – perge tenere istam viam, quam instititi (*al.* instituisti), Q. Cic. – **γ** m. 1. *Supin.:* optimos fidissimosque socios defensum conservatumque pergit (hört nicht auf), Gell. 6 (7), 3, 7. – **δ** absol.: perge (auf denn!), aude, nate! Cic. poët.: pergin? infelix, du bleibst dabei? Plaut.: pergite, Pierides, vorwärts, auf, ans Werk! Verg. – si pergis, wenn du dein Unternehmen weiter verfolgst, wenn du weitergehst, Liv. – **2** insbes., in der Rede **weitergehen, fortgehen,** etw. **fortsetzen,** mit etw. **fortfahren, α** m. *Infin.:* perge porro dicere od. proloqui, Plaut.: perge quattuor mihi istas partes explicare, Cic.: im Briefstil ellipt., sed pergo praeterita (verst. commemorare), Cic. ad Att. 3, 15, 5: pergit in me maledicta (erg. dicere od. congerere), Cic. Phil. 13, 40. – **β** absol.: perge porro, Plaut.: sed perge, ut coeperas, Cic.: pergam atque insequar longius, Cic.: perge de Caesare, Cic. – pergamus ad reliqua, Cic. – ► Nach Paul. ex Fest. 215, 3 pergere archaist. auch = expergefacere. – pergin = pergisne, Plaut. mil. 300; Poen. 433: pergitin = pergitisne, Plaut. Pseud. 1249.

per-gracilis, e, **sehr schlank,** Plin. 25, 159.

per-graecor, ārī, auf griechische Art = **in Saus und Braus leben** (s. Paul. ex Fest. 215, 5), Titin. com. 175. Plaut. most. 22 u. 64; truc. 87.

per-grandēsco, ere, **sehr groß werden,** Acc. tr. 440.

per-grandis, e, **sehr groß, a** der Ausdehnung nach, gemma, Cic. Verr. 4, 62: lapis, Vulg. Iosuē 24, 26. – **b** dem numer. Wert nach, lucrum, Plaut. Pers. 494: eius pecuniae summa, Cic. Verr. 2, 141: vectigal, Cic. de lege agr. 1, 10. – **c** der Zeit nach, pergrandis natu, **hochbetagt,** Liv. 29, 29, 6.

per-graphicus, a, um, **erzschlau,** ein **Erzschlaukopf,** Plaut. trin. 1139.

per-grātus, a, um, **sehr willkommen, sehr angenehm,** litterae tuae pergratae fuerunt, Cic.: cum Scipioni adventus eorum periucundus et pergratus fuisset, Cic.: pergratum mihi feceris, *si* od. *quod* etc., wirst mir einen großen Gefallen tun, Cic.: u. so in der Tmesis, per mihi, per, inquam, gratum feceris, si etc., Cic.: pergratum est mit folg. *ut* u. Konj., id vero militibus fuit pergratum et iucundum, ut etc., Caes. b. c. 1, 86, 1.

per-gravis, e, sehr schwer; bildl., **sehr wichtig, von großem Gewicht,** oratio, Cic.: testis, Cic.: levia sunt, quae tu pergravia esse in animum induxti tuum, Ter.

pergraviter, *Adv.* (pergravis), **sehr heftig, sehr empfindlich,** p. alqm reprehendere, Cic. de or. 1, 227: p. illum esse offensum, Cic. ad Att. 1. 10, 2.

pergula, ae, *f.* (v. pergo, wie tegula von tego), der **Vorsprung, Vorbau, Anbau** an einem Haus, an einer Mauer usw., **a** als **Bude, Laden** eines Kaufmannes, Ulp. dig. 5, 1, 19. § 2; vgl. CIL 8, 2728: eines Wechslers, Plin. 21, 8. – **b** als **Atelier** eines Malers, Lucil. 489. Plin. 35, 84. Ulp. dig. 9, 3, 5. § 12. – **c** als **Weingeländer,** eine **warme Wand,** zum Anbinden der Weinstöcke, Colum. 4, 21, 2 u. a.: pergulae umbrosae, Plin. 14, 1 (3), 11. – **d** als **Hütte** zur Wohnung für Arme (Ggstz. Plur. aedes = Palast), Petron. 74, 14. Auson. epist. 4, 6. – **e** als **Schule,** pergulae magistrales, Vopisc. Sat. 10, 4: in pergula docere, v. einem Grammatiker, Suet. gr. 18. – meton., omnis p., die ganze Schule = alle Schüler (der Vorschneidekunst), Iuven. 11, 137. – **f** als **Bordell,** Plaut. Pseud. 214 u. 229. Prop. 5, 5, 68 (70). – **g** als astronom. **Observatorium,** oben auf dem flachen Dach, Suet. Aug. 94, 12. – **h** als **Dach-** od. **Mansardenzimmer** eines Miethauses (insula), Tert. adv. Valent. 7. – ► Der Placentiner Tinga sagt barbarisch precula statt pergula nach Quint. 1, 5, 12.

pergulānus, a, um (pergula *no.* c), **zur warmen Wand gehörig,** vites, die an warmen Wänden gezogen werden, Colum. 3, 2, 28.

per-haurio, sī, īre, **ganz ausschöpfen, -austrinken,** grandissimum illum calicem uno haustu, Apul. met. 10, 16; übtr., **völlig verzehren, verschlingen,** parum infante vescimini, quia infantem totum praecocum perhauritis, Tert. ad nat. 1, 15 *extr.* od. 16 *in.:* auribus perhaurienda (haec) sunt, Plaut mil. 34.

per-hibeo, buī, bitum, ēre (per u. habeo), **hinhalten, darbieten, I** eig.: alqm, (als Anwalt) zur Stelle schaffen, aufstellen, Cic. ad Att. 1, 1. § 4. – **II** übtr.: **A** im Allg.: **a erweisen,** operam rei publicae fortem atque strenuam, Cato fr. b. Gell.: honorem alci, Plin.: alci gratias, Apul. – **b beilegen,** alci auctoritatem, Plin.: vim herbae, Plin.: alci rei palmam, den Vorzug geben, Plin. – **B** mündlich **von sich geben, 1** im Allg.: testimonium, Varro u. a.: apud principem testimonium merentibus, Plin. pan.: alci constantiae testimonium, Plin. pan. – **2** insbes.: **a angeben, sagen,** mit dopp. *Acc.,* conditorem templi regem Aëriam, ut perhibent, wie man sagt, Verg. u. Solin.: perhibent mit folg. *Acc.* u. *Infin.,* Catull. 64, 76 u. 124: im Passiv m. *Nom.* u. *Infin.,* qui non modo adiutores in proeliis victoriae populi Romani, sed etiam nuntii fuisse perhibentur, der Sage nach waren, Cic. Tusc. 1, 28: Romulus perhibetur (soll) et corporis viribus et animi ferocitate tantum ceteris praestitisse, ut etc., Cic. de rep. 2, 4: u. so Lact. 1, 14, 9. Augustin. de civ. dei 18, 18, 3. p. 280, 3 D.[2]: im Passiv m. dopp. *Nom.,* India perhibetur molibus ferarum mirabilis, Colum. 3, 8, 3. – **b nennen, anführen,** vatem hunc perhibebo optimum, Cic.: Agesilaus ille perhibendus, Cic.: nos Tuscum (mare), Graii Tyrrhenum perhibent, Mela.

per-hiemo, āre, **durchwintern** (*intr.*), Colum. 11, 3, 4.

per-hīlum, ī, *n.,* **sehr wenig,** Lucr. 6, 576.

per-honestus, a, um, **sehr ehrbar,** Arnob. 2, 49.

perhonōrificē, *Adv.* (perhonorificus), **sehr rücksichtsvoll,** Cic. ad Att. 14, 12, 2.

per-honōrificus, a, um, **I sehr ehrenvoll,** discessus, Cic.: consalutatio, Cic. – **II sehr ehrerbietig,** eius collega in me perhonorificus, erweist mir die größte Achtung, Cic. ad Att. 1, 13, 2.

per-horreo, ēre, **sich heftig** vor etwas **entsetzen,** cumque perhorreret casus pars maxima nostros, Ov. trist. 5, 9, 15 M. (Ehwald perhorruerit): occipitiis incumbentes gladios perhorrebant, Amm. 29, 2, 4:

illorum tela atque aciem perhorrebimus, Iul. Val. 2, 5 (2, 2. p. 56, b *ed. Paris.)*: detecti sceleris qualitatem mecum pariter perhorrete, Ambros. de laps. virg. 1. § 2.

per-horrēsco, horruī, ere, ganz rau werden, **I** v. Gewässern = **hoch aufwogen,** latum perhorruit aequor, Ov. met. 6, 704. – **II** prägn., v. persönl. Subjj. = **mit Schauder erfüllt werden, durch und durch schaudern, -erbeben, sich heftig entsetzen, A** eig.: **a** *intr.*: recordatione consulatus vestri perh., Cic.: in commemoratione eorum non solum animo commoveri, verum etiam corpore perh., Cic. – **b** *tr.*, vor jmd. od. etw., tribunum plebis, Cic.: tantam religionem, Cic.: fugam virginum, Cic.: Bosporum, Hor.: casus nostros, Ov.: malum comminus, Donat. – m. *Infin.*, sich scheuen, perhorrui late conspicuum tollere verticem, Hor. carm. 3, 16, 18: quam (poenam) novem tribuni ab uno collega exigere perhorruissent, Val. Max. 6, 3, 2. – **B** übtr., **durch u. durch erbeben, -erzittern,** clamore perhorruit Aetne, Ov. met. 13, 877.

per-horridus, a, um, **ganz starrend,** stagna et perhorridae silvae, Liv. 22, 16, 4. (Wölffl. per horridas s.).

perhūmāniter, *Adv.* (perhumanus), **sehr liebreich, sehr höflich,** Cic. ep. 7, 8, 1.

per-hūmānus, a, um, **sehr leutselig, sehr freundlich, sehr höflich,** sermo, Cic. ad Q. fr. 2, 5, 2 (2, 6, 1): epistula, Cic. ad Att. 16, 12 *in.*: vultu geniali et perhumano, Apul. met. 11, 14 *extr.*

per-humilis, e, **sehr klein** von Wuchs, corpus, Amm. 16, 10, 10.

periagium, iī, *n.* (περιάγω) = σκυτάλη, die **Walze,** der **Rollbaum,** Auct. de idiom. gen. 584, 20 K.

perialogos, ī, *m.* (περιάλογος), der **sehr unvernünftige (Vater),** Titel eines Buches des Orbilius, Suet. gr. 9 *ed. Roth.* zw. (Reiffersch. περιαλγής).

periambus, ī, *m.* = pyrrichius, Quint. 9, 4, 80.

Periander u. **Periandrus,** drī, *m.* (Περίανδρος), Tyrann von Korinth, einer der sieben Weisen, Form *-der,* Gell. 16, 19, 4. Hyg. fab. 221: Form *-drus,* Hyg. fab. 194 u. Auct. sent. bei Hyg. fab. 221. Sidon. carm. 23, 103.

periboētos, ī (περιβόητος, ringsum ausgerufen), **berühmt,** Plin. 34, 69.

peribolus, ī, *m.* (περίβολος), der **Umgang,** die **Flur,** exterior, Vulg. Ezech. 42, 7: sanctorum. Vulg. 1. Mach. 14, 48.

pericarpum, ī, *n.* (περίκαρπον), eine Art Zwiebelgewächs, Plin. 25, 131.

perichytē, ēs, *f.* (περιχυτή), die **Umschließung,** eine Art des Gladiatorenkampfes, Cod. Iust. 3, 43, 3.

Periclēs, is u. ī, Akk. em u. ēn u. eā, *m.* (Περικλῆς), ein berühmter Redner und Staatsmann zu Athen, Sohn des Xantippus, Schüler des Anaxagoras († 429 v. Chr.), Cic. Brut. 44; de rep. 1, 25. Val. Max. 5, 10. ext. 1: Genet. Periclis, Iustin. 3, 7, 4 u. 7, oft Pericli, z. B. Cic. de or. 2, 93: de fin. 5, 5. Nep. Alc. 2, 1: Akk. *-em,* Cic. de off. 1, 108 u. a. Quint. 12, 2, 22: Akk. *-en,* Cic. de rep. 4, 11. Plin. 34, 74. Plin. ep. 1, 20, 17. Iustin. 3, 6, 12: Akk. *-ea,* Quint. 3, 1, 12 u. 12, 10, 24: Vok. Pericle, Cic. de off. 1, 144. – ► Genet. Pericletis angef. bei Charis. 132, 10.

perīclitābundus, a, um (periclitor), **probierend, versuchend, eine Probe machend,** mit *Acc.,* puncto pollicis extremam aciem sagittae, Apul. met. 5, 23: voluntatem meam verbis inversis, Apul. apol. 72: m. *Genet.* sui, Apul. met. 3, 21.

perīclitātio, ōnis, *f.* (periclitor), der **Versuch,** Cic. de nat. deor. 2, 161.

perīclitor, ātus sum, ārī (periculum), **I** *intr.*: **A einen Versuch machen, 1** im Allg.: periclitemur in iis exemplis, Cic.: periclitabatur, quid nostri auderent, Caes. – **2** prägn., **etwas wagen, riskieren, unternehmend sein,** proeliis et periclitando (durch Wagen) tuti sunt, Tac. – **B in Gefahr sein** od. **sich befinden, gefährdet sein, auf dem Spiel stehen, a** übh.: ut potius Gallorum vita quam legionariorum periclitaretur, Caes.: se periclitatum videri, Quint.: ut verba periclitentur, in Gefahr sind, die Sache zu verderben, Quint.: uberiora et paene periclitantia (Halsbrechendes), Quint. – m. *de* u. Abl., de summa imperii sui, Aug. bei Suet. Tib. 21, 7. – m. *Abl.,* rebus suis, Liv.: ingenii famā, Liv.: vitā, Ps. Quint. decl. – m. *Genet.,* capitis, in Lebensgefahr sein, Apul. met. 8, 31. – m. *ab* u. Abl., ab obtrectatore, Ambros. in psalm. 118. serm. 14. § 29: m. *pro* u. Abl., pro veritate atque iustitia, *ibid.*: m. *propter* u. Akk., propter te cotidie, *ibid.* – mit *Infin.,* rumpi, Quint.: perdere alqd, Plin.: neque umquam periclitabuntur esse privatae (sorores), Plin. pan. – **b** von vor Gericht Klagenden od. Angeklagten, m. *Abl.,* causā, Quint. 7, 2, 12: capite, Mart. 6, 26, 1. – m. *propter* u. Akk., propter peccatum, Petron. 30, 7. – oft Partiz. periclitans u. periclitatus u. Plur. periclitantes v. Angeklagten, Quint., Suet. u. Tac. – **c** v. Patienten u. Krankheiten, ubi febris aliquem occupat, scire licet, non periclitari, si etc., Cels.: cicatrices duobus vitiis periclitantur, Cels.: m. *Abl.,* abortu, Cels.: cancro, Cels.: veneno, Iustin. – Partiz. subst., periclitantes, Kranke in Lebensgefahr, gefährliche Kranke, Scrib. ep. *in.*: m. *ex* u. Abl., periclitantes ex canis rabiosi morsu, Plin. 32, 54. – **II** *tr.*: **A** mit etw. **eine Probe machen, es probieren, versuchen,** animum alcis, Plaut.: fortunam, Cic.: periclitandae vires ingenii, Cic. – *Part. Perf. pass.,* periclitatis moribus, Cic. de amic. 63. – **B aufs Spiel setzen, riskieren,** non est in uno homine summa salus periclitanda rei publicae, Cic. Cat. 1, 11.

periclymenos, ī (περικλύμενος), *f.,* eine rankende Pflanze, viell. = **Geißblatt** (*Lonicera caprifolium,* L.), Plin. 27, 120.

Periclymenus, ī, *m.* (Περικλύμενος), Sohn des Neleus, Bruder des Nestor, ein Argonaut, Ov. met. 12, 556 *sqq.*

pericopē, ēs, *f.* (περικοπή), der **Abschnitt,** das **Stück** eines Ganzen, Hieron. in Ioël 2.

perīculor, ārī = periclitor, Cato oratt. 23. fr. 2.

perīculōsē, *Adv.* (periculosus), **gefährlich, mit Gefahr, mit Risiko,** quotannis p. aegrotare, Cic.: navigatur p. hieme, Cic.: periculose a paucis emitur quod multorum est, Sall.: fera p. capta, Sen. – paulo vehementiore tempestate nihilo periculosius se navigaturum credens, Auct. b. Alex. 64, 5. – qui faciebant quod homines et periculosissime et libentissime faciunt, Sen. de ira 3, 22, 2.

perīculōsus, a, um (periculum), **mit Gefahr** od. **Risiko verbunden, Gefahr bringend, -drohend, gefährlich, a** v. Lebl.: bellum, Cic.: vulnus, Cic.: morbus gravis periculosusque, Cic., gravis et periculosus, Liv.: periculoso ingressu forum est, Sen.: ira periculosior, Sen.: quo notabilius hoc periculosiusque esset, Plin. ep.: quod omnibus procellis periculosius erat, Petron.: locus periculosissimus, Cic. – m. *Dat.,* periculosae libertati opes, Liv.: nomen periculosum libertati esse, Liv. – periculosum est m. *Infin.,* Liv. u. Curt.: periculosum duco m. *Infin.,* Sall. Iug. 74, 1. – *neutr.* im *Abl. absol.,* iuxta periculoso (da es gleich gefährlich war) ficta seu vera promeret, Tac. ann. 1, 6. – *neutr. plur.* subst., in castris quoque periculosa fortissimis imperantur, Sen. de prov. 4, 8. – **b** v. Pers.: mercator periculosus et calamitosus, Gefahren u. Unglücksfällen ausgesetzt, Cato r. r. praef. § 3: erunt sane languidi et periculosi, Gefahren ausgesetzt, Firm. math. 5, 3, 3 u. 18: fuissemus in nosmet ipsos paene periculosi, hätte mir beinahe selbst Gefahr bereitet, Cic. ad Att. 13, 27, 1.

perīculum, ī, *n.* (perior), eig. das, wodurch man Erfahrung erlangen kann, der **Versuch,** die **Probe, I** im Allg.: **1** eig.: si vincendi periculum sit, Sen. ep. 79, 7: periculum facere, einen Versuch machen, eine Probe machen, versuchen, probieren, Ter. u. Caes., in alqa re, Ter., u. m. *Genet.,* fidei, sui, Cic. – dah. p. facere ex aliis (von anderen her die Probe machen = von anderen abnehmen, entnehmen), mihi (tibi) quod ex usu siet, oft bei Ter. (s. Westerh. Ter. heaut. 1, 2, 36). – **2** meton., der **Versuch** = das **Probestück,** die **Probeschrift,** in isto periculo, Cic. de legg. 1, 4: belli, Auson. – **II** prägn., die **Gefahr,** das **Risiko, A** im Allg.: rem periculi sui facere, auf sein Risiko nehmen, ICt.: periculum facere alcis rei, riskieren, summae rerum, ein entscheidendes Treffen wagen, Liv., summae rei, Tac.: periculum mortis, Suet.: salutem sociorum summum in periculum ac discrimen vocare (setzen), Cic. – satis pericli incepi adire, Ter.: periculum, quod differendo bello adimus, Liv.: capitis periculum adire, Ter. u. Cic.: vitae periculum adire, Caes.: summa pericula adire, Nep.: ne periculum memoriae adiret, damit ihm das G. keinen Streich spielte,

Suet.: numquam periculum situs (der Vergessenheit) adire, Sen.: pro amico periculum aut invidiam subire, Cic.: pro nostra salute laborem periculumque suscipere, Cic.: obire pericula ac labores pariter, Liv. – periculum alci creare od. conflare od. inferre od. inicere od. facessere, Cic., od. facere, Sall. u. Tac.: periculum intendere alci od. in alqm, Cic.: p. moliri od. comparare, Cic.: umidioribus siccioribusque et frigidis non est ab ira periculum, Sen.: periculum intentatur ab alqa re, steht bevor, Quint.: morando an veniendo plus periculi contraheret, Liv.: alqm in periculum capitis arcessere, Cic.: periculum alci denuntiare, Cic. – rem in periculum adducere, Cic.: se in periculum committere, Cic.: caput periculo ponere (aussetzen), Plaut.: in periculo versari, Cic., od. esse, Liv.: esse in proprio periculo, Cic.: in ingenti periculo esse, Liv.: in ultimum periculum venire, Curt.: in magno periculo esse, u. bl. magno u. maiori p. esse, in gr. usw. G. schweben, Nep.: periculum est m. folg. *ne* u. Konj., es ist zu besorgen, est enim periculum, ne immodestiā militum vestrorum occasio detur Lysandro vestri opprimendi exercitus, Nep.: haud sane periculum est, ne non mortem aut optandam aut certe non timendam putet, Cic.: non est periculum, ne id facere non possit, Cic.: magnum in ea re periculum est, ne minus apte (verbum) conlocetur, Fronto. – periculum est (es liegt Gefahr darin) m. folg. *Infin.*, hoc magnum est periculum, ab asinis ad boves transcendere, Plaut. aul. 235: nullumst periculum te hinc ire inpransum domum, Plaut. rud. 142 Sch.: ähnlich erat magni periculi res, tantulis copiis iniquo loco dimicare, Caes. b. G. 5, 49, 6. – aliis aliunde est periculum, sind in Gefahr, Ter.: periculum etiam *a* fame mihi est, Ter.: quod ab se cuiquam periculum esse? Liv.: nec Romae esse, unde periculum libertati foret, Liv.: postquam moenibus iam Romanis pulso hoste periculum esse desierat, Liv.: abesse a periculo, Caes.: non deesse alcis periculis, Cic.: ne quod periculum incĭderet, Nep.: alci in pugna periculum vitae accĭdit, Caes.: nullum periculum communis salutis causā recusare, Caes.: nullum pro laude periculum recusare, Caes.: vetere instituto vitae effugere nova pericula, Nep.: periculum nullo modo evitare posse, Nep.: periculum vitare (Ggstz. subire), Caes., vitare legatione (durch Annahme einer Legatenstelle), Cic.: propulsare periculum, Cic., periculum capitis, Cic.: defendere alqm a periculo, Cic.: removere periculum ab alqo, Liv.: periculum consilio discutere et comprimere, Cic.: offerre se periculis, Cic.: eripere ex periculo, Cic.: liberare periculo, Cic.: pro amici periculo dicere, für einen bedrängten Fr., Cic. – sine ullo periculo, Caes.: nullo cum periculo, Caes.: sine ullo alcis periculo, Caes.: cum periculo, Caes.: magno cum periculo alcis, Caes.: periculo huius (für ihn), Ter.: periculo sui (für sie), Caes.: meo periculo, auf meine Gefahr, auf mein Risiko, Cic.: magno tuo periculo, mit großer G. für dich, Cic.: bono periculo, auf gute G. = ohne G., Apul. apol. 72. – **B** insbes.: **1** der **Prozess,** die **Anklage,** **a** eig.: amicorum, Cic.: p. alci facessere, einen anklagen, Tac. – **b** meton., das gerichtl. **Protokoll** (s. Nipperdey Spicil. alt. in Corn. Nep. III. p. 11 *sg.*), pericula magistratuum, Cic.: ut in periculo suo inscriberent, Nep.: sententias ex periculo recitare, Cod. Iust. – **2** die **Krisis** des Fiebers usw., acuta pericula (febris), Plin.: dimidia enim pars periculi est noctu, Plin. – **3** die **Gefahr des Untergangs,** Arnob. 1, 3. – **4** das **Gewagte,** das **Halsbrechende** im Ausdruck, p. in enuntiatione, Quint.: sententias petere a periculo, Quint. – ► Synk. periclum, Komik., Lucr. u. a. Dichter.

per-idōneus, a, um, **sehr geeignet, sehr tauglich** zu etw., visus est peridoneus praeceptor, maxime ad poëticam tendentibus, Suet. gr. 11: homo suis consiliis peridoneus, Tac. ann. 4, 12: is locus peridoneus castris habebatur, Caes. b. c. 2, 24, 2: gens *ad* furta belli peridonea, Sall. hist. fr. 1, 86: zugl. m. folg. *qui* u. Konj., videbatur sibi peridoneum maritum matri repperisse, cui bono periculo totam domus fortunam concrederet, Apul. apol. 72.

periēgēsis, is, *f.* (περιήγησις), die **Beschreibung der Erde,** als Titel eines Gedichtes des Avienus u. Priscianus. – Dav. **periēgēticus,** ī, *m.* (περιηγητικός), der **Reisebeschreiber,** Metrodorus, Lact. ad Stat. Theb. 3, 479.

perierātiuncula, ae, *f.* (periero), der **Meineid,** Plur. bei Plaut. Stich. 227.

periero, āre = peiero (s. d.), Plaut. truc. 30. Min. Fel. 23, 1.

perif... s. periph...

perileucos, ī, *m.* (περίλευκος = ringsherum weiß), Name eines uns unbekannten Edelsteines, Plin. 37, 180.

Perillus, ī, *m.* (Πέριλλος), ein Künstler in Metallarbeit in Athen, der für den Tyrannen Phalaris in Agrigent einen ehernen Stier mit hohlem Körper verfertigte, in den Verbrecher gesteckt und durch untergelegtes Feuer gebraten werden sollten. Der Künstler wurde vom Tyrannen genötigt, zur Probe selbst in den Stier zu kriechen, und kam so ums Leben, Plin. 34, 89. Ov. art. am. 1, 653. Sil. 14, 212 *sq.*: saeve Perille, Prop. 2, 25, 12. – Dav. **Perillēus,** a, um, **perillisch,** aes, der eherne Stier des Perillus Ov. Ib. 435.

per-illūstris (perinlūstris), e, **I** **sehr in die Augen fallend, sehr augenfällig,** Nep. Att. 12, 3. – **II** **in großem Ansehen,** perillustres fuimus, ich spielte eine glänzende Rolle, Cic. ad Att. 5, 20, 1.

perimachia, ae, *f.* (περιμαχία), **der Angriff,** feindliche **Anfall,** Sidon. epist. 1, 7, 6 zw.

per-imbēcillus, a, um, **sehr schwach,** collum anserum, Varro r. r. 3, 10, 5: quod quidem est natum, perimbecillum est, Cic. ad Att. 10, 18, 1: cui perimbecillo verbo datum imperium videbatur, Sulp. Sev. chron. 2, 17, 3.

Perimēdē, ēs, *f.* (Περιμήδη), Tochter des Augias, eine berühmte Zauberin, wovon **Perimēdēus,** a, um, **perimedēisch,** poet. = **zauberisch,** Prop. 2, 4, 8.

perimetros, ī, *f.* (περίμετρος), die **Kreislinie,** der **Umkreis,** Vitr. 5, 7 (6), 1. Frontin. aqu. 26 u. a.

perimo, ēmī, ēmptum, ere (per u. emo), **gänzlich wegnehmen, vernichten, zerstören, aufreiben,** **I** eig.: **A** im Allg.: sensum, Cic.: luna perempta est, wurde verdunkelt, verschwand, Cic. poët.: simulacra (vom Blitz), Cic.: Troia perempta, Verg.: corpus pallore et macie peremptum, Liv.: pestis (= *sagitta)* perimens (*sc.* corpus), Liv. – **B** insbes., eine Person **aus dem Weg räumen, töten,** alqm, Ov., Tac. u. a.: matrem, Cic. poët.: se, Val. Max., Mart. u. Augustin.: bestiam ancipiti novaculā, Apul.: iaculis plurimas feras, Amm.: unā caede tot, Verg.: alqm inopiā ac tabe longā, Tac.: conceptum ex equo abortu, Plin.: non iudicio domini, sed scelere perimuntur, Plin. ep.: Afranius Dexter consul incertum suā an suorum manu, scelere an obsequio peremptus, Plin. ep.: im *Partic. Perf.* = **getötet, umgekommen,** Verg., Liv. u. a. – **II** bildl., **für immer vereiteln, ganz hintertreiben,** reditum, consilium, Cic.: sententiam, Plin. ep.: causam publicam, den letzten Schlag geben, Cic.: si (ludi) non intermissi, sed perempti atque sublati sunt, Cic. – ► Urspr. Form peremo, Cato de re mil. fr. 4. Cincius bei Fest. p. 214 (b), 31. Plin. 33, 3. Apul. met. 3, 8. Ulp. dig. 2, 15, 4.

per-impedītus, a, um, **sehr behindert, unwegsam,** quod erat locus perimpeditus ante aciem Scipionis, Auct. b. Afr. 58, 5.

per-impleo, plēvī, ēre, **vollständig angeben,** legis ecclesiasticae regulam, Cypr. sent. episc. *no.* 29 *in.* Augustin. de bapt. c. Donat. VI. c. 36. *no.* 69.

per-improprius, a, um, **ganz uneigentlich, ganz wider die gewöhnliche Meinung, ganz paradox,** Donat. Ter. Andr. 1, 1, 41.

per-inānis, e, **ganz leer,** Mart. 1, 76, 10.

per-incertus, a, um, **sehr ungewiss,** collega eius, perincertum, stolidior an vanior, Sall. hist. fr. 4, 35 (50).

perincommodē, *Adv.* (perincommodus), **sehr ungelegen,** sed accĭdit p. (der Unstern wollte), quod eum nusquam vidisti, Cic. ad Att. 1, 17, 2.

per-incommodus, a, um, **sehr unbequem, sehr ungelegen,** quae nihil admodum Romanis, eadem perincommoda regiis erant, Liv. 37, 41, 3.

per-incōnsequēns, entis, **sehr folgewidrig,** in der Tmesis, per enim inquit inconsequens m. folg. *Acc.* u. *Infin.*, Gell. 14, 1, 10.

per-inde, *Adv.*, **ebenso, auf gleiche Weise,** Cic. u. a. – mit folg. Vergleichungspartikeln u. dgl., p. *ac si,* Cic.: p. *atque* od. *ac,* Cic.: p. *quasi,* Cic.: p. *tamquam,* Liv.: p. *ut,* Komik., Cic. u. Sall.: p. tamen ut etc., doch so, dass usw., Eutr.: p. *prout,* Plin. pan.: p. ut … ita, Liv.: p. utcumque … ita, Cic.: p. *quam,* Suet. – haud p. … quam, nicht sowohl … als vielmehr, Tac. hist. 1, 30. – mit fehlendem Vergleichungssatz, crure sinistro non p. valebat (*sc.* ac dextro), Suet.: ne mortuo quidem p. affectus est (*sc.* ut oportebat), Suet.

per-indigeo, uī, ēre, **sehr bedürfen, sehr bedürftig sein,** Tert. adv. gnost. 13.

perindignē, *Adv.* (perindignus), **sehr unwillig,** ferre, Suet. Tib. 50, 2.

per-indignus, a, um, **sehr unwürdig, sehr unanständig,** Sidon. epist. 4, 4, 2.

per-indulgēns, entis, **sehr nachsichtig,** qui perindulgens in patrem, idem acerbe severus in filium, Cic. de off. 3, 112.

perineos, eī, *m.* (περίνεος), der Raum zwischen dem After und der Wurzel des männlichen Gliedes, der sogenannte **Damm,** Cael. Aur. de morb. chron. 5, 3, 59; 5, 4, 66 u. 68 u. a.

per-ineptus, a, um, **sehr unpassend,** hoc enim perineptum est, Porphyr. Hor. epod. 5, 1.

per-īnfāmis, e, **sehr übel berüchtigt,** Suet. Vit. 2, 4. – m. *Genet.,* maleficae disciplinae, wegen usw., Apul. met. 3, 16. – m. *Abl.,* qui locus latrociniis fuit perinfamis, Ascon. Cic. Mil. § 49.

per-īnfirmus, a, um, **sehr schwach,** Cic. de fin. 2, 53. Cels. 2, 14 *extr.*

per-ingeniōsus, a, um, **sehr scharfsinnig, sehr witzig,** homo, Cic. Brut. 92.

per-ingrātus, a, um, **sehr undankbar,** Sen. ep. 98, 11.

per-inīquus, a, um, **I sehr unbillig,** quare videant, ne sit periniquum et non ferendum m. folg. *Acc.* u. *Infin.,* Cic. de imp. Pomp. 63. – **II gar nicht gelassen,** periniquo patior animo m. folg. *Acc.* u. *Infin.,* es ist mir gar nicht gleichgültig, te a me digredi, Cic. ep. 12, 18, 1.

per-iniūrius, a, um, **sehr ungerecht, sehr unrecht,** periniurium est m. folg. *ut* u. Konj., Cato oratt. fr. 21: m. folg. *Infin.,* Apul. apol. 79: m. folg. *Acc.* u. *Infin.,* Min. Fel. 15, 1.

perinlūstris, s. per-illūstris.

per-īnsīgnis, e, **sehr auffallend,** corporis pravitates, Cic. de legg. 1, 51.

Perinthos u. **-us,** ī, *f.* (Πέρινθος), Stadt in Thrazien mit einem Hafen auf einer kleinen Halbinsel, zur Zeit Konstantins des Gr. Heraclea, j. *Erekli* gen., Liv. 32, 33, 7 u. 33, 30, 3. Mela 2, 2, 6 (2. § 24). – Dav. **Perinthius,** a, um, **perinthisch,** subst., Perinthia, ae, *f.,* die Perinthierin, Ter. Andr. prol. 9.

per-inungo, ere, **gänzlich mit Salbe einreiben, -beschmieren,** Varro r. r. 2, 11, 7 (wo aber wahrsch. inungunt zu schreiben ist).

per-invalidus, a, um, **sehr schwach,** Curt. 9, 6 (23), 2 zw.

per-invīsus, a, um, **sehr verhasst,** homo dis ac nobilitati perinvisus, Cic. or. pro Cornel. orat. 1. fr. A. VII, 53 *Mueller:* regium nomen, cunctis fere liberis gentibus perinvisum, Sulp. Sev. chron. 1, 32, 3

per-invītus, a, um, **sehr ungern,** Cic. ep. 3, 9, 1.

perio, s. per-eo a. E. ►.

periocha, ae, *f.* (περιοχή), der **kurze Inhalt,** als Titel einer Schrift eines unbekannten Verfassers (früher dem Livius zugeschrieben) und des Ausonius.

periodeuta, ae, *m.* (περιοδευτής), der **Aufseher,** Cod. Iust. 1, 3, 42.

periodicus, a, um (περιοδικός), **periodisch, zeitweilig,** febres, Plin. 20, 15: typi, Cael. Aur. de morb. acut. 1, 14, 110.

periodus, ī, *f.* (περίοδος), der **Gliedersatz,** die **Periode,** Quint. 9, 4, 14 u. 134. Plin. ep. 5, 20, 4 (von Cic. durch ambitus verborum, comprehensio et ambitus verborum, circuitus u. a. übersetzt, s. Cic. or. 204; Brut. 162; vgl. Quint. 9, 4, 22). – Griech. Form periodos, Quint. 9, 4, 128; in der Tmesis, circuitus, peri, quam dicunt, odos, Carm. de fig. 10. p. 63 H. = Anthol. Lat. 485, 10.

perior, perītus sum, īrī, (Stammwort zu com-, ex-, opperior, periculum, perītus; vgl. griech. πειρᾶν, πεῖρα), **erfahren,** nil iam mihi novi offerri potest, quin sim peritus, Plaut. Pers. 271: quod periti sumus in vita atque usu callemus magis, Acc. Aen. 8. p. 282 R.[2] – *Partic.* perītus als Adj. s. bes.

periosteon, eī, *n.* (περιόστεον), die **Knochenhaut,** Cael. Aur. de morb. chron. 5, 1, 5.

Peripatēticus, a, um (περιπατητικός), zur Lehrart u. Schule des Aristoteles (der seine Lehren auf- u. abspazierend [περιπατῶν] vortrug) gehörig, **peripatetisch,** philosophi, Cic.: secta, Colum. u. Augustin.: disciplina, philosophia, Gell. – subst. = der **Peripatetiker, Anhänger der peripatetischen Schule** (des Aristoteles), Gell. 2, 18, 8: Plur., Varro r. r. 1, 1, 8. Cic. Acad. 1, 18. Colum. 1, 1, 7. Augustin. de civ. dei 8, 12.

peripetasma, atis, *n.* (περιπέτασμα), der **Teppich,** zum Überdecken des Speisesofas, Cic. Verr. 4, 27 u. 28 (wo heteroklit. Abl. Plur. peripetasmatis). Ambros. hexaëm. 3, 1. § 5 u. de Elia 10 *extr.* – Nach Serv. comm. in Donat. 435, 14 soll Cicero auch Genet. Plur. heteroklit. peripetasmatorum gebildet haben, was sich aber in den erhaltenen Schriften nicht findet.

peripherēs, es (περιφερής, ες), **sich herumbewegend,** rein lat. circumstans, Mart. Cap. 9. § 958.

peripheria, ae, *f.* (περιφέρεια), die **Kreislinie,** rein lat. linea circumcurrens, Mart. Cap. 8. § 827.

periphrasis, Akk. in, Abl. ī, *f.* (περίφρασις), die **Umschreibung** (bei Quint. rein lat. circuitus eloquendi, circumlocutio gen.), Suet. gr. 4. Gell. 3, 1, 6.

peripleumonia etc., s. peripneumonia.

periplūs, ī, *m.* (περίπλους), die **Beschreibung der befahrenen Küsten,** Plin. 7, 155.

peripneumonia u. **peripleumonia,** ae, *f.* (περιπνευμονία, περιπλευμονία), die **Lungenentzündung,** Cael. Aur. de morb. acut. 2, 25 *sqq.* § 140 *sqq.;* de morb. chron. 3, 1, 4. – Dav. **peripneumonicus** u. **peripleumonicus,** a, um (περιπνευμονικός, ionisch περιπλευμονικός), die **Lungenentzündung betreffend,** passio, Cael. Aur. de morb. acut. 2, 14, 93. – subst., peripleumonicus (peripneumonicus), ī, *m.,* der **an der Lungenentzündung Leidende,** gew. im Plur., Plin. 20, 176 (peripl.); 22, 108 u. 23, 122 (peripn.). Veget. mul. 2, 10, 3 (Gesn. peripleum, Schneid. peripn.). – Dafür **peripneumoniacus** u. **peripleumoniacus,** Marc. Emp. 20. Th. Prisc. 2, 4 u. 2, 5.

peripodion, iī, n. (περιπόδιον), ein **bis auf die Füße herabgehendes Gewand,** Acro Hor. sat. 1, 2, 99.

peripsēma, atis, *n.* (περίψημα), die **Unreinigkeit,** der **Unflat,** Tert. de pudic. 14. Vulg. 1. Cor. 4, 13.

peripteros, on (περίπτερος), **ringsherum geflügelt,** aedes, ein mit einer Reihe Säulen rings umgebener Tempel (Ggstz. aedes monopteros, ein nur auf einer Seite mit einer Reihe Säulen umgebener), Vitr. 3, 2, 5: Plur. aedes peripteroe (nicht -ae), Vitr. 4, 8, 1. Vgl. Schneider Vitr. 3, 3, 9.

per-īrātus, a, um, **sehr zornig,** alci, Plaut. truc. 656. Cic. ep. 9, 6, 3.

periscelis, idis, *f.* (περισκελίς), eine von Frauen um die Schenkel unmittelbar über dem Knie getragene Spange, die **Schenkelspange, Kniespange,** Hor. ep. 1, 17, 56. Petron. 67, 4. Vgl. Hieron. epist. 64. § 10.

periscelium, iī, *n.* (περισκέλιον) = periscelis, Tert. de cultu fem. 2, 13.

perispōmenon, ī, *n.* (περισπώμενον), ein Wort, das den Zirkumflex auf der letzten Silbe hat, ein **Perispomenon,** Marc. de diff. 4. § 1. u. a.

perissochorēgia, ae, *f.* (περισσοχορηγία), ein **Geschenk obendrein,** Cod. Theod. 14, 26, 2.

perissologia, ae, *f.* (περισσολογία), die **überflüssige Wortfülle,** Serv. Verg. Aen. 1, 658. Fulg. Verg. contin. p. 149 M. Anecd. Helv. 174, 2.

perisson, ī, *n.* (περισσόν, überflüssig), eine Pflanze, sonst strychnon gen., Plin. 21, 179. Ps. Apul. herb. 74.

peristasis, Akk. im, *f.* (περίστασις), der **Gegenstand** einer Rede, das **Thema,** declamatio, Petron. 48, 4.

peristereōn, ōnis, Akk. ōna, *m.* (περιστερεών), das **Taubenkraut, Eisenkraut,** Plin. u. a. – Nbf. **peristerēos** (περιστέρειος), *f.,* Plin. 25, 126 u. 26. 155.

peristrōma, atis, *n.* (περίστρωμα), die **Decke,** der **Teppich,** der **Vorhang,** die **Tapete,** peristromata Campanica, Plaut. Pseud. 146: Babulonica (Babylonica), Plaut. Stich. 378: conchyliata, Cic. Phil. 2, 67 (wo Abl. Plur. heteroklit. peristromatis). – Nbf. peristrōmum, Tract. de dub. nom. in Gramm. Lat. 5, 586, 7 K.

peristrophē, ēs, *f.* (περιστροφή), die **Umdrehung** des Argumentes gegen den Gegner, Mart. Cap. 5. § 563.

peristȳlium, iī, *n.* (περιστύλιον), ein rings mit einem Säulengang umgebener offener Raum; im röm. Haus das **Peristylium**, um das die Wohnungen der Familie lagen, Vitr. 3, 2, 8 u. a. Plin. ep. 10, 70 (75), 3 u. 10, 71 (76). – Gew. Form **peristȳlum**, ī, *n.* (περίστυλον), Varro r. r. 3, 5, 1. Cic. de domo 116. Suet. Aug. 82, 1. Auson. ordo urb. 42. p. 99 Schenkl. Vgl. Schneider Vitr. 3, 3, 9.

perītē, *Adv.* (peritus), **mit Einsicht, mit Erfahrung (der Erfahrung gemäß), kunstgemäß, gescheit,** p. dicere, Cic.: citharā perite uti, Plin. ep.: fecit p. et callide, Cic.: haec sunt concinne distributa, sed tamen non p., Cic.: peritius fieri, Sen.: nihil (dici) peritius de foederibus, Cic.: peritissime venditare, Cic.: peritissime disputare, Val. Max.

Pērithous, ī, *m.*, s. Pīrithous.

perītia, ae, *f.* (peritus), die **Erfahrung** in etwas, die durch Erfahrung erlangte **praktische Kenntnis,** locorum ac militiae, Sall.: caelestium, Spart.: legum, Tac.: futurorum, Gabe der Vorhersehung, Suet. – absol., quibus peritia et verum ingenium est, Sall. fr.: peritiā et arte praestans, Tac.: alci peritia est m. *Infin.*, ii, quibus peritia est ciere ab inferis animas, Lact. 4, 27, 18.

peritonaeum, ī, *n.* (περιτόναιον), die Darmhaut (das Darmfell), die den ganzen Unterleib samt den Gedärmen einschließt, das **Bauchfell,** Cael. Aur. de morb. acut. 3, 17, 142; de morb. chron. 4, 7, 93. – dass. peritonaeos membrana, Cael. Aur. de morb. chron. 3, 4, 57 u. 4, 7, 93 (von Veget. mul. 2, 15, 3 erklärt durch membrana, quae intestina omnia continet).

perītus, a, um (eig. *Partic.* v. perior [bes. in experior, w. vgl.], Erfahrung bekommen), der durch Versuche u. Erfahrungen zu Kenntnissen gekommen ist, **praktisch gebildet, gescheit,** in etwas **bewandert, erfahren, geschickt,** einer Sache **kundig,** subst. ein **Praktiker,** ein **Kunstverständiger** (der mit der Theorie die gehörige Praxis verbindet), Ggstz. imperitus, **I** eig., v. Pers.: **α** absol., Cic. de off. 1, 147 u. a. Prop. 1, 10, 7. Suet. Aug. 95. Tac. hist. 3, 97: benevolus et peritus (einsichtsvoll), Amm. 30, 10, 6: doctor peritus, Quint. prooem. § 27: peritissimi duces, Caes. b. G. 3, 73, 3. – **β** m. *Genet.*: rerum, Cic.: et iuris et litterarum et antiquitatis, Cic.: advocatus sive peritus iuris, Edict. Diocl.: iuris periti veteres, Gell.: legis, Vulg.: linguae (Sprache), Liv.: belli (Ggstz. imbecillus), Liv.: citharae et cantus, Tac.: nandi, ein guter, geübter Schwimmer (Ggstz. nandi imperitus), Liv. u. Tac. matheseos, Lampr.: trium linguarum, Isid.: homines sunt periti non propagandae vitis, nec inoculandae arboris, Apul.: peritior rei navalis, Caes.: caelestium, Tac.: civilium rerum, Tac.: disciplinae militaris, Gell.: rerum litterarumque veterum, Gell.: iuris peritissimus, Cic.: matheseos peritissimus, Spart.: tuendae civitatis peritissimus, Cic.: peritissimos belli fecit, Nep. – **γ** m. *Abl.*: bello, Vell.: arte fabricā, Paul. dig.: pluribus artibus, Vell.: mirabili scientiā bellandi, Auct. b. Afr.: omni genere litterarum, Lact.: iure, Charis.: quis iure peritior? Cic.: iure peritissimus, Aur. Vict. u. Eutr. – **δ** m. *de* u. Abl.: de agri cultura peritissimus, Varro r. r. 1, 2, 10. – **ε** m. *in* u. Abl.: sive in amore rudis sive peritus erit, Prop. 2, 34, 82: in omnibus artibus peritissimus, Spart. Hadr. 15, 10. – **ζ** mit *ad* u. Akk.: vir ad pericula fortis, ad usum et disciplinam peritus, Cic. Font. 43 (33): eum dicerem, qui legum et consuetudinis eius, quā privati in civitate uterentur, et ad respondendum et ad agendum et ad cavendum peritus esset, Cic. de or. 1, 212. – **η** mit folg. *Infin.*: cantare, Verg. ecl. 10, 32: urentes oculos inhibere, Pers. 2, 32 (aber Tac. Agr. 8 Halm peritus obsequii). – **θ** mit folg. *Acc.* u. *Infin.*, Flor. 3, 1, 7 (Halm expertus). – **ι** m. *Acc.*: arma virumque, der Äneïde, Auson. epigr. 137, 1. – **II** übtr., v. Lebl., **mit Kunstverstand gemacht, kunstgemäß, praktisch,** fabula, Auson. epist. 16, 92 (Schenkl peritus fabulis).

periūcundē, *Adv.* (periucundus), **mit großem Behagen** od. **Vergnügen, in** od. **von ganz angenehmer Laune,** in alqa re versari, Cic. Cael. 25: fuit enim periucunde, er befand sich in der besten Laune, Cic. ad Att. 13, 52, 1.

per-iūcundus, a, um, **sehr angenehm, sehr erfreulich,** litterae, disputatio, Cic.: cum Scipioni eorum adventus periucundus et pergratus (sehr willkommen) fuisset, Cic.: in der Tmesis, id mihi pergratum perque iucundum erit, Cic.

periūriosus, a, um (periurium), **meineidig, lügenhaft,** Plaut. truc. 154.

periūrium, iī, *n.* (periurus), der **falsche Eid,** der **Meineid,** Catull., Cic. u. a.: periurio se obstringere, Liv. – meton., Graia periuria, die treulose Schar der Griechen, Sil. 17, 425. – ► Nbf. peiūrium, Plaut. rud. 17 u. 1099. Oros. 4, 5, 2 u. 5, 17, 13. Beda (VII) 229, 6.

per-iūro, s. pēiero.

per-iūrus, a, um (per u. ius), **I eidbrüchig, meineidig,** subst., der **Meineidige,** verb. periurus et mendax, Cic. u. a.: leno periurissimus, Cic. – **II** übtr., **lügend, lügenhaft,** Plaut. mil. 1066: *Compar.*, Plaut. mil. 21; trin. 201 *sq.* (wo peiurius): *Superl.*, periurissime hominum, Plaut. Pseud. 351. – ► Oft Variante pēiūrus, s. Fritsche Hor. sat. 2, 3, 127. – u. peiiūrius, s. Brix Plaut. trin. 201.

perixȳomenos (od. -us), ī, *m.* (περιξυόμενος), der sich im Bad **Abreibende,** eine Statue des Bildhauers Antigonus, Plin. 34, 86.

perizōma, atis, *n.* (περίζωμα), der **Gürtel,** Vulg. genes. 3, 7. Isid. orig. 19, 22, 5 (wo Otto perizomatum) u. a. Eccl.

per-lābor, lāpsus sum, lābī, **durchschlüpfen, durchdringen,** per acies (oculorum), Lucr.: undas rotis, schnell hingleiten über usw., Verg.: aequora, Sil. – mit Angabe bis wohin? m. *ad* u. Akk., **durchdringen bis** usw., unvermerkt und schnell **gelangen bis** usw., indeque perlapsus ad nos et usque ad Oceanum Hercules, Cic.: ad nos vix tenuis famae perlabitur aura, Verg. – m. *in* u. Akk. = **hinein-** od. **hinüberschlüpfen, hinübergleiten,** in aedem Iovis foribus ipsis (gerade durch die Tür), Liv. 28, 11, 2: in insulam nando, mit Leichtigkeit hinüberschwimmen, Tac. hist. 2, 35. – ► Parag. Infin. Präs. perlabier, Lucr. 5, 764.

per-laetus, a, um, **sehr freudig,** supplicatio perlaeta fuit, wurde sehr fr. begangen, Liv. 10, 21, 6.

per-lātē, *Adv.*, **sehr weit,** id (verbum *ineptus*) in sermonis nostri consuetudine perlate patet, hat einen sehr weiten Umfang, Cic. de or. 2, 17.

per-lateo, uī, ēre, **immer verborgen bleiben,** Ov. art. am. 3, 416.

perlātio, ōnis, *f.* (perfero), **I** das **Überbringen, Hinterbringen,** Hyg. astr. 1. praef. p. 344 M. – **II** das **Ertragen, Erdulden,** Lact. 5, 22, 3.

perlātor, ōris, *m.* (perfero), der **Überbringer,** v. Briefboten, litterarum, Paul. Nol. in Augustin. epist. 121, 1. Symm. epist. 5, 28: epistulae tuae, Augustin. epist. 262, 5: libri, *ibid.* 222, 3: perlatore (fascis epistularum) capto, Amm. 21, 16, 11: quia ut cito finirem festinatio perlatoris urgebat, Augustin. epist. 149, 2.

perlātrīx, trīcis, *f.* (Femin. zu perlator), die **Überbringerin,** perlatrices querelarum litterae, Ennod. epist. 1, 22.

per-laudābilis, e, **sehr lobenswert,** forma, Dict. 6, 14.

per-lavo, lāvī, āre, **über und über tüchtig waschen, -abwaschen,** perlavit (imber) parietes, hat durchweicht, Plaut. most. 111: ita ut prius scabies ferro erasa perlavetur urinā hominis, Pelagon. veterin. 26 (359 *Ihm* ›perluatur‹): im Bild, peccatorum fluctibus mersum perlavabit, Tert. de paenit. 4.

perlecebrae, ārum, *f.* (perlicio), die **Verlockung, Verführung,** Plaut. asin. 133 u. Bacch. 1167.

perlectio, ōnis, *f.*, s. 1. pellēctio.

per-lego, lēgī, lēctum, ere, mit den Augen usw. **durchmustern, genau betrachten, I** im Allg.: omnia oculis, Verg.: cunctas animis oculisque sequacibus auras, Stat.: dispositas generosa per atria ceras, Ov. – **II** insbes., lesend, **A durchlesen,** librum, Cic. u. a.: epistulam, litteras, Caes. u. Sall. – **B ganz herlesen, vorlesen,** leges, Plaut.: senatum, Liv.: librum, Suet. – ► Assimil. Nbf. pellego, Plaut. asin. 747. Cic. ad Att. 13, 44, 2. – u. Nbf. perligo, CIL 9, 4933.

per-lepidē, *Adv.*, **sehr hübsch,** narrare, Plaut. Cas. 927.

per-levis, e, **sehr gering, sehr unbedeutend,** perlevi momento, Cic. de lege agr. 2, 80. Liv. 21, 43, 11 u. 24, 34, 2.

perleviter, *Adv.* (perlevis), **sehr leicht, sehr gering,** commotus fuerat, hatte eine leichte Unpässlichkeit gehabt, Cic. ad Q. fr. 2, 6, 1 (2, 5, 2): pungit animi dolor, Cic. Tusc. 3, 61.

per-libēns, -benter, s. perlubēns, perlubenter.

per-līberālis, e, **von sehr guter Erziehung,** Ter. Hec. 864 u. Phorm. 815.

per-līberāliter, *Adv.*, **sehr gütig, sehr freigebig,** Cic. ad Att. 10, 4, 10 u. Rosc. Am. 108.

per-libet, s. per-lubet.

perlībrātio, ōnis, *f.* (perlibro), die **Abwägung** des Wassers, das **Nivellieren,** Vitr. 8, 5, 1.

per-lībro, āvī, ātum, āre, **I abwägen, gleichmachen,** fossae solum, Colum.: excelsa, Sen.: cum perlibratum ita fuerit, Vitr.: planities perlibrata, waagrechte (Ggstz. exigue prona), Colum. – **II** meton., abwägend **schwingen, schleudern,** hastam, Sil.: bipennem, Sil.

perlicio, s. pellicio.

perligo, s. per-lego a. E.

per-līmo, āre, **feilen,** dah. **schärfen, heller machen,** Vitr. 5, 9, 5.

per-linio, īre = perlino, Colum. 9, 12, 2 zw. (*cod. Sang.* perlinat). Vulg. sap. 13, 14.

per-lino, (lēvī), litum, ere, **überschmieren, beschmieren,** alqd pice, Colum.: melle, Apul. – im Bild, Cassianae sententiae fuco perliti iudices, mit dem falschen Anstrich eines kassianischen Spruches, Amm. 26, 10. § 10.

per-lippidus, a, um, **sehr triefend,** os, Plin. Val. 1, 34.

per-liquidus, a, um, **sehr flüssig, sehr lauter und hell,** Cels. 2, 4 *extr.*

per-lito, āvī, ātum, āre, **glücklich opfern,** primis hostiis, Liv.: se tribus bubus perlitasse negavit, Liv.: nec perlitare centum victimis potuerat, Flor. – im Passiv, res divinae perlitatae, Valer. Ant. b. Gell. – *Impers.*, primis hostiis perlitatum est, Liv.: u. so diu non perlitatum tenuerat dictatorem, Liv.: ceteris dis perlitatum ferunt, Liv.

per-lītterātus, a, um, **sehr gelehrt,** Cic. in Hieron. epist. 52, 8.

perlongē, *Adv.* (perlongus), **sehr weit,** Ter. eun. 609.

per-longinquus, a, um, **sehr langwierig,** Plaut. Bacch. 1194.

per-longus, a, um, **I sehr lang,** via, Cic. ad Att. 5, 20, 8. – **II** übtr., **sehr langwierig,** Plaut. trin. 745.

perlubēns (perlibēns), entis (perlubet), **etwas sehr gern tuend** oder **sehend,** ausculto perlubens, Plaut. trin. 780 u. 1041: in quibus me perlibente (was mir sehr lieb ist) Servius allisus est, Cic. ad Q. fr. 2, 4, 6 (2, 6, 6).

perlubenter (perlibenter), *Adv.* (perlubens), **sehr gern, mit großem Vergnügen,** Cic. ep. 7, 14, 2; ad Att. 8, 14, 2 u. a.

per-lubet, uit, ēre, **es beliebt sehr, ich habe große Lust** usw., sed istuc periculum perlubet quod fuerit vobis scire, Plaut. rud. 353: perlubet hunc hominem colloqui, Plaut. capt. 833.

per-lūceo (pellūceo), lūxī, ēre, **I durchscheinen, durchschimmern, hervorschimmern, hervorscheinen, 1** eig.: lux perlucens, Liv.: saxum a vado perlucens, Plin. – **2** bildl., **durchscheinen, durchschimmern, sichtbar sein, hervorleuchten,** perlucet ex eis virtutibus, Cic.: mores perlucent ex voce, Quint. – **II durchscheinen, durchsichtig sein, das Licht durchlassen,** is pellucet quasi lanterna Punica, Plaut. aul. 566: quid enim simile speculis habent nubes, cum illa perluceant, hae transmittant lucem? Sen.: quia in nube est aliquid vitro simile quod potest perlucere, Sen.: amethysti perlucent omnes violaceo colore, Plin. – *Partic.* perlūcēns, **durchsichtig,** aether, Cic.: amictus, Ov.: bildl., oratio, Cic. Brut. 274.

perlūciditās, ātis, *f.* (perlucidus), die **Durchsichtigkeit,** vitri, Vitr. 2, 8, 10.

perlūcidulus (pellūcidulus), a, um (*Demin.* v. perlucidus), **ziemlich durchsichtig,** lapis (Perle), Catull. 69, 4.

per-lūcidus (in Hdschrn. auch pellūcidus), a, um, **durchsichtig,** membranae, Cic.: calices, Fronto: vitrum, Vulg.: cur sal aliud perlucidum aliud inquinatum aut nigrum? Fabian. fr.: di perlucidi et perflabiles, Cic.: homo, der ein durchsichtiges, feines Kleid anhat, Sen.: fides perlucidior vitro, Hor. – übtr., illustris et perlucida stella, heller u. ganz klarer (Ggstz. obscurior et quasi caliginosa stella), Cic. de div. 1, 130.

per-lūctuōsus, a, um, **sehr traurig,** funus, viel Trauer u. Teilnahme erweckend, Cic. ad Q. fr. 3, 8, 5.

per-lūmino, āre, **durchleuchten,** Tert. de carne Christi 4.

per-luo, luī, lūtum, ere, **abspülen, abbaden, benetzen,** pavimentum in balneis, Fronto: intestina aquā, Cels.: vasa aquā, Colum.: manus undā, Ov.: os vino perlutum, ausgespült, Colum.: sudore perlutus, benetzt, Apul. – Passiv perlui medial, **sich abspülen, sich baden,** aquā Plin.: undā, Hor.: perluuntur in fluminibus, Caes . – ► pelluere geschr., Fronto ad M. Caes. 4, 3. p. 64, 13 N.

perlūsōrius, a, um (*perludo), **auf heimlichem Einverständnis beruhend, abgekartet,** iudicium, Ulp. dig. 49, 1, 14 M.

per-lūstro, āvī, ātum, āre, **I** nach lustro *no.* I, B übtr.: **A überschauen, überblicken, besichtigen,** gregem oculis, Liv.: gratam perlustrans oculis praedam, Sil.: perlustrans campos oculis, Sil.: perlustrans diu oculis, Liv.: in der Tmesis, per singula lustrat oculis, Sil. – alqd animo, Cic. – **B durchwandern, durchziehen, durchstreifen,** agros, Liv.: perlustrata armis Germania, Vell. – **II** nach lustro *no.* II = **völlig** (durch ein Reinigungs- od. Sühnopfer) **reinigen, sühnen, heiligen,** Colum. 8, 5, 11.

per-maceo, ēre, **sehr mager-, sehr schwach sein,** permaceat paries, Enn. ann. 534.

per-macer, cra, crum, **sehr mager,** caro, Cels. 2, 21: creta, Cato bei Plin. 18, 34.

per-mācero, āre, **durchweichen, durchwässern,** calculos, Vitr. 7, 2, 1.

per-madefacio, fēcī, ere, **durchfeuchten, durchweichen,** Plaut. most. 143.

per-madēsco, duī, ere, **I ganz nass-, ganz feucht werden,** v. Boden, durchweichen, Colum.: totā nocte, v. einer Pflanze, Colum.: bovis caede, v. einer Pers., Prud. – **II** bildl., **erschlaffen,** deliciis, Sen.: animi permadescunt, Sen.

per-maestus, a, um, **sehr betrübt,** Dict. 1, 23.

per-māgnificus, a, um, **sehr prächtig,** convivium, Vulg. Esth. 2, 18.

per-māgnus, a, um, **sehr groß,** numerus, Caes.: villa, Auct. b. Afr.: hereditas, Cic.: permagnum est m. *Infin.*, te autem permagnum est (muss man für ein hohes Glück schätzen) nancisci otiosum, hoc praesertim motu rei publicae, Cic. de rep. 1, 14. – subst., permagnum, etwas sehr Großes, Cic.: permagni nostrā interest m. folg. *Acc.* u. *Infin.*, es liegt uns sehr viel daran, Cic.: permagno vendere, sehr teuer verpachten (Ggstz. dissolute vendere), Cic. – ► vulg. Superl. permaximus, s. bes. – Superl. *Adv.* permaximē, s. bes.

per-male, *Adv.*, **sehr unglücklich,** pugnare, eine starke Niederlage erleiden, Cic. ad Att. 1, 19, 2 zw.

permānanter, *Adv.* (permano), **hindurchfließend, hindurchdringend,** Lucr. 6, 916.

permānāsco, ere (permano), **hinfließen,** übtr., ad alqm, zu seinen Ohren dringen, ihm zu Ohren kommen, Plaut. trin. 155.

per-maneo, mānsī, mānsum, ēre, **fort und fort bleiben, verbleiben, ausharren, I** im Allg.: Seleucus in maritima ora permanens, Liv.: p. in acie, Hirt. b. G.: non diutius permanere sine periculo eodem loco posse, Auct. b. Afr. – v. Lebl., hae permanserunt aquae complures dies, hielten fort und fort an, Caes. – **II** prägn., **verbleiben, 1** = **fort und fort sich erhalten, fortdauern,** Persae (mortuos) cerā circumlitos condunt, ut quam maxime permaneant diuturna corpora, Cic.: quis enim confidit sibi semper id stabile et firmum permansurum, quod fragile et caducum sit, Cic.: amicitia Masinissae bona atque honesta nobis permansit, Sall.: vox permanens, sich bis ans Ende in derselben Tonlage erhaltende, ausdauernde Stimme, Cic. Brut. 141. – ira inter eos intercessit, quae permansit diu, Ter.: Athenis iam ille mos a Cecrope permansit, Cic.: mundi partium coniunctio … perdiuturna, permanens ad longinquum et immensum paene tempus, sich erstreckend, Cic.: solus ad extremos permanet ille (animus) rogos, Ov.: ultima (coniunx), quae mecum seros permansit in annos, Ov.: caro illa insolubilis et permanens in aeternum, Lact. – **2 fort und fort verbleiben, -verharren,** maneo in voluntate et quoad tu voles permanebo, Cic.: u. so in proposito susceptoque consilio, Cic.: in sua pristina sententia, Cic.: in officio, Caes.: in fide, Liv. – m. *Genet.*, si una indepravata virtus est et sola permanet tenoris sui, Sen. ep. 76, 19.

per-māno, āvī, ātum, āre, **I hindurch-, durchfließen, A** eig.: in saxis ac speluncis permanat aquarum liquidus umor, Lucr. 1, 348. – **B** übtr., **durchdringen,** anima permanat per membra, Lucr.: permanat frigus ad ossa, Lucr.: m. *Acc.*, permanat calor argentum, Lucr. 1, 494. – **II hinfließen, sich ergießen, A** eig.: in omnes partes, Cic.: ad iecur, Cic. – **B** übtr. = **hindringen,** doctrina in civitatem, Cic.: ad aures alcis, Cic., od. ad alqm, Ter., zu jmds. Ohren dringen, jmdm. zu O. kommen. – macula usque eo permanat ad animum (dringt so tief in das Herz), ut etc., Cic.: permanat amor in pectus, dringt ins Herz, Plaut.: conclusiunculae ad sensum non permanantes, kaum dem Sinn nach verständliche, Cic.

permānsio, ōnis, *f.* (permaneo), **I** das **Verbleiben, Verweilen** an einem Ort, principis diuturna perm., Amm. 27, 5, 7: statio significat permansionem, Augustin. serm. 179, 3: quodvis enim supplicium levius est hāc permansione, als immerfort hier zu bleiben, Cic. ad Att. 11, 18, 1. – **II** prägn., das **Verbleiben, Verharren** bei einer Meinung usw., perseverantia est in ratione bene considerata stabilis et perpetua permansio, Cic. de inv. 1, 164: in una sententia perpetua permansio, Cic. ep. 1, 9, 21.

permarcero, āre, s. per-maceo.

per-marīnus, a, um, **mit zur See gehend, zur See geleitend,** Lares permarini, Seelaren, Schutzgötter der zur See Reisenden, Liv. 40, 52, 3 (wo Genet. Plur. permarinum) u. § 6. Dies. wohl promarini di, M. Aurel. bei Fronto ad M. Caes. 3, 9. p. 47, 25 N.

per-mātūrēsco, mātūruī, ere, **völlig reif werden,** Ov., Cels. u. a.

per-mātūro, āvī, āre, **völlig reif werden,** Hyg. fab. 136 (Schmidt permaturuit).

per-mātūrus, a, um, **ganz reif,** bacae, Colum. 12, 48, 1: oleae, Cels. 2, 30: pira aut mala non permatura, Cels. 6, 13 *extr.*

per-māximē, *Adv.*, **ganz besonders,** Cato r. r. 38, 4 *codd.* (Schneider u. Keil maxime), Ps. Augustin. serm. 59.

permāximus, a, um, (permagnus), **gar sehr groß,** Ps. Porc. Latro declam. in Cat. 21. Ps. Quint. trib. Marian. decl. 8 *in.*

permeābilis, e (permeo), **durchgehbar, gangbar,** latitudo vix plaustro permeabilis, Solin. 47, 1.

permeātor, ōris, *m.* (permeo), der **Hindurchgehende,** Tert. apol. 21.

permeātus, ūs, *m.* (permeo), der **Durchgang,** Plur. bei Plin. 20, 228.

per-mediocris, e, **sehr mittelmäßig,** Cic. de or. 1, 220.

per-meditātus, a, um, **wohl zugestutzt, wohl abgerichtet und vorbereitet,** Plaut. Epid. 375 G.

per-medius, a, um, **mitten darin befindlich,** Ven. Fort. epist. praem. carm. 6. libri 5. p. 115, 4 *Leo.*

per-mēio, mīxī, ere, **über und über bepissen,** lectum, Dosith. 54, 3 K.

permēnsio, ōnis, *f.* (permetior), das **Ausmessen,** terrae, Mart. Cap. 7. § 725.

per-mēnsūro, āre, **ausmessen,** omnem terram, Gromat. vet. 242, 14.

per-meo, āvī, ātum, āre, **I durchgehen, durchdringen, durchwandern, passieren,** maria ac terras, Ov. – v. Flüssen, mediam Babylonem, Plin. – **II** bis an ein Ziel **hingehen, a hingelangen, hindringen,** ad lacum, Colum.: longius in hostes, v. Pfeilen, Tac.: in nostrum mare (v. Flüssen), Mela: *impers.*, iter, quo ab usque Pontico mari in Galliam permeatur, Aur. Vict. de Caes. 13, 3. – **b fort und fort gehen,** Colum. 11, 1, 16.

per-mereo, uī, ēre, **durchdienen, seine Kriegsdienste tun,** Stat. silv. 1, 4, 74.

Permēssus, ī, *m.* (Περμησσός), ein Fluss in Böotien, dessen den Musen heilige Quelle auf dem Helikon entspringt und in den Kopaïschen See sich ergießt, Verg. ecl. 6, 64. Prop. 2, 10, 26. – Dav.: **A Permēssius,** a, um, **permessisch,** Claud. laud. Ser. 8. – **B Permēssis,** idis od. idos, Akk. ida, *f.* (Περμησσίς), die den Musen heilige **permessische Quelle,** Mart. 1, 76, 11; 8, 70, 3.

per-mētior, mēnsus sum, īrī, **I durchmessen, ausmessen,** solis magnitudinem quasi decempedā, Cic. Acad. 2, 126. – **II** meton., **durchmessen = passieren, durchwandern, zurücklegen,** ad vos viam, Plaut.: campos celeri passu, Enn. fr.: longum iter, Ps. Quint, decl.: eum circulum eisdem mensibus semel, Vitr.: circiter CCCLX diebus singula signa, Vitr.: aequor, Verg.: Italiae et Siciliae oras errabundus permetiens, Sen.: saecula, durchleben, Mart. – ► *Partic.* permēnsus passiv, sola terrarum postquam permensa parumper, Enn. ann. 455: sic permensum et perlibratum opus, Colum. 3, 13. § 13: permenso tempore lucis, Tibull. 3, 3, 9: aliquanto viae permenso spatio, Apul. met. 8, 18: übtr., gradatim permensis honoribus, *ibid.* 10, 18: permensus rigor, Gromat. vet. 34, 1.

per-mīlito, āre, **durchdienen, ausdienen,** als Soldat, ICt.

per-mingo, mīnxī, ere, **über u. über beharnen, -bepissen,** lectum, Lucil. 1248* (wo Perf. permixi). – meton. = *pedicare,* Hor. sat. 1, 2, 44.

per-minimus, a, um, **gar sehr klein,** Iuvenc. 3, 584.

per-mīrābilis, e, **sehr wunderbar,** Augustin. de genesi ad litt. 1, 10.

per-mīrandus, a, um, **sehr wunderbar,** Gell. 3, 6, 1 (in der Tmesis). Iul. Val. 3, 16 (17).

per-mīrus, a, um, **sehr wunderbar,** naturae opera, Plin. 2, 223: illud vero mihi permirum accĭdit (es kam mir höchst befremdend vor) m. folg. *Acc.* u. *Infin.*, Cic. ep. 3, 10, 5: ut mihi permirum videatur m. folg. *Acc.* u. *Infin.*, Cic. de div. 2, 99: u. so in der Tmesis, in quo per mihi mirum visum est m. folg. *Acc.* u. *Infin.*, Cic. de or. 1, 214.

per-mīsceo, mīscuī, mīstum od. mīxtum, ēre, **durcheinandermengen, vermischen, I** eig.: **a** Lebl.: naturam cum materia, Cic.: glebas dulci aquā, Colum.: victos victoribus, Sen.: noxia gramina innoxiis, Iustin.: gagates cerae permixtus, Plin.: perm. alci ensem, jmd. erstechen, Sil. – **b** Pers.: permixtae gentes, Vulg.: cum suis fugientibus permixti, Caes.: lixae permixti cum militibus, Sall.: permixti fugientibus, Liv.: viginti milibus e toto exercitu permixtis magis quam electis, zusammengewürfelt, Tac. – **II** bildl.: **A** im Allg.: fructus acerbitate permixti, Cic.: ubi ira et aegritudo permixta sunt, Sall.: alcis consiliis permixtus, verflochten, Tac. – **B** insbes., **verwirren, in Unordnung bringen,** Graeciam, Cic.: domum, Verg.: iura divina et humana, Caes.: divina et humana, Sall.: omnia timore, Flor.: dominus permixtus dolore, außer sich vor usw., Apul. – ► Nbf. nach der 3. Konjug. permiscis, Apic. 4, 181.

permissio, ōnis, *f.* (permitto), **I** die **Überlassung** an die Willkür jmds., **a** als milit. *t. t.*, die **unbedingte Übergabe,** Liv. 37, 7, 2. – **b** als rhet. *t. t.*, das **Anheimgeben,** die **Anheimstellung** an die Gnade od. übh. Entscheidung des Richters oder Gegners, Rhet. Her. 4, 39. Quint. 9, 2, 25 u. a. – **II** die **Zulassung, Erlaubnis,** mea perm. mansionis tuae, Cic. ad Q. fr. 3, 1, 3. § 9: absol., sine permissione dei diabolus nocere non potest, Ambros. in Luc. 7. § 115.

permissor, ōris, *m.*, (permitto), der **Zulasser,** mali, Tert. adv. Marc. 1, 22 *extr.*

permissum, ī, *n.*, s. per-mitto *no.* I a. E.

permissus, ūs, *m.* (permitto), die **Zulassung, Erlaubnis,** bei Cic. nur im *Abl.*, permissu legis, mit vom Gesetz erteilter Erlaubnis, mit Vollmacht, Cic.: permissu tuo, Cic.: permissu Romanorum, Liv.: u. bloß permissu, Tac. – bei Spät. auch im *Acc.*, citra permissum praetoris, ICt.

permīstio, s. permīxtio.

permitiēs, s. perniciēs a. E.

per-mītis, e, **sehr mild,** sorba, Colum. 12, 42, 1.

per-mitto, mīsī, missum, ere, **I** bis an ein Ziel **gehen lassen, hinlassen, A** eig. u. übtr.: **1** im Allg.: **a** eig.: equum in hostem, ansprengen, Liv.: quā equi permitti possent, gehen könnten, Liv.: equitatus permissus, eingedrungen, Liv.: se incautius in hostem, ansprengen, Hirt. b. G.: se e summo, sich herablassen, herabspringen, Sisenn.: gregem campo, hinabziehen lassen, Calp. – **b** übtr., medial permitti, v. Lebl. = **hingehen, sich erstrecken,** regio permittitur ad Arymphaeos usque, Mela: odor permittitur longius, breitet sich weiter aus, Lucr. – **2** insbes.: **a schießen lassen,** habenas equo, Tibull. u. Sen. poët. – übtr., vela ventis, Quint., u. classem ventis, Plin. pan. – **b verschicken, versenden,** caseos trans maria, Colum. 7, 8, 6. –

c bis ans Ziel **werfen, schleudern, fliegen lassen,** saxum in hostem, Ov.: tela longius, Hirt. b. G.: visum, seine Blicke hinrichten, hinsehen, Sil. – **B** bildl.: **1** im Allg.: perm. tribunatum, sich des T. uneingeschränkt bedienen, Liv.: bonitatem ad alqm, erweisen, zufließen lassen, Sen.: se ad famam, streben nach usw. Gell.: permitte me in meam quietem, lass mir meine Ruhe, Apul. – **2** insbes.: **a überlassen, lassen, anvertrauen, zur Verfügung stellen, unterwerfen,** alci potestatem, Cic.: negotium, Cic.: consulibus rem publicam, freie Macht im Staat geben (durch den bekannten Senatsbeschluss videant consules, ne etc.), Cic.: feminas maribus, zur Begattung überlassen, Colum.: omnia dicioni eius, Curt.: se in fidem ac potestatem populi, sich auf Gnade u. Ungnade ergeben, Caes.: in dicionem se suaque omnia Romanis, Liv.: se potestati alcis, Caes.: se regis potestati fideique, Curt.: se od. sua fortunae, sich dem blinden Glück ganz in die Arme werfen, Curt. u. Sen.: incommoda sua dolori suo, ihrem Schm. zu rächen überlassen, Cic. – m. dopp. *Acc.*, neque enim liberum id vobis permittet, wird euch nicht freie Wahl darin lassen, Liv. 31, 7, 2: bes. m. Partiz. Fut. Pass., cuius imperio consilioque summam rem pubicam tuendam permiserunt, Liv. 42, 49, 3: Gallias exercitibus diripiendas permittere, Suet. Ner. 43, 1: his adeo se abutendum permisit et tradidit, ut etc., Suet. Galb. 14, 2: his quoque non passim mundi fabricator habendum permisit aëra, Ov. met. 1, 58. – m. bl. *Dat.*, amico perm., den Fr. gewähren lassen, Cic. Tusc. 1, 103. – dah. = **überlassen, freistellen,** mit folg. *Infin.*, Cic. Verr. 5, 22: mit *ut* u. Konj., Cic. u. Liv.: mit bl. *Coniunctiv*, facerent ut vellent, permittentibus cunctis, Liv.: cetera, uti facto opus sit, ita agant permittit, Sall.: consuli permissum, faceret etc., Liv. – **b überlassen, schenken, aufopfern,** inimicitias patribus conscriptis, die Feindschaft aus Rücksicht auf den Senat fahren lassen, Cic.: permitto aliquid iracundiae tuae, sehe etwas nach, Cic. – **c zulassen, erlauben, geschehen lassen,** licentiam, Cic.: morem, Verg.: m. folg. *Infin.*, Nep., Liv. u. a.: m. folg. *Acc.* u. *Infin.*, Plin., Suet., Tac. u. Iustin. (s. Heräus Tac. hist. 1, 47, 8): m. folg. *ut* u. Konj., Cic. u. a.: m. bl. *Coniunctiv*, Plin. ep. 4, 11, 13: absol., lex iubet, aut permittit, aut vetat, Cic.: permittente senatu, Eutr. – *Pass. impers.*, permittitur, es ist erlaubt, man darf, mit folg. *Infin.*, Sen. u. a.: u. permissum est mit folg. *Infin.*, es ist erlaubt, steht frei, Quint.: u. Abl. *absol.* permisso m. folg. *ut* u. Konj., Liv. 6, 25, 5. Curt. 8, 12 (42), 6. – u. *person.*, permittor, es ist mir erlaubt, verstattet, ich kann od. darf. u. oft permissus, dem es erlaubt, verstattet ist, m. folg. *Infin.*, ad Graeciam ire permissus est, Amm. 15, 2, 8: permissi vivere ut vellent, Aur. Vict. de orig. gent. Rom. 4, 3: u. so *ibid.* 9, 1 u. 3; 17, 4. Amm. 14, 1, 3; 14, 2, 15 u. a. Augustin. de civ. dei 1, 28, 1. – m. folg. *ut* u. Konj., qui permissus est, fuit, uti leges municipibus daret, sogen. Lex Iulia municipalis im CIL 1, 206. lin. 159. – *Partic.* subst., permissum, ī, *n.*, die **Erlaubnis,** Hor. ep. 2, 1, 45. Labeo bei Ulp. dig. 11, 7, 8 *pr.* CIL 5, 5096. – **II durchlassen,** fenestellae brevissimae fient, ut permittant columbas ad introitum exitumque, Pallad. 1, 24, 1.

permīxtē, *Adv.* (permixtus v. permisceo), **vermischt, vermengt,** perm. cum partibus implicari, Cic. de inv. 1, 32: perm. dicere, mit Versetzung der Wörter untereinander, Cic. part. or. 24: außerdem Augustin. de civ. dei 2, 2 u. 5, 18 *extr.;* serm. 38, 2.

permīxtim, *Adv.* (permixtus), **vermischt,** Cic. de inv. 1, 34 u. 49. Prud. perist. 11, 192. Iustinian. inst. 2, 20, 3. Oros. 5, 19, 12. Paul. Nol. carm. 21, 213.

permīxtio, ōnis, *f.* (permisceo), **I** die **Vermischung,** Chalcid. Tim. 221 u. 227: terrae, Gärung unter den Elementen der Erde, Sall. Iug. 41, 10. – konkret = die vermischte Sache, die **Mischung,** superior, Cic. Tim. 42: Plur., vina marinis permixtionibus insaporare, Cassiod. var. 12, 4, 3. – insbes., die **Mixtur,** Pallad. 11, 20, 2. Marc. Emp. 23. fol. 119 (b), 45. – **II** die **Verwirrung,** rei publicae, Aur. Vict. de Caes. 41, 14.

per-modestus, a, um, **sehr gemäßigt** (im Betragen), **sehr bescheiden, sehr fügsam,** homo, Cic. Cat. 2, 12. Cic. ad Att. 4, 8. litt. b. § 3: verba edicti fuere pauca et sensu permodesto, Tac. ann. 1, 7.

permodicē, *Adv.* (permodicus), **sehr mäßig, sehr wenig,** Colum. 5, 11, 7.

per-modicus, a, um, **sehr mäßig, sehr klein, unbedeutend,** locus, Suet.: res familiaris, Suet.: dos, Ulp. dig.: somni fuit permodici, Capit. – *neutr. pl.* subst., ut illa ipsa permodica, si mensae prandioque superessent, quamvis alteri convivio reponerentur, jene kleinen (wenigen) Reste, Aur. Vict. epit. 24, 5.

permoestus, s. per-maestus.

permolestē, *Adv.* (permolestus), **mit großem Verdruss,** permoleste tuli, ich war sehr unwillig, es war mir äußerst unangenehm, es ärgerte mich, quem cum audisset interfectum, permoleste tulisse, Cic. Verr. 4, 131: mit folg. *Acc.* u. *Infin.*, de Plaetorio, vicino tuo, permoleste tuli quemquam prius audisse quam me, Cic. ad Att. 15, 17, 1.

per-molestus, a, um, **sehr lästig,** at hi (scrupuli) non sunt permolesti, sind wohl zu ertragen, Cic. ad Att. 1, 18, 2. – v. Pers., odiosum nescio quem occurrisse ac permolestum (aufdringlicher), Donat. Ter. eun. 2, 3, 35.

per-mollis, e, **sehr weich, sehr sanft** zu hören, in carminibus permolle esse, sehr weich klingen, Quint. 9, 4, 65 zw. (Halm u. Meister praemolle).

per-molo, ere, **zermahlen, zerstampfen,** grana piperis, Ser. Samm. 334: dah. uxores alienas = beschlafen, Hor. sat. 1, 2, 35.

per-mōnstro, āre, **genau zeigen,** Amm. 18, 6, 9.

per-morior, morī, **völlig sterben, durch den Tod vernichtet werden,** Commodian. apol. 745 u. instr. 1, 27, 1.

permōtio, ōnis, *f.* (permoveo), **I** die **Erregung,** p. animi, Cic., u. ohne animi, Cic. de or. 1, 53: permotionis causā, um zu rühren, Cic.: mentis p. divina, Erregung, Begeisterung, Cic.: Plur., permotiones animi, Cic. de or. 1, 42. – **II** prägn., die **Gemütsbewegung,** der **Affekt,** Cic. Acad. 2, 135 (Sing. u. Plur.). Augustin. de civ. dei 9, 4, 3. p. 374, 2 D.[2]

per-moveo, mōvī, mōtum, ēre, **stark in Bewegung setzen, I** eig.: terram sarritione, recht umarbeiten, Colum.: resinae uncias tres dolio immergere et permovere, umrühren, untereinanderschütteln, Pallad.: mare permotum, erregt, stürmisch, Lucr. – **II** übtr.: **A** geistig in Bewegung setzen, u. zwar: **a** in Bezug auf den Verstand = **bewegen, veranlassen,** alqm pollicitationibus, Caes.: nihil te curulis aedilitas permovit, *quo minus* castissimos ludos omni flagitio pollueres, konnte dich nicht abhalten zu usw., Cic. de har. resp. 27. – oft im *Partic.*, permotus auctoritate, iniuriis, Caes.: studio dominandi, Sall. – **b** in Bezug auf Gemüt und Herz = **bewegen, rühren, reizen, in Affekt setzen, aufbringen, beunruhigen,** alqm, Cic. u. a.: mentem iudicum, Cic. – im Passiv, permoveri animo, den Mut sinken lassen, Caes.: labore itineris, über das Ungemach des Marsches unmutig werden, Caes.: hoc tumultu permoti, durch diesen Kriegsschrecken beunruhigt (bestürzt), Nep.: u. so oft im *Partic.*, permotus metu, dolore, iracundiā, odio, aus Furcht usw., Cic. u. a.: permoti mente, in einer Art von Entzückung, Cic. – permotus ad miserationem, Tac.: in gaudium, Tac. – **B** einen Affekt **erregen,** omnes affectus, Quint.: invidiam, misericordiam, metum et iras, Tac.

per-mulceo, mulsī, mulsum u. (selten) mulctum, ēre, **streichen, streicheln, I** eig. u. bildl.: **A** eig.: barbam alcis, Liv. u. Val. Max.: alqm manu, Ov.: alci malas, Suet.: equum perm. vel palpari, Ulp. dig.: perm. comas, streichen, glattstreichen, Ov. – **B** bildl.: **a liebkosen, schmeicheln, ergötzen,** sensum voluptate, Cic.: aures, Cic.: alqm, Cic. – **b besänftigen, mildern, beruhigen, zu besänftigen suchen,** senectutem, Cic.: animum alcis, Caes.: iram alcis, Liv.: pectora dictis, Verg.: alqm liberalibus verbis, Sall. hist. fr.: alqm mitibus verbis, Tac. – **II** übtr.: **A (sanft) berühren, betasten,** aram flatu permulcet spiritus austri, weht sanft an, durchsäuselt, Cic. poët.: antequam (arteriae) leni voce permulsae sunt, bevor sie durch einen leisen Ton gelinde angesprochen werden, Rhet. Her.: lumina virgā, Ov.: poet., candida liquidis vestigia lymphis, abspülen, Catull. – **B geschmeidiger machen,** cera picem lenitate permulcens, Pallad. 10, 11, 2. – ► Partiz. permulsus, Varro sat. Men. 584. Rhet. Her. 3,

21. Caes. b. G. 4, 6, 5. Cic. fr. or. A. XII, 2. p. 269, 30 M. (bei Prisc. 9, 51). Catull. 64, 284: permulctus, Sall. hist. fr. 4, 6 (3, 95): permultus, Gell. 1, 11, 2 H.[2]

permulsio, ōnis, *f.* (permulceo), das **Streicheln,** manuum, Non. 59, 25.

per-multus, a, um, **sehr viel,** **a** *adi.*: partes, Verg.: viri, Cic. – **b** subst., permultum, ī, *n.*, **sehr vieles, sehr viel,** Plaut. u. Cic.: u. Plur. permulti, Gell. 1, 11, 2: permulta, Hor.: dah. permulto, **um vieles, viel, weit,** beim *Compar.*, permulto clariora, Cic. – **c** *adv.*, permultum, **sehr viel,** p. interest, utrum etc., Cic.: p. ante, sehr oft vorher, Cic. – ► Kompar. perplures u. Superl. perplurimus s. bes.

per-mundo, āre, **völlig reinigen,** Vulg. Matth. 3, 12. Th. Prisc. 1, 19.

per-mundus, a, um, **sehr reinlich,** volucris, Varro r. r. 3, 7, 5.

per-mūnio, īvi, ītum, īre, **I** **vollends befestigen, die Befestigung** von etwas **vollenden,** quae munimenta inchoaverat, permunit, Liv.: indicat permunitas Athenas esse, Iustin. – **II** (= διατειχίζω, Dosith. 63, 5 K.) **gehörig befestigen,** castra, Liv. u. Tac.: urbem, Iustin.

permūtābilis, e (permuto), **veränderlich,** v. Pers., Amm. 31, 2, 11.

permūtātim, *Adv.* (permutatus v. permuto), **umgekehrt,** Boëth. inst. arithm. 2, 42. p. 138, 16 Fr.

permūtātio, ōnis, *f.* (permuto), **I** die **Veränderung,** der **Wechsel,** coloris, W. der Gesichtsfarbe, Entfärbung, Cic.: sexus, Plin.: seminum, Ausartung, Plin.: defensionis, Quint.: frequens permutatio est, Quint.: eius modi permutationem ordinis facere, eine solche V. der O. vornehmen, Rhet. Her. – im Staat, magna perm. rerum impendet, Cic. Sest. 73. – **II** die **Vertauschung,** der **Umtausch, Tausch,** **1** im Allg.: perm. mercium, Tac. Germ. 5, 4: perm. iumentorum, Pferdewechsel, Amm. 14, 11, 19: res permutationem non recipiunt, Papin. dig. 30, 1, 51: similis si permutatio detur, Tausch (dass die Gattin für den Mann stirbt), Iuven. 6, 653. – Plur., partim emptiones, partim permutationes, Cic. in Pis. 48 (wahrsch. unecht). – **2** insbes.: **a** als *t. t.* der Geschäftsspr.: **α** **Warentausch, Umtausch, Tauschhandel,** Plin. u. ICt. – **β** **Umsatz** der Gelder und Wechsel, publica, Cic.: quadrantaria, s. quadrantārius. – **b** die **Auswechslung** einer Pers., captivorum, Liv. 23, 7, 2. Eutr. 2, 25. – **c** als rhet. *t. t.*, die **Vertauschung** der Ausdrücke, Rhet. Her. 4, 46. – als rhet. Fig. = antimetabole (s. d.), Carm. de fig. 16. p. 64 H.

per-mūto, āvī, ātum, āre, **I** gänzlich von der Stelle **rücken, -herumdrehen** (vgl. Fest. p. 214 [b], 1 *sqq.*), ianuam, die Tür verlegen, Varro: arborem in contrarium, Plin.: ulmus permutanda sic, ut cacumen ab inferiore sit cardine etc., Plin. – bildl., permutatā ratione, auf umgekehrte Weise, umgekehrt, Plin. 19, 106. – **II** übtr.: **A** **umkehren** = **von Grund aus-, durchaus verändern, wechseln,** ordinem, Lucr.: vultum, Petron.: statum rei publicae Cic.: cum argento domum, mit dem Geld den Wohnsitz wechseln = mit dem G. davonlaufen, Plaut.: dominos, Hor.: cum iecore locum, die Stelle wechseln, Plin.: pabula, die Weide wechseln (v. Nomaden), Plin. – **B** machen, dass etwas mit einem anderen wechselt = **wechseln, vertauschen, umtauschen,** **1** im Allg.: nomina inter se, Plaut.: imperium consulare *pro* regio, die königl. Regierung mit der Konsulargewalt vertauschen, Val. Max.: stationum vices, einander (auf den Posten) ablösen, Curt.: habitum hunc vestis cum isto squalore, eintauschen gegen usw., Curt.: alqm Ganymede, Mart. – **2** insbes.: **a** als *t. t.* der Geschäftsspr., **α** Ware gegen Ware **eintauschen,** plumbum margaritis, Plin.: sulphurata vitreis, Mart. – **β** Geld gegen Geld **eintauschen, einwechseln,** denariûm sedecim assibus, Plin. – u. v. Wechselzahlungen, illud, quod permutavi tecum, was du mir durch Wechsel übermacht hast, Cic.: ut cum quaestu populi pecunia permutaretur, in Wechsel umgesetzt würde, Cic.: ut permutetur Athenas, dass das Geld durch Wechsel (= dass der Wechsel) nach Athen geschickt werde, Cic. – **γ** Ware gegen Geld eintauschen = **kaufen,** equos talentis auri, Plin.: permutatur denariis sex, Plin. – **b** eine Pers. **auswechseln, loskaufen,** captivos, Liv. 22, 23, 6. Aur. Vict. de vir. ill. 40, 4: unam anum et duas puellas XXX milibus talentûm auri, Curt 4, 11 (44), 12.

perna, ae, *f.* (verwandt mit pronus), **I** die **Hüfte** nebst dem Fuß, **a** des Menschen, is (= iis) pernas succīdere, Enn. ann. 286. – **b** des Viehes, bes. der Schweine, der Hüftknochen mit dem daran befindlichen Fleisch bis zum Kniebug, die **Hinterkeule,** der **Hinterschinken** (Ggstz. petaso, πετασών, die Vorderkeule, der Vorderschinken), pes pernae, Hor.: perna apruna, Apic.: pernas sallire (salire), Cato u. Varro. – **II** übtr.: **A** eine Art **Muscheln,** Plin. 32, 154. – **B** das vom Mutterstamm mitabgerissene oder abgeschnittene dicke Stück eines von der Basis des Stammes abgerissenen od. abgeschnittenen Wurzelsprosses (stolo), Plin. 17, 67.

pernārius, ii, *m.* (perna), der **Schinkenverkäufer,** CIL 6, 31120.

per-nāvigo, āre, **zu Schiff durchfahren,** Plin. 2, 167.

per-necessārius, a, um, **I** **sehr notwendig, sehr dringend, unumgänglich nötig,** tempus, Cic. ad Att. 5, 21, 1: res, Ulp. dig. 4, 4, 11. §4. – **II** mit jmd. **eng verbunden,** jmdm. **sehr nahe stehend, innig befreundet,** homo, Cic.: homo intimus ac mihi p., Cic.: paternus amicus ac p., Cic. – subst., pernecessarii mei, Cic.

per-necesse, *Adv.*, **unumgänglich notwendig,** esse, Cic. pro Tull. 49.

per-neco, āvī, āre, **völlig töten,** Augustin. serm. 17. Ps. Aug. serm. app. 217, 1.

per-nego, āvī, ātum, āre, **I** **standhaft-, hartnäckig leugnen,** negas? *Ly.* Pernegabo immo, Plaut.: m. folg. *Acc.* u. *Infin.*, Cic. u. a. – **II** **beharrlich verweigern, ganz (rundweg) abschlagen,** m. u. ohne *Dat. pers.*, Plaut., Sen. u. a.

per-neo, nēvī, nētum, ēre, **abspinnen,** poet., von den Parzen, alci supremos annos, Mart. 1, 88, 9: ebenso vita nondum perneta, Sidon. carm. 15, 167.

perniciābilis, e (pernicies), **verderblich, schädlich, den Untergang bringend,** morbi, verheerende, Liv. 27, 23, 6: id perniciabile reo, Tac. ann. 4, 34: nix plurimorum oculis praecipue perniciabilis fuit, Curt. 7, 3 (13), 13.

perniciālis, e (pernicies), **verderblich, tödlich, den Untergang bringend,** discidium, Lucr.: proelia ceteris animalibus pernicialia, Plin.: pernicialia et brassicae cum vite odia (sunt), Plin.

perniciēs (in Hdschrn. auch pernitiēs), ēī, *f.* (per u. nex), **I** das **Verderben,** der **Untergang,** das **Unglück** (Ggstz. salus), sine pernicie corporis, ohne Schädigung d. K., Curt.: perniciem afferre, den Tod verursachen, Plin.: perniciem afferre vitae alcis, Cic.: agi ad perniciem, Phaedr., in perniciem, Plin.: alci perniciem dare, Enn. fr.: depellere perniciem a patria, Cic.: perniciei esse alci, Nep.: facere alci perniciem, V. bringen, Tac.: u. so perniciem ferre, Hor.: facile impelli ad eorum perniciem, Nep.: incumbere ad alcis perniciem, Cic.: incurrere in apertam perniciem, Cic.: machinari alci perniciem, Sall.: moliri alcis perniciem, Cic.: parare alci perniciem, Phaedr.: his opibus paene ad perniciem alcis uti, Caes.: astus hostium in perniciem ipsis vertere, Tac. – Plur., Arnob. 2, 59. – **II** meton. = eine verderbliche, schädliche Person oder Sache, auch wir: das **Verderben,** illa pernicies (Unheilstifter, Unhold), Cic.: p. adulescentum, von einem Leno, Ter.: p. macelli, von einem Fresser, Hor.: p. vini, v. Wasser, Catull.: Plur., **verderbliche, schädliche Tiere,** Colum. 8, 14, 9. – ► Alter *Genet.* pernicii, Sisenn. hist. 6. fr. 128 (bei Gell. 9, 14, 12 u. b. Non. 486, 30). Cic. Rosc. Am. 131; vgl. Gell. 9, 14, 19 u. Non. 486, 28: alter *Genet.* pernicies, nach Charis. 31, 20 *sq.* – alter *Dat.* pernicie, Liv. 5, 13, 5 (aber Nep. Thras. 2, 2 Halm perniciei). Vgl. übh. Gell. 9, 14. – In Handschriften u. bei Grammatikern vorkommende, angeblich archaist. Schreibung permities.

pernicio, ōnis, *f.*, die **Entzündung,** Gargil. Mart. de pom. § 24.

perniciōsē, *Adv.* (perniciosus), **verderblich, schädlich, gefährlich,** multa perniciose, multa pestifere sciscuntur in populis, Cic.: p. luxuriat vitis, Plin.: quo perniciosius de re publica merentur vitiosi principes, Cic.: alqā re perniciosissime compediri, Augustin. epist. 26, 2.

perniciōsus, a, um (pernicies), **verderblich, schädlich, gefährlich,** bes. = **staatsgefährlich** (Ggstz. salutaris), morbi, Plin.: animalia, Augustin.: exemplum, Cic.: consulatus, Cic.: lex, Caes. u. (Ggstz. egregia lex) Cic. fr.: dimicatio, Caes.: certamen, Liv.: seditio, Liv.: exitus iudicii, Cic.: ut Iugurtha pacem an bellum gerens perniciosior esset in incerto haberetur, Sall.: morbi perniciosiores pluresque sunt animi quam etc., Cic.: perniciosissimus morbus, Veget. mil.: signum perniciosissimae mentis, Quint.: perniciosissimum fore videbat, si etc., es würde von den gefährlichsten Folgen sein, wenn usw., Nep. – m. *in* u. Abl., in iocis quoque perniciosus, Lampr. Commod. 10, 4. – *neutr. pl.* subst., perniciosa loquebatur de mansione tua, er sprach immer über dein Bleiben in Ausdrücken, die dir gefährlich werden konnten, Cic. ad Att. 11, 6, 6: de fructu nuptiarum convincuntur perniciosiora sentire, gefährlichere Gedanken zu hegen, Augustin. op. imperf. c. Iulian. 5, 25.

pernīcitās, ātis, *f.* (pernix), die **Behendigkeit, Hurtigkeit, Flinkheit** (Ggstz. clauditas, Apul. flor. 16. p. 22, 14 Kr.), pern. et velocitas, Cic.: pern. pedum, Plaut. u. Liv.

pernīciter, *Adv.* (pernix), **behend, hurtig,** alqm alterā manu apprehendere, Plaut.: exsilire, Catull.: equo desilire, Liv.: pernicius, quo libuerit, exsultant, Plin.: tortā ruunt pernicius hastā, Claud.

per-niger, gra, grum, **ganz schwarz,** oculi, Plaut. Poen. 1113.

per-nimius, a, um, **gar zu groß, gar sehr groß;** dah. pernimium (*neutr.*) *adv.*, **gar sehr viel,** haec interpretatio perdura et pernimium severa est, Papin. dig. 48, 3, 2. § 1: nimium inter vos, Demea, pernimium interest, es ist ein gar sehr großer Unterschied, Ter. adelph. 393: in der Tmesis, per parce nimium, Ter. Andr. 455.

pernio, ōnis, *m.* (perna), die **Frostbeule** an den Füßen, Plin. 23, 74 u. a. Scrib. Larg. 219. Th. Prisc. 1, 28.

per-niteo, ēre, **sehr glänzen,** Mela 3, 9, 2 (3. § 88).

pernitiēs, s. perniciēs.

perniunculus, ī, *m.* (*Demin.* v. pernio), eine **kleine Frostbeule,** Plin. 26, 106.

pernīx, īcis (von perna, mit leistungsfähiger Ferse), **I ausdauernd,** taurus, Verg. georg. 3, 230. – **II behend, hurtig, flink** (Ggstz. gravis, schwerfällig), corpus, Liv.: puella, Catull.: canis (Ggstz. canis gravis), Colum.: quamvis pernix hic homo est, flink auf den Beinen, Plaut.: sum pernix pedibus, manibus mobilis, Plaut.: velocitas pernix, Plin.: pernix fuga, Apul.: pernicior vento, Stat.: pernicissimae quadrigae, Colum.: pernicissimum tempus, Sen. – poet. m. folg. *Infin.*, amata relinquere pernix, schnell mit den Neigungen wechselnd, Hor. de art. poët. 165. – ► Abl. pernice, Lucr. 2, 635, gew. pernici.

per-nōbilis, e, **I sehr bekannt, sehr berühmt,** epigramma Graecum, Cic. Verr. 4, 127: Abydos Leandri amore pernobilis, Mela 2, 2, 7 (2. § 26). – **II von sehr vornehmer Herkunft, sehr vornehm,** matronae, Lampr. Alex. Sev. 41, 2: genus, Auct. Vict. de Caes. 19, 2.

pernoctanter, *Adv.* (pernocto), **übernachtend,** Arnob. in psalm. 130 u. a. Eccl.

pernoctātio, ōnis, *f.* (pernocto), das **Übernachten,** Hieron. epist. 108, 9 u. a. Eccl.

pernocto, āvī, ātūrus, āre (pernox), **I die Nacht zubringen, übernachten,** hic, Ter.: foris, Ter.: ad ostium carceris, Cic.: in nive, Cic.: in foro, in publico, Cic.: paene in rostris, Tac. dial.: in silvis, Porphyr. Hor.: eodem loco, Hirt. b. G.: extra moenia, Liv.: apud alqm, Cic.: cum alqo, Nep. (u. so interea pro me pernoctet epistula tecum, Ov.): cum alqo noctem in stramentis perpetem, Plaut. – im Bild, haec studia pernoctant nobiscum, Cic.: sapientis animus cum his habitans pernoctansque curis, Tag und Nacht mit solchen Forschungen beschäftigt, Cic. – **II** insbes.: **a die Nacht hindurch liegen,** cum salibus (in Salz), v. Oliven, Pallad. 11, 10, 1. – **b die Nacht hindurch scheinen,** lumina pernoctantia, Amm. 14, 1, 9.

pernōnidēs, ae, *m.* (perna), **Schinkensohn,** scherzh. Patronymikum (wie Aesonides v. Aeson), laridum pernonidam, ein Schinkenstück, Plaut. Men. 210 *Leo*.

per-nōsco (archaist. pergnōsco), nōvī, ere, **recht-, gehörig-, genau (gründlich) kennenlernen,** hominum mores ex oculis, vultu etc., Cic.: omnes animorum motus penitus, genau erforschen, Cic.: m. folg. indir. Fragesatz, ut pernoscatis, ecquid spei sit relicuom, Ter.: pernoscite (prüft ihr genau), furtumne factum existimetis, an etc., Ter.: dah. pernovi = ich kenne genau, utrosque probe, Plaut.: non satis alqm, Ter. – ► Synk. Perf.-Formen, pernosti, Ter. Andr. 503: pernoram, Plaut. Bacch. 276.

per-nōtēsco, nōtuī, ere, **überall bekannt werden,** adeo cuncta mox pernotuere, ut etc., Tac. ann. 12, 67; nova culpa pernotuit, Ps. Quint. decl. 3, 1. – *impers.*, pernotuit, **es ist überall bekannt geworden,** m. folg. *Acc.* u. *Infin.*, Tac. ann. 1, 23 u. a.

per-noto, āre, **aufzeichnen, anmerken,** Boëth. inst. arithm. 1, 12. p. 29, 8 u. a.

per-nōtus, a, um, **sehr bekannt,** Dioxippus pugil ob eximiam virtutem virium regi pernotus et gratus, Curt. 9, 7 (28), 16: Marathon Persicā maxime clade pernotus, Mela 2, 3, 6 (2. § 45): id accīdere pernotum est auditorum facilitate, Min. Fel. Oct. 14, 4.

per-nox, noctis (nur im *Nom.* u. *Abl.*), **die Nacht hindurch** (s. Isid. orig. 10, 212), somnus, Fronto: luna p. erat, Liv.: lunā pernocte, bei Vollmond, Ov.: luna alias pernox (die ganze Nacht hindurch scheinend), alias sera (spät aufgehend), Plin.: von Pers., pernox et per diem, Apul.: pernox et perdius, s. perdius.

per-noxius, a, um, **sehr schädlich,** m. *Dat.*, Mossyni pernoxii appulsis (den Gelandeten), Mela 1, 19, 10 (1. § 106).

per-numero, āvī, ātum, āre, **I herzählen, aufzählen, zuzählen, a** übh.: alci opes, Mart. 12, 62, 12: *Da.* Absolve me atque argentum numera, ne comites morer. *St.* Pernumeratum est, Plaut. Epid. 632. – **b** insbes., **aufzählen = auszahlen,** imperatam pecuniam, Liv. 28, 34, 12: de capite deducite, quod usuris pernumeratum est, Liv. 6, 15, 10. – **II durchzählen, Stück für Stück zählen,** res hereditarias, Ulp. dig. 37, 9, 1. § 24.

pernunculus, ī, *m.*, *Demin.* v. perna, s. d., Not. Tir. 103, 72.

1. pēro, ōnis, *m.*, der **Stiefel,** der bis zur Wade reichte u. vorn zugeschnürt wurde, aus roher Haut, an der noch die Haare saßen, bes. von Soldaten, Fuhrleuten, Landleuten und Hirten getragen (s. Isid. orig. 19, 34, 13), Cato origg. 7. fr. 7. Verg. Aen. 7, 690. Iuven. 14, 186. Sidon. epist. 4, 20, 2: peronibus crura omnia pedesque muniri, Iul. Val. 3, 17 (3, 16).

2. Pērō, ūs, *f.* (Πηρώ), Tochter des Neleus u. Schwester des Nestor, Prop. 2, 3, 53.

per-obscūrus, a, um, **sehr dunkel,** quaestio, Cic.: fama, Liv.

per-ōdī, ōdisse, **sehr hassen,** culpam, Manil. 5, 414 (415). – *Partic.* perōsus s. bes.

per-odiātus, a, um, **sehr gehasst,** Not. Tir. 46, 91.

per-odiōsus, a, um, **sehr verhasst, sehr zuwider,** Cic. ad Att. 10, 17, 2; 13, 22, 4.

per-officiōsē, *Adv.*, **sehr gefällig,** qui me quidem perofficiose et peramanter observant, die mir mit der äußersten Gefälligkeit und Aufmerksamkeit begegnen, Cic. ep. 9, 20, 3.

per-oleo, lēvī, ēre, **einen durchdringenden üblen Geruch haben** (während redolere nur = stark riechen), Lucr. 6, 1153. Lucil. 1067, wo synkop. *Infin. Perf.* perolesse (vgl. Prisc. 9, 53).

pērōnātus, a, um (pero), **gestiefelt,** Pers. 5, 102.

per-opācus, a, um, **sehr schattig,** spelunca, Lact. 1, 22, 2.

peropportūnē, *Adv.* (peropportunus), **recht gelegen, recht willkommen,** venire, Cic.: fortuna se obtulit, Cic.: patribus et plebi p. externa pax data, Liv.

per-opportūnus, a, um, **sehr gelegen, recht willkommen,** deversorium, Cic.: mors Hannibalis, Liv.: alci peropportuna victoria est, Cic. u. Liv.

per-optātus, a, um, **sehr erwünscht,** gaudia, Firm. math. 3, 10, 5: dah. **peroptātō** (*Abl. Neutr.*), **ganz nach Wunsch,** Cic. de or. 2, 20.

per-optimus (peroptumus), a, um, **überaus-, sehr gut,** getadelt von Charis. 232, 13 u. 234, 8.

per-opus, *Adv.*, **sehr nötig,** sed nunc peropus est, aut hunc cum ipsa aut de illa me advorsum hunc loqui, Ter. Andr. 265.

per-ōrātio, ōnis, *f.* (peroro), **I** die **Auslassung** in Worten, der **Vortrag,** die **Rede,** hinc illa atrox peroratio in digitum, Plin. 27, 4. – **II** prägn.: **a** = ἐπίλογος (epilogus), die **Schlussrede,** der **Schluss,** der **Epilog,** der letzte Teil einer Rede nach der Abhandlung des Themas (Ggstz. initium), auch im Plur., Cic. u. Quint. – **b** die Erörterung des letzten Redners in einem von mehreren geführten Prozesse, die **Schlusserörterung,** Cic. Brut. 127; or. 130.

per-ōrnātus, a, um, **ausnehmend schön,** v. Redner, Crassus et perornatus et perbrevis, Cic. Brut. 158.

per-ōrno, āvī, āre, **beständig zieren,** senatum, beständig eine Zierde des S. sein, Tac. ann. 16, 26 (Halm semper oravisset): defecta in parte perornant, Paulin. Nol. carm. 20, 304.

per-ōro āvī, ātum, āre, **I** etwas mündlich **ausführen, durchführen,** vollständig **erörtern, -vortragen,** über etw. gegen jmd. **sich auslassen, einen Vortrag-, eine Rede halten,** bes. als *t. t.* der gerichtl. Redekunst, **α** m. *Acc.* od. *Acc.* u. *Infin.*: contra tales oratores totam causam, Cic.: breviter peroratum esse potuit (hätte es mit kurzen Worten abtun können), nihil me commisisse, Liv. – **β** absol.: cum accusatores et testes certatim perorabant, Tac. – cum *de* ceteris perorasset, Nep.: rabie quādam perorare (losziehen) *in* omnes aevi medicos, Plin.: certabant, cui ius perorandi *in* rem darent, Tac. – **II** prägn., einen Vortrag usw. **durchführen** = **beendigen, schließen,** **α** m. *Acc.*: de qua cum dixero, totum hoc crimen decumanum peroraro, Cic.: res illā die non peroratur, iudicium dimittitur, Cic.: narratione peroratā, Rhet. Her. – dah. übtr., sed haec tum laudemus, cum erunt perorata, wenn alles aus sein wird, Cic. ad Att. 5, 10, 2. – **β** absol. = (den Vortrag) **schließen,** sowohl vom Schluss eines jeden Vortrags, quoniam satis multa dixi, est mihi perorandum, Cic.: haec tria cum docuero, peroraro, Cic. – als insbes. v. der eigentl. Schlussrede (dem Epilog) des letzten gerichtl. Redners, perorandi locum semper tibi reliquit, Cic.

per-ōsculor, ārī, **der Reihe nach küssen,** Mart. 8, 81, 5.

perōsē, *Adv.* (perosus), **auf verhasste Weise,** Apul. apol. 38 H. (Helm operose).

perōsus, a, um (perodi), **I** aktiv = **sehr hassend, voll Hass** gegen usw., dah. auch einer Sache **ganz überdrüssig** (s. Drak. Liv. 3, 34, 8), decem virorum scelera, Liv.: solitudinem, Curt.: lucem, das Licht scheuend, Ov., u. des Lebens ganz überdrüssig, Verg.: genus virorum, Ov.: Narcissi amicos, Suet.: filium non solum ultra patrium, verum etiam ultra humanum morem, Iustin. – dah. perosum esse = **sehr hassen, sehr gram sein,** plebs consulum nomen perosa erat, Liv.: superbiam violentiamque tum perosos (*sc.* esse) regis, Liv.: si non populum Romanum perosi sunt, Aug. b. Suet. – m. *Genet.*, illa (Eulalia) perosa quietis, Prud. perist. 3, 41. – **II** passiv = **sehr verhasst,** thalami, Iuvenc. 3, 482: deo perosus, Tert. de paen. 5: *Compar.*, veritas tanto perosior, Tert. de anim. 1.

per-pāco, āvī, ātum, āre, **völlig in Friedensstand setzen, -den Frieden herstellen, völlig zur Ruhe bringen,** Brennos per Claudium Drusum, Flor.: Samnites usque ad mare superum, Aur. Vict.: post paucos dies omnibus perpacatis, Liv.: necdum enim omnia in Graecia perpacata erant, Liv.

per-palaestricōs, *Adv.* (per u. παλαιστρικῶς), **ganz wie in der Ringschule** = sehr gewandt, *Afran. com. 154 R.[2]

per-pallidus, a, um, **ganz blass,** color (morientis) aut niger aut perpallidus, Cels. 2, 6 *in.*

per-parcē, *Adv.*, **sehr sparsam,** Ter. Andr. 455 Sp. u. Kl. (Fleckeisen u. Umpfenbach per parce nimium = pernimium parce).

per-parum, *Adv.*, **sehr wenig,** Veget. mul. 4, 4, 9. Augustin. c. litt. Petil. 2, 38. § 91.

per-parvulus (perparvolus), a, um, **sehr klein,** sigilla, Statuetten, Cic. Verr. 4, 95: scrupuli, Solin. 53, 25.

per-parvus, a, um, **sehr klein,** semina, Lucr.: perparva et tenuis civitas, Cic.: insula, Plin.: cubiculum, Suet.: manus (Mannschaft), Vulcat. Gallic.: controversia, culpa, Cic. – *neutr.* subst., perparvum (sehr wenig, ein sehr geringer Teil) ex illis magnis lucris ad se pervenire, Cic. Verr. 3, 130. – ► Superl. perminimus s. bes.

per-pāsco, ere, **abweiden,** Varro LL. 5, 95 (Spengel mit *cod. Goth.* pascebant). – Depon. Nbf. **perpāscor,** pāscī, poet. übtr., fluvius perpascitur agros, durchströmt verheerend, Auct. Aetnae 491 (Haupt [493] aut per inaequales volvens compescitur agros): commorati sunt ibi usque dum perpascerentur, Itala (Corb.) Iudith. 5, 9.

per-pāstus, a, um (per u. pasco), **wohl gefüttert, wohl genährt,** canis (Ggstz. macie confectus lupus), Phaedr. 3, 7, 2.

per-pateo, ēre, **weit offen stehen,** qui eam (ianuam) aperirent bonis, civibus facerent perpatere, Augustin. serm. 100, 1 Mai.

per-pauculus, a, um, **sehr wenig,** passus, ein paar Schritte, Cic. de legg. 1, 54. – subst., accipe perpaucula (ein paar Worte) contra somnum ad tua pro somno, M. Aurel. b. Fronto ad M. Caes. 1, 4 (3) *in.*

per-paucus, a, um, **sehr wenig, a** *adi.*: homines, Ter.: advocati (Ggstz. complures armati), Cic.: perpaucae res sunt, in quibus etc., Cic.: naves, Liv.: perpaucorum hominum, er beschränkt sich auf den Umgang mit sehr wenigen, Ter. eun. 409: perpaucissimi agricolae, Colum. 3, 20, 6. – **b** *Plur. subst.*: **α** *m.*, perpauci, sehr wenige, Liv. u. a. – **β** *n.*, perpauca mihi restant, Cic.: perpauca dicere, Cic.: perpauca loqui, Hor.: perpauca mutare, Cic.

per-paulus, a, um, **gar sehr wenig, a** *subst.*, perpaulum, ī, *n.*, **sehr wenig,** loci, Cic. de or. 2, 150. – **b** *adv.*, perpaulum, **ein klein wenig,** declinare, Cic. de fin. 1, 19.

per-pauper, peris, **ganz arm,** Afran. com. 160. Cic. ad Att. 6, 3. § 5.

per-pauxillus, a, um, **sehr wenig,** subst. per-pauxillum, **etwas sehr weniges,** Plaut. capt. 177 (Brix perpausillum).

per-pavefacio, ere, **sehr erschrecken, ängstigen,** Plaut. Stich. 85.

per-pedio, īre (pes) = impedio, **verhindern, hindern,** linguam (an der Zunge) perpedior, *Acc.* tr. 279.

per-pello, pulī, pulsum, ere, **einen tüchtigen Stoß geben, heftig anstoßen, -stoßen, I** eig.: alqā re perpelli, Nigid. bei Non. 144, 21. – **II** übtr.: **1 mit aller Gewalt antreiben, -vermögen, es dahin bringen, es durchsetzen** bei usw., animum p., Plaut.: urbem eo metu ad deditionem, Liv.: alqm ad societatem, Tac.: id (dazu) pecuniā et saepius vi, Tac.: öfter mit *Acc. pers.* u. folg. *ut* u. Konj., Sall. u. Liv., od. m. folg. *ne* u. Konj., Sall.: absol. m. folg. *ut* u. Konj., Liv. u. Tac. (s. Weißenb. u. M. Müller Liv. 1, 45, 2. Heräus Tac. hist. 3, 54, 12): mit *Acc.* u. m. folg. *Infin.*, Tac. (s. Dräger Tac. ann. 11, 29. Heräus Tac. hist. 5, 2, 9): ganz absol., suadere, orare usque adeo donec perpulit, so lange, bis er es durchsetzte, Ter. Andr. 662. – **2** auf jmd. **einen tiefen Eindruck machen,** candor huius te et proceritas, vultus oculique perpulerunt, Cic. Cael. 36.

perpendiculāris, e (perpendiculum), **senkrecht, lotrecht,** Gromat. vet. 100, 13; 101, 1 *sqq.*; 297, 2 *sqq.* u. a.

perpendiculātor, ōris, *m.* (perpendiculum), der Handwerker, der sich des Senkbleis (Lots) bedient, etwa der **Steinmetz, Maurermeister,** Aur. Vict. epit. 14, 5.

perpendiculātus, a, um (perpendiculum), **senkrecht,** Mart. Cap. 6. § 593.

perpendiculum, ī, *n.* (perpendo), das **Senkblei, Richtblei,** das **Lot,** ad perpendiculum columnas exigere, Cic.: dah. ad perpendiculum, **senkrecht, lotrecht, schnurgerade,** Cic. u. Caes.: bildl., ad perpendiculum seque suosque habuit, nach dem Schnürchen, Auson. parent. 7, 8. p. 44 Schenkl.

per-pendo, pendī, pēnsum, ere, **I genau abwägen,** Gell. 20, 1, 34: im Bild: paribus momentis potestatem voluntatis aequā lance perp., Augustin. epist. 186, 34: ista possibilitas non aequā lance perpenditur, *ibid.* § 36 *extr.* Vgl. perpensum. – **II** übtr., **genau abwägen, -untersuchen, -erwägen, in nähere Erwägung ziehe,** alqd ad disciplinae praecepta, Cic.: quid in amicitia fieri oportet, quae totā veritate perpenditur? Cic.: sed eius aequitas aratorum commodo et voluntate perpenditur, wird abgewogen, abgemessen, abgeschätzt nach usw., Cic.: iudicare et p., quantum quisque possit, Cic.: perpensum habere, an etc., Colum.: vitia virtutesque, genau gegeneinander abwägen, Suet.: syllabas, Quint.: iudicium, ICt.

Perpenna, s. Perperna.

perpēnsātio, ōnis, *f.* (perpenso), die **sorgfältige Erwägung,** Gell. 2, 2, 8.

perpēnsē, *Adv.* (perpensus), **genau** od. **wohl erwogen, mit Über-**

legung, perpense atque examinate, Ambros. de Cain et Abel 1, 2, 5: *Compar.* b. Amm. 25, 10, 15 u. 26, 5, 13.

perpēnsio, ōnis, *f.* (perpendo), das **Abwägen,** aequa lancis perpensio, bildl., unparteiisches Abw. = unparteiisches Urteil, Augustin. epist. 186, 36 *extr.*

perpēnso, āre (*Intens.* v. perpendo), **genau erwägen,** Gratt. cyn. 299. Amm. 16, 4, 1 u. a.

perpēnsum, ī, *n.* (perpendo), das **gerichtete Diopterlineal** (groma), Gromat. vet. 26, 11 u. 32, 18.

perpēnsus, a, um, *PAdi.* (perpendo), **genau** od. **wohl erwogen,** homo examinis iudiciique perpensi, Arnob. 2, 14: possumus intellegere et hoc perpensioris fuisse consilii, Ambros. in Luc. 2, 1.

perperam, *Adv.*, **unrecht, I** in Bezug auf den Ggstd. = **unrichtig, falsch, fälschlich** (Ggstz. recte), facere, Cic.: iudicare, Cic.: dicere, Ter.: interpretari, Sen.: ita me insimulatam perperam probri esse somniavi, Plaut. – **II** in Bezug auf die Person, **aus Versehen, aus Irrtum,** facere, Varro: ad castra venire, Auct. b. Hisp.: alqm non consulem, sed imperatorem pronuntiare, Suet.

perperitūdo, inis, *f.* (perperus), das **fehlerhafte Betragen,** die **Unbesonnenheit,** Acc. pragmat. inc. II, 2 M. (b. Non. 150, 14).

Perperna u. **Perpenna**, ae, *m.*, röm. Eigenname, Form *-perna,* Liv. 44, 27, 11. Flor. 2, 20, 6. Fronto de orat. p. 161, 17 N. Serv. Verg. Aen. 7, 728: Form *-penna,* Nep. Cat. 1, 1. Tac. ann. 3, 62. Iustin. 36, 4, 9. CIL 1, 578.

perperus, a, um (πέρπερος), nicht gehörig beschaffen, **fehlerhaft, unrecht,** Acc. bei Non. 150, 12 (Vopisc. Tac. 6, 2 Peter praeproperum).

perpes, petis = perpetuus, **aneinanderhängend, ununterbrochen, fortwährend, beständig,** silentium, Apul.: gemitus (Plur.), Lact.: patientia, Sulp. Sev.: per annos septem perpetes, Lact.: des mihi operam perpetem, Pacuv. fr.: tibi perpetes debebo gratias, Mart. Cap. – v. der Zeit, perpetem diem, den ganzen Tag hindurch, Solin.: per annum perpetem, Lact.: anno perpeti, Apul.: perpeti anno, CIL 3, 4121: noctem perpetem, die ganze Nacht hindurch, Plaut. Amph. 280: so auch nocte perpeti, Iustin. u. a.

perpessīcius, a, um (perpessus), **der viel ausgestanden hat, -ausstehen kann, geduldig,** Sen. ep. 53, 6 u. 104, 27.

perpessio, ōnis, *f.* (perpetior), das **Ausstehen, Erdulden,** laborum, Cic.: obstinata tormentorum perp., Sen.: dolorum gravissimorum perp., Sen.: laborum perfunctio et perp. dolorum, Cic.: absol., ceterum illic est fortitudo, cuius patientia et perpessio et tolerantia rami sunt, Sen. ep. 67, 10.

perpessor, ōris, *m.* (perpetior), der **Erdulder,** tantae illius persecutionis pro veritate perpessor, Augustin. serm. 313, 2.

perpetim, *Adv.* (perpes), **ununterbrochen, fortwährend, beständig,** Isid. orig. 13, 13, 11. Gregor. Tur. de curs. stell. § 63.

perpetior, pessus sum, petī (per u. patior), **standhaft erdulden, -aushalten, -ausstehen,** animus aeger … neque pati neque perpeti potest, Enn. fr.: dolorem, Cic.: paupertatem facile, Nep.: stuprum, Curt.: imbres, Ov.: ventos et imbres, Verg.: v. Abstr., vehementius quam gracilitas mea perpeti posset, Plin. ep. – m. folg. *Acc.* u. *Infin.*, sich überwinden, es dulden, Plaut. asin. 845. Ter. eun. 551. Catull. 68, 6. Verg. Aen. 12, 644. Ov. met. 3, 622. Vopisc. Prob. 20, 2: m. folg. *Infin.*, perpetiar memorare, will es über mich gewinnen, Ov. met 14, 466: m. folg. *ut* u. Konj., senatus populusque Romanus perpessus est, ut imperatorem per sex menses, dum bonus quaeritur, res publica non haberet, Vopisc. Tac. 2, 1.

perpetoālis, e, s. perpetuālis.

perpetrābilis, e (perpetro), **tunlich, erlaubt,** Tert. ad uxor. 2, 1.

perpetrātio, ōnis, *f.* (perpetro), die **Vollziehung, Begehung,** Eccl.

perpetrātor, ōris, *m.* (perpetro), der **Vollzieher, Begeher,** Eccl.

perpetro, āvī, ātum, āre (per u. patro), **durchsetzen, zustande bringen, vollbringen, völlig beendigen, vollziehen, verrichten, begehen,** opus. Plaut.: sacrificium rite, Liv.: sacrum in monte, Liv.: promissa, Tac.: ad reliqua belli perpetranda, Tac.: caede perpetratā, Liv.: bello perpetrato, Liv.: quibus perpetratis, Tac. – m. folg. *ut* od. *ne* u. Konj., es zustande bringen, es dahin bringen, es durchsetzen, Tac. ann. 12, 58 u. 14, 11. – m. folg. *Infin.*, nisi (id) efficere perpetrat, Plaut. truc. 465.

perpetuālis, e (perpetuus), **überall geltend, allgemein, durchgängig,** als Übersetzung von καθολικός, Quint. 2, 13, 14. – ▶ Vulg. perpetoalis, CIL 6, 19996.

perpetuāliter, *Adv.* (perpetualis), **fortwährend** (Ggstz. temporaliter), Augustin. serm. 51, 9 Mai. Arnob. in psalm. 121 u. a. Spät.

perpetuārius, a, um (perpetuus), **beständig,** mulio, nach Friedländer = ein M., der beständig unterwegs ist, indem er Reisende nach aller Herren Ländern führt, Sen. apoc. 6, 1. – subst., perpetuārius, iī, *m.*, der **Erbpachter,** Cod. Iust. 11, 70, 5.

perpetuē, *Adv.* (perpetuus) = **ununterbrochen, in einem fort, stets,** perpetuen valuisti? Plaut. Epid. 17 G.: vincere, Cassiod. in psalm. 64, 2.

perpetuitās, ātis, *f.* (perpetuus), die **ununterbrochene Fortdauer,** der **ununterbrochene Fortgang** od. **Zusammenhang,** die **beständige (ewige) Dauer,** die **Stetigkeit, Nachhaltigkeit,** vitae, Cic.: omnis consequentis temporis, Cic.: orationis (Ggstz. membra minutiora), Cic.: sermonis, verborum, Cic.: ad perpetuitatem, für ewige Dauer, auf immer, Cic.: non ex singulis vocibus philosophi spectandi, sed ex perpetuitate atque constantia, nach dem ganzen Zusammenhang und der Stetigkeit ihrer Prinzipien, Cic. – Plur. konkret, umbrosae et opacae perpetuitates, ohne Unterbrechung fortlaufende schattige u. dunkle Strecken Landes, Vitr. 2, 10, 1.

1. **perpetuō**, Adv., s. perpetuus, a, um.

2. **perpetuo**, āvī, ātum, āre (perpetuus), **ununterbrochen fortdauern lassen, -fortsetzen,** data (die Geschenke), Plaut.: alci vitam, Sen. rhet.: verba, in ununterbrochener Folge fortlaufen lassen (= ohne Unterbrechung nacheinander aussprechen), Cic.: potestatem iudicum, ununterbrochen aufrecht erhalten, Cic.: gloriam, Amm.: actiones, ICt. – di te perpetuent (mögen dich stets erhalten), Zuruf an den Kaiser, Lampr.

perpetuus, a, um (peto), **aneinanderhängend, ununterbrochen, in einem fort gehend, -dauernd, fortlaufend, stetig, sich überall berührend, I** im Allg.: **a** im Raum u. dgl.: via, durch die ganze Stadt laufender, Cic.: agmen, Cic.: munitiones, Caes.: mensae, langgereihte, Verg.: aedes, das ganze Haus in seiner vollen Ausdehnung, Plaut.: bos, lang hingestreckt, Verg.: vigiliae stationesque, Caes.: palus, Caes.: risus, Ov.: oratio, Cic.: orationes (Vorträge), Liv.: defensio contra alqm, Cic.: historia, Cic.: carmen, einen ganzen Sagenkreis besingendes (griech. κυκλικόν), Hor. u. Ov. – **b** in der Zeit: **α ganz,** dies, Ter.: triduum, Ter. – **β ununterbrochen, fortwährend, immerwährend, beständig, stehend, bleibend, lebenslänglich,** verb. p. ac sempiternus (z. B. ignis Vestae), p. et aeternus (z. B. lex), perennis atque p. (z. B. cursus stellarum), stabilis et p. (z. B. permansio), p. et constans (z. B. voluntas mea in rem publicam), Cic.: p. fenus, Cic.: p. imperia, Nep.: potestas, Liv.: imperator, tribuni, Liv.: dictator, Flor.: archontes p., Vell.: censura, Plin. pan.: centesimae, s. centēsimus: quaestiones p., von einer stehenden Kommission von Richtern gehaltene U., stehende Kriminaluntersuchungen, Cic. Brut. 106. – in perpetuum modum, auf ewig, Plaut. – subst., perpetuum, ī, *n.*, das **Ununterbrochene, Stetige** (Ggstz. temporale), Lact. 2, 8, 68: dah. in perpetuum, **auf alle Zeit, auf immer, auf ewig** (Ggstz. ad tempus), Ter., Cic. u. a.: perpetuō, *adv.*, **beständig, in einem fort, ununterbrochen, ewig,** Ter., Cic. u. a.: so auch perpetuum, Stat. silv. 1, 1, 99. – **II** inbes.: **A überall-, allgemeingültig, durchgängig,** ius, Cic.: edictum, s. d.: nec id quidem perpetuum est, gilt immer, ist eine allgemeine Regel, Cels.: quaestio (beim Redner), die Gattung (genus) betreffend, Cic. or. 126 (versch. v. *no.* I, b, β). – **B** als *t. t.* der Augurspr.: fulmina perpetua (fort u. fort wirkende), quorum significatio in totam pertinet vitam, Sen. nat. qu. 2, 47 *in.* – **C** als gramm. *t. t.*: modus p., der **Infinitiv,** Diom. 340, 34. – **D** perpetuus Augustus, allezeit Mehrer des Reiches (als Titel der späteren Kaiser), Eutr. praef. – ▶ *Compar.* perpetuius, Cato oratt. 33. fr. 1 (bei Prisc. 3, 8); u.

Superl. perpetuissimo curriculo, Cato oratt. 12. fr. 1. p. 45 *ed. Jordan* (bei Prisc. 3, 8).

perpexus, a, um (per u. pecto), **wohl gekämmt,** Firm. math. 5, 5.

per-pinguis, e, **sehr fett,** arenae (Sandstrecken) circa perpingues, Itin. Alex. 18 (45).

per-placeo, ēre, **recht** od. **gar wohl-, überaus gefallen,** servi mei perplacet mihi consilium, Plaut. merc. 348: ecquid (aedes) placeant me rogas? immo hercle vero perplacent, Plaut. most. 907: ea (lex) mihi perplacet, Cic. ad Att. 3, 23, 4: u. perplacet mit folg. *Infin.*, epistulas tuas perplacet ita servare ut oculos meos, Nebrid. in Augustin. epist. 6, 1.

per-plānus, a, um, **sehr deutlich,** Diom. 436, 24.

perplexābilis, e (perplexor), **verwirrend,** verbum, dunkel, unverständlich, zweideutig, Plaut. asin. 792.

perplexābiliter, *Adv.* (perplexabilis), **verwirrend, in Verwirrung bringend,** Plaut. Stich. 85.

perplexē, *Adv.* (perplexus), **verworren, undeutlich, versteckt, verblümt** (Ggstz. aperte, palam), loqui, Ter.: indicare, Liv.: non perplexe, sed palam revocare, Liv.: perplexe respondere, Liv.: haud perplexe in Callisthenem dirigebatur oratio, Curt.: *Compar.*, perplexius errare, Prud. c. Symm. 2, 848.

perplexim, *Adv.* = perplexe, Cass. Hemin. hist. 1. fr. 10 (b. Non. 515, 20). Plaut. Stich. 76.

perplexio, ōnis, *f.* (*perplecto), die **Verwirrung, Zweideutigkeit,** Ps. Porc. Latro decl. in Catil. 33.

perplexitās, ātis, *f.* (perplexus), **I** die **Verschlingung,** nervorum, Greg. Iob 32, 39. – **II** übtr., die **Verwirrung, Dunkelheit,** Amm. 17, 8, 3; 18, 6, 19; 31, 2, 12. Augustin. enarr. in psalm. 24, 20 u. a.: Plur., Augustin. epist. 118, 32.

perplexor, ārī (perplexus), **Verwirrung anrichten,** Plaut. aul. 259, wo parag. Infin. perplexarier.

perplexus, a, um (*Partic.* v. *perplecto), **verflochten, verschlungen, wirr durcheinander, I** eig.: figurae, Lucr.: iter silvae, Verg. – **II** übtr., **sich durchkreuzend, verworren, verstrickt, unverständlich, zweideutig, verblümt, dunkel, unergründlich** (Ggstz. apertus), sermones, Liv.: perplexum Punico astu responsum, Liv.: perplexius carmen, Liv.: perplexissima quaestio, Augustin. op. imperf. c. Iulian. 5, 26: litis exsecutio perplexissima, Gromat. vet. p. 74, 32.

perplicātus, a, um (per u. plico), **verwickelt, verworren,** Lucr. 2, 394 (in der Tmesis).

per-pluo, ere, **I** *intr.*: **A durchregnen, hineinregnen,** quā (wo) possit ex imbribus aqua perpluere, Vitr. 2, 8, 18. – *impers.*, perpluit, es regnet durch, Cato r. r. 155. – **B den Regen durchlassen,** tigna perpluunt, Plaut.: cenaculum eius perpluit, Quint.: scherzh., benefacta benefactis aliis pertegito, ne perpluant, lasse G. auf G. folgen, damit sie von Bestand sind, Plaut. trin. 320 R.: und archaist. in der Religionsspr., pateram perplovere (= perpluere), lasse die Flüssigkeit durch, habe ein Loch, Fest. 250 (b), 29 u. Paul. ex Fest. 251, 12. – u. **hereinregnen lassen,** quom mihi Amor et Cupido in pectus perpluit meum, sich in mein Herz ergossen, Plaut. most. 164 Sch. – **II** *tr.* **beregnen, beträufeln,** crocus ... capellas odoro perpluit imbre, Apul. met. 10, 34.

perplūres, ium, *m.* (per u. plus), **sehr viele,** Ven. Fort. vit. S. Maur. 15 *extr.*

perplūrimus, a, um (per u. plus), **sehr viel,** *neutr. pl.* subst., de alqo perplurima memoriae tradere, Rufin. Euseb. hist. eccl. 6, 7.

perpluvium, iī, *n.* (perpluo), das **Durchregnen, der durchdringende Regen,** Pallad. 1, 11 *Schmitt.*

per-polio, īvī, ītum, īre, **I gehörig polieren, abglätten, abputzen,** aurum cursu ipso attrituque perpolitum, Plin. 33, 66: caudae setas horridas comptā diligentiā perpolibo, Apul. met. 6, 28: carina citro limpido perpolita, Apul. met. 11, 16: vom Tünchen der Wände, **abputzen, abtünchen,** trichilinium (= triclinium) opere tectorio perpolit, CIL 6, 10332: locus nuper calce arenāque perpolitus, Vell. 2, 22, 4. – **II** bildl., **ausfeilen, vervollkommnen, verfeinern,** einer Sache **die gehörige** oder **äußere Feile (Feinheit u. Glätte) geben,** illud opus non perp., sed dolare (aus dem Rohen herausarbeiten), Cic.: illam superiorem partem perp. atque conficere, Cic.: quantum est reliquum id perpolire et absolvere, Cic.: omnes partes orationis aequabiliter perpolitas facere, Rhet. Her. – dah. perpolītus, a, um, **gehörig gefeilt, verfeinert, fein ausgebildet,** homo perfectus *in* dicendo et perpolitus, Cic.: cum superiores alii fuissent in disputationibus perpoliti, Cic.: non philosophiā solum, sed etiam litteris perpolitus, Cic.: haec vita perpolita humanitate, unsere heutige (feine) Zivilisation, Cic.: sapientibus sententiis gravibusque verbis ornata oratio et perpolita, Cic. – ► Ungew. Fut. perpolibo, Apul. met. 6, 28. – Perf. perpolit (= perpoliit od. perpolivit), CIL 6, 10332 (s. oben).

perpolītē, *Adv.* (perpolitus, Partiz. v. perpolio), **gehörig gefeilt,** ut (continuationes) perfecte et perpolitissime possint esse absolutae, um ihnen ihre vollendete Feile zu geben, Rhet. Her. 4, 44.

perpolītio, ōnis, *f.* (perpolio), das **Ausfeilen,** sermonis, Rhet. Her. 4, 18.

perpolītus, a, um, s. per-polio.

per-populor, ātus sum, ārī, **ganz ausplündern, -öde machen, -verwüsten, -entvölkern,** agrum Placentinum, Liv.: Italiam, Thraciam, Liv.: omnia circumiecta urbi frequentis et amoeni agri loca, Liv.: homines, Tac. – Partiz. perpopulatus passiv, perpopulato agro, Liv. 22, 9, 2: perpopulato agro Cumano od. Fregellano, Liv. 23, 36, 7. u. 26, 9, 11.

perpōtātio, ōnis, *f.* (perpoto), das **ununterbrochene Zechen,** das **Trink-, Saufgelage,** biduo duabusque noctibus perpotationem continuare apud ipsum principem, Plin. 14, 145. – Plur., intemperantissimae perpotationes, Cic. Pis. 22: vomitiones ac rursus perpotationes, Plin. 29, 27.

per-potior, potītus sum, īrī, **völlig innehaben, -genießen,** victoriā, entschieden Sieger bleiben, Ampel. 18, 16: pace, Iustinian.: nomine, loco tribuni, Cod. Iust.

per-pōto, āvī, ātum, āre, **I fortsaufen, fortzechen,** totos dies, Cic.: in balneis, Quint.: perpotavit ad vesperum, Cic. – **II austrinken,** Lucr. 1, 940.

per-prandeo, ēre, **gehörig frühstücken,** Ven. Fort. vit. S. Germ. 30.

per-premo, s. perprimo.

perpressa, ae, *f.*, eine Pflanze = baccar, Plin. 21, 132 u. a.

perprimo, ere (per u. premo), **I fort und fort-, immerzu-, in einem fort drücken,** cubilia, Hor. epod. 16, 38. – u. Form perpremo, Sen. ep. 99, 18. – **II** insbes., im obsz. Sinne, einem Mädchen **tüchtig zusetzen,** Ov. art. am. 1, 394.

per-probābilis, e, **sehr annehmbar, sehr wahrscheinlich,** Augustin. music. 1, 6. *no.* 12.

per-propinquus, a, um, **I sehr nahe,** Acc. tr. bei Cic. de div. 1, 45. – **II sehr nahe verwandt,** subst., ein **sehr naher Verwandter,** M. illius Aurii perpropinquus, Cic. Clu. 23.

per-prōsper, era, erum, **sehr glücklich,** valetudo, Suet. Claud. 31 zw. (Roth u. Ihm prospera v.).

per-prūrīsco, ere (per u. prurio), **sehr brünstig werden,** Plaut. Stich. 761. Apul. met. 10, 22.

per-pudēsco, ere, **tiefe Scham empfinden, sich sehr schämen,** Cornelia bei Nep. fr. XII, 2. p. 374 *ed. Bos.*

per-pūgnāx, ācis, **sehr streitsüchtig,** te perpugnacem *in* disputando esse visum, Cic. de or. 1, 93: ne me perpugnacem diutius putes, Augustin. adv. Acad. 3, 4. § 8.

per-pulcher, chra, chrum, **sehr (überaus) schön,** Ter. eun. 468. – ► archaist. perpulcer, CIL 1, 1442.

perpulsus, a, um (per u. pello), **sehr gestoßen, sehr geschüttelt,** bildl., malis, Fronto epist. ad Ver. imper. 2, 9. p. 137, 14 N.

perpūnctus, a, um (*perpungo), **durch und durch-, heftig gestochen,** Cael. Aur. de morb. acut. 2, 10, 71; de morb. chron. 3, 8, 128.

per-pūrgo, āvī, ātum, āre, **I völlig reinigen, -rein machen,** alvum, Cato: aegrum, Cels.: se quādam herbulā, Cic. – **II** bildl., **1 ins Reine bringen,** locum orationis, Cic.: rationes, Cic.: – **2 gründlich widerlegen,** crimina, Cic. pro Scauro § 14. – ► Gedehnte Nbf. perpurigatus, Plaut. mil. 774 (wo perpurigatis auribus, mit aufgeräumten = zum Anhören geneigten Ohren).

per-pūrus, a, um, **sehr-, ganz rein,** lana, Varro r. r. 3, 16, 28.

per-pusillus, a, um, **sehr klein, sehr wenig,** perpusillus testis processit … non accusabis: perpusillum rogabo, im scherzh. Doppelsinn (*adi.* u. *adv.*), ich will nur ein ganz kleines Ding = »ich will den winzig kleinen (Zeugen) fragen« u. »ich will nur eine Kleinigkeit fr.«, Cic. de or. 2, 245.

per-puto, āre, **auseinandersetzen,** alci argumentum (Inhalt), Plaut. cist. 155.

per-quadrātus, a, um, **völlig quadratisch gebildet,** Vitr. 5. praef. 4.

perquam, *Adv.* (per = περί u. quam), **überaus, recht sehr, gar sehr, gar gern,** **α** bei Adjj.: perqu. indignis modis, Plaut.: perqu. pauxillo minores, Lucr.: ›hic quam ille dignior‹ perquam grave est dictu, Cic.: perqu. paucis suffragio populi relictis locis, Liv.: perqu. laboriosum iter, Vell.: perqu. angusto ore, Plin.: perqu. magna quaedam, Plin. ep.: perqu. modica quaedam civium merita, Plin. pan.: caedes percu. grata, Curt.: oppido perqu. pauci, Auct. b. Afr. 47, 5: sane perqu. exercitus, Gell. 19, 13, 5: in der Tmesis, per pol quam paucos reperias, Ter. Hec. 58. – beim *Superl.,* perqu. optimus, Itala psalm. 22, 5 (in Cypr. epist. 63, 12): perqu. sapidissimus, Apul. met. 2, 7: perqu. scientissimus, Amm. 34, 1, 3: perqu. infelicissimus, CIL 9, 1724. – **β** bei Advv.: perqu. meditate, Plaut.: perqu. subito, Lucr.: perqu. breviter, Cic.: perqu. flebiliter, Cic.: perqu. laudabiliter, Vell. – **γ** bei Verben: perquam laudari, Varro vit. P. R. 4, 12: Carneadi vis incredibilis illa dicendi et varietas perquam esset optanda nobis, Cic. de or. 2, 161: igitur perqu. velim scire esse phantasmata, Plin. ep. 7, 27, 1.

per-quiēsco, ere, **durchruhen,** totam noctem, Apul. met. 8, 22.

perquīro, sīvī, sītum, ere (per u. quaero), etw. **genau erforschen,** nach etw. od. nach jmd. **suchen,** nach od. über etw. **sich genau erkundigen,** über etw. **genaue Nachrichten einziehen, -Nachfrage halten,** vasa, Cic.: vias, Caes.: virgines, Iustin.: perqu. et investigare homines ex omni regione, Cic.: perqu. frustra indicia occultae divûm mentis, Lucr.: illa ab accusatore, Cic.: m. folg. indir. Fragesatz, perquirunt, quid causae siet, Plaut.: ut diligentiā adhibitā perquirerent, qui essent suarum partium, Auct. b. Hisp.: cum comperisset Seleucum grammaticum a ministris suis perquirere, quos quoque tempore tractaret auctores, Suet. – *impers.,* perquiritur a coactoribus, Cic. Clu. 180.

perquīsītē, *Adv.* (perquisitus v. perquiro), **mit strenger Kritik,** nur *Compar.,* perquisitius et diligentius conscribere, Cic. de inv. 1, 77.

perquīsītor, ōris, *m.* (perquiro), der **Aufsucher,** auctionum, Plaut. Stich. 385: absol., Amm. 14, 5, 7.

perramus, s. pȳramis.

perrārō, *Adv.* (perrarus), **sehr selten,** Rhet. Her., Cic. u. a.

per-rārus, a, um, **sehr selten,** quod tum perrarum in mandandis sacerdotiis erat, Liv. 29, 38, 7: quando perrarum est, ut levior sit aliqua, Plin. 31, 38: condemnationes perraras esse iussit, Lampr. Alex. Sev. 21, 1.

per-reconditus, a, um, **sehr versteckt,** Cic. de or. 1, 135.

per-rēpo, rēpsī, rēptum, ere, **I** *intr.* **hinkriechen, -schleichen,** ad praesaepia, Colum.: in aliena compluvia, Colum. – übtr., paulatim deinde ludicra ars ad saturarum modos perrepsit, ging allmählich über zu usw., Val. Max. 2, 4, 4. – **II** *tr.* **hinkriechen** über od. auf usw., tellurem genibus, hinrutschen über usw. (als Büßender), Tibull. 1, 2, 85 (87) (bei Sen. de vit. beat. 27, 1 genibus per viam repere).

per-rēpto, āvī, ātum, āre (*Intens.* v. perrepo), einen Ort **durchkriechen,** in einem Ort **überall herumkriechen,** omnes plateas, Plaut. Amph. 1011: usque omne oppidum, Ter. adelph. 715: omnibus latebris, Plaut. rud. 223.

Perrhaebia, ae, *f.* (Περραιβία), eine Gegend in Thessalien, nördl. vom Peneus, Liv. 31, 41, 5. Cic. in Pis. 96. – Dav. **Perrhaebus,** a, um (Περραιβός), **perrhäbisch,** poet. = **thessalisch,** Ov. – Plur. subst., Perrhaebi, ōrum, *m.,* die Einwohner von Perrhäbien, die **Perrhäber,** Liv.

perrīdiculē, *Adv.* (perridiculus), **sehr lächerlich,** Cic. de or. 2, 239; Verr. 2, 18.

per-rīdiculus, a, um, **sehr lächerlich,** Cic. de or. 2, 77. Val. Max. 9, 12, 8. Mart. 7, 75, 2.

per-rīmōsus, a, um, **voller Ritze,** Varro r. r. 1, 51, 1 (*Schneid.* paeminosa).

per-rōdo, rōsī, ere, **durchnagen, durchbeizen,** genus quoque puris docebit, num plures sinus (fistularum) intus diversa corporis genera perroserint, Cels. 5, 28, 12. p. 214, 14 D.: neque aliam ullam materiam (repertam esse) quae non perroderetur a veneno, Plin. 30, 149.

perrogātio, ōnis, *f.* (perrogo), **I** der **förmliche Beschluss,** fiat perrogatio ordinis, CIL 6, 29682[b]. – **II** die **Durchsetzung** eines Gesetzes, legis Maniliae, Cic. Muren. 47 M.

perrogito, āre (*Intens.* v. perrogo), **alle der Reihe nach fragen,** advenas de natis, Pacuv. tr. 315.

per-rogo, āvī, ātum, āre, **I durchfragen, alle nach der Reihe fragen** wegen od. um (nach) etw., sententiam, sententias, Liv., Tac., Sen. u. a.: magistri perrogant, quod factum a lucis ortu ad illud diei bonum fecerint, Apul. flor. 6. p. 7, 1 Kr.: absol., parum est, ut censentes audias, nisi et perroges, Plin. pan. 60, 1. – **II** meton., nach geschehener Anfrage **durchsetzen,** legem, Val. Max. 1, 2. ext. 1; 8, 6, 4.

per-rumpo, rūpī, ruptum, ere, **I** *intr.* **hindurchbrechen, sich mit Gewalt einen Weg hindurchbahnen, eindringen,** per hostes, Caes.: per aciem, Liv.: in urbem, Liv.: nostras in arces, Sil.: übtr., qui te invito perrumpunt, zu dir dringen, sich zu dir drängen, Tac. ann. 4, 40 (Halm in dems. Sinne te invitum perrumpunt). – **II** *tr.* **durchbrechen, durchdringen, zerteilen,** **A** eig.: **1** im Allg.: rates, Caes.: gladiis et securibus galeas loricasque perrumpere (= perfodere), Tac.: costam, Cels.: limina bipenni, Verg. – **2** insbes., durch etw. **mit Gewalt sich einen Weg bahnen,** in etw. **eindringen,** paludem, Caes.: cuneos hostium, Liv.: castra perrupta, Tac. – **B** übtr., **durchbrechen, überwältigen, überwinden, zunichte machen,** periculum, Cic.: difficultates, Plin.: fastidia, Hor.: leges, Cic.: quaestiones, Cic.

1. **Persa,** ae, *f.* (Πέρση), **I** eine Nymphe, auch Perseïs gen., mit der Sol die Circe, Pasiphaë, Hekate, den Perseus u. Äetes zeugte, Hyg. fab. praef. *extr.* – Dav.: **a Persaeus,** a, um, **persäisch,** Val. Flacc. – **b Perseïs,** ēidis u. ēidos, Akk. ēida, *f.* (Περσηΐς), **α** *sc.* femina, die **Perseïde = Tochter der Persa,** d. i. Circe, Val. Flacc., od. Hekate, Ov. met. 7, 74. – *adi.* = **zauberisch,** herbae, Ov. – **β** *sc.* Musa, ein Gedicht, Ov. ex Pont. 4, 16, 25. – **c Persēius,** a, um (Περσήϊος), **persëisch,** proles, Äetes, Val. Flacc. – **II** Name eines kleinen Hundes, Cic. de div. 1, 103.

2. **Persa,** ae, *m.,* altlat. u. spätlat. = Perses, der **Perser** (s. Persae).

3. **Persa,** s. 1. Persēs *no.* III (mazedon. König).

Persae, ārum, *m.* (Πέρσαι), die **Perser,** die Bewohner der Landschaft Persia od. Persis, dann übh. des ganzen persischen Reiches, oft b. Cic. u. a.: meton. = **Persien,** in Persas proficisci, Nep. Pelop. 4, 3; poet. = die **Parther,** Hor. carm. 3, 5, 4. – *Sing.* Persēs, ae, *m.* (Πέρσης), Cic. de rep. 1, 43: Perses hostis, Cic. Tusc. 1, 101: vir Perses, Quint. 3, 7, 21: Perses nemo, Nep. regg. 1, 4: *Dat.,* ne Persae quidem cuiquam tolerabile, Cic. ad Att. 10, 8, 2. – ältere u. spät. Form Persa, ae, *m.,* Plaut. Pers. 676. Amm. 23, 6, 79. Veget. mil. 3. epil. Ven. Fort. carm. 5, 6, 218: kollektiv, inquies Persa, Amm. 19, 5, 1: Achaemenius Persa, Sidon. carm. 2, 51. – Dav.: **A Persēus,** a, um, **persisch,** antrum, Stat. Theb. 1, 719: Babylon, Lucan. 4, 449: arbor, der Pfirsichbaum, Plin. 13, 60 M. (Detl. Persica): ders. bl. Persea, ae, *f.,* Plin. 13. 63. – **B Persis,** idis u. idos, Akk. idem u. ida, Akk. Plur. idas, *f.* (Περσίς), **1** *adi.* **persisch,** rates, Ov. art. am. 1, 172. – **2** *subst.:* **a** die **Perserin,** Claud. laud. Stil. 1, 57. Vulg. Roman. 16, 12. – **b** das **Perserland, Persien,** im engeren Sinne die Landschaft **Persis,** zwischen Karmanien, Medien u. Susiana, j. *Fars* od. *Farsistan,* Mela 1, 2, 4 (2. § 12). Curt. 5, 4 (13), 4 *sqq.* Nep. Them. 10, 1. Verg. georg. 4, 290. – lat. Nbf. **Persia,** ae, *f.,* Plaut. Pers. 498. – **C Persicus,** a, um (Περσικός), **persisch,** Hor.: servitus, Sen.: Persica, ōrum, *n.,* persische Geschichte, Cic.: P. malus, Plin. u. Macr., subst. bl. Persicus, ī, *f.*, Colum., der Pfirsichbaum: arbor Persici, Lampr.: malum Persicum, Plin.: u. subst. bl. Persicum, ī, *n.*, der Pfirsich, Plin. u. a.: portus P., das Meer bei Euböa, wo die persische Flotte gestanden, Plaut.: Persice (Περσική) porticus, eig. in Lazedämon, von persischer Beute erbaut: dann mit Anspielung eine Galerie auf Brutus' Landgut, Cic. – *Adv.* **Persicē, persisch,** Quint. 11, 2, 50.

per-saepe, *Adv.*, **sehr oft,** Cic. u. a. – in der Tmesis, per pol saepe peccas, Plaut. Cas. 370.

Persaepolis, s. Persepolis.

Persaeus, a, um, s. 1. Persa.

per-saevio, īre, **sehr reißend sein,** fluctibus hanc propter persaevit Caspius aestus, Prisc. perieg. 683.

per-saevus, a, um, **sehr reißend,** flumina, Mela 2, 5, 8 (2. § 84).

persalsē, *Adv.* (persalsus), **in äußerst witzigem Ton,** pers. et humaniter gratias mihi agit, Cic. ad Q. fr. 2, 13 (15. a), 3.

per-salsus, a, um, **sehr witzig,** Cic. de or. 2, 279.

persalūtātio, ōnis, *f.* (persaluto), das **Grüßen nach allen Seiten,** Cic. Muren. 44.

per-salūto, āvī, ātum, āre, **durchweg-, der Reihe nach** (vom ersten bis zum letzten) **begrüßen, allseitig grüßen,** omnes, Cic.: deos, Phaedr.: Troianos et Achivos, Sen.: donec a toto exercitu illud ultimum (nun zum letzten Mal) persalutatus est, Curt.

persānctē, *Adv.* (persanctus), **sehr heilig, hoch und teuer,** deierare, Ter. Hec. 771: iurare, Suet. Ner. 35, 5; Tit. 10, 2.

per-sānctus, a, um, **sehr heilig,** coniux, CIL 8, 4524.

per-sāno, āvī, ātum, āre, **völlig-, gründlich heilen,** ulcera, Sen.: vomicas, Plin.: eadem res persanat (suppurationem), Scrib. Larg.: ab hoc (medicamento) sum persanatus, Scrib. Larg.

per-sānus, a, um, **völlig gesund,** Cato r. r. 157 *extr.*

per-sapiēns, entis, **sehr weise,** homo, Cic. de prov. cons. 44.

persapienter, *Adv.* (persapiens), **sehr weise,** Cic. Mil. 11.

persciēns, entis (per u. scio), **wohl (genau) kennend,** m. *Genet.*, Commodi, Lampr. Comm. 5, 2.

per-scienter, *Adv.*, **sehr weislich, sehr gescheit,** Cic. Brut. 202.

per-scindo, scidī, scissum, ere, **zerreißen,** v. Wind, Lucr. 6, 111 u. a.: omnia perscindente vento et rapiente, Liv. 21, 58, 7. – perscinduntur, nisi recta foramina tranant, Lucr. 4, 599.

per-scīsco, ere, **erfahren, vernehmen,** causam tumultus, Dict. 2, 37.

per-scītus, a, um, **sehr artig, sehr fein,** in der Tmesis, per ecastor scitus puer est natus Pamphilo, Ter. Andr. 486: quod apud Catonem est … per mihi scitum videtur, Cic. de or. 2, 271.

per-scrībo, scrīpsī, scrīptum, ere, **I genau und ausführlich niederschreiben, aufschreiben, verzeichnen, aufzeichnen, A** im Allg.: epistula, in qua omnia perscripta erant, Nep.: rationes sunt perscriptae scite et litterate, Cic.: puris versum p. verbis, Hor.: res populi a primordio urbis, Liv.: ad exemplar primi libri bellum Siculum, Quint. – **B** insbes.: **1** amtlich **niederschreiben, a** als Protokollführer, zu **Protokoll bringen,** omnium iudicum dicta, interrogata, responsa, Cic.: senatus consultum, Cic., de alqo, Caes.: auctoritates perscriptae, die zur Beglaubigung (des Senatsbeschlusses) ins Protokoll geschriebenen Namen (der anwesenden Senatoren), Cic. de or. 3, 5. Cael. in Cic. ep. 8, 8, 4. – **b** als Rechnungsführer in das Rechnungsbuch **eintragen, buchen,** signa (Bildsäulen) in tabulas publicas ad aerarium perscribenda curare, Cic.: usuras, Cic.: falsum nomen, Cic.: multas pecunias isti erogatas in operum locationes falsas atque inanes (nicht geliefert) esse perscriptas, Cic. – **2** einem etw. **ausführlich schreiben, -schriftlich melden,** jmd. von etw. **vollständig in Kenntnis** setzen, jmdm. über etw. **ausführlichen Bericht erstatten,** alci mitissimam alcis orationem, Cic.: rem gestam in Eburonibus, Caes.: de suis rebus ad Lollium, Cic.: m. folg. *Acc.* u. *Infin.*, perscribit in litteris hostes ab se discessisse, Caes. b. G. 5, 49, 3. – **3** jmdm. Geldsummen **zuschreiben, anweisen, durch Anweisung bezahlen** (vgl. Weißenb. Liv. 24, 18, 14), argentum illis, quibus debeo, Ter.: illam pecuniam in aedem sacram reficiendam p., Cic.: si quid usurae nomine numeratum aut perscriptum fuisset, bar od. durch Anweisung bezahlt, Suet.: si quid emptum foret … a quaestore perscribebatur, wurde durch Anw. an den Qu. bezahlt, Liv. – **II** etwas **ganz** (nicht mit Zahlen od. Abkürzungen) **ausschreiben,** *notata*, non *perscripta* erat summa, Suet.: verbo non perscripto, Tiro b. Gell. – **III** ein Schriftzeichen **durchstreichen, mit einem Querstrich versehen** (griech. διαγράφειν), Prisc. de fig. num. § 9. p. 407, 28 *sq.* (K.).

perscrīptio, ōnis, *f.* (perscribo), **I** die amtliche **Niederschrift, a** die **Protokollierung,** Cic. ep. 5, 2, 4 (Müller praescriptio, s. d.). – **b** die Eintragung ins Rechnungsbuch, das **Buchen,** u. meton. der **gebuchte Posten,** bes. im Plur., Cic. Rosc. com. 5; de or. 1, 250: falsae perscriptiones, Cic. Phil. 5, 11. – **II** eine schriftliche **Anweisung zur Bezahlung,** Cic. ad Att. 4, 17 (18), 2; 12, 51, 3.

perscrīptito, āre (*Intens.* v. perscribo), **niederschreiben,** Ter. Maur. 340.

perscrīptor, ōris, *m.* (perscribo), der ins Rechnungsbuch **Eintragende,** der **Buchführer, Rechnungsführer,** huius fenerationis, Cic. Verr. 3, 168.

perscrūtātio, ōnis, *f.* (perscrutor), die **Durchsuchung, Durchstöberung,** profundi, Sen. ad Helv. 10, 5: übtr., die **Erforschung,** Euclidis diligentissima perscr., Boëth. art. geom. p. 412, 22 Fr.

perscrūtātor, ōris, *m.* (perscrutor), der **Durchstöberer, Durchsucher,** Hydruntini maris (des Meeres bei Otranto in Kalabrien), v. Perlenfischer, Cassiod. var. 1, 2, 2. – übtr., der **Erforscher, Ergründer,** Hieron. in Galat. 2 *in.* Augustin. c. Faust. 3, 3 u. in Ioann. tract. 44, 3: sedulus, Cassiod. var. 2, 15, 4.

perscrūtātrīx, trīcis, *f.* (Feminin. zu perscrutator), die **Erforscherin, Ergründerin,** interrogatio perscr. animi tui, Iulian. bei Augustin. op. imperf. c. Iul. 2, 103 *extr.*

per-scrūto, āvī, ātum, āre = perscrutor, **untersuchen, visitieren,** alqm, Plaut. aul. 657: quo magis a nobis cotidie perscrutentur (oves), Ps. Cypr. de aleat. 2 *extr.* – ► Partiz. Perf. Pass. s. per-scrūtor.

per-scrūtor, ātus sum, ārī, **I durchsuchen, durchforschen, durchstöbern,** omnia, Cic.: arculas muliebres, Cic.: loca omnia castrorum, Liv. – **II** übtr., **durchforschen, untersuchen, erforschen, ergründen,** penitus naturam rationemque criminum, Cic.: sententiam scriptoris domesticis suspicionibus, Cic.: quid antiqua perscrutor? Sen.: m. folg. indir. Fragesatz, perscrutari hoc volo, nos nostri an alieni simus, Plaut. mil. 430 (Leo persectari). – ► Partiz. Perf. passiv (meist im *Abl. absol.*), Amm. 17, 4, 6. Cod. Iust. 7, 65, 1. Gromat. vet. 20, 21 u. 133, 7. Augustin. epist. 204, 6 u. enchir. 16 *extr.* Cassiod. var. 9, 24, 8.

persculptus, a, um (per u. sculpo), **gehörig ausgehauen,** lapides (Idole), Coripp. laud. Iustin. 3, 377.

persea, ae, *f.* (περσέα), ein heiliger Baum in Ägypten mit süßer, essbarer Frucht, Plin. 15, 45 u. a.

per-seco, secuī, sectum, āre, **I völlig auf-** od. **ausschneiden, operieren, sezieren,** bildl., rei publicae vomicas, Vet. orat. b. Quint. 8, 6, 15: id, ne serperet iterum latius, Liv. 40, 19, 10; rerum naturas, Cic. Acad. 2, 122. – **II durchschneiden,** übtr., quo altius enim scandit oculi species, non facilem persecat aëris crebritatem, Vitr. 3, 5, 8.

per-sector, ātus sum, ārī, **I eifrig verfolgen,** accipitres persectantes, Lucr. 4, 1003 (1010): equum tamquam fugientem persectati, Frontin. 1, 2, 1. – **II** übtr., einer Sache **fleißig nachgehen, nachforschen,** primordia, Lucr. 2, 166. – m. folg. indir. Fragesatz, Plaut. mil. 430 (Goetz perscrutari).

persecūtio, ōnis, *f.* (persequor), **I** die **Verfolgung,** bestiae, ICt.: latronum, Apul. – **II** übtr.: **A** die gerichtliche **Verfolgung,** Rhet. Her. 2, 18. Cic. or. 141 (Plur.). Gall. Aquil. bei Florent. dig. 46, 4, 18. § 1. – **B** die **Verfolgung der Christen,** Eccl. – **C** die **Verfolgung, Fortsetzung,** negotii, Apul. met. 10, 27. – **D** der **Verfolg** = die **Fortdauer,** Cael. Aur. de morb. acut. 2, 27, 144.

persecūtor, ōris, *m.* (persequor), der **Verfolger, erklärte Feind,** talium, Capit. Albin. 11, 7: harum rerum, Capit. Maximin. 27, 7. – Insbes.: **a** der **Verfolger der Christen,** Lact. inst. 5, 23, 1; de mort. persec. 1,

6 u. a. Eccl. – **b** der **Verfolger vor Gericht, Kläger,** Macer dig. 48, 3, 7.

persecūtrīx, trīcis, *f.* (Femin. zu persecutor), die **Verfolgerin,** Serv. Verg. Aen. 8, 432. Augustin. de consens. evang. 1, 25.

per-sedeo, sēdī, sessum, ēre, irgendwo **fort und fort-, ohne Unterlass sitzen, sitzen bleiben,** in equo dies noctesque, Liv.: in sacello quodam aliquamdiu, Val. Max.: in auctione per diem totum, Sen. rhet.: multis apud philosophum annis, Sen.: etiam meridie, Suet.: per ludos cum coniugibus et liberis, Vitr. – Nbf. **per-sideo,** totā nocte in speculis, Curt. 9, 9 (37), 23: übtr. vom Reif, Plin. 17, 222.

per-sēgnis, e, **sehr müde, sehr schlaff,** pedestre proelium fuit persegne, Liv. 25, 15, 12.

Persēis, s. 1. Persa u. 1. Persēs a. E.

Persēius, s. 1. Persa u. 1. Persēus.

per-senex, senis, **sehr alt,** iam persenex, Suet. gr. 9.

per-senīlis, e, **sehr greisenhaft, hochbetagt,** aetas, Vulg. Ios. 23, 1.

per-sentio, sēnsī, sēnsum, īre, **I tief fühlen, tief empfinden,** magno pectore curas, Verg. Aen. 4, 448. – **II deutlich merken, -wahrnehmen,** si quo modo ceteri latrones persenserint, Apul. met. 7, 11: m. folg. *Acc.* u. *Infin.*, eam tali peste teneri, Verg. Aen. 4, 90.

per-sentīsco, ere, **I tief empfinden,** Lucr. 3, 249. – **II deutlich merken, -wahrnehmen, -spüren,** mit *Acc.*, id, Ter. heaut. 769: terram, Solin. 11, 21: m. folg. *Acc.* u. *Infin.*, Plaut. merc. 687: m. folg. indir. Fragesatz, Ter. heaut. 916 (mit quot). Augustin. conf. 10, 37 (mit utrum).

Persephonē, ēs, *f.* (Περσεφόνη), der griech. Name der Proserpina (s. d.), Prop. 2, 28, 47 *sq.* Ov. met. 10, 15 u. a. Lucan. 5, 126 u. a. – meton. = **Tod,** Tibull. 3, 5, 5. Ps. Ov. her. 21, 46.

persephonium, iī, *n.* (περσεφόνιον), **wilder Mohn,** Ps. Apul. herb. 53.

Persepolis, is, Akk. im, *f.* (Περσέπολις, d. i. die Perserstadt κατ' ἐξοχήν), die spätere Hauptstadt Persiens, nördl. vom Fluss Araxes u. östlich vom Medus, j. prachtvolle Ruinen unter dem Namen *Takht-i-Dschemschid* (Thron des Dsch.) od. *Tschil-Miñar* (die 40 Säulen), Curt. 5, 4 (16), 33; 5, 6 (21), 11. Amm. 23, 6, 42.

per-sequāx, quācis, **sehr verfolgend, eifrig im Verfolgen,** in reatu pervestigando, Sidon. epist. 4, 9, 4.

per-sequor, secūtus sum, sequī, **I** einem Ggstd. **beharrlich folgen, nachfolgen, nachgehen, A** eig.: **1** im Allg.: alqm ipsius vestigiis, Cic.: vestigia alcis, Cic.: quae te sola persequitur, Verg. – **2** insbes.: **a** feindlich **verfolgen, nachsetzen,** fugientes, Caes.: u. so feras, jagen, Ov.: beluas, Colum.: se mutuo (Ggstz. se mutuo amare), Salv. – absol., deterrere hostes a persequendo, Sall. – **b** einen Ort forschend **durchgehen, durchforschen, durchsuchen,** omnes solitudines, Cic. Pis. 53. – **c** der Zeit nach **nachfolgen, erfolgen,** exactā vindemiā gramine persecuto, nachdem Gras darübergewachsen ist, Pallad. 3, 26, 5. – **B** übtr.: **1** im Allg.: viam me, quam decrevi, persequi, Ter.: omnes vias, alle Wege einschlagen, alle Mittel ergreifen, Cic. – **2** insbes.: **a eifrig** einer Sache **nachgehen, nach** etwas **streben,** etwas zu **erreichen suchen, aufsuchen,** voluptates, Cic.: suavitatem in vocibus, sich anzueignen suchen, Cic.: ebenso eosdem flores, Cic. – **b eifrig** einer Sache **nachgehen, -mit** etwas **sich beschäftigen,** -etwas **betreiben,** artes, Cic.: non omnia deos persequi, Cic.: singula, Sen. – **c nachahmen,** ironiam, Cic.: ea diligentissime, Cic.: alqm, Cic. – **d** einer Sekte **anhängen,** zu ihr **sich bekennen,** Academiam, Cic.: sectam et instituta alcis, Cic. – **e** rächend **verfolgen, -bestrafen, rächen,** alqm bello, Caes.: iniurias, Cic.: mortem alcis, Cic.: adulterium, Sen.: mendacia, Sen. – **f** gerichtl. usw. **verfolgen, α** eine Pers., alqm iudicio, Cic. – **β** einen Ggstd. = **zu behaupten-, geltend zu machen suchen, zu erlangen suchen,** hereditatem, Ter.: ius suum, Cic.: bona sua lite atque iudicio, Cic.: u. so pecuniam ab alqo, einklagen, Cic.: poenas a seditioso cive per bonos viros iudicio, Cic.: ex usu quod est id persequar, Ter. – **g** eine Handlung bis zum Ende verfolgen, etwas **fortsetzen,** mit etwas **fortfahren,** etwas **ausführen, vollziehen, abschließen, mit** etw. **aufräumen,** etw. **beseitigen,** societatem, fortsetzen, ferner unterhalten, Cic.: quaerendo, fortfahren zu fragen, Liv.: incepta, vollführen, Liv.: mandata, vollziehen, Cic.: vitam inopem et vagam, fort u. fort führen, Cic.: tantam sollertiam in sensibus, den S. eine so große G. verschaffen, Cic.: belli reliquias, Liv. u. Iustin.: si quid operis tibi etiamnum restat, id maximo opere censeo persequendum, Cic. – **h** betrachtend-, erklärend-, beschreibend **durchgehen, erklären, erzählen, beschreiben, vortragen,** dies, omnia, alqd versibus, Cic.: quod non persequar longius, Cic.: ceteros, Cic.: de alcis vita, Nep.: dah. scripturā persequi, schriftlich abhandeln, Cic. – **II** prägn., (nachfolgend) **erreichen, einholen, nachkommen,** zu jmd. od. etw. **gelangen,** es **finden. A** eig.: alqm ne persequi quidem posse triginta diebus, Cic.: mors et fugacem persequitur virum, Hor. – **B** übtr.: **1 verdienen, erwerben, erlangen,** ICt. – **2 heben, einziehen, einkassieren,** hereditates aut syngraphas, Cic. de legg. 3, 18. – **3 nachschreiben, protokollieren,** celeritate scribendi, quae dicuntur, Cic. Sull. 42: multa diserte dixit, quae notarius persequi non potuit, Sen. apoc. 9, 2. – ► Passiv, illa se in mare praecipitavit, ne persequeretur, Hyg. fab. 198: in David persecutus, Augustin. serm. 166, 2 Mai.

1. **per-sero,** sēvī, ere, **säen, pflanzen,** Sidon. carm. 7, 386.

2. **per-sero,** ere, **durchstecken,** resticulam per ficos, Varro r. r. 1, 41, 5.

per-serpo, serpsī, ere, **umherkriechen,** v. Pflanzen, Lucil. sat. fr. 163 Lachm. (bei Charis. p. 100, 31 K.; dagegen L. Müller 5, 21 u. Marx 193 dasselbe Fragment ganz anders): in Elysiis (v. der Proserpina), Fulg. Verg. contin. p. 160 M.

per-servo, āre, **beibehalten,** Tert. de patient. 5.

1. **Persēs,** ae (selten ī), Dat. ī, Akt ēn, Abl. ē, *m.* (Πέρσης), **I** Sohn des Perseus, des Sohnes Jupiters von der Danaë, Genet. Persi, Hyg. fab. 244: Akk. Persen, Plin. 7, 201. – **II** Sohn des Sol u. der Persa, Bruder des Äetes u. der Circe u. Vater der Hekate, Hyg. fab. praef. p. 7 M. u. fab. 244. – **III** unehelicher Sohn des Philippus, letzter König in Mazedonien, vom röm. Feldherrn Ämilius Paulus besiegt (i. J. 168 v. Chr.), Cic. Cat. 4, 21. Flor. 2, 12 *in.*: Genet. Persi, Sall. hist. fr. 1, 6 (7). Tac. ann. 4, 55: Dat. Persi, Cic. Tusc. 5, 118: Akk. Persen, Cic. de nat. deor. 2, 6. Prop. 4, 11, 39. Vell. 1, 11, 1. Tac. ann. 12, 36 u. 63. Iustin. 33, 2, 6: Abl. Perse, Cic. Tusc. 3, 53. – Nbf. Persa, wovon Akk. Persam, Vell. 1, 9, 4 u. Abl. Persa, Cic. de lege agr. 2, 50 u. Gell. 6 (7), 3, 2. Derselbe nach der griech. Form auch Persēus, eī, Dat. ei u. eo, Akk. eum u. ea, *m.* (Περσεύς), Liv. 40, 54 *sqq.* u. a. Iustin. 32, 2 *sqq.*: Dat. Persei, Liv. 42, 25, 2 W. u. a., Perseo, Liv. 44, 43, 5: Akk. Persea, Liv. 31, 28, 5 u. a., Perseum, Iustin. 32, 2, 7: Vok. Perseu, Liv. 40, 12, 9: Abl. Perseo, Liv. 39, 23, 5 u. a. – Dav. **a Persicus,** a, um, **persisch,** bellum, mit Perses (Perseus), Cic. de off. 1, 37. Plin. 18, 107. – **b Persēis,** Akk. ida, *f.*, nach dem Sohn des Philippus, Perses, benannte Stadt in der mazedon. Landschaft Deuriopus, Liv. 39, 53, 16.

2. **Persēs,** ae, *m.*, der **Perser,** s. Persae.

1. **Persēus,** a, um, s. Persae.

2. **Persēus,** a, um, s. 1. Persēus (Περσεύς).

3. **Persēus,** eī u. eos, Akk. ea u. eum, *m.* (Περσεύς), **I** Sohn Jupiters von der Danaë. Auf dem geflügelten Pferd Pegasus sitzend und mit den Flügelschuhen (talaria) Merkurs und dem Schild der Pallas ausgerüstet, ritt er durch die Luft in das Reich der Medusa u. hieb mit dem sichelförmigen Schwert ihr den Kopf ab; auf der Rückreise rettete er die Andromeda, die zum Fraß für ein Meerungeheuer an einen Felsen gebunden war, und bekam sie zur Gemahlin, Ov. met. 4, 610 *sqq.*; 5, 1 *sqq.*: nach seinem Tod als Gestirn an den Himmel versetzt, Cic. de nat. deor. 2, 112. – Dav.: **A Persēius,** a, um (Περσήϊος), **persēisch, des Perseus,** Perseia castra sequi, es mit dem Perseus halten, auf der Seite des Perseus streiten, Ov. met. 5, 128. – **B Persēus,** a, um (Περσεῖος), **persēisch, des Perseus,** Prop. u. a. – **C Persīdes,** ae, *m.*, **Nachkomme des Perseus,** Plur. Persidae, Titel einer Tragödie des Accius = Amphitruo, Acc. tr. 98 *sq.* p. 148 R.[2] – **II** = 1. Perses *no.* III, s. d.

persevērābilis, e (persevero), **beharrlich,** Cael. Aur. de morb. acut. 3, 21, 198 u. de morb. chron. 3, 2, 19. Interpr. Iren. 4, 20, 11 u. a. Spät.

persevērāns, antis, *PAdi.* (v. persevero), **aushaltend, ausdauernd, an-**

haltend, m. *Genet.*, perseverantior caedendi, Liv. 5, 31, 4 *ed. Madv.* (*al.* caedendis): perseverantissimum colendorum agrorum studium, Colum. 1. praef. § 19: perseverantissimus sui cultus, Val. Max. 6, 6. ext. 1. – absol., pertinaciter perseverans, Iul. Obsequ. 64 (124): valetudo perseverans, Plin. ep. 1, 12, 9: perseverantissima pietas, Augustin. ep. 55: perseverantissima caritas, Augustin. conf. 12, 11.

persevēranter, *Adv.* (perseverans), **beharrlich,** bene coeptam rem tueri, Liv. 4, 60, 5: tacere, Val. Max. 6, 1, 7: instare, Val. Max. 3, 8, 3: aquam potare, Scrib. Larg. 38: id imponere, Scrib. Larg. 214: perseverantius saevire, Liv. 21, 10, 7: perseverantissime postulare, Val. Max. 6, 8, 1: perseverantissime alqm diligere, Plin. ep. 4, 21, 3.

persevērantia, ae, *f.* (persevero), die **Beharrlichkeit, Ausdauer,** haec eius nimia, Cic.: sententiae tuae, Cic.: verb. pertinacia et perseverantia, Cic.: labor et perseverantia nautarum, Caes.: perseverantia constantiaque oppugnandi, Auct. b. Alex. – übtr., belli, Langwierigkeit, Iustin. 3, 4, 3.

persevērātio, ōnis, *f.* (persevero), **I** die **Beharrung** bei etw., die **beharrliche Fortsetzung** von etw., Donat. Ter. Andr. 5, 4, 32. Gromat. vet. 192, 5: pers. sempiterna, Interpr. Iren. 4, 38, 3: aevi propria mansio et in idem pers., Chalcid. Tim. 25. – **II** die **Ausdauer,** Ps. Apul. Ascl. 41.

persevēro, āvī, ātum, āre, **I** *intr.* bei etw. **verharren, -standhaft bleiben,** in etw. **fortfahren, 1** eig.: **a** übh.: in sententia, Cic.: in errore, Cic.: in bello, Liv.: in eodem cognomine, Suet.: in retinenda re publica, Suet.: m. bl. *Abl.*, bellis continuis, unaufhörlich Krieg führen, Iustin.: m. *Abl. Gerund.*, cum ad ultimum perseverasset negando, Liv.: absol., persevera, Plin. ep.: persevera, ut coepisti, Sen.: immoderatius perseverans, Suet. – *Pass. impers.*, perseveratum est in ira, Liv.: non est ab isto perseveratum, Cic. – **b** prägn.: **α die Fahrt** od. **Reise (ununterbrochen) fortsetzen,** una navis perseveravit, Caes. b. c. 3, 14, 2: Aquileiam usque, Suet. Vesp. 6, 2. – **β** an einem Ort **ausharren, ununterbrochen verweilen,** apud Carnuntum iugi triennio, Eutr. 8, 13. – **γ** bei einer Handlung od. bei jmd. **aushalten,** in horam fere decimam perseveravit, Suet. Ner. 21, 2: deum deinde conversum ad Romanos cum his perseverare, Heges. 5, 15, 20. – **2** übtr., der Zeit nach **Bestand haben, fortbestehen, lange anhalten, andauern, bleiben,** in quibusdam perseverat tenuis pituitae cursus, Cels. 6, 6, 16: nam et tremor terrae perseverabat, Plin. ep. 6, 20, 19: dignitas tribunorum militarium non diu perseveravit, Eutr. 2, 3: ordinatione tuā perseverat dies, Vulg. psalm. 118, 91: m. *Dat.* (wem?), talibus viris nec amicitiarum fides perseverat, Apul. dogm. Plat. 2, 19 *extr.*: quod ei ius societatis perseverabat, Dict. 2, 2 *extr.*: prägn., v. Pers., tribuni militares triennio perseveraverunt, Eutr. 2, 3. – **II** *tr.* in od. bei etw. **verharren,** etw. **fortsetzen,** id, Cic.; id constantius, Liv.: cursum, Auct. b. Afr.: hoc facinus, Tert.: observantiam, Symm.: iras, Firm. math.: inedia perseverata est, Iustin.: mit folg. *Infin.* (Ggstz. desinere), facere, Cic.: urguere, Liv.: meminisse, Sen.: aversari scelus, Curt. – m. folg. *Acc.* u. *Infin.* = dabei beharren, cum perseveraret Orestem se esse, Cic. de amic. 24: cum id facturos se perseverarent, Vell. 2, 92, 3. – m. folg. *ut* u. Konj. = darauf bestehen, ad urbem ut non accederem, perseveravi, Cic. ad Att. 9, 19, 4: perseverare coepit, ut eo quoque regno decederet, Auct. b. Alex. 35, 2.

per-sevērus, a, um, **sehr streng,** imperium, Tac. ann. 15, 48 *extr.*

Persia, s. Persae.

Persiānus, a, um, s. Persius.

per-sibus, a, um (per u. sapio), **sehr scharfsinnig, sehr schlau,** Naev. com. 116. Plaut. bei Varro LL. 7, 107.

per-siccātus, a, um, **ganz getrocknet,** Apic. 7, 276.

per-siccus, a, um, **ganz trocken, sehr trocken,** oculi, Cels. 3, 6: tempus, Fest. 306 (a), 29. Paul. ex Fest. 307, 4.

Persicē, s. Persae.

Persicum, ī, *n.*, s. Persae.

Persicus, s. 1. Persēs a. E. u. Persae.

persideo, s. per-sedeo.

Persīdes, s. 3. Perseus.

per-sīdo, sēdī, sessum, ere, irgendwo **sich niederlassen, sich ansetzen,** Lucr. 1, 307 u. 6, 1124 (1126). Verg. georg. 3, 442.

per-sīgno, āre, **I genau aufzeichnen,** dona, Liv. 25, 7, 5. – **II überall bezeichnen,** notis corpus omne, Mela 1, 19, 10 (1. § 106): liniamenta membrorum, Firm. math. 3, 6, 26.

per-similis, e, **sehr ähnlich, sprechend (zum Sprechen) ähnlich,** erat decorus et corporis lineamentis persimilis, Iustin. 1, 9, 10: m. *Genet.*, statua istius persimilis, Cic. Pis. 93: memoria est gemina litteraturae quodammodo et in dissimili genere persimilis, Cic. part. or. 26: m. *Dat.*, isti tabulae fore librum persimilem, cuius etc., Hor. de art. poët. 6 *sq.*

per-simplex, plicis, **sehr einfach,** victus, Tac. ann. 15, 45.

Persis, s. Persae.

per-sisto, ere, **stehen bleiben,** bildl. = bei etw. **festbleiben, verharren,** in luxuria et improbitate, Treb. Poll. Gallien. 4, 2: in oratione (im Gebet), Vulg. Tob. 3, 11: prohibet persistere bessem, fort u. fort zu bleiben, Auson. ecl. 1, 22. p. 154 Schenkl. – ► Die Perfektform s. per-sto.

persītēs, ae, *f.*, eine Pflanze, Art des tithymallus, Ps. Apul. herb. 108.

Persius, iī, *m.*, **I** ein Redner und Zeitgenosse des Lucilius, Cic. Brut. 99 u. a. – **II** ein bekannter Satirendichter († 28 Jahre alt unter Nero), Nachahmer des Horaz, Mart. 4, 29, 7. Quint. 10, 1, 94. – **Persiānus,** a, um, **persianisch,** Persianum illud, jener Ausspruch des Persius, Lact. 2, 2, 18. – u. (v. einem unbekannten Persius), P. aquae, viell. bei Karthago, Apul. flor. 16 *in.*

persōlāta u. **persollāta,** ae, *f.*, eine Pflanze = arcion, die **braune Königskerze** (*Verbascum ferrugineum,* Ait.), Plin. 25, 113; 26, 24 u. 28 u. a.

per-solido, āre, **durchaus dicht machen,** imbres, gefrieren machen, Stat. Theb. 1, 353: übtr., **vollständig befestigen,** Th. Prisc. 3, 3.

persōlla, ae, *f.* (*Demin.* v. persona), eine **kleine Maske,** als Schimpfwort, **Fratze, Larven-, Fratzengesicht,** Plaut. Curc. 192.

persollata, s. persōlāta.

per-solvo, solvī, solūtum, ere, **I auflösen,** bildl. = entwickeln, deutlich erklären, alci hoc ζήτημα (Problem), Cic. ad Att. 7, 3, 10. – **II bezahlen, auszahlen, abzahlen, abtragen, a** eig.: stipendium militibus, Cic.: aes alienum, Plin. ep. 9, 37, 2: aes alienum alienis nominibus (Abl.) suis copiis, Schulden, wenn sie anderen zur Last geschrieben sind = die Schulden anderer aus seinen Mitteln bezahlen, Catilina bei Sall. Cat. 35, 3: debitum (bildl.), Colum.: pecuniam ab alqo, durch Anweisung auf jmd. bezahlen, Cic. – **b** übtr., **bezahlen, abtragen, erweisen,** was man schuldig ist, grates, Verg.: gratiam dis, Cic.: honorem (= *sacrificium*) dis, Verg.: alci mortem, töten, Suet.: poenas alci, Cic.: bl. poenas, Strafe leiden, Caes.: aber poenae alci ab alqo persolutae, ihm von jmd. angetane, Cic.: vota, Gelübde erfüllen, Cic.: quod promisi, ei persolvere, Cic.: primae epistulae, das Nötige auf den ersten B. erwidern, antworten, Cic.: naturae debitum, CIL 6, 3580, u. bl. debitum, *ibid.* 6, 11693.

persōna, ae, *f.* (von *per-sonāre = *per-zonāre, verkleiden, zu griech. ζώνη, also urspr. die Verkleidung), die **Maske, Larve** des Schauspielers, die den ganzen Kopf bedeckte und je nach der Verschiedenheit der darzustellenden Charaktere verschieden war, **I** eig.: comica, Quint.: tragica, Phaedr.: cretea (weil gew. aus Ton), Lucr.: personā tectum caput, Val. Max.: personae distortis oribus deformes, Varro LL.: personam capiti induere, Fronto, Ggstz. capiti detrahere, Mart.: u. so bl. personam induere, Ggstz. detrahere, Macr.: ut ex persona mihi ardere oculi hominis histrionis viderentur, Cic.: personae pallentis hiatus (weil die Mundöffnung sehr breit), Iuven.: agere eandem personam in triclinio (v. einem Mimen), Macr. sat. 2, 7, 17. – Solcher Larvenkopf aus Terrakotta od. Marmor als Zierat an einem Gebäude, cretea persona, Lucr. 4, 295: russi persona Batavi, Mart. 14, 176. – Ebenso Tierköpfe (bes. Löwenköpfe) als Verzierung an den Vorsprüngen der Dächer, personas tegularum extremis imbricibus imposuit, Plin. 35, 152: an Springbrunnen, personae, e quarum rostris aqua salire solet, Ulp. dig. 19, 1, 17. § 9. – **II** meton.: **1** der **Charakter,** die **Rolle, Person,** die der Schauspieler darstellt, auctoritas (Würde) personarum, Quint.: p. militis, Ter.: persona de mimo, ein Schauspieler in einem Mimenstück, ein Komödiant, Cic.: in persona lenonis imitari alqm, Cic. – **2** übtr.: **a** die **Person,** die **Rolle,** die der Mensch in der Welt spielt, accusatoris, Cic.: hanc personam induisti; agenda est, Sen. de ben. 2, 17, 2: duabus quasi nos a natura indutos personis, Cic.: agenda est persona, quam mihi miles imposuit, Vopisc. Prob. 10, 7: possumus petitoris personam capere, accusatoris deponere, Cic.: abicere quaestoriam personam comitisque sumere, Cic.: tantummodo induit personam philosophi, Cic.: mutare (wechseln) personam, Plin. ep.: u. so histrionis ritu mutatā repente personā, Amm.: Veneris personam subire, Lampr.: illam vero gravitatis severitatisque personam non appetivi, sed a re publica mihi impositam sustinui, Cic.: tantam personam sustinet, Cic.: personam quadruplatoris ferre, Liv.: personam alienam ferre, Liv.: personam sibi accommodare od. suscipere, Cic.: personam imponere alci, Cic.: quam personam gerere velimus, welche R. wir spielen wollen, Cic.: personam civitatis gerere, den Staat repräsentieren, Cic.: personam in re publica tueri principis, seine Stellung im Staat als einer der ersten Männer in demselben bewahren, Cic.: quam personam teneant, welche Person sie vorstellen, Cic. – **b** die **Person** *in abstr.* = die **Persönlichkeit, Individualität,** der **Charakter,** den jmd. in seiner Handlungsweise zeigt, od. der **Charakter,** die **Stellung,** der **Rang,** die **Bedeutung,** die ihm seine Verhältnisse geben, huius Staleni persona, Cic.: p. mea, tua, nostra, Cic.: p. regis, der König als solcher, Iustin.: altera persona, sed tamen secunda, zweite Hauptperson, Nep.: id, quod quāque personā dignum est, Cic.: personā soceri mei, unter der P. meines Schw., Cic.: u. so per personam Antonii, Cic.; u. nihil *ex* persona poëtae (unter der Person des D., als D.), sed *sub* eorum, qui illo tempore fuerunt, disserunt, Vell.: nisi forte tanta persona eris, ut possis iram comminuere, Sen. – certis personis et aetatibus, Leuten von einer bestimmten Stellung und einem bestimmten Alter, Suet.: in multorum personam exorabiles, sodass sie die Person ansahen (προςωποληπτοῦντες), Suet. – **c** als gramm. *t. t.*, die **Person,** tertia, Varro LL., Quint. u. a.

persōnālis, e (persona), **persönlich,** ICt. – als gramm. *t. t.* (Ggstz. impersonalis), verba, Diom. 399, 13.

persōnāliter, *Adv.* (personalis), **persönlich, nach Ansehen der Person,** Ambros. de spir. scto 3, 11. § 81. Arnob. 3, 42. Augustin. serm. 118. § 1 u. 3. Salv. de gub. dei 6, 1, 1 u. a. Eccl. – als gramm. *t. t.*, p. dicere, mit vorgesetzter od. gedachter Person, Gell. 15, 13, 9: adverbia pers. fiunt ut ›mecum, tecum‹, Asper 552, 12 K.

persōnācea herba – personata (s. d.), Marc. Emp. 17. fol. 110, b u. 32. fol. 133, b. Plin. Val. 3, 14. fol. 194, a. Gargil. de cura boum § 5. Pelagon. veterin. 31 (455 *Ihm*).

persōnārius, iī, *m.* (persona) = προσωποποιός, der **Maskenmacher,** Gloss. III, 309, 19.

persōnāta, ae, *f.*, eine große Klettenart die **Filzklette, Maskenblume,** Plin. 21, 87 u. 25, 104. Colum. 6, 17, 1. Veget. mul. 4, 21, 1. Marc. Emp. 19. fol. 112, a.

persōnātīvē, *Adv.* (persona), **persönlich,** Charis. p. 181, 25 K.

persōnātus, a, um (persona), **maskiert, in der Maske, I** eig.: Roscius, Cic.: pater, der V. in der Komödie, Hor. – **II** bildl., **verlarvt,** quid est, cur ego personatus ambulem, Cic.: felicitas, scheinbare, Sen.: fastus, gezierter, Mart.

per-sono, sonuī, sonitum, āre, **I** *intr.*: **A durch und durch ertönen, laut erschallen, widerhallen, a** v. Lebl. u. zwar **α** v. Örtl.: domus cantu personabat, Cic.: mons frequenter citharae cantu personat, Lact.: villae venustas aquis undique canoris atque avibus personans, Gell.: convivium summo risu personat, Apul.: aures personant huiusmodi vocibus, solche Töne schallen in die Ohren, Cic. – **β** von Worten usw., id totis personabat castris, Liv. 41, 2, 7: crepitus ululatusque nocturni, qui personant totā urbe, Liv. 39, 15, 6. – **γ** v. anderen Ggstdn., tormenta et verbera personabant, Lact. de mort. pers. 23, 2. – **b** v. Pers., **seine Stimme erschallen lassen,** plebs urbis personabat certis modis plausuque composito, Tac. ann. 16, 4: ii dies ac noctes plausibus personare, ließen Beifallgeklatsch erschallen, Tac. ann. 14, 15. – **B sich auf einem Instrument hören lassen, spielen,** citharā Iopas personat, Verg. Aen. 1, 741. – **II** *tr.*: **A durchschallen, durchtönen, mit Schall** od. **Getöse erfüllen, widerhallen lassen,** haec latratu regna, Verg.: aequora conchā, Verg.: amoena litorum, Tac.: funestis vocibus saxa, Apul.: aurem, in das Ohr rufen, Hor. – **B laut erschallen lassen, -rufen, schreien, a** übh.: haec personat ardens, Sil.: m. folg. *Acc.* u. *Infin.*, Cic. Planc. 86 u. Cael. 47. Liv. 3, 10, 10. – **b laut preisen,** ore Christum, Prud. epil. 34: tua facta, Ruf. Fest. brev. 30: in hoc psalmo quendam exsultantem, Augustin. in psalm. 110, 1. – **c laut verkündigen, ausposaunen, predigen,** quas (res) isti in angulis personant, Cic. de rep. 1, 2: cuius (Platonis) doctrinam Academiae gymnasia personabant, Hieron. epist. 53, 1: cum verba domini in labiis personaret, Hieron. epist. 53, 1. – **C auf** einem musikal. Instrument **ertönen lassen, blasen, spielen,** classicum, das Signal zum Kampf geben, Apul. met. 5, 12: nunc citharā, nunc lyrā personatur hendecasyllaborum volumen, Plin. ep. 7, 4, 9. – ► *Perf.* personavit, Apul. met. 5, 12. Itala Iudic. 7, 18: *Infin. Perf.* personasse, Prud. epil. 34.

per-sonus, a, um, **sich hören lassend, ertönend, erschallend,** verno persona cantu virgulta, Petron. poët. 120. *v.* 72: Io, Val. Flacc. 4, 118: laeta camporum balatu, hinnitu, mugitibus persona, Mamert. grat. act. 10, 1.

per-sorbeo, ēre, **einschlürfen,** Plin. 31, 123.

perspargo, s. perspergo.

perspectē, *Adv.* (perspectus), **mit Einsicht, einsichtsvoll,** Plaut. mil. 757.

perspectio, ōnis, *f.* (perspicio), die **Einsicht,** Eccl.

perspecto, āvī, āre (*Intens.* v. perspicio), **I** durch etw,. **durchsehen,** per cavum, Pompon. com. 23. – **II genau in Augenschein nehmen, -sich ansehen,** Plaut. most. 815. – **III bis zu Ende mit ansehen,** certamen, Suet. Aug. 98, 5: m. dopp. *Acc.*, manum suam in hostili foculo distillantem, Sen. ep. 66, 51: absol., Suet. Dom. 4, 2.

perspector, ōris, *m.* (perspicio), der **Durchschauer, Kenner,** Iuvenc. 2, 276.

perspectrīx, īcis (Femin. zu perspector), die **Durchschauerin, Kennerin,** Gloss. III, 423, 44.

perspectus, a, um, *PAdi.* (v. perspicio), **durchschaut, wohl-, völlig bekannt, bewährt,** virtus, Cic.: perspectus animus in re publica liberanda, Patriotismus, Cic.: Clodii animum perspectum habeo (kenne ich durch und durch), cognitum (ich verstehe ihn), iudicatum (mein Urteil über ihn steht fest), Cic. ep. ad Brut.: mihi perspectissima benevolentia, Cic. ad Att. 11, 1, 1: perspectissimum priscae potentiae forum, Amm. 16, 10, 13.

per-speculor, ātus sum, ārī, **wohl auskundschaften, genau erforschen,** locorum situs, Suet. Caes. 58, 1: omnia (v. Gott), Ps. Cypr. Sodom. 24 zw. (Hartel prospeculatus).

perspergo, ere (per u. spargo), **besprengen, bestreuen, benetzen,** ligna amurcā crudā, Cato r. r. 130: unde haustā aquā templum et simulacrum deae perspersum est, Tac. ann. 15, 44: Prusiadem urbem alluit Hylas flumen et perspergit Hylas lacus, Solin. 42, 2. – bildl., facetiarum quidam lepos, quo tamquam sale perspergatur omnis oratio, Cic. de or. 1, 159 (*C. F. W. Müller* perspargatur).

perspicābilis, e (perspicio), **was sich sehen lässt, sehenswert,** Amm. 14, 8, 3. Augustin. epist. 27, 2.

perspicācē, *Adv.* (perspicax), **scharfsichtig,** Afran. com. 59.

perspicācitās, ātis, *f.* (perspicax), der **Scharfsinn,** Amm. 15, 3, 2.

perspicāciter, *Adv.* (perspicax), **scharfsichtig,** Amm. 26, 6, 1; 29, 1, 38: *Compar.* perspicācius, Boëth. de consol. phil. 3. metr. 11, 5. – *Superl.* perspicācissimē, Boëth. in categ. Aristot. 4. p. 204.

perspicāx, ācis (perspicio), **scharfsichtig, a** physisch: ales oculis perspicax, unguibus pertinax, Apul. de deo Socr. prol. p. 3, 21 G. (p. 108 H.). – homo perspicacior ipso Lynceo vel Argo, Apul. met. 2, 23. –

perspicacissimi oculorum obtutus, Cassian. coen. inst. 5, 15. – **b** geistig = **einsichtsvoll,** v. Pers., ego me non tam astutum neque ita perspicacem esse id scio, Ter.: patrem novisti *ad* (in Bezug auf) has res quam sit perspicax, Ter.: Palamedis perspicax prudentia, Tragic. vet. fr.: id quod acutum ac perspicax naturā est, Cic.: tam perspicaci iudice, Apul. apol. 53: id quod intellectu perspicassimo assequi non valemus, Augustin. de peccat. merit. 3, 2.

perspicibilis, e (perspicio), **sichtbar, hell,** Vitr. 9, 1, 11.

perspicientia, ae, *f.* (perspicio), die **Durchschauung** = die in etwas erlangte **vollständige Einsicht,** veri, Cic. de off. 1, 15.

perspicio, spēxī, spectum, ere (per u. specio), **I** *intr.* irgendwo **mit dem Blick durchdringen, hineinsehen,** quo non modo non intrari, sed ne perspici quidem posset, Caes. b. G. 2, 17, 4. – **II** *tr.*: **A** **mit dem Blick** bis zu etw. **durchdringen,** etw. **deutlich sehen,** ut prae densitate arborum perspici caelum vix posset, Liv.: quae fortuna pugnae esset, neque scire nec perspicere prae caligine poterant, Liv.: minimis id granis constat, ut vix perspici quaedam possint, Plin. – **B** etwas prüfend **mit dem Blick durchdringen,** **a** beschauend = prüfend **in Augenschein nehmen, sich** etw. **ansehen,** etw. **nachsehen,** domum tuam atque aedificationem omnem, Cic.: viam, Cic.: opus, Cic. – m. indir. Fragesatz, perspicito prius, quid intus agatur, Plaut.: qui visendi causā venirent studioseque perspicerent, quid ageretur et quo modo, Cic. – **b** lesend, eine Schrift prüfend **durchsehen,** eas (epistulas) ego oportet perspiciam, corrigam; tum denique edentur, Cic. ad Att. 16, 5. § 5. – **C** übtr., mit dem geistigen Blick **durchdringen, durchschauen,** etw. od. jmd. (seinem Wesen und Charakter nach) **kennenlernen, erkennen, wahrnehmen,** rem, Cic.: alqm coniecturā, erraten, Cic.: hoc cum dicendo tum singulis appellandis rogandisque perspexisse, Cic.: alcis fidem, Cic. u. Caes.: animos regum, Cic.: cum se ipse perspexerit, Cic. – m. folg. *Acc.* u. *Infin.*, perspicio nihili meam vos facere gratiam, Plaut. Curc. 155 G.: perspiciebant enim in Hortensii sententiam multis partibus plures ituros, Cic. ep. 1, 2. § 2: im Passiv mit folg. *Nom.* u. *Infin.*, tum vero lectis tuis epistulis perspectus est (Pompeius) a me toto animo de te ac de tuis ornamentis et commodis cogitare, Cic. ep. 1, 7, 3: quae (res) inesse in homine perspiciantur ab iis, qui etc., Cic. de legg. 1, 62. – m. folg. indir. Fragesatz, quidam saepe in parva pecunia perspiciuntur, quam sint leves, Cic.: ista veritas quae sit, non satis perspicio, Cic.: quod, qua de causa discederent, nondum perspexerat, Caes.

perspicuē, *Adv.* (perspicuus), **klar, offenbar, deutlich,** plane et p. expedire alqd, Cic.: aperte et perspicue nulla esse iudicia, Cic.: p. falsa esse, Cic.: quas (litteras) equidem miscebo agrestibus negotiis quam potero dilucide atque p., Plin.

perspicuitās, ātis, *f.* (perspicuus), **I** die **Durchsichtigkeit, Helle, Klarheit,** Plin. 37, 79: vitrea, Plin. 37, 141. – **II** übtr., die **Augenscheinlichkeit, Deutlichkeit,** Cic., Quint. u. a.

perspicuus, a, um (perspicio), **I** **durchsichtig, hell,** liquor aquae, Ov.: sal maxime p., Plin.: gemma, Plin.: nives, Stat.: adultera tenui veste perspicua, Sen. contr. 2, 15 *extr.* – **II** übtr.: **a** **augenscheinlich, klar, offenbar, deutlich,** mors, Cic.: utilitatis ratio aut perspicua nobis aut obscura, Cic.: earum causarum, quae non sunt constantes, aliae sunt perspicuae, aliae latent, Cic.: quid potest esse tam apertum tamque perspicuum, quam esse etc., Cic.: cum suspiciones unum in locum coactae rem videntur perspicuam facere, non suspiciosam, Rhet. Her. – **b** = conspicuus, **ansehnlich,** senator perspicui generis, Amm. 28, 1, 54.

per-spīro, āre, **I** **überall atmen,** Cato r. r. 157, 7. – **II** **beständig wehen,** ventus perspirans, Plin. 2, 116.

perspissō, *Adv.* (*perspissus), **sehr langsam,** Plaut. Poen. 792.

per-sterno, strāvī, strātum, ere, **ganz eben machen,** Vitr. 7, 1, 7: viam silice, ganz pflastern, Liv. 10, 47, 4.

per-stīllo, āre, **durchträufeln, das Regenwasser durchtropfen lassen,** v. Dächern u. Gebäuden, Vulg. prov. 19, 13; eccl. 10, 18.

per-stimulo, āre, **fort und fort aufreizen,** pravis sermonibus tumidos spiritus, Tac. ann. 4, 12.

per-stīpo, āre, **gehörig zusammendrängen,** corporis superficiem, Cael. Aur. de morb. acut. 3, 8, 93.

per-sto, stitī, stātūrus, āre, **fest stehen, -stehen bleiben,** **I** eig.: **a** v. Pers.: perstat (er bleibt stehen) et … ait, Ov.: perst. ad vallum, Liv.: ante ipsa signa, Curt.: in limine, Tibull.: armati omnes diem totum perstant, Liv.: philosophos eorum, quos gymnosophistas vocant, ab exortu ad occasum perstare, Plin.: sic utrorumque exercitus, quin (ohne dass) dimicaretur, a mane usque ad horam decimam diei perstiterunt, Auct. b. Afr. – **b** v. Lebl.: nullum eorum (siderum) perstat, Sen. ad Helv. 6, 6: Symplegades immotae perstant, Ov. met. 15, 339. – **II** übtr.: **A** unverändert **bleiben, fortdauern, dauern,** laurea, quae toto perstitit anno, Ov.: nihil est, quod toto perstet in orbe, Ov.: ille vetus solito perstat in ore pudor, Ov.: si perstiterit ira dei, Ov.: perstet hiems, Ov. – **B** **fest beharren, verharren,** v. Pers., in eo, Cic.: in sententia, Cic.: in incepto, Liv. u. Ov.: in pertinacia, Liv.: in eadem impudentia, Liv.: in causa damni sui, Ov.: unpers., ut in decreto perstaretur, Liv. – m. *Abl.*, amore, Sen. poët.: animis, Stat.: m. prädik. *Nom.*, si perstas indeclinatus amico, dem Fr. unveränderlich anhängst, Ov. ex Pont. 4, 10, 83. – m. folg. *Infin.*, si perstiteris corpus ad ea, quae dixi, referre, Cic. de fin. 2, 107: si perstas certare, Ov.: perstitit intercedere, Tac. – absol., gregarius miles futuri socors et ignobilitate tutior perstabat, Tac.: perstitit Narcissus, beharrte fest auf seinem Entschluss, seinem Sinn, Tac.: u. so perstat Atlantiades, Ov.: sed ille contempsit ac perstitit, Treb. Poll.: persta atque obdura, Hor.: eadem mens perstat mihi, Verg. – ▶ *Part. Fut.* perstaturus, Liv. 8, 34, 4.

per-strepo, uī, ere, **I** *intr.* **sehr lärmen, großen Lärm-, großes Geschrei machen,** v. Menschen, Ter. eun. 600. – v. Lebl., **heftig rauschen, -ertönen, -erschallen,** tellus perstrepit, Sil. 8, 430. – **II** *tr.*: **A** **durchrauschen, durchlärmen,** latas aedes, Claud. in Rufin. 1, 213: cubiculum iubilis suis, M. Aurel. bei Fronto ad M. Caes. 4, 5. p. 68, 22 N.: Passiv, frequenti clamore ianuae nostrae perstrepi, Apul. met. 3, 1. – **B** **mit** etw. **großen Lärm machen,** nonne haec cotidie perstrepunt Ariani? Ambros. de fide 5, 16. § 19.

per-strictē, *Adv.* (perstrictus v. perstringo), **kurz und bündig,** Augustin. epist. 221, 3 u. de haeres. praef.

perstrictim, Adv. (perstrictus v. perstringo), **nur obenhin,** Augustin. in psalm. 41, 10 u. a. Eccl.

per-strīdo, ere, **durchsäuseln, durchwehen,** Caes. Germanic. prognost. 1, 6.

per-stringo, strīnxī, strictum, ere, **I** **fest zusammenziehen, -schnüren, -binden,** vites, Cato. – übtr., ubi perstrinxit rigore vesper, Calp.: stomachus rigore perstrictus, Veget. – **II** **durch u. durch streifen,** d. i. schlagend, stoßend, werfend **berühren,** bes. der Länge nach, **A** eig.: **a** übh.: cuius (aratri) vomere portam Capuae paene perstrinxisti, Cic.: solum aratro, durchpflügen, Cic. – **b** insbes., **streifen** = leicht verwunden, alcis femur, Verg.: summam cutem in femine, Curt.: Alexandri dextrum femur leviter mucrone perstrictum est, Curt. – **B** übtr.: **1** **streifen, berühren,** **a** übh.: horror spectantes perstringit, es überlief (befiel) sie ein Schaudern, Liv.: perstrinxerat horror ipsum, Val. Flacc.: consulatus meus eum perstrinxerat, hatte ihn unangenehm berührt, Cic.: quod meis omnibus litteris in Pompeiana laude perstrictus esset, weil alle meine Schriften bei ihrer Verherrlichung des Pompejus für ihn etwas Verletzendes gehabt hätten, Cic.: octies tortus (servus), nullum omnino verbum, quo dominus perstringeretur, emisit, wodurch der Herr betroffen (dem H. geschadet) wurde, Val. Max. – **b** insbes.: **α** mit (tadelnden) Worten **berühren, durchnehmen, tadeln, verweisen,** voluntatem facetiis, Cic.: alqm suspicione, Cic.: censoriā notā perstrictus, Val. Max.: cultum habitumque alcis levibus verbis, mit leisem Tadel berühren, Tac.: modice perstringi, mit einem leichten Verweis davonkommen, Tac. – **β** mit der Rede kurz **berühren, durchlaufen** = kurz erzählen, leviter transire ac tantummodo perstringere unam quamque rem, Cic.: breviter perstringere atrocitatem criminis, Cic.: celeriter p. reliquum vitae cursum, Cic. – **2** meton., **abstumpfen,** aciem gladii, Plin.: aures minaci murmure, betäuben, Hor. – ► In Hdschrn. verwechselt mit praestringo (oculos, visus u. dgl.), s. d.

per-struo, strūctus, ere, **I** **ganz aufbauen, -errichten,** cum (paries) in altitudinem perstructus fuerit, Vitr. 7, 4, 1. – **II** **völlig verbauen,** omnem venenatae adversum nos linguae calumniandi aditum, Rufin. apol. 5.

perstudiōsē, *Adv.* (perstudiosus), **sehr eifrig, sehr begierig,** Cic. Brut. 207.

per-studiōsus, a, um, **sehr eifrig-, sehr fleißig** etw. **treibend, -sich mit** etw. **beschäftigend,** litterarum, Cic.: musicorum, Cic.: tui, dir sehr ergeben, Cic.

persuādenter, *Adv.* (persuadens v. persuadeo), **überzeugend,** ostendere, Chalcid. Tim. 127.

per-suādeo, suāsī, suāsum, ēre, eig. mit Erfolg raten; dah. **I** **überzeugen,** mit u. ohne *Dat. pers.* u. einem *Acc.* u. *Infin.* od. indir. Fragesatz, mit *Acc. pron. neutr.*, mit *de* u. Abl. od. absol., **a** *act.*: velim tibi ita persuadeas, me tuis consiliis nullo loco defuturum, Cic.: ut, si posses, recuperatoribus persuaderes, non esse iniuriā M. Tullio damnum datum, Cic.: nec tibi tam prudens quisquam persuadeat auctor tellurem Boreā frigidam spirante moveri, Verg.: imprimis hoc volunt persuadere, non interire animas, Caes.: quod cum ita fieri persuasissent, Gell. – si praesens sibi persuasisset, quam iustas petendi causas haberet, Suet. – hoc cum mihi non modo confirmasset, sed etiam persuasisset, Cic.: eo minus credebam, tibi temere quicquam persuaderi potuisse, Cic. – si forte de paupertate non persuaseris, Cic. – quomodo mihi persuadeo, Cic. – persuadentia verba addat, Ov. – **b** *pass.*: **α** *impers.*: sibi persuaderi (er sei, halte sich überzeugt) eum suam gratiam non repudiaturum, Caes.: dicere ad persuadendum accommodate, Cic. – hoc ipsis Siculis ita persuasum est, Cic.: si ab iis auditori iam quiddam persuasum videtur, Cic.: de tua fide nisi persuasum esset nobis, non etc., Brut. et Cass. in Cic. ep.: persuasissimum mihi est Lepidum recte facturum numquam, Brut. in Cic. ep. – vulgo persuasum, *quasi* vox Augusti per cubicularios excepta sit, Suet. – persuasum habeo, Caes., Val. Max. u. Plin. ep., u. persuasissimum habeo, Colum. u. Suet., ich bin überzeugt, bin vollkommen überzeugt, mit folg. *Acc.* u. *Infin.* – **β** *pers.*: si scit et persuasus est, Caecin. in Cic. ep.: si persuasus auditor fuerit, Rhet. Her.: cum animus auditoris persuasus esse videtur ab iis, qui ante contra dixerunt, Rhet. Her. – **γ** im *Abl. absol.*: quo (malo) viso atque persuaso, man sich davon überzeugt hält, Cic. Tusc. 3, 72. – **II** insbes., wie πείθειν, **überreden, durch Überredung** wozu **bestimmen, -vermögen, -verführen,** mit u. ohne *Dat.* (selten mit *Acc.*) *pers.* u. folg. *ut* (*uti*) u. Konj., od. m. folg. bl. *Coniunctiv*, od. folg. indir. Fragesatz, od. *Infin.*, m. *Acc.* (klass. bl. mit *Acc. pronom. neutr.*) od. absol., **a** *act.*: metuebat, ne sibi persuaderes, ut etc., Plaut.: huic persuadet, uti ... transeat, Caes.: huic persuadet, petat etc., Sall.: ei persuadet tyrannidis finem facere, Nep.: hoc quoque quaerentibus remittamus, quis Romanis primus persuaserit navem conscendere, Sen. – mit *Acc. rei*, quorum si utrumvis (Pompeio) persuasissem, Cic.: numquam tamen haec felicitas illi persuasit neglegentiam, Sen. exc. contr. 3. praef. § 5: omnia nobis mala (zu allem Schlechten) solitudo persuadet, Sen. ep. 25, 5. – m. *Acc. pers.*, te persuadeam, ut ... venias, Petron.: quis te persuasit, Enn. fr. – absol., persuasit nox, amor, adulescentia, Ter. – **b** *pass.*: **α** *impers.*: his persuaderi non poterat, ut etc., Caes.: quod propius Romanos accessisset, persuasum (= *id sibi persuasum esse*) loci opportunitate, Caes.: ne hoc cuiquam persuadeatur, ut id tu gratis suscipere conatus sis, Cic.: persuasum est facere, Plaut.: itane? corrupti sunt, quibus persuasum est (die aus Überzeugung entschlossen sind) foedissimum hostem iustissimo bello persequi? Cic. Phil. 13, 35. – **β** *pers.*: persuasus ille fecit, quod monitus fuit, Phaedr.: Caesaris nomine persuasi a rege Iuba desciscunt, Auct. b. Afr.: persuasa est iureiurando gruis (Nomin.), Phaedr.: Capua persuasa pacisci, Val. Max.: persuasi mori, die sich selbst bestimmt hatten, entschlossen waren, Iustin.

persuāsibilis, e (persuadeo), **leicht überzeugend** (Übersetzung des aristotel. πιθανός), Quint. 2, 15, 13 u. a. Hieron. epist. 65, 9. Vulg. 1. Cor. 2, 4.

persuāsibiliter, *Adv.* (persuasibilis), **überzeugend,** dicere, Quint. 2, 15, 14 u. 22.

persuāsio, ōnis, *f.* (persuadeo), **I** die **Überzeugung, Überredung,** Cic. de inv. 1, 6: difficilis, Iustin. 34, 4, 2. – **II** die **Überzeugung,** die man hat, der **Glaube,** die **Einbildung,** die **Meinung,** publice recepta p., Quint.: p. popularis, Quint.: superstitionum persuasione, aus abergläubischer Überzeugung, Tac.: quae persuasio fuit illorum, qui etc., Plin. pan.: haec persuasio superbissimis dominis est, ut etc., Plin. pan. – m. folg. *Infin.*, persuasio est nervos ... solidari, Plin.: plenus persuasionis cuncta fato agi, Suet.

persuāsissimus, s. per-suādeo.

persuāsitrīx, trīcis, *f.* (persuadeo), die **Überrederin,** Mart. Cap. 5. § 514.

persuāsor, ōris, *m.* (persuadeo), der **Überreder** (Ggstz. dissuasor), Mart. Cap. 5. § 467 u. Eccl.

persuāsōrius, a, um (persuadeo), **zur Überzeugung führend,** controversia, Iul. Vict. art. 3. § 5. p. 202, 14 B.: außerdem Interpr. Orig. in Matth. 47.

persuāstrīx, strīcis, *f.* (persuadeo), die **Überrederin,** Plaut. Bacch. 1167.

persuāsus, *Abl.* ū, *m.* (persuadeo), die **Überredung,** persuasu servi, Argum. Plaut. Epid. 2: huius persuasu, Cic. fr. b. Quint. 5, 10, 69: sine alterius persuasu, Augustin. c. Secund. Manich. 19.

per-suāvis, e, **sehr angenehm,** Iul. Val. 3, 18 (17).

persuāviter, *Adv.* (persuavis), **sehr angenehm,** Augustin. music. 4, 13.

persubhorrēsco, ere (per u. *subhorresco), **von unten aufstürmen,** subito mare persubhorrescere coepit, Sisenn. hist. 4. fr. 104 (aus Non. 449, 10, Vulg. subhorrescere).

per-subtīlis, e, **I** **sehr fein, sehr zart,** animus, Lucr. 3, 179. – **II** bildl., **sehr fein = sehr durchdacht,** quoniam tua fuit perelegans et persubtilis oratio, Cic. Planc. 58.

per-sulco, āvī, ātum, āre, **durchfurchen,** übtr., rugis persulcata genas, Claud. in Rufin. 1, 136.

persultātor, ōris, *m.* (persulto), der **Herumschwärmer** auf usw., Baiani litoris, Symm. epist. 6, 23.

persulto, āvī, ātum, āre (salto), **I** *intr.*: **A** an einem Ort **hin und her springen, -laufen, herumspringen, -schwärmen,** solo stabili, Liv.: in agro, Liv. – persultante populo, unter dem Jubel des Volkes, Treb. Poll. – **B** übtr., **ertönen, erschallen, sich hören lassen,** vox persultat, Prud. ham. praef. 10. – **II** *tr.*: **A** **durchspringen, durchschwärmen, durchstreifen,** pabula laeta, Lucr.: Italiam, Tac.: campos, Tac.: passim maria, Apul. – **B** übtr., **gebieten, befehlen,** haec persultanti, Prud. perist. 11, 77.

persuptīlis, s. per-subtīlis.

per-tābēsco, tābuī, ere, **nach und nach vergehen, -verzehrt werden,** Auct. Aetnae 476.

pertaedēsco, taeduī, ere (pertaedeo), einer Sache **überdrüssig werden, Ekel empfinden,** nolito multum dare, ne pertaedescat, man es überdrüssig werde, Cato r. r. 156, 6.

per-taedet, taesum est, ēre, **a** *v. impers.*, einer Sache **überdrüssig sein, einen Ekel empfinden,** matrimonii pertaedebat (eum), Gell.: vos iniuriae pertaesum est, Sall. fr.: numquam suscepti negotii eum pertaesum est, Nep.: pertaesum est (me) levitatis, Cic.: pertaesum est magni incepti, Verg.: pertaesum est mentes regni, Claud. orat. col. 1. lin. 26 *ed. Nipp.*: m. folg. *Dat.*, usque adeo pertaesum vos mihi esse, Gracch. fr. bei Diom. 311, 23: non minus sibi pertaesas esse vaniloquentias et iactantias barbari, quam etc., Iul. Val. 2, 10. p. 66 (b) *ed. Paris.*: mihi erat pertaesum huius professionis, Flor. Vergil. orat. an poët. p. 108, 25 H. – **b** *v. pers.*, cum omnes finem cuperent verbisque eius defetigati pertaeduissent, Gell. 1, 2, 6. – ► pertisum, archaist. = pertaesum, Fest. 217 (b), 5 u. 273 (a), 9. Paul. ex Fest. 72, 18 u. 216, 5 (verworfen von Cic. or. 159).

pertaesus, a, um (pertaedet), **überdrüssig,** mit *Genet.* u. *Acc.*, lentitudinis, Tac.: ignaviam suam, Suet.: semet ipse pertaesus, Suet.

per-tango, ere, **ganz berühren, tüchtig begießen,** Apic. 8, 395.

per-tego, tēxī, tēctum, ere, **ganz bedecken,** villam, Plaut. rud. 123: eam involutionem, Vitr. 10, 6, 3: reliquum pedem paenulā scorteā, Varro sat. Men. 273: odeum navium malis et antemnis e spoliis Persicis pertexit, Vitr. 5, 9, 1: pertectus locus, Cael. Aur. de morb. chron. 1, 1, 18. – scherzh., p. benefacta benefactis aliis, ne perpluant, Plaut. trin. 320.

per-temerārius, a, um, **sehr unbesonnen, sehr verwegen,** Cod. Iust. 11, 21, 2.

pertempto, s. per-tento.

per-tendo, tendī, (tēnsum, tentum), ere, **I** etwas **durchsetzen, ausführen, durchführen, behaupten,** video non licere ut coeperam hoc pertendere, Ter.: ut innocentem se in tormentis pertendat, Quint. – absol. **es durchzusetzen suchen, dabei beharren,** verum si incipies neque pertendes naviter … actum est, Ter.: quodsi pertendens animo (hartnäckigen Sinnes) vestita cubaris, Prop.: a qua re sit pertinacia (impositum) cum quaeritur, ostenditur esse a *pertendendo,* in qua re sit impositum, dicitur cum demonstratur; in quo non debet *pertendi* et *pertendit,* pertinaciam esse, Varro LL. 5, 2. – **II hingehen,** Romam, Liv.: ad castra, Auct. b. Alex.: ad alteram ripam, Suet.: in Asiam, Suet.: vehiculo (hinfahren) ad forum usque ad curiam, Suet.

per-tento (in Hdschrn. pertempto), āvī, ātum, āre, eig.: überall betasten; dah. **I prüfen, probieren, A** eig.: pugionem utrumque, Tac. hist. 2, 49: alta bipenni latera, Petron. poët. 89. *v.* 24. – **B** übtr.: **a auf die Probe stellen, prüfen, erforschen,** alqm gratiā, Ter.: animum cohortis, Tac.: nobilium adulescentium animos, Liv. 2, 3, 6. – **b durchprüfen, überlegen, überdenken,** perspice rem et pertenta, Cic.: omnia pertento, omnia experior, Plin. ep. – **II durch und durch ergreifen, durchdringen, durchzucken,** tremor pertentat corpora, Verg.: pertentant gaudia pectus, Verg.: vinolentiā pertentatus, Apul.

per-tenuis, e, **I sehr dünn,** sabulum, Cato fr. b. Plin. 18, 34. – **II** übtr., **sehr klein, sehr gering, sehr schwach,** spes, Cic.: suspicio, Cic.: ars, Cic.: patrimonium, Capit.

per-tepidus, a, um, **sehr lau,** fontana (Quelle), Vopisc. Carin. 17 (16), 5.

per-terebro, āvī, ātum, āre, mit dem Bohrer **durchbohren,** in etw. **ein Loch bohren,** columnam auream, Cic. de div. 1, 48: lapis perterebratus, Vitr. 8, 6 (7), 8: aures curvis perterebratae anfractibus, Arnob. 3, 13.

per-tergeo, tersī, tersum, ēre, **abwischen, abtrocknen, I** eig.: gausape mensam, Hor.: spongiā vasa, Colum.: vidisse se in somnis a nescio quo deorum spongeā corpora sua pertergeri, Val. Max. – **II** übtr., **leicht berühren,** an etw. **anstoßen,** aër quasi perterget pupillas, Lucr. 4, 247: nostros oculos perterget longior aura, Lucr. 4, 250: extra lux oculos perterget, Lucr. 4, 276.

pertermine dicitur auspicium, quod fit, cum de fine Romano in agrum peregrinum transgrediuntur, Mar. Victorin. 1, 4, 42. p. 14, 21 K.

per-tero, trīvī, trītum, ere, **zerdrücken, zerreiben, zerquetschen, zerstampfen,** pulvinaria perteruntur, Apul.: bacam, Colum.: uva pertrita, Colum. – pertrītus als *PAdi.* s. bes.

perterrefacio (fēcī), factum, ere, (perterreo u. facio), **gewaltig in Schrecken (Furcht) setzen,** perterrefacias Davom (= Davum), Ter. Andr. 169. – oft Partiz. perterrefactus, Amm. 17, 1, 17; 28, 1, 48; 30, 1, 7. Heges. 4, 23 *extr.*

per-terreo, terruī, territum, ēre, **gewaltig in Schrecken (Furcht) setzen, -erschrecken, -einschüchtern,** alqm, Ter.: alqm magnitudine poenae, Caes.: maleficii conscientiā perterritus, Cic.: metu od. timore perterritus, Cic. u. a.; vgl. Jordan Cic. Caecin. 2. p. 143.

perterricrepus, a, um (perterreo u. crepo), **schrecklich rauschend, -tönend, -knallend usw.,** Tragic. inc. fr. 142 (bei Cic. or. 164). Lucr. 6, 129.

perterrito, āre (*Intens.* v. perterreo), **heftig erschrecken,** Avien. Arat. 1170. Coripp. Iohann. 2, 479.

per-texo, texuī, textum, ere, **durchweben = fertig weben, I** eig.: vestis bysso pertexta, Apul. met. 10, 3. – **II** übtr., etw. **ausführen, vollenden,** cellam Veneris, Vitr.: mit Worten, pertexe modo, quod exorsus es, Cic.: coeptum dictis, Lucr.

pertica, ae, *f.*, eine **Stange, ein langer Stock, I** im Allg., zum Schlagen, Plaut. asin. 589: als Sitzstange für die Vögel im Vogelhaus, Varro r. r. 3, 5, 4: zum Abstreifen oder Abschlagen der Früchte, Ov. nuc. 69: zum Anbinden usw. von Bäumen usw., Colum. 4, 32, 2 u. 33, 3. Plin. 16, 174: als Signalstange, Curt. 5, 2 (7), 7: als Querriegel zum Verriegeln einer Stalltür, Apul. met. 7, 28. – **II** insbes.: **A** die **Messrute** (gew. decempeda gen.), **1** eig., Gromat. vet. p. 18, 9 u. a.: bei der Ackerverteilung unter die Soldaten gebraucht, Prop. 4, 1, 130. – Sprichw., quos non unā, ut dicitur, perticā, sed distinctim gradatimque tractavi, nicht nach derselben Elle, Plin. ep. 8, 2, 8. – **2** meton., der ganze, mit der Messrute **gemessene und verteilte Acker,** Gromat. vet. 339, 3 u. a. – **B** der **Setzling, junge Baum** (zu Pfählen), v. jungen Weiden, Plin. 17, 141.

perticālis, e (pertica), **zu Stangen (Pfählen) dienlich** od. **brauchbar,** salix, Stangenweide (Ggstz. salix viminalis, Korbweide), Colum. 4, 31, 2. Plin. 17, 143.

perticārius, a, um (pertica), **zu den Stangen (Pfählen) gehörig,** negotians, Stangenhändler, CIL 6, 9672.

perticātus, a, um (pertica), **mit einer Stange versehen, an einer Stange befestigt,** pondera, Mart. 5, 12, 1 Schn. (ed. 2).

pertimefactus, a, um (pertimeo u. facio), **in große Furcht versetzt, eingeschüchtert,** Pacuv. tr. 302. Brut. in Cic. ep. 11, 20, 2.

per-timeo, ēre, **sich sehr fürchten, angst u. bange sein,** Vulg. 1. Petr. 3, 6. Firm. math. 8, 9. – Perf. s. pertimēsco.

pertimēsco, timuī, ere (*Inchoat.* v. pertimeo), wegen etw. **in äußerste Furcht (Bangigkeit, Sorge) geraten,** um etw. **sich ängstliche Sorge machen, angst u. bange werden,** etw. **sehr befürchten,** legatum Iugurthae, Sall.: bellum, Cic.: impetum, Auct. b. Alex.: nullius potentiam, Cic.: pertimescendus exitus, Val. Max.: *de* suis periculis fortunisque omnibus, Cic.: de salute, Nep.: *ob* ea, quae etc., Gell. 6 (7), 3, 5: abs., Cic. Cat. 2, 1. – mit folg. *ne* u. Konj., Cic. Sest. 105. Nep. Alc. 5, 1.

pertinācia, ae, *f.* (pertinax), die **Beharrlichkeit,** im guten und üblen Sinne, die **Hartnäckigkeit,** dah. auch die **Rechthaberei,** Romanorum, Liv.: hominum nimia pertinacia et arrogantia, Caes.: patientia et pertinacia hostis, Suet.: quae est haec pertinacia? Ter.: pertinacia hiemis, Sen.: pertinaciam alcis castigare, Liv.: pertinaciā desistere, Caes.: omni modo expugnare pertinaciam legatorum, Liv.: frangere pertinaciam, Liv.: non ultra in pertinacia manere, Liv.: in pertinacia perstare, Liv.: pertinaciam Macedonum vincere, Liv.: tu *pertinaciam* esse, Antiloche, hanc praedicas, ego *pervicaciam* aio, Acc. tr. 4 *sq.* – mit *in* u. Abl., in evitando inevitabili malo pertinacia, Sen. nat. qu. 4. praef. § 12. – m. *Gen. Gerund.*, pertinaciam eorum insectandi se inhibuit, Val. Max. 3, 7. 7.

pertināciter, *Adv.* (pertinax), **I fest,** haerere, Quint.: pertinacissime retinere, sehr fest halten, Plin. – **II** übtr., **beharrlich, hartnäckig, unablässig,** im Guten u. Bösen, in eo manere, Varro: res retinere, Sall. fr.: fusos insequi, Liv.: eam rem gerere, Capitol.: pertinacius insequi, Hirt. b. G.: pertinacissime in sententia permansisse, *ibid.*: pertinacissime liberalibus studiis deditus, Suet.

1. pertināx, ācis (per u. tenax), **festhaltend, I** eig.: **1** im Allg.: ales unguibus pert., Apul. de deo Socr. prol. p. 3, 21 G. (p. 108 H.). – **2** insbes., das Geld usw. festhaltend, **sehr zäh, erzkarg** (als Steigerung von tenax), Plaut. capt. 289. – **II** übtr.: **A langdauernd, sich lange haltend, lange anhaltend,** siligo, Plin.: spiritus cum spatio pertinax tum labori non facile cessurus, lang aushaltender, Quint.: alium pertinax flatus celerrime perfert, Sen. ep. 70, 3. – **B fest, aushaltend, ausdauernd, beharrlich, hartnäckig,** im Guten u. Bösen, **unablässig,** virtus, Liv.: concertatio, Cic.: minime pert. genus pugnae, Liv.: pertinacia arma, Fortsetzung des Kampfes, Tac.: pert. sermo, rechthaberisch, Cic.: miles, Liv.: lacrimae, Quint.: tua tam pertinax valetudo (Übelbefinden), Plin. ep.: male pert. vincendi studium, Prud.: digitus male pert., nicht eben sehr sich sträubend, Hor.: pertinaciores nos facit iniquitas irae, Sen.: pertinacissimi hostes, Sen.: pertinacissimus fueris, si perstiteris ... referre, Cic.: m. *ad* u. Akk., pertinax ad obtinendam iniuriam, Liv. 29, 1, 17: adeo ad bonas spes pertinax animus est, Sen. de ben. 7, 31, 4: m. *adversus* u. Akk., adversus temerarios impetus pertinax, Liv. 28, 23, 14: m. *in* u. Akk., in quod coepit pertinax et intenta, Sen. de ira 1, 1, 2: m. *in* u. Abl., magis pertinax in rebellando animus fuit, Flor. 4, 12, 47: in vernaculis vel aulicis tam pertinax, ut etc., Capit. Opil. Macr. 13, 3: altera (turma) pertinacior in repugnando, Liv. 29, 33, 7: fortissima et pertinacissima in retinendis armis iuventus, Vell. 2, 27, 1: m. *Genet.*, irae, Val. Max. 6, 3, 3: iustitiae, Apul. apol. 102: m. *Genet. Gerund.*, Auson. profess. 6, 33. p. 59, 33 Schenkl: m. *Infin.*, ludum insolitum ludere pertinax, Hor. carm. 3, 29, 50.

2. Pertinax, s. 2. Helvius.

pertinenter, *Adv.* (pertineo), **gehörig** zu etw., **schicklich,** ad causam, Tert. adv. Marc. 4, 38: *Compar.*, pertinentius, *Superl.* pertinentissime, Tert. adv. Marc. 4, 9 u. 31.

pertineo, tinuī, ēre (per u. teneo), **sich hin erstrecken, sich erstrecken, sich hinziehen, I** eig.: hoc (latus) pertinet circiter milia passuum quinquaginta, Caes.: implicatio nervorum pertinet toto corpore (über den g. K.), Cic.: arteria aspera ad pulmones usque pertinet, Cic.: Belgae pertinent ad partem fluminis, Caes.: pert. in omnes partes, Cic.: unde pons in oppidum pertinens explicatur, Sall. fr.: iugum pertinens in Armeniam, Auct. b. Alex. – **II** übtr. **sich erstrecken, 1 sich erstrecken = sich verbreiten,** caritas patriae per omnes ordines pertinebat, Liv.: bonitas ad multitudinem pertinet, Cic.: in totam vitam, Sen.: partium sensu non satis pertinente in omnia, Liv.: ratio quaedam per omnium naturam rerum pertinens, Cic. – **2** zu etw. **dienen, führen,** den u. den **Zweck haben,** quorsum, inquam, haec quaestio pertinet? Sen.: sed quo illa oratio pertinuit? an uti vos infestos coniurationi faceret? Sall.: ea, quae ad effeminandos animos pertinent, Caes.: quae res etsi nihil ad levandas iniurias pertinere videbantur, Caes.: dah. ad rem non pertinet m. folg. *Infin.*, **es führt zu nichts, es hat keinen Zweck,** si ad rem non pertinet planius ostendere, quod etc., Rhet. Her. 4, 37 Kays.: u. bes. quo od. quorsum (quorsus) pertinet m. folg. *Infin.*, wozu dient es, wozu soll es führen, was hat es für einen Zweck (Sinn), quo pertinuit nudare corpus? Tac. ann. 3, 12: quorsum pertinuit stipare Platona Menandro? Hor. sat. 2, 3, 11: quorsus pertinuit hanc comparare materiam? Sen. nat. qu. 1, 17, 2. – **3 auf** jmd. od. etw. **sich beziehen, zu** jmd. od. etwas **gehören,** jmd. od. etw. **angehen, a** im Allg.: ut prius quod ad deos pertinet dicam, Varro LL.: expugnatae urbis praedam ad militem, deditae ad duces pertinere (gehöre), Tac.: quae ad victum pertinebant, Nep.: pertinebit ad rem praeceptores paedagogosque pueris placidos dari, Sen.: illa res ad officium meum pertinet, Cic.: nihil ad patriciam Sulpiciorum familiam Quirinius pertinuit, ging die F. nichts an, Tac.: eodem pertinet, quod causam eius probo, Cic.: illud ... quo pertineat, videte, Cic.: summa illuc pertinet, ut etc., Cic.: interpretando, quorsum quidque pertineat, Cic. – mit folg. *Acc.* u. *Infin.*, ad rem pertinere visum est (es schien zweckmäßig) consules primo quoque tempore creari, Liv. 35, 24, 1: nihil deesse Ciceroni cum ad officium tum ad existimationem meam pertinet, erfordert sowohl meine Pflicht als usw., Cic. ad Att. 14, 16, 4: u. so Cic. de off. 3, 67. Liv. 10, 24, 17; 36, 26, 3; 45, 10, 5. – **b** jmd. **treffen, angehen,** jmdm. **gelten, zur Last fallen,** ad quem suspicio maleficii pertineat, Cic.: se scire, ad quem maleficium pertineret, Cic.: ad imperatorem prodigium pertinere, Liv.: nec, ad quos pertineat facinus, vestigia ulla exstare, Liv. – **c** jmd. od. etwas angenehm od. schmerzlich **berühren, auf** jmd. oder etwas **Einfluss haben, von Einfluss sein,** mors nec ad vivos nec ad mortuos pertinet, Cic.: nihil ista ad mortuum pertinent, berühren schmerzlich, Plin. ep.: hoc nihil ad me pertinet, Cic.: si quid hoc ad rem pertinet, wenn anders dieser Umstand etwas zur Sache tut, Cic.: haud sane multum ad se pertinere, utrum ... an etc., es mache nicht viel für ihn aus, es sei für ihn ziemlich gleichgültig, Liv.: non putavit in rem pertinere ubi aut quando periret qui perire deberet, Sen. rhet. – **d** jmd. od. etw. **anbelangen, betreffen,** in der Verbdg. quod od. quantum pertinet ad m. *Acc.* = **was** od. **soviel** den u. den od. das u. das **anbelangt,** was den u. den od. das u. das **betrifft, in Betreff** des u. des, quod ad populum pertinet, Cic. Planc. 7: quod ad indutias pertineret, Caes. b. c. 3, 17, 3: öfter nachaug., quod ad aetates pertinet, Cels.: quod ad virtutem pertinet, Sen. rhet.: quod ad me pertinet, Sen. rhet. u. Flor.: quantum ad me od. ad te pertinet, Plin. ep.: quantum ad decernentes pertinet, Plin. ep.

pertingo, ere (per u. tango), **I überall berühren, -bestreichen,** v. Örtl. = **völlig erreichen,** montis Appennini iugum media curvatura prope *tangens* oras maris Hadriani *pertingit* circumitionibus contra (gegenüber) fretum, Vitr. 2, 10, 1: infortunatam pertingens caespite Troiam, Avien. descr. orb. 986: longius inde absens ibi sed pertingo quod opto, Ven. Fort. carm. 6, 10, 53: tempora postrema si vis pertingere laeta, Commodian. instr. 2, 12, 5. – **II sich hinerstrecken,** collis in immensum pertingens, Sall. Iug. 48, 3: scala ad caelum pertingens, Cypr. test. 2, 16: scala a terra pertingens usque ad caelum, Itala genes. 28, 12 (b. Augustin. serm. 122, 2). – übtr., **auf** etw. **sich erstrecken,** ad sapientiam Zenonis, Fronto de eloqu. p. 144 N. – ► In den Hdschrn. oft mit pertinēre verwechselt, s. Dietsch Sall. Iug. 48, 3. – u. mit pertergere, s. Lucr. 4, 277.

pertīsum, s. per-taedet ►.

per-tolero, āvī, ātum, āre, **bis zu Ende-, vollständig erdulden, -ertragen,** pertolerassent omnia tormenta aetatis, Lucr. 5, 316: pertolerarem vitam, Acc. tr. 91.

per-tono, tonuī, āre, **I** *intr.* **fort und fort-, gewaltig donnern,** übtr., dominus salvator in evangelio pertonans, Hieron. epist. 51, 4: quando vox illa pertonuit, Hieron. adv. Helvid. § 20: contra alqm, gegen jmd. losdonnern, Hieron. epist. 53, 8. – **II** *tr.* **mit Donnerstimme-, laut verkündigen,** gloriam alcis, Ambros. serm. fer. 2 pentec.

per-torqueo, ēre, **I verdrehen,** ora sapore, Lucr. 2, 401. – **II herschleudern,** übtr., quam senticosa verba pertorquet, Afran. com. 1.

pertractātē, *Adv.* (pertracto), **in gewöhnlicher, abgedroschener Weise,** non pertr. facta est (*sc.* fabula), Plaut. capt. prol. 55.

pertractātio, ōnis, *f.* (pertracto), das Betasten, bildl. = die **Behandlung,** die **Beschäftigung** mit etw., animi partium aut sincerarum aut aegrarum, Gell.: poëtarum, Cic.: rerum publicarum, Cic.

per-tracto (nicht pertrecto), āvī, ātum, āre, **I überall betasten, befühlen,** barbatulos mullos exceptare de piscina et pertractare, Cic.: pertr. caput dormienti, Iustin.: bestias manibus, Auct. b. Afr.: manum hominis (v. Arzt), Apul.: poet., vulnera visu, genau besichtigen, Sil. 10, 451. – **II** übtr.: **a** etw. geistig **eingehend behandeln, sich geistig mit** etw. **beschäftigen,** etw. **durchdenken, studieren, untersuchen,** philosophiam, Cic.: ea, quae rem continent, Cic.: primum quae scripsi mecum ipse pertracto, Plin. ep.: omnis honesti iustique disciplina erit pertractanda, Quint.: res pertractatas habere, Cic. – **b** Geist u. Gemüt **bearbeiten, sie stimmen,** auf Geist u. Gemüt **einwirken** (v. Redner), sensus mentesque hominum, Cic. de or. 1, 222: hominum animos, *ibid.* 2, 32: animos iudicum, *ibid.* 2, 186.

pertractus, ūs, *m.* (pertraho), der **Verzug,** die **Dauer,** Tert. de or. 5.

per-traho, trāxī, tractum, ere, **I hinziehen, a** mit Gewalt = **hinschleppen, mit Gewalt hinbringen, -führen,** alqm in castra, Liv.: ratem ad ripam, Liv.: navem, herbeiführen, Liv.: alqm in ius, Val. Max. – **b** durch List = **hinlocken,** hostem citra flumen, Liv. 21, 54, 4. – **II ganz herausziehen,** virus, Scrib. Larg. 173.

per-trānseo, īvī od. iī, īre, **I** *intr.*: **A** eig., v. Pers.: **1 überall umherziehen,** qui pertransiit benefaciendo et sanando omnes oppressos a diabolo, Vulg. act. apost. 10, 38. – **2 an** jmd. **vorübergehen,** Levita, cum esset secus locum et videret eum, pertransiit, Vulg. Luc. 10, 32. – **B** übtr., v. Lebl.: **1 ganz hindurchgehen,** cum viridis non pertransit aspectus, Plin. 37, 68. – **2** von einem Punkt zum anderen **sich hinübererstrecken,** sors filiorum Iudae a vertice montis usque ad fontem aquae, Vulg. Iosuë 15, 9. – v. Zuständen = **sich erstrecken über** usw., in omnes homines mors pertransiit, Vulg. Roman. 5, 12. – **3 ganz vorübergehen, a** v. der Zeit, **ganz verstreichen, -verfließen,** cum pertransissent decem dies, Vulg. 1. regg. 25, 38. – **b** v. Zuständen, **ganz vorübergehen,** donec pertranseat indignatio, Hieron. in Iob 8, 26. *v.* 19: donec pertranseat furor tuus, Vulg. Iob 14, 13. – **II** *tr.*, ein Land **ganz durchziehen, durch** ein Land **hindurchziehen,** Caucasum, Albanos, Scythas, Hieron. epist. 53, 1: Macedoniam, Vulg. 1. Cor. 16, 5: fines Assyriorum, Vulg. Iudith 2, 12 (vgl. 3, 14): terram usque ad locum Sichem, Vulg. genes. 12, 6. – ► Ungew. Imperf. pertransiebam, Itala Luc. 19, 1: Futur. pertranseam, Itala psalm. 41, 5, pertransiet, Vulg. Sirach 39, 5; Dan. 11, 40. Itala psalm. 102, 16.

per-translūcidus (pertrālūcidus), a, um, **ganz durchsichtig,** charta, Plin. 13, 79.

pertrecto, s. per-tracto.

per-tremīsco, ere, **durch und durch erzittern,** Hieron. in Isai. 3, 7, 2; 4, 10, 4. – m. *Acc.* = vor etw., similem sententiam, Hieron. c. Pelag. 1, 38.

per-trepidus, a, um, **sehr ängstlich, -eilfertig,** Capit. Maxim. et Balb. 1. § 1 *Jordan* (Peter praetrepidus).

per-tribuo, uī, ere, **von allen Seiten erteilen,** alci certatim testimonia, Plin. ep. 10, 86 (18), 2.

per-trīcōsus, a, um, **sehr verwickelt, schwer zu erringend,** res, Mart. 3, 63, 14.

per-tristis, e, **I sehr traurig,** carmen, Cic. poët. de div. 1, 14. – **II** übtr., **sehr (recht) finster,** quidam patruus, Cic. Cael. 25.

pertrītus, a, um, *PAdi.* (v. pertero), **sehr abgenutzt, sehr gewöhnlich, alltäglich,** vulgaris et p. quaestio, Sen. contr. 7, 3 (18), 7: scio pertritum iam hoc esse, Sen. ep. 63, 12.

per-tumultuōsē, *Adv.*, **in großer Aufregung,** nuntiare, Cic. ep. 15, 4, 3.

Pertunda, ae, *f.* (pertundo) = *dea, quae in primo concubitu naturam feminae pertundere dicitur,* Arnob. 4, 7. Augustin. de civ. dei 6, 9, 3. p. 264, 23 u. 265, 2 D.[2] Tert. ad nat. 2, 11.

per-tundo, tudī, tūsum (tussum) od. tūnsum, ere, **durchstoßen, durchbohren, durchlöchern, ein Loch** in etw. **machen (bohren),** saxa, Lucr.: ova, Colum.: tunicam, Catull.: crumenam, anbohren, Plaut.: terebrā tu quidem pertundis, Plaut. Astr. fr. 3 (4). – dah. pertūsus (pertūnsus), a, um, **durchstoßen, durchbohrt, durchlöchert, mit einer Öffnung, mit einem Loch,** sella, Cato: dolium, Plaut.: dolium a fundo pertusum, Liv.: vas pert., Lucr.: fritillus, Sen.: caccabus, Scrib. Larg.: laena, Iuven.: compita pertusa, passierbare, Pers.

pertūnsūra, s. pertūsūra.

perturbātē, *Adv.* (perturbatus), **verwirrt, in ungeordneter Weise, durcheinander** (sodass die logische Ordnung gestört wird), dicere, Rhet. Her. 1, 15. Cic. de inv. 1, 29: eaque efficere non pert., Cic. or. 122: muta animalia perturbate et indisposite moveri, Sen. ep. 124, 19.

perturbātio, ōnis, *f.* (perturbo), die **Verwirrung, I** eig.: p. caeli, stürmisches Wetter (Ggstz. serenitas), Cic. de div. 2, 94. – **II** übtr.: **A** im Allg., die **Verwirrung, Störung, Unordnung,** rationis atque ordinis, Cic.: fortunae et sermonis (Nachrichten), verwirrender Wechsel, Cic.: vitae, Cic.: totius exercitus, Caes.: animorum, Cic.: errorem perturbationemque animis afferre, auf die S. einen störenden und verwirrenden Eindruck machen, Cic. – **B** insbes.: **1** polit. **Verwirrung, Wirren, Sturm, Unruhe, Störung, Umwälzung, a** übh. im Staat (vgl. Halm Cic. Sest. 73. p. 208 *ed. mai.*), magnā rerum perturbatione impendente, Cic.: nec tempestatum nec temporum perturbatione mutari (v. der Tugend), weder durch physische noch durch politische Revolutionen, Cic.: res publica iaceat in iis perturbationibus, in quas eam ille coniecit, Cic. – **b** in den Komitien, **Sturm, stürmischer Auftritt,** quantas perturbationes et quantos aestus habet ratio comitiorum, Cic. – **2** = πάθος, die **Störung der Gemütsruhe, Gemütsstörung,** die **Leidenschaft,** der **Affekt,** hos motus concitati animi recte, ut opinor, perturbationes diximus, Cic.: quattuor perturbationes, Cic.: commoveri magnā animi perturbatione, Cic.: perturbationes concitare, Cic.: in perturbationes incīdere, Cic.: ore confuso magnae perturbationis (Bestürzung) notas prae se ferens, Curt.

perturbātor, ōris, *m.* (perturbo), der **Beunruhiger, Verwirrer,** Sulp. Sev. chron. 2, 49, 2. Ambros. de spir. scto 3, 17. § 121. Heges. 3, 26 *extr.*

perturbātrīx, trīcis, *f.* (Femin. zu perturbator), die **Verwirrerin,** Cic. de legg. 1, 39.

perturbātus, a, um, *PAdi.* (v. perturbo), **I** eig., **stürmisch, unruhig,** perturbatissimum genus tempestatis, Sen. nat. qu. 7, 10, 2. – **II** übtr.: **A** im Allg., **ganz verwirrt, verworren, wirr, ohne Ordnung, durcheinandergehend,** ita confusa est oratio, ita perturbata, nihil ut etc., Cic.: perturbata tempora, Cic.: vox non explanabilis et perturbata, Sen.: vultus pert., verstörtes, Liv. – *neutr. pl.* subst., perturbata et confusa cernere, wüste u. wirre Traumgesichte, Cic. – **B in großer Gemütsunruhe, außer Fassung, bestürzt,** neque eram occupatus neque perturbatus, Cic.: numquam vidi hominem perturbatiorem metu, Cic.: quid foedius, quid perturbatius hoc ab urbe discessu sive potius turpissimā fugā, Cic.

per-turbidus, a, um, **sehr unruhig, voll Unruhe,** civitas, Vopisc. Saturn. 7, 3.

per-turbo, āvī, ātum, āre, **ganz-, sehr verwirren, ganz in Verwirrung-, Unordnung bringen, I** eig.: **A** im Allg.: ordines (die Glieder), Caes.: aciem, Sall.: reliquos incertis ordinibus perturbaverant, Caes. – **B** mehrere Bestandteile, Zutaten **untereinanderrühren,** omnia subtiliter creta *permisceas* cum salibus torrefactis ac tritis et diu oleo iniecto *perturbes,* Pallad. 12, 18. – **II** übtr.: **A** im Allg., **ganz verwirren, -stören,** ut in his perturbem aetatum ordinem (Zeitfolge), Cic.: oratio tonat, fulgurat, omnia denique perturbat ac miscet, Plin. ep.: condiciones pactionesque bellicas periurio, brechen, Cic. – **B** insbes.: **1** polit. **stören, die Ruhe** von etw. **stören,** polit. **Wirren erregen,** otium, die bestehende Ordnung umstürzen, Cic.: provinciam, Cic.: civitas seditionibus perturbata, Cic. – **2** geistig **verwirren,** sensus, Phaedr. 2, 4, 11. – **3** gemütlich **sehr verwirren, -in Verwirrung bringen, -beunruhigen, -aufregen, in große Unruhe versetzen, ganz aus der Fassung bringen, sehr bestürzt machen,** haec te vox non perculit? non perturbavit? Cic.: numquam perturbari, niemals außer Fassung geraten, Cic.: u. so perturbari animo, Caes. u. Auct. b. Alex.: vestro clamore perturbatum iri, Cic.: cum sit iis propositum non *perturbare* animos sed *placare* potius, Cic. – de salute rei publicae perturbari, Cic.: incommodo perturbari, Caes.: magno animi motu perturbatus, Cic. – m. folg. indir. Fragesatz mit ne … an … an, in der Bestürzung nicht wissen, ob … oder usw., Caes. b. G. 4, 14, 2.

per-turpis, e, **sehr unanständig,** Cic. Cael. 50.

pertūsūra, ae, *f.* (pertundo), die **Durchstoßung, Durchlöcherung,** Cael. Aur. de morb. chron. 5, 1, 17. Vulg. (Amiat.) Sirach 27, 5. – Form pertunsura, Plin. Val. 3, 18.

per-ubīque, *Adv.*, **überall,** Tert. de pall. 2 *extr.*

pērula, ae, *f.* (*Demin.* v. pera), der **kleine Ranzen,** das **Ränzchen,** Sen. ep. 90, 14: scherzh. übtr. = *uterus intumescens* (einer Schwangeren), Apul. met. 5, 14.

perūnctio, ōnis, *f.* (perungo), das **Bestreichen mit Salbe,** die **Einreibung,** Plin. 24, 131 u. 28, 226. Cael. Aur. de morb. acut. 2, 17, 105 u. de morb. chron. 4, 3, 75. Th. Prisc. 2. chr. 21.

per-ungo, ūnxī, ūnctum, ere, **über und über mit Salbe bestreichen, -einreiben,** tonsas (oves) recentes eodem die vino et oleo, Varro: corpora oleo, Cic.: ora manu, besudeln, Ov.: pedes sibi veneno, Suet.: perunctus nardo, Hor.: faecibus ora perunct, Hor.

perurbānē, *Adv.* (perurbanus), **sehr artig, sehr witzig,** Sidon. epist. 5, 17, 9.

per-urbānus, a, um, **I sehr artig, sehr sein, sehr witzig,** Torquatus … toto genere p., Cic.: Lucilius et doctus et p., Cic. – **II** im üblen Sinne, **überhöflich** (Ggstz. rusticus), Cic. ad Att. 2, 15, 3.

per-urgeo (**perurgueo**), ursī, ēre, **sehr drängen,** übtr.: **I** alqm, **a** feindlich **sehr drängen, hart zusetzen,** Treb. Poll. u. a.: Constantium parentem fata ultima perurguebant, Aur. Vict.: perurgueri sub hora mortis, sein letztes Stündlein herbeieilen sehen, Spart. – **b** mit Worten **sehr drängen, hart zusetzen, in** jmd. **sehr dringen,** alqm summā vi ad capessendam rem publicam, Suet. Tib. 25, 2. – **II** alqd, etw. sehr in Betrieb setzen, ihm **eifrig obliegen,** festinationem, Treb. Poll. trig. tyr. 33, 8: sacra, in das Heiligtum eindringen, Auct. Aetnae 227 *Jacob* (Haupt ingenium sacrare).

per-ūro, ūssī, ūstum, ere, **I durch und durch brennen;** dah. **verbrennen,** alqm igni, Sen.: vas, Plin.: agros, sengen und brennen, Liv.: perusta ossa, verbrannte, Ov.: zona perusta, heiße Z., Lucan.: hic (lapis) mille perustus ignibus, Auct. Aetnae 422. – **II durchweg brennen, Hitze verursachen, entzünden, A** eig. u. bildl.: **1** eig., **entbrennen, erhitzen, brennend quälen,** perustus ardentissimā febre, Plin. ep. 7, 1, 4: sitis praecipue fatigatos et saucios perurebat, Curt. 4, 16 (61), 12. – **2** bildl.: **a** von der Liebe u. anderen Leidenschaften: perurimur aestu (amoris), Ov.: pectus perustum curis, Mart.: perustus inani gloriā, der vor Begierde nach eitler Ehre brennt, Cic. – **b erhitzen, entbrennen** = zornig machen, aufbringen, Catull. u. Sen. – **B** übtr.: **1 erhitzen, entzünden = wund reiben,** colla perusta, wund, Ov.: peruste funibus latus, Hor. – **2 brennen, versehren,** v. der Kälte, Cato u. Colum.: terra perusta gelu, Ov.

Perūsia, ae, *f.*, eine der zwölf etrurischen Bundesstädte, zwischen dem Trasimenischen See und der Tiber, unter den Römern Munizipium, im Bürgerkrieg von Oktavian belagert und niedergebrannt (40 v. Chr.), j. *Perugia,* Liv. 9, 37, 12. Vell. 2, 74, 3: von Augustus wiederhergestellt und dah. Augusta Perusia gen., CIL 11, 1924 u. 1929. – Dav. **Perūsīnus,** a, um, **perusinisch,** cohors, Liv.: bellum, Vell. u. Tac.: sepulcra, Prop.: fames (Hungersnot), Lucan. – Plur. subst., Perūsīnī, ōrum, *m.*, die Einw. von Perusia, die **Perusiner,** Liv. u. Vell.

Perustae, s. Pīrūstae.

perūstio, ōnis, *f.* (peruro), das **Verbrennen,** Marc. Emp. 1: übtr., per. nostri amoris, Anthol. Lat. 1582, 8 M.

per-ūtilis, e, **sehr nützlich,** res (Plur.), Cic. de sen. 59: dixit perutile esse consilium quod Themistocles afferret, sed minime honestum, Cic. de off. 3, 49: in hac enim fortuna perutilis eius et opera et fidelitas esset, Cic. ad Att. 9, 17, 2: illud autem scire perutile est, Boëth. de divis. p. 885, 38 Migne.

perūtiliter, *Adv.* (perutilis), **sehr nützlich,** Plin. Val. 1, 55 *in.*

per-vādo, vāsī, vāsum, ere, **I hindurchgehen, hindurchdringen,** u. *tr.* = **durchgehen, durchdringen, A** eig.: per aequa et iniqua loca, Liv.: incendium per agros pervasit, Cic.: per omnes velut continens incendium pervasurum, Liv.: venenum artus pervasit, Tac.: pervasā urbe, pervasis regionibus, Amm.: paulatim perfidiae istius tabes pleraque Hispaniae pervaserat, Sulp. Sev. – **B** übtr.: erat etiam alia gravis atque vehemens opinio, quae animos gentium barbararum pervaserat, Cic.: fama urbem pervasisset, Liv.: pervasit iam multos ista persuasio, Quint. – **II** bis an ein Ziel **hingelangen, hinkommen, -dringen, A** eig.: in Italiam, Cic.: in Asiam, Liv.: ad castra, Liv.: in nares, Cic.: domum pervadit aegerrime, Apul.: quācumque pervaserat eques, Liv. – **B** übtr., wohin **gelangen,** einen Punkt **erreichen,** locus nullus est, quo non libido hominum pervaserit, Cic.: an vero ullam usquam esse oram tam desertam putatis, quo non illius diei fama pervaserit? Cic.: terror in totam penitus aciem pervasit, Liv.: quas in oras morbus illius furoris pervaserat, Cic. Vgl. Halm Cic. de imp. Pomp. 23. Weißenb. Liv. 45, 10, 1.

pervagābilis, e (pervagor), **durchschweifend, durchstreifend,** Sidon. epist. 2, 2, 16.

pervagātio, ōnis, *f.* (pervagor), das **Umherschweifen,** übtr., cogitationum, Cassian. coll. 14, 11.

pervagātus, a, um, *PAdi.* (v. pervagor), **I ausgebreitet, weit verbreitet, sehr bekannt** (verb. vulgaris et perv., cotidianus et perv., communis et perv.), fama, Cic.: sermo, Cic.: pervagatissimus versus, Cic.: haec opera cotidiana et perv., Cic.: vulgaris et perv. declamatio, Cic. – res in vulgus pervagata, Cic.: cupiditas illa sua nota atque apud omnes pervagata, Cic.: *neutr. pl.* subst., ista communia et pervagata, jene gewöhnlichen u. allbekannten Regeln, Cic. de or. 1, 165. – **II ausgedehnt,** pars autem est pervagatior, hat eine weitere Ausdehnung, Cic. de inv. 2, 47.

per-vagor, ātus sum, ārī, **I** *intr.* **fort und fort umherschweifen, -streifen, -wandern, A** eig.: omnibus in locis, Caes.: hic (v. Schiffen), Cic. – **B** übtr., **sich weit und breit verbreiten,** pervagatus civitatis sermo, das allgemein verbreitete Stadtgespräch, Cic.: quod in exteris nationibus usque ad ultimas terras pervagatum est, überall bekannt wurde, Cic. – **II** *tr.* **durchschweifen, durchstreifen, durchwandern, -ziehen, A** eig.: errabundi domos suas, Liv.: bello prope orbem terrarum, Liv.: silvas, Sen. – **B** übtr., fama proximas provincias pervagata, Tac.: cuius memoria orbem terrarum gloriā pervagetur, Plin. ep. – cupiditates, timores omnium mentes pervagantur, Cic.: dolor omnia membra pervagabatur, Plin. ep. – ► Aktive Nbf. pervago, Rhet. Her. 3, 37 (wo übtr. ut identidem primos quosque locos imaginum renovandarum causā celeriter animo pervagemus).

per-vagus, a, um, **überall umherschweifend,** tam vasto pervagus orbe puer, Ov. art. am. 2, 18.

per-valdē, *Adv.*, **gar sehr,** dum pervalde fervet adulescentia, Ruric. epist. 2, 24, 1.

per-validus, a, um, **sehr stark,** Amm. 29, 1 *in.* Vulg. Isai. 30, 14 u. a. Eccl.

per-vapōro, āre, **ganz mit Dampf erfüllen, auswärmen,** solium, Petron. 73, 5 (Keller; Bücheler vaporabatur).

per-variē, *Adv.*, **sehr mannigfaltig,** Cic. de or. 2, 327.

pervāsio, ōnis, *f.* (pervado), das **Eindringen** in fremdes Eigentum, Cassian. coll. 5, 24. Salv. de gub. dei 5, 8, 43 u. 10, 54. Cod. Theod. 2, 4, 6: Plur., Salv. de gub. dei 5, 8, 43. – übtr., Cassiod. var. 9, 18, 1.

pervāsor, ōris, *m.* (pervado), der in fremdes Eigentum **Eindringende,** Cassiod. var. 4, 20, 2. Cod. Theod. 2, 4, 5. Salv. de gub. dei 5, 8, 43: perv. alienarum aedium, Alc. Avit. epist. 6.

per-vāsto, āvī, ātum, āre, **völlig verwüsten,** fines, agros, Liv.: omnia ferro flammāque, Liv.: Italia pervastata, Tac.

pervectio, ōnis, *f.* (perveho), das **Hinfahren,** Cod. Theod. 11, 1, 13.

pervector, ōris, *m.* (perveho), der **Überbringer,** apicum, Briefbote, Symm. epist. 4, 65.

per-veho, vēxī, vectum, ere, **I** etwas **durchtragen, durchführen, durchfahren,** commeatus, durch ein Gebirgstal, Liv. 44, 6. §. 6. – Passiv pervehī medial = **durchfahren, befahren,** m. *Acc.*, lacus et Oceanum usque ad Amisiam flumen secundā navigatione, Tac. ann. 2, 8: volucri litora classe, Sil. 4, 51. – **II** etw. **hin (an Ort und Stelle) tragen, führen, bringen,** virgines Caere, Liv.: Drusi corpus Romam, Suet.: equus, qui me strenue pervexit, Apul.: übtr., alqm in caelum (v. Ruhm), Curt. 8, 5 (19), 17. – Passiv pervehī medial = **hinfahren, -reiten, -kommen,** usque ad oppidum, Enn.: in Africam, Vell.: in portum (bildl.), Cic.: Chalcidem, Liv.: cum classe navium XVI freto (über die M.) Siciliae, Caes.: cito passu ad litora, hinkommen (zu Fuß), Sil. – übtr., ad exitus optatos, kommen, Cic. de off. 2, 19.

per-vello, vellī, ere, **berupfen, bezupfen,** an etw. **zupfen, -rupfen, I** eig.: pilos, Ascon.: nates, Plaut.: aurem alcis, einen erinnern, Val. Max.: aurem sibi, sich erinnern, Sen.: stomachum, reizen, Hor. – **II** übtr.: **A wehtun, kränken,** fortuna pervellere te poterit, Cic.: si te forte dolor aliquis pervellerit, Cic. – dah. **scharf durchziehen, durchhecheln** ius nostrum civile, Cic. de or. 1, 265. – **B aufrütteln,** eodem modo quorumdam ad referendam gratiam fides non cessat, sed languet; hanc pervellamus, Sen. de ben. 5, 23, 1.

per-venio, vēnī, ventum, īre, **hinkommen, -gelangen, ankommen, anlangen, I** eig.: eo, Nep.: huc, Ov.: in fines Eburonum, Caes.: in summum montis, Ov.: in portum, Quint.: in tutum, Nep.: ad portam, Cic.: ad fontem, Plin.: ad tumulum, Ov.: ad regem, Ov.: unpers., huc ubi perventum est, Nep.: in castra, in hiberna perventum esse, Caes.: u. m. bl. Akk., ut vero infames scopulos perventum, Stat. – absol. (s. Fabri Liv. 22, 18, 2), nocte et mittebantur et perveniebant, Liv.: quamvis infesto animo ac minaci perveneras, Liv. – **II** übtr.: **a** v. Pers.: sine me pervenire, quo volo, lass mich dahin kommen usw., Ter.: in odium alcis, in amicitiam alcis, Nep.: in invidiam, Cic.: ad suum, zu dem Seinigen gelangen, Cic.: ad primos comoedos, einer der vornehmsten komischen Schauspieler werden, Cic.: in senatum, in den Senat aufgenommen werden, Cic.: ad septuagesimum annum, gelangen, Cic.: ad manus pervenitur, es kommt zum Handgemenge, zu Tätlichkeiten, Cic.: ad finem laborum esset perventum, Caes.: quoniam ad hunc locum perventum est, weil ich an diese Stelle (in der Darstellung) gelangt bin, Caes. – ad tantas ineptias perventum est, ut etc., Sen. – **b** v. Lebl., an jmd. **gelangen, kommen,** wohin **gelangen,** etwas **erreichen, bekommen,** pecunia ad Verrem pervenit, Cic.: so auch hereditas ad filiam perveniret, Cic.: serrula ad Stratonem pervenit (in der Auktion), Cic.: si lupinum ad siliquas non pervenit, keine Schoten bekommt, Varro: annona ad denarios L pervenerat, Caes.: consilia ad regis aures perventura, Nep.: u. m. bl. Akk., verba aures non pervenientia nostras, Ov. – ► *Coniunctiv Praes.* pervenat, Plaut. rud. 626: pervenant, Plaut. trin. 93.: *Fut.* pervenibunt, Pompon. com. 159: parag. *Infin.* pervenirier, Ter. Phorm. 640.

per-vēnor, ārī (parag. ārier), **durchjagen,** übtr. = **durchrennen,** defessus sum urbem totam pervenarier, Plaut. merc. 818 *Goetz.*

perventio, ōnis, *f.* (pervenio), das **Hinkommen, Hingelangen,** Augustin. conf. 6, 1. § 1; conf. 12, 12 (ad nihil p., das Zunichtewerden); de civ. dei 9, 15, 2. p. 388, 33 D. u. a. Mart. Cap. 4. § 406.

perventor, ōris, *m.* (pervenio), **I** der **Hingelanger,** Augustin. c. Faust. 30, 7 u. a. – **II** der **Ergründer,** Augustin. de trin. 12. § 23.

per-venustus, a, um, **sehr artig,** Sidon. epist. 3, 13, 5.

per-vereor, veritus sum, ērī, **sehr fürchten,** senem perveritus, Donat. Ter. eun. 2, 3, 11.

perversē, *Adv.* (perversus), **verkehrt, I** eig.: sella curulis p. collocata, Suet. Galb. 18, 3: Aegyptii suis litteris p. utuntur, schreiben von rechts nach links, Mela 1, 9, 6 (1. § 57). – **II** übtr., **verkehrt, unrecht, falsch,** errare, gewaltig irren, Plaut.: interpretari, Cic.: uti deorum beneficio, Cic. – *Compar.*, perversius cogitis tormentis de confessione decedere, Tert. apol. 2: *Superl.*, perversissime suspicari, Hieron. in Matth. 1, 25.

perversio (pervorsio), ōnis, *f.* (perverto), die **Umdrehung, Verdrehung,** Rhet. Her. 4, 44. Chalcid. Tim. 165. Tert. adv. Marc. 4, 5 u. a. Eccl.: ›anastrophe‹, id est perversio, Cassiod. in psalm. 23, 6.

perversitās, ātis, *f.* (perversus), die **Verkehrtheit** im Benehmen, des Sinnes usw., hominum, Cic.: opinionum, Cic.: morum, Aug. b. Suet. Aug. 62, 2.

perverso, ātus, āre, **ganz umdrehen,** si ventriculus perversatus fuerit alci, Marc. Emp. 28.

perversor, ōris, *m.* (perverto), der **Verderber,** Eccl.

perversus, a, um, *PAdi.* (v. perverto), **umgedreht, verkehrt, I** eig.: oculi perversissimi, verdrehte Augen, schielende, Cic.: comas induit perversas, setzte die Haare (Perücke) verkehrt auf, Ov.: si quisquam capite deorsum pendeat perversus est utique situs corporis et ordo membrorum, Augustin. de civ. dei 19, 12, 3. p. 375, 24 D.[2] – **II** übtr., **verkehrt, nicht recht, unrecht, schlecht, böse,** mens, Ov.: sapientia Tuberonis, Cic.: recti verecundia, Sen.: homo, Cic.: Menalcas, missgünstiger, Verg.: quid perversius? Cic.: perversissimam gloriam concupisci, Sen. – *neutr.* subst., ratio in perversum sollers, die Vernunft, die widersinnig wirkt, Sen. de vit. beat. 5, 2.

per-verto (vorto), vertī (vortī), versum (vorsum), ere, **um und um kehren, -stürzen, um und um und niederstürzen, I** eig.: tecta, Cic.: turrim balistā, Plaut.: perversae rupes, von der Felswand abgelöste u. umgestürzte Felsstücke, Liv.: perverso vulnere, in der W. herumgebohrt (herumgewühlt), Sall. fr. – **II** übtr.: **A ganz umkehren,** perverso more, nachdem du die Sitte umgekehrt, gegen alle Sitte, Cic. Rosc. com. 56: perverso numine, gegen den W. der G., Verg. Aen. 7, 584. – **B völlig umwerfen, -umstoßen, -aufheben, vernichten, zugrunde richten, verderben,** amicitiam, Cic.: iura, Cic.: mores, Nep.: civitatem, Nep. – **C** gleichs. **ein Bein stellen, den Sturz bereiten** (vgl. Halm Cic. div. in Caecil. 44), numquam (ille me) ullo artificio pervertet, Cic.: nemo umquam me tenuissimā suspicione perstrinxit, quem non perverterim ac perfregerim, Cic.: perv. Germanici liberos, Tac.: semet, Tac. (u. so oft bei Tac., s. Otto Tac. ann. 4, 12. p. 602).

per-vesperī, *Adv.*, **sehr spät abends,** Cic. ep. 9, 2, 1.

pervēstīgātio, ōnis, *f.* (pervestigo), das **Ausspüren,** übtr., das **Ausforschen,** scientiae, Cic. de or. 1, 9. Augustin. epist. 102, 5 u. a.

pervēstīgātor, ōris, *m.* (pervestigo), der **Durchstöberer, Durchsucher, Durchforscher,** bibliothecae divinae, Hieron. de vir. ill. 81.

per-vēstīgo, āvī, ātum, āre, **ausspüren, ausstöbern, I** eig., v. Jagdhunden, s. Cic. Verr. 4, 31: v. Pers., nosse regiones, intra quas venere (man jagt) et pervestiges, quod quaeras, Cic. de or. 2, 147. – **II** übtr., **ausspüren = erforschen,** verb. perv. et cognoscere, Cic. Verr. 5, 174: Locris sacrilegium pervestigatum a Q. Minucio erat, zu L. war Q. Minucius dem T. auf die Spur gekommen, Liv. 31, 13, 1: m. folg. indir. Fragesatz, perv., ubi sit illaec, Plaut. merc. 935.

per-vetus, veteris, **sehr alt, uralt,** rex, Cic.: amicitia, Cic.: oppidum, Cic.: epistula, Cic.: navigium Sen. rhet.: vinum, Cels.

per-vetustus, a, um, **sehr alt,** vocabulum, Varro LL. 6, 59: verba, Cic. de or. 3, 201.

perviam, *Adv.* (per u. via), **zugänglich,** angulos omnes mearum aedium et conclavium mihi perviam facitis, Plaut. aul. 438 sehr zw. (Goetz mihi pervium).

pervicācia, ae, *f.* (pervicax), die **Beharrlichkeit,** die **Hartnäckigkeit, Unbiegsamkeit,** im üblen Sinne = die **Starrköpfigkeit,** der **Eigensinn,** mulierositas, pervicacia, ligurritio, Cic. Tusc. 4, 26: pervicacia tua et superbia, Liv. 9, 34, 24: Aegyptia, Treb. Poll. Claud. 11, 1: tu *pertinaciam* esse, Antiloche, hanc praedicas, ego *pervicaciam* aio, Acc. tr. 4 *sq.* – m. *in* u. Akk., pervicacia in hostem, Tac. ann. 12, 20. – m. *Genet. Gerund.*, perdurandi pervicacia (der Kastanie), Plin. 17, 147.

pervicāciter, *Adv.* (pervicax), **beharrlich, steif und fest, hartnäckig,** ICt.: öfter *Compar.* pervicacius, Liv. u. a.

pervicāx, ācis, Abl. āce und ācī (*pervico st. pervinco), **steif und fest beharrend, beharrlich, hartnäckig,** im üblen Sinne = **eigensinnig, starrköpfig,** animus, Ter.: virtus, Liv.: pugna, Liv.: contumacia (des Stieres), Colum.: nam *pervicacem* dici me esse et vincere perfacile patior, *pertinacem* nil moror, Acc. tr. 8 *sq.*: pervicacior ira, Curt.: pervicacissimi Latinorum Aequi et Vulsci (Volsci) fuere, Flor. – m. *Genet.*, pervicax irae, Tac.: pervicax recti (im Guten), Tac. – m. *adversus* u. Akk., adversus peritos pervicax, Tac. hist. 1, 26. – m. *contra* u. Akk., contra flatus pervicax libra (Gleichgewicht), Plin. 16, 161. – mit *ad* u. Akk., pervicax ad omnia animus, Curt. 10, 3 (12), 6.

pervicus, a, um = pervicax, Acc. tr. 158.

per-video, vīdī, ēre, **I überblicken, überschauen, 1** eig.: socerum, qui pervidet omnia, Solem accipe, Ov. met. 14, 375. – **2** übtr.: **a** übh.: cunctaque mens oculis pervidet usa suis, Ov. ex Pont. 1, 8, 34. – **b überblicken** = mustern, cum tua pervideas oculis mala lippus inunctis, Hor. sat. 1, 3, 25. – **II** durch und durch sehen, **1** eig., mit den Augen **genau erkennen, unterscheiden,** a quibus subtiliter pervidendis illam (aciem) locorum diversitas submovet, Sen. nat. qu. 1, 3, 9: m. folg. indir. Fragesatz, ut neque … quae cuiusque stipitis palma sit, perviderі possit, Liv. 33, 5, 10. – **2** übtr.: **a erforschen,** m. folg. indir. Fragesatz, intrandum est igitur in rerum naturam et penitus (gründlich), quid ea postulet, pervidendum, Cic. de fin. 5, 44: pervideamus, utrum finitum funditus omne constet, an immensum pateat vasteque profundum, Lucr. 1, 957. – **b durchschauen, erkennen, einsehen,** illa gens barbara, quam utilitatem auribus respuerat, oculis pervidit, Val. Max. 7, 3, 6 *extr.*: u. so perv. hoc, Cic. de off. 3, 75: animi mei firmitatem, Cic. ad Att. 12, 38, 3: verum condicionis nostrae habitum, Val. Max. 2, 6, 12: conscientiam (v. Gott), Lact. epit. 66, 10: ipsas cogitationes, Lact. 5, 8, 7: causam alterius, alterius argumentum, Val. Max. 7, 4, 2: pulchritudinem illarum longiore tractatu, Plin. ep. 1, 8, 8. – mit folg. Relativ- od.

Fragesatz, hunc caecum aliquis nominet, a quo patria quod honestum erat per se parum cernens coacta est pervidere, Val. Max. 8, 13, 5: videt sine dubio, quid eveniat, sed cur id accĭdat, non pervidet, Colum. 2, 1, 5. – m. folg. *Acc.* u. *Infin.*, et quo iactari magis omnia materiai corpora pervideas, reminiscere etc., Lucr. 2, 90: in dies vero meritorum meorum fieri accessiones pervidere te spero, cognitu-rum magis recipio, ist hoffentlich deinem Scharfblick nicht entgangen, und ich stehe dir dafür, dass du dich davon noch mehr überzeugen wirst, Cic. ep. 10, 9, 1.

per-vigeo, uī, ēre, **fort und fort blühen,** uterque opibus atque honoribus perviguere, blieben fort und fort im vollen Besitz usw., Tac. ann. 4, 34.

per-vigil, ilis, Abl. ilī, **fort und fort-, immer wachsam,** Ov. u. Plin.: verb. pervigiles et insomnes (Ggstz. marcidi somno), Plin. pan.: insomnes magis quam pervigiles, Tac.: exsomnis pervigilque natura, Chalcid. Tim. 349: übtr., nox, die durchwachte, Iustin. 12, 13, 7: sollicitudo, Cassian. coen. inst. 6, 2 (wo Abl. pervigili): sollicitudo veterum, Amm. 14, 8, 13.

per-vigilātio, ōnis, *f.* (pervigilo), das **Durchwachen der Nacht, das Wachbleiben bei Nacht,** Fronto de eloqu. 1. p. 141, 18 N. – insbes., die religiöse **Nachtfeier,** Cic. de legg. 2, 37 (wo Plur.).

pervigilia, ae, *f.* (pervigil), das **Wachbleiben die Nacht hindurch,** Iustin. 24, 8, 14. Vgl. Charis. 58, 10 (ob Plur. pervigiliae od. pervigilia).

pervigilis = pervigil, Apul. met. 11, 26.

pervigilium, iī, *n.* (pervigil), das **Wachbleiben die Nacht hindurch,** **I** im Allg.: pervigilio fatigatus, Iustin.: inter cotidiana pervigilia fessus, Sen. Vgl. Charis. 58, 10. – **II** insbes., die religiöse **Nachtfeier,** Liv.: p. indicere, agere, Suet.: p. celebrare, Tac. – Pervigilium Veneris, ein kleines lat. Gedicht, von einem unbekannten Verf. 150 nach Chr. geschrieben.

per-vigilo, āvī, ātum, āre, **durchwachen, wachend zubringen, wach bleiben,** **a** die Nachtzeit, noctem, Cic.: noctes totas, Plaut.: continuas has tres noctes pessume, Plaut.: nox pervigilata in mero, Ov. – absol., in armis, Liv.: ad ignes, Verg.: perv. Veneri, der Venus bei Nacht ein Opfer bringen, Plaut. Curc. 181. – **b** die Tageszeit, quam vellem tecum longas *requiescere* noctes et tecum longos *pervigilare* dies, Tibull. 3, 6, 53 *sq.*

per-vīlis, e, **überaus wohlfeil,** annona eo anno pervilis fuit, Liv. 31, 50, 1: queis (nummis) pretium pietas pervilibus aurea fecit, Paul. Nol. carm. 18, 219.

pervinca, s. vincapervinca.

per-vinco, vīcī, victum, ere, **I** *intr.* **völlig siegen, einen völligen Sieg davontragen,** **A** eig.: pervicit Vardanes, Tac. ann. 11, 10. – **B** übtr., **völlig siegen, -Recht behalten, seine Meinung durchsetzen** od. **behaupten,** pervicit Cato, Cic. ad Att. 2, 1, 8: pervince pertinaci pervicaciā, Enn. fr. scen. 379 (bei Fronto ad M. Caes. 4, 2. p. 61, 1 N.). – **II** *tr.* **völlig besiegen, -überwinden,** **A** eig.: alcis perfidiā pervinci, Plaut. mil. 943. – **B** übtr.: **a** übh.: mores dominae, den Eigensinn, Prop.: pavorem, Sen.: illum cupido gloriae flagrantior pervicerat, Aur. Vict. – **b** **übertreffen, zuvortun,** voces pervincunt sonum, Hor. ep. 2, 1, 200. – **c** jmd. **mit Mühe dahin bringen, -bewegen,** m. folg. *ut* u. Konj., multis orationibus pervicerat Rhodios, ut Romanam societatem retinerent, Liv. 42, 45, 4 H.: bei vorhergeh. Negation m. folg. *quin* u. Konj., illam non verbera, non ignes pervicere, quin obiecta denegaret, Tac. ann. 15, 57. – u. etwas od. **es mit Mühe dahin bringen, durchsetzen, erzwingen,** utraque,Tac.: m. folg. *ut* u. Konj., pervicerunt remis, ut tenerent terram, Liv.: neque pervincere potuit, ut referrent consules, Liv.: hic orationibus pervicerunt, ut consules in senatus auctoritate fore dicerent se, si etc., Liv. – absol., facito ut pretio pervincas tuo, Plaut. – **d** **unumstößlich dartun, -erweisen,** et quam difficile id mihi sit pervincere dictis, Lucr. 5, 99.

per-vireo, ēre, **stets grünen,** Paul. Nol. carm. 7, 11.

per-viridis, e, **sehr grün,** color, Plin. 6, 87. Solin. 53, 21. Frontin. aqu. 7 (Bücheler praeviridis): campus minutā arundine gracilique perviridis, Mela 2, 5, 7 (2. § 82).

per-vīso, ere, **überschauen,** Manil. 4, 927.

pervius, a, um (per u. via), **durchgängig, gangbar, wegsam, zugänglich,** **I** eig. u. übtr.: **A** eig.: **1** im Allg.: saltus cavā valle p., Liv.: unde maxime p. amnis, Tac.: Phasis pontibus CXX p., Plin.: transitiones, freie Durchgänge, Cic.: aedes, offen stehend, Ter.: pervii rictus, der Rachen, der sie ein- und ausgehen lässt, Mart.: pervia tempora facere, die Schläfe durchbohren, Ov. – mit *Dat.* **wem? für wen?** loca equo p., Ov.: perviae naves pugnantibus erant, Liv.: vas aëri minus pervium, Macr.: apex (Atlantis) Perseo et Herculi *pervius*, ceteris *inaccessus*, Solin. 24, 12. – subst., pervium, iī, *n.*, der **Durchgang,** Tac. hist. 3, 8. – **2** insbes. = βέβηλος, **für jedermann zugänglich, ungeweiht,** sacraria Fauni, Calp. ecl. 1, 15. – **B** übtr.: **1** **durchbrochen** (Ggstz. solidus), anulus, Fab. Pict. b. Gell. 10, 15, 6. – **2** aktiv, **einen Durchgang machend, durchdringend,** ensis, Sil. 10, 249. – **II** bildl., **zugänglich, offen,** cor mihi nunc pervium est, ist mir nun leicht, Plaut. Pseud. 760: nihil ambitioni pervium, Tac.: nullum non cogitationi pervium tempus, Sen.

per-vīvo, vīxī, ere, **fortleben** bis zu einer gewissen Zeit, pervixi usque adhuc, Acc. tr. 417: etsi pervivo usque ad summam aetatem, Plaut. capt. 742.

per-volāticus, a, um, **herumfliegend, unstet, flüchtig,** Tert. de anim. 46 *extr.*

pervolg..., s. pervulg...

pervolitantia, ae, *f.* (pervolito), das **Herumfliegen, Sich-Schwingen,** Vitr. 9, 6, 1.

per-volito, āvī, āre (*Intens.* v. 1. pervolo), **wieder und wieder-, nach allen Seiten durchfliegen, herumfliegen,** per dissaepta domorum saxea voces pervolitant, Lucr.: per quos (polos) pervolitat sempiterno caelum, Vitr.: omnia late loca, Verg.: spatia caeli, Flor. fr.: übtr., iter, wieder und wieder durchlaufen, Vitr. 9, 1, 8.

1. **per-volo,** āvī, ātum, āre, **I** **durchfliegen, herumfliegen,** **a** eig.: aedes, Verg.: iter aërium, Ov. – **b** übtr. von jeder schnellen Bewegung, vom Laufen, Fahren usw., aestus pervolat, Lucr.: sex milia passuum cisiis, durchfliegen, schnell zurücklegen, Cic.: urbem, durchlaufen, durchstreifen, Iuven.: u. so scopulum, Apul. – **II** **hinfliegen, fortfliegen,** in hanc sedem, Cic.: carpento, Apul.: quo pervolet ipse (animus), Lucr.: absol., im Bild, rumor, ut est velox, agitatis pervolat alis, enteilt, eilt weiter, Ov. fast. 6, 527.

2. **per-volo,** voluī, velle, **gern wollen, sehr gern sehen, sehr wünschen,** mihi ignosci pervelim, Cic.: pervelim scire, Cic.: pervelle id videre, Liv.: quem videre pervelim, Cic.: illud pervelim proditum falso esse, Liv.: in der Tmesis, te quam primum per videre velim, Cic. ad Att. 15, 4, 2.

per-volūto, āre (*Intens.* v. pervolvo), wieder und wieder herumrollen; dah. Bücher **immer wieder durchlesen, genau studieren,** alcis libros, Cic.: omnium bonarum artium scriptores atque doctores et legendi et pervolutandi, Cic.

per-volvo, volvī, volūtum, ere, **herumwälzen, -rollen,-kollern, -zerren,** **I** im Allg.: **a** eig.: alqm in luto, Ter. Andr. 777: pervolvi, sich herumwälzen, in suo sanguine, Apul. met. 8, 14. – **b** bildl.: ut in iis locis, quos proponam paulo post, pervolvatur animus, man sich genau bekannt macht mit usw., Cic. de or. 2, 149 zw. (Friedrich revolvatur). – **II** insbes., eine Bücherrolle vollständig **aufrollen,** ein Buch **durchlesen,** Zmyrnam, Catull. 95, 6.

pervorsē, pervorsio, pervorto etc., s. perversē, perversio, per-verto etc.

pervulgātē, *Adv.* (pervulgātus), **nach allgemeinem Gebrauch, im gewöhnlichen Sinne,** perv. magis quam inscite locutus est, Gell. 18, 10, 6: nam si ›candenti‹ dixit perv. et inproprie pro ferventi favilla, non pro ignea et relucenti, Gell. 17, 10, 18: ›cotionem‹ perv. (nach Art des Pöbels) dicit, quem veteres ›arillatorem‹ dixerunt, Gell. 16, 7, 12.

pervulgātus (pervolgātus), a, um, *PAdj.* (v. pervulgo), **I** **sehr gewöhnlich, -gemein,** consolatio, Cic.: pervulgatissima verborum dignitas, Rhet. Her.: quod videtur novius pervulgatiusque esse, Gell. 6 (7), 17, 8: potius aliquid de rebus pervulgatioribus fingendum esse, Apul.

apol. 42. – **II** **sehr bekannt,** ista maledicta pervulgata in omnes, Cic. Cael. 6.

per-vulgo (per-volgo), āvī, ātum, āre, **I** **dem Publikum** (d. i. allen Leuten ohne Unterschied) **mitteilen, gemein machen, öffentlich bekanntmachen,** **1** im Allg.: praemia virtutis in mediocribus hominibus pervulgari, Cic.: tabulas, Cic.: Hirtium, herausgeben, Cic.: edictum totā provinciā, Caes.: pervulgata res, bekanntgemacht, Cic. – übtr., ne is honos nimium pervulgetur, allzu weit ausgedehnt werde, Cic. de inv. 7, 113. – **2** insbes., v. Buhldirnen, p. se, **sich preisgeben,** omnibus, Cic. Cael. 38. – **II** einen Ort **häufig betreten, -besuchen -durchwandern, -durchlaufen,** tempore, quo solis pervulgant lumina caelum, Lucr.: litus pervolgans furor, Pacuv. 393.

pēs, pedis, *m.* (aus *ped-s, altind. *păd-*, griech. πούς = ποδ-ς, gotisch *fotus,* ahd. *fuoz*), der **Fuß** des Menschen und Tieres, **I** eig.: **1** im Allg.: pes virilis, Vitr.: calcei apti ad pedem, Cic.: duos pedes habens, zweibeinig (Ggstz. claudus), Augustin.: pedibus aeger, Sall. (u. so aegris pedibus esse, Gell.): pedibus captus (gelähmt), Sall. fr. u. Liv.: pedes leoninos habere, Solin.: calceo inserere pedem, Amm.: stare pede in uno, Hor.: si pes condoluit, Cic.: pedibus vincere, im Wettlauf, Ov.: pedem portā non efferre, Cic.: pedem ferre huc u. dgl., s. fero *no.* II, F, 1, a, α: ellipt. nusquam pedem (*sc.* feram)! Ter.: in pedes se dare, se conicere, sich auf die Beine machen, Fersengeld geben, Komik. (u. so ellipt., ego me in pedes [*sc.* conicio], Ter.): accĭdere ad pedes alcis, Cic.: abicere se u. proicere se u. prosternere se ad pedes (alcis), Cic.: provolvere se alci ad pedes, Liv.: provolvi ad pedes (alcis), Liv. u. Flor.: alci iacēre ad pedes, Cic.: prohibiti estis in provincia vestra pedem ponere, Cic.: Argos et Lacedaemonem sub pedibus tuis relinquemus? sollten unter deinen Füßen lassen (= von dir knechten lassen), Liv.: auferre pedes, jmdm. ein Bein unterschlagen (= sich von jmd. nicht beikommen lassen), Sen. nat. qu. 4. praef. §. 10: pedem opponere alci, jmdm. ein Bein stellen (= jmdm. zu schaden, jmd. zu stürzen suchen), Petron. 57, 10: pede pulsare terram, von Tanzenden, Hor.: aves nascuntur in pedes, werden mit den Füßen zuerst geboren, Plin.: pedibus = zu Fuß; u. prägn. = zu Lande, Cic. u. a.: verna ad pedes, Mart., servus a pedibus, Cic., Laufbursche. – **2** insbes.: **a** im milit. *t. t.*: ad pedes descendere od. degredi, vom Pferd steigen, absitzen, v. der Reiterei, Liv.: ad pedes desilire, vom Pferd springen, Caes.: deducere equitem ad pedes, absteigen lassen, Liv.: pugna ad pedes venerat, man kämpfte zu Fuß, Liv.: pedibus merere, zu Fuß dienen, Infanterist sein, Liv.: pedem conferre, s. cōn-fero *no.* I, 4, a, β: pede presso (gehemmten Fußes, langsamen Schrittes) retro cedere, Liv. – **b** im publiz. *t. t.*: pedibus ire in alcis sententiam (v. Senatoren), jmds. Meinung (Ausspruch, Vorschlag) beitreten, Sall. u. Liv. (s. Drak. Liv. 5, 9, 2): ne (quis) pedibus iret, einem Vorschlag beitrete, seine Stimme abgebe, Cic. – **c** in der obszönen Redensart: tollere pedem od. pedes (*sc.* ad concubitum), Cic. u. Mart. – **3** in bildl. Verbndgg.: manibus pedibusque, mit Händen u. Füßen, mit aller Gewalt, Ter.: sub pedibus, unter den Füßen, in der Gewalt, Liv.: dah. sub pedibus esse od. iacēre, nicht geachtet werden, Ov.: sub pede ponere, nicht achten, Hor.: pedem opponere, widerstehen, Ov.: pedem trahere, hinken, vom jambischen Vers, Ov.: per me ista trahantur pedibus, es mag meinetwegen drunter u. drüber gehen, Cic.: ante pedes esse, Ter., od. positum esse, Cic., vor den Füßen (Augen) sein: omni pede stare, auf allen Füßen stehen (unser »in allen Sätteln gerecht sein, gehörig gesattelt sein«), Quint. 12, 9, 18: multis pedibus, auf vielen F. stehen (= an vielen Orten ansässig sein), Petron.: circum pedes = *circum se,* Cic.: ante pedes Manilii constituunt, vor Manilius, Cic.: pes secundus, felix, dexter, von einer glücklichen Ankunft, Verg., Ov. u. Sil.: res ita contractae, ut nec caput nec pedes (*sc.* habeant), Cic.

II übtr. u. meton.: **A** übtr.: **1** im Allg., poet. v. fließenden Wasser, von Flüssen (gleichs. als Gottheiten), crepante lympha desilit pede, Hor.: revocat pedem Tiberinus, Verg. – v. Wein, ipse suo flueret Bacchus pede, von selbst, Auct. Aetnae 13 (da die Alten den Wein mit den Füßen kelterten, s. Ov. ex Pont. 2, 9, 32 musta sub adducto si pede nulla fluent). – v. der Zeit, cito pede labitur aetas, Ov.: tacito pede lapsa vetustas, Ov. – **2** insbes.: **a** der **Fuß** an Tischen, Bänken usw., Ter., Rhet. Her. u. a. – **b** pes veli, das Tau, womit die Segel nach den Winkeln des einfallenden Windes gewendet u. nachgelassen werden, die **Schoten,** Cic.: dah. pede aequo od. pedibus aequis, vor dem Wind (segeln), Ov. u. Cic.: pedem facere, die Sch. nachlassen (schlaff machen), mit halbem Wind segeln, Verg.: obliquare laevo pede cornua, beim Wind segeln, Lucan.: dass. in contrarium navigare prolatis pedibus, Plin., u. prolato pede transversos captare Notos, Sen. poët.: colligere (einziehen) pedes, Tibull. – **c** der **Fuß** des Berges, imi pedes Cassii montis, Amm. 14, 8, 10. – **d** der **Boden** eines Landes, Solin. u. Auson. – **e** der **Stiel** einer Frucht, bes. der Weintraube, samt der eingepressten Traube, Colum.: der Olive, Plin. – dah.: **α** pes milvinus od. milvi, der **Strunk** od. **Stengel** der Pflanze batis, Colum. 12, 7, 1 u. 5. – **β** pedes gallinacei, eine Pflanze, Plin. 25, 155. – **γ** pedes betacei, die **Wurzeln-, Rüben des Mangolds,** Varro r. r. 1, 2, 27. – **f** navales pedes, **Ruderer,** Plaut. Men. 350. – **g** die **Trage** an einer Sänfte, veteris grabati, Catull. 10, 22.

B meton.: **1** im Allg.: plano pede, auf ebener Erde, Vitr. – **2** insbes.: **a** als *t. t.* der Metrik: **α** der **Fuß,** das **Versglied,** minuti pedes, Cic.: mutatis pedibus, Hor.: pedibus claudere senis aliquid, in Hexametern dichten, Hor.: so auch verba in suos pedes cogere, Ov.: per undenos pedes, Ov. – **β** die **Versart,** Lesbius, Hor.: hunc socci cepere pedem, Hor. – **b** als *t. t.* der Musik, der **Takt,** Plin. – **c** der **Fuß** als Maß, non pedem, nicht einen Fußbreit, Plaut.: unum pedem discessisse, einen Fußbreit, Cic.: so auch pedem non egressi sumus, Cic. – bildl., das **Maß,** iustus, das rechte Maß, Plin.: pede suo se metiri, sich nach seinem Maß, Kräften usw. messen, Hor. – ► Vom Plur. pedes = **Läuse** heißt der Nomin. Sing. pedis, s. d.

Pescennius, iī, *m.,* vollst. Pescennius Niger, röm. Kaiser, Gegenkaiser des Septimius Severus (193–194 n. Chr.), Spart. Pesc. 1 *sqq.* – Dav. **Pescenniānus,** a, um, **pescennianisch, des Pescennius,** domus, Spart. Pesc. 12, 4: reliquiae, Spart. Sever. 15, 4.

pesestās, ātis, *f.,* veraltete Nbf. von pestilentia, nach Fest. 210 (b), 19.

pesoluta, ae, *f.,* eine ägyptische Pflanze, zu Kränzen gebraucht, Plin. 21, 188.

pessārium, iī, n. = 1. pessum, s. d., Cael. Aur. de morb. acut. 3, 18, 185. Th. Prisc. 3, 5.

pessimē, *Adv.,* s. male.

pessimo, āre (pessimus), **ganz schlecht machen, ganz verderben,** Vulg. Sirach 11, 26; 36, 11; 38, 22.

pessimus, a, um, s. 1. malus, a, um.

Pessinūs, ūntis, *f.* (Πεσσινοῦς), eine der berühmtesten Städte Galatiens, am südl. Abhang des Gebirges Dindymus, berühmt als Hauptsitz des Kultus der Cybele, j. Ruinen bei *Balahazar* od. *Balahissar,* Liv. 29, 10 *sq.* Cic. ep. 2, 12, 2. – *gen. masc.,* Cic. de har. resp. 28. – Dav.: **A** **Pessinūntius,** a, um (Πεσσινούντιος), **pessinuntisch, aus Pessinus,** aselli, Varro fr.: sacerdos magnae Matris, Cic. – **B** **Pessinūnticus,** a, um, **pessinuntisch,** Beiname der Cybele, deûm mater, Apul. met. 11, 5.

pessulum, ī, *n.* (*Demin.* v. 1. pessum), das **Mutterzäpfchen,** der **Mutterkranz,** Cael. Aur. de morb. acut. 3, 18, 184.

pessulus, ī, *m.* (πάσσαλος), der **Riegel,** occludere fores ambobus pessulis, Plaut.: pessulum obdere ostio od. foribus, den Riegel vor die Tür schieben, die Tür verriegeln, Ter.: pessulos inicere, zuriegeln, Apul.

1. pessum, ī, *n.* od. **pessus,** ī, *m.* (πεσσόν, πεσσός), mediz. *t. t.* = das **Mutterzäpfchen,** der **Mutterkranz,** Ps. Apul. herb. 121. Th. Prisc. 3, 5.

2. pessum, *Adv.* (viell. aus pet-tum, altind. *pátati,* fällt, griech. πί-πτω), eig. **fußwärts zu Boden, zu Grunde,** in den Verbindungen: p. ire (wie venum ire), zu Boden fallen, auf den Grund sinken, caseus p. ibit, Colum.; dah. bildl., zugrunde gehen, umkommen, unglücklich sein, Cic. fr., Plaut. u. Tac. – ferner abiit rete pessum, Plaut.: p. mergere, Prud.: p. sidere, auf den Grund (zu Boden) sinken, Sen.: p. subsedere urbes, sanken in den Grund, Lucr.: cum navi abisse p. in altum, tief in den Abgrund gegangen, versunken, Plaut.: ferner p. premere, zu Boden drücken, bildl., Plaut.: p. deicere, zu Boden stürzen, bildl., Apul.: p. aetas acta est, die Jahre sind zu Ende gegangen, Enn. – Insbes., **pessum do** (auch pessumdo od. pessundo geschr.), dedī, datum, dare, **zugrunde gehen-, fallen lassen, in die Tiefe hinabstürzen,** Lucan. 5, 616*sq.* – bildl., **zugrunde gehen lassen, zugrunde richten, verderben, aus der Welt schaffen, unglücklich machen,** Plaut., Ter. u. Ov.: Passiv, ad inertiam p. datus est, ist zur Trägheit herabgesunken, Sall.

pessus, ī, *m.,* s. 1. pessum.

pestibilis, e (pestis), **verderblich, schädlich, pestartig,** Cod. Iust. 4, 58, 4.

pestifer, a, um (pestis u. fero), **Verderben bringend, verderblich, schädlich,** pestifer civis, Cic.: reditus, Cic.: calor, Plin.: sudor pestifer, Cels.: vipera, Cic.: odor corporum, Liv.: aër, Lucan.: fulmina, Sen.

pestiferē, *Adv.* (pestifer), **verderblich, schädlich,** Cic. de legg. 2, 13.

pestilēns, entis (pestis), **I verpestet, der Gesundheit schädlich, ungesund, verseucht** (Ggstz. salubris), aër, Vitr.: locus, Cic.: aedes, Cic.: aspiratio, Cic.: annus pestilentior, Liv.: annus pestilentissimus, Cic. – m. *Dat. comm.,* annus pestilens urbi etc., Liv. – **II** übtr. aktiv, **Unheil stiftend, unheilvoll, schädlich, verderblich,** munus, Liv.: homo pestilentior, Cic.

pestilentia, ae, *f.* (pestilens), jede **Seuche,** jede **ansteckende Krankheit,** die Pest, **I** eig. u. meton.: **1** eig.: causa pestilentiae, Cic.: de loco iam abiit pestilentia, Cic.: pestilentia coorta, minacior tamen quam periculosior, Liv.: gravi pestilentiā conflictari, Caes.: pestilentiā laborare, Liv.: eo anno pestilentia gravis incĭdit in urbem, Liv.: pestilentia populum invasit, Liv.: pestilentia incesserat (hatte gewütet) pari clade in Romanos Poenosque, Liv. – **2** meton., **ungesunde Luft, -Witterung, -Gegend,** autumni, Caes.: in pestilentiae finibus, Cic.: quorum (extorum) ex habitu atque ex colore cum *salubritatis* tum *pestilentiae* signa percipi, ob gesunde od. ungesunde Witterung sei (kommen werde), Cic.: pestilentiae possessores, ungesunder Plätze, Cic. – **II** übtr., die Pest, oratio plena veneni et pestilentiae, Catull. 44, 12: Plur., animorum labes et pestilentiae, Gell. 1, 2, 4 zw.

pestilentiārius, a, um (pestilentia), **pestartig, verpestet,** cathedra, Tert. de spect. 27.

pestilentiōsus, a, um (pestilentia), **verpestet,** locus, Ulp. dig. 43, 8, 2. § 29: aegritudo, Ps. Soran. qu. medic. 107: ulcera, Marc. Emp. 11: übtr., **verderblich,** Manichaei doctrina, Augustin. de nupt. et concup. 2, 29, 50: desideria, Augustin. conf. 4, 10.

pestilentus, a, um = pestilens, Laev. b. Gell. 19, 7, 7, wo Neutr. Plur. pestilenta; kann auch als synk. Form zu pestilens gehören.

pestilis, e (pestis), **verpestet, ungesund,** aurae, Arnob. 1, 20. Schol. Bern. Verg. georg. 1, 336.

pestilitās, ātis, *f.* (pestilis) = pestilentia, Lucr. 6, 1096 u. a.

pestis, is, *f.,* **I** jede **ansteckende Krankheit, Seuche, Pest,** u. meton. = die **ungesunde Witterung,** Cic., Liv. u. a.: pestem eam arcere, Liv.: pestem (eine Landplage) ab Aegypto avertere, Cic. – poet., p. nasorum, stinkender Geruch, Catull. – Plur.: morbi ac pestes, Colum. – **II** übtr.: **A** die **Pest,** das **Verderben,** der **Untergang,** civitatis, Cic.: oppetere pestem od. malam pestem, Plaut. u. Enn. fr.: depellere pestem, Tod, Verg.: pestem in alqm machinari, Cic., alci minitari, Liv.: magis differre quam prohibere imminentem pestem Romanis (v. den Göttern), Liv.: illam a re publica pestem depellere cupere, Cic.: miserrimam pestem importare regibus, die K. in das jämmerlichste V. stürzen, Cic.: ne praemia Metelli in pestem converteret, Sall.: convenae peste conditi orbis terrarum, zum V. des E., Sall. fr.: servatae a peste carinae, Brand, Verg. – **B** meton., v. Lebl. u. v. leb. Wesen, die **Pest,** das **Verderben,** der **Unhold,** die **Geißel,** avaritia et luxuria, quae pestes omnia magna imperia everterunt, Liv.: p. textilis, das giftige, verderbliche Gewand des Nessus, Cic. poët.: p. patriae, v. Klodius, Cic.: p. adulescentium, v. einem Leno, Ter.: eum esse exitium Troiae, pestem Pergamo, Enn. fr.: exsecare pestem aliquam (einen verpesteten Teil des Staates) tamquam strumam, Cic.: viles nec habentes nomina pestes, giftige Kräuter, Lucan.: subterraneae pestes (Ungeziefer), Colum.: mortiferae pestes (Ungeziefer), Amm.: mille corporum od. animorum pestes, Sen.: duplices pestes sociorum, Cic.: quaedam pestes hominum, Cic.: illae inclusae in re publica pestes, Pestbeulen, Cic.: hanc pestem specta, Verderben bringende Leiden, Ov.

Peta, ae, *f.* (peto), die Göttin des Bittens, Arnob. 4, 7.

petācius, *Adv. compar.* (petax), **begieriger,** Avien. progn. 432.

petaminārius, iī, *m.* (v. πετάμενος, fliegend), der **Seiltänzer,** Firm. math. 8, 15, 2. Salv. de gub. dei 6, 3, 15.

petasātus, a, um (petasus), **im Reisehut = reisefertig,** Varro sat. Men. 410. Cic. ep. 15, 17, 1. Suet. Aug. 82, 1: Mercurius petasatus et caduceatus, CIL 5, 194*.

petasio u. **petaso,** ōnis, *m.* (πετασών), der **Schinken** vom Vorderblatt des Schweins, der **Vorderschinken** (Ggstz. perna, s. d.), Form *-sio,* Varro r. r. 2, 4, 10: Form *-so,* Mart. 3, 77, 6. Edict. Diocl. 4, 8 (wo pernae optimae vel petasonis Menapicae vel Cerritanae).

1. petasunculus, ī, *m.* (*Demin.* v. petaso), ein **kleiner Schinken,** Iuven. 7, 119.

2. petasunculus, ī, *m.* (*Demin.* v. petasus), das **Reisehütchen,** Arnob. 6, 12.

petasus, ī, *m.* (πέτασος), **I** der **Reise-** od. **Sonnenhut** mit steifem Rand, Plaut. Amph. prol. 143 u. a. Arnob. 6, 12. – **II** übtr., etwas über Gebäude usw. in Gestalt eines Hutes Gesetztes, ein **Hut,** eine **Haube, Kuppel,** Plin. 36, 92.

petauristēs, ae, *m.* u. **petaurista,** ae, *m.* (πεταυριστής), der **Seiltänzer,** Form *-ēs,* Varro b. Non. 56, 30: Form *-a,* Ael. Stilo bei Fest. 206 (b), 29. – dass. latinisiert: **petauristārius,** iī, *m.,* Petr. 47, 9 u. a. Firm. math. 8, 15.

petaurum, ī, *n.* (πέταυρον), die Maschine des Seiltänzers, vermittelst deren er seine Kunststücke ausführt, dah. bald = Gerüst mit Stangen und Stricken, bald = horizontales Rad (wie unser Töpferrad), bald = in der Luft hängendes Rad, bald = lange Planke, die in ihrem Schwerpunkt auf einer senkrechten Unterlage ruht und sich wie eine Schaukel auf- und niederbewegt (auf jedem Ende saß ein Mann, und ein dritter, der in der Mitte stand, sprang über den Kopf dessen, der gerade die Planke zur Erde niederdrückte, auf den Boden und dann wieder zurück), Lucil. 1298 (Vahlen peteurum). Mart. 2, 86, 8; 11, 21, 3. Iuven. 14, 265. Manil. 5, 440. Petron. fr. 13 (15). Not. Tir. 107. 62.

petāx, ācis (peto), **gern** nach etwas **strebend, begierig,** m. *Genet.,* ornatus, Fulg. myth. 2, 1: potentiae, *ibid.* 2, 3.

Petēlia (Petīlia), ae, *f.* eine Stadt im Bruttischen, aber von Lukanern bewohnt, j. *Strongoli,* Verg. Aen. 3, 402. Liv. 23, 30. § 1 u. 5. Sil. 12, 431. – Dav. **Petēlīnus,** a, um, **petelinisch,** lucus, nahe bei Rom, Liv. – Plur. subst., Petēlīnī, ōrum, *m.* (Πετηλῖνοι), die Einwohner von Petelia, die **Peteliner,** Val. Max.

petesso, ere (peto), nach etwas **streben, trachten,** alqd, Lucr. 3, 646 u. a. Cic. Tusc. 2, 62. – bei Fest. 206 (b), 19 u. Paul. ex Fest. 212, 11 petissere.

peteurum, s. petaurum.

pethērēdium, iī, *n.* = petitio hereditatis, Eutych. bei Cassiod. de orthogr. 9.

petīginōsus, a, um (petigo), **voller Räude, -Ausschlag, räudig,** Th. Prisc. 1, 12.

petīgo, inis, *f.,* die **Räude,** Lucil. 983 (bei Non. 160, 17).

Petīlia, *f.* s. Petēlia.

petīlium, iī, *n.,* eine uns unbekannte Herbstblume, Plin. 21, 49.

petilus od. **petulus,** a, um, wahrsch. = **schmächtig,** crura, Lucil. 583: labra, eingekniffene, Plaut. fr. bei Non. 149, 10 Quich. (Scaliger petilus, habrus [weichlich]): sura, Fest. 205, 22: übtr., donum, spärliches, Plaut. truc. 2, 7, 47 Sp. (Schoell *v.* 609 tantilli). – Aber Gloss. Scalig. V, 608, 61 ›petulus equus‹ qui habet albos pedes; u. Paul. ex Fest. 204, 6 ›petilam suram‹ significat ungulam equi albam.

petimen, inis, *n.*, viell. = ein Geschwür auf der Schulter der Last- und Zugtiere, Lucil. 1347; oder unter dem Vorderbug der Schweine, Naev. com. 122. Vgl. Fest. 209, 7.

petiolus, ī, *m.* (*Demin.* v. pes), **I** das **Füßchen, Beinchen,** nudus, Afr. 155: eines Lammes usw., Cels. 2, 18 u. 22. – **II** übtr., der **Stiel** am Obst, Colum. 12, 49, 8; de arb. 23, 2. Apic. 1, 20.

Petisius, a, um, **petisisch,** mala, eine Art kleiner Äpfel, nach Harduin **Paradiesäpfel,** Plin. 15, 50.

petisso, ere, s. petesso.

petītio, ōnis, *f.* (peto), das **Langen** nach jmd. od. etw., **I** eig., und zwar als *t. t.* der Fechterspr., der **Angriff, Hieb, Stoß** (vgl. Serv. Verg. Aen. 9, 439), im Bild, tuas petitiones ita coniectas (geführt), ut vitari posse non viderentur, parvā quādam declinatione et, ut aiunt, corpore effugi, Cic. Cat. 1, 15. – u. so v. Redner u. v. der Rede, sic orator nec plagam gravem facit, nisi petitio fuerit apta, nec satis recte declinat impetum, nisi etiam in cedendo quid deceat intellegit, Cic. or. 228: novi omnes hominis petitiones (Angriffsweisen, Gänge) rationesque dicendi, Cic. div. in Caecil. 44: orationis autem ipsius tamquam armorum est vel ad usum comminatio et quasi petitio, Cic. de or. 3, 206. – **II** übtr.: **A** das **Verlangen, 1** das bittende, das **Bitten, Anhalten, Ansuchen** um etwas, das **Gesuch, a** übh., p. indutiarum, Liv.: huic petitioni tuae negare (civitatem) non sustineo, Traian. in Plin. ep.: petitionem saepe impetratio sequitur, Donat. Ter. Andr. 2, 1, 15: Plur., petitiones *a* potestatibus, Gesuche bei Machthabern, Plin. 29, 66. – **b** insbes., das **Anhalten** um ein Amt, die **Bewerbung,** honorum, Cic.: p. consulatus, Caes.: dare se petitioni, Cic., od. ad petitionem descendere, Quint., sich um ein Amt bewerben: desistere petitione u. de petitione, Liv.: petitione honorum abstinere, Tac. – **2** das gerichtliche, **a** der **Anspruch,** die **Klage,** in Privat- od. Zivilsachen (während accusatio die Anklage in Kriminalsachen), p. hereditatis, ICt.: p. pecuniae, Quint.: absol., Cic. u. ICt. – **b** meton., das **Anspruchsrecht, Forderungsrecht,** cuius sit petitio, Cic.: habere petitionem ab alqo, ICt. – **3** das fiskalische, die **Einforderung,** Plur., Tac. ann. 13, 51. – **B** das **Trachten** nach etw., rerum cuiuscemodi plurimarum cogitatio et petitio, Gell. 11, 16, 8.

petītor, ōris, *m.* (peto), **I** der **Bewerber, Nachsucher, Nachsuchende** (um etw.), Frontin. aqu. 109. – u. der **Streber** nach etwas, famae, Lucan. 1, 131. – **II** insbes.: **A** als publiz. *t. t.*, der **Bewerber** um ein Amt, der **Amtsbewerber,** Scip. Afr. bei Macr. sat. 3, 14. 7. Hor. carm. 3, 1, 11. Suet. Caes. 23, 2. – **B** als gerichtl. *t. t.*, der **Kläger** in Privat- od. Zivilsachen (verschieden von accusator, dem Ankläger in Kriminalsachen), Ggstz. reus (Beklagter), Cic., od. Ggstz. possessor (Besitzer des Klagobjekts = Beklagter), Plin. ep. u. ICt., od. Ggstz. defensor (Verteidiger), Quint. – **C** der **Bewerber** um ein Mädchen, der **Freier,** Sen. fr. § 39 *ed. Haase* (bei Augustin. de civ. dei 6, 10 *extr.*). Apul. met. 4, 32 u. a. Cod. Theod. 3, 7, 1. Ambros. in Luc. 8. § 70 *extr.* – **D** als milit. *t. t.*, militiae petitor, nach Henzen = einer, der sich zum Kriegsdienst gemeldet hat, aber noch nicht als tauglich angenommen und einer Heeresabteilung zugeteilt ist, nach Mommsen = einer, der sich um eine Rangstufe im Heer bewirbt, CIL 6, 2485 u. 2488 u. 3549.

petītōrius, a, um (petitor), **I zum Anhalten** (um ein Amt) **gehörig, Amtsbewerbers-, Bewerbungs-,** artes, Claud. Mam. grat. act. ad Iustin. 16. § 2. – **II zum gerichtlichen Anspruch gehörig, Anspruchs-,** iudicium, Gaius dig. 6, 1, 36: formula, Gaius inst. 4, 91 *sq.* – subst., petītōrium, iī, *n.*, die **Klageschrift in Eigentumssachen,** Cod. Theod. 10, 10, 29. § 1.

petītrīx, trīcis, *f.* (Femin. zu petitor, s. Eutych. 455, 30 K.), **I** die **Bewerberin** um ein Amt, Ps. Quint. decl. 252. – **II** als gerichtl. *t. t.*, die **Anspruchmacherin,** Paul. dig. 36, 1, 74 *extr.*

petīturio, īre (*Desider.* v. peto), **damit umgehen, sich** (um das Konsulat) **zu bewerben, mit Bewerbungsgedanken umgehen,** video hominem valde (stark) petiturire, Cic. ad Att. 1, 14, 7.

petītus, ūs, *m.* (peto), **I** das **Losgehen, Sich-Neigen** auf usw., terrae petitus suavis, ein sanftes Neigen zur Erde (v. der Ohnmacht), Lucr. 3, 172. – **II** übtr., das **Verlangen,** consensu petituque omnium, Gell. 18, 3, 6: sine petitu plebis, Cypr. epist. 64, 1: petitu tuo adesse, Apul. apol. 45: petitu superbo postulare, Apul. met. 6, 7.

peto, īvī u. iī, ītum, ere (altind. *pátati,* fliegt, griech. πέτομαι), nach etw. **langen, reichen, I** im Allg.: **1** eig.: **a** m. der Hand usw. nach etw. **langen, reichen, greifen,** amicum Ilionea petit dextrā, laevāque Serestum, langt nach s. Fr. I. mit der R., d. i. bietet ihm die Rechte, Verg.: collum alcis amplexu, jmdm. um den Hals fallen, Cael. b. Quint. – **b** mit einem Werkzeug nach etw. od. jmd. **zielen, werfen, schlagen, stoßen, hauen, α** übh.: adducto constitit arcu alta petens, Verg.: aëra disco, Hor.: alqm telis, Liv. u. Ov.: alqm malo (Apfel), Verg., saxis, Ov.: vultus alcis unguibus, ins Gesicht fahren, Hor.: alci genas ungue, Ov.: cornu petit (taurus), Verg.: morsu petunt (canes), beißen, Lucr. – **β** als *t. t.* der Fechterspr., nach jmd. oder einem Körperteil **einen Hieb** od. **Stoß führen,** nach jmd. **hauen, stechen, stoßen,** jmdm. **zu Leibe gehen,** jmd. **angreifen, anfallen,** alqm, alcis latus, caput, collum u. dgl., Cic. u. a. (s. Benecke Cic. Cat. 1, 11): absol., petere vehementer (Ggstz. vitare [parieren] caute), Cic.: undique ex insidiis barbari a fronte ab tergo coorti comminus eminus petunt, Liv. – übtr., v. lebl. Subjj., cuius latus mucro ille petebat, Cic. – **c** vermittelst der Füße od. sonstiger Bewegung, **α** einen Ort **aufsuchen,** zu einem Ort **hingehen, hineilen,** auf einen Ort **zureisen,** tentoria gressu, Sil.: Dyrrhachium, Cic.: non castra, sed naves, Nep.: loca calidiora (v. den Kranichen), Cic.: caelum pennis, emporfliegen zum usw., Ov.: demersis rostris aequora ima, fahren unter usw., Verg.: Graiis Phasi petite, von Griechen besuchter Ph., Ov. – übtr., v. lebl. Subjj., campum petit amnis, ergießt sich auf die E., Verg.: mons petit astra, ragt gegen die St., Ov.: polygala altitudinem palmi petit, wächst empor zur usw., Plin. – **β** zu jmd. **hingehen,** jmdm. **nahen,** ut te supplex peterem, Verg. Aen. 6, 115. – **γ** eine Richtung, einen Weg **nehmen, ergreifen, einschlagen,** iter a Vibone Brundisium terrā petere contendi, Cic.: celeri per aethera lapsu diversas p. vias, Val. Flacc.: alium cursum p., Cic.: aliam in partem fugam, Caes. – **2** übtr., **a** jmd. bittend **angehen,** vos volo, vos peto atque obsecro, Plaut. Curc. 148. – m. folg. *ut* u. Konj., eum petit litteris, ut ad Britanniam proficisceretur, Capit. Pert. 3, 5: u. so Eutr. 2, 24. Ps. Quint. decl. 9, 2. – **b** (v. der Fechterspr. übtr.) jmdm. feindl. gleichs. **zu Leibe gehen,** ihn **angreifen, bedrohen, gegen** jmd. **vorgehen,** quotiescumque me petisti, per me tibi obstiti, Cic.: qui me epistulā petivit, ad te comminus accessit, Cic.: u. so p. alqm fraude et insidiis, Liv.: alqm falsis maiestatis criminibus, Tac. – u. etw. feindlich **bedrohen,** armis patriam, Vell.: bello urbem, Verg.: non iniustis vindiciis alienos fundos, sed castris, exercitu, signis inferendis, Cic. – u. bildl., auf jmd. **zielen** = jmdm. **gelten,** Troianos monstra petunt, Verg. Aen. 9, 128. – **c** etwas **verlangen, begehren, fordern, um** etw. **ersuchen, auf** etw. **Anspruch machen,** bittweise = **um** etw. **bitten,** etw. **erbitten, α** übh.: alcis vitam, Cic.: sui laboris praemia, Caes.: partem praedae, Tac.: opem ab alqo, Cic.: pacem a Romanis, Caes.: poenas ab alqo, Cic.: vitam nocenti, Tac.: alci tribunatum ab alqo, Cic.: ab alqo de alqa re, Brut. ep. ad Cic. – m. dopp. *Acc.*, Iphicratem ab Atheniensibus ducem (zum F.), Nep.: quod iam te petit ista, Ov. – sehr oft mit folg. *ut* u. Konj., peto quaesoque, ut etc., Cic.: peto a te, vel, si pateris, oro, ut etc., Cic.: p. precibus per litteras ab alqo, ut etc., Cic.: selten p. de alqo, ut etc., Ulp. dig.: petito (Abl. absol.), ut etc., Iustin. 43, 5. § 5: m. bl. *Coniunctiv,* abs te peto, efficias, ut etc., Cic.: simul ab Gneo Pompeio consule petit, quos ex Cisalpina Gallia consules sacramento rogasset, ad signa convenire et ad se proficisci iuberet, Caes.: petit, exscribendas pingendasque (imagines) delegem, Plin. ep. – m. folg. *ne* u. Konj., quod ne facias, peto a te, Caes. in Cic. ep.: peto a te, ne me putes oblivione tui rarius ad te scribere, quam solebam, Cic.: unum petere ac deprecari, ne se armis despoliaret, Caes.: peto et oro, ne … faciatis, Petron. – m. folg. *Infin.*, arma petebat ferre, Stat. Ach. 1, 352: m. folg. *Acc.* u. *Infin. Pass.*, quom quid cupienter dari petimus nobis, Plaut. Pseud. 684 G.: cum peteret (solum) donari quasi proprio suo ac peculiari deo, Suet. Aug.

5: petit aes sibi dari ›εἰς ἄρτους‹, Gell. 9, 2, 1: quod hominem avarum creari consulem peteret, Gell. 4, 8, 5: petiit dari sibi responsum, Hyg. fab. 32. – übtr., v. lebl. Subjj., quantum res petit, erfordert, Cic. – β zum Liebesgenuss **begehren,** quae vir tuus petet, cave ne neges, Ov.: p. concubitum filii, Iustin.: de virgine adeo foede ad libidinem petita, Liv. 3, 51, 7. – γ einen Kaufpreis **verlangen, fordern,** libros tres reliquos mercatur nihilo minore pretio, quam quod erat petitum pro omnibus, Gell. 1, 19, 8. – δ als gerichtl. *t. t.,* αα vor Gericht, beim Prätor usw. etw. **fordern,** um etw. **nachsuchen,** hereditatis possessionem, Cic.: hereditatem, ICt.: accusationem in alqm, Quint.: curatorem alci, ICt. – ββ wegen etw. **Anspruch erheben,** auf etw. **klagen, klagbar werden,** p. certam pecuniam numeratam, ICt. – gew. absol., p. ab alqo, Cic.: p. sibi soli, Cic.: p. ex testamento, ICt.: is unde od. a quo petitur, der Beklagte (Ggstz. is qui petit = petitor, der Kläger), Varro LL., Cic., Gell. u. ICt. – γγ jmd. zur Bestrafung **belangen,** alqm in vincula, Quint.: alqm ad supplicium, Quint. – ε um etw. od. jmd. **anhalten, sich bewerben,** αα als publiz. *t. t.,* um ein Amt, consulatum, praeturam, Cic.: M. Curtio (für M.) tribunatum ab alqo, Cic.: in unum locum, sich um eine Stelle bewerben, Liv.: absol., ii qui nunc petunt, Cic.: multi et potentes petebant, Liv. – Partiz. subst., petēns, der **Bewerber,** laticlavii gratiā petens, Gaius dig. 24, 1, 42. – ββ um ein Mädchen, multi illam petiere, Ov.: virginem plebeii generis petiere iuvenes, Liv. – ζ zum od. zur Geliebten **begehren,** um jmd. **buhlen,** ut Sempronia viros saepius peteret quam peteretur, Sall.: cum te tam multi peterent, tu me una petisti, Prop.: dumque petit petitur, pariterque accendit et ardet, Ov. – **d suchen, aufsuchen,** α übh.: principio sedes apibus statioque petenda, Verg. georg. 4, 8. – β = nach etw. **trachten, streben** (Ggstz. vitare, fugere), salutem fugā, Nep.; vgl. hic praedam pedibus petit, ille salutem, Ov.: mortem, Cic.: sapientiam (Ggstz. vitare stultitiam), Cic.: quo minus gloriam petebat, eo magis sequebatur, Sall.: sanguinis profusio vel fortuita vel petita, gesuchte, beabsichtigte, Cels. – m. folg. *Infin.,* Lucr. 3, 86. Verg. Aen. 7, 96. Hor. ep. 1, 11, 29. Ov. met. 8, 421; 14, 571.

II prägn., langend **holen, 1** eig.: **a wegholen, abholen, herholen,** Tartareum ille manu custodem in vincula petivit ipsius a solio regis, Verg.: p. cibum e flamma, Ter. – teli sumendi aut petendi causā, aufzunehmen od. (auf feindl. Seite) zu holen, Liv.: Caninio dixi, ei me daturum aliquid; mane ut peteret, rogavi, Cic.: cuius adventu certiores facti petiverunt (*sc.* pecuniam), Cic. – u. p. alqd in alqm locum od. ad alqm, etw. irgendwo od. bei jmd. holen, in extremam Italiam Brundisium ostreas, Plin.: vimina in collem, Plin.: murram ad Troglodytas, Plin. – **b holen = heraufholen,** suspirium alte, Plaut.: gemitus alto de corde, Ov.: latere imo spiritum, Hor. – **2** übtr.: p. alqd a Graecis, Cic.: a litteris exiguam doloris oblivionem, Cic.: praesidium ex alcis benevolentia, Cic.: p. initium rei demonstrandae altius, Cic. – ► *Perf.* zuw. peti = petii, Sen. Med. 248 u. Herc. Oet. 1843. Stat. Theb. 1, 62: petīt = petiit, Verg. Aen. 9, 9. Ov. met. 5, 460; fast. 1, 109. Capit. Pertin. 3, 5.

Petobio, s. Poetovio.

petorritum (petōritum), ī, *n.* (aus dem keltischen petvar, vier, u. reth, rith, das Rad), ein offener gallischer Wagen mit vier Rädern, eine **Kalesche** (vgl. Fest. 206 [b], 30 *sqq.* Gell. 15, 30, 1 *sqq.* u. das. Varro), Hor. sat. 1, 6, 104 u. ep. 2, 1, 192. Plin. 34, 163. Quint. 1, 5, 57. Auson. epist. 5, 35 u. 8, 5.

Petosīris, idis, *m.,* ein ägyptischer Mathematiker und Astrologe von großem Ansehen, Plin. 2, 88 u. 7, 160. Firm. math. 4. praef. – appellat. = ein großer Mathematiker, -Astrologe, Iuven. 6, 581.

Petovio, s. Poetovio.

1. **petra,** ae, *f.* (πέτρα), der **Stein, Felsstein,** der **Fels,** rein lat. saxum, Enn. u. Laev. fr., Sen. u. a. – bildl. v. Christus, petra medio rerum posita, Oros. 7, 3, 1.

2. **Petra,** ae, *f.* (Πέτρα), **I** eine Stadt im peträischen Arabien, j. Ruinen von *Wady Musa,* Plin. 6, 144 *sqq.* – Dav. **Petraeus,** a, um (Πετραῖος), **peträisch,** Plin.: Arabia Petraea, Plin. – **II** eine Stadt in Sizilien, j. *Casal della Pietra* (Ptolem. 3, 4), b. Sil. 14, 248 Patraea gen.; deren Einw. **A Petrīni,** ōrum, *m,* die **Petriner,** Cic. u. Plin. – **B Petrēnsēs,** ium, *m.,* die **Petrenser,** Solin. 5, 22.

Petraea, ae, *f.,* s. 2. Petra *no.* II.

1. **petraeus,** a, um (πετραῖος), **felsig, in Felsen befindlich, -wachsend,** fornices, Frontin. aqu. 7 (Schultz): brassica, Plin. 20, 92.

2. **Petraeus,** a, um, s. 2. Petra *no.* I.

petrārium, iī, *n.* (petra), der **Steinbruch,** Cypr. epist. 22, 2.

petrāsco, ere (petra), **zu Stein werden, versteinern,** Commod. apol. 72.

Petrēius, iī, *m.,* **M.,** Anhänger der Optimatenpartei, später Legat des Pompejus. – Dav. **Petrēiānus,** a, um, **petrejanisch, des Petrejus,** auxilium, Auct. b. Afr. 19, 6.

Petrēnsēs, ium, *m.,* s. 2. Petra.

petrēnsis, e (petra), **an** od. **in Felsen** od. **Steinen befindlich,** Cael. Aur. de morb. chron. 2, 1, 26.

petrēus, a, um, **petrëisch,** pedes, entweder von petra Fels, od. vom Apostel Petrus, Augustin. serm. 297, 2 *extr.*

Petrīnī, s. 2. Petra *no.* II.

Petrīnum, ī, *n.,* ein Flecken u. ein in seiner Nähe liegendes Landgut bei Sinuessa in Kampanien, Hor. ep. 1, 5, 5. Cic. ep. 6, 19, 1.

petrinus, a, um (πέτρινος), **aus Stein,** cultellus, Augustin. serm. 221, 2.

Petrītēs, ae, *m.* (Πετρίτης οἶνος), ein Wein aus der Stadt Petra in Arabien, Plin. 14, 75.

petro, ōnis, *m.* (vermutl. etruskisch), **I** ein alter ungeschnittener Hammel, ein **Stärbock,** von steinhartem Fleisch, Plaut. capt. 820 u. 822. – **II** ein **abgehärteter Landmann,** Fest. 206 (b), 23. Paul. ex Fest. 207, 6.

Petrocoriī, iōrum, *m.,* eine gall. Völkerschaft in Aquitanien, im heut. *Perigord,* deren Hauptstadt Vesunna (j. *Perigueux*), Caes. b. G. 7, 75, 3: Petrocori, Plin. 4, 109.

Petrōnius, iī, *m.* **(T.** od. **C.),** Arbiter, ein röm. Ritter, unter der Regierung des Kaisers Nero Prokonsul in Bithynien, dann Konsul in Rom und am Hof entscheidender Ratgeber des Kaisers bei der Wahl seiner Vergnügungen (elegantiae arbiter, woher sein Beiname), bis sein Einfluss auf Nero den Neid des Tigellinus erregte u. ihn nötigte, sich dem drohenden Gewitter der kaiserlichen Ungnade durch einen freiwilligen Tod zu entziehen (67 n. Chr.), Tac. ann. 16, 17 *sqq.* – Man schreibt ihm einen zum großen Teil noch erhaltenen Roman (eine satira Menippea) zu, der teils im reinlat. Stil, teils in der Lingua rustica abgefasst ist. – Dav.: **A Petrōnius,** a, um, **petronisch,** lex, über die Sklaven, ICt. – **B Petrōniānus,** a, um, **petronianisch,** Albucia, Fulg. myth. 1. praef. p. 23 M.

petroselīnon, ī, *n.* (πετροσέλῑνον) die **Petersilie,** Plin. 20, 118. Pallad. 5, 3, 2: petrosilinum geschr., Apic. 1, 29 u. 30 56. – petros. Macedonicum, mazedonischer Steineppich (*Bubon Macedonicus,* L.), Marc. Emp. 26 *extr.* Plin. Val. 2, 8. Pelagon. veterin. 6 (94 *Ihm*). Veget. mul. 5, 67, 2. Isid. orig. 17, 11, 2.

petrōsus, a, um (petra), **felsig, steinig,** loca, Plin. 9, 96: locus petrosus aut arenosus, Hyg. de munit. castr. § 53. – subst., petrōsa, ōrum, *n.* (*sc.* loca), **felsige Gegend, steiniger Boden,** Plin. 26, 46. Ambros. de laps. virgin. 7. § 29. Vulg. Matth. 13, 4 u. a. Eccl.

petrōtos, on (πετρόω), **versteinert,** duo calices, quos appellabant petrotos, Plin. 36, 195.

petulāns, antis (v. *petulo u. dieses von peto), **neckisch, mutwillig, leichtfertig, ausgelassen, frech, schadenfroh** (Ggstz. modestus), homo, Cic.: animalia, Gell.: genus dicendi, Cic.: pictura, Plin.: uxor linguā petulans, Sen.: si (lubido) petulans fuisset in aliqua generosa ac nobili virgine, wenn sie ihr freches Spiel getrieben hätte mit usw., Cic. parad. 3, 20: petulantius convicium, Arnob.: petulantissimā imitatione, Petron.

petulanter, *Adv.* (petulans), **mutwillig, leichtfertig, frech, ausgelassen,** pet. vivere, Cic.: pet. in alqm invehi, Cic.: p. et procaciter insultare alci, Augustin.: petulantius iactari, Cic.: petulantius contrectare, Iustin.: petulantissime fieri, Cic.

petulantia, ae, *f.* (petulans), **I** der **Mutwille,** die **Leichtfertigkeit,**

Frechheit, Ausgelassenheit, Schadenfreude, der **Übermut,** das **freche Gebaren,** die **Keckheit** (Ggstz. pudor, modestia), Cic. u. a.: tanta feminarum pet. rustica, Sen.: v. Tieren, propter petulantiam, Colum.: v. Lebl., ramorum, übermäßige Ausbreitung, Plin.: linguae, Scheltworte, Prop. 1, 16, 37 (vgl. *no.* II): oculorum, Ps. Quint. decl. trib. Marian. 5: Plur., petulantiae dictorum, kühne Äußerungen, Gell. 3, 3, 15: petulantiae iniuriarum, die frechen Angriffe, Gell. 13, 28 (27), 4. – **II** im milderen Sinne, der **Leichtsinn,** die **Unbedachtsamkeit,** Plaut. cist. 672: linguae, voreilige Äußerung, Suet. Tib. 61, 6.

petulcus, a, um (peto), **stoßend,** mit den Hörnern, Köpfen usw., agni, Lucr.: haedi, Verg.: caper et aries, Colum.: hircus, Anthol. Lat. – übtr., **mutwillig, ausgelassen,** meretrices, Serv. Verg. georg. 4, 10. Isid. orig. 10, 231: debere eos in summa virtutum gravitate consistere nec quidquam petulcum vel calidum iuventutis ac mobilitatis antiquae in eorum corpore residere, Cassian. coen. inst. 1, 8 *extr.*

petulus, s. petilus.

peucē, ēs, *f.* (πεύκη), **I** der **Kienbaum,** die **Pechfichte,** Plin. 11, 118. – **II** eine **Art Weintrauben,** Plin. 14, 73.

peucedanum od. **-on,** ī, *n.* u. **peucedanos,** ī, *m.* (πευκέδανον u. -ος), der **Haarstrang, Saufenchel,** eine doldentragende Pflanze (*Peucedanum officinale,* L.), Plin. 25, 117 u. a. Cels. 5, 18, 29. Lucan. 9, 919: Nom. peucedanos, rein lat. pinastellus, Ps. Apul. herb. 94.

Peucetia, ae, *f.*, der mittlere, von den Peucetii (einem aus Epirus eingewanderten, zu den Önotrern gehörigen pelasgischen Volksstamm) bewohnte Teil Apuliens an der Ostküste von Italien, Plin. 3, 99. – Dav. **Peucetius,** a, um, **peucetisch,** sinus, Ov. met. 14, 513.

peumenē, ēs, *f.*, s. reūmenē.

pexātus, a, um (pexus), **mit einem wollreichen Kleid angetan,** Mart. 2, 58, 1.

pexibarbus, a, um (pexus u. barba), **mit gekräuseltem Bart,** Schol. Pers. 1, 15.

pexitās, ātis, *f.* (pexus), viell. die **Dichtheit,** telae, Plin. 11, 81.

pexus, a, um, s. pecto.

pezicae, ārum, *f.*, **Pilze** od. **Schwämme** ohne Stiel und Wurzel, Plin. 19, 38.

Phacelīna, -us, s. Facelīna.

Phacus, ī, *m.* (Φάκος), ein fester Ort bei Pella in Mazedonien, Schatzkammer der mazed. Könige, Liv. 44, 6, 2 u. a.

Phaeāces, Genet. ācum, Akk. ācas, *m.* (Φαίακες), die **Phäaken,** die fabelhaften Bewohner der Insel *Scheria* (Σχερία, später Κέρκυρα, Corcyra, jetzt *Corfu* gen.), die nach Homer immer herrlich und in Freuden lebend sich wohl pflegten, Cic. Brut. 71. Verg. Aen. 3, 291. Ov. met. 13, 719. Prop. 3, 2, 11: secundum Homericos Phaeacas, Amm. 18, 5, 7. – Sing. Phaeāx, ācis, *m.* (Φαίαξ), der **Phäake,** pinguis Phaeaxque, sprichw. für wohlgepflegt, Hor. ep. 1, 15, 24: attrib. = **phäakisch,** populus, Iuven. 15, 23. – Dav.: **A Phaeācia,** ae, *f.* (Φαιακία), das Land der Phäaken, die Insel Scheria (Korcyra) im Jonischen Meer, Plin. u. Tibull. – **B Phaeācis,** idis, *f.* (Φαιακίς), **phäakisch,** subst., ein Gedicht auf des Ulixes Aufenthalt in Phäakia, Ov. – **C Phaeācius,** a, um (Φαιάκιος), **phäakisch,** tellus, Korcyra (Korfu), Tibull. u. Ov. – **D Phaeācus,** a, um, **phäakisch,** Prop. 3, 1, 51.

phaecasium, iī, *n.* (φαικάσιον), eine Art **weißer Schuhe,** wie sie in Athen die Priester trugen, Sen. de ben. 7, 21, 1: Nbf., phaecasiae inauratae, Petron. 67, 4. – Dav. **phaecasiātus,** a, um, mit **weißen Schuhen angetan,** phaecasiatus palliatus, ein griechischer Philosoph, Sen. ep. 113, 1: milites, Petron. 82, 3.

Phaeder, drī, *m.*, s. Phaedrus ►.

Phaedimus, ī, *m.* (Φαίδιμος), Sohn des Amphion u. der Niobe, Ov. met. 6, 239.

Phaedōn, ōnis, *m.* (Φαίδων), Schüler des Sokrates und Freund des Plato, nach dem Plato sein Gespräch von der Unsterblichkeit der Seele betitelte, Gell. 2, 18, 1 *sqq.* Cic. de nat. deor. 1, 93. Lact. 3, 25, 15: Akk. Plur. Phaedonas (Männer wie Phädon), Tert. de anim. 1 *extr.*

Phaedra, ae, *f.* (Φαίδρα), Tochter des Minos auf Kreta, Schwester der Ariadne und Gemahlin des Theseus. Sie liebte ihren Stiefsohn Hippolytus und wurde durch ihre Verleumdung die Ursache seines Todes (s. Hippolytus), Verg. Aen. 6, 445. Ov. art. am. 1, 511. Hyg. fab. 47 u. 243. – ► Nomin. Phaedrā gemessen bei Ov. art. am. 1, 511.

Phaedrus, ī, *m.* (Φαῖδρος), **I** ein epikureïscher Philosoph zu Athen, Lehrer Ciceros, Cic. Phil. 5, 13; ep. 13, 1, 2. – **II** Schüler des Sokrates aus Myrrhinus in Attika, nach dem Plato ein Gespräch Phaedrus betitelte, Cic. de or. 1, 28; Tusc. 1, 53. – **III** Freigelassener des Augustus, Thrazier von Geburt, Verfasser der bekannten Fabeln in Äsops Art. – ► Nbf. Phaeder (*no.* II), Front. ep. Graec. 7. p. 254, 14 N.

Phaenicha, s. Bēzabdē.

phaenomenon, ī, *n.* (φαινόμενον), die **Erscheinung, I** im Allg., Th. Prisc. 2, 7. – **II** insbes., eine **Lufterscheinung,** Plur. b. Lact. 2, 5, 24: phaenomena Aratu, Diom. 483, 2.

Phaenōn, ōnis, Akk. ōna, *m.* (φαίνων), der Planet **Saturn,** Apul. de mund. 2. Auson. edyll. 18, 11. p. 152 Schenkl. Mart. Cap. 8. § 851 u. 886.

Phaestum, ī, *n.* (Φαιστός), **I** Stadt an der Südküste von Kreta, von Minos gegründet, Plin. 4, 59. – Dav.: **A Phaestias,** adis, *f.* (Φαιστιάς), die Einwohnerin von Phästum, die **Phästiade,** Ov. – **B Phaestius,** a, um (Φαίστιος), **phästisch,** Ov. – **II** Stadt in der thessal. Landschaft Thessaliotis, Liv. 36, 13, 3. – **III** Stadt der ozolischen Lokrer am Hafen des Apollo Phästius, j. Ruinen bei *Vithari* (an der Westseite des *Cap Andhromaki*), Plin. 4, 7.

Phaëthōn, ontis, Akk. ontem u. onta, *m.* (Φαέθων, der Leuchtende), **I** Beiwort des Helios (der Sonne), Verg. Aen. 5, 105. Sil. 6, 3. – **II** Sohn des Helios und der Klymene. Er erhielt von seinem Vater die Erlaubnis, den Sonnenwagen zu lenken. Aber da der schwache Jüngling nicht die Zügel zu führen vermochte, kam er der Erde zu nahe und steckte sie beinahe in Brand. Zur Strafe wurde er von Zeus mit dem Blitzstrahl erschlagen und fiel in den Eridanus, Cic. de nat. deor. 3, 76; de off. 3, 94. Ov. met. 2, 47 *sqq.* u. 342 (wo Akk. -onta). Caes. German. phaen. 363 (wo Akk. -onta): dah. Phaëthontem orbi terrarum educare, einen ungeschickten, der ganzen Welt verderblichen Herrscher, Suet. Cal. 11. – *Genet.* Phaëthontos, Mart. Cap. 9. § 914. – Dav.: **A Phaëthontēus,** a, um (Φαεθόντειος), **phaëthontisch,** ignes, Ov.: umbra, Pappelbaum (s. im Folg.), Mart. – **B Phaëthontias,** adis (Φαεθοντιάς), **phaëthontisch,** subst., Phaëthontiades, um, Akk. as, *f.*, die **Phaëthontiaden,** Schwestern des Phaëthon, beweinten ihren Bruder so, dass sie in Pappelbäume oder nach anderen in Erlen und ihre Tränen in Bernstein verwandelt wurden (vgl. Ov. met. 2, 340 *sqq.*), Verg. ecl. 6, 62. Sen. Herc. Oet. 188. Sidon. epist. 1, 5, 3. – **C Phaëthontis,** idis, *f.* (Φαεθοντίς), eine Schwester des Phaëthon, Avien. phaenom. 793. – attrib., **phaëthontisch,** gutta, Bernstein, Mart. 4, 32, 1. – Plur. subst., Phaëthontides = Phaëthontiades (s. vorher), Caes. German. phaen. 366. – **D Phaëthontius,** a, um (Φαεθόντιος), **phaëthontisch,** Sil.: ora, die Sonnenscheibe, Sil.

Phaëthūsa, ae, *f* (Φαέθουσα = die Leuchtende), eine Schwester des Phaëthon, eine der Heliaden, Ov. met. 2, 346.

phagedaena, ae, *f.* (φαγέδαινα), **I** die **Fresssucht,** der **Heißhunger,** Plin. 26, 110. Cael. Aur. de morb. chron. 3, 3, 46. – **II** übtr., ein um sich fressendes Geschwür, Plin. 23, 123: Plur., Plin. 26, 110 u. a.

phagedaenicus, a, um (φαγεδαινικός), **I an der Fresssucht leidend,** Plur. subst., phagedaenicī, ōrum, *m.*, Cael. Aur. de mort. chron. 3, 3, 47. – **II fressende Geschwüre verursachend,** vulnera, Plin. 24, 9.

phager, grī, *m.* (φάγρος), ein uns unbekannter Fisch, Plin. 32, 150. Ov. hal. 107. – Plur. phagrī, Plin. 9, 57 u. 32, 113. – Nbf. pager, Anthol. Lat. 21, 59 R.

phago (fago), ōnis, *m.* (φάγων), der **Fresser,** rein lat. edo, Varro sat. Men. 529. Vopisc. Aur. 50, 4.

phala, ae, *f.*, s. fala.

phalacrocorax, acis, *m.* (φαλακροκόραξ, v. φαλακρός, kahlköpfig, und κόραξ, Rabe), der **Wasserrabe,** Plin. 10, 133; rein lat. corvus aquaticus, Plin. 11, 130.

Phalaeceus u. **-cius,** s. Phalaecus.

Phalaecus, ī, *m.* (Φάλαικος), **I** ein alter griechischer Dichter, nach dem der Hendekasyllabus carmen Phalaecium (Phalaecum) oder Phaleucium heißt, Auson. epist. 4, 85. Diom. 509, 11. Mart. Cap. 5. § 517: so auch metrum Phalaecium, Mar. Victorin. 3, 9, 1 *sqq.* p. 118, 10 *sqq.* u. a.: u. carmen Phalaecum, Sulpic. sat. 4. – **II** ein Tyrann der Phoker, wov. **Phalaeceus**, a, um, **phaläkisch, des Phaläkus,** nex, Ov. Ib. 500.

phalanga (**palanga**), ae, *f.* (φαλάγγη, φάλαγξ), die **Stange, a** um eine Last zu tragen, der **Tragebaum,** Vitr. 10, 3, 7. Plin. 7, 200 u. 12, 17. – **b** um Schiffe und Maschinen fortzuschieben, die **Walze, Rolle,** pal., Varro vit. P. R. 3. fr. 4 (bei Non. 163, 28): phal., Caes. b. c. 2, 10, 7.

1. **phalangārius** (**palangārius**), iī, *m.*, der **Lastträger mit Tragebäumen,** Vitr. 10, 3, 7. Non. 163, 25. CIL 6, 7803[a] (wo palang.): insbes., der Träger der Weinfässer in die Niederlage, CIL 6, 1785 (wo falancarii).

2. **phalangārius** (falangārius), iī, *m.* (v. phalanx, falanx), ein **zur Phalanx gehöriger Soldat,** Lampr. Alex. Sev. 50, 5.

phalangion, iī, *n.*, s. phalangium.

phalangītae, ārum, *m.* (φαλαγγῖται), **Soldaten von der Phalanx,** Liv. 37, 40. § 1 u. 5 a.

phalangītis, idis, *f.* (φαλαγγῖτις), das **Spinnenkraut** (*Anthericum liliastrum,* L.), Plin. 27, 124.

phalangium od. **-ion**, iī, *n.* (φαλάγγιον), **I** eine Art giftiger **Spinnen,** Cels. 5, 27, 9. Plin. 11, 79 u. 85 u. a. – Nbf. phalangius, Veget. mul. 5, 76, 1 u. 78, 1. Isid. orig. 14, 6, 16. – Nbf. phalangio, Pelagon. veterin. 20 (282 *Ihm*). – **II** eine Pflanze = phalangitis, Plin. 27, 124.

Phalanthum, ī, *n.*, dichterischer Name für die Stadt **Tarent,** Mart. 8, 28, 3. – Von

Phalanthus, ī, *m.* (Φάλανθος), der Spartaner, der mit den während des messen. Kriegs gezeugten Parthenii von Sparta nach Italien auswanderte und dort Tarent gründete, Iustin. 3, 4, 7 *sqq.*: regnata Laconi rura Phalantho, die tarentinischen Gefilde, Hor. carm. 2, 6, 11 *sq.* – Dav.: **A Phalanthēus**, a, um, **phalantëisch,** Sil. – **B Phalanthīnus**, a, um, **phalantinisch,** poet. = **tarentinisch,** Mart.

phalanx (später falanx), angis, *f.* (φάλαγξ), jede dichtgedrängte **Schlachtreihe, Schar, I** eig.: **A** im Allg., wie die der Trojaner, Verg. Aen. 11, 92: Tuscorum, *ibid.* 12, 551: phalanges Agamemnoniae, *ibid.* 6, 489: phalanges stant densae, *ibid.* 12, 662. – **B** insbes.: **a** die **geschlossenen Glieder des Haupttreffens,** bei den Athenern und Spartanern, die **Phalanx,** Nep. Chabr. 1, 2; Pel. 4, 2. – **b** die in einem länglichen Viereck in dicht geschlossenen Reihen, 50 Mann breit und 16 Mann tief, aufgestellte Schlachtordnung (Schlachtreihe) des mazedonischen schweren Fußvolks (zu verschiedenen Zeiten 8–16000 Mann stark), die mazedon. **Phalanx** (Ggstz. levis armatura), Nep. Eum. 7, 1. Curt. 3, 2 (5), 13 u. ö. Liv. 32, 17, 11 *sqq.* (wo die ph latein. cuneus [s. d.] gen. wird): fecerat et falangem triginta milium hominum, Lampr. Alex. Sev. 50, 5. – dah. **c** übtr., die von den Römern nach der mazedon. benannte, ein längliches **Viereck** bildende Schlachtordnung der Gallier und Germanen, bei der die Schilde dicht aneinandergeschlossen wurden, phalange factā, in dichtgeschlossenen Gliedern, Caes. b. G. 1, 24, 5 u. 52, 4: hostium phalangem perfringere, *ibid.* 1, 25, 2. – **II** bildl., die dicht gedrängte **Schar, -Menge,** terrigenae phalanges culparum, Prud. psych. 816.

Phalara, ōrum, *n.* (Φάλαρα), ein Hafenort in Thessalia Phthiotis am Sinus Maliakus, j. *Stylidha,* Liv. 27, 20. § 3 u. 12 u. a. Plin. 4, 27.

phalārica, ae, *f.*, s. falārica.

1. **phalāris**, idis, *f.*, s. 1. phalēris.

2. **Phalaris**, idis, Akk. im, *m.* (Φάλαρις), ein seiner Grausamkeit wegen (s. Perillus) berüchtigter Tyrann zu Agrigent, Cic. de rep. 1, 44. Ov. art. am. 1, 653. Augustin. epist. 155, 2: Genet., Cic. de div. 1, 46: Akk., Cic. ad Att. 7, 20, 2. Amm. 28, 1, 26. Claud. b. Gild. 186.

Phalasarna, ae, *f.* (Φαλάσαρνα), Stadt auf der Insel Kreta, den Inseln Mylae gegenüber, j. Ruinen beim heutigen *Kutri,* Plin. 4, 57 u. 59. – Dav. **Phalasarnēus**, a, um (Φαλασάρνειος), **aus Phalasarna,** Susus Ph., Liv. 42, 51, 7.

Phalēra, ōrum, *n.*, s. Phalērum.

phalerae (falerae), ārum, *f.* (φάλαρα, τά, dah. auch Varro sat. Men. 97 illa phalera u. Plin. 33, 18 phalera posita *codd. optt.* aus sehr alten Annalen), der **blanke Stirn- und Brustschmuck, I** eig.: **A** der blanke **Brustschmuck** der Menschen, **a** der Männer, bes. der Krieger als milit. Auszeichnung, Cic., Liv. u. a. – **b** der Frauen, das **Brustgeschmeide,** P. Syr. com. 12. – **B** der **Stirn- und Brustschmuck** der Pferde, der blanke **Pferdeschmuck,** bestehend in halbmondförmigen Schildchen, mit denen das Riemenwerk an Stirn und Brust geschmückt war, ph. equorum, Liv.: equus phaleris insignis, Verg. – **II** bildl., der **äußerliche Schmuck,** Pers.: loquendi, Symm.: sermonum, Sulp. Sever. – ▶ arch. palerae, CIL 1, 624.

phalerātus (falerātus), a, um (phalerae), **mit Stirn- und Brustschmuck geziert,** equi, Liv.: cursores, Mart.: turba Mazacum (als Vorreiter), Suet. – bildl., ph. dicta, schön klingende, prächtig eingekleidete Worte, Ter. Phorm. 500.

Phalēreus, Phalēricus, s. Phalērum.

1. **phalēris**, idis, *f.* (attisch φαληρίς, dorisch φαλαρίς), **I** (phaleris) das **Wasserhuhn** (*Fulica,* L.), Varro r. r. 3, 11, 4. Colum. 8, 15, 1. Plin. 10, 132. – **II** (phalaris) eine Pflanze, viell. *Phalaris Canariensis* (L.), **Kanariengras,** Plin. 27, 126.

2. **Phalēris**, is, Akk. im, *m.*, ein Trojaner, Verg. Aen. 9, 762.

phalero, āre (phalerae), **mit Stirn-** od. **Brustschmuck versehen,** phalerata tempora (Schläfe) vittis, Prud. psych. 30: animalia phalerari sibi magis, quam nodari gaudent, Ambros. cant. cantic. 1. § 43. – bildl., **mit äußerlichem Schmuck-, mit Prunk versehen,** eloquentiae phalerandae gratiā, Ambros. de off. min. 1, 12, 44.

Phalērum, ī, *n.* (Φάληρον), der älteste, südwestl. gelegene Hafen von Athen, der durch eine lange Mauer mit der Stadt verbunden war, nebst einem dazugehörigen gleichnamigen Flecken Phalerus (Φάληρος δῆμος, nach Ullrichs bei *Hagios Georgios*), Piraeeus et Phalera portus, Plin. 4, 24. – Dav.: **A Phalērēūs**, eī u. Akk. ea, *m.* (Φαληρεύς), **aus Phaleros, der Phaleréer,** Demetrius Phalereus, Herrscher von Athen, etwa nach 300 v. Chr., Cic. de legg. 3, 14. Nep. Milt. 6, 4. Phaedr. 5, 1, 1 (wo Phālērēūs gemessen ist): auch bl. Phalereus, Cic. de div. 2, 96: Akk. Demetrium Phalerea, Quint. 2, 4, 41: Phalerea illum Demetrium, Quint. 10, 1, 80. – **B Phalēricus**, a, um (Φαληρικός), **phalerisch,** portus, Nep.: fons, Plin. – subst., Phalēricus, ī, *m.* (*sc.* portus), der **Hafen von Phalerus,** Cic. de fin. 5. § 5.

Phaleucius, a, um, s. Phalaecus.

Phaliscī, ōrum, *m.* = Falisci (s. d.), Stat. silv. 4, 9, 35.

phallicus, a, um (φαλλικός), **phallisch = bacchisch,** Ter. Maur. 2555.

phallovitrobulum, ī, *n.* od. **-us**, ī, *m.*, ein Trinkgeschirr in Gestalt des männlichen Gliedes, Capit. Pertin. 8, 5 zw. (Mommsen vitro, fundibuli).

phallus, ī, *m.* (φαλλός), die Figur eines männlichen Gliedes, die man am Bacchusfest, als Sinnbild der Zeugungskraft der Natur, umhertrug, Arnob. 5, 28.

Phanae, ārum, *f.* (Φαναί), Südspitze von Chios nebst Hafen und einem Tempel des Apollo, j. *Cap Mastico,* berühmt durch trefflichen Wein, Liv. 36, 43, 11. – Dav. **Phanaeus**, a, um, **phanäisch,** rex Phanaeus, der König von Phanä, poet. v. phanäischen Wein, gleichs. dem Fürsten unter den Weinsorten, Verg. georg. 2, 98.

phanerōsis, is, *f.* (φανέρωσις), die **Offenbarung,** Tert. adv. haeret. 30 u. 51.

phantasia, ae, *f.* (φαντασία) der **Gedanke, Einfall,** Sen. suas. 2, 14: als Schimpfwort, phantasia, non homo, nur ein Gedanke von einem Menschen, Petron. 38, 15.

phantasma, atis, *n.* (φάντασμα), **I** die **Erscheinung,** das **Gespenst,** Plin. ep. 7, 27, 1. Tert. adv. Marc. 5, 7. – **II** das **Bild,** die **Vorstellung** einer Sache, Augustin. de trin. 8, 6. Vulg. Marc. 6, 49 u. a.

phantasmaticus, a, um (phantasma) = phantasticus (s. d.), Isid. orig. 8, 9, 7.

Phantasos, ī, *m.* (Φάντασος), ein Sohn des Schlafes (Somnus), Ov. met. 11, 642.

phantasticus, a, um (φανταστικός), **auf Vorstellung durch die Einbil-**

dungskraft beruhend, eingebildet, Fulg. myth. 3, 10. p. 132 M. Augustin. de civ. dei 18, 18, 2. p. 279, 3 D.² u. a. Eccl. – *Adv.* **phantasticē,** Nebridius in Augustin. epist. 8.

Phāōn, ōnis, *m.* (Φάων), ein Jüngling aus Lesbos, der Geliebte der Sappho, Ps. Ov. her. 15, 11 u. 91. Plin. 22, 20. – Er erwiderte die Liebe der Sappho nicht, und wurde daher zum Sprichwort für einen, der kalt gegen Frauenliebe ist, s. Plaut. mil. 1247.

pharetra, ae, *f.* (φαρέτρα), **I** der **Köcher,** Verg. u. a. – **II** übtr., eine Art Sonnenuhr in Gestalt eines Köchers, Vitr. 9, 8, 1.

pharetrātus, a, um (pharetra), **mit dem Köcher, köchertragend,** Camilla, Verg.: puer, Kupido, Ov.: virgo, Diana, Ov.: Getae, Ov.

pharetriger, gera, gerum (pharetra u. gero) **den Köcher führend,** rex, Xerxes, Sil. 14, 287.

Phariacus, s. Pharos.

pharicon u. **-um,** ī, *n.* (φαρικόν), ein zusammengesetztes Gift, nach seinem Erfinder Pharicos benannt, Plin. 28, 158. Scrib. Larg. 195.

Pharisaeī, ōrum, *m.* (Φαρισαῖοι), die **Pharisäer,** eine jüdische Sekte, Tert. de praescr. 45. Isid. orig. 7, 6, 40 u. a. Eccl.: Pharīsaei gemessen bei Iuvenc. 3, 221. – Dav.: **A** **Pharisaeus,** a, um, **pharisäisch,** Tert. adv. Marc. 5, 20. Sedul. carm. 4, 66. Iuvenc. 2, 612. – **B** **Pharisaïcus,** a, um, **pharisäisch,** Hieron. contra Vigil. *no.* 9.

Pharītae, Pharius, s. Pharos.

pharmaceuticus, a, um (φαρμακευτικός), **zu den Arzneimitteln gehörig, pharmazeutisch,** Cael. Aur. de morb. chron. 5, 10, 126.

pharmaceutria, ae, *f.* (φαρμακεύτρια), die **Zauberin,** Verg. ecl. 8 *lemma.* Serv. Verg. georg. 8, 21.

pharmacopōla, ae, *m.* (φαρμακοπώλης), der **Zaubertrank- und Wundersalbenhändler, Quacksalber,** Cato oratt. 40. fr. 1 (b. Gell. 1, 15, 9). Cic. Clu. 40. Hor. sat. 1, 2, 1. Mart. Cap. 4. § 331. – Nbf. farmacopōlēs, ae, *m.*, Laber. com. 40.

pharmacus, ī, *m.* (φαρμακός), der **Giftmischer, Zauberer,** Petron. 107, 15.

Pharmacūssa, ae, *f.* (Φαρμακοῦσσα), eine Insel an der karischen Küste, noch j. *Fermaco,* Plin. 4, 71. Suet. Caes. 4, 1.

Pharnabāzus, ī, *m.* (Φαρνάβαζος), persischer Satrap unter Darius Nothus u. Artaxerxes (412 bis 377 v. Chr.), Nep. Lys. 4, 1 u. a. Iustin. 5, 4, 1 u. a.

Pharnacēs, is, *m.* (Φαρνάκης), **I** der erste König in Pontus, Großvater des Mithridates, Plin. 33, 151. Iustin. 38, 6, 2. – **II** König in Pontus, Sohn des Mithridates, von Cäsar besiegt, Auct. b. Alex. 34 *sqq.* Flor. 4, 2, 62. Cic. Deiot. 14.

Pharnacīon, iī, *n.* (Φαρνάκειον), eine Art der Pflanze panax, nach Pharnaces benannt, Plin. 25, 33.

pharnuprium, iī, *n.*, eine Art **Feigenwein,** Plin. 14, 102.

Pharos u. **-us,** ī, *f.* (Φάρος), **I** eine kleine Insel bei Alexandrien in Ägypten mit dem berühmten gleichnamigen (vom König Ptolemäus Philadelphus erbauten) Leuchtturm, durch einen Damm mit dem Festland verbunden, noch j. *Pharos* od. *Raudhat el tin* (Feigengarten), Mela 2, 7, 6 (2. § 104). Auct. b. Alex. 19, 1: vom Leuchtturm, Caes. b. c. 3, 111 *sq.* Auct. b. Alex. 14, 1. Suet. Tib. 74 (turris Phari). Fari (so!) restitutio, Capit. Anton. Pius 8, 3: *masc.* (wie ὁ Φάρος, Strabo), ad exemplum Alexandrini Phari, Suet. Claud. 20, 3. – meton. (poet.) = **Ägypten,** Lucan. 8, 443. Stat. silv. 3, 2, 102: *masc.*, clarus pharos, Val Flacc. 7, 85. – Dav.: **A** **Phariacus,** a, um, **pharisch,** meton. = **ägyptisch,** sistra, Apul. met. 2, 28. – **B** **Pharītae,** ārum, *m.*, die Einw. der Insel Pharos, die **Phariten,** Auct. b. Alex. 17, 6 u. 19, 2. – **C** **Pharius,** a, um (Φάριος), **a** **pharisch,** aequor, Lucan. – **b** meton. = **ägyptisch,** iuvenca, v. der Io, Ov.; v. der Isis, Mart.: turba, Priester der Isis, Tibull.: coniunx, Kleopatra, Mart.: Isis, Min. Fel. 21, 2: levitates (von ägypt. Linnen), CIL 8, 212, 30. – **II** eine kleine Insel an der Küste von Dalmatien, früher Parus (Πάρος), j. *Lesina,* Mela 2, 7, 13 (2. § 114).

Pharsālos u. **-us,** ī, *f.* (Φάρσαλος), Stadt in Thessalien, berühmt durch die Niederlage des mazedonischen Königs Philipp durch die Römer, bes. aber durch den Sieg Cäsars über Pompejus (48 v. Chr.), j. *Pharsa,* auch *Fersala,* Liv. 32, 33, 16; 33, 34, 7. Lucan. 6, 350. – Dav.: **A** **Pharsālicus,** a, um, **pharsalisch,** acies, Cic. Lig. 9. Vell. 2, 52, 3 u. 68, 1. Sen. ep. 71, 8: proelium, Cic. Deiot. 29: pugna, Frontin. 2, 7, 13: bellum, Solin. 32, 16: annus, Lucan. 5, 391: campi, Solin. 8, 3. Oros. 6, 15, 25: rura, Lucan. 7, 823. – **B** **Pharsālius,** a, um (Φαρσάλιος), **pharsalisch,** tecta, Catull. 64, 67: terra, Liv. 33, 6, 11: pugna, Cic. Phil. 14, 23: acies, Sen. suas. 6, 6: fuga, Cic. Phil. 2, 39. – subst., Pharsālia, ae, *f.* (Φαρσαλία), **a** das **Gebiet von Pharsalus,** Liv. epit., Tac. u. a. – **b** Titel eines noch erhaltenen Epos des Dichters Lukan, Lucan. 7, 61; 9, 985.

Pharus, ī, *f.*, s. Pharos.

phascōlium, s. pasceolus.

phasēlāria (fasēlāria), ium, *n.* (phaselus), ein **Gericht von eingemachten Bohnen,** Lampr. Heliog. 20. § 7.

Phasēlis, idis, *f.* (Φασηλίς), **I** Stadt in Lycien an der Grenze von Pamphylien, j. Ruinen bei *Tékrova,* Cic. Verr. 4, 21. Liv. 37, 23 *in.* Mela 1. § 79. – Dav. **Phasēlītae,** ārum, *m.*, die Einw. von Ph., die **Phaseliten,** Cic. de lege agr. 2. 50 (wo Genet. Phaselitûm). – **II** Stadt in Judäa, mit Palmpflanzungen, wahrsch. das heut. *Ain el Fusail,* Plin. 13, 44. Lucan. 8, 251. – Dav. **Phasēlīnus,** a, um, **phaselinisch,** oleum, phas. Palmöl, Plin. 23, 95.

phasēlus u. **-os,** ī, *m.* u. *f.* (φάσηλος), **I** eine Art essbarer Bohnen, die **Faselen** mit ihren verschiedenen Spielarten, als **türkischen Bohnen, Schwertbohnen, Schminkbohnen** (*Phaseolus vulgaris,* L.), Verg., Colum. u. a. – Dass. im *Demin.* **phaseolus,** ī, *m.*, b. Colum. u. a.: auch faseolus u. fasiolus, Apic. u. Edict. Diocl.: passeolus u. passiolus, Plin. – **II** ein leichtes Fahrzeug in Gestalt der Schwertbohne, gew. aus Flechtwerk oder Papyrus, Cic., Sall. fr. u. a.: vulg. fasēlus, Isid. orig. 19, 1, 17.

phaseolus, s. phasēlus *no.* I.

phasganion, iī, *n.* (φασγάνιον), der **Schwertel,** die **Schwertlilie,** rein lat. gladiolus, Plin. 25, 137 *sq.*

Phāsiacus, s. Phāsis.

phāsiānārius, a, um (phasiana), **von Fasanen,** capo, Fasanenkapaun, Anth. Lat. 132 *lemm.* R. – subst. phāsiānārius, iī, *m.*, der **Fasanenwärter,** Paul. sent. 3, 6. § 76 (u. daraus dig. 32, 1, 66).

phāsiānīnus, a, um (phasiana), **von Fasanen,** ova, Pallad, 1, 29, 2: adeps, Plin. Val. 2, 30 *extr.* fol. 185, b.

phāsiāna, -ānus, s. Phāsis.

Phāsias, s. Phāsis.

phasiolus, ī, *m.* (φασίολος), eine Pflanze = isopyron, Plin. 27, 94.

Phāsis, idis und idos, Akk. im und in (Φᾶσις), **I** *m.*, Grenzfluss zwischen Kleinasien u. Kolchis, der in das Schwarze Meer mündet, j. *Rion* oder *Rioni,* Mela 1, 19, 12 (1. § 108): Genet. Phasidos, Prop. 1, 20, 18. Ov. her. 6, 108; met. 7, 6: Akk. Phasim, Verg. georg. 4, 367. Colum. 8, 8, 10; Phasin, Prop. 3, 22, 11. Stat. Theb. 5, 458: Vok. Phasi, Ov. ex Pont. 4, 10, 52. – **II** *f.*, Stadt und Hafen an der Mündung des Flusses Phasis, Kolonie der Milesier, Mela 1, 19, 12 (1. § 108). Plin. 6, 13. – Dav.: **A** **Phāsis,** idis, Akk. ida, *Adi. fem.*, **phasisch,** poet. = **kolchisch,** mater, Ov.: volucres, Fasane, Mart.: subst., Phasis (*sc.* femina), die Kolchierin = Medea, Ov. – **B** **Phāsiacus,** a, um (Φασιακός), **phasisch,** poet. = **kolchisch,** Ov.: coniunx, Medea, Sen. poët. – **C** **Phāsiānus** (fāsiānus), a, um (Φασιανός), **phasianisch,** avis, Plin., u. subst. bl. phasiana, Plin., od. phasianus, Suet., der **Fasan** (*Phasianus colchicus,* L).: fasianus pastus, Edict. Diocl.: fasiana pasta, non pasta, *ibid.* – **D** **Phāsias,** adis, *f.* (Φασιάς), **phasisch,** poet. = **kolchisch,** subst., die **Kolchierin,** puella, u. bl. Phasias, Medea, Ov.

Phasma, atis, *n.* (φάσμα), die **Erscheinung,** das **Gespenst,** Titel einer Komödie des Menander, Ter. eun. prol. 9: comoedico fasmate delectare, Fulg. myth. 1. praef. p. 16 M.: u. eines Gedichtes des Katull, Iuven. 8, 186.

phatnē, ēs, *f.* (φάτνη), die **Krippe,** der Raum zwischen den beiden Sternen im Krebsgestirn (aselli gen.), Cic. fr. b. Prisc. 16, 16 u. 18, 172.

phaulius, a, um (φαύλιος), **schlecht,** oliva, eine große schlechte Olivenart, rein lat. regia gen., Plin. 15, 15. Macr. sat. 2, 16, 6.

Phēgeus, eī u. eos, *m.* (Φηγεύς), König von Psophis, Vater der Alphesiböa, der seinen Schwiegersohn Alkmäon durch seine Söhne ermorden ließ, Hyg. fab. 244. – Dav.: **A** **Phēgēius**, a, um, **phegēisch, des Phegeus,** ensis, Ov. met. 9, 412. – **B** **Phēgis**, idis, Akk. ida, *f.*, die **Phegide** (Tochter des Phegeus), Ov. rem. 455.

phellandrion, iī, *n.* (φελλάνδριον), eine Pflanze mit Efeublättern, Plin. 27, 126.

phellos, ī, *m.* (φελλός), die **Korkeiche,** das **Pantoffelholz,** meton. die daraus gemachte Drehscheibe in der Wasseruhr, der **Kork,** die **Hohlscheibe,** Vitr. 9, 8, 5.

Phēmius, iī, *m.* (Φήμιος), ein trefflicher Zitherspieler in Ithaka; dah. appell. v. einem guten Zitherspieler, Ov. am. 3, 7, 61.

Phēmonoē, ēs, *f.* (Φημονόη), Tochter Apollos u. dessen erste Priesterin zu Delphi, Plin. 10, 7 u. 21; vgl. Isid. orig. 8, 8, 4. – dah. appell. = Prophetin, Weissagerin übh., Lucan. 5, 126 u. 187. Stat. silv. 2, 2, 39.

Pheneātae, s. Pheneos.

Pheneos od. **-us**, eī, *f.* (Φένεος), Stadt in Arkadien, j. Dorf *Fonia,* mit einem gleichnam. See, dem Sitz der stygischen Gewässer, j. *Maurone-ro* (Schwarzwasser), Catull. 68, 109 (wo es *masc.*), Liv. 28, 7, 16. Verg. Aen. 8, 165. Ov. met. 15, 332. – Dav. **Pheneātae**, ārum, *m.* (Φενεᾶται), die Einw. von Ph., die **Pheneaten,** Cic. de nat. deor. 3, 56. Lact. 1, 6, 3.

phengītēs, ae, *m.* (φεγγίτης), der **Leuchtstein, Spiegelstein,** unser von den Alten zu Fensterscheiben gebrauchter **Glimmer,** ph. candidus, der weiße Gl., das Katzensilber, ph. flavus, der gelbe Gl., das Katzengold, Plin. 36, 163: phengites lapis, Suet. Dom. 14, 4.

pheōs, Akk. ōn, *m.* (φέως) = stoebe, eine stachelige Pflanze, Plin. 21, 91 u. 22, 28.

Pherae, ārum, *f.* (Φεραί), **I** Stadt in Messenien, am kleinen Fluss Neda, in der Nähe des jetzigen *Kalamata,* Nep. Con. 1, 1. – **II** die bedeutendste Stadt in Thessalia pelasgiotis, Wohnsitz des Admetus, mit dem Hafen Pagasä, später vom Tyrannen Alexander (Alexander Pheraeus) unter grausamem Druck gehalten, j. *Valestino,* Cic. de div. 1, 53. Liv. 32, 13, 9. – Dav. **Pheraeus**, a, um (Φεραῖος), **zu Pherä** (in Thessalien) **gehörig, pheräisch, a** eig.: gens, ein grausames Geschlecht (wie des Tyr. Alexander), Ov.: Alexander Pheraeus, Cic. u. Nep., u. ders. bl. Pheraeus, Ov. (s. oben). – Plur. subst., Pheraeī, ōrum, *m.* (Φεραῖοι), die Einw. von Pherä, die **Pheräer,** Cic. – **b** poet. übtr. = **thessalisch,** vaccae, die von Apollo gehüteten Kühe des Admetus, Ov.

Phereclus, ī, *m.* (Φέρεκλος), der Baumeister, der dem Paris die Schiffe, womit er die Helena entführte, baute, wovon **Pherecléus**, a, um, **pherekléisch,** puppis, Ov. her. 15 (16), 22.

Pherecrates, Akk. ēn, *m.* (Φερεκράτης), griech. Männername, unter dem bekannt ein Greis aus Phthia, der von Deukalion abstammen sollte, Cic. Tusc. 1, 21. – Dav. **Pherecratīos**, on u. **-tīus**, um (Φερεκράτειος), von einem Pherekrates herrührend, **pherekratēisch,** metrum, Sidon. epist. 9, 13, 2. *v.* 10. Mar. Victorin. 2, 3, 44. p. 74, 22 K. u. 4, 3, 30. p. 164, 35 u. a. Gramm.

Pherēcyadae, um, *m.*, s. Pherēs.

Pherecȳdēs, is, *m.* (Φερεκύδης), **I** ein berühmter Philosoph von der Insel Syros, Lehrer des Pythagoras, Cic. Tusc. 1, 38; de div. 1, 112. Hyg. astr. 2, 20 *in.*: der Sage nach Erfinder der Prosa, Plin. 7, 205. Apul. flor. 15. p. 18, 19 Kr. – Dav. **Pherecȳdēus**, a, um, **pherecydēisch, des Pherecydes,** Cic. – **II** ein griech. Logograph aus Athen (um 480 v. Chr.), Cic. de or. 2, 53.

Pherēs, ētis, *m.* (Φέρης), Fürst in Thessalien od. Pherä, Vater des Admetus, wov. **Pherētiadēs**, ae, *m.*, der **Pheretiade** (Sohn des Pheres) = Admetus, Ov. art. am. 3, 19 u. a.; u. Plur. Pherētiades, um, *m.*, die nach der Sage von Pheres abstammenden Bewohner von Puteoli, Sil. 12, 159.

phētrium, iī, *n.* (*φήτριον = φράτριον), der **Versammlungsort** einer Genossenschaft, CIL 11, 3614.

pheugydros, on (φεύγυδρος), **wasserscheu,** Cael. Aur. de morb. acut. 3, 9, 98.

pheuxaspidion, iī, *n.* (φευξασπίδιον), ein **stark riechendes Kraut,** wahrsch. = polion, Ps. Apul. herb. 57.

phiala, ae. *f.* (φιάλη), ein Trinkgeschirr mit breitem Boden, eine **Tasse, Schale,** Plin. 33, 156. Mart. 3, 41, 1 u. 8, 33, 2. Iuven. 5, 37.

Phīdiās, ae, *m.* (Φειδίας), ein ausgezeichneter athenischer Bildner in Metall u. Elfenbein, Zeitgenosse des Perikles, Cic. de rep. 3, 44. Quint. 10, 12, 8 *sq.* Plin. 34, 49: Akk. Phidiān, Cic. de fin. 2, 115. Plin. 35, 54 u. a. – Dav. **Phīdiacus**, a, um, **phidiacisch, des Phidias,** manus, Ov.: ebur, Iuven.

philactērium, s. phylactērium.

Philadelphia, ae, *f.* (Φιλαδέλφεια), Stadt in Lydien, am Fluss Tmolus, j. *Allah-Schehr;* deren Einwohner **Philadelphēnī**, ōrum, *m.*, die **Philadelphener,** Tac. ann. 2, 47. Plin. 5, 111 (Jan u. Detl. Philadelphini).

Philadelphus, ī, *m.* (Φιλάδελφος), der **Bruderfreund,** als Beiname, z. B. Annius Phil., Cic. Phil. 13, 26.

Philae, ārum, *f.* (Φιλαί), die kleine, reizende Insel im Nil, südl. von Elephantine, Grenzpunkt zur Zeit der Ptolemäer, voll von prachtvollen Baudenkmälern, j. *Djefiret el Birbeh,* Sen. nat. qu. 4, 2, 3. Lucan. 10, 313.

Philaenī, ōrum u. griech. ōn, *m.* (Φίλαινοι), zwei Brüder aus Karthago, die sich aus Vaterlandsliebe lebendig begraben ließen, Sall. Iug. 9, 3 *sqq.* Mela 1, 7, 6 (1. § 38). Val. Max. 5, 6. *ext.* 4. – Arae Philaenorum u. Philaenon (Φιλαίνων βωμοί), Hafen an der Grenze von Cyrene, der südlichste Punkt der großen Syrte, Mela 1, 7, 1 (1. § 33). Plin. 5, 28. Sall. Iug. 19, 3.

Philammōn, ōnis, *m.* (Φιλάμμων), Sohn des Apollo u. der Chione, ein berühmter Sänger, Ov. met. 11, 317. Hyg. fab. 161.

philanthrōpium, iī, *n.* (v. φιλάνθρωπος), die **Liebesgabe** = ein Geschenk, eine Belohnung, Ulp. dig. 50, 14, 2.

philanthrōpos, ī, *f.* (herba) (φιλάνθρωπος), die **kleine Klette,** das **Klebkraut** (Galium *aparine,* L.), Plin. 24, 176 u. a.

philargicus, a, um (φιλαργικός), die **ruhige Betrachtung liebend,** vita, Fulg. Myth. 2, 1.

philargyria, ae, *f.* (φιλαργυρία), die **Geldgier,** Cassian. coen. inst. 4, 16; 7, 1; 24, 15. Isid. reg. monach. 33.

philēma, atis, *n.* (φίλημα), der **Kuss,** Lucr. 4, 1161 (1169).

Philēmo u. **-mōn**, onis, *m.* (Φιλήμων), **I** ein griech. Komödiendichter der mittleren Komödie, aus Soli in Cilicien, Zeitgenosse des Menander, Plaut. trin. prol. 19. Quint. 10, 1, 72. Gell. 17, 4, 1. Apul. flor. 16 p. 20, 9 u. 12 Kr. – **II** ein Landmann, Gatte der Baucis (s. Baucis), Ov. met. 8, 631.

philetaeria, ae, *f.* (φιλεταίριον), eine Pflanze = polemonia, Plin. 25, 64.

Philētās, ae, *m.*, (Φιλήτας), ein griechischer Elegiker aus Kos, Erzieher des Ptolemäus Philadelphus, Lehrer des Theokrit, Vorbild des Properz, Quint. 10, 1, 58. Prop. 2, 34, 31 (wo Akk. *-ān*); 3, 1, 1. – Dav. **Philētaeus**, a, um, **philetäisch, des Philetas,** Prop. 3, 3, 52; 4, 6, 3.

Philippēnsis, e, s. Philippī.

Philippēus, a, um, s. Philippī u. Philippus.

Philippī, ōrum, *m.* (Φίλιπποι), Stadt in Mazedonien (früher zu Thrazien gehörig), nordwestl. von Amphipolis, von Philippus erweitert, berühmt wegen des Sieges, den Antonius u. Oktavianus daselbst gegen Brutus u. Kassius erfochten, j. *Filibah* od. *Filibejik,* Liv. epit. 124. Vell. 2, 70 u. a. – Dav.: **A** **Philippēus** u. **-īus**, a, um, (Φιλίππειος), **philippisch,** campi Philippei, Manil. 1, 909 (907), Philippii, Vell. 2, 86, 2. – **B** **Philippēnsis**, e, **philippisch, bei Philippi,** bellum, Suet.: proelium, Plin.: Brutus, der bei Philippi fiel, Plin. – **C** **Philippicus**, a, um, **philippisch,** campi, Plin. 33, 39. Flor. 4, 2, 43.

Philippicus, s. Philippī u. Philippus.

Philippīus, a, um, s. Philippī.

Philippopolis, eos, Akk. in u. im, Abl. ī, *f.* (Φιλιππόπολις), **I** Stadt in Thrazien, am rechten Ufer des Hebrus, noch j. *Philippopoli,* Liv. 39, 53. § 13 u. 14. Tac. ann. 3, 38. Plin. 4, 41. Amm. 26, 10. § 4 u. 6. – **II** eine Stadt in Arabien, von Kaiser Philipp dem Araber in der Nähe von Bostra angelegt, wahrsch. j. Ruinen von *Ghereyah,* Aur. Vict. de Caes. 28, 1.

Philippus, ī, *m.* (Φίλιππος), **I** Name einiger mazedon. Könige, unter denen am bekanntesten des Amyntas Sohn, der berühmte Vater Alexanders des Gr. (reg. v. 360–336 v. Chr.), der das mazedon. Reich zu großem Ansehen brachte, Nep. Eum. 1, 4; regg. 2, 1. Iustin. 7, 4, 5. Plaut. aul. 86 u. 704. Cic. de off. 1, 90. – meton., eine von König Philipp geprägte goldene Münze, der **Philippdor,** Plaut. Bacch. 230 u. a. Hor. ep. 2, 1, 234: übtr. von jedem Goldstück, Auson. epist. 5, 19. – Dav.: **A** **Philippēus,** a, um (Φιλίππειος), **philippēisch,** nummus, eine zuerst vom König Philippus geprägte mazedon. Goldmünze, 20 Drachmen an Wert, der »Philippdor«, Plaut. u. Liv.; übtr., (u. bl. Philippeus) von jedem Goldstück, Treb. Poll. u. Vopisc. – sanguis, Verwandtschaft (der Kleopatra) mit den mazedon. Königen, Prop. – **B** **Philippicus,** a, um, **philippisch,** talentum, Plaut.: aurum, aus den Bergwerken des Philippus, Plin.: orationes, die Reden des Demosthenes gegen Philipp, Cic.: subst., Philippicae, ārum, *f.*, die Reden des Demosthenes gegen Philipp u. des Cicero gegen Antonius, Demosthenis et Tullii Phil., Hieron. epist. 57, 13: Ciceronis Phil., Prisc. 3, 15. Grill. rhet. p. 164, 10 H. Schol. Iuven. 7, 199. – **C** **Philippior,** ārī, **den Rubel rollen lassen,** *Plaut. truc. 5, 36 (Spengel). – **II** ein röm. Beiname der gens Marcia.

Philistaea, ae, *f.*, das **Philisterland,** übtr. = **Palästina,** Hieron. in Isai. 14, 29.

Philistīnī, ōrum, *m.*, die **Philister,** Vulg. iudic. 13, 1; 14, 2 u. a.

Philistus, ī, *m.* (Φίλιστος), griech. Geschichtschreiber aus Syrakus, Zeitgenosse der beiden Dionyse, Nep. Dion. 3, 2. Cic. de or. 2, 57: Nachahmer des Thucydides, Quint. 10, 1, 74: Plur., Philisti, Männer wie Philistus, Cic. de or. 2, 94.

philitia, ōrum, *n.* (φιλίτια), **Liebesmahle,** die öffentlichen Mahlzeiten der Lazedämonier, wo alle Bürger genügsam zusammen aßen, Cic. Tusc. 5, 98.

Phillyridēs, ae, *m.*, s. 2. Philyrides unter 2. Philyra.

Philo, ōnis, *m.* (Φίλων), **I** ein akademischer Philosoph zu Athen um 91 v. Chr., Cic. de or. 3, 110 u. a. – **II** ein berühmter Architekt zu Athen, Cic. de or. 1, 62. Vitr. 7. praef. § 12. – **III** ein griechischer Arzt aus Tarsus, Zeitgenosse des Kaisers Augustus, Erfinder eines Augenwassers, Cels. 6, 6, 3, u. eines Gegengiftes, Philonianum antidotum, Marc. Emp. 20, u. bl. Philonium, Ser. Samm. 396.

philocalia, ae, *f.* (φιλοκαλία), die **Liebe zum Schönen,** Augustin. adv. Acad. 2, 2 u. 3.

philocalus, a, um (φιλόκαλος), **nett, zierlich,** equus, Pelagon. veterin. praef. (§ 2 *Ihm*).

philochares, is, *n.* (φιλοχαρές), eine Pflanze = marubium, Plin. 20, 241.

Philoctēta u. **Philoctētēs,** ae, Akk. am, Vok. a, Abl. ā, *m.* (Φιλοκτήτης), Sohn des Pöas u. Gefährte des Herkules, nach dessen Tode Erbe des Bogens des Helden und der nie ihr Ziel verfehlenden vergifteten Pfeile. Da diese zur Eroberung von Troja unentbehrlich waren, nahm Ph. am Zug gegen Troja teil, wurde aber wegen der durch einen Schlangenbiss ihm beigebrachten eiternden Wunde an der wüsten Küste von Lemnos auf des Ulixes Rat u. auf Befehl der Atriden (Ov. met. 13, 46) ausgesetzt; endlich im zehnten Jahre des trojan. Krieges von Ulixes u. Diomedes nach Troja geholt, wo Machaon seine Wunde heilte u. Ph. durch Tötung des Paris den Fall Trojas beschleunigte, Nomin. Philocteta, Cic. de fat. 37. Quint. 5, 10, 84. Lact. 1, 9, 11. Hyg. fab. 97: Nomin. Philoctetes, Cic. de fat. 37; ep. 7, 33, 1. Hyg. fab. 102. Serv. Verg. Aen. 3, 402: Vok. Philocteta, Cic. de fin. 2, 94, Philocte, Ov. met. 13, 329. Manil. 5, 300: Abl. Cic. de fat. 36. – Dav. **Philoctētaeus,** a, um, **philoktetäisch,** des **Philoktetes,** clamor, Cic. de fin. 2, 94.

philograecus, ī, *m.* (φίλος u. Graecus), ein **Griechenfreund,** Varro r. r. 3, 10, 1.

philologia, ae, *f.* (φιλολογία), **I** im Allg., die **Liebe zu den Wissenschaften, Beschäftigung mit der Literatur, literarisches-, wissenschaftliches Studium,** Cic. ad Att. 2, 17, 1. Vitr. 7. praef. § 4. – **II** insbes., die **Erklärung** der Schriftsteller, die **Interpretation** als Studium, Sen. epist. 108, 23; vgl. philologus.

philologus, a, um (φιλόλογος), **die Wissenschaften liebend, wissenschaftlich, gelehrt,** **I** *adi.*: res, Vitr. 6. praef. 4: homines, Sen. apoc. 5, 4. – **II** *subst.*, philologus, ī, *m.*, **A** einer, der gern gelehrte Untersuchungen anstellt, ein **Freund** der **Wissenschaften,** ein **Gelehrter, Literat,** Cic. u. Suet. – **B** insbes., ein Gelehrter, der, mit antiquarischen und historischen Kenntnissen ausgerüstet, die Werke anderer Gelehrten erklärt, ein **Exeget,** s. Sen. ep. 108, 30, wo der philologus vom grammaticus u. philosophus unterschieden wird.

Philomēla, ae, *f.* (Φιλομήλα), **I** Tochter des athenischen Königs Pandion, von Tereus, dem Gemahl ihrer Schwester Prokne, entehrt u., damit die Schandtat unentdeckt bliebe, der Zunge beraubt, weshalb Prokne den eigenen Sohn Itys dem Tereus zum Mahl vorsetzte. Als Tereus die Frauen verfolgte, wurde auf ihr Flehen Philomela von den Göttern in eine Nachtigall, Prokne in eine Schwalbe, Tereus in einen Wiedehopf verwandelt, Ov. met. 6, 424 *sqq.* Mart. 14, 75. – Nach altattischer Sage wird Prokne in die Nachtigall, Ph. in die Schwalbe verwandelt, bei röm. Dichtern zuw. Ph. als Mutter des Itys gen., s. Voß Verg. ecl. 6, 78 *sqq.* – **II** meton., philomēla, ae, *f.*, die **Nachtigall,** Verg. georg. 4, 511. Cassiod. var. 8, 31, 7: phil. sibilans (zwitschernde), Sidon. epist. 2, 2, 14.

Philomēlium, iī, *n.* (Φιλομήλιον), eine kleine Stadt im südöstl. Teil von Phrygien, unweit der Grenze Lykaoniens, j. *Ak-Cher,* Cic. ep. 3, 8, 4 *sq.;* 15, 4, 2; Verr. 3, 191. – Dav. **Philomēliēnsēs,** ium, *m.*, die Einwohner von Ph., die **Philomelienser,** Cic. Verr. 2, 191. Plin. 5, 95.

Philōniānum antidotum und **Philōnium,** s. Philo *no.* III.

Philopatōr, oris, *m.* (Φιλοπάτωρ), **den Vater liebend,** Spottname des Vater- u. Muttermörders Ptolemäus IV., Plin. 7, 208. Iustin. 29, 1, 5. Arnob. 6, 6.

Philopoemēn, enis, *m.* (Φιλοποίμην), aus Megalopolis Feldherr des achäischen Bundes, geb. 253 v. Chr., Liv. 35, 25 u. a. Iustin. 29, 4, 11 u. a.

philopȳgista, ae, *m.* (*φιλοπυγιστής) = pedico, Schol. Iuven. 9, 1.

Philorōmaeus, ī, *m.* (Φιλορώμαιος), der **Römerfreund,** ein dem Ariobarzanes, dem König von Kappadozien, von den Römern beigelegter Ehrentitel, Cic. ep. 15, 2, 4.

philosarca, ae, *m.* (φιλόσαρκος), ein **Liebhaber des Fleisches,** Hieron. c. Ioann. Hieros. *no.* 25.

philosophaster, strī, *m.* (philosophus), ein **Afterphilosoph, Scheinphilosoph,** Augustin. de civ. dei 2, 27 *in.* u. op. imperf. c. Iulian. 5, 11 u. 6, 18. – im guten Sinne = philosophus, vir gravis et philosophaster, Augustin. de civ. dei 2, 27.

philosophātus, a, um, s. philosophor.

philosophē, *Adv.* (philosophus), **philosophisch,** Cic. Acad. 1, 8 *ed. Halm* zw.

philosophia, ae, *f.* (φιλοσοφία), **I** die **Philosophie,** Cic. u. a. – **II** meton.: **A** eine **philosophische Materie,** ein **philosophischer Gegenstand,** de philosophia sermonem habere, Nep. Epam. 3, 3. – **B** Plur. philosophiae, **Sekten (Schulen) der Philosophen, philosophische Sekten (Schulen),** Cic. de or. 3, 107. Gell. 2, 28, 1; 4, 1, 13: 5, 3, 6.

philosophicē, *Adv.* (philosophicus), **philosophisch,** vivere, Lact. 3, 14, 19: dubitare, Serv. Verg. Aen. 1, 9.

philosophicus, a, um (philosophus), **philosophisch,** Sidon. epist. 4, 1, 3. Mythogr. Lat. 3, 6, 2. Ambros. de off. 2, 9, 49 u. a. Eccl.

philosophor, ātus sum, ārī (φιλοσοφέω, ῶ), **philosophieren,** d. i. der Philosophie obliegen, überall sich bemühen, gründliche Kenntnis zu erlangen, zu forschen usw., Plaut., Cic. u. a.: philosophatae doctrinae, philosophische, Tert. – Passiv unpers., sed iam satis est philosophatum, Plaut. Pseud. 687. – Partiz. **philosophātus,** a, um, **philosophisch,** doctrinae hominum, Tert. de anim. 3.

philosophūmenos (filosophūmenos), on (φιλοσοφούμενος), **philosophierend, philosophisch,** problemata, Sen. contr. 1, 3, 8: locus, *ibid.* 1, 7, 17: libri, Porphyr. Hor. ep. 1, 4, 4.

philosophus, a, um (φιλόσοφος), **philosophisch,** **I** *adi.*: sententia, Pacuv. tr. 338: physicus, Laber com. 72: scriptiones, Cic. Tusc. 5, 121

(Müller philosophiae scriptiones): tractatus, Macr. sat. 7, 1. § 1: verbum, *ibid.* 7, 1. § 13. – **II** *subst.*: **A** philosophus, ī, *m.*, der **Philosoph,** Cic. u. a.: ph. Socraticus, Vitr.: cathedrarii philosophi (Ggstz. veri et antiqui), Sen. de brev. vit. 10, 1: esse Apuleium in vita philosophum (ein strenger Moralist), in epigrammatis amatorem, Auson. edyll. 13, 4. p. 146, 15 Schenkl. – **B** philosopha, ae, *f.*, eine **Philosophin,** ea villa tamquam philosopha videtur esse, Cic. ad Q. fr. 3, 1, 2. § 5: philosopha anicula, Vulc. Gallic. Avid. 1, 8.

philostorgus, a, um (φιλόστοργος), **zärtlich liebend,** bes. von Eltern, Kindern und Geschwistern, Fronto epist. ad amic. 1, 3 (6). p. 176, 1 N.

philotechnus, a, um (φιλότεχνος), **Künste liebend, künstlerisch,** res, Vitr. 6. praef. § 4.

philtrum, ī, *n.* (φίλτρον), ein **Liebestrank,** Ov. art. am. 2, 106. Iuven. 6, 620. Laev. fr. 10 M. (b. Apul. apol. 30 *extr.*). Hygin. fab. 34.

philura, s. 1. philyra.

Philus, ī, *m.*, röm. Beiname in der gens Furia, unter dem am bekanntesten L. Furius Philus, Freund des Lälius u. Scipio, mitsprechende Person in Ciceros Schrift de re publica, Cic. de rep. 1, 17; de amic. 14 u. a.: Plur. Phili, Männer wie Philus, ein Philus, Cic. de amic. 21.

1. philyra (philura), ae, *f.* (φιλύρα), **I** die **Linde,** rein lat. tilia, Mart. Cap. 2. § 136. – **II** meton., der **Lindenbast,** von den Alten zu Kranzbändern verwendet, Hor., Plin. u. a.: u. zu Schreibblättern, Ulp. dig. 32, 52 *pr.*: philura calculatoria, CIL 6, 10229, 39. – dah. übtr., philyrae, die zu Schreibblättern verarbeiteten einzelnen Häute der Papyrusstaude, Plin. 13, 74.

2. Philyra, ae, *f.* (Φιλύρα), eine Nymphe, Tochter des Oceanus, von Saturn Mutter des Zentauren Chiron, in eine Linde verwandelt, Hyg. fab. 138. Mythogr. Lat. 1, 103. Serv. et Philarg. Verg. georg. 3, 93. Schol. in Caes Germ. Arat. 396. p. 419, 2 Eyss. – Dav.: **A Philyrēius,** a, um (Φιλυρήϊος), **philyrēisch,** heros, Chiron, Ov.: tecta, des Chiron, Ov. – **B Philyridēs,** ae, *m.* (Φιλυρίδης), der **Philyride** (Sohn der Philyra) = Chiron, Verg. georg. 3, 550. Ov. art. am. 1, 11. Prop. 2, 1, 60. Mart. 2, 14, 6 (überall des Versbedürfnisses wegen Phīllўrīdēs geschrieben u. gemessen).

phīmus, ī, *m.* (φιμός) = fritillus, der **kleine Würfelbecher,** Hor. sat. 2, 7, 17.

Phīnēus, eī u. eos, *m.* (Φινεύς), **I** König zu Salmydessos in Thrazien, mit der Gabe der Weissagung versehen. Weil er seine beiden Söhne auf die Verleumdung ihrer Stiefmutter Idäa hin blenden ließ, wurde er von den Göttern mit Blindheit gestraft und von den Harpyien geplagt, die, sooft er sich zum Essen setzte, herbeieilten, den größten Teil der Speisen raubten und den Tisch, sowie den Rest der Speisen mit ihrem Kot besudelten. Nachdem Ph. die Argonauten gastfreundlich aufgenommen hatte, ließ Jason durch Calaïs und Zethus jene Raubvögel verjagen, Ov. met. 7, 3 *sqq.* Ov. art. am. 1, 339 (Vok. Phineu). – Plur. Phinei appell., Leute wie Phineus = Blinde, Mart. 9, 25, 10 (wo griech. Akk. Plur. Phineas). – Dav.: **A Phīnēius** u. **Phīnēus,** a, um, **phinēisch, des Phineus,** Phinēia domus, Verg.: Phinēiae dapes, Apul.: Phineā manu, Ov. – **B Phīnīdēs,** ae, *m.* (Φινείδης), der **Phinide** (männliche Nachkomme des Phineus), Ov. Ib. 269. – **II** Bruder des Cepheus, der als Freier der Andromeda mit Perseus in Streit geriet, Ov. met. 5, 8 *sqq.*

Phintia, ae, *f.*, eine Stadt auf Sizilien, Cic. Verr. 3, 192. – Dav. **Phintiēnsēs,** ium, *m.*, die Einw. von Ph., die **Phintienser,** Plin. 3, 91.

Phintiās, ae, *m.* (Φιντίας), ein Pythagoreer, berühmt durch sein Freundschaftsverhältnis zu Damon, Cic. de off. 3, 45. Val. Max. 4, 7. ext. 1.

phlasca, ae, *f.* (φλάσκη), der **Weinkrug,** Isid. orig. 20, 9, 2.

phlebotomia (flebotomia), ae, *f.* (φλεβοτομία), das **Aderlassen,** Cael. Aur. de morb. acut. 2, 18, 104 u. 32, 129. Veget. mul. 1, 14, 3 (wo flebot.).

phlebotomicē (flebotomicē), ēs, *f.* (φλεβοτομική), die **Aderlasskunst,** Cael. Aur. de morb. acut. 1, 3, 39.

phlebotomo (flebotomo), āvī, āre (φλεβοτομέω), **zur Ader lassen,** alqm, Augustin. serm. 21, 7. Cael. Aur. de morb. acut. 1, 14, 111 u. a. Fulg. myth. 3, 7. Veget. mul. 1, 24. Th. Prisc. 1, 21.

phlebotomus (flebotomus), ī, *m.* (φλεβοτόμος), das **Aderlasseisen,** die **Lanzette,** Cael. Aur. de morb. acut. 2, 19, 121. Th. Prisc. 2, 21. Veget. mul. 1, 19, 1.

Phlegethōn, ontis, *m.* (φλεγέθων, brennend), **Feuerstrom,** einer von den Flüssen der Unterwelt, in dem statt des Wassers Feuer fließt, Verg. Aen. 6, 265 u. 551. Stat. Theb. 4, 523; vgl. Pyriphlegethon. – Dav.: **A Phlegethontēus,** a, um, **phlegethontēisch,** ripa, Claud. rapt. Pros. 1, 88: undae, Augustin. epist. 108, 20. – **B Phlegethontis,** idis, *f.*, **phlegethontisch,** lympha, Ov. met. 5, 544: unda, *ibid.* 15, 532.

phlegma (flegma), atis, *n.* (φλέγμα), die zähe Feuchtigkeit im Körper, der **Schleim,** Pallad. 8, 6, 2. Veget. mul. 5, 18. Gargil. Mart. de pom. § 3. Hieron epist. 52, 6. Isid. orig. 4, 7, 29. – Nbf. flegma, ae, *f.*, Orib. 14, 26 u. 17, 33. – Dav. **phlegmaticus,** a, um (φλεγματικός), **voll Schleim, schleimig,** Th. Prisc. 4, 2: materia, Isid. orig. 4, 7, 32.

phlegmon (flegmon), onis, *m.*, die Entzündung der Teile unter der Haut, die Stockung des Blutes mit Hitze, Röte, Schwulst u. Schmerz, Plin. 20, 24: Akk. Plur. flegmones u. griech. phlegmonas, Cass. Fel. 28. p. 45, 17 u. 74. p. 178, 7. – bei den Griechen flegmonē (φλεγμονή), Akk. flegmonen, Soran. Latin, p. 146, 2.

Phlegra, ae, *f.* (Φλέγρα = φλεγυρά, brennend), alter Name der westl. Landspitze der mazedonischen Halbinsel, später Pallene gen., wo nach der Sage die im Krieg mit den Göttern begriffenen Giganten durch Blitze getötet wurden, Plin. 4, 36. Sen. Herc. fur. 444 (448). – Dav. **Phlegraeus,** a, um (Φλεγραῖος), **a brennend,** vertex (Vesuvii), Sil.: campi, eine schwefelreiche Ebene zwischen Puteoli u. Neapel, die heutige *Solfatara,* Plin. – **b in-, aus-, bei Phlegra** in Mazedonien, **phlegräisch,** campi, Ov.: iuga, Prop.: tumultus, Krieg der Giganten mit Jupiter, Prop. – übtr., campus, bei Pharsalus od. Philippi, wegen des blutigen u. hitzigen Gefechtes, Prop. 3, 11, 37.

Phlegyās, ae, *m.* (Φλεγύας), **I** König der Lapithen, Vater des Ixion u. der Koronis, Verg. Aen. 6, 618. Stat. Theb. 1, 713. Val. Flacc. 2, 193 (wo Akk. *-ān*). – **II** Plur. **Phlegyae,** ārum, *m.*, eine räuberische, zu den Minyern gehörige Völkerschaft in Thessalien, Ov. met. 11, 414.

Phlīūs, ūntis, Akk. ūnta, *f.* (Φλιοῦς), unabhängige Stadt im Peloponnes zwischen Sicyonia u. Argolis, treue Bundesgenossin von Sparta, Liv. 28, 7, 16. – Dav.: **A Phlīāsius,** a, um (Φλιάσιος), **in-, aus-, bei Phlius, phliasisch,** sermo, Cic.: ager, Liv. – Plur. subst., Phlīāsiī, iōrum, *m.*, (Φλιάσιοι), die Einw. von Phlius, die **Phliasier,** Cic. – **B Phliūntiī,** iōrum, *m.* (Φλιούντιοι), die Einw. von Phlius, die **Phliuntier.**

phloginos, ī, *f.* (φλόγινος, flammig), ein uns unbekannter Edelstein von Feuerfarbe), Plin. 37, 179.

phlogītēs, ae, *m.* (φλογίτης) = phlogitis, Solin. 37, 23.

phlogītis, idis, *f.* (φλογῖτις), ein uns unbekannter Edelstein von brennender Farbe, Plin. 37, 189.

phlomis, idis, *f.* (φλομίς), das **Wollkraut,** rein lat. verbascum, Plin. 25, 121.

phlomos, ī, *m.* (φλόμος) = phlomis, Plin. 25, 120.

phlox, phlogis, *f.* (φλόξ, die Flamme), eine uns unbekannte Blume, Plin. 21, 64.

phoba, ae, *f.* (φόβη), der **Kolben** am Mais, *Plin. 18, 53.

Phobētōr, oris, Akk. ora, *m.* (Φοβήτωρ), ein Sohn des Schlafgottes, Ov. met. 11, 640.

phobodipsos, ī, *f.* (φοβόδιψος), die **Wasserscheu,** Cael. Aur. de morb. acut. 3, 9, 98.

phōca, ae, *f.* u. **phōcē,** ēs, *f.* (φώκη), das **Meerkalb,** die **Robbe,** der **Seehund** (*Phoca vitulina* L.), rein lat. vitulus marinus, Plin. 9, 10 u. 40. Verg. georg. 3, 543; 4, 395 u. 432. Ov. met. 1, 300: iunctae phocae, ein Gespann von Seehunden, Val. Flacc. 2, 319.

Phōcaea, ae, *f.* (Φώκαια), Seestadt in Ionien, Mutterstadt von Massilia, j. *Fokia* (in Ruinen), Liv. 37, 31 *sq.* Mela 1, 17, 3 (1. § 89). – Dav.: **A Phōcaeēnsis,** e, **in-, aus Phocäa, phocäisch,** Plin.: Plur. subst., Phōcaeēnsēs, ium, *m.*, die Einw. von Phocäa, die **Phocäer,** Liv. u.

Iustin. – **B** **Phōcaeī**, ōrum, *m.*, die Einw. von Phocäa, die **Phocäer,** Hor. – **C** **Phōcaicus**, a, um (aber griech. gemessen Φωκᾱϊκός), **a** **phocäisch,** Ov. – **b** poet. = **massiliensisch,** Sil. – **D** **Phōcais**, idis, *f.* (aber griech. gemessen Φωκᾱΐς), **phocäisch,** poet. = **massiliensisch,** Sil. u. Lucan.

Phōcaïcus, s. Phōcaea u. 2. Phōcis.

Phōcaïs, s. Phōcaea.

Phōcēnsēs, s. 2. Phōcis.

Phōcēus, Phōciī, s. 2. Phōcis.

Phōciōn, ōnis, *m.* (Φωκίων), ein bekannter athenischer Staatsmann, Zeitgenosse des Demosthenes, Nep. Phoc. 1 *sqq.*

1. phōcis, idis, Akk. ida, *f.*, eine Art **Birnbäume,** Plin. 17, 237.

2. Phōcis, idis u. idos, *f.* (Φωκίς), **Phocis,** eine Landschaft des nördlichen Griechenlands zwischen Böotien u. Ätolien, Liv. 28, 5, 16. Ov. met. 1, 313 (bei Sen. ad Helv. 8, 1 [7, 8]. Gell. 10, 16, 4. Lucan. 3, 340 u. 4, 256 durch Verwechselung mit Phocaea [s. d.] fälschlich als Mutterland der Kolonie Massilia angegeben: dah. poet. = Massilia b. Sidon. carm. 23, 13). – Dav.: **A** **Phōcaïcus**, a, um, **phocisch,** tellus, Ov.: manus, Lucan. – **B** **Phōcēnsēs**, ium, *m.*, die Einw. von Phocis, die **Phocier,** Liv. – **C** **Phōcēus**, a, um (Φώκειος), **aus Phocis, phocëisch,** Ov.: iuvenis Phoceus u. bl. Phoceus (der Phoceer) = Pylades, Sohn des Strophius, des Königs von Phocis, Ov. – **D** **Phōciī**, iōrum, *m.*, die Einw. von Phocis, die **Phocier,** Cic. Pis. 96.

Phōcus, ī, *m.* (Φῶκος), des Äakus Sohn, Bruder des Peleus u. Telamon, Ov. met. 7, 477 u. a.

phoealgicī, ōrum, *m.*, Th. Prisc. 21. fol. 308 (a), was?

Phoebas, Phoebus.

1. Phoebē, s. Phoebus.

2. Phoebē, ēs, *f.* (Φοίβη), **I** Tochter des Leucippus, Ov. art. am. 1, 679. Prop. 1, 2, 18. – **II** Tochter der Leda u. Schwester der Helena, Ov. her. 8, 77.

Phoebidās, ae, *m.* (Φοιβίδας), berühmter Feldherr der Spartaner, der i. J. 383 v. Chr. die Kadmeia in Theben besetzte, Nep. Pelop. 1, 2.

Phoebus, ī, *m.* (Φοῖβος), ein poet. Beiwort des Apollo = der **Reine, Strahlende,** weil er der **Gott des Lichts** im Gegensatz zum Dunklen, **des Reinen** im Gegensatz zum Unreinen war, Ph. Apollo, Verg. Aen. 3, 251: ders. gew. absol. Phoebus, Hor. carm. saec. 62. Prop. 1, 2, 27. – poet. = **Sonne,** fugat astra Phoebus, Hor. carm. 3, 21, 24: Phoebi pallidus orbis, Ov. rem. 256. – u. = **Himmelsgegend,** sub utroque Phoebo, im Osten u. Westen, Ov. met. 1, 338. – Dav.: **A** **Phoebas**, adis, *f.* (Φοιβάς), Priesterin des Phöbus, die Begeisterte, Weissagerin, Ov. – **B** **Phoebē**, ēs, *f.* (Φοίβη), Schwester des Phöbus, die röm. **Diana** als **Mondgöttin,** Ov.: meton. = die **Mondnacht,** tertia, Ov.: septima, Stat. – **C** **Phoebēius** u. **Phoebēus**, a, um (Φοιβήϊος, Φοιβεῖος), **phöbëisch, apollisch,** ictus, der Sonne, Ov.: lampas, Sonne, Verg.: ars, Arzneikunst, Ov.: ales, der Rabe, Ov.: anguis, des Äskulap, Ov.: iuvenis, Äskulap, Sohn des Phöbus, Ov.: virgo, Daphne u. dann poet. = Lorbeerkranz, Ov.: sortes, Orakel, Ov. – **D** **Phoebigena**, ae, *m.* (Phoebus u. geno = gigno), Sohn des Phöbus = Äskulap, Verg. Aen. 7, 773.

Phoenīca, s. 1. Phoenīcē unter Phoenices.

phoenīcātus, s. phoenīciātus.

1. Phoenīcē, s. Phoenīces.

2. phoenīcē, ēs, *f.* (φοίνιξ), die **Mäusegerste,** Plin. 22, 135.

Phoenīces, um, *m.* (Φοίνικες), die **Phönizier,** die Bewohner der Landschaft Phönizien (s. unten Phoenice), berühmt durch Schifffahrt und Kunstgewerbe, Gründer vieler Kolonien (Karthago, Hippo u. a.), berüchtigt als Seeräuber, Cic. de rep. 3. fr. inc. *no.* 37 u. a. Sall. Iug. 19, 1. Lucan. 3, 220: Akk. Plur. Phoenicas, Ov. met. 3, 46. Mela 1, 14, 1 (1. § 78). Tac. ann. 11, 14: poet. = **Karthager,** Sil. 13, 730. – Sing. Phoenīx, īcis (Φοίνιξ), ein **Phönizier,** Cadmus, Plin. 7, 192; spez. = ein **Karthager, Punier,** Sil. 16, 25; u. eine **Phönizierin,** Elissa mulier domo Phoenix, Solin. 27, 10. – Dav.: **A** **Phoenīcē**, ēs, *f.* u. **Phoenīca**, ae, *f.* (Φοινίκη), **a** **Phönizien,** ein schmaler Landstrich Syriens am Mittelmeer mit den Hauptstädten Tyrus u. Sidon, Varro LL., Cic. u. a.: Form Phoenica, Cic. de fin. 4, 56. – **b** eine Stadt in Griechenland, die Hauptstadt Chaoniens, j. *Finiki,* Plin. 29, 11. – **B** **Phoeniceus** (foeniceus), a, um, **phönizisch** = **purpurrot,** pellis, rotes Leder, Edict. Diocl. 8, 4. – **C** **Phoenīcius**, a, um (Φοινίκιος), **a** **phönizisch,** mare, Plin. 5, 67. – **b** **purpurrot, scharlachrot,** flos, Plin. 21, 164 (bei Plaut. u. a. Poeniceus od. Puniceus od. Poenicius, s. Poenī). – subst., Phoenicium, iī, *n.*, **scharlachrotes Tuch, Scharlach,** Augustin. in psalm. 44, 26 u. 50, 12. – **D** **Phoenissa**, ae, *f.* (Φοίνισσα), **a** **in-, aus Phönizien, phönizisch,** Ov.: Dido, Verg.: exsul, Anna, Schwester der Dido, Ov.: Phoenissae, »die Phönizierinnen«, Tragödien des Euripides u. Seneka. – **b** poet. übtr.: **α** **thebanisch** (weil Kadmus ein Phönizier), cohors, Stat. – **β** **karthagisch,** classis, iuventa, Sil.: u. im *neutr. plur.*, moenia Phoenissa, Sil.: Phoenissa agmina, Sil. – subst., Phoenissa, ae, *f.* (*sc.* urbs) = Karthago, Sil.

Phoenīciās, ae, Akk. ān, *m.* (Φοινικίας), der **Südsüdostwind,** Plin. 2, 120.

phoenīciātus, a, um, **kastanienbraun,** Serv. Verg. georg. 3, 82: Nbf. phoenīcātus, Isid. orig. 12, 1, 49.

phoenīcīnus, a, um (3. phoenix), **vom Palmbaum,** mel, Dattelhonig, der Debs Ägyptens u. Arabiens, Edict. Diocl. 3, 12.

phoenīcītēs, ae, *m.* (φοινικίτης, sc. οἶνος), **Dattelwein,** Th. Prisc. 2. chr. 18.

phoenīcītis, idis, *f.*, ein uns unbekannter Edelstein, nach der Gestalt der Dattel (φοίνιξ) benannt, Plin. 37, 180 u. 189.

Phoenīcius, s. Phoenīces.

phoenīcobalanus, ī, *m.* (φοινικοβάλανος), die **Palmeneichel** = **reife Palmenfrucht,** Plin. 12, 103.

phoenīcopterus (später foenīcopterus), ī, Genet. Plur. ōrum u. ûm, *m.* (φοινικόπτερος), die **Rotfeder,** ein Wasservogel mit roten Flügeln, dessen Zunge den Alten ein Leckerbissen war (*Phoenicopterus,* L.), der **Flamingo,** Plin. 10, 133. Cels. 2, 18. p. 64, 26 D. Iuven. 11, 139. Apic. 6, 234: phoenicopterorum linguae, Sen. ep. 110, 12. Suet. Vit. 13, 2 (phoenicopterûm): cerebella foenicopterûm, Lampr. Heliog. 20, 6.

phoenīcūrus, ī, *m.* (φοινίκουρος), der **Rotschwanz,** ein Vogel, Plin. 10, 86.

Phoenissa, s. Phoenīces.

1. Phoenix, s. Phoenīces.

2. Phoenīx, īcis, *m.* (Φοίνιξ), **I** Sohn des Amyntor u. Begleiter des Achilles zum trojanischen Krieg, Cic. de or. 3, 57. Prop. 2, 1, 60. Ov. met. 8, 307: Todesbote des Achilles bei Peleus, s. Plaut. Bacch. 156 die Anspielung. – **II** Sohn des Agenor, Bruder des Kadmus u. der Europa, Hyg. fab. 178. – **III** ein fabelhafter Vogel, der der Sage nach über fünfhundert Jahre lang lebte und sich dann in seinem Nest verbrannte, worauf aus seiner Asche ein junger Vogel Phönix hervorwuchs, Plin. 10. § 3 *sqq.* Sen. ep. 42, 1. Tac. ann. 6, 28. Aur. Vict. de Caes. 4, 14. Ov. met. 15, 392 *sqq.* (wo griech. Akk. Phoenica).

3. phoenīx, īcis, *f.* (φοίνιξ), der **Palmbaum,** phoenix elate, Plin. 29, 56.

Pholoē, ēs, *f.* (Φολόη), ein waldreiches Gebirge in Arkadien auf der Grenze von Elis, die südl. Fortsetzung des Erymanthus, j. *Olono,* Ov. fast. 2, 273. Stat. Theb. 10, 228. Plin. 4, 21: Wohnsitz der Zentauren, Lucan. 3, 198. Stat. Ach. 1, 238. – Dav. **Pholoēticus**, a, um, **pholoëtisch,** monstra, die Zentauren, Sidon. carm. 5, 230.

Pholus, ī, *m.* (Φόλος), ein Zentaur, Sohn des Ixion, Verg. georg. 2, 456. Ov. met. 12, 306.

phōnascus, ī, *m.* (φωνασκός), **I** der **Sangmeister, Gesang-** und **Deklamationslehrer,** Tac. ann. 14, 15. Suet. Aug. 84, 2 u. Ner. 25, 3. Quint. 11, 3, 22 (aber Varro sat. Men. 348 Bücheler Φωνασκία sum). – **II** der **Musikdirektor,** Sidon. epist. 4, 11, 6. *v.* 13.

Phorcis, s. Phorcus.

Phorcus, ī, *m.* (Φόρκος) u. **Phorcys**, yis, *m.* (Φόρκυς) u. **Phorcȳn**, ȳnis, *m.* (Φόρκυν), Sohn des Neptun, Vater der Medusa u. ihrer Schwestern, nach seinem Tod zum Meergott erhoben, Form Phorcus, Hyg. fab. praef. p. 4 u. 7 M. Lucan. 9, 645. Val Flacc. 3, 727: Phorci chorus, Meergottheiten, Plin. 36, 26. Verg. Aen. 5, 240: dass. Phorci exercitus, Verg. Aen. 5, 824. – die Formen Phorcys u. Phorcyn nur angef. bei Prisc. 6, 28 *sq.* u. 6, 92 (nach Serv. Verg. Aen. 5, 240 im Lateinischen ungebräuchlich). – Dav.: **A** (v. Phorcus) **Phorcis** (nicht Phorcys), idos, Akk. Plur. idas, *f.*, Tochter des Phorkus, ora Phorcidos, der Medusa, Prop.: aber sorores Phorcides = Graeae, Ov.: Abl. Plur. Phorcisi, Hyg. astr. 2, 12. – **B** (v. Phorcyn) **Phorcȳnis**, idos, Akk. ida, *f.*, Tochter des Phorkus, Ph. Medusa, Ov. met. 4, 743. Lucan. 9, 626: u. so bl. Ph., die Medusa = das Medusenhaupt, Ov. met. 5, 230.

Phorcȳn, s. Phorcus.

1. **Phormio**, ōnis, *m.*, **I** Name eines Schmarotzers in dem gleichnamigen Stück des Terenz. – **II** ein peripatet. Philosoph zu Ephesus, der sich vor Hannibal in einem schulmäßigen Vortrag über Kriegskunst hören lassen wollte, Cic. de or. 2, 75; dah. appellat. Phormiones von Leuten, die über Dinge reden, von denen sie nichts verstehen, Cic. de or. 2, 77.

2. **phormio**, ōnis, *m.*, s. formio.

Phorōnēus, eī u. eos, Akk. eum u. ea, *m.* (Φορωνεύς), König zu Argos, Sohn des Inachus, Bruder der Io, Hyg. fab. 124, 143 u. a. Plin. 7, 193. Stat. Theb. 4, 589. – Dav.: **A** **Phorōnēus**, a, um, **phoronëisch,** poet. = **argivisch,** Stat. – **B** **Phorōnis**, idos, *f.*, die **Phoronide** = Io, Ov.

Phōsphoros u. **-us**, ī, *m.* (Φωσφόρος, der Lichtbringer), der **Morgenstern,** Mart. 8, 21, 1 u. 2. Mart. Cap. 2. § 113 u. 116; 8. § 851. Ter. Maur. 847. Schol. Caes. Germ. Arat. 437. p. 422, 8 Eyss.

Phraātēs, s. Phrahātēs.

phragmītēs, is, *m.* (φραγμίτης), eine Art dünnen Rohres, Plin. 32, 141.

Phrahātēs (Phraātēs), is, Akk. ēn, *m.*, Name mehrerer parthischer Könige, Hor. carm. 2, 2, 17. Tac. ann. 2, 1. Iustin 41, 5, 9. – ► Nbf. Phrates, Monum. Ancyr. p. 91, 2 Mommsen.

phrasis, is. Akk. in, *f.*, (φράσις), die rednerische **Ausdrucksweise,** die **Diktion,** der **Stil,** rein lat. elocutio (s. Quint. 8, 1, 1), Sen. contr. 7. praef. § 2 u. exc. contr. 3. praef. § 7. Quint. 10, 1, 42 u. 87.

phrenēsis, is, Akk. in, Abl. ī, *f.* (*φρένησις), der durch Entzündung der Gehirnhäute entstandene **Wahnsinn,** die **Hirnwut** (s. phrenītis), Sen. u. a.

phrenēticus, a, um (φρενητικός) u. (vielleicht richtiger) **phrenīticus**, a, um (φρενιτικός), zur Hirnwut gehörig, mit der Hirnwut behaftet, **hirnwütig, gehirnkrank,** medicus phrenet., Mart.: passio phrenit., Cael. Aur.: phrenet. septentrionum filii, der sinnlos tobenden Nordwinde, Varro fr. – subst., phrenēticus, ī, *m.*, der **Hirnwütige,** Sen. u. a.; Plur., Cic. u. a.

phrenion, iī, *n.*, eine Pflanze = anemone, das **Windröschen,** Plin. 21, 164.

phrenīticus, a, um, s. phrenēticus.

phrenītis, idis, Akk. im, *f.* (φρενῖτις), der durch Entzündung der Hirnhäute entstandene **Wahnsinn,** die **Hirnwut,** Cael. Aur. de morb. acut. 1. praef. § 3 u. de morb. acut. 1, 1, 3.

phrenītizo, āre (φρενιτίζω), die **Hirnwut haben,** Cael. Aur. de morb. acut. 1. praef. § 10. – ► Nbf. frenetizo, Cass. Fel. 62. p. 154, 11.

Phrixos, s. Phrixus.

Phrixus, ī, *m.* (Φρίξος, auch Phryxus, Φρύξος geschr.), Sohn des Athamas u. der Nephele in Böotien, Bruder der Helle, floh mit seiner Schwester auf dem Widder mit dem goldenen Vlies. Helle ertrank in dem Meer, das nach ihr den Namen erhielt; Prixus kam glücklich nach Kolchis zum König Äetes, opferte den Widder und hängte dessen Fell im Hain des Ares auf, von wo es später Iason mit den Argonauten nach Griechenland geholt haben soll, Hyg. fab. 2, 3, 14 u. 21. Ov. her. 17 (18), 143. Ov. art. am. 3, 175 (wo griech Akk. Phrixon): portitor Phrixi, der Widder (als Gestirn), Colum. poët. 10, 155: Phrixi litora od. semita, die Gestade des Hellesponts, Stat. Ach. 1, 28 u. 409. – Dav.: **A** **Phrixēus**, a, um, **phrixisch,** soror, Helle, Ov.: stagna sororis Phrixeae, der Hellespont, Ov.: maritus, ein Widder, Mart.: agnus, der Widder als Gestirn, Mart.: mare, das Ägäische Meer, Sen. poët. – **B** **Phryxiānus**, a, um, **krauswollig,** toga, Plin. 8, 195. – Plur. subst., Phryxiānae, ārum, *f.*, **krauswollige Gewänder,** Sen. de ben. 1, 3, 7. Vgl. Turneb. advv. 24, 19.

Phruges, -gius, s. Phryges.

Phryges (Fryges, Friges, altlat. Phruges od. Fruges od. Bruges), um, *m.* (Φρύγες), die **Phrygier,** die Bewohner der Landschaft Phrygien (s. unten Phrygia), berühmt als geschickte Goldsticker, aber wegen ihrer Trägheit u. Dummheit verachtet, Cic. de div. 1, 92; de legg. 2, 33. Plin. 8, 195: Form Friges, Schol. Iuven. 12, 73: Form Fruges, Pacuv. tr. 205: Bruges, Enn. fr. scen. 176*: Akk. Plur. Frygas, Acc. tr. 489: sero sapiunt Phryges, Liv. Andr. b. Fest. p. 343 (a), 11 (sprichw.; vgl. Cic. ep. 7, 16, 1). – Sing. Phryx, ygis, Akk. ygem u. yga, ein **Phrygier,** *adi.* = **phrygisch, aus Phrygien,** Phrygem plagis fieri meliorem, Cic. Flacc. 65: Marsyas Phryx, Plin. 7, 204: femineus Phryx (kollekt.), Auson. edyll. 12. de hist 22. p. 137, 4 Schenkl: ager, Claud. Eutr. 2, 154: augur, Iuven. 6, 584. – Insbes., der **Phrygier,** **α** = Äneas, Prop. 4, 1, 2. Ov. fast. 4, 274. **β** = Marsyas, Stat. Theb. 1, 709. **γ** = ein Priester der Cybele (ein Gallus), Prop. 2, 22, 16: u. (mit verächtl. Anspielung auf einen solchen) corpus semiviri Phrygis (des Äneas), Verg. Aen. 12, 99. – Plur. Phryges, **α** = **Römer** (als Nachkommen des Äneas), Sil. 1, 106; 8, 241. – **β** eine christl. Ketzersekte, Lact. 4, 30, 10. Augustin. de haeres. 26. Cod. Theod. 16, 5, 40 *pr.* – Dav.: **A** **Phrygia**, ae. *f.* (Φρυγία, auch Frygia geschr., Acc. tr. 178 u. 560), **Phrygien,** eine Landschaft in Kleinasien, eingeteilt in Groß- u. Kleinphrygien, Hor. u. Plin.: Phrygia maior et minor, Iustin. – **B** **Phrygiānum** (Frigiānum), ī, *n.*, ein Tempel des phrygischen Cybeledienstes. – **C** **Phrygio** (Frygio, Frigio), ōnis, *m.*, ein **Phrygier;** meton. = ein **Goldsticker,** Plaut. Men. 426 u. a. – u. dav. **Phrygiōnius**, a, um, **gestickt,** vestes, Plin. 8, 105. – **D** **Phrygiscus** (Frigiscus), a, um, **phrygisch,** equi, Veget. mul. 6, 6, 3. – **E** **Phrygius** (altlat. Phrugius), a, um (Φρύγιος), **in-, aus Phrygien, phrygisch,** u. poet. = **trojanisch,** Phrug. porta, Plaut.: Phryg. Ida, Verg.: ferrum, der phrygischen Sklaven, deren sich Sulla bediente, Cic.: pastor, Paris, Verg.: tyrannus, Äneas, Verg. Aen. 12, 75; Laomedon, Ov. met. 11, 203: vates, Helenus, Ov.: maritus, Äneas, Ov. met. 14, 79; Pelops, Prop. 1, 2, 19: mater, Cybele, Verg. u. Ov.: minister, Ganymedes, Val. Flacc.; ders. venator, Stat.: matres (Stuten), Claud.: buxum, Flöte bei der Cybelefeier, Ov.: vestes, gestickte, Verg. u. Ov.: modi, eine Art laute u. leidenschaftliche Musik, die bei der Cybelefeier gebräuchlich war, Ov.: lapis, ein Stein zum Färben der Kleider, unsere Gelberde, Plin.; phrygischer Marmor, Hor. carm. 3, 1, 41: ebenso Phrygiae columnae, Säulen aus phrygischem Marmor, Tibull. 3, 3, 13: Phrygius amnis, s. 1. Phryx: ferro Phrygio, Enn. bei Cic. Rosc. Am. 90 (Vahlen Enn. fr. scen. 173* Brugio). – subst., **a** Phrygiae, ārum, *f.*, **Phrygierinnen,** Verg. Aen. 6, 518 u. a. – **b** Phrygium, iī, *n.* (*sc.* pileum), die **phrygische Kappe,** Schol. Iuven. 6, 516 (wo frigium geschr.).

Phrȳna, s. Phrȳnē *no.* I.

Phrȳnē, ēs, *f.* (Φρύνη), **I** eine berühmte und reiche Buhlerin zu Athen, die durch ihre Schönheit sogar die Richter bestach, Prop. 2, 6, 6; vgl. Quint. 2, 15, 9. Val. Max. 4, 3. ext. 3: Nbf. Phrȳna, ae, *f.*, Arnob. 6, 13. – **II** eine römische Buhlerin, Hor. epod. 14, 16. – **III** eine Kupplerin, Tibull. 2, 9, 45.

phrȳnion, iī, *n.* (φρύνιον), eine Pflanze = poterion, Plin. 25, 123 u. a.

phrȳnus, ī, *m.* (φρῦνος), eine Art giftiger Frösche, die sich in Dornenhecken aufhalten, Plin. 32, 50.

1. **Phryx**, ygis, *m.* (Φρύξ), ein Fluss in Lydien, der bei der Stadt Hyrkania vorbeiströmt u. nordöstl. von Magnesia in den Hermus mündet, j. *Ocletschak-Su,* Plin. 5, 119: öfter Phrygius amnis (Φρύγιος) gen., Liv. 37, 37, 9; 37, 38, 2.

2. **Phryx**, ygis, *m.* (Φρύξ), s. Phryges.

Phryxēus u. **Phryxiānus**, a, um, s. Phrixus.

Phryxonides nymphae, nach der Sage Erzieherinnen der (ersten) Bienen, Colum. 9, 2, 3.

Phryxus, ī, *m.*, s. Phrixus.

Phthīa, ae, *f.* (Φθία), eine Stadt in Thessalien, Geburtsort des Achilles, Verg. Aen. 1, 284. Mela. 2, 3, 4 (2. § 39). – Dav.: **A** **Phthīas**, adis, *f.*

(Φθιάς), aus **Phthia,** eine **Phthiērin,** Ov. – **B Phthīōtēs,** ae, Akk. am, *m.* (Φθιώτης), **einer aus Phthia, ein Phthiote,** Cic. Tusc. 1, 21. – öfter im Plur., Phthīōtae, ārum, *m.* (Φθιῶται), die **Phthioten,** Liv. u. Plin.: Genet. Phthiotûm, Ov. am. 3, 6, 32. – **C Phthīōtis,** idis, Akk. idem u. im, *f.* (Φθιῶτις), **Phthiotis,** die Landschaft Thessaliens, in der Phthia liegt, Liv. – **D Phthīōticus,** a, um (Φθιωτικός), **phthiotisch,** meton. = **thessalisch,** Liv. u. Catull. – **E Phthīus,** ī, *m.* (Φθῖος), **in** od. **aus Phthia, phthiisch,** vir, Achilles, Prop.: rex, Peleus, Ov.: meton. = **thessalisch,** Thebae (s. d. *no.* III), Liv. 39, 25, 9.

phthīr, *m.* (φθείρ), die **Laus,** ein Seefisch, der sich an andere ansaugt, rein lat. pediculus (marinus), Plin. 32, 150.

phthīriasis, is, Akk. im, Abl. ī, *f.* (φθειρίασις), die **Läusesucht,** Plin. 20, 53 u. a. Aur. Vict. de vir. ill. 75, 12.

Phthīrophagī, ōrum, *m.* (Φθειροφάγοι), die **Läusefresser,** ein Volk in Sarmatien, Mela 1, 19, 14 (1. § 110). Plin. 6, 14.

phthīrophorus, ī, *f.* (φθειροφόρος), eine Fichtenart die sehr kleine Früchte trägt (*Pinus orientalis,* L.), Plin. 16, 49.

phthisicus, ī, *m.* (φθισικός), der **Schwindsüchtige,** Sen. rhet., Vitr. u. a.

phthisis, eos u. is, Akk. im, Abl. ī, *f.* (φθίσις), die **Schwindsucht,** Sen. u. a.

phthisīsco, ere (phthisis), **schwindsüchtig werden,** Sidon. epist. 5, 14, 1 (Sittl phthisizo).

Phthīus, a, um, s. Phthīa.

phthoē, ēs, *f.* (φθόη) = phthisis, Cael. Aur. de morb. chron. 2, 14, 196.

phthongus, ī, *m.* (φθόγγος), der **Schall, Klang,** rein. lat. sonus, Plin. 2, 84. Fulg. myth. 3, 9 *sq.* Mart. Cap. 9. § 939. Chalcid. Tim. 44.

phthorius, a, um (φθόριος), **verderbend, vernichtend,** vinum, die Leibesfrucht abtreibender, Plin. 14, 110.

phū, Akk. phūn (φοῦ, τό), eine Art **Baldrian,** von *Sibthorp* unter dem Namen Valeriana Dioscoridis beschrieben, Plin. 12, 45 u. 21, 136.

phȳ *Interi.,* **ei!** Ter. adelph. 412; vgl. Diom. 419, 10. Prisc. 15, 41.

phȳcis, idis, *f.* (φυκίς), ein gern im Meergras lebender Fisch, viell. **Bricke, Neunauge** (*Petromyzon fluviatilis,* L.), Plin. 9, 81 u. 32, 150.

phȳcītis, idis, *f.* (φυκῖτις), ein uns unbekannter Edelstein, Plin. 37, 180.

phȳcos, ī, *n.* (φῦκος, τό), der **Seetang,** das **Meergras,** Plin. 13, 135. – phycos thalassion (θαλάσσιον), rein lat. fucus marinus = *Lichen roccella,* L., die **Orseille,** eine strauchartige Flechte, die zum Färben der Wolle gebraucht wurde, Plin. 26, 103.

Phȳcūs, Akk. ūnta (onta), Abl. ūnte, *f.* (Φυκοῦς), Vorgebirge in Cyrenaïka, j. *Ras Sem,* Plin. 5, 32: Akk. unta, Mela 1, 7, 5 (1. § 37) (Parthey u. Frick onta): Abl. unte, Plin. 4, 60. – mit einem gleichn. kleinen Hafenplatz an einer Bucht, Akk. unta (Variante onta), Lucan. 9, 40 (wo *masc.*).

phylaca, ae, *f.* (φυλακή), das **Gefängnis,** rein lat. custodia, Plaut. capt. 751.

Phylacē, ēs, *f.* (Φυλάκη), **I** Stadt in Molossis in Epirus, Liv. 45, 26, 4. – **II** Stadt in Thessalien, Residenz des Protesilaus, Plin. 4, 32. – Dav.: **A Phylacēis,** idis, *f.* (Φυλακηΐς), **phylacēisch,** matres, thessalische, Ov. – subst. = die **Phylacēierin** = Laodamia, Stat. – **B Phylacēius,** a, um, **in-, aus Phylace, phylacēisch,** coniunx, Laodamia, Ov. Vgl. Phylacus.

Phylacidēs, s. Phylacus.

phylacista, ae, *m.* (*φυλακιστής), der **Kerkermeister,** übtr., von einem Gläubiger, der einen im Haus um die Bezahlung mahnt und den Schuldner im Haus wie ein Kerkermeister bewacht, Plaut. aul. 518 G.

phylactērium (filactērium), iī, *n.* (φυλακτήριον), **I** das **Amulett,** Marc. Emp. 8. Ambros. serm. 24. *no.* 6. – **II** insbes.: **A** der von den Juden an der Stirn und am linken Arm getragene **Schauriemen,** Hieron. in Matth. 4, 23, 5. – **B** Plur. filactēria, **die Ketten** u. **Schaustücke,** die die Gladiatoren als Siegeszeichen am Hals trugen, Schol. Iuven. 3, 67.

Phylacus, ī, *m.* (Φύλακος), Gründer von Phylace *no.* II, Vater des Iphiklus, Großvater des Protesilaus, des Gemahls der Laodamia, Hyg. fab. 14. – Dav. **Phylacidēs,** ae, *m.* (Φυλακίδης), der **Phylazide** (männl. Nachkomme des Phylakus) = Protesilaus, Ov.: heros, Prop.

phȳlarchus, ī, *m.* (φύλαρχος), der **Stammfürst, Emir,** Arabum, Cic. ep. 15, 1, 2: Saracenorum, Amm. 24, 2, 4. Ruf. Fest. brev. 14.

Phȳlē, ēs, *f.* (Φυλή), eine Grenzfestung in Attika gegen Böotien, noch j. *Fili,* Nep. Thras. 2, 1. Iustin. 5, 9, 6: castellum Phyle, Oros. 2, 17, 9.

phyllanthes, is, *n.* (φυλλανθές), eine Pflanze mit stacheligen Blättern, Plin. 21, 99.

Phyllēius, a, um, s. Phyllos.

Phyllis, idis u. idos, Akk. ida, Vok. i, *f.* (Φυλλίς), **I** Tochter des Königs Sithon in Thrazien, die den von Troja zurückkehrenden Demophoon freundlich aufnahm u. liebte. Als er aber seinem Versprechen zuwider nicht zu der bestimmten Zeit zurückkam, erhängte sie sich und wurde in einen Mandelbaum verwandelt, Plin. 16, 108. Hyg. fab. 59 u. 243. – meton. = der **Mandelbaum,** Pallad. de insit. 61 u. a. – **II** ein Mädchenname, Verg. ecl. 3, 78. Hor. carm. 4, 11, 3.

phyllon, ī, *n.* (φύλλον, das Blatt), die sonst leucacantha gen. Pflanze, Plin. 22, 40.

Phyllos, ī, *f.* (Φύλλος), Stadt in der thessal. Landschaft Thessaliotis, nördlich von Metropolis, beim h. *Petrino,* pecorosa, Stat. Theb. 4, 45. – Dav. **Phyllēius,** a, um (Φυλλήϊος), **phyllēisch,** poet. = **thessalisch,** iuvenis, Cāneus, Ov.: mater, viell. Laodamia, Ov.

phȳma, atis, *n.* (φῦμα, eine **Eitergeschwulst** des Zellgewebes, Cels. 5, 28, 9 u. a.

phynōn, ōnis, *m.,* eine Art **Augensalbe,** Cels. 6, 6, 20.

phȳrāma, atis, *n.* (φύραμα), das **Harz** des Baumes Metops, Plin. 12, 107.

Physcōn, ōnis, *m.* (φύσκων), **Dickbauch,** Beiname des Ptolemäus Euergetes II., eines Königs in Ägypten, Tert. de pall. 4 (vgl. Iustin. 38, 8, 9).

phȳsēma, atis, *n.* (φύσημα, Blase), eine **leere Perle,** Plin. 9, 108.

phȳsētēr, ēris, *m.* (φυσητήρ), **I** ein **Rohr** zum Einblasen von Pulver, Pelagon. veterin. 31 (468 *Ihm,* wo Akk. fiseterem). – **II** der **Spritzwal,** eine Art große Walfische, Plin. 9, 8.

physica, ae, *f.* (φυσική), die **Naturlehre, Physik,** Cic. Acad. 1, 25; de fin. 3, 72 u. 73.

1. physicē, ēs, Akk. ēn, *f.* (φυσική), die **Naturlehre, Physik,** Varr. sat. Men. 362.

2. physicē, *Adv.* (physicus), **nach Art der Physiker,** dicere, Cic. de div. 1, 126.

physicus, a, um (φυσικός), die **Natur betreffend, I physisch, physikalisch, A** *adi.:* ratio, Cic.: quiddam physicum, etwas Physikalisches, etwas aus der Physik, Cic.: homines, Marc. Emp. – **B** *subst.:* **1** physicus, ī, *m.,* **a** ein **Naturkundiger, Physiker, Naturphilosoph,** Democritus physicus, Varro r. r. 1, 1, 8: physicus, id est speculator venatorque naturae, Cic. de nat. deor. 1, 83: Plur., Cic. de or. 1, 42; Acad. 2, 14. Mela 3, 5, 8 (3. § 45). – **b** ein Arzt, der physische Mittel gebraucht, der **Physiker,** Hieron. adv. Iovinian. II. p. 199. vol. 4 *ed. Martianay.* Th. Prisc. 1, 23. fol. 296 (b); 2, 2, 2. fol. 301 (b). – **c** ein iatromathematischer **Geheimniskrämer,** ein **Astrologe,** Schol. Cruq. Hor. carm. 2, 17, 17. – **2** physica, ōrum, *n.,* die **Naturkunde, Physik,** physicorum ignarus, Cic.: in physicis tria prima, Auson. – **II der Natur zuträglich,** remedium, Veget. mul. 1, 18 *in.* u. 2, 11, 2: physicum et salutare laudatur m. *Infin.,* Veget. mul. 5, 84, 5. – subst., physicum, ī, *n.* (*sc.* remedium), ein der Natur zuträgliches Mittel, Veget. mul. 2, 33 *in.* – ► phȳsicus gemessen, Sidon. carm. 15, 101.

physiognōmicus, a, um (*φυσιογνωμικός), **physiognomisch,** Fulg. contin. Verg. p. 139 M.

physiognōmōn, onis, *m.* (φυσιογνώμων), der **Naturkenner,** bes. Kenner des Wesens der Menschen aus ihren Gesichtszügen usw., der **Physiognom,** Cic. de fato 10.

physiologia, ae, *f.* (φυσιολογία), die **Naturkunde, Naturphilosophie,** Cic. de nat. deor. 1, 20 u. a. Chalcid. Tim. 124. Fulg. contin. Verg. p. 138 M.: Plur., Augustin. de civ. dei 7, 27 *in.*

physiologicē, *Adv.* (physiologicus), **physiologisch, nach der Naturkunde,** Tert. ad nat. 2, 12.

physiologicus, a, um (φυσιολογικός), **physiologisch,** Tert. ad nat. 2, 4. Augustin. de civ. dei 6, 8, 1. u. 7, 5. Fulg. Verg. contin. p. 149 M.

physiologūmena, ōn, *n. pl.* (φυσιολογούμενα), **Untersuchungen aus dem Gebiet der Naturlehre,** Fulg. myth. 3, 7.

physiologus, ī, *m.* (φυσιολόγος), der **Naturforscher,** Fulg. myth. 2, 16.

physis, is, Akk. in *f.* (φύσις), **I** die **Natur,** Anthol. Lat. 1704, 35 M. – **II** meton., ein **Wesen, Geschöpf,** von allerlei buntfarbigen Edelsteinen, die noch keinen festgesetzten Namen hatten, **Naturspiele,** Plin. 37, 195.

phyteuma, atis, *n.* (φύτευμα), die **Kreuzwurz,** Plin. 27, 125.

piābilis, e (pio), **I** passiv, **sühnbar,** fulmen, Ov. fast. 3, 289. – **II** aktiv, **sühnend,** palma, Ven. Fort. carm. 2, 4, 18.

piācolom, s. piāculum ►.

piāculāris, e (piaculum), **entsündigend, versöhnend,** hostia, Varro LL.: piacularia sacrificia, Sühnopfer, Liv.; u. dass. absol., piaculāria, ium, *n.,* Liv. – übtr., men piacularem oportet fieri ob stultitiam tuam? soll ich ein Opfer deiner Unbesonnenheit werden? soll ich deine U. ausbaden? Plaut. Epid. 139 G.: verebamur ne potentissimi vilissimo quoque quasi piaculari dato (wenn die Geringsten gleichs. als Sühnopfer gedient = für ihre u. der anderen Verbrechen gebüßt) alienis poenis elaberentur, Plin. ep. 3, 9, 9.

piāculāriter, *Adv.* (piacularis), **sündlich,** Tert. de pudic. 22 *extr.*

piāculo, āre (piaculum) einen Gott durch ein Sühnopfer **versöhnen,** Cato r. r. 141 *extr.*

piāculum, ī, *n.* (pio), **I** jedes Mittel, die Gottheit zu versöhnen, das **Versöhnungsmittel;** dah. **A** das **Sühnopfer,** porco piaculum facere od. dare, darbringen, Cato u. Macr.: porco feminā piaculum pati (darbringen lassen), Cic.: piaculum hostiam caedi, Liv.: sacra piaculaque apud lucum Dianae per pontifices dare, Tac.: übtr., ut luendis periculis publicis piacula simus, Liv.: piaculum rupti foederis, von Hannibal, Liv.: dah. jedes Mittel, etwas wiedergutzumachen, das **Heilmittel** usw., Hor. – **B** die **Sühne** = **Strafe,** a violatoribus gravia piacula exegit, Liv.: religiosissimi spiritus tam crudeliter vexati urbis eorum interitu iusta exacturi piacula, Val. Max.: exacta piacula caedis, Sil. – **II** alles, was ein Sühnopfer verdient od. verdienen möchte, dah. **A** die **böse Tat, Sünde,** das **Verbrechen,** p. rerum praetermissarum, Liv.: piaculum committere, Liv., sibi contrahere, Liv.: piaculum mereri, Sünde begehen, Liv.: piaculum est (es ist Sünde, es ist ein Verbrechen) m. folg. *Acc.* u. *Infin.,* Plaut. truc. 223. Fab. Pict. bei Gell. 10, 15, 10. – **B** eine **traurige Begebenheit,** ein **Unglück,** Plin. 25, 84. – ► Synkop. piaclum, Iuvenc. 3, 168. Prud. perist. 10, 219. – Archaist. piacolom, Mar. Victorin, 1, 4, 22. p. 12, 1 K.

piāmen, inis, *n.* (pio), ein **Versöhnungsmittel** der Götter, Ov. fast. 2, 19.

piāmentum, ī, *n.,* (pio), das **Versöhnungsmittel,** das **Sühnopfer,** die **Sühne** (s. Fest. 213, 26), piam. terrae (für die E.), Plin. 25, 30 u. 107: übtr., piam. dolituræ domus, Sen. ad Helv. 16, 6: piam. felicitatis suae, Plin. 37, 3.

piātio, ōnis, *f.* (pio), die **Versöhnung** der Götter (durch ein Opfer usw.), die **Sühne,** Lact. ad Stat. Theb. 4, 459: piatio est m. folg. *Acc.* u. *Infin.,* es gilt als Sühne, Plin. 28, 27.

piātor, ōris, *m.* (pio), der **Sühner** = der sühnende Priester, *Apul. flor. 15 (Lipsius).

piātrīx, trīcis, *f.* (Femin. zu piator), die **Sühnerin** = sühnende Priesterin, Fest. p. 213, 23.

pīca, ae, *f.* (vgl. pīcus, ahd. *speh*), die **Elster,** Plin. 10, 18 u. 178 *sq.* Ov. met. 5, 299 u. 676. Pers. prol. 13. – appellat. = **Plaudertasche,** Petron. 37, 7.

picāria, ae, *f.* (pix), die **Pechhütte,** Cic. Brut. 85. Ulp. dig. 50, 16, 17. § 1.

picārius, iī, *m.* (vgl. picaria), der **Pechsieder,** Arnob. 2, 38 *Reiff.*

picātio, ōnis, *f.* (pico), das **Verpichen,** vasorum, Donat. Ter. eun. 4, 5, 6.

picātus, a, um, s. pico.

picea, ae, *f.* (pix), die **Pechföhre, Kiefer** (Pinus silvestris, L.), Plin. 16, 40 u. 49. Verg. georg. 2, 257 u. Aen. 6, 180. Ov. met. 3, 155.

Pīcēns, s. Pīcēnum.

Pīcentia, ae, *f.,* Stadt in Kampanien, j. *Vicenza,* Mela 2, 4, 9 (2. § 69). Sil. 8, 579. – Dav. **Pīcentīnus,** a, um, **in-, aus,** bei **Pizentia, pizentinisch,** Plin.

Pīcēnum, ī, *n.,* eine Landschaft im östl. Italien am venetianischen Meerbusen, j. das Gebiet der Stadt **Ankona,** berühmt durch treffliches Obst u. Öl, Varro r. r. 1, 50, 2. Cic. ad Att. 7, 21, 2. – Dav. **A Pīcēns,** entis, **in** od. **aus dem Pizenischen, pizenisch,** ager, Cic.: Picentēs, ium, *m.,* die Bewohner des pizenischen Gebietes, die **Pizenter,** Cic. – **B Pīcentīnus,** a, um, **in** od. **aus dem Pizenischen,** Plin. – **C Pīcēnus,** a, um, **pizenisch,** ager, Cic.: poma, Hor.: olivae, Plin.

piceus, a, um (pix), **I aus Pech bestehend, Pech-,** ignes, Lucan. 6, 135. – **II** übtr., **pechschwarz,** caligo, Verg.: nubes, Ov.: imber, Plin.: coacti aëris caligo picea, Ambros. in Luc. 7. §. 20: Ggstz., color piceus et niveus, Apul. de deo Socr. prol. p. 3, 23 G. (p. 108 H).

picinus, a, um (pix), **pechschwarz,** Plin. 14, 42.

pico, āvī, ātum, āre (pix), **I** mit **Pech beschmieren, verpichen, teeren,** interiores partes (tegularum) curiosius, Vitr.: dolia bene, Suet.: parietes, Plin.: picata dolia, Cato u. Colum.: cadus picatus, Ps. Verg. – **II mit Pech anmachen, -würzen,** vinum picatum, mit Pech schmackhafter gemachter, Colum., oder von Natur nach Pech schmeckender, Mart.

picridiae, iārum, *f.,* **bitterer Salat,** Augustin. c. Faust. 32, 11 u. a.

picris, idis, Akk. ida, *f.* (πικρίς), das **Bitterkraut, a** eine Art bitterer Lattich, Plin. 19, 126 (bei Detl. u. Jan griech.). – **b** eine das ganze Jahr blühende Pflanze, Plin. 21, 105.

pictaciolum, s. pittaciolum.

Pictāvī, ōrum, *m.,* eine Völkerschaft im aquitan. Gallien, j. *le Poitou,* Amm. 15, 11, 13. Ven. Fort. carm. 2, 16, 2: u. meton. = Pictava (s. im Folg.), Notit. dign. occid. 40 (tom. 2. p. 122 Boeck.). – Dav.: **A Pictāva,** ae, *f.,* die Hauptstadt der Piktaven, j. *Poitiers,* Sulp. Sever. de vita Mart. 5, 1. – **B Pictāvicus,** a, um, **piktavisch,** Auson. epigr. 50 (51), 2.

Pictī, ōrum, *m.,* die **Gemalten,** seit dem 4. Jahrh. nach Chr. Name der alten Kaledonier, einer Völkerschaft in Britannien, die sich zu tätowieren pflegte, Amm. 20, 1, 1. Claud. III. cons. Hon. 54.

pictilis, e (pictus), **gestickt,** balteus, Apul. met. 10, 18.

pictomachārius, s. pyctomachārius.

Pictones, um, *m.* = Pictavi, Caes. b. G. 3, 11, 5. Lucan. 1, 436. – Dav. **Pictonicus,** a, um, **piktonisch,** Auson. epist. 9, 36.

1. pictor, ōris, *m.* (pingo), **I** der **Maler,** Plaut., Varro r. r., Cic. u. a.: pictores fictoresque, Cic., pictores fictoresque imaginum, Lact.: Ardeatis templi pictor, Plin.: p. parietarius, Anstreicher der Wände, Stubenmaler, Edict. Diocl. *c.* 7. §. 8: imaginarius, Wandmaler (als Kunstmaler), *ibid.* §. 9. – **II** der **Sticker,** Coripp. laud. Iustin. 2, 280. – ► Nbf. pinctor, CIL 5, 6466.

2. Pictor, Beiname der *gens Fabia,* s. Fabius.

pictōrius, a, um (pictor), **zu den Malern gehörig, Maler-,** Tert. u. ICt. – subst., pictōria, ae, *f.,* die **Malkunst, Malerei,** Chalcid. Tim. 129 *extr.*

pictuma rosīna, Plin. Val. 1, 5. fol. 166 (a), was?

pictūra, ae, *f.* (pingo), das **Malen,** die **Malerei** (auch mit der Sticknadel), **I** eig. u. meton.: **A** eig.: **1** im Allg.: ars ratioque picturae, Cic.: imaginum, Plin.: übtr., p. gemmarum, die Zeichnung, Plin.: amoenissima parietum, Plin. – **2** insbes., das **Schminken,** Plaut. most. 262. – **B** meton., das **Gemälde,** Cic. u. a.: p. textilis, Stickerei, Lucr. u. Cic.: picturae decus, Musivmalerei, Verg.: picturas avehere, Tac. – **II** bildl., die **Malerei** in der Rede, das **Ausmalen,** Cic. Tusc. 5, 14 u. 114.

pictūrātus, a, um (pictura), **I gemalt,** effigies (Ggstz. adumbrata), Chalcid. Tim. 26 C.: linea, *ibid.* 84. – mit der Nadel = **gestickt,** vestes, Verg. Aen. 3, 483. – **II** = **buntfarbig, bunt,** Stat. Theb. 6, 58. Claudian. epist. ad Seren. 3.

pictus, a, um, *PAdi.* (v. pingo), **I ausgemalt, zierlich,** von der Rede u. vom Redner, genus orationis, künstlich gruppiert, Cic. or. 96: Lysiā nihil potest esse pictius, Cic. Brut. 293. – **II** bloß gemalt = **scheinbar, unbegründet, leer,** picti metus, Prop. 4, 6, 50.

picula, ae, *f.* (*Demin.* v. pix), **ein wenig Pech,** Marc. Emp. 36. Th. Prisc. 4. fol. 315 (a). Ps. Apul. herb. 37, 3.

Pīcumnus, ī, *m.* u. **Pīlumnus,** ī *m.*, brüderliche Ehegötter des alten ländlichen Roms, denen man im Wohnsaal des Hauses, worin ein Neugeborener lag, ein Lager zu bereiten pflegte. Pilumnus sollte mit seiner Keule (pilum), womit er das Korn zu zermalmen lehrte, die Übel der Kindheit abwehren; Pikumnus aber, der unter dem Namen Sterquilinus das Düngen des Ackers erfand, brachte dem Kind Gedeihen, Varro bei Augustin. de civ. dei 6, 9 u. bei Non. 528, 13 u. bei Isid. orig. 4, 11, 5. Serv. Verg. Aen. 9, 4; 10, 76. – Pilumnus als Gemahl der Danaë Vater des Daunus, Ahnherr des Turnus, Verg. Aen. 9, 4 u. a.

1. **pīcus,** ī, *m.* (vgl. pīca), **I** der **Specht, Baumhacker,** ein Weissagevogel, Plaut. asin. 260. Ov. met. 14, 314. Plin. 10, 38 u. 40. – **II** der **Greif,** ein fabelhafter Vogel, Plaut. aul. 701; vgl. Non. 152, 6.

2. **Pīcus,** ī, *m.* (Πῖκος), ein latinischer Weissagegott, Gemahl der Kanens, Vater des Faunus, in roher Gestalt als eine hölzerne Säule mit einem Specht, später als Jüngling mit einem Specht auf dem Kopf dargestellt. Aus seinem Symbol bildete sich die Sage: Pomona od. Kanens liebte den Pikus, später fasste auch Circe Neigung zu ihm, wurde verschmäht u. verwandelte ihn deshalb in einen Specht, Ov. met. 14, 320 *sqq.* Verg. Aen. 7, 189 *sqq.*

piē, *Adv.* (pius), **fromm, pflichtmäßig (kindlich, väterlich, zärtlich** usw.), Ggstz. scelerate, Cic. u. a. – *Compar.* piius ungebr. nach Anecd. Helv. p. 261, 1 *sq.* (wofür magis pie): *Superl.* piissime, Sen. ad Polyb. 15 (34), 4. Amm. 19, 9, 7. – Dafür maxime pie, Anecd. Helv. p. 261, 3.

piēns, entis, s. pius a. E.

Pīeria, ae, *f.* (Πιερία), **I** eine Landschaft Mazedoniens an der Küste, südl. von Haliakmon bis zu den kambunischen Bergen, Liv. 39, 26, 1. Mela 2, 3, 2 (2. § 36). – Dav. **Pīericus,** a, um (Πιερικός), **in-, aus Piëria** (in Mazed.), **piërisch,** Plin. – **II** eine Gegend Syriens, wovon Seleucia Pieria, s. Seleucēa.

Pīerides, s. Pīeros.

Pīeris, s. Pīeros.

Pīerius, s. Pīeros.

Pīeros u. **-us,** ī, *m.* (Πίερος), **I** ein Autochthone, König von Emathia, der seinen neun Töchtern die Namen der neun Musen gab, Ov. met. 5, 310. Sie ließen sich mit den Musen in einen Gesangwettstreit ein, wurden besiegt und zur Strafe in Elstern verwandelt, Ov. met. 5, 295 *sqq.* – **II** ein Mazedonier, Vater der neun Musen (= der den Dienst der Musen, ihre Zahl und ihre Namen in Thespiä einführte), Cic. de nat. deor. 3, 54; vgl. Ov. trist. 5, 3, 10. – Dav.: **A** **Pīeris,** idis, *f.* (Πιερίς), **a** im Plur. Pierides = die Töchter des Pieros *no.* I (s. d.), Ov. – **b** eine **Muse,** Hor. u. Ov.: Plur. Pierides, Verg. u. a. (vgl. unten Pierius). – **B** **Pīerius,** a, um (Πιέριος), **piërisch, thessalisch,** domus, Musenpalast, Mela: quercus, vom thessalischen Berg Pierus, Prop. – subst., Pieriae, die Musen, Musae, quas *Pieridas* et *Pierias* poëtae solent appellare, Cic. de nat. deor. 3, 54. – dah. zu den Musen gehörig, **dichterisch,** via, Poesie, Studium der Dichtkunst, Ov.: modi, Gedichte, Hor.: frons, Dichterstirn, Mart.

pietās, ātis, *f.* (pius), die pflichtmäßige Gesinnung, das **Pflichtgefühl,** **I** eig.: **a** gegen Gott = die **Frömmigkeit,** Cic. u. a. – **b** gegen Eltern, Kinder, Geschwister, Anverwandte, Vaterland, Obrigkeit, Wohltäter, **(zärtliche) Liebe, (zärtliche) Anhänglichkeit, Zärtlichkeit, liebevolle Gesinnung, liebevolles Benehmen, kindliche Pflicht, kindliche Dankbarkeit, Vaterlandsliebe** usw., Cic. u. a.: tua pietas, deine Zärtlichkeit, du als zärtlicher Sohn, Plin. ep. 10, 1, 1: pietatem gnati! das ist die Liebe des Sohnes (zu seinem Vater)! Ter. Andr. 869. – m. *erga* od. *in* u. Akk., erga me, Traian. in Plin. ep. 10, 9 (25) *extr.*: in patrem patriamque, Liv. 7, 10, 3. – **c** die **Gerechtigkeit,** Verg. Aen. 2, 536, Sil. 6, 410. – **d** die **Sanftmut, Barmherzigkeit, Gnade,** das **Mitleid,** Verg., Suet. u. ICt. – **II** personif., **Pietās,** als Göttin, Cic. de legg. 2, 19: ihre zwei Tempel in der neunten u. elften Region Roms, Cic. de div. 1, 98. Liv. 40, 34, 4. Val. Max. 5, 4, 7.

pietāticultrīx, trīcis, *f.* (pietas u. cultrix) = pietatem colens, P. Syr. bei Petron. 55, 6. *v.* 6 (P. Syri fab. inc. 8. p. 304 R.[2]).

piger, gra, grum (piget), an etwas ungern-, mit Verdruss gehend, **verdrossen, träge, faul,** **I** eig.: apes contracto frigore pigrae, Verg.: serpens frigore pigra, Ov.: elephanti pigra moles, träge, schwerfällige, Claud.: pueri Vaterno Rasinaque pigriores, Mart.: pigrius nihil delicatis, Plin. ep. – m. *in* u. Abl, in labore militari, Cic. ep. 7, 17, 1. – m. *ad* u. Akk., piger ad poenas princeps, ad praemia velox, nur ungern bestrafend, sehr gern belohnend, Ov.: ad mercedem alacer, piger ad opus, Augustin. serm. 108, 6: ad conatus magnos piger inersque, Sen.: ad id, quod non licebat, tardior pigriorque, Val. Max.: ista res nos pigriores ad rem pulcherrimam facere non debet, Sen.: ad litteras scribendas pigerrimus, Cael. in Cic. ep.: gens pigerrima ad militaria opera, Liv. – m. *Genet.*, militiae, Hor.: periculi, Sil. – m. *Infin.*, ferre laborem scribendi, Hor. sat. 1, 4, 12: pigrum quin immo et iners videtur sudore acquirere, quod possis sanguine parare, Tac. Germ. 14: noli esse piger facere quod praecepit, Augustin. epist. 114, 2. – **II** übtr.: **A** **untätig, träge, langsam,** **a** übh.: pigrum est contractumque frigus, Sen.: bellum, langsam, Ov.: campus, unfruchtbar, Hor.: radix, zäh, Ov.: pectora, unempfindlich, Ov.: annus, langsam vergehend, Hor. – aktiv, **träge** = träge machend, frigus, Tibull.: senecta, Tibull. – **b** v. Gewässern, **träge** = fast gar nicht od. langsam fließend (vgl. Heß Tac. Germ. 45, 1), palus, Ov.: Mincius, Sidon.: umor, Colum.: aquae stagnantes pigraeque, Plin.: mare, Tac. u. Apul.: mare pigrum ac prope immotum, Tac.: Euphrates diu sedentibus aquis piger, Mela: rivus pigrior (Ggstz. agilior), Plin. ep. – m. *Genet.*, Arar pigerrimus undae, Sil. 15, 501. – **c** v. langen Wörtern, **schleppend,** Quint. 9, 4, 66. – **B** **verdrießlich, missmutig, traurig,** Mart. u. Apul.

piget, uit od. itum est, ēre, **I** eig., **es ist verdrießlich, es erregt Verdruss, -Unlust, -Missmut, -Widerwillen, es verdrießt mich, tut mir leid, es macht mich missmutig,** mit *Acc. pers.* u. *Genet. rei,* me pigeat stultitae meae, Cic.: fratris me piget, Ter. – u. mit *Nom. rei (pronom.),* quod nos pigeat, Ter.: quod piget, Plaut.: factum id esse non negat neque id se pigere, Ter. – mit *Infin.*, hortari piget, Acc. fr.: nisi forte pudet aut piget recte facere, Sall. fr.: neque enim me piguit quarere, Petron.: uti pigeat pudeatque memorare huius modi quemquam, Aur. Vict.: non pigebit me commemorare, quod illum non puditum est ostentare, Apul.: referre piget, ich gehe schwer (mit Unlust) daran, Liv.: mit *Acc.* u. *Infin.*, non dedisse istunc pudet; me, quia non accepi, piget, Plaut. Pseud. 282. – absol., piget, pudescit, paenitet, Prud. cath. 2, 26: oratione multitudo inducitur ad pigendum, Cic. Brut. 188. – **II** übtr.: **1** **es gereut mich,** pigere eum facti coepit, Iustin.: illa me composuisse piget, Ov. – Partiz. Fut. Pass., verba pigenda, die einst dich gereuen, Prop. 4, 1, 74. – **2** **es erregt Scham,** m. *Infin.*, fateri pigebat, man schämte sich zu usw., Liv. 8, 2, 12: quod me nec sordidiora dicere honeste pigeret, Apul. apol. 34: m. *Acc.* u. *Infin.*, pigitum est, cinctos (vos) saltem esse et paenulatos, Castric. bei Gell. 13, 22 (21), 1.

pigitiaca sacra, viell. statt Aphrodisiaca sacra, Petron. 140, 5.

pīgmentārius, a, um (pigmentum), **zu den Farben-, auch Salben gehörig,** institor, der Farben-, Salbenhändler, Scrib. Larg. 22. – subst., pīgmentārius, iī, *m.*, der **Salbenhändler, Spezereienhändler,** Cic. ep. 15, 17, 2. Marcian. dig. 48, 8, 3. §. 3. CIL 6, 9795. Vulg. exod. 37, 29. Hieron. c. Rufin. 3, 26 *extr.* Pelagon. veterin. 13 (211 *Ihm*). Firm. math. 8, 25 u. 27.

pīgmentātus, a, um (pigmentum), **gefärbt, geschminkt,** Eccl.

pīgmentum, ī, *n.* (pingo), das Mittel zum pingere (Anstreichen, Malen, Schminken usw.), **I** **der Färbestoff,** die **Farbe,** **A** eig.: **a** zur Malerei, discordes pigmentorum colores, Apul. de mund. 20: pigmentum fervens, Plin. 35, 150: aspersa temere pigmenta in tabula, Cic. de div. 1, 23. – scherzh., alqm pingere pigmentis ulmeis = tüchtig verprügeln, Plaut. Epid. 626 G. – **b** als **Schminke,** Plin. 16, 233. – **B** bildl., der in der Rede aufgetragene Schmuck, die **Farbe, Schminke,** Cic. Brut. 298; de or. 2, 188. Fronto laud. negleg. p. 215, 18 N.:

pigmenta Aristotelia, Cic. ad Att. 2, 1, 1. – **II** übtr., **Balsam, Spezerei, Kräutersaft** u. dgl., Ps. Apul. Asclep. 41. Vulg. 4. regg. 4, 20, 13 u. a. Plin. Val. 2, 31. Cael. Aur. de morb. acut. 2, 9, 46. Firm. math. 3, 14, 6 u. 8, 17: odora pigmenta, Wohlgerüche, Macr. sat. 1. praef. §. 8.

pīgnerātīcius, a, um (pignero), **I zum Pfand gehörig,** iudicium, ICt.: actio, ICt.: dass. subst., pignerātīcia, ae, *f.*, ICt. – **II zum Pfand gegeben, verpfändet,** fundus, Pompon. dig. 13, 7, 6. §. 1 u. 46, 3, 26.

pīgnerātio, ōnis, *f.* (pignero), **I** das **Verpfänden,** die **Verpfändung,** Gaius dig. 20, 1, 9. § 1. – **II** das **Verpfändetsein,** die **Pfandverbindlichkeit,** Cod. Iust. 8, 34, 3. §. 3.

pīgnerātor, ōris, *m.* (pignero), der **Pfandnehmer, Pfänder,** Cic. Verr. 3, 27.

pīgnero, āvī, ātum, āre (pignus), **I verpfänden, zum Pfand geben, versetzen,** bona, Liv.: ex aure detractum unionem, Suet.: alcis laenam, Iuven.: praedium pigneratum, fundus pigneratus, ICt.: im Gleichnis, cum velut obsidibus datis pigneratos haberent animos, sich in ihren Gemütern gebunden fühlten, Liv. 24, 1, 7. – **II pfänden, zum Pfand nehmen;** dah. bildl., **sich zu eigen machen, verbinden verbindlich machen,** optimates viros curiae suae, Nazar. pan. 35, 2: alqm sibi beneficio, Apul. met. 3, 22 u. 11, 24: medial, pignerari, sich verbindlich machen, cenae alcis, versprechen, bei jmd. zu speisen, Apul. met. 3, 12. – ► Nbf. pīgnoro, wov. pignoret, Sen. contr. 2, 7 (15), 3 K.

pīgneror, ātus sum, ārī (pignus), **pfänden, zum Pfand nehmen;** dah. bildl., **I** etw. **als Unterpfand annehmen,** quod das mihi, pigneror omen, nehme ich als Unterpf. (der Erfüllung meines Gebetes) an, Ov. met. 7, 621. – **II zu seinem Eigentum machen, verbindlich machen,** Mars fortissimum quemque pignerari solet, Cic.: fidem militum praemio, Suet.

pīgnorātīcius, s. pīgnerātīcius.

pīgnoriscapio, ōnis, *f.* (pignus u. capere), die **Pfändung,** Cato b. Gell. 6 (7), 10, 2.

pīgnoro, s. pīgnero ►.

pīgnus, oris u. eris, *n.*, das bedungene **Pfand, Unterpfand, Faustpfand** (hingegen arrabo = der Kaufschilling, s. Hieron. in epist. ad Ephes. 1, 1, 14), **I** eig.: **A** im Allg.: pignori dare servum, praedium, ICt.: pignori esse, verpfändet sein, Curt.: pignori opponere, verpfänden, se, Plaut., od. agrum, Ter.: pignori accipere, sich als Hypothek verschreiben lassen, Tac.: pignus capere, Tac. u. ICt.: alci pignus capere togae, die T. abpfänden, Plaut.: capere rem pignori, ICt., pignoris iure, ICt. – als Zwangsmittel für die Senatoren zur Teilnahme an den Senatssitzungen usw., pignera capere, Liv. 3, 38, 12: pignora auferre, Cic. de or. 3, 4: pignoribus cogere senatores, Cic. Phil. 1, 12. – **B** insbes.: **1** die **Geisel,** sine pignore, Liv.: pignora marium, männliche Geiseln, Suet.: equites pignora pacis, G. (Unterpfänder) für den Fr., Liv. – **2** der **Betrag der Wette,** pignore contendere, certare, wetten, Catull. u. Verg.: so auch pignus ponere, Ov.: pignus ponere cum alqo de alqo (auf jmd.), Val. Max.: pignus ponere, an etc., Val. Max. – **3** ein **Kontrakt** mit Unterpfand, ICt. – **4** von Gatten, Kindern u. Enkeln = **Unterpfänder der Liebe,** Ov. u. a. (Plur. pignera, v. einem Kind, Stat. Ach. 1, 127. Lucan. 5, 473): mit *Genet.*, pignera coniugum ac liberorum, Liv.: so auch von Eltern, Geschwistern, Anverwandten, Quint. u. Plin. ep.: übtr., von eingepfropften Zweigen od. Pfropfreisern, Pallad. – **II** bildl., das **Pfand, Unterpfand** = der Beweis, das sichere Kennzeichen, voluntatis, iniuriae, Cic.: dare pignus magnum, Cic.: nullum erga me benevolentiae pignus atque indicium omisistis, Curt.: pignus est m. *Infin.*, est et hoc ipsum melioris ingenii pignus, non corrumpi bonitate eius, Sen. contr. 2. praef. §. 4.

pigrē, *Adv.* (piger), **verdrossen, träge, lässig, mit Unlust, langsam, nicht so schnell,** surgit humo pigre, Ov. met. 2, 771; p. ac segniter agere, Colum. 7, 5, 3: p. ex Macedone ac libero in Persicam servitutem transire, Sen. de ira 3, 17, 1: ad audiendum p. coire, Plin. ep. 1, 13, 1: manum cunctanter ac p. promere, Plin. pan. 72, 2: non pigrius dare sed diligentius, Sen. de ben. 7, 32: u. so *Compar.* auch Plin. 10, 105. Lucan. 5, 435. Stat. Theb. 10, 143. Amm. 21, 11, 2.

pigrēdo, inis, *f.* (piger), die **Trägheit,** Vulg. prov. 19, 15.

pigreo, ēre (piger), **verdrossen-, träge sein,** Acc. tr. 31: m. folg. *Infin.*, Enn. ann. 425.

pigrēsco, ere (pigreo), **träge-, langsam werden,** ut aëra non sinerent pigrescere, Sen. nat. qu. 5, 18, 1: cum Hippopotamus aviditate nimiā extuberato ventre pigrescit, Amm. 22, 15, 23: possit pigrescere Cyllenius, Mart. Cap. 1. § 38: Nilus pigrescit, Plin. 18, 167: ergo non pigrescamus et de terrenis consurgamus, Ambros. de virgin. 17. §. 110: quibus intimorum gressus pigrescat animorum, Ambros. in Luc. 10. §. 23: pigrescunt (aegri) ad omnia, Th. Prisc. 2, 7.

pigritia, ae, *f.* u. **pigritiēs**, ēī, *f.* (piger), die **Verdrossenheit, Trägheit, Unlust,** **α** Form *-tia*, Cic. u. a.: militandi, Liv.: singulos sepeliendi, Liv.: übtr., stomachi, Schwäche des Magens, Sen. – **β** Form *-ties*, pigr. *ad* sequendum, Liv. 44, 42, 9.

pigritor, ātus sum, ārī (*Intens.* v. pigror), **sehr lässig-, -träge sein,** m. *Infin.*, Vulg. act apost. 9, 38. Augustin. serm. 107, 4 Mai. Interpr. Iren. 1, 16, 2. Vgl. Gloss. III. 78, 40 pigritor, ὀκνῶ u. II, 481, 57 pigritatus sum, ὤκνησα.

pigro, āvī, āre (piger), **verdrossen-, träge-, säumig sein,** Acc. tr. 267 Lucr. 1, 410: m. folg. *Infin.*, Acc. tr. 294.

1. **pigror**, ārī (piger), **säumig sein,** tu, quaeso, quidquid novi ... scribere ne pigrere, Cic. ad Att. 14, 1, 2.

2. **pigror**, ōris, *m.* = pigritia, Lucil. 391.

piius, a, um, s. pius ►.

1. **pīla**, ae, *f.* (synkop. aus pisula, v. piso), ein Gefäß zum Stampfen, **a** ein **Mörser** Cato, Ov. u. a. – **b** ein **Trog** der Walker, pila fullonica, Cato r. r. 10, 5 u. 14, 2.

2. **pīla**, ae, *f.* (synkop. aus pigula, v. pango, pepigi), der **Pfeiler,** Nep.: loco, qui nunc Pila Horatia appellatur, Liv.: nulla meos habeat pila libellos, sollen nicht öffentl. (an den Pfeilern, wo die Buchhändler feilhalten) verkauft werden, Hor.: kollekt., steinerne Pfeiler, die man zur Bildung eines Damms ins Meer hinabsenkte, die **Dammpfeiler,** Sil. 4, 297: saxea pila, Verg. Aen. 9, 711: in pilis, Sen. ep. 77, 1.

3. **pila**, ae, *f.* (2. pilus, Haar), der **Ball, I** eig., **Spielball,** pilā ludere, Ball spielen, Cic. u. Val. Max.: pilarum lusores, Firm.: pilas numerare, Sen. u. Petron. – Sprichw., claudus pilam, wenn man von etwas nicht recht Gebrauch machen kann, Cic. Pis. 69: mea pila est, der Ball ist mein, ich habe gewonnen, Plaut. truc. 706: Fortunae pila, Spielball des Glücks, Aur. Vict. epit. 18, 3. – meton., der **Ball** = das Ballspiel, quantum alii tribuunt alveolo, quantum pilae, Cic. Arch. 13. – **II** übtr., alles Runde, der **Ball, Knäuel, runde Haufen, die Kugel, A** im Allg.: terrae, Erdball, Erdkugel, Varro: lanuginis, Plin.: pilae Nursinae = *rapa rotunda*, Mart. – **B** insbes.: **1** eine **Seifenkugel,** pilae Mattiacae, Mart. 14, 27. – **2** ein **Kügelchen** zum Abstimmen der Richter, Prop. 4, 11, 20. Ascon. argum. Cic. orat. pro Mil. §. 18 *ed. Halm.* – **3** eine ausgestopfte Menschenfigur, mit der man bei Stiergefechten zur Kurzweil die Stiere reizte, ein Strohmann, Mart.: weil sie gew. von den Stieren zersetzt wurden, dah. übtr., noluerit dici quam pila prima suam, von einem zerrissenen Rock, Mart. 2, 43, 6. – ► arch. Genet. pilai, Lucr. 5, 711 (713).

pīlānus, ī, *m.* (1. pilus) = triarius, Varro LL. 5, 89. Ov. fast. 3, 129.

pilāris, e (3. pila), **zum Ball gehörig,** lusio, Ballspiel, Stat silv. 4 praef. *extr.*

pīlārium, iī, *n.* (1. pila), ein Begräbnisort, wo die Asche der Verstorbenen in zylinderförmigen Gefäßen aufbewahrt wurde, CIL 6, 17565.

pilārius, iī, *m.* (3. pila), der mit Ballwerfen allerhand Künste macht, der **Gaukler,** Quint. 10, 7, 11. CIL 6, 8997. Not. Tir. 107, 6.

pīlātim, *Adv.* (2. pila), **I pfeilerweise, mit Pfeilern,** aedificia agere, Vitr. 6, 8, 4. – **II truppweise, in dichten Gliedern,** Asellio u. Scaur. b. Serv. Verg. Aen. 12, 121.

pilātrīx, trīcis, *f.* (1. pilo), die **Räuberin,** Titin. com. 77.

1. **pīlātus**, a, um (pilum), mit **Wurfpfeilen versehen,** Verg. Aen. 12, 121.

2. **Pīlātus**, s. Pontius.

pīleātus (in den besten Hdschrn. pilleātus), a, um (pileus, pilleus), **mit**

einer Filzkappe versehen, eine **Filzkappe tragend,** fratres, Kastor u. Pollux, Catull.: Parthi, Mart. – bei den Römern bei Gastmählern, pileati epulati sunt, Liv.: an den Saturnalien, turba, Sen.: Roma, Mart.: von Freigelassenen (weil der Sklave bei seiner Freilassung einen pileus als Abzeichen der Freiheit erhielt), coloni, Liv.: rex, Liv.: plebs, beim Tode Neros, zum Zeichen der Befreiung von der Knechtschaft, Suet. – servi, die eine Kappe trugen, zum Zeichen, dass der Verkäufer für sie keine Gewähr leistete, Gell. 6 (7), 4, 1.

pīlentum, ī, *n.*, eine Art **Hängewagen, Kutsche,** bes. als Fuhrwerk für röm. Damen, Verg., Hor. u. Liv.: und für das gottesdienstliche Gerät, Verr. Flacc. b. Macr. sat. 1, 6, 15. – spät. Nbf. pīlēns, Ven. Fort. carm. 6, 5, 181.

pīleolus (pilleolus), ī, *m.* u. **pīleolum** (pilleolum), ī, *n.* (*Demin.* v. pileus od. pilleus), das **Käppchen,** Form *-us,* Hor. ep. 1, 13, 15. Colum. de arb. 23, 2: Form *-um,* Hieron. epist. 64, 13; 85, 6.

pīleus (in den besten Hdschrn. auch pilleus), eī, *m.* u. **pīleum** (in den besten Hdschrn. auch pilleum), eī, *n.* = πῖλος, der **Filz, I** eine runde, an den Schläfen fest anliegende **Filzkappe, Filzmütze,** der Hälfte eines Eies ähnlich, die die Römer bei der Mahlzeit, bei Schauspielen, an Festen u. Freudentagen trugen, u. Sklaven, wenn sie verkauft wurden (zum Zeichen, dass der Verkäufer für sie keine Gewähr leistete) od. wenn sie die Freiheit erhielten (als Zeichen der Freiheit), Plaut., Liv. u. a.: pileum redimere, die Freiheit, Mart.: ad pileum vocare, die Sklaven zur Freiheit rufen, sie durch Versprechung der Freiheit zum Ergreifen der Waffen reizen, Liv. 24, 32, 9. Sen. ep. 47, 18. Suet. Tib. 4, 2. – pileum meum, Schutz, von einer Person, Plaut. fr. b. Non. 220, 16. – **II** übtr., das Häutchen, womit das Kind im Mutterleib umgeben ist, »die Glückshaube« (mediz. *t. t.*), Lampr. Anton. Diad. 4. §. 2 u. 3.

pilicrepus, ī, *m.* (3. pila u. crepo), der **Ballspieler,** Sen. ep. 56, 1. CIL 4, 1147 u. 6, 9797.

pilleātus, a, um, s. pīleātus.

pilleolus, pilleolum, s. pīleolus.

pilleus, pilleum, s. pīleus.

pillula, s. pilula.

1. pilo, āre (2. pilus), **I** *intr.* = **Haare bekommen,** Nov. com. 19. Afran. com. 32. – **II** *tr.* (wie ψιλόω) = **A der Haare berauben, enthaaren,** nares, uxores, Mart. 6, 56, 4; 12, 32, 22. – **B** übtr., **berauben, plündern,** castra, villas, Amm. 31, 2, 8 u. 5, 8: pilati caesique, Amm. 14, 2, 3.

2. pīlo, āre (πιλέω), **zusammendrücken,** hastam, Host. b. Serv. Verg. Aen. 12, 121.

pilōsus, a, um (2. pilus), **behaart, haarig** (Ggstz. glaber), ovis venter, Varro: genae, Cic.: corium, noch mit vollen Haaren (Ggstz. perfectum, gar gemachtes), CIL 8, 4508: homo, Vulg.: pilosiora folia, Plin.: ursis asperior pilosiorque, Priap. – subst., pilōsus, ī, *m.* (*sc.* homo), ein **haariger Mensch,** ein **Waldteufel** (Luther), Vulg. Isai. 13, 21 u. 34, 14.

pilpito, āre, Naturlaut der Mäuse, Suet. fr. 161. p. 250, 3 R.

pilula, ae, *f.* (*Demin.* v. 3. pila), **I** der **kleine Ball,** als Spielzeug für Kinder, Augustin. conf. 1, 19. – **II** übtr., das **Kügelchen,** Plin. 16, 28. Pelagon. veterin. 14 (220 *Ihm*) [wo pillulas cupressi]. Plin. Val. 1, 2. fol. 165 (a), 59 (wo facies pillulas). – insbes., als mediz. *t. t.* = die **Pille,** Plin. 28, 138 u. a.

1. pīlum, ī, *n.* (piso, pinso), der **Stempel** zum Stampfen, die Mörserkeule, Cato u. Plin.

2. pīlum, ī, *n.* (wohl aus *pigslom zu Wurzel *pik,* ritzen, stechen), das **Pilum,** der **Wurfspieß** des röm. Fußvolks, den es zu Beginn des Treffens auf den Feind warf; dann griff der Soldat sofort zum Schwert, Cic. u. Liv. – bei Belagerungen als Wurfgeschoss aus der Stadt auf die Belagerer geschleudert, pila muralia, Caes.: Pila Horatia, die Wurfspieße der Horatier, eine Örtlichkeit am Forum in Rom, Liv. 1, 26, 10. Prop. 3, 3, 7. – Sprichw., pilum inicere alci, den Kampf eröffnen, Plaut. most. 570. – arch. Akk. Plur. peila, Lucil. 161.

1. Pīlumnus, ī, *m.*, s. Pīcumnus.

2. pīlumnus; Plur. pilumnoe poploe, Fest. p. 205 (a), 24, wo erklärt.

1. pīlus, ī, *m.* (2. pilum), **I** ein **Manipel der Triarier,** centurio primi pili, Caes.: primum pilum ducere, Zenturio des ersten M. der Tr. sein, Caes.: assignare primum pilum, Liv.: primos pilos ademit, Suet.: ad primum pilum transducere (befördern), Caes. – bl. pilus. Mart. 1, 31, 3; 6, 58, 10. – **II** meton. = der **Zenturio der Triarier,** primus pilus, der Z. des ersten Manipels der Tr. (dem Rang nach der erste unter den 60 Zenturionen der Legion), Liv. 7, 41, 5; 8, 8, 16. CIL 5, 4373. – Form primipilus, Caes. b. G. 2, 25, 1: Form primopilus, CIL 10, 3881 u. 4868: in Inschriften abgekürzt P. P., CIL 14, 3626 u. a.

2. pilus, ī, *m.*, **I** das einzelne **Haar** am menschl. u. tier. Körper, leporinus, Lampr.: caudae pili equinae, Hor.: pili leonis e fronte, Plin.: pili oculorum, Plin.: palpebrae sunt munitae vallo pilorum, Cic.: pilorum et capillorum tenuitatem habere, Hieron.: im Bild, v. einer Kleinigkeit, pilo minus amabo, um ein Haar weniger, Cic.: e Cappadocia ne pilum quidem (*sq.* accepi), ich habe aus K. nicht so viel, als man auf einen Nagel legt, gezogen, Cic.: ne ullum pilum viri boni habere dicatur, kein Haar eines ehrlichen Mannes (wie wir: es ist kein gutes Haar an ihm), Cic.: non facit pili cohortem, hält sie kein Haar wert, Catull.: nec pili facit unius, fragt kein Haar danach, macht sich nichts daraus, Catull. – Sprichw., non minus molestum est calvis quam comatis pilos velli, Sen. de tranqu. anim. 8, 3: propius quidem est a sole mons quam campus aut valles, sed sic, quomodo est pilus pilo crassior, Sen. nat. qu. 4, 11, 5. – **II** kollektiv, der ganze **Haarwuchs** am Körper, das **Haar,** crebro pilo, dichtbehaart (Ggstz. glaber), Varro: alci pilus cadit, Plin.

Pimpla, ae, *f.* (Πίμπλα), ein Flecken in der mazed. Provinz Pieria bei Dion, nebst gleichnamigem Berg u. Quelle, die den Musen heilig waren, von Späteren nach Böotien am Helikon versetzt, nach Leake j. *Litokhoro.* – Dav.: **A Pimplēis** (Piplēis), idis, Akk. ida, *f.* (Πιμπληΐς), **pimplēisch,** nur subst., **a** die **Gegend am Pimpla,** si recolis Pimplēida, wenn du die Musen liebst, studierst od. dichtest, Auson. epist. 14, 9. – **b** die **Pimplēide,** d. i. die Muse, Varro u. Mart.: Vok. Pimplei, *Hor. carm. 1, 26, 9 Bentl. u. L. Müller. – **B Pimplēus** (Piplēus), a, um, **pimplēisch, den Musen heilig,** mons, Catull. 105, 1: antrum, Mart. 12, 11, 3. – subst., Pimplēa, ae, *f.*, **a** die **Muse,** Hor. carm. 1, 26, 9 zw. (Bentley, Haupt u. a. Pimplei, s. vorher Pimpleis). – **b** eine **Musenquelle,** Stat. silv. 1, 4, 26. – **C Pimplias,** adis, *f.*, die **Muse,** Sidon. carm. 10, 17 u. a.

pīna (pinna), ae, *f.* (πῖνα, weniger gut πίννα), die **Steckmuschel,** Cic. de fin. 3, 63; de nat. deor. 2, 123. Plin. 9, 115 u. a. – ► Die Schreibweise pina (πῖνα), sowie pinophylax, pinoteres, ist überall die der besten Hdschrn., s. Sillig Plin. 32, 150. p. 54 *sq.* Madvig Cic. de fin. 3, 63. p. 458 (454).

pinacothēca, ae, *f.* u. **pinacothēcē,** ēs, *f.* (πινακοθήκη), die **Bildergalerie,** der **Bildersaal, α** Form *-ca,* Varro r. r. 1, 2, 10. Vitr. 1, 2, 7; 6, 3 (5), 8 u. a. Plin. 35, 4 u. 148: a pinacothecis, Aufseher der B., CIL 6, 10234. – **β** Form *-ce,* Varro r. r. 1, 59, 2.

pīnālis, e (pinus), **von Fichten, Fichten-,** resina, Isid. orig. 17, 7, 71.

Pīnārius, a, um, Name eines röm. Geschlechts, Pinaria gens, Aur. Vict. de orig. gent. Rom. 8, 2: domus, Verg. Aen. 8, 270. – Die Pinarii u. Potitii waren Priester eines schon von Euander eingesetzten, von Romulus wieder aufgenommenen Kultus des Herkules, Liv. 1, 7, 12 *sqq.;* 9, 29, 9 *sqq.* Verg. Aen. 8, 270. Aur. Vict. de orig. gent. Rom. 8, 1 *sqq.* Macr. sat. 1, 12, 28; 3, 6, 12 *sqq.* Fest. 237 (a), 21: bl. Potitii, Solin. 1, 10. Aur. Vict. de vir. ill. 34, 3: u. Sing., stultior es barbaro Poticio, Plaut. Bacch. 123 (Goetz poticio, s. poticius).

Pinarus, ī, *m.*, Fluss bei Issus in Cilicien, j. *Delitshai,* Curt. 3, 8 (20), 16 u. ö.

pīnastellus, ī, *f.* u. **-um,** ī, *n.* (pinus) = peucedanos, Ps. Apul. herb. 94.

pīnaster, strī, *m.* (pinus), die **wilde Fichte,** Plin. 14, 127 (wo als *fem.*) u. 16, 39.

pinax, acis, *m.* (πίναξ), ein **Gemälde auf einer hölzernen Tafel,** caelatus, Mart. Cap. 2. §174. – Pinax Cebetis, Titel einer kleinen Schrift des C., Tert. adv. haer. 39.

pincerna, ae, *m.* (πίνω trinke, u. κεράννυμι, mische), der Getränkemischer, dah. der **Mundschenk,** Ps. Ascon. ad Cic. II. Verr.. 1, 67. p. 179, 2 B. Lampr. Alex. Sev. 41, 3. Hieron. quaest. in genes. 40, 1. CIL 6, 9798: pincernae eius (Salomonis) et ministri vini, Hieron. in Isai. 1, 1, 22.

pincerno, āre (pincerna), **kredenzen,** Ven. Fort. carm. 5, 1, 3 *Leo.*

pinctor, ōris, *m.*, s. 1. pictor ►.

Pindarēus, **-daricus**, s. Pindarus.

Pindarus, ī, *m.* (Πίνδαρος), ein berühmter lyrischer Dichter aus Theben in Böotien, Zeitgenosse des Äschylus; seine Hymnen auf die Sieger in den olympischen u. anderen griechischen Kampfspielen sind noch erhalten, Hor. carm. 4, 2, 1 *sqq.* Quint. 10, 1, 61. Cic. de fin. 2, 115. – Dav.: **A** **Pindarēus**, a, um (Πινδάρειος), **pindarëisch, des Pindar,** Mart. Cap. 2. § 119. – **B** **Pindaricus**, a, um (Πινδαρικός), **pindarisch, des Pindar,** Hor., Ov. u. a. – **C** **Pindaricōs**, *Adv.* (Πινδαρικῶς), **pindarisch,** Porphyr. Hor. ep. 1, 3, 13.

Pindenissus, ī, *f.* (Πινδένισσος), Stadt in Cicilien, Cic. ad Att. 5, 20, 5. – ihre Einwohner **Pindenissītae**, ārum, *m.*, die **Pindenissiten,** Cic. ad Att. 5, 20, 1. u. a.

Pindos u. **-us**, ī, *m.* (Πίνδος), ein hoher Berg in Thessalien, das er von Epirus u. Mazedonien trennt, j. *Mezzara,* Plin. 4, 30. Verg. ecl. 10, 11. Ov. met. 7, 225.

pīnea, ae, *f.*, s. pīneus.

pīnētum, ī, *n.* (pinus) der **Fichtenwald,** Ov. fast. 2, 275 u. 4, 273. Plin. 27, 66.

pīneus, a, um (pinus), **von Fichten (Föhren), Fichten-,** **I** *adi.*: silva, Verg. u. Sil.: materia, Edict. Diocl.: ardor, Feuer von Fichtenholz, Verg.: nucleus, Cels.: nux, Colum. u. Plin. – **II** *subst.*, pīnea, ae, *f.*, der **Fichtenkern,** die **Fichtennuss, Pinie,** Colum. u. Lampr.: dass. pīneum, eī, *n.*, Plur., Vulg. 2. par. 2, 8.

pingo, pīnxī, pictum, ere (altind. *piçati,* schmückt, ziert, gestaltet, *pécas,* Form, Farbe, griech. ποικίλος, bunt), **malen, abmalen,** **I** eig.: **1** im Allg.: simulacrum Helenae, Cic.: speciem hominis, Cic.: tabulam (ein Bild), Cic.: tabula picta, ein Gemälde, Cic.: picta tabella, Mart.: exemplaria picta, Zeichnungen, Vitr.: hunc pictum de musivo videmus, Spart. Pesc. 6, 8: pingi (sich schminken), fingi, Plaut. Poen. 221: sprichw., mulum de asino pingere, Gleiches mit Gleichem, Tert. adv. Val. 19 *extr.* – Passiv m. folg. *Infin.*, quas (comas) Dione pingitur umenti sustinuisse manu, Ov. am. 1, 14, 34. – absol., pingere coloribus, Apul.: pictae volucres, bunte, Verg.: venuste pingere et fingere (modellieren), Amm.: operam dare pingendo sub magistro Diogneto, Capit. – **2** insbes., mit der Nadel **sticken,** mit u. ohne acu, Ov. u. Cic.: acu picta vestis textilis, Isid.: toga picta, gesticktes Oberkleid der Triumphierenden (s. palmātus), Liv.: prägn., picti reges, mit gestickten Gewändern angetane, Mart. – **II** übtr.: **1** **bemalen, bestreichen,** omnia palloribus, Lucr.: frontem moris, Verg.: vaccinia calthā, Verg. – **2** **schmücken, zieren,** bibliothecam, Cic.: stellis pingitur aether, Sen. poët. – **3** in der Rede **ausmalen, künstlich gruppieren, lebhaft schildern,** verba, Cic.: Britanniam pingam coloribus tuis penicillo meo, Cic.: (Pompeius) omnibus a me pictus et politus artis coloribus, Cic.

pinguāmen, inis, *n.*, das **Fett,** die **Fettigkeit,** Cypr. adv. Iud. 1, 16. Augustin. serm. 135, 1 u. 2 Mai u. a. Eccl. Vgl. Gloss. II, 361, 34 ›pinguamen, λίπος‹.

pinguēdo, inis, *f.* (pinguis), **I** die **Fettigkeit,** **a** das **Fettsein,** Plin. 12, 68. Pallad. 2, 29, 3. Pelagon. veterin. 24 (302 *Ihm*): corporis, Paul. ex Fest. 27, 12, Ggstz. macies, Augustin. de civ. dei 22, 12. p. 589, 10 D.² – **b** = das **Fett,** Apic. 2, 59: viscosa, Plin. Val. 2, 5. – **II** die **Dichtheit, dicke Beschaffenheit,** mellis, Th. Prisc. 1, 1. Plin. Val. 1, 2.

pinguefacio, fēcī, factum, ere, Passiv **pinguefīo**, factus sum, fierī (pinguis und facio), **I** **fett machen,** Plin. 16, 246. Tert. adv. psych. 6. – **II** übtr., in der Aussprache **breit machen,** V littera iuncta verbum pinguefacit, Pompeii comment. 105, 16 K.

pinguēsco, ere (pinguis), **fett werden,** **I** eig.: pinguescit armentum, Colum., frumentum, Plin., campus sanguine, Verg.: Aegyptus non alio genere aquarum solita pinguescere (befruchtet zu werden), quam quas ipsa devexerat, Plin. pan. – **II** übtr.: **A** **fettölig werden,** pinguescunt nuces, Plin., vina, Plin. – **B** **zunehmen, stärker werden,** flammae pinguescunt, Sil. 7, 354. – **C** in der Aussprache **aspirieren,** Serg. 476, 16 K. – Nbf. pinguīsco, Ven. Fort. carm. 5, 3, 25 *codd. optt.*

pinguetūdo, inis, *f.*, s. pinguitūdo.

pinguiārius, iī, *m.* (pinguis), ein **Fettliebhaber** (Ggstz. carnarius), scherzh. b. Mart. 11, 100, 6.

pinguiculus, a, um (*Demin.* v. pinguis) **hübsch fett,** plantae, Fronto ep. ad M. Caes. 4, 12. p. 75, 8 N.

pinguifico, āre (pinguis u. facio), **fett machen,** Augustin. serm. 361, 11.

pinguis, e (zu griech. πιμελή, Fett), **fett, feist** (Ggstz. macer, exilis), **I** eig.: **a** von lebenden Wesen und ihrem Fleisch: Thebani, Cic.: bos, Colum.: gallina, Colum.: laridum, Hor.: pinguior agnus, Plaut.: pinguissimus haedus, Iuven.: bildl., ille pexus pinguisque doctor, jener gekräuselte u. pomadisierte, geschniegelte u. gebügelte (= allzuzierliche), Quint. 1, 5, 14. – subst., pingue, is, *n.* = das ölige **Fett** zwischen dem Fleisch (vgl. adeps), Verg. u. Plin.: so auch pinguia taurorum, Plin. – **b** v. Lebl.: coma, balsamiert, gesalbt, Mart.; od. = von Natur fettes, starkes, dichtes Haar, Suet.: merum od. vinum, fetter, öliger Wein, Hor. u. Colum.: u. so mustum, Tibull.: olivum, Ov.: ficus, fleischig, saftig, Hor.: flamma, von Weihrauch, Ov.: ara, mit dem Blut u. Fett der Opfertiere benetzt, Verg. – v. Boden u. Düngung, **fett, nahrungsreich, ergiebig,** solum (Ggstz. solum macrum), Colum.: ager, Colum.: arva, Sen.: pinguior campus, Hor.: fimus, Verg.: stabula apum, honigreich, Verg.: Nilus pingui flumine, Verg.: turiferis Panchaia pinguis arenis, reich an, Verg. – **II** übtr.: **1** **dicht, dick,** umor aliquando pinguis, aliquando aquatior, Th. Prisc. 1, 16: umor pinguissimus, *ibid.* 1, 5. – **2** **beschmiert,** crura luto, Iuven.: virga, Leimrute, Mart. – **3** dick für das Gefühl, folium, Plin.: toga, Suet.: caelum (Luft), Cic. – dem Geschmack nach **leise, nicht pikant,** sapor, Plin.: quod pingue dici posset, Plin. – **4** v. der Farbe, **grell,** colore pingui, Plin.: iaspis glauco pingui, Plin.: e candidis coloribus pinguissimus, Plin. – **5** vom Ton, v. der Aussprache, **breit,** sonus (wie *quoi* st. *cui*), Quint.: verba pinguiora, Quint.: illis digammos pinguem sonum facit, Pompeius gramm. – **6** v. Verstand usw. = **ohne Schärfe, plump,** tardo cognomen pingui damus, Hor. sat. 1, 3, 58: ingenium, Ov.: pingui Minervā, s. Minerva. – **7** v. der Rede = **schwülstig,** poëtae pingue quiddam sonantes, Cic.: facundia (Pindari), Gell. – **8** v. Zuständen, **behaglich, behäbig, ruhig, ungestört,** secessus, Plin. ep.: vita, Plin. ep.: otium, Sen.: somnus, Ov.: amor, Ov.

pinguīsco, s. pinguēsco.

pinguiter, *Adv.* (pinguis) **fett, mit Fettigkeit,** **I** eig., Colum. u. Plin. – **II** bildl.: pinguius succurrere, stärker, reichlicher, ICt.: pinguius accipitur, nicht zu genau, ICt.

pinguitiēs, ēī, *f.* (pinguis), **I** die **Fettigkeit,** Arnob. 7, 20 (Akk. Plur. -as). Apul. met. 10, 15. – **II** übtr., die **Dichtheit, dicke Beschaffenheit,** lactis, Th. Prisc. 4. fol. 316, a.

pinguitūdo, inis, *f.* (pinguis), **I** die **Fettigkeit,** Varro u. a. – **II** übtr.: **a** die **Dichtheit, dicke Beschaffenheit,** mellis, Th. Prisc. 3, 8. – **b** die **Grellheit** der Farbe, Plin. 35, 37. – **c** die **Plumpheit (Derbheit)** der **Aussprache,** die **allzu plumpe (derbe) Aussprache** (Ggstz. exilitas), Quint. 1, 11, 4 H.

pinguiusculus, a, um (*Demin.* von pinguis), **hübsch fett,** corpora, Solin. 11, 21.

pīnicellus, ī, *m.*, viell. eig. **Pinienkern;** übtr. = **Kügelchen,** Plin. Val. 1, 6.

pīnifer, fera, ferum (pinus u. fero), **Fichten tragend,** Verg. u. a.

pīnifertus, s. fertus.

pīniger, gera, gerum (pinus u. gero), **Fichten tragend,** Verg., Ov. u. a.

1. pinna, ae, *f.* (Nbf. v. penna), die **Feder,** **A** eig., die **Feder,** u. Plur. pinnae, die **Federn,** bes. die stärkeren in den Flügeln und im Schwanz der Vögel, die **Schwungfedern, Fittiche,** Varro u. Colum.: pinnam veneno illitam faucibus eius demisisse creditur, Tac.: als Schwungfeder am Pfeil usw., huic abiegnae breves pinnae tres, velut sagittis solent, circumdabantur, Liv. – **B** meton.: **1** die **Schwingen** = die **Flügel** (aber s. Quint. 1, 4, 12), praepetibus pinnis, v. Adler, Cic.: binas gerere pinnas, v. Insekten, Plin.: coturnicum potius pinnis breviculis quam aquilarum maiestate volitare, Fronto: eos ipsos, quos cernant legatos, non pinnis sublime elatos Alpes transgressos, Liv.: ad evagandum validiores sibi pinnas aptare (bildl.), Amm. – Sprichw., alci incīdere pinnas, Cic. ad Att. 4, 2, 5. – **2** (poet.) der **Flug,** Ov. fast. 1, 448: et minimi pinnā papilionis agi, Mart. 8, 33, 8.

2. pinna, ae, *f.* (aus *pidna, Wz. *(s)pit,* spitz sein, weitergeb. aus Wz. *spi* [vgl. spina, spira], griech. σπιλάς, Riff; ahd. *spiz,* nhd. Spieß), **1 Mauerspitze, Zinne,** muri, Liv.: Plur., Caes. u. Verg. – **2** als *t. t.* der Architektur, Plur. pinnae, **a** die **Fächer** am Wasserrad, die **Schaufeln,** Vitr. 10, 5, 1. – **b** die **Tasten** an der Wasserorgel, Vitr. 10, 8, 4. – **3** der **Pfeil,** Ov. fast. 2, 110. – **4** die **Flosse, Floßfeder** der Fische, Plin.: der Delphine, Ov.

3. pinna, ae, *f.,* s. pīna.

pinnāculum, ī, *n.* (pinna), **I** ein kleiner Flügel, Plur. **kleine Schwingen** (Flügel), Vulg. 4. Esdr. 11, 3 u. 22 – **II** die Spitze eines Gebäudes, der **Giebel,** Tert. adv. Iud. 8: pinn. templi, die Zinne des T., Vulg. Matth. 4, 5.

pinnātus, a, um (pinna), **befiedert, beflügelt,** Cic. u. a.: formicae pinnatae, Suet. – übtr., pinnato gradu, Porc. Licin. bei Gell. 17, 21: abies folio pinnato densa, gleichsam befiedert, indem die Blätter wie ein Gefieder aufeinanderliegen, Plin. 16, 48.

pinniger, gera, gerum (pinna u. gero), **gefiedert, geflügelt,** Acc. tr. 547. Lucr. 5, 1073. Cic. Tim. 31. Plin. 11, 48: übtr., piscis, Floßfedern habend, Ov. met. 13, 963.

pinnipēs, pedis (pinna u. pes), **an den Füßen geflügelt,** Catull. 55, 25 Schw. (*al.* pennipes).

pinnirapus, ī, *m.* (pinna u. rapio), der **Federräuber,** ein Gladiator, der dem Gegner die Feder vom Helm zu reißen sucht, Iuven. 3, 158.

pinnula (pīnula), ae, *f.* (*Demin.* v. pinna), eine **kleine Feder, I** eig. u. meton.: **a** eig., Colum. 8, 5, 5. – **b** Plur. meton. = **Fittiche, Flügelchen,** Plaut. Amph. prol. 143. Cic. de nat. deor. 2, 129. Apul. met. 3, 21. – **II** übtr., Plur. pinnulae, **Floßfedern,** Plin. 9, 175. Vulg. Levit. 11, 9 *sqq.;* deut. 14, 9 u. 10.

pīnophylax, acis, *m.* (πινοφύλαξ) = pinoteres, Plin. 9, 142. – ► Über die Schreibweise s. pīna.

pīnotērēs (pīnothērās), ae, *m.* (πινοτήρης), der **Pinenwächter, Hüter der Steckmuschel** (pina), die kleinste Art von Krebsen, nach Harduin **Bruder Bernhard** (*Cancer Bernhardus,* L.), Cic. de fin. 3, 63. Plin. 9, 98 (pinotheras); 32, 150. – ► Über die Schreibweise s. pīna.

pīnsātio, ōnis, *f.* (2. pinso), das **Stampfen,** Vitr. 7, 1, 3.

pīnsito, āre (*Frequ.* v. pinso, āre), **zu stampfen pflegen,** polentam, Plaut. asin. 32^{b}.

pīnsitor, ōris, *m.* (pinso), der **Stampfer,** Mar. Victorin. 1, 4, 61 p. 18, 5 K. Serv. Verg. Aen. 1, 179.

1. pīnso, pīnsī u. pīnsuī, pīnsum, pīnsitum u. pīstum u. pīsum, ere (urspr. piso [noch bei Cato u. Plin.], griech. πίσσω, πτίσσω), etw. **zerstoßen,** klein **stampfen, -stoßen,** frumentum, Serv. Verg.: triticum, Cato: farinam, Varro fr.: far, uvam et ficum, Varro: humum cubitis, die Erde stoßen, sich daran stoßen, Enn.: alqm flagro, geißeln, Plaut.: quem nulla ciconia pinsit, den man nicht verhöhnen kann, Pers. – ► *Imperf.* pinsibant, Enn. fr. scen. 411: *Partic.* pisitus, Apic. 1, 12: pisus, Apic. 5, 203 u. 204.

2. pīnso u. **pīso,** ātus, āre, **zerstampfen, zerstoßen,** ut (far) in pistrino pinsetur (pisetur), Varro r. r. 1, 63, 2 (*codd.* u. Non. 163, 17; *Keil* pisatur v. piso, ere): ligneis vectibus pisant materiam, Vitr. 7, 3, 10 *codd.:* lavas et pinsas, Pelagon. veterin. 26 (357 *Ihm*): pinsas vel conteres, *ibid.* 26 (362 *Ihm*): si cum axungia pises et misceas, Dynam. 1, 57: et id efficiant pisando, ut etc., Compend. Vitr. 30. p. 312, 28 *Rose:* marrubium pinsatum, *ibid.* 13. p. 59: cornu caprae pisatum, Placit. de medic. 16, 30: herba plantago pisata cum axungia, Ps. Apul. herb. 2, 11: sal in pila pisatum, Fest. 158 (b), 30.

pīnula, s. pinnula.

pīnus, ūs u. ī, *f.* (aus *picsnos zu pix), **I** die **wilde Fichte, Föhre, Kiefer** (*Pinus silvestris,* L.), **A** eig., Sisenn. fr., Verg., Plin. u. a.: arbor pinus, Hygin.: novellae pini arbores, Pallad.: der Cybele heilig, Ov. u. a.: u. der Diana, Hor. u. Prop.: *masc.,* pini frugiferi, Pallad. 11, 14, 7. – **B** meton. = das aus der Fichte Gemachte: **a** das **Schiff,** Verg., Hor. u. Ov. – **b** die **Kienfackel,** Verg. Aen. 9, 72. – **c** der **Wurfspieß,** Stat. Theb. 8, 539. – **d** das **Ruder,** Lucan. 3, 531. – **e** der **Fichtenkranz,** wie ihn Pan trug, Ov. met. 14, 637; fast. 1, 412. Sil. 13, 331: u. Faunus, Ov. her. 5, 137. – **f** der **Fichtenwald,** Gallinaria, Iuven. 3, 307 (vgl. gallinarius *no.* I). – ► Nach der Sage ist Pitys (= pinus) eine Geliebte des Pan; dah. pinus (Fichte) amata Arcadio deo, Prop. 1, 18, 29. – **II** die **Pinie** (*Pinus Pinea,* L.), die essbare Früchte trägt, Plin. 16, 38.

pio, āvī, ātum, āre (pius), **I** durch ein Opfer zu **versöhnen suchen, besänftigen, sühnen,** Silvanum lacte, Hor.: ossa, Verg.: busta, die Manen, Ov. – **II** übtr.: **A religiös verehren, -ausüben, -verrichten,** pietatem, Plaut.: sacra, Prop. – **B** auf religiöse Art **reinigen, entsündigen,** Plaut. u. Cic. – **C** etw. **wiedergutmachen,** etw. **sühnen,** damna, ersetzen, Ov. – fulmen, Ov., sidus (= *cometen*), das Unglück, das er verkündigt, abzuwenden suchen, Plin.: prodigia, Tac.: imaginem noctis (= *somnium triste*), Ov. – nefas triste, sühnen, Verg. – culpam morte, bestrafen, rächen, Verg.

pīpātio, ōnis, *f.* (pipo), das **Piepen,** übtr. das **Wimmern,** Paul. ex Fest. 212, 9.

pīpātus, ūs, *m.* (pipo), das **Piepen,** pullorum, Varro LL. 7, 103.

piper, eris, *n.* (πέπερι), der **Pfeffer,** piperis granum, ein Pfefferkorn, Plin.: piperis bacae, Vitr.: piper et quidquid chartis amicitur ineptis, Hor. – bildl., v. scharfer, beißender Rede, piper, non homo, Petron.: ut te aliquid et piperis mordeat, Hieron. – ► piper, *m.,* Orib. 12, 31.

piperācius, a, um (piper), **gleichs.** mit **Pfefferkörnern bestreut,** loca, aus Pfefferstein, Gromat. vet. 309, 13.

piperātārius, a, um (piperatus), **mit Pfeffer versehen,** horrea, Hieron. in Euseb. chron. ad ann. XCII p. Chr.

piperātōrium, iī, *n.* (piperatus), das **Pfefferfass,** Paul. sent. 3, 6, 86.

piperātus, a, um (piper), **I gepfeffert,** Colum., Petron. u. a. – subst., piperātum, ī, *n.,* **Pfefferbrühe,** Cels. u. Apic. – **II** bildl., **gepfeffert,** facundia, beißend, scharf, Sidon. epist. 5, 8, 2 u. a. – manus, diebische, Mart. 8, 59, 4.

piperīnus, a, um (piper) **gleichs. aus Pfefferkörnern bestehend,** lapis, jetzt *peperino,* Isid. orig. 19, 10, 8.

piperītis, idis, *f.* (πεπερῖτις), **Pfefferkraut,** wahrsch. **indischer Pfeffer** (*Capsicum annuum,* L.), Plin. 19, 187 u. 20, 174.

pīpilo, āre (pipio), **piepen,** v. Vögeln, Catull. 3, 10.

pipinna, ae, *f.* = 3. pipio, Mart. 11, 72, 1.

1. pīpio, āre, **piepen,** v. Vögeln, Catull. 3, 10 (Schwabe pipiabat), dah. **wimmern,** infantes pipiantes, Tert. de monog. 16: imbres pipiavit, gleichs. unter Wimmern strömen lassen, Tert. adv. Val. 15.

2. pīpio, īre, **piepen,** Colum. 8, 5, 14.

3. pīpio, ōnis, *m.* (pipo), ein **junger piepender Vogel, Piepvogel,** von Täubchen usw., Lampr. Alex. Sev. 41, 7. Plin. Val. 3, 13; 5, 10 u. 27 u. a.

pīpizo, ōnis, *m.* (pipio), der **Piepvogel** (das **Junge) des Kranichs,** Hieron. epist. 22, 28.

Piplēus, s. Pimpla.

pīpo, āre, **piepen,** gallina pipat, Varro sat Men. 3: v. Habicht, Anthol. Lat. 762, 24 (233, 24).

pīpulum, ī, *n.* u. **pīpulus,** ī, *m.* (pipo), das **Piepen;** dah. **I** das **Wimmern, Greinen,** Fronto ep. ad Anton. imp. 1, 3 *extr.* – **II** das **Lärmen, Schimpfen, Geschimpfe,** Plaut. aul. 446 u. mil. 584 G.; vgl. Varro LL. 7, 103.

pirācium, iī, *n.* (pirum), der **Birnenmost, Birnenwein,** Hieron. adv. Iov. 2, 5 *extr.*

Pīraeūs, eī, Akk. eum u. ea, *m.,* (Πειραιεύς) u. latein. **Pīraeus,** ī, *m.,* ein Demos u. Hafen von Athen, der mit der Stadt durch lange Mauern in Verbindung gesetzt war, der Demos **Piräus,** der **piräische Hafen,** j. bei den Griechen *Dhrakon* (Ungeheuer), bei den Franken *Porto Leone,* bei den Türken *Arslán Limani,* Form Piraeēus, Plin. 4, 24. Donat. Ter. Andr. 5, 4, 27: Genet. -ēi, Plin. 35, 38: Akk. -ēum, Plin. 2, 201: Akk. ēa, Cic. ad Att. 6, 9, 1 (von Cicero selbst [ad Att. 7, 3, 10] getadelt). Stat. Theb. 12, 616: Abl., -ēo, Plin. 4, 24 u. 57. – Form Piraeus, meist Akk. Piraeum, Plaut. Bacch. 235; most. 66; trin. 1103. Caecil. com. 258. Ter. eun. 290 u. 539. Catull. 64, 74. Cic. de off. 3, 46; de rep. 3, 44; ep. 4, 5, 4; ad Att. 7, 3, 10 B. Nep. Alc. 6, 1. Liv. 31, 14, 1; 32, 16, 5; 36, 20, 8. Prop. 3, 21, 23. Vitr. 7. praef. §. 12 u. 8, 3. § 6 (*codd. optt.*). Quint. 8, 6, 64. Flor. 3, 5, 10. Iustin. 5, 8, 5. Gell. 2, 21, 1 u. 15, 1, 6. Oros. 2, 17 u. 6, 2. § 5 Zang.: triplex Piraei portus (*Zea* der Getreidehafen, *Aphrodisium* der größte u. mittlere Teil, *Cantharus* der innerste und geschützteste Hafen), Nep. Them. 6, 1: multiplices Piraei portus munitiones, Vell. 2, 23, 3. – poet. Form im *neutr. plur.,* Piraea tuta, Ov. fast. 4, 563. – Dav. **Pīraeus,** a, um, zum Piräus gehörig, **piräisch,** litora, Ov. met. 6, 446: litus, Sil. 13, 754.

pīramis, s. pȳramis.

pīrāta, ae, *m.* (πειρατής), der **Seeräuber, Korsar** (rein lat. praedo maritimus), Varro fr., Cic. u. a.: piratae simul terras et maria latrocinantes, Sen. rhet.: amicum a piratis redimere, Sen. – Sing. kollekt., Cilix pirata, Pacat. pan. 23, 2.

pīrātica, ae, *f.,* s. pīrāticus.

pīraticē, *Adv.* (piraticus), **seeräuberisch,** Charis. 182, 1.

pīrāticum, ī, *n.* = piracium, Hieron. adv. Iov. 2, 5 *extr.*

pīrāticus, a, um (πειρατικός), **zu den Seeräubern gehörig, Seeräuber-,** myoparo, Cic. u. Sen. rhet.: navis, Liv.: bellum, Varro, Cic. u. Tac.: nihil in eo deprehendi poterat piraticum, Sen. rhet. – subst., pīrātica, ae, *f.,* die **Seeräuberei,** piraticam facere (treiben), Cic., ICt. u. Hyg.: dass. piraticam exercere, Val. Max. u. Iustin.: piraticam adversus patriam exercere, Iustin.

Pīrenaeus, a, um, s. Pȳrēnē.

Pīrēnē, ēs, *f.* (Πειρήνη), eine Quelle in Korinth u. zwar in der Burg (Acrocorinthus), Plin. 4, 11: den Musen heilig, Stat. silv. 1, 4, 27. Pers. prol. 4. – Nbf. **Pīrēna,** ae, *f.,* Plaut. aul. 559. – Dav. **Pīrēnis,** idis, Akk. ida, Akk. Plur. idas, *f.* (Πειρηνίς), **pirenisch,** Ov.: Pirenis Ephyre, Korinth, Ov.

piretrum, s. pyrethron.

Pīrithous, ī, *m.* (Πειρίθοος), des Ixion Sohn, König der Lapithen, Gemahl der Hippodame od. Hippodamia, Freund des Theseus, ging nach dem Tod der Hippodamia mit Theseus in die Unterwelt, um die Proserpina zu entführen, wurde aber gefesselt u. zurückgehalten, Ov. met. 8, 302 *sq.* Hor. carm. 3, 4, 80; vgl. Hyg. fab. 79 u. 257.

pirum, ī, *n.,* die **Birne,** Varro u. a.: pira Crustumia, Verg. u. Plin.: piris vesci, Hor.: spätlat. auch pyrum, wie pyra, quae Crustumina vocant, Cael. Aur. de morb. acut. 2, 37, 206.

pirus, ī, *f.,* der **Birnbaum,** Verg. u. Plin.: piri arbor, Pallad.

Pīrūstae, ārum, *m.* (Πιροῦσται), eine illyrische Völkerschaft, als Räuber berüchtigt, Caes. b. G. 5, 1, 7. Liv. 45, 26, 13: auch Pērūstae (Πειροῦσται), Vell. 2, 115, 4.

1. Pīsa, ae, *f.* (Πίσα), **I** Stadt in Elis am Fluss Alphēus, wo die olympischen Kampfspiele abgehalten wurden, Verg. georg. 3, 180. Ov. Ib. 325. Stat. Theb. 4, 238; vgl. Verg. Aen. 10, 179. – Nbf. Pīsae, ārum, *f.,* Mela 2. § 42. – Dav. **Pīsaeus,** a, um, **pisäisch,** Arethusa, weil sie ihren Ursprung in Elis haben soll, Ov.: hasta, des Önomaus, Ov. – subst., Pisaea, ae, *f.,* die **Pisäerin** = Hippodamia, Ov. trist. 2, 386. – **II Pīsae,** ārum, *f.,* Stadt in Etrurien am Zusammenfluss des Arnus (j. Arno) u. Auser (j. Serchio), berühmt durch ihre Bäder (thermae), j. *Pisa,* Liv. 21, 39, 3 u. a.: Kolonie von Pisa in Elis, Verg. Aen. 10, 179. – Dav. **Pīsānus,** a, um, **pisanisch,** ager, Liv.: portus, Rutil. It. – Plur. subst., Pīsānī, ōrum, *m.,* die Einwohner von Pisa, die **Pisaner,** Liv.

2. pīsa, ae, *f.* = pisum, die **Erbse,** Apic. 5, 193 *sqq.* Pallad. 11, 14, 9. Edict. Diocl. 1, 13 u. 14.

Pīsandros u. **-drus,** ī, *m.* (Πείσανδρος), **I** Sohn des Polyktor, einer von den Freiern der Penelope, Ov. her. 1, 91 (Akk. -drum). – **II** ein griech. epischer Dichter aus Kamirus auf Rhodus, Verf. des Epos Ἡράκλεια, Quint. 10, 1, 56 (Nom. -dros). Macr. sat. 5, 2. § 4 u. 5. Hyg. astr. 2, 24 (Nom. -drus). **III** ein athenischer Demagoge aus Acharnä, in der letzten Hälfte des peloponnesischen Krieges tätig, Iustin. 6, 3. § 1 u. 8 (Nom. -drus).

Pisaurum, ī, *n.,* Stadt in Umbrien, j. *Pesaro,* Caes. b. c. 1, 11 *sq.* Cic. ep. 16, 12, 2. – Dav. **Pisaurēnsis,** e, **pisaurensisch,** Cic.: Plur. subst., Pisaurēnsēs, ium, *m.,* die Einwohner von Pisaurum, die **Pisaurenser,** CIL 6, 6309 u. a.

Pisaurus, ī, *m.,* ein Fluss in Umbrien, in der Nähe von Pisaurum, j. *Foglia,* Plin. 3, 113. Catull. 81, 3. Vib. Sequ. p. 16 *ed. Oberl.*: Isaurus gen. bei Lucan. 2, 406.

piscārius, a, um (piscis), **zu den Fischen gehörig, Fisch-,** hamulus, Plaut.: copia, Plaut.: forum, Plaut. (s. forum *no.* II, A, 2, c). – subst., piscārius, iī, *m.,* der **Fischhändler;** piscāria, ae, *f.,* der **Fischmarkt,** Varro fr. in Perotti Cornucop. p. 158, 13 *ed. Basil.*

piscātio, ōnis, *f.* (piscor), das **Fischen,** die **Fischerei,** Ulp. dig. 7, 1, 9. § 5 u. a.: pisc. fluminis, maris, Serv. Verg. georg. 1, 142: Plur., Firm. math. 8, 9, 2.

piscātor, ōris, *m.* (piscor), **I** der **Fischer,** Cic. de off. 2, 59. Val. Max. 4, 1. ext. 7 u. 6, 9. ext. 5. Sen. ep. 55, 6. Petron. 3, 4 u. 114, 14. Apul. apol. 29: aeneoli piscatores, bronzene Statuetten, Fischer darstellend, Petron. 73, 5. – **II** = ἰχθυοπώλης, der **Fischhändler,** Plaut. capt. 813 u. trin. 407. Ter. eun. 256: piscatores propolae, CIL 14, 409: corpus piscatorum, *ibid.* 6, 1872.

piscātōria, ae, *f.,* s. piscātōrius.

piscātōrius, a, um (piscator), **zu den Fischern gehörig, Fischer-,** cumba (cymba), Afran. com. fr.: navis, Fischerkahn, Caes. u. Liv. epit.: u. so naucula, Plin. ep., scapha, Iustin.: forum, Liv. (s. forum *no.* II, A, 2, c): artificium, Fischerhandwerk, Lact.: arundo, Plin.: lina, Leinfäden zu Fischernetzen, Plin.: casa, Petron.: ludi, Fischerstechen, Fest.: mensa, des Fischhändlers, Porphyr. Hor. sat. 2, 4, 37. – subst., piscātōria, ae, *f.,* das **Fischergeschäft,** die **Fischerei,** piscatoriam in Achaia exercere, Schol. Iuven. 1, 155.

piscātrīx, trīcis, *f.* (Femin. zu piscator), die **Fischerin,** Plin. 9, 143.

piscātūra, ae, *f.* (piscor), das **Fischen,** Tert. adv. Mart. 4, 9.

piscātus, ūs u. (altlat.) ī, *m.* (piscor), **I** das **Fischen,** der **Fischfang,** Plaut. rud. 911 *sq.* Cic. de fin. 2, 23: p. hamatilis et saxatilis, Angelfang u. Klippfischfang, Plaut. rud. 299 (auch angeführt von Fronto de fer. Als. 3. p. 224, 17 N.): p. testudinum, Plin. 6, 91: Plur., Plin. 8, 44: in venatibus et piscatibus, Augustin. in psalm. 38, 2. – bildl., piscatus bonus, Fang (v. Gewinn einer Buhlerin), Plaut. Bacch. 102. – **II** meton., die **Fische,** omne piscati genus, Pompon. com. 119: inopia tum erat piscati, Turpil. com. 22: in vesperum parare piscatum sibi, Plaut. most. 67: piscatu probo vitam colere, *ibid.* 730: privari aut carne aut piscatu, Vitr. 8, 3, 28 (8, 4, 5): forum cuppedinis peto inque eo piscatum opiparem expositum video, Apul. met. 1, 24: iam cenae affatim piscatum prospexeramus, *ibid.*

pisceus, a, um (piscis), **aus Fisch bestehend, Fisch-,** lupus, der W. als Fisch, Cassiod. var. 11, 40, 7.

piscicapus, ī, *m.,* (piscis u. capio), der **Fischfänger = Fischer,** CIL 4, 826.

pisciceps, cipis, *m.* (piscis u. capio), der **Fischfänger = Fischer,** ungebr. nach Varro LL. 8, 61.

pisciculus, ī, *m.* (*Demin.* v. piscis), das **Fischchen,** parvus admodum pisc., Plin. 32, 2: pisciculus marinus, Petron. 35, 4: pisciculi parvi, Cic. de nat. deor. 2, 113: pisciculi exultantes, Cic. Acad. 3. fr. Müller: pisciculi minuti, Ter. Andr. 369. Varro r. r. 3, 17, 6. Plin. 32, 109: pisciculi ultro ac citro commeant, Varro r. r. 3, 5, 16: adiciendus est cibo pisciculus vel caro, Cels. 4, 5 (4, 2, 4). p. 127, 11 D.: et habebant pisciculos paucos, Vulg. Marc. 8, 7. – übtr., nos pisciculi, v. den Christen, Tert. de bapt. 1.

piscīna, ae, *f.* (piscis), **I** der **Fischteich, Weiher,** ornithones ac leporaria et piscinae, Varro: piscinas aedificare (anlegen), Varro: mullos exceptare de piscina, Cic.: murenas ingentes in piscina habere, Sen.:

Baiarum suarum piscinas extollebat, Tac.: piscina publica, der öffentliche Fischteich (nahe an der porta Capena, südöstlich vom Aventin), wo die Schwimmer sich übten, Liv. 23, 32, 4; vgl. Fest. 213, 2. – **II** übtr., übh. ein **Wasserbehälter, A** das **Wasserbecken, Bassin** im Badezimmer, von verschiedener Größe (von 13–300 Fuß Länge u. entsprechender Breite), geräumig u. tief genug, um den Badenden das Schwimmen zu gestatten, Sen. ep. 56, 2 u. 86, 6. Plin. ep. 5, 6, 25. Augustin. de doctr. Chr. 3, 29, 40: p. natatoria, Interpr. Iren. 2, 24, 4: p. calida, warmes Bad, Plin. ep. 2, 17, 11: calidae piscinae ac tempore aestivo nivatae (geeiste), Suet. Ner. 27, 2. – **B** ein kleiner **Teich** auf dem Viehhof der Villa rustica zum Baden, Tränken u. Schwimmen des Viehes, Colum. 1, 5, 2. – **C** ein **Wasserständer,** lignea, Plin. 34, 123.

piscīnālis, e (piscina *no.* II, A), **zum Schwimmbad gehörig,** cellae, Badezimmer zum Schwimmbad, Pallad. 1, 40, 4.

piscīnārius, iī, *m.* (piscina), einer, der sich zu seinem Vergnügen Fischteiche hält, der **Fischzüchter,** Cic. ad Att. 1, 19. § 6 u. 20. § 3.

piscīnēnsis, is, *m.* (piscina), der **Fischteichbesucher,** um sich im Schwimmen zu üben, Lucil. 1266.

piscīnilla u. **piscīnula,** ae, *f.* (*Demin.* v. piscina), ein **kleiner Fischteich,** angeführt bei Varro LL. 9, 74.

piscis, is, *m.* (zu gotisch *fisks,* ahd. *fisc*), der **Fisch, I** eig.: spinae (Gräten) piscium, Cic. fr.: piscis femina, Ov.: curvus piscis, der Delphin, Sil.: p. multinummus, Varro fr.: pisces minuti, Varro fr.: p. putridus, Sen.: p. apriculus, Apul.: p. aurata, Goldbrassen, Apic.: p. lupus, Meerwolf, Apic.: pisces scorpiones, Apic.: amnici pisces, Solin.: siluri pisces, Solin. – pisces capere, Plaut., Cic. u. a. (u. so hic iaculo pisces, illic capiuntur ab hamis, Ov.): exenterare hunc piscem, Vulg.: mare non sane piscibus pretiosis abundat, Plin. ep. – Sing. kollektiv, Plin. 11, 281. Ov. met. 2, 13: lacus piscem suggerit, Plin. ep. 2, 8, 1. – **II** übtr., als Gestirn, pisces, die **Fische,** Ov. u. Colum.: pisces gemini od. gemelli (einer nach Süden, der andere nach Norden gehend), Ov.: piscis maior, anderes Gestirn am südlichen Himmel, Avien. Arat. 106, auch piscis aquosus, Verg. georg. 4, 234.

pisciunculus, ī, *m.* (*Demin.* v. piscis) ein **ganz kleines Fischchen,** Anthim. 44.

piscor, ātus sum, ārī (piscis), **fischen,** ante hortulos alcis, Cic.: hamo, Suet.: rete aurato, Suet. – Sprichw., piscari in aëre, sich vergebliche Mühe machen, Plaut. asin. 99. – Partiz. subst., **a** piscāns, antis, *m.,* der **Fischer,** lenunculus piscantis, Amm. 16, 10, 3. – **b** piscātūrus, ī, *m.,* der **Fischer,** Th. Prisc. 4. p. 316 (a).

piscōsus, a, um (piscis), **I voller Fische, fischreich,** amnis, Ov.: scopuli, Verg.: vada, Ov.: Tagus, Mart.: profundum, Mart.: flumina, Sen. de ben. 6, 7, 3: Oceanus affatim piscosus, Iustin. 44, 1, 7. – **II fischähnlich, fischartig,** flexus caudarum, quae piscosae sunt, Non. 120, 15.

pisculentus, a, um (piscis), **fischreich,** loca, Plaut.: fluvius, Cato fr.: stagna pisculentissima, Solin. – subst., pisculentum, ī, *n.,* ein **Arzneimittel aus Fischen,** Apul. apol. 31.

pisculus, ī, *m.* (*Demin.* v. piscis), das **Fischchen,** Charis. 94, 4.

Pisida, ae, *m.* (Πισίδης), der **Pisidier,** Plur. Pisidae, die **Pisidier,** ein tapferes, raues Bergvolk, Bewohner der Landschaft Pisidia (s. im Folg.), Sing. Cic. de div. 1, 105: kollektiv, Avien. descr. orb. 1023: Plur., Mela 1, 2, 5 (2. § 13). Cic. de div. 1, 2. Claud. in Eutr. 2, 241. – Dav.: **A Pisidia,** ae, *f.* (Πισιδία), eine kleinasiat. Landschaft, die gegen Osten an Cilicien u. Isaurien, gegen Norden an Phrygia parorios, gegen Westen an Phrygien, Karien u. Lycien, gegen Süden an Pamphylien grenzte, Liv. 37, 54, 11 u. 56, 6. – **B Pisidicus,** a, um (Πισιδικός), **pisidisch,** iris, Plin. 21, 41.

pisinnus, a, um, **ganz klein,** lacerta, Marc. Emp. 8: calix, 26. – subst., pisinnus, ī, *m.,* ein **Knabe, Knäblein,** Labeo b. Schol. Pers. 1, 4; vgl. Isid. orig. 10, 231 m. *not. crit.:* Nbf. pitinnus, de Rossi inscr. Christ. Vol. I. 556. p. 235.

Pīsistratus, ī, *m.* (Πεισίστρατος), Alleinherrscher (tyrannus) zu Athen, Zeitgenosse des Servius Tullius, Cic. Brut. 27 u. 39. Gell. 6, 17, 1. – Dav. **Pīsistratidae,** ārum, *m.* (Πεισιστρατίδαι), die Söhne des P., die **Pisistratiden,** Liv. 31, 44, 8.

1. pīso, pīsī, ere, s. 1. pīnso.

2. pīso, ātus, āre, s. 2. pīnso.

3. pīso, ōnis, *m.,* der **Mörser,** Marc. Emp. 8. Compend. Vitr. 30. p. 312. 28 *Rose.*

4. Pīso, ōnis, *m.,* ein röm. Familienname des kalpurnischen Geschlechts, s. Calpurnius. – Dav. **Pīsōniānus,** a, um, **pisonianisch, des Piso,** tempus, Cic.: coniuratio, Suet.: senatus consultum, ICt.

pissasphaltos, ī, *m.* (πισσάσφαλτος), eine Art Erdpech, das **Bergpech, Judenpech,** Plin. 24, 41.

pisselaeon, ī, *n.* (πισσέλαιον), **Öl aus Zedernpech,** Plin. 24, 19 u. a.

pissinus, a, um (πίσσινος), **aus Pech,** oleum, Plin. 15, 31 u. 23, 96.

pissocēros, ī, *m.* (πισσόκηρος), das **Pechwachs,** Arbeit aus Pech u. Wachs, die zweite Grundlage des Honigbaues, Plin. 11, 16.

pistacia, ae, *f.* (πιστάκη), der **Pistazienbaum,** Pallad. 3, 25, 33.

pistacium, iī, *n.* (πιστάκιον), die Frucht des Pistazienbaumes, die **Pistazie, Pimpernuss,** Plin. 13, 51 u. 15, 91. Pallad. 11, 12, 3 u. de insit. 157: Nbf. psittacium, Edict. Diocl. 6, 55, psittatium, Orb. descr. 17, 12 Gothofr.

pistāna, ae, *f.* = sagitta, das **Pfeilkraut,** Plin. 21, 111.

pīstātio, ōnis, *f.* (pisto), das **Stampfen,** *Vitr. 7, 1, 3 Rose (Vulg. mit den Hdschrn. pinsatione).

pisticus, a, um (πιστικός), **unverfälscht, echt,** nardum, Hieron. homil. in cant. 1, 4. Vulg. Ioann. 12, 3: unguentum, Ambros. in Luc. 6. § 34.

pīstillum, ī, *n.* od. **pīstillus,** ī, *m.* (pinso), der kleinere **Stempel** zum Stampfen, die kleinere **Mörserkeule, Reibekeule,** Plaut. aul. 95. Nov. com. 59. Colum. 12, 57, 1. Plin. 34, 169.

pīsto, āre (*Frequ.* v. pinso), **stampfen,** Veget. mul. 1, 32. Ps. Apul. herb. 75.

pīstolochia, ae, *f.,* s. plīstolochia.

pīstor, ōris, *m.* (pinso), der **Stampfer,** bes. der das Getreide in einem Mörser stampft od. in einer Handmühle zerreibt, der **Müller, Handmüller** (vgl. Varro vit. P. R. 1. fr. 35 bei Non. 152, 16. Atei. Capito bei Plin. 18, 108), Plaut. capt. 807. Varro sat. Men. 527. Gell. 3, 3, 14. – später (seit 174 v. Chr.; vgl. Plin. 18, 107) auch der **Bäcker,** Sklave im Haus des vornehmen Römers, od. Freier, der Gesellen hält (auch Delikatessenhandel u. Kneipwirtschaft treibt), sowohl **Brot-** als **Kuchenbäcker,** Varro sat. Men. 404 (bei Gell. 15, 19, 2). Cic. Arch. 134. Sen. ep. 95, 24; 123, 1. Plin. ep. 10, 74 (16), 1. Mart. 8, 16, 1; 11, 31, 8. CIL 4, 875 u. 886. Edict. Diocl. 7, 12: pistor dulciarius, Mart. 14, 222 *lemm.* Apul. met. 10, 13. u. (Plur.) Firm. math. 8, 11: pistor siliginarius, CIL 6, 22: candidarius, CIL 14, 2302: collegium pistorum, Aur. Vict. de Caes. 13, 5. Gaius dig. 3, 4, 1 *pr.* Paul. dig. 27, 1, 46 *pr.* – **Pistor,** Beiname Jupiters, weil er den im Kapitolium belagerten Römern den Gedanken eingab, Brot auf die belagernden Gallier herabzuwerfen, als ob sie Brot genug hätten, Ov. fast. 6, 350. Lact. 1, 20, 33.

pīstōricius, a, um (pistor), **vom Bäcker herrührend,** opus, Backwerk, Plin. Val. 5, 41.

1. Pīstōriēnsis, e, s. Pīstōrium.

2. pīstōriēnsis, e (pistor), **zum Bäcker gehörig,** milites (mit Anspielung auf Pistoriensis von Pistorium), Bäckersheimer od. Bäckersdorfer, Plaut. capt. 160 *sq.*

Pīstōrium, iī, *n.,* Stadt in Etrurien, j. *Pistoja,* Plin. 3, 52. – Dav. **Pīstōriēnsis,** e, **pistoriensisch,** ager, Sall. Cat. 57, 1: oppidum, Pistorium, Amm. 27, 3, 1. Vgl. Prisc. 4, 28.

pīstōrius, a, um (pistor), **zum Bäcker gehörig,** opus, Backwerk, Cels. u. Plin.: opera, Suet.: ars, Eccl.: instrumentum, Backtrog, CIL 8, 8480, 9: instrumenta, Chalcid. Tim.: operas pistorias locare, ICt.

pistriger, gera, gerum (pistris u. gero), **vom Walfisch getragen,** Triton, Sidon. epist. 4, 8, 5. *v.* 1.

pīstrilla, ae, *f.* (*Demin.* v. pistrina, Diom. 326, 28), die **kleine Stampfmühle,** Ter. adelph. 584.

pīstrīna, ae, *f.* (pinso), der **Ort,** wo das Getreide gestoßen u. das Mehl gebacken wird, die **Backstube,** Lucil. 521. Varro LL. 5, 138. Plin. 18, 86 u. 99.

pīstrīnālis, e (pistrinum), **in der Stampfmühle befindlich,** pecus, Mastschwein in der Stampfmühle, Colum. 7, 9, 2.

pīstrīnārius, iī, *m.* (pistrinum), der **Stampfmüller,** der die Mühle leitet, Ulp. dig. 16, 3, 1. § 9. Iul. epist. nov. c. 74. § 271.

pīstrīnēnsis, e (pistrinum), **zur Stampfmühle gehörig,** iumenta, Suet. Cal. 39, 1.

pīstrīnum, ī, *n.* (pinso), die **Stampfmühle,** der Ort, wo das Getreide, vor Erfindung der Mahlmühlen, in hohlen Klötzen oder Mörsern gestampft wurde. Später wurden solche Mühlen durch Pferde od. Esel getrieben od. man schickte Sklaven zur Strafe hinein, die statt des Viehes die Mühle drehen mussten (vgl. Spengel Ter. Andr. 199. Wagner Ter. heaut. 530), in pistrino molere, Ter.: far in pistrino pinsare ac torrere, Varro: in pistrino pinsere farinam, Varro fr.: alqm in pistrinum tradere, Plaut., dare, dedere, Ter., conicere, Ulp. dig.: alqm in pistrinum submittere, Sen.: operam pistori locare, Gell.: homo pistrino dignus, Ter. In diesen Mühlen wurde zugleich das Brot gebacken, dah. pistrinum exercere, Müller und Bäcker sein, Suet. Aug. 4, 2. Apul. met. 9, 10 *extr.*: u. man mästete Schweine in den Mühlen mit der Kleie, Plaut. capt. 807 *sq.* – übtr., tibi mecum in eodem est pistrino vivendum, musst mit mir in demselben Joch ziehen, Cic. de or. 2, 144. – als Bezeichnung verworfener Sklaven, pistrinorum civitas, Plaut. Pers. 420 (Ritschl pristinorum civitas). – ► In Handschriften oft pristrinum, so mehrfach bei Plaut. u. bei Catull. 97, 10 *cod. Oxon.*

pistris, s. pristis.

1. pīstrīx, trīcis, *f.* (v. pinso), die **Stampferin;** dah. die **Bäckerin,** Lucil. 1250; vgl. Varro LL. 5, 138.

2. pistrīx, trīcis, *f.*, s. pristis.

pīstūra, ae, *f.* (pinso), das **Stampfen** des Getreides, das **Mahlen,** Plin. 18, 97.

pisum, ī, *n.* (πίσον), die **Erbse,** Colum. 2, 10, 4. Plin. 18, 123 u. 125: kollekt., Lampr. Heliog. 21, 3.

Pitanē, ēs, *f.* (Πιτάνη), **I** Stadt in Argolis in Kleinasien mit zwei Häfen, j. *Sandarlik,* Ov. met. 7, 357. Mela 1, 18, 1 (1. § 90). – **II** Stadt in Lakonika, Auson. epigr. 24 (23), 3. Plin. 4, 16.

pithana, ōn, *n. pl.* (πιθανά), **Wahrscheinlichkeiten,** Paul. dig. 22, 3, 28.

pithanologia, ae, *f.* (πιθανολογία), das Vortragen od. Vorbringen von Gründen, um zu überzeugen od. etwas wahrscheinlich zu machen, Interpr. Iren. 2, 14, 8.

pithēcium, iī, *n.* (πιθήκιον), **I** ein **kleiner Affe,** ein **Äffchen,** Plaut. mil. 989. – **II** eine Pflanze = antirrhinon, Ps. Apul. herb. 86.

Pithēcūsa, ae, *f.* u. **Pithēcūsae,** ārum, *f.* (Πιθηκοῦσα, Πιθηκοῦσαι), Insel im Tyrrhen. Meer, nahe bei Kumä, j. *Ischia,* Sing. bei Mela 2, 7, 18 (2. § 121): Plur. b. Liv. 8, 22, 6. Ov. met. 14, 90: Inarime a Graecis dicta Pithecusa, Mart. Capt. 6. § 644. Vgl. Aenaria.

pithe͡us, eī, u. eos, *m.* (πιθεύς) u. **pithiās,** ae, *m.* (πιθίας) u. **pithus,** ī, *m.* (πίθος), der **Fassstern,** eine Art Kometen von der Gestalt eines Fasses, Form *-eus,* Plin. 2, 90: Form *-ias,* Sen. nat. qu. 1, 14, 1 u. 15, 4: Form *-us,* Apul. de mund. 16 *extr.*

pitinnus, s. pisinnus.

pītisso, āre, s. pȳtisso.

pittaciārium, iī, *n.* (pittacium), die **Abgabe für einen Erlaubnisschein,** z. B. um einen Brunnen graben zu dürfen, CIL 2, 5181.

pittaciolum (auch pictaciolum geschr.), *Demin.* v. pittacium (s. d.), Hieron. in Matth. 33, 6. Aldh. de laud. virg. 49.

pittacium, iī, *n.* (πιττάκιον), ein Stückchen Leder od. Leinwand od. Papier, **a** ein **Leder-** od. **Leinwandstückchen,** das, in Flüssigkeit getränkt, auf einen kranken Teil des Körpers gelegt wird, Cels. 3, 10. – **b** ein Lederstückchen als **Fleck** auf einen Schuh, calceamenta perantiqua, quae ad indicium vetustatis pittaciis consuta erant, Vulg. Ios. 9, 5: dah. übtr., induis capitium, tunicae pittacium, ein Anhängsel der Tunika, Laber. com. 61 (bei Gell. 16, 7, 9). – **c** ein **Schildchen** an einer Weinflasche, Petron. 34, 6. – **d** ein **Anschlag,** eine **Ankündigung,** proposuit pittacium publice, Augustin. serm. 178, 8. – **e** ein Zettel, auf dem ein Gewinn bei einer Verlosung verzeichnet war, eine Art **Lotterielos,** cum pittacia in scypho circumferri coeperunt, Petron. 56, 7. – **f** ein **Verzeichnis,** eine **Liste,** Lampr. Alex. Sev. 21, 8. Cod. Theod. 10, 10, 29. § 1. Imper. Theod. et Valentin. 1, 31: pitt. authenticum, ein Originalverzeichnis (des zu verteilenden Proviants), Cod. Iust. 12, 38, 5. Cod. Theod. 7, 4, 11; 7, 4, 13; 7, 4, 16. – **g** ein **Vertrag, Kontrakt,** Novell. Theod. Sec. 27. § 3. – **h** eine **Quittung,** Cassiod. var. 12, 20, 1.

Pittacus u. **-os,** ī, *m.* (Πίττακος), Philosoph zu Mytilene, einer der sieben Weisen, Cic. de or. 3, 56. Nep. Thras. 4, 2. Iuven. 2, 6.

Pitthe͡us, eī u. eos, *m.* (Πιτθεύς), König in Trözen, Vater der Äthra, der Gemahlin des Ägeus u. Mutter des Theseus, Ov. met. 8, 622. Hyg. fab. 37. – Dav.: **A Pitthēis,** idos, *f.* (Πιτθηΐς), die **Pitthēide** (Tochter des Pittheus) = Äthra, Ov. – **B Pitthēius** u. zsgzg. **Pitthēus,** a, um (Πιτθήϊος, Πιτθεῖος), **pitthēisch,** Ov.

pituinus u. **pityinus,** a, um (πιτύϊνος), **von Fichten, Fichten-,** resina pituina, Scrib. Larg. 202 u. 205. Veget. mul. 6, 28, 18: resina pityina, Marc. Emp. 36.

pītuīta, ae, *f.*, **zähe Feuchtigkeit, I** im tierischen Körper, **a** = φλέγμα, der kalte u. flüssige **Schleim,** Cato, Cels. u. a.: cum pituita redundat, wenn Verschleimung entsteht, Cic.: Plur. = verschiedenartiger Schleim, Plin. 20, 104 u. a. Pallad. 1, 28, 6: pituitae fluctiones, Bauchflüsse, Plin. 22, 138. – bes. der **Schnupfen,** mala nasi, Catull.: cum pituita molesta est, Hor. – **b** der **Pips** der Hühner, Colum. u. Plin. – **c zähe Feuchtigkeit,** impetus pituitae in facie, feuchte Ausschläge, Plin. 28, 183. – **d** eine **eiterartige Flüssigkeit,** Cels. 5, 28, 16 u. 6, 18, 2. p. 255, 26 D. – **II** der Bäume, Plin. 17, 252 u. a. – ► Häufig bei Dichtern dreisilbig, s. Heindorf Hor. sat. 2, 2, 76.

pītuītāria, ae, *f.* (pituita), *sc.* herba, eine Schleim abführende Pflanze, Plin. 23, 18.

pītuītōsus, a, um (pituita), **voller Schleim, verschleimt,** homo, Cic. de fato 7. M. Aurel. bei Fronto ad M. Caes. 4, 5. p. 69, 2 N.

pitydion, iī, *n.* (πιτύδιον), der **Fichtenzapfen,** Plin. 15, 36.

pityinus, a, um, s. pituinus.

pityocampē, ēs, *f.* (πιτυοκάμπη), die **Fichtenraupe** (*Phalaena bombyx pityocampa,* L.), Plin. 23, 62 u. a.

pityōn, ōnis, *m.* (πιτυών), der **Fichtenwald,** Mart. 12, 50, 1 (wo Akk. Plur. -onas).

pityriasis, is, Akk. in, *f.* (πιτυρίασις), der **Kleiengrind,** Cass. Fel. 6. p. 13, 10 u. 15 R.

pītysma, atis, *n.*, s. pȳtisma.

Pityūs, Akk. ūnta, *f.* (Πιτυοῦς), eine von Griechen angelegte große Stadt im asiatischen Sarmatien, am innersten nordwestlichen Winkel des Pontus, Plin. 6, 16. Amm. 22, 8, 16.

pius, a, um, **I pflichtmäßig handelnd, pflichtmäßig, fromm, a** = **rechtschaffen, gottesfürchtig, tugendhaft, gewissenhaft** (Ggstz. impius, sceleratus), uxor, Plaut.: homo, Cic.: Aeneas, Verg.: ingenium Pamphili, Ter. – bes. v. Dichtern, poëta, Catull.: vates, Verg.: pii luci, die frommen Dichterhaine (weil sie mit frommen Empfindungen erfüllen), Hor. – und von den Verstorbenen im Elysium, pii, die Seligen, Cic. – übtr., v. Handlungen u. Zuständen = **fromm, gewissenhaft, rechtmäßig, gerecht, pflichtmäßig,** pax, Cic.: duellum (= bellum), Liv.: militia, Ov.: dolor, Ov.: maxime p. quaestus, der unschuldigste, ehrlichste Gewinn, Cato. – subst., iustum piumque, Recht u. Billigkeit, Ov. – pium est (es ist pflichtmäßig, gottgefällig) m. *Infin.*, Ov. fast. 4, 829. – **b** = **zärtlich (gesinnt), liebevoll** gegen Vaterland, nächste u. ferne Anverwandte, Obrigkeit, Wohltäter, Lehrer, **väterlich, kindlich, pflichtgetreu,** in parentes, Cic.: adversus sororem, Liv.: pia sarcina nati, v. Anchises, Ov.: impietate (gegen den Sohn) pia est (gegen den Bruder), Ov.: propinquitates, Planc. in Cic. ep.: affirmat fore se memoremque piumque, Ov. – übtr., metus, zärtliche Furcht (einer Gattin, die für das Leben des Gatten besorgt ist), Ov.: munificentia, freundschaftliche (gegen Verwandte), Vell. – **II** insbes.: **a gütig, gnädig,** Claud. IV. cons. Hon. 275: haec (clementia) patrem tuum specialiter Pii nomine ornavit, M. Aur. bei Vulc. Gallic. Avid. Cass. 11, 7: u. so Titel der Kaiser, Faustina bei Vulc. Gallic. Avid. Cass. 10, 1 u. in Inschriften, z.B. CIL 9, 1113. Eckhel doctr. numm. 7. p. 36; 8. p. 453. – **b** (wie φίλος) **hold, traut,** pia testa (Flasche), Hor. carm. 3, 21, 4. – ► *Superl.* piissimus, von Cic. Phil. 13, 43 als unlat. getadelt, von Sen. rhet., Tac. u. a. ganz regelmäßig gebraucht. – Nbf. piius, in Inschr., z. B. CIL 6, 16123; vgl. Cic. bei Quint. 1, 4, 11. – u. Nbf. piēns, entis, CIL 5, 368 u. 11, 434: *Superl.* pientissimus, CIL 2, 19; 5, 131 u. ö: vulg. pientessimus, CIL 12, 1128.

pix, picis, *f.* (πίσσα), das **Pech,** der **Teer,** pix liquida, Scrib. Larg.: pix fervefacta, Caes.: pix sulphure et taedā mixta, Sall.: cupae taedā ac pice refertae, Caes.: cupas sevo, pice, scandulis complere, Caes.: postes inducere pice, Plaut.: alqd pice linere, Liv.: alqd pice ungere, saturare, Vitr. – Plur. = Pechstücke, Pechmassen, pices Idaeae, Verg. georg. 3, 450: ut pices navium solverentur, Augustin. de civ. dei 3, 31. – Siedendes Pech den Sklaven zur Strafe auf den Leib geträufelt, Plaut. u. Lucr.

plācābilis, e (placo), **I leicht zu beruhigen, -zu besänftigen, versöhnlich** (Ggstz. inexorabilis, unerbittlich, irritabilis, reizbar), irritabiles animi sunt optimorum saepe hominum iidemque placabiles, Cic.: inimicis te placabilem, amicis inexorabilem praebes, Rhet. Her.: in posterum moneo, ut te erroribus tuorum placabilem praestes, Plin. ep.: esse placabilem (Ggstz. irasci celerem esse), Hor.: habere omnia aequiora et placabiliora quam animum praetoris atque hospitis, Cic.: sacris placabilis (est) ira, Ov.: quo quisque maior, magis est placabilis irae, Ov. – m. *ad* u. Akk., Hortensii tam placabile ad iustas preces ingenium, Liv. 4, 42, 9. – poet. übtr., ara Dianae, Verg.: ara Palici, Verg. – **II** aktiv = **leicht beruhigend, besänftigend, versöhnend** (s. Bünem. Lact. 4, 28, 7), hostia, Lact. 4, 28, 7: sacrificium, Lact. epit. 67, 4: te ipsum purgare ipsi coram placabilius est, es versöhnt leichter, Ter. adelph. 608: u. so Ter. Phorm. 961.

plācābilitās, ātis, *f.* (placabilis), die **Versöhnlichkeit,** Cic. de off. 1, 88. Hieron. in psalm. 5, 13. Salv. de gub. dei 6, 16, 91 u. a. Eccl.

plācābiliter, *Adv.* (placabilis), **besänftigend,** Gell. 7, 3, 19. Cassiod. var. 3, 4, 4; 6, 17, 2 u. 10, 33, 2.

plācāmen, inis, *n.* (placo), das **Besänftigungs-, Versöhnungsmittel,** die **Sühnung,** placamina irae, Liv. 7, 2, 3: praedicta placamina, Sil. 13, 415.

plācāmentum, ī, *n.* (placo), das **Besänftigungs-, Versöhnungsmittel,** Plin. 21, 42: Plur., placamenta hostilis irae, Tac. hist. 1, 63: deorum od. deûm placamenta, Sühnungen, Plin. 8, 187. Tac. ann. 15, 44: Ggstz., omnia animarum placamenta vel incitamenta, Apul. de deo Socr. 13.

plācātē, *Adv.* (placatus), **mit ruhigem Gemüt, mit Fassung,** omnia humana pl. et moderate ferre, Cic. ep. 6, 1, 4: molestias cotidie remissius et placatius ferre, Cic. ep. 6, 13, 3.

plācātio, ōnis, *f.* (placo), die **Beruhigung, Besänftigung, Versöhnung,** deorum immortalium, Cic. de nat. deor. 3, 5: numinum, Augustin. de civ. dei 2, 27: perturbati animi, Cic. Tusc. 4, 60: absol., Vulg. psalm. 48, 8. Salv. adv. avar. 1, 11, 56 u. a. Eccl.: Plur., Vulg. 1. Mach. 1, 47.

plācātōrius, a, um (placo), **besänftigend, versöhnend,** hostia, Tert. de patient. 13.

plācātrīx, trīcis, *f.* (placo), die **Besänftigerin, Versöhnerin,** dei, Salv. de gub. dei 3, 9, 44.

plācātus, a, um, *PAdi.* (v. placo), **I besänftigt, versöhnt, versöhnlich,** placatiore eo et suā et regis spe invento, Liv. 37, 45, 6: quanto id maiore et placatiore animo decet vos facere in hac victoria, Liv. 37, 45, 8. – m. *Dat.*, exercitus duci placatior, Liv. 2, 60, 3. – **II** (als Eigenschaft) **friedlich, ruhig, sanft,** vita, Cic.: quies placatissima, Cic.: res placatae et minime turbulentae, Cic.: Venus, die freundliche, holde, Prop.: übtr., mare, Verg.

placenta, ae, *f.* (πλακοῦς), der **Kuchen,** Cato r. r. 76, 1 *sqq.* Hor. sat. 1, 10, 11 u. 2, 8, 24. Mart. 5, 39, 3. Iuven. 11, 60.

placentārius, iī, *m.* (placenta), der **Kuchenbäcker,** Paul. sent. 3, 6. § 72.

1. placentia, ae, *f.* (placeo), das **Gefällige,** Apul. de dogm. Plat. 2, 6.

2. Placentia, ae, *f.*, Stadt im zispadan. Gallien am Po, im zweiten pun. Krieg von den Römern kolonisiert, j. *Piacenza,* Liv. 21, 25, 2. Vell. 1, 14, 8. Sil. 8, 59. Ambros. epist. 39, 3. – Dav. **Placentīnus,** a, um, **placentinisch,** Cic. – Plur. subst., Placentīnī, ōrum, *m.*, die Einwohner von Placentia, die **Placentiner,** Liv.

placeo, uī, itum, ēre (verwandt mit placāre, wie sedēre mit sēdāre), **gefallen, gefällig sein** (Ggstz. displicere, improbari), **I** im Allg.: **a** v. Pers.: alci, Cic.: velle placere alci, jmdm. gefällig sein wollen, Cic.: placere sibi, sich gefallen = mit sich zufrieden sein, Cic. u. Ov. (u. so qui ipsus sibi satis placet, Ggstz. qui ipsus se contemnit [sich gering anschlägt], Plaut. trin. 322 *sq.*): placens uxor, gefällige, angenehme, Hor.: placuit, ich war damit einverstanden, ich stimmte zu, Komik. (s. Spengel Ter. Andr. 102). – mediales Perf., placitus sum, ich habe gefallen, placita es simplicate tuā, Ov. am. 2, 4, 18. – **b** v. Lebl.: placet hoc tibi? gefällt dir das? Cic.: vis et arma satis placebant, dünkten gut genug, Tac.: si illa tibi placet, placenda dos quoque est quam dat tibi, muss gefallen, -genügen, Plaut. trin. 1159. – mediales Perf. (vgl. *no.* a), quae vobis placita est condicio datur, Ter. Hec. 241: ubi sunt cognitae (fabulae), placitae sunt, Ter. Hec. prol. 2, 21. – m. folg. *quod* (dass), sibi non placere, quod tam cupide elaborasset, ut etc., Nep. Arist. 1, 4. – m. folg. *Infin.*, *displicebat* ei, cum esset Romae, habitare in Palatio, ac magis *placebat* in hortis Sallusti vel in Domitiae vivere, Vopisc. Aurel. 49, 1. – m. folg. *Acc.* u. *Infin.*, numquam Romanis placuisse imperatorem a suis militibus interfici, Eutr. 4, 16 *extr.* – **II** insbes.: **A** v. Bühnendichter und seinen Stücken, v. Schauspieler und von anderen Künstlern = **gefallen** (Ggstz. exigi, explodi), Ter.: admodum placere in tragoediis, Cic.: Canus choraules mire placens, Suet. – **B** placet mit u. ohne *Dat. pers.* = **ich finde für gut, es beliebt mir, ich stimme dafür, meine Meinung geht dahin, ich beschließe, a** übh.: ut doctissimis placuit, Cic.: mit folg. *ut* u. Konj., his placuit, ut tu in Cumanum venires, Cic.: ita nobis placitum est, ut ea, quae difficillima essent, potissimum conscriberemus, ich habe für gut befunden, zu schreiben, Rhet. Her.: *inter nos* mane placuerat, ut a notariis verba nostra exciperentur, Augustin. epist. 238, 1. – mit folg. bl. *Coniunctiv,* placuit ad hunc primum ferremus aditum, Apul. met. 4, 9. – m. folg. *Infin.*, nec mihi quidem ipsi tunc placebat diutius abesse ab rei publicae custodia, Cic.: tamen placuit verba apud regem facere, Sall.: absistere oppugnatione placuit, Liv.: non placebat illi orationem inflectere, Sen. rhet.: Veneri placet impares formas atque animos sub iuga aënea mittere, Hor.: mit folg. *Acc.* u. *Infin.*, placet Stoicis homines hominum causā esse generatos, Cic.: duo placet esse Carneadi genera visorum, Cic.: placuit impigros iuvenes pergere inde rectā ad portam, Liv.: hos corripi placitum est, Tac. – als parenthet. Formel, si placet, Cic.: u. bes. si dis placet, so Gott will, Plaut. u. Liv. (s. Brix Plaut. capt. 451. Weißenb. Liv. 40, 13, 2); u. ironisch = will's Gott, Ter., Cic. u. a. – Abl. absol., sic placito ocius surrexit, Apul. met. 2, 24. – **b** als publiz. *t. t.* v. Senat usw., **belieben = verordnen, den Beschluss fassen,** sic placitum est, Verg. – m. folg. *ut* u. Konj., senatui placere, ut etc., Cic.: placitum est (es wurde beliebt, beschlossen), ut reverteretur Pompeius, Cic. – m. folg. *ne* u. Konj., et placuit, ne (consules) imperium longius quam annuum haberent, Eutr. 1, 9 *in.* – m. folg. *Acc.* u. *Infin.*, suggestum adornari placuit, Liv.: post aliquantum nullos fieri placuit, Eutr.: placitum (est) eandem poenam irrogari quam in Aruseium, Tac.

placēsco, ere (*Inchoat.* v. placeo), **gefallen,** Anthol. Lat. 353, 12 (360, 12).

placibilis, e (placeo), **gefallbar, gefällig,** Tert. de res. carn. 43.

placida, ae, *f.*, s. placidus a. E. ►.

placidē, *Adv.* (placidus), **sanft, ruhig, still, friedsam,** pultare, leise, Plaut.: ire, sanft, leise gehen, Ter.: manare (v. einem Fluss), Curt.: colles pl. acclives, allmählich sich erhebende, Liv.: placide atque sedate ferre dolorem, Cic.: placidius plebem tractare, Sall.: placidissime respondit, Augustin.

Placidēiānus, ī, *m.,* s. Pacidēiānus.

placiditās, ātis, *f.* (placidus), **a** **ruhiges Wetter,** Heges. 4, 27 *extr.* – **b** die **Sanftmut, Versöhnlichkeit,** der **sanfte Charakter,** Varro r. r. 2, 1, 4. Gell. 13, 23 (22), 19. Lact. 6, 15, 3. Ambros. de off. 2, 7, 29. Cassian. de inc. Chr. 7, 5.

placido, āvī, āre (placidus), **besänftigen, beruhigen,** Ambros. de Cain et Abel 1, 3, 11; de Iacob et vit. beat. 2, 6. § 28; de virginit. 17. § 107. Heges. 4, 27.

placidulus, a, um (*Demin.* v. placidus), **sanft, ruhig, still,** Auson. parent. 27, 3. p. 54 Schenkl.

placidus, a, um (placeo), **sanft, ruhig, still, friedsam, gemütlich** (Ggstz. vehemens, violentus), homo, Cic.: animal, zahm, Plin.: reddere alqm placidum, Cic.: senatus, Cic.: ingenium, Sall.: animus, Sen.: mores (equi) ex placido concitati (Ggstz. ex concitato mitissimi), Colum.: oratio, Cic.: pl. ac lenis senectus, Cic.: mors, sanfter Tod, Verg.: urbs, Cic.: dies, heiterer, stiller, ruhiger Tag, Plin. ep.: aqua, Plaut. u. Prop.: aquae, Ov.: amnis, Ov.: mare, Sall. fr. u. a.: aequor, Tac.: amnis placidior (Ggstz. violentior), Plin.: placidior Rhenus, Tac.: placidior civitas, Liv.: placidissima pax, Cic. – uva, reif, mild, Sedul.: arbores placidiores, zahmer, fruchtbarer, Plin. – subst., cum serenum placidumque est, wenn es heiteres u. ruhiges Wetter ist, Gell. 16, 3, 9. – ad placidiora deverti, mildere Maßregeln ergreifen, Amm. 14, 10, 11. ► placidae, ārum, *f.,* flache Fahrzeuge, Gell. 10, 25, 5.

placitio, ōnis, *f.* (placeo), das **Gefallen,** sui, Hieron. Orig. in Ezech. hom. 9, 5.

placītis, idis, *f.* (πλακῖτις), eine Art des im Ofen bereiteten Galmei, **Blättergalmei,** Plin. 34, 102.

placito, āre (*Frequ.* v. placeo), **durchaus gefallen,** Plaut. Bacch. 1081.

placitum, ī, *n.,* s. placitus.

placitus, a, um, *PAdi.* (v. placeo), **gefallend, beliebt, angenehm,** **I** *adi.:* amor, Verg.: locus, Sall.: cultrix placitissima nostri, Stat. – **II** *subst.,* placitum, ī, *n.,* **A** **was einem gefällt,** ultra placitum, gegen seine Überzeugung, über Gebühr, Verg. ecl. 7, 27. – **B** die geäußerte **Willensmeinung, Meinung,** der **Grundsatz, Lehrsatz,** placita Babyloniorum, Plin.: placita medicorum, Plin.: rhetorum aut philosophorum placita, Tac. dial.: placita maiorum, Tac.: philosophiae placita, Sen.: quae Graeci vocant *dogmata,* nobis vel *decreta* licet appellare vel *scita* vel *placita,* Sen.

plāco, āvī, ātum, āre (Kausativ v. placeo, wie sēdo v. sedeo, stammverwandt mit plā-nus), **ebenen, beruhigen,** **I** eig.: aequora tumida, Verg.: aequora, Ov. – **II** übtr., **beruhigen** = **besänftigen, beschwichtigen, versöhnen** (Ggstz. concitare, perturbare), animum, animos, Cic.: alqm, Cic.: canem, Petron.: iram, Cic.: invidiam, Hor.: alqm in alqm, Nep. u. Liv., od. alqm alci, Ter. u. Cic., jmd. mit einem versöhnen: homo sibi ipse placatus, mit sich eins, ruhigen Geistes, Cic.: si places illacrimabilem Plutona tauris, magst besänftigen (zu besänftigen suchen), Hor. – übtr., ventrem, Hor.: sitim, Mart. – ► sub vos placo = vobis supplico, Carm. vet. bei Fest. 190, 2.

placor, ōris, *m.* (placeo), das **Wohlgefallen,** Vulg. Sirach 4, 13 u. 39, 23.

placūsia, ae, *f.,* eine Art Fische, Plaut. rud. 298 (Fleckeisen plagusia).

1\. **plāga,** ae, *f.* (dor. πλαγά = πληγή), der **Schlag, Streich, Hieb, Stoß,** **I** im Allg., Ter., Cic. u. a.: plagam ferre, einen Hieb tun wollen, beibringen wollen, Verg.: verbera (Schläge mit Riemen) et plagas (mit Ruten u. Stäben) repraesentare, Suet. – v. **Anstoß** der Atome, Lucr. u. Cic. – plagae grandinum, Hagelschlag (neben ictus fulminum), Oros. 1. prol. § 10 Z. – **II** insbes., der verwundende **Schlag, Hieb, Streich, Stoß,** u. meton. = die **Wunde** selbst, plagis vulnerari, Nep.: plagam accipere, Cic.: plagam infligere, imponere, Cic., od. inferre, Plin.: foediores plagae, Liv. – bildl., plaga est iniecta (beigebracht) petitioni tuae, Cic.: oratio gravem plagam facit, dringt tief ein, Cic.: plagam accipere, Cic.: levior est plaga ab amico, Verlust, Cic.

2\. **plaga,** ae, *f.* (vgl. πλάξ), **Platte, Blatt, Fläche,** **I** als Körper: **A** ein **Netz, Garn,** bei der Treibjagd gebraucht, um Eber und andere wilde Tiere zu fangen (wogegen retia Netze für Vögel und Fische sind), **1** eig. u. bildl.: tendere plagas, Cic.: lupum in plagas compellere, v. Hunden, Plaut.: in plagam (plagas) cadere, Ov. – bildl., incĭdere in plagas, Petron.: se impedire, se conicere in plagas, Plaut.: Antonium conieci in Octaviani plagas, Cic. – **2** übtr., v. **Spinnengewebe,** Plin. 11, 83. – **B** ein **Teppich,** bald als **Bettvorhang,** bald als **Bettdecke, -überzug,** Pacuv. tr. 46. Varro sat. Men. 434. Varro vit. P. R. 3. fr. 21 (bei Non. 537, 22): pulvinares plagae, Varro logist. XXXIII Riese (bei Non. 162, 28. – **II** als Raum = **Gegend, Landschaft, Bezirk, Kreis, Kanton,** caeli, Cic.: plaga caeli, cui lactea nomen est, Sen.: septentrionalis, Sen.: aetheria, Luft, Verg.: quattuor plagae, vier Erdstriche, Zonen, Verg.: plaga solis iniqui, die heiße Zone, Verg.: ebenso fervida od. ardens, Sen. poët.: frigida haec omnis duraque cultu et aspera plaga est, Liv.: a rigida septentrionis plaga usque ad fervores Atlantici oceani, Hieron. – zuw. v. den Bewohnern, plaga (Kanton, Bezirk) una (Materinam ipsi appellant) non continuit modo ceteros in armis, sed etc., Liv.: ad septentrionem conversa ferme plaga ferocius agebat, Flor.: Iason primus eam caeli plagam domuisse dicitur, Iustin.

plāgālis, e (1. plaga), **zum Schlag gehörig,** poena, Prügelstrafe, Ps. Cypr. de duod. abus. saec. 9 *extr.*

plagella, ae, *f.* (*Demin.* v. 2. plaga) = πτύγμα, ein **doppelt gelegter Lappen,** ein **Bäuschchen,** Cael. Aur. de morb. chron. 3, 2, 22.

plagiāria, ae, *f.* (Femin. zu plagiarius), eine **Menschendiebin, Seelenverkäuferin,** übtr. – eine Verführerin, Venus est plagiaria, CIL 4, 1410.

plagiārius, iī, *m.* (plagium), ein **Menschendieb, Seelenverkäufer** Cic. ad Q. fr. 1, 2, 2. § 6. Sen. de tranqu. anim. 8, 4. Ulp. dig. 21, 1, 17. § 7. Vulg. 1. Tim. 1, 10. – scherzh. vom gelehrten Dieb, Mart. 1, 52, 9 (wo er seine Schriften mit freigelassenen Sklaven vergleicht): übtr., **Dieb,** praedones pudoris et plagiarii castitatis, Ps. Cypr. de sing. cler. 27.

plagiātor, ōris, *m.* (plagium), **I** der **Menschendieb, Seelenverkäufer,** Tert. adv. Marc. 1, 23. – **II** der **Knabenverführer,** Hieron. epist. 5, 3.

plāgigerulus, a, um (plaga u. gerulus), **Schläge bekommend,** Plaut. most. 875; Pseud. 153 G.

plagio, āvī, āre (plagium), **an** jmd. **einen Menschendiebstahl begehen,** jmd. **rauben,** alqm, Mos. et Rom. leg. collat. tit. 14. § 1.

Plāgioxypus, ī, *m.,* der **Ausschläger,** viell. anspielender Name auf den Redner L. Philippus, Rhet. Her. 4, 42.

plāgipatida, ae, *m.* (plaga u. patior), **einer, der Schläge erduldet,** Plaut. capt. 472; most. 356.

plagium, iī, *n.* (πλάγιος), der **Menschendiebstahl, Seelenverkauf,** Ulp. dig. 17, 2, 51. § 1 u. a. ICt.

plāgo, āvī, ātum, āre (1. plaga), **schlagen, verwunden,** Augustin. de civ. dei 21, 11. Vulg. Zach. 13, 6. Schol. Iuven. 6, 655; 13, 113. Cassiod. hist. eccl. 3, 2.

plāgōsus, a, um (1. plaga), **I** *pass.,* **voller Schläge** od. **Wunden,** dorsum, Apul.: crura, Apul. – **II** aktiv = viel Schläge austeilend, **schlaglustig,** Orbilius, Hor. ep. 2, 1, 70.

plagula, ae, *f.* (*Demin.* v. 2. plaga), **I** ein **Blatt** einer Toga, die aus zwei solchen zusammengenähten Blättern bestand, Varro LL. 9, 79. – **II** ein **Blatt Papier,** ein **Bogen,** deren mehrere (bis zu 20) zusammengefügt einen scapus (etwa ein Buch Papier) bildeten, Plin. 13, 77. – **III** ein **Teppich,** bald als **Bettdecke,** Afran. com. 415. Varro vit. P. R. 1. fr. 21 (bei Non. 86, 6), bald als **Bett-** od. **Sänftenvorhang,** Liv. 39, 6, 7.

plagūsia, s. placūsia.

plāna, ae, *f.* (plano), das **Hobeleisen,** runcinarum levigata de planis, Arnob. 6, 14.

plānāris, e (planus) = ἐπίπεδος, **auf ebener Erde,** Mart. Cap. 6. § 708.

plānārius, a, um (planus) = ἐπίπεδος, **auf der Ebene, auf ebener Erde,** conflictus, Amm. 19, 5, 2: interpellatio, des Richters, ehe er das Tribunal besteigt, Cod. Iust. 3, 11, 4.

Planasia, ae, *f.* (Πλανασία), eine Insel südl. von Elba im Ligurischen Meer, unter den Kaisern Verbannungsort, j. *Pianosa,* Varro r. r. 3, 6, 2. Tac. ann. 1, 3, 6. Mart. Cap. 6. § 644.

planca, ae, *f.* (πλάξ), eine **Bohle, Planke,** ein **Brett,** Pallad. 1, 21, 2.

Plancius, a, Name eines röm. Geschlechts, aus dem bes. Cn. Plancius bekannt ist, der als Quästor in Mazedonien dem Cicero während seiner Verbannung große Dienste leistete u. deshalb später von ihm verteidigt wurde, als er wegen Amtserschleichung (ambitus) angeklagt wurde, Cic. post red. in sen. 35; ad Att. 1, 12, 2 u. a. – Dav. **Planciānus**, a, um, **plancianisch, des Plancius,** senatus consultum, Ulp. dig. 25, 3, 1. § 10.

plānctus, ūs, *m.* (plango), **I** das laute, tönende, rauschende **Schlagen, Rauschen,** mit den Flügeln, Petron. u. Val. Flacc.: v. Wellenschlag, Lucan. – **II** insbes., das mit Wehklagen verbundene Schlagen auf die Brust, auf Arme und Hüften, als Zeichen der Trauer, die **laute Trauer,** das **Händeringen** u. dgl. (griech. κομμός), Curt., Sen. poët., Petron. u. a.: verb. planctus et lamenta, Tac., gemitus et planctus, Tac., luctus planctusque, Lucan.: Plur., planctus muliercularum, Hieron. vit. Hilarion. 6: si nullis planctibus defuncta revocantur, Sen. ad Marc. 6, 2: ploratu lamentisque et planctibus tota regio personabat, Curt. 10, 5 (15), 7.

Plancus, ī, *m.* (= πλατύπους, breitfüßig, Gloss.) eine Familie der gens Munatia; vgl. Plin. 11, 254.

plānē, *Adv.* (planus), **eben, flach, I** eig., im Wortspiel, nam istuc proclive est, quo iubes me plane collocare, Plaut. asin. 663; vgl. *ibid.* 657. – **II** übtr.: **A mit klaren Worten, deutlich, klar, ausdrücklich, geradezu, rundheraus,** loqui, Cic.: planius dicere, Cic.: planissime explicare, Cic.: plurimae leges planissime vetant, Cic.: disertissime planissimeque in eo (decreto) scriptum est, Liv. – **B gänzlich, völlig, ganz und gar, entschieden** (Ggstz. propemodum, paene, vix), **a** übh.: pl. eruditus, durchaus gebildet, Cic.: pl. optimus, entschieden der beste, Apul.: modo plane CXL annis, in runder Summe, Cic.: pl. perii, Plaut.: occīdi od. perii planissume, Plaut.: si pl. occīdimus, Cic.: pl. bene facere, ganz vortrefflich handeln, Cic.: bene pl. magnus mihi videtur, Cic.: quod reliquos coheredes convenisti, pl. bene (war ganz recht), Cic.: pl. scire, ganz gut w., Ter.: pl. nihil sapit, Cic. – **b** in bejahenden Antworten, **völlig, wirklich, allerdings,** Plaut. u. Tac.: planissime, **allerdings, ganz richtig,** Ter.

plānēsco, ere (planus), **eben werden,** Paul. Nol. 5, 318.

planētae, ārum, *m.* (πλανῆται) u. **planētes**, um, *m.* (πλάνητες v. Sing. πλάνης), die **Planeten, Wandelsterne** (rein lat. stellae errantes od. erraticae), Form *-tae,* Auson. egl. de nom. sept. dier. 2. p. 9 Schenkl. Isid. orig. 3, 70, 20; 19, 24, 17. Serv. Verg. Aen. 3, 284. Firm. math. 2, 2. CIL 5, 8466. – Form *-tes,* Gell. 14, 1, 12. Chalcid. Tim. 87 (wo auch Genet. planetum).

planētārius, iī, *m.* (planetae), der **Astrologe,** Augustin. conf. 4, 3.

planēticus, a, um (πλανητικός), **irrend, herumirrend,** sidera, Sidon. epist. 8, 11, 9. – subst., planētica, ae, *f.*, ein weites, den ganzen Körper umhüllendes Gewand, Cassian. coen. inst. 1, 7.

plango, plānxī, plānctum, ere (vgl. πλήσσω u. πλάζω), **schlagen,** bes. mit Getöse, **I** im Allg.: tympana palmis, Catull.: litora planguntur fluctu, Ov. – medial, plangitur, schlägt mit den Flügeln (v. einem gefangenen Vogel), Ov. met. 11, 75. – **II** insbes., bei heftiger Trauer an die Brust usw. **schlagen, A** eig.: caput ferire, femina plangere, Cic. or. de aere al. Milon. 2. fr. 4. p. 32 Kays.: pectora, Ov.: femur, Ov.: lacertos, Ov. – **B** übtr., wie κόπτεσθαι, **1** refl. plangere u. medial plangī, sich vor Trauer auf Brust und Arme schlagen, **laut trauern,** wir **die Hände ringen** u. dgl., planguntur matres, Ov.: planxere Dryades, Ov.: lamentari et plangere, Suet.: quas neque lugeri neque plangi fas est, Tac.: gemitus plangentium, Iustin.: agmina plangentia, Verg. – **2** plangere alqd od. alqm, **laut betrauern,** damna, Stat.: Memphiten bovem (= *Apim*), Tibull. – ► Futur. nach der 2. Konjug., plangebitis, Vulg. (Amiat.) Ezech. 24, 23. Itala Ioann. 16, 20 (bei Cypr. de mortal. 5): plangebunt, Itala Matth. 24, 30.

plangor, ōris, *m.* (plango), das **Schlagen** mit Geräusch, das **Klatschen,** das **Rauschen, I** im Allg., Catull. u. Ov.: feminis, auf die Hüfte, Rhet. Her. – **II** insbes., das mit Wehklagen verbundene Schlagen auf Brust, Arme und Hüften als Zeichen der Trauer, das **laute Trauern,** Verg. u. Ov.: plangore et lamentatione implere, complere forum, mit Heulen und Wehklagen, Cic.: plangorem dare, Ov. – Plur., plangores feminei, Verg., magni, Verg.: diem lacrimis et plangoribus consumere, Apul.

plangus, ī, *m.*, eine Adlerart, Plin. 10, 7.

plāniciēs, s. plānitia.

plāniloquus, a, um (plane u. loquor), **offen heraus redend,** ut planiloqua est, wie sie so offen spricht, Plaut. truc. 864.

plānipēs, pedis (planus u. pes), **I breitfüßig,** Quint. 5, 11, 24. – **II barfuß,** ein **Barfüßler,** v. mimischen Schauspielern, die in der Rolle der Sklaven usw. auf der Bühne keine Fußbekleidung trugen, Atta com. 1. Iuven. 8, 191. Auson. praef. epist. 11. p. 170, 3 Schenkl: planipes saltans, Gell. 1, 11. § 12. Die **fabula planipes** auch **planipedium** gen.

plānitās, ātis, *f.* (planus), die **Ebenheit,** bildl., die **Deutlichkeit,** sententiarum, Tac. dial. 23.

plānitia, ae, *f.* u. **plānitiēs**, ēī, *f.* (planus), die **Ebene, Fläche,** Form *-es,* Cic., Caes. u. a.: Form *-a,* Cic., Liv. u. a.: Plur., planitiae, Vitr. 7, 3, 3. Colum. 1, 2, 4 *cod. P* (Schneider planities als Akk. Plur.).

plānitūdo, inis, *f.* (planus), die **Ebene,** Boëth. instit. arithm. 2, 25. p. 112, 23 Fr.; 2, 28. p. 118, 20 Fr. u. a.

plāno, āvī, ātum, āre, **eben machen, ebnen,** vias, Coripp. Ioh. 2, 191: libri planati pomice, Greg. Tur. hist. Franc. 5, 44. – übtr., ardua planare, Sedul. pasch. carm. 4, 7.

planta, ae, *f.*, **I** jedes **Gewächs,** das zur Fortpflanzung dient, der **Pflänzling, Setzling, a Pfropfreis, Pflanzreis,** des Weinstocks, Cic.: des Ölbaums, Varro: anderer Bäume, Verg. – **b** ein ganz junger Baum, der weiter versetzt wird, ein **Setzling, Setzholz,** Plin. – **c** ein **Schössling** einer Pflanze zum Versetzen, plantae sinapis, Colum.: plantam deponere in hortis, Ov.: apium possis plantis serere nec minus semine, Colum. – **II** die **Fußsohle,** mit u. ohne *Genet.* pedis, Catull., Verg., Ov. u. Plin.: intentā plantā, raschen Schrittes, Val. Flacc.: summa contingere sidera plantis, das höchste Glück genießen, Prop. – Sprichw., (sutorem) supra plantam (= *crepidam*) ascendere vetuit, er gebot ihm, bei seinem Leisten zu bleiben, Val. Max. 8, 12. ext. 3: ebenso supra plantam, ut dicitur, evagatus, nicht bei seinem Leisten bleibend, Amm. 28, 1, 10.

plantāgo, inis, *f.* (planta), der **Wegerich,** das **Wegebreit,** Plin. 25, 80. Th. Prisc. 4. fol. 315 (a).

plantāris, e (planta), **I zu den Setzlingen gehörig,** subst., plantāria, ium *n.*, **Setzlinge, junge Bäume,** die **Baumschule, A** eig., Verg.: plantaria instituere, Baumschulen anlegen, Plin.: v. Pflanzen, plantaria (abrotoni) transferuntur, Plin.: plantaria horti, Bäume oder Pflanzen, Iuven. – **B** poet. übtr., die **Haare,** Pers. 4, 39. – **II zur Fußsohle gehörig,** alae, Merkurs, Stat. Theb. 1, 304: so auch subst., plantaria Perseos, die Flügelschuhe, Val. Flacc. 1, 67.

plantārium, iī, *n.* (planta), die **Baumschule, Pflanzschule,** Plin. 17, 109. Vulg. Dan. 2, 41. Hieron. epist. 79, 10; vgl. plantaris *no.* I.

plantātio, ōnis, *f.* (planto), das **Pflanzen, Verpflanzen, Versetzen** eines Gewächses, Plin. 21, 17: pl. vineae, Augustin. de civ. dei 16, 1: bildl., pl. amaritudinis, Augustin. conf. 7, 3, 5. – Plur., **Anpflanzungen,** Vulg. 1. par. 4, 23: novellae plantationes, Vulg. psalm. 143, 12.

plantātor, ōris, *m.* (planto), der **Verpflanzer, Versetzer** eines Gewächses, Augustin. epist. 89, 20 u. a.

plantātōrium, iī, *n.* (planto), die **Baumschule,** Gloss. IV, 144, 35.

plantiger, gera, gerum (planta u. gero), **junge Zweige habend,** ficus Aegyptia, Plin. 13, 59.

planto, āvī, ātum, āre (planta), **I pflanzen, versetzen,** Gartengewächse, Pallad.: junge Bäume, Plin.: vineam, nemus, Vulg.: arborem fici habere plantatam (gepflanzt), Vulg. – **II bepflanzen,** inculta, Vulg. Ezech. 36, 36.

1. plānus, a, um (zu Wurzel **pela-,* ausbreiten, flach sein, griech. παλάμη, flache Hand), **platt, eben, flach, I** eig. (Ggstz. editus, arduus, montuosus, montanus, praeceps, devexus, concavus), carina, Caes.: locus, Cic.: campus, Liv.: corpus, Cic.: manus (Ggstz. m. concava),

Sen.: filum, dicker, Ov.: pisces, Plattfische, Plin.: pede plano (auf gleicher Erde befindlich) aedificia, Vitr.: planiora loca (Ggstz. derupta), Arnob.: planiora aditu loca, Liv.: campus planissimus, Cic. – subst., plānum, ī, *n.*, die **Ebene, Fläche,** Sall., Liv. u. a.: Plur. plana (Ggstz. ardua, edita), Liv. u. Tac.: plana ac devexa, Plin. – de plano, **auf ebener-, gleicher Erde,** ICt. u. Auson. – bes. als gerichtl. *t. t.*, de od. e plano, in plano, **auf gleicher Erde** (nicht auf dem Tribunal), **außergerichtlich,** iudices aut e plano aut e quaestoris tribunali admonebat, Suet.: de plano audiri, ICt.: melius in tribunali quam in plano conspicitur, besser bei vornehmen als geringen Leuten, Sen. – bildl., via vitae plana et stabilis (Ggstz. praeceps et lubrica), Cic.: fortunam suam in planum deferre, auf die ebene Bahn (der Bescheidenheit) herabführen, Sen.: non sunt humilia illa, sed placida, non depressa, sed plana, Sen.: u. de plano, ohne Umstände, ohne Schwierigkeit, leicht, hoc tibi de plano possum promittere, Lucr. 1, 411: nos interim temptemus alias probationes, quae de plano legi possunt, Sen. nat. qu. 1, 4, 1: unde (litterae tuae) de plano legi possint, Auson. grat. act. X. 50. p. 25, 25 Schenkl: cum quibus munera decurionatus honeste de plano compartiamur, CIL 5, 532. col. 2. lin. 16. – **II** übtr., ohne Anstoß = **klar, deutlich, vernehmlich, verständlich,** narratio, Cic.: littera, der bei mittlerer Öffnung des Mundes leicht ausgesprochen werden kann, Quint. – planum facere, deutlich machen, deutlich dartun, fecisti mi ex proclivi planum, was dunkel (undeutlich) war, hast du mir klargemacht, Plaut.: haec omnia plana facere, Cic.: planum facere multis testibus posse m. folg. *Acc.* u. *Infin.*, Cic. – nec cum quibus nec quem ad finem consilia pervenerint, satis planum traditur, wird deutlich genug berichtet, Liv.

2. planus, ī, *m.* (πλάνος), der **Abenteurer, Landstreicher (Vagabund), Gaukler, Scharlatan,** Cic. Clu. 72. Hor. ep. 1, 17, 59. Petron. 82, 2 u. 140, 15 u. Eccl.

plasea, ae, *f.*, s. palasea.

plasis, is, Akk. in, Abl. ī, *f.* (πλάσις), die **Ausschmückung,** oratoria, Ps. Ascon. Cic. II. Verr.. 1, 58. p. 174, 14 B.

plasma, atis, *n.* (πλάσμα), **I** das **Gebilde, Gemächte, a** das **Geschöpf,** die **Kreatur,** Prud. cath. 7, 184. Cypr. epist. 2, 2. – **b** die **Phantasieschöpfung, Erdichtung,** Auson. epist. 10, 2; prof. 22 (21), 26; perioch. Iliad. praef. Mart. Cap. 9. § 998. – **II** der **Tonwechsel,** die **Modulation der Stimme,** quoniam (Aeneida) plasmate legi voluit, Prob. Verg. ecl. praef. p. 349 *Lion:* im üblen Sinne, die **weichliche Modulation der Stimme,** Quint. 1, 8, 2. Pers. 1, 17. – ► vulg. Nbf. plasma, ae, *f.*, Commodian. apol. 311.

plasmātio, ōnis, *f.* (plasmo), die **Bildung, Gestaltung, Schöpfung,** Hieron. epist. 22, 38. Ambros. de parad. 1, 4. *no.* 24.

plasmātor, ōris, *m.* (plasmo), der **Bildner,** hominis, Tert. adv. Iud. 2.

plasmo, āvī, ātum, āre (plasma), **bilden,** Eccl.

plasso, āre (πλάσσω) = plasmo, **bilden,** Apic. 2, 38 u. 39.

plastēs, ae, *m.* (πλάστης), der **Bildner,** der aus Ton usw. bildet, der **Plastiker,** Vitr. 1, 1, 13. CIL 6, 2276. Tert. de idol. 3: pl. imaginarius, Bildner von Tonformen zu Statuen, Edict. Diocl. 7, 29: pl. gypsarius, Bildner in Arbeiten von Gips, *ibid.* 7, 30: velut plastes (Töpfer, Hafner) conculcans humum, Vulg. Isai. 41, 25. – Plur., Vell. 1, 17, 4. Plin. 35, 154.

plastica, s. plasticē.

plasticātor, ōris, *m.* (plasticus), der **aus Ton Bildende,** Firm. math. 8, 16.

plasticē, ēs, *f.* (πλαστική, *sc.* τέχνη), die Kunst, aus Ton, Gips usw. zu bilden, die **Plastik,** Plin. 35, 151. – Andere Form plastica, ae, *f.*, b. Tert. de cult. fem. 2, 2 u. 5 u. a.

plasticus, a, um (πλαστικός), **zur Plastik gehörig, plastisch, I** *adi.:* ratio, Grundsätze der Bildhauerkunst, Vitr. 1, 1. § 13: manus, bildnerische, Tert. ad nat. 1, 12. – **II** *subst.*, plasticus, ī, *m.*, der **Bildner, Plastiker,** Firm. math. 7, 25.

plastografus (= graphus), a, um (πλαστόγραφος), **Schriften verfälschend,** Gloss. IV, 144, 31 u. ö.

plastus, a, um (πλαστός), **erdichtet, trügerisch,** Fulg. poët. Myth. 1. praef. p. 25 M.

Plataeae, ārum, *f.* (Πλαταιαί), Stadt in Böotien, berühmt durch den Sieg der Griechen über die Perser (479 v. Chr.), j. *Palaeo-Castro,* Cic. de off. 1, 61. Nep. Arist. 2, 1. Iustin. 2, 12, 11. – Dav.: **A Plataeēnsēs,** ium, *m.*, die Einwohner von Platää, die **Platäer,** Nep. Milt. 5, 1. Iustin. 2, 9, 9. – **B Platāicus,** a, um (Πλαταϊκός), **platäisch,** proelium, Vitr. 1, 1, 6 (Vulg. Plataeëum).

platalea, ae, *f.*, ein Wasservogel, wahrsch. der **Pelikan,** die **Kropfgans,** Cic. de nat. deor. 2, 124 (vgl. 2. platea).

platanīnus, a, um (platanus), **von der Platane,** folia, Colum. 12, 16, 3.

platanista, ae, *m.* (πλατανιστής), ein uns unbekannter Fisch, Plin. 9, 46.

platanōn, ōnis, Akk. ōna, *m.* (πλατανών), das **Platanenwäldchen,** Vitr. 5, 11, 4. Sen. ep. 55, 6. Petron. 126, 11 u. 131, 1. Mart. 3, 19, 2: opacissimus, Plin. ep. 1, 3, 1.

platanus, ī, *f.* (πλάτανος), die **Platane,** der **morgenländische Ahorn** (*Platanus orientalis,* L.), Plin., Cic. u. a.: caelebs, weil er sich nicht mit dem Weinstock zu vermählen (= weil man die Weinstöcke nicht an ihn zu binden) pflegte, Hor. – ► Heteroklit. Form (nach der 4. Deklin.), Plur., aëriae platanus, Ps. Verg. cul. 124.

1. platēa, ae, *f.* (πλατεῖα), **I** die **Straße** in der Stadt, die **Gasse,** Ter. u. Caes. – griech. Form plataea (πλατεῖα), CIL 8, 51, 4. – **II** ein großer freier Platz im Haus, der **Hof,** Lampr. Heliog. 24. § 6. – ► Bei klass. Dichtern plătēa gemessen, bei späteren plătĕa. s. Lachm. Lucr. 3, 374.

2. platea, ae, *f.*, ein Wasservogel, wahrsch. der **Pelikan,** die **Kropfgans,** Plin. 10, 115 (von Cic. de nat. deor. 2, 124 platalea genannt).

platessa, ae, *f.*, der **Plattfisch,** die **Plattelse,** Auson. epist. 4, 60.

1. platicē, *Adv.* (platicus), **im Allgemeinen,** Firm. math. 2, 16; 3, 2 u. 6, 32.

2. platicē, ēs, *f.*, der **allgemeine-, kompendiarische Unterricht,** der **allgemeine Entwurf,** Firm. math. 2, 16 *extr.*

platicus, a, um, **kompendiarisch, in das Allgemeine gezogen,** Firm. math. 3, 2.

Plato (nachaugust. Platōn), ōnis, *m.* (Πλάτων), **I** ein berühmter griechischer Philosoph, Schüler des Sokrates, Stifter der akademischen Philosophie (vgl. Academia), Cic. de legg. 3, 1. Sen. ep. 58, 13 (16) *sqq.* Tac. dial. 31: griech. Genet. Platonos, Gell. 14, 3, 3: griech. Akk. *-ona,* Hor. sat. 2, 4, 3. Petron. 2, 5. – Plur. Platones, Männer wie Plato, Gell. 14, 1, 29: griech. Akk. *-onas,* Sen. de tranqu. anim. 7, 5. Mart. 9, 47, 1. – Dav. **Platōnicus,** a, um (Πλατωνικός), **platonisch,** ideae, Sen.: subtilitas, Plin. ep.: philosophus, ein Platoniker, Gell.: homo, übtr. = tiefer Denker, Cic.: Plur. subst., **a** Platōnicī, ōrum, *m.*, die **Platoniker,** Cic. u. a. – **b** Platōnica, ōrum, *n.*, **platonische Lehrsätze,** philosophum quendam sibi exposuisse nonnulla Platonica, Augustin. de civ. dei 18, 18, 2. p. 279, 21 D.[2] – **II** ein Epikureer aus Sardes, der um das Jahr 60 v. Chr. zu Athen lebte, Cic. ad Q. fr. 1, 2, 4. § 14.

1. platōn, ōnis, *m.*, der **Damhirsch,** Apic. 8, 342.

2. Platōn, s. Plato.

platycerōs, ōtis, Akk. Plur. ōtas (πλατύκερως), **breite Hörner habend,** wie Elch, Damhirsch und Renntier, Varro r. r. 2, 1, 5 (wo platycerotas zu lesen), Plin. 11, 124.

platycoriasis, is, *f.* (πλατυκορίασις), die **zu weite Ausdehnung des Augapfels,** Veget. mul. 3, 16.

platyophthalmos, on (πλατυόφθαλμος, breitäugig), eine Benennung des **Spießglases,** weil es die Augen erweitert u. verschönert, Plin. 33, 102.

platyphyllon, ī, *n.* (πλατύφυλλον), eine breitblätterige Art der Pflanze tithymallus, Plin. 26, 70 u. 119.

plaudeo, s. plaudo ►.

plaudo (plōdo), plausī (plōsī), plausum (plōsum), ere, **I** *intr.* **klatschen, schlagen,** dass es klatscht, von zwei zusammenschlagenden Körpern, **A** im Allg.: alis, Verg., od. pennis, Ov.: rostro, Ov.: von den Händen, aversae inter se manus collisae non plaudunt, Sen.: v. Zusammenschlagen des Zeuges beim Weben, non Lybico molles plauduntur pectine telae, Ps. Verg. Cir. 179. – **B** insbes.: **1** mit den

Händen **Beifall klatschen,** **a** eig.: manus in plaudendo consumere, Cic.: plaudere manu, percutere pede (mit den F. stampfen), Ambros.: *impers.*, huic ita plausum est, ut etc., Cic. – bes. im Theater, plaudite, am Ende des Stückes, Plaut. u. Hor.: clare pl., clare pl. manibus, Plaut.: als Ehrenbezeigung, stantes (stehend, sich erhebend) plaudebant, Cic.: qui Curioni stantes plauserant, Cic.: a stantibus plausum esse, Suet. – **b** übtr., **Beifall spenden, seine Huldigung darbringen,** ingeniis sepultis, Hor.: versibus alcis, Ov.: ineptiis meis, meinen eigenen törichten Liebhabereien das Wort reden (sein Steckenpferd reiten), Tac. dial.: dis hominibusque plaudentibus, Cic. – dah. pl. sibi, **sich selbst Beifall klatschen,** zur Bezeichnung der Selbstgefälligkeit, Hor. u. Plin. ep. – **2** zum Zeichen des Missfallens mit den Füßen **scharren,** pl. in alqm, Min. Fel. 14, 2. – **II** *tr.*: **A** etw. od. an etw. **klatschen,** so **schlagen,** dass es klatscht, pectora manu, Ov.: so auch plausa colla equorum, Verg. u. Ov.: pedibus choreas, mit den Füßen stampfend, Verg. – **B** übtr., **klatschend zusammenschlagen,** plausis alis, Ov. met. 14, 507 u. 577. – ► Form plōdo, Varro sat. Men. 166. Quint. 6, 1, 52. Amm. 28, 4, 33. – Parag. Infin. plaudier, Plaut. rud. 1250. – Nbf. plaudeo, wov. plaudent, Commod. apol. 20 u. 480: plaudeas, Lucifer de reg. apost. 3. p. 42, 14 u. 6. p. 49, 6 H.: plaudebit, Vulg. (Amiat.) Sirach 12, 19.

plaumorātum, ī, *n.* (rhätisches Wort), der **Räderpflug,** Plin. 18, 172.

plausibilis, e (plaudo), **Beifall verdienend, auf Beifall berechnet, einleuchtend,** Cic. u. a.: *Compar.*, quae plausibiliora arbitrantur, Ambros. de off. 1, 44, 218.

plausibiliter, *Adv.* (plausibilis, s. Diom. 406, 7), **mit Beifall,** Augustin. c. Cresc. Donat. 4. § 54: *Compar.* plausibilius, Sidon. epist. 8, 10, 3.

plausito, āre (*Frequ.* v. plaudo), **klatschen** (mit den Flügeln), Anthol. Lat. 762, 21 (233, 21).

plausor, ōris, *m.* (plaudo), der **Beifallklatscher,** Hor., Plin. pan. u. a. – Nbf. plōsor, Hor. de art. poet. 154. Sidon. epist. 4, 25, 2; 9, 3, 5 u. 9, 9, 4; carm. 9, 295.

plaustra, ae, *f.* (Nbf. v. plaustrum), der **Wagen** als Gestirn, Parrhasis, der große Bär, das Siebengestirn, Sidon. carm. 5, 282.

plaustrārius (plōstrārius), iī, *m.* (plaustrum), **zum Wagen gehörig, Wagen-, I** *adi.*: asinus plostr., iugum plostr., Cato r. r. 11, 1 u. 2: iumenta plaustr., Lex colon. Iul. Genet. tab. 1, 3. lin. 28 (im CIL 1², 594, 98, 28). – **II** *subst.*: **a** der **Wagner, Stellmacher,** Lampr. Alex. Sev. 24, 5 zw. – **b** der **Wagenlenker, Kutscher,** Ulp. dig. 9, 2, 27. § 33. – **c** der **Kärrner, Fuhrmann,** lignarius plostrarius, der Besorger der Anfuhr des Holzes, CIL 4, 485.

plaustrilūcus, a, um (plaustrum u. luceo), **gleich dem Wagengestirne leuchtend,** Mart. Cap. 9. § 912.

plaustrīx, trīcis, *m.* (Femin. zu plausor), die **Beifallklatscherin,** Non. 150, 29.

plaustrum (plōstrum), ī, *n.*, **I** der **Wagen,** bes. **Last-, Frachtwagen,** iugum plaustri, Iustin.: plaustri tecta, Lucr.: plostrum vetus, Cato: plostra ducenta, Hor.: plaustrum sordidum, Val. Max.: plostro aut aratro iuvencum consuescere, Colum.: plaustro vehi, Val. Max. u. Iustin.: plaustro coniuges liberosque habere, Liv.: virgines sacraque in plaustrum imponere, Liv.: in Iovis templum ire plaustro, Iustin.: plaustro descendere, Val. Max.: plaustrum oneratum percellere, Cato fr.: petere, ut mane ad portam adesset, priusquam plaustrum ex oppido exiret, Cic.: omnia ex fanis, ex locis publicis plaustris evecta exportataque esse, Cic.: saucios suos iubet in plostris deligatos (verbunden) Hadrumetum deportari, Auct. b. Afr. – Sprichw., plaustrum perculi (s. percello), Plaut. Epid. 592. – **II** übtr., der **Wagen** als Gestirn, der **große Bär,** Ov. met. 10, 447 u. ex Pont. 4, 10, 39.

plausus, ūs, *m.* (plaudo), das **Klatschen,** das **Getöse,** das durch Zusammenschlagen zweier Körper entsteht, **I** im Allg.: plausum dare pennis, Verg.: plausus acris, Plin.: ingenti sonuerunt omnia plausu, Verg.: laterum, v. den Haushähnen, Plin.; u. v. dens., plausu premunt alas, Enn.: palma cum palma collata plausum facit, Sen. – **II** insbes., das **Beifallklatschen** u. übtr. der **Beifall** übh. (Ggstz. sibilus), accipere plausum, Cic.: captare plausus, Cic.: a multitudine maximo clamore atque plausu in rostris collocari, Cic.: comprimitur plausus ipsā admiratione, Cic.: idque frequentissimo theatro incredibili clamore et plausu comprobatum (est), Cic.: in plausus consurrectum est, Phaedr.: quibus a cuncto consessu plausus est multiplex datus, Cic.: numquam desiderare plausum, Cic.: infinito fratris tui plausu dirumpitur (platzt vor Ärger über usw.), Cic.: tantus est ex omnibus spectaculis usque a Capitolio, tantus ex fori cancellis plausus excitatus, ut etc., Cic.: stantia in plausum tota theatra (te) iuvent, Prop.: quantos is plausus et clamores movet, Cic. or. fr.: Caesar cum venisset mortuo plausu, Cic.: nec plausum nec lucrum quaerere, Cic.: ex tota ista subscriptione rumorem quendam et plausum popularem quaerere, Cic.: plausus in foedissima causa quaerere, Cic.: alcis rei plausum petere, Quint.: plausus eo praemissus est, quia etc., Cic.: eius indomitos atque effrenatos furores plausu suo prosequi, Cic.

Plautiānus, a, um, s. Plautius.

Plautīnotātus, a, um (*vox hybr.* v. Plautinus), **ganz plautinisch,** verbum, Fronto de oratt. p. 156, 1 N. (Studemund).

Plautīnus, a, um, s. 2. Plautus.

Plautius (Plōtius), a, um, Name einer röm. *gens,* aus der zu erwähnen sind L. Plotius, ein Dichter, Cic. Arch. 20: Plautius, ein Komödiendichter, Varro b. Gell. 3, 3, 10: L. Plotius Gallus, ein röm. Rhetor, Varro sat. Men. 257. Suet. rhet. 2. Schol. Bob. ad Cic. pro Arch. p. 357 B. – *Adi.*, **plautisch,** lex Plautia od. Plotia, Sall. u. Cic. fr. (dass. subst. bl. Plotia, Cic. ad Att. 1, 18, 6): rogatio Plotia od. Plautia, Suet. u. Gell. – Dav. **Plautiānus** (Plōtiānus), a, um, **plautianisch, des Plautius (Plotius),** fabulae, des Dichters Plautius, Gell.: bona Plotiana, einem gewissen Plotius gehörig, Cic.

1. plautus (plōtus), a, um, **platt, breit,** Paul. ex Fest. 231, 1: conchae plautiores, Tert. de pall. 3. – umbrisch = **plattfüßig,** Fest. 238 (a), 31 *sqq.* Paul. ex Fest. 239, 4.

2. Plautus, ī, *m.* (eig. plattfüßig, der Plattfuß, s. 1. plautus), ein Familienname, M. Accius (oder richtiger T. Maccius) Plautus, ein bekannter Komödiendichter, geb. 254 v. Chr., gest. 184 v. Chr., Cic. Brut. 60 u. 73. Hor. de art. poët. 270. Quint. 10, 1, 99: Plautus sumebatur in manus, Hieron. epist. 22, 30. – Dav. **Plautīnus,** a, um, **plautinisch, des Plautus,** pater, bei Plautus vorkommend, Cic.: numeri et sales, Hor.: homo Plautinae prosapiae, von pl. Abkunft (weil sein Vater, wie Plautus, ein Müllersknecht war), Min. Fel. 14, 1: Plautinissimi versus, ganz plautinisch, des Plautus vollkommen würdig, Gell.

plēbēcula, ae, *f.* (*Demin.* v. plebs), das (elende) **Volk,** der **Pöbel,** das **Gesindel,** Cic. ad Att. 1, 16, 11. Hor. ep. 2, 1, 158: vilis pl., Hieron. epist. 52, 8. – Nbf. plēbicula, ae, *f.*, Suet. Vesp. 18 *Ihm.* Iul. Val. 2, 33 (20).

plēbēius, a, um (plebs), **I bürgerlich, nicht patrizisch, plebejisch, aus der Plebs** (Ggstz. patricius), familia, Cic.: homo, Cic.: Pudicitia (Göttin), Liv.: consul, Liv.: ludi, Schauspiele, die nach Vertreibung der Könige für die Freiheit der Plebejer od. für die Rückkehr der Plebejer nach dem Auszug auf den aventinischen Berg gestiftet wurden, Cic. – subst., plēbēius, ī, m., der **Plebejer,** Enn. u. Petron.: Ggstz. patricius, Liv. 4, 4, 11: u. plēbēia, ae, f., die **Plebejerin,** Ggstz. patricia, Liv. 4, 4, 11: Plur. plēbēiī od. plēbēī (Ggstz. patricii, patres), Cic. u. a. – **II plebejisch** = **gemein, niedrig, gering,** sermo, des gemeinen Mannes, Cic.: purpura, Cic.: vinum, Plin.: philosophi, Cic.: plebeii sanguinis pulli, Colum.

plēbēs, eī u. ī, *f.*, die alte Form für plebs, Cic., Sall. u. Liv. – In den besten Hdschrn. auch Nomin. plebis, s. Weißenb. Liv. 2, 24, 2.

plēbicola, ae, *m.* (plebs u. colo), der **Bürgerfreund, Volksfreund,** Cic. u. Liv.

plēbicula, s. plēbēcula.

plēbis, s. plēbēs.

plēbiscītum, ī, *n.*, s. scītum.

plēbitās, ātis, *f.* (plebs), der **Plebejerstand,** Cato oratt. 18. fr. 10. Cass. Hemin. ann. 2. fr. 17 (Peter plevitatem mit den Hdschrn.).

plēbs, plēbis, *f.* (plēre, πλῆθος), die **Volksmenge,** dah. **I** der **Bürgerstand,** die **Bürgerlichen,** das **Volk,** die **Plebejer** (Ggstz. patricii, patres, senatus, während populus auch diese umfasst), Cic.: dictator de plebe dictus, Liv.: consulem de plebe non accipiebat, Cic.: Plur., Apul. de dogm. Plat. 2, 24. Augustin. epist. 105, 1: urbanae et rusticae plebes, Lact. de mort. pers. 23, 2: corona plebium, Prud. perist. 10, 709. – **II** übtr., der **große Haufe,** die **Menge,** das **Volk, die geringere (arme) Klasse,** die **Armen** (Ggstz. divites), verächtl. der **Pöbel** (Ggstz. optimates), Cic. u. a.: verb. plebs et infima multitudo, Cic. – plebs eris, du bleibst Pöbel, Hor. – plebs deorum, die niedere Götterschar, Ov. u. Mart.: u. so plebs superûm, Fauni Satyrique etc., Ov.: legentium plebs, die gewöhnlichen Leser, Macr. – tres alveorum plebes in unum contribuere, drei Stöcke vereinigen, Colum. 9, 11, 1. – ► In Inschr. sehr oft pleps, z. B. CIL 2, 34 u. 53; 3, 2920; 5, 331 u. ö.

plecta, ae, *f.* (1. plecto), eine **geflochtene (gewundene)** Leiste (als *t. t.* der Architektur), Vulg. 3 regg. 7, 29.

plectibilis, e (2. plecto), **I strafbar,** Sidon. epist. 4, 6, 4. Cod. Theod. 14, 3, 16. – **II strafend,** Cod. Theod. 12, 1, 161. – *Adv.* **plectibiliter,** Alc. Avit. epist. 4.

plectilis, e (1. plecto), **I geflochten,** corolla, Plaut. Bacch. 70. – **II** bildl., **verflochten, verwickelt, schwierig,** Prud. apoth. praef. 24.

1. **plecto,** plexī u. plexuī, plexum, ere (πλέκω), **flechten, ineinanderflechten, -fügen,** crines, Vulg. iudic. 16, 13. – Häufiger *Partic.* plexus, a, um, **geflochten,** corollae, Lucr.: flores, Catull.: corona e lauro plexa, Gell.

2. **plēcto,** ere (zu plango), **strafen, I** Aktiv: alqm capite, Cod. Iust. 9, 20, 7: deum, Auson. edyll. 6. praef. p. 121, 7 Schenkl: verb. alqm ferire ac plectere, Prud. cath. 7, 104. – **II** Passiv plector = durch Prügel **gestraft werden, A** eig.: tergo, Hor.: plectar pendens, Hor. – **B** übtr.: **1** übh. **gestraft werden,** Cic. u. a.: quidquid delirant reges, plectuntur Achivi (sprichw.), d. i. das wahnwitzige Beginnen der Könige büßen die Völker, Hor. ep. 1, 2, 14: m. *Abl.* des Vergehens »wegen« usw., neglegentiā, Cic.: m. *Genet.,* insimulationis falsae, Apul. – m. *Abl.* der Strafe, capitis poenā, ICt. – **2 getadelt werden, sich eine Rüge zuziehen,** cavit, ne qua in re iure plecteretur, Nep. Att. 11, 6.

plēctricanus, a, um (plectrum u. cano), **vermittelst des Plektrums tönend,** cithara, Anthol. Lat. 913, 9 (1029, 9) u. Chalcid. Tim. 72.

plēctriger, era, erum (plectrum u. gero), **das Plektrum führend, mit dem Plektrum (in der Hand),** deus, v. Apollo, Orest. tr. 85 (86).

plēctripotēns, entis (plectrum u. potens), **des Plektrums mächtig** = groß in der lyrischen Dichtkunst, Sidon. epist. 9, 13, 2. *v.* 8.

plēctrum, ī, *n.* (πλῆκτρον), **I** das Stäbchen, womit der Zitherspieler die Saiten anschlägt, der **Griffel,** der **Kiel, A** eig., Cic. u. a. – **B** (poet.) meton.: **1** = **Zither, Laute,** Hor. u. Tibull. – **2** = **lyrisches Gedicht,** Hor. – **II** das **Steuerruder, Steuer,** Sil. 14, 402 u. 548.

Plēïas (Πληϊάς) u. **Plēias** u. **Plīas** (Πλειάς), adis, Akk. ada, *f.,* eine **Plejade,** öfter im Plur. Pleïades (Pliades) u. Pleiades, adum, Akk. adas, *f.,* die **Plejaden** = das **Siebengestirn,** die **Gluckhenne,** rein lat. Vergiliae gen., nach der Sage sieben Töchter des Atlas von der Pleïone (Elektra, Halcyone, Celäno, Maja, Sterope, Taygete, Merope), Plēïas enixa est, Ov.: soluta Plias, Stat.: Pliadum nivosum sidus, Stat.: Pliada movere, das Siebengestirn aufgehen lassen, Val. Flacc.: navita tum stellis nomina facit, Pleiades, Hyades, Verg.: quis tunc aut Hyadas aut Pleiadas Atlanteas senserat? Ov.

Plēïonē, ēs, *f.* (Πληϊόνη), **I** Mutter der Plejaden (s. Plēïas), Gemahlin des Atlas, Tochter des Oceanus u. der Tethys, Ov. fast. 5, 83. Hyg. astr. 2, 21: Pleiones nepos, Merkur, Ov. her. 16, 62 u. s. – **II** poet. übtr., das Gestirn Pleiades, Val. Flacc. 2, 77.

Plēmyrium (Plēmurium), iī, *n.* (Πλημμύριον), ein Vorgebirge Siziliens bei Syrakus, j. *Punta di Gigante,* Verg. Aen. 3, 693.

plēnārius, a, um (plenus), **vollständig, völlig,** Eccl.

plēnē, *Adv.* (plenus), **I voll,** infundere, Plin. 14, 139. – **II** bildl., **völlig, vollständig, reichlich,** pl. perfectae munitiones, Caes.: pl. sapientes homines, Cic.: partes suas pl. exhibebat, Val. Max.: si hoc pl. vitare non potes, Cic.: plenius ostendere, ausführlicher, Plin.: plenius alere, Quint.: illud plenissime, hoc restrictissime facere, Plin. ep.: plenissime ulcisci, Flor.: plenissime ad me pervenit animus tuus, es ist mir vollkommen genug, wenn dein guter Wille mir entgegenkommt, Sen.: plenissime parta victoria, Vopisc.: plenissime Silanus absolutus est, mit großer Stimmenmehrheit, Ascon. in Cic. Corn. p. 71, 28 K.

plēnilūnium, iī, *n.* (plenus u. luna), der **Vollmond,** Colum. 11, 2, 85. Plin. 7, 42. Amm. 20, 3, 7: Plur., Plin. 9, 53.

plēnipotēns, entis (plenus u. potens), **allmächtig,** Prisc. de accent. §. 35. p. 526, 13 K.

plēnitās, ātis, *f.* (plenus), **I** die **Fülle, Vollheit,** nubis, Vitr. 8, 2, 2. – **II** übtr., die **Fülle, Reichlichkeit, Menge,** umoris, Vitr. 6, 1, 3 u. 7, 8, 2: cibi, Überfüllung mit Sp., Vitr. 1, 4, 6: Plur. plenitates, zu große Fülle der Säfte, Vitr. 5, 9, 5.

plēniter, *Adv.* (plenus), **vollständig,** Th. Prisc. 1, 26. Hieron. in psalm. 17 u. 118. Augustin. serm. 143, 1 Mai. Ennod. epist. 5, 16 u. a. Eccl.

plēnitūdo, inis, *f.* (plenus), **I** die **Fülle, Stärke, Dicke,** pl. aquarum (Ggstz. macies), Solin. 23, 22: perticae cacuminum modicae plenitudinis, Colum. 4, 30, 4: pl. ventris, Tert. de bapt. 20: homo crescit in longitudinem usque ad ter septenos annos, tum deinde in plenitudinem, Plin. 11, 216: quia verum et perfectae plenitudinis lumen est, Lact. 2, 9, 12. – **II** übtr., die **Vollständigkeit,** syllabarum, Rhet. Her. 4, 28.

plēnus, a, um (v. pleo, vgl. griech. πίμπλημι, πλήρης, **voll, I** eig.: **A** im Allg. (Ggstz. inanis), **a** eig., m. *Genet.,* auri, Plaut.: argenti, Cic.: vini, Cic. – m. *Abl.,* plena domus ornamentis fanorum, Cic.: urbs omni bellico apparatu plena, Liv. – absol., pleno (*sc.* venti) velo subit ostia, Verg.: plenissimis velis navigare, Cic.: plenis repente portis effusi, Liv.: omnia plenis rura natant fossis, Verg.: calcari ad plenum (bis an den äußersten Rand), Verg.: so auch usque ad plenum, Pallad.: velut ex pleno et abundanti, Sen. – **b** bildl.: plenior venustatis, Ter.: plenus timoris, spei, Caes.: plenus sum exspectatione, Cic.: absol., quasi pleniore ore laudare, mit vollen Backen, Cic.: plenā manu alcis laudes in astra tollere, Cic. – **B** insbes.: **1 voll** = **stark, dick** (Ggstz. exilis), homo, wohlbeleibt, korpulent, Cic. u. Cels.: so auch femina, Ov. art. am. 2, 661 (vgl. *no.* 2): corpus, Hor.: velamina filo pleno, Ov. – **2 schwanger, trächtig,** sus, Cic.: femina, Ov. met. 10, 469: venter, Ov.: tellus, Ov. – **3 voll, gesättigt, a** eig.: plenus eras minimo, Ov. am. 2, 6, 29. – **b** bildl., **satt, überdrüssig,** Hor. ep. 1, 20, 8. – **4 reichlich versehen** mit usw., **reich** an usw., **α** m. *Abl.* od. *Genet.:* exercitus plenissimus, praedā, Liv.: bildl., plenus inimicorum, Cic.: irae, Liv.: vitii, Plaut.: gloriarum plenior, der den Mund voll nimmt mit seinen Ruhmestaten, Plaut. – oratio eius erat ingentibus plena sententiis, Sen. rhet.: annis, bejahrt, betagt, Plin. ep. – m. griech. *Acc.,* crura thymo plenae (apes), reich beladen an den Sch. mit Th., Verg. georg. 4, 181. – dah. **β** absol., **voll** = **mit allem reichlich versehen, reich,** urbs, Cic.: domus, Hor.: mensa, Verg.: pecunia, ein stattliches Vermögen, Cic.: oratio, epistula plenior, stoffreicher, Cic.: plenissima verba concipit, Ov.: haec pleniora atque uberiora ad suos perscribebant, mit Vergrößerungen u. Übertreibungen, Caes. – **II** übtr.: **A voll,** der Menge u. Zahl nach: **1** = **zahlreich,** agmen, Ov.: plena Caesarum domus, Tac.: convivium, ein zahlreich besuchtes Gastmahl, Suet. – **2 voll** = **vollzählig, vollständig, ganz, a** eig.: annus, Cic. (u. plenis annis, volljährig, Verg.): numerus, Cic.: legio, Cic. u. Caes.: duae male (nicht recht) plenae legiunculae, Liv.: cohortes plenissimae, Cic.: luna, Caes. u. a.: plenissimum lumen (lunae), Ggstz. tenuissimum, Cic.: verbum, nicht kontrahiertes, Cic.: syllaba plenior, längere, Rhet. Her.: pleno aratro sulcare, mit ganzem Pflug, Colum.: pleno vertice, mit ganzem, Ov.: pleno gradu, in vollem Schritt, im Geschwindschritt, Liv. – **b** bildl., **vollständig, vollkommen,** orator plenus atque perfectus, Cic.: gaudium, Cic.: concordia, Ov.: ius, ICt. – in plenum, überhaupt, Sen. u. Plin.: ad plenum, vollständig, Auson. perioch. Odyss. 22. Eutr. 8, 19. Donat. Ter. Andr. 2, 6, 16. – **B** der Stärke nach: **1** extensiv, v. Stimme u. Ton, **voll** = **volltönend, stark,** vox, Cic.: sonus (vocis) nimium plenus, Quint.: plenissimum *e,* Cic.: pleniore voce, mit vollerer Stimme (v. Redner), Cic. – plenum vocis genus, der Ton der Stimme, der beim Schmerz mit seiner ganzen Kraft hervordringt, Cic. – **2** intensiv = **stark, kräftig,** vinum, Cels.: cibi, Cels.

pleo, Stammwort v. compleo, impleo, repleo, suppleo, Prisc. 5, 57; arch. plentur b. Fest. 230 (b), 4.

pleonasmos, ī, *m.* (πλεονασμός), der **Überfluss** eines Wortes od. mehrerer, der **Pleonasmus,** Pompeii comment. 294, 1. Serv. Verg. 2, 524.

plēps, s. plēbs.

plērīque, plēraeque etc., s. plērusque.

plērōma, atis, *n.* (πλήρωμα), die **Fülle,** Tert. de praescr. 49.

plērōmārius, iī, *m.* (pleroma), der **Schiffer auf einem größeren Last-** (od. **Kriegs-)Schiff** (Ggstz. lenuncularius), CIL 14, 352.

plērumque, *Subst.* u. *Adv.*, s. plērusque.

plērus (ploerus), a, um = *plerusque* (v. pleo), ager campestris plerus, zum größten Teil, Cato origg. 1. fr. 4: pater Achivos pleros in Cephareis saxis perdidit, Pacuv. tr. 136: periere Danai, plera pars pessum datur, Pacuv. tr. 320: minores magistratus partiti iuris ploeres (= plures) in ploera sunto, für die meisten Staatsämter, Cic. de legg. 3, 6: dah. plerum = *plerumque,* Sempr. Asellio b. Prisc. 5, 65.

plērusque, raque, rumque, gew. Plur. plērīque, raeque, raque, eine **große Anzahl,** ein **großer Teil, nicht wenige, nicht gerade die wenigsten, sehr viele, die meisten,** im Sinne des eig. Superlativs, seit Livius auch abgeschwächt = **viele, gar manche,** Ggstz. unus, pauci; **I** *Plur.:* **α** absol.: plerique credebant, Ter.: plerique Belgae, Caes.: pleraeque boves, Varro: multi ... plerique, Cic.: plerique ... plures (noch mehrere), Tac. hist. 1, 86; 3, 81: multi ... quidam ... plerique ... plurimi, Tac. hist. 4, 84: plerique ... plurimi ... toti (= omnes), Sidon. epist. 9, 14, 9: plerique omnes, meist alle, die allermeisten, pleraque omnia, meist alles, Komik. u. Gell. (s. Brix Plaut. trin. 29. Spengel u. Meißner Ter. Andr. 55): haec pleraque, pleraque illa, quae pleraque, ea ipsa pleraque, Cic.: cum pleraque possimus proferre testimonia, Nep.: non dubito fore plerosque, Nep.: pleraque (*Acc. neutr.*), in sehr vielen Fällen, größtenteils, Gell. 17, 19, 6. – in plerisque, in den meisten od. in sehr vielen Fällen, Cic. de amic. 13. Quint. 11, 1, 85. – **β** mit *Genet.:* plerique nostrorum oratorum, Cic. or. 143: plerique Poenorum, Cic. Verr. 3, 12: plerique vestrûm, Cic. Clu. 117: plerique nostrûm, Colum. 1, 1, 19. Gell. 16, 9, 2: quorum plerique, Cic. de amic. 71. Sall. Iug. 74, 1: quarum (urbium) pleraeque, Liv. 5, 6, 9: plerique eorum, Cic. de inv. 1, 4; top. 80; ep. 5, 21, 1. Sall. Iug. 51, 9: eorum plerique, *ibid.* 54, 10: legentium plerique, Liv. praef. § 4: plerique Graecorum, Plin. ep. 5, 20, 4: plerique militum, Tac. hist. 1, 5. Curt. 4, 1 (6), 35. – **γ** mit *ex* u. Abl.: plerisque ex factione eius corruptis, Sall. Iug. 29, 2. – **II** *Sing.:* iuventus, Sall.: nobilitas, Sall.: exercitum plerumque opperiri iubet, Sall.: Africa, Sall.: Graecia, Gell. – *Neutr.* plerumque, **a** *subst.*, das **Meiste,** der **größte Teil,** noctis, Sall. Iug. 21, 2; 98, 6; 109, 4: per Europae plerumque, Liv. 45, 9, 2: so auch Plur., pleraque eius insulae, die meisten Teile, Curt. 4, 8 (34), 15: pleraque Hispaniae, die meisten Gegenden (Bezirke), Sulp. Sev. chron. 2, 46, 7. – **b** *adv.:* **α meistens, meistenteils, insgemein, gewöhnlich,** Cic. u. a. – **β zuweilen,** Ps. Quint. decl. u. ICt.

Plestīnī, ōrum, *m.*, eine Völkerschaft in Umbrien, Plin. 3, 114. CIL 11, 5635.

plethron, ī, *n.* (πλέθρον), ein griech. Flächenmaß = 959,5 qm, Gromat. vet. 30, 9.

plētūra, ae, *f.* (*pleo), die **Fülle, Erfüllung,** Paul. Nol. carm. 21, 47. Veget. mul. 5, 43, 1.

Pleumoxiī, iōrum, *m.*, eine Völkerschaft in Gallia Belgica am linken Ufer der Maas, Caes. b. G. 5, 39, 1.

pleuricus, a, um (πλευρικός), **an der Seite, zur Seite gesetzt,** termini, Seitensteine, Gromat. vet. 224, 3.

pleurīsis, idis, *f.* = pleuritis, Isid. orig. 4, 6, 8. Prud. perist. 10, 485 (mit verkürztem i).

pleurīticus, a, um (πλευριτικός), **mit Seitenstechen behaftet,** passio, Cael. Aur. de morb. acut. 2, 16, 100 u. 17, 101. Isid. orig. 4, 6, 8: Plur. pleuritici subst., Plin. 20, 31. Cael. Aur. de morb. acut. 2, 16, 100; 2, 17, 102.

pleurītis, idis, *f.* (πλευρῖτις), das **Seitenstechen,** Vitr. 1, 6, 3. Cael. Aur. de morb. acut. 2, 13, 87 u. a.

Pleurōn, ōnis, *f.* (Πλευρών), Stadt in Ätolien, Plin. 4, 6. Ov. met. 7, 382. Sil. 15, 310. Stat. Theb. 2, 727: Meleagria Pleuron, Stat. Theb. 4, 103. – Dav. **Pleurōnius,** a, um, **pleuronisch, aus Pleuron,** Ov. met. 14, 494. – subst., Pleurōnia, ae, *f.*, das **Gebiet von Pleuron,** Auson. epitaph. 10.

plēvitās, s. plēbitās.

plexibilis, e = plectibilis, **strafbar,** Schol. Ver. ad Verg. ecl. 8, 29.

plexilis, e (plecto), **geflochten,** Ampel. 8, 24.

Plīas, Plur. Pliades, s. Plēïas.

plica, ae, *f.* (plico), die **Falte,** Cato r. r. 77.

plicātilis, e (plico), **faltbar, zusammenlegbar,** Plin. 10, 86 u. a.

plicātrīx, trīcis, *f.* (plico), die **Kleiderfalterin,** Plaut. mil. 695.

plicātūra, ae, *f.* (plico), das **Falten, Zusammenwickeln,** Plur., stragulae vestis plicaturae, Plin. 7, 171.

plico, uī, ātus, āre (πλέκω), **falten, zusammenfalten, -legen, -wickeln,** chartam, Mart.: librum, Vulg.: se in sua membra, v. der Schlange, Verg.: quod plicabatur, das Gewickelte, Gell.: caelum plicabitur ut liber, Augustin.: iunctura quasi anellis hamisque plicata, Lucr.: historia ingens minutissime scripta, artissime plicata, so eng wie möglich zusammengerollt, Sen. – ► Perf. plicui, Vulg. Luc. 4, 20: plicavi ohne Beleg angef. von Prisc. 9, 32.

Plīniānus, a, um, zu Plinius gehörig, **plinianisch,** Plin. 15, 103. – Von

Plīnius, iī, Name einer röm. *gens,* aus der am bekanntesten C. Plinius Secundus (auch Maior, der ältere), wahrsch. aus Komo, Verfasser einer noch vorhandenen Naturgeschichte in 37 Büchern, der seinen Tod 79 n. Chr. beim Ausbruch des Vesuvs fand, Plin. ep. 6, 16. – u. dessen Adoptivsohn C. Plinius Caecilius Secundus, sein Schwestersohn (auch Iunior, der jüngere, gen.), unter Trajan Statthalter in Bithynien, Verfasser von noch vorhandenen Briefen u. eines Panegyrikus (Lobrede) auf den Kaiser Trajan. – Plinius Valerianus, ein Arzt kurz vor den Zeiten Konstantins.

plinthis, idis, *f.* (πλινθίς), ein viereckiger Ziegelstein; dah. ein **Viereck, I** als *t. t.* der Baukunst: **A** die **Platte, Tafel,** das unterste viereckige Glied am Säulenfuß, Vitr. 3, 3, 2. – **B** plinthides, an der Wasserorgel, die **Auszüge,** die **Register,** Vitr. 10, 8, 8. – **II** als *t. t.* der Feldmesskunst, eine ziegelsteinähnliche Fläche, 25 ha Landes enthaltend, Gromat. vet. 115, 18 u. 122, 17.

plinthium, iī, *n.* (πλινθίον), eine hohle viereckige Figur, worin die Linien sind, die Stunden abzuzeichnen, eine Art Sonnenuhr, Vitr. 9, 8 *in.*

plinthus, ī, *m.* u. *f.* (πλίνθος), als *t. t.* der Baukunst, das große platte Glied unter dem Schaftgesimse, die **Platte,** Vitr. 4, 7, 3.

plipio, āre, Naturlaut des Habichts, Suet. fr. 161. p. 251, 1 R.

plīsimus, s. multus.

Plīsthenēs, is, *m.* (Πλεισθένης), **I** Sohn des Pelops, Bruder des Atreus u. Thyestes, Vater des Agamemnon und Menelaus, die er seinem Bruder Atreus empfahl, der sie erzog, weshalb sie Atridae heißen, Serv. Verg. Aen. 1, 458. Andere machen ihn zum Sohn, den Agamemnon u. Menelaus zu Enkeln des Atreus, Hyg. fab. 86 u. 79. – Dav.: **A Plīsthenidēs,** ae, *m.*, der **Plisthenide** (Sohn oder Nachkomme des Plisthenes) = Menelaus, Sabin. epist. 1, 107. – **B Plīsthenicus,** a, um, **plisthenisch,** torus, des Agamemnon, Ov. rem. 778. – **II** Sohn des Thyestes, Sen. Thy. 726. Hyg. fab. 88.

plīstolochia, ae, *f.* (*πλειστολοχία), **I** eine Pflanze, die zur Beförderung der Geburt dienen sollte, eine Art **Hohlwurz** od. **Osterluzei** (*Aristolochia,* L.), Plin. 25, 96 u. 101. – **II** eine Pflanze = althaea, Plin. 20, 222.

Plīstonīcēs, ae, *m.* (πλειστονίκης), der **Vielbesieger,** ein Beiname des Grammatikers Apion, Plin. 37, 75. Gell. 5, 14, 1 u. a.

plocē, ēs, *f.* (πλοκή), als *t. t.* der Musik, die **Verbindung verschiedener Töne,** Mart. Cap. 9. § 958.

plōdo, ere, s. plaudo.

ploera, s. plērus.

ploerēs, altlat. = plures, Cic. de legg. 3, 6 B. u. M. (Vahlen plures).

plōrābilis, e (ploro), **bejammernswert, kläglich, jämmerlich,** Pers. 1, 34. Claud. in Eutr. 1, 261.

plōrābundē, *Adv.* (plorabundus), **jämmerlich,** pl. alqm spoliare, Porph. Hor. ep. 1, 17, 52.

plōrābundus, a, um (ploro), **jammernd,** Plaut. aul. 317 G.

plōrātillum, ī, *n.* (*Demin.* v. ploratus), das **Heulen,** das **laute Wehklagen,** Plaut. Poen. 377 *Leo.*

plōrātio, ōnis, *f.* (ploro), das **klagende Schreien, Jammern,** Augustin. serm. 351, 1 (wo Plur.).

plōrātor, ōris, *m.* (ploro), der **Schreier, Jammernde,** Mart. 14, 54, 1.

plōrātus, ūs, *m.* (ploro), **I** das klagende **Schreien, Heulen,** das **laute Wehklagen,** clamor simul atque ploratus amicorum oritur, Curt.: heu! virginalem me ore ploratum edere, Cic. poet.: ploratu lamentisque et planctibus tota regia personabat, Curt.: tertius (Satyrus) ploratum infantis cohibet, Plin. – Plur., mixti vagitibus aegris ploratus, Lucr.: clamor permixtus mulierum atque puerorum ploratibus, Liv.: lamentis et ploratibus eiulans, Apul.: audivi civitatum gemitus, ploratus, Cic.: quamvis levi ictu ploratus turpissimos edunt, Cic.: dies noctesque omnia passim mulierum puerorumque, qui rapiuntur atque asportantur, ploratibus sonant, Liv. – **II** übtr., die **Tränen** eines Baumes, Plin. 12, 116.

plōro, āvī, ātum, āre (zu pluo für *plovo), **I** *intr.*: **A** **schreien, schreiend rufen,** ast olle plorassit (archaist. = ploraverit), Lex Serv. Tull. bei Fest. 230 (b), 15. – **B** insbes., weinend od. klagend **schreien, laut weinen, plärren,** vor Jammer **heulen, laut wehklagen** (Ggstz. ridere), faciam plorantem illum, Plaut.: plorando fessus sum, des Jammerns bin ich müde, Cic.: nil sibi legatum praeter plorare, Hor.: lacrimandum est, non plorandum, Sen.: discunt lacrimare decenter quoque volunt *plorant* tempore quoque modo, Ov.: iubeo te plorare = οἰμώζειν λέγω σοι, der Henker hole dich! (als Verwünschungsformel), Hor. sat. 1, 10, 91: pl. alci, vor einem, in seinen Busen weinen, seine Tränen vor ihm ausschütten, Tibull. 2, 5, 103. – **II** *tr.* über etw. **weinen, heulen,** etw. **beweinen, bejammern,** raptum iuvenem, Hor.: turpe commissum, Hor.: aliena, Quint.: ploratus rogus, Ov. – m. folg. *Acc.* u. *Infin.*, Hor. ep. 2, 1, 9. Prop. 2 (31), 23, 18: m. folg. *Infin.*, aquam hercle plorat, quom lavat, profundere, Plaut. aul. 308: me tamen obicere incolis plorares Aquilonibus, nicht ohne Tränen könntest du mich preisgeben, Hor. carm. 3, 10, 3 *sq.* – ► Archaist. plorassit = *ploraverit,* Lex Serv. Tull. b. Fest. 230 (b), 16.

plōsor, ōris, *m.*, s. plausor.

plōstellum, ī, *n.* (*Demin.* v. plostrum), ein **kleiner Wagen** (**Lastwagen**), plostello adiungere mures, Hor. sat. 2, 3, 247: plostellis imponere m. Akk., Augustin. de civ. dei 7, 21: pl. Poenicum, der punische Wagen, eine Dreschmaschine (wahrsch. ein Kasten, der auf mit stumpfen eisernen Zacken beschlagenen Walzen lief und in dem der Fuhrmann stand, der die Ochsen lenkte), Varro r. r. 1, 52, 1.

plōstrārius, a, um, s. plaustrārius.

plōstror, ārī (plostrum) = ἁμαξηλατῶ, **den Kärrner** (**Wagenlenker**) **machen,** Dosith. 60, 18 K.

plōstrum, ī, *n.*, s. plaustrum.

plōsus, ūs, *m.*, s. plausus, us.

Plōtiānus, s. Plautius.

Plōtīnus, ī, *m.* (Πλωτῖνος), ein eklektischer Philosoph des 3. Jahrh. n. Chr., von dem noch eine Schrift περὶ τοῦ εἰληχότος ἡμᾶς δαίμονος vorhanden ist, Amm. 21, 14, 5.

Plōtius, s. Plautius.

plōtus, s. 1. plautus.

plovēbat, s. pluo.

ploxenum (ploxinum), ī, *n.*, der **Wagenkasten,** Catull. 97, 6 (auch angeführt bei Quint. 1, 5, 8 u. bei Fest. 230 [b], 9), wo erklärt mit ›capsa in cisio‹.

pluit, s. pluo.

plūma, ae, *f.* (viell. aus *pleusma, vgl. ahd. *vlius,* Vlies), die **Flaumfeder;** Sing. kollektiv u. Plur. = die **Flaumfedern,** der **Flaum** der Vögel, **I** eig.: avium plumae, Sen. u. Apul.: plumae versicolores columbarum, Cic.: plumae perdicum subalares, Lampr.: animantes plumā obductae, Cic.: dolium tenui plumā completum, Liv.: pluma adusta, Liv.: plumam amittere (v. Vogel), sich mausern, Plin.: in plumis (Schwanengefieder, -gestalt) delituisse Iovem, Ov.: in plumam, nach Art der Flaumfedern, Verg.: u. so in modum plumae, Sall. fr. – gebraucht zum Ausstopfen der Kopfkissen und Polstern der Sänften, dah. meton. auch = Polster (s. Hertzb. Prop. 3, 7, 50), fultum plumā versicolore caput, Prop.: Amyclaeā requiescere plumā, Mart.: dormire in pluma, Mart.: pensilibus plumis vehi, Sänften mit Federpolstern, Iuven. – zu Gewändern, non avium plumae in usum vestium conseruntur? Sen. ep. 90, 16. – als Bild der Leichtigkeit, quid ais, homo levior quam pluma, Plaut. Men. 488: si quid bene facias, levior plumā est gratia, Plaut. Poen. 812: nec me consules movent, qui ipsi plumā aut folio facilius moventur, wir »sie bewegen sich hin u. her wie ein schwankendes Rohr«, Cic. ad Att. 8, 15, 2. – als Bild der Weichheit, brachia molliora plumā, Petron. 127, 8. – als Bild der Geringfügigkeit, pluma haud interest, es macht nicht den kleinsten Unterschied, es ist ganz einerlei, Plaut. most. 407. – **II** übtr.: **A** v. ersten Bart, der **Flaum,** Hor. carm. 4, 10, 2. – **B** die liegenden **Schuppen** am **Schuppenpanzer,** Stat. Theb. 11, 543 (vgl. Verg. Aen. 11, 771 u. dazu Serv.).

plūmācium, iī, *n.* (pluma), das **Federkissen,** Ambros. epist. 26, 12. Cassiod. hist. eccl. 7, 16.

plūmālis, e (pluma), **befiedert,** avis, v. Jupiter als Schwan, Anthol. Lat. 897, 58 (262, 58).

plūmārius, a, um (pluma), zu den Flaumfedern gehörig, **in Flaum,** **I** *adi.*: ars, die Kunst, in Seidenstoffe Gold im Muster von Flaumfedern einzuwirken, die Brokatwirkerei, Brokatweberei, Vulg. exod. 39, 28: vestes plumariā arte contextae, Hieron. epist. 29, 6. Aldh. de laud. virg. 15: opus pl., Brokat, Vulg. exod. 26, 1: vestis pl., Brokatgewand, CIL 13, 5708. – **II** *subst.*, plūmārius, iī, *m.*, der Verfertiger von Seidenstoffen, die mit Gold im Muster von Flaumfedern durchwirkt sind, der **Brokatwirker,** Varro b. Non. 162, 27. Firm. math. 3, 13, 10 (an beiden Stellen neben textor). Vulg. exod. 35, 35 (neben polymitarius). CIL 6, 9813: plumariorum textrina (Plur.), Vitr. 6, 4, 2. Vgl. Gloss. III, 25, 45 ›plumarius, ποικιλτής‹.

plūmātilis, e (pluma), **flaumartig,** subst. plūmātile, is, *n.* (*sc.* vestimentum), ein **im Muster von Flaumfedern gewirktes Brokatkleid,** Plaut. Epid. 233 G (aber wahrsch. nicht-plautin. Zusatz).

plūmātor, ōris, *m.* (pluma), viell. = plumarius, Anecd. Helv. CCXIII, 23.

1. plūmātus, a, um (pluma), **I** **mit Federn besetzt, befiedert,** corpus, Cic. poët. de nat. deor. 2, 114. – **II** übtr., mit Schuppen versehen, **geschuppt,** loricae, Schuppenpanzer, Iustin. 41, 2, 10.

2. plūmātus, a, um, s. plūmo.

plumbāgo, inis, *f.* (plumbum), **I** eine Art Bleierz, der **Bleiglanz,** Plin. 34, 168. – **II** die **Bleiwurz,** das **Flöhkraut** (*Plumbago Europaea,* L.), Plin. 25, 155. – **III** die **Bleifarbe** an Edelsteinen, Plin. 37, 68.

plumbārius, a, um (plumbum), **zum Blei gehörig, Blei-,** metalla, Plin. 33, 119: officinae, Plin. 34, 175: artifices, Bleiarbeiter, Bleigießer, Vitr. 8, 6, 11. – subst., plumbārius, iī, m. der **Bleiarbeiter, Bleigießer,** CIL 2, 6108 u. 6, 9816: Plur., Tarrunt. dig. 50, 6, 6. Frontin. aqu. 25.

plumbātūra, ae, *f.* (plumbo), das **Verlöten mit Blei,** Paul. dig. 6, 1, 23. § 5.

plumbātus, a, um (plumbum), aus Blei bestehend, -gemacht, **bleiern,** sagittae, Plin.: iacula, Solin.: tabulae, Val. Max.: canales, Frontin. aqu. – subst., plumbātae, ārum, *f.*, **a** **Bleikugeln,** Veget. mil. 1, 17. – **b** **Geißeln mit Bleikugeln,** Cod. Theod. 9, 35, 2 u. Eccl.

plumbeus, a, um (plumbum), **aus Blei, bleiern,** **I** eig.: **A** *adi.*: glans, Lucr.: vas, Plin.: charta, Suet.: ictus, Schläge mit einer Geißel, an der eine Bleikugel war, Prud.: color, Bleifarbe, Plin.: nummus, bleiernes, wertloses Geldstück (vgl. unser »Blechmünze«), Plaut. u. Fronto (s. Brix Plaut. trin. 962. Lorenz Plaut. most. 879): u. so Plur. subst., plumbeī, eōrum, *m.* (*sc.* nummi), Mart. 10, 74, 4. – **B** *subst.*: **1** plumbea, ae, *f.*, die **Bleikugel,** ut mortuus ictu plumbeae crederetur, Spart. Sever. 11, 2. – **2** plumbeum, eī, *n.*, das **Bleigefäß,** Cato u.

Colum.: Plur. b. Colum. u. Mart. – **II** übtr., **bleiern, 1** = **stumpf,** gladius, Cic.: pugio, Cic. u. Augustin. – **2** = **schlecht,** vina, Mart.: carmina, Auson. – **3** geistig **stumpf, a** = **stumpfsinnig,** Ter.: plumbeus in physicis, Cic. – **b** = **gefühllos,** cor, Licin. Crass, bei Suet. Nero 2, 2. – **4 bleiern** = **schwerdrückend, lästig,** ira, Plaut.: auster, der wie Blei (schwer) aufliegende, drückend heiße, Hor.

plumbo, āvī, ātum, āre (plumbum), **verbleien, mit Blei verlöten,** Cato, Plin. u. ICt.

plumbōsus, a, um (plumbum), **voll Blei, mit Blei vermischt,** molybdaena, Plin.: faex eius plumbosissima, Plin.

plumbum, ī, *n.* = μόλυβδος, das **Blei, I** eig. u. meton.: **A** eig.: pl. nigrum, Blei, Plin.: pl. album, Zinn, Caes. u. Plin.: dass. pl. candidum, Plin.: decem librae plumbi, Lampr.: dolia plumbo vincire, Cato. – **B** meton.: **1 Bleikugel,** Verg. u. Ov. – **2 Bleikugel-Geißel,** Prud. perist. 10, 117. – **3 Bleiröhre,** Hor. ep. 1, 10, 20. – **4 Bleifeder,** membrana plumbo directa (liniert), Catull. 22, 8 *sq.* – **II** übtr., ein Fehler im Auge, Plin. 25, 155.

plūmēsco, ere (pluma), **Federn bekommen, flügge werden,** Plin. 10, 149. Hieron. in Matth. 24. § 28: plumescens aliger (Vogel), Eustath. hexaëm. 8, 8: numquid per sapientiam tuam plumescit accipiter? Vulg. Iob 39, 26.

plūmeus, a, um (pluma), **I flaumig** = **mit Flaumfedern versehen,** olor, Manil.: culcita, Varro fr. u. Cic.: torus, Ov.: fulcrum (Flaumbett), Amm.: aures, Plin. – **II** übtr.: **A flaumig** = leicht, zart, pondus, Mart.: nix, Arnob.: cutis, Apul. – **B flaumfederartig,** indumenta texere plumea, Brokatgewänder wirken (weben), Prud. ham. 295. Vgl. plumarius.

plūmiger, gera, gerum (pluma u. gero, s. Anecd. Helv. 164, 16), **Flaum (Federn) tragend,** anser, Plin. 10, 53: series, Gefieder, Prud. cath. 3, 44.

plūmipeda, ae, *f.* (pluma u. pes), der **an den Füßen Gefiederte,** Catull. 55, 27 (wo die besten Handschriften plumipedas v. Nominativ plumipeda).

plūmo, āvī, ātum, āre (pluma), **I** *tr.* **mit Flaum (Federn) bedecken, befiedern, A** eig.: se in avem, verwandeln, Apul. met. 3, 21: molli lanugine plumatus, Plin. 8, 117. – **B** übtr., **im Muster von Flaumfedern mit Gold durchweben,** vestes micantes purpurā, plumandi difficultate pernobiles, Vopisc. Carin. 20, 5: plumato amictus aureo Babylonico, Publ. Syr. com. 5 R.[2] (b. Petron. 55, 6 *v.* 3): pars auro plumata nitet, Lucan. 10, 125. – **II** *intr.*, **Federn bekommen, flügge werden,** pullis iam iam plumantibus, Gell. 2, 29, 4: si quis ibi senio plumat modulatior ales, Ps. Cypr. Sodoma 113. Vgl. 1. plumatus.

plūmōsus, a, um (pluma), **voll Flaum, mit Flaum bedeckt, befiedert, I** eig.: aucupium, Prop. 4, 2, 34. – **II** übtr., **wie mit Flaum bedeckt,** folia, Plin. 25, 65 u. a.

plūmula, ae, *f.* (*Demin.* v. pluma), das **Flaumfederchen,** Varro r. r. 3, 5, 11. Colum. 8, 5, 19. Apul. flor. 12 p. 14, 13 Kr.; met. 3, 21 u. 5, 22. Pelagon. veterin. 1 (18 *Ihm*).

pluo, pluī u. (archaist.) plūvī, pluitūrus, ere (für plovo = griech. πλεϝω), **regnen, I** eig.: **A** *impers.*, pluit, **es regnet,** pluet hodie, Plaut.: dum pluit, Verg.: cum sex mensibus non pluisset, Iul. Obs.: cum desierit pluere, Cato: dum pluit super frumentum, Isid.: multum pluverat, Plaut.: urceatim (wie mit Mulden) plovebat (vulgär = pluebat), Petron. 44, 18: aqua, quae pluendo crevisset, Cic. – m. *Acc.* u. *Abl.* des Stoffes (vgl. Fabri Liv. 21, 62, 5), den es regnet, sanguinem pluvisse, Liv. 40, 19, 2: sanguinem pluit, Iul. Obs. 6 (60): terram pluvisse, Liv. 10, 33, 8: lapides pluere, Liv. 28, 27, 16: sanguine pluisse, Cic.: cretā, sanguine pluvisse, Liv.: lacte et sanguine pluisse, Plin.: carne pluisse, Liv.: lacte, lapidibus pluvisse, Liv.: terrā pluvisse, Liv.: cum pluit terrā, cum pluit cretā, cum pluit lapidibus (non ut grando appellari solet hoc nomine, sed omnino lapidibus), Augustin. de civ. dei 3, 31. p. 144, 27 D.[2]: mannā pluiturus, Augustin. locut. 2. exod. 16. – im Passiv, totum istud spatium, quā pluitur et ninguitur, Apul. flor. 2. p. 2, 13 Kr. – **B** *pers.*: deus qui pluit, Tert. adv. Marc. 4, 36: non pluit caelum, Arnob. 1, 9: veniunt nubes ab extremo in medium et pluunt, Augustin. in psalm. 134, 13: Apollo nobis pluit, Mercurius vobis pluit, Arnob. 1, 30: pluam super terram, Vulg. genes. 7, 4: mit *Abl.*, quaeris a me, cur deus dominus mannā pluerit populo patrum? Ambros. epist. 64, 1: m. *Acc.*, et pluam cras hāc ipsā horā grandinem multam nimis, Vulg. exod. 9, 18: nubes pluant iustum, Vulg. Isai. 45, 8: Dominus pluit super Sodomam et Gomorrham sulphur et ignem a Domino de caelo, Vulg. genes. 19, 24: saxis ferunt pluvisse caelum, Mart. Cap. 6. § 642. – effigies, quae pluit, herabgeregnet ist, Plin. 2, 147. – **II** übtr., wie **regnen** = in Masse herabfallen, mit *Acc.* = herabfallen lassen, **A** *impers.*: tantum glandis pluit, Verg. georg. 4, 81. – **B** *pers.*: iam bellaria adorea pluebant, Stat.: m. *Acc.*, fundae saxa pluunt, Stat. – ► Das archaist. Perf. pluvi außer bei Plautus bes. bei Livius durch Handschrn. (s. Drak. Liv. 1, 31, 1) u. Grammatiker (s. Prisc. 10, 10) verbürgt; über das regelm. Perf. plui vgl. Varro LL. 9, 104.

pluor, ōris, *m.* (pluo), der **Regen,** Laber. com. 59.

plūrālis, e (plus), zu **mehreren-, zur Mehrzahl gehörig, I** im Allg., **aus mehreren bestehend,** pluralem facitis deitatem, Ps. Arnob. in psalm. 67. – **II** insbes.: **A** als jurist. *t. t.*, **in der Mehrzahl abgefasst, -ausgesprochen,** pl. elocutio testium, ICt.: pl. sermo, ICt. – **B** als gramm. *t. t.*, **im Plural stehend, des Plurals** (Ggstz. singularis), numerus, Quint.: casus, ICt.: genetivus, Quint.: numerum pluralem facere (bilden), Gramm. Vatic. – subst., plūrālis, is, *m.*, der **Plural,** Quint.: plūrālia, ium, *n.*, **Plurale,** im Plural stehende Nomina, Quint.

plūrālitās, ātis, *f.* (pluralis), die **Mehrzahl, I** im Allg. (Ggstz. unitas), Boëth. inst. arithm. 1, 1. p. 9, 24 Fr. u. a.: pl. personarum, Augustin. serm. 126, 11: nisi opus multā librorum pluralitate distenderet, Boëth. lib. 1. ad Cic. top. p. 271, 14 B.: Plur., Boëth. arithm. 1, 4 u. a. – **II** insbes., als gramm. *t. t.*, der **Plural** (Ggstz. singularitas), Charis. 66, 7.

plūrāliter, *Adv.* (pluralis), **in der Mehrzahl, I** als jurist. *t. t.*: pl. nuncupare, Cod. Iust. 7, 4, 14. – **II** als gramm. *t. t.* = **im Plural** (Ggstz. singulariter, im Singular), Sen. u. a.

plūrātīvus, a, um (plus), **zum Plural gehörig,** als gramm. *t. t.*, numerus, der Plural, Gell. u. Arnob. – subst., plūrātīvum, ī, *n.*, der **Plural,** Gell. 20, 6, 8.

plūrēs, s. plūs (unter multus).

plūriēs (plūriēns), *Adv.* (plus), Caes. b. c. 1, 79. § 1.

plūrifāriam, *Adv.* (plus), **I an vielen Stellen, -Orten,** Suet. Aug. 46; Tib. 43, 2 u. Cal. 54, 1. Gell. 2, 22, 25. Apul. met. 8, 18. CIL 6, 1259, 10. – **II** übtr., **vielfältig,** Solin. 38, 12. Apul. flor. 17. p. 26, 18 Kr. Ulp. dig. 4, 1, 1.

plūrifārius, a, um (plus), **vielfältig,** sermone plurifario, Sidon. epist. 6, 11, 2: plurifaria frugum mansionumque dos, Sidon. epist. 2, 14, 1.

plūrifōrmis, e (plures u. forma), **vielgestaltig, vielfältig,** Apul. flor. 3 *in.* Mart. Cap. 7. § 729.

plūrilaterus, a, um (plures u. latus), **mehrseitig,** Gromat. vet. 105 *sqq.* Boëth. art. geom. p. 423, 1 Fr.

plūrimē, *Adv.* (plurimus), **sehr viel,** quam pl., so viel als möglich, Gromat. vet. 365, 25.

plūrimus, a, um, s. multus.

plūrivocus, a, um (plus u. vox), **vielsinnig, vieldeutig,** Mart. Cap. 4. § 339 u. § 357.

plūs, plūris, *n.* (πολλός), *Compar.* zu multus, s. d.

plūsculus, a, um (*Demin.* v. plus), **etwas mehr, etwas viel,** supellex, Ter.: pyxides, Apul.: sal, Colum.: noctes, mehrere Nächte, Apul. – *Neutr.* plusculum, **a** *subst.*: eae (causae), in quibus plusculum negotii est, bei denen es etwas mehr Arbeit gibt, Cic. de or. 2, 99: ut plusculum sibi iuris populus ascisceret, sich etwas mehr Recht anmaßte, Cic. de rep. 2, 57: absol. m. folg. *quam* (als), amori nostro plusculum etiam, quam concedet veritas, largiare, räume der Liebe zu mir sogar ein klein wenig mehr Einfluss ein, als mit der strengen Wahrhaftigkeit verträglich sein mag, Cic. ep. 5, 12, 3. – **b** *adv.*: invitavit se plusculum, Plaut.: plusculum annum (*sc.* quam), über ein Jahr, mehr als ein Jahr, Plaut.

plūsimus, s. plūrimus unter multus a. E.

plūsquamperfectum, ī, *n.*, das **Plusquamperfektum** (als gramm. *t. t.*), Prisc. 8, 43 u. a.

plūsscius, a, um (plus u. scio), **mehr wissend,** sunt mulieres plussciae, es gibt Frauen, die nicht auf den Kopf gefallen sind, Petron. 3, 9.

Plūtarchus, ī, *m.* (Πλούταρχος), ein griech. Schriftsteller, Historiker u. Philosoph, aus Chäronea in Böotien, geb. 50 n. Chr., Gell. 1, 3. § 31.

pluteārius (plutiārius), iī, *m.* (pluteus), der **Gerüstverfertiger,** CIL 6, 9819.

pluteus, eī, *m.* u. **pluteum,** eī, *n.*, ein Gerüst, **I** zum Schutz: **A** als milit. *t. t.*: **a** das **Schirmdach** bei Belagerungen, wodurch die Belagerer bei ihrer Arbeit vor den Geschossen der Feinde gesichert wurden, aus Weiden helmförmig geflochten u. mit Häuten überzogen, durch drei Räder (zwei vorn, eins in der Mitte) beweglich, der **Frontschirm** (s. Veget. mil. 4, 15), Caes. b. c. 2, 9, 2. Liv. 21, 61, 10. Tac. hist. 2, 21. – vineam pluteosque agere ad alqm, Plaut. mil. 266. – **b** eine unbewegliche **Schirmwand, Blende, Brustwehr** an Türmen usw., Caes. b. G. 7, 41, 4; b. c. 1, 25, 9 u. 2, 15, 3: plutei viminei, Amm. 19, 5, 1: locus consaeptus cratibus pluteisque, mit Planken, Liv. 10, 38, 5. – **B** das höhere Schutzbrett der hinteren Seite des Speisesofas (wo man nicht hineinsteigt), das **Wandbrett,** Mart. 3, 91, 10. – **II** zum Anlehnen od. Darauflegen: **A** das **Schutzbrett,** die **Lehne** an einer Bank od. an einem Sofa, Suet. Cal. 26, 2. – meton., das **Sofa, Speisesofa,** plutei fulcra, Prop. 4, 8, 68. – **B** das **Brett,** worauf ein Toter liegt, Mart. 8, 44, 13. – **C** ein **Lesepult,** Pers. 1, 106. – **D** ein an der Wand angebrachtes **Repositorium,** für Büsten, Iuven. 2, 7; vgl. Ulp. dig. 19, 1, 17. § 4. – für Bücher, plutei grammaticales, Sidon. epist. 2, 9, 4. – **E** bei Gebäuden, die **Zwischenwand, Zwischenmauer,** zwischen zwei Säulen, die **Brustlehne, Brüstung,** Vitr. 4, 4. § 1. u. 5, 1 (2). § 5.

plutiārius, s. pluteārius.

Plūto u. **Plūtōn,** ōnis, *m.* (Πλούτων), der König der Unterwelt, Gemahl der Proserpina, Bruder Jupiters u. Neptuns, Form *Pluto,* Hyg. fab. praef. p. 8. M. Mythogr. Lat. 1, 108; 2, 10; 3, 6, 1: Form *Pluton,* Enn. bei Lact. 1, 14, 5 (Vahlen Enn. fr. var. 77 Pluto). Verg. Aen. 7, 327. Iuven. 13, 50. Claud. rapt. Pros. 1, 276; vgl. Plin. bei Charis. 118, 24: griech. Akk. Plutona, Hor. carm. 2, 14, 7. – Dav. **Plūtōnius,** a, um, zu Pluto gehörig, **plutonisch,** domus, das Grab, Hor.: coniunx, Proserpina, Prud. – Plur. subst., Plūtōnia, iōrum, *n.* (*sc.* loca), eine Gegend in Asien, viell. in Lydien, wo nach Strabo ein Tempel des Pluto war, Cic. de div. 1, 79.

plūtor, ōris, *m.* (pluo), der **Regner,** Augustin. serm. 216, 3.

Plūtus, ī, *m.* (πλοῦτος), der **Reichtum,** personifiziert = der Gott des Reichtums, Phaedr. 4, 12, 5.

pluvia, ae, *f.* (pluvius), der **Regen,** ingens, Verg.: levis, Colum.: pluviae tenues, Verg.: pluviā imbri lutus erat multus, Cl. Quadr. fr.: nihil sensere obstrepente pluviā, Liv.: pluvia potest facere torrentem, Sen.: pluvias metuo, Cic. – im Bild v. Blütenregen, pluviae flores dispergere ritu, Claud. nupt. Hon. et Mar. 298.

pluviālis, e (pluvia), **vom Regen herrührend, Regen bringend, regnerisch, Regen-,** aqua, Regenwasser (Ggstz. aqua fontana), Cels., Sen. u. a.: aquae, Ov. u. Ambros.: imber, Regenguss, Ps. Cypr.: fungi, die durch den Regen wachsen, Ov.: dies, Colum.: sidus, Ov.: Haedi, Verg.: u. auster, Verg.

pluviāliter, *Adv.* (pluvialis), **wie Regen,** Isid. ord. creat. 7, 5.

pluviāticus, a, um (pluvia), **zum Regen gehörig, Regen-,** aqua, Marc. Emp. 8.

pluviātilis, e (pluvia), **zum Regen gehörig, Regen-,** Cels. 4, 19 (12) *extr.* u. 7, 3. Colum. 9, 1, 2.

pluviōsus, a, um (pluvia), **voller Regen, regnerisch,** hiems, Plin. 18, 225: udus notus, hoc est aquosus ac pluviosus, Porphyr. Hor. epod. 10, 19.

pluvius, a, um (pluo), **vom Regen herrührend, Regen verursachend (bringend), regnerisch, Regen-,** aqua (Ggstz. iugis aqua), Sall. u. a.: aquae, Cic.: rores, poet. = Regen, Hor.: caelum, Varro u. Apul.: tempestates, Cato: regio, Colum.: ventus, Hor.: Hyades, Verg.: Iuppiter, der regnen lässt (griech. Ζεὺς ὑέτιος), Tibull.: arcus, Hor.: dies, Colum.: aurum, Goldregen, Ov. – subst., pluvium, iī, *n.* = impluvium (s. d.), Ter. eun. 589 Fl.

pneumaticus, a, um (πνευματικός), **zur Luft** od. **zum Wind gehörig, pneumatisch,** von Maschinen, die durch die Kraft der Luft etwas heranziehen od. in Bewegung setzen, organa, Plin.: ratio, Plin.: res, Vitr.

pnīgeus, eos, *m.* (πνιγεύς), der **Dämpfer,** ein Werkzeug od. Deckel, der bei der Wasserorgel die aufsteigende Luft durch das Darüberdecken dämpft, Vitr. 10, 8, 3.

pnīgītis, idis, *f.* (πνιγῖτις), eine Art dunkelfarbiger Ton, Plin. 35, 174.

pnīx, pnīgis, Akk. pnīga, *f.* (πνίξ), der **Krampf,** Marc. Emp. 1. fol. 88 (a), 3.

po = potissimum, Carm. Sal. nach Fest. 205 (a), 11.

poblicē, *Adv.*, s. pūblicē.

poblicus, a, um, s. pūblicus.

pōcillātor, ōris, *m.* (pocillum), der **Mundschenk,** Apul. met. 6, 15 u. a.

pōcillum, ī, *n.* (*Demin.* v. poculum), das **Becherchen,** fictile, Cato: argenteum, Suet.: Iovi Victori pocillum mulsi facere (opfern), Liv.

pōcolom, s. pōculum ►.

pōculāris, e (poculum), **zum Trinken dienend, Trink-,** vasa (Ggstz. escaria vasa), Paul. sent. 3, 6. § 61 u. 67.

pōculentus, a, um, Nbf. u. Variante von potulentus, s. d.

pōculum, ī, *n.* (vgl. πέ-πωκα, pōtus, pōtāre), das **Trinkgeschirr,** der **Becher, I** eig.: ministerium poculorum, das Amt des Mundschenken, Serv.: poc. argenteum, Liv.: aureum, crystallinum, murreum, Sen.: pocula veneno infecta, Iustin.: poculum impavide haurire, Liv.: poculum mortis exhaurire, Cic.: quam perlucido (kristallenen) poculo bibat, Sen.: bibit in aureis semper poculis, Treb. Poll.: nec umquam in uno convivio ex uno vino duo pocula bibit, Treb. Poll.: poscunt maioribus poculis (*sc.* bibere), aus Pokalen, Cic. – Sprichw., eodem poculo bibere, aus demselben Leidensbecher trinken = dasselbe Ungemach erfahren, Plaut. Cas. 933 L. – **II** meton.: **A** der **Trank,** das **Trinken,** vos autem de cibo vel poculo vel omnino ulla refectione cogitatis, Apul.: ad pocula venire, Verg.: pocula sunt fontes, sind ihr Trank, Verg.: pocula vitea, Rebentrank, Verg.: desiderii, Liebestrank, Hor.: amoris, Liebestrank, Hor.; auch Liebe, Plaut.: prae poculis, vor Trunkenheit, Flor.: in poculis, beim Weintrinken, Cic. – **B** insbes., der **Giftbecher** = **Gifttrank,** Cic. Clu. 30. Ov. met. 14, 295 u. a. – ► Synkop. poclum, Plaut. Curc. 359 u. Pers. 775. Lucil. 303. Prud. cath. 6, 16. Arnob. poët. 5, 26. – Vulg. pocolom, CIL 1, 43–50.

podager, grī, *m.* (ποδαγρός), der **Podagrist,** Enn. sat. 64. Claud. epigr. 29, 4. Augustin. de civ. dei 22, 8, 5. p. 571, 19 D.[2]

podagra, ae, *f.* (ποδάγρα), die **Fußgicht,** das **Podagra,** podagra et chiragra et omnis vertebrarum dolor et nervorum, Sen.: podagrae doloribus cruciari od. ardere, Cic.: in podagrae morbum incĭdere, Suet. – Plur., **Podagraanfälle, Podagraleiden,** Plin. 26, 101: podagrae chiragraeque, Cels. 2, 8: calidae podagrae, Cels. 5, 18.

podagricus, a, um (ποδαγρικός; vgl. Charis. 75, 16. Prob. de nom. 212, 14), **mit dem Podagra behaftet,** homines, Vitr. 8, 3, 5: cum tot feminae podagricae calvaeque sint, Sen. ep. 95, 21. – subst., der **Podagrist,** Laber. com. fr., Cels., Sen. u. a.

podagrōsus, a, um (podagra, s. Charis. 75, 16. Prob. de nom. 212, 14), **mit dem Podagra behaftet, podagrisch,** pedes, Plaut.: senex, Lucil. fr.: podagrosi estis, Plaut. – Plur. subst., podagrōsī, ōrum, *m.*, **Podagristen,** Lampr. Heliog. 29, 3. Hadr. bei Vospisc. Saturn. 8, 6.

Podalīrius, iī, *m.* (Ποδαλείριος), **I** Sohn des Äskulap, ein berühmter Arzt, Ov. art. am. 2, 735. – **II** ein Trojaner, Verg. Aen. 12, 304. – **III** fidenischer Beiname C. PETRONIUS PODALIRIUS DICTATOR FIDENARUM, CIL 14, 4058.

podērēs (podēris), is, *m.* (ποδήρης), eine lange, bis an die Knöchel reichende (priesterliche) Kleidung, Tert. adv. Iud. 11 u. 14 u. a. Eccl.

pōdex, icis, *m.* (urspr. pēdex v. pedo, ere), die **Öffnung des Mastdarms,** der **Hintern,** Lucil. 940* u. 1257*. Hor. epod. 8, 6. Iuven. 2, 12.

podia, ae, *f.*, eine Art **Schiffstau** (viell. = pes *no.* II, A, 2, b), Serv. Verg. Aen. 5, 830 Th.

podicus, a, um (ποδικός), **einen Fuß betragend,** Mart. Cap. 9. § 974.

podismālis, e (podismus), die **Abmessung nach Schuhen betreffend,** Boëth. art. geom. p. 401, 7 Fr. u. a.

podismātio, ōnis, *f.* (podismo), die **Abmessung nach Schuhen,** Boëth. art. geom. p. 424, 11 Fr.

podismo, ātus, āre (podismus), **nach Füßen** od. **Schuhen abmessen,** omnem trigonum unā ratione, Gromat. vet. 300, 11: cetera trigona eādem ratione, *ibid.* 301, 4: alii (termini) sine mensurae suae numero podismati sunt, *ibid.* 219, 8. – Depon. Nbf. podismor, Boëth. art. geom. p. 408, 4 Fr.

podismus, ī, *m.* (ποδισμός), **I** die **Abmessung nach Füßen** od. **Schuhen,** das **Fuß-** od. **Schuhmaß,** Veget. mil. 2, 7 u. a. Boëth. art. geom. p. 396, 8 Fr. u. a. Gromat. vet. 35, 5; 222, 17 u. a. CIL 6, 10233, 8. – **II** = hypotenusa, Gromat. vet. 297, 16.

podium, iī, *n.* (πόδιον), der **Tritt,** die **trittartige Erhöhung, I** im Allg., rein lat. suggestus, das **Untergestell,** für Fässer, Pallad. 1, 18, 2: für Bienenstöcke, bei Pallad. 1, 38, 2 (bei Colum. 9, 7, 1 suggestus lapideus gen.). – **II** insbes.: **A** ein **fortlaufendes Postament** als **Untersatz** für Säulen, Vitr. 3, 4, 5 u. a.: bes. im Vordergrund der Orchestra, Vitr. 5, 6, 6. – **B** die (viell. trittartig sich erhebende) untere Wandbekleidung eines Zimmers, das **Paneel,** die **Zocke,** Vitr. 7, 4, 4. Plin. ep. 5, 6, 22. Ulp. dig. 33, 7, 12. § 22. – **C** ein terrassenartig auf der den Zirkus od. das Amphitheater umgebenden Mauer sich erhebender, durch eine Brustwehr und vorgespannte Netze gegen die wilden Tiere geschützter, mit Bildsäulen der Viktoria usw. gezierter **Vorsprung,** wo die Geber od. Vorsteher der Spiele, der Senat, die vestalischen Jungfrauen, die Gesandten fremder Völker u. unter einem Baldachin ganz im Vordergrund die Kaiser saßen, der **Balkon,** Suet. Ner. 12, 2. Plin. 37, 45. Spart. Sev. 22. § 3: Catuli Paulique minores et Fabii et omnes ad podium spectantes, Iuven. 2, 147. – ► Nbf. **podius**, iī, *m.*, Chronograph. ed. Mommsen p. 648, 25.

Poeās (Paeās), antis, *m.*, (Ποίας), Vater des Philoktetes, Hyg. fab. 14: Poeante satus, Sohn des Pöas = Philoktetes, Ov. met. 9, 233. – Dav.: **A Poeantiadēs**, ae, *m.* der **Pöantiade** (Sohn des Pöas), d. i. Philoktetes, Ov. met. 13, 313. – **B Poeantius**, a, um (Ποιάντιος), **pöantisch,** heros od. proles, auch bl. Poeantius = Philoktetes, Ov.

Poecilē, ēs, *f.* (ἡ ποικίλη στοά u. bl. ἡ ποικίλη), die große **gemalte Halle** am Markt zu Athen, geziert mit vielen berühmten Kunstwerken der Malerei, namentlich mit Polygnotos' Wandgemälde der marathonischen Schlacht, Plin. 35, 56. Nep. Milt. 6, 3.

Poediculī, ōrum, *m.* (Ποιδίκουλοι), ein unteritalischer Volksstamm, Iustin. 12, 2, 12 ed. Ieep. Plin. 3, 38 u. 3, 102.

poēma, atis, *n.* (ποίημα), das **Gedicht,** poëma facere od. componere od. condere, Cic., pangere od. scribere, Hor. – Plur. poëmata = Poesie, Ggstz. oratio (Prosa), Cic. or. 70. – ► Genet. Sing. poëmatos, Diom. 482, 14: Genet. Plur. gew. poëmatorum, Afran. com 271. Acc. fr., Varro u. Cic. bei Charis. 141, 31 *sqq.* Vitr. 5. praef. § 1; doch auch poëmatum, Suet. gr. 23. Spart. Hadr. 14, 8: Dat. u. Abl. gew. poëmatis, Plaut. asin. 174. Varro LL. 7, 2 u. a. Rhet. Her. 4, 3. Cic. or. 70 u. a. Fronto ep. ad Antonin. imp. 2, 2 *extr.* Gell. 9, 9, 1. u. a. Auson. edyll. 13 *extr.* p. 146, 14 Schenkl; doch auch poëmatibus, Suet. Tit. 3, 2. Apul. apol. 5; vgl. Charis. 141, 29.

poēmatium, iī, *n.* (ποιημάτιον), das **Gedichtchen,** Plin. ep. 4, 14, 9 u. 27, 1. Auson. edyll. 7. praef. p. 125, 4 Schenkl.

poena, ae, *f.* (ποινή, das Lösegeld für eine Blutschuld, die Sühne; dah. in weit. Bedeutung) die **Genugtuung,** der **Ersatz,** dah. bald **Rache,** bald **Strafe, Bestrafung** (Ggstz praemium, pretium, impunitas), **I** eig.: poena dupli, octupli, Cic.: vitae, Cic.: capitis, Caes.: mortis, Cic. u. Suet.: oculorum, die die Augen hätte treffen sollen, Cic.: votorum, poet. = Bezahlung seiner G., Ps. Verg.: poenae iustae et debitae, Cic.: poenam exigere de alqo, Suet.: ultimam facinoris poenam statuere in alqm, Suet.: poenas expetere ab alqo, Cic. u. a.: expetere vocis impiae poenas, Liv., scelerum poenas, Quint.: poenas domestici sanguinis expetere, Ersatz für das vergossene Familienblut verlangen, das vergossene Familienblut rächen, Cic.: in omne nomen Albanum poenas expetere, Liv. 1, 23, 4: contumeliarum in imperatorem cum suo auxilio poenas petere, Sall.: poenas parentum a filiis repetere, die Kinder wegen der (erschlagenen) Eltern strafen, den Mord der Eltern an den Kindern rächen, Cic.: alqm repetere ad poenam, Cic.: poenam octupli persequi, Cic.: poenas hominis persequi, jmd. rächen, Cic.: so auch poenas patrias (= *patris*) persequi, Cic.: poenam capere in hostem, den F. bestrafen, Curt.: poenas capere pro alqo, jmd. rächen, Sall.: poenas verborum capere, sich der W. wegen rächen, Ov.: ab alqo petere poenas sui doloris, Genugtuung für seinen Schmerz von jmd. zu erhalten suchen, sich seines Schmerzes wegen an jmd. rächen, Cic.: accipere poenas, sich an jmd. rächen, jmd. strafen, Lucan.: poenas habere ab alqo, sich an jmd. gerächt haben, Liv.: aber poenam habere, seine Strafe haben, gestraft sein, Liv.: poenas dare, Cic.: maximas poenas dare, Rhet. Her.: poenas dare alci, Cic.: dedisse satis superque poenarum tibi, Hor.: brevi temeritatis poenas dedit, Vell.: et pro purpureo poenas dat Scylla capillo, Verg.: necis graves poenas reddere, Sall.: poenam irrogare, s. ir-rogo: poenā alqm afficere od. multare, Cic.: poenas capere de alqo, Liv., od. poenas sumere, Verg.: pro maleficio poenam sumere, Cic. de inv. 2, 108: in eandem impiorum poenam optime meritos cives detrudere, Cic.: in poenas ire, strafen, Ov.: teneri poenā, in eine Strafe verfallen sein, Cic.: poenas alci pendĕre (alcis rei, wegen etwas) od. dependĕre, expendĕre, solvere, persolvere, Cic.: sustinere poenam, Cic.: poenas subire, Cic., ferre, perferre, luere, Cic.: poenas pati, Ov.: dupli poenam subire, Cic.: poenam capitis subire, Lampr.: poenam sui sceleris sufferre, Cic.: legum, iudiciorum poenis obligari, in die Str. des Ges. usw. verfallen, Cic.: alci remittere poenam, Liv.: non posse effugere huius culpae poenam, Cic.: extra poenam esse, straffrei bleiben, Liv.: poena ne victam sequatur, Strafe im Spiel, Ov.: et libertatis nostrae et poenarum *ex* inimicis satis est, Liv. 3, 59, 1: poena est (es ist strafbar, es ist ein Verbrechen) m. *Infin.*, nec fuerat nudas poena videre deas, Prop. 3, 13, 38. – personif., **Poena**, die **Rache-** oder **Strafgöttin,** die die Misshandlungen der Unschuldigen rächt u. die Bösen straft, o Poena! o Furia sociorum! Cic. Pis. 91; u. so im Sing., Hor. carm. 3, 2, 32. Val. Flacc. 1, 797. Stat. Theb. 8, 25. – im Plur., a liberûm Poenis actum esse praecipitem, Cic. Clu. 171; u. so im Plur. Lucan. 6, 695. Val. Flacc. 7, 147. Vgl. Drak. Sil. 2, 551. – **II** übtr., die **Beschwerlichkeit, Mühseligkeit, Plage, Pein,** die **Qual,** die **Marter,** das **Leiden,** erlittene **Misshandlung,** frugalitatem exigit philosophia, non poenam, Sen.: (acetum) gustatum discutit eam poenam, Plin.: p. captivitatis, Iustin.: poena (die Pein) crudescit, Auson. parent. 11, 10. p. 46 Schenkl. – Plur., in tantis vitae poenis, Plin.: balaenae pariendi poenis invalidae, Plin.: post longam poenarum patientiam, Iustin.

poenālis, e (poena), **I zur Strafe gehörig,** dahin **abzielend, Straf-,** opera (Sing.), Plin.: aquae (in der Unterwelt), Plin.: Hyrcania poenalis sibi, das für Abbüßung seiner Strafe bestimmte Land, Iustin.: incendium, Straffeuer, Min. Fel.: actio, wegen Bestrafung eines ungeahndet gebliebenen Verbrechens, ICt.: homo, straffälliger Mensch, Cod. Iust.: gladius, Henkerschwert, Amm.: claustris poenalibus contineri, im Gefängnis sitzen, Solin.: cadere od. perire ferro poenali (durchs Henkerschwert), Amm. – **II** übtr., **peinlich, qualvoll,** Augustin. conf. 1, 13, 20. Claud. Mam. de stat. anim. 1, 23. – ► Kompar. poenalior, Salv. de gub. dei 5, 7, 28 u. 6, 11, 58: Superl. poenalissimus, Salv. adv. avar. 2, 10, 48.

poenāliter, *Adv.* (poenalis), **I durch Strafe,** Amm. 16, 8, 2. Augustin. c. Cresc. Donat. 2. § 1 u. a. Eccl. – **II sträflich, strafwürdig,** p. peccare, Augustin. conf. 10, 33.

poenārius, a, um (poena), **zur Strafe gehörig, Straf-,** actio, Quint. 4, 3, 9 u. 7, 4, 20.

Poenī, ōrum, *m.*, die **Punier** = die (von den Phöniziern abstammenden) **Karthager,** als verschlagen u. treulos verrufen, Cic. de rep. 2, 9: Poeni foedifragi, Cic. de off. 1, 38: Genet. Plur. Poenûm, Sil. 7, 714

u. a. – Sing. Poenus, ī, *m.*, der **Punier, Karthager,** Poenus plane est, ein ganzer P., ein P. durch und durch, Plaut. Poen. prol. 113. – prägn. von Hannibal, Cic. de or. 2, 77. – kollektiv, Poenus advena, Liv. 22, 14, 5: uterque Poenus, die Punier in Afrika u. Spanien, Hor. carm. 2, 2, 11. – Dav.: **A Poenus,** a, um, **phönizisch, punisch, karthagisch,** navita, Hor.: leones, Verg.: sermo, Stat.: *Compar.*, est nullus me hodie Poenus Poenior, in der pun. Sprache erfahrener, Plaut. Poen. 991. – **B Pūnicus** (Poenicus), a, um, **phönizisch, punisch, karthagisch, a** eig.: regna, Verg.: lingua, Varro u. Plin.: litterae, Cic.: sagulum, Val. Max.: bellum, Varro fr.: Punicum bellum primum (secundum, tertium), Cic.: fides, pun. Treue = Treulosigkeit, Sall.: so auch ars, Liv.: fraus, perfidia, versutiae, astu, Liv. (s. Wölffl. Liv. 21, 4, 9). – P. arbos, Granatbaum (*Punica Granatum,* L.) Colum. poët.: malum Punicum, der Granatapfel, Varro u. a. (vgl. 2. malum): dass. subst., Punicum, ī, *n.*, Plin.: P. grana, Granatapfelkerne, Plin. – **b** poet. übtr., **phönizisch** = **purpurfarben, purpurrot,** sagum, Hor.: tunicae, Val. Max.: rostra columbarum, Prop. – *Adv.* **Pūnicē** (Poenicē) **punisch, karthagisch,** Plaut. u. Apul. – u. dav. (v. Punicus) **Pūnicānus,** a, um, **auf punische Art gemacht,** fenestra, Varro: lectuli, hölzerne Bänke nach punischer Art (die als lecti dienen sollten), Cic. – und **Pūniceus** (Poeniceus) u. **Pūnicius** (Poenicius), a, um, **a punisch, karthagisch,** dux, Ov.: religio, Gewissenhaftigkeit, Liv.: bellum, Lex vet. – **b** meton., **purpurrot,** taenia, Verg.: cruor, Ov.: panis purpureus (dunkelrotes), Puniceus (hellrotes), Plaut.: corium (von Schlägen), Plaut.

Poenicē, *Adv.*, s. Poenī.

Poeniceus, a, um, s. Poenī.

Poenicus, a, um, s. Poenī.

Poenīnus (in Inschrn. u. Hdschrn. auch Penīnus u. Pennīnus), a, um (griech. Ποίνινος), **pöninisch,** Alpes od. iuga, die **pöninischen** (savoyischen u. piemontesischen) **Alpen,** von den *Salassii* bis zu den *Lepontii*, der h. große St. Bernhard und das Gebirge bis zum St. Gotthard, P. Alpes bei Tac. hist. 1, 87: P. iuga, *ibid.* 1, 61. – P. mons, der große St. Bernhard, Sen. ep. 31, 9 (Haase u. Fickert Penin.): u. ders. bl. Poeninus, Liv. 5, 35, 2 (wo Akk. Poeninon); 21, 38, 6 *sqq.* (auch über die falsche Ableitung von Poeni, auf die noch Plin. 3, 123 hinzudeuten scheint). – iter Poeninum (über den großen St. Bernhard), Tac. hist. 1, 70. – vallis Poenina, das walliser Tal, CIL 5, 3936. – Iuppiter Poeninus, *ibid.* 5, 6867 u. 5, 6880: bl. Poeninus, *ibid.* 6874 u. 6875.

poenio u. **poenior,** s. pūnio.

poenit…, s. paenit…

poenītio, ōnis, *f.*, s. pūnītio.

poenītor, ōris, s. pūnītor.

Poenulus, ī, *m.* (Poenus), der **junge Punier** od. **Karthager,** Titel einer Komödie des Plautus.

Poenus, s. Poenī.

poēsis, is, Akk. in, Abl. ī, *f.* (ποίησις), **I** die **Dichtkunst,** Quint. 12, 11, 26. – **II** meton., die **Dichtung, gebundene Rede, Poesie** (Ggstz. oratio), Cic. u. Hor.: casta, Varro fr.: amatoria, Cic.: poësis opus totum, Lucil. fr.: quod dixi ante poësin, Lucil. fr.: eius (Homeri) picturam, non poësin videmus, Cic. – ► Prud. c. Symm. 2, 52 pŏēsis gemessen.

poēta, ae, *m.* (ποιητής), **I** der **Verfertiger, Schöpfer, Erfinder** von etwas, Plaut. Cas. 861 (Ränkeschmied): tu poëta es prorsus ad eam rem, bist der Mann zu usw., Plaut. asin. 748. – **II** prägn., der **Dichter, Poet,** poëta bonus, optimus, Cic.: p. barbarus (v. Nävius), Plaut.: Anacreon, lyricus p., Porphyr.: p. epigrammaticus, Spart.: p. scaenicus, Varro LL.: p. comicus, tragicus, Cic.: tragoediarum p., Gell.: satiricus p., Suet. fr.: vetus p., Gell., veteres poëtae, Amm.: Corn. Severus, versificator quam poëta melior, Quint. – Plur. poëtae (Ggstz. oratores, Prosaiker, Cic. de or. 3, 39), poëtarum licentia, Cic.: legere oratores et poëtas, Cic.: ut ait poëta, Colum. – ► Griech. Nbf. poëtēs, ae, *m.*, CIL 14, 2651.

poētica, ae, *f.* u. **poēticē,** ēs, *f.* (ποιητική, *sc.* τέχνη), die **Dichtkunst,** Form *poëtica* bei Cic. Tusc. 1, 3 u. a. Tert. ad nat. 2, 13. Apul. flor. 20: Form *poëtice* bei Varro LL. 7, 2. Nep. Att. 18, 5. Plin. ep. 3, 14, 2 u. 7, 4, 2.

1. **poēticē,** ēs, *f.*, s. poëtica.

2. **poēticē,** *Adv.* (poëticus), **poetisch, dichterisch, nach Dichterart,** ut poëtice loquar, Cic. de fin. 5, 9: descriptiones locorum non historice tantum sed prope poëtice prosequi (behandeln), Plin. ep. 2, 5, 5: cur enim non ego quoque poëtice cum poëta (*sc.* loquar)? Plin. ep. 8, 4, 5: quod sit a simplici atque in promptu posito modo poëtice vel oratorie mutatum, Quint. 9, 1, 13: saepius poëtice quam humane locutus es, Petron. 90, 3: poëta maximus in hoc solo non poëtice sed aniliter desipuit, Lact. 2, 4, 4: sapientia poëtice figurata, Lact. 3, 14, 7.

poēticus, a, um (ποιητικός), **dichterisch, poetisch,** poëticum verbum, Varro LL. u. Cic.: oratio (Ggstz. oratio soluta), Varro LL.: poëticae verborum origines, Varro LL.: fabulae, Liv.: iocus, Val. Max.: laurus, Symm.: di, die Götter der Dichterwelt, Cic.: Musae, Boëth.: ars, Cato fr. u. (*sc.* Horatii) Quint.: facultas, Cic.: licentia, Quint. u. Lact.: color, Lact.: sententia, Augustin.: poëticis numeris, in gebundener Rede, in poet. Gewand, in Versen, Colum. – subst., poëtica, ae, *f.*, s. bes.: poëticum, ī, *n.*, **etwas Poetisches,** Quint.: poëtica, ōrum, *n.*, **poetische Ausdrücke, Verse, Poesie,** Sen. a. u.

poēto, āre, s. poētor.

poētor, ārī (poëta), **Dichter sein, dichten,** Enn. sat. 64. – Aktive Nbf. poëtare, Verus bei Fronto ep. ad M. Caes. 2, 5 (8). p. 30, 8 N.: poëtasse, Lucifer Cal. de Athanas. 2, 9. p. 164, 26 Hartel: Genet. Gerund. poëtandi, Auson. edyll. 6. praef. p. 121, 12 Schenkl.

Poetovio, ōnis, *f.*, eine Stadt in Pannonien, noch j. *Pettau* in Steiermark, Tac. hist. 3, 1. Itin. Anton. 261, 4 u. 262, 3. CIL 2, 4147: auch Petobio geschr., Amm. 14, 11, 19, u. Petovio, Itin. Hieros. p. 561, 4, u. Patavio, Ambros. epist. 10. § 10. Itin. Anton. 129, 6.

poētria, ae, *f.* (ποιήτρια), die **Dichterin,** Ps. Ov. her. 15, 183. Mar. Victorin. 2, 8, 15. p. 91, 31 K. Mart. Cap. 8. § 809: vetus et plurimarum fabularum p., Cic. Cael. 64.

poētris, idis, Akk. Plur. idas, *f.* (*ποιητρίς), die **Dichterin,** poëtrides picae, Pers. prol. 13: Sibylla poëtris, Aldh. de re gramm. in Auct. class. tom. 5. p. 520, 6.

pōgōniās, ae, *m.* (πωγωνίας, bärtig), der **Bartstern,** Sen. nat. qu. 1, 15, 4. Plin. 2, 89.

pol! *Interi.*, **beim Pollux!** d. i. **wahrhaftig,** Ter. u. Cic.: m. anderen Versicherungswörtern verb., sane pol, Ter., od. certe pol, Ter.: pol vero, Plaut.

polcer, s. 1. pulcher ►.

pōlea, ae, *f.*, bei den Syrern = der erste Kot des jungen Esels, Plin. 28, 200.

pōlēium, s. pūlēium.

Polemo (Polemōn), ōnis, *m.* (Πολέμων), **I** ein griech. Philosoph zu Athen, Schüler des Xenokrates, Lehrer des Zeno u. Arkesilas, Cic. Acad. 1, 34. Hor. sat. 2, 3, 254. Val. Max. 6, 9. ext. 1. – Dav. **Polemōnēus,** a, um (Πολεμώνειος), **polemonëisch,** Cic. Acad. 2, 132. – **II** ein König in Pontus, Suet. Ner. 18. Eutr. 7, 14. – Dav. **Polemōniacus,** a, um, **polemoniacisch,** Pontus, ein Teil von Pontus, Aurel. Vict. de Caes. 5, 2 u. epit. 5, 4. Eutr. 7, 14. Vopisc. Aurel. 21, 11.

polemōnia, ae *f.* (πολεμώνιον), **griechischer Baldrian,** Plin. 25, 64.

Polemōniacus, a, um, s. Polemo *no.* II.

polenta, ae, *f.* (zu pollen), die **Gerstengraupen,** bei den Griechen τὸ ἄλφιτον, τὰ ἄλφιτα, Cato r. r. 108, 1. Colum. 6, 17, 18. Plin. 18, 78 u. 84. Curt. 4, 8 (33), 6. Pelagon. veterin. 9 (171 *Ihm*). Ov. met. 5, 454. Pers. 3, 55: pol. tosta, Ov. met. 5, 450.

polentārius, a, um (polenta), **zu den Gerstengraupen gehörig, Gerstengraupen-,** crepitus, Furz, vom Genuss der Gerstengraupen, Plaut. Curc. 295 (wo pŏl. gemessen ist): damnum, Einbuße eines Bissens von G., Apul. met. 6, 19.

1. **polia,** ae, Akk. ān, *f.* (πολιός, ά, όν), ein uns unbekannter Edelstein von weißgrauer Farbe, Plin. 37, 191.

2. pōlīa, ae, *f.* (πωλεία), eine Herde Pferde, eine **Stuterei,** Ulp. dig. 21, 1, 38 *extr.*

poliāris herba = polion (s. d.), Plin. Val. 2, 17.

polīmen, inis, *n.* (polio), **I** die **Glätte,** frontis polimina, Fulg. myth. prooem. p. 25 M. – **II** übtr.: **a** der **Putz,** die **Zierat,** baltei polimina, Apul. de deo Socr. 23. – **b** die **Hode,** Plur. polimina, Arnob. 7, 24.

polīmentum, ī, *n.* (polio), Plur. polimenta, die **Hoden,** Paul. ex Fest. p. 235, 8.

1. polio, īvī, ītum, īre (lino), **feilen, glätten, abputzen, polieren, I** eig.: **A** im Allg.: gemmas, ebur, marmora, ligna, Plin.: linum in filo, als Garn noch glätten, Plin.: pulvinar Indo dente, Catull.: frontes (libelli) pumice, Ov.: rogum asciā, Cic.: politus dens, glatter, Mart.: ligo, abgenutzte, Mart. – **B** insbes.: **a** mit weißem Mörtel od. Gips **abputzen, abtünchen, abweißen, anstreichen,** villam eleganter opere tectorio, Varro: cellas columbarum albo tectorio, Colum.: columnas albo, Liv.: politae columnae, Cic. – **b** Kleider glänzend machen, **appretieren,** vom Walker, vestes, Plin.: vestimenta, ICt.: Partiz. subst., polientēs, ium, *m.*, die **Walker, Appreteure,** Plin. 8, 192. – **II** übtr. **a wohl zubereiten, wohl einrichten, kultivieren,** agros, Enn. fr.: fundus culturā politus, Varro. – **b** geistig **glätten, feilen, verfeinern,** opus limā, Quint.: orationem, Cic.: mores, abschleifen, Petron. – ► Synkop. Imperf., polibant, Verg. Aen. 8, 436. – polītus als *PAdi.* s. bes.

2. polio, ōnis, *m.* (polio, ire), der **Walker,** Tarrunt. Pat. dig. 50, 6, 7 (6) zw. (Mommsen polliones, Hal. pelliones).

3. Pōlio, s. 1. Pōllio.

polion od. **-ium,** iī, *n.* (πόλιον), eine stark riechende Pflanze, viell. der **Polei-Gamander** (*Teucrium polium,* L.), Cels. 5, 27, 7. Plin. 21, 39 u. 44. Scrib. Larg. 83. Ps. Apul. herb. 58.

Poliorcētēs, ae, *m.* (πολιορκητής, der **Städtebelagerer, -bestürmer, -eroberer** (rein lat. expugnator, Plin. 7, 126), ein Zuname des Demetrius, Königs von Mazedonien, Vitr. 10, 16, 4. Sen. de const. sap. 5, 6; ep. 9, 18.

polītē, *Adv.* (politus), **wohlbearbeitet, nett, fein, geschmackvoll, schön,** dicere, Cic.: eloqui, Cic.: scribere, Cic.: politius limare, Cic. Acad. 1, 2.

Polītēs, ae, *m.* (Πολίτης), Sohn des Königs Priamus, der von Pyrrhus getötet wurde, Verg. Aen. 2, 526 u. 5, 564.

polītīa, ae, Akk. ān, *f.* (πολιτεία), die **Staatsverwaltung,** Ambros. hexaëm. 5, 15. § 52. Cassiod. var. 9, 2, 5. – u. die **Staatsverfassung,** der **Staat,** Titel einer Schrift des Plato, Cic. de div. 1, 60 u. a.

polīticus, a, um (πολιτικός), **zum Staat-, zur Staatswissenschaft gehörig, politisch, politisierend,** libri, über den Staat, Cael. in Cic. ep.: philosophi, Cic.: virtutes, Macr.

polītio, ōnis, *f.* (polio, ire), das **Polieren, Glätten, I** eig.: **1** im Allg.: speculi, Vitr. 7, 3, 9. – **2** insbes., der **Abputz,** das **Überweißen** mit Gips, die **Bekleidung** der Wände, Vitr. 7, 4, 1 u. a. – **II** übtr., das **Bestellen, Kultivieren** eines Ackers von Seiten eines Kolonus gegen einen Anteil am Ertrag (vgl. politor *no.* I), Cato r. r. 136.

polītor, ōris, *m.* (polio, ire), **I** der **Glätter, Polierer,** gemmarum, Firm. math. 4, 7. – **II** der **Besteller, Kultivierer** eines Ackers gegen einen Anteil am Ertrag, Cato r. r. 5, 4 u. 136. Cels. dig. 17, 2, 52. § 2.

Polītōrium, iī, *n.*, Stadt in Latium, südlich vom Tiber, auf dem steilen Tuffhügel von Torretta, angebl. vom Trojaner Polites, einem Sohn des Priamus, gegründet (s. Serv. Verg. Aen. 1, 2 u. 5, 564), frühzeitig von den Römern eingenommen u. entvölkert, Liv. 1, 33, 1 u. 3. Plin. 3, 68.

polītūra, ae, *f.* (polio, ire), das **Polieren, Glätten, Verfeinern, I** im Allg.: chartae, Plin.: marmoris, Plin. gemmarum quaedam p. (am Weinstock), Plin.: laevitas et politura corporum, Sen. nat. qu. 7, 31, 2. – Plur. b. Vitr. u. Plin. – übtr., haec recens politura (orationis), Sen. ep. 100, 5. – **II** insbes., die **Appretur** eines Gewebes, Plin. 11, 84.

polītus, a, um, *PAdi.* (v. polio), **I wohl-, geschmackvoll eingerichtet, geschmackvoll,** domus, Phaedr.; vgl. regie polita aedificia, Varro: cubiculum politissimum, Plin. ep. – **II** übtr., **geistig kultiviert, verfeinert, ausgebildet, gebildet, fein,** politus artibus, Cic.: politus e schola, Cic.: homo, Cic.: epistula, Plin. ep.: politior humanitas, Cic.: iudicium, Cic.: Apelles politissimā arte perfecit etc., Cic.: (homo) omni doctrinā politissimus, Cic.

polium, iī, *n.*, s. polion.

Pōlla, ae, *f.* = Paula, **I** Gemahlin des D. Brutus, Cic. ep. 11, 8, 1. – **II** Gattin des Dichters Lukanus, dann des Dichters Statius, selbst Dichterin, Mart. 7, 21, 2. Stat. silv. 2, 7, 62.

pollen, inis, *n.* u. **pollis,** inis, *c.* (vgl. polenta), **I sehr feines Mehl, Staubmehl,** Ter., Cels. u. a. – Plur. bei Cael. Aur. de morb. acut. 2, 24, 136 u. 3, 3, 14; de morb. chron. 4, 3, 37. – **II** übtr., **Staub,** turis, Colum. u. Plin.: inula in pollinem tunditur arida, Plin. – ► Nach Prob. cath. 9, 11 K u. Cl. Sacerd. 2, 11 ist der Nomin. pollen; dagegen stellen Charis. 42, 2 u. 89, 10 und Phoc. 418, 10 K. pollis als Nomin. auf; keine von beiden Formen ist bis jetzt bei einem Schriftsteller nachgewiesen.

pollēns, entis, *PAdi.* (v. polleo), **vermögend, mächtig, kräftig, stark,** genus, Plaut.: dea, Naev. fr.: matrona, Ov.: matrona pollens et opulens, Apul.: herbae, wirksame, Ov.: mortalium animus, ubi ad gloriam virtutis viā grassatur, abunde pollens potensque (überschwenglich mögig und mächtig = vermögend und einflussreich) et clarus est, Sall.: mens pollentior, Tert. adv. psych. 6: ingenia pollentissima, Solin. 2, 22. – m. *Genet.*, vini p. Liber, Plaut. Curc. 114 G. – m. *Abl.*, viribus, gewaltig an Körperkraft, Sall.: equo, Ov.: venenis, Val. Flacc.: m. *Acc. resp.*, cuncta p. vir, Sen. Agam. 805 (842). – m. *Infin.*, tractare sereno imperio vulgum pollens, Sil. 14, 80 *sq.*: vox Lethaeos cunctis pollentior herbis excantare deos, Lucan. 6, 685.

pollenter, *Adv.* (pollens), **mächtig,** *Compar.* pollentius, Claud. de IV. cons. Hon. 254.

1. pollentia, ae, *f.* (polleo), **I** die **Vielvermögenheit, Macht,** Plaut. rud. 618 u. a. – **II** personif. als Göttin, Pollentia, Liv. 39, 7, 8.

2. Pollentia, ae, *f.*, **I** Stadt im Pizenischen, auch Urbs Salvia gen., j. *Urbisaglia;* deren Einwohner **Pollentīnī,** ōrum, *m.*, die **Pollentiner,** Plin. 3, 111. – **II** Stadt auf der größeren balearischen Insel (dem heutigen *Maiorca*), j. *Pollenza,* Mela 2. § 124. Plin. 3, 77. – **III** Stadt in Ligurien, berühmt durch Fabrikation irdener Trinkgeschirre u. die schwarze Wolle der dortigen Schafe, j. Dorf *Polenza,* Cic. Phil. 11, 14; ep. 11, 13, 3. Colum. 7, 2, 4. Sil. 8, 597 (599). – Dav. **Pollentīnus,** a, um, **pollentinisch,** plebs, Suet. Tib. 37, 3: lanae, Mart. 14, 157 *lemm.*

polleo, ēre (wohl aus *potsleo zu potis), **I** etwas **vermögen, ausrichten können,** in etwas **stark sein, 1** im Allg.: qui (senatus) certe unus plus quam dictatura tua potest polletque, Liv.: qui in re publica plurimum pollebant, Caes.: ubi plurimum pollet oratio, Cic.: quantum magis potes pollesque, Liv.: Etruria tantum pollens terrā marique, Liv.: Tyria classis plurimum pollens mari, Vell.; vgl. pollens. – m. *Abl.*, pollere pecuniā, Suet.: scientiā, Cic.: armis, gratiā, nobilitate, Tac. – mit *Infin.*, Cic. Brut. 242 (vgl. pollens). – non polleo m. folg. *quin* u. Konj., neque ingenium ullum satis pollet, quin animus magis aut minus mature, postremo tamen succumbat, Ps. Sall. de rep. 2, 7, 4. – **2** insbes., von Medikamenten, **wirksam-, von Wirkung sein, wirken,** adversus scorpiones, Plin.: contra anginas efficacissime, Plin.: ad iudiciorum eventus, Plin.: multis modis in remediis, Plin. – **II** übtr.: **A gelten, Wert-, Ansehen haben,** eadem vitis aliud in aliis terris pollet, Plin. 14, 70. – **B** in etwas **viel besitzen,** an etwas **reich sein,** utensilibus, Apul. met. 2, 19. – ► Perf. polluī bei Mar. Victorin. 200, 12 K (ohne Beleg).

pollex, icis, *m.* (polleo), der **Starke, I** eig. als Körperglied: **A** der **Daumen,** infestus, der gerade hingestreckte, als ob man einen damit erstechen wolle, Quint.: Aeginetis pollices praecīdere, Cic.: pollicem comprimere, Fulg.: pollicem premere, »den Daumen einschlagen«, wie bei uns »den Daumen halten« (um jmdm. beim Spiel Glück zu bringen), Plin.: dah. pollice utroque laudare ludum, Hor.: pollicem vertere, den Daumen gegen die Brust richten (ein Zeichen, dass das Volk einen besiegten Gladiator getötet wissen wollte), Iuven. – als

Maß, clavi ferrei digiti pollicis crassitudine, Caes.: digitum pollicem laxamenti facere, Cato: caules si fuerint pollice crassiores, Colum. – **B** die **große Fußzehe,** Plin. u. a.: pedum extremos pollices tangere, Petron. 73, 4. – **II** übtr., **A** ein **kurzer Zweig** am Weinstock, der über dem ersten Auge abgeschnitten ist, Colum. u. Plin. – **B** ein **Knoten, Absatz** am Stamm des Baumes, Plin. 13, 29.

pollicāris, e (pollex), zum Daumen gehörig, **Daumen-,** crassitudo, Plin.: latitudo, amplitudo, Plin.

polliceo, s. polliceor ►.

polliceor, citus sum, ērī (por = pro u. liceor), **sich** zu etw. **erbieten, sich anheischig machen,** etw. zu leisten **versprechen,** etw. **verheißen, geloben, zusagen,** Ggstz. abnuo, denego (dagegen promitto = etw. erwarten lassen, zu etw. Hoffnung machen), **I** im Allg.: **α** m. *Acc. rei* ohne od. mit *Dat.* **wem? αα** ohne *Dat.*: hospitium et cenam, Plaut.: pretium, Ter.: navium magnam copiam ad transportandum exercitum, Caes.: publice frumentum, Caes.: frumentum ad bellum, Liv.: matrimonium suum, Suet.: pecuniam, Cic.: pecunias in rem publicam, Cic.: offerre pecuniam, fidem et pericula (Treue in gemeinschaftlicher Gefahr) poll., Tac.: imperii societatem, Iustin.: non ludos aut gladiatores, sed annuos sumptus in alimenta ingenuorum, Plin. ep.: ego vero exspectabo ea, quae polliceris, Cic. – v. lebl. Subjj., sed hoc satis est, quod prope sola historia polliceri videtur, Plin. ep.: ad hoc salubritas caeli, secessus, quies tantum salutis quantum otii pollicentur, Plin. ep. – **ββ** mit *Dat.* **wem?** militibus in contione agros ex suis possessionibus, Caes.: his amicitiam regis, Iustin.: alci arma virosque ad bellum, Liv.: iis auxilium suum, Caes.: toti Italiae civitatem (das Bürgerrecht), Vell.: his interfectorum matrimonia (Ehefrauen), Iustin.: reginae nuptias, Suet.: alci suam suorumque militum operam (Dienste), Vell.: regi pacem neque *abnuere* neque *polliceri,* Sall.: Varroni pecunias in publicum, Caes.: senatui frumentum in cellam gratis, Cic.: maturum reditum patrum sancto concilio, Hor.: sestertios centenos militibus, Auct. b. Alex.: ego vero tibi profiteor atque polliceor eximium et singulare meum studium in omni genere officii, Cic.: nec polliceatur sibi aliam, quam sit expertus, victoriam, Iustin.: quicquid auctoritate, fide, constantiā possum, id omne ad hanc rem conficiendam tibi *polliceor* ac *defero,* Cic.: nemo tam divos habet faventes, crastinum ut possit sibi polliceri, sicher auf den nächsten Morgen rechnen kann, Sen. Thyest. 619 *sq.* – v. lebl. Subjj., ita eadem illa seu neglegentia seu malignitas principum male consultis impunitatem, recte factis nullum praemium pollicetur, Plin. pan.: etiamsi repentinus aliqui casus rem commodius agi posse polliceretur, Gell. – Sprichw., montes auri (goldene Berge), Ter. Phorm. 68: maria montesque, Sall. Cat. 23, 3. – **β** m. dupp. *Acc.*: sese itineris periculique ducem, Sall.: regnum Aegypti pretium auxilii adversus fratrem suum, Iustin. – v. lebl. Subjj., quos labore et studio meo dignos cum splendor ipsorum tum hoc maxime pollicetur, quod etc., Plin. ep. – **γ** m. *de* u. Abl., ohne od. mit *Acc.*: tibi de nostro amico placando aut etiam plane restituendo polliceor, Cic.: quoniam de aestate *polliceris* vel potius *recipis,* Cic.: nihil tibi ego tum de meis opibus *pollicebar,* sed de horum erga me benevolentia *promittebam,* Cic.: neque mehercule minus ei prolixe de tua voluntate *promisi,* quam erat solitus de mea *polliceri,* Cic.: de se multa polliceri, Iustin. – **δ** m. folg. *Infin.*: qui sum pollicitus ducere? Ter. Andr. 613: pollicentur obsides dare, Caes. b. G. 4, 21, 5; 6, 9, 7: qui novam referre proditionem proditis polliceatur, Liv. 24, 45, 3: orationes ipse palam pro contione recitare pollicebatur, Pollio bei Sen. suas. 6, 15. – **ε** m. folg. *Acc.* u. *Infin.*, gew. *Infin. Fut. act.*: pollicetur Piso sese ad Caesarem iturum, Caes.: pollicitus est sibi eam rem curae futuram, Caes.: cum (Graeci) se et bene vivendi et copiose dicendi rationem daturos hominibus pollicerentur, Cic.: pro certo polliceor hoc vobis et confirmo me esse perfecturum, ut etc.: Cic.: Cinna in omnibus tribubus eos se distributurum pollicitus est, Vell.: gaudes, quod me venturum esse polliceor, Plin. ep.: quinque dies tibi pollicitus me rure futurum, Hor.: zugl. m. *de* u. Abl., de Alexandrina re causaque regia tantum habeo polliceri, me tibi absenti tuisque praesentibus cumulate satisfacturum, Cic. – selten m. *Infin. Praes. act.*, iusiurandum pollicitus est dare se, Plaut. most. 1084: neben *Infin. Fut.*, sine praedio relinquere se iis urbem immunesque victuros est pollicitus, Liv. 44, 7, 5: m. *Infin. Praes. pass.*, legatos ad gentem Achaeorum mitti pollicens, Liv. 32, 19, 4. – **ζ** m. folg. *ut* u. Konj. od. m. bl. *Coniunctiv:* statua non modo ut ponatur, verum etiam ut inviolata maneat pollicetur, Iustin. 9, 2, 12: saepe erat senatui pollicitus … discederet uterque ab armis exercitusque dimitteret, Hirt. b. G. 8, 52, 4. – **η** m. folg. indir. Fragesatz, neque ille, quae meum tempus postularet, satis prolixe polliceretur, Cic.: erat enim (Phamea) in consulatus petitione per te mihi pollicitus, si quid opus esset, er hatte mir seine Dienste durch dich anbieten lassen, wenn ich deren benötigt wäre, Cic. – **θ** absol.: cum contra fecerint, quam polliciti professique sint, Cic.: quem plane debes mittere, ut pollicеris, Plin. ep.: mox ubi pollicita est, Ov.: cum aliis polliceretur, aliis minaretur, Lampr. – m. *Advv.*, ultro poll., Cic.: bene poll., schöne Versprechungen machen, Sall.: benigne poll., gütige Versprechungen machen, Liv., alci, Cic.: liberaliter poll., freundliche V. machen, Caes.: alci liberalissime poll., Cic. – **II** insbes.: **a** v. Redner, im Eingang der Rede **verheißen, ankündigen,** quaeso, ut, quid pollicitus sim, diligenter memoriae mandetis, Cic. Quinct. 36: docui, quod primum pollicitus sum, causam omnino, cur postularet, non fuisse, Cic. Quinct. 60. – **b** v. Käufer, **bieten,** at illic pollicitus est prior, Plaut. merc. 439. – **c** v. den Vögeln bei Auspizien, für die Zukunft **verheißen,** id assuetae sanguine et praedā aves pollicebantur, Flor. 1, 1, 7. – ► Aktive Nbf. ne polliceres, quod datum est, Varro sat. Men. 41: Passiv, nam ut aliis plerumque obvenienti magistratu ob metum statuae polliceantur (= ἐπαγγελθῶσιν), Metell. Numid. bei Prisc. 8, 17: exercenti navem adversus eos, qui cum magistro contraxerunt, actio non pollicetur, Ulp. dig. 14, 1, 1. § 18: non dormientibus neque otiantibus, sed vigilantibus et laborantibus pollicentur praemia, Ambros. de Cain et Abel 1, 4. § 12: Partiz. Perf. Pass., pollicitus torus, Ps. Ov. her. 21, 140: pollicita fides, Ov. fast. 3, 366. Lact. pasch. v. 65. Hyg. fab. 100. – dah. subst., pollicitum, ī, *n.*, das **Versprochene,** das **Versprechen,** die **Versprechung,** Ov. met. 11, 107 u. a. Colum. 11, 3, 1: Plur., Ov. am. 2, 16, 48 u. a. Sil. 15, 330. Hyg. fab. 219.

pollicitātio, ōnis, *f.* (pollicitor), das **Versprechen,** die **Verheißung, Zusage,** Sing., Plaut. trin. 738. Rhet. Her. 3, 3. Asin. Poll. in Cic. ep. 10, 32, 4. Apul. met. 8, 10 u. 10, 4. Donat. Ter. Andr. 2, 3, 27. CIL 8, 8469: Plur., quin tu hinc pollicitationes aufer, Ter.: alci magnis praemiis pollicitationibusque polliceri, ut etc., Caes.: alqm multis pollicitationibus aggredi, Sall.: legiones non destitit litteris atque infinitis pollicitationibus incitare, As. Poll. in Cic. ep.: illorum pollicitationibus accensus, Sall.: decepti pollicitationibus regis, Liv.

pollicitātor, ōris, *m.* (pollicitor), der **Versprecher, Verheißer,** CIL 8, 2353. Tert. adv. Iud. 1. u. a. Eccl.

pollicitātrīx, trīcis, *f.* (Femin. zu pollicitator), die **Verheißerin,** Tert. apol. 23.

pollicitor, ātus sum, ārī (*Intens.* v. polliceor), **versprechen, verheißen,** alci operam suam od. operam alcis, Plaut. mil. 879 u. 1058 G.: pro capite argentum, Plaut. rud. 929: promittens se Pyrrhum veneno occisurum, si sibi quidquam pollicitaretur, Aur. Vict. de vir. ill. 35, 13: si quid ob honores pollicitatae sunt, Ulp. dig. 50, 12, 6. § 2: absol., pollicitans et nihil ferens, Ter. Phorm. 521: sollicitando et pollicitando eorum animos lactas? Ter. Andr. 912: largiundo atque pollicitando magis incendere (plebem), Sall. Cat. 38, 1; vgl. Iug. 8, 1: *Partic.* subst. pollicitata = promissa, pollicitata semel perpetuata manent, Ven. Fort. carm. 6, 2, 94. – ► parag. Inf. pollicitarier, Plaut. Poen. 999.

pollīctor (pollīnctor), ōris, *m.* (pollingo), einer der die Leichen abwäscht u. einsalbt, der **Leichenwäscher, -bereiter** (vgl. Non. 157, 20. Fulg. expos. 559, 9), Form *-līctor,* Varro sat. Men. 222 u. 324: Form *-līnctor;* Plaut. asin. 910 G. u. L. u. Poen. prol. 63 G. u. L. Mart. 10, 97, 3. Sidon. epist. 3, 13, 5. Ulp. dig. 14, 3, 5. § 8 M. Tert. scorp. u.

apol. 13. Firm. math. 4, 6 u. 7. Vulg. Ezech. 39, 15 (wo es = Leichenbestatter).

pollināris, e (pollen), **zum feinen Mehl gehörig**, cribrum, Beutelsieb, Gloss. II, 265, 51.

pollinārius, a, um (pollen), **zum feinen Mehl gehörig**, cribrum, ein Beutelsieb, Plaut. Poen. 513. Plin. 18, 108. Gloss. III, 269, 64.

pollinātus, a, um (pollen), **fein gebeutelt**, farina semel (bis) pollinata, *Plin. 18, 90 D.

pollīnctor, s. pollīctor.

pollingo, līnxī, līnctum, ere, die **Leichen abwaschen und einsalben**, qui eum pollinxerat, Plaut. Poen. prol. 63: iam pollinctus, Apul. flor. 19. p. 33, 2 Kr.: figmenta hominum mortuorum ita curate pollincta, ut etc., Amm. 19, 1, 10. – übtr., alcis pollinctum iam corpus, schon dem Grabe näher, Val. Max. 7, 7, 4: voluptas fucata et medicamentis pollincta, dem Grabe nahegebracht, verdorben, Sen. de vit. beat. 7, 3.

1. Pōllio (Pōlio), ōnis, *m.*, ein röm. Familienname. Am bekanntesten sind Asinius Pollio, s. Asinius *no.* a. – Trebellius Pollio, einer der sechs späteren Geschichtschreiber, Verf. der Kaisergeschichte von Hadrian bis auf Karinus, Vopisc. Aurel. 2, 1.

2. pollio = 2. polio, s. d.

pollis, inis, *c.*, s. pollen.

Pollius, a, um, **pollisch**, tribus, Liv. u. a.

pollūbrum, s. polūbrum.

pollūceo, luctum, ēre (por = pro u. luceo), **aufsetzen** auf die Tafel, **I** im Allg.: pisces, Cass. Hem. b. Plin.: non ego sum pollucta pago, bin kein Gericht für das Dorf, für gemeine Leute (sagt eine Buhlerin, die sich nicht mit jedermann abgeben will), Plaut.: virgis polluctus, mit Schlägen gleichs. bewirtet od. bedient, Plaut. – **II** insbes., als *t. t.* der Religionssprache, als Opfer **vorsetzen, -darbringen, opfern**, Iovi vinum, Cato: Herculi decimam partem, Plaut. – *Partic.* subst., polluctum, ī, *n.*, der **Opferschmaus**, das **Opfer**, Plaut.: Herculis, Macr.: ad polluctum emere, Hemina b. Plin.

Pollūcēs, is, *m.*, s. Pollūx.

pollūcibilis, e (polluceo), **wie ein Opferschmaus** = **herrlich, köstlich**, cena, Macr. sat. 2, 13, 16: victus, Symm. epist. 6, 71: *Compar.*, obsonandi pollucibilior, Tert. de ieiun. 17.

pollūcibilitās, ātis, *f.* (pollucibilis), die **Pracht, Vortrefflichkeit**, Fulg. myth. 1, 2.

pollūcibiliter, *Adv.* (pollucibilis), **wie bei einem Opferschmaus** = **herrlich, köstlich**, obsonare, Plaut. most. 24: pergraecari, Plaut. fr. bei Fulg. myth. 1, 2.

polluctē, Adv. (polluctus v. polluceo), **herrlich, mit Aufwand**, Plaut. Nervol. fr. 4 in Plaut. Comoed. vol. 2. p. 410 *ed. Weise* (aus Fest. 229 [a], 21 Scaliger).

polluctūra, ae, *f.* (polluceo), das **köstliche Mahl**, der **Schmaus**, Plaut. Stich. 688.

pollulus, s. paululus a. E. ►.

polluo, uī, ūtum, ere (por [= pro] u. luo), **besudeln, verunreinigen**, **I** eig.: ore dapes, Verg.: ora cruore, Ov.: polluti et aspersi maculis, Lact. – **II** übtr., **besudeln** = **verletzen, entehren, entheiligen**, bes. von religiösen Dingen, die entweiht und durch eine Schandtat entwürdigt werden, caerimonias stupro, Cic.: iura scelere, Cic.: paelicem regiam, schänden, Tac.: Iovem, verletzen, Prop.: formam auro, entehren, Tibull.: ieiunium, ieiunia, verletzen, brechen, Fronto u. Nigid. fr.: polluta sacra, Cic. – ► Depon. Nbf. polluor, wov. pollūtus m. Akk., Lampr. Commod. 11, 6 (wo deorum templa pollutus stupris et humano sanguine).

pollūtē, *Adv.* (pollutus), **unrein**, davon Kompar. pollutius, Paulin. Nolan. carm. 26, 177.

pollūtio, ōnis, *f.* (polluo), die **Besudelung, Verunreinigung**, Pallad. 9, 10, 2. Vulg. Iudith 4, 10 u. 13, 20 u. a. Eccl.

pollūtrīx, trīcis, *f.* (polluo), die **Besudlerin, Entheiligerin**, sacrorum, Iulian. bei Augustin. op. imp. c. Iul. 6, 5.

pollūtus, a, um, *PAdi.* (v. polluo), **unkeusch, lasterhaft, sündhaft** (vgl. Gloss. ›pollutus, μεμιασμένος, βέβηλος, μεμολυσμένος, ἀκάθαρτος‹), femina, Liv. 10, 23, 10: princeps, Tac. hist. 2, 37: scelesta pollutaque femina, Apul. met. 10, 34. – pollutior senectus, Sil. 11, 47. – pollutissimus senex, Apul. met. 9, 37.

Pollūx, ūcis, *m.* (Πολυδεύκης), Sohn des Tyndarus (od. des Jupiter) und der Leda, Bruder des Kastor, als Faustfechter (pugil) od. Fechter mit dem Cāstus berühmt, wie Kastor als guter Reiter, Cic. de legg. 2, 19. Hyg. fab. 14 u. 173: Pollux uterque, Kastor u. Pollux, Hor. carm. 3, 29, 64. – dah. Castora de Polluce facere alqm = *equitem de pugile*, Mart. 7, 57, 1. – ► Altlat. Form Pollūcēs, is, *m.*, Plaut. Bacch. 894. Varro LL. 5, 73: u. Polōcēs, CIL 1, 55.

polōsē, *Adv.* (polus), **durch die Pole gehend**, Mart. Cap. 1. § 37.

polūbrum (pollūbrum), ī, *n.* (polluo), das **Waschbecken, Spülbecken**, Liv. Andr. bei Non. 544, 22. Fab. Pict. 16 fr. 8 (wo Peter polybrum) bei Non. 544, 25. Arnob. 2, 23: pol. mysticum, Varro sat. Men. 401.

pōlulus, s. paululus a. E.

polus, ī, *m.* (πόλος, der Drehpunkt; dah.) **I** der **Pol** an der Erd- und Himmelsachse, **Nord-** u. **Südpol** (rein lat. vertex), Cic. poët. u. Plin.: p. gelidus, glacialis, Nordpol, Ov.; u. ders. bl. polus, Ov.: p. australis, der Südpol, Ov. – **II** übtr.: **A** der sich über uns hindrehende, sichtbare **Himmel**, das **Himmelsgewölbe** (vgl. Varro LL. 7, 14), Acc. tr. fr., Hor. u. a. Dicht.: immensi parva figura poli, Himmelskugel, Ov. fast. 6, 278. – Plur., Val. Flacc. 1, 622. – **B** der **Nordstern, Polarstern**, Vitr. 9, 4 (6), 6, 6.

polyacanthos, ī, *f.* (πολυάκανθος), eine Art **Distelkraut**, Plin. 21, 94.

polyandrion, iī, *n.* (πολυάνδριον), **gemeinschaftliche Grabstätte, Gottesacker, Kirchhof**, Lact. epit. 72, 17. Arnob. 6, 6.

polyanthemum, ī, *n.* (πολυάνθεμον), eine Pflanze, **vielblumiger Hahnenfuß** (*Ranunculus polyanthemos*, L.), Plin. 27, 112.

polyarchium, iī, *n.* (πολυάρχιον), Name eines Pflasters, Cael. Aur. de morb. chron. 3, 8, 116.

polyarēn, wov. Akk. Plur. polyarnas (πολυάρην), **viele Lämmer** oder **Schafe habend**, Varro r. r. 2, 1, 6 K.

Polybius, iī, *m.* (Πολύβιος), ein berühmter griechischer Geschichtsschreiber, Zeitgenosse und Freund des Scipio Afrikanus Minor, Cic. de rep. 1, 34. Liv. 30, 45, 5. Amm. 24, 2, 16.

polȳbrum, s. polūbrum.

polybūtēs, wovon Akk. Plur. polybutas (πολυβούτης), **reich an Rinderherden**, Varro r. r. 2, 1, 6 K.

polycarpos, ī (πολύκαρπος) = polygonos, Ps. Apul. herb. 18.

polychronius, a, um (πολυχρόνιος), **lange dauernd, lange lebend**, Firm. math. 8, 28, 8 u. 8, 29, 1.

Polyclētēus, -īus, **Polyclētus**, s. Polyclītus.

Polyclītus (Polyclētus), ī, *m.* (Πολύκλειτος), ein berühmter griechischer Bildhauer und Künstler, aus Sicyon gebürtig, Zeitgenosse des Perikles, Form *Polyclitus*, Plin. 34, 55 *sqq.* Cic. Brut. 70; Verr. 4, 5. Mart. 8, 51, 2. Prud. perist. 10, 269 (wo Pŏlȳclĭtī gemessen ist). Sidon. epist. 7, 4, 1. CIL 5, 225: Form *Polycletus*, CIL 2, 3803 u. 6, 9930. – Plur. Polycliti, Künstler wie Polyklitus, Cic. Tusc. 1, 4. Tac. hist. 2, 95. – Dav. **Polyclētīus** u. **Polyclētēus**, a, um (*Πολυκλειτεῖος), **polykletëisch, des Polykletus**, pectus Polycletium, Rhet. Her. 4, 9: caelum Polycleteum, Stat. silv. 2, 2, 67.

polycnēmon, ī, *n.* (πολύκνημον), eine uns unbekannte Pflanze, Plin. 26, 148.

polycōnum, s. polygōnum.

Polycratēs, is, *m.* (Πολυκράτης), Tyrann der Insel Samos, Zeitgenosse des Anakreon, wegen seines Glückes gepriesen, zuletzt vom persischen Statthalter Orötes 522 v. Chr. in Magnesia zum Kreuzestod verurteilt, Cic. de fin. 5, 92 (wo Akk. *-em*). Quint. 2, 17, 4 (wo Akk. *-en*). Val. Max. 6, 9. ext. 5: Polycrates tyrannus, Apul. flor. 15. p. 20, 6 H.

Polydamantēus, a, um (Polydamas), **polydamantëisch, des Polydamas**, arma, Sil. 12, 212.

Polydamās, antis, Akk. anta, *m.* (Πολυδάμας), **I** ein Trojaner, Freund Hektors, Prop. 3, 1, 29. Ov. her. 5, 94. Ov. met. 12, 547. Pers. 1, 4. – **II** ein Athlet, Val. Max. 9, 12. ext. 10.

Polydectēs, ae, *m.* (Πολυδέκτης), König in Seriphos, Erzieher des Perseus, Hyg. fab. 63 u. a. – Vok. Polydecta, Ov. met. 5, 242.

Polydōrus, ī, *m.* (Πολύδωρος), Sohn des Priamus, dem König der Bistonen in Thrazien Polymnestor mit vielem Gold anvertraut, aber von ihm seiner Schätze wegen umgebracht, Verg. Aen. 3, 45. Ov. met. 13, 530. Cic. de or. 3, 219. – Dav. **Polydōrēus**, a, um, **polydorëisch, des Polydorus,** Ov. met. 13, 629.

polygala, ae, *f.* (πολύγαλον), das **Milchkraut,** die **Kreuzblume,** Plin. 27, 121.

polygamia, ae, *f.* (πολυγαμία), die **Vielweiberei,** Hieron. expos. in Ierem. praef.

Polygnōtus, ī, *m.* (Πολύγνωτος), ein berühmter griech. Maler u. Bildhauer, aus Thasos gebürtig, aber in Athen heimisch, Zeitgenosse des Sokrates, Cic. Brut. 70. Plin. 35, 42.

polygonatos, ī, *f.* (πολυγόνατον), **I** eine Pflanze, die **Weißwurz** (*Convallaria polygonatum,* L.), Plin. 22, 40. – **II** eine Pflanze = polygonos (s. d.), Plin. 27, 113.

1. polygonium, iī, *n.* = polygonus, Scrib. Larg. 2, 83. 192.

2. polygōnium, iī, *n.* (πολυγώνιον), das **Vieleck,** Gromat. vet. 225, 12.

polygōnius, a, um (πολυγώνιος), **vieleckig, vielwinkelig,** Vitr. 1, 5, 5.

polygonoīdēs, is, *f.* (πολυγονοειδής), eine Art der Pflanze clematis, Plin. 24, 141.

polygonus, ī, *f.* (πολύγονος), eine Pflanze, das **Blutkraut** (rein lat. herba sanguinaria od. sanguinalis gen., *Polygonum,* L.), Plin. 26, 158 u. 27, 113.

polygōnum, ī, *n.* (πολύγωνον), das **Vieleck,** Censor. 8, 10. Gromat. vet. 338, 19 (wo polyconi).

polygrammos, on (πολύγραμμος), **vielstreifig,** Beiname einer Jaspisart, Plin. 37, 118.

polyhistōr, oris, *m.* (πολυΐστωρ), der **Vielwisser, a** Beiname des griech. Grammatikers Cornelius Alexander (Zeitgenossen des Augustus), Suet. gr. 20. Plin. 9, 115. – **b** Titel eines Buches des Solinus.

Polyhymnia, ae, *f.* (griech. Πολύμνια, dah. auch lat. Polymnia, Auson. edyll. 20, 7. p. 251 Schenkl), die **Gesangreiche,** eine der Musen, Hor. carm. 1, 1, 33. Ov. fast. 5, 9. Mart. 4, 31, 7.

Polymachaeroplāgidēs, ae, *m.*, ein erdichteter scherzhafter Name, Plaut. Pseud. 988.

polymēlus, wov. Akk. Plur. polymelos (πολύμηλος), **viele Schafe** od. **Ziegen habend,** Varro r. r. 2, 1, 6 K.

Polymēstōr (Polymnēstōr), oris, Akk. orem u. ora, *m.* (Πολυμήστωρ), König der Bistonen in Thrazien, Schwiegersohn des Priamus u. Gemahl der Ilione, der den ihm anvertrauten Polydorus tötete, Ov. met. 13, 430 u. 551. Hyg. fab. 109. Mythogr. Lat. 2, 209. Serv. Verg. Aen. 3, 6, 3, 15 u. a. (überall mit der Variante Polymnestor; vgl. Burmann Ov. met. 13, 430).

polymetra, ōrum, *n.* (πολύμετρα), die **vielen Silbenmaße,** ein Gedicht des Lävius, Prisc. 6, 73. Vgl. Frg. poët. Rom. ed. Baehrens p. 287–293.

polymitārius, a, um (polymitus, w. vgl.), **damasten,** opus, Vulg. exod. 36, 35 u. 39, 3: artifex, der Damastweber, Ven. Fort. carm. 5, 6. praef. p. 115, 10 *Leo.* – subst., polymitārius, iī, *m.*, der **Damastweber,** Vulg. exod. 35, 35 u. 38, 23. Vulg. 2. regg. 21, 19.

polymitus, a, um (πολύμιτος), **vielfädig gewirkt,** von seidenen Zeugen, bei denen zum Einschlag mehrere Fäden genommen wurden, um Blumen, Palmenzweige u. andere Figuren einzuweben, wie bei unserem Damast, etwa **damasten,** ars p. (griech. πολυμιτική), die Kunst, bunte Zeuge zu weben, Hieron. epist. 64, 12: opus, Damast, Vulg. exod. 28, 6 u. 15; 36, 8; 39, 8: alicula, Petron. 40, 5: tunica, Vulg. genes. 37, 3 u. 23. Ps. Augustin. serm. app. 37, 1: vestis polymita et plumaria, CIL 13, 5708, 27. – subst., polymitum, ī, *n.* (*sc.* opus), **buntgewebtes** ägyptisches **Zeug,** ägypt. **Damast,** ein **Damastgewand,** Vulg. Ezech. 16, 13. Caes. Arel. reg. ad virg. 42. Not. Tir. 198, 44: Plur., Plin. 8, 196. Vulg. Ezech. 27, 24.

Polymnēstōr, s. Polymēstōr.

Polymnia, s. Polyhymnia.

polymyxos, ī, *f.* (πολύμυξος), **mit vielen Dillen** (vgl. myxa *no.* II), lucerna, Mart. 14, 41 *lemm.*

polyneuron, ī, *n.* (πολύνευρον), eine Pflanze, rein lat. plantago maior, **großes Wegebreit,** Ps. Apul. herb. 1.

Polynīcēs, is, *m.* (Πολυνείκης), Sohn des Ödipus, Bruder des Eteokles u. Schwiegersohn des Adrastus, der im Kampf um das thebanische Reich (s. Eteoclēs) seinen Bruder Eteokles zum Zweikampf herausforderte, in dem beide fielen, Hyg. fab. 68 u. 72. Plin. 35, 144. Stat. Theb. 7, 689.

polyōnymos, on (πολυώνυμος), **vielnamig,** nomina, Prisc. 15, 38. Consent. 341, 18 K. – subst., polyonymos, ī, *f.*, das **Rebhühnerkraut,** rein lat. perdicium (*Parietaria officinalis,* L.), Ps. Apul. herb. 81.

Polyperchōn, ontis, *m.* (Πολυπέρχων = Πολυσπέρχων), ein Ätolier, berühmter Feldherr Alexanders des Großen, Nep. Phoc. 3, 1.

polyphagus, ī, *m.* (πολυφάγος), der **Vielfraß,** Suet. Ner. 37, 2.

Polyphēmos u. **-us**, ī, *m.* (Πολύφημος), der einäugige Zyklop auf Sizilien, Sohn Neptuns, der von Ulixes geblendet wurde, Form *-os,* Ov. met. 13, 772 u. 14, 167. Mart. 4, 49, 6: Form *-us,* Hyg. fab. 14 u. 125. Mythogr. Lat. 1, 5 u. 2, 174: Vok. Polypheme, Ov. met. 13, 765.

Polyplūsius, a, um (πολυπλούσιος, sehr reich), ein erdichteter Geschlechtsname, genus Polyplusium, die Familie Reichenheim, Plaut. capt. 277 u. a.

polypodion, iī, *n.* (πολυπόδιον), **Engelfüß,** eine Pflanze, Plin. 16, 244 u. a.

polypōsus, a, um (polypus), **mit einem Nasenpolypen behaftet,** Mart. 12, 37, 2. Ulp. dig. 21, 1, 12 *pr.*

polypsēphus, a, um (*πολύψηφος), **mit vielen Edelsteinen besetzt,** anulus polypsephus zmaragdis et margarito, CIL 2, 3386.

polyptōton, ī, *n.* (πολύπτωτον), die **Häufung mehrerer Kasus desselben Wortes,** Charis. 282, 14. Diom. 447, 20. Beda de trop. p. 610, 36 *ed. Halm.* (griech. bei Aquil. Rom. de fig. sent. § 37. Mart. Cap. 5. § 535): rein lat. multiplicatum, Auct. carm. de fig. 106. p. 67 *ed. Halm.*

polyptycha, ōrum, *n.* (πολύπτυχα), die **Kontrolle,** die **Zivilliste,** Veget. mil. 2, 19. Cassiod. var. 5, 14, 9. Cod. Theod. 1, 26, 2 u. a.

polypus, ī, *m.* (πολύπους, dor. u. äol. πωλύπος, dah. bei den Dichtern mit langem o, z.B. bei Plaut. rud. 1010 u. Hor. epod. 12, 5), der **Vielfuß, Polyp, I** der Land- od. Seepolyp, polypi terreni maiores quam pelagii, Plin. 9, 85. – bes. der **Meerpolyp** (*Sepia octopodia,* L.), Plin., Ov. u. a. – übtr., von räuberischen Menschen, Plaut. aul. 198. – **II** der **Nasenpolyp, Polyp,** Cels. u. a. – Akk. Plur. polypodas, Mar. Mercat. p. 1078 *Migne.* – vulg. Nbf. pulpus, Plin. Val. 5, 30. Th. Prisc. 4. fol. 316 (a).

polyrrizos (polyrrhizos), on (πολύρριζος), **vielwurzelig, I** *adi.* als Beiname verschiedener Pflanzen, Plin. 25, 96 *sq.* – **II** *subst.*, polyrrizon, eine uns unbekannte Pflanze, Plin. 27, 126.

polysarcia, ae, *f.* (πολυσαρκία), die **allzu große Fleischbildung** im Körper, Cael. Aur. de morb. chron. 5, 11, 131.

polysēmus, a, um (πολύσημος), **viel bedeutend,** sermo, Serv. Verg. Aen. 1, 1.

polysigma, atis, *n.* (πολύς u. σίγμα), die zu **häufige Wiederholung des Buchstaben S** (sigma), Mart. Cap. 5, § 514.

polyspaston, ī, *n.* (πολύσπαστον), eine **Hebemaschine mit vielen Rollen,** eine Art **Flaschenzug,** Vitr. 10, 2, 10.

polysyllabus, a, um (πολυσύλλαβος), **vielsilbig,** verba, Prisc. de accent. § 40.

polytrichon, ī, *n.* (πολύτριχον), u. **polythrix**, trichos, *f.* (πολύθριξ), **I** eine Pflanze, das **Goldhaar, Frauenhaar, Venushaar,** Form *-trichon,* Plin. 22, 62: Form *-thrix,* Plin. 16, 147. – **II** ein uns unbekannter Edelstein, Form *-thrix,* Plin. 37, 190.

polytrophos, on (πολυτρόφος), **sehr nährend, nahrhaft,** carnes, Th. Prisc. 2, 21.

Polyxena, ae, *f.* (Πολυξένη), Tochter des Priamus, Geliebte des Achilles, an dessen Grab sie von seinem Sohn Pyrrhus geopfert wurde, Ov. met. 13, 448 *sqq.* Hyg. fab. 110: Nbf. Polyxene, Sen. Troad. 376 *ed.*

Peiper (Vulg. Polyxena). – Dav. **Polyxenius,** a, um, **polyxenisch, der Polyxena,** caedes, Catull. 64, 368.

Polyxō, ūs, *f.* (Πολυξώ), eine Weissagerin zu Lemnos, Stat. Theb. 5, 90 *sqq.* Val. Flacc. 2, 316 *sqq.*

polyzōnos, ī, *f.* (πολύζωνος), ein uns unbekannter schwarzer Edelstein mit vielen Streifen, Plin. 37, 189.

pōmārius, a, um (pomum od. pomus), **zum Obst gehörig, Obst-, I** *adi.*: seminarium, Cato r. r. 48, 1. – **II** *subst.*: **A** pōmārius, iī, *m.* der **Obsthändler,** Hor. sat. 2, 3, 227. Lampr. Heliog. 27, 3. CIL 10, 3956. – **B** pōmārium, iī, *n.*, **1** der **Obstgarten,** Scriptt. r. r., Cic. u. a.: pomaria hortulique, Fronto. – **2** die **Obstkammer,** Varro u. Plin.

pōmātio, ōnis, *f.* (pomum), Übersetzung von ὀπωρισμός (das Einsammeln oder Einernten des Obstes), Hieron. epist. 57, 11.

pōmerīdiānus, richtiger postmeridianus, s. d.

pōmerīdiem, richtiger postmeridiem, s. d.

pōmērium, iī, *n.* (urspr. pōmoerium, post u. moerus = murus), **I** der längs der Stadtmauer innerhalb u. außerhalb frei gelassene, durch Steine (cippi od. termini) abgegrenzte und die städtischen Auspizien begrenzende Raum, der **Maueranger, Zwinger,** s. Liv. 1, 44, 3 *sqq.* Tac. ann. 12, 23 *sq.* Varro LL. 5, 143. CIL 6, 1231. 1232. 1233: pomerium intrare, transire, Cic. de nat. deor. 2, 11. – **II** bildl., die **Grenze, Mark,** qui minore pomerio finierunt, Varro r. r. 1, 2, 13: certos scientiae fines et velut quaedam pomeria et effata posuerunt, Macr. sat. 1, 24, 12. – ▶ pomerium (nicht pomoerium) ist die durch Inschriften u. die besten Handschriften beglaubigte Schreibung; so auch archaist. posimirium, Paul. ex Fest. 248, 15. – Nbf. postmoerium, Varro L. L. 5, 143 u. Liv. 1, 44, 4 als etymologische Erklärung.

Pōmētia, ae, *f.* u. **Pōmētiī,** iōrum, m., uralte Stadt der Volsker in Latium, in der Nähe der pontinischen Sümpfe, Liv. 2, 16, 8: vollst. Suessa Pometia u. auch bl. Suessa, s. Suessa *no.* II. – Plur.-Form bei Verg. Aen. 6, 775. – Dav. **Pōmētīnus,** a, um, **pometinisch,** populus, Cato origg. 2. fr. 21: manubiae, Liv. 1, 55, 7.

pōmētum, ī, *n.* (pomus), der **Obstgarten,** Pallad. 1, 36, 3: pometum Alcinoi, Tert. de pall. 2 *extr.*

pōmex, s. pūmex.

pōmifer, fera, ferum (pomum u. fero), **Obst tragend, obstreich,** arbor, Obstbaum, Mela 2, 2, 1 (2. § 16). Plin. 12, 15 u. 16, 1. Frontin. 4, 3, 13. Augustin. in psalm. 127, 10. Isid. orig. 14, 3, 2: rami, Sen. Herc. fur. 700 (704): lignum, ligna, Vulg. genes. 1, 11; Levit. 19, 23 u. a.: nemora, Solin. 56, 18: arva, Ov. am. 3, 6, 46. Sil. 4, 225: annus, Hor. carm. 3, 23, 8: autumnus, *ibid.* 4, 7, 11. – Plur. subst., pōmiferae, ārum, *f.*, **Obstbäume,** Plin. 17, 253.

pōmilio, s. pūmilio.

pōmoerium, s. pōmērium.

Pōmōna, ae, *f.* (pomum), die **Göttin des Obstes,** Varro LL. 7, 45. Ov. met. 14, 623. – meton. = **Obstbäume, Obst,** Plin. 23, 1. Solin. 22, 17. – Dav. **Pōmōnālis,** e, **pomonalisch, der Pomona,** flamen, Varro LL. 7, 45. – u. **Pōmōnal,** ālis, *n.*, der **Tempel der Pomona,** Fest. 250 (b), 3.

pōmōsus, a, um (pomum), **obstreich,** pomosi Tiburis arva, Colum. poët.: hortus, Tibull.: arva, Prop.: corona, Fruchtkranz, Prop.

pompa, ae, *f.* (πομπή), der **öffentliche, feierliche Aufzug, -Umzug,** die **Prozession, I** eig.: **1** im Allg., wie bei Leichenbegängnissen, Cic.: funebris pompa, Tac.: pompam funeris ire, mit zur Leichenfeier gehen, Ov.: bei der Hochzeit, pompam ducit, Ov.: bei Festtagen, Verg.: bei Triumphen, Ov. – pomparum ferculis similes esse, den Trägern bei einer Prozession (im Gange) ähneln, Cic. – **2** insbes., der feierliche **Aufzug** bei den zirzensischen Spielen, wo die Bilder der Götter usw. herumgefahren wurden, Ov.: circensis, Stat.: pompam ducere, Liv.: quid tu hunc de pompa laetaturum putas? von Cäsar, dessen Bildnis bei dem zirzensischen Aufzug unter den Bildern der Götter mitgetragen wurde, Cic. – **II** übtr. **a** konkr., **Aufzug, Zug, Reihe** von Pers. od. Dingen, tua pompa, dein Schwarm, Ter.: lictorum, Cic.: pecuniae, Sen.: sarcinarum, Mart.; vgl. Tibull. 3, 1, 3: cenae, der Hauptgang, Mart.: quoius haec ventri portatur pompa? (v. einem massenhaften Markteinkauf), Plaut. fr. – **b** abstr. = die **Pracht,** der **Prunk, Pomp,** das **Gepränge,** detrahere muneri suo pompam, Sen.: p. rhetorum, Cic.: epidicticum genus (orationis) pompae quam pugnae aptius, Cic.: pompa facundiae, Min. Fel.

pompābilis, e, *Adi.* m. *Compar.* (pompo), **öffentlich Aufsehen machend, pompös,** Treb. Poll. trig. tyrann. 30. § 24.

pompābilitās, ātis, *f.* (pompabilis), der **Glanz** der Rede, Prisc. de metr. Terent. § 4. p. 419, 8 K.

pompābiliter, *Adv.* (pompabilis), **Aufsehen machend, pompös,** Treb. Poll. Gallien. 8, 3.

pompālis, e (pompa), **öffentlich Aufsehen machend,** vultus, imponierendes, Capit. Gord. 6. § 1.

pompāticē, *Adv.* (pompaticus), **mit Aufsehen, mit Pomp,** Iul. Vict. art. rhet. 10. p. 411, 24 H. Vulg. Amos 6, 1.

pompāticus, a, um (pompa), **prächtig, Aufsehen machend, pompös,** ludi, Augustin. serm. 21, 10: gressus, Ps. Cypr. de laud. mart. 22 u. de duod. abus. saec. 5: femina, Tert. de cult. fem. 9: favor, Apul. met. 10, 29: genus vehiculi, zu Staatsaufzügen, Isid. orig. 20, 12, 3: so auch fercula, Hieron. epist. 3, 6: sermo, Hieron. in Ephes. prol. (tom. 7. p. 470, 2 *ed. Migne*).

pompātus, a, um (pompa), **prächtig, Aufsehen machend,** pompatior suggestus, Tert. de spect. 7.

Pompēiānus, a, um, s. Pompēiī u. Pompēius.

Pompēiī, gew. Pompēī, ōrum, *m.*, Stadt im südl. Kampanien, im Hintergrund einer Bucht, bei einem Ausbruch des Vesuvs (79 n. Chr.) ganz verschüttet, jetzt großenteils (östlich vom Dorf *dell'Annunciata*) wieder ausgegraben, Liv. 9, 38, 2. Sen. nat. qu. 6, 1 *in.* – Dav. **Pompēiānus,** a, um, **pompejanisch,** vinum, Plin. – subst., **a** Pompēiānum, ī, *n.* (*sc.* praedium), ein Landgut Ciceros bei Pompeji, das **Pompejanum,** Cic. – **b** Pompēiānī, ōrum, *m.*, die Einwohner von Pompeji, die **Pompejaner,** Cic.

Pompēiopolis, is, Akk. im, *f.* (Πομπηϊούπολις), späterer Name der Stadt Soli (s. d.) in Cilicien, die von Tigranes zerstört, aber von Pompejus wieder aufgebaut wurde, Mela 1, 13, 2 (1. § 71). Plin. 5, 92. Tac. ann. 2, 58.

Pompēius, a, um, Name einer röm. *gens,* aus der am bekanntesten Cn. Pompeius, Triumvir mit Cäsar und Krassus, Besieger der Seeräuber u. des Mithridates, später von Cäsar bei Pharsalus besiegt u. als Flüchtling in Ägypten auf Geheiß des Königs Ptolemäus getötet, oft bei Cic., Caes. u. a., s. *Orelli* Onomast. Tull. 2. p. 469–478: Plur. Pompēī, Männer wie Pompejus, Tac. ann. 15, 14. – Pompēia, Gemahlin des P. Vatinius, Cic. ep. 5, 11, 2: eine andere, Tochter des gen. Kn. Pompejus, Gemahlin des Sulla Faustus, Auct. b. Afr. 95, 3: eine Tochter des Q. Pompejus Rufus, Gemahlin Julius Cäsars, von ihm später geschieden, Suet. Caes. 6, 2 u. 74, 2. – *Adi.* **pompejisch,** domus, Cic.: via, Cic.: porticus, Prop.; dies. umbra, Ov.: lex, von Kn. Pompejus herrührend, Cic. – Dav. **Pompēiānus,** a, um, **pompejanisch, des Pompejus,** equitatus, Caes.: theatrum, von Pompejus erbaut, Mart.: so auch porticus, Vitr., u. curia, Suet.: notus, Wind, der in die Vorhänge des pompejanischen Theaters blies, Mart. – subst., Pompēiānus, ī, *m.*, ein Anhänger des Pompejus, ein **Pompejaner,** Tac. u. Lucan.: Plur. bei Caes. u. a.

pompholyx, ygis, *f.* (πομφόλυξ), der **Hüttenrauch,** von spodos nur spezifisch verschieden, indem ersterer weiß u. leicht, letzterer aschgrau und schwer ist, Plin. 34, 128. Th. Prisc. 1, 5.

pompicus, a, um (πομπικός), zum feierlichen Aufzug geeignet; dah. **prunkvoll,** antibacchius (pes) sive pompicus, Victorin. de metr. 207, 18 K.

Pompilius, a, um, Name einer röm. *gens,* aus der am bekanntesten Numa Pompilius, zweiter röm. König, Gesetzgeber u. Ordner des röm. Staates, Liv. 1, 18 *sqq.* Eutr. 1, 3. Varro sat. Men. 537: Pompilius Numa, Lucil. 484 u. Tert. apol. 21: bl. Numa, Ov. fast. 2, 69: bl. Pompilius, Varro LL. 7, 3. Hor. carm. 1, 12, 34. Lact. 1, 22, 9. – *Adi.* **pompilisch,** sanguis, Abkömmlinge des Numa Pompilius, Hor. de art. poët. 292. – Dav. **Pompiliānus,** a, um, **pompilianisch,** tempus, des Numa Pompilius, Amm.: curia, von ihm erbaut, Vopisc.

pompilus, ī, *m.* (πομπίλος), ein Seefisch, der die Schiffe begleitet, der **Lotsmann** gen. (*Gasterosteus ductor*, L.), rein lat. nautilus, Ov. hal. 101. Plin. 9, 51 u. 32, 153.

pompo, āre (pompa), **1** etwas **mit Pracht machen**, Sedul. carm. 1, 2. – **2** jmd. **öffentlich an den Pranger stellen**, pompatus, Cassiod. var. 8, 33, 2.

Pompōnius, a, um, Name einer röm. *gens*, aus der am bekanntesten T. Pomponius Atticus, Freund Ciceros, dessen Leben Kornelius Nepos beschrieben hat, Nep. Att. 1 *sqq.*, oft bei Cic., s. *Orelli* Onomast. Tull. 2. p. 481 *sq.* – L. Pomponius, aus Bononia, ein Atellanendichter, Zeitgenosse des Katull, Gell. 12, 10, 7; 16, 6, 7 u. a. – P. Pomponius Secundus, ein Tragödiendichter zur Zeit des Kaligula u. Klaudius, Quint. 8, 3, 1; 10, 1, 98. – Dav. **Pompōniānus**, a, um, **pomponianisch, des Pomponius**, nomina, Cic.: pira, Plin.: versus, des Atellanendichters P., Gell.

pompōsē, *Adv.* (pomposus), **prächtig**, Sidon. epist. 9, 9, 10.

pompōsus, a, um (pompa), **prächtig**, Sidon. epist. 4, 9, 2. Ven. Fort. carm. 3, 18, 7 *Leo*. – dah. = **reichlich**, Cael. Aur. de morb. acut. 2, 34, 182; de morb. chron. 5, 10, 92.

Pomptīnus (Pomtīnus), a, um, Name einer Gegend in Latium, **pontinisch**, ager, Liv. 4, 25, 4; 6, 5, 1 u. 6, 6, 1. Flor. 1, 13, 20. – palus u. paludes, eine niedrige, den Überschwemmungen der Flüsse Amasenus u. Ufens ausgesetzte u. von vielen Berggewässern durchströmte sumpfige Gegend, durch die die appische Landstraße ging u. deren Trockenlegung von Cethegus, Cäsar, Augustus, Trajan usw., auch in neueren Zeiten oft versucht worden ist, Plin. 3, 59 u. 17, 31. Mart. 10, 74, 10. Lucan. 3, 85: siccare (austrocknen, trockenlegen) Pomptinas paludes, Suet. Caes. 44, 3. – subst., **a** Pomptīnum, ī, *n.*, das **Pontinische**, die **pontinische Gegend**, Liv. 2, 34, 4. – **b** Pomptina summa, ae, *f.*, das **obere Ende der pontinischen Sümpfe**, Cic. ad Att. 7, 5, 3.

pompulentus, a, um (pompa), **voll Pomp, pomphaft**, Aldh. de re gramm. (in Auct. class. 5, 565).

Pomtīnus, s. Pomptīnus.

pōmum, ī, *n.*, **I** jede **Obstfrucht, Baumfrucht**, Kirsche, Feige, Dattel, Nuss, Plin.: Maulbeere, Ov.: dah. poma, Obst, Varro, Verg. u. Hor.: bacae pomaque, Fronto: Hesperidum poma, Pomeranzen, Stat.: Trüffeln (tubera), Mart.: Weintrauben, ICt. – **II** übtr., der **Obstbaum**, Cato, Verg. u. Plin. ep. – meton., bellum pomum, ein schönes Früchtchen (v. einer Pers.), Petron. 57, 3.

pōmus, ī, *f.*, **I** der **Obstbaum**, Cato, Plin. u. a. – **II** übtr., die **Baumfrucht**, Cato b. Plin. 15, 74.

pōmusculum, ī, *n.* (pomum), das **kleine Obst**, Plur. Anthol. Lat. 171, 3 (1116, 3).

ponderābilis, e (pondero), **wägbar**, Claud. Mam. de stat. anim. 2, 4, 2.

ponderābiliter, *Adv.* (ponderabilis), **wägbar**, Augustin. spec. 20.

ponderārium, iī, *n.* (pondus), der Ort, wo die Mustergewichte u. Mustermaße aufbewahrt wurden, die **Gewichtkammer**, CIL 9, 3046 u. 11, 5695.

ponderārius, iī, *m.*, s. ponderātor.

ponderātim, *Adv.* (pondero), **gewichtig, pomphaft**, sonare, Cassiod. var. 2, 40.

ponderātio, ōnis, *f.* (pondero), **1** das **Wägen, Abwägen**, Vitr. 10, 3, 7. Vulg. Sirach 6, 15 u. 26, 20. Th. Prisc. 1, 13 u. 2, 15. fol. 305 (a). – **2** das **Erwägen** = **Nachsinnen, Nachdenken**, Fulg. myth. 1. praef. p. 27, 2 M.

ponderātior, ōris, *PAdi.* im *Compar.* (pondero), **I gewichtiger**, affectus, Sidon. epist. 8, 6, 4. – **II wohlerwogener**, beneficia, Nep. fr. Guelf. 2 (tom. 2. p. 381 *ed.* Bardili).

ponderātor, ōris, *m.* (pondero), **a** der **Wäger, Abwäger**, Augustin. c. Faust. 15, 5: spirituum, Vulg. prov. 16, 2. – **b** insbes., der **Waagemeister**, Cod. Theod. 12, 7, 2.

ponderātōrium, iī, *n.* (pondero) = ponderarium, Gloss. III, 196, 32.

ponderitās, ātis, *f.* (pondus), das **Gewicht**, Acc. pragm. 1. fr. 1 M. (b. Non. 156, 5).

pondero, āvī, ātum, āre (pondus), **I wägen, abwägen**, pugnos, Plaut.: granum, Plin.: amatorum sinus, Prop. – **II** übtr., geistig **abwägen** = **erwägen, beurteilen**, causas, Cic.: beneficia, Cic.: inventa ponderare et dimetiri, Quint. – m. Ang. **womit? wonach?** durch *Abl.* od. durch *ex* m. Abl., verborum delectum aurium quodam iudicio, Cic.: consilia eventis, Cic.: nolite brevitate orationis meae potius quam rerum ipsarum magnitudine crimina ponderare, Cic.: non esse fidem ex fortuna ponderandam, Cic.

ponderōsus, a, um (pondus), **I gewichtvoll, gewichtig, schwer, a** eig.: **α** v. Lebl.: frumentum, Varro.: verbera, Val. Max. – ex sudore eius lana fit ponderosior, Varro.: ponderosissimi lapides, Plin. – **β** von Pers.: ingentium herniarum magnitudine ponderosi (beschwert), Arnob. 7, 34 *extr.* – **b** übtr.: epistula, inhaltsschwer, Cic. ad Att. 2, 11, 1: vox, gewichtvolle, Val. Max.: cuius (actus) ponderosissima vis in fortitudine consistit, Val. Max. – **II** prägn. = herniosus, **mit einem Bruch behaftet,** Itala Levit. 21, 2.

pondiculum, ī, *n.* (*Demin.* v. pondus), ein **kleines Gewicht**, Claud. Mam. de statu anim. 2, 4.

pondō (*Abl.* v. *pondus, ī), **dem Gewicht nach, an Gewicht**, auri pondo uncia, Plaut.: piscium uncia pondo, Plaut.: argenti plus pondo, Gell.: corona libram pondo, Liv.: paterae libras fere omnes pondo, Liv.: piscium unciam pondo, Plaut. – Häufiger pondo ohne libra, ein **Pfund an Gewicht, zum Gewicht von einem Pfund**, beim Zählen, als *subst. indecl.*, quod pondo ted esse censes nudum? Plaut.: nudus vinctus centum pondo es, Plaut.: ternā (*sc.* librā) pondo paterae aureae, von je drei Pfund, Liv.: auri quinque pondo, fünf Pfund Gold, Cic.: patera ex quinque auri pondo facta, Liv.: fulmen aureum quinquaginta pondo, Liv.: prompta ad MMMM pondo auri, Liv.: torques aureus duo pondo, von zwei Pfund, Liv.: auri pondo centum expensum, Cic.: se in triginta pondo debere, gegen dreißig usw., Rhet. Her.: adipis pondo triginta vetustae, Domit. Marsus b. Prisc. 5, 41. – so auch, wenn das Gewicht unter einem Pfund ist, uncia pondo, ein zwölftel Pfund od. zwei Lot, singulas uncias auri pondo, Liv.: sextans pondo resinae, zwei zwölftel Pfund, vier Lot, Cels.: pondo semis salis, ein halbes Pfund, Cels.: dodrans pondo mellis, neun zwölftel Pfund Honig, Colum.

pondus, eris, *n.* (pendo), das **Gewicht**, **I** eig. u. übtr.: **A** eig.: **1** das **Gewicht** bei der Waage, **a** als Wägendes: trutina et pondera, Inscr.: pondera publica seu fiscalia, Firm. math.: pondera examinata (geeichte), spät. ICt.: onus maximi ponderis, eine sehr schwer wiegende Last, Vitr.: pondera ab Gallis allata, Liv.: Romana pondera, Liv.: taleae ferreae ad certum pondus examinatae, Caes.: tamquam paribus examinatus ponderibus (animus), im Gleichgewicht schwebend, Cic.: emptor circumscriptus a venditore ponderibus minoribus, ICt.: ut (frumentum) ad mensuram pondusque respondeat, Sen.: archariis invident pondera, Sidon. – **b** als Gewogenes: **α** übh.: pondus argenti denarii, eine Drachme, Colum. 7, 8, 2. – **β** insbes., das **Gewicht eines Pfundes, ein Pfund,** as erat libra pondus, Varro LL.: argenti pondera quinque, Mart.: talentum ne minus pondo octoginta Romanis ponderibus pendat, Liv. – **2** das **Gewicht** als Beschwerendes, an die Kettenfäden des Gewebes gehängt, damit sie nicht zu lose hingen, dum vult describere quemadmodum tela suspensis ponderibus rectum stamen extendat, Sen. ep. 90, 20. – **B** übtr.: **1** *in abstr.:* **a** das **Gewicht** = die **Schwere** eines Körpers, die **Last,** magni ponderis saxa, Caes.: moveri gravitate et pondere, Cic.: emere alqd pondere, nach dem G., nach der Schw., Plin. – **b** die **Schwerkraft,** das **Gleichgewicht** (vgl. Lachm. Lucr. 6, 574), tertius motus oritur extra pondus et plagam, Cic.: tellus ponderibus librata suis, Ov.: terra prolapsa in pondera, Lucr.: verso pondere, durch Verlegung des Schwerpunktes, Tac. – **2** *in concr.:* **a** ein **Körper von Gewicht,** die **Masse,** die **Last,** magna vis auri, non in formam pecuniae sed rudi et antiquo pondere (Gewichtsstücken), Tac.: pondera muralia saxi, Lucan.: onerum maxima pondera, sehr schwere Lasten, Vitr.: pondera paterna (poet. von einer Last), Ov.: in terram feruntur omnia pondera, Cic.: rapiens immania pondera baltei, Verg. – dah.

α poet. v. der **Leibesfrucht,** Ov.: so auch pondera uteri, Prop.: u. pondera, v. den **Schamteilen,** Catull. u. Stat. – **β** von den größeren Steinen, die an den Weg gesetzt werden, et cogat trans pondera dextram porrigere, wir etwa »über den Rinnstein«, Hor. ep. 1, 6, 51. – **b** eine **Masse** = eine **Menge, Summe,** argenti facti pondus, Curt.: magnum p. argenti, aeris, Caes.: auri pondus ingens pollicitus, Liv.: übtr., magnum pondus omnium artificum, eine schwere Menge (= große Anzahl), Varro vit. P.R. 4. fr. 16 (b. Non. 466, 5). – **II** bildl.: **A** im guten Sinne: **1** übh. das **Gewicht, der Nachdruck, Eindruck,** das **Ansehen,** litterae maximi apud me sunt ponderis, Cic.: persona testimonii pondus habet, Cic.: commendatio magnum pondus apud te habuit, Cic.: pondera verborum, Cic. – **2** insbes.: **a** das **Gewicht** der Worte u. Gedanken, omnium sententiarum gravitate, omnium verborum ponderibus est utendum, Cic.: pondera rerum ipsa comprehendere, lediglich die gewichtigsten Gründe, Cic. – **b** die **Charakterschwere, α** der **gewichtige Ernst,** terribile vultus p., Val. Max.: servato pondere, Stat. – **β** die **Festigkeit, Beständigkeit,** nulla diu femina pondus habet, Prop. 2, 25, 22: nostri reverentia ponderis obstat, Stat. Theb. 1, 289. – **B** im üblen Sinne, das **Gewicht,** die **Last,** die **Bürde,** pondera amara senectae, Ov.: pondera curarum, Lucan.

pondusculum, ī, *n.* (*Demin.* v. pondus), das **kleine Gewicht,** die **kleine Last,** Colum. 12, 51 (53), 1. Plin. 11, 24. Solin. 10, 16. Not. Tir. 90, 70.

pōne (aus *postne, also verlängertes post), **I** *Adv.* = **hinten, hintennach,** Cic. u. Verg.: (ut) lictores pone sequerentur, Suet.: pone iacĕre, hinter sich werfen, Val. Flacc.: pone aggredi, von hinten, Sil. – **II** *Praep.* m. *Acc.* = **hinter,** vox pone scaenam et in eiusmodi locis exercitata, Rhet. Her.: pone castra ibant, Liv.: pone tergum, Sen., Tac. u. Apul.: pone quos aut ante labantur, Cic. – pone versus u. versum, **hinter, hinterwärts,** Cato b. Charis. 214, 28 *sqq.*

pōno, posuī, positum, ere (zsgzg. aus po [= ἀπό] u. sino, dah. auch die Kürze des o im *Perf.* u. *Sup.*), **niederlassen** = **legen, setzen, stellen, hinlegen, hinsetzen, hinstellen, aufstellen** (griech. τίθημι), konstr. m. *Advv.* des Ortes, mit *in* u. Abl. (unklass. mit *in* u. Akk.), mit *ad, ante, sub, super* u. a. *Praepp.*, poet. u. nachaug. m. bl. *Abl.*, und absol. (d. h. ohne Angabe des Ortes), **I** im Allg.: **1** eig.: **a** übh.: **α** lebl. Objj.: hic verbenas ponite, Hor. – litteras in sinu, in den B. stecken, Liv. fr.: anulum in sede regia, Curt.: speculum in cathedra, Phaedr.: sacra in mensa penatium ordine, Naev. fr.: coronam in caput, Gell.: oleas in solem biduum, Cato: stipitem in flammas, Ov.: in naves putidas commeatum, Cato fr.: cortinam plumbeam in lacum, Cato. – gladium ad caput (zu Häupten), Sen. – caput (Ciceronis) inter duas manus in rostris, Liv. fr.: caput alcis ante regis pedes, corpus ante ipsum, Curt. – ubicumque posuit vestigium, Cic.: vestigia in locuplete domo, Hor.; u. im Bild, quācumque ingredimur, vestigium in aliqua historia ponimus, Cic. – pedem ubi ponat in suo (regno) non habet, Cic.; u. im Bild, quod autem sapientia pedem ubi poneret non haberet, Cic. – p. genu, die Knie niederlassen, auf die K. fallen, niederknien, Ov., Sen. rhet., Curt. u. a. (s. Mützell Curt. 4, 6 [28], 28). – p. oscula in labellis, Prop., oscula genis, Stat. – p. scalas, ansetzen, anlegen, Caes. – ne positis quidem, sed abiectis poculis, Curt. – hastā positā pro aede Iovis Statoris, aufgesteckt (bei einer Versteigerung), Cic. – **β** persönl. Objj.: posito (sanft niedergesetzt) magis rege, quam effuso (abgeworfen), Curt. – in senatu sunt positi, Cic. fr.: positi vernae circa Lares, Hor. – p. sese in curulibus sellis, Flor. – **b** ein Gerät **setzen, hinstellen, aufstellen,** mensam, Hor.: sellam iuxta, Sall.: in tabernaculo sellam auream, Nep.: mensas totis castris, Curt.: alci mensas exstructas dapibus, Ov.: mensam prandendi gratiā, Val. Max. – p. casses, Ov. – **c hinlagern, hinstrecken,** artus in litore, Verg.: corpus in ripa, Ov.: se toro, Ov.: positus inter cervicalia minutissima, Petron.: Giton super pectus meum positus, Petron.: somno positae, im Schl. hingelagert, Verg.: sic positum (vitulum) in clauso linquunt, Verg. – und auf das Totenbett **hinlegen, hinbetten,** toro componar positaeque det oscula frater, Ov. met. 9, 504. – u. einen Leichnam, Gebeine **beisetzen,** corpus, Lucr. u. ICt.: alqm, CIL 8, 434 u. 452: alqm patriā terrā, Verg.: ossa collecta in marmorea domo, Tibull.: ossa collata in urnam auream in foro quod aedificavit sub columna posita sunt, Eutr.; vgl. Goßrau Verg. Aen. 2, 644. – **d** jmdm. zu Ehren eine Bildsäule usw. **aufstellen,** alci statuam, Nep.: columnam Duillio in foro, Quint.: imaginem tyrannicidae in gymnasio, Quint. – bes. (wie τιθέναι) einer Gottheit als Weihgeschenk aufstellen, **niederlegen, weihen,** donum ex auro in aede Iovis, Liv.: coronam auream in Capitolio donum, Liv.: ex praeda tripodem aureum Delphis, Nep.: serta, Ov.: sectos fratri capillos (als Totenopfer), Ov.: poet., vota, weihen, Prop. Vgl. Hor. carm. 3, 26, 6. Prop. 2, 11, 27. – **e** etw. beim Spiel, beim Wetten als Preis **setzen, einsetzen,** provocat me in aleam, ut ego ludam: pono pallium, ille suum anulum opposuit, Plaut.: p. pocula fagina, Verg. – u. etwas zum Pfand **setzen,** meam esse vitam hic pro te positam pigneri, verpfändet, Plaut. capt. 433. – übtr. = **aussetzen,** caput periculo, Plaut. capt. 688. – **f** als *t. t.* der Rechenkunst: p. calculum, τὴν ψῆφον τιθέναι, die Rechensteinchen aufs Brett setzen, **einen Ansatz machen, eine Berechnung anstellen,** ut diligens ratiocinator calculo posito videt, Colum.: ponatur calculus, adsint cum tabula pueri, Iuven. – dah. im Bild, cum imperio c. p., sich berechnen, Rechnung ablegen, Plin. pan.: cum alqa re parem calculum ponere, etwas gleichmachen, Plin. ep.: bene calculum ponere, die Sache wohl in Betrachtung ziehen, reiflich überlegen, Petron.: ebenso omnes, quos ego movi, in utraque parte calculos pone etc., Plin. ep. – **g** als milit. *t. t.*, eine Mannschaft, einen Befehlshaber mit einer Mannschaft irgendwohin **legen,** irgendwo **aufstellen,** praesidium ibi, Caes.: duas legiones in Turonis ad fines Carnutum, Caes.: legionem tuendae orae maritimae causā, Caes.: insidias contra alqm, Cic.: centuriones in statione ad praetoriam portam, Caes.: custodias circa portas, Liv. – **h** jmd. an einem entfernten Ort **niedersetzen,** wohin **versetzen,** pone me ubi etc., pone sub curru solis in terra etc., Hor.: p. in aethere, Ov.: alqm in caelo, Iustin., in astris, Hyg.: modo me Thebis modo ponit Athenis, Hor. – **i** eine Bekanntmachung öffentlich **aufstellen, anschlagen, erlassen,** edictum, Tac. ann. 1, 7: positis propalam libellis, durch öffentliche Anschläge, *ibid.* 4, 27. – **k** schriftlich **hinsetzen, α** übh.: signa novis praeceptis, sich die n. L. anmerken, niederschreiben (ὑποσημειοῦσθαι), Hor. sat. 2, 4, 2. – **β anführen,** verba eius haec posuit, Gell. 6 (7), 9, 12: et ipsos quidem versus in libro, quo dixi positos, legat, Gell. 6 (7), 16, 3: ex quibus unum (testimonium), quod prae manibus est, ponemus, Gell. 5, 13, 3. – **l** im *Partic. Perf. Pass.* positus, a, um, **α hingelegt, hingefallen,** p. nix, Hor.: positae pruinae, Prop.: p. ros, p. carbunculus, Plin. – **β** v. Örtlichkeiten = *situs,* wo **gelegen, liegend, befindlich,** Roma in montibus posita, Cic.: Delos in Aegaeo mari p., Cic.: portus ex adverso urbi p., Liv.: tumulus opportune ad id p., Liv.

2 übtr.: **a** übh. **legen, setzen, stellen,** pone ante oculos laetitiam senatus, Cic.: alqd p. paene in conspectu, Cic.: alqd sub uno aspectu, Cic. – in ullo fortunae gradu positus, v. Pers., Curt.: haud multum infra magnitudinis tuae fastigium positus (Parmenio), Curt.: artes infra se positae, Hor. – caput suum p. periculo, in G. geben, Plaut. – ponendus est ille ambitus, non abiciendus, ihren ruhigen Gang bis zu Ende nehmen lassen, Cic. – **b** jmd. od. etw. in irgendeinen Zustand **setzen, bringen,** alqm eodem ponere et parare, gleich daneben stellen u. vergleichen, Plaut.: alqm in crimen populo atque infamiam, jmdm. verleumderische Nachrede beim Volk zuziehen (v. einem Versprechen), Plaut.: alqm p. in gratia (selten in gratiam) apud alqm, Cic.: alqm in culpa et suspicione, schuldig u. verdächtig machen, Cic.: in laude positum esse, im Besitz des Ruhms sein, Cic. – **c** etw, in etw. od. jmd. **setzen, auf** etw. **bauen, -beruhen lassen,** omnem spem salutis in virtute, Caes.: in Pompeio omnem spem otii, Cic.: unum communis salutis auxilium in celeritate, Caes. – sed quoniam tantum in ea arte ponitis (so viel gebt, so großes Gewicht legt), videte, ne etc., Cic.: u. so multum in suorum misericordia p., Curt. – dah. im Passiv, positum esse in alqa re = auf etw. **beruhen, be-**

gründet sein, sich stützen, ankommen, in spe, Cic.: in alcis liberalitate, Cic. – **d** eine Zeit od. eine Tätigkeit usw. auf etw. **verwenden,** totum diem in consideranda causa, Cic.: Quintilem (mensem) in reditu, Cic. – omnem curam in siderum cognitione, Cic.: totum animum atque omnem curam, operam diligentiamque suam in petitione, Cic.: se totum in contemplandis rebus, versenken, Cic. – **e** etw. od. jmd. unter eine Klasse **setzen, rechnen, zählen,** alqd in vitiis, Nep.: mortem in malis, Cic.: alqm inter veteres, Hor.: inter quos me ipse dubia in re poni malim, Liv. 29, 25, 2: si medicus me inter eos, quos perambulat, ponit, mich unter seine Patienten rechnet, Sen. de ben. 6, 16, 6. – u. gleichs. in eine Rubrik setzen, etwas für das u. das **ansehen, halten,** alqd in laude, in magna laude, Cic.: alqd in beneficii loco, Cic.: Africam in tertia parte, Sall.: id C. Norbano in nefario crimine atque in fraude capitali, Cic.: hoc metuere, alterum in metu non p., für bedenklich halten, Poet. b. Cic. ad Att. 12, 51, 3; 14, 21, 3; top. 55: haud in magno discrimine ponere, kein großes Gewicht darauf legen, Liv.: ponere in dubio (in Zweifel stellen), utrum … an, Liv.: id ne pro certo ponerem (für gewiss annehmen), Piso effecit, Liv.: alqm alci in aequo ponere, jmdm. gleichstellen, Liv. – und wie θέσθαι m. dopp. *Acc.* u. im Passiv m. dopp. *Nom.* = jmd. od. etwas **ansehen, halten** für usw., p. alqm principem, Cic. u. Nep.: quae omnia infamia ponuntur, Nep.: nemo ei par ponitur, Nep. – **f** etw. schriftl. **setzen, hersetzen, hinsetzen, anführen, äußern, bemerken, sagen,** ipsa enim (verba), sicut Messalae, posui, Suet.: quapropter tanta in re ipsius Heminae verba ponam, Plin.: de arrogatione me dixeram aliqua positurum, Vopisc.: cuius pauca exempla posui, Cic.: p. inter causas suffragationis suae, Suet.: ut paulo ante posui, Cic.: ponam in extremo quid sentiam, Cic.: hoc ipsum elegantius poni meliusque potuit, Cic.: quod nunc communiter in sepultis ponitur, ut humati dicantur, Cic.: cum in eis haec posuisset, Nep.: quam (epistulam) ipsam melius est ponere, quam de ea plurimum dicere, Vopisc.: ponere vocabulum malā significatione, Donat. – dah. ponor ad scribendum, man setzt mich (meinen Namen) bei Abfassung der Senatsbeschlüsse mit hin, Cic. ep. 9, 15, 4.

II prägn.: **A** schaffend **legen, setzen, hinsetzen, aufstellen, aufführen, errichten, anlegen, gründen,** **1** eig.: **a** v. Bau-, Werkmeister usw.: fundamenta, ICt.: tropaeum, Nep.: opus, Ov.: aras, templa, Verg.: moenia Troiae, Ov.: urbem, Verg.: castella, Tac.: Byzantium in extrema Europa, Tac.: in ipso cubiculo poni tabernaculum iussit, das Badezelt aufschlagen, Sen. – als milit. *t. t.,* p. castra (ein Lager aufschlagen) in proximo colle, Caes., loco iniquo, Caes., sub radicibus montis, ad amnem, Curt. – p. munimenta manu, Curt. – **b** v. Künstler (Bildhauer, Maler), **setzen, anbringen, darstellen,** Orphea in medio silvasque sequentes, Verg.: ponere totum nescire, ein Ganzes hinstellen, darstellen, Hor. – si Venerem Cous nusquam posuisset Apelles, Ov. – hic saxo, liquidis ille coloribus sollers nunc hominem ponere, nunc deum, Hor. – **c** v. Dichter, **hinstellen, darstellen,** nec ponere lucum artifices, Pers. 1, 70; vgl. pone Tigellinum, führe (dem Zuhörer) naturgetreu vor, Iuven. 1, 155.

2 übtr.: **a** übh. **legen, setzen,** quorum omnium virtutum fundamenta in voluptate tamquam in aqua ponitis, Cic.: his fundamentis positis consulatus tui, Cic.: ponere initia male, Cic.: ponere spem, seine Hoffnung darauf setzen, m. folg. *Acc.* u. *Infin.,* Plaut. capt. 957. – **b** **feststellen, aufstellen, bestimmen,** leges in conviviis, Cic.: iura p. (griech. νομοθετεῖν), Prop.: festos laetosque ritus, Tac.; vgl. mores viris et moenia, Verg.: p. pretium, einen Preis bestimmen, auswerfen, Sen.: u. so huic signo milia centum, den Preis von 100 000, Hor.: p. praemium, eine Belohnung aufstellen, auswerfen, verheißen, Sall., Liv. u. a. (s. Drak. Liv. 39, 17, 1): Olympiada, eine Ol. ansetzen, festsetzen, Cic. – p. alci od. alci rei nomen (wie ὄνομα θεῖναί τινι), einen Namen gleichs. feststellen, beilegen, Cic. u. a. – p. rationem, Rechnung aufstellen, ablegen, Suet.; vgl. p. rationem cum Orco, Rechnung halten mit usw., Cic. – **c** als feststehend **aufstellen, annehmen, behaupten,** duo genera ponunt, deorum alterum, alterum hominum, Cic.: alii elementa novem posuerunt, Quint.: sed positum sit primum nosmet ipsos commendatos esse nobis, Cic. – m. dopp. *Acc.,* als das u. das **annehmen,** vitae brevis signa raros dentes, Plin.: im Passiv m. dopp. *Nom.,* si ponatur adulter caecus, aleator pauper, Quint. – **d** ein Thema zur Besprechung **stellen, aufstellen, bestimmen,** quaestiunculam, Cic.: quaestionem, Phaedr. u. Sen.: p. aliquid, ad quod audiam, volo, Cic.: materia, in qua ponitur tibicen, qui etc., Quint. – u. absol. = **eine** oder **die Frage stellen,** ponere iubebam, de quo quis audire vellet, Cic.: p. an etc., Sen. – **e** jmd. in ein Amt, in eine Würde, Stellung (als Aufseher, Richter, Kläger) **setzen, aufstellen, einsetzen, anstellen,** alci custodem, Caes.: alci accusatorem, Cael. in Cic. ep.: satis idoneum officii sui iudicem, Cic. – u. m. dopp. *Acc.,* alqm custodem in frumento publico, Cic.: alqm imperatorem Numidis, Sall.: alqm principem in bello, Nep. – m. *super* u. *Akk.,* super armamentarium positus, Curt. 6, 7 (27), 22: puer super hoc positus officium, Petron. 56, 8.

B zum Genießen eine Speise, ein Getränk **auftragen, vorsetzen** (klass. apponere), globos melle unguito, papaver infriato, ponito, Cato: p. pavonem, merulas, Hor.: p. unctum, einen Leckerbissen, Hor.: invitas ad aprum, ponis mihi porcum, Mart.: ceteris vilia et minuta ponebat, Plin. ep.: da Trebio, pone ad Trebium, Iuven. – vinum, Petron.: merum in gemma, Ov.: quis posuit secretam in auro dapem? Sen.: alci venenum cum cibo, Liv.: alci in patina liquidam sorbitionem, Phaedr.

C als *t. t.* des Landbaues: **1** pflanzend usw. **setzen, einsetzen, stecken,** piros, Verg.: arborem, Hor.: vitem, Colum.: vitem ordine, Ambros. – semina (Pflanzen), Verg.: panicum et milium, Colum. – **2** eine Frucht zur Aufbewahrung **hinlegen, einlegen** (klass. reponere), p. in horreis, Pallad.: sorba lecta duriora et posita, Pallad.

D als publiz. *t. t.,* etw. irgendwo zur Verwahrung **niederlegen, hinterlegen,** tabulas testamenti in aerario, Caes. b. c. 3, 108, 4: compositio publicis bibliothecis posita, Scrib. Larg. 97: pecuniam apud tutorem, ICt.: apparatum sive impensam in publico, ICt.

E als *t. t.* der Geschäftssprache, ein Kapital auf Zinsen anlegen (vgl. Hor. epod. 2, 70 u. Hor. ep. 1, 18, 111), pecuniam in praedio, Cic., apud alqm, Cic.: pecuniam kalendis, Hor.: dives positis in fenore nummis, Hor. – übtr., otia recte, Hor.: beneficium apud alqm, bene apud alqm, Cic.: munus bene apud alqm, Liv.

F als *t. t.* der Toilettensprache, das Haar **legen, zurechtlegen, ordnen,** p. comas in statione, Ov.: positi sine lege et sine arte capilli, Ov.: ponendis in mille modos perfecta capillis, Ov.

G eine Aufregung in der Natur **sich legen machen** (Ggstz. tollere), tollere seu ponere vult freta (v. Windgott Notus), Hor.: magnos cum ponunt aequora motus, Prop. – dah. *refl.,* ponere, **sich legen,** v. Winden, Verg., Ov. u. Gell. (s. Goßrau Verg. Aen. 7, 27): u. so auch positi flatus, Min. Fel.

H **niederlegen, von sich legen, fortlegen, ablegen, weglegen, ab-, wegwerfen** (Ggstz. sumere), **1** eig.: **a** übh.: velamina de tenero corpore, Ov.: e corpore pennas, Ov.: librum de manibus, Cic. – vestem, tunicam, Cic.: sarcinam, Petron.: barbam, Suet.: insignia morbi, fasciolas, cubital, focalia, Hor.: librum, aus der Hand legen, Cic.: semen, Verg.: coronam luctus gratiā, Cic.: nec *sumit* aut *ponit* secures arbitrio popularis aurae, Hor. – als milit. *t. t.,* p. arma, die Waffen niederlegen, ablegen, Cic. u. a., u. (v. sich Unterwerfenden) = die W. strecken, Caes. u. a. (s. Drak. Liv. 6, 10, 5). – **b** v. weibl. Wesen, die Leibesfrucht **ablegen,** v. Frauen, positum est uteri onus, Ov. – v. der Sau, **werfen,** fetum ad imam cavernam, Phaedr. – v. Vögeln, **legen,** p. pauca ova, Colum.: p. ova in saepibus, Ov.

2 übtr., **ablegen, von sich tun, entfernen, fahren lassen, aufgeben** (Ggstz. sumere, suscipere), bellum, Sall. u. a.: vitam, Cic. u. a.: triumviri nomen, Tac. – vitia, Cic.: amores cum praetexta toga, Cic.: inimicitias, Cael. b. Cic.: discordias, Tac.: dolorem, Cic.: curam et aegritudinem, Cic.: curas externorum periculorum, Liv.: omnes aliarum rerum curas, Liv.: metum, Ov. u. Plin. ep.: animos feroces, Liv.: ferocia corda, Verg.: vitae mortisque consilium vel suscipere vel ponere, Plin. ep. – poet., moras, Verg. – als milit. *t. t.* u. übtr., p.

tirocinium, rudimentum, zurücklegen, ablegen, Liv. u. a. – u. als publiz. *t. t.*, eine Würde **niederlegen** (klass. deponere), posito magistratu (Ggstz. quamdiu in magistratu est), ICt.

3 als naut. *t. t.*, Anker **werfen,** ancoris positis terrae applicare naves, Liv. 28, 17, 13.

► Archaist. Perf. poseivei, CIL 1, 551. lin. 3: posivi, Plaut. Pseud. 1281: posivit u. posibit, Act. fr. arv. a. 27, f.: posivt (so!), CIL 3, 2208 u. 4367: possivit, *ibid.* 7, 579 u. 656: posivimus, Plaut. vidul. fr. 6 Stud. (bei Prisc. 10, 37): posiverunt, CIL 3, 6442. Cato r. r. praef. § 1. Cic. Tusc. 5, 83: posivere, Itin. Alex. 2 (3): posiveris, Plaut. trin. 145. Cato r. r. 4: posieit, CIL 9, 3049 u. 3267: posiit, CIL 5, 2575 u. 7, 574: posit od. poslt, CIL 1, 1282. 1298. 1436 u. a.: possit, CIL 2, 2712: poseit, *ibid.* 1, 1281 u. 1283: posierunt, *ibid.* 1, 1284. 3, 860: posiere, *ibid.* 5, 2714: posier(e), CIL 13, 5282. – Synkop. Partiz. Perf. postus, Lucr. 1, 1059; 3, 855 u. a. Sil. 13, 553. Ter. Maur. 2905.

1. pōns, pontis, *m.* (vgl. altind. *panthā-s,* Pfad, Weg, Bahn, griech. πάτος, Pfad), die **Brücke,** der **Steg,** über einen Fluss, Morast usw., **I** im Allg.: pons sublicius, Pfahlbrücke, Liv. u. a.: pontem facere in flumine, Nep., in Tiberi, Liv., per Nilum, Liv.: pontes facere in fluminibus, Liv.: amnem iungere ponte, Liv.: pontes iungere per amnem Euphratem, Tac.: flumini pontem imponere, Curt.: pontem erigere, Curt.: pontem inicere, Liv., od. indere, Tac.: pontem rumpere, Quint., od. rescindere, Nep., od. interscindere, Cic., od. dissolvere, Nep., od. (poet.) vellere, Verg.: pontem scindere a tergo alcis, Lact. – Plur. pontes v. einer Brücke mit vielen Jochen, Planc. in Cic. ep. 10, 23, 3 (vgl. 10, 18, 4 v. ders. der Sing.). Tac. ann. 2, 8 u. 11; 13, 7. – **II** insbes.: **A** die vom Schiff zum Ufer geschlagene **Verbindungsbrücke, Schiffbrücke, Landungsbrücke,** Verg. Aen. 10, 288 u. 654. – **B** eine **Fallbrücke,** um Mauer u. Turm zu verbinden, Verg. Aen. 9, 170: od. Belagerungsmaschine u. feindl. Mauer, Hirt. b. G. 8, 9. § 3 u. 4. Sall. fr. 3, 20 (21). Suet. Aug. 20. Tac. ann. 4, 51. – **C** pontes, die in den Zenturiatkomitien auf dem Komitium, in den Tribuskomitien auf dem Forum nach den saepta führenden **Stege, Zugangsstege,** auf denen sich die Votierenden einzeln zur Abstimmung zu den saepta begaben, Rhet. Her. 1, 21. Cic. ad Att. 1, 14, 5. Ov. fast. 5, 634. Vgl. sexagenarius. – **D** ein **Tabulat,** u. zwar: **a** das **Schiffstabulat, Verdeck,** worauf das schwere Geschütz stand, Tac. ann. 2, 6. – **b** ein **Tabulat** des Turmes, Verg. Aen. 9, 530; 12, 675. – Dav.

2. Pōns, Pontis, *m.*, als geogr. Eigenname: **I** Pōns Argenteus, Ort u. Brücke über den Fluss Argenteus (j. *Argens*) im narbonens. Gallien, Lepid. in Cic. ep. 10, 34, 4 u. 35, 2. – **II** Pōns Campānus, eine Brücke an der via Appia über den Fluss Savo, hinter Sinuessa an der Grenze des kampan. Gebietes, wozu sie gleichs. den Eingang bildete, Hor. sat. 1, 5, 45. – **III** Pōns Aureoli, Brücke an der Addua (j. *Adda*) im zisalpin. Gallien, Treb. Poll. trig. tyr. 11. § 4.

pontārius, iī, *m.*, viell. = puntarius, d. i. punctarius, ein **Gladiator, der stichweise** (punctim) od. **der scharmützelnd** (s. pūnctāriola) **kämpft,** CIL 10, 1074.

Pontia, ae, *f.*, Insel vor der Küste Latiums, von den Römern kolonisiert, j. *Isola di Ponza,* Liv. 9, 28, 7 (wo Plur. Pontiae zugl. von der Kolonie): zur Kaiserzeit Verbannungsort, Suet. Tib. 54, 2: im Plur. = die ganze Gruppe kleiner Inseln in ihrer Nähe mit ihr selbst, die pontischen Inseln, Varro r. r. 3, 5, 7. Mela 2, 7, 18 (2. § 121). Suet. Cal. 15, 1. – Dav. **Pontiānī,** ōrum, *m.*, die Einw. von Pontia, die **Pontianer,** Liv. 27, 10, 8.

Ponticos, s. 2. Pontus.

ponticulus, ī, *m.* (*Demin.* v. pons), die **kleine Brücke,** der **kleine Steg,** Catull. 17, 3. Colum. 2, 2, 11. Caes. bei Suet. Caes. 31, 2: p. ligneus, Cic. Tusc. 5, 59.

1. Ponticus, a, um, s. 2. Pontus.

2. Ponticus, ī, *m.*, ein röm. Dichter, Zeitgenosse des Properz u. Ovid, Prop. 1, 7, 1 u. 1, 9, 26. Ov. trist. 4, 10, 47.

pontifex, ficis, *m.* (pons u. facio), **I** der **Pontifex, Oberpriester,** Plur. pontificēs, Priester, die die Aufsicht über die Religion u. ihre Gebräuche hatten, deren Kollegium anfangs aus 4, seit 300 v. Chr. aus 8, seit Sulla aus 15 Mitgliedern bestand; ihr Haupt od. Vorsteher pontifex maximus, Hoherpriester, Cato, Cic. u. a.: Cornelius Bassus pontufex, CIL 2, 2040: M. Cornelius Proculus pontufex Caesarum, CIL 2, 2038. – pontifices minores, die Gehilfen od. Schreiber des Kollegiums der Pontifices, Cic. de har. resp. 12. Liv. 22, 57, 3 (wo es heißt scribae pontificis, quos nunc minores pontifices appellant): pontifices seu minores seu maximi, Lact. 5, 19, 12: Sing. pontifex minor, CIL 11, 1421, 49. – **II** der **Bischof,** Sidon. carm. 16, 6. – Dav.: **A pontificālis,** e, **pontifikalisch, oberpriesterlich,** insignia, Liv.: auctoritas, Cic.: ludi, die der pontifex maximus nach Antritt seines Amtes gab, Suet.: verbo uti pontificali, Serv. – **B pontificātus,** ūs, *m.*, das **Amt** u. die **Würde eines Pontifex,** das **Oberpriestertum, Pontifikat,** Cic.: pontificatus maximus, Sen. u. Suet.: Plur., pontificatus auguratusque, Tac. hist. 1, 77. – **C pontificius,** a, um, zum Pontifex-, zu den Pontifices gehörig, **pontifizisch,** libri, Cic.: ius, Cic.: carmen, Sen. – subst., **a** pontificiī, iōrum, *m.* (*sc.* libri), die **Pontifikalbücher,** Amm. 17, 7, 10. – **b** pontificium, iī, *n.*, **α** die **Gewalt eines Bischofs,** Cod. Theod. 16, 5, 3. – **β** die **freie Gewalt,** das **Recht,** etw. zu tun, Solin., Gell. u. a.

pontificāns, antis (*pontificor v. pontifex), **das Pontifikat verwaltend,** de Rossi Inscr. christ. Vol. II. p. 70, 40, 28.

pontificātus, s. pontifex.

pontificius, a, um, s. pontifex.

pontīlis, e (pons), **zur Brücke gehörig,** stratus, (viell.) hölzerner Fußboden, Veget. mul. 1, 56, 2 u. a.

Pontius, a, um, Name eines urspr. samnitischen, später röm. Geschlechtes, aus dem bekannt C. Pontius, Anführer der Samniter bei Kaudium, Cic. de off. 2, 75. Liv. 9, 1, 2. Flor. 1, 16, 10: L. Pontius Aquila, einer der Mörder Cäsars, Asin. Poll. in Cic. ep. 10, 33, 4. Suet. Caes. 78, 2 (ders. bl. Aquila, Cic. Phil. 11, 14): u. bes. Pontius Pīlātus, Statthalter von Judäa zu Christi Zeit, Tac. ann. 15, 44. Tert. apol. 21. Lact. 4, 18, 4 (ders. bl. Pilatus, Sedul. carm. 5, 116).

pontivagus, a, um (pontus u. vagus), **meerdurchstreifend,** subst. der **Meerdurchsegler,** Anthol. Lat. 120, 7 (899, 7).

ponto, ōnis, *m.* (pons), ein großes flaches Boot, eine **Fähre,** ein **Brückenschiff, Ponton,** Caes. b. c. 3, 29, 3. Paul. dig. 8, 3, 38. Gell. 10, 25, 5. Auson. Technop. (XXVII) 13. grammaticom. 10. p. 139 Schenkl.

pontōnium, iī, *n.* (*Demin.* v. ponto), eine **kleine Fähre,** Isid. orig. 19, 1, 24.

pontufex, s. pontifex.

1. pontus, ī, *m.* (πόντος), **I** die **Tiefe,** maris, Verg. Aen. 10, 377. – **II** meton.: **A** das **Meer** (in Bezug auf seine Tiefe), Hor. u. Verg. – **B** die **Meeresflut,** ingens, Verg. Aen. 1, 114. – Dav.

2. Pontus, ī, *m.* (Πόντος), **I** das **Schwarze Meer,** in Ponti ore, Cic. Verr. 4, 129: ad confinia Ponti, Val. Flacc. 8, 180. – **II** meton.: **A** die Landstriche um das Schwarze Meer, der **Pontus,** die heutigen türkischen Paschaliks *Trebizond* u. *Siwas,* Medea ex eodem Ponto profugisse dicitur, Cic. de imp. Pomp. 22; u. so Auct. b. Alex. 41 u. 77. Ov. trist. 5, 10, 1. – **B** insbes., eine Landschaft Kleinasiens am Schwarzen Meer zwischen Bithynien u. Armenien, das Reich des Mithridates, **Pontus,** später röm. Provinz, Verg. georg. 1, 58. Cic. de imp. Pomp. 7. Vell. 2, 38, 6. – Dav. **Ponticus,** a, um (Ποντικός), **pontisch,** mare, das Schwarze Meer, Liv. u. Tac.: terra, Ov.: nux, die türkische Haselnuss, Plin. (dies. auch subst. bl. Pontica, Apic.): mus, Hermelin, Plin.: triumphus, über Mithridates, Vell.: medicamina regis victi, Gift des Mithridates, Iuven.: radix, Rhapontik, Cels.: serpens, der das goldene Vlies in Kolchis bewachende Drache, Iuven.: fauces freti Pontici, der Thrazische Bosporus, Sen. poët.: griech. Form Heraclides Ponticos, Varro sat. Men. 81: Heraclidem Ponticon, *ibid.* 445.

popa, ae, *m.* (zu coquo), ein Opferdiener, der für Feuer, Weihrauch, Wasser, Wein, Salzschrot u. Gefäße zu sorgen hatte, das Opfertier an den Altar führte u. ihm den Schlag gab, der **Pope** (verschieden vom cultrarius, dem Opferstecher, der das geschlagene Tier mit dem Opfermesser tötete, s. Voß Verg. georg. 3, 488. Bremi Suet. Cal. 32),

Cic. u. a. – v. Schmerbauch solcher Popen übtr., popa venter, fetter Wanst, Pers. 6, 74. – ► Als *fem.*, Philenia popa de insula, viell. = Verkäuferin von Opfertieren, CIL 6, 9824.

popanum, ī, *n.* (πόπανον), der **Opferkuchen,** Iuven. 6, 541.

popellus, ī, *m.* (*Demin.* v. populus), das **Völkchen, gemeine Volk,** Hor. ep. 1, 7, 65. Pers. 4, 15 u. 6, 50.

Popilius (Popillius), a, um, Name einer röm. *gens,* aus der am bekanntesten C. Popilius, ein Kriegstribun, der Cicero gefangen nahm u. enthauptete, Sen. suas. 6, 20; contr. 7, 2 (17), 2 *sqq.* Liv. epit. 120. – Popilia, die Gemahlin des Q. Katulus, Cic. de or. 2, 44, – *Adi.* **popilisch,** gens, Cic.: familia, Liv.

popīna, ae, *f.* (popa), **I** die **Garküche,** Plaut. Poen. prol. 41 u. 835. Cic. Phil. 2, 69. Suet. Tib. 34, 1. Hor. sat. 2, 4, 62. Mart. 1, 41, 10. Capit. Ver. 4, 7 (als Trinkstube): praefecti popinae atque luxuriae, Kenner in der Feinschmeckerei u. Tafelschwelger, Favorin. bei Gell. 15, 8, 2. – **II** meton., **Speisen aus der Garküche,** Cic. Pis. 13 u. a.

popīnālis, e (popina), **zur Garküche gehörig, Garküchen-,** deliciae, Colum. 8, 16, 5: luxuries, Apul. met. 8, 1.

popīnāria, ae, *f.* (popina), die **Garköchin,** CIL 14, 3709.

popīnārius, iī, *m.* (popina), der **Garkoch,** Lampr. Heliog. 30, 1; Alex. Sev. 49, 6. Firm. math. 4, 13, 2 u. 4, 21, 6.

popīnātor, ōris, *m.* (popina), der **Garkoch,** Macr. sat. 7, 14, 1.

popīno, ōnis, *m.* (popina), der **Garküchenbesucher,** der **Schlemmer,** Varro sat. Men. 308. Hor. sat. 2, 7, 39. Suet. gr. 15.

popīnor, ārī (popina), in den Garküchen liegen, **schlemmen,** Treb. Poll. trig. tyr. 29, 1.

poplāris, s. populāris a. E. ►.

poploe, s. 1. populus.

poples, itis, *m.*, **I** die **Kniebeuge, Kniekehle,** genua poplitesque et crura (bovis), Colum.: succīdere poplitem, Verg., femina poplitesque, Liv.: succisis poplitibus in genua se excipere, Sen. – **II** meton., das **Knie,** duplicato poplite, mit gebogenem K., Verg.: contento poplite, mit straff angestemmtem K., Hor.: poplitibus semet excipere, sich auf die Knie niederlassen, Curt.: aegre iam exceptum poplitibus corpus tuebatur, Curt.: subsidere poplite, Verg.

Poplicola, ae, *m.*, s. Pūblicola.

poplicē, *Adv.*, s. pūblicē.

poplicus, a, um, s. pūblicus.

poplifugia, s. populifugia.

poplus, ī, *m.*, s. 1. populus a. E. ►.

Poppaea, ae, *f.*, Gemahlin des Kaisers Nero, Suet. Ner. 35, 1. – Dav. **Poppaeānus**, a, um, **poppäanisch,** pinguia Poppaeana, ein von der Poppäa erfundenes Schönheitsmittel zur Erhaltung der zarten Haut, das aus mit Eselsmilch angefeuchtetem Brotteig bestand, der vor dem Schlafengehen auf das Gesicht gelegt wurde, Iuven. 6, 461.

poppysma, atis, *n.* (πόππυσμα), u. **poppysmus**, ī, *m.* (ποππυσμός), das **Schnalzen** mit der Zunge, als Zeichen des Beifalls, Iuven. 6, 584: beim Blitzen, um gleichsam das Ungewitter zu besänftigen, Plin. 28, 25. – obszön, poppysmata cunni, Mart. 7, 18, 11.

poppyzōn, ontis, Akk. onta, *m.* (ποππύζων), der mit der Zunge **Schnalzende,** Plin. 35, 104.

populābilis, e (populor), **verheerbar,** Ov. met. 9, 262.

populābundus, a, um (populor), **auf Verheerung-, auf Verwüstung ausgehend,** in fines Romanos excucurrerunt populabundi magis quam iusti more belli, Liv. 1, 15, 1: vagari populabundum hostem per agros passi, Liv. 2, 60, 2: consul aliquotiens per omnem hostium agrum infesto agmine populabundus ierat, Liv. 3, 3, 10: mit *Acc.*, populabundus agros ad urbem pervenit, Sisenn. hist. 4. fr. 55 (b. Gell. 11, 15, 7); vgl. *ibid.* fr. 56 (b. Non. 471, 23.).

populācius, a, um (1. populus), **volksmäßig, gemein,** *neutr. plur.* subst., dum populacia agimus per ludum, gemeine Possen treiben, Laber. com. b. Non. 150, 24 (Ribbeck Laber. com. 57 popularia).

populāris, e (1. populus), **I** (nach populus *no.* I, A) **zu demselben Volk gehörig, landsmännisch, einheimisch, inländisch, 1** *adi.*: flumina, Ov.: oliva, Ov.: fortunae, der Landsleute, Apul. – v. Tieren, p. leaena, Ov. – **2** *subst.*: **a** eig., der **Landsmann,** die **Landsmännin,** Komik., Cic. u. a.: Solon, p. tuus, Cic.: mea p. haec est, Plaut.: non unius popularis alicuius loci, sed civis totius mundi, heimatberechtigt an usw., Cic. – v. Tieren u. Pflanzen desselben Ortes, Plin. – **b** übtr., v. Pers. desselben Standes, Geschäftes, Studiums, der **Genosse, Gefährte,** amicus summus meus et p. (Standesgenosse) Geta, Ter.: invitis hoc popularibus nostris dicam, Zunftgenossen (den Stoikern), Sen. – im üblen Sinne, **Genosse, Teilnehmer,** Sall.: coniurationis, Sall. – **II** (nach populus *no.* I, B) **zum Volk gehörig, A** zum Volk als Gesamtheit der Patrizier, später der Patrizier u. Plebejer, **zur Gemeinde gehörig, vom Volk ausgehend** od. **ausgegangen, für das Volk bestimmt** u. dgl., **Volks-, 1** im Allg.: **a** *adi.*: cena, Plaut.: leges (Ggstz. lex caelestis), Cic.: coetus, Cic.: civitas, res publica, Demokratie (Ggstz. regia civitas), Cic. u. a.: aura, ventus, Volksgunst, Cic.: honos, Cic.: laus, gloria, admiratio, beim Volk, Cic.: munus, ans Volk, Cic.: carmen, Volkslied, Sen. poët.: popularia verba et usitata, Cic.: popularia et cotidiana verba, Arnob.: oratio, R. ans V., Cic. – **b** *subst.*, populāria, ium, *n.*, die Sitze des Volkes im Theater, die **Volkssitze,** Suet. Claud. 25, 4 u. Dom. 4. – **2** insbes.: **a volkstümlich, populär,** d. i. **α dem Volk angenehm, beim Volk beliebt, volkstümlich,** sacerdos, Cic.: dictator in actione minime p., Liv.: minime p. ministerium, Liv.: p. nomina, Drusi, Lucan.: nihil esse tam populare, quam id, quod affero etc., Cic.: quo nihil popularius est, Liv. – **β dem Volk zugetan, volksliebend, demokratisch,** im üblen Sinne der Optimaten **die Volksgunst suchend, um die Volksgunst buhlend, demagogisch, revolutionär,** animus vere p. (Ggstz. contionator), Cic.: p. vir, Volksfreund, Liv.: cui ingenium magis populare erat, der mehr die Gabe besaß, das Volk zu gewinnen, Liv. – lacrimae, Cic.: imperium, Cic.: ratio (Richtung), Cic.: cives, Cic.: homo, Cic.: ut popularis cupiditas a consilio principum dissideret, Cic.: interpretabatur quaedam ex orationibus eius contumeliosa in Vitellium et pro se ipso popularia, auf die Volksgunst berechnet, Tac. – subst., populārēs, ium, *m.*, die **Volkspartei,** die **Demokraten,** im Ggstz. zu optimates, Cic., Nep. u. a.: im Ggstz. zu studiosi optimi cuiusque, Cic. – **b** übtr., **zum gemeinen Volk gehörig = gemein, gewöhnlich,** sal. Cato: popularis notae pulli (apium), Colum.: homo, ein gemeiner Mann, Vulg.: *neutr. pl.* subst., sed tum popularia agimus per ludum, gemeine (läppische) Scherze, Laber. com. 58. – **B** übh. zur Bevölkerung einer Stadt od. Provinz gehörig, **Volks-,** annona p., öffentlicher Kornmarkt, ICt.: plausus, Volksgunst, spät. ICt. – subst., populārēs, ium, *m.*, die **Bevölkerung,** die **Einwohner** einer Provinzialstadt, ob. ambiguos popularium animos, Tac. ann. 12, 16: multa milia et popularium et militum, Capit.: universi cives ac populares, spät. ICt.: quies popularium, ICt. – ► synk. poplāris, Plaut. rud. 740 *Schoell.*

populāritās, ātis, *f.* (popularis), **I** die **Landsmannschaft,** Plaut. Poen. 1041. – u. übtr., die **Genossenschaft,** nach Donat. Ter. adelph. 2, 1, 1. – **II** die **Popularität,** u. zwar subjektiv, das **volkstümliche Benehmen,** die **Gefälligkeit gegen das Volk, die Leutseligkeit,** im üblen Sinne die **Sucht, dem Volk zu gefallen,** Sall., Quint. u. Suet. – **III** die **Bevölkerung,** Tert. de anim. 30 u. adv. Marc. 1, 10.

populāriter, *Adv.* (popularis), **I wie das Volk, wie die Menge, wie im gemeinen Leben,** loqui, scribere, Cic.: annum solis reditu metiri, im gem. Leben, gewöhnlich, Cic.: parvuli et trivialiter et pop. instituti, Arnob. – **II als Volksfreund, dem Volk zuliebe, volkstümlich, populär,** im üblen Sinne = **revolutionär, demagogisch,** agere, Cic.: contiones seditiose ac populariter concitatae, Cic.: unum (genus librorum) populariter scriptum, alterum limatius, Cic.

populātim, *Adv.* (populus), **von Volk zu Volk, überall,** Caecil. com. 125. Pompon. com. 181. – u. **der Menge nach, nach Haufen,** *Arnob. 3, 5 (Reifferscheid popularem).

1. **populātio**, ōnis, *f.* (populor), die **Verheerung, Verwüstung, verwüstende Plünderung,** der **Raubzug, I** eig. u. übtr.: **a** eig.: popul. agrorum ceterorum, Liv., agrorum suorum, Iustin., agrorum atque vicorum, Flor., villarum vicorumque, Curt.: Asiae, Iustin.: populationis

iniuria, Iustin.: vagi et liberā populatione diffusi, Flor.: Macedoniam ab hostili populatione defendere, Iustin.: ita libera populatio a tergo erat, Liv.: si tamen transitus (ein Durchzug) ille, non populatio erat, Plin. pan.: populationem sepulcris circa urbem diruendis exercere, Liv.: funestam populationem facere, Liv.: populationem adeo effuse facere, ut etc., Liv.: militem a populatione Asiae prohibere, Iustin.: villas liberā populatione vexare, Amm.: terram eam a populatione vindicare, Curt. – Plur., populationes agrorum, Flor.: Veientes pleni iam populationum, die schon genug geplündert hatten, Liv.: hostem rapinis populationibusque prohibere, Caes. – **b** übtr., die **Plünderung, Beraubung,** populationes praetereuntium viatorum, Colum.: p. murium formicarumque, Colum. – **II** bildl., die **Vernichtung,** der **Ruin,** morum, Plin. 9, 104.

2. populātio, ōnis, *f.* (populus), die **Bevölkerung,** das **Volk,** Sedul. carm. 4, 275.

populātor, ōris, *m.* (populor), der **Verheerer, Verwüster, verwüstende Plünderer, I** eig. u. übtr., Liv. u. a.: poet. übtr., glandis p. aper, Mart.: p. Sirius arvi, Val. Flacc. – **II** bildl., der **Vernichter,** luxus p. opum, Claud. in Rufin. 1, 35: populator eversorque civitatis, Ps. Quint. decl. 12, 24 *extr.*

populātrīx, trīcis, *f.* (Femin. zu populator), die **Verheererin, Verwüsterin,** Stat. u. a.: übtr., p. Hymetti, apis, Mart.

populātus, ūs, *m.* (populor), die **Verheerung, Verwüstung,** ardent od. squalent populatibus agri, Lucan. 2, 534. Claud. in Eutr. 1, 244: infrenes hostium ante discursus castigatis coërcuisse populatibus, Sidon. epist. 3, 3, 7.

pōpulētum, ī, *n.* (2. populus), der **Pappelhain, Pappelwald,** Plin. 14, 61.

pōpuleus, a, um (2. populus), **von Pappeln, Pappel-,** frus (= frons), Enn. fr.: frondes, Verg.: comae (Laub), Ov.: corona, Hor.

pōpulifer, fera, ferum (2. populus u. fero), **Pappelbäume tragend,** Ov. met. 1, 579 u. a.

populifugia u. synkop. **poplifugia,** ōrum, *n.* (populus u. fugio), die **Volksflucht,** eine zum Andenken an die Flucht des röm. Volkes vor den Latinern u. an die darauf erfolgte Rettung an den Nonen des Juli begangene Festfeier, poplif., Fast. Maff. Iul. 5 im CIL 1^2. p. 225. Varro LL. 6, 18: populif., Piso b. Macr. sat. 3, 2. § 14.

populīscītum, ī, *n.*, s. scītum.

populito, āre (*Intens.* v. populo), **verwüsten, verheeren,** Papir. Iust. dig. 49, 1, 21. § 3 zw. (Mommsen populi traherentur).

pōpulneus, a, um (2. populus), **von Pappeln, pappeln, Pappel-,** frons, Cato u. Colum.: scobis, Colum.

pōpulnus, a, um (2. populus), **pappeln, Pappel-,** sors, Plaut. Cas. 384.

1. populo, āvī, āre (1. populus), **das Volk** jmdm. **geneigt machen,** pater mihi patriam populavit meam, Pacuv. tr. 79.

2. populo, āvī, ātum, āre, u. **populor,** ātus sum, āri (1. populus), **verheeren, verwüsten,** verwüstend **plündern, I** eig.: patria populavit bona, Acc. fr.: agros populabatur, Cic.: uri sua popularique (*pass.*), Liv.: provinciae populatae, Cic.: populavit Achivos, Prop.: absol., cum magna trepidatione agrestium populantur, Liv.: late populati, weit u. breit Verheerung anrichtend, Liv. – **II** poet. übtr., **verwüsten, plündern, berauben,** populat acervum curculio, Verg.: tempora (Schläfe) populata auribus raptis, verstümmelt, Verg.: caput iuvenis barbā et capillo populatum, Apul.: hamus populatus, der Lockspeise beraubt, Ov.: omni decore populato, beraubt, Sen. poët.

1. Populōnia, ae, *f.* (populo), die **Abwenderin der Verheerung,** ein Beiname der Juno, Sen. bei Augustin. de civ. dei 6, 10, 3. p. 269, 24 D^2. Arnob. 3, 31. Mart. Cap. 2. § 149: Iuno Populonia, Papir. b. Macr. sat. 3, 11, 6 (dazu Jan).

2. Populōnia, ae, *f.* u. **Populōnium,** iī, *n.*, Stadt in Etrurien, schon in den Kriegen zwischen Marius u. Sulla zerstört, j. Ruinen von *Poplonia* bei Piombino, Form *-ia* b. Verg. Aen. 10, 172. Mela 2, 4, 9 (2. § 72.): Form *-ium* b. Liv. 30, 39, 2. Plin. 3, 50 u. a. – Dav. **Populōniēnsēs,** ium, *m.*, die Einw. von Populonia, die **Populonier,** Liv. 28, 45, 15.

populor, āri, s. 2. populo.

populōsitās, ātis, *f.* (populosus), das **zahlreiche Vorhandensein,** die **Menge,** der **große Haufe,** Arnob. 3, 5. Sidon. epist. 1, 9, 3: luminum (Augen), Fulg. myth. 1, 24.

populōsus, a, um (1. populus), **volkreich, zahlreich,** civitas, Apul.: urbs, Chalcid. Tim.: gens, Apul. u. Amm.: globus populosior, Veget. mil. 3, 19 *extr.*: populosissima insula, Solin. 52, 10. – populosa quies (= populi quies), Ven. Fort. carm. 7, 10, 16.

1. populus, ī, *m.* (zu pleo, plēbēs, πίμπλημι), das **Volk** als Vereinigung zu einer polit. **Gemeinde,** der **Staat,** ganz das griech. δῆμος (vgl. Cic. de rep. 1, 39 u. 41), **I** eig.: **A** im weiteren Sinne, **1** die Gesamtheit der Bewohner eines Gaues, Bezirkes, als Teil eines Volksstammes (einer gens), die **Völkerschaft,** bes. eine freie, der **Freistaat,** casci populi Latini, Enn.: defecere ad Poenos hi populi: Atellani, Calatini, Hirpini etc., Liv.: simul Aequos clades prohibuit Bolanis suae gentis populo praesidium ferre, Liv. (s. Drak. Liv. 5, 34, 5): aber videbis gentes (Geschlechter) populosque universos migrasse sedem, Sen. – populi liberi ... reges ... ultimae gentes, Cic.: u. so oft reges et populi liberi, liberi populi regesque, u. bl. reges populique, Sall., Liv. u. a. (s. Fabri Sall. Cat. 10, 1 u. Liv. 21, 43, 11): so auch sed tamen vel regnum malo, quam liberum populum, Cic. – dah. meton., wie δῆμος, das **Gebiet,** der **Gau, Kanton,** frequens cultoribus alius populus, Liv. 21, 34, 1. – **2** übtr., wie δῆμος, ein **Volk** = die **Menge,** die **Schar,** der **Schwarm,** der **Haufe, a** lebender Wesen: amicorum, Sen.: fratrum, Ov. u. Iustin.: duo populi (apum), Colum. Vgl. Iustin. 10, 1, 6. – **b** lebl. Ggstd.: imaginum, Plin.: spicarum, Pallad.: scelerum, Sidon. Vgl. Savaro Sidon. epist. 6, 1 *extr.* – **B** im engeren Sinne: **1** die zu einem polit. Verein verbundenen Geschlechter eines Staates, bes. eines Freistaates, die **Gemeinde,** das **Volk** als selbständige, freie Gesamtheit, das souveräne **Volk** eines Freistaates, **a** übh.: iussu populi (in Athen), Nep.: diutius quam populus iusserat, Nep. – im Ggstz. zu den Vornehmen, civitas popularis (Demokratie), in qua in populo sunt omnia, Cic.: populi potentiae (Demokratie) non amicus et optimatum fautor, Nep. – **b** insbes. in Rom, urspr. die Patrizier, später die Gesamtheit aller Stände mit dem Senat an der Spitze, dah. oft verb. senatus populusque Romanus (abgekürzt S. P. Q. R.), oft bei Cic. u. a., et senatus et populus Romanus, Cic. ep., u. im Zshg. bl. senatus populusque, Liv. (selten umgekehrt populus et senatus Romanus, Sall. Iug. 41, 2, populus Romanus et senatus, Vitr. 1. praef. § 1, populus Romanus senatusque, Liv. 7, 31, 10; 24, 37, 7 u. 29, 21, 7, populus senatusque Romanus, CIL 2, 5041, populus et senatus, Arnob. 4, 35). – im Ggstz. zum Senat, et patres in populi potestate fore, Liv.: senatus decrevit populusque iussit, ut etc., Cic. – im Ggstz. zur Plebs, non populi, sed plebis iudicium esse, Liv.: ut ea res populo plebique Romanae bene atque feliciter eveniret, Cic.: populi concilia, Kuriatkomitien, Liv. – als Gesamtheit aller Stände, aller Staatsbürger, neque populi iussu, neque plebis scitu, Cic.: consul populum rogaret, Liv. – oft, bes. bei den Histor., von den Plebejern als später herrschender Partei, populum a senatu (von den Patriziern) disiunctum, Cic.: sumat (homo ex illo globo nobilitatis) aliquem ex populo monitorem officii sui, Sall. (s. Kritz Sall. Iug. 85, 10. Drak. Liv. 7, 42, 1. Fabri Liv. 22, 34, 11.) – als dritter Stand, vescitur omnis eques tecum populusque patresque, Mart.: dat populus, dat gratus eques, dat tura senatus, Mart. – meton. = publicum, **α** (poet.) die freie **Straße, Gasse,** e quibus haec populum spectat, at illa Larem, Ov. fast. 1, 136. – dah. Plur. = die **Leute,** Ov. am. 3, 13, 29 u. fast. 2, 510 u. 4, 640. Plin. 28, 4. Gell. 3, 13, 2. Apul. met. 11, 13 u. 16. Augustin. de civ. dei 2, 28: in populos mittere, allen bekanntmachen, Val. Flacc. 2, 439. Sil. 6, 711: in populos ire, allgemein bekannt werden, Eumen. pan. 1, 5. – **β** die **Staats-, Gemeindekasse,** das **Ärarium,** Tac. ann. 3, 28; 6, 17; 13, 31. Iuven. 3, 19. Gaius inst. 2, 150 u. 286. Ulp. fr. 28, 7: Ggstz. fiscus, Paul. sent. 5, 12 *lemm.* – **2** die **Bevölkerung,** das **Volk** übh., die **Volksmenge,** der **große Haufe, a** der Hauptstadt, p. urbanus (Ggstz. exercitus), Nep.: malus poëta de populo, Cic.: concursus in forum populi est factus, Liv. Vgl. Fabri Liv. 22, 7, 6. – **b** einer Provinzialstadt, populi civitatum, populi urbium, ICt. – od. der ganzen Provinz, populi provinciae, spät. ICt. – **II** übtr., die Gesamtheit der christl. Laien, das **Volk** (Ggstz. clerici), spät. ICt. – ► Archaist. populus, Tab. Bantin. im CIL 1, 197. lin. 15: synkop. poplus, Column. rostr. im CIL 1, 195. lin. 17. Plaut. Amph. prol. 101 u. a.: Plur. poploe, Carm. Sal. bei Fest. 205, 24. Vgl. Osann Cic. de rep. 2, 53. p. 217.

2. pōpulus, ī, *f.*, die **Pappel**, der **Pappelbaum**, Plin., Verg. u. a.: alba, Silberpappel, Hor.: kollektiv, p. multa, Plin. ep. 8, 8, 4. – als *masc.*, populi albi, Veget. mul. 5, 67, 5; vgl. Prisc. 5, 42.

por- (vgl. pro), Präposition, die nur als Präfix bei Verben vorkommt (vgl. por-rigo, por-tendo und mit Assimilation pol-liceor), **dar-, hin-, vor-.**

1. porca, ae, *f.* (porcus), das weibliche **Schwein**, die **Sau** (hingegen porcus das männliche Schwein), Cato u. a.

2. porca, ae, *f.* (ahd. *furuh*, die Furche), **A** das zwischen zwei Furchen emporragende Erdreich, das **Ackerbeet**, Acc. fr., Varro u. Colum. Vgl. Varro LL. 5, 39. Paul. ex Fest. 108, 9. Placid. gloss. V, 37, 15. – **B** in Spanien, eine **Strecke Ackers**, etwa 10 m breit und 60 m lang, Colum. 5, 1, 5.

porcārius, a, um (porca, porcus), **zum Schwein gehörig, Schwein-**, vulva, die ordentlich geworfen, nicht verworfen hat (Ggstz. eiecticia), Plin. 11, 210: pastor, der Schweinehirt, Firm. math. 3, 5, 23.

porcastrum, ī, *n.*, **Portulak**, Ps. Apul. herb. 103.

porcella, ae, *f.* (*Demin.* v. porca), ein kleines weibliches Schwein, ein **Ferkel**, Plaut. mil. 1060. G. Th. Prisc. 4, 1.

porcellīnus, a, um (porcellus), **von jungen Schweinen**, glandulae, Apic. 4, 173: caro, Th. Prisc. de diaet. 6: carnes, Anthim. 9.

porcellio, ōnis, *m.*, die **Assel**, der **Kellerwurm**, Cael. Aur. de morb. chron. 1, 4, 119. Pelag. veterin. 5. (49 *Ihm*).

porcellulus, ī, *m.* (*Demin.* v. porcellus), ein **kleines Schweinchen**, Lampr. Alex. Sev. 41, 5 P.

porcellus, ī, *m.* (*Demin.* v. porculus), ein **kleines Schweinchen**, ein **Ferkelchen**, **a** ein zahmes, Varro u. a. – **b** ein wildes, ein **Frischling**, Phaedr. 2, 4, 15.

porceo, ēre (po [= ἀπό] u. arceo), **abhalten, zurückhalten** (vgl. Paul. ex Fest. 15, 13. Non. 61, 27 u. 159, 33), Enn. fr. scen. 328. Pacuv. tr. 67: iam ab armis anni porcent, Acc. tr. 286: hunc Ceres frugibus suis (Abl.) porcet, Varro sat. Men. 251: non te porro procedere porcent, Lucil. 234. – ► Perf. porxī, Charis. 244, 17.

porcētra, ae, *f.* (porca), eine **Sau**, die einmal geworfen hat, Meliss. b. Gell. 18, 6, 4.

porcilia, ae, *f.* (porca), eine **junge Sau**, CIL 6, 2104, 22. Not. Tir. 103, 67.

porciliāris, e (porcilia), **von einer jungen Sau**, extae, CIL 6, 2104, 19.

porcillāca, ae, *f.* **Portulak**, Plin. 20, 210 u. 26, 84.

porcīnārium, iī, *n.* (porcus) = ὑοφορβεῖον, der **Saustall, Schweinestall**, Gloss. III, 196, 37.

porcīnārius, iī, *m.* (porcus), der **Schweinehändler**, Plaut. capt. 905. CIL 6, 33900.

porcīnus, a, um (porcus, s. Prisc. 2, 59), **von Schweinen, Schwein-**, **I** eig.: offa, Plaut.: vox, Sen.: caro, Lampr. u. Cael. Aur.: iecur, Apic.: crura, Schweinsknöchelchen (als Speise), Cael. Aur.: cerebrum, Cael. Aur.: spatula, Apic.: cauda, Fulg.: porcinum numen adorare, das Schwein als Gottheit, Petron. fr. 37, 1 B. – subst., porcīna, ae, *f.* (*sc.* caro), **Schweinefleisch**, Plaut. aul. 375; capt. 849. Valerian. imp. bei Vopisc. Aurel. 9, 6 u. Prob. 4, 6. Cael. Aur. de morb. acut. 1, 11, 95. Augustin. c. Faust. 16, 30 *extr.*: subst. porcīnum, ī, *n.* (*sc.* os), der **Schweinsknochen**, quemadmodum illi Cyclops pollicem porcino extorsit, mit einem Sch. verrenkte, Petron. 48, 7. – **II** übtr., porc. caput, der **Schweinskopf**, eine keilförmige Schlachtordnung (cuneus), Veget. mil. 3, 19.

Porcius, a, um, Name einer röm. *gens*, aus der am bekanntesten M. Porcius Cato Censorius od. maior, strenger Zensor, dessen Leben Nepos beschrieben und nach dem Cicero seine Schrift vom Alter betitelt hat, Nep. Cat. 1 *sqq.* Cic. de rep. 1, 1. – M. Porcius Cato der jüngere, zur Zeit Ciceros, Uticensis gen., weil er sich in Utika entleibte, Sall. Cat. 52, 1. Cic. ad Att. 12, 21, 1: bl. Uticensis, Plin. 7, 62. – Porcius Licīnus, ein röm. Dichter um 150 v. Chr., Gell. 17, 21, 45; 19, 9, 13. Charis. 129, 6: bl. Porcius, Suet. vit. Ter. p. 292, 14 R. (p. 27, 7 Reiff.): bl. Licinus, Cic. de fin. 1, 5. – Porcia, Schwester des jüngeren M. Cato, Gemahlin des Domitius Ahenobarbus, Cic. ad Att. 13, 37, 3. – *Adi.* **porcisch**, familia, Vell.: lex, dass kein röm. Bürger zur Strafe gepeitscht u. geköpft werden solle, Sall., Cic. u. Liv.

porclēna, ae, *f.* (porcus), das **Schweinchen**, das **Ferkel**, Plaut. mil. 1060 *Leo.*

porculātio, ōnis, *f.* (porculus), die **Schweinezucht**, Varro r. r. 2, 4, 13.

porculātor, ōris, *m.* (porculus), der **Schweinezüchter**, Varro r. r. 2, 4, 1, Colum. 1. praef. § 26; 7, 9, 12.

porculētum, ī, *n.* (2. porca *no.* A), das **Ackerbeet**, Plin. 17, 171.

porculus, ī, *m.* (*Demin.* v. porcus), **I** das **Schweinchen**, das **Ferkel**, Plaut. u. a.: lactens, **Saugferkel**, Arnob. – **II** übtr.: **A** p. marinus, das **Meerschweinchen**, eine Art Fische, Plin. 9, 45. – **B** ein **Haken** in der Kelter, Cato r. r. 19.

porcus, ī, *m.* (griech. πόρκος, ahd. *far[a]h*), **I** das zahme **Schwein**, Scriptt. r. r. u. a.: porcus femina, ein Mutterschwein, Cic.: porcus lactens, ein Saugferkel, Varro: Troianus, ein mit anderen Tieren angefülltes Schwein, zum Essen, Macr.: porcos (Ferkel) suos alat scrofa, Varro: villa abundat porco, haedo, agno, Cic. – als Schimpfwort v. einem Schlemmer, Epicuri de grege porcus, Hor.: porcus Umber, Catull. – **II** übtr.: **A** die **weibliche (jungfräuliche) Scham**, Varro r. r. 2, 4, 10. – **B** (mit u. ohne marinus) das **Meerschwein**, ein Seefisch, Plin. 32, 19 u. 56 u. 150. – **C** porci caput, der **Schweinskopf**, eine keilförmige Schlachtordnung (cuneus), Amm. 17, 13, 9.

Porfirion, s. Porphyriōn.

porgo, porxī, ere, kontrah. Form v. porrigo, s. 2. por-rigo ►.

porisma, atis, *n.* (πόρισμα), ein **Zusatz, angehängter Folgesatz**, rein lat. corollarium, Boëth. cons. phil. 3. pros. 10. p. 60, 18 *Obb.*

porphyrēticus, a, um (πορφύρα), **purpurrot**, marmor, der Stein *porphyrites* (s. d.), Suet. Ner. 50: ebenso saxa, Lampr. Heliog. 24, 6. – prägn., **aus purpurrotem Marmor**, columna, Capit. Anton. Pius 11, 8: porticus, Vopisc. Prob. 2, 1: orbes, Ambros. de Nab. 13. § 54: tabulae, Ambros. epist. 53, 4. – Nbf. columnae purpurīticae, CIL 6, 222: u. subst., purpurētica, ae, *f.* (*sc.* porticus), eine **Halle aus rotem Granit** od. **Porphyr** (am forum Traianum in Rom), CIL 15, 7191.

porphyrio, ōnis, *m.* (πορφυρίον), der **Purpurvogel**, eine Art Wasserhuhn (*Fulica porphyrio*, L.), Plin. 10, 129 u. 135. Vulg. Levit. 11, 18 u. deut. 14, 17.

Porphyriōn u. **Porphyrio**, ōnis, *m.*, **I** einer der Giganten, Hor. carm. 3, 4, 54. Mart. 13, 78, 2. Claud. Gigant. 35 u. 115. – **II** Pomponius Porphyrio od. Porphyrion (Porfirion), ein alter Ausleger des Horaz, wahrsch. um 200–250 n. Chr., Charis. 220, 28. Schol. Lucan. 1, 214.

porphyrītēs, ae, *m.* (πορφυρίτης), mit u. ohne lapis, nach Lenz der schöne **rote Granit** von Syene, nach Letronne der **Porphyr**, der in Rom erst zur Kaiserzeit in Aufnahme kam, Plin. 36, 57 u. 88. Iul. Val. 3, 36 (22).

porphyrītis, idis, *f.* (πορφυρῖτις), **purpurfarbig**, Plin. 15, 71.

porrāceus, a, um (porrum), **I von Lauch (Porree)**, folia, Plin. 21, 117. – **II lauchartig, lauchfarbig**, Plin. 37, 160 u. a.

porrēctē, *Adv.* (porrigo), **ausgespannt, ausgebreitet, weit**, nur *Compar.* porrectius, Amm. 21, 9, 1 u. a. Cael. Aur. de morb. chron. 1, 4, 100.

porrēctio, ōnis, *f.* (porrigo), **I** das **Ausstrecken**, celeris brachii, Rhet. Her. 3, 27: digitorum (Ggstz. contractio), Cic. de nat. 2, 150: manuum suarum, Cassian. collat. 3, 13: quae (arbor) ramorum suorum porrectione toto orbe diffunditur, Augustin. epist. 185, 22. – **II** konkret, die **gerade Linie** (Ggstz. circinatio), Vitr. 10, 3 (8), 9.

1. porrēctus, a, um, *PAdi.* (v. porrigo), **I ausgedehnt, lang**, planities, Amm.: pes, der Längenfuß, Gromat. vet.: porrectā longitudine, Cael. Aur.: porrectior Ilva (Ggstz. brevior Sardinia), Sen. fr.: porrectior acies, Tac. – bildl., porrectior frons, heitere, Plaut. Cas. 281. – subst., porrēctum, ī, *n.*, **a** die **Ausdehnung, Länge**, Thessaliae in porrectum longitudo, Plin. 4, 32. – **b** die **gerade Linie**, Vitr. 10, 3, 8 *in.*: in porrectum, in gerader Linie, **geradeaus**, Apic. 5, 207 u.

(Ggstz. in anfractum) Gaius dig. 8, 3, 8. – Plur., porrecta camporum, die **geraden Strecken, Ebenen** (Ggstz. collium flexa), Min. Fel. 17, 10. – **II** übtr.: **A** (poet.) der Zeit nach **verlängert, lang,** mora, Ov. ex Pont. 4, 12, 14. – **B** als gramm. *t. t.*, **gedehnt** (Ggstz. correptus), litterae syllabaeve, Quint. 1, 6, 32; vgl. 1, 7, 14.

2. porrectus, a, um, s. porricio.

porricio, (rēcī od. rēxī), rectum, ere, altlat. = proicio (s. Macr. sat. 3, 2. § 2), **I** als *t. t.* der Religionssprache, als Opfer **hinlegen, den Göttern widmen, -opfern,** exta, Plaut. u. Varro: exta in mare, Liv.: exta in fluctus, Verg.: inter quoius (agnae) exta caesa et porrecta flamen primus vinum legit, Varro LL. – Sprichw., inter caesa et porrecta, ut aiunt, zwischen dem Schlachten der Opfertiere u. dem Legen auf den Altar, d. i. noch in der letzten (zwölften) Stunde, Cic. ad Att. 5, 18, 1. – **II hervorbringen,** seges frumentum porricit, Varro r. r. 1, 29, 3.

porrigibilis, e (porrigo) = ἐκτατικός, **zum Ausstrecken geeignet, ausstreckbar,** crurum et brachiorum porrigibilis et flexuosa substantia, Chalcid. Tim. 44 E.

porrīginōsus, a, um (1. porrigo), **mit dem Grind behaftet,** Plin. Val. 1, 4.

1. porrīgo, inis, *f.* = prurigo (w. vgl.), der **Grind** an den behaarten Teilen des Körpers, totius corporis, Scrib. Larg. 243: cutis, Plin. 23, 154: bes. der **Kopfgrind,** Cels. 2, 8. p. 50, 19 D. u. bes. 6, 2. Hor. sat. 2, 3, 126. Ser. Samm. 35: verb. scabies et porrigo, Lucil. 982. – Plur. porrigines, Plin. 20, 53: porrigines capitis, Plin. 24, 187. Marc. Emp. 1, 4 *in.* – an Tieren, Colum. 7, 5, 6: verb. scabies et porrigo unius porci, Iuven. 2, 80.

2. por-rigo, rēxī, rēctum, ere (por [= pro] u. rego), **vor sich hinstrecken, ausstrecken, ausdehnen, ausbreiten, I** im Allg.: **A** eig. u. übtr.: **1** eig.: **a** übh.: manum, ausstrecken, Cic. (u. im Bild, manus in amicorum possessiones, Nep.: manus suas in orientem occidentemque, Lact.: porrigis ad pecora nostra avaras et insatiabiles manus, Curt.: fortuna ad te quoque porrigens manus, Sen.; vgl. Bünem. Lact. de mort. pers. 3, 4): porrectis manibus (mit emporgestreckten H.) sustineri, Cic.: porrecto iugulo (mit vorgestrecktem Hals) historias audit, Hor.: porr. crus, Liv.: membra, Cic.: brachia caelo, Ov.: brachia alci, Ov. – medial porrigī, **sich ausstrecken, sich ausdehnen, sich ausbreiten,** corpus porrigitur in novem iugera, Verg.: serpens centum porrectus in ulnas, Sil.: retro porrecta vestigia, rückwärts gekehrte Fußsohlen (Füße), Ggstz. antispectantia, Gell. 9, 6, 4. – **b** als milit. *t. t.*, **ausdehnen,** im Passiv = **sich ausdehnen,** aciem, Sall.: iubet aciem porrigi, Auct. b. Afr.: porrecto agmine, Tac.: donec agmen per saltus porrigeretur, Tac. – **c** als publiz. *t. t.*, porr. manum, beim Abstimmen **seine Hand ausstrecken, in die Höhe heben,** als Zeichen der Zustimmung, Cic. Flacc. 15: dah. bildl. = **seine Zustimmung geben,** Symm. epist. 7, 15. – **2** übtr., von der Lage, scopulus frontem porrigit in aequor, Ov.: dah.: porrigī, **sich erstrecken, sich hinziehen** = der Länge nach liegen, cubiculum porrigitur in solem, Plin. ep.: imperium populi Romani ad flumina hostilia porrectum, Fronto: Rhodope porrecta sub axem, sich erstreckend, Verg.: porrecta in dorso (Albani montis) urbs, sich hinziehend, Liv.: locus non planis porrectus spatiis, Hor.: quem ad finem porrecta loca aperta pertinebant, bis wie weit das offene Gelände sich erstreckend reichte, Caes. – **B** bildl.: **a** übh.: spem longius, Lact.: munificentiam latius, Apul.: fama porrecta, verbreitet, Apul.: vectigalia, erweitern, vergrößern, Hor. – se porr., **sich erstrecken,** iam fortuna Romana porrigere se ad orientalia regna, non contenta Italiae terminis, coeperat, Iustin. 39, 5, 3: quo se tua porrigat ira, Ov. trist. 3, 11, 5: ad homines quoque nascendos vim numeri istius porrigi pertinereque ait, auf usw. sich erstrecke u. Beziehung habe, Gell. 3, 10, 7. – **b** bis zu einem Zeitpunkt einen Kranken **hinbringen, hinhalten,** ut aliquis porrigatur in id tempus, quod curationi locum praestet, Cels. 2, 5. – **c** eine Reise **fortsetzen,** iter dexterum porrigam, Apul. met. 2, 14: iter retrorsum porrigens, *ibid.* 6, 3. – **d** eine Silbe der Quantität nach **dehnen** = verlängern, syllabam (Ggstz. corripere), Ov. ex Pont. 4, 12, 14: litteram aut syllabam (Ggstz. contrahere), Rutil. Lup. 1, 3. Vgl. porrectus a. E. – **II** prägn.: **A** der Länge nach **hinstrecken, zu Boden strecken,** hostem, Liv.: porrexit in herbis, Ov.: dah., porrectus, **lang hingestreckt, gelagert,** v. Pers., si quis ad ingentem frumenti semper acervum porrectus vigilet, Hor.: dah. prägn., **auf die Bahre hingestreckt** = gestorben, senex, Catull. 67, 6. – **B** meton., **darreichen, hinreichen, zulangen** = geben, **1** eig.: dextram, manus, Curt.: extentas usque manus, Ov.: stipem medico, Sen. rhet.: panis frustum, Amm.: lapidem, Phaedr.: calices, Hieron.: alci dextram, Cic.: alci bona, Cic.: alci gladium, Cic.: alci vas, Curt.: alci litteras, Auct. b. Afr.: oscula lymphis, Ov.: inter sacras epulas Iudae osculum, Hieron. – m. folg. *Coniunctiv*, porrigit bibam, sie reicht mir zu trinken, Apul. met. 2, 16 – absol., porrigentes et dantes, Cic.: nolle accipere ab ultro porrigentibus, Lact. – **2** bildl., **darreichen, gewähren,** praesidium clientibus opemque amicis, Cic.: et mihi forsan, tibi quod negarit, porriget hora, Hor. – ► Synkop. Formen: porgite, Plaut. Epid. 733. Verg. Aen. 8, 274: porgebat, Sil. 9, 458: porxit, Stat. silv. 2, 1, 205 zw. (Bährens promsit): porgam, nach Fest. 218 (b), 15: porge, Auson. edyll. 4, 37. p. 38, 1 Schenkl: porgere, Gell. 5, 14, 21: porgens, Cic. Arat. 211. Val. Flacc. 2, 656: porgi, Stat. Theb. 8, 755. – Vulg. Perf. porregit, Itala (Rehd.) Ioann. 13, 26.

Porrima, ae, *f.*, s. Antevorta.

porrīna, ae, *f.* (porrum), das **Lauchgemüse, Porreegemüse,** Cato u. a.

porrixo, āre (*Intens.* v. porrigo), **sich lang ausstrecken machen,** Priapum frequenti fricturā, Apul. met. fr. vol. 1. p. 717 *Oud.*

porrō, *Adv.* (= griech. πόῤῥω), **vorwärts, fürder, I** zur Angabe des Raums, **vorwärts, fern, a** bei Verben der Bewegung = **in die Ferne, fern, weiter fort, weiter,** ire, Liv.: agere armentum, Liv.: porro ab hac abstrahat, Tac.: nitere porro! schieb dich vorwärts! Hor. – porro, Quirites! vorwärts, Quiriten! Laber. com. 125. Apul. met. 8, 29. Tert. adv. Val. 12. – **b** bei Verben der Ruhe, **fern** = **in der Ferne, weit,** ubi habitas? *Gr.* porro illic longe in campis ultimis, Plaut.: inscius Aeneas, quae sint ea flumina porro, Verg. – **II** übtr.: **A** zur Angabe der Zeit = **forthin, fernerhin, ferner,** sic porro esse odiosi pergitis, Ter.: dehinc ut quiescant porro moneo, Ter.: amare porro omnes annos, Catull. – **B** zur Angabe des Fortschreitens von einem Gedanken zu einem anderen, selbst zu einem entgegengesetzten = **weiter, ferner, sodann, sodann-, nun aber, hinwiederum-, auf der anderen Seite aber** (s. Kritz Sall. Iug. 25, 7. Zumpt Cic. II. Verr.. 1, 149), sequitur porro, nihil deos ignorare, Cic.: timebat iram senati, ni paruisset legatis; porro animus cupidine caecus ad inceptum scelus rapiebat, Sall.: saepe a maioribus natu audivi, qui se porro pueros a senibus audivisse dicerent, Cic.

porrum, ī, *n.* u. **porrus,** ī, *m.* = πράσον, der **Lauch, Porree,** Cels. u. a.: teils porrum capitatum, Kopflauch, Colum.; ders. porrus capitatus, Pallad.: teils p. sectivum (sectivus), Schnittlauch, Colum. u. Plin.: dass. p. sectilis (sectile), Pallad., Mart. u. Iuven.: tenues porri, Varro fr.: porri virgines, Marc. Emp.

Porsēna (Porsīna, Porsinna u. **Porsenna),** ae, *m.* (Πορσήνας, Πορσίνας), König von Etrurien, der den letzten vertriebenen röm. König Tarquinius Superbus wieder einsetzen wollte, Form *-ena,* Hor. epod. 16, 4. Mart. 1, 21, 6 u. 14, 98, 2. Sil. 8, 389 u. 10, 483: Form *-ina,* Plin. 2, 140 u. 34, 29 (viell. aus Calp. Pis. ann.): Form *-inna,* Liv. 2, 9, 1 *sqq.*: Form *-enna,* Cass. Hemin. ann. 2. fr. 16 (bei Non. 267, 20). Cic. parad. 1, 12. Verg. Aen. 8, 646. Val. Max. 3, 2, 2. Tac. hist. 3, 72 u. a. Historiker. – Sprichw. Formel beim Verkauf der Beute, bona Porsinae regis veneunt, Liv. 2, 14, 1. – ► Bei den oben angeführten u. bei anderen Dichtern auch Porsēna gemessen.

porta, ae, *f.* (zu Wz. **per-* zu etw. durchdringen, altind. *píparti,* führt hinüber, griech. πείρω, durchdringe, durchbohre, πόρος, der Durchgang, πορθμός, Überfahrt), das **Tor** (als Einfahrt zu Lande, vgl. portus), **I** eig. u. übtr.: **A** eig., das **Stadttor,** mit u. ohne urbis, Cic.: portae oppidi, Auct. b. Afr.: aversa porta (oppidi), Liv.: extra portam, draußen vor dem T., Plaut.: u. so extra portam Collinam, Cic.: portae fores obicere, Liv.: portas obicere, Verg.: claudere portas,

Caes., portas alci (Ggstz. alqm suā urbe recipere), Caes. u. Cic.: claudere portas firmo obice, Ov.: portas refringere, Liv.: portā introire, Cic.: portā Capenā egredi, Cic.: ad portas venire (v. Feind), Cic.: ad portam alci praesto esse, Cic.: alqm ad portam exspectare, Cic.: pedem portā non extulisse, Cic.: Plur. v. einem Tor, Sabinis proditae portae per virginem Tarpeiam nomine, Flor. 1, 1, 12. – Sprichw., porta itineri longissima, der Weg bis an das Tor ist der längste (denn ist man einmal am Tor, dann geht es hurtig) = die Anstalten dauern am längsten, Varro r. r. 1, 2, 2. – **B** übtr., das **Tor** = **1** jeder **Ausgang, Zugang, Eingang,** von den Toren im Lager, p. decumana, Caes.: principalis, quaestoria, Liv. – p. villae, Plin.: caeli, Verg.: solis, das Zeichen des Krebses u. Steinbocks im Tierkreis, Macr.: portae Ciliciae, Engpässe, Nep.: ubi se primum porta mare fundit ab illa, von der sikul. Meerenge, Manil.: porta Taenaria, eine Höhle, wo Herkules in die Unterwelt hinabgestiegen ist, Ov.: portae iecoris, Cic.: ventriculi porta, der Pförtner, Cels. 4, 19 (12) *in.* – **2** die **Pforte** eines Tierkäfigs im Zirkus, ex porta ludis emitti, aus dem Käfig (vom Hasen), Plaut. Pers. 436. – **II** bildl.: quibus e portis occurri cuique deceret, durch welche Wege, Mittel, Lucr. 6, 32. – ▶ portabus für portis, Cn. Gell. b. Charis. 54, 18.

portābilis, e (porto), **tragbar,** Sidon. epist. 8, 11, 4: onus portabilius, Augustin. epist. 31, 4.

portārius, iī, *m.* (porta), der **Türhüter, Pförtner,** Vulg. 2. regg. 7, 11. Vulg. 1. paralip. 16, 42.

portātio, ōnis, *f.* (porto), das **Fortschaffen,** der **Transport,** portationes eorum (ciborum), Vitr. 10, 1, 5: armorum atque telorum portationes, Sall. Cat. 42, 2.

portātor, ōris, *m.* (porto), der **Träger,** tabellarum, Briefträger, Isid. orig. 9, 4, 27 (als Erklärung von tabellio): v. Lebl., calices Christi sanguinis portatores, Optat. de schism. Donat. 6, 2: außerdem absol., Augustin. serm. 242, 10. Prob. inst. art. *no.* 810. p. 181, 25 K. Gramm. Vatic. 5, 315.

portātōrius, a, um (porto), **zum Tragen dienlich, tragend,** nubes, Ps. Augustin. serm. app. 181, 1: sella, Tragsessel, Cael. Aur. de morb. chron. 1, 1, 15. Ps. Ambros. serm. de temp. 180. *no.* 1 (Append. serm. 181. *no.* 1 *ed. Bened.*). – subst., portātōria, ae, *f.*, der **Tragsessel,** Cael. Aur. de morb. chron. 2, 13, 161.

portātrīx, trīcis, *f.* (Femin. zu portator), die **Trägerin,** CIL 10, 3692.

portella, ae, *f.* (*Demin.* v. porta = παραπύλιον), das **Nebenpförtchen,** Gloss. II, 396, 11.

portendo, tendī, tentum, ere (pro-tendo), eig. »hervorstrecken«; dah. als *t. t.* der Religionssprache = **zeigen, anzeigen, ankündigen, prophezeien,** magna atque mirabilia portendi haruspex dixerat, Sall.: deos portendisse auspicia, Liv.: di periculum portendunt, Cic.: rerum futurarum, quae tum dormientibus tum vigilantibus portenduntur, Cic.: cum praesertim omnes rerum mutationes caedem, fugam aliaque hostilia portendant, die Vorboten sind von M. usw., das Signal geben zu M. usw., Sall.: di portenderunt clarum fore hoc caput, Liv.: quod aves fieri posse portendunt, Liv.: quo maturius fatis, ominibus oraculisque portendentis sese victoriae compotes fierent, Liv.: iam omnes isti qui portenduntur metus (die vorherverkündigten Schrecken) exstinguentur, Cic. – medial, sich **zeigen, bevorstehen,** quid spei Latinis portendi? Liv.: pericula portenduntur, Liv. – ▶ Parag. Infin. portendier, Plaut. Poen. 749. Fronto de bell. Parth. p. 220, 4 N.

portēnsis, e, s. portuēnsis.

portentificus, a, um (portentum u. facio), **Wunder bewirkend, wunderbar, unnatürlich,** venena, Ov. met. 14, 55: öfter bei Lact., s. Bünemann Lact. 2, 13, 11.

portentiloquium, iī, *n.* (portentum u. loquor), das **Gerede über Unnatürliches,** Interpr. Iren. 2, 16, 4 u. 3, 4, 2.

portentōsē, *Adv.* (portentosus), **unnatürlich, abenteuerlich,** Plin. 32, 34 u. spät. Eccl.

portentōsus, a, um (portentum), **außerordentlich, übernatürlich,** im üblen Sinne = **widernatürlich, unnatürlich, abenteuerlich, missgestaltet,** portentosi fetus, Fehlgeburten, Sen.: serpens portentosae magnitudinis, Liv. epit.: puer portentoso parvoque capite, Suet.: quid fieri portentosius potest? Sen.: oratio portentosissima, Sen. – *n. plur.* subst., portentōsa, ōrum, **Fehlgeburten,** Cic. de div. 2, 60. – ▶ Die Form portentuosus oft Variante von portentosus; außerdem bei Iul. Val. 3, 19 (17); 3, 47 (27). Ps. Cypr. de bono pudic. 3 extr. Isid. orig. 11, 3, 6; 14, 3, 32. Interpr. Iren. 1. praef. § 2 (wo portentuosissima mysteria); vgl. Gloss. II, 453, 23 ›τερατολόγος, portentuosus‹.

portentum, ī, *n.* (portendo), **I** das **Anzeichen, Vorzeichen, Wunderzeichen,** Cic. u. a. – **II** übtr.: **A** die **seltsame, kühne** und **abenteuerliche Erdichtung, Fiktion, Phantasterei, grause Geschichte,** das **Wundermärchen,** Lucr.: poëtarum et pictorum, Cic. – **B** die **Fehlgeburt,** das **Ungeheuer,** das **Scheusal,** Hor.: portenta sub inguine (Scyllae), Hunde, Ov.: hominum pecudumque portenta, Cic. – bildl., von moralisch schlechten Menschen, **Abschaum, Auswurf,** port. insulae, Cic.: port. rei publicae, von Piso, Cic.

portentuōsus, a, um, s. portentōsus.

portēsis, s. portuēnsis.

porthamus, ī, *m.* = πορθμεύς, der **Fährmann,** Schol. Iuven. 3, 266 (wo viell. mit *cod. p* porthmeum zu lesen ist).

Porthāōn etc., s. Parthāōn.

porthmeus, eī u. eos, Akk. ea, *m.* (πορθμεύς), der **Fährmann,** von Charon, Iuven. 3, 266: ebenso navita porthmeus, Petron. 121. *v.* 117.

porthmos, ī, *m.* (πορθμός), die **Meerenge,** rein lat. fretum, Plin. 3, 74.

porticātio, ōnis, *f.* (porticus), eine **Reihe von Galerien,** eine **Halle,** Plur. bei Macer dig. 11, 7, 37. § 1.

porticula, ae, *f.* (*Demin.* v. porticus), die **kleine Galerie,** Tusculani, Cic. ep. 7, 23, 3. CIL 3, 430.

porticuncula, ae, *f.* (*Demin.* v. porticus), die **kleine Galerie,** CIL 6, 8861.

porticus, ūs, *f.* (porta), der **Säulengang,** die **Säulenhalle,** die **Galerie,** die **Halle,** griech. στοά, **I** eig. u. meton.: **1** eig.: **a** übh.: et balineae et ambulacrum et porticus, Cic.: viae latae, porticus, templa, Cic.: paululum inambulavisse in porticu, Cic.: illos porticibus rex accipiebat in amplis, Verg.: aestivas praestabit porticus umbras, Mart. – im oberen Stockwerk, utrisque (aedibus) porticum superposuisse, ICt. – **b** = βασιλική, die **Gerichtshalle,** in der sich das Tribunal des Prätors befand, Cic. Verr. 4, 86. – **2** meton., die nach der Halle (στοά) benannte **stoische Philosophie, stoische Sekte,** Chrysippus, qui fulcire putatur porticum Stoicorum, Cic.: insanum Chrysippi porticus et grex autumat, Hor.: clamat Zeno et tota illa porticus tumultuatur, Cic. fr.: ex eadem porticu prudentiores homines, Gell.: porticus Atticae, Tert. de testim. anim. 1. – **II** übtr.: **A** die **Halle** = der Vorplatz eines Zeltes, saucii opplent porticus, Enn. fr. scen. 165. – **B** Plur. porticus, **Galerien, Laufgänge,** durch Zusammenstellen einer Anzahl von vineae gebildet, unter deren Schutz die Dammarbeiter das Material zum Damm herbeischaffen, Caes. b. c. 2, 2, 3. – **C** das **Wetterdach,** Colum. 9, 7, 4 u. 14, 14. – **D** die oberste Reihe Sitze im Amphitheater, die bedeckt und für die ärmeren Bürger bestimmt war, Calp. 7, 47. – ▶ porticus *masc.*, Petron. 77; nach der 2. Deklin. als *masc.*, CIL 10, 333 (wo porticus, qui est etc.): dah. Akk. Plur. porticos, CIL 10, 5348: binos porticos, CIL 2, 3420. – Genet. Plur. synk. porticum, Vitr. 5, 1, 6 *codd.*

portio, ōnis, *f.* (pars), die **Abteilung,** der zugemessene **Teil, Anteil, I** eig., Cels., Plin. u. a.: pari portione inter se mixta pix, cera, alumen, Cels. – alqm in portionem muneris vocare, Iustin. – **II** übtr., das **Verhältnis,** die **Proportion,** portionem servare pro multitudine, Colum.: eademque ad decem homines servabitur portio, Curt.: portione servatā quinque feminarum et unius maris, Colum. – gew. in Verbdngg. pro portione, nach V., nach Maßgabe, Plaut., Cic. u. a.: pro rata portione, Plin.: pro virili portione, Tac. u. a.: pro sua portione, Quint.: u. bl. portione, nach V., Plin.: hāc od. eā portione, nach dem V., Colum.: ad portionem, ad suam quisque portionem, Plin.: supra portionem, Colum. – ▶ Archaist. Abl. Sing. pro portioni, CIL 1, 206, 38.

portiōnālis, e (portio), **partikulär,** Tert. de virg. vel. 4 u. a.

portisculus, ī, *m.*, der **Hammer** des Rudermeisters, womit er den Takt schlägt, damit die Ruderer die Ruder gleichzeitig in die Höhe ziehen und herabstoßen und so im Takt rudern, Enn. ann. 228. Laber. com. 53. Cato oratt. 63. Fronto de fer. Als. 3. p. 224, 14 N. – im Bild, ad loquendum atque tacendum habere portisculum, die Direktion, Plaut. asin. 516 (518).

1. portitor, ōris, *m.* (v. portus), der (im Hafen sich aufhaltende, die ein- u. ausgehenden Waren untersuchende) **Zolleinnehmer, Zöllner,** Plaut. asin. 159; trin. 794. Cic. de rep. 4, 7: beim Volk verhasst, s. Cic. de off. 1, 150; de lege agr. 2, 61: Briefe zur Bestellung annehmend, Ter. Phorm. 150. – übtr., von einer Frau, die nach allem forscht, Plaut. Men. 117.

2. portitor, ōris, *m.* (v. porto), **I** der Fahrer, **a** zu Schiff, der **Fährmann, Schiffer,** Sen.: Orci, von Charon, Verg. – **b** zu Lande, der **Fuhrmann;** dah. portitor Ursae, das Gestirn Arctophylax, der gleichs. den Wagen des Bären fortschiebt, Stat. Theb. 1, 693. – **II** der **Träger,** Phrixi (portitor) nec portitor Helles, der Widder, der wohl den Phrixus, aber nicht die Helle hinübertrug, Colum. poët.: delapsae portitor Helles, Lucan.: lecti sui, Claud.: port. litterarum, der Überbringer des Br., Hieron. epist. 68, 2: u. so apicum port., Sidon. epist. 6, 3, 2: portitores earum (epistularum) tabellarios vocavere, Hieron. epist. 8: funeris portitores, Leichenträger, Ambros. in Luc. 5. § 90.

portitōrium, iī, *n.* (portitor) = τελωνεῖον, das **Zollhaus,** Gloss. II, 154, 10 u. ö.

portiuncula, ae, *f.* (*Demin.* v. portio), das **Teilchen, Stückchen,** vestis infectae, Plin. 28, 83: modica p. aedium amplissimarum, Ulp. dig. 39, 2, 15. § 13: modica p. domus, Ulp. dig. 39, 3, 10 *pr.*: tertia p. tertiae partis, Iul. ep. nov. *c.* 36. § 144: historiae Suetonii competentes portiunculas decerpsimus, Oros. 6, 7, 2.

porto, āvī, ātum, āre (vgl. porta), **befördern** = **tragen, führen, fahren, bringen, darbringen,** dah. auch = **bei sich** od. **mit sich führen, mitnehmen, weg-, fortschaffen,** u. = **herbeitragen, -schaffen, hinschaffen, zubringen, überbringen, zuführen, I** eig., konkr. Objj.: **1** im Allg.: **a** lebl. Objj.: **α** v. Pers.: onera, Caes.: onus molestum, Hor.: uteri onus, Verg.: arma, Sall.: vix arma, Curt.: cibum et arma, Sall.: sparos, lanceas, sudes, Sall.: fustes, heimtragen, nach Hause schleppen, Hor.: aquam, Curt.: odores et purpuras et auro pensanda (v. Kaufleuten), Sen.: commeatum *secum,* Caes.: secum patrios penates, Verg.: utensilia secum, Sen.: ad usum belli gazam secum, Curt.: copias secum, Sall.: omnia mecum porto mea, Cic. – m. Ang. **womit? worauf? worin? worunter?** u. dgl., durch *Abl.* od. durch *Praepp.*: pedibus me porto meis, Iuven.: caput abscisum manibus, Hor.: panem umeris, Hor.: onera umeris, Curt. (u. so umeris onera portantes, Lastträger, Curt.): dorso graviora arma, Curt.: plostris merces (v. Kaufleuten), Auct. b. Afr.: aquam vasis, Curt.: cadavera *in* arca, Hor.: rugas frontis *in* vertice, Ov.: fasciculum librorum *sub* ala ut rusticum agnum, Hor.: *in* triumpho Massiliam, bei der Siegesfeier das Bildnis Massilias einhertragen, Cic. – m. Ang. **von wo?** u. **wohin?** durch *Advv.* od. durch *Praepp.* od. durch bl. *Abl.* od. *Acc. loc.*, simul multa *undique* portari agique, quae etc., Caes.: primitias frugum *eo* (dahin) donaque alia, Liv.: commeatus ab urbe in castra, Liv.: munera ad alqm patriis ab oris, Verg.: de proximo rure Abderam oppidum caudices ligni plurimos funiculo brevi circumdatos, Gell.: commeatum ad castra Pompei ex oppido, Auct. b. Hisp.: pecuniam Faesulas ad Manlium, Sall.: Romae domum ad Antonium frumentum, Cic.: id frumentum ad exercitum in Macedoniam, Liv.: donum amplum ad mea templa, Liv.: ad eosdem deos merita dona, Liv.: viaticum ad hostem, Cic.: commeatum ad alqm, Caes.: ea quae portantur ad exercitus, die Zufuhren zu den H., Liv.: port. tabulas et statuas in Italiam, Vell.: stipendium in Africam, Sall.: poet., titubantem ad moenia gressum, Sil. 10, 632. – poet. m. Ang. **wohin?** durch *Dat.*, avari Pygmalionis opes pelago (auf das M.), Verg. Aen. 1, 363: obvia ora duci, zum F. emporschauen, Sil. 1, 313. – m. Ang. **auf welchem Wege?** durch *per* u. Akk., itinera, per quae commeatus necessarii portabantur, Amm.: per aversa portatae arva carinae, Sil.: ego sum, qui iussa per auras verba patris porto, Ov. – m. Ang. **wem?** durch *Dat.*, commeatus legionibus, Tac.: dona alci, Verg.: donum ex auri pondo quadraginta Iunoni, Liv.: crateram auream donum (als G.) Apollini Delphos, Liv. – **β** v. lebl. Subjj.: inspice, quid portem, Ov.: iunctae aliae quinqueremes turres contabulatas portabant, Liv.: naves, quae alimenta portabant et machinas, an Bord hatten, Amm. (vgl. *no.* b, α). – m. Ang. **worin?** durch *in* u. Abl., nigrum niveo portans in corpore virus lolligo, Ov. hal. 131 H. – m. Ang. **auf welchem Wege?** durch *per* u. Akk., rara per caelum cum venti nubila portant, Lucr. 4, 441. – **b** leb. Wesen: **α** v. leb. Subjj.: equus ut me portet, alat rex, Hor.: quem Thracius albis portat equus bicolor maculis, Verg. – m. Ang. **womit? worauf? worin?** durch *Abl.* od. durch *Praepp.*, lecticā portari, Cic.: dorso grandiuscularum puellarum portari (v. kleinen Kindern), Hieron.: in suo sinu natos portari, Ov. – m. Ang. **von wo?** od. **wohin?** durch *Advv.* od. durch *Praepp.* od. durch bl. *Abl.* od. *Acc. loc.*, nec te comitem (als B.) hinc portare Crëusam fas, Verg.: quo portas puerum? Ter.: port. hominem ad Baias Neapoli (von N.) octaphoro Aniciano, Cic.: puerum Romam docendum (zum Unterricht), Hor.: duas legiones in Macedoniam, Liv.: legiones secum in Hispaniam, Liv.: a triumphalibus liberis portari in rogum, Plin. – poet. m. Ang. **wohin?** durch *Dat.*, catulum cubili, Nemes. cyn. 155: tumulo portaris et igni, Auct. consol. ad Liv. 125. – **β** v. lebl. Subjj.: tergum Bienoris haud solitum quemquam portare nisi ipsum, Ov. met. 12, 346: uti nulla navis, quae milites portaret (an Bord hatte), desideraretur, Caes. b. G. 5, 23, 3. – poet. m. Ang. **auf welchem Wege?** durch *Abl.*, nam te iam septima portat omnibus errantem terris et fluctibus aestas, durch alle Länder u. Meere, Verg. Aen. 1, 755. – **2** (poet.) insbes., jmdm. etw. **beibringen,** vulnus cuspide, Sil. 17, 451. – **II** übtr., abstr. Objj.: **1** im Allg.: **α** v. Pers.: tantum ego nunc porto a portu tibi boni, Plaut.: di boni, boni quid porto! Ter.: memineritis vos divitias decus gloriam in dextris vostris portare, Sall.: ad coniuges liberosque laetum nuntium portabant, Liv.: tristitiam tradam protervis in mare portare ventis, Hor.: sociis atque amicis auxilia portabant, Sall.: hic vobis bellum et pacem portamus, Liv.: bellum, o terra hospita, portas, Verg.: multa patri mandata dabat portanda, Verg.: has spes cogitationesque secum portantes urbem ingressi sunt, Liv. – **β** v. Lebl.: nescio quid peccati portat haec purgatio, diese Entschuldigung enthält (verrät) irgendein Vergehen, Ter. heaut. 625. – **2** insbes., jmdm. etw. **bringen** = etw. zufügen, alci aliquam fallaciam, jmdm. einen Betrug spielen, Ter. Andr. 433: v. Lebl., hora cruentam quae stragem Libyae portet, blutige Vernichtung bringt, Sil. 5, 89.

portōrium, iī, *n.* (porto), **I** der **Zoll,** die **Abgabe,** von ein- u. ausgeführten und von durchgehenden Waren, der **Ein-** und **Ausgangszoll,** der **Durchgangszoll,** dah. **Hafenzoll, Brückenzoll,** vectigal ac portorium Dyrrhachinorum, Cic.: portoria maritima, Eingangs- u. Ausgangszölle in den Häfen, Liv.: portorium circumvectionis, der Zoll vom Handelsverkehr im Inneren, Landzoll, Cic.: portoria et vectigalia multa instituere, Liv.: portorium vini instituere, Cic.: peregrinarum mercium portoria instituere, Cic.: nova portoria constituere, Vell.: singulis rebus certum portorium imponere, Cic.: exigere portorium, Cic. u. Auct. b. Alex.: quaternos denarios in singulas vini amphoras portorii nomine exigere, Cic.: portorium (Brückenzoll für Übergang von Waren) exigere ab alqo, Labeo dig.: dare portorium pro alqa re, Cic. u. ICt.: solvere portitori portorium, Plaut.: portitorem privare portorio, Plaut.: portorium locare (verpachten), Ggstz. conducere (pachten), Cic.: portoria reliquaque omnia Aeduorum vectigalia redempta (gepachtet) habere, Caes.: complures res exportare sine portorio (unverzollt), Cic.: portoria Italiae tollere (aufheben), Cic.: invidere portoria quadruplatoribus, Sidon. – **II** das Geld für die Überfahrt, das **Fährgeld,** der **Schifferlohn,** Apul. met. 6, 18. – ▶ Archaist. Dat. Plur. portorieis, CIL 1^2, 589, 31.

portuēnsis (in Inschrn. auch portensis), e (portus), **im Hafen zu Ostia**

befindlich, mensores, Getreidemesser zu Ostia, Cod. Theod. 14, 4, 9. CIL 6, 1759: horrea, Getreidespeicher im Hafen zu Ostia, Cod. Theod. 14, 23, 1: susceptores, Hafenzolleinnehmer zu Ostia, CIL 6, 1739: corpus fabrum navalium portensium, CIL 14, 169: Nbf. viā portese, Chronogr. ed. Mommsen p. 637, 7.

portula, ae, *f.* (*Demin.* v. porta), das **kleine Tor,** das **Pförtchen,** Liv. 25, 9. § 9 u. 13. CIL 10, 1781, II, 6.

portulāca, ae, *f.*, **Portulak,** Varro fr. bei Non. 551, 15. Cels. 2, 20 u. 29. Colum. 12, 13, 2.

Portūnus, ī, *m.* (portus), der **Hafengott** der Römer, mit dem griech. Palaemon identifiziert (s. Athamās), Cic. de nat. deor. 2, 66. Ov. fast. 6, 547. Verg. Aen. 5, 241 (u. dazu Serv.). Lact. 1, 21, 23. CIL 1^2. p. 240 u. 244. – Dav. **Portūnālis,** e, **zum Gott Portunus gehörig,** flamen, Fest. 217 (a), 14. – subst., Portūnālia, ium, *n.*, das dem Portunus zu Ehren am 17. August gefeierte Fest, Varro LL. 6, 19.

portuōsus, a, um (portus), **hafenreich, mit Häfen wohl versehen,** mare, Cic.: alveus Nili, Iul. Val.: navigatio minime p., ohne jeden Hafen, Cic. ep. 6, 20, 1: pars Numidiae portuosior, Sall. Iug. 16, 5.

portus, ūs, *m.* (porta), die Einfahrt, der Eingang, **I** die **Seeeinfahrt,** der **Hafen,** **A** eig. u. übtr.: **1** eig.: os (Mündung) portus, Liv., verb. aditus atque os portus, Cic.: portus Caietae celeberrimus, Cic.: maritimi portus frequentati aut deserti, Liv.: e portu proficisci, Caes.: e portu solvere, Cic.: ex portu exire, Caes.: ex portu naves educere, Caes.: portum petere (lossteuern auf den H.), Cic.: portum capere, den H. erreichen, in den H. einlaufen, Caes.; poet. portum tangere, Verg.: in portum pervehi, v. Pers. u. Schiffen, Cic.: in portum ex alto invehi, Cic.: in portum deferri, Rhet. Her.: in portum ex longa navigatione venire, Cic.: in portum pervenire, Caes.: in portum se recipere, Caes.: in portum penetrare, Cic. – als Zollstätte, in portu operas dare, Zollbedienter sein, Cic.: magister portus, Cic. – Sprichw., in portu esse, navigare, in Sicherheit-, außer aller Gefahr sein, Cic. ep. 9, 6, 4. Ter. Andr. 480. – **2** übtr., der **Ausfluss,** die **Mündung** eines Stromes ins Meer, Ov. her. 14, 107 u. a. – **B** bildl., der **Hafen** = die **Zuflucht,** senatus erat portus et refugium nationum, Cic.: se in philosophiae portum conferre, Cic.: nos autem alium portum propiorem huic aetati videbamus, in quem mallem equidem pervehi florente Bruto nostro constitutāque re publicā, Cic.: perfugium portusque supplicii, Cic.: vos estis nostrae portus et ara fugae, Ov.: p. corporis, vom Grab, Enn. fr. – **II** die **Niederlage,** das **Magazin,** Ulp. dig. 50, 16, 59: p. Licini, Cassiod. var. 1, 25, 2. – **III** das **Haus** als Eingangsort, ob portum obvagulatum ito, XII tabb. bei Fest. 233 (a), 30. – ► Dat. u. Abl. Plur. portibus, aber auch portubus, s. Halm Cic. de imp. Pomp. 6, 16. p. 117 u. 18, 55. p. 190. – Archaist. Genet. porti, Turpil. com. 19.

1. pōrus, ī, *m.* (πῶρος), der **Tuffstein,** Plin. 36, 132: porus lapis, Plin. 36, 53.

2. porus, ī, *m.* (πόρος), Plur. pori, die **Kanäle, Röhren** im menschlichen Körper, cordis sui, Ambros. hexaëm. 3, 9. § 39: v. Atmungsorganen, Isid. orig. 11, 1, 80.

3. Pōrus, ī, *m.* (Πῶρος), ein König in Indien, Curt. 8, 13 (42), 13 *sqq.*

pos = post, s. post.

pōsca, ae, *f.* (zu pōtus), der aus Wasser, Essig u. geschlagenen Eiern bestehende gewöhnl. Trank des gemeinen Mannes u. Soldaten, die **Limonade,** Plaut., Cels. u. a.: Plur. olera atque escae et poscae, Plaut. truc. 610. – Nbf. pusca, Gargil. de pomis § 5. Veget. mul. 2, 28, 14; 3, 48, 8 u. 5, 39, 2.

poscaenium, iī, *n.* (post u. scaena), das **Theater hinter der Bühne,** das **Postszenium;** dah. bildl., poscaenia vitae, die geheimen Handlungen der Menschen, Lucr. 4, 1178 (1186).

pōscinummius, a, um (posco u. nummus), **Geld fordernd, geldgierig,** oscula, Apul. met. 10, 21.

pōsco, popōscī, ere (statt *porc-sco zu pre-cor, altind. *prachā,* Frage, Erkundigung, ahd. *forsca,* Forschung, Frage), etw. **haben wollen, ausbitten, verlangen, fordern,** **I** im Allg.: **a** v. Pers.: **α** m. *Acc.* od. absol.: argentum, Cic.: pugnam, Liv.: m. *Dat. eth.*, filiam alcis sibi uxorem, Plaut.: audaciae partes sibi, Cic. – *ad* exitium posci, Tac. – absol., incipiunt postulare, poscere, minari, Cic.: poscit, dandum est, Cic. – **β** m. *Acc.* u. *ab* u. Abl.: munus ab alqo, litteras ab alqo, Cic.: tutorem ab alqo, Suet. – **γ** m. dopp. *Acc.*: tota milia decem me poposcit, Catull.: magistratum Sicyonium nummos poposcit, Cic.: quinque talenta poscit te mulier, Hor.: ferociter pro se quisque signum duces poscere, Liv.: sagmina te, rex, posco, Liv.: quousque poscemus aliquid deos, Sen. – dah. Passiv poscor, man verlangt, fordert von mir, m. *Acc. rei* od. absol., poscor meum Laelapa, Ov.: aegre passus, quod rationem pecuniae praedaticiae posceretur, Gell.: segetes alimentaque debita poscebatur humus, Ov. met. 1, 137: absol., poscimur, ich werde verlangt, muss jetzt erscheinen, Ov. met. 2, 144. – bei Dichtern oft vom Aufgefordertwerden zum Gesang, Apollo poscitur verba, Prop.: poscor Palilia, Ov.: poscimur Aonides, Ov. met. 5, 333: so auch poscimur, Hor. carm. 1, 32, 1. – **δ** m. folg. *ut* u. Konj., Cic. fr., Tac. u. Iuven. – **ε** m. folg. *Acc.* u. *Infin.*, ereptumque dolo reddi sibi poscit honorem, Verg.: delubra vestra tueri poscimus, Ov.: te morari posco inter voluptates, Sen. rhet. – **b** übtr., v. Lebl., etw. **fordern, erfordern, erheischen,** quod res poscere videbatur, Caes.: cum tempus posceret, Nep. – **II** insbes.: **A** etwas so u. so hoch **bieten,** **a** vom Verkäufer = *licere,* einen gewissen Preis für etwas **fordern,** tanti quanti poscit, vin tanti illam emi? Plaut. merc. 490: pro reliquis (libris) idem pretium poposcit, Varro bei Lact. 1, 6, 10. – **b** v. Käufer, etw. um den und den Preis fordern, **kaufen wollen,** qui cenā poscit? Plaut.: quinquagenis talentis opera effecta p., Plin. – **B** jmd. **vor Gericht fordern,** accusant ii, quos populus poscit, Cic.: dictatorem p. reum, Liv. – **C** jmds. **Auslieferung fordern,** um ihn zur Strafe zu ziehen, huius tantae cladis auctor Annibal poscitur, Flor. 2, 6, 7: poscimur, o socii! Sil. 2, 44: nec poscitur auctor, Sil. 4, 32: poscendum poenae iuvenem iubebat, Sil. 1, 677. – **D** jmd. zum Kampf **herausfordern,** alqm in proelia, Verg. – u. mit *Acc.* des Kampfes, zum Kampf **auffordern,** acies, Verg.: proelia, Lucan. – absol. übtr., poscunt maioribus poculis, fordern einander heraus, Cic. II Verr. 1, 66. – **E** **anhalten** um ein Mädchen, tibi permitto, posce, duce, Plaut. trin. 384 (vgl. 386): sine dote posco tuam sororem filio, Plaut. trin. 499: m. dopp. *Acc.*, tuam sororem uxorem posco filio, Plaut. trin. 450. – **F** **forschen, fragen,** etwas zu **wissen verlangen,** causas, Verg.: quae sit sententia, posco, Verg. – **G** **rufen,** **1** im Allg.: clamore hominem posco, Plaut.: gemitu Alciden, Sen. poët.: dah. poscor Olympo, der Himmel ruft mich (zum Kampf), Verg. – **2** insbes., **anrufen,** supplex tua numina posco, Verg.: terrena numina poscit, Ov. – ► Archaist. Perf. pepōscī, Val. Antias b. Gell. 6 (7), 9, 9.

pōsculentus, s. pōtulentus.

pōscula, ae, *f.*, *Demin.* v. posca (s. d.), Th. Prisc. 1, 8.

pōsea od. **pōsia,** s. pausea.

pōsideo, s. pos-sideo.

Posīdōnius, iī, *m.* (Ποσειδώνιος), **I** ein stoischer Philosoph, Schüler des Panätius und Lehrer Ciceros, Cic. ad Att. 2, 1, 2; de off. 3, 8 u. 10 u. a. Plin. 2, 85 u. 7, 112. – **II** ein berühmter Bildhauer aus Ephesus, Plin. 33, 156 u. 34, 91.

posimīrium, s. pōmērium.

positio, ōnis, *f.* (pono), **I** das **Setzen, Stellen,** **A** im Allg.: **1** eig. u. übtr.: surculi, Colum. – übtr.: **a** das **Setzen** = Gebrauchen eines Wortes, Quint. 1, 5, 51: μετωνυμία, quae est nominis pro nomine positio, Quint. 8, 6, 23: παρονομασία est secundum praedictum verbum positio alterius, Rufin. de schem. lex. § 13. – **b** die **Bejahung,** Sen. ep. 87, 39. – **2** meton., das Gesetzte = die **Aufgabe,** das **Thema,** Plur. bei Quint. 2, 10, 15. – **B** insbes., das **Herablassen,** dah. meton.: **a** als *t. t.* der Metrik, der **Niederschlag** im Takt, Ggstz. sublatio u. levatio (der Auftakt), Quint. 9, 4, 48 (*cf.* § 55). Augustin. de music. 3, 8: u. so pos. vocis, Ggstz. elevatio, Isid. orig. 1, 16, 21. Vgl. Santen Ter. Maur. 1346. p. 50 *sq.* – **b** als gramm. *t. t.*, die **Endung,** feminina, neutralis, Quint. 1, 4, 24. – u. die **Form,** prima verbi positio ›strido stridis stridit‹, Serv. Verg. Aen. 2, 418. – **II** das Gesetzt-, Gelegtsein, die **Lage, Stellung,** corporis, Sen.: membrorum, Augustin.: nervorum articulorumque, Sen. rhet.: signiferi, Plin.: labyrinthi, Plin.: loci, Sen. rhet. u. Quint.: caeli, Himmelsstrich, Klima, Tac.: supina iacendi positio, Cael. Aur. de morb. chron. 5, 10, 117. – übtr., a die **Lage, Verfassung,** mentis, Sen. ep. 64, 4: controversiae, Sen. contr. 10, 1 (30), 12. – positiones, die Umstände, Quint. 7, 4, 40. – b insbes., positio syllabae, die Stellung einer kurzen Silbe, wodurch sie lang wird, bes. wenn zwei Konsonanten zusammenkommen, die **Position,** Quint. 1, 5, 28 u. 9, 4, 86.

positīvē, *Adv.* (positivus), **positiv,** Prisc. 17, 61.

positīvus, a, um (pono), **a gesetzt, gegeben,** nomen, nicht natürlicher Name, Gell. 10, 4 *lemm.*: iustitia atque aequitas, Chalcid. Tim. 6. – **b** als gramm. *t. t.,* **im Positiv stehend,** gradus (Ggstz. gradus comparativus, superlativus), Prisc. 8, 8. Serv. 407, 9. Cledon. 38, 6 K. – **c als Substantiv stehend,** subst. positīvum, das **Substantiv** (Ggstz. adiectivum, accĭdens), Macr. sat. 1, 4. § 9 u. 11.

positor, ōris, *m.* (pono), der **Erbauer, Errichter,** moenium, Ov. met. 9, 449: templorum, Ov. fast. 2, 63.

positūra, ae, *f.* (pono), **I** die **Stellung, Lage,** corporum, Lucr.: stellarum, Stand der G., Konstellation, Gell.: mit *Genet. subi.,* p. (mundorum) dei, die von Gott gegebene Lage der Welt, Prop. – **II** bildl., als gramm. *t. t.,* **A** die **Stellung,** verborum, Gell. 1, 7, 19. – **B** die **Interpunktion,** Diom. 437, 10 (Plur.).

positus, ūs, *m.* (pono), **I** die **Stellung,** der **Stand,** die **Lage,** insulae, Sall. fr.: urbis, Ov.: aedium, Gell.: regionis, Tac.: siderum, Tac., stellarum, Gell.: ossium, Cels.: terra Trinacris a positu nomen adepta loci, Ov. – übtr., als gramm. *t. t.,* die **Stellung, Position** (vgl. positio *no.* II, b), Gell. 4, 17, 8. – **II** insbes. die **Lage der Haare,** die **Frisur,** Ov. met. 2, 412. Ov. medic. fac. 19: Plur. = Arten der Frisuren, Ov. art. am. 3, 151.

posmerīdiānus, a, um, s. post-merīdiānus.

possecus, s. post-secus.

1. **possessio,** ōnis, *f.* (possideo), **I** der **Besitz, a** eig.: poss. fundi, Cic.: hereditatum possessiones, Cic.: esse in possessione bonorum, Cic.: in possessionem venire od. proficisci, Cic.: possessionem hereditatis alci dare, eripere, Cic.: tradere alci liberam possessionem Galliae, Caes.: possessionem Siciliae tenere, S. in Besitz haben, Nep.: navali proelio possessionem maris adimere (alci), Liv.: Maroneae affectare possessionem, Liv.: deicere alqm de possessione fundi, Cic., de possessione imperii, Liv.: deturbare alqm de possessione, Cic., de certa re et possessione, Cic.: alqm movere, demovere de possessione, Cic.: Macedoniae possessione pelli, Liv.: earum (civitatium) hereditariā ac iustā possessione excedere, Liv.: retinere possessionem arcis, Liv.: si ignis (*Genit. subi.*) prima possessio rerum fuit, wenn das F. zuerst die Welt im Besitz hatte, Iustin. – **b** bildl.: prudentiae doctrinaeque, Cic.: laudis, Planc. in Cic. ep. – **II** meton., die **Besitzung,** das **Besitztum, Eigentum,** bes. das **Grundstück,** aestimationes possessionum, Cic.: paternae atque avitae possessiones, Cic.: possessio aliena, Liv., possessiones alienae, Cic.: possessiones urbanae, Nep.; possessiones habere, Cic.: maiores possessiones habere, Cic.: habere in Italia pretiosas possessiones, Nep.: trans Rhodanum vicos possessionesque habere, Caes.: militibus in contione agros ex suis possessionibus polliceri, Caes.: detrahere de possessione (an dem B. verringern), acquirere ad fidem, Cic.: irruere in alienas possessiones, Cic.: exturbare homines ex possessionibus, Cic.: quaedam ex iis Philippum usurpandae alienae possessionis causā (um den Besitz eines anderen an sich zu bringen) tenuisse, Liv.

2. **possessio,** ōnis, *f.* (possido), die **Besitznahme, Besitzergreifung,** griech. κτῆσις, bonorum, Cic. Rosc. Am. 24: regni, Liv. 33, 41, 3: mittere in possessionem, Leute zur Besitznahme abschicken, Cic. Quinct. 83: cuius (insulae) possessione revocatus, Tac. Agr. 18: si mare intretur, promptam ipsis possessionem, Tac. ann. 2, 5.

possessiuncula, ae, *f.* (*Demin.* v. 1. possessio), die **kleine Besitzung,** das **Gütchen,** Vulg. Levit. 25, 25. Augustin. epist. 96, 2. Not. Tir. 37, 49: Plur., Cic. ad Att. 13, 23, 3. Hieron. epist. 53, 10. Salv. de gub. dei 5, 11, 59.

possessīvus, a, um (possideo), **einen Besitz anzeigend, a** nomen p. (z. B. Ciceronianus, Euandrius), Quint. 1, 5, 45. Charis. 155, 2. – **b** casus p., der **Genetiv,** Prisc. 5, 72.

possessor, ōris, *m.* (possideo), der **Besitzer, I** im Allg.: bonorum, Cic.: regni inertis, von Pluto, Lucan.: aut invidiae aut pestilentiae possessores, die Besitzer von beneideten oder ungesunden Plätzen, Cic.: de praefecto urbis quasi possessore rei publicae magnā utrimque vi contendebatur, Sall. hist. fr. 1, 40 (90). – übtr., Italici litoris aquilo possessor, Petron. 114, 3. – **II** insbes.: **A** der **Grundbesitzer,** p. agrorum, Liv. u. Colum.: soli, Suet.: absol., Cic. – **B** der Besitzer des zu liefernden Weines, also der **Zinspflichtige,** CIL 6, 1785. – **C** als *t. t.* der nachaug. Gerichtssprache, der Besitzer des Klagobjekts, der **Beklagte,** Ggstz. petitor (der Kläger), Plin. ep. 6, 2, 2. Pompon. dig. 21, 2, 29. § 1: Ggstz. actor (der Kläger), Quint. 7, 1, 38.

possessōrius, a, um (possessor), **den Besitz (Besitzstand) betreffend,** interdictum, Gaius inst. 4. § 145: actio, Besitzstandsklage, Tryphon. dig. 38, 2, 50. § 2.

possessus, Abl. ū, *m.* (possideo), der **Besitz,** Apul. apol. 13.

possestrīx, trīcis, *f.* (Femin. zu possessor), die **Besitzerin,** Afran. com. 204.

possia, s. pausea.

possibilis, e (possum) = δυνατός, **möglich, tunlich** (Ggstz. impossibilis), condicio, ICt.: apud deum omnia possibilia sunt, Vulg.: qui pote? id est quomodo possibile? Prisc. – possibile est m. folg. *Infin.,* cum uxore furti agere possibile est, Paul. dig. 25, 2, 3. § 2: nec verbo enarrare possibile est, Lact. de opif. dei 1, 11: m. folg. *Acc.* u. *Infin.,* esse autem possibile sub potestate regis cadere universa, Vulg. 2. Mach. 3, 6: est possibile sine manifesta causa hanc passionem corporibus innasci, Cael. Aur. de morb. chron. 3, 9, 100. – subst., possibile, is, *n.,* das **Mögliche,** Quint. 3, 8, 25. Donat. Ter. Andr. 2, 3, 13. Serv. Verg. Aen. 2, 294.

possibilitās, ātis, *f.* (possibilis), das **Vermögen, etwas zu tun,** die **Möglichkeit, Macht,** Arnob. u. a.: pro possibilitate, nach Kräften, Pallad.

possibiliter, *Adv.* (possibilis), **möglicherweise,** Acro Hor. de art. poët. 40 u. Eccl.

pos-sideo, sēdī, sessum, ēre (v. potis u. sedeo), **besitzen, im Besitz haben, innehaben, I** eig. u. bildl.: **A** eig.: **1** im Allg.: ex edicto bona, Cic.: partem agri, Caes.: uniones, Plin. – **2** insbes., **Grundbesitz haben, angesessen sein,** ICt. – **B** bildl., **besitzen, eigentümlich haben,** nomen, Plaut.: huius saecli mores, Plaut.: ingenium, Cic.: possidet hunc dea diem, Ov. – **II** übtr.: **A** einen **Ort besetzt halten,** ferro saeptus possidet sedes sacras, Trag. fab. inc. 31 $R.^2$ (aus Cic. de or. 3, 102): cum forum armatis catervis perditorum hominum possideres, Cic. de dom. 110. – **B** einen Ort **innehaben, sich** an einem Ort **aufhalten,** Zephyri possidet aura nemus, Prop. 1, 18, 2; u. so Mart. 6, 76, 6. Lucan. 2, 454.

pos-sīdo, sēdi, sessum, ere (v. potis od. pote u. sīdo), etw. **in Besitz nehmen,** von etw. **Besitz ergreifen, sich in Besitz** einer Sache **setzen,** einer Sache **sich bemächtigen** (vgl. Kraner Caes. b. G. 4, 7, 4; Nipperd. Tac. ann. 14, 21), **I** eig.: aër omne necesse est possidat inane, Lucr.: umor ultima possedit, Ov.: illam (navem) aegrotus possedit, Rhet. Her.: ne essent loca munita, quae hostes possiderent, Nep.: bona sine testamento possederat, Cic.: eos (agros) tenere, quos armis possederint, Caes.: ut fecundissimum hoc solum vosque ipsos possiderent, Tac.: quaestores in bona eius publice possidenda missi sunt, um zu beschlagnahmen, Liv. epit.: agros Scipionum virtute possessos, Cic.: possessa Achaia, Tac. – **II** übtr.: brevi tempore totum hominem totamque eius praeturam, Cic. Verr. 3, 158.

possum, potuī, posse (v. potis u. sum), **können, vermögen,** mit u. ohne *Infin.,* **I** im Allg.: possum scire? Plaut.: facere ut possem, Cic.: ne possis infitiari dixisse, Curt.: tu (eos) securi ferire potuisti (hast es über dich gewonnen, hast dich dazu verstanden), Cic. Verr. 5, 136: plus quam potero, Cic. – fieri potest (es ist möglich), ut fallar, Cic.: non potest fieri ut non od. quin, es ist schlechterdings nötig, es muss usw., Cic.: so auch non facere possum, ut non etc., es ist nicht möglich, dass ich nicht usw. = ich muss (schlechterdings) usw., ich sehe mich durchaus genötigt, zu usw., neque facere possum, ut non sim popularis, Cic.: ut nihil ad te dem litterarum, facere non possum, Cic.: so auch non possum, *quin* exclamem, Plaut.: aber nullo modo potest fieri prorsus (es ist ganz unmöglich), *quin* dos detur virgini, Plaut.: non possum non mit folg. *Infin.*, ich kann nicht umhin, ich muss, Cic.: nihil possum nescisse, ich muss es gewusst haben, Ov. – si potes (absol.), wenn es dir möglich ist, womöglich, perfice, si potes, ut etc., Cic. – potest (absol.) = es ist möglich, es kann geschehen od. sein, vielleicht dass usw. (s. Madvig Cic. de fin. 5, 84), nos dignitatem, ut potest, retinebimus, Cic.: potest, ut commiseris, Cic.: si potest, wenn es möglich ist, Rhet. Her., si posset, wenn es möglich wäre, Cic.: quī potest? wie ist es möglich? Cic.: quia nihil aliter possit, Cic.: non potest, es ist unmöglich, Plaut.: so auch non potest, quin obsit, Plaut. – quoad potes od. poteris, soweit es sich (von deiner Seite) tun lässt, Cic.: so auch quoad eius facere poteris, Cic.: quod (soweit) sine molestia tua facere poteris, Cic.: quod eius fieri possit, soweit es möglich ist, Cic.: quod eius sine bello posset, soweit es sich ohne Kr. tun lasse, Liv. – quantum potest, soviel-, sosehr-, sobald als möglich, Komik., Auct. b. Afr. u. a. (s. Bünem. Lact. 1, 1, 6 u. 6, 11, 13): ebenso quantum potes, Cic. ad Att. 4, 13, 1 (Müller quantum pote): ut ... potui beim *Superl.* des *Adv.*, möglichst, Caesari te commendavi, ut gravissime potui, Cic. – bei drängenden Fragen, possum scire, quo profectus (sis)? kann ich von dir wohl erfahren = wirst du mir wohl sagen? Plaut. – **II** insbes.: **A vermögen = ausrichten, gelten, a** v. Pers.: multum in senatu, Liv. epit.: apud cives suos multum, Hirt. b. G.: gratiā et largitione apud Sequanos plurimum, Caes.: apud finitimas civitates largiter, Caes.: equitatu nihil posse, Caes.: cum omnia se posse censebat, als er sich für allmächtig hielt, Cic.: omnia quidem ut posses in (über) nobis, di dederunt, Liv.: deos putas *pro* Romanis posse, hätten Macht zum Schutz der R., Cypr. de idol. vanit. 4: qui non potest, der nichts zu leisten vermag, der Unfähige, Cic. de or. 1, 130 u. 131. – **b** v. Lebl.: plus potest apud te pecuniae cupiditas, Cic.: multum potest fortuna, Caes.: exposuit, quid iniquitas loci posset, wieviel abhänge von usw., Caes.: multum fortuna potest in re militari, in bello, Caes. u. Auct. b. Alex. – u. multum (plus, plurimum), satis p. ad alqd, **wirksam-, kräftig sein, wirken,** Cic. u. a. – **B** obszön p. alqam, Mart. 3, 32, 1 u. 3, 76, 4. – ► Nicht zsgz. Formen: potesse, Plaut. Bacch. 559; most. 1015; rud. prol. 55; truc. 73. Ter. eun. 666. Lucil. 1046 u. 1327. Cic. Arat. 106. CIL 1, 1019. lin. 9. Lucr. 1, 665 u. a. Prud. perist. 10, 803: Imper. potesto, CIL 1, 603, 10. – Archaist. Formen: possiem, Plaut. Bacch. 762 u. a. Ter. adelph. 877 u. a.: possies, Plaut. asin. 819 u. a.: possiet, Plaut. capt. 996 u. a. Ter. Andr. 874 u. a. – potisset = *posset,* Plaut. mil. 884 G. Lucil. 5. 26. 203. 1050: potissit = *possit,* Lucr. 5, 778: potissint = *possint,* Lucil. 8*: potisse = potuisse, Lucil. 205. – *Pass.* potestur = *potest,* mit folg. *Infin. Pass.*, Pacuv. tr. 100. Enn. ann. 611. Scip. Afric. nach Fest. 241 (a), 26. Cl. Quadrig. ann. 3. fr. 47 (bei Non. 508, 30). Lucr. 3, 1008: possitur, Scaur. nach Diom. 385, 30. Cato r. r. 154. Lex Acil. de repetund. im CIL 1^2, 683, 16: poteratur, Cael. Antip. hist. 1. fr. 7 (v. Non. 508, 27). C. Gracch. nach Fest. 241 (a), 27. Scaur. nach Diom. 385, 30: possetur, Cl. Quadrig. ann. 1. fr. 33 (b. Non. 508, 13). – potens *adi.*, s. bes.

post (viell. zu altindisch *paççā* hinten), **hinten, hinter, I** *Adv.*: **A** v. Raum = **hinten, hintennach** (Ggstz. ante), qui post erant, Cic.: *ante* aut *post* pugnare, Liv. – bei Verben der Bewegung = **nach hinten zu, hinterwärts,** post curvantur, Plin.: neque *post* respiciens neque *ante* prospiciens, Varro fr. – **B** übtr.: **1** v. der Zeit – **hernach, nachher** (Ggstz. ante), Cic. u. a.: paulo post, Cic., od. post paulo, Caes. u. Liv., bald nachher: multo post, lange nachher, Cic.: neque ita multo post, Nep.: post non multo, Nep.: haud multo post, Tac.: aliquanto post oder post aliquanto, eine geraume Zeit nachher, Cic.: multis annis post, Plaut., od. multis post annis, Cic., in vielen Jahren nachher, nach vielen Jahren: paucis post annis, Curt.: anno post, das Jahr darauf, Cic.: biennio post, Cic.: biduo post, Caes.: paucis diebus post, Plaut., od. post paucis diebus, Liv., od. paucis post diebus, quam discesserat, Cic.: paucos post dies, paucas post horas, Liv.: horā post, eine Stunde danach, Cic.: longo post tempore, Verg.: non magno post tempore, Iustin.: post non longo tempore, Gell.: haud longe post, Gell. – post quam, s. post-quam. – verb. post deinde, Ter. u. XII. tabb. bei Gell., od. deinde post, Vell., od. post inde, Lucr. u. Vopisc. – **2** v. der Reihenfolge u. v. Rang: **a** v. der Reihenfolge, **α** im Raum, **hinten, zuletzt,** *prima* Cyrene est, ac *deinceps* duae Syrtes, *deinde* Philaenon arae, *post* aliae Punicae urbes, Sall. – **β** in der Zeit, **nachher,** primo ... post, Cic.: deinde ... tum ... post, Cels. – **γ** in der Aufzählung = postremo, **kurz,** Plaut. mil. 648; Men. argum. 6. – **b** vom Rang = **hinten,** post fuere, wurden hintangesetzt, Sall. Cat. 23, 7. – **II** *Praep.* m. *Acc.*: **A** vom Raum, **hinter** (Ggstz. ante), *post* me erat Aegina, *ante* me Megara, Cic.: post equitem sedet atra cura, Hor.: post hunc consequitur sollerti corde Prometheus, Catull.: collocare impedimenta post legiones, Caes.: post principia, Sall.: post alqm esse, Caes.: post eos, Sall. – **B** übtr.: **1** von der Zeit = **nach, seit** (Ggstz. ante), post paucos dies, Phaedr.: post hominum memoriam, seit Menschengedenken, Cic.: post Troiae excidium, Eutr.: post Brutum consulem, Cic.: classis proximum post alqm praefectum esse, Cic.: post diem septimum, am siebten T., Caes.: post diem tertium, am dr. T., Liv.: sexennio post Veios captos, Cic.: post devictum Hannibalem, Liv.: dah. post id, Plaut., oder post ea, Cic., od. post illa, Ter., od. post haec, Cic., hernach, nachher, nach diesem. – m. folg. *quam* (als), post annum quartum, quam expulsus fuerat, das vierte Jahr nachher, als er usw., das vierte Jahr, nachdem er usw., Nep.: post diem tertium ... quam dixerat, Cic. – **2** v. Rang, **a nach, nächst,** ut nemo tibi *post* te videatur, si aliquis *ante* te fuerit, Sen.: erat Lydia post Chloën, Hor.: hic secundus post Tarquinium fuit, qui dux contra patriam suam esset, Eutr.: honor ei post Romulum secundus delatus est, Eutr.: id Vespasiano convenire, ut ceteri post Sabinum haberentur, Tac. hist. 3, 64. – **b außer,** post sidera caeli sola Iovem Semele vidit, Calp. ecl. 10, 22. – ► post von seinem Kasus getrennt, post enim Chrysippum, Cic.: postve eos censores, Liv.: post autem mortem, Nep.: post autem elephantos, Auct. b. Afr.: und hinter demselben, hunc post, Cic. Tusc. 2, 15. – arch. Nbf. **a** poste, Plaut. asin. 915. Men. 839 Sch.; merc. 370; most. 290; Stich. 380. Enn. ann. 230. – **b** pos, CIL 1, 1454; 5, 4056; 9, 1681. Quint. 9, 4, 39 (pos meridiem Ritschl). Avien. phaen. 202 u. 538. Hieron. in psalm. 68, 28 *codd. GRW.* Itala (Taurin.) Matth. 15, 23; mehr Belege s. Rönsch Collect. philol. S. 22. Vgl. übh. (für poste u. pos) Ritschl opusc. 2, 541 bis 556.

post-autumnālis, e, **nachherbstlich,** pira, Plin. 15, 54.

postcantātīvus, a, um (post u. canto) = ἐπῳδικός, **zum Nachsingen geeignet** (Ggstz. antecantativus, προῳδικός), carmen, Mar. Victorin. 1, 15. §9 u. 10. p. 57, 18 u. 22 K.

poste, s. post ►.

post-eā, *Adv.* (aus post u. dem Abl. ea), **hernach, später, in der Folge, I** eig., v. der Zeit, Cic. u. a.: aut statim aut postea, Suet.: postea loci, Sall.: m. folg. *quam* = nachdem, s. posteā-quam, Cic. – p. aliquanto, Cic.: p. multo, Plin.: brevi p., Cic.: tum p., Gell.: deinde p. u. p. deinde, s. de-inde *no.* b, β: p. deinceps, Liv. 45, 14, 2. – quid postea? quid tum postea? was nachher? was dann? was weiter? Komik., Cic. u. a. – p. cum, Cic.: p. ubi, Cato. – **II** übtr.: **A** am Ende eines Fragesatzes = **am Ende, infolgedessen,** Ter. adelph. 660. – **B** zur Angabe der Reihenfolge, des Ranges, Plin. 6, 192 u. 17, 121 u. a.

posteāc, *Adv.* = posthac, CIL 4, 1837.

posteā-quam, *Coni.*, **nachdem** (bei Cicero vorherrschend vor postquam), **a** m. Indikat.: **α** m. Indikat. des aorist. Perf.: posteaquam victoria constituta est, erat Roscius Romae frequens, Cic.: postea vero quam participem negoti Scaurum accepit, statuit etc., Sall. – **β** mit Indikat. des Plusquamperf.: P. Africanus, posteaquam bis consul et censor fuerat, L. Cottam in iudicium vocavit, Cic. – **γ** m. Indikat. des Imperf. zur Angabe der Fortdauer oder Wiederholung der Handlung: Eros, posteaquam e scaena non modo sibilis, sed etiam convicio explodebatur, confugit in Roscii domum etc., Cic. Vgl. Otto Tac. ann. 1, 4. – **δ** m. folg. Indikat. des Präsens, wenn der Hauptsatz ein eigentliches Präsens enthält: plane relegatus mihi videor, posteaquam in Formiano sum, Cic. – **b** mit Konj. des Plusquamperf., posteaquam flamma circa illam materiam virgas comprehendisset, Vitr. 2, 9, 16. – in indirekter Rede, scriptum a Posidonio est triginta annis vixisse Panaetium, posteaquam libros de officiis edidisset, Cic. de off. 3, 8: u. so Caes. b. G. 6, 10, 4 u. a.

postella, ae, *f.* = postilena (Ggstz. antella = antilena), Isid. orig. 20, 16, 4.

post-eo, īre, **nachgehen,** bildl., **nachstehen,** alqm, Sidon. epist. 1, 11, 10.

posterī, ōrum, *m.*, s. posterus.

pos-tergāneus, a, um (pos [= post] u. tergum), **hinter dem Rücken befindlich,** Arnob. 4, 5. Cael. Aur. de morb. acut. 3, 6, 65.

posterior, s. posterus.

posteritās, ātis, *f.* (posterus), **I** die **künftige Zeit, 1** im Allg., die **Zukunft,** habere rationem posteritatis, an die Z. denken, Caes. b. c. 1, 13, 1: posteritatis otio consulere, Cic. ep. 2, 17, 3: si (tempestas invidiae) minus in praesens tempus, at in posteritatem impendeat, Cic. Cat. 1, 22: non pati, ut in posteritatem Scytharum genus per feminas intercīdat, Iustin. 2, 3, 16. – **2** insbes., die Zeit nach dem Tod u. meton. die Leute, die da leben, die **Nachwelt, Nachkommenschaft,** post. omnium saeculorum, Cic.: invidia posteritatis, Cic.: posteritati servire (der N. leben), Cic.: ad memoriam posteritatis componi, Quint.: imaginem ad posteritatis memoriam od. ad memoriam posteritatemque (Andenken bei der Nachwelt) prodere, Cic.: u. so cupiditas gloriae extendatur maximaque pars eius in memoriam ac posteritatem promineat, Liv.: in ore frequens posteritatis eris, Ov.: perpetuae crimen posteritatis eris, Ov. – v. Tieren, die **Nachkommenschaft,** post. Hirpini, Iuven. 8, 62. – **II** das **Nachstehen,** der **letzte Rang,** Tert. de praescr. 31.

1. posterius, s. posterus *no.* II.

2. posterius, a, um (Nbf. v. posterus), **nachfolgend,** Plur. subst., posteriī, ōrum, *m.*, die **Nachkommen,** posterii mei, Anthol. Lat. 1174, 8 M.

postero, āvī, āre (posterus), etwas **spät tun, verspäten,** quod posteravit (*sc.* oliva), Pallad. 12, 4, 1.

posterula, ae, *f.* (*posterulus, *Demin.* v. posterus), **I** das **Hintertürchen, Seitentürchen,** Cassian. instit. cen. 5, 11. – **II** der **Seitenweg, Nebenweg,** Amm. 30, 1, 13.

posterus, a, um, *Compar.* posterior, *Superl.* postrēmus u. postumus (v. post), **I** *Posit.* = **nachfolgend, kommend, 1** eig.: postero die, am folgenden Tag, Cic.: u. postero die, quam illa erant acta, den Tag danach, als usw., Cic.: posterā nocte, Nep.: postero anno, Cic.: postero tempore, in der Folgezeit, in der Folge, Nep.: p. laus, bei den Nachkommen, Hor.: postero (*sc.* die), Tac. u. Curt.: in posterum, auf den folgenden Tag, Cic.; u. auf künftig (Ggstz. in praesens, in praesentia), Cic., Liv. u. a.: ad posterum, Atticus in Cic. ep.: postera tempestas, das Wetter des folgenden Tages, Hor.: acies postera, des folgenden Tages, Iustin. – subst., **a** posterī, ōrum, *m.*, die **Nachkommen,** die **Nachwelt** (Ggstz. praesens aetas, maiores), Cic. u. a. – **b** posterum, ī, *n.*, verb. posterum et consequens = ἐπιγεννηματικόν, **etwas Späteres und Folgendes,** Cic. de fin. 3, 32: Plur., postera et consequentia, die Folgen u. Wirkungen (Ggstz. prima, das erste Entstehen), ibid. – **2** übtr., dem Rang nach nachstehend = **nachsetzenswert, geringer,** Mart. Cap. 4 § 333. – **II** *Compar.* **posterior**, *neutr.* posterius, Genet. iōris, **1** der **letztere, hintere, letzte, hinterste** (Ggstz. prior, superior), littera, Varro: pedes p., Hinterfüße, Plin.: cogitationes, Cic.: oratores, die zuletzt genannten (Ggstz. priores), Cic.: mensura, das Maß der Hinterfüße, Ov.: paulo aetate posterior, Cic.: tempora p. (Ggstz. priora u. superiora), Cic. – subst., **a** posteriores = *posteri*, die **Nachkommen,** ICt. – **b** posteriōra, um, *n.*, **α** die **Rückseite** des Körpers (Ggstz. facies), Tert. adv. Iud. 11: belluina posteriora, Ambros. de off. 2, 13, 64. – **β** der **Hintere,** der **Podex,** Lampr. Heliog. 5, 4. – *neutr. adv.* posterius = **nachher, später,** Ter. u. Cic. – **2** übtr., dem Rang nach nachstehend = **schlechter, geringer,** nihil posterius, schlechter, Cic.: non posteriores feram (*sc.* partes), will nicht nachstehen, nicht die schlechteste Rolle spielen, Ter. – **III** *Superl.* **postrēmus** u. **postumus**, **A** **postrēmus**, a, um, der **letzte, hinterste, 1** eig.: pagina (litterarum), Cic.: acies, das Hintertreffen, Sall.: nec tibi cura canum postrema, nicht die letzte, d. i. eine besondere, Verg.: in postremo libro, am Ende des Buches, Iustin.: *neutr.* subst., in vitae suae postremo, bei seinem Lebensende, Gell. 1, 3, 1: ad postrema cantus, am Schluss seines G., Gell. 16, 19, 15: mortis postrema, die letzten Anordnungen vor seinem Tod, Iustin. 7, 2, 1: hoc non in postremis, und das nicht zuletzt, Cic. ep. 1, 9, 17: ad postremum usque, bis zum letzten Augenblick, Sall. hist. fr. 1, 48 (51), 5. – *adv.*, postrēmō (*Abl.*), am letzten Ende = **kurz, überhaupt,** Komik. u. Caes. (s. Brix Plaut. trin. 613. Spengel Ter. Andr. 521); u. = **endlich, zuletzt,** Cic. u. a.: primo … post … postremo, Caes.: primum … deinde … postremo, Cic. – ad postremum = **zuletzt, endlich,** Plaut., Liv. u. a. – ad postremum usque, **bis zum letzten Augenblick,** Sall. fr. – postremum = **zum letzten Mal,** Ter., Cic. u. a. (s. Benecke Iustin. 16, 4, 3), u. = **zuletzt, endlich,** Pallad. u. a. Spät. (s. Oudend. u. Hildebr. Apul. met. 8, 27). – postremā = postremo, **zuletzt,** Bormann Uned. Inschr. *no.* 3. *v.*8. – **2** übtr., dem Rang u. sittl. Wert nach = der **schlechteste, verworfenste, elendeste, ärgste, äußerste,** homines, Cic.: postremus servorum Archelaus, Sall. fr.: M. Aemilius omnium flagitiosorum postremus, Sall. fr.: servitus omnium malorum postremum est, Cic. – u. v. postremus ein neuer *Compar.* u. *Superl.*, ut possit videri nullum animal in terris homine postremius, Apul. de deo Socr. 3: omnium nationum postremissimum nequissimumque (me) existimatote, C. Gracch. bei Gell. 15, 12, 3: postremissimus omnium, Tert. de cult. fem. 2, 1: adulescentuli postremissimi, Apul. apol. 98. – **B** **postumus**, a, um, der **letzte, a** übh.: spes, Apul. – subst., postumum, ī, *n.*, das **Letzte,** Tert. – **b** **nach dem Tod eintretend, -erfolgend,** fama, der Nachruhm, Tertull. de test. anim. 4. – **c** insbes., v. jüngsten Kindern od. v. denen, die nach des Vaters Testament od. nach seinem Tod geboren sind, **spätgeboren, nachgeboren,** proles, Verg. Aen. 6, 763. – subst., postumus, ī, *m.*, der **Spätling,** Plaut. Cic. u. ICt.: postuma, ae, *f.*, ICt.

post-fero, ferre, *irreg.* **nachsetzen, hintansetzen** (Ggstz. praeferre), libertati plebis suas opes, Liv.: nulli non esset postferendus, Vell.: et animi et corporis robore nulli iuvenum postferendus, Curt.: non postferuntur et Charites, quas Socrates fecit, Plin. – in der Tmesis, iudicium Phrygis post fratris latura toros, Sil. 7, 466.

post-futūrus, a, um, s. futūrus.

post-genitus, a, um, **nachgeboren** (Ggstz. primogenitus), Augustin. c. Sec. Manich. 5. Interpr. Iren. 2, 14, 9. – Plur. subst., postgenitī, ōrum, *m.*, die **Nachgeborenen,** die **Nachkommen,** Hor. carm. 3, 24, 30 M.

post-habeo, uī, itum, ēre, **nachsetzen, hintansetzen,** omnia, Caes.: omnes sibi res, Ter.: seria ludis, Verg.: omnibus rebus posthabitis, mit Hintansetzung usw., Cic.

posthāc, *Adv.* (aus post u. dem Abl. hac), **hernach, nachher, a** = **künftig, in Zukunft, später, späterhin,** Komik. u. Cic. – **b** **hinfort, von nun an,** Komik. u. Cic. – **c** = **nachher** in der Vergangenheit, Plaut. Amph. 797. Suet. Tit. 9, 1.

posthaec od. getrennt **post haec**, *Adv.* (post u. Akk. Plur. haec), **nachdem, nachher,** Tac. ann. 1, 10; 3, 16; 12, 11 u. 21: verb. posthaec deinde, Colum. 3, 4, 3. Lact. 1, 14, 10. – ► Oft verschrieben statt posthac (s. Ritschl opusc. 2, 545), z. B. Cic. ep. 9, 8, 2.

post-hiemat, *v. impers.*, **es wintert nach,** quando posthiemat (Ggstz. quando praevernat), *Plin. 18, 239 D.

Posthumius, s. Postumius.

posthumus, s. 1. postumus *no.* III) B in posterus.

postibi, *Adv.* **hernach, hierauf,** Plaut. cist. 620 u. a. (s. Brix und Lorenz Plaut. mil. 1418. Ritschl opusc. 2, 634, nach dem es kein Kompositum).

postīca, ae, *f.*, s. postīcus.

postīciāria, ae, *f.* (posticia, *sc.* porta, s. postīcius), die **Pförtnerin des Klosters,** Caes. Arel. reg. ad virg. 23 u. 28.

postīcius, a, um = posticus (s. d.), portae, die Hintertore, CIL 10, 6565: subst. postīcium, iī, *n.*, die **Hintertür,** das **Hintertor,** Auct. de idiom. gen. 584, 18 K.

postīcula, ae, *f.* (*Demin.* v. postica), das **Hintertürchen,** Apul. met. 2, 23.

postīculum, ī, *n.* (*Demin.* v. posticum), das **Hintergebäude, Hinterhaus,** Plaut. trin. 194 u. 1085.

postīcum, ī, *n.*, s. postīcus.

postīcus, a, um (post, s. Paul. ex Fest. 220, 1), **hinten befindlich, hinter, Hinter-** (Ggstz. anticus), **I** *adi.*: ostium, Plaut.: partes aedium, Liv.: aedes Bastiae uxoris, Liv. epit.: pedes, Solin. – **II** *subst.*: **A** postīca, ae, *f.* (*sc.* ianua), die **Hintertür,** ICt., Apul. u. a. – **B** postīcum, ī, *n.*, **1** die **Hintertür,** Plaut., Hor. u. Suet.: p. aedium, Liv. – **2** ein **Hinterhaus,** Titin. com. 30 u. 142. – an einem Tempel die **Hinterseite, Hinterfront** (Ggstz. pronaos), Vitr. 3, 2, 8. – **3** der **Hintere,** der **Podex,** Varro fr. u. Arnob. – **C** postīca, ōrum, *n.*, die **Hinterseite** (Ggstz. antica, die Vorderseite), Gromat. vet. 28, 3; 166, 17 u. a. (vgl. Rudorff 2, 341).

postid, *Adv.*, **nachher,** Plaut. aul. 749; Stich. 86 u. ö. Ter. Andria 936 (s. Brix Plaut. trin. 529. Ritschl opusc. 2, 270): postid locorum, Plaut. Cas. 120 (vgl. Ritschl opusc. 2, 269).

postid-eā, *Adv.*, verlängerte archaist. Form von postea, **nachher,** Plaut.: p. loci, Plaut. Stich. 758 (vgl. Ritschl opusc. 2, 269).

postilēna, ae, *f.* (post u. habena), der **Schwanzriemen, Schweifriemen,** das **Hintergeschirr** (Ggstz. antilena, der Brustriemen), Plaut. Cas. 125.

pōstilio, iōnis, *f.* (von postulo, wie consilium von consulo), die **Forderung** einer Gottheit an die Menschen, das **Verlangen** der Gottheit, dass ein vergessenes Opfer gebracht werde (*t. t.* der Religionsspr.), Varro LL. 5, 148. Cic. de har. resp. 31: Plur., Cic. de har. resp. 20. Arnob. 4, 31.

post-illā, *Adv.* = postea, Plaut. capt. 118; Curc. 529; Men. 342 u. ö. Ter. heaut. 447 u. Phorm. 347. Enn. ann. 41 u. fr. scen. 45. Cato origg. fr. (bei Gell. 3, 7, 19). Catull. 84, 9.

postillāc, *Adv.* = postea, Plaut. Men. 685 u. 1117.

postis, is, *m.* (griech. παστάς), der **Pfosten, Türpfosten, I** eig.: p. lapideus ianuae, Vell.: postem tenere, den Pfosten halten (von dem, der das Gebäude einweihte), Cic.: ambulationis postes tenere in dedicando, Cic. – **II** Plur. postes meton., die **Tür,** Verg., Ov. u. Sen. poët.: viduarum postes et orborum limina deterere, Amm. – poet. übtr., belli ferrati postes, Hor. sat. 1, 4, 61: videtur cernere res animus sublatis postibus (Augen) ipsis, Lucr. 3, 369. – ► *Abl.* postī, Ov. met. 5, 120.

postlīmen, inis, *n.* = ἐπάνοδος, die **Rückkehr,** Gloss. II, 154, 29.

post-līminium, iī, *n.* (post u. limen; vgl. Prisc. part. XII vers. Aen. 3, 69), **I** die volle Heimkehr, d. i. die **Rückkehr in den früheren Rechtszustand, in das frühere Rechtsverhältnis,** zunächst des vor Abschluss des Friedens in die Heimat zurückkehrenden Kriegsgefangenen od. der aus der Gewalt des Feindes wiedererlangten Sache, dann = die **Rückkehr in die Heimat und in die alten Gerechtsame** übh., das **Rückkehrrecht, Heimkehrrecht,** ei esse p., Cic.: p. habere, ICt.: p. alci dare, ICt.: ius postliminii, ICt. – gew. *Abl.* postlīminiō, **durch das Heimkehr-, Rückkehrrecht, a** eig.: p. redire, Cic. u. ICt., reverti, Amm. u. ICt. – **b** übtr.: p. vitam recipere, wieder, von Neuem, Lact.: u. so p. in forum reducere, Apul.: m. *Genet.*, p. mortis corpus animare, durch Rückkehr vom Tode, Apul. – **II** bildl., die **Rückkehr,** pacis ecclesiasticae, Versöhnung, Tert. de pudic. 15.

post-merīdiānus u. **pos-merīdiānus**, a, um (post u. meridianus), **nachmittägig** (Ggstz. antemeridianus, vormittägig, und meridianus, mittägig), postm. tempus, Cic. Tusc. 3, 7 M. Auct. b. Alex. 52, 2: postm. dies, Sen. ep. 65, 1: postm. horae, Suet. gr. 24: postm. gnomonis umbra, Vitr. 1, 6. § 6: postm. statio, Liv. 44, 33, 11: postm. consul, Sen. apoc. 9, 2: postm. scholae, Quint. 3, 1, 14 H.: posm. tempus, Cic. de or. 3, 17 Sor.: posm. quadrigae, Cic. or. 157 (vgl. Vel. Long. 79, 3 K.): posm. litterae, Cic. ad Att. 12, 53 (Wesenb. postm.).

post-merīdiem, *Adv.* (post u. meridies), **nachmittags** (Ggstz. antemeridiem), Charis. 187, 34. Not. Tir. 44, 74 u. 76 (wo verkürzt antemeridie u. postmeridie). – ► Nbf. pomeridiem, Quint. 9, 4, 39.

post-modo, *Adv.* **in der Folge, späterhin** (Ggstz. in praesentia), Ter., Asin. Pollio (in Cic. ep.), Liv. u. a. vgl. Müller Liv. 2, 24, 5.

postmodum, *Adv.* = postmodo, Liv., Val. Max. u. a.

post-moerium, iī, *n.* = pomerium, s. d.

post-partor, ōris, *m.*, der **Nacherwerber, Nachkomme,** Plaut. truc. 62.

post-pōno, posuī, positum, ere, **nachsetzen, I** eig.: ordine postposito tempora rumpit amor, Ven. Fort. carm. 6, 10, 30. – **II** übtr., **hintansetzen,** omnia, Cic.: alqm alci, Ov.: omnibus rebus postpositis, mit Hintansetzung aller Dinge, Caes. b. G. 5, 7, 6.

postpositīvus, a, um (postpono), **zum Nachsetzen dienend, nachgesetzt** (Ggstz. praepositivus), ordo, Prisc. part. XII vers. Aen. 3, 77. p. 476, 35 u. 6, 125. p. 488, 19 K.: coniunctiones, Pompeii comment. 269, 9 K.

postprīdiē, s. postrī-diē ►.

post-prīncipia, iōrum, *n.*, der Fortgang einer Sache nach überstandenem Anfang, der **Verlauf,** der **Ausgang,** Plaut. u. Varro fr.: postprincipia atque exitus vitiosae vitae, Afran. com. fr. bei Cic. Sest. 118.

post-puto, āvī, āre, **nachsetzen, hintansetzen, geringschätzen,** omnes res prae parente, Ter. Hec. 483.

post-quam, *Coni.* (getrennt s. post), **I nachdem, seitdem, als, da, a** mit folg. Indikativ, **α** gew. m. Indikativ des aorist. Perf.: eo postquam Caesar pervenit, obsides, arma poposcit, Caes.: Hamilcar postquam mare transiit in Hispaniamque venit, magnas res secundā gessit fortunā, Nep. – m. nochmals folg. *post,* postquam comedit rem, post rationem putat, Plaut. trin. 417. – **β** m. folg. Indikat. des Plusquamperf.: Iugurtha postquam oppidum Capsam amiserat, Sall.: undecimo die, postquam a te discesseram, hoc litterarum exaravi, Cic. – **γ** m. folg. Indikat. Präs., wenn der Hauptsatz ein eigentliches Präsens enthält (vgl. Brix Plaut. capt. prol. 22), postquam belligerant Aetoli cum Aleis, capitur alter filius, Plaut.: postquam video me sic ludificarier, pergo ad alios, Plaut.: postquam fusas copias seque cum paucis relictum videt Catilina, in confertissimos hostes incurrit ibique pugnans confoditur, Sall.: Hostilia curia minor mihi esse videtur, postquam est maior, Cic.: postquam nec ab Romanis vobis ulla est spes, nec vestra vos iam aut arma aut moenia satis defendunt, Liv. – **δ** m. folg. Indikat. des Imperf. zur Angabe der Fortdauer od. Wiederholung der Handlung, tu postquam qui tibi erant amici non poterant vincere, ut amici tibi essent qui vincebant, effecisti, Cic. Vgl. Fabri Liv. 21, 12, 4. Otto Tac. ann. 1, 4. p 58 (eine reiche Beispielsammlung). – bisw. nach postquam das Perf. u. Imperf. unmittelbar nebeneinander, s. Sall. Cat. 12, 1. Caes. b. c. 3, 60, 5. – **ε** m. folg. Fut. exakt., postquam tepuerit, refundes admisto sale, Pallad. 12, 22, 4. – **b** m. folg. Konjunktiv: **α** m. folg. Konj. Plusquamperf.: postquam filium in cornu scribae humiliorem fortunā suā locum obtinentem conspexisset, Val. Max. 5, 7. ext. 2. – **β** m. folg. Konj. Präs. od. Perf. in indirekter Rede, postquam multo maiorem partem itineris emensam cernant, Liv. 21, 30, 5: regem, postquam adventare se senserit, delituisse inter angustias saltus, Curt. 3, 8 (19), 10. – **c** m. folg. Infin. histor. des Imperf., postquam exui aequalitas etc., Tac. ann. 3, 26. – **II** m. kausalem Nbbgr., **da = weil,** p. inanis sum, Plaut. Bacch. 531: p. poëta sensit, Ter. adelph. prol. 1. – ► Archaist. Nbf. posquam, s. Ritschl opusc. 2, 448 *sqq.*

postrēmitās, ātis, *f.* (postremus), das **Äußerste, Letzte,** das **Ende,** Aquil. Rom. 27. Macr. somn. Scip. 1, 11, 8. Chalcid. Tim. 116.

postrēmō u. **postrēmus**, a, um, s. posterus.

postrī-diē, *Adv.* (entst. aus posteri diei), **des folgenden Tages, am folgenden Tag, tags darauf,** Komik., Cic. u. a.: primā luce postridie, Caes. – mit folg. *quam* (als, nachdem), postridie intellexi, quam discessi, Cic. – mit folg. *Acc.*, postridie ludos, tags darauf nach den Schauspielen, Cic.: Kalendas, Nonas, Idus, Liv. u. Gell. – mit folg.

Genet., postridie eius diei, Caes. u. a. – ► Nbf. postrīduō, Plaut. mil. 1082 G. – Nbf. postpridie, Gregor. Tur. in glor. mart. 50. p. 524, 3. Not. Tir. 44, 46.

postrīduānus, a, um (postriduo = postridie), **tags darauf erfolgend, -eintretend,** dies, Macr. sat. 1, 15, 22 u. 1, 16, 21.

postrīduō, *Adv.*, s. postrī-diē ►.

post-scrībo, scrīpsī, ere, **hinter** od. **nach** etwas **schreiben,** im Schreiben **nachsetzen,** Tiberi nomen suo, Tac. ann. 3, 64.

post-secus, *Adv.* = κατόπισθεν (Gloss. II, 346, 27), nach der hinteren Seite, **hinterwärts,** reici, Isid. orig. 19, 24, 7. Not. Tir. 51, 87 (possecus). – Von Caper 99, 23 K. verworfen.

post-sīgnānī, ōrum, *m.*, *sc.* milites (post u. signum), die in der Schlacht hinter den Feldzeichen stehenden Soldaten, die **Postsignanen,** Frontin. 2, 3, 17. Amm. 16, 12, 31; 18, 8, 7; 24, 6, 9.

pōstulārius, a, um (postulo), **fordernd,** fulgura, die anzeigen, dass man ein vergessenes Gelübde erfüllen od. ein versäumtes Opfer bringen soll, Fest. 245 (a), 19: dafür postulatoria, Caecin. b. Sen. nat. qu. 2, 49 *in.*

pōstulātīcius, a, um (postulo), **verlangt, erbeten,** gladiatores, vom Volk ausdrücklich zum Kampf erbetene Gladiatoren (die als große Künstler in der Fechterkunst bekannt waren), Sen. ep. 7, 4.

pōstulātio, ōnis, *f.* (postulo), die **Forderung,** das **Verlangen,** das **Gesuch, Anliegen, I** im Allg.: aequa et honesta, Cic.: ignoscendi, Bitte um Verzeihung, Cic.: concedere postulationi alcis, Cic., Ggstz. resistere, Cic. – **II** insbes.: **A** die **Klage, Beschwerde,** Plaut. u. Ter. – **B** als gerichtl. *t. t.*: **1** das **Anbringen** beim Prätor um Bewilligung der Einbringung einer Klage, das **Klaggesuch,** Cael. in Cic. ep.: Tuberonis, Cic. – **2** das **Anbringen** beim Richter, das **Einbringen** der Klage, das gerichtl. **Gesuch,** die **Reklamation** (griech. ἔντευξις), Suet. Ner. 7, 2. Plin. ep. 7, 6, 3. Edict. Diocl. 7, 72.

pōstulātor, ōris, *m.* (postulo), der **Gesuchsteller,** vor Gericht, der **Kläger,** postulatoribus per libellos respondere, Suet. Ner. 15, 1.

pōstulātōrius, a, um (postulo), s. pōstulārius.

pōstulātrīx, trīcis, *f.* (Femin. zu postulator), **fordernd,** sollemnitates = *supplicationes,* Tert. de cor. mil. 13.

pōstulātum, ī, *n.* (postulo), die **Forderung, I** im Allg., Cic. u. a.: postulata peragere (in bestimmten Formeln ausführen, vollziehen), v. Fetialis, Liv. – **II** insbes., der gericht. Antrag, das **Gesuch, Klaggesuch,** ICt.

pōstulātus, Abl. ū, *m.* (postulo), das **Anbringen, Gesuch** vor Gericht, postulatu audito matris, Liv. 4, 9, 6.

pōstulio, falsche Lesart st. postilio, s. d.

pōstulo, āvī, ātum, āre (posco), etw. von jmd. **verlangen, begehren, erwarten, beanspruchen, fordern, heischen,** jmd. um etw. **anliegen, ersuchen,** jmd. zu etw. **auffordern,** jmdm. **zumuten, I** im Allg.: **a** m. *Acc.*: suum ius, Ter.: auxilium, Cic.: mercedem, Phaedr.: aliquid, Auct. b. Alex.: pro novem libris triginta Philippeos, Varro fr.: sibi totius belli imperium, Caes.: Tiberio tribuniciam potestatem, Tac.: non quicquam umquam nisi honestum et rectum alter ab altero postulabit, Cic.: Scandilius postulare de conventu recuperatores, Cic.: a me brevitas postulatur, Cic.: maius aliquid et excelsius a principe postulatur, Tac.: votum, ein Gelübde tun, Apul.: enim vero aequom postulas, du hast Recht, Plaut. – im Passiv, ludos apparat non postulatus, unaufgefordert, Cic. – übtr., von lebl. Subjj., hic dies alios mores postulat, Ter.: quae supplicium postulat, Sall.: quae (verba) minorem curam postularent, Quint. – **b** m. dopp. *Acc.*, u. zwar = etw. von jmd., haec cum praetorem (vom Pr.) postulabas, Cic. Tull. 39 (vgl. unten *no.* δ aus Cic. ep. 5, 14, 2). – u. = jmd. als u. zu usw., iterum me iam praesentem advocatum (zum Sachwalter) postulaverunt, Plin. ep. 3, 4, 4. – **c** mit folg. *ut* od. *ne* od. *ut ne* m. Konj.: neque inventus est tam audax qui posceret, nemo tam impudens qui postularet, ut venderet, Cic.: dehinc postulo sive aequomst te oro, ut redeat iam in viam, Ter.: postulat, ut sui misereantur, Rhet. Her.: Ariovistus ex equis ut colloquerentur, postulavit, Caes.: postulat abs te, ut Romam rem reicias, Cic.: Ariovistus postulavit, ne quem peditem ad colloquium Caesar adduceret, Caes.: legatos ad Bocchum mittit postulatum, ne sine causa hostis populo Romano fieret, Sall.: haec postulo: primum id, quod aequissimum est, ut ne quid huc praeiudicati afferatis, Cic.: postulant enim, non uti ne cogantur statuere: quid igitur? ut ipsis ne liceat, Cic. – auch m. bl. *Coniunctiv,* qui (nuntii) postularent, eos, qui sibi Galliaeque bellum intulissent, sibi dederent, Caes. b. G. 4, 16, 3 u. so Nep. Alc. 4, 1. Liv. 3, 45, 10 u. 22, 53, 12. Plin. ep. 6, 31, 10. – **d** mit folg. *Infin.* od. *Acc.* u. *Infin.*, **verlangen, erwarten,** auch sich **bestreben, suchen, wollen, Lust verspüren** (s. Lorenz Plaut. most. 249 u. Pseud. 829. Brix Plaut. trin. 237. Spengel Ter. Andr. 644. Wagner Ter. heaut. 671. Nipperd. Nep. Eum. 8, 2), tuum nefarium facinus peiore facinore operire postulas, Cato fr.: domo prohibere me postulas, Plaut.: nec postulabat nunc quisquam uxorem dare, Ter.: dicendo vincere non postulo, Cic.: qui adire senatum non postulassent, Liv.: cum reus postulat sibi ignosci, Rhet. Her.: haud postulo me in lecto accumbere, Plaut.: quis nostrûm tam impudens est, qui se scire aut posse postulet, Cic.: illa phalanx Alexandri Magni quae non parēre se ducibus, sed imperare postulabat, Nep.: hic postulat se Romae absolvi, Cic.: quod quicumque Saguntum obsedissent ob noxam sibi dedi postularet populus Romanus, Liv.: übtr., v. lebl. Subjj., ut ratio postulat agere aliquid, Cic.: res postulare videtur Africae situm paucis exponere, Sall.: (herba) ne spargi quidem postulat, Plin.: m. *Acc. pers.* **von wem?** quas (sollicitudines) elevare tua te prudentia postulat, Luccei. in Cic. ep. 5, 14, 2. – m. *Nom.* u. *Infin. Pass.*, qui postulat deus credi (für einen Gott gehalten zu werden), Curt. 6, 11 (43), 24: ostendi quam multa ante fieri convenerit, quam hominis propinqui bona possideri postularentur, Cic. Quinct. 86. – **e** absol.: *de* colloquio, eine Unterredung verlangen, Caes.: ab senatu de foedere, beim S. nachfragen wegen usw., Cic. – übtr., v. lebl. Subjj., **fordern, erfordern,** cum tempus necessitasque postulat, Cic.: ut rei militaris ratio, maxime ut maritimae res postularent, Caes. – **II** insbes.: **1** v. Verkäufer, eine Summe **fordern,** pro eis (novem libris) trecentos Philippeos, Lact. 1, 6, 10. – **2** als gerichtl. *t. t.*: **a** vor Gericht, d. h. beim Prätor, auf jmd. od. etw. **antragen, α** auf jmd.: recuperatores aut iudicem, Cic.: arbitrum, tutorem, ICt. – **β** auf etw.: iudicium, Cic.: quaestionem, Liv.: cognitionem, ICt. – **b** jmd. **vor Gericht fordern, -ziehen, gerichtlich belangen,** alqm, Cic.: alqm proditionis, Caes.: alqm impietatis reum, Plin. ep.: alqm de ambitu, Cic.: alqm de repetundis, Cic.: alqm repetundarum, Suet., repetundis, Tac.: alqm ingrati (wegen Undank), Sen. rhet.: alqm maiestatis, Tac., capitis, ICt.: alqm *ob* contumelias in Caesarem dictas, Tac.

postumātus, ūs, *m.* (postumus), die **letzte Stelle** (Ggstz. principatus), Tert. adv. Val. 35.

Postumius, a, um (vgl. Varro LL. 9, 60), Name einer röm. *gens,* aus der am bekanntesten der Konsul P. Postumius Tubertus, Besieger der Sabiner, Liv. 2, 16, 1. Plin. 15, 125. – A. Postumius Tubertus, der als Diktator seinen eigenen Sohn enthaupten ließ, weil er gegen seine Befehle mit dem Feind gefochten, Liv. 4, 26, 11. Val. Max. 2, 7, 6: poet. Nbf. Postumus, Ov. fast. 6, 724 (wo Vok. Postume). – *Adi.* **postumisch,** via, Tac.: imperia, des Diktators Postumius, Gell. – Dav. **Postumiānus,** a, um, **postumianisch, des** (Diktators) **Postumius,** imperia, Liv. 4, 29, 6.

postumo, āre (postumus), **nachstehen,** alci, Tert. apol. 19: absol., etsi ordine postumat, Tert. de res. carn. 45.

1. postumus, a, um, s. posterus.

2. Postumus, s. Postumius.

postus, a, um = positus, s. pōno ►.

post-venio, īre, **hinten nachkommen** (Ggstz. praecurrere), Plin. 18, 207.

Postverta (Postvorta), ae, *f.* (post u. verto), eine Göttin, das personifizierte »Vorauswissen der Zukunft«, nach anderen eine Geburtsgöttin, und zwar »die Göttin der verkehrten Geburt (Steißgeburt)", Schwester (Ggstz.) der Antevorta (w. vgl.), Macr. sat. 1, 7, 26. Varro b. Gell. 16, 6. § 4. Ov. fast. 1, 633.

Postvōta, ae, *f.* (post u. voveo), die **Nachgelobte,** Beiname der Venus, Serv. Verg. Aen. 1, 720.

pōtābilis, e (poto), **trinkbar,** medico potabilis haustu, Auson. ordo urb. nobil. 159. p. 103 Schenkl: fons, Amm. 18, 9, 2.

pōtāculum, ī, *n.* (poto), das **Trinken, Saufen,** Tert. apol. 39 u. a.

potamaugis, idis, *f.* (v. ποταμός, der Fluss), eine am Indus wachsende Pflanze, auch thalassaegle gen., Plin. 24, 164.

Potamēis, idis, *f.* (ποταμηΐς) od. **Potamis**, idis, *f.*, die **Flussnymphe,** Lact. Mythogr. Lat. 2, 50 Bode (wo Mai Potamides). Lact. Stat. Theb. 4, 255 (wo Potamides).

potāmentum, ī, *n.* (poto), der **Trunk, Trank,** Isid. ord. creat. 9, 1.

potamogītōn, onis, *f.* (ποταμογείτων), eine Wasserpflanze (*Potamogeton,* L.), das **Samkraut,** Plin. 26, 50 u. a.

potamophylacia, ae, *f.* (ποταμός u. φυλακή), die **Flussbewachung,** praefectus potamophylaciai (archaist. Genet.), CIL 2, 1970.

pōtātio, ōnis, *f.* (poto; vgl. Varro LL. 5, 122), **I** das **Trinken, Saufen,** das **Trinkgelage,** prandium aut potatio aut cena, Plaut. Bacch. 79: quidam hesternā ex potatione oscitantes, Cic. fr. bei Quint. 8, 3, 66; vgl. Aquil. Rom. de fig. sent. § 2: post nimiam potationem, Vulg. Esther 1, 10. – Plur., Plaut. Stich. 211: diurnae potationes, Apul. met. 8, 1: convivia et potationes, *Treb. Poll. Gallien. 17, 8 P.: vinolentiae, comessationes, potationes, Vulg. 1. Petr. 4, 3: luxus, potationes, perditiones, Salv. de gub. dei 6, 13, 78. – **II** der **Trank,** mortiferas potationes accipere (v. einer Frau), Ps. Augustin. serm. append. 292, 2.

pōtātor, ōris, *m.* (poto), der **Trinker, Säufer,** potatores maximi, Plaut. Men. 259: notissimus pot., Vopisc. Firm. 4, 5: Ggstz. vorator, Tert. de monog. 8 *extr.* – m. Genet., p. vini, Hieron. epist. 52, 11 u. (Ggstz. homo vorax) Vulg. Matth. 11, 19: p. aquae, Anwohner, Sil. 16, 476.

pōtātōrius, a, um (poto), **zum Trinken gehörig,** vas, Trinkgeschirr, Plin. Val. 3, 53. Isid. orig. 20, 5 *lemm.*

pōtātus, ūs, *m.* (poto), das **Trinken,** vinum potatui affatim sufficiens, Apul. met. 7, 10: neque potatus obicis filio, Sen. contr. 2, 1 (9), 6.

pote = potest, s. potis.

potēns, entis, *PAdi.* (possum), **I** einer Sache **mächtig** = etw. **vermögend, könnend, A** im Allg.: efficiendi, Quint.: neque iubendi neque vetandi, imstande zu usw., Tac.: m. folg. *Infin.*, Enn. ann. 333. Manil. 5, 168. Sil. 11, 594 *sq.* Ulp. dig. 16, 2, 10. § 1. Apul. met. 1, 8. – **B** insbes.: **1** zu etwas **fähig,** armorum tenendorum, Liv.: regni, Liv.: neque pugnae neque fugae, Liv. – **2 mächtig, einflussreich,** civis, civitas, Cic.: duo potentissimi reges, Cic.: potentissimus eius (generis humani) optimusque, das m. u. b. Glied desselben, Sen.: potens apud Afros decurio, Capit.: potens apud aliquem potentem, Sen.: pot. nobilitate, Ov., pecuniā, Tac.: centum oppidis potens Crete, Hor. – p. apud filium, Suet.: fortuna *per* omnia humana, maxime *in* res bellicas potens, von großem Einfluss (von großer Bedeutung), Liv. 9, 17, 3. – subst., ein **Mächtiger,** ein **Großer,** Sen. ep. 108, 5. Phaedr. 1, 5, 1; 1, 24, 1; 3, 5, 6: potens u. potentior, Ggstz. inops, Liv. 2, 3, 4 u. 9, 1, 8: Plur., Cic. ep. 9, 16, 5. Sen. de const. sap. 4, 1. Phaedr. 1, 30, 1 u. 2, 6, 1: Ggstz. inopes, Sall. hist. fr. 4, 61 (19), 17: Ggstz. humiles, Lact. 5, 14, 19. – **3 mächtig = tüchtig, stark,** v. Pers., adulescens ingenio potens, Sen.: accusator potentior iure, Quint.: orator potentissimus, ein gewaltiger, Capitol. – m. *ad* u. Akk., postquam ad id parum potentes (nicht mächtig genug) erant, Liv. 9, 26, 16: nec legatus praetorius ad cohibendum potens, unvermögend zu usw., Tac. Agr. 7 *extr.* – m. *in* u. Abl., potentior in persuadendo, Lact.: in affectibus potentissimus, Quint. – m. *Genet.*, fandi potentes, Auson. Mos. 400: divini (in der Weissagekunst), Apul. met. 9, 29: ambulandi potentissimus, ein tüchtiger Fußgänger, Boëth. cons. phil. 4, 2. – v. lebl. Subjj. = **kräftig, wirksam, stark, durchschlagend,** quaecumque herba potens ad opem, Ov. her. 5, 147: herba p. adversus ranas, Plin.: nihil est potentius auro, Ov.: verba, Ov.: odor potentissimus, Plin.: arma potentiora, Liv. – v. Beweisen = **triftig,** hoc argumentum parum potens est, Sen.: potentissima argumenta, Quint. – **4** einer Sache **mächtig,** über etwas **herrschend,** von etwas **Herr, Herrscher, Beherrscher,** potentes rerum suarum et urbis, Liv.: diva p. Cypri, von der Venus, Hor.: di tempestatum potentes, Verg.: Silvanus p. nemorum, Calp.: Iuppiter O. M. tempestatium divinarum potens, CIL 8, 2609. – dum liber, dum p. mei sum, unabhängig, mein eigener Herr, Liv.: ex quo sui p. fuerit, Liv. – bildl., potens sui (= ἐγκρατὴς ἑαυτοῦ, αὐτάρκης), sich selbst beherrschend, mäßig, genügsam, Hor.: non p. mei eram; außer mir, Curt.: potens corporis, Herr über, Curt.: p. mentis, des Verstandes mächtig, Ov.: p. irae, Herr über seinen Zorn, Liv.: p. imperii, Herr über der Kommando, dem die Soldaten gehorchen, Liv.: p. consilii, Herr über seinen Entschluss, Liv.: animal p. leti, das töten kann, Lucan. – absol., mea est p., voll Anspruch, gebieterisch, Ter. heaut. 227 die Hdschrn. (Bentley petax, Fleckeisen impotens, Wagner petens). – **II der** etwas **erlangt hat, A** eig.: voti, teilhaft, Ov.: pacis, Plaut.: iussi, der den Befehl vollzogen hat, Ov. – **B** übtr., **glücklich, dem es nach Wunsch geht,** in amore, Catull.: parvo potens Fabricius, bei wenigem reich (zur Bezeichnung der Genügsamkeit), Verg.

potentātor, ōris, *m.* (potens), der **Gewalthaber, Potentat,** Tert. de res. carn. 23.

potentātus, ūs, *m.* (potens), **I** das **Vermögen,** die **Kraft,** Arnob. 1, 51. – **II** prägn., die **Macht** im Staat, die **Oberherrschaft,** Cic. de rep. 2, 14 H. (Müller dominatus). Caes. b. G. 1, 31, 4. Liv. 26, 38, 7. Papin. dig. 23, 2, 63. Vulg. Sirach 10, 11: Plur., Cypr. exh. mart. 11. Lact. 6, 17, 4. Vulg. psalm. 19, 7 u. 89, 10.

potenter, *Adv.* (potens), **mächtig, I kräftig, wirksam,** Val. Max. u. a.: ut dicat utiliter et *ad* efficiendum quod intendit potenter, Quint.: *Compar.* potentius, Hor. carm. 3, 16, 10: *Superl.* potentissime, Ps. Quint. decl. 274. – **II mit der nötigen Kraft,** d. h. so, dass er den Gegenstand beherrschen kann, Hor. de art. poët. 40.

1. **potentia**, ae, *f.* (potens), das **Vermögen,** die **Kraft, Kräfte, I** die physische: **1** eig.: **a** im Allg.: solis, Verg.: morbi, Ov.: formae, Ov. – **b** insbes., die **Sehkraft,** Cels. 7, 7, 14. – **2** übtr., die **Kraft, Wirksamkeit,** herbarum, Ov.: aquarum, Plin. – **II** prägn., die geistige u. polit. Kraft, **A** die geistige **Kraft,** das geistige **Vermögen,** vir supra humanam potentiam magnitudine animi praeditus, Iustin. 12, 16, 1. – **B** die polit. **Macht, Gewalt** im Staat usw., **a** der **Einfluss,** das **Ansehen,** Cic., Caes. u. Sall.: erant in magna potentia, Cic.: nulla potentia longa, Ov. – Plur., opum nimiarum potentiae, Cic.: opes, potentiae, honores, Lact. – **b** die **Oberherrschaft, Obergewalt,** victoris, Übermacht, Cic.: rerum, Oberherrschaft, Cic.: singularis, Alleinherrschaft, Monarchie, Nep.

2. **Potentia**, ae, *f.*, eine Stadt im Picenischen am Fluss Flosis, von den Römern angelegte Kolonie, j. viell. *Monte Santo,* Cic. de har. resp. 62. Liv. 39, 44, 10. Vell. 1, 15, 2. Plin. 3, 111. – Dav. **Potentīnus**, a, um, **potentinisch,** ager, Gromat. vet. 226, 11 u. a.: praefectura, *ibid.* 209, 6.

potentiāliter, *Adv.* (potentia), **kräftig, nach Vermögen,** Augustin. c. ep. Manich. 25, 27. Sidon. epist. 7, 14, 9 u. a. Eccl.

Potentīnus, a, um, s. 2. Potentia.

potentor, ātus sum, ārī (κατεξουσιάζω, καταδυναστεύω), gegen jmd. **seine Macht gebrauchen,** jmd. **vergewaltigen,** Itala Marc. 10, 42; 1. regg. 12, 3; Iacob. 2, 6. Interpr. Iren. 4, 26, 4. Idac. chron. ad olymp. CCXCIX. – aktive Nbf. **potento**, āre, Itala Ierem. 7, 6 u. 22, 3. Lucifer Cal. de Athan. 2 *in.* p. 146, 21 H.

potērion, iī, *n.* (ποτήριον), **I** ein **Trinkgeschirr, Becher,** Plaut. Stich. 694 u. a. – **II** eine Pflanze, viell. **Tragant** (*Astragalus Tragacantha,* L.), Plin. 25, 123 u. 27, 122.

potesse, potessit, s. possum.

potestās, ātis, *f.* (possum), das **Vermögen, I** im Allg., die **Kraft, Wirkung,** der **Wert,** die **Geltung, Bedeutung,** plumbi, Lucr.: potestates herbarum, Verg. u. Plin.: potestates colorum, Vitr.: pecuniarum, ICt. – v. Abstr., utraque actio eiusdem potestatis, ICt.: quarum actionum vis et p. (Wirkung) haec est, ut etc., ICt.: u. so v. der Geltung, dem Umfang, der Bedeutung eines Wortes, Rhet. Her. 4, 67. Sen. de ben. 2, 34, 5. Gell. 10, 29, 1. – meton. als *t. t.* der Mathematik = δύναμις, die **Quadratwurzel,** Mart. Cap. 2. § 106. – **II** prägn., die **Macht,**

etw. zu tun, die **Gewalt** zu od. über etw., die **Obmacht, A** subjektiv: **1** im Allg.: qui habeam tantam potestatem astutiae, solche List ausdenken kann, Ter.: habere potestatem vitae necisque in alqm, Cic. u. Caes., in alqo, Cic. de dom. 77: magnas vitae et necis habere potestates, Firm.: pari potestate, mit gleicher Gewalt, Liv.: esse in sua potestate, sein eigener Herr sein, Nep.: mihi est potestas od. est in mea potestate, es steht in meiner Macht, ich kann, Cic.: quasi non ea potestas sit tua (es nicht in deiner Macht stehe), quo velis in tempore *ut* te exsolvas, Ter. heaut. 720: u. so tamen, *ne* qua deductio fieret, magna ex parte tua potestas erat, Cic. div. in Caecil. 32: non esse in nostra potestate, *quin* illa eveniant, Cic. de fato 45: in tua potestate est, *an* gaudeamus, Plin. pan. 73, 3: quotiescumque ei locus dicendi ac potestas fuit, die Gelegenheit u. die Freiheit, sich auszusprechen, Cic.: u. est alci potestas m. *Infin.*, soli cui tanta potestas divorumque hominumque meis occurrere telis impune, Stat. Theb. 3, 296: iam istam volucrum fore potestatem, werde bei den Vögeln stehen, Suet.: esse in potestate senatus, sich der Verfügung des Senates unterwerfen, Cic. u. Liv.: habere familiam in sua potestate, die Sklaven in seiner Macht behalten, nicht freilassen, Liv.: in potestate mentis esse, seines Verstandes mächtig sein, Cic.: exisse ex od. de potestate (*sc.* mentis), seines Verstandes nicht mächtig sein, Cic. – **2** insbes.: **a** die politische **Macht, Gewalt, Herrschaft, Obmacht,** alqm (ein Land, Volk) redigere in potestatem alcis od. suam, Nep. u. Liv., u. sub potestatem alcis, Nep.: in potestatem alcis venire, Eutr.: esse in alcis dicione ac potestate, Cic.: tenere alqm in sua potestate ac dicione, Cic. – **b** die obrigkeitl. **Gewalt, Gewalthaberstelle,** das obrigkeitl. **Amt, α** eig.: praetoria, Cic.: dare alci potestatem legati, Cic.: severe praefuit ei potestati, Nep.: censores potestatem gererent, Cic.: potestates magistratuum, Cic.: dissimilitudo potestatum, Cic. – **β** meton., die Person, die dieses Amt verwaltet, der **Gewalthaber (Machthaber),** die **Behörde,** a magistratu aut ab aliqua potestate … evocatus, Cic.: inconsultā superiore potestate, Amm.: dah. hominum divûmque potestas (von Jupiter), Machthaber, König, Verg. – Plur. (wie ἀρχαί), **Machthaber, höhere Staatsbeamte,** Plin. 9, 26 u. 29, 66. Suet. Claud. 23, 1: summae potestates, die höchsten Machthaber, Suet. Ner. 36, 1: imperia et potestates, Militär- u. Zivilbehörden, Cic. Phil. 2, 53 u. de legg. 3, 9. – **B** objektiv = die **Macht, Erlaubnis, Gelegenheit, Möglichkeit,** data est potestas augendae dignitatis, Cic.: quoties mihi certorum hominum potestas erit, Gelegenheit, zuverlässige Leute zu haben (finden), um einen Brief mitzugeben, Cic.: liberius vivendi fuit ei potestas, er durfte, konnte freier leben, Ter.: hominis aspiciendi potestatem eripere, Cic. – dare alci potestatem, Acc. fr. u. Cic.: alci potestatem dare inquirendi sui parentis, Pacuv. fr.: equis datā respirandi potestate, Iustin.: eorum opprimendorum incredibilem rei publicae potestatem et fortunam (günstigen Augenblick) dare, Cic. – facere sui potestatem alci, **α** sich beikommen lassen, sich in ein Gefecht einlassen, Caes. u. Nep. **β** mit sich reden lassen, andere vor sich lassen, Cic.: so auch sui conveniendi, Cic. – potestatem sui non habuissent, mit ihm nicht hätten reden können, Suet.: ebenso potestatem sui praebere, Audienz geben, Cic. – facere alci potestatem interpellandi, Macht, Erlaubnis geben, Cic.: senatus populi potestatem fecit, stellte es in die Gewalt des Volkes, Liv.: fit mihi potestas tabularum, ich darf Gebrauch machen von usw., Cic. – potestas est (es ist möglich, es ist vergönnt) m. *Infin.*, non fugis hinc praeceps, dum praecipitare potestas? Verg. Aen. 4, 565; u. so Verg. Aen. 9, 739. Lucan. 2, 40: u. alci potestas fit (es wird jmdm. Gelegenheit gegeben) m. *Infin.*, tempus, quod saepe optastis, venit, quo vobis potestas fieret virtutem vestram ostendendi, Liv. 34, 13, 5: ebenso datur potestas m. *Infin.*, ubi nulla datur dextrā affectare potestas, keine günstige Gelegenheit sich findet, an die Fliehenden zu gelangen, Verg. Aen. 3, 670. – ► Genet. Plur. gew. potestatum; doch auch potestatium, Sen. ep. 115, 7. Plin. 28, 59 u. 29, 67. CIL 6, 632.

potestātīvus, a, um (potestas), **Gewalt anzeigend, -enthaltend,** principatus, Tert. adv. Hermog. 19 *extr.*

potestur, s. possum ►.

1. **Pothos,** ī, *m.* (Πόθος), berühmte Bildsäule des Skopas, die den Genius der Sehnsucht darstellte, Plin. 36, 25.

2. **pothos,** ī, *m.* (πόθος), ein uns unbekanntes Sommergewächs, Plin. 21, 67.

Pōtica, s. Pōtīna.

Poticiī, iōrum, *m.* u. **Poticius,** s. Pīnārius.

poticius = *puticius von putus = puer, stultiores barbaro poticio, Plaut. Bacch. 123 *Goetz.*

pōtilis, e (poto), **zum Trinken gehörig, -dienlich,** nidus (ein Trinkgeschirr), Varro sat. Men. 77, 8: raptus quidam potilis, das Einziehen wie beim Trinken, Cael. Aur. de morb. chron. 5, 10, 119: aërem recipere atque reddere haustu potili, in starken Zügen, *ibid.* 3, 8, 123.

Pōtīna u. **Pōtica,** ae, *f.* (poto), röm. Schutzgöttin der Kinder, denen sie das Trinken gedeihen lässt (wie Edulica u. Edusa das Essen, Cuba das Liegen), Form *-ina,* Varro b. Non. 108, 22. Augustin. de civ. dei 4, 11. p. 161, 7 D.[2]: Form *-ica,* Donat. Ter. Phorm. 1, 1, 15. – Nbf. **Potua,** Arnob. 3, 25.

1. **potio,** īvī, ītum, īre (potis), **teilhaft machen, unterwerfen,** alqm servitutis, zum Sklaven machen, Plaut. Amph. 178: potitus est hostium, ist in der Feinde Gewalt geraten, Plaut. capt. 92 u. a.

2. **pōtio,** ōnis, *f.* (poto), das **Trinken,** der **Trank,** abstr. u. konkr.: **I** im Allg. (Ggstz. cibus, esca), Cic. u. a.: cibo et potione completi, Cic.: multa, exigua potio, Cels.: deditos vino extrema potio delectat, Sen.: quot potiones mulsi, Plaut. – a potione, der Mundschenk, CIL 11, 4657. – **II** insbes.: **a** der **Gifttrank,** Cic. Clu. 40, vollst. potio mortis causā data, Ps. Quint. decl. 350. – **b** der **Arzneitrank,** Plaut. u. Cels. – **c** der **Zaubertrank, Liebestrank,** Hor. epod. 5, 73.

pōtiōno, āvī, ātum, āre (potio, onis), spätlat. **I** = **tränken,** iumenta, Gargil. Mart. de cura boum § 16: iumentum triduo cum oleo et vino, Veget. mul. 2, 10, 8: illos diureticā potione, Veget. mul. 2, 18, 2: omnes gentes, Hieron. in Isai. 8, 27. *v.* 2 u. 3. Itala Ierem. 25, 15 bei Arnob. in psalm. 37: patrem nostrum vino, Itala genes. 19, 32 (bei Interpr. Iren. 4, 31, 1): bildl., a vino fornicationis suae omnes gentes, Itala apoc. 14, 8. – **II** insbes., einen Trank beibringen, **a** einen Liebestrank; dah. pōtiōnātus, a, um, der einen Trank (Liebestrank) bekommen hat, Suet. Cal. 50, 2. – **b** einen Gifttrank = **vergiften** (vgl. franz. *poisson*), Schol. Vindob. Hor. de art. poët. 302.

1. **potior,** tītus sum, tīrī (potis), **I teilhaft werden, sich bemächtigen, sich bemeistern, erlangen, erreichen, (in seine Hände) bekommen,** mit *Abl.*, monte, erreichen, Ov.: campo, Verg.: urbe, Cic.: praedā, Liv.: imperio, victoriā, Caes.: voluptatibus, Cic.: morte, sterben, Auson.: caede, begehen, Stat.: auso, das Wagnis vollbringen (bestehen), Verg. u. Ov.: u. so ausu, Oros. – m. *Genet.*, Romae, Varro: castrorum, Cic.: urbis, Sall.: vexilli, Liv.: illius regni, Cic.: hostium paucorum, Sall.: Adherbalis, Sall.: potiti sunt Atheniensium, die Oberhand behalten über usw., Rhet. Her. – m. *Acc.*, eum potiti, Naev. tr.: laborem hunc, Plaut.: regiam, Tac.: locum, Auct. b. Afr.: gloriam, Rhet. Her.: mortem per vim, sich gewaltsam den Tod geben, Gell.: potiundorum castrorum spes, Caes.: urbis potiundae spes, Caes., cupido, Iustin.: ad potienda sperata, um ihre Hoffnungen verwirklicht zu sehen, Liv.: Capuae potiendae copiam fore, Liv. – absol., libidines ad potiundum incitantur, Cic. – **II teilhaft sein, im Besitz (in seiner Gewalt) haben, innehaben, besitzen, haben,** mit *Abl.*, mari, Liv.: oppido, Liv.: summā imperii, Nep.: non diutinā regni administratione, Iustin.: aulā et novo rege, in Händen haben, beherrschen, Tac. – m. *Genet.*, rerum, die Oberherrschaft besitzen, im Besitz der Macht sein, die wirkliche Gewalt haben, Cic. u. Nep. (dah. qui rerum potiebantur, Machthaber, Potentaten, Cic.): regni potitur Aegisthus per septem annos, Vell.: potitus mortis, des T. teilhaftig, gestorben, Lucr. – mit *Acc.*, gaudia, genießen, haben, Ter.: commoda, Ter. – absol., ii, qui tenent, qui potiuntur, die wirkliche Gewalt haben, Cic. ad Att. 7, 12, 3. – ► potior nach der dritten Konjugation, potĭtur, Plaut. asin. 324. Ter. adelph. 871. Cic. poët. Tusc. 1, 115. Verg. Aen. 3, 56: so auch potĭmur, Manil. 4, 882: poteretur, Catull.

64, 402. Val. Flacc. 7, 54: poteremur, Ov. met. 13, 130: poterentur, Liv. 7, 9, 7: Infin. poti, Pacuv. tr. 217. – Parag. Infin. potirier, Plaut. asin. 916. Anth. Lat. 1400, 12 M (nicht bei R.). – Bei Caes. ist die Form potiundus, bei Liv. die Form potiendus handschriftlich gesichert.

2. potior, s. potis.

potis, pote (altindisch *páti-ḥ*, Herr, Besitzer, griech. πόσις, πότνια, δεσπότης), **I** *Adi.* (*Compar.* potior, *Superl.* potissimus), **A** *Posit.* = **vermögend, mächtig,** Divi potes, Varro LL. 5, 58. – Gew. in der Verbindung potis sum, es, est, ich bin, du bist, er, sie, es **ist imstande, vermag, kann,** si p. sum hoc inter vos componere, Plaut.: p. es reperire, Lucr.: sanguis p. est consistere, Poëta b. Cic.: p. est vis ulla tenere, Verg.: nec (corpus) potis est cerni, Lucr.: si potis est, wenn es möglich ist, Ter. u. Prud.: m. *Plur.*, quid pastores potis sunt, Varro. – ohne esse, z. B. nec potis aequare = *potest,* Verg.: in der Frage potin = *potisne,* wie potin es dicere? Ter.: potin est = *potest?* Plaut.: potin = *potin est,* wie potin ut desinas? kannst du aufhören? = höre doch auf! Ter.: bei Plaut. oft potis (*sc.* esse) = posse, s. Brix Plaut. Men. 622; u. pote (*sc.* esse) = posse (s. Brix Plaut. capt. 167). – pote (pote') = *potest,* m. folg. *Infin.*, Varro u. Prop.; u. = *potest esse,* **es kann sein, es ist möglich,** nihil pote supra, nichts kann darüber sein, Ter.: hoc quicquam pote impurius? Cic.: quantum pote, sobald als möglich, Cic. ad Att. 4, 13, 1 M. (Wesenberg quantum potes). Fronto epist. ad M. Caes. 1, 1. p. 3, 2 N. – **B** *Compar.* **potior**, *neutr.* potius, Genet. iōris, **vorzüglicher, a** übh.: potior patre, Cic.: mors servitute potior, Cic.: potiorem vitā rem habere, Caes.: cives potiores, *quam* peregrini, Cic.: nihil mihi potius fuit, *quam ut* etc., Cic. – absol., ut sit potior, der bevorzugte, Ter.: u. so qui potior nunc es, Tibull.: p. heres, Liv.: sententia, Hor.: *neutr. pl.* subst., potiora, das **Vorzüglichere, Wichtigere,** naturae est potioribus deteriora submittere, Sen. ep. 90, 4: quasi potiora quaedam egisset, als ob er (mittlerweile) etwas Wichtigeres (ein wichtigeres Geschäft) verrichtet hätte, Curt. 8, 5 (20), 21. – **b** = **tüchtiger,** m. folg. *qui, quae, quod* (wie nach dignus), quibus tantum crederem, potiores (für würdiger) habui, Liv. 26, 31, 4. – **C** *Superl.* **potissimus**, a, um, der **vorzüglichste, hauptsächlichste,** potissismus nostrae ut sit domi, der bevorzugteste, Plaut.: potissimi libertorum, Tac.: potissimus tentare, er machte den ersten Versuch, Sall. – opusculum p., Plin. ep.: causa p., Tac.: quid potissimum sit, Cic.: primum ac potissimum omnium ratus, Liv. – **II** *Adv.* nur im *Compar.* potius u. *Superl.* potissimum, **A** *Compar.* **potius**, **vielmehr, vorzüglicher, lieber, mehr,** magnus (homo) vel potius summus, Cic.: quaestio facti potius est, non iuris, ICt.: m. folg. *quam,* Galliam potius esse Ariovisti, quam populi Romani, Caes.: potius quam m. folg. *ut* u. Konj. od. bl. m. folg. *Coniunctiv* (s. für Liv. Müller Liv. 2, 15, 2), audeo dicere hoc malo domitos ipsos potius cultores agrorum fore, quam ut armati per secessionem coli prohibeant, Liv.: perpessus est omnia potius quam conscios indicaret, Cic.: quam potius = *potius quam,* Verg. – beim *Compar.*, cum ei fuerit optabilius oblivisci posse potius etc., Cic. – u. bei Verben mit Komparativbegriffen (wie malle, praestare, praeoptare), Uticae potius quam Romae esse maluisset, Cic.: emori potius quam servire praestaret, Cic.: ut puerum praeoptares perire potius, quam etc., Ter. – **B** *Superl.* **potissimum, hauptsächlich, vornehmlich.** Komik., Cic. u. a. – ► Die Form **potissimē** ist bei Cic. Mur. 4 falsche Lesart (jetzt potissimum), bei Cels. 3, 6. p. 86, 30 D. unechtes Einschiebsel. Sie findet sich aber Eumen. grat. act. 2, 3. Oros. 4, 6, 4 u. 6, 22, 8. Prisc. 15, 10.

potisse, s. possum ►.

pōtisso, āre (*Frequ.* v. poto), **tüchtig trinken,** Mar. Plot. Sacerd. 431, 24 K.

Potītius, a, um, ein römischer Geschlechtsname, s. Pīnārius.

pōtito, āre (*Intens.* v. poto), **tüchtig trinken,** paterā aureā (aus usw.), Plaut. Amph. 261: pocla, Plaut. asin. 771: poscam, Plaut. mil. 836.

potītor, ōris, *m.* (1. potior), der **Besitzergreifer,** Capuae, Val. Max. 3, 2, 20.

pōtiuncula, ae, *f.* (*Demin.* v. potio), das **Tränkchen,** Petron. 47, 7. Suet. Dom. 21.

potius, s. potis.

Potniae, iārum, *f.* (Ποτνιαί), ein Flecken in Böotien am Fluss Asopus, berüchtigt durch das Futter seiner Weiden, von dem die Pferde u. Esel rasend geworden sein sollen, Plin. 25, 94. – Dav. **Potnias**, adis, *f.* (Ποτνιάς), **potniäisch,** equae, Ov., od. quadrigae, Verg. (αἱ Ποτνιάδες *sc.* ἵπποι), die potniäischen Stuten, die den Glaukus, ihren Herrn, vom Wagen warfen u. zerrissen.

pōto, pōtāvī, pōtātum u. pōtum, āre (*Intens.* v. Stamm pō, wov. unmittelbar noch die zweite Supin-Form potum u. die Partizz. potus u. poturus u. posca), in starken Zügen-, sich satt-, sich voll **trinken, I** eig.: **1** im Allg.: **α** m. *Acc.:* aquas, Ov.: vinum, Plin.: album an atrum (roten) vinum potas? Plaut.: vinum moderate potatum, Vulg.: aliqui fontes potati, Cassiod. – bei Dichtern von denen, die am Fluss wohnen, -sich aufhalten, fera, quae potat Araxen, Sen. poët.: sonipes, qui potat stagna Tagi, Claud. – **β** absol., cornibus (aus H.), Plin.: u. so cantharo semper, Val. Max.: huc veniunt potum iuvenci, Verg. – **2** prägn.: **a** **trinken** = **zechen, saufen,** obsonat, potat, Ter.: potaturus est apud me, Ter.: uno cantharo (aus einem B.) potare, Plaut.: unpers., totos dies potabatur, Cic.: estur et potatur incondite, Apul. – **b** **tränken, zu trinken geben,** sitivi et potasti me sitientem, Itala Matth. 25, 35 (u. so öfter bei Eccl., s. Rönsch Itala p. 376): ex hoc frequenter eos potabo, Th. Prisc. 2, 14: felle et aceto potatus, Tert. de spect. 30: et omnes in uno spiritu potati sunt, Vulg. 1. Corinth. 12, 13. – **II** übtr.: **A** **trinken, einsaugen, in sich ziehen,** vestis sudorem potat, Lucr.: Aquinatem potantia vellera fucum, Hor.: quinis lana potat (purpurae colorem) horis, Plin. – **B** **trinken, sich durch Trinken zuziehen,** crapulam, sich einen Rausch trinken, Plaut. rud. 587. – ► Vom Stamm pō unmittelbar abgeleitete *Particc.*, **a** pōtus, a, um, **α** passiv = **getrunken, ausgetrunken,** sanguine poto, Cic.: veneno poto mori, Sen.: poti faece tenus cadi, Hor. – **β** aktiv = **der getrunken hat,** potus sum, ich habe getrunken, üblich nach Varro bei Gell. 2, 25, 7. – gew. **angetrunken, betrunken,** anus, Hor.: bene p., Cic. – **b** pōtūrus, a, um, absol. od. m. *Acc.* (z. B. vinum), Cato r. r. 156, 4. Plin. 10, 125; 14, 58 u. a. Tibull. 1, 3, 78. Prop. 4, 4, 6. Stat. Theb. 12, 719. Suet. Ner. 48, 3 *Ihm.* Claud. in Eutrop. 2, 251. Lucan. 5, 712 (dagegen potaturus, Ter. Phorm. 837). – Parag. Infin. potarier, Plaut. most. 958.

pōtor, ōris, *m.* (v. Stamm pō, s. pōto), **I** der **Trinker,** aquae, Hor.: Rhodani, Anwohner der Rhone, Hor. – **II** prägn., der **Trinker** = **Säufer, Zecher,** Hor. u. Plin.

pōtōrius, a, um (potor), **zum Trinken gehörig,** vasa, Trinkgeschirr, Plin.: cantharus, Arnob.: argentum, silbernes Trinkgeschirr, ICt.: praepositus auri potori, Aufseher über das goldene Trinkgeschirr, CIL 6, 8733. – subst., pōtōrium, iī, *n.*, das **Trinkgeschirr,** der **Becher,** Plin. 33, 136 u. a.

pōtrīx, trīcis, *f.* (Femin. zu potor), die **Trinkerin, Säuferin,** Phaedr. 4, 5, 25.

Pōtua, ae, *f.*, s. Pōtīna.

pōtulentus, a, um (poto) u. **pōsculentus**, a, um (posc-o = poto, wov. auch posca) u. synk. **pōculentus**, a, um, **I** **trinkbar** (Ggstz. esculentus), **α** Form *potul.*, *neutr.* subst. esculentum potulentumve, Speise oder Trank, Modestin. dig. 1, 18, 18: Plur. subst., esculenta et potulenta, Speisen u. Getränke, Cic. de nat. deor. 2, 141. Apul. de dogm. Plat. 1, 15. – **β** Form *posc.:* penus est, quod esculentum aut posculentum est, Q. Scaevol. bei Gell. 4, 1, 17: Plur. subst., esculenta omnia et posculenta, alle Speisen u. Getränke, Gell. 17, 11, 2 (an beiden Stellen nach der Spur der besten Hdschrn.). – **γ** Form *pocul.*, Plur. subst. poculenta, Speisen (Ggstz. esculenta), Ulp. dig. 33, 9, 3. § 4 M. Macr. sat. 7, 15, 4. – **II** (Form *potul.*) **betrunken,** Suet. Oth. 2, 1. Apul. met. 3, 5. Porphyr. Hor. carm. 4, 12, 19.

1. pōtus, a, um, s. pōto ►.

2. pōtus, ūs, *m.* (poto), **I** das **Trinken,** der **Trank,** immoderatus, Cic.: potui esse, Tac.: esui et potui esse, Gell.: potui dari, Cels.: aquae potui accommodatae, trinkbares, Solin. – u. prägn., das **Trinken** = **Zechen,** Plin. 21, 12 u. a. – **II** meton., **a** der **Trank,** das **Getränk,** oft verb. cibus aut potus, Iustin.: aut potus aut cibus, Curt.: et potus et cibus, Plin.: cibi potusque, Tac.: mulsi potus, Plin.: ex iisdem frugibus finut et potus, Plin.: disce potus medicos, Nemes. – **b** der **Urin,** hominum, Plin. 17, 51.

poumilio, s. pūmilio.

pover, erī, *m.* = puer, Anthol. epigr. spec. 1. ed. Buech. *no.* 11. p. 7.

practicus, a, um (πρακτικός), **tätig** (rein lat. activus), vita (Ggstz. vita theoretica), Fulg. myth. 2, 1.

prae, *Adv.* u. *Praep.* (altindisch pur, vor, vormals, griech. παραί, bei, verwandt mit per, pro, por, griech. παρά, περί, πρό), **I** *Adv.*, **voran, voraus,** i prae, abi prae, Plaut. u. Ter. – bildl., in den Verbndgg.: prae quam, prae ut od. praequam, praeut, **im Vergleich mit dem, dass** usw., **gegen das wie** (od. **dass**), nihil hoc est praequam alios sumptus facit, Plaut.: ludum iocumque dicet illum alterum praeut huius rabies quae dabit, gegen das, wie der erst rasen wird, im Vergleich mit der Raserei dieses Menschen, Ter. – **II** *Praep.* m. *Abl.* (solözist. mit *Acc.*, wie Petron. 39, 12; 46, 1), **A** eig. u. bildl. = **vor, vorher,** prae se mittere, Sall.: prae se agere armentum, vor sich hertreiben, Liv., captivos, Curt.: pugionem prae se tulit, vor sich gehalten, Cic.: dona ferunt prae se, Catull.: villa *a tergo* potius quam *prae se* flumen habeat, Colum. – bildl., in den Verbndgg. prae se ferre, vor sich her-, zur Schau tragen, offen an den Tag legen, scelus, vocem, Cic.: so auch prae se gerere, Rhet. Her. u. Cic. – prae manu, vor der Hand, bei der Hand, zur Hand, aurum, quod fuit prae manu, Plaut.: si prae manu dederis, Ter.: si liber prae manibus est, Gell. – **B** übtr.: **1** bei Gegenüberstellungen, Vergleichungen zur Angabe dessen, was dem anderen in irgendetwas zuvorgekommen ist, dasselbe also hinter sich zurücklässt = **vor, gegen, im Vergleich mit,** prae nobis beatus, Cic.: Saguntini fide atque aerumnis incluti prae mortalibus, Sall. fr.: omnes prae illo parvos futuros, Nep.: Atticos prae se agrestes putat, Cic. – zur Bezeichnung des Vorzugs, omnia sibi postputavit esse prae meo commodo, Ter.: prae omnibus unus, vor allen, mehr als alle, Verg. – **2** zur Angabe des hindernden Grundes in negativen Sätzen = **vor, wegen,** reliqua prae lacrimis scribere non possum, Cic.: nec loqui prae maerore potuit, Cic.: so auch prae metu, Cic.: prae gaudio, Ter.: prae ira, Liv.

praeabundantia, ae, *f.*, der **Überfluss,** census, Past. Herm. 2, 8 Palat.

prae-acuo, (uī), ūtum, ere, **vorn zuspitzen,** surculum, Cato r. r. 40. § 2 u. 3. – öfter Partiz. praeacūtus, a, um, **vorn zugespitzt, vorn spitz,** stipites, Caes.: sudes, Sall.: cuspis, Ov.

praealtē, *Adv.* (praealtus), **sehr tief,** Veget. mil. 4, 21.

prae-altus, a, um, **I ungewöhnlich hoch,** ripae, Liv.: mons, Liv. u. Plin.: rupes, Liv.: iugum non ita praealtum, Auct. b. Afr.: volatus pr., Plin. – **II ungewöhnlich tief,** flumen, Liv.: mare, Plin. u. Curt.: palus, Tac.: puteus, Plin.: praealtae fluvii ac profundae voragines, Liv.

prae-ambulo, āre, **vorangehen,** Mart. Cap. 9. § 905.

praeambulus, a, um (praeambulo), **vorangehend,** Mart. Cap. 2. § 215 u. 9. § 996.

prae-apto, āre, **vorher anpassen,** Interpr. Iren. 4, 20, 8.

prae-audio, īvī, ītum, īre, **vorher-, im Voraus hören,** Cassiod. hist. eccl. 9, 14. – praeauditae custodiae, vorher verhörte, Ulp. dig. 1, 16, 6 *pr.*

praebenda, ae, *f.*, s. praebeo.

praebeo, uī, itum, ēre (= praehibeo, von prae u. habeo), **I hinhalten, hinreichen, darreichen,** os, Ter.: crus alterum, Cic.: immotam cervicem, Liv. fr.: terga, den Rücken zeigen, die Flucht ergreifen, Curt.: os ad contumeliam, sich öffentlich beschimpfen lassen, Liv.: manum verberibus, Ov.: aurem, aures, s. auris: parvulo ubera, Iustin.: cibum de manu, Colum.: aquam pedibus, Plaut. – **II** übtr.: **A überlassen, preisgeben,** se telis hostium, Liv.: alqm hosti ad caedem, Liv.: se continendum, sich halten lassen, Curt.: in hac altissima specula conspiciendum se monstrandumque, sich sehen und mit Fingern auf sich zeigen lassen, Plin. ep.: se captandum, sich den Erbschleichern hingeben, Plin. ep. – **B zeigen, sehen lassen,** nudam suam pulchritudinem, Apul.: dah. **beweisen, zeigen, erweisen,** operam alci, jmdm. dienen, Liv.: honorem alci, Plin.: fidem alci, Nep. – refl. mit u. ohne se = **sich beweisen, -zeigen,** m. folg. *Acc.* des Prädikats, als den u. den, se misericordem, Cic.: se aequum, Eutr.: se talem, Cic.: se virum, Cic.: praebuit strenuum virum, Ter.: *in* eos se severum vehementemque, Cic.: se dissimilem *in* utroque, Cic.: *in* litteris mittendis nimis exorabilem se, Cic.: m. *Dat.*, utrisque se aequum, gegen beide Parteien neutral bleiben, Eutr.: bene de se meritis se gratum, Cic. Vgl. Wesenberg Cic. Sest. 107. p. 44. – **C geben, reichen, darreichen, liefern,** aquam, Hor.: equos, Liv.: alci naves, Liv.: panem alci, Nep.: annua, das Jahrgeld, Suet.: convivia sumptuosiora, Vopisc.: omnia large ad epulas, Curt.: alimenta terris, Curt.: haec studia rebus adversis perfugium ac solacium praebent, Cic.: eundem usum, eben den Nutzen haben, Plin.: se ducem sceleri, sich zum Anführer beim Frevel hergeben, Curt. – Partiz. subst., **α** praebita, ōrum, *n.*, das zum Unterhalt Gereichte, das **Nahrungsgeld, Traktament,** der **Gehalt,** Colum. 1, 8, 17. – **β** praebenda, ae, *f.*, das einem von Staats wegen zukommende Nahrungsgeld, die **Präbende,** Cassiod. var. 5, 39, 12: stipes est praebenda militum, Eugraph. Ter. heaut. 5, 1, 4. – dah. **a darbieten, gewähren, machen, verursachen, erregen,** speciem horribilem, Caes.: speciem pugnantium, Caes., ridentis, Liv.: speciem insulae, Curt.: suspicionem, Nep.: terrorem, tumultum, Liv.: opinionem timoris, Caes.: metum defectionis, Liv.: sonitum, Geräusch machen, Liv.: sponsalia alci, Cic.: modum, Musik machen, Ov.: ludos, Spaß machen, Gelegenheit zum Lachen geben, Ter. – vicem postium, die Stelle der Pf. vertreten, zu Pf. dienen, Plin. – **b erlauben, geschehen lassen, lassen,** m. folg. *Infin.*, praebuit ipsa rapi, hat sich rauben, entführen lassen, Ov.: praebet tibi vellere barbam Iuppiter, Pers. – ► Parag. Infin. praeberier, Plaut. Amph. 1027; Poen. 177 u. 657.

praebia, iōrum, *n.* (praebeo), das **Amulett,** Varro LL. 7, 107. Paul. ex Fest. 235, 3.

prae-bibo, bibī, ere, **I vortrinken, zutrinken,** venenum alci, Cic. Tusc. 1, 96: alci cantharum, Apul. met. 10, 16. – **II voraus-, vorhertrinken,** vinum non austerum, Scrib. Larg. 135: aquam, Cael. Aur. de morb. chron. 1, 4, 93: sinapi, *ibid.* 5, 10, 124: antidotum, Hieron. epist. 84, 7: hanc potionem, Tert. adv. gnost. 15 *extr.*: bildl., sterilitatem, Hieron. epist. 22, 13: hoc nomen, Augustin. conf. 3, 4.

praebitio, ōnis, *f.* (praebeo), das **Darreichen, Geben, a** ein **Gastgebot,** Varro sat. Men. 143. – **b** die **Lieferung** von Staats wegen, copiarum, Iustin. 38, 10, 8: olei frumentique adventiciae praebitiones, Aur. Vict. de Caes. 41, 19. – **c** = χορηγία, die **Ausrüstung und Aufführung** eines Schauspiels, Vulg. 2. Mach. 4, 14.

praebitor, ōris, *m.* (praebeo), **I** der **Darreicher, Geber,** usitati muneris, Ambros. de Iob et David 2, 5. § 20: epuli, Chalcid. Tim. 17 A. – **II** insbes. = πάροχος, der **Lieferant,** der die in der Provinz reisenden Beamten mit dem Nötigen versorgt, Cic. de off. 2, 53 u. in Inschr.

praecadēns, entis (prae u. cado) = procĭdens, **vortretend,** podex, Cael. Aur. de morb. chron. 5, 4, 61.

praecalefactus (-calfactus), a, um (prae u. calefacio), **sehr gewärmt,** Scrib. Larg. 156 u. 238. Cael. Aur. de morb. acut. 1, 17, 169.

prae-calidus, a, um, **sehr warm, sehr heiß,** potio, Tac. ann. 13, 16: sanguis, Prud. c. Symm. 2, 320: rivuli, Itin. Alex. 20 (51).

prae-calvus, a, um, **sehr kahl,** Suet. Galb. 21.

prae-cano, cecinī, ere, **I vorhersagen, weissagen,** Tert. adv. Iud. 10 *extr.* u. de idol. 15. – **II einer Zauberei vorgreifen, eine Zauberei vorher unschädlich machen,** Plin. 29, 69. – ► Klass. Nbf. praecĭno, s. bēs.

praecantāmen, inis, *n.* (praecanto), die **Zauberformel,** Iul. Val. 1, 1 *ed. Mai* (*ed. Paris.* incantamina).

praecantātio, ōnis, *f.* (praecanto), die **Besprechung, Bezauberung,** Pelagon. veterin. 7 (121 *Ihm*): Plur., Solin. 27, 37. Ps. Quint. decl. 14, 4. Augustin. in Ioann. evang. c. 1. tract. 7. § 6 *extr.* Isid. orig. 8, 9, 11.

praecantātor, ōris, *m.* (praecanto), der **Besprecher, Zauberer,** Augustin. in psalm. 127, 11 u. a.

praecantātrīx, trīcis, *f.* (Femin. zu praecantator), die **Besprecherin,** Plaut. mil. 693 (Goetz u. Leo praecantrix). Augustin. in psalm. 127, 11. Porphyr. Hor. carm. 1, 27, 21.

prae-canto, (āvī), ātum, āre, **durch Zaubersprüche weihen, segnen,** alqm, Marc. Emp. 16: filum, *ibid.* 30: lapilli praecantati, Petron. 131, 5: non praecantata oscula, Petron. 131, 11.

praecantrīx, trīcis, *f.* (praecano), die **Besprecherin,** Plaut. mil. 693 G. Varro b. Non. 494, 26.

prae-cānus, a, um, **vor der Zeit grau,** Hor. ep. 1, 20, 24.

prae-carpo = praecerpo, **vor der Zeit abpflücken,** Passiv praecarpī, Ggstz. maturescere, Opp. b. Macr. sat. 3, 19, 4.

praecatēchizātus, a, um (prae u. catechizo), **vorher unterrichtet,** Interpr. Iren. 4, 23, 2.

praecautio, ōnis, *f.* (praecaveo), die **Vorsicht,** Cael. Aur. de morb. acut. 1, 15, 131.

praecautus, a, um (praecaveo), **sehr vorsichtig,** pr. vero ille est rex, qui etc., Augustin. serm. 5, 1 Mai.

prae-caveo, cāvī, cautum, ēre, **I** *intr.* **Vorsichtsmaßregeln treffen, -gebrauchen, sich hüten,** nunc praecaveo, Plaut.: providens et praecavens, Cic.: dare exemplum praecavendi, Tac.: praec. nihil (in keiner Weise), Curt.: *ab* insidiis, vor Nachstellungen, Liv. – m. *Dat,* für jmd. = für jmds. Sicherheit **sorgen,** sibi, Ter.: decemviris ab ira et impetu multitudinis, die D. sicherstellen (schützen) gegen usw., Liv.: m. folg. *ne* u. Konj., id ne accĭderet, sibi praecavendum Caesar existimabat, Caes. b. G. 1, 38, 2: m. folg. bl. *Coniunctiv,* praecavendum est gravidis abstineant hoc cibo, Schw. müssen Sorge tragen, dass sie usw., Plin. 20, 143. – **II** *tr.* **abzuwenden suchen, verhüten, vorbeugen,** iniurias, Gell.: peccata, quae difficillime praecaventur, Cic.: quod (was) necessarium est praecavere, Quint.: quae cavenda praecavit, Apul. – res mihi tota praecauta est, Cic.: quod a me ita praecautum … est, Cic.: praecauto opus est, es ist Vorsicht nötig, Plaut.

praecēdentia, ae, *f.* (praecedo) = προποδισμός, das **Vorwärtsgehen, Fortschreiten,** stellarum, Cassiod. de artib. ac discipl. liberal. litt. c. 7 (de astron.) p. 560 (a) *ed. Garet.*

prae-cēdo, cessī, cessum, ere, **vorher-, vorangehen** (Ggstz. sequi, consequi), **I** eig.: **a** *intr.:* insignis inter eos praecedens consulis filius, Liv.: ille praecedere coepit; ego sequor, Hor.: sex lictoribus praecedentibus, Val. Max.: pr. recto itinere, Plin. ep.: cum equite (Reiterei), Liv.: Lycormam (dem L.) ex itinere, Plin. ep.: tribus quinqueremibus expeditis Piraeum (nach dem P.), Liv.: quaecumque praecedet fera, jedes vor mir aufspringende Wild, Hor.: capita imponentes praecedentium clunibus (v. Hirschen), Plin. – übtr., v. Lebl., **vorangehen** = vorangetragen werden, praecedentibus facibus, Sen. rhet.: praecedente Victoriā, Suet.: praecedente titulo, qui causam poenae indicaret, Suet. – **b** *tr.:* nunc praecedere puerum, nunc sequi, Plin. ep.: agmen, Verg.: armenta (v. einem Stier), Sen.: custodes suos ad Antigoni castra, Iustin.: nuntios periculi, eher ankommen als usw., Vell. – **II** übtr.: **A** der Zeit usw. nach **vorangehen, vorausgehen,** v. Pers., paulum aetate eum praecedens, Quint.: alqm in tribunatu liberorum iure, Plin. ep. – v. Lebl., neque solum interest, quales dies sint, sed etiam quales ante praecesserint, Cels.: fama loquax praecessit ad aures tuas, Ov.: magna Isaeum fama praecesserat, Plin. ep.: praecesserat per multos dies tremor terrae, Plin. ep.: ea causa, quae ante praecesserat, Cels.: nullā praecedente iniuriā (Verletzung), Plin.: praecedentia tempora, Plin. ep.: causa praecedens, Sen. – **B** dem Rang, den Eigenschaften usw. nach **vorangehen, voranstehen, übertreffen,** **a** dem Rang nach: gradum nostrum aut praecedentes aut sequentes, uns dem Rang nach voran- od. nachstehend, Vell, 2, 114, 1. – **b** den Eigenschaften nach, eum longe praecedunt ingenia viventium, Quint.: amoenitatem tectorum longe praecedit hippodromus, Plin. ep.: pr. omnes, Val. Max.: alqm praecedere vel exaequare, Plin. ep.: m. *Abl.,* reliquos Gallos virtute, Caes.: vestros honores rebus gerendis, Liv.: ohne *Acc.,* aetate, dignitate, usu, Quint. – m. *in* u. Abl., in eo omnes, Plin. – m. *Dat.,* ut vostrae fortunae meis praecedunt longe, Plaut. asin. 629.

prae-celer, celeris, celere, **überaus schnell,** praeceleri fugā, Plin. 8, 86: praeceleri vi, Plin. 9, 153: viri praeceleres cursu, Stat. Theb. 6, 550 *sq.*

prae-celero, āre, **voran-, vorauseilen,** absol., Stat. Theb. 2, 497: alqm, Stat. Theb. 4, 799.

praecellēns, entis, *PAdi.* (v. praecello), **hervorragend = ausgezeichnet, vortrefflich, vorzüglich,** vir et animo et virtute praecellens, Cic.: praecellens ingenio vir, hochbegabter, Vell.: ille Scipio, vir omnibus rebus praecellentissimus, Cic. Verr. 4, 97: Vergilius praecellentissimus vates, Plin. 14, 7: hunc (deum) esse rerum omnium praecellentissimum, Boëth. cons. phil. 3, 10. p. 73, 47 Peiper. – v. Lebl., uniones magnitudine praecellentes, Plin.: C. Caesar, vir ingenii praecellentis, hochbegabter, Gell.: maior alia (ficus), pomo et suavitate praecellentior, Plin. 12, 24: est aliud alio praecellentius, Augustin. de genes. ad litt. 12, 24, 51.

praecellentia, ae, *f.* (praecellens), die **Vortrefflichkeit,** Tert. apol. 23.

prae-cello, ere (prae u. *cello), **hervorragen,** bildl., **a** absol. = **sich hervortun, sich auszeichnen,** ut quisque fortunā utitur, ita praecellet, Plaut.: arte, Suet.: opibus vetustis et gravitate morum, Tac.: per eloquentiam, Tac: dignitate inter alqos, ICt.: absol., num praecellit vinum? Vulg. 3. Esdr. 3, 24: id, quod *in* eo praecellit, Augustin. de civ. dei 8, 4 *extr.:* quae (ales) *ex* omni avitio longe praecellit, Apul. de deo Socr. prol. p. 4, 14 Th. – **b** m. *Acc.* od. m. *Dat.* = **überragen, übertreffen,** m. *Acc.,* eos, Vulg. Roman. 3, 9: cuncta, Augustin. de civ. dei 8, 4 *extr.:* alqam fecunditate, Tac. ann. 2, 43: ceteros honoris ordine, Papin. dig. 50, 2, 6. § 5: fide ceteros, Vulg. Esther 13, 3. – m. *Dat.,* mortalibus, Sil. 15, 74. – Vgl. praecellens. – ► Inf. Perf. praecelluisse, Oros. 7, 2, 6.

prae-celsus, a, um, **sehr hoch, sehr erhaben,** rupes, Verg. Aen. 3, 245: übtr., fortuna, Stat. silv. 3, 3, 85: *Compar.* v. Pers., Ambros. de off. 2, 14. § 66; de fide 4, 1. § 7; in Luc. 3, 3. § 37. Salv. de gub. dei 6, 13, 72: *Superl.,* praecelsissimus domnus, Alcim. Avit. epist. 5 *in.*

praecentio, ōnis, *f.* (praecino), das **Vorspielen, Blasen** der Instrumente, vor od. bei dem Opfer, Cic. de har. resp. 21: vor der Schlacht, Gell. 1, 11, 4.

praecento, āre (prae u. canto), **seine Zauberformel vorsagen,** alci, Cic. de fin. 2, 94.

praecentor, ōris, *m.* (praecino), der **Vorsänger,** Apul. de mund. 35; Ggstz. succentor (der Begleiter), Augustin. enarr. in psalm. 87, 1 u. (dies. Stelle) Isid. orig. 7, 12, 27.

praecentōrius, a, um (praecentor), **zum Vorspielen-, Vorblasen gehörig,** tibiae, Solin. 5, 19.

prae-centurio, (āvī), ātum, āre, **vorher in Zenturien abteilen,** certo praecenturiato spatio, Gromat. vet. 32, 1.

prae-ceps, cipitis (prae u. caput), **kopfüber, mit dem Kopf voran,** **I** *Adi.:* **A** im Zustand der Bewegung: **1** eig. u. übtr.: **a** eig., v. leb. Wesen, **α** v. Stürzenden: alqm praecipitem deicere, kopfüber herabstürzen, Cic.: iacĕre se praecipitem e vertice scopulorum, Catull.: alqm praecipitem dare, kopfüber hinabstürzen, Ter.: alqm praecipitem in pistrinum dare, Ter.: praeceps ad terram datus, kopfüber zur Erde gestürzt, Liv.: se praecipitem tecto dedit, stürzte sich kopfüber hinab, Hor.: semet ipsi in pelagus ex certa rupe praecipites dant, Mela: utinam mi esset aliquid (etwas = ein Schwert) quo nunc me praecipitem darem, mich hineinstürzte, Ter.: alqm de muro praecipitem mittere, kopfüber hinabstürzen, Auct. b. Hisp.: ab equo pr. decĭdit in arva, Ov.: proiecit praecipitem eum in undas, Verg.: ire praecipitem in lutum, Catull. – **β** v. Eilenden, **Hals über Kopf, eilig, schnell, flüchtig,** pr. columbae, Verg.: praecipites se fugae mandant, Caes.: pr. fertur, läuft eilig, Cic.: agere alqm praecipitem, einen Hals über Kopf jagen, Caes.: alqm praecipitem agere de fundo, Cic.: pr. amensque cucurri, Ov.: pr. curru desilit, Ov.: in urbem hostium plenam praecipiti saltu semet ipse immisit, Curt. – **b** übtr.: **α** v. Lebl. übh., gleichs. Hals über Kopf, **sich überstürzend, jäh, eilig, schnell, flüchtig,** amnis, Hor.: ventus, Ov.: nox, Ov.: profectio, Cic.: fuga, Liv.: celeritas dicendi, Cic. – **β** v. der Zeit, **sich neigend,** pr. in occasum sol, Liv.: pr. dies, Liv.: pr. aestas, Sall.: autumnus, Amm. –

2 bildl.: **a** v. Pers. u. pers. Zuständen, teils **α** übh. = **Hals über Kopf, blindlings, jählings,** agunt eum praecipitem poenae civium Romanorum, Cic.: in gloriam pr. agebatur, Tac. – pr. amentiā ferebare, Cic.: collega in causam pr. erat, Liv. – **β** von solchen, die unaufhaltsam dem Sturz usw. zugetrieben werden, zueilen, quoniam ab inimicis pr. agor, Sall.: mulier pr. luxuriā abierat, Sall.: postea ambitione praeceps datus est, kam zu Fall, Sall. – homo demens et ad poenam exitiumque pr., unaufhaltsam der Strafe u. dem Verderben entgegeneilend, Rhet. Her. – **γ** v. solchen, die ohne Besonnenheit u. Überlegung handeln, **sich überstürzend, jäh, hitzig, voreilig, übereilt, zu rasch,** homo in omnibus consiliis pr., Cic.: caecum et praecipitem ferri in causa, Cic.: pr. furor, Cic.: vir pr. animi, Verg.: pr. consilium, Suet.: pr. cogitatio, Suet.: pr. quaedam oratio, Cic.: praeceps vestra legatio fuit, Liv. – subst., stoliditate quidam praecipites, einige Waghälse, Amm. 28, 7, 11. – **δ** von solchen, die sich einer Leidenschaft leicht hingeben, **sich leicht hinreißen lassend, leicht hingerissen, nur zu geneigt,** praeceps in avaritiam et crudelitatem animus, Liv.: pr. ingenio in iram erat, Liv.: pr. ad explendam cupidinem, Sall. – **b** v. äußeren Zuständen, **sich überstürzend, unaufhaltsam dem Verderben zueilend** od. **zuführend,** pr. libertas, Liv.: pr. tempus, Ov.: omnia erant praecipitia in re publica, Vell.: lubricum genus orationis adulescenti non acriter intellegenti est saepe praeceps (gefährlich), Cic. – **B** im Zustand der Ruhe, nur übtr.: **1** *adi.*: **a** übh., **mit der Spitze voran, herabgebogen,** pr. palmes, Colum. 5, 6, 35. – **b** v. Örtl., **jäh, abschüssig,** locus, Caes.: fossa, Ov.: saxa, Liv.: mons, Plin. pan. – murus in salum pr., jäh ins Meer abfallend, Curt. – bildl., via vitae praeceps et lubrica (Ggstz. via vitae plana et stabilis), Cic.: iter ad finitimum malum pr. ac lubricum, Cic. – **2** *subst.*, praeceps, cipitis, *n.*, der **jähe-, abschüssige Ort,** die **jähe Tiefe, a** eig.: iacĕre in praeceps coniugem, zum Fenster hinauswerfen, Tac.: in pr. pervenitur, Vell.: specus vasto iu praeceps hiatu, Plin.: in praecipitia cursus iste deducit, Sen.: in praeceps deferri (hinabstürzen), Liv.: ut per praecipitia et praerupta salientes fugerent, Liv.: auch die **steile, jähe Höhe,** turris in praecipiti stans, Verg. Aen. 2, 460. – **b** bildl.: **α** der **Abgrund** der Gefahr, mors Marcelli tam improvide se collegamque et prope totam rem publicam in praeceps dederat, Liv.: quae (voluptates) in praeceps ferantur infinitaeque sint, Sen.: aeger est in praecipiti, Cels. – debet orator accedere ad praeceps, sich dem A. nähern (bildl. = ans Kühne, Waghalsige streifen), Plin. ep. – **β** der **Abhang** = der höchste Gipfel, -Grad, omne in praecipiti vitium stetit, Iuven. 1, 147. – **II** *Adv.*, **Hals über Kopf, a** eig., **jählings, nach der Tiefe, in die Tiefe,** ex his fulgoribus quaedam praeceps eunt, similia prosilientibus stellis, schießen jählings herab wie Sternschnuppen, Sen. nat. qu. 1, 15, 2: moles convulsa dum ruit intus immensam vim mortalium praeceps trahit (reißt in die Tiefe hinab) atque operit, Tac. ann. 4, 62. – **b** bildl.: eversio rei familiaris dignitatem ac famam praeceps dabat, brachte in Gefahr, Tac. ann. 6, 17: pr. in exsilium acti, Hals über Kopf, Amm. 29, 1, 21. – ► Ältere Nbf. praecipes, is, Enn. ann. 399. Plaut. rud. 671. Plaut. fr. b. Prisc. 6, 95. Laev. fr. 18 M.

praeceptio, ōnis, *f.* (praecipio), **I** die **Vorwegnahme,** der **Vorausempfang,** bei Erbschaften usw., bonorum, dotis, ICt.: pro quadrante praeceptionem CCCC milium dedit, Plin. ep. 5, 7, 1. – bes. die V. eines Vermächtnisses, das einem Erben zum Voraus (außer seinem Erbteil) hinterlassen ist, auch das **Vorausvermächtnis** selbst, per praeceptionem dare, legare, ICt.: alteri ex heredibus praeceptionem praedii dare, ICt. – **II** die **Unterweisung, Vorschrift, 1** im Allg.: recti, Cic.: Stoicorum, Cic. – **2** insbes., ein kaiserlicher **Befehl,** eine kaiserliche **Vorschrift, -Verfügung,** Cod. Iust. 1, 12, 2; 11, 59, 3. Edict. Diocl. praef. § 18 M. – **III** der **Vorbegriff,** Cic. part. or. 123.

praeceptīvē, *Adv.* (praeceptivus), **vorschriftlich,** Tert. adv. Marc. 5, 10. (Hilar.) in epist. ad Philem. 11 (Pitra Spicil. Solesm. 1. p. 151).

praeceptīvus, a, um (praecipio), **vorschriftlich, vorschreibend** (als Übersetzung von παραινετικός), Sen. ep. 95, 1. Tert. de res. carn. 49. Ambros. de vid. 12. § 73; in Luc. 6. § 90. Isid. orig. 2, 21, 22.

praecepto, āre (*Frequ.* v. praecipio), **oft vorschreiben,** Carm. Sal. nach Fest. 205 (a), 10.

praeceptor, ōris, *m.* (praecipio), **I** der **Vorausnehmer,** Paul. Nol. epist. 43, 2. – **II** der **Vorschreiber, A** = der **Gebieter,** Gell. 1, 13, 8. – **B** = der **Unterweiser, Lehrer,** praeceptor virtutis, Colum.: educator praeceptorque (Neronis), Tac.: pr. domesticus, Quint.: Aeacidae pr. Chiron, Ov.: pr. philosophiae, Nep.: pr. rhetoricae, Suet.: eidem erant vivendi praeceptores atque dicendi, Cic.: alqm auctorem et praeceptorem omnium consiliorum totiusque vitae habere, Cic.: cui (adulescenti) in hoc lubrico aetatis non praeceptor modo, sed custos etiam rectorque quaerendus est, Plin. ep.

praeceptrīx, trīcis, *f.* (Femin. zu praeceptor), die **Unterweiserin,** quā (sapientiā) praeceptrice in tranquillitate vivi potest, Cic. de fin. 1, 43: omnis est machinatio rerum naturā procreata ac praeceptrice et magistrā mundi versatione instituta, Vitr. 10, 1, 4.

praeceptum, ī, *n.* (praecipio), die **Vorschrift, Verordnung, Regel, Lehre, Erinnerung,** der **Befehl,** artis, Cic.: medicorum, philosophorum, rhetorum praecepta, Cic.: praecepta Latine loquendi, Cic.: praecepta *de* ratione scribendi, Suet.: praecepto observato, Caes.: praecepta tradere dicendi, Cic.: praecepta dare, Cic.: dare alci sapientiae praecepta, Cic.: et augendi et laudandi et vituperandi praecepta dare, Cic.: ad eas res praecepta dare, Cic.: praecepta per libellos dare, Suet.: praecepta dare od. ponere in alqd, Cic.: praecepta gustare, Cic.: alci pervulgata praecepta decantare, Cic.: praecepta facessere, Verg.: excīderunt (er vergaß) praecepta dictatoris, Liv.: ne Vespasianum senem triumphalem praeceptis coërceret, hofmeistere, Tac.

prae-cerpo, cerpsī, cerptum, ere (prae u. carpo), **I vorher-, vor der Zeit abbrechen, A** eig.: nostras messes, vorweg schneiden, Ov. epist. 19 (20), 143. – **B** bildl., gleichs. **vor dem Mund wegpflücken** od. **wegnehmen,** praecerpti cibi, die vorgekosteten Opferspeisen, Min. Fel.: fructum officii, vermindern oder entziehen, Cic.: gratiam novitatis et florem epistulae loquacitate, Plin. ep.: purpurae decus non nisi praecerptum praefloratumque transmittere, Plin. ep.: inde adeo pleni et mixti deo vates futura praecerpunt, in die Zukunft blicken, Min. Fel. – **II vorn abpflücken, -abmähen,** densas aristas, Catull.: tenera germinum, Plin.: iubas, Stat. Theb. 9, 193. – **III** etw. **exzerpieren,** aus etw. **Auszüge machen,** libros, Gell. 2, 30, 11.

praecessio, ōnis, *f.* (praecedo), das **Vorangehen,** der **Vorgang,** auch in der Zeit, Chalcid. Tim. 86 u. a. Augustin. serm. 265, 2: temporis, Boëth. in categ. Aristot. 4. p. 284 Migne.

praecessor, ōris, *m.* (praecedo), der **Vorgänger,** Eccl.

praecia, ae, *m.* (*prae-cieo), ein Ausrufer, der vor den flamines herging und verkündigte, dass die Handwerker ihre Arbeit so lange beiseite legen und den Gottesdienst nicht entweihen sollten, Paul. ex Fest. 224, 1. – auch **praeciamitātor** gen., Fest. p. 249 (a), 20. Paul. ex Fest. 248, 4.

Praeciānus, a, um, **präcianisch,** vinum, eine Weinsorte in der Nähe des Adriat. Meeres, Plin. 14, 60 (wo Sillig u. Mayhoff Praetetianum). Macr. sat. 3, 19, 6 *ed. Jan.*

praecīdāneus, a, um (prae u. caedo), **vorher geschlachtet, I** eig.: porca, Voropfer, Vorbereitungsopfer, vor der Ernte, Cato r. r. 134 (vgl. Fest. p. 218 [a], 17. Gell. 4, 6, 7. Mar. Victorin. 1, 4, 108. p. 25, 16 K.), vor der Totenfeier, Varro vit. P. R. 3. fr. 18 (b. Non. 163, 21): so auch agna, vor der Ernte, Paul. ex Fest. 223, 19: hostia, Voropfer vor den öffentlichen Opferfeierlichkeiten, Gell. 4, 6, 7. – **II** übtr., **vorhergehend,** feriae, Festvorfeier, Atei. b. Gell. 4, 6, 10.

praecīdārius, a, um (prae u. caedo) = praecidaneus, Fest. 218 (a), 22. Mar. Victorin. 1, 4, 108. p. 25, 16 K.

prae-cīdo, cīdī, cīsum, ere (prae u. caedo), **I vorn abschneiden,** was vorn ist **abschneiden, A** eig. u. übtr.: **1** im Allg.: **a** eig.: linguam alci, Plaut., alcis, Amm.: sibi linguam dentibus, sich vorn abbeißen, Hyg.: digitum, Varro fr.: alci manus, Hirt. b. G. u. Sen. fr.: alci caput, Liv.: alci auriculas, Petron.: pinnarum caules, Plin.: fistulas, quibus aqua suppeditabatur Iovis optimi maximi templis ac sedibus, Cic.: ancoras, das Ankertau kappen, Cic.: haerentis in salo naviculae funem magis praecidere, quam solvere, Hieron.: alci summas manus et pedes, Vulg.: barbam, Plin.: Trinacria Italiā praecisa, abgerissen, getrennt, Manil. – Partiz. subst., praecīsum, ī, *n.*, ein **abgeschnittenes Stück** Fleisch, Naev. com. 65. Lucil. 569. – **b** übtr., eine Örtlichkeit usw. **abschneiden,** omnes sinus (Buchten), Sen. ep. 53, 1. – iter, Plin. 8, 84. – **2** prägn., **verschneiden,** praecisi fanatici, Lampr. Heliog. 7, 2: Partiz. subst., praecisi (Verschnittene) et professi impudentiam, Sen. de prov. 5, 3. – **B** bildl.: **I** im Allg.: pr. (alci) linguam, jmd. verstummen machen, Plaut. mil. 1721. – **2** insbes.: **a** **kurzfassen, abkürzen,** brevi praecidam, Cic.: praecide, mach es kurz, Cic. – dah. **abbrechen** mitten im Reden, Rhet. Her.: praecisa velut ante legitimum finem oratio, Quint. – **b** **abschneiden, benehmen,** spem, Cic.: sibi reditum, Cic.: omnes causas omnibus, Cic.: causam belli, die Spitze abbrechen, Hor.: sibi istam licentiam libertatemque dicendi, beschränken, Cic. – **c** **rund abschlagen,** plane, Cic.: plane sine exceptione, Cic. – **II** **zerschneiden,** **A** eig.: canem, Liv.: cotem novaculā, Cic. – **B** bildl., ein Verhältnis, einen Zustand **kurz abbrechen,** amicitias magis decere censent sapientes sensim diluere, quam repente praecidere, Cic. de off. 1, 120: etiamsi mors aliorum longius vitam passa est procedere, aliorum in medio flore praecidit, aliorum interrupit ipsa principia, Sen. ep. 66, 42. – **III** was vorn ist, **schlagen,** alci os (auf das M.), Plaut. Cas. 404, wo aber wohl percide os tu illi zu lesen ist; vgl. Plaut. Pers. 283 R. Sen. nat. qu. 4, 4, 1 u. oben percīdo.

praecīnctio, ōnis, *f.* (praecingo), **I** das **Gürten,** lumborum, Caelestin. pap. epist. 4. c. 12. – **II** übtr. = διάζωμα, eine wie ein Gürtel stufenförmig herumlaufende Mauer, die **stufenförmige Umgürtung,** Vitr. 2, 8, 11. – insbes. Plur. praecinctiones, die im Amphitheater terrassenförmig herumlaufenden Mauern, über denen die Sitzreihen der Zuschauer angebracht waren, die **Gürtelmauern,** Vitr. 5, 3, 4.

praecīnctōrium, iī, *n.* (praecingo), der **Gurt,** die **Schürze,** Augustin. adv. Iulian. 2, 6 u. adv. Manich. 2, 2.

praecīnctūra, ae, *f.* (praecingo), die **Umgürtung,** Cic. fr. G. b. 2 = Macr. sat. 2, 3, 9. Vitr. 10, 15, 6.

praecīnctus, ūs, *m.* (praecingo), **I** die **Umgürtung,** castula est palliolum praecinctui, Varro de vit. P. R. 1. fr. 38 (b. Non. 548, 28). – **II** übtr., die **Kleidung, Tracht,** Macr. sat. 3, 13, 4.

prae-cingo, cīnxī, cīnctum, ere, **gürten, umgürten,** **I** eig.: ilia cultro, Gratt.: medial, praecingī, **sich umgürten, sich gürten,** infra papillas, Varro fr.: strophio accurate, Cic. fr.: ense, Ov.: *Partic.* recte praecincti pueri, gegürtet, aufgeschürzt, Hor.: male praecinctus puer, Suet.: altius ac nos praecincti, höher (zum raschen Fortkommen auf der Reise) als wir Aufgeschürzte, d. i. schneller als wir Reisende (Ggstz. tardi), Hor. – **II** übtr., **mit etw. umgeben,** fontem vallo acerno, Prop.: Brundisium portu praecinctum, Enn. fr.: tellus praecincta mari, Plin.: parietes testaceo opere praecincti, überzogen, Plin. ep.

prae-cino, cecinī u. cinuī, ere (cano), **I** *intr.:* **A** **vorspielen, vorblasen,** **a** v. musikal. Instrumenten (bes. v. der Flöte): et deorum pulvinaribus et epulis magistratuum fides praecinunt, Cic.: praelucere funalia et praecinere sibi tibias iussit, Flor.: praecinente et praemoderante citharā gressibus (Dat.), Gell. – **b** v. Flötenbläser: pr. sacrificiis od. sacris, Liv.: praelucente funali et praecinente tibicine a cena redire, Aur. Vict. – **B** **eine Zauberformel hersagen,** Tibull. 1, 5, 12. – **II** *tr.:* **A** **vor-, dazu singen,** gemitum (ein Leichenlied), Stat. silv. 5, 3, 59. – **B** **weissagen, vorher anzeigen,** magnum aliquid deos populo R. praemonstrare et praecinere, Cic.: responsa, Plin.: sideris cursum, Plin.: futura, Plin., Lact. u. Sulp. Sev.: fugam, Tibull. – m. folg. *Acc.* u. *Infin.*, ostia in superstitionem ventura (esse) praececinit per antiquissimum propheten Enoch, Tert. de idol. 15 – ► Perf. praecinui, Tibull. 1, 5, 12; 2, 5, 47. Tert. adv. Marc. 1, 21; praecini, Iul. Val. 2, 1 (1), wo praecinerat.

praecipes, s. prae-ceps ►.

prae-cipio, cēpī, ceptum, ere (prae u. capio), **vorher- vorausnehmen, -bekommen,** **I** eig.: **A** im Allg.: aquam, Lucr.: pecuniam mutuam, im Voraus borgen, Caes.: iter, einen Vorsprung gewinnen, Liv.: u. so iter festinando, Curt.: so auch longius spatium fugā, Liv.: bellum, vorher anfangen, Tac.: mons a Lusitanis praeceptus, vorher besetzt, Sall. fr.: si lac praeceperit aestus, wenn die Hitze die Milch vorher vertrocknet hat, ehe wir melken, Verg.: fata veneno, dem Tode durch Gift zuvorkommen, sich vergiften, Flor.: aliquantum ad fugam temporis, einen ziemlichen Vorsprung in der Zeit gewinnen, Liv.: tempore praecepto, wegen des Vorsprunges in der Zeit, Liv.: maturitatem praecepit aestus, die Hitze führte Notreife herbei, Ps. Quint. decl. 12, 4: praecipitur seges, die Saat reift zu rasch, Ov. fast. 4, 940. – **B** insbes., als jurist. *t. t.* = etw. (bei Erbschaften) **im Voraus bekommen, im Voraus erben,** summam, dotem, ICt.: quinquaginta milia nummûm, Plin. ep. 10, 75 (79), 2: absol., Plin. ep. 5, 7, 1. – **II** übtr.: **A** im Allg.: praecipio gaudia suppliciorum vestrorum, ich freue mich im Voraus auf die T., die euch bevorsteht, Anton. b. Cic.: so auch spectatissimi triumphi laetitiam, Hirt b. G.: u. eius rei laetitiam, Liv.: spem, im Voraus hoffen, Liv.: laudem, velut in herba vel flore, schon vorher ernten, Tac. dial.: rem famā, im Voraus erfahren, Liv.: victoriam animo, im Voraus sich vorstellen, Caes.: consilia hostium, vorherwissen, ehe sie ausgeführt werden, Cic.: quas enim ipse mihi partes sumpseram, eas praecepit (in denen hat vorgegriffen) oratio tua, Cic.: pr. cogitatione futura, im Voraus denken, sich vorstellen, Cic.: hostem spe, hoffen auf den F., Verg.: omnia praecepi (mir vorgestellt) atque animo mecum ante peregi, Verg.: alqd consilio prudentiāque, durch Klugheit vorher tun od. sich vorstellen, Cic.: res humanas praeceptas habere, vorher gelernt, sich bekannt gemacht haben, Cic.: si me praeceperit fatum, vorher hinweggerafft hat, Curt. – opinione pr., vorher vermuten, m. folg. *Acc.* u. *Infin.*, Caes. b. G. 7, 9, 1. – absol., sed alterum mihi est certius; nec praecipiam tamen, ich will jedoch nicht vorgreifen, Cic. ad Att. 10, 1, 2. – **B** insbes., **im Voraus anweisen, vorschreiben,** **a** übh. = jmd. über etwas **belehren,** jmdm. über etw. **Vorschriften** oder **Auskunft erteilen,** jmdm. **vorschreiben, die Weisung (den Befehl) zukommen lassen, raten, anraten, vorschlagen, ans Herz legen, verordnen, befehlen, die Verfügung treffen,** hoc tibi praecipio, diese Regel gebe ich dir, dies rate ich dir usw., Cic.: quidquid praecipies, esto brevis, in allen deinen Regeln usw., Hor.: alci sollertiam, Curt.: alci nihil, Curt.: summo studio et tempestatum rationem et praedonum et locorum, wie es stehe mit usw., Cic. – m. folg. *ut* od. *ne* u. Konj., illud potius praecipiendum fuit, *ut* etc., Cic.: legati ut tum exirent, praecepit, Nep.: recte praecipi potest in amicitiis, *ne* etc., Cic.: haec praecipienda videntur lectoribus, ne alienos mores ad suos referant, Nep. – mit folg. bl. *Coniunctiv*, praecipit omnes mortales pecuniā aggrediantur, Sall.: semper se nepoti suo praecepisse abiret studeretque, Plin. ep. – mit folg. *Infin.*, temporibus parēre, Cic.: parcere omnibus, Cic.: sunt qui praecipiant herbas nocentes sumere, Ov.: praecipiunt (paeoniam) eruere noctu, Plin. – m. folg. *Acc.* u. *Infin.* Act., ceteros omnes decedere praecepit, Apul. met. 2, 5: redire mulierem in patriam praecepit, Spart. Sev. 15, 7: qui claudos praecipiebat incedere, Arnob. 1, 63: flumina fluere praecepit, Lact. 2, 5, 1: Vergilius errantium quoque siderum rationem ediscendam praecipit, Plin. 18, 209 (vgl. 23, 105). – gew. m. *Acc.* u. *Infin. Pass.*, z. B. ceteras (sarcinas) incendi praecepit, Curt. 6, 6 (21), 15: etiam scelere convictos nonnisi ad opus damnari praeceperat, Suet. Ner. 31, 3: pueros in agrum deduci praecepit, Iustin. 3, 3, 6; vgl. die Stellensammlung bei Dräger Hist. Synt.[2] Bd. 2. S. 410 und Paucker De Latin. scriptt. hist. Aug. melet. p. 126 *sq.* – im Passiv praecipior pers. mit *Infin. Act.* (= mir wird befohlen, dass ich usw.), id quod agebat continuare praeceptus est, Amm. 15, 3, 9: saxum ferire et aquam producere praeceptus est, Sulp. Sev. chron. 1, 21, 7: merito incessanter praecipimur domino psallere, Cassiod. in psalm. 97 concl.; od. mit *Infin. Pass.* (= es wird befohlen, dass ich usw.), Philoromus auriga rapi praeceptus, Amm. 15, 7, 2 (u. so 20, 4, 6; 29, 3, 5); vgl. Iuven. 14, 229 (Bücheler conduplicari). – absol., ut praeceperat, Curt.: ut erat praeceptum, Caes.: sicut praeceptum erat, Curt. – **b** **vorschreiben** = **lehren,** mit folg.

Acc. u. *Infin.*, an ratio parum praecipit (lehrt) nec bonum illud esse nec porro malum, Cic. Tusc. 4, 39. – bes. als Lehrer in Büchern oder in der Schule etw. **lehren, vortragen,** in etw. **Unterricht geben** usw., artem, Ov.: alci rationem tempestatum, Cic.: praecipe cantus, lehre mich, gib mir ein, hilf mir singen usw., Hor. – absol. = **Lehrer sein, Unterricht geben,** de eloquentia, Cic.: alci, Suet.: Partiz. subst., praecipientes, die Lehrenden, die Lehrer, inscientia praecipientium, Tac. dial.: eum in numero praecipientium non habeo, Quint.: und die bloß Lehrenden = die Theoretiker, Quint. 2, 6, 1.

praecipitanter, *Adv.* (praecipito), **Hals über Kopf,** Lucr. 3, 1061. Vgl. Placid. gloss. V, 40, 12.

praecipitantia, ae, *f.* (praecipito), der **Herabsturz,** das **Herabfallen,** Gell. 6, 2, 11 u. 9, 1, 5.

praecipitātim, *Adv.* (praecipito), **Hals über Kopf, jäh,** rivus pr. deorsum rapitur, *Varro sat. Men. 75 Kettner (vgl. praecipitatus).

praecipitātio, ōnis, *f.* (praecipito), das **plötzliche Herabstürzen, -Herabfallen,** Sen., Vitr. u. a. – bildl., der **Sturz,** das **Verderben,** Ambros. de off. 1, 2, 8.

praecipitātus, *Abl.* ū, *m.* (praecipito), das **plötzliche Herabstürzen,** rivus praecipitatu deorsum rapitur, *Varro sat. Men. 75 B. (vgl. praecipitatim).

praecipiter, *Adv.* (praeceps), **Hals über Kopf,** Placid. gloss. V, 40, 12.

praecipitium, iī, *n.* (praeceps), **I** der **abschüssige Ort,** die **steile Höhe,** Sen. rhet., Suet. u. a. – **II** das **plötzliche Herabstürzen,** der **tiefe Sturz,** voluntarium, Oros. 4, 23, 4: aliorum, Lact. 2, 3, 16: Plur., Plin. 22, 43. Augustin. epist. 185, 16.

praecipito, āvī, ātum, āre (v. praeceps), **I** *tr.* **jählings herabstürzen, A** eig. u. übtr.: **1** eig.: alqm, Curt.: tauros, Curt.: currum scopulis, Ov.: flumina, Wasserfälle bilden, Sen.: se e Leucade, Cic.: se de turri, Liv.: equites ex equis, Liv.: saxa muro, Caes.: senes pontibus, Ov.: ex eo se loco, Sen.: se petris, Curt.: alqm in terram, zu Boden schleudern, Curt.: curricula in amnem, Curt.: se in fossas, Caes. – Passiv praecipitari, herabstürzen, praecipitatus equo, Iustin. 32, 1, 5: medial, sich jählings herabstürzen, cum alii super vallum praecipitarentur, Sall.: per (über) lubrica saxa praecipitati, Curt.: poet., lux praecipitatur aquis (= *in aquas*), die Sonne geht unter, Ov.: so auch Scorpios in aquas praecipitatur, Ov. – refl., praecipitare se = sich in eine Tiefe stürzen, Suet. Aug. 27, 3; od. = eilig herabsteigen, eilig sich herabbegeben, Hals über Kopf herabrennen, Ter. adelph. 575. – **2** übtr.: **a** leblose Subjekte **herabbeugen,** vitem, zu sehr herabbeugen, Cato: palmitem, herabsenken, unten anbinden, Colum. – **b** *Partic.* praecipitātus = der Zeit nach **zu Ende eilend,** nox, Ov.: quod adulescens praestiti ... id nunc aetate praecipitatā commutem? jetzt, da es mit dem Leben bergab geht, Mat. in Cic. ep. – **B** bildl.: **a herabstürzen,** alqm ex altissimo dignitatis gradu, Cic. – dah. **zugrunde richten,** rem publicam, Liv.: spem, Ov.: aegrum, Cels.: bellatores, unglücklich machen, Plin. – **b hineinstürzen,** se in exitium, Cels.: arborem in senectam, vor der Zeit altern, vergehen lassen, Plin.: Passiv praecipitari medial, hineinstürzen, in insidias, Liv. (wofür auch se pr. in insidias, Liv.). – **c dahinreißen, übereilen,** furor iraque mentem praecipitant, Verg. Aen. 2, 317. – **d beschleunigen, übereilen,** vindemiam, Colum.: obitum (den Untergang eines Gestirnes), Cic. poët.: moras omnes, alle Hindernisse schnell aus dem Weg räumen, eilen, Verg.: ne praecipitetur editio, übereilt werde, Quint.: consilia raptim praecipitata, übereilte Entschlüsse, Liv. – **e drängen,** m. *Infin.*, sociis dare tempus humandis praecipitant curae, Verg. Aen. 11, 3; u. so Stat. Theb. 1, 679: m. *Acc.* u. *Infin.*, Argum Tiphynque vocat pelagoque parari praecipitat, Val. Flacc. 2, 391. – **II** *intr.* **(sich) herabstürzen, A** eig. u. übtr.: **1** eig.: in fossam, Liv.: in puteum apertum ex equo, Liv.: in vallem insessam ab hostibus, hinabgeraten, Liv.: Nilus praecipitat ex montibus, Cic. – **2** übtr., der Zeit nach **zu Ende eilen, sich zu Ende neigen,** nox caelo praecipitat (*sc.* in oceanum), Verg.: so auch sol praecipitans, dem Untergang sich nähernd, Cic.: hiems iam praecipitaverat, Caes. – **B** bildl.: **a** im Allg.: praecipitantem impellere, einem Stürzenden noch einen Stoß geben (= einen Unglücklichen noch unglücklicher machen), Cic. – pr. ad exitium, Cic.: res publica praecipitans, rasch dem Untergang zueilend, Cic.: u. so cum in Italia ad Trasumennum et Cannas praecipitasset res Romana, die römische Macht dem Untergang nahe war, Liv. – im Bild, sustinenda est potius omnis assensio, ne praecipitet, si temere processerit, sich überstürze (übereile), Cic. Acad. 2, 68: praecipitare istuc quidem est, non descendere, das heißt einen Sprung Hals über Kopf machen, nicht (Schritt vor Schritt) hinabsteigen, Cic. de nat. deor. 1, 80. – **b hin-, hineinstürzen, -geraten,** in amorem, Plaut.

praecipitus, a, um = praeceps, praecipita dies, de Rossi Inscr. christ. Vol. I. *no.* 1180 *v.* 2.

praecipuē, *Adv.* (praecipuus), **vornehmlich = besonders vor anderen, vorzugsweise,** Cic. u. a. – m. *Genet.*, pr. omnium, Cels. 1. praef. p. 2, 6 D. u. 2, 33. p. 73, 2 D.: omnium maxime et pr., Gell. 20, 1, 39. – pr. cum, Hor., Plin. ep. u. a.: pr. si, Quint. u. Plin.

praecipuus, a, um (prae u. capio), **vor anderen vorausgenommen** (s. Paul. ex Fest. 80, 3); dah. **I besonder, eigentümlich, ausschließlich** (Ggstz. communis, par), **a** übh.: hanccine ego partem capio ob pietatem praecipuam? Plaut.: unam hanc rem me habere praeter ceteros praecipuam, Ter.: non debes aut propriam fortunam et praecipuam postulare aut communem recusare, Cic.: tum communibus tum praecipuis patris tui periculis commovebatur, Cic.: muros Atheniensium restituit praecipuo suo periculo, Nep.: in communibus miseriis praecipuo quodam dolore angi, Cic.: non praecipuam, sed parem cum ceteris fortunae condicionem subire, Cic.: duobus regulis haec praecipua (munera mitti censuerunt), Liv.: praecipuam sortem periculi petere, Liv.: ut nemo unus inde praecipuum quicquam gloriae domum invidiaeque ferret, Liv.: quod vir talis etiam praecipuum (eine besonders empfindliche) apud hostes supplicium passurus esset, Liv. – subst., praecipuum, ī, *n.*, das **Besondere, besondere Recht, Vorrecht,** ut enim cetera paria Tuberoni cum Varrone fuissent, hoc certe praecipuum Tuberonis, quod etc., Cic. – **b** insbes., vom Erbteil, **vorauserhalten, besonder,** praec. dos, Ulp. dig. 33, 4, 2. § 1: peculium castrense inter legitimos heredes praecipuum retinere, Papin. dig. 40, 5, 23. § 2. – subst., praecipuum, ī, *n.*, das **Vorausvermachte, Vorausgeerbte,** Suet. Galb. 5, 2. – **II** prägn., sich von anderen derselben Art unterscheidend, **besonders = außerordentlich, vorzüglich, 1** übh.: natura ingenerat praecipuum quendam amorem in eos, qui procreati sunt, Cic.: artis praecipuae opus, Ov.: praecipuo iure esse, ein Vorzugsrecht, eine bevorzugte Stellung haben, Cic.: praecipuum veniae ius habet ille liber, hat vor allem auf Nachsicht ein Recht, Ov.: eo proelio praecipua equitum gloria fuit, Liv.: quos praecipuo semper honore Caesar habuit, Caes.: praecipuum praemium ferre, den besten Preis (Teil) davontragen, Curt.: decreta accusatoribus praecipua praemia, Suet.: praecipuum in aula locum tenuit, nahm eine hervorragende Stellung ein, Suet.: mit *Genet.*, praecipua cenationum rotunda, der Hauptspeisesaal war ein Rundbau, Suet. – von Pers., praecipuus suorum temporum orator, Quint.: praecipuus vir Cineas nomine, Eutr.: Aristophanes tamen et Eupolis Cratinusque praecipui, Quint.: praecipui erant inter coniuratos duo Bruti, Eutr.: quem vel praecipuum adiutorem speraverat, auf dessen Beistand er gerade hauptsächlich gehofft hatte, Suet. – m. *Genet. subst.*, Glitius Gallus praecipuus amicorum, sein bester Freund, Tac.: philosophorum, ex quibus plurimum se traxisse eloquentiae M. Tullius confitetur, quis dubitet Platonem esse praecipuum, unter den Ph. ... die erste Stelle einnimmt, Quint. – m. *Genet. Gerund.*, Latiaris praecipuus olim circumveniendi Titii Sabini, das Hauptwerkzeug bei der Umgarnung des usw., Tac. ann. 6, 4. – m. *Abl.* **wodurch?** od. m. *in* u. Abl. = **ausgezeichnet, hervorragend,** philosophorum Plato est praecipuus (ragt hervor) acumine disserendi, Quint.: Asclepiodotus magnitudine opum praecipuus inter Bithynos, Tac.: praecipuus toro (ausgezeichnet durch einen Ehrensitz) Aeneas, Verg.: rex fraude praecipuus, der überlistige K., Flor.: praecipuus in eloquentia vir (v. Cicero), Quint.: Euripides in affectibus, qui miseratione constant, facile praecipuus, Quint. – m. folg. Relativsatz, mox praecipuus (der erste), cui secreta imperatorum inniterentur, Tac. ann. 3, 30. – subst., **a** praecipuī, ōrum, *m.*, die **Vorzüglichsten,** ponendus inter praecipuos foret, Quint. 10, 1, 116. – **b** praecipuum, ī, *n.*, das **Vorzügliche,** der **Vorzug,** homini praecipui a natura nihil datum esse, Cic. de fin. 2, 110 (Müller praecipue). – Plur. praecipua, ōrum, *n.*, **α** im Allg.: duo statim praecipua (wichtige Handlungen) ex imperatoria mente monstravit, Vopisc. Aur. 23, 1: m. *Genet.*, principum diversam esse sortem, quibus praecipua rerum (das Wichtigste) ad famam derigenda, Tac. ann. 4, 40. – **β** **Vorzüge** (Ggstz. delicta, Mängel), aurigarum equorumque praecipua vel delicta, Amm. 14, 6, 25. – **γ** = προηγμένα (bei den Stoikern), **vorzügliche Dinge, Vorzügliches** = solche Dinge, die zwar nicht an sich gut, aber doch dem Guten zunächststehend und nicht zu verwerfen sind (Ggstz. reiecta, verwerfliche Dinge, Verwerfliches), Cic. de fin. 3, 52. – **2** m. *ad* od. *adversus* u. Akk. od. mit bl. *Dat.* = **besonders geeignet** zu etw., von Lebl., opes eius praecipuae ad eliciendam cupidinem, Tac.: herba ad serpentium ictus praecipua, Plin.: herba dentibus praecipua, Plin.: praecipuus adversus anginas sucus, Plin. – von Pers., praecipuus ad pericula (zum Bestehen von G. bes. geeignet = G. besonders ausgesetzt), Tac.: praecipui ad scelera, große Missetäter, Tac.

praecīsāmentum, ī, *n.* (praecido), das **Abschnitzel** = **Borte, Besatz,** Isid. orig. 19, 22, 18.

praecīsālia, ium u. iōrum, *n.* (praecido), die **Zeit der Beschneidung** (der Bäume), Prob. app. 196, 9 K.

praecīsē, *Adv.* (praecisus), abgeschnitten, übtr. = **I** **abgekürzt** (Ggstz. plene et perfecte), sed id praecise dicitur, aber das ist nur ein abgekürzter Ausdruck, Cic. de nat. deor. 2, 73. – **II** **schlechtweg, ohne Bedingung,** cavere non praecise, sed cum condicione, Ulp. dig. 36, 3, 1. § 20: negare, Cic. ad Att. 8, 4, 2.

praecīsio, ōnis, *f.* (praecido), **I** das **Abschneiden,** **A** eig.: genitalium, Apul. met. 1, 9. – **B** meton., das ab- oder ausgeschnittene Stück, der **Abschnitt, Ausschnitt,** praecisiones tignorum, Vitr. 4, 2. § 2: absol., Vitr. 5, 6, 5. – **II** bildl., als rhet. Figur = ἀποσιώπησις, das **Abbrechen** eines Gedankens (s. Verg. Aen. 1, 135), Rhet. Her. 4, 41. – **III** das **Schisma,** Augustin. epist. 87, 8; vgl. praecisor *no.* II.

praecīsor, ōris, *m.* (praecido), **I** der **Vornabschneider,** dentes, die Schneidezähne, Isid. orig. 11, 1, 52. – **II** der **Schismatiker,** Augustin. in Ioann. epist. ad Parth. tract. 1, 8.

praecīsum, ī, *n.*, s. prae-cīdo *no.* I, A, 1, a.

praecīsūra, ae, *f.* (praecido), **I** das **Abschnitzel,** asparagorum praecisurae, Apic. 4, 126. – **II** übtr., der **Abschnitt,** Boëth. art. geom. p. 407, 20 Fr.: pr. agrorum, Gromat. vet. 100, 14; 299, 7 u. a.

praecīsus, a, um, *PAdi.* (v. praecido), **I** **steil, abschüssig,** iter, Sall.: saxum, Verg.: rupes, Quint. – **II** als rhet. *t. t.*, **abgebrochen,** expositio simplex et undique praecisa, Quint.: conclusiones, Quint.: si modo non breviora et praecisa erunt superiora, Cic. de or. 3, 193.

praeclāmitātor, s. praecia.

prae-clāmo, āvī, āre, **vorher rufen,** Paul. dig. 48, 8, 7. Interpr. Iren. 3, 22, 2. Not. Tir. 56, 79[a].

praeclārē, *Adv.* (praeclarus), **I** **sehr hell, sehr deutlich,** intellegere, Cic.: explicare, Cic. – **II** **vortrefflich, sehr wohl,** gerere negotium, Cic.: meminisse, Cic.: facere, sehr wohl tun = etwas Vortreffliches tun, Cic.; od. sehr wohl tun = helfen, Plin.: praeclarissime facta, Cic.

praeclāritās, ātis, *f.* (praeclarus), **hoher Ruhm,** Vulg. sap. 8, 18.

praeclāriter, *Adv.* (praeclarus) = praeclare, **vortrefflich,** Claud. Quadrig. ann. 3. fr. 48 (b. Non. 516, 11); vgl. Prisc. 15, 13.

prae-clārus, a, um, **sehr hell,** **I** eig.: lux, sol, Lucr.: iaspis, Iuven. – dem Ton nach, venarum pulsus inconditi vel praeclari (ganz deutlich), *Apul. flor. 19 H. (Krüger u. Helm praevaros). – **II** übtr., **sehr hervorstechend,** **1** **höchst glänzend, herrlich, höchst ausgezeichnet, sehr groß dastehend, sehr ansehnlich,** sowohl durch äußere als innere Vorzüge, facies, Sall.: vultus, Lucr.: situs (urbis) ex omni aditu praeclarus ad aspectum, Cic. – indoles, Cic.: homo in philosophia praeclarus, Cic.: gens bello praeclara, Verg.: nec quicquam ex omnibus rebus humanis est praeclarius aut praestantius quam etc., Cic.: praeclarissima causa, Cic.: praeclarissimum facinus, Nep.: praeclarissimi conatus, Cic.: pr. res (Vermögen), Hor.: rubrica res pr., herrliche, herrlich wirkende, Plin.: u. so usus, Plin.: praeclarum autem nescio quid adepti sunt, ironisch = Wunder was, Cic. – mit *Genet.*, Titus Livius eloquentiae ac fidei praeclarus in primis, Tac. ann. 4, 34. – praeclarum est (es ist sehr ehrenvoll) m. folg. *Infin.*, Cic. II. Verr.. 2, 2: mit folg. *Acc.* u. *Infin.*, Cic. ep. ad Brut. 1, 3, 2. – subst., praeclārum, ī, *n.* (*sc.* dictum), der herrliche Ausspruch, praeclarum igitur illud Platonis, Cic. de off. 1, 63: Plur., praeclāra, ōrum, *n.*, herrliche Sachen, Kostbarkeiten, Cic. Verr. 4, 62. – **2** im üblen Sinne = **berüchtigt,** qui nunc sceleribus suis ferox atque praeclarus est, Sall. Iug. 14, 21.

praeclāvium, iī, *n.* (clavus), der Teil des Kleides vor dem Purpurstreifen (clavus), Afran. com. 180 u. 229.

prae-clūdo, clūsī, clūsum, ere (prae u. claudo), **I** **verschließen, versperren,** portas (alci), Caes.: fores, Prop.: horrea, Suet.: ruinā aedificiorum praeclusa via, Suet.: maria bello quasi tempestate, Flor. – prägn., praeclusit cunctos negotiatores, ließ ihnen die Buden verschließen, Suet. Ner. 32, 3. – **II** übtr., jmdm. etw. **verschließen,** orbem terrarum alci, Cic.: sibi curiam, Cic.: maritimos cursus, Cic.: navigationem, hindern, Auct. b. Alex.: aditum misericordiae, Cic.: vocem, Phaedr.: vocis usum, Ov.: vocem alci, den Mund stopfen (bildl.), Liv.: linguam cani, ne latret, Phaedr.

prae-clueo, ēre, **überaus berühmt sein,** in vetusta comoedia, Ter. Maur. 2242: praecluens potestas, Prud. cath. 4, 37. – Nbf. **praecluo,** ere, Iul. Val. 1, 34 (34).

praecluis, e (prae u. cluis v. cluo), **sehr berühmt,** Mart. Cap. 1. § 3 u. a.

praeclūsio, ōnis, *f.* (praecludo), die **Verschließung,** vulneris, Veget. mul. 3, 23, 2. – konkret, der **Verschluss** = das Behältnis, praeclusiones aquarum, Vitr. 9, 8, 6.

praeclūsor, ōris, *m.* (praecludo), der **Verschließer, Verhinderer** von etw., legis, Tert. adv. Marc. 4, 27 *extr.*

praeco, ōnis, *m.* (aus *prae-dīco synkopiert), der **Herold, Ausrufer,** **I** eig., als öffentlicher Diener, beim Gericht (die Parteien vorzurufen, die Urteile bekanntzumachen usw.), in den Komitien (das Volk zu berufen, Stillschweigen zu gebieten usw.), bei Schauspielen (dazu einzuladen, die Sieger öffentlich zu nennen usw.), Cic., Hor. u. a.: bei Leichenfeiern (die Teilnehmer einzuladen), Paul. ex Fest. 106, 13: bei Versteigerungen als Ausrufer, per praeconem vendere alqd, Cic.: fundum subicere praeconi, öffentlich feilbieten lassen, unter den Hammer bringen, Liv.: so auch bona civium voci subicere praeconis, Cic.: Cyprium regem cum bonis omnibus sub praeconem subicere, Cic.: victus vestitusque necessarius sub praeconem subiectus, Cic. – **II** übtr., der **Herold, Verkündiger** = Lobredner, tuae virtutis, Cic. Arch. 24. – ► Archaist. Dat. Sing. praeconei, CIL 1, 202. col. 2. lin. 34.

praecocus, s. praecox.

prae-coepī, coepisse, **vorher anfangen,** Auct. itin. Alex. 37 (84).

praecōgitātio, ōnis, *f.* (praecogito), das **Vorherbedenken,** die **Vorherüberlegung,** Tert. adv. Marc. 4, 39 u. a. Eccl.

prae-cōgito, āvī, ātum, āre, **vorher bedenken, -überlegen,** multo ante facinus, Liv.: plura, Quint.: malum, Sen.

praecōgnitio, ōnis, *f.* (praecognosco), das **Vorherkennen, Vorherwissen,** Boëth. de consol. phil. 5, 4. Ambros. de fide 3, 10. § 64.

praecōgnitor, ōris, *m.* (praecognosco), der **Vorherwisser,** Ambros. de fide 2. prol. § 14.

prae-cōgnōsco, (cōgnōvī), cōgnitum, ere, **vorher erfahren,** praecognito nostro adventu, Planc. in Cic. ep. 10, 15 *extr.*: mors eius evidentissimis ostentis praecognita est, Suet. Aug. 97, 1: Christus praecognitus ante mundi constitutionem, Vulg. 1. Petr. 1, 20: haec enim praecognita, Boëth. de cons. phil. 5, 4.

prae-colo, coluī, cultum, ere, **vorher bearbeiten,** bildl., **I** im Allg., **vorbilden,** animi habitus ad virtutem quasi praeculti et praeparati rectis studiis et artibus, Cic. part. or. 80. – **II** insbes., einer Sache **vor-**

schnell sich hingeben, etwas mit verfrühter Huldigung umgeben, nova et ancipitia praecolere, Tac. ann. 14, 22.

prae-commodo, āre, **vorausleihen, aus Gefälligkeit geben,** Cod. Theod. 14, 27, 2. Coripp. laud. Iustin. 1, 7.

prae-commoveo, ēre, **vorzüglich bewegen,** Sen. Thyest. 302.

prae-compositus, a, um (prae u. compono), **vorher zurechtgelegt, -studiert,** os (Mienen), Ov. fast. 6, 674.

prae-concinnātus, a, um (prae u. concinno), **vorher ausgedacht, vorbereitet,** mendacium, Apul. met. 3, 27.

prae-condio, īre, **vorher würzen,** leporem, Apic. 8, 406.

praecōniālis, e (praeconium), **preisenswert, verherrlichenswert,** viri, Cassiod. var. 9, 25, 3: pietati vestrae praeconiale est diligere, *ibid.* 8, 1, 2. – *Adv.* **praecōniāliter**, Cassiod. in psalm 17; var. 10, 11, 5.

praecōnium, iī, *n.*, s. praecōnius.

praecōnius, a, um, zum Präko gehörig usw., **präkonisch, I** *adi.*: quaestus, Beruf eines Präko, Cic. Quinct. 95. – **II** *subst.*, praecōnium, iī, *n.*, **A** das **Amt eines Präko,** das **Ausruferamt,** praeconium facere, Präko sein, Cic. u. Suet.: praeconium alci dare, Plaut. – **B** übtr.: **1** die öffentliche **Bekanntmachung, Veröffentlichung, Ausbreitung,** praeconio edicere, Apul.: posthac quidquid scripsero, tibi praeconium deferam, Cic.: o meum miserum praeconium! Cic.: perago praeconia casus, mache ihn bekannt, Ov.: famae, Ov. – **2** als *t. t.* der Kirchenspr., die **Verkündigung,** resurrectionis, Tert. de res. carn. 39 *extr.*: evangelii, Lact. 1, 4, 8. – **3** die rühmende **Ausbreitung,** das **Rühmen,** die **Lobeserhebung, Verherrlichung,** laborum suorum, Cic.: pr. tribuere alci, Cic.: formae praeconia feci, Ov.: praeconium facere de deo, G. rühmen u. preisen, Lact. 1, 4, 2; 4, 14, 19.

praecōno, āvī, āre (praeco) = praeconor (s. d.), Augustin. serm. 58. § 1 u. 2.

praecōnor, ārī (praeco), den Präko machen = **ausposaunen, rühmen, preisen,** absol., Mart. Cap. 1. § 63: m. *Acc.*, Arnob. in psalm. 92 u 97. Vgl. Bünem. Lact. 1, 4, 2. p. 24 (a).

prae-cōnsūmo, cōnsūmptus, ere, **vorher verzehren, -aufreiben,** Ov. met. 7, 489; trist. 4, 6, 30.

prae-contemplātio, ōnis, *f.*, die **Betrachtung im Voraus,** Cassiod. hist. eccl. 1, 14.

prae-contrecto, āre, **vorher betasten,** videndo, Ov. met. 6, 478.

praecoquē, *Adv.* (praecoquus), **unzeitig,** properare, Itin. Alex. 15 (38).

praecoquis, e, s. praecox.

prae-coquo, coxī, coctum, ere, **I vorherkochen,** im Feuer, alqd in alqa re, Cael. Aur. de morb. acut. 2, 24, 136; de morb. chron. 4, 3, 26 u. a. – durch die Sonne, acini praecoquuntur in callum, werden hartschalig, Plin. 18, 288. – **II völlig reifen,** praecocta uva, Plin. 14, 81.

prae-coquus, a, um, s. praecox.

prae-cordia, iōrum, *n.* (prae u. cor), **I** die Haut, die Herz und Lunge vom Unterleib trennt, das **Netz um das Herz,** das **Zwerchfell,** sonst diaphragma genannt, Cic. u. Plin. – **II** übtr.: **A** die **Eingeweide, Gedärme,** bes. der **Magen,** praecordia vocamus uno nomine exta in homine, Plin.: fisso transit praecordia ligno, Verg.: anulus in praecordiis piscis inventus, Cic.: leni praecordia mulso prolueris, Hor. – **B** die **Brusthöhle** mit **Herz u. Lunge** u. übh. die **Brust,** quod a praecordiis uterum (die Bauchhöhle) diducit, Cels.: coit in praecordia sanguis, Verg.: spiritus remanet in praecordiis, Liv.: dura in terra ponunt praecordia, die harte Brust (die gespannte, harte Haut), Ov.: multus ore toto rubor exaestuante ex imis praecordiis sanguine, Sen. – die **Brust,** das **Herz,** als Sitz der Empfindungen und Begierden, ferrea praecordia, Ov.: aperit praecordia Liber, Hor.: cogere dolorem intra praecordia, in sein Herz verschließen, Sen. rhet. – stolidae praecordia mentis, törichte Gesinnungen, Ov. – **C** = τὰ ὑποχόνδρια, die **Oberbauchgegend unter den Rippen,** Cels. 2, 3. p. 32, 31 D. u. 2, 4. p. 34, 9 D. – Sing. praecordium, iī, *n.*, Isid. orig. 10. *no.* 102.

prae-corrumpo, rūpī, ruptum, ere, **vorher bestechen,** donis, Ov. met. 14, 134: illa … praecorrupta, vorher gegen mich eingenommen, Ov. met. 9, 295.

praecox, cocis, u. **praecoquis**, e, u. **praecoquus** (praecocus), a, um (praecoquo), **I frühzeitig,** d. i. **a vor der Zeit reif, frühreif,** vites praecoquis fructus, Colum.: pira praecocia, Colum.: uvae praecoquae, Colum.: rosa praecox, Plin. – subst., praecoca (so!), ōrum, *n.*, **Pfirsiche** (noch j. in Neapel eine geringere Art Pf. *precoche*), Edict. Diocl. 6, 58. – **b** prägn., **vor der Zeit Früchte tragend,** vites, Colum.: arbores, Plin.: loca, Orte, wo die Früchte früh reif werden, Plin.: ebenso situs, Plin. – **II** übtr., **zu früh, unzeitig, voreilig,** amicula aspera atque praecox, Lucil.: infans praecoquus, Tertull.: pugna, Enn.: ea praecox est fuga, Varro: risus, Plin.: gaudium, Curt.: audacia, eines Knaben, Sen.: illud ingeniorum velut praecox genus, Quint.: odi puerulos praecoqui sapientiā, Apul.

prae-crassus, a, um, **vor allem-, sehr dick,** cortex, Plin. 16, 34.

prae-crepo, crepuī, āre, **im Voraus erschallen,** in domo patris praecrepuisse symphoniam, Ambros. in psalm. 118. serm. 11. § 26.

praeculco, āre (prae u. calco), **vor allem-, vorzüglich einprägen,** Tert. de monog. 10 *in.*

1\. **praecultus**, a, um (prae u. colo), **sehr geschmückt,** Quint. 11, 1, 31. Stat. Theb. 2, 298. Augustin. epist. 138, 1.

2\. **praecultus**, a, um, s. prae-colo.

praecupidē, *Adv.* (praecupidus), **sehr begierig, (hastig),** loqui, Paul. ex Fest. 34, 2.

prae-cupidus, a, um, **eine große Vorliebe habend** für usw., ein **großer Liebhaber** von usw., pretiosae supellectilis, Suet. Aug. 70, 2: potentiae, Chalcid. Tim. 169.

prae-cūro, āre, **vorher besorgen, vorher pflegen,** res suas, Tert. adv. Marc. 2, 29: corpus unctione olei, Cael. Aur. de morb. acut. 2, 37, 207.

prae-curro, cucurrī u. currī, cursum, ere, **vorher-, vorauslaufen, -eilen, I** im Allg.: **A** eig.: abi, praecurre, Ter.: praecurrunt equites, Caes.: praec. per colles, Auct. b. Afr.: ante omnes, Caes.: ad alqm, Caes.: alqm, v. Vorreiter, Sen.: alqm equis albis, überflügeln, ausstechen, bildl. = übertreffen, Hor. sat. 1, 7, 8. – Partiz. subst., praecurrentia, ium, *n.*, das **Vorhergehende,** Cic. de or. 2, 166 u. 170. – **B** übtr.: **1 vorauseilen,** eo iam fama praecurrerat de proelio Dyrrhachino, Caes. b. c. 3, 80, 2; vgl. Auct. b. Afr. 87, 2. – **2** der Zeit nach **vorangehen,** alqm aetate, Cic.: mit *Dat.*, ut certis rebus certa signa praecurrerent, Cic.: m. bl. *Acc.*, quo (ore) Appii interitum veridica Pythiae vaticinationis fides praecucurrit, Val. Max. – **II** insbes., **einen Vorsprung gewinnen, überholen, zuvorkommen, A** eig.: alqm celeritate, Caes.: alcis adventum, Plin. – **B** bildl., der Eigenschaft nach jmdm. **vorauseilen, den Vorrang abgewinnen,** jmd. **überflügeln, übertreffen,** alqm nobilitate, Nep.: oratores suos iudicio (im Geschmack), Tac. dial.: alci studio, Cic.

praecursātor, ōris, *m.* (*praecurso), der **Vortraber,** Plur. = der **Vortrab,** Amm. 16, 12, 8.

praecursio, ōnis, *f.* (praecurro), das **Vorherlaufen, Vorherkommen, I** im Allg.: sine praecursione visorum, ehe die Erscheinungen vorausgegangen, Cic. de fato 44. – **II** insbes.: **A** als milit. *t. t.*, der **Vorkampf,** das **Geplänkel,** Plin. ep. 6, 13, 6. – **B** als rhet. *t. t.*, die **Vorbereitung** der Zuhörer, die **vorläufige Anregung,** Cic. top. 59. – **C** die **Vorläuferschaft** Johannis des Täufers, Augustin. tract. in Ioann. 4. § 6.

praecursor, ōris, *m.* (praecurro), der **Vorläufer, I** eig.: **A** als milit. *t. t.*, praecursores, der **Vortrab,** die **Vorhut,** Liv. 26, 17, 16. – **B** der **Vorläufer, Läufer,** als Diener eines röm. Großen, Plin. pan. 76, 7. – **II** übtr., der **Vorläufer, A** als Kundschafter, alqm in omni calumnia praecursorem habere et emissarium, Cic. Verr. 5, 108. – **B** als Vorgänger auf einer Bahn, praec. eius viae, Lact. 6, 7, 3. – v. lebl. Subjj., flos praec. indolis bonae, Nazar. pan. Const. 3, 4. – **C** der **Vorläufer** = Vorgänger Christi, v. Johannes dem Täufer, praeco et praecursor Christi, Augustin. serm. 287, 1: altissimi, Augustin. tract. in Ioann. 4. § 6 u. 8: praecursor et praeparator viae domini, Augustin. serm. 351, 2 *extr.*

praecursōrius, a, um (praecursor), **voran-, vorauseilend,** haec quasi pr. epistula, Vorbote, Plin. ep. 4, 13, 2: pr. index, ein vorläufiger Bote, Amm. 15, 1, 2.

praecursus, ūs, *m.* (praecurro), das **Vorherlaufen, Vorherkommen,** praecursu etesiarum, ehe die Etesien wehen, vor den Etesien, Plin. 16, 104: praecursu quodam gloriosae passionis, Ambros. in Luc. 5. § 109: terrorem meum mittam in praecursum tuum, zu deinem Vortrab, Vulg. exod. 23, 27.

prae-cūstōdio, īre, **vor** etwas **hüten,** praecustodio vos a bestiis hominum figuras habentibus, (Ignat.) epist. interpol. ad Symm. 4.

praecutio, cussī, cussum, ere (prae u. quatio), **voran schütteln, -schwenken, -schwingen,** taedas, Ov. met. 4, 759.

praeda, ae, *f.* (als *prai-hida zu prehendo), das im Krieg gewonnene Besitztum, die **Beute, I** eig.: praeda parta, Cic.: u. so praeda ingens parta est, es wurde ungeh. Beute gemacht, Liv.: praedam capere de hostibus, Plaut.: praedā potiri, Liv.: ingentes praedas facere, Liv.: praedas agere ex pacatis, Sall.: so auch praedas hominum pecorumque agere, abigere, Liv.: praedam ante se agere, Liv.: tantum praedae trahere (nach sich schleppen), ut etc., Liv.: ibi praedam relinquere, Liv.: praedam coacervare, Liv.: captivos praedamque recensere, Liv.: reliqua praeda victoribus cessit (fiel anheim), Liv. (u. so grande certamen tibi praeda cedat maior an illi, Hor.): praedae alia militum cessere, fielen als B. anheim, Liv.: u. so reliqui in praedam cessere victoris, Curt.: idem aurum ex hostibus captum in paucorum praedam cessisse, Liv.: hosti praedae esse (v. Pers.), Liv. – **II** übtr.: **A** die **Beute,** der **Fang** auf der Jagd, Hor., Verg. u. Plin.: im Fischfang, Ov.: durch den Vogelfang, Sen.: v. Pers. (s. Brix Plaut. mil. 457), mea praeda est illa, Plaut.: praeda haec mea est, Plaut.: veniunt nova praeda puellae, Ps. Ov.: e manibus amisisti praedam, Plaut. – **B** die **Beute** = der **Raub,** praedam capere ex fortunis alcis, Cic.: regnum facit praedam sceleris sui, Sall.: praedam de manibus amittere, Cic.: tantā praedā augeri, Cic.: iam spe atque opinione illam praedam devorasse, Cic.: maxima praeda, quam ex fortunis publicanorum, quam ex agris urbibusque sociorum exhauserat, Cic. – **C** der getane und sich angeeignete **Fund,** ostendit praedam, Phaedr. 5, 6, 4. – **D** die **Beute** = der **Gewinn, Vorteil,** praedam ferre, Hor.: ab alqo magnas praedas facere, gr. V. ziehen, Nep.: maximas praedas facere, Cic. – ► urspr. Abl. praedād, CIL 1, 195. lin. 17.

praedābundus, a, um (praedor), **auf Beute ausgehend,** Sall. u. a.

praedamnātio, ōnis, *f.* (praedamno), die **Vorherverdammung,** Tert. apol. 27 u. a.

prae-damno, āvī, ātum, āre, **I vorher verdammen, -verurteilen,** alqm, Liv. 4, 41, 11. Suet. Aug. 56, 3. – **II** bildl.: **A** im Allg.: se perpetuae infelicitatis, sich selbst schon für zu ewigem Unglück verdammt halten, Val. Max. 6, 9 *in.* **B** insbes., **schon im Voraus fahren lassen** oder **aufgeben,** spem, Liv. 27, 18, 8.

praedātīcius, a, um (praedor), **erbeutet,** pecunia, Gell. 4, 18, 12 u. 13, 24, 28.

praedātio, ōnis, *f.* (praedor), das **Beutemachen, Plündern, Rauben,** Sing. u. Plur., Tac. u. a.: latrocinia ac praedationes, Vell.

praedātor, ōris, *m.* (praedor), der **Beutemacher, Plünderer, Räuber, I** eig., verb. praedatores direptoresque, Cic.: vexatores ac praedatores, Cic.: exercitus pr. ex sociis, die B. plünderndes, Sall.: praed. ales Iovis, räuberische, Ov. – **II** übtr.: **A** der **Jäger, Erleger** des Wildes, aprorum, Ov. met. 12, 306: equus pr., Stat. Theb. 4, 316. – übtr., pr. corporis, Jagdmacher auf usw., Petron. 85, 3. – **B gewinnbegierig, habsüchtig,** Tibull. 2, 3, 41.

praedātōrius, a, um (praedator), **beutemachend, plündernd, räuberisch,** classis, Liv.: manus, ein Streifkorps, Sall.: navis, Raubschiff, Kaperschiff usw., Plaut. u. Liv.: globi, Räuberbanden, Amm.

praedātrīx, trīcis, *f.* (Femin. zu praedator), die **Beutemacherin, Räuberin,** Stat. silv. 1, 5, 22. – *adi.*, fera, Raubtier, Amm. 14, 2, 1: u. so bestia, Amm. 26, 6, 10.

1. **praedātus**, a, um, s. 1. praedo u. praedor.

2. **praedātus**, a, um (praeda), **mit Beute (einem Fang) versehen,** bene, probe pr., Plaut.

3. **praedatus**, a, um (prae u. do), **vorhergegeben,** Cael. Aur. de morb. acut. 2, 37, 213 u. a.

prae-decessor, ōris, *m.*, der **Amtsvorgänger, Vorweser,** Augustin. de bapt. c. Donat. 2. § 12 u. 13. Symm. epist. 10, 47. Cassiod. var. 4, 44, 1 (Mommsen prodecessor) u. a. Eccl.

prae-dēlasso, āre, **vorher ermüden,** Ov. met. 11, 730.

prae-dēlēgātio, ōnis, *f.*, die **Anweisung vor der Zeit,** Cod. Theod. 11, 5, 3.

praedemno, āre, s. prae-damno.

prae-dēmo, dēmptus, ere, **vorher wegnehmen,** praedempto tegmine, Cael. Aur. de morb. chron. 2, 13, 160 (*al.* praesumpto).

prae-dēnsus, a, um, **vor allem-, sehr dicht,** Plin. 18, 171 u. a.

praedēsīgnātus, a, um (prae u. designo), **vorherbezeichnet,** Tert. de res. carn. 23 *extr.*

praedēstinātio, ōnis, *f.* (praedestino), die **Vorherbestimmung,** Augustin. de praedest. *in.* Boëth. de consol. phil. pros. 4, 6 *in.* u. a. Eccl.

prae-dēstino, āvī, ātum, āre, **im Voraus bestimmen, I** im Allg.: alci trinam indolem, Prud. cath. 12, 67: Partiz. praedestinatus, Augustin. de don. persev. 21 u. a. Eccl. – **II** insbes.: **a** m. sibi = **sich etwas im Voraus vorsetzen, -vornehmen,** sibi gaudia, Auctor paneg. ad Maxim. et Constant. 7: sibi similes triumphos, sich im Voraus zum Ziel (seiner Bestrebungen) setzen, Liv. 45, 40, 8. – **b vorher anschaffen,** cavea modico praedestinata pretio, Apul. met. 4, 15.

prae-dexter, tera, terum = ἀμφιδέξιος, **sehr geschickt,** Gratt. cyn. 68.

praedia, ae, *f.*, s. praedium.

praediātor, ōris, *m.* (praedium), der Aufkäufer an den Staat verpfändeter und öffentlich versteigerter Grundstücke, der sie an den eigentlichen Eigentümer gegen Erlegung des Kapitals und der Zinsen wieder verkaufte, der **Güteraufkäufer,** als Sachverständiger oft bei Entscheidung über Wert und Gerechtsame eines Grundstückes zu Rate gezogen, Cic. ad Att. 12, 14, 2 u. 12, 17. Cic. Balb. 45; vgl. Gaius inst. 2, 61.

praediātōrius, a, um (praediator), **die Pfändung der Güter betreffend,** lex, Suet. Claud. 9, 2: ius, das Pfandrecht (der Inbegriff der Rechte, die bei öffentlich verpfändeten und zum Verkauf angeschlagenen Landgütern vorkamen), Cic. Balb. 45; vgl. praediator.

praediātūra, ae, *f.* (praedium), der **Aufkauf an den Staat verpfändeter und öffentlich versteigerter Grundstücke,** Gaius inst. 2, 61.

praediātus, a, um (praedium), **I Landgüter besitzend, begütert,** Apul. flor. 22. p. 35, 20 Kr. – **II** übtr., übh. **reich,** Mart. Cap. 1. § 46.

praedicābilis, e (1. praedico), **rühmenswert, ruhmwürdig, preiswürdig,** Cic. Tusc. 5, 49. Ambros. in Luc. 1. § 15. Augustin. epist. 232, 7: nihil habet praedicabile in vita, nisi etc., Treb. Poll. Valer. duo 8, 2.

praedicāmentum, ī, *n.* (1. praedico), **I** die **im Voraus erfolgende Hinweisung** auf etw., praedicamenta venturi unius verissimi iudicii, Augustin. c. Faust. 20, 18; vgl. 22, 17. – **II** das **Prädikat,** die **Eigenschaft,** Plur. = categoriae (s. catēgoria *no.* II), Augustin. conf. 4, 6 u. a. Isid. orig. 2, 16, 1.

praedicātio, ōnis, *f.* (1. praedico), **I** das **öffentliche Bekanntmachen,** das **öffentliche Ausrufen** des Präko, Cic. de lege agr. 2, 48: des Merkur als Ausrufer, Apul. met. 6, 8. – **II** übtr.: **1** die **Aussage,** nefariae societatis, über usw., Cic. Verr. 3, 140. – bes. die **Aussage** = **Behauptung,** Ciceronis, Lact. 5, 14, 3: decem praedicationes, Mart. Cap. 4. § 383. – **2** als *t. t.* der Kirchenspr., das **Verkündigen (Predigen)** des Evangeliums usw., Lact. 4, 21, 2; de mort. pers. 2, 2. Sulp. Sev. chron. 1, 30, 9. – **3** prägn., das **Rühmen, Loben,** die **Lobpreisung,** das **Lob,** Plaut., Cic. u. a.

praedicātīvus, a, um (1. praedico), **behauptend, bejahend, kategorisch,** propositio, Ps. Apul. de dogm. Plat. 3 *in.* p. 263 H.: syllogismus, Mart. Cap. 4. § 343 u. 408: in ea quaeritur, quot formae sint praedicativi generis, Mart. Cap. 4, § 343.

praedicātor, ōris, *m.* (1. praedico), **I** der **öffentliche Ausrufer,** Apul. met. 6, 8. – **II** übtr.: **A** als *t. t.* der Kirchenspr., der **Verkündiger (Prediger)** des Evangeliums usw., Tert. adv. Marc. 4, 28. Augustin. conf. 6, 2: pr. gentium (v. Apostel Paulus), Sulp. Sev. epist. 1, 6. – **B** prägn., der **Lobpreiser, Lobredner,** Cic. Brut. 233; ep. 1, 9, 6.

praedicātrīx, trīcis, *f.* (Femin. zu praedicator), die **Bekanntmacherin,** Tert. de anim. 46. Augustin. serm. 288, 4.

1. prae-dico, āvī, ātum, āre, **I öffentlich ausrufen, -verkündigen, -bekanntmachen, A** eig.: **a** v. Präko, auctionem, Plaut.: m. folg. *Acc.* u. *Infin.*, non decumas frumenti sed dimidias venire partes, Cic.: m. folg. direkter Rede, quid autem tam absurdum quam si domini iussu ita praeco praedicet: ›domum pestilentem vendo‹, Cic. – **b** v. einem Sklaven: peccatum tum, Donat. Ter. Andr. 3, 5, 12. – **B** übtr.: **1** im Allg., öffentlich, laut **bekanntmachen, aussagen, äußern, erklären, behaupten,** nachdrücklich **hervorheben, vorstellen,** vera, Ter.: alci vitium, beilegen, Plaut.: paucitatem nostrorum militum suis, Caes.: sua in eum perpetui temporis officia, Caes.: iniuriam in eripiendis legionibus praedicat, Caes. – m. dopp. *Acc.*, patrem eius miserum praedicas, erklärst für usw., Plaut. most. 981. – m. folg. *Acc.* u. *Infin.*, ipsum Crassum praedicantem audivi contumeliam illam sibi a Cicerone impositam esse, Sall.: atque ea iuventutis exercendae causā ac desidiae minuendae causā fieri praedicant, Caes.: *de* se autem hoc praedicat, Antiocho Aebutii servo se imperasse, ut etc., Cic.: im Passiv m. *Nom.* u. *Infin.*, M. Crassus ab eadem illa peste infestissimus esse meis fortunis praedicabatur, Cic. Sest. 39. – absol., ut praedicas, Plaut. u. Cic.: ita praedicant, Ter. – **2** als *t. t.* der Kirchenspr., das Evangelium usw. **verkündigen (predigen),** Christum, Vulg. 1. Cor. 15, 12: evangelium, Lact. de mort. pers. 2, 4: paenitentiam (Buße), Ambros. in Luc. 2. § 68: verbum dei latroni, Sulp. Sev. vit. S. Mart. 5, 6: futura omnia Romae Lact. 4, 21, 2: absol., apostolos mittere ad praedicandum, Tert. de praescr. haer. 21 *in.* – **3** prägn., rühmend **verkündigen, rühmlich erwähnen, rühmen,** virtutem, Cic.: faciem alcis aut laudem alci (gegen jmd.), Ter.: laudes alcis, Nep.: alqd miris laudibus, Plin.: falsa de se, Cic.: gloriosius de se, Cic.: de suis laudibus, Caes.: nostra praedicabitur pugna, Cic.: praedicatus familiariter, geschildert, Plaut. – m. dopp. *Acc.*, alqm liberatorem patriae, Nep.: Galli se omnes ab Dite prognatos praedicant, Caes. – im Passiv m. *Nom.* u. *Infin.*, pulcherrima atque optima fuisse praedicatur Romana res publica, Augustin. de civ. dei 2, 18, 2. p. 75, 15 D.[2] – **II vorhersagen, vorherverkündigen,** Hygin. fab. 14. p. 46, 12 Schm. Cypr. epist. 63, 7 u. 8: persecutiones, Tert. de fuga in persec. 6.

2. prae-dīco, dīxī, dictum, ere, **I vorhersagen,** Ter. u. Quint.: praediceres, du hättest es mir vorhersagen sollen, Ter.: quae cuncta fideli Priamides Helenus monitu praedixerat, Ov.: praedicta cornua (die angekündigten H.) quaerunt, Ov. – bes. v. Schriftsteller od. Redner, **vorher bemerken, vorausschicken,** cum praedixero positum insulae, Sall. hist. fr. 2, 1 (1): haec eo mihi praedicenda fuerunt, ut etc., Cic. de or. 3, 37: unum illud praedicendum videtur, cogitare me has nugas meas ita inscribere, Plin. ep. 4, 14, 8. – **II** insbes.: **A** etw. Zukünftiges **voraussagen, vorhersagen, vorherverkündigen, prophezeien,** futura, Cic.: defectiones solis, Cic.: defectus solis et lunae, Augustin.: malum, Verg.: quae mihi Phoebus Apollo praedixit, Verg. – m. folg. *Acc.* u. *Infin.*, non enim Cicero ea solum, quae vivo se accĭderunt, futura (esse) praedixit, sed etiam etc., Nep. Att. 16, 4: ante praedico nihil M. Antonium eorum quae sunt legatis mandata, facturum (esse), Cic. Phil. 6, 5. – **B** v. Schriftstellern, **im Vorigen-, kurz vorher-, oben anführen, -erwähnen,** cum tot genera praedicta sint, Plin.: quae praediximus, Plin.: ut praediximus, Vell.: ut ante praedixi, Plin. ep.: bes. im *Partic.*, praedictus = **vorher angeführt, -erwähnt, -genannt,** praed. locus, Vell.: praed. amnis, Tac.: posterior ex praedictis locis, Quint.: praedictae hostium latebrae, Liv.: Theopompus praedictis minor, Quint.: praedictis vitiis caret, Plin.; vgl. Nipperd. Tac. ann. 1, 60 u. Sillig Plin. 34, 136. – **C** zu anderer Nachachtung **bekanntmachen, a = anzeigen, bestimmen, festsetzen,** res divas, Naev. fr.: diem, v. Prätor, Tac.: horam, Suet. – **b befehlen, warnen, raten, Rat geben, einschärfen,** m. *ut* od. *ne* od. *ut ne* u. Konj. (s. M. Müller Liv. 2, 10, 4. Fabri Liv. 21, 10, 4. Dräger Tac. ann. 13, 36), monere, praedicere, ut pontem ferro, igni interrumpant, Liv.: Pyrrho ut a veneno caveret praedixerunt, Liv.: eis praedixit, ut ne prius Lacedaemoniorum legatos di mitterent, quam etc., Nep.: Iunonem praedicere, ne faceret, Cic.: praedixisse se, ne Hamilcaris progeniem ad exercitum mitterent, Liv.: ne pugnam priores auderent, praedicit, Tac.: m. *Infin.*, Plin. 14, 140: absol., moneo, praedico, ante denuntio, Cic. I. Verr.. 36.

praedictio, ōnis, *f.* (praedīco), **I** das **Vorhersagen,** Quint. 9, 2, 17. – **II** die **Vorherverkündigung, Prophezeiung,** Cic. u. a.

praedictīvus, a, um (praedīco) = προῤῥητικός, **vorher anzeigend, prognostisch,** liber, Cael. Aur. de morb. acut. 1, 12, 100.

praedictum, ī, *n.* (praedīco), **I** die **Vorhersagung, Vorherverkündigung, Weissagung,** Cic. u. a. – **II** die **Abrede,** velut ex praedicto, Liv. 33, 6, 8. – **III** der **Befehl,** quia pr. erat dictatoris, *ne* quid etc., Liv. 23, 19, 5.

prae-difficilis, e, **sehr schwer,** Tert. de bapt. 2 *extr.*

praedīgestus, a, um (prae u. digero), **wohl verdaut habend,** corpus, Cael. Aur. de morb. chron. 5, 2, 41.

praediolum, ī, *n.* (*Demin.* v. praedium), das **kleine Landgut,** praediolum parvum et id litigiosum, Cic.: praediola nostra et belle aedificata et amoena, Cic.: praediolum istud, quod commendatur his dotibus, Plin. ep.

prae-dīrus, a, um, **sehr schrecklich, sehr abscheulich,** facta visu dictuque praedira, Amm. 31, 8, 7: mulier praedira, Anthol. Lat. 483, 19 (388, 19).

prae-dīsco, didicī, ere, etwas **vorher lernen,** mit etwas **sich vorher bekanntmachen,** ventos et varium caeli morem, Verg. georg. 1, 51: tempestates, Verg. georg. 1, 252: qui ea, quae agenda sunt in foro tamquam in acie, possunt etiam nunc exercitatione quasi ludicrā praediscere ac meditari, Cic. de or. 1, 147: mit folg. Fragesatz, sic ut praediscere possimus, utrum sit perseverans, Cael. Aur. de morb. acut. 2, 18, 104.

praedispositus, a, um (prae u. dispono), **I vorher hier und da aufgestellt,** nuntii, Liv. 40, 56, 11 (Weißenb. nuntios per dispositos). – **II davorliegend,** vesica, Th. Prisc. 4. fol. 316 (a).

prae-ditus, a, um (prae u. do), **I** (vor anderen) mit etwas **versehen, begabt, behaftet,** mit *Abl.*, sensu divino, Lucr.: sensibus, Cic.: virtute, Cic.: spe, metu, Cic.: amentiā, Cic.: vitio grandi, Cic.: immani crudelitate, Cic.: summi homines ac summis ingeniis praediti (hochbegabte), Cic.: auch **bekleidet** mit einer äußeren Ehre, magno imperio praeditus, Sall.: sacerdotio amplissimo pr., Cic. ep. – **II** = praepositus, einer Sache **vorgesetzt, vorstehend,** eorum de numero praediti curant singuli, Apul. de deo Socr. 6: m. *Dat.*, deus ei rei praeditus, Fronto ad M. Caes. 3, 9. p. 47, 19 N.: ille, qui nobis praeditus fuit, Apul. de deo Socr. 16: ei negotio praediti, Apul. de dogm. Plat. 2, 25.

praedium, iī, *n.* (praes), jedes als Kaution einzusetzende unbewegliche **Besitztum, Grundstück, Gut,** rusticum auf dem Land gelegenes Gut, Cic.: ius praediorum, Landgüterrecht, Cic.: praedium suburbanum, Colum.: urbanum, im Weichbild der Stadt liegendes, Cic. Verr. 3, 199 (in der Rechtssprache auch jedes Gebäude auf dem Land, wenn es auf städtische Art eingerichtet ist, s. Ulp. dig. 50, 16, 198): praedia dotalia, Cic.: praedium emere, Cato, vendere, Cic.: alqm de praedio detrudere, Cic. – Nbf. praedia, ae, *f.*, Hist. Apollon. 26.

prae-dīves, itis, **sehr reich** (Ggstz. admodum inops pecuniae), Liv. u. a.: verb. praedives et praepotens, Tac.

prae-dīvido, ere, **im Voraus einteilen,** causam ex utilitate nostra, Iul. Vict. art. rhet. 15. p. 243, 44 *Baiter.*

praedīvīnātio, ōnis, *f.* (praedivino), die **Ahnung** einer künftigen Sache, die **Weissagung,** Plin. 8, 89.

prae-dīvīno, āvī, āre, die zufällige Vorempfindung einer künftigen Sache haben, etwas **vorauswissen, ahnen,** Plaut., Varro LL., Plin. u. a.

prae-dīvīnus, a, um, **weissagerisch,** somnium, Plin. 37, 167. Solin. 27. § 46.

prae-dīvīsio, ōnis, *f.* (praedivido) = προδιαίρεσις die **vorläufige Einteilung,** Prob. in Verg. georg. 1, 1.

1. praedo, āvī, ātum, āre = praedor (s. Prisc. 8, 29), festina praedare,

Itala Isai. 8, 3: ex agris finitimorum praedare soliti, Iustin. 23, 1, 10 *Jeep* (*codd.* praedari): praedavit omnes filios Tharsis, Vulg. Iudith 2, 13: im Passiv, mihi videtur praeda praedatum irier, mir scheint's, als ob die Beute wieder zur Beute wird, Plaut. rud. 1242: terra direptione praedabitur, Vulg. Isai. 24, 3. – Partiz. subst., praedātum, ī, *n.*, das **Erbeutete,** die **Beute,** Vopisc. Prob. 8, 3.

2. praedo, ōnis, *m.* (praeda), der **Beutemacher,** der **Plünderer, Räuber,** verächtlich ein **Schnapphahn,** **I** eig.: urbis, Cic.: maritimi, Seeräuber, Nep. u. (Ggstz. praedones terrestres) Liv.: praedo maritus, der G., der sie geraubt (v. Pluto), Ov.: praedonum dux, Cic. – **II** übtr., v. den Drohnen (fuci), Colum.: v. Habicht, Mart.: v. Perf., die anderer Vermögen an sich ziehen, ICt.

prae-doceo, doctus, ēre, jmd. **vorher unterrichten,** mit etwas **vorher bekanntmachen,** praedocti ab duce, Sall.: praedoctus esto, Plin.: sepulcrum, anzeigen, Prud.

prae-domo, domuī, āre, **im Voraus bändigen,** omnes casus meditando, Sen. ep. 113, 27: circa surculos dentium operam, *Plin. 8, 129.

praedōnius, a, um (praedo, onis), **räuberisch,** Ulp. dig. 5, 3, 25. § 5.

praedōnulus, ī, *m.* (*Demin.* v. praedo), ein **elender Räuber,** ein **elender Schnapphahn,** Cato epist. fr. 1. p. 83 *ed. Jordan.*

praedor, ātus sum, ārī (praeda), **I** *intr.* **Beute machen,** Beute machend **plündern, -rauben,** **A** eig., vom Krieger u. Jäger od. jagenden Tier, in terram exire praedatum, Nep.: praedatum extra fines exisse in agrum Latinum Hernicumque, Liv.: milites praedantes, Caes.: classis multis locis praedata, Tac. – v. Tieren, praedari lupos iussit, Verg.: alia (animalia) dentibus praedantur, alia unguibus, Plin. – **B** übtr., **Beute machen** = übh. **Räubereien ausüben, sich bereichern, Gewinn ziehen,** in bonis alienis, in bonis aratorum, Cic.: in insulis cultorum egentibus, Liv.: apud Mamertinos, Cic.: de aratorum bonis, Cic.: ex alieno, Liv.: ex fortunis alienis, Liv.: ex hereditate, Cic.: ex alterius inscitia (des anderen Unwissenheit benutzend), Cic.: u. so ex alcis necessitate, Lact.: spes rapiendi atque praedandi, Cic. – **II** *tr.*: **A** Beute machend **plündern, -berauben, brandschatzen,** Italiae calles et pastorum stabula, *Cic. Sest. 12 *Halm* u. *Kays.*: socios magis quam hostes, Tac. ann. 12, 49: maria, Seeräuberei treiben, Lact. 7, 17, 9. – **B als Beute (Fang) wegführen, erbeuten, wegfangen,** **1** eig.: Hylam, Petron.: pisces calamo, Prop.: ovem unam, v. Wolf, Ov. – **2** übtr.: **a** alqm, an jmd. **einen Fang tun,** quae me nuper praedata puella est, Ov. am. 1, 3, 1. – **b** alqd, gleichsam **als gute Beute an sich reißen, entreißen,** amores alcis (jmds. Geliebte), Ov.: singula de nobis anni praedantur euntes, Hor. – ► praedor als Passiv, s. 1. praedo.

praedormio, iī, īre, **schlafen,** von den Toten, Interpr. Iren. 4, 22, 1.

prae-dūco, dūxī, ductum, ere, vor etwas **vorziehen,** fossas viis, Caes., od. fossam castris, Tibull.: fossam, Caes.: murum, Caes.: lineas itineri, Linien vorzeichnen, nach denen die Wasserleitung gelegt werden soll, Plin.

praeductōrius, a, um (praeduco), **zum Vorziehen dienlich,** lorum, Cato r. r. 134.

prae-dulcis, e, **sehr süß, übersüß,** **I** eig.: mel, Plin.: sapor, Plin. – subst., praedulcia, ium, *n.*, **übersüße Speisen,** Cels. u. Plin. – **II** übtr.: **a überaus angenehm, -lieblich,** canendi suavitate, v. David, Ambros.: decus, lockend, Verg.: eloquium, Plin.: nomen, Val. Flacc.: pignus amoris, Ps. Cyr. – *Acc. neutr.* praedulce statt des *Adv.*, Stat. silv. 5, 3, 82. – **b** v. der Darstellung, **übersüß,** praedulce illud genus, Quint. 2, 5, 22: solebat *dulces* sententias dicere, frequentius tamen *praedulces* et infractas, Sen. suas. 7, 12. – subst., praedulcia, ium, *n.*, das Übersüße im Vortrag, Quint. 8, 3, 56.

praedūrē, *Adv.* (praedurus), **sehr hart,** Avien. or. mar. 488.

prae-dūro, āvī, ātum, āre, **I** *tr.*: **1 sehr härten,** teneras plantas, Prud. psych. 446: aliqui (sucum pomi) murrā adiectā et cupresso praeduratum ad solem torrebant, trockneten ihn bis zum Hartwerden an der Sonne ein, Plin. 23, 139: caseus muriā praeduratus, Colum. 7, 8, 7 *codd.* – bildl., **verhärten,** callum pectoris, Prud. perist. 5, 178. – **2** als *t. t.* der Kochkunst, **anbraten,** Apic. 2, 44; 6, 250; 7, 266 u. 292; 8, 372. 374. 384. – **II** *intr.*, Partiz. praedūrāns, **sehr dauerhaft,** praedurantes costae, Cypr. de laud. martyr. 3.

prae-dūrus, a, um, **sehr hart,** **I** eig. u. übtr.: **A** eig.: faba, Plin.: caput, Quint. u. Plin. – **B** übtr., **sehr abgehärtet, sehr stark,** homo praedurus viribus, Verg.: corpora, Verg.: aetas (Ggstz. tenera), Colum. – **II** bildl., **A sehr hart,** labor, sehr schwer, Val. Flacc.: os, sehr unverschämt, Quint.: verba, Quint. – **B sehr rau, sehr roh,** cum alter praedurus, alter mansuetus esset, Ambros. de off. 1, 33, 171.

prae-ēligo, ere, **vorziehen,** m. folg. *Infin.*, Sidon. epist. 7, 4, 3.

praeēminentia, ae, *f.* (praeemineo), der **Vorzug,** die **Vortrefflichkeit,** Claud. Mam. epist. praemiss. libr. 1. de stat. anim.: Plur., Claud. Mam. de stat. anim. 3, 13. – Nbf. praeminentia (virium), Avian. apol. 4 *in.* p. 68 *Fröhner.*

prae-ēmineo u. **prae-mineo,** ēre, **hervorragen, hervorstehen,** **I** eig., Form praeem., Augustin, conf. 6, 9: Form praem., Sall. hist. fr. 2, 85 (83). – **II** bildl., **überragen, übertreffen,** m. *Dat.* praem. genitis, Auson. – m. *Acc.*, praem. Graecos, Sen. rhet.: ceteros, Tac. (s. Otto Tac. ann. 3, 56 p. 539). – *Partic. Praes.* im *Compar.*, praeeminentior ceteris sensibus visus, Claud. Mam. de stat. anim. 1, 6, 1.

prae-emo, ere = emendo tenere, Paul. ex Fest. 223, 13.

prae-eo, īvī u. iī, itum, īre, **voran-, vorausgehen,** **I** eig.: Laevinus Romam praeivit, Liv.: praeeunte carinā, Verg. – m. *Acc.*, alqm per avia, vor einem hergehen, Tac. ann. 6, 21. – **II** übtr.: **A** im Allg.: naturā praeeunte, Cic.: m. *Acc.*, famam sui, zuvorkommen, Tac. – **B** insbes.: **1** jmdm. etwas **vorsagen, vorlesen, vorsingen, vorspielen,** **a** im Allg.: ut vobis voce praeirent, quid iudicaretis, Cic.: legentibus pr., vorlesen, Quint.: tibiam Graccho praeisse ac praemonstrasse modulos, Gell. – **b** als relig. u. publiz. *t. t.*, jmdm. eine Formel (Gebets-, Weihe-, Eidesformel) zum Nachsagen **vorsagen, vorsprechen,** verba, Liv.: carmen, Liv.: sacramentum, Tac.: alci preces, Curt. –praei verbis quid vis, Plaut. – absol., alqo praeeunte, Liv. u. a.: de scripto pr., Plin.: pr. alci, Cic. – **2** als Leiter od. Lehrer **anordnen, angeben, Anleitung geben,** omnia, ut decemviri praeierunt, facta, Liv. 43, 13, 8: pr. alci de omni officio iudicis, Gell. 14, 2, 12. – ► *Infin. Perf.* gew. synkop. praeīsse.

prae-exercitāmen, inis, n. = praeexercitamentum, Plur., Prisc. vol. 2. p. 430 *lemm.* (*ed. Keil*).

prae-exercitāmentum, ī, *n.*, die **Vorübung,** Plur., Prisc. vol. 2. p. 405, 11 K.

prae-exercitātio, ōnis, *f.*, die **Vorübung,** Prisc. praeex. § 34. p. 340, 5 K.: Plur., *ibid.* § 30. p. 439, 9 K. u. 34. p. 340, 2 K.

prae-fāmen, inis, *n.* (praefor), die **Vorrede,** Symm. epist. 2, 34.

praefascinē, s. praefiscinē.

prae-fascino, āre, die **Beschreiung** von etw. **abwenden,** praefascinandis rebus apponi, Porphyr. Hor. epod. 8, 18; außerdem Not. Tir. 112, 85.

praefātio, ōnis, *f.* (praefor), die **Bevorwortung,** konkret die **Vorrede,** **I** als *t. t.* der relig. u. publiz. Sprache, die vor einer relig. od. politischen Handlung gesprochenen **Eingangsworte,** die **Vorformel,** m. subj. *Genet.*, fetialium, Suet. – m. obj. *Genet.*, sacrorum, Liv.: donationis, Cic.: triumphi, Plin.: ultionis, Val. Max. – **II** als jurist. *t. t.*, die eine spätere Verhandlung, einen späteren Vertrag **einleitende Verhandlung,** die **Vorverhandlung,** der **Vorvertrag,** z B. eine vorläufige Verlobung, Paul. dig. 45, 1, 134. § 1. – **III** die einzelnen Ausdrücken oder einem ganzen Vortrag vorausgeschickten **Einführungsworte, Eingangsworte,** **a** im Allg.: vocabula rustica aut externa, immo barbara etiam cum honoris praefatione ponenda, indem man »mit Erlaubnis, mit Respekt zu melden« vorausschickt, Plin.: sine praefatione clementiae, ohne vorher seine Milde zu rühmen, Suet.: C. Cassius, numquam sine praefatione publici parricidii nominandus, den man nie, ohne den Beinamen Vaterlandsverräter vorauszuschicken, nennen kann, Val. Max.: iucundissime Imperator (sit enim haec tui praefatio verissima, vorstehender Titel), Plin. – **b** die einem Vortrag vorausgeschickten **Einführungsworte,** die **Vorrede,** das **Vorwort** (niemals = προοίμιον, prooemium, d. i. lat. principium od. exordium, d. i. der **Eingang** des eigentl. Vortrags), **α** eines gerichtl. Vortrags, um die Zuhörer vorläufig mit der Sachlage des Prozesses bekannt zu machen, sein Auftreten mit seiner Pflicht zu entschuldigen usw., Quint. 7, 1, 11; 11, 1, 67 u. a. Gaius dig. 1, 2, 1. – **β** bei Vorträgen, um den anwesenden Zuhörern für ihr Erscheinen zu danken, um Nachsicht zu bitten (*captatio benevolentiae*) u. dgl., s. Plin. ep. 1, 13, 2; 2, 3, 1 u. a. Mart. 3, 18, 1. – **c** die der Erklärung eines Schriftstellers vorausgeschickten **Einführungsworte,** die **Einleitung,** Quint. 8, 3, 31.

praefātiuncula, ae, *f.* (*Demin.* v. praefatio), die **kurze Vorrede,** das **kurze Vorwort,** Hieron. epist. 64, 8 u. 112, 20. Cassian. coen. inst. 4, 14. Consent. in Augustin. epist. 119, 6.

praefātor, ōris, *m.* (prae u. fari), der **Verkündiger** (als Erklärung von propheta), Isid. orig. 7, 8, 1.

praefātus, Abl. ū, *m.* (praefor), das **Vorhersagen,** Symm. epist. 10, 22.

praefectiānus, a, um, **zum Obersten der Leibwache** (praefectus praetorio) **gehörig,** apparitor, Amm.; ders. bl. praefectianus, Cod. Iust.

praefectio, ōnis, *f.* (praeficio), das **Vorsetzen,** Varro LL. 7, 70.

praefector, ōris, *m.* (praeficio), der **Präfekt,** Iust. conf. dig. 9 u. Inscript.

praefectōrius, a, um (praefectus), **zum Präfekten gehörig,** vir praefectorius, Sulp. Sever. u. ICt., od. bl. praefectorius, Sidon., ein gewesener *Praefectus:* loca, Gromat. vet.

praefectūra, ae, *f.* (praefectus), das **Vorsteher-, Aufseheramt, I** im Privatleben, v. Aufs. über die Villa (des Villikus), Plaut. Cas. 99: v. Aufs. über eine Sklavenfamilie, Varro r. r. 1, 17, 6. – **II** im Staatsleben, ein Titel besonderer Zivil- u. Militärämter: **A** im Allg.: morum, Sittenrichteramt, Aufsicht über die Sitten (in Rom zur Zeit der Republik ein Hauptteil des Zensoramtes, später von der censura getrennt, s. Schwarz Plin. pan. 45, 4), Suet.: annonae, Tac.: praetorii, Tac., u. praetorio, Aur. Vict.: pr. vigilum, Tac.: urbis, Plin. u. a.: praefecturam urbi tum agens, Eutr. 8, 16. – **B** insbes.: **1** die **Befehlshaberstelle,** das Kommando über die Truppen der Bundesgenossen, bes. ihrer Reiterei, equitum Gallorum, Hirt. b. G.: alarum, Suet. – **2** eine **Befehlshaberstelle, höhere Offizierstelle** beim Heer in den Provinzen (vom jedesmaligen Statthalter, Prokonsul, Proprätor vergeben), praefecturam petere, Cic.: praefecturam sumere, Cic.: multorum consulum praetorumque praefecturas delatas sic accepit, ut etc., Nep. – u. **3** die **Provinzialverwaltung, Präfektur, a** eig.: Aegypti, Suet. Aug. 66, 1 u. Ner. 47, 2. – **b** meton.: **α** der **Verwaltungsbezirk,** der **Kreis,** die **Statthalterschaft,** proximas sibi praefecturas petere, Tac.: Aegyptus dividitur in praefecturas (νομούς, nomos, Länderei- od. Gebietsabteilungen, die meist durch Kanäle umgrenzt waren, s. Wesseling Herodot. 2, 166), Plin. – **β** eine durch eine röm. Behörde (praefectus) u. nach deren Erlassen verwaltete italische Stadt,die **Präfektur,** die **Kreisstadt,** Cic. Sest. 32; Pis. 51; Phil. 2, 58. Vell. 2, 44, 4: scherzh., nunc ibo, ut pro re agam praefecturam et ius dicam larido, Plaut. capt. 907 Sch. – **γ** das einer Kolonie vom Gebiet einer fremden Stadt durch Kauf od. Beschlagnahme zugeteilte Gebiet, die **Präfektur,** Gromat. vet. 16, 11; 21, 21 u. a. – ► Archaist. Abl. Plur. praefectureis, CIL 1, 206. lin. 83. 143. 157.

praefectūrālis, e (praefectura *no.* II, B, 3, b, γ), **zur Präfektur gehörig,** limes, Gromat. vet. 248, 20.

1. **praefectus,** a, um, Adi. (prae u. factus), **vorher bewirkt, vorher bereitet,** Cael. Aur. de morb. acut. 3, 17, 174; de morb. chron. 5, 4, 71 u. a.

2. **praefectus,** a, um, s. prae-ficio.

3. **praefectus,** ī, *m.* (praeficio), der **Vorgesetzte, Vorsteher, Aufseher, Befehlshaber,** teils adjekt. mit *Dat.*, teils subst. mit *Genet.*, **I** im Privatleben: praefectos (*sc.* familiarum) alacriores faciundum praemiis, Varro: his (Graeculis philosophis) utitur quasi praefectis libidinum suarum, Cic.: scherzh. praefecti popinae atque luxuriae, der größten Feinschmecker u. Tafelschwelger, Favorin. bei Gell. 15, 8, 2. – **II** im Staatsleben, als Titel besonderer Zivil- u. Militärämter, **A** im Allg.: pr. gymnasii (γυμνασιάρχης), Plaut.: pr. moribus mulierum (γυναικονόμος), Aufs. über die Sitten der Frauen u. über häusl. Zucht, Plaut. (vgl. ut mulieribus praefectus praeponatur, Cic.): pr. custodum, B. der Wache, Nep.: pr. vigilum, Tac. u. ICt., u. vigilibus, ICt. u. Inscr., B. der sieben Kohorten der Nachtwache, Polizeiwache, Scharwache: nocturnae custodiae, Nachtwachtmeister, Apul.: pr. annonae, Liv. u. a., u. rei frumentariae, Tac., Getreideaufseher, Obermarktmeister, Proviantmeister (der für die gehörige Verproviantierung der Stadt Rom zu sorgen hatte, damit keine Teuerung u. Hungersnot eintrat): pr. alimentorum, der Vorsteher der Verteilung von Lebensmitteln, CIL 11, 6338 u. 14, 3599, 7: pr. urbis, Liv. u. a., urbi, Varro fr., Gell. u. a., urbicus, Lampr., Platzoberster der Hauptstadt (Rom) u. Befehlshaber der fünf cohortes urbanae, zur Zeit der Republik nur Stellvertreter des abwesenden Konsuls, in der Kaiserzeit stehendes Amt mit einer besonderen Jurisdiktion: pr. aerarii u. aerario, der Schatzmeister, Plin. ep. u. a. – beim Heer, pr. castrorum u. castris, der Lagermeister (der für das Abstecken und Aufschlagen des Lagers u. alles dazu Gehörige Sorge trug), Tac. u. a.; vgl. Veget. mil. 2, 10: pr. fabrûm (fabrorum), s. 1. faber *no.* I: pr. praetorii, Suet. u. Tac., u. praetorio, Veget. u. ICt., Oberster der kaiserl. Leibwache (= der 9 cohortes praetoriae), in späterer Zeit Verwalter eines Hauptteiles des röm. Reiches: ders. pr. praetoriarum cohortium, Tac.: dagegen pr. cohortis (praetoriae), Offizier, Tac.: pr. legionis, der B. der Legion (zur Zeit der Republik legatus gen.), Tac. u. a.; vgl. Veget. mil. 2, 9: arcis praesidiique pr., Liv. – bei der Flotte, pr. classis, der B. der Fl., der Admiral, Liv. u. a. (verb. dux praefectusque classis, Cic.); zur Kaiserzeit der B. der zu Misenum u. der B. der zu Ravenna stationierten kaiserl. Flotte, Tac. u. Veget.; vgl. pr. remigum qui Ravennae haberentur, Tac.: pr. navis, Schiffskapitän, Plur. praefecti navium, Liv. u. Flor. – **B** insbes.: **1** der **Befehlshaber** einer Abteilung (ala bei der Reiterei, cohors beim Fußvolk) Bundesgenossentruppen, pr. equitum Gallorum, Hirt. b. G.: pr. alae, Tac.: pr. cohortis, Tac. – **2** der **Statthalter,** bei den Römern, pr. Aegypti, Suet.: Alpium, Plin. – bei den Persern, **Pascha,** Lydiae, Ioniae totiusque Phrygiae, Nep. – **3** der Oberbefehlshaber der Truppen der asiatischen Könige, der **Feldherr, Pascha,** gew. mit dem Zusatz pr. regis od. regius, Nep. u. Flor.: im Zshg. bl. praefectus, Flor.

prae-fēcundus, a, um, **sehr fruchtbar,** Plin. 16, 118.

praefericulum, ī, *n.* (praefero), eine eherne weite **Opferschale,** Fest. 249 (b), 15.

prae-fero, tulī, lātum, ferre, **I vortragen, voran-, voraustragen, A** eig.: faces praetoribus, Cic.: ardentem facem, Cic.; u. im Bild, facem ad libidinem, Cic.: vexilla praeferri iubet, Tac.: alci funale praeferre, Liv. epit.: manus cautas, vor sich halten (im Dunkeln, wenn man etwas sucht), Ov. – **B** bildl.: **1** im Allg.: clarissimum lumen praetulistis menti meae, Cic.: suam vitam ut legem suis civibus, voranleuchten lassen, Cic.: alcis rei titulum alci rei, etw. als Aushängeschild od. Vorwand gebrauchen, Curt.: alcis rei speciem alci rei, etw. unter dem Schein von etw. verbergen, Curt. – **2** insbes.: **a zur Schau tragen, an den Tag legen, deutlich merken lassen, verraten, offenbaren, äußern** (vgl. Bünem. Lact. 6, 18, 1), avaritiam, Cic.: amorem, Ov.: iudicium, sein Urteil äußern, Liv.: sensus aperte, Planc. in Cic. ep.: modestiam, Tac.: dolorem animi vultu, Curt.: vultu et oculis metum animi, Curt.: procuratorem vultu ipso, Mart.: haec eius diei praefertur opinio, ut se utrique superiores discessisse existimarent, die Meinung von dem Erfolg dieses Tages äußert sich dahin, dass usw., Caes. – apud consulem causam atque excusationem, vorbringen, Sisenn. hist. 4. fr. 52 (bei Non. 58, 17). – mit dopp. *Acc.*, als den u. den aufzuweisen haben, aviam Octaviam et per eam Augustum avunculum, Tac. ann. 4, 75 *extr.* – mit folg. *Acc.* u. *Infin.*, ego vero profiteor istā ratione ac praefero (sage es laut) me nemini omnium de eloquentia concessurum, Apul. apol. 5. – **b** in der Schätzung vorantragen, d. i. **α** jmdm. od. einer Sache **vorziehen, den Vorzug geben,** alqm sibi, Cic.: otium labori, Sall.: invidit praelato honori, Verg.: m. folg. *Infin.* = **es vorziehen, lieber wollen,** Hor. ep. 2, 2, 126 u. 184. Auct. b. Alex. 65, 1. Colum. 1, 3, 6. – **β** jmdm.

oder einer Sache **den Vorzug geben** = **den Vorzug verschaffen,** Etereiana, quam rubens cortex praefert triangulis, Plin. 15, 94. – se pr. alci, **sich** vor jmd. **hervortun,** Caes. b. G. 2, 27, 2; vgl. virtute belli praeferri omnibus gentibus, *ibid.* 5, 54, 5. – **II vorbeitragen,** medial praeferri = **vorbeieilen, -rennen, -schießen, -reiten, -fahren, -ziehen,** praelati hostes, Liv.: praeter castra praelati, Liv.: praelatus equo, Tac.: qua (funus) praeferebatur, Plin. – m. *Acc. loci,* praelati castra, Liv. – **III** der Zeit nach **vorher bringen, -leisten,** opem, Stat. Theb., 476. – **IV** der Zeit nach **vorausnehmen,** diem triumphi, Liv. 39, 5, 12: diem, ICt.

prae-ferōx, ōcis, **sehr hitzig, -heftig, ungestüm, übermütig,** Liv. u. Tac.

prae-ferrātus, a, um, **vorn mit Eisen beschlagen, -versehen,** modius, Cato r. r. 11, 3: pilum, Plin. 18, 97. – übtr., tribunus, in Banden (Ketten) geschlagen, Plaut. Pers. 22.

prae-fertilis, e, **überaus fruchtbar,** Eccl.

prae-fervidus, a, um, **ganz siedend heiß, brennend heiß, I** eig.: fulgor, Acc. tr. fr.: balneum, Tac.: aestas, Colum.: regio (Ggstz. regio glacialis), Colum. - **II** bildl., **ganz glühend,** ira, der unbändige Jähzorn, Liv. 9, 18, 5.

praefēstīnanter, *Adv.,* **sehr eilig,** Itala Esther 6, 14.

prae-fēstīnātim, *Adv.,* **sehr eilig, voreilig,** Sisenn. hist. 4. fr. 117 (b. Non. 161, 26).

prae-fēstīno, āre, **I zu sehr** mit etw. **eilen,** etw. **übereilen,** neque praefestinatum opus nimium immature videri possit ante quindecim dies factum, Colum. 11, 2, 3: proprium est dolentis praefestinare *ad* indicandum quae dolent, Donat. Ter. Andr. 2, 2, 9: praefestinatus ictus, voreiliger, Ps. Ov. nuc. 98. – m. *Infin.,* etw. **voreilig tun, sich übereilen** zu usw., sciscere, Afran. com. 395: praeloqui, voreilig das Wort nehmen, Plaut. rud. 119: se, ne deficere praefestinarent, effecisse, Liv. 23, 14, 11. – **II** an einem Ort **vorübereilen,** Toronaeum Thermaeumque sinum, Tac. ann. 5, 10.

prae-fica, ae, *f.,* das **Klageweib bei Leichenfeiern,** das gedungen wurde, Plaut., Varro LL. u. a.: praef. mulier, Gell.

prae-ficio, fēcī, fectum, ere (prae u. facio), **vorsetzen,** jmd. (als Aufseher, Vorsteher, Befehlshaber usw.) über etw. od. jmd. **setzen,** alqm pecori, Cic.: alqm provinciae, einem Amt vorsetzen, Plaut.: Galliae, Caes.: Syriae, Curt.: provinciae, Caes.: bello gerendo u. bl. bello, Cic.: legioni, Caes.: classi, Caes. u. Nep.: navibus, Caes.: sacerdotio Neptuni, Plin.: sacerdotes dis (= *sacris deorum*), Liv. – pr. alqm in eo exercitu, ein Kommando, eine Offizierstelle verleihen, zum Offizier machen, Cic. – ► praefectus, ī, *m.,* mit *Dat.* u. *Genet.,* s. bēs.

prae-fīdenter, *Adv.,* **sehr vermessen,** *Compar.* praefidentius, Augustin. epist. 155, 5.

praefīdēns, entis (prae u. fido), **zu sehr vertrauend,** sibi, allzu selbstvertrauend, allzu vermessen, Cic. de off. 1, 90. Tragic. poët. vet. b. Cic. de or. 3, 166. Augustin. in psalm. 103. serm. 4. *no.* 16.

prae-fīgo, fīxī, fīxum, ere, **vorn anheften, vorstecken, I** eig.: arma puppibus, Verg.: rostrum lupi villarum portis, Plin.: capita in hastis, Verg.: ripa praefixis sudibus munita, Cic.: caput praefixum hastae, Suet.: praefixa contis capita gestabantur, Tac. – poet., nigrum vitio theta (d. i. Θ [Abkürzung von ΘΑΝΑΤΟΣ] als Verdammungsurteil auf den Stimmtäfelchen in Gerichten über Leben und Tod), verurteilen, verwerfen, Pers. 4, 13. – **II** übtr.: **A vorn** mit etw. **versehen, -beschlagen,** loca sudibus, Salv.: ora capistris, Maulkörbe anlegen, Verg.: so auch praefixa cornua ferro, Ov.: spicula auro praefixa, Curt.: iacula praefixa ferro, Liv.: hastae ferro praefixae, Curt. – **B verschließen, versperren,** prospectum, Plin.: praefixae fenestrae, ICt. – **C durchbohren,** stat latus praefixa veru, Tibull. 1, 6, 49. – **D bezaubern,** Ps. Quint. decl. 10, 8.

praefigūrātio, ōnis, *f.* (praefiguro), die **Vorbildung,** Augustin. de civ. dei 16, 2. Hieron. epist. 53, 8.

prae-figūro, āvī, ātum, āre, **vorherbilden,** Eccl.

prae-fīnio, īvī u. iī, ītum, īre, **vorherbestimmen, festsetzen, vorschreiben,** diem, Cic.: sumptum funerum, Cic.: nec res praefiniet ulla, Lucr.: dies praefinitus, Plin. ep.: tempora praefinita, Quint. – praef. m. folg. *Acc.* u. *Infin.,* larices caedi praefinivit, Plin. 16, 190. – non praef. mit folg. *quo minus* u. Konj., neque de illo tibi quicquam praefinio, quo minus ingenio mecum contendas, Cic. Verr. 5, 174. – Abl. Partiz. praefīnītō, *Adv.* = **nach Vorschrift,** loqui, Ter. Hec. 94.

praefīnītio, ōnis, *f.* (praefinio), die **Vorherbestimmung, Festsetzung, Vorschrift,** Gaius inst. 4. § 51. Iulian. u. Marcian. dig. 36, 2, 19 *pr.* u. 20. Tert. de monog. 2. Vulg. Ephes. 3, 11.

praefīnītō, *Adv.,* s. prae-fīnio.

praefiscinē oder **praefiscinī,** *Adv.* (prae u. fascinum), **ohne Berufung, unberufen, unbeschrien,** Afran. com. 36. Titin. com. 110: praefiscini hoc nunc dixerim, Plaut. asin. 491 G.: homo praefiscini frugi, ein unberufen solider M., Petron. 73, 6. – Nbf. praefascinē, Charis. 235, 16: praefascine dixerim, Apul. flor. 16. p. 75 H. mit *codd. F Φ* (Krüger u. Helm praefiscine).

praeflētus, a, um, s. perflētus.

prae-flōreo, flōruī, ēre, **vorher-, zeitig blühen,** Plin. 16, 119: übtr., Hieron. in psalm. 29.

prae-flōro, āvī, ātum, āre (flos), **vorher der Blüte berauben, vorher die Blüte abstreifen,** bildl., fructum gaudii, vermindern, Gell.: gloriam eius victoriae praefloratam esse apud Thermopylas, habe das Glänzende verloren, Liv.: summum illud purpurae decus non nisi praecerptum praefloratumque transmittere, Plin. pan.: virgo ab alio praeflorata, Apul.

prae-fluo, ere, **vorbeifließen,** v. Gewässern, infimā valle, Liv. 1, 45, 6: a latere urbis, quod in orientem patet, Liv. 43, 31, 3: vado incerto, Tac. ann. 12, 33. – mit *Acc. loci,* Tibur fertile, Hor. carm. 4, 3, 10: regna Dauni, *ibid.* 4, 14, 26: Aquileiam coloniam, Plin. 3, 126: Pergamum, Plin. 5, 126: Noricam provinciam, Tac. ann. 2, 63: castra, *ibid.* 15, 15.

praefluus, a, um (praefluo), **vorbeifließend,** Plin. 19, 60.

praefōcābilis, e (praefoco), **erstickende Kraft habend,** Cael. Aur. de morb. acut. 2, 35, 185 u. a.

praefōcātio, ōnis, *f.* (praefoco), die **Erstickung,** Scrib. Larg. 100. Cael. Aur. de morb. acut. 2, 6, 30 u. a.: matricis, Th. Prisc. 3, 2. Plin. Val. 1, 2: Plur., Scrib. Larg. 100 H.

prae-fōco, ātus, āre (prae u. faux), **ersticken, erwürgen,** viam animae, Ov. Ib. 556: partum, Paul. dig. 25, 3, 4: Iovem, Arnob. 7, 29: infantem filium Moysi, Augustin. epist. 23, 4: aegrotantes (v. Alp), Cael. Aur. de morb. chron. 1, 3, 54: praefocata messis, Calp. ecl. 4, 115.

prae-fodio, fōdī, fossum, ere, **I vorn vor** etw. **graben, a vor** etwas **einen Graben ziehen,** portas, Verg. Aen. 11, 473. – **b vor** etw. **anlegen,** praefossi tramites, Porphyr. Hor. ep. 1, 14, 30. – **II vorher graben,** scrobes pr. ante, Plin. 17, 79. – **III vorher vergraben,** aurum, Ov. met. 13, 60.

prae-fōmento, āre, **vorher bähen,** Th. Prisc. 1, 19.

prae-for, fātus sum, fārī (nur vorkommend in den Formen praefatur, praefamur, praefentur, praefabantur, praefarer, praefarentur, praefati sumus, praefatus fuero, archaist. Imperat. praefato, praefamino, *Infin.* praefari, *Partic.* praefante, praefantes, praefatus, praefandus, *Abl. Gerund.* praefando), **I vorher sagen, A** = mündlich od. schriftlich **vorangehen lassen, vorausschicken, vorher sprechen, a** einer Handlung, m. folg. *Acc.* u. *Infin.,* praefatus, de summa se re publica acturum, nachdem er vorher durch einen Erlass die Anzeige gemacht, dass er usw., Suet. Caes. 28, 2. – bes. als *t. t.* der Religionsspr., maiores nostri omnibus rebus agendis, *quod bonum, faustum, felix esset,* praefabantur, Cic.: pr. carmen, Liv.: sollemne carmen precationis, Liv.: ture, vino Iovi praefato, sprich bei Weihrauch u. Wein vorher dem Jupiter ein Gebet, Cato: u. m. *Acc.* der Gottheit, Iovem vino praefamino, Cato: u. so divos, Verg. – **b** einzelnen Ausdrücken od. einer ganzen Schrift, **α** im Allg.: quae de deorum natura praefati sumus, Cic.: veniam libertati, vorher (vor der Rede) für seine Freimütigkeit um Entschuldigung bitten, Iustin.: und so bl. veniam, Apul.: honorem, sagen »mit Ehren zu melden«, Cic.: multus honor praefandus est, Apul.: honore praefato, Augustin.: umor praefandus, Feuchtigkeit, bei deren Nennung zu sagen »mit Ehren (mit Erlaubnis, mit

Respekt) zu melden« – Exkremente, Plin.: so auch praefanda = *turpia dictu,* Quint.: u. maxime nefaria et honore praefanda, Min. Fel.: Aristotelem, im Voraus (als Autorität) des A. gedenken, den A. im Voraus nennen, Plin. – **β** insbes., als Vorrede, Vorwort, Vorbemerkung (s. praefātio *no.* III, b) **vorausschicken, -senden,** mündlich, adulescens praefatur arrogantius et elatius, quam aetatem eius decebat, spricht gleich anfangs in anmaßenderem u. übermütigerem Ton, als usw., Gell. 9, 15, 4. – schriftlich, alqd, Liv. u. a.: m. folg. *Acc.* u. *Infin.,* Liv. 21, 1, 1. – absol., cum praefatus fuero, wenn ich mit meinen Bemerkungen zu Ende sein werde, Colum.: sed iam praefari desinamus, genug des Vorredens, Colum. – **B** der Zeit nach **vorhersagen = vorherverkündigen, weissagen,** Liv. u. Catull.: m. folg. *Acc.* u. *Infin.,* sibi Asiam sufficere praefatus, prophetisch bemerkend, Iustin. 11, 5, 5. – **II vorsagen,** carmen, vorbeten, Liv. 5, 41, 3: melicos modos praefando (durch Vorlesen) novabis, Auson. edyll. 4, 54. p. 38 Schenkl. – ► Partiz. praefātus passiv, ICt. u. Spät.: dah. subst. praefātum, ī, *n.* = praefatio, Symm. epist. 6, 3.

praefōrmātor, ōris, *m.* (praeformo), **der vorher bildet, abrichtet, zustutzt,** Tert. de praescr. 30.

prae-formīdo, (āvī), ātum, āre, **vorher fürchten = vor etw. zurückschrecken,** Quint. 4, 5, 5. Sil. 3, 608.

prae-fōrmo, āvī, ātum, āre, **I vorher bilden, A abrichten, zustutzen,** Sil. 7, 385. Tert. apol. 1 *extr.* – **B vorher entwerfen,** materiam, Quint. 2, 6, 5. – **II vorbilden = vorzeichnen, vorschreiben,** litteras infantibus, Quint. 5, 14, 31.

prae-fortis, e, **sehr tapfer, sehr stark,** Tert. de carne Christi 5.

prae-foveo, fōtus, ēre, **vorher bähen,** prae-fotis partibus aquā marinā, Cael. Aur. de morb. chron. 4, 2, 16.

praefrāctē, *Adv.* (praefractus), **unbiegsam, rücksichtslos streng,** nimis pr. vectigalia defendere, allzu streng, es mag biegen od. brechen, die E. vert., Cic. de off. 3, 88. – *Compar.,* Val. Max. 9, 7. mil. Rom. 3.

praefrāctus, a, um, *PAdi.* m. *Compar.* (von praefringo), **I abgebrochen, schroff** in der Schreibart, Thucydides praefractior, Cic. or. 40. – **II unbiegsam** von Charakter, **streng** (vgl. unser »es mag biegen oder brechen«), **rücksichtslos,** Aristo Chius praefractus, ferreus, Cic. Hortens. fr. 28. p. 59 Kays.: praefractius perseverantiae exemplum, Val. Max. 3, 8. ext. 2: Charondae praefractior et abscisior iustitia, Val. Max. 6, 5. ext. 4.

prae-frico, fricātus, āre, **vorher abreiben, -frottieren,** partes, Cael. Aur. de morb. acut. 1, 11, 79.

prae-frīgidus, a, um, **sehr kalt,** aqua, Cels.: vinum (Ggstz. nimis calidum), Cels.: unda, Iustin.: auster, Ov.

prae-fringo, frēgī, frāctum, ere (prae u. frango), **vorn-, oben abbrechen, -zerbrechen,** pugno brachium (den Schenkel), Plaut.: arbores, Sen.: hastas, Liv.: cornu galeae, Liv.: praefracto rostro (navis), Caes.: praefracta ligna, Lucr.

prae-fugio, fūgī, ere, **voranfliehen,** Tert. de anim. 33.

prae-fulcio, fulsī, fultum, īre, **I** etwas als Stütze **untersetzen;** dah. bildl., alqm suis negotiis, als Stütze brauchen bei usw., Plaut. Pers. 12: omnibus parvis magnisque ministeriis praefulciri, vorgeschoben werden zu usw., Plaut. Pseud. 772. – **II unterstützen, unterbauen, A** eig., Prud. perist. 5, 335. – **B** bildl., illud praefulci atque praemuni, ut etc., baue aus allen Kräften vor, dass ich usw., Cic. ad Att. 5, 13, 3: alqd multis modis, Gell. 7, 3, 44.

prae-fulgeo, fulsī, ēre, **hervorleuchten, -schimmern, -blitzen, I** eig.: nitor zmaragdi praefulget collo tuo, Phaedr.: pellis praefulgens unguibus aureis, Verg. – **II** bildl.: **A** im Allg.: militarium (rerum) et causae et auctores ex ipsarum praefulgent nomine, Vell.: consulari decore praefulgens, Tac.: praefulsit honesti dignitas, Gell. – **B** prägn., **zu stark hervorschimmern,** splendore (Ggstz. occaecari tenebris), Rhet. Her. 3, 32.

prae-fulgidus, a, um, **sehr blitzend, -schimmernd,** Iuvenc. 3, 330. Firm. math. 1, 1 u. 4, 3.

praefulgo, ere = praefulgeo, Anth. Lat. 132, 1 R.

prae-fulguro, āre, **hervorblitzen,** Stat. Theb. 7, 502. – m. *Acc.,* vias ense, mit Schimmer, hellem Glanz erfüllen, Val. Flacc. 3, 119: u. so angustam cultu aulam, Coripp. laud. Iust. 3, 222.

prae-fundo (fūdī), fūsum, ere, **I vorher begießen,** pileus vino calido praefusus, Cael. Aur. de morb. chron. 2, 7, 110. – bildl., votis praefusa supplicatio, Alcim. epist. 8. – **II vorher zugießen,** semine cucumeris praefuso, Cael. Aur. de morb. chron. 5, 10, 124.

praefurnium, iī, *n.* (furnus), der **Heizplatz,** das **Heizloch, Ofenloch,** Cato r. r. 38. – im Bad = προπνιγεῖον (propnigeum), der **Heizraum,** Vitr. 5, 10 (11), 2 u. a. Compend. Vitr. 16. p. 300, 5 Rose.

prae-furo, ere, **sehr wüten,** Stat. Theb. 2, 420 u. a.

prae-gaudeo, ēre, **sich sehr freuen,** m. folg. *Infin.,* Pelopis sedes adire, Sil. 15, 307.

prae-gelidus, a, um, **sehr kalt,** loca, Liv.: frigora, Colum.: hiems, Plin.

prae-germino, āre, **vorher-, zeitig ausschlagen,** v. Bäumen, Plin. 16, 119.

prae-gero, gessī, gestum, ere, **I vorhertragen,** Apul. met. 4, 31 zw. (Hildebr. u. Helm progerit). – **II vorher tun,** Partiz. subst. praegesta, ōrum, *n.,* das **Vorhergetane,** Cael. Aur. de morb. chron. 1, 5, 150.

prae-gestio, īre, **sich überaus (ausgelassen) freuen,** m. *Infin.,* praegestit animus iam videre primum lautos iuvenes, deinde fortes viros, Cic. Cael. 67: dum aliquid cupiens animus praegestit apisci, Catull. 64, 145: iuvenca in udo ludere cum vitulis salicto praegestiens, Hor. carm. 2, 5, 7 *sqq.*

prae-glōriōsus, a, um, **überaus ruhmvoll,** Superl., CIL 6, 1710 (wo praecloriosissimo).

praegnāns, antis (prae u. gnascor = nascor), **schwanger, trächtig, I** eig.: uxor, Cic.: mulier, eine Schwangere, Cels.: sus, Varro: bos, Varro LL.: canis, Hor.: v. Bäumen, Steinen usw., Vitr. u. Plin.: scherzh., plagae praegnantes, tüchtige (derbe) Hiebe, Plaut. asin. 276. – Plur. praegnantes subst., Schwangere, Apul. met. 6, 4. – **II** übtr., **schwanger = voll, strotzend,** fusus (Spindel) stamine, Iuven.: vipera veneno, Plin. – ► Nbf. praegnās, ātis, Plaut. Amph. 723; truc. 199; 389 u. 390. Ter. Hec. 641. Varro r. r. 2, 2, 14; 2, 4, 7; 2, 6, 4; 2, 7, 11; 2, 9, 11 K. Cic. de div. 1, 39 (Müller praegnans). Fronto ad M. Caes. 4, 6. Macr. sat. 3, 11, 10: Gen. Plur. praegnatium, nach Charis. 141: Akk. Plur. praegnatis, Plaut. asin. 276 L.; mil. 1077.

praegnās, ātis, s. praegnāns ►.

praegnātio, ōnis, *f.* (praegnas), die **Befruchtung, Schwängerung, Schwangerschaft,** v. Menschen, Apul. met. 1, 9 u. 5, 17: v. Tieren, Varro r. r. 2, 1, 18: v. Gewächsen, *ibid.* 1, 44, 4: u. übh., o naturarum omnium fecunda praegnatio! Ps. Apul. Ascl. 41.

praegnātus, ūs, *m.* (praegnas) = praegnatio, Tert. adv. Marc. 3, 13 u. a.

praegnāx, ācis (praegnas) = praegnans, Fulg. myth. 2, 3.

praegno, āvī, ātum, āre, **schwängern,** Augustin. serm. 119, 16.

prae-gracilis, e, **sehr schlank, sehr hager,** proceritas, Tac. ann. 4, 57.

prae-grado, āre (prae u. gradus), **vorhergehen,** Pacuv. tr. 48.

prae-grandis, e, **überaus groß, riesenhaft,** gradus, Pacuv. tr. 37: arbores, Plin.: locusta, membra, oculi, Suet.: flumina, Mela. – übtr., **gewaltig,** senex, v. Aristophanes, Pers. 1, 124.

prae-gravātio, ōnis, *f.,* die **Schwere, Eingenommenheit,** mediz. *t. t.,* capitis, Veget. mul. 1, 25, 3.

prae-gravidus, a, um, **sehr schwer,** moles, Stat. Theb. 6, 700 (O. Müller praevalidae).

prae-gravis, e, **sehr schwer, wuchtig, I** eig.: **A** dem Gewicht nach, onus, Ov.: lateres, Tac.: grande et praegrave caput, Mela: currus crateris aureis praegravis, Curt. – cibo vinoque praegraves, überladen, Tac. hist. 2, 21. – **B** der Bewegung nach, **schwerfällig, unbehilflich,** praegravis corpore, Liv. 44, 4, 10: praegravem aut delumbem sese simulans (v. Rebhuhn), Plin. 10, 103. – **II** übtr., **sehr drückend, sehr lästig, a** v. Lebl.: servitium, Plin. 7, 46: tertium consulatum ut praegravem recusare, Plin. pan. 57, 4. – **b** v. Pers., **sehr lästig, höchst unbequem, überlästig,** Tac. ann. 4, 71; 14, 3: m. *Dat.,* ignavo principi, Tac. ann. 11, 19: Neroni, Tac. hist. 1, 21.

prae-gravo, āvī, ātum, āre, **I** *v. tr.* **überaus belasten, durch sein Gewicht niederdrücken, -niederziehen, A** eig.: praegravata inhaerentibus (telis) scuta, Liv.: praegravato capite saepius quam consuevit, Colum. – **B** bildl.: **1** im Allg., **zu schwer** auf jmd. **lasten,** jmd. **zu seinem Nachteil belästigen, durch sein Gewicht nieder-, zu Boden drücken,** ne quem tributorum sarcina praegravaret, Amm.: dantem et accipientem, Liv.: animum, Hor.: exonerare praegravante (überlästigen) turbā regnum, Liv. – **2** insbes. = καταβρίθω, durch seine Vorzüge **niederdrücken, überwiegen,** artes infra se positas, Hor.: omnes oras Bithyniae pectus Hannibalis praegravasset, Val. Max. – **II** *v. intr.* = das **Übergewichthaben,** **A** eig.: ne praegravet fructus parte aliquā, Plin.: caper flaccidis et praegravantibus auribus, niederhängenden, Colum. – **B** bildl., **überwiegen, überwiegend sein,** pars civitatis deterior quanto praegravet, Sen. de clem. 1, 2, 4: praegravant cetera facta dictaque eius, Suet. Caes. 76, 1.

prae-gredior, gressus sum, gredī (prae u. gradior), **I** **vorher-, vorangehen** (Ggstz. sequi), **A** eig.: ut lictores praegredi viderunt, Liv.: praegrediens Ligus, Sall.: sequentes alii, alii praegredientes amici, Cic.: praegressus equo, voranreitend, Sil. – mit *Acc.*, alqm pedibus toto itinere, Suet.: virum, Iustin.: signa, agmen, Liv.: nuntios, famam, zuvorkommen, Liv. – m. *Dat.*, gregi praegreditur equus (Hengst), Varro r. r., 2, 7, 6. – **B** übtr., **vorgehen, übertreffen,** alqm, Ps. Sall. de rep. 1, 1. § 2. – **II** an einem Ort **vorbeigehen, -marschieren,** ea (castra), Liv. 35, 30, 11: fines, Tac. ann. 14, 23.

praegressio, ōnis, *f.* (praegredior), das **Vorhergehen,** errantium stellarum cursus, praegressiones (Vorrücken), institiones, Cic. Tusc. 1, 62. – übtr., causae, Cic. de fato 44.

praegressus, ūs, *m.* (praegredior), das **Zuvorkommen,** expertus, quid in rebus tumultuosis anteversio valeat et praegressus, Amm. 21, 5, 13: übtr., causas rerum videt earumque praegressus et quasi antecessiones non ignorat, ihre Entwicklungen (Entwicklungsstufen) und Veranlassungen, Cic. de off. 1, 11.

prae-guberno, āre, **vorwärts steuern, -lenken,** Sidon. epist. 5, 13, 1.

praegūstātor, ōris, *m.* (praegusto), der **Vorkoster,** **I** eig., der, der die Speisen u. Getränke vorher kostet, ehe sie auf die Tafel kommen, der **Vorkoster, Mundschenk,** am römischen Hof so zahlreich, dass sie ein eigenes Kollegium bildeten u. unter einem eigenen Prokurator standen, Suet. Claud. 44, 2. CIL 6, 9005 u. 11, 3612: collegium praegustatorum, CIL 6, 9004: procurator praegustatorum, CIL 6, 9003. – **II** übtr.: libidinum tuarum, Cic. de domo 25: in omnibus nuptiis praeg. (*sc.* castitatis nuptarum), Lact. de mort. pers. 38, 4.

prae-gūsto, āvī, ātum, āre, **I** **vorher kosten,** **a** eig.: cibos, Ov.: omnes cibos, Sen. rhet.: potum regis, Iustin. – Partiz. subst., praegustantēs, ium, *m.*, die **Vorkoster** (s. praegūstātor *no.* I), Plin. 21, 12. – **b** übtr., **vorher genießen,** voluptates, Sen. de vit. beat. 7, 2. – **II** prägn., **vorher zu sich nehmen,** medicamina (Gegengifte), Iuven. 6, 660.

prae-gypso, āre, **vorn begipsen,** os vasculi, Cael. Aur. de morb. chron. 3, 2, 42.

praehibeo, uī, itum, ēre (urspr. Form v. praebeo), **vorhalten, darreichen, gewähren,** alci cibum, alci hospitium, vestem, aurum, Plaut.: alia verba, Plaut.

prae-honōro, āvī, ātum, āre (προτιμάω), **vor anderen ehren** = **vorziehen,** quod melius est praehonorari, Hilar. in epist. ad Galat. 12 (Pitra Spic. Solesm. p. 55[a]): praehonorans veritatem, *ibid.* 21 (p. 59[b]).

prae-iaceo, ēre, **vorliegen, vor** etw. **liegen,** oppida de cetero rara praeiacentibus stagnis, Plin. 3, 32: mit *Dat. loci,* vastum mare praeiacens Asiae, Plin. 4, 75: m. *Acc. loci,* campus, qui castra praeiacet, Tac. ann. 12, 36.

prae-iacio, (iēcī), iactum, ere, **I** **vorn hinwerfen, -legen,** moles, Colum. 8, 17, 10. – **II** **vorher ausstreuen,** bildl., dolorum semina, Serv. Verg. Aen. 2, 60 Thilo. – **III** **vorwerfen, vorrücken, vorbringen,** praeiactis probris, Dict. 2, 24.

prae-iacto, āvī, āre, **prahlend aussprechen,** m. folg. *Acc.* u. *Infin.*, Schol. Bob. ad Cic. pro Planc. 24. p. 264, 25 B.

prae-icio, ere (prae u. iacio), **vorsetzen** (Ggstz. subicere, nachsetzen), Ter. Scaur. 17, 6 K.; vgl. Fest. 249 (a), 34.

praeiectīvus, a, um (praeicio), **zum Vorsetzen bestimmt, vorgesetzt** (Ggstz. subiectivus), Ter. Scaur. 17, 1 u. 2 K.

prae-īnfundo, (fūdī), fūsum, ere, **vorher eingießen,** Cael. Aur. de morb. acut. 2, 24, 136.

praeiūdicātus, a, um, s. prae-iūdico.

praeiūdiciālis, e (praeiudicium), **zur vorgängigen-, zur vorgreifenden** richterl. **Entscheidung gehörig, Präjudizial-,** multa p., Cod. Theod. 11, 30, 50 u. 65. Symm. epist 10, 51: actio pr. (= praeiudicium *no.* II, A), Iustinian. inst. 4, 6. § 13.

praeiūdiciāliter, *Adv.* (praeiudicialis), **mit Vorurteil,** Cassiod. de anim. 9.

prae-iūdicium, iī, *n.*, die **Vorentscheidung,** der **Vorbescheid,** der **vorgreifende Spruch,** das **Präjudiz,** die **vorgängige, vorgreifende Entscheidung,** die einer späteren Entscheidung in einer anderen od. in derselben Sache als Norm dienen kann oder muss (vgl. Quint. 5, 2, 1), **I** eig. u. übtr.: **a** eig., als gerichtl. *t. t.:* de quo non *praeiudicium,* sed plane *iudicium* iam pactum putatur, Cic. div. in Caecil. 12: praeiudicium se de capite C. Verris per hoc iudicium nolle fieri, Cic. Verr. 3, 152: postulavit, ne cognitioni Caesaris praeiudicium fieret, Plin. ep. 7, 6, 6: apud eosdem iudices reus est factus, cum duobus praeiudiciis iam damnatus esset, Cic. Clu. 59: u. so Cic. Mur. 60. Cic. de inv. 2, 59 u. 60. Quint. 6, 5, 10. Suet. Caes. 23, 1. – **b** übtr.: neminem praeiudicium rei tantae afferre, vorgreifend, voreilig entscheide, der Entscheidung (des Senates usw.) vorgreife, Liv. 3, 40, 11 W. – **II** meton.: **A** eine auf vorläufige richterliche Feststellung eines Rechtsverhältnisses, bes. des *status* einer Person gerichtete Klage, die **Präjudizialklage,** ICt. – **B** der durch eine vorgreifende Entscheidung entstehende **Nachteil, Eintrag,** das **Präjudiz,** Sen., Gell. u. ICt.: neque veritati facit pr., schadet nichts, ICt. – **C** das für das Benehmen anderer od. für andere Ereignisse **im Voraus entscheidende, maßgebende Beispiel,** Pompeius vestri facti praeiudicio demotus Italiā excessit, Caes. p. c. 2, 32, 2: orabat ut se praeiudicio iuvarem, Plin. ep. 5, 1, 2: Italiae fugam, Hispaniarum deditionem, Africi belli praeiudicia sequimini! die nur einen schlimmen Ausgang versprechenden bisherigen Ereignisse des afr. Kr., Caes. b. c. 2, 32, 12.

prae-iūdico, āvī, ātum, āre, über etwas eine **vorgreifende-, vorläufige Entscheidung abgeben, einen vorgreifenden Spruch fällen,** über etw. **vorgreifend-, im Voraus entscheiden,** **I** eig.: **a** als gerichtl. *t. t.:* pr. de aliquo maiore maleficio, Cic. de inv. 1, 60; u. so Cic. Verr. 3, 153; de legg. 3, 47: re semel atque iterum praeiudicatā, Cic. Clu. 49: nihil praeiudicatum, Cic. Clu. 124. – Partiz. Perf. subst., praeiūdicātum, ī, *n.* = praeiudicium *no.* I, Cic. Clu. 6. – **b** übtr., im *Partic.,* praeiūdicātus, a, um, **im Voraus entschieden, -beurteilt,** eventus belli pr., Liv. 42, 61, 3: opinio pr. eine vorgefasste Meinung, ein Vorurteil, Cic. de nat. deor. 1, 10: vir praeiudicatissimus, von bereits völlig entschiedenem Talent, Sidon. post carm. 22. p. 250, 9 *Luetjohann.* – subst., praeiūdicātum, ī, *n.*, **etwas im Voraus Entschiedenes,** pro praeiudicato ferre (halten), Liv. 26, 2, 4. – **II** meton., **Eintrag tun, nachteilig sein, präjudizieren,** m. *Dat.*, Macer dig. 42, 1, 63 *in.* u. a. Ambros. in Luc. 3. § 41.

praeiūrātio, ōnis, *f.* (praeiuro), das **Vorschwören,** damit andere nachschwören, praeiurationes facere, Paul. ex Fest. 224, 3.

prae-iuvo, iūvī, āre, **vorher unterstützen,** et credebatur affectam eius fidem praeiuvisse, dem wankenden Kredit noch vor dem Fall aufgeholfen habe, Tac. hist. 3, 65 *Nipp.* mit *cod. Med.* (Halm u. Heräus parce iuvisse).

prae-lābor, lāpsus sum, lābī, **I** **schnell sich vorbeibewegen, vorbeischlüpfen, -fließen, -fliegen, -schwimmen,** **a** eig.: praelabitur piscis, Cic., amnis, Lucan.: praelabi flumina (*Acc.*) rotis, vorbeifahren, Verg. – **b** bildl.: pr. mentes eruditas, Petron.: tempus praelabens, Colum. – **II** **voranschlüpfen, -fliegen,** praelabitur ales, Apul. de deo Socr. prol. p. 3, 11 G. (p. 107 H.).

prae-lambo, lambī, ere, **I** **vorher belecken,** mus praelambens omne quod affert, Hor. sat. 2, 6, 109: alqd prael. et gustare, Augustin.

serm. 21, 2. – **II** **vorn belecken,** übtr., v. Fluss, einen **Ort bespülen,** arenas, Prud.: Romanos lares, Avien.

prae-largus, a, um, **sehr reichlich,** Pers. 1, 14. Iuvenc. 3, 754. Claud. VI. cons. Hon. 72.

praelassātus, a, um (prae u. lasso), **vorher ermüdet,** Frontin. 2, 5, 47.

praelātio, ōnis, *f.* (praefero), das **Vorziehen,** Val. Max. 7, 8, 4. Tert. apol. 13; ad uxor. 1, 3. Ambros. de Cain et Abel 1, 3. § 11; de Iacob 2, 2. § 5. Chalcid. Tim. 18 D.

praelātior, ōris, *Adi.* im *Compar.* (praelatus v. praefero), **vorzüglicher,** Tert. adv. Marc. 1, 9; 3, 24. Cael. Aur. de morb. acut. 3, 8, 94.

praelātīvus, a, um (praelatus), **I** **zum Vorsetzen dienend, vorgesetzt,** coniunctiones, Asper 553, 22 K. – **II** **den Vorzug ausdrückend,** Cassiod. de orat. 1. Pompeii comm. 151, 32 K. Cledon. 38, 27 K.

praelātor, ōris, *m.* (praefero), der **Vorzieher,** Tert. de pudic. 2.

prae-lautus, a, um, ein **großer Freund der Pracht,** v. Pers., Suet. Ner. 30, 1 u. Vit. 2, 2.

prae-lavo, ere, **vorher waschen, -ausspülen,** os, Apul. apol. 8. – Nbf. nach der 1. Konj., praelavatus vino tepido, Th. Prisc. 1, 27.

praelaxātus, a, um (prae u. laxo), **vorher erleichtert,** Cael. Aur. de morb. chron. 2, 1, 27.

praelēctio, ōnis, *f.* (2. praelego), das erklärende **Vorlesen,** Quint. 1, 2, 15 u. 2, 5, 4.

praelēctor, ōris, *m.* (2. praelego), ein erklärender **Vorleser,** Gell. 18, 5, 6.

1. prae-lēgo, āvī, ātum, āre, **I** etwas **im Voraus vermachen,** alci fundum, ICt.: peculia filiis, ICt.: eam coronam testamento ei, Plin.: alci centies et quinquagies, Val. Max.: obligatio praelegata, vermächtnisweise erlassene, ICt. – **II** **zurückvermachen,** d. i. einen Vermögensbestandteil dem zur Zurückforderung Berechtigten vermachen, dotem, Papin. dig. 31, 77. § 12 u. a.

2. prae-lego, lēgī, lēctum, ere, **I** erklärend **vorlesen,** auctores, Quint.: Vergilium, Gell.: pueris quae maxime ingenium alant praelegenda, Quint. – **II** **auslesen, aussuchen,** Apul. met. 7, 11. – **III** an einem Ort **vorüber-, vorbeisegeln,** oram Lyciae Pamphyliaeque, Tac. ann. 2, 79: Campaniam, Tac. ann. 6, 1: Alsia praelegitur tellus, Rutil. Nam. 1, 223.

prae-levo, āre, **vorher aufheben,** manus suas, Itala psalm. 67, 32 bei Ambros. de spir. scto 2, 10. § 112.

praelībātio, ōnis, *f.* (praelibo), **I** das **Vorkosten,** **A** im Allg.: praelibatio labiorum, die leichte Berührung der Lippen (beim Kuss), Ambros. de Isaac et anim. 3. § 8 *extr.* – **B** die **Opferung der Erstlinge,** Paul. ex Fest. 235, 4. – **II** prägn., die **Verminderung,** Tert. de anim. 58 *in.*

prae-līber, bera, berum, **vorzüglich-, gänzlich frei,** Prud. apoth. 87.

prae-lībo, āre, **vorher kosten,** **I** eig.: nectar, Stat. silv. 3, 4, 60: breviorem urnulam, Fulg. contin. Verg. p. 143 M. – **II** übtr.: **a** übh.: pectora visu, dem Blick darbieten, prüfen lassen, Stat. Ach. 2, 88. – **b** in der Darstellung **vorwegnehmen,** multa de hoc in patris imperio (in der Beschreibung der Regierung seines Vaters) praelibata sunt, Treb. Poll. trig. tyr. 13, 1.

prae-licenter, *Adv.*, **zu frei, zu kühn,** verba fingere, Gell. 16, 7, 1: disponens, quid etc., Amm. 16, 5, 3; vgl. 17, 8, 3; 28, 4, 25.

praeligāmen, inis, *n.* (praeligo), ein vorn angehängtes **Amulett,** Marc. Emp. 8.

praeligāneus, a, um (praelego), **vorher ausgelesen,** vinum, eine Art schlechten Weines, zu dem die unreiferen, schlechteren Trauben ausgesucht wurden, Cato r. r. 23.

prae-ligo, āvī, ātum, āre, **I** **vorn anbinden,** fasces virgarum atque aridi sarmenti cornibus boum, Liv. 22, 16, 7: cauda pecoris artissime praeligata, Plin. 29, 38. – **II** etw. mit etw. **umbinden,** **A** übh.: coronam auream candidā fasciā praeligatam, Suet. Caes. 79, 1: praeligata infra caput vipera, Plin. – **B** insbes.: **1** **zubinden, verbinden,** **a** eig.: os obvolutum est folliculo et praeligatum, Cic.: oculos, Spart.: vulnera, Plin.; vgl. Sillig Plin. 24, 179. – im Bild, praeligatum pectus, ein verstocktes Herz, Plaut. Bacch. 136. – **b** übtr., **bedecken, verhüllen,** capita vestibus, Petron. 102, 16. – **2** **abbinden,** dextro teste praeligato, Plin. 8, 188 u. 30, 148.

praelinītus, a, um (prae u. linio), **im Voraus bestrichen (beschmiert),** oleo, Cael. Aur. de morb. chron. 2, 4, 80.

prae-lino, (lēvī), litum, ere, **vorn bestreichen, anstreichen,** villas tectorio, Gell. 13, 24 (23), 1: bildl., Gell. 6 (7), 14, 11.

praeliquātus, a, um (prae u. liquo), **vorher geklärt,** liquor, Cael. Aur. de morb. chron. 5, 10, 108.

prae-loco, āvī, ātum, āre, **vorn hinstellen, vorsetzen,** Augustin. de gen. ad litt. 7, 17. Mart. Cap. 5. § 522: consonans si praelocatur una, Ter. Maur. 290.

praelocūtio, ōnis, *f.* (praeloquor), die einer Rede, Schrift vorausgeschickten **Einführungsworte,** die **Vorrede,** das **Vorwort** (vgl. praefatio *no.* III, b), Sen. exc. contr. 3. praef. § 11. Frontin. 3. praef. *in.* Augustin. epist. 147. § 5 u. 6 u. 11; de doctr. Christ. 4, 2.

praelongo, āvī, āre (praelongus), **sehr verlängern,** Plin. 11, 3.

prae-longus, a, um, **sehr lang,** gladius, Liv.: hasta, Tac.: homo, Quint.: cauda, Plin.: sermones, Quint.

prae-loquor, locūtus sum, loquī, **I** etw. **als Vorwort vorausschicken,** einer Abhandlung, Sen. nat. qu. 2, 11, 3: einer gerichtlichen Rede, Quint. 4, 1, 2. – absol. = **einige einführende Worte-, eine Vorrede-, ein Vorwort vorausschicken,** Plin. ep. 3, 4, 3 u. a.: de alqa re, Quint. 5, 13, 60. – **II** **im Voraus aussprechen,** **A** **vorher-, zuerst sprechen,** Plaut. rud. 119 u. 248. – **B** **im Voraus-, vorherverkündigen,** Lact. epit. 47, 2: alci de alqo, den Ruf von jmd. vorausgehen lassen, Augustin. conf. 5, 3.

prae-lūbricus, a, um, **sehr schlüpfrig,** Ennod. carm. 2, 46, 1.

prae-lūceo, lūxī, ēre, **I** **vorleuchten,** **A** eig.: **a** v. Licht, faces praeluxere, Mart.: praelucet sebalis fax, Amm.: praelucere funalia iussit, Flor.: Duilio concessum est, ut praelucente funali a cena publice rediret, Aur. Vict.: ignis praeluceat facinori, Phaedr. – **b** v. Personen, die das Licht tragen, servus praelucens, Suet.: alci, Stat. – **B** bildl.: **1** im Allg., m. *Acc.*, quod (amicitia) bonam spem praelucet in posterum, dass sie uns für die Zukunft vorleuchtend freudige Hoffnung gewährt, Cic. de amic. 23 M.: lumen tuae praeluceo vitae, Auson. edyll. 4, 95. p. 39 Schenkl. – **2** insbes., einer Sache vorstrahlen, etw. **überstrahlen** = übertreffen, nullus sinus praelucet Baiis, Hor. ep. 1, 1, 83. – **II** **hervorleuchten, sehr leuchten,** baculum praelucet, Plin. 32, 141.

prae-lūcidus, a, um, **vorzüglich leuchtend, sehr hell,** Plin. 37, 88. Iuvenc. in exod. 1091. Cassiod. var. 6, 14, 2 (Mommsen perluscidus).

prae-lūdo, lūsī, ere, **vorspielen, ein Vorspiel machen** od. **halten,** der Übung od. Probe wegen, **Probe halten,** **I** eig., m. *Dat.*, Nero praeludit Pompeiano, singt vorher zur Probe für das Theater des Pompejus, Plin. 37, 19: pr. tragoediis, Gell. 19, 11, 2: m. *Acc.*, discursu sacro proelia, Avien. descr. orb. 1366: pugnam glebis, sich zum Kampf vorbereiten, Rutil. Nam. 1, 257. – **II** übtr., m. *Dat.*, sperata mundo pignora, Claud. laud. Stil. 2, 336 *sq.*: magnis fatis, Claud. VI. cons. Hon. 68: aliquid operibus suis, vorausschicken, Stat. silv. 1. praef. – absol., rabies Mariana iam intra urbem praeluserat, quasi si experiretur, Flor. 4, 2. § 2.

praelum, ī, *n.*, s. prēlum.

praelumbo, āre (prae u. lumbus), **lendenlahm machen,** fustibus, Nov. com. 93.

praelūminātus, a, um (prae u. lumino), **vorher erläutert, -erklärt,** Tert. de res. carn. 33.

praelūsio, ōnis, *f.* (praeludo), das **Vorspiel,** Plin. ep. 6, 13, 6. Marc. Emp. 20.

praelūsōrius, a, um (praeludo), **zum Vorspiel (als Vorspiel) dienend,** praelusoriis se exercent poculis, Ambros. de Elia 13. § 47.

praelūstris, e (prae u. lustro), **sehr ansehnlich, -hoch,** vive tibi, quantumque potes praelustria vita (meide das Vornehme der Welt); saevum praelustri fulmen ab arce venit, Ov. trist. 3, 4, 5 *sq.*

prae-mācero, āre, **vorher einweichen,** mala cydonia, Scrib. Larg. 193.

prae-maledīco, dīxī, ere, **vorher verfluchen,** alqm, Tert. adv. Marc. 5, 3.

1. prae-mando, āvī, ātum, āre, **I** **vorher-, im Voraus auftragen, -bestellen,** puerum aut puellam, Plaut. truc. 403. – m. folg. *ut* u. Konj., ego terrā marique ut conquireretur praemandavi, lasse ihn steckbrieflich zu W. u. zu L. verfolgen, Vatin. in Cic. ep. 5, 9, 2. – dah. praemandāta, ōrum, *n.*, **Steckbriefe,** praemandatis requisitus, steckbrieflich verfolgt, Cic. Planc. 31. – **II im Voraus empfehlen, -ans Herz legen,** hominem, Plaut. trin. 335.

2. prae-mando, ere, **vorkauen,** bildl. = genauer erklären, si me tibi praemandere, quod aiunt, postulas, Gell. 4, 1, 11.

praemātūrē, *Adv.* (praematurus), **frühzeitig, zu zeitig,** Plaut. most. 500. Afran. bei Gell. 10, 11, 8: *Compar.*, Papin. dig. 45, 1, 118. § 1.

prae-mātūrus, a, um, **frühzeitig, I** = **sehr zeitig, frühreif,** fructus cucumeris, Colum. 11, 3, 51. – **II** = **zu zeitig, unzeitig, voreilig,** denuntiatio, Planc. in Cic. ep.: hiems, Tac.: mors, Plin.: exitus, Tac.: praematurum existimatur m. folg. *Acc.* u. *Infin. Praes. Pass.*, Plin. 8, 198.

prae-medicātus, a, um, **mit Arznei-, mit Zaubermitteln verwahrt,** Ov. her. 12, 15. Tert. de ieiun. 12.

praemeditātio, ōnis, *f.* (praemeditor), die **Vorbedachtnahme,** die **vorläufige Rücksicht** auf usw., futurorum malorum, Cic. Tusc. 3, 29: rerum futurarum, *ibid.* 3, 34: diuturna, *ibid.* 3, 31: futuri regni, Hieron. in Matth. 3, 17. *v.* 9.

praemeditātōrium, iī, *n.* (praemeditor), der **Zubereitungsort,** Tert. de ieiun. 6.

prae-meditor, ātus sum, ārī, etwas **im Voraus bedenken,** auf etwas **vorher sinnen, sich im Voraus** auf etwas **gefasst machen,** m. folg. indir. Fragesatz, accusator dicet eum usque adeo praemeditatum fuisse, quid sibi esset usu venturum, Rhet. Her. 2, 8: praemeditari, quo animo accedam ad urbem, Cic. ad Att. 6, 3, 4: legati iam antea praemeditati in Macedonia, quae ab Roma nuntiarent, Liv. 40, 23, 6: m. folg. *Acc.* u. *Infin.*, id praemeditari ferundum modice esse, si evenerit, Cic. Phil. 11, 7: absol., praemeditans assistentibus phonascis, vorübend, probend unter Anleitung von Gesangslehrern, Tac. ann. 14, 15. – ► *Partic. Perf.* passiv, praemeditata mala, Cic.: nihil praemeditati, Quint.

prae-memor, oris, **wohl eingedenk,** Anthol. Lat. 305, 7 (316, 7).

prae-mercor, ātus sum, ārī, **vorher-, vorauskaufen,** Plaut. Epid. 407 G. Cass. Hem. bei Plin. 32, 20.

prae-mergo, mersus, ere, **vorher untertauchen,** Germanic. Arat. 639 (643).

praemētium, iī, *n.* (prae u. meto; vgl. Paul. ex Fest. 319, 2), das vorher abgemessene **Erstlingsopfer** für die Ceres, Paul. ex Fest. 235, 4 u. 319, 1. Vgl. Gloss. II, 157, 4 ›*praemetium,* ἡ πρὸ θερισμοῦ Δημήτρας θυσία‹.

prae-mētor, ātus sum, ārī, **vorher messen, abmessen,** *Partic. Perf.* passiv, praemetata divûm itinera, Mart. Cap. 8, § 811.

praemetuenter, *Adv.* (praemetuens), **vorher fürchtend,** Lucr. 4, 821 (823).

prae-metuo, ere, **I** *intr.* **im Voraus fürchten, im Voraus in Furcht sein, -besorgt sein,** Lucr. 3, 1017: alci, Caes. b. G. 7, 49, 1. – **II** *tr.* **vorher fürchten,** deserti coniugis iras, Verg. Aen. 2, 573: dolum, Phaedr. 1, 16 (18), 4. – mit folg. *Infin.*, Prud. c. Symm. 2, 682.

praemiātor, ōris, *m.* (praemior), **I** der **Räuber,** nocturnus, Naev. com. 17. – **II** der **Belohner,** luctantium, Ambros. in psalm. 36. § 57.

praemiātrīx, trīcis, *f.* (Femin. zu praemiator), die **Belohnerin** (Ggstz. ultrix), bonorum praemiatrix Adrastia, Amm. 14, 11, 25.

prae-mico, āre, **hervorschimmern, hervorzucken,** Apul. u. Eccl.

prae-migro, āre, **vorher wegziehen,** Plin. 8, 103.

praeminentia, ae, *f.*, s. praeēminentia.

prae-mineo, s. prae-ēmineo.

prae-minister, strī, *m.*, der **Diener, Aufwärter,** deorum (als Erklärung v. camillus), Macr. sat. 3, 8, 6: absol., Tert. de or. 1.

prae-ministra, ae, *f.* die **Dienerin,** Dianae (als Erklärung v. camilla), Macr. sat. 3, 8, 6: übtr., lingua mendaciorum et amaritudinum praeministra, Apul. apol. 8.

prae-ministro, āre, **I** *intr.* **aufwarten,** m. *Dat. pers.*, v. Dienern u. Dienerinnen bei Tisch usw., Gell. 10, 3, 19. Apul. met. 5, 2 u. a.: magistratibus, v. den Liktoren, Gell. 12, 3, 3: absol., v. Dienerinnen, Rutil. Lup. 1, 21. Apul. met. 2, 11. – **II** *tr.* **darreichen, an die Hand geben,** tibiam … praeisse ac praeministrasse modulos, Gell. 1, 11, 10: fabulas ad destructionem veritatis pr., Tert. apol. 21.

prae-minor, ātus sum, ārī, **vorher drohen, androhen,** malum grande, Apul. met. 5, 19: haec illis, Tert. apol. 21: m. folg. *Acc.* u. *Infin.*, Tert. adv. Marc. 5, 19 (bei Apul. met. 8, 21 zw.).

praemio, āre (praemium), **belohnen** (Ggstz. punire), hominem, Augustin. serm. 161, 3 Mai.

praemior, ārī (praemium), **sich Belohnung ausbedingen,** Suet. Tit. 7, 1.

praemiōsus, a, um, **begütert, reich** (vgl. Paul. ex Fest. 243, 5), Cato oratt. inc. fr. 7: dives ac praemiosa anus, Acc. fr. bei Perott. corn. cop. p. 713, 47 *ed. Basil.*

praemīrus, a, um, **sehr wunderbar,** Publil. Optat. 22, 20 M.

praemissio, ōnis, *f.* (praemitto), **I** die **Voraussendung,** Pompeii comment. 282, 16 K. – **II** das **Vorbeischicken** vor etw., manuum ante oculos, das Vorbeifahren mit den Händen vor den Augen, Cael. Aur. de morb. acut. 1, 3, 36.

praemīstus (praemīxtus), a, um (prae u. misceo), **vorher vermischt,** Apic. 4, 181 (Schuch promixta). Cael. Aur. de morb. chron. 4, 3, 63.

prae-mītis, e, **sehr sanft,** Iuvenc. 3, 636. Ven. Fort. carm. 3, 12, 37.

prae-mitto, mīsī, missum, ere, **vorher-, vorausschicken, -gehen lassen, I** eig.: **a** eine Person, alqm, Cic. u. a.: alqm cum equitatu, Cic.: alqm cum navi, Caes.: alqm a portu domum, Plaut.: alqm Acheruntem (in den Ach.), Plaut.: alqm in Siciliam, Cic.: legiones in Hispaniam, Caes.: equitatum ad castra, Hirt. b. G.: legatum cum cohortibus ad flumen, Sall.: equitatum ante (vorher), Auct. b. Afr. – ohne *Acc.*, **vorschicken,** ad eos equites, qui agmen antecessissent, praemitteret, Caes. b. G. 4, 11, 2. – u. **Boten vorausschicken,** m. folg. Relativsatz, Caes. b. G. 7, 10, 3: m. folg. *Acc.* u. *Infin.* = vorher melden lassen, Caes. b. c. 2, 20, 6. – **b** lebl. Objj.: impedimenta, naviculam, Caes.: alci litteras odiosas, Cic.: edictum, ex itinere edictum, einen Erlass vor sich hergehen lassen, Caes. u. Liv. – *Partic.* subst., praemissa, ōrum, *n.*, das **Vorausgeschickte,** die **Erstlinge,** olei ac vini, Plin. 12, 5. – **II** übtr.: **a** im Allg.: cogitationes in longinqua, weit hinausdenken, Sen. ep. 5, 8. – **b** redend **vorausschicken,** praemissā voce ›Hoc age‹, nachdem er zuvor die Worte ausgerufen: »Hau zu!« Suet. Calig. 58, 2: postquam haec favorabili oratione praemisit, Tac. ann. 12, 6: außerdem bei Eccl., z B. Hieron. in Galat. p. 76 Migne u. in Philem. *v.* 8 u. 9. p. 611 Migne.

praemium, iī, *n.* (prae u. emo), das Vorausgenommene, **I** im Allg., **Vorteil, Vorrecht, Auszeichnung, Gunstbezeigung,** im Plur. auch **Gaben, Schätze,** die man vor anderen besitzt, u. dgl., praemia vitae, Lucr.: praemia insani scribae, Hor.: omnia praemia donaque fortunae, Cic.: licebat celerius legis praemio, durch die besondere Gunst des G., Cic. Vgl. Hor. ep. 1, 9, 11. – **II** insbes.: **A Ehrenpreis, Preis, Belohnung** (Ggstz. poena, supplicium), honores et praemia bene de re publica meritorum et merentium, Cic.: praemio alqm afficere od. donare, Cic.: praemium dare, Plin. ep.: praemia dare, Ov.: alci praemium od. praemia dare pro alqa re, Cic.: alci praemium tribuere od. deferre od. persolvere, Cic., od. reddere, Catull.: iis honores et praemia spondere, Cic.: ea praemia, quae merui, ab alqo exspecto, Caes.: ea ipsa praemia extorquere, Cic.: oratione magistratus et praemio deduci (verleitet, verführt werden), Caes.: praemio elicere, qui etc., durch einen Pr. einen Mann hervorrufen, der usw., Cic.: praemium ponere, aufstellen, Sall. u. a.: praemium proponere od. exponere, aussetzen (um zum Handeln anzufeuern), Cic. u. a. (vgl. Kühner Cic. Tusc. 5, 20): si sibi praemio foret, wenn er belohnt würde, Liv.: revocavit praemia coronarum, die Belohnungen, die mit den den Siegern erteilten Kränzen verbunden waren u. die er ehemals sich verbeten hatte, Suet.: praemium est m. *Acc.* u. *Infin.*, age, hoc non est praemium, unum spectare omnium cruces? Sen. contr. 7, 6 (21), 10. – ironisch **Lohn** = **Strafe,** cape praemia facti, Ov. met. 8, 503. – **B** die **Beute,** im Krieg usw., pugnae, Verg.: praemia ferre, Ov.; vgl. Tac. hist. 1, 51. – auf der Jagd, captare calamo (aucupatorio) praemia, Prop.: leporem et gruem iucunda captat praemia, Hor.

praemīxtus, a, um, s. praemīstus.

prae-moderor, ārī, **das Maß vorschreiben,** praecinente ac praemoderante citharā gressibus, Gell. 1, 11, 6.

prae-modulor, ārī, **vorher abmessen,** unde id quoque fluit vitium, ut iuvenes, cum scribunt, gestum praemodulati cogitatione sic componant, quo modo casura manus est, Quint. 11, 3, 109.

prae-modum, *Adv.* = supra modum, **über die Maßen,** Liv. Andr. b. Gell. 6 (7), 7, 12.

praemoenio, s. prae-mūnio.

prae-molestia, ae, *f.*, die **vorläufige Beschwerde,** Cic. Tusc. 4, 64.

prae-mōlior, īrī, etwas **vorbereiten,** zu etw. **Voranstalten treffen,** rem, Liv. 28, 17, 4.

prae-mollio, (īvī), ītum, īre, **I vorher weich-, mild machen,** sulcum, Quint. 2, 9, 3: dragantum mulso et vino, Cael. Aur. de morb. chron. 2, 6, 92. – **II** bildl., **vorher sanft-, mild machen,** iudicum aures, mentes, Quint. 4, 3, 10; 6, 5, 9.

prae-mollis, e, **sehr weich,** ova, Plin. 9, 165: übtr., quod etiam in carminibus est praemolle, sehr weich (zu hören), Quint. 9, 4, 65 H.

prae-moneo, uī, itum, ēre, **vorher (im** od. **zum Voraus) erinnern, -bemerken, -raten, -bedeuten (anleiten), -warnen, -warnend zeigen, I** im Allg., mit *Acc.*, conatus hostis (vor feindl. Überfällen), Liv. 33, 20, 12: caeli varietatem mutationemque (in Bezug auf usw.) ex hoc commentario praemoneri, Colum. 11, 2, 1. – im Passiv m. *Nom. pers.*, praemoniti oraculo, Plin. 16, 199: praemoniti a filio vatis legati, Plin. 28, 15. – m. folg. indir. Fragesatz, convenit autem amori in te meo sub exemplo praemonere, quid debeas fugere, Plin. ep.: ut futuri principes sub exemplo praemonerentur, quā potissimum viā possent ad eandem gloriam niti, Plin. ep. – m. folg. *Acc.* u. *Infin.*, quod licet nobis futuros (principes) sub exemplo praemonere, nullum locum, nullum esse tempus, quo funestorum principum manes a posterorum exsecrationibus conquiescant, Plin. pan.: hic ipse fraudes esse praemonuit dolus, Sen. poët. – m. folg. *ut* u. Konj., benevolo animo me, ut magno opere caverem, praemonebat, Cic.: iam tunc praemonente fortunā, ut diu penitusque perdisceres quae mox praecipere deberes, Plin. pan. – m. folg. *ne* u. Konj., igitur praemoneo, ne villicum ex eo genere servorum, qui corpore placuerunt, instituamus, Colum.: praemonito filio, ne alii quam Thessalo et fratribus cederet, Iustin. – m. folg. bl. *Coniunctiv,* ut te sortitum provinciam praemonerem, plurimum tibi credas nec cuiquam satis fidas, Plin. ep. 6, 22, 7; u. so *ibid.* 4, 11, 11. – m. *de* u. Abl., de ipsa regionis eius hora praemonuisse conveniat, Plin. 18, 330. – *neutr. pl.* des Partiz. Fut. Pass. subst., praemonenda praemonuit, Apul. de deo Socr. 17. – **II** Zukünftiges **vorher andeuten, im Voraus anzeigen, -verkünden, a** v. Weissagern u. Weissagungen: futura, Iustin. 43, 1, 8: haruspices praemonuerunt superna vulnera, deuteten auf Wunden von oben, Plin. 2, 147. – m. folg. *Acc.* u. *Infin.*, quae tum maxime accidebant, casura praemonens, Liv. 36, 34, 3: et vatum timeo monitus, quos igne Pelasgo Ilion arsurum praemonuisse ferunt, Ov. epist. 16, 239 *sq.* - **b** v. Tieren u. Lebl.: plurima animalia pericula praemonent non fibris modo extisque, sed aliā quādam significatione, Plin. 8, 102: si quartam lunam orbis rutilus cinget, et ventos et imbres praemonebit, Plin. 18, 347: ferunt terribiles tubas auditaque cornua caelo praemonuisse nefas, Ov. met. 15, 784 *sq.*

praemonitio, ōnis, *f.* (praemoneo), die **Vorhererinnerung, Vorerinnerung,** Tert. adv. Marc. 2, 4 *extr.* u. a. Eccl.

praemonitor, ōris, *m.* (praemoneo), der **Vorerinnerer, Warner,** Apul. de deo Socr. 16.

praemonitōrius, a, um (praemonitor), **zur Vorhererinnerung dienlich,** Tert. de anim. 3.

praemonitum, ī, *n.* (praemoneo), die **Vorerinnerung,** Plur. bei Gell. 14, 2, 3.

praemonitus, ūs, *m.* (praemoneo), die **Vorherverkündigung, Weissagung,** praemonitus (Plur.) deûm, Ov. met. 15, 800.

praemōnstrātio, ōnis, *f.* (praemonstro), die **Vorherzeigung, Vorheranzeigung,** Lact. 7,14, 12 u. a. Eccl.

praemōnstrātor, ōris, *m.* (praemonstro), der **Wegweiser,** übtr., der **Anleiter,** Ter. heaut. 875.

prae-mōnstro, āvī, ātum, āre, **I** gleichs. vorhergehend jmdm. **den Weg zu** od. **bei** etw. **zeigen, zu** etw. **anleiten,** etw. **angeben,** currenti spatium, Lucr.: praemonstra docte, quid fabuletur, Plaut.: praemonstro tibi (gebe dir die vorbeugende Warnung), ut (wie usw.), Plaut.: te praemonstrante, unter deiner Anleitung, Stat. – **II vorher anzeigen, -sagen, 1** übh., m. folg. *Acc.* u. *Infin.*, ut praemonstravimus in bucolico esse positum, Prisc. 15, 41. – **2** insbes., **vorher anzeigen = prophezeien,** ventos futuros, Cic. poët.: magnum aliquid populo Romano praemonstrare et praecinere (v. den Göttern), Cic.: non est dubium hanc suavitatem praemonstratam esse efficaci auspicio, Plin. – ► Archaist. praemōstro nach Brix Plaut. trin. 342.

prae-mordeo, mordī, morsum, ēre, **I vorn** in etw. **beißen,** proiectos, Sen. de clem. 1, 5, 5: linguam, Lucan. 6, 508. – **II vorn abbeißen,** übtr., **abzwacken,** alqd ex alqo, Iuven. 7, 218. – ► *Plusquamperf.* praemorsisset, Plaut. fr. b. Gell. 6 (7), 9, 7.

praemordicus, a, um, nur **vorn abgebissen, vorn genossen,** olera (wie Spargel usw.), Hieron. in reg. S. Pachom. 52.

praemorior, mortuus sum, morī, **vor der Zeit-, frühzeitig sterben, absterben,** v. Pers., aut ego praemoriar aut etc., Ov.: v. Körper u. dessen Gliedern, nec defectum et praemortuum corpus est, Sen.: parte eā corporis velut praemortuā, Suet.: nostra tamen iacuere velut praemortua membra, Ov. – übtr., praemortui iam est pudoris, sein Schamgefühl ist schon ganz erstorben, Liv. 3, 72, 5: iam praemortuae vires, Ps. Quint. decl.

praemōstro, s. prae-mōnstro ►.

prae-moveo, (mōvī), mōtum, ēre, **vorher bewegen,** Cael. Aur. de morb. chron. 1, 5, 168 u. a.

prae-mulceo, mulsus, ēre, **vornwegstreichen, hinterstreichen,** antias, Apul. flor. 3.

praemundātus, a, um (prae u. mundo), **vorhergereinigt,** oculi, Th. Prisc. 1, 10.

prae-mūnio (**-moenio**), īvī, ītum, īre, **I** (nach munio *no.* I) etw. **vormauern,** als Vormauer, Bollwerk **vorbauen,** bildl., quae praemuniuntur sermoni, vorgebaut, vorausgeschickt wird, Cic.: quae ex accusatorum oratione praemuniuntur, vorgeschützt wird, Cic.: illud praefulci atque praemuni, ut etc., Cic. (vgl. praefulcio): ut ante praemuniat, Cic. – **II** (nach munio *no.* II) **vorn verwahren, -befestigen,** aditus operibus, verschanzen, Caes.: Isthmum, Caes.: itinera, Veget. mil.: caput et os suum manibus oppositis quasi vallo, Gell. – bildl., antidotis praemuniri, sich verwahren, sich sichern, Suet.: quibus praemuniri iudex debeat, Gell.: genus dicendi praemunitum, Cic.: praemunitus praeparatusque, Augustin.

praemūnītio, ōnis, *f.* (praemunio), das **Vorbauen,** die **Verwahrung, a** übh., Ambros. de Isaac et anim. 4. § 37. – **b** als rhet. Fig. = προκατάληψις, προθεραπεία, sine ulla praemunitione orationis, ohne irgendwie vorzubauen, sich zu verwahren, Cic. de or. 2, 304. – absol., Cic. de or. 3, 204. Quint. 9, 2, 17.

prae-nārro, āvī, āre, **zuvor erzählen,** rem, Ter. eun. 982.

prae-nāscor, nāscī, **vorher** od. **zuerst geboren werden, -entstehen,** manu pedem praenascentis fratris tenebat, Augustin. de catech. rud. § 6: illum non aliquis prophetavit ante praenasci, Commodian. instr. 1, 6, 13 (Dombart pronasci): übtr., verbum in mente praenascitur, Augustin. serm. 101, 1 Mai: iuxta Platonem praenascitur providentia, Chalcid. Tim. 143.

prae-nato, āre, **I vorschwimmen, voranschwimmen,** Plin. 9, 186. Stat. silv. 3, 2, 36. – **II vorbeischwimmen,** praenatante pisciculo, Plin. 9, 146. – übtr., **vorbeifließen,** amnis domos praenatat, Verg. Aen. 6, 705.

praenāvigātio, ōnis, *f.* (praenavigo), die **Vorbeischiffung,** Plin. 4, 57 u. 6, 201.

prae-nāvigo, āvī, ātum, āre, **vorbei-, vorüberschiffen, -segeln, I** eig., absol., praenavigantes adulterae, Sen. ep. 51, 12: pr. triginta dierum spatio, Plin. 6, 97. – m. *Acc.*, illa (loca), Mela 2, 3, 6 (2. § 45): litus, Val. Max. 1, 8, 9: stantem (villam), Sen. de ira 3, 21, 5: quidam et alia duo oppida longis intervallis Tigri praenavigari tradunt, Plin. 6, 146. – Plur. Partiz. subst., praenāvigantēs, ium, *m.*, die Vorüberschiffenden, magno praenavigantium periculo, Sen. ad Marc. 18, 7. – **II** bildl.: praenavigamus vitam, Sen. ep. 70, 2.

Praeneste, is, *n.*, Stadt in Latium, wahrscheinlich Kolonie aus Sullas Zeit (s. Cic. Cat. 1, 8. Gell. 16, 13, 5), berühmt durch die Schönheit der dortigen Rosen u. Nüsse, bes. aber durch den Tempel der Fortuna u. das damit verbundene Orakel, j. *Palestrina,* Varro LL. 5, 32 u. 6, 4 (wo Abl. e). Cic. Cat. 1, 8; Planc. 63 (wo Abl. e). Prop. 2, 32, 3 (wo Abl. i): wegen seiner hohen Lage altum Pr., Verg. Aen. 7, 682, u. frigidum, Hor. carm. 3, 4, 23. – *fem.* b. Dicht., wie Verg. Aen. 8, 561. – Dav. **Praenestīnus,** a, um, **pränestinisch, aus Präneste,** ager, Liv.: nuces, Cato: rosae, Plin.: urbs, Stadt Präneste, Verg.: sortes, die pränestinischen Orakelsprüche, Cic. u. Suet. – subst., ein **Pränestiner,** Praenestinum opino (= opinor) esse, ita erat gloriosus, Plaut. fr. bei Non. 474, 32: Plur., Praenestīnī, ōrum, *m.*, die Einw. von Präneste, die **Pränestiner,** Cic. u. a.

praenexus, a, um (*praenecto), **vorn geknüpft, -zugebunden,** os, Solin. 1. § 6.

prae-nimis, *Adv.*, **allzu sehr,** nescio quid hoc praenimis plebeium (gewöhnlich) sit, Gell. 19, 10, 9.

prae-nimium, *Adv.*, **allzu sehr,** pr. opulentae divitiae, Charis. 235, 12.

prae-niteo, uī, ēre, **hervorleuchten, hervorglänzen, prangen, I** eig.: praenitent vestes, Apul.: luna subito praenitens, Plin.: niveā veste praenitens, Apul.: gentes, quarum titulis forum eius (*sc.* Augusti) praenitet, Vell. 2, 39, 2. – **II** bildl.: virtus Catonis praenitens, Vell.: m. *Dat.*, unius facies praenitet omnibus, überstrahlt alle, Sen. poët.: cur tibi iunior praeniteat, dich überstrahlt = liebenswürdiger erscheint, Hor.

prae-nōbilis, e, **vorzüglich berühmt,** Apul. met. 10, 25. Prud. ham. 698: *Compar.* bei Apul. flor. 16. p. 23, 8 Kr.

prae-nōmen, inis, *n.*, **I** der **Vorname,** der vor dem Geschlechtsnamen steht (wie M. Tullius Cicero, wo M. = Marcus der Vorname ist, der gewöhnlich abgekürzt wird), Quintilius cum filio, cui Marco praenomen erat, Liv.: sine praenomine ad me epistulam misisti, Cic.: duos eodem tempore fuisse et *praenomine* et *nomine* et *cognomine* Dolabellas, Ascon. in Cic. Scaur. 45. p. 23, 13 K. – **II** übh., der **Titel,** der vor dem Namen steht, Imperatoris, Suet. Caes. 76, 1; Claud. 12, 1.

praenōminātīvus, a, um (praenomino), das *praenomen* **bezeichnend,** Consent. 339, 13 K.

praenōmino, āre (praenomen), **mit einem Vornamen belegen, -benennen,** Varro bei Non. 352, 29. Varro fr. beim Auct. inc. de praenom. § 4.

praenōscentia, ae, *f.* (praenosco) = πρόγνωσις, das **Vorhererkennen, Vorherwissen,** Th. Prisc. 4. fol. 318 (a).

prae-nōsco, nōvī, nōtum, ere, **vorher kennenlernen, vorher in Erfahrung bringen (erfahren), vorauswissen,** futura, Cic. de div. 1, 83: promissum sibi caelum, Ov.: fata rerum, Sil.: cursus fati, Sil.: nationes circumsitas, Amm.: omnia in castrensi meditatione, Veget. mil.: illud praenoscendi vices, Boëth. – ► Synkop. *Infin. Perf.* praenosse, Stat. Theb. 3, 490 u. ö.

praenotātio, ōnis, *f.* (praenoto), der **Titel,** Ennod. opusc. II. lib. de synod. p. 289, 14 *Hartel.*

praenōtio, ōnis, *f.* (praenosco), der **Vorbegriff** einer Sache (die πρόληψις Epikurs), deorum (von den G.), Cic. de nat. deor. 1, 44: earum rerum, Boëth. de cons. phil. 5. pros. 4: divina, *ibid.* 5. pros. 6.

prae-noto, āvī, ātum, āre, **I vorn bemerken, -bezeichnen, A** im Allg.: librum litteris, Apul.: aureos anulo, besiegeln, Apul. – **B** insbes., **betiteln,** librum, Augustin.: librum nomine alcis, Hieron. – **II vorher bemerken, -bezeichnen,** adventum, Tert.: crux praenotata est, Prud. – **III aufzeichnen, aufschreiben,** fabellam, Apul. met. 6, 25.

prae-nūbilus, a, um, **sehr trübe, -finster,** densā praenubilus arbore lucus, Ov. am. 3, 13, 7.

praenūbo, ere, **vorn verhüllen,** sacraque praenubitur arca, Iuvenc. in Levit. 40 (*cod.* pronubitur).

praenūncia etc., s. praenūntia etc.

praenūncupātus, a, um (*praenuncupo), **vorher benannt, bekannt,** Prud. cath. 7, 179.

praenūntia, s. prae-nūntius.

praenūntiātio, ōnis, *f.* (praenuntio), die **Vorherverkündigung,** Tert. de anim. 46 *extr.* u. a. Eccl.

praenūntiātīvus, a, um (praenuntio), **vorherverkündigend, vorbedeutend,** Augustin. c. Faust. 6, 9; 19, 14; 22, 17 u. a. Isid. quaest. in Levit. 2,

praenūntiātor, ōris, *m.* (praenuntio), der **Vorherverkündiger,** Augustin. conf. 9, 5; de genes. 8, 4 *extr.*; serm. 288, 2.

praenūntiātrīx, trīcis, *f.* (Femin. zu praenuntiator), die **Vorherverkündigerin,** Prud. perist. 2, 30.

prae-nūntio, āvī, ātum, āre, **vorher verkündigen, vorher melden, -bekanntmachen, -anzeigen,** futura, Cic.: adventum, Auct. b. Afr.: de adventu, Nep.: mit folg. *Acc.* u. *Infin.*, praenuntia hanc venturam, Ter.: im Passiv m. folg. *Nom.* u. *Infin.*, venturus ipse praenuntiabatur, Augustin. serm. 210, 3. – praenūntiātō (Abl. abs.) Troianis m. folg. uti (dass) u. *Coni.*, Dict. 5, 11. p. 95, 33 M. – v. Lebl., vasa sudorem repositoriis relinquentia diras tempestates praenuntiant, Plin.: m. folg. *Acc.* u. *Infin.*, iuglans frangi se praenuntiat strepitu, Plin.

prae-nūntius, a, um, **vorherverkündigend, I** *adi.*: ignes, Signalfeuer, Plin. 2, 181. – **II** *subst.* (*m.*, *f.* u. *n.*) = **Vorherverkündiger, Vorherverkündigerin, Vorzeichen, Anzeige,** Zephyrus, praenuntius Veneris, Lucr.: ales praenuntius lucis, Hahn, Ov.: praenuntii ignes, Plin.: stellae praenuntiae calamitatum, Cic.: inquisitio praenuntia repulsae, Cic.: procellarum quaedam sunt praenuntia, Sen.

prae-obtūro, āre, **vorn verstopfen,** Vitr. 10, 7, 1.

1. prae-occido, ere, **vorher untergehen,** von Gestirnen, Plin. 18, 285.

2. prae-occīdo, ere, **tüchtig zu Boden schlagen,** Donat. Ter. adelph. 4, 2, 20.

praeoccupātio, ōnis, *f.* (praeoccupo), **I** die **Zuvoreinnahme, zeitige Besetzung,** locorum, Nep. Eum 3. § 6. – **II** eine Krankheit, bei der der Magen auf eine schmerzhafte Art ausgedehnt wird, Veget. mul. 1, 40 *extr.*

prae-occupo, āvī, ātum, āre, **I sich vorher bemächtigen, vorher einnehmen, zeitig besetzen,** iter, Caes.: vias, Caes.: saltum, Nep.: loca, Liv.: socios, Liv. – **II** übtr.: **1** in Bezug auf persönliche Verpflichtung, Gesinnung u. Gemütsstimmung **im Voraus einnehmen, -verpflichten (binden), -gewinnen,** praeoccupatum sese legatione ab Cn. Pompeio, Caes.: animos timor praeoccupaverat, Caes.: omnia praeoccupavit accusator, Liv.: praeoccupatis non magis auribus quam animis ab Eumene, Liv.: praeoccupati beneficio animi, Liv.: omnes praeoccupati sumus, Sen.: pleon. mit *ante* verb., praeoccupatos iam ante ab Hannibale Gallorum animos esse, Liv. 21, 20, 8. – **2 zuvorkommen, überraschen, a** mit leb. Objj.: alqm per alqm, Auct. b. Alex.: ne alteruter alterum praeoccuparet, Nep.: timens, ne adventu Caesaris praeoccuparetur, Caes. – **b** mit lebl. Objj., tela fortunae, Sen. ep. 18, 11: m. folg. *Infin.*, legem ipsi praeoccupaverant ferre, sie hatten sich beeilt, das Gesetz eher an das Volk zu bringen, Liv. 4, 30, 3: propterea praeoccupavi fugere in Tharsis, Itala Ionas 4, 2 (wo die Vulg. praeoccupavi, *ut* fugerem in Tharsis). – **3** in der Darstellung **vorausgreifen,** quod superius praeoccupando iam dixit, Augustin. de civ. dei 20, 16.

prae-occursio, ōnis, *f.* (prae u. occurro) = προαπάντησις, das **Zuvorentgegentreten, Zuvorkommen,** als rhet. Fig., Auct. carm. de fig. 154. p. 69 Halm = Anthol. Lat. 485, 154 R.

prae-oleo, ēre, **vorher riechen, vorher Geruch verbreiten,** Fronto ep. ad M. Caes. 1, 5 (4). p. 12, 4 N. – Alte Nbf. **prae-olo,** ere, bildl. = ich wittere vorher, es schwant mir, me decet curam adhibere, ut praeolat mihi quod tu velis, *Plaut. mil. 41 R. u. Fl.

prae-opīmus, a, um, **sehr feist, sehr fett,** vitulus, Tert. de paenit. 8.

prae-opto, āvī, ātum, āre, **I lieber wollen,** nemo non illos sibi, quam vos, dominos praeoptet, Liv. 29, 17, 7: sterilem platanum quam maritam ulmum praeoptaverim? Quint. 8, 3, 8: mit folg. *Infin.*, caput periculo ponere, Plaut.: nudo corpore pugnare, Caes.: immerito quam iure violari, Curt.: perire, Tac.: perire praeoptare quam non perdere eos, Iustin.: m. folg. *Acc.* u. *Infin.*, puerum praeopto perire potius quam etc., Ter. Hec. 532: m. folg. *ut (uti)* u. Konj., praeoptavisti, amorem tuom (dein Liebesleben) uti virtuti praeponeres, Plaut. trin. 648. – **II** alqd alci rei, **vorziehen,** equitis filiam nuptiis generosarum, Nep.: suas leges Romanae civitati, Liv.: otium urbanum militiae laboribus, Liv. – ► praeoptarit dreisilbig, Catull. 64, 120.

prae-ōrdino, āvī, ātum, āre, **im Voraus ordnen** od. **bestimmen,** deus praeordinavit te, ut etc., Vulg. act. apost. 22, 14: praeordinatae causae, Cael. Aur. de morb. acut. 1, 4, 44.

prae-ostendo, (ostendī), ostēnsum, ere, **vorher zeigen,** hoc monstrare debent, hoc ostendere vel praeostendere, Augustin. de civ. dei 21, 8, 6. p. 507, 26 D.[2]: praeostensum sabbatum, Tert. adv. Iud. 4 u. 5: alqd per os suum, Ps. Cypr. ad Novat. 3: absol., portenta a portendendo, id est praeostendendo, Augustin. de civ dei 21, 8, 6. p. 507, 15 D.[2]: portenta dicta perhibent a portendendo, id est praeostendendo, Isid. orig. 11, 3, 3.

prae-palpo, āre, **vorn streicheln,** Paulin. Nol. epīst. 49.

prae-pando, ere, **vorn öffnen, -ausbreiten, verbreiten,** vestibula, Plin. 11, 80: patula cornua fronte, Ps. Verg. cul. 16. – übtr., ortus temporis hiberni, Cic. Arat. 40: alci diem serenum, Laev. fr. 6 M. (bei Charis. 288, 10): lumina menti alcis, Lucr. 1, 144.

praeparātio, ōnis, *f.* (praeparo), **I** die **Vorbereitung** auf etw., die **Rüstung,** belli, Vell.: futurae impensae, Frontin. aqu.: in omnibus negotiis priusquam aggrediare adhibenda est praeparatio diligens, Cic.: multum potest provisio animi et praeparatio ad minuendum dolorem, Cic. – **II** als rhetor. *t. t.*, die **Vorbereitung** der Zuhörer auf das, was gesagt wird, griech. προπαρασκευή, Quint. 4, 2, 55 u. 9, 2, 17: praeparatio quasi vestibulum orationis est, Donat. Ter. Andr. 1, 1, 50.

praeparātō, s. prae-paro.

praeparātor, ōris, *m.* (praeparo), der **Vorbereiter, Bereiter,** viarum, Tert. adv. Marc. 4, 33: Ioannes Baptista praecursor et praeparator viae domini, Augustin. serm. 351, 2 *extr.*

praeparātōrius, a, um (praeparator), **vorbereitend,** Ulp. dig. 43, 30, 3. § 1.

praeparātūra, ae, *f.* (praeparo), die **Vorbereitung, Bereitung,** viarum, Tert. adv. Marc. 4, 18: außerdem Itala numer. 21, 2. Tert. de anim. 43.

praeparātus, ūs, *m.* (praeparo), die **Vorbereitung,** m. obj. *Genet.*, rei rusticae per tempestates pluvias, Gell. 10, 11, 7.

prae-parcus, a, um, **sehr sparsam, sehr karg,** Plin. 11, 67 u. a. Isid. orig. 10, 75.

prae-paro, āvī, ātum, āre, **im Voraus zubereiten, -zurüsten, -rüsten, -instand setzen, vorbereiten, bereithalten,** naves, Liv.: scaphas, Liv.: classem, Curt.: machinationes (Gerüste), Vitr.: hiberna, Vell.: hortos, Cic.: ova, zum Essen zubereiten, Mart.: profectionem, Anstalten zur Abreise machen, Suet.: bellum, Veget. mil. – frumentum in decem annos, Liv.: gladios in necem, Suet. – ad vitam degendam res necessarias, Cic.: naves ad incendium, Caes.: suos milites frequentibus exercitiis ad proelia, Veget. mil.: se ad proelia, Sall.: animos ad sapientiam, Cic.: se bello, Sen.: se proelio magis quam fugae, Curt.: se poenae, Sen. rhet.: exercitum maiori operi exercendo (durch Einübung), Vell.: gratiam adversus publicum odium, Tac.: omnia efficere nitens, quae animo praeparasset, alle im Geist gefassten Pläne, Eutr.: qui praeparati erant (im Voraus gewonnen waren) gratiā principum, Liv. – leviora sunt ea, quae repentino aliquo motu accĭdunt, quam ea, quae meditata et praeparata inferuntur, Cic.: ut repentina et minime praeparata accusatio videretur, Liv. – aures (auditorum) praeparatae, Cic.: praeparata oratio, eine einstudierte Rede, Liv.: bene praeparatum pectus, wohl (auf jeden Wechsel des Schicksals) vorbereitet, gefasst gemacht, Hor.: praeparato, Quint., od. ex praeparato, Liv. u. Sen., mit Vorbereitung; aber ex ante praeparato, aus den Vorräten, Liv. 26, 20, 10. – m. folg. *Infin.*, ex ea (Massilia) navigare ad filium praeparabat (gedachte), Eutr. 10, 3, 2: u. so pro quibus sanguinem fundere praeparabat, Augustin. serm. 309, 4.

prae-parvus, a, um, **sehr klein,** Iuvenc. 1, 189 u. 2, 815 M.

prae-patior, passus sum, patī, **sehr leiden,** Cael. Aur. de morb. acut. 2, 34, 180.

praepedīmentum, ī, *n.* (praepedio), das **Hindernis,** Plaut. Poen. 606. Sidon. epist. 4, 2, 4 u. 7, 8, 2.

prae-pedio, īvī u. iī, ītum, īre (prae und pes), **I vorn verwickeln, -binden, -fesseln,** praepeditus latere forti ferreo, starkes Eisen um den Körper gelegt, Plaut. Poen. 828: praepeditis Numidarum equis, während die Pf. der N. an den Füßen gefesselt waren, Tac. ann. 4, 25. – bildl., sese praedā praepediant, sie mögen sich verwickeln in usw. = sich aufhalten lassen durch usw., Liv. 8, 38, 13. – **II** übtr., **verhindern, hemmen, aufhalten, abhalten,** timor praepedit dicta linguae od. verba, Plaut.: imperitorum mentes timor praepediebat, machte befangen, Auct. b. Hisp.: subitus dextrae praepedit orsa tremor, Ov.: si forte aliquos flumina nives venti praepedissent, Plin. pan.: cum lassitudo ac vulnera fugam praepedissent, Liv.: aliquoties dicere incipientem cum lacrimae praepedissent, Liv. (u. so fletu praepediente, Tac.): praepedita singultibus anima, Hieron.: verba sua praepediens, stotternd, Tac.: recitantium vero praecipua pronuntiationis adiumenta, oculi manus, praepediuntur, Plin. ep.: ad omnia praepeditae naves, in allem gehemmte, Flor.: praepediri valetudine, Tac.: avaritia bonas artes praepedit, macht unwirksam, Sall. – m. folg. *Infin.*, etiamsi praepeditus sit perculsas tot victoriis Germanias servitio premere, Tac. ann. 2, 73.

prae-pendeo, pendī, ēre, **vorhängen, vorn herabhängen,** v. Tüchern u. dgl., Caes. b. c. 2, 9. § 3 u. 4. Apul. apol. 19: v. Blumengewinden (serta), Prop. 2, 33, 37.

praepes, petis, Abl. pete u. petī, Genet. Plur. petum (prae u. pet-o, wie im-pes v. in u. peto), **vorauseilend, I** eig., *t. t.* der Augurspr. v. Vögeln, die vor dem Beobachtenden zum glücklichen Zeichen einherfliegen od. einen Glück verkündenden Platz einnehmen, und von dem Glück verkündenden Flug u. Platz selbst, deutsch etwa **im bedeutsamen Flug, bedeutsam, glücklich,** praepes avis u. subst. bl. praepes, Cic., Liv. u. a. – praepetibus pennis se credere caelo, Verg.: praepetis omina pinnae, Verg. – meton., v. Platz, **günstig,** loca, Enn.: portus, Enn. – **II** übtr., **schnell im Flug, schnell fliegend** und **schnell** in der Bewegung übh.: **a** *adi.*: deus, v. Kupido, Ov.: volatus, Plin.: cursus (der Vögel), Stat.: cursus equi, Claud.: myoparo, Ven. Fort.: aliud praepes aërivagum, Chalcid. Tim. – **b** *subst.*, ein größerer **Vogel,** Ov.: praepes Iovis, v. Adler, Verg.: Medusaeus, v. Pegasus, Ov.: u. so praepes v. Perseus, weil er Flügel hatte u. zugleich auf dem geflügelten Pegasus saß, Lucan. 9, 662 u. 688.

prae-pīgnerātus, a, um, **verpfändet, verbindlich gemacht,** Amm. 29, 2, 6.

1. praepilātus, a, um (prae u. pila), **vorn mit einem Knauf** (wie unsere Stoßdegen) **versehen, vorn verknauft,** missilia, Liv. u. Amm.: hasta, Plin.: pilum, Auct. b. Afr.: subst., ad pugnam forensem velut praepilatis (mit Stoßdegen) exerceri, Quint. – übtr., locustarum cornua, quae sunt propriā rotunditate praepilata, auf eine eigentümliche Weise knaufartig abgerundet sind, Plin. 9, 95.

2. praepīlātus, a, um (prae u. pilum), **vorn mit einer Spitze versehen,** missilia, Pfeile, Amm. 24, 6, 10.

prae-pinguis, e, **sehr feist, sehr fett** (Ggstz. exilis), solum, Verg.: terra, Colum.: ubertas, Plin.: v. leb. Wesen, mares, Plin. 8, 129: quod praepinguis fuerit visus, Suet. Galb. 3, 1. – übtr., vox, zu derb, zu stark, Quint. 11, 3, 32.

praepollēns, entis, **I** *Partic.* v. praepolleo, s. d. – **II** *PAdi.* im *Compar.* u. *Superl.*, **überwiegend, vorzüglich,** vis praepollentior oculorum erit illorum, Augustin. de civ. dei 22, 29, 3. p. 627, 2 D.[2]: praepollentior delectatio eorum iustitia est, Augustin. expos. epist. ad Galat. § 49: praepollentissimum suum nomen, Augustin. epist. 137, 15.

prae-polleo, polluī, ēre, **vor anderen etwas vermögen, die Übermacht (das Übergewicht, die Obergewalt) haben, vorzüglich viel vermögen, sehr mächtig sein, in** etw. **ausgezeichnet sein,** viri praepollentes, Tac.: postquam Macedones praepolluere, Tac.: quia (Phoenices) mari praepollebant, Tac.: quibus (Langobardis) additis praepollebat, Tac.: huius templi religio etiam divinatione praepollet, Macr.: Romae suae artis exercitatione praepolluit, Augustin.: gens divitiis praepollens, Liv.: vir virtute praepollens, Liv.

praeponderātio, ōnis, *f.* (praepondero), das **Übergewicht,** corporum, Chalcid. Tim. 352.

prae-pondero, āvī, ātum, āre, **I** *intr.* **das Übergewicht haben,** folglich **herabsinken, sich herabneigen, A** eig.: neutra (libra) ut praeponderet, Auct. carm. de pond. 138: ne portionum aequitate turbatā mundus praeponderet, Sen. nat. qu. 3, 10, 3: quotiens in alterum latus praeponderans declinarat sarcina, Apul. met. 7, 17. – **B** übtr., **das Übergewicht haben,** nach einer Seite **überwiegend hinüberschlagen, -sich überwiegend hinneigen, a** mit Ang. **wohin?** durch *in* m. Akk. od. durch ein *Adv.,* in neutram partem, Varro LL. 10, 5; in partem humaniorem, auf die mildere Seite überwiegend hinüberschlagen, Sen. de clem. 1, 2. § 2: quo tanti praeponderet alea fati, Lucan. 6, 603: si neutro litis condicio praeponderet, auf keiner von beiden Seiten den Ausschlag gibt, keins von beiden entscheidet, Quint. 7, 2, 39. – **b** absol., teils = **nach der einen od. anderen Seite sich überwiegend hinneigen, dem einen od. dem anderen den Vorzug geben,** inter duos liberos pari desperatione languentes, da bonum patrem, non praeponderabit, Ps. Quint. decl. 8, 9. – teils = das **Übergewicht-, den Vorzug haben,** ubi in comparatione beneficii praeponderavit iniuria, Sen. de ben. 6, 4, 1: quamvis iniuriae praeponderent, Sen. ep. 81, 4: nam cum in rebus paribus aut non longe secus utilitas amici aut honestas nostra consistit, honestas procul dubio praeponderat, Gell. 1, 3, 25: nutat utroque timor, quemnam hoc certamine victum, quem vicisse velint; tacite praeponderat exsul, Stat. Theb. 8, 615 *sq.* – **II** *tr.:* **1** einer Sache **das Übergewicht geben,** im Passiv praeponderari = **das Übergewicht bekommen,** coturnices vela incĭdunt et praeponderatis sinibus mergunt, Solin. 11, 21. – bildl. **überwiegen,** neque ea volunt praeponderari honestate, und dem Sittlichguten kein Übergewicht über dieselben einräumen, Cic. de off. 3, 18. – **2 durch sein Übergewicht erdrücken, überlasten,** ne praeponderent vos peccata vestra, Vulg. 4. Esdr. 16, 77.

prae-pōno, posuī, positum, ere, **vorsetzen, voransetzen, I** eig.: **A** im Allg.: pauca (scribendo), Cic.: praeposita toro effigies, vorn aufgestellt, Tac.: ultima primis, Hor. – **B** insbes., als Aufseher, Vorsteher usw. **vorsetzen** = **über** etw. **setzen,** für od. bei etw. **anstellen,** alqm provinciae, bello, navibus, Cic.: praeposita parietibus, Vorsteherin, Ov.: quae praeposita erat oraculo sacerdos, Cic.: cubiculo praepositus, Kammerdiener, Suet.: bes. praepositum esse als milit. *t. t.,* den Oberbefehl haben, befehligen, kommandieren, mit dem Oberbefehl betraut sein, m. *Dat.* (über), castris, Auct. b. Hisp.: militibus, Caes.: toti officio maritimo, den Oberbefehl zur See haben, Caes. – absol., alqm mediā acie, zum Befehlshaber im Mitteltreffen machen, Caes.: alqm in laevo cornu, Liv.: in ea ora, ubi praepositus sum, wo ich den Oberbefehl habe, Cic.: forte illo loco praepositus, der an diesem Ort den Oberbefehl hatte, Liv. – Partiz. subst., **a** praepositus, ī, *m.,* der **Vorgesetzte, Vorsteher,** rerum curae Caesaris, Plin. ep.: aquarum, Wassermeister, Frontin.: hortorum, Garteninspektor, Firm.: Tyrii textrini, Vorsteher einer tyr. Weberei, Amm.: u. so regiis textrinis praepositi, Firm.: urbanae familiae, Haushofmeister, Amm.: auri od. argenti potorii, Verwalter des silbernen od. goldenen Trinkgeschirres, Corp. inscr. Lat. 6, 8729 u. 8733: ebenso praepositus ab auro gemmato, Aufseher über das mit Edelsteinen besetzte goldene Trinkgeschirr, CIL 6, 8734: praepositus a fiblis (über die Spangen), a cristallinis (über die Kristallgefäße), CIL 3, 536. – absol. praepositi, teils = militär. Anführer, Offiziere (Ggstz. gregarii milites), Tac., teils = Statthalter in den Provinzen, Suet. Galb. 12, 1. – **b** praeposita, ae, *f.,* die **Vorsteherin,** in Klöstern die **Pröpstin,** Augustin. epist. 211 *no.* 5 u. 15 u. a. Eccl. – **II** übtr.: **1** praeponī = der Zeit nach **vorangehen,** praepositae causae, die vorangehenden, Cic. – **2 vorziehen,** se alteri, Ter.: amicitiam patriae, Cic.: opulentissimo regno bonam existimationem, Nep. – *Partic.* subst., praepositum, ī, *n.,* als Übersetzung des προηγμένον der Stoiker, **etwas Vorzügliches,** was aber nicht absolut gut zu nennen ist (wie Reichtum u. dgl.), gew. im Plur., Cic.; s. bes. de fin. 4, 72 *sq.* – ► Archaist. Perf. praeposivi, Plaut. rud. 916. – Synk. Partiz. praepostus, Lucr. 6, 997.

prae-porto, āre, **vor sich hertragen, vorantragen,** tela, Lucr. 2, 621: prae se flebile acumen, Cic. Arat. 430. – übtr., frons exspirantis praeportat pectoris iras, trägt zur Schau (= kündigt von außen an), Catull. 64, 194.

praepositio, ōnis, *f.* (praepono), das **Vorsetzen, Voransetzen, I** eig. u. meton.: **1** eig.: **a** im Allg.: negationis, Cic. de inv. 1, 42: diei et consulis, Ulp. dig. 2, 13, 6. § 6. – **b** insbes., die **Anstellung** bei einem Geschäft als Vorsteher, ICt. – **2** meton., als gramm. *t. t.,* das **Vorwort** die **Präposition,** auch im Plur., Varro LL., Cic. u. a.: praepositiones urbibus addere, vor die Städtenamen eine Präposition setzen, Suet. – **II** das **Vorziehen,** der **Vorzug,** Cic. de fin. 3, 54.

praepositīvus, a, um (praepono), **zum Voransetzen dienend, vorangesetzt** (Ggstz. postpositivus, subiunctivus), vocales, Ggstz. vocales subiunctivae, Prisc. 1, 50: coniunctio, Ggstz. coniunctio subiunctiva, Diom. 415, 26, Ggstz. coniunctio postpositiva, Pompeii comment. 269, 9 K.: praepositiones, Prisc. 14, 23.

praepositūra, ae, *f.* (praepositus v. praepono), **das Amt eines Vorgesetzten, -Aufsehers,** auch im Plur., Scriptt. hist. August. u. spät. ICt.

praepositus, s. prae-pōno.

praeposterātio, ōnis, *f.* (praepostero), die **umgekehrte Ordnung,** Augustin. de mus. 3, 9. *no.* 20.

praeposterē, *Adv.* (praeposterus), **verkehrt,** Cic. u. a.: calceum inducere, den linken statt des rechten, Plin. – bildl., pr. agere cum alqo, Cic. – *Compar.* praeposterius, Pompeii comment. 236, 24.

praeposteritās, ātis, *f.* (praeposterus), die **umgekehrte Ordnung,** Graeci nominis (Ἥρα in ἀήρ), Arnob. 3, 30.

1. **praepostero,** āvī, ātum, āre (praeposterus), **umkehren,** ordinem, Ps. Quint. decl. quae inscripta est *Tribunus Marianus* c. 9: praeposterato ordine, Cassiod. de orthogr. praef. *extr.* p. 577 (b) *ed. Garet:* nonne praeposterari poterit (versus), Augustin. de mus. 3, 9. § 20: horum praeposterato situ memorati versus, Mar. Victorin. 4, 1, 81. p. 152, 23 K.

2. **praeposterō,** *Adv.* (praeposterus), **verkehrt, in verkehrter Ordnung** od. **Folge,** Sen. ep. 3, 2.

prae-posterus, a, um, **I verkehrt, unrecht,** natalis, verkehrte Geburt, mit den Füßen voran, Plin.: ficus, Feigen, die zu zeitig oder zu spät wachsen, Plin.: ordo, Lucr.: frigus, Sen.: praepropperi aut praeposteri rigores, Plin.: gratulatio, Cic.: ambitio, Tac.: praeposteris utimur consiliis, wir sind hintennach klug, Cic. – **II** übtr., von Pers., **verkehrt = verkehrt handelnd,** praeposteri homines, Sall.: praeposteros habes tabellarios, Cic.

prae-potēns, entis, Abl. ente, Genet. Plur. entium, **sehr mächtig, sehr viel vermögend, a** v. Pers., viri, Cic.: homines, Sen.: populi, Liv.: domus, Sen. poët.: Carthago pr. terrā marique, Cic. – mit *Abl. instr.,* pr. armis Romanus, Liv. – mit *Genet.,* Iuppiter omnium rerum pr., allherrschend, Cic.: mit *inter* u. Akk., praepotens inter Africae reges, Liv. – subst., praepotentēs, ium, *m.,* die **Mächtigen,** Cic. u. a.: Ggstz. humiles, Val. Max. – u. Sing. im *Compar.,* praepotentior quidam, Salv. de gub. dei 4, 15, 74. – **b** übtr., v. Lebl.: pr. philosophia, Cic.: pr. gratae mentis impetus, eigenmächtiger, Val. Max. – ► Genet. Plur. praepotentum, Sen. de ira 3, 13, 7 H.

praepotentia, ae, *f.* (praepotens), die **vorzügliche Macht,** dei, Tert. adv. Marc. 2, 7: horum (regum), Apul. de mund. 26.

prae-pōto, āre, **I vorher trinken,** Cael. Aur. de morb. acut. 3, 17, 159. – **II vorher tränken, -trinken lassen,** Cael. Aur. de morb. acut. 3, 17, 160 u. a.

prae-properanter, *Adv.*, **sehr eilend, sehr schnell,** Lucr. 3, 777.

praeproperē, *Adv.*, (praeproperus), **sehr eilfertig, sehr eilig, sehr hastig, zu hastig, mit Übereilung,** festinare, Liv.: pr. agere, raptim omnia pr. agere, Liv.

prae-properus, a, um, **sehr eilig, sehr hastig, zu eilig, übereilt, I** eig.: nisus, Sil.: festinatio, Cic. u. Val. Max.: celeritas, Liv.: praepropери (zu frühzeitige) aut praeposteri rigores, Plin. – **II** übtr. **übereilt, voreilig, vorschnell,** ingenium, Liv.: amor, Val. Max.

praepūdium, s. praepūtium.

prae-pulcher, chra, chrum, **sehr schön,** Iuvenc. 1, 463 u. 2, 140 M.

prae-pūrgo, āre, **vorher reinigen,** Cael. Aur. de morb. chron. 1, 4, 128.

praepūrus, sehr rein, brachia, Anth. Lat. 779, 62 R.

praepūtiātio, ōnis, *f.* (praeputium), das **Behalten der Vorhaut, die Nichtbeschneidung,** Tert. adv. Marc. 5, 4 u. 13.

praepūtiātus, a, um (praeputium), die **Vorhaut habend, unbeschnitten,** Tert. adv. Marc. 5, 9 u. a. Eccl.

praepūtio, āre (praeputium), die **Vorhaut vorziehen,** Schol. Iuven. 10, 206.

praepūtium, iī, *n.*, die **Vorhaut,** Sen. apoc. 8, 1. Vulg. genes. 3, 11; 3, 14; 3, 23: Plur., Iuven. 6, 238; 14, 99. – bildl., circumcīdite praeputium (= die Unreinlichkeit) cordis vestri, Lact. 4, 17, 8 (Übersetzung von Ierem. 4, 4): circumcīdimini domino et auferte praeputia cordium vestrorum, Vulg. Ierem. 4, 4. – ► praepudium geschr., Not. Tir. 45, 21[a].

prae-quam, s. prae.

prae-queror, questus sum, querī, **vorher klagen,** multa praequestus, nach vielen vorausgeschickten Klagen, Ov. met. 4, 251.

prae-radio, āre, **I vorher strahlen, -schimmern,** Claud. nupt. Hon. et Mar. 287. – **II** aktiv, etwas **überstrahlen,** Ov. her. 6, 116.

prae-rancidus, a, um, **sehr stinkend,** bildl., finitiones, Prob. Val. b. Gell. 13, 21 (20), 1.

prae-rapidus, a, um, **überaus reißend, überaus schnell, I** eig.: **a** v. Gewässern: gurges, Liv. 29, 32, 9: ubi Rhodanus ingens amne (Strom) praerapido fluit, Sen. apoc. 7, 2. *v.* 11. – **b** v. phys. Zuständen, celeritas, Sen. nat. qu. 1, 1. § 1: fluminum celeritas, der reißende Schuss der Strömungen, Curt. 9, 4 (15), 10: fuga, Sil. 16, 563. – **c** v. Personen, Serv. Verg. Aen. 1, 644. – **II** übtr., **sehr hitzig,** iuvenis, Sil. 17, 179: affectus (v. Zorn) praerapidus (vorschnell) et amens, Sen. de ira 1, 12, 5.

praerāsus, a, um (prae u. rado), **I vorn geschoren,** Paul. Nol. epist. 7. sect. 2. – **II vorher abgeschoren,** Cael. Aur. de morb. acut. 1, 11, 79; de morb. chron. 5, 4, 74.

praereptor, ōris, *m.* (praeripio), der (gleichs. vor dem Mund) **Vorwegnehmer,** Hieron. epist. 36. *no.* 15. Heges. 2, 1, 2. Paul. Nol. epist. 23, 4.

prae-rigēsco, riguī, ere, **vorn erstarren, -erfrieren,** praeriguisse manus, Tac. ann. 13, 35.

prae-rigidus, a, um, **sehr starr,** indutus, Amm. 24, 2, 5 (Hertz): mens, Ps. Quint. decl. 17, 7.

praerīpia, iōrum, *n.*, s. praerūpium.

praeripio, ripuī, reptum, ere (prae u. rapio), **I** vor dem Mund **wegreißen, wegschnappen, A** eig.: cibos reliquis pullis, Plin. 10, 27. – **B** übtr.: **1** im Allg., jmdm. etw. gleichs. vor dem Mund wegschnappen, **entreißen, entziehen,** alci arma, Ov.: sponsam alci, Plaut.: alci laudem destinatam, Cic.: quo (oleo) praerepto nuper infuso, aufgezehrt, Cael. Aur.: ne illum praeripiat tibi, Ter.: alci victoriae societatem, Auct. b. Alex.: aliis laudem, Cic. – **2** insbes.: **a vor der Zeit entreißen,** deorum immortalium beneficium festinatione, mit voreiliger Hast sich vor der Zeit zueignen, Cic.: immaturā morte praereptus, vor der Zeit weggerafft, Aur. Vict.: brevibus praereptus in annis, frühzeitig gestorben, Val. Flacc. – m. folg. *ne* u. Konj., Demosthenes tibi praeripuit, ne esses primus orator, Hieron. epist. 52, 8. – **b** einer Sache **zuvorkommen,** etw. **im Voraus vereiteln,** hostium consilia, Cic. de off. 1, 108. – **c** in etwas **vorgreifen,** ius praetorum et consulum, Tac. ann. 13, 28: scelus, Sen. Thyest. 1104 (1107). – **II unversehens wegnehmen, -rauben,** codicillos, Suet.: oscula alci, Lucr. – refl., pr. se, **sich unversehens wegmachen, -flüchten,** ad amicum, Ulp. dig. 21, 1, 17. § 4.

praerōborātus, a, um (prae u. roboro), **vorher gestärkt,** Cael. Aur. de morb. chron. 4, 1, 3.

prae-rōdo, rōsī, rōsum, ere, **vorn benagen,** digitos, Plaut. u. Amm.: vitem (v. Bock), Hygin.: teneros adhuc pampinos, Colum.: hamum, den Köder an der Angel abfressen, Hor.: caudas, Plin.

praerogātio, ōnis, *f.* (praerogo), **I** das **Vorrecht,** habemus quandam praerogationem sacerdoti ab ipso numine datam, Sen. contr. 1, 2, 19. – **II** die **Verteilung, Austeilung,** Fulg. myth. 1, 2 u. a. Eccl.

praerogātīva, ae, *f.*, s. praerogātīvus.

praerogātīvārius, a, um (praerogativus), **gewisse Vorrechte genießend, -habend,** pr. veterani (milites), die Anwartschaft hatten, zur Belohnung kaiserliche Trabanten zu werden, Cassiod. var. 11, 27; vgl. Symm. epist. 3, 67.

praerogātīvus, a, um (praerogo), vor anderen-, zuerst um seine Meinung gefragt, **I** eig., als publiz. *t. t.*, **zuerst** in den Komitien **abstimmend,** centuria praerogativa, gew. subst. bl. praerogātīva, ae, *f.*, die **zuerst stimmende Zenturie,** in den Zenturiatkomitien (deren Name, wenn er einen guten Klang hatte, wie Valeria u. dgl., als eine glückliche Vorbedeutung für den günstigen Ausgang der Komitien galt, s. unten), c. praer., Cic. Planc. 49, u. bl. praer., Cic. in Pis. 11; post red. in sen. 17; Phil. 2, 82; de div. 1, 103; 2, 74 u. 83. – Jede Klasse bestand aus centuriae seniorum u. iuniorum, dah. praer. Aniensis iuniorum, d. i. die iuniores der ersten Klasse in der tribus Aniensis, Liv. 24, 7, 12: ebenso praer. Veturia iuniorum, Liv. 26, 22, 2 u. a. – dah. der Plur. centuriae praerogativae, Fest. 249 (a), 7, u. bl. praerogativae, Liv. 10, 22, 1: valete classes populi et urbanarum tribuum praerogativae et centuriae iure vocatae, Auson. grat. act. VIII. 44. p. 25 Schenkl. – aber tribus pr., die Tribus, von der eine Zenturie als zuerst stimmende Zenturie ausgelost worden ist, Ps. Ascon. Cic. Verr. 1, 9, 26. p. 139 B. – adiecisse equitum praerogativae auctoritatem consules, Liv. 28, 9. § 20: invitis patribus P. Licinium Calvum praerogativa (die Ritterzenturien) tribunum militum creant, Liv. 5, 18, 1 (wo vielleicht praerogativae zu lesen ist): pro praerogativis (bei der Konsulwahl), Cic. I. Verr.. 9, 26. – praerogativam referre, v. Stimmensammler (rogator), Cic. de div. 2, 74: praerogativam renuntiare, v. Herold, Cic. Phil. 2, 82. – dah. omen praerog., die **zuerst stimmende Zenturie** (wegen ihres Namens [s. oben] oder ihrer Stimme) als **Vorbedeutung,** Cic. Mur. 38; vgl. Cic. de div. 1, 103. – **II** übtr., praerogātīva, ae, *f.*, **A** (weil die zuerst stimmende Zenturie vor den übrigen stimmte) die **Vorwahl,** pr. comitiorum militarium, Liv. 3, 51, 8: pr. militaris, Liv. 21, 3, 1 (versch. von unten *no.* II, C). – **B** (weil die Stimme der zuerst stimmenden Zenturie, nach der sich meist die übrigen Zenturien beim Abstimmen richteten, eine Art Vorbedeutung für den Ausgang der Komitien hatte) die günstige **Vorbedeutung,** der **Vorgeschmack,** das **Vorzeichen,** das **Merkmal,** dass etwas eintreten werde, pr. triumphi, Cic. ep. 15, 5, 2: pr. suae voluntatis, Cic. I. Verr.. 26: pr. fecunditatis in feminis, Plin. 7, 67. – **C** der **Vorrang, Vorzug, das Vorrecht,** pr. decoris in gemmis, Plin. 37, 129: vetus imperatoriae domus illa pr., Eumen. pan. Const. 2, 4: militares praerogativae, Lampr. Alex. Sev. 15, 2: uti praerogativā deductionis, Ulp. dig. 26, 7, 11; u. so oft b. ICt. (auch im Plur.)

praerogātor, ōris, *m.* (praerogo), der **Austeiler,** Eccl.

prae-rogo, āvī, ātum, āre, **I vorher-, vorauszahlen,** Cod. Iust. 10, 31, 20. – **II vorher in Vorschlag bringen,** lex praerogata, ein vorher in Vorschlag gebrachtes Gesetz, Cod. Theod. tit. sequ. libr. 16. tit. 11. – **III verteilen, austeilen,** Fulg. Vergil. contin. *in.* p. 138 M. Cael. Aur. de morb. acut. 1, 11, 87. Vgl. Muncker Fulg. myth. 1, 2. p. 33 (b).

prae-rumpo, rūpī, ruptum, ere, **vorn abbrechen, -abreißen,** retinacula, Ov.: funes praerumpebantur, rissen ab, Caes.: uncus praerumpitur, bricht ab, Colum. – übtr., parum explanatis vocibus sermo praeruptus (des Zornigen), abgebrochene Worte in unausgebildeten Tönen, Sen. de ira 1, 1, 4.

praerūpium, iī, *n.* (prae u. rupes), **die Vorderwand des Felsens,** die **Felsenwand,** Tert. adv. Marc. 4, 38: dass. Nbf. praeripia, iōrum, *n.*, die **Felsenwände,** fluminis, Apul. apol. 8. Serv. Verg. Aen. 6, 704.

praerupta, ōrum, *n.*, s. 1. praeruptus.

praeruptio, ōnis, *f.* (praerumpo), der **jähe Abriss,** ›hiatus‹ praeruptio terrae profunda, Isid. orig. 14, 9, 3.

1. **praeruptus,** a, um, *PAdj.* (praerumpo), abgebrochen, abgerissen = **abhängig, abschüssig, steil,** I eig., v. Örtl.: mons, Catull. u. Curt.: saxum, Cic.: locus, Caes.: fossae, Tac.: undique oppidum, Hirt. b. G.: praeruptior collis, Colum. 3, 13, 8: praeruptissima saxa, Hirt. b. G. 8, 33, 1. – Plur. subst., praerupta, ōrum, *n.*, jähe Abgründe, steile Höhen, steile Felsen, Liv., Plin. u. Curt.: m. *Genet.*, praerupta rupium, Hieron. epist. 22, 7 *extr.* – II übtr.: iuvenis animo praeruptus, schroff, abstoßend, Tac.: dominatio, schroffe, Tac.: audacia, Tollkühnheit, *Cic. Rosc. Am. 68 *Halm* u. *Kays.*: periculum, äußerste, Vell.: seditio, gefährlicher, ICt.

2. **praeruptus,** Abl. ū, *m.* (praerumpo), der **steile Abgrund,** Oros. 3, 5, 1 (Variante praerupto, was wohl vorzuziehen ist).

prae-rutilus, a, um, **sehr rot, sehr rötlich,** Tert. carm. de iudic. 8. Ps. Cypr. carm. 6, 202.

1. **praes,** praedis, *m.* (nach Paul. ex Fest. 223, 9 v. praevideo, da in der lex Thoria die praedes PRAEVIDES heißen), der **Bürge** für gewissenhafte Leistung einer Sache (dah. bei Pacht-, Miet- und Kaufverträgen; vgl. vas), I eig.: praedem esse pro alqo, Cic.: praedes dare, Cic.: ob eam rem praedes dare, Cic.: praedibus et (ac) praediis cavere populo, durch Bürgen u. Pfänder (verpfändete Güter) den Staat sicherstellen, Cic. u. Liv. – übtr., vestram virtutem rerum, quas gesturus sum, vadem praedemque habeo, eure Tapferkeit leistet mir vollständige Bürgschaft für die Taten, die ich verrichten will, Curt. 9, 2 (10), 25. – II meton., das **Vermögen-,** die **Habe der Bürgen,** ne L. Plancus praedes tuos venderet, Cic.: in praedibus praediisque vendendis, beim V. der Habe des Bürgen u. der (vom Beklagten selbst) verpfändeten Güter, Cic. – ► arch. Plur. praevides, CIL 1, 200, 46. 47. 100.

2. **praes,** *Adv.* (aus prae, wie abs aus ab, im Griech. ἀμφίς aus ἀμφί) = praesto, **da, bei der Hand,** nam ibi tibi parata praes est, Plaut. Pers. 288 (Schoell u. Leo praestost).

praesaepēs od. **praesaepis,** is, *f.* u. **praesaepe,** is, *n.* u. **praesaepium,** iī, *n.* (praesaepio), I die **Krippe,** bonas praesaepis (*Acc.*), Cato: ad praesaepe, Ov. u. Phaedr.: ad praesaepim, Plaut.: praesaepium (Akk.), Apul. u. Eccl.: praesaepio, Dat., Apul., Abl., Plin. u. Apul.: in praesaepiis, Varro. – übtr., certum praesaepe, verächtl. = Tisch, Hor. ep. 1, 15, 28. – u. praesaepia (*Plur.*) am Himmel = phatnae, Plin. 18, 353. – II der **Stall,** praesaepis hiberna, Cato: nocturna praesaepia, die Hürde, Calp.: in praesaepibus, Verg. – übtr., intra praesaepes meas, d. i. Haus, Plaut.: praesaepibus arcent, von den Bienenkörben, Verg.: in praesaepibus, in liederlichen Häusern, Cic. – ► Die Handschrn. schreiben meistens praesepes usw., doch Keller Hor. ep. 1, 15, 28 praesaepe.

prae-saepio, saepsī, saeptum, īre, **vorn versperren, -zumachen,** omnem aditum, Caes. b. G. 7, 77, 11: aditus atque itinera maximis defixis trabibus, Caes. b. c. 1, 27, 4: angustias vallium sublicis in terram demissis, *ibid.* 3, 49, 4: arcem, Sil. 15, 232.

praesaepis, praesaepium, s. praesaepēs.

praesāgātio, ōnis, *f.*, s. praesāgītio.

prae-sāgio, īvī u. iī, īre, I **eine Vorempfindung-, eine Ahnung** von etwas **haben,** etwas **ahnen** (vgl. Cic. de div. 1, 65 praesagire, id est futura ante sentire), alqd animo, Liv.: equi praesagiunt pugnam, Plin.: animus praesagit mihi aliquid mali, mir schwant etwas Böses, Ter.: Scipionis velut praesagiens animus *de* fine belli, Liv.: praesagientibus animis, Liv.: quasi praesagiret, als ob er eine Ahnung gehabt hätte, Cic.: m. *Acc.* u. *Infin.*, praesagibat (synk. = praesagiebat) mi animus frustra me ire, es schwante mir, Plaut. aul. 178; vgl. Cic. de div. 1, 65. – unpers. praesagit m. folg. *Acc.* u. *Infin.*, man ahnt, es ist vorauszusehen, dass usw., Varro LL. 10. § 46 Sp.^{2}. – ► Deponentialform: animus iam istoc dicto plus praesagitur mali, Plaut. Bacch. 679. – II übtr., **vorhersagen, prophezeien, vorher anzeigen, -andeuten,** galli praesagivere victoriam, Plin.: luna tempestatem praesagit, Plin.: exiguitas copiarum recessum … praesagiebat, ließ voraussehen, Cael. in Cic. ep.: sine quorum notitia non facile quidquam *in futurum* praesagiri potest, Cels.: m. *Acc.* u. *Infin.*, id quoque praesagit (auch deutet schon das darauf), mortalem vivere mentem, Lucr. 3, 510.

praesāgītio, ōnis, *f.* (praesagio), die **Vorempfindung, Ahnung,** das **Ahnungsvermögen,** die **Weissagungskraft,** Cic. de div. 1, 66 u. 123. Cassiod. var. 12, 19, 2 (Mommsen praesagatio).

praesāgium, iī, *n.* (praesagio), I die **Vorempfindung, Ahnung,** mit subj. *Genet.*, vatum, Ov. – mit obj. *Genet.*, malorum, Tac.: non sine praesagio quodam fati imminentis, Flor.: absol., cum praesagiis tangi se diceret, Sen. rhet. – II übtr., die **Vorhersagung, Vorherverkündigung, Weissagung, Prophezeiung,** u. das vorhersagende **Vorzeichen, Anzeichen,** m. subj. *Genet.*, Tiberii de Servio Galba, Tac.: equorum praesagia ac monitus, Tac. – m. obj. *Genet.*, praesagia atque indicia futuri periculi, Vell.: praesagia mortis, Suet.: ibi defunctus fatale praesagium (Pr. von seinem Schicksal) implevit, Tac.

praesāgo, āvī, ātum, āre, **vorausempfinden, ahnen,** praesagante Vergilio, fore quandoque omnium poëtarum ac poëmatum Palaemonem iudicem, Suet. gr. 23: cogitatio praesagantis, Cassiod. var. 5, 3, 2: pr. prodigiosa ostenta, Apul. met. 9, 38: futura rerum, Apul. apol. 43: promittebant praesagando felicitatem magnam, Augustin. de civ. dei 2, 24. p. 87, 24 D.^{2}: scala praesagata, Hieron. epist. 3. *no.* 4.

praesāgāx = praesagus, Anecd. Helv. 74, 24.

praesāgus, a, um, I **vorausempfindend, ahnend,** pectora, Ov.: nares, witternde, Firm. – m. *Genet.*, velut praesaga futuri (Alcyone), Ov.: mens praesaga mali, Verg.: praesagi luctus suspiria, Ov. – II übtr., **vorheranzeigend, -sagend, weissagend,** fulmen, Verg.: verba, Ov.: responsa, Tac. – subst., praesāgus, ī, *m.*, der **Weissager,** Chalcid. Tim. 185.

prae-sānēsco, sānuī, ere, **vor der Zeit heil werden (heilen),** cicatrices ulcerum quae praesanuere, Plin. 24, 73.

prae-sāno, (āvī), ātum, āre, **vor der Zeit heilen,** praesanatum vulnus, Plin. 26, 147.

praesauciātus, a, um (prae u. saucio), **sehr geschwächt, sehr angegriffen,** vires, Cael. Aur. de morb. acut. 1, 3, 39.

prae-scateo, ēre, **sehr voll sein,** m. *Genet.*, doctrinae omnigenus (v. einer Schrift), Gell. 14, 6, 1.

praescientia, ae, *f.* (1. praescio), das **Vorherwissen,** mit u. ohne *Genet.*, Augustin. de civ. dei 5, 9 u. a. Tert. adv. Marc. 2, 5. Boëth. cons. phil. 5. pros. 3 u. 4 u. 6. Mart. Cap. 2. § 159: Plur., Mart. Cap. 1. § 32.

prae-scindo, nicht mehr Vulg. 1. regg. 24, 12; 2. regg. 10, 4. Vulg. 2. Mach. 7, 4, da dort mit *cod. Amiat.* u. anderen Handschriften praeciderem, praecidit, praecidi herzustellen ist, wie bereits Vitr. 5, 6, 5 praescindantur in praecidantur geändert worden ist.

1. **prae-scio,** īvī u. iī, ītum, īre, **vorherwissen,** Ter. Andr. 239. Suet. Tib. 67, 2. Ambros. in Luc. 7. § 167. Vulg. Roman. 8, 29 u. 11, 2: eventus praescitarum rerum, Boëth. consol. phil. 5. pros. 3: angit praescitus ducti quos terminus aevi, Alcim. Avit. poëm. 2, 318: novit praescitos, die Vorhergekannten, Augustin. tract. in evang. Ioann. 45, 12. – Dav. praescītum, ī, *n.*, s. bes.

2. **praescio,** ōnis, *m.* (praescio, ire), der **Vorherwisser,** *Amm. 18, 4, 1.

prae-scīsco, scīvī, ere, **vorher erforschen, vorher zu erfahren suchen** od. **erfahren,** m. *Acc.*, animos vulgi longe, Verg.: exploratam fugam, Colum.: adversos subitosque motus, Amm.: quaedam imprecationibus praescisse nefariis, Amm. – m. folg. indir. Fragesatz, praesciscere, quam quisque eorum provinciam, quem hostem haberet, volebat, Liv. 27, 35, 5. – m. folg. *Acc.* u. *Infin.*, ea cum ad se quoque venire praescisset, Liv. 24, 26, 2.

praescītio, ōnis, *f.* (praescio), die **Weissagung,** numen praescitionum auctor, Amm. 29, 1, 31.

praescītum, ī, *n.* (praescio), **das Vorherwissen,** animi, Ahnung, Plin.: picorum, Anzeige, Plin.

praescītus, ūs, *m.* (praescio), das **Vorherwissen,** praescitui esse alci, Iul. Val. 1, 41 (39).

prae-scius, a, um, **vorherwissend, -ahnend,** praescia longe corda, Verg.: lingua, Ov.: mens, Sil.: Averni luci, Stat.: mit *Genet.*, futuri, Verg.: futurorum, Lact.: periculorum, Tac.

prae-scrībo, scrīpsī, scrīptum, ere, **I voranschreiben,** schriftlich vor- od. **vorhersetzen, 1** eig.: nomen libro, Gell.: sibi nomen, Verg.: diplomatibus principem, Tac.: epistulae titulum, Gell. – absol., ut praescripsimus, vorher geschrieben (vorher bemerkt) haben, Vell. 2, 21, 1. – **2** übtr., **a vorschieben** = zum Vorwand nehmen, alqm, Tac. ann. 4, 52; 11, 16. – **b** als jurist. *t. t.*, **die Einrede vorschützen, entgegensetzen, einwenden,** alci, Quint. 7, 5, 3 u. ICt. – **II** zur Nachahmung **vorschreiben** od. **vorzeichnen, A vorschreiben,** übtr., wie unser zur Nachachtung **vorschreiben** = **Vorschriften machen, bestimmen, verordnen, befehlen, gebieten, einschärfen,** iura civibus, Cic.: alci per somnium curationem valetudinis, Cic.: alci initia, Cic.: pr. (alci) m. folg. indir. Fragesatz (m. qui, quid, quem ad modum u. dgl.), Cic., Caes. u. a.: m. folg. *ne* od. *ut ne* u. Konj., Cic. u. Nep.: u. alci praescriptum est m. folg. *Infin.*, Tac.: alci lege et officio praescriptum est m. folg. *Infin.*, Cic.: absol., ut ipse praescripserat, Nep. Att. 22, 4. – **B vorzeichnen,** lineamenta, Plin. 35, 92: bildl., formam futuri principatus, ein Bild entwerfen von usw., Tac. ann. 13, 4. – ► Synk. Perf.-Form praescripsti, Ter. Andr. 151.

praescrīptio, ōnis, *f.* (praescribo), das **Vorschreiben;** dah. **I** meton., **Titel, Überschrift, Eingang,** legis, Cic. de lege agr. 22: tribuniciae potestatis, Tac. ann. 1, 7: illud senatus consultum eā praescriptione est, ut etc., hat eine Fassung erhalten usw., Cic. ep. 5, 2, 4. – **II** übtr.: **1** die **Vorschrift, Verordnung,** naturae, Cic.: rationis, Cic.: conscripsi praescriptiones terminatas (bestimmte Vorschriften), Vitr. – **2** die **Vorherbestimmung,** sine praescriptione generis aut numeri, Tac.: in hac praescriptione semihorae, Beschränkung auf eine halbe Stunde, Cic. – **3** der **Titel, Vorwand,** honesta, Caes. b. c. 3, 32, 4. – dah. als jurist. *t. t.*, die **Einrede, Einwendung, Beschränkung, Klausel,** Quint. u. ICt.: praescriptiones cautionesque, Cic.: quales sunt praescriptiones apud iurisconsultos, Charis. 235, 21: übtr., exceptiones et praescriptiones philosophorum, die philosophischen Einwendungen, Spitzfindigkeiten, Sen. ep. 48, 12. – insbes., v. der Einrede der Verjährung, longae possessionis, longi temporis, Vannorum, ICt.: u. pr. longi temporis auch v. der **Verjährung** und **Ersitzung** selbst, ICt.

praescrīptiuncula, ae, *f.* (*Demin.* v. praescriptio), der **nichtige Einwand,** Cassian. de incarn. dom. 7, 5.

praescrīptīvē, *Adv.* (praescriptivus), **mit einer Ausnahme,** Tert. adv. Marc. 4, 1.

praescrīptīvus, a, um (praescribo), **zur rechtlichen Ausnahme gehörig,** Sulpic. Victor. instit. orat. § 42. p. 339, 1 *ed. Halm.* Iul. Vict. art. rhet. 3, 10. p. 205, 30 ed. *Bait.*

praescrīpto, āre (*Frequ.* v. praescribo), **vorzuschreiben pflegen,** magistri ludi, qui praescriptabant pueris, quae imitentur, Acro hor. carm. 2, 15, 11.

praescrīptum, ī, *n.* (praescribo), das **Vorgeschriebene, I** eig.: **A das vorgeschriebene Gebiet, die vorgeschriebenen Grenzen,** intra praescriptum equitare, Hor. carm. 2, 9, 23. – **B** die **Vorschrift** zum Nachschreiben oder Auswendiglernen, Sen. u. Quint. – **II** übtr., die **Vorschrift, Regel,** legum, Cic.: agere ad praescriptum, Caes.: ex communi praescripto civitatis, Cic.: extra praescriptum egredi, Quint.: praescripta calcis, *i. e. meta*, Lucr.

praescrīptus, ūs, *m.* (praescribo), die **Vorschrift,** Tert. exhort. ad castit. 3.

prae-seco, secuī, secātum u. sectum, āre, **vorn abschneiden,** crines, Caes.: aures, Liv. epit.: eam partem, Ov.: proiecturas tignorum, Vitr.: sibi gulam, Sen.: impetu teli praesecatā gulā, Apul.: si qua pars (favorum) nihil habet, cultello praesecatur, Varro r. r. 3, 16, 34. – bildl., carmen reprehendite, quod … praesectum deciens non castigavit ad unguem (ganz genau), Hor. de art. poët. 294 (*al.* perfectum). – ► Nbf. praesico, Varro LL. 5, 104.

praesēgmen, inis, *n.* (praeseco), **das Abgeschnittene,** im Plur., Isid. orig. 19, 22, 18: der Nägel, Plaut. aul. 313: cadaverum, Apul. met. 2, 20: taleas, scissiones lignorum, vel praesegmina Varro dicit de re rustica I (40, 4), Non. 414, 25.

praesēminātio, ōnis, *f.* (praesemino), die noch unreife Leibesfrucht, der **Embryo,** Vitr. 2, 9, 1.

prae-sēmino, (āvī), ātum, āre, **I vorher säen, -pflanzen,** Augustin. de gen. ad litt. 3, 14 *extr.* – **II** bildl.: **1 vorher ausstreuen,** quaedam quaestionis huius lumina, Augustin. epist. 9, 2. – **2** zu etwas **den Grund legen,** etw. **vorbereiten,** Amm. 30, 2, 1. Ambros. de Noë 3. § 6; epist. 5. § 3. Cassiod. hist. eccl. 6, 24.

praesēns, entis, *PAdi.* (2. praes u. ens v. sum), **gegenwärtig, I** im Allg., in Bezug **auf Ort und Zeit, gegenwärtig, jetzig, derweilig, eben vorliegend, gegenwärtig (jetzt) obwaltend, für jetzt, persönlich, in eigener Person, selbst,** praesentem adesse, Komik. u. Caes. (u. so adsum praesens praesenti, Plaut.; vgl. Lorenz Plaut. Pseud. 1125): quod adest quodque praesens est, Cic.: quo praesente, in dessen Gegenwart, Cic.: praesente nobis (st. *praesente me*), Komik.: praesens tecum egi, persönlich, Cic.: so auch classem imperio praesens regebat, Plin. ep.: sermo, mündliches Gespräch, Cic.: certamen, Liv.: perfugium, für jetzt, Cic.: iudicium, von den Leuten jetzt gefälltes, Cic.: verba, jetzt übliche, Gell.: praesenti tempore, Ov.: u. in praesenti (*sc.* tempore), für den Augenblick, Cic. u. a.: in praesens tempus, für jetzt, Cic. u. a.; Ggstz. in posteritatem, Cic.: in praesens, für jetzt, vorderhand, Cic. u. a.; Ggstz. in venientem annum, Liv., in futurum, Liv.: ad praesens tempus, Iustin., od. bl. ad praesens, Tac. u. Suet., für jetzt. – in rem praesentem venire, sich an Ort und Stelle verfügen, Cic.: dah. in re praesenti, an Ort und Stelle, Liv.: audientes in rem praesentem perducere, (gleichsam) an Ort und Stelle bringen od. versetzen, Quint. – subst., praesentia, ium, *n.*, die Gegenwart, die gegenwärtigen Umstände, die dermalige Lage, Suet. u. a.; Ggstz. futura, Sen., u. vetera, Tac. – *neutr. pl.* subst., praesentia, die gegenwärtigen Ereignisse, die Gegenwart, Ov. met. 6, 401. – **II** prägn.: **1 auf der Stelle eintretend, augenblicklich, sofortig,** praesens poena sit, die Strafe möge sogleich folgen, Cic.: diligentia consulis, die einschreitende Tätigkeit, Sall.: decretum, auf der Stelle gemacht, Liv.: pecunia, bares Geld, Cic.: so auch fraudator praesens solverit, bar, ICt.: praesenti die dari, bar, ICt.: mors, Verg. u. Flor.: preces, sogleich nach dem Vergehen folgend, Prop.: somnium, auf der Stelle eintreffender, Plaut.: apologus, eine Fabel, die direkt auf jmd. gemünzt ist, Plaut. – **2 sogleich-, schnell wirkend, wirksam, kräftig,** venenum, Mela u. Plin.: remedium praesentissimum, Colum.: auxilium, Cic.: quo (malo) non praesentius ullum, Verg.: praesentes ad nocendum vires habere, Hirt. b. Cic.: memoria praesentior, gegenwärtiger, lebendiger, Liv. 8, 2, 7. – poet. m. folg. *Infin.*, o diva, praesens vel imo tollere de gradu mortale corpus, vermögend, imstande, Hor. carm. 1, 35, 1 *sqq.* – **3 offenbar, sichtbar,** ora, Verg. Aen. 3, 174: übtr., **offenbar** – augenscheinlich, insidiae, Cic. ep. 15, 2, 8 u. 15, 4, 6. – **4 dringend,** praesenti bello, im Drang des Krieges, Nep. Them. 2, 1: in praesentissimis quibusque periculis, in allen dringendsten Gefahren, Quint. 10, 7, 1: iam praesentior res erat, Liv. 2, 36, 5. – **5 entschlossen, unerschrocken** (s. Schneider Caes. b. G. 5, 43, 4), animus, Cic.: animus praesentior, Liv.: animo praesentissimo, Auct. b. Alex.: so auch animo praesens, Ov. – **6 mit der Hilfe zur Hand, hilfreich** (vgl. Ruhnken Ter. Phorm. 2, 2, 31 u. Cic. Tusc. 1, 28), deus, Ter. u. Cic.: dea, Verg. u. Ov.: divi, Verg.: numina, Verg.: praesentia numina vatum, Ov.

praesēnsio, ōnis, *f.* (praesentio), die **Vorempfindung, Ahnung,** praesensio et scientia futurarum rerum, Cic. de div. 1, 1: praedictiones et praesensiones rerum futurarum, Cic. de nat. deor. 2, 3, 7: absol., Cic. top. 77 u. (Plur.) de div. 2, 109: verb. haec praesensio notioque (zus. = πρόληψις) nostra, Cic. de nat. deor. 2, 45.

praesentālis, e (praesens), **gegenwärtig,** Cod. Iust. 12, 17, 4. Augustin. serm. 115, 5.

praesentāneē, *Adv.* (praesentaneus), **gegenwärtig, jetzt,** Th. Prisc. praef. libr. 1. ad Timoth. fr.

praesentāneus, a, um (praesens), **I gegenwärtig, sichtbar,** de sole et luna, licet sint praesentanea nobis, erratis, Commodian. instr. 1, 8, 1. – **II** prägn.: **1 augenblicklich,** commotio, Lact. de ira dei 21, 8. – **2 sogleich-, schnell wirkend,** venenum, Plin. u. Suet.: virus, Ps. Quint. decl.: boleti, Sen.: remedium, Plin.: articulis luxatis praesentaneum est sebum pecudis, Plin.

praesentāriē, *Adv.* (praesentarius), **gegenwärtig,** Boëth. cons. phil. 4. pros. 6.

praesentārius, a, um (praesens), **I gegenwärtig,** malum est pr., geschieht sogleich, Plaut.: argentum, aurum, bares Geld (klass. praesens), Plaut.: vis, status, Boëth. – **II sogleich-, schnell wirkend,** venenum, Gell. 7 (6), 4, 1. Apul. met. 10, 4.

praesentia, ae, *f.* (praesens), **I** die **Gegenwart,** alcis, Cic.: praesentiam sui facere, sich einstellen, erscheinen, ICt.: Plur., deorum ipsorum saepe praesentiae, die oftmalige G. der G., Cic. de nat. deor. 2, 166: praesentia animi, Entschlossenheit, Unerschrockenheit, Caes. u. Cic. (s. Schneider Caes. b. G. 5, 43, 4). – in praesentia, in der Gegenwart, gegenwärtig, augenblicklich, für den Augenblick, zurzeit, Ter., Cic. u. a.; Ggstz. in posterum, in futurum, in perpetuum, non multo post, postmodo, mox, Liv., deinde, Plin. ep., postero die, Cic. – **II** prägn.: **A** die unmittelbare **Einwirkung,** die **Macht,** veri, Ov. met. 4, 612. – **B** der **Schutz, Beistand,** matris deûm, CIL 6, 488.

praesentiāliter, *Adi.* (*praesentialis v. praesens), **durch seine Gegenwart, persönlich,** Acro Hor. ep. 1, 7, 1.

prae-sentio, sēnsī, sēnsum, īre, **vorher empfinden, vorher-, im Voraus merken, ein Vorgefühl haben, ahnen,** futura, Cic.: bellorum eventus, Suet.: nihil in posterum, Cic.: plus animo providere et praesentire existimabatur, Caes.: praesensum tamen est, quia luna pernox erat, Liv. – m. folg. *Acc.* u. *Infin.*, quom ibi me adesse neuter tum praesenserat, Ter. Andr. 839: cum talem esse deum certā notione animi praesentiamus, Cic. de nat. deor. 2, 45: m. folg. indir. Fragesatz, praesentit animus et augurat quodam modo, quae futura sit suavitas, Cic. ep. fr. X, 3. p. 303, 5 M.

praesento, āre (praesens), **gegenwärtig machen, zeigen,** sese alci, Apul. met. 6, 4: caput alci, überreichen, Aur. Vict. de vir. ill. 77, 13. – v. Abstr., prudentia sese votis hominum praesentat, Auct. pan. Maxim. et Const. 3, 4.

praesēpēs, is, *f.* und **praesēpe,** is, *n.*, s. praesaepēs.

praesēpio, s. prae-saepio.

praesēpis, praesēpium, s. praesaepēs.

praesepultus, a, um (prae u. sepelio), **vorher begraben,** Ps. Quint. decl. 9, 23. Amm. 14, 11, 21.

prae-sero, ere, **vorher säen,** Paul. Nol. carm. 32, 445.

praesertim, *Adv.* **zumal, besonders,** Ter., Cic. u. a.: pr. cum u. cum pr., Cic.: pr. si, Cic.: pr. quod, Cic.

prae-servio, īre, **vorzugsweise dienen,** alci, Plaut. Amph. prol. 126. – übtr., est verbum indefinitum, quod Graeci appellant ἀπαρέμφατον, neque numeris neque generibus praeserviens, Gell. 1, 7, 6.

prae-servo, āre, **vorher beobachten,** vitae consuetudinem, Cael. Aur. de morb. acut. 3, 8, 90.

praeses, idis, *c.* (praesideo), **vor** etwas **sitzend,** um es zu schützen oder zu leiten u. zu besorgen, **I** zu schützen; dah. **schützend,** ars salutis humanae praeses, v. der Heilkunst, Cels.: dextra, Sen. poët.: locus, Schutzort, Plaut.: praesides et maris et locorum dei, Curt. – subst., **Beschützer, -in** (bes. v. Schutzgottheiten), iuventutis, Cic.: rei publicae, Cic.: templorum, Cic.: caruerunt praeside Delphi, Ov. – **II leitend, besorgend,** subst. = **Vorsteher, Vorgesetzter, Vorsteherin** usw., praeses belli, Kriegsgöttin (von der Minerva), Verg.: u. so praeses bellorum deus, Kriegsgott, Quint.: praeside pendet ab uno, Herrscher, Ov.: quo praeside rerum, durch seine Herrschaft über die Welt, Ov. – Insbes.: **a** der **Unterfeldherr, Legat,** semel tantum per praesidem dimicavit, Eutr. 8, 7. – **b** der **Vorsteher** einer Provinz, **Statthalter** (s. Dig. 1, 18, 1 *sqq.*), praeses provinciae, Suet. u. Plin. pan.: pr. Syriae, Moesiae, Tac.: Cretae provinciae, Gell.: procuratores et praesides, Spart.: Aquitaniam praesidis honore administrans, Eutr.: qui non tyrannicas iussiones, non praesidum gladios tremunt, Lact.

praesica, ae, *f.* (praesico, s. prae-seco) = brassica, Varro LL. 5, 104 M u. Sp.

prae-sicco, ātus, āre, **vorher trocknen,** Cael. Aur. de morb. chron. 2, 14, 217; 4, 3, 53: sucus sole praesiccatus, Ps. Apul. herb. 124.

prae-siccus, a, um, **sehr trocken,** ulcera, Prud. perist. 5,141

praesiciae, ārum, *f.* (praeseco) = prosiciae (s. d.), Arnob. 7, 25.

praesico, āre, s. prae-seco.

praesidālis, e (praeses), **den Statthalter betreffend, dem Statthalter zustehend, vom Statthalter ausgehend,** ius, Treb. Poll.: provincia, Ruf. Fest. u. spät. ICt.: iudicium, iurisdictio, spät. ICt.: apparitor, Amm.: subst. praesidālis, gewesener Statthalter, Amm. 22, 14, 4. – Vgl. praesidialis.

praesidārius, s. praesidiārius.

praesidātus, ūs, *m.* (praeses), **I** das **Beschützeramt,** die **Beschützung,** Arnob. 3, 23. – **II** das **Statthalteramt,** Vopisc. u. a.

praesideo, sēdī, sessum, ēre (prae u. sedeo), **I vorn-, voransitzen,** Lact. 1, 20, 36. – **II** bildl.: **A schützen, beschützen, decken, ein Schutz sein,** mit folg. *Dat.*, huic imperio libertatique communi, Cic.: urbi, Liv.: v. Soldaten u. ihren Befehlshabern, v. der Flotte (s. Fabri Liv. 22, 11, 9), huic iudicio, Cic.: itineri, die Straße decken, beherrschen, Curt.: Nolae, Liv.: Hellesponto, Liv.: classi (mit der Fl.) Brundisio Calabriaeque circa litoribus, Liv.: bes. v. Gottheiten, cunctae Siciliae, Cic.: huic loco temploque, huic urbi et rei publicae, Cic.: foribus caeli, v. Janus, Ov. – m. folg. *Acc.*, v. Soldaten usw., socios, agros suos, Sall. fr.: litus Galliae, Tac. – **B den Vorsitz haben, an der Spitze stehen, die Aufsicht führen, beaufsichtigen, leiten, befehligen,** rebus urbanis, Caes.: orbi terrarum, Cic.: Vestalibus sacris, Tac.: comitiis, Plin. pan.: spectaculis, Suet.: Galba, qui Hispaniae praesidebat, Statthalter von H., Aur. Vict.: arci Babyloniae praesidere iussus, über die B. von B. als Befehlshaber gesetzt, Curt.: mit folg. *Acc.*, exercitum, Tac.: absol., in agro Piceno praesidebat, befehligte, Sall.: insbes., zur Kaiserzt., **den Vorsitz haben** (als Konsul), **an der Spitze des Senates stehen,** Plin. ep. u. Suet. – Partiz. subst., praesidēns, entis, *m.*, der **Vorsitzende, Vorsteher,** Tac. u. a.

praesīdero, āre (prae u. sidus), von der Witterung, die ihren Gestirnen einige Tage vorauseilt, wie προχειμάζειν, Paul. ex Fest. 223, 10.

praesidiālis, e (praeses), **den Statthalter betreffend, dem Statthalter zustehend, vom Statthalter ausgehend,** officium, Amm.: provincia, Lampr. u. Symm.: vir, gewesener Statthalter, Symm. epist. 4, 70: ders. subst. bl. praesidiālis, Amm. 29, 1, 6. – Vgl. praesidalis.

praesidiāliter, *Adv.* (praesidialis), **aufsichtsweise,** Isid. orig. 9, 3, 28.

praesidiārius, a, um, **I** (v. praesidium) **zum Schutz-, zur Bedeckung dienend,** milites, die in Besatzung liegen, Liv. 29, 8, 7. – übtr., malleolus, der für den Notfall dient, wenn der Weinstock etwa eingehen sollte, Colum 4, 15, 1: palmes, als Ersatz dienend, Colum. 4, 21, 3. – **II** (v. praeses) **dem Statthalter gehörig, -eigen,** toga, Spart. Sev. 1. § 7.

praesidiātus, s. praesidātus.

praesidiolum, ī, *n.*, *Demin.* v. praesidium, Not. Tir. 34, 10.

praesidior = βοηθῶ (ich stehe bei, helfe), Dosith. 60, 17 K.

praesidium, iī, *n.* (praeses), der Vorsitz, das Vorsitzen; dah. **I** eig., der **Schutz,** die **Hilfe, a** übh.: alci esse praesidio, Cic.: ferre alci praesidium, Cic.: in fuga sibi praesidium ponere, Caes.: alci proficisci praesidio, Nep. – **b** als milit. *t. t.*, die **Bedeckung,** das **Geleit,** legiones, quae praesidio impedimentis erant, Caes.: duas legiones praesidio relinquere, Caes.: ut tantum sexaginta naves ad praesidium Italiae salvae essent, Eutr. – scherzh., *Me.* Perii, in insidias (Hinterhalt) deveni. *Pe.* Immo in praesidium (Rückhalt), Plaut. Men. 140 Br. –

II meton.: **A** der **Schutz,** die **Hilfe, Bedeckung, a** übh.: classis, praesidium provinciae, Cic.: generis praesidia, die Stützen der Familie, Sall.: ad iudicium cum praesidio venire, Cic.: praesidium constituere, eine Schutzwache aufstellen, Cic.: illa omnia, centuriones, cohortes non periculum, sed praesidium nobis denuntiant, Cic. – **b** insbes., als milit. *t. t.*, Soldaten, die einen Ort, Transport, ein Lager usw. durch ihre Gegenwart decken, die **Bedeckung, Verstärkung, Besatzung,** der **Posten,** praesidium agitare, Posten stehen, Sall. u. Liv.; ebenso praesidia agitare, Sall.: praesidium in urbem accipere, Liv.: praesidium validum imponere, Liv.: praesidia in urbes principum inducere adversus amentiam eorum, qui etc., Cic.: praesidium ad fores ponere, Liv.: praesidia disponere, Liv., ad ripas disponere, Caes.: ibi (in castris) praesidium relinquere (zurücklassen), Liv.: praesidium dare, Nep.: Italia ... praesidiis tenetur, Cic.: tenere praesidiis urbes, Liv.: praesidia per occasiones submittere, Liv.: praesidia deducere, Liv.: in praesidio relictus, Liv.: in praesidium relictus, Curt. – dah. bildl., in praesidio collocatus, Cic.: in praesidio fuit, Nep. – **B** jeder Ort, den man mit Soldaten besetzt, Hügel, Lager usw., der **Posten,** die **Linien,** die **Schanze,** pr. Galliarum, Eutr.: cum legio praesidium occupavisset, Caes.: in praesidiis esse, Cic.: intra praesidia Pompei esse, Caes.: praesidium regium expugnatum est, Tac.: praesidio decedere, vom P. weggehen, desertieren, Liv.: so auch propter metum praesidium relinquere (verlassen), Cic.: pr. tutari, Liv.: pr. communire, verschanzen, Liv.: intra sua praesidia se recipere, Nep.: praesidia Romana intrare, Tac. – bildl., vetat Pythagoras iniussu imperatoris, id est dei, de praesidio et statione vitae decedere, Cic.: vigilantem consulem de rei publicae praesidio demovere volunt, von seinem Posten als Staatsoberhaupt verdrängen, Cic. – **C** jedes **Hilfsmittel, a** übh.: quaerere sibi praesidia, Cic.: magnum sibi praesidium ad beatam vitam comparare, Cic.: quod satis esset praesidii, alles zum Lebensunterhalt u. zur Sicherheit Nötige, Nep. Them. 8, 5. – **b** insbes., ein mediz. **Hilfsmittel,** eine **Arznei,** Plin. 22, 90 u. a.

praesīgnātor, ōris, *m.* (praesigno), der **Vorherbezeichner** der Abgabenquote an den Staatsschatz bei Erbschaften, hereditatum, CIL 6, 8436: so auch praes. Caesaris, CIL 6, 3436[a].

praesīgnificātio, ōnis, *f.* (praesignifico), die **Voranzeige,** Lact. 7, 15, 4.

prae-sīgnifico, āre, **vorher anzeigen,** hominibus, quae sunt futura, Cic. de div. 1, 82.

praesīgnis, e (prae u. signum), **sich** vor anderen **auszeichnend, ausgezeichnet,** Ov. u. a.

prae-sīgno, āvī, ātum, āre, **vorher bezeichnen,** Plin. 28, 36. Frontin. 1, 2, 6. Tert. adv. Marc. 1, 13. Augustin. tract. in Ioann. 25, 5. Isid. orig. 15, 1, 10.

praesipio, ere (prae u. sapio), **vorausempfinden,** Paul. ex Fest. 21, 11 u. 223, 18.

prae-solidus, a, um, **sehr fest, -standhaft,** Iuvenc. 1, 423.

prae-sono, sonuī, āre, **I vorher tönen, -schallen,** Ov. am. 3, 13, 11. – **II übertönen,** chelyn, Calp. ecl. 4, 66.

prae-spargo, ere, **vorher bestreuen,** Lucr. 5, 737.

prae-speculor, ātus sum, ārī, **vorher erforschen,** praespeculatā utilitate, passiv, Amm. 25, 8, 11.

prae-spēro, āre, **vorher hoffen,** Tert. adv. Marc. 5, 17.

praespicio, ere (prae u. specio), **voraussehen,** Cael. Aur. de morb. chron. 1, 4, 83.

praestābilis, e (praesto, āre), **vorzüglich, vortrefflich,** praestabilis insignisque virtus, Cic.: res aut magnitudine praestabiles aut novitate primae, Cic.: homo linguā atque facundiā nimium quanto praestabilis, Gell.: vir praestabili scientiā litterarum, Amm.: Calchas praestabilis ariolari, Apul. – nullam dignitatem praestabiliorem eā, quam per vos esset adeptus, putavit, Cic.: virtute exceptā nihil amicitiā praestabilius, Cic.: de te ipso quaero, utrum tandem putes huic civitati, huic rei publicae melius fuisse et praestabilius me civem in hac civitate nasci an te? Cic.: neque maius aliud neque praestabilius invenias, Sall.

Praestāna, ae, *f.* (praesto, āre), die **Göttin des Übertreffens,** von Romulus eingesetzt, als er im Speerwerfen alle übertroffen hatte, Arnob. 4, 3.

praestāns, antis, Abl. antī, *PAdi.* (praesto, āre), **vorzüglich, vortrefflich (trefflich), ausgezeichnet (sich auszeichnend), außerordentlich, I** im Allg.: **a** v. Pers., gew. m. *Abl.* (durch) od. mit *in* u. Abl., homo gravitate et prudentiā praestans, Cic.: praestantes virtute, Verg.: viri cum claritate tum usu belli praestantes, Nep.: Aristoteles longe omnibus (vor allen) praestans et ingenio et doctrinā, Cic. – quanto te, Lucifer, aurea Phoebe, tanto virginibus praestantior omnibus Herse, Ov. – Plato in illis artibus praestantissimus, Cic. – m. folg. *Genet.*, animi, Verg.: belli, Sil.: armorum, Stat.: praestantissimus sapientiae, Tac. – m. folg. *Infin.*, non praestantior alter ciēre viros etc., Verg. Aen. 6, 164. – **b** v. Lebl.: pr. ac singularis fides, Cic.: corpus, Verg.: munus (Geschenk), Verg.: amor, Ov.: scientia litterarum, Gell.: manus tua ista et victoriā et fide praestans, deine so sieggewohnte, so zuverlässige Hand, Cic.: praestantior ordo tribuni, Stat.: quā (virtute) nihil possit esse praestantius, Cic.: forma praestantissima, Ov. – **II** insbes.: **a unermüdet,** labor, Lucr. 2, 12 u. 3, 62. – **b wirksam,** alius usus praestantior his non est, Plin.: calamus praestantior odore, Plin.: praestantissima auxilia, Plin. – **c** Superl. praestantissimus, als Titel der späteren Kaiser, der **Erlauchte,** Nazar. pan. 27, 6. Tert. de cor. mil. 1.

praestanter, *Adv.* (praestans), **vorzüglich, vortrefflich (trefflich),** debuit praestanter ornari in saeculo, Ven. Fort. vit. S. Radig. 13: praestantius (hartnäckiger) homines odisse facit (haec passio), Cael. Aur. de morb. acut. 1, 4, 43: senatus auctoritas, cui vosmet ipsi praestantissime semper in mea causa praefuistis, Cic. de dom. 142: eloqui praestantissime (res divinas humanasque) posse, Quint. 12, 2, 9: lichenas oris praestantissime vincere (beseitigen), v. einem Mittel, Plin. 28, 186.

praestantia, ae, *f.* (praestans), die **Vorzüglichkeit, Vortrefflichkeit,** der **Vorzug,** mentis, Cic.: animantium reliquorum, vor anderen Geschöpfen, Cic.: si quam praestantiam virtutis, ingenii, fortunae consecuti sunt, Cic.

praestātio, ōnis, *f.* (praesto, āre), **I** die **Gewährleistung,** Paul. dig. 45, 1, 2 *in.* (u. a. ICt.): ut ad praestationem scribant, dass sie für die Wahrheit stehen, Sen. de brev. vit. 13, 9. – **II** die **Leistung** dessen, was man zu geben schuldig ist, vectigalium, ICt.: fiscalium praestationum exactores, Firm. math. 4, 3 u. 6, 3: remittemus vobis praestationes multas, Vulg. 1. Mach. 10, 28.

praestātor, ōris, *m.* (praesto, āre), der **Gewährleister,** Gromat. vet. 403, 8.

prae-sterno, ere, **vorstreuen, vorher zurechtmachen,** eo praesternebant folia farferi, Plaut. Poen. 478: quae sibi praesternat vivax altaria Phoenix, Stat. silv. 3, 2, 114: iubet serta et Elysios animae praesternere flores, *ibid.* 5, 1, 257. – bildl., illud peto, praesternas ad quod hortaris, dazu den Weg ebnest, Plin. ep. 5, 8. § 14: tuis laudibus tuisque virtutibus materiam campumque praesterni, Stoff u. Spielraum dargeboten werde, Plin. pan. 31, 1.

praestes, stitis, *m.* (2. praesto) = praeses, der **Vorsteher, Schützer,** lares, die schützenden Hausgötter, Ov.: Iuppiter, Capit. u. Inscr.: hic deus boni consilii pr., Macr.

praestīgia, iae, *f.* (Quint. 4, 1, 77. Exc. Charis. 550, 9), häufiger Plur. praestīgiae (praestrīgiae), iārum, *f.* (praestringo, s. Ps. Ascon. Cic. div. in Caec. 46. Isid. orig. 8, 9, 33), **Blendwerke, Gaukeleien,** Plaut., Cic. u. a.: oculorum, Lact.: verborum, leerer Wortschwall, Cic.: philosophari se dicentium, Gell.: nubium, die Truggestalten der Wolkenbildungen, Apul.: has omnes simulati numinis praestigias revelabo, Lact. – ► praestīgiae gemessen bei Alcim. Avit. poëm. 5, 472. – Die ältere Form praestrigiae, Plaut. capt. 524 Sch. Caecil. com. 209 R.[2] (und in derselben Stelle bei Cic. de nat. deor. 3, 73) u. bei Fronto ad M. Caes. 1, 5. p. 13, 1 N. *cod.*

praestīgiātor, ōris, *m.* (praestigiae), der **Gaukler, Taschenspieler, Betrüger,** Plaut., Sen. u. a.: v. Teufel, Prud. cath. 6, 140. – ► Die ältere

Form praestrigiator, Plaut. aul. 630 u. Poen. 1125. Fronto de oratt. p. 156, 14 N. *cod.*

praestīgiātrīx, trīcis, *f.* (Femin. zu praestigiator), die **Gauklerin, Taschenspielerin, Betrügerin,** Plaut. Amph. 782 u. truc. 134 Sch. (an beiden Stellen die ältere Form praestrigiatrix).

praestīgiātūra = praestigia, Acro Hor. carm. 1, 10, 9 H.

praestīgio, āre (praestigium), **vorgaukeln,** Iul. Val. 1, 50 (45). – Depon. Nbf. praestigior = ψηφοπαικτῶ (ich treibe Taschenspielerei, Gaukelei), Dosith. 432, 6 K. Gloss. II, 480, 47.

praestīgiōsus, a, um (praestigiae), **voller Blendwerke,** Gell. 6 (7), 14, 11 u. 8, 10. Arnob. 1, 53.

praestīgium, iī, *n.* = praestigia, Hieron. epist. 57, 2. Cassiod. var. 7, 7, 3; de amic. 19, 1.

praestino, āvī, ātum, āre (v. *praestinus u. dieses von praes, wie cras, crastinus, procrastinare), **kaufen, erhandeln** (s. Lorenz Plaut. Pseud. 164), alqd u. alqm, Plaut. u. Apul.: alqd viginti denariis, Apul.

praestitor, ōris, *m.* (praesto, āre), der **Geber,** mundus tributor est et praestitor omnium, quae mortalibus videntur bona, Ps. Apul. Ascl. 27.

praestituo, stitui, stitūtum, ere (prae u. statuo), **vorherbestimmen, -festsetzen, vorschreiben,** diem alci, Ter.: tempus alci, Cic.: diem operi, Cic.: diem solvendae pecuniae, Amm.: ad diem praestitutum venire, Liv.: ad diem praestitutam permittere se regi, Curt.: nullā praestitutā die, ohne einen bestimmten Termin, Cic.: pr. regulam, Tert.: eadem praetia, (so!) etiam materiae pineae sunt praestituta, Edict. Diocl. 12, 9: praetor numquam petitori praestituit, quā actione illum uti velit, Cic. Caecin. 8.

1. praestō, *Adv.* (v. praestus st. praesitus, wie man auch repostus st. repositus sagte), **gegenwärtig, da (hier), bei der Hand,** gew. verb. mit esse = **zugegen-, da-, bei der Hand sein, erscheinen, sich zeigen,** mit dem Nbbgr. der Aufmerksamkeit = **des Winkes gewärtig sein, zu Diensten sein, sich zur Verfügung stellen, aufwarten, seine Aufwartung machen,** pr. est, da ist er, Ter.: domi pr. apud me esse, Ter.: hic pr. est, ist da, erscheint usw., Ter.: quaestores mihi pr. fuerunt, zeigten sich mir, erschienen bei mir (in böser Absicht), Cic.: alci, vor Gericht erscheinen, qui tibi semper pr. fuit, immer vor dir erschienen ist, Cic.: quaestores consulibus ad ministeria belli pr. essent, zur Hand sein, beistehen sollten, Liv.: tibi nulla fuit clementia pr.? hast du kein Mitleid gehabt? Catull.: commeatum exercitui pr. fore, Liv.: id ad nutum tibi pr. fuerit, Cic.: pr. esse virtutes, ut ancillulas, Cic.: eum bubulco pr. ad portam fuisse, Cic.: edicit, ut omnes in vestibulo regiae praesto sint, Curt.: iubet omnes praesto cum securibus esse, Iustin.: aestivo tempore praesto esse, dasein, ankommen (v. den Schwalben), Rhet. Her.: ohne esse, z. B. ipsum praesto video, da sehe ich ihn ja selbst, Ter.: pauper erit praesto (zur Hand, zu Diensten usw.) tibi, praesto pauper adibit, wird zur Hand gehen, zu Diensten sein, Tibull. – so auch pr. adesse, Acc. tr. 498. Ter. eun. 1050. Lucr. 5, 1410. Lact. 3, 7, 10: sacrificiis omnibus praesto adesse, Lact. 2, 16, 10. – bildl., pr. esse, **dienen, förderlich sein,** alci, Cic.: saluti tuae, Cic.

2. prae-sto, stitī, stitum (u. stātum), stātūrus, āre, **I** *intr.* **voranstehen,** bildl. = **vorzüglicher sein, Vorzüge haben, sich auszeichnen,** inter suos, Cic.: in alqa re, Lucr., u. bl. alqā re, Cic.: im üblen Sinne, probro, Sall. – mit dem *Dat.* od. *Acc.* dessen, vor dem man Vorzüge hat, vor jmd. **sich hervortun, sich auszeichnen,** ihn **übertreffen,** alci, Ter. u. Cic.: bestiis, Cic.: alci alqā re, Cic.: alqm alqā re, Nep. u. Liv. – praestat, **es ist vorzüglicher, es ist besser, es ist geratener,** m. folg. *Infin.*, praestat in eandem recĭdere fortunam, Cic.: sed motos praestat componere fluctus, Verg.: m. folg. *quam,* z. B. nimio impendiosum praestat te quam ingratum dicier, Plaut.: pudere quam pigere praestat, Plaut.: mori millies praestitit quam haec pati, Cic.: ut ei mori potius quam servire praestaret, Cic. – in der indir. Frage m. folg. *ne* ... *an,* z. B. copiasne adversus hostem ducere, an castra defendere, an fugā salutem petere praestaret, Caes. – **II** *tr.* (aus praes-sto, stehe als Bürge), **für** jmd. od. eine Sache **stehen gewährleisten, einstehen, sich verbürgen,** etw. **auf sich nehmen,** etw. **vertreten, für** etw. **haften, A** eig.: alios, ceteros, Plin. pan.: Messallam Caesari, Cic.: in hac custodia provinciae non se unum, sed omnes ministros imperii sui sociis et civibus et rei publicae praestare, nicht für sich allein, sondern auch für alle untergeordneten Beamten den B. usw. verantwortlich sein, Cic.: damnum emptori, für den Schaden einstehen, Entschädigung (Ersatz) leisten, Cic. (so auch quidquid est incommodi in mancipio, id praestare debet venditor, Cic.): invidiam, Cic.: nihil, Cic.: periculum, Cic.: factum alcis, Cic.: a vi, für Gewalt, Cic.: so auch de re, wegen usw., Cic.: de me, Cic.: mit folg. *Acc.* u. *Infin.*, nullos (praedones) fore quis praestare poterat, Cic. Flacc. 28. – m. folg. *ne* u. Konj., Plin. 25, 16; 28, 115; 29, 85. – Weil man glauben kann, dass das, wofür wir stehen, auch werde erwiesen, geleistet, getan und erhalten werden, dah. **B** übtr.: **a machen, tun, verrichten,** suum munus, Cic.: officium, erfüllen, Caes., alci (gegen jmd.), Caes.: assuetam vicem (Amt), Phaedr.: quae tibi iucunda praestabo, Cic.: bellum, Lucr. – **b leisten, halten, erhalten,** fidem (sein Wort, Versprechen), Cic. u. Liv.: pacem, Liv. u. Sall. hist. fr.: quietem regno, Iustin. – **c** jmd. od. etw. in einem gewissen Zustand **erhalten,** m. dopp. *Acc.*, alqm incolumem, Hor.: socios salvos, Cic.: alqm tutum, Val. Max.: integram incorruptamque epistulam et facilem legi, Gell. – u. prägn., jmd. od. etw. **wohl erhalten,** Ov.: rem publicam, Cic.: omnia, Lucr.: alqm finibus certis, in den Grenzen erhalten, Cic.: alci aequor, ebnen, ruhig machen, Ov. – **d dartun, zeigen, an den Tag legen, beweisen,** omnia, Cic.: fidem, Cic. u. Liv.: voluntatem, Cic.: benevolentiam, Cic. – refl., pr. se, **sich zeigen,** victoria se praestet, Ov. – u. pr. se m. *Acc.* eines Prädikats, **sich als den u. den zeigen, bezeigen, erweisen, betragen,** praesta te eum, Cic.: se incolumem, Lucr.: se invictum, Ov. – **e erhalten, beibehalten, fortsetzen,** memoriam benevolentiae, Cic.: consuetudinem, Vatin. in Cic. ep. – **f erweisen, widerfahren lassen,** alci officia, Hirt. b. G.: alci pietatem, Cic.: honorem debitum patri, Cic.: hoc unum mihi praesta beneficium, Sen. rhet.: uno eodemque momento rem maximam invicem, Plin. pan. – u. = **geben, gewähren,** stipendium exercitui, Liv.: milites, stellen, Eutr.: honores, vergeben, Eutr.: pacem, Eutr.: terga alci, vor jmd. fliehen, Tac.: cum senatus sententiam praestaret, seine Stimme abgab, Cic. Pis. 80. – u. = **leihen,** aures verbis, Ps. Quint. decl. 19, 13. – u. **zahlen, entrichten,** quaterna milia pondo argenti, Eutr. 4, 2: ut dimidium eorum tributorum praestarent, quae regibus praestitissent, Eutr. 4, 7. – **g gewähren, gewiss verschaffen,** voluptatem perpetuam sapienti, Cic. de fin. 2, 89. – ► Ungew. *Perf.* praestavit, Iustin. inst. 2, 1. § 25. Paul. dig. 5, 3, 36. § 1. Interpr. Iren. 4, 37, 2 u. 38, 1: praestavimus, Iustin. inst. 2, 7. § 2. Paul. dig. 3, 5, 19. § 4: praestarim, Ulp. dig. 22, 1, 37. – *Infin. Fut. Pass.* praestatum iri, Pompon. dig. 18, 1, 66 *pr.*, praestitum iri, Iavolen. dig. 18, 4, 10. – Partiz. Perf. praestatus, Plin. 25, 25; praestitus, Liv. 43. 18, 11. Prud. perist. 14, 17. Paul. Nol. 17, 192. Symm. epist. 8, 1 u. 10, 83: Partiz. Fut. Akk. gew. praestaturus; doch praestiturus, Tryphon. dig. 23, 3, 78. § 3. Sulp. Sev. chron. 1, 26, 4. Gromat. vet. 35, 2. Vulg. Ios. 21, 43 u. 23, 14.

praestōlātio, ōnis, *f.* (praestolor), das **Warten** auf etw., Vulg. Iob 17, 15; prov. 11, 23 u. 23, 18. Ps. Cypr. de XII abus. 4.

praestōlo, āre = praestolor, Liv. Andr. tr. 23. Turpil. com. 153. Apul. met. 5, 20.

praestōlor, ātus sum, ārī (v. praestus, s. 1. praestō a. A.), **bereitstehen, um** jmd. od. etw. **zu empfangen,** auf jmd. od. etw. **warten, harren,** jmd. od. etw. **erwarten,** m. *Dat.*, alci, Cic.: huic spei et exspectationi, quae nobis proponitur maxima, volui praestolari apud te in Epiro, Cic. – m. *Acc.*, alqm, Ter.: huius adventum ad Clupeam, Caes. – adventum cohortium, *Sisenn. hist. 3. fr. 25. – absol. m. Ang. wo? im *Abl.*, foribus, cubiculo, Apul. – reperti (sunt) equestris ordinis duo in publico cum dolone ac venatorio cultro praestolantes, Suet. – ► Parag. Infin. praestolarier, Plaut. Epid. 217.

prae-strangulo, āre, **ersticken, des Atems berauben,** Ps. Quint. decl. quae inscripta est *Tribunus Marianus c.* 3.

praestrictio, ōnis, *f.* (praestringo), die **Zuziehung, Zuschnürung,** Tert. de res. carn. 49.

praestrig..., s. praestig...

prae-stringo, strīnxī, strictum, ere, **I zuziehen, zuschnüren, zubinden, 1** eig.: faucem laqueo, Ov.: pollices nodo, Tac. – **2** übtr., **in Schranken halten, hemmen,** quae praestringi opus sit, Plin. 22, 138: umor (gelu) praestrictus, Plin. 17, 217. – **II vorn streifen, -berühren, 1** eig.: cum lecticam eius fulgur praestrinxisset, Suet. Aug. 29, 3: poet., primos Liburnos praestringunt (bespülen) pelago, Avien. descr. orb. 535 *sq.* – dah. vorbeigehend **berühren, vorbeigehen, vorbeiziehen,** terras, Amm.: palatii ianuas, Amm. – **2** übtr., **stumpf machen,** aciem ferri, Plin.: oculos, schwächen, blenden, verdunkeln, Cic. u. a.: ebenso aciem oculorum, Liv. u. a., u. bildl. aciem animi, Plaut.: aciem mentis, Cic.: fulgor ferri, quo mens simul visusque praestringitur, Quint. (vgl. Bünem. Lact. 2, 6, 3, wo auch in den Stellen aus Val. Max. zu lesen praestr.; ebenso Sen. ep. 48, 10): traditis quorum fulgore praestringor, dessen Glanz mich blendet, Tac. ann. 14, 54: u. so miraculorum densitate praestrictus (geblendet), Amm. 16, 10, 13. – pr. vites, die W. der Augen berauben, Plin. 17, 227.

praestrūctim, *Adv.* (praestruo), **vorbauend, mit Vorbereitung,** Tert. de pall. 3.

praestrūctio, ōnis, *f.* (praestruo), die **Vorbauung, Vorbereitung,** illa pr., Augustin. epist. 147, 6: evangelii, Tert. adv. Marc. 4, 14.

praestrūctūra, ae, *f.* (praestruo) = praestructio, Tert. adv. Marc. 4, 2.

prae-struo, strūxī, strūctum, ere, **I vorbauen, A** eig., **einen Vorbau machen,** Colum. 1, 5, 9. – **B** bildl.: **1** etw. gleichs. als Schutz **vor sich aufbauen,** fraus fidem in parvis sibi praestruit, verschafft sich im Voraus Glaubwürdigkeit in kleinen Dingen, Liv. 28, 42, 7: tacitas vindictae iras, Claud. in Rufin. 2, 281. – **2 vorher zubereiten, vorbereiten,** illud, Plin. ep.: cum praestructum consulto esset, da es so vorher angelegt war, Suet. – **II vorn verbauen, verschließen, unzugänglich machen,** aditum obice montis, Ov.: porta praestructa fonte, verstopft, Ov.

prae-stupēsco, ere, **sehr erstaunen,** Iul. Val. 1, 52 (46).

prae-stupidus, a, um, **sehr empfindungslos, sehr dumm,** Iuvenc. 4, 199.

praestus, a, um = praesto, **gegenwärtig, zur Hand,** officio praestus fui, CIL 6, 12013.

prae-sūdo, āre, **I vorher schwitzen,** Claud. rapt. Pros. 2, 120. – **II** bildl., **vorher sich mühen,** Stat. Theb. 6, 4.

praesul, ulis, *m.* (praesilio), der **Vorspringer, Vortänzer, I** eig.: **A** im Allg., Cic. de div. 1, 55 u. 2, 136. – **B** insbes., der **Oberste der Salier** (Marspriester), die jährlich die ancilia hüpfend od. tanzend durch die Stadt trugen, Aur. Vict. de vir. ill. 3, 1. Capit. Anton. phil. 4. § 4. – **II** übtr.: **A** der **Vorgesetzte, Vorsteher,** die **Vorsteherin,** diva praesul silentii, Solin.: senati (so!), Auson.: fori, Sidon.: agri, Pallad. – **B** der Erste (Vorzüglichste) in seiner Gattung, ein **Meister, Matador,** omnis eloquentiae praesul, Prisc. ad Iul. ep. § 4.

praesulātus, ūs, *m.* (praesul), das **Vorsteheramt,** Cassiod. hist. eccl. 1, 3 u. a. Eccl.

praesulsus, a, um (prae u. salsus), **sehr gesalzen,** Colum. 6, 2, 7.

praesultātor, ōris, *m.* (praesulto), der **Vorspringer, Vortänzer,** Liv. 2, 36, 2.

praesulto, āre (prae u. salio), **vor** etwas **herspringen, seine Sprünge machen,** signis, Liv. 7, 10, 3.

praesultor, ōris, *m.* (praesilio), der **Vorspringer, Vortänzer,** Val. Max. 1, 7, 4. Lact. 2, 7, 20.

prae-sum, fuī, esse, eig. **vorn sein, an der Spitze stehen;** dah. **1** einer Sache **vorstehen, über** etw. **gesetzt sein,** etw. **betreiben, a** übh.: sacris, Cic.: aedibus, ICt.: negotio, Caes.: artificio, Cic.: ei studio, Cic.: potestati (Amt), Nep.: colendis praediis, Cic.: Vestae colendae (von den Vestalinnen), Cic.: navi faciendae, Cic.: navi aedificandae publice, Cic.: ludis faciendis, Liv. – absol., qui praesunt, die Vorgesetzten, Varro r. r. 1, 17, 4. – **b** als publiz. *t. t.*, **vorstehen, gesetzt sein über** usw., **verwalten,** m. *Dat.*, populo, Cic.: magistratui, ein Amt bekleiden, Cic. u. Caes.: tantis rebus, über so Großes zu gebieten haben, Nep.: ei provinciae, Sall. – bes. **Statthalter sein,** m. *Dat.*, Ciliciae, Curt.: absol., in Media, Curt.: in ea provincia triennium praefuisse, Cic.: Sardibus (zu S.), Nep. – **c** als milit. *t. t.*, **vorgesetzt sein, den Oberbefehl führen (haben), befehligen, kommandieren** (s. Held Caes. b. c. 3, 28, 2. Drak. Liv. 27, 15, 13), m. *Dat.* (über), summae imperii, den Oberbefehl haben, Nep.: exercitui, Caes. u. Nep.: regis opibus (Streitmacht), Nep.: legionibus, Caes.: classi, navibus, Caes. – absol., qui praesunt, die Befehlshaber, Nep.: mit Ang. des Ortes wo? ibi, Caes.: eā regione, Liv.: in Bruttiis, Liv.: Lissi (zu L.), Caes.: Hadrumeti (zu Hadr.), Auct. b. Afr.: circum ea castella, Auct. b. Hisp. – **II** übtr.: **A die Hauptperson** bei etw. **sein,** an etw. **großen Anteil nehmen,** temeritati Ti. Gracchi, Cic.: illi crudelitati, Cic. – **B schützen,** moenibus urbis, von den Laren, Ov. fast. 5, 135.

praesūmenter, *Adv.* (praesumens v. praesumo), **dreist, kühn,** Cassiod. var. 5, 15, 2 u. a. Eccl.

prae-summus, a, um, **allerhöchst,** pr. Paulus, Oros. apol. 32, 9. p. 662, 2 *Zangemeister.*

prae-sūmo, sūmpsī, sūmptum, ere, **vorher nehmen, I** eig.: **1** im Allg.: rem illam sibi, Epit. instit. Gai. 2, 5. § 1: praesumptum diadema, vor dem gesetzmäßigen Alter genommen, Claud. IV. cons. Hon. 167. – **2** insbes.: **a vorher zu sich nehmen, -genießen,** domi dapes, Ov.: remedia, Tac. – **b vorher abnehmen, -abschälen,** Cael. Aur. de morb. chron. 2, 13, 160. – **II** übtr.: **1** im Allg.: patientiam rei, sich zuvor anschaffen, sich gefallen lassen, Quint.: tempus praesumptum, vorher angewandte Zeit, Quint.: ingenium iudicio praesumitur, geht vorher, ist stärker als die Kraft zu urteilen, Quint.: partes suas, ihrem Amt vorgreifen, Quint.: officia heredum, im Voraus-, vorher erfüllen, Plin. ep.: gaudium, laetitiam, im Voraus empfinden, Plin. ep.: hanc vitam voto et cogitatione, sich in ein solches Leben mit seinen Wünschen u. Gedanken schon im Voraus versetzen, Plin. ep.: fortunam principatus inerti luxu, vorher genießen, Tac.: tempus sementibus, vorher zubringen, Plin.: verba poëticā libertate audaciora non praesumunt (benehmen) eandem proprie dicendi facultatem, Quint. – **2** insbes.: **a im Voraus sich vorstellen,** bellum spe, Verg.: futura, Sen.: fortunam utriusque, im Voraus schließen auf usw., Tac.: praesumpta opinio, vorgefasste Meinung, Vorurteil, Sen. u. Quint.: praesumpta suspicio, vorgefasster V., Quint.: praesumptum est m. folg. *Acc.* u. *Infin.*, es ist ein Vorurteil, dass usw., ICt. – **b im Voraus annehmen, voraussetzen, erwarten, vermuten, wähnen,** eo graviorem sub magno duce militiam, Iustin.: ut animo praesumpserat, Val. Max.: multa temere sperata atque praesumpta, viele kühne Hoffnungen u. Voraussetzungen (Erwartungen), Aur. Vict. – m. dopp. *Acc.*, se innocentem, Apul. met. 7, 27. – m. folg. *Acc.* u. *Infin.*, Val. Max. u. Aur. Vict. – im Passiv m. folg. *Nom.* u. *Infin.*, etsi suspectus esse praesumitur, quod (weil er) etc., Paul. dig. 48, 10, 18. § 1. – m. folg. indir. Fragesatz, Tac. ann. 14, 64. – **c sich herausnehmen, wagen,** illicita, Sulp. Sev. chron. 1, 47, 4: tantum animo, ut etc., Auct. inc. pan. Const. 2, 3. – m. folg. *Infin.*, ad Italiam transire, Fest. Ruf. brev. 7. – absol., in medio magnatorum non praesumas (sei nicht vermessen), Vulg. Sirach 32, 13.

praesūmptio, ōnis, *f.* (praesumo), das **Vorausnehmen,** übtr., **I** im Allg., der **Vorgebrauch, Vorgenuss,** rerum, frühzeitiger Genuss, -Gebrauch, Plin. ep.: bonae famae, Plin. ep.: cassa, Apul. – **II** insbes.: **a** als *t. t.* der Rhetor., die **Vorausbeantwortung** möglicher od. vermuteter Einwände (Einwürfe), πρόληψις, Quint. 9, 2, 16 u. 18. – **b** die Annahme im Voraus, **Vermutung, Erwartung, Hoffnung,** contra praesumptionem suam, Iustin.: multum dare praesumptioni, Sen.: habere praesumptionem imperii mox futuri, Spart.: sed nec exercitus eius alia quam regis animorum praesumptio fuit, Iustin. – **c** die **Einbildung,** das **Vorurteil,** Apul. met. 9, 4. Tert. apol. 49 *in.*: Plur., praesumptiones opinionum, Augustin. de trin. 1. § 1. – **d** die **Dreistigkeit, Vermessenheit, Hartnäckigkeit,** Tert. u. Apul.

praesūmptiōsē, *Adv.* (praesumptiosus), **kühn, vermessen,** loqui, Sidon. epist. 7, 6, 1 (*al.* praesumptuose).

praesūmptiōsus, a, um (praesumptio), **voll Kühnheit, vermessen,** Sidon. epist. 1, 11, 1.

praesūmptīvus, a, um (praesumo), **vorausnehmend,** coniunctio, Prisc. 16, 1: libertas, Cassian. coll. 21, 34.

praesūmptor, ōris, *m.* (praesumo), **I** der **Vorwegnehmer, Sichaneigner,** Cassiod. var. 1, 18, 2. – **II** ein **vermessener Mensch,** ein **Wagehals,** Amm. u. a. Spät.

praesūmptōriē, *Adv.* (praesumptor), **kühn, vermessen,** Tert. adv. Marc. 4, 41.

praesūmptuōsē, *Adv.* (praesumptuosus), **voll Kühnheit, vermessen,** Hieron. in psalm. 55. Vgl. praesumptiose.

praesūmptuōsus, a, um = praesumptiosus, Salv. de gub. dei 7, 8, 33. Schol. Hor. carm. 3, 4, 56.

praesūmptus, a, um (praesumo), **kühn, vermessen** (Ggstz. fugax), Dracont. carm. 5, 91. *Compar.*, domitor cupido leonteā virtute praesumptior, Fulg. myth. 3, 1. p. 61, 4 *Helm.*

prae-suo, sūtus, ere, **vorn benähen;** dah. **vorn bedecken, verhüllen,** surculos recentibus coriis, Plin. 12, 96: praesuta foliis hasta, Ov. met. 11, 9.

prae-surgo, surrēxī, ere, **vorher aufstehen,** Avien. Arat. 272.

prae-sūspecto, āre, **vorher argwöhnen,** Iul. Val. 1, 38 (37).

prae-tango, tāctus, ere, **vorher berühren,** Cael. Aur. de morb. chron. 4, 3, 22; 5, 7, 81: übtr., **vorher angreifen,** v. heftigen Krankheiten, praetacta nervositas, Cael. Aur. de morb. acut. 1, 10, 71: praetacta membra, *ibid.* 2, 11, 79.

prae-tardo, āre, **sehr verzögern,** gradus, sehr langsam nahen, Auct. epit. Iliad. 922.

praetēctio, ōnis, *f.* (praetego), das **Vornbedecken,** oculorum, Cael. Aur. de morb. chron. 3, 8, 131.

prae-tego, tēxī, tēctum, ere, **vorn bedecken,** praetecto capite, Cael. Aur.: praetectis lanā aut veste locis, Cael. Aur.: übtr., quae saxa somnum (tuum) praetexerint, welche Felsgrotten im Schlaf dich beschirmten, Plin. pan.: vitia capillis et pallio et divitiis praetegebat, Lact.

praetemptātus, praetempto, s. praetentātus, praetento.

prae-tendo, tendī, tentum, ere, **I hervorstrecken, a** = **herausstrecken, hervorragen lassen,** ubi visum in eo (culice) praetendit? wo hat sie bei ihr das Gesicht vorgeschoben? Plin. 11, 2: propagines e vite altius praetentae (hervorragend), Fab. Pict. b. Gell. 10, 15, 13. – **b** = **vor sich hinhalten,** tela, cuspidem, Ov.: hastas dextris, Verg.: ramum olivae manu, Verg.: velamenta manu supplice, Ov. – poet., nec coniugis umquam praetendi taedas, nie habe ich die Fackeln des Ehegatten zur Schau getragen, d. i. eine rechtmäßige Ehe beansprucht, Verg. Aen. 4, 339. – **II** etw. vor etw. **vorspannen, vorziehen, vormachen, A** eig. u. übtr., **1** eig.: cilicia, Liv.: vestem ocellis, vorhalten, Ov.: saepem segeti, Verg.: electarum ferarum aut umero aut lateri vellera laevo, Ov. – **2** übtr., etwas vor etw. **vorziehen, vorstellen,** sermonem decreto, vorsetzen, Liv.: offirmare animum auribusque praetendere, gleichs. vor die Ohren vorhalten = vor den Ohren die Oberhand behalten lassen, Plin. ep. – dah. praetendī, v. Örtl., vor od. an etw. **hinliegen, -gelegen sein,** mit *Dat.*, Baeticae praetenditur Lusitania, Plin.: quidquid castrorum Armeniis praetenditur, Tac.: praetenta Syrtibus arva, Verg.: absol., tenue praetentum litus esse, Liv. – **B** bildl., bei etw. **vorschützen, vorwenden, vorgeben,** alqd seditioni, Liv.: nomen hominis doctissimi suis immanibus et barbaris moribus, bemänteln mit dem N., Cic.: legatorum decretum calumniae, beschönigen mit dem D., Liv.: so auch desidiae suae alienam, Plin. ep.: vultum et tristitiam et dissentientem a ceteris habitum pessimis moribus, Quint. – ohne *Dat.*, honesta nomina, zum Vorwand nehmen, Tac. ann. 14, 21: plures pupilli unum debitum praetendentes, die eine Schuld vorgeben, Paul. dig. 2, 14, 9 *pr.*: plebeiam facie tenus praetendens humanitatem, ein allgemeines Mitleid bloß im Gesicht vorgebend = unter dem Schein eines allg. M. im Gesicht, Apul. met. 10, 23. – **III vor dem Lager** (als Wache) **liegen,** Eccl. – ► Ungew. Partiz. praetēnsus, Anthol. Lat. 127, 5 (947, 5) u. spät. Eccl.

prae-tener, era, erum, **sehr zart,** Plin. 14, 25.

praetentātus (praetemptātus), Abl. ū, *m.* (praetento), das **Probieren,** Plin. 11, 140.

prae-tento (-tempto), āvī, ātum, āre, **I vorher betasten, A** eig., **vorher untersuchen, durchsuchen,** sinum, culcitas, Suet.: aestuaria ac silvas, Tac.: iter baculo, Ov.: iter pedibus, Tibull.: iter corniculis (v. den Schnecken), Plin. – **B** übtr., etw. **vorher versuchen, einen Vorversuch-, eine Probe** mit etw. **machen,** vires, Ov.: misericordiam iudicis, Quint.: crimina, Tac.: tiro ante exercitio praetemptandus, Veget. mil. – **II vor sich halten, A** eig.: pallia, Claud. b. Gild. 438. – **B** übtr., **vorwenden, vorschützen,** Val. Flacc. 6, 75.

praetentūra, ae, *f.* (praetendo), **I** die **Grenzwache,** Amm. 14, 3, 2 u. a. – **II** die zweite Abteilung des inneren Lagers zwischen der via principalis und der porta praetoria, Hyg. de munit. castr. § 14. Vgl. retentura.

prae-tenuis, e, **sehr dünn, -schmal,** folium, Plin.: pons, Plin.: sonus, sehr fein, Quint.

prae-tepēsco, tepuī, ere, **vorher erwarmen, -erglühen,** bildl., si tuus in quavis praetepuisset amor, Ov. am. 2, 3, 6.

praeter (zu prae), **I** *Adv.*, eig. vor etwas hin, vorbei, u. vor etwas anderem befindlich, dah. **A außer, ausgenommen** = praeterquam (s. d.), wobei der Kasus von dem vorausgehenden oder folgenden Verbum regiert wird, ceterae multitudini diem statuit, ante quam sine fraude liceret ab armis discedere, praeter rerum capitalium condemnatis, Sall.: omnium civitatium exsules, praeter caedis damnati, restituebantur, Iustin. – Bes. bei vorausgehender Negation, wo es mit nisi zusammenfällt, nil praeter canna fuit, nichts als, Ov.: uti pueri in curiam ne introeant, praeter ille unus Papirius, Gell. 1, 23, 13; vgl. Bremi Suet. Tib. 26. – verb. mit anderen Partikeln, praeter si, außer wenn, es sei denn, dass, Varro: praeterque, und außerdem, Plin.: praeter quam, s. praeter-quam. An vielen anderen Stellen, die man hierher zieht, ist praeter als *Praep.* zu fassen u. ein *Acc.* leicht zu ergänzen, nullas litteras accepi praeter (*sc.* eas) quae mihi redditae sunt, Cic.: ebenso in praeter (*sc.* id) quod, außer dass, Caes. – **B vor, über,** d. i. vorzüglicher, m. folg. *quam*, **mehr als,** praeter sapit quam etc., klüger ist als usw., Plaut.: et (facere) praeter quam res adhortatur, mehr als, Ter. – ► praeter propter, eig. entfernter od. näher, d. i. mehr od. weniger, ungefähr, gehört der altertümlichen u. gemeinen Sprache an, s. Gell. 19, 10, 1 *sqq.* – **II** *Praep.* m. *Acc.* zur Bezeichnung der Richtung od. Bewegung an oder vor etwas vorbei, über etwas hinaus, **A** im Raum, an der Außenseite von etwas hin, **an ... vorüber, an ... vorbei, vor ... vorbei** oder hin, vor, praeter oculos ferebant, Cic.: copias suas praeter castra Caesaris transduxit, Caes.: praeter pedes, Plaut.: praeter omnium oculos, Liv.: videntur montes solem succedere praeter, Lucr. – **B** übtr. auf solche Verhältnisse, die eine Richtung od. Beziehung auf etw. voraussetzen: **1** vom Hinausgehen über ein Maß, **über ... hinaus,** dah. auch **gegen, wider,** haud sum annos natus praeter quinquaginta et quattuor, Plaut.: praeter modum, über das Maß, übermäßig, Cic.: praeter (gegen) eius lubidinem, Ter.: praeter consuetudinem, Cic.: praeter spem (z. B. evenire), Komik.: praeter spem omnium, Liv.: praeter opinionem omnium, Cic.: praeter exspectationem (z. B. accĭdere), Cic.: praeter naturam, anders, als es die Natur verlangt, Cic.: praeter aequum, Komik.: praeter iustum, Lucr.: non praeter solitum leves Hor. – **2** vom Übertreffen, von dem höheren Grade der Vorzüglichkeit, im guten u. schlimmen Sinne, **vor,** d. i. mehr als, praeter ceteros, vor den übrigen, vor allen, vorzugsweise, Cic.: gustatus dulcitudine praeter ceteros sensus commovetur, mehr als die übrigen Sinne, Cic.: beim Superl., vir ingenii praecellentis, sermonis praeter alios suae aetatis castissimi, Gell. 19, 8, 3. – **3** v. dem, was ausgeschlossen ist, **außer, a** als nicht zu etw. gehörend, in superioribus libris nihil neque ante rem neque praeter rem locuti sumus, nichts, was nicht zur Sache gehörte, Rhet. Her. 4, 1. – **b** als getrennt von etw., **außer, ausgenommen,** omnes praeter Hortensium, Cic.: omnes praeter unum, Cic.: dah. praeter haec, praeter ea, außerdem, Cic. – m. vorhergeh. Negation, nihil praeter suum negotium agere, Cic.: ut locis frigidissimis neque vestitus praeter pelles haberent quicquam, Caes. – nihil praeter plorare, nichts als usw., Hor. – Bisw. steht aber praeter auch, wenn ein Gegenstand von den übrigen genannten Gegenständen nicht als ausgeschlossen, sondern vielmehr als mit eingeschlossen, als noch hinzukommend gedacht werden soll, oft mit folg. etiam od. quoque, **nächst, mit, abgesehen von,** rogavit, num quid aliud ferret praeter arcam? Cic.: ut praeter se denos adducerent, Caes.: Romanos praeter insitam industriam animis fortuna quoque cunctari prohibebat, Liv.: Carmani praeter capita toto corpore hirsuti, Mela.

praeter-ago, ere, **I vorbeitreiben,** equum, Hor. ep. 1, 15, 11. – **II** vor jmd. **vorbeifahren,** jmd. **überholen,** praeteracto Nicolao, Iul. Val. 1, 12 (19).

praeter-bīto, ere, **vorbeigehen,** cave praeterbitas ullas aedes, quin roges, Plaut. Epid. 433 G.: absol., Plaut. Poen. 1163 G.

praeter-curro, currī, cursum, ere, **vorbeilaufen,** Veget. mil. 3, 24. – mit *Acc.,* an einem Ort **vorbeikommen,** praetercursā Chalcedonā (Calcedonā), Amm. 22, 9, 3.

praeter-dūco, ere, **vorbeiführen,** Plaut. mil. 67.

praetereā, *Adv.* (v. praeter u. dem *Abl.* ea), **I außerdem, überdies,** Cic. u. a. – bei Abteilungen, **außerdem, ferner,** Ter. u. Cic. – **II noch fernerhin, noch weiter, in Zukunft,** neque illum praeterea vidit, Verg. georg. 4, 502: u. so Verg. Aen. 1, 49.

praeter-eo, īvī u. öfter iī, itum, īre, **I** *intr.* **vorbei-, vorübergehen,** praeteriens modo mihi inquit, im Vorbeigehen, Ter. – übtr. v. Lebl., unda praeteriit, Ov.: v. der Zeit, **vorübergehen, vergehen,** praeteriit tempus, Ter., hora, Ov.: tertius iam praeterit annus, Sen.: hiems praeteriit, imber abiit, discessit sol, Ambros. – **II** *tr.* vor etw. **vorbei-, vorübergehen, vorbeikommen, A** im Allg.: **1** eig.: hortos, Cic.: nullas apertas fores, Sen. – v. Lebl., ripas flumina praetereunt, Hor. – dah. v. der Zeit, insofern sie als etwas Stetiges gedacht wird u. der Mensch vor ihr vorübergeht (verschieden von der Vorstellungsweise unter *no.* I), in der passiven Form praeteritus, a, um, wobei man vorübergegangen ist, **vergangen, verflossen,** tempus, Cic.: tempus praeteritum, instans, consequens, Rhet. Her.: tempus praeteritum, praesens, futurum, Lact.: aetas, Cic.: nox, Prop.: diebus decem praeteritis, nachdem zehn Tage verflossen, nach zehn Tagen, Varro: in praeteritum (*sc.* tempus), für das Vergangene, in Anbetracht der vergangenen Zeit (Ggstz. in futurum), Suet. u. a. (s. Dederich Dict. 4, 15. p. 350) tempus praeteritum (als gramm. *t. t.*), Quint., u. bloß praeteritum, Quint. – praeterita, ōrum, *n.,* **vergangene Dinge,** das **Vergangene,** Cic.; u. **vorhergehende Begebenheiten,** Vell.: viri praeteriti, ehemalige, die gestorben sind, Prop. – **2** bildl.: **a** der Kenntnis **entgehen, unbekannt sein,** v. Dingen, non me praeterit, ich weiß, mir ist nicht unbekannt, Cic.: an quidquam Parmenonem praetereat? entgehe, unbekannt sei, nicht einfalle? Ter. – **b übergehen, α** übh.: locus, qui praeteritus neglegentiā est, aus Gleichgültigkeit übergangenes, nicht benutztes Thema, Ter. adelph. prol. 14: nullum genus crudelitatis praeterire (unverübt lassen), Cic. Phil. 3, 4. – tantā vi tantāque gravitate dixisse Galbam, ut nulla fere pars orationis silentio praeteriretur, ohne Beifall blieb, Cic. Brut. 88. – **β nicht erwähnen, unerwähnt lassen, weglassen, auslassen, αα** übh., mit u. ohne silentio, Cic.: verb. audistis haec, quae nunc ego omnia praetereo (unberührt lasse) ac relinquo (unbeachtet lasse), Cic.: caedes relinquo, libidines praetereo, Cic.: non praetereatur Asinii Pollionis factum et dictum memorabile, Vell. – praeterita, ōrum, *n.,* **übergangene Dinge** heißen die Bücher der Chronik, weil da das steht, was in den Büchern der Könige übergangen worden ist, Hieron. epist. 18, 1: nihil in praeteritis relinquere, keinen Punkt ihrer Lehren unbeleuchtet lassen, Cic. – non praetereundus, erwähnenswert, vir non pr., Vell.: nec praetereundus Metellus, Vell. – **ββ** v. Zensor, beim Verlesen der Senatoren nach dem Zensus als Strafe jmd. **übergehen** (der somit als aus dem Senat gestoßen erklärt wurde), quattuor praeteriti sunt, Liv. – **γ übergehen, überschlagen** im Lesen, praetereas, si quid non facit ad stomachum, Mart. – u. im Schreiben **weglassen,** syllabas, Suet – **δ** etw. zu tun **unterlassen, vergessen,** quae faenisices praeterierunt, Varro r. r. 1, 49, 2: m. folg. *Infin.,* dicere, Plaut. merc. 403: sciscitari, Apul. met. 3, 23: m. folg. *quin* u. Konj., praeterire non potui, quin et scriberem ad te et illum mitterem gratiasque agerem, Caes. bei Cic. ad Att. 9, 6. litt. A. – **ε** jmd. bei Erbschaften, Geschenken, Ämtern usw. **übergehen, nicht berücksichtigen, vergessen, hintansetzen, zurücksetzen,** strenuos, Plaut.: dignos, Cic.: Philippus et Marcellus praetereuntur, gehen leer aus, Caes.: filium fratris (im Testament), Cic.: me quoque Romani praeteriere patres, Ov. – **c entgehen,** nescis quid mali praeterieris, Ter. Hec. 419. – **B** insbes., im Laufen **überholen, 1** eig.: acri gaudet equo, iamque hos cursu, iam praeterit illos, Verg. Aen. 4, 157: praetereunt ortos isdem de partibus euros, Ov. met. 2, 160: praeterita est virgo, Ov. met. 10, 680. – **2** bildl.: **a überholen, übertreffen,** alqm aut praeterire aut aequare posse, Vell.: virtus tua alios praeterit, Ov.: hos nobilitate Mago praeteriit, Varro. – **b überschreiten,** modum (das Maß), Ov. fast. 5, 304. – ► Imperf. praeteriebat, Sen. contr. 7, 7 (22), 16: Futur. praeteriet, Vulg. sap. 1, 8. Iuvenc. 4, 159: praeterient, Vulg. Sirach 39, 37: Partiz. praeterientes, CIL 5, 7464.

praeter-equito, āre, **vorbei-, auf und nieder reiten,** Liv. 3, 61, 9.

praetereunter, *Adv.* (praetereo), **im Vorbeigehen,** Augustin. tract. in Ioann. 118.

praeter-fero, tulī, lātum, ferre, **vorbeitragen,** Passiv praeterferri, **vorbeiziehen, -fliegen, -gehen,** simul latebras eorum improvida praeterlata acies est, Liv. 21, 55, 9: pars vocum praeterlata perit frustra, Lucr. 4, 567.

praeter-fluo, ere, **vorbeifließen, vorüberfließen,** von Gewässern, aquam oportet esse propinquam, quae praeterfluat aut in aliquem locum influat, Varro: praeterfluebat torrens amnis, Curt.: praeterfluens aqua od. amnis, Curt. – mit *Acc. loci,* Valentiam, an V., Sall. fr.: Mallon, Mela: moenia, Liv.: fines Semnonum Hermundurorumque, Vell. – bildl., eorum ego orationes sivi praeterfluere, die Reden dieser Leute habe ich an meinen Ohren vorübergehen lassen, Cato de re mil. fr. 1 (b. Plin. nat. hist. praef. § 30): nec praeteritam (voluptatem) praeterfluere sinere, lasse er nicht aus dem Gedächtnis entschwinden, Cic. Tusc. 5, 96: frustra docemur, si quidquid audimus praeterfluat, Quint. 11, 2, 1.

praeter-fugio, ere, an etw. **vorbeihuschen, vorübereilen,** propositum exemplum, Ambros. de spir. scto 3, 11. § 78.

praetergredior, gressus sum, gredī (praeter u. gradior), **vorbeigehen, -ziehen,** m. *Acc.,* castra, vor dem Lager, Cic. ep. 3, 7, 4. Auct. b. Afr. 69, 1: primos suos (v. extremum agmen), Sall. Iug. 50, 3: eum, Sall. Iug. 52, 5. – m. *Praep.,* propter hostium castra, Auct. b. Afr. 73, 4. – absol., ut rapiat praetergredientes, Ambros. de Abrah. 1, 5, 32. – ► In anderen Stellen jetzt praegredior, s. d.

praeter-hāc, *Adv.,* **weiter(hin), ferner(hin),** Plaut. Men. 112 u. a.: hodie pr., jemals wieder, Titin. com. 30 R.[2]

praeter-inquīro, ere, **weiter nachforschen,** in negotium, Amm. 15, 5, 12.

praeteritio, ōnis, *f.* (praetereo), **I** das **Vorübergehen,** Augustin. conf. 11, 27, 35: per temporis praeteritionem aut adventum, Augustin. genes. ad litt. 2, 14, 28. – **II** die **Übergehung,** Cod. Iust. 6, 29, 4. – als rhet. Fig., griech. παράλειψις, Aquil. Rom. de fig. sent. § 8. Mart. Cap. 5. § 523.

praeter-lābor, lāpsus sum, lābī, **I vorbeischlüpfen, -fließen, -fliegen, -laufen** usw., flumina praeterlabentia, Quint. 10, 3, 24. – mit folg. *Acc.* wovor? Hastam, vor dem Sp. vorbeigleiten, Auct. epit. Iliad.: tumulum, vorbeifließen, Verg.: tellurem, vorbeisegeln, Verg. – **II** bildl., **vorbeischlüpfen,** ante enim (definitio) praeterlabitur (verfliegt), quam percepta est, Cic. de or. 2, 109.

praeter-lambo, ere, **vorbeigehend lecken, -berühren,** Mosa fluvius praeterlambit (oppidum), fließt (vor der St.) vorbei, Amm. 17, 2. § 2; vgl. 25, 10, 5.

praeter-luo, ere, **vorbeifließend bespülen,** Apul. met. 6, 11.

praeter-meo, āre, **vorbeigehen,** salutantum tactu praeterque meantum, Lucr. 1, 318: amoenitas ipsa locorum invitet praetermeantem, Ambros. in Luc. 4. § 2. – m. *Acc.* (vor), v. Pers., Istri fluenta, Eugipp. vit. S. Sever. 10: v. Kometen, stellas, Sen. nat. qu. 7, 6, 1: v. Flüssen, imos pedes Cassii montis, Amm. 14, 8, 10: Sauromatas, Amm. 31, 2, 13: eos tractus, Amm. 31, 8, 10: tacitas ripas, Claud. de Mall. Theod. cons. 234.

praetermissio, ōnis, *f.* (praetermitto), die **Vorbeilassung,** d. i. **I** die **Weglassung,** sine ullius (formae) praetermissione, Cic. top. 31. – **II** die **Unterlassung,** aedilitatis (der Bewerbung um die Ädilenwürde), Cic. de off. 2, 58.

praeter-mitto, mīsī, missum, ere, **I vorbei(gehen) lassen, A** eig.: neminem, Cic. ep. 11, 21, 1. – **B** übtr.: **1** eine Zeit, Gelegenheit usw. **vorbeilassen, vorübergehen lassen,** diem, Cic.: occasionem, Liv.: nonnullas eiusmodi occasiones, Caes.: nullam occasionem profectionis, Auct. b. Afr. (u. so ad oppidum recuperandum occasionem non praetermittere, Auct. b. Hisp.). – **2 unterlassen,** gratulationem, Cic.: scelus, Cic.: defensionem, Cic.: nullum genus quaestus, Auct. b. Alex. – m. folg. *Infin.*, Cic. II. Verr.. 1, 86. Caes. b. c. 2, 39, 3. Nep. Cim. 4, 3. – non od. nihil pr. m. folg. *quin,* Cic. ad Q. fr. 3, 3, 1; Phil. 2, 23; od. nihil pr. m. folg. *quo minus* u. Konj., Cic. de legg. 1, 56. – **3** im Reden u. Schreiben, **weglassen, übergehen, unberührt lassen, übersehen,** verba, Cic.: tantam rem neglegenter, Liv.: accĭdit, quod dignum memoriā visum non praetereundum existimavimus, Caes.: nec utique originem urbis, quae est caput totius orbis, *silentio praetermittat,* Iustin. 43, 1, 2: minime vero assentior iis, qui negant locum a Panaetio *praetermissum* (übersehen), sed consulto *relictum esse* (beiseite gelassen worden sei), Cic. de off. 3, 9 (u. so öfter relinquere im Ggstz. zu praetermittere, s. Benecke u. Halm Cic. Cat. 3, 18). – m. folg. *Infin.*, commemorare non praetermittit, Augustin. de civ. dei 1, 5. – m. folg. Fragesatz, non arbitror esse praetermittendum, quemadmodum exercitus utriusque fuerint in aciem instructi, Auct. b. Afr. 59, 1. – m. *de* u. Abl., non videtur esse praetermittendum de virtute militis veterani V. legionis, Auct. b. Afr. 84, 1: sed de Aventino monte praetermittendum non putavi, Gell. 13, 14, 7. – **4 ungestraft hingehen lassen, nicht ahnden, nachsehen,** vitia, Lucr.: eādem neglegentiā deorum praetermissum (*sc.* ius gentium violatum), Liv.: absol., do, praetermitto, habe Nachsicht, Ter. – **II hinüberlassen, -bringen,** an facili te praetermiserit undā Lucani rabida ora maris, Stat. silv. 3, 2, 84.

praeter-mōnstro, āre, **vorbeiweisen,** von sich zu einem anderen, Gell. 20, 10, 6.

praeter-nāvigo, āre, **zu Schiff vorbeifahren,** Suet. Tib. 12, 2. Flor. 3, 8, 3: m. *Acc. loci,* Baianum sinum, Suet. Ner. 27, 3: Scyllam, Apul. de deo Socr. 24.

prae-tero, trīvī, trītum, ere, **I vorn abreiben,** anum (den Ring der Fußfessel) limā, Plaut. Men. 85: primores (dentes), Plin. 11, 167: ne videamur praetrita et abolita quondam calcare vestigia, Hieron. epist. 60, 6. – **II vorher reiben,** oleum amygdali amari praetritum, Cael. Aur. de morb. acut. 1, 17, 169.

praeter-propter, *Adv.*, **drüber und dran = ungefähr,** Fronto bei Gell. 19, 10. § 2. Cato u. Varro nach Gell. 19, 10. § 10: praeter propter vitam vivitur, bald so, bald so, Enn. fr. sen. 241. Vgl. Hand Tursell. 4. p. 544 *sq.*

praeter-quam, *Adv.*, **außer,** Ter., Cic., Nep. u. Liv.: praeterquam si, außer wenn, Plin.: praeterquam quod, außer dass, Cic.: praeterquam … etiam, Liv.: nihil praeterquam, Liv.: nullus … praeterquam, Vell.: praeterea nach praeterquam quod pleonastisch, Cic.

praeter-sum, fuī, esse, **außerhalb-, nicht dabei sein,** rebus, Tert. apol. 38.

praetervectio, ōnis, *f.* (praeterveho), das **Vorbeifahren,** in praetervectione omnium, qui ultro citroque navigarent, an dem Punkt, wo alle vorbeifahren mussten, die usw., Cic. Verr. 5, 170.

praeter-vehor, vectus sum, vehī, **I vorbeifahren, zu Schiff = vorbeisegeln,** Cic. u. a.: classis praetervehens, Liv.: praetervehens equo, vorbeireitend, Liv.: in der Tmesis, praeter erant vecti, Ov. met. 13, 713. – m. folg. *Acc.*, Velabrum, zu Wagen, Suet.: mystica ad dextram vada, Acc. fr.: Locros classe, Liv.: navibus Galliae oram, Liv.: naves Apolloniam praetervectae, Caes. – im Bild, locum silentio, mit Stillschweigen übergehen, Cic.: oratio praetervecta est scopulos, Cic.: oratio aures vestras praetervecta est, Cic.: equitum censuram, Fronto. – **II** zu Fuß **vorbeiziehen,** von Soldaten, cito agmine forum et imminentia foro templa praetervecti, Tac. hist. 3, 71 *in.*

praeter-verto, ere, **vorbeigehen,** solem, Plin. 2, 181.

praeter-volo, āre, **vorbeifliegen, I** eig. u. übtr.: **a** eig., absol., aquila praetervolans, Suet.: corvus praetervolans, Curt. – m. *Acc.*, quem praetervolat ales, Cic. – **b** übtr.: quae (hasta) medias praetervolat auras, Sil.: parvā puppe lacum, vorbeieilen am usw., Claud. – **II** bildl., **vorbeischlüpfen, -eilen,** praetervolat numerus, Cic.: occasionis opportunitas praetervolat, fliegt vorüber, entschwindet schnell, Liv.: haec duo proposita non praetervolant, über diese beiden Sätze gehen sie nicht so flüchtig (oberflächlich) hinweg, sed ita dilatant, ut etc., Cic.: quam callide periculum praetervolavit, Lact. – ► In der Tmesis, Etrusca praeter et volate litora, Hor. epod. 16, 40.

prae-tēstor, ātus sum, ārī, **vorher bezeugen,** viam vitae, Tert. adv. Marc. 3, 6.

Praetētiānus, a, um, s. Praeciānus.

prae-texo, texuī, textum, ere, **I** vor etwas **weben, vorn anweben;** dah. **a** übtr., übh. **vor** etwas **setzen, voransetzen,** nomina auctorum, Plin.: auctores volumini, Plin.: retia piscibus, Plin.: tibi maximus honor postibus praetexi, an den Pfosten der Tempel (als Statue) zu stehen, Plin. pan. – **b** bildl., **vorwenden, als Vorwand gebrauchen, zum Vorwand nehmen,** cupiditatem triumphi, Cic.: causam, Val. Max.: incruentam victoriam, Tac.: libertas et speciosa nomina praetexuntur, Tac.: nec infitiari posset honestiorem causam libertatis quam servitutis praetexi titulo (Dat.), es sei ehrenvoller, die Sache der Fr. als die der Kn. als Aushängeschild zu gebrauchen, Liv.: in parricidio nulla satis causa ad sceleris patrocinia praetexi potest, Iustin. – m. folg. *Acc.* u. *Infin.*, esse rem publicam, Vell. 2, 63, 2: servatam ab eo filiam, Tac. hist. 2, 72. – **II** webend (oder nähend) **vorn besetzen, -zieren, -verbrämen, 1** eig.: purpura saepe tuos fulgens praetexit amictus, Ov.: toga od. tunica purpurā praetexta, Liv.; od. auch bl. toga praetexta, Cic., od. subst., praetexta, ae, *f.*, ein mit Purpur verbrämtes Oberkleid, das nicht nur die höheren obrigkeitlichen Personen trugen, wie Konsuln, Prätoren, Ädilen, auch verschiedene Priester, die Obrigkeiten in den Munizipien und Kolonien, die Könige in Rom, sondern auch freigeborene Kinder bis zu dem männlichen Alter, Lucil. fr., Cic., Nep. fr., Val. Max. u. a.: dafür poet., praetextum velamen, Sil. 10, 647: prägn., praetextus senatus, mit der Prätexta angetan, Prop. 4, 1, 11. – Dav. meton., praetexta, ae, *f.* (*sc.* fabula), die röm. **Nationaltragödie,** sofern sie römische Nationalstoffe behandelte (Ggstz. togata), Hor. de art. poët. 288. Pollio in Cic. ep. 10, 32, 3. – **2** übtr.: **a verbrämen, vorn** mit etwas **besetzen,** carmen primis litteris sententiā praetexitur, die ersten Verse des Gedichtes enthalten einen Sinnspruch, Cic.: natura omnia lenioribus principiis praetexuit, hat versehen mit usw., d. i. die Natur macht überall sanfte Übergänge, Cic. – **b** übh. **vorn bedecken,** puppes praetexunt litora, Verg.: ripas arundine, Verg.: montes eas gentes praetexunt, liegen vor usw., Plin.: nationes Rheno praetexuntur, liegen hinter dem Rhein, Tac. – bildl., mit etwas **bedecken, verhehlen, bemänteln,** culpam nomine coniugii, Verg. – **c zieren,** Augusto praetextum nomine templum, Ov.: littera praetexat fastigia chartae etc., mein Name stehe als Aufschrift auf usw., Tibull.

praetexta, ae, *f.*, s. prae-texo.

praetextātus, a, um (praetexta, s. prae-texo *no.* II, 1), **I mit der Prätexta angetan, in der Prätexta,** von freigeborenen Kindern bis zum 16. oder 17. Lebensjahr, aber auch von Männern, Cic. u. a.: Ggstz. malo, quid mihi animi sit, ostendere praetextatus et gausapatus quam nudis scapulis aut semitectis, Sen. de vit. beat. 25, 2. – dah. praetextata aetas, Alter unter 17 Jahren, Gell.: amicitia, von den Kinderjahren an, Mart.: fabula, ein Bühnenstück, in dem mit der Prätexta Bekleidete (Feldherren, Staatsmänner) auftreten, Diom. 489, 15 u. 24, so praetextata tragoedia, Ggstz. crepidata, Lydus de magistr. 1, 40; vgl. crepidatus. – Plur. subst., praetextātī, mit der Prätexta Bekleidete = Bürger (Ggstz. sagulati), Flor. Verg. orat. an poët. p. 109, 2 H. – **II unzüchtig,** verba, Suet. u. a.: mores, Iuven.

praetextum, ī, *n.* (praetexo), **I** der **Schmuck,** die **Zierde,** rei publicae, Sen.: abiecto honoris praetexto, Val. Max.; vgl. Kempf Val. Max. 2, 10 *in.* p. 234. – **II** ein **Vorwand,** um zu bemänteln (Ggstz. causa, hingegen species ein Vorwand, um zu beschönigen, Ggstz. res), Tac. u. Suet.: in eo quod *sub* praetexto publicae maiestatis agitur, Sen. rhet.: m. *Genet. Gerund.*, praetexto classem adloquendi, Tac. hist. 2, 100.

praetextus, Abl. ū, *m.* (praetexo), **I** der **Schmuck,** die **Zierde,** der **Glanz,** das **Ansehen,** der **Hoheitsschimmer,** Val. Max. 4, 4, 1. Tac. hist. 1, 19. Manil. 3, 129 (131). – **II** der **Vorwand,** sub levi verborum praetextu, Liv.: sub praetextu quaestionis, Petron.: praetextu verborum adhibito, Lampr.: hoc praetextu, Iustin.

prae-timeo, ēre, **vorher fürchten, -in Furcht sein,** sibi, seinetwegen, Plaut. Amph. prol. 29: nihil est nec miserius nec stultius quam praetimere, Sen. ep. 98, 7: quasi quaedam pusillitas animi est aut praetimentis aut desperantis, Lact. 6, 17, 17: et inde aeternitatem occisionis agnoscat propterea humanae ut temporali praetimendam, Tert. de res. carn. 35.

prae-timidus, a, um, **sehr furchtsam,** Ps. Cypr. de Iona etc. 67.

prae-tingo, tīnctus, ere, **vorher eintauchen, -benetzen,** Ov. met. 7, 123. Cael. Aur. de morb. chron. 1, 4, 119.

prae-titulo, āvī, ātum, āre, einem Buch **einen Titel vorsetzen,** ein Buch **betiteln,** Aldh. de re gramm. in Class. auct. tom. 5, 520 *sq.* Gennad. de vir. illustr. 98.

praetium, s. pretium.

prae-tondeo, totondī, ēre, **vorn abscheren,** Apul. met. 5, 30 *extr.* (wo praetotonderit).

praetor, ōris, *m.* (st. praeitor v. praeeo), eig., einer, der vorangeht, also übh. der **Anführer,** der **Vorgesetzte;** dah. **I** im Zivilstand, der **Prätor,** vom Stadtoberhaupt in Kapua, Cic. de lege agr. 2, 92 *sq.*: von den Suffeten Karthagos, Nep. Hann. 7, 4: vom Konsul Roms als oberstem Richter, Liv. 3, 55, 12, auch praetor maximus genannt, Liv. 7, 3, 5. – Als die Plebejer in Rom den Anteil am Konsulat errungen hatten, wurde die Prätur vom Konsulat getrennt (i. J. 366 v. Chr.) und zu einer neuen Behörde erhoben, sodass der Prätor Amtsgenosse der Konsuln und bei deren Abwesenheit Verweser der höchsten Staatsgewalt war. Anfänglich gab es nur einen Prätor, und zwar einen Patrizier, darauf (seit 337 v. Chr.) einen Plebejer; seit 247 v. Chr. gab es zwei Prätoren, einen praetor urbanus u. einen praetor peregrinus. Der praetor urbanus hatte die Gerichtsbarkeit in Privatstreitigkeiten röm. Bürger unter sich; öffentliche Rechtssachen zu behandeln stand ihm nur im Auftrag des Volkes (lege populi) zu. Er stellte nur eine vorläufige Untersuchung der Rechtssache an und übergab das Weitere (cognitio) Geschworenenrichtern (iudices selecti), bis diese Sache spruchreif geworden, worauf er Recht sprach (ius dicere, iurisdictio). Dem praetor peregrinus lag die Entscheidung von Rechtsstreitigkeiten zwischen röm. Bürgern und Fremden ob. Unter den Kaisern wurde der Geschäftskreis der Prätoren auf geringere Gegenstände eingeschränkt. Sie erhielten nur die cura ludorum und Besorgung von Rechtsgeschäften. – Die Ehrenzeichen des Prätors glichen denen der Konsuln: in der Stadt begleiteten ihn zwei, außerhalb der Stadt sechs Liktoren; er trug die toga praetexta, hatte als besondere Gerichtsstätte ein Gerüst (tribunal gen.), wo er auf der sella curulis saß, und daneben auf Sesseln (subsellia) die Richter. Indessen entschied er unerhebliche Rechtssachen auch ohne alle Förmlichkeiten an jedem beliebigen Ort (ex aequo loco, e plano), s. Cic. Caecin. 50. Suet. Tib. 33. – Die jedesmaligen Prätoren, deren gesetzmäßiges Alter das 40. Lebensjahr war, verwalteten ihr Amt ein Jahr lang, worauf sie als propraetores in die ruhigen Provinzen (wie die gewesenen Konsuln als proconsules in die unruhigen Provinzen) gingen; dah. auch praetor für propraetor, wie Cic. Verr. 2, 12 u. 4, 56; ja selbst für proconsul, Cic. ep. 2, 17, 6; Verr. 3, 125. – praetor primus, der zuerst gewählte Prätor (was für ehrenvoll und als Zeichen der Volksgunst galt), Cic. Pis. 2. – Von diesen Prätoren sind zu unterscheiden die, denen die Verwaltung der Provinzen übertragen wurde (seit d. J. 228 v. Chr.), seitdem sich die röm. Herrschaft außerhalb Italiens ausgebreitet hatte. Die ersten beiden wurden nach Sizilien und Sardinien, hierauf (198 v. Chr.) zwei nach Hispanien geschickt, s. Liv. 32, 27, 6. Sulla vermehrte anfänglich ihre Anzahl auf acht, dann auf zehn; Cäsar sogar auf sechzehn. Unter Augustus, der ihre Zahl zwar verringert zu haben scheint, waren indessen bald zehn, bald vierzehn, ja achtzehn, Vell. 2, 89, 2. Suet. Aug. 37. – Von Augustus wurde das Amt der praetores aerarii (d. i. Vorsteher des Ärariums) gegründet, das bis auf Klaudius dauerte, Tac. ann. 1, 75; hist. 4, 9: und Markus Aurelius setzte einen praetor tutelaris ein, Capit. Anton. phil. 10. § 11. – **II** als Übersetzung des griech. στρατηγός, der **Anführer, Feldherr** der nichtrömischen Völker, bes. der Landtruppen, Cic., Nep. u. a.: pr. navalis, Admiral, Vell.

1. praetōriānus, a, um (v. praetorium), **I zur Leibwache gehörig, prätorianisch,** miles, ein Soldat der kaiserlichen Leibwache, ein Prätorianer, Tac.: cohors, exercitus, Suet.: veteranus, ICt. – Plur. subst., praetōriānī, ōrum, *m.*, die **Prätorianer,** Tac. ann. 6, 3; hist. 1, 74 u. a. Aur. Vict. de Caes. 19, 1; 39, 42; 40, 24. Eutr. 10, 2: invident praetorianis sportulas, Sidon. epist. 5, 7, 3. – **II zum Präfektus Prätorio gehörig,** praefectura, des Pr. Pr., Aur. Vict. epit. 10, 4: officium, spät. ICt.: advocatio, in Bezug auf die vor dem Pr. Pr. verhandelten Prozesse, spät. ICt.

2. praetōriānus, a, um (v. praetor), **zum Prätor gehörig, prätorisch,** pretia, das durch die prätorische Rechtspflege erworbene Geld, Augustin. conf. 6, 10.

praetōricius, a, um (praetor), **prätorisch,** corona, im Schauspiel vom Prätor erhalten, Mart. 8, 33, 1. – subst., praetōricius, iī, *m.*, ein **gewesener Prätor,** CIL 6, 1388.

praetōriolum, ī, *n.* (praetorium), ein **kleines Herrenhaus (Landhaus),** Vulg. Ezech. 27, 6. CIL 5, 4057.

praetōrium, iī, *n.*, s. praetōrius.

praetōrius, a, um (praetor), **I** *adi.*: **A zum Prätor-, zu den Prätoren gehörig, prätorisch, a** zum eig. Prätor in Rom gehörig: comitia, Wahl der Pr., Liv.: turba, Cic.: ius, das pr. (vom Prätor ausgehende) Recht, Cic.: so auch actio, ICt.: tutor, vom Stadtprätor eingesetzter, Gaius inst. 1, 184. Ulp. regul. 11. § 24: exceptio, Cic.: potestas, Amt eines Prätors, Cic. – **b zum Prätor** od. **Proprätor** (Statthalter) in der Provinz **gehörig, prätorisch, proprätorisch,** domus (Amtswohnung in der Provinz), Cic.: exercitus, Flor.: cohors (Gefolge), Cic.: vectigal, s. vectīgal. – **B zum Feldherrn gehörig,** Cic.: navis, das Admiralschiff, Liv.: classica, das Zeichen des Feldherrn zum Angriff, Prop.: imperium (bei der Flotte), Oberbefehl, Cic.: porta, das Tor des Lagers, wo das Feldherrnzelt stand, Caes. – cohors pr., **α** die Leibwache des Feldherrn, Caes.; ironisch, scortorum pr. cohors, von der Rotte Katilinas, Cic. – **β** die Leibwache des Kaisers (gew. cohors praetoriana), die Prätorianer, Tac.; u. castra pr., Kaserne der Prätorianer, Plin. u. a. – **II** *subst.*: **A** praetōriae, ārum, *f.* (*sc.* cohortes), die **Prätorianer,** Aur. Vict. de Caes. 2, 4. – **B** praetōrium, iī, *n.*, **1** die **Amtswohnung** des Statthalters in der Provinz, Cic. Verr. 4, 65 u. 5, 92: in späterer Zeit **Amtswohnung** eines jeden Präsidenten, s. Schol. Bob. ad Cic. Planc. 41, 2. p. 272, 21 *ed. Bait.* – Dah. übtr.: **a** ein fürstliches Gebäude, ein **Palast,** praetoria regis, Iuven. 10, 161. – **b** jedes prächtige Gebäude, der **Palast,** das **Herrenhaus (Landhaus),** Edict. Claud. lin. 2. Stat. silv. 1, 3, 25. Iuven. 1, 75. Suet. Tib. 39 u. a. Porphyr. Hor. carm. 2, 18, 20. CIL 3, 2809 u. 6123. – **2** der Hauptplatz im röm. Lager, mit dem Zelt des Feldherrn (s. Paul. ex Fest. 223, 8), mit der ara, dem augurale u. dem tribunal, wo die Soldaten zum Anhören einer Rede, zum Ausrücken usw., die Offiziere zum Kriegsrat sich versammelten usw., das **Hauptquartier** im Lager, fit celeriter concursus in praetorium, Caes.: alterum illi iubet praetorium tendi, ein zweites Hauptquartier aufschlagen, Caes.: in praetorio tetenderunt Albius et Atrius, Liv.: praetorium mittere, dimittere, das Hauptquartier (= den Kriegsrat im Hauptquartier) entlassen, auseinandergehen lassen, Liv. (s. Fabri Liv. 21, 54, 3): poet., im als Lager betrachteten Bienenstock, ipsa ad praetoria densae (apes) miscentur, Verg. georg. 4, 75. – **3** die **kaiserliche Leibwache** (deren zwei Befehlshaber praefecti praetorio hießen), Tac. u. Suet. – **C** praetōrius, iī, *m.* (*sc.* vir), **a** ein **gewesener Prätor,** Cic. ad Att. 16, 7, 1. – **b** ein **Mann im Rang eines Prätors,** Plin. ep. 1, 14, 5.

prae-torqueo, tortus, ēre, **vorwärts drehen, umdrehen,** Plaut. rud. 626. Colum. 3, 18, 1.

prae-torridus, a, um, **sehr heiß, sehr dürr,** Calp. ecl. 2, 80.

praetractātus, Abl. ū, *m.* (praetracto), die **Vorabhandlung, der Vorbericht,** Tert. de fuga in persec. 4.

prae-tracto, āre, **vorher in Erwägung ziehen,** etw. **vorberaten,** ita tamen ut ea quoque, quorum penes plebem arbitrium est, apud principes praetractentur, Tac. Germ. 11.

prae-tremo, ere, **vorher zittern,** Fest. 205, 18.

prae-trepido, āre, **hastig eilen,** dum praetrepidant, Iuvenc. sel. frgm. 15, 3 (Spicil. Solesm. 1. p. 238): praetrepidans, in hastiger Eile, Catull. 46, 7.

prae-trepidus, a, um, **sehr zitternd, I** eig.: cor, klopfend, Pers. 2, 52. – **II** übtr. = **sehr ängstlich,** v. Pers., Suet. Tib. 63, 1 u. Ner. 41, 2: senatus, Capit. Maxim. et Balb. 1. § 1 (Jordan pertrepidus).

praetrītus, a, um (prae u. tero), **ganz abgetreten,** praetrita et abolita quondam calcare vestigia, Hieron. epist. 60, 6 *extr.* Vgl. praetero.

prae-trunco, āre, **vorn abhauen,-abschneiden,** Plaut. capt. 902 u. a.

prae-tumidus, a, um, **sehr aufgeschwollen, sich aufblähend, aufgeblasen,** latro, Amm.: furor, Claud.: iactatio, Iuvenc.

praetūra, ae, *f.* (praetor), **I** die Würde u. das Amt des Prätors in Rom, die **Prätur,** praetura probata in iure, grata in munere, Cic.: praeturā se abdicare, Cic.: praeturam non egressum esse, Tac.: dies, quo quaesturam aut tribunatum aut praeturam accepi, Tac.: tum mihi supra tribunatus et praeturas et consulatus ascendere videar, Tac. – **II** στρατηγία, die **Feldherrnwürde** in Griechenland, Cic. de off. 1, 144.

Praetūtiī, iōrum, *m.*, eine Völkerschaft in Italien, und zwar im Picenischen, durch den Fluss Tenate vom eigentlichen Picenum getrennt, bis zum Fluss Vomanus im Süden, jetzt Bezirk von *Teramo,* bekannt durch Weinbau; wovon **A Praetūtius,** a, um, **prätutisch,** vina, Plin.: pubes, Sil. – **B Praetūtiānus,** a, um, **prätutianisch,** ager, Liv. u. Plin.: praefectus, Inscr. (Plin. 14, 60 u. Macr. sat. 3, 19, 6 jetzt Praecianum vinum). – v. Pers. = ein **Prätutianer,** CIL 9, 5066.

praeulcerātus, a, um (prae u. ulcero), **vorher schwärend-, wundgemacht,** Cael. Aur. de morb. chron. 5, 1, 18.

prae-umbro, āre, **überschatten,** bildl. = **verdunkeln,** Tac. ann. 14, 47 *in.*

prae-ungo, ūnctus, ere, **vorher salben** od. **beschmieren,** vulnus, Th. Prisc. 1, 19: digitus praeunctus adipe anserino, Cael. Aur. de morb. chron. 4, 3, 45.

prae-ūstus, a, um (*praeuro), **vorn gebrannt,** hasta praeusta, Liv.: sudes praeustae (um sie zu härten), Caes.: übtr., von der Kälte, praeustis nive membris, erfroren, Plin. 3, 134.

prae-ut, s. prae.

prae-vādo, ere, vor etw. vorbeigehen, übtr. = einer Sache **überhoben werden,** Quintius dictaturam properat praevadere, Sen. de brev. vit. 17, 6 H. (Koch pervadere).

praevalentia, ae, *f.* (praevaleo), die **Übermacht,** Paul. dig. 6, 1, 23. § 4.

prae-valeo, valuī, ēre, **I** physisch **überaus (sehr) kräftig** od. **stark sein,** gew. Partiz. praevalēns = **überaus (sehr) kräftig** od. **stark** (Ggstz. infirmus), **a** v. leb. Wesen, ille ad tollendam magni ponderis sarcinam praevalet, Sen. exc. contr. 3. praef. § 9: praevalens iuvenis Romanus, Liv.: homo, Cels.: equus, Curt.: m. *Abl.* (an), praevalens corpore, von großer Körperkraft, Vell. 2, 108, 2. – **b** (als mediz. *t. t.*) v. Lebl., **besonders wirksam sein,** pr. ad vitia sananda, Plin.: pr. contra serpentium ictus, Plin. – **II** übtr., an Geltung, Ansehen, Macht **überwiegen, überwiegend sein, das Übergewicht (die Oberhand) behalten, mehr gelten od. vermögen, den Vorrang haben,** bei Abstimmungen usw. = **die Mehrheit behalten, durchdringen,** Partiz. praevalēns = **überwiegend, übermächtig, überaus (sehr) mächtig,** praevalens populus, Liv.: hostis, Suet.: praevaluit Gotarzes, Tac.: praevaluit pars, quae supplicium decernebat, Tac.: praevaluit sententia Caepionis, Plin. ep.: praevalent illicita, das Unerlaubte hat mehr Reiz, Tac. – m. *Dat.* (vor, über), praevaluit angelo Iacob, Augustin. serm. 122, 3: quae (mala) etiam praevalent bonis, Lact. epit. 68, 21. – m. *Abl.* (durch), pr. pugnā equestri, im R. stärker sein, Tac.: hoc genere gratiae, auctoritate, Suet.: atrocitate criminis, Tac.: apud hominum gratiam paternā memoriā, Suet. – m. *Abl.* der Vergleichung (als), virtute semper praevalet sapientia, vermag mehr als die T., Phaedr. 1, 15, 7. – m. *in* u. Abl., id in causis dubiis saepe praevaluit, Quint. 7, 4, 19. – m. *ad* u. Akk., hos (affectus) ad perturbationem, illos ad benevolentiam praevalere, Quint. 6, 2, 9. – m. folg. *ut* u. Konj., auctoritas Cluvii praevaluit (war von solchem Übergewicht), ut etc., Tac. hist. 2, 65: cum praevaluisset (dessen Ansicht durchgedrungen war), ut Augustus potius vocaretur, Suet. Aug. 7, 2. – m. folg. indir. Fragesatz, tuum erit consultare, utrum (welches von beiden) praevaleat, quod (dass sie) ex Arminio concepit, an quod ex me genita est, Tac. ann. 1, 58.

praevalēsco, valuī, ere (praevaleo), **sehr stark werden,** Colum. 5, 6, 17. Augustin. de civ. dei 2, 21, 4 u. 22, 8, 12 u. a. Eccl.

praevalidē, *Adv.* (praevalidus), **sehr stark, gewaltig,** Plin. 17, 108. Coripp. Ioann. 2, 151.

prae-validus, a, um, **sehr stark, I** eig.: iuvenis, Liv.: ramus, Suet.: moles, Stat.: robora (Eichenstämme), Cypr. – **II** bildl., **sehr mächtig, a** v. Pers. usw.: Blaesus, Tac.: urbs, Liv.: apud ipsum Marcum praevalidus, sehr viel geltend, sehr angesehen, Vulc. Gallic. – **b** v. Lebl.: terra, zu fruchtbar, zu stark tragend, Verg.: nomina equitum, mächtig, bedeutend, Tac.: vitia, überhand genommene, Tac.

prae-vāllo, āre, **verschanzen,** pontem adversus hostem, Auct. b. Alex. 19, 4.

prae-vapōro, (āvī), ātum, āre, **vorherräuchern,** loca, Th. Prisc. 1, 2.

praevāricātio, ōnis, *f.* (praevaricor), die **Überschreitung der Pflicht,** bes. des Anwalts, Anklägers, der es mit der Gegenpartei heimlich hält, der **Doppeldienst,** die **verletzte Amtstreue,** auch im Plur., Cic. u. a. – ► Archaist. Genet. Sing. praevaricationus, Corp. inscr. 1, 200. lin. 38.

praevāricātor, ōris, *m.* (praevaricor), der **Pflichtverletzer, der Übertreter seiner Pflichten,** bes. v. Anwalt, Ankläger, der es zugleich mit der Gegenpartei hält, Cic., Plin. ep. u. ICt. (vgl. Isid. orig. 10, 223): mit folg. *Genet.*, Catilinae, Scheinankläger, Cic.: dei, Lact.: causae publicae, Verteidiger zum Schein, Cic.

praevāricātrīx, trīcis, *f.* (Femin. zu praevaricator), die **Sünderin,** Augustin. epist. 157, 20. Hieron. in Isai. 5, 13, 3 u. in Matth. 22, 7. Vulg. Ierem. 3, 7 u. a. Eccl.

praevārico, āvī, ātus, āre = praevaricor (s. Prisc. 8, 29), **übertreten,** m. *Acc.*, Augustin. tract. in Ioann. 99. Not. Tir. 81, 8: im Passiv, Tert. de fug. 7: legis alicuius praevaricatae rei, Augustin. de civ. dei 16, 27. p. 169, 24 D.[2]

praevāricor, ātus sum, ārī (prae u. varico), **I** eig., **in die Quere-, nicht gerade gehen,** arator praevaricatur, hält im Pflügen keinen geraden Strich, Plin. 18, 179. – **II** bildl., **den geraden Weg der Pflicht verlassen, seine Pflicht überschreiten,** bes. vor Gericht, v. Anwalt, v. Ankläger, der es mit der Gegenpartei hält, **einen Prozess unredlich führen,** Cic. u. a.

prae-vārus, a, um, **ganz verkehrt, ganz abweichend,** venarum pulsus inconditi et praevari, *Apul. flor. 19. p. 32, 17 Kr.: quid enim tam praevarum? Cic. fr. bei Isid. orig. 10, 223 = Cic. fr. inc. K 34 M.

prae-veho, vēxī, vectum, ere, **I vorher-, vorantragen, -fahren, -führen;** dah. Passiv praevehī = **vorher-, voran- (voraus-)reiten, -fliegen, -fließen,** equites praevecti vorausgeritten, Liv.: praevectus equo, Verg., Liv. u. a.: missilia praevehuntur, fliegen vor ihnen her, Tac. – **II vorbeitragen, -fahren, -führen;** dah. Passiv praevehī =

vorbeifahren, -reiten, -fliegen, vorbeifließen, -strömen, felici praevecta Ceraunia remo, Prop.: praevectus praeter undecim fasces, vorbeigeritten, Liv.: Rhenus Germaniam praevehitur, Tac.: bildl., verba praevehuntur, strömen vorbei, eilen vorüber, Plin. ep.

prae-vello, vellī u. vulsī, ere, **vorn wegreißen,** Laber. com. 146. Tert. adv. gnost. 13 *extr.*

prae-vēlo, āre, **vorn verhüllen,** secures fronde, Claud. VI. cons. Hon. 647: amnem domibus amoenis, Claud. laud. Stil. 2, 189: pudorem (v. Brautschleier), Claud. rapt. Pros. 2, 325.

prae-vēlōx, ōcis, **sehr schnell,** camelus, Plin. 11, 111: übtr., memoria, das sehr schnell auffassende G., Quint. 11, 2, 44.

prae-venio, vēnī, ventum, īre, **zuvorkommen, I** eig. u. übtr.: hostis breviore viā praevenit, Liv.: bei der Klage, ICt. – m. folg. *Acc.*, hostem, Liv.: desiderium plebis, Liv.: famam, Liv.: balneo frigus, ehe der Frost eintritt, baden, Cels.: dah. morte praeventus, durch den Tod verhindert, Ov., Plin. ep. u. Iustin.: quae paravisset perfidiā clientis praeventa, Sall.: ut praeveniretur, ab iisdem interfectus est, Eutr.: nisi praeveniretur Agrippina, wenn man mit der A. (= mit der Ermordung der A.) nicht zuvorkäme, Tac.: praeventa perfidia, vereitelte, Suet – **II** bildl., **übertreffen, vorzüglicher sein,** m. folg. *Acc.*, Amineas vites fecunditate, Colum. 3, 2, 14: ingenio praeveniebat multos graves et doctos viros, Augustin. conf. 9, 6: abs., pinus et picea praeveniunt germinatione XV fere diebus, Plin. 16, 106.

praeventor, ōris, *m.* (praevenio), der **Zuvorkommer,** praeventores, leichte Reiterei, die zum Einhauen gebraucht wurde, Amm. 18, 9, 3. Notit. dign. orient. c. 37. § 1. *no.* b, 1 (tom. 1. p. 102 *ed. Boecking*).

praeventus, Abl. ū, *m.* (praevenio), das **Zuvorkommen,** Tert. adv. Marc. 5, 12. Th. Prisc. 2. chr. 9: praeventu mortis interveniente, Cael. Aur. de morb. chron. 1, 4, 73.

praeverbium, iī, *n.* (prae u. verbum), das **Vorwort,** die **Präposition,** die untrennbare **Vorsilbe,** Varro LL. 6, 38 u. 82. Gell. 6 (7), 7, 5. Charis. 194, 15.

prae-vērnat, āre, *v. impers.*, **es wird zeitig Frühling,** quando praevernat (Ggstz. quando posthiemat), Plin. 18, 239.

prae-verro, ere, **vorher kehren, -abkehren,** latas veste iacente vias, Ov. am. 3, 13, 24: praeverrit caudā silices, Ps. Verg. mor. 23.

prae-verto (praevorto), vertī (vortī), versum (vorsum), ere, u. (s. *no.* III, B, 4) **prae-vertor,** versus sum, vertī, **I früher vornehmen,** incīdi in id tempus, quod iis rebus, in quas ingressa est oratio, praevertendum est, eher zu behandeln ist als die Gegenstände, auf die ich eben in meiner Rede gekommen war, Cic.: u. so si vacas animo neque habes aliquid, quod huic sermoni praevertendum putes, Cic.: alia sibi praevertenda esse, Liv.: coacti omnibus eam rem praeverti, Liv. – **II vorziehen,** iurisiurandi religionem animo atque amori praevertisse, dass ihm die heilige Scheu vor dem (geleisteten) Eid noch über seine zärtliche Zuneigung u. Liebe gehe, Gell. 4, 3, 2: ne me uxorem praevertisse dicant *prae* re publica, vorgezogen habe, Plaut. Amph. 528. – **III vorangehen, vorlaufen, zuvorkommen, A** eig.: praevertere ventos cursu, Verg.: ventos equo, Verg. – volucremque fugā praevertitur Eurum, Verg. Aen. 1, 317. – **B** übtr.: **1 zuvorkommen,** m. *Acc. rei* = etw. **vereiteln, unnütz machen, verhindern, verhüten,** m. *Acc.*, quorum usum opportunitas praevertit, Liv.: praevertunt me fata, Ov.: virus, Ser. Samm.: alqd celeritate, Sall. fr.: tristia leto, Lucan. – m. *Dat.*, huic rei praevertendum existimavit, ne etc., Caes. – absol., mors praeverterat, Gell. – **2 zuvor einnehmen,** tentat praevertere animos amore, Verg. Aen. 1, 721. – u. **vorher** (eher als ein anderer) **nehmen,** poculum, Plaut. mil. 653. – **3 vorgehen, übertreffen, vorzüglicher sein, den Vorzug haben, mehr gelten, wichtiger sein,** pietatem amori tuo praevertere video, Plaut.: nec posse bello praeverti quidquam, Liv.: ut bellum praeverti sinerent, Liv.: nec aliam rem praeverti, Liv.: metus praevortit, hat das Übergewicht, Plaut. – **4** (*Depon.* praevertor, doch nur in den Präsensformen) zu etw. od. wohin sich **eher** od. **lieber wenden, a** zu etw., in illos praevertentur, sie werden auf diese ihre ganze Aufmerksamkeit beschränken, Cato fr.: illuc praevertamur (darauf wollen wir vielmehr unser Augenmerk richten), quod etc., Hor.: nos ad ea praeverti, Colum.: ad interna, Tac.: ad Satibarzanen opprimendum, Curt.: ad illud sequens praevertar, ne etc., Quint.: nunc praevertemur ad nostrum orbem, Plin. (s. Gronov Plin. 28, 123. Sillig Plin. 34, 94). – mit *Dat.* od. *Acc.* (s. Lorenz Plaut. mil. 758. Brix Plaut. capt. 457 u. 1023), **vorzüglich betreiben,** rei mandatae praevorti decet, Plaut.: pulchre praevortar viros, Plaut.: hoc praevortar primum, Plaut.: si quid dictum est per iocum, non aequum est, id te serio praevortier, ernstlich aufnehmest, Plaut.: in rem quod sit, praevortaris, betreibe, tue, besorge, Plaut.: cave pigritiae praevortier, ergib dich nicht der usw., Plaut. – **b** wohin = wohin **zuvor einen Abstecher machen,** in Thessaliam, Liv. 32, 13, 4: ad Armenios, Tac. ann. 2, 55. – ► Parag. Infin. praevortier, Plaut. Amph. 921; capt. 1026; merc. 113 G.

prae-vetitus, a, um (veto), **vorher verboten,** Sil. 13, 155.

prae-vexo, (āvī), ātum, āre, **sehr schwächen,** neque ager fuerit viribus praevexatus, Cael. Aur. de morb. chron. 1, 1, 18: praevexatae vires, Cael. Aur. de morb. acut. 2, 32, 166.

praeviātor, ōris, *m.* (praevio), der **Vorausgänger,** Ven. Fort. vit. S. Hilar. 9.

praeviātrīx, trīcis, *f.* (Femin. zu praeviator), die **Vorausgängerin,** lampas pr. itineris, Wegweiserin, Ven. Fort. carm. 3, 4. p. 52, 17 *Leo.*

praevidentia, ae, *f.* (praevideo), für providentia als ungebr. bezeichnet von Boëth. cons. phil. 5. pros. 6. p. 113, 10 *Obb.*

prae-video, vīdī, vīsum, ēre, **I schon zuvor (früher) sehen, -erblicken, a** physisch: ictum venientem a vertice, Verg. Aen. 5, 444 *sq.*: praevisi in aqua (des Wasserbeckens beim Opfer) cultri, Ov. fast. 1, 327: u. so cultri in liquida praevisi unda, Ov. met. 15, 135: quod praevisā locorum utilitate peiora legissent, Tac. ann. 12, 63. – **b** geistig: quisque quasi fortissimum amplectitur, cum ab alio dictum est quod ipse praevidit, was er selbst schon vorhergesehen (darüber gedacht hat), Plin. ep. 1, 20, 13. – **II** übtr.: **A** etw., ehe es eintritt, **vorher-, voraussehen,** res publica, quam praevideo in summis periculis, deren politische Lage, wie ich voraussehe, höchst bedenklich ist, Cic. ad Att. 6, 9, 5: pr. impetum hostium, Tac. ann. 4, 15: quod nobis praevisum, Tac. ann. 12, 40: qui me non tantum *praevisa* sed *subita* expedire docuisti, Tac. ann. 14, 55. – **B Vorsorge tragen,** m. folg. *ne* u. Konj., quod ne fieret, consilio sollerti praevidit, Amm. 21, 8, 3. – ► Oft verwechselt mit provideo, w. vgl.

praevidus, a, um (praevideo), **voraussehend,** pectora, Iuvenc. in Iosuë 7, 12.

prae-vigilo, āre, **überaus wachsam sein,** Augustin. de nat. et grat. 18.

prae-vincio, vīnxī, vīnctum, īre, **vorher binden, -fesseln,** Gell. 15, 10, 2. Ven. Fort. vit. S. Medard. 4. – bildl., ferinis voluptatibus praevinctus, Gell. 19, 2, 3.

prae-vio, āre, **vorhergehen,** Ambros. in Luc. 3. § 21.

praeviridāns, antis (prae u. virido), **sehr frisch und kräftig,** cum vigebam membris praeviridantibus, Laber. com. 116.

prae-viridis, e, **ganz grün,** color, Frontin. aqu. 7 (Dederich perviridis).

praevīsio, ōnis, *f.* (praevideo), das **Voraussehen,** Ennod. epist. 2, 1 u. ö.

prae-vitio, (āvī), ātum, āre, **vorher verderben, vorher zugrunde richten,** gurgitem, Ov. met. 14, 55: senes ex alio morbo praevitiati, Cael. Aur. de morb. chron. 2, 1, 15.

praevius, a, um (prae u. via), **vorausgehend,** Cic. fr., Ov. u. a. – m. *Genet.*, primam hanc (verecundiam) et quasi praeviam vult esse orationis futurae, Ambros. de off. 2, 18, 70.

prae-volo, āvī, āre, **vorher-, voranfliegen,** praevolantes grues, Cic. de nat. deor. 2, 125: aquila leni meatu, prout agmen incederet, velut dux viae praevolavit, Tac. hist. 1, 62: ›praepetes‹ aves ab auguribus appellantur, quae aut opportune praevolant aut idoneas sedes capiunt, Gell. 7 (6), 6. § 4 (vgl. § 12): ipse somniavit quattuor aquilis et gemmato curru praevolante nescio quā ingenti humanā specie ad caelum esse raptum, Spart. Sever. 22, 1. – m. *Acc.*, aliqua altiuscula praevolare saliendo, rasch überspringen, Augustin. in psalm. 38, 2.

Praexaspēs, is, *m.* (Πρηξάσπης), ein Höfling des Perserkönigs Kambyses, Sen. de ira 3, 14, 1.

prāgma, atis, *n.* (πρᾶγμα), das **Geschäft,** pragmata scholastica (Ggstz. negotia forensia), Iul. Vict. art. rhet. 3. § 4. p. 202, 3 B.

prāgmaticārius, iī *m.* (pragmaticus *no.* II), ein **zur Ausfertigung pragmatischer Sanktionen angestellter Beamter,** Cod. Iust. 1, 23, 7.

prāgmaticus, a, um (πραγματικός), **I in Staatsgeschäften erfahren, fachkundig, geschäftskundig, praktisch,** pragmatici homines, Cic. ad Att. 2, 20, 1. – subst., **A** pragmaticus, ī, *m.*, der **praktische Rechtskundige, Praktiker,** der den gerichtl. Rednern u. Sachwaltern die Rechtsgründe an die Hand gab, auf die sie ihre Vorträge gründeten, Cic. de or. 1, 253. Quint. 12, 3, 4. – bei Späteren übh. der **Rechtsgelehrte, Anwalt, Rechtsberater,** Iuven. 7, 123. CIL 13, 7061 u. 7064. – **B** prāgmatica, ōrum, *n.*, Titel einer Schrift des Accius, Gell. 20, 3. § 3. – **II Zivilsachen betreffend,** dah. pragmatica sanctio, ein in besonders feierlicher Fassung ausgefertigter kaiserlicher Erlass an eine Körperschaft in Angelegenheiten des öffentlichen Rechtes, eine **pragmatische Sanktion,** Cod. Iust.: dafür rescriptum pragmaticum, Augustin.; u. bl. pragmaticum, Cod. Theod.

Pramnium vīnum (Πράμνιος οἶνος), ein starker, herber Wein in der Gegend von Smyrna, Plin. 14, 54.

prandeo, prandī, prānsum, ēre (prandium), **ein Frühstück einnehmen, frühstücken,** Cic. u. a.: prandendi tempus, Fronto: prandere et cenare in propatulo, Val. Max.: apertis papilionibus prandere atque cenare, Lampr. – m. folg. *Acc.*, **frühstücken, als Imbiss genießen,** prandium calidum, Plaut.: olus, luscinias, Hor. – ► Partiz. prānsus, s. bes.

prandiculum, ī, *n.* (*Demin.* v. prandium), das **kleine Frühstück, der Imbiss,** Fest. p. 250 (b), 8. Paul. ex Fest 251, 3.

prandiolum, ī, *n.* (*Demin.* v. prandium), das **kleine Frühstück, der Imbiss,** Not. Tir. 103, 12.

prandium, iī, *n.* (synk. aus **pram-ediom;* vgl. dorisch πράν = πρῴην, vordem), das gegen 12 Uhr mittags genommene **zweite Frühstück, die Vormahlzeit,** aus Brot, Fischen, kaltem Braten u. dgl. bestehend (vgl. ientaculum), **I** eig.: nidor prandii, Suet.: prandium alci videre (besorgen), Cic.: prandium (alci) dare, Cic. u. a.: alqm ad prandium invitare, Cic., rogare, Lampr.: alci ad prandium promittere (Ggstz. alci ad cenam renuntiare), Sen. rhet.: ad prandium surgere, Suet.: pr. coquere, Plaut.: pr. comedere, prandere, Plaut. – **II** übtr.: **A** jede **Mahlzeit,** Tereos, Mart. 4, 49, 3. – **B** das **Fressen** der Tiere, Plaut. truc. 646.

prānsito, āvī, ātum, āre (*Intens.* v. prandeo), **frühstücken, ein Frühstück einnehmen,** absol., Cic. ad Att. 5, 21, 5 *Müller,* Vitr. u. Lampr. – m. *Acc.* = **als Frühstück-, Imbiss genießen,** polentam, Plaut.: prolem Lycaoniam, Arnob. – *Pass. impers.*, ut pransitaretur, cenaretur, Macr. sat. 2, 13, 1.

prānsor, ōris, *m.* (prandeo), der **Teilnehmer an einem Spätfrühstück,** der **Gast,** Plaut. Men. 274. Veran. b. Macr. sat. 3, 6, 14: pransores sabbati, Augustin. epist. 36, 11.

prānsōrius, a, um (pransor), **beim Spätfrühstück gebraucht,** candelabrum, Auct. b. Quint. 6, 3, 99.

prānsrīx (Femin. zu pransor) ungebr. nach Prisc. partit. XII vers. Aen. 1. § 16.

1. prānsus, a, um (prandeo), der **gefrühstückt-, einen Imbiss genommen hat, mit dem Imbiss fertig** (Ggstz. ieiunus), dah. curatus et pransus, v. Soldaten, zum Aufbruch, Abmarsch fertig, Liv.: so auch pransus et paratus, Cato u. Varro fr. – hingegen pransus, potus, vollgefressen, vollgesoffen, Cic. Mil. 56.

2. prānsus, Abl. ū, *m.* (prandeo), das **Frühstücken,** Alc. Avit. epist. 77.

prapedīlon, ī, *n.* = leontopetalon, Ps. Apul. herb. 7.

Prasiānus, s. Prasii.

Prasiī, iōrum, *m.* (Πράσιοι), eine indische Völkerschaft zu beiden Seiten des Ganges, Plin. 6, 68. Curt. 9, 2 (7), 3. – Dav. **Prasiānus,** a, um, **prasianisch,** gens, Plin. 6, 82.

prasinātus, a, um (prasinus), **mit einem lauchgrünen Kleid angetan,** Petron. 28, 8.

prasiniānus, ī, *m.* (prasinus), ein **Anhänger der grünen Partei,** Petron. 70, 10: populus prasinianorum, Capit. Ver. 6, 6.

prasinus, a, um (πράσινος), **I lauchgrün,** color, Plin.: pila, Petron.: viriditas, Cassiod.: fascia, Petron.: lapis, Ampel. – subst., prasinus, ī, *m.* (*sc.* lapis), ein lauchgrüner Stein, eine Art **Quarz,** Capit. Maxim. iun. 1, 8. Cypr. de iudic. 8. Cassiod. pan. ad regin. 2. – **II** prägn., **zu den Lauchgrünen** (den grünen Wettfahrern) **gehörig,** equus, Capit.: factio, die grüne Partei der Wettfahrenden, Suet. (vgl. factio a. E.): agitator, ein Wettfahrer von der grünen Partei, Suet. – subst., prasinus, ī, *m.*, ein **Wettfahrer der grünen Partei,** Mart. 10, 48, 23 u. a.

prasion (-**ium**), iī, *n.*, s. prasius.

prasius, a, um (πράσιος), **lauchgrün,** subst., **I** prasius, iī, *m.*, ein lauchfarbiger Stein, ein **Praser,** Plin. 37, 113. – **II** prasion (-ium), iī, *n.*, eine Pflanze, **weißer Andorn** (*Marrubium vulgare, L.*), Plin. 20, 241.

prasoīdēs, Akk., ēn, *m.* (πρασοειδής, lauchfarbig, lauchgrünlich), ein lauchgrüner **Chrysopras,** Plin. 37, 109. Cass. Fel. 24. p. 33, 13 R.

prason, ī, *n.* (πράσον), eine Art Seetang, Plin. 13, 135 M. (Detl. grason).

prātēns, entis (*prateo v. pratum), **wiesengrün,** virecta, Apul. met. 8, 18.

prātēnsis, e (pratum), **auf den Wiesen wachsend, -befindlich, Wiesen-,** fungus, Hor.: fenum, Colum.: flores, Plin.

prātulum, ī, *n.* (*Demin.* v. pratum), die **kleine Wiese,** Cic. u. a.

prātum, ī, *n.*, **I** die **Wiese,** irriguum, Cato: riguum (Ggstz. siccaneum), Colum.: prata florida et gemmea, Plin. ep.: pratorum viriditas, Cic.: ex segetibus prata facere, Varro: iugera L prati irrigare, Cic.: prata caedere od. secare, mähen, Plin.: poet. übtr., Neptunia prata, das Meer, Cic. Arat. 129: desulcare cerea prata (Wachstafeln), CIL 5, 3635. – **II** meton., das **Wiesengras,** Plaut. Pseud. 811. Ov. art. am. 1, 299. – ► Nbf. **prātus,** ī, *m.*, Gromat. vet. 322, 5.

prātūra, ae, *f.* (πρᾶτος), der **Verkauf,** Arcad. dig. 50, 4, 18. § 19 M. (Vulg. ospratura).

prātus, ī, *m.*, s. prātum ►.

prāvē, *Adv.* (pravus), **krumm;** dah. **verkehrt, ungeschickt, unrichtig, schlecht** (Ggstz. recte), Cic. u. a.: pudens prave, aus falscher Scham, Hor.: pravissime per sceleris immunitatem adhuc tutus fuit, auf die unverantwortlichste Weise, Sall. fr.

prāvicordius, a, um (pravus u. cor), **ein böses Herz habend,** Augustin. in psalm. 146. *no.* 7. Vulg. Sirach 3, 28.

prāvitās, ātis, *f.* (pravus), **I** die **Krümme, Ungleichheit, Unregelmäßigkeit,** der **ungleiche Wuchs,** membrorum, corporis, Cic.: statuminum, Colum.: curvaturae, Pallad.: oris, Verdrehung, Verzerrung des Mundes, Cic.: ne malā consuetudine ad aliquam deformitatem pravitatemque veniamus, hässliche u. verunstaltende Gebärden annehmen, Cic. – **II** übtr.: **A** übh., **die Verkehrtheit, Unregelmäßigkeit, Unschicklichkeit, schlimme Beschaffenheit,** ad pravitatem venire, Cic.: ominis, ein schlimmes, ungünstiges Omen, Gell.: tortuosae orationis, Gell. – **B** insbes., die **Verkehrtheit** im Denken u. Tun, die **verkehrte Richtung, Verschrobenheit, Verworfenheit,** quae est ista pravitas et amentia? Ter.: pr. consulum, Liv.: hominis, Sall.: animi, Q. Cic.: mentis, Cic. – Plur., **Verkehrtheiten,** Ggstz. recta (gute Eigenschaften), Cic.: pravitates animi, Cic.: pravitates uxorum, Tac.

prāvus, a, um, **verkehrt, krumm, nicht regelmäßig gewachsen od. gemacht, ungestaltet** (Ggstz. rectus), **I** eig.: membra, Cic.: talus, Hor.: regula, Lucr.: sprichw., recta prava facere, Ter. Phorm. 771. – subst., prāvum, ī, *n.*, die **Krümme,** elapsi in pravum artus, verkrümmte, Tac. hist. 4, 81. – **II** übtr.: **A** übh., **verkehrt, unregelmäßig, unschicklich, unrecht, schlimm,** certamen cum collega, Liv.: affectio, Cic.: voluptas, Sen.: aemulatio, Tac.: sollertia, übel angebrachte, Tac.: pravo amore flagrantes, närrisch Verliebte, Sen.: nihil pravius, Cic.: pravissima regula, Cic.: pravissimus (ganz abscheuliche) mos, Tac. – subst., prāvum, ī, *n.*, das **Verkehrte,** die **Verkehrtheit** (Ggstz.

rectum), quae in pravum induruerunt, Quint. 1, 3, 12. – **B** insbes., **verkehrt, verschroben, verworfen,** propter te pravus est factus, Plaut.: belua, mit verkehrtem Sinn, Hor.: vir, Sen.: pravissimus homo, Vell. – m. *Genet.*, pr. fidei, Sil.: pr. audendi, Sil.

prāxis, Akk. im, *f.* (πρᾶξις), das **Verfahren,** sicut ille fericulus habuit praxim, sowie auch jenes Speisebrett seine besondere Verwendung hatte, Petron. 39, 4.

Prāxitelēs, is u. ī, *m.* (Πραξιτέλης), ein besonders durch seine Bildsäulen der Venus in Knidos und des Kupido in Thespiä berühmter griech. Bildhauer aus Athen, um 400 v. Chr., Plin. 36, 20 *sqq.*: Genet. Praxiteli, Cic. Verr. 4, 4 u. 12: griech. zsgzg. Genet. Praxitelus, Mart. 4, 39, 3: Akk. Praxitelen, Prop. 3, 9, 16: Vok. Praxitele, Auson. epigr. 57, 2. – Dav. **Prāxitelīus,** a, um (*Πραξιτέλειος), **praxitelisch,** brachia, Rhet. Her. 4, 9 (Friedrich Praxitelae): capita, Cic.: Venus, Plin.

precābundus, a, um (precor), **bittend,** Pacat. pan. 36, 3.

precanter, *Adv.* (precor), **bittweise,** Ven. Fort. Vita S. Mart. praef. 39.

precāria, iōrum, *n.*, s. precārius.

precāriō, *Adv.*, s. precārius.

precārius, a, um (precor), zum Bitten gehörig, **I** im Allg., **bittend, Bitt-,** precariis verbis (Ggstz. directis verbis) uti, ICt.: precariis verbis = bittweise, ICt. – **II** insbes., **auf Bitten-, bittweise-, auf dem Gnadenwege (aus Gnade) gewährt, -erlangt, nur erbeten, nur erbettelt, erborgt** (Ggstz. debitus, iustus), **A** übh.: **a** *adi.*: victus, Gnadenbrot, Curt.: libertas, Liv.: auxilium, Liv.: forma, Ov.: orare precariam opem, Liv.: panis frusto vivere precario, Amm. – **b** *adv.* precāriō, **bittweise, auf dem Wege der Bitte, -der Gnade,** petere, Plaut.: tradere, Ter.: rogare, Cic.: quasi pr. regnare, Aur. Vict. – **B** prägn., **bittweise-, auf willkürlichen Widerruf gewährt, von anderer Gnade-, von anderer Willkür abhängig,** dah. auch **bedenklich, unsicher, 1** eig.: **a** *adi.*: imperium, Tac.: vita, Tac.: precariam animam inter infensos trahere, Tac. – **b** *subst.*: **α** precārium, iī, *n.*, ein **bittweises, auf Widerruf gewährtes Besitzverhältnis,** s. Ulp. dig. 43, 26, 1. *pr.* – **β** precāria, iōrum, *n.*, **bittweise-, auf Widerruf gewährte Besitztümer,** corpus suum seque ipsum inter precaria numerat, Sen. de tranqu. anim. 11. § 1. – **c** *adv.* precāriō, **bittweise, auf Widerruf,** praeesse, Tac.: concedere aliquid, ICt.: studere, bei seinen Studien von der Willkür anderer abhängen, Plin. ep. – **2** übtr., **widerruflich = vorübergehend, unbeständig,** fulgor, Symm.

precātio, ōnis, *f.* (precor), **I** das **Bitten,** die **Bitte,** das **Gebet,** illa sollemnis comitiorum precatio, Cic.: sollemne carmen precationis (Gebetsformel), Liv.: ex carmine sacro praeeunte verba sacerdote precationes facere, Liv.: victimam caedere sine precatione, Plin.: precationem peragere (vollziehen), Liv. – **II** die **Gebetsformel,** Plin. 28, 42 u. a.: Plur., antiquae precationes, Gell. 5, 12, 1.

precātīvē, *Adv.* (precativus), **bittweise,** Ulp. fragm. 25, 1.

precātīvus, a, um (precor), **bittweise geschehend,** pax, bittweise nachgesuchter, Amm. 16, 9, 4 u. 17, 5, 1: modo precativo, bittweise (Ggstz. legis modo, imperative), Ulp. fragm. 24, 1.

precātor, ōris, *m.* (precor), der **Fürbitter, Bittsteller,** Plaut. asin. 415 u. a. Ter. heaut. 975. Macr. somn. Scip. 1, 3, 10. Donat. Ter. Andr. 3, 4, 21 u. 5, 2, 13: qui precator *pro* Urio venerat, Amm. 18, 2, 18.

precātōrius, a, um (precor), **zum Fürbitten dienend,** ars, Donat. Ter. Phorm. 1, 2, 92.

precātrīx, trīcis, *f.* (Femin. zu precator), die **Bitterin, Fürbitterin,** quibus (Sabinis) precatricibus parentum bellum maritorumque finitum est, Ps. Ascon. II. Verr.. 1, 14: pr. pro praeside, Ven. Fort. vit. S. Mart. 4, 342.

precātus, ūs, *m.* (precor), die **Bitte,** das **Gebet,** Stat. silv. 5, 2, 81 u. Theb. 11, 103. Amm. 24, 6, 5. Sidon. epist. 4, 2, 3: Plur., Stat. Theb. 10, 71.

precēs, um, *f.*, s. prex.

preciae u. **pretiae,** ārum, *f.*, Name einer Weintraubenart, Verg. georg. 2, 95. Colum. 3, 2, 23. Plin. 14, 29.

Preciānus, a, um, s. Praeciānus.

precicola, ae, *f.* (*Demin.* v. prex), die **kleine Bitte,** Symm. epist. 9, 133, 1.

prēcium, iī, *n.* = pretium.

preco, s. precor ►.

precor (praecor), ātus sum, ārī (prex), **bitten, beten,** jmd. bittend, betend **anreden, anrufen,** etw. **betend sagen** u. dgl., **I** im Allg.: **a** m. *Acc.* der Pers., die man bittet, zu der man betet, deos, Cic. (u. so deos, quibus honestissime supplicamus, tacite malumus et intra nosmet ipsos precari, Sen.): Iovem Optimum Maximum, Cic.: numina sancta Palladis armisonae, Verg.: venire memorant ad precandum Romanum, Liv.: Nyctelium patrem, bittend anrufen, Ov. – zugleich m. Ang. für wen? durch *Dat.*, fratri vitam precatus est, Sen. rhet.: ut iure sacerdotii precari deos pro te publice possim, quos nunc precor pietate privatā, Plin. ep.: cum sibi se ac liberis suis intellegerent precari, quae pro te precarentur, Plin. pan. – **b** m. *Acc.* der Sache, um die man bittet (betet): opem, Liv.: haec optavi, haec precatus sum (die Götter), Cic.: zugl. m. Ang. für wen? durch *pro* m. Abl., pro necessario ac propinquo suo tantum vitam, Curt. 5, 3 (11), 14: quantum quisque in nidulo nostro iam sapit, tantum pro te praecatur (so!), Fronto ep. ad Antonin. imp. 1, 1. – **c** m. folg. *ut* od. *ne* od. *ut ne* od. (bei vorhergeh. non) *quo minus* m. Konj., od. m. bl. *Coniunctiv*, *ut* fas sit vidisse, tacitus precatur, Sen. ep. 115, 4: pro se quisque precari coepere, *ne* festinatione periculum augeret, Curt. 3, 5 (13), 14: si id non probares, *quo minus* ambo unā necaremini non precarere? Cic. de fin. 2, 79 (Müller deprecarere). – hoc quoque, dux operis, moneas, precor, Ov. fast. 4, 247; u. so Ov. ex Pont. 2, 2, 68. – m. *Acc.* der Pers., te, Capitoline, teque, Iuno, precor atque quaeso, vosque, patrii penates familiaresque, obtestor, *ut* etc., Cic. de domo 114: deosque precetur et oret, *ut* etc., Hor. de art. poët. 200: te, Iuppiter optime maxime, te, Quirine, precor venerorque, *ut ... ne* sinatis, Tac. hist. 4, 58 *extr.* – m. *ab* u. Abl. der Pers., precor ab iis (dis), ut etc., Cic. Rab. perd. 5: m. vorhergeh. allg. *Acc.* der Sache, um welche? dixit (se) hoc a dis immortalibus semper precatum, *ut* etc., Nep. Timol. 5, 3: quae precatus a dis immortalibus sum, ... *ut* etc., Cic. Mur. 1. – m. vorhergeh. *Acc.* der Person u. *Acc.* dessen, was man bittet, quod deos precati eritis, Liv. 40, 46, 9; od. m. *Acc.* der Worte, die man betet, Iane pater, te hāc strue commovendā bonas preces precor, uti sies volens propitius mihi liberisque meis, Cato r. r. 134, 2; u. so 139 *extr.* – **d** m. folg. *Acc.* u. *Infin.*, sibi et vicinis serere se, Plin. 18, 131: numquam placidas esse aquas, Ov. epist. 18 (19), 82; u. so Suet. Galb. 14, 3. Gell. 13, 22, 19. – m. folg. *Nom.* u. *Infin.*, et tua esse precor, Ov. her. 5, 158. – **e** absol. (d. i. ohne *Acc.* od *ut* usw.): gnatique patrisque, alma, precor, miserere, Verg. Aen. 6, 117: parce, precor, precor! Hor. carm. 4, 1, 2: parce, precor, fasso, Ov. her. 15 (16), 11; u. so Ov. am. 3, 9, 67. – eum sororem dedisse Prusiae precanti atque oranti, Liv. 42, 12, 4. – m. Ang. des Ortes, bei wem? durch *ad* m. Akk., parietes postesque nudatos, ad quos adorent, ad quos precentur ac supplicent, Liv. 38, 43, 6. – m. Ang. für wen? durch *pro* m. *Abl.*, pro nobis mitte precari, Ov. met. 3, 614. – m. Ang. für was? durch pro m. *Abl.*, pro salute alcis precari, Curt. 8, 6 (23), 26. – v. Lebl., verba precantia, Ov. met. 2, 482 u. a.: dextra precans, Verg. Aen. 12, 930: ramus precantis olivae, Stat. Theb. 2, 478. – **II** Gutes oder Böses **wünschen, anwünschen,** bene precari, Segenswünsche sprechen, Liv.: male precari, Böses wünschen, Cic.: bene alci, Glück wünschen, Val. Max. u. Quint.: alci incolumitatem, reditum, Cic.: alci immortalitatem, Curt.: alci mala, Cic.: mala multa Atridis, Hor.: sollemnia incipientis anni kalendis Ianuariis epistulā precari, in einem Brief feierliche Wünsche für das neue Jahr aussprechen, Tac. – prägn., pr. alci, jmd. **verfluchen, verwünschen,** Plaut., Cic. u. Plin. pan. – ► precatus passiv, genitore precato, Iuvenc. 3, 85. – Partiz. precantia dreisilb., Verg. Aen. 7, 237. – Aktive Nbf. preco, Prisc. 8, 29, wovon Imperat. precato, Ven. Fort. carm. 9, 11, 8: Infin. precare, Greg. Tur. hist. Franc. 9, 8 *in.*: Partiz. Perf. Pass. precatus, Iuvenc. 3, 85 (genitore precato); aber Plaut. cist. fr. *v.* 17 (Hermes 1, 299) liest Studemund (Emendatt. Plautin. p. 9) per precem.

precula, s. pergula a. E. ►.

prehendo, prehendī, prehēnsum, ere, u. synkop. **prēndo,** prēndī, prēnsum, ere (prae u. *hando = griech. χανδάνω), **fassen, anfassen, angreifen, ergreifen, nehmen,** **I** im Allg.: **a** v. Pers.: alqm pallio, beim Mantel, Plaut.: alqm manu, Cic.: dextram, Cic.: ornabat locum, quem prehenderat, Cic. – **b** v. Boden, tellus prehendit stirpes, fasst die Stämme, wenn die Bäume bekleiben, Cic. Arat. 116. – **c** v. Bäumen, Wurzel fassen, **bekleiben, anwurzeln,** Pallad. 3, 25, 3 u. 3, 10, 7. – **II** insbes.: **A** jmd. **anfassen, anpacken,** um mit ihm zu reden, alqm, Ter. u. Cic. – **B** **ertappen** bei etwas, in furto, Plaut.: qui manifesto furto prensus esset, Gell.: u. so servi furti manifesti prensi, Gell.: u. quem mendaci (= mendacii) prendit manifestum, Plaut. (in den beiden letzteren Stellen der *Genet.* abhängig v. manifestus): im Passiv m. dopp. *Nom.*, eā nocte speculatores (als Spione) prensi servi tres, Auct. b. Hisp. 20, 5: m. *Nom.* u. *Inf.*, si intulisse Athenas pedem prensus esset, Taurus bei Gell. 7 (6), 10, 2. – **C** gewaltsam **ergreifen, fassen, a** jmd., **α** übh., in patenti prensus Aegaeo, vom Sturm erfasst, überrascht, Hor. carm. 2, 16, 1 *sq.* – **β** jmd. **aufgreifen, verhaften,** Varro fr., Cic., Liv. u. a.: prehende furem! clamant, Petron. – **b** eine Örtl. **wegnehmen,** Pharum, Caes. b. c. 3, 112, 5. – **D** meton., **erreichen,** oras Italiae, Verg.: defessos currus, Sil.: oculis, mit den Augen erfassen, d. i. sehen, Lucr.: vix oculo prendente modum, Lucan.: cum … ipsum ea moderantem et regentem paene prenderit, beinahe leibhaftig erfasst = ganz deutlich wahrgenommen hat, Cic. de legg. 1, 61. – ► Vulg. Perf. prendidi, wov. prendidistis, Vulg. Ioann. 21, 10 u. prendiderunt, *ibid.* 21, 3.

prehēnsio, ōnis, *f.* (prehendo), das **Ergreifen,** Chalcid. Tim. 87.

prehēnso u. öfter **prēnso,** āvī, ātum, āre (*Intens.* v. prehendo), **anfassen, angreifen, ergreifen,** **I** im Allg.: manus, Liv.: manu brachia, Hor. (*al.* pressare). – **II** insbes.: **A** jmd. **anfassen,** um mit ihm zu reden, ihn zu bitten, genua, Tac.: tribunos, Liv.: veteranos, Liv. – **B** prägn., den Leuten die Hände drücken = **um ein Amt bitten,** homines, Liv.: patres, Liv.: absol., prensat Galba, bewirbt sich um das Konsulat, Cic.

preimus, s. prior unter prior.

preivātim, s. prīvātim ►.

preivātus, s. prīvātus ►.

Prelius lacus, s. Prilius lacus.

prella, ae, *m.* (premo) = πιαστήρ, der **Drücker, Presser,** Auct. de idiom. gen. 577, 61 K.

prēlum, ī, *n.* (premo), die **Presse, I** die **Kelter,** Cato r. r. 31, 2. Verg. georg. 2, 242. Hor. carm. 1, 20, 9. – **II** die **Rolle** zum Glätten der Kleider, Mart. 2, 46, 3; 11, 8, 5. Claud. epith. Pallad. 101.

Prema, ae, *f.* (dea), quae facit, ut ne virgo se commoveat, quando a sponso premitur, Augustin. de civ. dei 6, 9, 3. Tert. ad nat. 2, 11.

premo, pressī, pressum, ere, **drücken, I** im Allg.: **1** eig. u. bildl.: **a** eig.: **α** übh.: natos ad pectora, Verg.: premere anguem, treten auf usw., Verg.: membra paterna rotis inductis, mit dem Wagen über den Leichnam fahren, Ov.: vestigia alcis, betreten, Tac. (vgl. *no.* II, E): frena dente, beißen in usw., Ov.: alqd ore, kauen, essen, Ov.: iuvenci pressi iugo, angespannt, Ov. – **β** v. der Begattung, **beschlafen, schänden,** alqam, Suet. u. Val. Flacc. – v. Tieren, **bespringen,** feminas premunt galli, Mart. – **b** bildl.: necessitas eum premebat, Cic.: aerumnae me premunt, Sall.: premi aere alieno, Cic.: invidiā et odio populi, Cic. – **2** übtr., **a** an etw. **streifen, stoßen,** etw. **berühren,** litus, am Ufer hinfahren, sich am Ufer halten, Hor.: insulam premit amnis, umgibt, Ov.: latus, Ov. – **b** **halten,** frena manu, Ov.: premit omnis dextra ferrum, Sil. – **c** locum, einen Ort gleichsam drücken, an einem Ort sich **oft befinden,** forum, Cic.: auch übh. etwas mit seinem Körper drücken, auf etwas **sitzen, stehen, liegen, fallen, sich legen** od. **setzen,** torum, liegen auf usw., Ov.: sedilia, Ov.: humum, sich auf die Erde legen, Ov. am. 3, 5, 16; od. auf die Erde fallen, Ov. fast. 4, 844: terga equi, sitzen, reiten auf usw., Ov.: ebur (poet. = kurul. Stuhl), Ov.: axes (poet. = Wagen), Ov.: angustos saltus montium praesidiis, besetzen, sperren, Liv. – **d** **bedecken,** fronde premit crinem, Ov.: canitiem galeā premimus, Verg. – dah. **bedecken, verbergen,** mons urbis cladem ruinā pressit, Verg.: lumenque obscura luna premit, verbirgt sein Licht, geht unter, Verg.: pr. alqd terrā, vergraben, Hor.: ossa, begraben, Ov. – bildl., **α** gleichs. **begraben** u. dgl., me pressit alta quies, begrub mich, ich lag in tiefem Schlafe gefühllos, Verg. – **β** **nicht aufkommen lassen, verbergen, verhehlen,** dolorem, Curt.: curam sub corde, Verg.: alqd ore, verschweigen, Verg.: iram, Tac. – **e** drückend etwas **machen, bilden,** caseum, Verg.: lac, Käse machen, Verg. – **f** **drücken, drängen, verfolgen, hinter** jmd. **hersein,** jmdm. **zusetzen,** oppidum obsidione, Caes.: hostes, Caes.: cedentem, Liv. epit.: von Jägern, bestias venatione (*al.* venabulo), Isid. orig. 10, 282: cervum ad retia, in die Netze jagen, Verg. – bildl., **verfolgen, zusetzen** mit Worten, Fragen usw., alqm, Cic.: alqm verbo, jmd. beim Worte festhalten, Cic. – od. mit Beschuldigungen, alqm criminicus, Ov.: m. folg. *Acc.* u. *Infin.*, et cum diu pressisset illum tyranni patrem esse, Sen. contr. 1, 7, 13. – durch Mahnen, premi a procuratoribus, gedrängt werden, Cic. ad Att. 6, 1, 3. – od. durch sonstige Forderung, cum ad exeundum premeretur, sehr angetrieben, in ihn gedrungen wurde, Nep.: argumentum, einen Beweis in einem fort verfolgen (= an einem B. festhalten u. auf ihm fußen), Cic.: propositum, fest bei seinem Vorsatz beharren, Ov.: longius videtur recessisse a proposito oratio mea; at mehercule rem ipsam premit, es greift tief in die Sache selbst ein, Sen.: pr. vocem alcis, das Wort jmds. festhalten u. weiter verfolgen (schweigend bei sich bedenken), Verg. Aen. 7, 119 (versch. premere vocem unten *no.* II, E). – **g** **beladen, beschweren, befrachten,** ratem merce, Tibull.: carinae pressae, Verg.: pressus multo mero, überwältigt, Prop.: phaleras premere auro, schmücken, auslegen, Stat.

II prägn.: **A** **eindrücken,** dentes in vite, Ov.: aliquo leviter presso vestigio (Fußstapfe, Spur), Cic. Verr. 4, 53: so auch (bildl.) alcis vestigia non pressa leviter, sed fixa, Cic. Sest. 13: presso vomere, Verg.: ensem, Lucan. – od. **aufdrücken,** pollicem, Prop. 3, 10, 14 (versch. von unten *no.* C, a, α): cubitum, den Ellbogen aufstützen, Hor. – übtr., **bezeichnen,** rem notā, Ov. – **B** **ausdrücken, a** = **auslöschen,** ignem, Verg. georg. 3, 85 *ed. Ribb.* (angef. bei Sen. ep. 95, 68). – **b** = **auspressen, pressen,** sucos, Lucan. 4, 318: balanum (zu Öl), Hor. carm. 3, 29, 4: bacam olivae, oleum, Hor. sat. 2, 4, 69 u. 2, 8, 46: vina, keltern, Hor. epod. 13, 6 (u. so Liberum, Hor. carm. 4, 12, 14): mella, auslassen, Hor. epod. 2, 15: ubera plena, melken, Ov. fast. 4, 769. – **C** **herabdrücken, herunterlassen, senken, a** eig.: **α** übh.: currum, Ov.: mundus premitur devexus in austros, senkt sich herab, Verg.: aulaeum premitur, rollt herab, Hor. (s. aulaeum): dextra pressa, herabgelassen, Sen. poët. – pr. pollicem, den Daumen einschlagen (um jmdm. beim Spiel Glück zu bringen, »jmdm. die Daumen drücken«), Plin. 28, 25 (versch. von oben *no.* II, A). – **β** **setzen, pflanzen,** virgulta per agros, Verg.: pressos propaginis arcus, Verg. – **γ** durch das Herabdrücken **machen, bilden,** etwas **tief machen, graben,** fossam, Plin. ep.: sulcum, Verg.: cavernae in altitudinem pressae, tief ausgegraben, Curt.: alveus in solum pressus, tief in den Boden eingeschnitten, Curt. – **δ** **zu Boden schlagen,** tres famulos, Verg.: paucos, Tac. – **b** bildl.: **α** durch Worte **herabsetzen, verkleinern,** alqm, Liv.: famam alcis, Tac. – od. im Herzen, **verachten,** humana omnia, Cic. – **β** **übertreffen,** facta premant annos, Ov.: vetustas laude saecula nostra premat, Prop.: Latonia Nymphas premit, Stat. – **γ** **beherrschen,** populos dicione, Verg.: ventos imperio, Verg. – **D** **zusammendrücken, zudrücken, a** übh.: alci fauces, Ov.: oculos, Verg.: os, den Mund schließen, Verg.: collum laqueo, zusammenschnüren, erdrosseln, Hor.: presso ter gutture, in drei Absätzen, Verg.: pressus amplexus, eng vereinigt, Sen. poët.: iungere oscula pressa, küssen, Ov.: Nilus obiectu montium pressus, eingeengt, Sen. nat. qu. 4, 2, 8. – **b** **kurz halten, anziehen,** habenas, Verg. Aen. 1, 63 u. 11, 600: prägn., equos currentes, mit dem Zügel anhalten, Ps. Verg. cul. 283. – **c** **kurz halten, beschneiden,** umbram (das Schatten bietende Laub) falce, Verg. georg. 1, 157: Calenā falce vitem, Hor. carm. 1, 31, 9. – bildl., **abkürzen, kurzfassen,** quae dilatantur a nobis, Zeno sic premebat, Cic. – **E** **zurückhalten, niederhalten,**

-**drücken,** alqm, Tac.: naves nimio ruentium onere pressae, Tac.: pr. sanguinem, zurückdrängen, hemmen, Tac.: cursum, hemmen, Cic.: vestigia, seine Schritte hemmen, stehen bleiben, Verg. (vgl. *no.* I, 1, a, α): vocem, die St. dämpfen, Verg.; dah. zus. = schweigen, Verg. (versch. vocem alcis, s. oben *no.* I, 2, f a. E.): ventus premente nebulā cecĭdit, Liv.: vixdum certā luce et eam ipsam premente caligine, ein dicker Nebel nicht durchließ, Liv. – bildl., **niederhalten, unterdrücken** = nicht aufkommen lassen usw., rem publicam, Tac.: vulgi sermones, Tac.: gentem legionum castris, Tac.: cohibere et premere sensus suos, seine Empfindungen ganz beherrschen u. unterdrücken, Tac.: pavorem vultu, Tac.: ceteras cupiditates huius unius ingenti cupiditate presserunt, Augustin. de civ. dei 5, 14. p. 211, 30 D.[2] Vgl. Nipperd. Tac. ann. 14, 5. – u. so eine Pers. polit. **niederhalten, unterdrücken, stürzen,** alqm (Ggstz. se extollere), Liv.: inimicum, Curt. Vgl. Fabri u. Weißenb. Liv. 22, 12, 12. Weißenb. Liv. 39, 40, 9.

prēndo, ere, s. prehendo.

prēnsātio, ōnis, *f.* (prenso), das **Anhalten,** die **Bewerbung** um ein Amt, Cic. ad Att. 1, 1, 1.

prēnsio, ōnis, *f.* (prendo = prehendo), das **Anfassen, Ergreifen,** habere prensionem, das Recht, einen zu ergreifen od. zu verhaften, Capito u. Varro fr. bei Gell. 13, 12. § 4 u. 6: ebenso habere potestatem prensionis, Varro fr. bei Gell. 13, 13, 4.

prēnsito, āre (*Intens.* v. prenso), **anfassen, angreifen,** Sidon. epist. 2, 8, 2.

prēnso, āre, s. prehēnso.

presbyter, erī, *m.* (πρεσβύτερος), **I** ein **Ältester,** Tert. de cor. mil. 11. – **II** ein Priester in der christlichen Kirche, zwischen dem Bischof u. den Diakonen, der **Presbyter,** Hadr. bei Vopisc. Sat. 8, 3 u. Eccl.: ritus Christiani presbyter, Amm. 29, 3, 4; 31, 12, 8.

presbyterātus, ūs, *m.* (presbyter), das **Amt eines Presbyters,** das **Priesteramt,** Hieron. epist. 22. *no.* 28. Ps. Augustin. serm. app. 30, 1.

presbyterium, iī, *n.* (πρεσβυτέριον), der **Rat der Presbyter,** Augustin. in Hieron. epist. 116. *no.* 33 *extr.* u. a. Eccl.

pressē, *Adv.* (pressus), **I gedrückt, gepresst,** pressius conflictata, ärger gedrängt, Capito bei Gell. 10, 6, 2. – **II knapp, kurz, A** eig.: vites putare, Pallad.: colla radere, Veget. – **B** übtr.: **a** von der Aussprache, **gedrängt,** loqui, die Buchstaben nicht zu breit aussprechen, Cic. – **b** v. Ausdruck, **gedrängt, knapp, kurz,** dicere, Cic.: pressius describere, Plin. ep. – **c genau, bestimmt,** pressius agere, Cic.: pressius audire causas, den Rechtsverhandlungen mit gespannter Aufmerksamkeit zuhören, Vell.

pressim, *Adv.* (pressus), **I an sich drückend,** deosculari, Apul. met. 2, 16. – **II knapp, dicht daran,** Apul. met. 2, 30.

pressio, ōnis, *f.* (premo), **I** das **Drucken, Herabdrücken,** der **Druck,** Vitr. 10, 3, 5. – **II** meton., die **Unterlage unter dem Hebel** während des Hebens der Last (griech. ὑπομόχλιον), Vitr. 10, 3, 2. – u. so Plur. pressiones = **Unterlagen, Steifen,** um etwas emporzuheben, Caes. b. c. 2, 9, 5 *sq.*

presso, āre (*Intens.* v. premo), **drücken, pressen,** vomicam, Plaut.: femina, Ov.: cineres haustos ad pectora, Ov.: cinerem ad pectora, Sil.: manu brachia, Hor. (*al.* prensare): ubera palmis oder manibus, melken, Verg. u. Ov. (u. so mollite ovium ubera, Ambros. de virg. 3, 4. § 17): dentibus ora, Lucr.

pressor, ōris, *m.* (premo), der **Treiber,** der das Wild in die Garne treibt (vgl. alator), Isid. orig. 10, 282.

pressōrius, a, um (pressor), **zum Pressen** oder **Keltern dienlich,** vasa, Colum. 12, 18, 4. – subst., pressōrium, iī, *n.*, die **Presse** für Kleider, Amm. 28, 4, 9: für Obst, Plin. Val. 2, 17.

pressulē, *Adv.* (pressulus), an sich **drückend, knapp,** exosculari, Apul.: adhaerere, Apul.

pressulus, a, um (*Demin.* v. pressus), **etwas gedrückt, -eingedrückt,** rotunditas, Apul. flor. 9. p. 11, 10 Kr.

pressūra, ae, *f.* (premo), **I** der **Druck,** das **Drücken, a** übh.: loci (der Lage), Sen. nat. qu. 3, 15, 7. – und das **Drücken** = das Gefühl des Drückens, per somnium gravedo atque pressura et veluti praefocatio, zus. v. Alpdrücken, Cael. Aur. de morb. chron. 1, 3, 55: palpebrarum, Apul. met. 5, 17. – **b** das **Pressen, Keltern** des Weins, Öls, Colum. u. Plin.: prima pr. (Ggstz. iteratio, tertiatio), Colum. – meton. der ausgepresste **Saft,** Lucan. 9, 808. – **c** das **Drücken, Drängen** der Leute, Apul. met. 3, 2. – **d** der **Druck** des Wassers, pr. aquarum, Sen. nat. qu. 2, 6, 5. – nach unten, der **Fall,** maior, levior, Frontin. aqu. 18. – **e** der zu feste, lange, unnatürliche Schlaf, Cael. Aur. de morb. acut. 1. praef. § 17. – **II** bildl., der **Druck,** die **Bedrückung, Drangsal,** auch im Plur., Eccl.; vgl. Bünem. Lact. 4, 26, 19 u. 5, 22, 17.

1. **pressus,** a, um, *PAdi.* (v. premo), gedrückt, gehemmt, **I** eig., **gemäßigt, langsam,** presso gradu incedere, Liv.: ebenso presso pede, Liv.: presso gressu, Ov. – **II** übtr.: **1 gemäßigt, a** von der Stimme, vom Ton, **langsam, gedämpft, gemäßigt,** soni, Cic.: modi, Cic.: pressā voce et temulentā, Cic.: pronuntiatio (Ggstz. citata), Quint. – **b** v. der Farbe, **ins Dunkle fallend, bräunlich, dunkel,** color, Pallad. 4, 13, 4: color caerulo albidior, viridi austerior et pressior, Plin. ep. 8, 20, 4 (Keil): quae (Sinopis) pressior vocatur et est maxime fusca, Plin. 35, 32: spadices pressi, Serv. Verg. georg. 3, 82. – **c** vom Denken u. Handeln, **zögernd, zurückhaltend,** cogitationes pressiores, Apul.: cunctatio, Plin. ep.: pressiore cautelā, mit zurückhaltender Vorsicht, Apul. – v. Pers., in quo tibi parcior videtur et pressior, Plin. ep. – **2 gedrängt, knapp,** oratio, Cic.: orator, Cic.: oratio pressior, Cic.: stilus pressus, Plin. ep. – **3 genau, bestimmt, erschöpfend,** Thucydides verbis pressus, Cic.: quis te fuit pressior? Cic. fr.: *taxare* pressius est quam *tangere,* Gell.

2. **pressus,** ūs, *m.* (premo), der **Druck, a** m. subj. *Genet.*, ponderum, Cic. Tusc. 2, 54. – **b** m. obj. *Genet.*, duplex palmarum, Cic. poët. de nat. deor. 2, 109: oris, der gehörige Druck der Lippen (um das Wort nicht zu breit auszusprechen), der Wohllaut der Aussprache, Cic. de or. 3, 43: itineris, Cael. Aur. de morb. chron. 5, 1, 4.

prēstēr, ēris, Akk. Plur. ēras, *m.* (πρηστήρ), **brennend;** dah. **I** ein **feuriger Wirbelwind,** der in Gestalt einer Feuersäule sich herablässt, Lucr., Plin. u. a. – **II** eine Art **Schlangen,** deren Biss brennenden Durst verursacht und den Magen auftreibt, Plin. u. a.

pretiae, s. preciae.

pretiōsē, *Adv.* (pretiosus), **kostbar, prächtig,** vasa magnifica et pr. caelata, Cic.: tanti nominis regem haud pretiosius sepultum esse, quam si fuisset e plebe, Curt.

pretiōsitās, ātis, *f.* (pretiosus), die **Kostbarkeit,** anuli, Atei. Capito b. Macr. sat. 7, 13, 14: calicis, Apul. met. 2, 19.

pretiōsus, a, um (pretium), **kostbar, I** eig. = **von hohem Wert,** pretiosus servus, Cato fr.: equus pr. (Ggstz. vilis servulus), Cic.: vehiculum (Ggstz. sordidum veh.), Sen.: praeda, Curt.: proles auro deterior, fulvo pretiosior aere, Ov.: quid libertate pretiosius? Plin. ep.: res pretiosissimae, Cic. – m. *Abl.*, Hispania pretiosa metallis, Claud.: nec tamen haec loca sunt ullo pretiosa metallo, Ov. – *neutr. pl.* subst., pretiosissima rerum suarum, Liv. – **II** übtr.: **A kostspielig, teuer, viel Kosten verursachend,** Plaut., Cic. fr., Prop. u. Colum. – **B einen hohen Preis aufwendend,** emptor, Hor. carm. 3, 6, 32.

pretium, iī, *n.* (vgl. altindisch *apratā,* ohne Entgelt, umsonst), der **Wert, Preis** einer Sache, **I** eig. u. bildl.: **1** eig.: pretium statuere merci, Plaut.: pr. constituere, Cic.: eadem praetia (so!) etiam materiae pineae praestituere, Edict. Diocl.: pretia rerum venalium (zus. = die Marktpreise) statuere, Lact.: exquirere pretia, Liv., pretia palam, Cic.: exquirere per se pretia et usque eo extendere, ut etc., die Preise selbst machen u. dergestalt steigern, dass usw., Suet.: percontari pretium (v. Käufer), Apul.: pretium centum nummis indicare (vom Verkäufer), Apul.: pretium augere, zum Gebot zulegen (v. Käufer), Plin.: pretium facere, den Pr. bestimmen, vom Verkäufer = fordern, Plaut., vom Käufer = bieten, Mart. u. ICt.: pretium conficere, den Preis bestimmen, ein Angebot stellen, v. Präko als Ausrufer in der Versteigerung, Cic.: servos immensis pretiis vendere, Suet. – pretium habere, einen Wert haben, etw. gelten, Cic.: so auch esse in pretio, auch wir »im Preis sein od. stehen«, Liv. u. Ov.: ager maioris pretii, Ter.: parvi pretii esse, Cic.: esse pretii minimi, Sall. fr.: homo omnium minimi pretii, der allernichtswürdigste, Plaut. mil. 558: servus nequam et nulli (so!) pretii, ein nichtswürdiger Taugenichts, Gell. 17, 6, 2. – **2** bildl.: operae eorum pretium facere, ihren Dienst schätzen, Liv.: aliquod morum est pretium, haben einigen W., Ov.: esse in suo pretio, seinen gehörigen W. haben, Ov.: corticis etiam ad medicamenta pr. est, Plin.: cortex Indis maximo pretio est, hat den gr. W. für die Inder, Plin. – **II** übtr.: **A** das **Geld, a** das **Geld** als Preis für etw., pretio emere, für Geld, Cic.: magno pretio, für vieles Geld, Cic.: parvo pretio, für weniges Geld, wohlfeil, Cic. – Insbes., **α** der **Kaufpreis,** pretium dominis reddere, Eutr. 2, 27: emptoribus pretia restituere, Eutr. 8, 13. – **β** das **Lösegeld,** pactum pro capite pretium, Cic. de off. 3, 107: captivos pretio (gegen L.) remittere, Curt. 4, 11 (44), 15: captivos omnes sine pretio remittere, Curt. 7, 9 (38), 18: Phrahati filium sine pretio remittere, Iustin. 42, 5, 9: eos incolumes sine pretio dimittere, Iustin. 7, 6, 6: captivos sine pretio dare, Eutr. 2, 27: et matrem et coniugem et liberos sine pretio recipere, Curt. 4, 1 (2), 13. – **b Geld, Geldeswert,** rude, Ov.: est pretium (Geld) in pretio, dat census honores, Ov.: converso in pretium deo, in Gold, Hor. – **B** der **Lohn,** die **Belohnung, a** übh., eig. u. bildl.: manus, Macherlohn (manupretium), Cic.: pretium polliceri (verheißen), Ter.: habes pretium, du bist belohnt, Hor.: pretio afficere, belohnen, Verg.: hic pretium curae (Werkes) dulce recentis erat, Ov.: habere operae pretium, Liv.: magna operae pretia mereri, Liv.: operae pretium est od. videtur, es lohnt sich der Mühe, ist der Mühe wert, mit folg. *Infin.*, Enn. fr., Cic. u. a.: ebenso est pretium curae, Iuven. 6, 474: u. bl. est pretium, Tac. ann. 1, 57 u. 2, 35: u. pretium operis est, Sil. 16, 45: facere operae pretium, etwas tun, was der Mühe wert ist, Liv. – **b** die **Belohnung,** der **Preis** (s. Spengel Ter. Andr. 39), pretium certaminis, der Siegespreis, Ov.: nullo satis digno morae pretio tempus terunt, mit keiner die Mühe recht belohnenden Sache, Liv. – **c** der **Lohn** = die **Strafe,** si malos imitabor, tum pretium pro noxa dabis, Liv. Andr. fr.: verbera, compedes, molae, haec pretia sunt ignaviae, Plaut.: ego pretium ob stultitiam fero, Ter.: et peccare nefas aut pretium est mori, Hor. – **d** die **Bestechung,** adduci pretio ad hominem condemnandum, Cic.: nec prece, nec pretio, nec periculo a recta via deduci, Rhet. Her. – **e** pretia vivendi, Reizmittel zum Leben, Plin. ep. 1, 12, 4.

prex, precis, *f.* (doch nur im Dat., Akk. u. Abl.), häufiger Plur. **precēs,** precum, die **Bitte,** das **Bitten, I** im Allg.: miserae ac luctuosae preces, rührende u. klägliche, Cic. ep.: preces infimae, Liv., tacitae, Apul.: nihil est preci loci relictum, Ter.: oro te per precem, Plaut.: prece humili, Cic.: magnā prece, Cic.: preces adhibere, Cic.: sollicito ore preces dare, Ov.: omnibus precibus petere od. orare, *ut* etc., Caes. u. Cic.: preces fundere pectore ab imo, Verg. (vgl. fundo *no.* II, B, 4, a): alcis preces sustinere, Cic.: alcis preces fastidire, repudiare, Liv.: si preces meae *pro* imperatore non valuissent, Liv. – **II** insbes.: **a** das **Gebet,** in prece totus eram, Ov. – eorum preces ac vota, Cic.: in cassum mittere preces, vergeblich beten, Liv. – **b** die **Verwünschung,** die **Verfluchung,** der **Fluch,** hostili prece caput detestari euntis, Ov. met. 15, 505. – im Plur., iratae preces, Hor.: preces diras fundere, Tac.: preces in alqm expromere, Lact.: omnibus precibus detestari alqm, Caes. – **c** die **Fürbitte,** prece Pollucis, Castoris, Catull. 68, 65. – **d** der **Wunsch,** et damus alternas accipimusque preces, Ov. fast. 1, 176. – ► Nom. prex nach Charis. 93, 17 u. Prisc. 8, 4 ungebr.; doch bei Iuvenc. in exod. 738 u. ohne Beleg bei Serv. Verg. Aen. 1. 587; vgl. Gloss. II, 331, 49 prex, ἱκεσία: Dativ preci bis jetzt nur aus Ter. Andr. 601 u. Phorm. 547 nachgewiesen.

Priamus, ī, *m.* (Πρίαμος), **I** Sohn des Laomedon, König von Troja, Gemahl der Hekuba, von der er nach Homer 19, nach anderen noch mehr Söhne hatte, unter denen Hektor der edelste und tapferste war. Bei der Belagerung u. Zerstörung der Stadt Troja stand er schon in hohem Alter u. wurde von Pyrrhus oder Neoptolemus, dem Sohn des Achilles, getötet, Plaut. Bacch. 933 u. 973. Cic. Tusc. 1, 85. Ov. met. 13, 404 *sq.*: appell., Gordianus appellatus est sui temporis Priamus, weil er 43 Söhne hatte, Capit. Gord. 19, 3. – Dav.: **A Priamēis,** idis, Akk. ida, *f.* (Πριαμηΐς), Tochter des Priamus, d. i. Kassandra, Ov. am. 1, 9, 37 u. art. am. 2, 405: Nbf. Priamis, Prisc. part. XII vers. Aen. 11. § 199. – **B Priamēius,** a, um (Πριαμήϊος), **zu Priamus gehörig, priamëisch,** virgo, Verg.: hospes, v. Paris, Ov.: coniunx = *Hecuba,* Ov.: heros, Epit. Iliad.: Priameia fata, Orest. tr. – **C Prīamidēs** (die erste Silbe wegen des Verses lang), ae, *m.* (Πριαμίδης; vgl. Prisc. part. XII vers. Aen. 11. § 199), der **Priamide** (Sohn des Priamus), Verg. u. Ov.: Plur. Priamidae, Söhne des Priamus, Ov.; meton. = Trojaner, Sil. – **II** Priamus' I. Enkel, Sohn des Polites, Verg. Aen. 5, 564.

Priantae, ārum, *m.*, eine Völkerschaft in Thrazien, Plin. 4, 41. Solin. 10, 7.

Priāpēia, ōrum, *n.*, **Gedichte auf den Priapus,** Gramm.

priāpiscus, ī, *m.* (πριαπίσκος), das **Knabenkraut,** Ps. Apul. herb. 15: priapiscus, quem Graeci loton dicunt, Soran. p. 118, 10.

priāpismos u. **-us,** ī, *m.* (πριαπισμός), das krankhafte **Aufrechtstehen** des männl. Gliedes, Cael. Aur. de morb. acut. 3, 18, 178; de morb. chron. 2, 1, 14 u. a.

Priāpēus u. **-īus,** a, um (Priapus), **priapisch,** versus Priapeus u. Priapius, Ter. Maur. 2812. Diom. 495, 9: metrum Priapeum, Mar. Victorin. art. gr. 3, 10, 2. p. 119, 7 K. Serv. de cent. metr. 465, 24 K.

Priāpicos, on (Priapus), **priapisch,** metrum, Mar. Victorin. 1, 12, 12. p. 50, 33 K. (Gaisf. Priapion).

Priāpīus, s. Priāpēus.

Priāpus od. **-os,** ī, *m.* (Πρίαπος), **I** der Gott der Baumfrüchte, der Gärten und Weinberge, der ursprünglich zu Lampsakus in Mysien, später in Griechenland u. Rom verehrt u. mit einem außerordentlich großen Zeugungsglied, dem Symbol der zeugenden und befruchtenden Naturkraft, abgebildet wurde, Ov. fast. 1, 415. Verg. georg. 4, 111. Sen. de const. sap. 18, 3: appellat. v. einem lüsternen Menschen, Capit. Gord. 19, 4. – **II** meton.: **A** das **männliche Glied,** vitreus, ein Trinkgeschirr in dieser Gestalt, Iuven.: siligineus, ein Backwerk in dieser Gestalt, Mart. – **B** ein lüsterner Mensch, Catull. u. Ov. – **III** (Priapos) Stadt am Hellespont, Plin. 3, 141. Mela 1, 19, 1 (1. § 97).

prīdem, *Adv.* (v. veralteten pris [wovon prior, pridie etc.] u. -dem), **I vorlängst, vor langer Zeit,** non pridem, Ter.: non ita pridem, vor nicht gar langer Zeit, Cic.: iam pridem, schon längst, Cic. – **II vor kurzem, unlängst,** Iustin. 4, 3, 5 u. 12, 6, 7. – **III ehemals, sonst,** Plaut., Cic. u. Iustin.

prīdiānus, a, um (pridie), **vom vorhergehenden Tag, vortägig, gestrig,** balinea, Plin.: cibus, obsonia, Suet.: pluvia, Apul.: profectio, Augustin.

prīdiē, *Adv.* (v. veralteten pris [wovon prior, pridem etc.] u. von dies; vgl. Isid. orig. 5, 30, 21 ›pridie, quasi priore die‹), **I tags vorher,** mit dem *Acc.* od. *Genet.* des Tages, von dem an gerechnet wird, od. m. folg. *quam,* pridie eum diem, Cic.: pridie constitutam diem, Iustin.: pridie Compitalia, Cic.: pridie Idus, Cic.: usque ad pridie kal. Sept., Cic.: pridie insidiarum, Tac.: vollständig, pridie eius diei, Cic.: pridie Mardochaei diei, Vulg.: pridie quam Athenas veni, am Tag vor meiner Ankunft usw., Cic.: quidquid pridie habuerant, quam in conloquium est ventum, habeant, Liv. – a pridie, Pelagon. veterin. 28 (387 *Ihm*). – **II** übtr., übh. **vorher, früher,** pridie quam etc., Gaius inst. 3, 100. Marcell. dig. 40, 5, 10. § 2: non ita, ut pridie, parvula, Apul. met. 5, 14.

Priēnē, ēs, *f.* (Πριήνη), Seestadt im südlichen Jonien, Geburtsort des weisen Bias, j. *Samsun Kalesi,* Cic. parad. 1, 8 (wo Akk. Prienam). Plin. 5, 113. Mela 1, 17, 2 (1. § 87). Liv. 38, 13, 7. – Dav.: **A Priēnaeus,** a, um, **prienisch, aus Priene,** Bias, Sidon. carm. 2, 161 u. 15, 48: Menandri duo, unus Prienaeus, alter Heracleotes, Varro r. r. 1, 1, 8. – **B Priēnēnsis,** e, **prienensisch, aus Priene,** scamonium Pr., Plin. 26, 60: Mandraytus Pr., Apul. flor. 18. p. 31, 10 Kr. – Plur. subst., Priēnēnsēs, ium, *m.*, die Einw. von Priene, die **Prienenser,** Plin. – **C Priēneus,** eī u. eos, *m.* (Πριηνεύς), der **Priener,** Bias Pr., Auson. sept. sap. 1 (lud.), 11 u. 6 (Bias), 11.

Prilius lacus, ein kleiner See in Etrurien, jetzt *Lago di Castiglione,* Cic. Mil. 74.

primaevitās, ātis, *f.* (primaevus), die erste **Lebenszeit,** die **Jugend,** Iulian. bei Augustin. c. sec. resp. Iul. 1, 54. CIL 6, 1759, 4.

prīmaevus, a, um (primus u. aevum), **in den ersten Jahren, jugendlich,** natus (Sohn), Catull.: Helenor, Verg.: corpus, Verg. u. Lucan.: primaevo flore, in der ersten Blüte, Verg.

prīmānus, a, um (primus), **von der ersten Legion,** tribunus, s. Fest. p. 234 (b), 17 u. Paul. ex Fest. 235, 13. – Plur. subst., prīmānī, ōrum, *m.*, die **Soldaten der ersten Legion,** Tac. hist. 2, 43; 4, 37. Capit. Albin. 6, 2.

prīmārius, a, um (primus), **einer der ersten, vornehm, ansehnlich,** femina, Ter. u. Cic.: vir primarius populi, Cic.: parasitus, Plaut.: locus, die erste Stelle, Cic.: educet lapidem primarium (den Grundstein), Vulg.

prīmās, ātis, *m.* (primus) = primarius, **einer der ersten und vornehmsten,** Apul., Amm., Eccl. u. spät. ICt.: primates civitatis, Augustin. epist. 17, 4.

prīmātus, ūs, *m.* (primas), die **erste Stelle,** der **erste Rang,** der **Vorrang** (Ggstz. secundatus, Tert. anim. 27), Varro u. a.: primatum obtinere, die erste Stelle behaupten (vom Rennpferd), Plin.: primatus maioris transfunditur in minorem, das Erstgeburtsrecht, Augustin. de civ. dei 16, 37 *in.*

prīmē, *Adv.* (primus), **besonders, vorzüglich,** prime proba, Naev. com. 1: prime cata, Plaut. mil. 794 R. u. L. (Brix apprime cata): lac caprinum tonsillis prime medetur, Marc. Emp. 15. fol. 106 (b): caprini corii cinis ex oleo inlitus perniones prime abolet, *ibid.* 34. fol. 135 (a). Vgl. Charis. 211, 8. Prisc. 3, 13.

prīmicēriātus, ūs, *m.*, die **Stelle eines Chefs** (primicerius), Cod. Theod. 12, 27, 1.

prīmicērius, iī, *m.* (primus u. cera; dessen Name auf den mit Wachs überzogenen Täfelchen [tabulae ceratae] obenan steht; dah.) der erste unter denen, die ein gleiches Amt bekleiden, der **Chef, Oberste,** protectorum, der Trabanten (Garde), Amm.; notariorum, Kanzler od. Chef der Sekretäre, Cod. Theod.: sacri cubiculi, Oberkammerherr, *ibid.*

prīmifōrmis, e (primus u. forma) = πρωτότυπος, **nach der ersten Bildung, ursprünglich,** metra, Mar. Victorin. 2, 1, 5. p. 69, 21 K.

prīmigenēs = πρωτογενής, **erstgeboren,** Ambros. de Noë et arca 29. § 107.

prīmigenius, a, um (primus u. geno = gigno), **ursprünglich, allererst,** **I** *adi.*: semina, Varro: verba, Stammverba, Varro: so auch nomina (Ggstz. deductiva), Gramm.: pronomina (Ggstz. deductiva), Isid.: Phryges, das Urvolk der Phr., Apul.: homines aliqui primigenii, Censor. – **II** *subst.*: **A** prīmigenia, ae, *f.*, die **erste Schöpfung,** rerum, Amm. 26, 10, 16. – **B** Prīmigenia, ae, *f.*, die **Allererste,** ein Beiname der Fortuna, als Begleiterin ihrer Lieblinge von der Geburt an, das **Geburtsglück,** Cic. de legg. 2, 28. Liv. 29, 36, 8 u. a.

prīmigenus, a, um (primus u. geno = gigno), **ursprünglich, allererst,** Lucr. 2, 1106. Avien. Arat. 13. Chalcid. Tim. 46: subst., primigenus suus, sein Erstgeborner, CIL 8, 742. lin. 3.

prīmipara, ae, *f.* (primus u. pario), **zum ersten Mal werfend, -heckend,** v. weibl. Tieren, Plin. 8, 151: pr. sus, Plin. 11, 210.

prīmipīlāris, e (primipilus), **zum ersten Manipel der Triarier gehörig,** **I** *subst.*, prīmipīlāris, is, *m.*, **A** ein **gewesener Primipilus,** Sen. de const. sap. 18, 4. Tac. ann. 2, 11; hist. 2, 22 u. 4, 15. Suet. Cal. 35, 2 u. 38, 2. Spart. Pesc. Nig. 2, 4 u. 4, 6. CIL 3, 30 u. a. – pr. senex, ein alter gewesener Pr., Quint. 6, 3, 92. – **B** übtr.: **1** (in der Heerverfassung der Kaiserzeit) der **Proviantmeister,** Scaevol. dig. 32, 1, 38. § 4. Arcad. Charis, dig. 50, 5, 18. § 24. Frgm. iur. Rom. Vatic. § 143 u. a. Cod. Theod. 8, 4, 6. – **2** der **Bischof,** Sidon. epist. 6, 1, 3. – **II** *adi.*, prīmipīlāris, e, **zum Proviantmeister** (s. vorh. *no.* I, B, 1) **gehörig, des Proviantmeisters,** honos, Frgm. iur. Rom. Vatic. § 278: species, Cod. Iust. 12, 58, 8.

prīmipīlārius, a, um (primipilus, s. 1. pīlus) = primipilaris *no.* II, ordo, Cod. Theod. 13, 5, 14. – subst. = primipilaris *no.* I, B, 1, Spart. Did. Iul. 5, 1 u. Pesc. Nig. 2, 4. Cod. Theod. 7, 20, 12. § 3.

prīmipīlātus, ūs, *m.* (primipilus), die **Stelle eines Proviantmeisters,** Cod. Iust. 12, 63, 1.

prīmipīlus, ī, *m.*, **I** als Pers., s. 1. pilus. – **II** als Stelle = primipilatus, CIL 6, 3580. Cod. Theod. 1, 6, 8 u. a.

prīmipotēns, entis (primus u. potens), der **erste an Macht,** deus, Ps. Apul. Ascl. 26.

prīmīscrīniātus, ūs, *m.* (primiscrinius), die **Würde des** *primiscrinius,* Cassiod. var. 11, 21.

prīmīscrīnius, iī, *m.* (primus u. scrinium), der **Chef eines Bureaus, -einer Expedition,** Cod. Iust. 12, 50, 12. Symm. epist. 1, 33. Veget. mil. 2, 21. p. 55, 17 L.[2]

prīmiter, *Adv.* (primus), **zuerst,** Pompon. com. 70.

prīmitiae, ārum, *f.* (primus), das **Erste,** die **Erstlinge,** der Früchte, Ov. u. Plin.: metallorum, die Erstlingsgaben, erste Ausbeute, Tac. – poet. übtr., armorum, Anfang des Krieges, Stat.: tori, der erste Genuss der Ehe, Sil.: vitis, die ersten Keime, Colum.: spolia et primitiae, Erstlinge des Sieges, Verg.: miserae, Erstlingsversuch, erste Waffentat, Verg. – ► Sing. prīmitia, ae, *f.*, die **frühe Jugend,** Itala num. 18, 12: a primitia, Commodian. instr. 1, 11 (12), 18.

prīmitīvus, a, um (primus), das **erste** in seiner Art, flores, die zuerst blühen, Colum.: anni, die ersten, Colum.: verba, Stammverba, Prisc. – subst., primitiva (die Erstlinge) frugum, Solin. 16, 5 u. Eccl.

prīmitus, *Adv.*, **zuerst, zum ersten Mal,** Lucil. 199. Lucr. 4, 1023 u. 5, 1091. Priap. 86, 11 (Catull. 19, 11). Varro r. r. 1, 31, 2. Val. Max. 2, 5, 5. Suet. Claud. 7, 1 u. a.

prīmō, *Adv.* (primus), **zuerst, anfangs, erstlich, zunächst** (in der Zeitfolge), Komik., Cic. u. a.: primo ... dein od. deinde, Sall., Cic. u. a.: primo ... post, Sall.: primo ... postea, Liv. primo ... mox, Liv.: primo ... denique, Sall.: primo ... extremo, Nep.: primo ... nunc vero, Ter.: cum primo, sobald als, Liv.

prīmōcreātus, a, um (primus u. creo), **zuerst erschaffen,** primogenitus, non primocreatus (von Christus), Ambros. de fide 1, 7. § 48.

prīmōgenitālis, e (primogenitus), der **allererste** der Entstehung nach, Tert. adv. Valent. 20.

prīmōgenitus, a, um (primus u. genitus), **zuerst geboren,** vitulus, Pallad. 1, 39, 2: primogenita omnia deo offerenda, Sulp. Sev. chron. 1, 18, 8. – v. Christus, Lact. 3, 6, 2: v. dems., filius, Lact. 4, 11, 7: u. deus, Lact. 1, 5, 7: primogenitus, non primocreatus, Ambros. de fide 1, 7. § 48. – subst., prīmōgenita, ōrum, *n.*, das **Recht der Erstgeburt,** Vulg. genes. 10, 33. Augustin. conf. 7, 9.

prīmōgenius, s. prīmigenius.

prīmōpīlus, ī, *m.*, s. 1. pīlus.

prīmōplastus, a, um (primus u. πλαστός), **zuerst geschaffen,** Prud. cath. 9, 17. Interpr. Iren. 2, 9, 1.

prīmōrdiālis, e (primordium), **allererst, ursprünglich,** causa, Amm. 30, 1. § 1: lex, Tert. adv. Iud. 2.

prīmōrdiāliter, *Adv.* (primordialis), **von Anfang an,** Augustin. de trin. 3, 9. Claud. Mam. de stat. anim. 2, 5.

prīmordium, iī, *n.* (primus u. ordior), der **erste Anfang,** der **Uranfang, Ursprung,** **I** im Allg.: urbis, Liv.: Plur., primordia rerum, Cic.: mundi, Ov.: getrennt und versetzt, ordia prima, Lucr. 4, 28. – **II** insbes., der **Beginn der Regierung,** der **Regierungsantritt,** Tac. ann. 1, 7.

prīmōris, e (prīmus), der **erste,** **I** eig.: **A** im Allg.: imbres, Varro: dentes, die ersten Zähne nach der Geburt, Plin. – **B** insbes.: **1** in der Zeit, der **früheste,** in primori pueritia, Gell. 10, 19, 3. – **2** in der Reihe der **erste, vorderste,** pars, Plin. u. Gell.: cancri digiti primores, die vorderen Scheren, Varro fr.: subst., primores, die Vordersten, vordersten Reihen (als milit. *t. t.*), provolare ad primores, Liv.: dimicare inter primores, Curt.: cum primores caderent, Liv. – partitiv = der vordere Teil, **vorn an, vorn in** u. dgl., nasi primoris acumen, Lucr.: primori in acie versari, Tac.: alte digitos primores quattuor, late digitos primores tres, Cato: usque in primores manus, bis vorn an die Hände, Plin.: in primore libro, am Anfang des Buches, Gell.: primori Marte, am Anfang des Krieges, Mart.: in naribus primoribus vix perferre, an der Nasenspitze, Afran. fr.: sumere digitulis primoribus, mit den Fingerspitzen, Plaut.: versari alci in labris primoribus, Plaut.: primoribus labris attingere od. gustare, bildl., mit den Lippen nur benippen = sich nur oberflächlich mit etwas beschäftigen, Cic. Cael. 28 u. de or. 1, 78. – II) übtr., im Rang der **erste, vornehmste, ansehnlichste,** iuventus (Jünglinge), Liv.: feminae, Tac.: venti, Hauptwinde, Gell. – subst., prīmōrēs, um, *m.*, die **Vornehmsten,** civitatis, Liv.: equestris gradus, Liv.: populi, Hor. – primores classiariorum, die V., die Offiziere, Tac. ann. 15, 51; vgl. primores castrorum, Tac. hist. 3, 31. – Abl. Sing. primore u. primori.

prīmōticus, a, um (primus), **zuerst gewachsen, frühzeitig,** Apic. 4, 184.

prīmulum, *Adv.*, s. prīmulus.

prīmulus, a, um (*Demin.* v. primus), der **erste,** primulo diluculo, bei der ersten Morgendämmerung, Plaut. Amph. 737: u. so primulo crepusculo, Plaut. Cas. prol. 40. – *Adv.* prīmulum, **so ganz zum ersten Anfang, ganz zuerst,** Komik. (s. Brix u. Lorenz Plaut. mil. 1004. Spengel Ter. adelph. 289).

prīmum, *Adv.*, (primus), **I zuerst, anfangs, erstlich, fürs Erste, zunächst,** Komik., Cic. u. a., gew. bei Aufzählungen zur Angabe der Reihenfolge, dah. häufig mit folg. deinde, tum etc., Cic. u. a.: primum ... iterum ... tertio, Vell.: primum omnium u. omnium primum, zu allererst, Plaut., Ter. u. Cic. – **II zum ersten Mal,** hodie primum ire in ganeum, Plaut. asin. 887: quo die primum convocati sumus, Cic. Phil. 5, 30: dies, quo primum probati sunt, gemustert sind, Traian. in Plin. ep. 10, 30 (39), 2. – **III** verb. mit ut, ubi, quam, auch simulac, **sobald als,** Cic.: simul primum, Liv.: primum dum, Plaut.: quam primum, sobald als möglich, ehestens, Cic.

prīmum-dum, *Adv.*, **fürs Erste nun,** Plaut. mil. 297; most. 120; trin. 98; truc. 31.

prīmus, a, um, s. prior.

1. prīnceps, cipis (primus u. capio, s. PauL ex Fest. 71, 2 u. 75, 4), *Adi.* u. *Subst.*, in der Reihenfolge der Erste, **I** eig.: princeps in proelium ibat, ging zuerst usw., Liv.: qui princeps est in agendo, Cic.: princeps Sicilia se ad amicitiam populi Rom. applicuit, hat sich zuerst usw., ist die Erste gewesen, die sich usw., Liv.: Firmani principes pecuniae pollicendae fuerunt, versprachen zuerst, Liv.: qui principes inveniendi fuerunt, die ersten Erfinder, Cic.: dah. princeps senatus, der erste im Verzeichnis der Senatoren (dessen Ernennung vom Zensor abhing), Liv.: so princeps iterum lectus est, Liv. – als *neutr.*, quoniam exordium princeps debet esse, weil dem Eingang die erste Stelle gebührt, Cic. de inv. 1, 19. – **II** übtr., im Rang der **Erste,** der **Vornehmste, Angesehenste,** das **Haupt, A** im Allg., femina pr., Dame von Stand, Plin.: pr. orator, Plin.: principes philosophi, die Hauptphilos., die ersten unter den Ph., Nep.: locus, Plin.: dah. als Synon. von praecipuus, oft mit dem Nbbgr. inliegender Kraft u. Stärke, amor princeps ad benevolentiam coniungendam, vorzüglich geeignet, Cic. – m. dem *Genet.* der Eigenschaft, ille princeps ingenii et doctrinae, vor allen begabt mit usw., Cic. – princeps civitatis, Liv.: principes civitatis, hochgestellte Männer, Cic.: principes plebis (Ggstz. infimi plebis), Liv.: principes coniurationis, Hauptpersonen, Cic.: legatorum u. legationis princeps, der Wortführer, Liv.: principes doctrinae viri, Plin.: rerum publicarum principes, Staatsmänner, Cic.: equitatus principes nobilissimae iuventutis, die Ersten des jungen (mazed.) Adels, Curt. – m. *Dat.*, princeps nobilitati vestrae, das Haupt eures Adels, Liv. 10, 8, 6. – bes. princeps iuventutis, einer der vornehmsten unter der patrizischen Jugend, bes. unter den patrizischen Rittern, Cic. (Plur. principes iuventutis, die vornehmsten unter den patrizischen Jünglingen, die Führer der Ritterzenturien, Liv.; vgl. Weißenb. Liv. 2, 12, 15 u. 42, 61, 5): zur Zeit der Kaiser ein Ehrentitel ihrer Söhne, Sen. u. a. (vgl. Nipperd. Tac. ann. 1, 3, 4). – m. *in* u. Abl., in iure civili pr., Altmeister, Cic.: so in astrologia pr., Cic.: in civitate principes, Cic. – Plur. principes, hochgestellte Männer (Ggstz. infimi), Cic.: so auch principes nostri, Cic.: oft v. den Häuptlingen einzelner Völkerschaften u. Städte, Caes. u. Nep. – **B** insbes.: **1** der **Urheber (Schöpfer, Begründer),** das **Vorbild,** der **Ratgeber,** oft verb. dux et princeps, Cic.: Zeno princeps Stoicorum, Cic.: L. Brutus ille nobilitatis vestrae pr., euer Ahnherr, Cic.: pr. consilii, Cic.: pr. ad suscipiendam rationem horum studiorum, Cic. Arch. 1. – **2** der **Gebieter,** der **Vorgesetzte,** Varro: gregis, Vorgesetzter u. Lehrer der Schauspieler, Suet. Cal. 58, 1. – **3** der **Gebieter, Fürst, Regent,** bes. v. Kaiser, Ov., Plin. u. a.: uxor principis, Kaiserin, Tac.: principum coniuges ac parentes (Mütter), Tac.: principes feminae, fürstliche Frauen (Frauen aus der Kaiserfamilie), Tac. u. Plin. – **4** principes, urspr. das **erste Glied,** dann die Schwerbewaffneten, im Treffen zwischen den hastati u. triarii stehend, das **zweite Glied,** Liv. – dah. princeps **a** ein **Manipel** (= zwei Zenturien) **der Principes,** signum primi principis, Liv. 26, 6, 1: Cretensi bello octavum principem duxit, führte er den achten Manipel = war er Zenturio des achten M., Cic. ad Brut. 1, 8, 2: a M' Acilio mihi primus princeps prioris centuriae est assignatus, die Stelle des Zenturio der ersten Zenturie des ersten Manipels, Liv. 42, 34, 8. – **b** ein **Zenturio der Principes** (deren jeder Manipel zwei hatte, centurio prior [der ersten Zenturie] u. centurio posterior [der zweiten Zenturie desselben Manipels], od. primus, secundus etc. princeps [Zenturio des ersten, zweiten usw. Manipels der Principes] gen.), centurio princeps, CIL 10, 6574: princeps tertiae legionis, Liv. 25, 14. § 14: princeps primus centurio, *ibid.* § 7: princeps prior, Caes. b. c. 3, 64, 4: princeps II (secundus) legionis XIIII, CIL 13, 7556: princeps peregrinorum, ein Zenturio der Fremdenlegion, CIL 2, 484; 6, 428; 6, 3326 u. 3327: principes castrorum peregrinorum, *ibid.* 6, 554. – ► Kompar. principior, Cassiod. hist. eccl. 1, 1. – Genet. Plur. principium, Cl. Mamert. de stat. anim. 2, 7. p. 121, 22 *Engelbrecht.*

2. Prīnceps, cipis, *m.*, Name eines sehr eitlen Flötenspielers, Phaedr. 5, 7, 4.

prīncipālis, e (princeps), **I der erste, ursprüngliche,** causae, Cic.: significatio, Quint.: verba, Gell. – **II** übtr., der **erste, vornehmste, hauptsächlichste, A** im Allg.: vir, Apul.: quaestio, Quint.: principale fuit, Hauptsache, Sache von Wichtigkeit, Plin. – *Compar.* principalior, Tert. adv. Marc. 4, 36 u. de anim. 43. Boëth. in Aristot. praedic. 1. p. 113; p. 541; p. 1323. – *Superl.* principalissimus, Hilar. de synod. 18. – **B** insbes.: **1** zum Ersten im Staat-, zum Fürsten (Kaiser) gehörig, **fürstlich, kaiserlich,** curae, Plin. pan.: maiestas, Suet. – **2 zu den** *principes* (als Soldaten, s. 1. prīnceps *no.* II, B, 4) **gehörig,** Veget. mil. 2, 15, 1. – **3 zum Hauptplatz** im Lager (principia) **gehörig,** porta pr. dextra, sinistra, das rechte, linke Seitentor des Lagers, Liv.: pr. via, die breite Querstraße des Lagers, Liv. – **4** subst., principālis, is, *m.*, der **Vorsteher, a** übh.: officiorum (der Beamten), Cod. Iust. 9, 51, 1. – **b** der **Oberälteste** des Magistrates einer Munizipalstadt, Symm. epist. 9, 1. Callistr. dig. 48, 19, 27. § 1. – **c** ein niederer **Offizier,** Macer dig. 49, 16, 13. § 4.

prīncipālitās, ātis, *f.* (principalis), die **Vorzüglichkeit,** der **Vorzug,** Tert. de anim. 2 u. a. Macr. somn. Scip. 1, 3, 12. Serv. Verg. Aen. 2, 601.

prīncipāliter, *Adv.* (principalis), **I vorzüglich, hauptsächlich,** Solin. u. a. – **II fürstlich, kaiserlich, vom Fürsten,** Sen. u. a.

prīncipātus, ūs, *m.* (princeps), die **erste Stelle,** der **Vorzug, I** im Allg., Cic.: tenere principatum sententiae, seine Meinung (seine Stimme) eher abgeben können als andere, Cic.: so auch belli propulsandi, Cic. – **II** insbes.: **A** die **oberste Stelle,** der **erste Rang,** die **hohe (höchste) Stellung** im Staat, bes. die **erste Befehlshaberstelle,** die **Obergewalt,** Cassio principatum dari, Cic.: principatum in civitate obtinere, Caes.: principatum agere, den Herrn spielen, Suet.: Plur., Vell. 2, 128, 3. – unter den Kaisern = die kaiserliche Regierung, imago principatus eius, Vell.: principatum alci deferre, Tac.: meton., der Herrscher selbst, Tac. – **B** in der Philosophie, das **leitende Prinzip** der Handlungen, die **Grundkraft,** griech. τὸ ἡγεμονικόν, Cic. de nat. deor. 2, 29 *sq.*: animi, Cic. Tusc. 1, 20. – **C** der **Anfang, Ursprung,** ab illo temporis principatu, Zeitursprung, Cic. Tim. 5 M. – und der **Anfang** eines Buches, totius opusculi, Diom. 300, 14.

prīncipiālis, e (principium), **anfänglich, ursprünglich,** Lucr. 2, 423 u. a.

prīncipium, iī, *n.* (princeps), der **Anfang, Ursprung, I** eig.: pr. pontis, Tac.: pr. dicendi, der Rede, Cic.: principio veris, Sall. fr. u. Liv.: principio eius anni, Liv.: principio belli, Liv.: principio orationis, Liv.: in principio totius summae, im Eingang der Gesamtdarstellung, Liv.: ducere principium ab alqo, den Anfang herleiten od. machen, Cic., od. abstammen, Ov.: pr. capessere, machen, Tac.: (in) principio, anfangs, zuerst, Cic.: principio, gleich zu Anfang, Curt.: principio atque, sobald als, Plaut.: a principio, zu Anfang, anfangs, Cic., od. von Anfang an, Cic. – **II** meton.: **A** der **Grund,** die **Grundlage,** der **Grundstoff,** id est pr. urbis, Cic.: omnium rerum pr. aqua, Vitr. – u. Plur. principia, die **Elemente, Grundstoffe** u. dgl., rerum, Cic.: iuris, Cic.: naturae od. naturalia, die Grundtriebe, Cic. – **B** v. dem, der den Anfang macht, und zwar: **1** als publiz. *t. t.,* v. der in den Kurien zuerst stimmenden Tribus od. Kurie, die **Vorwahl,** Faucia curia fuit pr., stimmte zuerst, Liv. 9, 38, 15: u. so Lex Thoria p. 142 *ed. Rudorff.* Frontin. aqu. 129. – **2** der **Anfänger, Urheber** usw., Graecia principium moris fuit, Ov.: mihi Belus avorum pr., Stammvater, Sil. – **C** die **erste Stelle,** der **Vorrang,** principium columenque omnium rerum pretii margaritae tenent, den ersten u. höchsten Preis, Plin. 9, 106. – und die **Herrschaft** über jmd., Tert. adv. Hermog. 19. – **D** als milit. *t. t.,* principia, ōrum, *n.,* **1** die **vorderen Reihen, -Glieder,** das **Vordertreffen,** die **Front,** Sall. u. a.: post pr., hinter der Fr., Sall. u. a.: recipi (sich zurückziehen) inter principia legionum, Veget. mil. – **2** der **Hauptweg, Hauptplatz** im Lager, Standort der Zelte des Feldherrn, der Legaten und Tribunen, wo Reden an die Soldaten gehalten, den Soldaten Recht gesprochen wurde u. dgl., das **Hauptquartier, Generalquartier,** Nep., Liv. u. a.: in vestrorum castrorum principiis, Cic. ep. ad Brut. – dah. meton., das **Hauptquartier** = die höheren Offiziere, Frontin. u. a. Vgl. übh. Oudend. Frontin. 4, 1, 16.

prīncipo, āre (princeps), **herrschen,** in nationes, Lact. 4, 13, 19.

prīninus, a, um (πρίνινος), **von der Steineiche,** tabulae, *Vitr. 10, 14 (20), 3.

prīnus, ī, *f.* (πρῖνος), die **Steineiche,** rein lat. ilex, Vulg. Dan. 13, 58.

prior, *neutr.* prius, Genet. priōris, *Superl.* **prīmus,** a, um (vom veralteten prīs, wov. auch pridem, pridie, pristinus), **I** *Compar.* **prior,** prius, **A** eig., der **erstere, vordere** von zweien (Ggstz. posterior), priores pedes, Nep. u. a.: pars capitis, Vorderkopf (Ggstz. aversa pars capitis, Hinterkopf), Plin. – **B** übtr.: **1** der Zeit, der Ordnung od. dem Grad nach, **eher, früher, der erste, erstere** von zweien (Ggstz. posterior), comitia, Cic.: consul anni prioris, Liv.: qui prior occupaverit, eher oder zuerst usw., Caes.: und so prior praevenit, praegreditur, Liv. (s. Fabri u. Weißenb. Liv. 21, 20, 8): priori posterius iungitur, das Letztere mit dem Ersteren, Cic.: priore loco dicere, zuerst, Cic.: priore aestate, im vorigen Sommer, Cic.: vinum, vorjähriger Wein, Plin.: liber, das vorhergehende Buch, Colum.: Dionysius prior, der ältere, Nep.: Agrippinae sobrinā prior, um einen Grad näher, Tac.: collegae longe aetate priores, weit ältere, Gell.: dah. priores, die vorher gelebt haben, die **Vorfahren,** Verg.; bei Späteren priores häufig die **Altvorderen** im Freistaat, sowie prius aevum die **Vorzeit,** die Zeit des Freistaates bis zur Schlacht bei Aktium; ebenso prior populus, die in dieser Zeit lebenden Römer, Plin. ep. u. Tac. – **2** dem Rang, Vorzug nach, **der erstere, vorzüglichere, vortrefflichere, hauptsächlichere,** Ter., Hor. u. Liv.: verb. prior potiorque, z.B. res nulla prior potiorque visa est, de qua ad senatum referrent, Liv.: u. nihil prius nec potius est quam m. folg. *Infin.,* nihil prius nec potius visum est quam regis ipsius de singulis responsa accipere, Liv.: quanto prius potiusque est Philippum nobis coniungere quam hos, Liv. (vgl. Weißenb. Liv. 36, 7, 6). – prius est m. folg. *ut* u. Konj., Tert. de idol. 2: naturā prius est, ut etc., Sen. de ben. 5, 8, 1.

II *Superl.* **prīmus** (in Inschr. auch preimus) a, um, **der erste** (Ggstz. postremus), **A** dem Ort nach der **erste, vorderste, a** *adi.:* pars aedium, Nep. u. Sen.: dentes, die Vorderzähne, Plin. – partit., agmen, Vortrab, Caes. u. a.: provincia, der vorderste Teil der Pr., Cic.: Persis, Vorderpersien, Curt.: Eburonum fines, das Grenzgebiet, Caes.: margo ripae, die äußerste Uferwand, Curt.: prima (lingua) ranis cohaeret, intima absoluta a gutture, die Z. ist bei den Fr. vorn angewachsen, hinten am Gaumen ist sie frei, Plin.: sprichw., primis, ut dicitur, labris gustasse physiologiam, die Ph. mit den Lippen nur berührt haben (= sich mit der Ph. nur oberflächlich beschäftigt haben), Cic. de nat. deor. 1, 20. – **b** *subst.:* primi, die Vordersten (Ggstz. ultimi, postremi, extremi), Caes. b. G. 5, 43, 5 u. b. c. 2, 34, 5. Sall. Iug. 45, 2; 46, 7; 100, 2: primi hostium, die Vorposten der F., Vell. 2, 110, 1: prima (*neutr. pl.*), das Vordertreffen, Curt. 4, 13 (50), 32: provolare in primum (nach vorn), Liv. 2, 20, 10; 2, 46, 7; 3, 62, 8: nisi secunda acies (Treffen) in primum (in das erste Treffen) successisset, Liv. 10, 14, 17: equites in primo (im Vortrab) late ire iubet, Sall. Iug. 68, 4: prima legio et sinistra ala in primo (im Vordertreffen) instructae, Liv. 25, 21, 6. – **B** übtr.: **1** der Ordnung od. der Zeit nach der **erste, a** *adi.:* primus dicitur obligavisse, zuerst, Cic.: primae litterae, postremae etc., Cic.: Idus primae, die ersten, nächstfolgenden, Cic.: primum initium, Liv. – primus quisque, prima quaeque, primum quidque, s. quis-que. – primus luendae poenae fuit, er musste zuerst büßen, Tac. ann. 6, 1. – m. folg. *Infin.,* primus inire manus, postremus ponere Martem, Sil. 1, 160. – Insbes., **α** bei Dichtern und in der nachciceron. Prosa primus oft statt des *Adv.* primum, z.B. vix prima inceperat aestas, Verg.: spolia, quae prima opima appellata, zuerst, Liv.: primi geniti (porci), die zuerstgeborenen, Plin. 11, 234: bes. nach cum, ut etc., z.B. cum prima examina ducunt = cum primum, sobald als, Verg.: ut primis plantis institerat = ut primum, sobald als, Verg. – **β** partitiv, primā luce, mit Anbruch des Tages, Curt.: u. so primā vesperā, Curt.: primā nocte, Caes. u. Nep.: primo anno, am Anfang des J., Colum.: primo mense, am Anfang des M., Verg.: primus tumultus, der Anfang des Lärmens, Verg. – **b** *subst.:* **α** prīma, ae, *f.* (*sc.* hora), die **erste Stunde,** intra primam noctis, Plin. ep. 3, 5, 13. – **β** *neutr.,* a primo, im Anfang, anfänglich, Cic.: epistulas a primo lego, vom Anfang an, nach der Reihe, Cic.: in primo, vorn, zu Anfang, zuerst, Cic. u. Liv.: ex primo, vom Anfang, zuerst, Plin. – Plur. prīma, das **Erste,** der **Anfang,** Liv.; u. das **Erste** der Dinge, die **Elemente,** der **Urstoff,** Lucr.: prima naturae, die Grundtriebe, Cic.: dah. in primis, anfangs, Liv., od. zuerst, vor allen, Sall.: prima consiliorum = *prima consilia,* Tac.: prima viae = *prima via,* Lucr. – prīmā adv. = anfangs, Gratt. cyn. 25. – **2** der dem Rang, Stand oder anderen Vorzügen nach **erste,** der **vornehmste, ansehnlichste, vorzüglichste, hauptsächlichste,** Arion citharā et dithyrambo primus, Fronto: quia sum apud te primus, bei dir Hahn im Korbe bin, Ter.: homines primi, die angesehensten Männer, Cic.: comitia prima, d. i. *centuriata* u. *tributa,* die vornehmsten, wichtigsten, Cic.: quod vel primum puto, für das Vornehmste, Ter.: prima habere, für das Vorzüglichste halten, Sall.: prima tenere, den ersten Platz haben, Verg.: primum ac potissimum omnium ratus Syracusis novā pace inconditas componere res, Liv. – partes primae u. bl. primae, die **Hauptrolle,** Ter. u. Cic.: primas agere, Cic. – primae, der **erste Preis, Hauptpreis,** primas ferre, deferre, Cic.: eloquentiae primas ferre, Tac.: primas, secundas, tertias ferre (v. Rennpferden), Inscr.: primas tribuere, Cic. (vgl. Jahn Cic. Brut. 183 u. or. 18). – ad prima, **besonders, vorzüglich,** Verg. – in primis, **vorzüglich, besonders,** Cic.: in primisque = *in primis quoque,* Cic.: dafür auch cum primis, Cic. u. Apul., u. de primis, Treb. Poll. trig. tyr. 32, 2.

priōrātus, ūs, *m.* (prior), die **erste Stelle,** der **Vorrang,** Tert. adv. Valent. 4.

priōrsum, -us, *Adv.* (= prior-versus), **vorwärts,** priorsum, Ggstz. retrorsum, Macr. sat. 7, 9, 3 u. 7, 13, 8: priorsus, Ggstz. retrorsus, Claud. Mam. de stat. anim. 1, 18, 3.

prīscē, *Adv.* (priscus), **nach alter Sitte** = ohne Umstände, agere, Cic. Cael. 33.

Prīsciānus, ī, *m.* **I** Priscianus Caesariensis, ein latein. Grammatiker zur Zeit des Kaisers Anastasius. – **II** Theodorus Priscianus, ein Arzt zur Zeit des Kaisers Gratianus, unkundiger Übersetzer griech. Schriften.

prīsco, āre = antiquo, āre, Gloss. V, 510, 68.

prīscus, a, um (v. prīs, dem griechischen πρίν), **alt,** drückt das griechische ἀρχαῖος aus und wird eig. von Dingen gesagt, die vor unserer Zeit da waren, wie pristinus von denen, die noch in unsere Zeit fallen: also **I alt, vor vielen Jahren, vor alters gebräuchlich, altertümlich** (Ggstz. iunior u. recens, s. 1. Varro LL. 10, 71), credendum est veteribus et priscis, ut aiunt, viris, Cic.: quod loquitur priscum visum iri putat, altertümlich, Cic. – dah. L. Tarquinius Priscus, als der erste seines Geschlechtes, Liv. 1, 34, 10 u. a.: Priscus Tarquinius, Liv. 5, 34, 1. – Bes. seit Augustus mit dem Nebenbegr. des Ehrwürdigen von allem, was sich auf die Urwelt od. das goldene Zeitalter bezieht, prisca gens mortalium, Hor.: priscus Inachus, Hor.: priscus pudor, Hor.: u. dah. als Lob (wie antiquus), priscam imitari severitatem, Cic.: priscos mores revocare, Liv. – **II** übtr.: **A** = pristinus, **vorig, vormalig,** Venus, Hor.: nomen, Ov. – **B nach der alten Art, streng, ernsthaft,** parens, Catull. 64, 159. – ► Kompar. priscior, Alcim. Avit. epist. 31 (29). p. 62, 13 P.

prisma, atis, *n.* (πρίσμα), das **Prisma,** Mart. Cap. 6. § 722.

prista, ae, *m.* (πρίστης), der **Holzsäger,** Plin. 34, 57.

1. prīstinus, a, um (v. prīs, dem griech. πρίν, wie crastinus von cras), **vorig, vormalig, ehemalig, früher, alt** (vgl. priscus), **I** im Allg.: dignitas, Cic.: mos, Cic.: pristinum animum erga alqm conservare, Liv.: in pristinum statum redire, Caes.: u. bl. in pristinum restituere, in den vorigen Zustand, Nep. – **II** insbes.: **A vorig** = **nächstvergangen, gestrig,** dies, Caes.: nox, Suet.: u. als Lokat. die pristini, am gestrigen Tage, Gell. – **B** = priscus, **alt,** aetas, Claud. III. cons. Stil. 124.

2. pristīnus, a, um (pristis), **zum Walfisch gehörig, Walfisch-,** sidus, das Walfischgestirn, Colum. 11, 2, 5 u. 64.

pristis, is, Akk. im u. in, *f.* u. **pistrix,** tricis, *f.* (πρίστις, πίστρις), **I** jedes **Meerungeheuer, Walfisch, Sägefisch, Haifisch,** **α** Form *pristis,* Verg. Aen. 10, 211. Plin. 9, 4 u. 8 D. Flor. 3, 5, 16. Val. Flacc. 2, 531: pristes marinae, Non. 535, 23. – **β** Form *pistrix,* Verg. Aen. 3, 427 (v. der Szylla): Neptunus pistricum dominus, Arnob. 3, 31 *extr.* – **II** übtr.: **a** der **Walfisch** als Gestirn, **α** Form *pristis,* Germanic. Arat. 360. – **β** Form *pistrix,* Cic. Arat. 152. Hyg. astr. 3, 30 u. 4, 4. – **b** (Form *pristis*) ein kleines schnellsegelndes **Kriegsschiff,** Liv. 35, 26, 1 u. 44, 28, 1. – u. übh. Name eines Schiffs, das vorn am Rumpf das aus Holz geschnitzte Bild eines Walfisches als Abzeichen (insigne) trug, Verg. Aen. 5, 116.

prius, *Adv.* (prior), **I eher, vorher,** Cic. u. a.: prius praecipere, prius praemeditari, Liv.: prius iam dixit, schon früher einmal, Ter. – mit folg. *quam,* **bevor, ehe,** Cic.; od. **eher, lieber,** Cic.: quam prius = priusquam, Prop. – **II** übtr., **vorher, ehemals** (Ggstz. nunc), Catull. 4, 25 u. a.

prius-quam, s. prius.

prīvātārius, a, um (privatus), **zum Privatbad gehörig, eines Privatbades,** balneator, Edict. Diocl. 7, 76.

prīvātim, *Adv.* (privatus), **ohne Beziehung zum Staat, als Privatmann (als Privatleute), in Privatverhältnissen, für seine Person, persönlich, in seiner eigenen Angelegenheit, in seinem Namen, für sich** usw. (Ggstz. publice), **I** eig.: **a** übh.: pr. alqd gerere, Cic.: eloquentiā privatim et publice abuti, Cic.: si pr. mandasset, Cic.: publice privatimque petere, Caes.: nulla me ipsum pr. pepulit iniuria, Cic.: esse nonnullos, qui privatim plus possint quam ipsi magistratus, Caes. – **b aus seinem Privatvermögen, aus seiner Privatkasse, aus eigenen Mitteln,** publice privatimque citans omnes, Eutr. 8, 4. – **II** übtr.: **A zu Hause,** pr. se tenere, zu Hause bleiben (Ggstz. obviam egredi etc.), Liv. 23, 7, 10. – **B insbesondere, besonders,** de iis pr. condidit volumen, Plin.: oculorum vitia omnia sanari eā (herbā) convenit, privatim prurigines, Plin.: privatim, in jedem einzelnen Fall, expendere causam libertorum, Tac.: tunc privatim intellectum est, quantum eius severitas posset, Lampr. – ► arch. preivatim, CIL 8, 10525, 8.

prīvātio, ōnis, *f.* (privo), die **Befreiung,** das **Befreitsein** von etwas, doloris, Cic. de fin. 2, 28: doloris omnis, *ibid.* 1, 37 u. 38: privatio detractioque omnis doloris, Gell. 2, 6, 12: pr. omnis culpae, Ermangelung, Gell. 2, 6, 10: privationes lucis, Augustin. de gen. ad litt. lib. imperf. 5, 25.

prīvātīvē, *Adv.* (privativus), **privativ, verneinend** (Ggstz. affirmative), Boëth. analyt. prior. 1. p. 483.

prīvātīvus, a, um (privo), eine Beraubung anzeigend, als gramm. *t. t.,* **privativ,** particula, Gell. 13, 22, 19: pars (verbi), Gell. 5, 12, 10.

prīvātus, a, um (privo), **abgesondert** vom Staat (Ggstz. publicus), **I** im Allg.: **a** v. Lebl., **auf ein einziges Individuum beschränkt, einer einzelnen Person-, einem Privatmann gehörig, Privat-** (Ggstz. publicus, communis), aedificia, agri, Caes.: alcis horti, Privatpark, Tac.: pr. census brevis (Ggstz. commune magnum), Hor.: vita, Cic.: res, quae ipsius erant privatae, sein Privateigentum, Cic.: publica fortuna, vel privata, das in öffentlichen oder in Privatangelegenheiten waltende Schicksal, Sen.: privata calamitas est, trifft mich allein (nicht den Staat), Cic.: dolor, Privattrauer, Liv.: privato consilio, ohne Ermächtigung vom Staat, auf eigene Hand, für Privatzwecke (Ggstz. publico consilio), Caes. u. a. – *neutr.* subst. (doch nur mit *Praepp.*), in privato, zu Hause, Liv.; od. auf eigenem Grund u. Boden, pascere, sein Vieh weiden, Ov.: proripere se ex privato, aus dem Haus, Liv. – in privatum vendere, zum Privatgebrauch, Liv. – tributum ex privato conferre, aus seinem Privatvermögen, Liv. – **b** v. Pers., **Privat-, als Privatmann,** Cic. u. a.: hic qualis imperator nunc privatus (außer Dienst, ohne Kommando) est, Plaut.: u. so Miltiades non videbatur esse posse privatus (ohne Kommando), Nep.: vir pr., ein Privatmann, Cic. u. a.: pr. homines, einzelne Personen, Cic.: privati iudices, Richter in Zivilsachen, Tac.: u. subst. bl. privatus, eine Privatperson, ein Privatmann, pr. an cum potestate, Cic.: pr. an magistratus, Quint.: reges, augures, privati, Cic. – privatus, eine einzelne Person, ein Einzelner, Varro LL. 6, 91: privati, einzelne Personen, Varro LL. 6, 86. – **II** insbes., **nicht fürstlich, nicht kaiserlich,** homo (Ggstz. princeps), Tac. u. Plin. ep.: spectacula, nicht vom Kaiser angestellte, Suet. – ► arch. preivatus, wovon preivatod (Abl. Sing.), CIL 1, 196, 16: preivata (Neutr. Plur.), *ibid.* 1, 204. col. 1, 12 u. 29.

Prīvernum, ī, *n.,* Stadt in Latium, j. *Piperno,* Liv. 8, 1, 3. Val. Max. 6, 2, 1. Verg. Aen. 11, 540. – Dav. **Prīvernās,** ātis, **privernatisch,** ager, Cic. – subst., Prīvernās, ātis, *m.,* der **Privernate,** Val. Max. 6, 2, 2: Plur. Prīvernātēs, ium, *m.,* die Einw. von Privernum, die **Privernaten,** Liv. u. a. – cum in Privernati essemus, auf dem privernatischen Landgute, Cic.

prīvīgna, ae, *f.* (*fem.* zu privignus), die **Stieftochter,** Cic. ad Att. 13, 20, 2. Vell. 2, 65, 2. Aur. Vict. de Caes. 39, 26; epit. 39, 2. Iustin. 14, 6, 3.

prīvīgnus, ī, *m.* (= privigenus, der sein Geschlecht für sich hat, von privus u. gigno, s. Cassiod. de orthogr. 6. p. 582 [a] *ed. Garet.* CIL 8, 4627), der **Stiefsohn,** Cic. u. a.: privigni, **Stiefkinder,** Hor., Tac. u. ICt. – poet. übtr., privigna proles, Colum. poet.

prīvilēgiārius, iī, *m.* (privilegium), ein mit einem Vorzugsrecht versehener Gläubiger, ein **Bevorrechteter,** ICt.

prīvilēgium, iī, *n.* (privus u. lex), **I** die Verordnung, die nur eine einzelne Person betrifft, sie sei günstig oder ungünstig, die **besondere Verordnung,** das **Ausnahmegesetz** (zur Zeit der Republik gesetzwidrig), pr. ferre de alqo, Cic.: pr. irrogare, Cic. – **II** übtr., das durch eine besondere Verordnung erteilte **Vorrecht,** das **Privileg,** gew. zum Nachteil anderer, **a** im Allg.: aetatis pr., das Erstgeburtsrecht, Iustin.: privilegia militum, ICt.: illis omnia privilegia dare, Sen. rhet.: quaedam privilegia parentibus dare, Sen.: pr. habere, Plin. ep. – **b** insbes., das einem (chirographar.) Gläubiger in Bezug auf die Befriedigung seiner Forderung zustehende **Vorzugsrecht** vor anderen Gläubigern, pr. habere, Traian. (in Plin. ep.) u. ICt.: pr. pupilli in bonis tutoris, ICt.

prīvo, āvī, ātum, āre (privus), eig. von etw. absondern, **I** im üblen Sinne = **berauben,** einer Sache, alqm vitā, Cic.: alqm somno, Cic. – *Partic.* subst., prīvantia, ium, *n.* = στερητικά, das **Verneinende,** Cic. top. 48. – **II** im guten Sinne = **befreien,** von etwas, alqm exsilio, dolore, Cic.: so auch privatus, a, um, Cic.

prīvus, a, um, für sich bestehend; dah. **I einzeln,** dies, Lucr.: homines,

Cic.; vgl. Davis Cic. de legg. 3, 19, 44. – **II** übtr.: **A** **jeder, jede, jedes,** Lucr.: dah. bei Einteilungen, je **ein** (vgl. Paul. ex Fest. 226, 6), in praesentia bubus privis binisque tunicis donati, Liv. 7, 37, 2: ut privos lapides silices privasque verbenas secum ferrent, Liv. 30, 43, 9. – **B** **besonder, eigentümlich, eigen,** priva tunica, zu eigenem Gebrauch, Liv. 7, 37, 2: priva triremis (Ggstz. conductum navigium), Hor. ep. 1, 1, 93: turdus sive aliud privum dabitur tibi, etwas Besonderes, Seltsames (v. Leckereien), Hor. sat. 1, 5, 11: Graeci ea dicunt privis vocibus, durch eigentümliche kurze Schlagwörter ausdrücken, Gell. 11, 16, 1. – **C** von etwas gleichs. vereinzelt = einer Sache **beraubt, ohne** etw., militiae, Sall. hist. fr. 1, 100 (103): verae rationis, Apul. de deo Socr. 3.

1. prō! (nicht proh) *Interi.* zum Ausdruck der Verwunderung u. der Klage, o! ach! pro di immortales! Cic.: pro deorum hominumque fidem! Cic., od. pro deûm immortalium (*sc.* fidem)! Ter., od. pro deûm fidem! Liv.: pro sancte Iuppiter! o heiliger Jupiter! Cic.: pro bone Iuppiter! Sen. rhet.: pro Iuppiter! hominis stultitiam! Ter.: pro malae tractationis! Tert.: pro pudor! s. pudor. – zuw. **leider,** tantum, pro! degeneramus a patribus nostris, ut etc., Liv. 22, 14, 6.

2. prō (altind. *prá,* griech. πρό), **vor, für, I** *Adv.* in den Verbndgg. proquam, prout, s. d. – **II** *Praep.* m. *Abl.* (spätlat. m. *Acc.*, CIL 6, 81 u. 224 u. 461), **A** eig., vom Raum, von der Richtung nach vorwärts od. vornhin, u. zwar: **1** **über** etwas **hinaus,** sodass man sich außerhalb eines Gegenstandes, ihm gegenüber, vor ihm befindet, **vor, im Angesicht: a** auf die Frage wo? sedens pro aede, Cic.: copias pro oppido collocaverat, Caes.: legiones pro castris constituit, Caes.: stabat pro litore classis, vor, an dem Ufer, Tac. – **b** auf die Frage wohin? Caesar pro castris suas copias produxit, vor ... hinaus, Caes. b. G. 1, 48, 3. – **2** **vorn in, vorn an, vorn auf,** wobei man an den Begriff des Hervortretens zu denken hat, sodass der Sprechende oder Handelnde den Gegenstand, auf dem er sich befindet, im Rücken hat, pro suggestu, auf der Tribüne, in der Versammlung, Caes.: pro tribunali, Cic.: pro contione, vor, in der Versammlung, Liv.: u. Tac. (s. Heräus Tac. hist. 4, 24, 16): pro rostris, Suet. – **B** übtr., zur Bezeichnung: **1** des Schutzes, Vorteils, **für, zum Vorteil, zugunsten** (Ggstz. contra alqm), dimicare pro legibus, pro libertate, pro patria, Cic.: hoc non modo non *pro* me, sed *contra* me est potius, zu meinem Vorteil, Cic.: sive illud *pro* plebe sive *contra* plebem est, Liv.: orationes et *pro* se multae et *pro* aliis et *in* alios, Liv.: metuo enim, ne scelerate dicam in te, quod pro Milone dicam pie, Cic. – **2** der Stellvertretung, Verwechslung, Gleichgeltung usw.: **a** **statt, anstatt,** pro consule, Cic.: pro collegio, im Namen des K., Liv.: pro magistro esse od. operas dare, Vizedirektor sein, Cic.: alci pro quaestore esse, bei jmd. die Quästorstelle vertreten, Liv.: pro patre esse alci, Vaterstelle vertreten, Ter.: in vulgus pro cunctatore segnem, pro cauto timidum compellabat, Liv.: pro vallo carros obicere, Caes. – **b** **wie, so gut wie, als,** pro victis (abierunt), wie Besiegte, Liv.: Cato est mihi unus pro multis milibus, Cic.: nonnulli ab insciis pro noxiis concīduntur, als Schuldige, Nep.: pro certo scire, für gewiss, Liv.: so auch pro certo polliceri, Cic.: pro infecto habere, für ungeschehen halten, Cic.: pro damnato esse, so gut wie verurteilt, Cic.: hunc amavi pro meo, wie meinen eigenen Sohn, Ter.: transire pro transfuga, als Überläufer, Liv.: stare pro contione, als V., Tac.: dicere pro testimonio, im Zeugenverhör aussagen, Cic.: pro amicis, als Freunde, freundschaftlich, Liv.: se pro cive gerere, sich als Bürger betragen, d. i. die Pflichten u. Rechte eines Bürgers ausüben, Cic. – dah. auch pro eo, ac si etc., gleich als wenn usw., Cic. – **3** der Vergeltung od. eines Ausgleichs, **für, zum Lohn (als Belohnung) für** etw., pro vectura solvere, Cic.: pro tribus corporibus XXX milia talentûm auri accipere, Curt.: (alci) pro meritis gratiam referre, Caes. u. Nep.: pro vita hominis hominis vitam reddere, Caes.: pro Caesaris in se meritis ei plurimum debere, Caes.: petere honorem pro flagitio, Plaut.: pro tali facinore stirpem ac nomen civitatis tollere, Caes.: alqm pro scelere suo ulcisci (bestrafen), Caes. – **4** eines Verhältnisses, **nach, nach Beschaffenheit, im Verhältnis zu, vermöge, für** od. **gemäß, infolge,** auch **im Vergleich zu** (griech. ἀντί), da gebraucht, wo der Wert zweier Dinge gegeneinandergehalten wird, duo talenta pro re nostra ego esse decrevi satis, im V. zu meinem Vermögen, Ter.: pro multitudine hominum et pro gloria belli atque fortitudinis, im V. zu ihrer Bevölkerung und für ihren Kriegsruhm und ihre Tapferkeit, Caes.: sunt impii cives, pro caritate rei publicae nimium multi, pro multitudine bene sentientium admodum pauci, Cic.: proelium atrocius quam pro numero pugnantium fuit, Liv.: hoc tibi pro servitio debeo, infolge des Skl., Ter.: u. so sedulo moneo, quae possum pro mea sapientia, Ter.: latius quam pro copiis, Liv.: pro dignitate populi Romani, Liv.: pro patriae caritate, Nep.: agere pro viribus, Cic.: pro virili parte, Cic.: pro portione, Liv.: pro tempore et pro re, nach Zeit und Umständen, Caes.: pro tempore, Liv.: pro mea parte, für meinen Teil, Cic.: dah. pro se quisque, jeder für sich, nach Maßgabe seiner Kräfte, Cic. u. a.: pro eo, **vermöge dessen, nach dem, nach Beschaffenheit dessen,** mit folg. *ac* od. *atque* (**wie**) od. *quam, quantum,* **wie,** pro eo ac debui, nach dem wie usw., nach meiner Pflicht, Sulpic. in Cic. ep.: pro eo, quanti te facio, nach dem wie ich dich schätze, vermöge meiner großen Achtung vor dir, Cic.: pro eo est atque etc., ist ebenso gut wie usw., ICt.: ferner pro eo quod, weil demnach, Cic.: dagegen auch pro eo habeamus, halten es dafür, Cic.: ferner pro eo ut = prout, je nachdem wie, Cic. Verr. 3, 126: pro imperio, gebieterisch, auf gebieterische Art, Ter.: dah. auch pro tua prudentia, deiner Klugheit gemäß, nach deiner Klugheit, Liv.: pro tuo amore, Liv. – **5** der Veranlassung, Bewirkung durch etwas, **durch,** fieri pro tribuno aedilem, Liv.: ut pro suffragio renuntiaretur, Cic.: pro praede litis vindiciarum cum satis accepisset, Cic. – ► In Zusammensetzungen ist das lateinische pro gew. lang, zuw. aber kurz (z.B. prŏfanus), das griechische pro (πρό) dagegen gew. kurz, zuw. aber lang (z.B. prōlogus).

proaedificātum, ī, *n.* (pro u. aedifico) der **Vorbau,** Fest. 242 (b), 10.

proāgorus, ī, *m.* (προήγορος, προάγορος), der **erste Sprecher,** der erste Ortsbeamte in einigen Städten Siziliens, Cic. Verr. 4, 50 u. 85.

pro-amita, ae, *f.* = soror proavi, **des Ältervaters Schwester,** ICt.

proarchē, ēs, *f.* (προαρχή), der **Uranfang,** einer der Äonen der Valentinianer, Tert. adv. Valent. 7 u. a.

proarchōn, ontis, *m.* (προάρχων), der **erste Urheber,** Interpr. Iren. 1, 29, 4.

proastīum, iī, *n.* (προαστεῖον), die **Vorstadt,** Exc. Vales. 14, 83 (am Amm. ed Gardth. vol. 2. p. 302, 6). Iul. Antec. constit. 7, 3 u. 119, 8.

pro-auctor, ōris, *m.*, **I** der **Stammvater, Urahnherr,** generis, Suet. Claud. 24, 1. – **II** der **frühere Besitzer,** fundi, CIL 9, 2827, 16.

pro-avia, ae, *f.*, die Mutter des Großvaters od. der Großmutter, die **Urgroßmutter, Āltermutter,** Suet. Cal. 10, 1 u. 23, 2. Tac. ann. 12, 69. Gaius dig. 38, 10, 1.

pro-avītus, a, um, **altväterlich, von den Vorfahren ererbt,** regna, Ov.: rura, Stat.: potentia, Sil.: facta, Sil.

pro-avunculus, ī, *m.* = frater proaviae, der **Bruder der Ältermutter,** der **Urgroßoheim,** ICt.

pro-avus, ī, *m.*, **I** der Vater des Großvaters od. der Großmutter, der **Urgroßvater, Āltervater,** Cic. u. a. – **II** übtr., der **Āltergroßvater, Ahnesahn, Vorfahr,** Cic., Curt. u. a.: proavi vestri, Vorfahren, Hor. – ► Genet. Plur. proavûm, Stat. Theb. 10, 807.

proba, ae, *f.* (probo), die **Prüfung, Probe,** Amm. 21, 16, 21. Cod. Iust. 12, 25, 1. Cod. Theod. 6, 31, 1.

probābilis, e (probo), **I** **beifallswert, anerkennenswert, gefällig, tauglich, ganz erträglich, a** physisch: aqua, Plin.: gustus, Colum.: boves non minus probabiles animis quam corporibus, Colum. – **b** geistig: orator, Cic. u. Nep.: orator probabilior, Cic.: discipulus, Cic.: ingenium, Cic.: genus dicendi, Cic. – **II** **annehmlich, glaublich, wahrscheinlich,** ratio, Cic.: coniectura, Cic.: causa, Liv.: mendacium, Liv.: species honestatis neque probabilis nec satis idonea, Cic.: probabilius videtur m. folg. *ut* u. Konj., Gell. 3, 19, 4.

probābilitās, ātis, *f.* (probabilis), die **Wahrscheinlichkeit, Glaubhaftigkeit,** captiosa, Cic.: multa, quae nos fallunt probabilitate suā, Cic.

probābiliter, *Adv.* (probabilis), **I** **beifallswert, löblich,** consulatus pr.

gestus est, Vell. 2, 46, 1: id quoque recte et pr. dici solitum, Gell. 1, 16, 9: probabilius Lutatius, Val. Max. 2, 8, 2. – **II glaublich, mit Wahrscheinlichkeit,** dicere, Cic.: crimen minime pr. defensum, Liv.: probabilius accusare, Cic.

probāmentum, ī, *n.* (probo), die **Prüfung, Probe,** Cod. Theod. 13, 6, 10.

probata, ōrum, *n.* πρόβατα, **Schafe,** rein. lat. oves, Plin. 7, 16.

probātē, *Adv.* (probatus), **tüchtig,** probatissime nosse militarem disciplinam, Cassiod. hist. eccl. 7, 7.

probaticus, a, um (προβατικός), **zu den Schafen gehörig, Schaf-,** porta, Hieron. de situ et nom. loc. Hebr. ap. locum. 5, 2: piscina, der Schafteich (zum Waschen der Opferschafe), Beda de trop. sanct. script. p. 612, 22 *Halm.*

probātio, ōnis, *f.* (probo), **I** das für tüchtig Erkennen, **A** = die **Prüfung, Erprobung, Probe, Musterung, Schau,** athletarum, Cic.: croci sinceri, Plin.: probatio futura est tua, qui locas, Cic.: probatio est m. folg. *ut* od. *ne* u. Konj., probatio *ut* sordium virus oleat, Plin. 29, 36: de omnibus quadrupedibus prima est probatio: qui idonei sint boves etc., *ut* viribus magnis sint etc., Varro r. r. 1, 20, 1: in his probatio una (die einzige Probe ihrer Güte besteht darin) *ne* sint fragilia et arida potius quam sicca folia, Plin. 12, 46. – Plur., expertiones et probationes eorum (fontium), Vitr. 8, 4, 1: probationes imperii, Solin. 9, 6. – **B** die **Gutheißung, Billigung, Genehmigung,** Cic. Font. 17; II. Verr.. 1. § 142 u. 143: probatio aut improbatio locatoris, Labeo dig. 19, 2, 60. § 3. – dah. der **Schein der Wahrheit,** Cic. Acad. 2, 99. – **II** die **Beweisführung,** der **Beweis,** firma, Quint.: certa, Suet.: evidens (schlagender), Quint.: potentissima, Quint.: m. subj. *Genet.,* oculorum, augenscheinlicher Beweis, Plin.: m. obj. *Genet.,* veri, Lact.: eius rei, Iustin.: m. *ex* u. Abl., ex causis probatio, Quint. – Plur., scelerum probationes, Tac.: in tertium diem probationes exierunt, Plin. ep.: quartum diem probationes occuparunt, Plin. ep.: novas probationes invenisse, Plin. ep.: temptare alias probationes, Sen.: non satis convinci probationibus, Plin. ep.: quod obscurum est et ambiguum probationibus adiuvandum est, Sen.: si dubia sunt, quae praecipis, probationes adicere debebis, Sen. – dah. als rhet. *t. t.,* die **Beweisführung,** als der dritte Teil der Rede, Quint. 3, 9, 1.

probation, iī, *n.* (προβάτιον), **Schafkraut,** Ps. Apul. herb. 1, 1.

probātīvus, a, um (probo), **den Erweis betreffend,** Ps. Quint. decl. 299.

probātor, ōris, *m.* (probo), der etw. **gutheißt, billigt,** der **Gutheißer, Billiger,** facti, Cic.: ingenii, Ov.: Ggstz., malorum improbator, bonorum probator, Apul. de deo Socr. 16.

probātōria, ae, *f.* (v. probo), ein kaiserl. **Bestätigungs-, Bestallungsschreiben,** Cod. Iust. 12, 58, 2 u. a.

probātus, a, um, *PAdi.* (v. probo), **I erprobt, bewährt, von bewährter Güte, tüchtig, trefflich, a** physisch und durch Leistungen: argentum, Plaut.: statua, Plin.: cultura, Quint.: ceterarum homines artium spectati et probati, Cic.: plus qui seminaverit eo probatiorem fore, Ambros.: operum probatissimi artifices, Colum. – **b** moralisch: aetatis spatio probati, Cic.: femina probatissima, Cic.: virgines probatissimae, Solin. – **II genehm, angenehm,** parentibus probatus, populo acceptus, Fronto: ut nemo probatior suis pariter alienisque esset, Liv.: probatissimus alci, Cic.: probatissima sententia, höchst annehmbarer Vorschlag, Gell.

probē, *Adv.* (probus), **I wohl, ganz gut, richtig, passend, gehörig, 1** eig.: aedes factae pr., Plaut.: pr. discere, Pompon. com. fr.: pr. scire, nosse, meminisse, Cic.: pr. curare, Ter. u. Cic.: de aquae ductu pr. fecisti, Cic.: de Servio pr. dicis, Cic.: Ciceronem probe (mustergültig) ac vetuste (klassisch) locutum (esse), Gell.: hic non est pr. (gehörig) affectus, Cic.: u. so hoc pr. stabilito et fixo, Cic. – narras probe, du bringst gute Nachricht, Ter. – mimos actitavit scite magis quam probe, mit (sittlichem) Anstand, Tac. – **2** übtr., als bl. verstärkender Ausdr., **tüchtig, gehörig, ordentlich** (s. Brix Plaut. capt. 266), pr. errare, Plaut.: perire, Plaut.: emungere hominem, Plaut.: tui similis est probe, sehr ähnlich, Ter. – u. als billigende Antwort, **wohl! gut! brav!** Komik.: probissime, sehr wohl, Ter. – **II rechtschaffen,** pr. se agere circa omne negotium suum, Ulp. dig. 1, 12, 1. § 9; u. so Iulian. dig. 36, 1, 28 (27). § 4. Ulp. dig. 29, 2, 13. § 11. – ► prŏbĕ gemessen, Plaut. Pers. 173 u. Poen. 1280.

prōbeat = prohibeat, s. prohibeo ►.

prober, bra, brum, altlat. = probrosus, **schimpflich, schändlich, a** v. Lebl.: compellationes probrae, Gell. 1, 5, 2. – **b** v. leb. Wesen: animalia spurca et probra, Gell. 9, 2, 9: pluma haut interest, patronus an cluens probrior siet, Plaut., most. 407 R. – ► *neutr.* probrum subst., s. bes.

prōbet = prohibet, s. prohibeo ►.

Probiānus, a, um, nach einem gewissen Probus benannt, **probianisch,** Lampr. Alex. Sev. 40, 6.

pro-bibo, ere = προπίνω, **vortrinken,** Gloss. II, 420, 4.

probitās, ātis, *f.* (probus), die moralische **Tüchtigkeit, Güte** = **Biederkeit, Rechtschaffenheit, Redlichkeit, Bescheidenheit,** Cic., Quint. u. a.: *circa* rempublicam eximia semper probitas, CIL 6, 1725.

probiter, *Adv.* = probe, Varro sat. Men. 342.

pro-bīto, ere, **vor-, vorausgehen,** aut me occīde, illinc si usquam probitam gradum, Pacuv. tr. 341.

problēma, atis, *n.* (πρόβλημα), die gestellte **Aufgabe,** das **Problem,** im Plur., Sen. contr. 1, 3, 8. Suet. gr. 4: problemata physica, Titel einer Schrift des Aristoteles, Gell. 19, 4, 1: Genet. problematorum, Gell. 2, 30, 11; 3, 6, 1: Abl. problematis, Gell. 19, 6, 1. Apul. apol. 51.

problēmaticus, a, um (προβληματικός), **problematisch,** subst., problēmatica, ōrum, *n.,* **problematische Fälle** (als Titel einer medizin. Schrift), Cael. Aur. de morb. chron. 3, 3, 46.

probo, āvī, ātum, āre (probus), **I** etwas als tüchtig od. untüchtig erkennen, dah. (wie δοκιμάζω) **A** da dies auf dem Wege der Prüfung, Untersuchung geschieht = etwas in Bezug auf seine **Tüchtigkeit, Güte, Echtheit erproben, prüfen, untersuchen, a** eig., in Bezug auf physische Tüchtigkeit usw., munera, Tac.: mucronem cultri ad buccam, Petron.: tus probatur candore, die Güte des Weihrauchs wird erkannt an usw., Plin.: argentum igne probatum, das die Feuerprobe ausgehalten hat, Augustin. serm. 50, 11. – als kaufm. u. publiz. *t. t.:* denarios, pecuniam, v. Geldwechsler, Plin. u. ICt.: mensurae publice probatae, geeichte, ICt.: bes. einen an Unternehmer gegebenen u. vollendeten Bau **prüfen, besichtigen,** v. den Zensoren, villam publicam in campo Martio, Liv.: opera, quae locassent, Liv. – als milit. *t. t.,* Rekruten **prüfen, mustern,** tirones, Veget. mil. 1, 7. p. 11, 19 L.²: milites, *ibid.* 2, 1. p. 35, 8 L.²: quo (die) primum probati sunt, Traian. in Plin. ep. 10, 30 (39), 2. – **b** übtr., in Bezug auf moralische usw., etwas nach etwas **prüfen, abschätzen, beurteilen,** suo ex ingenio mores alienos, Plaut.: amplissimorum virorum consilia ex eventu, non ex voluntate, Balb. et Opp. in Cic. ep.: amicitias utilitate, Ov. – **B als tüchtig anerkennen, als erprobt-, echt-, tüchtig annehmen,** etwas **für tüchtig befinden, -halten, -erklären,** sich mit etwas **zufrieden erklären,** etwas **gutheißen,** einer Sache **seinen Beifall schenken,** über etwas od. jmd. **sich beifällig äußern,** etwas **billigen, genehmigen, gelten lassen, a** eig., als physisch tüchtig, Asia picem Idaeam maxime probat, nimmt als bes. tüchtig an, gibt den Vorzug, Plin. – v. Sachkundigen, gnarures laudant fabrum atque aedes probant, Plaut.: u. so domum tuam et aedificationem omnem perspexi atque vehementer probavi, Cic. – einen Soldaten, militem neque a moribus neque a fortunis, sed tantum a viribus, Suet. Caes. 65: mit folg. *Acc.* u. *Infin.,* antequam civitas suffecturum (armis) probaverit, ihn für waffenfähig erklärt hat, Tac. Germ. 13. – **b** übtr., als intellekt. od. moralisch usw. tüchtig, quis est, qui non probet, qui non laudet, Cic.: inferiora pr. (Ggstz. summa mirari), Cic.: pr. oratores et poëtas, Rhet. Her.: consilium pr., Cic.: causam et hominem pr., Caes.: si utrumque nostrûm probas, Cic.: in eo vel maxime probavi summum illum doctorem, bin zufrieden gewesen mit usw., Cic.: quaeris, quod eloquentiae genus probem maxume, am höchsten stelle, Cic. – m. **dopp.** *Acc.,* alqm imperatorem, jmd. als Oberbefehlshaber anerkennen, Caes. b. G. 7, 63, 6: probare alqm iudicem (Ggstz. improbare alqm testem), Cic. Rosc. com. 45. – mit folg. *Infin.*, Caesar maxime probabat Pompeium sequi, fand es zweckdienlich, hielt es für das Geratenste, Caes. b. c. 1, 29, 1. – **C** etwas **aus Erfahrung bewährt-, erprobt finden,** sicut probavi ipse, Pallad. 12, 7, 22.

II objektiv, jmdm. etwas als tüchtig, gut, brauchbar zeigen, jmdm. **die Tüchtigkeit** von etwas **zeigen,** jmdm. etwas **als beifallswert erscheinen lassen, erprobt-, zweckdienlich-, annehmlich finden lassen, annehmlich machen, garantieren, mit** etwas jmd. **zufrieden stellen, -sich** jmds. **Beifall erwerben, a** übh.: sub oculis domini suam operam, Caes.: alci libros oratorios, Cic.: in hac causa suum officium ac diligentiam, Cic. – mit *de* u. Abl., de suo celeri reditu alci non pr., Cic. – mit *pro* u. Abl., id, quod falsum fuerit, sine dubitatione pro vero probasse, Cic.: obscurius vitium pro vero probatur, geht durch, Cic.: vulnus pro ictu gladiatoris probari, angenommen werde, Cic. – u. se pr. alci, **sich** jmds. **Beifall erwerben,** jmds. **Beifall erlangen,** jmdm. **gefallen, sich** jmdm. **empfehlen,** se multis, Cic.: se in legatione sociis, Cic. – u. im Passiv, probari alci, jmdm. **beifallswert erscheinen,** Caes. u. Nep., u. non probari alci, jmdm. **missfallen,** Curt.: ebenso alci minus probatum esse, jmds. Missfallen erregen, Nep. – **b** durch Gründe, Beweise jmdm. etw. **glaublich (glaubhaft) machen,** als wahrscheinlich **dartun (darlegen), motivieren, erweisen, beweisen,** crimen, Cic.: causam, Cic.: quidvis probare ei poterit, Plaut. – m. dopp. *Acc.*, observantiā, indulgentiā, assiduitate memorem se alci probare, sich dankbar erweisen, Planc. in Cic. ep. 10, 24, 1. – m. folg. *Acc.* u. *Infin.*, **nachweisen, den Nachweis liefern,** iudicibus pr. Verrem contra leges pecunias cepisse, Cic.: perfacile factu esse illis probat conata perficere, Caes.: im Passiv mit Subjektsatz, patrio pater esse metu probor, meine v. F. beweist, dass ich Vater bin, Ov. – absol., hoc difficile est probata, Cic. – dah. jmd. durch Beweise als Missetäter dartun, jmd. **überführen** (griech. ἐλέγχειν), qui socii probari non poterant, Plin. ep. 3, 9, 12. – **c** einen für jmd. **ausgeben, gelten lassen wollen,** alqm pro alqo, Cic. Verr. 5, 78: se pro eunucho, Ter. eun. 375. – ▶ Partiz. provitus (probitus), CIL 6, 2977; vgl. vocitus von voco: parag. Infin. probarier, Mart. Cap. 1. § 91. *v.* 18.

probolē, ēs, *f.* (προβολή), die **Hervorbringung,** Tert. de praescr. 46; adv. Prax. 8.

proboscis u. **promoscis** (promuscis), idis, *f.* (προβοσκίς), der **Rüssel** (rein lat. manus), bes. des Elefanten, **α** Form *-boscis,* Varro sat. Men. 490. Auct. b. Afr. 84. § 1 *sqq.* Plin. 8, 18. Flor. 1, 18, 9. Anthol. Lat. 195, 3 (1081, 3) u. 196, 1 (1080, 1). Iul. Val. 3, 36 (22). – **β** Form *-moscis,* Solin. 24, 14: Nbf. promoscida, ae, *f.*, Isid. orig. 12, 2, 14 Otto (Areval promuscis). – **γ** Form *-muscis,* Veget. mil. 3, 24. p. 117, 3 L². Eustath. hexaëm. 9, 5. Cassiod. var. 10, 30, 4. Not. Tir. 108, 24. Not. Bern. 78 (b).

probrachys, Akk. yn, *m.* (προβραχύς), das Versglied ◡– – – – (z. B. rĕdūndāvērūnt), Diom. 481, 19.

probrōsē, *Adv.* (probrosus), **auf schimpfliche Art,** Gell. 17, 21, 31. Amm. 28, 1, 4.

probrōsitās, ātis, *f.* (probrosus), die **Schändlichkeit,** morum, Salv. de gub. dei. 3, 9, 46: vitiorum, *ibid.* 3, 10, 50: absol., Ps. Cypr. de singul. cleric. 39, p. 214, 29 H.: Plur. *ibid.* 41. p. 216, 18 H.

probrōsus, a, um (probrum), **I beschimpfend, schimpflich, schändlich, schmachvoll,** crimen, Cic.: ruinae, Hor.: carmen, Schmähgedicht, Tac.: querelae, Hieron.: locus (v. einem Bordell), Sen. rhet.: quo nihil equidem probrosius duco, Plin. – **II schimpflich handelnd, schändlich,** femina, Suet.: natura, zu allen Arten von Lastern geneigt, Suet.: vitā probrosus, Tac.: probrosior quisque, Aur. Vict.: probrosissima mulier, Lampr.

probrum, ī, *n.* (prober), **I** die **schimpfliche Handlung,** die **Schandtat, 1** im Allg.: nullius probri compertus, Liv.: alci pr. obiectare, Cic. u. Sall.: probrum et adulterium admittere, Gell.: paterna probra ac vitia, Cic. – **2** insbes., die **Unzüchtigkeit,** die **Unkeuschheit,** der **Ehebruch** (s. Brix Plaut. mil. 364), insons probri, Plaut.: erilis filii probrum, Plaut.: alquam gravidare probro, Caecil. com. fr.: probri insimulare uxorem, Plaut., pudicissimam feminam, Cic.: sine probri suspicione, Suet.: si probrum et adulterium admisissent, Gell.: si cum alieno viro probri aliquid fecerit, Cato bei Gell. – **II** übtr., der **Schimpf, 1** im Allg. = die **Beschimpfung,** die **üble Nachrede,** die **Schmach,** der beschimpfende **Vorwurf,** probro esse, Cic.: in probro esse, Ter.: probro habere, Sall.: alci alqd probro dare, Gell.: probrum inferre alci, Cic.: alci ut probrum obicere, quod etc., Cic.: quod si in isto tuo maledicto probrum non modo nullum mihi obiectas, sed etiam laudem illustras meam, Cic. – meton., ein **Schandmensch,** quoniam ad beatitudinem probra non veniunt, Boëth. cons. phil. 4, 2 *extr.* – **2** insbes., das **Schmähwort,** der beschimpfende **Vorwurf,** die **Schmähung, Lästerung,** uberiora probra quam laudes (**Lobsprüche**), Tac.: epistulae plenae omnium in me probrorum, Cic.: alqm probris omnibus maledictisque vexare, Cic.: probra in alqm iacĕre, Liv., iactare, Tac.: contumelias ac probra in alqm iacĕre, Tac.: probra ingerere, Liv. u. Tac.: multa obicere probra, Cic. u. Liv.: probris alqm onerare, Liv., lacerare, Liv.

probūlus, ī, *m.* (πρόβουλος), der an der Spitze des Volkes stehende **Rat** bei den Mazedoniern, Plur., probulorum ordo, Iustin. 41, 2, 2 *Ruehl.*

probus, a, um (zu pro, wie superbus zu super), **probehaltig, gut, tüchtig, brav, a** in phys. u. intellekt. Hinsicht: merx, Plaut.: color, Colum.: res, Cic.: navigium, Cic.: argentum, Liv. – artifex, Ter.: ingenium, ein guter Kopf, Cic. – **b** moralisch **gut, rechtschaffen, tugendhaft, sittsam, bescheiden, anspruchslos, genügsam,** filius, Cic.: mulier, Ter.: homo probior, Cic.: vir probissimus, Plin. ep.: oratio, tugendhafte Rede, Cic. – **c zahm,** v. Tieren, Tert. de anim 32.

Proca u. **Procās,** ae, *m.*, König von Alba, Vater des Numitor u. Amulius, Form *-a,* Liv. 1, 3, 9. Ov. met. 14, 622; fast. 6, 143: Form *-as,* Verg. Aen. 6, 767. Oros. 2, 2, 3.

procācia, ae, *f.* (procax) = procacitas, Auson. epist. 22, 1. p. 183 Schenkl. Cod. Iustin. 4, 94, 4.

procācitās, ātis, *f.* (procax), die **große Begehrlichkeit** im Fordern, dann auch im Reden u. Benehmen, die **Zudringlichkeit, Frechheit, Unverschämtheit,** Cic., Nep. u. a.: pr. galli gallinacei, Lüsternheit, Geilheit, Colum.

procāciter, *Adv.* (procax), **frech, verwegen,** pr. ortus sermo, Curt.: petulanter et procaciter insultare alci, Augustin.: procacius stipendium flagitare quam ex modestia militari, Liv.: procacissime patris memoriae illudere, Curt.

procapis = progenies, quae ab uno capite progreditur, Paul. ex Fest. 225: u. procapis = proximus, Gloss. IV, 557, 48.

Procās, s. Proca.

prōcastria, s. prōcestria.

procatarcticus, a, um (προκαταρκτικός), **vorhergehend** (rein lat. antecedens), causae, Cael. Aur. de morb. acut. 1, 1, 27.

procātio, ōnis, *f.* (proco), die **Forderung** zur Ehe, die **Werbung,** Apul. apol. 72.

procāx, ācis (proco), **sehr begehrlich** im Fordern, dann auch im Reden u. Benehmen, **zudringlich, frech, unverschämt,** auch zuw. als stärkerer Ausdruck für petulans, **ausgelassen, mutwillig, a** v. leb. Wesen: **α** übh.: leno, Plaut.: lena, Lact.: meretrix, Fest. u. Cic.: adulescens, Suet.: lingua, Sil.: pr. ore, Tac.: proc. moribus, Tac.: pr. in lacessendo, Cic.: procacissima ingenia, Tac. hist. 2, 87: m. folg. *Genet.*, otii, Tac. ann. 13, 46. – subst., procax et superbus, Sen. de const. anim. 18, 5. – **β** insbes., **begehrlich, lüstern,** procaciores feminae, Capit. Maximin. 27, 1: aries fit in feminas procacior, Colum. 7, 3, 4. – **b** übtr., v. Lebl.: **α** v. personif. Ggstdd.: auster, Verg.: brachia procacia vitis, die weit hinauf den Baum eng umschlingenden Arme der Rebe, Plin. – **β** v. persönl. Zuständen usw.: sermo, Sall.: scripta, Tac.

prō-cēdo, cessī, cessum, ere, **vorwärts-, fortgehen, -schreiten, -rücken, vorgehen, vorrücken,** u. mit Berücksichtigung des Ausgangspunktes **hervorgehen, -schreiten, -rücken, herausgehen, ausrücken, I** eig. u. übtr.: **A** im Allg.: **1** eig.: **a** übh.: pr. illuc, Plaut.: pr. aliquantum viae, Plaut.: in portum Corcyraeorum ad Cassiopen stadia CXX, Cic. – foribus foras, Plaut.: e tabernaculo in solem, Cic. – in forum usque, Suet.: ante portam, Liv.: ultra portas, Prop.: extra munitiones, Caes.: in agros, v. Stieren, Ov.: ad litus passu anili, Ov.: ad excubitores, Suet. – alci obviam pr., entgegengehen, Cic. u. a., cum suis, Liv.: u. (alci) obvius procedo, Sall. u. a. (s. Dietsch Sall. Iug. 21, 1. p. 177). – de castris, Sall.: de domo sua, ausgehen, ICt.: media ab aula, Ov. – noctibus ad pascua, v. Hirschen, Plin.: ultra pr., quaerere aquam, Prop.: pueri, qui visum processerant (*sc.* ex castello), Sall. – **b** als milit. *t. t.*, von einzelnen Soldaten od. von Heeresabteilungen usw., ad Rutili castra, Sall. – paulatim, lente atque paulatim, Sall. u. Caes.: ad dimicandum, Liv.: tacito agmine, Sil.: ante signa, Liv. – bes. aus od. von dem Lager, paulo longius a castris, Caes.: paulo longius aggeris petendi causā, Caes.: in medium campi, Liv.: in aciem, Liv. – **c** v. Geburten, in pedes proc., mit den Füßen voran zur Welt kommen, Plin. 7, 45. – **d** vom öffentl. Erscheinen, **vortreten, hervortreten, auftreten, erscheinen, sich** (den Leuten) **zeigen,** pr. in medium, unter die Menge treten, Cic.: pr. cum veste purpurea, Cic.: ornato capillo, Prop. – bes. v. Auftreten in der Volksversammlung, pr. in contionem, Liv., u. dass. pr. in publicum, Liv. u. ICt.: ad suadendum dissuadendumque pr., Liv. – v. Auftreten des Schauspielers, huc processi sic cum servili schema, Plaut. – v. Erscheinen als Beistand vor Gericht, ad forum proc., Plaut. – **e** v. Vorrücken öffentl. Aufzüge, **fortrücken, sich in Bewegung setzen, aufziehen,** von Leichenzügen, funus procedit, Ter. – bes. v. feierl. Aufzug des Konsuls usw. beim Amtsantritt (s. Drak. Sil. 6, 444), vidisti Latios consul procedere fasces, Sil.: v. Konsul usw. selbst, **seinen feierlichen Aufzug halten** (auch = sein Amt antreten), Lact. u. Cod. Iust.: procede secundis alitibus, Claud.: u. v. Quästor, Ascon. – **2** übtr.: **a** v. Fahrzeugen, aegre procedente carpento, Suet. – v. Schiffen, super catenam, Frontin.: quae (manus) tantum progrederetur, quantum naves processissent, Caes.: pr. ex portu, ex portu ad dimicandum, auslaufen, Auct. b. Alex. – **b** von Kriegsmaschinen, (vineae) paulo pr., Sall. – **c** v. Gestirnen, **vortreten, erscheinen,** processit Vesper, Verg., Caesaris astrum, Verg. – **d** v. den Wurzeln der Gewächse, antequam radices longius procedere possint, weiter gehen, weiter greifen, Varro r. r. 1, 23, 5. – **e** v. Gängen im Körper, iter (in aure) procedendo (im Fortschreiten) flexuosum, Cels. 8, 1. p. 324, 25 D. – **f** v. Äußerungen, aus dem Mund gehen, **entfahren,** interdum voces procedebant contumaces et inconsultae, Tac. ann. 4, 60 *in.*

B prägn.: **1** v. Pers., vor die anderen **vorgehen, vorausgehen, -rücken,** tantum ante agmen legionum, quantum etc., v. Reiterei, Hirt. b. G. 8, 27, 4. – **2** übtr.: **a** v. Örtl. usw., **vorgehen, vorragen, hinausgehen, -rücken, sich hinaus erstrecken** über usw., ut in pedes binos fossa procedat, Plin.: cubitus rotundus paulum procedit, Cels.: processerat litus, Plin. ep.: Hellas grandi fronte procedit, Mela: ut procedit Italia, Mela: ut inde procedit Africa, Mela: Lydia super Ioniam procedit, Plin. – **b** v. Sprossen, Knospen der Gewächse, **hervorschießen, -sprießen, -brechen,** germen de cicatrice procedit, Colum.: gemma processura, Pallad. – **c** v. Fortgang eines Baus, **vorrücken,** magna pars operis Caesaris processerat, Caes. – u. v. den Werkleuten, quantum opere processerant, Caes. – v. Fortgang eines Schriftwerkes, procedente libro, Quint.: procedente iam opere, Quint.

II bildl.: **A** im Allg.: **a** übh.: pr. ultra (in der Rede), Quint.: non minus prospectu pr. quam gradu, Quint.: liberius altiusque pr., über sein Thema hinausgehen, Sall.: ebenso ne in infinitum procedat disputatio nostra, sich versteige, Colum.: nec ultra minas processum est, Liv. – in dando et credendo longius pr., zu weit gehen, Cic.: in multum vini processisse, im W. ziemlich viel geleistet haben, ziemlich angetrunken sein, Liv.: longius pr. iras, Verg.: eo processit vecordiae, ut etc., ging, trieb es so weit in seinem W., Sall.: in id furoris processerat, ut etc., Vell.: nec hactenus in benevolentia processit, sed etc., Val. Max. – quo ciborum condīciones processerint, wie weit man es getrieben hat mit usw., Cic.: mentio eo processit, ut etc., gedieh so weit, Liv. – bes. nach einem gesteckten Ziel **fortschreiten, vorwärts kommen, Fortschritte machen,** in etw. so u. so weit **kommen, es bringen, steigen,** Hyperidis ad famam pr., Petron.: in philosophia tantum, so tief eindringen, Cic.: eo magnitudinis, Sall.: honoribus longius, Cic.: dicendi non ita multum laude, Cic. – **b** das Bild hergenommen v. öffentlichen Auftreten, Erscheinen vor der Menge, nunc volo subducto gravior procedere vultu, würdiger auftreten, ernstere Dinge vornehmen, Prop.: übtr., v. Lebl., posteaquam philosophia processit (aufgetreten, ins Leben getreten ist), nemo aliter philosophus sensit, in quo modo esset auctoritas, Cic. de div. 1, 86: scherzh., altera iam pagella procedit, die zweite Seite rückt schon vor (= ich fange schon die zw. Seite an), Cic. ep. 11, 25, 2. – **c** von jmd. **ausgehen, herrühren,** ab imperatoribus, de aula, Cod. Iust. 7, 37, 3. – **d** in der Berechnung **fortgehen, fortlaufen, fortgelten, angerechnet werden, gelten,** im Kriegsw., stipendia, aera alci procedunt, Liv. u. a. (s. Drak. Liv. 5, 48, 7. Oudend. Frontin. strat. 4, 1, 22). – im Landb., singulae (oves) pro binis ut procedant, Varro. – dah. übtr., jmdm. **zugute kommen, nützen,** procedunt totidem dies emptori, Cato: mea bene facta rei publicae procedunt, Sall.: illi procedit rerum mensura tuarum, Ov. – **e** der Zeitdauer nach **seinen Fortgang haben, fortgehen, währen, dauern,** stationes procedunt, Liv.: quot (dies) farturae iam processerint, Colum. – u. **vorkommen, vorfallen,** numquid processit ad forum hic hodie novi? Plaut. most. 999. – u. **vor sich gehen, erfolgen, stattfinden, statthaben,** quod ita procedit, si etc., Ulp. dig. 24, 1, 11. § 7: procedit m. *Infin.,* igitur non procedit (es geht nicht an, es ist ganz überflüssig) quaerere, an heredi et in heredem danda sit, Paul. dig. 10, 4, 12. § 6: ut procedat (damit es angehe) in fure manifesto tractare de condictione, Ulp. dig. 13, 1, 10 pr. – **f** v. der Zeit, **fortgehen = fortschreiten, vorrücken,** adeo procedunt tempora tarde, Ov.: dies procedens, Cic.: procedente tempore, im Verlauf der Zeit, Plin. u. Plin. ep.: procedentibus annis, Petron.: in processa aetate, im vorgerückten Alter, Scrib. Larg.: v. der Pers., si (puer) aetate processerit, Cic. – u. **verlaufen, verstreichen, verrinnen,** ita tempus procedere, Sall.: multum diei processerat, Sall.: iam et processerat pars maior anni, Liv.: cum iam nox processisset, Nep. – u. v. Handlungen usw. in der Zeit, procedente actu, procedente cruciatu, im Verlauf der usw., Quint.

B prägn.: **1** v. der Beförderung in Würden u. Ehren, **vorrücken, befördert werden, steigen,** ambitio et procedendi libido, Plin. ep. 8, 6, 3: ut nonnulli *ex* infima fortuna *in* ordinem senatorium atque *ad* summos honores processerint, Suet. rhet. 1, p. 269, 5 Roth (p. 121, 12 Reiff.). – **2** v. glücklichen od. unglücklichen Fortgang, Erfolg, den eine Pers. od. Sache hat: **a** v. Pers., den u. den **Erfolg haben,** processisti hodie pulchre, hast heute Glück gehabt, heute schien dein Glücksstern, Ter.: pr. recte, Enn. u. Hor. – **b** v. Handlungen u. Zuständen usw., den u. den **Fortgang** od. **Erfolg haben,** so und so **vonstatten gehen, ablaufen,** et bene procedit, Ter.: si bene processit, Cic.: quia primo processit parum, Ter.: u. so pr. non satis ex sententia, Cic.: alci parum, Cic. u. a.: alci bene, pulcherrime, Cic.: prospere pr., Cic.: tardius, Sall.: ubi multa agitanti nihil procedit, Sall. – u. ganz prägn., absol. = **einen guten Fortgang haben, nach Wunsch gehen, gut-, glücklich vonstatten gehen, -ablaufen, glücken,** si processit, wenn es gut geht, glückt, Cic.: bene processit, Cic.: alci nihil procedit, Sall.: quod neque insidiae consuli procedebant, Sall.: alci consilia procedunt, Liv.; vgl. Drak. Liv. 2, 44, 1. – ► *Part. Perf. pass.,* processā aetate (s. oben *no.* II, A, f), Scrib. Larg. 100. – Synkop. *Infin. Perf.* processe, Turpil. com. 137.

proceleumaticus u. **proceleusmaticus**, ī, *m.* (προκελευσματικός), das Versglied ◡◡◡◡, proceleum., Serg. in Donat. 481, 29. Serv. de cent. metr. 461, 28 K. Cledon. 30, 19 K. Serv. Verg. Aen. 1, 16. Isid. orig. 1, 16, 13: proceleusm., Mart. Cap. 9. § 983. – Dav. **proceleumaticus**, a, um (προκελευσματικός), **prozeleumatisch,** metrum, Diom. 513, 10: species, Mar. Victorin. 2, 1, 7. p. 70, 2 K.

procella, ae, *f.* (procello), der heftige **Sturm,** der alles zu Boden wirft, **I** eig. u. übtr.: **1** eig.: nimbi, procellae, turbines, Cic.: so auch pr. venti, Lucr. – **2** übtr., das heftige **Anstürmen** der Reiterei, der **hef-**

tige **Angriff,** Liv., vollst. pr. equestris, Liv. u. Tac.: procellam equestrem excitare, einen Reiterangriff machen lassen, Liv.: primam procellam eruptionis sustinere non posse, Liv. – **II** bildl.: procellae invidiarum, Cic.: procellae fortunae saevientis, Amm. u. Arnob.: procella temporis, Cic.: procellae civiles, Unruhen, Nep.: populares, tribuniciae, Liv.: eloquentiae, Heftigkeit, Quint.: so auch contionum, Quint.: circumspicite omnes procellas, quae impendent, nisi providetis, Cic.: alios ego vidi ventos, alias prospexi animo procellas, Cic.: procellam infligere rei publicae, über den St. heraufbeschwören, Val. Max.: primam periculi procellam parumper sustinere, Liv.: procellam temporis devitare, Cic.: celeri fugā procellam fortunae saevientis evadere, Apul.: non tranquillo navigamus, sed iam aliquot procellis submersi paene sumus, Liv.: Pharsalici campi, in quibus civilium bellorum detonuerunt procellae, Solin.

prōcello, ere (pro u. *cello), **niederstürzen,** procellunt sese in mensam dimidiati, sie stürzen sich (beugen sich hastig) mit halbem Körper (mit dem Oberkörper) über den Tisch, Plaut. mil. 762 G. Vgl. Paul. ex Fest. 225, 1 ›procellunt, procumbunt‹.

procellōsē, *Adv.* (procellosus), **stürmisch,** Augustin. conf. 13, 20, 28.

procellōsus, a, um (procella), **stürmisch, I** voller Stürme, mare, Sen.: fretum, Curt.: dies, Curt.: ver, Liv.: montes, Sen.: pr. atque imbrifer caeli status (Ggstz. quietus caeli status), Colum.: procellosissimum pelagus, Augustin. de civ. dei 5, 22 *extr.*: übtr., vita procellosissima, Augustin. tract. in Ioann. euang. 124, 7: u. so iam enim tunc non erit hoc saeculum vitā mortalium turbulentum et procellosum, Augustin. de civ. dei 20, 16 *extr.* – **II** aktiv, **Sturm erregend,** ventus, Liv. u. Sen.: notus, Ov.

procer, eris, *m.*, **einer der Vornehmsten,** agnosco procerem, Iuven. 8, 26. – Häufiger Plur. procerēs, um, *m.*, die **Vornehmsten,** die **Aristokraten,** die **Aristokratie** (Ggstz. vulgus, pauperes), Latinorum, Liv.: iuventutis, die vornehmsten unter den patriz. Jünglingen, bes. aus dem patriz. Ritterstand, Liv.: nostri proceres, Cic. – übtr., die **Meister,** artis eius, Plin.: sapientiae, Plin.: gulae, die größten Feinschmecker, Plin.

prōcērē, *Adv.* (procerus), **ausgestreckt,** nur im *Compar.*, brachium procerius proiectum, frei vorgestreckt, Cic. de or. 3, 220.

procerēs, um, s. procer.

prōcēritās, ātis, *f.* (procerus), der **hohe Wuchs,** die **Schlankheit, Höhe, Länge, I** eig., des tier. Körpers, pr. corporis, Plin. ep.: so pr. incurva, Tac.: enormis, Suet. – der Glieder, collorum, Cic.: aurium et cervicis, Plin. – der Gewächse, pr. herbarum, Plin.: proceritates arborum, Cic. de sen. 59. – der Balken, pr. trabium (Ggstz. crassitudo), Sen. – **II** übtr., die **Gestrecktheit, Länge,** pr. pedum (Versfüße), Ggstz. brevitas, Cic. or. 212.

prōcēritūdo, inis, *f.* (procerus) = proceritas, Solin. 1, 87. Itin. Alex. 49 (112) u. 53 (120). Iul. Val. 1, 30 (33) u. 3, 24 (17).

prōcērulus, a, um (*Demin.* v. procerus), **etwas lang,** manus eius procerulae, Apul. flor. 15. p. 17, 13 Kr.

prō-cērus, a, um (pro u. cresco), geradeaus-, in die Höhe-, in die Länge gewachsen, **von hohem-, von schlankem Wuchs, gestreckt, schlank, hoch, lang, I** eig. v. Körper usw. lebender Wesen, v. Gliedern usw. (Ggstz. brevis), corpus, Plin. ep.: collum, rostrum, Cic.: homo procerae staturae, Suet.: cauda procerior, Plin. – v. Pers., filius pr. et excelsus (Ggstz. brevis et modicus), Sen.: procerus staturā, Spart., statu, Apul.: procerus habitu, Tac.: homo procerior celsissimo Germano, Colum.: Galliarum procerissimus quisque, Suet. – v. Tieren, lupus pr., Plin. – v. Bäumen, recto stipite procerae laurus, Catull.: alnus, Verg.: ilex, fraxini, Hor.: procerissima populus, Cic. – v. Früchten usw., cucurbitae, Plin. – **II** übtr., übh. **gestreckt, lang,** passus, Lucr.: palmae, in die Höhe gestreckte, Catull. – in der Metrik, syllabae, Varro fr.: procerior quidam numerus, ein schlankerer Rhythmus, Cic. – ► *Superl.* procerrimus, Schol. Bern. Verg. georg. 2, 124.

prōcessio, ōnis, *f.* (procedo), das **Vorrücken, Ausrücken** eines Heeres (Ggstz. reditus), Cic. de imp. Pomp. 24: Plur., Veget. mil. 2, 22. – der feierl. **Aufzug** des Konsuls beim Amtsantritt, Cod. Iust. 12, 3, 4. – der öffentliche **Ausgang** des Kaisers, der **Aufzug,** Capit. Pertin. 11. § 3. – u. die relig. **Prozession,** Sidon. epist. 5, 17, 3.

1. prōcessus, ūs, *m.* (procedo), das **Vorwärts-, Vorrücken, Vor-, Fortschreiten, I** eig. u. übtr.: **A** im Allg.: **1** eig.: **a** der feierl. **Aufzug** des Konsuls usw. beim Amtsantritt, Licin. Rufin. dig. 24, 1, 41. – der öffentl. **Ausgang** des Kaisers, der **Aufzug** (Ggstz. recessus), Treb. Poll. Gall. 17, 3. – **b** das feindl. **Vorrücken,** das **Andringen,** der **Angriff,** rapidus turmarum, Amm. 19, 2, 6. – **2** übtr., das **Fortschreiten** von Lebl., amnis, Sen. de ben. 3, 29, 3 (4): pelagi, Flut, Rutil. Nam. 1, 439. – **B** prägn., das **Vortreten, Vorragen** eines Körperteiles, u. meton. das Hervorragende, der **Vorsprung** (Ggstz. recessus), oft bei Cels. – **II** bildl.: **A** im Allg., das **Fortschreiten,** der **Fortgang** (Ggstz. recessus, Salv. adv. avar. 1, 1. § 4), gradus et quasi processus dicendi, fortschreitender Stufengang, Cic.: sin in processu coepit crudescere morbus, Verg.: processu voluminis, Sulp. Sev. – v. der Zeit, der **Fortgang, Verlauf,** temporis, Cod. Theod.: processu temporis, Amm. u. a., temporum, Lact.: processu aetatis, Lact. u. Firm.: cum processu temporis, Arnob.: per processum temporum, Porphyr. Hor.: im Plur., ternis dierum ac noctium processibus, Prud. cath. 7, 121. – **B** insbes.: **1** der gute, glückliche **Fortgang,** das **Wachstum,** tantos processus efficiebat, ut etc., Cic. Brut. 272: se in Graecis litteris magnum processum habere et in Latinis nonnullum, Capito bei Suet. gr. 10. – **2** der **gute Fortgang, -Ausgang,** das **Glück,** Auct. b. Alex., Ov. u. Sen. – **3** die erlangte **Ehre,** der **Rang,** optima summi nunc via processus, der beste Weg zur höchsten Laufbahn, Iuven. 1, 38: tanti processus, Spart. Anton. Get. 2, 4.

2. prōcessus, a, um, *PAdi.* im *Compar.* (procedo), dem Alter nach **vorgerückt, vorgeschritten,** uxor mea sterilis et processior in diebus suis, Augustin. serm. 45, 1 Mai.

prōcestria dicuntur, quo proceditur in muro (also wohl = Mauervorsprung). Aelius procestria aedificia dixit esse ante portam; Artorius, praecestria, quae sunt ante castra (also beide wohl = Vorwerke), Paul. ex Fest. 225, 12. – Andere Form **prōcastria,** quae ante castra sunt, Exc. ex Charis. 550, 12 K.; vgl. Gloss. II, 159, 42 ›procastria, οἰκήματα πρὸ παρεμβολῆς‹; u. Gloss. II, 381, 13 ›οἱ πρὸ τῶν παρεμβολῶν τόποι‹.

prochos agrios (πρόχος ἄγριος), eine Pflanze, rein lat. saxifraga, der **Steinbrech,** Ps. Apul. herb. 97.

Prochyta, ae, *f.* u. **Prochytē,** ēs, *f.* (Προχύτη), eine Insel an der Küste von Kampanien in der Nähe von Kumā, j. *Procida,* Form *-ta,* Mela 2, 7, 18 (2. § 121). Plin. 2, 203. Mart. Cap. 6. § 644. Verg. Aen. 9, 715. Stat. silv. 2, 2, 76. Form *-te,* Ov. met. 14, 89. Sil. 8, 540.

prōcidentia, ae, *f.* (procido), **I** das fehlerhafte Hervortreten eines Gliedes des Körpers, der **Vorfall,** sedis, Plin.: oculorum, Plin.: vulvarum, Plin. – **II** als gramm. *t. t.* = ἀντίπτωσις, der Fall, wo ein Kasus für den anderen gesetzt wird, Prisc. 17, 155.

prōcido, cidī, ere (pro u. cado), **I** (**vorwärts**) **hinfallen, niederfallen,** ad pedes, Hor.: pars muri prociderat, Liv.: tres turres cum fragore ingenti prociderant, Liv. – **II** insbes., von Gliedern des Körpers, **vorfallen, vortreten,** oculi procidunt, Cels.: vulva et sedes procidens, Plin. – *Partic.* subst., procidentia sedis u. sedis vulvaeque, hervortretende Teile, Plin.

prōciduus, a, um (procido), **I** (**vorwärts**) **hingefallen, niedergefallen,** Plin. u. a. – **II** insbes. v. Gliedern des Körpers, krankhaft **vorgetreten,** sedes, Plin.: umbilicus, Plin.

prō-cieo, (īvī), itum, ēre, **hervorfordern, hervorrufen,** Liv. Andr. b. Paul. ex Fest. 225, 10.

prōcīnctuālis, e (procinctus), **zum Aufbruch gehörig,** Cassiod. var. 6, 22, 3.

prōcīnctus, ūs, *m.* (procingo), **I** das **Gürten,** dah. vorzugsweise die **Bereitschaft** zum Kampf, in procinctu, schlagfertig, Plin.: in procinctu et castris habiti, in der Übung des Fechtens erhalten, Tac.: carmina in procinctu facta, in den Waffen, Ov.: tendere ad procinctum, in die Schlacht gehen, Plin.: testamentum in procinctu facere, in dem Augenblick, wo man in das Treffen geht, Cic. – bildl., in procinctu, schlagfertig, in Bereitschaft, clementiam in procinctu habere, Sen.: in procinctu paratamque ad omnes casus habere eloquentiam, Quint.: u. im Bild, armatus semper ac velut in procinctu stans, v. Redner, Quint.: militem Christi in procinctu semper belli positum, Cassian. – **II** die **Einhegung,** das **Gehege,** scortorum duo milia cum lixis e procinctu (aus dem Gehege = der unmittelbaren Nähe) loci eius eiecta sunt, Nepotian. epit. 16, 1. p. 509, 16 *Halm.*

prō-cingo, cīnxī, cīnctum, ere, **gürten, rüsten;** dah. procinctum esse, **zum Kampf gerüstet-, schlagfertig sein,** cum procinctae classes erant, Gell. 1, 11, 3: classis procincta, schlagfertige, Fab. Pict. b. Gell. 10, 15, 4: testamentum procinctum = *in procinctu factum,* Iustin. inst. 2, 10. § 1.

prōclāmātio, ōnis, *f.* (proclamo), das **Ausrufen, Schreien,** Ps. Quint. decl. 8, 21: trux, *ibid.* 18, 16: Plur., *ibid.* 2, 19. – pr. in libertatem, das Anrufen, die Inanspruchnahme der richterlichen Hilfe für seine Freiheit, ICt.

prōclāmātor, ōris, *m.* (proclamo), der **Ausrufer, Schreier,** von einem schlechten Sachwalter, Cic. de or. 1, 202 zw. (Kayser u. Friedrich clamaror).

prō-clāmo, āvī, ātum, āre, **laut-, heftig rufen, schreien,** absol., Cic. u. a.: m. *Acc.,* triumphum, Val. Max.: mit folg. *Acc.* u. *Infin.,* se filiam iure caesam iudicare, Liv.: se innocentem opprimi, Val. Max. – m. 1. *Supin.,* proclamares saltem suppetiatum, Apul. met. 1, 14. – pro alqo, die Kehle auftun, verächtlich von einem Sachwalter = jmd. verteidigen, Liv. 22, 26, 2. – ad od. in libertatem, seiner Freiheit wegen des Richters Hilfe anrufen, in Anspruch nehmen, ICt.

Proclēs, is, *m.* (Προκλῆς), Sohn des Aristodemus, Bruder des Eurysthenes, König von Sparta, Stammvater des königl. Geschlechtes der Prokliden (Προκλεῖδαι), Cic. de div. 2, 90 (Nomin.) u. 91 (wo Genet. Procli). Nep. Ag. 1, 2 (wo Genet. Procli).

prōclīnātio, ōnis, *f.* (proclino), der **abwärts geneigte Raum, der Abhang,** Vitr. 5, 12, 4 u. (Plur.) 6, 8, 5.

prō-clīno, āvī, ātum, āre, etwas **vorwärts neigen, -beugen,** mare in litora, Ov. am. 2, 11, 39. – Passiv proclinari medial, sich **vorwärts neigen, abhängen,** in partem alqam, Colum.: curvatura montis proclinata ad mare, sich neigend, Vitr.: übtr., proclinata, iam re, da die Lage der Dinge sich bereits zur Entscheidung neigte (Ggstz. integrā re), Caes. bei Cic. ad Att. 10, 8. litt. B. § 1: adiuvare rem proclinatam, die ohnedies zu einem schlimmen Ausgang sich neigende Sache fördern, Caes. b. G. 7, 42, 4.

prōclīve u. **prōclīvī**, *Compar.* prōclīvius, *Adv.* (proclivis), **a abwärts, abschüssig,** proclive volubilis, Lucr. 2, 455: proclivi currit oratio, Cic. de fin. 5, 84: proclivi labi, Cic. Tusc. 4, 42: proclivi detrudi, Auct. b. Alex. 76, 1. – **b geneigt,** quin proclivius hic iras decurrat ad acres, Lucr. 3, 11: multorum sane operum inventrix et tanto proclivius dea credita, Augustin. de civ. dei 18, 8. – **c leicht,** multo proclivius exoriri, Lucr. 2, 792. – ► Über die Formen vgl. Gell. 10, 24, 6. Macr. sat. 1, 4, 21. Lachmann Lucr. 2, 455. p. 98. Madvig Cic. de fin. 5, 84. p. 754[2]. Meißner Cic. Tusc. 4, 28 (Müller proclives).

prōclīvis, e, u. **prōclīvus,** a, um (pro u. clivus), nach vorn **bergabwärts gehend, abschüssig, I** eig.: solum proclivum, Varro: via proclivis, Liv.: ex semita proclivi ruit in declive, Liv.: omnia proclivia sunt, facile descenditur, Sen. – subst., adiuvante proclivo, die abschüssige Richtung, der Abhang, Frontin. 2, 2, 2: per proclive, bergabwärts, herabwärts, Liv.: per proclivum, Tert. de spect. 3: so auch per proclivia, Colum., u. in proclive, Auct. b. Alex. u. Sen. rhet. – **II** bildl.: **1 abwärts gehend,** fecisti mi ex proclivo planum, im Bild = was schwierig (dunkel, undeutlich) war, hast du mir klar gemacht, Plaut. mil. 1018; vgl. Plaut. asin. 663; rud. 1132: proclivi cursu et facili delabi, Cic. de rep. 1, 44: quia proclives ad eas perturbationes feruntur, Cic. Tusc. 4, 28 *Mueller:* Iunius mensis est, quo tibi scribo, iam proclivus in Iulium, Sen. ep. 86, 16: iam proclivi senectute, sich seinem Ende zuneigendem, Apul. flor. 18. p. 31, 6 Kr.: cum proclivior (rascher) faciliorque iactus sit ex supernis in infima, Gell. 9, 1, 2: nonne hic apparet, in quid velut pondere suo proclivis et prona sit vitiosa natura? Augustin. de civ. dei 22, 22, 2. p. 605, 8 D.[2] – **2** zu etwas **geneigt, willig, bereitwillig,** ad morbum proclivior, geneigt, leicht fallend in usw., Cic.: ad comitatem, Cic.: erit ad peccandum proclivior, Vulg.: m. folg. *Dat.,* Sil. 13, 585: m. folg. *circa* u. Akk., Quint. 4, 5, 21: absol., proclivis ultro cum sit misericordia, Phaedr. 3, 20, 21. – **3 leicht** zu tun, illa facilia, proclivia, iucunda, Cic.: omnia sibi proclivia fore sperabant, Auct. b. Afr.: quae utraque proclivia esse, Liv. – alci est proclive m. *Infin.,* Caes. b. c. 1, 48, 7. Nep. Timoth. 3, 4. – tanto proclivius est m. *Infin.,* Tac. hist. 4, 3. – dictu proclive est (es ist leicht zu sagen) m. folg. *Acc.* u. *Infin.,* Cic. de off. 2, 69. – *neutr. pl.* subst., ut anteponantur proclivia laboriosis, Cic. top. 69: esse in proclivi, leicht (ein leichtes) sein, leicht vonstatten gehen, Naev. com. 93. Ter. Andr. 701: im Wortspiel, Plaut. capt. 336.

prōclīvitās, ātis, *f.* (proclivis), **I** die **abschüssige Lage nach vorn,** der **Abhang,** parvula, Auct. b. Afr. 37, 3: Ggstz. declivitas, Chalcid. Tim. 44 D. – **II** bildl., die **Geneigtheit** zu Krankheiten, Leidenschaften, Cic. Tusc. 4, 28.

prōclīviter, *Adv.* (proclivis), **leicht** zu tun, Castric. b. Gell. 1, 6. § 6. – *Compar.* proclivius, s. prōclīve.

prōclīvus, a, um, s. prōclīvis.

prōclūdo, ere (pro u. claudo), **verschließen, einschließen,** Pallad. 3, 26, 4.

Procnē (Prognē), ēs, *f.* (Πρόκνη), **I** Tochter des attischen Königs Pandion, Schwester der Philomela und Gemahlin des trazischen Königs Tereus, wurde in eine Schwalbe verwandelt (s. Philomēla), Ov. met. 6, 440. Hyg. fab. 45 u. a. – **II** meton., die **Schwalbe,** Verg. georg. 4, 15. Ov. fast. 2, 855; trist. 5, 1, 60: Progne inter asseres minuriens, Sidon. epist. 2, 2, 14.

proco, āre, u. **procor,** ārī, **fordern, verlangen, α** Form *proco,* Liv. Andr. tr. 14; vgl. Varro LL. 7, 80. Fest. 249 (a), 4. Paul. ex Fest. 224, 17. – **β** Form *procor,* Cic. de rep. 4, 6. Sen. nat. qu. 4. praef. § 5.

procoetōn, ōnis, *m.* (προκοιτών), das **Vorgemach, Vorzimmer,** Plin. ep. 2, 17. § 10 u. 23.

procomion, iī, *n.* (προκόμιον), die **Vorderhaare** des Kopfes, rein lat. antiae, Veget. mul. 2 (3), 11, 4.

Proconnēsus, ī, *f.* (Προκόννησος), Insel in der Propontis, berühmt durch ihren vortrefflichen weißen Marmor, j. *Marmora,* Vitr. 10, 2, 15. Mela 2, 7, 4 (2. § 99). Plin. 5, 151: Proconissos, Sidon. epist. 2, 2, 8. – Dav.: **a Proconnēnsis,** e, **prokonnensisch, von der Insel Prokonnesus,** ancilla, Solin. 1, 60 (Mommsen Proconnesis): marmor, Solin. 37, 7. – **b Proconnēsius,** a, um, **prokonnesisch, von der Insel Prokonnesus,** marmor, Vitr. 2, 8, 10. Plin. 36, 47 u. 37, 185: Aristeus, Plin. 7, 11. Gell. 9, 4, 3: Zoroaster alter, Plin. 30, 8.

prō-cōnsul, ulis, *m.,* der **Prokonsul,** zur Zeit des Freistaates der nach Verwaltung des Konsulates (zuw. auch ohne Konsul gewesen zu sein) in einer Provinz statt eines Konsuls fungierende Statthalter u. militär. Befehlshaber, oder unter einem Statthalter bloß militär. Befehlshaber, Cic. de div. 2, 76. Caes. b. G. 3, 20, 1 u. a. – zur Kaiserzeit, wo der Kaiser die Provinzen mit dem Senat teilte, der **Statthalter** in den Provinzen des Senats, Suet. Aug. 36 u. 47. – ► Nomin. proconsule, Mart. Cap. 3. § 294.

prōcōnsulāris, e (proconsul), **prokonsularisch,** imperium, Tac.: gesta, Augustin.: vir od. ohne vir, Prokonsul, Tac.: imago, ein Schattenbild der konsularischen Gewalt (v. Kriegstribunat mit konsularischer Gewalt, das an die Stelle des Konsulates getreten war), Liv. 5, 2, 9.

prōcōnsulātus, ūs, *m.* (proconsul), die Würde eines Prokonsuls, das **Prokonsulat,** Plin., Tac. u. a.: proconsulatum Africae gerere, Eutr. – u. übtr., jedes Statthalteramt, z. B. **Proprätur,** Suet. Aug. 3, 2.

procor, ārī, s. proco.

prōcrāstinātio, ōnis, *f.* (procrastino), die **Vertagung,** der **Aufschub,** der **Verzug,** Cic. Phil. 6, 7. Cod. Iust. 5, 5, 4 u. 6, 35, 11. Cassian. collat. 4, 13.

prōcrāstino, āvī, ātum, āre (pro u. crastinus), eig. auf morgen verschieben; übtr. = übh. **vertagen, aufschieben, verschieben,** Cic. u. a.

prōcreābilis, e (procreo), **zur Zeugung gehörig, Zeugungs-,** sacramentum, v. der Ehe, Cassiod. var. 2, 10, 1.

prōcreātio, ōnis, *f.* (procreo), **I** die **Hervorbringung, Zeugung,** liberorum, Cic. u. Hieron.: hominum, Cic. – **II** meton.: **a** das **Erzeugnis,** ut procreationes suas non perdat terra, Augustin. serm. 4 Mai. – **b** insbes., die **Leibesfrucht,** Vitr. 2, 9, 1.

prōcreātor, ōris, *m.* (procreo), der **Erzeuger, Urheber,** mundi, Cic. Tim. 26 M. – dah. procreatores = die Eltern, Cic. de fin. 4, 17.

prōcreātrīx, trīcis, *f.* (Femin. zu procreator), die **Erzeugerin, Mutter,** Constantini Maximi, CIL 10, 517: absol., Pervig. Ven. 64: v. Tieren, apes operariae sunt tantum, non procreatrices, Cassian. de incarn. Chr. 7, 5. – übtr., artium, Cic. de or. 1, 9.

prō-creo, āvī, ātum, āre, **I** eig., **hervorbringen, zeugen,** triplicem virili sexu partum, Pacuv. fr.: filios sibi per Calypsonem, *ibid.*: liberos ex tribus uxoribus, Nep.: de matre familias duos filios, Cic.: ex ea duos filios, Nep.: Erebo procreata Nox, Tragic. inc. fr.: absol., partes corporis et ad procreandum et ad concipiendum aptissimae, Cic. – v. weibl. Wesen, **gebären,** ex Iasone filios procreasse (v. der Medea), Hyg.; vgl. Muncker Hyg. fab. 3. p. 19 (a). – v. Tieren, quae multiplices fetus procreant, ut sues, ut canes, Cic. de nat. deor. 2, 128: aliquam, de qua procreet, anguis habet, Ov. fast. 3, 194: ex turdis procreari, Varro LL. 9, 28. – **II** übtr., **hervorbringen, verursachen,** Lucr., Cic. u. a.: inter arma civium (tribunatum) procreatum (entstanden) vidimus, Cic.

prō-crēsco, ere, **I hervorwachsen, hervorkommen, entstehen,** Lucr. 1, 715. – bildl., Lucr. 6, 664. – **II fortwachsen, größer werden,** Lucr. 2, 566. – bildl., Fronto ad M. Caes. 1., 3 (2). p. 8, 1 N.

Procris, idis, *f.* (Πρόκρις), Tochter des Erechtheus, Gemahlin des Cephalus, der sie im Wald, wohin Eifersucht sie getrieben hatte, erschoss, weil er sie für ein Wild hielt, Hyg. fab. 189. Ov. met. 7, 795 *sqq.*: Dat. Procri, Hyg. fab. 189: Akk. Procrim, Verg. Aen. 6, 445, u. Procrin, Ov. met. 7, 707 u. 712 u. 825: Vok. Procri, Ov. art. am. 3, 727; met. 6, 682: Abl. Procride, Ov. rem. 453 *Ehwald.*

Procrūstēs, ae, *m.* (Προκρούστης), ein Räuber in Attika, eig. Damastes oder Polypemon mit Namen, der die gefangenen Wanderer auf ein Folterbett spannte und ihnen, wenn sie länger waren, die überragenden Glieder abhieb, wenn sie kürzer waren, sie bis zur Länge des Bettes ausreckte; er wurde von Theseus getötet, Ov. met. 7, 438. Sen. de clem. 2, 4, 1. Hyg. fab. 38.

prōcubitōres, um, *m.* (procumbo), die **Vorposten** vor dem Lager, Cato de re mil. fr. 5. p. 81, 6.

prō-cubo, āre, hingestreckt **daliegen,** Gradivus procubat in Haemo, Claud. cons. Probr. et Olyb. 119: ubi saxea procubet umbra, Verg. georg. 3, 145.

prōcubus, a, um (procumbo), **auf dem Antlitz liegend,** Iuvenc. in exod. 767.

prō-cūdo, cūdī, cūsum, ere, **I schmieden, schärfen,** aes fundere procudereque, gießen u. hämmern, Iustin. 36, 4, 4: dentem vomeris obtusi, schärfen, Verg. georg. 1, 261: in acuta ac tenuia mucronum fastigia, Lucr. 5, 1263: prägn., **schmieden** = schmiedend bereiten, enses, Hor. carm. 4, 15, 19. – übtr., **hervorbringen,** ignem ignes procudunt, Lucr.: pr. prolem propagando, Lucr. – **II** bildl.: **a** übh.: ora mercenaria ad expugnandam veritatem, die feile Zunge zur Bekämpfung der Wahrheit spitzen, Amm. 30, 4, 13: linguam, der Z. Bildung u. Form geben, Cic. de or. 3, 121: u. so ingenium, Amm. 16, 5, 6. – **b bereiten,** dolos, Plaut.: voluptatem, Lucr. – **c** ausdehnen = **hinbringen,** legendo et scribendo vitam, Varro sat. Men. 551.

procul, *Adv.* (aus proculus, einer Ableitung von pro), **I in die Ferne, aus der Ferne** u. **in der Ferne, fern, weit, von weitem, weit weg,** non procul, sed hic, Cic.: haud procul inde, Liv.: procul inde, Mela: procul tela conicere, Caes.: procul attendere, Cic.: procul este, entfernt euch, Verg.: serta procul iacebant, u. procul ramis dependet galea, in einiger Entfernung, Verg.: procul exstructa canistra, in einiger Entfernung, Hor.: auch m. *ab* u. *Abl.*, procul ab domo, Liv.: procul a castris, Caes.: procul a conspectu, Cic.: patriā procul, Enn. fr.: procul mari, Liv.: procul amne, Curt.: procul urbe, Curt.: haud procul Uticā, Liv.: haud procul muris, Curt.: haud procul Romanis praesidiis, Liv.: procul coetu hominum, Liv. – **II** übtr., gleichs. **weit weg, weit ab von etw., fern, weit von** usw., **A** im Allg.: homines procul errant, irren sehr, Sall.: quorum causas procul habeo, wozu der Anlass mir fern liegt, Tac.: istud quidem procul abest, das ist zwar keineswegs der Fall (daran ist zwar kein Gedanke), Curt. – m. *Abl.*, procul dubio, ohne Zweifel, Liv.: dubio procul, Gell.: procul periculo, Liv.: procul ambitione, Hor.: procul ambitione et foro, Liv.: procul vero est, liegt fern von der Wahrheit, Colum.: procul voluptatibus habiti, da sie V. entbehren mussten, Tac.: iamque haud procul seditione res erat, Liv.: animus tanto facinore procul abhorrens, von einer solchen Untat weit entfernt, Curt. – m. *ab* u. *Abl.*, quis tam procul a litteris, quin sic incipiat, Quint. 7, 1, 46. – haud procul est mit folg. *quin* u. Konj., es ist (war) nahe daran, dass usw., Liv. 1, 5, 6 u. 5, 12, 7: ebenso haud (nec) procul abest m. folg. *quin* u. Konj., Liv. 5, 4, 14; 9, 2, 3; 25, 1, 10. – **B** insbes.: **a** v. Wert, aes procul a Corinthio, ist weit schlechter als usw., Plin. 34, 8. – **b** v. der Zeit, durabisne procul? lange, Stat. Theb. 12, 810. – m. *Abl.*, haud procul occasu solis, nicht lange vor U. der S., Liv. 37, 21, 2.

Procula, ae, *f.*, Name der Gattin des Dichters Kodrus, Iuven. 3, 203.

prōculcātio, ōnis, *f.* (proculco), das **Niedertreten, I** eig., Plin. 8, 68. – **II** bildl.: regni, Zertrümmerung, Sen. de tranqu. anim. 11, 9.

prōculcātor, ōris, *m.* (proculco), der **Vortreter,** proculcatores, beim Heer, **Vortruppen,** Amm. 27, 10, 10.

prō-culco, āvī, ātum āre (pro u. calco), **niedertreten, I** eig.: **1** lebl. Objj., **niedertreten** = **stampfen, zerstampfen, a** im guten Sinne: uvas, Colum. 12, 19, 3: ficus pedibus lotis in modum farinae, Colum. 12, 16, 3: qui tot proculcavimus nives, so viele Schneefelder überschritten haben, Curt. 6, 3 (9), 16. – **b** im üblen Sinne, **zertreten, zerstampfen,** neve iam pastinatum solum exportantium ramos atque truncos ingressu proculcetur, Colum. 3, 13, 6: argenti certe aurique tantum, ut etiam gregarii milites auro caligas figerent proculcarentque materiam, cuius amore populi ferro dimicant, Iustin. 38, 10, 3: is (aper) modo crescentes segetes proculcat in herba, Ov. met. 8, 290: ferae proculcabunt formidinem (den Federlappen), Sen. de dem. 1, 12, 5: informes voltus sparsamque cruore nefando canitiem sacrasque manus … pedibus civis proiecta superbis proculcavit ovans, Cornel. Sev. b. Sen. suas. 6, 26. *v.* 16 *sqq.* – **2** leb. Wesen, **a** im guten Sinne, **unter seine Füße hinstrecken,** alteram (capram) decubuisse atque ita alteram proculcatae supergressam, Plin. 8, 201. – **b** im üblen Sinne, **niedertreten,** zu **Boden treten,** alqm, Tac. hist. 3, 81: nepotem, tottreten, Iustin. 44, 4. § 4: pedibus virum equinis (v. einem Zentauren), Ov. met. 12, 374: proculcatas (ranas) obteret duro pede, Phaedr. 1, 32 (30), 9. – bes. v. Pferden u. Reiterei, **niedertreten, niederrennen, niederreiten,** hunc crebro ungula pulsu incita nec domini memorum proculcat equorum, Verg. Aen. 12, 533 *sq.*: et turbatus eques sua ipse subsidia territis equis proculcavit, Liv. 10, 36, 5: iamque una ala ipso impetu proculcata erat, Curt. 3, 11 (27), 14: disiectā plebe, proculcato senatu, rapidi equis forum inrumpunt, Tac. hist. 1, 40. – **II** übtr.: **a mit Füßen treten, erniedrigen, α** lebl. Objj.: qui fata proculcavit ac vitae bona proiecit, Sen. Phoen. (Oedipi fr.) 193: proculcata desertaque res publica, Suet. Vesp. 5, 3. – **β** leb. Wesen: contumeliosā voce proculcatus, Val. Max. 9, 5, 3. – **b** Partiz. prōculcātus, a, um, abgetreten = **abgenutzt, abgedroschen, alltäglich,** auris, Gell. 17, 2, 10: ista verba quae proculcata vulgo et protrita sunt, Gell. 18, 4, 6.

Proculēius (Gaius), ī, *m.*, ein röm. Ritter und Vertrauter des Augustus, der mit seinen zwei Brüdern, die ihr Vermögen in den bürgerlichen Kriegen eingebüßt hatten, sein eigenes Erbteil teilte, Hor. carm. 2, 2, 5.

Proculiānus od. **Proculēiānus,** ī, *m.*, einer von den Schülern od. Anhängern des Juristen Prokulus, ein **Prokulejaner,** ICt. – Von

1. Proculus, ī, *m.*, röm. Männername, unter dem bekannt **I** Iulius Proculus, der röm. Senator, der vorgab, dass ihm Romulus seinen Willen, als Quirinus verehrt zu werden, mitgeteilt habe, Cic. de rep. 2, 10,

20; de legg. 1, 1, 3. Liv. 1, 16, 5 *sq.* – **II** Sempr. Proculus, ein berühmter Jurist zur Zeit des Kaligula, Klaudius u. Nero, Pompon. dig. 1, 2, 2. § 53. – **III** Eutychius Proculus, ein gelehrter röm. Grammatiker, Lehrer des Kaisers M. Aurelius, Capit. Anton. phil. 2, 3. Treb. Poll. trig. tyr. 22. § 14.

2. proculus, a, um (procul), **I** = μακρός, **in die Länge gestreckt, lang,** Dosith. 25, 30 K. – **II** = τηλέγονος, **in der Ferne geboren,** Gloss. II, 160, 11: od. qui nascitur, cum pater eius longe sit, Gloss. IV, 150, 34.

prō-cumbo, cubuī, cubitum, ere, **sich vorwärts legen, -beugen, sich ganz vorlegen, sich ganz vorbeugen, sich niederbeugen, I** im Allg.: **A** eig. u. übtr.: **1** eig., v. Pers.: olli certamine summo procumbunt, von Rudernden, Verg. Aen. 5, 197 *sq.*: im feindl. Sinne, v. Löwen, pr. in armos, herfallen über usw., Mart. 1, 60, 3. – **2** übtr., v. Lebl.: **a** übh. **sich vorneigen, sich zuneigen,** secundum naturam fluminis pr., v. Brückenpfählen, Caes. b. G. 4, 17, 4: in vicini domum semipedem, v. einer Wand, ICt. – **b** von Örtl., **sich abdachen, in schräger Lage sich hinziehen,** sich **erstrecken,** vasto iugo in pontum, v. einem Gebirge, Plin.: planities sub radicibus montium spatiosa procumbit, Curt. – **B** bildl., sich zu etw. **ganz hinneigen,** sich in etw. **versenken,** in voluptates (Ggstz. abstinere voluptatibus), Sen. ep. 18, 2. – **II** prägn., **vorwärts niederfallen, zu Boden fallen, -sinken, -stürzen,** sich **niederlegen** u. dgl., **A** eig. u. übtr.: **1** eig., v. leb. Wesen: procumbit humi bos, Verg.: bucula procumbit in ulva, Verg.: cum vellet terrā procumbere, Ov.: terrae procubuit, Ov.: alces procumbunt, Caes. – v. Betenden, Bittenden, procumbit humi pronus, Ov.: pr. templis, Tibull.: pr. alci ad pedes, Caes., alci ad genua, Petron., ad genua alcis, Liv., genibus, Ov., ante pedes, Petron.: ante pedes alumnae, Ov.: senatu ad infimas obtestationes procumbente, sich fußfällig herabließ zu usw., Tac. – v. Verwundeten, vulneribus confectum pr., Caes.: pr. in genua, Curt.: pr. alcis dextrā, Verg.: pr. alci, jmdm. im Kampf erliegen, Tac. – **2** übtr., v. Lebl.: frumenta imbribus procubuerant, hatte sich gelegt, Caes. – ulmus in aram ipsam procumbebat, stürzte, Plin.: agger in fossam procubuit, Liv.: u. so v. stürzenden Gebäuden, super habitantes, Quint.: in domini caput, Ov. – v. Wind, **sich legen,** Lucr. – **B** bildl., **in Verfall geraten, sinken,** res procubuere meae, Ov.: fluentem procumbentemque rem publicam restituere, den wankenden u. hinfälligen, Vell.

prō-cupīdo, inis, *f.*, die **Vorbegierde,** amoris, Min. Fel. Oct. 26, 12 (Haupt opusc. 3, 391 prolubidinem).

prōcūrātio, ōnis, *f.* (procuro), die **Besorgung, Verwaltung** einer Sache, bes. im Auftrag od. aus Amtspflicht (s. Osenbr. Cic. Rosc. Am. 139. p. 159), **I** eig.: **A** im Allg.: templi, Varro: rei publicae, Cic.: regni Numidiae, Sall.: speciosi ministerii, Liv.: annonae, Cic.: mearum rerum existimationisque meae, Cic. **B** insbes.: **1** die **Amtsverrichtung-**, das Amt eines kaiserl. Prokurators (s. prōcūrātor *no.* II, 3), die **Prokuratur,** pr. Narbonensis provinciae, Plin. ep.: pr. amplissima, Suet. u. Plin. ep.: Plur., praefecturae et procurationes, Tac. – **2** als *t. t.* der Religionssprache, eine religiöse **Handlung** zur Abwendung der üblen Vorbedeutung eines Unglückszeichens od. einer Unglückshandlung durch Opfer u. andere Sühnemittel, die **Sühnung,** prodigii, Liv.: portenti, Liv.: ut sue plena procuratio fieret, Cic. – Plur., expiationes et procurationes, Cic.: procurationes incesti, Reinigungsgebräuche von der Bl., Tac. – **II** übtr., die **Bemühung,** recipiendae gratiae, Gell. 17, 5, 4.

prōcūrātiuncula, ae, *f.* (*Demin.* v. procuratio), die **kleine Besorgung,** Sen. ep. 31, 9.

prōcūrātor, ōris, *m.* (procuro), der **Besorger, Verwalter, Agent, Stellvertreter, I** im Allg.: peni, Aufseher über die Speisen, Plaut.: ludi, Vorsteher der kaiserl. Gladiatorenschule, Tac. u. Inscr.: pr. urbis, Stadtpräfekt, Suet.: regni, Reichsverweser, Caes.: pr. aquarum, CIL 10, 6569: pr. vicesimae hereditatium, CIL 2, 4114, 14: pr. a veredis, Poststallmeister, CIL 10, 121: pr. ad oleum (Austeilung von Öl ans Volk), *ibid.* 14, 20, 1888. – mit *Genet.* der Pers., der **Geschäftsführer, Anwalt,** pr. P. Quinctii, Cic.: Domitillae, Suet. – **II** insbes.: **1** der **Aufseher, Wärter** des Geflügels, z. B. der Pfauen, Varro r. r. 3, 6, 3. – **2** der den Herrn vertretende **Oberverwalter** eines od. mehrerer Landgüter, Cic. u. a. – **3** der **Oberverwalter der kaiserl. Einkünfte,** sowohl in Rom als in den Provinzen, zugleich mit der Jurisdiktion in Sachen des kaiserl. Fiskus gegen die Provinzialen beauftragt, der **Prokurator** (dessen Agenten, actores, Fiskale, meist Sklaven waren), Plin. pan. u. a.: procurator Caesaris, Tac. u. ICt.: pr. rationis privatae, kaiserl. Finanzminister, CIL 10, 6569: pr. Iudaeae, Tac.: procurator ducenarius, s. ducēnārius. – Die erste Silbe kurz bei Ov. art. am. 1, 587.

prōcūrātōrius, a, um (procurator), **den kaiserl. Prokurator betreffend,** ICt.

prōcūrātrīx, trīcis, *f.* (Femin. zu procurator), die **Besorgerin,** Cic. de fin. 4, 17.

prō-cūro, āvī, ātum, āre, für etw. **Sorge tragen,** etw. **besorgen, abwarten, pflegen, warten, I** im Allg.: se, Plaut.: corpus, Verg.: sacrificia publica, Caes.: arbores, Cato: m. folg. *Dat.*, Plaut. u. Arnob. – **II** insbes.: **1** jmds. **Geschäfte besorgen, verwalten,** in etw. jmds. **Agent sein, a** *tr.*, mit dem *Acc.* der Sache: alcis negotia, jmds. Geschäftsträger sein, Cic.: u. so rationes negotiaque Dionysii, besorgen, Cic.: hereditatem, Cic.: imperium alienum, die Herrschaft für einen anderen verwalten, Curt. – **b** *intr.*, **Geschäftsführer-, Agent sein,** mit *Dat. pers.*, Fronto u. ICt. – u. vorzugsw. = **Oberverwalter der kaiserl. Einkünfte sein, Prokurator sein,** cum procuraret in Hispania, Plin. ep. – **2** ein schlimmes Anzeichen nach den gesetzlichen Vorschriften behandeln, durch Opfer usw. **sühnen** (vgl. Vorst Val. Max. 1, 1, 1. p. 10), monstra, Cic.: prodigia, Liv.: ostentum, Phaedr., familiare ostentum, Liv.: ostentorum ac fulgurum denuntiationes, Val. Max.: somnia, Tibull.: absol., Iovi hostiis maioribus, Gell.: *impers.*, simul procuratum est, quod tripedem mulum Reate natum nuntiatum erat, Liv. – ► Die erste Silbe bisweilen kurz, Tibull. 1, 5, 13. Ov. art. am. 1, 587.

prō-curro, currī u. cucurrī, cursum, ere, **vorlaufen, vorspringen, vorwärtsspringen,** wohin **forteilen, I** eig. u. übtr.: **A** eig., v. Pers.: **a** übh.: longius, Verg.: ex castris, Caes.: ex agris tectisque, Tac.: in publicum, Caes.: in vias, Liv.: in freta, an das Meer, Ov.: in vestibulum regiae, hinauseilen, Curt. – **b** als milit. *t. t.*, **vorrücken, ausrücken, vorwärts stürmen** (vgl. Drak. Sil. 7, 566), propius, Frontin.: ex cornu, ex acie, Caes.: extra aciem, Caes.: in primam aciem, Frontin.: ad repellendum hostem, Caes.: ad succurrendum sociis, Frontin.: adversus aquam, Frontin.: contra alqm, Verg.: absol., telum contorsit in hostes procurrens, Verg.: hostes repente celeriterque procurrerunt, Caes.: procurrit cum clamore acies, Frontin. – **c** prägn., den anderen **vorlaufen, vorrennen, vorauslaufen** (Ggstz. cunctari, zurückbleiben), v. Tieren, s. Colum. 6, 2, 9; 7, 3, 26. – **B** übtr., v. Lebl.: **1 vorlaufen,** cuius testa procurreret longius, Min. Fel. 3, 6: alterno procurrens gurgite mare, das vorwärtsstürzende, Verg. Aen. 11, 624. – **2** v. Örtl., **vorlaufen, -ragen, sich erstrecken,** saxa procurrentia, Verg.: terra procurrit in aequor, Ov.: latus mille et sescenta stadia in longitudinem procurrit, Curt.: radix in latitudinem procurrens, Plin.: nubes atra Miseni quod procurrit abstulerat, hatte das Vorgebirge von Misenum unseren Augen entzogen, Plin. ep. – **II** bildl.: ultra, weiterrennen, Rhet. Her. 4, 60: impetu quodam et instinctu ad mortem, dem Tod entgegenrennen, Plin. ep. 1, 22, 10: pecunia procurrens, hinausstürmend (auf finanzielle Unternehmungen), Sen. ep. 101, 4.

prōcursātio, ōnis, *f.* (procurso), das Vorlaufen, Vorsprengen zum Kampf, das **Plänkeln,** velitum, Liv.: Numidarum, Liv.: quasi procursatione hostem lacessere, Amm. 26, 7, 15.

prōcursātor, ōris, *m.* (procurso), der **Vorläufer,** als milit. *t. t.*, procursatores, **leichte Vortruppen, Plänkler,** Liv. 42, 64, 6. Amm. 23, 3, 4, u. 24, 1, 10.

prōcursio, ōnis, *f.* (procurro), **I** eig.: **a** das **rasche Vorschreiten** des Redners gegen die Zuhörer, Quint. 11, 3, 125. – **b** als milit. *t. t.*, das **Vorrücken,** subita, Frontin. 2, 2, 5. Amm. 19, 11, 13. – **II** bildl., die **Abschweifung** in der Rede, Quint. 4, 3, 9.

prōcurso, āre (*Intens.* v. procurro), **vorlaufen, a** übh., Plin. 8, 15. – **b** als milit. *t. t.*, als Plänkler vorlaufen, vorsprengen, **plänkeln** (Ggstz. recurrere), Liv.: procursantes = *procursatores* (s. d.), Amm. – *impers.*, cum ab stationibus procursaretur, Liv.

prōcursus, ūs, *m.* (procurro), das **Vorlaufen, Vorwärtslaufen, Vorrücken, Vorrennen, Vor-** od. **Vorwärtsstürzen, Vor-** od. **Vorwärtsstürmen, I** eig. u. meton.: **1** eig.: procursus item proclive volubilis exstat, Lucr.: procursu concitus axis, Verg.: procursu magis militum, Liv.: cum procursu emittere tela, Liv.: rapido procursu, Verg.: longiore procursu (des Quellwassers), Claud. Mam.: non temere nec cum procursu capiendus est impetus, Sen.: audentissimi cuiusque procursu, Tac. – **2** meton., die **Hervorragung,** angulosus, Plin. 5, 62. – **II** übtr.: **1** der **erste Anlauf,** procursus irae, qui acerrimus esse solet, die erste Aufwallung, der erste Ausbruch, Val. Max. 7, 3. ext. 6: initia procursusque virtutis, der Keim und die früheste Ankündigung innerer Tüchtigkeit, Val. Max. 3, 2 *in.* – **2** der **Fortgang, Verlauf,** civitatum duarum exortus et procursus et debiti fines, Augustin. de civ. dei 1, 35; 10, 32 *extr.*; 18, 1 *in.*

prō-curvo, āre, **vorwärts krümmen,** Stat. Theb. 6, 852.

prō-curvus, a, um, **vorwärts gekrümmt,** falx, Verg. georg. 2, 421: litora, Verg. Aen. 5, 765.

procus, ī, *m.* (proco), der **Freier,** Hor. u. a.: proci loripedes, tardissumi, Plaut.: pr. formosus, Apul.: übtr., impudentes proci, anmaßende, zudringliche Bewerber, Cic. Brut. 330. – ▶ Genet. Plur. procûm, Serv. Tull. bei Fest. 249 (a), 1. Cic. or. 156.

Procyōn, ōnis, *m.* (Προκύων), eig. Vorhund, ein Gestirn, und zwar teils der **kleine Hund,** rein lat. Antecanem od. Antecanis, weil er vor dem (großen) Hund aufgeht, teils sein hellster Stern, Cic. de nat. deor. 2, 114. Hor. carm. 3, 29, 18 u. a.

prōd, s. prōde.

prōd-ambulo, āre, **vorgehen, vorspazieren,** Ter. adelph. 766 (Fleckeisen u. Dziatzko prodeambulo).

prōde, abgek. prod = pro (Charis. 236, 29), in der Verbindung prode est, prode esse, in der Itala der Bibel (s. Rönsch Itala p. 468): prode erit, Gromat. vet. 36, 34 u. prod in der Zusammensetzung prodes, prodest usw. (v. prosum). – Kompar. prodius s. bes.

prōdeambulo, s. prōd-ambulo.

prō-dēcessor, ōris, *m.*, der **Vorgänger** im Amt, Symm. relat. 25, 3; 33, 2. Cassiod. var. 4, 44, 1 M.

prōd-eo, iī, itum, īre, **vorgehen, I** mit Rücksicht auf den *terminus a quo* = **hervorgehen, herauskommen, A** eig. u. übtr.: **1** eig.: **a** übh.: nemo huc prodit, Ter.: obviam mihi est proditum, Cic.: prodire ex portu, Caes.: ab aggeribus (Gräbern), Arnob.: utero, Ov.: in contionem, s. cōntio: in publicum, ausgehen, sich öffentlich zeigen, Cic.: so auch bl. prodire, Ter. u. Liv.: in proelium, Caes.: in funus, mit zum Begräbnis gehen, Ter. u. Cic. – **b** in einem Beruf öffentlich **auftreten,** als Schauspieler, Künstler usw., in scaenam, Cic. u. Suet.: in scaenam saltandi cantandive causā, Macer dig.: proditurum se hydraulam et choraulam et novissimo die histrionem, Suet.: prodit in tragoedia (Iuppiter), hat seinen Platz, seine Rolle, Plaut. Amph. prol. 93: als Zeuge, Cic. Rosc. Am. 100. – **2** übtr., v. Pflanzen usw., **hervorkommen, -wachsen, aufkeimen,** Scriptt. r. r.: von Tränen, lacrimae saepicule de gaudio prodeunt, Apul. met. 1, 12. – **B** bildl.: **a zum Vorschein kommen,** sich **zeigen,** consuetudo prodire coepit, Cic.: cum tot prodierint pretio leviore colores, aufgekommen sind, Ov. – **b hervorgehen** = **werden** zu usw., prodis ex iudice Dama turpis, wirst aus dem Richter (Geschworenen) zum eklen Dama (= aus einem musterhaften Bürger zum ekelhaften, schmutzigen Sklaven), Hor. sat. 2, 7, 54 *sq.* – **II** mit Rücksicht auf den *terminus ad quem* = **vorwärts-, vorgehen, -rücken, A** eig. u. übtr.: **1** eig.: longius, Caes.: tantum pr. volando, quantum, Verg.: ad fauces, v. Schiffen, Caes. – **2** übtr., v. Erhöhungen usw., **vortreten, vorragen,** rupes prodit in aequor, Verg.: immodico prodibant tubere tali, Ov.: in angulos prodeunte rostro, Plin. – **B** bildl.: est quādam prodire tenus, si non datur ultra, Hor.: sumptu extra modum, das Maß überschreiten, Cic.: *impers.*, ne ad extremum prodeatur, man aufs Äußerste gerate (im Reden), Cic. – ▶ Vulg. Fut. prodiet, Itala Isai. 2, 3 (b. Augustin. de civ. dei 10, 32, 2. p. 457, 25 D.[2]) u. a. Eccl.: prodient, Mart. Cap. poët. 9. § 914. Lact. 7, 16, 14 u. a. Eccl. Vgl. Rönsch Itala p. 293. – Archaist. prodinunt = prodeunt, Enn. ann. 156; vgl. Fest. 299 (a), 22.

prodīcia, ae, *f.* (pro u. dico), die **Angeberin, Verräterin,** Tert. ad nat. 1, 7.

prō-dīco, dīxī, dictum, ere, einen Termin weit hinaus bestimmen, **weiter hinaussetzen, verschieben, verlegen** (s. Drak. Liv. 2, 61, 7 u. 8. Nipperdey Tac. ann. 2, 79), diem, Liv.: diem longiorem, Liv.: reo et accusatoribus diem, Tac.: diem trinum nundinum, Cic.: diem in VIII Id. Febr., diem in Quirinalia, Cic.: alci calendas, als Termin ansetzen, Gell. – ▶ Cic. de nat. deor. 2, 7 alle Hdschrn. praedici, u. Cic. de div. 1, 93 alle Hdschrn. praedicunt.

prōdictātor, ōris, *m.*, besser **pro dictatore,** der **Stellvertreter des Diktators,** prodictatorem populus creavit Q. Fabium Maximum, Liv. 22, 8, 6; vgl. Liv. 22, 31, 11 (wo pro dictatore steht).

prodictio, ōnis, *f.* (prodico), das **Verschieben, Verlegen** eines Termines, Fest. 253 (b), 29.

Prodicus, ī, *m.*, ein griech. Sophist aus Keos, Zeitgenosse des Sokrates, der für den Erfinder der bekannten Erzählung von Herkules am Scheideweg gehalten wird, Cic. Brut. 30; de nat. deor. 1, 118. Quint. 3, 1, 12. Min. Fel. 21, 2.

prōdigālitās, ātis, *f.* (*prodigalis, v. prodigus), die **Verschwendung,** Auct. decl. in Catil. 9. Boëth. Aristot. top. 6, 6: Ggstz. avaritia, Ps. Sen. rem. fort. 10, 6 (Sen. op. ed. Haase vol. 3. p. 452).

prōdigē, *Adv.* (prodigus), **verschwenderisch,** non possunt non prodige vivere, Cic. Phil. 11, 13: spargere, Sen.: uti alqa re, Sen.

prōdigentia, ae, *f.* (prodigo), die **Verschwendung,** opum, Tac. ann. 6, 14 u. a.

prōdigiālis, e (prodigium), **I Unnatürliches-, Ungünstiges abwendend,** davor **schützend,** Iuppiter, Plaut. Amph. 739. – **II ungeheuerlich** = unnatürlich, wunderbar, abenteuerlich, res, Amm.: prodigiale, *adv.*, Stat.

prōdigiāliter, *Adv.* (prodigialis), **ungeheuerlich** = **unnatürlich,** wunderbar, auf seltsame Art, Hor. de art. poët. 29. Colum. 3, 3, 3. Arnob. 1, 16 u. a. Eccl.

prōdigiātor, ōris, *m.* (prodigium), der **Wunderzeichendeuter,** Fest. 229 (a), 29.

prōdigiōsē, *Adv.* (prodigiosus), **ungeheuerlich** = auf seltsame-, unnatürliche Art, Plin. 11, 204 u. a.

prōdigiōsus, a, um (prodigium), **ungeheuerlich** = **unnatürlich, seltsam, abenteuerlich,** Ov., Quint. u. Tac.: quo nihil prodigiosius passa est Romana res publica, Treb. Poll.

prōdigitās, ātis, *f.* (prodigus), die **Verschwendung,** Lucil. 257. Acro Hor. sat. 2, 3, 28.

prōd-igium, iī, *n.* (eig. prōd-agium, das Vorhersagen, zu aio aus *agjo), eine hervorgetretene, meist Unglück bedeutende Erscheinung, das **Wunderzeichen, I** eig.: ex quo illa ostenta, monstra, portenta, prodigia dicuntur, Cic.: prod. laetum, Plin.: prodigiorum interpres, Val. Max.: multa eo anno prodigia evenere, Tac.: prodigia procurare, Liv.: prodigia suscipere curareque, Liv.: multa prodigia eius vim declarant, Cic.: orta ex ea (egestate) fames in prodigium accipiebatur, Tac. – **II** übtr., **a** jede widernatürliche, gegen das Gefühl gehende Handlung, die **Ungeheuerlichkeit,** non mihi iam furtum, sed monstrum ac prodigium videbatur civitatum frumentum improbare, suum probare, eine Unnatürlichkeit und Ungeheuerlichkeit (eine unnatürliche u. ungeheuerliche, unheilvolle Tat), Cic. Verr. 3, 171. – **b** das **Ungeheuer,** pr. triplex, v. Zerberus, Ov.: illud palaestricum prodigium, Claud. or. fr.: dah. fatale portentum prodigiumque rei publicae, v. Klodius, Cic.: monstrum atque prodigium, Cic. – ▶ Im Vulgärlat. *masc.*, hunc prodigium, Fortunat. art. rhet. 3, 4. p. 123, 10 H.

prōd-igo, ēgī, ere (pro u. ago), **I hervortreiben,** pullos cum matribus in pabulum, Varro: sues in limites lutosos, Varro. – **II forttreiben;**

dah. übtr., A **vertun,** d. i. a **verschwenden,** α Hab u. Gut, suum, Plaut.: aliena, Sall.: bene parta, Sall. fr.: opes, Suet.: sumptibus sua, Tac.: pecuniam domini per luxuriam, Hieron.: absol., fruimini, dissipate, prodigite, Auct. inc. pan. Constant. 14, 6. – β das Leben usw., illi prodigere vitam pro victoria contendentes, Amm. 16, 12, 50: singulos artus suos fortunae prodigendos dare quaestu atque compendio gloriarum, Gell. 2, 27, 5. – b **verbrauchen, verzehren,** Plebiscit. b. Modestin. dig. 1, 18, 18. – B **vertreiben, verscheuchen,** soporem, Tert. de anim. 48. – ► Partiz. prōdāctus erst Tert. de anim. 48; de pudic. 8; apol. 18; adv. Marc. 5, 6.

prōdigus, a, um (prodigo), **verschwenderisch,** I eig. u. bildl.: a eig., Cic. u. a.: si mentitur prodigus liberalem, den Freigebigen spielt, Sen. – m. folg. *Genet.*, peculii sui, Plaut.: aeris, Hor. – b bildl., m. *Genet.*, prodigus animae, der sein Leben dahingibt, nicht achtet, Hor.: arcani, das Geheimnis preisgebend, ausplaudernd, Hor.: u. so lingua secretorum prodiga, Heges.: prodigus suae alienaeque pudicitiae, Vell.: m. *in* u. Akk., libidines in cibos atque in Venerem prodigae, ausschweifende Nahrungs- u. Geschlechtstriebsgelüste, Gell. 19, 2, 3: m. *in* u. Abl., quod in honoribus decernendis essem nimius et tamquam prodigus, Cic. ep. ad Brut. 1, 15, 3: absol., quorum lingua tam prodiga infrenisque sit, ut etc., Gell. 1, 15, 17. – II übtr., 1 **reich, Überfluss habend,** tellus, Ov.: locus prodigus herbae, Hor. – 2 **reichlich, groß, stark,** odor, Plin.: alvus, weit, groß, dick, Auson. – 3 **Verschwendung-,** viele Kosten verursachend, **kostspielig,** res, Plin.: cupiditates, Claud. Mam.

prōdiguus, a, um (prodigo), **was verzehrt wird,** Veran. b. Fest. 250 (b), 9.

prōdinunt, s. prōd-eo ►.

1. prōditio, ōnis, *f.* (prodo), I das **Verraten,** A die **verratende Anzeige,** unius ex collegio, Liv.: arcanorum, Plin.: auctorem proditionis (der indiskreten Mitteilung) iussit occīdi, Spart. – B der **Verrat,** das **verräterische, treulose Preisgeben,** urbium suarum, Liv.: patriae, Gell.: amicitiarum proditiones et rerum publicarum, Cic.: proditionem facere, Liv.: alci proditionem agere, für jmd. V. anzetteln, Tac.: multorum in nos perfidiam, insidias, proditionem notabis, Cic. – II der **Aufschub,** das **Aufschubsrecht,** Cato bei Fest. p. 242 (b), 17.

2. prōditio, ōnis, *f.* (v. prodeo), die **Erscheinung,** Sidon. epist. 5, 13, 4: coloris, Macr. sat. 7, 10, 1.

prōditor, ōris, *m.* (prodo), der **Verräter,** patriae, Cic. u. (Ggstz. servator) Tac.: ille vetus proditor consulis, Cic.: pr. disciplinae, Liv. – übtr., risus latentis puellae proditor, Hor. carm. 1, 9, 21.

prōditōrius, a, um (proditor), **verräterisch,** gladius, Augustin. serm. 161, 3 Mai.

prōditrīx, trīcis, *f.* (Femin. zu proditor), die **Verräterin,** patris, Lact. 1, 10, 9: numinum, Serv. Verg. ecl. 8, 30: v. Abstr., fama pr., Prud. perist. 1, 11.

prōdius, *Adv.*, **weiter, näher,** deinde accedit prodius, Varro sat. Men. p. 235, 5 R. (aus Non. 47, 16); Bücheler (574) propius.

prō-do, didī, ditum, ere, I **hervorgeben, -bringen, -tun,** A im Allg.: anima extra prodita, Lucr.: pr. alto suspiria pectore, Ov.: pr. fumoso condita vina cado, Ov.: Medusae squalentia prodidit ora, zeigte, Ov. – B insbes.: 1 **zur Welt bringen, hervorbringen,** parvā prodite patriā, Acc. tr. fr.: ex eadem domo et gente proditi, ICt. – übtr., vom Boden, **aus sich hervorsprießen lassen,** fetum olivae, Ov. – 2 zur öffentlichen Kenntnis bringen, a zur Achtgebung, Warnung usw. **aufstellen, bekanntmachen,** decretum, Cic.: exemplum, statuieren, Liv.: übtr., exemplum perniciosum, turpe, anderen geben, Cic. u. Vell. – b als publiz. *t. t.*, jmd. (zu einem Amt) **ernennen,** alqm consulum rogandorum ergo, Cic.: bes. flaminem, interregem, Cic. – c als Erzähler, Geschichtschreiber **berichten, melden,** falso proditum esse, Liv.: utrumque auctores prodidere, Tac.: sicut proditur, Liv.: quae scriptores prodiderunt, Cic.: m. folg. *Acc.* u. *Infin.*, Tac. ann. 12, 67 u. 15, 16: proditur (es wird berichtet, erzählt, es heißt) m. *Nom.* u. *Infin.*, Iustin. 28, 4, 14 u. 44, 4, 12. – d Verborgenes od. Geheimes **mitteilen, entdecken, verraten,** conscios, Cic.: commissa, Hor.: secretum uxori, Suet.: crimen vultu, Ov.: v. Lebl., gaudia prodens vultus, Hor. sat. 2, 5, 104: servabam vultus ducis ac prodentia sensum lumina, Sil. 6, 384: cum turbato iam prodita voltu ira ducis tandem testata est voce dolorem, Lucan. 3, 356. – 3 treulos, verräterisch **in die Hände spielen, übergeben, ausliefern, verraten,** anui filiam planissime (auf Gnade u. Ungnade), Ter.: classem praedonibus, Cic.: supplicem, Nep.: verb. alqm proicere (preisgeben) ac prodere, prodere et proicere, Caes. u. Cic. – u. wie **verraten** übh. = der Gefahr **preisgeben,** alqm ad mortem, Verg.: commilitones ad caedem, Liv.: alqm in omnes cruciatus, Liv.: verb. proicere ac prodere ad inconsultam atque improvidam pugnam legiones, leichtsinnig preisgeben, Liv. – urbem, Liv.: patriam, Liv.: ne fortunas meas, ne unicam filiam tam temere proderem, Cic.: vitam et pecuniam, Ter.: caput et salutem alcis, Cic.: utilitatem communem, Cic.: libertatem, Liv.: officium, Cic.: fidem, sein Wort brechen, Sall.: alvum, den Magen verderben, Plaut.: prodita iudiciis fallacibus, Lucr. – II **weitergeben, -gehen lassen,** A **ausdehnen, fristen,** illi prodit vitam ad miseriam, Plaut. trin. 340. – B **verschieben, weiter hinaussetzen,** porro diem, Lucil. 214: diem militibus legionis III., Cato oratt. 72, 12 (b. Fest. 242, 16): diem nuptiis, Ter. Andr. 313. – C **übergeben, überliefern, hinterlassen,** sacra suis posteris, Cic.: ius imaginis ad memoriam posteritatemque prodendae, Cic.: regnum a Tantalo proditum, Cic. – bes. schriftlich, nostrae amicitiae memoriam, Cael. in Cic. ep.: exercitus memoriam, Caes.: de Magonis interitu duplex memoria prodita est, ist eine doppelte Erzählung überliefert worden, Nep.: memoriae prodere, schriftlich hinterlassen, -überliefern, sermonem eius, Cic.: u. so memoriae prodiderunt m. folg. *Acc.* u. *Infin.*, Cic. u. Nep.: und memoriae proditur m. folg. *Acc.* u. *Infin.*, Tac. u. Liv.: multos deerrasse memoria prodidit, Colum.: quos natos in insula ipsi memoriā proditum (mündlich überliefert) dicunt, Caes.: so auch quod memoriā proditum, quod est memoriā proditum ac litteris, Cic. – D **fortpflanzen,** genus a sanguine Teucri, Verg. Aen. 4, 231. – ► Archaist. Konj. Perf. produit, Fest. 229 (a), 16.

prō-doceo, ēre, **öffentlich-, laut lehren, laut predigen,** Hor. ep. 1, 1, 55.

prō-dormio, īvī od. iī, īre, **fortschlafen,** Fronto ep. ad M. Caes. 1, 5. p. 13, 8 N. u. 5, 22. p. 82, 16 N.

prodromus, ī, *m.* (πρόδρομος), der **Vorbote, Vorläufer,** I eig.: Pompeiani prodromi, die Sendlinge, Agenten des P., Cic. ad Att. 1, 12, 1. – II übtr.: 1 prodromi, eine Art **Nordnordostwinde,** die acht Tage vor Aufgang des Hundssterns wehen, Cic. ad Att. 16, 6, 1. Colum. 11, 2, 51. Plin. 2, 123 u. 16, 113. Apul. de mund. 14. Amm. 22, 15, 7. – 2 eine Art frühzeitiger Feigen, Plin. 16, 113.

prō-dūco, dūxī, ductum, ere, **vorwärts führen, -ziehen, vorführen, -ziehen, fortführen, -ziehen,** I im Allg., **vorwärts-, vorführen** = **hervorführen, hinführen, -bringen,** A eig.: a übh.: ante aedes huc foras, Plaut.: aegrotum ultra muros, Cael. Aur.: alqm e latebris, Petron.: equos, iumenta (aus der Stadt h.), Caes. – v. Lebl., vasa ad solem, an die S. bringen, Colum.: scamnum lecto, vor das Lager bringen, Ov. – poet., vocem (Ggstz. continere vocem), Sen. poët. – b als milit. *t. t.*, Truppen **ausrücken lassen,** mit Tr. **ausrücken,** castris omnem exercitum, Plaut.: copias pro castris, Caes.: copias in aciem, Galba in Cic. ep.: exercitum in aciem, Nep.: pr. aciem, Iustin. – c als publiz. *t. t.*, öffentlich **vorführen,** α = **auftreten lassen, stellen,** in der Volksversammlung, vor Gericht usw. (bes. von den Volkstribunen, die Bürger u. Magistrate in die Komitien vorführen, um ihre Meinung in etwas abzugeben, Zeugnis abzulegen u. dgl.; vgl. Ellendt Cic. Brut. 217), alqm in conspectum populi Romani, Cic.: alqm in contionem, Cic. u. a.; u. dass. bl. alqm pr., Cic. u. Sen.: alqm ad populum, Liv. (s. Duker Liv. 45, 2, 6): pr. harum rerum omnium auctores testesque, Cic.: alqm testem in Sestium, Cic.: pr. testem in iudicium, Cic.: Kinder u. Verwandte, um Mitleid zu erregen, pr. puerum, Cic. (u. so is, quem sui simillimum produxit, v. Sohn des Verres, Cic. II. Verr.. 1, 32): pr. pignora reorum, Quint.: pueros in epilogum, Quint. – β aus dem Gefängnis **vorführen,** gladiatores ad forum, Caes. – alqm catenatum, Suet.: alqm capite involuto ad necem od. ut securi feriatur, Cic. – **γ** einen Schauspieler, Gladiator, Wettrenner auf die Bühne, in den Zirkus (die Arena) **vorführen, die Bühne** usw. **betreten lassen, auftreten lassen,** alqm, Cic. u. Suet.: equites Romanos matronasque ad agendum mimum in scaenam, Suet. – in circo aurigas cursoresque et confectores ferarum, Suet.: veluti fatalis arenae muneribus non ira vetus concurrere cogit productos, Lucan. – u. etw. **auf die Bühne bringen,** obscoenitates in scaenam usque productae, Sen. nat. qu. 1, 16, 1. – **δ** übh. zur Schau **vorführen,** Armeniae regem, Suet. – **ε** zum Verkauf **vorführen, auf den Markt bringen,** ancillam, Ter.: familiam alicuius venalem, Suet.: omnes (servos) produxi ac vendidi, Ter. – **d** jmd. od. etw. geleitend **fortführen, α** übh. **auf den Weg bringen, begleiten,** alqm, Ter.: alqm rus, Ter.: alqm ad balneas, Apul. – **β** eine Leiche **geleiten,** alqm funere, Verg.: longum funus ad tumulos, Lucan.: nigrae sollemnia pompae, Stat. – **e** durch List usw. jmd. **hervorbringen, -locken, fortlocken,** alqm dolo in proelium, Nep.: cuius notitiā productus (Pompeius), sich herauszuwagen veranlasst, Caes.: pr. fugā vehementi Volusenum longius, Hirt. b. G. – **f** jmd. als Teilnehmer an einem Unternehmen **zuführen, stellen,** quos singuli binos produxerant, Suet. Oth. 5, 2.

B bildl., etw. **vor** jmd. **bringen,** jmdm. **entdecken,** occulta ad patres crimina, Iuven. 8, 226.

II prägn.: **A** eig.: **1 weiter vorführen, vorschieben,** paululum cornu, Liv.: mediam aciem, Frontin.: unam navem longius, Caes. – **2** gewaltsam **vorwärtsziehen, mit fortziehen,** cunctantem bovem (Ggstz. procurrentem retrahere), vom anderen Jochstier, Colum. 6, 2, 9. – **3 in die Länge ziehen, dehnen, ausdehnen, a** übh.: dentibus pelles, Mart.: ferrum incude, Iuven. – **aufwärts-, emporziehen,** supercilium acu, Iuven. – in die Länge bilden, **ziehen,** lineas ex argento nigras, Plin. – **b** in der Aussprache **ziehen, dehnen** (Ggstz. corripere), primam litteram, Cic.: syllabam, Quint. u. Gell.: fiat ut *producatur* (syllaba), quae nunc *correptius exit,* Ov.: *subicit* verbum produci a plerisque audio, Gell.: neque ›ob‹ neque ›sub‹ praepositio producendi habet naturam, Gell.: *neutr. pl.* subst., producta breviare (Ggstz. brevia producere), Hieron. in Paul. epist. ad Tit. 3, 9. – **4** übtr., **a hervorbringen, erzeugen, erschaffen,** filiam, Plaut. rud. 1173: liberos, Lucil. 679: m. dopp. *Acc.,* magnanimos nos natura produxit (hat erschaffen), Sen. ep. 104, 23. – im Bild, nova (= nova vocabula), quae genitor produxerit usus, Hor. ep. 2, 2, 119. – **b hervorsprießen lassen,** cum folia producere incipiunt fici, Pallad. 4, 10, 30. – **c hervortreiben,** corpora mortua partu, abtreiben, Ser. Samm. 647: continet vocem timor, quam nunc fides pietasque produxit tua, hervorgelockt hat, Sen. Octav. 736 (751) *sq.* – **d** das **Wachstum** von etw. **befördern,** cibi carnem producentes, Cels. 8, 10. *no.* 7. – **e großziehen, aufziehen, erziehen, α** leb. Wesen, audientem dicto filiam, Plaut.: filiolam turpem, Iuven.: illud scelus, Ter.: subolem, Hor.: principes liberos, Tac.: laevo monitu pueros avaros, Iuven. – **β** Pflanzen, arborem, Hor. carm. 2, 13, 2. – **f** etw. der Zahl, Summe nach wachsen lassen, **erhöhen,** quaedam legata ad vicena sestertia, Suet. Aug. 101, 3. – **B** bildl.: **1** jmd. **vorwärts-, fortführen, dahin-, dazu bringen,** quoniam unā cum oratoris officiis producti sumus, ut de orationis partibus loqueremur, Rhet. Her.: ut productus studio et viribus ultra facile procurras, *ibid.:* nullā sponsione ad hoc productus, Plin. – **2 vorwärts-, emporbringen, auszeichnen, befördern,** alqm ad dignitatem, Cic.: alqm ad magna et honorata ministeria, Curt.: alqm omni genere honoris, Liv.: u. bl. pr. alqm, Cic., Sen. u. a.: quos producunt divitiae, groß machen, Lucil. fr. – **3** etwas der Zeitdauer nach **hinziehen, a** = **fortdauern lassen, verlängern,** convivium ad multam noctem vario sermone, Cic.: sermonem longius, in multam noctem, Cic.: producere vitam, sein Leben fristen, Tac.: somnum ultra primam lucem, Sen.: poet., te vivae producent lucernae, dum etc., mögen währen lassen, Hor. – **b** auf eine andere Zeit **verschieben, aufschieben,** rem in hiemem, Caes. – und dah. **c** jmd. **hinziehen, aufhalten,** alqm lactare et falsā spe pr., Ter.: condicionibus hunc, quoad potest, producit, Cic. – **4** eine Zeit **hinziehen** = **verstreichen lassen, hinbringen** (s. Spengel Ter. adelph. 591), cyathum sorbillans paulatim (gemütlich) hunc producam diem, Ter.: pr. nimio noctem vino, Mart.: iucunde cenam illam, Hor. – ► Imper. produc, Sen. exc. contr. 3. prooem. § 13. – Archaist. *Infin. Perf.* produxe, Ter. adelph. 561.

prōductē, *Adv.* (productus), **I gezogen, gedehnt** (Ggstz. breviter, correpte), producte dici (v. Buchstaben, Ggstz. breviter dici), Cic. or. 159: producte dicere syllabam (pro), Ggstz. correpte dicere, Gell. 2, 17, 5: aut hoc correpte aut hoc producte, Donat. Ter. Andr. 5, 4, 43: producte enuntiari, Vel. Long. 57, 5 K.: ea syllaba productius latiusque paulo pronuntiata, Gell. 4, 17, 8: productius aut coëuntibus labellis natura soni pressior altius meabit, Ter. Maur. 144. – **II anhaltend, ausdauernd,** docuit parcius vivere, docuit productius ieiunare, Augustin. de civ. dei 1, 10 *extr.*

prōductilis, e (produco), **von getriebener Arbeit,** duo Cherubim aurei et productiles, Vulg. exod. 25, 18: tubae pr., Vulg. Sirach 50, 18.

prōductio, ōnis, *f.* (produco), **I** das **Hervorführen, Ausrückenlassen,** utriusque exercitus, Dict. 2, 38. – **II** die **Ausdehnung,** die **Verlängerung, a** eines Wortes durch Ansatz einer Silbe, Cic. top. 36. Gell. 11, 15. § 6 u. 8. – **b** einer Silbe in der Aussprache, das **Ziehen,** die **Dehnung,** Ggstz. contractio, Cic., Ggstz. correptio, Varro LL. u. Quint. – **c** einer Zeit, das **Hinausschieben,** pr. temporis, Cic. de fin. 3, 45: vitae huius pr. temporalis, Augustin. serm. 140, 16. – **III** als *t. t.* der Musik = τόνος, der gezogene **Ton,** Mart. Cap. 9. § 933 (auch im Plur.).

prōductīvus, a, um (produco), **zur Verlängerung geeignet,** nomina, Cassiod. hist. eccl. 1, 14.

prōducto, āre (*Frequ.* v. produco), **hinziehen,** dicam aliquid me inventurum, ut huic malo aliquam productem moram, Ter. Andr. 615 Fl. u. Meissn. (mit Donat.; aber Klotz u. Spengel mit den Hdschrn. producam).

prōductus, a, um, *PAdi.* (produco), **I** *adi.* = **ausgedehnt, ausgestreckt, verlängert, a** im Raum: sed tum (digitus) paulo productior (vgl. vorher medius digitus in pollicem contrahitur), Quint.: productiore (ibat manus equitum) cornu sinistro, Tac.: productissimum sarmentum, flagellum (Ranke), am meisten in die Höhe geschossen, Colum.: neve *minor* neu sit quinto *productior* actu fabula, Hor. – v. Wörtern, nomen, (durch eine Nachsilbe) verlängert, Cic., und in verlängerter Form abgeleitet, Cic. – v. Buchstaben u. Silben, in der Aussprache **gezogen, gedehnt** (Ggstz. correptus, brevis), littera, Cic.: extrema (syllaba) producta atque longa, Cic.; vgl. productiora alia et quasi excurrentia (Ggstz. mutila quaedam et quasi decurtata), Cic.: ›con‹ syllabam productam pronuntiare, Gell.: *obiciebat* o litterā producta multos legere audio, Gell. – **b** in der Zeit, sich **hinziehend, sich in die Länge ziehend,** exitus (orationis), Cic.: dolores longinquitate producti, Cic. – **II** *subst.,* prōducta, ōrum, *n.* (προηγμένα), bei den Stoikern, **vorzüglichere Dinge,** die zwar nicht das Gute ausmachen, aber doch anderen, wenn man die Wahl hat, vorzuziehen sind (wie Gesundheit, Schönheit usw.), Cic. de fin. 3, 52. Sen. ep. 74, 17.

prō-duovir (abgek. pro II vir), virī, *m.,* der **Stellvertreter des Duovirs,** CIL 5, 7914.

prōdux, ducis, *m.* (produco), der (wachsen gelassene) **Senker,** Tert. de carne Chr. 20.

proebia, ōrum, *n.,* s. praebia.

proēgmena, ōrum, *n.* (προηγμένα) = producta (s. prōductus *no.* II), Cic. de fin. 3, 15.

proeliālis, e (proelium), **zum Treffen gehörig,** certamen, eine förmliche Schlacht, Heges. 1, 14, 2. Vgl. proeliaris.

proeliāris, e (proelium), **zum Treffen gehörig,** pugnae, förmliche Schlachten (keine Scharmützel), Plaut. Curc. 573: acies, Apul. met. 3, 6 *in.:* copiae, die Schlachthaufen, Ambros. de vid. 8, 50: dea, Schlachtengöttin (Minerva), Apul. 10, 31: temptamenta, Heges. 3, 6, 2: dies, Schlachttage = solche Tage, an denen es erlaubt war zu kämpfen, Paul. ex Fest. 226, 17. Macr. sat. 1, 16. § 3. § 15. § 24 (wo überall *cod. P* proeliales dies).

proeliātio, ōnis, *f.* (proelior), das **Kämpfen,** nostra inter nos pr., Iul. Val. 3, 8 (4).

proeliātor, ōris, *m.* (proelior), der **Streiter, Krieger,** Val. Max. 3, 2, 24. Tac. ann. 2, 73 u. dial. 37: elephantus dux belli et proeliator insignis fuit, Iustin. 15, 4, 19. – attrib., pr. miles, Apul. flor. 16. p. 20, 19 Kr. Amm. 19, 7, 8 u. 23, 5, 24: vir proeliator, ein geübter Kriegsmann, Vulg. Isai. 42, 13.

proelio, āre = proelior, Enn. fr. scen. 5.

proelior, ātus sum, ārī (proelium), **ein Treffen liefern, fechten,** ad Syracusas, Cic.: centies vicies, Plin.: pr. pedibus (zu Fuß), Caes., curru (zu W.), Tac.: eminus, Auct. b. Alex.: cum equitibus, Caes.: contra pedites, Hirt. b. G.: inter se et cum alteris (v. Bienen), Plin.: absol., dies proeliandi, Auct. b. Afr.: lassus proeliando, Auct. b. Alex. – unpers., primum adversus Cantabros sub moenibus Bergidae proeliatum, Flor. 4, 12, 49. – in quo (bello) diu et variā victoriā proeliatum fuit, Iustin. 19, 1, 9. – übtr., sic acriter et vehementer proeliatus sum, ich habe so hitzig u. ernstlich (vor Gericht) gestritten, Cic. ad Att. 1, 16, 1: proeliatus est (Demosthenes) cum rerum natura et quidem victor abiit, Val. Max. 6, 7. ext. 1: ibi armantur ingenia, hic proeliantur, Eumen. pro rest. schol. 2, 4: im obszönen Sinne, totā nocte fortiter et ex animo proeliabor, Apul. met. 2, 10 *extr.*

proelium, iī, *n.*, der **Kampf, I** eig. u. übtr.: **a** eig., das **Treffen, Gefecht,** die **Schlacht,** locus proelii, Tac.: pr. equestre, Caes., equestre ac pedestre, Suet.: pr. terrestre, navale, Nep.: proelia parvula, Caes.: proelium anceps, Liv.: singulare, Zweikampf, Auson.: proeliorum periti rectores, Amm.: proelium audere, Tac.: proelium committere, s. com-mitto *no.* II, 1, a: pr. conserere, Liv.: pr. conferre, Liv.: pr. facere, Cic., Sall. u. a.: proelium agere, Liv., od. pugnare, Sall.: pr. miscere, Prop.: proelio decertare, Cic., dimicare, Iustin.: proelium accendere, Liv.: pr. edere, Liv.: pr. ciēre, Liv.: pr. incipere, Liv.: pr. redintegrare, Caes.: pr. renovare, restituere, Liv.: pr. extrahere prope ad noctem, Liv.: pr. per diem totum infeliciter tolerare, Liv.: proelium depugnare (auskämpfen), Plaut.: pr. profligare, Liv.: pr. sedare, Liv.: pr. dirimere, Liv.: proelium finire, Vopisc.: proelio abstinere, Caes. u. Lact.: milites in proelium ducere, Liv.: inducere primi agminis cohortes in proelium, Liv.: hostem elicere ad proelium non posse, Liv.: ire in proelium, Liv.: proelium inire, Liv.: proelium inire cum alqo (v. Zweikampf), Liv.: proelium obire, Apul.: proelium egredi, Iustin.: proelio excedere, Sall.: proeliis secundis uti, Cic. – **b** übtr., vom Wortkampf, proelia meā causā sustinere (bestehen), Cic. ep. 9, 11, 2: scherzh. v. Gefecht gegen die Speisen, sed quid cessamus proelium committere, einzuhauen, Plaut. Pers. 112; vgl. Plaut. Men. 185. – v. Kampf der Winde, Verg. georg. 1, 318. – **II** meton.: **1** der **Kampf** = der Krieg, z. B. eventus proelii, Iustin. 2, 6, 16: proelium Marcomanicum, Vopisc. Aur. 21, 5: adversum Siciliae proelium, Iustin. 5, 1, 4: id proelium, quod Camilli ductu gestum est, Frontin. 2, 6, 1: proelium reparare, Iustin. 3, 6, 7. – **2** proelia, die **Kämpfer, Krieger,** armigera proelia sevit humo, Prop. 3, 11, 10.

Proetus, ī, *m.* (Προῖτος), König in Tiryns, Bruder des Akrisius, Ov. met. 5, 238 *sqq.* – Dav. **Proetis**, idis, *f.*, die Prötide (Tochter des Prötus), Plur. Proetides, die im Wahnsinn sich für Kühe hielten, Verg. ecl. 6, 48.

profānātio, ōnis, *f.*, (profano), die **Verweltlichung, Entheiligung,** Tert. de idol. 18.

profānātor, ōris, *m.* (profano), der **Entheiliger,** Cod. Theod. 16, 5, 9. Prud. apoth. 178. Augustin. de civ. dei 18, 45 u. qu. euang. 2, 33.

profānē, *Adv.* (profanus), **unheilig, gottlos,** Lact. 6, 23, 10. Min. Fel. 8, 3.

profānitās, ātis, *f.* (profanus), die **Unheiligkeit,** Tert. de pall. 2. Augustin. c. du. epp. Pelag. 2, 1 u. a. Eccl.

1. **profāno**, āvī, ātum, āre (pro u. fanum), einem Gott etw. vor dem Tempel darbringen, d. i. **weihen, heiligen, opfern** (s. 1. Varro LL. 6, 54), dapem, Cato: urnam vini, Cato: decimam bovum, Fest.: decimam Herculi, Masur. Sabin. fr., Aur. Vict. u. Macr. Vgl. Jan Macr. sat. 3, 6, 11.

2. **profāno**, āvī, ātum, āre (profanus), **profan machen, verweltlichen, entheiligen, entweihen** (s. Macr. sat. 3, 3, 4), **I** eig.: dies festos, sacra, sacerdotes, Liv.: festum, Ov. – **II** übtr.: **1** **entweihen, schänden,** pudorem, Curt.: os, Quint. – **2** ein Geheimnis **offenbaren, entdecken, ausplaudern,** secreta, Apul.: res profanata, Pallad.

profānus, a, um (pro u. fanum, eig. vor dem heiligen Bezirk liegend; dah.), **nicht geheiligt** (s. Macr. sat. 3, 3, 3), **I** im Allg., **ungeheiligt, ungeweiht, unheilig, gemein** (Ggstz. sacer, consecratus), Cic.: res profanae et usu pollutae, Tac.: usus, Plin.: animalia, unreine, Tac.: u. so bubo, avis (d. h. von übler Vorbedeutung), Ov.: honores bello facere profanos, entheiligen, entweihen, Verg. – subst., profānum, ī, *n.*, **Ungeweihtes, Unheiliges, Volksgut** (Ggstz. sacrum), Tac.: so auch Plur. profana (Ggstz. sacra, Heiliges, Altargut), Hor., Curt. u. a.; vgl. Obbarius Hor. ep. 1, 16, 54. – **2** übtr., **gottlos, ruchlos, schändlich** (s. Nipperd. Tac. ann. 14, 2), mens, verba, Ov.: ritus (Plur.), Tac.: odia, Stat.: princeps, Tac.: Phorbas, Ov.: manus profana, Sidon. epist. 3, 12, 1. – subst., profānum, ī, *n.*, das **Gottlose, Schändliche,** profano civilium bellorum, Plin. 16, 7: Plur., cum omnia profana fecisset, Cic. Verr. 4, 122. – **II** insbes., in einen Gottesdienst **nicht eingeweiht, uneingeweiht, ungeweiht** (Ggstz. initiatus), subst., der **Ungeweihte, 1** eig.: oculi, Ov.: procul este, profani, Verg.: orgia, quae frustra capiunt audire profani, Catull.: Cereris ritus vulgare profanis, Ov. – **2** übtr.: **a** v. den in den Musendienst nicht Eingeweihten, pr. vulgus, Hor. u. Gell. – mit *Genet.*, litterarum profani (Ggstz. doctrinā initiati), Macr. u. Min. Fel. – **b** übh., **nicht eingeweiht** in etw., **unbekannt** mit etw., m. *ab* u. Abl., a sacramento veritatis, Lact. 2, 15, 2 u. a.: a veritate, Lact. 2, 16, 13.

profātum, ī, *n.*, s. pro-for.

profātus, Abl. ū, *m.* (profor), das **Aussprechen,** vocis, Sen. u. a.

profectīcius, a, um (proficiscor), **vom Vater** od. **vom Großvater herrührend,** dos, ICt.

profectio, ōnis, *f.* (proficiscor), **I** die **Abreise,** der **Abzug** (eines Heeres), die **Abfahrt** (einer Flotte usw.), Ggstz. remansio, adventus, reversio, auch im Plur., Cic., Caes., Liv. u. a.: repentina profectio Hannibalis *in* Oretanos Carpetanosque, Liv. 21, 11, 13. – **II** übtr., v. Lebl., die **Herkunft,** pecuniae, Cic. Clu. 82.

profectō, *Adv.* (pro u. factus), **zuverlässig, auf alle Fälle, in der Tat, wahrhaftig,** Plaut., Cic. u. a.

profectōria, ae, *f.* (proficiscor), der **Abschiedsschmaus,** profectoriam dare, Hist. Apollon. 25 *in.*

prōfectus, ūs, *m.* (proficio), der **Fortgang,** die **Zunahme,** das **Wachstum,** der **Vorteil,** die **Wirkung,** der **Fortschritt,** der **Erfolg, I** im Allg., Sen., Quint. u. a.: Plur., agrorum profectus, Varro r. r. 1, 2, 23: in similitudine et temporum et profectuum, Vell. 1, 16, 2. – **II** insbes., die **Besserung** des Kranken, Cael. Aur. de morb. acut. 2, 9, 54. – ► Mit verkürztem o bei Auson. edyll. 4, 71. p. 30, 5 Schenkl.

prōfera, ae, *f.* (profero), die **Darstellerin,** v. der Arithmetik (als Göttin), Mart. Cap. 8. § 803.

prō-fero, tulī, lātum, ferre, **vorwärts-, fort-, vorbringen, I** im Allg., von od. aus einem Ort **fort-, hervor-, hertragen, fort-, hervor-, herbringen, -holen, 1** eig. u. übtr.: **a** übh.: intus pateram foras, Plaut.: nummos ex arca, Cic.: denarios quinque manu suā e peculiaribus loculis, Suet.: ex od. de sarcinula sua librum, Gell. u. Augustin.: pecuniam alci (*sc.* ex aerario), einem, für jmd. hergeben, Caes.; vgl. si tibi minae viginti argenti proferentur, dir da hergebracht werden, Plaut. – commeatus ex agris deviis in viam, vor an die Heerstraße bringen, Liv. – **b** als milit. *t. t.*, aus einem Ort **ausliefern,** arma tormentaque ex oppido, Caes.: ebenso arma proferri, iumenta produci, Caes. – **c** ein Glied des Körpers **vor-, herausbringen, -stecken, -strecken,** caput, Ov.: caput e stagno, Phaedr.: linguam in tussiendo, Plaut.: sinistrum umerum, Quint.: digitum, Cic.: manum, Plaut.: dextram paulum extra sinum, Quint.: pedem alterum longe, Quint. – u. pr. se, **sich** mit dem Körper **erheben,** draco e pulvino se proferens, Suet. – **d** etwas öffentlich hervorbringen, **zeigen, vorzeigen, aufweisen,** pr. in conspectum liberos, Caes.: alterae (tabulae testamenti) eodem exemplo relictae atque obsignatae Alexandriae proferebantur, Caes. – ebenso eine Kunst **produzieren,** artem, Suet. Ner. 25, 1. – u. eine Schrift **veröffentlichen, bekanntmachen,** orationem pr. (Ggstz. orationem custodire), Cic. ad Att. 15, 13, 1. – **e** übtr.: **α** v. Pers., **hervorheben, deutlich ausdrücken,** v. Maler, venas, Plin. 35, 56. – **β** ein Gewächs usw. **wachsen lassen, αα** v. Baum usw., **treiben, ansetzen,** semen, Plin.: nec frondes virides neque umbras, Val. Flacc. – **ββ** v. Klima, **gedeihen lassen,** laurum nitidissimam, Plin. ep. 5, 6, 4. – **2** bildl., **a ans Licht der Öffentlichkeit-, -der Welt bringen, veröffentlichen, bekanntmachen, entdecken** (Ggstz. continere, custodire), **α** übh.: alqd foras, Cic.: alqd in medium, Cic.: secreta animi, Plin. – **β** als Erfinder, **zum Vorschein bringen, ans Tageslicht fördern, produzieren,** vollst. alqd pr. in aspectum lucemque, Cic.: u. bl. pr. artem, Cic. u. Hor.: pr. enses, Tibull.: arte pr. iurgia, Prop. – **b** tätig **der Welt zeigen, betätigen,** pr. ingenium, Tac.: studia sua, Plin. ep.: pr. se, sich vor der Welt zeigen, sich hervortun, bekanntmachen, Sen. u. Plin. ep. – **c hervorziehen, befördern,** alqm ad studia vulgi, der Zuneigung des Volkes empfehlen, Tac. ann. 12, 3: alqm ad famam, in Ruf bringen, einen Namen machen, Tac. ann. 16, 18. – **d** mündlich **vortragen,** prolata oratio, Donat. Ter. Andr. prol. 12. – **e** erwähnend, anführend **offen** vor allen **aussprechen, vor Augen stellen, darstellen, vorbringen, erwähnen, anführen,** verb. alqd profiteri et in medium pr., alqd commemorare et in medium pr., Cic.: nominatim multos, Cic.: memoriter progeniem suam ab avo, Ter.: exempla ominum nota, Cic.: alias causas, Tac.: testes, Cic.: Fabricios alci auctores, Cic. **II** prägn.: **A vorwärts-, weitertragen, -rücken, -setzen, 1** eig.: **a** übh.: gradum, vorwärtsschreiten, Plaut. Men. 754: gradum pedum, Enn. fr. scen. 213: u. so passus, Lucr. 4, 874 (877): u. unde pedem, frei u. ungehindert vorwärtsschreiten (bildl.), Hor. de art. poët. 135. – **b** als milit. *t. t.*: signa, die F. weitertr., vorrücken lassen, sich in Marsch setzen, Liv. 4, 32, 10 u. a. – inde castra, mit dem L. weiterrücken, aufbrechen, Liv. 10, 33, 7. – arma longius ab urbe, weiter von der St. vordringen, Liv. 7, 32, 6: arma in Europam, nach Eur. vordringen, Curt. 7, 7 (30), 13. – **c** übtr., seiner Ausdehnung nach etwas **vorrücken, weiter hinausrücken, weiter ausdehnen,** fines agri publici paulatim, Liv.; vgl. im Bild, fines officiorum paulo longius, quam natura velit, Cic.: pomerium, Liv.: munitiones, castra, Caes. – u. d) *t. t.* der Schiffersprache, in contrarium navigare prolatis pedibus, beim Wind segeln, Plin. 2, 128: dass. prolato pede transversos captare notos, Sen. Med. 321. – **2** bildl.: **a** der Zeitdauer nach **verlängern, ausdehnen,** beatam vitam usque ad rogum, Cic.: depositi fata parentis, Verg.: video memoriam soceri mei pulcherrimis operibus proferri, Plin. ep.; vgl. Plin. ep. 2, 7, 4; 3, 7, 14. – **b** einen Zeitpunkt od. etwas auf einen Zeitpunkt **weiter hinausschieben, verschieben, aufschieben, vertagen,** diem auctionis laxius, Cic.: u. so diem, Liv., diem de die, Iustin. – res, nuptias aliquot dies, Cato fr. u. Ter.: rem in posterum diem, Gell.: dah. res pr., die öffentl. Geschäfte vertagen, Stillstand der öffentl. Geschäfte eintreten lassen, u. res prolatae, die vertagten gerichtl. Geschäfte u. Amtsverrichtungen, Vertagung-, Stillstand der öffentl. Geschäfte, Eintritt der Gerichtsferien, Plaut. u. Cic.: ante res prolatas, Cic.; vgl. Manutius Cic. Mur. 13, 28. – u. pr. exercitum (Stimmheer), die Versammlung aufschieben, Liv. 3, 20, 6. – **B vor sich hinstrecken, -hinhalten,** prolato aere (Schild) astitit, Enn. fr. scen. 16. – ► Parag. Infin. proferrier, Lucr. 1, 207. – Nicht synkop. Formen, proferis = profers, Firm. de err. 22, 3: proferet = profert, Itala (Taurin.) Matth. 13, 52 u. = proferret, CIL 1, 198, 39: proferite = proferte, Itala Luc. 15, 22 (ev. Pal).

professē, *Adv.* (professus v. profiteor), **freiheraus, unumwunden,** palam ac pr. minari, Flor. 4, 1, 7.

professio, ōnis, *f.* (profiteor), das **öffentliche Geständnis** von sich, das **Bekenntnis,** die **Äußerung, I** im Allg.: summa professio stultitiae, non ire obviam, Gell.: bonae voluntatis, Planc. in Cic. ep.: memores professionis, des Versprechens der Kürze, Vell.: v. Lebl., genera, quae professione vitiorum suorum contraria loca diligant, wegen ihrer offenbaren Fehler, Pallad. – **II** insbes.: **A** eig., das **öffentliche** (offizielle) **Bekenntnis,** die **öffentliche Angabe** seines Namens, Liv., od. seines Vermögens, Cic., seines Gewerbes, flagitii, des schandbaren Gewerbes (einer Buhldirne), Tac. – u. die **Angabe, Anmeldung zur Besteuerung,** die **Deklaration,** Gromat. vet. p. 205, 7 u. a.: in professionem non venire, nicht angemeldet (deklariert) zu werden brauchen, Ps. Quint. decl. 341. – **B** meton., das (offiziell angegebene) **Gewerbe, Geschäft,** die angegebene **Kunst,** das **Fach,** bene dicendi, Cic.: grammaticae, Suet.: pr. rhetorica, Lehramt der Rhetorik, Augustin.: empiricorum, Sekte, Cels.: salutaris ista, v. der Heilkunst, Cels.: u. so Hippocrates conditor nostrae professionis, Scrib. Larg.: eminentissima cuiusque professionis ingenia, Vell.: divisae professionum vices sunt, die Lehrstühle sind geteilt, Quint.

professiōnārius, iī, *m.* (profiteor), der **Zinspflichtige,** CIL 6, 1785.

professīvus, a, um (profiteor), **verheißender-, ankündigender Art,** est poëticum principium professivum, Serv. Verg. Aen. 1, 1. p. 6, 13 Th.

professor, ōris, *m.* (profiteor), der **öffentliche Lehrer, Professor,** sapientiae, Philosoph, Quint. u. a.: eloquentiae, Rhetor, Suet.: pr. grammaticus, Suet.: professores omnium artium, Spart.: professores aliarum artium vulgo multique sunt, Sen.: professores eius (virtutis) ut antistites colite, Sen.: absol., v. Rhetor, Quint., Suet. u. a.: v. Arzt, Cels.: memoria magni professoris, des Hippokrates, Cels.

professōrius, a, um (professor), einem öffentlichen Lehrer gemäß, **schulmeisterlich, Schulmeister-,** lingua, Tac. ann. 13, 14.

pro-fēstus, a, um, **I unfestlich, nicht festlich,** dies, Liv., od. lux, Hor., ein Werktag. – **II unheilig,** profestum et profanum vulgus, Gell. praef. § 20.

prōficienter, *Adv.* (proficiens v. proficio), **mit Erfolg, erfolgreich,** Augustin. epist. 199, 1 u. a. Eccl.

prōficio, fēcī, fectum, ere (pro u. facio), fortmachen, dah., **I vorwärts kommen, vom Fleck kommen, A** eig.: cum quinqueremis sola non proficeret, Plin. 32, 4. – **B** übtr., **fortschreiten, weiterkommen, Fortschritte machen,** etwas, nichts u. dgl. **ausrichten, gewinnen, bewirken, 1** v. Pers.: **a** übh.: non pr. hilum, Lucil. fr. u. Poët. inc. bei Cic.: pr. nihil in oppugnatione, Caes.: aliquid in philosophia, Cic.: ad reliqui temporis pacem atque otium parum profici, für Frieden u. Ruhe in der Folgezeit sei damit eben nicht gar viel gewonnen, Caes.: utrum magis ex Vergilio an ex Cicerone proficiat, Macr.: nondum ad pacis stabilitatem profecerat Caesar, hatte es noch nicht zu einem dauerhaften Frieden bringen können, Flor.: non in praesentis modo certaminis gloriam sed in summam etiam belli profectum foret, Liv.: nihil in summam pacis proficiebatur, Tac.: si obliti estis (mea promerita), cum re *nihil egerim,* quid est quod verbis *proficere* possim? Rhet. Her. – m. folg. *ne* u. Konj., profecit poto Mithridates saepe veneno, toxica ne possent saeva nocere sibi, Mart. 5, 76, 1. – non quicquam prof. m. folg. *quo minus* u. Konj., neque morte Pompei quicquam profectum, quo minus apud se Caesar commoraretur, Auct. b. Alex. 3, 3. – **b** insbes.: **α** v. Kranken, **sich bessern,** si quidquam profecerint, Cael. Aur. de morb. acut. 2, 10, 71: proficiens aegrotus, *ibid.* 2, 11, 81. – **β** v. Kindern, **wohl gedeihen** (Ggstz. deficere), Augustin. in psalm. 38, 19. – **2** von Lebl.: **a** übh.: parva certamina in summam profecerant totius spei, es war durch die kl. Treffen viel gewonnen für die Gesamtentscheidung der ganzen H., Liv.: pr. usque ad mores, Einfluss haben, Quint.: pretium proficit, steigt, Plin.: vitis umore proficit, gedeiht, Plin. – **b** insbes., **nützen, dienen, nützlich-, dienlich sein, helfen,** plurimum, Cic.: raro, Cic.: verba profectura aliquid, Ov.: ita quiddam spero nobis profici, Cic.: simul memoriae frequenti emendatione proficitur, Plin. ep. – m. folg. *Infin.*, permultum autem proficiet illud demonstrare, quemadmodum scripsisset, si etc., Cic. de inv. 2, 120. – **c** v. Heilmitteln, **helfen, anschlagen,** herbā proficiente nihil, Hor.: parum, plurimum pr., Cels.: pr. ad alqd, adversus alqd, in alqd, in alqa re, Cels. u. a. – **II fortgehen,** si fuerat castus, incestus proficit inde, Commodian. apol. 211.

proficīsco, ere, s. pro-ficīscor a. E. ►.

pro-ficīscor, fectus sum, ficīscī (*Inchoat.* v. proficio), sich vorwärts machen, **sich auf den Weg machen, aufbrechen, abgehen, eine Reise antreten, sich auf die Reise begeben, reisen,** v. Soldaten = **aufbrechen, abmarschieren, ausziehen, zu Felde ziehen,** v. Schiffenden u. Schiffen = **absegeln, auslaufen,** I eig. (Ggstz. redire, reverti), domo, Nep.: portu, Liv.: ex portu, Caes.: ex Sicilia, Caes.: nunc, quo profectus sum, ibo, mich aufgemacht habe, Plaut.: illo (dahin) Sall. fr.: alio (anderswohin), Ter.: eodem, Sall.: eodem cum exercitu, Caes.: ut aliae (naves) eodem, unde erant profectae, referrentur, Caes.: a Persepoli, Curt.: Athenis, Nep.: Scythiā, Curt.: in Mediam, Curt.: ad eam domum, Cic.: ad caelum (v. Sterbenden), Cic.: omnibus copiis ad Ilerdam, Caes.: ad bellum, Caes. u. Nep.: in (zum) exercitum, Plaut.: in bellum, Iustin. 2, 11, 9. Gell. 17, 9, 8: in expeditionem, Sall. Iug. 103, 3: in pugnam, in proelium, Caes.: Corinthum, Ter.: Genabum, Lilybaeum, Caes.: Aegyptum, Cic.: a palude ad ripas Sequanae, Caes.: e Syria ad Italiam, Eutr.: ex Asia Romam versus, Cic.: Luceriā Canusium, Caes. – ad od. contra hostem, Caes.: adversus eos, Caes.: adversus Gallos, Eutr.: cum alqo, Sall. – magnum iter ad doctas Athenas, eine große Reise machen, Prop. 3, 21, 1. – zur Ang. des Zweckes m. *ad* u. Akk., ad iter, Caes.: ad dormiendum, ad somnum, schlafengehen, Cic.: ad Massiliam occupandam, Caes.: ad subigendam Asiam, Curt.: ad sedes inquirendas, Iustin.: m. *secundum* u. Akk., secundum quaestum proficisci, Fronto Arion p. 237, 5 N.: m. *Dat.*, alci auxilio, subsidio, Sall. u. Nep.: per Illyricum subsidio, Caes.: m. 1. *Supin.*, alqm adiutum, Aegyptum oppugnatum, Nep.: pabulatum frumentatumque longius, Hirt. b. G.: cum exercitus parte frumentatum, Liv.: venatum, auf die Jagd gehen, Nep.: m. *Infin.*, quom ad me profectus est ire, Plaut. rud. 847: inde a rege proficiscitur terras inclutas Siciliam atque Italiam visere, Gell. 16, 19, 5. – absol., statim proficiscitur, Sall.: me in Asiam persequens proficiscitur, Ter.: constituerunt ea, quae ad proficiscendum pertinerent, comparare, Caes. – II übtr.: A mit Rücksicht auf den Zielpunkt, **weitergehen,** auf etwas **ausgehen,** ad reliqua, ordine ad reliqua, Cic.: ad exitium, trachten, Rhet. Her.: in genus orationis, streben, Rhet. Her. – B mit Rücksicht auf den Ausgangspunkt: 1 von etwas **ausgehen, anheben, den Anfang machen,** a lege, Cic.: ab hoc initio, Caes.: a philosophia profectus Xenophon scripsit historiam, Cic. – 2 **herkommen, herrühren, entstehen, seinen Ursprung haben, entspringen,** a natura, Cic.: venae a corde profectae, Cic.: genus a Pallante profectum, Verg.: profecti ab Aristotele, des Arist. Schüler, Cic.: quae a me in te profecta sunt, was dir von mir erwiesen worden ist, Cic. – ► aktive Nbf.

proficīsco, Plaut. mil. 1329: proficisceret, Turpil. com. 81.

prōficuē, *Adv.* (proficuus), **nützlich, vorteilhaft,** medetur, Sex. Placit. de medic. 33, 2.

prōficuus, a, um (proficio), **nützlich, zuträglich,** Cassiod. var. 1, 39, 2 u. 8, 33, 3.

prō-fīlius, iī, *m.*, Sohn des Sohnes, **Sohnesenkel,** CIL 6, 14929.

pro-fiteor, fessus sum, ērī (pro u. fateor), **laut u. öffentlich-, frei bekennen, -gestehen,** I im Allg.: non solum *fateri*, sed etiam *profiteri*, Cic. – mit folg. *Acc.* u. *Infin.*, profiteor me relaturum, Cic. – m. *de* u. Abl., pr. de parricidio, Suet. – II insbes.: A öffentlich **als** den u. den od. **zu** dem u. dem **sich bekennen, für** den u. den od. das u. das **sich erklären, sich** so u. so **nennen,** a mit dopp. *Acc. pers.*: pr. se patrem infantis, Cic.: se grammaticum, Cic.: amicum, sich Fr. nennen, Hor.: mit *Acc.* u. *Infin.*, me defensorem esse profiteor, Cic. – b mit *Acc. rei:* pr. philosophiam, Cic.: ius, Cic.: medicinam, Cels.: artem tesserariam, Amm. – c absol. = öffentlicher **Lehrer-, Professor sein,** profiteri sapientiam, öffentlich lehren als professor sapientiae, Tac. hist. 4, 10: qui profitentur, Plin. ep.: ubi nunc profitetur, Plin. ep.: professus diu in patria, Suet. – B etwas **verheißen,** a = **freiwillig anbieten, -antragen, -zusagen,** zu etwas **sich freiwillig verstehen, sich anheischig machen,** operam, Cic.: studium, Cic.: sumunt gentiles arma professa (zugesagten) manus, Ov.: pr. indicium, s. indicium *no.* I, A. – m. folg. *Acc.* u. *Inf.*, profitetur se venturum, Cic. – absol., quis profitetur? wer bietet sich freiwillig (als Gastgeber) an? Plaut. capt. 480. – b etw. **verheißen** = etwas hoffen lassen, professus grandia od. magna, v. sich Zierenden, Hor. u. Ov.: incepta magna professa, Hor.: viri cultum formamque profitentes, zur Schau tragend, Ov. – C öffentlich, amtlich **angeben,** Namen, Vermögen usw., iugera, Cic.: frumentum, Liv.: nomen, Cic.; u. bl. profiteri, sich mit aufschreiben lassen, sich melden zum Kriegsdienst, zu einem Amt usw., Cic.: profiteri se candidatum, sich öffentlich als Bewerber angeben, Suet.: profiteri lenocinium, sich als öffentliche Dirne beim Ädil angeben, Suet.: dah. professae (*sc.* feminae), öffentliche Dirnen, Ov.: bes. zur Versteuerung **deklarieren,** mit u. ohne *Acc.*, censum (sein Vermögen), Ulp. fr. 1. § 8: namentl. bei den Zollbeamten, greges ovium ad publicanum, Varro r. r. 2, 1, 16: furtum (gestohlene Sache), Ps. Quint. decl. 341: rem, alienam rem non pr., *ibid.*: rem pr. u. bl. pr. apud publicanum, apud publicanos, Ps. Quint. decl. 359. Marcian. dig. 39, 4, 16. § 12: ne decipiat (publicanus) profiteri volentes, Marcian. dig. 39, 4, 19. § 6. – bildl., in his profitetur nomen suum, unter diese zählt er sich, Ter. – ► a *Partic.* professus, a, um, passiv, **bekannt,** d. i. sowohl = **zugestanden,** als = **offenbar, offenkundig,** culpa, Ov.: dux, Iustin.: mors, Phaedr.: ex professo, offenbar, ohne es zu leugnen, vorsätzlich, Sen. u. Quint.: dafür de professo, Apul. – b Archaist. Infin. profiterei, CIL 1, 206, 1 *sqq.*: Imperat. profitemino, *ibid.* 1, 206, 3. 5. 8. 10. – c prōfiteor gemessen, Enn. fr. scen. 337. Plaut. Men. 643. Ter. eun. prol. 3. Iuvenc. 2, 351.

prō-flāmen, inis, *m.*, der **stellvertretende Flamen (Priester),** CIL 6, 2099.

prōflātus, Abl. ū, *m.* (proflo), das **Schnarchen,** Stat. Theb. 10, 320.

prōflīgātio, ōnis, *f.* (profligare), I das **Zerstören,** bonorum, Auson. perioch. Odyss. 2. – II das **Abmachen, Eintreiben,** debitorum, Cod. Theod. 6, 30, 10: u. so auch Novell. Theod. 2. § 26 *pr.*

prōflīgātor, ōris, *m.* (profligare), I der **Vernichter,** iustitiae, Ennod. diction. 15. – II der **Verschwender,** Tac. ann. 16, 18.

prōflīgātus, a, um, *PAdi.* (v. 1. profligo), I v. moral. Schlechtigkeit, **heillos, ruchlos,** profligati homines, Cic.: tu, omnium mortalium profligatissime ac perditissime, Cic. Verr. 3, 65. – II von der Zeit, **weit vorgerückt,** profligatae aetatis, Sen. de otio 29, 2. – u. in profligato esse, weit vorgerückt = beinahe beendigt sein, angef. bei Gell. 15, 5, 2.

1. prōflīgo, āvī, ātum, āre (pro u. fligere), **zu Boden schlagen,** I eig., **niederschlagen, überwältigen,** bes. den Feind so schlagen, dass er sobald nicht wieder an Widerstand denkt, copias hostium, Cic.: classem hostium, Caes.: dextrum cornu, Liv.: hostem pr. ac proruere, Tac. – II übtr., **niederschlagen,** a politisch **zugrunde richten, stürzen, vernichten,** rem publicam, Cic.: opes tantas, Nep.: alqm, Liv. – b gemütlich **niederschlagen, zu Boden drücken,** quanto illum maerore afflictum esse et profligatum putatis? Cic. Cat. 2, 2. – c moralisch **erniedrigen, tief sinken lassen,** usque eo senatoria iudicia perdita profligataque esse arbitratur, ut etc., Cic.: denique omnia ad perniciem profligata et perdita, eine ganz bodenlose Versunkenheit u. Verworfenheit, Cic. – d etw. **niederschlagen** = **ziemlich zu Ende bringen, ziemlich beseitigen, -entscheiden, zum großen Teil abtun** (vgl. Osenbr. Cic. Rosc. Am. 38), quaestio profligata et paene ad exitum adducta est, Cic.: profligari plurimum posse, zu Ende gebracht werden, Suet.: u. so quantum profligatum sit, Iustin.: res profligata est, Lentul. in Cic. ep. u. Liv. – bes. pr. bellum (Ggstz. committere), Cic., Liv. u. a. (s. Fabri Liv. 21, 40, 11): verb. pr. bellum ac paene tollere, Cic.: u. pr. pugnam, Liv., proelium, Liv. u. Tac.

2. prō-flīgo, flīctus, ere, **niederschlagen, zugrunde richten,** ut ›profligatas‹ res quasi ›proflictas‹ et ›perditas‹ dicerent, Gell. 15, 5, 2.

prō-flo, āvī, ātum, āre, I **hervorblasen,** flammas, Ov.: bildl., somnum toto pectore, Verg.: iras, Plin. – II **aufblasen,** nares, Apul. met. 7, 13. – III **blasend auflösen, schmelzen,** Erz usw., Plin. 34, 97.

prōfluēns, fluentis, *PAdi.* (v. profluo), **hervorfließend, fließend,** I eig.: aqua, Cic. u. Liv.: profluentes fontium ructus, Vitr.: exitus profluentes, Abflüsse, Vitr. – subst., prōfluēns, entis, *f.*, **fließendes Wasser,**

Lex vet. (bei Rhet. Her.), Cic. u. a. – **II** übtr.: **a** im Allg.: manuum suarum profluentissima largitas, Ps. Arnob. in psalm. 104. – **b** vom Ausdruck: loquacitas, Cic.: genus orationis, Cic.: eloquentia, Tac. – *neutr.* subst. = der **Redefluss,** profluens quiddam habuit Carbo et canorum (Wohllaut), Cic. de or. 3, 28: Haterii canorum illud et profluens cum ipso simul exstinctum est, Tac. ann. 4, 61.

prōfluenter, *Adv.* (profluens), **hervorströmend,** bildl., **I** im Allg.: ergo omnia profluenter (in reichlichem Maße), absolute, prospere, igitur beate (*sc.* adsint), Cic. Tusc. 5, 53. – **II** vom Vortrag, profluentius exsequi, in einem fließenden Vortrag, Gell. 14, 1, 32.

prōfluentia, ae, *f.* (profluo), das **Hervorströmen,** bildl., inanis quaedam profl. loquendi, Strom von Worten (Ggstz. oratoria vis), Cic. part. or. 81.

prō-fluo, flūxī, flūxum, ere, **vor-, fort-, hervorfließen, I** eig.: ex monte, Caes.: ex fontibus, Lact.: speluncā, Vitr.: in mare, Cic.: Ister eodem impetu profluens, Mela: tamquam rivus oritur longeque profluit, Lact.: sudor profluens, Iustin.: venter profluit, ist flüssig, nicht hart, Cels. – **II** übtr., cuius ore sermo melle dulcior profluebat, Rhet. Her.: ab his fontibus profluxi ad hominum famam, ich bin unvermerkt gelangt, Cic.: ad incognitas libidines, sich unerhörten Lüsten hingeben, Tac.

prōfluus, a, um (profluo), **hervorfließend,** Colum. u. a.

prōfluvium, iī, *n.* (profluo), das **Hervorfließen,** pr. sanguinis, Lucr., Colum. u. Aur. Vict.: pr. alvi, Colum., od. ventris, Eutr., u. bl. profluvium, Cels., flüssiger Magen, Durchfall: pr. mulierum od. genitale, monatliche Reinigung, Plin.: pr. geniturae, Samenfluss, Plin.: Plur., profluvia sanguinis, Arnob.: profluvia alba feminarum, Plin.

prōfluvius, a, um (profluo), **I dahinfließend,** subst., prōfluvius, iī, *m.*, der **Fluss,** als Krankheit, Veget. mul. 1, 17, 19 u. a. – **II** bildl., **unbeständig,** fides, Caecil. com. 30.

proflūxio, ōnis, *f.* (profluo), das **Hervorfließen, Ausströmen,** quid est torrens? profluxio mortalitatis humanae, Augustin. in psalm. 109, 20.

pro-for, fātus sum, ārī, **I herausreden, sagen, sprechen,** Verg. u. a.: m. folg. *Acc.* u. *Inf.*, Sil. 2, 384. Lact. 3, 18, 18. – *Partic.* subst., profātum, ī, *n.*, der **Spruch, Ausspruch, Satz,** Varro bei Gell. 16, 8 *in.*: Plur., Commod. instr. 2, 15, 15. – **II** insbes., **vorhersagen, weissagen,** a tripodi Phoebi (v. der Pythia), Lucr.: profante Delio, Petron. poët.: m. *Acc.*, diem, Liv. Andr. fr. – ► Die ersten Personen profor, profer etc. scheinen nicht vorzukommen. – Parag. Infin. profarier, Prud. perist. 10, 939.

prōfore, s. 2. prōsum.

prōfringo, ere (pro u. frango), **zerbrechen,** inarata, pflügen, Stat. Theb. 10, 512.

profuga, ae, *m.* (Nbf. v. profugus), **flüchtig geworden,** servi alieni profugae, Apul. met. 6, 4.

pro-fugio, fūgī, fugitum, ere, **I** *intr.* **fortfliehen, davonfliehen, -laufen,** das **Weite suchen, sich flüchten,** hinc, Cic.: istinc, Cic.: ex oppido, Caes.: e carcere, Vell.: domo, Cic.: concubiā nocte a castris cum Archagatho filio, Iustin. – Hadrumetum, Caes.: in Britanniam, Caes.: in exsilium, Cic.: longius, Hirt. b. G.: ad Brutum, Cic.: ad hostes, Caes. – m. 1. *Supin.*, hinc egens profugiet aliquo militatum, Ter. adelph. 384. – absol., Catilina ipse pertimuit, profugit (suchte das Weite), Cic.: nonnulli iudicium veriti profugerunt, Caes. – **II** *tr.* vor oder etwas oder jmd. **fliehen,** etwas **sorgfältig meiden,** agros, Hor.: sedes suas, Colum.: conspectum civium, Sen.: natos, Plin.: uno grege (alle miteinander) dominos, Curt. – ► Cic. Sest. 50 liest man cum vi (die Hdschrn. vim) prope iustorum armorum profugisset, weil der transitive Gebrauch von profugere bei Cicero zu bezweifeln ist. – Die erste Silbe (pro) lang gemessen bei Iuvenc. 3, 473 M. – ► Perf.-Form profugiit, Itala (Rehd.) Marc. 14, 57.

profugus, a, um (profugio), **fernhin fliehend, das Weite suchend,** u. in diesem Sinne = **flüchtig, a** im Allg.: **α** v. Pers.: raptor, Mela: populus exturbatus et profugus, Tac.: (paelicem Argolicam) profugam per totum terruit orbem, Ov. – poet., pr. Scythes, der flüchtige, unstete = bald hierhin, bald dorthin ziehende, nomadisierende, Hor. carm. 1, 35, 9; 4, 14, 42. – m. *Genet.*, bis vinculorum eius (Hannibalis) profugus, Plin. 7, 104 (vgl. unten *no.* c). – m. *Abl.*, quidam e Vitellianis urbe profugi, Tac. hist. 4, 49. – m. *ad* u. Akk., pr. ad rebelles, Tac. ann. 1, 57. – **β** v. Tieren, Euandri profugae boves, Prop. 4, 1, 4: pr. iuvenci, Val. Flacc. 3, 57. – m. *Abl.*, taurus pr. altaribus, Tac. hist. 3, 56. – **γ** v. Lebl.: currus, Ov. met. 15, 506. – **b** v. Soldaten usw., im Kampf **das Weite suchend, flüchtig,** milites Iugurthini paucis amissis profugi discedunt, Sall.: congressum, profugum, captum vox nuntiat una, Claud.: pr. classis, Ov. – poet., pr. castra, das L. der Flüchtigen, Claud. b. Get. 298: profugusque pudor sua signa relinquit, Ov. her. 4, 155. – m. *Abl.* od. m. *ab* od. *ex* u. Abl., proelio, a proelio, Flor.: e proelio, Tac. – **c** von dem, der seiner Heimat, seinem Vaterland usw. freiwillig den Rücken kehrt u. sich so dem, was ihm dort droht, entzieht, **geflohen, flüchtig,** subst. der **Flüchtling,** Troiani, Sall.: Aeneas, Mela: Solon, Val. Max.: Medea, Phrixus, Val. Flacc.: poet., penates, Prop. – m. *Abl.* od. mit *ab* od. *ex* u. Abl., domo, patriā, Liv.: ab Hermandica, Liv.: ab Thebis, Liv.: ex Peloponneso, Liv.: ex Africa, Mela. – m. *Genet.*, regni, Tac. ann. 15, 1: exsul et profugus feralis illius tabulae, sich der Proskription durch die Flucht entziehend, Flor. 3, 22, 2. – absol., profugus, ī, *m.*, der aus dem Vaterland **Geflohene,** der **Heimatlose** = der **Verbannte,** Ov. ex Pont. 2, 9, 6; 3, 6, 40. – **d** der von seiner Religion **Abtrünnige,** der **Apostat,** reus suae religionis aut profugus, Min. Fel. 35, 6.

profundē, *Adv.* (profundus), **tief,** quo quis (equus) acrior in bibendo, (eo) profundius nares mergit, Plin. 8, 165: quod fixa non profundius intraret artus ungula, Prud. perist. 5, 119: limo profundius retentantur, Itin. Alex. 37 (86): übtr., genus humanum profunde curiosum, Augustin. conf. 13, 20, 28: caelestia profunde cogitat, Cassiod. de anim. 4: profunde peccaverunt, Vulg. Osee 9, 9.

profunditās, ātis, *f.* (profundus), die **Tiefe, I** eig.: corporum tres sunt dimensiones, longitudo, latitudo, profunditas, Macr. somn. Scip. 1, 6, 36: prof. tenebrarum, Macr. sat. 1, 20, 1: caeli, *ibid.* 7, 14, 13: aquarum vasta pr., Cassiod. var. 2, 21, 2: in ipsis visceribus terrae abstrusa pr., Tert. de anim. 55. – **II** bildl., die **Tiefe, Unermesslichkeit, Unergründlichkeit,** pr. civitatis, Hadr. bei Vopisc. Sat. 8, 7 zw.: prudentiae, Macr. somn. Scip. 1, 3, 12: disciplinae, *ibid.* 1, 7, 3: ingenii proprii divina pr., *ibid.*, 2, 2, 1: Platonici dogmatis, *ibid.* 2, 2, 21: Maronis, Macr. sat. 3, 9, 15: non carere profunditate, nicht ohne tiefen Sinn sein (v. Worten), Macr. sat. 3, 7, 1: u. so absol. auch Cassiod. var. 1, 45, 3.

pro-fundo, fūdī, fūsum, ere, vorwärts-, vorgießen = **hingießen, vorwärtsfließen-, sich ergießen lassen, vergießen, I** eig. u. übtr.: **A** eig.: **1** Flüssigkeiten: **a** übh.: **α** *act.:* pr. aquas sub mensas, Plin.: lacrimas oculis, Verg.: vim lacrimarum, Cic.: parentis et sororis commemoratione lacrimas, Cic.: pro alqo saepe et multum lacrimas, Cic.: lacrimas gaudio, Auct. b. Alex.: sanguinem ex oculis, Plin.: im üblen Sinne, **vergießen = verschütten, vergeuden,** aquam, florem vini veteris, Plaut. – **β** *refl.* se profundere u. medial profundi, **sich ergießen, hervorströmen, -stürzen,** lacrimae se profuderunt, Cic.: lacrimae ore profusae, Sil.: profusus e cervice cruor, Ov.: Nilus e lacu profusus, Plin. – **b** insbes., als Opfer **ausgießen, libieren,** his cotidie merum, Lact.: deo vina tamquam sitienti, Lact. Vgl. Bünem. Lact. 2, 14, 13 u. 6, 1, 5. – **2** Nichtflüssiges, **hinschütten,** meton., **ausschütten,** sportulam in medium, Apul. met. 1, 25. – **B** übtr.: **1** niederwärts gehen lassen: **a hin-, niederstrecken,** cum somnus membra profudit, Lucr.: medial, molli cervice profusae, Lucr.: profusus gemitu, Pacuv. tr. fr. – **b herabhängen lassen,** simul (= simulac) infula ex utraque pari malarum parte profusast, sobald die Binde herabgelassen wurde, herabgerollt war, Lucr. 1, 88. – **2** rasch **hervorgehen-, fortgehen lassen, a** übh., **α** *act.:* non peperit, verum posticā parte profudit, Lucil. fr.: ex alvo matris puerum natura profudit, Lucr. – **β** *refl.* se profundere od. medial profundi, v. leb. Wesen = **hervorströmen, -stürzen,** se nova profundunt examina (Schwärme der Bienen), Colum.: omnis multitudo sagittariorum se profudit, Caes.: urbe profusi Aenidae, Val. Flacc. – v. üppigen Schossen an Gewächsen, **sich hervordrängen,** quae (in vitibus) se nimium profuderunt, Cic. – **b** aus **sich ausströmen, von sich geben, α** übh.: ignes, Lucr. – bes. durch den Mund **hervor-, ausstoßen,** pr. pectore voces, Catull.: clamorem, Cic.: profundendā voce, durch tiefes Ausholen der Stimme, Cic. – pr. animam in causa, ausströmen, aushauchen, Cic.: so auch spiritum in acie, Val. Max. – **β** v. zeugenden Subjj., **von sich geben, hervorbringen,** ea quae frugibus atque bacis terrae fetu profunduntur, Cic.: pr. palmites, Colum. – insula profusa ab Aenaria, Plin. – **3 freigebig spenden, opfern, zum Opfer bringen, aufopfernd (mit Aufopferung) hingeben, rücksichtslos preisgeben,** tantam pecuniam, Plin. pan.: pro patria vitam, Cic.: non modo pecuniam, sed vitam etiam pro patria, Cic.: sanguinem pro patria, Cic.: ea possessionibus vicinis, freigebig spenden = freigebig hinzufügen, Gromat. vet. p. 284, 6. – im üblen Sinne, **vergeuden, verschwenden,** patrimonia, Cic.: pecuniam, Cic.: epulis et viscerationibus pecunias in eas res, quae etc., Cic.: da, profunde (pecuniam), Cic. – **II** bildl., **ergießen, sich ergießen lassen, ausströmen, a** übh.: omne odium inclusum nefariis sensibus impiorum in me profudistis, Cic.: sic odium, quod in ipsum attulerunt, id in eius imaginem et simulacrum profuderunt, Cic.: cuncta simul vitia, male diu dissimulata, losbrechen lassen, Suet.: omnes profudi vires animi atque ingenii mei, aufgewandt, aufgeopfert, Cic. – res iam universas profundam, de quibus volumina impleta sunt, über das alles auf einmal mich auslassen, Cic. – *refl.*, se prof., **sich ergießen, α** übh.: pr. sese in questus flebiles, ausbrechen in usw., Liv. 23, 20, 5. – si totum se ille in me profudisset, wenn jener sich mir ganz hingegeben hätte, Cic. ad Att. 7, 3, 3. – **β hervorstürmen,** mit **Macht-, gewaltsam hervorbrechen,** voluptates cum inclusae diutius ... fuerunt, subito se non numquam profundunt atque eiciunt universae, Cic. Cael. 75. – **b hinschütten, vergeuden,** verba ventis, Lucr.: quae ego si non profundere ac perdere videbor, omnibus meis viribus sustinebo, Cic. – ► prōfūdit gemessen, Catull. 64, 202.

profundus, a, um, **I** der Tiefe nach **unergründlich, bodenlos, 1** eig.: altitudo maris, Sen.: mare, Cic.: praealtae fluvii et profundae voragines, Liv.: altus ac pr. alveus, Sen.: pr. puteus, Lact.: profundae altitudinis convalles, Liv.: gurges profundissimus, Cic. – dah. von der Unterwelt, **in der Unterwelt befindlich,** Iuppiter, v. Pluto, Stat.: nox, Verg.: manes, Unterwelt, Verg. – subst., profundum, ī, *n.*, die **bodenlose Tiefe,** aquae, Cic.: maris, Suet.: profunda Cocyti, Amm.: profunda camporum, ganz tiefliegende Felder, Iustin. – absol., **α** die **bodenlose Tiefe** übh., Democritus (dixit) in profundo veritatem esse demersam (bildl.), Cic. Acad. 1, 44. – **β** v. Bauch, ein **bodenloser Abgrund,** Plaut. capt. 182. – **γ** die **Meerestiefe,** iacēre se in profundum, Cic.: repente ex profundo cum calidis aquis insula emersit, Iustin.: moles praeceps in profundum ruit, Curt.: in profunda mergere (Ggstz. evehere in sidera), Amm. 14, 11, 29. – poet. = das Meer, Verg. u. Ov. – **δ** profunda, ōrum, *n.*, die **Unterwelt** (Ggstz. supera), commune profundis et superis numen, Claud. rapt. Pros. 1, 89. – **2** bildl.: **a bodenlos, unermesslich, unmäßig,** prof. et insatiabilis gula, Sen.: prof. venter, Curt.: libidines, Cic.: cupido, Sall. fr.: avaritia, Sall.: somnus prof. u. profundissimus, Apul. u. Hieron.: mero profundo incaluere, Stat.: profundo Pindarus ore, von unerschöpflicher Fülle des Ausdruckes, Hor.: u. so Pindarus profundissimi sensus, Acro Hor. – subst., profundum, ī, *n.*, das **Bodenlose, die bodenlose Tiefe,** der **Abgrund,** ultimarum miseriarum, Val. Max.: cladium (des Elendes), Val. Max.: iniuriarum et turpitudinis, Val. Max. – **b unbekannt,** ars, Ps. Quint. decl.: in profundo esse, unbekannt sein, ICt. – **c geistig tief eingehend, tief,** intellectus profundior, Augustin. conf. 6, 5. – **II** übtr.: **A** (wie altus) in die Höhe gemessen = **hoch,** caelum, Verg. u. Val. Flacc. – subst., profundum, ī, *n.*, die **Höhe,** altum caeli profundum, Manil. 5, 721. – **B** (wie altus) in die Weite gemessen = **tief,** silvae, Lucr. 5, 41. Curt. 7, 7 (29), 4. – *neutr. pl.* subst., profunda silvarum, Frontin. 1, 3, 10. – **C** in die Dicke gemessen = **dicht,** grando, Auson. grat. act. IV. 19. p. 22, 8 Schenkl: ursi villis profundioribus, Solin. 26, 3.

profūsē, *Adv.* (profusus), **I ohne Ordnung vorwärtsstürmend,** profuse tendere in castra, in wilder Flucht die Richtung nach dem Lager nehmen, Liv. 10, 36, 7. – **II** bildl., **unmäßig, maßlos, 1** im Allg.: profuse prolixeque laudare, Gell.: eo profusius omnibus modis quaestui atque sumptui deditus erat, Sall. Iug. 13. – **2** insbes., **mit unmäßigem Aufwand, verschwenderisch,** praetoria profuse exstructa, Suet.: festos et sollemnes dies profusissime celebrabat, Suet.

profūsio, ōnis, *f.* (profundo), die **Ergießung, Vergießung, I** eig.: **a** als mediz. *t. t.*: sanguinis, Cels. u. Firm.: alvi, Durchfall, Cels. – **b** als *t. t.* der Opfersprache, die **Spende, Libation** an Wein usw., si focos odorati aut veteris vini profusione madefecerint, Lact. 6, 1, 5. – Plur. profusiones, die **Spenden, Libationen** an Wasser, Wein, warmer Milch, Honig, Öl, Blut von Opfertieren, die auf die Gräber als Totenopfer für die Manen ausgegossen wurden, CIL 10, 107: vollst. profusiones parentales, CIL 5, 4410. – **II** bildl.: **a** die **reichliche Mitteilung, Ausgabe,** clementiae, Tert.: sumptuum, Verschwendung, Vitr. – **b** absol. = die **Verschwendung,** Plin. ep. u. Suet.

profūsor, ōris, *m.* (profundo), der **Verschwender,** Tert. adv. Marc. 1, 24.

Profūsus, a, um, *PAdi.* (v. profundo), **I herabhängend, lang,** cauda, Varro: cauda profusior, Pallad. – **II** bildl., **unmäßig, ausgelassen, 1** im Allg.: hilaritas, Cic.: genus iocandi, Cic.: profusissima libido, Suet. – **2** insbes.: **a unmäßig** im Aufwand, **verschwenderisch,** v. Pers., Cic.: profusissima largitio (Freigebigkeit), Suet.: profusissimae largitiones, Val. Max.: m. *Genet.* (wegen des Gegensatzes), alieni appetens, sui profusus, Sall. Cat. 5, 4: m. *in* u. Abl., *astricti* sunt in continendo patrimonio, simul ad iacturam temporis ventum est, *profusissimi* in eo, cuius unius honesta avaritia est, Sen. de brev. vit. 3, 1. – im guten Sinne, **freigebig,** mens, Stat.: homo, Mart. – **b** übtr., **mit unmäßigem Aufwand veranstaltet,** zu **kostbar,** epulae, Cic.: convivia, Suet. – ► Kompar. profusior, Pallad. 4, 13, 2.

prō-gemmo, āre, **Augen** od. **Knospen ansetzen, -bekommen,** Colum. 4, 17, 1.

prō-gener, generī, *m.*, der **Kindestochtermann, Gatte der Enkelin,** Sen., Tac. u. a.

prōgenerātio, ōnis, *f.* (progenero), die **Erzeugung,** mularum, Plin. 8, 167: iumentorum, Plin. 18, 263: Diomedis Tydeique, Mart. Cap. 6. § 651.

prō-genero, āre, **Tiere erzeugen, zeugen,** nec progenerant aquilae columbam, Hor.: fetum progenerant (apes), Plin.: si res exigit, ut plurimi mares progenerandi sint, Colum.: et qui ex his (ex bubus) progenerantur, inter se vituli? Varro LL.: absol., ut progenerare possit, Colum.: marem posse ad vigesimum annum progenerare, Colum.

prōgeniēs, ēī, *f.* (progigno), **I** die **Abstammung,** das **Geschlecht,** der **Stamm,** Ter. u. Cic. – **II** meton., die **Nachkommenschaft,** bald = **Kind, Kinder,** bald = **Nachkomme, Abkömmling,** dare (erzeugen) prolem vitiosiorem, Hor.: ex magna progenie liberûm, Liv.: ne parricidio macularent partus suos, nepotum illi, liberûm hi progeniem, Liv.: veteres se progeniem deorum esse dicebant, Cic.: Claudia mea pr., Enkelin, Cic.: Miltiadis, Sohn, Nep.: Herculis, Nep.: ducum, Sen.: Priamum tantā orbatum progenie, Cic.: una pr., eine Generation, Lact. 2, 10, 10. – progenies = πρόγονοι, die Vorfahren, Stammväter, Vulg. Sirach 8, 5. – von Tieren, die Brut, Verg. u. Colum. – von Gewächsen, Colum. – poet. von den Schöpfungen des Dichters, mea pr., Ov. trist. 3, 14, 14. – ► Archaist. Genet. progenii, Pacuv. tr. Paul. 1. – Abl. Plur. progeniebus, Itala act. apost. 15, 21 (Cant.).

prōgenitor, ōris, *m.* (progigno), der **Stammvater, Ahnherr,** pr. tuus, Acc. tr. 76: pr. maiorum suorum, Nep. Ages. 7, 4: deûm pr., Val. Soran. b. Augustin. de civ. dei 7, 11 (vgl. *ibid.* 7, 13): et forti genitore et progenitore Tonanti esse satam prodest? Ov. met. 11, 319: Plur., progenitores, Isid. orig. 9, 6, 22.

prōgenitrīx, trīcis, *f.* (Femin. zu progenitor), die **Stammutter, Ahnfrau,** Paul. ex Fest. 232, 8: Plur., Isid. orig. 9, 6, 22.

prō-geno = progigno, wov. progenitur, Paul. dig. 38, 10, 10. § 17. p. 360, 8 M.

prō-germino, āre, **hervorsprossen,** von Sprösslingen usw., Colum. 4, 10, 1 u. 15, 3.

prō-gero, gessī, gestum, ere, **I hervor-, heraustragen, -bringen, -schaffen,** Colum. u. Plin.: terram arenam lapides in mare ante murum, Vitr.: urcei, quibus oleum progeritur, für die das Öl aus dem Zober ausgefüllt = in die das Öl eingefüllt wird, Colum. – **II vorantragen,** Apul. met. 4, 31; 11, 16 u. 17.

prōgesto, āre (*Intens.* v. progero), **vorantragen,** nucleos, Apul. met. 6, 28.

prō-gīgno, genuī, genitum, ere, **hervorbringen, erzeugen, gebären,** Plaut., Cic. u. a. – bildl., quia nolebam ex me morem progigni malum, kein böses Beispiel geben wollte, Plaut. Pseud. 492. – ► progenitur, Paul. Dig. 38, 10, 10. § 17.

prōgnārē, *Adv.* (pro u. gnarus), **offenkundig,** Paul. ex Fest. 95, 11.

prōgnāriter, *Adv.* (pro u. gnarus), **wohl kundig, bestimmt,** Enn. ann. 209: age, indica pr., nun, sag' kurz und gut den Preis, Plaut. Pers. 588.

prōgnātus, a, um (*Partic.* v. pro[g]nascor), **entsprossen, gewachsen, entstanden, I** v. Lebl., bes. v. Gewächsen, Peliaco quondam prognatae vertice pinus, Catull. 64, 1: arundines in palude prognatae, Plin. 9, 56: manifestum est de mundissima parte naturae esse prognatum, Ps. Apul. Ascl. 23. – **II** v. Pers., von Eltern od. Voreltern **entsprossen, geboren, a** von Eltern, a me patre, Plaut.: deo, Liv.: ovo prognatus eodem (v. Pollux), Hor. – subst., prōgnātī, ōrum, *m.*, **Kinder,** Plaut. Amph. 651. – **b** von Voreltern **abstammend, Abkömmling, Nachkomme,** ex Cimbris, Caes.: ab Dite patre, Caes.: Dryante rex prognatus patre, Naev. tr. 51: Tantalo prognatus, Enn. fr. scen. 357: Menaechmus Moscho prognatus patre, Plaut.: Venere prognatus (v. Cäsar), Cael. in Cic. ep. 8, 15, 2: magno consule prognatus, Hor.: semet prognati, Sprösslinge seines Geschlechtes, Hor.: quali me arbitrare genere prognatum? Plaut. – subst., prōgnātī, ōrum, *m.*, **Nachkommen, Abkömmlinge,** Herculei, Plaut. Cas. 398 *sq.*

Prognē, ēs, *f.*, s. Procnē.

Prognis, idis, *f.*, s. Procris a. E.

prognōsis, is, *f.* (πρόγνωσις), **I** die **Vorauskenntnis,** Isid. orig. 12, 7, 19 (*al.* prognosium). – **II** insbes., als mediz. *t. t.*, die **Prognose,** Cael. Aur. de morb. chron. 4, 8, 112.

prognōsticus, a, um (προγνωστικός), **zum Vorauserkennen geeignet,** praevisio, Isid. orig. 4, 10, 1. – subst., prognōstica, ōrum, *n.*, die **Wetterzeichen,** Quint. 5, 9, 15: als Übersetzung einer Schrift des Aratus von Cicero, Cic. de div. 1, 13 u. a.

programma, atis, *n.* (πρόγραμμα), die **schriftliche Bekanntmachung,** der **Aufruf, Erlass,** Vulcat. Avid. Cass. 6, 1. Cod. Iust. 1, 14, 3. CIL 6, 1711. lin. 7.

prōgredior, gressus sum, gredī (pro u. gradior), **vorwärts-, vor-, fortschreiten, -gehen, I fort-, hervor-, herausschreiten, -gehen, a** m. Ang. von wo? und wohin? ex domo, Cic.: Italiā, Flor.: portā, Ov. – extra vallum, Auct. b. Afr.: in publicum, Iustin.: in contionem, in der V. auftreten, Liv. – **b** absol. u. zwar prägn. = **ausgehen, öffentlich erscheinen,** nusquam, Cels.: de progrediendo cogitare, Plin.: cultius, Iustin. – ad colloquium, Iustin. – **II vorwärts-, fortgehen, A** eig., v. Pers.: *regredi* quam *progredi* mallent, Cic.: nec *regredi* volo, nec *progredi* possum, Hieron.: pr. pedetemptim, Lucr. – als milit. *t. t.*, **vorrücken, weiterrücken, -marschieren,** tridui viam progressi revertuntur, Caes.: longius a castris, Caes.: alci obviam ab statione, Liv.: obviam Romano exercitu (Dativ), Gell.: ad urbem, Liv.: ante signa, Liv.: in locum iniquum, Caes.: praeter paludes, Liv.: eo, ubi etc., Vell.: pabulandi aut frumentandi causā, Caes.: m. 1. *Supin.*, pr. lignatum pabulatumque, Liv.: pr. pabulatum longius, Caes.: pr. pabulatum ab urbe longius, Liv. – v. Schiffen, **vorrücken,** audacius, Caes.: quattuor milia passuum silentio, Caes. – v. anderen Lebl., amnis progressus ulterius harenis bibitur et receptatur, Itin. Alex. 38 (87). – **B** übtr., **fortschreiten, -gehen, vorgehen, vorrücken, a** übh.: mihi et ille pervenisse videtur, quoad progredi potuerit feri hominis amentia, Cic.: videamus, quatenus amor in amicitia progredi debeat, Cic.: divinatio coniecturā nititur, ultra quam progredi non potest, Cic.: absurdam in adulationem progressus, sich versteigend, Tac. – inclementius progredi in alqm, gegen jmd. vorgehen, Fronto. – **b** in der Rede, in der Disputation usw. **fortschreiten, weitergehen,** ad reliqua, Cic.: longius progredi non possit (kein Wort weiter vorbringen), qui obiecerit, Cic.: quibus non concessis digitum progredi non possunt, Cic.: pusillum extra progrediar, ich will mir eine kleine Abschweifung erlauben, Vitr. 10, 2 (7), 1. – **c** der Zeit, dem Alter nach **vorrücken,** paulum aetate progressus, Cic.: progredientibus aetatibus, Cic.: progressā aetate, Suet. – **d** auf dem Wege der Vollkommenheit usw. **fortschreiten, vorrücken, weiterkommen,** in virtute, Cic. – in Kenntnissen, paulum aliquid ultra primas litteras, Quint.: incipientes aut paulum progressi, Quint. – *Compar. Partic.* progressior, weiter vorgeschritten, Tert. de anim. 31. – ► Imperat. progredimino, Plaut. Pseud. 859. – Infin. progrediri (nach der 4. Konjug.), Plaut. Cas. 862 u. Men. 754. – Aktive Nbf. progredio, wov. Perf. progrediere = progredierunt, Ven. Fort. carm. 6, 5, 85: Imper. progredi, Nov. com. 92.

prōgressio, ōnis, *f.* (progredior), das **Fortschreiten,** der **Fortgang, I** der **Fortgang** der Rede, versuum progressione, Eulog. in Cic. somn. Scip. p. 403, 27 B. – **II** der **Fortschritt** = die **Zunahme,** das **Wachstum,** rei militaris, Cic.: progressionem facere ad virtutem, Cic. – **III** als Redefigur, das Fortschreiten zu immer stärkeren Ausdrücken, die **Steigerung,** Cic. de or. 3, 206. Quint. 9, 1, 33.

prōgressor, ōris, *m.* (progredior), der **Fortschreiter,** v. Zahlen, Augustin. de music. 6, 6. § 16 u. 6, 9. § 24.

prōgressus, ūs, *m.* (progredior), das **Vorwärtsschreiten, Vorschreiten, Fortschreiten, I** eig.: **a** übh., auch im Plur., Ggstz. regressus, Cic., od. reditus, Cic., od. retrogressus, Apul. – **b** als milit. *t. t.*, das **Vorrücken, Vordringen,** alqm progressu arcere, Cic. – **c** als *t. t.* der Architektur: tunc ex altera parte structuris vel aggeribus expediantur progressus, durch Mauerwerk od. Dämme vorgeschritten werde, Vitr. 5, 12, 2. – **II** übtr.: **a** der **Schritt vorwärts,** der **Anfang,** quae primo progressu festive tradit elementa loquendi, Cic. Acad. 2, 92. – **b** die **weitere Entwicklung** der Begebenheiten, rerum progressus, Cic. de off. 1, 11. – **c** das **Vorrücken,** der **Fortschritt,** aetatis, Cic.: progressus facere in studiis, Cic.: litterarum studium etsi senior arripuerat, tamen tantum progressum fecit, ut etc., Nep.

progubernātor, ōris, *m.* = *προκυβερνήτης, der **Oberbootsmann,** Caecil. bei Non. 536, 9.

progymnastēs, ae, *m.* (προγυμναστής), ein Sklave, der seinem Herrn die Leibesübungen vormachte, der **Vorturner,** Sen. ep. 83, 4.

prōh! (*Interi.*), s. 1. prō!

prohibeo, uī, itum, ēre (pro u. habeo), **fernhalten, abhalten, I** verhindernd **abhalten, zurückhalten, abwehren, verhindern, verwehren, A** im Allg.: **α** *alqm* od. *alqd* ab *alqa re:* praedones ab insula Sicilia, Cic.: alqm ab alcis familiaritate et congressione, Cic.: hostem a pugna, Caes.: se suosque ab iniuria et maleficio, Caes.: vim hostium ab oppidis, Caes.: lasciviam a vobis prohibetote, Liv. – **β** *alqm alqā re:* alqm transitu, Caes.: alqm finibus, Curt.: alqm primo aditu vestibuloque, Cic.: exercitum itinere, Caes.: alqm re publicā, Cic.: alqm Italiā, aus I. verbannen, Tac.: hostem rapinis populationibusque, Cic.: alqm sepulturā, jmdm. das B. verweigern, Curt. – u. ohne alqm: non pr. aquā profluente, Cic. – **γ** *alqd* de *alqa re:* vim de classe Volcaniam, Lucil. 606. – **δ** mit u. ohne *alqm* m. folg. *Infin.*, baetere, Pacuv. fr.: fruges pergrandescere, Acc. fr.: ne me prohibeas accipere, Plaut.: ea facere tua prohibet praesentia, Ter.: pr. alqm exire domo, Cic.: peregrinos urbibus uti, Cic.: alqm mori, Cic.: circumvallare, Caes.: prohibentur adire ad filios, Cic.: im *Gerundivum* m. *Infin.*, se ad prohibenda circumdari opera Aequi parabant, Liv.: nec prohibendos ex privato redimi, Liv. – m. *Acc.* u. *Infin. Act.* u. bes. *Pass.* (s. Müller Liv. 2, 34, 11. Fabri Liv. 22, 34, 3. Heräus Tac. hist. 1, 62, 11), num igitur ignobilitas … sapientem beatum esse prohibebit? Cic.: ut eos in senatu esse prohibeant, Caes.: monet, ut ignes in castris fieri prohibeat, Caes.: ut armari civitatem defendique prohibeant, Liv.: sororem regis perduci ad se prohibuit, Gell. – mit folg. *ut* u. Konj., di prohibeant, ut etc., Cic. Rosc. Am. 151. Capit. Maximin. 28, 7. – m. folg. *ne* u. Konj., potuisti prohibere, ne fieret, Cic.: ne lustrum perficerent, mors prohibuit P. Furi, Liv. – m. folg. *quin* u. Konj., neu quisquam posthac prohibeto adulescentem filium, quin amet et scortum ducat, Plaut.: nec, quin erumperet, prohiberi poterat, Liv.: ohne vorherg. Negation, quin erumperet, morte prohibitus est, Tac. ann. 12, 29. – m. folg. *quo minus* u. Konj., se quaestorem vi prohibitum esse, quo minus e fano Dianae servum suum abduceret, Cic.: hiemem credo prohibuisse, quo minus de te certum haberemus, Cic.: partim prohibere, quo minus sumerent, Hirt. b. G.: si prohibere, quo minus in unum coirent, non posset, Liv.: prohibere sese non posse, quo minus aquam peterent, Auct. b. Alex. – **ε** *alqm alqd* (doch nur *Neutr. Pronom.*): id eos ut prohiberet, Liv. 39, 45, 7: im Passiv, verum enim vero lege id prohiberi (*sc.* plebem) contumeliosum plebi est, Liv. 4, 4, 9. – **ζ** *alqm alci:* obsecro, parentes ne meos mihi prohibeas, vorenthältst, Plaut. Curc. 605. – od. *alqm alcis rei,* Poenos captae aquilae, Sil. 6, 27. – od. *alci alqd,* verwehren, adversariis aditum, Auct. b. Afr. 31, 7. – **η** bl. *alqm* od. *alqd:* Caesarem, Caes.: morbos, Cato: motus conatusque alcis, Cic.: aditum, Caes.: aditus, Ov.: quod di prohibeant, verhüten mögen, Ter.: incepta Socrati quaepiam prohibitum ire, Apul. de deo Socr. 19: large vagandi licentia prohibetur, Pallad.: prohibitis commeatibus, Iustin.: ad prohibendum transitum, Iustin. – **θ** *alqd* in *alqo,* quod in (bei) aliis prohiberet, Iustin. 43, 2, 9. – **ι** im Zshg. absol.: ut facile perpauci prohibere (*sc.* hostes transitu) possent, Caes.: nullo prohibere auso (*sc.* vestes induere), Curt. – **B** insbes., mit Worten verhindern od. zu verhindern suchen, **verwehren, verbieten, untersagen,** **α** *alqm alqā re,* prohibiti publice in decem annos eius modi coetu Pompeiani, Tac. ann. 14, 17. – **β** *alqd:* lex recta imperans prohibensque contraria, Cic.: m. folg. *Infin.*, lex, quae prohibet adulteram sine adultero occīdere, Quint. – u. (vulgär) pr. alcui m. *Infin.*, idcirco prohibuit ei deus de arbore vitae contingere, Augustin. serm. 187, 2 Mai. – im Passiv m. folg. *Nom.* u. *Infin.*, affectus movere prohibebatur orator, wurde dem R. verwehrt, Quint. – **γ** absol.: nemo hic prohibet nec vetat, Plaut.: prohibente deo, gegen das Verbot des G., Tibull. – dah. prohibita, ōrum, *n.*, **Verbotenes, verbotene Dinge,** prohibitis abstinere, Sen. ep. 83, 19. – **II** beschützend fernhalten, vor etw. **bewahren, beschützen, sichern, mit** etw. **verschonen,** **α** *alqm* ab *alqa re:* virginem ab impetu armatorum, Cic.: rem publicam a periculo, Cic. – **β** *alqm alqā re:* magnum eorum civium numerum calamitate, Cic.: tenuiores iniuria, Cic.: Campaniam populationibus, Liv.: uxor prohibita servitio, Liv. – **γ** *alqm alqd* (doch nur *Neutr. Pronom.*): id (davor) te Iuppiter prohibessit, Plaut. Pseud. 14: zugl. m. folg. *quin* u. Konj., neque me Iuppiter neque di omnes id prohibebunt, si volent, quin sic faciam, uti constitui, Plaut. Amph. 1051. – ► Archaist. *Coni. Perf.* prohibessis, -it, Enn. fr. scen. 286*. Cato r. r. 141, 2. Plaut. Pseud. 14. Cic. de legg. 3, 6 (in einer Gesetzesformel). – synkop. probet = *prohibet,* Lucr. 3, 862, u. probeat = *prohibeat,* Lucr. 1, 977.

prohibitio, ōnis, *f.* (prohibeo), die **Verhinderung,** Paul. dig. 3, 3, 42 *pr.* – bes. die gesetzliche, das **Verbot,** sceleris, Cic. fr. bei Quint. 9, 2, 18: tollendi, Cic. Verr. 3, 37: alicuius actus, Ulp. dig. 48, 19, 8 *pr.:* divortii, Tert. adv. Marc. 4, 34: repudii, Tert. de monog. 9: absol., vetus prohibitio haec est, Mos. et Rom. legg. coll. 15, 2. § 1: ad credendi studium prohibitionis ipsius stimulis excitatur, Arnob. 2, 5.

prohibitor, ōris, *m.* (prohibeo), der **Zurückhalter, Abhalter,** Apul. u. a. Spät.

prohibitōrius, a, um (prohibitor), **zurückhaltend, hindernd,** avis, durch ungünstige Zeichen von einem Vorhaben abhaltender, Labeo b. Plin. 10, 37: edictum, verbietendes, oft bei den ICt.: quod enim prohibitorium est, Ambros. de parad. 1, 5. § 26.

pro-hinc, *Adv.*, **daher, deswegen,** Apul. met. 8, 8 u. a.

prō-iacto, ātus, āre, **forttreiben,** Isid. orig. 10, 216.

prōicio, iēcī, iectum, ere (pro u. iacio), **I vorwärts-, vorwerfen,** **A** im Allg.: cibum, Futter vorwerfen (dem Hund), Hor. epod. 6, 10: alci frustum cibarii panis, Apul. met. 6, 11. – **B** insbes.: **1 vortreten-, vorragen lassen, vorstrecken, ausstrecken,** **a** Glieder: brachium, Cic.: linguam, Lucan.: pectus ac ventrem, Quint.: pedem laevum, voransetzen, Verg. – **b** ein Gebäude, eine Örtlichkeit **vorspringen-, vortreten lassen, vorrücken,** ICt.: ius od. servitus proiciendi, das Recht, über des Nachbars Grundstück einen Vorbau zu machen, bes. einen Erker anzulegen, ICt.: dah. proici, hervorragen, quod tectum proiceretur, Cic.: urbs proiecta in altum, die in die See hinausragt, in die See hinausgebaut ist, Cic. – u. so das Aktiv v. Örtl., proicere in altum, in die hohe See hinausragen, Pacuv. tr. 94. Cato origg. 1. fr. 9. – **c** eine Waffe **vorstrecken, vorhalten,** hastam, Nep.: clipeum prae se, Liv.: proiecto laevā scuto, Liv. – **2** jmd. **herausjagen, -stoßen, fortjagen,** **a** übh.: alqm foras, Cic.: puerum ex angiportu, Plaut.: alqm ab urbe, Ov.: alqm in exsilium, Ps. Cic. orat. pridie quam in exs. iret 30. Sen. de prov. 3, 2. – **b verbannen, verweisen,** alqm in insulam, Tac.: Sarmaticas proiectus in oras, Ov. – **c in die Flucht schlagen,** proiectos persequi, *Sisenn. fr. b. Non. 363, 4 (aber Peter Sisenn. hist. 3. fr. 27 protelatos). – **3 ausgießen,** fontem urnā, Manil.: lacrimas, vergießen, Auct. b. Alex.: verba, vorbringen, Sen. – **II** vorwärts **hinwerfen, hinauswerfen,** **A** im Allg.: crates, auswerfen, Caes.: se ex navi, über Bord springen, Caes.: se in forum, zum F. stürzen, Liv.: alqd in ignem, Caes.: quaedam per fenestram, Sen.: galeam ante pedes, Verg.: se ad pedes alcis, Cic.: se Caesari ad pedes, Caes.: proiectae ad pedes suorum, Caes.: proiectus ad saxa, Cic.: proiectus humi od. in humum, Tac.: pr. aquilam intra vallum, Caes.: vexillum trans Punicum vallum, Val. Max.: m. dopp. *Acc.,* alqm inhumatum, Cic.: tribunos insepultos, Liv.: m. bl. *Acc.,* infantem vivum in arcam condidere provectumque in mare proiecerunt, führten es weit in die See hinaus u. warfen es dort über Bord, Liv. 27, 37, 6: proiectā vilior algā, als (vom Meer) ausgeworfener S., Verg. ecl. 7, 42. – bildl., se in hoc iudicium, sich (als Zeuge) zu diesem Prozess drängen, Cic. Cael. 22: cives in aperta pericula, Verg. Aen. 11, 360. – **B** insbes.: **1 hinwerfen, wegwerfen,** arma, Caes.: insignia, ablegen, Hor. – od. **aussetzen, wegsetzen,** ein Kind, das man nicht erziehen will, puellam, Plaut. cist. 124 u. 618. – bildl., **a** se proicere, **sich** zu etw. **erniedrigen,** in muliebres et inutiles fletus, Liv. 25, 37, 10: im Passiv, in concubitum amicorum proiecta, sich erniedrigend, sich wegwerfend, Iustin. 37, 3, 7. – **b** etw. **aus den Augen setzen, für nichts achten,** quibus est tam proiecta senatus auctoritas, Tac. ann. 1, 42. – **c wegwerfen, fahren lassen, verschmähen,** freiwillig-, aus Geringschätzung auf etw. **verzichten,** virtutem, Caes.: libertatem, Cic.: ampullas, Hor.: spem salutis, Plin. ep.: pudorem, Ov.: animam, sich töten, Verg. – **d preisgeben** = leichtsinnig, treulos in Gefahr stürzen, paratos, Caes.: legiones proicere ac prodere ad inconsultam atque improvidam pugnam, Liv.: non esse tamen desertam omnino rem publicam neque proiectum consulare imperium, Liv.: ab alqo prodi et proici, Cic., proici ac prodi, Caes. – u. so se pr., Cic. – **2 niederwerfen, zu Boden werfen,** Vitaellii effigies, Tac. hist. 3, 13: strato graves artus, Val. Flacc. 7, 141: im Bild, quo vento proicitur Appius minor, ut etc., in diesem Sturm verlor der jüngere Appius dermaßen den Kopf, dass er usw., Cael. in Cic. ep. 8, 8, 2. – **3** auf eine bestimmte Zeit hinaussetzen, **verweisen,** alqm ultra quinquennium, Tac. ann. 2, 36. – ► Vulg. Perf.-Form proiicierunt, Itala (S. Germ. II) Matth. 15, 13.

prōiectē, *Adv.* (proiectus), **mit Geringschätzung, sorglos,** Tert. de pudic. 13.

prōiectīcius, a, um (proicio), **I ausgesetzt,** puella, Plaut. cist. 191. – **II** bildl., **gestürzt, abgesetzt,** Palladius, Amm. 28, 6, 26.

prōiectio, ōnis, *f.* (proicio), **I** das **Vorwerfen, Hervorwerfen,** brachii, Ausstrecken (Ggstz. contractio), Cic. or. 59. – **II** das **Vorrücken** eines Baus, das **Vorbauen;** meton. = der **Vorbau,** bes. der **Erker,** ICt.

prōiecto, āre (*Intens.* v. proicio), **I fort-, hinaustreiben,** homines in aperta pericula, Amm. 14, 5, 7. – **II** **tadeln, beschuldigen,** ego proiector, quod tu peccas, Enn. fr. scen. 225.

prōiectōrius, a, um (proicio), **auswerfend, abführend,** bei Ärzten, vis, Th. Prisc. de diaet. 5.

prōiectūra, ae, *f.* (proicio), die **Hervorragung,** als *t.t.* der Archit. = ἐκφορά, die **Ausladung,** der **Auslauf,** der **Vorsprung** an Gebäuden, Vitr.: coronarum (Kranzleisten), Vitr.: tignorum, Vitr.

1. **prōiectus,** a, um, *PAdi.* (v. proicio), **I** **vortretend, vorstehend, A** eig.: venter proiectus, Suet.: venter paulo proiectior, Suet. Tit. 3, 1. – subst., prōiectum, ī, *n.*, die **Ausladung,** der **Erker** an einem Gebäude, ICt. – **B** übtr.: **a** **hervorragend, stark hervortretend, unmäßig,** cupiditas, Cic.: audacia, Cic. – **b** zu etw. **leicht geneigt,** m. *ad* od. *in* u. Akk., homo ad audendum proiectus, ein sehr verwegener Mensch, Wagehals, Cic.: proiectissima ad libidinem gens, Tac.: homines in verba proiecti, Gell.: in verba periculosa proiectus, Amm.: in libidinem proiecti, Iustin. – **II** nach vorn **hingeworfen, daliegend, A** eig.: ad terram, Caes.: in antro, Verg.: insula proiecta in meridiem, Plin. – **B** übtr.: **a** **niederträchtig, verworfen,** tam proiecta servientium patientia, eine so niedertr. knechtische Hingebung, Tac. ann. 3, 65: quid esse vobis aestimem proiectius? Prud. perist. 10, 153. – **b** **niedergeschlagen, niedergedrückt,** vultus, Tac. hist. 3, 65.

2. **prōiectus,** Abl. ū, *m.* (proicio), das **Hervorragenlassen, Ausstrecken,** frondis, Plin. 17, 92: corporis, die ausgestreckte Lage, Lucr. 3, 985.

proin, *Adv.*, s. pro-inde.

pro-inde (abgekürzt **proin**), *Adv.*, **I** **daher, demnach, demgemäß, deswegen,** bes. bei Aufmunterungen u. Ermahnungen, die sich folgerecht an das Vorhergehende anschließen, Cic. u. a. – Form proin gew. einsilbig, Plaut. Amph. 311 u. a. Ter. Andr. 408 u. a. Sen. Agam. 129: zweisilbig Catull. 20, 16 (= Priap. 86, 16). – **II** **ebenso, gerade so, auf gleiche Art,** wenn man eine Vergleichung als einen aus dem Vorhergehenden gezogenen Schluss anführt, m. folg. *atque* (*ac*), *ut, quasi, quam, tamquam* (wie, wie wenn), proinde ac merita est, Cic.: proinde ut, Varro, u. ut ... proinde, Plaut. u. Ter.: proinde quasi, gerade wie wenn, Ter. u. Cic.: proinde quam, Plaut.: proinde tamquam, Gell.: proinde quod, Fronto: proinde ac si, Cic.: proin ac, Varro r. r. 2, 4, 10 *cod. opt.* (Schneider proinde ac).

prō-lābor, lāpsus sum, lābī, **I** **vorwärts hingleiten, -schlüpfen, -sich bewegen, A** eig.: canis ad caudam serpens prolabitur, Cic. poët.: conlapsus pons usque ad alterius initium pontis prolabi eum (elephantum) leniter, cogebat, Liv.: alii (elephanti) pedibus insistentes, alii clunibus subsidentes prolabebantur, rutschten vorwärts, Liv. – **B** bildl.: **1** **hingeraten, hingerissen werden, verfallen,** huc libido est prolapsa, Cic.: in misericordiam, mitleidig werden, Liv.: ad superbiam, Tac.: longius quam etc., weitergehen (weitläufiger werden), Cic.: dites olim familiae studio magnificentiae prolabebantur, schweiften aus infolge usw., Tac. – **2** **entfallen,** verbum a cupiditate prolapsum, entfallen, entwischt, Cic. Font. 28. – **II** vorwärts **herabgleiten, -fallen, A** eig. (vgl. Fabri Liv. 21, 36, 7): velut si prolapsus cecĭdisset, als wenn er herabgleitend gefallen wäre, Liv.: per caput (equi), Liv.: ex equo, Liv.: prolapso equo, Liv.: in foramen, Suet. – v. Gebäuden usw., **verfallen,** nach vorn **ein-** od. **zusammensinken,** cum aedes Iovis Feretrii vetustate atque incuriā detecta prolaberetur, Nep.: prolapsa Pergama, Verg. – **B** übtr.: **1** **fehlen,** cupiditate, timore, Cic.: regni cupiditate, Liv. – **2** **sinken, in Verfall kommen, herunterkommen,** ita prolapsa est iuventus, ut etc., Cic.: prolapsa disciplina, Liv.: prolapsum clade Romanum imperium, Liv.: rem prope prolapsam restituit, verdorbene, Liv.

prōlāpsio, ōnis, *f.* (prolabor), **I** eig., das **Hingleiten, Fortgleiten, Ausgleiten,** Cic. Cael. 41. Chalcid. Tim. 112. – **II** übtr., der **Irrtum,** die **Übereilung,** Amm. 20, 4, 15. Ambros. de Noë 14. § 49; de Abrah. 2, 4. § 16; de bono mort. 10, 47.

prōlāpsus, ūs, *m.* (prolabor), das **Hingleiten,** aquae, Avien. descr. orb. 84. – übtr., Augustin. in psalm. 109. 17.

prōlātātim, *Adv.* (prolato), **aufschubsweise,** Diom. 407, 6.

prōlātio, ōnis, *f.* (profero), **I** das **Hervorbringen, Vorbringen, a** die **Aussprache,** vocis, Lact. 4, 8, 12: verbi intellegibilis pr., Cael. Aur. de morb. chron. 2, 1, 6 (durch welche Stellen viell. auch die Lesart einiger neueren Hdschrn. Latinorum nominum prolatione bei Liv. 22, 13, 6 geschützt wird). – **b** das mündliche **Vorbringen, Aussprechen,** verborum, Arnob. 3, 18. – u. das **Anführen,** exemplorum, Cic. or. 120. – **II** das **Hinaussetzen;** dah. **1** die **Erweiterung,** finium, Liv. 31, 5, 7; 42, 20, 4: aedificiorum prolationes, Suet. Aug. 30, 1. – **2** die **Verschiebung,** der **Aufschub,** diei (des Zahlungstermines), Caes.: iudicii, Cic.: rerum, Stillstand der öffentlichen Geschäfte, Cic.: absol., Tac. hist. 3, 82: Plur., Plaut. mil. 253. Tac. ann. 4, 3.

prōlātīvus, a, um (prolatus v. profero), **aus dem Mund hervorgehend gesprochen** (Ggstz. substantialis, was Fleisch geworden), verbum, Ambros. in Luc. 1. § 5 u. a. Eccl.

prōlāto, āvī, ātum, āre (*Intens.* v. profero), **weiter hinausschieben, I** **erweitern, vergrößern, a** im Raum: villam, agros (den Grundbesitz), Tac.: imperium, Ps. Quint. decl.: effugium, Lucr. – **b** bildl., im Geschäftsumfang: rem rusticam, Colum. 1. praef. § 19. – **II** übtr., **in der Zeit hinausschieben, fristen, A** = **hinhalten,** vitam, Tac.: spem et metum, mit H. u. F. zuwarten, Tac. ann. 15, 51. – **B** = auf eine spätere Zeit **aufschieben, verzögern, verschleppen,** diem ex die, Tac.: consultationes, Sall.: comitia, Liv.: bellum, Tac.: nihil prolatandum ratus, Liv.: id (malum) opprimi sustentando et prolatando nullo pacto potest, durch Hinhalten (Hindrücken) u. Verschleppen, Cic.

prōlātus, Abl. ū, *m.* (profero), **I** das **Hervorbringen,** Tert. adv. Valent. 33. – **II** der mündliche **Vortrag,** Donat. Ter. Andr. prol. 12.

prōlecto, āvī, ātum, āre (*Intens.* v. prolicio), **I** **hervorlocken,** Apul. met. 5, 7. – **II** übtr., jmd. **verlocken, locken, reizen,** alqm spe legationis, Cic.: alqm probris, Plaut.: puellares animos, Ov.: alqm veneficiis ad nuptias, Apul.: ast aliae (aves), quas nullus amor prolectat edendi, Prud.

prō-lēgātus, ī, *m.*, der Stellvertreter des Legaten, der **Prolegat,** CIL 5, 3334: insularum Baliarum, CIL 11, 1331: provinciai Raitiai et Vindelic., CIL 5, 3936.

prolēpsis, is, Akk. im, Abl. ī, *f.* (πρόληψις), die **Vorausnahme, Vorauserwähnung, Prolepsis,** als gramm. u. rhet. *t. t.*, Diom. 443, 21. Ps. Ascon. ad Cic. II Verr. 1, 117. p. 192, 19 B.

prōlēs, is, *f.* (statt pro-olēs; vgl. sub-olēs, ind-olēs, ad-olēsco), was hervorwächst od. -gewachsen ist, fast nur poet.: **I** **Sprössling, Kind, Nachkomme, a** v. Göttern u. Menschen: pr. illa futurorum hominum, Cic.: postuma, Kind, Verg.: gemella, Zwillinge, Ov.: Apollinea, Äskulap, Ov.: Latoia, Apollo u. Diana, Ov.: altera Saturni, Juno, Verg.: Bacchi, Priapus, Tibull.: ferrea, Geschlecht, Menschengeschlecht, Poët. b. Cic.: Tuscorum, Abkömmlinge, Plin.: Ausonia, Nachkommenschaft, Liv.: prolem propagando procudere, Kinder zeugen, Lucr.: geminam partu dare prolem, Verg. – **b** von Tieren, Verg. u. Colum. – **c** v. Gewächsen, Verg.: Plur., Colum. poët. – **II** übtr.: **A** die **junge Mannschaft,** equitum peditumque, Cic. de legg. 3, 7: Arcadiae, Verg. Aen. 10, 429. – **B** die **Hode,** im Plur. b. Arnob. 5, 23 u. 7, 24. – ► Genet. Plur. prolum nach Mart. Cap. 3. § 301.

prōlētārius, a, um (proles), **I** die Nachkommenschaft betreffend; dah. subst., prōlētā ius, iī, *m.*, nach der Volkseinteilung des Servius Tullius der **Bürger der untersten Klasse,** der dem Staat nur mit seiner Nachkommenschaft (proles), nicht mit seinem Vermögen diente, der **Proletarier,** Enn. u. XII tabb. b. Gell. 16. 10. § 1 u. 3. Arnob. 2, 29 (Ggstz. classici). Paul. ex Fest. 226, 13: Plur., Cic. de rep. 2, 40. Vgl. übh. Gell. 16, 10. – **II** übtr., **gemein, niedrig,** sermo, Plaut. mil. 752.

prō-levo, āre, **hervorziehen,** Tert. de paen. 4 zw.

prō-lībo, āre, **opfern,** vina dis, Plin.: aquas novo fictili, Plin. – *impers.*, fictilibus prolibatur simpuviis, Plin.

prō-liceo (pro-liqueo), uī, ēre, **hervorrinnen, hervorfließen,** Varro fr. in Gloss. Scalig. V, 608, 48.

prōlicio, ere (pro u. lacio), **hervorlocken, anlocken, anreizen,** illum, Pacuv. fr.: alqm huc, Plaut.: alqm ad spem, Tac.: voluptas tardā prolicienda morā, Ov.

prō-līmen, inis, *n.*, der **Raum vor der Türschwelle,** Hieron. in Ezech. 12, 40, 8.

prō-liquātus, a, um, eig. flüssig gemacht; dah. **flüssig, fließend,** Apul. apol. 15.

prō-liqueo, s. prō-liceo.

prōlixē, *Adv.* (prolixus), **I reichlich, in reichem Maße,** capillus passus pr. circum caput reiectus, in reichlicher Fülle, Ter. heaut. 290: arbor pr. foliata, reich belaubt, Apul.: id prolixe cumulateque fecit, in reichem u. vollem Maße, Cic.: u. so quod pr. tibi cumulateque contingit, Plin. ep.: accipit homo nemo melius prorsus neque prolixius, bewirtet reichlicher, herrlicher, Ter.: alqm prolixius fovere, übermäßig, Suet. Tit. 7, 2. – **II gefällig, willig,** age, prolixe, Micio! Ter.: in delectu parum pr. respondere, sich nicht sonderlich willig (bereitwillig) zeigen, Cic.: pr. consentit de concubitu, Apul.: neque ille quae meum tempus postularet satis pr. mihi polliceretur, Cic.: neque mehercule minus ei pr. de tua voluntate promisi, quam eram solitus de mea polliceri, mit derselben vollen Zuversicht, Cic.

prōlixitās, ātis, *f.* (prolixus), die **Reichlichkeit, reichliche Länge, -Breite, -Weite,** die **weite Ausdehnung** (Ggstz. brevitas), Apul. u. a.: litterarum, Weitläufigkeit, Symm. – der Zeit nach, temporum, Edict. Diocl. prooem. *extr.* p. 7 M.: vitae huius, Augustin. ep. 140, 17.

prōlixitūdo, inis, *f.* (prolixus), die **Weitläufigkeit,** Pacuv. tr. 124. Gloss. V, 646, 15.

prōlixo, āre (prolixus), **ausdehnen, verlängern,** Colum. 4, 24, 22.

prōlixus, a, um (zu lixa, liquor), **reichlich lang, lang und breit, weit, weit ausgedehnt, I** eig. u. übtr.: **A** eig.: tunica, lang u. weit, Gell.: ramus, zweige- u. blätterreich, sich weit ausbreitend, Suet.: barba, Hieron.: prolixo nec exili corpore erat, Suet.: prolixior arator, ein langer u. breitschulteriger, stämmiger, Colum.: non tam prolixo provolat ictu, weitem Schuss, Lucr. – **B** übtr.: **a** v. der Zeit, tempus, ICt. u. Boëth.: senectus prolixa, Apul.: homo prolixae aetatis, bejahrt, ICt. – **b** v. Zuständen usw.: prolixiorem tractatum habere, eine weitläufigere, ICt.: labor prolixissimus, Iul. Val. 1, 46 (42). – *Acc. neutr.* adv., prolixum eiulare, stark, Apul. met. 8, 9. – **c** v. der Rede u. v. Redner, **weitläufig,** prolixissima epistula, Augustin. epist. 138, 20: ne sim prolixus, Macr. sat. 3, 7, 8. – **II** bildl.: **1** im Begriff **weit, umfassend,** longe longeque esse amplius, prolixius, fusius, weitläufiger, umfassender, ausführlicher, Gell. 13, 29 (28), 3. – **2 geneigt, gefällig, willig,** tua prolixa beneficaque natura, deine Weitherzigkeit u. Wohltätigkeit, Cic.: pr. animus, Cic.: prolixior in Pompeium, dem P. sehr zugetan, Cic. – **3 gut vonstatten gehend, glücklich,** res secundae atque prolixae atque prosperae, Cato fr.: cetera spero prolixa esse his competitoribus, Cic.

prōlocūtio, ōnis, f. (proloquor), die **Aussage, Äußerung,** Claud. Mam. de stat. anim. 2, 3, 5: Plur., *ibid.* 1, 3, 6 u. 3, 5, 1.

prōlocūtor, ōris, *m.* (proloquor), der für jmd. (vor Gericht) redet, der **Redner, Sachwalter,** Ps. Quint. decl. *Tribun. Mar.* 3.

prologium, iī, *n.* (προλόγιον), die **Vorrede,** Pacuv. tr. 383. – bes. der **Prolog** eines Bühnenstückes, Donat. de comoed. (Ter. comoed. vol. 1. p. XVIII, 17 *ed. Klotz.*).

prologūmenē lēx = νόμος ὁ προλογούμενος, ein **Gesetz mit einer Vorrede,** Sen. ep. 94, 38.

prologus, ī, *m.* (πρόλογος), **I** die **Vorrede,** der **Prolog** eines Theaterstückes, Ter., Quint. u. a. – **II** meton., der **Vorredner,** Ter. heaut. prol. 11 u. Hec. prol. 2, 1. – ► Bei den szenischen Dichtern prōlogus gemessen.

prōlongo, āvī, ātum, āre (pro u. longus), **verlängern, weiter hinaussetzen,** oft bei den Eccl., z. B. dies alcis, Vulg. deuter. 6, 2: iniquitatem suam, Vulg. psalm. 128, 3: incolatus meus prolongatus est, Vulg. in psalm. 119, 5.

prōloquium, iī, *n.* (proloquor), **I** = ἀξίωμα, der **Ausspruch, Satz,** klass. pronuntiatum, Ael. Stilo u. Varro b. Gell. 16, 8 *in.* u. b. Ps. Apul. de dogm. Plat. 3. p. 262 H. Gell. 5, 11, 9. – u. der **Ausspruch** = das Machtgebot, Amm. 28, 1, 11 u. 29, 1, 38. – **II** die **Einleitung,** Donat. Ter. eun. 3, 4, 1.

prō-loquor, locūtus sum, loquī, **heraussagen, aussprechen, sich auslassen, äußern** (Ggstz. tacere), **I** im Allg.: cogitata, Ter.: id apud vos, Plaut.: mendacium parenti, Plaut.: quod proloqui piget, Liv. – m. folg. *Acc.* u. *Infin.*, Liv. 4, 2, 13: m. indir. Fragesatz. Komik. u. Auct. b. Afr. – absol., omitto proloqui, davon schweige ich, Ter.: quid ego parcam apud te proloqui? Plaut. – **II** insbes., weissagend **verkünden,** Prop. 3, 13, 59. – ► Infin. Präs. arch. proloquei, Plaut. Men. 252 Sch. mit *cod.* A. – prolocutus passiv, Hieron. chron. 2.

prōlubīdo, inis, *f.* = prolubium (*no.* I), Varro LL fr. bei Non. 64, 13. Min. Fel. 26, 12 (Haupt).

prōlubium, iī, *n.* (pro u. lubet), **I** das **Belieben,** die **Neigung, Lust** (s. Hildebr. Apul. met. 10, 21), Acc. fr. u. Komik.: immanes navitas prolubium audiendi subit, Gell.: prolubium libidinis suscitavit, Apul.: prolubium est petere amicitiam, Trag. inc. fr. – **II** objekt. = das **Vergnügen,** maius, Gell. 5, 10, 12.

prōlūdium, iī, *n.* (proludo), das **Vorspiel,** die **Vorübung, a** im Allg., Amm. 28, 1, 10. – **b** der Soldaten, cotidiana proludia exercitus, Amm. 14, 11, 3: proludia continua rei castrensis et armaturae, Amm. 23, 6, 83.

prō-lūdo, lūsī, lūsum, ere, **vorspielen,** ein **Vorspiel (eine Vorübung) machen, I** eig.: ad pugnam, Verg. georg. 3, 234: absol., Ov. art. am. 3, 515. Flor. 3, 22, 6. Anthol. Lat. 742, 75 (1143, 75). – **II** übtr.: ut ipsis sententiis, quibus proluserint, vel pugnare possint, die ihnen zum Vorspiel dienten, Cic.: m. *Dat. comm.*, per has mortalis aevi moras illi meliori vitae longiorique proluditur, wird ein Vorspiel gegeben für usw., Sen.: übtr., v. Lebl., iurgia proludunt, Iuven. 5, 26.

prō-lūgeo, ēre, **über die gehörige Zeit trauern,** Paul. ex Fest. 226, 16.

prō-luo, luī, lūtum, ere, **I fort-, hervorspülen, A auswerfen, anspülen,** genus omne natantum litore in extremo ceu naufraga corpora fluctus proluit, Verg. georg. 3, 541 *sqq.* – prägn., ventrem, den Magen auswerfen machen = den Durchfall erregen, Colum. 7, 3, 25. – **B wegspülen,** ex omnibus montibus tempestas nives proluit, Caes.: silvas Eridanus proluit, Verg.: abruptis imbribus prolutas esse totas regiones, Apul.: vulnera illa, quorum sanguinem hae lacrimae proluerunt, Apul.: bildl., **verprassen,** pecuniam suam prandiorum gurgitibus, Gell. 2, 24, 11. – **II ab-, ausspülen, benetzen, waschen,** vino os, Colum.: vivo in rore manus, Ov.: bes. v. Trinken (vgl. Fritzsche Hor. sat. 1, 5, 16), fonte labra caballino, die Lippen netzen an usw., Pers.: pleno se proluit auro, schlürfte den vollen goldenen Pokal aus, Verg.: praecordia mulso, mit Wein sich den Magen schwemmen, Hor.: multā prolutus vappā, Hor.: scherzh., cloacam, den Magen ausspülen (mit Wein), d. i. saufen, Plaut. Curc. 121 G.

prōlūsio, ōnis, *f.* (proludo), das **Vorspiel,** übtr., die **Vorübung, Probe,** die man der Hauptsache vorausschickt, Cic. de or. 2, 325; div. in Caecil. 47.

prōluviēs, ēī, *f.* (proluo), **I** die Wegspülung = wegspülende **Überschwemmung,** Lucr. 5, 947. *Cic. ad Q. fr. 3, 7, 1 (nach Konjektur). – **II** der (hervorgeschwemmte) **Unrat** des Magen, alvi, Lucr. u. Colum.: ventris, Verg.: ventris citata pr., Colum.

prōluvio, ōnis, *f.* (proluo), die **Überschwemmung,** Plur. b. Apul. de mund. 34.

prōluviōsus, a, um (proluvium), **gleichsam wegschwemmend,** pestis, Quint. Fab. Lucull. b. Fulg. exp. serm. ant. 31. p. 120, 9 *Helm.*

prōluvium, iī, *n.* (proluo), **I** die **Überschwemmung,** Non. 373, 18. – **II** die **Verschwendung,** Serv. Verg. Aen. 3, 217. – **III** der **Unrat,** übtr., rei veneriae, Gell. 4, 11, 10 H.

prolytae, ārum, *m.* (*προλύται), **Prolyten,** Name der Rechtsschüler im 5. Jahr ihres Studiums, Iustin. dig. praef. § 5.

prō-magister, strī, *m.*, der **zweite Vorsteher,** der **zweite Verwalter,** CIL 6, 2056. lin. 4 (*a. p. Chr.* 78) u. 6, 2120. lin. 28.

prō-māno, āre, **hervorströmen,** visus animi in radios porosque promanans, Claud. Mam. de stat. anim. 3, 9, 2.

prōmarīnī dī, s. per-marīnus.

prō-mātertera, ae, *f.*, die **Schwester der Ältermutter,** die **Urgroßtante,** ICt.

prōmenervat (v. pro u. Menerva = Minerva) = promonet, Fest. 205, 12.

prōmercālis, e (pro u. merx), **verkäuflich, käuflich, feil,** res, Colum.: aurum, Suet.: vestes, Suet.: promercale dividere, feilbieten lassen, Suet.: quae promercalia et usuaria isdem in locis, Gell.

prōmercium, iī, *n.* (merx), der **Handel, Kaufhandel,** ICt.

prō-mereo, uī, itum, ēre, u. **prōmereor,** itus sum, ērī, **verdienen,** **I** objekt. = etw. **erwerben, erlangen,** voluntatem omnium, Suet.: amorem, Suet.: ad promerendum actioni favorem, Quint.: opiniones (gute Meinung) hominum, Lact. – mit folg. *Infin.*, Sedul. carm. 5, 318. – **II** subjekt.: **A** (sich) etw. **verdienen,** im guten Sinne = **sich ein Recht-, einen Anspruch auf** etw. **erwerben, sich** einer Sache **würdig machen,** im üblen Sinne = etwas **verschulden, sich zuziehen,** nam retineri nequeo, quin dicam ea quae promeres, Plaut.: verum enim quando promeruit fiat, Ter.: promeruisti, ut ne quid ores, quin impetres, Plaut.: ut suo beneficio promereatur, se ut ames, Cic.: Pass., non vel solā generis claritate promeritum? hat er nicht schon ein Recht darauf durch usw.? Plin. pan. – im üblen Sinne: promerui poenam, Ov.: quid mali sum promeritus? Plaut. – *Partic.*, subst., prōmeritum, ī, *n.*, das **Verdienst,** im üblen Sinne = die **Schuld,** vollst. bene promerita, gute Verdienste, -Handlungen, Lucr.: male promerita, schlechte Verdienste, böse Handlungen, Plaut.: postea levius demonstrando se punitum, quam sit illius promeritum, Cic.: quare hoc maius est vestrum in nos promeritum, quod etc., Cic.: ex suo promerito, Schuld, Auct. b. Afr. – **B** (in der klass. Prosa gew. in der Form promereor) um jmd. **sich Verdienste erwerben, sich verdient machen,** m. *de* u. Abl., ut promeritus es de me, Plaut.: pr. bene de multis, Cic. – mit *in* u. Akk., unum habent in nostrum ordinem promerendi locum (Gelegenheit), Cic. Mur. 70. – nachaugust. m. *Acc.* socios, Suet.: principem, Plin. pan.: deum, Eccl.: sepeliendo mortuos deum, Augustin.: religiosis ministeriis et tenacibus castimoniis numen, Apul.: beneficiis genus hominum, Lact. (vgl. Bünem. Lact. 6, 9, 24). – absol.: bene promerens, Plaut.: ego te numquam negabo promeritam, Verg.: tam bene promeritus, der sich so wohl verdient gemacht hat, Ov.

prō-mergo, ere, **hervorbrechen,** Ambros. cant. cantic. 2. § 51 *extr.* u. in Luc. 7. § 162 *extr.*

Promētheus, eī u. eos, Akk. ea u. eum, Vok. eû, *m.* (Προμηθεύς, der Vorausdenker), Sohn des Japetus, Bruder des Epimetheus und Vater des Deukalion, bildete der Sage nach die Menschen aus Ton und belebte sie durch Feuer, das er vom Himmel geholt hatte, wofür er zur Strafe an den Kaukasus geschmiedet wurde; ein Geier, den schließlich Herkules tötete, fraß seine Eingeweide, Acc. tr. 534. Varro LL. 5, 31. Rhet. Her. 4, 9. Cic. Tusc. 5, 8. Hyg. fab. 142 u. 144. Lact. 2, 10, 5: Genet. *-ei*, Prop. 2, 1, 69. Verg. ecl. 6, 42; *-eos*, Stat. Theb. 11, 468. – Akk. *-ea*, Hor. carm. 2, 18, 35. Sen. contr. 10, 5 (34) 1; *eum*, Hyg. fab. 54: Vok. -eû, Cic. poët. Tusc. 3, 76. – alle Kasus, Hyg. astr. 2, 15. – Prometheus ille Aeschyli, in der Tragödie des Aischylos, Cic. Tusc. 3, 76: is liber (Maecenatis), qui ›Prometheus‹ inscribitur, Sen. ep. 19, 9. – appell. wie im Griechischen = **Bildner in Ton,** Iuven. 4, 133. – Dav.: **A** **Promēthēus,** a, um (Προμήθειος), **zu Prometheus gehörig, promethëisch,** iuga, v. Kaukasus, Prop.: creta, Colum. poët.: scopuli, Sen. tr.: rupes, Mart. – **B** **Promēthīdēs,** ae, *m.*, der **Promethide** (Sohn des Prometheus), d. i. Deukalion, Ov. met. 1, 390.

prō-mico, āre, hervorschimmern, übtr., **I** *intr.* = **schnell hervorkommen,** promicant molles plumulae, wachsen hervor, Apul. met. 3, 21: lacrimis rursum promicantibus, hervorbrechen, Apul. met. 3, 10. – **II** *tr.*, **hervorspringen lassen, ausdehnen,** hau longe promicanda oratio est, Naev. com. 16.

prōminēns, entis, *PAdi.* (promineo), **hervorragend,** barba, Sen.: oculi (Ggstz. oculi conditi, tiefliegende), Plin.: cauda prominentior, Plin. – subst., prōminēns, entis, *n.*, die **Hervorragung,** in prominenti litoris, Tac.: in prominenti terrarum, Amm.: Plur., prominentia montium, Ausläufer, Vorgebirge, Tac.

prōminenter, *Adv.* (promineo), **hervorragend, hoch,** clunibus prominentius sublevatis, Cael. Aur. de morb. chron. 5, 4, 68: m. *ab* u. Abl., paulo prominentius a cetero corpore sublevato (capite), *ibid.* 2, 4, 73: prominentius a lecto producendus (est) aeger, Cael. Aur. de morb. acut. 1, 11, 90.

prōminentia, ae, *f.* (promineo), **I** das **Hervorragen, Hervorspringen,** Vitr. 6, 8, 6: oculorum, Cael. Aur. de morb. acut. 3, 1, 3: praecordiorum, *ibid.* 3, 5, 50. – **II** meton., der **Vorsprung,** das **Vorgebirge,** Solin. 27, 1. Avien. or. mar. 159 u. 171.

prō-mineo, minuī, ēre (zu Wurzel **men-*, hervorragen, vgl. immineo), **hervorragen, hervortreten, -stehen, hineinragen, hinüberragen, vorspringen,** **I** eig.: **a** aus der Ebene auf die Seite oder nach oben, **α** v. Örtl.: prominet Graecia, Mela: cella caldaria prominet, Plin. ep.: collis prominens, Liv.: scopuli et prominentes orae, Tac.: Europa ad fretum nunc vaste retracta nunc prominens, Mela: Phaselis (promunturium) prominet penitus in altum, Liv.: collis prominet in pontum, Ov.: cubiculum prominet in lacum, Plin. ep.: regio a Tauro monte in Aegaeum usque prominens mare, Liv. – **β** v. Körperteilen: barba prominens, Sen.: comae prominent hirtae, Curt.: prominent ungues numquam recisi, Curt.: prominet immodicum pro longa cuspide rostrum, Ov.: coma plurima torvos prominet in vultus, hängt hervor ins Gesicht, Ov. – **b** aus der Tiefe: **α** von Lebl.: prominente tigno (aus der Erde), Val. Max.: pr. Algido (über den A.), v. Laub hochgelegener Waldung, Hor. – **β** v. Pers.: ex lectica, Sen. rhet.: ore, mit dem Gesicht (aus der Erde), Hor.: pectore nudo prominentes, sich (über die Mauer) herabneigend, vorgebeugt, Caes. – **II** bildl.: quae (iustitia) nec sibi tantum conciliata sit nec occulta, sed foras tota promineat (ganz hervortrete), Cic. de rep. 3, 10: maxima pars eius (gloriae) in memoriam ac in posteritatem prominet, ragt, erstreckt sich hinein, Liv. 28, 43, 5.

prō-mino, āre, **forttreiben, vor sich hintreiben,** iumenta ad lacum bibendi causā, Apul. met. 9, 27.

prōminulus, a, um (promineo), **etwas hervorragend, -hervorstehend, -hervorhängend,** Mart. Cap., Solin. u. a.

prōmīscam, *Adv.* (promiscus), **gemeinschaftlich,** Plaut. Pseud. 1062. Vgl. Paul. ex Fest. 224, 8.

prōmīscē, *Adv.* (promiscus) = promiscue, Cic. de or. 3, 72; Font. 12 (22). Liv. 3, 47, 7; 5, 55, 2. Rutil. Lup. 1, 5. Gell. praef. § 2 u. a. Min. Fel. 9, 2 u. 31, 2. Chalcid. Tim. 253.

pro-mīsceo, mīxtus, ēre, **vorher mischen,** Apic. 4, 181.

prōmīscuē, *Adv.* (promiscuus), **ohne Unterschied, gemeinschaftlich,** Varro fr., Caes. u. a. – Nbf. promisque, Varro sat. Men. 71.

prōmīscus, a, um = promiscuus, Varro sat. Men. 383. Liv. 5, 13, 7. Tac. ann. 1, 48 u. 4, 16. Gell. 11, 16, 8 u. a. Cypr. epist. 13, 5. p. 508, 1 H. *codd. optt.*

prōmīscuus, a, um (promisceo), **gemischt,** dah. **nicht gesondert, nicht besonder, nicht verschieden, gemeinsam, gemeinschaftlich** (griech. ἐπίκοινος), **I** eig.: **a** übh.: comitia plebi et patribus promiscua, Liv.: conubia, gemischte (zwischen Patriziern u. Plebejern), Liv.: sacerdotia, Liv.: divina atque humana promiscua habere, für einerlei halten, eine Verachtung alles dessen, was heilig ist, zeigen, Sall.: m. folg. *Infin.*, muta ista et inanima intercīdere ac reparari promiscua sunt, sind ohne Unterschied in der Lage zerstört u. wieder aufgebaut worden, Tac. – in promiscuo (gemeinschaftlich, ohne Unterschied der Stände) spectare, Liv.: in promiscuo esse, ohne Unterschied, gemeinschaftlich sein, Liv. u. Tac.: in promiscuo habere (gemeinschaftlich haben) pecuniam, Liv.: honores iniuriaeque volgi in promiscuo habendae, müssen uns gleich viel gelten (= wir müssen gleichgültig sein gegen usw.), Sen. – **b** als gramm. *t. t.: promiscua*, quae ἐπίκοινα dicuntur, Namen, bes. Tiernamen, die nur ein beiden Geschlechtern gemeinschaftliches gramm. Genus haben, Quint. 1, 4, 24. – **II** übtr., **gemein, gewöhnlich,** patris patriae cognomentum, Tac.: promiscua et vilia mercari, Tac.: capere cibum promiscuum, ganz gewöhnliche, Plin. ep.

prōmīsquē, s. prōmīscuē.

prōmissio, ōnis, *f.* (promitto), die **Versprechung, Verheißung, I** im Allg.: pr. cauta, Apul. met. 10, 4: stulta, Vulg. eccl. 5, 3: pr. tua, Vulg. psalm. 55, 9: similis, Cael. Aur. de morb. chron. 5, 10, 117. – m. subj. *Genet.*, Pamphili, Donat Ter. Andr. 1, 5, 46: alcis nutus et pr., Eumen. pro rest. schol. 15, 3: fallaciosae mulieris, Apul. met. 8, 10: patris, Vulg. act. apost. 1, 2. – m. obj. *Genet.*, pr. auxilii, Cic. ep. 4, 13, 1: provinciae, Cic. ad Att. 8, 9, 4: scelerum, Cic. Phil. 8, 10: deprecati belli, Iustin. 8, 5, 4. – Plur., Apul. met. 5, 18. Vulg. sap. 12, 21; Sirach 24, 33 u. a.: certae promissiones, Cassiod. in psalm. 1. (tom. 2. p. 11, b *ed.* *Garet*): promissiones dei factae ad Abraham, Augustin. de civ. dei 16, 16 *in.* – **II** insbes., als rhet. *t. t.* = ὑπόσχεσις, das **Versprechen,** die **Verheißung,** Cic. de or. 2, 339 u. 3, 205. Quint. 9, 1, 32 u. 9, 2, 2.

prōmissīvē, *Adv.* (promissivus), **verheißend,** Tert. adv. Marc. 5, 10.

prōmissīvus, a, um (promitto), **Verheißung ausdrückend, verheißend** (als gramm. *t. t.*), tempus, das Futurum, Consent. 374, 29 K.: modus, Diom. 338, 8: coniunctio, Diom. 417, 17: sententiae, Isid. orig. 2, 21, 18.

prōmissor, ōris, *m.* (promitto), **I** der **Verheißer,** Augustin. serm. 127, 1: bes. der prahlende, der **Prahler,** Hor. de art. poët. 138. – **II** als gerichtl. *t. t.*, der **Versprecher** (Ggstz. stipulator), **a** der ein feierliches Versprechen auf dem Wege der Stipulation zu leisten gehalten ist, der **Stipulationsverpflichtete,** ICt. – **b** der durch ein feierliches Versprechen Kaution Leistende, ICt.

prōmissum, ī, *n.* (promitto), die **Verheißung,** das **Versprechen,** promissum facere, Cic. od. implere, Sen. rhet. u. Plin. ep.: so auch promissa servare od. promissis stare, Cic., od. manere, Verg.: promissa dare, Versprechungen tun, Catull. 64, 139, od. das Versprochene leisten, das Versprechen erfüllen, Ov. met. 7, 94: promissa non dare, verweigern, *ibid.* 2, 51: satisfacere suo promisso, Cic.: promissum praestare (leisten, erfüllen), Liv.: promissi fidem praestare, sein Verspr. ehrlich erfüllen, Liv.: illis promissis standum non est, quae coactus quis metu, quae deceptus dolo promiserit, Cic.: m. folg. *Genet.* dessen, was versprochen wird, praemiorum promissa, Cic.

1. **prōmissus**, a, um, *PAdj.* (v. promitto), **I lang herabhängend, lang,** v. Haar, das man hat wachsen lassen, capillus, Caes.: caesaries, Liv.: comae, Ov.: barba, Liv. u. a. (s. Drak. Liv. 5, 41, 9). – **II viel erwarten lassend, viele Erwartungen erregend,** iambi, Hor.: carmen, Hor.

2. **prōmissus**, Abl. ū, *m.* (promitto), die **Verheißung, Versprechung,** promissu vitae, Manil. 5, 579.

promisthōta, ae, *m.* (*προμισθωτής) = locator scaenicorum, CIL 3, 6113.

Prōmitor, ōris, *m.* (promo), der **Ausgeber** der ländl. Vorräte, der **Schaffner,** als Gottheit (Ggstz. Conditor), Serv. Verg. georg. 1, 21.

pro-mitto, mīsī, missum, ere, **vorwärts-, vor-, hervorgehen lassen,** dah. **I** übtr.: **A** (nach mitto *no.* I = *faire aller*) vorwärtsgehen machen, **1 hervorfließen-, vergießen machen,** non est, quod tibi quicquam promisisse lacrimas putes, Sen. contr. 2, 3 (11), 4. – **2** v. Wachstum u. zwar refl. pr. se, **hervor-, emporwachsen,** nec ulla arborum avidius se promittit, Plin. 16, 107. – **3** v. Dehnen des Tons, **dehnen, schleifen,** sonus lusciniae promittitur revocato spiritu, Plin. 10, 81. – **B** (nach mitto *no.* II = *laisser aller*) **vorwärts-, lang wachsen lassen,** capillum et barbam, Liv., crinem barbamque, Tac.: ramos longius, Colum. – **II** bildl., **in Aussicht stellen, hoffen lassen, 1 zusichern, zusagen, versprechen, verheißen, geloben** (Ggstz. facere, praestare [leisten], observare, negare [ableugnen]), **a** übh.: **α** m. *Acc. rei* u. mit u. ohne *Dat. pers.*: di faxint, ut faciat ea, quae promittit! Cic.: si Neptunus quod Theseo promiserat non fecisset, Cic.: vix videbar quod promiseram praestare posse, Cic.: qui plura promitteret quam praestaret, Iustin.: meque (velim) ea, quae promitto ac recipio, sanctissime esse observaturum, Cic.: bene promittis multa ex multis; omnia incassum cadunt, Plaut.: mox paenitentiā ductus, ut honeste negaret, quod temere promiserat, Iustin.: hoc tibi de plano (ohne Mühe) possum promittere, Lucr.: pr. impigre auxilium, Liv.: auxilium Troiae (Dat.), Ov.: dotem, Curt.: impunitatem, Val. Max.: nunc ingentia, interdum quoque regnum, Curt.: librum, quem prioribus epistulis promiseram, exhibeo, Plin. ep.: non haec mihi litora (diese K., nach der ihr steuert) promisistis, Ov.: nihil ob advocationem dedisse promisisse cavisse, Plin. ep.: alci nummos, Val. Max., ducentos nummos, Plaut.: quinque milia nummûm in alimenta ingenuorum ingenuarumque, Plin. ep.: alci (virgini) nuptias, Sen. rhet.: impensius, quam exigebatur, operam promittit, Curt.: pr. pecuniam, Auct. b. Alex.: pecuniam in portarum ornatum, Plin. ep., ad refectionem Capitolii, Val. Max.: reditus sibi pr. inanes, sich vergebliche Hoffnung auf Rückkehr machen, Ov.: dum septem donat sestertia, mutua septem promittit, Hor.: pr. omnibus quinquagena sestertia, Suet. – v. lebl. Subj., ut alimenta sanis corporibus agricultura, sic sanitatem aegris medicina promittit, Cels.: hoc primum philosophia promittit, sensum communem, humanitatem et congregationem, Sen.: terra aquas promittit, Plin.: perpetuitatem enim urbis, non amissionem hoc facto promiserat (oraculum), Iustin.: ipse quid aura mihi tumulo promittat ab alto prospicio, Ov. – **β** mit *Acc. pers.*: falso tibi me promittere noli, mich (meine Rückkehr), Ov. met. 11, 662: pr. oratorem, ein R. zu werden versprechen (hoffen lassen), Sen. contr. 9, 6 (29), 13: pr. ducem, sich zum F. (gegen die Römer) anbieten, Sen. nat. qu. 3. praef. § 6. – mit dopp. *Acc.*, se socios fugae, Tac. hist. 3, 59: per ea scelera se parricidam, ein V. zu werden befürchten lassen, Ps. Quint. decl. 1, 6: se ultorem, sich als ein R. verheißen, d. i. mit Rache drohen, Verg. Aen. 2, 96. – **γ** m. *de* u. Abl., mit und ohne *Acc. rei:* quod vitium procul afore chartis atque animo prius, ut si quid promittere de me possum aliud, vere promitto, Hor. sat. 1, 4, 102 *sq.*: nihil tibi ego tum de meis opibus *pollicebar,* sed de horum erga me benevolentia *promittebam,* Cic.: ohne *Acc. rei,* neque enim mehercule minus ei prolixe de tua voluntate *promisi,* quam erat solitus de mea *polliceri,* Cic.: implent enim me bonā spe et iam non *promittunt* de te, sed *spondent,* Sen. – **δ** m. *Genet.:* si quis in pariete communi destruendo damni infecti promiserit, Versprechungen wegen (Ersatz) möglichen Schadens gegeben hat, Cic. top. 22: promittentes armorum, Amm. 14, 7, 18 G. – **ε** m. folg. *Infin.:* si quidem operam dare promittitis, Plaut.: ei promisi dolium vini dare, Plaut.: fidentius promittentes latebras monstrare Florentii, Amm. – **ζ** m. folg. *Acc.* u. *Infin.*, u. zwar gew. m. folg. *Acc.* u. *Infin. Fut. act.*: eum promisisse firmiter dixit sibi sese abducturum a me dolis Phoenicium, Plaut.: promitto tibi, si valebit, tegulam illum in Italia nullam relicturum, Cic.: ex voluntate Sullae omnia se facturum promittit, Sall.: equis se suis stipendia facturos promittunt, Liv.: promitto, recipio, spondeo C. Caesarem talem fore civem, qualis etc., Cic.: quem ita commendo, ut cupidissimum otii, studiosissimum bonorum futurum esse promittam et spondeam, Cic.: de me tibi sic contestans omnes deos promitto atque confirmo me pro tua dignitate … imperatoris suscepturum officia atque partes, Cic. – selten m. folg. *Acc.* u. *Infin. Praes. act.*, promittebas te os sublinere meo patri, Plaut. merc. 631 (vgl. rud. 540): tepefactum (marrubi sucum) vomicas rumpere, purgare, persanare promittens, Plin. 20, 244: mit folg. *Acc.* u. *Infin. Praes.* u. *Fut. act.* zugl., is non praeceps se, sed strenuum remedium adferre tantamque vim morbi potione medicatā levaturum esse promisit, Curt. 3, 6 (14), 2: m. folg. *Acc.* u. *Inf. Praes. passiv.*, ut Idibus Septembribus P. Quinctium sisti Sextus Alfenus promitteret, Cic. Quinct. 29: im Passiv m. *Nom.* u. *Infin. Praes. act.*, Hammonis cornu promittitur (soll) praedivina somnia repraesentare, Plin. 37, 168. – **η** absol.: aut facere ingenuae est aut non promisse (= promisisse) pudicae, Catull.: quae autem inconstantia deorum est, ut primis minentur extis, bene promittant secundis, Gutes (Glück) verheißen, Cic.: homines non modo promitti sibi … sed etiam large atque honeste promitti volunt, Cic.: si bene (tüchtig) promittent, totidem promittite verbis, Ov.: aliis si laudarent, benignissime promittere, Cic. – **b** einer Gottheit **geloben,** donum Iovi dicatum et promissum, Cic.: pr. templa, Flor.: Laribus cristam galli, Iuven. – **c** pr. ad alqm, ad cenam, **sich** zu jmd. zu Tisch **ansagen, versprechen** (s. Benecke Iustin. 43, 3, 10. p. 484), ad fratrem promiserat, Cic.: ad cenam alio (anderswohin) promisi foras,

Plaut.: ad cenam mihi promitte, Phaedr.: heus tu promittis ad cenam nec venis, Plin. ep.: u. so ego illi ad prandium promisissem, ad cenam renuntiassem (abgesagt), Sen. rhet.: simul *ad cenam* hominem in hortos *invitavit* in posterum diem. Cum ille *promisisset* etc., Cic. – **d** als Gebot eine Summe **zusichern, bieten,** pro domo sestertium millies promittens, Plin. 17, 3. – **2 versichern, zusichern = vorhersagen, a** von Pers.: praesertim cum, si mihi alterum utrum de eventu atque exitu rerum promittendum esset, id futurum, quod evenit, exploratius possem promittere, Cic. ep. 6, 1, 5. – **b** v. Tieren u. Lebl., **vorher anzeigen,** pari in meliora praesagio omnia aves victimaeque promiserant, Flor.: stella ... vindemiae maturitatem promittens, Plin.: clarum fore flamma promiserat, Flor. – **c** v. Wetter, si ab ortu circave surrexit (arcus), serena promittunt, so bedeutet das heiteres Wetter, Sen. nat. qu. 1, 6, 2. – ► Synkop. Perfektformen: promisti, Ter. adelph. 940. Catull. 110, 3: *Infin.* promisse, Catull. 110, 5. – Parag. Infin. promittier, Plaut. Bacch. 873.

promnion, iī, *n.*, ein Edelstein, die dunkelste Art des morion (Bergkristall), Plin. 37, 173.

prōmo, prōmpsī, prōmptum, ere (aus *pro-emo), **hervor (heraus) nehmen, -langen, -holen, -bringen, hervorstrecken, entnehmen, hergeben, verabfolgen (lassen), mitteilen, vorlegen, I** eig.: **1** im Allg.: hinc quosdam libros, Cic.: signa ex aerario, Liv.: ferrum ex templo Salutis, Tac.: medicamenta de narthecio, Cic.: gemitus de pectore, Mart.: argentum sibi domo, Plaut.: u. ohne Ang. woher? alias sedes, herholen, Gell.: alci argentum, herausholen, Plaut.: manum cunctanter et pigre, darreichen, Plin. pan.: libellum, Plin. ep.: libellum apud patres, Tac.: pridem provisum venenum, Tac.: poet., curru nitido diem promere (erscheinen lassen) et celare, Hor.: laeti cavo se robore promunt, kommen hervor aus, entsteigen, Verg. – **2** insbes.: **a** Geld aus einer Kasse **entnehmen, hergeben, verabfolgen (lassen),** aurum ex armario suo, Cic.: HSCCCIↃↃↃ ex disciplina et artificio (aus dem Kapital seiner Kunst u. Geschicklichkeit), Cic.: bes. als publiz. *t. t.* (v. Quästor), pecuniam ex aerario, Liv.: alci pecuniam ex aerario, Cic.: ad necessarium rei publicae usum pecuniam ex aerario, Val. Max. – **b** Wein aus dem Weinlager **hervorholen,** amphoram, vina, Caecubum, Hor.: alci vinum, Plaut.: vina dolio, vom F. zapfen, Hor. – **c** Getreide aus den Silos **hervorholen,** frumentum, Varro r. r. 1, 63, 1. – **d** Waffen aus dem Köcher od. aus der Scheide **nehmen, ziehen,** sagittas, Hor.: spicula de pharetra acuta sua, Ov.: tela, e pharetra, Ov.: pugionem vaginā, Tac. – **e** als *t. t.* des Gartenbaus: quando sameram ulmi promunt, ihre Samenkörner hervorbringen, in Samen schießen, Colum. 9, 13, 2: tum demum (radices) se promunt, schießen auf, Iul. Graecinus bei Colum. 3, 12, 1. – **II** übtr.: **1** im Allg.: **α** m. *Acc.*: eae quasi sedes, e quibus argumenta promuntur (entnommen, entlehnt werden), Cic.: animus eruditus, qui semper aliquid ex se promat (aus seinem Inneren herzugeben hat), quod delectet, Cic.: alqm in scaenam, auf die B. bringen, Hor.: alqd in publicum, öffentlich bekanntmachen, Quint. u. Tac.: u. so edictum, Aur. Vict.: consilia, seine R. enthüllen, mit seinen R. herausrücken, Cic.: olim agitatam rem in animo, enthüllen, Curt.: obscura, hervorziehen, ans Licht ziehen, Hor.: percontanti omnia, alles mitteilen, nichts verschweigen, Plaut.: speciosa miracula, enthüllen, Hor.: vires, gebrauchen, Verg.: iustitiam promere et exercere, ausüben u. handhaben, Plin. ep.: saevissima, die grausamsten Handlungen verüben, Tac.: odium, ausbrechen lassen, Tac.: saevitiam ac libidinem factis, tatsächlich auslassen, Tac. – **β** m. folg. Relativsatz: quae sentimus promere in medium, unsere Gedanken offen aussprechen, Plin. pan.: exim promptum, quod multorum intimis questibus tegebatur, machte man sich mit etwas Luft (trat mit etwas vor), was usw., Tac.: quae concepissemus mente, etiam promere loquendo (durch das Medium der Rede an den Tag geben), Quint. – **2** insbes., schriftlich oder mündlich **kundtun** od. **-geben, zur Sprache bringen, vortragen, vorbringen, äußern,** über etw. **sich aussprechen, -sich auslassen, sich vernehmen lassen, sich äußern, α** m. *Acc.*: sententiam, Tac.: sententiam suam, Petron.: sententiam ad voluntatem alcis, Aur. Vict.: magnificam orationem de semet ipso, in einer glänzenden R. sich vernehmen lassen, Tac.: plura adversus Cottam, Tac. – **β** m. folg. *Acc.* u. *Infin.*: solus quippe Natalis et hactenus prompsit (sagte aus) missum se ad aegrotum Senecam, Tac.: prompsisse inter proximos ferebatur certam sibi perniciem (esse), er soll geäußert haben, Tac. – **γ** m. folg. Relativsatz: quae acta essent promendo, Liv.: de quibus congruunt, promere libet, Tac.

prō-moneo, ēre, **im Voraus aufmerksam machen,** Boëth. Arist. categ. 1. p. 136. Fest. 205, 12 (wo jetzt getrennt pro monet). – als *t. t.* der Haruspizin, de impendentibus periculis maximis voce Iovis optimi maximi promoneri, Cic. de har. resp. 10 (vgl. promonstra).

prōmōnstra, ōrum, *n.* = prodigia, Paul. ex Fest. 224, 9.

prōmontōrium, s. prō-munturium.

promoscida, ae, *f.*, s. proboscis.

promoscis, idis, *f.*, s. proboscis.

prōmōtio, ōnis, *f.* (promoveo), die **Beförderung** zu Ehrenstellen, auch im Plur., Lampr. u. a.

prōmōtor, ōris, *m.* (promoveo), der **Vermehrer,** sui iuris, CIL 4, 1052.

1. prōmōtus, a, um (v. promoveo), **I** *adi.*, **vorgerückt,** v. der Zeit = **spät,** promotā nocte, Apul. met. 4, 22. – **II** *subst.*, prōmōta, ōrum, *n.* = προηγμένα (s. prōductus), Cic. de fin. 3, 52.

2. prōmōtus, ūs, *m.* (promoveo), die **Beförderung** zu Ehrenstellen, Tert. de cor. mil. 3.

prō-moveo, mōvī, mōtum, ēre, **vor-, vorwärts bewegen, vor-, fortschieben, vor-, fortrücken** od. **-rücken lassen,** etw. **vorbringen, mit** etw. **vorgehen** u. dgl., **I** eig.: **A** im Allg.: **a** lebl. Objj.: hortos pensiles rotis in solem, Plin.: saxa vectibus, Caes.: onera, Colum.: (manus) in sinistrum intra umerum promovetur; ultra non decet, Quint.: unum promoverat vix pedem triclinio, gesetzt, Phaedr. – als milit. *t. t.*, machinationes, Caes.: scalas et machinamenta, Tac.: castra in agrum Ruscellanum, Liv.: castra ad Carthaginem, Liv. – als *t. t.* des Brettspiels, pr. calculum, Quint. – als mediz. *t. t.*, pr. calculum vehementer, vordrängen, Cels.: pr. calculum ad plagam, Cels. – **b** leb. Objj.: apes in teporem solis, Plin.: nihil promoves (te), du kommst nicht vom Fleck, Ter. eun. 913: ibi te videbo et promovebo, ich werde dich rege machen (= dich als Gast mit nach Hause nehmen), Cic. ad Att. 4, 12 *extr.*; s. prō-moneo a. E. – als milit. *t. t.*, pr. exercitum in Aetoliam, Iustin.: pr. legiones, vorrücken lassen, Caes.: aciem longius ab adversariorum copiis, Auct. b. Afr.: sese extendere et in latitudinem promovere (in die Br. vorrücken), Auct. b. Afr. – **B** insbes.: **1** ein Bauwerk bis zu einem Punkt **vorrücken, vorschieben,** aggerem ad urbem, Liv.: his de causis iam promovit Hispania, (*sc.* fossas ad mare), Plin.: brachia usque eo, quo telum ex oppido adici non posset, Auct. b. Afr.: in balneariis assa in alterum angulum, verlegen, Cic. ad Q. fr. 3, 1, 1. § 2. – **2** als mediz. *t. t.*, aus seiner Stelle verrücken, **verrenken,** im Passiv medial = **sich verrenken,** in palma ossa interdum suis sedibus promoventur, modo in priorem partem, modo in posteriorem, Cels.: femur in omnes quattuor partes promovetur, saepe in interiorem, deinde in exteriorem etc., Cels. – **3 vorrücken = erweitern, ausdehnen, vergrößern,** moenia Ostiā tenus, Suet.: terminos imperii, Plin.: imperium, Ov.: vires immensum in orbem, Ov. – **II** übtr.: **A** im Allg.: pr. arcana loco, zutage fördern, Hor. epod. 11, 14. – **B** insbes.: **1 fördern, ausrichten,** abibo hinc, praesens quando promoveo parum, Ter. Hec. 703: plus ad corrigendum promovent consilia quam iurgia, Fronto ep. ad M. Caes. 3, 15. p. 53, 14 N.: ista futtilis atque puerilis meditatio nihil *ad* vitam neque tuendam neque ordinandam promovens, die nicht im Geringsten zur Erhaltung u. Ordnung des Lebens förderlich ist, Gell. 10, 22, 24: his vocibus tantum promotum est, ut etc., wurde so viel gewonnen, dass usw., Iustin. 5, 10, 4. – **2** geistig vorrücken machen, **gedeihen machen, heben,** doctrina vim promovet insitam, Hor. carm. 4, 4, 33. – refl. = **vorrücken, zunehmen,** in studio facundiae, Gell. 5, 10, 7. – **3** politisch **aufrücken lassen,** zu einer Zivil- oder Militärstelle **befördern** (vgl. Mützell Curt. 6, 11 [41], 1), m. *in* od. *ad* u. Akk., alqm in amplissimum ordinem, Plin. ep.: alqm in clericatum, Augustin.: alqm ad praefecturam aerarii, Suet.: alqm ad amplissimas procurationes, Plin. ep.: alqos ad varios honores, Capit.: vetus miles, ab humili ordine ad eum gradum, in quo tunc erat, promotus, Curt. – mit dopp. *Acc.*, im Passiv mit dopp. *Nom.*, jmd. zu usw., consuetudo tenuit, ut ex primo principe promoveretur centurio (zum Z.) primi pili, Veget. mil. 2, 8: Lupicinus pari modo promotus magister equitum, Amm. 26, 5, 2. – **4** der Zeit nach **verschieben, aufschieben,** quantum huic promoveo nuptias, Ter. Andr. 711. – prägn., m. bl. *Acc.*, jmd. **einsetzen, ernennen,** iudices, Lampr. Alex. Sev. 42, 4. – ► Synkop. Perfektform promorat, Hor. epod. 11, 14. Phaedr. 4, 25 (24), 28.

prōmptārius, s. prōmptuārius.

prōmptē, *Adv.* (promptus), **I leicht,** promptius expediam quot etc., Iuven. 10, 220: fortuna promptissime licentiam subministrat, Val. Max. 6, 5, 1. – **II ohne Zaudern, behend, schnell,** promptius adversari, Tac.: promptissime adero, Plin. ep. – dah. **willig, entschlossen,** necem subire, Tac. – **III frei heraus, unverhohlen,** dicam paulo promptius, Cic.: solutius (fließender) promptiusque eloquebatur, Tac.

prōmptim = prompte, Ps. Cypr. carm. in genes. 98. Iuvenc. in exod. 162.

prōmpto, āre (*Intens.* v. promo), **herausgeben,** thensauros Iovis, Jupiters Schatzmeister sein, Plaut. Pseud. 628: malum promptare malle quam peculium, Plaut. Bacch. 465.

prōmptuārius, a, um (promo), **zum Herausgeben und Aufheben dienlich,** armarium, Vorratsbehältnis, Cato: so auch cella, Apul., und scherzh. vom Gefängnis, Plaut. Amph. 156. – subst., prōmptuārium, iī, *n.*, das **Vorratsbehältnis,** die **Vorratskammer,** der **Speicher,** Ambros. cant. cantic. 1. § 20 (19). Apul. met. 1, 23. – bildl., rationis et orationis, Mund, Apul.: so auch pr. ornatissimum linguae tuae, Symm.: poet. synkop. Nbf., promptarium musicum, Auson. epist. 21, 46. p. 183 Schenkl.

prōmptulus, a, um (*Demin.* v. promptus), **fertig,** satis ad loquendum promptulus, Hieron. in Daniel, praef. *extr.*

1. prōmptus, a, um, *PAdi.* (v. promo), ›hervorgenommen‹, dah. **I** vor Augen gelegt, **sichtbar, offenbar,** amicitiam in fronte promptam gero, Enn.: aliud *clausum* in pectore, aliud *promptum* in lingua habere, Sall.: tametsi hoc minime latet, quod ita promptum et propositum est, ut etc., Cic.: eminentia et prompta, prompta et aperta, Cic. – **II** übtr., **gleich zur Hand, verfügbar, zu Gebote stehend, bereit, fertig, A** v. Lebl.: **1** im Allg.: quod enim omnibus patet (sich darbietet) et aeque promptum est (zugänglich ist) et mihi et adversario meo, Cic.: fidem suam populo Rom. promptam expositamque praebuit, stellte zur Verfügung, Cic.: quae tibi a multis prompta esse ocio, Cic.: prompta et parata in agendo et in respondendo celeritas, Cic.: audacia, Sall.: os, gutes Mundwerk, Quint.: ius, schnelles, Liv.: prompta et profluens eloquentia, Tac.: m. *ad* u. Akk., quae etsi non decora, non tamen ad perniciem publicam prompta sunt, nicht anwendbar sind, Spart. Hel. (Ver.) 5, 8: neque quicquam ad spem bonorum promptius, flößt stärkere Hoffnung auf bessere Zeiten ein, Treb. Poll. Gallien. 5, 1: m. *in* u. Akk., herbae aliaque prompta in auxilium vulnerum morborumque, und andere Hilfsmittel gegen usw., Cels. 1. prooem. *in.* – **2** insbes., **leicht, bequem,** moenia haudquaquam prompta oppugnanti, leicht zu erobern (zu nehmen), Liv. – defensio, Cic.: promptissima mortis via, Tac.: aditus, Tac.: occupatio, Tac.: promptum est (es ist leicht) m. folg. 2. *Supin.*, quod promptum rescriptu, Tac. ann. 2, 41: aestimare debent, an promptum effectu, aut certe non arduum sit, Tac. hist. 2, 76: m. folg. *Infin.*, sed nec mihi dicere promptum, nec facere est isti, Ov. met. 13, 10: domuum et insularum et templorum, quae amissa sunt, numerum inire haud promptum fuerit, Tac. ann. 15, 41 *in.*: nomina illa, quae fingere utique Graecis promptissimum est (ganz besonders leicht fällt), Quint. 9, 1, 22. – **B** v. Pers. u. deren Geist usw., **gleich zur Hand, fertig, bereit, entschlossen,** u. mit Rücksicht auf die Neigung, **geneigt, bereitwillig, gefällig, leicht zu Willen, willfährig,** absol., equitum manus, schlagfertige, Tac.: laudare *promptos,* castigare *segnes,* Tac.: tres fratres prompti, non indiserti, Cic.: promptissimus homo et experiens, Cic. – m. *ad* od. *in* u. Akk., ad vim pr., Cic.: ad cibum pr. (Ggstz. vini parcus), Treb. Poll.: promptiores ad pericula, Cic.: prompta ad omnem audaciam mens, Cels.: animus promptus ad iocandum, Cic.: pr. animus et alacer ad defendendam rem publicam, Cic.: quo paratior ad usum forensem promptiorque esse possem, Cic.: ad faciendum quam ad dicendum promptiores, Iustin.: promptissimum genus ad lacessendum certamen, Liv.: pr. in pavorem, Tac.: promptior in spem, Tac.: in latrocinia promptissimi, Flor.: in omne facinus promptissimus erat, Iustin. – m. *in* u. Abl., neque minus in rebus gerendis promptus quam excogitandis, Nep. Them. 1, 4. – m. *adversum* u. Akk., pr. adversum insontes, Tac. ann. 6, 48. – m. *Abl.*, ingenio, linguā, Liv.: sermone, Tac.: manu, tapfer, Liv. – m. *Genet.*, parcendi victis filio animus et promptior et honestior, Iustin.: Plato veritatis homo amicissimus eiusque omnibus adhibendae promptissimus, Gell.: destinandi sagittas mire promptus, ein außerordentlich tüchtiger Bogenschütze, Aur. Vict. – m. *Genet. loci,* animi, Tac.: belli (im Kr.) promptissimus, Sall. – m. *Dat.*, animus promptus libertati aut ad mortem, Tac.: legendi studio promptus, Aur. Vict.: Agrippina promptior Neroni, Tac.: nullam umquam gentem magis exorabilem promptioremque veniae dandae fuisse, Liv. 25, 16, 12 (vgl. Tac. ann. 4, 60). – m. *Infin.*, promptus metuenda pati, Lucan. 7, 106: scis ipse, quam promptae superos incessere Thebae, Stat. Theb. 7, 209: ferre magis promptus quam referre iniurias, Ambros. de off. 2, 7, 32.

2. prōmptus, Abl. ū, *m.* (promo), das ›Hervorgenommensein‹; dah. **I** das **Sichtbarsein,** die **Sichtbarkeit,** doch nur in der Verbndg. in promptu, **sichtbar, öffentlich, offen, vor aller Augen, vor Augen,** esse, Cic. u. a.: causa in promptu est, Ov.: in pr. ponere, sehen lassen (Ggstz. contegere atque abdere), Cic.: in pr. habere, Cic. u. Sall.: in pr. scrinia habet, Ov.: gerere iram in pr., sehen-, merken lassen, Plaut. – dah. in pr. est m. folg. *Acc.* u. *Infin.*, **es liegt auf der Hand, es liegt klar vor Augen, es liegt am Tage** = es ist offenbar, es ist einleuchtend, verb. in promptu manifestumque est (omnibus), Lucr. 2, 149 u. 246. – **II** übtr.: **A** die **Bereitschaft,** nur in den Verbndgg. in promptu esse, zur Hand sein, zur Verfügung stehen, Cic. u. Liv.: u. in promptu habere, zur Hand haben, zur Verfügung haben, Cic. – **B** die **Leichtigkeit,** nur in der Verbndg. in promptu esse, leicht sein, mit folg. *Infin.*, Ps. Sall. de rep. 2, 7 *in.* Ov. met. 2, 86 u. 13, 161.

pro-mulceo, mulsus, ēre, **hervorstreichen, nach vorn streichen,** promulsis caproneis, Apul. flor. 3. p. 4, 10 Kr.

prōmulcum, ī, *n.* (nach Otfr. Müller v. pro u. *mello, wov. remeligo), das **Schlepptau,** promulco agi, Paul. ex Fest. 224, 12.

prōmulgātio, ōnis, *f* (promulgo), **a** die öffentliche **Bekanntmachung** eines Gesetzvorschlages, Cic. de legg. 3, 43 u. a. – **b** übh. die **Bekanntmachung, Verkündigung,** Iulian. bei Augustin. op. imperf. c. Iul. 3, 42: Plur., promulgationes legum fatalium, Chalcid. Tim. 42 D.

prōmulgātor, ōris, *m.* (promulgo), der öffentliche **Bekanntmacher,** der **Verkündiger,** feriarum, Fronto de fer. Als. 3. p. 226, 23 N.: Christus pr. legis, Augustin. in psalm. 50, 8: scio artare paginam, cuius pretium promulgator intellego, Ennod. epist. 7, 12.

prōmulgo, āvī, ātum, āre (aus Verquickung von legem provulgare mit legem promere), **öffentlich anschlagen, durch öffentlichen Anschlag zur vorläufigen Kenntnis bringen, I** eig., als publiz. *t. t.*, ein Gesetz u. dgl., worüber in den Komitien abgestimmt werden sollte, drei Markttage (wegen der Landbewohner), legem de imperio Lentuli abrogando, Cic.: leges, Cic.: rogationem, Cic.: res multos dies promulgata, Cic.: pr. de alqo, Cic.: de salute alcis, Cic.: de reditu alcis, Cic. – **II** übtr.: **A veröffentlichen, dem Volk bekanntmachen,** dies fastos, Plin. 33, 17: proelia, Cic. Mur. 30 (wahrsch. aus Ennius). – **B** übh. **bekanntmachen, verkündigen, lehren,** m. folg. *Acc.* u. *Infin.*, Plin. 27, 8.

prōmulsidāre, is, *n.* (promulsis), das **Schüsselbrett zum Auftragen des ersten Ganges, -des Vorgerichts, der Tafelaufsatz für das Vorgericht,** Petron. 31, 9: Plur., promulsidaria, Ulp. dig. 34, 2, 19. § 10.

prōmulsis, idis, *f.* (pro u. mulsum), der aus Speisen, die den Appetit reizen, wie Eiern, gesalzenen Fischen, Met (mulsum) usw. bestehende **erste Gang** der röm. Mahlzeit, das **Vorgericht, Voressen, I** eig. u. meton.: **1** eig., Cic. ep. 9, 16, 8 u. 20, 1 u. a. - **2** meton. = promulsidare, Tert. de pall. 5. - **II** bildl.: pr. libidinis, Vorkost, Petron. 24, 7.

prō-munturium (prōmuntorium, prōmontorium), iī, *n.* (promineo), **I** eine ins Land vortretende Gebirgshöhe, der **Bergvorsprung,** der **Ausläufer,** z. B. der Alpen, Liv. 21, 35, 8. - **II** der in das Meer ragende Teil eines Berges, das **Vorgebirge,** das **Kap,** pr. Misenum, Tac.: pr. Apollinis, Liv. u. Mela: Iunonis, Mela: promunturia tenuia, Mela: Leucopetra, quod est promunturium agri Regini, Cic.: duo eminentia promunturia, Caes.: Sicilia tribus promunturiis in diversa procurrens, Mela: omnis Italia coacta in angustias finditur in duo promunturia, Bruttium et Sallentinum, Sall. fr.: oppida posita in extremis lingulis promunturiisque, Caes.: promunturium superare, Auct. b. Afr. - ► Die drittletzte Silbe ist (wie in tugurium) kurz, s. Pacuv. tr. 94 R.² Ov. met. 15, 709.

prōmūrāle, is, *n.* (pro u. murus), die Mauer vor der Mauer, das **Vorwerk,** Isid. orig. 15, 2, 21. Gloss. IV, 148, 46; V, 137, 55 u. ö.

prōmus, a, um (promo), **zum Herausgeben gehörig,** als *t. t.* der Landwirtsch.: **I** *adi.:* cella, Vorratskammer, Tert. de res. carn. 27. - **II** *subst.:* **A** prōmus, ī, *m.*, der **Ausgeber,** insbes. der Sklave, der die Aufsicht über die cella penaria (die Speise- u. Vorratskammer) u. über die cella vinaria (den Weinkeller) hatte, täglich das Nötige herausgab (promebat) und das Übriggebliebene wieder in Verwahrung nahm (condebat), der **Schaffner, Oberküchenmeister, Küchen-** u. **Kellermeister,** Plaut. Poen. 716. Varro r. r. 1, 16, 5. Colum. 12, 3, 9. Cic. Oecon. fr. 10 (bei Colum 12, 3, 4). Hor. sat. 2, 2, 16: condus promus sum, procurator peni, Hausverwalter, Küchenvogt bin ich, Plaut. Pseud. 608: promus quam condus magis, Auson. epist. 22, 20. - übtr., promus librorum, Ausgeber, Apul. apol. 53: ne admittam culpam, ego meo sum promus pectori, bin ich meines Herzens Bewahrer (Hüter), Plaut. trin. 81. - **B** prōma, ae, *f.*, die **Vorratskammer,** Tert. adv. Marc. 2, 10. - **C** prōmum, ī, *n.*, die **Vorratskammer,** Tert. ad uxor. 2, 4 *extr.*

promuscis, idis, *f.*, s. proboscis.

prō-mūtuus, a, um = mutuus, **vorgestreckt, vorschussweise dargeliehen,** publicanis insequentis anni vectigal promutuum imperabatur, die Abgaben auf das folgende Jahr vorschussweise zu entrichten, Caes. b. c. 3, 32, 6. - subst., prōmūtuum, ī, *n.*, das **Darlehn im Voraus,** der **Vorschuss,** alci dare, Scaev. dig. 40. 7, 40. § 5.

pronāos, ī, *m.*, s. prōnāus.

prō-nāscor, nāscī, **entstehen, abstammen,** Commod. inst. 1, 6, 13 D. (*al.* praenasci).

prō-nato, āre, **hervorschwimmen, hinschwimmen,** Hyg. astr. 2, 17 *extr.*

prōnātus, a, um = prognatus, Tert. de anim. 2.

prōnāus (-os), ī, *m.* (πρόναος), ein bedeckter Platz vor dem Tempel, die **Vorhalle** (Ggstz. posticum), Vitr. 3, 2, 8 u. a. CIL 5, 4007 u. a.

prōnē, *Adv.* (pronus), **geneigt, schräg, I** eig.: pr. ac fastigate (Ggstz. directe ad perpendiculum), Caes. b. G. 4, 17, 4. - **II** bildl., **geneigt, willfährig,** manubias suppetiat prone, Naev. tr. 12 R.²: ad exturbandos meliores pronius inclinati, Amm. 30, 8, 10.

prō-necto, ere, **fort-, weiter knüpfen;** dah. **verlängern,** seriem, Stat. silv. 4, 3, 146.

pro-nepōs, ōtis, *m.*, der **Urenkel,** Cic. u. a. - ► Die Silbe pro lang gemessen bei Sidon. carm. 11, 133.

pro-neptis, is, *f.*, die **Urenkelin,** Pers. 6, 53. Suet. Galb. 3, 4. Capit. Maximin. 27, 6 u. ICt. - Ungew. Genet. Plur. proneptum, Cod. Iust. 5, 9, 6. § 3.

prōnis, e = pronus, a, um, Varro sat. Men. 391.

prōno, āvī, ātum, āre (pronus), **vorwärts neigen, bücken,** Sidon. epist. 5, 17, 29; 8, 11, 12.

pronoea, ae, *f.* (πρόνοια), die **Vorsehung,** rein lat. providentia, Cic. de nat. deor. 1, 27 u. 2, 160.

prō-nōmen, inis, *n.*, **I** der **Vorname,** Interpr. Iren. 2, 35, 3. - **II** als gramm. *t. t.*, das **Fürwort,** Varro LL., Quint. u. a.

prōnōminālis, e (pronomen), **zum Fürwort gehörig, pronominalisch,** Prisc. 17, 70.

prō-nōminātio, ōnis, *f.*, eine rhet. Figur = antonomasia (s. d.), Rhet. Her. 4, 42. Diom. 455, 31.

prōnōminātīvus, a, um (pronomino), **durch das Fürwort (Pronomen) bezeichnet, pronominalisch,** redditiones, Prisc. 17, 34.

prōnōmino, āre (pronomen), **durch das Fürwort (Pronomen) bezeichnen,** Prisc. 17, 56.

prōnuba, ae, *f.* (pro u. nubo), die von Seiten der Braut das Nötige bei der Hochzeit besorgende Frau, die **Brautfrau** (im Ggstz. zum auspex, von Seiten des Mannes), Varro b. Serv. Verg. Aen. 4, 166. Tert. exhort. cast. 13. Fest. p. 242 (b), 29, viell. Stellvertreterin der Iuno Pronuba, der die Braut zur guten Vorbedeutung begleitenden Ehegöttin, Verg. Aen. 4, 166. Ov. her. 6, 43. Gloss. Plac. V, 38, 1. - übtr., v. der Bellona als Vorsteherin einer unglücklichen Ehe, Verg. Aen. 7, 319: ebenso v. den Furien, Ov. her. 2, 117. Apul. met. 8, 12. - poet., pronuba fit natura deis ferrumque maritat aura tenax, Claud. de magn. 38.

prōnubo, āre (pronubus), **eine Ehe stiften,** Hieron. vit. Malchi 6.

prōnubus, a, um (pro u. nubo), **die Ehe stiftend, ehelich, hochzeitlich,** lex, Ennod. carm. 1, 4, 11: canes, Kuppler, Tert. ad nat. 1, 2: anulus, Verlobungsring, Brautring, Tert. apol. 6: nox, Claud. IV. cons. Hon. 642: flamma, Brautfackel, Claud. rapt. Pros. 1, 131: dextra, Claud. epigr. 2, 53. - subst., prōnubus, ī, *m.* = παράνυμφος, **der Ehestifter** (s. auspex *no.* II, A, 2), Lampr. Heliog. 10, 5. Vulg. iudic. 14, 22. Paul. Nol. carm. 14, 152. Anthol. Lat. 337, 2 (348, 2). - ► Synk. Genet. Plur. pronubûm, Ennod. dict. 26. p. 503, 14 H.

prōnūntiābilis, e (pronuntio), **aussprechbar,** Ps. Apul. de dogm. Plat. 3. p. 262 H.

prōnūntiātio, ōnis, *f.* (pronuntio), **I** die öffentliche **Bekanntmachung,** Caes. b. c. 2, 25, 7. - Insbes.: **a** der **Ausspruch** des Richters, das **Urteil,** Cic. Clu. 56. Petron. 80, 7. Marcian. dig. 48, 16, 1. § 4 u. spät. ICt. - **b** die **Ausrufung** des Präko, Val. Max. 4, 8, 5. - **II** der **Ausdruck,** die **Rede,** Val. Max. 7, 4 *in.* u. ICt. - Insbes.: **a** ein **Satz** in der Logik, Cic. de fato 26. - **b** bei Rednern und Schauspielern, die Darstellung durch Stimme, Mienen und Bewegung des Körpers, der **Vortrag,** die **Deklamation,** auch actio genannt, Rhet. Her. 3, 19. Val. Max. 8, 10, 1. Quint. 11, 3, 1. - **c** meton., der einzelne gesprochene Buchstabe, der **Laut,** elementa proprie dicuntur ipsae pronuntiationes, Prisc. 1, 4.

prōnūntiātīvē, *Adv.* (pronuntiativus), **aussageweise,** Donat. Ter. Phorm. 1, 2, 7. Schol. Pers. 3, 52. Interpr. Origen. in Matth. 118.

prōnūntiātīvus, a, um (pronuntio), **zur Aussage dienend, aussagend, Aussage-,** modus, v. Indikativ, Diom. 338, 25. Consent. 374, 16 K. (ders. subst. bl. pronuntiativus, Donat. Ter. Phorm. 2, 2, 27): sententiae, Isid. orig. 2, 21, 15.

prōnūntiātor, ōris, *m.* (pronuntio), **I** der **Ausrufer,** Isid. orig. 7, 12, 25. - **II** der **Erzähler,** rerum gestarum, Cic. Brut. 287.

prōnūntiātum, ī, *n.* (pronuntio), **a** als *t. t.* der Logik, der **Grundsatz** (griech. ἀξίωμα), Cic. Tusc. 1, 14; vgl. Gell. 16, 8, 8. - **b** als jurist. *t. t.*, der richterliche **Ausspruch,** Gaius dig. 50, 16, 46.

prōnūntiātus, Abl. ū, *m.* (pronuntio), die **Aussprache** nach dem Akzent, die **Betonung,** Gell. 4, 17, 8.

prō-nūntio, āvī, ātum, āre, **hermelden, hersagen, I** im Allg., **laut melden, -rufen, berichten, angeben, aussagen, aussprechen,** alius capta iam castra pronuntiat, schreit, Caes.: dolore prohibeor pronuntiare quae gesta sunt, Caes.: eadem, quae Litavicus *pronuntiaverat,* multitudini *exponunt,* Caes.: ut ipse in cohortandis militibus pronuntiaverat, ausgesprochen hatte, Caes. - **II** insbes.: **A** als publiz. u. milit. *t. t.*, öffentlich **ausrufen, verkündigen, abkündigen, proklamieren,** durch Ausruf usw. **bekanntmachen, ankündigen, ansagen, a** in öffentlichen Versammlungen, im Lager usw., v. Präko (Ausrufer, Herold) od. v. Vorsitzenden, v. Befehlshaber, der durch den Präko etw. ausrufen lässt, bei gymnastischen Spielen, victorum nomina magnā voce, Cic. – in den Komitien usw., leges, quas ipse vobis inspectantibus *recitavit, pronuntiavit,* tulit, Cic.: gewählte Magistrate, qui (praeco) te totiens seniorum iuniorumque centuriis illo honore affici pronuntiavit, Cic.: pr. alqm praetorem, Liv.: alqm destinatum perperam non consulem ad populum sed imperatorem, Suet. – per praeconem senatus consultum, verlesen lassen, Suet. – einen Befehl usw. im Lager, signum, Hirt. b. G.: iter, Liv.: proelium in posterum diem, Liv.: m. folg. *ut* od. *ne* u. Konj., iusserunt pronuntiare, ut impedimenta relinquerent, Caes.: Ambiorix pronuntiari iubet, ut procul tela coniciant, Caes.: duces eorum totā acie pronuntiare iusserunt, ne quis ab loco discederet, Caes.: pronuntiatum, ne quis violaretur, Liv.: m. folg. *Acc.* u. *Infin.*, pronuntiatur primā luce ituros, Caes.: zugl. m. *ut* u. Konj., pronuntiat occupare se in Lucanis proximam urbem velle, ut ad iter parati omnes essent, Liv. – ebenso dem Volk in den Komitien usw., den Soldaten etwas **versprechen,** nummos in tribus, Cic., od. tribubus vocatis, Sen.: nummos de suo per centurias, Suet.: pecuniam pro reo, Cic.: populo munus, Suet.: vocatis ad contionem (militibus) certa praemia, Liv.: militibus donativum, Suet.: praedam, Curt. – **b** v. Konsul, die im Senat abgegebenen Meinungen und die Namen ihrer Urheber nochmals einzeln der Reihe nach **verkündigen,** um dann darüber abstimmen zu lassen, cum sententia prima Bibuli pronuntiata esset, ut tres legati regem reducerent: secunda Hortensii, ut etc., Cic.: Lentulus (consul) sententiam Calidii pronuntiaturum se omnino negavit, Caes. – **B** als jurist. *t. t.:* **a** v. Richter, Schiedsrichter usw.: **α** = **aussprechen,** graviorem sententiam, Caes. b. G. 6, 44, 2. – **β** = **den Ausspruch tun, das Urteil aussprechen, -fällen, erkennen, entscheiden** (vgl. Bünem. Lact. 3, 1, 11. Haverk. Tert. apol. 2. Hildebr. Apul. apol. 2), de tribunali pronuntiavit sese recepturum, Cic.: rex cognitā causā pronuntiavit ab accusatoribus unum et id maximum crimen esse praeteritum, Curt.: iudex (Schiedsrichter) ita pronuntiavit, Cic.: pr. de causa, Quint., de calumnia, Plin. ep.: pr. ad arbitrium alcis de reo, Sen. rhet.: pr. secundum alqm, Plin. ep., Ggstz. contra, adversus alqm, ICt.: sive contra alqm sive pro alqo, Gell.: pr. recte, Ggstz. perperam, ICt.: pr. pro libertate, ICt.: pronuntiari ad bestias, verurteilt werden zu usw., Tert.: im Pass. pers., m. folg. *Infin.*, protectores pronuntiati vertere solum exsilio, über die das Verbannungsurteil ausgesprochen worden war, Amm. 15, 3, 11. – **γ** durch Richterspruch jmd. od. etw. **erklären** für usw., uxorem ingenuam et civem Romanam recuperatorio iudicio pronuntiatam, Suet.: si quis praeiudicio pronuntietur esse libertus, ICt.: testamentum pronuntiatum falsum, ICt. – **b** etwas durch Vertrag, letzten Willen **aussprechen, festsetzen,** condicionem, ICt. – u. als letzten Willen **ernennen,** plures heredes, ICt. – **c** beim Verkauf die am Kaufobjekt haftenden Fehler, die auf dem K. lastenden Servituten usw. **angeben, anzeigen,** cum in vendendo rem eam scisset et non pronuntiasset, Cic.: qui mancipia vendunt, certiores faciant emptores, quid morbi vitiive cuique sit etc.; eaque omnia, cum mancipia veneunt, palam recte pronuntianto, Edict. aedil. b. Ulp. dig. – **C** als rhet. *t. t.:* **a** etw. mit besonderer Betonung **hersagen, aussprechen, vortragen, vorlesen,** summā voce versus multos uno spiritu, Cic.: multa memoriter, Cic.: ea graviter et venuste, Rhet. Her.: poëmata Graece et Latine sic, ut etc., Nep.: quaedam perperam, Plin. ep.: verba corrupte, Gell. – absol., acriter, sapienter, apte, decenter etiam, Plin. ep.: intente instanterque, Plin. ep.: recte, Quint. – v. Schauspieler, **vortragen,** mit Stimme u. Gebärden **agieren,** Varro LL., Plin. u. a.; vgl. qui artis ludicrae pronuntiandive causā in scaenam prodierit, als Vortrag u. Mienenspiel beherrschender Schauspieler aufgetreten ist, Edict. praetor. b. Iulian. dig.: v. Theaterstücken, si Amphitryon fuerit actus pronuntiatusque Plautinus, Arnob. 7, 33. – **b** als gramm. *t. t.*, einzelne Silben od. Buchstaben mit dem Akzent **aussprechen, betonen,** syllabam productius latiusque, Gell.: litteram *i* tractim, Gell.: ›ebrium‹ et ›sobrium‹ insolentius quidem paulo, sed rectius per *i* litteram, non per *e*, in eodem casu (nämlich im Vokativ) pronuntiandum (esse), Gell.

prō-nūper, *Adv.*, **ganz neulich,** Plaut. trin. 427[a] *Leo.*

prō-nurus, ūs, *f.*, die **Gattin des Enkels, Großschwiegertochter,** Ov. her. 16 (17), 206. Modestin. dig. 38, 10, 4. § 6. Paul. ex Fest. 224, 5.

prōnus, a, um (prō), **vorwärts geneigt, sich vorwärts neigend, vorwärts hängend, schräg, I** eig. u. übtr.: **A** *adi.:* **a** v. leb. Wesen, puerum imponere equo pronum in ventrem, postea sedentem, Varro: pronus pendens in verbera, vorhängend zum Schlag, Verg.: pr. in baculum, sich bückend auf usw., Apul.: pecora, quae natura prona finxit, Sall.: pronis (armentis) directa in humum cornua officiunt, Mela. – poet., v. schnell Enteilenden, **vorwärts geneigt,** uterque carcere pronus emicat, Ov.: leporem pronum catulo sectari, Ov. – **b** v. Gliedern des Körpers und deren Lage, Bewegung usw. (Ggstz. supinus), manus, Quint.: cubitus, Plin.: prona supinaque corpora iacēre, Pacat. pan.: exanimata naufragiis corpora supina iacebant aut prona, Amm.: omne animal, ut vult, ita utitur motu sui corporis prono, obliquo, supino, Cic. – **c** v. a. lebl. Ggstdn.: ilex, Sall.: pr. atque vergentes ampullae, Plin. ep. – poet., crateres, umgestürzte, Stat.: cunus, abwärtsstürzende, Ov.: u. so amnis, herabstürzend, Verg. – **d** übtr.: **α** v. Örtl.: **αα** nach einer Richtung **sich absenkend,** Anxur fuit urbs prona in paludes, Liv. 4, 59, 4. – poet., **abschüssig,** via, Ov. met. 2, 67. – **ββ** nach einer Himmelsgegend usw. sich hinneigend, **liegend, gelegen,** solum pr. orienti, Colum.: campus ad solem pr., Colum. – **β** v. Gestirnen, **sich** zum Untergang **neigend,** Orion, Hor.: sidera, Prop.: dies, Stat. – **γ** v. der Zeit, **enteilend,** menses, Hor. carm. 4, 6, 39. – **B** *subst.* prōnum, ī, *n.*, **a** übh.: nihil proni habere, nichts, was nach untenhin zieht, Cic. Tusc. 1, 42. – **b** v. Örtl. = der **Abhang,** qui *per pronum* (bergab) eunt, resupinant corpora, qui *in arduum* (bergauf), incumbunt, Sen. ep. 123, 14: per prona voluti, Sil. 15, 235: Plur. m. *Genet.*, montium prona, Curt. 5, 3 (12), 18: prona montis, Curt. 7, 11 (41), 3. – **II** übtr.: **A** dem Sinn usw. nach **geneigt, 1** im Allg., zu etwas Gutem od. Schlechtem **geneigt, aufgelegt,** pr. ad poëticam, Suet.: pr. ad novas res, Tac.: pronus ad decertandum, Tac.: pr. ad cuiusque necem, Suet.: omnes ad peccandum generaliter proni, Oros.: mens ad credendum prona, Aur. Vict.: ad indulgentias pronissimus fuit, Capit. Anton. Pius 10, 8. – pr. in arma, Tac.: pr. in libidines, Suet.: pr. in obsequium, Hor.: in hoc consilium pronior erat animus regis, Liv.: nonne hinc apparet, in quid velut pondere suo proclivis et prona sit vitiosa natura? Augustin. de civ. dei 22, 22, 2. p. 605, 8 D[2]. – pronior es offensioni aures, Tac. – mens prona ruendi in ferrum, Lucan. 1, 461. – **2** insbes., **geneigt, günstig, gewogen,** pr. alci, Vell. u. Suet. – pr. in alqm, Tac.: favore in Pisonem pronior, Tac.: prona sententia, Val. Flacc.: pronis auribus accipi, williges Gehör finden, Tac.: pronis animis audiri, Tac.: pronior fortuna, Vell. – **B** meton., **leicht, ohne Schwierigkeit,** omnia virtuti prona, Sall.: omnia prona victoribus, Tac.: iter ad honores pronum, Plin. ep.: id pronius ad fidem est, ist weit glaubhafter, Liv.: pronum est m. *Infin.*, Tac. Agr. 1. Lucan. 6, 606. Stat. silv. 5, 3, 141. Iuven. 9, 4: u. so pronius est m. *Infin.*, Solin. 30, 26.

proōdicus, a, um (προῳδικός), **zum Vorsingen geeignet** (rein lat. antecantativus), versus, Mar. Victorin. 1, 15, 10. p. 58, 3 K.

prooeconomia, ae, *f.* (προοικονομία), die **Voreinrichtung,** Serv. Verg. Aen. 2, 298 u. 5, 858.

prooemior, ārī (prooemium) = προοιμιάζομαι, **eine Einleitung-, eine Vorrede machen,** in der Rede, Plin. ep. 2, 3, 3. Dioscor. in Augustin. epist. 117 *in.* Sidon. epist. 4, 3, 2. Iul. Victor rhet. 15. p. 423, 14 H.

prooemium, iī, *n.* (προοίμιον), **I** der **Eingang,** die **Vorrede,** die **Einleitung** einer Rede, eines Buches, Cic. u. a.: citharoedi, Eingang, Vorspiel, Cic. – **II** übtr., das **Vorspiel,** rixae, Iuven. 3, 288. – ► Die Schreibung prohoemium Vahlen Cic. de legg. 2, 16 (Müller prooemium).

propāgātio, ōnis, *f.* (propago, āre), **I** das ›Fortsetzen‹ übh., **A** im Raum, die **Erweiterung,** finium imperii nostri pr., Cic.: finium, Liv. – **B** in der Zeit, die **Verlängerung,** temporis, Cic.: vitae, Cic. – **II** die **Fortpflanzung,** der Weinstöcke u. Bäume, Cic. – übtr., des Geschlechtes, Cic.: nominis, Cic.

propāgātor, ōris, *m.* (propago, āre), der **Fortsetzer, I** im Raum, **Erweiterer** des Reiches, als Beiname Jupiters, Apul. de mund. 37: des Kaisers, pr. orbis ac rei publicae Rom., CIL 6, 1166. – **II** in der Zeit, **Verlängerer,** provinciae (des Oberbefehls in der Provinz), Cic. ad Att. 8, 3, 3.

propāgēs, is, *f.* (propago, āre), **I** der **Setzling, Senker, Ableger,** Paul. ex Fest. 227, 1. – **II** übtr., der **Abkömmling,** das Kind, der **Nachkomme,** sanguinis, Pacuv. tr. 20: stirpis adoptivae, Auson. ephem. oratio 19. p. 5 Schenkl od. Paul. Nol. carm. 5, 19.

propāginātio, ōnis, *f.* (propagino), die **Fortpflanzung,** Isid. orig. 17, 5, 30.

propāgino, (āvī), ātum, āre (propago), **durch Senker fortpflanzen,** Isid. orig. 17, 5, 33. – übtr., **fortpflanzen,** quot populi propaginati, Tert. de pall. 2 *extr.*

propāgmen, inis, *n.* (propago), die **Verlängerung,** vitae, Enn. ann. 160.

1. propāgo, āvī, ātum, āre (pro u. pag-o, pango), ›weiterschlagen, -setzen‹, **I** im Allg., nur übtr.: **A** dem Raum nach **weiter ausbreiten, erweitern, ausdehnen,** fines imperii, Cic. u. Nep.: fines, Cic.: terminos populi Romani bello, Liv.: imperium populi Rom., Liv.: imperium, Suet. – **B** der Zeit nach **verlängern, eine längere Dauer geben, fortsetzen, ausdehnen,** bellum, Cic.: diem, Cic.: commeatum propagare, den Urlaub verlängern, Suet.: bellum in posteros, Flor.: alqd posteritati, Cic.: laudem alcis ad sempiternam gloriam, Cic.: vitam aucupio, Cic.: u. so bl. vitam, Lact. u. Min. Fel., vitam in mille annos, Lact. (vgl. Bünem. Lact. 2, 12, 21): imperium, Suet.: imperium (Kommando) consuli in annum, Liv.: suam memoriam, Sulp. Sev.: conditoribus suis aeternam memoriam, Plin.: non breve nescio quod tempus, sed multa saecula rei publicae, das Leben des Staates nicht auf kurze, unbestimmte Zeit, sondern viele Jahrhunderte in seiner Fortdauer sichern, Cic. Cat. 2, 11. – **C** dem Grad nach **erweitern, erhöhen,** a ducentis sestertiis adusque duo sestertia (2000 S.) sumptus cenarum propagatus est, Gell. 2, 24, 15. – **D** schreibend als **Erweiterung hinzufügen,** Carum (das Leben des K.) cum liberis, Vopisc. Prob. 24, 8. – **II** insbes. (nach pango, pflanzen) = **durch Senker fortpflanzen,** vitem, Cato u. Apul.: haec omnia a capitibus propagari oportebit, Colum. – übtr., das Geschlecht, prolem, Lucr.: stirpem, Cic.: familiam, Apul.

2. propāgo, inis, *f.* (propago, āre), **I** der fort- (weiter-) gepflanzte, -gesetzte Zweig, der **Setzling, Ableger, Senker,** bes. des Weinstocks, Cic. u. a. – **II** übtr., v. leb. Wesen, **Sprössling, Kind, Kinder, Geschlecht, Nachkommenschaft,** Mummi clara pr., Lucr.: pr. Romana, das Römergeschlecht, die Römer, Verg.: vera, Sohn, Ov.: catulorum, Lucr. – Plur., clarorum virorum propagines, Stammfolgen, Stammbäume, Nep. Att. 18, 2.

prō-palam, *Adv.*, **I öffentlich, vor der Welt** (Ggstz. furto, per occultum), rapere, Plaut.: collocare, ausstellen, Cic.: dicere, Liv.: minari, Liv. – **II** übtr., **offenkundig, offenbar,** metuo et timeo, ne hoc tandem propalam fiat nimis, Plaut. mil. 1348. – propalam est m. folg. *Infin.*, Ter. Maur. 709 u. 2327.

prōpalo, āvī, ātum, āre (propalam), **offenbar machen,** alqd, Sidon. epist. 9, 11, 7. Claud. Mam. de stat. anim. 1, 2 *extr.* u. a. Spät.: se hosti, Commodian. instr. 2, 9, 14.

prō-pando (pandī), pānsum u. passum, ere, **ausbreiten,** Apul. met. 6, 15. Apul. de deo Socr. prol. p. 3, 11 G. (p. 107 H.).

Propanisadae, s. Paropamisus a. E.

prōpassio, ōnis, *f.* (propatior), das **Vorherleiden,** Hieron. in Matth. 26, 37.

prō-patior, patī, **vorher leiden,** obszön, in- guina lambentis et propatientis, Schol. Iuven. 2, 50.

propator, ōris, *m.* (προπάτωρ), der **Ahnherr, Stammvater,** Tert. de praescr. 49.

prō-patruus, ī, *m.*, der **Urgroßoheim,** ICt.

prō-patulus, a, um, **frei, offen,** der Ansicht und dem Zutritt eines jeden ausgesetzt, **I** *adi.*: aestivo tempore in loco propatulo (cenitabant), Varro vit. P.R. 1. fr. 27 (b. Non. 83, 20): ante aedem Cereris in aperto ac propatulo loco signa duo sunt, Cic. Verr. 4, 110. – **II** *subst.*, **1** prōpatulum, ī, *n.*, das **Freie,** der **freie-, offene Platz;** dah. in propatulo, **a** übh., **im Freien, öffentlich, α** eig., Cic. fr. u. a.: bl. propatulo, Mela 1, 19, 10 (1. § 106). – **β** übtr., **öffentlich, vor Augen,** in pr. esse, vor Augen, sichtbar sein, Gell.: pudicitiam in pr. habere, öffentlich ausstellen, feilbieten, Sall.: servitium in pr. spectare, offen vor sich haben, Tac. – **b** insbes., **auf dem freien Vorplatz** des Hauses, **im** od. **auf dem Vorhof,** in pr. aedium, Liv.: bl. in pr., Nep., Liv. u. a. (s. Fabri Liv. 24, 16, 17). – **2** Plur. prōpatula, ōrum, *n.*, **offen vor Augen Liegendes** (Ggstz. secreta), Augustin. de civ. dei 2, 26, 1. p. 92, 11 D².

prope (aus *proque), *Compar.* **propius**, *Superl.* **proximē**, **I** *Adv.*: **A nahe, 1** dem Raum nach, **nahe, unweit, in der Nähe, in die Nähe,** eig. u. bildl.: quis hic loquitur prope? Plaut.: quis homo est, qui nostras aedes accessit prope? Plaut.: volebam prope alicubi esse, Cic. ep.: quicquid ad summum pervenit, ad exitum prope est, Sen. – propius, **näher,** accedere, Cic. (u. so fatum propius ac propius accedit, Sen. de ira 3, 42 *extr.*): propius ventum est, Sall.: propius abesse ab alqo, jmdm. näherstehen, Cic.: propius timuere sarissas, quam etc., d. i. mehr, Lucan. – **2** v. der Zeit, **nahe,** prope adest, cum alieno more vivendum est mihi, die Zeit ist bald da, wo ich usw., Ter.: ebenso prope adest, ut etc., Plaut.: longius aut propius, später oder früher, Prop. – dah. proxime, **α zunächst, kurz vorher, kürzlich,** quem proxime nominavi, Cic.: quam (legionem) proxime trans Padum conscripserat, Caes.: cum alias, tum proxime, Vell. – **β nächstens, ehestens, künftig,** Plin. ep. 5, 7, 4. – **3** in anderen Verhältnissen: **a** der Annäherung nach: **α nahe daran,** iam prope erat, ut pelleretur, es war nahe daran (es fehlte wenig), dass er usw., Liv.: u. so ac prope fuit, ut dictator idem ille crearetur, Liv. (s. M. Müller Liv. 2, 23, 14): prope est factum (es war nahe daran, es fehlte wenig), ut iniussu praetoris signis convulsis in aciem exirent, Liv.: propius nihil est factum, quam ut occideretur, es war nahe daran (es fehlte wenig), so wäre er getötet worden, Cic. – **β beinahe, fast,** annis prope quadraginta, Liv.: prope ad annum octogesimum prosperā pervenisse fortunā, Nep.: prope desperatis rebus, Cic.: prope iam desperatā salute, Caes.: nox prope diremit colloquium, Liv.: fructum prope solus tulerat, Liv.: loca, quae prope immensis agminibus impleverat, Curt. – et prope, ac prope, **ja beinahe,** adventare et prope adesse, Cic.: turpe ac prope nefas ducunt respirare ullo loco, qui etc., Quint. – **γ genau,** dah. propius, **genauer,** propius res adspice nostras, schau näher (d. i. gnädig) unser Geschick an, Verg.: ebenso proxime, **auf das Genaueste,** signare, so nahe, d. i. so gut wie möglich etwas bezeichnen, Quint. – **δ** der Ähnlichkeit nach, **fast (ziemlich) ebenso,** insanis et tu stultique prope omnes, Hor.: proxime atque (wie) ille aut aeque, Cic. – **b** der Ordnung, dem Rang od. dem Wert nach, **zunächst, gleich nachher,** proxime a Lacyde, Cic.: proxime … mox … tertio loco, Plin. – **B nahe bei, nahe an;** propius, **näher bei, -an;** proxime, zunächst an, -bei, **sehr nahe, ganz nahe bei, -an,** im Raum (gew. m. folg. *ab* u. Abl.), prope a Sicilia, Cic.: prope a meis aedibus, Cic.: propius a terris, Cic. – **II** *Praep.* m. *Acc.*, bisw. auch m. *Dat.*, **1** dem Raum nach, eig. u. bildl., **nahe bei, -an, in der Nähe, unweit des** usw., **unweit von** usw., prope me, Cic.: prope aquam moveri, Cic.: prope castra, Caes.: so auch propius urbem, näher an der Stadt, Caes.: proxime hostem, dem Feind zunächst, Caes.: proxime Carthaginem, Sall.: propius Tiberi, Nep.: propius mari esse (Ggstz. longius), Plin.: propius grammatico accessi, Cic.: proxime hostium castris, dem Lager der Feinde zunächst, Caes. – bildl., propius periculo it timor, tritt der G. näher, Verg.: ut propius periculum fuerint, qui vicerunt, Liv.: propius fuere periculo queis superare datum, Sil. – **2** der Zeit nach, **nahe an, gegen,** dah. proxime, **sogleich um, sogleich nach,** prope kal. Sext., Cic.: prope lucem, Suet.: prope maturitatem esse (v. den Saaten), Liv.: proxime solis occasum, Pallad.: ebenso proxime abstinentiam sumendus est cibus exiguus, Cels. – **3** zum Ausdruck der Annäherung od. Ähnlichkeit, **nicht weit von, nahe an** od. **zu, beinahe zu,** dah. propius, **näher an, ähnlicher,**

u. proxime, **sehr nahe an, sehr ähnlich** einer Sache, **fast ganz so wie,** prope secessionem plebis res venit, Liv.: prope seditionem ventum est, Tac.: prope metum res fuerat, die Lage hat zu Befürchtungen Raum gegeben, Liv.: iam prope seditionem res erat, schon war es fast zum Aufstand gekommen, Curt.: propius fidem est, es verdient mehr Glauben, Liv.: oratio est propius blanditias quam preces, Liv.: propius virtutem esse, der Tugend näher kommen, Sall.: proxime morem Romanum, fast, ziemlich so, wie es bei den Römern Sitte war, Liv. – ► *Compar.* proximius von proxime, **klarer, augenfälliger,** Min. Fel. 19, 2.

prope-diem, *Adv.* (dies), **nächster Tage, ehester Tage, nächstens** (von der nächsten und entfernteren Zukunft), Plaut. Pers. 837. Cic. ep. 2, 12, 3 u. a.

prō-pello, pulī, pulsum, ere, **vorwärts-, fort-, wegstoßen, fort-, weitertreiben, I** eig.: **1** lebl. Objj., **a wegstoßen, umstoßen, wegrücken,** crates pro munitione obiectas, Caes.: mensam, Prop.: iugum (Joch) in priorem partem, Colum. – **b herabstoßen, -werfen, -schleudern,** corpus alcis e scopulo in profundum, Ov.: poet., pr. muros, herabwerfen, zerstören, Sen. poët.: u. so urbem, Val. Flacc. – **c** auf ein Ziel **fortschleudern,** vicinam metae hastam, Sil.: saxa in subeuntes, Curt. – **d** durch Stoßen usw. **in Bewegung setzen, vorwärts-, fort-, weitertreiben,** navem in altum, Ov., in aequora, Prop.: poet., Phasin remige, aufregen, Prop.: u. so propulsa cruore flumina, hoch aufwogende, Lucan.: in laevam partem velut pr. manum, Quint. – v. lebl. Subjj., imago propellit aëra prae se, Lucr.: anima propellit corpus, membra, Lucr.: ventus propellit nubes non procul, Gell. – **2** leb. Objj.: **a gewaltsam fortstoßen, forttreiben,** alqm, Plaut.: bes. als milit. *t. t.,* **fort-, in die Flucht treiben,** hostes, multitudinem equitum, Caes.: hostem a castris, Liv.: aciem umbonibus, Curt. – **b Tiere vor sich hertreiben, austreiben,** pecora, Curt.: cunctanter ab ruinis vici pecus, Liv.: pecus extra portam, Liv.: oves in pabulum, ovem potum, Varro: pecora pastum, Liv. – **II** übtr.: **a forttreiben, -stoßen, α** = **vertreiben, abwehren,** vitae periculum ab alqo, Liv.: vim firmiore praesidio, Curt.: alqā re duram famem, Hor.: iniurias hominum ac ferarum, Colum. – **β** = **hinausstoßen,** cruda adhuc studia in forum, Petron. 4, 2. – **b vorwärtstreiben, α** übh.: orationem dialecticorum remis, Cic. Tusc. 4, 9: si paulo etiam longius, quam finis cotidiani officii postulat, L. Caecilium pietas et fraternus amor propulisset, Cic. Sull. 64. – **β** wozu **antreiben, anregen, verleiten, nötigen,** animos ad corrumpendum militiae morem, Tac.: alqm ad voluntariam mortem, Tac.: amore eius ad ultima esse propulsum, Curt. – ► Die Silbe pro kurz bei Lucr. 4, 193 u. 6, 1025.

propemodō, *Adv.* (prope u. modus), = propemodum, Plaut. trin. 780.

propemodum, *Adv.* (prope u. modus), **I beinahe, so ziemlich, ungefähr, fast,** Plaut., Cic. u. a. – **II** (**fast**) **auf gleiche Art, beinahe so,** Cic. de off. 2, 30.

propempticon, ī, *n.* (προπεμπτικόν), das Begleitungsgedicht, das **Abschiedsgedicht,** Stat. silv. 3, 2 *lemm.* u. Sidon. carm. 24 *lemm.*

prō-pendeo, pendī, pēnsum, ēre, **hervor-, herüberhängen, I** eig.: propendentes aures, Colum.: herba propendens ex ramis, Plin.: caro (excreta) propendebat adeo, ut etc., Suet.: tantum propendere illam boni lancem putat, ut etc., habe ein solches Übergewicht, dass usw., Cic. – nec dependes nec propendes, hängst weder herab (wiegst weniger) noch vor (wiegst mehr), Plaut. asin. 305. – **II** bildl.: bona propendent, wiegen mehr, haben das Übergewicht, Cic.: (animi iudicum) quo impellimus inclinant atque propendent, lassen sich geneigt finden, Cic.: inclinatione voluntatis in alqm, sich hinneigen, Cic.

prō-pendulus, a, um, **vorn herabhängend,** crines, Apul. flor. 3. p. 4, 10 Kr.

prōpēnsē, *Adv.* (propensus), **willig, geneigt, mit Zuneigung,** Lentul. in Cic. ep. 12, 15, 3. Heges. 1, 29, 11. – Öfter *Compar.* propensius, Liv. 37, 52, 6 u. a.

prōpēnsio, ōnis, *f.* (propendeo), die (geistige) **Neigung,** Cic. de fin. 4, 47.

prōpēnsus, a, um, *PAdi.* (propendeo), **hervorhängend, herabhängend, I** eig.: labrum superius, Solin. 20, 6: propenso sesquipede, Pers. 1, 57 (Hermann protenso): natura (männl. Glied) propensior, Capit. Gord. 19, 4. – **II** bildl.: **1 zu etwas geneigt, sich hinneigend,** ad misericordiam, Cic.: in alteram partem, Cic.: pr. huic urbi nomen, Val. Max.: si quis est ad voluptates propensior, Cic.: propensior pro Alexandro, Iustin. 16, 1, 2: propensissimā civitatum voluntate, Auct. b. Alex. 26, 1. – **2 das Übergewicht habend, überwiegend,** quam illa de mea pecunia ramentā fiat plumeā propensior, malim etc., schwerer (= reicher), Plaut. Bacch. 513. – id fit propensius, wichtiger, Cic. parad. 3, 24. – **3 nahekommend,** Balbi disputatio mihi ad veritatis similitudinem videtur esse propensior, Cic. de nat. deor. 3, 95.

properābilis, e (propero), **eilend, schnell,** Tert. de anim. 43.

properanter, *Adv.* (propero), **eilends, schnell,** Lucr. u. Tac.: properantius, Sall. u. Ov.: properantissime, Cod. Theod. 11, 30, 8.

properantia, ae, *f.* (propero), das **Eilen,** die **Eilfertigkeit,** Sall. Iug. 36, 3. Tac. ann. 12, 20.

properātim, *Adv.* (propero), **eilends, eilfertig,** Caecil. com. 167. Pompon. com. 26. Sisenn. nach Gell. 12, 15, 1. CIL 6, 25703.

properātio, ōnis, *f.* (propero), das **Eilen,** die **Eilfertigkeit,** Cic. ep. 5, 12, 2. Amm. 31, 5, 9.

properātō, *Adv.* (propero), **eilfertig, eilig,** Tac. ann. 13, 1.

properē, *Adv.* (properus), **schleunig, eilends, eilfertig,** nonne hinc vos propere stabulis amolimini? Pacuv. fr.: pr. sequere me ad macellum, Plaut.: ita celeri curriculo fui propere a portu honoris causā tui, habe mich beeilt, Plaut.: pr. sequi, Sall.: pr. ire, Ov.: pr. egredere, Nep.: pr. Cumas se recepit, Liv.

properipēs, pedis (properus u. pes), **schnellfüßig,** dux, Catull. 63, 34.

properiter, *Adv.* (properus), **schleunig, eilends, schnell,** Pacuv. tr. 332. Acc. tr. 629. Seren. b. Diom. 513, 11. Apul. met. 1, 22 u. a. Auson. parent. 29, 1. p. 54 Schenkl.

propero, āvī, ātum, āre (properus), **I** *intr.* vom Fleck **eilen, a** v. Pers.: domum, Plaut. u. Hor.: Romam, Cic. – m. *in* u. Akk., in patriam, Cic.: in Galliam, Sall.: in Italiam, Caes.: in fata (in den Tod), Lucan. – m. *ad* u. Akt., ad alqm, Caes.: ad sedem, Ov.: ad pontem, Lact.: ad praedam, Caes.: ad gaudia, Hor.: ad epistulas, sich beeilen, die Br. zu lesen, Cic.: ad bellum civile, sich in den B. stürzen, Curt. – m. *Adv.,* alio (in der Darstellung), Sall. Iug. 19, 2. – m. 1. *Supin.,* ultro licentiam in vos auctum atque adiutum properatis, Sall. hist. fr. 3, 61 (82), 16. – m. folg. *Infin.,* **eilen, sich beeilen, sich tummeln,** progrediri properabo Plaut.: nullus sum, nisi meam rem iam omnem propero incursim perdere, Caecil. com. fr.: nunc domum properare propero, Plaut.: si in patriam redire properaret, Cic.: cum quisque domum pervenire properaret, Caes.: ductus odio properavit rem deducere in iudicium, Cic.: divitiis abuti per turpitudinem properabant, Sall.: m. *Nom.* u. *Infin. Pass.,* si iungi hospitio properat sociusque vocari, Verg. Aen. 7, 264: miles ferro properans quam fame absumi, Amm. 25, 7, 4 (vgl. *no.* b): m. folg. *Acc.* u. *Infin.,* quem regia coniunx adiungi generum miro properabat amors, Verg. Aen. 7, 57: se quisque hostem ferire properabat, Sall. Cat. 7, 6: m. folg. *ut* u. Konj., hoc vero magis properare Varro, ut cum legionibus quam primum Gadis contenderet, ne etc. Caes. b. c. 2, 20, 1. – absol. (s. Spengel Ter. adelph. 353), quid properas? Laber. com. fr.: propera, abi intro, Plaut.: propera tu, curre, Ter.: mane, etsi properas (es eilig hast), Plaut.: properantes arma capiunt, Sall.: negotii gratiā properare, Sall.: assequor omnia si *propero;* si *cunctor,* amitto, Cic.: ex nuntiis *cunctabundus* aut *properans,* Tac.: ad Dyrrhachium finem properandi fecit, Caes.: properato opus est, es ist Eile nötig, spute dich, Plaut. mil. 805 Fl. u. Lor. Cic. Mil. 49. Sen. Phaedr. (Hipp.) 870 (862). – **b** v. Lebl.: **α** v. Konkr.: properans aqua per amoenos agros, Hor. de art. poët. 17: lanificium, in quo properant omnium mulierum pensa, alle Frauen ihre Aufgabe zu fertigen sich beeilen, Plin. 35, 138: m. *Nom.* u. *Infin. Pass.,* mala decerpi properantia, die rasch (bald) gepflückt sein wollen, Plin. 15, 52. – **β** v. Abstr.: in quem exitum tanta rerum velocitas properet, Sen. ep. 110, 9. – **II** *tr.* etw. **beschleunigen, beeilen** (bisw. mit dem Nbbgr. der Übereilung; vgl. Ernesti u. Otto Tac. ann. 1, 18. Nipperd. Tac. ann. 13, 17), obsonia, Plaut.: alia, Sall.: iter, Sall.: mortem, Verg.: voluntariam mortem, Tac.: pecuniam heredi, Hor.: multa forent quae mox caelo *properanda* sereno (eilig zu beschaffen), *maturare* (zeitig zu beschaffen) datur, Verg.: opus, studium, eifrig betreiben, Hor.: naves properatae, Tac.: tela properata, Tac.: praeter sui temporis modum properari, treibhausmäßig getrieben werden, Gell.: rotam citius properare, ein Rad in schnelle Bewegung setzen, Iuven.

Propertius, iī, *m.*, Sextus, berühmter röm. Elegiker, älterer Zeitgenosse Ovids, gebürtig aus Umbrien, aber in Rom gebildet, Ov. trist. 4, 10, 45 u. 53. Quint. 10, 1, 93. Plin. ep. 9, 22, 1.

properus, a, um, **eilig, sich beeilend, schleunig, hurtig, rührig,** tertia e castris eductio celeris properaque est, Cato fr.: circumstant properi aurigae, Verg.: ecce venit Telamon properus, Ov. – mit folg. *Genet.*, vindictae, Tac.: potentiae, Tac. – mit folg. *Dat. comm.*, sibi quisque properus, in Eile auf seine Rettung bedacht, Tac. ann. 1, 65. – mit folg. *Infin.*, quoquo facinore clarescere, Tac. ann. 4, 52.

prō-pēs, pedis, *m.*, das untere Ende des Taus (pes *no.* II, A, 2, b), das an die Ecken eines viereckigen Segels u. dann an die Planken des Schiffes befestigt wurde, um das Segel gegen den Wind aufzuspannen, das **Schotenende** des Segels, Turpil. com. 215.

propetrāre = mandare, quod perficiatur, Paul. ex Fest. 227, 2.

prōpexus, a, um (pro u. pecto), **herab-, vorwärtsgekämmt, herabhängend,** v. den Haaren des Bartes, crinis, Tac.: propexa in pectore barba, Verg.: propexa ad pectora barba, Ov.: propexa mento canities, Stat.

prophēta u. **prophētēs,** ae, *m.* (προφήτης), der **Weissager, Prophet,** Iul. Caes. Strabo tr. 2 (bei Fest. 229, 9): v. ägyptischen Magiern, Apul. met. 2, 28; de dogm. Plat. 1, 3; de mund. prooem. p. 337 H. Macr. sat. 7, 13, 9. Ps. Apul. herb. 56: v. jüdischen Propheten, Lact. 1, 4 *sqq.* u. a. Eccl.

prophētālis, e (propheta), **prophetisch, weissagerisch,** vaticinium, Hieron. epist. 96, 3: os, *ibid.* 54, 17: vox, Ven. Fort. vit. S. Mart. 1, 97: außerdem oft bei a. Eccl.

prophētātio, ōnis, *f.* (propheto), die **Weissagung, Prophezeiung,** Augustin. de civ. dei 10, 32, 2 u. 17, 24 u. a. Eccl.

prophētēs, s. prophēta.

prophētīa, ae, *f.* (προφητεία), die **Weissagung,** Tert. de anim. 35 u. a. Augustin. de civ. dei 18, 44 u. a. Eccl.

prophētīālis, e (prophetia), **prophetisch,** Tert. adv. Valent. 28.

prophēticē, *Adv.* (propheticus), **prophetisch, weissagerisch,** Tert. de monog. 4. Augustin. de civ. dei 18, 44. Interpr. Iren. 4, 20, 5.

prophēticus, a, um (προφητικός), **weissagerisch, prophetisch,** litterae, Lact.: libri, Augustin.: voces, os, Prud.: Moyses propheticus, non poëticus pastor, Tert.

prophētis, idis, Akk. idem, *f.* (προφῆτις), die **Prophetin,** Tert. de res. carn. 11. Vulg. iudic. 4, 4 u. a.

prophētissa, ae, *f.* (propheta), die **Prophetin,** Tert. de praescr. 51. Hieron. epist. 7, 6 u. 54, 17. Augustin. serm. 196, 2 u. 363, 4.

prophētizo, āre, **prophezeien,** magna alci, Vulg. Matth. 26, 68: m. folg. dir. Fragesatz, Vulg. Luc. 22, 64.

prophēto, āvī, ātum, āre (propheta), **prophezeien, weissagen** (s. Bünem. Lact. 4, 13, 27), absol., Eccl.: m. *Acc.*, magna, Augustin.: multa, CIL 5, 180*: mors Christi prophetata, Tert. adv. Marc. 3, 19.

prōpīlo, āre (pro u. pilum), wie ein pilum absenden = **abschießen,** missilia, Amm. 16, 12, 36.

propīnātio, ōnis, *f.* (propino), **I** das **Zutrinken,** Petron. 113, 8. Sen. de ben. 2, 21, 5: Plur., propinationes crebrae, Sen. de ira 2, 33, 6: propinationes tuas recusant, wollen dir nicht mehr nachtrinken, Sen. ep. 83, 24. – **II** meton., das **Trinkgelage,** übtr. = der Leichenschmaus, CIL 5, 5272.

propīnātor, ōris, *m.* (propino), der **Zutrinker,** Augustin. serm. 361, 7.

propincus, s. propinquus.

propīno, āvī, ātum, āre (προπίνω), **I zutrinken,** propino poculum magnum: ille ebibit, Plaut.: propinavit illi Caesar heminam, Sen.: nulli calicem tuum propinas, Mart.: propino hoc pulchro Critiae, Cic.: Critiae, inquit, propino, Val. Max.: propino tibi salutem plenis faucibus, Plaut.: absol., ob epotam in convivio, propinante se, vini amphoram, Suet. – Passiv propinor prägn. = mir wird zugetrunken, ipsi propinabantur, ut eos inebriaret, Vopisc. Bonos. 14, 4. – **II** übtr.: **A zu trinken geben,** conditum Sabinum, Mart.: Opimianum morionibus nectar crystallinis murrinisque (in Kristall-u. Murrabechern), Mart. – u. Arzneien **einzunehmen geben, eingeben,** radicem cum vino, Plin.: aquam e fonte, Plin. – **B zu essen vorsetzen,** venenatam partem (vulvae) fratri, Capit. Anton. phil. 15, 5. – **C** übh. **zum Besten geben, preisgeben, übergeben, verschaffen,** hunc comedendum et deridendum vobis propino, Ter.: versus flammeos mortalibus, Enn.: puellas alci, Apul. – ► Die Silbe pro lang bei Mart. 1, 68, 3 u. a.

propinquē, *Adv.* (propinquus), **nahe, in der Nähe,** Fronto ad Anton. imper. 2, 2 *extr.* p. 106, 1 N.: vide quis loquitur tam propinque, Plaut. truc. 499: eccam adest propinque, *ibid.* 575.

propinquitās, ātis, *f.* (propinquus), **I** die **Nähe,** loci, Cic.: hostium, Caes.: ex propinquitate pugnare, aus, in der Nähe, Caes. – **II** übtr.: **a** die **Verwandtschaft,** sanguinis, Augustin.: arta, Plin. ep.: vinculis et propinquitatis et affinitatis coniunctus, Cic.: Plur., Cic. de fin. 5, 59. Caes. b. G. 2, 4, 4. Liv. 4, 4, 6. Tac. ann. 11, 1: Otho multarum et magnarum propinquitatium (so!), Suet. Oth. 1, 2. – **b** meton., die **Verwandtschaft** = die Verwandten, Amm. 14, 11, 7 u. 23, 6, 81.

propinquo, āvī, ātum, āre (propinquus), **I** *intr.* **sich nähern, nahen, herannahen, A** eig.: **α** von leb. Wesen, fuge, nate, propinquant, Verg.: acies legionum propinquabat, Tac.: ubi propinquare hostes patefactum est, Aur. Vict.: iam castra vident animisque (im G.) propinquant, Stat.: pr. armis, Stat.: casu, Amm. – m. *Dat.*, fluvio, scopulo, Verg.: portis, Verg.: Alpibus, Tac.: caelo, Tac.: iam regionibus Ctesiphontis, Amm. – m. *Acc.*, amnem Arsaniam, Sall. hist. fr. 4, 62 (20): campos, Tac. ann. 12, 13. – **β** v. Lebl.: ignis domui alcis propinquat, Tac. ann. 15, 39: turris praetoriae portae propinquans, Tac. hist. 4, 30. – **B** übtr.: **a** der Zeit nach **nahen, herannahen,** Parcarum dies et vis inimica propinquat, Verg. Aen. 12, 150: et triste propinquat supplicium, Stat. Theb. 5, 493: inediae propinquantis aerumnas exitiales horrebant, Amm. 14, 2, 19. – **b** der Beziehung nach **nahekommen,** mortale immortali propinquare non potest, Lact. 2, 8, 68. – **c** verwandtschaftlich **nahestehen,** amici aut propinquantes vel affines, Amm. 30, 4, 9. – **II** *tr.* **beschleunigen, rasch herbeiführen,** rite augurium, zum nahen (u. glücklichen) Ausgang führen, Verg. Aen. 10, 254: mortem, Sil. 2, 281.

propinquus, a, um (prope), **nahe, I** dem Raum od. der Lage nach, **angrenzend, anstoßend,** provincia, Cic.: praedium, Cic.: Etruriae arva, Liv.: propinqui urbis montes, Nep.: pr. tumultus, in der Nähe, Nep.: nullus pr. metus, Gefahrlosigkeit in der N., Liv.: propinquius exsilium, Ov.: m. *Dat.*, domus foro propinqua, Sall.: flumini propinqua loca, Sall.: pr. castris hostium promunturium, Liv.: pr. cubiculo hortus, Liv.: m. *Abl.*, litora Italiā propinqua, Sall. hist. fr. 4, 31 Kr. (Dietsch 4, 10 Italiae): m. *inter se,* colles duo propinqui inter se, einander benachbarte, Sall. Iug. 98, 3: u. so duae insulae propinquae inter se, Sall. hist. fr. 1, 61 (61). – subst. (doch im Sing. nur mit *Praepp.*), in propinquo esse, in der Nähe sein, Liv.: ex propinquo cernere, cognoscere, aus, in der Nähe, Liv.: ne praedantibus ex propinquo hostis instaret, Sall. fr.: Plur., oppido propinqua, die nächste Umgebung der Stadt, Sall.: per omnia propinqua, nahegelegenen Punkte, Amm.: propinquorum incuriosi longinqua sectamur, Plin. ep., s. longinquus. – **II** übtr.: **A nahe,** der Zeit nach, reditus, Cic.: mors, Cic.: spes Capuae potiundae, Liv.: propinquā vesperā, als der A. nahte, Tac. – **B** auf andere Verhältnisse übtr.: **1** der Ähnlichkeit nach, **nahekommend, ähnlich,** significatio, Gell.: quae propinqua videntur et finitima, Cic.: m. *Dat.*, si qui (motus) finitimi et propinqui his ac talibus animi perturbationibus, Cic.: m. *inter* u. Akk., propinquiora genere inter se verba, Varro LL. 10, 8. – **2** der Verwandtschaft od. Verbindung nach, **nahe, nahestehend, nahe verwandt,** cognatio, Cic.: cognatione propinquā coniunctus, Nep., sibi iuncti, Suet.: consanguinitate propinquus, verschwistert, Verg.: affinitates et propinquae iam cognationes, Liv.: m. *Dat.*, propinquus principi sanguis, Tac.: tibi genere propinqui, Sall.: poet., bella propinqua, mit den Verwandten, Ov. – subst., der **Verwandte,** die **Verwandte,** tot propinqui, Cic.: Vestalis, huius propinqua, Cic.: maior aliqua natu propinqua, Tac. dial. – u. übh. propinqui = Näherstehende (Ggstz. longinqui, Entfernterstehende), Cic. Mil. 76. – ► In Hdschrn. auch propincus geschr., z. B. Liv. 21, 53. § 7 u. 11.

propio, āre (prope), **sich nähern,** Paul. Nol. carm. 18, 412.

propior, *neutr.* propius, Genet. ōris, *Superl.* **proximus,** a, um (prope), **I** *Compar.* **propior, näher, A** eig., in Rücksicht des Raums od. der Lage, portus, Verg.: tumulus, Sall.: pons, Caes.: locus, Auct. b. Afr.: periculum, in der Nähe, Curt.: pugna, in der Nähe, Nahkampf, Liv. – m. *Genet.*, propior caliginis aër, Lucr. 4, 336. – m. *Dat.*, propior patriae, Ov.: propior Persidi, Mela: propior Pharo, Auct. b. Alex.: propior mari, Mela: propior Oceano, Verg.: propior fonti, Curt.: quae propiora mari od. septentrioni sunt, Curt. – m. *Acc.*, propior montem, Sall. Iug. 49, 1: propior hostem, Hirt. b. G. 8, 9, 4. – mit *ab* u. Abl., quisquis ab igni propior stetit, Sen. ep. 74, 4. – mit *Infin.*, propior timeri, Stat. Theb. 12, 223. – *neutr. pl.* subst., propiora, die näher gelegenen Orte (Punkte), propiora tenere, Verg. Aen. 5, 168: m. *Dat.*, propiora flumini tenere, Tac. hist. 5, 16. – **B** übtr.: **1** v. der Zeit u. der Zeit nach, **näher, näher liegend,** tempus, ICt.: spatia, Verg.: epistula, Cic.: acta, neuere, Stat. – mit *Dat.*, propior leto, Ov.: u. so maturo propior funeri, dem zeitigen Tode näher, Hor.: cuius aetati mors propior est, Sall. fr.: septimus octavo propior iam fugerit annus, es geht stark in das siebte Jahr, Hor.: puero quam iuveni propior, ein angehender Jüngling, Vell. – *neutr. pl.* subst., veniunt inde ad propiora (zu Näherliegendem), Cic. Tusc. 1, 116: u. so ad propiora vocor, Ov. fast. 6, 83. – **2** in Bezug auf andere Verhältnisse: **a** der geselligen, freundschaftlichen Verbindung und Verwandtschaft nach, **näher, enger,** societas, Cic.: amicus, Hor.: gradu sanguinis propior, Ov.: at ita me servet Iuppiter, ut propior illi, quam ego sum actu, nemo sit, Ter.: quibus (coniuge et liberis) propior P. Quinctio nemo est, Cic.: cui propior cum Tiberio usus erat, Tac. – **b** der Beziehung nach, **näher, näher angehend** od. **liegend,** sua sibi propiora esse pericula quam mea, lägen ihm näher, Cic.: esse illi propiora consilia, Tac.: propior dolor plebi fenoris ingravescentis erat, lag mehr am Herzen, Liv.: irae quam timori propior, mehr zum Z. als zur Furcht geneigt, Tac. – **c** der Ähnlichkeit nach, **näher, näher kommend, ähnlicher,** m. *Dat.*, propior tauro, Verg.: color obsoletior et nigro propior, Colum.: propiora sceleri quam religioni, Cic.: propior excusanti, eher sich entschuldigend, Liv.: propior miseranti, eher mitleidig, Tac.: in quibusdam philosopho propior, Eutr.: propior interdum petendo quam gerendo magistratui erat, Liv.: quod propius vero (wahrscheinlicher) est, als Parenthese, Liv.: u. fama tenuit, quae propior vero est, haud plus fuisse modio, Liv.: u. propius est vero od. propius vero est m. folg. *Acc.* u. *Infin.*, Ov. fast. 4, 801. Liv. 9, 36, 4 u. 40, 50, 7. – m. *ab* u. Abl., a contumelia quam a laude propius fuerit post Vitellium eligi, es möchte eher eine Schmach als ein Lob sein, Tac. hist. 2, 76. – *neutr. pl.* subst., m. *Dat.*, sermoni propiora, Hor. sat. 1, 4, 42. – **d** der Füglichkeit nach, **schicklicher, angemessener,** dah. **besser, vorzüglicher,** delectatio, Ter.: m. *Dat.*, portus propior huic aetati, Cic.: Latium supplemento propius esse, Liv. – **e** der Gesinnung nach, **geneigter, gewogener,** oderat Aenean propior Saturnia Turno, Ov. trist. 1, 2, 7.

II *Superl.* **proximus,** a, um, **sehr nahe,** der **nächste, A** eig, dem Ort, der Entfernung, der Lage nach, via, eppidum, Caes.: rivi, Curt.: in proximo litore, ganz nahe am Ufer, Nep.: pr. vicinus, Cic.: legio, Hirt. b. G.: lictor, der unmittelbar vor ihm gehende und ihn schützende Trabant, der Leibtrabant, Sall. Iug. 12, 3: proxima est regia cohors, zunächst hinter ihm zieht die Königsschar, Liv. 40, 6, 2. – mit *Genet.*, proximus hydrochoi Oarion, Catull. 66, 94. – mit *Dat.*, huic proximus locus, Cic.: villae urbi proximae, die ganz nahe an der Stadt liegenden, an die Stadt stoßenden, Liv.: u. so proximi itineri vici, Curt.: Belgae proximi sunt Germanis, Caes.: proximus Pompeio sedebam, Cic. ad Att. 1, 14, 3 (vgl. im Folg. m. *Acc.*): qui proximi forte tribunali steterant, Liv. – m. *Acc.*, proximus quisque hostem, Liv.: proximus quisque regem, Tac.: qui te proximus est, der dir zunächst steht, Plaut.: proximus Pompeium sedebam, Cic. fr. b. Diom. 410, 7 (vgl. vorher m. *Dat.*): qui proximus forte eum steterat, Liv.: proximus mare Oceanum in Andibus hiemarat, Caes.: qui proximi Rhenum incolunt (wohnen), Caes.: dextrum latus, quod proximum hostes erat, Sall.: Laconicus ager, qui proximus finem Megalopolitarum est, Liv. – mit *ab* u. Abl., dactylus proximus a postremo, Cic.: proximus a domina, Ov.: ut quisque proximus ab oppresso sit, Liv. – loca proxima Carthagine (von Karthago aus), Sall. Iug. 18, 11. – subst., **a** proximi, die **Zunächststehenden,** Phaedr. 5, 1, 16. Caes. b. G. 2, 27, 3 u. 6, 38, 2; die **Zunächstwohnenden,** Caes. b. G. 6, 2. § 2. – **b** proximum, ī, *n.*, das **Nächste,** die **nächste Nähe,** die **Nachbarschaft,** eamus ad me, ibi proximum est, ubi mutes, das ist der nächste Ort, wo du dich umziehen kannst, Ter. eun. 612: quae vis tempestatis ita obscurabat, ut vix proximum (das Nächste) agnoscere possent, Auct. b. Hisp. 2, 5. – e od. ex proximo, Plaut. u. Nep.: de proximo, Plaut. u. Apul.: in proximum, Plaut.: in proximo, Ter. u. Cic. fil. – proxima Illyrici, continentis, die zunächst gelegenen Punkte, Liv. 26, 25, 3 u. 31, 46, 2. – **B** übtr.: **1** der Zeit nach u. zwar: **a** in Bezug auf die Zukunft, **nächst, nächstfolgend,** nox, Caes.: dies, Curt.: annus, Cic.: aestas, Nep.: petitio, Cic. – m. *Dat.*, morti proximus, Fronto de nep. am. p. 235, 2 N. Apul. met. 1, 12 u. 4, 3. Augustin. de civ. dei 22, 8. § 8. p. 573, 6 D.[2] u. a. Eccl. – m. *ad* u. Akk., ut ad finem vitae proximus esse coepit, seinem Lebensende ganz nahe war, Evod. in Augustin. epist. 158, 2. – m. *Acc.*, eo die, qui proximus illam noctem illucescit, der nach dieser Nacht anbrechende Tag, Gell. 3, 2, 9. – *neutr.* subst., in proximum, für den nächstfolgenden Tag, Curt. 4, 10 (39), 1. – **b** in Bezug auf die Vergangenheit, **nächstvergangen, letzt,** nox, Caes.: proximo triennio, Nep.: die proximi (Lokativ), am letztvergangenen Tage, Cato bei Gell.: proximis superioribus diebus, Cic.: in diebus proximis decem, Sall.: proximis litteris, Cic. – **2** der Reihenfolge nach, der **nächste, nächstfolgende,** quod aetate (dem Zeitalter nach) proximus de iis, qui etc., Nep.: Callicratidas, qui praefectus classis proximus post Lysandrum fuit, unmittelbar (der Zeit nach) nach L. die Flotte befehligte, Cic.: censor, qui proximus ante me fuerat, Cic. – si Macedoniae regnum sublatum foret, proximam Asiam esse, dann komme zunächst A. an die Reihe, Liv. 44, 24, 2. – mit *ab* u. Abl., ab Romulo proximus (der Zeit nach), Val. Max. 3, 2, 4. – proximum est m. *Infin.*, non nasci homini optimum est, proximum autem (das nächste Beste aber) quam primum mori, Cic. Tusc. 1, 114; vgl. Cic. consol. fr. 11 Kays. (fr. 9 M.): proximum suae dignitatis esse ducebat (zunächst oder vor allem schien seine Ehre zu fordern), adeo fines eorum vastare …, ut etc., Hirt. b. G. 8, 24, 4. – aber proximum est m. folg. *ut* u. Konj., es liegt am nächsten, meine nächste Aufgabe ist, zu usw., proximum est, ut doceam etc., Cic. de nat. deor. 2, 73; vgl. Flacc. 27; u. = es ist die nächste Folge, ac sic proximum est, ut quies tot dierum et abstinentia cum ceteris, quae praecipiuntur, febrem tollant, Cels. 3, 15. p. 96, 14 D. – **3** dem Rang, Wert nach, proximus ei Antigenes visus est, Curt.: observat Lucium Domitium, me habet proximum, Cic.: m. *Dat.*, proximus est huic dignitati ordo equester, Cic.: equites ordini senatorio dignitate proximi, Cic.: proximos illi tamen occupavit Pallas honores, Hor.: mit *ab* u. Abl., dignus, qui a dis proximus habeatur, Iustin.: proximus a dis immortalibus honos, Suet.: mihi primus qui a te proximus sum, Plin. ep. – dah. in der Kaiserzeit Titel eines Amtes, das dem magister scriniorum folgt, etwa **Vize-,** z. B. proximus scriniorum, Amm.: pr. admissionum, Amm.: pr. libellorum, Amm. – **4** der Beziehung nach, **a** einer Pers., der persönl. Beziehung, Freundschaft, Verwandtschaft nach, **der nächste,** proximus cognatione, Cic., propinquitate, Nep.: hic illi genere est proximus, Ter.: m. *Dat.*, proximus sum egomet mihi, Ter.: amore tibi proximi sumus, Cic.: proximum se praestare alci, sich jmdm. als Nächster (Helfer, Beistand) zeigen, Augustin. – subst., proximus, der **Nächste** = der **Nebenmensch** übh., Ps. Quint. decl. 259: Plur., proximi, die nächsten Verwandten, die nächsten Bekannten, die nächste Umgebung, Cic. u. a. – **b** einer Sache, **nahestehend,** negabat illa se esse culpae proximam, sie treffe die Schuld, Phaedr. 1, 10, 5. – **5** der Ähnlichkeit nach, **nächst, nächstliegend, nahekommend, sehr ähnlich,** mit *Dat.*, id habendum est antiquissimum et deo proximum, Cic.: ficta proxima veris, Hor.: proxima maiorum gravitati civitas Spartana, Val. Max.: proxima virtutibus vitia, Quint.: proximum vero (der Wahrheit am nächsten kommend, am wahrscheinlichsten) est ex iis quae traduntur m. folg. *Acc.* u. *Infin.*, Liv. 2, 14, 3. – *neutr.* subst., ex proximo (vom Naheliegenden) mutuari, Quint. 10, 1, 12. – **6** dem Inhalt nach **nahe liegend, klar vor Augen liegend, offenkundig, eindringlich, bekannt** (s. Hildebr. Apul. apol. 9. p. 458 *sq.*), signum, Apul.: argumentum, Apul. u. Ps. Quint. decl.: litterae vestrae superiores, sed idcirco magis proximae, Tert.: nonne Maro? quid apertius? proximius? verius? Min. Fel. – proximum est mit *Infin.*, cum obvium proximumque esset (da es zur Hand u. ganz nahe lag) dicere etc., Gell. 3, 14, 12. – *neutr. pl.* subst., consulamus proxima, Prud. perist. 10, 652. – **7** der Gesinnung nach, m. *Dat.* – **sich** an etw. **streng haltend,** quia religioni suae non modo in dis patriis repetendis, sed etiam in ipso testimonio ac iure iurando proximus fuit, Cic. Verr. 4, 18. – ► *Compar.* proximior, *neutr.* proximius, Sen. ep. 108, 16. Gaius inst. 3, 7 u. dig. 41, 1, 7. § 3. Ulp. dig. 17, 2, 52. § 9. u. 38, 8, 1. § 8. Paul. dig. 38, 10, 10. § 3. Iustin. inst. 2, 1, 22. Min. Fel. 19, 2. Veget. mil. 1, 20. Cael. Aur. de morb. chron. 5, 2, 46. Gromat. vet. 314, 28; 315, 1; 319, 11. Interpr. Iren. 1, 8, 5. Itala (Clar.) Hebr. 6, 9.

propitiābilis, e (propitio), **versöhnlich,** Enn. fr. scen. 372. Prud. perist. 14, 130 (wo pro lang gemessen ist).

propitiātio, ōnis, *f.* (propitio), die **Besänftigung, Versöhnung,** Macr. somn. Scip. 1, 7, 2. Ambros. cant. cantic. 2. § 14. Isid. orig. 15, 4, 3.

propitiātor, ōris, *m.* (propitio), der **Versöhner,** Hieron. epist. 21, 2 u. adv. Pelag. 1. *no.* 13. Ambros. in Luc. prol. § 7.

propitiātōrium, iī, *n.* (propitio), das **Versöhnungsmittel,** Ambros. epist. 4. § 4. Isid. orig. 15, 4, 3.

propitiātrīx, trīcis, *f.* (Femin. zu propitiator), die **Versöhnerin,** Ambros. de laps. virg. 4, 16.

propitiātus, ūs, *m.* (propitio), die **Versöhnung,** Vulg. Sirach 5, 5 im Amiat. Tolet. S. German. 15.

propitio, āvī, ātum, āre (propitius), **besänftigen, versöhnen, sich geneigt machen,** Venerem, Plaut.: manes, Suet.: Iunonem, Tac.: genium suum, s. genius a. E. – ► Die Silbe pro lang gemessen bei Prud. perist. 3, 215.

propitius, a, um (pro u. peto, griech. προπετής), **geneigt, gewogen, günstig, gnädig gesinnt** (bes. im Ggstz. zu iratus), meist v. Göttern, di (Ggstz. irati), Cic. u. a.: parentes (Ggstz. uxor irata), Ter.: alqm propitium facere od. reddere, Plaut.: propitios habere principes (Ggstz. iratos habere), Plin. pan.: hunc propitium sperant, illum iratum putant, Cic.: di tibi propitii sunt, du bist klug, Plaut.: satin illi di propitii sunt? ist er recht bei Verstand? Ter.: übtr., **geneigt, günstig,** aures, Sen.: oceanus, Flor.: animalium voluptas, Apul. – ► pro lang gemessen bei Iuvenc. 1, 51. Dracont. sat. 14.

propius, *Adv.*, s. prope.

proplasma, atis, *n.* (πρόπλασμα), das **Vorbild, Modell** der Künstler, Plin. 35, 155.

propnīgēon od. **-um,** ēī, *n.* (προπνιγεῖον), der **Heizplatz, Heizraum,** rein lat. praefurnium, Vitr. 5, 11, 2. Plin. ep. 2, 17, 11.

Prōpoetides, um, Akk. as, *f.*, Mädchen auf Cyprus, die die Gottheit der Venus leugneten und deshalb in Stein verwandelt wurden, Ov. met. 10, 221.

1. propōla, ae, *m.* (προπώλης), der **Vorkäufer, Aufkäufer, Höker,** Lucil. 198. Varro r. r. 3, 14, 3: panis atque vinum a propola atque de cupa, Cic. Pis. 67. – Plur., Plaut. aul. 512: propolae et caupones, Salv. adv. avar. 1, 1, 6: propolae circumforanei, Lampr. Commod. 2, 8. – ► prōpōla gemessen, Lucil. 198.

2. propōla, ae, *f.*, der **Hökerkram,** Cod. Theod. 11, 10, 1. Prud. ham. 763.

propolis, is u. eos, Akk. im u. in, Abl. ī, *f.* (πρόπολις), die dritte Grundlage des Honigbaus, eine Wachsmaterie, womit die Bienen die Zugänge ihres Stocks verstopfen, der **Vorstoß, Vorbau,** das **Vorwachs, Bienenharz,** Varro r. r. 3, 16, 23. Cels. 5, 3 u. 5, 28, 11. Plin. 11, 16. – ► Genet. *-is*, Cels. 5, 19, 15. Pelagon. veterin. 25 (323 *Ihm*): Genet. *-eos*, Marc. Emp. 25. fol. 121 (b), 18. Veget. mul. 6 (4), 22, 2.

prō-polluo, ere, **noch weiter-, noch obendrein beflecken,** Tac. ann. 3, 66 H. (Nipperd. provolvebat).

propoma, atis, *n.* (πρόπομα), der Vortrank vor dem Essen, Pallad. 3, 32 *lemm.* Plin. Val. 5, 34.

pro-pōno, posuī, positum, ere, **I** vor die Augen anderer **öffentlich hinstellen, -legen, -setzen, -hängen, -heften, vorlegen, aufstellen, auslegen, A** eig.: **1** im Allg.: vexillum, Caes.: so auch signum pugnae, Liv.: alqd venale, etwas zum Verkauf, Cic. u. Suet. (vgl. *no.* 1, 2): praemium, s. praemium *no.* II, A: geminum pugnae proponit honorem, Verg. Aen. 5, 365: mensas palam, Cic.: edictum, öffentlich anschlagen, Suet.: ebenso libellum, Suet.; u. vectigalia indicere neque pr., Suet.: oculis u. ante oculos, vor Augen stellen, Cic. – **2** insbes. **zum Verkauf auslegen, feilhaben** od. **-bieten,** nullum non obsonii genus, Suet. Ner. 16, 2: quis onim proponere talem (rhombum) aut emere auderet? Iuven. 4, 46: absol., proponere (feilhaben) in nundinis, Vulg. Ezech. 27, 17. – **B** übtr.: **1 vorstellen, vor Augen stellen,** alqm sibi ad imitandum, Cic.: vim fortunae animo, betrachten, Liv.: sibi reges, Cic.: immanes beluas, Sen. rhet.: maiorem spem, Caes.: neque sibi ullam spem victoriae propositam habere, noch irgendeine H. auf den S. setzen, Auct. b. Alex.: metum, Cic.: hoc sibi solacii, quod etc., sich damit trösten, dass usw., Caes.: Passiv proponi, bevorstehen, Cic. – **2 aufstellen,** proposita sententia (Meinung), Cic. Lig. 26. – **3 vortragen, angeben,** proponat, quid dicturus sit, Cic.: quae proposueram, Cic. – u. **behaupten,** mit folg. *Acc.* u. *Infin.*, Cels. 1. prooem. p. 3, 8 u. 4, 21 D. – **4 vortragen, vorstellen, schildern, erzählen,** rem gestam, Caes.: consilia, Caes.: de Galliae Germaniaeque moribus, Caes.: mit folg. Relativsatz, quod antea tacuerat, Caes.: quae ipse intellegat, quae civitas queratur, Caes. – **5 bekanntmachen,** epistulam in publico, Cic.: leges in publicum, Cic.: fastos populo, Cic.: uno die viginti edicta, Tac.: auctionem, ansetzen, Suet. – dah. **a** etw. Gutes im Voraus **verkündigen, verheißen, anbieten,** praemia alci, Cic.: millies sestertium gratuitum in triennii tempus, als ein Darlehn anbieten, Suet.: munus, ankündigen, Suet. – **b** etw. Schlimmes **ankündigen, androhen,** mortem, Cic.: poenam improbis, Cic. – **c vorschlagen,** morbo remedia celeria faciliaque, Nep. Att. 21, 1. – **d anführen, erwähnen,** viros notissimos, Cic. Lig. 32. – **e an die Hand geben,** mihi nihil erat propositum ad scribendum, ich hatte keinen Stoff, Cic. ad Att. 5, 10, 4. – **6** zur Beantwortung **vorlegen, aufgeben,** quaestionem, Nep.: aenigma, Vulg.: his quasi themata, Lampr.: sic est propositum, de quo disputaremus, Cic. – **7 sich vornehmen, sich vorsetzen,** iter, Caes.: id, quod animo proposuerat, consecutus est, Caes.: illud, quod ego extremum proposueram, was ich mir bis zuletzt aufgespart habe, Cic. – unum illud propositum habere, nur das eine Ziel vor Augen haben, Hirt. b. G. – m. folg. *ut* od. *ut ne* u. Konj., cum mihi initio proposuissem, ut animos et populi Romani et iudicum commoverem, Cic. Clu. 139: his idem propositum fuit quod regibus, ut ne quā re egerent, ne cui parerent, libertate uterentur, Cic. de off. 1, 70. – m. folg. *Infin.*, Aegyptum petere proposuit, Vell. 2, 53, 1: nisi proposuissem omnes angulos tecum epistulā circumire, Plin. ep. 5, 6, 40 (u. so auch Suet. Aug. 72, 2 u. Cal. 49, 2): bes. alci propositum est u. bl. propositum est (es hat sich jmd. vorgenommen, sich zur Aufgabe gemacht, es ist jmds. Plan) m. folg. *Infin.*, quibus propositum est veri reperiendi causā et contra omnes philosophos et pro omnibus dicere, Cic.: nec mihi causas aequare propositum est, Liv.: est enim propositum colligere eos, qui hoc munere in civitate defuncti sint, ut tenerent oratorum locum, Cic.: si tamquam inimicum et hostem insectari propositum est, Liv.: u. so unum illud propositum habebat (er verfolgte unverrückt das eine Ziel), continere in amicitia civitates, Hirt. b. G. 8, 49, 1. – **8** als Ziel **hinstellen, bestimmen,** quod propositum est arti, das Ziel der Kunst ist, Cic.: qui ordo industriae propositus est et dignitati, für tätige und würdige Männer bestimmt ist, Cic. – **II vorsetzen, voranstellen** – προτιθέναι, vocabula, quibus proponimus hic et hi, Varro LL., dah. bildl.: **1 vorhersagen, erwähnen,** ut proposueram, Colum. 8, 17, 8. – **2 voraussetzen, den Vordersatz** des Syllogismus **bilden,** cum proponimus aut assumimus, Cic. de inv. 1, 70: ebenso *ibid.* 1, 72.

Propontis, idis u. idos, Akk. idem u. ida, *f.* (Προποντίς), die **Propontis,** jetzt *Marmora Meer,* zwischen dem Hellespont und dem thrazischen Bosporus, Mela 1, 1, 5 (1. § 7). Liv. 38, 16, 3 (Genet. idis) u. 38, 18, 8 (Akk. idem). Catull. 4, 9 (Akk. ida). Plin. 5, 124 (Akk. ida). Ov. ex Pont. 4, 9, 118; trist. 3, 12, 41 (Genet. idos). – Dav. **A Propontiacus,** a, um, **propontisch,** Prop. u. Ov. – **B Propontius,** a, um, **propontisch,** insulae, Porphyr. Hor. sat. 2, 2, 32.

prō-porrō, *Adv.*, weiter hinaus = **weiter, wieder,** Lucr. 2, 137 u. 979 u. a.

prō-portio, ōnis, *f.*, die **Proportion,** das **Ebenmaß,** das **ähnliche Verhältnis,** die **Analogie,** als Übersetzung von ἀναλογία (die Analogie), Labeo Antist. b. Fest. p. 253 (a), 11. Varro LL. 10, 2. Cic. Tim. 15. Quint 1, 6, 9: verb. comparatio (Verhältnis) proportiove od. proportioque, Cic. Tim. 13 u. 24.

prōportiōnābiliter, *Adv.* (*proportionabilis), **verhältnismäßig,** Gromat. vet. 392, 14. Boëth. art. geom. p. 389, 13 Fr.

prōportiōnālis, e (proportio), **zur Proportion gehörig, verhältnismäßig,** ratio, Augustin. de civ. dei 9, 13, 2: quorum compositio quod efficit, proportionale est, Boëth. inst. arithm. 2, 40. p. 137, 16 Fr. – pr. termini, die Schiedssteine der Privatgrenzen, Gromat. vet. 211, 18 u. 213, 11.

prōportiōnālitās, ātis, *f.* (proportionalis), die **Verhältnismäßigkeit,** das **Ebenmaß,** Boëth. inst. arithm. 2, 40. p. 137, 8 Fr. u. a.: Plur. *ibid.* 2, 42 *in.*

prōportiōnāliter, *Adv.* (proportionalis), **nach dem Ebenmaß,** Boëth. inst. arithm. 2, 1 u. a. Cassiod. geom. 6.

prōportiōnātus, a, um (proportio), **nach dem Ebenmaß eingerichtet,** corpus satis pr., Firm. math. 4, 13.

prōpositio, ōnis, *f.* (propono), **I** (nach propono *no.* I), das Vorstellen, Vorlegen, dah. bildl.: **1** die **Vorstellung,** die man sich von etw. macht, m. subj. *Genet.*, animi, Cic. de inv. 2, 163: m. obj. *Genet.*, vitae, Cic. Tusc. 3, 39. – **2** der **Vorsatz, Entschluss,** animi, Tryphon. dig. 50, 16, 225. – **3** der **Hauptsatz,** das **Thema,** Cic. de or. 3, 203. Sen. de ben. 6, 7, 1. – übtr.: **a** ein Satz übh., Quint. 7, 1, 47 u. Plur. Quint. 7, 1, 9 u. Gell. – **b** = casus, ein **juristischer Fall,** ICt. – **4** die **Darlegung, Angabe** einer Tatsache, kürzer als narratio, Quint. 4, 2, 4. – **5** die **Bekanntmachung,** Ulp. dig. 2, 1, 7. § 2. – **II** (nach propono *no.* II) der **Vordersatz** eines Syllogismus, Cic. de or. 2, 215 (Plur.) u. a.

prōpositum, ī, *n.* (propono), **I** das Vorgestellte, Vorgelegte, **A** eig., Plur. proposita, die **Vorlagen** für Schreibübungen, Sen. ep. 94, 51. – **B** übtr.: **1** der **Vorsatz,** das **Vorhaben,** der **Plan,** propositi tenax, Hor. u. Ov.: vir proposito sanctissimus, von den reinsten Absichten, Vell.: pr. maius quam mortalem decet (sterbliche Kraft übersteigend), Ov.: quo proposito, in dieser Absicht, Vell.: hoc proposito, ut etc., Sen. rhet.: propositum peragere, ausführen, Nep.: pr. assequi, erreichen, Cic.: pr. tenere, bei seinem V. beharren, Cic.: a proposito deterreri, Caes.: propositum mutare, Ov. – **2** der **Hauptsatz,** die **Hauptsache** in einer Schrift, das **Thema,** ad propositum revertamur, Cic.: ut ad propositum meum redeam, Cels.: a proposito declinare, aberrare, Cic. – **3** eine **allgemeine Betrachtung,** Abhandlung eines Gegenstandes im Allgemeinen, ohne auf besondere Fälle einzugehen, wenn man z. B. über die Bestechung (de ambitu) im Allgemeinen spricht, die θέσις (im Gegensatz zu causa, ὑπόθεσις), Cic. top. 79 *sq.* – **II** das **Vorangestellte,** bildl. der **Vordersatz** des Syllogismus, Cic. de or. 2, 215. Sen. nat. qu. 1, 8, 4: Plur., Cassiod. in psalm. 1, 2 (tom. 2. p. 9, b *ed. Garet*).

prōpositus, a, um, *PAdi.* (v. propono), **I öffentlich ausgesetzt, bloßgestellt,** oppida Romanis proposita ad praedam, Caes.: bello, Liv.: telis fortunae, Cic.: mulier proposita omnibus, jedermann zugänglich, Cic. – **II bevorstehend, drohend,** propositum vitae periculum, Cic.

prō-posterus = praeposterus, CIL 9, 3058.

prō-praetor, ōris, *m.* u. **pro praetore,** der nach Verwaltung der Prätur als Statthalter in eine Provinz ohne milit. Kommando geschickte Prätor, der **Proprätor,** Cic. u. a.

propriātim, *Adv.* (proprius), **nach der Eigentümlichkeit,** Arnob. 3, 43.

propriē, *Adv.* (proprius), **I** eig., **als ausschließliches Eigentum, jeder für sich, -für seine Person** (Ggstz. promiscue), tamen promiscue toto (campo), quam proprie parvā parte frui malitis, Cic. de lege agr. 2, 85. – **II** übtr.: **A** im Allg.: **a eigentümlich, individuell, persönlich, charakteristisch,** quod me amas, est tibi commune cum multis: quod tu ipse tam amandus es tamque in omni genere iucundus, id est proprie tuum, Cic.: difficile proprie communia dicere, das Allgemeine zu individualisieren, Hor. – **b insbesondere, ausschließlich, vorzugsweise, speziell, ausdrücklich,** cuius causam neque senatus *publice,* neque ullus ordo *proprie* susceperat, Cic. – bei Adjj., pr. rei militaris periti, Liv.: cuius (sermonis) pr. studiosus fuit, Quint. Vgl. Kritz Vell. 2, 9, 2. Frotscher Quint. 10, 1, 114. – **c eigentlich, im eigentlichen Sinne,** quod (**pronuntiare**) maxime tum dicitur proprie, novam fabulam cum agunt, Varro LL.: illud honestum, quod proprie vereque dicitur, Cic.: dicere de re proprie, in den eigentlichen Ausdrücken, Quint. – **B** insbes., **bleibend, beständig,** victoribus proprie spem obiecit, Sisenn. hist. 4. fr. 67 (vgl. Non. 361, 27). – ► Kompar. proprius, Fronto ad amic. 1, 14 N. zw. Grom. vet. 66, 27. Eusthat. 3, 7; umschr. magis proprie, Cic. Phil. 2, 77. – ► Superl. propriissime, Boëth. Aristot. top. 1, 6.

proprietārius, iī, *m.* (proprietas), der **Eigentumsherr,** ICt. – ► Auch Paul. sent. 5, 7. § 3 Huschke ex re proprietarii acquirit.

proprietās, ātis, *f.* (proprius), **I** die **Eigentümlichkeit** (ἰδίωμα), rerum, Cic.: caeli terraeque, Liv.: verborum, die eigentümliche Bedeutung, Quint.: ebenso genere et proprietate, die Spezies, Cic. part. or. 41: Plur., frugum proprietates, besonders eigentümliche Fruchtarten, Liv. 45, 30, 3: lactis ingenia et proprietates, Gell.: coniunctionum et praepositionum proprietates, Sen.: si tantas invenis vitiorum proprietates, Sen. ep. 122, 17. – **II** meton.: **A** das **Eigentumsrecht,** der **eigentümliche Besitz,** iumenti, Suet.: Salaminae insulae, Iustin.: lis proprietatis, ICt.: proprietatem loci sibi vindicare, Iustin. – **B** das **Eigentum,** ICt.: dominus proprietatis, Eigentumsherr, ICt.

proprio, āvī, ātum, āre (proprius), **zu eigen machen,** Cael. Aur. de morb. acut. 1, 15, 150 u. a. – Archaist. Konj. Perf. propriassit, Fest. 229 (a), 6.

proprītim, *Adv.* (proprius), **eigentlich,** Lucr. 2, 975.

proprius, a, um (aus *pro-p(a)trios, also ›dem προπάτωρ gehörig, von ihm herstammend‹), jmdm. **ausschließlich eigen, eigentümlich, mir (dir** usw.) **allein angehörig, I** eig., und zwar **a** im Ggstz. zu communis (gemeinschaftlich), tria praedia vel nobilissima Capitoni propria traduntur, Cic.: propriis viribus consiliisque bella gerere, Liv.: ista calamitas communis est utriusque nostrûm, sed culpa mea propria est, Cic.: proprio sumptu ludos edere, Tac.: propriā pecuniā militem iuvare, Tac.: propriā impensā aes alienum omnium solvere, Iustin.: propriā morte obire, eines natürlichen Todes sterben, Ruf. Fest.: u. so propriā morte mori, Firm.: omnia ex proprio usu agere, eigennützig handeln, Vell. – oft mit dem *Pronom. poss.* verb., proprius et suus, suus et proprius, auch suus proprius, noster proprius, s. Jordan Cic. Caecin. p. 221. Moser u. Osann Cic. de rep. 1, 7. – u. proprius aut suus, s. Cic. de rep. 4, 5. – **b** im Ggstz. zu aliunde sumptus (entlehnt) u. alienus (einem anderen angehörig, fremd), assumpto aliunde uti bono, non proprio, non suo, Cic.: familia pr., Liv.: horreum pr., Hor.: cultello proprios purgare ungues, Hor.: et propria studia verecunde et aliena callide aestimare, Val. Max. – subst., proprium, iī, *n.*, das **Eigene,** das **Eigentum** (Ggstz. alienum), Phaedr., Mart. u. a.: Plur., propria (das Eigentum) retinere, Amm.: ad propria remeare od. reverti, nach Hause zurückehren, Amm.

II übtr.: **A** im Allg., einer einzelnen Person od. Sache eigen, **a eigentümlich, individuell, persönlich, charakteristisch, wesentlich,** bei jmd. od. etwas **gewöhnlich** (Ggstz. communis, universus), at id non proprium est senectutis vitium, sed commune valetudinis, Cic.: sic enim est faciendum, ut contra universam naturam nihil contendamus, eā tamen conservatā propriam naturam sequamur, Cic.: libertas propria Romani et generis et nominis, Cic.: id quod primum atque huius imperii disciplinaeque maiorum proprium est, Cic. – mit *Pronom. poss.* verb., suā quādam propriā facultate (Ggstz. communi oratorum), Cic.: tua solius et propria consuetudo (Ggstz. nostra, communis), Luccei. in Cic. ep. – m. peculiaris verb., Caesari proprium et peculiare sit clementiae insigne, quod etc., Plin.: propria ac peculiaria huius urbis vitia, Tac. – m. vernaculus verb., haec propria ac vernacula vitia, Tac. – dah. proprium est alcis mit folg. *Infin.* od. *ut* u. Konj., es ist jmdm. od. einer Sache **eigentümlich = das wesentliche Merkmal, -Kennzeichen** jmds., **es kennzeichnet** jmd. od. etw., fuit hoc proprium populi Romani longe a domo bellare, Cic.: harum virtutum proprium est nihil extimescere, Cic.: Zeno censet artis maxime proprium esse creare et gignere, Cic.: hoc est epistulae proprium, ut is, ad quem scribitur de his rebus, quas ignorat, certior fiat, Cic. – **b besonder, ausschließlich, alleinig, ausdrücklich,** nulla est enim in republica causa mea propria; tempus agendi fuit magis mihi proprium quam ceteris, Cic.: pabulatoribus praesidio p oprio (zum besonderen, alleinigen Schutz für die F.) flumen transisse, Caes.: u. so lex pr., Cic.: remedia pr., Scrib. Larg.: propria ipsius veneratio, Curt.: tribuni plebi, quasi proprii (alleinige) iudices et detensores, Eutr.: propriis nominibus incusant vallum, Tac.: offensus urbi propriā irā, hatte einen besonderen Groll auf die St., Tac.: superbo decreto addidit propriam ignominiam, Liv.: nisi fortuna mihi proprium consilium extorsisset, Lentul. in Cic. ep. – dah. **c** v. Wörtern, einem Begriff **eigentümlich-, besonders beigelegt, eigentümlich, eigentlich,** translatione utens discedebat a verbis propriis rerum ac suis, Cic.: u. so öfter verbum pr., Cic.: nomen pr., Cic. u. (Ggstz. tralaticium) Varro LL. u. (Ggstz. appellativum) Gramm. **B** insbes., gleichs. als bleibendes Eigentum angehörig = **bleibend, beständig, unvergänglich, a** v. Lebl., munera (Ggstz. diutina), Nep. u. Hor.: quies, Sisenn. fr.: voluptates, Ter.: nil esse proprium quoiquam, Ter. (u. so proprium est nihil, CIL 1, 1010): neque quicquam ulli proprium in vita est, Acc. fr.: verb., quod ut illi proprium sit atque perpetuum optare debetis, Cic.: si illud de duobus consulibus perenne ac proprium manere potuisset, Cic. Vgl. Ter. Andr. 4, 3, 1 (716) u. Hor. ep. 2, 2, 172. – **b** v. Pers., amator, beständiger, zuverlässiger, Plaut. most. 225. – ► *Compar.*, uno verbo propriore usus, Sen. contr. 10, 33, 19 B. (Kießling proprio): propriore vocabulo, Hilar. in psalm. 118, 113.

propter (v. prope st. propiter), **I** *Adv.*, **daneben, nahe dabei, in der Nähe,** propter est spelunca, Cic.: filii propter cubantes, Cic.: voluptates propter intueri, Cic.: cum duo reges cum maximis copiis propter adsint, Cic. – **II** *Praep.* mit *Acc.*: **A** eig., im Raum, **neben, neben daran, nahe bei, hart an,** insulae propter Siciliam, Cic.: propter urbem, Cic.: propter castra praetergredi, Auct. b. Afr.: propter aquam, am Wasser, Liv. – **B** auf andere Verhältnisse übtr.: **1** zur Angabe des Grundes, **wegen, aus, durch,** propter metum, Cic.: propter eam ipsam causam, Cic.: propter frigora, Caes.: so namentlich propter viam facere bidenti, der Reise wegen opfern, Laber. com. fr.; u. weil bei diesem Opfer alles übrige verbrannt wurde, scherzhaft = um das Seine kommen, Cato fr.: so auch propter viam illi sunt vocati ad prandium, sind um das Ihrige gekommen, Plaut. – bei Pers., propter quos vivit, durch die er lebt, Cic. – **2** um eine Beziehung, Rücksicht auszudrücken, **in Rücksicht auf, wegen,** propter serpentes, Pallad.: propter hoc, Varro u. Plin. ep., od. propter id, Plin. ep., od. propter quod, Colum., od. propter quae, Quint., deswegen. – bei Pers., in metu esse propter te unum, Cic.: propter quem (dem zu Gefallen) voluptatis loco habuit m. folg. *Infin.*, Val. Max. – ► propter m. *Genet.*, Fulgent. ed. Helm p. 8, 14; 18, 4; 20, 15; 132, 2. – propter wird auch seinem *Casus* nachgesetzt, quem propter, Cic.: hostem propter, Tac.; vgl. Fritzsche Hor. sat. 1, 3, 100. Hildebr. Apul. met. 8, 13 *extr.* p. 689 (b).

propter-eā, *Adv.*, **deswegen,** Cic. u. a.: id propterea, Ter.: ergo propterea, Ter. – m. folg. quia, Plaut. u. Cic.: m. folg. quod (weil), Ter. u. Cic.: m. folg. quoniam, Gell.: m. folg. ut od. ne u. Konj., Cic. u. Ter.

proptervia = auspicia, quae se propter viam ostentant, *Fest. 245 (b), 11.

proptōsis, is, Akk. in, *f.* (πρόπτωσις), der **Vorfall,** Marc. Emp. 8. Cass. Fel. 78. p. 189. 5 R.

prōpudiānus, ī, *m.* (propudium), ein für schlechte Taten geopfertes Schwein in, Fest. 238 (b), 17.

prōpudiōsus, a, um (propudium) **höchst schamlos, verworfen,** v. Pers. uxor, Gell.: mulier, Apul.: meretrix, Min. Fel.: ancilla propudiosissima, Sidon.: mein fastidis, propudiose? Plaut.: so auch Vokat. propudiosa, Plaut. – v. Vornahmen usw., facinus, Arnob.: concubitus, Arnob.: convicia, Rutil. Nam.

1. **prōpudium,** iī, *n.* (nach Paul. ex Fest. 227, 3 = quasi porro pudendum, also, dessen man sich schämen muss; dah.) **I** die **entehrende, schamlose Tat, Schamlosigkeit, schamlose Geilheit,** Plaut. u. Plin.: Plur. propudia, Schändlichkeiten, schamlose Dinge, Min. Fel. 29, 1 D. – **II** meton., als Schimpfwort, der **schamlose-, verworfene Mensch, Schandmensch, Schandbube,** quid ais, propudium, Plaut.: propudium illud et portentum L. Antonius, Cic. Phil. 14, 8: femineum prop., das Schandmensch, Aurel. imp. bei Vopisc. Firm. 5, 3.

2. **propudium** = propediem, in der Volkssprache, Petron. 99, 5.

prōpūgnāculum, ī, *n.* (propugno), **Schutzwehr, Brustwehr, Schutz, Vormauer, Bollwerk, I** eig.: moenium, Tac.: navium, Schiffsbollwerke (mit Bollwerken versehene Schiffe), Hor.: so von der Flotte, pr. Siciliae, Cic.: v. Athen, pr. oppositum barbaris, Nep.: propugnacula imperii, Flotten u. Heere, Cic.: propugnacula statuere (anlegen), Liv.: auch vom Haus, domus ut propugnacula habeat, Cic. – **II** übtr.: **a** übh.: tyrannidis, Nep.: lex Aelia et Fufia, propugnacula tranquillitatis, Cic. – **b Verteidigungsgrund,** pr. illud prius, Cic.: firmissimo propugnaculo uti, Liv.

prōpūgnātio, ōnis, *f.* (propugno), die **Verteidigung, 1** eig., einer Pers., Gell. 9, 11, 1: eines Ortes, Capit. Maximin. 21, 6. – **II** übtr.: nostra pr. et defensio dignitatis tuae, Cic.: ne mea propugnatio ei potissimum deesse videatur, Cic.: suscepi mihi perpetuam propugnationem pro omnibus ornamentis tuis, Cic.

prōpūgnātor, ōris, *m.* (propugno), der **Verteidiger, Streiter, I** eig.: **a** übh.: propugnatorum labor, Val. Max.: nudati propugnatoribus muri, Tac.: duplici propugnatorum ordine defendi, Caes.: ne nudentur propugnatoribus signa, Liv.: nec prius est a propugnatoribus vacuus relictus locus quam etc., Caes. – **b** der **Schiffssoldat, Seesoldat,** dimissio propugnatorum, Cic.: ex remigum propugnatorumque numero, Caes.: nullum propugnatorem afuisse, Cic.: telis obruuntur propugnatores, Liv.: naves propugnatoribus instruere, Auct. b. Alex. – **II** übtr., der **Verfechter, Verteidiger,** senatus, Cic.: amicorum, Sen.: communis libertatis, Cic.: impietatis Arrii apertissimus pr., Hieron.: Mucius paterni iuris defensor et quasi patrimonii propugnator sui, Cic.: agunt propugnatores sceleris, sie werfen sich auf als usw., Iustin.

prōpūgnātrīx, trīcis, *f.* (Femin. zu propugnator), die **Verfechterin, Verteidigerin,** meorum periculorum, Corp. inser. Lat 6, 1527. lin. 61.

prō-pūgno, āvī, ātum, āre, **I** *intr.*, **Gegenwehr (Widerstand) leisten, sich verteidigen,** zur Verteidigung **kämpfen, a** eig., uno tempore propugnare et munire, Caes.: honestior auriga, clientes (die Lehnsleute) propugnant, Tac.: studium propugnandi (zur Gegenwehr, zum Widerstand), Caes.: m. Ang. **womit?** telum, quo popugnare pariter et incessere possit (im Bild), Tac. dial.: m. Ang. **von wo aus?** od. **wo?** hinc, Caes.: e loco (Posten), Caes.: ex silvis, Caes.: e muris, Curt.: pro (vor) vallo, Liv.: m. Ang. **für wen?** pro gallinis (v. Hahn), Varro: pro suo partu (v. Tieren), Cic.: m. *Dat.*, fratri, Apul.: saluti suae, Amm.: miseriis, abwehren, Amm.: alter propugnat nugis (für Kleinigkeiten) armatus (mit bewaffneter Hand = mit großer Heftigkeit), Hor. ep. 1, 18, 16. Partiz. subst., propugnantes, die Verteidiger, Caes., Curt. u. a. – **b** übtr., **für** etw. **kämpfen** = etw. **beschirmen, beschützen,** pro fama alcis, Cic.: pro alcis salute acerrime, Cic.: Ggstz., ut non *oppugnare* commoda patriae, sed *pro his propugnare* possit, Cic. – **II** *tr.* prägn. = Gegenwehr leistend verteidigen, **a** eig.: munimenta, Tac.: casiam unguibus (v. Fledermäusen), Plin.: tribunus operā alitis propugnatus, Cl. Quadr. ann. 1. fr. 12 (bei Gell. 9, 11, 8). – **b** übtr.: absentiam alcis (jmd. in seiner A.), Suet. Caes. 23, 2: m. folg. Relativsatz, dum, quae libidine deliquerant, ambitu propugnant, durch G. zu decken suchen, Tac. ann. 13, 31 *extr.*

prōpulsātio, ōnis, *f.* (propulso), die **Abhaltung, Abwendung,** periculi, Cic. Sull. 2: pr. et translatio criminis, Tiro b. Gell. 7, 3, 15.

prōpulsātor, ōris, *m.* (propulso), der **Abwender,** harum rerum, Val. Max. 7, 8, 7: Aesculapius salutis dator, pessimarum valetudinum propulsator, prohibitor, exstinctor, Arnob. 7, 44.

prōpulso, āvī, ātum, āre (*Intens.* v. propello), **zurückschlagen, abhalten, abwenden, I** eig.: cornibus lupos facile (v. Stier), Varro: hostem, Caes.: populum ab ingressione fori, Cic.: aquas hiemis et vapores aestatis radicibus, Colum. – absol., ibi resistere ac propulsare, Widerstand u. Abwehr leisten, Sall. Iug. 51, 1. – **II** übtr.: vim, Varro fr.: bellum nobis illatum, Curt.: bellum a moenibus, Liv.: frigus, famem, Cic.: famen diurno quaestu, Curt.: suspicionem a se, von sich ablehnen, Cic.: iniurias illatas, Caes.: periculum (Ggstz. inferre), Cic.: legis praesidio capitis periculum, Cic.: metum, Cic.: uxorem, eine G. von der Tür weisen (bildl.) = eine Heirat abwenden, von mir fern halten, Ter. Andr. 395.

prōpulsus, Abl. ū, *m.* (propello), das **Stoßen, Drücken** der Luft nach vorn, Sen. nat. qu. 5, 14, 3.

prō-pungo, ere, **vorn stechen,** Cael. Aur. de morb. chron. 1, 1, 36.

prō-pūrgo, āre, **zuvor reinigen,** se brachiis (mit den A.), Vulg. Sirach 7, 33; außerdem Not Tir. 73, 38.

propūs, podis, *m.* (πρόπους), der **vor den Füßen des Sternbildes der Zwillinge befindliche Stern,** Schol. ad Germanic. Arat. 146.

propylaeon, ī, *n.* (προπύλαιον), eig. der Vorhof, Plur. propylaea, ōrum, *n.* (τά προπύλαια), die **Propyläen,** die prachtvollen Zugänge zum Parthenon (Tempel der Pallas) auf der Burg zu Athen, von Perikles erbaut, Cic. de off. 2, 60. – dass. (v. einem dieser Zugänge) **propylon,** ī, *n.* (πρόπυλον), Plin. 35, 101 u. 36, 32.

prō-quaestōre, abgekürzt **proqu.** (nirgends proquaestor), der **Proquästor,** ein Quästor in der Provinz, der die Einkünfte des Staates besorgte und das anwesende Heer besoldete u. verpflegte, cum pro quaestore essem, Proquästor war, Cic.: quem Dolabella pro quaestore habuit, Cic.: cum quaestore prove quaestore, Cic.

prō-quam, *Coni.*, **nach dem,** d. i. nach dem Maße wie usw., Lucr. 2, 1137. Symm. epist. 18 *in.*

prō-quirīto, (āvī), ātum, āre, **öffentlich schreien, -ausrufen, -bekanntmachen,** Apul. apol. 82: legem, Sidon. epist. 8, 6, 7. – opusculum usquequaque proquinitatum, Claud. Mamert. de stat. anim. 1. *praef.* p. 19, 7 Egbr.

prōra, ae, *f.* (πρῷρα), das **Vorderteil des Schiffes** (Ggstz. puppis, das Hinterteil), **I** eig., Caes. u. a.: prorae tutela = *proreta,* Ov.: ebenso prorae custos, Rutil. Nam. – Sprichw., mihi ›prora et puppis‹, ut Graecorum proverbium est, fuit a me tui dimittendi, ut etc., mein erster u. letzter Beweggrund, Cic. ep. 16, 24, 1. – **II** meton. – **Schiff,** Verg., Ov. u. a.: pr. emptica, Ven. Fort. – ► Nbf. prōris, Akk. im, *f.*, Acc. tr. 575.

prō-rēpo, rēpsī, rēptum, ere, **I hervorkriechen, hervorschleichen, a** eig., v. leb. Wesen, cochleae prorepunt e cavis terrae, Plin.: cum prorepserunt primis animalia terris, von der ersten Entstehung des Menschengeschlechtes, Hor.: non usquam prorepit (v. der Ameise), Hor. – **b** übtr., v. Lebl., prorepunt balsama ligno, Claud.: bes. v. hervortreibenden Gewächsen, Knospen, pampinus prorepsit e duro, Colum.: oculi prorepentes (am Weinstock), Colum. – **II fort-, hinkriechen, hinschleichen, a** eig., v. leb. Wesen, ad solarium proximum, Suet.: ad conspectum alcis quasi ad salutem sanitatemque (v. Kranken), Plin. pan. – **b** übtr., v. Lebl.: **α weiter kriechen,** v. Gewächsen, prorepserint radices, Colum. – **β sich erstrecken, sich ausdehnen,** nervus prorepit, Colum. – **γ fortkriechen,** v. Flüssigkeiten, umor lente prorepit, fließt langsam ab, Colum.

prōrēta, ae, *m.* (πρῳράτης), der **Oberbootsmann,** der auf dem Vorderteil des Schiffes stand, um das Meer zu beobachten, u. der dem Steuermann (dem gubernator, griech. πρυμνήτης, der am Hinterteil des Schiffes saß) durch Zeichen andeutete, auf welchen Punkt er lossteuern sollte, nach dem Steuermann dem Rang nach der Nächste, unter dessen Aufsicht u. Befehl auch alles stand, was zum Takelwerk und zur ganzen Ausrüstung des Schiffes gehörte, Plaut. rud. 1014. CIL 10, 3483. Vgl. Gloss. V, 576, 57.

Prōrēus, eī, *m.* (Πρωρεύς v. πρῷρα), ein tyrrhenischer Schiffer, Ov. met. 3, 634.

prōriga, ae, *m.* (viell. v. pro u. rego), der **Pferdeknecht, Gestütknecht,** Varro r. r. 2, 7, 9. Plin. 8, 156.

prōripio, ripuī, reptum, ere (pro u. rapio), **hervorreißen,** aus od. von einem Ort **fortreißen,** hominem, Cic.: pedes, hervorrennen, -springen, Ov.: übtr., ne virilis cultus in caedem proriperet, Hor. – se pr., **sich eilend hervorbegeben, eilend hervorlaufen,** aus od. von einem Ort **eilig fortlaufen, fortrennen, fortstürzen,** se subito proripiunt, Caes.: praeceps quisque se proripit, Sen.: se cursu, Apul.: se ex curia, Cic.: se ex curia domum, Sall.: se eo cursu ex sacrario, ut etc., Liv.: se e manibus sacrificantium, Liv.: se a vestibulo templi citato gradu, Liv.: se portā foras, Caes.: se domo, Liv.: eo nisu se custodibus, den Händen der Wächter entrinnen, Tac.: se posticā parte Palatii ad constitutum, Suet.: se in publicum, Liv.: se in proximam silvam, Suet.: se in altum, Apul. – u. so quo deinde ruis? quo proripis (verst. te)? Verg. Aen. 5, 741. – bildl., quae libido non se proripiet ac proiciet? wird nicht ungescheut zum Ausbruch kommen, Cic. de fin. 2, 73.

prōris, s. prōra ►.

prōrīto, āvī, āre (pro u. *rito, āre, wov. auch irrito), **I hervorreizen, -bringen,** Plin. 26, 90. – **II anreizen, anlocken,** nisi pretium proritat, Colum.: quem spes aliqua proritat, Sen.: pr. stomachum varietate ciborum, Scrib. Larg.: in vitia proritari facultatis alicuius instinctu, Arnob.: quis est, quem non ad huiusmodi furias documenta proritent? Arnob.: qui irritatu suo feram bestiam vel quamcumque aliam quadrupedem proritaverit, Paul. sent. 1, 15. § 2.

prōrogātio, ōnis, *f.* (prorogo), die **Verlängerung,** imperii (des Oberbefehls), Liv. 8, 26, 7: diei, Verlegung des Termins, Vertagung, Cic. ad Att. 13, 43 *in.*

prōrogātīvus, a, um (prorogo), **Aufschub leidend,** fulmina, deren Vorbedeutungen nur aufgeschoben, nicht gänzlich aufgehoben werden können, Sen. nat. qu. 2, 47 *extr.* u. 2, 48, 1.

prōrogātor, ōris, *m.* (prorogo), der **Auszahler,** Cassiod. var. 10, 28, 1. Gloss. III, 334, 22.

prō-rogo, āvī, ātum, āre, **I** beim Volk anfragen, ob jmdm. etwas verlängert werden soll; dah. **1 verlängern,** imperium alci, den Oberbefehl, Cic. u. Liv.: alci quinquennii imperium, Cic.: so auch provinciam, Cic.: sibi dominationis magistratum, Aur. Vict.: aliquid temporis (in der Provinz), Cic. – annum, jmds. Amtsführung um ein Jahr, Cic.: tempus od. moras, Plin.: vitam alci, Plaut.: vivacitatem suam, Colum.: Latium in alterum lustrum, Hor. – **2 weiter hinausschieben, verschieben,** spem alci in alium diem, Plaut.: paucos alci ad solvendum dies, Cic. – **II fortpflanzen,** subolem, Cod. Iust. 2, 42, 1. – **III vorher auszahlen, vorschießen,** nummos, sumptus litiganti, ICt.: aurum, Veget. mil. 3, 3. p. 69, 16 L^2. – übtr., quantum dicendo consumitur, tantum ex ultimo prorogetur, so viel muss wieder von dem Fernliegenden in Vorrat sein, Quint. 10, 7, 10.

Prōrsa, s. 2. prōrsus.

prōrsum (altlat. prōsum), *Adv.* (pro u. versum), **vorwärts gekehrt,** **I** eig.: **a** **vorwärts** (Ggstz. rursum, rückwärts), neque prorsum iit: hic stetit, hinc illo exiit, Plaut. cist. 700 *sq.*: trepidari sentio et cursari rursum prorsum, Ter. Hec. 315. – **b** **geradeswegs, geradezu,** vetuit me sine mercede prosum Paccius remeare in ludum, Afran. com. 93 *sq.*: prorsum Athenas protinam (sofort) abibo, Plaut. mil. 1193: simulato, quasi eas prorsum in navem, Plaut. Pers. 677. – **II** übtr., **geradezu = ganz und gar, durchaus,** pr. parcere nemini, Plaut. fr.: prosum perit, Plaut.: nec prosum quicquam nostrae rationis egere, Lucr.: pr. nihil intellego, Ter.: pr. irritatus, Gell. – ► Über die Form prosum s. Lachm. Lucr. 3, 44. Ritschl Prolegg. ad Plaut. trin. p. CIV u. opusc. 2, 544.

1. prōrsus (altlat. prossus, prōsus), *Adv.* (pro u. versus), **vorwärts gekehrt,** **I** eig.: **a** **vorwärts** (Ggstz. rursus, rūsus, rückwärts), non prorsus, sed transvorsus cedit, quasi cancer solet, Plaut. Pseud. 955: rursus prorsus reciprocat fluctus, Enn. fr. scen. 116: mortales multi rursus ac prorsus meant, Varro sat. Men. 28: bildl., prorsus ibat res, die Sache kam in guten Zug, Cic. ad Att. 14, 20, 4. – **b** **geradeswegs, geradezu,** vide ne ille huc prorsus se inruat, Ter. adelph. 550. – **II** übtr.: **a** zeitlich **vorwärts,** naturae prorsus ac retro aeviternae, Apul. de deo Socr. 3. – **b** **hinfort,** qui invident, ne umquam eorum quisquam invideat prosus commodis, Plaut. most. 307. – **c** **geradezu,** **α** = **gewiss sehr, durchaus, ganz und gar, gänzlich,** pr. perii, Plaut.: pr. tacere nequeo, Ter.: ita pr. existimo, Cic.: pr. ita sentio, Cic.: prorsus assentior, Cic.: pr. aequum est petere, Trag. vet.: verbum pr. nullum intellego, Cic.: nam tu poëta es prossus ad eam rem unicus, Plaut.: sed ea prorsus opportuna Catilinae, die Umstände waren K. durchaus günstig, Sall.: pr. rem magni et animi et operis aggressus, eines gewiss sehr gr. usw., Iustin.: ironisch, grati prorsus (recht schön willkommen) coniugibus, quas iuvenes duximus, revertemur! Curt. 5, 5 (18), 13. – non prorsus, nullo modo prorsus, **durchaus nicht, ganz und gar nicht,** non prorsus (verst. video), inquit, Cic.: nullo modo prorsus assentior, Cic.: nullo modo potest fieri prorsus quin dos detur virgini, Plaut. (vgl. Schömann, Cic. de nat. deor. 3, 21. Brix Plaut. trin. 729). – prorsus *quasi,* **durchaus (ganz) wie wenn,** Iustin. 1, 7, 16 (u. dazu Fittbogen) u. a. – prorsus *ut* m. Konj., **sodass durchaus, sodass gewiss,** Cic. Rosc. Amer. 59; Tull. 18. Plin. 14, 58. Flor. 1, 11, 15. Iustin. 2, 1, 4. Gell. 2, 23, 1. – **β** **um es geradezu zu sagen, mit einem Wort, überhaupt,** Sall. Cat. 15, 5; 23, 2. Sall. Iug. 23, 1 u. a. – ► Über die archaist. Form prosus (prossus) s. Ritschl Prolegg. ad Plaut. trin. p. CIV. Ritschl opusc. 2, 544.

2. prōrsus, a, um, *Adi.* (pro u. versus), **I** **vor sich hin-, geradeaus gekehrt** (Ggstz. transvorsus), prorsi limites, von Westen nach Osten gehende (Ggstz. transvorsi limites, von Norden nach Süden gehende), Fest. p. 234 (a), 1 u. Paul. ex Fest. 235, 1. Gromat. vet. 29, 9 u. 16; 167, 16 u. a. – subst., Prōrsa, ae, *f.,* die Göttin der regelmäßigen, mit dem Kopf voran erfolgenden Geburten (Ggstz. Postverta, s. d.), 1. Varro b. Gell. 16, 16, 4. – **II** übtr., v. der Rede, die gerade od. schlicht ist, **ungebunden,** im Ggstz. zum Vers, prorsa et vorsa facundia, in Prosa u. Versen, Apul. flor. 18. p. 32, 1 Kr. – Aus diesem Wort scheint entstanden zu sein das *Adi.* **prōsus,** a, um, **prosaisch,** oratio prosa od. subst. bl. prōsa, ae, *f.,* die ungebundene Schreibart, die **Prosa,** Sen., Colum. u. a.: *prosā* incipit, *versu* labitur, *pedestri sermone* finitur, Hieron. epist. 53, 9 (Plin. 5, 112 jetzt mit den besten Hdschrn. prorsa oratio).

prō-rumpo, rūpī, ruptum, ere, **I** *tr.,* **hervorstürzen-, hervorbrechen lassen, hervordringen lassen,** nubem atram ad aethera, Verg. – refl. se pr., **hervorbrechen, -stürzen, -dringen,** in fugam, Gell.: ebenso medial prorumpi, Lucr. u. Verg.: mare proruptum, das hervorgebrochene Meer, Verg. – **II** *intr.,* **hervorstürzen, -brechen, -dringen, losbrechen,** **A** eig.: per medios, Caes.: prorumpit Tiberinus in mare, Verg.: ubi magnus fons aquae prorumpebat ab ea parte, quae etc., Hirt. b. G. – **B** übtr., **hervor-, ausbrechen (zum Ausbruch kommen), losbrechen, sich ungescheut versteigen** u. dgl., v. Krankheiten, Leidenschaften usw., prorumpit pestis, Cic.: vis morbi, Nep.: eo prorumpere audaciam, Cic.: prorupta audacia, zügellose, Cic. Rosc. Am. 66 (wo Halm u. Müller praerupta). – v. Pers., in necem militum, Tac.: in bellum, Iustin.: in scelera ac dedecora, Tac.: ad id proruperat audaciae, Amm. – ad minas, in Dr. ausbrechen, Tac.: in vocem subitam, Apul.: ad quod victo silentio prorupit (in die Worte ausbrach), Tac.

prō-ruo, ruī, rutum, ere, **I** *intr.:* **A** **hervorstürzen, -brechen, losstürzen, -brechen,** quā proruebat (näml. dextrum cornu), Caes.: in hostem, Curt.: ne sparsi proruerent, Gell. – **B** **niederstürzen, einstürzen,** ille in caput proruit, Val. Flacc.: motu terrae oppidum proruit, Tac. – **II** *tr.:* **A** **hervorstürzen, -reißen,** ignem (*sc.* rutabulo), Fest. 262 (b), 10: se foras, hinausstürzen, Ter. eun. 599: prorutus tumulo cinis, Sen. Troad. 648 (657). – **B** **niederstürzen, zu Boden stürzen, niederreißen,** munitiones, Caes.: vallum, Liv.: Albam a fundamentis, Liv.: vallum in fossas, Liv.: prorutae domus, stürzten ein, Tac.: prorutae arbores, Tac.: prorutis aedificiis, Tac. – hostem profligare ac proruere, Tac.

prōruptio, ōnis, *f.* (prorumpo), das **Hervorstürzen, Losbrechen,** hostium, Ausfall, Aur. Vict. de Caes. 33, 21: undarum illa pr. interfluentis Oceani, Mart. Cap. 6. § 624: absol., v. Losbr. eines Gelächters, petulantis proruptionis sonitus, *ibid.* 8. § 804.

prōruptor, ōris, *m.* (prorumpo), der **Hervorbrechende, Ausfallende,** v. Belagerten, Amm. 24, 5, 5.

prōsa, ae, *f.,* s. 2. prōrsus a. E.

prōsaeptum, ī, *n.* (pro u. saepio), das **Gehege, Gebiet,** intra prosaeptum carnis inclusi, Ambros. in Luc. 6, 9.

prōsagit, s. v. a. prosum agit, Not. Tir. 58, 98.

prōsaicē, *Adv.,* Ggstz. poetice, **prosaisch,** Avit. IV, 1. p. 178, 2 *Peiper.*

prōsaicus, a, um (prosa, s. 2. prōsus, a, um), **prosaisch,** Ven. Fort. carm. 7, 11, 1. Ven. Fort. vit. S. Mart. 1, 13: oratio, Acro Hor. carm. 2, 12, 1 u. Schol. Pers. 1, 13. – subst., prōsāicus, ī. *m.,* der **Prosaiker,** Ven. Fort. vit. S. Mart. 2, 469.

prōsālis, e (prosa), **prosaisch** (Ggstz. metricus), dictio, Cassiod. de art. ac discipl. liber. litt. *c.* 1. p. 529 (a) *ed. Garet.*

prōsāpia, ae, *f.* (archaist. Wort nach Quint. 1, 6, 40), die **Sippschaft** = das **Geschlecht,** die **Familie,** Plaut., Sall. u. a. (von Cic. Tim. 39 als archaist. mit Entschuldigung gebraucht, von Quint. 1, 6, 40 u. 8, 3, 26 entschieden verpönt). – übtr., stuprorum sordida pr., Prud. perist. 10, 180. – Nbf. **prōsāpiēs,** ēī, *f.,* CIL 10, 6850. Augustin. serm. 28, 3 Mai. Cassiod. var. 9, 25, 4. Prob. app. 194, 26 K. Non. 67, 28.

prōsārius, a, um (prosa, s. 2. prōsus, a, um), **prosaisch,** Sidon. epist. 3, 14, 1 u. 9, 13, 2.

prōscaenium (prōscēnium), iī, *n.* (προσκήνιον) **I** der Platz, wo die Schauspieler auftraten, die **Vorszene, Vorbühne,** Plaut. Amph. prol. 91; Poen. prol. 17; truc. prol. 10. Liv. 40, 51, 3. Vitr. 5, 6, 1 u. 5, 71. Apul. flor. 18 *in.* p. 28, 5 Kr. CIL 2, 183 u. 11, 2710. – poet. Plur. proscaenia, die **Bühne** übh., Verg. georg. 2, 381: meton., das **ganze Theater,** Claud. laud. Stil. 2, 403. – **II** die **Vorhalle,** exustae proscaenia diruta villae, Ps. Prosper Aqu. de prov. 816: außerdem CIL 6, 406 u. 13, 3450. – ► Die Schreibung proscaenium meist in den besten Hdschrn., sowie in den Inschrn.

prōscholos, ī, *m.* (πρόσχολος), der **Unterlehrer,** Auson. prof. 23 (22) *lemm.* Augustin. de serm. apost. 178. *no.* 8. Not. Tir. 101, 7 ›proscolis‹.

prō-scindo, scidī, scissum, ere, nach vorn **zerspalten, zerreißen, zerschneiden,** **I** eig.: **A** im Allg.: quercum, Lucan.: piscem, Apul. – **B** insbes., als *t. t.* des Ackerb., v. ersten Pflügen, den Acker **aufbrechen, brachen, stürzen,** Varro u. Colum.: arva, Plin.: solum, Apul.: dumosa novalia purgans, proscindens, iterans, bis terque quaterque resulcans, Ven. Fort. vit. S. Mart. 3, 162: poet. = **pflügen** übh., campum ferro, Ov.: terram, Verg. – meton., gleichsam **durchfurchen, durchschneiden,** aequor, Catull.: notos, Claud. – **II** übtr., mit Worten **herunterreißen, heruntermachen, schimpfen, lästern,** Ov., Suet. u. a.

prōscissio, ōnis, *f.* (proscindo), das **Aufreißen, Aufbrechen, Brachen, Stürzen,** v. ersten Pflügen, Colum. 2, 12 (13), 5 u. 6, 2, 8.

prō-scrībo, scrīpsī, scriptum, ere, schriftlich, durch einen Anschlag etw. **öffentlich bekanntmachen,** als publiz. *t. t.*, **I** im Allg.: kalendas Martias, Cic.: venationem, Cic.: auctionem, Cic.: legem, Cic.: vulgo per vias urbis versiculos, Gell.: m. folg. *Acc.* u. *Infin.*, auctionem in Gallia Narbone se facturum esse proscribit, Cic.: senatum enim kalendis velle se frequentem adesse etiam Formiis proscribi iussit, Cic. – dah. **öffentlich erklären,** missa facio edicta Bibuli, quibus proscribit collegam suum (Cäsar) Bithynicam reginam (für die Königin von Bithynien), eique antea regem fuisse cordi, nunc esse regnum, Suet. Caes. 49, 1. – **II** insbes., **A** schriftlich zum Verkauf-, zur Verpachtung-, zur Vermietung **ausbieten, anschlagen,** insulam, bona, fundum, Cic.: proscribebatur domus, seu quis emere seu quis conducere vellet, Plin. ep.: multa (carmina) Graece Latineque proscripta aut vulgata sunt, Suet. – **B** durch öffentl. Anschlag jmd. **seiner Güter für verlustig erklären,** jmds. Eigentum, Güter (wie Äcker, Häuser) **einziehen, konfiszieren,** possessiones, Cic.: Pompeium, die von Pompejus erworbenen Ländereien, Cic.: vicinos, Cic. – **C** jmd. durch öffentl. Anschlag **in die Acht erklären, ächten,** alqm, Cic. u. a.: Partiz. subst., prōscrīptus, ī, *m.*, der Geächtete, Sidon. epist. 9, 3, 3; oft prōscrīpti, ōrum, *m.*, Geächtete, Sall., Sen. u. a. – bildl., dignitatem, in üblen Ruf, in Verdacht beim Volk bringen, Petron. 106, 4.

prōscrīptio, ōnis, *f.* (proscribo), die **schriftliche Bekanntmachung, I** die **öffentliche Ausbietung** zum Verkauf, der **öffentliche Anschlag,** bonorum, Cic.: praediorum, Cic.: cum ad diem praescriptiones venditionesque fiant, Cic. – **II** die **Achtserklärung,** Cic. u. Suet.: triumviralis (s. d.), Sen. u. Lact.: proscriptionis tabulas (Ächtungslisten) proponere, Aur. Vict.: Plur., illud tempus Sullanarum proscriptionum praetermittam, Cic.

prōscrīptor, ōris, *m.* (proscribo), der **Ächter** aus Neigung, der **Bannsüchtige,** ille proscriptor animus (v. Antonius), Plin. 7, 56.

prōscrīpturio, īre (*Desider.* v. proscribo), **in die Acht erklären wollen,** Cic. ad Att. 9, 10, 6.

prō-seco (altlat, prōsico), secuī, sectum, āre, **vorn abschneiden, I** im Allg.: nasum, aures, Apul. met. 2, 30. – prägn., alqm, jmd. **beschneiden,** Commodian. instr. 2, 16, 9. – **II** insbes.: **a** als *t. t.* der Religionsspr., die Opferteile **abschneiden, zurechtschneiden,** exta, Cato u. Liv. – meton. übh. = **opfern,** Aesculapio gallinaceum, Tert. – Partiz. subst., prōsectum, ī, *n.*, Varro LL. 5, 110; u. Plur. prosecta, Ov. u. a. = prosiciae, s. d. – **b** als *t. t.* des Ackerbaus, den Boden **aufbrechen, brachen, stürzen,** v. ersten Pflügen, solum, Plin. ep. 5, 6, 10. – ► Parag. Infin. prosicarier, Plaut. Poen. 456. – Partiz. prosecatus, Paul. ex Fest. 225, 15.

prōsecro, āre (pro u. sacro), **opfern,** Lact. 4, 27, 5. Lact. epit. 23, 3 u. 37, 5.

prōsecta, ōrum, *n.*, s. prō-seco.

prōsector, ōris, *m.* (proseco), der **Zerschneider,** Tert. de anim. 25.

prōsectus, Abl. ū, *m.* (proseco), das **Zerschneiden, Zerhauen,** der **Hieb,** gladiorum pr., Apul. met. 8, 28: dentium pr., der Biss, *ibid.* 8, 5.

prōsecūtio, ōnis, *f.* (prosequor), **I** eig., die **Begleitung,** Cod. Theod. 8, 5, 47. Symm. epist. 7, 59. – **II** übtr.: **1** der **ehrende Nachruf,** quā prosecutione simplicitatem eius edisseram, Ambros. de exc. fratr. Sat. 1. § 51. – **2** die **Fortsetzung,** Ambros. de fide 2, 13. § 108: Plur., Claud. Mam. de stat. anim. 3, 7.

prōsecūtor, ōris, *m.* (prosequor), der Begleiter bei der Beförderung von Personen u. Sachen, der **Fortschaffer, a** eines Verbrechers, der **Häscher,** Macer dig. 48, 3, 7. – **b** einer Sache, auri, Cod. Iust. 10, 72, 1. Cod. Theod. 10, 14, 3. § 1: frumentorum, Cassiod. var. 4, 7, 2: publicarum functionum (Abgaben), Cod. Iust. 12, 51, 9: per electos prosecutores ad castella idonea conferre, Geleit, Veget. mil. 3, 3. p. 70, 1 L.[2]

prōsecūtōria, ae, *f.* (prosequor), das kaiserl. **Begleitschreiben,** Cod. Iust. 10, 72, 1.

prōseda, ae, *f.* (pro u. sedeo), die **öffentliche Buhldirne** (die sitzend ihre Besucher abwartet, dagegen prostibulum stehend), Plaut. Poen. 266; vgl. Paul. ex Fest. 226, 2.

prosedamum, ī, *n.* = pigritia equorum in coitu, Plin. 26, 98.

prō-sedeo, ēre, **davorsitzen** (vor der Tür), Isid. orig. 10, 229.

proselēnos, ī, *m.*, Plur. proselenoe (προσέληνος), **vormondlich,** Censor. 19, 5.

prosēlytus (prosēlitus), ī, *m.* (προσήλυτος), ein vom Heidentum zum Judentum Übergetretener, der **Proselyt,** Eccl. – Dav. **prosēlyta,** ae, *f.*, die **Proselytin,** CIL 6, 29756.

prōsēminātor, ōris, *m.* (prosemino), der **Fortpflanzer,** Tert. ad nat. 2, 13.

prō-sēmino, āvī, ātum, āre, **hinsäen, aussäen, I** eig.: sollertia ea, quae posset vel in tegulis proseminare ostreas, Cic. fr. F. V, 78 *Mueller:* ita proprietas liquoris, cum iniit in corpus, proseminat intinctam sui cuiusque generis qualitatem, Vitr. 8, 3, 14: quia non per omnem terram nati sunt homines e terra, tamquam ex draconis alicuius dentibus proseminati, Lact. 6, 10, 19. – **II** übtr., **fortpflanzen,** nam cum essent plures orti fere a Socrate, quod ex illius variis et diversis et in omnem partem diffusis disputationibus alius aliud apprehenderat, proseminatae sunt quasi familiae dissentientes inter se, Cic. de or. 3, 61: semper ex aliis alia proseminat usus, Manil. 1, 90.

prōsēptum, s. prōsaeptum.

prōsequium, iī, *n.* (prosequor), die **Begleitung,** Paul. ex Fest. 226, 1.

prō-sequor, secūtus sum, sequī, **hinterdreingehen, hinterherfolgen, auf dem Fuße folgen,** (im feindl. Sinne) jmd. **verfolgen, I** im friedl. Sinne, **A begleiten, geleiten, das Geleit geben,** bes. von denen, die einen Abreisenden aus Aufmerksamkeit u. Freundschaft begleiten, alqm, Cic. u. a.: (alqm) longius, Curt.: reginam in freta, Ov.: novum maritum rus, Plaut.: alqm usque ad agri fines, Cic.: alqm in domum, ad quam devertebat, Gell.: alqm officii causā, Liv.: volatus eorum matres prosequuntur (v. den Vögeln), Cic.: pr. exsequias, Cic.: so auch defunctum, Petron.: dah. von einem Greis, videtur mihi prosequi se, gleichsam sich selbst zu Grabe zu begleiten, Sen. ep. 30, 5. – quem diem si universa civitas Atheniensium prosecuta est, ut etc., so geleitete, d. i. unter solchem Benehmen so verbrachte, Nep. Att. 4, 5. – übtr., v. Lebl., ventus prosequitur euntes, Verg.: Cattos saltus Hercynius prosequitur simul atque deponit, er erstreckt sich so weit, wie ihre Gegend ist, und hört dann auf, Tac.: quae existimatio P. Quinctium usque ad rogum prosequitur, Cic.: (amici) mortui vivunt; tantus eos honos, memoria, desiderium prosequitur amicorum, Cic.: nec enim, ut in aliis exercitibus, primum alterumque delictum venia prosequebatur (folgte auf dem Fuße nach), sed etc., Tac. – **B** bildl.: **1** im engeren Sinne, jmd. mit etw. **begleiten,** beim Scheiden **mit auf den Weg geben,** Worte **nachrufen,** legatos et excipere et prosequi cum donis, Liv.: proficiscentem magnis donis, Liv.: alqm linquentem terram eam votis ominibus lacrimisque, gute Wünsche nachrufen u. Tränen nachweinen, Cic.: alqm contumeliosis vocibus, nachrufen, Caes.: u. so egredientem verbis, ihm bei seinem Weggang glückliche Reise (ironisch = ihn zum Teufel) wünschen, Cic.: sic prosecutus, indem er ihm also (diese Worte) nachrief, Phaedr. – **2** im weiteren Sinne: **a** jmd. od. etw. mit etwas geleiten = jmdm. oder einer Sache etwas **erweisen, spenden, widmen, weihen, α** jmdm., alqm verbis honorificis, ehr. W. an jmd. richten, Cic.: alqm verbis vehementioribus, zurufen, Cic.: alqm liberaliter oratione, freundlich (gütig) zureden, Caes.: alqm laudibus, Liv. (u. so auch absol., Suet.). – alqm beneficiis, Cic.: alqm misericordiā, Cic.: virtutem alcis gratā memoriā, Cic.: alqm testimonio, Plin. ep.: alqm legato, Suet. – **β** einer Sache: illius mortis opportunitatem benevolentiā potius quam misericordiā prosequamur, Cic.: cum lacrimis non minus quam laudibus debitis prosecutus tam memorabilem mortem esset, Liv.: non admiratione ista sed memoriā prosequi debemus, Val. Max.: ut cum laude et bonis recordationibus facta atque famam nominis mei prosequantur, damit sie Lob u. freundliche Erinnerung meinem Tun und dem Ruf meines Namens folgen lassen mögen, Tac. – **b** mit Worten **verfolgen, α ausführen, schildern,** über etw. **sich**

auslassen, rem usque eo, Rhet. Her.: alqd coniecturā, Rhet. Her.: alqd latius dicendo, Quint.: alqd stilo, Plin. ep.: pascua versu, Verg.: alcis vitam insigni volumine, Hieron.: descriptiones locorum non historice tantum, sed paene poëtice, Plin. ep.: hanc similitudinem (Gleichnis), Sen.: cum summo honore mentionem eius, Plin. ep. – **β sich weiter auslassen** = fortfahren in der Rede, prosequitur pavitans, Verg. Aen. 2, 107. – **II** im feindl. Sinne, **verfolgen,** hostem, Caes.: novissimos multa milia passuum, Caes.: longius fugientes, Caes.: alqm lapidibus, Petron.: absol., pr. longius, Caes.: bildl., fortuna Euphranorem prosequebatur, Auct. b. Alex. 25, 4.

1. prō-sero, seruī, sertum, ere, **hervorstrecken,** proserit Hydra caput, Avien. Arat. 1111: testudo proserit caput (Ggstz. reducit), Veget. mil. 4, 14 *extr.*: aggeribus caput Alpinis proserit in Celtas (Rhodanus), Sil. 3, 447 *sq.*: scissus vagis anfractibus aequor proserit (Nilus), Avien. descr. orb. 342 *sq.*: Thasos profundo (aus der Meerestiefe) proserit albenti se vertice, *ibid.* 701 *sq.* – übtr., cum favor publicus in Diadumenum se proseruisset (sich dem D. zugewandt hatte), Capit. Macrin. 12, 9.

2. prō-sero, sēvī, satum, ere, **säend hervorbringen, I** eig.: non proserit ullam flava Ceres segetem, Lucan. 4, 411: qui prosevit fruges, Ps. Tert. poët adv. Marc. 1, 127. – **II** übtr.: contiguas ex artibus artes, hervorbringen, Gratt. cyn. 9. – dah. prōsatus, a, um, **hervorgebracht, entsprossen, erzeugt,** venti ex aëre prosati, Apul. de mund. 12: Plato augustiore conceptu prosatus, Apul. de dogm. Plat 1. *c.* 1: u. so mit *Abl.* des Urhebers, Anthol. Lat. 720, 7 (234, 7). Calp. ecl. 10, 63 (Nemes. ecl. 3, 63). Auson. edyll. 7, 1 = Bissulla 4, 1. p. 126 Schenkl. Prud. perist. 6, 46. CIL 6, 10082.

Proserpina, ae, *f.* (Πορσεφόνη, Nbf. v. Περσεφόνη), Tochter der Ceres u. des Jupiter, Gemahlin Plutos, der sie auf Sizilien beim Blumenlesen entführte, Königin der Unterwelt, Varro LL. 5, 68. Varro fr. bei Augustin. de civ. dei 7. 20 u. 24. Cic. de nat. deor. 3, 53 u. 58. Ov. met. 5, 391. Hyg. fab. 146. – Bei Verg., Ov. u. a. Dichtern Prōserpina gemessen, dagegen Hor. carm. 2, 13, 21 Prŏserpina.

prōserpināca, ae, *f.*, eine Pflanze = polygonus, Plin. 26, 23.

prōserpinālis herba, Drachenwurz, Marc. Emp. 10.

prō-serpo, ere, **I hervorkriechen,** absol., Apul.: de proximo specu, Apul.: in lucem, Apul. u. Arnob. – bildl., malum proserpens, Amm. – **II vorwärts kriechen, -schleichen,** bestia proserpens, eine Schlange, Plaut.: bildl., proserpit ad intima vulnus, Ser. Samm.

proseucha, ae, *f.* (προσευχή, das Gebet, meton.) der **Gebetsort** bei den Juden (sowohl ein Platz im Freien als ein Gebäude), Iuven. 3, 296. CIL 6, 9821.

prōsiciae, ārum, *f.* (*sc.* partes, v. prosico = proseco), die von den Eingeweiden u. anderen Teilen zum Opfern abgeschnittenen Stücke, die **Opferstücke,** Solin. 5, 23. Mart. Cap. 1. § 9 (b. Arnob. 7, 25 praesiciae). – Nbf. **prōsiciēs,** ēī, *f.*, Lucil. 473*. Varro b. Non. 220, 23, u. **prōsicium,** iī, *n.*, Paul. ex Fest. 225, 15.

prōsico, s. prō-seco.

prōsidēns, entis = praesidens, **vorsitzend,** CIL 6, 723 (wo viell. praesidentibus zu schreiben ist).

prōsilio (altlat. prōsulio), uī (seltener īvī od. iī), īre (pro u. salio), **I hervorspringen, -stürzen, -stürmen** aus usw., **aufspringen** von usw., **A** eig. u. übtr.: **1** eig.: repente, Cic.: protinus, Sen. rhet.: ab sede sua, Liv.: e murteta, Plaut. fr.: e navi, Hyg.: e lecto, Suet., ex lecto repente, Curt.: ex tabernaculo, Liv.: de navi, Iustin.: thalamis, Stat.: stratis, Sil.: finibus suis (aus ihren Bezirken, v. Wettkämpfenden), Verg.: quidnam hic properans prosilit? Ter. – **2** übtr., v. Lebl.: **a hervorspringen, -schießen,** tam citus prosilit Padus, Mela: ictu virgae rupe percussā prosiliit fons aquae, Lact.: flumina prosiliunt, Ov.: rivus muscoso prosilit e lapide, Catull.: sanguis prosilit, Ov.: subito prosiluit scintilla, Ov.: prae laetitia lacrumae prosuliunt mihi, Plaut.: iussae prosiliunt lacrimae, Mart.: stellae prosilientes, Sternschnuppen, Sen. – **b hervorsprossen, -kommen,** v. Gewächsen, Colum. 2, 10, 28 (2, 11, 5) u. a. – **c hervorragen,** quod prosilit villae, Plin. ep. 5, 6, 19. – **B** bildl.: tolle periclum, iam vaga prosiliet frenis natura remotis, wird über die Schranken springen, Hor. sat 2, 7, 74. – **II** wohin **fortspringen, -stürzen, -stürmen, A** eig.: in contionem, Liv.: certatim in proelium, Iustin.: ad flumen, Suet.: in publicum, Petron. – übtr., v. Feuererscheinungen am Himmel, sive per ordinem subeunt sive subitis causis mota prosiliunt, Sen. ep. 94, 56. – **B** übtr., **rasch darangehen, rasch** zu etwas **schreiten,** amicum castigatum, dem Fr. den Kopf zu waschen, Plaut.: ad accusationem, ICt. – ► Perf. prosilui, z. B. Plaut. trin. 216. Plaut. vid. fr. XIII Stud. (bei Prisc. 4, 12). Cic. Cael. 63. Hor. ep. 1, 19, 8. Liv. 2, 12, 13. Ov. met. 6, 658. Sen. contr. 1, 4, 9. Sen. nat. qu. 4. praef. § 19. Iustin. 11, 5, 10: prosilivi, Sen. ep. 115, 15. Hyg. fab. 103. Suet. Caes. 32. Lact. epit. 9, 2. Vulg. sap. 18, 15: prosilii, Sen. de clem. 1, 3, 3. Petron. 106, 1. Lact. 4, 10, 9. – Futur. prosilibo, Ps. Quint. decl. 4, 19. – Partiz. Fut. Akt. prosilitururs, CIL 10, 113. lin. 33.

prō-sisto, ere, **hervortreten, hervorragen,** Apul. met. 11, 24. – ► Perf. prostiti viell. Prisc. 8, 59.

prō-situs, a, um, **vorliegend,** speca prosita, Cato fr. inc. *no.* 9 (b. Prisc. 6, 76); vgl. Paul. ex Fest. 226, 5 ›prosita, proposita‹.

proslambanomenos, ī, *m.* (προσλαμβανόμενος), als *t. t.* der Musik, der Ton A, Vitr. 5, 4, 5.

prō-socer, socerī, *m.*, der **Großschwiegervater, Großvater der Gattin,** Ov., Plin. ep. u. a.

prō-socrus, ūs, *f.*, die **Großschwiegermutter, Großmutter der Gattin,** Modestin. dig. 38, 10, 4. § 6.

prosōdia, ae, *f.* (προσῳδία), die **Prosodie,** der **Wortakzent,** Varro b. Gell. 18, 12, 8. – Dav. **prosōdiacus,** a, um, **prosodisch,** Mar. Victorin. 3, 15, 7. p. 124, 3 K. Mart. Cap. 9. § 991.

prosōpis, idis, *f.* (προσωπίς) u. **prosōpītis,** idis, *f.* (προσωπῖτις), eine Pflanze, rein lat. personacia gen., Ps. Apul. herb. 36 (37).

prosōpopoeia, ae, *f.* (προσωποποιΐα), die **Prosopopöie, Personendichtung,** rein lat. ficta personarum inductio, auch personae effictio, auch bl. deformatio, effiguratio, Quint. 1, 8, 3 (wo Plur.) u. a. Isid. orig. 2, 13. § 1; 2, 21. § 45 (griech. bei Rutil. Lup. 2, 6. Aquil. Rom. de fig. sent. 3. Rufinian. de schem. dian. 14).

prosparalēpsis, is, Akk. in, *f.* (προσπαράληψις), die **Vermehrung eines Wortes am Ende** (z. B. admittier st. admitti), Diom. 441, 11. Donat. art. gramm. (IV) p. 396, 7 K.

prōspectē, *Adv.* (prospicio), **vorsichtig, bedächtig,** Tert. apol. 6: prospectissime, Augustin. epist. 155, 12.

prōspectio, ōnis, *f.* (prospicio), die **Vorsorge,** Cod. Theod. 7, 4. 15. Edict. Diocl. praef. § 15. Interpr. Orig. in Matth. 135.

prōspectīvus, a, um (prospicio), **zur Aussicht gehörig,** fenestrae, der Aussicht wegen angelegte, Cod. Iust. 8, 10, 12.

prōspecto, āvī, ātum, āre (*Intens.* v. prospicio), in die Ferne **hinsehen** auf jmd. od etw., aus der Ferne **hinschauen, herabschauen** auf jmd. od. etwas. **I** eig. u. übtr.: **A** eig.: **1** im Allg.: hostem, Liv.: cedentem carinam, Catull.: e puppi pontum, Ov.: euntem, von fern gewahren, ansichtig werden, Verg.: ex tectis fenestrisque, herabschauen, Liv.: Capitolia ex aede, Ov.: longissime, Tac. – **2** insbes.: **a sich umsehen, sich umschauen,** sinite me prius prospectare, ne uspiam insidiae sient, Plaut. mil. 597 G. – **b** etwas **von fern mit ansehen,** proelium, Sall.: hoc incendium e turre Maecenatiana, Suet. – **B** übtr., v. Lebl.: **a** übh.: astris prospectantibus, schon herabschauten (aufgegangen waren), Stat.: prospectantia vestigia pedum, vorwärtsschauende, d. i. vorwärtsgekehrte, Gell. – **b** insbes., v. Örtl., wohin **die Aussicht haben, -gewähren,** ut maris vastum prospectet turribus aequor Tyros, Tibull.: triclinium a fronte quasi tria maria prospectat, Plin. ep.: villa prospectat Siculum mare, subiectos sinus, Phaedr. u. Tac.: hos (Amazonum campos) terra ea ad occasum conversa prospectat, liegt nach diesen hin gegen Westen, Curt.: locus late prospectans, eine weite Aussicht gewährend, Tac.: terra finesque septentrionem a latere Syriae longe prospectant, haben weithin die Aussicht nach N., dehnen sich weithin nach N. zu aus, Tac. – **II** bildl.: **1** nach etwas **sich umsehen,** etw. **erwarten, auf** etw. **denken,** prospectat, quid agatur, Cic. fr.: diem de die prospectans, ecquod auxilium … appareret, Liv.: exsilium, Cic. – 2 Jmd. **erwarten, bevorstehen,** te quoque fata prospectant paria, Verg. Aen. 10, 741. – 3 **in die Ferne-, in die Zukunft sehen,** Apul. de dogm. Plat. 2, 23.

prōspector, ōris, *m.* (prospicio), der **Vorherseher,** der **Vorsorger,** nuptiarum, Tert. adv. Marc. 4, 34: humanarum necessitatum, Tert. de orat. 1. – deus in rebus incertis pr., Apul. de deo Socr. 16.

prōspectus, ūs, *m.* (prospicio), I das **Vorsichhinsehen,** der **Hinblick,** A eig., die **Fernsicht,** die **Aussicht,** maris, auf das Meer, Plin.: unde longe ac late prospectus erat, Liv.: prospectum auferre, Enn.: prospectum impedire, Caes., adimere, Liv.: nisi pulvis omnium prospectu (Dat.) offecisset, Auct. b. Afr. 52, 4: prospectum praebere ad urbem, Liv.: prospectum late pelago petit, sucht eine Fernsicht auf dem Meer = über das Meer hin, Verg. – meton., der **Blick,** aequora prospectu metior alta meo, Ov. her. 10, 28. – B bildl.: 1 die **Rücksicht** auf eine Sache, prospectum rei habere, Rücksicht nehmen, Gell.: prospectum officii deponere, die Pflicht hintansetzen, Val. Max. – 2 die **Vorsicht,** Apul. met. 8, 4: humanus, Tert. de spect. 1 *extr.* – II passiv = das **Sichtbarsein-,** der **Anblick von fern,** 1 eig.: cum iam extremi essent in prospectu, von fern (in der Ferne) sichtbar waren, Caes. b. G. 5, 10, 2: Aquila cum classe se longius a prospectu removit, entzog sich in weiter Ferne den Blicken, Auct. b. Afr. 62, 3. – 2 übtr., der **Anblick,** den etw. gewährt, das **Ansehen,** porticus pulcherrimo prospectu, Cic.

prō-speculor, ātum, ārī, I *intr.* **in die Ferne spähen, ausschauen,** 1 im Allg.: de vallo, Auct. b. Afr. 31, 2 (4). – 2 prägn., **kundschaften,** Liv. 3, 43, 2. – II *tr.* **erwartungsvoll ausschauen** nach usw., **erwartend (hoffend) entgegensehen,** adventum imperatoris e muris, Liv. 33, 1, 3.

prōsper u. **prōsperus,** a, um (pro u. Wz. **spēi-*, gedeihen, Erfolg haben), eig. der Hoffnung entsprechend, dah. I **erwünscht, günstig, glücklich,** fortuna, Cic.: res (Plur.), Cic.: prosperas res habere, Glück haben, Tac.: exitus (Plur.), Cic.: successus, Liv.: eventus, Curt.: eventus (Plur.) rerum, Lact.: prosperus illius in Africam transitus, Val. Max.: tesserarum iactus, Liv.: oratorum actiones, Vorträge, die einen günstigen Eindruck gemacht hatten, Suet.: eventus prosperior, Amm.: fatum prosperius, Ov.: numquam prosperiore aleā usum esse, Suet.: prosperrimus rerum eventus, Vell.: prosperrimā valetudine uti, Suet. – subst., prōspera, ōrum, *n.*, **glückliche Umstände, glückliche Fälle** (Ggstz. adversa), Pacuv. fr., Ov., Tac. u. a.: m. *Genet.*, prospera belli, Lucan.: prospera rerum, Lucan. u. Sil. – II aktiv = **beglückend, günstig,** Bellona, Ov.: Christus, Prud.: m. *Genet.*, prospera frugum (Luna), Hor. carm. 4, 6, 39. – ► Nom. Sing. prosperus z. B. Cic. de rep. 6, 17. Val. Max. 3, 7, 1. Sil. 10, 201. Schol. Iuven. 12, 67. – Genet. Plur. prosperûm, Pacuv. tr. 307. Amm. 23, 5, 24.

prōsperē, *Adv.* (prosper), **glücklich, günstig, nach Wunsch,** procedere prospere, Cic., minus prospere, Nep.: prospere pugnasse, Liv.: male aut prospere cedere, Plin. ep.: prosperius soluto (solo) quam denso deponi, Colum.: prosperrime geri, Vell. – ► Zweisilbig zu messen bei Plaut. Pseud. 574.

prōsperitās, ātis, *f.* (prosper), die **erwünschte Beschaffenheit,** der **glückliche Zustand,** das **Gedeihen, Glück,** vitae, Cic.: consultorum (des Vorhabens), Amm.: tantā prosperitate usus est valetudinis, ut etc., hatte sich eines so erwünschten Wohlseins zu erfreuen, dass er usw., Nep. – Plur., improborum prosperitates secundaeque res, Cic. de nat. deor. 3, 88: prosperitates summarum rerum, Amm. 17, 4, 6: prosperitates consolationum, Augustin. de civ. dei 18, 13 *in.*: prosperitates saeculi (Ggstz. adversitates), Augustin. conf. 10, 28 *extr.*: currentes ex voto prosperitates, Amm. 22, 8, 6.

prōsperiter, *Adv.* (prosper) = prospere, Enn. b. Prisc. 15, 13 *codd.* (Hertz properiter).

prōspero, āvī, ātum, āre (prosper), I einer Sache **erwünschten (glücklichen) Erfolg verschaffen, Gedeihen geben** zu etw., alci victoriam, Liv.: coepta, Tac.: decreta patrum, Hor.: rei publicae consilia, Tac.: petitorum (der Bewerber) eventus, Inscr.: mala averruncare, bona prosperare, Apul.: nec minimo est (nec) prosperatur pax, Lucil. 656: prosperata felicitas, erwünschte, Tert. – hanc tibi veniam prospero, ich beglücke dich mit usw., Plaut.: absol., amico meo prosperabo, m. Fr. Glück bringen, m. Fr. beglücken, Plaut.: non prosperantibus avibus, keinen erwünschten (günstigen) Erfolg versprachen, Val. Max. – II **günstig-, gnädig machen,** deus prosperatus, Prud. perist. 10, 365.

prōsperus, a, um, s. prōspero.

prōspex, icis, *m.* (prospicio), **voraussehend,** der **Vorherseher,** Tert. de test. anim. 5.

prōspica, ae, *f.* (prospicio), die **Fürsorgerin,** hāc sibi *prospicā*, hāc *despicā*, Naev. com. 25.

prōspiciēns, entis, *PAdi.* (prospicio), **vorsichtig** bei usw., periculi, Ambros. hexaëm. 5, 8.

prōspicienter, *Adv.* (prospiciens), **vorsichtig,** Gell. 2, 29 *in.*

prōspicientia, ae, *f.* (prospicio), I die **Vorsicht, Vorsorge, Fürsorge,** nostra vigilia et pr., Cic. Phil. 7, 19: unius, Ambros. de off. 1, 21: creatoris, Ambros. hexaëm. 3, 9: aeterni dei, Chalcid. Tim. 34 B.: caelestis, *ibid.* 44 D.: divina, *ibid.* 53 B. – II der **Anblick,** konkret = die **Gestalt,** Tert. adv. Val. 26.

prōspicio, spēxī, spectum, ere (pro u. specio), I *intr.* aus der Ferne **herabschauen, herausschauen,** vorwärts-, **in die Ferne hinsehen, -hinschauen,** A eig.: 1 übh.: per fenestras, aus den F. sehen, Ambros.: ex castris in urbem, Caes.: parum prospiciunt oculi, sehen nicht gut in die Ferne, Ter.: multum, weit sehen, weite Aussicht haben, Cic.: Venus prospiciens, eine Statue auf Cypern, Ov.: neque post respiciens neque ante prospiciens, Varro sat. Men. 260. – 2 insbes., nach allen Seiten sich **umsehen, Acht geben,** puer ab ianua prospiciens, Nep. Hann. 12, 4: pavorem simulans (feles) prospexit toto die, gab Acht, lauerte, Phaedr. 2, 4, 10. – B bildl.: a **Vorsicht anwenden, Vorsorge-, Fürsorge tragen,** nisi prospicis, Ter.: prospicite, Cic.: nisi prospectum aliquid est, Ter.: m. folg. *ut* u. Konj., Cic.: m. folg. *ne* u. Konj., Caes.: m. folg. *Dat.*, sociis, Cic.: patriae, Cic.: vectigalibus, Cic.: liberis suis, Nep.: malo, vorbeugen, Cic. – b übtr., quaedam etiam serunda non tam propter *praesentem fructum*, quam in annum *prospicientem*, Varro r. r. 1, 23, 3. – II *tr.* von fern od. in der Ferne **vor sich sehen, vor sich erblicken,** A eig. u. übtr.: 1 eig.: a übh.: regiones circumcirca, Serv. Sulp. in Cic. ep.: campos longe, Verg.: alqm procul, Verg.: Italiam ab unda, Verg.: moenia urbis Tarpeia de rupe, Lucan. – b insbes.: α **nach** etwas **in die Ferne ausschauen, -sich umsehen,** ex speculis adventantem hostium classem, Liv. 21, 49, 8. – β etwas **von fern mit ansehen,** einer Sache **von fern zuschauen,** incendium e Tiberiana domo, Suet.: e triclinio ardentem rogum, Suet. – γ etwas nur **von fern erblicken, nur einen Blick** aus der Ferne in etw. **tun** = nicht ordentlich betreten, -besuchen, prospeximus curiam, Plin. ep.: neque prospexisse castra contentus, Plin. pan.: vitam (v. einem als Kind Sterbenden), Sen. – 2 übtr., v. Örtl., **die Aussicht** auf etw. **haben, -gewähren,** domus prospicit agros, Hor.: villa lacum prospicit, Plin. ep.: cubiculum valvis cryptoporticum, fenestrā prospicit mare, Plin. ep. – B bildl.: 1 im Allg.: senex aut prospiciens senectutem das Alter schon vor sich sehend, sich dem Alter nähernd, Sen. ep. 33, 7. – 2 insbes.: a etwas **vorher-, voraussehen,** casus futuros, Cic.: futura, Cic.: talem exitum vitae suae, Liv.: prospicientes animo exitum incauti a fraude fraterna iuvenis, Liv.: alios ego vidi ventos, alias prospexi animo procellas, Cic.: m. folg. indir. Frages., ut iam ante animo prospicere possis, quibus de rebus auditurus sis, Cic. – b für etw. **sorgen,** etw. **besorgen, anschaffen, verschaffen,** ferramenta, Cic.: commeatus, Liv.: pecori suo hibernum et aestivum pabulum, Sen.: filiae maritum, Plin. ep.: sedem senectuti vestrae, Liv. – ► Synkop. Perf. prospexti, Ter. adelph. 689.

prōspicuē, *Adv.* (prospicuus), **vorsichtig, sorgsam,** Apul. met. 1, 21 u. 11, 18.

prōspicuus, a, um (prospicio), **weithin sichtbar,** turris, Stat. Theb. 12, 15 (Kohlmann perspicua). Apul. met. 6, 20 *in.*, wo aber Hildebrand erklärt »der in die Zukunft schauende Turm«.

prō-spīro, āvī, āre, **hervorwehen, -duften,** Apul. apol. 50.

prōssus, *Adv.*, s. 1. prōrsus.

prostas, adis, *f.* (προστάς), die **Galerie** vor dem Haus nebst dem Vorzimmer, Vitr. 6, 7, 2.

prō-sterno, strāvī, strātum, ere, **I** **vor-, hinbreiten,** bildl., zur Unzucht **preisgeben,** venalia corpora, Arnob.: sorores alci, Suet.: propter prostratam pudicitiam, Iustin.: pudicitiam alci, Suet. – **II** **hinstrecken, niederstrecken, niederwerfen,** **A** eig.: **a** übh.: corpus, sich niederwerfen, sich hinstrecken, Curt.: corpus humi, Curt.: corpus per herbas, Curt.: circa viam corpora humi, Liv.: se ad pedes alcis, Cic.: dah. prōstrātus, a, um, z. B. humi, am Boden liegend, Curt.: ad pedes, Cic.: pisces prostrati, platte Fische, Colum.: pr. pes, der Längenfuß (als Maß), Gromat. vet. – **b** gewaltsam, **α** lebl. Objj.: oppida, Serv. Sulp. in Cic. ep.: arborem, Suet.: multam pondere silvam (v. e. gefällten Baum), Ov. – **β** leb. Wesen: alqm, Ov.: hostem, Cic. u. Curt.: barbaros ingenti clade, Curt. – **B** bildl.: **1** im Allg.: se abicere et prosternere, sich wegwerfen u. demütigen, Cic. parad. 1, 14. – **2** **zu Boden schlagen, zugrunde richten, vernichten,** omnia furore, Cic.: alqm, Cic.: mores civitatis, Plin. – ► Synk. Infin. Perf. prostrasse = prostravisse, Ov. trist. 3, 5, 33.

prosthesis, Akk. in, *f.* (πρόσθεσις), der **Ansatz,** u. **prothesis,** Akk. in, *f.* (πρόθεσις), der **Vorsatz,** eine gramm. Figur, wenn einem Wort zu Anfang ein Buchstabe od. eine Silbe angesetzt wird (z. B. gnatus, tetuli, st. natus, tuli), prosth., Diom. 440, 32 u. 33: proth., Pompeii comment. 296, 31. Consent. 387, 33. Serv. Verg. Aen. 2, 328. Charis. 278, 1 u. 2: protheseon parallage, Diom. 443, 1.

prōstibilis, is, *f.* (prosto) = prostibulum *no.* I. (s. d.), Plaut. Pers. 837.

prōstibula, ae, *f.* (prosto) = prostibulum *no.* I (s. d.). Plaut. fr. b. Non. 423, 18. Tert. apol. 6. Gloss. IV, 381, 52.

prōstibulum, ī, *n.* (prosto), **I** = προστάς, die sich öffentlich feilbietende Buhldirne, die **öffentliche Dirne,** Plaut. aul. 285. Amm. 28, 4, 9: scortum et vile pr., Vulg. Levit. 21, 7: merces prostibuli, Vulg. deut. 23, 18. – übtr., v. der Mannhure, der **Buhle,** Arnob. 6, 13: homo pr., Capit. Macrin. 4, 3: prostibula mancipia, Lampr. Commod. 2, 8. – **II** das **Bordell,** Vulg. Ezech. 16, 24 u. 39; Ioël 3, 3. Isid. orig. 18, 42, 2.

prō-stituo, stituī, stitūtum, ere (pro u. statuo), **I** **vorn hinstellen,** alqm in limine ipso interorum, Arnob. 5, 28. – **II** **öffentlich preisgeben** zur Unzucht, **prostituieren,** **a** eig.: corpora libidinibus, Lact.: pudicitiam feminarum, Lact.: pudicitiam suam, Suet.: sacerdotem (die Priesterin), Sen. rhet.: alqm populo, Plaut.: se, Catull.: faciem suam lucro, Ov. – **b** übtr.: famam, schänden, Cato: vocem foro ingrato, preisgeben, Ov.

prōstitūta, ae, *f.*, s. prōstitūtus.

prōstitūtio, ōnis, *f.* (prostituo), **I** die **Preisgebung** zur Unzucht, Arnob. 2, 16. Tert. de pudic. 6: Plur., mulierum prostitutiones, Lact. 5, 8, 7. – **II** übtr., die **Entehrung, Beschimpfung,** imaginum, Tert. apol. 26.

prōstitūtor, ōris, *m.* (prostituo), **I** der **Hurenwirt,** Tert. de cultu fem. 2, 9. – **II** übtr., der **Entehrer,** Christiani sacramenti, Tert. de cultu fem. 2, 10.

prōstitūtus, a, um, PAdi. (v. prostituo), **öffentlich preisgegeben, feil,** **I** eig.: soror, Verg. cat. 5, 7: infans, Mart.: caput, Arnob.: prostitutissima lupa, Tert. – subst., prōstitūta, ae, *f.*, die **öffentliche Dirne,** die **Hure,** Sen., Plin. u. a. – **II** übtr.: sermones, unzüchtige, Sidon. epist. 3, 13, 11.

prō-sto, stitī, āre (vgl. griech. προέστηκα), vorn stehen, vorstehen; dah. **I** **hervorragen,** angellis paulum prostantibus, Lucr. 2, 428. – **II** **öffentlich ausstehen,** **1** vom Verkäufer, **ausstehen,** in occultis locis, Plaut. Curc. 507. – **2** v. der Ware, **feilstehen, zum Verkauf dastehen,** **a** übh.: liber prostat, Hor.: vox prostitit, Cic. – **b** v. öffentlichen Dirnen, **sich öffentlich preisgeben,** Sen. rhet. u. a.: pr. inter lupanaria, Val. Max. – übtr., illud amicitiae quondam venerabile numen prostat et in quaestu pro meretrice sedet, Ov. ex Pont. 2, 3, 19 *sq.*

prostomis, idis, *f.*, s. postomis.

prōstrātio, ōnis, *f.* (prosterno), das **Niederstrecken, -werfen, -schlagen,** **a** eig.: totius corporis, Cassian. collat. 21, 26: sui, Cassian. inc. Chr. 3, 16. – das gewaltsame, prostr. vilis, leichte Spuren der Verheerung, Amm. 18, 7, 8. – **b** bildl., disciplinae, Tert. de praescr. 41.

prōstrātor, ōris, *m.* (prosterno), der **Hinstrecker,** Iul. Firm. de err. prof. rel. 21 *extr.*

prōstro, āre (prosterno), **niederstrecken, niederwerfen,** alqm, Isid. orig. 18, 42, 2 (*cod. Gut.* 2 u. *Z*) u. 18, 56: meretrix prostrata, Papias (Ott).

prostȳlos, on (πρόστυλος), **vorn Säulen habend,** aedes, Vitr. 3, 2, 3 u. a.

prostypa, ōrum, *n.* (πρόστυπα), **halberhabene Arbeit, Basreliefs** (Ggstz. ectypa), Plin. 35, 152.

prō-subigo, ere, **I** **hervor-, forttreiben,** pede terram, aufwühlen, Verg. georg. 3, 256. – impositam molam turibulis pede, herabwerfen, Prud. perist. 3, 130. – **II** **vorher bearbeiten, gehörig bereiten,** Val. Flacc. 4, 288.

prōsulio, s. prōsilio.

1. prō-sum, prōfuī, prōdesse, **nützlich sein, nützen** (Ggstz. obesse, nocere), **I** im Allg.: prodesse aequum est, Ter.: illa, quae prosunt aut quae nocent, aut bona sunt aut mala, Cic.: id mirum quantum profuit *ad* concordiam civitatis, Liv.: *in* id quoque prodest, ut etc., Quint.: constantia multum prodest *in* amore, Prop.: eaque in prima parte actionis dicit, quae sunt *in* summa (im letzten) profutura, Quint.: minus idem proderit *in* discendis, quae etc., Quint.: quae *ad* obtinendum, quod intendimus, prodesse, Quint. – m. Angabe **wem?** durch *Dat.*, qui nec tibi nec alteri prosunt, Cic.: non modo igitur prodest, sed obest etiam Clodii mors Miloni, Cic.: nec hodie, ut prosit mihi Romanorum gratia, ne obsit tantum, deprecor, Liv.: dicere quod causae prosit (Ggstz. dicere aliena), Cic.: studiis scholas prodesse, moribus nocere, Quint.: prodesse reis *apud* regem, Curt. – mit folg. *Infin.*, multum prodest ea quae metuuntur ipsa contemnere, Cic. Tusc. 4, 64: iis carum et iucundum esse maxime prodest, Q. Cic. de pet. cons. 16: prodest vehementer nusquam discedere, *ibid.* 43: quod interdum non minus prodest quam diserte dicere, Nep. Epam. 3, 2: quid proderat ditasse Paelignas anus? Hor.: quae scire magis iuvat quam prodest, Sen.: quid mihi fingere prodest? Ov.: proderit per partes ediscere, Quint. – **II** insbes., als mediz. *t. t.* v. Heilmitteln usw., **anschlagen, zuträglich sein, helfen** (Ggstz. nocere), balineum assumo, quia prodest, vinum, quia non nocet, Plin. ep.: quicquid animum erexit, etiam corpori prodest, Sen.: faba prodest voci, Plin.: isatis contra ignem sacrum prodest, Plin. – m. *Infin.*, contra anginas tritum in posca gargarizari prodest, Plin. 20, 52. – mit *Acc.* u. *Infin. Pass.*, alia saepius uri prodest, Plin. 36, 201. – ► Infin. Fut. profore, Hor. ep. 1, 8, 11. Cl. Mamert. de stat. anim. 2, 9. p. 132, 18 Egbr. Alcim. ad Sor. 590.

2. prōsum, *Adv.*, s. prōrsum ►.

prosumia, ae, *f.*, das **leichte Spähschiff,** Caecil. com. 1 u. 110. Gell. 10, 25, 5. Vgl. Paul. ex Fest. 226, 4.

Prosumnus, ī, *m.*, Name eines Unzüchtigen, der dem Bacchus den Weg zur Unterwelt zeigte, Arnob. 3, 28.

prō-suppo (**-supo**), āre, **gerade ausstrecken,** Non. 67, 29.

1. prōsus, a, um, s. 2. prōrsus.

2. prōsus, *Adv.*, s. 1. prōrsus.

prōtagion, iī, *n.*, eine Art guter Wein, Plin. 14, 76.

Prōtagorās, ae, Akk. am u. ān, Vok. ā, *m.* (Πρωταγόρας), ein griech. Philosoph aus Abdera, Zeitgenosse des Sokrates, aus Attika verbannt, weil er in den Verdacht des Atheismus kam, Gell. 5, 3, 1 *sqq.* Cic. de nat. deor. 1, 2. Quint. 3, 1, 10 u. 12; 3, 4, 10: Pr. Abderites, Min. Fel. 8, 3: Pr. sophista, Apul. flor. 18. p. 29, 23 u. 30, 1 Kr. – Dav. **Prōtagorīon,** iī, *n.* (Πρωταγόρειον), ein **Ausspruch des Protagoras,** Gell. 5, 11 *in.*

protasis, Akk. in, *f.* (πρότασις), **I** der **Ausspruch, Satz,** rein lat. effatum, Ps. Apul. de dogm. Plat. 3. p. 262 H. – **II** der **Eingang** eines dramatischen Stückes (Ggstz. epitasis, catastrophe, ἐπίτασις u. καταστροφή), Donat. de comoed. p. XVIII, 8 u. 18 *ed. Klotz* (in Terent. comoed. vol. I.) u. Donat. argum. ad Ter. Andr. (prol. 1.) p. 3, 15 *ed. Klotz.*

protaticus, a, um (προτατικός), **im Eingang nur vorkommend,** Donat. argum. ad Ter. Andr. (prol. 1) p. 4, 5 *ed. Klotz.*

prōtaulēs, ae, *m.* (πρωταύλης), der **erste Flötenbläser,** CIL 6, 10136 u. 9, 468.

prōtēctio, ōnis, *f.* (protego), **I** die **Bedeckung mit einem Vordach,** Dig. 39, 2 Überschr. – **II** die **Bedeckung, Beschützung, Verteidigung,** Ps. Quint. decl. *Tribun. Mar.* 8: fidei, Tert. de fug. in pers. 2: armorum, Ambros. serm. 8.

prōtēctor, ōris, *m.* (protego), **I** der **Bedecker, Beschützer,** Tert. apol. 6 u. a. Eccl. – **II** insbes., der **Trabant,** im Plur. die **Trabanten, die Leibwache,** Spart., Lact. u. a.

prōtēctorius, a, um (protector), zu **den Trabanten-, zur Leibwache gehörig,** dignitas, spät. ICt.

prōtēctum, ī, *n.* (protego), das **Vordach, Wetterdach,** Ulp. dig. 9, 2, 29. §. 1 u. 9, 3, 5. §. 6 u. 8. Fronto ad M. Caes. 4, 12. p. 74, 19 N. CIL 6, 10237, 9 u. 6, 27571: protecta tuguriorum, Plin. 16, 35: protecta vinearum, Plin. 17, 89 (Detl. proiecta): am Bienenstock von den Bienen angelegt, Varro r. r. 3, 16, 23.

1. **prōtēctus**, a, um, s. pro-tego.

2. **prōtēctus**, ūs, *m.* (protego) der **vorragende Teil,** tignorum, das Wetterdachgebälk, Scaevol. dig. 8, 2, 41. §. 1.

pro-tego, tēxī, tēctum, ere, **I vorn bedecken, 1** eig.: tabernaculum hederā, Caes.: alqm scuto, Caes.: protectae porticus, Colum. – poet. m. *Acc. resp.* = an od. auf usw., protecti corpora scutis, Verg.: protecta umeros rutilis capillis, Ov.: protectus hominem equumque, sich (damit) den Menschen- und Pferdeleib bedeckend, Ov. – **2** übtr.: **a bedecken, beschützen,** iacentem, Cic.: regem, Liv.: alqm precibus, Tac.: alqm ab armis Romanis, Tac.: alqm adversus criminantes, Tac.: alqm ab impetu bestiarum, Sen.: favore numinis protectus ab ira alcis, Lucan.: status protectus, gesicherter, Cod. Iust. – **b abhalten,** hiemes, Stat. silv. 3, 1, 121. – **c bedecken, verhehlen, verbergen,** insidias risu, Iustin.: nequitiam supercilio truci, Vell. – **II** prägn., an etw. **ein Vordach-, ein Wetterdach anbringen, -anlegen,** aedes, Cic. top. 24: absol., in suo (an seinem Haus) prot., Ulp. dig. 9, 2, 29. § 1: servitus protegendi, Gaius dig. 8, 2, 2.

prōtēlātio, ōnis, *f.* (protelo), die **Hinausschiebung,** Iul. ep. nov. c. 104. §. 366.

prōtēlo, āvī, ātum, āre (v. pro u. TEL, wov. auch telum, die Fernwaffe, griech. ΤΗΛ, wov. τῆλε, τηλοῦ u. a.; vgl. Fest. p. 234 [a], 24. Paul. ex Fest. 235, 5), »in die Ferne hintreiben«, **I** eig., **forttreiben, in die Flucht treiben, fortjagen, entfernen,** tertio Romanos impetu suo equites, Sisenn. fr.: alqm patriā, vertreiben, Turpil. com. fr.: alqm saevidicis dictis, Ter.: protelari conviciis talem a me virum, Fronto: hanc cladem de vestris manibus, Apul. – **II** bildl.: **1 hinbringen,** alqm in portum divinae clementiae, Tert.: ignorantiam in occasionem, Tert. – **2 weiter hinaussetzen, a** einen Termin usw. **verschieben,** diem, ICt.: litem, spät. ICt. – **b** eine Zeit, übtr. eine Person **fristen,** d. i. **am Leben erhalten,** Tert. adv. Marc. 4, 21. – **c vorwärts bringen, fördern,** omnia, quae protelent ad sapientiam, Chalcid. Tim. 167 *extr.*: pr. mentes hominum ad caeli convexa, *ibid.* 266. – **d** Partiz. prōtēlātus, **weithin sich ausdehnend,** iuga protelatae molis, Avien. descr. orb. 487.

prōtēlum, ī, *n.* (protendo), **I** = ἔξαμπρον (Gloss.), ἄμπρον, das **Zugseil** am Pflug (statt der Deichsel), an das die Ochsen hintereinander angejocht wurden, protelo ducere aratrum, Cato origg. 5. fr. 16: protelo ducere alqm, Lucil. 248 u. 435. – meton. = ein **Zug** Ochsen, protela boum, Plin. 9, 45: protelis binis ternisque arant, Plin. 18, 173. – **II** bildl., der ununterbrochene Zug, der ununterbrochene **Fortgang,** Lucr. 2, 531: quasi protelo, in einem Zug, Lucr. 4, 189; vgl. Catull. 56, 7.

prōtenam s. prōtinam.

prō-tendo, tendī, tentum u. tēnsum, ere, **I hervordehnen, -strecken, ausstrecken, vor sich hinstrecken,** manus, Tac.: dextram, Curt.: dextram precantem, Verg.: ambas manus ultra fossam, Enn. fr.: brachia in mare, Ov.: cervicem, Tac.: filium, Tac.: hastas reductis longe dextris, Verg.: brachio ab aure protenso, Quint.: protentis manibus, Lact.: protentis hastis, Tac.: aestuantem canis pr. linguam, die Zunge lang herausstrecken wie ein vor Durst lechzender Hund (Zeichen der Verhöhnung), Hieron. epist. 125, 18 (vgl. Pers. 1, 60). – Passiv protendi medial, **sich** räumlich **ausdehnen, sich erstrecken,** digitus medius longissime protenditur, ragt hervor, Plin.: per iuga Caucasi protenditur ad Bactros usque gens Medorum, Plin.: quae (nationes) regi Marcomaro ab usque urbe Pannoniae, cui Carnuto nomen est, ad media Gallorum protendebantur, Aur. Vict. – temo protentus in octo pedes, acht Fuß in die Länge gestreckt, acht Fuß lang, Verg. – **II** übtr., **ausdehnen, verlängern,** utramvis partem in plura verba, Ps. Apul. de dogm. Plat. 3. p. 264 H.: praepositiones producere atque protendere (in der Aussprache), Gell. 2, 17, 11: praepositiones barbare pr., Gell. 4, 17, 7.

prōtenis, *Adv.* = protenus, Afran. com. 107.

prōtēnsio, ōnis, *f.* (protendo), **I** das **Ausstrecken,** dexterae manus, Hieron. vit. Paul. erem. § 7: manuum, Cassian. collat. 21, 26. – als Übersetzung von πρότασις (s. protasis *no.* **I** b. Ps. Apul. de dogm. Plat. 3. p. 262 *ed. Hildebr.* (p. 265 *ed. Oud.*). – **II** die **Ausdehnung,** Hilar. de trin. 5, 37. Boëth. art. geom. p. 403, 11 Fr. u. a.: Plur., *ibid.* p. 402, 1.

prō-tento, āre, **probieren,** Avien. Arat. 285.

prōtentus, a, um *PAdi.* m. *Compar.* (v. protendo), **ausgedehnt, ausgestreckt,** temo protentus in octo pedes, lang, Vitr: Phocis in exortum lucis protentior, mehr hervorragend, Avien. – dimidio eorum protentior quam nostra vita est, länger, Solin. 30, 9.

prō-tenus u. **prōtinus**, *Adv.* (beide gut beglaubigte Formen), **fürbaß, vorwärts, weiter, weiter fort, I** eig., v. Fortschreiten im Raum: pr. ago capellas, Verg.: ut pergeret pr., Cael. Antip. fr.: cum ad alias angustias pr. pergerent, Liv.: ut brachia pr. duceret, Auct. b. Afr.: quā (voce) pr. (weithin) omne contremuit nemus, Verg. – **II** übtr.: **A** vom ununterbrochenen Fortschreiten, Fortrücken der Bewegung od. Handlung usw., **weiter, fort und fort, ohne Aufenthalt, geradewegs,** ad oppidum continuo legiones suas pr. adducere, Plaut.: Laodiceam pr. ire, Cic.: pr. in Africam transducere exercitum iubet, Caes.: ut … pr. ex urbe profugeret, Caes.: ut is ad te pr. mittat, Cic.: sic vives pr., fort u. fort, Hor.: pr. ut moneam, Hor.: pr. … exsequar, Verg. – **B** v. der ununterbrochenen Ausdehnung der räuml. Lage, **unmittelbar sich anschließend, -verbunden, in ununterbrochener Aufeinanderfolge, zusammenhängend,** pr. pratum, Plin. ep.: pr. deinde ab Oceano Rugii, Tac.: cum pr. utraque tellus una foret, Verg.: lacu pr. stagnante, Plin.: si sub hoc pr. vitium est, Cels. – **C** v. der ununterbrochenen Reihenfolge in der Zeit: **1** von der Stetigkeit der Zeitfolge, **fort und fort, beständig,** quem (morem) pr. urbes Albanae coluere sacrum, Verg.: felix si pr. illum aequasset nocti diem, Verg. – **2** v. der Unmittelbarkeit in der Zeitfolge, **sofort, stracks, sogleich, alsbald** (erst seit Liv. in der Prosa allgemein, bei Cic. nur de inv. 1, 20, s. unten *no.* b), **a** übh.: pr. Carthaginem ituros, Liv.: auxiliis pr. … imperatis, Liv.: pr. mens redit, Cels. – m. folg. *ab* u. Abl., pr. a partu, Plin.: a primo natali die pr. vel postea, Cels. – m. folg. *de* u. Abl., pr. de via, Liv. – m. folg. *post* u. Akk., pr. post cibum, Cels. – m. bl. *Abl.*, pr. vitae principio, Plin.: pr. virili toga, sogleich nach Anlegung der männlichen Toga, Suet. – od. m. folg. *ut, cum, quam, ac* od. *atque*, **sogleich nachdem, sobald als,** pr. ut, Cels. u. a.: pr. cum, Plin.: pr. quam, Plin.: pr. atque, Solin. – ubi … protenus, Cels. – m. der Negat., non protenus, nicht sogleich, Quint.: nec pr., Cels. – **b** protenus initio u. oft bl. protenus, **gleich am Anfang, gleich anfangs,** pr. initio dolor et tussis fuit, Cels.: qui pr., quantus est, sperari poterat, Vell.: oratio pr. perficiens auditorem benevolum, Cic. de inv. 1, 20. – **c unmittelbar,** ICt. – **d zugleich,** Quint.: verb. m. etiam, quoque, Quint. – **e geradehin, ohne weiteres,** neque pr. non est materia rhetorices, si in eadem versatur et alius, Quint.: numquam epistulam tuam accipio, ut non pr. unā simus, Sen.

prō-termino, āvī, āre, die Grenzen **weiter hinausrücken, erweitern,** fines usque et usque, Apul. met. 9, 38: possessionis metas in Rhodanum Ligerimque, Sidon. epist. 3, 1, 5.

prō-tero, trīvī, trītum, ere, **I zerreiben, zerquetschen, zertreten, A** eig. u. übtr.: **a** eig.: equitatus aversos proterere incipit, Caes.: frumentum, Liv.: arva florentia, Ov. – **b** übtr., im Kampf **niederstrecken,** Poenos, Hor.: aciem hostium, Tac. – **B** bildl.: **a** gleichs. **mit Füßen treten,** alqm, gänzlich verachten, Cic.: urbem, misshandeln, Rhet. Her. – **b vernichten,** ruinā suā proteri, Vell. 2, 91, 4. – **c breit treten** = oft gebrauchen, verba a vulgo protrita, Gell.: verba, quae proculcata vulgo et protrita sunt, Gell.: quod oratio eius vulgaria videatur et protrita, Gell. – **II** gleichs. forttreten, d. i. **forttreiben, vertreiben,** ver proterit aestas, Hor. carm. 4, 7, 9. – ► Inf. Präs. proterīre, Greg. Tur. hist. Franc. 8, 39. p. 352, 8.

prō-terreo, terruī, territum, ēre, **fortschrecken, fortscheuchen,** durch Schrecken u. Drohungen **fortjagen,** alqm hinc, Plaut. u. Ter.: alqm adverso equo, Verg.: alqm verbis gravissimis, Cic.: ferro alqm reicere atque proterrere, Cic.: fundis librilibus Gallos, Caes.: hostes pr. atque in fugam conicere, Caes.: qui armis proterritus, fugatus, pulsus est, Cic.: unius hominis telo proterritus, Cic.: Themistocles patriā pulsus atque proterritus, Cic. – pr. feras ardentibus facibus, Apul.

protervē, *Adv.* (protervus), **ohne Scham, a** im guten Sinne, **ungescheut, dreist, keck,** loqui, Plaut. Amph. 837. – **b** im üblen Sinne, **schamlos, frech, dreist, unverschämt,** Ter. u. Ov. – quidquid facias dicasve protervius aequo, Ov. art. am. 1, 599. – in nostram religionem protervissime insilire, Augustin. de civ. dei 5, 22. p. 234, 30 D.[2] – ► prōterve gemessen bei Plaut. Amph. 837 (u. a.) u. bei Ter. Hec. 503.

protervia, ae, *f.* (protervus) = protervitas, Auson. Mos. 172 u. perioch. Odyss. 22. Ambros. de off. 1, 43, 210 (wo pr. litium).

protervio, īre (protervus), **schamlos-, frech sein,** Tert. de patient. 12. Ambros. de interp. Iob et David 3, 2. §. 5.

protervitās, ātis, *f.* (protervus), die **Frechheit, Schamlosigkeit, Unverschämtheit,** Ter., Cic. u. a.: im milderen Sinne, der **Mutwille,** die **Neckerei, Schelmerei,** grata, Hor. carm. 1, 19, 7.

proterviter, *Adv.* (protervus) = proterve, Enn. com. 2 R.

protervus, a, um (protero), eig. »alles vor sich niedertretend«; dah. **I** übtr., **ungestüm, heftig,** ventus, Hor.: eurus, Ov.: stella canis, der durch seine Hitze alles niederdrückende, sehr beschwerliche, Ov. – **II** bildl., **schamlos, unverschämt, frech,** u. im milderen Sinne **dreist, keck,** sowohl in Worten als in Handlungen, animus, Plaut.: homo, Cic.: oculi, Ov.: manus, Ov.: dictum aut factum, Cic.: frons, Hor.: meretrix protervior, Iustin. – ► prōtervus gemessen bei Plaut. Bacch. 612; vgl. proterve a. E.

Prōtesilāodamīa, ae, *f.,* Name einer Tragödie des Livius Andronikus, Gell. 12, 10, 5.

Prōtesilāus, ī, *m.* (Πρωτεσίλαος), Gemahl der Laodamia, einer der Freier der Helena, zog mit vor Troja, wurde aber gleich nach der Landung als erster Grieche vor Troja getötet, Ov. met. 12, 68. Hyg. fab. 102 *sq.* – Dav. **Prōtesilāēus,** a, um (Πρωτεσιλάειος), **protesilaisch, des Protesilaus,** domus, Catull. 68, 74.

prōtēstātio, ōnis, *f.* (protestor), das **Bezeugen, Dartun,** Symm. epist. 1, 56. Vulg. 2. Mach. 7, 6: Plur., Leo epist. 1, 2.

prōtēsto, āre, archaist. = protestor, nach Prisc. 8, 29.

prō-tēstor, ātus sum, ārī, **öffentlich bezeugen, a** = **öffentlich beweisen, -dartun,** Macr. u. a. – **b** = **öffentlich aussagen,** ICt.: quae mihi conscius sum, protestabor, laut verkündigen, Front. de nep. am. p. 235, 4 N. – m. folg. *Acc.* u. *Infin.,* ICt.

Prōteus, eī u. eos, Akk. eum u. ea, *m.* (Πρωτεύς), ein fabelhafter Meergott, nach Hom. Od. 4, 365 Diener des Poseidon (Neptun), der die Seekälber dieses Gottes im Ägyptischen Meer weidete und die Gabe hatte, zu weissagen (doch tat er es nur gebunden und gezwungen) und sich in allerlei Gestalten zu verwandeln, Verg. georg. 4, 388. Ov. fast. 1, 367. Hyg. fab. 118: griech. Genet. -eos, Lucan. 10, 511. Iul. Val. 1, 27 (31): Akk. eum, Hygin. fab. 170 *in.*: Akk. ea, Ov. am. 3, 2, 35; met. 2, 9. Stat. silv. 1, 2, 129; Ach. 1, 32. Licent. poët. in Augustin. epist. 26, 3. Iul. Val. 1, 27 (31): Vok. Proteu, Ov. met. 8, 731. – Protei columnae, die Säulen des Pr., poet. die Grenzen Ägyptens, Verg. Aen. 11, 262. – appellat., von einem veränderlichen, Hor. ep. 1, 1, 90 (wo Akk. -ea), und von einem listigen Menschen, Hor. sat. 2, 3, 71: dah. Beiname des Philosophen Peregrinus, Amm. 29, 1, 39 (wo Akk. -ea).

protheōrēma, atis, *n.* (προθεώρημα), die **Vorbetrachtung, vorläufige Betrachtung,** Mart. Cap. 2. § 138.

prothesis, is, *f.,* s. prosthesis.

prothȳmē (prothūmē), *Adv.* (προθύμως), **gemütlich,** hunc diem sumere (zubringen), Plaut. Pseud. 1268[b].

prothȳmia (prothūmia), ae, *f.* (προθυμία), die **Gemütlichkeit, Freundlichkeit,** M. Aurel. bei Fronto ep. ad M. Caes. 2, 2. p. 26, 23 N.: Plur., Plaut. Stich. 636 u. 659.

prothyra, ōrum, *n.* (πρόθυρα), bei den Griechen der vor der Haupttür befindliche **Vorplatz,** die **Hausflur** (bei den Römern vestibulum), bei den Römern die **Schranken, Einfriedung** vor der Tür (bei den Griechen διάθυρα), Vitr. 6, 7, 5.

prōtinam (protenam), *Adv.* (v. protinus, s. 1. Varro LL. 7, 107; vgl. Paul. ex Fest. 226, 20. Non. p. 376, 4 *sq.*) = protenus, vorklass. b. Komik.; vgl. Bentley Ter. Phorm. 1, 4, 13 (190). Brix Plaut. mil. 1193.

prōtinus, *Adv.,* s. prō-tenus.

Prōtogenēs, is, Akk. em u. ēn, *m.* (Πρωτογένης), ein berühmter griech. Maler aus Kaunos an der Küste von Karien, um 300 v. Chr., Varro LL. 9, 12. Cic. Brut. 70; ad Att. 2, 21, 4. Plin. 35, 81 (Akk. -en). Colum. 1. praef. § 31 (Akk. -em). Quint. 12, 10, 6. Gell. 15, 31, 3 *sq.*

prōtolāpsus, a, um (πρῶτος u. labi), **zuerst gefallen** (bildl.), Adam, Commodian. instr. 1, 35, 1 (wohl wie an anderen Stellen auch hier protoplastus zu lesen; vgl. protoplastus).

prō-tollo, ere, **I** eig.: **1 hervorstrecken, -bringen,** manum, Plaut. Pseud. 860: Pleiades, Avien. Arat. 569. – **2** = ἀνατιθέναι, als *t. t.* der Sakralsprache, eine Opfergabe **aufhängen, weihen,** magmentum, CIL 3, 1933 u. 12, 4333. – **II** übtr.: **1 verlängern, verschieben, aufschieben,** mortem sibi, Plaut. Cas. 447: vitam in crastinum, Plaut. Cas. 680: neque ultra decimum mensem fetura protolli potest, Gell. 3, 16, 15: lustrum hoc unum, Lucil. 7. – **2** Pass. protolli, **aufsteigen, sich erheben,** vox a minore solita ad maiorem protolli, Amm. 31, 7, 11.

prōtomēdia, ae, *f.* (πρωτομηδία), eine Pflanze von gewissen Zauberkräften, Plin. 24, 165.

prōtomysta, ae, *m.* (πρωτομύστης), der Oberpriester eines Geheimkultus, der **Obermyste,** Sidon. epist. 2, 9, 5.

prō-tono, āre, **hervordonnern,** tali protonat irā, Val. Flacc. 4, 205.

prōtoplasma, atis, *n.* (*πρωτόπλασμα), das **erste Geschöpf,** v. ersten Menschen, Ven. Fort. carm. 2, 4, 5.

prōtoplastus, ī, *m.* (πρωτόπλαστος), der **Zuerstgebildete,** v. ersten Menschen (Adam), Ambros. serm. 27. § 5. Alcim. Avit. poëm. 2, 35 (wo prōt. gemessen ist): Plur. (v. Adam u. Eva), Tert. exh. castit. 2; ad nat. 13. Commodian. instr. 2, 17, 4; 2, 22, 2.

prōtoprāxia, ae, Akk. ān, *f.* (πρωτοπραξία), das **Vorrecht** bei Schuldforderungen, nach dem man anderen Gläubigern bei der Bezahlung vorausgeht, Plin. ep. 10, 108 (109), 1.

prōtosedeo, ēre (πρῶτος u. sedeo), **zuerst sitzen, obenan sitzen,** Tert. de cor. mil. 15.

prōtostasia, ae, *f.* (πρωτοστασία), das Vorsteheramt bei der Steuererhebung in den Munizipien, das **Obersteuereinnehmeramt,** spät. ICt.; vgl. Gothofr. Cod. Theod. 11, 23, 2.

prōtotomus, a, um (πρωτότομος), **zuerst abgeschnitten, vom ersten Schnitt,** caules, die ersten zarten Stengel vom Kohl, Colum. poët.: coliculi, Mart.: dass. subst., prōtotomī, ōrum, *m.,* Mart. 10, 48, 16.

prōtotypia, ae, *f.* (πρωτοτυπία), die **Rekrutenstellung,** das Amt eines angestellten Rekrutenhändlers, der denen, die Rekruten zu stellen hatten, solche für schweres Geld lieferte, Cod. Theod. 7, 13, 7 u. a.

prōtotypos, on (πρωτότυπος), **ursprünglich,** metra, Grundmetra, Mar. Victorin. 2, 1, 5. p. 69, 21 K. u. 3, 3, 16. p. 104, 26 K. – subst., prōtotypos, die **Grundform,** Dosith. 41, 8 K.

prōtractio, ōnis, *f.* (protraho), **I** die **Ausdehnung, Dehnung,** nervorum, Th. Prisc. 2, 10. – od. die **Verlängerung, der Zug,** Macr. somn. Scip. 1, 12, 5. – **II** das **Hinausziehen** in der Zeit, nullis protractionibus evitari, Cassiod. var. 12, 2, 5.

prōtractus, ūs, *m.* (protraho), die **Verlängerung,** der **Zug,** longi protractus malorum, CIL 6, 30112 = Buecheler carm. epigr. 543, 6.

prō-traho, trāxī, tractum, ere, **vor-, vorwärts ziehen, I hervorziehen, -schleppen,** zu einem Ort **fort-, hinziehen, fort-, hinschleppen, A** eig.: alqd volsellā, Cels.: alqm e tentorio, Tac.: nescio quibus tenebris protractum portentum, Val. Max.: pedibus informe cadaver protrahitur, Verg. – alqm hinc in convivium, Cic.: alqm capillo in viam, Plaut.: alqm in medium manibus suis, Suet.: alqm ad operas mercennarias, Cic. – **B** übtr.: **1 hervorziehen, a** übh.: alqd in lucem, in medium, Lucr. – **b** prägn., **hervorziehen = ans Licht bringen, offenbaren, entdecken,** facinus per indicium, Liv.: publicanorum fraudes, Vell.: auctorem nefandi facinoris, Liv.: Q. Salvidienum consilia nefaria adversus Caesarem molitum indicio suo, Liv. epit. – **2 fortziehen, a** übh.: videt ad paupertatem protractum esse se, sieht sich zur Armut hinabgesunken, Plaut. trin. 109. – **b** prägn., jmd. zu etw. **nötigen, treiben,** alqm ad indicium, Liv.: ad gestum pueros (v. der infantia linguae), Lucr.: profugos ad arma, Sil. – **II vorwärts-, weiterziehen,** nur übtr.: **1** der Zeit nach **hinausziehen, hinziehen, verlängern,** epulas a medio die ad mediam noctem, Suet.: convivia in primam lucem, Suet.: spectaculum in serum, Suet.: quia bellum Cimbricum protrahebatur, sich in die Länge zog, Eutr.: quo diutius protrahor, Vopisc. – absol., quinque horas protraxit, schleppte sein Leben noch fünf Stunden hin, Suet. Ner. 33, 3. – **2** der Geltung nach bis auf etw. **ausdehnen, erstrecken,** hoc usque ad Graecum sermonem, Ulp. dig. 45, 1, 1 *extr.* – ► Synkop. Perfektformen protraxtis, Sil. 16, 84 u. *Infin.* protraxe, Lucr. 5, 1157.

protrepticon, ī, *n.* (προτρεπτικόν), die **Ermahnungsschrift,** Stat. silv. 5, 2 *lemm.* Treb. Poll. Gallien. 20, 1. Symm. epist. 1, 25. – dass. liber protrepticus, Auson. lib. protr. ad nep. *lemm.* p. 36 Schenkl.

prōtrīmenta, ōrum, *n.* (protero), **Geriebenes, Eingeriebenes,** eine Art dicker Brühe, Apul. met. 8, 31.

protropum, ī, *n.* (πρότροπον), mit u. ohne vinum, der **Vormost,** der Wein, der unausgepresst aus der Kelter fließt, der **Strohwein, Ausbruch,** Vitr. 8, 3, 12 *ed. Rose* (Vulg. protyrum), Plin. 14, 85 u. a.

prō-trūdo, trūsī, trūsum, ere, **fortstoßen, I** eig.: protrudere agereque aëra, Lucr.: cylindrum, Cic.: protrudi penatibus, Amm. – **II** bildl., **weiter hinausschieben,** comitia in Ianuarium mensem, Cic. ep. 10, 26, 3.

prō-tūbero, āre, **hervorschwellen, als Auswuchs hervortreten, -wachsen,** de fronte eius (equi Bucephali) quaedam corniculorum minae protuberabant, Solin. 45, 8: poma protuberant, Solin. 46, 5: oculi protuberantes, Sidon. epist. 7, 11, 12. – bildl., densa ne supra modum protuberent, Auson. cento nupt. praef. p. 141, 9 Schenkl: ne quid hiet, ne quid protuberet, Auson. edyll. 16, 10. p. 149 Schenkl.

prō-tumidus, a, um, **vorn geschwollen, -buckelig,** Apul. de deo Socr. 1.

prō-turbo, āvī, ātum, āre, **forttreiben, fortstoßen, fortjagen, a** leb. Wesen: equites, Caes.: hostes telis missilibusque, Liv.: nostros de vallo, Caes.: alqm de domo, Apul., e domo, Ps. Quint. decl.: alqm solio ab alto, Val. Flacc.: alqm in exsilium, Iustin.: fucos extra tecta, Colum.: proturbatis, qui de Othone nuntiabant, Tac.: militum conviciis proturbatus, Tac.: nemo proturbabatur, nemo summovebatur, Plin. pan. – **b** lebl. Objj.: pectore silvas, niederwerfen, Ov. met. 3, 80: murmur pectore, hervorstoßen, Sil. 5, 605.

prō-tūtēla, ae, *f.*, die **Vizevormundschaft,** Ulp. dig. 27, 3, 1 *in.* u. § 8.

pro-ut, *Coni.*, **sowie, je nachdem,** prout res postulat, Cic.: prout cuique libido est, Hor.: prout res haud opulentae erant, Liv.: proinde ... prout, Sen. u. Quint.: perinde ... prout, Plin. pan.: prout ... ita, Cels. u. a.

prōvectibilis, e (proveho), **des Fortschrittes fähig,** Fulg. contin. Verg. p. 147 M.

prōvectio, ōnis, *f.* (proveho), **I** das **Fortschreiten,** der **Fortgang,** quasi ad contrarium iter prioris itineris provectio, Chalcid. Tim. 74. – **II** die **Beförderung,** Lact. 5, 11, 8.

1. **prōvectus,** a, um, s. prō-veho, bes. (m. *Compar.*) *no.* II, B, 2, a.

2. **prōvectus,** ūs, *m.*, **I** (v. proveho) die **Beförderung, a** übh. die **Förderung,** actio provectusque iustitiae, die Betätigung u. Förderung der G., Augustin. de civ. dei 11, 12. – **b** die **Beförderung** zu Ehren, honestiorum provectu, Aur. Vict. de Caes. 39. § 45. – **II** (v. provehor) das **Vorrücken, a** die Zunahme des Alters, provectu aetatis, mit zunehmenden Jahren, Sidon. epist. 4, 4, 1. – **b** das **Wachstum, Gedeihen,** praesentia domini provectus est agri, Pallad. 1, 6, 1: übtr., prov. animorum, die Erhebung, der Aufschwung, Augustin. de civ. dei 9, 18 *in.* – **c** die **Beförderung,** das **Emporkommen,** in actione provectuque iustitiae perseveraturum usque in finem, in Betätigung u. Förderung der G., Augustin. de civ. dei 11, 12: provectus occasionem habere, Cassiod. var. 1, 24, 1: Plur., Amm. 28, 4, 20.

prō-veho, vēxī, vectum, ere, **vor-, vorwärtsführen, -fahren, fortführen, -fahren, I** aktiv: **A** eig.: pol provexi, avehere non quivi, Plaut. – aër a tergo quasi provehit, Lucr.: alvos apum mulis, Plin.: saxa navis provehit, Plin. ep. – im Bild, vitam in altum, aufs hohe (stürmische) Meer der Gefahr, Lucr. – **B** übtr.: **1** übh., **fort-, zu weit führen, verführen (verleiten), hinreißen, fortreißen,** Passiv provehi = **sich hinreißen** od. **fortreißen lassen** (s. M. Müller Liv. 2, 50, 5), v. lebl. Subjj., vestra benignitas provexit orationem meam, Cic.: haec spes provexit, ut etc., Liv.: ultra privatum pecuniae modum fortuna te provehet, Sen.: gaudio provehente (*sc.* me), Liv.: epulantium comitas provexit omnes ad largius vinum, Curt.: Passiv, studio rerum rusticarum provectus sum, die Vorliebe für das Landleben hat mich zu weit geführt, Cic.: amore provehor, Liv.: provectus est intemperantiā linguae in maledicta, Liv.: aviditate certā provecti, hingerissen, Liv.: largitione, ambitu eo usque corruptionis provectus est, ut etc., trieb er es in der Verführung so weit, dass er usw., Tac. – **2** zu einem Ziel **weiterführen,** vim temperatam in maius, gedeihen lassen, Hor. carm. 3, 4, 66. – u. bes. jmd. **weiterbringen, emporbringen, heben, befördern, avancieren,** studiosus amat, fovet, provehit, Plin. ep.: ecquo te tua virtus provexisset? Cic. – bes. auf dem Felde der Ehren, alqm ad summos honores, Liv.: alqm ad amplissimos honores, Suet.: alqm ad ordines militiae, Frontin.: alqm virtutis causā, Iustin.: alqm in consulatus, censuras et triumphos, Vell.: ii, quos Hadrianus provexerat, Capit.: dignitatem a Domitiano longius provectam, weiter befördert, Tac.: m. dopp. *Acc.*, alqm militiae rectorem (zum usw.), Amm. 26, 5, 2: alqm correctorem Lucaniae, Aur. Vict. epit. 35, 7. – **II** Passiv provehor medial, **fortfahren (fortsegeln), fortreiten, ausrücken, vorrücken, vordringen, A** eig.: **a** v. Pers., u. zwar v. Schiffern, portu, Verg.: in eam insulam non posse ultra quasdam columnas provehi, Plin.: leni Africo provectus, Caes.: in altum provectus, Liv. fr.: provectus navigio in altum, Plin.: im Bild, ipsa sibi imbecillitas indulget in altumque provehitur imprudens, fährt unvorsichtig ins Weite hinaus, Cic. – v. Reitern, paulum ab suis equo provectus, Liv.: provectus ante stationes equo, Liv. – **b** v. Schiffen: serius a terra provectae naves, Caes.: naves provectae in altum, Caes. – **B** übtr.: **1** im Allg., in etw. **fortgehen, weiter-, zu weit gehen,** longius in amicitia provehi, den Weg in der Fr. etwas weiter (miteinander) fortsetzen, Cic.: sentio me longius provectum, quam etc., weiter gegangen als usw., Cic.: quid ultra provehor? was rede ich noch weiter? Verg. Aen. 3, 480 *sq.* – **2** insbes.: **a** der Zeit nach **vorrücken,** (bellum) enim longius provectum est, er zog sich weiter hinaus, Tac. – u. **vorrücken** = zunehmen, provecta nox erat, Tac.: provecto die, Apul. – bes. dem Alter, den Jahren nach, postquam provecta iam senectus, Tac.: provectae aetatis mulieres od. uxores, Firm. math.: so auch provectus aetate, annis, im Alter vorgerückt, in vorgerückteren Jahren, Nep. u. Liv.: longius aetate provectus, Cic.: provectior aetate, Iul. Val., senectute, Arnob.: ebenso virgo provectior (bejahrtere), Ggstz. puella, Sen.: sim provectior Nestore, Auson.: equi provectiores, Pallad. – **b** zu einem Ziel **vorrücken, fortschreiten,** ut in eo provehatur (im Lernen), Quint.: ne ultra nostra provehantur, Quint. – bes. auf dem Felde der Ehren, e gregariis ad summa militiae provectus, befördert, Tac.: Agrippinae gratiā provectus, emporgekommen, Tac.

prō-vēndo, ere, **fort verkaufen,** Afran. fr. bei Donat. ad Ter. adelph. 3, 4, 34.

prō-venio, vēnī, ventum, īre, **vorwärtskommen, I** im Allg., **hervorkommen, 1** eig.: **a** v. Pers.: qui in scaenam novo modo provenit, auftritt, Plaut. Pseud. 568. – **b** v. Lebl.: sputum etiam biliosum et purulentum, sive separatim ista sive mixta proveniunt, Cels.: quibus feminis menstrua non proveniunt, Cels. – **2** bildl., **hervortreten, zutage kommen,** malum maximum, si id palam provenit, Plaut. capt. 222 Sch. – **II** prägn.: **A hervorkommen = erzeugt werden, hervorwachsen, entstehen, 1** eig.: frumentum angustius provenerat, Caes.: cum provenisset segetum copia, Amm.: si (gregalia poma) provenere maturius, Sen.: plumbum provenit, Plin.: quae ibi proveniant, Liv.: ut quae provenerint colligam (im Bild), Plin. ep.: huic lena proveni, Ov.: Ariaemenem primum quidem Dario, sed privato provenisse geboren worden, Iustin. – **2** übtr.: **a hervorgehen, entstehen,** ut ex studiis gaudium, sic studia hilaritate proveniunt, Plin. ep. 8, 19, 2. – v. Pers. = entstehend **aufkommen,** proveniebant oratores novi, Naev. com. fr.: provenere ibi scriptorum magna ingenia, Sall.: quando non in omnibus gentibus varia ingenia provenere? Apul. – **b vorkommen, vorfallen, sich zutragen,** quid certā quādam ratione plerumque proveniat, Colum.: Alexandro simile provenisset ostentum, Suet. – **B fortkommen, 1** eig., v. Gewächsen, **wachsen, gedeihen,** provenit stirps, Colum., arbor, Plin., mire silva, Plin. – prägn., v. Boden, novā ubertate provenire terram, gedeihe, erweise sich fruchtbar, Tac. ann. 16, 2. – **2** übtr.: **a** v. Lebl., **vonstatten gehen, ablaufen, ausfallen,** ut initia belli provenissent, Tac.: sine malo, Plaut. – prägn., **gut vonstatten gehen, gelingen, gedeihen,** carmina proveniunt animo deducta sereno, Ov.: non ignavum et, si provenisset, atrox consilium iniit, Tac.: si destinata provenissent, Tac.: quidquid cogitaret volveretque animo, quamlibet magnum, id esse proventurum, Suet. – **b** v. Pers., **wegkommen, durchkommen,** proveni nequiter, ich bin schändlich weggekommen, Plaut.: cum tu recte provenisti, gut weggekommen bist, glücklich geboren hast, Plaut.

prōventum, ī, *n.*, s. prōventus a. E. ►.

prōventus, ūs, *m.* (provenio), **I** das **Hervorkommen, Hervorwachsen, 1** eig.: herbarum proventus, Graswuchs, Colum.: rosarum, Plin.: uber pr. vinearum, reicher Weinwuchs, Suet.: so proventus fructuarii, Solin. – **2** meton.: **a** der **Ertrag,** die **Ernte,** der **Vorrat,** bes. der reiche, apum, Brut, Plin.: magnus lini, Colum.: optimus frumentorum, Augustin.: frugis arboreae cerealisve, Chalcid. Tim.: proventu oneret sulcos, Verg.: quis pollicetur serenti proventum? Sen.: illi Socratici fetus pr. (bildl.), jener Nachwuchs sokrat. Zucht, Sen. – Plur., servari usque ad alios paene proventus, Plin. – **b** übtr., der (reiche) **Vorrat** = die (große) **Menge,** murium, Plin.: poëtarum, Plin. ep.: oratorum ingens pr., Quint.: tantus novorum pr. scelerum, eine so große Kette neuer Bubenstücke, Lucan. – **II** das **Fortkommen, 1** eig., das **Gedeihen,** equinus, gute Pferdezucht, Solin. 45, 5: frugum, Dict. 6, 11: Plur. frugum proventus (Ggstz. sterilitates), Censor. 18, 7. – **2** übtr., der **Fortgang, Erfolg,** pugnae, Caes.: huius peregrinationis, Apul.: prov. prosperior, Apul.: Plur., secundi rerum proventus, Caes. b. G. 7, 29, 3. – prägn., der **gute-, glückliche Fortgang,** der **günstige Erfolg,** das **Gedeihen,** temporis superioris, Caes.: orationis, Plin. ep.: artium, Apul.: aliarum secundarum rerum velut proventus secutus, Liv. – ► Nbf. prōventum, wov. Abl. Plur. proventis, Avian. fab. 22, 19.

prōverbiālis, e (proverbium), **sprichwörtlich,** ex quo versum istum proverbialem factum ait, Gell. 2, 22, 4.

prōverbiāliter, *Adv.* (proverbialis), **sprichwörtlich,** Acro Hor. sat. 1, 4, 120 u. 2, 2, 64. Amm. 29, 2, 25. Sidon. epist. 2, 6, 1 u. 7, 9, 19.

prōverbium, iī, *n.* (pro u. verbum), **I** das **Sprichwort,** iam tritum sermone proverbium, ein gang u. gäbes Sprichwort, Cic.: venit in proverbium, Liv., od. in consuetudinem proverbii, Cic., ist zum Spr. geworden: ebenso in proverbium cessit, Plin.: unde et in proverbium tractum est ›muli Mariani‹, Frontin.: inde rem ad triarios redisse, cum laboratur, proverbio increbuit, ist zum häufigen (fast gewöhnlichen) Spr. geworden, Liv.: veteri proverbio, nach dem alten Spr., Cic.: quod est Graecis in proverbio, ist bei ihnen ein Spr., Cic.: ut est in proverbio, wie man im Spr. sagt, Cic.: esse in proverbium et in fabulam, Vulg. 3. regg. 9, 7: et usus est vulgari proverbio ›oleum in incendium‹, Porphyr. Hor. sat. 2, 3, 321: ut proverbium loquitur vetus, Amm. 14, 11, 12: ut ait vetus proverbium, Apul. met. 11, 28: usurpabat hoc saepe proverbium, quod supra nos idem et nihil ad nos pertinere, Lact.: unde hic antiquissimus versus vice proverbii celebratus est, Gell.: Graeco proverbio notatum est m. folg. *Acc.* u. *Infin.*, Suet. Tib. 38 *extr.* – Plur., proverbia opportune aptata, Quint.: istius nequitiam in ore vulgi atque in communibus proverbiis esse versatam, Cic. – **II** im weiteren Sinne, der **Spruch, a** = der Ausspruch, proverbia laudis, löbliche Sprüche, Vulg. Sirach 6, 35. – **b** das Gleichnis, Rätsel, Vulg. Sirach 39, 3. Iob 10, 6 u. 16, 25. – ► Falsch prōv. gemessen bei Alcim. Avit. poëm. 6, 387.

prōversus, a, um (*proverto), **vorwärtsgekehrt, vor sich hin gekehrt,** Plaut. fr. b. Varro LL. 7, 81.

prōvidē, *Adv.* (providus), **vorsichtig, weise,** Plin. 10, 97. Frontin. strat. praef. *extr.* Eutr. 9, 23 *extr.* Chalcid. Tim. 139.

prōvidēns, entis, *PAdi.* (v. provideo), **vorsichtig,** Cic. u. a. – quod est providentius, Cic.: providentissimus quisque, Plin. ep.: providentissimus imperator, Frontin. aqu.

prōvidenter, *Adv.* (providens), **vorsichtig, mit Vorsicht,** Sall. u. a. – quanto melius, quanto providentius, Ps. Quint. decl. 14, 8: providentissime constituere alqd, Cic.: providentissime cavere alqd, Augustin.

prōvidentia, ae, *f.* (provideo), **I** das Sehen in die Zukunft, die **Voraussicht,** Cic. u. Sen. – **II** die **Vorsehung, Vorsorge, Fürsorge, 1** eig.: deorum, Cic.: senatoria, Augustin.: mit objekt. *Genet.*, declinandi, Tac.: filiorum suorum, für die usw., ICt.: Plur., providentiae et leges, Tert. adv. Marc. 2, 4. – **2** meton., die **göttliche Vorsehung** = Gott, Sen. u. Quint.

prō-video, vīdī, vīsum, ēre, **vor sich-, in der Ferne sehen, schon von fern sehen** od. **ansichtig werden, I** eig.: alqm non providisse (um ihn zuerst zu grüßen), Komik. u. Hor.: navem, Suet.: nec opinantem in piscinam non ante ei provisam (nicht von ihm vorher bemerkten) proicere, Cels.: m. folg. indir. Fragesatz, iacula in tenebris, ubi quid petatur procul provideri nequeat, inutilia esse, Liv.: e cuius (phengitis lapidis) splendore per imagines, quidquid a tergo fieret, provideret, Suet. – **II** übtr.: **1 in der Ferne der Zeit sehen, vorhersehen,** quod ego, priusquam loqui coepisti, sensi atque providi, Cic.: plus animo providere et praesentire videbatur, Caes.: adeo ut (Ioseph) etiam sterilitatem agrorum ante multos annos providerit, Iustin.: medicus morbum ingravescentem ratione providet, Cic.: omnia providens et cogitans et animadvertens deus, Cic.: futura eloquentia provisa in infante est, Cic.: ante provisa tempestas (Ggstz. subita tempestas), Cic. – **2** für od. gegen etw. **Vorsorge tragen, Vorkehrungen treffen, sorgen, im Voraus besorgen,** einer Sache **vorbauen, a** m. *Acc.*: rem frumentariam, besorgen, Caes.: u. so arma, frumentum, Liv.: frumentum exercitui, frumentum in hiemem, Caes.: supplementum, Vell. – multa, Cic.: omnia, sich um alles bekümmern, seine Augen überall haben, Petron.: consilia in posterum, kluge Vorkehrungen für die Zukunft treffen, Cic.: multum in posterum providerunt, quod etc., Cic.: cetera, quae quidem consilio provideri poterant, cavebantur, Cic.: provisis etiam heredum in rem publicam opibus, nachdem er auch die Macht seiner Erben gegen den St. im Voraus befestigt hatte, Tac. – verb. m. cavere od. praecavere (Vorsichtsmaßregeln treffen), z. B. omnia velut adversus praesentem Hannibalem cauta provisaque fuerunt, Liv.: ita res mihi tota provisa atque praecauta est, ut etc., Cic. – **b** m. *de* u. Abl.: de re frumentaria, Caes.: de Brundisio atque illa ora, Cic. – **c** m. *Dat.*: ex aliorum eventis suis rationibus, Rhet. Her.: saluti hominum, Cic.: verb. vitae hominum consulere et providere (von den Göttern), Cic.: nihil me curassis, ego mihi providero, Plaut.: prov. sibi (sich vorsehen) contra hominem furiosissimum Maximinum, Capit. – **d** m. folg. *ut* od. *ne* u. Konj.: ut (ceterae res) quam rectissime agantur omni meā curā, operā, diligentiā, gratiā providebo, Cic.: omnibus rebus cura et provide, ne quid ei desit, Cic.: satis undique provisum atque praecautum est, ne quid adversus vos in pugna praeter hostes esset, Liv. – **e** absol. = **Vorkehrungen** aus Vorsicht **treffen, Vorsichtsmaßregeln treffen, vorsichtig sein** od. **handeln,** nisi providisses, tibi ipsi pereundum fuisset, Cic.: actum de te est, nisi provides, Cic.: nec ausus est satis nec providit, Ter. – prōvīsō (Abl.), mit Vorbedacht (Ggstz. temere), Tac. ann. 12, 39.

prōvidus, a, um (provideo), **I vorhersehend,** rerum futurarum, Cic.: pr. futuri opinio, Liv.: inesse (feminis) sanctum aliquid et providum, Tac. – **II vorsorgend, 1** übh. = für etw. **Vorsorge** (Fürsorge) **tragend, -sorgend,** natura consultrix et provida utilitatum opportunitatumque omnium, Cic.: pr. rerum vestrarum, Tac. – übtr., providum evenit, eine von göttlicher Vorsehung zeugende Begebenheit, Tac. – **2** insbes., **besorglich, vorsichtig, behutsam,** verb. cautus providusque, Cic., cautus et providus, Liv., prudens et providus, Cic. – übtr., dispice, ne sit parum providum m. folg. *Infin.*, Plin. ep. 2, 10, 5.

prōvincia, ae, *f.* (*prōviōn, Herr, zu gotisch *frauja*, Herr = ahd. frō), der übertragene **Geschäftskreis, Wirkungskreis,** die **Aufgabe,** der **Auftrag,** die aufgetragene **Verrichtung,** die **Geschäfte (Amtsgeschäfte),** der **Dienst,** das **Amt, I** im Allg. (s. Brix Plaut. mil. 1159): ipsi obsonant, quae parasitorum ante erat provincia, Plaut.: nunc tibi hanc ego impero (weise an) provinciam, Plaut.: duram cepisti provinciam, Ter.: illam sibi officiosam provinciam depoposcit, ut … me in meo lectulo trucidaret, Cic.: ferebat graviter illam sibi ab isto provinciam datam, Cic.: Plur., atque heri iam edixeram omnibus dederamque suas provincias, Plaut.: primum erit hoc quasi provincias atomis dare, zuerst muss man den Atomen ihren Dienst anweisen, Cic. – mihi provincia est m. *Infin.* (es ist meine Aufgabe), aliquanto forsan plusculum respondere mihi provincia fuit, Cl. Mamert. de stat. anim. 3, 15 *extr.* – **II** prägn., als publiz. *t. t.*, der einem Magistrate (Prätor, Konsul usw.) angewiesene **Geschäfts-, Wirkungskreis,** die **Geschäfte (Amtsgeschäfte),** der **Auftrag,** das **Amt, A** übh.: **a** v. röm. Magistraten: consules de provinciis suis praetorumque rettulerunt, Liv.: sortiri provincias (inter se), Liv.: parare, comparare provincias inter se, Liv.: partiri provincias, Liv.: pr. alci e venit, Liv.: crescentibus iam provinciis et latius patescente imperio, Liv. – so v. der Jurisdiktion des Prätors, pr. urbana et peregrina, des Prätor urbanus u. peregrinus, Liv.; vgl. praetores ita sortiri iussi, ut flamini Diali utique altera iuris dicendi Romae provincia esset; peregrinam est sortitus, Liv. – v. Oberbefehl über ein Land, ein Volk, cum ambo consules Apuliam provinciam obtinerent, Liv.: Sicinio Volsci, Aquilio Hernici (nam hi quoque in armis erant) provincia evenit, Liv. – v. Kommando über die Flotte, zur See, pr. classis, pr. maritima, Liv. – **b** v. nichtröm.: Hannonis cis Hiberum provincia erat, Hanno hat den Befehl diesseits des Ebro, Liv.: Italia velut provincia ei decreta, Liv.: ipsi (Drappes et Lucterius) inter se provincias partiuntur, Hirt. b. G.: provinciam bene administrare, Nep. – **B** v. der Verwaltung eines unter röm. Oberherrschaft stehenden Landes außerhalb Italiens u. meton. ein solches Land selbst, die **Provinzialverwaltung, Provinz, a** eig.: v. röm.: primus annus provinciae erat, Cic.: secuta provincia est, in qua etc., Cic.: cum imperio in provinciam proficisci, Cic.: dare alci provinciam, Cic.: dare alci provinciam dicis causā, Nep.: provinciam quam maxime alci aptam explicatamque tradere, Cic.: ab alqo provinciam accipere, Cic.: administrare provinciam aequitate et continentiā, Cic.: Asiam provinciam consulari imperio obtinere, Cic.: alci provinciam Ciliciam constituere, Cic.: Africam novam provinciam extra ordinem alci destinare, Liv.: provinciae Galliae praeesse, Cic.: provinciam conficere, Liv.: alqm de provincia devocare, Cic.: provinciam deponere, Cic.: provincias per senatum decretas rescindere, die Verleihung der Provinzen annullieren, Cic.: decedere provinciā, de od. ex provincia, Cic.: bellum a Parthis in provinciam Syriam illatum, Liv. – dah. provincia, die **Provinz,** vorzugsw. **α** v. östlichen Teil des narbonensischen Galliens, Plin. 3, 31. Caes. b. G. 1, 1, 3 u. a. – **β** die Provinz Asien (s. 1. Asia *no.* II, B) Caes. b. c. 3, 31 *sq.* – **b** übtr., v. nichtröm., s. Iustin. 13, 4, 9 *sqq.* – ► Archaist. Genet. provinciai, CIL 5, 3936.

prōvinciālis, e, **zur Provinz gehörig, die Provinz betreffend, provinzialisch, Provinz-, I** *adi.*: scientia, die Provinz zu verwalten, Cic.: administratio, Verwaltung der Provinz, Cic.: abstinentia, Uneigennützigkeit in der Verwaltung der Provinz, Cic.: ebenso parsimonia, Tac.: ornamenta et commoda, einer Magistratsperson in der Provinz, Cic.: equestri et provinciali loco ortus, Tac.: bellum, in der Provinz, Tac.: aditus ad me minime provinciales (gar nicht wie bei anderen Provinzialverwaltern); nihil per cubicularium, Cic. – bes. im Ggstz. zu Italicus (italisch), non Italicus senator provinciali potior est? Claud. or. fr.: sed modo non provincialis, sed Italicus ager est, Colum. – **II** *subst.*, prōvinciālis, is, *m.*, **einer aus einer Provinz,** Plin. ep. u. = **Magistratsperson in der Provinz,** CIL 8, 587. lin. 3. – gew. im Plur., provinciales, **Leute aus der Provinz,** Cic.

prōvinciātim, *Adv.* (provincia), **provinzenweise,** Suet. Aug. 49, 1. Amm. 31, 4. § 4.

prō-vīndēmiātor, ōris, *m.*, der **Vorwinzer,** ein Stern über der rechten Schulter des Sternbildes der Jungfrau, sonst vindemiator gen., griech. προτρυγητής, Vitr. 9, 4, 1.

prōvīsio, ōnis, *f.* (provideo), **I** das **Vorhersehen, a Vorherwissen,** animi, Cic. Tusc. 3, 30. – **b** die **Vorsicht,** animi, Cic. or. 189. – **II** die **Vorsorge, Fürsorge, Vorkehrung, a** für etw.: temporis posteri, Cic.: omni diligentiae provisione, mit aller möglichen Sorgfalt, Eutr.: annonaria, Verproviantierung, Treb. Poll.: m. subj. *Genet.*, provisione maiestatis tuae, Veget. mil.: provisione Severi et Traiani, Lampr. – Plur., honestae provisiones, Firm. math. 1, 2, 8: huiusmodi provisiones, Amm. 17, 3. § 3: egregiae et salutares provisiones, CIL 6, 1741. – **b** gegen etw.: omnium horum vitiorum atque incommodorum una cautio est atque una provisio, ut ne etc., gegen alle diese Mängel u. Nachteile sich zu wahren u. vorzusehen gibt es nur das eine Mittel, dass usw., Cic. de amic. 78.

prō-vīso, ere, **hingehen und nach** etw. **sehen, nachsehen** (s. Spengel Ter. Andr. 957 u. Spengel u. Dziatzko adelph. 889), provisam, quam mox vir meus redeat, Plaut.: huc ad vos proviso, quam mox virginem accersant, Ter.: proviso, quid agat, Ter.: huc proviso, ut etc., Ter.

prōvīsor, ōris, *m.* (provideo), **I** der **Vorausseher,** ingruentium dominationum prov., Tac. ann. 12, 4. – **II** der **Vorerwäger,** utilium tardus prov., Hor. de art. poët. 164. – **III** der **Versorger** mit etw., **a** übh., der Beschaffer, deliciarum suarum, Augustin. de civ. dei 2, 20. p. 78, 14 D.[2] – **b** der Versorger mit Proviant, der Proviantmeister, eiusdem provinciae, CIL 14, 2917: ordinis (decurionum), CIL 10, 3860: civitatis, Vulg. 2. Mach. 4, 2.

prō-vīsus, Abl. ū, *m.* (provideo), **I** das **Vorsichhinsehen,** das **Sehen in die Ferne,** Tac. hist. 3, 22. – **II** übtr.: **A** das **Voraussehen,** periculi, Tac. ann. 1, 27. – **B** die **Vorsorge (Fürsorge), Vorsicht,** m. subj. *Genet.*, deûm, Tac. ann. 12, 6: m. obj. *Genet.* (für), rei frumentariae, Tac. ann. 15, 8: absol., provisu agere, Tac. ann. 12, 12: dispositu provisuque rerum civilium peritus, bei Verfügung und Maßnahme ein Diplomat, Tac. hist. 2, 5.

prō-vīvo, vīxisse, **fort-, weiterleben,** Tac. ann. 6, 25 *in.*

prōvocābilis, e (provoco), **leicht zu erregen,** Cael. Aur. de morb. acut. 3, 21, 198.

prō-vocābulum, ī, *n.*, das für ein anderes stehende Wort, das **stellvertretende Wort,** das **Fürwort,** Varro LL. 8, 45.

prōvocātīcius, a, um (provoco), **hervorgelockt, gereizt,** Tert. adv. Marc. 2, 3.

prōvocātio, ōnis, *f.* (provoco), **I** die **Herausforderung,** per provocationem pugnare, Liv.: octiens ex provocatione victor, Plin.: ex provocatione dimicare, Plin.: ex provocatione hostem interimere, Vell.: alqm ex provocatione interficere, Plin.: sortiuntur contra provocationes duces anulis, Plin. – **II** die **Appellation** an, die **Berufung** auf einen höheren Richter, prov. ad populum, Cic. u. Val. Max.: pr. adversus magistratus ad populum, Liv.: appellatio provocatioque adversus iniuriam, Liv.: provocatione certare, Vet. lex bei Liv.: dare populo ius provocationis adversus consules, Flor.: provocationem interponere, ICt.: sine provocatione dictatura est, Liv.: est provocatio, man kann (darf) appellieren, Liv.: provocationem ad populum et a regibus fuisse, Sen.: magistratus sine provocatione, von der nicht an eine andere appelliert werden kann, Liv.: poena sine provocatione, gegen die der zu Bestrafende nicht an eine andere Behörde appellieren kann, Cic. – Plur., provocationes omnium rerum (in allen Stücken), Cic. de rep. 1, 62.

prōvocātīvus, a, um (provoco), **I** passiv = **hervorgelockt,** Tert. de anim. 37 *extr.* – **II** aktiv = **hervorlockend, abführend,** unguenta, Cael. Aur. de acut. 3, 4, 40.

prōvocātor, ōris, *m.* (provoco), der **Herausforderer** zum Kampf, Liv. epit., Flor., Aur. Vict. u. a. – als eine besondere Art von Gladiatoren, die nicht festen Fußes, sondern den Gegner geschickt von irgendeiner Seite plötzlich angriffen, Cic. Sest. 134. CIL 4, 2483. 5, 4502 u. 6, 631.

prōvocātōrius, a, um (provocator), **I zur Herausforderung gehörig,** dona, Geschenke, die dem gegeben wurden, der einen Feind herausgefordert und getötet hatte, Gell. 2, 11, 3. – **II hervorlockend, abführend,** pr. medicamentum ventris, Plin. Val. 2, 25.

prōvocātrīx, trīcis, *f.* (Femin. zu provocator), **hervorlockend, reizend,** Lact. 6, 18, 19.

prō-voco, āvī, ātum, āre, **hervor-, herausrufen, herrufen, aufrufen, I** im Allg.: **a** eig.: erum, v. Diener, Plaut.: ebenso cuidam servulo mandant, ut ad se provocet Simonidem, Phaedr.: Pamphilam cantatum, hervorrufen, Ter. – **b** übtr., lebl. Objj., hervorkommen-, hervorsteigen, hervorwachsen machen, roseo ore diem, v. der Aurora, Ov.; vgl. dum rota Luciferi provocet orta diem, Tibull.: pr. et elicere novas radiculas, Colum.: pr. fascinum ab inguine, Hor. – **II** insbes.: **A aufrufen, auffordern, ersuchen, anregen,** im üblen Sinne = **reizen, 1** übh.: **a** eig.: tacentes vel summissim fabulantes ad communionem sermonis, Suet.: alqm omni comitate ad hilaritatem et iocos, Suet.: ne nos comitate ac munificentiā nostrā provocemus plebem, Liv.: im Passiv, qui mecum non solum a me provocatus, sed etiam suā sponte de te communicare solet, Cic.: beneficio provocati, Cic.: nullā iniuriā provocatus, gereizt, Tac. – **b** übtr., lebl. Objj.: **α** m. *Acc.* dessen, was man auffordert: felicitas temporum, quae bonam conscientiam civium tuorum ad usum indulgentiae tuae provocat et attollit, Plin. ep. 10, 12 (7) *extr.* – **β** m. *Acc.* dessen, wozu man auffordert, anregt, comitate officia, Tac.: sermones, Plin. pan. – **2** zum Kampf, zum Wettkampf im Spiel, Trinken usw. **auffordern, herausfordern, reizen, a** eig., zum Kampf, alqm ad pugnam, Cic., ad certamen, Flor.: u. so oft absol., provocantes u. dgl., Liv. (s. Weißenborn Liv. 3, 60, 3 u. Fabri Liv. 23, 16, 4). – oft im Passiv, provocatus maledictis, iniuriis, Cic.: minis et verbis, bello, Tac. – zum Spiel, alqm in aleam, ut ludat, Plaut.: alqm tesseris, Macr. – zum Trinken, alqm ad bibendum, Vopisc.: oleo et mero viros, Sen. – mit *Infin.*, **einen Preis darauf setzen,** e iecore eorum (mullorum) alecem excogitare provocavit, Plin. 9, 66. – **b** bildl., jmd. durch etwas gleichs. zum Wettkampf **herausfordern,** mit jmd. in etw. **wetteifern, -es aufnehmen,** senes illos virtute, Plin. ep.: elegiā Graecos, Quint. – Crispinus minimo me provocat, zu einer Wette um eine Kleinigkeit, Hor. – übtr., v. lebl. Subjj., omnes has eius (roboris) dotes ilex solo provocat cocco, Plin.: immensum latus Circi templorum pulchritudinem provocat, Plin. ep. – **B** als gerichtl. *t. t.*, jmd. **vorladen, vorfordern, belangen, 1** übh.: pr. alqm ad iudices, Apul.: alqm apud iudicem, ICt.: absol., pr. ad iudicium, ICt. – **2** prägn., den Kläger vor eine höhere Instanz **berufen,** an eine höhere Instanz **appellieren, a** eig.: **α** zur Zeit der Republik an das Volk (urspr. die Zenturien, später die Tribus), provoco, Liv.: pr. ad populum, Cic. u. a.: pr. a duumviris, Liv. – pr. iudicium ad populum, Val. Max. 8, 1, 1. – **β** zur Kaiserzt. übh. an einen höheren Richter, in letzter Instanz an den Kaiser, pr. ad competentem iudicem et ab eo ad principem, ICt.: pr. adversus sententiam, ICt.: provocandi auxilium perdere, ICt. – **b** übtr., **an** jmd. od. etw. **appellieren, sich auf** jmd. od. etw. **berufen,** pr. ad Catonem, Cic.: ad litteras alcis, Apul.: ad Iudaeorum codices, Augustin. – ► Perf.-Form provocuit, Fulgent. ed. Helm p. 166, 9.

prōvolgo, s. prō-vulgo.

prō-volo, āvī, ātum, āre, **hervorfliegen, I** eig., **ausfliegen,** pulli provolant, Plin.: apes provolant, Plin. – **II** übtr., v. Menschen, **hervorstürzen, hervoreilen,** subito, Caes.: ad primores, Liv.

prō-volvo, volvī, volūtum, ere, **vorwärts-, vor sich hinwälzen, -rollen, hinwälzen, I** eig.: **a** im Allg.: cupas ardentes in opera, Hirt. b. G.: ingentia saxa in subeuntes, Curt.: alqm in mediam viam, hineinstoßen, Ter.: se cum armis, sich herabwälzen, Liv.: membra provolvunt rotae, Sen. poët.: ut erumpat torrens tantā vi, ut saxa provolvat, mit sich fortreißt, Plin.: subito mare persubhorrescere caecosque fluctus in se provolvere leniter occepit, Sisenn. fr. – **b** insbes., refl. u. medial = **sich hinwerfen, niederfallen,** se alci ad pedes, zu Füßen fallen, Liv.: provolvi ad pedes, Liv. u. Curt., ad pedes alcis, Flor.: provolvi ad genua alcis, Liv. u. Fronto: provolvi genibus alcis, Tac. u. Iustin. – **II** bildl.: **a** im Allg.: multi fortunis provolvebantur, wurden aus ihrem Hab u. Gut fortgeschleudert = um ihr Hab u. Gut gebracht, Tac. ann. 6, 17: provolutus effususque in iram, von maßlosem Zorn hingerissen, Gell. 1, 26, 7. – **b** insbes., medial = sich **erniedrigen,** pari cupidine usque ad libita (Lüste) Pallantis provoluta, Tac. ann. 14, 2. – ► parag. *Infin.* Präs. Pass. provolvier, Arnob. 7, 4. p. 240, 22 *Reiff.*

prō-vomo, ere, **hervorspeien,** prester … turbinis immanem vim provomit atque procellae, Lucr. 6, 447.

prōvōrsus, *Adv.* = prorsus (örtlich), Plaut. Pseud. 955 G.

prō-vulgo (**-volgo**), āvī, ātum, āre, **öffentlich bekanntmachen,** coniurationes, Suet. Ner. 36, 1: eas litteras, Apul. apol. 84: opera, Sidon. epist. 9, 11, 4: facti miraculum, Sulp. Sev. chron. 2, 5. § 4: id noluit provulgari, quod Petrus senserat, Tert. adv. Marc. 4, 21: qui de se tantum et adhuc invitus quiddam provolgat, Donat. Ter. adelph. prol. 4.

prox, *Interi.* (= proba, bona vox, nach Fest. p. 253 [a], 7 u. Paul. ex Fest. 252, 2), **mit Verlaub zu melden,** Plaut. Pseud. 1279.

proxenēta, ae, *m.* (προξενητής), der **Unterhändler** beim Verkaufen, Borgen usw., der **Makler, Sensal,** Sen. ep. 119, 1. Mart. 10, 3, 4. Ulp. dig. 50, 14, 2 u. 3.

proxenēticum, ī, *n.* (προξενητικόν), der **Maklerlohn,** ICt.

proximātus, ūs, *m.* (proximus), die **nächste Stelle** nach dem *magister sacrorum scriniorum,* Cod. Theod. 6, 26, 11 u. 17.

proximē, *Adv.*, s. prope.

proximitās, ātis, *f.* (proximus), **I** eig., die **Nähe, Nachbarschaft,** Vitr. u. Ov. – **II** übtr.: **1** die **Nähe der Verwandtschaft,** Ov. u. Quint. – **2** die **Ähnlichkeit,** Ov. u. Apul. – **3** die **nahe Berührung, Verbindung,** Apul. de dogm. Plat. 2, 14.

1. proximo, āvī, ātum, āre (proximus), **sich nähern, nahe daran sein, -liegen, nahe herankommen,** m. *Dat.*, proximat ei Margiane regio, Solin. 48, 2: m. *Acc.*, ripam maris, Apul.: absol., senex per viam proximat, Apul.: ut imago etiam videatur proximare, Chalcid. Tim.: luce proximante, mit Tagesanbruch, Apul.: iam proximante die, Solin. – miles ad secreta iudicis proximatus, Cassiod. – *neutr. pl.* des Partiz. Präs. subst., ut pronius sit cutis laevitate proximantia aemulari, Solin. 30, 26.

2. proximō, *Adv.* (*Abl.* v. proximus), **ganz kürzlich,** Cic. ad Att. 4, 17, 3 (= 4, 18, 5) zw. Apul. met. 1, 4.

proximus (proxumus), a, um, s. propior.

proxumē, *Adv.,* s. prope.

prūdēns, entis (zsgz. aus providens), gleichs. voreinsichtig, **I** *Partic.* = **wissentlich, mit Wissen, mit Vorbedacht,** quos prudens praetereo, Hor. – gew. verb. mit sciens, wie prudens et sciens ad pestem sum profectus, Cic.: quod sibi prudens ac sciens minus noxium temperasset, Suet.: ne te sciens prudensque eo demittas, unde etc., Cael. in Cic. ep.: u. asyndetisch, prudens sciens pereo, Ter. – **II** *Adi.:* **A** etwas **deutlich kennend, wohlwissend, mit hellem Blick** in etwas, mit etwas **wohlbekannt,** einer Sache **kundig,** in etw. **erfahren, a** m. *Genet.:* multarum veterum legum, Enn.: belli, Sall. fr.: rei militaris, Nep.: litterarum ad elegantiam, wissenschaftlich fein gebildet, Aur. Vict.: locorum, Liv.: non solum agricolationis sed universae naturae, Colum.: animorum provinciae, Tac.: prudentiores rerum rusticarum, Colum.: moderandi, Tac.: adulandi gens prudentissima, Iuven. – subst., iuris prudentes, die Rechtskundigen, -gelehrten, ICt. – **b** m. folg. *Infin.* od. *Acc.* u. *Infin.:* nec in sepulcris pauperum prudens anus novendiales dissipare pulveres, Hor. epod. 17, 47 *sq.:* satis prudens, otii vitia negotio discuti, Curt. 7, 1, 4: ob ea se peti prudens, Plin. 8, 111: prudens hanc (urinam) quoque exitialem (*sc.* esse), Plin. 8, 136: verb. sciens prudensque se praegnantem non esse, Ulp. dig. 25, 6, 1. § 2. – **c** absol. u. zwar subst., prudentes, die Sachkundigen = die Rechtskundigen, -gelehrten, ICt. – **B** prägn., von dem, der mit praktischem Blick, mit Umsicht u. Einsicht die rechten Mittel zu wählen versteht, **umsichtig, einsichtsvoll, verständig, klug, gescheit, lebensklug, staatsklug, a** absol.: vir pr. et acutus, Cic.: nemo (Catone) prudentior, Cic.: vos homines amicissimi ac prudentissimi, Cic. – übtr., v. Lebl.: animi sententia, Ov.: consilium, Cic. u. a.: consilium prudentissimum, Nep. u. Auct. b. Alex. – **b** m. allg. *Genet.,* ceterarum rerum pater familias prudens et attentus, ein in allen übrigen Stücken (= sonst) kluger u. sorgfältiger H., Cic. Quinct. 11. – **c** m. *in* u. Abl.: pr. in iure civili, Cic.: in existimando admodum pr., Cic.: Stoici prudentissimi in disserendo, Cic. – **d** m. *ad* u. Akk.: vir ad usum ac disciplinam peritus, ad consilia prudens, Cic.

prūdenter, *Adv.* (prudens), **mit praktischem Blick** od. **Verstand, mit Umsicht, mit Einsicht, mit Sachkunde, umsichtig, einsichtsvoll, klug, verständig,** facere, Cic.: intellegere, Cic.: impigre prudenterque suorum et hostium res pariter attendere, Sall. – num vates … belli administrationem prudentius quam imperator coniecturā assequetur? Cic.: non potuisse quemquam prudentius gerere se quam tu gesseris existimo, Aug. bei Suet.: videntur acutissime sententias suas prudentissimeque defendere, Cic.

prūdentia, ae, *f.* (prudens), **I** die **genaue Kenntnis, Wissenschaft,** iuris pr., ICt.: pr. iuris publici, Cic.: magna pr. cum iuris civilis tum rei militaris, Nep.: futurorum, der helle Blick in die Z., Cic.: physicorum est ista prudentia, Cic. – **II** prägn., die **Umsicht,** der **helle, praktische Verstand,** die **Einsicht, Klugheit** (Ggstz. stultitia, temeritas), u. vorzugsw. bald **Lebensklugheit,** bald **Staatsklugheit,** Cic. u. a.: prudentia litterarum tuarum (in deinem Br.) valde mihi est grata, Cic. – intellegendi pr., die intellektuellen Geisteskräfte, Cic.

prūdenticulus, a, um (prudens), **gar klug,** Anecd. Helv. 236, 19 H.

Prūdentius, iī, *m.,* vollst. Aurelius Prudentius Clemens, ein christl. Dichter in der letzten Hälfte des 4. Jahrh., aus Kalagurris in Hispanien, Sidon. epist. 2, 9, 4. Al im. Avit. ad Fascin. soror. 416.

prūditās, ātis, *f.* = prudentia, Varro sat. Men. 140.

pruīna, ae, *f.* (aus **prusu̯ina,* vgl. altind. *pruṣvá,* Tropfen, Reif, gotisch *frius,* Frost, ahd. *friosan,* frieren), **I** der **Reif,** im Sing. u. Plur., Cic. u. a.: pruinae ac nives, Curt., nives ac pruinae, Veget. mil.: pr. matutinae, Ov.: nive pruināque concrescere, Cic.: obrigescere pruinā, Varro LL., per pruinam, Pacuv. tr., nive pruināque, Cic. – im Ggstz. zu ardor solis, Cic., u. Plur. pruinae im Ggstz. zu ardores solis, Gell. – **II** Plur. pruinae meton.: **A** = **Winter,** ad medias pruinas sementem extende, Verg. georg. 1, 230. – **B** der **Schnee,** pruinae gelidae, Lucr.: circumfusa pruinis corpora magna boum, Verg.

pruīnōsus, a, um (pruina), **voller Reif, bereift, I** eig.: regio, Col.: nox, Ov.: axis (Aurorae) pruinosus = *matutinus,* Ov. – **II** poet. übtr.: panni, frostige, nicht gegen Kälte schützende, Petron. poët. 83, 10. *v.* 5 (wie toga algens, Mart. 12, 36, 2).

prūna, ae, *f.,* die **glühende Kohle,** Plin., Hor. u. a.

prūniceus, a, um (prunus), **vom Pflaumenbaum,** torris, Ov. met. 12, 272.

prūnulum, ī, *n. (Demin.* v. prunum), die **kleine Pflaume,** Senecae mollibus et febriculosis prunuleis (archaist. = prunulis) insita, Fronto de orat. 1 *in.* p. 155, 20 N.

prūnum, ī, *n.* (prunus), die **Pflaume,** Hor., Plin. u. a.: cerea pruna, Wachspflaumen, Verg.: silvestria pruna, Schlehen, Plin.

prūnus, ī, *f.* (προύνη), der **Pflaumenbaum,** Plin. u. a.: silvestris, Schlehendorn, Colum. u. Plin.

prūrīginōsus, a, um (prurigo), **mit Grind behaftet, grindig,** Gaius dig. 21, 1, 3. Not. Tir. 111, 83.

prūrīgo, inis, *f.* (prurio), **I** das **lüsterne Jucken,** die **Lüsternheit,** longa, Mart. 11, 73, 3: obscena, Mart. 4, 48, 3. Auson. epigr. 108, 5. – **II** meton., der juckende **Grind** am Körper, Plin. 20, 178 u. 23, 20. Suet. Aug. 80. Mart. 14, 23, 1: pr. in capite, Kopfgrind, Plin. 25, 136: Plur., prurigines capitis, Marc. Emp. 4 *in.* Vgl. porrigo.

prūrio, īre, **jucken, I** im Allg.: frons prurit, Cels.: os prurit, Scrib. Larg.: angulus ocelli prurit, Iuven. – **II** insbes., **jucken, ein Jucken haben, A** von Gliedern, **a** = nach Schlägen lüstern sein, malae an dentes tibi pruriunt? es juckt dir wohl in den Backen u. Zähnen? Plaut. – od. Schläge fürchten, dentes pruriunt, Plaut.: scapulae pruriunt, Plaut.: dorsus totus prurit, Plaut. – **b wirr sein, brennen,** caput prurit, mir brennt der Kopf, Plaut. Bacch. 1192. – **B** v. Menschen, **lüstern sein, a** nach Wollust, **geil-, üppig sein,** Plaut., Catull. 16, 9 u. a.: übtr., v. Lebl., carmina pruriant, Mart.: prurire opusculum Sulpitiae, Auson.: quod pruriat (die Geilheit) incitare, Catull. – m. *Acc. neutr.* st. des *Adv.,* tam blandum prurit, Mart. 14, 203, 1. – **b** nach Kampf **gelüsten,** in pugnam, Mart. 3, 58, 11.

prūriōsus, a, um (prurio), **I Jucken verursachend,** bulbus, Cael. Aur. de morb. chron. 2, 1, 33 (Amman korrupt pluriosum). – **II** Jucken habend = **lüstern,** puella, Priap. 62, 18.

prūrītīvus, a, um (prurio), **Jucken verursachend, juckend,** ulcera, Plin. 19, 157.

prūrītus, ūs, *m.* (prurio), das **Jucken,** Plin. 9, 146 u. a. Ser. Samm. 97: Plur., pruritibus mederi, pruritus tollere, Plin. Val. 1, 4. – insbes., das **lüsterne Jucken,** die **Lüsternheit,** Mart. Cap. 1. § 7.

Prūsa, ae, *f.,* eine Stadt in Bithynien am Berg Olympus, j. *Brussa,* Plin. 5, 148. Plin. ep. 10, 81 (85), 1. – Nbf. **Prūsias,** adis, *f.,* Plin. ep. 10, 58 (66), 5; 81 (85), 6. – Dav. **Prūsēnsēs,** ium, *m.,* die Einw. von Prusa, die **Pruser,** Plin. ep. 10, 17 (28), 5 u. a.

Prūsia, s. 2. Prūsiās.

Prūsiacus u. **-adēs,** s. 2. Prūsiās.

1. Prūsias, adis, *f.,* s. Prūsa.

2. Prūsiās, ae, *m.,* König von Bithynien, der den flüchtigen Hannibal aufnahm, ihn aber später an die Römer auslieferte u. zuletzt von seinem Sohn Nikomedes getötet wurde, Cic. de div. 2, 52. Nep. Hann. 10 *sqq.* Liv. 39, 51, 3 u. a.: Nbf. Prūsia, ae, *m.,* Liv. 29, 12, 14; 38, 39, 15. – Dav.: **A Prūsiacus,** a, um, **prusiazisch, des Prusias,** ora, Sil. 13, 888. – **B Prūsiadēs,** ae, *m.,* ein Abkömmling des Prusias, ein **Prusiade,** Varro sat. Men. 407.

prymnēsius, a, um (πρυμνήσιος), **zum Schiffshinterteil gehörig,** palus, zum Anbinden des Schiffes am Ufer, Lucil. 1371; vgl. Paul. ex Fest. 224, 16.

prytanēum (prytanīum, prytanaeum), ēī, *n.* (πρυτανεῖον), das **Stadthaus** in den griechischen Städten, wo die prytanes sich versammelten und speisten, und wo auch verdienten Männern auf Lebenszeit Unterhalt gegeben wurde, das **Prytaneum,** in Athen, Cic. de or. 1, 232: in Syrakus, Cic. Verr. 4, 119 M (prytanium): in Cyzikus, Liv. 41, 20, 7. Plin. 36, 99: in Regium in Kalabrien, CIL 10, 6 (wo prytanaeum).

prytanis, Akk. in, *m.* (πρύτανις), eine der höchsten obrigkeitlichen Personen in einigen griechischen Staaten, der **Prytane,** Sen. de tranqu. anim. 4, 5 H.: Akk. -in, Liv. 42, 45, 4.

psacas, s. psecas.

psallo, psallī, ere (ψάλλω), **I** auf einem Saiteninstrument-, insbes. auf der Zither spielen, mit und ohne Gesangsbegleitung, **die Zither spielen, zur Zither singen,** psallendi scientia, Aur. Vict.: psallere et saltare elegantius quam necesse est probae, Sall.: qui canerent voce et qui psallerent, Gell.: cantare et psallere iucunde, Suet.: psallere docta, zur Zither singen, Hor.: unpers., in caelo cantatur et psallitur, Arnob. 3, 21. – **II** insbes., die **Psalmen Davids singen,** mit od. ohne Saiteninstrument, Eccl.: unpers., psallitur, Sidon. epist. 5, 14, 3.

psalma, atis, *n.* (ψάλμα), das mit Begleitung eines Saiteninstrumentes gesungene Lied, der **Psalm,** Eccl.

psalmicen, inis, *m.* (psalmus u. cano), der **Psalmensänger,** Plur., Sidon. epist. 5, 17, 3.

psalmista, ae, *m.* (ψαλμιστής), der **Psalmendichter, -sänger,** der **Psalmist,** Hieron. adv. Pelag. 1, 1 u. 3, 1. Ambros. de paenit. 2, 8. § 72.

psalmizo, āre, **Psalmen singen,** in cithara, zur Zither, Cassiod. expos. in psalm. 97, 7.

psalmōdia, ae, *f.* (ψαλμῳδία), das **Singen von Psalmen,** Hieron. epist. 108, 19 u. a. Eccl.

psalmographus, ī, *m.* (ψαλμογράφος), der **Psalmendichter,** Eccl. u. Not. Tir. 117, 87ᵃ.

psalmus, ī, *m.* (ψαλμός) = psalma, der **Psalm,** Eccl.: psalmum deo dicere, Eccl.

psaltērium, iī, *n.* (ψαλτήριον), **I** ein zitherartiges Saiteninstrument, der **Psalter,** Varro fr., Cic. u. a. – **II** meton., das zum Psalter Gesungene, **A** in der Volkssprache, das **Schimpflied, Spottgedicht,** Paul. sent. 5, 4. § 16. – **B** der **Psalter** Davids, die **Psalmen** Davids, Hieron. epist. 53, 8 u. 108, 19 125, 11. Isid. orig. 6, 2, 15.

psaltēs, ae, Akk. em, *m.* (ψάλτης), der **Saitenspieler,** der **Zitherspieler,** Varro fr., Quint. u. a.

psaltria, ae, *f.* (ψάλτρια), die **Saitenspielerin, Zitherspielerin,** Ter., Cic. u. a.

Psamathē, ēs, *f.*, **I** Tochter des argivischen Königs Krotopus, pater Psamathes, Ov. Ib. 571. – **II** eine Meernymphe, Mutter des Phokus, Ov. met. 11, 398. – **III** eine Quelle in der Nähe von Psammathus in Lakonien, Plin. 4, 17. Val. Flacc. 1, 365.

Psammathūs, ūntis, *f.* (Ψαμμαθοῦς oder Ψαμαθοῦς), eine Hafenstadt in Lakonien, nordwestlich vom Vorgebirge Tänarum, j. *Porto Quaglio* od. *Kaio,* Plin. 4, 16.

Psammētichus, ī, *m.* (Ψαμμήτιχος), ein alter König von Ägypten, um 670 v. Chr., der Sage nach der Erbauer des Labyrinths, Plin. 36, 84. Mela 1, 9, 5 (1. § 56).

psarānus lapis, der bunte Granit, Plin. 36, 157.

psathyropōla, ae, *m.* (ψαθυροπώλης), der **Kuchenverkäufer,** Cassiod. hist. eccl. trip. 9, 40.

psecas, adis, *f.* (ψεκάς, bespritzend), **I** Name der Sklavin, die ihrer Herrin die Haare salbt u. ordnet, Iuven. 6, 491 u. 494: so auch psecade natus, Cael. in Cic. ep. 8, 15, 2 (Müller psacade). – **II** Psecas, adis, *f.*, Name einer Nymphe im Gefolge der Diana, Ov. met. 3, 172.

pseliūmenē, Akk. ēn, *f.* (ψελιουμένη v. ψελιόω), die **Bekränzte,** eine Statue des Praxiteles, Plin. 34, 70.

psēphopaecta, ae, *m.* (ψηφοπαίκτης), der **Taschenspieler, Jongleur,** Firm. math. 3, 7, 15.

psēphisma, atis, *n.* (ψήφισμα), der **Volksbeschluss** bei den Griechen (das plebiscitum der Römer), Cic. Flacc. 15. – zur Kaiserzeit = eine auf Volksbeschluss beruhende **Dankadresse** einer griech. Gemeinde an den Kaiser, Plin. ep. 10, 43 (52), 1.

psētta (psitta), ae, *f.* (ψῆττα), eine Art **Schollen,** gew. rhombus gen., Plin. 9, 57.

pseudapostolus u. **pseudoapostolus,** ī, *m.* (ψευδαπόστολος), der **unechte Apostel,** Eccl.

pseudenedrus, ī, *m.* (ψευδένεδρος), der **erdichtete Nachsteller,** Firm. math. 3, 8, 7.

pseudisodomos, ī (ψευδισόδομος), **nicht gleichmäßig gebaut** (Ggstz. isodomus), genus structurae, der falsche Ebenbau, Vitr. 2, 8, 6. Plin. 36, 171.

pseudoanchūsa, ae, *f.* (ψευδοάγχουσα), die **unechte Ochsenzunge,** eine Pflanze, Plin. 22, 50.

pseudoapostolus, s. pseudapostolus.

pseudobaptizātus, a, um, **falsch getauft,** Cypr. sent. episc. 4. p. 438, 4 H.

pseudobūnion, iī, *n.* (ψευδοβούνιον), das **unechte Bunium,** eine Strauchart, Plin. 24, 153.

Pseudocato, ōnis, *m.* (Ψευδοκάτων), der **falsche (unechte) Kato,** bonis utimur tribunis pl., Cornuto vero Pseudocatone, an Kornutus sogar einen, der wirklich einen kleinen Kato spielt, Cic. ad Att. 1, 14. § 6.

Pseudochristus, ī, *m.* (ψευδόχριστος), der **falsche Christus,** Augustin. in psalm. 49, 3 u. a. Eccl.

pseudo-comitātēnsēs, ium, *m.*, **Afterkomitatenser,** Cod. Theod. 8, 1. 10.

pseudocypīrus, ī, *f.* (ψευδοκύπειρος), **falscher Cyperus,** ein dem cyperus ähnlicher Strauch, Plin. 17, 95.

Pseudodamasippus, ī, *m.*, der **falsche (unechte) Damasippus, Scheindamasippus,** Cic. ep. 7, 23, 3.

Pseudodecimiānus, a, um, den pira Decimiana ähnlich, **afterdezimianisch,** Plin. 15, 54.

pseudodiāconus, ī, *m.* (ψευδοδιάκονος), der **falsche (unechte) Diakonus,** Hieron. epist. 143, 2.

pseudodictamnum, ī, *n.* (ψευδοδίκταμνον), **unechter Diptam,** Plin. 25, 92 u. 26, 161. – Nbf. **pseudodictamnos,** ī, *f.*, Ps. Apul. herb. 62.

pseudodipteros, on (ψευδοδίπτερος), **scheinbar zweisäulig,** Vitr. 3, 1 u. 2 u. a.

pseudodoctor, ōris, *m.*, der **Afterlehrer,** pseudodoctores, quibus hic mundus repletus est, (Hilar.) anon. in Iob 1. p. 92.

pseudoëpiscopus, ī, *m.* (ψευδεπίσκοπος), der **falsche (unechte) Bischof,** Cypr. epist. 55, 24 u. a.

pseudo-flāvus, a, um, **nicht recht gelb, fast gelb, -gelblich,** Marc. Emp. 8.

pseudoforum, ī, *n.* (*ψευδόφορον) = pseudothyrum (s. d.), Sulp. Sev. dial. 3, 14, 1. Ven. Fort. vit. S. Mart. 4, 388.

pseudographus, a, um (ψευδόγραφος), **mit falscher Überschrift, unecht,** liber, Hieron. in Isai. prol. (tom. 4. p. 21, 1 M.). Cassiod. inst. div. litt. 5.

pseudo-liquidus, a, um, **flüssigscheinend,** Marc. Emp. 16.

Pseudolus, ī, *m.* (ψεύδω), das **Lügenmaul,** Titel eines der vorzüglichsten Lustspiele des Plautus, Cic. de sen. 50.

pseudomenos, ī, *m.* (ψευδόμενος), der **verfängliche, falsche Syllogismus,** rein lat. mentiens, Cic. Acad. 2, 147. Cic. Hortens. fr. 45 Kays. (fr. phil. V, 55 M). Fronto de eloqu. p. 146, 8 N. (wo griech. Akk. Plur. pseudomenūs).

pseudomonachus, ī, *m.* (ψευδομόναχος), der **angebliche Mönch,** Hieron. epist. 57, 2.

pseudonardus, ī, *f.* (ψευδόναρδος), die **unechte Narde,** Plin. 12, 43.

pseudopatum, ī, *n.* (ψευδόπατον), der **Scheinboden, unechte Boden** (im Haus), Cod. Iust. 8, 10, 12. § 3.

pseudoperipterus, um (ψευδοπερίπτερος), **scheinbar ringsherum mit Säulen versehen,** Vitr. 4, 8, 6.

Pseudophilippus, ī, *m.* (Ψευδοφίλιππος), der **falsche Philippus,** s. Andriscus.

pseudoprophētēs, ae, *m.* (ψευδοπροφήτης), der **falsche Prophet,** Augustin. in psalm. 49, 3 u. a. Eccl.

pseudoprophētīa, ae, *f.* (ψευδοπροφητεία), die **falsche Prophezeiung,** Tert. de ieiun. 11.

pseudoprophēticus, a, um (ψευδοπροφητικός), **falsch prophezeiend,** Tert. de pudic. 21.

pseudoprophētis, idis, *f.* (ψευδοπροφῆτις), die **falsche Prophetin,** Tert. de anim. 57.

pseudosacerdōs, ōtis, *m.*, der **Afterpriester,** Ignat. ep. interp. ad Magnes. 3.

pseudoselīnum, ī, *n.* (ψευδοσέλινον), das **unechte Selinum,** eine Pflanze, sonst apiastrum gen., Ps. Apul. herb. 2.

pseudosmaragdus, s. pseudozmaragdus.

pseudosphēx, ēcis, *f.* (ψευδόσφηξ), die **falsche Wespe,** eine Art Wespen, die einzeln fliegen, Plin. 30, 98.

pseudosynodus, ī, *f.* (ψευδοσύνοδος), die **nicht gesetzliche Synode** (Kirchenversammlung), Augustin. in psalm. 56.

pseudothyrum, ī, *n.* (ψευδόθυρον), die **geheime Tür,** die **Hinterpforte** (Ggstz. ianua), **a** eig.: palatii, Amm. 14, 1, 3. Oros. 7, 6, 17. – **b** bildl.: per pseudothyrum revertantur (nummi), durch die Hintertür, d.i. auf eine geheime Art, Cic. Verr. 2, 50: non ianuā receptis, sed pseudothyro intromissis voluptatibus, von widernatürlicher Unzucht, Cic. post red. in sen. 14.

pseudo-urbānus, a, um, der städtischen Art nachgemacht, **afterstädtisch,** aedificia, Vitr. 6, 5, 3.

pseudozmaragdus, ī, *m.* (ψευδοσμάραγδος), der **unechte Smaragd,** Plin. 37, 75.

psiathium, iī, *n.* (ψιάθιον), die **kleine Binsenmatte, Matratze,** Hieron. praef. in reg. S. Pam. 4. Cassian. coll. 1, 23.

psīla, ae, *f.* (v. ψιλός, ή, όν, nackt), die **nur auf einer Seite zottige Decke** (Ggstz. amphitapa, die auf beiden Seiten zottige), Lucil. 13.

psīlocitharisis, is, *f.*, das **bloße** (nicht mit Gesang begleitete) **Zitherspiel,** Not. Tir. 106, 85.

psīlocitharistēs, ae, *m.* (ψιλοκιθαριστής), einer, der die Zither spielt, ohne dazu zu singen, der **Zitherspieler,** Suet. Dom. 4, 4. Not. Tir. 106, 86.

psīlōthro, āre (psilothrum) **vermittelst des** *psilothrum* **enthaaren,** Plin. Val. 3, 52.

psīlōthrum (psīlōtrum), ī, *n.* (ψίλωθρον), ein das Ausfallen der Haare beförderndes u. die Haut glatt machendes Mittel, das **Rusma** der heutigen Türken, Sen. contr. 7. praef. § 3. Mart. 6, 93, 9. Lampr. Heliog. 31 (30), 7. Plin. Val. 3, 52. Schol. Pers. 4, 40. Corp. inscr. 4, 2613 u. 2614: Schreibung psilotrum, Plin. 21, 118; 24, 79 u. a. – von der Pflanze ampeloleuce, die dieselbe Kraft hat, Plin. 23, 21.

psīmīthium, iī, *n.* (ψιμίθιον = ψιμύθιον), das **Bleiweiß** = cerussa, Plin. 34, 175. Scrib. Larg. 31 u. 32. Chalcid. Tim. 332. – Die Schreibung psimmithium (ψιμμίθιον) von einigen verworfen (s. Sillig Plin. 34, 175), von anderen als spätere Form anerkannt.

psintria, falsche Lesart für spintria, s. d.

psitthagorās, ae, *m.*, Plin. 37, 39 *Detlefsen* m. *cod. B* für siptachoras, s. d.

psithius, (psythius), a, um (ψίθιος od. ψύθιος), Name einer Art griech. Weinreben, **psithisch,** vitis, Verg., Colum. u. Plin.: uva, Plin. – subst., **a** psithia, ae, *f.* (*sc.* vitis), Verg. georg. 2, 93. – **b** psythiae, ārum, *f.* (*sc.* uvae), Stat. silv. 4, 9, 38. – **c** psythium, iī, *n.* (*sc.* vinum), Rosinenwein, Plin. 14, 80.

psitta, ae, *f.*, s. psētta.

psittacīnus, a, um (psittacus), **vom Papagei,** collyrium, papageienfarbige, Scrib. Larg. 27. Marc. Emp. 8.

psittācium, s. pistacium.

psittacus, ī, *m.* (ψίττακος), der **Papagei,** Plin. nat. hist., Plin. ep. u. a.: loquax, Ov.

psoadicus, a, um (ψοαδικός), **Schmerzen am Gesäß habend,** Cael. Aur. de morb. chron. 5, 1, 6.

psoicus, a, um (ψοά) = psoadicus, Fragm. Vatic. 130 (Haupt; die Hdschr. posicus).

psōlē, Akk. ēn, *f.* (ψωλή) = penis, Auct. Priap. 68, 5 M. (Bücheler ψωλήν).

Psōphis, īdis, Akk. īda, *f.* (Ψωφίς, Genet. Ψωφῖδος), eine Stadt in der arkadischen Landschaft Psophidia, westlich vom Erymanthus, die aber schon nach der Eroberung durch Philipp von Mazedonien gänzlich in Verfall kam, j. Ruinen beim Khan von Tripotamo, Plin. 4, 20. Mela 2, 3, 5 (2. § 43) u. a. – Akk. Psophida hat die vorletzte Silbe lang bei Ov. met. 5, 607, kurz bei Stat. Theb. 4, 296. – Dav. **Psōphīdius,** a, um (Ψωφίδιος), **aus Psophis gebürtig,** Plin. 7, 151. Val. Max. 7, 1, 2.

Psophodeēs, is, *m.* (ψοφοδεής), der **Argwöhnische,** Name eines Lustspieles Menanders, Quint. 10, 7, 70.

psōra, ae, *f.* (ψώρα), die **Krätze, Räude,** rein lat. scabies, impetigo, Plin. 20, 4 u. a.

psōranthemis, idis, *f.* (ψωράνθεμις), eine unfruchtbare Art des **Rosmarins,** Ps. Apul. herb. 79.

psōricus, a, um (ψωρικός), **die Krätze betreffend,** medicamentum, Plin., collyrium, Scrib. Larg., u. bl. psoricum, Cels., ein Mittel gegen die Krätze.

Psȳchē, ēs, *f.* (Ψυχή), **Psyche,** der Sage nach eine Königstochter von vollendeter Schönheit, die auf Jupiters Geheiß unsterblich u. auf ewig mit Amor als dessen Gattin verbunden wurde, s. Apul. met. 4. *c.* 28 bis 6. *c.* 24, wo die ganze Fabel ausführlich behandelt wird.

psȳchicus, a, um (ψυχικός), **fleischlich gesinnt,** Tert. de monog. 1.

psȳchogonia, ae, *f.* (ψυχογονία), die **Erzeugung** oder **Entstehung der Seele,** wie sie Platon im Timaios gelehrt hat, Chalcid. Tim. 95 u. 208.

psȳchomachia, ae, *f.* (ψυχομαχία), **Seelenstreit,** Titel eines Gedichtes des Prudentius.

psȳchomantīum, iī, *n.* (ψυχομαντεῖον), ein Ort, wo man die Seelen der Verstorbenen befragt, der **Totenbefragungsort,** Cic. Tusc. 1, 115: Plur., Cic. de div. 1, 132.

psȳchophthoros, ī, *m.* (ψυχοφθόρος), der **Seelentöter,** von Apollinaris, d. i. Leugner der menschlichen Seele in Christo, Cod. Iust. 1, 1, 6.

psȳchotrophon, ī, *n.* (ψυχότροφον), das **Betonienkraut,** rein lat. vettonica, Plin. 25, 84.

psȳchrolūsia, ae, *f.* (ψυχρολουσία), das **kalte Baden,** Cael. Aur. de morb. acut. 1, 14, 112.

psȳchrolūtēs, ae, Akk. am, *m.* (ψυχρολούτης), der **sich kalt Badende,** Sen. ep. 53, 3 u. 83, 5.

Psyllī, ōrum, *m.* (Ψύλλοι), ein Volk an der Südwestseite der großen Syrte in Afrika, das die Schlangen zu beschwören und ihren Biss durch Aussaugen des Giftes zu heilen verstand, Plin. 7, 13. Cels. 5, 27, 3. Suet. Aug. 17 (Roth psylli also = Leute, die usw.).

psyllion, iī, *n.* (ψύλλιον), das **Flöhkraut,** rein lat. herba pulicaris u. pulicaria, Plin. 25, 140. Cael. Aur. de morb. acut. 3, 8, 97.

psythia, psythiae, psythium, s. psithius.

psythius, a, um, s. psithius.

ptarmicus, a, um (πταρμικός), **niesen machend, Niesen verursachend,** Th. Prisc. 2, 3. Cael. Aur. de morb. chron. 3, 5, 71: subst., ptarmicum, ī, *n.*, ein **Niesemittel,** Cael. Aur. de morb. acut. 1, 15, 138: Plur., Cael. Aur. de morb. chron. 3, 2, 42.

pte, *enclit.* (synk. aus pote), bezieht das Prädikat bloß auf das Selbst einer Person u. wird den *Pronomina poss.* u. *pers.* im *Abl.* (im alten Latein auch in anderen Kasus) durch alle *genera* beigefügt, **besonders, hauptsächlich, vornehmlich,** suopte pondere, Cic.: suāpte manu, Cic.: suumpte amicum, Plaut. (vgl. übh. suus): meopte ingenio, Plaut.: suopte ingenio, Liv.: nostrāpte culpā, Ter.: mepte, Plaut.: mihipte, Cato fr.

Pteleon u. **Pteleum,** eī, *n.* (Πτελεόν), Städtename, unter dem bes. bekannt Stadt u. Hafen **Pteleon** in Thessalien, Euböa gegenüber, j. *Ftelia,* Liv. 35, 43, 4; 42, 67, 9. Mela 2, 3, 6 (2. § 44). Andere Form **Pteleos,** ī, *f.* (Πτελεός), Lucan. 6, 352.

pteris, idis, Akk. im, *f.* (πτερίς), eine Art **Farnkraut,** Plin. 27, 78. Marc. Emp. 25.

pternix, icis, Akk. ica, *f.* (πτέρνιξ), der **gerade Stengel der Pflanze** cactos, Plin. 21, 97.

pterōma, atis, *n.* (πτέρωμα), die **Säulenstellung an beiden Seiten der** griechischen **Tempel,** Vitr. 3, 3 (2), 9 u. a.

pteron, ī, *n.* (πτερόν), die **Seitenmauer** an einem Gebäude, Plin. 36, 31 u. 88.

pterygium, iī, *n.* (πτερύγιον), **I** ein Fehler im Auge, das **Flügelfell,** Cels. 7, 7, 4. Plin. 32, 72. – **II** das **Überwachsen des Fleisches über die Nägel** der Finger u. Zehen, Plin. 24, 9 u. a. – **III** das **Wölkchen** im Beryll, Plin. 37, 79. – **IV** eine metrische Figur, Charis. 288, 4 K.

pterygōma, atis, *n.* (πτερύγωμα), die **Zusammenfügung des Holzes in**

Flügelgestalt, um die Arme einer Maschine zusammenzuhalten, Vitr. 10, 11, 7.

ptisana (tisana), ae, *f.* (πτισάνη v. πτίσσω, stampfen), **I** die gestampfte und von Hülsen gereinigte (deshalb mit dem Zusatz elota) Gerste, **Gerstengrütze** (hingegen polenta Gerstengraupen), Cels. 2, 12; 4, 4, 3 u. a. Mart. 12, 72, 4. Plin. Val. 2, 37 *in.* (wo tysana). Apic. 4, 179: ptisanae cremor, Cels. 4, 13 u. 15. Scrib. Larg. 93. Veget. mul. 3, 27, 4: ptisanae sucus, Cels. 2, 20, 1. Apic. 5, 208. Isid. orig. 20, 3, 21: ptisanae sorbitio, Suppe von G., Cels. 4, 7. – **II** ein aus Gerstengrütze bereiteter Trank, der **Gerstentrank,** Varro sat. Men. 318 (b. Non. 550, 19). Plin. 18, 74; 20, 46 u. a.: übtr. ein Trank von Reis, Plin. 18, 71. – ► In den besten Hdschrn. des Plin., Mart., Apic. u. Non. geschrieben tisana; vgl. ptisanarium.

ptisanārium (tisanārium), iī, *n.* (ptisana), der **Aufguss von Gerstengrütze, -von Reis,** Prisc. 2, 49: ptisanarium oryzae, Hor. sat. 2, 3, 155 (an beiden Stellen die besten Hdschrn. tisanarium).

ptōchīum, iī, *n.* (πτωχεῖον), das **Armenhaus,** spät. ICt.

ptōchotrophīum, ii, *n.* (πτωχοτροφεῖον), das **Armenhaus,** spät. ICt.

ptōchotrophus, ī, *m.* (πτωχοτρόφος), der **Armenpfleger,** Cod. Iust. 1, 3 *lemm.*

Ptolemaeus (Ptolomaeus), ī, *m.* (Πτολεμαῖος), **I** der erste König von Ägypten nach Alexanders Tod, mit dem Beinamen Lagi (*sc.* filius, d. i. Sohn des Lagus), Curt. 9, 8 (33), 22. Iustin. 13, 4, 10. Cic. de fin. 5, 54; Tusc. 1, 83; de div. 2, 135, nach dem jeder der folgenden ägyptischen Könige Ptolemaeus hieß (Ptolemaeorum manes, Lucan. 8, 696). – Dav.: **1 Ptolemaeus** (Ptolomaeus), a, um (Πτολεμαῖος), **ptolemäisch,** poet. = **ägyptisch,** gymnasium, Cic. de fin. 5, 1 M.: Pharos, Prop. 2, 1, 30 H. – subst., Ptolemaeum, ī, *n.* (Πτολεμαῖον), das **Grabmal der Ptolemäer,** Suet. Aug. 18, 1. – **2 Ptolemāicus** (Ptolomāicus), a, um (Πτολεμαϊκός), **ptolemäisch,** pes, Gromat. vet. p. 123, 1 (Lachm. Ptolemeicus). – **3 Ptolemāis** (Ptolomāis), idis u. idos, Akk. idem u. ida, *f.* (Πτολεμαΐς), **ptolemäisch,** poet. = **ägyptisch,** aula, Auson. Mos. 311: gazā Ptolemaide, Sidon. carm. 5, 467. – subst., **a** Kleopatra, Tochter des Ptolem. Auletes, Lucan. 10, 69. – **b** Name einiger Städte in Ägypten, Cic. ep. 1, 7, 4. Plin. 6, 164 (wo Akk. -ida) u. 6, 171: in Phönizien, früher Ace (Ἀκή) gen., j. *St. Jean d'Acre,* Plin. 5, 75: in Kyrene, mit dem Beinamen Barca, j. *Tolometa,* Plin. 5, 61. Mela 1, 8, 2 (1. § 40). Eutr. 6, 11. – Dav. **Ptolemaeēnsēs,** ium, *m.*, die Einw. von Ptolemaïs (in Phönizien), Ulp. dig. 50, 15, 1. § 3 M. Charis. 138, 11. – **II** ein unsittlicher Schriftsteller zu Varros Zeit, Varro fr. b. Non. 56, 30. – **III** ein Sterndeuter zur Zeit des Kaisers Otho, Tac. hist. 1, 22. – ► Fleckeisen Ptolomaeus. – Eine Form Tolomais steht CIL 10, 3018 (Tolomaidi).

Ptolemocratia, ae, *f.* (Πτολεμοκρατία), ein griech. Frauenname, Plaut. rud. 481.

ptyas, adis, Akk. Plur. adas, *f.* (πτυάς, speiend), aspis, eine Schlangenart, die das Gift in die Augen der Menschen ausspeien soll, Plin. 28, 65 u. 31, 65.

pūbēda, ae, *m.* (pubes), der **große Junge,** Mart. Cap. 1. § 31 u. 9. § 908 Eyss. (Kopp bupaeda).

pūbēns, entis (1. pubes), **mannbar, vollkräftig, a** v. Pers. u. pers. Zuständen: fratres, Claud.: anni, Auson. u. Orest. tr. 526. – **b** übtr., v. Gewächsen, **vollkräftig, strotzend,** herba, Verg.: rosae, Stat.

pūber, eris, s. 1. pūbēs.

pūbero, āre = crescere, incrementare, Gloss. IV, 152, 41 u. ö.

pūbertās, ātis, *f.* (puber), die **Geschlechtsreife, Mannbarkeit, I** eig.: pubertatis tempus, Suet.: p. iuvenilis, Apul.: primis pubertatis annis, Iustin.: nondum pubertatem ingressus, Tac.: annos pubertatis egressus, Iustin.: in robustiorem gradum transiens pubertas, Sen. – **II** meton.: **A** das **Zeichen der Mannbarkeit,** das **Barthaar,** Cic. de nat. deor. 2, 86. Plin. 7, 76 u. a.: übtr., von Gewächsen, incipientis uvae pubertas, das wollige Haar (lanugo), Plin. 23. prooem. § 7. – **B** die **Manneskraft, Zeugungskraft, Mannheit,** inexhausta, Tac. Germ. 20, 2. – **C** die **mannbare Jugend** (Ggstz. cani), Val. Max. 2, 1, 10.

1. pūbēs, eris, **mannbar, männlich, erwachsen** (Ggstz. impubes), **I** eig.: nisi puberem te haberet, Crass. b. Cic.: prope puberem aetatem, Liv.: priusquam pubes esset, Nep.: antequam puberes sint, Mela. – subst., puberes, **erwachsene-, mannbare Leute, Männer** (Ggstz. impuberes u. impubes), omnes puberes interficere, Caes. u. Liv.: omnes puberes armati convenire coguntur, Caes. – **II** übtr.: folia, ausgewachsene, Verg. Aen. 12, 413: uvae, eben reif gewordene, frische (Ggstz. uvae passae), M. Caes. bei Fronto ep. ad M. Caes. 4, 4. p. 67, 19 N. – ► Nbf. puber u. pubis, eris, s. Prisc. 6, 65.

2. pūbēs, is, *f.* (1. pubes), **I** das Zeichen des männlichen Alters, die **Mannbarkeit** (ἥβη), die **Barthaare,** Cels. u. Plin. – übtr., die **Haare** an den Augenlidern, ciliorum, Mart. Cap. 2. § 132. – **II** meton.: **A** die **Schamgegend,** die **Scham,** Verg., Ov. u. Plin.: pube tenus, Verg.: nudus omnia praeter pubem, Amm. – **B mannbare Menschen, a mannbare Mannschaft,** omnis Italiae pubes, Cic.: Romana, Tac.: ingenua, Tac.: poet. übtr. v. Stieren, indomita, Verg. georg. 3, 174. – **b** übtr., **Männer, Leute, Volk,** pube praesenti, Plaut.: Dardana, Trojaner, Verg.: agrestis, Landvolk, Verg. – ► Arch. Dat. pube, Plaut. Pseud. 126. – Nbf. pubis, is, *f.*, Prud. cath. 7, 162.

pūbēsco, buī, ere (*Inch.* v. pubeo) = ἡβάσκω, **I mannbar werden, ins Jünglingsalter-, erste Mannesalter treten,** zum männlichen Alter **heranwachsen, A** eig.: Hercules, cum primum pubesceret etc., Cic.: si alter eorum pubuerit, ICt. – vixdum aetate pubescente, Val. Max.: ille iam pubescentis aetatis, Firm. math.: pubescentibus annis, Petron. – **B** übtr., **heranwachsen, heranreifen,** quae terra gignit, maturata pubescunt, Cic.: ut omnia floreant et in suo quaeque genere pubescant, Cic.: pubescere leto (v. Vogel Phönix), jung werden, Claud.: pubescentibus radiis (der Sonne), völlig scheinen, Claud.: pubescente vere, mit Eintritt des Fr., Amm. 27, 5, 2. – **II** insbes., die äußeren Zeichen der Mannbarkeit-, **die Scham-** u. bes. **die Barthaare bekommen, behaart werden, A** eig.: molli pubescere veste, mit dem weichen Haar der Mannbarkeit sich bekleiden, Lucr.: pubescunt malae, Val. Flacc. – **B** übtr., übh. mit etw. **überzogen-, bekleidet werden, sich bekleiden,** vites laetificae pampinis pubescere, Enn. fr.: prata pubescunt variorum flore colorum, Ov.: ex eis (uvis) duo genera lanugine et ipsa pubescunt, Plin. – ► Nbf. pūbīsco, Ven. Fort. vit. S. Mart. 1, 50 *codd. opt.*

pūbis, is, *f.*, s. 2. pūbēs ►.

pūbīsco, s. pūbēsco ►.

pūblica, ae, *f.*, s. pūblicus.

pūblicānus, a, um (publicum unter publicus *no.* I, B, 2), **zu den Staatseinkünften gehörig,** muliercula, Staatspächterin, verächtl. (weil sie sich dem Verres preisgegeben) = Staatspächtersdirne, Cic. Verr. 3, 78. – Gew. subst., pūblicānus, ī, *m.*, der **Generalpächter** der röm. Staatseinkünfte (publicum), der **Staatspächter,** gew. aus dem Ritterstand, Lucil. fr., Cic., Liv. u. a.: Plur. publicani, deutsch auch = **Zollamt, Steueramt,** profiteri (deklarieren) apud publicanos, Ps. Quint. decl., s. pro-fiteor. – subst. pūblicāna, ae, *f.*, die **öffentliche Dirne,** Augustin. serm. 188, 1.

pūblicārius, iī, *m.* (publicus), der **Veröffentlicher eines Geheimnisses,** Firm. math. 3, 8.

pūblicātio, ōnis, *f.* (publico), **I** die **Einziehung in die Staatskasse, Konfiskation,** bonorum, Cic. Cat. 4, 10; Planc. 97. – **II** die **Veröffentlichung,** flagitii, Ambr. de off. 3, 5, 29. – **III** publicatio sui, die Selbstenthüllung, die **Beichte,** Tertull. de paenit. 18 *in.*

pūblicātor, ōris, *m.* (publico), der **Bekanntmacher,** Sidon. epist. 3, 13, 2.

pūblicātrīx, trīcis, *f.* (Femin, zu publicator), **Preisgeberin, Feilbieterin,** intestini decoris (der eigenen Reize), Arnob. 1, 36.

pūblicē (altlat. in Inschriften poblice), *Adv.* (publicus), **I** (nach publicus *no.* **I**) **von Staats wegen, öffentlich** (Ggstz. privatim), **a** = **im Namen-, auf Befehl des Staates,** dicere, Cic.: venire, Cic.: polliceri, Caes.: rapere, Sall.: interfici, Cic. – **b im Interesse des Staates, im öffentlichen Interesse, zum Nutzen** oder **Schaden des Staates, für den Staat, sie** (die Bürger) **insgesamt, ihnen insgesamt, ihren Staat**

(s. Nipperd. Tac. ann. 4, 36. Heräus Tac. hist. 1, 51, 19), haud cito mali quid ortum ex hoc sit p., zum Schaden des Staates, Ter.: p. esse laudem, quam latissime vacare agros, es mache dem Staat Ehre, Caes.: p. scribere od. litteras mittere, Cic.: so auch litteras Athenas p. misit, Nep. – **c** **auf Kosten-, auf Veranstaltung des Staates, auf öffentliche Kosten, -Veranstaltung,** alere, Nep.: vesci, Liv.: efferri (bestattet werden), Nep. – **II** (nach publicus *no.* II) übtr.: **A** **allgemein, insgesamt, allesamt, jedermann ohne Unterschied,** p. ire exsulatum, Liv.: p. licet cuilibet aedificare, ICt.: consulentibus p. de iure responsitare, Gell. – **B** **öffentlich, vor allen Leuten, vor aller Welt,** publice disserere, Gell. rumor p. crebuerat, Apul.: tractus per urbem Romam p., Eutr.

Pūbliciānus, a, um, s. Pūblicius.

pūbliciter, arch. Nbf. v. publice, Pompon. com. 27 *Buecheler* (bei Non. 519, 10 *codd.).*

pūblicitus, *Adv.*, (publicus) = publice, **I** **von Staats wegen, auf Veranstaltung des Staates, auf Kosten des Staates, öffentlich,** hospitio accipi, Plaut.: alci praebere aurum, Lucil. fr.: hinc asportarier (*al.* deportarier), Ter. Phorm. 978: peccata prohiberi p. interest, Gell. – **II** übtr., **vor aller Welt, öffentlich,** ut fiat auctio p., Plaut.: p. defendendum est, Caecil. com. fr.: p. disserere, Apul.: p. esse perinfamem, Apul.

Pūblicius, a, um, Name einer röm. *gens,* aus der am bekanntesten sind die zwei Brüder L. u. M. Publicii Malleoli, beide Ädilen, von denen der clivus Publicius in Rom, der Hauptaufgang zum Aventin an der Porta Trigemina, angelegt oder wenigstens erweitert u. gepflastert worden war, Fest. p. 238 (b), 28. Varro LL. 5, 158. Liv. 26, 10, 6; 27, 37, 15. Ov. fast. 5, 288 *sqq.* – Dav. **Pūbliciānus,** a, um, **publizianisch,** locus P., (vermutlich) auf dem clivus Publicius, Cic. ad Att. 12, 38, 4: actio P., die vom Prätor Publicius eingeführte, auf die Fiktion der vollendeten Usukapio gegründete analoge Eigentumsklage des *bonae fidei possessor,* ICt.

pūblico, āvī, ātum, āre (publicus), **I** **zum Staatseigentum machen, dem Staat zueignen, einziehen, konfiszieren,** regnum Iubae, Caes.: bona alcis, Caes. u. Liv. epit.: privata, Cic.: pecuniam, Liv.: pecuniam regiam, Liv. epit.: Ptolemaeum, das Vermögen des Pt., Cic.: ebenso libertinos, Suet. – **II** **zum öffentlichen-, zum allgemeinen Gebrauch hergeben, -verstatten, freigeben, aller Welt mitteilen,** **A** im Allg.: Aventinum, zum Anbau freigeben, Liv.: circumiectas silvas et ambulationes in usum populi, Suet.: bibliothecas, zum öffentlichen Gebrauch anschaffen u. aufstellen, Suet.: simulacrum, öffentlich aufstellen, Suet.: corpus suum vulgo, öffentlich-, jedermann preisgeben, Plaut.: so auch pudicitiam, Tac. – **B** insbes.: **1** **öffentlich zeigen, öffentlich sehen od. hören lassen,** morbum, Sen.: ingenium, virtutem, Sen.: studia sua, Tac.: se, sich öffentlich sehen lassen, öffentlich auftreten, Suet. – **2** **öffentlich bekanntmachen,** libellos, Suet.: reticenda, offenbaren, Iustin.: epistulas, öffentlich herausgeben, Plin. ep.

Pūblicola, ae, *m.* (nach alter Schreibart Poplicola, Poplicula, v. poplus [s. 1. populus a. A.] u. colo), der **Volksverehrer, Volksfreund,** ein Beiname des P. Valerius u. seiner Nachkommen, Liv. 2, 8. § 1. Cic. de rep. 2, 53 u. 55. – Plur. appellat., Sidon. carm. 23, 79.

pūblicus, a, um (altlat. in Inschrn. auch poblicus u. poplicus, v. poplus, s. 1. populus a. A.), **zum Volk gehörig, öffentlich** (Ggstz. privatus), **I** **zum Volk** als Gemeinde-, **zum Staat gehörig, dem Volk-, dem Staat-, allen Staatsbürgern-, dem Staatsschatz (Fiskus) eigen, -zustehend, vom Volk ausgehend, von Staats wegen-, im Namen-, auf Kosten des Staates stattfindend, -vollzogen, -veranstaltet** u. dgl., **Volks-, Staats-, öffentlich,** **A** *adi.:* loca, Cic.: litora, Cic.: flumina, ICt.: equus, s. equus: servus, Staatsknecht (als niederer Diener, bes. Häscher einer Behörde), SC. b. Frontin. aqu., Liv. u. a.: so auch minister, Apul.: vincula, Staatsgefängnis, Nep.: pecunia, Staatseinkünfte, Nep.: ebenso vectigal, Ulp. dig., vectigalia, Suet.: sine ulla impensa publica, ohne alle Kosten für den Staat, Nep.: so auch sumptu publico, auf Kosten des Staates, Cic.: magnificentia, Pracht des Staates, Cic.: munificentia, gegen den Staat, Tac.: clementia, die Gnade des Staates, Tac.: egregium publicum, Ruhm des Staates, Tac.: bonum publicum, das Staatswohl, Sall. u. Liv.: malum publicum, Nachteil des Staates, Sall. u. Liv.: pessimum publicum, größter Nachteil des Staates, Varro u. Liv.: poena, vom Staat auferlegte, Liv.: funus, auf Kosten des Staates veranstaltet, Plin. ep. u. Tac. (aber Suet. Vit. 3, 1 ist publicum funus ein Leichenbegängnis, bei dem der ganze Staat durch Stillstand des Rechtes u. andere äußere Zeichen trauert): periculum, vom Staat übernommene, getragene Verantwortung, Liv.: iniuriae, gegen den Staat, Caes.: sollicitudo, wegen des Staates, Liv.: litterae, amtliches Schreiben, Cic.: di, Nationalgottheiten, Nep.: auctor consilii publici, des Senates, Cic. div. in Caecil. 1: causa, Staatsangelegenheit, Liv. 2, 56, 2; aber öfter = öffentlicher Prozess, Prozess in Staatsangelegenheiten, Cic.: so auch iudicium, Gell.: verb. causae iudiciaque publica, Cic.: res publica, s. rēs. – acta publica, Tac. u. a. – publicos canes alere, auf Kosten des Staates halten (Ggstz. domesticos, auf eigene Kosten), Cic. – iubere alqm oder alqd publicum populi Rom. esse, zum Staatseigentum erklären, Liv. u. ICt. – **B** *subst.:* **1** pūblicus, ī, *m.*, der **Staatssklave, Staatsknecht** (vollst. servus publicus, s. oben), als niederer Diener eines Kollegiums usw., publicus sacerdotialis, CIL 6, 2332: a sacris, *ibid.* 6, 2331: a sacrario, *ibid.* 6, 2329: publicus VII virûm epulonum, CIL 5, 2318: augurum, CIL 6, 2316: pontificum, *ibid.* 6, 2308. – bes. als öffentlicher Häscher, metuit publicos, die Polizei, Plaut. truc. 557 *Buecheler.* – **2** pūblicum, ī, *n.*, **a** das **Staatseigentum, Staatsgebiet,** Campanum, Cic. de lege agr. 2, 82. – **b** das **Staatseigentum,** das **Staatsvermögen,** die **Staatskasse,** der **Staatsschatz** (auch als Ort), die **Staatseinkünfte,** und als verpachtet = der **Staatspacht,** convivari de publico, auf Staatskosten, Cic.: in publicum emere, für den Staatsschatz (Fiskus), auf Kosten des Staates, Liv.: in publicum redigere, Liv., od. referre, Nep., zum Staatsvermögen schlagen, in den Staatsschatz bringen: aurum et aes et argentum in publicum conferre, in den Staatsschatz bringen (abliefern), Liv.: pecuniam ex publico (aus dem Staatsschatz) tradere, Caes.: u. so ad equos emendos dena milia aeris ex publico dare, Liv.: publico teneri, dem Staatsschatz steuerpflichtig sein, Suet. – dum in eo publico essent, Staatspacht, Liv.: publicum habere, Staatspächter sein, Plaut.: publicum quadragesimae in Asia agere, den Vierzigsten (als Abgabe) beitreiben, Zollbeamter des V. sein (bei den Staatspächtern), Suet.: publico frui, den Ertrag einer Staatspachtung beziehen, Cic. prov. cons. 12. Ulp. dig. 39, 4, 1. § 1. – Plur., publica male redimere, Cic.: publica conducere, Hor.: societates publicorum, Gesellschaften der Generalpächter, Cic.: magister scripturae et sex publicorum, Cic. – übtr., qui salutationum publicum exercet, der sich für die Besuche bei seinem Herrn Trinkgeld zahlen lässt (v. Türsteher), Sen. de const. sap. 14, 2. – **c** das öffentliche **Magazin,** in publicum conferre, magazinieren, frumenti quod inventum est, Caes. b. c. 1, 36, 3, panicum et hordeum corruptum, *ibid.* 2, 22, 1. – **d** das **Staatsarchiv,** ut scriptum in publico in litteris exstat, Varro r. r. 2, 11, 10. – **e** das **Gemeinwesen,** der **Staat,** in publicum consulere (sorgen), Plin. ep. 9, 13, 21. – **f** die **Öffentlichkeit,** der **öffentliche Ort, -Platz,** die **öffentliche Straße,** prodire in publicum, öffentlich ausgehen, Cic.: procurrere in publicum, Caes.: convivari in publico, öffentlich, Cic.: in publico esse, außer Haus, nicht zu Hause sein, Cic.: cornua referre in publicum, öffentlich vorzeigen, Caes.: blandiores in publico (öffentlich, auf der Straße usw.) quam in privato, Liv.: in publico animadverti (Ggstz. in privato), Liv.: se proripere in publicum, auf die Straße, Liv.: legem proponere in publicum od. in publico, öffentlich, Cic. u. Liv.: publico carere, Cic., oder abstinere, Suet., nicht ausgehen, zu Hause bleiben: aequare Meli domum publico, der öffentl. Straße gleichmachen, Varro LL. – subst., pūblica, ae, *f. (sc.* via), die öffentliche **Straße,** Gromat. vet. 334, 16. – **II** **dem Volk** als der ganzen Bevölkerung **eigen, öffentlich** = **allen gemein, allgemein, allgemein üblich, im gemeinen Leben-, bei aller Welt gewöhnlich, -gebräuchlich, gang und gäbe,** **A** *adi.*, illud verbum quasi publicum, Sen.: verba, Cic.: mores, Curt.: vina, Plin.: dies, der bürgerliche Tag (vom Morgen bis auf den Abend), Sen.: lux p. mundi, von der Sonne, Ov.: officia, Plin. ep.: destinare alqd publico usui, ICt., oder publicis usibus, Vell. u. ICt.: est publica omnium foliorum in ipsis differentia, Plin.: poet., p. cura iuvenum prodis, als Gegenstand der S. aller J., Hor. – publicum est (eine allgemeine Weise ist es) m. folg. *Infin.*, publicum omnium (picorum) est tabulata ramorum sustinendo nido provide eligere, Plin. 10, 97. – poet. übtr., **allgemein = alltäglich,** structura carminis, Ov.: vena, Iuven. – **B** *subst.*, pūblica, ae, *f.*, die **öffentliche Dirne, Allerweltsdirne,** Sen. ep. 88, 37. Augustin. serm. 9, 14.

Pūblilius, a, um, Name einer röm. *gens,* aus der Publilius, Vater der zweiten Gemahlin Ciceros, u. Publilia, eben diese Gemahlin, am bekanntesten sind, Cic. ad Att. 12, 32. § 1. – Außerdem Publius Publilius Lochius Syrus, gew. bl. Publius Syrus od. bl. Publilius od. bl. Publius gen., ein röm. Freigelassener von syrischer Abkunft, ein sehr beliebter Mime u. Mimendichter, gegen das Ende der Republik, von dessen Gedichten sich nur eine Sammlung Sentenzen erhalten hat, Cic. ep. 12, 18, 2. Sen. contr. 7 (3), 18. § 8. Sen. ep. 8, 8. Gell. 17, 14, 1. Macr. sat. 2, 7, 1 *sqq.* Vgl. (über den vollständigen Namen) Sillig Plin. 35, 199. – Dav.: **a Pūbliliānus,** a, um, **publilianisch, des Publilius (Syrus),** sententia, Sen. contr. 7, 3 (18). § 8. – **b Pūblilius, publilisch,** tribus, Liv. 7, 15, 12.

Pūblipor, ōris, *m.* = Publii puer (servus), Sall. hist. fr. 3, 69 (79) bei Prisc. 6, 48. Quint. 1, 4, 26. Prob. cath. 16, 18 (IV).

Pūblius, iī, *m.* (v. poplus = populus, d. i. ein dem Volk geweihtes Kind), ein römischer Vorname, insgemein durch P. abgekürzt, wie P. Cornelius. – ► P. Syrus, s. Pūblilius. – P. Vergilius Maro, s. Vergilius.

pūbor = παιδεύομαι (ich werde erzogen), **ich werde mannbar,** Dosith. 60, 19 K.

pucno, s. pūgno a. E. ►.

pudefactus, a, um (pudeo u. facio), **sich schämend,** pudefactus oris deformitate, Gell. 15, 17, 1.

pudendus, a, um, s. pudeo ►.

pudēns, entis, *PAdi.* (v. pudeo), **verschämt, schüchtern, zartfühlend, ehrbar, sittsam,** bescheiden (vgl. Jordan Cic. Caecin. 102. p. 295), **a** v. Pers. usw.: pudens filius (Ggstz. impurus parens), Cic.: p. prave, aus falscher Scham, Hor.: pudentes ac boni viri, Cic.: animus, Ter. u. Cic.: te videri pudentiorem fuisse quam soles, Cic.: femina pudentissima, Cic.: homo pudentissimus, von hohem Ehrgefühl, Cic. – **b** übtr., v. Zuständen usw.: risus, Rhet. Her.: exitus, Rhet. Her.

pudenter, *Adv.* (pudens), **verschämt, schüchtern, mit Zartgefühl, sittsam, bescheiden,** Afran. com. fr. u. Cic. – vel pudentius vel invitius ad hoc genus sermonis accedere, Cic. – pudentissime hoc Cicero petierat, Cic.

pudeo, uī, itum, ēre, **I sich schämen,** ita nunc pudeo, ita nunc paveo, Plaut.: simul me piget parum pudere te, zu wenig Ehrgefühl hast, Plaut.: induci ad pudendum, Cic.: non pudendo (dadurch, dass man sich schämt), sed non faciendo id, quod non decet, impudentiae nomen effugere debemus, Cic. – m. *Genet.*, pudet exacti iam temporis, odit praeteritos foedis cum religionibus annos, Prud. c. Symm. 1, 512. – Partiz. subst., pudentes, Leute von Ehrgefühl, Caes. b. c. 2, 31, 4. – **II in Scham versetzen, mit Scham erfüllen, A** *pers.:* me autem quid pudeat, qui etc., Cic.: idne pudet te, quia etc., Plaut. – non te haec pudent? Ter.: semper metuet, quem saeva pudebunt, Lucan. – **B** *impers.*, deutsch persönl., **ich schäme mich** einer Sache od. vor jmd., wobei im Latein. die Pers., die sich schämt, im *Acc.* steht, quid, homo nihili, non pudet te? Plaut.: ecquid te pudet? Plaut. u. Ter.: ceteros pudeat, si etc., Cic.: cum puderet vivos tamquam puditurum esset exstinctos, Plin. 36, 108. – der Ggstnd. aber, dessen man sich schämt, od. die Pers. od. personif. Sache, vor der man sich schämt, **α** im *Genet.*, miseret te aliorum, tui te nec miseret nec pudet, Plaut.: homines, quos infamiae suae neque pudeat neque taedeat, Cic.: pudet me tui, ich schäme mich vor dir, Ter.: pudere iam sui, schon schäme man sich vor sich selbst, Curt.: so auch te municipiorum pudebat, Cic.: nonne te huius templi, non urbis pudet? Cic. – m. bl. *Genet.*, pudet cicatricum et sceleris, Hor.: non pudet patriae, Curt.: pudet Philumenae, Ter.: pudet deorum hominumque, es ist eine Schande vor G. u. M., Liv. – m. dopp. *Genet.*, patris mei meûm factûm pudet, ich schäme mich vor m. V. meiner Handlungen, Enn. fr. scen. 59. – **β** im *Infin.*, hoc me aetatis sycophantari pudet, Plaut.: puduit sine fratre reverti, Stat.: quem enim Romanorum pudet uxorem ducere in convivium? Nep.: post Carthaginem vinci neminem puduit, Flor.: uti pudeat pigeatque memorare huiusmodi quemquam, Aur. Vict.: pudet dicere, Ter., Cic. u. Sen. rhet.: quae non puduit ferre, tulisse pudet, Ov.: te id facere puduit, Ter. – **γ** im *Acc.* u. *Infin.*, Ecquid te pudet? *Ba.* Ten amatorem esse inventum inanem quasi cassam nucem? darüber, dass du usw., Plaut. Pseud. 371: pudebat Macedones tam praeclaram urbem a comissabundo rege deletam esse, Curt. 5, 7 (23), 10; u. so 8, 2 (9), 28 u. 8, 4 (16), 30. Vgl. unten puditum est. – **δ** m. 2. *Supin.*, pudet dictu (als Parenthese), Tac. Agr. 32.

► *Depon.:* non est, quod illum pudeatur, Petron. 47, 4. – *Perf.* puditum est ohne u. mit alqm u. m. *Acc.* od. *Genet.* der Sache (= er schämt sich), pudet quod prius non puditum umquam est, Plaut.: neque mei neque tu ted intus puditum est factis quae facis, Plaut.: Apollinem tam humilis victoriae puditum est, Apul.: puditum est mit *Infin.*, enim non pigebit me commemorare quod illum non puditum est ostentare, Apul. flor. 9. p. 11, 9 Kr. (u. so Apul. apol. 25 *in.* Arnob. 5, 29): m. folg. *Acc.* u. *Infin.*, nonne esset puditum (hätten sie sich nicht schämen müssen), si hanc causam agerent severe, non modo legatum, sed Trallianum omnino dici Maeandrium? Cic. Flacc. 52.

► *Partic.* pudendus, a, um, weswegen man sich schämen muss, **schimpflich, schändlich, hässlich, A** *adi.:* fuga, Tragic. inc. fr.: vita, Ov.: vulnera, Verg.: parentes, Suet.: inopia, Tac.: praesidentium rapinae, Claud. Mam.: pars p., Schamteile, Ov.: membra, Ser. Samm.: m. *Infin.*, ut pudendum sit esse etc., Cic.: m. 2. *Sup.*, pudendum dictu, si, Quint.: quod pudendum dictu sit, Lampr. – **B** *subst.*, pudenda, ōrum, *n.*, **1** im Allg.: pudenda dictu spectantur, Quint. 1, 2, 8. – **2** insbes.: **a** die **Schamteile, -glieder,** Sen. ad Marc. 22, 3. Lampr. Heliog. 5, 4 u. Spät. – **b** der **Hintern,** p. corporis, Min. Fel. 28, 9.

pudēscit, ere, *impers.* (pudet), **sich schämen,** piget, pudescit, paenitet, Prud. cath. 2, 26: quos pudescit impudicitiae suae, Min. Fel. 28, 10. – ► pudescunt, Prud. Diptych. 28.

pudet, s. pudeo.

pudibilis, e (pudeo) = pudendus, membra, Schamglieder, Lampr. Heliog. 12, 2. Itin. Alex. 6 (15).

pudibundus, a, um (pudeo), **I schamhaft, verschämt,** matrona, Hor.: vir, Iustin.: quin istic pudibunda iaces, pars pessima nostri! Ov.: p. dies, der der entdeckten (bösen) Tat sich schämende, Stat. Theb. 5, 296.: p. quodam modo disputatio, Augustin. – **II** dessen man sich zu schämen hat, **schimpflich, schändlich,** exitia, Val. Flacc.: maternum genus, Iustin.: ministerium, Ambros.: sales, Auct. carm. ad Pis.

pudīcē *Adv.* (pudicus), schamhaft; dah. **ehrbar, züchtig, sittsam,** ingenium bene et pudice doctum atque eductum, Ter.: conserves puerum mihi pudice, Catull.: alter pudice pranderit, alter labellis gesticulatus erit, Fronto: unumquodque genus (orationis), cum caste pudiceque ornatur (wenn sie mit Züchtigkeit u. Sittsamkeit geschmückt auftritt), fit illustrius, Gell. – pudicius faciunt illi, quam etc., Plaut.: ubi pudicius continerentur quam sub oculis parentum? Plin. ep.

pudīcitia, ae, *f.* (pudicus), die **Schamhaftigkeit, Sittsamkeit, Keuschheit, Züchtigkeit,** Plaut., Cic. u. a.: Ggstz. libido, Val. Max.: amittere pupicitiam, Liv. – übtr., der Tauben, Plin. 10, 104. – als Göttin, Pudicitia, u. zwar eine patricia u. eine plebeia, Liv. 10, 23. § 5 u. 7. Fest. 242 (b), 31.

pudīcus, a, um (pudeo), **schamhaft, verschämt, voll Ehrgefühl, schüchtern, ehrbar, sittsam** bes. **keusch, züchtig, a** von Pers. usw., Plaut., Cic. u. a.: ingenium, Ter.: domus, Cic.: mater, Ov.: uxor, die nur ihren Gatten liebt, Hor. – *Compar.* pudicior, Ov. Ib. 347: *Superl.* pudicissimus, Cic. Phil. 2, 99. Plin. 7, 120. Aur. Vict. de vir. ill. 9, 2.

Eutr. 1, 8. § 2. – **b** übtr., v. Lebl., bes. von Zuständen usw.: lectus, Prop.: oratio, Petron.: mores, preces, Ov.: fama, unbescholtener Ruf, Prop. – ► Dat. od. Abl. Plur. des Femin. pudicabus, Cn. Gell. bei Charis. 54, 16.

pudor, ōris, *m.* (pudeo), das Gefühl, das uns verhindert, etwas zu tun od. zu sagen, weshalb uns jmd. tadeln könnte, das **Gefühl der Scham,** die **Scham** und **Scheu** in jeder Beziehung (während pudicitia die sexuelle Schamhaftigkeit, die Keuschheit), **I** eig.: **a** übh., **Schamgefühl, Ehrgefühl, Scham, Schüchternheit, verlegene Scheu, Verlegenheit,** natura pudorque meus, meine natürliche Schüchternheit, Cic.: rusticus, Sen. rhet.: virginalis, Augustin.: paupertatis, wegen der Armut, Hor.: famae (vor übler Nachrede), Cic.: civium (vor den B.), Enn.: si pudor est, Prop. u. Ov.: si ullus pudor est, Mart.: si quis est pudor, Val. Max.: sit pudor, man schäme sich, Mart. – m. *Genet. Gerund.*, detrectandi certaminis pudor, Liv. 8, 7, 8. – pudor est m. *Infin.* (ich schäme mich od. man schämt sich), pudor est referre, Ov. met. 14, 18: u. so Sil. 4, 331. Poët. bei Charis. 286, 19. – ebenso pudori est m. *Infin.* (ich schäme mich, er schämt sich), pudori est narrare, Ov. met. 7, 687. – u. pudor me habet m. *Infin.* (ich empfinde Scham), dum me pudor habet Alimuntia illa proferre mysteria, Arnob. 5, 28. p. 199, 7 R. – **b** die **Scheu** aus Achtung, die **Achtung, Ehrfurcht, Rücksicht,** patris, vor dem V., gegen den V., Ter.: divûm, Sil. – **c** das **Gefühl für Recht und Gesetz,** die **Ehrenhaftigkeit, Gewissenhaftigkeit,** homo summo honore, pudore, Cic.: adeo omnia regebat pudor, Liv.: ex hac parte pugnat pudor, illinc petulantia, Cic. – **d** die **Schamhaftigkeit, Keuschheit, Züchtigkeit,** oblita pudoris, Ov.: pudorem proicere, Ov.: pudorem pudicitiamque defendere, Cic. de har. resp. 9: membra, quae tibi pudorem abstulerunt = *mentula,* Ov.: pudorem tollere (ablegen), Lact. – Pudor personif. als Gottheit, Verg. Aen. 4, 27. – **II** meton.: **A** die **Achtung,** in der jmd. bei anderen steht, die **Ehre,** der **gute Name,** defuncti, Plin. ep.: pudorem suum purgare, ICt. – **B** die **Ursache, sich zu schämen,** die **Schande,** nec pudor est, man darf sich nicht schämen, es ist keine Schande, Ov.: pudori esse, zur Schande gereichen, Liv.: pudor prioris flagitii abolitus est, Liv. epit.: cum pudore populi, zur Schande des usw., Liv.: pro pudor! o Schande! Petron. 81, 5. Flor. 1, 11, 9. Vopisc. Prob. 1, 4. Mart. 10, 68, 6. Val. Flacc. 8, 269 (Schenkel o pudor!). Stat. Theb. 10, 874: u. so pro pudor imperii! Sen. ad Polyb. 17, 4. – **C** die **Schamröte,** p. famosus, Ov. am. 3, 6, 78. – übtr., übh. die **Röte** der Haut, Claud. nupt. Hon. et Mar. 268. – **D** die **Scham** = das **Schamglied,** pudor ubique vestitur, Tert. de virg. vel. 11; u. so Tert. de spect. 21.

pudōrātus, a, um (pudor), **schamhaft, keusch,** mulier, Vulg. Sirach 26, 19. negotia, Ps. Cypr. de sing. cler. 27.

pudōricolor, ōris (pudor u. color), schamfarbig, **schamrot** = **rötlich,** Laev. bei Gell. 19, 7, 6.

puella, ae, *f.* (puellus), das **Mädchen, I** eig.: **A** im Allg., das **Mädchen** (Ggstz. virgo provectior), Cic. u. a.: bella, Sen.: pulchra (Ggstz. anus deformis), Treb. Poll.: puella virgo, Capit. Anton. phil. 12, 10. Apul. met. 7, 11: puellam parĕre, Ter.: pueri innuptaeque puellae, Verg. – **B** insbes.: **1** die **Geliebte,** Prop. u. Ov.: scherzh. v. einem weiblichen Hündchen, Mart. 1, 109, 16. – **2** die **Tochter,** Danai puellae, Hor. carm. 3, 11, 23. – **II** übtr., **junge Frau, junges Weib,** v. der Penelope, v. der Lukretia, Ov.: puella Phasias, Medea, Ov.: puella Cressa, von der Phädra, in einem Brief an ihren Stiefsohn, Ov.: Lesbis, Sappho, Ov.: Lyda, Omphale, Ov.: laborantes utero puellae, junge Frauen, Neuvermählte, Hor.: puellas honestissimas in flore primo fecunditas abstulit, Plin. ep.: von der 20jährigen Oktavia, der Gemahlin Neros, Tac. ann. 14, 64. – ► Dat. od. Abl. Plur. puellabus, Cn. Gell. bei Charis. 54, 15. – vulg. pyera, CIL 4, 1956.

puellāris, e (puella), **ein Mädchen (eine junge Frau) betreffend, jugendlich, mädchenhaft, kindlich, Mädchen-,** lacerti, Sen.: capilli, Schol. Iuven.: animus (Gemüt), Hieron.: animi, der Proserpina, als sie geraubt wurde, Ov.: u. so plantae, der Europa, als Jupiter sie entführte, Ov.: pedes, der Ariadne, Ov.: aetas, der 19jährigen Gattin des Quintilian, Quint.: anni, Hieron.: suavitas, Plin. ep. – augurium, das junge Frauen wegen ihrer Entbindung (ob sie einen Knaben oder Mädchen gebären werden) anstellen, Plin. 10, 154.

puellāriter, *Adv.* (puellaris), **nach Art der Mädchen, wie ein Mädchen, mädchenhaft, kindlich,** alqd nescire, Plin. ep. 8, 10, 1: comas rapere, Mart. Cap. 1. § 88.

puellārius, iī, *m.* (puella od. puellus), der **Mädchen-** oder **Knabenliebhaber,** im unzüchtigen Sinne, Petron. 43, 8.

puellāsco, ere (puella), **zum Mädchen werden, sich als Mädchen** (zur Unzucht) **gebrauchen lassen,** Varro sat. Men. 44.

puellātōrius, a, um (puella), **Kindern gehörig,** tibiae, Kinderpfeifen, Solin. 5, 19.

puellitor, ārī (puella), **Kinderei treiben, spielen, Unzucht treiben,** cum cano eugio, Laber. com. 140.

puellula, ae, *f. (Demin.* v. puella), das **Mägdlein** = das junge, niedliche Mädchen, Pompon. com. 67. Ter. Phorm. 81. Catull. 61, 57 u. 182 u. 188. Arnob. 6, 25. Hieron. in Isai. 3, 7, 14.

puellus, ī, *m.* (zsgz. aus puerulus), das **Knäbchen,** Enn., Lucr., Plaut. fr. u. a.; vgl. Suet. Cal. 8, 3.

puelus, s. pyelus.

puer, erī, *m.* (verw. mit pullus, pūpillus, pūsio, altind. *putra-s,* Sohn), **I** übh. das **Kind,** Knabe oder Mädchen, Proserpina puer Cereris, Naev. bell. Punic. 2. fr. 6 *ed. Vahlen:* sancta puer Saturni filia regina, Liv. Andr. fr. bei Prisc. 6, 42: puer filia, Nel. carm. bei Charis. 84, 9: mea puer, Liv. Andr. bei Charis. 84, 7 (dagegen Prisc. 6, 41 mea puera). – bes. im Plur., pueri, Kinder, Cic. u. (Ggstz. barbati) Varro LL.: infantes pueri, Cic. u. Plin.: liberi admodum pueri (jung), Liv. epit.: pueri infantes minutuli, die kleinen Kinderchen, Plaut.: uxor ac pueri (wechselnd mit coniunx ac liberi), Liv.: quod vides accĭdere pueris, hoc nobis quoque maiusculis pueris evenit, Sen. – **II** insbes., das männl. Kind, der **Knabe, junge Mensch (Mann),** **A** eig.: **a** übh., Cic. u. a. (in der Regel bis zum 17. Lebensjahr, aber auch vom neunzehnjährigen Oktavian, Cic. ep. 12, 25, 4; Phil. 4, 1, 3; von Scipio, der über zwanzig Jahre alt war, Sil. 13, 704 u. a.: v. Pallas, der eine Abteilung Soldaten befehligte, Verg. Aen. 11, 42). – Gordianus admodum puer (jung), Eutr.: filius adhuc puer, noch unerwachsener Sohn, Eutr.: pueri atque puellae, Hor.: praetextati pueri et puellae, Suet.: puer sive iam adulescens, als angehender Jüngling, Cic.; vgl. Ptolemaeus puero quam iuveni propior, Vell.: si *pueri,* si *adulescentes* improvidi sunt per aetatem *maturi* (Erwachsene) certe ac *senes* habent stabile iudicium, Lact.: puerum filium regis secum adducentes, Liv. 42, 19, 3. – a puero, od. wenn von mehreren die Rede ist und wenn **eine** Person von sich im Plur. spricht, a pueris, ganz wie im Griech. ἐκ παιδός u. ἐκ παίδων, **von Kindheit an,** audivi a puero, Cic.: a pueris haberemus, Cic.: a pueris nasci senes, Ter.: ex pueris excedere, das Knabenalter überschreiten, Cic. Arch. 4. – puero Cicerone, zur Zeit, als C. noch ein Knabe war, Sen. contr. 2. praef. § 5. – auch als Liebkosungswort, **Junge,** Catull. 12, 9: u. als Scheltwort, **Junge, Bube,** Ter. adelph. 940. – v. niederen Gottheiten, Maenalius puer, v. Pan, Gratt. cyn. 19. – **b** der **Knabe** = der **Sohn,** puer tuus, Plaut.: Ascanius puer, Verg.: Latonae, Apollo, Hor.: Ledae pueri, Kastor u. Pollux, Hor.: pueri arcum sentire, Amors, Prop. – **B** übtr.: **1** wie παῖς, der aufwartende **Bursche, Diener, Sklave** (s. Savaro Sidon. epist. 4, 8), tuus, Cic.: pueri regii, königliche Pagen, Edelknaben, Liv.: pueri litteratissimi, Nep.: pueri et ancillae, Varro fr.: ancillae, pueri, Lucil. fr. – **2** der **unverheiratete Mann,** der **Junggeselle,** fac puer esse velis, Ov. fast. 4, 226. – **3** pueri = **Unmündige,** Cic. top. 18. – ► Archaist. Nomin. puerus, Augustin. serm. 57, 6 Mai; vgl. Prisc. 6, 42: Vokat. puere, Caecil. com. 100. Afran. com. 193. Plaut. asin. 382 u. a. – Genet. Plur. puerûm, Plaut. truc. 763 Sch. – *Adi.*, **knabenhaft, jugendlich,** puera facies, Paul. Nol. carm. 25, 217.

puera, ae, *f.* (Femin. v. puer), das **Mädchen,** Liv. Andr. bei Prisc. 6, 41 (dagegen Charis. 84, 7 mea puer). Varro sat. Men. 87. Varro vit. P. R. 2. fr. 19 (bei Non. p. 156, 17); vgl. Suet. Cal. 8, 3.

puerārius, iī, *m.* (puer), der **Knabenliebhaber,** Tert. de anima 55.

puerāsco, ere (puer), **I in das Knaben- od. Jünglingsalter treten,** Suet. Cal. 7: puerascere, iuvenescere, senescere, Augustin. in psalm. 38, 10. – **II sich verjüngen,** Auson. edyll. 4, 55. p. 38 Schenkl. Claud. Mam. de stat. anim. 1, 1 *in.*

puerculus, ī, *m. (Demin.* v. puer), das **Knäbchen,** Arnob. 2, 24 *in.* u. a. Ps. Apul. herb. 25, 3.

puerigenus, a, um (puer u. geno = gigno), **Knaben erzeugend,** semina, Fulg. myth. 1. praef. p. 20 M.

puerīlis, e (puer), **kindlich, knabenmäßig, jugendlich, Kinder-, Knaben-, I** eig.: crepitacula u. crepundia, Kinderklappern, Quint. u. Val. Max.: dentes, Sen.: aetas, Cic.: anni, Ov. u. Plin.: tempus, kindliches Alter (Ggstz. iuventa), Ov.: species, Cic.: facies, Ov.: agmen, ein Zug von Knaben, Verg.: regnum, königliche Regierung jmds. als Jüngling, Liv.: institutio, Quint.: passio, die Epilepsie, Cael. Aur.: delectatio, jugendliche Ergötzung, Cic.: puerili verbere moneri, mit der Kinderrute zurechtgewiesen werden (v. einem Mädchen), Tac.: affectus verberibus puerilibus, mit der Kinderrute bestraft, Iul. Val. – **II** übtr., **knabenhaft, kindisch, läppisch,** consilium, Cic.: sententia, Ter.: puerile est, Ter.: *Compar.,* si puerilius his ratio esse evincet amare, Hor. sat. 2, 3, 250. – *neutr. pl.* subst., nugalia vel puerilia (Kindereien), Non. 150, 26.

puerīlitās, ātis, *f.* (puerilis), **I** das **Knabenalter,** Varro b. Non. 494, 18: anni puerilitatis, Knabenjahre, Val. Max. 5, 4, 2 (Kempf pubertatis). – **II kindisches Wesen, -Benehmen,** Sen. ep. 4, 2.

puerīliter, *Adv.* (puerilis), **I kindlich, wie Kinder** od. **Knaben,** blandiri, Liv.: ludere, Phaedr. – **II** übtr., **knabenhaft, kindisch, läppisch,** facere, Cic.: cupere, Tac.

puerīnus, a, um (puer), **knabenhaft, jugendlich,** Hercules, CIL 6, 126.

pueritās, ātis, *f.* (puer), die **Kindheit,** übtr., vitii, Tert. ad nat. 2, 9.

pueritia, ae, *f.* (puer), **I** das **Knabenalter,** in der Regel bis zum 17. Lebensjahr, die **Kindheit, Jugend,** pueritiae adulescentia obrepit, Cic.: in pueritia, Cic.: a pueritia, Cic.: extremā pueritiā, Sall. fr.: vixdum pueritiam egressus, Fronto. – übtr., v. Tieren, die **Jugend,** Colum. 7, 6, 3. – **II** Plur. meton., die **ersten Anfänge,** Fronto princ. hist. p. 203, 13 N. – ► Synk., puertia, Hor. carm. 1, 36, 8.

pueritiēs, ēī, *f.* = pueritia, Auson. prof. 11, 13. p. 63 Schenkl.

puerpera, ae, *f.* (puer u. pario), die **Kindbetterin, Wöchnerin,** Ter. u. a.: auch die erst gebären soll, die **Kreißende,** Plaut. u. Catull. – attribut., uxor, Sen. de ben. 4, 35, 2.

puerperium, iī, *n.* (puerpera), **I** das **Kindbett,** die **Geburt, Niederkunft,** puerperio cubare, im Kindbett liegen, Plaut.: dolor, quem in puerperio puella perpetitur, Sen.: locus puerperio Antium fuit, Tac.: femina puerperiis (durch Kindersegen) insignis, Tac. – **II** meton., das Geborene, die **Leibesfrucht,** das **Kind,** numerus puerperii, die Zahl der zugleich geborenen Kinder, Gell.: abortu duodecim puerperia egesta, Geburten, Kinder, Plin.

puerperus, a, um (puer u. pario), die **Niederkunft befördernd,** verba, Ov. met. 10, 511.

puertia, s. pueritia ►.

puerulus, ī, *m. (Demin.* v. puer), der **kleine Knabe,** das **Knäblein,** Servius Tullius, etiamtum puerulus, Val. Max. 1, 6, 1: pueruli sui nimio amore correptus, Val. Max. 8, 1. damn. 8: puerulus ille Sicinius Pudens, Apul. apol. 41 (u. so *ibid.* 45. 74. 78): Plur. pueruli = Unmündige, Cic. top. 18 *Klotz* (Müller liest ›pueri‹): infelices pueruli, v. jungen Sklaven, Sen. de brev. vit. 12, 5: u. verächtl., omnium deliciarum atque omnium artium pueruli, feine, geschniegelte u. gebügelte Bürschchen, Cic. Rosc. Am. 120.

puerus, ī, *m.,* s. puer ►.

pūga, ae, *f.* (πυγή), der **Hintern,** der **Steiß,** rein lat. nates, Hor. sat. 1, 2, 133: Plur. pugae, Nov. com. 19.

pugil, ilis, Abl. ilī, *m.* (vgl. pug-nus, πυγ-μή, πύξ), der Kämpfer mit dem Cästus, der **Faustkämpfer,** Ter., Cic. u. a.: pugiles catervarii, s. catervārius: os pugilis, harte, unverschämte Stirn, Asin. Gall. b. Suet. gr. 22. – Nbf. pugilis, is, *m.,* Varro sat. Men. 89. – ► Abl. Plur. pūgilibūs gemessen bei Prud. c. Symm. 2, 518.

pugilātio (pugillātio), ōnis, *f.* (pugilor), das Kämpfen mit dem Cästus, der **Faustkampf,** pugillationem exercere, Fulg. contin. Verg. p. 152 M.

pugilātor, ōris, *m.* (pugilor) = pugil, Arnob. 1, 36.

pugilātōrius, s. pugillātōrius.

pugilātus (pugillātus), ūs, *m.* (pugilor), das Kämpfen mit dem Cästus, der **Faustkampf,** corporum certationes cursu et pugillatu et luctatione curriculisque usque ad certam victoriam circo constitutae, Cic. de legg. 2, 38: ferientium pugilatus, Augustin. serm. 216, 6: ibi cursu, luctando, disco, hastā, pugilatu, pilā, saliendo sese exercere, Plaut. Bacch. 428: certare in pugilatu, Plin. 8, 82: pugilatum exercere, Augustin. de civ. dei 18, 17: scherzh., hic homo pugilatum incipit, Plaut. capt. 793.

pugilicē, *Adv.* (pugil), **nach Art der Faustkämpfer** (= kräftig), Plaut. Epid. 20.

pugilis, s. pugil.

pugillar, āris, *n.,* s. pugillāris.

pugillāre, s. pugillāris.

pugillāriārius, iī, *m.* (pugillares), der **Verfertiger von Schreibtafeln,** CIL 6, 9841.

pugillāris, e (pugillus), **was man mit einer Faust fassen kann, faustgroß,** testiculi, Iuven. 11, 156 (wo die erste Silbe lang steht): tabulae, Amm. 28, 4, 13: cerae, Prud. perist. 9, 15. – subst., pugillāres, ium, *m. (sc.* libelli od. codicilli), die **Schreibtafel,** Sen. u. a.: so auch pugillāria, ium, *n.,* Catull. u. Gell.; u. pugillar, āris, *n.,* Auson. epigr. 137 (146), 3, u. pugillāris, is, *m.,* Vulg. Luc. 1, 63 (die Itala hat pugillare, is, *n.).*

1. pugillātio, s. pugilātio.

2. pugillātio, ōnis, *f.,* die **Beförderung von** *pugillares,* eine Art **Briefpost,** geleitet von einem kaiserl. Prokurator, CIL 14, 2045.

1. pugillātor, ōris, *m.* (pugillus), **I** der **Briefbote,** Sidon. epist. 9, 14, 4. – **II** der jmdm. diebischerweise das Geld aus der Hand verschwinden lässt, Isid. orig. 10, 221.

2. pugillātor, s. pugilātor.

pugillātōrius (pugilātōrius), a, um (pugillus), **zur Faust gehörig,** follis, der mit der Faust fortgeschlagene Ball, der Schlagball, Plaut. rud. 721.

pugillātus, ūs, *m.,* s. pugilātus.

pugillor, s. pugilor.

pugillus, ī, *m. (Demin.* v. pugnus), **so viel als man mit einer Faust fassen kann, eine Handvoll,** Cato u. Plin.

pugilor (pugillor), ārī (pugil), **mit der Faust kämpfen,** Apul. de deo Socr. 21 (wo auch passiv unpers. brachia, quibus pugilatur). Treb. Poll. Gallien. 8, 3. Augustin. in psalm. 57, 7: übtr., (mit den Füßen) **ausschlagen,** v. einem Pferd, Apul. met. 7, 16.

pūgio, ōnis, *m.* (pungo), eine kurze Waffe zum Stechen, der **Dolch,** das **Stilett, I** eig.: pugione accinctus, Tac.: pugionem educere, Auct. b. Alex.: pugione vitam finire, Iustin.: pugione bis ferire alqm, Auct. b. Alex.: cruentum pugionem tenens, Cic.: cruentum alte extollens pugionem, Cic.: tum allatis pugionibus, cum utrumque pertemptasset, alterum capiti subdidit, Tac. – als ein Zeichen der Gewalt über Leben u. Tod von den Kaisern getragen, Suet. Galb. 11 u. Vit. 15, 4. Tac. hist. 3, 68: ebenso vom praefectus praetorio, Aur. Vict. de Caes. 13, 9: u. von Kriegsobersten u. Hauptleuten unter den Kaisern, Tac. hist. 1, 43. – **II** bildl.: o plumpeum pugionem! ein schwacher Beweis, Cic. de fin. 4, 48: u. so plumbei pugiones, Augustin. c. Iulian. Pelag. 1. § 12. – ► Die Länge des u ersichtlich aus Mart. 14, 33, 1. Iuven. 6, 34 *sq.*

pūgiunculus, ī, *m. (Demin.* v. pugio), der **kleine Dolch,** das **Stilett,** Cic. or. 224. Augustin. c. Iul. 6, 7, 17: pug. Hispaniensis, bildl. v. nach Hispanien geschickten u. dort gefallenen Piso, Cic. or. in tog. cand. c. Anton. fr. 21 Kays. (fr. 27 M.) bei Ascon. p. 83, 21 K. – Nbf. **pūgiuncula,** ae, *f.,* Augustin. c. Iul. Pelag. 6, 17.

pūgna, ae, *f.* (pugno), der **Kampf** Mann gegen Mann, sowohl vom Kampf einzelner als auch ganzer Heere, das **Gefecht, Treffen** (während proelium das Treffen zwischen zwei Heeren, die Schlacht bezeichnet; vgl. Caes. b. G. 3, 4. § 3 diuturnitate *pugnae* hostes defessi *proelio* excedebant), I eig. u. meton.: A eig.: a im Allg.: p. singularis, Zweikampf, Macr. u. Sulp. Sever.: p. equestris, Cic.: p. pedestris, Verg.: p. navalis, Cic.: p. gladiatorum, Suet.: p. mala (unglückliches), Cic.: p. Cannensis (eig. u. übtr.), s. Cannensis (unter Cannae): pugna Leuctrica, Pharsalica, Cic.: pugna Cannarum, Trasumeni, bei K., am Tr., Liv.: pugna ad lacum Regillum facta, Liv., u. bl. pugna apud Regillum lacum, Liv.: pugna navalis ad Tenedum, Cic., apud Salamina, Nep.: genus hoc est *ex* essedis pugnae, Caes.: pugnam capessere, Liv. (s. Drak. Liv. 10, 5, 4): pugnam manu capessere, selbst handgemein werden, Tac.: pugnam edere, Liv.: pugnam ciere, Liv.: pugnam committere, Cic., cum alqo, Cic.: pugna atrox concitatur (entspinnt sich), Liv.: pugnam inter se conserere, Liv.: ad pugnam elicere, Liv.: pugnam incipere, Liv., instaurare, Liv.: pugnam inire, Liv.: pugnam restituere, Liv.: pugna paulisper recrudescit, Liv.: pugnā decertare, Caes.: pugnam navalem facere (liefern), Nep.: pugnare pugnam, s. pūgno: pugnam detrectare, Liv.: ex pugna se eripere, Cic.: in pugnam prodire, Liv.: ad pugnam procedere, Liv.: equites primos ab utroque cornu in pugnam educere, Liv.: interesse pugnae navali apud Salamina, Nep.: integri profligatam pugnam acceperunt, übernahmen in frischer Kraft den schon beinahe verlorenen Kampf, Liv.: in prima pugna Brutus et Aruns invicem se occīderunt, Eutr.: nonnumquam res ad manus atque ad pugnam vocabatur, zur Schlägerei (bei Trinkgelagen), Cic.: pugna iam in manus, iam ad gladios venerat, Liv. – b insbes., das **Kampfspiel,** pugna quinquennis Graia Elide, Ov. met. 14, 325. – B meton.: a die zum Treffen aufgestellte **Schlachtlinie,** das **Treffen,** ordinata per principes hastatosque ac triarios pugna, Liv.: pugnam mediam tueri, das Mitteltreffen, Liv.: pugnam mutare, Curt. – b der **Kampf** = Krieg, non Siciliae illis adversa pugna in ore est, sed Graeciae victoria, Iustin. 5, 4, 17. – II übtr.: a der **Kampf, Streit,** doctissimorum hominum, Cic.: litterarum, der Gelehrten, Plin.: pugna *adversus* dolorem, Gell. 12, 5, 2: pugnas edere, Cic. – b der (**listige**) **Streich** (vgl. Brix Plaut. capt. 583), iam aliquid pugnae dedit (hat gespielt), Plaut.: u. so dabit pugnam denuo, Ter.: priusquam istam pugnam pugnabo, dabo aliam pugnam claram et commemorabilem, Plaut. – c v. Beischlaf, Mart. 10, 38, 6.

pūgnābilis, e (pugno), **erstürmbar, bezwingbar,** Pompeii comm. 181, 20 K.

pūgnācitās, ātis, *f.* (pugnax), die **Streitlust,** Plin. 10, 101. Tac. dial. 31: übtr. argumentorum, Quint. 4, 3, 2: accusatoria, Sen. contr. 1, 2, 16.

pūgnāciter, *Adv.* (pugnax), **streitbegierig,** d. i. **hartnäckig, eigensinnig, mit aller Gewalt,** de alqa re certare cum alqo pugnaciter, Cic.: alia sublimius alia pugnacius dicere, Quint.: pugnacissime defendere sententiam, Cic.

pūgnāculum, ī, *n.* (pugno), das **Bollwerk,** die **Mauer,** Plaut. mil. 334. Amm. 21, 12, 18.

pūgnātor, ōris, *m.* (pugno), der **Kämpfer, Fechter, Streiter,** Verg., Liv. u. a. – attrib., p. gallus, ein Kampfhahn, Plin. 30, 142.

pūgnātōrius, a, um (pugnator), **die Fechter betreffend, Fechter-,** arma, Fechterwaffen, scharfe Waffen (Ggstz. rudes), Suet. Cal. 54, 1: mucro, bildl., Sen. contr. 2. praef. § 2.

pūgnātrīx, trīcis, *f.* (Femin. zu pugnator), die **Fechterin,** Prud. psych. 681. – attrib. = **streitbar,** natio, Amm. 23, 6, 28: gens, Acro Hor. carm. 2, 11, 1.

pūgnāx, ācis (pugno), **kampflustig, -rüstig, streitbegierig, streitbar, kriegerisch,** I eig.: pugn. Minerva, Ov.: pugn. centurio, Cic.: pugn. ensis, Ov.: pugnacissimi quique, Tac.: pugnacissimae (apes), Sen.: pugnax m. folg. *Infin.*, Sil. 3, 363. – II übtr.: A **streitbar, kriegerisch, polemisch,** oratio pugnax et contentiosa, Plin. ep.: semper pugnax hic et quasi bellatorius stilus, Plin. ep.: exordium dicendi, Cic.: oratio pugnacior, Cic.: vox pugnacissima, Sen. rhet.: m. folg. *Dat.*, ignis aquae pugnax, Ov. – B übh. **widersetzlich, hartnäckig,** contra imperatorem, Cic.: in vitiis, Cael. in Cic. ep.: quid ferri duritiā pugnacius? Plin.: musta (Ggstz. lenia), die nicht mild werden wollen, Plin.

pūgneus, a um (pugnus) **die Faust betreffend,** mergae, scherzh. = Faustschläge, Plaut. rud. 763.

pūgnitus, *Adv.* (pugnus), **mit Fäusten,** Caecil. com. 49.

pūgno, āvī, ātum, āre (pugna), **kämpfen, fechten, streiten, ein Gefecht-, ein Treffen liefern,** I eig., sowohl von einzelnen als von ganzen Heeren, caesim, Veget. mil.: constanter ac non timide, Caes.: contra (Adv.), Ov.: comminus, Curt.: comminus gladiis, Caes.: eminus fundis, sagittis, Caes.: eminus glande aut lapidibus, Sall.: manu, Ov.: male (unglücklich), Sall. u. Liv.: pari Marte, Curt.: de genu, kniend, Sen.: de ponte, Auct. b. Hisp.: de rogis Ov.: ex equo, Cic. u. Liv.: pugnatur omnibus locis, Caes.: in hostem, Sall. u. Tac.: in Gallos, Claud. Quadr. fr.: in adversarii os atque oculos, seinen Angriff richten, Gell.: u. so in frontem lateraque, von vorn u. von der Seite einen Angriff machen, Liv.: ne in frontem simul et latera suorum pugnaretur, Tac.: adversus alqm, Nep.: vario eventu adversus alqm, Nep.: male adversus alqm, Liv. epit.: cum alqo, Caes. u. Vell.: cum alqo comminus in acie, Cic.: inter se cornibus, Varro: pro aliquo, Caes. u. Curt.: pro commodis patriae, Cic.: pro libertate patriae, Curt.: de gloria, Curt.: de possessione, Gell.: de loco, wegen des Platzes, Ter.: ad bestias, Cypr.: ad ursos, CIL 4, 1989: ad Ticinum amnem, ad Trebiam, Liv.: claram pugnam, Liv., od. inclutam pugnam, Liv. (u. so haec illi vi pugnata pugna est usque a mane ad vesperum, Plaut.: illa pugna, quae cum rege commissa est et summā contentione pugnata, Cic.): pugnavit proelia, Hor.: proelium male pugnatum, Sall.: bella pugnata, durchgefochtene, Verg.: absol., pugnandi tempora, Ov.: oppidum pugnando capere, Auct. b. Afr.: Partiz. subst., pugnantes, die Kämpfenden, die Kämpfer, Caes. b. G. 3, 25, 1. Curt. 4, 12 (46), 23. – II übtr.: A im Allg., **streiten, im Streit liegen,** pugnant (es streiten miteinander) materque sororque, Ov.: p. arte medendi, Ov.: cum Peripateticis, Cic. de dis immortalibus non magno opere, Cic.: sed ego tecum *in* eo non pugnabo, *quo minus* utrum velis eligas, Cic. div. in Caec. 58. – m. folg. *Acc.* u. *Infin.* = **in seinem Streit behaupten,** Cic. de fin. 3, 41. – übtr., v. lebl. Subjj., frigida pugnabant calidis, umentia siccis, mollia cum duris, Ov.: mea cum pugnat sententia secum, Hor.: pugnat diu sententia secum, Ov. – B insbes.: a **widersprechen, sich widersprechen,** secum, Cic.: pugnantia loqui, Cic. – poet. m. folg. *Dat.*, **widersprechen, die Widerpart halten,** ne cupias pugnare puellae, Prop.: placitone pugnabis amori? Verg. – b Mühe anwenden, um etw. zu erreichen od. zu verhindern, **ringen, ernstlich streben, -sich bemühen, darauf dringen,** nach etw. **ringen,** pugno in mea vulnera, ich ringe, mich selbst zu verwunden, Ov. met. 7, 738. – m. folg. *ut* od. *ne* od. *quo minus* u. Konj., id pugnant, id agunt, ut etc., Cic.: illud pugna et enitere ut etc., Cic.: pugnarent collegae, ut etc., Liv.: id ne impetremus, pugnabis, Cic.: quoque minus venias, invita pugnat hiems, Ov. her. 18 (19), 120. – m. folg. *Infin.*, Ov. met. 1, 685; 2, 822 u. a. Lucan. 4, 753 u. a. spät. Dicht.; v. lebl. Subjj., Lucr. 2, 205. – ► Abl. d. Gerund. pucnandod, CIL 1, 195, 5. lin. 10.

pūgnum, ī, *n.* = pugnus, Plaut. capt. 796 (Br. u. Fl. pugnus) nach Gramm. inc. de dub. nomin. (V) 587, 12.

pūgnus, ī, *m.* (vgl. πυγ-μή, πύξ), die **Faust,** I eig.: iuvenalis, Ov.: pugnum facere, eine Faust machen, Cic.: p. ducere alci, einen Faustschlag geben, ICt.: alqm pugnis concīdere, Cic., contundere, onerare, Plaut.: quin pugnus in mala haereat, Ter.: omnes dentes uno pugno (Faustschlag) excutere, Treb. Poll.: pugno (in der F.) habere alqd, Rhet. Her.: poet., pugno victus, im Faustkampf, Hor.: so auch superare pugnis, Hor. – II übtr., die **Faust,** als Maß, Cato r. r. 82. Rhet. Her. 4, 9. Marc. Emp. 8: pugnus aeris, eine Faust (Hand) voll Erz (Ggstz. fiscus, ein ganzer Geldkorb), Sen. de ira 3, 33, 3: pugnus salis, Apic. 3, 84.

pulcellus, s. pulchellus.

pulcer, s. 1. pulcher.

pulchellus (pulcellus), a, um (*Demin.* v. pulcher), **gar schön,** Bacchae (als Statuen), Cic. ep. 7, 23, 2: ironisch, audiamus pulchellum puerum, das hübsche Kerlchen, Crassus bei Cic. de or. 2, 262: surgit pulchellus puer, das schöne Herrchen, der Junge mit dem hübschen Gesichtchen, verächtlich v. Klodius, Cic. ad Att. 1, 16, 10; u. so **Pulchellus** als verächtl. Beiname von Klodius, der den Beinamen Pulcher hatte (vgl. Val. Max. 3, 5, 3), Cic. ad Att. 2, 1, 4 u. 22, 1.

1. **pulcher**, chra, chrum, u. **pulcer**, cra, crum (wohl zu polire), ideal **schön** (Ggstz. turpis, deformis), **I** eig.: puer, Cic.: pulchrae puellae (Ggstz. anus deformes), Treb. Poll.: pulchrae turpesque puellae, Ov.: pulcher corpore, Ov.: hortus, Ov.: domus (Ggstz. deformis ruinis), Plin. ep.: quid (potest esse) aspectu pulchrius? Cic.: femina pulicherrima (Ggstz. deformissima), Gell.: urbs pulcherrima, Caes.: pulcherrime rerum, aller Wesen schönstes, schönstes Schatzkind, Ov. – subst., pulchrae, schöne Mädchen, Donat. Ter. Andr. 1, 5, 10. – **II** übtr.: **a schön, vortrefflich, herrlich, rühmlich,** exemplum, Caes.: facinus, Sall.: mors, ehrenvoll, rühmlich, Verg.: manu pulcher, ausgezeichnet durch persönliche Tapferkeit, Flor.: nihil virtute pulchrius, Cic.: factum pulcherrimum, Cic.: pulcherrime rerum, als Anrede an Gott, Augustin. conf. 6, 2, 12. – m. *Genet.*, pulcherrimus irae, wegen usw., Sil. 11, 365. – pulchrum est, **es ist schön, -herrlich, -edel, -ruhmvoll** (Ggstz. turpe est) m. folg. *Infin.*, pulchrum est bene facere rei publicae, Sall.: videte ne, ut illis *pulcherrimum fuit* tantam vobis imperii gloriam tradere, sic vobis *turpissimum sit* quod accepistis tueri et conservare non posse, Cic.: pulchrum est digito monstrari, Pers.: pulchrum (est) mori, Verg.: ironisch, cui pulchrum fuit in medios dormire dies, Hor. – so auch pulchrum ducere od. putare m. *Infin.*, *turpe ducet* cedere pari, *pulchrum* superasse maiores, Quint. 1, 2, 22: qui me triste pati ... *pulchrum* Romanumque *putant,* Lucan. 9, 391 *sq.* – **b schön, glücklich, behaglich,** dies, Hor.: victoria, Iustin.: exitus, Flor.: ne pulchrum se ac beatum putaret, damit er sich nicht in einer behaglichen u. glücklichen Lage denken möchte, Cic. Mur. 26. – ► arch. pulcer, CIL 1, 522 u. 14, 1731. Enn. ann. 488, polcer, CIL 1, 552: Genet. Femin. pulcrai, CIL 1, 1007. – vulg. Superl. pulchrissimus, CIL 6. part. 5. *no.* 1965* u. 2864*.

2. **Pulcher**, chrī, *m.*, **I** ein röm. Beiname, wie P. Claudius Pulcher, Liv. 38, 35, 9: Clodius Pulcher, Val. Max. 3, 5, 3. – **II** Pulchri promunturium, ein Vorgebirge in Afrika, nordöstlich von Karthago = Mercurii prom., j. *Cap Bono,* Liv. 29, 27, 12.

pulchrālia (pulcrālia), ium, *n.* (pulcher), **Nachtisch** (analog mit *bellaria),* Cato orat. 61 (bei Fest. 242 [b], 8).

pulchrē od. **pulcrē**, *Adv,* (pulcher), **I schön, vortrefflich, herrlich,** dicere, Cic.: asseverare, vortrefflich, listig, Cic.: cum tristissima exta fuerunt, primā hostiā litatur saepe pulcherrime, Cic. – **oft ganz gut, wohl,** macerare, Ter.: callere, Ter.: intellegere, Cic.: se non posse galeam cognoscere, hominem pulchre posse, Sen.: p. placere, Ov.: nosse alqm, Hor. u. Planc. in Cic. ep.: alqd facere, Nep.: vendere, gut, teuer, Plaut.: conciliare, gut, wohlfeil kaufen, einen guten Kauf tun, Plaut.: mihi p. est od. p. est mihi, ich befinde mich behaglich (schlau), Cic. u. Hor.: so auch p. sum, Plaut.: p. convenit, Catull.: pulchrius ligna praebere, reichlich, Plaut. – pulchre meminisse m. folg. *Acc.* u. *Infin.*, Colum. 3, 9, 6. – als beipflichtender Ausruf, **schön! vortrefflich! herrlich!** Ter. u. Hor. – **II** ironisch, **schön** = gänzlich, völlig, gehörig (vgl. Brix u. Lorenz Plaut. mil. 404), peristi p., Plaut.: p. occĭdi, Plaut.: pendebit hodie pulchre, Plaut.

pulchrēsco (pulcrēsco), ere (pulcher), **I** *intr.* **schön werden,** Ser. Samm. 824. Ps. Augustin. serm. app. 315, 3. Cassiod. var. 5, 40, 2. Anthol. Lat. 353, 13 (360, 13). – **II** *tr.* **verschönern,** pulcrescunt gaudia vultus, Orest. tr. 128.

pulchritās (pulcritās), ātis, *f.* (pulcher), die **Schönheit,** Caecil. com. 55. Gloss. V, 645, 58.

pulchritūdo (pulcritūdo), inis, *f.* (pulcher), die **Schönheit, I** eig. (Ggstz. deformitas), corporis, Cic.: venustas et pulchritudo corporis, Cic.: equi, Gell.: operis, Plin. ep. – Plur., inaccessae pulchritudines urbis, Amm. 31, 16, 7: pulchritudines alienae, schöne Edelsteine, Plin. 37, 129. – **II** bildl., die **Schönheit, Trefflichkeit, Herrlichkeit,** virtutis, Cic.: verborum, Cic.

pulcrē, s. pulchrē.

pūlēgium, iī, *n.*, s. pūlēium.

pūlēiātus, a, um (puleium), **mit Polei versehen, -gewürzt,** porca, Veget. mul. 3, 76. – subst., pūlēiātum, ī, *n.* (*sc.* vinum), **Poleiwein,** Lampr. Heliog. 19, 4.

pūlēium, ī, *n.* u. **pūlēgium**, iī, *n.* (βλήχων), der **Polei,** das **Flöhkraut** (*Mentha pulegium,* L.), eine wohlriechende Pflanze, **α** Form pulēium, Cic. de div. 2, 33. Colum. 12, 7, 1 u. a. Sen. contr. 7. praef. § 3. Mart. 12, 32, 19. Plin. 2, 108. Pallad. 12, 22, 1. Ser. Samm. 18 u. 599. Arnob. 7, 16. Apic. 4, 179. – bildl., ad cuius rutam puleio mihi tui sermonis utendum est, der rauen Sprache des Mannes gegenüber muss ich deine sanfte Tonart in Anwendung bringen, Cic. ep. 16, 23, 2. – **β** Form *-egium,* Cels. 2, 32 u. 33 D. Plin. Val. 1, 1. fol. 165 (a), 23.

pulenta, s. polenta.

pūlex, icis, *m.*, der **Floh,** Plaut., Cels. u. a. – u. v. **Erdfloh,** Colum. poët. 10, 321.

pūlicāris, e, u. **pūlicārius**, a, um (pulex), **zu den Flöhen gehörig, Flöh-,** herba, Flöhkraut (griech. ψύλλιον, psyllium), Cael. Aur. de morb. acut. 2, 37, 197 (wo herba pulicaria) u. 3, 8, 97 (wo herba pulicaris): dass. subst. pūlicāria, ae, *f.*, Th. Prisc. 1, 10.

pūlicōsus, a, um (pulex), **voll Flöhe,** canis, Colum. 7, 13, 2.

pullāmen, inis, *n.* (pullo), das **Junge,** tertio die pullamina excluduntur, Schol. Bern. Verg. georg. 1, 369.

pullārius, a, um (pullus), **zu jungen Tieren gehörig, Jungen-, I** *adi.*: collectio, Veget. mul. 1, 29: scherzh., feles, ein Mensch, der junge Knaben fängt u. verführt, Kindermarder, Auson. epigr. 70, 5: pullarii augures, Oros. 3, 22, 3. decurialis decuriae pullariae, ein Mitglied einer Dekurie der Hühnerwärter, CIL 6, 1897 u. decuriales pullarii, *ibid.* 6, 1008. – **II** *subst.* pullārius, iī, *m.*, der die heiligen jungen Hühner fütterte u. aus ihrem Fressen od. Nichtfressen weissagte, der **Hühnerwärter,** Cic. u. a.

pullastra, ae, *f.* (pullus), die **junge Henne,** Varro r. r. 3, 9, 9.

pullātio, ōnis, *f.* (pullo), das **Ausbrüten,** Colum. 8, 5, 9.

pullātus, a, um (3. pullus), **schmutzig schwarz gekleidet, a** v. Trauernden (Ggstz. albatus), Iuven. 3, 213: u. sprichw. von denen, die alles verkehrt anfangen, incedunt albati ad exsequias, pullati ad nuptias, Sidon. epist. 5, 7, 4. – poet. übtr., nugae pullatae, tragischer Bombast, Pers. 5, 19 (Hermann bullatae, s. bullātus). – **b** v. niederen Volk: turba, circulus, Quint. – subst., pullati, das gemeine Volk, der gemeine Mann, Suet.: verb. sordidi pullatique, Plin. ep. Vgl. übh. Spalding Quint. 2, 12, 10.

pullēiāceus, a, um = 3. pullus, **schwarzfarbig,** Aug. b. Suet. Aug. 87, 2.

pullicēnus, ī, *m.* (1. pullus), der **junge Vogel,** das **junge Hühnchen,** Lampr. Alex. Sev. 41, 7.

pullīgo, inis, *f.* (3. pullus), die **grauschwarze-, dunkle Farbe,** ovium, Plin. 8, 191.

pullīnātīcius, a, um (pullinus), **hühnerartig,** oculus, Plin. Val. 3, 30.

pullīnus, a, um (1. pullus), **I jungen Tieren gehörig,** dentes, quos pullinos appellant, die ersten Zähne (der jungen Pferde), Plin. 8, 172. – **II** insbes., **von Hühnern, Hühner-,** ova, Lampr. Heliog. 22, 1: adeps, Oribas. frgm. Bern. 2, 6, p. 16, 23 H. – subst., pullīna, ae, *f.* (*sc.* caro), **Hühnerfleisch,** Apic. 4, 119.

pullinurux, Prisc. de accent. § 34. p. 526, 4, was?

pullitiēs, ēī, *f.* (1. pullus), die **junge Brut,** Varro r. r. 3, 7, 6. Colum. 8, 9, 4 u. ö.

pullo, āre (pullus), **ausschlagen, sprossen,** Calp. ecl. 5, 20.

pullopremus, ī, *m.* (1. pullus u. premo), der **Knabenschänder,** Auson. epigr. 65 (70), 8.

pullulāsco, ere (pullulo), **ausschlagen, hervorkommen,** ex novello palmite vitis pullulascit, Colum. 4, 21. § 3: poet. übtr., renatis artubus, Prud. perist. 10, 882.

pullulātio, ōnis, *f.* (pullulo), das **Hervorsprossen, Treiben** der Pflanzen, Prisc. praeex. § 24. p. 437, 3 K.: prima pull. herbarum, (Rufin.) comm. in Amos 1. ad 4. *v.* 7 u. 8: Plur. meton. = die **jungen Triebe** am Baum, Interpr. Orig. in Ezech. 11, 5. – bildl., Cypr. ad Fortunat. 4. Augustin. op. imperf. c. Iul. 2. § 105.

pullulo, āvī, ātum, āre (pullulus), **I** *intr.* **ausschlagen, hervorsprossen, -keimen, treiben, A** eig. u. übtr.: **a** eig., v. Pflanzen usw., Verg., Colum. u. a. – **b** poet. übtr., tot pullulat atra colubris, lässt (aus ihrer Stirn) hervorwimmeln, Verg. Aen. 7, 329. – **B** bildl., **sich entwickeln,** quae (luxuria) iam tum incipiebat pullulare (zu wuchern), Nep. Cat. 2, 3: sors nascentium obitorum loco pullulat, Apul. de mund. 23: unde fluxioris vitae initia (die Keime) pullularunt, Amm. 22, 4, 3: et surgere ac pullulare plus coepit haereticae perversitatis et schismatum venenata pernicies, Cypr. de cath. eccl. unit. 16 *in.*: quae (genera peccatorum) in ipso divitiarum sinu atque matrice quasi in naturali quodam fomite pullularint, Salv. adv. avar. 2, 14, 69. – **II** *tr.* **hervorsprossen lassen,** bes. von der Erde, **hervorbringen, zeugen,** terras Venerem aliam pullulasse, Apul.: tamquam silvam ex se (v. Bäumen), Ambros.: aperiatur terra et pullulet salvatorem, Lact.: oviparos pullulat fetus, Fulg. Vgl. Bünemann Lact. 4, 12, 9. Hildebr. Apul. met. 4, 28. Muncker Fulg. myth. 1, 12. p. 45.

1. **pullulus,** ī, *m. (Demin.* v. 1. pullus), **I** das junge Tier, das **Hühnchen, Täubchen** usw., bellus pullulus, als Schmeichelwort, Apul. met. 8, 26. – **II** übtr., der **junge Zweig, Schössling,** Plin. 17, 65.

2. **pullulus,** a, um (*Demin.* v. 3. pullus), **schwärzlich, grauschwarz,** terra, Colum. 2, 2, 19.

1. **pullus,** a, um (v. puellus, dem *Deminut.* von puer = puerulus, wahrsch. mit verlängerter erster Silbe), **jung, I** *adi.*: meus pullus passer, Plaut. Cas. 138: pullus filius asinae subiugalis, Hieron. epist. 53, 8. – **II** *subst.*, pullus, ī, *m.*, das Junge, das **junge Tier, 1** eig.: **a** im Allg.: pullus equinus, das Füllen, Plin.: ebenso asininus, Varro: u. pullus asinae, Hieron.: des Geflügels, columbinus, Cic.: gallinaceus, Plaut., Liv. u. a.: pulli aquilae, Plin.: columbarum pulli ac gallinarum, Cael. Aur.: pulli ex ovis orti, Küchlein, Cic.: dum (psittacus) in pullo est, ein Küchlein ist, Solin. 52, 44. – **b** insbes., das **junge Huhn,** das **Hühnchen** (wov. franz. *le poulet),* Hor. u. Sen.: v. den Weissagehühnern, Cic. u. Liv. – **2** übtr.: **a** v. Menschen: **α** als Liebkosungswort, **Puttchen, Hühnchen,** wie vom kleinen Kaligula, pullus et pupus, Suet. Cal. 13: appellat *paetum* pater et *pullum,* Hor. sat. 1, 3, 45. – **β** p. miluinus, **Geierbrut,** v. einem habgierigen Menschen, Cic. ad Q. fr. 1, 2, 2. § 6. – **b** der **junge Zweig,** Cato u. Pallad.

2. **pūllus,** a, um (*Demin.* v. pūrus = purulus), **rein,** veste pullā candidi, Varro sat. Men. 462.

3. **pullus,** a, um (zu palleo), **schmutzig** von Farbe, **schwarz,** von Natur od. durch Schmutz (nicht durch Kunst), **grauschwarz, schwärzlich, dunkelfarbig,** lepus superiore parte pulla, Varro: color lanae (eines Schafes), Colum.: capilli, Ov.: myrtus, dunkelfarbig, dunkelgrün, Hor.: so auch ficus, Hor.: terra, grauschwarze, als besonders fruchtbare Erdart, Cato u. Plin.: nigra terra, quam pullam vocant, Colum. – insbes., pulla vestis, pulla toga etc., die grauschwarze Kleidung (aus der von Natur grauschwarzen ungefärbten Schafwolle gemacht), als Tracht, **α** des gemeinen Mannes (vgl. pullatus), übtr., pulla paupertas, Calp. ecl. 7, 80: pullus sermo, Vulgärsprache, Varro LL. 9, 33. – **β** der Trauernden, Cic. u. Ov.: pullum pallium, Flor.: poet., pulla stamina (von den Fäden der Parzen), trauervolle, unglückliche, Ov. Ib. 242. Mart. 6, 58, 7. – subst., pullum, ī, *n.*, das **Dunkle** = die dunkle Farbe, Ov. met. 11, 48: Plur., pulla decent niveas (puellas), Dunkles kleidet die Mädchen mit blendendweißer Gesichtsfarbe, Ov. art. am. 3, 189.

pulmentāris, e (pulmentum), **zur Zukost gehörig,** cibus, Fleischspeise, Plin. 18, 118.

pulmentārium, iī, *n.* (pulmentum), das zum *pulmentum* Dienende, die **Zukost,** wie ὄψον, Cato u. Sen.: pulmentarii vice, Plin.: pulmentariorum vice, Colum.: pulmentaria quaere sudando, mache dir durch Bewegung dein Mahl schmackhaft, Hor. sat. 2, 2, 20.

pulmentum, ī, *n.* = pulpamentum (v. pulpa), die aus *pulpa* bereitete **Fleischspeise,** die **Zukost,** Plaut. u. a.: porcinum, Cael. Aur. de morb. chron. 1, 1, 23: frigidum, Schol. Pers. 3, 111. – mullum in singula pulmenta minuere, in einzelne Teile (Portionen) zerlegen, Hor. sat. 2, 2, 34.

pulmo, ōnis, *m.* (v. πλεύμων = πνεύμων), **I** die **Lunge,** Plur. pulmones, die **Lungenflügel,** Cic., Cels., Sen. u. a.: pulmo vulpis, cervi, Scrib.: pulmonis cannula od. calamus, die Luftröhre, Cael. Aur.: aeger pulmonibus, Lucil. fr.: quibus aeger est pulmo, Macr.: pulmonis dolore confecti, Firm. math. – **II** übtr., ein lungenartiger fleischiger Lappen, als Geschwulst (ital. *puporetto),* Pelagon. veterin. 9 (171 *Ihm):* pulmo marinus, ein (zur Klasse der Weichtiere gehöriges) Seetier, die **Seelunge, Meerlunge,** Plin. 18, 359: auch bl. pulmo, Plin. 9, 154.

pulmōnāceus, a, um (pulmo), **der Lunge heilsam,** radicula, Veget. mul. 1, 12, 2.

pulmōnārius, a, um (pulmo), **zur Lunge gehörig, I lungensüchtig,** Colum. 7, 5, 14 u. 10, 7. – **II der Lunge heilsam,** radicula, Veget. mul. 3, 2, 27.

pulmōneus, a, um (pulmo), **I die Lunge betreffend, Lungen-,** pulmoneum vomitum vomere, die Lunge ausspeien, Plaut. rud. 511. – **II** übtr., weich wie die Lunge, **schwammig,** mala, eine Art Äpfel mit weichem, schwammigem Fleisch, Plin. 15. 52.

pulmunculus, ī, *m. (Demin.* v. pulmo), der **lungenartige, fleischige Lappen,** als Auswuchs am Huf der Kamele, Solin. 49, 9: als Geschwulst am Fuß od. Rücken anderer Tiere (ital. *puporetto*), Pelagon. veterin. 9 (182 *Ihm).* Veget mul. 2, 56 u. 61.

1. **pulpa,** ae, *f.*, das Fleischige am tierischen Körper ohne Fett u. Knochen, das mürbe, essbare **Fleisch,** das **Muskelfleisch, I** eig. u. meton.: **a** eig.: pulpae P. III, Cato: isicia de pulpa sua, Apic.: pulpam de petasone voras, Mart.: ossa viduata pulpis, Apul.: spiritus non inter nervos et pulpas, sed in viscerisus et patulo interioris partis recessu commoratur, Sen. nat. qu. 6, 24, 2: accipiet vitam, cutem, pulpas, carnem et resurget, Augustin. serm. 127, 15. – **b** meton.: p. scelerata das sündhafte Fleisch (wie das bibl. σάρξ von der Sinnlichkeit), Pers. 2, 62: plebeiam numeros docere pulpam, gemeine Fleisch (gem. Volk), Auson. epist. 4, 96. – **II** übtr., das **Fleischige,** am Obst, Scrib. Larg. 74: die zarteren fleischigen Holzteile am Baum, Plin. 16, 184.

2. **pulpa,** ae, *f.* eine Art Tintenfisch, franz. *poulpe,* Th. Prisc. 4, 2.

pulpāmen, inis, *n.* (pulpa), die aus *pulpa* bereitete **Fleischspeise, Zukost,** griech. ὄψον, Ggstz. panis, Liv. epit. 48 *extr.*

pulpāmentum, ī, *n.* (pulpa), **I** das aus *pulpa* bestehende Stück, das vom Knochen abgelöste **Fleischstück,** z. B. vom Thunfisch, Plin. 9, 48. – **II** die aus *pulpa* bereitete **Fleischspeise,** die **Zukost** (griech. ὄψον), Plaut. u. Apul.: holus et pulpamentum, Fronto: mihi est … pulpamentum fames, Cic. Tusc. 5, 90 (vgl. Cic. de fin. 2, 90 cibi condimentum esse famem). – Sprichw., lepus tute es et pulpamentum quaeris, du bist selbst ein Hase und suchst nach Wildbret (»du bist ja ein Häschen u. willst noch löffeln«, Jacob), Ter. eun. 426 (viell. nach dem griech. δασύπους κρεῶν ἐπιθυμεῖ): ego semper apros occīdo, sed alter semper utitur pulpamento, ich schieße immer das Wild, aber der andere hat immer das Wildbret, Dioclet. bei Vopisc. Numer. 14, 3.

pulpito, āre (pulpitum), **schräg mit Brettern verschlagen,** Sidon. epist. 8, 12, 5.

pulpitum, ī, *n.*, die **bretterne Erhöhung,** das **Brettergerüst,** für öffentliche Darstellungen, Suet.: für Vorlesungen, Disputationen usw., etwa »Tribüne, Katheder«, Hor.: für Schauspieler, **Gerüst, Bühne,** Hor. u. Ov.: p. privatum, Privatbühne (eines Tänzers), Sen.: quem pulpita pascunt, die Schaubühne, seine theatralischen Stücke, Iuven. 7, 93; vgl. 14, 257. – Nbf. **pulpitus,** ī, *m.* = orchestra, Isid. orig. 18, 43; vgl. Gloss. ›pulpitus, θυμέλη‹.

pulpo, āre, Naturlaut des Geiers (vultur), Suet. fr. 161. p. 251, 1 R. Anthol. Lat. 762, 27 (233, 27).

pulpōsus, a, um (pulpa), **fleischig,** Apul. met. 7, 16.

pulpus, s. polypus ►.

puls, pultis, Plur. pultes, ium, *f.* (πόλτος), der **dicke Brei** aus Speltmehl (farina) od. Bohnenmehl (dah. puls fabacia od. fabata), die Kost der alten Römer, ehe sie das Brot kennenlernten (Ggstz. panis), Varro LL., Plin. u. a.: später gew. die Speise des gemeinen u. armen Mannes,

Colum. u. Iuven.: auch bei Opfern usw. gebraucht, Val. Max. u. Plin.: als Futter der heiligen Weissagehühner (pulli), denen er bissenweise gegeben wurde; dah. offa pultis, Cic. de div. 2, 73.

pulsābulum, ī, *n.* (pulso), das Werkzeug, womit die Saiten des Saiteninstrumentes gerissen od. geschlagen werden, das **Schlageisen,** gew. pecten, plectrum (πλῆκτρον) gen., Apul. flor. 15. p. 20, 19 *Helm* (Hildebr. quassabulum [von quatio] in gleicher Bedeutung; Krüger suscitabulum).

pulsātio, ōnis, *f.* (pulso), das **Stoßen, Schlagen, I** eig.: ostii, Plaut.: scutorum, Liv.: m. subj. *Genet.*, cordis ne minimae quidem pulsationes, Herzschläge, Chalcid. Tim. 224 *extr.* – bes. das **Schlagen, Knuffen und Puffen** einer Pers., das **tätliche Sich-Vergreifen** an jmd., Alexandrinorum, Cic.: absol. (Ggstz. convicium), Rhet. Her. 2, 41 u. ICt. – **II** bildl.: pulsatio pudoris, gewaltsame Entehrung, Paul. sent. 5, 4. § 4.

pulsātor, ōris, *m.* (pulso), **I** der **Klopfer, Anklopfer,** an die Tür od. bei jmd. als Mahner, Augustin. serm. 65, 5 *extr.*: improbus, Claud. Mam. in Sidon. epist. 4, 2, 4: aurium mearum, Augustin. conf. 10, 31, 46. – **II** der **Schläger,** citharae, Zitherspieler, Val. Flacc. 5, 694.

pulsātus, ūs, *m.* (pulso), das **Stoßen, Schlagen,** der **Stoß, Schlag,** improbiter digitos quatiens pulsatibus urguet, Aegrit. Perdic. 169. (Bährens).

pulsio, ōnis, *f.* (pello), das Fortstoßen, die **Abwehr,** Arnob. 4. *no.* 4.

pulso, āvī, ātum, āre (*Intens.* v. pello), tüchtig-, erschütternd **stoßen, -stampfen, -schlagen, -klopfen, I** im Allg.: **1** eig.: **a** v. Stoßen, Stampfen des Bodens, celeri humum ter pede, v. Tanzenden, Ov.: humum pedibus, auf die Erde st., v. Zornigen, Sen.: pede libero tellurem, von vor Freude Tanzenden, Hor.: prata choreis, Claud. – v. Pferden, pedibus spatium Olympi, stampfen, durchstampfen, poet. = durcheilen, Ov.: u. so campus assiduis pulsatus equis, Ov.: u. übtr., v. Fahrenden, Phoebe curru pulsabat Olympum, Verg.: pulsat gyrum equis, Prop. (vgl. Verg. Aen. 10, 216): v. Sterbenden, humum moribundo vertice, Ov. – **b** v. Stoßen, Schlagen, Klopfen des Einlass Begehrenden usw. an die Tür usw., ostium, Plaut. u. a.: vgl. quasi ostiatim (von Haus zu Haus anklopfen, anfragen), Quint.: domus suae ianuam, Apul.: fores, Ov.: u. so superbas potentiorum fores, Sen.: postes cuspide, Ov.: ad divitem, beim R. anklopfen, Augustin. serm. 36, 11. – **c** v. misshandelnden Stoßen, Klopfen, Schlagen einer Person, jmd. **stoßen, knuffen und puffen,** mit der Faust od. einem rohen Werkzeug **klopfen, schlagen,** ihm **Schläge verabreichen, sich tätlich** an jmd. **vergreifen,** jmd. **misshandeln** (während verberare mit einer Peitsche u. dgl. schlagen, prügeln), oft verb. pulsare verberareque, pulsare et verberare alqm, Cic. u. a.: legatos Laurentium, Liv.: patrem, Sen. rhet.: parentem, Verg.: divos, Verg.: alqm manu, Suet.: manu nates, Prud.: soleā nates, Iuven.: alcis os palmā, Petron.: alqm inconsulto, unversehens stoßen, Amm.: tu pulses omne quod obstat, Hor. – übtr., v. Peitschen des Windes, der Fluten usw., rigentem (nubem) pulsat notus, Val. Flacc.: pulsant latera (navis) ardua fluctus, Ov.: arbores mari adveniente fluctibus pulsatae, Plin.: et Cypriae Cypros pulsatur fluctibus omnis, Manil.: piniferum caput (Atlantis montis) et vento pulsatur et imbri, Verg.: terras grandine, Ov. – poet., pulsarant arva ligones, hatten behackt, bearbeitet, Ov. – **d** berührend an etwas **stoßen, schlagen,** etwas **berühren,** curru Phoebe medium pulsabat Olympum, Verg.: ipse arduus alta pulsat sidera, Verg.: vasto qui vertice nubila pulsat, Val. Flacc. – pulsat tuas ululatus coniugis aures, schlägt an dein Ohr, Claud. – **e** bewegend, erschütternd an etwas **stoßen, schlagen, anschlagen** u. dgl., cum deus sine intermissione pulsetur agiteturque incursione atomorum, Cic. – erupere nervo pulsante sagittae, von schnellender Sehne, Verg. – v. Schlagen eines musikal. Instrum., **schlagen, rühren,** septem discrimina vocum (die siebenakkordige Lyra) iam digitis iam pectine, Verg.: citharam, Apul.: chelyn, Val. Flacc.: tibia digitis pulsata canentum, Lucr. – p. imos ariete muros, erschüttern, Verg. – **2** bildl.: **a** übh. stoßend in Bewegung setzen, **anstoßen, anregen,** utrum igitur censemus dormientium animos per semet ipsos in somniando moveri an externā et adventiciā visione pulsari? einen Anstoß erhalten, Cic. de div. 2, 120. – **b** jmds. Willen, Entschluss **anregen,** jmd. **bestimmen,** zu etw. **treiben,** quae te vecordia pulsat, qui me vivente lacessas Pirithoum? Ov. met. 12, 228. – **c** jmds. inneres Gefühl-, Gemüt-, jmd. **beunruhigen, bestürzt-, erzittern machen,** alcis pectus, Ter.: urbem rumoribus, Petron.: absol., pavor pulsans, Verg. – **d** jmd. durch eine Unbilde, durch Klagen usw. **beunruhigen, belästigen, α** übh.: superos invidiā, Stat.: superos vocibus, Sen. poët.: alqm querelis, Stat. u. Claud. – **β** insbes., anklagend **belangen,** gegen jmd. **Klage erheben,** als spät. jurist. *t. t.*, pro quo (contractu) pulsabatur, ICt.: aliis pulsantibus, ICt. – u. übtr., iniusta Tartara, Stat.: pulsari falso crimine, Claud. – **II** prägn.: **A zerstoßen,** semen paulum in pila, Plin. 19, 158. – **B fortstoßen, forttreiben, vertreiben, 1** eig.: sagittam, Verg. georg. 4, 313: divi pulsati, Verg. Aen. 12, 286: ne intra tempora locationis Seius conductor de fundo invitus repelleretur, et si pulsatus esset etc., Paul. dig. 19, 2, 15. § 1. – **2** bildl. **verscheuchen, vertreiben** = entfernen, pericula, Claud. VI. cons. Hon. 465. – ► Parag. *Infin*, pulsarier, Lucr. 4, 931 (934).

pulsuōsus, a, um (pulsus), **voller Stöße,** dolor, Cael. Aur. de morb. acut. 2, 14, 91 u. de morb. chron. 5, 10, 94.

pulsus, ūs, *m.* (pello), das **Stoßen, Stampfen, Schlagen,** der **Stoß, Schlag, I** im Allg.: remorum, der Ruderschlag, das Rudern, Cic. u. Liv.: pedum, das Stampfen (der Stiere) mit den F., Sen.; u. die Fußtritte der Menschen, Verg.: cornipedum equorum, das Stampfen, Verg.: cymbalorum et tympanorum, Liv.: lyrae, das Spiel auf der Lyra, Ov.: venti, Windstoß, Cassiod.: terrae, Erdstoß, Erderschütterung, Amm.: armorum, Tac.: sedecim alarum, Anprall, Tac.: pulsus cordis, der Herzschlag, Mart. Cap.: pulsus venarum, der Pulsschlag, Puls, Plin. u. Fronto: so auch pulsus arteriarum, Plin.: ubi venarum exigui imbecillique pulsus sunt, Cels.: modo vegetiore, modo languidiore pulsu venarum, Val. Max.: pulsum venarum attingere, an den Puls fühlen, Tac.: sentire pulsum venarum, Quint. – pulsus (Plur.) citharae, lyrae, Sidon. carm. 1, 1, 8. – **II** prägn.: **1** der **Pulsschlag, Puls** (vollst. pulsus venarum, s. *no.* A), pulsus densior, celer, fortis et veluti fluctuans, Cael. Aur. de morb. acut. 2, 14, 92: pulsus debilis, densus ac deinde formicalis, quem Graeci μυρμηκίζοντα vocant, Cael. Aur. de morb. chron. 2, 14, 198: pulsus febricitans, Cael. Aur. de morb. acut. 2, 10, 63: pulsus plenus, celer, vehemens, *ibid.* § 75: pulsus parvus, celerrimus, durus, *ibid.*: pulsus inaequalis, post aliquot saltus ordinatus aut inordinatus et pro aetate aut natura maior aut tardior, *ibid.* 2, 2, 11. – pulsus parvitas vel amputatio (das Aussetzen, Stocken des P., griech. ἀσφυξία), Cael. Aur. de morb. chron. 4, 3, 40: pulsus defectio, Cael. Aur. de morb. acut. 2, 22, 133: pulsus erectio atque plenitudo, *ibid.* 2, 10, 68: quoties pulsus exsurgit, Cael. Aur. de morb. chron. 4, 3, 40: pulsus resurgit, Cael. Aur. de morb. acut. 2, 32, 172. – **2** die **Sonnenwende,** brumalis, die Winterwende der Sonne (griech. ἡ χειμερινὴ τροπή), Avien. progn. 188. – **3** der **Stoß, Eindruck,** die **Anregung,** externus pulsus animos commovet, Cic.: pulsu imaginum, Cic.: animus quatitur (beim Lesen) et afficitur motibus pulsibusque, Gell.

pultārius, iī, *m.* (puls; eig. ein Geschirr zum Brei; dann übh.) ein **Geschirr, Topf, Töpfchen,** für warme Getränke, Plin.: zum Mosttrinken, Petron.: zur Aufbewahrung der Weintrauben, Colum.: für Kohlen, um damit zu räuchern, Pallad.: zum Schröpfen (statt der Schröpfköpfe), caliculus quoque aut pultarius oris compressioris ei rei aptatur, Cels. 2, 11.

pultātio, ōnis, *f.* (pulto), das **Klopfen, Anklopfen** an die Tür, Plaut. truc. 259.

pulticula, ae, *f.*, Demin. v. puls, s. d., 1. cōlum., Cels. u. a.: Plur., Arnob. 7, 37 *extr.*

pultifagus, s. pultiphagus.

pultificus, a, um (puls u. facio), **Brei gebend,** far, Auson. edyll. 12, 8, 5. p. 136, 1 Schenkl.

pultiphagōnidēs, ae, *m.* (puls u. φάγω), der **Breiesser,** d. i. Römer (s. das Folg.), Plaut. Poen. prol. 54.

pultiphagus (pultifagus), ī, *m.* (puls u. φάγω), der **Breiesser,** d.i. scherzh. Römer (vgl. Plin. 18, 83 pulte, non pane, longo tempore vixisse Romanos manifestum est), Plaut. most. 828.

pulto, āvī, āre = pulso, an etw. **klopfen, stoßen, schlagen,** ianuam, Plaut., od. fores od. ostium, Ter., anklopfen: so auch aedes, Plaut.: pectus digitis, Plaut.: absol., pulta, Plaut.: placide (leise) pulta, Plaut.: pultando paene confregi hasce ambas fores, Plaut.

pulver, eris, *m.*, s. pulvis ►.

pulverārius, a, um (pulvis), **zum Staub gehörig, Staub-,** vicus, CIL 6, 975.

pulverāticum, ī, *n.* (pulvis), das **Trinkgeld,** bes. für eine große (staubige) Arbeit, Cod. Theod. 7, 13, 16. Cassiod. var. 12, 15, 7. Impp. Theodos. et Valentin. ap. Gromat. vet. 273, 6.

pulverātio, ōnis, *f.* (pulvero), die Auflösung in Staub, die **Bestäubung,** die durch das Auflockern u. Zerkleinern der Erdschollen um die Weinstöcke herum bewirkt wurde, Colum. 4, 28, 1 u. 11, 2, 60. Serv. Verg. georg. 2, 418, wo erklärt; vgl. Voß Verg. georg. 2, 418.

pulvereus, a, um (pulvis), **I aus Staub bestehend, Staub-,** farina, Ov.: nubes, Verg.: turbo, Claud. – **II** übtr.: **A voll Staub, bestäubt, staubig,** solum, Ov.: aspectus, Plin. – **B** aktiv = **Staub erregend, stäubend,** palla (Boreae), Ov.: equi, Val. Flacc.

pulverizātus, a, um (pulvis), **pulverisiert,** tus, Veget. mul. 2, 26.

pulvero, āre (pulvis), **I** *tr.*: **A bestäuben, mit Staub bestreuen,** sese, Plin. 11, 114. – u. als *t. t.* der Winzerspr., die Weinstöcke und Trauben durch Aufgraben der Erde **mit Staub bedecken,** um sie gegen Sonne und Nebel zu schützen, vineas, Colum.: uvas, Plin. – **B zerstäuben, zu Staub machen,** herbas, Calp. ecl. 5, 88. – **II** *intr.*, **bestäubt-, staubig sein, stäuben,** non hoc (vestibulum) pulveret, Plaut. fr. b. Gell. 18, 12, 4.

pulverulentus, a, um (pulvis), **voller Staub, in Staub gehüllt, staubig, bestäubt, I** eig.: via, Cic.: aestas, Verg.: Ceres (v. Getreide), Lucr.: virtus, Sen.: femina, Prop. – pulverulentā fugā dant terga per agros, wenden sich staubwirbelnd zur Flucht, Verg. – **II** bildl., **mit Mühe verbunden,** praemia militiae, Ov. am. 1, 15, 4.

pulvēsco, ere (pulvis), **zu Staub werden,** Ps. Augustin. serm. app. 120, 1.

pulvillus, ī, *m.* (= pulvinulus, *Demin.* v. pulvinus), das **kleine Kissen,** das **Kisschen,** Hor. epod. 8, 16. Fronto ep. ad Ver. 1. p. 128, 19 N. Apul. met. 10, 20.

pulvīnar (polvīnar), āris, Abl. ārī, *n.* (pulvinus), **I** der mit kostbaren Decken belegte **Polstersitz** für die Götter, den man bei dem lectisternium (s. d.) den Göttern bereitete, das **Götterpolster,** pulvinar suscipere, Liv.: p. dedicare, Cic.: dem Romulus als Gott gewidmet, Ov. met. 14, 827: von Cäsar angenommen, Cic. Phil. 2, 110. Suet. Caes. 76, 1. – meton., ad omnia pulvinaria supplicatio decreta est, ein Bittgang zu allen Götterpolstern (= in allen Tempeln), Cic.: ebenso decretum, ut quinque dies circa omnia pulvinaria supplicaretur, Liv.: et deorum pulvinaribus et epulis magistratuum fides praecinunt, die Lektisternien, Polstermahle usw. durch Saitenspiel begleiten, Cic. Tusc. 4, 4. – u. poet., macellum pingue pulvinarium, an Opfertieren, Prud. perist. 10, 1056. – **II** übtr., die **Lagerstätte** der Göttinnen u. Kaiserinnen, wie der Thetis, Catull. 64, 47: der Livia, Ov. ex Pont. 2, 2, 71: der Messalina, Iuven. 6, 31. – und das kaiserl. Polster auf der spina im Zirkus, spectabat e pulvinari, Suet. Aug. 45, 1.

pulvīnāris, e, **I** (v. pulvinus *no.* I) **zum Polster gehörig,** plagae, Teppiche über das Polster, Varro logist. XXXIII Riese (b. Non. 162, 28). – **II** (v. pulvinus *no.* II) **zum Ackerbeet gehörig, Ackerbeet-,** pica, Petron. 37, 7.

pulvīnārium, iī, *n.* (pulvinus), **I** die **Polsterstätte** einer Gottheit in ihrem Tempel, Liv. 21, 62, 4 H. (Wölfflin pulvinari). – **II** der **Standort** eines Schiffes auf der Werft, Plaut. Cas. 557.

pulvīnātus, a, um (pulvinus), **polsterförmig, wulstförmig, flach-konvex,** calyx, von der Walnuss, Plin.: labrum scrobis, Plin.: capitula columnarum, Polsterkapitäle, Vitr.: columnae, Säulen mit Polsterkapitälen, Vitr.

pulvīnēnsis, e (pulvinar), **mit einem** *pulvinar* **versehen,** Bellona, aus der Kapelle, in der sie ein pulvinar hatte, CIL 6, 2232 u. 2233: ex aede Bellonaës (archaist. = Bellonae) pulvinensis fanaticus, ein Bellonapriester, CIL 6, 490.

pulvīnulus, ī, *m.* (*Demin.* v. pulvinus), die **kleine Erhöhung** der Erde, Colum. de arb. 10, 4.

pulvīnus, ī, *m.* **I** eig., der **Pfühl,** das **Polster, Kissen, Sitzkissen** und **Kopfkissen,** Cic., Sall. u. a. – **II** übtr., jede polsterartige **Erhöhung, A** von Erde in Gärten und auf dem Acker, **Gartenbeet, Ackerbeet,** Scriptt. r. r. u. Plin. ep. – **B** von Ziegelsteinen in der Scheune, Colum. 1, 6, 13. – **C** die **Sandbank** im Meer, Serv. Verg. Aen. 10, 302. – **D** die **erhöhte Lage** von Sand u. Bruchsteinen, um einen Pfeiler im Wasser darauf zu setzen, Vitr. 5, 12, 3. – **E** ein erhabener, hervorstehender Teil der Katapulta, das **Kissen,** Vitr. 10, 10, 5.

pulvis, eris, *m.*, selten *f.*, der **Staub, I** eig., **A** im Allg.: multus in calceis pulvis, Cic.: horrida, Prop.: amomi, Staub und Pulver, Ov.: carbonis, Kohlenstaub, Ov.: pulvis eruditus u. im Zshg. bl. pulvis, der grüne Glasstaub, in den die alten Mathematiker mit einem Stäbchen (radius) ihre mathematischen Figuren zeichneten, z. B. numquam eruditum illum pulverem attigistis, ihr habt niemals Mathematik getrieben, Cic.: ex eadem urbe humilem homunculum a pulvere et radio excitabo, einen Mathematiker, Cic.: p. exiguus, eine Handvoll Erde (bei der Bestattung), Hor.: p. hibernus, poet. = trockener Winter, Verg. georg. 1, 101: omnia in pulverem minutissimum redigere, Veget.: omnem muralem lapidem in pulverem comminuere, Oros. – Plur. (vgl. Gell. 19, 8, 13), Novendiales pulveres, neuntägiger Staub (= frische Totenasche), Hor. epod. 17, 48: pulverum moles, Plin. 11, 83: cineris pulveres, Pallad. 3, 25, 14 (vgl. 11, 14, 15): gens ad pulveres Martios erudita, an alle Beschwerlichkeiten des Krieges gewöhnter V., Amm. 23, 6, 83. – Sprichw., v. vergeblicher Mühwaltung, leeres Stroh dreschen, sulcos in pulvere ducere, Iuven. 7, 48. – **B** insbes., der **Staub** des Kampf-, Ringplatzes, pulvis Olympicus, Hor. carm. 1, 1, 3: quasi Olympici certaminis pulvis, Amm. 29, 1, 25: palaestra, Eurotas, sol, pulvis, Cic. poët. Tusc. 2, 36; dah. meton. = der **Kampfplatz, Ringplatz, Übungsplatz,** domitant in pulvere currus, Verg. Aen. 7, 163: referre laxum de pulvere follem, Mart. 12, 82, 5: u. bildl., das **Feld,** der **Schauplatz** einer Tätigkeit, doctrinam in solem atque pulverem produxit, ins Publikum, Cic.: so auch processerat in solem et pulverem, war öffentlich aufgetreten, Cic.: in suo pulvere, auf seinem Feld, in seiner Bahn, Ov. – cui sit condicio dulcis sine pulvere palmae, ohne den Staub des Kampfplatzes (griech. ἀκονιτί), ohne Anstrengung, mühelos, Hor. ep. 1, 1, 51; vgl. qui pancratio citra pulveris iactum, quod vocant ἀκονιτί, vicit, Plin. 35, 139: negotium sine ullo pulvere consummare, Amm. 19, 11, 7. – **II** übtr., die **Erde,** Etrusca, Prop. 1, 22, 6: coctus, Backsteine, Stat. silv. 4, 3, 53: bes. die **Töpfererde, der Ton,** Mart. 14, 102, 1 u. 114, 1: pulvis Puteolanus, Puzzolanerde, Sen. nat. qu. 3, 20, 3; vgl. Vitr. 2, 6, 1 *sqq.*; 5, 12, 2. Plin. 35, 166; dass. Dicarcheae pulvis arenae, Sidon. carm. 2, 59. – ► Das i in pulvis von Natur lang. – pulvis als *fem.*, Enn. ann. 282 u. 315; fr. scen. 382. Prop. 1, 22, 6; 2, 13, 35. Cael. Aur. de morb. chron. 2, 1, 31. – Nbf. pulver, eris, *m.*, Ps. Apul. herb. 35; *neutr.*, Th. Prisc. 1, 30; 2, 32; vgl. Prisc. 6, 65. Pompeii comment. 177, 23 K.

pulvisculus, ī, *m.* (*Demin.* v. pulvis), **sehr kleiner Staub, Stäubchen,** auratilis, Solin.: p. ex Arabicis frugibus, Zahnpulver, Apul.: vom Staub, in den die Mathematiker ihre Figuren zeichneten (s. pulvis), si abaco et pulvisculo te dedisses, der Geometrie, Mathematik, Apul.: Plur., pulvisculi flabiles, Arnob. 2, 49. – bildl., rem averrere cum pulvisculo, Plaut. truc. prol. 19; vgl. Plaut. rud. 845. – ► Nbf. pulvisculum, Vigilant. b. Hieron. adv. Vigil. *no.* 4.

Pūlydamās, s. Polydamās ►.

pūmex, icis, *m.*, der **Bimsstein, I** eig., Cels., Plin. u. a. (auch im Plur.): levitas pumicis, Sen. – bes. gebraucht zum Glätten des Marmors, Plin., der Bücher, Catull., u. der Haut, Ov. – im Gleichnis, pumex non aeque est aridus atque hic est senex, v. einem Geizhals, der nichts herausgeben will, Plaut. aul. 297. – Sprichw., aquam a pumice postulare, etwas Unmögliches von einem verlangen (z. B. Geld von einem, der keins hat), Plaut. Pers. 41. – **II** übtr., übh. **durchlöchertes, ausgehöhltes Gestein, -Geklüft,** bes. vulkanischer Art, wie **Lava** u. dgl. (vgl. Plin. 36, 154), pumicum natura, Plin.: p. vivus, Ov.: pumices cavi, Verg.: iam (navibus incīdebant) pumices etiam nigrique et ambusti et fracti igne lapides, Plin. ep.: oppositis debilitare pumicibus mare, Hor. – ► *gen. fem.* bei Catull. 1, 2; vgl. Burmann Anthol. Lat. tom. 2. p. 507 (a).

pūmiceus, a, um (pumex), **aus Bimsstein** und übtr. übh. **aus ausgehöhltem Gestein,** sedes, Sil. 7, 419: molae (aus Lava), Ov. fast. 6, 318. – meton., fontes, aus Bimsstein hervorfließend, Mart. 4, 57, 2: oculi, bimssteintrockene (v. Augen, die nicht weinen können), Plaut. Pseud. 75.

pūmico, āvī, ātum, āre (pumex), **mit Bimsstein reiben, -glätten,** desquamor, pumicor, ornor, Lucil. 264: dentem atque russam pumicare gingivam, Catull. 39, 19 b. Apul. apol. 6 (aber die Hdschrn. des Katull defricare): faciem suam, Augustin. de gestis cum Emerit. § 11: libros, Isid. orig. 6, 12, 3: bildl., nullis assentantium pumicatur sermonibus, Ambros. epist. 43. § 12. – *Partic.* pūmicātus, a, um, **mit Bimsstein geglättet,** manus, frons, Mart.: dentes, Hieron.: u. von Weichlingen u. Gecken, die sich die Haut mit Bimsstein glatt u. glänzend machen, homo comptus semper et pumicatus, geschniegelter u. gestriegelter, Pin. ep. 2, 11, 23: ebenso satrapae, Sidon. epist. 8, 3, 5.

pūmicōsus, a, um (pumex), **bimssteinähnlich, löcherig, porös,** terra, Vitr. u. Plin.: lapis, Sen. u. Plin.: pumicosius alcyoneum, Plin.

pūmilio, ōnis, *c.* (pumilus), der **Zwerg,** Sen. ep. 76, 31. Mart. 1, 43, 10. Gell. 16, 7, 10 u. 19, 13, 2: pater poumilionom (so!) = Pygmaeus, Corp. inscr. 14, 4110. – v. einer kleinen Frau, die **Zwergin,** Lucr. 4, 1154: übtr., **Zwerghühner,** pumilionum genus, Plin. 10, 156; 11, 260: von Gewächsen, Zwergplatanen, Krüppel, Plin. 12, 13: Zwergreben, Plin. 17, 176: ein kleines niedriges u. flaches Wassergefäß, *Fest. 177 (b), 7 (griech. νᾶνος, nanus, s. 1. Varro LL. 5, 119). – ► Nbf. pomilio, Pompeii comment. 165, 11 K.: arch. poumilio, Genet. Plur. poumilionum, CIL 14, 4110. – aber pumilo ist falsche Lesart bei Stat. silv. 1, 6, 57 (Bährens richtig pumilorum).

pūmilus, ī, *m.* (wahrsch. stammverwandt m. puer), der **Zwerg,** Suet. Aug. 83. Mart. 14, 212 *lemm.* Stat. silv. 1, 6, 57 u. 64 (wo die erste Silbe kurz steht).

pumula, ae, *f.,* eine Art Weinstöcke, Plin. 14, 37.

pūncta, ae, *f.* (pungo), der **Stich,** Veget. mil. 1, 12.

pūnctāriola, ae, *f.* (pungo), die **Stecherei** = das **Scharmützel,** Cato oratt. 28.

pūnctātim, *Adv.* (punctum), **in einen Punkt zusammengefasst, kurz,** Claud. Mam. de stat. anim. 3, 14, 1.

pūnctillum, ī, *n.* (*Demin.* v. punctum), das **Pünktchen, Tüpfelchen,** Solin. 15, 28. Not. Tir. 80, 38.

pūnctim, *Adv.* (pungo), **stichweise, auf den Stich** (Ggstz. caesim), Hispanus punctim magis quam caesim assuetus petere hostem, Liv.: quid interest, caesim moriar an punctim? Sen.: non caesim, sed punctim ferire discebant, Veget. mil.: miles urgere eminus, comminus, gladiis, hastis, punctim, caesim ferire, Pacat. pan.

pūnctio, ōnis, *f.* (pungo), das **Stechen,** der **Stich,** caverna punctionis, des Einstichs, Ambros.: punctionem afferre, Plin.: Plur., laterum punctiones, Seitenstechen, Plin.: punctiones sentire, Cels.

pūnctiuncula, ae, *f.* (*Demin.* v. punctio), der **leise Stich, I** eig.: articuli punctiunculas sentiunt, Sen. ep. 53, 6. – **II** bildl.: si ad voluptatum dolorumque punctiunculas concutitur, wenn er sich jede Einwirkung von Freuden u. Leiden zu Herzen nimmt, Sen. de vit. beat. 15, 4.

pūnctōrium, iī, *n.* (pungo), der **Stecher,** ein Garteninstrument beim Pflanzen von Obstkernen, Gargil. Mart. de arb. pomif. 2 (de persicis). § 5. p. 61 *ed. Rom.*

pūnctulum, ī, *n.* (*Demin.* v. punctum), der **kleine Stich,** Apul. met. 6, 21 u. a.

pūnctum, ī, *n.* (pungo), das Gestochene, der **Stich,** griech. στιγμή, **I** als vollbrachte Handlung, fimum acus aereae punctis tolli iubent, durch das Anstechen mit einer eh. N., Plin.: oculos suffusos capra iunci puncto sanguine exonerat, Plin.: punctum parvae volucris (einer Mücke) morte ulcisci, Phaedr.: ictus crabronum haud temere sine febri est; auctores sunt ter novenis punctis hominem interfici, Plin. – v. der Brandmarkung, frontem convulnerandam praebere punctis (zum Brandmarken) et notas suas (Brandmale, στίγματα) ridere, Plin. pan. – v. der schmerzhaften Empfindung, circa loca aliqua quasi puncta sentiuntur, Cels. – **II** als bewirkte Sache, **A** als eingestochene Öffnung, der **Stich,** das **kleine Loch, a** übh.: p. angustissimum, Vitr.: puncta lasciva quae terebrantur acu, Mart. – **b** als *t. t.* der Wasserbauk., die in eine Röhre gemachte Öffnung u. meton. die Menge Wasser, die durch diese Öffnung abfließt, ein **Stich** Wasser, Frontin. aqu. 25 u. 115: is, qui appellabatur a punctis, der Stecher, Frontin. aqu. 115. – **B** als eingestochenes Zeichen = der mit dem Schreibgriffel in die Wachstafel eingestochene, mit dem Meißel in Stein eingegrabene u. übtr. übh. der geschriebene, gemalte **Punkt, 1** eig.: **a** als Schriftzeichen, Auson. epigr. 35, 1; 145, 5. – und als Satzzeichen, Diom. 437. – meton., ein **Punkt** = kleiner Abschnitt, einzelner Absatz der Rede, minutis interrogatiunculis quasi punctis, Cic.: puncta argumentorum, Cic.: monosyllaba quasi quaedam puncta sermonum, Auson. – **b** als Malerzeichen, der **Punkt, Tüpfel,** ova punctis distincta, Plin.: gemma sanguineis punctis, Plin. – **c** als Würfelzeichen, das **Auge,** der **Point,** quadringenis in punctum sestertiis aleam lusit, Suet. Ner. 30, 3: per singula puncta, Auson. prof. 2, 29. p. 56 Schenkl. – **d** als Merkzeichen: **α** in den Komitien, der Punkt, der unter dem Namen eines jeden Kandidaten, so oft sein Name bei der Absonderung der Stimmen auf den Stimmtäfelchen vorkam, auf einer Wachstafel gemacht wurde, auf der die Namen der Kandidaten verzeichnet waren, u. meton. = die **beifällige Stimme, -Wahlstimme,** quot in ea tribu puncta tuleris, Cic.: quantum hae quaestiones in senatu habitae punctorum nobis detraxerint, Cic.; u. dav. übtr. vom Beifall übh., discedo Alcaeus puncto illius, Hor.: omne tulit punctum, qui miscuit utile dulci, der hat allgemeinen Beifall, Hor. Vgl. Schmid Hor. ep. 2, 2, 99. – **β** am Waagebalken der einschaligen Waage (statera), an dem die einzelnen Gewichtmaße und Verhältnisse durch Punkte angedeutet sind, diluis helleborum, certo compescere puncto nescius examen? ohne das Zünglein am rechten Punkt einhalten zu können (= ohne richtig wägen zu können), Pers. 5, 100. – **2** übtr., der mathematische **Punkt,** als kleinste, unteilbare Größe, Cic. Acad. 2, 116. – u. dav. übtr.: **a** hyperbol., **nur ein Pünktchen** = ein sehr kleiner Raum, quasi p. terrae, Cic.: punctum est istud, in quo regna disponitis, Sen. – u. = ein winzig Stückchen, adamas, p. lapidis, Manil. – u. übh. das **denkbar Kleinste,** quae geras, quae gesseris, ad usque puncti tenuis instar quaerere, bis aufs kleinste Tüpfelchen, Auson. lud. sept. sap. 3 (Chilon), 13. p. 108 Schenkl. – **b** der kleinste Zeitteil, der **Augenblick,** das Nu, temporis puncto, Caes.: puncto temporis eodem, Cic.: ad punctum temporis, in einem Augenblick, Cic.: puncto mobilis horae, Hor.: in puncto horae, Hieron. epist. 69, 9: im Plur., omnibus minimis temporum punctis, Cic. – absol., punctum est quod vivimus et adhuc puncto minus, Sen. ep. 49, 3: puncto, Apul.: puncto exiguo, puncto brevissimo, Apul.: in puncti spatio, Arnob.: vel punctum gaudere vitiosum est, Lact. – später von momentum als noch kleinerer Zeitabschnitt geschieden, quod momentum (Minute), quod immo temporis punctum (Sekunde) aut beneficio sterile aut vacuum laude? Plin. pan. 56, 2. – ► Spät. Nbf. pūnctus, ī, *m.,* Gromat. vet. 360, 29 u. 374, 11 u. 13. Boëth. inst. arithm. 2, 30. Isid. orig. 1, 19, 3; 3, 12. *no.* 1 u. 6.

pūnctūra, ae, *f.* (pungo), das **Stechen,** der **Stich,** teli, Firm. math. 8, 21.

1. pūnctus, ī, *m.,* s. pūnctum ►.

2. pūnctus, ūs, *m.* (pungo), das **Stechen,** der **Stich,** auch im Plur., Plin. u. a.

pungo, pupugī, pūnctum, ere, **stechen,** I eig. u. übtr.: 1 eig.: a übh.: neminem, Cic.: acu comatoriā malas, Petron.: stilo alci in manum, Naev. fr.: manu alqm, in die Seite stoßen, Petron.: v. Bienen u. a. Insekten, Plin.: v. Fichtennadeln u. a. Pflanzenstacheln, Plin. – b prägn., **durch einen Stich beibringen,** vulnus quod acu punctum videretur, Cic. Mil. 65: vulnusculum, quod acu foratum, immo punctum, ut dicitur, Augustin. epist. 75, 13. – 2 übtr.: a in etw. **eindringen,** corpus, Lucr. 2, 460. – b **empfindlich berühren,** sensum, Lucr. 4, 623: nitrum pungit, sein Geschmack fällt auf, Plin. – c gleichs. abpunktieren; dah. puncto tempore und puncto in tempore, im Augenblick, Lucr. – II bildl., **stechen, verletzen, beunruhigen, unangenehm berühren, kränken,** scrupulus pungit me, Cic.: ita me pupugit, ut somnum mihi ademerit, Cic.: si paupertas momordit, si ignominia pupugit, Cic.: *impers.*, pungit (es tut mir weh) rursus, *quod* scribis esse te illic libenter, Cic. ep. 7, 15, 1. – ► Perf. auch punxi, Diom. 372, 12 (ohne Beleg): archaist. Fut. ex. pepugero, Atta com. 2: Plusqu.-Perf. pupūgerat gemessen b. Prud. perist. 9, 59.

pūnicāns, antis (punicus), **rot, rötlich,** phalerae, Apul.: facies punicans prae pudore, Apul.

Pūnicānus, a, um, s. Poenī a. E.

Pūnicē, *Adv.*, s. Poenī.

Pūniceus u. **-ius**, a, um, s. Poenī.

Pūnicus (Poenicus), a, um, s. Poenī.

pūnio (poenio), īvī u. iī, ītum, īre, u. *Depon.* **pūnior** (poenior), ītus sum, īrī (v. poena), I **zur Strafe ziehen, strafen, bestrafen** (Ggstz. absolvere), sontes, Cic.: maleficia, Cic.: alqm supplicio, Cic.: alqm morte, Plin. ep., se morte, Val. Max.: vitam suā manu, sich entleiben, Ps. Quint. decl. – absol., punire velle (Ggstz. misereri), v. Richter, Cic. – *Depon.*, poeniri (poeniri) alqm, **an** jmd. **Rache nehmen,** jmd. od. etw. **bestrafen,** Cic. Mil. 33; Tusc. 1, 107; de off. 1, 88. Apul. met. 8, 13. Lact. epit. 25, 8: alqm capite, Gell. 20, 1, 7: peccatum, Cic. de inv. 2, 80. – II **rächen,** dolorem, Cic.: domum, Cic. – *Depon.*, puniri clarissimorum hominum crudelissimam necem, Cic. Phil. 8, 7. – ► Über die Sprech- und Schreibweise poenio, poenior s. Osann Cic. de rep. 3, 15. Garatoni Cic. Mil. 7. p. 179. – Synkop. Imperf. poenibat, Lucr. 6, 1238: Fut. Pass. poenibitu(r), CIL 6, 18758.

pūnītio (poenītio), ōnis, *f.* (punio), die **Bestrafung, Strafe,** Val. Max. 8, 1. absol. 1. Gell. 6, 14, 8 u. 11, 1, 2. Tert. ad nat. 1, 16.

pūnītor (poenītor), ōris, *m.* (punio), I der **Bestrafer,** alcis, Suet. Caes. 67, 1. Val. Max. 6, 1, 8. – II der **Rächer,** doloris sui, Cic. Mil. 35: Cassianae stragis, Val. Max. 3, 4, 5.

Pūnus, a, um = Poenus, s. Poenī.

pūpa, ae, *f.* (pupus), das **Mädchen,** a als leb. Wesen, Ggstz. anus, Mart. 4, 20, 1 *sq.* Auson. idyll. 7, 2, 2. p. 126 Schenkl. CIL 6, 2254 u. 8, 3514. – ein junges Mädchen, ein **Backfisch,** puppa geschr., Acro Hor. sat. 1, 5, 65 *sq.* H. – b als **Puppe, Docke** zum Spielen, Varro sat. Men. 4. Pers. 2, 70. Lact. 2, 4, 12 *sq.* Hieron. epist. 28, 1.

pūpilla, ae, *f.* (*Demin.* v. pupa), I das **unmündige,** bes. das **elternlose Mädchen,** die **Waise,** das **Mündel,** Cic. u. a.: pupilli et pupillae, Cic. – II übtr., wie κόρη, die **Pupille,** der **Augenstern, Augapfel** (weil ein Bildchen in ihm sich uns darstellt), Lucr. 4, 247. Cels. 7, 7, 13. Plin. 11, 148: pupillas binas in singulis habere oculis, Plin. 7, 16 (Cic. de nat. deor. 2, 142 pupula, wie auch überall bei Apul., s. Hildebr. Apul. met. 3, 22. p. 191). – ► Dat. Plur. pupillabus, CIL 8. 9052, 12 u. 17.

pūpillāris, e (pupillus), **zu den Waisen gehörig, Waisen-, Pupillen-, unmündig,** aetas, Suet.: pecuniae, Liv.: actiones, Quint.: iurisdictio, CIL 5, 1874: testamentum p., tabulae p., das für den Fall errichtete Testament, dass ein unmündiges und der väterlichen Gewalt des Testators unterworfenes Kind während dieser Unmündigkeit stirbt, ICt.: substitutio p., die Erbeneinsetzung auf den Todesfall eines Mündels in der Unmündigkeit, ICt.: ebenso *Adv.* **pūpillāriter** substituere alqm, jmd. auf den Todesfall eines Sohnes usw. in der Unmündigkeit zum Erben einsetzen, ICt.

pūpillātus, ūs, *m.* (pupillus), das **Waisenalter,** tutor a pupillatū, Waisenvormund, CIL 6, 2210.

pūpillus, ī, *m.* (*Demin.* v. pupulus), der **unmündige-,** bes. der **verwaiste Knabe,** das **Mündel,** die **Waise,** Cic. u. a.: attrib., pupillus Luculli filius, Plin. 34, 93.

Pūpīnia, ae, *f.*, die **pupinische Gegend,** das **pupinische Gebiet,** in Latium, mit einem mageren u. daher meist unfruchtbaren Boden, Varro r. r. 1, 9, 5. Cic. de lege agr. 2, 96 u. a.: dah. eine Pupinia tribus, Paul. ex Fest. 232, 7. – dass. **Pūpīnius ager,** Paul ex Fest. 232, 7: u. **Pūpīniēnsis ager,** Liv. 9, 41, 10.

pūpior (pupus) = παιδεύομαι, Gloss. II, 165, 21.

Pūpius, a, um, Name einer röm. *gens,* aus der am bekanntesten Pupius, ein Trauerspieldichter, Hor. ep. 1, 1, 67. – *Adi.* = **pupisch,** lex, von einem Volkstribun Pupius, α es solle an Komitialtagen kein Senat gehalten werden, Cic. ad Q. fr. 2, 11 (13), 3. – β es solle im Monat Februar der Senat hauptsächlich die Gesandtschaften anhören, Cic. ep. 1, 4, 1.

puppa, ae, *f.*, s. pūpa.

puppis, is, *f.*, das **Hinterdeck des Schiffes,** der **Spiegel** (Ggstz. prora), I eig.: navem convertere ad puppim, Cic.: puppes vertere, mit den Schiffen kehrtmachen = fliehen, Nep. – Im Hinterdeck befand sich das Steuerruder, dah. ventus surgens a puppi, von hinten, Verg.: mit dem Hinterdeck landete man, der leichteren Abfahrt wegen, dah. stant litore puppes, Verg.: Colchos advertere puppim, landen, Ov.: u. so im Bild v. Staatsregenten, sedebamus in puppi et clavum tenebamus, ich saß im Hinterdeck am Ruder = lenkte den Staat, Cic. ep. 9, 15, 3: quam ob rem conscende nobiscum, et quidem ad puppim, besteige mit uns das Staatsschiff u. zwar am H. (= als Steuermann, Lenker), Cic. ep. 12, 25, 5. – II übtr.: A scherzh. v. **Rücken,** puppis pereunda est probe, es wird mein Rückenfell kosten, Plaut. Epid. 74 G. – B meton., das **ganze Schiff,** Verg. u. Ov.: non ulla in litora puppim ante dedi fugiens, habe ich meine Fahrt hingerichtet, Lucan.: piratica, Claud.: als Gestirn, Cic. Arat. 389. – ► Akk. Sing. in der klass. Prosa immer puppim, Abl. puppi. – Nom. Sing. Nbf. puppes, ohne Beleg bei Prob. cath. 26, 13 K. u. Cl. Sacerd. 2. *no.* 30. p. 54.

pūpula, ae, *f.* (*Demin.* v. pupa), I **Mädchen, Püppchen,** a pupula, vom Mädchenalter an, CIL 10, 6009. – als Liebkosung, mea pupula, mein Püppchen, Apul. met. 6, 16. – II übtr., wie κόρη, die **Pupille,** der **Augenstern,** der **Augapfel** (weil sich in ihm uns ein Bildchen darstellt; vgl. Hildebr. Apul. met. 3, 22. p. 191), Varro fr., Cic. u. a.: nigellae pupulae, Varro fr.: glauci oculi pupula, Solin.: glauca oculis inest pupula, Solin. – meton., das **Auge,** Hor. (Plur.) u. Apul.

pūpulus, ī, *m.* (*Demin.* v. pupus), I das **Knäbchen,** der **kleine Knabe,** Catull. 56, 5. Sen. ep. 12, 3. – II das **Püppchen,** Arnob. 7, 8.

pūpus, ī, *m.* (verwandt mit puer, pubes), I der **Knabe,** das **Kind,** Varro sat. Men. 546: als Liebkosung, **Bübchen, Herzchen** usw., Suet. Cal. 13. – II übtr., die **Pupille** im Auge, Paul. Nol. carm. 20, 179.

pūrē u. (vorklass.u. poet.) **pūriter**, *Adv.* (purus), I eig. u. übtr.: A eig.: a **rein** von Unrat, **reinlich,** Form *-e:* p. eluere vasa, Plaut.: p. lauta corpora, Liv. – Form *-iter:* p. transfundere aquam in alterum dolium, Cato: p. lavit dentes, Catull. – *Compar.*, quam (corporis partem) purius oscularetur, Sen. de ben. 2, 12, 1. – *Superl.*, quam mundissime purissimeque fiat, Cato r. r. 66. – b **rein, hell, blank,** splendens Pario marmore purius, Hor. carm. 1, 19, 6. – B übtr., **rein, bloß, in Natura,** pure apparēre, Hor. sat. 1, 2, 100. – II bildl., **rein,** 1 im Allg., **rein, fleckenlos,** a sittlich **rein,** α übh., **fleckenrein, rechtschaffen,** pure et eleganter acta vita, Cic. – β rein von Wollust, **unbefleckt,** pure et caste deos venerari, Cic., sacrificare (v. Matronen), Liv. – puriter vitam agere, Catull. – b sprachlich **rein,** pure et emendate loqui, Cic.: purissime loqui, Gell. – 2 insbes.: a **rein, ungeschminkt, natürlich,** cuimodi fuerit pugnā decertatum ... purissime atque illustrissime descripsit, Gell. 9, 13, 4. – b **rein = vollkommen,** quid pure tranquillet, Hor. ep. 1, 18, 102. – c als jurist. *t. t.*, **rein, einfach, unbedingt, schlechthin, ohne Vorbehalt, ohne Verwahrung,** p. stipulari, ICt.: deberi sive *pure* sive *in diem* sive *sub condicione,* ICt. – ► Archaist. *Superl.* pūrimē, nach Paul. ex Fest. 252, 9.

pūrefacio, ere (purus u. facio), **reinigen,** Non. 114, 19 u. 370, 4.

pūrgābilis, e (purgo), **was sich leicht reinigen (ausschälen** usw.) **lässt,** castanea, Plin. 15, 93.

pūrgāmen, inis, *n.* (purgo), **I** der **Unrat, Schmutz,** Vestae, der jährlich aus dem Tempel der Vesta geschafft wird, Ov. fast. 6, 713; vgl. *ibid.* 227. – **II** das **Reinigungs-, Sühnmittel,** mali, Ov.: caedis, Ov. – **III** die **Reinheit, Helle,** Prud. cath. 7, 80.

pūrgāmentum, ī, *n.* (purgo), **I** der **Unrat, Schmutz, 1** übh.: urbis, Liv.: hortorum, Tac.: inter purgamenta et iactus (Wegwürfen) cenantium, Sen.: pulvis reliquaque humi purgamenta, Dict.: sacrum illud caput (Catonis) purgamentis oris aspergere, Sen. – als Schimpfwort, wie κάθαρμα, der **Auswurf,** Petron. 74, 9: Plur., der **Auswurf,** das **Gesindel,** purgamenta servorum, Curt.: urbis, Curt.; vgl. Mützell Curt. 6, 11 (41), 2. – **2** der **Abgang, Abfall** in der Landwirtschaft, purgamenta cortis (= cohortis), Colum. 2, 14, 6: salsamentorum purgamenta, Colum. 8, 17, 12: purgamenta olerum, Heges. 5, 18 *in.*: spinae et purgamenta alia, Arnob. 1, 59. – u. der **Abfall** vom Erz = die **Schlacken,** p. aeris, Th. Prisc. 1, 20: ferri purgamenta, Th. Prisc. 1, 9. – **II** das **Reinigungsmittel, Sühnopfer,** Petron. 134, 1.

pūrgātē, *Adv.* (purgatus), **rein,** Non. 60, 5.

pūrgātio, ōnis, *f.* (purgo), die **Reinigung, I** eig. u. meton.: **1** eig.: cloacarum, Traian. in Plin. ep.: frumenti, Chalcid. Tim.: menstrua, die monatliche Reinigung der Frauen, Plin.: alvi, u. im Zshg. ohne alvi, das Laxieren, Abführen, Cic. – **2** meton.: **a** der **Abwurf,** p. ferri, die Schlacken, Th. Prisc. 1, 1. – **b** Plur. purgationes, **Abführungsmittel,** Cic. ep. 16, 10, 1. – **II** übtr.: **A** die **Berichtigung, Klarstellung,** decreti cuiuspiam ex philosophia perperam invulgati purgatio, Gell. 18, 2, 6. – **B** die **Entschuldigung, Rechtfertigung,** Ter., Cic. u. a. – **C** die relig. **Reinigung** von der Schuld, die **Sühne,** Plin. 15, 135. Fest. 213 (a), 26.

pūrgātīvus, a, um (purgo), **reinigend, I** eig. (griech. καθαρτικός), medicamina, Cael. Aur. de morb. acut. 2, 19, 123 u. a. – **II** übtr., **entschuldigend,** venia, Cur. Fortunat. art. rhet. 1. *no.* 16. p. 93, 32 H.

pūrgātor, ōris, *m.* (purgo), der **Reiniger, Säuberer, I** eig.: latrinarum cloacarumque purgatores, Firm. math. 8, 20: p. ferarum, Befreier von wilden Tieren (v. Herkules), Apul. apol. 22 u. Inscr. ap. Burm. Anthol. Lat. 1. p. 20. – **II** übtr.: animae, Augustin. de civ. dei 10, 10.

pūrgātōrius, a, um (purgator), **reinigend, I** eig. (griech. καθαρτικός), medicamentum, Symm. epist. 6, 65. – subst., pūrgatōria, iōrum, *n.*, **Reinigungsmittel,** Ser. Samm. 547. – **II** übtr.: virtutes, Macr. somn. Scip. 1, 8. § 8: poenae, Augustin. de civ. dei 21, 13 u. 16; sacrum, Sühnopfer, Augustin. de civ. dei 7, 7: ignis, Fegfeuer, Augustin. enchir. 23.

pūrgātrīx, trīcis, *f.* (Femin. zu purgator), attrib., **reinigend,** Tert. de bapt. 5.

pūrgātūra, ae, *f.* (purgo), das **Reinigen, Säubern,** capitis (des K. des Maultieres), Edict. Diocl. 7 *no.* 21.

pūrgātus, a, um, *PAdi.* (v. purgo), **I gereinigt,** purgatioris auri vena, Mart. Cap. 1. § 7: somnia pituitā purgatissima, Pers. 2, 57: *a* quibus sordibus quanto est quis purgatior, Augustin. de util. cred. 16, 34. – **II** übtr.: **a rein,** purgatiora vota, Augustin. de civ. dei 6, 2: purgatissima ecclesia, Augustin. de doctr. Christ. 2, 16: purgatissima pietas, Augustin. de ver. rel. 1. – **b gerechtfertigt,** ita fiduciā quam argumentis purgatiores dimittuntur, Sall. hist. fr. 2, 89 (87).

pūrgito, āre, **reinigen;** nicht mehr bei Plaut. in den neuesten Texten, dafür purigo, s. pūrgo ►.

pūrgo, āvī, ātum, āre (eig. purigo [s. unten] v. purus), **I** im Allg., **rein machen, reinigen, säubern, 1** eig.: **a** übh.: cloacam, ausfegen, Ulp. dig.: u. so lacunas cloacasque, Fronto: Augiae regis bobile, Hyg.: aurum, aurum septuplum (siebenfach), Augustin.: oleam a foliis et stercore, Cato: locum, urbar machen, Cic.: pisces, Ter.: viperam, ausweiden, Plin.: pira granis, entkernen, auskernen, Pallad.: u. so bl. prunum, Plin.: pira, sorba, Apic.: ungues, Hor. – **b** insbes. als mediz. *t. t.*: **α reinigen,** vulnus, Cels.: adustum locum aerugine et melle, Cels.: purgatum te illius morbi, von jener K. geheilt, Hor. sat. 2, 3, 27. – **β reinigen** = **abführen,** se, Cels.: quid radix ad purgandum possit, Cic.: purgor bilem, ich reinige mich von der Galle, Hor. de art. poët. 302. – **2** übtr.: **a** im Allg.: p. urbem (von Verrätern), Cic.: exercitum missionibus (durch Entlassung) turbulentorum hominum, Liv.: amplissimos ordines ... veteri neglegentiā, Suet.: purgata auris, zum Anhören geneigtes, für Warnung offenes, Hor. ep. 1, 1, 7. – **b** insbes., moralisch **reinigen, α** von der Beschuldigung = **entschuldigen, rechtfertigen,** se alci, sich bei jmd. entschuldigen, Q. Cic., Liv. u. a. (vgl. sui purgandi causā, Caes.): alqm de luxuria, Cic.: per litteras Caesarem de interitu Marcelli, Cic. ep.: civitatem omnis facti dictique hostilis adversus Romanos, wegen usw., Liv.: alqm crimine, freisprechen, Tac.: facinus, Curt.: culpam, Liv.: crimen, crimina, ablehnen, widerlegen, Cic. u. Liv.: innocentiam suam, sich über ihre U. rechtfertigen, Liv.: Tiberii dedecora, entschuldbar machen, Eutr. – se purgare m. folg. *quod* (dass), ut purgaret se, quod id temporis venisset, Liv. 1, 50, 8. – purg. mit folg. *Acc.* u. *Infin.*, **zur Entschuldigung** od. **Rechtfertigung anführen (vorbringen),** Liv. 1, 9, 16; 24, 47, 6; 28, 37, 2 u. a. – **β** von der Schuld, vom Fluch der Sünde usw. **reinigen, heiligen, sühnen,** populos, Ov.: domum, Plin.: nefas, Ov.: crimen gladio, Lucan.: litterae purgantes se culpā, Itin. Alex. 15 (39). – **γ wiedergutmachen,** malum facinus forti ac memorabili facinore, Liv. 23, 7, 6. – **II** prägn.: **A** reinigend **gerade machen, ebnen,** viam, Ulp. dig. 43, 11, 1. § 1: vias locaque publica, Lex Iul. munic. im CIL 1, 206. lin. 69. – bildl., rationem, ins Reine bringen, berichtigen, bezahlen, Suet. Cal. 29, 2. – **B** reinigend **wegschaffen, wegräumen, aufräumen,** rudera (den Schutt), Suet.: lapides, Pallad.: Augiae regis stercus bobile, Hyg.: stercus ab aede Vestae, Fest.: sordes, Claud.: pituitas, Plin. – bildl., metum doloris, Quint. 12, 2, 3. – ► Die urspr. Form purigo, Plaut. Amph. 945; aul. 753; merc. 738. Varro r. r. 2, 4, 14.

Purgopolinīcēs, s. Pyrgopolinīcēs.

pūrificātio, ōnis, *f.* (purifico), die **Reinigung,** religiosa, Mart. 8. praef. *extr.*: vox illa purificatione confessionis illustris, Cypr. epist. 37, 4: Plur., laurus purificationibus adhibetur, Plin. 15, 138.

pūrificātōrius, a, um (purifico), **reinigend,** Eccl.

pūrifico, āvī, ātum, āre (purus u. facio), **reinigen, I** eig.: luteos pedes (gallinae) aquā, Plin.: favum, Plin.: agrum, Gell. – **II** übtr., religiös **reinigen, entsühnen,** quod ille infamavit tu purifica, Lampr.: tamquam libidines intra pectus inclusas ulli amnes abluant aut ulla maria purificent, Lact.: p. domum totam, Plin.: p. se, Plin.: se apud tria flumina, Lampr.: se a concubitu mariti, Suet.

pūrificus, a, um (purus u. facio), **reinigend,** Iuppiter, Claud. VI. cons. Hon. 328: baptismus, id est purifici roris perfusio, Lact. 4, 15, 4.

pūrifluus, a, um (purus u. fluo), **rein fließend,** fons, Buecheler Carm. epigr. 908, 8.

pūrigo, s. pūrgo a. E. ►.

pūrimē, *Adv.* (purimus), archaist. = purissime, **ganz rein,** Paul. ex Fest. 252, 9.

pūrimus, a, um (purus), **sehr (ganz) rein,** Apic. 7, 271.

1. pūritās, ātis, *f.* (purus), die **Reinheit, I** eig., Pallad. 11, 14, 12. Macr. somn. Scip. 1, 11, 12. Hieron. epist. 15, 1: Plur., aquarum innoxiae puritates, Arnob. 5, 11. – **II** übtr.: **a** die sprachliche **Reinheit,** sermonis, Hieron. epist. 57, 2: Tulliana, *ibid.* 58, 8. – **b** die moral. **Reinheit, Unschuld,** manuum mearum, Vulg. psalm. 17, 21: morum, Hieron. epist. 3. § 3: simplicitas ingenii puritasque vivendi, reiner (keuscher) Lebenswandel, Capit. Ver. 3, 7: quid ego huic puritati dignum rependo, Symm. epist. 3, 29.

2. pūritās, ātis, *f.* (pus), die **Eiterung,** Cael. Aur. de morb. chron. 5, 4, 135.

pūriter, *Adv.*, s. pūrē.

pūritia, ae, *f.* (purus), die **Reinlichkeit,** Varro sat. Men. 420.

1. pūro, āre (purus), **reinigen,** Fest. 229 (a), 12.

2. pūro, āre (pus), **eitern,** Marc. Emp. 14.

purporissātus, s. purpurissātus.

purpura, ae, *f.* (πορφύρα), **I** die **Purpurschnecke,** Plin. 9, 125 *sqq.* –

II meton.: A der **Purpur,** die **Purpurfarbe,** Sen., Plin., Hor. u. a.: nigra, Verg.: auch die unechte, aus einer Art Beeren verfertigte, Plin. 16, 77. – B der **purpurfarbige, mit Purpur gefärbte Stoff,** 1 als Stoff, a = **mit Purpur gefärbte Wolle, Purpurwolle,** ministri fucandae purpurae, Gesellen in einer Purpurfärberei, Amm. 14, 9, 7: purpuras colo nere, Iustin. 1, 3, 2. – b ein **roter Lappen,** Colum. 3, 15, 1. – 2 als Gewand, Decke: a ein mit Purpur verbrämtes od. ganz gefärbtes Kleid, das **Purpurkleid,** der **Purpur,** teils mit gewöhnl. Purpur, dah. purpura plebeia ac paene fusca (ins Braune schillerndes), Cic. Sest. 19. – teils doppelt u. mit kostbarem Purpur u. von Fürsten u. hohen Magistraten getragen, Cic. u. a.: purp. regalis, Cic. fr.: purpuram amicire, Vopisc.: purpurā vestiri, Sen.: odores ac purpuras et auro pensanda portare (v. Kaufleuten), Sen. – dah. meton. v. hohen Würden u. Würdenträgern, septima purpura, d. i. Konsulat, Flor.: sumere purpuram, die Tyrannis, Eutr.: accipere purpuram, Eutr.: purpura servit, die Könige, Lucan.: purpuram adorare, Amm. u. spät. ICt. – b die **purpurne Decke,** Sen., Quint. u. Suet.: lectum sternere sine linteis, sine purpura, Liv. epit. – C poet. = porphyrites, Stat. silv. 1, 5, 37.

purpurārius, a, um (purpura), **zur Purpurarbeit-, zum Purpurhandel gehörig, Purpur-,** I *adi.:* officina, Plin.: taberna, ICt.: ars, CIL 3, 5824. – II *subst.:* A purpurārius, iī, *m.*, der **Purpurfärber,** CIL 9, 5276; 11, 6604 u. 14, 2433. Vgl. Gloss. ›purpurarius, πορφυροπώλης (Purpurhändler), πορφυροβάφος (Purpurfärber)‹. – B purpurāria, ae, *f.*, die **Purpurfärberin** od. **-händlerin,** Vulg. act. apost. 16, 14.

purpurāsco, ere (purpuro), **purpurn werden, eine dunkelrote Farbe annehmen,** mare purpurascit, Cic. Acad. lib. 2. fr. 7 Kays. u. Muell. (b. Non. 162, 29): vitis ... purpurascere coepit, Vopisc. Flor. 4, 3.

purpurātus, a, um (purpura), **in Purpur gekleidet,** I *adi.:* p. mulier, Plaut. most. 289. – II *subst.*, ein in Purpur gekleideter **Hofbeamter** der oriental. Fürsten, im Plur. **Hofleute, Höflinge, Kämmerlinge,** purpuratis tuis ista minitare, Cic.: duces regii, praefecti et purpurati, Liv.: purpuratis solita vanitas, Curt.

purpurēsco, ere = purpurasco (s. d.), Aldh. laud. virg. 43 u. Eccl.

purpurēticus u. **purpurīticus,** a. um, s. porphyreticus.

purpureus, a, um (πορφύρεος), I **purpurfarbig, purpurn,** u. zwar nach den sehr verschiedenen Abstufungen der Purpurfarbe, **schwärzlich, dunkelrot, dunkelbraun, dunkel, violett,** panis, dunkelrotes (Ggstz. puniceus, hellrotes), Plaut.: vestitus, Cic.: pallium, Cic. u. Fronto: amiculum, Liv.: columnae, von rotem Marmor, Claud. in Rufin.: papaver, Prop.: colos, Lucr., color, Vitr. u. a.: rubor (Schamröte), Ov. (vgl. p. pudor, Ov.): genae, Ov.: axis (Sonnenwagen), Ov.: arcus (Regenbogen), Prop.: capillus, crinis, Purpurhaar, purpurne Haare des Nisus, Verg. u. Ov.: anima, die blutrote Lebenskraft, das Lebensblut, Verg.: viola, Plin.: salix, Plin.: flos rosae, Hor.: mare, dunkel, dunkelfarbig, Cic. u. Verg.: sal p., dunkelfarbiges Meer, Val. Flacc.: lapis, Porphyr, Lucan. – II meton.: A **in Purpur gekleidet, mit einem purpurnen Gewand angetan,** rex, Ov.: tyrannus, Hor.: übh. **mit Purpur bedeckt, geschmückt,** torus, Ov.: purpureus pinnis, mit purpurfarbigem Helmbusch, Verg. Aen. 10, 722. – B **hellglänzend, schön,** olores, Hor.: lux, Ov.: lumen, Verg.: Amor, Ov.: ver, Verg.

purpurissātus, a, um (purpurissum), I mit der Farbe *purpurissum* gefärbt, **rot geschminkt,** buccae, Plaut. truc. 290 (Schoell bucculas purporissatas). Cic. Pis. 25 (nach meiner Vermutung; die Hdschrn. pulsataeque), genae, Apul. apol. 76. – II übtr.: p. fasti, die konsularischen (weil die Konsuln Purpur trugen), Sidon. epist. 8, 8, 3.

purpurissum, ī, *n.* (πορφυρίζον), eine Art **dunkler Purpurfarbe,** die zum Rotfärben diente, Plin. 35, 30: u. zum Schminken, Afran. com. 231. Nov. com. 83. Plaut. most. 261. Tert. de cult. fem. 2, 7: purpurisso et cerussā faciem od. ora depingere, Hieron. epist. 108, 15 u. 127, 3. – übtr., quid in orationibus meis purpurisso litum? Fronto de or. 2. p. 159, 19 N. – ► Nbf. purpurissus, ī, *m.*, Hieron. epist. 54, 7.

purpurītes, ae, *m.* = porphyrites (s. d.), Isid. orig. 16, 5, 5 Ar. (Otto porphyritis).

purpurīticus, a, um, s. porphyrēticus.

purpuro, āvī, ātum, āre (purpura), I *tr.*, **purpurfarbig machen,** 1 eig.: virides undas, dunkelbraun schillern lassen, Fur. b. Gell. 18, 11, 4: purpurati nimium ocelli, Mart. Cap. 9. § 918: terra purpurata est, wurde purpurrot gefärbt (vom Blut der Märtyrer), Augustin. serm. 300, 2. – 2 übtr., **freundlich schmücken,** omnia rosis, Apul. met. 6, 24. – II *intr.*, **purpurfarbig-, purpurrot glänzen,** tum quae pallet humi, quae frondens purpurat auro ponatur viola, Colum. poët. 10, 101. – Öfter *Partic.* purpurāns = **purpurfarbig, purpurrot,** maculae, Vopisc.: violae, Arnob.: stolae, Prud.: corporis cruor, Prud.: p. annus floribus, Auct. pervig. Ven.: agnus de caede purpurans, blutigrotes, Prud.

pūrulentātio, ōnis, *f.* (purulentus), die **Eiterung,** Cael. Aur. de morb. chron. 5, 10, 95: Plur., *ibid.* 5, 3, 53.

pūrulentē, *Adv*, (purulentus), **voll Eiter,** Plin. 23. prooem. § 7.

pūrulentia, ae, *f.* (purulentus), die **Menge Eiter,** die **Eitermasse,** stomachi, Hieron. epist. 52, 6: purulentias extrahere, Hieron. Isai. 1, 1, 6. – bildl., hae purulentiae civitatis, Tert. de pall. 5.

pūrulentus, a, um (pus), **eiterig, voller Eiter,** vulnus, Sen.: sputum, Plin. – subst., pūrulenta, ōrum, *n.*, a **eiterige Materie, Eiterstoff,** Plin. 20, 10. – b **Vereiterungen,** teils = mit Eiterung verbundene Krankheiten, teils = eiternde Stellen oder Flächen, Cels. u. Plin. – c **eiterige, blutrünstige** (noch rohe) **Fleischstücke** als Speise, Sen. ep. 95, 25.

pūrus, a, um (v. *pūrāre, zu altind. *pūr*, Feuer, griech. πῦρ), **rein,** I eig. u. übtr.: A eig.: a übh. frei von Schmutz u. von jedem befleckenden, trübenden usw. Zusatz, **rein, gereinigt, sauber, lauter,** aedes, Plaut.: manus, Tibull.: hasta, unbefleckter (vom Blut), Sil. – unda, Verg.: aqua, Hor.: fons, Prop.; vgl. quidquid inde haurias, purum liquidumque te haurire sentias, Cic.: purissima mella, Verg.: humus subacta atque pura, gereinigte (von allen schädlichen Bestandteilen gesäuberte) Gartenerde, Cic.; vgl. Cydnus puro solo excipitur, von einem reinen (durch Auflösung seiner Bestandteile das Wasser nicht trübenden) Boden, Curt.: aurum, gereinigtes, schlackenloses, Plin. – v. Opfertieren, **rein, koscher,** suis fetus sacrificio die quinto purus, Plin.: hostiae purae, Plin. – b v. der Luft, Sonne usw., **rein, klar, hell, heiter,** aër (Ggstz. crassus), Cic.; vgl. aëre purior ignis, Ov.: purior spiritus (Luft), Frontin, aqu.: purissima aetheris pars, Cic.: sol, Hor.: dies, Claud.: dies purissimus, Plin. ep.: nox, Verg. – *neutr.* subst., per purum, durch den reinen, heiteren Himmel, Verg. georg. 2, 364. B übtr.: 1 ohne fremden An- od. Zusatz, **rein, bloß,** a übh.: vasa, nicht verpichte, Colum.: hasta, L. ohne Eisen, bloßer Lanzenschaft, als Abzeichen (σκῆπτρον) der Herrscher u. Priester, Verg. u. Prop., als Ehrengeschenk an verdiente Krieger, Suet.: genae, bartlose, Sen. poët. – b mit keinem Zierat besetzt, **glatt, unverziert,** parma, Verg. – v. Gefäßen, **ohne erhabene Arbeit, glatt** (Ggstz. caelatus), argentum, Cic. u. a.: lanx, ICt.: corona, Vitr. – v. Kleidern, **ohne Verzierungen,** bei den Römern **ohne Purpurstreifen, unbesetzt, glatt,** vestis, Verg.: toga, Phaedr. u. Plin. – c **rein, unbeschrieben** (Ggstz. scriptus), membranae, chartae, ICt. – d **frei,** v. Örtlichkeiten, **unbebaut, unangebaut, unbepflanzt,** locus, Liv.: campus, Verg.: p. ac patens campus, Liv.: campus planissimus purissimusque, Auct. b. Afr.: ager, Ov. – m. *ab* u. Abl., purus ab arboribus campus, Ov.: puri aliquid ab humano cultu soli, Liv. – e **rein, unvermischt, unversetzt, bloß, einfach, natürlich,** aqua, Scrib. Larg.: nardum, Tibull.: unus purusque ignis, Lucr.: esse utramque sibi per se puramque necesse est, Lucr. – f **rein** dem Gewinn nach, quid his rebus detractis possit ad dominos puri ac reliqui pervenire, reiner Gewinn (Nettogewinn), reiner Ertrag, Cic. Verr. 3, 200. – 2 aktiv = **reinigend,** sulfur, Tibull. 1, 5, 11.

II bildl., **rein,** 1 im Allg., a **rein, klar,** fides (Überzeugung, Ggstz. turbida, unklare), Gell. 18, 5, 11. – b **fleckenlos,** α moralisch, sittlich, αα übh., **rein, fleckenrein, rechtschaffen, heilig,** animus omni admixtione liberatus, purus et integer, Cic.: castus animus purusque, Cic.: mens *ab* omni labe pura et splendida, Sen.: estne quisquam qui tibi purior esse videatur, Cic.: consulem purum piumque deis visum, rein u. fromm, Liv.: p. piumque duellum, gerechter u. ehrlicher Krieg, alte Formel b. Liv. – **ββ** **rein** von Verbrechen, bes. von Mord, **unbefleckt,** p. manus, Verg., Suet. u. a.: purissimae manus, Sen.: m. *Genet.* (von), sceleris purus, Hor. carm. 1, 22, 1. – **γγ** **rein** von Wollust, **unbefleckt, keusch,** ne animam quidem puram conservare, Cic.: p. corpus, Plin. ep.: puro pectore, vitā et pectore puro, Hor.: p. noctes (Ggstz. spurcae n.), Plaut.: dies Isidis, Prop. – **β** v. der Rede, **rein, fehlerlos,** p. et incorrupta consuetudo (Ggstz. vitiosa et corrupta c.), Cic. Brut. 261. – tersior et purus magis Horatius (Ggstz. fluit lutulentus Lucilius), rein (= lichtvoll, klar), Quint. 10, 1, 94. – **2** insbes.: **a** als relig. *t. t.*: **α** = *profanus,* **ungeweiht, unreligiös,** locus, ICt. (s. bes. Ulp. dig. 7, 2, 2. § 4); vgl. Cic. de har. resp. 11 quae tandem est domus ab ista suspicione religionis tam vacua atque pura. – **β** **unentweiht, unbefleckt** von Menschen od. Tieren, **unbetreten,** locus p., Liv. 25, 17, 3; Ggstz. locus detestabilis, Liv. 31, 44, 5. – **γ** durch Begehung des Leichenbegängnisses von der Trauer **entsühnt, trauerfrei,** familia, Cic. de legg. 2, 57: dies, trauerfreie, heitere, Ov. fast. 2, 558. – **δ** aktiv = **entsühnend,** arbor (die Fichte), Ov. fast. 2, 25. – **b** als rhet. *t. t.*, v. der Rede, **schlicht, schmucklos, ungeschminkt, natürlich,** oratio, Ter.: purum quasi quoddam et candidum genus dicendi, Cic.: sermo, Caes. fr.: sermo purus atque dilucidus, Quint.: pressus sermo purusque, Plin. ep.: nihil est in historia pura et illustri brevitate dulcius, Cic.: epigramma verecundissimum et purissimum, höchst bescheiden u. schlicht gehaltenes, Gell. – **c** als jurist. *t. t.*, **rein, einfach, unbedingt, ohne Vorbehalt, ohne Verwahrung,** iudicium p., Cic. de inv. 2, 60: causa p., ICt.: p. et directa libertas, ICt.

pūs, pūris, *n.* (πῦον, τό), der weiße und zähe **Eiter** (vgl. sanies), Cels.: Plur. pura, Plin. – bildl., Regis Rupili pus atque venenum, »Gift u. Galle« (von den bitteren Reden eines bösartigen Menschen), Hor. sat. 1, 7, 1.

pūsa, ae, *f.* (pusus), das **Mädchen,** Papinius b. Varro LL. 7, 28.

pūsca, s. pōsca.

pūscīnus, a, um (pus), **voll Eiter,** Nov. com. 122.

pusillanimis, e, u. **pusillanimus,** a, um (pusillus u. animus), **kleinmütig,** Eccl.

pusillanimitās, ātis, *f.* (pusillanimis), die **Kleinmütigkeit,** Lact. de ira 5, 2. Vulg. psalm. 54, 9. Augustin. serm. 343, 1.

pusillitās, ātis, *f.* (pusillus), die **Kleinheit,** Eccl. (vgl. Bünem. Lact. 6, 17, 17): pus. fidei, Kleingläubigkeit, Eccl.

pusillulus, a, um (*Demin.* v. pusillus), **noch gar sehr klein,** vineae, Ambros. cant. cantic. 2. § 62; in psalm. 118, serm. 11. § 29 *extr.*

pusillus, a, um (*Demin.* v. pusus), **sehr klein, winzig, im Kleinen,** bes. im Sinne des Ungestalteten, im Wachstum Zurückgebliebenen, **zwergartig,** **I** eig.: puer, Cato u. Varro fr.: testis, Cic.: homines, Iuven.: mus, Plaut.: Roma, Cic.: epistula, Cic.: folia, Plin.: domus pusilla res publica est, ein Staat im Kleinen, Sen. – *Compar.*, maritus puero pusillior (pusilior), Apul. met. 5, 9. – subst., pusillum, ī, *n.*, ein **klein wenig,** eine **Wenigkeit, Kleinigkeit,** ein **bisschen,** salis, Marc. Emp.: dulcedinis (Ggstz. largiter acerbitatis), Ascon.: laxamenti, Trebon. in Cic. ep.: hoc unum occurrit, in quo pusillum inest insaniae, Sen. rhet.: pusillo altior, ein wenig höher, Plin.: pusillum ab ea discedo, Quint.: pusillum extra progrediar, ich will nun einen Augenblick vom Thema abschweifen, Vitr.: da fridam (= frigidam) pusillum, gib ein bisschen kaltes Wasser, CIL 4, 1291. – **II** übtr., **sehr klein, sehr gering,** der extensiven u. intensiven Stärke, dem Grad, der Geltung nach: **a** v. der Zeit, subst., pusillum, ī, *n.*, **eine kleine Weile,** post pusillum, Vulg. sap. 15, 18; Matth. 26, 73 u. a.: requiescere p., Vulg. Marc. 6, 31. – **b** v. der Stimme, **leise,** vox, Quint. 11, 3, 32. – **c** v. der Begabung, **sehr gering, -dürftig, nicht sehr schöpferisch,** ingenium, Mart.: causidicus, beschränkter, Iuven. – **d** v. Mut, **sehr gering,** animus, Hor. sat. 1, 4, 17. – **e** v. Gesinnung u. Denkart (Ggstz. magnus), **kleinlich, kleindenkend,** animus, Cic. u. a.: tam pusilli oris quam animi, Sen.: prägn., homo, Vatin. in Cic. ep. – **f** dem Stand, der Geltung bei anderen nach **gering, unbedeutend,** homo (Ggstz. vir magnus), Sen. de ira 3, 25 *in.*: Plur. subst., pusilliores, Lucian. in Cypr. epist. 22, 1. – **g** v. Verhältnissen, Zuständen usw., **gering, geringfügig, kleinlich** (Ggstz. magnus, grandis), res, Quint.: causa, Ov.: sententiae, Sen.: quod dixi tamen, hoc leve et pusillum est, Kleinigkeit, Mart. – *neutr. pl.* subst., scito animum non minus esse pusillis (mit kleinlichen Dingen) occupatum, Sen. ep. 115, 2.

pūsio, ōnis, *m.* (pusus), der **kleine Knabe,** das **Knäblein,** Cic. u. a.: parvuli od. pueruli pusiones, Arnob. – scherzh. von einem Jüngling, bellissimus ille pusio, saubere Bube, Bursche, Apul. met. 9, 7. – Pusio als Eigenname, Plin. 7, 75. Solin. 1, 88.

pūsiola, ae, *f.* (*Demin.* v. pusa), das **kleine Mädchen,** Prud. perist. 3, 19.

pussula, s. pūsula.

pūstula, ae, *f.* (φυσάω), die **Blase,** das **Bläschen,** **I** im Allg.: calx pustulas emittit, Vitr. 7, 2, 1. – **II** insbes.: **A** als mediz. *t. t.*, das **Bläschen** auf der Haut, die **Blatter, Pustel,** Tibull. u. Mart.: eruptiones quaedam pustularum (*cod. Paris.* pusularum) et ulcuscula, Sen. ep. 72, 6. – **B** eig. das Bläschen auf dem geschmolzenen, reinen Silber; dann meton. = das **reine Silber,** Mart. 8, 51, 6.

pūstulātio, ōnis, *f.* (pustulo), das **Blasenbekommen,** Cael. Aur. de morb. acut. 3, 16, 135 u. a.

pūstulātus, a, um (pustula), **mit Bläschen versehen,** argentum, geschmolzenes, reines Silber (vgl. pustula *no.* II, B), Suet. Ner. 44, 2. Mart. 7, 86, 7. Vgl. pusulatus.

pūstulēsco, ere (pustulo), **Blasen bekommen,** Cael. Aur. de morb. chron. 5, 1, 17.

pūstulo, āvī, ātum, āre (pustula), **I** *tr.*, **Blasen machen, mit Blasen versehen,** ne usta pustulentur, Blasen bekommen, Cael. Aur. de morb. chron. 5, 1, 16. – **II** *intr.*, **Blasen bekommen,** si concha aliquid pustulat, Tert. de hab. mul. 6.

pūstulōsus, a, um (pustula), s. pūsulōsus.

pūsula, ae, *f.* (wie pustula von φυσάω), die **Blase,** das **Bläschen,** **I** im Allg.: opium fictum in pusulas coit (in aqua), Plin.: aliquando et pusulis argenti modo relucentibus, an den unechten carbunculi, Plin.: am Brot beim Backen, Paul. ex Fest. 99, 16. – **II** insbes., als mediz. *t. t.*, das **Bläschen** auf der Haut, die **Blatter, Pustel,** Cels., Sen. u. a. (vgl. pustula a. E.). – Sing. kollekt., die **Pustel,** die **Vereiterung,** in der Sprache der Landleute = der Rotlauf, das heilige Feuer, Colum. 7, 5, 16.

pūsulātus, a, um (pusula), **mit Bläschen versehen,** argentum, geschmolzenes, reines Silber, Alfen. dig. 19, 2, 31 M. Vgl. pustula *no.* II, B u. pustulatus.

pūsulōsus, a, um (pusula), **voller Blattern (Pusteln), mit Pusteln besetzt, -behaftet,** locus, Cels. 5, 26, 31 *Daremb.* (Vulg. pustulosus): pecus, mit der Pustel (= mit dem heiligen Feuer) behaftet, Colum. 7, 5, 17.

pūsus, ī, *m.* (puer), der **Knabe,** das **Knäbchen,** Papinius b. Varro LL. 7, 28.

1. Puta, ae, *f.* (puto), die dem Beschneiden der Bäume vorstehende Göttin, Arnob. 4, 7.

2. puta (eig. *Imperat.* v. puto), **zum Beispiel, nämlich,** Hor., Cels. u. a. – u. so auch ut puta, **als zum Beispiel, wie zum Beispiel,** Sen. u. a. Vgl. die reiche Stellensammlung bei Krebs-Schmalz Antib.[7] unter puta.

putāmen, inis, *n.* (puto), das Abgeschälte, die **Schale,** die **Hülse,** der Nüsse, Cic.: mali Punici, Plin.: fabae, ervi, Plin.: ovi, Eierschale, Colum. u. Plin.

putātio, ōnis, *f.* (puto), **I** das **Beschneiden** der Bäume, das **Schneiteln,** arborum, Varro: arborum ac vitium, Cic. de or. 1, 249: putationem facere, Plin.: Plur., tot species insitionum, tot putationum, Colum. 1. praef. 27: putationes arborum, Arnob. 4, 7: putationes insitionesque vineti, Colum. 11, 1, 8. – **II** das **Rechnen,** die **Rechnung,** Macr. sat. 1, 13, 5. – übtr.: **a** das **Dafürhalten,** personae (wenn man jmd. für eine gewisse Person hält, z. B. den Haussohn für den Hausvater), Paul. dig. 47, 10, 18. § 4. – **b** das **Dafürhalten,** die **Meinung,** Eccl.: Plur., Isid. ord. creat. 6, 11.

putātīvē, *Adv.* (putativus), **vermeintlich, scheinbar,** Eccl.

putātīvus, a, um (puto), **vermeintlich, scheinbar,** Eccl.

putātor, ōris, *m.* (puto), **einer, der Bäume beschneidet,** Varro LL. 6, 63. Colum. poët. 10, 228. Verg. georg. 2, 28. Plin. 27, 69.

putātōrius, a, um (putator), **zum Beschneiden** (der Bäume) **gehörig,** falx, Pallad. 1, 43, 1. Paul. sent. 3, 6, 35.

puteal, ālis, Abl. ālī, *n.* (puteus), **I** die **Brunneneinfassung** von Marmor, gew. rund, putealia sigillata duo, Cic. ad Att. 1, 10, 3. – **II** übtr., ein nach oben unbedeckter und daher einer Brunneneinfassung sehr ähnlicher kleiner Tempel, der über einem durch ein besonderes Ereignis geheiligten Ort errichtet wurde, das **Puteal.** So in Rom auf dem Forum, das Puteal im Komitium, unter dem jenes bekannte Schermesser des Augurs Attus Navius vergraben lag, Cic. de div. 1, 33: in dessen Nähe die feneratores ihre Zusammenkünfte hielten und ihre Geldgeschäfte (Geldverleihungen usw.) trieben, Cic. Sest. 18. Hor. sat. 2, 6, 35. Ov. rem. 561. Pers. 4, 49: von einem Skribonius Libo restauriert u. dah. auch puteal Libonis u. p. Scribonianum gen., Hor. ep. 1, 19, 8. Fest. 333 (b), 24. – ► Nbf. puteāle, is, *n.*, CIL 6, 10237 (wo putiole); vgl. Gloss. ›puteale, περιστόμιον φρέατος‹.

puteālis, e (puteus), **zum Brunnen gehörig, Brunnen-,** aqua, Suet. fr.: fons, Colum. 11, 3, 8: aquae, Ulp. dig. 43, 1, 20. § 6: unda, Brunnenwasser (Ggstz. fluens unda), Colum. 1, 5, 1: u. so undae, Ov. Ib. 387: dass. lymphae, Lucr. 6, 1172 (1178): pocula, B. mit Brunnenwasser, Iuvenc. 2, 259.

puteānus, a, um (puteus), **zum Brunnen gehörig, Brunnen-,** aqua, Colum. 12, 26, 1 u. Plin. 14, 82.

puteārius, iī, *m.* (puteus), der **Brunnengräber,** Liv. 44, 33, 1 (Madvig). Plin. 31, 48.

pūtefacio, von Ritschl Plaut. most. 112 (107) angenommen, wo die Hdschrn. putrefacit.

pūteo, uī, ēre (zu πύθω, πύθομαι, s. 1. Varro LL. 6, 96, Spengel putere), **nach Fäulnis-, nach Moder riechen, faul-, moderig-, dumpfig-, ranzig-, muffig-, stinkig sein, muffeln,** Cic. fr.: tigna umide haec putent, Plaut.: aper rhombusque putet, Hor.: fidelia putet, Pers.: mero putere, stark nach Wein riechen, Hor.: vir ore putens, Ven. Fort. vit. S. Mart. 1, 488: putentes atque stercoreae digestiones, Arnob. in psalm. 77.

Puteolī, ōrum, *m.*, eine Stadt in Kampanien an der Küste, mit vielen mineralischen Quellen, Lieblingsaufenthalt der Römer, j. *Pozzuolo,* Varro LL. 5. 25. Cic. ad Att. 15, 20, 3; de fin. 2, 84. Liv. 24, 13, 6: Puteoli adhuc celebres, Symm. epist. 1, 8. – Dav. **Puteolānus,** a, um, **puteolanisch,** Cic.: pulvis, Puzzolanerde, Sen. (vgl. pulvis). – subst., **a** Puteolānum, ī, *n.*, ein Landgut Ciceros bei Puteoli, das **Puteolanum,** in Puteolano, Cic. u. Plin. – **b** Puteolānī, ōrum, *m.*, die Einw. von Puteoli, die **Puteolaner,** Cic.

puter, putris, putre, u. **putris,** e, **I in Verwesung-, in Fäulnis übergegangen, angegangen, verwest, faul, morsch, ranzig, brandig,** navis putris iam admodum et vetustate dilabens, Liv.: fanum, Hor.: navigium, Sen. rhet.: aedificium, Sen.: saxa, Sen.: poma, Ov.: ulcus, Cels.: os, Firm. math.: vomica, Iuven.: palus, Varro. – **II** übtr., übh. **locker, morsch, mürbe, welk,** solum, Verg.: terra, Colum.: loca, Plin.: glaeba, Verg.: ager, Colum.: tellus, in Staub aufgelöst, Prop.: arena, Colum.: lapis, Plin. ep.: mammae, schlaffe, welke, Hor.: oculi, schwimmende, gläserne, Hor.: corpora cicatricibus, Curt.: so auch ille in Venerem putris, Pers.: anima, hinwelkend, alt, Prop.

pūtēsco (pūtīsco), tuī, ere (puteo), **in Verwesung (Fäulnis) übergehen, faul-, moderig (dumpfig)-, muffig werden, vermodern, verwesen,** si (olea) in terra nimium diu erit, putescet, Cato r. r. 3, 4: quod si minus idoneae tempestates sint consecutae, putescere semina soleant, Varro r. r. 1, 34, 1: muria non alia quam quā Byzantia putuit orca, Hor. sat. 2, 4, 65 *sq.*: aqua dura, id est ea quae tarde putescit, Cels. 2, 30: post mortem fore ut putescat (homo) corpore posto, Lucr. 3, 869: puticulae, quod putescebant ibi cadavera proiecta, Varro LL. 5, 25: cum (tauri) mox futura sint stercora et exigui temporis contractā interiectione putescant, Arnob. 7, 17: ne (sus) putesceret od. putisceret, Cic. de nat. deor. 2, 160 u. danach Cic. de fin. 5, 38: cur Aiax putescit, Hor. sat. 2, 3, 194: Theodori quidem nihil interest, humine an sublime putescat, Cic. Tusc. 1, 102. Vgl. Lachm. Lucr. 3, 871. p. 188. Madvig Cic. de fin. 5, 38. Kühner Cic. Tusc. 1, 102 u. unten den Artikel putresco.

puteum, eī, *n.* = puteus, Pompon. dig. 19, 1, 14. CIL 6, 15593 u. 6, 29959: Plur. putea, Varro fr. bei Non. 217, 4. Frontin. aqu. 89. Ulp. dig. 19, 1, 17. § 8 (wo es = Brunnenkasten).

puteus, eī, *m.* (puto), das gegrabene Loch, die **Grube, a** im Landb., der **Graben,** die **Grube,** puteum demittere, machen, Verg. georg. 2, 231. – zur Aufbewahrung des Getreides, Varro r. r. 1, 57, 2. – **b** im Bergb., die **Grube,** der **Schacht,** Plin. 33, 67 u. 95. – der **Wetterschacht,** das **Luftloch,** Vitr. 8, 6, 3 (bei Plin. 31, 57 lumen gen.). – **c** als Wasserbehälter, **α** der **Brunnen,** Varro LL., Cic. u. a.: puteus altissimus, Apul.: putei perennes, Hor.: puteum fodere, Plaut., effodere, Colum.: in puteum descendere, Gaius inst.: se per altissimum puteum praecipitare, Apul. – Sprichw., neminem nihil boni facere oportet; aeque est enim ac si in puteum conicias, als wenn du es zum Fenster hinauswirfst, Petron. 42, 7: nunc haec res ad summum puteum geritur, bewegt sich am Rande des Br. = schwebt in großer Gefahr, Plaut. mil. 1152. – **β** die **Zisterne,** noch jetzt ital. *pozzo,* Auct. b. Alex. 5, 4. – **d** ein unterirdisches Gefängnis für Sklaven, das **Verlies,** Plaut. aul. 347 u. 365.

puticulī, ōrum, *m.* od. **puticulae,** ārum, *f.* (v. puteus), die **Brunnenlöcher,** Begräbnisplätze der Ärmeren u. Sklaven am esquilinischen Hügel, Varro LL. 5, 25. Fest. 217 (b), 8. Paul. ex Fest. 216, 5. Schol. Cruq. ad Hor. sat. 1, 8, 10.

pūtidē, *Adv.* (putidus), **widerlich, gesucht, geziert,** dicere, Cic.: loqui, Sen.: putidius litteras exprimere, bis zum Ekel, Cic.

pūtidiusculus, a, um (*Demin.* v. putidior), **ein wenig zudringlicher,** simus putidiusculi, quam per te vix licet, Cic. ep. 7, 5, 3.

pūtidulus, a, um (*Demin.* v. putidus), **ekelhaft** in Betragen u. Rede, **widerlich, affektiert,** Mart. 4, 20, 4. Capit. Macrin. 14, 1.

pūtidus, a, um (puteo), **faul, morsch, modrig, ranzig, nach Fäulnis** od. **Moder riechend, A** eig.: paries, Afran. fr.: navis, Caecil. com. fr.: vulnera, brandige, Cato: caro, Cic.: aper, Mart.: fungus, Plaut.: uva, Varro fr.: odor, Varro LL. – **B** übtr.: **1** im Allg.: cerebrum putidius, etwas anbrüchiges, verbranntes, Hor. sat. 2, 3, 75. – v. alten Pers., homo, Plaut.: longo putida saeculo, Hor. – **2** insbes., **widrig, widerwärtig, kleinlich, pedantisch,** homo, Petron.: putidissimi servi, Petron.: putidissima iactatio, Petron.: lingua putidissima, Hieron.: haec satis spero vobis molesta et putida videri, Cic.: putidum est (es erscheint pedantisch, sieht nach Übertreibung aus) m. *Infin.*, vereor ne putidum sit scribere ad te, quam sim occupatus, Cic. ad Att. 1, 14, 1. – v. Redner u. dessen Ausdruck, **gesucht, geziert, überladen,** Demosthenes, Cic.: ne obscurum esset aut putidum, Cic.

putillus, ī, *m.* (v. putus = pusus), das **Knäbchen, Bübchen,** als tändelndes Liebkosungswort, Plaut. asin. 694. – übtr., das **Junge** = der junge Vogel, Varro sat. Men. 568 B.

pūtīsco, s. pūtēsco.

puto, āvī, ātum, āre (putus), **I putzen, reinigen, a** im Allg.: lanam, Titin. com. 23: vellus, Varro r. r. 2, 2, 18. – **b** als *t. t.* der Gärtnerspr., Bäume u. Weinstöcke **beschneiden,** arbores, Cato r. r. 32, 1: oleas, Colum. 11, 2, 41: olivetum, *ibid.* 44: vites, Verg. georg. 2, 407: vitem, Ambros. hexaëm. 4. § 1: arbores et vites, Donat. Ter. Andr. 2, 6, 11. **II rechnen, berechnen, anschlagen, 1** eig.: sic numerabitur tegula: integra quae non erit, unde quarta pars aberit, duae pro una: colliciares quae erunt, pro binis putabuntur, Cato r. r. 14, 4: si singuli menses pari aut impari numero putarentur, Macr. sat. 1, 13, 5. – **2** übtr., etw. seinem Wert nach so u. so hoch **berechnen, anschlagen, a** dem numerischen Wert nach, si denariis CCCC Cupidinem illum putasset, auf 400 Denare im Wert berechnet, angeschlagen hätte, Cic. Verr. 4, 13 M. – **b** etw. dem inneren Wert nach irgendwie hoch od. in einer Aufstellung **verrechnen, anschlagen, in Anschlag bringen,** für das u. das **ansehen, halten, achten, α** m. *Genet.* des

Wertes: magni p. honores, Cic.: pluris p. quod utile est, quam quod honestum, Cic.: p. commoda parvi, Catull.: divitias minimi p., Cic.: populi iudicium nihili putare, Cic.: alqd p. tanti, Cic. u. a.: statuite, quanti hoc putetis, bedenkt, wie hoch ihr dieses anschlagen müsst, Cic. – **β** m. *pro* u. Abl.: alqm p. pro nihilo, Cic.: alqd pro certo p., Mat. et Trebat. in Cic. ep.: pro decreto, Cic.: damnationem pro praetura, Cic. – **γ** m. *in* u. Abl.: patrem, si non in parentis, at in hominum numero putabat, Cic.: quod ego in propinqua parte amicitiae puto, Ter.: alqd in expetendis rebus p., Cic. – **δ** m. *supra* u. Akk.: ratio supra hominem putanda, Cic. – **ε** m. *Acc.* u. im Passiv m. *Nom.* des Prädikats, wofür man ansieht usw.: p. hominem prae se neminem, se solum beatum, se solum potentem, Cic.: qui consuetudine proeliorum iam latrones ac semibarbari putantur, Eutr. – dah. **c** als Ergebnis einer Berechnung **annehmen, vermuten, meinen, glauben,** für etw. **halten,** im Passiv deutsch oft **gelten** für od. als usw., **α** m. *Acc.*: p. deos, an G. glauben, Cic. – mit *in* u. Abl., maximam gloriam in maximo imperio putare, Sall. (mehr Beispiele s. Dietsch Sall. Iug. 53, 3). – m. *Genet. possess.*, quaecumque sunt in omni mundo, deorum atque hominum putanda sunt, Cic. de nat. deor. 2, 154. – m. dopp. *Acc.*, quid illum putas? was denkst du von ihm? Plaut.: eas divitias putabant, Sall.: quod idoneum ad muniendum putarent, Nep.: quae sibi quisque facilia factu putat, Sall.: me putare hoc verum, Ter. – m. bl. Prädikats-*Acc.*, dictum puta, Ter.: facta puta, Ov. – im Passiv m. dopp. *Nomin.*, ut huic pauci pares putentur, Nep. – **β** m. folg. *Acc.* u. *Infin.*: nullos esse omnino (deos) p., Cic.: puta hoc deficere, Iuven.: noli putare me maluisse etc., Cic.: ut ab iis amari me putem, Cic.: im Passiv m. *Nom.* u. *Infin.*, quia prudens in iure civili putabatur, Cic.: cuius (solis) lumine conlustrari putatur (luna), Cic. – mit ausgelassenem *esse* beim *Infin.* mit *esse*, tempus transmittendum putavi, Cic.: videte, quem in locum rem publicam perventuram putetis, kommen müsste, Cic.: ea vos coniecturā perspicite, quantum illud bellum factum putetis, Cic. – mit ausgelassenem Prädikats-*Acc.* beim *Infin.*, stare putes, man sollte glauben, Ov.: sensisse putares, man hätte glauben sollen, Ov. – v. lebl. Subjj., acies mea (Augen) videt aut videre putat, Ov. her. 18, 32. – *impers.* m. folg. *Acc.* u. *Infin.*, Athenas Atheniensium causā putandum est conditas esse, Cic.: anne aliquas ad caelum hinc ire putandum est sublimes animas? sollte man glauben (ist es wohl glaubhaft), dass usw.? Verg.: nec tamen, quia sensus corporis deficit, animae sensum exstingui et occīdere putandum est, Lact. – elliptisch, Cyprus insula et Cappadociae regnum de me loquentur; puto etiam regem Deiotarum (*sc.* de me locuturum esse), Cic. ep. 15, 4, 15; so auch Cic. ep. 15, 20, 1 (wo aus dem Vorhergehenden zu ergänzen oratorem meum commendari); de fin. 5, 76 (wo probari zu erg.). – **γ** absol.: recte putas, Ter.: non putaram, Cic. – puto u. ut puto parenthetisch, cuiusmodi velim, puto (glaube ich), quaeris, Cael. in Cic. ep.: non, puto, repudiabis, Vatin. in Cic. ep.: vorangestellt, puto, inter me teque convenit, Sen.: ironisch, puto licuit, Suet.: bes. so at, puto, Ov. – hunc unum excipio, ut puto, pudenter, Catull.: vorangestellt, ut puto, non poteris ipsa referre vicem, Ov.

III prägn., rechnend, berechnend **überschlagen, überrechnen,** **1** eig.: p. rationem vinariam, oleariam, quid venierit, quid exactum siet, Cato: p. rationem cum alqo, abrechnen, sich berechnen, Plaut. u. Cato: rationes cum publicanis, Cic.: so auch rationes domino, ICt. – bildl., altrovorsum quom eam mecum rationem puto, bei mir die Sache erwäge, Plaut. Cas. 555. – **2** übtr.: **a erwägen, überlegen, bedenken,** geistig **betrachten,** dum haec puto, Ter.: rem ipsam putemus, Ter.: multaque dura suo tristi cum corde putabant, Verg. – mit folg. *Acc.* u. *Infin.*, in quo primum illud debes putare, comitiis studium esse populi, non iudicium, Cic. – **b** insbes. = *disputare*, erwägend, betrachtend **auseinandersetzen,** mecum argumentis puta, ich fordere Gründe, Plaut. Amph. 592: rem ipsam putasti, du hast den Punkt getroffen, Ter. Phorm. 718. – ► Synkop. Perfektformen putasti, putaris, Komik., putaram, putasset, Cic.

pūtor, ōris, *m.* (puteo), die **Fäulnis,** das **Brandige,** die **Morschheit,** dah. auch der **faule, moderige Geruch,** Cato r. r. 157, 3. Varro LL. 5, 25. Lucr. 2, 872 u. 929; 6, 1099. Arnob. 2, 7; 5, 14; 7, 16. Apul. met. 4, 3. Augustin. serm. 98, 7 u. de civ. dei 19, 12, 3. p. 376, 12 D²: Plur., Arnob. 7, 16. Augustin. c. Iul. Pelag. 4. § 66.

putrāmen, inis, *n.* (puter), die **Fäulnis,** Cyprian. de lapsis 12.

putrēdo, inis, *f.* (putreo), die **Fäulnis,** Macr. sat. 1, 17, 57. Veget. mul. 3, 44, 2. Cael. Aur. de morb. chron. 4, 3, 26: m. *Genet.*, vulnerum, das Brandige, Apul. met. 9, 13: ulcerum, Ven. Fort. vit. Amiant. § 3: infandi morbi, Apul. flor. 15. p. 19, 2 Kr.: gingivarum, Cael. Aur. de morb. chron. 3, 3, 46: Plur., viscerum putredines, Prud. cath. 9, 31: bildl., aufer meorum putredines peccatorum, Ambros. in Luc. 5. § 27.

putrēdulus, a, um (putredo), **heiser,** voces, Amm. 22, 16, 16.

putrefacio, fēcī, factum, ere, Passiv **putrefīo**, factus sum, fierī (putreo u. facio), **I in Verwesung-, in Fäulnis übergehen lassen,** Passiv = **in Verwesung-, in Fäulnis übergehen, verwesen, faulen,** bes. durch Feuchtigkeit, imber tigna putrefacit, Plaut. most. 112: nudatum tectum patere imbribus putrefaciendum, Liv.: stellionem in oleo, Plin.: vipera in olla putrefacta, Plin.: putrefacta per imbres, Lucr. – **II** übtr., **locker-, mürbe machen,** saxa infuso aceto, Liv. 21, 37, 2.

putrefactio, ōnis, *f.* (putrefio), das **Übergehen in Fäulnis,** die eingetretene **Fäulnis,** absol., Cassiod. in psalm. 15, 11: m. *Genet.*, vulnerum, Augustin. epist. 33, 5: gingivarum, Cael. Aur. de morb. chron. 3, 4, 52.

putreo, truī, ēre (puter), **morsch-, mürbe sein,** annis corpus putret, Acc. tr. 56: annis et aetate hoc corpus putret, Pacuv. tr. 340. Vgl. puteo.

putrēscibilis, e (putresco), **der Fäulnis unterworfen, verwesbar,** Hieron. in Iob 17.

putrēsco, putruī, ere (putreo), **I in Verwesung-, in Fäulnis übergehen, verwesen, verfaulen, vermodern, morsch werden,** o te ineptum, si putes meā interesse supra terram an infra putrescam, Sen.: ne corpus eius putrescat, Arnob.: putrescit vestis, Hor.: putrescunt dentes, Plin.: putrescit ulcus, geht in Brand über, wird brandig, Cels.: u. so si vulnus putruerit, Pelagon. veterin.: im Bild, cor nostrum ibi ponamus, ubi putrescere (sich verzehren) non potest saecularibus curis, Augustin. serm. 19, 6. – **II** übtr., **mürbe-, locker werden,** tophum caloribus putrescere, Colum.: solum putrescit, Colum. – ► Oft Variante von putesco, w. vgl.

putribilis, e (puter), **der Fäulnis unterworfen, verwesbar** (Ggstz. imputribilis), tabulae, Paul. Nol. ep. 8, 6: ligna, Augustin. de civ. dei 21, 7.

putridus, a, um (putreo), **I voll Fäulnis, faul, angegangen, morsch,** dentes, Cic. Pis. 1: nimis iam putrida membra, Lucan. 2, 141: iam pro putrido his piscis occisus est, Sen. nat. qu. 3, 18, 3: si quid in nucleo putridi fuerit, Plin. 23, 88. – **II** übtr., **mürbe, locker,** pectora, Catull. 64, 351.

putrilāgo, inis, *f.* (puter), die **Fäulnis,** Non. 21, 23.

putris, e, s. puter.

putror, ōris, *m.* (putreo), Variante von putor.

putruōsus, a, um (putror), **voll Fäulnis, brandig,** ulcus, Cael. Aur. de morb. chron. 2, 14, 205.

1. putus, a, um, *Adi.* (verwandt mit purus), **gereinigt, geputzt, ganz rein, blank** u. übtr. = **lauter, unvermischt,** mit purus gew. asyndetisch, selten durch ac verb., amicula pura puta, reine und blanke, Varro fr.: argentum purum putum, reines, gediegenes Silber, Alfen. fr. – mea igitur hecatombe pura ac puta, lauter und rein, unbefleckt, Varro fr.: purus putus hic sycophanta est, das ist doch ein echter Sykophant, Plaut.: Polymachaeroplacides purus putus est ipsus, wie er leibt u. lebt, der leibhafte, Plaut. – ohne *purus*, sole exorto puto, ganz rein, Varro r. r. 2, 2, 10: meae putissimae orationes, meine glänzenden Lobreden, Cic. ad Att. 2, 9, 1.

2. pūtus, ī, *m.* = pusus, der **Knabe** (noch jetzt ital. *putto*), Verg. catal. 9, 2.

puxis, idis, *f.*, s. pyxis.

pycnītis, idis, *f.* (πυκνῖτις), eine Pflanze, die **Königskerze,** das **Wollkraut,** rein lat. verbascum, Ps. Apul. herb. 71.

pycnocomon, ī, *n.* (πυκνόκομον), eine Pflanze, nach Kolumna der **Teufelsabbiss** (*Scabiosa succisa,* L.), nach Sprengel **andornartiger Wolfstrapp** (*Leonurus Marrubiastrum,* L.), Plin. 26, 57.

pycnostȳlos, on (πυκνόστυλος), mit vielen Säulen, **dichtsäulig, engsäulig,** wenn die Säulenweite anderthalb Säulendicken enthält, Vitr. 3, 2, 1; 3, 4, 3.

pycta, ae, *m.* u. **pyctēs,** ae, *m.* (πύκτης), der **Faustfechter,** rein lat. pugil, **a** ein., Phaedr., Sen. u. a.: neben pugil (dem nach röm. Weise kämpfenden) = der nach griech. Weise kämpfende, Tert. u. Inscr.: Plur. pyctae neben athletae u. luctatores, Iunior. orb. descr. 19 (Class. auct. 3, 396). – **b** übtr., v. Kampfhahn, Colum. 8, 2, 5. – ► Nom. pycta z. B. Plin. 7, 152: Nom. pyctes, Colum. 8, 2, 5. Tert. scorp. 6 u. a.

pyctomachārius, iī, *m.* (v. πυκτομαχέω) = pycta, Firm. math. 8, 8.

Pydna, ae, *f.* (Πύδνα), eine Stadt in Mazedonien, am thermäischen Meerbusen, wo Ämilius Paullus 168 v. Chr. den mazedon. König Perseus schlug, wahrsch. an der Stelle des h. *Ayan,* Nep. Them. 8, 5. Liv. 44, 6, 3; 44, 42, 2 *sqq.* – Dav. **Pydnaeī,** ōrum, *m.* (Πυδναῖοι), die Einw. von Pydna, die **Pydnäer,** Liv. 44, 45, 6.

pyelus (puelus), ī, *f.* (πύελος), die **Badewanne,** das **Badebecken,** das **Wasserbecken,** Plaut. Bacch. 108 G. u. Stich. 568 G. (Fleckeisen puelus).

pyera, s. puella ►.

pȳga s. pūga.

pȳgargus, ī, *m.* (πύγαργος), der **Weißsteiß, I** eine Art Adler, wahrsch. der **Fischadler, Seeadler** (*Falco Albicilla,* L.), franz. *l'orfraie,* Plin. 10, 6. – **II** eine große Antilopenart (*Antilope Pygarga,* L.), Plin. 8, 214. Iuven. 11, 138. Vulg. deut. 14, 5.

pȳgisiacus, a, um (*πυγησιακός v. πυγή), **den Steiß betreffend, Steiß-,** sacra p. = *paedicatio,* Petron. 140, 5 (die Hdschrn. pigiciaca).

Pygmaeī, ōrum, *m.* (Πυγμαιοι v. πυγμή, die Faust), die **Pygmäen,** gleichs. die **Fäustlinge,** die **Däumlinge,** das fabelhafte Zwergvolk des Altertums, bes. in Äthiopien, das im Kampf mit den Kranichen unterlag, Plin. 4, 44; 5, 108; 6, 188. Mela 3, 8, 8 (3. § 81). Gell. 9, 4, 10. – Dav. **Pygmaeus,** a, um, **pygmäisch,** quae Pygmaeo sanguine gaudet avis, der Kranich, Ov.: mater, die Pygmäe Önoë, Ov.: virgo, eine Zwergin, Iuven. 6, 504.

Pygmaliōn, ōnis, *m.* (Πυγμαλίων), **I** Enkel des Agenor, verliebte sich in eine von ihm gebildete weibliche Statue, die auf sein Bitten von der Venus belebt wurde, Ov. met. 10, 243 *sq.* – **II** König in Tyrus u. Bruder der Dido, deren Gemahl er tötete, Verg. Aen. 1, 347: Sil. 8, 64 (wo Akk. -ona). Iustin. 18, 4, 3. – Dav. **Pygmaliōnēus,** a, um, **pygmalionēisch,** poet. = **tyrisch, phönizisch,** terra, Sil. 1, 21, oder = **karthagisch,** Sil. 6, 532.

pygmē, ēs, *f.* (πυγμή), der **Faustkampf,** CIL 6, 10154.

Pyladēs, is, *m.* (Πυλάδης), **I** Sohn des Königs Strophius, ein zärtlicher Freund und treuer Gefährte des Orestes, für den er sich sogar opfern lassen wollte, Cic. de amic. 24; de fin. 2, 79. Ov. trist. 1, 9, 28: dah. sprichw. für einen **zärtlichen Freund,** Ov. rem. 589. Mart. 6, 11. – Dav. **Pyladēus,** a, um, **pyladēisch,** amicitia, pyladēische, d. i. sehr große, zärtliche, Cic. de fin. 2, 84. – **II** ein berühmter Pantomime aus Silicien, der zu Augustus' Zeit in Rom lebte, Suet. Aug. 45, 4 (wo Akk. -ēn). Sen. exc. contr. 3. praef. § 10.

pylae, ārum, *f.* (πύλαι, Pforten, Tore), **Pässe** zwischen Gebirgen, **Engpässe, I** im Allg.: Tauri, die aus Kappadozien nach Cilicien führten, Cic. ad Att. 5, 20, 2: dasselbe Amanicae, Curt. 3, 8 (20), 13: Susides, in Persien, Curt. 5, 3 (12), 17: Caspiae, Gebirgspass zwischen Medien u. Hyrkanien, Mela 1, 15, 2 (1. § 81): Armeniae, jenseits des Euphrats, *ibid.* – **II** insbes. **Pylae** = Thermopylae, Liv. 32, 4, 3; 36, 15, 12. – Dav. **Pylaicus,** a, um (Πυλαϊκός), **Thermopylä betreffend,** concilium, conventus, Zusammenkunft (der griech. Staaten), Versammlung bei Thermopylä, Liv. 31, 32, 3; 33, 35, 8.

Pylaemenēs, is, *m.,* alter König u. Anführer der Heneti in Paphlagonien, der vor Troja getötet wurde, Liv. 1, 1, 2. Nep. Dat. 2, 2. – Dav. **Pylaemenius,** a, um, **pylämenisch** = **paphlagonisch,** gens, Plin. 6, 5.

Pylius, a, um, s. Pylus.

pylōrus, ī, *m.* (πυλωρός), der **untere Magenmund,** durch den die Speisen in die Gedärme übergehen, Cael. Aur. de morb. chron. 2, 1, 10; 5, 10, 100 *sq.*

Pylus u. **Pylos,** ī, *f.* (Πύλος), Name zweier Städte im Peloponnes, die eine in Messenien, Sitz des Neleus, j. der Hafen *Alt-Navarino,* Liv. 27, 30, 13. Mela 2, 3, 9 (2. § 52), die andere in Triphylia, einer südl. Landschaft von Elis, Wohnort des durch sein hohes Alter berühmten Nestor, dah. Nestorea, Sen. Herc. fur. 561 (565): u. (weil Nestor Sohn des Neleus) Nelea, Ov. met. 6, 418; vgl. Ov. her. 1, 63. – Dav. **Pylius,** a, um (Πύλιος), **a aus Pylos, pylisch,** subst., der **Pylier** (oft von Nestor), Ov.: Plur. Pyliī, iōrum, *m.,* die Einw. von Pylos, die **Pylier,** Mela. – **b** poet. = **nestorisch,** dies, anni, Ov.: senecta, sehr hohes Alter, Mart.: u. so ultra Pyliam senectutem, Incert. (Eumen.) pan. Constant. Aug. 21, 4.

pyra, ae, *f.* (πυρά), **I** der **Scheiterhaufen** als Brandstätte (während das lat. rogus = der Scheiterhaufen als Holzstoß), Verg., Auct. b. Afr. u. a. – **II** als *nom. propr.,* **Pyra,** ae, *f.,* ein Ort auf dem Berg Öta, wo Herkules sich verbrannte, Liv. 36, 30, 3.

Pyracmōn, onis, *m.* (Πυράκμων), einer der Zyklopen Vulkans, Verg. Aen. 8, 425. Claud. rapt. Pros. 1, 238.

Pyracmos, ī, *m.* od. **Pyractēs,** ae, *m.,* einer der Zentauren bei der Hochzeit des Pirithous, Ov. met. 12, 460.

pyrallis, idis, *f.* (πυραλλίς), ein geflügeltes Tierchen, das im Feuer lebt, auch pyrausta (πυραύστης) gen., Plin. 10, 204 u. 11, 119.

Pȳrameus, a, um, s. 1. Pȳramus.

pȳramida, ae, *f.,* Nbf. v. pyramis, die **Pyramide,** als geom. Figur, Boëth. inst. arithm. 2, 4; 2, 23 u. 24. Claud. Mam. de stat. anim. 1, 25, 2.

pȳramidālis, e (pyramis), **pyramidal,** Boëth. inst. arithm. 2, 4.

pȳramis, idis, Akk. Plur. idas, *f.* (πυραμίς), die **Pyramide, I** eig., als Bauwerk, bes. der Ägypter, Cic. de nat. deor. 2, 47. Mela 1, 9, 5 (1. § 55). Plin. 36, 75 u. 103. Tac. ann. 2, 61. Prop. 3, 2, 17 (3, 1, 55). Lucan. 9, 155. Mart. de spect. 1, 1. – **II** übtr.: **a** als Grenzsäule (auch verderbt piramis, peramus, perramus), Gromat. vet. (Boëth.) 405, 12 u. 15 u. 416, 2. – **b** als geometr. Figur, Boëth. inst. arithm. 2, 21 *sqq.* Chalcid. Tim. 20. – **c** die spitz zulaufende **Rosenknospe,** Anthol. Lat. 87, 3 (221, 3).

pȳramoīdēs, is (πυραμοειδής), **pyramidenähnlich, pyramidenförmig,** ignis forma et figura, Chalcid. Tim. 20: ignis, *ibid.* 326.

1. Pȳramus, ī, *m.* (Πύραμος), der unglückliche Geliebte der Thisbe, der sich aus Verzweiflung über den vermeintlichen Verlust seiner Geliebten bei einem Maulbeerbaum erstach, Ov. met. 4, 55 *sqq.* – Dav. **Pȳrameus,** a, um, **pyramisch,** arbor, der Maulbeerbaum, Ser. Samm. 550.

2. Pȳramus, ī, *m.* (Πύραμος), ein Fluss in Cilicien, j. *Geihun (Dscheihun, Djyhun),* Mela 1, 13, 1. Curt. 3, 4 (10), 7. Cic. ep. 3, 11 *in.* Avien. descr. orb. 1031.

pyrausta, ae, *f.,* s. pyrallis.

pyrēn, ēnis, *f.* (πυρήν), ein uns unbekannter Edelstein, Plin. 37, 188.

Pȳrēnē, ēs, Akk. ēn, *f.* (Πυρήνη; bei Dicht. mit kurzem y, wie Tibull. 1, 7, 9), **I** eine der fünfzig Töchter des Danaus, Hyg. fab. 170. – **II** Tochter des Bebryx, Geliebte des Herkules, die auf dem nach ihr benannten pyrenäischen Gebirge begraben wurde, Sil. 3, 420 *sqq.* – dah. meton.: **a** = das **pyrenäische Gebirge,** die **Pyrenäen,** Tibull. 1, 7, 9. Lucan. 1, 689. Sil. 1, 353: Alpis Pirene, Ven. Fort. carm. 6, 1, 113. – **b** = **Hispanien,** Sil. 15, 45 u. 16, 246. – Dav.: **A Pȳrēnaeus** (Pȳrēnēus), a, um (bei Dicht. mit kurzem y, wie Lucan. 4, 83), **a** nach der Pyrene benannt, **pyrenäisch,** Pyrenaei montes, das pyrenäische Gebirge zwischen Spanien u. Gallien, die **Pyrenäen,** Caes. b. G. 1, 1, 7. Liv. 21, 23, 2: dass. Pyrenaei saltus, Caes. b. c. 1, 37, 1 u. Pyrenaea iuga, Sall. hist. fr. 4, 29 (53). Plin. 3, 1: u. Pyrenaeus mons, Sil. 3, 415. Mela 2, 5, 1 (2. § 74): u. Pyrenaeus saltus, Caes. b. c. 3, 19, 2. Liv. 21, 23, 4: u. subst. bl. Pyrenaeus, ī, *m.,* Liv. 21, 24, 1. Sen. ad Helv. 6, 9 (7, 2). Flor. 2, 17, 3. Plin. 3, 22 u. 29 *sq.* – **b zu den Pyrenäen gehörig, Pyrenäen-, pyrenäisch,** nives, Lucan.: iuvenci, Claud.: Venus, auf den Pyrenäen verehrt, Plin. 3, 22. – **B** **Pȳrēnāicus,** a, um, **pyrenäisch,** nives, Auson. ordo urb. nobil. 112. p. 101 Schenkl.

pyrethron u. **-um** (pyretron, piretrum, pyritrum), ī, *n.* (πύρεθρον), der **Bertram,** eine Pflanze (*Anthemis pyrethrum,* L.), Cels. 5, 4. Plin. 28, 151. Scrib. Larg. 9 u. 55. Apic. 2, 45 u. 4, 181: Plur., Ov. am. 2, 418.

pyrēum, ēī, *n.* (πυρεῖον), das Heiligtum, in dem das heilige Feuer bei den Persern unterhalten wurde, Cassiod. hist. eccl. 10, 30 *in.*

Pyrgī, ōrum, *m.* (Πύργοι = turres), Stadt in Etrurien, j. Dorf *St. Severo,* Verg. Aen. 10, 184. Liv. 36, 3, 6. Mela 2, 4, 9 (2. § 72). – Dav. **Pyrgēnsis,** e, **aus Pyrgi gebürtig,** Antistius, Cic.: publicanus, Liv.

pyrgis, Akk. in, *f.* eine Pflanze, die **Hundszunge,** Ps. Apul. herb. 96.

Pyrgō, ūs, *f.,* die Amme der Kinder des Priamus, Verg. Aen. 5, 645.

Pyrgopolinīcēs, is, *m.* (πύργος u. πόλις u. νικάω), **Städtemauererstürmer,** scherzh. gebildeter Beiname des Bramarbas, Plaut. mil. 56.

pyrgus, ī, *m.* (πύργος), **I** der inwendig hohle u. mit Stufen versehene kleine hölzerne Turm an der Seite des Spielbrettes, durch den man die in dem Becher (fritillus) geschüttelten Würfel über die Stufen herab auf das Spielbrett warf, Sidon. epist. 8, 12, 5. – **II** eine **Kirche mit Emporen,** CIL 11, 266.

Pyriphlegethōn, ontis, *m.* (Πυριφλεγέθων), der **Feuerstrom,** ein Fluss der Unterwelt, gew. bl. Phlegethon gen., Cic. de nat. deor. 3, 43. Tert. apol. 47. Arnob. 2, 14.

pyrītēs, ae, *m.* (πυρίτης), **I** der **Feuerstein** Plin. 36, 138. – **II** unser **Eisen-** od. **Schwefelkies, Markasit,** Plin. 36, 137. – **III** der **Mühlstein,** Plin. 36, 137.

pyrītis, idis, *f.* (πυρῖτις), ein uns unbekannter schwarzer Edelstein, Plin. 37, 189.

pyritrum, s. pyrethron.

pyrocorax, acis, *m.,* s. pyrrhocorax.

Pyrois u. **Pyroeis,** roentis, Akk., roënta, *m.* (πυρόεις, feurig), **I** der Planet Mars, Colum. poët. 10, 290. Auson. edyll. 8, 24. p. 18 Schenkl. Apul. de mund. 2 u. 29. Censor. 13, 4. – **II** das eine der Sonnenpferde, Ov. met. 2, 153. Val. Flacc. 5, 432 (wo Akk.).

pyromantīa, ae, *f.* (*πυρομαντεία), die **Weissagung aus dem Feuer,** Isid. orig. 8, 9, 13. Mythogr. Lat. 3, 12. – dass. **pyromantis,** Varro bei Serv. Verg. Aen. 3, 359.

pyrōpus, ī, *m.* (πυρωπός, feuerfarbig), eine aus drei Teilen Erz (aes) u. einem Teil Gold zusammengesetzte Metallmischung, etwa **Goldbronze,** s. Plin. 34, 94. Lucr. 2, 803. Prop. 4, 10, 21. Ov. met. 2, 2.

Pyrrha (Pyrra), ae, *f.* (Πύῤῥα), **I** (Pyrrha) Tochter des Epimetheus, Gattin des Deukalion, Hor. carm. 1, 2, 6. Ov. met. 1, 350 *sqq.* Sen. Troad. 1039 (1049). Hyg. fab. 153. – **II** Name des als Mädchen verkleideten Achilles, Hyg. fab. 96. Sidon. carm. 9, 138. – **III** Stadt auf Lesbos, mit einem Hafen, j. *Kaloni,* Mela 2, 7, 4 (2. § 101). Plin. 2, 206 (Pyrra). Plin. 5, 139 (Sillig Pyrra, Detl. Pyrrha). Schol. Bob. ad Cic. pro Flacc. p. 232, 17 (Pyrra). – Dav.: **A** **Pyrrhaeus,** a, um (Πυῤῥαῖος), **a** die Pyrrha betreffend, **pyrrhäisch,** saxa, die Pyrrha u. Deukalion hinter sich warfen, Stat. Theb. 8, 305. – **b** zur Stadt Pyrrha auf Lesbos gehörig, **pyrrhäisch,** nemus, Plin. 16, 46. – **B** **Pyrrhias,** adis, *f.* (Πυῤῥιάς), aus der Stadt Pyrrha auf Lesbos, **pyrrhisch,** Ps. Ov. her. 15, 15.

Pyrrhaeus, s. Pyrrha.

Pyrrhāum, s. Pyrrhus a. E.

Pyrrhia, ae, *f.,* Name einer diebischen Sklavin in einem alten Lustspiel des Titinius, Hor. ep. 1, 13, 14 (von Lachmann, L. Müller u. a. für verderbte Lesart erklärt).

Pyrrhias, s. Pyrrha a. E.

pyrrhicha etc., s. pyrricha etc.

pyrrhichius (pyrrichius), a, um (πυῤῥίχιος), **pyrrhichisch,** p. pes, der Versfuß ◡◡, Quint. 9, 4, 80: ders. bl. pyrrichius od. pyrrhichius, Quint. 9, 4, 101 u. 106. Mart. Cap. 9. § 975.

Pyrrhidēs, ae, *m.,* s. Pyrrhus.

Pyrrho (Pyrro), ōnis, *m.* (Πύῤῥων), ein griech. Philosoph aus Elis, Stifter der sogen. skeptischen Schule, Zeitgenosse Alexanders des Gr., Cic. Acad. 2, 130; Tusc. 2, 15; de off. 1, 6: Nomin. auch Pyrron, Quint. 12, 2, 24. – Dessen Anhänger **Pyrrhōnēī,** ōrum, *m.* (auch Sceptici gen.), Cic. de or. 3, 62. Sen. ep. 88, 37 (44): u. **Pyrrhōnīī** (Pyrronii) philosophi, Gell. 11, 5. § 1 u. 6.

pyrrhocorax (pyrrocorax), acis, *m.* (πυῤῥοκόραξ), eine Rabenart, der **Alprabe,** die **Bergdohle** (*Corvus Pyrrhocorax,* L.), Plin. 10, 133.

Pyrrhōnēi od. **-īī,** s. Pyrrho.

pyrrhopoecilos, *op* (πυῤῥοποίκιλος), **rötlich bunt,** lapis, der bunte Granat, Plin. 36, 63 u. 157.

Pyrrhus (Pyrrus), i, *m.* (Πύῤῥος), **I** Sohn des Achilles von der Deidamia in Scyrus (auch mit dem Beinamen Neoptolemos, Νεοπτόλεμος), Stifter eines Reiches in Epirus, in Delphi von Orestes ermordet, Iustin. 17, 3 *in.* Verg. Aen. 2, 469 u. 526 *sqq.* Ov. her. 8, 3: latein. Burrus, s. d. – Dav. **Pyrrhidēs,** ae, *m.,* der **Pyrrhide** (männl. Nachkomme des Pyrrhus), Plur. Pyrrhidae, die Einw. von Epirus, Iustin. 17, 3, 3. – **II** König von Epirus, Feind der Römer, wegen seiner Abstammung von Achilles Aeacides gen. (vgl. Aeacides *no.* d unter Aeacus), Iustin. 25, 3 *sqq.* Cic. de div. 2, 116; de amic. 28 u. a. – Dav. **Pyrrhēum,** ēī, *n.* (Πυῤῥεῖον), das **Pyrrheum,** die Königsburg des Pyrrhus, Liv. 38, 5, 2 (rein lat. regia Pyrrhi, Liv. 38, 9, 13).

pyrricha (pyrrhicha), ae, *f.* u. **pyrrichē** (pyrrhichē), ēs, *f.* (πυῤῥίχη), der **Waffentanz,** Plin. 7, 204. Spart. Hadr. 19, 8: von Knaben und Mädchen getanzt, Suet. Caes. 39, 1: attrib. ars pyrricha, Sidon. epist. 9, 15, 7. – Dav. **pyrrichāriī,** iōrum, *m.* die **Waffentänzer,** Ulp. dig. 48, 19, 8. § 11 M.

pyrrichius, s. pyrrhichius.

Pyrro, Pyrrōnii, s. Pyrrho.

pyrrocorax, s. pyrrhocorax.

Pyrrus, s. Pyrrhus.

pyrum, pyrus, s. pirum, pirus.

Pȳthagorās, ae, Akk. am u. ān, *m.* (Πυθαγόρας), der berühmte griechische Philosoph und Politiker aus Samos (um 550 v. Chr.), der nach seinen Reisen in Ägypten u. Griechenland endlich seinen Sitz in Unteritalien (in Kroton und Metapontum) nahm, wo er die nach ihm benannte philos. Schule gründete, die zugleich auch politische Zwecke verfolgte, Liv. 1, 18, 2. Cic. de rep. 2, 28. Cic. Tusc. 1, 20 u. 4, 44 (Akk. -ān). Apul. flor. 15. p. 18, 4 Kr. Hor. sat. 2, 4, 3 (Akk. -ān). Mart. 9, 47, 3: Nbf. Nom. Pythagora, Fronto ep. ad Ver. 1, 1. – Er lehrte die Seelenwanderung u. behauptete daher, in der Gestalt des Euphorbus schon einmal zur Zeit des trojan. Krieges gelebt zu haben; dah. Pythagoras renatus, Hor. epod. 15, 21; vgl. Panthoides. – littera Pythagorae = Υ (Υ ψιλόν), mit dem Pythagoras zuerst die beiden verschiedenen Lebenswege, den der Tugend u. den des Lasters, verglichen haben soll, s. Lact. 6, 3, 6. Pers. 3, 56: bivium Pythagorae gen. b. Auson. edyll. 12 de litteris monos. 9. p. 138 Schenkl. – Dav.: **A** **Pȳthagorēus,** a, um (Πυθαγόρειος), **pythagorëisch,** somnia, Hor.: pavo, der Pfau, in den nach der Lehre des Pythagoras von der Seelenwanderung Homers Seele gefahren war, ehe sie in den Körper des Ennius eingezogen, Pers. 6, 11. – subst., Pythagorēus (in Hdschrn. auch -īus), ēī, *m.,* des Pythagoras Schüler u. Anhänger, der **Pythagoreer,** Sing. u. Plur. b. Varro r. r. 1, 1, 8. Cic. de or. 2, 154; de rep. 2, 28 u. a. (vgl. über die Form -ius bes. Osann Cic. de rep. p. 466 *sqq.*). – **B** **Pȳthagoricus,** a, um (Πυθαγορικός), **pythagorisch,** libri, Liv.: illa schola, Sen.: philosophia, Plin.: disciplina, Boëth. – subst. Pȳthagoricus, ī, *m.,* des Pythagoras Schüler u. Anhänger, der **Pythagoriker,** Sen. de ben. 7, 21, 1: Plur. b. Lact. 2, 8, 48. Hieron. epist. 53, 1. Ambros. in psalm. 118. serm. 2. § 5. Boëth. art. geom. 396, 7 Fr. – **C** **Pȳthagorisso,** āre (Πυθαγορίζω), **den Pythagoras nachahmen,** Apul. flor. 15. p. 19, 17 Kr.

Pȳtharātus, ī, *m.* (Πυθάρατος), Archont zu Athen, 270 v. Chr., Cic. de fato 19.

pȳthaulēs, ae, *m.* (πυθαύλης = ὁ τὰ Πύθια αὔλων), **I** der auf der Flöte den Kampf des pythischen Apollo mit dem Drachen Python spielt, Hyg. fab. 273. – dah. **II** übtr., der in der Tragödie den Solovortrag (canticum) mit der Flöte begleitet, od. der Lobgesänge auf die Götter auf der Flöte vorträgt (vgl. Diom. 492, 1). Varro sat. Men. 561. Sen. ep. 76, 4. Vopisc. Carin. 19, 2. – Dav. **pӯthaulicus,** a, um, **pythaulisch, des Pythaules,** tibiae, Diom. 492, 12.

Pӯthia, ae, *f.* u. **Pӯthia,** ōrum, *n.*, s. Pӯthō.

1. **Pӯthiās,** falsche Lesart statt Phintias, s. d.

2. **Pӯthias,** adis, *f.* (Πυθιάς), Name einer Sklavin in der röm. Komödie, Turpil. com. 188. Ter. eun. 500 u. a. Hor. de art. poët. 238.

Pӯthicus, a, um, s. Pӯthō.

Pӯthiōn, ōnis, *m.* (Πυθίων), aus Rhodos, griech. Schriftsteller über Landwirtschaft, Varro r. r. 1, 1, 8.

1. **Pӯthius,** a, um, s. Pӯthō.

2. **Pӯthius,** iī, *m.* (Πύθιος), Name eines Wechslers zu Syrakus, Cic. de off. 3, 58.

Pӯthō, ūs, *f.* (Πυθώ), ältester Name der Gegend von Phocis am Fuße des Parnassus, in der die Stadt Delphi lag, später auch Name der Stadt selbst, Lucan. 5, 134: dah. Delphica Pytho, Tibull. 2, 3, 27. – Dav.: **A** **Pӯthicus,** a, um (Πυθικός), **pythisch, apollinisch, delphisch,** Apollo, Liv.: oraculum, sortes, Liv. – **B** **Pӯthius,** a, um (Πύθιος), **pythisch = delphisch, apollinisch,** **1** *adi.*: incola, Apollo, Hor.: Apollo, Cic.: so auch deus, Prop.: oraculum, Cic.: regna, die Stadt Delphi, Prop.: Pythia vates (s. *no.* 2, b), Iuven. – **2** *subst.*: **a** Pӯthius, iī, *m.*, der **Pythier,** v. Apollo, Vell. 1, 2, 1. – **b** Pӯthia, ae, *f.* (Πυθία, *sc.* ἱέρεια), die Priesterin des Apollo zu Delphi, die die Orakelsprüche auf dem Dreifuß sitzend erteilte, die **Pythia,** Cic. u. a. – **c** Pӯthia, iōrum, *n.* (τὰ Πύθια, *sc.* ἱερά), die **pythischen Spiele,** die zuerst alle neun, dann alle fünf Jahre auf den krissäischen Feldern bei Delphi zu Ehren des pythischen Apollo gefeiert wurden (weil er die Schlange Pytho erlegt hatte), wobei namentlich ein Lobgedicht auf den Sieg Apollos gesungen wurde, Ov., Plin. u. a.: Pythia vincere, in den p. Sp. siegen, Vitr. 9. pr. 1.

Pӯthōn, ōnis, *m.* (Πύθων), **I** eine große Schlange bei Delphi, die Apollo tötete, weshalb er den Beinamen Pythius erhalten haben soll, Ov. met. 1, 438. Lucan. 6, 408 *sqq.* Claud. in Ruf. 1. praef. 1. Hyg. fab. 53 u. 140: Genet. Pythonos, Varro LL. 7, 17: Akk. Pythona, Prop. 4, 6, 35. Ov. met. 1, 460. Lucan. 5, 80. Diom. 495, 3. – **II** appell.: **a** der **Wahrsagergeist,** Vulg. 1. regg. 28, 7 u. 8. – **b** der **Wahrsager,** Vulg. deut. 18, 11. Vulg. 4. regg. 21, 6 u. a. – attrib. = **wahrsagerisch,** spiritus pytho, Vulg. act. apost. 16, 16.

pӯthōnicus, a, um (πυθωνικός), **weissagerisch, zauberisch,** Tert. de anim. 28 *extr.* Vulg. Levit. 20, 27.

pӯthōnion, iī, *n.* (πυθώνιον), die **Drachenwurz,** Ps. Apul. herb. 14.

pӯthōnissa, ae, *f.* (Πυθώνισσα), die **Wahrsagerin,** Hieron. de vir. ill. 121. Vulg. 1 paral. 10, 13.

pӯtisma, atis, *n.* (πύτισμα), das **Ausgespritzte,** vom Wein, den man, um seinen Geschmack zu prüfen, durch die Lippen spritzte, Vitr. 7, 4. § 5 (Abl. heteroklit. pytismatis), Iuven. 11, 175.

pӯtisso, āre (πυτίζω), **ausspritzen,** bes. Wein durch die Lippen, um seinen Geschmack zu prüfen, ihn zu kosten, Ter. heaut. 457 (Fleckeisen pytisando). Vgl. Diom. 423, 1 u. (pitisso geschr.) 426, 11.

pyxacanthus, ī, *c.* (πυξάκανθα), der **Buxdorn** (*Rhamnus lycioides,* L.), ein dorniger Strauch mit buchsbaumartigen Blättern, Plin. 12, 31.

pyxagathos, ī, *m.* (πὺξ ἀγαθός, Hom.), der **tüchtige Faustkämpfer** (pugil), Mart. 7, 57, 2.

pyxidātus, a, um (pyxis), **büchsenförmig gemacht,** Plin. 31, 57.

pyxidicula, ae, *f.* (Demin. v. pyxis), das **Büchschen,** Cels. 6, 6, 5.

pyxinum, ī, *n.* (πύξινον), eine in Büchsen aus Buchsbaum aufbewahrte Salbe, die **Büchsensalbe,** Cels. 6, 6, 25.

pyxis, idis, Akk. Plur. idas, *f.* (πυξίς), die **Büchse,** das **Büchschen,** **I** eig., zur Arznei, Salbe usw., eigentl. aus Buchsbaum, dann auch aus anderem Holz, aus Eisen, Blech usw., pyxis veneni, Cic.: aurea, Suet.: stannea, Plin.: auf dem Putztisch, non tamen expositas mensā deprendat amator pyxidas, Ov.: ad dominae vultus … eas; pyxidas invenies et rerum mille colores, Ov. – puxis geschr., Scrib. Larg. 80 u. 228. – **II** übtr., p. ferrea, ein (viell. hohles, büchsenförmiges) **Eisen** im Mörser zum Stampfen, Plin. 18, 112.

Q.

Q, q, der sechzehnte Buchstabe des lat. Alphabets, wahrsch. (nach Quint. 1, 4, 9 u. a.) aus dem griech. Koppa (Ϙ) entstanden, das urspr. ein wirklicher Buchstabe gewesen war, aber später nur als Episemon beibehalten wurde, wo es vorz. die Zahl 90 (zwischen Π, d. i. 80, u. Ρ, d. i. 100, stehend, wie Q zwischen P und R bezeichnete. – Was den Laut des q betrifft, so leidet es keinen Zweifel, dass es an sich, d. h. abgesehen vom folgenden V (u od. v), dem Laut des c oder k vollkommen entsprach und nur als Zeichen, dessen man sich unter gewissen Umständen statt c bediente, davon verschieden war. Später gebrauchte man es statt c nur in dem bestimmten Fall, dann aber ausschließlich, wenn unmittelbar darauf V (u) u. diesem wieder irgendeiner der fünf lateinischen Vokale so folgte, dass alle drei Buchstaben zu einer u. derselben Silbe gehörten, also nur in diesen Zusammenstellungen: qua (quae), qui, quo, quu. – Als Abkürzung bezeichnet Q. den Vornamen Quintus (z. B. Q. Caecilius Metellus), auch que (z. B. S. P. Q. R. *i.e.* senatus populusque Romanus).

quā, *Adv.* (als *Abl.* v. qui, quae, quod), **I auf der Seite wo, da wo, wohin,** ad omnes aditus, qua adiri poterat, Cic.: duae viae, qua ad hibernacula posset perveniri, Nep.: qua intenderat, Liv.: qua res inclinatura esset, Liv.: qua prospici poterat, so weit die Blicke reichten, Curt. – korresp., ea ... qua, Caes.: qua ... ea, Liv.: eadem ... qua, Nep. u. Liv. – **II** übtr.: **A** partitiv: qua ... qua, **teils ... teils, sowohl ... als auch,** qua virum qua uxorem di vos perdant, Plaut.: qua dominus qua advocati, Cic.: qua nobilitate gentis qua corporis magnitudine, Liv.: qua corporis qua animi robur, Val. Max.: qua feminae qua viri, Plin. ep. Vgl. Brix Plaut. Men. 666. M. Müller Liv. 2, 35, 4. – **B inwieweit, insoweit, inwiefern, insofern** effuge, qua potes, Ov.: mitigare naturam, qua repugnat, Quint. – **C auf welche Art, wie,** illuc qua veniam? Cic.: qua facere possis, Verg.: dah. ne qua, damit nicht etwa, Ter. u. Cic.: wiederholt, qua res, qua ratio suaderet, quaque etc., Hor. sat. 1, 2, 50 *sq.*: si qua, wenn etwa, Liv. 6, 3, 7. Verg. Aen. 1, 18.

quā-ad, *Adv.*, **bis wohin** (Nbf. v. quoad), Varro r. r. 1, 1, 2 K. CIL 6, 9403 u. 11, 947.

quācumque (quācunque), *Adv.*, (*sc.* parte, von quicumque), **I wo nur, überall wo,** quacumque custodiant, Liv.: quacumque iter fecit, Cic. u. Nep.: quacumque nos commovimus, Cic.: quacumque se intendisset, Liv.: huius erat Minerva spectantem aspectans, quacumque aspiceretur, wo nur, von welcher Seite nur, Plin. – **II auf welche Art-, wie auch immer, auf alle Weise,** Verg. ecl. 9, 14.

quādam-tenus, *Adv.*, **I bis zu einem gewissen Punkt, -Ziel, irgendwieweit,** in der Tmesis, est quadam prodire tenus, Hor. ep. 1, 1, 32. – **II** übtr., **in einiger Hinsicht, einigermaßen,** Plin. u. a.

Quādī, ōrum, *m.*, eine Völkerschaft im Südosten Germaniens, im jetzigen Mähren, die mit den Markomannen die Römer bekriegte, Tac. Germ. 41. Capit. Anton. phil. 14, 3 u. a. Vopisc. Prob. 5, 2. Eutr. 8, 13.

quadra, ae, *f.*, s. quadrus, a, um.

quadrāgēnārius, a, um (quadrageni), **aus vierzig bestehend, von vierzig, a** der Zahl nach, numerus, Augustin. epist. 36, 27; serm. 51, 32. Vulg. deut. 25, 3. – **b** dem Maß nach, fistula, vierzigzöllig, deren Platte, ehe sie gebogen wurde, 40 Zoll breit war, Vitr. u. Frontin.: dolium, viell. vierzig congii enthaltend, Cato: ieiunium, das vierzigtägige Fasten, Ambros. hymn. 10, 4. – **c** den Jahren nach, **vierzigjährig,** pupillus, Sen. ep. 25, 1: subst., quadragenarius iste, Arnob. 2, 24.

quadrāgēnī, ae, a, *Num. distrib.* (quadraginta), **I je (jeder, jedem) vierzig,** Cic. u. a. – **II allemal vierzig,** Colum. 5, 2. § 3 u. 8: a Iudaeis quinquies quadragenas (plagas) unā minus accepi, fünfzig Streiche weniger einen, Vulg. 2. Cor. 11, 24. – ► Genet. Plur. gew. quadragenûm, z. B. Caes. b. G. 4, 17, 5. Liv. 38, 38, 15. Plin. 9, 7 u. 36, 69.

quadragēsimālis, e (quadragesimus), **zum vierzigsten gehörig,** ieiunium, die Fastenzeit, Leo serm. 40, 1.

quadrāgēsimus, a, um (quadraginta), der **vierzigste, I** *adi.*: pars, Cato: nono et quadragesimo anno, Varro. – **II** *subst.*, quadrāgēsima, ae *f.* (*sc.* pars), der **vierzigste Teil, A** als Abgabe, **a** übh., Suet. Cal. 40. – **b** insbes., als Steuer, Tac. ann. 13, 51. Suet. Vesp. 1, 2: quadragesimae portorium sive vectigal, Symm. epist. 5, 65. – **B** die christl. (40tägigen) **Fasten,** Hieron. epist. 41, 3 u. a. Eccl.

quadrāgēssis, is, *f.* (quadraginta u. as), **vierzig As,** Prisc. de fig. num. 31. p. 416, 17 K.

quadrāgiēs (quadrāgiēns), *Adv.*, **vierzigmal,** qu. quater, 44mal, Aur. Vict. de vir. ill. 47, 7. – sestertium (HS) ter et qu., 4300000 Sest., Cic. Flacc. 30: so auch (ohne HS) b. Liv. 38, 55. § 9 u. 12.

quadrāginta, *Adi. num.*, **vierzig,** Plaut., Cic. u. a.: qu. et quinque, Liv.

quadrangulātus, a, um (quadrangulus), **viereckig,** Tert. de anim. 17 u. a. Eccl.

quadrangulum, ī, *n.* (quattuor u. angulus), das **Viereck,** Varro sat. Men. 385. Vgl. quadriangulus.

quadrangulus, s. quadriangulus.

quadrāns, antis, Genet. Plur. antum, *m.* (quadro), der **vierte Teil,** das **Viertel** eines röm. *as*, d. i. eines zwölfteiligen Ganzen, **I** im Allg.: operae, Colum.: diei noctisque, Plin.: einer Schuldenmasse, creditoribus quadrantem solvi, Vell. 2, 23, 2: der Erbschaft, Plin. ep.: heres ex quadrante, Suet. u. ICt. – **II** insbes.: **1** als Münze, ein **Viertelas, drei Unzen,** Liv., Plin. u. a.: quadrantem de stercore mordicus tollere, Petron.: qu. mihi nullus est in arca, kein Kreuzer, Mart. – der gew. Preis für ein Bad, quadrante lavari, Hor. u. Iuven.: quadrantem in balneis dari solere reminiscimur, Ambros. in Luc. 7. § 158. – **2** als Zinsfuß, ein Viertel der centesima, **drei Prozent,** quadrantes usurae, Scaev. dig. 33, 1, 21. § 4. – **3** als Maß: **a** als Feldmaß, ein **Viertel Juchert** (iugerum), Colum. 5, 1, 10. – **b** als Hohlmaß, das **Viertel eines** *sextarius*, folglich drei cyathi (Spitzgläser) Mart. u. Cels. – **c** als Längenmaß, ein **Viertelfuß,** Gell. 3, 10, 11 u. 9, 4, 10. – **d** als Zeitmaß, ein **Vierteltag** = 6 Stunden, Solin. 1. § 39 u. 41 *sq.* – **4** als Gewicht, ein **Viertelpfund,** Mart. 11, 105, 1: mit pondo, Colum. 12, 20, 5.

quadrantal, ālis, *n.* (quadrantalis), **I** ein Hohlmaß **von acht** *congii* (= amphora), Plaut. Curc. 103 G. Cato u. Plin. – **II** der **Würfel, Kubus** (κύβος), Gell. 1, 20, 3.

quadrantālis, e (quadrans), **den vierten Teil** eines zwölfteiligen Ganzen **enthaltend,** crassitudo, von einem Viertelfuß, Plin. 13, 93.

quadrantārius, a, um (quadrans), **zum Viertel** eines zwölfteiligen Ganzen **gehörig, I** im Allg.: tabulae qu., die durch die lex Valeria feneratoria eingeführten neuen, die Schulden auf ¹/₄ herabsetzenden Schuldbücher, Cic. Font. fr. 1, 2. – **II für ein Viertelas zu haben, ein Viertelas kostend,** res qu., v. Bad, Sen. ep. 86, 9: qu. permutatio, Herabsetzung auf ein Viertelas, Ambros. in Luc. 7. § 157 u. 158: aber qu. illa permutatio, jener Badedreiertausch (der Klodia, der Gemahlin des Metellus, die sich, statt Badegeld zu zahlen, mit dem Bademeister auf andere Weise abgefunden haben soll), Cic. Cael. 62: dah. diese Klodia quadrantaria Clytaemnestra, Cael. b. Quint. 8, 6, 53.

quadrāssis, is, *m.* = quattuor asses, **vier As,** Prisc. de fig. num. § 31. p. 416, 17 K.

quadrātārius, a, um (v. quadratus), **zur Arbeit: im Quadrat** od. **mit Quadersteinen gehörig,** opus, viell. = steinernes Bauwerk, CIL 13, 5703: ars, Steinmetzkunst, artifices, Steinmetzen, spät. Eccl. (s. Savaro Sidon. epist. 3, 12. p. 205). – subst., quadrātārius, iī, *m.*, der **Steinmetz,** Sidon. epist. 3, 12, 5. Cod. Iust. 10, 64, 1. Gromat. vet. 302, 9.

quadrātio, ōnis, *f.* (quadro), die Teilung ins Geviert, das **Viereck,** Vitr. 4, 3, 9.

quadrātūra, ae, *f.* (quadro), **I** die **Verwandlung in ein Viereck,** die **Quadratur,** Gromat. vet. 107, 7; 112, 10. Chalcid. Tim. 35 u. 38: omnis mensurae huius qu., Gromat. vet. 206, 15: qu. agri, *ibid.* 285, 5: circuli, Ps. Apul. de dogm. Plat. 3. p. 273 H.: Plur., quadraturae planae, Chalcid. Tim. 11. – **II** meton., das **Viereck,** quadraturam vitream inserere, eine viereckige Glasscheibe einsetzen, Vopisc. Firm. 3, 2.

quadrātus, a, um (quadro), **viereckig, I** eig.: **A** *adi.:* **1** im Allg.: turris, Lucr.: pes, Quadratfuß, Quint. u. Plin.: figura, ein Viereck, Quadrat, Plin.: saxum, Quaderstein (kollektiv), Liv. u. a.: salis quadratae moles, Plin.: so auch lapis (kollektiv), Sen. u. a.: later (kollektiv), Varro fr.: littera, großer od. Versalbuchstabe, der aus viereckigen Linien besteht, Petron.: agmen, s. agmen *no.* II, 2, a: pallium, viereckig, vierzipfelig, Petron.: numerus, Quadratzahl, Gell.: versus, ein acht- od. siebengliedriger Vers, weil er nach griechischer Art vier (d. i. acht lateinische) Glieder hat, Gell. 2, 29. § 20: Roma, das alte, nach Art etruskischer Städte ins Geviert gebaute Rom, Enn. ann. 157. Vgl. Fest. 258 (b), 5. – subst., quadrātus, ī, *m.* (*sc.* numerus), die Quadratzahl, Chalcid. Tim. 38. – **2** insbes., vom Wuchs, **wohlgebaut, untersetzt** (Ggstz. gracilis, schmächtig, obesus, dickwanstig), statura, von mittlerer Größe, Suet.: corpus, Cels.: bos, canis, Colum. – **B** *subst.:* **1** quadrātum, ī, *n.,* **a** das **Viereck, Quadrat,** Cic.: in quadratum, ins Geviert, Plin.: ebenso per quadrata, Colum. – **b** als *t. t.* der Astronomie, der **Geviertschein,** Cic.: so auch luna in quadrato solis dividua est, Plin. – **2** quadrātus, ī, *m.,* das **Viereck, Quadrat,** Cassiod. var. 2, 7. – **II** übtr., **wohlgefügt, geschlossen,** lēvis et qu. compositio (verborum), Quint. 2, 5, 9: id quod ex illis conficitur aut *quadratum* aut *solutum* erit, Quint. 9, 4, 69: facile est, ubi omnia quadrata currunt, wenn alles am Schnürchen läuft, Petron. 43, 7.

quadriangulus, a, um (quattuor u. angulus), **vierwinkelig, viereckig,** granum quadriangulā figurā, Plin. 13, 118: herba quadriangulo caule, Plin. 25, 63: muliebre membrum qu., Auson. epigr. 128, 3. – subst., quadriangulum, ī, *n.,* das **Viereck,** Prisc. de fig. num. § 32. p. 417, 5 K. Mart. Cap. 7. § 754 Eyss.

quadribācium, iī, n. (quattuor u. baca), ein aus vier Rosetten (die aus 36 Perlen u. 18 Smaragden u. am Schluss 2 Smaragden zusammengesetzt waren) bestehendes Halsgeschmeide, CIL 2, 3386. lin. 10.

quadribius, a, um, s. quadrivius.

quadriceps, cipitis (quattuor u. caput), **vierköpfig,** Augustin. regul. 502, 40 u. 43 *Keil.*

quadrichordum, ī, *n.* = τετράχορδον, das **viersaitige Instrument,** Boeth. inst. mus. 1, 20.

quadricolor, ōris (quattuor u. color), **vierfarbig,** Isid. de nat. rer. 31, 2.

quadridēns, entis (quattuor u. dens), **vierzähnig, mit vier Zähnen,** rastri, Cato r. r. 10 u. 11.

quadrīduānus (quatrīduānus), a, um (quadriduum), **von** od. **seit vier Tagen, viertägig,** religio, Oros. 2, 8, 8: mortuus, Vulg. euang. Ioann. 11, 39 (vgl. Hieron. epist. 108, 24. Augustin. serm. 352, 3 u. de civ. dei 22, 8, 4. p. 571, 6 D².).

quadrīduum (quatrīduum, quattrīduum), ī, *n.* (quattuor u. dies), ein **Zeitraum von vier Tagen, vier Tage,** triduum quadriduumve, Cic. ep.: quadridui iter, Lentul. in Cic. ep., iter quatridui, Frontin.: quatridui navigatio, Plin.: quadridui causā, um sie vier T. zu benutzen, Cic.: hoc triduo aut quadriduo, Plaut.: in quadriduo, Plaut.: intra quadriduum, Val. Max.: triduum aut quadriduum post, Cato: post quadriduum, Vell.: post triduum vel quadriduum, Hieron.: iustitium, quod quadriduum fuit, Liv.: ne plus quadriduum in sole siveris, Cato: quadriduum per vastas solitudines absumptum est, Curt.: pro C. Cornelio quadriduo egisse, Plin. ep.: in eisdem castris quadriduo moratus, Sall.: quadriduo, quo haec gesta sunt, vier Tage, nachdem dieses geschehen war, Cic. – ▶ Die richtige Schreibart quadriduum überall in den besten Hdschrn. u. in Inschrn., z. B. Lex Urson. (CIL 2, 5439) 70, 10 (wo archaist. quadriduom).

quadriennis, e (quattuor u. annus), **vierjährig,** Aur. Vict. epit. 45. § 10.

quadriennium, iī, *n.* (quattuor u. annus), **eine Zeit von vier Jahren,** Cic. u. a.: quadriennio post, Cic.: Plur., Chalcid. Tim. 125.

quadriēris, is, *m.* = τετρήρης, ein mit vier Reihen Ruderbänken versehenes Schiff, der Vierruderer, CIL 6, 1064, c, 20. Not. Tir. 110, 1.

quadrifāriam, *Adv.* (quattuor), **vierfach,** d. i. **I in vier Teile,** dispertire, Varro fr. u. Suet.: se dividere, Liv. – **II auf vierfache (viererlei) Art,** Paul. dig. 38, 10, 10. § 16; vgl. Dosith. 41, 5 K. ›quadrifariam, τετραχῶς‹.

quadrifāriē, *Adv.* (quadrifarius), **auf vierfache Art,** Augustin. serm. 252, 10.

quadrifāriter, *Adv.* (quattuor), **vierfach, auf vierfache Art,** Paul. dig. 38, 10, 10. § 14.

quadrifārius, a, um (quattuor), **vierfach,** Augustin. serm. 264, 5. Arnob. in psalm. 108. Cassiod. var. 1, 45, 5; 3, 51, 5 u. ö.

quadrifidus, a, um (quattuor u. findo; vgl. Prisc. de fig. num. § 32. p. 416, 29 K.), **I** in vier Teile gespalten, **vierspaltig,** sudes, Verg.: quadrifidam quercum scindebat, in vier Teile, Verg. – **II** übtr., übh. **in vier Teile geteilt,** Claud. Prob. et Olybr. 268.

quadrifīnālis, e (quadrifinium), **vier Grenzen bezeichnend, am Kreuzweg stehend,** Gromat. vet. 312, 8 u. a.

quadrifīnium, iī, *n.* (quattuor u. finis), ein Ort, **wo vier Grenzen zusammenstoßen,** der **Kreuzweg,** Gromat. vet. 2, 5; 10, 3 u. a. Isid. orig. 15, 14, 5.

quadrifīnius, a, um (quadrifinium), **vier Grenzen bezeichnend, am Kreuzweg stehend,** terminus, Gromat. vet. 250, 3 u. 27; 343, 28 u. a.

quadrifluus, a, um (quattuor u. fluo), **in vier Teile fließend,** Prud. cath. 3, 105 u. a. Eccl.

quadrifluvium, iī, *n.* (quattuor u. fluvius), das **Fließen-,** die **Richtung nach vier Teilen,** übtr., quadrifluviis disparatur, in vier Teile nach dem Lauf der Adern, Vitr. 2, 9, 7.

quadriforis, e (quattuor u. fores), **viertürig, mit vier Türen (Öffnungen),** nidus (Wespennest), Plin.: ianua, kreuzweise gebrochen, Vitr.

quadrifōrmis, e (quattuor u. forma) = τετράμορφος, **viergestaltig,** Macr. sat 1, 9, 13. Not. Tir. 67, 43 u. Eccl.

quadrifrōns, frontis (quattuor u. frons), **vierstirnig, vier Stirnen habend,** Ianus, Augustin. de civ. dei 7, 8. p. 284, 16 D². Serv. Verg. Aen. 7, 607.

quadrīga, ae, *f.,* klass. als Plur. **quadrīgae,** ārum, *f.* (= quadriiugae, v. quattuor u. iugum), das **Gespann von Vieren,** das **Viergespann,** sowohl die Tiere als der Wagen mit den Tieren, wie auch der Wagen allein, **I** eig. u. übtr.: **A** eig.: **a** *Plur.,* von Pferden, Verg., Liv. u. a.: alborum equorum, Liv.: als von vier Pferden gezogener Wagen, aureae, inauratae, Liv.: falcatae, Liv.: eburneae (als Spielstein), Suet. Ner. 22, 1. – bes. vom Viergespann der Wettfahrenden, curru quadrigarum vehi, Cic.: quadrigas agitare, Suet.: so auch quadrigae der Sonne, Plaut.: der Morgenröte, Verg.: der Nacht, Tibull. – v. a. Tieren, qu. unae (asinorum), Varro: qu. camelorum, Suet. – **b** *Sing.* (vgl. Gell. 19, 8, 17): quadriga currusque, Plin.: qu. Amphiaraea, Prop.: v. Wagen, quadrigae impulsus, Suet.: als Eigenname, is locus, qui in Boeotia Quadriga appellatur, Val. Max. 1, 8. ext. 9. – **B** übtr.: **a** v. vier Personen zusammen, das **Viergespann,** quadrigae tyrannorum, vier Tyrannen, Vopisc. Prob. 24, 8. – **b** v. Abstr.: initiorum quadrigae (vier Teile), locus et corpus et tempus et actio, Varro LL. 5, 12. – **II** bildl.: quadrigae meae decurrerunt, meine Freude, Heiterkeit ist vorbei, Petron.: als Bild großer Schnelligkeit, quadrigis albis, Plaut.: aut equis aut quadrigis poëticis, Cic.: u. großer Anstrengung, navibus atque quadrigis petimus etc., mit allen Segeln, Hor. – ▶ Viell. urspr. Form quadriiugae (vgl. Gell. 19, 8, 11), Cic. or. 157.

quadrīgālis, e (quadriga), **ein Viergespann bildend,** certamen, Porphyr. Hor. carm. 4, 3, 5: equi, Paul. ex Fest. 49, 14. – Sing. equus, Phaedr. append. 19 *lemm.*

quadrigamus, ī, *m.* (*vox hybr.* aus quattuor u. γάμος), **viermal verheiratet, viermaliger Gatte,** Hieron. adv. Iovin. 1, 8 *extr.*

1. quadrīgārius, a, um (quadriga), **zum** (wettfahrenden) **Viergespann**

gehörig, habitus, des Wagenlenkers des Viergespannes, Suet. Cal. 19, 2: pulvis, für die wettfahrenden Pferde, Pelagon. veterin. 28 (369 *Ihm*) u. ö. Veget. mul. 2, 28, 19 u. 6, 8, 4: familia, die Sklaven, die die Pferde der Wettfahrer besorgten, CIL 6, 10046. – subst., quadrīgārius, iī, *m.*, der Wagenlenker des wettfahrenden Viergespannes im Zirkus, der **Wettfahrer,** Varro, Cic. fr. u. a.

2. Quadrīgārius, iī, *m.*, s. 2. Q. Claudius Quadrīgārius.

quadrīgātus, a, um (quadriga), **mit einem Viergespann** als Gepräge **versehen,** nummus, eine römisch-kampanische Silbermünze, Liv. 22, 52, 3. Paul. ex Fest. 98, 3: subst. bl. quadrigati, Plin. 33, 46.

quadrigeminus, a, um (quattuor u. geminus), **vierfach, vier,** Plin. 8, 85. Isid. orig. 12, 4, 18.

quadrigentī, s. quadringentī.

quadrigōnus, a, um (quattuor u. γωνία), **viereckig,** figura, Claud. Mam. de stat. anim. 3, 15.

quadrīgula, ae, *f.* u. (klass.) als Plur. **quadrīgulae,** ārum, *f.* (*Demin.* v. quadriga, quadrigae), das **kleine Viergespann,** Sing. b. Plin. 34, 83: Plur. b. Cic. de fato 5.

quadrīgulārius, a, um (quadrigula), **zum kleinen Viergespann gehörig,** pictor, der M. kleiner V., CIL 6, 9793.

quadriiugis, e (quattuor u. iugum), **vierspännig,** equi, ein Viergespann, Verg. Aen. 10, 571: currus (Plur.), Apul. flor. 16. p. 24, 19 Kr.

quadriiugus, a, um (quattuor u. iugum), **vierspännig, I** *adi.*, equi, das Viergespann, Ov. u. Curt.: currus, Enn., Verg. u. Plin. pan.: axis, Pacuv.: certamen, mit Viergespannen, Stat. – **II** *subst.*, quadriiugī, ōrum, *m.*, das **Viergespann,** Ov. u. a.

quadrilaterus, a, um (quattuor u. latus), **vierseitig,** Gromat. vet. 106, 3 u. 13; 378, 7 u. a. Boëth. art. geom. p. 375, 16 Fr. u. a.

quadrilībris, e (quattuor u. libra), **vierpfündig,** Plaut. aul. 809.

quadrimanis (quadrumanis), e, u. **quadrimanus,** a, um (quattuor u. manus), **vierhändig, mit vier Händen,** pueri quadrupedes et quadrumanes nati, Iul. Obsequ. 73: puella biceps quadripes quadrimana, Iul. Obsequ. 111.

quadrīmātus, ūs, *m.* (quadrimus), das **Alter von vier Jahren,** Colum. u. Plin.: quadrimatum agere, im Alter von vier Jahren stehen, Colum.

quadrimembris, e (quattuor u. membrum), **viergliedrig,** Augustin. de music. 4, 16, 36 u. 5, 13, 28. Mart. Cap. 8. § 805.

quadrimēnstruus, a, um (quattuor u. mensis), **viermonatlich,** spät. ICt.

quadrimēstris, e (quattuor u. mensis), **viermonatlich,** agnus, Varro: consulatus, Suet.: indutiae, Cod. Iust.

quadrimodus, a, um (quattuor u. modus), **vierartig,** Isid. de diff. 2, 154.

quadrīmulus, a, um (*Demin.* v. quadrimus), **vierjährig,** puer, Plaut.: puella, Plaut.

quadrīmus, a, um (quattuor), **vierjährig,** v. Pers. = **als kleines Kind-, im zarten Alter von vier Jahren,** qu. Cato. Cic.: infans, Liv.: puer, Sen. rhet.: bos, Varro: dies (Termin), Colum.; vgl. quadrimā die, nach vier Jahren, ICt.: merum, Hor.

quadringēnārius, a, um (quadringeni), **von je vierhundert,** cohortes, von je 400 Mann, Cic. ad Att. 6, 1, 14. Liv. 7, 7, 4: iudices, mit einem Vermögen von je 400000 Sesterzen, CIL 10, 7507.

quadringēnī, ae, a (quadringenti), *Num. distrib.*, **je (jeder, jedem) vierhundert,** Liv. u. a.

quadringentēnārius, a, um = quadringenarius, Prisc. de fig. num. § 27. p. 415, 13 K.

quadringentēnī, ae, a = quadringeni, Prisc. de fig. num. § 24. p. 414, 1 K. – oft Variante von quadringeni, s. Drak. Liv. 45, 16, 3.

quadringentēsimus, a, um (quadringenti), der **vierhundertste,** Liv. u. a.

quadringentī, ae, a (quattuor u. centum), **vierhundert,** Cic. u. a. – ▶ quadrigenti, Plaut. Bacch. 974 u. 1183 G.; rud. 1324 Sen.

quadringentiēs (quadringentiēns), **vierhundertmal,** HS, Cic. u. a. (gew. mit Zahlen CCCC HS).

quadrīnī, ae, a (quattuor, s. 1. Varro LL. 8, 55), **je vier,** molae, Pompon. com. 123: trinis aut quadrinis diebus, Plin.: cardines, Arnob.

quadrinoctium, iī, *n.* (quattuor u. nox), ein **Zeitraum von vier Nächten,** Prisc. de fig. num. § 31. p. 416, 26 K.

quadripartio, īre (quattuor u. partio), **in vier Teile-, vierfach teilen,** Dict. 1, 19.

quadripartītio, ōnis, *f.* (quattuor u. partior), die **vierfache Teilung,** die **Einteilung in vier Teile,** Varro LL. 5, 11 u. 7, 5.

quadripartītō, *Adv.* (quadripartitus), **in vier Teile geteilt,** Colum. 4, 26, 3.

quadripartītus (quadripertītus), a, um (quattuor u. partior), **in vier Teile geteilt, vierfach,** divisio quadripertita, Cic.: commutationes temporum quadrupertitae, vierfach, vier, Cic.: ratiocinatio, Quint.: exercitus, Tac.

quadripedāns, -pedātim, s. quadrupedāns, -pedatim.

quadripedus, s. quadrupedus.

quadripertītus, s. quadripartītus.

quadripēs, s. quadrupēs.

quadriplātor, s. quadruplātor.

quadriplex etc., s. quadruplex.

quadriplicātō, s. quadruplicātō.

quadriplico, s. quadruplico.

quadrirēmis, e (quattuor u. remus), **vierruderig,** machina, Paul. Nol. carm. 21, 73. – qu. navis u. subst. bl. quadrirēmis, is, *f.*, ein mit vier Reihen Ruderbänken versehenes Schiff, der **Vierruderer,** qu. navis bei Liv., bl. qu. bei Cic. u. a.

quadrisēmus, a, um (quattuor u. σῆμα), **vier Zeitteile** od. **Silben enthaltend,** numerus, Mart. Cap. 9. § 981.

quadrisōmum, ī, *n.* (quattuor u. σῶμα), ein **Sarkophag** od. **Grabmal für vier Personen,** de Rossi inscr. Christ. 1, 390.

quadrisulcus, a, um (quattuor u. sulcus), **vierspaltig, in vier Spitzen auslaufend,** Lact. ad Stat. Theb. 3, 320.

quadrisyllabus, a, um (quattuor u. syllaba), **viersilbig,** Augustin. de music. 3, 11. Mall. Theod. de metr. 597, 6 K.

quadrivium (quadruvium), iī, *n.* (quattuor u. via), **I** ein Ort, wo vier Wege zusammenstoßen, der **Kreuzweg,** Catull. 58, 4 (wo Schwabe quadruviis). Iuven, 1, 64. – **II** übtr., die Zusammenfassung von vier Wissenschaften, von vier mathematischen (Arithmetik, Musik, Geometrie und Astronomie), Boëth. inst. arithm. 1, 1. p. 7, 25 u. 9, 28 (wo Fr. quadruvium): von vier philosophischen (Logik, Grammatik, Dialektik, Rhetorik), Schol. Vindob. ad Hor. art. poët. 307 (wo ebenf. quadruvium).

quadrivius (quadribius), a, um (quadrivium), **am Kreuzweg befindlich** od. **verehrt,** lares, CIL 13, 6731: di, *ibid.* 13, 5621: bl. quadribi, *ibid.* 3, 4441: quadrubi, *ibid.* 13, 5070.

quadro, āvī, ātum, āre (quadrus), **I** *tr.* **viereckig machen, -zurichten, -zuhauen, A** eig.: abies atque populus ad unguem quadrantur, Colum. 11, 2, 13. – **B** übtr., einer Sache **ein Ebenmaß geben,** sie **gehörig schließen, -abschließen,** quadrandae orationis industria, das Bestreben, die Rede rhythmisch abzuschließen, Cic. or. 197: quae pars quadrat acervum, durch Hinzufügung des vierten Teils den Haufen vollmacht, Hor. ep. 1, 6, 35. – **II** *intr.* **viereckig sein,** dah. übtr.: **a** übh. **passen,** von Konkretem, omnis in unguem via quadret, Verg. georg. 2, 278. – v. Abstr., **passen, sich schicken,** coniunctio quadrat, Cic.: omnia in istam (mulierem) quadrare apte videntur, Cic.: visum est hoc mihi ad multa quadrare, Cic.: opus est scire, quod quoque loco verbum maxime quadret, Quint.: quoniam tibi ita quadrat, omnia fuisse … paria, Cic. – **b** von Zahlen, **stimmen, zutreffen,** quo modo sescenta eodem modo quadrarint, Cic. II. Verr.. 1, 92.

quadrula, ae, *f.* (*Demin.* v. quadra, s. quadrus), das **kleine Viereck** usw., Solin. 37, 13.

quadrum, ī, *n.*, s. quadrus, a, um.

quadrumanis, e, s. quadrimanis.

quadrupedāns (quadripedāns), antis (quattuor u. pes), **auf vier Füßen gehend, galoppierend, a** *adi.*: canterius, Plaut.: Echetlus (ein Zentaur), Ov.: equo iuxta quadrupedante, Plin.: quadrupedantes sonipedes, Acc. tr. fr.: sublimiter quadrupedantes, Enn. tr.: übtr., sonitus, eines galoppierenden Pferdes, Verg. Aen. 8, 596. – **b** *subst.* = das **Ross,** Verg. Aen. 11, 614.

quadrupedātim, *Adv.* (quadrupes), **nach Art eines Vierfüßlers,** Charis. 183, 11.

quadrupedus (quadripedus), a, um (quadrupes), **auf vier Füßen gehend,** per ancoralia quadrupedo gradu repere, auf allen vieren, Amm. 14, 2. § 2: quadrupedo cursu, im Galopp, Fronto de or. 1. p. 156, 4 N.: u. absol., quadrupedo currere, galoppieren (Ggstz. tolutim currere, traben), Fronto ep. M. Caes. 1, 8 (2, 1). p. 22, 16 N.

quadrupertītus, s. quadripartītus.

quadrupēs (quadripēs), pedis (quattuor u. pes), **auf vier Füßen gehend** od. **stehend, I galoppierend,** eques, Enn. ann. 232: übtr., quadrupedi cursu, im Galopp, Apul. met. 6, 27 u. 28. – **II vierfüßig, A** v. Tieren: **a** *adi.*: quadrupes malum, v. Krokodil, Amm.: u. so quadrupes malum et terrā pariter atque flumine infestum, Plin. – **b** *subst. comm.*, das **vierfüßige Tier, α** *masc.*: saucius qu., Verg.: quadrupedis cursus, des Pferdes, Ov. met. 6, 226: quadrupedum vectiones, quorum celeritas etc., Cic.: quadrupedum cursu, Verg. – **β** *fem.*: bos aut alia quaevis qu., Cato: qu. nulla, Verg.: parvae quadripedes, Plin.: qu. aurita, Solin.: urbi condendae quadrupedem futuram ducem, Aur. Vict. – **γ** *neutr.*: cetera quadrupedia, Colum.: maiora quadrupedia, Colum.: omnia quadrupedia, Pallad. u. Vulg. – **B** v. Menschen, **a** v. Fehlgeburten, pueri quadrupedes et quadrumanes nati, Iul. Obsequ. 73: puella biceps quadripes quadrimana, Iul. Obsequ. 111. – **b** v. Menschen übh., wenn ihre Arme als Füße betrachtet werden, quadrupedem constringito, binde ihm Hände und Füße, Ter.: multos quadrupedes caveā coërcuit, auf Händen u. Füßen stehend, wie Tiere, Suet.: quadrupes per angustias effossae cavernae receptus in proximam cellam, auf allen Vieren kriechend, Suet. – ► Genet. Plur. gew. quadrupedum (quadripedum); aber quadripedium, Colum. 1, 2, 5 *cod. P.* Capit. Ver. 5, 2 *cod. B.* Isid. orig. 12, 7, 5 *cod. Gud. 1.*

quadruplātor, ōris, *m.* (quadruplo), der **Vervierfacher, I** im Allg.: **a** eig., Apul. apol. 89. – **b** übtr., der **Vergrößerer,** quadruplatores beneficiorum suorum, Verwerter ihrer W. um das Vierfache, Wucherer mit ihren W., Sen. de ben. 7, 25, 1. – **II** insbes.: **A** der vom Zoll den vierten Teil erhaltende **Zollpächter,** invidere portoria quadruplatoribus, Sidon. epist. 5, 7, 3. – **B** der **Angeber,** der den vierten Teil von der Strafe od. vom Vermögen des Bezichtigten erhält, der **Viertelerschleicher,** Plaut., Cic. u. a.; vgl. Paul. ex Fest. 259, 3 (wo quadriplatores). – ► Gedehnte Nbf. quadrupulātor bei Plaut. Pers. 70 (Fleckeisen). Vgl. quadruplor u. quadruplus a. E.

quadruplex (quadriplex), plicis (quattuor u. plico), **I vierfältig, vierfach,** pecunia (als poena furti), Plaut.: onerariarum (navium) ordo, Liv.: acies, Auct. b. Afr.: iudicium, das (in vier Gerichtshöfe zerfallende) Zentumviralgericht, Plin. ep. – subst. = das **Vierfache,** Liv. 45, 42, 3. – **II** poet. übtr., übh. **vier,** stellae, Cic. Arat. 93.

quadruplicātio, ōnis, *f.* (quadruplico), die **Vervierfachung,** Mart. Cap. 7. § 750 u. 796.

quadruplicātō (quadriplicātō), *Adv.* (quadruplico), **um das Vierfache, viermal so viel,** Plin. 2, 76 u. 14, 51.

quadruplico (quadriplico), āvī, ātum, āre (quadruplex), **vervierfachen,** d. i. **vergrößern,** lucris rem (Vermögen) alcis, v. Merkur, Plaut. Stich. 405. Boëth. instit. arithm. 2, 44: decem quadriplicata quadraginta faciunt, Augustin. serm. 263, 4.

quadruplo, āvī, ātum, āre (quadruplus), **vervierfachen,** Ulp. dig. 4, 2, 14. § 1 u. a. Ambros. apol. David 5. § 22.

quadruplor, ārī (quadruplus), **den Angeber machen** (vgl. quadruplator *no.* II, B), Plaut. Pers. 63 (Fleckeisen die gedehnte Nbf. quadrupulari); vgl. quadruplator u. quadruplus a. E.

quadruplus, a, um (quattuor u. plus = πλοῦς) = τετραπλοῦς, **vierfach,** numerus, Macr.: pretium, Apul.: strena, Suet.: stipendium, Marc. Aur. bei Capit. – subst., quadruplum, ī, *n.*, das **Vierfache,** pulmo quadruplo maior, Plin.: quadruplum eius cervis tribuere, Plin. – insbes., als Ersatz, Strafe, das Vierfache = **die vierfache Summe, der vierfache Betrag,** actio quadrupli, ICt.: fur quadruplum solvat, Quint.: reciperatores od. feneratorem condemnare quadrupli, Cato: iudicium dare in quadruplum, Cic.: quadruplo condemnari, Cic.: tarditatem solvendi (die Säumigkeit im Zahlen) dupli vel etiam quadrupli irrogatione multare, Plin. pan. – ► Gedehnte Nbf. quadrupuli, Plaut. truc. 4, 2, 49 (734) (Fleckeisen). Vgl. quadruplator u. quadruplor.

quadrupulātor, s. quadruplātor.

quadrupulor, s. quadruplor.

quadrus, a, um (quattuor), **viereckig, I** *adi.*: lateres aequaliter quadri, Solin. 33, 21: cella qu., Pallad. 1, 40: terminus, Gromat. vet. 342, 16 u. a.: finis, *ibid.* 263, 25 u. 28: possessio, *ibid.* 326, 9. – **II** *subst.*: **A** quadra, ae, *f.*, das **Viereck, 1** im Allg., das **Viereck, Quadrat,** deni in quadram pedes, Quint. 1, 10, 43: quadrarum anguli, Gromat. vet. 207, 12 u. 16. – **2** als *t. t.* der Baukunst, **a** das unterste u. größte Glied des Fußgesimses eines Säulenstuhles, der **Grundstein,** die **Platte,** Vitr. 3, 4, 5. – **b** jedes kleine Glied zur Absonderung anderer größerer, das **Plättchen,** Vitr. 3, 5, 2. – **3** übh. ein viereckiges **Stückchen,** eine **Scheibe,** panis, Sen.: casei, Mart.: u. bloß quadrae, die Brotscheiben, Verg. Aen. 7, 115: findetur quadra, das Stück Brot wird gebrochen, Hor. ep. 1, 17, 49: u. alienā vivere quadrā, von fremdem Brot (als Schmarotzer) leben, Iuven. 5, 2. – **B** quadrum, ī, *n.*, **das Viereck, Quadrat,** perticae dolantur in quadrum, Colum. 8, 3, 7: terminus si in quadrum dolatus fuerit, Gromat. vet. 305, 13: II per colles in quadrum iacet, *ibid.* 326, 14: fines in quadro habens, *ibid.* 314, 29. – übtr., als rhet. *t. t.*, redigere omnes in quadrum numerumque sententias, genau abzirkeln und in gehörige Form bringen, Cic. or. 208, u. aliquam sententiam in quadrum redigere, Cic. or. 233.

quadrūssis, is, *m.* = quattuor asses, Mart. Cap. 7. § 737.

quadruus, a, um (quattuor), **I viereckig,** compita, im Quadrat, Auson. edyll. 14, 5. p. 243 Schenkl. – **II vierfach,** vis, Prud. psych. 843: iugalitas, Iulian. bei Augustin. c. sec. resp. Iul. 1, 36.

quadruvium, s. quadrivium.

quadruvius, a, um, s. quadrivius.

quaerito, āvī, ātum, āre (*Intens.* v. quaero), **I eifrig suchen, 1** eig.: alqm, Komik. u. Catull.: alqm inter vivos mortuum, Plaut.: alqm terrā marique, Plaut.: telum aliquod, Apul.: aquam diu, Amm.: apud emporium atque in macello … sum defessus quaeritando, nusquam invenio Naucratem, Plaut. – **2** übtr., **a** etw. **suchen** = etw. **sich zu verschaffen suchen, sich** nach etw. **umsehen,** hospitium, Plaut.: cenam, Pompon. com.: malam rem quaeritas? willst du geprügelt sein? Plaut.: aliunde exemplum, Rhet. Her.: im Sprichw., s. cinis. – **b eifrig fragen, forschen, genau wissen wollen,** quid quaeritabas? Plaut.: cur tu id quaeritas? Plaut.: haec cur quaeritet? Ter. – **II** prägn., durch Arbeit, Verdienst **zu erwerben suchen, erwerben, verdienen,** lanā ac telā victum, Ter. Andr. 75: mercennario opere victum, Salv. epist. 1. § 6: arva subigendo victum, Amm. 14, 4, 3: assiduo sudore victum quaeritare, im Schweiße seines Angesichts sein Brot verdienen, Firm. math. 8, 22.

quaero, quaesīvī, quaesītum, ere, **I suchen, aufsuchen, 1** eig.: **α** v. leb. Wesen: **αα** leb. Wesen: te, Enn. fr.: te ipsum, Ter.: suos, Caes.: suos notos hospitesque, Caes.: Hectora per acies, Ov.: iuvencum per nemora et lucos, Verg.: quaerens per arva piorum invenit Eurydicen, Ov.: quaeritur huic alius (ein Gegner), Verg.: quaeritur (man sucht einen), qui tantae pondera molis sustineat, Ov.: Gutrua- tus celeriter omnium curā quaesitus, Caes.: quaesitus matri (von der M.) agnus, Verg.: u. so filia matri est quaesita, Ov. – liberos ad necem, Cic. Sest. 54: alqm ad poenam, Eutr. 7, 15. – **ββ** Lebl.: cibum (v. Hund), Varro: portum, Caes.: Indiam, Curt.: terras, Ov.: viam, quā etc., Ov.: locum, in quo etc., Curt.: sibi hospitium, Plaut.: domicilia sibi, Curt.: escam in sterquilino, Phaedr. – **β** v. lebl. Subjj.: quod natura cibum quaerit cuiusque animantis, Lucr. 4, 856: per imas quaerit (Ufens) iter valles, sucht sich Bahn (= strömt dahin), Verg. Aen. 7, 802: te decisa suum dextera quaerit, Verg. Aen. 10,

395: mutilatae cauda colubrae ... moriens dominae vestigia quaerit, Ov. met. 6, 560. – **2** übtr.: **a suchen, α = aufzutreiben suchen, sich zu verschaffen-, zu erwerben suchen, zu gewinnen suchen, erstreben** od. = etw. **sich verschaffen, gewinnen, erringen, αα** leb. Wesen: sibi novum imperatorem, Sall.: alci generum, Plin. ep.: antiquis de moribus alci uxorem, Iuven.: heredem in regnum, Verg.: adversus externos militem, Tac. – liberos, zu zeugen suchen, erzielen, Plaut. u. Suet.: iustissimos viros ad administrandam rem publicam, zu gewinnen suchen, Eutr.: u. so melius visum amicos quam servos quaerere, Sall. – **ββ** Lebl.: pecuniam (vom Borger), Nep.: opus (Arbeit), Cic. u. Liv.: alci venenum (jmd. zu vergiften suchen), Cic.: mortem, den T. suchen, Vell.: vitam, das L. zu erhalten suchen, Vell.: remedium sibi ad alqd, Cic.: locum (Gelegenheit) iniuriae, Liv., od. insidiis, Liv. u. Curt.: tempus aut locum pugnae, Sall.: tempus atque occasionem fraudis ac doli, passen auf usw., Caes.: armis gloriam atque divitias, Sall.: gloriam bello, Cic., belli domique, Eutr.: sibi dignitatem, Hirt. b. G.: alci od. sibi honores, Cic. u. Liv.: nobilitatem laboribus atque periculis, Sall.: bello concordiam, Sall. fr.: principatum armis, Vell.: immortalitatem sibi morte, Cic.: iustum amorem omni sibi liberalitate et docilitate, Eutr.: victoria quaeritur sollicitis armis, Ov.: quaesita *per* hoc dignitas, Sen. ep. 68, 11. – v. Lebl., quid sibi hic vestitus quaerit? was soll das Kleid bedeuten? Ter. eun. 558. – **β suchen = zu bewerkstelligen-, zu bereiten suchen,** od. = **bewerkstelligen, bereiten,** fugam ex Italia, Cic.: itineribus diversis fugam nequiquam, Caes.: alci ignominiam, Liv.: alci salutem malo, Ter.: dedecore potius quam manu salutem, lieber sein Heil suchen in usw., Sall.: invidiam in alqm, zu erregen suchen, Cic.: u. so ex habitu invidiam Midiae (dem Midias), Quint.: ultionem, Veranlassung zur Rache suchen, Vell. – **γ nach** jmd. od. etw. **Verlangen tragen, trachten,** etw. **verlangen, begehren, erwarten,** Caesarem, Hor. carm. 4, 5, 16: pocula aurea, Hor.: solacia, Curt.: novum statum, novam rem publicam, Vell.: non tam mortis quam belli remedium, Curt.: eas se tamen balneas non ex libris patris, sed ex tabulis et ex censu quaerere, Cic. – m. folg. *ut* u. Konj., quaeris (du verlangst, wünschest), ut suscipiam cogitationem, quidnam istis agendum putem, Cic. ad Att. 14, 20, 4 zw. (Wesenb. quod vis): u. so verb. quaerere et petere, ut etc., Gell. 13, 18 (17), 2. – **δ nach** etw. **sich umsehen = auf** etw. **sinnen, denken,** consilium, Ter.: omisso veteri consilio novum, Sall.: consilia belli, Hirt. b. G.: aliquid duram in dominam, Prop. – mit folg. indir. Fragesatz, quaerere ipse secum et agitare cum suis coepit, quibusnam rebus in ea provincia maximam uno anno pecuniam facere posset, Cic. Verr. 2, 17: ut quaeramus, quonam modo maxime ulti sanguinem nostrum pereamus, Sall. Cat. 33, 5. – **ε** mit folg. *Infin.*, **suchen = sich bemühen** zu usw., od. = **begehren, wünschen** zu usw., bibere in somnis, Lucr.: abrumpere lucem, Verg.: mitibus mutare tristia, Hor.: mori, Sen., honeste mori, Iustin.: e monte aliquo in alium transilire, Plin.: mutare sedes, Tac. – **b** beratend, besprechend **untersuchen, zum Gegenstand der Beratung** od. **Untersuchung** od. **Betrachtung machen,** profectionis tempus, Caes. b. c. 1, 67, 1: rationem perficiendi (consilii), Caes. b. G. 7, 37, 6: sed quaeramus unamquamque reliquorum sententiam, Cic. Tusc. 5, 48. – m. *de* u. Abl., Socratem de vita et de moribus solitum esse quaerere, Cic. de rep. 1, 16: iuvabat de aeternitate animarum quaerere (nachzudenken), Sen. ep. 102, 2. – absol., quaero, ich sinne darüber nach, Ter. Andr. 683. – **c zu erfahren** od. **zu ergründen suchen, wissen wollen, sich erkundigen, Erkundigung einziehen, fragen, forschen, α** übh.: **αα** alqm, z. B. alqm a ianua, ab ostio, nach jmd. an der Haustür fragen, Cic. de or. 2, 276. – **ββ** alqd ab, ex od. de alqo, gew. m. folg. Fragesatz, quaerit ex solo ea, quae in conventu dixerat; ... eadem secreto ab aliis quaerit, Caes.: a quo cum quaesivisset, quo duci se vellet, Nep.: quaero abs te teneasne memoriā etc., Cic.: quaero a te, utrum hoc adduxerit caeli temperatura an terrae bonitas? Varro fr.: de te ipso, Vatini, quaero, utrum ... an etc., Cic.: ex me quaesieras, nonne putarem etc., Cic.: ex quibus quaererent scirentne etc., Cic. – dum inter se invicem quaerunt, quae sit huius perseverantiae causa, Lact. – quaere, cur? Cic.: quaerant, num quid etc., Cic.: quaesivit, si (ob) incolumis evasisset, Liv.: cum quaereretur, ecqui Campanorum bene meritus de re publica nostra esset, Liv. – nachaug. m. folg. *an* u. Konj. quaesitum est, an danda esset inquisitio, Plin. ep. 6, 29, 8 (u. so 7, 11, 1; 7, 19, 5 u. a.): quaesito (Abl. absol.), an Caesar venisset, Tac. ann. 2, 9. – cura tibi de quo quaerere nulla fuit, nach dem zu fragen, Ov. ex Pont. 4, 3, 18. – quid quaeris? was fragst du noch? = kurz, mit einem Wort, Cic. u. Hor.: ebenso noli quaerere, Cic. – si quaeris, wenn du weiter (nach dem weiteren Erfolg) fragst, das Weitere wissen willst, genauer auf die Frage eingehst, Cic.: ebenso si quaerimus, si quaeritis? Cic.: u. si verum quaeris, Cic. – Partiz. subst., quaesītum, ī, *n.*, die **Frage,** Ov. met. 4, 794. Ov. fast. 1, 278. – als Übersetzung von πύσμα (als rhet. Fig.), Aquil. Rom. de fig. sent. § 12. Mart. Cap. 5. § 524. – **β** von der wissenschaftl. Frage, an jmd. **eine Frage richten, eine Frage aufstellen, -aufwerfen,** multa ex eo saepe quaesivi, Cic.: si quis quid quaereret, Cic.: naturā fieret laudabile carmen, an arte, quaesitum est, Hor.: quaeritur inter medicos, cuius generis aquae sint utilissimae, Plin. – **d** gerichtl. **befragen,** mit jmd. od. über etw. **ein Verhör anstellen (halten),** etw. gerichtl. **untersuchen,** wegen od. über etw. **eine Untersuchung anstellen,** rem per tormenta, Suet.: coniurationem, Liv.: de morte alcis, Cic.: absol., coēgit consules circa fora proficisci ibique quaerere et iudicia exercere, Liv. 39, 18, 2. – de servo in dominum, den Sklaven peinlich befragen wegen des H. (über den H.), Cic.: aber de Philota (mit Ph.), Curt.

II prägn.: **a suchen** = durch Arbeit, Verdienst zu **erwerben suchen, erwerben, verdienen,** tam facile victum, Ter.: victum vulgo (v. einer Buhldirne), Ter.: u. so victum sibi obscoenissimum, Lact.: victum sibi aegre quaesisse eumque sordide invenisse comparandis mulis et vehiculis, quae etc., Gell. 15, 4, 3: argentum, Hor.: pecuniam, Plaut.: nummos aratro et manu, Cic.: rem honeste mercaturis faciendis, Cic.: fruges boum labore quaesitae, Curt.: iam diu nihil quaesivisse, Cic.: ea, quae voce quaesierat, Quint.: miser homo est, qui ipsus sibi quod edit quaerit et id aegre invenit, Plaut.: ego quaero quod edim, his (= hi) quaerunt quod cacent, Pompon. com. fr.: alius quantum aleā quaesierit tantum bibit, Plin. – absol., conserva, quaere, parce, Ter.: laborans, quaerens, parcens, Ter.: nec minor est virtus quam quaerere, parta tueri, Ov.: contrivi in quaerendo vitam, Ter.: denique sit finis quaerendi, Hor.: quis hunc non putet confiteri sibi quaesito opus esse? er müsse etwas verdienen, Cic. – Partiz. subst., quaesītum, ī, *n.* u. Plur. quaesīta, ōrum, *n.*, das **Erworbene,** quaesiti tenax, et qui quaesita reservent, Ov. met. 7, 657: asper et attentus quaesitis, Hor. sat. 2, 6, 82: bes. **erworbene (gesammelte) Schätze,** ante quaesita, Hor. sat. 1, 1, 38. – **b** etw. **vergebens suchen, sich vergebens nach** etw. **umsehen,** etw. **vermissen,** Siciliam in Sicilia, Cic.: saepe Persas et Indos et imbellem Asiam, Liv.: optatos Tyndaridas, Prop.: occasionem omissam od. praetermissam, Liv.: quaerit Boeotia Dircen, Ov.: amnes quaerunt armenta, Stat.: soleo non numquam *quaerere* M. Regulum, nolo enim dicere *desiderare,* Plin. ep. 6, 2, 1: hic ego virtutem vestram *quaero,* sapientiam *desidero,* veterem consuetudinem *requiro,* Rhet. Her. 4, 49. – **c** etw. **verlangen, erfordern; nötig machen** (v. Lebl.), sic alia, quae umidum locum quaerunt, Varro r. r. 1, 23, 4: quia (alter collis) magnā parte editus et praeceps pauca munimenta quaerebat, Sall. Iug. 98, 3: ne limites ex litibus iudicem quaerant, Varro r. r. 1, 15 *in.*: nego ego quicquam a testibus dictum, quod cuiusquam oratoris eloquentiam quaereret, Cic. II. Verr.. 1, 29: quod bellum repens aut dictatoriam maiestatem aut Quinctium rectorem quaesisset, Liv. 4, 14, 2.

quaesītio, ōnis, *f.* (quaero), das **Suchen, Aufsuchen,** Apul. met. 5, 28.

quaesītor, ōris, *m.* (quaero), **I** der **Sucher,** Pacat. pan. 28, 2. – **II** der **Untersucher, a** in einer Kriminaluntersuchung, der **Untersuchungsrichter, Verhörsrichter, Vorstand des Gerichtshofes** (Ggstz. reus, der Beklagte, u. Ggstz. iudex, der Richter, der das Urteil spricht), bes. vom Prätor, der die öffentliche Untersuchung in Kriminalsachen zu leiten hatte, Cic. u. a.: criminum, Liv.: iudex desiit esse; quaesitor est, Sen. de brev. vit. 17, 5 – **b** übh., quasi quaesitores et consideratores, von den Skeptikern, Gell. 11, 5, 2.

quaesītum, ī, *n.*, s. quaero *no.* I u. II.

1. **quaesītus,** a, um, *PAdi.* (v. quaero), **I gesucht, geziert,** comitas, Tac.: asperitas, Tac. – **II ausgesucht, nicht gemein, außerordentlich,** lex, Tac.: quaesitior adulatio, Tac.: epulae quaesitissimae, Sall. fr.: quaesitissimi honores, Tac.: quaesitissimis in omnem fere aetatem sexumque libidinibus, Aur. Vict.

2. **quaesītus,** Abl. ū, *m.* (quaero), das **Suchen, Forschen, Erforschen,** Plin. 5, 51 (Jan nach Hdschrn. famā inermi [quae situs … inveniret]). Bei Macr. sat. 7, 8. § 9 ist quaesitu in den Worten ammoneor rei, quam semper quaesitu dignam putavi das 2. *Supin.* von quaero.

quaeso, *īvī,* ere (alte Ausspr. v. quaero), **I suchen, zu erhalten-, zu verschaffen suchen,** quaeso adveniente morbo nunc medicum tibi, Plaut. fr. bei Non. 44, 30: nautis mari quaesentibus vitam, Enn. ann. 145: liberûm quaesendûm causā, Enn. fr. scen. 120*: liberorum sibi quaesendûm gratiā, Enn. fr. scen. 129. – **II** gew. **bitten, erbitten,** **α** m. *Acc.:* ventorum paces, Lucr. 5, 1227. – **β** mit folg. *ut (uti)* od. *ne* u. Konj.: deos immortales quaeso, uti etc., Plaut.: deos quaeso, ut etc., Ter.: unum hoc quaeso, ut etc., Plaut.: a vobis quaeso, ut etc., Cic.: id uti permittatis quaesumus, Liv.: Curionem quaesivit, uti etc., Sall. fr. – verb.: a te quaeso et peto, peto quaesoque, quaeso obtestorque, ut etc., Cic.: divi divaeque, vos precor quaesoque, uti etc., Liv. – precor quaesoque, ne ante oculos patris facere et pati omnia infanda velis, Liv. 23, 9, 2. – oro quaesoque, ne, Curt. – **γ** m. bl. *Coniunctiv:* deos quaesumus, consilia tua rei publicae salutaria sint ac tibi, Brut. et Caes. in Cic. ep.: P. Decium quaeso mecum consulem faciatis, Liv.: quaeso, parcas mihi, Phaedr.: oro quaesoque, non obirascaris mihi, Claud. Mam. – **δ** absol., quaeso edepol, exsurge, Plaut.: tu, quaeso, scribe, Cic.: quam ob rem aggredere, quaesumus, et etc., Cic. – oft wie eine Interjektion, **ich bitte dich, ums Himmels willen,** ubinam est, quaeso? Ter.: quaeso, etiamne tu has ineptias? Cic.

quaesticulus, ī, *m.* (*Demin.* v. quaestus), der **kleine Vorteil, -Gewinn,** Cic. de div. 2, 34; ep. 9, 16, 7. Apul. met. 8, 29 u. 11, 28.

quaestio, ōnis, *f.* (quaero), das **Suchen, I** eig.: cave fuas mihi in quaestione, dich suchen lassest, Plaut.: tibi ne quaestioni essemus, dass du uns nicht zu suchen hast, Plaut.

II bildl.: **A** die **Befragung, Vernehmung,** captivorum, Caes. b. G. 6, 32, 2. – **B** die **Erforschung, Untersuchung,** wissenschaftliche **Frage,** **1** als Handlung: quae (sententia) veri simillima, magna quaestio est, fragt sich sehr, ist eine große Frage, Cic.: exsistit hoc loco quaedam quaestio subdifficilis, num etc., Cic.: hic suboritur quaestio valde difficilis, Boëth.: nascitur, oritur, exoritur quaestio, Quint.: tota fere quaestio tractata videtur, scheint fast abgetan zu sein, Cic.: u. so profligata iam haec et paene ad exitum adducta quaestio est, Cic.: in quaestionem vocare, untersuchen, Cic. – **2** meton., als Untersuchungsgegenstand, **a** übh., der **Gegenstand,** die **Materie,** das **Thema,** de natura deorum, Cic.: Academica, in den akademischen Untersuchungen, Cic.: poëtica, Nep.: quaestionem sustinere posse, dem Stoff gewachsen sein, Cic. – **b** insbes., als rhet. *t. t.:* **α** die strittige **rednerische Materie,** Cic. de inv. 1, 8 u. a. – **β** der **Hauptpunkt** einer strittigen Materie, Cic. de inv. 1, 18. – **C** eine öffentliche, gerichtliche, zuw. mit der Folter verbundene **Untersuchung,** das **peinliche Verhör,** dah. deutsch zuw. auch **Folterung** (s. Osenbrüggen Cic. Rosc. Am. 76), **1** eig.: sic primus quaestionis dies consumptus, Tac.: cum postero die ad quaestionem retraheretur, Tac.: hae quaestiones in senatu habitae, Cic.: quod aestivum tempus instantis belli, non quaestionis esse arbitrabatur, dem bevorstehenden Kr., nicht einer Unters. gehöre, Caes.: quaestionem de bonis direptis decernere, Caes.: tormentis quaestionem habere pecuniae publicae, Cic.: quaestionem habere de viri morte, Cic.: qu. habere de servis in filium, Cic.: quaestionem habere ex servis, Liv.: quaestiones habere in alqm, Sall.: quaestionem inter sicarios exercere, U. wegen Meuchelmordes anstellen, Cic.: quaestionem ponere in alqm, Liv.: qu. ferre in alqm, Cic.: servos in quaestionem dare od. ferre, Cic.: abripi ad od. in quaestionem, Cic.: in quaestionem postulare, Cic.: quaestione novā alligari, in eine neue U. verfallen, Cic.: quaestionem facere alci, Liv.: quaestionem dimittere, einstellen, Cic.: quaestioni praeesse, Cic. – quaestiones perpetuae, stehende Untersuchungen, stehende Kriminalgerichte = unter dem beständigen Vorsitz des jedesmaligen Prätors geführte Untersuchungen über gewisse Kriminalverbrechen, seit 149 v. Chr. statt der Volksgerichte eingesetzt, Cic. Brut. 106. – iudex quaestionis, der die Kriminaluntersuchungen unter der Aufsicht des Prätors leitende Oberrichter, Cic. Brut. 264; Clu. 89 u. 148. – **2** meton.: **a** die **Untersuchungsakte,** fictam quaestionem conscribere, Cic. Clu. 185. – **b** das **Gericht, Richterpersonal,** die **Richter,** Val. Max. 8, 1. absol. 6.

quaestiōnāliter, *Adv.* (quaestio), **untersuchungsweise** = um eine Untersuchung daran zu knüpfen, Fulg. exp. serm. antiq. p. 563, 4 M.

quaestiōnārius, iī, *m.* (quaestio), der **Untersuchungsrichter, Folterer Henker,** Schol. Iuven. 6, 480. Hieron. in Ioël 2, 22 *sqq.* CIL 2, 4156 u. 8, 2586. lin. 45. – hic liber quasi quaestionarius, genau untersuchend, Boëth. art. geom. p. 401, 6 Fr.

quaestiōno, ātus, āre (quaestio), **in peinlicher Untersuchung-, peinlich verhören,** omnes quaestionari, Fragm. iur. civ. anteiust. p. 109 Mai.: confessores quaestionati et torti, Cypr. epist. 69, 6.

quaestiuncula, ae, *f.* (*Demin.* v. quaestio), die (wissenschaftliche) **Frage, Untersuchung,** quaestiunculae minutae, Suet.: ponere alci quaestiunculam, Cic., alci tales quaestiunculas, Sen.: ponere invicem cuiuscumque generis quaestiunculas, Quint.: illa quaestiuncula, quae in prima parte tractata erat a quibusdam, Sen. rhet.

quaestor, ōris, *m.* (st. quaesitor v. quaero), der **Quästor,** im Plur. quaestores, eine aus zwei Personen bestehende ständige obrigkeitliche Behörde in Rom, urspr. Vorsteher der Blutgerichte, d. h. Verfolger u. Ankläger in Kriminalsachen (vgl. Varro LL. 5, 81), vollst. quaestores parricidii, s. Pompon. dig. 1, 2, 2. § 23. Paul. ex Fest. 221, 15 (vgl. Fest. 258 [a], 31), gew. bl. quaestores, Liv. 2, 41, 11; 3, 24, 3. Cic. de rep. 2, 60. – Diese quaestores waren zugleich Vorsteher des öffentlichen Schatzes (qu. aerarii) u. blieben es, als die Blutgerichtsbarkeit an andere überging. Sie heißen (im Ggstz. zu den Provinzialquästoren, s. unten) quaestores urbani, und sind die **Schatzmeister,** die eig. Kassen- u. Steuerbeamten des römisch. Staates, die sowohl die Einnahme der Staatsgelder zu besorgen hatten (an die daher die Staatssteuer entrichtet, Pachtsummen und Kontributionen, sowie die aus der Kriegsbeute gelösten Gelder abgeliefert, und von denen auch die Güter Verurteilter versteigert wurden), als auch die Ausgaben verwalteten (weshalb alle zu Staatszwecken verwilligten Gelder von ihnen, jedoch nur auf Anweisung des Senates, verabfolgt wurden, ihnen die Errichtung von Ehrendenkmälern, die Besorgung auf Staatskosten abgehaltener Leichenbegängnisse, die Verpflegung fremder Fürsten u. Gesandten u. dgl. m. oblag). – Seit dem J. 421 fand man nötig, außer diesen quaestores urbani zur Unterstützung der in die Provinzen abgehenden Kosuln u. Prätoren Quästoren zu wählen, sodass diese Quästoren, die in einem engeren Verhältnis zum Prätor standen od. wenigstens stehen sollten (s. Cic. post red. in sen. 35), die Abgaben für den Staat einnahmen, den Soldaten den Sold auszahlten, den Beuteanteil des Staates an sich nahmen u. dgl. m. Die Zahl der Quästoren war zu verschiedenen Zeiten verschieden: anfangs bloß zwei quaestores urbani, dann 2 für Rom u. 2 für auswärts, später noch mehr, seit Sulla 20. Regelmäßig hatte ein Quästor zu Ostia, dem Haupthafen für Einfuhr, seinen Sitz, quaestor Ostiensis, Cic. Mur. 18. – Gewählt wurden die Quästoren zur Zeit der Republik in den Tributkomitien und losten dann gew. um die Provinzen. Die Quästur war die erste Stufe zu den höheren Ehrenämtern u. konnte vor dem 27. Lebensjahr nicht angenommen werden. – Unter den Kaisern erhielten vom Kaiser selbst vorgeschlagene Quästoren, quaestores Caesaris od. principis, quaestores candidati (principis), das Amt, die kaiserl. Reden u. Erlasse im Senat zu verlesen, Plin. ep. 7, 16. § 2. Lampr. Al. Sev. 43, 3: oratio principis per quaestorem eius audita est, Tac. ann. 16, 27. – Konstantin ernannte einen quaestor sacri palatii, einen Minister des kaiserl. Hauses, einen Kanzler, dem die ganze Gesetzgebung, sowie der Vortrag der einzelnen Gesuche oblag u. der auch die vom Kabinett ausgehenden Erlasse gegenzeichnete, Cod. Theod. 1, 8; 6, 9: so auch quaestor intra palatium, CIL 6, 1782.

quaestōricius, a, um (quaestor), **dem Quästor eigen, quästorisch,** potestas, CIL 8, 7105: flamen, CIL 8, 859. – subst., quaestōriciī, iōrum, *m.*, **gewesene Quästoren,** CIL 9, 338, c, 21.

quaestōrius, a, um (quaestor), den Quästor betreffend, **quästorisch,** **I** im Allg.: **A** *adi.*: comitia, zur Wahl der Quästoren anberaumte (Tributkomitien), Cic.: officium, Pflicht eines Quästors, Cic.: scelus, in der Quästur od. von einem Quästor begangen, Cic.: scriba, des Quästors, Cic.: scriptum quaestorium comparare, eine Schreiberstelle bei einem Quästor, Suet.: ager, ein den Feinden abgenommener und durch die Quästoren verkaufter Acker, Gromat. vet.: porta, Tor im Lager, in der Gegend des Quästorenzeltes, Cic. – **B** *subst.*, quaestōrium, iī, *n.*, **1** (*sc.* tentorium) das **Zelt des Quästors** im Lager, Liv. 10, 32, 8. – **2** (*sc.* aedificium) die **Wohnung des Quästors** in der Provinz, Cic. Planc. 99. – **II** insbes., im Rang eines Quästors, **quästorisch,** **A** *adi.*: legatus, mit dem Rang eines Quästors, Cic.: adulescens nondum quaestorius, der noch nicht einmal Quästor gewesen, Liv.: qu. iuvenis, der Quästor gewesen, Tac. – **B** *subst.*, quaestōrius, iī, *m.*, der **gewesene Quästor,** Cic. u. Suet.

quaestuārius, a, um (quaestus), **Gewinn suchend, Gewerbe treibend,** mancipia, ICt.: mulier, eine Buhldirne, ICt. – subst., quaestuāria, ae, *f.*, die **Buhldirne** von Gewerbe, Sen. de ben. 6, 32, 1. Tert. de spect. 30.

quaestuōsē, *Adv.*, doch nachweisbar nur im *Compar.* u. *Superl.* (quaestuosus), **vorteilhaft, mit Gewinn,** compertum non aliter quaestuosius censum haberi aut tutius, Plin. 19, 56: istud non beneficium, sed fenus est circumspicere, non ubi optime ponas, sed ubi quaestuosissime habeas, unde facillime tollas, Sen. de ben. 4, 3, 3.

quaestuōsus, a, um (quaestus), voll Erwerb, dah. **I** v. Zuständen usw., **Vorteil bringend, vorteilhaft, einträglich,** mercatura, Cic.: est multo quaestuosius, Cic.: res quaestuosissima Verri, Cic. – **II** v. Pers.: **1** **auf seinen Vorteil** (Gewinn, Verdienst) **sehend, -bedacht, gewinnsüchtig,** homo, Cic.: nec satis in arte ea quaestuosus, Plin.: aequi istud faciam, dum eam des (schaffst du mir nur eine), quae sit quaestuosa, quae alat corpus corpore, Plaut. – **2** **viel Gewinn-, viel Vorteil ziehend, sich bereichernd,** gens navigiorum spoliis quaestuosa, Curt.: veterani nitidi et qu., Tac.: unde primo qu. et opulenti, Nipperd. Tac. ann. 12, 63.

1. quaestūra, ae, *f.* (quaero) = quaestus, der **Verdienst,** ex quaestura sua, CIL 3, 797. 798. 1379.

2. quaestūra, ae, *f.* (quaestor), das Amt-, die Würde des Quästors, die **Quästur,** Cic. u. a.: quaesturam gerere, Suet.

quaestus, ūs, *m.* (quaero), **I** das **Suchen,** in quaestibus istic et voluptatibus amoribusque hominum fuit, gesucht, verehrt u. geliebt von allen, Gell. 16, 19, 6 (vgl. quaestio *no.* I). – **II** der **Erwerb, Gewinn,** die **Einnahme,** **A** im Allg.: **α** mit obj. *Genet.* od. *Genet. Gerund.*: hunc (deum Mercurium) ad quaestus pecuniae (Gelderwerb) mercaturasque habere vim maximam arbitrantur, Caes. b.G. 6, 17, 1: emendi aut vendendi quaestu et lucro duci, Cic. Tusc. 5, 9. – **β** m. subj. *Genet.* od. m. *Adi.* od. absol.: qu. carcerarius, E. eines Gefängniswärters, Gefängniswärterei, Plaut.: forensis (auf dem Forum), Cic.: frumentarius (vom Getreide), Cic.: mediocris (mäßiger), Cic.: stabilissimus minimeque invidiosus, Cato: quaestus minimus, Auct. b. Alex.: quaestus maxime pius (unschuldigste) stabilissimusque, Cato: quaestus ac lucrum unius agri et unius anni, Cic.: illiberales et sordidi quaestus (Gewerbe) mercennariorum omnium, Cic.: quaestus magni atque uberes, Cic.: inopia quaestus, Erwerblosigkeit, Tac. – colere suum quaestum, Plaut.: ex Castoris et Pollucis templo quaestum sibi et praedam improbissimam comparare, Cic.: constituere sibi quaestus (Erwerbsquellen) magnos atque uberes ex his causis, quas etc., Cic.: mediocri quaestu contentum esse, Cic.: eo profusius quaestui atque sumptui deditum esse (auf E. u. Aufwand erpicht sein), Sall.: pretio quaestuque duci, Cic.: tibi hominum innocentium sanguis non modo voluptati, sed etiam quaestui fuit, Cic.: quibus fides decus pietas postremo honesta atque inhonesta omnia quaestui sunt, die Handel treiben mit usw., Sall.: ut primum lingua esse coepit in quaestu, zur Erwerbsquelle wurde, Quint.: medicis gravis annus in quaestum est, ist eine Erwerbsquelle, Sen.: et quaestus ex alieno errore (aus fremdem Aberglauben) facilis, quem velut ex concessae artia usu exercebant, Liv.: quaestum carcerarium facere, Plaut.: maximos quaestus praedasque fecisse, Cic.: furtis quaestum facere, auf betrügerische Weise sein Gewerbe treiben, Cic.: quaestum ex adulterio uxoris suae facere, Gewinn ziehen, ICt.: HSCCCIↃↃↃ quaestus facere nolle, einen G. von 100000 S. verschmähen, Cic.: nullum in eo facio quaestum (dabei gewinne ich nichts), quod (dass du usw.) etc., Cic.: in privatis rebus rem mandatam non modo malitiosius gerere sui quaestus aut commodi causā, verum etiam neglegentius, Cic.: quaestui habere (als Erwerbsquelle benutzen) rem publicam, Cic.: equites, Caes.: ab adulescentulo (von Jugend auf) quaestum sibi instituisse (sich zum Lebenszweck gemacht haben) sine impendio, Cic.: quaestu iudiciario pasci, sich vom Gewerbe eines Richters nähren, Cic.: sestertium centiens et octogiens ex aerario sibi attributum Romae in quaestu (auf Zinsen angelegt) relinquere, Cic.: servire quaestui, auf G. sehen, Cels.: nullis quaestibus sustineri, von keinem Erwerb (Gewerbe) leben, Plin. ep. – **B** insbes., das **Gewerbe** einer Buhlerin oder eines Buhlknaben, das **Hurengewerbe** (vollst. meretricius quaestus, Plaut. cist. 41 u. Cic. Phil. 2, 44. Donat. Ter. Andr. 4, 5, 9: Plur. meretricii quaestus, Sen. contr. 1, 2. § 4), z. B. quaestum corpore facere, Plaut. Poen. 1140. Liv. 26, 33, 8. Val. Max. 6, 1, 6. Tac. ann. 2, 85: quaestum corpore factitare, Val. Max. 6, 1, 10: u. bl. quaestum facere, Plaut. cist. 121. Ter. heaut. 640: quaestum occipere, Plaut. capt. 98. Ter. Andr. 79: prostat et in quaestu pro meretrice sedet, treibt das H., Ov. ex Pont. 2, 3, 20. – ► Archaist. Genet. Sing. quaestuis, Nov. com. 105. Varro bei Non. 483, 32. Fest. 258 (a), 1 (wo quaestuis zu lesen): u. quaesti, Caecil. com. 130. Titin. com. 26. Pompon. com. 123. Turpil. com. 42 u. 84. Plaut. most. 1107 u. a. Ter. Hec. 836. Varro sat. Men. 436. – Dativ Sing. quaestu, Plaut. rud. 294.

quăglātor, ōris, *m.*, s. coāgulātor.

quālibet u. **quālubet** (*Abl.* v. quilibet), wo od. wohin es beliebt, **überall,** Plaut. most. 809. Quint. 5, 13, 13: concursa qualubet, erras, Varro sat. Men. 327. – ► Catull. 14, 6 quā lubet.

quālis, e (*adi.* zu quī mit Suffix ālis; vgl. griech. πηλί-κος), **wie beschaffen, welcherlei, was für ein,** **I** *interrog.*: qualis est istorum oratio? was ist das für ein Reden? Cic.: quali fide, quali pietate existimatis esse eos, qui etc.? Cic. – **II** *relat.*, mit u. ohne korrespond. talis, **dergleichen, wie,** qualem te praebuisti, talem te impertias, Cic.: doce me, quales sint, Cic.: rei natura qualis sit, quaerimus, wie beschaffen, Cic.: in hoc bello, quale bellum nulla barbaria gessit, dergleichen usw., Cic.: quale est iter in silvis, sowie, dergleichen, Verg. – bei Anführungen, Zitaten usw., **wie, wie zum Beispiel,** Quint. 1, 5, 65. – poet., zur Einführung eines Gleichnisses, für das Adv. qualiter, **wie, gleichwie, sowie,** qualis Philomela queritur, Verg. georg. 4, 511: quale caelum subrubet, Ov. – qualisqualis = *qualiscumque,* **wie nur beschaffen** (es sei), ICt. – **III** *indefinit.*, **irgendwie beschaffen,** subst., quale, **das, was irgendeine Beschaffenheit hat,** illa, quae appellant qualia (ποιά), Cic. Acad. 1, 28: prius aliquid esse debet, deinde quale esse, Sen. ep. 117, 27.

quālis-cumque, quālecumque, **I** *relat.*, **wie nur beschaffen** (es sei), homines qualescumque sunt, sie mögen beschaffen sein, wie sie wollen, Cic.: qu. imperatores, Tac. – mit korrespond. talis, **sowie nur ... so usw.,** qualescumque fuerint, talem civitatem fuisse, Cic. – **II** *indefinit.*, **er sei beschaffen wie er wolle, jeder ohne Unterschied,** sin qualemcumque locum sequimur, Cic.: pacem qualemcumque componere, um jeden Preis Frieden schließen, Aur. Vict. – ► In der Tmesis, qualis enim cumque est, Ov. ex Pont. 4, 13, 6: quale id cumque est, Cic. de nat. deor. 2, 76.

quālis-libet, quālelibet, **es sei beschaffen, wie es wolle, beliebig, von beliebiger Beschaffenheit,** formae litterarum vel aureae vel qualeslibet, Cic. de nat deor. 2, 93: pisces qualeslibet, Apic. 4, 143.

quālis-nam, quālenam, **von was denn für Beschaffenheit,** si est divinatio, qualibusnam a perceptis artis proficiscitur? Cic. de fato 11: facile intellectu cuivis fuit, qualisnam accusatio futura esset, Apul. apol. 2.

quālis-quālis, s. quālis.

quālitās, ātis, *f.* (qualis), die **Beschaffenheit,** das **Verhältnis,** die **Eigenschaft,** bei Cic. nur als Übersetzung v. ποιότης, im Sing. u. Plur. Cic. de nat. deor. 2, 94; Acad. 1, 24 u. 1, 25 *sq.* – später allgemein, eadem qu., Sen.: qu. litoris, caeli, Quint.: lineamentorum, die Gestaltung der Gesichtszüge, Iustin.: symmetros eurythmiae qu., Vitr.: nulla alia sonituum qu., keine andere Art von Klängen, Vitr.: Plur., differentia qualitatium, Plin. 36, 159: omnium animalium in mundo generatim qualitates (Eigenschaften), Vitr.: in verbis genera et qualitates (Modi) et personas et numeros, Quint.

quālitātīvus, a, um (qualitas), **qualitativ,** species = ποιότης, Cassiod. complex. in psalm. 21. Isid. orig. 2, 29, 4.

quāliter, *Adv.* (qualis), **I auf was für Art, wie,** Colum. u. a.: qualiter-qualiter, **auf was für Art nur, wie nur** (es damit sei usw.), ICt. – **II gleichwie, sowie,** Ov., Plin. u. a.

quāliter-cumque, *Adv.*, **auf was für Art nur, wie auch immer,** beim Verb. finit., et qu. obruas, sustinet coloni neglegentiam, Colum. 2, 10, 2. – beim Partiz., potest (apium) etiam citra hanc operam fieri crispum qu. satum, Colum. 11, 3, 34: meminerint qu. proeliatis cadendum esse, Iustin. 2, 11, 11. – ellipt., id qu. (verst. sit), dem sei nun, wie ihm wolle, Flor. 3, 19, 1 H.

quāliterquāliter, s. quāliter.

quālubet, s. quālibet.

quālum, ī, *n.* u. **quālus**, ī *m.* (statt quaslum, -us; vgl. quasillus), der **geflochtene Korb** zu allerhand Gebrauch, bes. das **Woll-, Spinnkörbchen,** Scriptt. r. r., Verg. u. a.

quam, *Adv.* (Akkusativform von qui, analog mit tam), **auf welche Weise, wie,** emphatisch = **in welchem Grade, wie sehr, I** in der Korrelation: **A** in Vergleichungen, **a** in der Korrel. mit tam, s. 1. tam. – m. ausgelassenem *tam:* homo non, quam isti sunt, gloriosus, Liv.: exibit quam saepe, time, Tibull.: quam si = *tamquam si,* gleich als wenn, als ob, wie, Cic. Planc. 60. – So, mit u. ohne *tam,* namentlich **α** bei possum (queo), z. B. tam consimilis (imago) est, quam potest, so ähnlich wie möglich, möglichst ähnlich, Plaut.: tam confido, quam potest, so sehr wie möglich, Plaut. – gew. mit ausgelassenem *tam,* tusa cribrataque vino qu. possit excellenti, so ausgezeichnetem wie möglich, Plin.: öfter beim *Superl.*, qu. maximā possum voce dico, mit so sehr starker St. wie möglich, Cic.: qu. queas minimo, Ter.: quam verissime potero, Sall.: quam maximis potest itineribus, Caes.: qu. celerrime potuit, Caes. – u. elliptisch ohne *possum,* **möglichst, recht sehr, gar sehr,** bei *Adii.* u. *Advv.* im *Posit.* u. *Superl.*, cena quam opima, Auct. b. Hisp.: sementes quam maximas facere, Caes.: quam plurimi colles, Caes.: quam plurimi dies, Plin. ep.: hortor, ut quam plurima proferas, Plin. ep.: quam plurimo (möglichst teuer) vendere, Cic.: suos valde quam paucos habet, gar sehr wenige, Brut. in Cic. ep.: nimis quam, möglichst sehr, gar sehr, Plaut.: quam familiariter, Ter. – qu. maximus numerus, eine möglichst große Z., Caes.: qu. saepissime, möglichst oft, Cic.: qu. maxime, s. māximē (unter magis) *no.* I, B, a: qu. primum, sobald wie möglich, möglichst bald, Cic. u. a. – bei *Verbb.:* nam, quod de Pompeio Caninius agit, sane quam refrixit, Cic. ad Q. fr. 2, 4 (6), 5. – **β** (mit ausgelass. *tam*): quam longus est, **so lang ... ist,** d. i. der (die, das) **ganze lange,** nocte, quam longa est, die ganze lange N., Verg.: hiemem, quam longa (est), den g. l. Winter, Verg – **b** in der Korrel. mit tantus, tanti, tanto, s. tantus. – **c** in der Korrel. mit *sic:* quam multā grandine nimbi crepitant, sic heros ... pulsat, Verg. Aen. 5, 458 *sq.;* u. mit ausgelass. *sic,* Verg. Aen. 6, 305 *sqq.* – **d** in der Korrelation mit einem Komparativ und mit Begriffen, die eine vergleichende Beziehung zulassen, **wie, als,** maior pecunia, qu. quanta, Cic.: plures, qu. quot, Cic., u. bl. plures, quam, Liv.: plus, quam quod, Cic.: nihil est magis timendum, quam etc., Cic.: his quam physicis potius credendum, Cic.: prius quam, s. prius. – u. quam qui, quam ut nach dem den zu hohen Grad bezeichnenden Komparativ, maior sum, quam cui possit etc., zu groß, als dass usw., Ov.: indulgebat sibi liberius, quam ut etc., Nep. – nach magis mit Positiv zur Umschreibung des Komparativs, magis audacter, quam parate, Cic.; u. nach dem Komparativ st. magis mit Positiv, vehementius quam caute, Tac. – regelmäßig auch im zweiten Glied der Komparativ des *Adi.* u. *Adv.* (wo im Deutschen der Positiv steht), wenn angegeben werden soll, dass die erste Eigenschaft die zweite überwiegt, deutsch gew. **mehr** mit Positiv ... **als** mit Positiv, longior quam latior, Cic.: libentius qu. verius, Cic. – durch eine Art Anakoluth beide *Adii.* im Positiv, indem die vergleichende Beziehung, die anfänglich nicht berücksichtigt wurde, nachträglich hinzugefügt wird (vgl. griech. ἤ), tacita bona est mulier quam loquens, mehr als eine, Plaut.: claris maioribus quam vetustis, mehr als von alten Ahnen, Tac. – ebenso in der Vergleichung zweier Subst., nec me mea ars quam benevolentia perturbat, mehr als, Curt.: cedere loco consilii quam formidinis arbitrantur, mehr als der F., Tac. – in der Korrel. mit einem *Superl.* in der Bedeutung eines gesteigerten *Compar.*, cum tyranno, quam qui umquam saevissimo, Liv. – nach den eine Vergleichung zulassenden Verben malle und pleon. magis malle, potius malle, s. mālo: nach praestat, Caes. b. G. 7, 17, 4: nach statuo, Nep. Dat. 8, 1: nach probo, Tac. ann. 1, 58: nach volo, Liv. 3, 68, 11; 25, 29, 6. – nach den eine Vergleichung zulassenden Begriffen, wie nach aeque (ebenso), nach plus (mehr), supra (mehr), ultra (weiter), contra, secus, alius, aliter, alibi, dissimilis, diversus, s. d. – mit ausgelassenem *alius,* ne quis Asiae rex sit quam ille, keiner (= kein anderer) als usw., Curt.: quid est compati, quam cum alio pati, was ist M. (anderes) als usw., Tert. – so auch nach Zahlbegriffen, haud centesimam partem laudat, quam etc., Plaut.: intra quintum, quam affuerat, diem, Suet.: ut vix dimidium, quam quod acceperat, tradiderit, Liv.: ferramenta duplicia, quam numerus servorum exigit, Colum. – endlich quam pro mit Ablat. eines Subst. nach Komparativen u. Zahlbegriffen, um anzugeben, dass der verglichene Ggstd. mit dem zur Vergleichung gezogenen im Missverhältnis steht, deutsch **als im Verhältnis zu usw., als man nach Verhältnis** des u. des usw. **erwarten durfte,** proelium atrocius quam pro numero pugnantium editur, Liv.: multiplex quam pro numero damnum est, Liv. – **B** in der Korrelation mit Zeitbegriffen, als, **nachdem,** postero die od. postridie quam etc., Cic.: pridie quam etc., Cic.: saeculis multis ante, quam etc., Cic.: venerunt post diem sextum, quam etc., Cic. fil.: septimo die, quam etc., Liv. – **II** außer der Korrelation, zur Bezeichnung des Grades, **wie, in welchem Grade, wie sehr, wie wenig, wie so gar nicht, a** in indirekter Rede, **α** bei *Advv.* u. *Adii.:* memoriā tenetis, quam valde admurmurarint, Cic.: nescis, quam magnum flagitium admiseris, Petron.: quam sint morosi, qui amant, vel ex hoc intellegi potest, Cic.: ut illud, quod cupiat, ostendatur, quam leve, quam contemnendum, quam nihil (wie wenig wert) sit omnino, Cic. – **β** bei *Verben:* nescis, quam doleam, Ter.: illuc intendenda mens, quam omnia ad victoriam spectent, Quint. – attende iam, quam ego defugiam auctoritatem consulatus mei, wie wenig ich meine konsularische Wirksamkeit verleugne, Cic. – **b** in der Frage u. im Ausruf, **α** bei *Advv.* u. *Adii.:* quasi ego, quam dudum? rogem, Ter.: quam multum? Quint. – quam cito illa omnia ex laetitia et voluptate ad luctum et lacrimas reciderunt! Cic.: quam nihil est totus homuncio! wie so gar nichts, Petron.: quam nihil praetermittis in consilio dando! Cic.: quam multa quam paucis! Cic. – **β** bei *Verben:* quam gaudeo! Ter.: quam timeo, quorsum evadas! Ter.: ut se accusari nolunt, quam cupiunt laudari! Cic.: quam hoc non curo! wie wenig kümmere ich mich darum! Cic.

quamde, verlängerte Form von quam, **als,** Enn. ann. 97. Liv. Andr. Cn. Naev. bei Fest. 352 (b), 9. Lucr. 1, 640. – ► Nbf. quande, Enn. ann. 136*.

quam-diū, I *interrog.* **wie lange? seit wie langer Zeit? wann?** Plaut. capt. 980. – **II** *relat.*: **a wie lange, so lange (wie),** Cic. u. a. – **b so lange (wie), während der Zeit, dass,** Colum. 12, 52, 13. – **c so lange bis,** Lampr. Heliog. 29, 7. Vopisc. Prob. 14, 2. Amm. 22, 15, 23. Veget. mil. 3, 9. Macr. somn. Scip. 1, 18, 11 u. a.

quamdiū-cumque (-**cunque**), *Adv.*, **wie lange auch nur,** qu. erit (als Zwischensatz), Augustin. de civ. dei 10, 30; de don. persev. 10.

quam-dūdum, s. dūdum.

quam-libet (-**lubet**), *Adv.* **I wie beliebt, ganz nach Belieben,** Phaedr.: quamlibet esto unica res quaedam, Lucr. – **II** übtr.: **a** im Allg = **so sehr auch, noch so sehr, noch so,** occupat egressas quamlibet ante rates, sie mögen noch so weit gegangen sein, Ov.: manus quamlibet infirmae, die noch so schwachen Hände, Ov.: quamlibet numerosa subsellia, Plin. ep.: qu. ignavi, Ov.: quamlibet parvum sit, es sei so unbedeutend, wie es wolle, mag es auch noch so klein sein, Quint. – beim *Superl.*, temerario concilio quamlibet numerosissimo, Augustin. epist. 43, 6 (u. so *ibid.* 77, 2). – **b** = quamvis, **obschon, obgleich,** quamlibet sis multo comitatu stipatus, Min. Fel. 37, 9.

quammāgnuscumque, quammāgnacumque, quammāgnumcumque, **möglichst groß,** tabulae marmoreae, Compend. Vitr. 19. p. 303, 4 Rose.

quamobrem od. **quam ob rem, aus welcher Ursache, warum, weswegen, I** *interrog.*, **weshalb? weswegen?** Plaut. u. Cic. – **II** *relat.*: si res reperietur, quam ob rem videantur etc., Cic.: multae sunt causae, quam ob rem cupio, Ter.: verum illud est, quam ob rem haec commemorarem, Cic. – am Anfang eines Satzes als Übergangspartikel, **deswegen, und deswegen,** Cic.

quam-plūrēs, s. com-plūres.

quam-plūrimus, a, um, s. quam *no.* I, A.

quam-prīmum, ehestens, so bald wie möglich, Caes., Cic. u. a. – mit *posse:* ut, quam primum possis, redeas, Plaut.

quam-quam, *Coni.*, wenn auch noch so, deutsch **wiewohl, obgleich, obschon,** und am Anfang des Satzes (beschränkend, berichtigend, ergänzend) = **gleichwohl, indessen, jedoch, freilich, zwar,** mit und ohne korresp. tamen, gew. mit folg. *Indicat.*, mit folg. *Coniunctiv* in klass. Prosa nur, wenn ihn der Gedanke auch ohne quamquam erfordern würde, bei Dicht. u. spät. Pros. aber auch übh., **α** mit *Indicat.*: medici quamquam intellegunt saepe, tamen numquam aegris dicunt etc., Cic.: quamquam festinas, non est mora longa, Hor. – am Anfang eines Satzes, quamquam quis ignorat, qui etc., Cic.: u. so in parenthet. Sätzen, quamquam quid loquor, Cic. – **β** m. *Coniunctiv* (s. Madvig Cic. de fin. 3, 70. Kühner Cic. Tusc. 5, 85. Görenz Cic. de legg. 3, 18): quamquam sensus abierit, tamen suis et propriis bonis laudis et gloriae, quamvis non sentiant, mortui non carent, Cic.: quamquam sint in quibusdam malis, tamen hoc nomen beati longe et late patet, Cic.: quamquam nonnullis leve visum iri putem, obgleich es nach meiner Meinung so manchem unerheblich scheinen dürfte, Nep. – in parenthet. Sätzen, quamquam te quidem quid hoc doceam? Cic.: quamquam ne id quidem suspicionem coitionis habuerit, Cic. – **γ** mit folg. *Acc.* u. *Infin.*: quamquam ne impudicitiam quidem nunc abesse, wiewohl, jedoch, Tac. ann. 12, 65. – **δ** ohne *Verbum,* **αα** in der Aposiopese: quamquam o! – sed superent etc., Verg. Aen. 5, 195. – **ββ** m. einem *Adi.* od. *Partic.*: bellum atque arma, quamquam vobis invisa, tamen quia Lepido placent, sumenda sunt, Sall. hist. fr. 1, 48, 2 (1, 51, 2); u. so Sall. Iug. 43, 1: si omnia illa, quae sunt extra, quamquam expetenda, summo bono continerentur, Cic. de fin. 5, 68: quamquam vulnerato Pisoni effugium dedit, Tac. hist. 1, 43: beim *Abl. absol.*, magnitudine quamquam non satis iustā ad proeliandum, Auct. b. Alex. 44, 3: quies provinciae quamquam remoto consulari mansit, Tac. hist. 1, 60. – oft in nachaug. Prosa (s. Otto Tac. ann. 1, 6. p. 68), z. B. triumpho donatus est, qu. expers belli propter aetatem, Suet.: qu. offirmate resistens, Suet.: neque enim quamquam fusis omnibus membris statua sit, nisi collocetur, Quint. – ► quamquam nachgestellt, Tac. ann. 5, 9.

quamtus, s. quantus ►.

quam-vīs, *Adv.* u. *Coni.*, **wie du willst, so sehr du willst, beliebig, noch so sehr, noch so, I** *Adv.*: **A** im Allg.: audacter qu. dicito, Plaut.: qu. multos nominatim proferre, beliebig viele, Cic. – qu. enumeres multos licet, noch so viele, Cic.: qu. longum tempus, Liv.: qu. diu, beliebig lange, Cic. – **B** zur Bezeichnung des sehr hohen Grades, **so sehr wie möglich, gar sehr, α** bei *Adii.*: qu. humanus, Varro: qu. ridiculus, Plaut.: qu. longi sermones, wer weiß wie lange R., Plaut.: beim *Superl.*, qu. mundissimis tabulis, noch so reinen, Colum.: qu. acerbissima fata, Quint.: qu. lautissima cena, Plin. ep.: qu. pessimum flagitium, Tac. – **β** bei *Advv.*: qu. facunde, wer weiß wie beredt, Plaut.: qu. copiose, Cic.: qu. callide, Cic.: qu. diu, wer weiß wie lange, Cic.: qu. subito, jeden Augenblick, Plaut. – **II** *Coni.*, **so sehr auch, wenn auch noch so, es mag auch noch so sehr,** deutsch gew. **obgleich, obschon,** gew. m. folg. *Coniunctiv*, seltener m. dem *Indicat.*, **a** m. folg. *Coniunctiv:* qu. in rebus turbidis sint, Cic.: qu. prudens sis, tamen etc., Cic.: in negat. Sätzen, qu. non fueris suasor, Cic. – mit *licet* verb., quamvis licet insectemur illos, Cic. (vgl. Seyffert Cic. Lael. 73). – **b** m. *Indicat.* (s. Fritzsche Hor. sat. 2, 5, 15): quamvis patrem suum numquam viderat, Cic.: qui quamvis periurus erit, Hor.: qu. carebat nomine, Nep.: qu. perveneras, Liv. – **c** ohne *Verbum* mit einem *Adi.* od. *Partic.*: res, qu. rei publicae calamitosas, gesserat, Cic.: qu. iniqua passi, Cic.: tum quoque, quamvis peior, sola tamen occasio non omittenda est, Cels. 2, 10. p. 53, 38 D.: aliud autem, quamvis non multum distans malum, gravedo est, Cels. 4, 5 *in.* (u. so 5, 26, 34): nuntio tibi me Ephesum navigasse quamvis contrariis ventis retentum, Plin. ep. 10, 15 (26).

quānam (*Abl.* v. quinam), **I wo denn,** Liv. 5, 34, 7. – **II wie denn,** Plin. 11, 137.

quande, s. quamde ►.

quan-diū, s. quam-diū.

quandō, *Adv.* u. *Coni.*: **I** *Adv.*, **wann, A wann** = zu welcher Zeit, **a** *interrog.*: venit Cheraea. *Ph.*: Quando? Plaut.: quando enim me ista curasse arbitramini? Cic.: o rus, quando ego te aspiciam quandoque licebit? Hor. – **b** *relat.*: non intellegitur, quando obrepat senectus, Cic. – **c** *indefin.*, zu irgendwelcher Zeit, d. i. **jemals, je einmal,** in der Verbndg. num, ne, si quando, z. B. exsistit hoc loco quaestio, num qu. etc., Cic.: quod metuere non debeas, ne qu. liberis bona reddantur, Cic.: ut, si qu. auditum sit, prodigii simile numeretur, Cic. – verstärkt *si quando unquam* alias, Liv.: *si quando umquam* … meminerint, Liv. – absol.: nunc mihi, si quando, valete, Ov. – fuisse autem illic pluviam, ne quando quidem auditum est, Sulp. Sev. dial. 1, 3, 4. – **B wann** = unter welchen Bedingungen od. Verhältnissen, Cic. or. 117 u. 205. – **II** *Coni.*: **a** *tempor.* = **als, da,** tum qu. legatos Tyrum misimus, Cic. – **b** *causal.* = **sintemal, weil, da** (s. Jordan Cic. Caecin. 2. Fritzsche Hor. sat. 2, 5, 9. Sall. Iug. 102, 9. Drak. Liv. 33, 2, 9; 39, 51, 9; 40, 9. 1. Heräus Tac. hist. 1, 87, 1. Drak. Sil. 13, 768. Burm. Val. Flacc. 7, 156. Hildebr. Apul. de dogm. Plat. 2, 10. p. 228), qu. hoc bene successit, Ter.: qu. ad maiora quaedam nati sumus, Cic.: id omitto, qu. vobis ita placet, Sall.: qu. parum dolus profuerat, Liv. – m. folg. *Coniunctiv,* qu. senescant sata quaedam aquā, Plin. – ► Archaist. quandoc, Paul. ex Fest. 259, 4 u. 6 herzustellen nach Fest. 258 (b), 4.

quandō-cumque (-**cunque**), *Adv.*, **zu welcher Zeit nur** (es sei, wann es wolle), **wann-, sooft-, sobald nur,** qu. ista gens suas litteras dabit, Cato b. Plin.: qu. trahunt invisa negotia Romam, Hor.: qu. fors obtulerat, Auct. b. Alex.: qu. mihi poenas dabis, du wirst schon einmal usw., Ov.: in der Tmesis, quando consumet cumque, Hor.

quandō-libet, *Adv.*, **irgendeinmal, es sei, wann es wolle, zu seiner Zeit,** Lact de opif. dei 4, 7.

quandōne, *Adv.*, **zu irgendwelcher Zeit, wann es auch immer sei,** CIL 6, 22275 u. 6, 25905.

quandō-que, *Adv.*, **I** *relat.* **wann einmal, zu welcher Zeit nur, wann-, sooft nur,** Cic., Hor. u. a.: dah. kausal, **da doch, weil doch,** Cic. Verr. 3, 187. Liv. 8, 7, 15 u. 9, 10, 9. – **II** *indefin.*: **A irgendeinmal, über kurz oder lang, später einmal, einmal zu seiner Zeit,** Hor., Liv. u. a.

– **B** **dann und wann, zuweilen,** Cels. u. a. – ▶ quandoque = et quando, s. quandō.

quandō-quidem (richtiger getrennt quando quidem), *Coni.*, **da nämlich, da (weil) eben, da ja, da allerdings,** Komik., Catull., Cic. u. a. – ▶ Das o bei den Komik. u. bei Verg. in der Regel kurz, lang bei Plaut. Stich. 559.

quanquam, s. quam-quam.

quansei, s. 1. quasi a. E. ▶.

quantillus, a, um (*Demin.* v. quantulus), **I** wie groß = **wie klein,** haecine meae sunt filiae? Quantae e quantillis iam sunt factae! Plaut. Poen. 1167. – **II** wie viel = **wie wenig, wie gering, A** *interrog.*: quantillo argento te conducit Pseudolus? um was für ein erbärmliches Stück Geld, Plaut.: huic debet Philolaches paulum. *Th.* Quantillum? welche Kleinigkeit? Plaut.: sitit haec anus; quantillum sitit? Durst hat die Alte; wie großen? Plaut. – **B** *relat.*: subducam ratiunculam, quantillum (welch Sümmchen) argenti mi apud trapezitam siet, Plaut. capt. 193.

quantisper, *Adv.* (quantus), **I** *interrog.*, **wie lange?** Caecil. com. 52. – **II** *relat.*, **wie lange,** Pompon. com. 44.

quantitās, ātis, *f.* (quantus), **I** die **Größe, Menge, Anzahl,** Vitr., Plin. u. a.: qu. vocis, Umfang, Stärke, Quint.: Plur., modulorum quantitates, Vitr. 4. praef. § 1: terrae dimensiones, qualitates, quantitates, Ps. Apul. Ascl. 13: multiformes qualitates et magnae quantitates, *ibid.* 34. – **II** insbes.: **A** die **Summe, Quantität,** ICt. – **B** *t. t.* der Logik, quantitas propositionis, die Allgemeinheit od. Partikularität, Ps. Apul. de dogm. Plat. 3. p. 263 H. Mart. Cap. 4. § 342 u. 371 *sqq.*

quantō, s. quantus, a, um.

quantōcius (= quanto ocius), **auf das Geschwindeste, je eher je lieber,** Licin. b. Lact. de mort. persec. 48, 10. Claud. Mam. grat. act. ad Iul. 2, 6. Commod. instr. 1, 25, 21. Sulpic. Sev. dial. 3, 4, 6. Augustin. serm. 314, 1.

quantopere u. getrennt **quantō opere,** *Adv.* (quantus u. opus), mit wie großer Bemühung, **I** eig., v. hohen Grad der Teilnahme, **mit wie großer-, mit welcher Sorgfalt, wie sehr,** quanto se opere custodiant bestiae, Cic.: quanto opere eius municipii causā laborarem, Cic. – **II** übtr., v. hohen Grade der Beschaffenheit, **in wie hohem Grade, wie sehr,** dici non potest, quanto opere gaudeant, Cic.: docet, quanto opere rei publicae communisque salutis intersit manus hostium distineri, Caes. – korresp. mit *tanto,* **wie sehr,** Cic.: tanto opere (so sehr) desiderabam, quanto opere delector, Cic.: quanto opere eorum animi magnitudinem admiraretur, ... tanto opere licentiam arrogantiamque reprehendere, Caes.

quantulus, a, um (*Demin.* v. *quantus*), **wie groß, wie viel = wie klein, wie gering, wie wenig,** quantulus sol nobis videtur! Cic.: mors sola fatetur, quantula sint hominum corpuscula, Iuven.: quantuli quique fuerint, Gell. – quantulum iudicare possemus, wie viel, Cic.: id autem quantulum est? wie wenig? Cic.: quantulum memini, Gell. – quantulum militum, Tac.: quantulum loci, Tac. – quantulo (mit wie Wenigem) contenti esse deberent, Curt. – quantulum quantulum = *quantulumcumque,* **wie wenig auch immer,** cladibus amici quantulum quantulum ferentes auxilium, Apul. met. 9, 35.

quantulus-cumque, acumque, umcumque, **wie groß nur, so groß wie nur** = d. i. **wie klein nur, so klein nur immer,** qu. fax, Flor.: fimus qu., ein klein wenig M., Plin.: agger (Grabhügel) qu., Ps. Quint. decl.: haec mea, quantulacumque est, facultas, Cic.: affectus, quantulicumque sunt, Sen.: qu. beneficii occasio, jede geringste G. einer Bewilligung, Frontin. aqu.: spes eius quantulacumque, Val. Max.: caput in quantulocumque actu vel maxime tremulum, Suet.: quantulumcumque est und getrennt quantulum id cumque est, Cic.: hoc quantulumcumque est lucrum, Quint. – *neutr.*, quantulumcumque, **wie klein** od. **gering auch nur, so wenig auch,** quantulumcumque dicebamus, Cic.: mit *Genet.*, quantulumcumque aquae vel ciborum inest, Colum.: quantulumcumque temporis (eine so kleine Spanne Zeit auch nur) contigit, Sen.

quantulus-libet, alibet, umlibet, **so klein, wie es auch sei, so klein auch immer,** Ulp. dig. 21, 1, 4. § 6.

quantum, s. quantus, a, um.

quantum-vīs, *Adv.* u. *Coni.*, **so sehr auch nur** (verstärktes quamvis), **I** *Adv.*, zur Bezeichnung des hohen Grades = **so sehr du willst, sehr, gar sehr,** homo qu. vafer, Sen.: qu. facundus, Suet.: qu. mirabili casu, Suet. – **II** *Coni.*, **so sehr auch, obgleich, obschon,** ille catus, qu. rusticus, Hor. ep. 2, 2, 39.

quantus, a, um (aus quam u. der Adjektivendung tus), relat. und fragendes Adjektivpronomen, **von welcher** (relativen) **Größe, wie groß, I** relat. = ὅσος, **A** im Allg., von räumlicher Größe, **wie groß** u. (ohne korresp. tantus) **so groß wie,** von numerischer Größe u. von numer. Wert, **wie groß, wieviel, wie beträchtlich** u. dgl., **so groß, so beträchtlich wie usw.,** v. der Zeitgröße, -dauer, **wie lange, so lange wie usw.,** von intensiver Größe (Stärke, Bedeutung), **wie groß, wie stark, wie bedeutend, so groß wie, so stark-, so sehr** usw. **wie** usw., **1** *adi.*: **α** in der Korrelation m. *tantus* oder *tam*, s. tantus, tam. – **β** m. ausgelassener Korrelat. (s. Weißenb. Liv. 9, 37, 2): (crocodilus) parit ova, quanta anseres, ebensogroße Eier wie die G. (legen), Plin.: qualis quantusque Polyphemus ... alii (poet. = tales tantique sunt alii), Verg. – ut ab eo acciperent ... exercitum et pecuniam, quantam vellent, Cic.: quantus non umquam antea exercitus ad Sutrium venit, ein so großes Heer wie noch nie, Liv. – nox acta, quanta fuit, so lange sie dauerte, die ganze lange Nacht, Ov. her. 12, 58. – clavum adactum, quantā libeat vi, arbori statim exsilire, cum etc., Plin. – quanto opere, s. quantopere. – quantus bei posse statt quam zur Verstärkung des *Superl.* des *Adi.* u. *Adv.* = **so sehr wie möglich, so sehr wie nur immer, möglichst, αα** in der Korrelat. mit tantus, s. tantus. – **ββ** ohne Korrelat.: quantā maximā potui celeritate, so schnell, wie ich nur immer konnte, Liv.: quanto maximo cursu posset, Curt. Vgl. Drak. Liv. 7, 9, 8; 9, 10, 10; 42, 15, 1. Mützell Curt. 3, 8 (21), 16. – u. quantā maxime poterat vi, Liv.: quanto maxime posset moto pulvere, Liv. – quantus quantus, **so groß** od. **so viel auch immer,** tu quantus quantus, nihil nisi sapientia es, du lauter Weisheit, jeder Zoll, vom Kopf bis zum Fuß, Ter. adelph. 394: quanta quanta haec mea paupertas est, tamen etc., Ter. Phorm. 904: quantum quantum ad eum erit delatum, Plaut. Poen. 738: quanti quanti, CIL 4, 3061. – **2** *neutr.* quantum subst., **a** *Nom.* u. *Acc.* quantum, **wieviel, so viel (wie), α** in der Korrel. m. tantum, s. tantum unter tantus. – **β** außer der Korrel. m. *Genet.* od. absol., hoc, quantum est ex Sicilia frumenti hornotini, exaraverunt, Cic.: illis, quantum importunitatis habent, parum est, impune male fecisse, bei ihrer so großen Frechheit, Sall.: quantum est hominum optime optimorum, so viel es ihrer gibt, Plaut.: vgl. ut te quidem omnes di deaeque, quantum est, perduint, Plaut. – u. in den parenthet. Ausdrücken quantum audio, qu. intellego, qu. ego intellegere possum, Ter., quantum conicio, Sall. fr., qu. ego sentio, Cic., qu. ego opinione auguror, Cic. u. dgl.: ferner quantum in me (te) est, soviel an mir (dir) liegt, soviel mich betrifft, Cic.: quantum ad Pirithoum, Phaedra pudica fuit, soviel od. was den P. anlangt, Ov.: quantum ad Iudaeos, so viel die J. betraf, Tac.: notum ignotumque, qu. ad ius hospitis, nemo discernit, Tac.: nihil, quantum ad ipsas virtutes, plurimum inter illa, in quibus virtus utraque ostenditur, Sen. – in quantum (ἐς ὅσον), **inwieweit, insoweit, so weit wie, inwiefern, sofern, αα** in Korrel. m. in tantum, s. tantus. – **ββ** außer der Korrel., pedum digitos in quantum quaeque secuta est, traxit, Ov.: in qu. posset, Sen. rhet., potuerit, Plin. ep.: in qu. maxime potest, Quint.: in qu. satis erat, Tac.: in qu. opus est, Tac. Vgl. Tac. dial. 2. Spalding Quint. 2, 10, 4 *not. cr.* – **b** *Genet. pretii* quanti, **um wieviel, wie teuer, wie hoch, um so viel, so teuer, so hoch wie,** in der Korrel. m. tanti, s. tantus. – u. m. *tantus,* quanti locaverint, tantam pecuniam redemptori solvendam, Cic. – quanti quanti, **so hoch, wie es auch sei,** sed quanti quanti, bene emitur, quod necesse est, Cic. ad Att. 12, 23, 3. – **c** *Abl.* quanto, **um wieviel,** bei Komparativen u. Komparativbegriffen, in der Korrel. mit tanto, **je ... desto,** s. tantō unter tantus. – u. mit eo, **je ... desto,** qu. longius discederent, eo etc., Liv.:

quanto magis ... eo celerius, Pompeius in Cic. ep. – u. bei anderen Komparativbegriffen, quanto ante, Cic.: qu. secus, Cato fr.: qu. aliud, Quint. – und quanto magis (um so mehr) philosophi delectabunt, si etc., Cic. Acad. 1, 10. – **3** *neutr.* quantum adverb., **a wieviel, so viel, wie weit, so weit,** in der Korrelat. mit tantum u. tanto, s. tantum u. tanto unter tantus. – u. bei Komparat. (statt *quanto)* in der Korrel. m. eo, **je ... desto,** qu. longius procederet, eo etc., Liv. – u. quantum = *quanto magis,* **je mehr,** in der Korrel. mit tanto magis, s. Liv. 32, 5, 2, u. ohne Korrel., quantum ... et minus, s. Liv. 44, 36, 5. – **b inwieweit** oder **insoweit, inwiefern** od. **insofern,** nisi qu. usus necessario cogeret, Liv.: qu. per commodum rei publicae fieri posset, Liv.; vgl. Fabri Liv. 22, 12, 8. – **c** = quam bei posse zur Verstärkung des *Superl.,* z. B. qu. plurimum potest, so sehr wie möglich, Sen.: qu. maxime accelerare poterat, so schnell er konnte, Liv.: qu. plenissime potest, so voll wie möglich, Cels. – u. bei posse elliptisch, **α** = *quam primum,* **so bald (schnell) wie,** quantum potes (so bald od. so schnell wie möglich) abi, Ter. adelph. 350: u. so quo animo consules ferant hunc σκυλμόν, scribas ad me, qu. pote, Cic. ad Att. 4, 13, 1: so auch oft quantum potest, so viel, so sehr, so bald (so schnell) wie möglich, Komik., Auct. b. Afr. u. a. (s. Ussing Plaut. Amph. 964. Spengel Ter. Andr. 863. Bünem. Lact. 1, 1, 6 u. 6, 11, 13): u. quantum pote, Komik. u. Fronto: quantum potis, Plaut. Bacch. 348 Fl. (Ussing quantum potest). – **β** parenthet., ea, quantum potui (*sc.* facere), feci, das habe ich nach Kräften getan, Cic. Acad. 1, 8 u. a.: so auch et is mihi suadet nuptias quantum queam (so sehr wie möglich) ut maturem, Ter. Andr. 577 (u. so quantum queat, Ter. eun. 844).

B emphat., **so klein** od. **gering wie, so wenig wie,** nequaquam cum quantis copiis ante tenuerat ad Pachynum classem, Liv.: quanta mea sapientia est, nach meiner geringen Einsicht, Plaut.

II *interrog.* = πόσος, **wie groß? wieviel? A** im Allg.: **1** *adi.:* **α** in direkter Frage, bes. im Ausruf, qualis oratoris et quanti hominis in dicendo putas esse, historiam scribere? Cic.: quot, quantas, quam incredibiles hausit calamitates! Cic.: qui sermo! quae praecepta! quanta notitia antiquitatis! Cic.: at tibi curarum milia quanta (wieviel tausend S.) dabit! Prop. 1, 5, 10: quanta milia hominum credamus fuisse, qui etc., Lact. 3, 19, 23; u. so Ps. Apul. Ascl. 37 u. a. Spät., bes. Eccl. – Plur. quanti, ae, a, für quot, s. Broukh. u. Burm. Prop. 1, 5, 10. Bünem. Lact. 1, 3, 21 u. 4, 15, 16. Hildebr. Apul. met. 7, 9. p. 552. – **β** in indirekter Rede: sed quid ego haec pluribus disputo, cum ipsa pecunia numero et summā suā, quanta fuerit, ostendat, Cic. – **2** *neutr. subst.:* **a** *Nom.* quantum, **wie wichtig,** quantum est, quod fata tenentur! Lucan. 3, 392. – **b** *Genet.* quanti? **wie hoch? wie teuer?** u. zwar: **α** in direkter Frage: quanti emit? Ter.: quanti est sapere! wie schätzbar ist es usw., Ter. – β in indirekter Rede: quanti veheret, interrogavi, Quint.: tenta, Chrysogonus quanti doceat, Iuven.: cum scias, quanti Tulliam faciam, Cic. – **3** *neutr.* quantum adv., **wie sehr! wie heftig!** hei mihi, qualis erat! qu. mutatus ab illo Hectore! Verg.: qu. in sinu filiae flevit! Sen.

B emphat., **wie wenig! wie gering! 1** *adi.*, in indirekter Rede, quae qualiacunque in me sunt (me enim ipsum paenitet, quanta sint) etc., Cic. or. 130. – **2** *subst.:* **a** quantum: **α** in direkter Frage: quantum est, quod desit in istis ad plenum facinus? Ov. met. 15, 468. – **β** in indirekter Rede: enim quantum hic operis fiat paenitet, Ter. heaut. 72: in quibus quantum tu ipse speres facile perspicio, Cic. ad Att. 3, 9, 2: neque iam, quid existimetis de illo, sed quantum audeatis vereor, Sall. hist. fr. 1, 41. § 20 (1, 45. § 20): discite, quam parvo liceat producere vitam, et quantum natura petat, Lucan. 4, 378. – **b** *Genet.* quanti, **α** in direkter Frage: quanti tandem est ista hominum gloria, quae etc., Cic. de rep. 6, 25 (= Cic. somn. Scip. 7. § 18): quanti vero ista civitas aestimanda est, ex qua boni sapientesque pelluntur? Cic. Tusc. 5, 109. – **β** in indirekter Rede: legatorum verba quanti fecerit, pericula mea declarant, Sall. Iug. 24, 7. – ► Archaist. quamtus, a, um, CIL 1, 206. lin. 39 u. 43.

quantus-cumque, quantacumque, quantumcumque, **I so groß auch immer,** bona, quantacumque erant, Cic.: quantumcumque praesidium est, Liv. – emphat., **so unbedeutend auch immer,** quantacumque victoria, Cic.: unum quantumcumque gaudium, Liv. – von Pers., quantuscumque sum ad iudicandum, so wenig ich mein Urteil für maßgebend halte, Cic. de or. 2, 122. – **II so viel auch immer,** naves quantaecumque fuerint, Cod. Theod.: quantumcumque virium momentum addiderint, so viel oder so wenig sie an Gewicht hinzubrächten, Liv.: datā quanticumque quiete temporis, auch noch so kurzer Zeit, Liv. – quantumcumque possim, so viel nur immer, Cic.

quantus-libet, quantalibet, quantumlibet, **so groß es nur sei, beliebig groß,** ordo, Ov.: quantalibet magnitudo hominis, Liv.: quantolibet studio praeparetur annona, tanto maturius deficit, quanto pluribus erogatur, Veget. mil. – *neutr.* quantumlibet = **beliebig sehr, noch so sehr,** quantumlibet intersit inter Romanos et Achaeos, Liv. 39, 37, 14: te quantumlibet oderint hostes, Eumen. pan. Const. 10, 4: quantumlibet intenta (cogitatio), Nov. Val. III. de indulg. reliqu. II, 1. c. 3. § 1.

quantus-quantus, a, um, s. quantus *no.* I, A, 1 u. 2.

quantus-vīs, quantavīs, quantumvīs, **beliebig groß, -viel, noch so groß, -viel,** quantaevis copiae, jede noch so große Streitmacht, Caes. b. G. 5, 28: portus satis amplus quantaevis classi, jeder Flotte, sie sei auch noch so groß, Liv. 26, 42, 4: videtur esse quantivis pretii, Ter. Andr. 856: servus quantivis preti, Plaut. Epid. 410 G. – *Neutr.* subst., quantumvis, **noch so viel,** des quantumvis, nusquam apparet, Plaut. truc. 571: m. folg. *Genet.*, qu. fiduciae capias, Nazar. pan. 19, 5. – *Adv.* quantumvis, s. bes.

quā-propter, weswegen, weshalb, warum, I *interrog.:* non opus est. *Ch.* Quapropter? Ter.: in indirekter Frage u. zwar in der Tmesis, quid ego feci, qua istaec propter dicta dicantur mihi, Plaut. – **II** *relat.:* non tu scis, quapropter etc., Ter.: in der Tmesis, qua me propter eduxi foras, Ter. – zum Anknüpfen eines konsekutiven Hauptsatzes, **daher, deswegen, deshalb,** wie Lucr. 1, 127 u. a. Ter. heaut. 357. Cic. Caecin. 78 u. a.

quāquā (*Abl.* v. quisquis), **wo nur, wohin nur,** Plaut., Suet. u. a.

quāquāversum, *Adv.*, **wohin auch immer,** Augustin. de civ. dei 18, 22; 22, 8, 23; epist. 81, 1.

quāque, *Adv.*, **wo nur,** verb. usque quaque, s. ūsque *no.* I, β u. *no.* II, β.

quā-rē, *Adv.* (qui u. res), **I durch welches Mittel, wodurch, A** *interrog.:* quid si nunc tute fortunatus fias? *Ch.* quare? wodurch? wie? Ter. eun. 369. – **B** *relat.:* multas res addidit, quare luxuria reprimeretur, Nep.: permulta sunt, quae dici possunt, quare intellegatur, Cic.: accendis, quare cupiam magis illi proximus esse, du entflammst in mir die Lust, sodass ich deshalb wünsche usw., Hor. Vgl. Nipperd. Nep. Cat. 2, 3. – **II aus welchem Grund, warum, weswegen, A** *interrog.:* quare ausus? Plaut.: quare negasti etc.? Cic. – **B** *relat.:* utendum est excusatione, quare id necesse fuerit, Cic.: nunc accipe, quare desipiant omnes etc., Hor. – Zum Anknüpfen eines konsekutiven Hauptsatzes, **daher, deswegen, darum,** wie Cic. ep. 13, 71. Sall. Cat. 52, 17.

quarranta = quadraginta, CIL 13, 7645.

quārtadecumānī, ōrum, *m.* (quartus decimus), die **Soldaten der vierzehnten Legion,** die **Vierzehner,** Tac. hist. 2, 11.

quārtāna, ae, *f.*, s. quārtānus.

quārtānārius, a, um (quartanus), **I das Viertel betragend,** Pallad. 2. 11. – **II zum vierten Tag gehörig,** *febris,* das viertägige Fieber, Greg. hist. Fr. 4, 32. – prägn., **am viertägigen Fieber leidend,** Schol. Iuven. 9, 16. Sex. Placit. medic. 2, 5.

quārtānus, a, um (quartus), **zum vierten gehörig, I** zum vierten Tag, febris quartana u. subst. bl. quārtāna, ae, *f.*, das **viertägige Fieber, α** m. *febris:* tertianae febres et quartanae, Cic.: febri quartanā liberari in acie, Plin. – **β** ohne *febris:* quartana aestiva, autumnalis, Cels.: qu. vetus, Cels.: in senioribus ex eiusmodi morbo quartana fere nascitur, Cels.: in quartanam conversa est vis morbi, Cic.: alterum (tertianarum) genus eodem modo, quo quartana, et incipit et desinit, Cels.: longinquo, maxime quartanae, implicari morbo, Liv.: frigida quartana alqm relinquit, Hor.: alqs a quartana relictus est,

Cic.: quartana ab alqo discessit, Cic.: qui quartanam passus convaluerit, Gell. – Plur., idem tempus (autumnus) quosdam longissimis (morbis) implicat, maximeque quartanis, Cels.: Icatidas medicus quartanas finiri coitu spopondit, Plin.: qui remedia quartanis tertianisque collo adnexa gestarunt, Spart. – **II** zur vierten Legion, subst., quārtānī, ōrum, *m.*, die **Soldaten der vierten Legion,** die **Vierer,** Tac. hist. 4, 37.

quārtārius, iī, *m.* (quartus), **I** das **Viertel, a** eines Flüssigkeits- od. Getreidemaßes, bes. eines sextarius, die **Quart,** das **Viertelchen,** Cato, Liv. u. a. – **b** eines aureus (nummus), die **Viertelkrone,** Lampr. Alex. Sev. 39, 7. – **II** prägn., der **Maultiertreiber** (der den vierten Teil vom Gewinn bekam), Lucil. 1255; vgl. Fest. 258 (b), 28.

quārtātō, *Adv.* (quartus), **zum vierten Mal,** verba dicere tertiato et quartato, v. Stotterer, Cato inc. libr. rell. 13 (b. Serv. Verg. Aen. 3, 314).

quārticeps, cipis (gebildet wie princeps), der **vierte,** mons, collis, alte Formel bei Varro LL. 5. § 47 u. 50 u. 52.

quārtō, zum vierten Mal, s. quārtus.

quārtōdecimānus, a, um (quartus decimus), **zum vierzehnten Tag gehörig,** Cassiod. hist. eccl. 9, 38.

quārtum, zum vierten Mal, s. quārtus.

quārtus, a, um (τέταρτος), der **vierte, I** *adi.*: pars, Caes. u. (= ein Viertel der Erbschaft) Hor.: locus, Cic.: quartus decimus, der (die, das) vierzehnte, Cic.: die quarto (in der vergangenen Zeit), vor vier Tagen (= nudius quartus), Mat. b. Gell. 10, 24, 10. – **II** *subst.*: **1** quārtus, ī, *m.*, **α** (*sc.* liber) das **vierte Buch,** in quarto accusationis, Cic. or. 167. – **β** (*sc.* lapis) der **vierte Meilenstein,** ad quartum a Bedriaco, Tac. hist. 2, 39. – **γ** (*sc.* dies) der **vierte Tag,** quarto Idus Apriles, vier Tage vor usw., Colum. 11, 2, 34: u. so quarto calendas Maias, Colum. 11, 2, 36. – **2** quārta, ae, *f.*, **α** (*sc.* pars) der **vierte Teil,** das **Viertel,** ICt.: praemia ad quartas redigere, Suet. Ner. 10, 1: insbes. als Erbteil, placet hoc ergo decimas uxoribus dari, quartas meretricibus, Quint. 8, 5, 19. – **β** (*sc.* hora) die **vierte Stunde,** ad quartam iaceo, bis vier (vier Uhr) liege ich im Bett, Hor. sat. 1, 6, 122. – **3** quārtum, ī, *n.*, das **vierte Korn,** in der Landwirtschaft, frumenta cum quarto responderint, das vierte Korn bringt, Colum. 3, 3, 4. – **III** *adv.*: **1** quārtum, **zum vierten Mal,** Cic. u. a. – **2** quārtō, **a an der vierten Stelle, viertens,** s. 1. Varro b. Gell. 10, 1, 3. – **b zum vierten Male,** Ov. met. 9, 51; fast. 2, 823. Auct. b. Hisp. 2, 1. Eutr. 5, 1 u. a.: quarto vel quinto, vier- od. fünfmal, Eutr. 7, 18: ebenso quarto et quinto, Capit. Gord. 6, 6. – ► Archaist. die quarte = die quarto, Pompon. com. 77; vgl. Macr. sat. 1, 4, 22.

quārtus-decimus, s. quārtus.

quasei, s. 1. quasi a. E. ►.

1. **quasi,** *Adv.* altlat. = quamsi, **als wenn,** nach vorhergehendem Komparativ, Plaut. aul. 231; Casin. prol. 46; Curc. 51; mil. 482; trin. 265; truc. 337.

2. **quasi,** *Adv.* (qua-si), wie **wenn,** als **wenn, gleichwie, I** vergleichend: **A** bei Vergleichung ganzer Sätze, **1** in hypothetischen Vergleichungssätzen, **als wenn, als ob, a** korresp. m. den Vergleichungswörtern *sic, ita, tam, perinde, proinde,* m. dem Pronom. *idem* u. dgl., **α** m. folg. *Coniunctiv:* qui, *quasi* sua res et honos agatur, *ita* diligenter Sex. Naevii studio et cupiditati morem gerunt, Cic.: tam ... quasi, Plaut.: perinde ... quasi, Cic.: proinde ... quasi, Cic.: sensu enim amisso fit idem quasi natus non esset omnino, Cic. – ebenso nach anderen eine Vergleichung enthaltenden Begriffen, assimulabo, quasi nunc exeam, will mich stellen, als ob usw., Ter. eun. 461. – **β** m. *Partic.* statt des *Coniunctivs:* quas (Graecas litteras) sic avide arripui quasi diuturnam sitim explere cupiens, Cic. de sen. 26. – **b** ohne korresp. Vergleichungspartikel: **α** m. *Coniunctiv:* sed quid ego his testibus utor, quasi res dubia aut obscura sit, Cic.: verstärkt quasi si, Plaut. Cas. prol. 46. – oft mit ausgelassenem Vergleichungssatz am Anfang eines Satzes einwendend, berichtigend, meist aber ironisch quasi u. quasi vero = **(gerade) als wenn, (gerade) als ob,** medico tria milia iugerum (dedisti), quasi te sanasset, Cic.: Non poteram (cognoscere) ante hiemem. Sic enim scribis. Quasi vero ad cognoscendum ego ad illos, non illi ad me venire debuerint, Cic. Vgl. die reichliche Stellensammlung b. Beier Cic. de off. 3, 39. – u. so verb. m. si in *quasi si* = **(gerade) als wenn, (gerade) als ob,** nec secus est, quasi si ab Acherunte veniam, Plaut. Amph. 1078; u. so Plaut. Cas. prol. 46. Ter. Andr. 549. Comic. inc. fr. 68. Lucr. 4, 1007. Rhet. Her. 4, 4. CIL 1, 197. lin. 13; 198. lin. 41 u. 73; 202. col. 1. lin. 40 u. col. 2. lin. 3; 571. lin. 8; 603. lin. 14. – **β** m. *Partic.:* hostes maximo clamore insecuti, quasi partā iam atque exploratā victoriā, Caes.: Tyrii arae Herculis, cuius numini urbem dicaverant, inseruere vinculum, quasi illo deo Apollinem retenturo, Curt.: in ipsa turba atque in peccato maximo, quod vix sedatum satis est, potasti, scelus, quasi re bene gestā? Ter. – **2** in reinen Vergleichungssätzen, **gleichwie, wie,** m. *Indicat.:* **a** korresp. m. *ita* od. *sic:* coquos, quasi in mari solet hortator remiges hortarier, ita hortabatur, Plaut.: quasi poma ex arboribus, cruda si sunt, vix evelluntur, sic vitam adulescentibus vis aufert, Cic.: dafür bei Spät. aeque ... quasi, Ulp. dig. 49, 1, 3. § 1. – in bei gleichem Verbum zusammengezogenen Sätzen, quo utamur quasi tentatis equis, sic amicitiā, Cic.: ut titulis suis quasi Augusti, ita et Liviae filius adiceretur, Suet. Vgl. Ruhnken Suet. Tib. 50. Duker Flor. 2, 15, 13. – **b** ohne korresp. *ita* od. *sic:* nam qui amanti ero servit, quasi ego servio, Plaut.: Epicurus, quasi pueri delicati nihil cessatione melius existimat, Cic. – **c** m. dopp. *quasi:* qui cum diceret quasi ioco quasi serio, wie im Sch., so im E. = halb im Sch., halb im E., Spart. Get. 4, 5. – **B** (durch Verkürzung der Vergleichungssätze) bei Vergleichung einzelner Begriffe, **1** bei attributiven Begriffen, zur Milderung des uneigentlich gebrauchten, zu vollen od. kühnen Ausdrucks, **gleichwie, gleichsam, eine Art von** (vgl. Dietsch Sall. Iug. 41 *extr.* Kritz Sall. Iug. 85, 23), Herodotus quasi sedatus amnis fluit, Cic.: philosophia laudatarum artium omnium procreatrix quaedam et quasi parens, Cic.: quasi pollui credebant consulatum, Sall.: quasi per amicitiam monere, Sall. – verstärkt durch *quidam,* s. quidam *no.* b. – **2** übtr., zur Bezeichnung einer Annäherung an ein qualitatives u. quantitatives Verhältnis, **beinahe, fast, ungefähr, so ziemlich, so gut wie** (vgl. Lorenz Plaut. most. 612. Cic. parad. 6, 3, 51. p. 319 *ed. Moser.;* Sall. Iug. 48, 3. Drak. Liv. 27, 12, 16), quia quasi una aetas erat, Plaut.: unus quasi animus, Cic.: quasi in extrema pagina Phaedri, so ziemlich auf der l. S., Cic.: nachgesetzt, ex eo medio quasi, Sall.: minime quasi, Cic. – bei Zahlbegriffen, debet quasi quadraginta minas, Plaut.: quasi talenta ad quindecim coëgi, Ter.: praesidium quasi duûm milium, Sall.: hora quasi septima, Suet. – **II** kausal, zur Angabe einer fremden Ansicht od. Aussage, **als wenn, weil angeblich** (s. Nipperd. Tac. ann. 6, 11. Dräger Tac. ann. 12, 47), id foedus arcanum habetur, quasi mutuo cruore sacratum, Tac.: eam potestatem (Amt) et paucos intra dies finem accepit, quasi nescius exercendi, Tac. – ► Die zweite Silbe immer kurz gemessen, s. Mart. Cap. 3. § 284. – Archaist. Form quasei, CIL 9, 3513. lin. 14.

quasillāria, ae, *f.* (quasillus), die **Spinnerin,** Petron. 132, 3. CIL 6, 6339. 6340. 6342. 6344.

quasillus, ī, *m.* u. **quasillum,** ī, *n.* (*Demin.* v. qualus, s. Prisc. 3, 44 u. Porphyr. Hor. carm. 3, 12, 5) = κάλαθος (Paul. ex Fest. 47, 6 u. 350, 11. Isid. orig. 19, 29, 3), das **Körbchen, I** im Allg., Cato r. r. 133. – **II** insbes., das **Wollkörbchen** der Spinnerin, das **Spinnkörbchen,** inter quasilla, in der Spinnstube, Cic. Phil. 3, 10: scortum quasillo pressum, die spinnen muss, niedrige, Tibull. 4, 10, 3: graviora rependit iniquis pensa quasillis, Prop. 4, 7, 41.

quassābilis, e (quasso), **I erschütterlich,** munimen nullo quassabile ferro, Lucan. 6, 22. – **II erschütternd,** qu. tremor, Th. Prisc. 2, 1.

quassābulum, ī, *n.* (quatio), s. pulsābulum.

quassātio, ōnis, *f.* (quasso), **I** das **Schütteln,** die **Erschütterung,** capitum irrita qu., Liv. 22, 17, 3: multa membrorum, Sen. ep. 95, 17: aut ictus aut quassatio aliqua, Sen. nat. qu. 3, 15, 4: quassationes, Leibeserschütterungen, Macr. sat. 7, 15, 9. – übtr., die **Plage,** et cessavit quassatio, Vulg. psalm. 105, 30. – **II** insbes., das **Schlagen, Zusammenschlagen,** cymbalorum, Arnob. 7, 32.

quassātūra, ae, *f.* (quasso), die Erschütterung; dah. meton.: **I** die **durch Erschütterung bewirkte Verletzung,** Plin. Val. 4, 5. – **II** der **durch Erschütterung verletzte Teil,** Veget. mul. 1, 28, 5.

quasso, āvī, ātum, āre (*Intens.* v. quatio), **I** *tr.* **heftig schütteln, A** eig.: **1** im Allg.: caput, Plaut. u. Verg.: lampada, hastam, Verg.: suam qui undantem chlamydem quassando facit? durch Schlenkern (indem er sie schlenkert), Plaut. Epid. 432 G. – **2** prägn., **a heftig schlagen,** ramum super tempora, Verg. Aen. 5, 854 *sq.* – **b heftig erschüttern,** iam quassatis circumiacentibus tectis, schon krachten, Plin. ep. 6, 20, 6. – **c zerrütteln, zerrütten = zerschmettern, zerschlagen, zerbrechen, zerstoßen,** exbolas quassant, Naev. com. fr.: quassatis vasis diffluere umorem cernis, Lucr.: naves quassatae, leck gewordene, Liv.: classis ventis quassata, Verg.: quassata muri reficere, die eingestoßenen Teile, die Breschen der Mauer, Liv. – **B** übtr.: **a zerrütten, stark angreifen, entkräften, schwächen,** res publica quassata, Cic. Sest. 73; Marc. 24: aegrum corpus quassari etiam levibus solet offensis, Amm.: exercitus labore nimio quassatus, Amm.: qu. iuventam fletu, entstellen, CIL 6, 2652, a, 13: quassatus tempora Lyaeo, betrunken, taumelnd, Sil. – quassavit eum hāc responsione, widerlegte ihn gänzlich, Firm. de err. 14, 2. – **b** eine Örtlichkeit, **beunruhigen, heftig bedrängen,** quassata Placentia bello, Sil. 8, 593: in quassata bellis urbe, in der durch die Kämpfe in der Umgegend heftig bedrängten, Sil. 8, 250. – **II** *refl.* **schütteln, sich schütteln, hin und her wackeln,** quassat caput, Plaut.: quassante capite, Caecil. com. 271: quassanti capite, Apul. met. 3, 26; 4, 29; 8, 19: siliquā quassante, rasselnd (von der Dürre), Verg. georg. 1, 74. – ► Nbf. **casso,** wovon cassabant, Plaut. mil. 852 u. 856 G.: cassanti capite, Plaut. asin. 403 G. u. L.: capitibus cassantibus, Plaut. Bacch. 305 G.

1. **quassus,** a, um, **I** *Partic.* v. quatio, s. d. – **II** *PAdi.*: **A gebrochen, schwach,** vox, Curt.: littera, Quint. – **B zugrunde gerichtet, zerrüttet,** domus, Sen.: anima quassa malis, zu Boden geschlagen, entkräftet, Sen.

2. **quassus,** Abl. ū, *m.* (quatio), das **Schütteln, Erschüttern,** Pacuv. tr. 266 R.² (bei Cic. Tusc. 2, 50).

quatefacio, fēcī, ere (quatio u. facio), **erschüttern,** Antonium (den A. = die Stellung des A.), Cic. ep. ad Brut. 1, 10, 4.

quā-tenus (quātinus), *Adv.*, **bis wie weit, wie weit, so weit, I** eig.: quatenus progredi debeat, Cic.: petentibus Saguntinis, ut quatenus tuto possent Italiam spectatum irent, Liv.: pars, quatenus inhabitari videtur, Colum. – absol. gleichs. subst., das **Wieweit,** ut ulla in re statuere possimus quatenus, Cic. Acad. 2, 92: ebenso Cic. or. 73. – **II** übtr.: **A** v. der Zeit, **wie lange,** Cic. Phil. 14, 14. – **B** in anderen Verhältnissen: **1 inwieweit, inwiefern, insofern wie,** Cic. Quint. u. a. – **2 in Betracht dessen, dass, maßen, sintemal, weil doch,** Hor., Ov., Tac., Plin. ep. u. a. – **3 wie,** Lact. 4, 27 *in.;* 4, 30, 3 u. a. – **4 damit, auf dass,** ICt. u. Macr.

quater, *Adv. numer.* (aus *quatrus), **I viermal,** quater in anno pariunt, Varro: toto non quater anno poscas, Hor. – quater decies (deciens), vierzehnmal, Cic.: quater centies (centiens), vierhundertmal, Vitr.: quater deni, vierzig, Ov. – ter et quater, ter aut quater, terque quaterque, dreimal u. viermal = **aber und abermals, wieder und wieder,** sprichw. bald = öfter, ter et quater revisens aequor, Hor.: terque quaterque solum scindendum, Verg.; bald = sehr, terque quaterque beati, Verg. – **II zum viertenmal,** qu. consul, Spart. Hadr. 3, 1: qu. inierat amplissimum magistratum, Amm. 23, 1, 1.

quater-geminus, a, um = quadrigeminus, **vierfach,** ista vis qu., Augustin. de civ. dei 7, 24 *in.*: habitatio, Oros. 2, 6, 10.

quaternārius, a, um (quaterni, s. Prisc. de fig. num. 27), **aus je vieren bestehend, geviert, vier enthaltend,** scrobis, vier Fuß im Quadrat, Colum. 11, 2, 28: numerus, gevierte Zahl, Plin. 28, 64. Tert. adv. Val. 8 *extr.* Mart. Cap. 2. § 106: formae, Goldstück im Wert von vier Golddenaren, Lampr. Alex. Sev. 39, 9: nomina, vier Abwandlungen habende, Prob. inst. art. 121, 11 K.: u. so forma, Prob. cath. 32, 36 K.

quaternī, ae, a (quattuor), **I** *Num. distrib.*, **je vier, jedesmal vier,** quaternos denarios in singulas vini amphoras portorii nomine exegisse, Cic.: primam aciem quaternae cohortes ex quinque cohortibus tenebant, Caes.: quaternae centesimae, vier Prozent monatliche Zinsen, Cic.: enixae (ursae) quaternis latent mensibus (allemal vier M.), Solin. – *Genet. Plur.* gew. quaternûm, z. B. Varro fr. b. Charis. 126, 26. Liv. 6, 22, 8 u. a. Plin. 9, 4. – **II vier auf einmal, vier zusammen,** Plin. u. a.: propter bis quaternas causas, Varro LL. 5, 6. – ► Sing. quaternus bei einem Kollektiv, amphora vicenis, modius datur aere quaterno (um je vier As), Mart. 12, 76, 1.

quaternio, ōnis, *m.* (quaterni), **I** die **Vier, Vierzahl,** Mart. Cap. 7. § 767 u. a.: als Würfelzahl, Isid. orig. 18, 65. – **II** meton.: **1** eine **Abteilung von vier Mann,** quattuor quaterniones militum, viermal vier Mann Soldaten, Vulg. act. apost. 12, 4. – **2** der **Quartbogen** Papier, Mar. Merc. p. 811 (tom. 48 ed. Migne) u. a. spät. Eccl.

quaternitās, ātis, *f.* (quaterni), die **Vierheit,** Eccl.

quaternus, s. quaternī a. E.►.

quātinus, s. quā-tenus.

quatio (quassī), quassum, ere, **schütteln, I** eig.: **1** im Allg.: caput, Liv. u. Ov.: alas, Verg.: catenas, Plin. ep.: hastam, schwingen, Verg. (u. so quassae faces, geschwungene, hin u. her geschüttelte, damit sie besser brennen, Ov.): pennas, regen, schwingen, Hor.: aquas (v. Wind), Ov.: quercum huc illuc, Ov.: se (v. einer Schildkröte), Sen.: labra (irati) quatiuntur (zittern), Sen. – **2** insbes.: **a erschüttern,** terras, Ov.: Olympum gravi curru, Hor.: risu populum, das V. tüchtig lachen lassen, Hor. – **b schlagen, stoßen, jagen, treiben,** cymbala, Verg.: telis clypeos, Aur. Vict.: sontes flagello, Verg.: fenestras, an die F. schlagen, Hor.: campum, campos, zerstampfen, Verg.: alqm foras, Ter. eun. 358: prae se, vor sich hertreiben, Cic. poët. – **c zerstoßen, zerschlagen, zerschmettern,** muros, Verg.: muros arietibus, Liv. – bes. Partiz. quassus, z. B. quassae naves, leck gewordene, Liv.: rates, Hor.: muri, Liv.: tibiae, geborsten, Quint.: aula, zerbrochener, Plaut.: u. so vas, Sen.: quassa cinnama, zerbrochener Z., Stücke von Zimtrinde, Ov.: u. so qu. nux, Stück Nussschale, Hor. sat. 2, 5, 36 (*al.* cassa): poet. übtr., tempora quassa mero, betäubt, umnebelt (vgl. ico *no.* I, 1), Ov. – **II** übtr.: **1** im Allg.: igitur movere et quatere, quidquid usquam aegrum foret, adgrediuntur, man schickte sich an, an dem, was sich irgend krank zeigte, zu rütteln und zu schütteln, Tac. hist. 2, 86. – **2** insbes.: **a erschüttern, erzittern-, erbeben lassen, innig rühren,** animum, Gell.: quod aegritudine quatiatur, Cic.: mentem, Hor.: Mytilenas contentis scholasticorum clamoribus, Tac. dial.: quatiunt oracula Colchos, Val. Flacc. – **b plagen,** oppida bello, heimsuchen, Verg.: equum cursu, tüchtig herumtreiben, ermüden, Verg.: creber anhelitus artus quatit, ermüdet, ermattet, Verg.

quatri..., s. quadri...

quattuor (quatuor), *Adi. num.* (altind. *catváras,* griech. τέτταρες, böotisch πέτταρες, gotisch *fidwor),* **vier,** qu. libri, Liv.: centum qu. centuriae, Cic.: quattuor viginti, Hor.

quattuorangulātilis, e (quattuor u. angulus), **vierwinkelig,** forma, Gromat. vet. 305, 25.

quattuordeciēs, *Adv. num.* (quattuordecim), **vierzehnmal,** Plin. 3, 84 zw.

quattuordecim, *Adi. num.* (quattuor u. decem), **vierzehn,** partes, Plin.: dies, Colum.: anni, Caes.: qu. milia passuum, Caes.: qu. annos natus u. bl. qu. annorum, vierzehn Jahre alt, als Knabe von vierzehn Jahren, Plin. ep. u. Iustin. – quattuordecim ordines od. gew. bl. quattuordecim (abgek. XIIII oder XIV), die vierzehn Ritterbänke (in der Ritterloge) im Schauspiel, in qu. ordinibus sedere, in der R. sitzen, ein Ritter sein, Cic. Phil. 2, 44. Plin. 33, 32. Tac. ann. 6, 3. Suet. Aug. 14: ebenso in qu. gradibus sedere, Auson. sept. sap. 4 (Cleob.), 5: eques Romanus es et ad hunc ordinem tua te perduxit industria; at mehercules multis quattuordecim clausi sunt, vielen ist die R. verschlossen (viele können nicht Ritter werden), Sen. ep. 44, 2: alqm in qu. sessum od. bl. in qu. deducere, zum Ritter machen, Asin. Poll. in Cic. ep. 10, 32, 2. Sen. de ben. 3, 9, 2: domina mea usque ab orchestra qu. transilit (überspringt die Ritterloge = die Ritter) et in extrema plebe quaerit quod diligat, Petron. 126, 7: ludis Decimus

Laberius eques Romanus mimum suum egit, donatusque quingentis sestertiis et anulo aureo sessum in qu. (e) scaena per orchestram transiit, Suet. Caes. 39, 2.

quattuor-prīmī, ōrum, *m.*, die **vier ersten** der Dekurionen in der Munizipalverwaltung, abgekürzt IIII primi, Lex repetund. (CIL 1^2, 583) 2. CIL 6, 29681.

quattuorvir, s. quattuor-virī.

quattuorvirālis, is, *m.* (quattuorvir), ein **gewesener Quattuorvir,** CIL 3, 5825.

quattuorvirātus, ūs, *m.* (quattuorviri), das **Vierherrenamt,** Asin. Poll. in Cic. ep. 10, 32, 2: abgek. IIII VIR., CIL 11, 5178.

quattuor-virī, ōrum, *m.* (abgek. IV viri), die **Viermänner, Vierherren,** ein aus vier Personen zusammengesetztes Kollegium für irgendeine amtliche Verrichtung, wie in Rom für die Beaufsichtigung der Straßen, Pompon. dig. 1, 2, 2. § 3: Sing. abgek. IIII vir viarum curandarum, CIL 5, 1874. lin. 12/13 u. 11, 5210. lin. 14: bes. in den Munizipien u. Kolonien, die obersten Vorsteher der Gemeinde, die **Ortsoberen, Bürgermeister,** Cic. Clu. 25; ep. 13, 76 Überschr.; ad Att. 10. 13, 1 (an den beiden letzten Stellen abgek. IV viri).

quatus, s. cyathus ►.

quaxo, āre, s. 2. coaxo.

qudenaeus, s. Cydōnēa a. E.

que (altind. *ca*, griech. τέ), dem folgenden Wort angehängt, dient zur Anreihung an das Vorhergehende und daher häufig zur Erweiterung u. Vermehrung des vorausgehenden Begriffes, **und,** teque hortor, Cic.: ex quibusque rebus, Cic.: deque his rebus, Cic.: adque regem, Nep.: in foroque, Nep.: in reque, Cic.: nach mehreren Wörtern, Tibull. u. Verg.: bei Dichtern zuw. dem Wort vorstehend, dem es sonst angehängt wird, od. doch nicht in der gewöhnlichen Ordnung, pacis mediusque belli = *pacis bellique,* Hor.: ut cantus referatque ludos, Hor.: terrā dum sequiturque mari = *terra marique sequitur,* Tibull. – bes. beachte man que ... que, **sowohl... als auch, teils ... teils** (in Prosa nur in einem doppelten Relativsatz u. außerdem in der Verbindung zweier Wörter, von denen das eine ein Pronomen ist, s. Kritz Sall. Iug. 10, 2. Dietsch Sall. Iug. 49, 2. M. Müller u. Weißenb. Liv. 1, 55, 6. Fabri Liv. 22, 26, 5), quique Romae quique in exercitu eram, Liv.: seque remque publicam, Sall.: liminaque laurusque, Verg.: statt des zweiten que ein ac od. atque, z. B. posuitque domos ac horrea fecit, Verg. georg. 1, 182 (vgl. 3, 434; Aen. 8, 486): satisque ac super, Ov. met. 4, 429: seque ac liberos suos, Tac. hist. 3, 63 (vgl. ann. 4, 34): so auch que ... et od. et ... que, **sowohl ... als auch,** accipioque et volo, Ter.: hastaque et gladius, Liv.: seque et oppidum, Sall.: et singulis universisque, Liv.: auch que ... que ... que, Ter.: sogar viermal, Verg. – Da nun das, was angereiht wird, in Bezug auf das Vorausgehende verschiedener Art sein kann, so wird auch que im Deutschen verschieden ausgedrückt. Es bezeichnet daher namentlich **a** etwas Allgemeines, beim Übergang vom Besonderen zum Allgemeinen, **und überhaupt,** largitiones temeritatisque invitamenta, Liv.: eloquentiam studiaque liberalia exercuit, Suet. – **b** etwas Erklärendes, **und zwar,** Caes., Sall. u. a.; vgl. Fabri Liv. 21, 48, 4. – **c** etw. aus dem Vorhergehenden zu Schließendes, **und demnach, und somit,** Cic. u. a. – **d** etw. Entgegengesetztes, ein betontes **und** = **und vielmehr, und dagegen,** non nobis solum nati sumus, ortusque nostri partem patria vindicat, Cic.; vgl. Seyffert Cic. Lael. 26. Fabri Liv. 21, 6, 7. p. 24. – **e** etw. Ähnliches, **auch, ingleichen,** inprimisque magna etc., Cic.: Trebatioque mandavi, Cic.: u. so, bes. bei Liv., oft zur Verbindung ganzer Sätze, s. Madvig Cic. de fin. 3, 73. Weißenb. Liv. 1, 20, 3. – **f** etw. Verschiedenartiges, **oder,** uxores habent deni duodenique inter se communes, Caes. b. G. 5, 14, 4: aut praecipitare ... subiectisque urere flammis, Verg. Aen. 2, 36 *sq.*: bes. hebt que das Wort, dem es angehängt wird, hervor, **oder vielmehr,** Iovi disque ago gratias, dem Jupiter od. vielmehr allen Göttern usw., Plaut. capt. 922. Vgl. Liv. 3, 25, 4. – ► que durch Akzent od. *ictus* lang, z. B. Faunique Satyrique, Ov. met. 1, 193; ebenso Ov. met. 4, 10; 5, 484. Verg. Aen. 3, 91.

queēns, s. queo a. E.

queentia, ae, *f.* (queens v. queo), das **Können, Vermögen,** Quint. 2, 14, 2 H.

quein, arch. = quin, Plaut. merc. 773 u. 775 G. Ps. Sall. de rep. 2, 4, 3.

queique, arch. = quisque, CIL 1, 197, 14.

queis = quibus, s. 1. quī a. E.

quemadmodum oder getrennt **quem ad modum, auf welche Art, wie, I** *interrog.*: qu. est asservatus? Cic.: qu. congruit, ut et ... et etc.? Plin. ep. – **II** *relat.*: **A** im Allg.: semper vigilavi et providi, quemadmodum ... salvi esse possemus, Cic.: si praescriberet, qu. uteretur etc., Caes. – **B** insbes.: **1** korresp. m. sic, ita, item u. a., **gleichwie, wie,** quemadmodum socius in societate habet partem, sic heres in hereditate habet partem, Cic.: u. so qu. ... ita, qu. ... item, qu. ... eodem modo, Cic.: qu. ... adaeque, Liv. – **2** (nachaug.) bei Anführung von Beispielen, **wie, wie zum Beispiel,** Quint. 2, 5, 20 u. a.: qu. si, Pompon. dig. 8. 3, 20. § 1.

quemadmodum-cumque, *Adv.*, **auf welche Art nur immer,** Lampr. Alex. Sev. 49, 6 *ed. Peter.*

queo, īvī u. iī, itum, īre (*Anom.*), **können, vermögen** = **in der Lage sein** (während posse = die Kraft haben, imstande sein), gew. mit der Negation, non queo (bes. bei Cic., der nie in der ersten Person nequeo sagt), quantum queam od. queat, Ter.: ut quimus aiunt, quando ut volumus non licet, Ter. – m. *Infin.*, quod officiose factum queant dicere, Cic. de amic. 71: quis est, qui pro rerum atrocitate deplorare tantas calamitates queat? Cic. Phil. 11, 6: namque aliud quid sit, quod iam implorare queamus? Verg. Aen. 10, 19: m. Negation, si id facere non queunt, Plaut.: nunc hic, quom opus est, non quit dicere, Plaut.: non quit sentire dolorem, Lucr.: talis inter viros amicitia tantas opportunitates habet, quantas vix queo dicere, Cic.: non queo reliqua scribere, Cic.: nec credere quivi, Verg.: ut vis a censoribus nullius auctoritate praeterquam ipsius Mamerci deterreri quiverit, Liv. – *Pass.*, aber nur mit folg. *Infin. Pass.*, suppleri queatur, Lucr.: forma nosci non quita est, Ter. – ► Synkop. Perfektformen, quistis, Iuvenc. 2, 674: quissent, Auson. epigr. 139, 8: quisse, Lucr. 5, 1420: Imperf. quibat, Plaut. rud. 600: Futur. quibo, Plaut. mil. 1240. Pacuv. tr. 154: quibunt, Arnob. 7, 10: Partiz. quiens, Apul. met. 6, 5; 9, 40 u. 10, 23: queens, Quint. 8, 3, 33 (vgl. Prisc. de nomin. et pronom. 70. p. 456, 22 K., wo quiens u. queens): Abl. queunte, Cod. Iust. 1, 3, 46.

quercēdulus, s. querquēdula.

quercerus, a, um, s. querquerus.

quercētum, s. querquētum.

querceus, a, um (quercus), **von Eichen, Eichen-,** axes, *Vitr. 7, 1, 2 R.: arbores, Acro Hor. carm. 2, 9, 7: robur, Colum. 9, 1, 3: corona, von Eichenlaub, Eichenkranz, Tac. ann. 2, 83. Aur. Vict. epit. 3. § 9. Serv. Verg. Aen. 6, 772: andere Form, corona argentea querquea (so!), silberne Eichenlaubkrone, CIL 6, 6981.

quercīnus, a, um (quercus), **von der Eiche, Eichen-,** folia ex auro quercina, goldenes Eichenlaub, Tert. de cor. mil. 13: lignum, Marc. Emp. 35. p. 403 (b), B Steph.

quercus, ūs, *f.*, **I** die **Eiche,** bes. die **Sommereiche,** dem Jupiter heilig, Cic. u. a.: Iovis quercus, Verg. – **II** (poet.) meton.: **1** = das aus Eichenholz Gefertigte, wie Schiff, Val. Flacc. 5, 66: Trinkgeschirr, Sil. 7, 190: Wurfspieß, Val. Flacc. 6, 24: Kranz aus Eichenlaub, Verg. georg. 1, 349. Iuven. 6, 386; bes. als Belohnung für den, der im Krieg einem Bürger das Leben rettete, Ov. fast. 4, 953: dah. quercus civilis, Verg. Aen. 6, 772. – **2** = die Frucht der Eiche, die **Eicheln,** Iuven. 14, 184. – ► Genet. Sing. querci, Pallad. 4, 8, 2. Pelagon. veterin. 9 (174 *Ihm;*) vgl. Diom. 308, 5. Prisc. 6, 83: Genet. Plur. quercorum, Cic. fr. bei Prisc. 6, 83.

querēla u. **querella,** ae, *f.* (queror), **die Klage, I** als Ausdruck des Schmerzes, **a** die **Klage, Wehklage,** das **Bedauern,** quanta esset hominum vel admiratio vel querela, Cic.: maestis implere iuga querelis, Ov. – vom klagenden Gesang beim Einlullen der Kinder, longā somnum suadere querelā, Stat. – **b** der **Klagelaut** der Tiere, das **Girren**

der Vögel, Verg. u. Plin. – u. der **Klageton** der Flöte, Lucr. – **II** als Ausdruck des Unmutes usw., die **Klage** = die **Beschwerde, 1** eig.: **a** übh.: epistula plena querelarum, Cic.: cui non inauditae cum (gegen) Deiotaro querelae tuae? Cic.: querelas apud alqm habere de alqo, Kl. führen, Cic.: iustam querelam habere, quod (dass usw.), Liv.: nusquam alio quam ad vos querelas detulimus, Liv.: dum suas quisque nunc querelas, nunc postulationes inserit (einflicht), Liv.: tu non intelleges te querelis cotidianis nihil proficere, Luccei. in Cic. ep.: his *de* tot tantisque in socios, in reges, in civitates liberas iniuriis consulum querela esse debuit, Cic.: m. obj. *Genet.*, quid enim in illis (litteris) fuit praeter querelam temporum, Cic. ep. 2, 16, 1. – m. folg. *quod* (dass), an quod a sociis eorum non abstinuerim, iustam querelam habent? Liv. 32, 34, 5. – falsa est querela m. folg. *Acc.* u. *Infin.*, Quint. 1, 1, 1. – **b** insbes., die gerichtl. **Klage,** Val. Max., Petron. u. ICt. – **2** meton., die zur Klage veranlassende körperl. **Beschwerde,** das **Übelbehagen,** die **Unpässlichkeit,** viscerum, Sen.: stomachi, Plin. Val.: sine querela corpusculi tui, Traian. in Plin. ep.

querēlor (querellor), ātus, ārī (querela), **Klage erheben, klagen,** de malis praesentibus querelatur, Arnob. in psalm. 76: postea eum querelantem invenimus, Serv. argum. ad Verg. bucol. p. 96 *ed. Lion.* Vgl. Gloss. IV, 460, 37 ›querelantem, querelas afferentem‹; Gloss. IV, 383, 33 ›querellatus, questus‹. – Aktive Nbf.

querēlo, āre, Schol. ad Cic. rhet. praef. (bei Suringar hist. Scholiast. 1. p. 219).

querēlōsus (querellosus), a, um (querela), **voller Klagen,** res (Plur.), Cassiod. var. 9, 14, 1: v. Pers., Porphyr. Hor. carm. 3, 21, 2.

queribundus, a, um (queror), **sich in Klagen ergehend, a** v. Pers.: natorum queribundae animae, Ov. met. 7, 612 M.: totos lustrat queribunda penates, Val. Flacc. 7, 126: qu. Senectus (als Gottheit), Sil. 13, 583. – **b** v. der Stimme, vox, Cic. Sull. 30.

querimōnia, ae, *f.* (queror), die **Klage, I** im Allg., als Ausdruck des Schmerzes usw., neque iam querimonias aut gemitus eiulatusque facere, Gell. 1, 26, 7. – **II** prägn.: **1** eig., die **Klage,** = **Beschwerde,** novum querimoniae genus, Cic.: populi Rom. cotidiana querimonia, Cic.: qu. Gallici tumultus acceptaeque cladis, Kl. über usw., Liv.: humanae querimoniae, Plaut.: Romae querimoniae de tuis iniuriis habebantur (wurden geführt), Cic.: crimina querimoniasque *de* Philippo non neglegenter a Romanis audiri, Liv.: sociorum querimonias deferre ad alqm, Cic., deferre Carthaginem, Liv.: quae vox, quae latera, quae vires huius unius criminis querimoniam possunt sustinere? die ergreifende Darstellung dieses einen Klagepunktes, Cic.: nulla umquam inter eos querimonia intercessit, Nep.: querimonias iacĕre in deos, Sen. – **2** meton., die zur Klage veranlassende körperl. **Beschwerde,** das **Übelbehagen,** die **Unpässlichkeit,** si aegrotantis querimonia remansit, Cael. Aur. de morb. chron. 1, 1, 43.

querimōniōsus, a, um (querimonia od. -nium), **voller Klagen,** Isid. orig. 10, 232.

querimōnium, iī, *n.* = querimonia (s. d.), Plur. bei Ven. Fort. vit. S. Mart. 2, 400.

queritor, ārī (*Intens.* v. queror), **heftig klagen,** Tac. ann. 16, 34. Arnob. 4, 11. Paul. Nol. carm. 10, 147.

querneus, a, um (aus quercneus, v. quercus), **von Eichen, Eichen-,** frons, Cato: frutex, Colum.: frondes, Prop.: corona, von Eichenlaub, Eichenkranz, Suet. – Nbf. **quernus,** a, um, glans, Verg.: corona, Ov.: axes, Pallad.: querna acernaque nemora, Sidon.

queror, questus sum, querī (vgl. althochd. *queran,* neuhochd. »girren«), **klagen, I** im Allg., wie κινύρομαι, **klagen, Klagetöne hören lassen, α** absol., v. Vögeln übh., klagend **girren,** Hor. u. Ov.: v. der Eule, **kreischen,** Verg.: v. Affen, **winseln,** Ov. – **β** m. *Acc.* der Klage, des Klagetons, **klagen, klagend anstimmen, hören lassen,** v. Pers., questus haud faciles, Stat.: motura verba silices, so klägliche Worte sprechen, dass es Steine erbarmen möchte, Ov. – v. Vögeln, nullae dulce queruntur aves, Ov.: v. Saiteninstr., flebile nescio quid queritur lyra, Ov. – **II** prägn., etw. **beklagen, A** aus Schmerz usw., etw. **bedauern,** über etw. **wehklagen,** Ostiense incommodum atque illam labem atque ignominiam rei publicae, Cic. de imp. Pomp. 33: suum fatum, Caes. b. G. 1, 39, 4: fortunam suam, Ov. met. 15, 493: m. folg. *quod* (weil, dass), queri libet, quod in secreta nostra non inquirant principes nisi quos odimus, Plin. pan. 68, 8. – **B** aus Unmut, Unwillen über Unbill, Unrecht, **1** über etw. **klagen, sich beklagen, sich beschweren, Klage-, Beschwerde führen, a** übh.: **α** m. bl. *Acc.* (s. Fabri Liv. 22, 43, 3): fortunas suas, Plaut.: iniurias, Cic.: omnia, Cic.: annonam, Liv.: indignam necem Maelii, Liv. – **β** m. folg. *Acc.* u. *Infin.*: socios ad senatum questum flentes venisse, sese pecunias maximas exactos esse, Q. Metell. Num. fr.: querebatur, se tum exstingui, Cic.: illud queruntur in meis sententiis quasi desciscere me a pristina causa, Cic. – **γ** m. folg. *quod* (weil, dass): queri cogimur, primum quod etc., Cic.: legatos miserunt Athenas questum, quod etc., Nep. (vgl. unten *no.* η). – **δ** m. *de* u. Abl.: de iniuriis, Cic.: de Milone per vim expulso, darüber, dass M. usw., Cic.: de alterius superbia, Sen. – **ε** mit *super* u. Abl. u. folg. *quod* (dass), quereris super hoc etiam, quod exspectata tibi non mittam carmina mendax, Hor. ep. 2, 2, 24 *sq.* – **ζ** m. *cum* u. Abl. = mit jmd. hadern, jmd. anklagen, qu. cum alqo, Cic. u. a. (s. Matthiä Cic. Dei. 9. Kritz Vell. 2, 230, 3), cum deis, Vell.: cum fortuna, Sen. rhet.: cum fatis, Ov.: sua fata cum muto cinere, Tibull.: qu. cum deo, quod etc., Cic.: cum Caesaris ira, quod etc., Ov. – **η** m. *apud* u. Akk. (= jmdm. gegenüber): apud novercam, Plaut.: apud senatum de alqo, quod (dass er usw.), Tac.: apud alqm de his occupationibus, Plin. ep.: apud alqm litteris de alcis moribus, Vopisc.: apud populum, quod (dass) etc., Aur. Vict.: apud alqm per litteras m. folg. *Acc.* u. *Infin.*, Cic. ad Att. 5, 21, 13. – **θ** mit *Dat. pers.*, queri patri, dem V. kl., beim V. sich beklagen, Iuven.: magno Tonanti, Stat. – m. *Dat. pers.* u. *Acc. rei,* Oceano furta mariti, Ov. – m. *Dat. pers.* u. *de* u. Abl., alci de iniuria, Eutr. – **ι** m. *pro* u. Abl.: haec pro re publica (im Namen des St.), Cic. de or. 2, 198. – **κ** absol.: querere, Cic.: querebar applorans tibi, Hor.: ne in occulto quidem queri audere, Caes. – **b** gerichtl. **klagen,** de proconsulatu alcis, Plin. ep. 3, 4, 2. – **2 sich beklagend-, als Beschwerde vorbringen,** ibi multa de mea sententia questus est Caesar, hat sich sehr beschwert, Cic. ep. 1, 9, 9: u. so ibi multa de ignavia eorum questus, Sall. Cat. 37, 4. – ► Futur. querebuntur, Herm. Pastor 3, 10, 3 Pal.

querquēdula, ae, *f.* (κερκιθαλίς), die **Kriekente,** Varro r. r. 3, 3, 3 u. 3, 11, 4. Colum. 8, 15, 1. Varro sat. Men. 576. Vgl. Gloss. III, 363, 21 ›quercedulus, βοσκάς‹.

querquerus (quercerus), a, um (v. καρκαίρω, zittern), **kalt, dass man zittert** (vgl. Paul. ex Fest. 256, 10), febris quercera, das kalte Fieber, Plaut. friv. fr. 2 (bei Prisc. 6, 87, wo Hertz bl. febris, doch s. *not. cr.).* Lucil. 1194. Gell. 20, 1, 26. – dass. subst., querquera (quercera), ae, *f.*, Lucil. 1277. Arnob. 1, 48. Apul. apol. 35 Kr.

Querquētulānus, a, um (v. querquetum), **zum Eichenwald gehörig, Eichenwald-,** Qu. virae (= virgines), die einem Eichenwald vorstehenden Nymphen, Fest. 261 (a), 17: Qu. mons, alter Name des mons Caelius in Rom, Tac. ann. 4, 65: Qu. sacellum, auf dem mons Qu., Varro LL. 5, 49: Qu. porta, alter Name der porta Caelimontana, Plin. 16, 37; porta Querquetularia b. Fest. 261.

querquētum (quercētum), ī, *n.* (quercus), der **Eichenwald, Eichenhain,** Form querqu., Varro. r. r. 1, 16, 6. Varro sat. Men. 424. Fest. 261 (a), 19: Form querc., Hor. carm. 2, 9, 7. Prisc. 4, 26.

querqueus, s. querceus.

querulōsus, a, um (queror), **klagend, voller Klagen,** Vulg. epist. Iud. 16. Cassiod. var. 9, 14, 1.

querulus, a, um (queror), **klagend, I girrend, sanft klagend, -ertönend,** cicada, Verg.: nidus volucrum, Ov. – tibia, Hor.: tuba, Prop. – v. Ton, **kläglich, wimmernd** u. dgl., vox, Ov.: voces, Cassiod.: ululatus, Ov. – *neutr.* st. des *Adv.*, querulum spirat, atmet schwer, Mart. 2, 26, 1. – **II klagend** = **sich beklagend, sich beschwerend,** senex, Hor.: fastus, Mart.: libelli rusticorum, Plin. ep.: calamitas querula est, klagt gern, Curt.

ques, s. 1. quis ►.

questio, ōnis, *f.* (queror), die **Klage,** Plur. bei Cic. Brut. 142.

questus, ūs, *m.* (queror), das **Klagen,** die **Klage,** **I** die **Wehklage,** **a** der Menschen, qui questus, qui maeror dignus inveniri in tanta calamitate potest? Cic.: maestis questibus, Sil.: tales effundit pectore questus, Verg.: in questus flebiles sese in vestibulo curiae profuderunt, Liv.: questibus vanis agere, Stat.: in questus lacrimas vota effundi, Tac.: lacrimas gaudium, questus adulationem miscebant, Tac. – **b** die **sanfte Klage, Wehklage** der Nachtigall, Verg. georg. 4, 515. – **II** die **Klage, Beschwerde, Anklage,** Val. Flacc. 1, 113; 5, 624. Lucan. 1, 247; 9, 880.

1. quī, quae, quod, I *Pron. interrog.*, **welcher, welche, welches, welch, was für einer -eine, -ein** (eig. adjektivisch, öfter aber auch substantivisch, jedoch so, dass qui nach Stand u. Charakter einer Person fragt, quis nach dem Namen), **A** in direkter Rede: **a** *adi.*: *Th.* Quis fuit igitur? *Py.* Iste Chaerea. *Ph.* Qui Chaerea? *Py.* Iste ephebus frater Phaedriae, was für ein Chärea? Ter.: quod te municipium vidit? quis amicus invitavit? qui hospes aspexit? Cic.: qui cantus dulcior inveniri potest? quod carmen aptius? qui actor in imitanda veritate iucundior? Cic.: virgo, quae patria est tua? Plaut. – **b** *subst.*: occiso Sex. Roscio qui primus Ameriam nuntiat? was für einer? Manlius Glaucia, Cic. – **B** in indirekter Rede: **a** *adi.*: scribis te velle scire, qui sit rei publicae status, welches die Lage des Staates sei, Cic.: quae cura boum, qui cultus habendo sit pecori ... hinc canere incipiam, Verg. – **b** *subst.*: tu te collige et, qui sis et quid facere possis, considera, Cic.: domino navis, qui sit, aperit, Nep.

II *Pron. relat.*, **welcher, welche, welches; der, die, das; wer, was, A** Die grammatische Form richtet sich rücksichtlich des Genus u. Numerus nach dem Wort, auf das es bezogen wird, rücksichtlich des Kasus nach dem zu ihm gehörigen Verbum, mors terribilis est iis, quorum cum vita omnia exstinguuntur, Cic.: luna eam lucem, quam a sole accipit, mittit in terras, Cic. – Häufig wird das Substant., auf das es sich bezieht, wiederholt, itinera duo, quibus itineribus, Caes. – Wenn es sich auf ein demonstr. Pron. bezieht, so steht dieses häufig nach, quod virtute effici debet, id tentatur pecuniā, Cic.: a quo plurimum sperant, ei potissimum inserviunt, Cic.: oder es wird gänzlich weggelassen, qui mentiri solet, peierare consuevit, Cic. – bes. beim Neutr. quod, wodurch es in die prägn. Bedeutung **wie viel, so viel wie** übergegangen ist, adiutabo, quod potero, Ter.: auch m. *Genet.*, quod operae poneretur, Cic.: quod eius (agri), Liv. – Nicht selten bezieht sich qui auf einen allgemeinen Substantivbegriff, der ausgelassen ist, bes. nach den Verben habere, invenire, reperire, nancisci, quaerere, esse, exsistere, exoriri u. a., z. B. non facile est invenire, qui, quod sciat ipse, non tradat alteri, Cic.: sunt, qui discessum animi a corpore putent esse mortem, Cic.

Als Eigentümlichkeit ist zu beachten: **a** dass qui das Subjekt od. Objekt des Hauptsatzes in derselben Form, in der es selbst steht, zu sich nimmt, quam quisque norit artem, in hac se exerceat, Cic.: quas res violentissimas natura genuit, earum moderationem nos soli habemus, Cic. – **b** dass qui ein substantivisches Attribut des Subjektes od. Objektes des Hauptsatzes zu sich nimmt, Philippus Aetolos desertos ab Romanis, cui uni fidebant auxilio, subegit, Liv.: Cumae, quam Graeci tum urbem tenebant, capiuntur, Liv. – Häufig wird ein solcher mit esse gebildeter Relativsatz, in dem das relat. Pron. mit dem Substantiv im Nominativ ober im Ablativ steht, in einem Hauptsatz eingeschaltet, um den Grund zu der in seinem Prädikat ausgesprochenen Eigenschaft anzugeben, spero, quae tua prudentia et temperantia est, te valere, dass du bei od. infolge deiner Klugheit u. Mäßigkeit dich wohl befindest, Cic.: quā prudentiā es, nihil te fugiet, bei deiner Klugheit wird dir nichts entgehen, Cic. – **c** dass qui ein adjekt. Attribut des Subjektes od. Objektes des Hauptsatzes zu sich nimmt, ad suas res revocet, quas aut tulerit acerbas aut timeat, Cic.: eam civitatem, in qua ipse florentissima multum omnibus gloriā praestitisset, Cic. – **d** dass qui mit seinem Verbum durch Verschränkung mit einem Nebensatz verbunden wird, u. zwar: **α** so, dass es von dem Nebensatz abhängig ist. Dies ist der Fall, **αα** wenn es mit einem Partizip zusammensteht, non sunt ea bona dicenda nec habenda, quibus abundantem licet esse miserrimum, bei denen man trotz ihres Übermaßes höchst unglücklich sein kann, Cic.: nullas consequuntur voluptates, quarum potiendi spe inflammati multos labores susceperant, zu deren Erreichung sie sich Hoffnung machten u. deshalb viele Anstrengungen übernommen hatten, Cic.: se auctores habuisse sceleris illius eos viros, quibus e civitate sublatis civitas stare non posset, nach deren Entfernung usw., Cic. – **ββ** wenn es mit dem Verbum einen abhängigen Relativsatz oder Fragesatz bildet oder in der Konstruktion des *Acc.* u. *Infin.* steht, sunt certa vitia, quae nemo est quin effugere cupiat, denen jedermann entgehen möchte, Cic.: cum dubium est, an merito accusetur, qui an omnino accusetur, incertum est, von dem ungewiss ist, ob er usw., Plin. ep. – **β** so, dass es den Nebensatz in sich aufnimmt. In diesem Fall richtet sich die Form des relat. Pronomens nach dem Nebensatz, aberat omnis dolor, qui si adesset, nemo molliter ferret, den, wenn er sich einstellte, niemand leicht ertragen würde, Cic.: non Alpes aliae sunt, quas dum superant, comparare nova possint praesidia, während deren Übersteigung sie sich usw., Liv. – **e** dass qui zu Anfang eines neuen Satzes steht, **α** kopulativ = **und dieser,** res loquitur ipsa; quae semper valet plurimum, Cic. – **β** adversativ = **aber dieser,** obsistere ei conati sunt Athenienses et Boeotii ceterique eorum socii apud Coroneam; quos omnes gravi proelio vicit, Nep. – **γ** kausal = **denn dieser,** virtus est una altissimis defixa radicibus; quae numquam ullā vi labefactari potest, Cic. – **δ** konsekutiv = **daher dieser,** hoc spectant leges, hoc volunt, incolumem esse civium coniunctionem; quam qui dirimunt, eos morte, exsilio, vinclis, damno coërcent, Cic.

Als Unregelmäßigkeit ist zu beachten: **a** wenn qui in einem anderen Genus steht, als das vorausgehende Substant. erwarten lässt. Dies ist der Fall, **α** wenn es sich nach dessen Begriff, nicht nach der grammatischen Form richtet, illa furia (*sc.* Clodius), qui etc., Cic. – **β** wenn es sich nach dem Prädikatsnomen des Relativsatzes oder des Hauptsatzes richtet, patres C. Mucio agrum dono dedere, quae postea sunt Mucia prata appellata, Liv.: Helvetii continentur flumine Rheno latissimo atque altissimo, qui agrum Helvetium a Germanis dividit, Caes. – **γ** wenn es mehr auf den allgemein gefassten Begriff des vorhergehenden Wortes als auf dessen konkrete Bedeutung hinweist, testarum suffragia, quod illi ostracismum vocant, Nep.: quae utilitates ex rebus iis, quae sunt inanima, percipiantur, Cic. – dah. steht es auch im Neutr., wenn auf den Inhalt des ganzen Satzes hingewiesen wird, Lacedaemonii Agin regem, quod numquam antea apud eos accĭderat, necaverunt, Cic.: obsides, quod nulli antea, Persae ei dederunt, Eutr.: meist mit dem demonstr. *id,* wie: Timoleon, id quod difficilius putatur, multo sapientius tulit secundam quam adversam fortunam, Nep. – **b** wenn qui in einem anderen Numerus steht, als das vorhergehende Substantiv erwarten lässt. Dies ist der Fall, **α** wenn es nach einem Kollektivbegriff im Plural steht, Caesar equitatum omnem praemittit, qui videant, Caes.: bes. in der Wendung ex eo numero qui, z. B. unus ex eo numero, qui ad caedem parati erant, Sall. – **β** wenn der relative Satz allgemeiner gefasst wird als der Hauptsatz, si tempus est ullum iure hominis necandi, quae multa sunt, Cic. – Dies ist bes. der Fall, wenn das relat. Pron. auf ein demonstr. im Neutr. sich bezieht, Caesar pollicetur, ut, quod quisque eorum in bello amiserit, quae sint penes milites suos, iis, qui amiserint, restituatur, Caes. – Auffälliger ist der Sing. nach einem Substant. im Plur., wie Sall. Cat. 56, 5. – **c** wenn qui in einem anderen Kasus steht, als das Verbum des relat. Satzes erwarten lässt. Dies ist der Fall, **α** wenn es durch Attraktion den Kasus des vorhergegangenen Substant. annimmt, nos hoc confirmamus illo augurio, quo diximus, Cic.: in iis coloribus, quibus modo dixisti, denominandis, Gell. – Dies geschieht am häufigsten, wenn zu dem relat. Satz ein Verbum aus dem Hauptsatz ergänzt werden muss, quibus poterat sauciis ductis secum, Liv.: cum aliquid agas eorum, quorum consuesti, gaudeo, Cic. – **β** wenn es bei Verbindung mehrerer relativer Satzglieder in dem zweiten in einem anderen Kasus hinzu ergänzt werden muss, als es im ersten steht, huius tyranni quem armis oppressa pertulit civitas paretque cum maxime mortuo, interitus declarat, Cic.

B Der Modus ist **1** der *Indicat.*, wenn das durch den relat. Satz dargestellte Attribut als ein wahrgenommenes oder faktisches hingestellt werden soll. Daher steht auch der Indikat. **a** in der *oratio obliqua,* wenn durch das Rel. ein Subjekt oder Objekt umschrieben wird oder der Redende den Inhalt des Relativsatzes als seine Wahrnehmung hinstellt, constituunt, ut ii, qui valetudine aut aetate inutiles sunt bello, oppido excedant, Caes. – **b** wenn der Inhalt des Relativsatzes als etwas Faktisches das Prädikat des Hauptsatzes erklären od. bedingen soll, o fortunata mors, quae naturae debita pro patria est potissimum reddita, Cic.: ista quidem sententia ea est, quae neque amicos parat neque inimicos tollit, Liv.: daher auch, wenn es durch *quippe, utpote, ut* verstärkt wird, quippe quibus aegre ad undecimum lapidem occursum est, Liv.

2 der *Coniunctiv*, u. zwar: **a** in der *oratio obliqua,* apud Hypanim fluvium Aristoteles ait bestiolas quasdam nasci, quae unum diem vivant, Cic. – **b** wenn der Inhalt des Relativsatzes nach der Vorstellung des Redenden nur als möglich hingestellt wird, homines imperiti facilius, quod stulte dixeris, reprehendere, quam quod sapienter tacueris, laudare possunt, Cic. – **c** wenn der Inhalt des Relativsatzes als beabsichtigt hingestellt wird, deutsch **auf dass, damit,** od. **um zu** mit Infin., sunt multi, qui eripiunt aliis, quod aliis largiantur, Cic. – **d** wenn der Inhalt des Relativsatzes den Grund zu der im Hauptsatz ausgesprochenen Erscheinung darstellen soll, deutsch **da, da ja,** recte Socrates exsecrari eum solebat, qui primus utilitatem a iure seiunxisset, Cic.: Caninius fuit mirificā vigilantiā, qui suo toto consulatu somnum non viderit, Cic.: neque est boni neque liberalis parentis, quem procrearis et eduxeris, eum non et vestire et ornare, Cic. – **e** wenn der Inhalt des Relativsatzes als aus der Beschaffenheit des Subjektes im Hauptsatz erfolgend dargestellt werden soll, sapientia est una, quae maestitiam pellat ex animis, quae nos exhorrescere metu non sinat, Cic. – Dies ist bes. der Fall, **α** wenn im Hauptsatz die Beschaffenheit angedeutet wird entweder durch die demonstrativen Wörter *is, talis, eiusmodi, tam, tantus* od. durch die Adjektive *aptus, idoneus, dignus, indignus* u. a., deutsch **dass** od. **um zu** mit Infin., ego is sum, qui nihil fecerim, Cic.: nulla acies humani ingenii tanta est, quae penetrare in caelum, terram intrare possit, Cic.: Livianae fabulae non satis dignae, quae iterum legantur, Cic.: solum censebant idoneum, cui crederetur, Cic. – **β** wenn sich der Relativsatz auf ein allgemeines u. unbestimmtes Subjekt oder Objekt bezieht, bes. nach den Verben *habere, reperire, invenire, nancisci, quaerere, esse, exsistere, exoriri* u. nach den Verbindungen *nemo est, nullus est, nihil est, quis est, quotus quisque est* u. a., nactus sum, qui Xenophontis similem esse se cuperet, Cic.: est aliquid, quod non oporteat, etiamsi licet, Cic.: quis est, qui dicere audeat, Cic.: nihil est, quod tam miseros faciat, quam impietas et scelus, Cic. – **γ** wenn nach einem Komparativ ein mit dem Relativum gebildeter Vergleichungssatz gebraucht wird, Campani maiora in defectione deliquerant, quam quibus ignosci posset, als dass ihnen usw., Liv.

III *Pron. indefin.*, qui, quae u. qua, quod, **a** *adi.* **irgendein, -eine, -ein, etwa ein, -eine, -ein,** nisi qui deus subvenerit, wenn nicht etwa ein Gott usw., Cic.: si qui rex, si qua civitas exterarum gentium, si qua natio fecit aliquid in cives Romanos eius modi, Cic.: si qui etiam inferis sensus est, Cic.: ut ne quae pars naturae neglegatur, Cic.: ne qua esset armorum causa, Caes.: quaeritur, num quod officium aliud alio maius sit, Cic. – **b** *subst.* **irgendeiner, jemand, irgendetwas,** si qui rem neglegentius gessisset, Cic.: si qui Romae esset demortuus, Cic.: si quae contra naturam sunt, wenn eins oder das andere usw., Cic.

► Alte Formen: *Genet.* quoius, Plaut.: *Dat.* quoi, Plaut., u. quo, Varro: *Abl.* qui mit der *Praep. cum* in quicum = quocum (meist mit Beziehung auf eine unbestimmte Person, quocum auf eine bestimmte, nach W. Müller Cic. Lael. 77. p. 472), Cic. u. a.; selten = quacum, wie Verg. Aen. 11, 822. – Plur., *Dat.* queis, Tragic. vett., Lucr. u. Verg. u. quīs, Sall. Hor. u. a.: *Abl.* queis, Catull. 63, 46. – Vgl. auch 2. qui, u. qua, quo s. bes.

2. quī (eig. alte Ablativform v. 1. qui, wie in quicum etc., s. 1. quī), **I** *relat.* **wodurch, wovon,** ut det, qui fiamus liberi, Plaut.: in tanta paupertate decessit, ut, qui efferretur, vix reliquerit, wovon er begraben werden konnte, Nep.: habeo, qui utar, Cic. – **II** *interrog.:* **A** in direkter Frage: **1** in welcher Beziehung? **wie doch? wie denn? wieso denn?** (s. Brix Plaut. mil. 277. Fritzsche Hor. sat. 1, 3, 128), *So.* Quia enim sero advenimus. *Am.* Qui? Plaut.: qui fit, Maecenas etc.? Hor.: qui potest esse in eiusmodi trunco sapientia? Cic.: deum nisi sempiternum intellegere qui possumus? Cic.: qui possum tot? Hor.: qui? cedo, ei, wieso? Ter. – so auch quidum? z. B. *Pa.* Tum mihi sunt manus inquinatae. *Sc.* Quidum? *Pa.* Quia ludo luto, Plaut. (s. Brix Plaut. mil. 277). – **2** aus welchem Grund? **warum? wie?** qui non? Plaut.: *Si.* Non potest. *Pa.* qui? *Si.* Quia habet etc., Ter. – **B** in indirekter Frage: **1 wie,** nimis demiror, qui illaec illi me donatum esse paterā sciat, Plaut.: nec qui hoc mihi eveniat scio, Ter. – **2 wie** = **wie hoch, wie teuer,** indica, minimo daturus qui sis, qui duci queat, sag' den geringsten Preis, für den man sie bekommen kann, Plaut.: qui datur, tanti indica, Plaut. – **III** *indefin,* **irgendwie,** in Wunschformeln, qui te Iuppiter dique omnes perduint! Plaut. Men. 933 Sch.: u. so Plaut. trin. 923. Ter. Phorm. 123. – ellipt., qui illi di irati (*sc.* sint)! Cic. ad Att. 4, 7, 1.

quia, *Coni.* (das alte *Neutr. Plur.* v. qui, eig. in Bezug auf welche Dinge), **weil,** zur Angabe einer bestimmten Ursache od. auch eines Beweggrundes (vgl. quod u. quoniam), häufig in Wechselbeziehung auf die Partikeln ideo, idcirco, propterea etc. im Hauptsatz, partim ideo fortes in decernendo non erunt, quia nihil timebant, partim quia timebant, Cic.: quia mutari natura non potest, idcirco verae amicitiae sempiternae sunt, Cic.: diligi iucundum est propterea, quia tutiorem vitam efficit, Cic.: quia scripseras te proficisci cogitare, eo te haerere censebam, Cic.: ob hoc, quia parum dignitatis in legatione erat, negaverunt pacem, Liv. – in der *oratio obliqua* beim *Acc.* u. *Infin.*, Liv. 26, 27, 12. – verb.: **a** quiane, in der Frage, **etwa weil?** quiane iuvat ante levatos? Verg. Aen. 4, 538: quiane te voco, bene ut tibi sit? Plaut. Pers. 851. – **b** quianam, altertümlich = cur, in der Frage, **weswegen? warum?** heu, quianam tanti cinxerunt aethera nimbi? Verg. Aen. 5, 13: ebenso Enn. ann. 127 u. 259. Verg. Aen. 10, 6 u. a. – **c** quia enim, **weil ja,** Plaut. Amph. 666 u. a. (s. Brix Plaut. capt. 881). Ter. heaut. 188. – ► quia dem Verbum des Satzes nachgestellt, Hor. sat. 1, 9, 51.

quia-nam, quia-ne, s. quia.

quiatus, s. cyathus ►.

quic(quid)-quam, s. quis-quam.

quic(quid)-que, s. quis-que.

quic(quid)-quid, s. quis-quis.

quīcum, s. 1. quī a. E.

quīcumque, quaecumque, quodcumque, **wer (was) auch nur immer, jeder der, alles was, jeder mögliche, I** im Allg.: quicumque is est, ei etc., wer es auch sei, Cic.: quācumque potui ratione, placavi, auf jede mögliche Weise, wie ich nur gekonnt, Cic.: quodcumque vellet, liceret facere, Nep.: omnia, quaecumque loquimur, alles, was nur usw., Cic.: quācumque ratione sanabo, auf jede nur mögliche Weise, Cic.: quocumque modo, unter allen Umständen, Prop.: quācumque condicione, Liv.: de quacumque causa, Liv.: cuicumque nobili debitos honores, jedem Vornehmen, Tac. – dah. im *Neutr.* quodcumque, **wieviel nur,** hoc quodcumque est od. vides, das alles, Verg. u. Prop. m. folg. *Genet.*, quodcumque est lucri, allen Gewinn, Phaedr. 5, 6, 3: quodcumque militum contrahere poteritis, so viel ihr nur S. werdet z. können, Pompeius b. Cic. ad Att. 8, 12. lit. A. §4. – **II** prägn. = *qualiscumque,* **wie auch immer beschaffen,** quaecumque mens illa fuit, Gabinii fuit, Cic. Rab. Post. 21. – ► **a** Getrennt (s. Halm Cic. Sest. 98), cum quibus erat cumque, Ter.: qua re cumque possemus, Cic.: weit getrennt, qui testamentum tradet tibi cumque legendum,

Hor.: quem fors dierum cumque dabit lucro, Hor. – **b** quocumque, s. bes. – **c** archaist. Nom. Plur. quescumque, Cato origg. 2. fr. 34.

quid, s. 1. quis a. E.

quidam, quaedam, quoddam u. *subst.* quiddam, ein **gewisser, I** eig., zur Bezeichnung der qualitativen Unbestimmtheit, v. Pers. u. Dingen, die zwar bestimmt als von allen anderen derselben Gattung unterschieden gedacht werden, deren Name oder nähere Verhältnisse aber nicht angegeben werden, weil sie entweder nicht weiter bekannt sind oder weil man sie nicht genau bestimmen will, **a** übh.: quidam leno, Turpil. fr.: Virginius quidam, Eutr.: quidam viri, Titin. fr.: cum sit quaedam certa vox, Cic.: quodam tempore, zu einer gewissen Zeit, Cic. – subst., quidam ex advocatis, Cic.: quidam de collegis nostris, Cic.: *neutr.*, quiddam divinum, etwas Göttliches, Cic.: mit folg. *Genet.*, quiddam mali, Cic. – **b** quidam, verb. quasi quidam, tamquam quidam, velut (veluti) quidam, bei Adjj. u. Substst. zur Milderung oder Hebung eines adäquaten Ausdrucks, deutsch mildernd = **sozusagen, gewissermaßen, eine Art von, ein Anstrich von,** hebend = **wahrhaft, ganz, förmlich, so recht, sogar,** incredibilis quaedam magnitudo ingenii atque consilii, eine, ich darf wohl sagen, unglaubliche Größe, Cic.: qui virtutem duram et quasi ferream esse quandam volunt, sozusagen eiserne, Cic.: munere quodam (gewissermaßen) necessitatis et gravi opere perfungimur, Cic.: omnes artes, quae ad humanitatem pertinent, habent quoddam commune vinculum et quasi cognatione quādam inter se continentur, Cic.: ad omnes meos impetus quasi murus quidam boni nomen imperatoris opponitur, Cic.: tamquam stellis quibusdam, Cic.: cum Graeciam veluti tempestas quaedam occupasset, Iustin.: est vallis, quae continuis montibus velut muro quodam ad instar castrorum clauditur, Iustin.: decor oris cum quadam maiestate, Tac. – hebend, novum quoddam genus dicendi, eine ganz neue, Cic.: ebenso grato quodam scelere, Cic.: divina quaedam facultas eloquendi, eine wahrhaft g., Quint. Über die Verbindung quasi quidam od. quidam quasi s. Kühner Cic. Tusc. 4, 11. Beier Cic. de off. 1, 30. p. 67. Stürenburg Cic. Arch. 2. – **II** Plur. quīdam, quaedam, für die quantitative Unbestimmtheit, **einige, etliche,** quidam dies, Cic.: quaedam quaestiones, Cic.: quidam ... alii, Liv. – *subst.* mit *Genet.*, Macedonum fere omnibus et quibusdam Andriorum, ut remanerent, persuasit, Liv. 31, 45, 7: quidam bonorum caesi, Tac. ann. 1, 49. – ► arch. Dat. Sing. quoidam, Plaut. trin. 342.

quidem, *Coni.* (viell. verkürzt aus quî-dem, *sc.* fieri potest, eig. »wie eben angenommen werden darf«), **I** bekräftigend, versichernd usw, **gewiss, sicher, unstreitig, ja doch, ja,** cruciatus est a Dolabella Trebonius, et quidem (gewiss auch) a Carthaginiensibus Regulus, Cic.: est illud quidem (unstreitig) vel maximum animo ipso animum videre, Cic. – dah. **a** bei Äußerungen des höchsten Unwillens mit besonderem Nachdruck, nam istaec quidem contumeliast, denn das ist ja Beschimpfung! Ter.: ista quidem vis est, das ist ja Gewalt! Suet. Vgl. Ruhnken Ter. heaut. 3, 3, 5, und bes. Schwarz Plin. pan. 25, 1. p. 72. – **b** zur Einschränkung u. Hervorhebung (wie das griech. γέ), bes. bei *Pronom.* (vgl. Fabri Liv. 21, 30, 7), Alpes quidem habitari, die A. namentlich, Liv.: id quidem etiam, quod saepius accĭderat, terrebat, gerade der Umstand, dass es usw., Liv.: at id quidem nostris moribus nefas habetur, aber gerade dies usw., Nep.: quae quidem res et illis contemnentibus perniciei et huic despecto saluti fuit, aber gerade dieser Umstand, Nep. – **II** einräumend, **a wenigstens, freilich, zwar,** nunc quidem profecto Romae es, Cic.: non video causam, cur ita sit, hoc quidem tempore, Cic. – quidem ... sed, zwar ... aber (jedoch), Cic. u. a.: non quidem ... sed, Tac. – **b** mit adversativem Nebenbegriff, **zwar, aber, jedoch,** Cic. u. a. – Über ne ... quidem s. ne. – **III** (wie γοῦν) erklärend oder näher bestimmend, **zwar, nämlich,** tres epistulae et quidem uno die, Cic.: doleo, ac mirifice quidem, Cic.: Dicaearchus quidem et Aristoxenus, zum Beispiel, Cic.: si quidem, wenn nämlich, Cic.

quidnam, s. quis-nam.

quidnī, *Adv.* **warum nicht?** Cic. u. a.

quidpiam, quidquam, s. quis-piam, quisquam.

quidquid, s. quis-quis.

quidquidcadiae, iārum, *f.* (quisquis u. cado), abgefallenes **Reisig** u. **Laub aller Art,** Fest. 257 (a), 14.

quīdum, s. 2. quī *no.* II, A, 1.

quiēns, s. queo.

1. quiēs, ētis, *f.*, die **Ruhe, I** im Allg., die **Ruhe** von der Arbeit, von Geschäften, Mühen, die **Rast,** die **Erholung, 1** eig.: otii quietisque cupidissimus, Vell.: quietis impatientissimus, Vell.: locus quietis et tranquillitatis plenissimus, Cic.: quem non quies, non remissio delectarent, Cic.: ex diutino labore quieti se dare, Caes.: quieti se reddere, Apul.: quietem capere, Ruhe genießen, Caes.: velut tacitis indutiis quietem sumere, Liv.: si erit pugnandum ... si quies dabitur, Cic.: reliquum noctis utrimque quieti datum, Liv.: tres horas exercitui ad quietem dare, Caes.: quartum iam diem eodem loco quietem militi dederat, Curt.: quietem praestare, ihnen zu Gefallen Ruhe halten, Liv.: vix quietem ferre (ertragen) in mari, Liv. – qu. senectutis, Cic.: mors laborum aut miseriarum quies est, ist ein Ausruhen von usw., Cic.: u. so per quod tempus ut quies certaminum erat, ita ab apparatu operum ac munitionum nihil cessatum, Liv. – m. *ab* u. Abl., nulla qu. ab armis dabatur a bellicoso rege, Liv.: a proeliis quietem habuerant, Liv. – m. *Genet.* der Zeitdauer, paucorum iis dierum quietem dedit, Liv. (s. Fabri Liv. 21, 58, 1). – Plur., somno et quietibus ceteris, Arten der Ruhe = Erholungen, Cic. de off. 1, 103. – **2** meton., der **Ruheort,** das **Lager,** intectae fronde quietes, Lucr. 1, 405. – **II** insbes.: **A** die **Ruhe** = die **Nachtruhe,** der **Schlaf, 1** eig.: **a** im Allg.: quietem capere, schlafen, Ov.: ire ad quietem, schlafen gehen, Cic.: so auch tradere se quieti, Cic.: tum se quieti dedit et quievit verissimo quidem somno, Plin. ep.: iterum quieti et somno se dedit, Val. Max.: datus quieti, eingeschläfert, Arnob.: dare parva tempora quieti, Ov.: datur hora quieti, Verg.: secundum quietem oder in quiete, Cic., oder per quietem, Suet., im Schlaf. – Plur., neque *vigiliis* neque *quietibus* sedari, Sall. Cat. 15. 4. – **b** insbes., die **ewige Ruhe,** der **ewige Schlaf,** der **Todesschlaf, Tod,** dura qu., Verg.: si forte tibi properarint fata quietem, Prop. – **2** meton.: **a** der **Traum,** u. das einzelne **Traumbild, Traumgesicht,** Stat. Theb. 10, 205 u. 324. Vell. 2, 70, 1. Tac. ann. 1, 65. – **b** die **Schlafenszeit,** die **Nacht,** opica quies, Stat.: trahere quietem, Prop. (= trahere noctem b. Verg.). – **B** die **Ruhe** = das Schweigen, Stillschweigen, atrox clamor et repente quies, Tac. ann. 1, 25. – **C** das **Ruhehalten, 1** eig.: **a** die **Ruhe,** das Verschontsein von Krieg, Aufruhr, der **Friede,** qu. diuturna, Sall.: ingrata qu. genti, Tac.: consuleret quieti urbis, Tac. – **b** das **ruhige Verhalten** in politischer Beziehung, die **Zurückgezogenheit** vom Staatsleben, bes. von Parteinahme im Staat, die **Neutralität,** Nep. Att. 7, 3. Suet. Tib. 15, 1. Tac. ann. 14, 47 u. 56. – **c** die Ruhe vom Amt, der **Ruhestand,** post indultam a pietate vestra quietem, Inc. (Eumen.) pan. Const. 1, 2. – **d** die **Ruhe** des Gemütes, Ov. ex Pont. 4, 9, 91 u. (Ggstz. ira) Sen. de ira 2, 13, 2: qui cum summā quiete animi civitatis princeps esse posset, in aller Gemütsruhe, Vell. 2, 6. 2. – **2** übtr., v. Lebl., die **Ruhe, Stille,** ventorum, Plin.: si non tanta quies iret frigus caloremque inter, Frühlingsstille, Ruhe, Verg.: lenis quies materiae, Ebenheit, Plin. – ► Archaist. *Abl.* quie, Afran. com. 77. Laev. fr. 10 M. (bei Prisc. 6, 58).

2. quiēs, ētis, *Adi.*, vorklass. Nbf. v. quietus, **ruhig,** Licin. Macer b. Prisc. 6, 58. Naev. bell. Punic. lib. 2. fr. 1 (bei Prisc. 6, 58).

quiēscentia, ae, *f.* (quiesco), die **Ruhe,** Firm. math. 1, 3.

quiēsco, ēvī, ētūrus, ere (quies), **ruhen, I** im Allg., **ruhen, ausruhen** von der Arbeit, von Geschäften, Mühen, **a** v. leb. Wesen: ipse dux (gruum) revolat, ut ipse quoque quiescat, Cic.: et quiescenti agendum et agenti quiescendum est, Sen. – **b** übtr., v. Lebl.: ager, qui multos annos quievit, brachgelegen hat, Cic.: prato gravia arma quiescunt, Verg.: lorica et ensis quiescunt tellure, liegen ruhig auf der Erde, Sil. – **II** insbes.: **A ruhen** = ruhend **liegen,** Ggstz. surgere, Cels., oder ambulare, Cels., od. inambulare, Cic., oder stare vel sedere, Suet.: quiesse humi Vestam somnumque cepisse, Lact. –

B **ruhen** = **schlafen,** **a** v. Leb., quiescens somno, Curt.: cenatus quiescebat, Cic.: casa, in qua quiescebat, Nep.: habitus corporis quiescenti quam defuncto similior, Plin. ep.: quietum abire od. discedere, schlafen gehen, Dict. – m. homogen. *Acc.*, somnum humanum quievi, habe geschlafen wie ein Mensch, Apul. – m. *Acc.* der Zeitdauer, qu. in navi noctem perpetem, Plaut. – **b** v. Toten und ihren Gebeinen, im Grabe ruhen, placidā compostus pace quiescit, Verg.: priusquam sedibus (im Grabe) ossa quierunt, Verg.: felicius ossa quiescant, Ov.: patrono meo ossa bene quiescant, Petron. – **C** = ἡσυχάζειν, ἵστασθαι, ἐξέχειν im Sinne des Stoikers Chrysippus, d. i. im Vortrag **ruhen, einen Ruhepunkt machen, haltmachen, innehalten,** Cic. Acad. 2, 93. – **D** wie ἡσυχάζειν, **ruhig sein, sich ruhig verhalten, Ruhe halten,** **1** eig.: **a** = **still sein, schweigen,** quiesce, Ter. u. Rhet. Her.: ut quiescant moneo, Ter.: iam quiescebant voces hominumque canumque, Ov. – **b** **Ruhe halten, ruhig bleiben, sich ruhig verhalten** = nichts unternehmen, bes. im Staat, **α** übh., **sich ruhig-, sich leidend verhalten, ruhig-, untätig zusehen,** quod si quiessem nihil evenisset mali, Ter.: qu. viginti dies, Cic.: cum quiescunt probant, Cic.: illis quiescentibus, Nep.: indoctus pilae quiescit, Hor. – **β** **sich ruhig verhalten** = keinen Krieg, Kampf, Aufruhr unternehmen, **Ruhe-, Frieden halten,** urbs illa non potest quiescere, Cic.: quieverunt per paucos dies, Liv.: quiesse erit melius, Liv. Vgl. Fabri Liv. 22, 14, 1. – **γ** sich nicht in Politik mischen, **sich ruhig halten,** teils übh. = **sich** von der Politik, vom Staatsleben **zurückziehen,** qu. in re publica, Cic.: in secessu quiescens, Suet. – teils = sich von Parteinahme fernhalten, **sich zurückziehen, neutral bleiben,** scribis Peducaeo nostro probari, quod quierim, Cic.: pro condicione temporum quieturus, Suet. – **2** übtr., v. Lebl., **ruhen, feiern, ruhig-, still sein** od. **bleiben,** alta quierunt aequora, Verg.: venti quiescunt, Plin.: quiescentes aquae, stillstehende Gewässer, Plin. – quiescente eā (terrā), Plin. 17, 39. – **E** von Störungen, Belästigungen **Ruhe haben, zur Ruhe kommen, ungestört sein, in Frieden-, in Ruhe und Frieden gelassen werden, verschont-, ungehudelt bleiben,** m. *Abl.*, quibus (nuptiis) quidem quam facile potuerat quiesci, si hic quiesset, Ter. Andr. 691: m. *ab* u. Abl., numquamne quiescit civitas nostra a suppliciis, Liv. 3, 53, 8: m. *Genet.*, pugnae, Quadr. bei Gell. 9, 13, 8. – bei vorhergeh. Negation m. folg. *donec* (so lange als), nec umquam Syracusas quieturas, donec quidquam externorum auxiliorum aut in urbe aut in exercitu suo esset, Liv.: übtr., nec umquam, donec sanguinis nominisque Barcini quisquam supersit, quietura Romana foedera? Liv. – **F** **ruhen** = **a** von einer Tätigkeit ablassen, **aufhören, es gut (getan) sein lassen, die Sache ruhen lassen,** manibus significare coepit utrisque, quiescerent, sie möchten den Kampf ruhen lassen, Claud. Quadrig. fr.: numquam hodie quiescet, priusquam id quod petit perfecerit, Plaut.: quid faciam, praescribe. *Treb.* ›Quiescas‹. Hor.: Ne faciam, inquis, omnino versus? Hor. – m. folg. *Infin.*, *Ca.* Tranio, si sapis, quiesce (lass das ruhen). *Th.* Tu quiesce hanc rem modo petere, Plaut. most. 1173: quiescamus, ne nostram culpam coarguamus, Cic.: dei nomen statuere atque edicere quiescebant, unterließen, Gell. 2, 28, 2: u. so ille praedicare nullatenus quiescebat, Cassiod. hist. 10, 33 (vgl. *ibid.* 12, 2). – m. folg. *ab* u. Abl., cum a proelio quiesceretur, Capit. Maximin. 23, 6. – m. folg. *Abl.*, uno quiesce bello, Sen. contr. 1, 8, 2: ubi alte turbis quiescitur, Symm. epist. 1, 8: m. folg. *Acc.*, **ruhen lassen, aufhören lassen, sein lassen,** cetera, Plaut.: istam rem, Plaut.: laudes alcis, Sen. Herc. Oet. 1586. – **b** übtr., der Geltung nach **aufhören, ohne Geltung sein,** denique nimia ista, quae dominatur in civitate, potentia in hoc solo genere quiescit, Cic. Caecin. 71. – **G** im Gemüt **ruhig sein, unbekümmert-, unbesorgt sein,** quiescas! Ter. Andr. 598: potine ut quiescas? Plaut. Men. 466: ego dabo, quiesce! Ter. Phorm. 670: m. *Acc. resp.*, quiescas cetera (im Übrigen)? Plaut. mil. 927. – ► Synkop. Perf.-Formen quierunt, quierim, quierint, quiessem, quiesse. – Partiz. Perf. Pass. quiescitus, CIL 6, 10703 (wo quescita).

quiētālis, is, *m.*, *sc.* locus (quies), der **Ruheort,** v. Orkus, nach Fest. 257 (a), 34.

quiētē, *Adv.* (quietus), **ruhig,** **I** nach einer Tätigkeit Ruhe haltend: **1** **ruhig, ohne Kampf,** quietius tranquilliusque bellare, mit weniger Kampfeseifer und Hitze, Liv.: quietissime se recipere, Caes. – **2** **ruhig, zurückgezogen, eingezogen,** vivere, Cic.: agere aetatem, Cic. – **II** v. Charakter: **1** **ruhig, gelassen,** apte et qu. ferre alqd, mit Fügung und ohne Murren, Cic.: verb. leniter et quiete colloqui (Ggstz. nihil iracunde rabioseque facere), Cic. – **2** **ruhig, bedächtig,** quietius edere alqd (Ggstz. avidius vorare), Macr. sat. 7, 12, 21.

quiētātio, ōnis, *f.* (quieto), die **Beruhigung,** spät. Eccl.

quiēto, āre, u. **quiētor,** ārī (quietus), **beruhigen,** angeführt von Prisc. 8, 20; davon quietavit auch CIL 3, 4458.

quiētūdo, inis, *f.* (quies) = ἠρεμία, ἡσυχία, die **Ruhe,** Gloss. II, 325, 41 u. 56.

quiētus, a, um (quies), **Ruhe haltend, ruhig,** griech. ἥσυχος, **I** eig., nach Tätigkeit Ruhe haltend, **A** im Allg.: **α** v. leb. Wesen: sex ego te totos hos menses quietum reddam, Ter. eun. 277. – **β** v. lebl. Subjj.: aër, Verg.: caeli status (Ggstz. procellosus atque imbrifer), Colum.: amnis, ruhig fließend, Verg.: aequor quietius, Hor.: portus omnium quietissimus, Sen. – baca, eine abgelagerte (Ggstz. recens), Colum. – *neutr.* subst., quiētum, ī, *n.*, die **ruhige, stille Luft,** Petron. 131, 9. – **B** insbes.: **1** **ruhend, schlafend,** Tac. ann. 1, 49. – dah. subst., quiētī, ōrum, *m.*, prägn., die **Ruhenden, Fortschlafenden** = die Toten, Nemes. ecl. 1, 38. – **2** **sich ruhig verhaltend, ruhig, untätig,** **a** übh. = sich der Unruhe-, des Aufstandes-, bes. sich der Feindseligkeiten enthaltend, **α** v. leb. Wesen: quieto sedente rege ad Enipeum, Liv.: quieto exercitu pacatum agrum peragravit, Liv. – **β** v. Ort, Staat, wo man sich eines Aufstandes, der Feindseligkeiten enthält, **frei von Tumult, frei-, ruhig von Aufstand, -von Kampf-, -von Krieg,** ne tribunal quidem satis quietum erat, Liv. – quieta, quietior Gallia, Caes.: pacatissima et quietissima pars, Caes. – nihilo quietiora ea (*sc.* hiberna) ipsis aestivis habuit, Liv. – u. m. *ab* u. Abl., a seditione et a bello quietis rebus, Liv.: a bello ut quieta esset provincia, Liv. Vgl. Drak. Liv. 2, 34, 1. – nihil interim apud hostes quietum pati, *quo minus* subitis excursibus popularetur, er gestattete dem Feind keine Ruhe, sondern unternahm plötzlich verheerende Streifzüge, Tac. Agr. 20. – *neutr. pl.* subst., quieta movere, die öffentliche Ruhe stören, Sall. Cat. 21, 1: quieta turbidis antehabeo, ich ziehe die Ruhe der Verwirrung vor, Tac. ann. 1, 58. – **b** am Krieg-, am Kampf nicht teilnehmend, **ruhig, untätig, neutral,** te quieto totam molem sustinebat belli, Liv.: hoc turbido tempore, quoad cum civibus dimicatum est, domi quietus fuit, Nep.: u. so subst., quiēti, ōrum, *m.*, die Ruhigen, Neutralen, Sall. fr. u. a. – **3** vom öffentl. Leben, Staatsleben sich zurückhaltend, **ruhig, zurückgezogen, eingezogen, in der Stille-, in Muße lebend,** **α** v. Pers.: maior cura efficiendi rem publicam gerentibus quam quietis, Cic. – **β** v. Zuständen: vita privata et qu., Cic.: vita placata, tranquilla, quieta, Cic.: otiosam aetatem et quietam sine ullo aut labore aut contentione traducere, Cic. – **II** übtr., dem Gemüt, dem Charakter nach **ruhig,** **1** **ruhig, gelassen, friedsam, sanft** (Ggstz. acer, heftig, wild; vgl. Isid. orig. 10, 233), **α** v. leb. Wesen: vir ingenio mitis, moribus quietus, Vell.: integri, quieti, otiosi homines, Cic.: equi demptis testiculis fiunt quietiores (vorher placidi, Ggstz. acres), Varro: quietus esto, inquam, sei ruhig, unbesorgt, Ter.: homo quietissimus, Cic.: memineró, de istoc quietus esto, sei ruhig, ereifere dich nicht. Plaut. – v. Gemüt selbst, animus qu., qu. et solutus, Cic.: animus quietus et in tranquilla statione collocatus (Ggstz. an. iratus), Sen.: casum quieto et aequo animo ferre, gelassen (ohne Murren) und mit Gleichmut, Caes. – **β** v. Zuständen: qu. et remissus sermo, Cic.: tranquillitas, id est placida quietaque constantia, Cic.: inter affectus inquietissimos rem quietissimam, fidem (Gewissenhaftigkeit), quaeris, Sen. – **2** **ruhig, bedächtig,** im üblen Sinne **ohne Energie, phlegmatisch** (Ggstz. acer), **α** v. Pers.: quietus, ut res postulabat, aciem exornat, Sall.: ipse *acer,* bellicosus; at is, quem petebat, *quietus,* imbellis, placido animo, Sall. – **β** v. Zuständen: cogitatio (Nachdenken), Cels.: ad omnia, quae agenda forent, quieta cum industria aderat,

Tac. – **3** nicht vom Ehrgeiz getrieben, **frei von Ehrgeiz, anspruchslos, bescheiden,** vir rectus, integer, quietus ac paene ultra modum verecundus, Plin.: alioqui quietissimus, Plin. ep.

quī-libet, quaelibet, quodlibet u. subst. quidlibet, **jeder wer will, jeder** ohne Unterschied, ohne Ausnahme, **der erste beste, alle, I** im Allg.: alium quemlibet, Plaut.: qu. minima res (Umstand), Cic.: qu. pars, qu. nomen, Hor.: quibuslibet temporibus, zu allen Zeiten, Liv. – verb. quilibet unus u. unus quilibet, einer, wer er auch sei, ein Beliebiger, Liv. u. Quint. (vgl. Bonnell Quint. 10, 1, 1). – *neutr.* subst., quidlibet, **alles und jedes,** Hor. de art. poët. 10. – **II** insbes., mit verächtl. Nbbgr., **der erste beste,** certo genere, non quolibet, Cic.: apud maiores nostros adhibebatur peritus, nunc quilibet, Cic.: neque cum quolibet hoste res fuit, mit keinem unbedeutenden, Plin.: quia sane non qu. iniuria est, eine ziemlich schwere Beleidigung, ICt.

1. quīn, *Coni.* (aus quine, d. i. quî u. ne, dem Stamm der Negation non), **I** in Hauptsätzen, **A** zur Angabe einer Aufforderung, Aufmunterung, **warum nicht,** quin conscendimus equos, warum besteigen wir nicht sogleich die Pferde, Liv.: quin, quom opus est beneficium rursum ei experimur reddere? Ter.: quin age istud, na, dann tue dies sofort, Plaut.: quin ego maneo, na, dann bleibe ich, Plaut.: zuw. mit dem Ausdruck des Unwillens, der Ungeduld, quin uno verbo dic, ei, so sag' es kurz, Ter.: quin omitte me, ei, so lass mich gehen, Ter.: quin continetis vocem, ei, so haltet doch den Mund, Cic.: quin age, quin agite, auf! auf denn! Verg. – **B** zur Angabe einer Bekräftigung und Steigerung, **fürwahr, wirklich, sogar, vielmehr, ja vielmehr,** neque id iniuria: quin mihi molestum est, Ter.: hercle quin recte dicis: et tibi assentior ego, Plaut.: nihil ea res animum militaris viri imminuit; quin contra si in re navali, cuius esset ignarus, offendisset, eo plus in (für das) ea, quorum usu calleret, spei nactus, breve id tyranno gaudium se effecturum affirmabat, Liv.: verstärkt, quin etiam, quin immo, **ja sogar,** Cic. u. a.: so auch quin et, Hor. carm. 1, 10, 13 u. a. (aber Cic. de amic. 68 jetzt bl. quin ipso equo): quin potius, **ja vielmehr,** Liv. u. a. (s. Bünem. Lact. 3, 17, 33). – **II** in abhängigen Nebensätzen, nach einem negativ ausgedrückten Hauptsatz m. *Coniunctiv,* **A** in Konsekutivsätzen (entst. aus dem relat. quî u. ne = quo non), **dass nicht, sodass nicht, ohne dass,** nihil tam difficile est, quin quaerendo investigari possit, Ter.: triduo servire numquam te, quin liber sis, sinam, Plaut.: numquam tam male est Siculis, quin aliquid facete et commode dicant, Cic.: mit einem auf das Nomen im Hauptsatz hindeutenden *is* verbunden, Cleanthes negat ullum esse cibum tam gravem, quin is die et nocte concoquatur, Cic. – So quin bes. nach *nemo est, nihil est, quis est, quid est* u. a., nemo fuit, quin illud viderit, nemo, quin audierit, Cic.: nihil est, quin male narrando possit depravari, Cic.: quis est, qui non cernat, quanta vis sit in sensibus, Cic. – auch non quin, **nicht als ob nicht,** non quin ipse dissentiam, nicht als wenn ich nicht anders dächte, Cic. – **B** in Finalsätzen (entst. aus dem fragenden quî u. ne = quo non), eig. **auf welche Weise nicht, wie nicht,** meist durch **zu** mit dem Infinitiv oder durch **dass** ohne Negation zu übersetzen, **a** nach den Verben »unterlassen, verhindern, verweigern, sich mäßigen, sich enthalten, zögern, entfernt sein«, nullum adhuc intermisi diem, quin aliquid ad te litterarum darem, Cic.: milites aegre sunt retenti, quin oppidum irrumperent, Caes.: teneri non potui, quin declararem, Cic.: nihil abest, quin sim miserrimus, Cic.: Dioni negare non potuit, quin Platonem arcesseret, Nep.: facere non possum, quin cotidie ad te mittam litteras, Cic.: non od. numquam faciam, quin etc., Plaut. (vgl. facio *no.* I, B, 6, c). – **b** nach den Verben und Ausdrücken »des Zweifelns und der Ungewissheit«, non dubitari debet, quin fuerint ante Homerum poëtae, Cic.: nemini dubium esse debet, quin eādem mente sim futurus, Nep.: non ambigitur, quin Brutus pessimo publico id facturus fuerit, Liv.: quis ignorat, quin tria Graecorum genera sint, Cic.: non abest suspicio, quin Orgetorix ipse sibi mortem consciverit, Caes.: auch quin non, wenn der abhängige Satz negativ ist, non dubito, quin offensionem neglegentiae vitare atque effugere non possim, Cic.

2. quīn = qui ne, z. B. Plaut. trin. 360.

quī-nam, quae-nam, quod-nam, *Pron. interrog.,* **welcher-, welche-, welches denn? I** in direkter Frage: qu. homo? Plaut.: quodnam ob facinus? Ter.: sed quinam est iste epilogus? Cic.: quonam tandem modo? Cic.: quodnam tandem genus istuc tam praeclarum litterarum fuit? Cic. – **II** in indirekter: quaesivit, quasnam formosas virgines haberent, Cic.: age nunc, isti doceant … quonam modo ab iis principiis profecti efficiatis, ut etc., Cic.: quibusnam manibus aut quibus viribus … tanti oneris turrim moturos sese confiderent, Caes.

quīnārius, a, um (quini), **fünf enthaltend,** numerus, die Fünfzahl, die Fünf, Macr. somn. Scip. 1, 6, 19. Boëth. inst. arithm. 1, 7. Isid. orig. 3, 6, 4: fistula, eine fünfzöllige Röhre (= eine Röhre, deren Platte vor der Krümmung fünf Zoll breit war), Vitr. 8, 6, 4. Plin. 31, 58. Frontin. aqu. 39: lapides, jeder fünfte Meilenstein, CIL 3, 3705: nomina, mit fünf Abwandlungen, Prob. inst. art. 121, 10: u. so forma, Prob. cath. 33, 1 K. – subst., quīnārius, iī, *m. (sc.* nummus), der **halbe Denar,** Varro LL. 5, 173. Plin. 33, 45.

quīnavīcēnārius, s. vīcēnārius.

Quīnctiānus, s. Quīnctius.

Quīnctiliānus, Quīnctīlis, s. Quīntiliānus, Quintilis.

Quīnctius (Quīntius), a, um, Name einer röm. *gens,* aus der am bekanntesten T. Quinctius Flamininus, Sieger über den mazedonischen König Philipp, den Vater des Perseus, bei Kynoskephalä 197 v. Chr., Nep. Hann. 12, 1 u. 2. Liv. 32, 10, 7: L. Quinctius (Quintius) Cincinnatus, der vom Pflug weg zum Diktator gemacht wurde, Liv. 3, 26, 8 *sq.* Val. Max. 4, 4, 7. – *Adi.* = **quinktisch,** gens, Liv.: prata, nach L. Quinctius Cincinnatus benannt, Liv. – Dav. **Quīnctiānus** (Quīntiānus), a, um, **quinktianisch,** exercitus, von L. Quinctius Cincinnatus befehligt, Liv.: illa omnia Quinctiana iniqua, Cic.

quīnctus, a, um, archaist. = quintus, s. d.

quīncūnciālis, e (quincunx), **I fünf Zwölfteile** eines zwölfteiligen Ganzen **enthaltend,** z. B. eines Fußes = **fünfzöllig,** magnitudo, Größe von $^{5}/_{12}$ Fuß, Plin.: herba, $^{5}/_{12}$ Fuß hoch, Plin. – **II in der Gestalt eines** *quincunx* (s. d.) **gepflanzt,** ratio ordinum (der Baumreihen), Plin. 17, 78.

quīncūnx, ūncis, *m.* (quinque u. uncia), **fünf Zwölftel** (unciae) eines As, d. i. eines zwölfteiligen Ganzen (vgl. as), **I** eig.: **A** im Allg., wie: $^{5}/_{12}$ der Erbschaft, Plin. ep. 7, 11 *in.* – **B** insbes.: **1** als Münze, $^{5}/_{12}$ As = 5 *unciae,* Hor. de art. poët. 327. – **2** als Gewicht u. Maß, **a** $^{5}/_{12}$ **röm. Pfund,** myrrhae, croci qu., Colum. 12, 20, 5: schoeni pondo qu., Colum. 12, 28, 1. – **b** als Maß, **α** v. Flüssigkeiten, eines sextarius, **fünf Spitzgläser,** Mart. 1, 27, 2 u. a. – **β** als Ackermaß, $^{5}/_{12}$ **eines Jucherts** (Morgen Landes), Colum. 5, 1, 11. – **3** als Zinsfuß, $^{5}/_{12}$ von $^{12}/_{12}$ Prozent, **fünf Prozent,** Pers. 5, 139: in Apposition mit usurae, Scaev. dig. 46, 3, 102. § 3. CIL 14, 353. – **II** übtr., in Gestalt eines quincunx ⁘, eig. die fünf Augen auf der tessera, dem Würfel), also **in schräger Linie gepflanzte Bäume,** nach folgender Ordnung:

* * * * *
 * * * *
* * * * *
 * * * *
* * * * *

arbores in quincuncem serere, Varro: directi in quincuncem ordines, Cic.: obliquis ordinibus in quincuncem dispositis, Caes.: quid illo quincunce speciosius, Quint.

quīncupedal, ālis, *n.* (quinque u. pes), eine **Maßstange von fünf Fuß,** Mart. 14, 92 *lemm.*

quīncuplex, Variante von quinquiplex, s. d.

quīncupliciter (Variante quintupliciter), *Adv.* (quincuplex), **fünffach,** Itala genes. 43, 34. Ambros. de Ioseph 10. § 59 *extr.* Augustin. locut. de genes. 1. § 178.

quīncuplico, ātus, āre (quincuplex), **verfünffältigen,** Boëth. inst. arithm. 2, 44. p. 147, 8 Fr.

quīncuplus, a, um (quinque u. plus = πλοῦς), **fünffach,** Boëth. inst.

arithm. 1, 23. – Nbf. subst., **quīnquiplum,** ī, *n.,* das **Fünffache,** Auct. inc. bei Mai praef. ad Cic. de rep. p. XL; u. quinquuplum, πενταπλοῦν Gloss. II, 167, 37.

quīndecennālis, e (quindecim u. annus), **auf fünfzehn Jahre sich erstreckend,** vota, Eckhel doctr. numm. vol. 8. p. 475 *sqq.*

quīndeciēs (quīndeciēns), *Adv.* (quinque u. decies), **fünfzehnmal,** HS qu., d. i. 1500000 Sesterze, Cic. Verr. 2, 61 u. (dass. ohne HS) Mart. 7, 10, 15.

quīndecim, *Num.* (quinque u. decem), **fünfzehn,** Plaut., Caes. u. a.: quindecim dies, vierzehn Tage, z. B. minus qu. dies sunt, cum etc., Plaut.: dies circiter qu., Caes.

quīndecim-prīmī, ōrum, *m.* (abgek. XV primi), die **fünfzehn ersten** der Senatoren eines Munizipiums, nicht ein Senatsausschuss, sondern nur eine höhere Klasse, Caes. b. 1, 35, 1.

quīndecimus, a, um (quindecim), der **fünfzehnte** (klass. quintus decimus), Marc. Emp. 36.

quīndecim-vir, ī, *m.,* Plur. **quīndecim-virī,** ōrum u. (gew.) ûm, *m.,* ein **Kollegium** od. eine **Kommission von fünfzehn Männern** für irgendeine amtliche Verrichtung in Rom, die **Quindecimvirn,** die **Fünfzehnmänner,** **I** als Kollegium, das **Fünfzehnerkollegium** (collegium quindecimvirûm, Tac. ann. 11, 11), quindecimviri sacris faciundis (abgek. XV viri S. F.) u. quindecimviri sacrorum u. bl. quindecimviri (seit Sulla, früher zuerst duoviri, dann seit 367 v. Chr. decemviri), eins der drei großen Priesterkollegien (pontifices, augures u. XV viri, s. Tac. ann. 3, 64), das die Aufsicht über die sibyllinischen Bücher führte und in Zeiten der Gefahr aus ihnen die religiösen Abwendungsmittel entlehnte, **α** *Plur.,* vollst. XV viri S. F., CIL 10, 3698. Gell. 1, 12, 6. Apul. apol. 47: XV viri sacrorum, Augustin. de civ. dei 6, 3. – bl. XV viri, Caninius Gallus quindecimvirûm, einer von den Qu., Tac. ann. 6, 12 *in.:* quindecimvirûm collegii magister, Plin. 28, 12. – getrennt, quindecim Diana preces virorum curet, Hor. carm. saec. 70. – **β** *Sing.,* vollst. XV vir S. F., Corp. Inscr. Lat. 6, 501. 1675. 1768. Vgl. decemviri. – bl. quindecimvir, L. Cotta qu., Suet. Caes. 79, 3. – Die XV viri walteten bei dem Dienst der Magna Mater selbst als Priester und hatten auch die Bestätigung und Einkleidung der sacerdotes matris deûm in Italien, weshalb diese sacerdotes sich sacerdotes quindecimvirales nannten, s. quīndecimvirālis. – **II** als Kommission, quindecimviri agris dandis, die **Fünfzehnerkommission,** fünfzehn Kommissare zur Verteilung der Äcker, Plin. 7, 139.

quīndecimvirālis, e, **I** die *quindecimviri* **betreffend, Quindecimviral-,** sacerdotium, Tac. ann. 11, 11. – **II zu den Priestern der** *Magna Mater* **gehörig** (s. oben quindecimvir *no.* I), sacerdos XV viralis matris deûm, CIL 10, 3764 u. 12, 1567: sacerdos femina XV viralis matris deûm, CIL 9, 981 u. 9, 3764 u. ö.

quīndecimvirātus, ūs, *m.,* die **Würde eines** *quindecimvir,* Lampr. Alex. Sex. 49, 2.

quīndecimvirī, s. quīndecim-vir.

quīndēnārius, a, um (quindeni), **fünfzehn enthaltend,** numerus, die Fünfzehnerzahl, Ambros. cant. cantic. 3. § 25 *extr.*

quīndēnī, ae, a, *Num. distr.* (quini deni), **je fünfzehn,** Vitr. 6, 9, 2. Anthol. Lat. 736, 12 R.

quīngēnārius, a, um (quingeni), **I aus je fünfhundert bestehend,** cohortes, Curt. 5, 2 (7), 3. – **II** übh. **aus fünfhundert bestehend,** thorax, fünfhundert Pfund schwer, fünfhundertpfündig, Plin. 7, 83: so auch lanx, Plin. 33, 145.

quīngēnī, ae, a, *Num. distr.* (v. quingenti), **I** bei Einteilungen, **je fünfhundert,** Cic. u. a. – **II** übh. **fünfhundert,** Colum. 5, 2, 6.

quīngentārius, a, um (quingenti), **aus fünfhundert bestehend,** cohors, Veget. mil. 2, 6.

quīngentēnārius, a, um (quingenteni), **aus fünfhundert bestehend,** Prisc. de fig. num. § 27. p. 415, 13 K.

quīngentēnī, ae, a (quingenti) = quingeni, Vulg. 2. Mach. 8, 22. – im Sing., quingentenus numerus, die Zahl fünfhundert, Augustin. serm. 113 Mai.

quīngentēsimus, a, um (quingenti), der **fünfhundertste,** annus, Cic. u. Plin.

quīngentī, ae, a, *Num.* (quinque u. centum), **fünfhundert,** Plaut., Cic. u. a.: *Genet. Plur.* auch quingentûm, Varro LL. u. a. – für eine unbestimmte große Zahl, wie »an die tausend«, Plaut. aul. 553; Curc. 587; mil. 52: verb. milia quingenta, tausend u. abertausend, Catull. 95, 3.

quīngentiēs (quīngentiēns), *Adv.* (quingenti), **fünfhundertmal,** millies et qu. (verst. HS), zus. = 150000000 Sesterze, Suet. Aug. 101, 2 u. a.

quīnī, ae, a, selten Sing. **quīnus,** a, um, *Num. distr.* (quinque), **I** bei Einteilungen, **je fünf,** Cic. u. a.: quini deni, je fünfzehn, Liv.: quini viceni, je fünfundzwanzig, Liv.: quini quinquageni, je fünfundfünfzig, Liv.: Genet. Plur. gew. quinûm, Liv., Colum. u. a. – **II** übh., **zusammen fünf, α** Plur., Plaut. Liv. u. a. – **β** Sing.: lex quina vicenaria, die vor dem 25. Lebensjahr das Stipulieren nicht gestattete, Plaut.: non altiores quino semipede, $2^1/_2$ Fuß, Plin.

quīnī-dēnī, s. quīnī.

quīn-īmo (immo), s. 1. quīn.

quīnio, ōnis, *m.* (quini), eine **Zahl von Fünf,** Tert. de anim. 6 u. a. – als Würfelzahl, die **Fünf,** Isid. Orig. 18, 65.

quīnīvīcēnārius, s. vīcēnārius.

quīnquāgēnārius, a, um (quinquageni), **aus fünfzig bestehend, fünfzig enthaltend, I** *adi.:* grex, Varro: homo, fünfzigjährig, Quint.: fistula, eine fünfzigzöllige Röhre (= eine Röhre, deren Platte vor der Krümmung fünfzig Zoll breit war), Vitr.: numerus, die Zahl fünfzig, Augustin.: quinquagenariae longioresque materiae, fünfzig Fuß lange Baumstämme, Amm. – **II** *subst.,* quīnquāgēnāriī, iōrum, *m.,* milit. **Anführer von 50 Mann** (bei den Israeliten), Hieron. in Isai. 2, 3, 3.

quīnquāgēnī, ae, a (Genet. gew. quinquagenûm), selten Sing. **quīnquāgēnus,** a, um, *Num. distr.* (quinquaginta), **I** bei Einteilungen, **je fünfzig, α** Plur., Cic. u. a. – **β** Sing.: quinquageno filo, Plin.: fertilis centenā quinquagenā fruge campus, ein Feld, das 150fältige Frucht trägt, Plin. – **II** übh. **fünfzig,** Mart. 12, 66, 1. Manil. 3, 607.

quīnquāgēsiēs (quīnquāgēsiēns), Adv. = quinquagies, **fünfzigmal,** Plaut. Men. 1161 (der ganze Vers wahrsch. unecht!).

quīnquāgēsimus, a, um, *Num.* (quinquaginta), der **fünfzigste, I** *adi.:* annus, Cic.: liba, Mart.: Olympias qu. octava, Plin. – **II** *subst.,* quīnquāgēsima, ae, *f.,* **a** (*sc.* pars), der **fünfzigste Teil** als Abgabe, der **Fünfzigste,** binae quinquagesimae, Cic. II. Verr.. 3, 181: tres qu., trinae qu., *ibid.* 3, 49, 116 *sq.:* quinquagesimae vectigal, Symm. epist. 5, 62: abolitio quadragesimae quinquagesimaeque, Tac. ann. 3, 51. – **b** (*sc.* dies) der **Pfingsttag,** Eccl.

quīnquāgēssis, is, *m.* = quinquaginta asses, **fünfzig Asse,** Prisc. de fig. num. 31. p. 416, 18 K.

quīnquāgiēs (quīnquāgiēns), *Adv.,* **fünfzigmal,** Cels. u. Plin.

quīnquāginta, *Num.* (πεντήκοντα), **fünfzig,** Plaut., Cic. u. a.

quīnquangulum, ī, *n.* (quinque u. angulus), das **Fünfeck,** Prisc. de fig. num. 32. p. 417, 5 K. Boëth. art. geom. p. 389, 8 u. 10 Fr.

Quīnquātrēs, -tria, s. Quīnquātrūs.

Quīnquātrūs, uum, *f.* (quinque; nicht weil es fünf Tage dauerte [wie noch Ov. fast. 3, 810 erklärt], sondern weil es am fünften Tag nach den Idus gefeiert wurde, s. 1. Varro LL. 6, 14. Fest. 254 [b], 31 *sqq.* Gell. 2, 21, 7. Charis. 81, 20), ein zu Ehren der Minerva gefeiertes Fest, das **Minervenfest,** die **Quinquatren,** und zwar ein größeres, maiores (vom 19.-23. März), und ein kleineres, minores, minusculae (am 13. Juni), das größere, Plaut. mil. 692. Cic. ep. 12, 25, 1. Aug. bei Suet. Aug. 71, 3. Suet. Ner. 34, 2. Iuven. 10, 115. Auson. ecl. 16, 4 (de fer. Rom.); vgl. die Beschreibung bei Ov. fast. 3, 809 *sqq.:* das kleinere, Qu. minores, Ov. fast. 6, 651 (645); Qu. minusculae, Varro LL. 6, 17; vgl. Fest. 149 (a), 22. – ► Nbf. **a** Quīnquātrēs, Charis. 33, 3. Diom. 327, 31. Prisc. 7, 80. Porphyr. Hor. ep. 2, 2, 191. – **b** Quīnquātria (von Charis. 81, 20 verworfen, aber von Prisc. 7, 27 anerkannt), Suet. Dom. 4, 4 (wo Quinquatria Minervae) Tert. de idol. 10. – Vgl. Gloss. ›Quinquatria, Quinquatrus, Quinquatries Παναθήναια‹.

1. quīnque, *Num.* (v. πέντε), **fünf,** Cic. u. a. – auch übh. für eine unbestimmte kleine Zahl, **einige, ein paar,** quinque dies, Hor. ep. 1, 7, 1.

2. quīnque = et quin, Plaut. Cas. 506.

quīnquefascālis, is, *m.* (quinque u. fascis), ein kaiserlicher Statthalter (legatus Augusti) niederen Ranges, der nur fünf Fasces hat, der **Quinquefaskal,** CIL 13, 3162, III, 7. – CIL 9, 4796, 10 (wo statt fiscalia zu lesen quinquefascalis).

quīnquefolius, a, um (quinque u. folium), **fünfblätterig, I** *adi.:* rosa, Plin. 21, 20. – **II** *subst.*, quīnquefolium, iī, *n.*, eine Pflanze, das **Fünfblatt,** Cels. 2, 33 *extr.* Plin. 25, 109 u. a.

Quīnquegentiānī, ōrum, *m.*, eine Völkerschaft in Cyrenaika, sonst *Pentapolitani* gen., Eutr. 9, 22 u. 23. – dass. **Quīnquegentiānae** nationes, Aur. Vict. de Caes. 39, 22 (wo -gentanae).

quīnquegenus, a, um (quinque u. genus), **von fünf Gattungen,** Auson. monosyll. (edyll. 12) de cibis 10. p. 136, 6 Schenkl.

quīnqueiugus, a, um (quinque u. iugum), **fünfjochig,** vertex, Iul. Val. 1, 23 (30).

quīnquelībrālis, e (quinque u. libra), **fünfpfündig,** pondus, Colum. 3, 15, 3.

quīnquelībris, e (quinque u. libra), **fünfpfündig,** patera, Vopisc. Prob. 5, 1.

quīnquemēstris (quīnquemēnstris), e (quinque u. mensis), **fünfmonatlich,** pulli, Varro r. r. 2, 7, 11: agni, Plin. 8, 198.

quīnquenārius, a, um (= quinarius), **fünf enthaltend,** numerus, die Fünfzahl, Anonym. de solemn. 10 (in Spicil. Solesm. 1. p. 12, b).

quīnquennālicius, iī, *m.* (quinquennalis *no.* II, B), ein **gewesener Quinquennale,** CIL 8, 262 u. 883; 9, 338, c, 1 u. 10, 1491.

quīnquennālis, e (quinquennis), **I** alle fünf Jahre geschehend, **fünfjährig,** celebritas ludorum, Cic.: certamen, Suet., od. agon, Plin. ep. – subst., quīnquennālia, ium, *n.*, Spiele, die alle fünf Jahre gefeiert zu werden pflegen, qu. Neronis, CIL 6, 1872^{b} C: qu. beatissimorum Caesarum, Nazar. pan. 2, 3: Genet. quinquennaliorum, CIL 3, 6159; vgl. Prob. app. 196, 10 K. – **II** fünf Jahre dauernd, auf fünf Jahre sich erstreckend, **fünfjährig, A** *adi.:* tempus, Varro LL.: censura, Liv.: magistratus, das Amt der Quinquennalen (s. im Folg. *no.* B), Apul.: vota, Liv. – **B** *subst.*, quīnquennālis, is, *m.*, u. Plur. quīnquennālēs, ium, *m.*, **a** eine auf fünf Jahre eingesetzte, aus zwei oder vier Personen bestehende Verwaltungsbehörde in den Munizipien, den röm. Zensoren entsprechend, die **Quinquennalen,** gew. im Sing. abgekürzt QUINQ., IIVIR u. IIIIVIR QVINQ., Spart. Hadr. 19, 1. CIL 10, 378. – **b** ein auf fünf Jahre eingesetzter Vorstand eines Priesterkollegiums, einer Innung, abgek. QUINQ. od. QQ., CIL 14, 250 u. 297: so decurionum quinquennales, Apul. met. 11, 30.

quīnquennālitās, ātis, *f.* (quinquennalis), das **Amt und die Würde eines Quinquennalis** (in den Munizipien), CIL 8, 262 u. 11, 6354: ob honorem quinquennalitatis, CIL 6, 29 691: sub quinquennalitate censoriae potestatis, CIL 14, 352.

quīnquennātus, Abl. ū, *m.* (quinquennis), das **Alter von fünf Jahren,** bei Tieren, Plin. 8, 178.

quīnquennis, e (quinque u. annus), **I** fünf Jahre alt, **fünfjährig,** filia, Plaut.: filius, Iustin.: iuvenis, Colum.: puer, Sen.: feminae, Solin.: vinum, Hor. – **II** poet. übtr. = quinquennalis, **alle fünf Jahre gefeiert,** Olympias (Fest zu Olympia), Ov. ex Pont. 4, 6, 5. – Plur. subst., quīnquennia, **alle fünf Jahre gefeierte Spiele,** Ps. Verg. Cir. 24 (v. den Panathenäen). Stat. silv. 5, 3, 113.

quīnquennium, iī, n. (quinquennis), eine **Zeit von fünf Jahren, fünf Jahre,** plus quam quinquennium sum libera, Plaut.: quinquennii imperium, ein fünfjähriger, auf fünf Jahre erteilter Oberbefehl, Cic.: quinquenni consulta et decreta, Sall.: vacatio quinquennii, Iustin.: per quinquennium, Liv.: interiecto quinquennio, Vell.: quinquenniis feliciter inchoatis, Nazar. pan.: quinquennium prorogare, Cic.: quinquennium elusum esse, Liv.: duo, tria quinquennia, zehn, fünfzehn Jahre, Ov.: filius quinquenni maior, älter als fünf Jahre, über fünf Jahre alt, Liv. 45, 15, 1.

quīnquepartītus, s. quīnquepertītus.

quīnque-pedālis, e, **fünfschuhig,** Gromat. vet. 340, 24. – subst., **quīnquepedal,** ālis, *n.*, die **fünfschuhige Messrute,** Mart. 14, 92 *lemm.*

quīnquepertītus (quīnquepartītus), a, um (quinque u. partitus, Partiz. v. partior), **fünffältig, α** Form quinquepert., Cic. de inv. 1, 59 u. 68. Augustin. de civ. dei 6, 3. p. 249, 16 D^{2}; serm. 43, 3. – *Adv.* quīnquepertītō, fünffältig, Plin. 25, 65. – **β** Form quinquepart., Augustin. epist. 187, 40. Cassiod. in psalm. 38 divis. u. ad *v.* 8 u. 13. Euanth. de trag. et com. p. 6. lin. 4. Reiff. (= p. XIV, 16 Klotz).

quīnqueplico, s. quīnquiplico.

quīnque-prīmī, ōrum, *m.* = πεντάπρωτοι, die **fünf ersten** der Senatoren in einem Munizipium (bloß als höhere Klasse, nicht eine besondere Verwaltungsbehörde), Cic. Verr. 3, 68.

quīnquerēmis, e (quinque u. remus), mit fünf Reihen Ruderbänken versehen, **fünfruderig,** navis, Liv. 41, 9, 1. – öfter subst., quīnquerēmis, is, Abl. ī, *f.*, ein fünfruderiges Schiff, der **Fünfruderer,** Cic., Liv. u. a.: in quinqueremi, Cic. – arch. quinqueresmos, CIL 1, 195. lin. 12.

quīnquertio, ōnis, *m.* (quinquertium), der **die fünf Übungsarten** (die das quinquertium umfassen) **Treibende,** griech. πένταθλος, Liv. Andr. b. Fest. 257 (a), 11.

quīnquertium, iī, *n.* (quinque u. ars), die **fünferlei Leibesübungen** der Jugend (discus, cursus, saltus, lucta, iaculatio), griech. πένταθλον, Trag. inc. fab. 17; vgl. Fest. 257 (a), 8.

quīnquēssis, is, *m.* (quinque u. as), **fünf Asse,** Apul. b. Prisc. 6, 66.

quīnque-vertex, icis, **fünfgipfelig,** Iul. Val. 1. 29 (33).

quīnque-vir, ī, *m.* (abgek. Vvir), Plur. quīnquevirī (abgek. Vviri), ein Kollegium von fünf Männern für irgendeine amtliche Verwaltung, die **Fünfmänner.** So die fünf Kommissare zur Verteilung der Äcker, Cic. de lege agr. 2, 17. Gromat. vet. 236, 14: qu. Pomptino agro dividendo, Liv. 6, 21, 4: andere, qu. mensarii gen., zur Ordnung des Schuldenwesens, Liv. 7, 21, 5: andere zur Ausbesserung der Mauern u. Türme, Liv. 25, 7, 5: als Gehilfen der tresviri für die Nachtpolizei, Liv. 39 14, 10. Pomp. dig. 1, 2, 2. § 31: zur Kaiserzeit als Kommission zur Regelung und Beschränkung der öffentl. Ausgaben, collegium quinquevirorum publicis sumptibus minuendis, Plin. ep. 2, 1, 9. – Sing., Cic. Acad. 2, 136. Hor. sat. 2, 5, 56.

quīnquevirālis, e (quinqueviri), **die Fünfmänner betreffend,** Cod. Theod. 9, 1, 13. Cassiod. var. 4, 23, 2.

quīnquevirātus, ūs, *m.*, die Würde, das Amt eines *quinquevir,* das **Fünfmänneramt,** Cic. de prov. cons. 41 (wo abgek. Vviratus).

quīnquevirī, s. quīnque-vir.

quīnquiēs (quinquiēns), *Adv.*, **fünfmal,** Cic. u. a.: quinqiens sexiensve, Sen. rhet.: qu. mille, fünftausend, Plin.: qu. tanto amplius, fünfmal mehr, Cic.: M. Marcellus ille qu. consul. Cic.: aber Vespasiano septies et Tito quinquies consulibus, zum fünften Mal, Spart. Hadr. 1, 3.

quīnquifidus, a, um (quinque u. findo), **fünfgespalten,** tela, Ven. Fort. carm. 5, 6. praef. p. 114, 29 *Leo.*

quīnquipartēs versūs = πενταμερεῖς στίχοι **fünfteilige, -gliedrige Verse,** Diom. 498, 22 u. 499, 9.

quīnquiplex, fünffältig, Tolosa, aus fünf Stadtteilen bestehend, Auson. epist. 25, 83. – cera, eine aus fünf Wachstafeln bestehende Schreibtafel, Mart. 14, 4, 2: limina, Itala 3. regg. 6, 31: salarium, Tac. imp. bei Vopisc. Prob. 7, 4: imago eius posita est in una tabula quinquiplex, in fünf Darstellungen, Vopisc. Flor. 3, 2; vgl. Gloss. II, 401, 20 ›quinqueplex, πενταπλοῦς‹.

quīnquiplico, āre (quinquiplex), **fünffältig machen, verfünffältigen,** Tac. ann. 2, 36. Hieron. in Iob 1.

quīnquiplum, s. quīncuplus.

quīnquo, āre = lustrare, **sühnen,** Charis. 81, 22.

quīntadecumānī, ōrum, *m.* (quintus decimus), die **Soldaten der fünfzehnten Legion,** Tac. ann. 1, 23 u. hist. 4, 36.

quīntānus, a, um (quintus), **zum Fünften gehörig, I** zur fünften Reihe gehörig, **jedesmal der fünfte in der Reihe, A** *adi.:* Nonae, die auf den fünften Tag des Monats fallen, Varro LL. 6, 27. Censor. 20, 10.

Macr. sat. 1, 12, 3 u. 13, 6 u. 4, 8: quintanis (*sc.* vicibus), jedesmal am fünften Pfahl, Plin. 17, 169. – **B** *subst.*, quīntāna, ae, *f.* (*sc.* via), die Straße im Lager, die die Zelte der beiden Legionen (aus denen gew. ein Heer bestand) so durchschnitt, dass sie den fünften Manipel u. die fünfte Turma von der sechsten trennte, zugleich Markt- und Handelsplatz des Lagers, Liv. 41, 2, 11 *sq.*: dah. quintana domi constituta, Suet. Ner. 26, 1. – **II** **zur fünften Legion gehörig,** subst., quīntāni, ōrum, *m.*, die **Soldaten der fünften Legion,** die **Quintaner,** Tac. ann. 1, 37 u. a.

quīntārius, a, um (quintus), **fünf enthaltend,** numerus = 5/6 (die Zahl 6 als das Ganze angenommen), Vitr. 3, 1, 6: limes, der fünf *centurias* einschließt, Gromat. vet. 191, 16 u. a.: terminus, *ibid.* 357, 18: cardo, *ibid.* 120 u. 20.

Quīntiānus, s. Quīnctius.

quīnticeps, cipitis (quintus u. caput), **fünfgipfelig,** mons, collis, alte Formel bei Varro LL. 5, 50 u. 52 u. 54.

Quīntiliānus, ī, *m.*, röm. Beiname, unter dem bes. bekannt M. Fabius Quintilianus, der berühmte Rhetor aus Kalagurris in Hispanien, Vorsteher einer Rhetorenschule zu Rom, Lehrer Plinius' des Jüngeren u. Juvenals, Mart. 2, 90, 2. Plin. ep. 2, 14, 9; 6, 6, 3. Iuven. 6, 75 u. 280, bes. 7, 180 *sqq.* Auson. prof. 1, 2 *sqq.*: bl. Fabius, Auson. prof. 1, 7.

Quīntīlis, (Quīnctilis), is, *m.*, mit u. ohne mensis (quintus), der **fünfte Monat** (vom März, dem urspr. ersten Monat, an gerechnet), später dem C. Julius Cäsar zu Ehren Iulius gen., der **Juli,** Cic. u. a.: Nonis Quintilibus, an den Nonen des Juli, d. i. den 7. Juli, Solin.: Idibus Quintilibus, an den Iden des Juli, d. i. den 15. Juli, Liv.

Quīntipōr, ōris, *m.* = Quinti puer, Varro sat. Men. 59. Vgl. Fest. 257 (a), 17.

Quīntius, s. Quīnctius.

quīntō, quīntum, s. 1. quīntus.

quīntuplex, Variante von quincuplex, s. d.

quīntupliciter, Variante von quincupliciter, s. d.

1. quīntus, a, um (quinque), der **fünfte,** Cic. u. a.: quintus decimus, der fünfzehnte, Cic. u. a. (aber auch umgekehrt, bes. m. a. Zahlen, quinto quoque anno, alle fünf Jahre, Cic.; auch quinto anno quoque, Plaut.: anno trecentesimo decimo quinto, Eutr. 1, 19): quintus et vicesimus, Cels.: quintus tricesimus, Liv.: dass. quintus et trigesimus, Colum. – subst., ex eodem semine redire cum quinto decimo (*sc.* grano), fünfzehnfältig, Varro r. r. 1, 44, 1: quinto (*sc.* die) Idus Apriles, Colum. 11, 2, 34: in quinta decima (*sc.* die), Itala Ezech. 32, 17. – *Adv.*, **a** quīntum, **zum fünften Mal,** der Zeit nach, Liv. u. a. – **b** quīntō, eig. an der fünften Stelle (s. 1. Varro b. Gell. 10, 1. § 6). dah. **zum fünften Mal,** der Reihe nach, Liv. u. a., bei Spät. auch der Zeit nach, s. Eutr. 5, 1: quarto et quinto in die lavari, vier- und fünfmal, Capit. Gord. 6, 6. – ▶ Archaist. urspr. Form quīnctus, z. B. Plaut. merc. 66 G.; trin. 524.

2. Quīntus, *fem.* **Quīnta,** ein röm. Vorname, das *masc.* gewöhnl. abgek. Q., z. B. Q. Fabius.

quīntus-decimus, s. 1. quīntus.

quīnus, a, um, s. quīnī.

quīpiam, *Adv.*, **auf irgendeine Weise,** Plaut. capt. 127 u. a. (s. Lorenz Plaut. mil. 430).

quippe, *Coni.* (aus quī-pe od. quid-pe), **freilich, allerdings, jawohl, ja überhaupt,** auch bl. **ja,** **I** im Allg.: ergo ad cenam petitionis causā si quis vocat, condemnetur. Quippe! inquit, Cic. Mur. 74: auch so, dass ein Satz mit enim folgt, a te quidem apte et rotunde (dicta sunt): quippe; habes enim a rhetoribus, Cic. de fin. 4, 7. – verb. mit anderen Partikeln, qu. etenim, Lucr.: qu. quia, Ter.: qu. quoniam, Plin.: qu. quod, Cic.: qu. si, Cic.: qu. quando, Plaut.: qu. ubi, Lucr. – ebenso verb. qu. etiam, qu. et, ja auch, Verg. u. Prop. – qu. ut, da ja, Iustin. – bes. oft quippe cum, s. Cic. de off. 2, 34; ad Att. 10, 3. litt. a. § 1. Liv. 26, 39, 9. Nep. praef. § 4. – u. m. *qui, quae, quod,* teils m. *Indicat.*, Plaut., Sall. u. a. (vgl. Kritz Sall. Cat. 48, 2), teils (b. Cic. immer) m. *Coniunctiv,* Cic., Nep. u. a. – **II** insbes., ironisch, sol Democrito magnus videtur, quippe (freilich auch) homini erudito, Cic. de fin. 1, 20. – in der ironischen Bejahung, quippe, inquiet, freilich! Cic. de fin. 5, 84.

quippenī, s. quippinī.

quippiam, s. quis-piam.

quippinī (nicht quippenī), *Adv.* (quippe u. ni = ne), **warum denn nicht?** od. affirmativ **allerdings, ei freilich,** Plaut aul. 81; Men. 1109; Bacch. 839. Apul. met. 9, 26.

quīquam = quisquam, Verg. georg. 4, 447.

Quiriānus, a, um, s. Quirīniānus.

Quirīna, ae, *f.*, s. Quirīnus *no.* IV, A.

Quirīnālis, e, s. Quirīnus a. E.

Quirīniānus, a, um, **quirinianisch,** mala, eine edle Art Äpfel, ursprünglich bei der Stadt *Cures,* Scriptt. r. r. – dass. Quirianum malum, Macr. sat. 2, 15, 2, u. Quiriana mala, Plin. 15, 50.

Quirīnus, ī, *m.* (nach Macr. sat. 1, 9, 16 = bellorum potens, ab hasta, quam Sabini curim vocant; vgl. Ov. fast. 2, 475), der **Lanzenschwinger,** der **Kriegerische,** als Name, **I** des Romulus nach seiner Erhebung zum Gott, Cic. de rep. 2, 20; de legg. 1, 3; de off. 3, 41. Ov. fast. 2, 475. Verg. Aen. 1, 292. Lact. 1, 21, 23: dah. populus Quirini, die Römer, Hor. carm. 1, 2, 46: urbs Quirini, Rom, Ov. trist. 1, 8, 37: gemini Quirini, Romulus und Remus, Iuven. 11, 105. – **II** des Janus, Suet. Aug. 22. Macr. sat. 1, 9, 15; vgl. Ianus Quirini, Hor. carm. 4, 15, 9. – **III** des Antonius, Prop. 4, 6, 21. – **IV** des Augustus, Verg. georg. 3, 27. – Dav.: **A** **Quirīnus,** a, um, **quirinisch, romulisch,** umeri, Prop. collis, der Quirinal, Ov. – Quirina (tribus), eine röm. Tribus, Cic. Quinct. 24; vgl. Fest. 254 (b), 14. – **B** **Quirīnālis** e, dem Quirinus (Romulus) gehörig, -geweiht, **quirinalisch,** lituus, wie ihn Romulus getragen, Verg.: so auch trabea, Verg.: flamen, Eigenpriester des Romulus, Varro: collis, der quirinalische Hügel, der Quirinal, j. *Monte Cavallo,* Varro, Cic. u. a. – subst., Quirīnālia, ium, *n.*, das am 17. Februar (XIII. kal. Mart.) zu Ehren des Romulus gefeierte Fest, die **Quirinalien,** Cic. ad Q. fr. 2, 3, 4 u. 13, 3.

Quirīs, rītis, *m.*, s. Quirītēs.

quirītātio, ōnis, *f.* (quirito), das **Gekreisch,** das **Geschrei um Hilfe,** der **Hilferuf, Angstruf,** Liv. 33, 28, 3.

quirītātus, ūs, *m.* (quirito), das **Gekreisch, Geschrei um Hilfe,** der **Hilferuf, Angstruf, Notruf,** infantum, Plin. ep. 6, 20, 14: quiritatus lamentabiles, Val. Max. 9, 2, 1: eodem quiritatu, Val. Max. 6, 2, 8.

Quirītēs, ium u. um, *m.* (Cures), die Einwohner der sabinischen Stadt *Cures,* die **Quiriten,** una ingens Amiterna cohors priscique Quirites, Verg. Aen. 7, 710: veteres illi Sabini Quirites atavique Romani, Colum. praef. § 19. – Nachdem sich unter Romulus Sabiner u. Römer zu einer Bürgerschaft vereinigt hatten, wurde der Name Quirites dem der Romani beigefügt, u. die Römer nannten sich Quirites in staatsbürgerlicher Beziehung, während der Name Romani für sie in politischer u. militär. Beziehung blieb, s. Liv. 1, 13, 5. Serv. Verg. Aen. 7, 710; verb. populus Romanus Quiritium, populi Rom. Quiritium, populo Rom. Quiritium, populum Rom. Quiritium, s. Liv. 1, 32, 13; 8, 9, 7 u. a.: und in Apposit., populus Romanus Quirites, alte Formel bei Gell. 1, 12, 14. Macr. sat. 1, 4, 27: und verb. populus Romanus Quiritesque, Liv. 8, 6, 13: Quirites Romani, Liv. 5, 41, 3 u. a.: populi Romani Quirites, Bürger des röm. V., Plin. 16, 132. Vgl. Gronov Gell. 1, 12, 14. – Für Soldaten war die Anrede Quirites eine Beschimpfung, Tac. ann. 1, 42. Suet. Caes. 70. – ius Quiritium, **α** urspr., zur Zeit der Republik, das Bürgerrecht im Inneren mit allen Befugnissen, die dem einzelnen vom ius civile Romanum gewährt werden (während ius civitatis = das Bürgerrecht nach außen, d. h. das Recht, das jemand als Bürger des römischen, nicht eines fremden Staates genießt), Cic. Caecin. 96. – **β** zur Kaiserzt., der Teil des Bürgerrechtes, der einem Latiner noch fehlte, um Vollbürger zu werden, Plin. ep. 10, 6 (22), 1; 10, 104 (105) *sq.* Suet. Claud. 19. – Sing. Quirīs, ītis, *m.* (Nbf. Quirītis, is, *m.*, Ven. Fort. misc. 5, 2, 21 u. vit. S. Mart. 3, 498; vgl. Prisc. 4, 29), ein **Quirite, römischer Bürger,** Hor. ep. 1, 6, 7. Ov. met. 14, 823: quis te redonavit Quiritem dis patriis, als unversehrten röm. Bürger, Hor. carm. 2, 7, 3: quibus una Quiritem vertigo facit, einen (freien) Bürger, Pers. 5, 75. – Plur. Quirites poet. übtr. v. den Bürgern (Untertanen) im Bienenstaat, Verg. georg. 4, 201.

Quirītis, s. Curitis unter curis u. Quirites.

1. **quirito**, (āvī), ātum, āre, u. **quirītor**, ārī (Quirites), urspr. die Hilfe der Quiriten (röm. Bürger) anrufen (vgl. Varro LL. 6, 68); dah. im Allg. **einen Hilferuf (Notruf)-, einen Angstruf erschallen lassen, ein Angst-, Klagegeschrei erheben, kreischen, laut klagen, I** *intr.:* clare quiritans, Lucil. fr.: vox quiritantium, Liv.: nequiquam quiritantibus sociis, Plin. pan.: ideo deus, ideo Quirinus, quia tunc parentibus qui itatum est per illum, Tert. ad nat. 2, 9. – v. Redner, **kreischen,** non quiritet, Quint. 3, 8, 59. – **II** *tr.:* **1** über etwas **ein Klagegeschrei erheben,** d. i. **a kreischend-, laut schreiend sich beklagen,** dass usw., mit folg. *Acc.* u. *Infin.*, coquos emi singulos pluris quam equos, Plin. 9, 67. – **b** etw. **laut beklagen, -bejammern,** insanā voce casum mariti, Apul. met. 8, 6. – **2** kreischend sagen, **laut schreien, kreischen,** misero illi quiritanti ›*civis Romanus natus sum*‹, As. Poll. in Cic. ep. 10, 32, 3: ille altius quiritabat: ›quid miseros homines et laboriosos viatores tam crudelibus animis invaditis atque obteritis?‹ Apul. met. 8, 18. – ► quiritatur als Depon., Varro b. Diom. 381, 23. Nigid. b. Non. 21, 22 (Rutgersius clamat, quiritatur); vgl. Prisc. 8, 29: ›quirito‹ et ›quiritor‹.

2. **quīrīto** oder **quirrīto**, āre, Naturlaut des Ebers, Suet. fr. 161. p. 249, 2 R. Anthol. Lat. 762, 55 (233, 55).

quirquir, archaist. = quisquis, Carm. augural. b. Varro LL. 7, 8.

guirrīto, s. 2. quīrīto.

1. **quis**, quid, *Pron. interrog.*, **I** in der direkten Frage: **A** *subst.* = **wer? was?** quis clarior Themistocle? Cic.: cuius es? wem gehörst du an? Ter.: quis homo est? wer da? Ter.: quis tu? wer da? Cic.: ebenso als Femin., quis illaec est, quae lugubri succincta est stolā? Enn. fr. scen. 386: quis tu es, mulier, quae me insueto nuncupasti nomine? Pacuv. tr. 239; u. so Plaut. aul. 170; Epid. 533: quis ea est, quam vis ducere uxorem, Plaut. – Bes. quid, **a** *subst.*, **was?** quid iam? wieso denn? warum denn? Plaut.: quid tum? was dann weiter? was folgt daraus? Cic.: so quid nunc? Plaut. (s. Brix Plaut. mil. 341): quid est? was ist denn los? Plaut.: quid igitur est? wie steht es also? Cic. – quid eo? was will er damit? Ter.: quid tu huc (*sc.* venis)? Cic. de fin. 3, 8. – quid mihi ad defendendum dedisti, bone accusator? quid hisce autem ad suspicandum? Cic. – quis erit, *quin* malit decumanis tuis dare quod poposcerint? Cic. Verr. 3, 34: quis est omnium eis moribus, *quin* divitiis et sumptibus, non probitate neque industriā cum maioribus suis contendat? Sall. Iug. 4, 7. – m. *Genet.*, **was?** = **wieviel?** quid hominum, Ter.: quid rerum, Ter.: quid pictarum tabularum, Cic.: sciturum, quid eius sit, wieviel daran sei, Cic. – **b** *adv.:* **α wie? was?** zum Ausdruck der Verwunderung u. des Unwillens (s. Brix Plaut. mil. 316), quid? eundem destituisti? Cic.: quid? quod, was soll man sagen, dass usw., Cic.: häufig zu steigernden Übergängen dienend, **ja sogar, ferner, noch mehr,** Cic.: quid? si, wie? wenn, Cic. u. Ter. – **β warum? wozu?** quid venisti, Plaut.: sed quid argumentor? Cic.: dafür auch in quid? warum? Sen.: dah. quid ita, warum das? wieso? Cic.: quid ni? warum nicht? Ter. u. Cic.: auch getrennt, quid ego ni ita censeam? Plaut. mil. 1120: quid illam ni abducat? Ter. adelph. 662: auch pleonastisch *non* dabei, quidni non permittam? Sen. ep. 52, 10. – **B** *adi.*, **1** = **wer? was?** quae haec anus est, Ter. – **2** = **was für ein, -eine, -ein,** quid est tibi nomen, wie heißt du, Plaut.: quid videtur tibi hoc mancipium, Ter.: quid mulieris habes, was für eine Frau hast du, Ter.: quid negotii est? was ist denn los? Plaut.: quid hoc rei est? was bedeutet das? Curt.: quis videor, wie komme ich dir vor, Ter. – **II** in der indirekten Frage: **A** *subst.* = **wer, was,** quis sim, ex eo, quem ad te misi, cognosces, Sall.: in verschlungenen Fragen, considera, quis quem fraudasse dicatur, wer und wen er betrogen haben soll, Cic. – **B** *adi.* = **was für ein, -eine, -ein,** rogitat, quis vir esset, Liv.: so auch quid m. *Genet.*, quid hominis sit, was er für ein Mensch sei, Cic. – ► Archaist. Nom. Plur. ques, Pacuv. tr. 221 u. ques, Genet. quium, Cato nach Serv. Verg. Aen. 1, 95.

2. **quis**, qua od. quae, quid, *Pronom. indef.*, **irgendeiner, irgendwer, irgendetwas** (oft auch durch **man** zu geben), bes. nach si, nisi, nam, ne etc., **I** *subst.:* potest quis, cum divinationem habeat, errare aliquando, Cic.: si quis quid rumore acceperit, uti ad magistratum deferat nec cum quo alio communicet, Caes.: ne quid nimis, Ter. – **II** *adi.:* iam quis forsitan hostis haesura in nostro tela gerit latere, Tibull.: si qua tibi venerit hereditas, Cic.

3. **quīs** = quibus, s. 1. quī ►.

quis-nam, quid-nam, *Pron. interrog.*, **wer denn? was denn? I** in der direkten Frage: quisnam igitur tuebitur P. Scipionis memoriam mortui? Cic.: auch getrennt quis ea est nam optuma? Plaut. – quidnam (adverb.), was denn? warum denn? Ter. – das fragende *num* noch vorgesetzt, num quisnam praeterea? ist denn noch sonst jemand? Cic.: num quidnam de oratore ipso restat? Cic.: num quidnam novi (*sc.* accĭdit)? Cic. – nam getrennt und entweder nach- od. voranstehend, quid tu, malum, nam me retrahis? Plaut.: quid se nam facturum arbitratus est? Cic.: nam quis te nostras iussit adire domos? Verg. – **II** in der indirekten Rede: reviso, quidnam gerat, Ter. – mit voranstehendem *num:* ut sciam, num quidnam … afferat, Ter. Andr. 235.

quis-piam, quaepiam, quodpiam u. subst. quidpiam od. quippiam, **I irgendjemand, irgendeiner, -eine, -eines, irgendetwas,** quispiam deus, Ter.: quaepiam cohors, Caes.: si cuipiam pecuniam ademit, Cic.: rem quampiam, Cic. – *Adv.*, **a** im *Acc.*, quidpiam, **etwas, ein wenig,** bei *Verben:* nocere, Cic.: bei *Adii.*, impudicior, Plaut. Curc. 52. – **b** im *Abl.* quopiam, **irgendwohin,** Plaut. most. 966. Ter. eun. 462. – **II mancher,** innocens est quispiam, Cic. – ► Plur. ist selten, z. B. quaepiam rationes, Cic. ep. 9, 8, 2.

quis-quam, quaequam, quidquam oder quicquam, **irgendeiner, irgendjemand, irgendetwas,** estne quisquam, qui etc., Cic.: cuiusquam imperio, Caes.: quemquam virum, Cic.: dah. nec quisquam, und niemand, Cic.: nil oder nihil quicquam, durchaus nichts, Komik., Catull. Gell. u. Apul. (s. Brix Plaut. trin. 369. Spengel Ter. Andr. 90; aber Cic. de or. 1, 134 Müller nihil quisquam): nec quisquam unus, und kein einziger, Liv. 2, 9, 8: quisquam unus, der erste beste, od. übh. irgendjemand, Liv. 3, 55, 15: adjekt., vetabat quemquam civem plus quingentis iugeribus habere, Vell. 2, 6, 3. – m. *Genet.*, nostrûm quisquam, Plaut. Amph. 1099: vestrûm quisquam, Liv. 3, 68, 4. – quisquam auch *gen. fem.*, Plaut. u. Ter. – quoquam, *Adv.*, s. bes.

quis-que, quidque u. *adi.* quaeque, quodque, **I wer es nur sei, jeder, jede, jedes** ohne Ausnahme, Cic., Hor. u. a.: res ut quaeque est, Hor. – häufig in Verbindung mit dem Plur. des Verbums, omnes meretrices, ubi quisque habitant, Plaut. Poen. prol. 107: coepere se quisque magis extollere, Sall. Cat. 7, 1: pro se quisque nostrûm … debemus, Cic. lege agr. 1, 26. – in Verbindung mit sui, sibi, se, suus meist nachgesetzt, quia in animo sua quaeque vis sit, Cic.: quae suo quidque loco sunt posita, Varro: reliqui sui cuiusque generis, Varro LL.: quod analogiae sui quoiusque temporis verba debeamus discriminare, Varro LL.: et aliae totidem suae cuiusque legionis subsequebantur, Caes.: suo cuique iudicio utendum, Cic.: sibi quoque tendente, Liv.: suam quisque, Plaut.: tu hos ordines suos quemque tenere iubeas, Liv.: viri in vestibulo suarum quisque aedium stabant, Curt.: aber quisque se, Cic.: pro se quisque, jeder ohne Unterschied, Cic. – von zwei Gegenständen, indem weniger die Zweiheit als die Gesamtheit berücksichtigt wird, gew. für *uterque,* Liv. 2, 7, 1; 2, 44, 9; 10, 12, 3; 27, 35, 3. Tac. Germ. 10 *extr.* Ov. fast. 2, 715. – bes. **a** beim *Compar.*, quo quisque est sollertior etc., einer od. jeder, Cic.: quo maius quodque animal, eo etc., Cels. – **b** beim *Superl.*, um die Allgemeinheit auszudrücken, doctissimus quisque, der Gelehrteste, d. i. die Gelehrtesten od. alle sehr gelehrten Männer, Cic.: locupletissimus ut quisque est, ita etc., Iustin.: recentissimum quodque dicendum, Cic.: recentissima quaeque sunt correcta maxime, Cic.: optimum quidque, das Beste, Cic. – dah. auch bei Ordnungszahlwörtern, tertio quoque verbo, allemal beim dritten Wort, bei jedem dritten Wort, Cic.: quinto quoque anno, alle fünf Jahre, jedesmal im fünften Jahr, Cic.: auch im Plur., z. B. proximi quique, Liv. 1, 9, 8. Tac. Agr. 36:

optimi (optumi) quique, Plaut. most. 155. Cic. de amic. 34. Symm. epist. 2, 39. Sidon. epist. 9, 1, 3: firmissimi quique, Frontin. 1, 4, 7: lectissimi quique, *ibid.* 1, 6, 3: potentissimi quique, Iustin. 9, 4, 9: tot leges et proxumae quaeque duriores, Cic. de off. 2, 75. – bes. primus quisque, α **der allererste, der erste, der nur möglich,** primā, quāque occasione, bei der ersten besten Gelegenheit, je eher je lieber (z. B. mitte), Plin. ep.: primo quoque tempore, sobald wie möglich, je eher je lieber, Cic.: primo quoque die, mit erstem Tag, sobald wie möglich, Cic.: diem primam quamque diceret, Liv. – β allemal der allererste, der sich darbietet = **einer, eine, eins nach dem anderen,** Cic. u. a.; vgl. Schömann Cic. de nat. deor. 1, 77. Madvig Cic. de fin. 2, 105. p. 321 (318). Giese Cic. de div. 1, 127. p. 196. – II = quicumque od. quisquis, **wer da nur, jeder der, alles was,** quemque videritis etc., wen ihr nur sehen werdet usw., Plaut. mil. 160 (u. so öfter bei Plaut. u. Ter., s. Brix Plaut. Men. 717, u. in Inscr., s. Zangem. CIL 4, 1937). – ► quisque *gen. fem.*, Plaut. Poen. prol. 107 (s. oben *no.* I).

quisquiliae, iārum, *f.* (aus κο-σκυλ-[μάτια]), I der **Abgang, Abfall** das **Auskehricht,** Caecil. com. 251: qu. litorales, Apul. apol. 34. – II übtr.: A v. leb. Wesen, der **Auswurf,** das **Gelichter,** v. Menschen, Cic. ad Att. 1, 16, 6: qu. seditionis Clodianae, Cic. Sest. 94: homo non, quisquiliae, Nov. com. 88: v. schlechten Fischen, Apul. met. 1, 24. – B v. Lebl., andere Form **quisquilia,** iōrum, *n.*, **Kleinigkeiten, Nichtigkeiten,** Petron. 75, 8. Vict. Vit. 3, 50.

quis-quis, quaequae, quidquid (quicquid) und *adi.* quodquod, I **wer-, was auch nur, jeder der, jede die, alles was,** quisquis ille est, er sei, wer er wolle, Cic.: quisquis es, du magst sein, wer du willst, Ter.: quoquo modo se res habet, es sei, wie es wolle, Cic.: quiqui integri sunt, Cic.: quidquid est, was es auch ist, was mir daraus erwächst, wie es auch komme, Plaut. (s. Brix Plaut. mil. 311). – m. *Genet.*, α *masc.*, deorum quisquis amicior Afris, Hor. β *neutr.*, deorum quidquid regit terras, alle Götter, die usw., Hor.: quidquid maleficii erit, Cic. – quisquis mit dem Plur. des Verbums, Ov. art. am. 1, 267. Prop. 4, 5, 75 u. Tibull. 1, 7, 45. – *Acc.* quidquid, *adv.*, a **um was nur, je weiter, je mehr,** quidquid, ab urbe longius proferent aram, Liv.: quidquid progredior (in der Darstellung), Liv. – b **um wieviel** od. **soviel** quidquid amare patrem videntur, soviel sie auch usw. Gell.: quidquid amas = *quantum,* Catull. – quiqui (um wieviel, um welchen Preis nur, wie hoch, wie teuer) licebunt, Plaut. Men. 1159. – *Abl.* quoquo, *adv.*, **wohin auch nur,** Cic.: m. *Genet.*, terrarum, Ter., od. gentium, Plaut., wohin in aller Welt. – II **wer** od. **was es nur sei, jeder, jede, jedes** (s. Madvig Cic. de fin. 5, 24), quocumque in loco quisquis est, Cic.: quatenus quidquid se attingat, jedes od. etwas, es sei, was es wolle, Cic.: quisquis amores aut metuat dulces aut experietur amaros, Verg.: quoquo modo, auf jede, auch unerlaubte Weise, Suet. – ► a quisquis *gen. fem.* Plaut. u. a. vorkl. Dichter (s. Brix Plaut. mil. 361). – b quidquid, *adi.*, suum quidquid genus, Cato r. r. 48, 1.

quitus, a, um, s. queo.

quī-vīs, quaevīs, quidvīs u. *adi.* quodvīs, **wer** od. **was es nur sei,** dah. **jeder, jede, jedes ohne Unterschied,** quivis ut perspicere possit, Cic.: quemvis numerum, Caes.: quaevis amplificationes, Cic.: quovis sermone, Hor.: quodvis genus, Cic.: abs quivis (= quovis) homine, Ter. – m. unus verb., quivis unus, **der erste beste,** Cic.: una harum quaevis causa, Ter. – quidvis subst. = **alles in der Welt, alles ohne Unterschied,** quidvis loqui oder dicere, Plaut.: quidvis perpeti, alles mögliche, auch das Schlimmste, Cic.: m. *Genet.*, quidvis oneris impone, Ter.: quidvis anni = quovis anni tempore, Cato. – quovis adv. = **wohin es nur sei, überallhin,** Plaut.: quovis gentium, überallhin in der Welt, Ter.

quīvis-cumque, quaevīscumque, quodvīscumque, **wer es auch nur sei, jeder, jede, jedes,** Lucr. 3, 388. Mart. 14, 1, 13.

Quīza, ae, *f.*, fester Platz in Mauretanien, in der Nähe des h. Dorfes *Giza* bei Oran, Plin. 5, 19.

quō, *Adv.* (urspr. quoi, *Dat.* u. *Abl.* des *Neutr.* quod u. quid), I *indef.:* A örtlich, **irgendwohin,** si quo erat prodeundum, Cic.: ne quo incĭderem, Cic. – B modal, **irgendwie,** si quo intentius possit, Liv. 4, 1, 5: si quo usui esse posset, Liv. 40, 26, 8. – II *relat.:* A örtlich: 1 eig.: a bei den Zeitwörtern des Seins u. der Ruhe, wo, quo loci = quo loco, Cic. – b bei den Zeitwörtern der Bewegung u. Richtung, **wohin,** vom Ort, v. Pers. od. Sachen, ad partem provinciae venturum, quo te velle arbitrarer, Cic.: apud eos, quo se contulit etc. = ad quos, Cic. – m. *Genet.*, quo gentium, quo terrarum, wohin in der Welt, z. B. *Ch.* sequere hāc me, faxo iam scies. *Ni.* Quo gentium (wohin in aller Welt)? *Ch.* Tres unos passus, Plaut. Bacch. 831 *sq.*: non hercle quo hinc nunc gentium aufugiam scio, Plaut. rud. 824: sese tacitos abire, quo terrarum possent, in animo habuisse, Liv. 39, 54, 8. – 2 übtr.: a zur Bezeichnung des Grades, **wie weit, bis zu welchem Grad,** m. *Genet.*, qui mihi ne hodie quidem scire videmini, quo amentiae progressi sitis, wie weit in der usw., Liv. 28, 27, 12. – b zur Bezeichnung des Endzweckes, **wozu,** quo tantam pecuniam? Cic.: Martis signum quo mihi etc.? wozu soll mir die Statue? Cic.: quo mihi fortunam? wozu soll mir das Glück? Hor. – B kausal: 1 **weil, als wenn,** non quo ipse audieris, Cic.: non eo (deswegen) dico, quo mihi veniat in etc., Cic. – 2 bei *Compar.*, **um was, je,** m. folg. eo od. hoc, Cic., Caes. u. a.: u. ohne entsprechendes eo, Cic., Caes. u. Liv. – 3 quo (als *Abl.* v. quod) **wodurch, woher, weswegen, daher, deshalb,** Cic.: quo factum est, Nep.: dah. **damit, auf dass,** Ter. u. Ov.: quo gravior viderere, auf dass du, damit du desto usw., Cic.: auch bl. dass, nach efficere, Liv.: nach causa, **dass, warum, weswegen,** in causa esse, quo serius etc., Liv.: dah. quo minus, **dass nicht,** nach den Verben u. Ausdrücken des Verhinderns = **dass** od. = **zu** m. Infin., wie nach impedire, recusare, deterrere u. a., s. d.: nihil moror, quo minus etc., Liv.: stetisse per Trebonium, quo minus etc., es habe an Trebonius gelegen, dass sie nicht usw., Caes. – so auch quo secius = *quo minus,* Rhet. Her. – C modal, **wie,** Ov. art. am. 1, 745 zw.

quoăctilis, e, s. coāctilis.

quo-ad, *Adv.*, I vom Raum u. vom Grad, **wie weit, so weit wie, so weit, so weit bis, inwiefern, insofern wie,** videte nunc, qu. fecerit iter, Cic.: qu. vires valent, Plaut.: qu. patiatur consuetudo, Varro: qu. possem, Cic.: qu. possunt cognosci, Cic.: dah. elliptisch neben dem *Superl.*, qu. longissime, Cic. – m. *Genet.* des Zielpunktes, in der Wendung quoad eius facere possum, so weit, soviel ich kann, Cic. – II von der Zeit, 1 interrogativ, **wie lange?** senem qu. exspectatis vostrum? Ter. Phorm. 148. – 2 relativ: a **bis wohin, wo,** dies, qu. referret, der Termin, auf den er es zurückbrächte, Plaut. Pseud. 624. – b **so lange wie, so lange,** qu. potui, Cic.: tantum quoad, nur so lange wie, Liv.: m. vorausgehendem Korrelat., tamdiu, quoad, Cic. – c **bis, bis dass,** u. zwar: α mit *Indicat.*, qu. senatus dimissus est, Cic.: quod usque id emit, quoad in aliquo consistit pretium, Varro LL. 5, 15. – β m. *Coniunctiv,* quoad te videam, Cic.: u. so quoad usque, **bis dass,** quoad usque ad ferae natura perveniat immanitatem, Chalcid. Tim. 196. – III v. der Beziehung, m. dem *Acc.*, **inwiefern Rücksicht genommen wird auf, hinsichtlich,** quoad sexum, multitudinem, casum, Varro LL. 8, 46. – ► quoad bei Dichtern einsilbig, wie Lucr. 2, 850. Hor. sat. 2, 3, 91.

quoadusque od. getrennt **quoad usque,** *Adv.*, **so lange bis, bis dass usw.,** Lact. 4, 12, 17. Augustin. de civ. dei 1, 1. Vulg. cant. 2, 7 u. a. Eccl. (s. Bünem. Lact. 4, 12, 17). – ► Falsche Lesart bei Varro LL. 5, 15. Suet. Caes. 14, 2. Tac. ann. 14, 58.

quō-circā, *Coni.*, **daher, demzufolge, deswegen,** Varro LL., Cic. u. a. – in der Tmesis, quo, bone, circa, Hor. sat. 2, 6, 95.

quō-cumque, *Adv.*, **wohin nur,** Cic. u. a.: auch **wohin es nur sei,** Verg. Aen. 3, 682. – in der Tmesis, nunc eam rationem, quo ea me cumque ducet, sequar, Cic. Tusc. 2, 15.

1. quod (urspr. *Acc. sing. neutr.* v. qui, quae, quod), I relat. *Adv.:* 1 **in welcher Beziehung, worin,** quod illos aetas satis acuet, Ter.: quod continens memoria sit, Liv. – 2 **weshalb, warum,** ut quod ego ad te venio, intellegas, Plaut.: hoc est, quod ad vos venio, Plaut.: bes. est, quod, **es ist Grund vorhanden, weshalb, -dass,** Cic.: nihil est, quod te des in viam, Cic.: est magis, quod gratuler, Cic. – dah. auch zu Anfang eines neuen Satzes, **deshalb, darum,** quod te oro, ne etc.,

Ter.: quod te oro ... eripe etc., Verg.: quod vobis venire in mentem necesse est etc., Cic.: in Verbindung mit anderen Konjunkt. zum Übergang in der Rede, quod si, wenn nun, wenn also, quod nisi, wenn nun nicht, wenn also nicht, Ter., Cic. u. Nep.: quod utinam, möchte also doch, Cic. u. Sall.: so auch quod ubi, Cic.: quod cum, Caes. – **II** *Coni.*: **A** zur Angabe eines Grundes, **1** im Allg., **weil,** T. Manlius Torquatus bello Gallico filium suum, quod is contra imperium in hostem pugnaverat, necari iussit, Sall.: noctu ambulabat in foro Themistocles, quod somnum capere non posset, Cic. – **2** insbes., nach den Verben, die einen Gemütszustand od. eine daraus hervorgehende Äußerung bezeichnen, wie sich freuen, sich betrüben, loben, tadeln u. a., **in Betracht dessen dass, darüber dass, dass,** gaude, quod spectant oculi te mille loquentem, Hor.: quod spiratis, indignantur, Liv.: tibi agam gratias, quod me vivere coëgisti, Cic.: accusatus est, quod corrumperet, Quint. – **B** zur Angabe eines faktischen Umstandes, **dass, 1** nach den Ausdrücken, die ein Tun od. Geschehen od. das Vorhandensein eines Zustands bezeichnen, **dass, weil,** bene facis, quod me adiuvas, Cic.: praetereo, quod sibi delegit, Cic.: adde, quod ingenuas didicisse fideliter artes emollit mores, Ov.: huc od. eo accedit, quod etc., s. ac-cēdo *no.* II, B, 4: magnum beneficium est naturae, quod necesse est mori, Cic.: Eumeni multum detraxit, quod alienae erat civitatis, Nep.: facile est, quod habeant conservam, Varro: nisi quod (ausgenommen, dass) apud Thalam non longe a moenibus aliquot fontes erant, Sall.: dah. auch von einem Umstand, der als Zeitangabe gebraucht wird, diu est, quod datis, Plaut.: inde quod, seitdem dass, Liv. – **2** nach *verbb. sentiendi* u. *declarandi* st. des gew. *Acc.* u. *Infin.*, scio iam, filius quod amet meus, Plaut.: so nach credo, Apul.: nach recordor, Suet.: nach cognosco, ICt. – bes. m. hindeutendem *hoc* oder *illud,* videndum illud est, quod manet gratia, Cic. – **3** zu Anfang eines neuen Satzes, um den Umstand anzugeben, der das im Hauptsatz ausgesprochene Urteil veranlasst hat, **was das anbetrifft, dass, dass, wenn,** quod scribis te venturum, ego etc., Cic.: quod me Agamemnonem aemulari putas, falleris, Nep. – **C** zur Angabe einer Einräumung, **obgleich, obschon, wenn auch,** quod est virgo, Ov.: quod dicas, Ter.

2. quod = quot, s. d.

quōdam-modo, *Adv.*, **gewissermaßen, einigermaßen,** Cic. u. a. – getrennt, quodam tamen modo, Quint. 1, 12, 5.

quod-etsī, *Adv.*, **obgleich nun,** Cic. de fin. 4, 10.

quod-nisī, *Adv.*, **wenn nur nicht,** Cic. ep. 13, 57, 1 u. ö.

quod-quia, *Adv.*, **weil nun,** Cic. de fin, 1, 67.

quodquod = quotquot, s. d.

quod-quoniam, *Adv.*, **weil nun,** Cic. de fin. 3, 59; de div. 2, 127.

Quodsemelarripidēs, ae, *m.* (quod u. semel u. arripio), **Hältereinmalfest,** scherzhaft gebildeter Name, Plaut. Pers. 705.

quod-sī, s. 1. quod *no.* I, 2.

quod-utinam, *Adv.*, **dass doch,** Cic. ep. 14, 4, 1.

quoi, altlat. = cui, Plaut. u. a.

quōiās od. **quōiātis,** e = cuias od. cuiatis, e, z. B. quoiatis, *Nom.*, Plaut.: quoiates estis, Plaut.

quoiquoimodī, altlat. = cuicuimodi, s. d.

1. quōius, a, um, altlat. = cuius, a, um, s. d.

2. quōius, altlat. *Genet.* = cuius: so auch quoiusmodi = cuiusmodi.

quōiusvīsmodī, s. cūiusvīsmodī.

quō-libet, *Adv.* (urspr. quoilibet, altlat. *Dat.* v. quilibet), **wohin es beliebt, wohin immer,** Lucr. 4, 901. Ov. trist. 3, 8, 22. Sen. ep. 87,17.

quolōnia, s. colōnia ►.

quom = 1. cum, s. d.

quō-minus, s. quō.

quō-modo, *Adv.*, **auf welche Weise (Art), wie, I** *interrog.*: **a** in der Frage, quomodo? Cic.: Maecenas qu. tecum? Hor. – **b** im Ausruf, qu. mortem filii tulit! Cic. – **II** *relat.*: haec negotia, qu. se habeant, ne epistulā quidem narrare audeo, Cic.: am Anfang des Satzes, quomodo et ipsum et Vergilium quoque scripsisse manus (die Handschriften) eorum docent, auf diese Weise, so, Quint. 1, 7, 20. – korresp. m. *sic* od. *ita,* **gleichwie, sowie** (s. Heräus Tac. hist. 3, 77, 22. Dräger Tac. ann. 14, 54), et *quomodo* hoc est consequens illi, *sic* illud huic, Cic.: sed *ita* fecistis, *quomodo* pauci nobiles in hac civitate consules facti sunt, Cic.: *quomodo* delubra et altaria, *sic* carcerem recludunt, Tac. – getrennt, necesse est *quo* tu me *modo* voles esse, *ita* esse, mater, Plaut. – m. ausgelassenem *sic* od. *ita,* quomodo pessimus quisque, vitiis valebat, Tac. hist. 3, 77 *extr.* (u. so 4, 42).

quō-modo-cumque, *Adv.*, **I wie nur, auf welche Art nur,** Cic. de fin. 5, 30 (Müller quomodo). – **II** übtr., **wie es nur sei, auf irgendeine Weise,** Sen. nat. qu. 1, 5, 12. Flor. 3, 23, 4.

quō-modo-libet, *Adv.*, **wie auch nur,** Augustin. de civ. dei 3, 16 u. 21, 19; serm. 311, 2. Claud. Mam. de stat. anim. 1, 3, 6.

quō-modo-nam, *Adv.*, **wie denn?** Cic. ad Q. fr. 2, 15 (16), 5.

quomplūrēs, s. com-plūres ►.

quō-nam, *Adv.*, **wohin denn?** Plaut. u. Cic. – quonam haec omnia nisi ad suam perniciem pertinere? wohin denn ... ziele, Caes. b. c. 1, 9, 4. – quonam usque, **wie weit denn? wie lange denn?** Stat. u. Gell.

quondam, *Adv.* (eig. *quomdam), **I zu einer gewissen Zeit,** u. zwar: **a** übh., **einmal,** Cic. u. Suet. – **b zu gewisser Zeit, zu gewissen Zeiten, zuweilen,** Cic. u. Verg. – **II** insbes.: **a** v. der vergangenen Zeit, **einstmals, ehemals,** Cic. u. Caes.: mit olim verb., Ter. eun. 246. – attrib. **einstmalig, ehemalig, weiland** (s. Dederich Dict. 2, 20. p. 285), Cyrus quondam rex, Curt. u. Iustin.: ab amico quondam, Dict.: tutor quondam, Spart.: T. Fabius quondam decurio, CIL 3, 1214. – **b** von der Zukunft, **zu seiner Zeit, künftig, dereinst, einmal,** Verg. u. Hor. – ► arch. Nbf. condam, CIL 8, 4546.

quoniam, *Coni.* (v. quom = cum u. iam), **I da nun, als, nachdem,** Plaut. asin. 711; aul. prol. 9. – **II weil denn, weil nun, da ja** (bekanntlich und schon eingestandenermaßen), **da doch, da einmal,** Cic. u. a.

quō-piam, s. quis-piam.

quō-quam, *Adv.*, **irgendwohin,** Plaut., Ter., Cic. u. a.: übtr. = *in alqam rem,* **in etwas,** Lucr. 1, 1055.

quo-que, *Adv.* (nie zu Anfang eines Satzes, sondern dem betonten Wort nachgesetzt), **auch, auch wirklich, auch in der Tat,** Komik., Cic. u. a.: verb. mit etiam, z. B. quoque etiam, Ter. u. Sen., oder etiam quoque, Lucr., Sen. u. Fronto: mit et (= etiam), s. et: u. quot, z. B. totidem lixas ... quot milites quoque, Quint. – bes. ne ... quoque = *ne ... quidem,* **nicht einmal,** Claud. Quadrig. b. Gell. 17, 2, 18. Liv. 10, 14, 13. Gell. 1, 2, 5; 20, 1, 15 (auch Colum. 1, 3, 12 *codd.*): so auch quoque non = *ne quidem,* Varro LL. 8. § 48. Firm. de err. 8, 1. – ► quōque, **a** v. quisque, s. quis-que. – **b** = et quo, Liv. u. a.

quōqueversus u. **-versum,** s. quōquō-versus.

1. quōquō, *Adv.*, s. quis-quis.

2. quoquo, ere, in guten Hdschrn. = coquo, s. Fritzsche Hor. sat. 2, 1, 74.

quōquō-versus, **(-vorsus)** u. **quōquō-versum (-vorsum),** *Adv.*, **überallhin, nach allen Seiten (Richtungen) hin,** Scriptt. r. r., Cic., Caes. u. a. Vgl. Caes. b. G. 3, 23, 2; 7, 4, 5 u. 7, 14, 5.

quoquus = coquus, im Wortspiel Ciceros bei Quint. 6, 3, 47.

quōr, s. cūr ►.

quōrsus u. **quōrsum,** *Adv.* (= quo versus u. versum), **I wohin,** nescio, hercle, neque *unde* eam neque *quorsum* eam, Ter. eun. 305: quaerit, quorsus potissimum in praedam superne sese ruat, Apul. flor. 2. p. 2, 18 Kr. – **II** übtr.: **a wohin,** eri lenitas verebar quorsum evaderet, wohin es endlich damit kommen möchte, Ter.: quorsum recĭdat responsum, wie die Antwort ausfalle und laute, Cic.: quorsum haec pertinent? u. bl. quorsus haec? wohin zielt dies? Cic.: quorsus haec quaestio pertinet? Sen. – **b wozu,** d. i. in welcher Absicht, zu welchem Zweck, quorsus haec? Cic.: quorsum est opus? Hor.: quorsum igitur haec disputo? Cic.: quorsum igitur haec tam multa de Maximo, Cic.: tune es qui nuper concastigabas, quorsum Graece scriberem? M. Caes. bei Fronto ep. Graec. 6. p. 252, 9 N. – ► Altlat. quossum, Plaut. Pseud. 217 Fl. (Goetz quo se).

quōservus, s. cōn-servus ►.

quōssum, s. quōrsus ►.

quot, *Adi. plur. indecl.* (altind. *káti,* griech. πόσος für πότjος), **I wie viele, wieviel, a** *interrog.:* quot calamitates? Cic. – **b** *relat.:* quot dies erimus in Tusculano, wie viele Tage, d. i. solange ich im T. sein werde, Cic. – in der Korrelat., quot ... tot (totidem), **wie viele** (so viele)... **ebenso viele,** quot homines, tot causae, Cic.: quot orationum etc. ... totidem oratorum etc., Cic. – tot (totidem) ... quot, **so viele ... wie,** Cic.: tot annos, quot habet, Cic.: so auch toties, quot, Liv. – **II** übtr., bei Zeitbestimmungen, **jede, alle,** quot annis, jedes Jahr, alljährlich, Cic.: quot mensibus, monatlich, Vitr.: quot diebus, täglich, ICt.: dass. quot dies, Apul. – ► Im Vulgärlat. auch quod geschr., Itala Matth. 15, 34 (*cod. Pal.*) u. a. CIL 8, 7219: u. so quod annis, CIL 8, 262, 11. – quot-quot. s. bes.

quot-annīs, s. quot *no.* II.

quot-cumque, so viel (viele) nur, quotcumque ... tot, Cic. de legg. 3, 8: tot ... quotcumque, Manil. 4, 315: quotcumque ... quot ... quot ... hos, Catull. 64, 280 *sqq.*

quotēnī, ae, a (quot), **wie viele,** bei Einteilungen, is, opinor, ita partes fecit in ripa nescio quotenorum iugerum, ut certa pretia constitueret, quae mini nota non sunt, Cic. ad Att. 12, 33, 1.

quotennis, e (quot u. annus), **von wieviel Jahren,** Augustin. de quantit. anim. 19.

quotidiānō, s. cotīdiānō.

quotidiānus, a, um, s. cotīdiānus.

quotidiē, s. cotīdiē.

quotidiō, s. cotīdiō.

quotiēns, s. quotiēs.

quotiēnslibet, s. quotiēs-libet.

quotiēs u. **quotiēns,** *Adv.* (quot), **I** *interrog.* **wie oft? wievielmal?** Cic. u. a.: im Ausruf, Ter., Verg. u. a. – **II** *relat.* in der Korrelat. **wie oft, so oft,** quoties ... toties, Verg.: toties ... quoties, **so oft ... wie,** Cic. – m. ausgelass. *toties:* quoties mihi potestas erit, non praetermittam, Cic.

quotiēs-cumque, *Adv.,* **sooft nur,** Cic. u. a.

quotiēs-libet (quotiēnslibet), *Adv.,* **beliebig oft,** Boëth. inst. music. 1, 4.

quot-libet, Adv., **soviel beliebt, soviel man will,** Hyg. astr. 1, 6 *extr.*

quot-quot, *Num. indecl.,* **I soviel (wie) nur,** Cic. u. a. – **II** übtr., bei Zeitbestimmungen, **jede,** quotquot annis, alle Jahre, Varro LL. 5, 39 u. 9, 24: quotquot mensibus, alle Monate, Varro LL. 5, 47. – ► quodquod geschr., Itala numer. 14, 29 (*cod. Ashb.*); Matth. 14, 36 u. a. (*cod. Pal.*).

quotumus, a, um (quotus), **der wievielste,** Plaut. Pseud. 962 u. 1173.

quotus, a, um (quot), **der wievielste,** quotus erit iste denarius, qui non sit ferendus? Cic.: quota hora est? wieviel Uhr ist es? Hor.: quotā (*Abl. sc.* horā)? um wieviel Uhr? Hor.: quoto anno, Cic. u. Sen.: quotus esse velis, rescribe, wie zahlreich du zu kommen gedenkst (Wieland), wieviel Gesellschafter od. Mitgäste du haben willst, Hor. ep. 1, 5, 30: quota pars laudis, der wievielste, ein sehr kleiner, Ov.: quota pars nostri, wie wenige von uns, Curt.: korresp. m. *totus* (der sovielste), detrahitur summae tota pars, quota demitur etc., Manil. 3, 420. – verb. quotus quisque, **α** zur Bezeichnung ber Allgemeinheit, quoto quoque loco libebit, wo es nur belieben wird, Rhet. Her. – **β** zur Bezeichnung der geringen Anzahl, **wie viele = wie wenige, wenig,** quotus enim quisque disertus? Cic.: quota quaeque domus usque ad exitum omnibus partibus suis constitit? Sen.: formā quota quaeque superbit? Ov.: quoto cuique lorica est? Curt.: quotus quisque reliquus (wie wenige waren noch übrig), qui rem publicam vidisset? Tac.

quotus-cumque, quotacumque, quotumcumque, **der wievielste nur,** es sei so viel od. so wenig, wie es wolle, pars, Tibull. 2, 6, 54. Chalcid. Tim. 127: locus, Gromat. vet. 113, 13 (wo Lachm. coto cumque loco). – ► Ov. her. 13, 60 Ehwald quota quemque.

quotus-libet, alibet, umlibet, der **beliebig wievielste,** Claud. Mam. 1, 18, 3 u. 3, 3, 6.

quotus-quisque etc., s. quotus.

quo-usque, *Adv.,* **I** im Raum, **wie weit,** quousque penetratura (sit) avaritia, Plin. 33, 3: quousque degredi (de via) debeam, Gell. 1, 3, 15: übtr., **wie weit, inwiefern,** quousque patitur decor, Quint. 1, 5, 63. – **II** in der Zeit, **wie lange,** nam quousque? *Li.* Usque ad mortem volo, Plaut.: quousque tandem abutere, Catilina, patientiā nostrā? Cic.: quae quousque tandem patiemini? Sall. – ► Getrennt quo enim usque, Cic. Phil. 3, 3: quo te spectabimus usque, Mart. 2, 64, 9 (wo quo lang ist).

quōvīs, *Adv.,* s. quī-vīs.

quum, ungebr. für 1. cum, s. d.

qūr, s. cūr ►.

qūro, wov. quravei, CIL 14, 3463.

quūr, s. cūr ►.

R.

R, r, der siebzehnte Buchstabe des latein. Alphabets (littera R, Donat. Ter. Andr. 3, 4, 18, R littera, Pompon. de orig. iur. § 36 Osann), entsprechend dem griech. P (ῥῶ), jedoch mit Wegfall der Aspiration, daher man in frühester Zeit aus Πύῤῥος Burrus (vgl. Cic. or. 160), aus ἀῤῥαβών arrabo u. a. bildete und erst später mit Einschiebung eines *h* Pyrrhus, arrhabo usw. schrieb. Vgl. Quint. 1, 5, 19. Im weitesten Umfang ist *r* mit *s* verwandt, u. namentlich war in den ältesten Zeiten bei vielen Wörtern *s* st. *r* gebräuchlich, z. B. Fusius, später Furius; so auch lases st. lares; später noch honor u. honos in gleicher Geltung, lepos gebräuchlicher als lepor, bei Dichtern auch arbos (= arbor), labos (= labor). Eine gleiche Verwandtschaft findet sich mit *d*, z. B. ar alt st. ad (so auch arfuisse = adfuisse), meridies entstanden aus medius dies. Ferner erfährt *r* sehr häufig eine Assimilation vor *l*, wie auschließlich in pellicio (aus per u. lacio) und ist in peiero ganz ausgefallen. – Als Abkürzung ist *R* = Romanus (in S. P. Q. R. = senatus populusque Romanus) u. = Rufus, recte, regnum, reficiendum u. a. – *R. R.* = rationes relatae (vgl. Fest. 274 [b], 5). – R. P. = res publica.

Rā, *indecl.* (Ῥᾶ), Fluss im asiatischen Sarmatien, j. die **Wolga**, bes. erwähnt wegen der an den Ufern wachsenden Wurzel Rapontik (Rhabarber), Amm. 22, 8, 28.

rabia, ae, *f.*, s. rabiēs ►.

rabidē, *Adv.*, **wütend, mit wilder Hast, ungestüm,** omnia appetere, Cic. Tusc. 5, 16. – *Compar.*, rabidius raptari, Augustin. mor. Manich. 2, 14.

rabidus, a, um (rabies), **wütend, toll,** **I** im engeren Sinne, von der Wut als Krankheit befallen, **hirnwütig, toll,** canis, Sen. u. a.: rabidum fieri, esse, v. Hunden u. Menschen, Plin. – **II** im weiteren Sinne, von der Wut als leidenschaftl. Aufregung befallen, **wütend, toll, tobend, wild, grimmig, reißend,** **A** im Allg.: **1** eig., v. leb. Wesen, **a** v. Tieren, elephantus, Plin.: canes, Lucr. u. Ov.: leones, Lucr. u. Hor.: fera, Iustin., ferae, Ov. u. Amm.: omnia (animalia), quae naturā fera et rabida sunt, Sen. – **b** v. Menschen, non impulsus et rabidus, Sen. de ira 1, 12, 5: v. tobenden Sachwalter, Mart. Cap. 9. § 999. – **2** übtr., v. Lebl., bes. v. persönl. Zuständen, **wütend, wild, tobend, ungestüm,** aspectu rabido circumspectans huc et illuc, Rhet. Her.: r. et iurgiosa facundia, Gell.: r. lingua, Prop.: furor animi, Catull.: mores, Ov.: affectus rabidus atque effrenus, Sen.: rabida et furens avaritia, Lact.: quarum (ferarum) concitatus est amor et paene rabidus, Sen. – fames, Verg.: sitis, Sen. poët. – ventus, Ov. – **B** insbes., von Begeisterten, **rasend,** alios age incitatos, alios age rabidos, Catull. 63, 93. – übtr., os, ora, Verg. Aen. 6, 80 u. 102.

rabiēs, em, ē, *f.* (rabio), die **Wut, Tollheit,** **I** im engeren Sinne, als Krankheit, die **Hirnwut,** des Hundes, Colum. u. Plin.: des Wolfes, Ov.: der Stuten, Colum. – v. der Tollheit, dem Wahnsinn, der Raserei der Menschen, Plaut. u. Plin. – in rabiem venire, Cael. Aur.: in rabiem efferari (v. Hunden u. Menschen), Solin. u. Petron.: contactos eo scelere velut iniectā rabie ad arma ituros, Liv. 21, 48, 4. – **II** im weiteren Sinne, als hoher Grad leidenschaftl. Aufregung, **A** im Allg., die **Wut, Tollheit, Wildheit,** der **Ingrimm,** **a** leb. Wesen, v. der Zorneswut, animi acerbitas quaedam et rabies, Cic.: ira et rabies Latinorum, Liv.: r. hostilis, Liv.: r. civica, des Bürgerkriegs, Hor.: eadem deûm ira, eadem hominum rabies, Tac.: in rabiem ira versa, Liv. u. Curt.: ira deinde vertit in rabiem, Curt.: continuā rabie lacerare alqm, Vell.: arma rapere furore et rabie, Tac.: ea desperatio Tuscis rabiem magis quam audaciam accendit, Liv.: tanta rabies feros animos invaserat, ut etc., Iustin.: renuntiarunt coërceri rabiem gentis non posse, Liv. – vom Ingrimm, der Spottwut des Archilochus, Hor. – v. der Liebeswut, praeut huius (hominis) rabies quae dabit, Ter. – v. der Wildheit der Tiere, ferae bestiae caeco impetu ac rabie concitatae, Liv.: animalium infesta rabies, Apul.: canum rabies, poet. = die grimmigen Hunde, Ov. – personif., Rabies, als Begleiterin des Mars, Val. Flacc. 2, 206. – **b** übtr., v. Lebl., die **Wut, Wildheit,** das **Toben,** der **Ungestüm,** fatalis temporis, Liv.: caeli marisque, Verg.: ventorum, Ov.: noti, Hor.: ventris, Heißhunger, Verg. – **B** insbes., von der Begeisterung der Sibylle, die **Raserei,** der **Wahnsinn,** Verg. Aen. 6, 49. – ► *Genet.* rabies, Lucr. 4, 1075 (1083). – Nbf. rabia, Serv. Verg. Aen. 1, 200. Gloss. V, 478, 34.

rabio, ere, **toll sein, wüten, toben,** Enn. fr. scen. 54 zw. Caecil. com. 89. Varro sat. Men. 217. Sen. ep. 29, 7. Manil. 4, 461; 5, 208 u. 224. – ► Nbf. ›rabio, rabias‹, Eutych. 459, 8 K.

rabiōsē, *Adv.* (rabiosus), **wütend** (Ggstz. quiete), Cic. Tusc. 4, 49.

rabiōsulus, a, um (*Demin.* v. rabiosus), **etwas toll, halbtoll,** primas illas rabiosulas (litteras) sat fatuas dedisti, deine ersten Briefe mit ihrem halbtollen Heimweh haben des Verkehrten genug enthalten, Cic. ep. 7, 16, 1.

rabiōsus, a, um (rabies), **wütend, toll,** **I** im engeren Sinne, v. der Wut als Krankheit befallen, **hirnwütig, toll,** canis, Cels. 5, 27, 2. Plin. 29, 98 *sqq.* Scrib. Larg. 171: femina canis, Plaut. Men. 837: equus, Veget. mul. 3 (2), 5. – v. Pers., hic homo rabiosus habitus est in Alide, galt für rasend (verrückt), Plaut. capt. 547: canis rabidus facit hominem, quem forte attaminaverit, contagione pestiferā ita rabiosum, ut etc., Augustin. de civ. dei 22, 22, 3. p. 606, 6 D². – **II** im weiteren Sinne, von der Wut als leidenschaftl. Aufregung befallen, **wütend, toll, tobend, wild, grimmig, reißend,** rabiosa canis, Hor. ep. 2, 2, 75: rabiosi et voraces lupi, Lact. 5, 23, 4: v. Pers., stomachosus, rabiosus, Sen. de ira 1, 4, 2. – übtr., v. lebl. Subjj., vide, ne fortitudo minime sit rabiosa, von aller Wut frei sei, Cic. Tusc. 4, 50: stridor (anserum), Petron. 136, 4: vox, Petron. 96, 5: fori iurgia, Sen. Herc. fur. 172 (174).

Rabīrius, a, um, Name einer röm. *gens*, aus der am bekanntesten C. Rabirius Postumus, von Cicero in einer noch vorhandenen Rede vor Gericht verteidigt. – C. Rabirius, de perduellione angeklagt, von Cicero ebenfalls in einer noch erhaltenen Rede verteidigt. – Rabirius, ein guter Dichter, Zeitgenosse des Vergil, Vell. 2, 36, 3. Sen. de ben. 6, 3, 1. Quint. 10, 1, 90: magni Rabirius oris, Ov. ex Pont. 4, 16, 5. – Dav. **Rabīriānus**, a, um, **rabirianisch,** des C. **Rabirius,** der de perduellione angeklagt war, domus, Cic. ad Att. 1, 6, 1.

1. rabo, ōnis, *m.*, **a** scherzh. = arrhabo, Plaut. truc. 688 u. 689 *Schoell.* – **b** als Maß, modii et rabones, urnae et amphorae, Augustin. epist. 102, 23.

2. rabo, ere, richtiger rabio, s. d.

rabula, ae, *m.* (rabio), ein tobender, schreiender Sachwalter, der **Zungendrescher, Rabulist,** rabularum grex, Varro fr.: declamator aliquis de ludo aut rabula, Cic.: rabula latratorque, Quint.: forenses rabulae, Sidon.

rābulānus, a, um (ravus), **schwarzgelb,** pix, Plin. 14, 120.

rabulātio, ōnis, *f.* (rabula), das **Toben des Rabulisten,** die **Rabulisterei,** Mart. Cap. 6. § 577.

rābusculus, a, um (ravus), viell. **graulich, dunkelfarbig,** vitis, Plin. 14, 42.

1. rāca, s. rācāna.

2. raca (רקא), **eitler Wicht,** ein Schimpfwort, Vulg. Matth. 5, 22. Augustin. de doctr. Chr. 2, 11, 16.

rācāna (rāchāna, rāchēna, racēna, rāca od. rāga), ae, *f.*, eine Art Oberkleid, bes. als Mönchstracht, racana, Greg. epist. 1, 75. Ennod. epist. 9, 17 *extr.:* rachana, Edict. Diocl. 7, 60. Greg. epist. 12, 16. CIL 13, 3162, III, 11: rachena, Ven. Fort. vit. S. German. 44. Cod. Theod. 14, 10, 3 Kr.

racco (ranco), āre, Naturlaut des Tigers, racco, Anthol. Lat. 762, 49 (233, 49): ranco, Suet. fr. 161. p. 247, 1 R.

racēmārius, a, um (racemus), **zur Weintraube gehörig,** pampini, unfruchtbare Rebenschosse, Colum. 3, 18, 4.

racēmātio, ōnis, *f.* (racemor), die **Nachlese** im Weinberg, Tert. apol. 35.

racēmātus, a, um (racemus), **bebeert,** (panica) mammosa, e pano parvis racemata paniculis, Plin. 18, 54.

racēmifer, fera, ferum (racemus u. fero), **I Beeren tragend, bebeert,** uva, Ov. met. 3, 666. – **II mit Trauben bekränzt,** Bacchus, Ov.: capilli, Ov.: Euan, Sidon.

racēmo, āre (racemus), **als Nachlese einheimsen (sammeln),** übtr., racemate, racemate, quasi in vinea, reliquias Israël, sammelt die Überreste von Isr., wie in einem W. die letzten Trauben, Itala Ierem. 6, 9.

racēmor, ātus sum, ārī (racemus) = κοκκολογῶ, **Nachlese halten** im Weinberg, Augustin. ad Simplician. 1. qu. 2, 20 *extr.* Dosith. 60, 20 K.

racēmōsus, a, um (racemus), **I trauben-, beerenreich,** uva racemosissima, Plin. 14, 40. – **II traubenartig,** pomum, Plin.: flos, Plin.

racēmus, ī, *m.* (griech. ῥάξ, ῥαγός), **I** der **Kamm** der Trauben, dependent racemis ut uvae etc., Plin.: uva lentis racemis, Ps. Verg. cop. – **II** meton.: **A** die **Beere** u. die ganze **Traube,** bes. v. Wein, Verg. u. Ov.: v. Efeu, Plin., u. v. anderen Gewächsen, raris labrusca racemis, Verg. – **B** der **Saft der Traube,** der **Weinbeersaft** (Most u. Wein), Ov. fast. 5, 343.

rācēna, s. rācāna.

rāchāna, s. rācāna.

Racīlius, a, um, Name einer röm. *gens,* aus der am bekanntesten L. Racilius, ein Volkstribun zur Zeit Ciceros, Cic. ep. 1, 7, 2; ad Q. fr. 2, 6, 5; Verr. 2, 31. – Racilia, ae, *f.,* Gattin des Diktators L. Q. Cincinnatus, Liv. 3, 26, 9.

radiātilis, e (radio), **strahlend,** Ven. Fort. de vita S. Mart. 2, 286.

radiātio, ōnis, *f.* (radio), das **Strahlen, der Glanz,** tanta marmoris radiatio est, Plin. 36, 32: quantacumque stellarum radiatio, Firm. math. 1, 4; vgl. *ibid.* 2, 22. *no.* 2; 5, 3. *no.* 1. – Plur., augustissimae lucis radiationes, die Strahlen, Arnob. 6, 24: lascivae Veneris (stellae) radiationes, Firm. math. 1, 1: lunae radiationes, *ibid.* 5, 3, 1.

radiātus, a, um (radius), **I mit Speichen versehen,** rota, Varro r. r. 3, 5, 15. – **II mit Strahlen versehen, strahlend,** orbis solis, Acc. tr. fr.: sol, Cic., lumen (solis), Acc. tr. fr., u. lumina, Ov. – corona, Strahlenkrone, Heiligenschein der Gottheiten u. zu Göttern erhobenen Personen, Suet.: u. so caput, mit einer Strahlenkrone umgeben, vom Heiligenschein umflossen, Plin. pan. – m. *ab* u. Abl., miles adverso Phoebi radiatus ab ictu, bestrahlt, Lucan. 7, 214.

rādīcāliter, *Adv.* (*radicalis v. radix) = radicitus (s. d.). Augustin. enchir. 17 *in.* u. a. Ecl.

rādīcēsco, ere (radix), **Wurzel schlagen,** Sen. ep. 86, 20.

rādīcīna, ae, *f.* (radix), **Wurzelwerk,** Pelagon. veterin. 2 (27 *Ihm);* 7 (91 *Ihm);* 25 (314 *Ihm.)*

rādīcitus, *Adv.* (radix), **mit der Wurzel, I** eig.: tulit r. altas fagos, Catull.: effodere herbas malas, Cato: evellere arborem, Suet., arbores, Sen., vineam, Vulg.: verrucas extrahere (v. einem Mittel), Plin. – **II** bildl., **mit der Wurzel, im Keim, mit Stumpf und Stiel, von Grund aus, ganz,** evellere actiones, Cic.: extrahere cupiditatem, Cic.: malefacta repperi r., Plaut.

rādīco, āvī, āre (radix), **Wurzel schlagen,** v. Gewächsen, volentes zizaniorum germina radicare, Cassiod. hist. eccl. 2, 6: bildl., radicavi in populo honorificato, v. der Weisheit, Vulg. Sirach 24, 16.

rādīcor, ātus sum, ārī (radix), **Wurzel fassen, einwurzeln, bekleiben,** v. Bäumen, Pflanzen, Colum. u. Plin.: bildl., frutex peccati radicabitur in illis, Vulg. Sirach 3, 30. – *Partic.* rādīcātus, a, um, **Wurzel habend,** Colum. u. Pallad. od. **eingewurzelt,** radicatus in terra truncus eorum, Vulg. Isai. 40, 24. – bildl., **eingewurzelt,** Sidon. epist. 5, 10, 4. Oros. 2, 17, 17: in caritate radicati, Vulg. Ephes. 3, 7: radicati in ipso, Vulg. Coloss. 2, 7.

rādīcōsus, a, um (radix), **voll Wurzeln, viele Wurzeln habend,** Plin. 16, 151.

rādīcula, ae, *f. (Demin.* v. radix), die **kleine Wurzel,** das **Würzelchen, I** im Allg.: **1** eig., Cic. u. Colum.: mali Punici tenues radiculae, Wurzelfasern, Cels. – **2** übtr., der unterste Teil einer Sache, womit sie an einer Oberfläche festsitzt, pilorum radiculae, Cels.: acrochordon (Art Warze) nullam radiculam relinquit, Cels. – **II** insbes.: **a** das **Seifenkraut** (*Gypsophila struthium,* L.), Plin. 19, 48 u. 24, 96. – **b** die Wurzel von *Raphanus sativus* (L.), **Rettich,** bes. **Radieschen,** Cels. 2, 18. p. 65, 5 D u. a.

radio, āvī, ātum, āre, u. *Depon.* **radior,** ārī (v. radius, der Strahl), **strahlen, Strahlen von sich werfen, schimmern, α** Form *-o:* argenti radiabant lumine valvae, Ov.: fulgentius radiant colores, Plin.: felium in tenebris fulgent radiantque oculi, Plin.: digiti de anulis radiant, Hieron. epist 22, 28. – v. Pers., miles radiabat in armis, Prop.: radiabant (strahlten = waren mit einer Strahlenkrone umgeben) tempora nati, Sil. – bildl. quasi (Fortuna) de industria prospera eius adversis radiaret, als wolle sie sein Glück durch Unglück im glänzenden Strahlenlicht erscheinen lassen, Flor. 4, 2, 30. – radiare, *trans.* = **bestrahlen,** si hunc locum malevolae stellae radiaverint, Firm. math. 8, 20. – **β** Form *-or:* galeae gemmis radientur et auro, Ov.: templa marmore nitent et auro radiantur, Tac. dial. – **γ** *Partic.* radiāns, **strahlend,** luna, Verg.: carbunculi, Plin.: cometes radianti luce, Calp.: poet. übtr., roseā radiante iuventā, Val. Flacc. – subst., radiāns = *sol,* Cic. poët. or. 152.

radiolus, ī, *m. (Demin.* v. radius), das Stäbchen; dah. **I** ein **kleiner, schwacher Sonnenstrahl,** solis, Amm. 28, 4, 18. – **II** eine Art **länglicher Oliven,** sonst radius genannt, Colum. 12, 49, 2. – **III** eine farrenkrautähnliche Pflanze, Ps. Apul. herb. 83.

radiōsus (radiossus), a, um (radius), **strahlenreich,** sol, Plaut. Stich. 365.

radius, iī, *m.* (verwandt mit radix), der **Stab,** das **Stäbchen,** der **Stecken, I** eig.: **A** im Allg.: acuti atque alius per alium immissi radii, Liv. 33, 5, 11: ferreus, Plin. 10, 117. – **B** insbes.: **1** die **Speiche** des Rades, Verg., Sen. u. a. – **2** als mathem. *t. t.,* der **Stab** der Mathematiker, womit sie die Figuren auf die Platte des *abacus* (Zeichentisches) in grünen Glasstaub zeichneten, der **Zeichenstab,** Cic. Tusc. 6, 64. Verg. ecl. 3, 41 (dazu Serv.); Aen. 6, 850. Arnob. 2, 23: geometricus radius, Amm. 22, 16, 17. – **3** als *t. t.* der Weberkunst, das **Weberschiffchen,** der **Schütze,** Lucr. 5, 1351. Verg. Aen. 9, 476. Ov. met. 4, 275; 6, 56 u. 132. Sil. 14, 658: inter muliercularum radios ex textrina dilanior, Hieron. epist. 57, 13. – **4** als *t. t.* der Anatomie, die vom Ellenbogen ausgehende kürzere Röhre des Vorderarmes, die **Spindel, Speiche** (Ggstz. cubitus, die längere Ellenbogenröhre), Cels. 8, 1. p. 327, 12 D. – **5** als *t. t.* der Zoologie: **a** der **Stachel** oberhalb des Schwanzes des Fisches, pastinaca, Plin. 9, 155 u. a. – **b** radii, die **Sporen** mancher Vögel, Plin. 11. 257: bes. des Haushahns, Plin. 30, 97. – **c** r. virilis, das männl. Glied, Cael. Aur. de morb. acut. 3, 14, 115. – **6** als *t. t.* der Botanik, eine Art **länglicher Oliven,** die man einzumachen pflegte, Verg., Colum. u. a.: eine Unterart r. maior gen., Cato u. Varro. – **II** übtr.: **1** als mathem. *t. t.,* der **Radius des Kreises,** der **Halbmesser,** Cic. Tim. 15. – **2** der **Strahl** eines leuchtenden Ggstds., der Sonne, radius solis, Tert. (vgl. ut ipsius solis radio putem scriptum, sonnenklar, Tert.): radius a sole porrectus, Lact.: radii solis, Plaut., Cic. u. a.: iubar hoc (die Sonne) radiis insigne coruscis, Ov.: radii matutini, Morgenstrahlen (der Sonne), Ov.: radii lunae, Ov.: ubi excanduit radiis dies, Amm. – tres imbris torti (des Hagels) radii, Verg.: radii corusci fulminis,Val. Flacc.: radiorum ex oculis in ea, quae videri queunt, emissio, Gell. – radii aurati, die Strahlenkrone, der Heiligenschein am Kopf göttl. od. zu Göttern erhobenen Wesen, Verg.

rādīx, īcis, *f.* (ῥάδιξ), die **Wurzel, I** im Allg.: **A** eig. u. übtr.: **1** eig., die **Wurzel** des Baumes, der Pflanze, r. cupressi, Varro: cortices et radices, Cic.: succīdere radices arborum (v. Biber), Varro LL.: herbas radice revellere, Ov.: ab radicibus eruere segetem, mit der Wurzel ausreißen, Verg.: radicem u. radices capere, Cato, od. agere radicem od. agere radices, Wurzel treiben (schlagen), Varro u. Ov. (u. im Bild, vera gloria radices agit, Cic.). – **2** übtr.: **a** der unterste Teil eines Ggstds., mit dem er an einer Fläche festsitzt, die **Wurzel,** der Zunge, Ov.: der Haare, Cels. u. Petron.: des Zahnes, Cels.: der Feder, Ov.: des Felsens, Verg. u. Ov. – **b** übh. das Unterste eines Ggstds. die **Wurzel,** der **Fuß,** eines Berges, Hügels, Sing., promunturii, Mela: Pyrenaei, Plin.: humilis radix (flacher Grund) insulae, Plin. ep.: a Palatii radice, Cic.: ab ora gemmae ad radicem usque, Plin.: gew. Plur., radices montis, collis, Caes.: Caucasi, Cic. – **c** r. virilis, das männl. Glied, Cael. Aur. de morb. chron. 2, 1, 13 (viell. radius vir. zu lesen, wie Cael. Aur. de morb. acut. 3, 14, 115). – **B** bildl., die **Wurzel, 1** im Allg.: a radicibus (von Grund aus, gänzlich) evertere domum, Phaedr. – **2** insbes.: **a** = **Ursprung, Stamm, Quelle,** patientiae, Cic.: Marium ex isdem, quibus nos, radicibus natum, Cic.: Apollinis, d. i. Stamm, Plin. – v. etymol. Ursprung, Varro LL. – **b** der **feste Grund (Boden),** aus dem etw. ruht, Pompeius, eo robore vir, iis radicibus, ein Mann, der so viel Boden hat im Staatsleben, Cic. ad Att. 6, 6, 4. – **II** die gewöhnl. genießbare oder offizinelle **Wurzel, a** übh.: omnes radices, excepto sisere et pastinacā, Cels.: herbarum radicibus vivere, Sen.: genus radicis, quod appellatur chara, Caes.: r. dulcis, Süßholz, Cels.: r. lanaria, Seifenkraut (s. rādīcula *no.* II, a), Colum.: Syriaca, Rettich, bes. Radieschen, Colum. – **b Rettich,** bes. **Radieschen,** Hor., Cels. u. a. – ► Genet. Plur. gew. radicum; aber radicium im Itin. Alex. 32 (75). Charis. 124, 31.

rādo, rāsī, rāsum, ere, **scharren, schaben, kratzen, I** im Allg.: terram pedibus, scharren (v. Raben), Plaut.: presse colla, Veget.: poet., quis (quibus) Circaea iuga impresso raduntur vomere, Sil. – **II** prägn.: **A** durch Schaben, Kratzen, Hacken usw. **reinigen, glatt machen, glätten, 1** eig.: tubera terrae, schaben = zum Essen bereiten, Iuven.: parietes, abkratzen, Plin.: lapides palmā, abkehren, abwischen, Hor.: tigna, Lucr.: aream, vom Gesträuch reinigen, glatt-, eben machen, Colum. – **2** bildl., Geistiges **feilen,** limā rasus liber, Ov.: limā rasa, Mart.: rasa antitheta, Pers. – **B** an etwas vorbei- oder über etwas hingehend etwas **streichen, bestreichen, berühren,** v. zur See Fahrenden, litora, Verg.: cautes, Verg.: iter laevum, links am Felsen hinstreichen, Verg.: dorsum maris (v. einer schräg geworfenen Scherbe), Min. Fel. – v. Fahrenden, raditur ultima meta, ich bin fast am Ziel, Ov. – v. Pferden, freta sicco passu, laufen über usw., Ov. – v. Fliegenden, iter liquidum, durch die Luft fliegen, Verg. – von Kriechenden, traiectos surculos, kriechen über usw., Suet. – v. Flüssen, berühren, bespülen, ripas, Lucr.: campos, Tibull. – v. Winden, hinfegen über usw., terras, Hor. – **C** kratzend **verletzen, kratzen, a** eig.: fauces (v. der Stimme), Lucr.: u. so fauces rasae, Quint. (vgl. Spalding Quint. 11, 3, 13). – genas, zerkratzen, XII tabb. fr. – **b** bildl., unangenehm **berühren, verletzen, beleidigen,** mit Worten usw., res delicatas, Quint.: teneras auriculas mordaci vero, Pers.: pallentes mores, geißeln, Pers. – **D abschaben, abkratzen, auskratzen, a** übh.: nomen fastis, ausstreichen, Tac.: eurus radit arva imbribus, schwemmt weg, Hor.: medicam marris ad solum, bis auf den B. abhacken, abrasieren, Plin. – übtr., damnosa canicula quantum raderet, abzwacken würde, Pers. 3, 50 *sg.* – **b** mit dem Schermesser (novacula) Bart- oder Kopfhaar bis auf die Haut **abscheren, rasieren,** griech. ξυρεῖν (während tondere = mit dem Zwickeisen [forfex] abzwicken, griech. κείρειν), modo tondere modo radere barbam, Suet.: novaculā caput, Cael. Aur.: caput (= Kopfhaare) et supercilia, Cic.: u. so r. caput als Zeichen der Sklaverei, Liv., als Zeichen der Trauer, Suet., als Gelübde in Gefahren, Iuven. – Pass. radi = **sich** (den Bart) **rasieren lassen** (Ggstz. tonderi u. velli), Suet.: cotidie radi, Plin. – scherz. v. einer Buhldirne: ista tonstrix non tondet (sie zwickt [die Liebhaber] nicht = zwackt kein Geld ab). Quid igitur facit? Radit (sie schert bis auf die Haut = zieht ganz, zieht bis aufs Hemd aus), Mart. 2, 17, 4 *sq.*

rādula, ae, *f.* (rado), das **Schabeisen, Kratzeisen,** Colum. 12, 18, 5.

raeda (nicht reda od. rheda), ae, *f.* (nach Quint. 1, 5, 57 ein gallisches Wort), der **Reisewagen** mit vier Rädern dessen man sich bei Reisen mit Familie u. Gepäck bediente (bequemer für Frauen eingerichtet carruca gen.), equi et raedae, Vulg.: raeda equis iuncta, Cic.: raeda argentata, Lampr.: raeda fiscalis, Sulp. Sev.: meritoria, Suet.: sedere in raeda, Gell.: vehi in raeda, Cic.: desilire de raeda, Cic.: tollere *alqm* raedā, Hor.: sequebatur raeda cum leonibus, Cic.

raedārius (nicht redarius), a, um (raeda), zum **Reisewagen gehörig, I** *adi.*: mulae, die den Reisewagen ziehen, Varro r. r. 3, 17, 7. – **II** *subst.*, raedārius, iī, *m.* **a** der **Führer einer** *raeda,* der **Kutscher,** Cic. Mil. 29 M. – **b** der **Wagner, Wagenbauer,** Capit. Max. et Balb. 5. § 1.

Raetī (Rhaetī), ōrum, *m.*, eine Völkerschaft zwischen der Donau, dem Rhein und Lech, neben Vindelicien, nördlich vom Padus (Po), Liv. 5, 33, 11. Tac. hist. 1, 68; 3, 5 u. 53. CIL 10, 1087: Sing. Raetus, ein **Räter,** CIL 13, 7584: kollektiv, accola Raetus, Amm. 15, 4, 3. – Ihr Land hieß **Raetia** (Rhaetia), das von Drusus den Römern gewonnen wurde und im 2. Jahrh. mit Vindelicien eine Provinz bildete, Tac. ann. 1, 44; hist. 2, 98. CIL 13, 6806: Plur. Raetiae, Vopisc. Prob. 16, 1. Amm. 15, 4, 1 u. a. – Dav.: **A Raeticus** (Rhaeticus), a, um, **rätisch,** vinum, Plin.: bellum, Suet.: arma, Ov.: Alpes, Tac.: exercitus, CIL 5, 8660. lin. 15. Eckhel doctr. numm. vet. tom. 6. p. 500. – **B Raetus** (Rhaetus), a, um, **rätisch,** Alpes, Hor. carm. 4, 4, 17. – ► Die Schreibung der besten Handschrn. u. Inschrn. ist Raeti, Raeticus, Raetus.

rāga, s. rācāna.

ragades, -dia, s. rhagades.

rāia, ae, *f.*, der **Roche,** ein Seefisch, Plin. 9, 78. u. 144.

rālla, ae, *f.*, s. rāllus.

rāllum, ī, *n.* (rado), die **Pflugreute,** die **Pflugscharre,** Plin. 18, 179.

rāllus, a, um (rad-lus v. rado) = rādilis (Gloss.), **glatt geschoren,** tunica, Plaut. Epid. 230: dieselbe subst. bl. ralla, Not. Tir. 71, 98. Vgl. Löwe Prodr. p. 361.

rāmāle, is, *n.* (ramus), das **Geäst, Gezweige, Ast-, Zweigwerk, Reisig, Reisholz,** vetus, Pers. 1, 97. – öfter Plur., spissatis ramalibus ac fronde congesta, Sen.: ramalia arida, Ov.: (arboris) mortua ramalia, Tac.

rāmālis, e (ramus), **zum Geäst gehörig-, Geäst-,** pix, Isid. orig. 17, 7, 72.

rāmenta, ae, *f.*, s. rāmentum ►.

rāmentōsus, a, um (ramentum), **voll kleiner Stücke,** Cael. Aur. de morb. chron. 4, 3, 41.

rāmentum, ī, *n.* (st. radmentum v. rado, wie caementum v. caedo), **I** jedes kleine Stückchen, das vom Metall, Elfenbein, Holz durch Schaben, Kratzen, Hauen usw. abgeht (aber größer u. gröber als scobis), der **Abgang,** die **Späne, Splitter,** ferri, Hammerschlag, Eisenspäne, Lucr.: ligni, Sägespäne, Plin.: eboris, Plin.: auri (Ggstz. auri massa), Plin.: salis, Plin.: papyri, Plin.: ramenta sulphure adsperca ignem ex intervallo trahunt, Sen. nat. qu. 1, 1, 8. – **II** übtr., jedes **Stückchen, Bisschen,** sulphuratum, Schwefelhölzchen, Mart.: fluminum, Sandkörner, Plin.: Mundbissen, Scrib.: omne cum ramento, alles bis auf das letzte Bisschen, Plaut. Bacch. 680. – ► arch. Nbf. rāmenta, ae, *f.*, Plaut. Bacch. 513 u. 519[b]; rud. 1016; vgl. Non. 223, 3.

rāmes, itis, *m.* (ramus), der **Bruch** am Körper, Plin. 26, 79.

rāmeus, a, um (ramus), **von-, aus Ästen,** fragmanta, Reisholz, Verg. georg. 4, 303.

rāmex, icis, *m.* (ramus), **I** der **Bruch** am Körper, bes. der **Aderbruch, Hodenbruch,** s. Cels. 5, 18; öfter bei Plin. u. a. – **II** ramices, die **Lungengefäße, Lunge,** ramices rumpere, Plaut. merc. 138; Poen. 540. Varro sat Men. 561.

rāmicōsus, a, um (ramex), **mit einem Bruch behaftet,** Plur. subst., Marc. Emp. 33. Acro Hor. sat. 1, 1, 105 H. Vgl. ramitosus.

rāmitōsus, a, um (rames), **mit einem Bruch behaftet,** Not. Tir. 111, 63: Plur. subst., Plin. 30, 136.

Ramnēs, ium, *m.*, u. dav. abgeleitete Form **Ramnēnsēs,** ium, *m.* (etrusk.), **I** die eine der drei Tribus, in die die ersten freien Bürger Roms nach ihrer Nationalität (Ramnes, der latinische Stamm, Tities, der sabinische, Luceres, der tuskische) geschieden u. aus denen dann die gleichnamigen drei Ritterzenturien von Romulus gebildet wurden,

Form Ramnes gew. für die Tribus (tribus Ramnium, Varro LL. 5, 55), wie Varro LL. 5, 81. 89. Liv. 10, 6, 7. Prop. 4, 1, 31. Ov. fast. 3, 131 *sq.* Fest. 344 (b), 22 *sqq.* u. p. 355 (a), 7 *sqq.*, selten für die Zenturie, wie Liv. 1, 36, 2. – Form Ramnenses, selten für die Tribus, wie Varro LL. 5, 55, gew. für die Zenturie, wie Cic. de rep. 2, 36. Liv. 1, 13, 8. Aur. Vict. de vir. ill. 2, 11. – Dafür spätere Form **Ramnētēs**, um, *m.*, Serv. Verg. Aen. 5, 560, u. *Sing. adi.* **Ramnēs**, ētis, **ramnetisch**, tribus, Ampel. 49, 1. – **II** poet. übtr., Ramnes, **Ritter = vornehme Stutzer** (trossuli), Ggstz. centuriae seniorum, Hor. de art. poët. 342. – ► Prisc. 6, 60 schreibt Rhamnes, Genet. Rhamnetis und Rhamnis, weil es ein griech. Wort sei; so auch C.F.W. Müller Cic. de rep. 2, 36 Rhamnenses.

rāmōsus, a, um (ramus), **voller Äste, astreich, vielästig, vielverzweigt, zackig, I** eig.: arbor, Lucr. u. Liv.: poet., domus Silvani, Prop.: ramosior lappago, Plin.: cornua cervi, Verg. u. Phaedr.: ramosa cornua tarandri, Plin.: r. radices, Plin.: folium ramosius, Plin. curalium ramosissimum, Plin. – **II** poet. übtr.: nubila, Lucr.: hydra ramosa natis e caede colubris, vielverzweigte, durch die aus dem Blut ihres abgehauenen Kopfes entstandenen jungen Schlangen, Ov.: ramosa in compita, auf vielverzweigte Pfade, Pers.

rāmulōsus, a, um (ramulus), **vielästig, vielverzweigt,** folium, Plin. 16, 92.

rāmulus, ī, *m.* *(Demin.* v. ramus), der **kleine Ast,** das **Ästchen,** der **Zweig,** auch **Wurzeltrieb, Schoss,** Cic. u. a.

rāmus, ī, *m.* (verwandt mit radix), **I** der **Ast, Zweig** (Ggstz. stirps, truncus), **1** eig.: **a** übh.: ramus nodosus, retorridus, Sen.: frondens, Verg.: viridis, Ov.: arbor multorum ramorum, Fronto: rami palmarum, Palmzweige, Eccl.: in quibus non truncus, non rami, non folia, Cic.: ab eius (cornus) summo sicut palmae ramique late diffunduntur, Caes. b. G. 6, 26, 2. – bildl., non solum ramos amputare miseriarum, sed omnes radicum fibras evellere, Cic. Tusc. 3, 13: fortitudo, cuius patientia et perpessio et tolerantia rami sunt, Sen. ep. 67, 10. – **b** insbes., ein Ast als **Keule,** des Herkules, Prop. 1, 1, 13; 4, 9, 15. – **2** (poet.) meton., rami, **a Baum,** bacas dant rami, Verg. Aen. 3, 650. – **b Baumfrüchte,** rami atque venatus alebat, Verg. Aen. 8, 318. – **c Weihrauch,** Claud. III cons. Hon. 211. – **II** übtr.: **1** ein einzelner dünner **Rohrstengel,** Plin. 16, 163. Avien. fab. 16, 7. – **2** = mentula, Nov. com. 21. Prud. adv. Symm. 1, 115. – **3** Plur. rami, die Arme des griech. Buchstaben *Y*, die vom Samier Pythagoras als Sinnbild der beiden moral. Lebenspfade gebraucht wurden, Auson. edyll. 12. de litt. monos. 9. p. 138 Schenkl: dah. Samii rami gen., Pers. 3, 56. – **4** der Ast, **Zweig** eines Gebirges mons Cambalidus, qui est Caucasi ramus, Plin. 6, 134. – **5** der Arm eines Flusses, multos nihilominus ignobiles ramos in aliud atque litus porrigit (Nilus), Sen. nat. qu. 4, 2, 12. – **6** die **Abzweigung** einer Wasserleitung, r. Augustae (aquae), Frontin. aqu. 5: sublatis eiusmodi ramis, Röhrenverzweigungen, *ibid.* 115. – **7** der **Zweig,** die **Linie** der Verwandtschaft, Pers. 3, 28.

rāmusculus, ī, *m.* *(Demin.* v. ramus), das **Ästchen, Zweiglein,** eig. u. bildl., Marc. Emp. 16 u. 26. Plin. Val. 1, 36. Probus in Schol. Bern. Verg. georg. 1, 403. Hieron. epist. 133, 3 u. in Ioël 1, 6 *sq.* Vulg. Isai. 18, 5. Cassiod. in psalm. 57.

rāna, ae, *f.*, der **Frosch, I** eig., Varro, Verg. u. a.: rana, quam Graeci calamiten vocant, Laubfrosch, Plin.: rana aquatica, Plin. Val.: rana diopetes, s. diopetēs: rana rubeta, s. rubēta: rana turpis, Kröte, Hor. – der Frosch als Wetterprophet, s. Cic. ad Att. 15, 16 (b): aus seinen Eingeweiden geweissagt, Iuven. 3, 44. – Sprichw., inflat se tamquam rana, v. einem aufgeblasenen Menschen, Petron. 74, 13: bes. qui fuit rana, nunc est rex, v. einem Menschen, der aus niedrigem Stand zu hohem Ansehen gelangt, Petron. 77, 6. – **II** übtr.: **A** r. marina, ein **Seefisch,** der **Seeteufel, Froschfisch** (*Lophius piscatorius,* L.), Cic. de nat. deor. 2, 125: auch rana piscatrix gen., Plin. 9, 143, u. bl. rana, Plin. 9, 78. – **B** eine Geschwulst am unteren Teil der Zunge des Rindviehs, griech. ὑπογλώττιος βάτραχος, ὑπογλωττίς, Colum. 6, 8 *in.* Veget. mul. 3, 3, 12.

ranceo, ēre, **ranzig-, stinkend sein,** nur im *Partic.* rancēns, **stinkend, faul,** rancenti viscere, Lucr. 3, 717: rancens axungia, Ser. Samm. 978.

rancēsco, ere (ranceo), **ranzig-, stinkend werden,** Arnob. 1, 21 *extr.*

rancidē, *Adv.* (rancidus), **ranzig, stinkend,** dah. übtr., **ekelhaft, auf ekelhafte (widrige) Weise,** Gell. 18, 8, 1 u. 18, 11, 2. – *Compar.;* quod rancidius offenderet auditum, Palaemon. art. 542, 16 K.

rancido, āre (rancidus), **ranzig** od. **stinkend machen;** übtr., **widrig machen,** voluptaria vita livoribus rancidatur, Fulg. myth. 2, 1.

rancidulē, *Adv.* (rancidulus), **etwas ranzig, -stinkend;** dah. übtr., **ekelhaft, widrig,** audiri, Palaemon. art. 542, 21 K.

rancidulus, a, um (*Demin.* v. rancidus), **etwas ranzig, -stinkend, I** eig.: opsonia, Iuven. 11, 135. – **II** übtr., **ekelhaft, widrig** zu hören, Pers. 1, 33. Mart. 7, 34, 7.

rancidus, a, um (ranceo), **ranzig, stinkend, I** eig.: cadavera, Lucr.: aper, Hor. – **II** übtr., **ekelhaft, widrig,** aspectus, Plin.: senex, Apul.: rancidae edentularum cantilenae, Prud.: quid rancidius, Iuven. 6, 185.

ranco, āre, s. racco.

rancor, ōris, *m.* (ranceo), **I** das **Ranzige,** der **ranzige Geschmack, -Geruch,** Pallad. 1, 20, 2 u. 8, 10, 2. – **II** übtr., **alter Hass, -Groll** (franz. *rancoeur),* Hieron. epist. 13, 1. Augustin. epist. 73, 11.

rānula, ae, *f. (Demin.* v. rana), der **kleine Frosch, I** eig., Apul. met. 9, 34. – **II** übtr. = rana *no.* II, B (s. d.), Veget. mul. 2, 38, 31; 3, 58, 4; 4, 5, 1.

rānunculus, ī, *m.* *(Demin.* v. rana), der **kleine Frosch, I** eig., Cic. de div. 1, 15. – scherzh. v. den Bewohnern von Ulubrā, das in der Nähe der pontinischen Sümpfe lag, Cic. ep. 7, 18, 3. – **II** übtr., eine Pflanze = batrachion, viell. **Hahnenfuß,** Plin. 25, 172.

rāpa, ae, *f.*, s. rāpum.

rapācida, ae, *m.* (rapax), der **Räuber,** ein scherzh. gebildetes Patronymikon, Plaut. aul. 370.

rapācitās, ātis, *f.* (rapax), die **Raubsucht,** quis in rapacitate avarior? Cic. Cael. 13: suspecta rapacitas, quod etc., Suet. Tit. 7, 1: rap. proconsulum, Iustin. 38, 7, 8: fur notae nimium rapacitatis, Mart. 6, 72, 1: dirae filius es rapacitatis, Mart. 12, 53, 7: nisi si maxima vel neglegentia servi vel rapacitas intervenit, Colum. 1, 7, 5: ex sua rapacitate de me quoque coniectaverunt, Apul. apol. 91.

rapāciter, *Adv.* (rapax), **räuberisch,** Schol. Bob. ad Cic. Vat. 5. p. 316 B.

rapāx, ācis (rapio), **I an sich reißend, -raffend, hinreißend, reißend, unaufhaltsam, A** eig.: ventus, Ov.: fluvius, Lucr.: ignis, Ov.: dentes, Fang-, Vorderzähne, Veget – m. folg. *Genet.*, chryselectrum rapacissimum ignium, feuerfangend, Plin. 37, 51. – dah. als Beiname der 21. Legion Rapax (die Unwiderstehliche), u. ihre Soldaten Rapaces, Tac. hist. 2, 43; 3, 22 u. a. – **B** übtr., **fähig, sich etwas anzueignen,** m. *Genet.*, nihil est appetentius similium sui nec rapacius quam natura, Cic. de amic. 50: unde ista rapacia virtutis ingenia vel ex se fertilia, Sen.: nostri omnium utilitatium et virtutum rapacissimi, Plin. 25, 4. – **II räuberisch, raubgierig,** subst., der **Räuber a** v. Pers., Cic. u. a.: v. habsüchtigen, nach Geschenken gierigen Buhlerinnen, Cinara, Hor.: domina, Tibull. – **b** von Tieren, lupus, Hor.: ungues hominibus lati, rapacibus (den Raubtieren) unci, Plin. – **c** v. personif. Ggstdn., mors, Tibull.: Mars, als unglückliches Gestirn, Prop.: Orcus, Hor.

Raphaēl, ēlis, *m.*, der Erzengel **Raphael,** Vulg. Tob. 3, 25 u. a. Ambros. de fide 5, 7. § 95. Paul Nol. 30, 141. Ven. Fort. carm. 8, 5, 147.

raphaninus, a, um (ῥαφάνινος), **von Rettichen,** oleum, Plin. 23, 94. Edict. Diocl. 3, 4: semen, Edict Diocl. 1, 33.

raphanītis, idis, *f.* (ῥαφανῖτις), eine Art **Iris,** die **Schwertlilie, blaue Lilie,** Plin. 21, 41.

raphanos agria (ῥάφανος ἀγρία), eine Art **wilder Rettich,** Plin. 26, 72.

raphanus, ī (ῥάφανος), **I** *f.*, bei den Attikern der **Kohl** (brassica), Pallad. 9, 5, 3; dah. von Plin. 19, 80 u. 87 mit *no.* II verwechselt. – **II** *m.* u. *f.*, bei den übrigen Griechen (bei denen es jedoch stets *fem.)* u. bei den Römern = ῥαφανίς, der **Rettich,** Varro LL. Scriptt. r. r. u. Plin. – den ertappten Ehebrechern zur Strafe in den After gesteckt, Catull. 15, 19.

rāpīcius, a, um (rapum), **von Rüben, Rüben-,** semen, Cato: coles, Cato. – subst., rāpīciī, iōrum, *m.* *(sc.* caules), **junge Rübenstengel, Rübensprossen,** Plin. 18, 127.

rapidē, *Adv.* (rapidus), **reißend schnell, I** eig.: r. dilapsus (fluvius), Cic.: r. iter conficere, Suet.: rapidius venire alqo, Tac. – **II** übtr.: quod cum rapide fertur, wie ein reißender Strom dahinbraust, Cic. or. 128.

rapiditās, ātis, s. (rapidus), die **reißende Schnelligkeit,** fluminis, Caes. b. G. 4, 17, 2; b. 1, 62, 2: transitum morari rapiditate (v. einem Fluss), Frontin. 1, 6, 2.

rapidulus, a, um (*Demin.* v. rapidus), **reißend schnell,** Mart. Cap. 8. § 804.

rapidus, a, um (rapio), **reißend, I** = hinraffend **a** v. leb. Wesen = **raubgierig, wild,** ferae, Ov. her. 10, 96 u. 11, 111: agmen (canum), Ov. met. 3, 242: volucris rapidissima miluus, Ov. met. 2, 716. – **b** v. Lebl., von der Sonne, vom Feuer usw., **verzehrend, versengend,** sol, Verg. u. Ov.: sol rapidus et flagrans, Gell. 5, 14, 18: rap. Sirius, Verg.: flamma, Ov.: ignis, Ov. u. Verg.: aestus, Verg. – **II reißend** = schnell sich fortbewegend, **reißend schnell, ungestüm, rasch, flüchtig, 1** eig.: **a** v. leb. Wesen: Achates, Verg. Aen. 1, 644; vgl. 5, 513: equus, Ov. her. 9, 28; fast. 5, 592: quadrupes (Ross), Sil. 1, 161: agmen, Tac. hist. 2, 30: accipiter avium rapidissimus, Gell. 10, 12, 2. – sprichw., incitare rapidum, Catull. 63, 85. – **b** v. Lebl.: mare, Mela u. Tibull.: fluvius, Plaut. u. Vulg. amnis, Hor. u. Sen.: torrens, Verg. u. Sen.: rapidior unda, Curt.: flumen rapidissimum, Caes. – ventus, Verg.: currus, Verg.: passus, Verg.: orbis (caeli), Ov. – venenum, virus, schnell wirkend, Tac.: so auch venenum rapidum et velox, Gell.: mors, schnell eintretend, Tert. de anim. 53. – mit *Genet.*, rapidum cretae veniemus Oaxen, Kreide mit sich führend, Verg. ecl. 1, 65. – **2** übtr.: oratio (im Vergleich mit torrens), reißend schnell dahinflutende, Cic. de fin. 2, 3: v. Pers., rapidus in consiliis, übereilt, Liv. 22, 12. § 12: rapidus (mit Ungestüm, feurig) fera proelia miscet, Sil. 1, 266.

rapienter, *Adv.* (rapio), **rasch, ungestüm,** Ven. Fort. carm. 9, 7, 22.

1. rapīna, ae, *f.* (rapio), **I** das **Wegraffen, Fortraffen,** Auct. Aetnae 611. – **II** der **Raub,** das **Rauben,** die **Räuberei, A** eig., gew. im Plur., Cic., Caes. u. a.: facere rapinas, Auct. b. Afr. – Sing., nullius rei r., Frontin.: r. alimenti, das Ansichraffen, -reißen, Plin. – **B** meton., der **Raub,** das **Geraubte,** die **Beute,** Verg. u. Ov.: aequorum, Fische, Mart.

2. rāpīna, ae, *f.* (rapa), **I** das **Rübenfeld, Rübenland,** der **Rübenacker,** Colum. 11, 2, 71. – **II** meton., die **Rüben** selbst, Cato r. r. 5, 8 (= 5 *extr.)* K. u. 35, 2 K. CIL 6, 2104, 31 (Act. Arv. *a.* 218).

rapīnātio, ōnis, *f.* (*rapino), die **Räuberei,** maximas rapinationes facere, M. Aurel. in Fronto ep. 2, 12 (15) p. 35, 16 N.

rapīnātor, ōris, *m.* (*rapino), der **Räuber,** Varro sat. Men. 66 bei Non. 167, 20.

rapio, rapuī, raptum, ere (vgl. ἁρπ-άζω, altind. *rápaḥ*, das Gebrechen, ahd. *refsen*, züchtigen, strafen), **raffen, I** im Allg.: **A** eig.: **a** (poet.) etwas **an sich raffen, anraffen, erraffen, aufraffen, entraffen, wegraffen = hastig** od. **eilig ergreifen, -an sich nehmen,** arma (manu), Verg.: bipennem dextrā, Verg.: so rapta hasta, raptum telum, Verg. – flammam in fomite, schnell auf dem Zunder auffangen, Verg.: ex taberna proxima cultrum, Liv. epit.: galeam tectis, aus dem Haus reißen (= rasch aus dem H. holen), Verg.: membra toris, die Gl., d. i. sich vom Lager aufraffen (= sich hastig erheben), Val. Flacc.; vgl. Medea rapta toris, nachdem sie sich aufgerafft vom L., Val. Flacc. – v. lebl. Subjj., r. nigrum colorem, rasch annehmen (v. Haar), Ov.: vim monstri, die Wunderkraft rasch einsaugen (v. Zweigen), Ov. – absol., rapiuntque ruuntque, sie raffen auf, -zusammen (die Taue usw.), Verg. Aen. 4, 581. – **b weg-, fortraffen, -reißen, hastig-, eilig wegnehmen,** scalas (die Schiffsleitern), Auct. b. Alex.: corpus consulis, Liv. – ab aede funale, Ov.: repagula de poste, Ov. – **c fortraffen, -reißen = rasch-, eilig von dannen führen, fortführen, -entführen, zu-** od. **herbeiführen,** rapi a domo longius, Cic.: alqm hinc, rasch entrücken (v. einer Gottheit), Liv.: u. so Aenean nube cavā, Verg.: imperatorem, Tac. (vgl. Heräus Tac. hist. 1, 27, 13). – v. Anführern, ex subsidiariis manipulos aliquot in primam aciem secum rapit, Liv.: totam aciem in Teucros, Verg.: legiones in Cattos, Tac.: per hoc omne spatium cum legiones *duceres* (tanta velocitas erat) *raperes,* fortrissest, Plin. pan.: agmen campo (übers G.), Verg.: Turno mille populos, Verg. – per aequora navem, Verg.: rapit ungula currus, Hor.: quattuor viginti et milia rapimur raedis, durchfliegen, Hor. – commeatum in litore expositum in naves, eilig auf die Sch. schaffen, Liv.: variis obsita frondibus sub divum, ans Licht des Tages ziehen, Hor. – venandi studium homines per nives ac pruinas rapit (treibt), Liv. – refl., se r. hinc ocius, sich entraffen = forteilen, Hor.: r. se praecipiti fugā ad etc., fortstürzen, Vell.: inde se ad urbem, id est ad caedem optimi cuiusque, Cic. – **d** prägn.: **α rasch-, schnell-, wie im Flug erobern,** castra urbesque primo impetu, Liv.: Bithyniam, Flor.: raptis a Caesare cunctis (sc. urbibus), Lucan. – **β** in reißendem Lauf **durcheilen, -durchirren, hastig durchrennen,** densa ferarum tecta, silvas, Verg.: campum, Stat. – **γ rasch-, in rascher Bewegung machen, -beschreiben,** immensos orbes per humum, v. der Schlange, Verg.

B übtr.: **a erraffen** = hastig ergreifen, sic tamen, ut limis rapias, quid etc., dass du hineinschielend rasch wegbekommst, was usw., Hor. sat. 2, 5, 53. – bes. = in Hast-, in Eile genießen, -benutzen, einer Sache nachjagen (s. Heräus Tac. hist. 1, 13, 18), Venerem, Verg.: Venerem incertam more ferarum, Hor.: illicitas voluptates, Tac.: occasionem de die, Hor.: occasionem in aliquanto viliore animali expiandae religionis, mit Freuden ergreifen, Val. Max.: occasionem turpitudinis ex verbis, Quint.: spem adoptionis statim conceptam acrius in dies, Tac. – **b** etw. **rasch-, schleunig vollführen, -vollziehen, beschleunigen,** gressus, rasch zuschreiten, Lucan.; vgl. inde rapit cursus, enteilt, Lucan.: viam, Ov., iter, Sil., iter in proelia, Lucan.: transitum, Frontin.: nuptias, Liv.: auxilia, rasch zu Hilfsmitteln greifen, Cels.

II mit dem Nbbgr. des Gewaltsamen, **fortraffen, entraffen, A** eig.: **a entreißen, fortreißen, wegreißen,** rapere pilam, Cic.: harpastum manu pulverulentā, Mart.: aures, nares, abreißen, Verg.: oscula, Hor.: lanceam ex manibus alcis, Curt.: ossa ab ore canis, Hor.: frondes altā arbore, fortstöben, heranstöben (v. Wind), Ov.: stirpes, ausreißen (v. Fluss), Hor. – **b** mit Gewalt fortführen, **fortreißen, fortschleppen, fortschleifen,** alqm ex lustris, Plaut.: hostes vivos ex acie, Plaut.: ducite istum; si non sequitur, rapite sublimem foras, Plaut.: u. so r. alqm domum, Plaut.: raptus Hector equis, geschleift, Ov. – m. lebl. Objj., v. lebl. Subjj., alveus prono amni in praeceps rapit lembum, Verg. georg. 1, 203. – u. so bes. jmd. vor Gericht, vor den Richter usw., ins Gefängnis, zur Strafe **schleppen, schleifen,** rapi te obtorto collo mavis, an trahi? Plaut.: alqm in ius, Plaut., in ius ad regem, Liv.: ad consulem, Liv.: in carcerem, Suet.: e carcere ad palum et ad necem, Cic.: alqm de complexu parentum suorum ad mortem cruciatumque, Cic.: ad poenam, Cic.: ad supplicium ob facinus, Cic.: ad carnificem, Plaut. – u. jmd. aus seiner Heimat-, in die weite Ferne-, in fremde Länder **fortreißen,** Prop., Ov. u. Stat.; vgl. Lachm. Prop. 5, 3, 49. – **c** als Beute, als Raub **an sich reißen, fortreißen, fortschleppen, rauben, entführen,** quantum r. potuisset, Cic.: cenam, Hor.: absol., rapere et clepere discunt, Cic.: rapere omnes, trahere, Sall.: spes rapiendi, Cic. – leb. Wesen, virgines, Cic. u. a.: uxores fide publicā, Iustin.: filiam eius (Cereris) ex eo loco, Lact.: virgines ad stuprum, Liv. (Vgl. quis te rapuit? hat dich verführt? Quint.): armenta stabulis, Ov.: rapta uxor, der Raub seiner Gattin (= der Umstand, dass seine G. geraubt war), Tac. – subst., **α** rapta, ae, *f.*, die **Geraubte, Entführte,** Ov. art. am. 1, 680; her. 5, 97; 13, 57; 16, 339; 17, 22; fast. 4, 607: ex raptabus, Cn. Gell. b. Charis. 54, 14 (vgl. unten ►). – **β** raptum, ī, *n.*, das **Geraubte,** der **Raub,** rapto vivere, Sall. fr., Liv., Verg. u. a. (vgl. Fabri Liv. 22, 39, 13); u. ex rapto vivere, Ov.: rapto gaudere, Liv.: rapto uti, Vell.: rapto potiri, Verg.: pastoribus rapta dividere, das G. unter die H. verteilen, Liv. – **d** = *diripere,* **plündern,** Armeniam, Tac.: poet., rapiunt incensa feruntque Pergama (in Prosa agunt feruntque, griech. ἄγουσι καὶ φέρουσι), Verg. – **e** prägn., plötzlich u. vor der Zeit aus dem Leben **hinraffen,** v. Tod, v. Krankheiten u. dgl. (s. Bünem. Lact. 3, 17, 8), improvisa leti vis rapuit gentes, Hor.: urina fulva saepe hominem rapit, Cels.: eiusmodi casu rapi potest, Gels.: alios infantes (als K.) rapi, Lact.: immaturā morte indignissime raptum esse, Plin. ep.: quinquagesimo uno raptus anno, Plin. – absol., labor rapit, Verg.: laterum dolores quam celerrime rapiunt, Cels.

B übtr.: **a an sich reißen,** commoda ad se, Cic.: opes ad se, Liv.: victoriae gloriam in se, Liv.: inter se rei publicae statum, an sich reißen und unter sich teilen, Cic.: u. so inter se partes regni, Liv. – **b wegreißen, entreißen,** almum quae rapit hora diem, Hor.: heu, tua nobis paene simul tecum solacia rapta, Menalca? Verg. ecl. 18. – **c mit sich fortreißen, fortziehen,** jmd. gewaltsam, gegen seinen Willen irgendwohin **ziehen, verleiten, versetzen,** quamvis multa cuiusquemodi rapiat (quasi torrens oratio), Cic.: ipsae res verba rapiunt, Cic. – auditorem in medias res, Hor.: alqm in adversum, ins Verderben reißen, Verg.: alqm in deteriorem viam, auf schl. W. werfen, Plaut.: comoediam in peiorem partem, herunterziehen, verdächtigen, Ter.; vgl. consilium alcis in contrariam partem, zum Gegenteil auslegen, Pollio in Cic. ep.: animum in partes varias, Verg. – r. alqm in invidiam, rapi in invidiam, jmd., sich dem H. preisgeben, Cic.: opinionibus vulgi rapi in errorem, sich zum J. verleiten lassen, Cic. – **d** leidenschaftlich **fortreißen, hinreißen, unaufhaltsam-, mächtig hinziehen,** im üblen Sinne., iudicem (v. Redner), Quint.; u. so rapi (Ggstz. sequi), Quint. – ὁρμή, quae hominem huc illuc rapit, Cic.: animus cupidine caecus ad inceptum scelus rapiebat, Sall.: ea (cupiditas) ad oppugnandam Capuam rapit, Liv. – im guten Sinne, totos ad se convertit et rapit, Cic.: qui in se rapit atque convertit omnium oculos hominum, Flor. Verg. orat. an poët.: utraque forma rapit, Prop.: si tantus amor scribendi te rapit, Hor.: ad divinarum rerum cognitionem curā omni studioque rapi, Cic. – **e** gleichsam als Beute **an sich reißen, rauben, sich bemächtigen,** Hippodameam raptis nactus est nuptiis, durch Eheraub, Enn. tr. fr.: dominationem, Tac. – **f sich** beim Kauf um eine Ware **reißen,** exemplaria librorum certatim, Hieron. epist. 57, 2: librum totā certatim urbe, Sulp. Sev. dial. 1, 23, 4. – ► Archaist. *Fut. exact.* rapsit, Cic. de legg. 2, 22 (in einer Gesetzesformel). – *Abl. Partic. Perf. fem.* raptabus, Cn. Gell. b. Charis. 54, 14.

rapister, trī, *m.* (rapio), der **Räuber,** Lucil. 66.

rāpistrum, ī, *n.* (rapum), ein Küchenkraut = lapsana (s. d.), Colum. 9, 4, 5.

rapo, ōnis, *m.* (rapio), der **Räuber,** Varro sat. Men. 378.

rapso, ātus, āre = rapto (s. d.), Auct. b. Afr. 73, 4 *codd. optt.* Gell. 2, 6, 5. CIL 6, 1527, d, 15 (wo rapsata).

raptātio, ōnis, *f.* (rapto), das **Fortreißen,** Chalcid. Tim. 81 u. 116.

raptātor, ōris, *m.* (rapto), der **Räuber,** Victorin. explan. in Cic. rhet. 2, 49. p. 297, 41 Halm.

raptātus, ūs, *m.* (rapto), das **Fortreißen,** Chalcid. Tim. 43 C. 73. 81.

raptē, *Adv.* (raptus v. rapio), **reißend, gewaltsam,** Ven. Fort. vit. S. Mart. 4, 651 (wo raptĕ gemessen ist).

raptim, *Adv.* (raptus v. rapio), **I fort-, an sich reißend,** r. pilā ludere, Fangball spielen (s. harpastum), Nov. com. 23. – **II in hastiger Eile, eilends, hastig, im eilenden-, hastigen Lauf, -Flug,** r. mittere, Lucr.: r. desilire (ex equo), Liv.: r. accurrere, Liv. epit.: r. agmen agere od. ducere, Liv. u. Curt.: haec scripsi r., Cic.: r. exstingui, Tac.

raptio, ōnis, *f.* (rapio), das **Rauben** einer Person, die **Entführung,** Ter. adelph. 356: Proserpinae, Arnob. 5, 37: Helenae, Auson. perioch. Iliad. et Odyss. 1. p. 227 Schenkl.

raptito, āre (*Intens.* v. rapto), angeführt bei Gell. 9, 6, 3.

rapto, āvī, ātum, āre (*Intens.* v. rapio), **raffen, I** mit dem Nbbgr. der Hast, Eile, **fortreißen = in Hast-, in Eile** wohin **führen,** huc illuc vexilla, Tac.: legiones non in uno loco continere, sed huc atque illuc r., Auct. b. Afr.: qui fertur et raptatur atque huc et illuc distrahitur, is vexari proprie dicitur, Macr. sat. 6, 7, 8. – übtr., v. lebl. Subjj., me Parnasi deserta per ardua raptat amor, Verg.: nos ad ostia Ponti raptat iter, Val. Flacc. – **II** mit dem Nbbgr. des Gewaltsamen, **fortreißen, fortschleppen, -zerren, A** eig.: **a** übh.: quid me raptas? Plaut.: quid me raptatis violenter? Apul.: uxorem, coniugem, Cic.: Hectora circum Iliacos muros, schleifen, Verg.; vgl. Hector raptatus bigis, Verg.: viscera viri per silvas, Verg.: raptatur comis per vim nova nupta prehensis, Ov.: v. lebl. Subjj. nubila caeli, v. den Winden, Lucr.: signa, quae turbine atque undā raptabantur, Tac. – **b rauben, berauben, plündern,** raptare inter se, Tac.: arces, Stat.: Africam, Tac. – **B** bildl.: **a** übh., **fortreißen, -ziehen,** quid raptem in crimina divos? was ziehe ich zur Anklage? was klage ich an? Prop. 3, 11, 27 (vgl. rapio *no.* II, A, b). – **b** leidenschaftlich **fortreißen, hinreißen, beunruhigen,** ita me amor lassum animi ludificat, fugat, agit, appetit, raptat, retinet etc., Plaut.: sacer effera raptat corda pavor, Val. Flacc.: furore raptatus, Hieron. – poet m. *Infin.* (st. ad m. Akk.), raptantur (werden von Begierde hingerissen) concubitu fugientes iungere nymphas, Nemes. ecl. 3, 56. – ► Parag. *Infin.* raptarier, Enn. fr. scen. 101.

raptor, ōris, *m.* (rapio), **I** der **Ansichreißer, an sich reißend, -ziehend,** magnes raptor ferri, Augustin. de civ. dei 21, 4. *no.* 4. p. 494, 13 D[2]. – **II** prägn., der **Räuber, A** eig.: **a** übh.: panis et peni, Plaut.: pueri, Plaut.: filiae, Tac.: raptores orbis, Tac.: absol., Plaut., Prop. u. a.: attrib., lupi raptores, räuberische, Verg. Aen. 2, 356. Ov. met. 10, 540: im Bild, raptores Italicae libertatis lupi, Vell. 2, 27, 2, – **b** der **Mädchenräuber, Entführer,** u. übh. der **Verführer,** filiae, Tac.: Graiae maritae, Ov.: absol., Hor., Sen. rhet. u. a. – **B** übtr.: r. spiritus, Val. Max. 5, 3, 2: raptores alieni honoris, Ov. met. 8, 438.

raptōrius, a, um (raptor), **zum Fortschleppen dienlich,** machinamentum, Caef. Aur. de morb. chron. 3, 6, 88.

raptrīx, trīcis, *f.* (Femin. zu raptor, s. Prisc. de XII vers. Aen. 10. § 189), **raubend,** Ganymedea r., der Adler, der für Jupiter den Ganymedes raubte, Anthol. Lat. 761. 67 R.: ders. r. aquila, Hieron. chron. ad ann. DCLX.

raptus, ūs, *m.* (rapio) **I** das **Hinreißen, Fortreißen, a** übh., das gewaltsame **Abreißen,** Inoo lacerata est altera raptu, durch einen Riss der Ino, Ov. met. 3, 722. – **b** der heftige **Ruck,** der **Stoß, Zug** eines Werkzeuges, runcinarum, Plin.: cucurbitarum, Cael. Aur. – **c** als mediz. *t. t.*, die **Zuckung,** der **Krampf,** in Gliedern, raptus omnium membrorum ex cerebri membranis, Cael. Aur. de morb. acut. 1, 1, 20: raptus vel attractio cooperimentorum a pedibus ad superiora, *ibid.* 1, 3, 37: raptus corporis, quem Graeci σπασμόν vocant, *ibid.* 2, 10, 74; vgl. Cael. Aur. de morb. chron. 3, 8, 151. – **II** prägn.: **1** der **Raub,** die **Entführung,** Ganymedis, Cic.: virginis, Cic.: absol., raptus (Plur.) ac stupra, Sen. de ira 2, 9, 3. – **2** die **Räuberei, Plünderung** (klass. rapina), gew. im Plur., Tac. ann. 2, 52: verb. latrocinia et raptus, raptus et latrocinia, Tac. hist. 1, 46, 12: raptus penatium, Plünderung von Haus u. Hof, Tac. hist. 1, 51.

rāpula, ae, *f.*, Nbf. v. rapulum (s. d.), Titin. com. 164.

rāpulātus, a, um (rapulum), **mit Rüben angemacht (zubereitet),** Apic. 4, 153.

rāpulum, ī, *n.* (*Demin.* v. rapum), die **kleine Rübe,** der **kleine Rettich,** Titin. com. 164. Hor. sat. 2, 2, 43 u. 2, 8, 8.

rāpum, ī, *n.* (ῥάπυς), **I** die **Rübe** (*Brassica rapa,* L.), Scriptt. r. r. u. a.: raporum semen, Liv. – andere (seltenere) Form rapa, ae, *f.*, b. Colum. 11, 3, 16. Scrib. Larg. 176 *sq.* Aur. Vict. vir. ill. 33, 7. Ampel. 18, 8. – **II** der **Wurzelknollen,** arboris, Sen. ep. 86, 16 u. 18.

rārē, *Adv.* (rarus), **I dünn, spärlich, weit auseinander, hier und da,** conserere, Colum. 2, 9, 6: rarias contextus saccus, Colum. 9, 15, 12: rarius serere, Colum. 2, 9, 2: rarissime disserere od. ponere, Colum. 11, 3, 29 u. 35. – **II** übtr., der Zeit nach **selten, hin und wieder** (Ggstz. saepe), Plaut. rud. 995 Sch. (nach Charis. 217, 8 *sq.*, nach dem es auch Cato u. Cic. gebraucht haben). Rhet. Her. 3, 15 u. 4, 25 Kays. (Klotz u. Friedrich raro). – rare von Varro b. Gell. 2, 25, 8 überh. verworfen.

rārēfacio, fēcī, factum, ere (rarus u. facio), **dünn-, locker machen, verdünnen, auflockern,** terram, Lucr. 6, 870: ne (lingua) traducta ab aliquo qui in se esset succo rarefaceret, Theod. Prisc. 4. fol. 316 (b), 60: in der Tmesis, Lucr. 6, 233. – so auch rārēfīo, factus sum, fierī, **die Dichte verlieren, locker werden, sich voneinander geben,** Lucr. 1, 648 u. a.

rārenter, *Adv.* (rarus), alt = raro, **selten, nur zuweilen,** Liv. Andr. tr. 24. Enn. fr. scen. 104. Caecil. com. 135 u. 183. Pompon. com. 45. Nov. com. 24. Cato r. r. 103 (vgl. Charis. 217, 14). Varro b. Gell. 2, 25, 8. Fab. Pict. b. Gell. 10, 15, 4. Gell. 17, 8, 8. Apul. flor. 8. p. 10, 3 Kr. u. 17. p. 26, 7 Kr. Boëth. inst. arithm. 1, 20.

rārēsco, ere (rarus), **I die Dichte verlieren, locker werden, sich voneinander geben, auseinandertreten,** rarescunt nubila, Lucr.: rarescit terra calore, Lucr.: resoluta tellus in liquidas rarescit aquas, verdünnt sich, Ov.: rarescunt claustra Pelori, tun sich auf, Verg.: rarescit multo vulnere miles, die Glieder lichten sich, Sil.: sonitus rarescit arenae, wird leiser, Prop. – **II** übtr., **seltener (spärlicher) werden, sich mindern, abnehmen,** et dubios cernit rarescere montes, Lucan. 3, 7: paulatim rarescunt colles, Tac. Germ. 30: ibis efficit, ut rarescant mortiferae pestes (Ungeziefer) absumptae, Amm. 22, 15, 25: venefici, qui tunc rarescebant, Amm. 26, 3, 1: Ggstz., quod iustitia *rarescit,* iniquitas *increbrescit,* Tert. apol. 20: ita iustitia *rarescet,* ita impietas et avaritia *crebrescent,* Lact. 7, 15, 8.

rāripilus, a, um (rarus u. pilus), **dünnhaarig,** v. Tieren, Colum. 1. praef. § 26.

rāritās, ātis, *f.* (rarus), **I** die **Lockerheit, Porosität, Weitläufigkeit, Weite** (Ggstz. densitas), terrae, Sen.: dentium, Quint.: pontium, Plin.: carbonum, Vitr.: viarum (im Körper), Cael. Aur.: in pulmonibus inest raritas quaedam, Cic. – Plur., raritates foraminum, Vitr.: per has raritates (leeren Räume) spiritus fertur, Sen. – **II** übtr., die **geringe Anzahl, Wenigkeit, Seltenheit** der Zahl u. Zeit nach (Ggstz. multitudo), **a** abstr.: stellarum, Plin.: capillorum, Suet.: remanentium (hominum), Suet. – dictorum, Cic.: figurarum, Quint. – lavandi, das seltene Baden, Suet. – **b** konkret, die **Seltenheit,** equi magna r., Plin. 8, 154: huiuscemodi quasi monstruosae raritates, Gell. 3, 16, 9: hae monstruosae antehac raritates, Amm. 22, 24.

rāriter, *Adv.* (rarus), **selten,** Schol. Iuven. 11, 208. Gloss. III, 127, 66.

rāritūdo, inis, *f.* (rarus) = raritas, der Mangel an Dichte, die **Weite, Lockerheit,** rete a raritudine dictum, Varro LL. 5, 130: r. mediocris terrae, Colum. de arb. 3, 7.

rārō, *Adv.* (rarus), **selten, hier und da, nur zuweilen** (Ggstz. saepe), Cic. u. a.: verb. admodum r., Cic. fr., r. admodum, Quint.: r. umquam, Quint.: ita r., Cic.: sic r., Hor.: tam r., Ov.: quam r., Plaut.: perquam r., Plin. – quod si rarius fiet, quam tu exspectabis, Cic.: rarius elucere (Ggstz. densius), Cic. – rarissime accīdere, Colum.: non affari nisi rarissime, Suet.: rarissimo sustinere, Apul. met. 5, 10.

rarus, a, um (zu Wz. *erē,* trennen, locker, undicht sein), mit weiten Zwischenräumen in seinen Teilen, **locker, nicht dicht, dünn** u. dgl. (Ggstz. densus, creber), **I** eig.: densi rarique ignes, Lucr.: terra rara, Verg., rarissima, Verg.: terra sit rarior quam densior, Colum.: retia, weitmaschige, Verg. u. Hor.: tunica, Ov.: cribrum, weitlöchriges, Ov.: pecten, weitzinkiger, Ov.: rariores silvae, dünner, lichter, Tac.: corpus (Ggstz. solidae res), Lucr.: interior costae pars, locker, Cels.: aër, Lucr.: manus, mit gespreizten Fingern, Quint. – subst., densum et rarum, Colum. 3, 12, 3. – **II** übtr.: **A** v. Dingen oder Personen, die selbst weit auseinander sich befinden, **einzeln, einzeln stehend, zerstreut, weitläufig, weit, dünn, dünn gesät** (Ggstz. densus, confertus, continuus), **a** übh.: rara disiectaque aedificia, Hirt. b. G.: rara et angusta loca, zerstreute, Cic.: raris locis ignes fieri, nur an einzelnen Punkten, nur hier u. da, Liv.: foramina terrae, Lucr.: bacae expanduntur rarae, Plin.: coma r., Ov.: capillus, Suet.: racemi, Verg.: tela, Ov. – poet., manat rara meas lacrima per genas, eine einsame, verstohlene, Hor. carm. 4, 1, 34. – **b** als milit. *t. t.,* **einzeln, vereinzelt, weitläufig, getrennt, zerstreut, lückenhaft** (Ggstz. confertus, constipatus; vgl. bes. Mützell Curt. 4, 14 [54], 14), ordines, Liv.: acies, Frontin.: numquam conferti, sed rari magnisque intervallis proeliantur, Caes.; vgl. rari dispersique pugnant, Caes.: rari in confertos illati, Liv.: rariore iam Vitellianorum acie, Tac. – **B** v. allem, was der Zahl u. Zeit nach nur hier und da, nur hin u. wieder sich zeigt, vorkommt, **nur einzeln, wenig, selten** (Ggstz. frequens), **1** im Allg.: **a nur hier und da-, nur hin und wieder-, nur einzeln kommend, -vorkommend, -anzutreffen, -angetroffen, -angewandt,** raris ac prope nullis portibus, Caes.: *rari* domos, *plurimi* amicorum tecta … petivere, Tac.: r. per vias populus, nur hier u. da, nur wenige Menschen auf den Straßen, Tac.: Oceanus raris navibus aditur, Tac.: rara hostium apparebant arma, nur hier u. da, nur einzelne Bewaffnete, Liv.: u. so apparent rari nantes, Verg.: patrum haud fere quisquam in foro, in urbe rari erant, Liv. – maxime r. genus (amicorum), Cic.: homo rarissime, Fronto: optimum quidque rarissimum, Cic.: rarae tuae litterae, Cic.: parvae et rarae per eadem tempora litterae (schriftl. Nachrichten), Liv.: (decemviri) rari aditus (Genet.), selten zugänglich, Liv.: raro balneo, rarissimā venere uti, Cels.: (concubitus) *rarus* corpus excitat, *frequens* solvit, Cels.: vitio parentum rara iuventus, gelichtete Jugend, Hor. – rarum est, ut etc., es ist etwas Seltenes, eine Seltenheit, es geschieht selten, dass usw., Quint. 3, 10, 3; 6, 3, 38; 10, 7, 24. Spart. Pesc. 1, 11. Vopisc. Aurel. 31, 1. – m. folg. 2. *Supin.,* calculus rarus inventu, selten zu finden, Plin.: helxine rara visu est neque in omnibus terris, Plin.: rarum dictu, esse aliquid, cui prosit neglegentia, Plin. – *neutr. pl.* subst., rara (anteponantur) vulgaribus, Cic. top. 69. – **b** von dem, der selten etwas tut, **selten,** nec Iliacos coetus nisi rarus adibat, Ov.: rarus reperiebatur, rarus fuit, qui etc., selten einer, der usw., Quint.: antiquis scriptoribus rarus obtrectator, Tac.: Caesar rarus egressu, selten ausgehend, Tac. (Ggstz. creber egressu, Pacat. pan.): leones rari in potu, Plin.: rariores in eorum officiis sunt, quibus vitam aut dignitatem debent, sie warten ziemlich selten denen auf, denen usw., Sen.: Homerus alias circa picturas pigmentaque rarus, d. i. der davon selten spricht, Plin. – **2** insbes., **selten in seiner Art** (bes. **von seltener Schönheit), ungewöhnlich, vortrefflich,** puella, Prop.: rarā quidem facie, sed rarior arte canendi, Ov.: leo rarae magnitudinis, Curt.: r. vestis, Catull.: avis (v. Pfau), Hor.: Lysimachus frater indolis rarae, Curt.: artis opus rarae, Tibull.: quercus patulis rarissima ramis, Ov.: uxor rarissimi exempli, musterhafte, Ps. Quint. decl. – im üblen Sinne, fuit libidinis rarae, Vopisc. Aurel. 6, 1.

rāsāmen, inis, *n.* (rado), das **Abgekratzte, Abgeschabte,** Marc. Emp. 1.

rāsilis, e (rado), **glatt gemacht, glatt,** bes. **glatt** = ohne erhabene Arbeit, foris, Catull.: calathi, Ov.: argentum, Vell.: palmes, alte Rebe (draco), Plin.: tradux, Plin.: torno r. buxum, glatt gedrechselter, Verg.: scopuli, glatte (= ohne Gewächse), Prud.: vestis, glatt geschorenes, Gloss. (s. Löwe Prodr. p. 361).

Rasīna, ae, *m.,* ein uns unbekannter Fluss in Oberitalien, Mart. 3, 67, 2 Schn.

rāsio, ōnis, *f.* (rado), das **Schaben, Kratzen, Scheren,** capitis, Cael. Aur. de morb. chron. 1, 4, 134: strigilis, *ibid.* 4, 7, 102.

rasis, is, *f.,* eine Art **rohes, ungesottenes Pech,** Colum. 12, 20, 6.

rāsito, āvī, āre (Intens. v. rado), **abscheren, barbieren,** barbam, Gell. 3, 4, 3: faciem cotidie, Suet. Oth. 12, 1.

rāsor, ōris, *m.* (rado), der **Saitenreißer** = Saitenspieler, Paul. ex Fest. 275, 2.

rāsōrium, ubi raditur aliquid, Gloss. V, 329, 24.

rasta, ae, *f.* (germ. W., alth. *rasta* oder *rast,* Rast; goth. *rasta,* eine Meile; vgl. das slaw. »Werst«), eine german. **Meile,** Hieron. in Ioël 3, 18.

rāstellus, ī, *m.* (*Demin.* v. raster), die **kleine Hacke,** der **kleine Karst,** Varro LL. 5, 136; r. r. 1, 22, 1 u. 49, 1. Colum. 2, 12 (13), 6. Suet. Ner. 19, 2.

rāster, trī, *m.* (v. rado, wie culter v. colo) u. **rāstrum,** ī, *n.* (v. rado, wie rutrum v. ruo, rostrum v. rodo), die zum Bearbeiten des Bodens (Jäten, Hacken usw.) gebrauchte zwei- od. mehrzinkige **Hacke,** die **Harke,** der **Karst,** Verg. Sen. u. a.: Plur. rastri, Cato, Ter., Verg. u. a., selten rastra, Cels. fr., Iuven. u. a. – Sprichw., mihi res ad rastros redit, ich werde die Hacke ergreifen müssen = ich werde zum armen Mann, Ter. heaut. 931.

rāstrārius, a, um (raster), **zum Karst gehörig,** subst., rāstrāria, ae, *f.*, Atellanentitel bei Non. 16, 19 u. a.

rāstrum, ī, *n.*, s. råster.

rāsūra, ae, *f.* (rado), **I** das **Schaben, Kratzen,** das **Glattmachen,** Colum. 4, 29, 9. – bildl., r. gulae, die raue Aussprache der Kehllaute bei den Orientalen, Hieron. in epist. Paul. ad Tit. 3, 9. – **II** das **Abkratzen, 1** eig., das **Abscheren, Abrasieren,** barbae capitisque, Hieron. in Isai. 5, 15, 2: tonsura vel rasura capitis, Cael. Aur. de morb. chron. 3, 8, 131. – **2** meton., das **Abgekratzte, Abgeschabte,** die **Späne,** eboris, Veget. mul. 1, 10, 6 u. a.

rāsus, Abl. ū, *m.* (rado), das **Kratzen, Schaben,** quo ab rasu rastelli dicti, Varro LL. 5, 136.

ratāria, ae, *f.* (ratis), das **Floß,** Gell. 10, 25, 5. Serv. Verg. Aen. 1, 43.

ratē, *Adv.* (ratus), **gültig,** Cassiod. hist. eccl. 5, 34.

ratiārius, iī, *m.* (ratis), der auf einem Floß gegen Lohn Menschen u. Waren fährt, der **Flößer,** Paul. dig. 13, 7, 30. CIL 12, 2597.

ratihabitio, ōnis, *f.* (ratum u. habeo), die **Bestätigung, Genehmigung,** ICt.

ratio, ōnis, *f.* (reor, ratus), das Abrechnen, Berechnen, die **Rechnung, Berechnung, I** eig. u. übtr.: **A** eig.: **a** *Sing.*: magna r., Cic.: auri r. constat, die Rechnung stimmt, Cic.: u. so par est ratio acceptorum et datorum, Cic.: rationem ducere, Cic.: habere rationem, Cic.: rationem referre, Cic.: ratio repeti solet, Cic.: in rationem inducere, in Rechnung bringen, verrechnen, Cic.: rationem inire, eine B. anstellen, Caes. (u. so inibitur ratio quaestus de pecunia tua, es wird der mögliche Gewinn mit deinem Geld berechnet, Cic.): r. aeraria, die Berechnung u. Verminderung auf Kupfergeld, der verminderte Münzfuß, Cic. Quinct. 17. – **b** *Plur.*: libri rationum, Rechnungsbücher, Aur. Vict.: rationes cum alqo putare, Cic.: rationes subducere, die R. abschließen, Cic. (vgl. *no.* II, A): rationes accipere, sich Rechnung stellen lassen, Sen.: u. so rationes ab alqo accipere, Cic.: rationes conferre, Cic.: rationes eferre, Cic., deferre, Cic.: falsas rationes inferre, Cic.: rationes familiares componere, Tac.

B übtr.: **1 statistische Übersicht, statistischer Abriss, Verzeichnis, Liste, Protokoll,** cedo rationem carceris, quae diligentissime conficitur, Cic. Verr. 5, 147: rationes imperii, Suet. Cal. 16, 1.

2 Summe, Zahl, ea nimia est ratio, Plaut.: hem ista ratio maxima est, Plaut.

3 Geschäftsangelegenheit, Geschäftsache, Geschaftsverhältnis, Geschäftsführung, Geschäft, übh. **Angelegenheit,** Carpinatius, qui iam cum isto summā consuetudine, praeterea re ac ratione coniunctus esset, Cic.: de tota illa ratione atque re Gallicana, Cic.: illa de ratione nummaria non sunt eiusmodi, Cic.: quamquam haec quidem res non solum ex domestica est ratione (innere Politik), attingit etiam bellicam, Cic.: quae domi gerenda sunt, ea per Caecilium transiguntur, fori iudiciique rationem Messala suscepit, seine Angelegenheiten vor der Öffentlichkeit u. vor Gericht, Cic.: ut rationes nostras explicares, unsere Geldgeschäfte abwickelst, Cic.: u. so ut res rationesque vestrorum omnium bene expedire voltis, Plaut.: in publicis privatisque rationibus, im öffentlichen u. Privatverkehr, Caes.: in explicandis rationibus rerum civilium, Cic.: r. civitatis, Cic.: r. comitiorum, Cic.: propter rationem Gallici belli, Cic. – dah. meae (tuae etc.) rationes, **mein (dein usw.) Interesse, mein (dein usw.) Vorteil** (vgl. unser »bei etw. seine Rechnung finden«), rationes meas vestrae saluti anteposuissem, Cic.: me ad eius rationes adiungo, quem tu in meis rationibus tibi esse adiungendum putasti, Cic.: meis alienissimum rationibus, Cic.

II bildl.: **A Rechnung, Berechnung, Rechenschaft, Aufschluss, Belehrung,** (Medea et Atreus) initā subductāque ratione (nach angestellter u. abgeschlossener B.) nefaria scelera meditantes, Cic.: numquam ita quisquam bene subductā ratione ad vitam fuit, quin etc., Ter.: habere rationem, berechnen, Cic.: exigere rationem, Rechenschaft fordern, Val. Max. u. Plin. ep.: rationem reddere alci, Rechenschaft ablegen, Aufschluss geben, Cic. u. a.: u. so rationem reddere alcis rei, Cic., de alqa re, Cic. u. Vitr.: rationem vitae reposcere, Cic.: negotii rationem exstare oportere, müsse Rechenschaft gegeben werden können, Cic.: ratio alcis rei od. alci rei constat, die R. steht für etw. gleichs. fest, d. i. ich bin mit etwas im Reinen, oft bei Plin. ep.; s. Döring Plin. ep. 1, 5, 16.

B übtr.: **1** übh. **Rechnung, Berechnung, a** = **Verhältnis, Beziehung** zu usw., **Rücksicht** auf usw., **Verbindung, Verkehr** mit usw., rationem habere, aliquid rationis habere cum alqo, Rechnung haben, in Rechnung, in Verbindung, in Verkehr stehen mit usw., Cic.: quibuscum r. huic est, Cic.: quae r. tibi cum eo intercesserat? Cic.: pacis quae potest esse cum eo ratio, in quo etc.? Cic.: habenda cum M. Latrone pacis r., Cic.: et Graeciae quidem oratorum partus atque fontes vides ad nostrorum annalium rationem veteres, ad ipsorum sane recentes, in Rücksicht auf unsere Annalen, Cic. – **b Berechnung** = berechnende, beachtende **Rücksicht, Berücksichtigung, Beachtung, Erwägung, Sorge** für usw., piorum et impiorum habere rationem, Cic.: vel dignitatis vel commodi rationem habere, Cic.: non ullius rationem sui commodi ducere, Rücksicht nehmen auf usw., Cic.: salutis meae rationem ducere, Cic., officii, Cic.: suam rationem ducere, seinen Vorteil bedenken, Cic.: conservare rationem alcis rei, Cic.: omnis hac in re habenda r. et diligentia est, ut etc., Cic.: habeo rationem, quid acceperim, ziehe in Erwägung, erwäge, Cic.: neque illud rationis habuisti, si forte etc., Cic.: hoc rationis habebant, facere eos nullo modo posse, ut etc., Cic. – salva utriusque temporis ratio est, man hat beide Zeiten gut berechnet, berücksichtigt, jeder Zeit ist ihr Recht geschehen, Tac.; vgl. salvā diligentiae tuae ratione, unbeschadet deiner Vorsicht, Plin. ep. – **c** die auf Berechnung begründete **Vermutung,** quantum in ratione esset, soviel sich berechnen, vermuten ließ, Hirt. b. G. 8, 6, 1. – **d** das **Sichverhalten** zu od. bei etw., d. i. subj. = das **Verfahren,** die **Verfahrungsart,** das **Verhalten,** die **Maßregel, Methode, Weise,** der **Plan,** obj. = das **Verhältnis,** die **Beschaffenheit, Natur, Art und Weise, Einrichtung, α** subj.: ita fiet, ut tua ista ratio existimetur astuta, meum hoc consilium necessarium, Cic.: scribendi consilium ratioque, Cic.: haec cogitandi pronuntiandique ratio, Cic.: eligendi et collocandi ratio, disponendi ratio, Quint. (s. Herbst Quint. 10, 1, 4): ratio docendi nec una omnibus nec singulis eadem semper fuit, Suet.: eadem defensionis ratio viaque, Cic.: r. in dicendo, Cic.: ineunda r. est, Cic.: a me inita ratio est (ist ein Verfahren angewandt, ein Weg eingeschlagen worden), quam quidem omnes non solum probant, sed etiam laudant, Cic.: inita tandem ratio est, ut etc., es wurden Mittel u. Wege eingeschlagen usw., Liv.: ad hunc interficiendum talem iniit rationem, Nep.: cuius ratio (Plan) etsi non valuit, tamen etc., Nep.: u. so vicit ratio parcendi, Tac.: sic neque agricultura nec ratio atque usus belli intermittitur, die planmäßige Kriegsführung u. die Kriegsübung, Caes.: istam rationem otii tui probo, jenes geschäftslose Leben, wie du es planmäßig führst, Cic. – im Plur., rationes belli gerendi, Maßregeln, Caes.: meae vitae rationes ab ineunte aetate susceptae, Lebensplan, Cic.: rationes rerum publicarum aut constituendarum aut tuendarum, Cic. – **β** obj.: tempestatum ratio (Stand) et praedonum et locorum, Cic.: ratio pecuniarum, Geldverhältnisse (in Rom), Cic.: ut ceteri menses in suam rationem reverterentur, in ihr richtiges Verhältnis (durch Einschaltung), Cic.: ita ratio comparata est vitae naturaeque nostrae, Cic.: quae sint in artibus ac rationibus recta ac prava, diiudicant, in den K. u. ihren Verhältnissen, Cic.: disseruerunt de generibus et de rationibus civitatum, Cic.: quod ad rationes omnium rerum pertineret, Cic.: quoniam eadem est r. iuris in utraque, Cic.: quā ratione, Cic.

2 insbes., die Rechnung, Berechnung, als höhere Geistestätigkeit, das **Denken,** die **bewusste, vernünftige Überlegung, konkret** = die der Geistestätigkeit zugrunde liegende höhere Geisteskraft, das **Denkvermögen,** die **Vernunft,** die **Einsicht, Klugheit** u. dgl. (bei Cicero oft verb. mens et ratio et consilium, oder ratio, consilium, prudentia u. dgl.), quod facinus aut scelus suscipitur nisi consilio capto, aut sine animi motu et cogitatione, id est ratione, perficitur? Cic.: motus iste celer cogitationis, acumen, sollertia, quam rationem vocamus, Cic.: homo rationis particeps, Cic.: ratio ac disputatio, Vernunft und Nachdenken, Cic. – illa revoces ad rationem, Cic.: moneo, ut agentem te ratio ducat, non fortuna, Liv.: consilio et ratione, Cic.: quod nobis nullā ratione factum a Pompeio videtur, Caes.: magis ratione quam vi persuasit, Vell.: quod domi te inclusisti, ratione fecisti, vernünftig, einsichtsvoll, klug, Cic. – ratio est (es ist vernünftig, erscheint rätlich), od. ratio non est m. *Infin.*, cui acquiescere Cremonae ratio fuit, Tac.: minari divisoribus r. non erat, Cic.: u. so minime est rationis m. folg. *Infin.*, Colum.: u. rationis est m. folg. Infin., Plin. ep. – dah. **a** der einen Ggstd. erklärende **vernünftige Grund, Vernunftgrund, Beweggrund** (vgl. argumentum *no.* II), **α** übh.: est aliqua huiusce rei ratio, dafür gibt es einen vernünftigen Gr., darin liegt noch etwas, was zu rechtfertigen ist, Cic.: nostra confirmare argumentis ac rationibus, Cic.: consilii causa ratioque, Cic.: r. quaerenda, Cic.: quam habet rationem, non quaero aequitatis, sed ipsius improbitatis atque impudentiae? Cic.: quod quidem rationem habeat (vernünftigen Grund hat), recte fit, Sen. rhet.: facti aliquam rationem afferre, Cic.: nihil rationis affers, quamobrem etc., Cic.: tertiam rationem affertis, quod etc., Cic.: rationem subicit, Cic.: ad hanc sententiam cum reliquis causis haec quoque ratio eos deduxit, quod etc., Caes.: r. cunctandi, Tac.: liberalitas, cui ratio non constat, zu der kein (edler) Beweggrund vorhanden ist, Plin. pan.: ratio nulla est m. *Infin.*, es ist kein Grund vorhanden, nullam esse rationem amittere eiusmodi occasionem, Cic. – **β** rhet. *t. t.*, **Grund, Begründung** einer Behauptung, s. Cic. de inv. 1, 18. Quint. 3, 11, 4: ad propositum subiecta ratio et item in distributis supposita ratio, Cic. de or. 3, 207. – **b Vernunftmäßigkeit, Vernünftigkeit,** das **vernünftige Verhältnis, -Maß, Gesetzmäßigkeit, Gesetz, Regel, Ordnung, Methode,** ut ratione et viā procedat oratio, methodisch, wissenschaftlich, Cic.: modo et ratione omnia facere, Cic.: ratione et numero moveri, Cic.: intervallis imparibus, sed tamen pro rata parte ratione distinctis, in ungleichen, jedoch gesetzmäßig nach gleichen Verhältnissen getrennten Intervallen, Cic.: moderatā ratione, in gleichmäßigem Verhältnis, Cic.: in quo defuit fortasse ratio, sed tamen vincit ipsa rerum publicarum natura saepe rationem, der vernunftmäßige Entwicklungsgang, Cic.: ad vitam usumque vivendi ea descripta r. est, Cic. – **c** Denkart = **Richtung, Prinzip,** das jmd. verfolgt, florens homo in populari ratione, der Hauptvertreter der demokratischen Richtung, Cic.: neminem alterius *rationis* et *partis* offendit, Cic.: una in causis ratio quaedam eius orationis, quae etc., hat lediglich **eine** R., Cic.: bona ratio cum perdita confligit, es kämpft das gute (konservative) Prinzip mit den Grundsätzen der Umsturzpartei (die überall *tabula rasa* machen will), Cic. – **d Grundsatz, Prinzip, Lehre, Teorie, System, Wissenschaft,** subj. = **theoretische-, wissenschaftliche Kenntnis, α** obj.: erat enim tunc haec nova et ignota r. solem lunae oppositum solere deficere, Cic.: animum conferre in istam rationem, Cic.: sine ulla arte aut ratione diiudicant, ohne Anwendung theoretischer Kunstregeln, Cic.: laus rationis aut scientiae, Cic.: continet totam hanc quaestionem ea ratio, Cic.: Epicuri r., Lehre, System, Philosophie, Cic.: formula Stoicorum rationi disciplinaeque consentanea, Cic.: Cynicorum r., Cic.: de ratione vivendi, Lebenswissenschaft, Cic.: r. civilis et disciplina populorum, Staatswissenschaft, Cic.: geometrica, die Geometrie (als wissenschaftliche Theorie), Macr. u. Amm. (versch. von unten *no.* f): vitae r., Cic.: – **β** subj.: si qua (est in me) exercitatio dicendi aut si huius rei ratio aliqua, ab optimarum artium studiis ac disciplina profecta, Cic. Arch. 1. – **e Ansicht, Meinung,** mea sic est ratio et sic induco animum meum, Ter.: tuae epistulae perdiligenter in eandem rationem scriptae, Cic.: cum in eam rationem quisque loqueretur, Cic. – **f Beweisführung, Argumentation,** der **Beweis,** summa uniuscuiusque rationis, Cic.: concludatur igitur ratio, Cic.: ratio ipsa coget mit folg. *Acc.* u. *Infin.*, Cic.: ut nunc ratio cogit, Cic.: geometricis rationibus non credere, Cic.: haec omnia geometricis evidentissimisque rationibus probare, Macr. – ► Genet. Sing. apok. rationi', Lucr. 2, 53: Abl. Sing. rationi, Lucr. 6, 66.

ratiōcinālis, e (ratiocinor), **auf einen Schluss begründet,** causa (Fall), Rhet. Her. 2, 18. Vgl. Gloss. II, 169, 9 u. 12 ›ratiocinale, λογικόν‹; u. ›ratiocinalia, λογικά‹.

ratiōcinātio, ōnis, *f.* (ratiocinor), die **Berechnung, I** als philos. u. rhet. *t. t.*: **A** die **ruhige, vernünftige Überlegung** (Ggstz. impulsio, leidenschaftl. Trieb), Cic. de inv. 2, 18. – u. das philos. **Überlegen,** etiam sapientiae studiosos maximos medicos esse, si ratiocinatio hoc faceret, Cels. 1. praef. p. 5, 31 D. – als rhet. Figur = die **Überlegung** in Fragen an sich selbst, Rhet. Her. 4, 23. – **B** der **Vernunftschluss,** die **Schlussfolge,** der **Syllogismus,** Cic. u. Quint.: duae partes ratiocinationis, des Vernunftschlusses (= Vernunftschlussbeweises), Cic. – **II** als *t. t.* der Architektur, die **Theorie** (Ggstz. fabrica u. opus die Praxis), Vitr. 1, 1. § 1 u. § 15.

ratiōcinātīvus, a, um (ratiocinor), **zur Schlussfolge gehörig, -dienend, syllogistisch, folgernd, a** als rhet. *t. t.*: genus quaestionis, Cic.: quaestio, Quint.: status, Quint. – **b** als gramm. *t. t.*: coniunctio (wie *ergo, igitur*), Charis. 225, 20. Diom. 416, 9.

ratiōcinātor, ōris, *m.* (ratiocinor), der **Rechner, Rechenmeister, Rechnungsführer, Buchhalter,** Cic. u. a.: diligens, Colum. – übtr., ut boni ratiocinatores officiorum esse possimus, Berechner, Cic. de off. 1, 59.

ratiōcinium, iī, *n.* (ratio), die **Berechnung, Ausrechnung, Rechnungsführung,** Colum. 5, 11, 13; 5, 2, 6 u. spät. ICt.: rat. diurnum, Tagebuch über tägliche Einnahme u. Ausgabe, Schol. Iuven. 6, 483.

ratiōcinor, ātus sum, ārī (ratio), **I rechnen, berechnen,** Cic. Tusc. 1, 5; de inv. 2, 115. Vitr. 10, 10 (15), 5. – **II** übtr.: **A überschlagen, überlegen,** m. folg. Fragesatz, socii nostri ... ratiocinati essent etiam atque etiam, quid possent facere, si etc., Rhet. Her. 4, 16: quo pacto, Plaut. Stich. 75. – **B** aus Abschätzung der Umstände **schließen, folgern, einen Schluss machen, entnehmen,** ex eo, utile quid sit, Rhet. Her.: r., an etc., Quint.: inter se m. folg. *Acc.* u. *Infin.*, Cic. – m. bl. *Acc.*, his dictis mores ratiocinans Milonis, schließend auf usw., Apul.

ratiōnābilis, e (ratio), **I mit Vernunft begabt, vernünftig,** natura, Sen. de vit. beat. 14, 1 (13, 5); Gertz rationalis: rationabile genus mortalium, Colum.: pars animae, Apul. de dogm. Plat. 1, 9 G.: animus, virtutes, *ibid.* 2, 9: animal, Chalcid. Tim. 130: animae motus, *ibid.* 37 B. – **II vernunftgemäß, vernünftig,** ICt. u. Gromat. vet.: quod magis rationabile est od. quod rationabilius esse videtur, ICt.: mihi tamen ita rationabile videtur, ut etc., Gromat. vet.: rationabilius sonoriusque est m. folg. *Acc.* u. *Infin.*, Prisc. 2, 3.

ratiōnābilitās, ātis, *f.* (rationabilis), die **Vernünftigkeit, Vernunft,** Mythogr. Lat. 3, 6, 16 u. spät. Eccl.

ratiōnābiliter, *Adv.* (rationabilis), **vernunftgemäß, vernünftig** (Ggstz. irrationabiliter), Macr. somn. Scip. 2, 11, 17. Ps. Apul. Ascl. 16; Apul. de Plat. 1, 8. Amm. 20, 4, 8. Lact. epit. 61, 17. Hieron. epist. 39, 5. Chalcid. Tim. 35 u. a. Isid. orig. 2, 24, 7. – *Compar.*, Augustin. de peccat. merit. 1, 13.

ratiōnālis, e (ratio), **I zu den Rechnungen gehörig, Rechnungs-,** litterae, CIL 6, 1585, 2: officium, officiales, spät. ICt. – subst., ratiōnālis, is, *m.*, der **Rechnungsführer, Rentmeister, Schatzmeister, Kassierer,** Scriptt. hist. Aug. u. a. – **II zur Vernunft gehörig, Vernunft-, A** im Allg. (Ggstz. irrationalis), philosophiae pars rationalis, die Vernunftlehre, Logik, Sen. u. Quint.: medicina, ars, die rationelle theoretische, Cels.: disputatio, rationelle (logische, dialektische), Chalcid. Tim.: medici, die rationellen Ärzte, Theoretiker, Cels. – subst., quaedam rationalia, einiges Logische, Sen. ep. 102, 4. – **B** insbes., **1 mit Vernunft begabt, vernünftig,** natura, Sen. de vit. beat. 14, 1 (13, 5) G.: animal, Sen. u. Quint. – **2** als rhet. *t. t.* – *ratiocinativus,* **zur Schlussfolge gehörig, schließend, folgernd, syllogistisch,** causa, Rhet. Her.: genus (quaestionum), Quint.

ratiōnālitās, ātis, *f.* (rationalis), die **Vernünftigkeit, Vernunft,** Tert. de anim. 38 *extr.*

ratiōnāliter, *Adv.* (rationalis), **auf vernünftige Weise, vernünftig,** Sen. ep. 109, 11. Tert. de anim. 16 u. a.

ratiōnārius, a, um (ratio), **zu den Rechnungen gehörig,** nur subst., **I** ratiōnārius, iī, *m.*, der **Rechnungsführer,** alte Übersetzung von Modestin. dig. 27, 1, 15. § 5. – **II** ratiōnārium, iī, *n.*, ein **übersichtliches Verzeichnis,** imperii, Staatshaushaltungsbuch, Suet. Aug. 28, 1.

ratiōnātīvus, a, um (ratio), **den Grund angebend,** coniunctiones, Asper 10. p. 553, 21 K. Dosith. 46, 13 u. 18 K.

1. ratis, is, *f.*, **I** das **Floß,** Cic., Caes. u. a.: ratibus, quibus iunxerat flumen, resolutis, die Floßbrücke (Schiffsbrücke), Liv.: u. so Sing. kollektiv = Floßbrücke, Liv. 21, 47. § 3 u. 6. – **II** poet. übtr., **Fahrzeug** übh., **Kahn, Barke, Schiff,** Catull., Verg. u. a. – ► Ungew. Nom. rates, Prob. cath. 29, 10. Cl. Sacerd. 2, 51. p. 57 *ed. Endlich.*: ungew. Akk. ratim, Hyg. fab. 125 extr.: ungew. Abl. rati, Cael. fr. bei Quint. 6, 3, 41; vgl. Charis. 47, 20. Diom. 306, 22.

2. ratis, is, *f.*, gallischer Name der Pflanze pteris (s. d.), Marc. Emp. 25.

ratītus, a, um (ratis), **mit dem Bild eines Floßes versehen,** quadrans, Lucil. 1272 (aus Varro LL. 5, 44). Vgl. Fest. 274 (a), 16 *sqq.* Paul. ex Fest. 275, 3.

ratiuncula, ae, *f.* (*Demin.* v. ratio), **I** die **kleine Rechnung,** subducere (abschließen) ratiunculam, Plaut. capt. 192; Curc. 371: erat ei de ratiuncula apud me reliquum pauxillulum nummorum, Ter. Phorm. 36. – **II** übtr.: **A** der schwache **Grund, -Vernunftgrund,** leves ratiunculae, Cic. Tusc. 4, 43: huic incredibili sententiae ratiunculas suggerit, unterstützt mit gar feinem V. (ironisch), Cic. de nat. deor. 3, 73. – **B** als dialekt. *t. t.*, der **kleinliche Vernunftschluss,** concludunt ratiunculas Stoici, Cic. Tusc. 2, 29: humanis ratiunculis falsis atque fallacibus contravenire conantur, Augustin. de civ. dei 20, 1. *no.* 1.

Ratumenna porta, ein angeblich zwischen dem Quirinal u. Kapitolin gelegenes Tor des servischen Roms, Fest. 274 (b), 9. Plin. 8, 161. Solin. 45, 15 (Mommsen Ratumannam).

ratus, a, um, *PAdi.* (v. reor), **I berechnet, ausgerechnet,** durch die Rechnung **bestimmt,** in den Verbindungen: pro rata parte, nach od. in bestimmtem Verhältnis, verhältnismäßig, Cic. u. a.: dass. bloß pro rata, Līv. u. a.: u. pro rata portione, Plin.: u. secundum ratam partem, Vitr. – **II** übtr., **festbestimmt, feststehend, fest, a bestimmt = stehend,** motus (stellarum) constantes et rati, Cic.: tam certi caeli motus, tam rati astrorum ordines, Cic.: quod ratum fuerit certo tempore, Cic.: si haec Turno rata vita maneret, Verg. – **b** = **festgestellt, entschieden, gültig, verbürgt, wahr, rechtskräftig** (griech. κύριος) u. dgl. (Ggstz. irritus, vanus u. dgl.), id iussum ratum ac firmum futurum, Cic.: cuius tribunatus si *ratus* est, nihil est quod *irritum* ex actis Caesaris possit esse, Cic.: censorias subscriptiones omnes fixas et in perpetuum ratas putet esse, Cic.: u. so ut amicitia societasque in aeternum rata sint, Tac. – rata sint visa sua precatur, gültig = in Erfüllung gehend, Ov.: spes iubet esse ratas, lässt H. in Erf. gehen, Hor.: fac rata vota patris, Mart. – ratum habere od. ducere, für gültig halten, bekräftigen, genehmigen, Cic. u. Liv.: ratum facere, bekräftigen, Cic.: alqd mihi ratum est, ich genehmige es, Cic.: alqd ratum est apud alqm, Tac. – subst., cavere de rato, wegen Genehmigung, Paul. dig. 3, 4, 6. § 3. – spätlat. rato habere, rato fieri, Eccl. – **c** v. Pers., **entschieden, entschlossen,** potitur ratus Romulus praedam, Enn. ann. 75. – ► *Superl.* ratissima beneficia, Cato oratt. 9. fr. 2. p. 42 *Jordan.*

rauca, ae, *f.*, eine Art Würmer in der Eichenwurzel, Plin. 17, 130. Ulp. dig. 19, 2, 15. § 2.

raucē, *Adv.* (raucus), **heiser = kreischend,** sonare, Serv. Verg. Aen. 9, 124: corvus strepitu vocis alias aves rauce ciet, Porphyr. Hor. ep. 1, 17, 50.

raucēdo, inis, *f.* (raucus), die **Heiserkeit,** Cael. Aur. sign. diaet. pass. 86. Plin. Val. 1, 53 u. 4, 17. Dynamid. 2, 40. Cassiod. in psalm. 68, 3 u. 107, 1. Isid. orig. 4, 7, 14.

raucēsco, ere (raucus), **heiser werden,** ne raucescas, Plin. Val. 1, 2: Sallustianae Semproniae melos cantandi raucescit, Fulg. myth. 1. praef. p. 23 M.: quomodo raucescit vox (gallinae ovis incubiturae), Augustin. in psalm. 58. serm. 1. *no.* 10: ubi raucescit (vox gruis), Isid. orig. 12, 7, 15.

raucidulus, a, um (*Demin.* v. raucus), **etwas heiser,** cornix, Hieron. epist. 40, 2.

raucio, rausī, rausum, īre (raucus), **heiser sein,** *Praes.* βραγχιᾷ, raucit, Gloss. II, 169, 17: *Praes.*, *Perf.* u. *Sup.* bei Prisc. 10, 49 u. 53: *Part. Fut.* rausuro, Lucil. 567.

raucisonāns = raucisonus, Anthol. Lat. 286, 77 R.

raucisonus, a, um (raucus u. sonus), **heiser klingend, dumpf tönend,** raucisonoque minantur cornua cantu, Lucr. 2, 619: cantus cornicum, Lucr. 5, 1082: bombi, Catull. 64, 263.

raucitās, ātis, *f.* (raucus), die **Heiserkeit, I** von Pers., der **raue Hals,** griech. βράγχος, Cels. u. Plin.: Plur., Plin. 22, 104. – **II** übtr., v. Ton, der **raue, dumpfe Ton,** tubarum, Plin.: rapiduli sonitus, v. Schnarchen, Mart. Cap. 8 § 804.

rauco, āre (raucus) = τραυλίζω, **schnarren,** Gloss. II, 458, 17.

raucor, ārī (raucus) = βραγχιῶ, **heiser sein,** Gloss. II, 459, 48. Not. Tir. 118, 39[a].

raucus, a, um (st. ravicus, v. ravis), **heiser, I** eig.: **A heiser** durch Krankheit, fauces, Lucr. 6, 1187. – **B heiser** durch Reden, Schreien: **a** von leb. Wesen: **α** v. Menschen, rogitando sum raucus factus, Plaut.: longā raucus querelā, Prop.: nos raucos saepe attentissime audiri video, Cic.: expurigabo ad raucam ravim omnia, Plaut. fr. bei Non. 164, 19. – causidici, sich heiser schreiende, Mart.: u. so rogatores, Mart.: vicinia rauca reclamat, schreit sich heiser, Hor. – **β** v. Vögeln, **schrillend, kreischend,** cornix, Lucr.: cicada, Verg.: palumbes, Verg. – **b** v. Ton usw.: garrulitas picarum, Ov.: vox ranarum, Ov.: stridor simiae, Ov. – poet., circus, von heiserem Geschrei ertönend, Iuven. – modi rauciores, Mart. Cap. – raucum quiddam sonare, Ov. – **II** poet. übtr., übh. **dumpftönend, dumpf, rau, hohl, schnarrend, a** v. leb. Wesen: cygni, Verg. Aen. 11, 458. – **b** v. Lebl.: Hadria, Hor.: aes, Tuba, Verg. georg. 4, 71, Schild, Verg. Aen. 2, 545: murmur (undae), Verg.: fluenta, Verg.: paludes, Fronto: tympana, Ov.: cymbala, Prop.: cornu, Prop. u. Lucan. – *Acc. Plur. neutr.* absol., rauca sonare, Verg., gemere, Lucan. u. Sil.

Raudius, a, um, **raudisch, Raudius campus** u. Plur. **Raudiī campī,** eine weite Ebene in Oberitalien in der Nähe von Vercellā, wo Marius die Cimbern 101 v. Chr. schlug, Flor. 3, 3, 14. Aur. Vict. de vir. ill. 67, 2: Plur. bei Vell. 2, 12, 5.

raudus (rōdus, rūdus), eris, *n.* (verw. mit rudis), ein formloses **Erzstück** als Vorläufer der kupfernen Münze, raudus, Varro LL. 5, 163: raudera (kleiner Betrag), Val. Max. 5, 6, 3: rudera, Liv. 26, 11, 9: rodus vel raudus, Fest. 265 (a), 4: rudus, Cincius bei Fest. 265, 22. – Nbf. raudus, ī, *m.*, Paul. ex Fest. 275, 1.

Rauduscula u. **Raudusculāna** (Rod.) **porta,** ae, *f.* (raudus), ein Tor in Rom, und zwar zwischen der Porta Naevia u. der Porta Lavernalis nach der alten Einteilung des Servius Tullius, Varro LL. 5, 163. Val. Max. 5, 6, 3; vgl. Paul. ex Fest. 275, 1.

raudusculum (rudusculum), ī, *n.* (*Demin.* v. raudus), ein formloses **Erzstückchen** als Münze, **kleines Geld,** Cincius bei Fest. 265 (a), 19 (wo rud.) – übtr., de raudusculo Numeriano multum te amo, wegen (der Abtragung) der kleinen Schuld an den Numerius, Cic. ad Att. 7, 2, 7: ebenso *ibid.* 14, 14, 5.

Rauracī (Rauricī), ōrum, *m.*, eine kleine keltische Völkerschaft am Rhein, von Basel bis an den Bodensee, Caes. b. G. 1, 5; 6, 25 u. 7, 75: Form Raurici, Plin. 4, 106. – Davon **A Rauracum** (Rauricum) ī, *n.*, die Hauptstadt der Rauraker, jetzt der Ort **Augst** bei Basel, Amm. 14, 10, 6 u. ö.: Form Rauricum, Plin. 4, 79. – **B Rauracus** (Rauricus), a, um, **raurakisch,** Rauraci montes, Amm. 22, 8, 44: colonia Raurica = Rauricum, Plin. 4, 106; dies. bloß Raurica, CIL 10, 6087.

rāvastellus, s. grāvastellus.

Ravenna, ae, *f.*, eine Stadt in Gallia cispadana nahe am Adriatischen Meer, die erst bedeutend wurde, als Augustus östlich von ihr einen sicheren Hafen anlegen ließ, noch jetzt *Ravenna,* Caes. b. c. 1, 5. § 5. Cic. ad Att. 7, 1, 4: Flottenstation, Veget. mil. 4, 31. – Dav. **Ravennās,** ātis, **ravennatisch, aus Ravenna,** vir, Cic.: horti, Plin.: ranae, Mart. – subst., Ravennātēs, ium, *m.*, die Einw. von Ravenna, die **Ravennaten,** Veget. mil. 4, 31 u. 32. CIL 5, 2385 u. 11, 1770.

ravicelus, ī, *m.*, im Taurinischen Name der in Honig gekochten Pinie, Plin. 15, 36 D. u. M.

rāvidus, a, um (ravus), **graulich, graugelb,** oculi gallinaceorum, Colum. 8, 2, 9.

rāvio, īre (ravis), **sich heiser reden,** Plaut. Poen. 778 G. – Nbf. ravio, āre, Paul. ex Fest. 275, 4.

rāvis, Akk. im, *f.* (mit raucus verw.), die **Heiserkeit,** usque ad ravim poscere, bis zur Heiserkeit, Plaut. aul. 336: so auch expurigabo ad raucam ravim omnia, Plaut. fr. b. Non. 164, 19.

rāvistellus, s. grāvastellus.

rāvulus, a, um (*Demin.* v. ravus), **etwas heiser,** Sidon. epist. 9, 13. carm. 2.

rāvus, a, um (vgl. ahd. *grāo, grāwēr,* grau), **I grau, graufarbig, graugelb,** oculli, Varro u. Fest.: ravi coloris orbes (Augensterne), Plin.: lupa, mit graugelben Augen, Hor.: so auch leones, Hor.: u. dei, Arnob. Vgl. Haupt opusc. 3, 346 *sq.* – **II heiser,** Sidon. epist. 8, 11, 4 u. 8, 9, 3.

re, *Praepos. inseparab.*, bezeichnet in der Zusammensetzung teils **zurück,** wie in recurro, teils **entgegen,** wie in reluctor, u. in übertragener Bedeutung bald die Wiederherstellung in den früheren Zustand, wie in restituo, bald den Übergang in einen entgegengesetzten Zustand, wie in reprobo, bald ein Bringen an den gehörigen Ort usw., in den gehörigen Zustand, wie in repono, reddo, restituo, bald endlich die Wiederholung einer Handlung, wie in resumo. – Die ursprüngliche Form ist wohl red, wie von se die Form sed, weil die alte Sprache hinter die Vokale am Schluss noch ein d zu setzen pflegte. Aus red wird dann nach Umständen entweder redi, wie in redivivus, od. re, wie in recedo.

1. rea, ae, *f.*, s. reus.

2. Rēa, s. 1. Rhēa.

re-accendo, accēnsus, ere, **wieder anzünden,** Eccl.: übtr., ita reaccensus est animus Ierosolymam proficiscendi, Hieron. epist. 5, 1: libido exstincta reaccenditur, Hieron. epist. 123, 4.

readūnātio, ōnis, *f.* (*readūno), die **Wiedervereinigung,** Tert. de resurr. carn. 30.

re-aedifico (red-aedifico), āre, **wieder erbauen, wieder aufbauen,** Eccl.

re-ago, ere, **wieder treiben,** in pontum reagunt lucra semper hiantes, Avien. phaenom. 668.

rēāpse, *Adv.* (aus re und eapse altl. = rē ipsā), **in der Tat, in der Wirklichkeit, wirklich** (Ggstz. oratione, specie), Pacuv., Plaut. u. Cic. (doch nicht in den Reden). – vollst. in der Tmesis, reque eapse, Scipio Afric. bei Fest. 286 (b), 3 (Meyer reque ipsā). – ► Die Stellen aus Cicero geben Göller **Cic. or. p. 449** u. Osann **Cic. de rep. p. 9.**

Rēate, *n.* (*defect.* mit gleichem Kasus im *Nom., Acc.* u. *Abl.*), eine uralte Stadt im Sabinischen, in einer fruchtbaren Gegend, j. *Rieti,* Varro r. r. 3, 1, 6. Liv. 25, 7 u. 26, 11, 23. Plin. 3, 109. Iul. Obsequ. 120. – Dav. **Reātīnus,** a, um, *adi.*, **reatinisch,** ager, Varro: praefectura, die Kreisstadt Reate, Cic.: asinus, Varro fr. – subst., **a** Reātīnus, ī, *m.*, ein Einw. aus Reate, ein **Reatiner,** Varro: Plur., Reātīnī, ōrum, *m.*, die Einw. von Reate, die **Reatiner,** Varro, Cic. u. a.: Reatini me ad sua Τέμπη duxerunt, d. i. zu dem reizenden Tal, das beim Fluss Velinus lag, Cic. ad Att. 4, 15, 5. – **b** Reātīnum, ī, *n.*, das **Gebiet von Reate,** in Reatino, e Reatino, Varro.

reātus, ūs, *m.* (reus), **I** der **Zustand eines Angeklagten,** das **Angeklagtsein,** der **Anklagestand,** in reatu esse, verklagt sein, ICt.: si det iniqua tibi tristem fortuna reatum, wenn dich hartes Geschick zum Angeklagten macht, Mart.: dehinc quod tam duros tamque obnoxios vos reatui omnis populus iudicet, Ps. Sen. ad Paul. ep.: revocato ad reatum Alcibiade, um ihn in den A. zu versetzen, Iustin. – **II** meton.: **A** die **Schuld,** die **Beschuldigung,** der **Vorwurf,** Apul. u. Eccl. – **B** das **Äußere-,** die **Kleidung eines Angeklagten** (klass. sordes), Apul. met. 9, 30.

rebaptisma, atis, *n.* (rebaptizo), die **Wiedertaufe,** Eccl.

rebaptizātio, ōnis, *f.* (rebaptizo), die **Wiedertaufe,** Eccl.

rebaptizātor, ōris, *m.* (rebaptizo), der **Wiedertäufer,** Eccl., z. B. Augustin. serm. 33, 5.

re-baptizo, āre, **wieder taufen,** Eccl. u. spät. ICt.

Rebecca, ae, *f.*, Gattin des Patriarchen Isaak, Tert. de anim. 26 u. a. Eccl.

rebellātio, ōnis, *f.* (rebello) = 1. rebellio, Tac. ann. 14, 31. Augustin. c. Faust. 16, 28: Plur., crebrae rebellationes, Val. Max. 7, 3. ext. 9; 7, 4, 1.

rebellātrīx, trīcis, *f.* (rebello), attrib., **die den Krieg (oft) erneuernde, sich** gegen den Sieger **auflehnende,** provincia, Liv. 40, 35, 13: Germania, Ov. trist. 3, 12, 47.

1. rebellio, ōnis, *f.* (rebellis), die **Erneuerung des Krieges,** von Seiten des Überwundenen, die **Auflehnung,** der **erneuerte Aufstand, -Abfall,** Ligurum, Liv.: Germaniae, Suet.: r. trium principum, stürmische, aufrührerische Herrschaft, Suet.: rebellionem facere, Caes.: magnam partem Etruscorum ad rebellionem compellere, Liv.: rebellionem parare, Tac.: Samnites arma et rebellionem spectare, Liv.: Boiorum quoque gentem ad rebellionem spectare, Liv.: ad rebellionem res spectare videbatur, Liv.: ut diu nihil inde rebellionis timere possent, Liv.: ne quid ex ea (terra) rebellionis oreretur, Treb. Poll. – Plur., Carthaginiensium rebelliones, Cic. pro Scaur. 42: in Achaia etiam atque Aegypto rebelliones repressit, Capit. Anton. phil. 5. § 5.

2. rebellio, ōnis, *m.* (rebellis), **der** gegen den Sieger od. Unterdrücker **den Krieg Erneuernde,** der **sich Auflehnende,** der **Aufständige,** Capit. Anton. phil. 29, 4. Treb. Poll. Gallien. 19, 6. Faustina b. Vulcat. Gall. Avid. Cass. 9, 11. Vgl. Plac. Gloss. V, 38, 8 ›perduelliones, rebelliones, per quos bella oriuntur‹.

rebellis, e (re u. bellum), **den Krieg erneuernd,** bes. gegen den Überwinder, **sich auflehnend, widerspenstig, empörerisch, I** eig.: Aeneadae, Verg.: Numidae, Ov.: colonia, Tac.: rebelles Asiae reliquiae, Flor.: regio, Curt.: Dalmatia annos viginti et ducentos rebellis, Vell. – subst., rebelles, die Widerspenstigen, Tac. ann. 1, 40 u. 2, 26. Treb. Poll. XXX tyr. 26, 1. – **II** bildl.: Amor, Ov.: animi, Treb. Poll. u. Spart.: cogitatio, Firm.: rebelles adversus parentem generis humani deum, Lact.: Christo (gegen Chr.) rebellis est, Augustin.: flammae rebelles seditione rogi, Stat.

rebellium, iī, *n.* = 1. rebellio (s. d.), Gloss. II, 411, 57 (wo rebellum [schreibe rebellium], πόλεμος).

re-bello, āvī, ātum, āre, **den Krieg** gegen seinen Überwinder **erneuern, sich auflehnen, sich empören, I** eig. u. übtr.: **a** eig., Liv. u. a.: septies r., Liv.: r. contra od. adversus alqm, Eutr. u. Vulg.: m. *Dat.* (gegen), diabolo, Iul. bei Augustin. c. Iul. Pelag. 6. § 65. – **b** poet. übtr., **den Kampf erneuern,** Ov. met. 9, 81. – **II** bildl.: **1 sich auflehnen, sich widersetzen, widerstreben,** rebellat saepe umor, Plin.: cito rebellat affectus, Sen.: pudor rebellat, Sen. poët. – **2 wieder hervorbrechen, sich wieder zeigen,** vitia rebellant, Plin.: rebellante taedio, Plin.

Rēbilus, ī, *m.*, Name einer Familie aus der *gens Caninia,* s. Cānīnius.

re-bīto, ere = redeo, Plaut. capt. 380. 409. 696. 747.

reboātus, Abl. ū, *m.* (reboo), das **Widerbelfern,** Mart. Cap. 2. § 213.

reboco, s. re-voco.

re-boo, āre, **I** v. Tieren, **zurückbrüllen,** greges per depasta buceta reboantes, Sidon. epist. 2, 2 14: m. *Dat.* wem? reboatque ursa superba lupis, brummt zu den W., Val. Flacc. 3, 631. – **II** v. Lebl., **zurückschallen** oder **-hallen, widerschallen, widerhallen, einen Widerhall (ein Echo) geben,** reboant silvae, Verg. georg. 3, 222: ubi cymbalûm sonat vox, ubi tympana reboant, Catull. 63, 21: Melpomene reboans, Anthol. Lat. 88, 4 (616, 4); vgl. Mart. Cap. 2. § 121. – m. *Acc.*, nec citharae reboant laqueata tecta, lassen widerschallen d. g. D., schallen zurück von d. g. D., Lucr. 2, 28: aber et reboat raucum regio cita barbara bombum, hallt wider von usw., Lucr. 4, 544.

rebrachiātōrium, iī, *n.* (re u. brachium), ein Streifen od. eine Binde aus Wollfäden, mit der die Mönche das Gewand aufgürteten, Cassian. coenob. inst. 1, 6.

re-bullio, īvi u. iī, ītum, īre, **I** *intr.* **sprudeln, hervorsprudeln,** Apul.

met. 9, 34. – **II** *tr.* **hervorsprudeln lassen,** spiritum, Apul. met. 1, 13: lucerna fervens oleum rebullivit in eius umerum, *ibid.* 5, 26.

reburrium, iī, n. (reburrus) = ἀναφαλαντίασις, die **Kahlköpfigkeit des Vorderkopfes, die hohe, kahle Stirn,** Itala Levit. 13, 42 *sq.*

reburrus, a, um, **mit sich emporsträubendem Haar,** homo, Augustin. c. Faust. 6, 1 *extr.* Not. Tir. 92, 93. Vgl. Gloss. II, 169, 22 ›reburrus, ἀνάσιλλος, ἀναφάλαντος‹.

re-calcitro, āvī, āre, **nach hinten ausschlagen,** iumenta mitia, non recalcitrantia, Augustin. in psalm. 96, 5. – bildl.: **a** = sich nicht beikommen lassen, Hor. sat. 2, 1, 20. – **b störrisch sein,** Vulg. deut. 32, 15. Hieron. in Galat. 4. *v.* 15 u. 16. – m. *Dat.* = gegen etw. **widerspenstig sein, offenbar entgegenhandeln,** Amm. 14, 7, 14 u. a.

re-calco, ātus, āre, **wieder treten, von Neuem** auf etwas **treten,** -etwas **betreten,** humum, Colum. 2, 2, 19: vestigia priora, Apul. met. 6, 19: limen, Prud. cath. 9, 75. – bildl. = **wiederholen,** mysteriis recalcatis, Cod. Theod. 16, 6, 4.

re-calefacio u. (gew.) **re-calfacio,** fēcī, factum, ere, **wieder warm machen, -erwärmen,** Ov. met. 8, 444: im Bild, tepidam recalface mentem, Ov. art. am. 2, 445. – Pass. recalefio u. recalfio, factus sum, fierī, **wieder warm werden,** Scrib. Larg. 271. Cael. Aur. de morb. acut. 2, 10, 63.

re-caleo, ēre, **wieder und wieder-, fort und fort warm sein,** recalent nostro Tiberina fluenta sanguine, Verg. Aen. 12, 35. – übtr., in nostris recales medullis, Auson. prof. 7, 15: ebenso Amm. 28, 1, 7.

recalēsco, caluī, ere (recaleo), **wieder warm werden, -erwärmen,** cum (corpora) motu atque exercitatione recalescunt, Cic. de nat. deor. 2, 26. – bildl., mens recalescit, Ov.: cineres Thessalici incendii (*i.e. proelii*) recaluere, Flor.: r. ex integro (beim Schreiben), Plin. ep.: hāc potione post longam famem recalescentes, Oros. 5, 7, 14.

re-calfacio, -calfīo, s. re-calefacio.

recalvaster, trī, *m.* (recalvus), **nach hinten kahl, mit hoher, kahler Stirn,** Vulg. Lev. 13, 41 (bei Sen. ep. 66, 25 unecht).

recalvātio, ōnis, *f.* (recalvus) = ἀναφαλαντίασις, die **Kahlheit der Stirn,** Vulg. Lev. 13, 42.

recalvities, ēī, *f.* (recalvus) = recalvatio (s. d.) Rufin. Orig. in Levit. hom. 8, 10.

re-calvus, a, um, **mit hoher, kahler Stirn,** frons, Sen. fr. *no.* 62 (bei Hieron. adv. Iovin. 1, *no.* 38 *ed. Migne).* Hieron. c. Rufin. 1, 30. – prägn., v. Pers., senex, Plaut. rud. 317.

recalx, calcis, **nach hinten ausschlagend,** übtr., **sich widersetzend,** Plur. recalces, Commodian. instr. 1, 38, 1; apol. 229.

re-candēsco, canduī, ere, **I weiß aufschäumen,** recanduit unda, Ov. met. 4, 530. – **II** übtr., **weiß aufglühen, entglühen, A** eig.: (tellus) solibus aetheriis altoque recanduit aestu, Ov.: rubuere genae totoque recanduit ore, Ov. – **B** bildl.: recanduit ira, Ov. met. 3, 707.

re-cano, ere, **I zurück-, zu sich singen,** recanat revocetque, Plin. 10, 102. – **II zurück-, hinwegzaubern, die Zauberei vernichten,** Plin. 28, 19.

re-canto, āre, **I** *intr.* **zurückschallen, widerhallen,** nusquam Graecula recantat echo, Mart. 2, 86, 3. – **II** *tr.*: **A singend wiederholen,** saepius nobis iste versiculus recantandus est, Ambros. de virg. 2, 6. § 42. – **B zurückzaubern, wegzaubern,** curas, Ov. rem. 259. – **C widerrufen,** opprobria, Hor. carm. 1, 16, 27.

recapitulātio, ōnis, *f.* (recapitulo), die **Zusammenfassung des Erzählten in den Hauptpunkten,** die **Wiederholung,** Augustin. de civ. dei 15, 21 *extr.* u. a. Eccl. – als rhet. Fig. = ἀνακεφαλαίωσις, Auct. schem. dian. 13. p. 73, 5 H.

recapitulo, āre, u. **recapitulor,** ātus sum, ārī (re u. capitulum), etwas **in den Hauptpunkten zusammenfassen, wiederholen,** Übersetzung des griech. ἀνακεφαλαιόω, Eccl.

re-caveo, cāvī, cautum, ēre, **Gegenkaution leisten,** Cod. Iust. 9, 3, 2. – *Partic.* subst., recauta, ōrum, *n.*, die **Quittung,** Iul. ep. novell. c. 123. § 532. 534. 536.

re-cavus, a, um, **nach innen hohl,** Eccl. – subst., recavum, ī, *n.*, die **Hohlung,** maris (= τὸ κοῖλον τοῦ ὠκεακοῦ), Avien. phaen. 1279.

re-cēdo, cessī, cessum, ere, **I zurücktreten, zurückweichen, sich zurückziehen** (Ggstz. accedere), **A** eig. u. übtr.: **1** eig., v. Pers.: accessit ilico alter, ubi alter recessit, Cato fr.: *Ad.* Pone nos recede. *Co.* Fiat. *Ad.* Nos priores ibimus, Plaut.: r. hinc, r. huc, Plaut.: non sensim, sed citato gradu, Curt.: ab alqo, procul ab alqo, Plaut., ab alqo loco, Quint., ab alqa re, Ov.: ex eo loco, Caes.: vestigio non recedere, nicht von der Stelle weichen, Vell.: de medio, Cic.: non modo illum e Gallia non discessisse, sed ne a Mutina quidem recessisse, Cic.: quantum a conspectu suorum recesserint, Nep.: de tertia vigilia in castra Cornelia r., Caes. – insbes., **sich ins Schlafgemach zurückziehen, schlafen gehen,** Petron. 85, 5. Ov. Ib. 235. – **2** übtr., v. lebl. Subjj.: **a** übh.: ut illae undae ad alios accedant, ab aliis autem recedant, Cic.: calculus recessit retro, Cels.: nebulas recedere iussit, Ov.: montes duo inter se concurrerunt crepitu maximo assultantes recedentesque, Plin. – **b** der Lage nach **zurücktreten, α** v. Örtl. usw.: Anchisae domus recessit, Verg.: quacunque opulenta recessit regia, Catull.: contra parietem medium zotheca perquam eleganter recedit, Plin. ep.: contra mediam fere porticum diaeta paulum recedit, Plin. ep.: ea, quae procul recessere, Curt.: sed hi (Tusci, das tuskische Landgut) procul a mari recesserunt, Plin. ep.: ab eo flumine incipiunt orae paulatim recedere, Mela (u. so ripis longe ac late recedentibus, Mela): Palaestina vocabatur, qua contingit Arabas ... et qua recedit intus, Damascena, Plin.: Magna Graecia in tres sinus recedens Ausonii maris, Plin.: gens Cappadocum longissime Ponticarum omnium introrsus recedens, Plin.: Partiz. subst., longius a mari recedentia, weiter vom Meer zurückliegende Landstriche, Curt. 4, 1, 6. – in der Malerei = **zurück-, in den Hintergrund treten,** pictor vi artis suae efficit, ut quaedam eminere in opere, quaedam recessisse credamus, Quint. 2, 17, 21. – **β** v. Körperteilen: venter recessit, Plin. ep. 3, 6, 2. – **c** v. Örtl., durch unsere Entfernung **zurücktreten = sich aus dem Gesichtskreis verlieren,** provehimur portu, terraeque urbesque recedunt, Verg.: ubi terra recessit, Ov.

B bildl.: **1** v. Pers.: in otia tuta, Hor. sat. 1, 1, 31. – **2** v. Lebl.: studia sapientiae in porticus et gymnasia primum, mox in conventus scholarum recesserunt, Quint.: verba movere loco, quamvis invita recedant, Hor.: anni recedentes, die wieder scheidenden (Ggstz. anni venientes), Hor. – Partiz. subst., haec recta et in nullos flexus recedentia, diese einfachen Sätze, die kein Ablenken vom rechten Wege gestatten, Quint. 10, 5, 12.

II von irgendwo sich **zurückziehen = abziehen, sich entfernen, fortgehen,** etw. **verlassen, A** eig. u. übtr.: **1** eig., v. leb. Wesen: nec vero a stabulis pluviā impendente recedunt longius (apes), Verg.: nec tamen permanent, sed ante finem recedunt, Plin.: im Bild, a veritatis via longe, Lact. 2, 8, 1. – **2** übtr., v. lebl. Subjj.: **a** sich von etwas (mit dem es früher verbunden war) **trennen,** in aliis ossibus ex toto saepe fragmentum a fragmento recedit, Cels.: si ab dentibus gingivae recedunt, Cels.: recedunt carnes ab ossibus, Plin.: recedit caput e cervice u. bl. cervice, Ov. – **b entweichen, entschwinden,** postquam recessit vita patrio corpore, Plaut.: in ventos (die Lüfte) vita od. anima exhalata recessit, Verg. u. Ov.

B bildl.: **1** von Pers.: **a** von etwas sich **entfernen, abgehen, abweichen,** quam (formulam) si sequemur, ab officio numquam recedemus, Cic.: ut iam longius a verbo recedamus, ab aequitate ne tantulum quidem, Cic.: penitus a natura, Cic. – **b** von etwas **abtreten, zurücktreten, sich lossagen,** etw. **aufgeben,** ab armis, die W. niederlegen, Cic.: a vita, sich den Tod geben, Cic.: a iudicio, Quint. – absol., recessit Licinianus, ist zurückgetreten (= hat die Verteidigung aufgegeben), Plin. ep. 4, 11, 12. – **2** übtr., v. Lebl., **a** von etw. **sich entfernen = abgehen, abweichen,** nomen (*hostis*) a peregrino recessit et proprie in eo, qui arma contra ferret, remansit, hat die Bedeutung Fremder verlassen, Cic.: res ab usitata consuetudine recedit, weicht ab, Cic.: u. so r. minimum ab usu cotidiano, Quint. – **b entschwinden, verschwinden, schwinden,** m. bl. *Abl.*, sic numquam corde recedit nata tuo, Stat. – absol., et pariter Phoebes pariter maris ira recessit, Ov.: spes numquam implenda recessit, Lucan.

– **c** rec. ab alqo, jmdm. **verloren gehen,** vom Besitztum usw., cum res (Vermögen) ab eo, quicum contraxisset, recessisset et ad heredem pervenisset, Cic.: sive remanserit (praedium) penes emptorem sive recesserit, ICt.

recello, ere (re u. *cello), **I** *intr.* **zurückschlagen, -fahren, -schnellen,** terra retro recellit, Lucr.: cum (ferrea) manus gravi libramento recelleret ad solum, Liv. – **II** *tr.* **zurückbeugen,** nates, Apul.: totum corporis pondus in postremos poplites, Apul. – ► Perf. reculit u. reculsit, Not. Tir. 71, 77 u. 79.

re-cēno, āvī, āre, **wieder speisen,** Macr. sat. 3, 17, 13 (Eyssenh. cenasse).

recēns, entis, **frisch, neu, jung** (Ggstz. vetus), **I** *Adi.:* **A** eig., der Zeitdauer nach: **α** absol.: caespes, Caes.: lac, Ov.: aqua, Ov.: catulus, frisch geworfenes, Varro: odium, Liv.: declinationes priscae, iuniores, recentes, Varro LL.: Cato, der jüngere (dem Zeitalter nach), Sen.: his recentibus viris, neuere, die vor Kurzem gelebt haben u. noch leben, Cic.: so auch Graeci recentiores, Cic.; u. subst. recentiores, die Neueren (v. Schriftstellern), Cic. u. Plin.: memoria (Zeiten) recentior, Cic.: epistula recentissima, Cic.: dah. recenti re, Plaut. u. Cic. od. recenti negotio, Cic., od. in recenti, ICt., auf frischer Tat, sogleich: hanc ipsam recentem novam (rem) devoravit, das Neue, das ihm erst kürzlich zugefallen, Cic. – *neutr. pl.* subst., in his ipsis vetusta (längst Vergangenes), recentia (eben Vergangenes), Cic. part. or. 37. – **β** m. *ab* u. Abl., **frisch von oder nach = unmittelbar von oder nach, sogleich-, bald nach,** pullus recens a partu, Varro: recens a vulnere Dido, die frisch verwundete, Verg.: qui recens ab illorum aetate fuit, Cic.: viri a dis recentes, unmittelbar von den Göttern abstammend, Sen.: Hannibalem recentem ab excidio Sagunti Iberum transire, Liv.: haec vox est, a qua recens sum, die ich noch frisch im Gedächtnis habe, Sen. – **γ** m. *ex* u. Abl., **unmittelbar-, eben erst aus,** cum e provincia recens esset, Cic. I. Verr.. 5. – **δ** m. *in* u. Abl.: r. in dolore, noch frisch im Schmerz, Tac.: recentior in dolore, Rhet. Her.: quaedam (verba) in usu perquam recentia, Quint. – **ε** m. bl. *Abl.:* recens dolore et irā, eben noch von Schmerz u. Zorn bewegt, Tac. – recens victoriā, sogleich nach dem S., Tac.: ebenso recens praeturā, Tac. – tepidā recens caede locus, noch frisch rauchend vom Mord, Verg. – mit *Abl.* der Städten. zur Ang. woher? Regini quidam eo venerunt, Romā sane recentes, unmittelbar von Rom aus, Cic. ad Att. 16, 7, 1. – **B** übtr., den Kräften nach **frisch, kräftig, rüstig** (Ggstz. defatigatus, fessus, defessus), v. Soldaten, Caes., Liv. u. a.: verb. integri et recentes, recentes atque integri, Caes. – von Pferden, Liv. u. Ov. – v. Lebl., animus (consulis), Liv.: clamor, lebhaftes, Plin. pan. – recentioribus viribus, Auct. b. Afr. – ► *Abl. Sing.* gew. recenti, bei Dichtern zuw. recente, wie Ov. fast. 4, 346. – *Genet. Plur.* gew. recentium, bei Dichtern bisw. recentum, wie Hor. carm. 1, 10, 2. Sil. 15, 601. – **II** *Adv.*, **frisch,** d. i. **eben erst, nur, neuerdings, jüngst, unlängst,** quod recens audivimus, Rhet. Her.: puer recens natus, Plaut.: Octavius recens natus, Suet. (Plur. subst. recens nati, Neugeborene, Gell. u. Lact.): corpora nova et recens nata, Lact.: animalia recens edita, Lact.: sole r. orto, Verg.: coria r. detracta, Sall. fr.: r. ad Regillum lacum accepta clades, Liv.: r. acceptum vulnus, Tac.: Roma r. condita, Sen.: r. domiti Isauri, Sall. fr. Vgl. recenter. – *Superl.* recentissime, Plin. 18, 192 u. Iustin. 30, 4, 8.

re-cēnseo, cēnsuī, cēnsītum u. cēnsum, ēre, wiederholt, sorgfältig, Mann für Mann, Stück für Stück in Bezug auf Beschaffenheit, Zahl, Vollständigkeit **prüfen, in Augenschein nehmen, mustern, durchgehen, durchzählen, I** eig., als milit. *t. t.:* exercitum, legiones, Liv.; vgl. haec (peditum milia CCXL) in Aeduorum finibus recensebantur numerusque inibatur, wurden gemustert und gezählt, Caes.: r. captivos praedamque, Liv.: captivos, quot cuiusque populi essent, Liv.: biduo acceptam cladem, Liv. – als publiz. *t. t.,* v. Zensor, equites (Ritter), Liv.: qui recensiti non essent, die nicht durch den Zensus in die Liste (derer, die auf öffentliche Kosten Getreide erhielten) aufgenommen worden wären, Suet. – als ökon. *t. t.,* v. Hausvater od. Verwalter, pecus et familiam, Colum.: vestem servitiorum et ferramenta bis singulis mensibus, Colum.: vellera ad numerum pecoris, Colum. – u. übh., captivos ordine pisces, Ov. – **II** übtr.: **A** **durchgehen, durchlaufen,** signa, v. der Sonne, Ov. fast. 3, 575. – **B** insbes.: **1** in Gedanken **durchgehen, durchmustern, überdenken,** ab initio loca haec, Quint.: omnem suorum numerum carosque nepotes fataque fortunasque virum, Verg.: cum animo suo memoriam alcis, Min. Fel. 1, 1. – **2** mit Worten **durchmustern,** der Reihe nach **hererzählen,** fortia facta, Ov.: haec, Apul.: m. folg. *Acc.* u. *Infin.*, Curt. – absol., referente alio ... ipso recensente, Plin. ep. – **3** kritisch **durchmustern, besprechen,** ut (poëmata) post recenserentur, Gell. 17, 10, 6.

recēnsio, ōnis, *f.* (recenseo), die **Musterung** des Zensors, Cic. Mil. 73 (vgl. Cic. Cael. 78): zur Getreideverteilung, Suet. Caes. 41, 3.

recēnsītio, ōnis, *f.* (recenseo), **I** = recensio, die **Musterung,** servorum, Ulp. dig. 10, 4, 3. § 7. – **II** übtr., das **Durchgehen,** historiae veteris, Chalcid. Tim. 4.

recēnsus, ūs, *m.* (recenseo), **I** = recensio, die **Musterung,** equitum recensum habere, v. Zensor, Liv. 44, 16, 8 H. (Weißenb. censum): recensum (populi) agere, v. Zensor, Liv. epit. 115, zur Getreideverteilung, Suet. Caes. 41, 3. – **II** übtr., das **Überdenken,** vitae, Tert. de anim. 58.

recentārius, iī, *m.* (recens), der **Verkäufer von mit Schnee gekühltem Wein,** CIL 5, 6216 (in einer christl. Inschrift).

recenter, *Adv.* (recens), **neuerdings, ganz frisch, eben erst,** rec. capti turdi, Pallad. I, 26, 2: rec. lecta poma, Pallad. 5, 4, 3: quam recentissime stercorato solo, Plin. 18, 192: res recentissime gestae, Iustin. 30, 4, 8.

recentor, ārī (recens) = ἀνανεοῦσθαι, **sich erneuern, sich verjüngen,** Matius fr. 2 M.; vgl. Gell. 15, 25, 1. Non. 167, 16.

Recentoricus ager, ī, *m.*, ein röm. Staatsgut in Sizilien, Cic. de lege agr. 1, 10 *sq.* u. 2, 57.

receptābilis, e (recepto), für etw. **zugänglich,** einer Sache **fähig,** m. *Genet.*, passionis, Ambros. epist. 44. § 1.

receptāculum, ī, *n.* (recepto), Ort zur Aufnahme eines Ggstds., **I** im Allg., **Behältnis, Behälter,** r. cibi et potionis (v. Magen), Cic.: aliquod animi r. (v. Körper), Cic. – für Waren u. Getreide, **Stapelplatz, Magazin, Niederlage,** Liv. u. Tac. – für Flüssigkeiten, cloaca maxima, receptaculum omnium purgamentorum urbis, Abzugsgraben, Liv.: Nili, Abzugskanal für das Nilwasser, Tac.: aquae, Aufbewahrungsort, Behälter für das W. übh., ICt., u. bes. Einfang, Röhrkasten (immissarium), Vitr. – für Tiere, avium, Colum.: aquatilium animalium (ἰχθυοτροφεῖον), Colum. – **II** insbes., der **Schlupfwinkel, Schutzort, Zufluchtsort, Sammelort,** Flüchtiger, militum Catilinae, Cic.: aratorum, Cic.: clarorum virorum receptacula, Ruhesitze (v. Landgütern), Plin. pan.: receptaculum esse classibus nostris, Cic., fugientibus, Liv., fugae, adversae pugnae, Liv.: receptaculo esse hostibus, Liv. – perdices spinā et frutice sic muniunt receptaculum, ut etc., ihren Z., vom Nest, Plin. 10, 100. – übtr., (mors) aeternum nihil sentiendi r., Zuflucht, Cic. Tusc. 5, 117.

receptātor, ōris, *m.* (recepto), der **Aufnehmer** der Diebe, Räuber usw., der **Hehler,** ICt. – übtr., v. Örtlichkeiten, Rhenus r. hostium et defensor, Flor. 3, 10, 9. Vgl. receptor.

receptātrīx, trīcis, *f.* (Femin. zu receptator), die **Aufnehmerin,** alterius boni, Hieron. Did. de spir. sanct. 5.

receptibilis, e (recipio), **I** **wiedererlangbar** (Ggstz. amissibilis), Augustin. de trin. 15, 13. Vulg. Sirach 2, 5. Cassiod. de anim. 2 *extr.* – **II** **annehmbar, begreiflich,** nobis verbum incarnatum factum est receptibile, Augustin. in psalm. 109, 12.

receptīcius, a, um (recipio), **I** durch Stipulation **vorbehalten, stipuliert,** servus r., der der Frau bei Übergabe der dos als ausschließliches Eigentum stipuliert ist, Cato oratt. 32. § 1 (vgl. Gell. 17, 6. § 5 *sqq.*). – dos r., deren Rückfall für den Todesfall der Frau stipuliert ist, Gaius dig. 39, 6, 31. § 2. – **II** zur Übernahme gehörig, **Übernahme-,** actio, Klage auf Schadenübernahme (die Klage gegen einen Wechsler auf Bezahlung der von ihm übernommenen fremden Schuld), Cod. Iust. 4, 18, 2.

receptio, ōnis, *f.* (recipio), **I** das Zurückbehalten, bildl., der **Vorbehalt,** Ulp. dig. 8, 4, 10. – **II** die **Aufnahme,** quid tibi hunc receptio ad test (= te est) meum virum? Plaut. asin. 920 G. u. L. – bes. die **heimliche Aufnahme,** Cod. Iust. 12, 51, 17: David (des D.), Ambros. in Luc. 5. § 38.

recepto, āvī, ātum āre (*Intens.* v. recipio), **I rasch zurücknehmen, A zurückziehen, 1** *tr.:* hastam, Verg. Aen. 10, 383. – **2** *refl.* se rec., **sich rasch zurückziehen, rasch zurückweichen, a** v. Pers.: se in tectum, Ter. heaut. 968. – **b** (poet.) übtr., v. Lebl., Saturni sese quo stella receptet, sich zurückwende, Verg. georg. 1, 336: u. v. Örtl., qua multā litus se valle receptat, wo das Ufer zu häufigen Buchten zurückweicht, Pers. 6, 8. – **B zurück-, wieder aufnehmen,** quod missum est ex aetheris oris, Lucr.: placido natura receptat cuncta sinu, Lucan.: corpus (convalescens) paulatim redit in sensus animamque receptat, Lucr. – **II** häufig-, gewöhnlich **(zu sich, bei sich) aufnehmen,** alcis filium ad se, Ter.: mercatores, Liv. – von schützender Aufnahme im Asyl, eodem subsidio obaerati adversum creditores receptabantur, Tac. ann. 3, 60. – v. Lebl., amnis progressus ulterius arenis bibitur et receptatur, Itin. Alex. 38 (87).

receptor, ōris, *m.* (recipio), **I** der **Wiedereroberer,** orientis, Aurel. imp. bei Vopisc. Aur. 26, 7: orientis occidentisque, Eutr. 9, 13. – dah. der **Befreier** aus der Knechtschaft, civium, Prud. cath. 12, 144. – **II** der **Aufnehmer, a** im üblen Sinne, der **Hehler, α** m. *Genet.:* praedarum, Tac. ann. 4, 23: abigeorum, ICt.: furum, ICt.: latronum conscii et receptores, Firm.: übtr., ipse ille latronum occultator et receptor locus, Cic. Mil. 50. – **β** absol. v. Diebeshehler, ICt. – **b** im guten Sinne, hospitii, Ambros. in Luc. 6. § 66 *extr.*

receptōrius, a, um (receptor), **zur Aufnahme geeignet, I** *adi.:* locus, Tert. de res. carn. 27. – **II** *subst.,* receptōrium, iī, *n.,* der **Aufenthaltsort,** die **Herberge,** Sidon. epist. 5, 17, 10.

receptrīx, trīcis, *f.* (Femin. zu receptor), die **Aufnehmerin, I** im Allg., Apul. de mund. 19. Chalcid. Tim. 278: anima r. salutaris verbi, Ambros. in Luc. 8. § 52. – **II** insbes., im üblen Sinne, die **Hehlerin,** furtorum, Cic. Verr. 4, 17 u. 5, 160.

1. **receptus,** a, um, *PAdi.* (v. recipio), **allgemein angenommen, gewöhnlich,** persuasio, Quint.: auctoritas receptior, Tert.: receptior apud ecclesias epistula Barnabae, Tert.: scriptores receptissimi, gewöhnlichsten, glaubwürdigsten, Solin.: suavissimus et receptissimus poëta, Tert.: litterae receptissimae philosophorum, Tert.: receptissimā inclaruit lege, Amm. – *neutr. plur.* subst., sequi maxime recepta, sich nach dem ganz allgemein Angenommenen richten, Quint. 9, 1, 9.

2. **receptus,** ūs, *m.* (recipio), **I** das **Zurückziehen, Zurücknehmen, A** eig.: spiritus, Quint. 11, 3, 53; vgl. *ibid.* § 32. – **B** bildl., die **Zurücknahme,** nimis pertinacis sententiae, Liv. 4, 57, 4. – **II** das **Sich-Zurückziehen, A** im Allg.: **1** übtr.: **a** der **Rücktritt,** receptus recursusque maris, Ebbe u. Flut, Eumen. pan. Const. Caes. 6, 4. – **b** meton., der **Zufluchtsort,** perdices spineis fruticibus receptus suos vestiunt, Solin. 7, 29. – **2** bildl.: **a** der **Rücktritt, Rückschritt,** non tutissimus a malis consiliis r., Liv.: eo processuras (civitates), unde receptum ad paenitendum non haberent, Liv. – **b** insbes., die **Zuflucht,** r. ad Caesaris gratiam atque amicitiam, Caes.: r. tutus ad expertam clementiam, Liv. – **B** als milit. *t. t.,* der **Rückzug, Rückmarsch,** Caes. u. a.: signum receptui dare, Liv.: receptui canere, Caes. u. a.: si receptui cecinisset, unpers. = wenn es zum R. geblasen hätte, Liv.: im Bild, canere receptui a miseriis, sich zurückziehen, seinen Geist abziehen von usw., Cic. Tusc. 3, 33: poet., iussos canere receptus, Ov. met. 1, 340: im Bild, cane, Musa, receptus, lass ab, höre auf, Ov. trist. 4, 9, 31.

recessa, ae, *f.* (recedo), die **Ebbe** des Meeres (Ggstz. accessa), Isid. de ord. creat. 9, 7.

recessim, *Adv.* (recedo), **rückwärts,** cedere, Plaut. Cas. 443: cunas recessim rursum vorsum trahere et ducere, Plaut. Amph. 1112: rec. moveri, Chalcid. Tim. 45 A u. 235.

recessio, ōnis, *f.* (recedo), das **Zurückgehen, Zurückweichen, a** einer Pers., Hieron. in Matth. 2, 12, 26 u. a. Eccl. – **b** des Windes, Plur., Vitr. 1, 6, 9.

recessor, ōris, *m.* (recedo) = anachorita, der **Einsiedler, Eremit,** Gloss. II, 169, 24 *margo.*

1. **recessus,** a, um, *PAdi.* (v. recedo), **zurückgezogen,** scaena recessior, mehr zurückstehende, zurückgedrängte, Vitr. 5, 7, 2.

2. **recessus,** ūs, *m.* (recedo), **I** das **Zurückgehen,** der **Rückgang, Rücktritt, Rückzug,** (Ggstz. accessus, processus), **1** eig. u. übtr.: **a** eig., v. leblosen Wesen, **Rückgang, Rückkehr, Heimkehr** (Ggstz. processus, Treb. Poll. Gall. 17, 3), hiemem opperiri nec sicut aestivas aves statim auctumno tecta ac recessum circumspicere, Liv. 5, 6, 2: recessum primis ultimi non dabant, die letzten Glieder machten den vorderen jedes Weichen unmöglich, Caes. b. G. 5, 43, 5. – **b** übtr., v. Lebl.: lunae accessus et r., Annäherung (an die Sonne) und Entfernung (von ihr), Cic.: (aestuum marinorum) accessus et r., Anströmen u. Abströmen, Flut u. Ebbe, Cic. – **2** bildl.: natura bestiis dedit cum quodam appetitu accessum (instinktartige Neigung) ad res salutares, a pestiferis recessum (ein Sich-Abneigen oder Abwenden), Cic. de nat. deor. 2, 34: processus et recessus crescens simul et decrescens, Salv. adv. avar. 1, 1, 4. – u. das Bild vom milit. Rückzug entlehnt, tum accessus (Anläufe) ad causam, tum recessus (Rückzüge), Cic.: strenua ingenia, quo plus recessus sumunt, hoc vehementiores impetus edunt, je weiter sie sich in Ruhe zurückziehen, Val. Max.: ut metus recessum quendam animi et fugam efficiat, ein gewisses Sich-Zurückziehen und Entweichen des Mutes, Cic. – **II** meton., v. zurückstehenden-, zurücktretenden Örtlichkeiten, **1** eig.: **a** die **Einbiegung, Höhlung, Vertiefung,** der **Hintergrund,** processus singulorum et recessus, Vorsprünge und Einbiegungen der einzelnen Körperteile, Cels.: oris, Quint.: gemmae, Plin.: aprici montium recessus, Berghöhlen, Plin.; vgl. spelunca vasto submota recessu, Verg.: Oceanus Europam recessibus crebris excavans, Meerbusen, Plin. – **b** ein abgeschiedener-, einsamer-, entlegener Ort, als **Zurückgezogenheit,** mihi solitudo et recessus provinciae est, Cic. – als sicheres **Versteck,** nos terrarum ac libertatis extremos recessus ipse ac sinus (Bucht, Hafen) famae in hunc diem defendit, Tac. Agr. 30: tuti recessus, Verg. – als **inneres,** dem Geräusch der Welt fernes **Gemach** eines Hauses, domus in multos diducta recessus, Quint.: marmoreo superi sedere recessu, Geheimgemach, Ov. – als abgelegener **Platz, Winkel,** Phrygiae recessus (Löcher) omnes atque angulos peragrasti, Liv.: descripto in omnes recessus maris praesidio navium, Vell. – magni recessus, ausgedehnte Parkanlagen, Curt. 7, 2 (8), 22. – **2** bildl.: in animis hominum tanti sunt recessus, Winkel, Falten, Cic.: grammatica, plus habet in recessu, quam fronte promittit, hat mehr im Hintergrund, Quint.: u. das Bild vom Hintergrund der Gemälde, sed habeat tam illa in dicendo admiratio ac summa laus umbram aliquam et recessum, quo magis id, quod erit illuminatum, exstare atque eminere videatur, Cic. de or. 3, 101.

rechamus, ī, *m.* = trochlea superior, der **erste Kloben** am Hebezeug oder Flaschenzug (sowie artemon der dritte), Vitr. 10, 2, 1 u. 2.

recidīvātus, ūs, *m.* (recidivus), die **Wiederherstellung, Erneuerung,** carnis, Tert. de anim. 28 u. a.

recidīvus, a, um (recīdo), **rückfällig,** bildl. = **wiederkehrend, wieder zum Vorschein kommend,** febris, Cels. u. Plin.: semina, Mela. – poet., Pergama, wiederauflebend, neu erbaut, Verg.: gens Phrygum, wiedererstehend (v. den Römern), Sil.

1. **recido,** cidī, cāsūrus, ere (re u. cado), **I zurückfallen, A** eig.: recidunt omnia in terras, Cic.: ramulus in oculum recidit, schnellt-, prallt zurück, Cic.: ea ipsa (saxa) multorum manibus convulsa in eos, qui commoverant, recidebant, Curt.: instabili et lubrico gradu praecipites recidebant, Curt.: (navis) etsi recta reciderat, wieder aufgefallen war, Liv. – **B** übtr.: **1 zurückfallen, a** v. Pers., in einen Zustand **zurückfallen, -sinken, -versetzt werden, -kommen,** in graviorem morbum, Liv.: u. absol. (u. übtr.), ne recidam, damit ich keinen Rückfall bekomme, Cic.: ebenso in eandem imbecillitatem cito, Cels. – in eandem fortunam, Cic.: in antiquam servitu-

tem, Liv. – b v. Lebl.: α **zurückkommen, wieder eintreten,** v. Fieber, Plin. 28, 228. – β an jmd. **zurückfallen,** post interitum Tatii cum ad eum (*sc.* Romulum) potentatus omnis recidisset, Cic. de rep. 2, 14 (Müller reccidisset). – γ auf jmd. **zurückfallen,** jmb. **ebenfalls treffen,** hunc casum ad ipsos recidere posse, Caes. – bes. auf den Urheber, auf des Urhebers Haupt, omnes in te istaec recident contumeliae, Plaut.: ut huius amentiae poena in ipsum eiusque familiam recidat, Cic.: consilia in ipsorum caput recidentia, Liv. – 2 aus einem besseren Zustand in den entgegengesetzten gleichs. **zurück-,** zu oder in etwas **herabsinken, herabkommen,** quam cito illa omnia ex laetitia et voluptate ad luctum et lacrimas reciderunt, Cic.: ex quantis opibus quo recidissent Carthaginiensium res, Liv.: ex liberatore patriae ad Aquilios se recidisse, Liv. – r. ad nihilum, ad nihil, Cic.: in eam fortunam (v. König), Liv.: ad hanc fortunam, Auct. b. Hisp.: spes ad querelam recidit, schlägt in Klage um (geht in Kl. über), Phaedr.: ne sineret regiae maiestatis imperium eo recidere, Liv.: eo res ista culpā docentium recidit, ut etc., Quint. – II **hinfallen,** A eig.: humi recidens, auf die Erde hinfallend, Apul. met. 1, 11 *extr.* – B übtr.: 1 wohin **fallen, geraten,** in periculum, Curt.: ad ludibrium, dem Gespött anheimfallen, Curt.: omnis impensa in cassum recidit, Colum.: quorsum recidat responsum tuum (wie deine A. ausfällt), non magno opere laboro, Cic. Rosc. com. 43. – 2 in eine Zeit **hineinfallen,** v. Ereignissen, in nostrum annum, Cic.: in aliorum consulum vigiliam, Cic. – 3 jmdm. **anheimfallen,** jmdm. als Eigentum usw. **zufallen,** artem musicam recidere in paucos, Ter. Hec. prol. alt. 39: in unum recidit ius omnium, ICt.: recidit in alqm hereditas, ICt. – ► re bei den Dichtern lang gemessen und dah. reccido geschr. (Müller auch Cic. de rep. 2, 14 reccidisset), z. B. Lucr. 1, 857. Ov. met. 6, 212. Iuven. 12, 54. – Partiz. Fut. Akt. recāsūrus, Cic. ad Att. 4, 18, 4 (4, 16, 12). Suet. Aug. 96, 2. Gaius inst. 1. § 127 u. 146 u. a.

2. recido, cīdī, cīsum, ere (re u. caedo), I **wegschneiden, abschneiden, abhauen, auschneiden,** 1 eig.: a lebl. Obij.: alci pollicem, Quint.: vepres, ausrotten, Cato: fustes, Hor.: caput, Ov.: ceras inanes, Verg.: columnas, brechen (im Steinbruch), Hor.: vulnus ense, Ov.: gramina morsu, abbeißen, Calp.: e silva hastile, Ov.: sceptrum imo de stirpe, Verg.: inde (= a virili membro) pelliculam, die Vorhaut lostrennen, Porphyr.: ab ignota vultus cervice, die Köpfe absäbeln, Lucan. – b (poet.) leb. Wesen, **niederhauen,** coloni cuncti simul ense recisi, Lucan. 2, 194. – 2 übtr., **ausrotten, tilgen, beseitigen,** nationes, Cic.: culpam supplicio, Hor.: perquam multa ex orationibus eius, streichen, Quint.: quidquid obstat imperio, Curt. – II **verschneiden,** A = **beschneiden,** 1 eig.: ungues, Plin. u. Curt.: capillos, Plin. ep.: comas, Mart.: barbam falce, stutzen, Ov. (vgl. im Bild magnis parva falce simili, Hor.): malleolos ad imum articulum, Plin.: arbores usque ad medullam securibus, behauen, Pallad. – 2 übtr., **beschneiden, verkürzen, beschränken,** ambitiosa ornamenta, Hor.: mirmillonum armaturas, Suet.: nimiam loquacitatem, Quint.: velut recisam (esse) ornandi potestatem, es seien der Beredsamkeit gleichsam die Flügel beschnitten worden, Quint.: recideret onme quod ultra perfectum traheretur, Hor.: quid enim prohibere et priscum ad morem recidere aggrediar? auf die alte Sitte zu beschränken, Tac.: (ea) recisa ac repurgata in unum librum coartasse, Plin. ep. 1, 20, 8. – B **verschneiden = zerschneiden,** mala Cydonia in brevissimas particulas Pallad. 10, 20, 1.

re-cingo, cīnxī, cīnctum, ere, I **aufgürten, losgürten, lösen,** zonam (Jungfrauengürtel), Ov.: tunicas, Ov.: vestis recincta, losgegürtet, frei herabhängend, Verg. u. Val. Flacc. – medial recingor, ich gürte mich los, ziehe mich aus, Ov.: recingi ferrum, den Degen ablegen, Val. Flacc.: sumptum recingitur anguem, legt die Schlange ab, womit sie gegürtet war, Ov. – II **wieder gürten;** dah. recingi, **wieder zum Heeresdienst berufen werden,** Amm. 31, 12, 1.

rēcīniātus, s. rīcīniātus.

recīnium, s. rīcīnium.

recino, ere (re u. cano), I **widertönen, widerhallen,** A *intr.*: in vocibus nostrorum oratorum recinit quiddam et resonat urbanius, Cic. Brut. 171: parra recinens, ihren hallenden Ruf hören lassend, Hor. carm. 3, 27, 1. – B *tr.* **widertönen-, widerhallen lassen,** a v. Echo, cuius recinet iocosa nomen imago, Hor. carm. 1, 12, 3. – b als Sänger auf einen Gesang gleichsam als Echo widertönen lassen, **im Gegengesang-, im Wechselgesang preisen,** curvā lyrā Latonam, Hor. carm. 3, 28, 11. – c wie ein Echo **fort und fort erschallen-, -hören lassen,** haec recinunt iuvenes dictata senesque, finden Anklang bei jung u. alt, Hor. ep. 1, 1, 55. – II **widerrufen,** increpitu indignatum amorem recinendo placare, Apul. de deo Socr. 19.

reciperātio, reciperātivus, reciperātor, recipero, s. recuperātio etc.

recipio, cēpī, ceptum, ere (re u. capio), I **zurücknehmen,** A = **zurückziehen, -holen, -bringen** u. dgl., 1 eig.: a lebl. Obj.: ensem, wieder herausziehen, Verg.: u. so sagittam ex altera parte, Cels. – spiritum, zurück-, einziehen, Quint. – ad limina gressum, sich zurückbegeben zu usw., Verg. – b persönl. Objj.: alqm medio ex hoste, zurück-, herausholen, Verg. Aen. 6, 111. – bes. als milit. *t. t.,* Truppen **zurückziehen, zurückgehen lassen,** milites defessos, Caes.: exercitum, Liv.: equitatum navibus ad se intra munitiones, Caes. – u. *refl.,* se recipere u. (bei Enn. u. Plaut.) bl. recipere, **sich zurückziehen, sich zurück-, nach Hause** usw. **begeben, zurückkehren, zurückgehen, zurückweichen** (Ggstz. procedere), sowohl übh., Plaut. u. Cic.: se ex alqo loco, Plaut. u. Cic.: se ad alqm, Plaut. u. Cic.: se a pabulo in stabulum (v. Rindvieh), Plaut.: se a cena in lecticulam, Suet.: se domum, Plaut. u. Caes.: r. in portum, Plaut.; insbes. als milit. *t. t.,* se hinc, se inde, se ex alqo loco, se ad od. in alqm locum, se alqo ad alqm, Caes., Liv. u. a.: se sub murum, Caes.: se intra munitiones, Caes.: recipi inter principia legionum, Veget. mil. – 2 übtr.: a übh.: vocem ab acutissimo sono usque ad gravissimum sonum, Cic. – *refl.,* se rec., **sich zurückziehen, -wenden,** se ad ingenium vetus suum, Plaut.: se ad bonam frugem, Cic.: se ad reliquam cogitationem belli, Caes.: se a voluptatibus in otium, Plin. pan.: se in principem, wieder die Herrenmiene (stolze Fürstenmiene) annehmen, Plin. pan. – b als *t. t.* der Geschäftssprache, etw. beim Verkauf usw. zurückbehalten = **sich vorbehalten** (vgl. Gell. 17, 6, 6), posticulum, Plaut.: ruta caesa, Cic.: recipitur mit folg. *Infin.,* pascere, Cato: mit *Dat.,* sibi alqd, Cic.: aqua domini usioni recipitur, Cato. – c aus der Hand, -Gewalt des Feindes gleichs. **zurückführen, -holen, retten, befreien,** alqm ex hostibus, ex servitute, Liv.: recepti aliquot cives sociique, qui in hostium potestate fuerant, Liv.: corpus saeva de morte receptum, Val. Flacc.

B zurücknehmen = **wiedernehmen, zurückbekommen, -erhalten, wieder bekommen, -erhalten** (Ggstz. dare, credere, tradere, perdere, amittere), 1 eig.: r. merita (Ggstz. dare m.), Cic.: quod recipis (Ggstz. quod [mutuum] das), Mart.: r. centum talenta (Ggstz. credere c. t.). Quint.: r. arma (Ggstz. tradere a.), Liv.: r. obsides, Caes.: quem moriturum miserat militem victorem recipit, Vell.: totidem, quot dixit, verba recepit (durchs Echo), Ov. – u. so durch Vertrag, Übergabe, Eroberung **wiedererlangen, wieder an sich bringen** (vgl. Fabri Liv. 23, 11, 7), r. Tarentum (Ggstz. Tarentum perdere, amittere), Cic.: quasdam civitates extra Macedoniam, Liv.: suas res amissas, Liv. – und Weggelegtes **wieder an sich nehmen, wieder aufnehmen,** r. arma (Ggstz. deponere), Curt. – u. **wieder** im Staat **aufnehmen,** reges, Liv.: Ciceronem (Ggstz. expellere C.), Vell. – 2 übtr., **wieder bekommen, wieder** zu etwas **kommen,** antiquam frequentiam (v. einer Stadt), Liv.: vitam herbis fortibus, Ov. – vires corporis, Curt.: anhelitum, wieder Atem schöpfen, -holen, Plaut.: recipere animam, Ter. u. Quint.: spiritum, Flor.: paulatim spiritum ac vocem, Curt.: u. r. animum, teils physisch zur Besinnung kommen, von Ohnmächtigen (Ggstz. linqui animo), teils u. gew. geistig, r. animum (animos), wieder Mut bekommen, sich erholen, a od. ex pavore, Liv. – *refl.* se rec., **sich erholen** sowohl körperl., se difficulter, v. Tieren, Varro r. r. 2, 5, 17, als bes. geistig, vom Staunen, Schreck usw. **sich erholen, sich sammeln,** Cic. u. a.: se ex terrore, ex timore, ex fuga, Caes.: nondum totā me mente recepi, Ov.

II etw. **entgegennehmen, aufnehmen, an sich nehmen,** 1 eig.: a übh. **an** od. **in sich aufnehmen,** recepi litteras tuas, habe entgegengenommen (= empfangen), Plin. ep. – ferrum, gladium, das Mordwerkzeug in die Brust aufnehmen, den Todesstreich empfangen (als *t. t.* der Fechtersprache), Cic. und Sen. (s. Gronov Sen. ep. 7, 5): u. so totum telum corpore, Cic.: ense recepto, Lucan.: und ähnlich necesse erat ab latere aperto tela recipi, man von den G. getroffen wurde, Caes. – receptus intra os (in den Mund genommen) sedat sitim (v. einem Stein), Solin.: u. so intra os receptus liquescit, Solin. – v. Tieren, frenum, den Z. annehmen, sich gefallen lassen, Hor. ep. 1, 10, 36. – v. Gewässern, fluvium (v. Meer), Plaut.: Mosa parte quadam ex Rheno recepta, quae etc., sich vereinigend mit einem Teil des Rh., der usw., Caes. – v. Arzneimitteln, die und die Stoffe in sich aufnehmen, mit dem und dem **versetzt werden,** tantum mellis, quantum etc., Scrib. Larg. – v. Wunden, vulnera cicatricem vix recipiunt, setzen an, Cels. 4, 16 (9). – **b** bei sich, in eine Örtl. **aufnehmen** (Ggstz. alqm excludere), **α** m. bl. *Acc.*, von Pers., Xerxen, Cic.: alqm libentissimo animo, Caes. – v. Örtl., perterritos (von Schanzen), Caes.: hos (v. Hafen), Caes.: nisi nos vicina villa recepisset, Hor. – **β** m. *ad* u. Akk.: alqm ad se, Komik. u. Suet.: alqm ad epulas, Cic. – **γ** m. *in* u. Akk.: alqm in aedes, Plaut.: alqm in civitatem, Cic. – im Passiv m. *in* u. Abl., recipi in loco, Plaut.: in equis, Auct. b. Hisp.: in parte tori recepta, Ov. – **δ** m. *inter* u. Akk.: alqm inter suos, Curt. 4, 6 (27), 15. – **ε** mit *intra* u. Akk., quos intra Syracusanam insulam recepit, Cic. Verr. 4, 144. – **ζ** m. bl. *Abl.*: alqm tecto, Caes., tectis ac sedibus suis, Cic.: moenibus, Sall.: receptus terrā Neptunus, Hor.: recipi equis, auf die Pf. genommen werden, Auct. b. Hisp. 4, 2: eo (*sc.* myoparone) receptus, an Bord genommen, Auct. b. Alex. 46, 7. – **η** m. Orts-*Acc.*: alqm Acheruntem, Plaut.: alqm domum suam, Cic., domum ad se hospitio, Caes. – **θ** mit 1. *Supin.*: senem sessum, Cic. de sen. 63: intra ianuam comisatum fratrem, Liv. 40, 10, 4. – **ι** absol.: qui receperant, Caes. b. c. 1, 76, 4: u. bl. recipi, an Bord genommen werden, Caes. b. c. 2, 44, 1 (vgl. oben *no.* ζ). – **c in Besitz nehmen, erobern,** oppidum, civitatem, Caes.: rem publicam armis, Sall.: Rhodum, Aegyptum Ciliciamque sine certamine, Iustin.: Alciden terra recepta vocat, die eroberte, errungene E., Prop. – **d** als *t. t.* der Geschäftsspr., irgendeinen Ertrag von etwas **einnehmen, erhalten,** dena milia HS ex molle, Varro: pecuniam ex novis vectigalibus, Cic. – 2 übtr.: a übh. **aufnehmen, auf sich nehmen,** ista dicta in aures, Plaut.: iusiurandum oblatum, Quint.: r. in se religionem, auf sich laden, Liv. – **b** in einen Stand, Verhältnis usw. **aufnehmen,** alqm in ordinem senatorium, Cic.: alqm in numerum deorum od. amicorum, Curt.: alqm in fidem, Cic. u. a.; vgl. recepti (*sc.* in fidem) Cherusci, Vell.: r. alqm in deditionem, Caes. u. a., in ius dicionemque, Liv.: alqm in parem iuris libertatisque condicionem, Caes.: alqm in id fastigium, zu dieser Würde zulassen, Curt.: alqm in amcitiam, Sall.: Cyri filiam in matrimonium, Iustin. – alqd in mores, Quint.: in usum recepti (tropi), in den Gebrauch aufgenommene, gebräuchliche, Quint.: u. so sequi maxime recepta, sich nach dem Gebräuchlichsten richten, Quint. – tres recepti scriptores iamborum, in den Kanon (unter die Klassiker) aufgenommene, Quint. 10, 1, 59. – **c annehmen, gestatten, gutheißen, zulassen** (Ggstz. respuere, aspernari u. dgl.), antiquitas recepit fabulas, haec aetas autem respuit, Cic.: assentatio nocere nemini potest, nisi ei, qui eam recipit atque eā delectatur, Cic.: nullam excusationem receperunt, Sen. – v. lebl. Subjj., nec inconstantiam virtus recipit nec varietatem natura patitur, Cic.: timor misericordiam non recipit Caes.: re iam non ultra recipiente cunctationem, Liv.: plures rem posse casus recipere, Caes. – **d** eine angebotene, übertragene Tätigkeit **auf sich nehmen, annehmen** (dagegen suscipere übh. eine Tätigkeit übernehmen; vgl. Ellendt Cic. de or. 2, 101), ego in hoc iudicio mihi Siculorum causam receptam, populi Romani susceptam esse arbitror, Cic.: u. so r. mandatum, r. officium, Cic.: curam prope omnium officiorum ad se, Suet. – **e** irgendeine Verpflichtung **auf sich nehmen, sich zu** etw. **verpflichten, sich anheischig machen,** etwas **verbürgen (garantieren),** einem etwas **versprechen, zusagen** (auch, analog dem promitto, m. *Dat. pers.*), r. hoc ad te, Plaut.: ea quae tibi promitto ac recipio, Cic.: omnia ei et petenti recepi et ultro pollicitus sum, Planc. in Cic. ep. – m. folg. *Acc.* u. *Infin.*, facturum, quod milites vellent, se recepit, Liv.: mihi se defensurum receperat, Cic.: promitto in meque recipio, fore eum tibi et voluptati et usui, Cic.: spondeo in meque recipio, eos esse M'. Curii mores, Cic.: promitto, recipio, spondeo, C. Caesarem talem semper fore civem, qualis hodie sit, Cic. – m. *pro* u. Abl., pro Cassio, si quid me velitis, recipiam, Cic. – m. *de* u. Abl., de aestate polliceris vel potius recipis, Cic.: neque de fide barbarorum quicquam recipere aut affirmare potes, Liv.: fidem recepisse sibi et ipsum et Appium de me, haben ihm die heilige Versicherung gegeben, Cic.: quid sibi is de me recepisset, Cic. – absol., ad me recipio, ich nehme es auf mich, Ter. heaut. 1056: u. so bl. recipio, Plaut. mil. 230. – Partiz. subst., receptum, ī, *n.*, die übernommene **Verpflichtung,** die **Garantie,** verb. promissum et receptum, Cic. Phil. 2, 79: promissum nostrum ac receptum, Cic. Verr. 5, 139. – **f** als jurist. *t. t.*, r. nomen, vom Prätor, die Klage gegen jmd. **annehmen, zulassen** (Ggstz. deferre nomen, vom Kläger), r. nomen, Cic., nomina (mehrerer), Liv.: u. dafür nachaug. r. cognitionem, Plin. ep., cognitionem falsi testamenti, die Klage wegen f. T. Suet.: reum, Tac.: alqm inter reos, Tac. – ► Apok. Futur. recipie (= *recipiam*), Cato bei Fest. 286 (b), 21: archaist. *Fut. exact.* recepso, Catull. 44, 19.

reciprocātio, ōnis, *f.* (reciproco), das **Zurückgehen auf demselben Wege,** I eig.: aestus (der Flut), die Ebbe, Plin.: spiritus, Amm.: siderum, Gell.: animorum, Seelenwanderung, Eccl. – II bildl.: a die **Wechselseitigkeit,** talionum, Gell. 20, 1, 18; Plur. absol., Prisc. 17, 155. – **b** als gramm. *t. t.* die **rückwirkende Handlung beim** *pronomen recipr.*, Prisc. 12, 12.

reciprocātus, ūs, *m.* = reciprocatio, Augustin. de genes. ad litt. 11, 1 *extr.*

reciprocē, *Adv.* (reciprocus), **hin- u. zurücktretend,** fluere, fluten u. ebben, Varro r. r. 3, 17, 9. – bildl., **umgekehrt,** Prisc. 18, 81.

reciprocicornis, e (reciprocus u. cornu), **eingebogene-, zurückgebogene Hörner habend,** Laber. b. Tert. de pall. 1.

reciproco, āvī, ātum, āre (reciprocus), I *tr.* **wieder zurückbringen** auf demselben Wege, **zurückwenden, hin- und herbewegen,** telum, hin- u. herschwingen, Gell.: animam, aus- u. einatmen, Atem holen, Liv.: u. so spiritum per fistulam, Gell.: aëra vitali spiritu, Arnob.: quinqueremem in adversum aestum reciprocari non posse, nicht rückwärts gewendet (umgewendet) werden könne, Liv. – bes. v. der Ebbe, r. undas, Sil.: reciprocari mare coepit, begann sich zurückzuziehen, Curt.: reciprocata maria, die zurückströmenden M., die Ebbe, Mela: in motu reciprocando, bei der Ebbe, Cic. – bildl., siquidem ista sic reciprocantur, ut etc., so in Wechselwirkung stehen, Cic. de div. 1, 10: quod (animarum amicitiae) nec mutuae sint nec reciprocari (erwidert werden) queant, Apul. de dogm. Plat. 2, 13 *extr.* – II *intr.* **zurücktreten, zurück-** od. **hin- und zurückfließen (-zurückströmen),** fretum Euripi non septies die temporibus statis reciprocat, Liv.: reciprocans oceanus, die Ebbe des O., Plin.: reciprocantes undae, Iustin.: reciprocantibus aquis, Flor.

reciprocus, a, um (aus *recus u. *procus [vgl. proceres] zusammengesetzt), auf demselben Wege **zurückgehend, -kehrend, -tretend,** I eig.: telum, Varro: amnis, aestus, Plin.: mare, Ebbe, Plin. u. Tac.: piscinae, quae reciprocae fluerent, Varro: vox, zurückprallend, v. Echo, Plin. – II bildl.: argumenta, zurückgewandte (ἀντιστρέφοντα), sich gegen den drehende, der sie vorbrachte, Gell.: ars, wechselseitig, abwechselnd, Plin.: u. so talio, Gell. – als gramm. *t. t.* pronomina, zurückwirkende (wie se, sibi), Gramm.: versus, der rückwärts gelesen dasselbe Metrum hat, Gramm.

recīsāmentum, ī, *n.* (recīdo), das **abgeschnittene-, abgefeilte Stückchen,** coronariorum, Hammerschlag, Plin. 34, 111: duo recisamenta totius pyramidis, Auct. palimps. in Maii praef. ad Cic. de rep. p. 32 *in ed. Rom.* 1846 (p. LVIII *sq. ed. Moser.*).

recīsio, ōnis, *f.* (recīdo), I das **Beschneiden,** Plin. 21, 21. – II bildl., die

Verringerung, legatorum (Vermächtnisse), Ulp. dig. 28, 5, 35. § 1: absol., Mart. Cap. 9. § 971.

recīsus, a, um, *PAdi.* (v. recīdo), **abgekürzt,** von Schriftwerken, **kurz gefasst,** opus, ein kurzer Abriss (Ggstz. opus iustum), Vell. 2, 89, 1. – v. der Zeit, **beschränkt** = kurz, tempus recisius (Ggstz. tempus longius), Hadrian. imp. b. Callistr. dig. 47, 21, 2.

recitātio, ōnis, *f.* (recito), das **Vorlesen, a** der Dokumente bei gerichtl. Verhandlungen, Cic. u. a. – **b** eigener schriftstellerischer Werke, die **Vorlesung,** auch im Plur., Sen., Plin. ep. u. a.

recitātor, ōris, *m.* (recito), der **Vorleser, a** von Dokumenten bei gerichtl. Verhandlungen, Cic. de inv. 2, 139. – **b** selbstgeschaffener wissenschaftlicher Werke, Hor., Sen. u. a.

re-cito, āvī, ātum, āre, **I** etw. laut **vortragen, vorlesen, A** vom Blatt, **1** im Allg.: *To.* At clare recitato. *Do.* Tace dum perlego, Plaut. Pers. 500: postquam recitasti, quod erat cerae creditum, *ibid.*528. – **2** insbes.: **a** als publiz. *t. t.* **α** ein Schriftstück usw. **vorlesen,** alcis litteras, Cic.: litteras in senatu, in contione, Cic.: rogationem suam populo, Quint.: legem, Liv.: edictum, Cic.: orationem, Cic.: iusiurandum populi, Liv.: alqd ex codice, Cic., ex scripto, Liv., de tabulis publicis, de legis scripto, de testamento, Cic. – **β** Personen **verlesen,** senatum, Cic. u. Liv.: testamento heredem alqm, Cic.: aut recitare in actione aut nominare testes, Quint. – **γ** eine Eidesformel bei der Vereidigung **vorlesen, vorsagen,** sacramentum, Tac. hist. 4, 59. – **b** eine eigene schriftstellerische Arbeit vor Kennern, Freunden **vorlesen, vortragen,** Hor., Sen. u. Plin. ep. – **B** aus dem Kopf **hersagen, vortragen, 1** im Allg., Cels. 3, 18. p. 100, 17 D. – **2** vom Schauspieler, qui recitare solent, die Schauspieler, Mart. 9, 83, 4. – **II** etw. **wieder wachsen machen,** pilos, Pelagon. veterin. 9 (173 *Ihm).*

reclāmātio, ōnis, *f.* (reclamo), das **Gegengeschrei,** das **Neinrufen,** Cic. Phil. 4, 5. Apul. apol. 63. Augustin. in psalm. 52, 2.

reclāmito, āre (*Intens.* v. reclamo), **laut widersprechen,** bildl., reclamitat istiusmodi suspicionibus ipsa natura, sträubt sich gegen usw., Cic. Rosc. Am. 63 (Richter reclamat).

re-clāmo, āvī, ātum, āre, **I dagegenschreien, laut nein! rufen, entgegenschreien, -rufen, laut widersprechen, -sich widersetzen, laute Einwendungen machen, sein Missfallen-, seinen Unwillen durch Schreien an den Tag legen, A** eig. u. bildl.: **1** eig.: **α** absol., Cic. u. a. – **β** m. *Dat.,* u. zwar: **αα** m. *Dat. pers.:* alci, Cic. u. a.: alci pro reo, Plin. ep. – mit folg. direkt. Rede, Plin. ep. 9, 13, 7. Gell. 1, 22, 6. – **ββ** m. *Dat. rei:* alcis promissis, Cic.: orationi, Cic. – **γ** m. folg. *ne* u. Konj.: unā voce omnes iudices, ne is iuraret, reclamasse, hätten sich einstimmig aufs lauteste gegen seine Vereidigung erklärt, Cic. Balb. 12. – **δ** m. folg. *Acc.* u. *Infin.,* Phaedr., Suet u. a. – **ε** m. allg. *Acc.,* **einwenden,** Quint. 12, 1, 14. – **ζ** m. *in* u. Akk., als jurist. *t. t.:* recl. ex possessione servitutis in libertatem, aus dem Besitzstand der Sklaverei auf Freiheit Anspruch erheben, Paul. dig. 41, 2, 3. § 10. – **2** bilbl.: quoniam ratio reclamat vera, laut widerspricht, Lucr. 1, 623 (vgl. reclamito). – **B** poet. übtr., **widerhallen, widertönen,** scopulis illisa reclamant aequora, Verg. georg. 3, 261: plangoribus arva reclamant, Stat. Theb. 3, 120: unique si quando canenti mutus ager domino reclamat, Stat. silv. 4, 5, 19 *sq.* – **II laut rufen,** rursus Hylan et rursus per longa avia, Val. Flacc. 3, 596: dominam nomine, Val. Flacc. 8, 173.

re-clango, ere, **widerhallen,** Amm. 17, 7, 4.

re-claudo, s. reclūdo ►.

reclīnātio, ōnis, *f.* (reclino), **I** das **Zurückbeugen,** capitis, Augustin. serm. 62, 2. – **II** übtr., das **Ausruhen** (die **Erholung)** von etw., nulla a laboribus reclinatio, Ambros. de bono mort. 3. § 12 *extr.*

reclīnātōrium, iī, *n.* (reclino), **I** die **Rückenlehne,** Isid. orig. 19, 26, 3. – **II** die **Lagerstätte,** Vulg. cant. 3, 10.

reclīnis, e (reclino), **zurückgelehnt, rückwärts gebeugt, rückwärts an-** oder **hingelehnt, a** v. Pers.: inque sinu iuvenis positā cervice reclinis, Ov.: quia ipse reclinis et resupinus et curvatus in manus penderet potius quam iacēret, Vopisc. – m. *super* u. Akk., super pedes cubantis reclinis, Tac. ann. 14, 5. – m. *in* u. Abl., in gramine floreo reclinis, Mart. 9, 90, 1: od. m. bl. *Abl.,* reclinis cubili, Stat. silv. 1, 2, 161. – m. *Dat.,* hastae, toro, Sen. poët.: arcu, Stat. – **b** v. Lebl.: tabula, Pallad. 7, 2, 3: sellula, der Lehnsessel, Hieron. regul. S. Pachom. *no.* 87.

reclīno, āvī, ātum, āre (re u. *clino, griech. κλίνω), **I** *tr.* **zurückbeugen, rückwärts anlehnen, -hinlehnen, A** eig.: se, Caes.: caput, Cic. fr.: scuta, daran lehnen (nämlich an die Speere), Verg. – reclīnātus, a, um, **zurückgebogen, angelehnt,** Caes.: in cubitum, auf den Ellenbogen gestützt, Petron.: in gramine, hingestreckt, Hor. – **B** übtr.: **1** im Allg.: in alqm onus imperii reclinare, die Last der Regierung auf jmds. Schultern legen, Sen. ad Marc. 2, 3. – **2 erquicken,** nullum a (nach) labore me reclinat otium, Hor. epod. 17, 24. – **II** *intr.* **Nachtlager (Beilager) halten,** cum principe, Ven. Fort. vit. S. Radeg. 5.

reclīnus, a, um, Variante von reclinis, s. d.

reclīvus, a, um (re u. clivus), **abhängig,** campus ad solem reclivus, Pallad. 1, 6, 15.

reclūdo, clūsī, clūsum, ere (re u. claudo), **I erschließen, eröffnen, A** eig. u. übtr.: **1** eig.: ostium, Plaut.: portas hosti, Ov. – **2** übtr.: **a** = an das Licht bringen, hervorbringen, viam, Ov.: tellurem unco dente (= bidente), auflockern, aufreißen, Verg.: ensem, entblößen, aus der Scheide ziehen, Verg.: contecta vulnera, Tac.: fontes, Verg. – **b** mit einer Waffe **erschließen** = durchbohren, pectus mucrone, Verg.: iugulum ense, Ov. – **B** bildl.: iram omnem, den Z. erschließen, des Zornes Pforten auftun, Enn. fr. scen. 271: operta, die Geheimnisse erschließen, aufdecken, Hor.: si recludantur tyrannorum mentes, sich erschließen (sich ohne Rückhalt zu erkennen geben), Tac.: u. so ubi maxime recluduntur (principis iustitia, gravitas, comitas), Plin. ep. – fata, den Schicksalsschluss lösen, rückgängig machen, Hor. – **II verschließen, A** eig.: **1** eine Örtl. **zuschließen,** tamquam recluso Iani templo, Amm. 16, 10, 1. – **2** einen Ggstd. **einschließen,** singulas (paelices) separatim, Iustin.: matronas in carcerem, Iustin. – ficus a se separatas, Pallad. – **B** bildl.: quod cognatis a praetore apertum est, hoc agnatis esse reclusum, Iustin. instit. 3, 2, 7. – ► Partiz. Perf. Pass. ohne Umlaut reclausus, Ven. Fort. carm. 3, 2. p. 50, 10 *Leo.*

reclūsio, ōnis, *f.* (recludo), die **Eröffnung,** Isid. reg. mon. 19, 2: non valere perfectam facere reclusionem, sich nicht völlig öffnen können (v. Auge), Cael. Aur. de morb. chron. 2, 1, 8.

reclūso, āre (*Intens.* v. recludo), **wieder öffnen,** surdorum auriculas, *Arnob. 1, 52 (Hug u. Hertz Vermutung; *cod. P* recusare; Reiff. mit Salmasius returare).

recōgitātio, ōnis, *f.* (recogito), die **Erwägung, Überlegung,** Augustin. de civ. dei 15, 25 *in.* Cassian. coll. 1, 43: verb. recogitatio consideratioque, Donat. Ter. Phorm. 1, 3, 2.

recōgitātus, ūs, *m.* (recogito), die **Überlegung,** Tert. de pall. 6 u. ö.

re-cōgito, āvī, āre, **bei sich überdenken, -erwägen, überlegen,** mit u. ohne secum, m. folg. indir. Fragesatz, Plaut. Colum. u. a. (s. Gronov Plaut. capt. prol. 51). – m. *de* u. Abl. = wieder denken an usw., Cic. ad Q. fr. 2, 2, 1.

recōgnitio, ōnis, *f.* (recognosco), **I** die **Wiedererkennung,** inter se mutua, Gell. 5, 14 *lemm.:* mutua, *ibid.* § 14. – **II** die prüfende Besichtigung, agri Campani, Liv.: vestis servorum, Colum.: equitum, Musterung, Suet.: sui, Selbstprüfung, Sen. de ira 3, 36, 2.

re-cōgnōsco, nōvī, nitum, ere, **I** etwas **wieder kennenlernen, a wiedererkennen** (s. Wesenberg Cic. Tusc. 1, 57), res, als sein Eigentum, Liv.: tuam pristinam virtutem, Pompeius in Cic. ep.: illa reminiscendo, Cic.: plura, Ov.: quae (Verris) adulescentia, qualis fuerit, ex isto, quem sui simillimum produxit, recognoscere potestis, Cic.: in verbis alcis tamquam in speculo se recognoscere, Augustin. – **b von neuem sich in das Gedächtnis zurückrufen, sich** einer Sache **wieder erinnern,** fugam istius, Cic.: ea, quae scit, mecum recognoscere, Cic.: tua consilia omnia, quae iam mecum licet recognoscas, Cic.: recognosce mecum noctem illam, Cic. – cum te penitus recognovi, timere desino, wenn ich mir deinen Charakter deutlich vergegenwärtige, Cic. Dei. 4. – **II** prüfend, musternd wieder u. wieder **durchsehen, durchgehen, prüfen, besichtigen, mustern, a** in Bezug auf Beschaffenheit u. Zahl, Stück für Stück, agros, Liv.: ergastula, Suet.: instrumentum rusticum, Colum.: poet., dona populorum, überschauen mit prüfendem, musterndem Blick, Verg. – equites Romanos, Suet.: numerum militum, Iustin. – **b** in Bezug auf Echtheit und Richtigkeit Punkt für Punkt **durchsehen, revidieren,** decretum populi, Cic.: codicem, Cic. – leges, prüfend besprechen, Cic. – libellos suos recognoscere emendareque, Plin. ep.

re-cōgo, ere, **wieder sammeln,** cineres in corpora, Paul. Nol. carm. 32, 309. Vgl. Prisc. de acc. 43 dicimus ›recogo, recoēgi‹.

re-colligo (reconligo), lēgī, lēctum, ere, **I** Zerstreutes, Aufgelöstes **wieder zusammenlesen, -zusammennehmen, -sammeln, A** eig.: ignes sparsos, Lucan.: ova, Colum.: stolam, Plin. ep. – multitudinem, quae passim vagabatur, Iustin.: captivos, Iustin. – **B** bildl.: vires, Sen.: rapta spargere, sparsa acri avaritiā recolligere, Sen.: actionem, aus dem Gedächtnis niederschreiben, Plin. ep.: se, sich zusammennehmen, sich fassen, wieder Mut bekommen, Ov., od. sich wieder erholen, von einer Krankheit, Plin.: primos annos, wieder jung werden, Ov.: vires, Plin.: animum alcis, jmd. wieder versöhnen, Cic. ad Att. 1, 5, 5. – **II** Entfallenes, Weggelegtes **wieder aufnehmen, wieder an sich nehmen,** gladium, Iustin.: parvulum, Iustin. – **III** sese rec., **sich zurückziehen, sich bergen,** in antrum, Commodian. apol. 66.

re-colloco, āre, **wieder hinlegen,** aegrum lecto, Cael. Aur. de morb. chron. 1, 1, 31.

1. **re-cōlo,** āre, **wieder seihen,** oleum per linteum, Scrib. Larg. 268.

2. **re-colo,** coluī, cultum, ere, **wieder (von neuem) warten, -pflegen, -bauen, -anbauen, -bearbeiten, I** eig. u. übtr.: **A** eig.: terram, Liv.: humum, Ov.: metalla intermissa, Liv. – **B** übtr., einen Ort **wieder besuchen,** locum, Phaedr. 1, 18, 1: silvas, v. Pan, Calp. – **II** bildl.: **1** im Allg., **von neuem pflegen, -hegen,** d. i. **a von neuem bearbeiten, -bilden,** ingenia, Plin. ep. 7, 9, 7. – **b wieder vornehmen, erneuern, wieder treiben, -pflegen,** antiqua, Plaut.: haec studia, Cic. – **c wieder errichten, erneuern, wiederherstellen,** imagines subversas, Tac.: dignitatem, Cic.: decus avitum, Tac. – **d wieder-, von neuem beehren,** alqm sacerdotiis, wieder bekleiden, Tac.: dies dapibus recoletur, wird verherrlicht werden, Claud. – **2** insbes. denkend wieder vornehmen, **a im Geiste noch einmal an sich vorübergehen lassen, im Geiste noch einmal überschauen,** inclusas animas lustrabat studio recolens, Verg.: pompam mente priorem, Claud.: militis sui numerum, seine Soldaten überzählen, Solin. – **b noch einmal überdenken, -überlegen,** haec ego cum ago cum animo meo et recolo, Plaut.: quae si tecum ipse recolis, Cic.: r. sua facta pectore, Catull. – **c von neuem sich ins Gedächtnis rufen, sich erinnern,** Ov. her. 5, 113. Vopisc. Tac. 6, 4. Augnstin. de doctr. Chr. 2, 17 u. a. Eccl.: m. folg. *Acc.* u. *Infin.*, Sen. suas. 2, 10. Augustin. serm. 309, 3 u. s.

re-commentor, ātus sum, ārī, **sich** etw. **ins Gedächtnis zurückrufen, sich** auf etw. **besinnen,** Plaut. trin. 912.

re-comminīscor, minīscī, **sich wieder erinnern, -besinnen,** Plaut. trin. 915.

re-commoneo, ēre, **wieder erinnern,** Eccl.

recompēnsātio, ōnis, *f.* (recompenso), die **Wiederausgleichung,** Novell. 69. Cassiod. in psalm. 125, 6. Aldh. de re gramm. in Class. auct. 5, 597, 7 u. a. Spät.

re-compēnso, ātūrus, āre, **wieder ausgleichen,** Mythogr. Lat. 2, 144 u. Eccl.

re-compingo, ere, **wieder zusammenfügen,** os ad os, Tert. de res. carn. 30.

re-compōno, (posuī), positum, ere, **I wieder in die richtige Lage bringen, a** einen Bruch **einrichten,** fracturam, Veget. mul. 3 (2), 47, 2. – **b wieder ordnen, -in Ordnung bringen,** comas, Ov. am. 1, 7, 68. – **II** übtr., **wieder besänftigen,** alqm reconciliare ac rec. (Ggstz. stimulare et accendere), Plin. ep. 6, 5. § 5.

reconcīliātio, ōnis, *f.* (reconcilio), die **Wiederherstellung, I** im Allg.: concordiae, Cic.: gratiae, Versöhnung, Balb. et Opp. bei Cic. ad Att. 9, 7 A, 1 u. Liv.: Plur. reconciliationes gratiarum, Cic. post red. ad Quir. 13. – **II** prägn.: **1** die **Versöhnung, Aussöhnung,** irridebatur haec illius reconciliatio, Cic.: reconciliationem temptare, Sen. rhet.: r. inchoata inter fratres, Iustin.: r. simulata, Suet.: und im Plur., Antonii societas reconciliationibus (Auffrischungsversuche) variis male focilata, Suet. Aug. 17, 1. – **2** die **Befreiung von der Exkommunikation,** Alcim. Avit. epist. 15.

reconciliātor, ōris, *m.* (reconcilio), der **Wiederhersteller,** pacis, Friedensstifter, Liv. 35, 45, 3: Agrippa populi r., Versöhner, Apul. apol. 18.

re-concilio, āvī, ātum, āre, **I** (nach concilio *no.* I) **wieder vereinigen, -verbinden;** dah. **A** eig., **wiederherstellen,** articulum (Gelenk) ingenti plaga, Apul.: apes reconciliatae, wiederhergestellte, wieder gesunde, Varro. – **B** bildl.: **1 wiederherstellen, wiedergutmachen,** diuturni laboris detrimentum sollertiā et virtute militum brevi reconciliatur, Caei. b. c. 2, 16, 4. – **2** Feindliches **wieder vereinigen, a** übh.: inimicos in gratiam, versöhnen, Cic.: ebenso eos (patrem et filium) in gratiam, Liv. – **b** prägn., **wieder versöhnen, -aussöhnen, befreunden,** me cum Caesare reducit, reconciliat, restituit in gratiam, Cic.: alqm alci, Cic.: animum alcis alci, Cic. u. Liv.: per hoc ipsum reconciliari, Quint. – inimicos invicem, Tac.: (dimicatio apum) reconciliatur lacte vel aquā mulsā, wird beigelegt, Plin. – **II** (nach concilio *no.* II) übtr., **wieder zur Stelle schaffen, wieder hin-** od. **herschaffen, wieder verschaffen, A** im Allg.: alqm domum, Plaut.: huius huc in libertatem filiam, Plaut. – **B** insbes.: **a** etw. Besessenes **wieder verschaffen, wieder gewinnen,** oratione (durch Unterhandlung) Parum insulam, Nep. Milit. 7, 2. – **b** einen Zustand **wieder verschaffen, wieder gewinnen, wieder zustande bringen, wiederherstellen,** existimationem indiciorum, Cic.: studia patrum, Tac.: pacem, Nep. u. a.: gratiam, Cic. u. a., cum alqo, Curt. u. Iustin.: amicitiam de integro, concordiam, Liv. – ► Archaist. Fut. ex. reconciliasso, Plaut. capt. 576, u. dazu Infin. reconciliassere, *ibid.* 168.

re-concinno, āre, **wieder zurechtmachen, -herrichten, -ausbessern,** spinter, Plaut.: pallam, Plaut.: tribus locis aedifico, reliqua reconcinno, Cic. ad Q. fr. 2, 4, 3 (2, 6, 3). – ► Parag. Infin. reconcinnarier, Plaut. Men. 527.

re-conclūdo, ere, **verschließen, einsperren,** Tert. adv. Prax. 16 *extr.*

reconditus, a, um, *PAdi.* (v. recondo), **tief-, entfernt liegend, tief entlegen, versteckt, verborgen, I** eig.: locus, Cic.: saltus, Catull.: r. venae auri argentique, Cic. – subst., in recondito, unter tiefem Verschluss, Plin. 33, 25: u. *neutr. Plur.*, occulta ac recondita templi, zus. = ἄδυτα, das Allerheiligste, Caes. b. c. 3, 105, 4. – **II** bildl.: **1 entlegen = ungebräuchlich, veraltet,** verba, Aug. b. Suet. Aug. 86, 1. – **2 fern-, tiefliegend = verborgen, a** übh.: interiores et reconditae litterae, Cic.: reconditae abstrusaeque res, Cic.: r. quaedam ratio, tiefsinnige, Cic.: ebenso reconditae exquisitaeque sententiae, Cic. – *neutr. plur.* subst., reconditiora desidero, Cic. Acad. 2, 10. – **b** insbes., v. Charakter, **versteckt,** naturā tristi ac reconditā fuit, Cic. Quinct. 59.

reconditor, ōris, *m.* (recondo), der **Zurückleger, Aufbewahrer,** suorum (des Seinigen), Ggstz. raptor alienorum, Augustin. serm. 178, 2.

reconditōrium, iī, n. (recondo), der **Aufbewahrungsort,** Isidor. orig. 15, 5, 8 (als Erklärung von horreum).

re-condo, didī, ditum, ere, **I wieder** an seinen Ort **zurücktun, -stecken, -setzen, -legen, a** übh.: gladium in vaginam, wieder einstecken (Ggstz. gladium e vagina educere), Cic. de inv. 2, 14 (vgl. *no.* II, A, 1, a): alqm flammae vi e rogo eiectum, Plin. 7, 186: poet., oculos, wieder schließen (Ggstz. oculos erigere), Ov. met. 4, 146. – **b** als chirurg. *t. t.*, wieder in seine Lage **zurückbringen,** fragmentum, Cels.: quod in posteriorem partem excīdit, eodem modo reconditur, Cels. – **II** etwas **zurück- und wegtun, zurücklegen, A** im Allg.: **1** eig.: **a** übh.: habemus senatus consultum, verum inclusum in tabulis, tamquam in vagina reconditum, Cic. Cat. 1, 4. – refl., se rec., v. Pers., **sich zurückziehen** in die Einsamkeit, Sen. ep. 8, 1: u. so se in locum, ex quo etc., Quint. 10, 3, 25. – **b** Lebensmittel, Früchte,

Schätze usw. **zurücklegen, aufbewahren, aufheben** (Ggstz. promere), reliquias (ciborum) alqo, Plaut.: uvas in amphoras, in vasis, Colum.: oleum novis vasis, Colum. – frumentum in annos, Colum.: prome reconditum Caecubum, Hor.: recondita alia (medicamenta), Liv.: opes velut sanctiore quodam aerario reconditae, Quint. – **2** bildl.: mens alia visa sic arripit, ut his statim utatur, alia recondit, e quibus memoria oritur, Cic.: quae (odia) reconderet auctaque prومeret, im Herzen bewahren, Tac.: verba, vultus, im Gedächtnis bewahren, Tac. – **B** prägn., verbergend zurück- u. wegtun, **verbergen, verstecken, 1** eig.: **a** übh.: quod celari opus erat habebant sepositum ac reconditum, Cic.: opes, Ov.: (sacra) in doliis defossa r. terrā, Flor. – Ascanium curvā valle, Verg.: silvā, nube reconditus, Ov. – **b tief einfügen, -einstoßen,** ensem in pulmone, Verg.: gladium lateri, Ov. – **c bei sich bergen = verschlingen, verschlucken,** volucres avidā alvo, Ov.: ore aquam, v. Triton, Prop. – **2** bildl., **verbergen, verheimlichen,** voluptates, Tac.: multi, quos fama obscura recondit, die die dunkle Sage verhüllt (= von denen die d. S. nichts meldet), Verg. – ► Inf. recondire, Gregor. Tur. hist. Franc. 4, 34. p. 169, 23.

re-condūco, dūxī, ductum, ere, **I wieder pachten,** Ulp. dig. 19, 2, 13. § 11. – **II** gegen eine Summe **in Verding übernehmen,** civitatum vicinarum copias, Ps. Quint. decl. 12, 18 *extr.*: aegrum HS ducentis, in die Kur übernehmen, Plin. 29, 22.

re-cōnflo, āre, **wieder aufblasen,** bildl., sensum, anfachen, erwecken, Lucr. 4, 924 (927).

re-congero, (gessī), gestum, ere, **zusammenstellen,** Heges. 1, 40, 10.

reconligo, s. re-colligo.

reconmentor, s. re-commentor.

re-cōnsīgno, āre, **wieder bemerken,** Tert. de res. carn. 52 *extr.*

recontrāns, antis (re u. contra), **entgegenwirkend, widerspenstig, rebellisch** gegen usw., mit *Dat.,* Tert. ad nat. 2, 8.

reconvalēsco, ere, **wieder erstarken,** Ennod. carm. 1, 10, 4.

re-convinco, ere, **gänzlich überführen,** nunc autem uterque redarguitur atque reconvincitur, Ambros. de parad. 8. § 39.

re-coquo, coxī, coctum, ere, **I wieder kochen,** Peliam (um ihn wieder jung zu machen), Cic.: ebenso fessos aetate parentes, Val. Flacc.: lanam, Sen.: ceram (in der Sonne), Plin. – **II noch einmal schmelzen, umschmelzen, umschmieden, A** eig.: aurum, enses, Verg.: ferrum, Flor. – **B** bildl.: Tullius se Moloni rursus formandum ac velut recoquendum dedit, noch einmal umzuschmelzen, d. i. die völlige Bildung u. Vollkommenheit zu geben, Quint. 12, 6. § 7: dah. recoctus scriba ex quinqueviro, ein umgeschmolzener, scherzh., Hor. sat. 2, 5, 55: senex recoctus, ein abgefeimter, geriebener = schlauer, Catull. 54, 5. – ► Schreibung requoquont (Ribb. recoquont) = recoquunt, Verg. Aen. 7, 636 cod. M; vgl. Fritzsche Hor. sat. 2, 1, 74.

recordābilis, e (recordor), **erinnerlich,** Eccl.

recordantia, ae, *f.* (recordor), die **Erinnerung,** Ambros. de Iob 4, 7, 19.

recordātio, ōnis, *f.* (recordor), die **Vergegenwärtigung** durch die Erinnerung, die **Wiedererinnerung, Rückerinnerung,** oft verb. memoria et recordatio = die **lebhafte Erinnerung, α** m. *Genet.*: ultimi temporis recordatio et proximi memoria, Cic.: quorum (virorum) memoria et r., Cic.: r. praeteritae memoriae (an die Vergangenheit), Cic.: superbiae Tarquinii multarumque iniuriarum, Cic.: ac mihi repetenda est veteris cuiusdam memoriae non sane satis explicata recordatio, ich muss wieder auffrischen die ziemlich dunkle Erinnerung an ein Ereignis früherer Zeit, Cic. – Plur., recordationes conscientiae nostrae rerumque earum, quas gessimus, Cic. ep. 5, 13, 4: verborum sententiarumque recordationes, Gell. 17, 2, 1. – **β** m. folg. dir. Rede: tunc subit recordatio ›quot dies quam frigidis rebus absumpsi!‹ Plin. ep. 1, 9, 3. – **γ** m. folg. *Acc.* u. *Infin.*: subiit recordatio egisse me iuvenem aeque in quadruplici, Plin. ep. 4, 24, 1; vgl. Tac. ann. 3, 31. – **δ** absol.: acerba, Cic.: memoriā ac recordatione opus est, Tac. dial.: hoc recordatione comprehendit, hält er in der E. fest, Sen. – Plur., recordationes fugio, Cic.: cum bonis recordationibus facta alcis prosequi, Tac.

recordātīvus, a, um (recordor), die **Rückerinnerung bezeichnend,** species verbi, das Plusquamperfektum, Mart. Cap. 3. § 313. Cassiod. de art. ac disc. lib. art. 1. p. 531 (b) *ed. Garet.*

recordātus, ūs, *m.* (recordor), die **Rückerinnerung,** Tert. de res. carn. 4 u. a.

recordo, āvī, āre (re u. cor) = recordor, Claud. Quadrig. ann. 5. fr. 56 (bei Non. 475, 26), Varro LL. 6, 46: dah. recordātus, a, um, passiv, Sidon. epist. 9, 3, 4.

recordor, ātus sum, ārī (re u. cor), **I** etw. Vergangenes durch die Erinnerung sich im Geiste **vergegenwärtigen,** an etwas **zurückdenken,** einer Sache **eingedenk sein** (vgl. bes. Cic. Lig. 35, wo sich alle Synonyma nebeneinander finden), **α** mit *Genet.*: flagitiorum suorum, Cic.: huius meriti in me, Cic. – **β** m. *Acc.*: id. Plaut.: maiorum diligentiam, Cic.: communes belli casus, Caes.: externa lubentius in tali re quam domestica, Cic.: venerabiliter amissos, Auson.: si cum animis vestris longo intervallo recordari C. Staieni vitam et naturam volueritis, Cic.: si recte recordor viam, Apul. – **γ** vulg. m. ad u. Akk., ergo iam ad illum citius recordari debemus, Commodian. apol. 780. – **δ** m. folg. *Acc.* u. *Infin.*, se eadem perpessos, Caes.: per annos quattuor et viginti primo Punico bello classibus certatum (esse), Liv.: hoc genus poenae saepe in improbos cives esse usurpatum, Cic.: u. (wie memini) mit *Infin. Praes.*, Cic. or. 23: mit *Acc.* u. *Infin.*, Liv. 9, 19, 12 u. Ov. met. 13. 705. – **ε** m. folg. indir. Fragesatz, non recordor, unde ceciderim, sed unde surrexerim, Cic.: denique recordari debere, quā felicitate omnes incolumes essent transportati, Caes.: recordantes, quonam loco id reposuerint, Plin. – dah. m. folg. *quod* (dass) u. Konj., recordatus, quod nihil cuiquam toto die praestitisset, Suet. Tit. 8, 1. – **ζ** m. *de* u. Abl.: de ceteris, Cic.: de suis liberis aut parentibus, Cic.: velim scire, ecquid de te recordere, Cic. – **η** absol., bes. parenthet., vobiscum ipsi recordamini, Cic.: ut recordor, Cic.: si recordari volumus, Cic. – **II** etw. **Zukünftiges bedenken, zu Herzen nehmen,** quae sum passura recordor, Ov. her. 10, 79: omnium captivitatem et miserrimam servi tutem, Iustin. 5, 7, 10.

recorporātio, ōnis, *f.* (recorporo), **I** die **Wiederherstellung des Körpers,** Tert. de res. carn. 30. – **II** als spät. mediz. *t. t.* = μετασύγκρισις, die **Wiederherstellung des Körpers** (vgl. recorporo *no.* II), Cael. Aur. de morb. chron. 1. praef. § 1 u. 1, 4, 112.

recorporātīvus, a, um (recorporo), spät. mediz. *t. t.* = μετασυγκριτικός, **zur Wiederherstellung des Körpers** (vgl. recorporo *no.* II) **gehörig, -dienlich,** curatio, Cael. Aur.: cucurbitae, *ibid.*: virtus, *ibid.*

recorporo, āre (re u. corpus), **I wieder mit einem Körper versehen,** animum, Tert. de res. carn. 30. – **II** als spät. mediz. *t. t.* = μετασυγκρίνω, **den Körper wiederherstellen** durch Abführung nach oben oder unten, Schweißerregung usw., Cael. Aur. de morb. acut. 3, 4, 47.

recorrēctio, ōnis, *f.* (recorrigo), die **Verbesserung,** Dosith. 7, 10 K. Diom. 426, 28 K.

re-corrigo, rēxī, ere, **wieder gerade richten, I** eig., sprichw., recorrexit costas illius prima vindemia, half ihm auf die Beine, Petron. 43, 4. – **II** bildl., **verbessern,** Sen. ep. 50, 5, Tert. adv. Marc. 4, 5. Gromat. vet. 192, 3. Ter. Scaur. 12, 5 K.

recrāstino, āre (re u. crastinus), von einem Morgen od. Tag zum anderen **verschieben, -aufschieben,** Colum. 2, 20 (21), 2. Plin. 17, 113. Not. Tir. 44, 88.

recreābilis, e (recreo), **zur Erholung dienend,** delectatio, Cassiod. var. 11, 14, 2.

recreātio, ōnis, *f.* (recreo), die **Wiederherstellung, Erholung,** Chalcid. Tim. 24: recreationis legentium causā, *ibid.* 138: dah. das **Wiedergenesen,** ab aegritudine, Plin. 22, 102.

recreātor, ōris, *m.* (recreo), der **Wiederhersteller,** omnium munerum, CIL 10, 1256. – übtr., der **Erquicker,** Tert. de anim. 43. Augustin. serm. 312, 6.

recrēmentum, ī, *n.* (cerno), der **Abgang,** die **Schlacken,** der **Unrat,** plumbi, Cels.: farris, Abgang, Spreu, Plin.: v. den menschlichen Ausleerungen, Gell. 17, 11, 2.

re-cremo, āre, **wieder verbrennen,** in einem Wortspiel, nec recremanda focis, sed recreanda polis, Ven. Fort. carm. 9, 2, 114.

re-creo, āvī, ātum, āre, **I von neuem schaffen, -erschaffen, wieder erzeugen,** lumen, Lucr.: carnes, Plin.: cremabit impios et recreabit, Lact. – poet., vitam, umschaffen (durch Ackerbau), Lucr.: ebenso homines, umschaffen (durch viele Nahrung), Plaut. – **II wiederherstellen, wieder aufhelfen,** physisch, politisch und geistig **neu beleben, kräftigen, erfrischen, erquicken, genesen-, sich erholen machen,** refl., se recreare und medial recreari = gleichs. **neu geboren werden, wiedergeboren werden, sich erfrischen, sich erholen, genesen, a** physisch: alqm, Nep.: vires, von Speise u. Trank, Lucr. u. Plin.: voculae recreandae causā, Cic.: largo commeatu recreatus exercitus, Curt. – medial, recreari ex vulnere, Cic. u. a., ex vulneribus, Liv. – **b** politisch: Siciliam, Nep.: provinciam afflictam et perditam erigere atque recr., Cic.: isto bello non recreatus neque restitutus, sed subactus oppressusque populus Romanus est, Cic.: medial, civitas recreatur, Cic.: res publica reviviscit et recreatur, Cic. – **c** geistig: alqm, Cic.: reficere et r. mentem alcis, Cic.: animos, Caes., afflictos animos, Cic.: Romanis ab ultima desperatione recreatus est animus, Liv. – refl. u. medial, se colligere atque r., v. Geiste, Cic.: r. se ex magno timore, Cic.: paulum se ab illo timore, Auct. b. Afr.: m. *Genet. loc.*, recreabar animi, Apul. met. 2, 11; vgl. 5, 22.

re-crepo, āre, **widerhallen, wieder und wieder ertönen,** Catull. 63, 29. – *tr.* **widerhallen lassen,** im Echo **wiedergeben,** Ps. Verg. Cir. 108.

re-crēsco, crēvī, crētum, ere, **wieder wachsen, wieder hervorwachsen,** Liv. u. a.: recretis crinibus, Paul. Nol.

recrucifīgo, ere (re u. crux u. figo), **wieder ans Kreuz schlagen,** Hieron. in epist. ad Galat. lib. 3. c. 5. v. 24.

re-crūdēsco, crūduī, ere, **wieder roh werden, I** eig., v. Wunden, **wieder schlimmer werden,** quae consanuisse videbantur, recrudescunt, Cic. ep. 4, 6, 2. – **II** übtr., **wieder ausbrechen, wieder lebhaft entbrennen,** recrudescente Manlianā seditione, Liv.: ibi interventu Gellii cohortiumque Sabellarum paulisper recruduit pugna, Liv.: recruduit soporatus dolor, Curt.: nihil facilius quam amor recrudescit, erwacht so leicht wieder, Sen.: recrudescente peccato, Hieron.: gliscente et in peius recrudescente discordiā, Cypr.

rēctā, *Adv., sc.* viā (rectus), **geradeswegs, direkt,** Enn. fr., Komik., Cic. u. a.: rectā domum, (geht) stracks nach Hause, Petron. 58, 13.

rēctagōnum, ī, *n.* (rectus u. γῶνος), das **rechtwinkelige Viereck,** das **Rechteck,** Gromat. vet. 338, 24.

rēctē, *Adv.* (rectus), **I gerade, a** = **in gerader** (horizontaler) **Richtung, in gerader Linie, geradeaus,** r. spectare, Cato: recte ferri, v. Atomen (Ggstz. declinare, oblique ferri), Cic. – **b aufgerichtet, aufrecht,** satyri cum quadrupedes tum recte currentes humanā effigie, Plin.: ubi recte steterint (vineae), gerade, Plin. – **II** übtr., **recht, richtig, gehörig, ordentlich, wohl, A** der Beschaffenheit nach: **a** v. Verfahren u. Verhalten (Ggstz. perverse, perperam, turpiter), r. asservare alqm, Plaut.: tabernaculum r. captum, nach Vorschrift (Ggstz. vitio captum), Cic.: u. so ludi r. facti, Liv. – recte atque ordine, richtig und ordnungsmäßig, nach der Richtschnur der Vernunft und der gesetzlichen Ordnung u. dgl., facere, iudicare u. dgl., Cic., Sall. u. a. – recte, recte et bene facere, Plaut.: seu recte seu perverse facta sunt, Plaut.: recte seu perperam facere, Cic.: recte et iure factum esse, mit Fug u. Recht, Cic.: r. et turpiter factum, Caes. – r. et vere respondere, Cic.: r. iudicare de alqo, Cic.: rectissime iudicas, Cic.: r. monere, Cic. – r. scribere, mit Kunst, Hor. – r. concludere (Ggstz. vitiose c.), Cic.: u. so Epicurus recte (folgerichtig) non dubitabat divinationem tollere, Cic. – non r. dicere od. loqui alci, nicht gebührend, übel, Plaut. – **b** v. Befinden u. Ergehen, **wohl, gut,** vivit r. et valet, Plaut.: apud matrem r. est, steht's ganz wohl, ganz gut, Cic.: Tullia nostra r. valet … Praeterea rectissime sunt apud te omnia, Dolab. in Cic. ep.: recte sit oculis tuis, Gell. – hic tibi erit rectius, Plaut.: quo rectius valeat, Cato. – so in Fragen u. Antworten (s. Spengel Ter. Andr. 804), quid tu recten atque ut vis vales? Plaut.: nempe recte valet? Plaut.: *Me.* Valen? valuistin? *Ca.* Valeo et valui rectius, Plaut.: *Dem.* Usquin valuisti? *Ch.* Perpetuo recte, Plaut.: *Le.* Satin salve? dic mihi. *Ca.* Recte, Plaut.: *De.* O Syre noster salve: quid fit? quid agitur? *Sy.* Recte, Ter. – **c** dem Erfolg nach, **wohl, sicher, ohne Gefahr, günstig, glücklich,** alci r. ad alqm litteras dare, sicher, Cic.: alci suam salutem r. committere, Cic.: se alci r. committere, Caes.: eos consules esse, quorum utrolibet duce bellum Etruscum geri recte possit, Liv.: rectius bella gerere, Liv.: sed habebat ducem Gabinium, quicum quidvis rectissime facere posset, ohne die mindeste Gefahr, ein Unrecht zu begehen, Cic.: si recte esset, wenn es gut ginge, Cic. – r. peperit, glücklich, Ter.: u. so r. vertere (vortere, ausschlagen), Plaut.: r. procedere, Hor.: r. sperare, gute Hoffnung haben, Ter. – beim Verkauf, **gut, hoch,** r. vendere (Ggstz. male v.), Plaut. – **d** in der Umgangssprache elliptisch (vgl oben *no.* b) in Antworten, **so ist's recht! bravo!** *Ch.* Quid tu istic? *St.* Recte, Ter. heaut. 518. = u. wie benigne u. καλῶς, κάλλιστα ἔχει als höflich ausweichende od. ablehnende Antwort, **wohl, schon gut, danke sehr,** *De.* Unde incedis? quid festinas, gnate mi? *Ch.* Recte, pater, Plaut.: *Mi.* Quid est? *Aes.* Nihil: recte perge, Ter. – Rogo, numquid velit? Recte, inquit, Ter. – **B** dem Grad nach, **gehörig, tüchtig, α** bei *Adi.*: locus r. ferax, Cato. – **β** bei *Verbb.*: r. ambulare (zugehen), Cic.: r. alligare, deligare, Cato.

rēctiangulus, a, um (rectus u. angulus) = ὀρθόγωνος, **rechtwinkelig,** Gromat. vet. 378, 15 (= Boëth. art. geom. p. 376, 7 Fr.) u. a. – subst., rēctiangulum, ī, *n.*, das **rechtwinkelige Dreieck,** Isid. orig. 3, 12, 2.

rēctilīneus (rectilīnius), a, um (rectus u. linea), **geradlinig,** Gromat. vet. 377, 10 (= Boëth. art. geom. p. 374, 13 Fr.) u. a.

rēctio, ōnis, *f.* (rego), die **Regierung, Leitung,** rerum publicarum, Cic. de fin. 5, 11: omnium rerum publicarum rectionis genera, Cic. de fin. 4, 61.

rēctitātor, ōris, *m.* (*rectito, *Intens.* v. rego), der **Lenker,** ratis, Poëta ap. Mar. Victorin. 3, 2, 9. p. 103, 18 K.

rēctitūdo, inis, *f.* (rectus), **I** die **Geradheit,** Gromat. vet. 3, 9. Isid. orig. 15, 15, 6. – **II** bildl.: **A** die **Richtigkeit,** Iustinian. nov. 13 praef. – **B** = εὐθύτης, die **Geradheit, Billigkeit** (klass. aequitas), Hieron. in Isai. 8, 26, 7 (wo Plur.). Augustin. c. sec. resp. Iul. 6, 12.

rēctō, *Adv.* (rectus), **geradeswegs, direkt,** Papir. dig. 49, 1, 21 *in.* CIL 6, 10250. lin. 21.

rēctor, ōris, *m.* (rego), der **Lenker, Leiter, Führer, Regierer, I** eig.: navis, Steuermann, Cic.: navigii, Sen.: elephanti, Kornak, Liv.: equi, Reiter, Tac.: u. so equi sine rectore exterriti, Sall. fr. – **II** bildl.: r. et gubernator civitatis, Cic.: r. rei publicae, v. Diktator, Liv. – v. Gottheiten, **Beherrscher,** Olympi od. superûm od. deûm, v. Jupiter, Ov.: maris, v. Neptun, Ov.: rector universi deus, Sen.: praeses mundi et rector universi (v. Gott), Lact. – ebenso v. Königen, Thebarum, Hor.: Dolopum, Ov. – v. Verwalter einer Provinz, Statthalter, provinciae, Suet. u. Lact.: Syriae, Tac. – v. Befehlshabern, Heerführern, peditum equitumque rectores, Tac.: castris (= castrorum), Lucan.: proeliorum periti rectores, schlachtenkundige Feldherrn, Amm. – v. Jugendführer, Pädagogen, Erzieher, **Lenker, Leiter, Mentor,** Suet. u. a.: custos rectorque, Plin. ep. – v. lebl. Subjj., animus ille rector dominusque nostri, Sen.: rector nostri animus, Apul.: iudicis vultus saepe ipse rector est dicentis, Quint.

rēctrīx, trīcis, *f.* (Femin. zu rector), die **Lenkerin, Leiterin,** Italia, rectrix parensque mundi altera, Plin. 37, 201: artes ministrae sunt; sapientia domina rectrixque est, Sen. ep. 85, 32: videmus hominibus inspiratam velut aurigam rectricemque membrorum animam, Colum. 3, 10, 9.

rēctum, *adv.*, s. rēctus II, 1.

rēctūra, ae, *f.* (rego), **I** die **Geradheit, gerade Richtung,** Gromat. vet. 5, 15; 11, 30 u. a.: orientalis, *ibid.* 217, 18: recturae maritimae et montanae, *ibid.* 215, 4. – **II Führerschaft, Vorsteherschaft,** decuriarum, Cassiod. var. 5, 21, 2.

rēctus, a, um, *PAdi.* (rego), geradegerichtet, d. i. **in gerader** (waagerechter od. senkrechter) **Richtung, gerade,** griech. ὀρθός (Ggstz. curvus, incurvatus, recurvatus, flexus, flexuosus, inclinatus u. dgl.), **I** eig.: **a** in waagerechter Richtung: ostium, die gerade auf die Straße führende, die Vordertür (Ggstz. posticum), Plaut.: via, platea, Komik.: iter r. et simplex (Ggstz. iter flexuosum), im Ohr, Cels.: recto itinere ad Iberum contendere, Caes.: recto itinere Romam ad consules et liberos fugere, Liv.; vgl. recto limite grassari, Ov., u. recto flumine alqm ducere, Verg.: rectā et expeditā via ire, Liv.: rectā viā ire ad etc., Komik.: ad me rectā rectam habet viam, Plaut.: huc rectus ex Africa cursus est, Liv.: saxa, quae rectis lineis suos ordines servant, Caes.: instructi rectā acie (Ggstz. inconditum agmen), Liv.: aes r., das gerade, geradlinige Erz (v. der Tuba), Iuven.: intestinum r., Mastdarm, Cels.: vena r. (Ggstz. v. transversa, curva), Cels.: recti oculi, gerader, unverwandter, ruhiger Blick, Cic. (vgl. oculus): u. so r. acies (Augen), Ov.: crus rectius, Hor.: cui rectior est coma, gerader, schlichter, ungelockter (Ggstz. crispulus), Sen. – iter non agit in rectum (geradeaus), sed in orbem curvat eundem, Ov. met. 2, 715. – **b** v. senkrechter Richtung, **gerade, senkrecht, aufrecht,** arduae et rectae prope rupes, Liv.: rupes ita rectis saxis, ut etc., Liv.: rectis lineis in caelestem locum subvolare, Cic.: ita iacĕre talum, ut rectus assistat, Cic.: qui ita talus erit iactus, ut cadat rectus, Cic.: anguis longā trabe rectior exstat, Ov. – v. der Körperhaltung, -stellung, ut recta sint brachia, Quint.: caput r. (Ggstz. c. deiectum, supinum, in latus inclinatum), Quint.: quidam promptius recti, quidam resupinati, quidam etiam inclinati reddunt (urinam), Cels.: rectus insistit, rectus incedit, aufrecht, Cels. u. Capit.: u. so stans et rectus (Ggstz. humilis et ad terram more quadrupedum abiectus), Lact.: u. senectus, Iuven.: octo homines recti, gerade gewachsene, geradgliedrige, schlanke, Catull.: u. so puella r., Hor.: servitia rectiora, Suet. – tunica recta, der nach alter Sitte mit senkrecht gezogenen Kettenfäden gewebte Rock, Plin. 8, 194: dass. vestis recta, Isid. orig. 19, 22, 18: Plur. subst., rectae, Fest. 277 (a), 8. – *neutr. plur.* subst., recta montium, steile Höhen (Ggstz. collium flexa u. porrecta camporum), Min. Fel. 17, 10. – **c** v. Ton usw., nicht von der Tonleiter abweichend, weder steigend noch fallend, **schlicht** (Ggstz. inclinatus, flexus), sonus r. (Ggstz. inclinatio vocis), Quint. vox, Quint. – **d** als gramm. *t. t.:* casus r., der nicht gebeugte K., der **Nominativ** (Ggstz. c. obliquus), Varro LL., Quint. u. a. Gramm.

II übtr.: **1** **gerade, recht, aufrecht,** rectā viā rem narrare ordine, ohne Umschweife, Ter.: rem rectā viā reputare, Ter.: rectam instas viam (bist auf dem r. Weg); ea res est, Plaut.: in rectam viam redire, Plaut.: rectissimam ad virtutem viam deligere, Quint. – rectum *neutr. adv.,* geradewegs, rectum ambula, Auct. inc. de mont. Sina et Sion 14. – quo vobis mentes rectae quae stare solebant antehac, aufrecht zu stehen, nicht zu wanken, Enn. – **2** übtr., v. allem, was nicht von der geraden Bahn, von der Regel usw. abweicht, **a** in physischer u. intellektueller Hinsicht, **α** **regelrecht, regelmäßig, sachgemäß, gehörig, richtig,** figura r., Prop.: cena recta u. subst. bl. recta, eine regelmäßige, ordentliche Mahlzeit (Ggstz. sportula), Suet. u. Mart.: r. et iustum proelium, Liv.: nomina r., sichere Schuldposten (Schuldner), Hor. – quotusquisque tam rectus auditor, quem etc., so ordentlicher, so gehörig-, richtig gebildeter, Plin. ep.: ebenso iudex r., Quint. – **β** **schlicht, einfach, natürlich,** commentarii Caesaris, Cic.: simplex et r. dicendi genus, Quint.: u. so r. genus, Ggstz. figurae, Quint.: sermo rectus et secundum naturam enuntiatus, Quint.: oratio recta an ordine permutato, Quint.: orator rectus et sanus, Plin. ep. – in utroque genere (der Schauspieler- u. Ringergebärden) quae sunt recta et simplicia laudantur, Cic. – u. **einfach, offen, aufrichtig,** qui haec recta tantum et in nullos flexus recedentia tractaverit, Quint.: recta et vera loquere, Plaut. – **γ** **recht, richtig, fehlerfrei** (Ggstz. pravus, vitiosus), quod dici solet, domus recta est, ist ohne Fehler, ohne Makel, Suet. – consilia r., Ter.: iudicium r., Sen.: quae sint in artibus ac rationibus recta ac prava, Cic. – si quid novisti rectius istis, Hor. – erit haec quidem rectissima fortasse ratio, Quint. – rectum est m. *Infin.,* uni medico rectius esse aegrum committere, quam multis, Cic.: protinus ergo adhibere curam rectius erit, Quint. 10, 3, 18. – *neutr.* subst., rectum pravumque, Cic.: rectum verumque, Quint. – v. Pers., mit *Genet.,* beatus iudicii rectus, wer ein richtiges Urteil hat, Sen. de vit. beat. 6, 2. – **b** in moralischer Hinsicht, **α** **gerade, rechtlich, ehrlich** (Ggstz. pravus, perversus), consilia r. (Ggstz. prava c.), Liv.: ingenia r. (Ggstz. ing. perversa), Plin. ep.: conscientia r., Cic. – v. Pers., **gerade, geradsinnig, gerade durchgehend, unentwegt, sich treu bleibend** (vgl. Stürenb. u. Benecke Cic. Arch. 3), ex quibus unus L. Caesar firmus est et rectus, Cic.: u. so vir r., vir r. et sanctus, Plin. ep.: vir alioqui rectus, integer, quietus, Plin. ep.: praetor populi Romani rectissimus, Cic.: rectissimus iudex, Plin. ep.: adversus impios rectissimus iudex (v. Gott), Lact. – **β** **recht, sittlich gut, pflichtgemäß, tugendhaft** (Ggstz. pravus), im Neutrum subst., das **Rechte, Gute, Tugendhafte,** griech. ὀρθόν (Ggstz. pravum), si benefacta recte facta sunt, et nihil recto rectius, certe ne bono quidem melius quicquam inveniri potest, Cic.: neque quicquam nisi honestum et rectum alter ab altero postulabit, Cic.: sine lege fidem rectumque colebant, Ov.: recti praeceptio pravique depulsio, Cic. – rectum est, **es gebührt sich, ist recht, ist pflichtgemäß,** m. folg. *Infin.,* Cic. de off. 1, 137 u. so non (nec) rectum est m. folg. *Infin.,* Cic. de fin. 3, 71.

recubātōrium, iī, *n.* (recubo), die **Ruhebank,** der **Schemel,** pedum vestrorum, Ven. Fort. carm. 5. prooem. p. 103, 12 *Leo.*

recubitus, Abl. ū, *m.* (recumbo), das **Sich-Niederlegen, Niedersinken,** Plin. 24, 116 *ed. Jan.* Hieron. in cant. cantic. homil. 1. § 1 u. homil. 2. § 2: Plur. meton., **Plätze** bei Tisch, amant primos recubitus in cenis, Vulg. Matth. 23, 6.

re-cubo, āvī, āre, **auf dem Rücken-, rückwärts-, zurückgelehnt liegen,** um zu ruhen, **a** von Pers., in hortulis suis, Cic.: in sinu consulis (v. einer Buhldirne), Liv.: in antro, Verg.: sub arbore, Ov.: super abiectum (hingebreiteten) linteum, Plin. ep.: aureā lecticā, Curt. – **b** v. Tieren, solo, Verg.: super ossa semiesa antro cruento, Verg.: amplexus est sedem, ubi recubaverat (bos), Isid. orig. 14, 4, 11.

rēcula u. **rēscula,** ae, *f.* (Demin. v. res), das **Sächelchen** = die **kleine Habe,** das **kleine Vermögen,** **α** Form *recula,* si quidem imperes pro copia, pro recula, Plaut. fr. bei Prisc. 3, 33: posteaquam rem paternam ab idiotarum divitiis ad philosophorum reculam perduxit, Cic. Sest. 110 *M.:* silvis coëmendis et apibus curandis reculam augere, Donat. vit. Verg. *in.* – **β** spät. Form *rescula,* Plur. b. Apul. met. 4, 12. Salv. de gub. dei 5, 8, 42; adv. avar. 1, 5, 26 u. 4, 8, 44.

recumbo, cubuī, ere, *v. n.* (re u. *cumbo, cubo), **sich rückwärts-, sich zurücklegen, -zurücklehnen,** **I** v. Pers.: **A** im Allg.: in cubiculo, Cic.: in herba, Cic.: spondā, Ov. – tauros medio recumbere sulco, niedersinken, Ov.: castoreoque gravi mulier sopita recumbit, **sinkt in Schlaf,** Lucr.: arcessitum a domino servum, ut inter se medius et dominam recumberet, Sen. rhet. – **B** insbes., **sich zur Tafel legen,** in triclinio, Cic. Verr. 3, 61: lectis Archiacis, Hor.: cum cibi capiendi causā recubuisset, Val. Max.: rediit hora dicta, recubuit, Phaedr.: qui proximus recumbebat, mein nächster Tischnachbar, Plin. ep.: qui recubuit in cena super pectus eius, Vulg.: qui supra pectus domini in cena recubuit, Augustin. – **II** übtr., v. lebl. Subjj., **sich niedersenken,** **a** übh.: pons in palude recumbit, Catull.: recumbit pila vadis penitus illisa, Verg.: recumbit onus (domus quassatae) in proclinatas partes, Ov.: vitis recumbit in terra, in iugo, Plin.: nebulae campo recumbunt, sinken nieder, Verg.: so recumbit unda ponto, Hor.: iuba dextro iactata recumbit in armo, fällt, wallt nieder, Verg.: in te omnis domus inclinata recumbit, Verg.: cervix in umeros, Verg., umero, Ov., sinkt zurück. – **b** der Lage nach, **sich anlehnen, liegen,** v. Örtl., iugera pauca Martialis longo Ianiculi iugo recumbunt, Mart. 4, 64, 1 *sqq.*

recuperātio (reciperātio), ōnis, *f.* (recupero), **I** die **Wiedererlangung, Wiedererwerbung,** libertatis, Cic.: urbium, quas amiserat, Iustin.: amissorum, spät. ICt – **II** die **Einrichtung der** *recuperatores* (s. recuperātor *no.* II), Ael. Gall. ICt. b. Fest. 274 (b), 21.

recuperātīvus (reciperātīvus), a, um (recupero), **wieder erwerblich,** Gromat. vet. 25, 10; 68, 18 u. a.

recuperātor (reciperātor), ōris, *m.* (recupero), der **Wiedererwerber,** **I** im Allg.: urbis, Wiedereroberer, Tac. ann. 2, 52. – **II** insbes., recuperatores, ein aus drei od. fünf Mitgliedern bestehendes Richterkollegium, das zu Rom und in den Provinzen zunächst nur über Prozesse (namentlich bei Klagen auf Ersatz od. Entschädigung) zwischen Römern u. Ausländern, später aber übh. über schnell zu beseitigende Rechtshändel entschied, die Ersatzrichter, Plaut., Cic., Liv. u. a.: dare recuperatores, Cic.

recuperātōrius (reciperātōrius), a, um (recuperator), **zu den Ersatzrichtern gehörig, Ersatzrichter-,** iudicium, Cic. u. a.

recupero (altertümlich recipero), āvī, ātum, āre (recipio), etw. **wiedererlangen, wiederbekommen, wiedergewinnen, wieder** zu etw. **kommen, I** eig.: **a** lebl. Objj.: villam suam ab alqo, Cic.: urbem, wieder erobern, Liv.: u. so Piraeum, Nep.: amissa, Caes.: usum togae, die Toga wieder annehmen, tragen, Suet.: rem publicam, die Obermacht im Staat wiedererlangen, Cic.: ius suum, Cic.: pacem, Sall.: sanitatem, Iustin.: amissum animum (Besinnung), Gell. – **b** Personen (die in fremder Gewalt oder örtlich von uns getrennt sind): obsides, Caes. u. Cic.: deos patrios reportabat Segestanis ex urbe hostium recuperatos, Cic.: Pelopidam (in vincula coniectum), wieder befreien, Nep.: si vos et me ipsum recuperaro, wenn ich euch u. mich wieder ganz haben darf, Cic. – **II** ütr.: **a** übh., refl., se quiete, sich wieder erholen, Varro: u. so medial, radices arborum reciperantur, Vitr. – **b** der Zuneigung nach **wieder gewinnen,** adulescentulos simulatā laudatione, Nep.: voluntatem (die Neigung) alcis, Cic.: alcis gratiam, Suet. u. Tac.

recūrātio, ōnis, *f.* (recuro), die **Heilmethode,** Kur, adhibeatur saltim illa recuratio, quae sauciatis corporibus exhibetur, Augustin. serm. 172, 1.

re-cūro, (āvī), ātum, āre, **I mit Sorgfalt bearbeiten,** chartam, Plin. 13, 75. – **II wieder pflegen** od. **heilen,** se otio et urticā, Catull. 44, 15: plagas, Apul. met. 6, 25: corpora sua diverse laniata sedulo, *ibid.* 8, 18. – **III aufbessern, aufarbeiten,** vestem veterem ad novam speciem, Isid. orig. 19, 22, 23 (Otto recurratur).

re-curro, currī, cursum, ere, **zurücklaufen, zurückrennen, zurückeilen, eilig zurückkehren, I** eig. u. übtr.: **a** eig., von Pers.: r. rursum od. rursus ad alqm, Plaut. u. Auct. b. Hisp.: r. ad alqm, Cic. u. a.: ad raedam, Cic.: in Tusculanum, Cic.: in arcem, Liv.: rure, Hor. – mit homogenem Obj., coeptum saepe r. iter, Ov. art. am. 3, 360. – mit folg. *Infin.*, recipe te et recurre petere re recenti, Plaut. trin. 1014 Sch. – **b** v. lebl. Subjj., **zurücklaufen, eilig zurückkommen, zurückkehren,** littera recurrens, Ov. – v. Gewässern, in suum fretum, Curt.: ad fontem od. in suos fontes versā aquā, Ov. – v. den Himmelskörpern, unde generata, quo recurrant, Cic. – v. Mond, luna tum crescendo, tum defectionibus in initia recurrendo, Cic. – v. der period. Wiederkehr in der Zeit, mox bruma recurrit iners, Hor.: recurrit versa hiems, Ov. – valetudines anniversariae ac tempore certo recurrentes, Suet. – prägn., v. steten Kreislauf der Sonne u. des Jahres, **umrollen** (griech. περιπέλομαι), sol recurrens, Verg.: recurrentes per annos, Hor.: horā noctis recursā, verlaufen, Ven. Fort. vit. S. Radeg. 8. – versus r., der rückwärts gelesen dasselbe Metrum hat, Sidon. epist. 8, 11, 5 u. 9, 14, 4. – **II** übtr., **zurückkehren, wiederkehren, A** im Allg.: **a** v. Pers.: decessit anno ferme sexto et quinquagesimo, de quo si quis ambiget, recurrat ad priorem consulatum eius, gehe (im Gedächtnis) zurück auf usw., Vell. 2, 4, 7. – **b** v. Lebl.: naturam expellas furcā, tamen usque recurret, Hor. – m. *Dat.*, haec optimi appellatio numquam memoriae hominum sine te recurret, dem Gedächtnis zurückkehren, einfallen, Plin. pan. 88, 10. – **B** insbes.: **a** von Pers.: **α** auf etw. **zurückkommen,** ad easdem deditionis condiciones, Caes.: uti eo recurrant et id cupidissime petant, quod paulo ante contempserint, Caes. – **β** zu etw. **seine Zuflucht nehmen,** quoniam utrumque (aper et pater) a Graeco ductum sit, ad eam rationem recurrunt, ut πατρός patris, κάπρου apri faciat, Quint.: ad eos auctores, qui etc., Quint.: ad ipsos libros, Lact.; vgl. Bünem. Lact. 6, 5. §5. – **b** v. Lebl., **sich rückwärts erstrecken auf usw.,** cur posteris amplior honor quam maioribus haberetur? curve non retro quoque recurreret aequitas eadem? Plin. pan. 38, 7. – ► Perf. recucurri, Paul. Nol. carm. 27, 99: Plusq.-Perf. recucurrerat, Oros. 6, 11, 2.

recursio, ōnis, *f.* (recurro), **I** das **Zurücklaufen,** der **rückwärts gerichtete Lauf,** Mart. Cap. 9. §911. – **II** der **Rücklauf** = das Wiederheraufkommen des Getrunkenen, Cael. Aur. de morb. acut. 3, 2, 8. – **III** die zeitliche **Wiederkehr,** annua, Augustin. serm. 146, 2 Mai.

recursito, āre (*Intens.* v. recurso), **wiederholentlich zurücklaufen,** Partiz. recursitans, Mart. Cap. 1. §25.

recurso, āre (*Intens.* v. recurro), **zurücklaufen, -eilen, zurückkehren, I** eig., Plaut. u. Lucr. – **II** übtr.: cura recursat, Verg. – virtus animo recursat, tritt wieder vor ihren Geist, Verg.: ebenso recursant animo vetera omina, Tac.

recursus, ūs, *m.* (recurro), der **Rücklauf,** die **Rückfahrt,** der **Rückzug,** die **Rückkehr, I** eig.: **a** von Pers., Verg., Liv. u. a.: naves habiles ad impetus et recursus flexusque capiendos, Flor.: fortuna si det recursus in Hesperiam, Lucan. – **b** vom Wasser usw., Ov. u. Plin.: maris cursus alterni et recursus, Ebbe u. Flut, Sen.: u. so receptus recursusque maris, Eumen. pan. – poti liquoris, das Wiederheraufkommen, Cael. Aur. de morb. acut. 3, 2, 8. – **c** v. der Sehkraft, quia acies nostra non habet usque ad nos recursum, nicht bis zu uns zurückreicht, Sen. nat. qu. 1, 13, 2. – **II** übtr.: **a** im Allg.: facilis ad bonam valetudinem, Cels.: ad pristinum ordinem militiae, Val. Max. – **b** insbes., als jurist. *t. t.*, der **Rekurs,** Cod. Iust. 7, 62, 6 *pr.*

recurvo, (āvī), ātum, āre (recurvus), **zurück-, rückwärts krümmen, zurückbeugen,** colla equi, Ov.: palma (Hand) sursum nititur recurvaturque, Gell.: brachium recurvatur, Cels.: radix duritiā humi recurvatur, Colum.: venae quasi recurvantur, Cels.: paululum mucrone (hamuli) intus recurvato, Cels. – poet., aquas in caput, zurückfließen lassen, Ov.: undae recurvatae, geschlängelte, Ov.

recurvus, a, um, **zurückgekrümmt, zurück-, rückwärts gebogen,** cornu, Verg.: tectum, Labyrinth, Ov.: concha, Plin.: aera, der Hamen, Ov.: nexus hederae, sich schlängelnd, Ov.

recūsābilis, e (recuso), **verweigerlich,** Tert. adv. Marc. 4, 35 *extr.*

recūsātio, ōnis, *f.* (recuso), **I** die **Ablehnung, Weigerung, Verweigerung,** Cic. u. a.: sine recusatione, Cic.: adimere alci omnem recusationem, jede Möglichkeit der W., Cic. – übtr., stomachi, Ekel, Widerwille, Petron. – **II** insbes., als jurist. *t. t.*, die **Ablehnung** der Klage, die **Einrede,** der **Einspruch, Protest,** Cic. Clu. 148 u. a. – als Teil der Verteidigungsrede, Cic. de inv. 1, 7 u. a. Quint. 4, 4, 6 u. a.

recūso, āvī, ātum, āre (re u. causa), unter Angabe von Gründen etwas **ablehnen, zurückweisen, von sich (von der Hand) weisen,** gegen etw. **Einspruch erheben,** etwas **ausschlagen, verweigern,** etw. zu tun od. zu erleiden **sich weigern, sich sträuben, I** im Allg. (Ggstz. suscipere, appetere, deposcere u. dgl.): **α** m. *Acc.:* laborem, Caes.: deditionem, Liv.: condiciones pacis, Liv.: molestias non r., Cic.: mit dopp. *Acc.*, populum Rom. disceptatorem, Cic.: alqam uxorem, Ter. – übtr. v. lebl. Subjj., genua cursum recusant, Verg.: ignis alimenta recusat, Ov. – **β** mit folg. *Infin.*, klass. gew. m. vorherg. Negation, non rec. mori, Caes., Sen. rhet. u. a.: privatus esse non recuso, Anton. bei Cic. Phil.: ad omnia pericula princeps esse non recusabat, Planc. in Cic. ep.: quae facere ipse recusem, Hor.: recusantes abdicare se magistratu, Liv.: recusabas imperare, Plin. ep.: übtr., v. lebl. Subjj., pedes vitiosum ferre recusant, Hor. – **γ** m. folg. *Acc.* u. *Infin.*, Plin. 29, 16: m. *Acc.* u. *Infin. Pass.*, Plin. 35, 49 u. Tac. ann. 1, 79. – **δ** m. folg. *ne* u. Konj.: sententiam ne diceret, recusavit, Cic.: reliqui, in labore pari ac periculo ne unus omnes antecederet, recusarent, Caes.: mit vorherg. allg. *Acc. Pronom.*, his Prusia negare (es abschlagen) ausus non est; illud recusavit (nur das eine wies er von sich), ne id a se fieri postularent, quod etc., Nep. – **ε** bei vorhergeh. Negation mit folg. *quin* od. *quo minus* u. Konj.: non recusasse, quin acciperet, Cic.: non recusamus, quin illorum libidini Sex. Roscii vita dedatur, Cic.: neque tamen recusare (Germanos), si lacessantur, quin armis contendant, Caes.: non recuso, quo minus legant, Cic.: neque recusavit, quo minus legis poenam subiret, Nep.: neque recusaturos, quo minus perpetuo sub illorum dicione atque imperio essent, Caes. – **ζ** m. *de* u. Abl.: de stipendio, Caes.: de iudiciis transferendis, Cic. – **η** absol.: non recuso, non abnuo, Cic.: nullo recusante regnum obtinere, Nep.: nihil recusatur, man weist den Vorschlag keineswegs (gar nicht) zurück, Liv.: diu ac multum recusantem ad petitionem compellit, Liv. – II insbes.: 1 durch Gründe **abweisen** = **widerlegen,** nativitatis mendacium, Tert. adv. Marc. 3, 11. – 2 als gerichtl. *t. t.*, eine Klage **ablehnen,** gegen eine Klage **einwenden, Einspruch tun (erheben), Protest einlegen, sich verwahren,** numquid recusas contra me? Plaut.: quoniam satis recusavi, Cic.: cum reus recusare vellet m. folg. *Acc.* u. *Infin.*, ICt.: causa omnis, in qua pars altera agentis est, altera recusantis, Quint. Vgl. Jordan Cic. Caecin. 81.

recussābilis, e (recutio), **zurückschlagbar,** sphaera, Schlagball, Cael. Aur. de morb. chron. 3, 6, 88.

recussus, Abl. ū, *m.* (recutio), das **Zurückschlagen, Zurückprallen,** Val. Max. 6, 9 ext. 7. Plin. 8, 214. Fulg. myth. 1. praef. p. 12 M.

recutio, cussī, cussum, ere (re u. quatio), I **zurückschlagen, zurückscheuchen,** Val. Flacc. u. Augustin.: recussa nox, Sidon. – II zurück- u. aufbeben machen, **erschüttern, aufrütteln,** utero recusso, Verg.: somno recussus, Apul.

recutītus, a, um (re u. cutis), I **beschnitten,** an der Vorhaut, Petron.: Iudaei, Mart.: meton., recutita sabbata, der Juden, Pers. – II übtr., **beschnitten, glatt geschoren,** colla mulae, Mart. 9, 57, 4.

rēda, ae, *f.*, s. raeda.

red-accendo, accēnsum, ere, **wieder anzünden,** Eccl.

redāctio, ōnis, *f.* (redigo), die **Zurückführung,** in unum, Boëth. inst. arithm. 2, 40. p. 137, 26 Fr.

redāctus, ūs, *m.* (redigo), das **Einkommen,** der **Ertrag,** ICt.

red-adopto, āvī, āre, **wieder an Kindes Statt annehmen, wieder adoptieren,** denuo alqm, Modestin. dig. 1, 7, 41.

red-aedifico, s. re-aedifico.

red-ambulo, āre, **zurückkommen,** bene ambula et redambula, Plaut. capt. 900.

re-damno, āre, **wieder verwerfen,** suam sententiam, Th. Prisc. 2, 2, 5.

red-amo, āre, **wiederlieben, Gegenliebe hegen,** Nachbildung von ἀντιφιλεῖν, qui vel amare vel, ut ita dicam, redamare possit, Cic. de amic. 49. – Außerdem erst bei Spät., wie Macr. sat. 6, 9, 6. Symm. epist. 3, 2. Ambros. in Luc. 5. § 75 u. a. Eccl. – Partiz. subst., amantes et redamantes, Augustin. conf. 4, 8, 3.

red-amtruo (redamptruo), āre, in der Religionsfeier der Salier, dem Vortänzer **wieder entgegenhüpfen, -tanzen,** Pacuv. tr. 106. Lucil. 320. Vgl. Fest. 270 (b), 32.

redanimātio, ōnis, *f.* (redanimo), die **Wiederbelebung,** Tert. de res. carn. 30.

red-animo, āvī, ātum, āre, **wieder beleben, -lebendig machen,** Tert. de res. carn. 13 u. a.

redantruo, s. red-amtruo.

red-ardēsco, ere, **wieder in Brand geraten,** flamma redardescet, Ov. rem. 734.

red-arguo, uī, ūtum, ere, I durch tatsächliche Beweise vom Gegenteil **zurückweisen, -widerlegen, vom Gegenteil überführen, der Lüge zeihen, Lügen strafen,** a Pers.: nosmet ipsos redargui refellique patiamur, Cic.: redargue me, si mentior, Cic. – absol., quis redarguerit? Cic. – b lebl. Objj.: oratio, quae neque redargui neque convinci potest, Cic.: refellere et red. mendacium alcis, Cic.: red. inconstantiam alcis, Cic.: famosos libellos, Suet. – v. lebl. Subjj.: improborum prosperitates redarguunt vim deorum, Cic.: advenit qui vestra dies muliebribus armis verba redarguerit, Verg. – II fast = coarguere: A jmd. **bezichtigen, zeihen,** alqm ignorantiae, stultitiae, Lact.; vgl. Bünem. Lact. 3, 1, 15. – B **unumstößlich dartun,** m. folg. *Acc.* u. *Infin.*, rationem falsam esse, Gell. 15, 9, 7. – ► rederguisse statt redarguisse sprach Scipio Africanus Pauli fil. nach Fest. 273 (a), 7.

redargūtio, ōnis, *f.* (redarguo), die **Widerlegung,** Vulg. psalm. 37, 15 (wo Plur.) u. a. Boëth. Aristot. elench. 1 *pr.*

rēdārius, s. raedārius.

red-armo, (āvī), ātum, āre, **wieder bewaffnen,** Dict. 2, 40.

red-auspico, āre, **von neuem Auspizien nehmen,** scherzh. = wieder zurückkehren, in catenas, Plaut. capt. 767.

redditio, ōnis, *f.* (reddo), I das **Zurückgeben,** die **Vergeltung,** redditionis dies, Cypr. de op. et eleem. 26: m. obj. *Genet.*, iucunditatis, Vulg. Sirach 1, 29. – II als rhet. *t. t.*: a der **Nachsatz,** griech. ἀπόδοσις, Quint. 8, 3, 77 u. a. Auson. Technop. (edyll. 12) *in.* p. 132 Schenkl. – b = προσαπόδοσις, die **Wiederkehr** desselben Wortes an einer bestimmten Stelle der Sätze, Aquil. Rom. de fig. sent. § 33. Mart. Cap. 5. § 533. – c redd. rationis od. causae = αἰτιολογία, die **Angabe des Grundes** od. **der Ursache,** die **Beweisführung,** Augustin. de civ. dei 21, 7. Carm. de fig. 25. p. 64 H.

redditīvus, a, um (redditio *no.* II), **zum Nachsatz gehörig,** *neutr. pl.* subst., redditiva, **Nachsatzwörter** (wie *talis, ita*), Prisc. 17, 32.

redditor, ōris, *m.* (reddo), I der **Abzahler, Bezahler,** debitorum ipsius fisci, Augustin. epist. 138, 15. – II der **Zurückgeber,** a der **Vergelter,** Vulg. Sirach 5, 4: mercedis, Augustin. serm. 215, 3. Ps. Tert. carm. adv. Marc. 1, 198. – b der **Wiederhersteller,** vitae, Chrysol. serm. 33.

reddo, didī, ditum, ere, **zurück-, von sich geben,** I **zurückgeben** = **wiedergeben, wieder abgeben, wieder herausgeben, zurückerstatten, wieder zustellen,** 1 denselben Gegenstand (Ggstz. dare, committere, accipere, adimere): α konkr. Objj.: omne argentum, Plaut.: equos, Cic.: alci pecuniam, Cic.: alci amissa, Liv.: da sodes abs te, ego post reddidero tibi, Plaut.: immo cedo abs te, ego post tibi reddam duplex, Plaut.: meum mihi reddatur, Ter.: ea, quae utenda acceperis, maiore mensurā, si modo possis, iubet reddere Hesiodus, Cic. – obsides, captivos, Caes.: redde hostem, bring wieder her, Ov. – bes. nach einer Unterbrechung, Abwesenheit, aus Gefahr, Mühsal eine Person oder Sache **wiedergeben,** ut te (medicus) suscitet ac natis reddat carisque propinquis, Hor.: urbem senatui ac populo Romano, templa dis reddita (esse), Tac. – u. so refl., se reddere convivio, sich zum G. zurückbegeben, Liv.: se terris (v. Tageslicht), Verg.: se alci, sich wieder zu jmd. gesellen, Plin. ep.: Teucrûm se iterum in arma, sich den W. der T. wieder stellen, Verg.: ebenso Pass. reddi medial, reddar tenebris, mich zurückbegeben zu usw., Verg.: Daedalus redditus his primum terris, zurückgegeben (nach gefahrvoller Luftfahrt), Verg.: nec post oculis est reddita nostris, bot sich nie wieder dar, Verg.: selten absol., wie Ov. met. 15, 275 *sq.* (v. einem Fluss). – β abstr. Objj.: libertatem (Ggstz. lib. adimere), Suet.: antiquum belli decus amissum, Liv.: alci patriam, Liv.: alci ereptum honorem, Verg.: Musis alcis operas, seinen tätigen Zustand wieder zuwenden, Cic. – zugl. m. *Infin.*, tandem sua monstra profundo reddit habere Iovi, Stat. Theb. 1, 616.

2 einem anderes als Entgelt, in gleichem Maße **zurückgeben, wiedergeben, dagegengeben, erstatten, vergelten** (Ggstz. dare, sumere, accipere), a übh.: α konkr. Objj.: alias tegulas, andere dafür (für die zerbrochenen) einsetzen, Plaut.: oscula, Ov.: pro benefactis alcis ei pretium, Plaut. – β abstr. Objj.: alci operam, Plaut.: beneficium, Cic. u. a.: pro maleficio beneficium, Ter.: beneficium cum usura, Sen.: pro vita hominis hominis vitam, Caes.: ante illatum terrorem, Liv.: hosti cladem, cladem acceptam, Liv. (s. Fabri Liv. 24, 17, 7. p. 237): gratiam, die erwiesene Gunst zurückerstatten, durch die Tat Dank abstatten, Sall.: u. so gratiam cum magno fenore (v. Weinstock), Colum. – sive paria (verba) paribus redduntur (gegenübergestellt werden) sive opponuntur (entgegengesetzt werden) contraria, Cic. or. 164. – b insbes.: α in einer anderen Sprache **wiedergeben** = **verdolmetschen, übersetzen, übertragen,** cum ea quae legeram Graece, Latine redderem, Cic.: verba Latine, Ov.: verbum pro verbo, Cic.: verbum verbo, Hor. – β mündlich **zurückgeben,** als Nachahmung = wiedergeben, verba bene, v. Papagei, Ov.: de multis verba novissima (von dem Echo als Pers.), Ov.: clamorem, Curt. – als Antwort = **erwidern, entgegnen, versetzen,** veras audire et reddere voces, Verg.: mutua dicta, Worte wechseln, Ov.: verba tot, nur soviel entgegnen, Ov.: nullam vocem ad minas, Curt.: Aeneas contra cui talia reddit, Verg.

3 einen Gegenstand dem Ansehen, der Beschaffenheit, dem Wesen nach **wiedergeben, abspiegeln, vollständig nachahmen,** im Bild, ἀτ-

τικισμος ille reddens Athenarum proprium saporem, Quint.: natus hic vultus tuos reddit, Sen. poët.: tectorium odorem croci saporemque reddit, Plin. – qui te nomine reddet Silvius Aeneas, mit dir gleichnamig sein wird, Verg. – bes. durch Rede, Schrift od. Kunst, reddidisse in loquendo paternam elegantiam, Quint.: in litteris veteres aemulatur, exprimit, reddit, Propertium in primis, Plin. ep.: omnia reddiderat pictor, Petron. – u. im Wesen u. Benehmen, matrem reddit ac refert nobis, Plin. ep.: omnes Catilinas Acidinos postea reddidit, machte durch sein Benehmen Katilina u. seine Rotte zu Acidinern, d. i. ließ K. u. seine Rotte gegen sich als wahre Tugendspiegel erscheinen, Cic. ad Att. 4, 3, 3.

4 einen Gegenstand in einen entgegengesetzten Zustand zurückversetzen, so und so **herstellen,** zu dem und dem **machen,** m. dopp. *Acc.:* **α** alqd od. alqm m. Ang. wozu? durch ein *Adi.:* viscera saxea, Ov.: domum eius exornatam et instructam fere iam reddidisse nudam atque inanem, Cic.: segetes laetas, Colum.: itinera infesta, Caes.: mare tutum, Nep.: quae res post eum quae essent tuta ab hostibus reddebat, ihm den Rücken sicherte, Caes.: omnia breviora reddet ordo et ratio et modus, Quint. – persönl. Objj., alqm iratum, Cic.: alqm ita placidum mollemque, ut etc., Cic.: alqm hebetem, Cic.: alqm caecum, Cic.: alqm praecipiendo meliorem, Cic.: homines ex feris et immanibus mites et mansuetos, Cic.: formosum adulescentem exsectis virilibus semivirum (zum Kastraten), Lact – selten im Passiv m. dopp. *Nom.,* obscura moto reddita forma lacu est, Ov. met. 3, 475 *sq.:* alias per sudorem corpus tantum imbecillius redditur, Cels. 3, 3, 19: adeo (eum) caedit, ut Granicus et Aesepus amnes cruenti redderentur, Flor. 3, 5, 17: u. so Iustin. 29, 4, 3; 42, 5, 4; 44, 1, 10. Eutr. 1, 9. – **β** alqd od. alqm mit Ang. wozu? durch ein *Partic. Perf.:* alqd effectum, Plaut.: omne transactum, Plaut.: dictum ac factum reddidi, das war wie gesagt, so getan, das ist alles fertig und abgetan, Ter.: sed iam prior amor me ad hanc rem exercitatum reddidit, Ter. – **γ** alqm mit Ang. wozu? durch ein *Subst.:* alqm avem, Ov.: alqm meum (zu meinem Freund), hostem Romanis, Nep.: alqm spectatorem, Ov.: alqm ludibrium omnium inter aequales, Iustin. – **δ** alqd m. Ang. wozu? durch *ut* m. Konj., reddes omnia quae nunc sunt certa ei consilia, incerta ut sient sine omni periculo, Ter. Andr. 389.

II von sich geben, herausgeben, 1 für jmd. Bestimmtes, jmdm. Gebührendes, Erbetenes **abgeben, herausgeben, zustellen, zukommen lassen, a** übh.: alci epistulam, litteras, Cic. (u. so nullae mihi abs te sunt redditae litterae, Br. von dir, Cic.): mandata Augusto Romae (v. Gesandten), Suet. – argentum, Ter.: caprum, Verg.: tunicam non reddere servo, Iuven.: lavacrum et vinum et varium cibum, Cael. Aur.: alci hereditatem, Cic.: suum cuique, Cic.: nomina sua facto, die T. beim rechten Namen nennen, Ov. – praemia debita, Verg.: cetera praemia, Verg.: honorem, Cic.: nec medico honorem (Honorar) suum nec operario mercedem, Augustin.: promissa viro, Verg.: caute vota, erfüllen, Cic.: u. so vota Iovi, Herculi, Ov. u. Suet. – rationem, Rechnung, Rechenschaft ablegen (Aufschluss geben), alci, Cic., alcis rei, Cic., de alqa re, Vitr. – poenas graves impietatis in parentem alcis, büßen, Sall. – So nun **α** von Sterbenden, debitum naturae morbo, Nep.: vitam naturae, Cic., u. bl. vitam, Lucr., vitam bene, Cic.: vitam pro alqo, Ov.: animam caelestem caelo, Vell., u. bl. animas, Verg.: u. bl. reddi caelo, Vell.: eum spiritum, quem naturae debeo, patriae reddere, Cic. (vgl. unten *no.* 2): quod reliquum vitae viriumque, id ferro potissimum reddere volebant, preisgeben, Cic. – **β** v. Opfernden, **darbringen,** tura lari, Tibull.: liba deae, Ov.: exta Marti, Suet.: u. prägn., super caespitem exta, über den R. (legend) = auf dem R. darbringen, Tac.: u. so lancibus pandis fumantia exta, auf gebogenen Sch., Verg. – **γ** v. Schreibenden od. Sprechenden, schriftlich oder mündlich **zukommen lassen, zum Besten geben, berichten,** sin nihil praeter iocationem, redde hoc ipsum, Cic.: sed perge, Pomponi, de Caesare, et redde quae restant, Cic.: in eo libro, quo causas eloquentiae reddebamus, Quint. – **b** als Zugeständnis **zukommen lassen, α** als neue Bewilligung **zugestehen, anheimgeben, erteilen, gewähren, zuweisen,** suis quaeque temporibus, Curt.: responsa, Verg.: nullo reddito responso, Liv.: conubia, Liv.: peccatis veniam, Hor.: una superstitio (bindende Eid) superis quae reddita divis, Verg. – So nun als gerichtl. *t. t.:* **αα** reddere iudicium, eine gerichtl. Untersuchung erteilen (gewähren), anstellen (von der Obrigkeit, bes. v. Prätor), absol., Rhet. Her., in alqm, Caes., maiestatis, Tac., de eadem causa iterum, Ter., an reus causa sit mortis, Quint. – **ββ** reddere ius, Recht erteilen, sprechen (v. König, Kaiser, v. der Obrigkeit, bes. v. Prätor), absol., Tac., alci petenti, Caes.: populo, Liv.: pro tribunali, Suet. – Plur., iura reddere, Liv.: suo regia iura Quiriti (v. Romulus), Ov.: iura adversus paganos, Tac.: reddere iura per pagos vicosque, Tac. – **β** als bereits Besessenes **belassen,** Thermitanis urbem, agros legesque suas, Cic.: civitati suas leges, Liv.: civitati iura legesque, Caes.: Lanuvinis sacra sua, Liv.: omnia sua incolis, Curt. Vgl. Drak. Liv. 9, 43, 23.

2 aus dem Körper usw. **von sich geben** = **a** aus dem Körper usw. **ausstoßen, auswerfen, ausspeien,** aspera arteria excipiat animam eam, quae ducta sit spiritu, eandemque a pulmonibus respiret et reddat, Cic.: sonum, einen Ton von sich geben, tönen, klingen (v. musikal. Instrum., Worten usw.), Hor., Sen. u. a.: lenem sonum, Plin.: vocem (v. leb. Wesen), Verg. u. Hor.: crepitum (ventris), v. Esel, Plin.: stridorem, Ov.: murmura, Ov.: flammam, Plin.: sanguinem, Plin. ep.: bilem alvo, Cels.: alvum, urinam, Cels.: calculum urinā, Plin. – bes. v. Gebären, catulum partu, Ov.: vivum onus, Ov. – **b** als Ertrag **abwerfen,** von Grundstücken, fructum (Ertrag), Varro: in pabulo non minus quam in feno, Colum. – v. Getreide, quae siccae moluntur plus farinae reddunt, Plin.: siligineae farinae modius Gallicae XXII libras panis reddit, Plin. – **c** Gehörtes, Erdachtes aus dem Kopf **hersagen, aufsagen, vortragen,** ea sine scripto verbis isdem, Cic.: rerum multa nomina audita, Quint.: quid cuique vendidissent, Quint.: dictata magistro, Hor.: carmina, Hor.: modos voce, absingen, Hor. – verba male, aussprechen, Ov. – ► redideique (= reddidique), CIL 1, 551, 11. – archaist. *Futur.* reddibo, Plaut. Cas. 129; Men. 1038; Vidul. fr. 4 Stud. (bei Prisc. 6, 32 u. 35. Non. 508, 8): reddebit, CIL 5, 8752. – parag. Infin. reddier, *Arnob. 7, 25 *extr.* (Zink).

redēmptio, ōnis, *f.* (redimo), **I** die **Erkaufung, a** die **Bestechung,** huius iudicii, Cic. I. Verr.. 16: Plur. absol., Cic. Pis. 87. – **b** die **Pachtung,** Cic. de prov. cons. 11 u. die **Mietung,** Ascon. in Cic. or. in tog. cand. p. 83, 16 K. – **c** die **Übernahme eines Prozesses und seiner Gefahr gegen eine Summe,** Ulp. dig. 17, 1, 6 *extr.* – **II** die **Loskaufung** aus der Gefangenschaft, redemptionis pretium, Sen. de ben. 2, 21, 1: red. captivorum, Liv.: ducis, Quint. – sacramenti, vom Soldateneid (Kriegsdienst), Auct. b. Alex. 56, 4 (vgl. 55, 4 qui se pecuniā redemerunt).

redēmptito, āvi, āre (*Intens.* v. redempto), **erkaufen,** malefacta benefactis, ausgleichen, wieder gutmachen, Cato oratt. fr. 72.

redēmpto, āre (*Frequ.* v. redimo), **loskaufen,** captivos occulte, Tac. hist. 3, 34.

redēmptor, ōris, *m.* (redimo), **I** der **Erkaufer, a** als publiz. *t. t.,* der **Übernehmer** einer Pachtung usw. gegen Zahlung, der **Unternehmer, Lieferant, Pächter,** Cic. u. a.: frumenti, Liv.: tutelae Capitolii, Plin.: cloacarum, der die Reinigung der K. in Pacht genommen hat, Plin. – vectigalium, Pächter, ICt.: u. so pontis (des Brückenzolls), ICt. – **b** als jurist. *t. t.,* der **Übernehmer eines Prozesses und seiner Gefahr gegen eine Summe, der Aufkäufer von Prozessen,** litis, causarum, ICt.: calumniarum, spät. ICt. – **II** der **Loskäufer** aus der Gefangenschaft, Sen. de ben. 2, 21, 1: dah. der **Erlöser,** v. Christus, Prud. cath. 10, 157. Augustin. serm. 130, 2 u. a. Eccl.

redēmptrīx, trīcis, *f.* (Femin. zu redemptor), die **Erlöserin,** Prud. perist. 10, 774. Ambros. de Cain et Abel 2, 4. § 13; de vid. 6. § 36: persona, Coripp. laud. Iust. 4, 297.

redēmptūra, ae, *f.* (redimo), die **Übernahme** einer Sache, die **Pachtübernahme,** redempturis auxisse patrimonia, Liv. 23, 48, 10: mercaturas redempturasque facere, Ulp. dig. 14, 3, 5. § 2.

red-eo, iī (selten īvī), itum, īre, **I zurückgehen, wieder gehen, zurückkehren, zurück-, wiederkommen,** bes. **heimkehren, -kommen** (oft, bes. bei den Komik., verb. m. rursus, rursum, retro), **A** eig. (Ggstz. abire, venire, remanere): **a** v. Pers.: sine rege, heimkehren, Curt.: hinc, Plaut.: rursus inde propere, Suet.: eodem, unde redieram, proficisci, Caes.: peregre, Ter. – rure, Plaut. u. Ter.: colle, Ov.: obsonatu, Plaut.: venatu, Stat.: Thebis, Plaut. – e schola, Val. Max.: e provincia, Cic.: de exsilio, Plaut., ex exsilio, Sen. rhet. u. Plin. ep. – a foro, Plaut.: a cena, Ter. u. Cic.: a Caesare, Cic. – huc, illuc, Plaut.: ut unde abissent, eodem statim redirent, Cic.: domum, Caes.: domos, Curt.: de foro domum, Augustin.: lecticā (in der S.) ex regia domum, Suet.: Romam, Cic.: Graeciam, Liv. Andr. – in patriam, Plaut.: in urbem, Liv.: retro in castra, Liv.: in viam (bildl.), Ter. u. Cic.: in veram viam (bildl.), in rectam semitam (bildl.), Plaut.: in caelum, Hor.: rursus in senatum, Plaut.: rursus in proelium, Curt.: in proelium, zum Tr. (um es zu beginnen), Liv.: so auch in suffragium, Liv. (vgl. Fabri Liv. 22, 15, 9): in gyrum, Ov.: ille consertis manibus in se redeuntium chorus, Sen. – ad navem, Plaut.: ad exercitum Nemetocennam, Hirt. b. G.: ad suos, Caes. – m. Prädik.-*Nom.*, salvus redeo, Plaut.: victor (als S.) redit, Liv.: victor ex hac pugna redit, Liv. – m. 1. *Supin.*, spectatum e senatu, aus dem Senat zum Schauspiel zurückkehren, Cic. Sest. 117. – *impers.*, postquam domum reditum est, Nep.: manerent indutiae, dum ab illo rediri posset, Caes.: cum conversis signis retro in urbem rediretur, Liv.: ad arbitrum reditur, Plaut. – **b** v. lebl. Subjj.: redeunt umerique manusque, Ov.: ille qui in se redit orbis, Quint. – v. Gewässern, unde tantum redisset subito mare, Curt.: flumen in eandem partem, ex qua venerat, redit, Caes.: amnes in fontes suos redeunt, Ov. – v. Gestirnen, v. Tag u. Nacht, cum ad idem, unde semel profecta sunt, cuncta astra redierint, Cic.: redit sol in sua signa, Ov.: luna a sole discedit ad aquilonem et inde redit in eandem viam, Varro LL.: hic, ubi dies et nox modice redit et abit, Varro. – v. Örtl., collis paulum a planitie editus ... in frontem (nach vorn) leniter fastigatus paulatim ad planitiem redibat, ging allmählig nieder, Caes. – poet., v. Gewächsen, redeunt iam gramina campis, Hor.: redeunt frondes arboribus, Ov. – v. phys. Zuständen, forma prior rediit, Ov.: huic non exesam (sei zerstört) vim luminis (die Sehkraft) et redituram, Tac.: tum demum, vitali admoto calore, membris aliquis redibat vigor, Curt.: iam rediit animus (Besinnung): Plaut.; vgl. redeunte paulatim animo, Curt.: et mens et rediit verus in ora color, Ov.

B übtr.: **1** im Allg.: **a** v. Pers.: in veram faciem solitumque nitorem, wieder annehmen, Ov.: in annos, quos egit, rediit, kehrte zurück in die verlebte Zeit (= wurde wieder zum Jüngling), Ov. – red. in pristinum statum, Caes.: cum alqo in antiquam gratiam, Plaut., od. bl. in gratiam, Cic. u. a., sich aussöhnen; vgl. se numquam cum matre in gratiam redisse, er habe sich nie mit der Mutter auszusöhnen gehabt (= sich nie mit der Mutter entzweit), Nep. – redire in memoriam (sich besinnen) m. folg. *Acc.* u. *Infin.*, Plaut., od. m. folg. *Genet.* = an etwas od. jmd. zurückdenken, Cic.: so auch in memoriam secum, Ter. – red. ad se, wieder zu sich kommen, teils phys. = wieder zur Besinnung kommen, Ter., Liv. u. a.; teils geistig zu sich kommen = zur Besinnung kommen, sich wieder fassen, sich eines anderen besinnen, Cic.: verb. red. ad se atque ad mores suos, zu sich u. auf seine alten Sprünge kommen, Cic.: rursus ad ingenium u. bl. ad ingenium, wieder zu seiner alten Sinnesart zurückkehren, seinen Charakter wieder annehmen, Ter. – red. in causas malorum saepius, bei den Ursachen der Leiden öfter vorkommen, Tac. – red. ad fastos, auf die F. zurückgehen, Hor. – ut ad pauca redeam, auf weniges zurückgehe, mich beschränke = um es kurz zu machen, Ter. – Caesar ad duas (legiones) redierat, war auf zwei zurückgekommen = es waren ihm nur zwei geblieben, Caes. – *impers.*, reditum (est) in vestram dicionem, Liv.: exuto iustitio reditum ad munia, Tac. – **b** v. lebl. Subjj.: cum res redissent, die Geschäfte (nach den Ferien) wieder begonnen hatten, Cic. post red. in sen. 27; vgl. Cic. Sest. 129: redit de integro haec oratio, fängt wieder von vorn an, Ter. heaut. 1010. – redit animo ille latus clavus, da fällt mir wieder ein usw., Plin. ep. 8, 23, 6; so auch redeunt singula menti, Val. Flacc. 8, 160. – nec ita multo post Volscis levatis metu rediit ingenium, kehrten die V. zu ihrer früheren Sinnesart zurück, Liv. 2, 22, 3. – **2** insbes., in der Rede zu einem früheren Thema **zurückkehren,** auf etwas **zurückkommen,** illuc unde abii, redeo, Hor.: sed illuc redeamus, Nep.: mitte ista atque ad rem redi, Ter.: sed domum redeamus, id est ad nostros revertamur, Cic.: sed ad instituta redeamus, Cic.: sed ad prima redeo, Cic.: sed redeamus rursus ad Hortensium, Cic.: sed de hoc alias; nunc redeo ad augurem, Cic.: quamobrem ad inceptum redeo, Sall.: longius evectus sum, sed redeo ad propositum, Quint.: nunc redeo ad id, quod intenderam, Lact.: ut ad propositum meum redeam, Cels.

II heran-, herbeigehen, hervorgehen, hinauf-, hinabgehen, A eig.: in nubem Ossa redit, erhebt sich zu den Wolken, Val. Flacc. 2, 16. – **B** übtr.: **1** als Ertrag **eingehen, einkommen,** iamne enumerasti id quod ad te rediturum putes? Ter.: pecunia publica, quae ex metallis redibat, Nep.: ex qua regione quinquaginta talenta quotannis redibant, Nep.: ex pecore redeunt ter ducena Parmensi, Mart.: possentne fructus pro impensa ac labore redire, Varro: tribus tantis illi (= illic) minus redit quam obseveris, Plaut.: ut ex eodem semine aliubi cum decimo (verst. grano) redeat, aliubi cum quinto decimo, Varro. – dah. aus etwas (gleichs. als Ertrag) **hervorgehen, sich entspinnen,** nec cernentes ex otio (Waffenruhe) illo brevi multiplex bellum rediturum, Liv. 3, 68, 8. – **2** zu etw. **kommen, schreiten, greifen, a** v. Pers.: ad gladios redierunt, es blieben ihnen nur noch die Schw., Caes. b. c. 3, 93, 2: so auch unpers., comminus ad manus reditur, es kommt zum Handgemenge Mann gegen Mann, Auct. b. Afr. 18, 4. – **b** v. lebl. Subjj.: bona in tabulas publicas redierunt, in die Rechnungsprotokolle der Staatskasse gekommen (eingetragen worden), Cic. – mihi illaec vere ad rastros res redit, es kommt mit mir endlich noch im bitteren Ernst zum Hacken und Graben, Ter.: in eum iam res rediit locum, ut etc., es ist so weit gekommen, dass usw., Ter. (vgl. Spengel Ter. adelph. 273): quodsi eo fortunae meae redeunt, ut etc., Ter.: postremo adeo res rediit, Ter. – omnia haec verba huc redeunt, laufen darauf hinaus, Ter. – bes. v. Gelangen in jmds. Besitz, Gewalt usw., **anheimfallen, zufallen,** Venus, quam penes amantum summa summarum redit, die das Hauptbuch über die Verliebten führt, Plaut.: ad te summa solum rerum redit, auf dir allein liegt die ganze Last, Ter.: eius morte ea bona ad me redierunt, Ter.: ad hos redibat lege hereditas, Ter.: velle bonis aliquem affici quam maximis, etiam si ad se ex iis nihil redeat, Cic.: summa imperii, summa rerum redit ad alqm, Caes.: quorum (principum) ad arbitrium iudiciumque summa omnium rerum consiliumque redeat, Caes.: mortuo Tullo res (Staatsregierung) ad patres redierat, Liv.: u. so Numae morte ad interregnum res rediit, Liv. – ► Archaist. Präs. redinunt = redeunt, Enn. ann. 475*. Paul. ex Fest. 287, 1. – arch. Fut. redeam, Plaut. aul. 273. – Imperf. rediebat, Dracont. Med. 272: rediebant, Sen. contr. 9, 3 (26), 13. – Fut. redies, Apul. met. 6, 19: rediet, Caes. Germ. phaenom. 716 (Haupt). Augustin. c. Acad. 3, 10. § 22. Vulg. Levit. 25, 10. Ennod. dict. 9: redient, Vulg. Ierem. 37, 7. – Seltene Perf.-Form redivi, Apul. met. 4, 14. Vict. Vit. 3, 59 (redivit). Amm. 27, 5, 6. – Regelmäßig synk. Perf.-Formen, redisti, redisset, redisse; bei Dichtern auch redit, z. B. Ter. Phorm. 55; vgl. Lachm. Lucr. 3, 1042.

rederguo, s. red-arguo a. E.

red-hālo, āre, **zurückhauchen, -dampfen,** Lucr. 6, 523.

redhibeo (rethibeo), uī, itum, ēre (re und habeo), **I zurück-, wiedergeben, zurückerstatten,** alci viaticum, Plaut.: sumptus (Prozesskosten), Cod. Iust. – **II** als *t. t.* der Kaufmannsspr., eine gekaufte mangelhafte Ware usw. **zurückgehen lassen, zurückgeben** unter Rückforderung des Kaufpreises von Seiten des Käufers und der Rückzahlung von Seiten des Verkäufers; dah. **a** v. Käufer = **den Kauf** von etw. **rückgängig machen,** etwas **zurückgeben,** aedes, Plaut. most. 800: mancipium, Cic. de off. 3, 91 u. ICt.: eunuchum quasi morbosum, Gell. – **b** v. Verkäufer = **zurücknehmen,** ancillam, Plaut. merc. 422 G.

redhibitio (rethibitio), ōnis, *f.* (redhibeo), die **Rückgabe** oder **Rücknahme** einer verkauften mangelhaften Sache, ICt.: mancipii, Quint. 8, 3, 14: in causa redhibitionis, Gell. 4, 2, 10.

redhibitor, ōris, *m.* (redhibeo), der **Zurückgeber,** Augustin. in psalm. 58. serm. 2. § 1.

redhibitōrius, a, um (redhibeo), die **Rückgabe** u. **Rücknahme** beim Verkauf **betreffend,** actio, die Wandlungsklage, ICt.: iudicium, ICt.

red-hostio, īre, **wieder gleichmachen, erwidern,** Acc. tr. 92. Naev. com. 64.

re-dīco, ere, **wieder sagen, wiederholt sagen,** Sidon. epist. 9, 13, 3. Not. Tir. 6, 79.

Rediculus, ī, *m.* (redeo), röm. Lar (lar), der die Umkehr Hannibals bewirkte (vgl. Prop. 3, 3, 11), verehrt in einer Kapelle vor der porta Capena (von wo Hannibal seinen Rückzug antrat), Rediculi fanum, Fest. 282 (a), 23: campus Rediculi, Plin. 10, 122.

redigo, ēgī, āctum, ere (red u. ago), **I zurücktreiben, -jagen, wieder zurückbringen, A** eig.: duas rupe capellas, Ov.: taurum in gregem, Varro: hostium equitatum in castra, Liv.: primos fugientium caedere, turmam insequentium ferro et vulneribus in hostes r., Liv.: exutos magnā parte praedae ad mare ac naves, Liv.: alqm Capuam, Liv. – **B** übtr.: in memoriam alcis (jmdm. ins Ged. zurückrufen) m. folg. *Acc.* u. *Infin.*, Cic.: rem ad pristinam rationem, Caes.: homines in gratiam, wieder versöhnen, Ter. – **II her-** od. **hinbringen, A** eig., **eintreiben, einziehen, einliefern lassen** od. **einliefern,** durch Verkauf **lösen, als Erlös einziehen,** omne argentum tibi, Plaut.: pecuniam, Cic.: omnem pecuniam Idibus, Hor.: omnem pecuniam ex vectigalibus, Cic.: quantam (pecuniam) ex bonis patriis redegisset, aus dem V. der vät. G. gelöst hätte, Cic.: u. so sestertium ducentiens ex ea praeda redactum esse, Liv.: ex pretio rerum venditarum aliquantum pecuniae redactum esse, Liv.: (bona) incognita sub hasta veniere, quodque inde redactum militibus est divisum, Liv.: per duos continuos menses ea venditio habita est multumque auri redactum, Eutr.: nequaquam tantum redactum quantae pecuniae erat damnatus, Liv. epit. – omnis frumenti copia decumarum nomine penes istum esset redacta, in seine Hände eingeliefert (gekommen), Cic.: u. so partem (praedae) maximam ad quaestorem, Liv.: magnam pecuniam in aerarium, Liv.: fructus ad alqm, ICt.: bes. alqd in publicum r., in den Staatsschatz liefern, zur Staatskasse schlagen, beschlagnahmen, z. B. bona alcis vendere et in publicum r., den Erlös in die St. l., Liv.: bona eorum in publicum Ardeatium r., Liv.: u. ähnlich praedam in fiscum, fließen lassen, Tac.: u. bl. Heraclii bona verbo redigere, re dissipare, Cic. – **B** übtr.: **a** etw. in irgendeine Beschaffenheit, einen Zustand, eine Lage **bringen, versetzen, verwandeln, zu** etw. **machen** usw., ad ultimam tabem corpus alcis (v. der Liebe), Val. Max.: in versiculos, in V. bringen, Quint.: omnia in pulverem minutissimum, Veget.: in cinerem, Hieron.: in farinam, Oros.: patrimonium in nummos, zu Geld machen, in G. umsetzen, Lact.: u. so omnia in pecuniam, Ps. Quint. decl. – ficos in formam panis, Colum.: in formam provinciae, Liv. u. a. – gentes in dicionem imperii, Cic.: hostes ad deditionem, Eutr.: civitatem Biturigum in potestatem, Caes.: omnes eas civitates in dicionem potestatemque populi Romani, Caes.: eos in dicionem nostram, Cic.: bellicosissimas gentes in dicionem huius imperii, Cic.: insulas sub potestatem, Nep.: Aeduos in servitutem, Caes.: in exsilium, Iustin.: Quinquegentianos ad pacem, Eutr.: patrem ad inopiam (an den Bettelstab), Ter.: annuas aestatis et hiemis vices ad certam legem, Sen. rhet.: ad certum, zur Gewissheit bringen, Liv.: ad vanum et irritum, vereiteln u. zunichte machen, Liv.: ad verum, zur Wahrheit zurückführen, Sen. rhet.: alqm od. alqd eo, ut etc., dahin (auf den Punkt) bringen, dass usw., Ter., Liv. u. Sen.: u. so bl. red. alqm od. alqd (*sc.* eo), ut etc., Ter. heaut. 946. Lucr. 1, 553. – m. dopp. *Acc.*, quae facilia ex difficillimis animi magnitudo redegerat, ihr großer Mut hatte ihnen das Schwerste leicht gemacht, diese Schwierigkeiten in Kleinigkeiten verwandelt, Caes. b. G. 2, 27, 5: ebenso *ibid.* 4, 3, 4. – in ordinem redigere, **α in Ordnung bringen,** Rhet. Her. 3, 16. Quint. 8, 3, 9. – **β in die Reihe, in den Kanon** der klassischen Schriftsteller **aufnehmen, für mustergültig (klassisch) erklären** (griech. ἐγκρίνειν; Ggstz. numero eximere, griech. ἐκκρίνειν), auctores, Quint. 1. 4, 3 (Quint. 10, 1, 54 redigere in numerum). – **γ zur Ordnung-, in die Schranken weisen,** alqm, Liv. fr. bei Prisc. 18, 182. Suet. Vesp. 15: übtr., quasi alqd, in die Schranken weisen, einschränken, Plin. ep. 2, 6, 5. – **b** etwas dem Umfang, der Zahl, dem Wert usw. nach **herunterbringen, herabsetzen, verkleinern,** hos (octo libros) ad sex libros, Varro: ex hominum milibus LX vix ad D, Caes.: nobilissima familia iam ad paucos redacta, Cic.: loci angustiis redactus est ad paucitatem, quam in hoste contempserat, wurde auf dieselbe geringe Anzahl beschränkt, Curt.: ad semuncias, Tac.: farris pretium ad assem, Plin.: vilem ad assem redigi, Hor.: praedam Veientanam publicando sacrificandoque ad nihilum r., Liv.: u. so ne res ad nihilum redigantur omnes, Lucr.: u. ad minimum redigi onus (v. Gliedern), Ov.

redimīculum, ī, *n.* (redimio), **I** das **Band,** das **Stirnband, -kettchen,** das **Halsband,** die **Halskette,** Cic. Verr. 3, 76. Ov. met. 10, 265. Iuven. 2, 84. – bildl., das **Bindemittel,** das **Band,** Plaut. truc. 395 Sch. – **II** der **Schurz,** Cassian. coen. inst. 1, 6.

redimio, iī, ītum, īre, **I umbinden, umwinden, bekränzen,** sertis redimiri et rosā, Cic.: r. frontem coronā, Mart.: tempora vittā, Verg.: capillos mitrā, Ov. – *Partic. Perf.*, redimitus coronis, Cic. fr.: sertis redimiti, Cic.: r. nemore querno sinus, Plin.: poet. m. *Acc. resp.*, redimitus tempora quercu, Verg., lauro, Tibull.: caput arundine redimitus, Vell. 2, 83, 2: ganz absol., r. missile, ein bekränzter Thyrsusstab, Stat. Ach. 1, 612. – **II** übtr., **umgeben, umgürten,** fastigium aedis tintinnabulis, Suet.: silvis redimita loca, Catull.: eadem terra quasi quibusdam redimita et circumdata cingulis, Cic.: arcu redimitur hiems, wird umzogen, Claud.: maiori famulam redimibit honore, Iuvenc. – ▶ Imperf. redimibat, Verg. Aen. 10, 538. Auson. epigr. 94, 1. – Ungew. Fut. redimibo, Iuvenc. 4, 198.

redimītus, Abl. ū, *m.* (redimio), die **Umwindung,** Solin. 33, 16 M.

redimo, ēmī, ēmptum (ēmtum), ere (red u. emo), eig. wieder- od. dagegennehmen; dah. **I wiederkaufen,** domum, Cic.: fundum, Cic.: illi (has aedes) redemi russum (-rursum), Plaut. – **II erkaufen, 1** im Allg.: **a** eig.: necessaria ad cultum, Liv.: vitam alcis pretio, Cic. – **b** übtr., **erkaufen,** d. i. durch einen Preis erwerben od. verschaffen, pacem parte fructuum, Cic.: pacem obsidibus, Caes.: largitione militum voluntates, Caes. – **2** insbes., als jurist. u. publiz. *t. t.*: **a** etw. **in Pacht nehmen, pachten, mieten** (Ggstz. locare), vectigalia, portoria, Caes.: picarias, Cic.: insulam, mieten, ICt.: redimendi et conducendi (in Pacht u. in Verding zu nehmen) promiscue ius esset, Liv.: dah. übtr., auditores conducti et redempti, Plin. ep.: plausor redemptus, Petron. – **b** etw. gegen Bezahlung **ausführen, übernehmen, in Verding nehmen** (Ggstz. locare), opus, Cic.: navem fabricandam, ICt. – **III loskaufen, 1** durch Geld frei machen, **lösen, a** eig.: captivos, Curt. u. Eutr.: captivos ab hostibus, Rhet. Her.: amicum a piratis, Sen.: captos e servitute, Cic.: servos in publicum (für den Staat, vom Staat), Liv.: pretio minore captivos, Liv.: nec maiore pretio redimi possumus, quam ii (servi) emuntur, Liv. – **b** übtr., **loskaufen** = durch einen Preis befreien od. retten, alqm ab Acheronte suo sanguine, Nep.: se pecuniā a iudicibus, Cic.: se a Gallis auro, Liv.: urbem quinque hominum perditorum poenā, Cic.: corpus (verst. aegrum a morbo), Ov.: verba sua, sein Versprechen erfüllen und sich dessen dadurch entledigen, dass man das versprochene Geschenk gibt, Sen. – **2 loskaufen, abkaufen** = durch Geld od. einen anderen Preis etwas abwenden, metum virgarum pretio, Cic.: acerbitatem a re publica privatis incommodis, Cic.: mortem morte alterius, Ov.: dah. eine Sache dem Wert nach mit einer anderen **ausgleichen,** litem, seinen Prozess durch einen Vergleich endigen, Cic.: culpam, wiedergutmachen, Planc. in Cic. ep.: vitia virtutibus, Sen.

redindūtus, a, um (re u. induo), **wieder bekleidet,** Tert. de res. carn. 42 *extr.*

redintegrātio, ōnis, *f.* (redintegro), **I** die **Wiederherstellung, Wiedererneuerung,** absol., Macr. sat. 1, 11, 5: mit *Genet.*, terrae, Apul. de mund. 23: corporis et virium, Arnob. 7, 45: membrorum, Tert. adv. Marc. 4, 10: amoris, Serv. Verg. ecl. 2, 14. – **II** die **Wiederholung** mit Worten, eiusdem verbi, Rhet. Her. 4, 38: illius coniurationis, Ps. Cic. pridie quam in exil. iret 10.

redintegrātor, ōris, *m.* (redintegro), der **Wiederhersteller,** operum publicorum, CIL 10, 3860: carnis, Tert. de res. carn. 57: virium, v. Schlaf, Tert. de anim. 43.

red-integro, āvī, ātum, āre, **wieder ergänzen, ganz wiederherstellen, wieder erneuern, wiederholen, wieder anfrischen, -auffrischen,** **a** v. Pers.: deminutas copias, Caes. – proelium, Caes. u. a.: bellum, Liv.: bellum alci, Brut. in Cic. ep.: in alqm invidiam, Liv.: orationem, wörtlich wiederholen (Ggstz. renovare, ganz neu machen), Rhet. Her.: u. so verbum, wiederholen, Rhet. Her. – vires, Caes.: columbas libero aëre, erfrischen, Varro. – memoriam auditoris, Cic.: iras, Liv.: animum, Caes.: spem, Caes.: redintegrata est in C. Flaminium invidia, Liv.: redintegrata est omnibus memoria foedissimae potestatis, Liv. – **b** v. lebl. Subjj.: iucunditas in herba redintegrabit (*sc.* pecus), erfrischen, erquicken, Varro: redintegravit luctum in castris consulum adventus, Liv.: situs gentium etc. redintegrant legentium animum, wecken immer wieder das Interesse des Lesers, Tac.

redinunt, s. red-eo ►.

red-invenio, īre, **wiederfinden,** Tert. de anim. 46.

redipīscor, pīscī (re u. apiscor), **wiedererlangen, -bekommen,** Plaut. trin. 1020 Sch.

re-dīsco, ere, **wieder lernen,** Ven. Fort. de vita S. Mart. 1, 122.

reditio, ōnis, *f.* (redeo), das **Zurückkehren,** die **Rückkehr,** celeritas reditionis, Cic.: quid huc tibi reditio est? Ter.: r. domum (nach Hause), Caes. u. Hyg.: perpetua in se r., Macr.

reditus, ūs, *m.* (redeo), **I** die **Rückkehr, Rückkunft** (Ggstz. itus, profectio), **1** eig.: **a** v. Pers.: domum, Heimkehr, sowohl ins Haus, e foro, Cic., als in die Heimat, Liv.: Romam, Cic.: in urbem, Cic.: in Asiam, Cic.: in castra, Liv.: in patriam, Iustin.: ad alqm, Cic.: nullum reditum habere in civitatem, nicht zurückkehren können, Hirt. b. G.: so auch est hominibus reditus in curiam, dürfen zurückkehren, Cic.: reditum ferre ad od. in alqm locum, zurückkehren, Catull.: intercludere alcis reditum, Cic., sibi reditum, Iustin.: reditum sibi ipse praecidit, Cic.: tibi virtus et dignitas tua reditum ad tuos aperuit, Cic.: progressum praecipitem, inconstantem reditum videt, er sieht, ein Schritt vorwärts wäre sein Fall, ein Schritt rückwärts ein Widerspruch, Cic. – Plur., sanguine quaerendi reditus, Verg.: populus reditus morans, Hor. – **b** v. Kreislauf der Gestirne, im Sing. u. Plur., Cic. – **2** übtr.: r. ad rem, ad propositum, Cic.: r. in gratiam, Versöhnung, z. B. reditus illustris in gratiam, Cic.: red. in gr. cum inimicis, Cic.; dafür reditus gratiae, Cic. de har. resp. 52. – **II** das **Einkommen,** die **Einkünfte,** im Sing., Nep. u. a.: esse in reditu, etwas einbringen, einträglich sein, Plin. ep.: u. so in reditu est mihi professio litterarum, Flor. Verg. – Plur., reditus uberiores, Vell.: publici, Iustin.: reditus metallorum, Liv.: imperii, Plin. pan.

redivia, rediviōsus, s. reduv...

redivīvus, a, um (redi = re u. vivus), **I** eig., v. Pers., **wieder lebendig geworden, wieder aus dem Grabe erstanden,** senex, Sen. exc. contr. 3, 4: Christus, Prud. cath. 3, 204. – **II** übtr., v. Lebl.: **wieder aufgefrischt,** **a** als *t. t.* der Baukunst, v. alten Baumaterialien, die von neuem benutzt werden, schon gebraucht, **schon einmal verwendet** (Ggstz. novus, vgl. griech. παλιναίρετος), lapis, Cic. II. Verr.. 1, 147: rudus, Vitr. 7, 1, 3: assulae, Catull. 17, 4. – subst., redivīvum, ī, *n.* u. redivīva, ōrum, *n.*, **schon Gebrauchtes, schon gebrauchte Baumaterialien,** Cic. II. Verr.. 1, 147 u. 148. – **b** übh. wieder **aufgefrischt, erneuert,** laus Petri, Coripp. laud. Iustin. 1, 25: barbarorum excursus (Plur.), Amm. 20, 9, 7: bellorum materiae, Amm. 21, 3, 2: bella, Amm. 28, 1, 1: nebulae debitorum, wieder auftauchende, Amm. 26, 6, 17.

rēdo (rhēdo), ōnis, *m.*, eine Fischart ohne Gräten, Auson. Mos. 89.

redolentior, ius, Genet. iōris, *PAdi.* im *Compar.* (redoleo), **wohlriechender,** Augustin. de mor. Manich. 16.

red-oleo, uī, ēre, **entgegenduften, einen Geruch von sich geben, -verbreiten, nach** etw. **riechen,** **I** eig.: redolent murrae, Ov.: ibi redolet thymus, Quint.: anima redolens, übelriechender Atem, Sen. rhet. – m. *Abl.* wovon od. wonach? r. thymo, vom Honig, Verg. – m. *Acc.* wonach? vinum, Cic.: redolet fuliginem fornicis, von einer Dirne, Sen. rhet.: thymum, Quint.: proprium saporem, Quint. – **II** übtr.: **a** übh.: ita domus ipsa fumabat, ut multa eius sermonis indicia redolerent, Cic.: mihi quidem ex illius orationibus Athenae redolere videntur, scheinen nach Ath. zu riechen, Cic. – mit *Acc.* wonach? doctrinam, Cic.: antiquitatem, Cic.: Graecam eloquentiam, Isid. – **b** redolet mihi, **ich rieche** etwas, ich **merke** etwas, cui nescio quid redoluerat, Capit. Gord. 11. § 3. – ► Prisc. 9, 53 ›redoleo, redolui et redolevi‹.

re-domitus, a, um, **gebändigt** od. (nach Halm) **von neuem bewältigt,** redomiti atque victi cives, Cic. Sull. 1.

redōnātor, ōris, *m.* (redono), der **Zurückschenker,** viae populi, CIL 10, 1256.

Rēdonēs (Rhēdonēs), um, *m.*, eine Völkerschaft in Gallia Lugdunensis, in der Gegend des heutigen *Rennes* in der Bretagne, Caes. b. G. 2, 34, 1 u. 7, 75, 4.

re-dōno, āvī, āre, **I** alqm alqā re, jmd. mit etw. **beschenken,** quis te redonavit dis patriis, Hor. carm. 2, 7, 3: quem homo reddere noluit, Dominus suo munere redonabit, Greg. Tur. hist. Franc. 6, 8. – **II** red. alqd od. alqm alci = jmds. **Verlangen** als einem berechtigten **nachgebend** ihm etwas **schenken,** graves iras et invisum nepotem Marti redonabo, dem M. zu Gefallen vom verderblichen Zorn u. vom verhassten Enkel absehen, Hor. carm. 3, 3, 33.

red-operio, operuī, īre, **wieder enthüllen, aufdecken,** Ambros. de Noë et arca 20. § 72; de Nabuthe 1. § 2. Heges. 5, 40. p. 356, 3 W.

red-opto, āre, **wieder wünschen,** mortem, Tert. de res. carn. 4 *extr.*

red-ōrdior, īrī, **wieder auflösen, auftrennen,** was gewebt war, telas, Plin.: fila (telae), Plin.

re-dormio, īre, **wieder schlafen,** (später am Tag) **noch einmal schlafen,** Cels. 1, 2 *in.*: paulum, Plin. ep. 9, 36, 3.

redormītio, ōnis, *f.* (redormio), das **Wiedereinschlafen,** Plin. 10, 211.

red-ōrno, s. re-ōrno.

re-dūco, dūxī, ductum, ere, **I zurückziehen, zurückführen,** **A zurückziehen** = rückwärts, nach hinten, nach sich zu, an sich ziehen u. dgl., **AA** eig.: **1** im Allg.: calculum (den Stein im Brettspiel), Cic. fr.: gladium (Ggstz. educere), Gell.: flagrantissimo sole vela (Vorhänge), Suet.: aulaea, Augustin.: falces tormentis interius, Caes.: turres, zurückbringen, -schieben, Caes.: caput coma (an den Haaren), Suet.: brachia in iaculando, Quint.: u. so hastam, Verg.: clipeum, Ov.: remos ad pectora, Ov.: sinum dextrā usque ad lumbos, Quint. – **2** insbes.: **a einziehen, einschlürfen,** crebro naribus auras, v. witternden Wild, Lucr. 4, 990 (992). – **b** prägn., ein Bauwerk **weiter zurück anlegen,** reliquas omnes munitiones ab ea fossa pedes CCCC reduxit, Caes. b. G. 7, 72, 2. – **BB** bildl.: **a** rettend **zurückziehen, retten,** socios a morte reduxi, Verg. Aen. 4, 375. – **b** einhaltend **zurückziehen, zurückhalten, einhalten,** meque reduco a contemplatu summoveoque mali, Ov.: animum ab iis quae facienda sunt (v. der Furcht), Quint.: reducere se ab istis exceptionibus et praescriptionibus philosophorum, Sen.: tamquam reducere liberalitatem et frenis artioribus reprimere, Sen.

B leitend, geleitend **zurückführen, zurückbringen, zurückgeleiten,** oft m. rursus od. rursum verb., **AA** eig.: **1** im Allg.: **a** persönl. Objj.: alqm ex Alide huc, Plaut.: alqm ex errore in viam, Plaut.: alqm domum, Plaut., Cic. u. a.: alqm in urbem, Liv.: alqm ad parentes, Plaut., ad Pyrrhum, Cic.: captivos ad Caesarem, Caes. – m. dopp. *Acc.*, alqm vinctum, Curt. 7, 2 (6), 1. Eutr. 2, 14. – **b** v. Lebl.: faecem in summum, Colum. – poet., fugare nubes solemque reducere, Verg.: diem od. lucem (v. der Morgenröte), Verg. u. Ov.: aestatem, Verg.: febrim, Hor. – **2** insbes.: **a** jmd. ehrenhalber nach Hause **zurückgeleiten**

(Ggstz. deducere), alqm ad suam villam, Cic. – bes. v. Senat, Volk, v. Klienten, Freunden, alqm domum, Cic. u. Liv.: bene comitati per forum reducuntur, Quint. – auch v. Liebhaber, in ludum ducere (puellulam) et reducere, Ter. Phorm. 86. – **b** eine verstoßene Frau **zurückführen, wieder zu sich nehmen,** uxorem, Ter., Nep. u. a.: alqam in matrimonium, Suet. – **c** einen Verbannten, Vertriebenen in sein Vaterland usw. **wieder zurückführen,** alqm de exsilio, Cic., ab exsilio, Quint.: u. so possum excitare multos reductos testes liberalitatis tuae, Cic. – ebenso einen vertriebenen Fürsten in seinen Staat **zurückführen, wieder einsetzen,** regem, Cic. – m. Anspielung auf diese Bedeutung, cum in Italiam, ex qua profectus sum, reductus existimabor, Caes. b. c. 3, 18, 4. – **d** als milit. *t. t.*, Truppen **zurückführen, zurückziehen, zurückziehen (zurückmarschieren) lassen, sich zurückziehen lassen** (Ggstz. producere), exercitum, copias, legiones suas, Caes.: legiones ex Britannia, Caes.: copias a munitionibus, Caes.: suos ab oppugnatione, Caes.: exercitum ad mare, Caes.: copias in castra, Caes. u. Liv.: copias omnes in Treveros, Caes.: in Penestas rursum exercitum, Liv.: legiones intra hanc fossam, Caes.: ab radicibus montis suos intra munitiones, Caes.: exercitum domum, Plaut.: victorem exercitum Romam, Liv.: milites in domos ac tecta, Liv.: m. dopp. *Acc.*, suos incolumes, Caes. b. G. 5, 22, 2: exercitum incolumem, Frontin. 1, 5, 13. Eutr. 9, 3: m. 1. *Supin.*, exercitum Ephesum hiematum, Nep. Ages. 3, 2. – absol., instituit reducere, zurückzumarschieren, Frontin. 1, 4, 5 u. 8. – **e** einen Schauspieler **wieder auf die Bühne bringen, wieder auftreten lassen,** alqm red. in scaenam, Plin. 7, 156. – **f** als *t. t.* der Geschäftsspr., als Ertrag **wieder herausbringen,** LX pondo panis e modio, Plin. 18, 54.

BB übtr.: **1** im Allg.: alqm in gratiam, Cic., in gratiam cum alqo, Cic.: u. Lact.: Caesarem et Pompeium perfidiā hominum distractos rursus in pristinam concordiam, Balb. in Cic. ep.: alqm ad officium, Nep., ad officium sanitatemque, Cic.: legiones veterem ad morem, Tac.: exercitum ad disciplinam Romanam, Eutr.: animum aegrotum ad misericordiam, Ter. – alqd in sedem, wieder an seine Stelle, ins rechte Geleise bringen, Hor.: alqm in memoriam gravissimi luctus, bei jmd. das Andenken an usw. erneuern, Plin. ep.: u. so m. folg. indir. Fragesatz, in memoriam, quibus rationibus etc., ins G. zurückrufen, Cic. – **2** insbes.: **a** etw. Abgekommenes **wieder einführen,** habitum vestitumque pristinum, Suet.: intermissum tam diu morem in publicum consulendi, Plin. ep.: post longam intercapedinem morem transvectionis, Plin. ep.: legem maiestatis, Tac. – **b** prägn., einen Ausschweifenden **auf die rechte Bahn-, ins rechte Geleise zurückführen,** jmd. **bekehren,** quo vis illos tu die reducas, Ter. adelph. 830. **II** in irgendeine Beschaffenheit, Gestalt usw. **versetzen, hinbringen,** (carnem) lambendo mater in artus fingit et in formam, quantam capit ipsa, reducit (v. der Bärenmutter), Ov.: corpus sensim ad maciem, Plin.: cicatrices ad colorem, Plin.

► Bei Dichtern re lang gemessen, dah. redduco geschrieben, s. Lachmann Lucr. p. 303. Spengel Ter. Andr. 948. – Imperat. reduc, Catull. 55, 11. Sen. ep. 48, 12 (48, 7). Petron. 98, 3; redduc, Ter. Hec. 605 Dz., redduce, Ter. Hec. 654 u. 698 Dz.

reductio, ōnis, *f.* (reduco), **I** die **Zurückführung, Wiedereinsetzung,** regis, Cic. ep. 1, 7, 4: duae reductiones nostrae ab abyssis terrae, Augustin. in psalm. 70. serm. 2. § 11. – **II** die **Zurückziehung,** per cuius (clypei aënei) reductiones et demissiones, Vitr. 5, 10, 5: rudentium ductiones et reductiones, Vitr. 10, 13 (19), 6.

re-ducto, āre (*Intens.* v. reduco), **zurückführen,** exercitum, Aur. Vict. de Caes. 38, 6.

reductor, ōris, *m.* (reduco), der **Zurückführer, Zurückbringer, I** eig.: plebis Romanae in urbem, Liv. 2, 33, 11. – **II** übtr., der **Wiederhersteller,** litterarum iam senescentium reductor ac reformator, Plin. ep. 8, 12, 1.

reductus, a, um, *PAdi.* (reduco), **zurückgezogen, zurücktretend, I** eig.: **a** v. Örtl. usw., **zurücktretend, entlegen,** sinus, Verg.: vallis, Verg. u. Hor.: litoris recessus, Serv.: reducti introrsus oculi, tiefliegende, hohle, Sen. rhet. – **b** als *t. t.* der Malerei: qui singulis pinxerunt coloribus, alia eminentiora alia reductiora fecerunt, haben einige Partien mehr vor-, andere mehr zurücktreten lassen, Quint. 11, 3, 46. – **II** übtr.: virtus est medium vitiorum et utrimque reductum, von den beiden Extremen entfernt, Hor. ep. 1, 18, 9. – subst., reducta, ōrum, *n.*, die ἀποπροηγμένα der Stoiker, Dinge, die zwar kein Übel sind, aber doch gegen andere zurücktreten müssen, **nachstehende Dinge** (Ggstz. producta), Cic. de fin. 5, 90.

red-ulcero, āvī, ātum, āre, **wieder schwären machen, wieder aufkratzen,** scabram partem pumice, Colum. 7, 5, 8. – bildl., dolorem, erneuern, Apul. met. 5, 11.

red-uncus, a, um, **zurückgekrümmt, a = auswärts gebogen, -gekrümmt** (Ggstz. aduncus), cornua, Plin. 11, 125. – **b = einwärts gebogen, -gekrümmt,** rostrum (aquilae), Ov. met. 12, 562.

red-undāns, antis, *PAdi.* (v. redundo), **überströmend, überflüssig,** *Compar.* redundantior, Tert. de cultu fem. 2, 9. Ambros. de off. 2, 15, 74. Heges. 4, 17 u. 32: m. *Genet.*, siquidem redundantia liquorum fiant corpora, Cael. Aur. de morb. chron. 3, 8, 110. Vgl. redundo.

redundanter, *Adv.* m. *Compar.* (redundans), **überströmend, a in zu vollem Maße** (Ggstz. parcius), redundantius bibere, Ambros. epist. 63 (82). § 27. – **b mit überflutender Weitläufigkeit,** Plin. ep. 1, 20, 21.

redundantia, ae, *f.* (redundo), **I** das **Überströmen** des Wassers, habere crebras redundantias, Vitr. 1, 6, 3. – **II** übtr., das **Überströmen,** die **Überfülle,** materni seminis, Tert. adv. Valent. 39: benignitatis, Tert. apol. 31: carere redundantiā et egestate, Apul. de dogm. Plat. 2, 5. – insbes., die **Überfülle** im Ausdruck, Cic. or. 108.

redundātio, ōnis, *f.* (redundo), das **Zurück-** od. **Austreten** des Wassers, dah. **I** übtr.: stomachi, Aufsteigen des Magens, Plin. 7, 41 u. 11, 149: astra redundationibus referuntur, gleichs. durch das Zurückströmen (den Umschwung des Himmels), Vitr. 9, 1, 15. – **II** meton., die **Überfülle, große Menge,** cicatricum tuarum redundationes, Ps. Quint. decl. 4, 11.

redundo, āvī, ātum, āre (re u. unda), aus Wasserfülle **zurücktreten, übertreten, austreten, überströmen, sich ergießen, I** eig., **1** im engeren Sinne, v. Gewässern u. Flüssigkeiten übh., redundat mare, Cic.: lacus, Cic.: Nilus campis redundat, Lucr.: pituita, Cic.: cibus usque in posterum diem redundat, wird von sich gegeben, Quint.: sanguis in oculos, Plin.: gutture fac pleno sumpta redundet aqua, trink' dich recht satt, Ov. – *Part. Perf.* redundatus poet. = *redundans,* überströmend, aquae, Ov. fast. 6, 402, u. hin- u. zurückströmend, flutend, aquae, Ov. trist. 3, 10, 52. – **2** prägn., v. etwas **über und über schwimmen, -triefen,** m. *Abl.* wovon? **a** v. Lebl.: testis est Asia, quae magnis oppressa (überschwemmt von) hostium copiis, eorum ipsorum sanguine redundavit, Cic.: illa crux, quae etiam nunc civis Romani sanguine redundat, Cic. – **b** v. Pers.: hesternā cenā redundantes, noch übervoll von der gestrigen Mahlzeit, Plin. pan. 63, 3. – **II** übtr.: **1 überströmen, hinüberströmen, sich ergießen, hervorfließen, in Fülle-, in vollem Maße hervorgehen, -sich zeigen, a** übh.: nationes in provincias redundare poterant, in die Pr. hinüberströmen, sie überschwemmen, Cic.: infamia ad amicos redundat, Cic.: nullum in me periculum redundarit ex etc., Cic. – ex meo tenui vectigali, detractis sumptibus cupiditatis, aliquid etiam redundabit, abfließen, übrig bleiben, Cic.: sermones aliqui redundant, Cic.: ex ea causa redundat Postumus, geht in vollem Maße schuldig hervor, Cic. – **b** v. Redner u. v. der Rede, **überströmen,** (Stesichorus) redundat atque effunditur, Quint.: Asiatici oratores parum pressi et nimis redundantes, Cic.: verba effervescentia et paulo nimium redundantia, Cic. – **c** poet. m. *Acc.:* raucis talia faucibus redundat, sprudelt hervor, Stat. silv. 4, 3, 71. – **2** prägn., **überströmen, a im Überfluss vorhanden sein,** ornatus orationis in alqo redundat, Cic.: quorum (iudicum) hodie copia redundat, Cic.: plenis castris et redundante multitudine, da das L. voll war und daher die Menge (des Kriegsvolkes) nicht fasste, Tac. – **b = an** etw. **Überfluss haben,** m. *Abl.*, posset urbs reddere, quo redundaret, Cic.: splendidissimorum hominum multitudine r., Cic.: acerbissimo luctu (v. einem Sieg), Cic.

reduplicātio, ōnis, *f.* (reduplico) = ἀναδίπλωσις, ἐπαναδίπλωσις, die **Verdoppelung,** die **Wiederholung,** als rhet. Fig., wenn ein Wort am Anfang steht u. am Ende wiederholt wird, Aquil. Rom. § 32. Mart. Cap. 5. § 533 *Eyss.* Boëth. Aristot. anal. 1, 38, p. 497.

re-duplico, āre, **wieder verdoppeln,** Tert. de patient. 14 *extr.*

re-dūrēsco, ere, **wieder hart werden,** Vitr. 1, 4, 3.

reduvia (redivia), ae, *f.* (v. *reduo, wie exuviae von exuo), **I** der **Nietnagel, Neidnagel,** am Finger, Plur., Plin. 28, 40: verb. reduviae et quae in digitis nascuntur pterygia, Plin. 30, 111: rediviae flagri! als Schimpfwort (v. einem Sklaven), etwa Geißelabnutzer! Titin. com. 132. – Sprichw., qui, cum capiti Sex. Roscii mederi debeam, reduviam curem, der ich mich, während es mir obliegt, dem Sex. Roscius das Leben zu retten, bei einer Kleinigkeit (der Rückgabe der Güter) aufhalte, Cic. Rosc. Am. 128. – **II** das **Abgelegte,** der **Überrest,** conchyliorum, Solin. 9. § 9: escarum, Solin. 32. § 25: u. (wie exuviae) die **abgelegte Haut** der Schlangen, Placid. gloss. V, 39, 12.

reduviōsus (rediviōsus), a, um (reduvia), **voll Nietnägel,** bildl. = **voll Unebenheiten,** Laev. fr. 9 M. (b. Fest. 270 [b], 20).

re-dux, ducis (reduco), **I** aktiv = **zurückführend, -bringend, -geleitend,** nisi te reduce (außer wenn du zurückführst) nulli ad penates suos iter est, Curt.: chorea, Mart. – oft Beiwort Jupiters u. der Fortuna, Iuppiter, Ov. u. Inscr.: Fortuna, Mart. u. Inscr. – **II** passiv = **zurückgebracht, zurückkommend, -gekommen,** reduces socii, Verg.: domos (in die Heimat) reduces, Liv.: (elephanti) non ante reduces ad agmen, Plin.: r. navis, Liv. – facere alqm reducem, wieder zurückbringen, Ter.: so auch me reducem esse voluistis, habt mich zurückgebracht (aus der Verbannung), Cic.: te reducem patri reddiderunt, wieder geschenkt, wieder zurückgebracht haben, Plaut. – ► Bei Dichtern auch rēdux gemessen, s. Plaut. capt. 923; rud. 909. – Abl. Sing. bei Dichtern auch reduci, Ov. her. 6, 1. Boëth. de cons. phil. 3, 9. *v.* 21.

re-exinānio, īre, **wieder leer machen, wieder ausleeren,** in caccabum, Apic. 4, 135 u. a. (s. Schuch Apic. 8, 369 *extr.*).

re-expecto, āre, **wieder-, abermals warten,** Vulg. Isai. 28, 10 u. 13.

re-fabrico, āre, **wieder bauen,** Cod. Iust. 8, 10, 5.

refectio, ōnis, *f.* (reficio), **I** die **Wiederherstellung, Ausbesserung,** Capitolii, Suet.: aedium, itinerum, ICt.: ferramentorum, Colum. – Plur. b. Vitr. 6, 3, 2. – **II** die **Erholung, Erquickung,** Cels., Quint. u. a.: ref. laborum (von den Anstrengungen), Amm.: nam et somnus refectioni necessarius est, Sen. – Plur. bei Plin. pan. 15, 4. – bes. die Erholung durch den Schlaf, die **Ruhe,** nocturna, Cassian. coen. inst. 3, 8: totius noctis, *ibid.*

refector, ōris, *m.* (reficio), der **Wiederhersteller, Ausbesserer,** Coae Veneris (als Statue), item colossi, Suet. Vesp. 18; ref. pectinarius (viell. der Walkerkämme aus Igelstacheln), CIL 5, 7569.

refectōrius, a, um (reficio), **erquickend,** quies, Ambros. epist. 67, 14.

1. **refectus**, a, um, *PAdj.* m. *Compar.* (v. reficio), **gestärkt, gekräftigt,** Mart. Cap. 2. § 139.

2. **refectus**, ūs, *m.* (reficio), **I** das Einkommen, ex refectu paupertatis (kleinen Vermögens), Scaev. dig. 36, 1, 78. § 12. – **II** die **Erholung,** Apul. met. 5, 3 u. 8, 18 (wo Dat. refectui).

refello, fellī, ere (re u. fallo), **als irrig zurückweisen, abfertigen, widerlegen,** alqm, Cic.: horum nihil, Ter.: ref. et redarguere mendacium alcis, Cic.: ut id, quod contra diceretur, refellere possemus, Cic.: crimen commune ferro, entfernen, beseitigen, Verg. – absol., Cic. de or. 2, 9 u. de off. 3, 77. – redupl. Perf.-Form refefellit, Not. Tir. 56, 19.

refercio, fersī, fertum, īre (re u. farcio), bis zum Übermaß **vollstopfen, vollfüllen, anfüllen,** **I** eig.: cloacas corporibus, Cic.: horrea, Plin. pan.: ipse cibo plurimo referciebatur (stopfte sich voll), Lampr. – poet., alqm donis opimis, Sil. 5, 266. – **II** übtr.: **A** im Allg.: complures aures istis sermonibus, Cic.: libros puerilibus fabulis, Cic. – ex quo libris omnia referserunt, deshalb ist alles mit Büchern überfüllt, Cic. – **B** übtr., **aufeinanderhäufen,** perfice, ut Crassus haec, quae coartavit et peranguste refersit in oratione sua, dilatet nobis atque explicet, Cic. de or. 1, 163.

re-ferio, īre, **I** **widerschlagen, dagegenschlagen,** alqm, Plaut. asin. 375. Sen. de ira 2, 34, 5: ferientem, Ambros. de off. 3, 4, 27: absol., Ambros. de Abrah. 1, 5. § 39; in psalm. 36. § 56. – **II** **zurückschlagen, zurückprallen machen,** opposită speculi referitur imagine Phoebus, prallt zurück, gibt einen Widerschein, Ov. met. 4, 349: referitur vocibus echo, hallt wider, Auson. epist. 10, 23. p. 168 Schenkl.

referīvus, a, um, s. refrīvus.

re-fero, rettulī, relātum, ferre, **I** **zurücktragen, zurückbringen, zurückschaffen,** oft m. rursus (rursum), retro, iterum verb., **1** wieder an Ort und Stelle: **a** übh. **zurücktragen,** tragend **zurückbringen,** tegulas, Liv.: candelabrum, Cic.: arma, aus dem Krieg, Plaut., aus der Mitte der Feinde, Ov.: pallam domum, Plaut.: anulum ad alqm, Plaut.: pecunias in templum, Caes.: aquilam a moriente signifero traditam suis umeris in castra, Flor.: corpus patris familiae in monumentum (Grab), Petron.: rursus enses vaginae, wieder in die Sch. stecken, Sil. – persönl. Obj., lecticae impositum ref. domum, Suet.: alqm in Palatium, Suet. – collapsa membra thalamo, Verg. – so bes. Verwundete aus dem Kampf **zurücktragen,** corpora sua, Tac.: umero saucium in armis, Flor.: alqm in castra, Liv.: impositum scuto Pallantem, Verg. – **b** Geliehenes, Geraubtes **zurückerstatten, wieder zustellen, wiedergeben, wiedererstatten,** scyphos, Plaut.: alci argentum, Plaut.: pannum, Hor.: pateram, Cic.: pretium suum (domino), Suet.: v. Boden, ibi caespite terra fecundo dominici seminis puritate centeno fructu refert, trägt hundertfältig, Hieron. epist. 15, 1. – bildl., ad equestrem ordinem iudicia, Cic. Verr. 3, 223. – **c** **wieder von sich geben, zurückgeben,** **α** **wieder ausspeien,** cum sanguine mixta vina, Verg. Aen. 9, 350. – **β** **wieder von sich zurücktönen-, zurückschallen (widerhallen) lassen, im Passiv = wieder zurücktönen, zurückschallen, widerhallen,** quod (tectum) resonando mutum flebiles voces refert, Acc. tr. bei Cic. Tusc. 2, 33: voces refert (spricht nach) iteratque quod audit (v. der Fama), Ov.: ex tortuosis locis et inclusis soni referuntur ampliores, Cic.: theatri natura ita resonans, ut usque Romam significationes vocesque referantur, Cic. – **d** wohin **zurücktragen** = zurückkehren lassen, **α** v. der Rückkehr: sed nescio quomodo οἶκος φίλος (behaglich lebt man doch nur zu Haus): itaqua me referunt pedes in Tusculanum, ziehen mich meine Füße nach dem T. wieder hin, zuckt mir's in den Füßen, auf mein T. zurückzuwandern, Cic. ad Att. 15, 16. litt. b.: unde aliquoties in altum provectum cum venti adversi rettulissent (zurückverschlagen hatten), Liv. fr. 50 (bei Sen. suas. 6, 17). – bes. ref. pedem od. ref. se od. Passiv referri medial, **sich zurückwenden, sich zurückbegeben, sich wieder begeben, zurückkehren, zurückziehen, heimkehren,** pedem retro, pedem ad alqm, Plaut.: pedes dextros, glücklich zurückkehren, Petron.: vestigia retro, Verg.: u. bildl., spes retro refertur, Verg. – se de Britannis ovantem, Tac.: se ab Argis, Verg.: se e pastu (v. Tieren), Verg.: se iterum Romam, Cic.: se domum ad porci catinum, Hor.: se ad urbem, Verg.: cubiculo (Dat.) te refer, Apul.: u. v. Lebl., causam affert, cur se sol referat (umkehre) nec longius progrediatur, Cic.: u. (im Bild) ut eo, unde egressa est, se referat oratio, Cic. – u. classem relatam nuntio, sei zurückgekehrt, wieder gelandet, Verg. Aen. 1, 390. – übtr., **αα** eine Zeit zurückkehren lassen, **zurückführen, zurückbringen,** o mihi praeteritos referat si Iuppiter annos! Verg.: nec Coae tibi referunt purpurae tempora, quae etc., Hor.: dies siccos (v. der Sonne), Hor.: festas luces (v. neuen Jahrhundert), Hor.: hiems cecĭdit (ist verschwunden), referent illam sui menses, Sen. ep. 36, 11. – **ββ** Blicke, Geist, Tätigkeit auf einen Ggstd. **zurückwenden, wieder hinwenden, wieder hinrichten,** oculos animumque ad alqm, Cic.: animum ad studia, Cic.: animum ad veritatem (Wirklichkeit, das wirkliche Leben), Cic.: se a scientiae delectatione ad efficiendi utilitatem, Cic.: se ad philosophiam, Cic. – **γγ** in einen Zustand **zurückwenden,** animum ad firmitudinem, dem Geist wieder eine feste Haltung geben, Tac.: multa in melius, wieder zum Besseren wenden (v. der Zeit), Verg.: consilia in melius, die bösen Gedanken (böse Gesinnung) wieder in günstige umändern (von der Juno), Verg. – **δδ** als gerichtl. *t. t.*, **wieder vor Gericht bringen,** rem iudicatam, Cic. de domo 78. – **εε** einen Ggstd. auf etw. **zurückführen, nach** etw. **bemessen, richten, beurteilen, auf** etw. **beziehen,** einer Sache **zuschreiben,** omnia ad voluptatem, Cic.: omnia consilia atque facta ad dignitatem et ad virtutem, Ehre und T. zum Prinzip alles Denkens und Handelns machen, Cic.: alienos mores ad suos, Nep.: cuncta ad rem publicam referri, richte sich nach dem Staat, Tac. ann. 2, 33. – quidquid ubique magnificum est, in claritatem Herculis ref., auf den weltberühmten H. zurückführen, Tac. – cuius adversa pravitati ipsius, prospera ad fortunam referebat (schrieb zu), Tac. ann. 14, 38 *extr.*: Romanae rei publicae clades in religionem nostram, Augustin. de civ. dei 1, 36. – tuum est, quid mihi nunc animi sit, ad te ipsum referre, wie mir jetzt zumute ist, von dir selbst abzunehmen, Cic. Dei. 7: quisquis ad se rettulerit (richte doch jeder an sich selbst die Frage), quotiens ipse in suspicionem falsam inciderit, Sen. de ira 2, 28, 6: quo referentes, worauf Bezug nehmend, uns stützend, Lucr. 1, 424; vgl. 1, 699. – absol., referens ad fructum, wer Rücksicht nimmt auf usw., Varro r. r. 1, 40, 6. – **β** v. Rückzug = **zurückziehen,** castra, zurückverlegen, Liv.: u. so ad Tyneta rursus castra, Liv. – bes. ref. pedem oder vestigia oder gradum (gradus) u. refl. se ref. u. Passiv referri medial = **sich zurückziehen, eine rückgängige Bewegung machen, zurückweichen,** ref. pedem, Ov. u. Curt.: pedem retro, Phaedr.: vestigia retro Verg.: u. (im Bild) vestigia in decimum annum, sich verziehen, sich verzögern (v. einem Sieg), Verg.: gradus, Ov. – bes. als milit. *t. t.* (Ggstz. insistere), paulatim cedere ac pedem referre, Caes.: pedem ref. et loco excedere, Caes.: tum primum referri pedem atque inclinari rem in fugam apparuit, Liv.: r. gradum, Liv.: u. se huc, se in castra, Caes.: a prima acie ad triarios sensim referri, Liv.: penitus datis referri habenis, Verg. – **γ** als naut. *t. t.*, **zurückführen, zurückverschlagen,** aestus alqm in portum refert, Plaut.: auster adversus maximo flatu me ad tribules tuos Regium rettulit, Cic.: auster alqm in Italiam refert, Cic.: ut naves eodem, unde erant profectae, referrentur, Caes.

2 v. einem Ort als Fund, Errungenschaft, Geschenk, Siegesbeute usw. **zurückbringen, mit zurücknehmen, davontragen, a** übh.: tabulas repertas ad Caesarem, Caes.: pro re certa falsam spem domum, Cic.: in domum non repulsam solum, sed ignominiam et calamitatem, Cic.: qui ad convivium magnum invitantur, apophoreta secum referre consueverunt, Ambros. exhort. virg. 1. – bes. als milit. *t. t.*, opima spolia, Liv.: signa militaria sex, Caes.: signa militaria ex proelio ad Caesarem CLXXX et aquilas VIIII, Caes.: victoriam potius ex Volscis quam pacem infidam, Liv.: non incruentam victoriam, Liv.: victoriam, Frontin.: gloriosam victoriam et speciosa spolia, Val. Max.: serum veteremque triumphum, Ov.: navalem triumphum ex Poenis, Val. Max.: regi aut victoriam de Romanis aut aequas pacis condiciones, Iustin.: hoc proelio servati civis decus, Tac. – **b** mündlich **mit zurückbringen, mit zurücknehmen, zurückmelden,** als Rückmeldung **hinterbringen,** alcis orationem domum, Caes.: hanc legationem (Erfolg der Gesandtschaft) Romam, Liv.: trepidum nuntium, Iustin.: responsum, responsa, Cic.: atrox od. triste responsum, Liv.: mandata alci od. ad alqm, Caes.: responsa ad alqm, Caes.: rumores Africanos excipere et celeriter ad alqm referre, Cic. – m. folg. *Acc.* u. *Infin.*, imminere Volscum bellum, Liv.: m. folg. indir. Fragesatz, equites expeditos mittendos (esse), qui referant, quae fortuna consulum atque exercituum sit, Liv.

3 gegen etw. als Entgelt zurückbringen, **zurückerstatten, dagegenbringen, wiedergeben, erwidern, vergelten, a** übh.: par pari, Gleiches mit Gleichem vergelten, Ter.: carmen carmini, mit einem Gedicht auf ein Gedicht antworten, Aur. Vict.: vicem, Ov.: alci plurimam salutem, Cic. – **b** mündlich **erwidern, entgegnen, versetzen,** alcis defensioni, Cic.: ego tibi refero m. folg. direkter Rede, Cic.: u. so et referret aliquis, Cic.: Anna refert, Verg.: tandem pauca refert, Verg.: cum talia rettulit hospes, Ov.

4 rückwärts-, nach hinten bringen, a Körperteile **zurückbewegen, zurückwenden, zurückziehen,** ad nomen (bei Nennung des N.) caput, Ov.: in alqm ora, oculos, Verg.: oculos ad terram identidem, Cic.: os in se (in sich), Ov.: manus, Ov.: parvulas manus ad ora, Petr. poët.: manus ad capulum, an der Seite an den D. legen, Tac. u. Petron.: digitos ad se, Quint.: digitos saepe ad frontem, Ov. – **b** eine Örtl. od. eine Zeit **zurückverlegen, α** eine Örtl.: fines benignitatis introrsus ref., die Gr. der W. beengen, Sen. de ben. 1, 15, 2: Seleucia … ab mari relata, entlegen, Plin. 5, 93. – **β** eine Zeit (Ggstz. proferre), diem, Ulp. dig. 4, 8, 33: diem prodictam, Fest. 289 (a), 21.

5 wiederholend **zurückbringen, zurückführen, wiederholen, erneuern, wiederherstellen, a** übh. (zuw. verb. referre ac renovare, repetere ac referre): fabulam iterum, noch einmal auf die Bühne bringen, wiederholen, Ter.: consuetudinem antiquam, Suet.; vgl. haec maiorum consuetudo longo intervallo repetita ac relata, Cic.: ref. antiquum morem, ut etc., Suet. (u. so relatus olim inconditae vitae mos, ut etc., Sall. fr.): hunc morem cursus, Verg.: eandem totius caeli descriptionem, Cic.: eas artes, Tac.: mysteria, Cic.: quasdam caerimonias ex magno intervallo, Liv.: idem responsum, Liv. – **b** der Beschaffenheit, dem Wesen nach **zurückführen, wiedergeben, abspiegeln, das Ebenbild sein** von etw. od. jmd., maiorum vultus vocesque comasque, Lucr.: mores, os vultumque patris, Plin. ep.: alqm ore, Verg.: alqm sermone vultuque, Tac.: nomine avum, animo manibusque parentes, Verg.: matrem reddit ac refert nobis, Plin. ep.

II von sich weggebend darbringen, **1** für jmd. Bestimmtes, jmdm. Gebührendes **überbringen, abliefern, überliefern,** frumentum omne ad se referri iubet, Caes.: als publiz. *t. t.*, hanc ex fenore pecuniam populo, ans Volk, an die Staatskasse, Cic.: pecuniam in aerarium, in publicum, Liv. (s. Drak. Liv. 37, 57, 12): u. so mille et ducenta talenta in publicum, Nep.: pecuniam venditorum ad fiscum, Eutr.: rationes ad aerarium, Cic.: u. so bl. rationes, Cic. ep. 5, 20, 1 *sqq.*: ad Caesarem publicas cum fide rationes, Caes.: senatus consulta falsa (*sc.* in aerarium), Cic. ep. 12, 1, 1 (vgl. aerarium unter aerarius). – So nun bes.: **a abtragen, entrichten,** octonos referentes Idibus aeris, jeder seine acht As Schulgeld, Hor. sat. 1, 6, 75: bes. ref. gratiam s. grātia, *no.* I, B, 2. – **b** als Opfer, Weihgeschenk **darbringen, weihen,** variis tumulo sollemnia ludis, Verg.: lauream Capitolino Iovi, Suet.: opima de eo spolia Iovi Feretrio, Val. Max. – **c** jmdm. **zuwenden, übertragen,** consulatum ad patrem suum, Cic. de fin. 2, 62. – **d** durch Rede od. Schrift **überbringen, überliefern, berichten, angeben, melden, mitteilen,** certorum hominum sermones ad alqm, Cic.: capitum numerum ad alqm milium LIII, Caes.: nihil ad eum, ut solebat, referre coepit, teilte ihm nun nichts mehr mit, Iustin.: ad se explorata, Liv.: haec mandata Caesari, Caes.: ref. in epistulis haec Bruti verba, Quint.: paternos maiores suos a Cyro Darioque, Iustin.: hanc cladem, Lampr. – alqm in deorum numero, unter den G. aufführen, Cic. de nat. deor. 1, 29. – se ex ea civitate oriundum, Iustin. – de quibus referam, de quo rettuli, Suet.: cuius de virtutibus maxime dilucide Q. Hortensius in annalibus suis rettulit, Vell. – mit folg. *Acc.* u. *Infin.*, referunt Suebos ad extremos fines se recepisse, Caes.: scribe, quaeso, quid referat Celer egisse Caesarem cum candidatis, Cic.: haec eum dixisse refert, Suet.: consuli referunt excessum (esse) urbe, Liv.: quem ovasse de Britannis rettuli, Tac. – absol., refero ad Scaptium, Cic.: ut M. Brutus refert, Suet. – *impers.*, in quo saepe aliter est dictum, aliter ad nos relatum, Cic.: im *Supin.* incredibilia relatu, Sen. nat. qu. 7, 16, 1. – **e vor** jmd. zur Beurteilung, zur Beschlussnahme **bringen, jmdm.** etw. **vorlegen, vortragen, eine Anfrage** oder **einen Antrag stellen,** consultationem ad amicos, Iustin.: omnia ad oracula, Nep.: ad Apollinem semper publice de maioribus rebus, Cic.: ad C. Aquilium (als Rechtsgelehrten), Cic. – ad consilium (Kriegsrat) de alqo, Nep.: de signo Concordiae dedicando ad pontificum collegium, Cic. – id ad populum, Cic. Clu. 137. – m. folg. Fragesatz, referre se, quid etc., Liv. 34, 24, 6: refero ad vos, utrum … an etc., Liv. 34, 22, 10. – bes. referre ad senatum u. im Zshg. bl. referre, etwas vor den Senat bringen, an den Senat eine Anfrage, einen Antrag stellen, rem od. rem ex integro ad senatum, Sall. u. Liv.: ad senatum de legibus abrogandis, Cic.: refer ad senatum, Cic. – de ea re postulant ut referatur, Sall.: referre de legatis ad Cn.

Marcium coëgit, Liv.: abnuentibus consulibus ea de re relatum, Tac.: consul convocato senatu refert, quid de his fieri placeat, Sall.: rettulit, quid de nexis fieri placeret, Liv.: petendum a consulibus, ut referrent, an etc., Plin. ep. 6, 5, 2: nemo refert, quod Italia externae opis indiget, niemand berührt in seinem Antrag die Tatsache, dass usw., Tac. ann. 3, 54. – **2** etw. **eintragen, aufnehmen, einschreiben, vormerken, buchen,** iudicium in tabulas publicas, Cic.: r. in tabulas, nomen in tabulas, in codicem, Cic.: r. in censum (in die Zensuslisten), Liv.: r. in album, Cic. u. Liv.: alqd in commentarium, in libellum, Cic.: alqd in annales, Capit.: r. epistulas in volumina, aufnehmen, Cic.: orationem in Origines, Cic.: alqm ex quaestura in iudices, Liv.: alqm in deos od. inter divos, Suet. u. Eutr.: alqm in reos, Cic. u. Auct. b. Alex.: alqm in proscriptos, Cic., od. inter proscriptos, Suet. – bes. ins Rechnungsbuch eintragen, **buchen, verrechnen,** acceptas pecunias, Auct. b. Alex.: pecuniam multae nomine, Auct. b. Afr.: pecuniam operi publico, unter der Rubrik »für ein öffentliches Gebäude« eintragen, verrechnen, Cic.: illam pecuniam nominatim Flacco datam, als namentlich dem Fl. ausgezahlt verrechnen, Cic.: alqd in acceptum referre u. alqd (alci) acceptum referre, s. ac-cipio *no.* I, A, a, α. – übtr., r. alqm (alqd) in m. Akk., jmd. (etw.) worunter **rechnen, zählen,** alqm in oratorum numerum, Cic.: alqm in numerum deorum, Suet.: terram et caelum in deos, Cic. – eodem Q. Caepionem referre, in dieselbe Gattung bringen, Cic. Brut. 223.

► Perf. rettuli, nicht retuli, s. Ellendt Cic. de or. 2, 100 not. cr., auch in Inschriften, z. B. CIL 9, 2628 u. 10, 1786. lin. 14/15. – Partiz. rellatus, CIL 1, 200, 81. Ter. Phorm. prol. 21. – Partiz. Fut. Pass. arch. auch referundus, CIL 1, 203, 7; 1, 206, 14 u. ö. Plaut. Pers. 428. Sall. Cat. 50, 4.

rēfert, rētulit, rēferre, *v. n.* u. *impers.* (aus der Zusammenschreibung, nicht Zusammensetzung, von rēs und fert entstanden und verwandt mit der Redensart ex re est, daher, wie συμφέρει, conducit =) **es ist zuträglich von Seiten des Interesses** (res), **es liegt daran, ist daran gelegen, es dient, verschlägt usw.,** wobei die Person oder Sache, der an etwas gelegen ist, in der Regel durch meā, tuā, nostrā, vestrā, cuiā, selten durch *ad* m. Akk. od. durch bl. *Acc.* od. durch den *Genet.*, das, woran gelegen ist, in der Regel durch das Neutrum eines Pronomens, wie id, illud, quid, od. durch einen Subjektsatz od. durch ein bestimmtes Substantiv im Nominativ, endlich wieviel? daran gelegen ist, durch *Advv.* od. einen *Genet. pretii* ausgedrückt wird, **a** *hoc meā refert:* quid id meā refert? Plaut.: quid id refert tuā? Plaut.: tuā istuc refert maxime, Plaut.: id meā minime refert, Ter.: non ascripsi id, quod tuā nihil referebat, Cic. – m. folg. indir. Fragesatz, tuā refert nil, utrum illaec fecerint, quando haec aberit, Ter.: quid meā refert, hae Athenis nataene an Thebis sient? Plaut. – **b** bl. *meā refert: Do.* hae (tabellae) quid ad me? *To.* Immo ad te attinet et tuā refert, Plaut. – m. folg. indir. Fragesatz, quid tuā refert, quicum istuc venerit? Plaut.: non plus suā referre, quam si etc., Cic. – **c** bl. *hoc refert:* quid retulit? Ter.: a quibus servis? refert enim magno opere id ipsum, Cic. – m. *Acc.* u. *Infin.*, mit vorhergehendem allg. Pronomen, primum illud parvi refert nos publicanis amissis vectigalia postea victoriā recuperare, Cic.: m. *Infin.* ohne vorherg. allg. Pronomen, meminero, sed quid meminisse id refert? Plaut.: neque refert videre, quid dicendum sit, nisi etc., Cic.: parvi retulit non suscepisse, Ter.: mit *Infin. Pass.*, iam nec mutari pabula refert, Verg.: parvi refert abs te ipso ius dici aequabiliter, nisi etc., Cic. – mit *ut* u. Konj. als Subjekt, m. vorherg. allg. Pronomen, illud permagni referre arbitror, ut ne scientem sentiat te id sibi dare, Ter. heaut. 467: ohne vorherg. allg. Pronomen, tantum retulerit, ut in transferendis seminibus similem statum caeli locique observemus, Colum. 3, 9, 7. – m. Fragesätzen als Subjekt, m. vorherg. allg. Pronomen, ne illud quidem refert, consul an dictator an praetor spoponderit, Liv. – ohne vorherg. allg. Pronomen, quid enim refert, quā me ratione cogatis? Cic.: ipsi enim animi magni refert, quali in corpore locati sint, Cic.: referre arbitrabatur, cuiusmodi victoria esset futura, Auct. b. Afr.: nec minimo sane discrimine refert, quo gestu lepores et quo gallina secetur, Iuven.: quid refert, utrum voluerim fieri, an gaudeam factum? Cic.: utrum sit aureum poculum an crystallinum an murreum an Tiburtinus calix an manus concava, nihil refert, Sen.: quia parvulum referret, an idem displiceret, quibus non idem placuisset, Plin. ep.: quae (aves) pascantur necne, quid refert? Cic. – **d** refert m. einem bestimmten Substantiv als Subjekt, usque adeo magni refert studium atque voluptas, Lucr. 4, 981 (984): multum tamen in iis refert et locorum natura, Plin. 11, 267; u. so Plin. 7, 42; 18, 187 u. 317: nolim te ignorare unius syllabae discrimen quantum referat, Front. ep. ad M. Caes. 4, 3. p. 64, 11 *sq.* N. – **e** refert m. Ang. der Pers. od. Sache, hinsichtlich deren etwas von Wichtigkeit ist, **α** durch *ad* m. Akk.: quam ad rem istuc refert? Plaut.: te ex puella prius percontari volo, quae ad rem referunt, Plaut. – m. folg. indir. Fragesatz als Subjekt, quid id ad me aut ad meam rem refert, Persae quid rerum gerant? Plaut.: refert enim ad fructus, quemadmodum vicinus in confinio consitum agrum habeat, Varro. – **β** durch *Dat.*, gew. m. folg. *Infin.* usw. als Subjekt: quoi rei id te assimulare retulit? Plaut.: dic, quid referat intra naturae fines viventi, iugera centum an mille aret? Hor.: non referre dedecori, si citharoedus demoveretur et tragoedus succederet, Tac. – **γ** durch *Genet.:* faciendum aliquid, quod illorum magis, quam suā retulisse videretur, Sall. Iug. 111, 1. – gew. mit folg. *Infin.* od. mit folg. *ut* u. Konj. od. mit folg. indir. Fragesatz als Subjekt, quem non insignire humanitatis plurimum refert, Plin. ep. 8, 22, 4: ipsius ducis hoc referre videtur, ut, qui fortis erit, sit felicissimus idem, Iuven. 16, 58 *sq.:* quorum (neglegentium) nihil refert, ubi litium cardo vertatur, Quint. 12, 8, 2: plurimum refert compositionis, quae quibus anteponas Quint. 9, 4, 44: neque refert cuiusquam Punicas Romanasve acies laetius extuleris, Tac. ann. 4, 33. – **f** ganz absol.: bona Seiani ablata aerario, ut in fiscum cogerentur, tamquam referret, als ob das etwas ausmachte, Tac. ann. 6, 2.

refertus, a, um, *PAdi.* (v. refercio), **gestopft-, gedrängt voll, ganz angefüllt, reich,** eig. u. übtr., **a** m. *Abl.:* insula referta divitiis, Cic.: domus r. erat aleatoribus, plena ebriorum, Cic. – Xerxes r. omnibus praemiis donisque fortunae, Cic.: vita undique r. bonis, Cic.: litterae r. omni officio etc., Cic. – **b** m. *Genet.:* referta Gallia negotiatorum est, plena civium Romanorum, Cic.: mare r. praedonum, Cic. – **c** m. *de* u. Abl.: quaerebat, cur de prooemiis ... referti essent eorum libri, Cic. – **d** absol.: Asia referta, Cic.: agri r., Tac.: aerarium refertius, Cic.: theatrum celebritate (durch zahreichen Besuch) refertissimum, Cic. – disciplinae formula plena et r., Cic. – ► Nbf. refersus, Ps. Cypr. de Iudaic. incredul. 8. p. 128, 11 H.

re-ferveo, ēre, siedend **aufbrausen, aufwallen,** bildl., refervens falsum crimen, Cic. Rosc. com. 17.

refervēsco, ere (*Inchoat.* v. referveo), siedend **aufbrausen, aufwallen, aufkochen,** sanguis refervescit, Cic. de div. 1, 46.

re-fēstīno, āre, **wieder zurückeilen,** Rufin. bei Hieron. ad Rufin. 3, 6. Paul. Nol. ep. 45 *extr.*

re-fībulo, āre, **wieder aufhefteln,** penen, von der Infibulation (s. fibula) befreien, Mart. 9, 27, 12.

reficio, fēcī, fectum, ere (re u. facio), **I wieder machen, 1 von neuem machen, noch einmal machen, -verfertigen,** testamentum, ICt.: arma, tela, Sall.: ea, quae sunt omissa, Cic. – **2** = **wieder erwählen** (dieselbe Pers.), tribunos, Cic.: consulem, Sen.: tertio tribunus plebis refectus, Aur. Vict. – **II wiederherstellen, in seinen vorigen Stand setzen,** ordines, die Glieder, Liv.: res, Nep.: salutem, Cic.: pulsus ac rursus Langobardorum opibus refectus, wieder (in die Regierung) eingesetzt, Tac. – Insbes., **a wiederherstellen** = wieder erbauen, pontem, Caes.: fana, Cic.: urbium moenia disiecta et fana deserta, Nep.: muros, Nep.: novum murum ab ea parte, quā patefactum oppidum ruinis erat, Liv. – **b wiederherstellen** = ausbessern, naves, classem, Caes.: aedes, Cic.: muros, Caes.: opus, Cic.: cloacam, ICt.: aedem Cereris et in melius et in maius, verschönern u. vergrößern, Plin. ep. – **c wiederherstellen** = wieder anzünden, -anfachen, flammam, Ov.: agnes, Petron. – **d** der Zahl nach **wiederherstellen** = ergänzen, vollzählig machen, exercitum, Liv.: copias, Caes.: semper refice (näml. das Vieh), Verg. – **e** die Körperkraft, die Gesundheit **wiederherstellen, heilen,** saucios, Sall.: Tironis reficiendi spes, Cic. – **f** **wiederherstellen** = physisch, geistig, politisch sich **erholen lassen, wieder kräftigen, erquicken, erfrischen,** se, Cic., verb. reficere se et curare, Cic.: fessum viā ac vigiliis militem, Liv.: vires cibo, Liv.: cadentes venas vino, Sen.: exercitum od. se ex labore, Caes.: ref. se ab imbecillitate, Plin.: ex vulnere refectus, Sen. u. Tac.: quorum animi ex longo morbo reficiuntur, Sen.: nondum satis refectis ab iactatione maritima militibus, Liv.: a lassitudine refectus est, Augustin. – geistig, me recreat et reficit Pompei consilium, gibt mir Stärke, Cic.: reficite vos, ermuntert euch, Cic.: animum, Cic.: animos militum a terrore, Liv. – politisch in Betreff der Macht, Lacedaemonii se numquam refecerunt, Nep. – v. lebl. Subjj., herbas, Ov.: terras, Plin.: stomachum, Plin.: saltus, Verg. – **III** **wieder-, dagegen bekommen, zurückerhalten,** sumptum, die Kosten wieder herausbekommen, Varro: fructus, Varro: impensas belli alio bello, wieder ersetzen, Iustin. 9, 1. § 9. – **IV** **zuwege bringen,** quod ex uno facto olei reficitur, Varro: poëmata, verfertigen, Apul. – dah. **einnehmen, lösen,** pecuniam ex venditionibus, ICt.: tantum ex possessionibus, Cic.: plus mercedis ex fundo, Cic.: quod inde refectum est militum divisum, Liv.

re-fīgo, fīxī, fīxum, ere, Angeheftetes, Befestigtes **losheften, losmachen, abnehmen, abreißen,** **I** eig.: tabulas, Cic.: signa templis, Hor. – **II** meton.: **A** öffentlich angeschlagene Gesetztafeln wieder abnehmen, d. i. die Gesetze **einziehen, aufheben, abschaffen, ungültig machen,** leges, Cic.: aera, Cic. – **B** **los-, beweglich machen, einpacken,** nostra, meine Kapitalien flottmachen, Cur. in Cic. ep. 7, 29, 1.

re-figūro, āre, **wieder gestalten,** creaturam ad suum genus, Vulg. sapient. 19, 6.

re-fingo, ere, **wieder bilden, -schaffen,** cerea regna, Verg. georg. 4, 202: laetiorem me refingens, eine heitere Miene annehmend, Apul. met. 3, 12.

re-fīrmo, (āvī), ātum, āre, **wieder befestigen,** limitem, Ruf. Fest. brev. 14 *extr.* (Wagener reformatus).

reflābilis, e (reflo), **verdunstend,** cibi facile reflabiles, Cael. Aur. de morb. chron. 4, 1, 6.

re-flāgito, āre, **zurück-, wiederfordern,** Catull. 42, 6 u. 10.

re-flammo, āre, **wieder entflammen (entzünden),** Non. 440, 30.

reflātio, ōnis, *f.* (reflo), die **Ausdünstung,** Cael. Aur. de morb. chron. 1, 1, 12. Th. Prisc. 4. fol. 317 (b).

reflātus, Abl. ū, *m.* (reflo), **I** das **Entgegenblasen,** reflatu beluae, Plin. 9, 15. – übtr., doceat me, quae sit illa vis, qui flatus iste et qui reflatus (Entgegenwehen), Lact. 3, 29, 6. – **II** meton., der **Gegenwind,** L naves delatas Uticam reflatu hoc, Cic. ad Att. 12, 2, 1.

re-flecto, flexī, flexum, ere, **zurück-, rückwärtsbeugen, -drehen, -wenden,** **I** eig.: caudam, Plin.: cervicem, Ov., crebro cervicem, Macr.: caput, Catull.: oculos, zurückwenden, Ov.: pedem, Catull., od. cursum, Val. Max., od. gressum, Sen. poët., zurückkehren, -gehen. – Passiv reflecti medial, **sich zurückbeugen,** Ov. u. Plin.: tereti cervice reflexa, sich zurückbiegend, Verg.: poet., longos reflectitur ungues, biegt sich zurück an den langen Krallen, erhält lange zurückgebogene Krallen, Ov. met. 5, 547. – lineae in gyrum reflexae, Kreislinien, Mart. Cap. 6. § 709. – **II** übtr.: **A** **zurückwenden, umwenden,** animum, besänftigen, zum Mitleid bewegen, Cic.: ebenso mentes, Cic.: orsa in melius, Verg.: animum reflexi, ich dachte an sie, Verg. Aen. 2, 741. – *refl.* = **umbiegen, umwenden** = weichen, inde ubi iam morbi reflexit causa, Lucr. 3, 500. – **B** einen Satz, Schluss **umdrehen, umkehren,** Apul. de dogm. Plat. 3. p. 272 H. Mart. Cap. 4. § 411.

reflexim, *Adv.* (reflecto), **umgekehrt** (Ggstz. directim), Apul. de dogm. Plat. 3. p. 270 u. 271 H. Mart. Cap. 4. § 411.

reflexio, ōnis, *f.* (reflecto), **I** das **Zurückbeugen,** crebra r. cervicis, Macr. sat. 5, 11. § 11. – **II** die **Umkehrung** eines Satzes, Apul. de dogm. Plat. 3. p. 268 u. 270 H. Mart. Cap. 4. § 412. – **III** = ἀνάκλασις, als rhet. Fig., die **Erwiderung im entgegengesetzten Sinne,** Carm. de fig. 13. p. 64 H.

reflexus, ūs, *m.* (reflecto), das **Zurückbeugen,** solis, Cassiod. var. 1, 35, 2: prope oceani reflexus, Meerbusen, Apul. flor. 6 *in.*

re-flo, āvī, ātum, āre, **I** *intr.* **zurück-, entgegenblasen, -wehen,** etsi etesiae valde reflant, Cic.: ventis reflantibus, Cic. – im Bild, nam et, cum prospero flatu eius (fortunae) utimur, ad exitus pervehimur optatos et, cum reflavit, affligimur, Cic. de off. 2, 19. – **II** *tr.*: **A** **wieder herausblasen, ausatmen,** cum (aër) ducitur atque reflatur, Lucr.: spiritum, Lampr.: crebros anhelitus, wiederholt Atem holen, Apul. – **B** **aufblasen, durch Blasen aufschwellen,** v. Wind, laciniam (Kleid), sinum, Apul.: signum veste reflatum, mit aufgebauschtem Gewand, Apul. – **C** **verdunsten,** reflata succositas, Cael. Aur. de morb. acut. 2, 29, 151. – **D** Passiv reflari medial, **ausdünsten,** detractis capillis partes (capitis) reflantur, Cael. Aur. acut. 1, 10, 75. – **E** **entlüften,** follem, Lampr. Heliog. 25, 2: loci prominentia reflatur, wird entlüftet = tritt zurück, Cael. Aur. de morb. chron. 5, 10, 108.

re-flōreo, ēre, **wieder blühen,** bildl. = **sich wieder erneuern,** gratiā reflorente, Paul. Nol. epist. 23, 13.

re-flōrēsco, flōruī, ere, **wieder blühen, wieder anfangen zu blühen,** Plin. 18, 146 u. a. – bildl., reflorescens iuventa, Sil. 15, 738: refloruit caro mea, ist wieder erfrischt, Vulg. psalm. 27, 7: quoniam tandem aliquando refloruistis pro me sentire, Vulg. Philipp. 4, 10.

refluāmen, inis, *n.* (refluo), der **Abfluss,** parvula grammaticae lambens refluamina guttae, v. gramm. Kleinigkeiten, Ven. Fort. vit. S. Mart. 1, 29.

re-fluctuo, āre, **zurückwogen,** Isid. orig. 13, 20, 3.

re-fluo, flūxī, flūxum, ere, **zurück-, ab-, überfließen** (Ggstz. affluo), pelagus affluens ac refluens, Mela: Maeandros ambiguo lapsu refluitque fluitque, Ov.: Nilus refluit campis, Verg.: refluunt obstructi stragibus amnes, Lucan.: refluens Padus, austretend, Val. Flacc. – Passiv medial, pridie reflui (v. der Flut), Plin. 2, 213.

refluus, a, um (refluo), **I** **zurückfließend, -flutend,** v. Gewässern, mare Oceani, in sich z., in Ebbe u. Flut ab- u. zuströmend, Ov.: amnes, aestus, Sil.: gurgites, Amm.: refluo mari (durch den Eintritt der Ebbe) nudantur arenae, Lucan.: m. Ang. wohin? introrsus in Pontum numquam refluo mari, Plin. 2, 219. – auch = **zurückkehrend,** v. d. Seelen, Anthol. Lat. 490, 14 R. – übtr. v. festen Ggstdn., assueti refluas dominorum lambere micas, die abspringenden Krümchen, Sedul. carm. pasch. 3, 246. – **II** **zurückfließen-, -fluten machend,** litus, von dem das Meer zurücktritt, Apul. met. 4, 31.

re-focilo (refocillo), āvī, ātum, āre, durch Wärme, Labung usw. **wieder zu sich bringen, wiederbeleben, wieder erquicken,** Vulg. Iudic. 15, 19; 1; regg. 16, 23 u. a. Hieron. vit. Malchi § 10. Cassian. coen. inst. 3, 9.

re-fodio, fōdī, fossum, ere, **I** **aufgraben, umgraben,** solum quam altissime, Plin. 19, 88: litora, Flor. 4, 8, 6: tellurem, Lucan. 4, 292. illud de integro refodi debet, Colum. 4, 32, 4. – **II** **ausgraben, herausgraben,** radices, Colum. 2, 2, 28 u. 3, 11, 4: inferos, Plin. 2, 158: Orestis corpus, Plin. 7, 74.

refōrmātio, ōnis, *f.* (reformo), **I** die **Umgestaltung,** eig., in einen Esel, Apul. met. 3, 24 u. 11, 13. Epit. nov. 60. § 204. – bildl., die **Verbesserung,** morum, Sen. ep. 58, 26. – **II** die **Neugestaltung, Erneuerung,** Augustin. serm. 125, 4. – **III** die **Zurückgabe,** das **Wiederzustellen,** spät. ICt.

refōrmātor, ōris, *m.* (reformo), der **Umgestalter,** übtr. = der **Verbesserer, Erneuerer,** litterarum iam senescentium reductor ac reformator, Plin. ep. 8, 12, 1: absol., im moral. Sinne, Augustin. in psalm. 32. serm. 2. *no.* 16 u. a.

refōrmātus, ūs, *m.* (reformo), die **Umgestaltung,** aeonum, Tert. adv. Valent. 13.

reformīdātio, ōnis, *f.* (reformido), das **Zurückscheuen, Zurückbeben,** Cic. part. or. 11.

re-formīdo, āvī, ātum, āre, vor etwas **zurückscheuen, zurückbeben,** **a** v. Pers.: **α** m. *Acc.*: alqm, Cic.: bellum, Cic. – **β** m. *Infin. Act.*: dicere reformidat animus (das Gefühl sträubt sich), Liv.; verb. refugit animus eaque dicere reformidat, quae etc., Cic.: u. *Pass.*, comparari tibi, Plin. pan. – **γ** mit folg. indir. Fragesatz: nec, quid tibi de alio audienti de se ipso occurrat, reformidat, Cic. Lig. 6. – **δ** absol.: vide, quam non reformidem, Cic. – **b** übtr., v. Lebl.: **α** mit *Acc.*: ante (vites) reformidant ferrum, vor dem Beschneiden, Verg.: crudum adhuc vulnus medentium manus reformidat, Plin. ep. – **β** absol., v. Gewächsen = im Wachstum zurückbleiben, stocken, oculus (vitis) reformidat, Colum.: illa celerius emoritur, haec tardius reformidat, Colum.

re-fōrmo, āvī, ātum, āre, **I umgestalten, umbilden, verwandeln, 1** eig.: Iolcus reformatus in annos primos, Ov.: dum, quod fuit ante, reformet, bis sie die erste Gestalt wieder annimmt, Ov.: hunc r. ad homines, wieder menschliche Gestalt geben, Apul.: figuras in facies hominum, Apul. – **2** übtr.: **a** übh., **umändern, abändern,** sententias in peius, ICt. – **b** prägn., **verbessern,** mores depravatos ref. et corrigere, verbessern u. veredeln, Plin. pan.: solutam disciplinam, Eumen. – **II zurückgeben, wieder zustellen,** spät. ICt. – **III wiederherstellen,** templum, Solin. 40, 5: vias, Capit. Pertin. 9, 2: ruinas patriae in pristinum habitum, Val. Max. 5, 5. ext. 2: quae subitā irruptione direpta fuerant et incensa, statum in veterem, Treb. Poll. trig. tyr. 5, 4: pacem Galliae, Eutr. 9, 20.

re-foveo, fōvī, fōtum, ēre, **wieder erwärmen, wieder aufleben machen, neu beleben, auffrischen, erquicken, I** eig.: corpus refoventque foventque, Ov.: artus admoto igne, Curt.; vgl. refotus saepe calidis piscinis, Suet.: vires, Vell. u. Tac.: vulnus, wieder pflegen, -bähen, Sil.: hoc nobis refove caput, mach' wieder gesund, Val. Flacc. – r. ignes tepidos, Ov.: exstinctos sanguine ignes, Sen. rhet.: u. v. lebl. Subj., leni afflatu simulacra refovente, neu belebte, Plin. – **II** bildl.: in Hispania fracta arma, Sen.: cuncta, v. Frieden, Curt.: r. studia prope exstincta, Plin. ep.: disciplinam castrorum lapsam exstinctamque, Plin. pan.: provincias internis certaminibus aut magistratuum iniuriis fessas, wieder aufhelfen, Tac.: animum, Gell.

refrāctāriolus, a, um (*Demin.* v. refractarius), **gar ungeschmeidig = polternd,** hoc iudiciale dicendi genus, Cic. ad Att. 2, 1, 3.

refrāctārius, a, um (refragor), **widerhaarig, halsstarrig, ungeschmeidig,** Sen. ep. 73, 1.

refrāctīvus, a, um (refringo) = ἀντανακλαστικός, **zurückbrechend, -prallend,** pronomina refr. = *pronomina reciproca,* Prisc. 17, 136.

refrāctus, Abl. ū, *m.* (refringo), das **Zurückbrechen,** Prob. app. 193, 9 K.

refraenātio, refraeno, s. refrēn...

refrāgātio, ōnis, *f.* (refragor), die **Widersetzlichkeit,** der **Widerstand,** Eccl.

refrāgātor, ōris, *m.* (refragor), der **Widersacher,** die **Widerpart,** Ciceronis, Ascon. ad Cic. orat. in tog. cand. p. 83 B. (p. 74, 18 K.). Tert. adv. gnost. 1.

refrāgium, iī, *n.* (refragor), **I** das **Widerstreben,** Ambros. in psalm. 35. § 17. – **II** das **Hindernis,** Ambros. epist. 37. § 30. Heges. 4, 26, 3.

re-frāgor, ātus sum, ārī, das Gegenteil von suffragor, **wider** jmd. od. etw. **stimmen, wider** jmd. od. etw. **sein,** jmdm. od. einer Sache **widerstreben, I** eig., als publiz. *t. t.:* petenti, Cic.: sibi, Liv.: honori eius, Liv.: illa lex petitioni tuae refragata est, ist entgegen, Cic.: mit folg. *ne* u. Konj., Vell. 2, 40, 5. – **II** übtr., cui non refragatur ingenium, im Wege steht, hinderlich ist, Quint.: lactuca refragatur Veneri, widersteht, Plin.: absol., si cetera non refragantur, Plin. ep.: si materia non refragetur, Plin. ep. – ► akt. Nbf. **refrāgo** = ἀντιψηφίζομαι, Gloss. II, 232, 1.

refrēnātio, ōnis, *f.* (refreno), die **Zügelung, Bezähmung,** mit obj. *Genet.,* doloris, Sen. de ira 3, 15, 3: refrenationes omnium libidinum, Augustin. serm. fr. (Patrol. ed. Migne tom. 39. p. 1729). – absol., Chalcid. Tim. 204.

re-frēno, āvī, ātum, āre, **mit dem Zügel** im Lauf **zurückhalten, anhalten** (Ggstz. incitare), **I** eig.: equos, Curt. 4, 16 (60), 3. – **II** übtr., **zügeln, zurückhalten, hemmen, abhalten,** fluvios, Lucr.: aquas, Ov. – bildl., animum, Cic.: iuventutem omnium opibus refr. atque coërcere, Cic.: adulescentes a gloria, Cic.: me ipsum a lite refrenavi, Augustin. epist. 35, 4.

refrēnus, a, um (re u. frenum), **gezähmt,** equus, CIL 8, 2581. lin. 19.

re-frico, fricuī, fricātūrus, āre, **wieder reiben, wieder kratzen, wieder aufkratzen, I** eig., Cato r. r. 87: u. im Bild, alcis vulnus, eine Wunde wieder aufreißen, Cic.: so auch cicatricem, Cic. – **II** übtr., **erneuern, wieder erregen,** desiderium ac dolorem, Cic.: memoriam pulcherrimi facti, Cic. – cum refricare animum memoria coeperat, dieser Gedanke die kaum verharschten Wunden meines Herzens von neuem aufzureißen, mein Herz von neuem schmerzlich zu erregen begann, Cic. Sull. 19: medial, refricari, **wieder ausbrechen,** v. körperl. Übeln, crebro refricat lippitudo, Cic. ad Att. 10, 17, 2. – ► Partiz. Fut. Akt. refricaturus, Cic. ad Att. 12, 18, 1.

refrīgerātio, ōnis, *f.* (refrigero), **I** die **Abkühlung,** aurae, Colum. 11, 1, 16: me delectant et refrigeratio et vicissim aut sol aut ignis hibernus, Cic. de sen. 46: caeli refrigerationes, Vitr. 6, 1, 3. – **II** übtr., die **Linderung** der Krankheit, Veget. mul. 5, 56 *in.*

refrīgerātīvus, a, um (refrigero), **abkühlend** (Ggstz. calefactorius), sanatio, Cass. Fel. de medic. 52.

refrīgerātōrius, a, um (refrigero), **abkühlend,** natura, Plin. 22, 145 u. a.: potestas, Gargil. Mart. de medic. 4: virtus, Gargil. Mart. de virt. herb. 26: potio, Pelagon. veterin. 28. (380 *Ihm.*).

refrīgerātrīx, trīcis, *f.* (refrigero), attrib., **abkühlend,** natura, Plin. 19, 127: potestas, Gargil. Mart. medic. 4.

refrīgerium, iī, *n.* (refrigero), die **Abkühlung,** Vulg. psalm. 65, 12: refr. noctis, Augustin. de civ. dei 5, 21, 2. – bildl. = die **Labung,** der Trost, Eccl.

re-frīgero, āvī, ātum, āre, **I** *tr.* **abkühlen** (Ggstz. calefacere), **A** eig.: **a** physisch: stella Saturni refrigerat (Ggstz. stella Martis incendit), Cic.: ignis in aquam coniectus restinguitur et refrigeratur, Cic.: r. aestum, Plin.: r. aquam decoctam, Plin.: r. vitem, Colum.: frumentum, Cato. – **b** animalisch: **α** übh.: se, Cels.: membra undā, Ov.: dei membra partim ardentia partim refrigerata dicenda sunt, Cic. – Passiv refrigerari medial = **sich abkühlen,** umbris aquisve, Cic.: refrigerandi sui causā, Suet. – **β** v. Speisen, Getränken u. Arzneien = die Hitze im Körper mindern, **kühlen,** refrigerant olera, Cels.: novum vinum refrigerare, vetus calefacere, Varro fr.: nec non (colocynthis) ramentis corticis recens podagras refrigerat, Plin. – Partiz. subst., refrīgerantia, ium, *n.,* **kühlende Mittel** (Ggstz. calefacientia), Cels. 4, 2. p. 124, 17; 5, 26. *no.* 33 u. 34. – **B** übtr.: **1** im Allg., **abkühlen, des Feuers-, der Wärme-, des Eifers berauben,** Passiv refrigerari, **sich abkühlen, erkalten, nachlassen, sich verlieren,** accusatio refrigerata, Cic.: sermone refrigerato, Cic.: amore inventionis refrigerato, Quint.: refrigeratus ab Antonio, erkaltet gegen A., Vell. – testem urbane dicto refr., durch eine feine Wendung lahmlegen (gleichs. mit kaltem Wasser überschütten), Quint. 5, 7, 26. – aegre perlegit, refrigeratus saepe a semet ipso, indem der Beifall durch seine eigene Schuld geschwächt wurde (weil er sich immer durch lautes Lachen unterbrach), Suet. Claud. 41, 1. – **2** als Übersetzung von ἀναψύχειν τινά, jmdm. **Labung-, Linderung bringen,** Tert. de anim. 51 *extr.;* ad Scap. 4. – **II** *intr.* **sich abkühlen, kalt werden,** cum (olla) refrigeraverit, Plin. Val. 1, 37: dimittat illud refrigerare, Anthim. 81 *codd. GA.*

refrīgerōsus, a, um (refrigero), **abkühlend, kühl,** amoenitas, Ps. Augustin. serm. app. 181, 3.

refrīgēscentia, ae, *f.* (refrigesco), die **Labung** (v. Schlaf), Tert. de anim. 43.

re-frīgēsco, frīxī, ere, **wieder kalt-, kühl werden, sich abkühlen, I** eig.: **a** physisch: refrigescit plaga per auras, Lucr.: ager, Colum.: vinum, Cato: Ggstz. massa in fornacem coniecta *concaluit,* in aquam demissa *refrixit,* Sen. ep. 82, 14. – **b** animalisch: hic (sanguis) celerrime vel calescit vel refrigescit, Cels. 4, 6 (3). p. 128, 13 D.: cor corpore cum toto refrixit, Ov. met. 12, 422. – **II** übtr., **erkalten, ermatten, an Kraft** oder **an Bedeutung verlieren, stocken, ins Stocken geraten,** res refrixerit, Ter.: illud crimen de nummis caluit re recenti, nunc in causa refrixit, Cic.: amor non refrixit, Plin. ep.: refrigescit caritas multorum, Eccl.: vereor, ne hasta (Zwangsversteigerung) refrixerit, Cic.: cum Romae a iudiciis forum refrixerit, wenn es in Rom bei den Gerichten nicht mehr so hitzig zugeht, Cic.: sortes plane refrixerunt, sind ganz außer Gebrauch gekommen, ganz vergessen, Cic. – von Pers., Scaurus refrixerat, Sk. hatte keine Aussicht zur Wahl, von Sk. war (in Bezug auf die Wahl) keine Rede mehr, Cic.: so auch Memmius, Cic. Vgl. Köpke Cic. Planc. 55. – ► Vulg. Perf. auch refrigui, wov. refriguit, Augustin. serm. 93, 6 Ben. u. serm. 107, 1 Mai: refriguerit, Marc. Emp. 36.

refringo, frēgī, frāctum, ere (re u. frango), **I erbrechen, aufbrechen, zerbrechen, A** eig.: carcerem, Liv.: portas, Caes. u. Ov.: claustra nobilitatis (im Bild), Cic.: refracta videntur, zerbrochen, Lucr.: – **B** übtr., **hemmend brechen,** vim fluminis, Caes.: vim fortunae, Liv.: dominationem Atheniensium, Liv.: Achivos (die A. = die Kraft der A.), Hor.: verba, nach Kinderart verstümmeln, radebrechen, Stat. silv. 2, 1, 123. – **II** Lichtstrahlen **zurückbrechen, brechend zurückwerfen,** radium solis refringi, gebrochen zurückgeworfen werde, Plin. 2, 150.

refrīvus u. **referīvus,** a, um (refero), **zurückgetragen,** faba, zur Zeit der Aussaat des guten Omens wegen zum Opfer nach Hause getragen, refr., Cinc. b. Fest. 277 (a), 17: refer. b. Plin. 18, 119.

re-frondēsco, ere, **wieder belaubt werden,** Sidon. carm. 22, 46.

refuga, ae, *m.* (refugio), der **Entlaufene,** ICt. – dah. der Apostat, Eccl.

re-fugio, fūgī, fugitum, ere, **I** *intr.* **zurückfliehen, entfliehen, entweichen, sich flüchten, seine Zuflucht nehmen, 1** eig.: Syracusas, Cic.: domum, Suet.: in portum, Caes.: ex castris in montem, Caes.: ex caede in castra, Hirt. b. G.: in domum atque in tecta, Liv.: ad urbem, Liv.: ad suos, Caes.: intra tecta, Verg.: per devios tramites, Suet.: ex alto, Caes.: mille fugit refugitque vias, Verg.: absol., velocissime, Caes.: oppido capto, Caes.: saepius simulato quam vero pavore, Liv. – **2** übtr.: **a zurückfliehen, zurückweichen,** vites a caulibus refugere dicuntur, Cic. – **b** gleichs. **zurückfliehen,** von Örtl., die in der Entfernung **zurücktreten,** refugit a litore templum, Verg.: mox zothecula refugit quasi in cubiculum idem atque aliud, Plin. ep.: visa refugit humus, entflieht, entweicht, Ov.: refugientia litora, Mela. – **c seine Zuflucht nehmen,** ad legatos, Cic.: ad carminis tranquillitatem tamquam ad portum, Petron.: ad naturale bonum, Auct. b. Alex. – **II** *tr.* jmd. od. etw. **fliehen,** vor jmd. od. etw. **fliehen, 1** eig.: instantes, Auct. b. Afr.: C. Cassium obvium sibi neque refugit et comminus tendens etc., Suet.: impetum armati Antiochi ceterorumque tela atque incursum, Cic.: attollentem iras (anguem), Verg. – **2** übtr.: **a entgehen,** memoriam (dem Gedächtnis), Colum. 12, 52, 8. – **b vor** etw. **fliehen, sich fürchten (sich scheuen),** etw. fliehend **meiden,** ministeria, Verg.: periculum, Asin. Poll. in Cic. ep.: viriles contactus, Ov.: omnem Venerem, Ov.: iudicem, Cic.: a fortibus consiliis, Cic.: a dicendo, nicht über sich gewinnen zu sagen, Cic.: m. folg. *Infin.*, refugit animus eaque dicere reformidat, quae etc., Cic. Phil. 14, 9 (ähnlich Verg. Aen. 2, 12): tendere barbiton, Hor. carm. 1, 1, 34; u. so Ov. am. 3, 6, 5. Sil. 15, 319. Lact. 6, 9, 2.

refugīsco, ere (refugio), **fliehen, meiden,** praecepta, Commodian. instr. 1, 23, 9.

refugium, iī, *n.* (refugio), die **Zuflucht, I** abstr.: naves, ad quas r. erat, Frontin.: portas refugiis profugorum aperire, Iustin. – **II** (meton.) konkret, die **Zuflucht** = der **Zufluchtsort, a** übh.: refugium populorum erat senatus, Cic.: silvae dedere refugium, Liv.: montium refugia, Iustin. – **b geheimer unterirdischer Gang** im Haus, refugia aperire (anlegen), Ulp. dig. 7, 1, 13. § 7.

re-fugo, āre, **zurückscheuchen,** Commod. apol. 754 (wo refūgant gemessen ist). Hieron. in epist. ad Philem. praef. (tom. 4. p. 442 Ben.; aber Migne tom. 7. p. 638 fugari mit den besten Hdschrn.).

refugus, a, um (refugio), **I zurückfliehend, zurückjagend,** equites irritato proelio sponte refugi, Tac. hist. 2, 24: quidam in castra refugi, Tac. hist. 3, 61. – subst., refugi (Ggstz. instantes), Tac. ann. 13, 40. – **II** poet. übtr. = **zurückweichend,** unda, Ov.: Nilus. Plin. pan.: capilli a fronte refugi, sich nach hinten legend, Lucan. – m. *Genet.*, refugus ieiunii, Ambros. in psalm. 118. serm. 20. § 4.

refulgentia, ae, *f.* (refulgeo), der **Widerschein,** lacunarium, Apul. flor. 18. p. 28, 6 Kr.; außerdem bei spät. Eccl.

re-fulgeo, fulsī, ēre, **einen Widerschein geben, widerstrahlen, hell aufleuchten, I** eig.: arma refulgentia, Liv.: faces refulgent ex petra, Curt.: caerula nubes solis inardescit radiis longeque refulget, Verg.: stella refulsit, Hor.: fervidus ille Canis (Hundsstern) stellarum luce refulget, Cic. poët.: Iovis tutela refulgens, v. Jupiter als glücklichem Geburtsstern, Hor.: ubi aestas refulserit, in seinem Glanz wieder erscheint, Pallad.: Tyrius color nigricans aspectu idemque suspectu refulgens, Plin. – **II** übtr., **hell aufleuchten, hervorstrahlen, -schimmern,** splendida a docto fama refulget avo, Prop.: tum refulsit certa spes liberorum parentibus, den E. erblühte diese H. für das Wohlergehen ihrer K., Vell.: non tibi divitiae velut maximum generis humani bonum refulserunt, Sen.: in quibus (luminibus artis) primus refulsit Apollodorus, Plin.

re-fundo, fūdī, fūsum, ere, **I zurückgießen, -schütten, 1** eig.: vapores eādem (= eodem), Cic.: aequor in aequor, Ov.: intestina, Cels.: refusus oceanus, zurückgedrängt, Verg. u. Lucan. – **2** übtr.: **a zurückgeben, zurückerstatten, wieder abliefern,** Nilo copias suas, Plin. pan. 31, 3: tot spoliatis bona, *ibid.* 40, 4: quod accepit, ICt.: impensas invicem, ICt.: huic dabis loricam unam, quam refundat, cocum, quem refundat, Val. imp. b. Treb. Poll. Claud. 14, 6 *sq.*: itaque ab imperatore postulant primo cataphractas, deinde cassides refundere, Veget. mil. 1, 20: per cuius oboedientiam humani generis culpa deleta, refusa iustitia est, Ambros. apol. David 17. § 81. – **b zurückweisen, verschmähen,** serta, Claud. Eutr. 1, 91. – **c auf** etwas **zurückschieben,** necem in Attiani consilia, Spart. Hadr. 9. 3. – **II sich ergießen lassen, 1** eig.: luna refundit glaciem, macht flüssig, schmilzt, Plin. 2, 223. – Passiv refundi medial, **sich ergießen,** stagna refusa vadis, Verg.: palus Acheronte refuso, Verg.: fletu super ora refuso, Ov. – **2** übtr., Passiv refundi, **sich hingießen, sich hinstrecken** u. dgl., **sich ergießen,** campus in immensum refusus, sich erstreckend, Sil.: spiris refusis nemus implicuit anguis, Val. Flacc.: Chiron refusus, sich hinstreckend, -beugend, Claud.: refusa in gremium, hingebogen, daranliegend, Lucan.

refūsē, *Adv.* (refusus v. refundo), **ergossen, in Menge,** humus refusius egesta, viell. = ziemlich locker, Colum. 4, 1, 3.

refūsio, ōnis, *f.* (refundo), die **Zurückergießung,** Macr. sat. 1. 21, 17. – übtr., die **Zurückerstattung,** possessionum refusiones, Ambros. apol. David 8. § 42.

refūsōrius, a, um (refundo), **zurückgebend,** litterae, Erlassschreiben, Sidon. epist. 9, 10, 2.

refūtābilis, e (refuto), **zurückweisbar, verschmähbar, verwerflich,** Ambros. in Luc. 8. § 49; de spir. scto 2, 8. § 80.

refūtātio, ōnis, *f.* (refuto), die **Widerlegung,** Cic. top. 93. Quint. 5, 13, 1 u. a.

refūtātor, ōris, *m.* (refuto), der **Widerleger,** Arnob. 1, 32.

refūtātōrius, a, um (refutator), **zur Widerlegung gehörig,** preces, Schreiben an den Kaiser, worin um Verwerfung einer an ihn gerichteten Appellation gebeten wird, Cod. Iust. 7, 61, 1 u. a.

refūtātus, Abl. ū, *m.* (refuto), die **Widerlegung,** ancipiti refutatu convincere falsum, Lucr. 3, 523.

re-fūto, āvī, ātum, āre, **zurückgießen;** dah. **I** übtr., **zurücktreiben, -drängen, abweisen,** nationes bello, Cic. de prov. cons. 32. – **II** bildl., etwas sich gleichs. Aufdrängendes **zurückweisen = in die Schranken weisen, abweisen, ablehnen, verschmähen, nicht mögen** u. dgl., **A** im Allg.: cupiditatem alcis, Cic.: clamorem, Cic. – virtutem aspernari ac r., Cic.: nummum, Solin.: vitam, Sall. fr. – **B** insbes., eine Behauptung usw., als unwahr, nostra confirmare argumentis ac rationibus, deinde contraria refutare, Cic.: sceleratorum periuria testimoniis ac laudationibus suis r., Cic.: Fors dicta refutet! Gott behüte (bewahre)! Verg. Aen. 12, 41. – poet m. folg. *Acc.* u. *Infin.*, si quis corpus sentire refutat, Lucr. 3, 350.

rēgāliolus, ī, *m.* (v. regalis), ein kleiner Vogel, etwa **Zaunkönig,** Suet. Caes. 81, 3.

rēgālis, e (rex), **zum König gehörig, dem König zukommend, königlich, eines Königs, I** eig.: purpura, Cic. fr.: sedes (Thron), Augustin.: genus civitatis, res publica, potestas, Cic.: nomen, Cic.: iussa, Val. Flacc.: virgo, königl. Prinzessin, Ov.: di, Schutzgötter der Königswürde, Iustin.: ut sapere, sic divinare regale ducebant, Cic.: poet., carmen, die Taten der Könige verherrlichendes, Ov.: ebenso scriptum, Ov. – *Compar.*, regum rex regalior, Plaut. capt. 825: *Superl.*, munus, quod regalissimum est, Iul. Val. 2, 30 (19). – subst., **a** rēgālēs, ium, *m.*, **königliche Prinzen,** Amm. 16, 12, 26 u. a. Cod. Theod. 7, 1, 9. – Dagegen versch. (aber unbekannt was?) ordo regalium, CIL 10, 6094. – **b** rēgālia, ium, *n.*, der **Königssitz,** die **Residenz des Königs,** Cassiod. hist. eccl. 9, 30 u. 11, 17: bildl., animae regalia in capite constituta, Cael. Aur. de morb. acut. 1, 8, 56. – **II** übtr., **königlich, fürstlich** = **eines Königs würdig,** ornatus, Cic.: impendia, Plin.: regalem animum in se esse, Liv.

rēgāliter, *Adv.* (regalis), **königlich, nach Königsart, a** im guten Sinne: centum hostiis sacrificium regaliter Minervae facere, eines Königs würdig, Liv. 42, 51, 2: Para reg. revocatus, mit der seinem königlichen Rang gebührenden Rücksicht, Amm. 30, 1, 4: *Compar.*, postea vero regalius et competentius initiabatur, Iul. Val. 1, 7 (13). – **b** im üblen Sinne = **gebieterisch, herrisch, eigenmächtig,** precibusque minas reg. addit, Ov. met. 2, 397: reg. turgidus, in seinem selbstherrlichen Grimm, Amm. 29, 1, 18.

regammāns, antis (re u. gamma), **von Gestalt eines Doppelgammas,** Gromat. vet. 24, 27 u. a.

regelātio, ōnis, *f.* (regelo), das **Auftauen,** subitae regelationes, Gromat. vet. 50, 22 u. 83, 4.

re-gelo, āvī, ātum, āre, **I** *tr.* **wieder auftauen, erwärmen,** solum aedificii, Colum.: vites regelatae siccantur, Colum.: frigora brumae, Colum.: sucina regelata manu, erwärmt, Mart. – bildl., iam aetas mea contenta est suo frigore; vix mediā regelatur aestate, Sen. ep. 67, 1. – **II** *intr.* **erkalten,** sic in patellam fundes ut regelet, Plin. Val. 3, 14. fol. 194 (a), 24.

re-gemo, ere, **aufseufzen,** interius graviter regemens, Ps. Verg. Cul. 386. – übtr., abiunctis regemunt tabulata cavernis, Stat. Theb. 5, 389: tunc regemunt pigrique lacus ustaeque paludes, *ibid.* 8, 17: per bifores regemunt cava buxa cavernas, Sidon. carm. 11, 123: susceptis regemunt obstantia telis scuta, Coripp. Ioann. 2, 231.

regendārius, iī, *n.* (rego), der **Staatssekretär,** Cassiod. var. 11, 29.

regenerātio, ōnis, *f.* (regenero), die **Wiedergeburt,** eig. u. übtr., Cypr. epist. 73, 21. Augustin. de civ. dei 15, 16, 3. Vulg. Matth. 19, 28 (auch bei Augustin. de civ. dei 20, 5, 2. p. 412, 29 D.²). Vulg. Tit. 3, 5.

regenerātrix, trīcis, *f.* (regenero), die **Wiederweckerin** neuer Geschlechter, Ambros. de Helia 5.

re-genero, āvī, ātum, āre, **I wieder erzeugen,** durch die Geburt **hervorbringen** oder **fortpflanzen,** naevos, Plin.: vitium, Plin.: bildl., nos in spem vivam, Vulg. 1. Petr. 1, 3. – **II** übtr., durch die Geburt **wieder darstellen,** avum, seinem Großvater ähnlich sein, Plin.: ebenso patrem, Plin.

regerminātio, ōnis, *f.* (regermine), das **Wiederhervorsprossen, Wiederausschlagen,** Plin. 17, 147 u. a.

re-germino, āre, **wieder hervorsprossen, wieder ausschlagen,** Plin. 16, 141 u. 19, 122. Calp. ecl. 4, 111. Heges. 1, 43, 3.

re-gero, gessī, gestum, ere, **I zurücktragen, wieder weg-** od. **hintragen, -bringen, -schaffen, -werfen, A** eig.: **1** im Allg.: lintribus afferuntur onera et regeruntur, Plin.: terram aliam, ICt.: quo regesta e fossa terra foret, Liv. – tellurem, in die Grube zurückwerfen, Ov.: faces, zurückwerfen, -schleudern, Tac.: radios, zurückwerfen, -strahlen, Plin. – **2** insbes.: **a** zurückwerfen = **aufwerfen,** humum, Colum. 11, 3, 5. – *Partic.* subst., regestum, ī, *n.*, aufgegrabene, aufgeworfene Erde, Colum. 3, 13, 8 u. a. – **b reduzieren, verflüchtigen lassen,** duas partes, Varro r. r. 1, 64, 2. – **B** übtr., **zurück-, entgegenwerfen, zurückschieben, zuschieben, erwidern,** pro alqo tot rusticos Stoicos, dagegen aufwarten mit usw., Cass. in Cic. ep.: convicia, Hor.: culpam in alqm, Plin. ep.: invidiam in alqm, Quint.: tota fata Dardaniae domus Danais, Sen. poët. – **II hinbringen, A** eig.: culmos in acervum, Colum.: refossas radices in summum, Colum. – **B** übtr., **eintragen, einschreiben,** in commentarios, Quint. 2, 11, 7 u. a. – *Partic.* subst., regesta, ōrum, *n.*, das **Verzeichnis,** der **Katalog,** Vopisc. Prob. 2, 1. Cod. Theod. 11, 28, 14. Prud. perist. 10, 1131.

regestum, u. **regesta,** s. re-gero.

rēgia, ae, *f.*, s. rēgius *no.* II, B.

regibilis, e (rego), **lenkbar,** iuventus, Amm. 16, 12, 10: acies, Amm. 19, 7, 8; vgl. 24, 3, 8 u. 27, 10, 9.

rēgiē, *Adv.* (regius), **königlich,** im guten u. üblen Sinne, **a wie ein König, prächtig,** accubare, Plaut. Stich. 377: ebenso Varro r. r. 1, 2, 10. – **b gebieterisch, herrisch,** crudeliter et regie fieri, Cic. Cat. 1, 30: ea, quae regie seu potius tyrannice statuit in aratores, Cic. Verr. 3, 115.

Rēgiēnsēs, ium, s. Rēgium *no.* I.

rēgificē, *Adv.* (regificus), **königlich, fürstlich, prachtvoll,** Enn. fr. scen. 96* bei Cic. Tusc. 3, 44, Sil. 11, 273.

rēgificus, a, um (rex u. facio), **königlich, fürstlich, prachtvoll,** luxus, Verg. Aen. 6, 605. Ambros. de virg. 3, 6. § 27: mensae paratus, Val. Flacc. 2, 653.

rēgifugium, iī, *n.* (rex u. fugio), die **Königsflucht,** ein Fest zu Rom, das am 20. Febr. zum Andenken an die Vertreibung des letzten Königs gefeiert wurde, Auson. eclog. de fer. Rom. 13. p. 15 Schenkl. Fast. Maff. (CIL 1². p. 223) Febr. 24. Paul. ex Fest. 379, 3 (b. Ov. fast. 2, 685 regis fuga gen.).

re-gīgno, ere, **wieder zeugen, -hervorbringen, wiederherstellen,** Lucr. 5, 244. Censor. fr. 1, 3.

1. rēgillus, a, um (rego), s. v. a. rectus, **mit senkrecht gezogenen Kettenfäden gewebt,** tunica, Varro sat. Men. 372: inducula, Plaut. Epid. 223 (der das Wort scherzh. als *Demin.* von regius [königlich = prächtig] gebraucht): regillae tunicae albae, Fest. 386 (b), 33.

2. Rēgillus, ī, *f.*, **I** Stadt im Lande der Sabiner, aus der Appius Klaudius nach Rom wanderte, Liv. 2, 16, 4 zw. (Müller Inregillus). – Nbf. Rēgillī, ōrum, *m.*, Suet. Tib. 1, 1. – Dav. **Rēgillēnsis,** e, u. **Rēgillānus,** a, um, **aus Regillus gebürtig,** ein **Regillaner,** wie Claudius Regillensis, Liv. 8, 15. § 5; Claudius Appius Regillanus, Suet. Tib. 2, 2. – **II** ein kleiner See in Latium an der via Lavicana, bekannt durch den Sieg, den die Römer hier 496 v. Chr. über die Latiner erfochten, nach Abeken in der Gegend des h. *Valle d'Isidoro,* Cic. de nat. deor. 3, 11: lacus Regillus, Liv. 2, 19, 3. Plin. 33, 38: Regilli lacus, Flor. 1, 11, 2. Aur. Vict. de vir. ill. 16, 1. – Dav. **Rēgillēnsis,** Beiname der Postumier (weil unter dem Diktator Postumius jener Sieg errungen wurde), M. Postumius Regillensis, Liv. 4, 49, 7: A. et L. Postumii Regillenses, Liv. 6, 22, 5. – **III** Beiname der gens Aemiliana, Cic. ad Att. 12, 24, 2; M. Aemilius Regillus, Liv. 24, 7, 12.

regimen, inis, *n.* (rego), **I** die **Lenkung, Leitung, a** eig.: navis, Tac.: cohortium, Oberbefehl, Tac. – **b** bildl., die **Regierung, Verwaltung,** magistratus totius, Liv.: omnium rerum, Liv.: vitae, Lucr.: absol. = Staatsleitung, Herrschaft, Enn. u. Tac. – **II** das **Lenkende, a** (poet.) das **Steuerruder,** Ov. met. 3, 593. Petron. poët. 123. *v.* 235. – **b** übtr., der **Lenker, Regierer,** rerum (des Staates), Liv.: humanarum rerum, Val. Max.: senectae, Stat. – ► synk. regmen, CIL 7, 2.

regimentum, ī, *n.* (rego), die **Leitung, Regierung,** Fest. 278 (b), 4: Plur., Arcad. dig. 1, 11, 1 *pr.* Amm. 25, 9, 7 u. 28, 1, 7.

regimōnium, iī, *n.* (rego), die **Leitung, Regierung, Verwaltung,** CIL 4, 918. Vgl. Gloss. III, 130, 29; V, 328, 69 u. ö.

rēgīna, ae, *f.* (rēx), die **Königin,** als Herrscherin u. als Gemahlin des Königs, **I** eig. u. übtr.: **A** eig.: **1** im Allg., Plaut., Sall. fr. u. a.: r. Berenice, Quint.: r. Bithynica, sarkast. v. Cäsar als Buhler des Königs Nikomedes von Bithynien, Suet. – als Gemahlin des Königs, z. B. Val. Max. 4, 6. *ext.* 2. Iustin. 2, 10, 7. – **2** vorzugsw.: **a** v. der Kleopatra, Cic. ad Att. 14, 8, 1. Hor. carm. 1, 37, 7. Aug. bei Suet. Aug. 69, 2. – **b** v. der Dido, Verg. Aen. 1, 303 u. a. – **c** v. der regierenden Kaiserin, Plin. 29, 20. Cod. Iust. 5, 16, 26. – **d** die Gattin des rex sacrificulus, Paul. ex Fest. 113, 18. Serv. Verg. Aen. 4, 137: vollst. regina sacrorum, Macr. sat. 1, 15, 19. – **B** übtr.: **a** v. Göttinnen: r. Iuno, Cic.

u. a.: o Venus, r. Cnidi Paphique, Hor.: siderum r. bicornis, Luna, Hor. – **b** **Königstochter, Prinzessin,** z. B. v. der Ariadne, Verg. Aen. 6, 28: v. der Medea, Ov. her. 12, 1: Plur. reginae, von den weibl. Angehörigen des Darius, Curt. 3, 11 (29), 25 u. 3, 12 (30), 12: virgines reginae, königliche Prinzessinnen, Curt. 3, 12 (32), 21. – **c** von vornehmen Frauen, **Herrin, Gebieterin,** Plaut. truc. 531. Ter. eun. 168. – **d** im Allg., wie **Königin** = **Erste, Anführerin,** chori, Stat.: Appia longarum r. viarum, Stat. – **II** bildl., **Königin, Beherrscherin,** omnium r. rerum oratio, Pacuv. tr. fr.: haec una virtus (*sc.* iustitia) omnium est domina et r. virtutum, Cic.: r. pecunia, Hor.

Rēgīnī, Rēgīnus, s. Rēgium *no.* II.

regio, ōnis, *f.* (rego), **I** die **Richtung** nach irgendeiner Seite hin, **Linie, Reihe, 1** im Allg.: hāc regione, in dieser Richtung (Gegend), Plaut.: notā excedo regione viarum, Verg.: ingens spatium rectae regionis est, in gerader R., der Länge nach, Curt.: oppidi murus rectā regione, si nullus anfractus intercederet, MCC passus aberat, Caes.: non rectā regione iter instituit, sed ad laevam flexit, Liv.: Hercynia silva rectā fluminis Danubii regione pertinet ad fines Dacorum, in gerader Richtung mit der D., der D. parallel, Caes.: portae regione platearum patentes, die gegen die Straßen der Stadt hin offenen Tore (des Lagers), Liv.: regione occidentis, westwärts, Liv. – ubi iam primos superare regionem castrorum animum adverterunt, Linie, Caes. – si qui tantulum de recta regione deflexerit, nur ein Haar breit von der geraden Richtung, vom rechten Wege (der Pflicht) abgewichen ist, Cic. Verr. 5, 176: haec eadem est nostrae rationis regio et via, dieselbe Richtung u. denselben Weg schlage ich bei unserem Verfahren ein, Cic. Verr. 5, 181. – **2** insbes., e regione, *adv.*, **a** **in gerader Richtung, gerade,** alterum e regione movetur, alterum declinat, Cic.: e regione loci cadere, Lucr. – **b** **von der entgegengesetzten Seite, gerade gegenüber,** **α** m. *Genet.:* e regione solis, Cic.: e regione oppidi, Caes. – **β** m. *Dat.:* esse e regione nobis e contraria parte terrae, Cic. – **γ** absol.: acie e regione instructā, Nep. – bildl., **im Gegenteil, dagegen,** Hieron. epist. 57, 11; adv. Iovin. 2, 7. – **II** übtr.: **A** die dem Blick gegenüberliegende **begrenzte Linie, Gesichtslinie, Grenzlinie, Grenze, 1** im Allg., die **Grenzlinie, Grenze, a** eig., selten im Sing., wie Cic. Balb. 64. – gew. im Plur., cuius res gestae atque virtutes isdem, quibus solis cursus, regionibus ac terminis continentur, Cic.: res eae orbis terrae regionibus definiuntur, Cic. – **b** bildl.: quibus regionibus vitae spatium circumscriptum est, Cic.: sese regionibus officii continet, Cic. – **2** insbes.: **a** als *t. t.* der Augurspr., die am Himmel gedachte **Gesichtslinie,** per lituum regionum facta descriptio, Cic.: regionibus ratis, Cic. – **b** die **Himmels-** od. **Weltgegend,** r. aquilonia, australis, Cic.: r. vespertina, Hor. sat. 1, 4, 30. Vitr. 4, 5, 1. – **c** die geographische **Lage,** eam esse naturam et regionem provinciae tuae, ut etc., Cic. ep. 1, 7, 6. – **B** die **Gegend,** das **Gebiet, 1** im Allg.: **a** eig.: locus in regione pestilenti saluber, Cic.: subter mediam fere regionem, Cic.: regiones inhabitabiles, Cic.: qui innumerabiles mundos infinitasque regiones, quarum nulla esset ora, nulla extremitas, mente peragravisset, Cic. – **b** bildl., das **Gebiet,** der **Bereich,** das **Reich,** dum in regionem astutiarum mearum te adduco, ut etc., Plaut.: bene dicere non habet definitam aliquam regionem, cuius terminis saepta teneatur, Cic. – **2** insbes.: **a** der **Landstrich,** die **Landschaft,** der **Bezirk,** das **Gebiet,** in eiusmodi regione atque provincia, quae mari cincta esset, Cic.: in quattuor regiones dividi Macedoniam, Liv.: Sida, quae extrema regio est provinciae meae, Lentul. in Cic. ep.: principes regionum atque pagorum inter suos ius dicunt, Caes. – die Bewohner miteinbegreifend, tractus ille celeberrimus, Venafranus, Allifanus, tota denique nostra illa aspera et montuosa et felix et fautrix suorum regio, Cic. Planc. 22: quae regio si fida Samnitibus fuisset, Liv. 9, 13, 8. – **b** ein Teil der Stadt Rom oder der Ländereien um Rom, **Viertel, Bezirk, Kreis** (unter Servius Tullius 4 der Stadt und 26 des röm. Gebietes, unter Augustus 14 der Stadt), Lael. Fel. b. Gell. 15, 27, 4. Plin. 3, 66. Suet. Aug. 30, 1. Tac. ann. 15, 40.

Rēgion, s. Rēgium *no.* II.

regiōnālis, e (regio), **zur Landschaft gehörig, einer Landschaft, einer Provinz,** concilium, Augustin. de bapt. c. Don. 7, 53.

regiōnāliter, *Adv.* (regionalis), **gegendweise,** Apul. de mund. 23. Cael. Aur. de morb. acut. 2, 29, 157 zw. (*al.* rationaliter).

regiōnātim, *Adv.* (regio), **bezirksweise, a** = **gegendweise,** tribus describere, Liv. 40, 51, 9: regionatim commercio interrupti, Liv. 45, 30, 1. – **b** **stadtviertelweise,** ludos edere totā urbe, Suet. Caes. 39, 1.

Rēgium, iī, *n.*, **I** ein alter Flecken der Bojer in Gallia cispadana, vom Konsul M. Ämilius Lepidus bei Anlage der Ämilischen Straße zur Stadt erweitert, j. *Reggio,* Brut. in Cic. ep. 11, 9, 2 u. 12, 5, 2: auch Regium Lepidum gen., Tac. hist. 2, 50; vgl. Fest. 270 (b), 3 *sq.* – Dav. **Rēgiēnsēs,** ium, *m.*, die Einw. von Regium, die **Reginer,** Cic. ep. 13, 7, 4. CIL 11, 970. – **II** eine Stadt im Bruttischen (jetzt *Calabria ulteriore*) an der Südspitze Italiens, an der Meerenge von Sizilien, jetzt *Reggio,* Cic. Verr. 2, 55 u. 56; 4, 135. Sall. Iug. 28, 6. CIL 1^2, 638: Rēgion geschr., Ov. met. 14, 48. – Dav. **Rēgīnus,** a, um, **reginisch,** ager, Cic.: litora, Sil.: municipes, CIL 10, 6: subst., Rēgīnī, ōrum, *m.*, die Einw. von Regium, die **Reginer,** Cic., Liv. u. Tac. – ► Die Schreibung Regium (nicht Rhegium) ist auch bei *no.* II die der besten Hdschrn. u. echten Inschriften: nur Verr. Flaccus wollte (nach Fest. 270 [a], 34 *sqq.*) Rhegium schreiben zum Unterschied von Regium *no.* I. – ► griech. Form Region, Ov. met. 14, 48; zsgz. Genet. Regi, Ov. met. 14, 5.

rēgius, a, um (rēx), von einem König ausgehend, das Wesen, die Person oder den Stand des Königs betreffend, **königlich, des Königs, der Könige, I** *adi.:* **1** eig.: genus, Cic.: potestas, Cic.: civitas, Monarchie, Cic.: nomen, Cic. u. Liv.: ornatu regio esse, Cic.: virgo, königliche Prinzessin, Catull. u. Ov.: ales, v. Adler (als Vogel des Jupiter), Ov.: legatio, Liv.: interitus regii, Val. Max.: anni, der Regierung der Könige (in Rom), Cic.: causa, Einsetzung des Königs (Ptolemäus Auletes), Cic.: bellum, mit den Königen (Mithridates u. Tigranes), Cic.: auctio, königlicher Güter, Plin.: atrium, s. unten *no.* II, B, 1: poet., lympha, woraus die parthischen Könige tranken, Tibull. – regia res scelus est, Königen geziemend, eines Königs würdig, Ov. fast. 6, 595: u. so regia res est m. *Infin.*, Ov. ex Pont. 2, 9, 11: u. vix regium videbatur m. *Infin.*, Liv. 29, 11, 12. – **2** übtr.: **a** **königlich, prächtig, vorzüglich,** forma, Plaut.: moles (Bauten), Hor.: fama, Plin. – v. der vorzüglichsten Art irgendeines Natur- oder Kunsterzeugnisses, olea, pira, laurus, Colum. u. Plin.: unguentum, Cassiod.: charta, Catull.: convivium regium agitare, Fronto. – morbus, Gelbsucht (angeblich weil durch delikate Heilmittel, durch Frohsinn u. dgl. geheilt), Cels., Hor. u. a.: stella, ein großer heller Stern im Gestirn des Löwen (jetzt *Regulus* gen.), Plin. 18, 235. – **b** **herrisch, herrschsüchtig,** animal, Chalcid. Tim. 166 – superbum istud et regium, nisi etc., eigenmächtig u. tyrannisch wäre es, wenn man nicht, Plin. pan. 7, 6. – **II** *subst.:* **A** rēgiī, iōrum, *m.*, **1** die **Truppen des Königs,** die **Königlichen,** Nep. Dat. 1, 4. Liv. 37, 41, 3 u. 40, 4. § 11 u. 15. – **2** die **Satrapen des Königs,** die **Hofleute,** Nep. Ages. 8, 3. – **B** rēgia, ae, *f.*, **1** die **königliche Wohnung,** der **königliche Palast,** das **Schloss,** der **Hof,** die **Burg, a** eig.: **α** übh., Cic., Caes. u. a. – **β** insbes., ein öffentliches Gebäude in Rom an der via sacra, dicht am Vestatempel, die **Königsburg des Numa,** später zu priesterlichen Zwecken verwandt, Cic. Mil. 37. Ov. trist. 3, 1, 30 u. fast. 6, 264: u. dah. atrium regium, die Halle dieser regia, Liv. 26, 27, 3. – **b** übtr., das **königliche Zelt** im Lager, gleichs. das **Hoflager,** Liv. 2, 12, 10. Curt. 9, 5 (22), 30. – **c** meton., der **Hof** = die königliche Familie, Liv. 1. 46, 3; 24, 22, 14. – u. = Fürst und Hofleute, Tac. ann. 11, 29. Petron. poet. 5. *v.* 4. – **2** rein lat. Ausdruck für basilica (βασιλική), ein öffentliches Gebäude mit doppelten Säulengängen, die **Halle, Säulenhalle,** theatri Pompei, Suet. Aug. 31, 5: Pauli, Stat. silv. 1, 1, 30. – **3** rein lat. Ausdr. für die Pflanze basilisca (s. d.), Ps. Apul. herb. 128. – **4** (*sc.* potestas) = βασιλεία, königl. **Herrschaft,** Persica r., Curt. 6, 6 (20), 2: übtr., gregis regia cui cessit, v. Stier, Val. Flacc. 5, 67.

reglēscit = reglīscit (re und glisco), **er entglüht wieder, nimmt zu,** Plaut. fr. b. Fest. 278 (a), 30. Vgl. Paul. ex Fest. 279, 5.

re-glūtino, (āvī), ātum, āre, **I** (wieder aufleimen, d. i. übtr.) **wieder auflösen,** Catull. 25, 9. – bildl., Mart. Cap. 6. § 586. – **II wieder zusammenfügen,** Prud. perist. 10, 874.

regmen, s. regimen.

rēgnātor, ōris, *m.* (regno), der **König, Herrscher, Gebieter,** Olympi, v. Jupiter, Verg.: aquarum, v. Neptun, Colum. poët.: so auch deûm, Verg.: Asiae, Verg.: totius orbis, Ruf. Fest.: lyricae cohortis, v. Pindar, Stat.: agelli, unumschränkter Gebieter, Mart.: bei einem *neutr.*, ab incommutabili lumine omnium regnatore, Augustin. de doctr. Chr. 1, 22. – m. *Dat.*, occiduis r. montibus Atlas, Val. Flacc.: Illyriis r. aquis, v. Danubius, Auson. – absol., ubi rex Agathocles r. fuit, Plaut.: diebus r., quibus imperat fritillus, an denen stark gespielt wird, Mart.

rēgnātrīx, trīcis, *f.* (Femin. zu regnator), attrib., **herrschend, Herrscher-,** domus, Tac. ann. 1, 4. – übtr., regn. fides, Poëta in Nov. collect *ed. Mai.* 5, 170.

rēgnicola, ae, *m.* (regnum u. colo), der **Bewohner des Reiches,** Augustin. c. Faust. 20, 7.

rēgno, āvī, ātum, āre (regnum), **I** *intr.* **König sein, die königliche Gewalt haben, herrschen, regieren, A** eig.: Numā Pompilio regnante, Eutr.: ab illo tempore annum iam tertium et vicesimum r., Cic.: septem et triginta regnavisse annos, Cic.: iniussu populi r., Liv.: r. Romae, Albae, Liv.: r. Amyclis (zu A.), Verg.: r. Graias per urbes, Verg.: r. in Colchis, Plin.: advenae in nos regnaverunt, Tac.: in terram regnasse, Lact.: mit folg. *Genet.*, agrestium populorum regnavit, herrschte über usw., Hor. carm. 3, 30, 12: mit folg. *Dat.*, quibus regnant, Augustin. de civ. dei 4, 3. – *impers.*, quia post Tatii mortem ab sua parte non erat regnatum, kein König gewesen war, Liv.: regnatum Romae ab condita urbe annos CCXLIV, zu Rom haben Könige regiert, Liv.: regnatum est annis CCLV, Liv. epit.: Romae regnatum est per septem reges annis CCXLIII, Eutr. – **B** übtr., **gebieten, herrschen** wie ein König, **a** v. Pers. = **unumschränkter Herr-, Gebieter sein, frei und ungebunden leben, frei schalten und walten, den Herrn (den Meister) spielen,** teils im guten Sinne, Graeciā iam regnante, Cic.: in quibus (equitum centuriis) regnas, Cic.: u. so r. in iudiciis (v. Cicero), Quint.: vivo et regno, Hor.: quousque regnabis? Plin. ep.: regnare nolo, ich mag nicht König sein (= fürstlich leben), Phaedr. 3, 7, 27. – teils im üblen Sinne, regnavit is (Gracchus) quidem paucos menses, Cic.: Timarchidem fugitivum in omnibus oppidis per triennium scitote regnasse, Cic.: nec libertate iam contentos esse, nisi etiam regnent ac dominentur, Liv.: quandoquidem solus regnas, Ter. – **b** v. lebl. Subjj., **herrschen, walten, die Oberhand haben,** ignis per alta cacumina regnat, Verg.: ardor edendi per viscera regnat, wütet, Ov.: cum regnat rosa (beim Gastmahl), Mart. – v. Abstr., παθητικόν, in quo uno regnat oratio, Cic.: eloquentia hic regnat, hic imperat, hic sola vincit, Quint. – **II** *tr.* **beherrschen,** nur im Passiv, regnandam accipere Albam, Verg. Aen. 6, 770. – m. *Dat. pers.* (von usw.), terra regnata Lycurgo, Verg.: regnata terra Philippo, Hor.: regnata Cyro Bactra, Hor.: Rheso regnata quondam pars Thraciae, Mela: gens Pandae, sola Indorum regnata feminis, Plin. – absol. = **monarchisch regiert werden, einen König (Könige) haben, unter einem König (unter Königen) stehen,** in quantum Germani regnantur, Tac.: gentes, quae regnantur, Tac. Vgl. Nipperd. Tac. ann. 13, 54. Heräus Tac. hist. 1, 16, 23. Kritz Tac. Germ. 25, 4.

rēgnum, ī, *n.* (rex), die **Königsgewalt, Königsherrschaft, königliche Regierung,** das **Königtum,** der **Thron, I** eig. u. übtr.: **1** eig.: regn. Numidiae, Sall.: regn. Maesuliorum, Liv.: superbi regni initium, Cic.: neque potest eiusmodi res publica non regnum et esse et vocari, Cic.: regnum redit ad alqm, Liv.: regnum agere, Liv.: regnum labefactare, Cic.: regnum suum firmare, Liv.: regnum affectare, Liv.: regnum in eadem civitate tenere, Liv.: regnum usu possidere, Liv.: regnum alci post mortem patris destinare, Liv.: alqm arcessere in regnum a Curibus, Liv.: alci regnum dare, jmd. auf den Thron setzen (Ggstz. alci regnum adimere, eripere, jmdm. den Thron nehmen, jmd. entthronen), Curt. u. Eutr.: qui regna dedit, ademit, Cic. – **2** übtr.: **a** im guten Sinne, die **Herrschaft, Regierung, unumschränkte Macht,** die **hohe Gewalt,** Cic. u. a.: alci r. deferre, Caes.: alci (dem Adler) regnum permittere in aves vagas, Hor.: regnum concutere, Liv.: qualis eram bonae sub regno Cinarae, Hor.: regna vini = ἀρχιποσία, die Leitung, der Vorsitz bei Trinkgelagen, Hor. – sub regno tibi esse omnes animi partes, Cic.: abuti ad omnia atomorum regno et licentiā, Cic. – **b** im üblen Sinne bei den Römern, denen zur Zeit der Republik jede Herrschaft eines einzelnen verhasst war, die **Gewaltherrschaft,** die **Zwingherrschaft, Alleinherrschaft,** das **herrische-, tyrannische Walten (Verfahren),** regnum appetere, Cic.: regnum occupare, Cic.: crimen regni, Ov.: in plebe Romana regnum exercere, das röm. V. tyrannisieren, Liv.: hoc vero regnum est, et ferri nullo pacto potest, das ist doch Tyrannei, Cic. – r. iudiciorum, r. forense, Cic. – **II** meton.: **1** das einem König untertänige Land mit den Einwohnern, das **Reich, Königreich,** fines regni, Caes.: in Prusiae regno esse, Nep.: in eorum regno ac dicione esse, Cic.: patrio regno pulsum esse, Liv. – regnum caelorum, das Himmelreich, Hieron. adv. Iovin. 2. § 28. – **2** übtr.: **a** das **Reich der Toten,** das **Schattenreich,** Verg. Aen. 6, 417. – **b** jedes andere örtliche **Besitztum, Eigentum, Gebiet,** in tuo regno, Cic. de or. 1, 41; ebenso ad Att. 14, 16, 1: mea regna, Verg. ecl. 1, 69; vgl. Verg. georg. 1, 124 u. 3, 476. – **3** regna = *reges*, die **Machthaber, Herrscher,** Stat. Theb. 12, 380.

rego, rēxī, rēctum, ere, gerade **richten, lenken, leiten, I** eig.: **a** übh.: tela per auras, Verg.: habenas, Ov.: clavum, Verg.: equum, Liv.: regit beluam quocumque vult, Cic. – r. iter lino duce, Prop.: caeca vestigia filo, Verg. – **b** als publiz. *t. t.:* r. fines, die Marken, Grenzen ziehen, -abstecken, feststellen, Cic. u. ICt. – **II** übtr.: **A lenken, leiten, a** übh.: motum mundi, Cic.: iuvenem, Cic.: domesticam disciplinam, handhaben, Suet. – **b** insbes., als Oberherr, Regent, Befehlshaber usw. **leiten, regieren, beherrschen, das Regiment führen** über usw., rem publicam, Cic.: summam rerum, Cic.: Massilienses summā iustitiā, Cic.: tantam domum, tantas clientelas, Cic.: classem imperio praesens regebat, er befehligte die Fl. in eigener Person, Plin. ep.: regi imperio populi, Curt.: regi bonis moribus, Curt.: absol. (s. Nipperd. Tac. ann. 4, 33. Dräger Tac. ann. 13, 3. Heräus Tac. hist. 2, 81), regente eo, Tac.: ambitioso imperio regebat, Tac. – übtr., m. abstr. Objj., omnes animi partes, Cic.: suorum libidines, Cic. – *Partic.* subst., regēns, entis, *m.*, der **Fürst, Regent,** in den Kasus obliqui, clementia regentis, Sen. de clem. 1, 22, 3: vita regentis, Claud. IV. cons. Hon. 301: in obsequium regentis, Tac. dial. 41: excogitare nemo quicquam poterit, quod magis decorum regenti sit quam clementia, Sen. de clem. 1, 19. 1: in vulgus manant exempla regentum (= regentium), Claud. laud. Stil. 1, 168. – **B leiten, zurechtweisen,** errantem, Caesar te regere possum, Cic. ▸ vulg. Perf. reguit, CIL 8, 923. – synk. Genet. Plur. des Partiz. Präs. regentum, Stat. Theb. 6, 296 u. 7, 617. Dracont. satisf. 103.

1. **regradātio**, ōnis, *f.* (regrado), die **Zurücksetzung** in der Ehrenstelle, die **Rangentkleidung, Degradation,** Cod. Theod. 8, 5, 2 *extr.*

2. **regradātio**, ōnis, *f.* (regrador), das **Zurückschreiten,** der **Rückgang, Rücklauf** (Ggstz. processus), als astron. *t. t.*, Chalcid. Tim. 74 u. 83: Plur., Chalcid. Tim. 77 u. 86 u. 124. Augustin. genes. ad litt. 2, 16.

regrado, (āvī), ātum, āre (re u. gradus), **I** in der Ehrenstelle **zurücksetzen, degradieren,** Hieron. adv. Ioann. Hieros. 19. Nov. Theod. 2, 21, 1: usque ad decimum locum regradari, Cod. Iust. 12, 17, 3: sacerdotes, qui peccaverant, regradantur in aedituos et in ostiarios, Hieron. in Iovin. 2. § 28. – **II in die frühere Ordnung zurückbringen,** regradatus mensis (durch Interkalation), Solin. 1, 45.

regrador, ārī (re u. gradus), **zurückschreiten, eine rückgängige Bewegung machen,** Chalcid. Tim. 74. 83. 85. 86.

re-gredio, ere (re u. *gradio), **zurückgehen machen, zurückziehen,** gradum, zurückgehen, Enn. fr. scen. 14. Pacuv. tr. 235.

regredior, gressus sum, gredī (re u. gradior), **zurückschreiten, -gehen, -kehren, -kommen** (Ggstz. progredi), **I** eig.: **a** übh., Cic. u. a.: ex itinere clam in castra, Liv.: a Germania in urbem, Suet.: longinquo ab exsilio Tarentum, Tac.: ad superiorem villam, Liv. epit.: sensim domum, Suet.: propius, Tac. – **b** als milit. *t. t.*, **zurückgehen, -marschieren, sich zurückziehen,** Caes. u. a. – **II** übtr.: **a** übh.: eodem, Sall.: in illum annum, Cic.: in memoriam regredior me audisse, erinnere, besinne mich, Plaut.: ut et digredi (eine Abschweifung machen) ex eo et regredi in id (darauf zurückkommen) facile possimus, Quint. – **b** als jurist. *t. t.*, **gegen** jmd. **Ersatzansprüche stellen, sich an** jmd. **halten,** ad venditorem, Ulp. dig. 21, 2, 21. § 3.

regressio, ōnis, *f.* (regredior), **I** der **Rückgang,** die **Rückkunft, Rückkehr,** der **Rückzug,** maturata, Apul. met. 2, 18: vespertina, *ibid.* 9, 22: principis ad triumphum decedentis haudquaquam secura nec incruenta regressio, Fronto princ. hist. p. 204, 16 N.: a temporalibus ad aeterna regressio, Augustin. de ver. relig. 52, 101. – **II** als Redefigur, die **Wiederholung eines Wortes,** griechisch ἐπάνοδος, Quint. 9, 3, 36. Rufin. de schem. lex. § 19.

regressus, ūs, *m.* (regredior), die **Rückkehr, Rückkunft,** der **Rückgang, I** eig.: **a** übh., Cic. u. a.: dare alci regressum, die Rückkehr gestatten, Ov.: Plur., conservare progressus et regressus (v. den Planeten), Cic. de nat. deor. 2, 51. – **b** als milit. *t. t.*, der **Rückzug,** Liv. u. a. – **II** übtr., **a** übh., die **Rückkehr,** der **Rücktritt,** ab ira, Liv.: nullo ad paenitendum regressu, Tac.: ulteriora nos vi suā rapiunt nec regressum relinquunt, gestatten keinen Rücktritt, Sen.: regressum obtulit animoso eius dicto, gab Gelegenheit, seine trotzigen Worte zurückzunehmen, ließ eine Hintertür offen für seine tr. W., Val. Max. – **b** insbes., der **Rückhalt,** die **Zuflucht,** ad veniam, Plin.: ad principem, Tac. – als jurist. *t. t.*, der **Ersatzanspruch, Regress,** regressum habere in od. adversus alqm, ICt.

1. **rēgula,** ae, *f.* (rego), die **Leiste,** die **Latte,** der **Stab,** die **Schiene, I** im Allg., Caes., Vitr. u. a. – **II** insbes., in der Mechanik, **A** das **Richtscheit, Richtholz, Lineal, 1** eig.: regula non quam formosa, sed quam recta sit quaeritur, Sen.: non egeremus perpendiculis, non normis, non regulis, Cic. fr.: materia ad regulam et libellam exigitur, Plin.: ut longitudines ad regulam et lineam, altitudines ad perpendiculum, anguli ad normam respondentes exigantur, Vitr. – **2** übtr., die **Richtschnur,** der **Maßstab,** die **Regel,** der **Grundsatz, α** klass. nur im Sing., iuris, Cic.: regula, ad quam omnia iudicia rerum dirigentur, Cic.: a iustitiae regula discedere, Lact.: sub nullam regulam cadere posse, unter keine R. gebracht werden können, Sen.: vitium contra regulam artis grammaticae factum, Diom. – **β** bei Spät. auch im Plur., Gaius inst. 3. § 142. Cod. Iust. 1, 17, 2. § 10. Prisc. 6, 1. Phocas 410, 18 u. 411, 26 K. Arnob. 1, 59 u. 2, 19. Augustin. serm. 1, 4. – **B** der **Steg, Schenkel** des Dreischlitzes, Vitr. 4, 3, 4 u. a. – **C** die **Kolbenstange** an einem Druckwerk, Vitr. 10, 7 (12), 3. – **D** der **Schieber** in der Wasserorgel, Vitr. 10, 8, 3 *sqq.* – **E** regulae = die **Scheiben** zum Ölpressen, Ulp. dig. 19, 2, 19. § 2. – **F** der **Deichselpflock,** Edict. Diocl. 15, 13 (wo griech. ῥῆγλα).

2. **rēgula,** ae, *f.* (regulus), vollst. herba regula, rein lat. Ausdruck für die Pflanze basilisca, s. d., Ps. Apul. herb. 128.

rēgulāris, e (1. regula), **I zur Schiene gehörig, Schienen-,** aes, in Schienen formbares, Plin. 34, 94. Isid. orig. 16, 20, 7. – **II** übtr.: **a eine Richtschnur für die Lebensweise (Diät) enthaltend,** libri regulares, quos diaeteticos vocant, Cael. Aur. de morb. chron. 2, 12, 145. – **b regelmäßig,** sententia, Cassiod. in psalm. 24, 5: propositio, Ennod. lib. pro synod. p. 315, 24 *Hartel.*

rēgulāriter, *Adv.* (regularis), **regelmäßig,** Ulp. dig. 15, 3, 3. § 2 u. a. Macr. somn. Scip. 1, 20, 13. Mart. Cap. 9. § 898. Augustin. de doctr. Chr. 2, 29.

rēgulātim, *Adv.* (1. regula), **regelmäßig,** Diom. 407, 3.

rēgulo, āre (1. regula), **regeln, einrichten,** Cael. Aur. de morb. chron. 3, 4, 62.

rēgulor, ārī (regula) = κανονίζω, **nach der Richtschnur** od. **Regel bilden,** Dosith. 61, 1 K.

1. **rēgulus,** ī, *m. (Demin.* v. rex), **I** der König eines kleinen Landes (das griech. δυνάστης), **kleiner König, Fürst, Herr,** Sall. u. a. – **II** übtr.: **A** ein **königlicher Prinz, aus königlicher Familie,** Liv. 42, 24. § 10; 45, 14 § 1 u. 6. – **B** ein kleiner Vogel, viell. **Zaunkönig,** Anthol. Lat. 762, 43 (233, 42). – **C** der Bienenkönig, **Weisel,** Varro r. r. 3, 16, 18. – **D** (als Übersetzung von βασιλίσκος) eine Eidechsenart, der **Basilisk,** Hieron. in Isai. 16, 59, 6. Vulg. prov. 23, 32 u. a. Vgl. Paul. ex Fest. 31, 8. Gloss. III, 91, 2 u. ö.

2. **Rēgulus,** ī, *m.*, **I** Beiname der atilischen Familie, aus der am bekanntesten der Konsul M. Atilius Regulus, berühmt durch seine Kriegführung gegen Karthago, als Gefangener der Karthager ein Muster antiker Seelengröße, Cic. de off. 3, 99 u. de fin. 2, 65. Val. Max. 4, 4, 6. Sen. de prov. 4, 4; vgl. Gell. 6, 4, 1 *sqq.* – Plur., ut dubium sit, an electione fati datā plures Reguli nasci quam Maecenates velint, Sen. de prov. 3, 11. – **II** Beiname der livinejischen Familie, aus der bes. bekannt L. [Livincius] Regulus, Unterbefehlshaber Cäsars im afrikan. Krieg, Auct. b. Afr. 89, 3. Cic. ep. 13, 60; ad Att. 3, 17, 1.

re-gūsto, āvī, ātum, āre, **wieder-, noch einmal kosten, wiederholentlich kosten, I** eig.: bilem suam, Sen. de prov. 3, 13 H.: salinum, auslecken, Pers. 5, 138. – **II** übtr.: crebro litteras alcis, den Genuss, den das Lesen von jmds. Brief gewährt, sich oft gönnen, Cic. ad Att. 13, 13, 3: laudationem, *ibid.* 13, 48, 2.

re-gȳro, āvī, āre, **im Kreislauf sich** wohin **zurückwenden,** bildl., bellum in Hispaniam regyravit, Flor. 4, 2, 6.

rēiactātio, ōnis, *f.* (*reiacto = reiecto), das **Auswerfen,** cholerum, Ps. Soran. qu. medic. 221.

rēiciendus, a, um, *PAdi.* (reicio), **zurückweislich, verwerflich,** reiciendae res und subst. rēicienda, ōrum, *n.* = reiectanea (s. rēiectāneus), Cic. de fin. 5, 78.

rēicio, iēci, iectum, ere (re u. iacio), **zurückwerfen, zurückbringen, I** im Allg.: **A** im engeren Sinne = rückwärts-, nach hinten bringen, **zurückwerfen** = **hinterwerfen, zurückschlagen, hinterschlagen, zurücksinken lassen, a** übh.: ianuam in publicum, Plin.: scutum (auf den Rücken, um sich ihn zu decken), Cic.: so auch parmas, Verg. – manus ad tergum, As. Pollio bei Cic., post tergum, Plin. – **b** insbes., **α** eine Kleidung usw. **zurückwerfen, zurückschlagen,** super clunes vestes, Plin.: togam in umerum, Quint.: togam ab umero, Liv.: vestem ab ore, Curt.: paenulam, auf die Schulter zurückschl. (um sich die Hände frei zu machen), Cic. u. Phaedr.: sagulum (um nach dem Schwert zu greifen), Suet. Aug. 26, 1 (versch. von Cic. Pis. 55, s. *no.* B, 1, a, α). – **β rücklings zurücksinken lassen,** fatigata membra, Curt. 10, 5 (14), 3. – so bes. reic. se u. (selten) Passiv reici medial, **rücklings niedersinken,** se in alqm (in jmds. Arme), Ter.: se in alcis gremium, Lucr.: se in grabatum, Petron., u. in cubile reici, Petron. – **γ hinten hinbringen, -stellen,** accensos in postremam aciem, Liv. 8, 8. § 8: reiecta (an diesen Platz verwiesen) mater amicam impuri filii tamquam nurum sequebatur, Cic. Phil. 2, 58.

B im weiteren Sinne, **zurückwerfen** = von sich oder von einem Ggstd. **fortwerfen, zurückstoßen, fortstoßen, zurückdrängen, fortdrängen, 1** eig.: **a** übh.: colubras ab ore, Ov.: pectora alcis a se, Ov.: foedum contactum quasi plane a casto puroque corpore, zurückweisen, Plin. ep.: librum e gremio suo, Ov.: oculos Rutulorum arvis, abwenden von usw., Verg. – und so **α** ein Kleidungsstück von sich **fort-, abwerfen,** duplicem ex umeris amictum, Verg.: vestem ex umeris, Ov.: vestem de corpore, Ov.: sagulum, Cic. Pis. 55 (versch. von Suet. Aug. 26, 1, s. *no.* I, A, a). – **β** aus dem Körper nach oben, **auswerfen, ausspeien,** sanguinem ore, Plin.: cruorem ex stomacho, Scrib.: u. so bl. sanguinem, Plin. ep. (u. so Partiz. subst., sanguinem reicientes exscreantesve, Plin.): bilem, Plin.: vinum, Suet. – **γ** Anprallendes **zurückwerfen, zurück-, abprallen lassen,** gew. im Passiv = **zurück-, abprallen,** imago reiecta, Lucr.: pars (vocum) locis reiecta, Lucr.: ab his reiciuntur plagae balistarum, Vitr. – **b** insbes.: **α** lebende Wesen fortscheuchend, treibend **zurückwerfen, -jagen, -schlagen,** alqm, Plaut.: boves in bubile, Plaut.: pascentes capellas a flumine, Verg. – bes. als milit. *t. t.*, equitatum, Caes.: hostes ab Antiochea, Cic.: hostem in urbem, Caes. – mehr im Bild, alcis ferrum et audaciam in foro, Cic.: minas Hannibalis retrorsum, Hor. – **β** als naut. *t. t.*, v. Sturm usw., ein Schiff oder einen Reisenden **zurücktreiben, zurückverschlagen,** gew. im Passiv, sowohl v. Schiffen, naves tempestate reiectae, Caes.: reliquae (naves) fere omnes reiciuntur, Caes. – als von Pers., reici austro vehementi ad eandem Leucopetram, Cic.: Agamemnon tempestate in Cretam insulam reiectus, Vell.: legatos bis ex cursu Dyrrhachium reiectos (esse), Liv.

2 übtr.: **a** übh., **von sich werfen, zurückweisen, abweisen,** a se socordiam omnem reicere et segnitiem amovere, Plaut.: hanc proscriptionem hoc iudicio a se reicere et aspernari, Cic. – **b** insbes.: **α** verwerfend **zurückweisen, von sich weisen, abweisen, zurücksetzen, verwerfen, verschmähen,** omnem istam disputationem, Cic.: Ennii Medeam aut Antiopam Pacuvii spernere aut reicere, Cic.: bona diligere et reicere contraria, Cic.: alto dona nocentium vultu, Hor. – v. Verschmähen der Liebenden, nos, Ter.: non reic. petentem (den Bewerber), Ov.: reiectae patet ianua Lydiae (Dat.), Hor. – als publiz. *t. t.*, ausgeloste Richter **verwerfen, ablehnen** (was den Parteien, dem Kläger wie dem Beklagten, bis auf eine gewisse Zahl frei stand, worauf der Präsident des Gerichtes andere ausloste), iudices, Cic.: recuperatores, Cic.: ex CXXV iudicibus quinque et LXX, Cic. – als philos. *t. t.*, reicienda, s. rēiciendus. – **β** jmd. oder etwas wohin abweisen, **verweisen,** alqm ad ipsam epistulam, Cic.: in hunc gregem Sullam ex honestissimorum hominum gregibus, Cic.: auch si huc te reicis, wenn du dir die Sache angelegen sein lässest, Balb. b. Cic. ad Att. 8, 15. litt. A. § 1. – So nun **αα** als publiz. *t. t.*, zur Durchführung, zur Entscheidung wohin **verweisen** (v. Senat, v. Magistrat usw.), a se rem ad populum (v. Senat), Liv.: rem ad senatum (v. den Tribunen), Liv.: totam rem ad Pompeium, Caes.: rem ad pontifices, Verr. Flacc.: causam integram Romam ad senatum, Liv.: nihil huc reicias, Cic. – u. legatos ad populum (v. Senat), Liv. – absol., tribuni appellati ad senatum reiecerunt, Liv. – **ββ** etw. auf eine Zeit **verschieben,** totam rem in mensem Ianuarium, Cic.: repente abs te in mensem Quintilem reiecti sumus, Cic.

II prägn., nachdem jmd. geworfen, gestoßen, etwas erwidernd **zurückwerfen, wieder werfen, wieder stoßen,** telum in hostem, Caes. b. G. 1, 46, 2: hos reicit ictus, hos cavet, bald stößt er nach, bald pariert er den Hieb, Stat. Theb. 6, 770.

► Bei Dichtern zuw. zweisilbig rēicis, Plaut. asin. 254. Stat. Theb. 4, 574: und rēice, Verg. ecl. 3, 96. – Imperat. reic = reice, angef. bei Macr. exc. Bob. § 17. vol. V. p. 641, 1 K.

rēiculus, a, um (reicio), **ausgestoßen, ausgemerzt, unbrauchbar,** oves, Merzschafe, Varro r. r. 2. 1, 24 u. Varro bei Non. 168, 2: subst., reiculae (*sc.* vaccae), Varro r. r. 2, 5, 17. – übtr., dies, nutzlos hingebrachte, verlorene, Sen. de brev. vit. 7, 7.

rēiectāneus, a, um (reicio), **zurückweislich, verwerflich,** subst., rēiectānea, ōrum, *n.*, als Übersetzung vom stoischen ἀποπροηγμένα, Dinge, die zwar an sich keine Übel, aber doch auch nicht gutzuheißen sind, Cic. de fin. 4, 72.

rēiectātio, ōnis, *f.* (reiecto), das **Zurückwerfen, Auswerfen,** aeternā reiectatione terram terra evomit, Solin. 5, 24.

rēiectio, ōnis, *f.* (reicio), das **Zurückwerfen, I** eig. das **Auswerfen,** sanguinis, Blutspeien, Plin. 23, 146. – **II** bildl.: **A** das **Zurückschieben, Vonsichabwälzen,** als rhet. Fig., in alium, Cic. bei Quint. 9, 1, 30. – **B** das **Zurückweisen,** die **Verwerfung, Verschmähung, a** übh., Cic.: huius civitatis, Cic. – **b** als publiz. *t. t.*, die **Verwerfung, Ablehnung** der ausgelosten Richter, das **Perhorreszieren** (vgl. reicio *no.* I, B, 2. b, α), r. iudicum, Cic. I. Verr.. 16 u. a.: absol., Cic. Sull. 92 u. a. – u. übtr., Quint. 7, 1, 34: publica eruditorum reiectio, das Recht der Gelehrten, sich öffentlich einen Richter zu verbitten, Plin. nat. hist. praef. § 7. – **c** als rhet. Fig. = ἀποδίωξις, das **Zurückweisen** gewisser Punkte als nicht zur Sache gehörig, Iul. Rufin. de schem. lex. § 12.

rēiecto, āre (*Intens.* v. reicio), **I zurückwerfen,** voces ad sidera mundi (v. Bergen), Lucr. 2, 328: spumea late cautibus obiectis caerula, Sil.: caseum, wieder von sich geben, wieder ausspeien, Capit. – **II wieder wegwerfen,** praedam, v. Wolf, Sil. 7, 722.

1. rēiectus, a, um, *PAdi.* (v. reicio), **zurückweislich, verwerflich,** subst., rēiecta, ōrum, *n.* = reiectanea (s. rēiectāneus), Cic. Acad. 1, 37; de fin. 3, 15 u. 3, 52.

2. rēiectus, ūs, *m.* (reicio), ein uns unbekannter Teil der hinteren Seite des Schiffes, sub reiectu, Hyg. astr. 3, 36.

re-integro, āre, s. red-integro.

re-invīto, āre, **wieder einladen,** Vulg. Luc. 14, 12.

re-itero, āre, **wiederholen,** ferinos mugitus, Apul. met. 8, 8 *cod. Φ* aber iterans *cod. F*: deminutio reiterata, Greg. Tur. de curs. eccl. § 57.

re-lābor, lāpsus sum, lābī, **zurückgleiten, -sinken, -fallen, I** eig.: in primam postremamve aciem prorumpebant aut relabebantur, schlichen rückwärts, Tac.: prenso rudente r., Ov.: iterumque iterumque relabens, (aufs Lager), Ov.: protinus illa relapsa est, zurückgesunken (in die Unterwelt), Ov. – v. Fahrzeugen., ad portum fluitans cumba relabitur, Prud. c. Symm. 1. praef. 12: von Schiffern, **zurückfahren,** Ov. her. 10, 149. – von Gewässern, **zurückgleiten, -fließen,** mare eodem impetu, quo effusum est, relabens, Curt.: unda relabens, Verg.: Tiberis relabens, Tac.: r. montibus, Hor.: r. fonti, Sil.: relabente aestu, Tac. – **II** übtr.: tunc mens et sonus relapsus, kehrten zurück, Hor. – in Aristippi furtim praecepta relabor, komme wieder zurück auf usw., Hor.: relabebar in pristina, Augustin. conf. 8, 11. – ► relabent = relabuntur, Cael. Aurel. de morb. chron. 3, 2, 19.

re-laedo, laesī, ere, **zerstoßen,** hispida saxosis terga relaesit aquis, Avian. fab. 3, 2 Fr. Vgl. relido.

re-lambo, ere, **wieder lecken, -belecken,** Sedul. 4, 248.

re-languēsco, languī, ere, **ermatten, erschlaffen, I** physisch, v. Pers., **matt hinsinken,** Ov. met. 6, 291. – v. Wind, **nachlassen,** Sen. nat. qu. 5, 8, 3. – v. Sternen, **matter werden, erblassen,** Plin. 37, 134: so v. Farben (Ggstz. incitari), Sen. nat. qu. 1, 3, 13. – **II** übtr., geistig od. moralisch, **a erschlaffen** = verweichlichen, iis rebus relanguescere animos, Caes. b. G. 2, 15, 4. – **b erlahmen, verrauchen, erkalten** = nachlassen, taedio impetus relanguescit regis, Liv. 35, 45, 5: animo relanguit ardor, Ov. am. 2, 9, 27: auditorum intentio relanguescit, Plin. ep. 2, 19, 4: si prima indignatio relanguescat, Tac. hist. 1, 33: relanguisse se dicit, sein Groll sei ziemlich verraucht (= er sei nicht mehr so unwillig auf den Sohn), Cic. ad Att. 13, 41, 1.

relāpsio, ōnis, *f.* (relabor), das **Zurückgleiten,** bildl., prona ad pravitatem relapsio, Paul. Nol. epist. 24, 10.

relātio, ōnis, *f.* (refero), das **Zurücktragen, Zurückbringen, I** eig.: crebra, das öftere Hinführen der Hand nach dem Tintenfass, um mit der Feder einzutauchen, Quint. 10, 3, 31. – **II** bildl.: **A** im Allg., das **Zurückschieben,** in den jurist. *t. t.*: r. criminis, das Zurückschieben des Vorwurfs auf den Urheber, griech. ἀντέγκλημα, Cic. de inv. 1, 15 u. ICt.: iurisiurandi, das Zurückschieben des Eides auf den, der ihn antrug, Ulp. dig. – **B** insbes.: **1** die **Erwiderung, Vergeltung,** gratiae, Sen. ep. 74. § 13 u. a. – **2** (als Redefig.) = ἐπαναφορά, die **öftere hervorhebende Wiederholung desselben Wortes,** Cic. de or. 3, 207. Quint. 9, 3, 97. Mart. Cap. 5. § 534. – **3** das **Vorbringen, Berichten,** die **Angabe, Erzählung, a** übh.: relatio contrariorum, die Anführung der direkten Gegensätze, Cic. orat. 106: rerum gestarum, Iustin.: dictorum, Quint.: r. causarum (griech. αἰτιολογία), Angabe der Gründe, Beweisführung, Quint. – **b** als publiz. *t. t.*, die **Berichterstattung,** der **Vortrag, Antrag** eines Magistrates im Senat, Cic. u. a.: relationem egredi, die Tagesordnung überschreiten, von der T. abweichen (v. Senatoren, wenn sie nach ihrem Entscheid noch ihre Meinung über etw. nicht dahin Gehöriges vorbrachten), Tac. ann. 2, 38: ius tertiae, quartae, quintae relationis, das Recht des Kaisers, im Senat über drei, vier, fünf Gegenstände berichten zu können, Scriptt. hist. Aug.; vgl. Casaub. Suet. Caes. 20. – **4** gramm. u. philos. *t. t.*, die **Beziehung, Rücksicht,** das **Verhältnis,** ad aliquid, Quint. 8, 4, 21.

relātīvē, *Adv.* (relativus), **beziehungsweise, relativ,** Augustin. de trin. 5, 11 u. 12. Mart. Cap. 4. § 372.

relātīvus, a, um (refero), **sich beziehend** auf etwas, **bezüglich,** Augustin. u. a.: nomen, pronomen, Prisc.

relātor, ōris, *m.* (refero), **I** der **Vorbringer, a** übh. der **Erzähler,** Sidon. u. a. Spät. – **b** als publiz. *t. t.*, der **Berichterstatter, Referent** im Senat, Balb. b. Cic. ad Att. 8, 15. litt. A. § 2. – **II** r. auctionum, der Auktionskommissar, CIL 6, 1035 (r. autionum).

relātōria, ae, *f.* (refero), der **Empfangschein,** Cod. Theod. 13, 5, 8.

relātrīx, trīcis, *f.* (Femin. zu relator), attrib., **Bericht erstattend, berichtend,** fama, Dracont. carm. 9, 17 *Duhn.*

relātum, ī, *n.* (refero) = ἐπαναφορά, die **öftere** hervorhebende **Wiederholung desselben Wortes** (eine rhet. Fig.), Aquil. Rom. § 34.

relātus, ūs, *m.* (refero), das **Vorbringen, a** übh., der **Vortrag,** die **Anführung,** incredibilia relatu, Sen. nat. qu. 7, 16, 1: quorum (carminum) relatu, Tac.: neque relatu virtutum opus est, Tac.: vario trahant eventa relatu, Auson. ephem. 7, 33. p. 9 Schenkl: rerum gestarum relatu, Auson. append. 1, 49, 8. p. 243 Schenkl. – **b** der **Vortrag,** die amtliche **Berichterstattung** im Senat, abnuere ea de re relatum, Tac. ann. 15, 22 (nach anderer Auslegung ist relatum = relatum esse).

re-lavo, āvī, āre, **wieder waschen,** Prisc. de accent. § 38. p. 527, 1 K.

relaxātio, ōnis, *f.* (relaxo), die **Abspannung,** das **Nachlassen,** Ggstz. intentio, Boëth. inst. mus. 5, 4: Ggstz. astrictio, Chalcid. Tim. 46 D u. 260: rel. ieiunii (Ggstz. constrictio, Verschärfung), Augustin. epist. 36, 25; vgl. serm. 210, 4. – insbes., die **Abspannung** = als **Erholung,** animi (Ggstz. contentio, die Anstrengung), Cic. de or. 2, 22; ep. 7, 26, 1: absol., quae est ista relaxatio, cum (wenn) etc., Cic. de fin. 2, 95.

relaxātor, ōris, *m.* (relaxo), der **Öffner,** fluentium, Cael. Aur. de morb. acut. 2, 38, 221.

re-laxo, āvī, ātum, āre, **wieder weit machen, I erweitern, geräumiger machen,** ora fontibus, Ov.: media intervalla, Vitr. – medial, alvus tum astringitur, tum relaxatur (erweitert sich), Cic. – **II schlaff-, locker machen, erschlaffen, nachlassen, lösen, öffnen, A** eig.: arcum, Sen. poët.: cutem, Cels.: tunicarum vincula, Ov.: claustra, Ov.: glebas, auflockern, Varro u. Colum.: vias et caeca spiramenta, öffnen, Verg. – medial, cutis relaxatur, erschlafft, Cels. – als mediz. *t. t.,* absol. = **den Leib öffnen** (Ggstz. constringere), Cael. Aur. de morb. chron. 3, 3, 47. – übtr., Eis **lösen,** Kälte, Frost **mildern,** nodos (aquai), Lucr. (neben exsolvere glaciem): dum matutina frigora sol relaxat, Calp. – **B** bildl., **abspannen, nachlassen, losmachen, a** im Allg.: **α** *tr.:* r. vultum in hilaritatem, aufheitern, Petron.: u. so bl. tristem vultum, Sen. – continuationem verborum modo relaxet, nur in der Anstrengung durch lange Perioden lasse er nach, Cic.: pater nimis indulgens quicquid astrinxi relaxat, lockert die Zügel, die ich straff angezogen habe, Cic.: puta avaritiam relaxatam, puta astrictam esse luxuriam, man habe dem Geiz freien Spielraum gelassen, die Verschwendung beschränkt, Sen.: (risus) tristitiam ac severitatem mitigat et relaxat, mildert u. mäßigt, Cic. – im üblen Sinne, mores aetas lasciva relaxat, macht locker, zügellos, Claud. – **β** *refl.* u. medial, sowohl relaxare se, z. B. se ipse tantum, quantum aetate procedebat, relaxarat a nimia necessitate numerorum, Cic.: cum (animi) se plane corporis vinculis relaxaverint, Cic. – als bl. relaxare u. medial relaxari = **nachlassen,** tu a contentionibus cotidie relaxes aliquid, Cic.: (dolor) levis dat intervalla et relaxat, Cic.: cum (insani) relaxentur, in ihrer Wut nachlassen, wieder zu Verstand kommen, Cic.: u. relaxo auch **nachlassen** = erlassen, verzeihen, si nihil peccati haberes, quod tibi relaxari desiderares, Augustin. serm. 114, 4. – **b** insbes., der Erholung wegen **abspannen, losmachen, erheitern, erleichtern, Erholung gönnen, α** *tr.:* animum, Cic.: animus somno relaxatus, Cic. – r. curas requiete, Cic. poët.: übtr., ne nocturnā quidem quiete diurnum laborem relaxante, von den Anstrengungen des Tages Erholung gab, Curt. – **β** *refl.* u. medial: rel. se istā occupatione, Cic.: se molestissimis occupationibus, Cic.: relaxari animo (animis), Cic.: ut ex pristino sermone relaxarentur animi omnium, Cic.

relēgātio, ōnis, *f.* (relēgo), **I** die **Ausschließung,** die **Verweisung, Verbannung,** auf eine gewisse Entfernung von Rom nach einem bestimmten Ort (als publiz. *t. t.* die mildeste Art der Verbannung, wobei der Verbannte das röm. Bürgerrecht behielt), verb. relegatio atque amandatio, Cic. Rosc. Am. 44: exsilium et rel., Liv. 3, 10, 12 (vgl. 4, 4, 6): rel. insulae, auf eine Insel, Paul. sent. 5, 4. § 17. – **II** das **Vermächtnis** im Testament, dotis, Ulp. dig. 33, 4, 1. § 5.

1. **re-lēgo,** āvī, ātum, āre, **I fortschicken, wegschaffen, entfernen, A** eig. u. übtr.: **1** eig.: **a** übh.: tauros procul atque in sola pascua, Verg.: alqm nymphae et nemori, Verg.: Catonem Cyprum, Cic. – **b** als Strafe, **verweisen, verbannen,** filium ab hominibus, Cic.: filium rus, Cic.: alqm in exsilium, Liv.: alqm in Hispaniam ultra novam Carthaginem, Liv.: alqm in insulam, Vell. u. Tac.: die mildeste Art der Verbannung (s. relēgātio), dah. relegatus, non exsul dicor in illo, Ov. trist. 2, 137; u. so *ibid.* 5, 11, 21; vgl. Ruperti Tac. ann. 3, 24 *extr.* – **2** übh.: **a verweisen, weit entfernen,** bella, Lucan.: reiecti et relegati a ceteris, getrennt u. abgeschnitten, Caes.: terris gens relegata ultimis, Cic. poët. – **b von sich weisen, zurückweisen,** Samnitium dona, Cic.: verba alcis, Ov.: ambitionem, Hor. – **c** auf ein Buch od. einen Schriftsteller **verweisen,** ad auctores, Plin. 7, 8 (dafür Nep. Cat. 3, 5 delegare studiosos ad illud volumen). – **d** auf jmd. **zurückfallen lassen, wälzen,** jmdm. **zuschieben, beilegen, zuschreiben,** im Passiv = auf jmd. **zurückfallen,** fortunae invidiam (das Gehässige) in auctorem, Vell.: rationem rectae honestaeque vitae ad philosophos, Quint.: omnia mala ad crimen fortunae, Quint.: interdum culpa in hominem relegatur, Quint. – m. *Dat.* (wem?), ornandi causas tibi relegat, Tibull. 4, 6, 5. – **II wiedervermachen,** im Testament, dotem, ICt.: usum fructum, ICt.

2. **re-lego,** lēgī, lēctum, ere, **I wieder zusammennehmen, zurücknehmen, -ziehen, 1** eig.: filo relecto, durch das Zurückwickeln des Fadens (der Ariadne), Ov. met. 8, 173: abies docilis relegi, Val. Flacc. 6, 237. – **2** übtr.: **a** eine Örtlichk. **wieder zurücklegen, wieder durchwandern,** aquas Hellespontiacas, Ov.: vias, Val. Flacc.: iter, Ruf. Fest.: litora, zurückschiffen, Verg.: vestigia cursu, Claud.: Asiam, Tac. – **b** etw. **zurücknehmen,** quae dederam supra (was ich oben zugestanden hatte), Pers. 5, 118. – **II** (nach lego *no.* II) lesend, sprechend, denkend **wieder durchgehen, a** lesend, **α wieder lesen, von neuem lesen,** Troiani belli scriptorem, Hor.: scripta, Ov. – **β vorlesen,** alci librum, Colum. 4, 1 *in.* – **b** sprechend, suos sermone labores, Ov. met. 4, 570. – **c** denkend, omnia diligenter retractare et tamquam rel., Cic. de nat. deor. 2, 72. – **III ablesen, lesen,** tu qui Flaminiā transis, resta ac relege, CIL 11, 654*.

re-lentēsco, ere, **wieder erschlaffen, nachlassen,** amor relentescit, Ov. am. 1, 8, 76.

releo, ēre (re u. *leo), **wegwischen, wegtilgen,** Prisc. 5, 57 u. 9, 53. – ► ein von Priscian wohl irrtümlich angenommenes Verbum, da Perf. relevi zu relino gehört, wie relevi Ter. heaut. 460 auch zu relino.

relevāmen, inis, *n.* (relevo), die **Erleichterung,** partus, Prisc. perieg. 440.

relevātio, ōnis, *f.* (relevo), **I** = ἐναιώρημα, die Aufschwebung = die **Wolken** im Urin, ut urina nullam faciat relevationem, Cael. Aur. de morb. chron. 5, 3, 55. – **II** die **Erleichterung,** oneris, Fronto ad M. Caes. 4, 12. p. 73, 17 N.: animi atque corporis, Cael. Aur. de morb. acut. 2, 36, 190: capillorum, Th. Prisc. 1, 9 *extr.:* absol., Ggstz. gravatio, Cael. Aur. de morb. chron. 5, 10, 96: Ggstz. aggravatio, Salv. de gub. dei 5, 8, 34.

re-levo, āvī, ātum, āre, **I aufheben, in die Höhe heben,** corpus e terra, Ov.: membra in cubitum, sich stützen auf usw., Ov.: caput (bildl.), Lucan. 8, 268. – **II wieder leicht machen, erleichtern, A** eig.: epistulam, Cic.: vimina curva (die Bienenkörbe), Ov. – m. *Abl.,* alvum stercore, Hieron.: relevari longā catenā, Ov.: minimo relevari labore, entbunden werden, Ov. – **B** übtr.: **1** etw. **erleichtern, mindern, mildern,** ihm **abhelfen,** es **heben,** communem casum misericordiā hominum, Cic.: luctum, famem, sitim, Ov.: morbum, Cic.: studium omnium laboremque (Ggstz. intendere), Plin. pan. – **2** jmd. usw. von einem Übel **erleichtern, a** = jmdm. usw. **Erleichterung-, Erholung verschaffen,** pectora mero, erquicken, Ov.: potius relevare quam castigare, aufrichten, trösten, Cic.: cuius mors te ex aliqua parte relevavit, Cic.: dah. relevari, **Erleichterung bekommen, sich erholen,** non est in medico semper, relevetur ut aeger, Ov.: relevata res publica, Cic.: curā et metu relevati, Cic. – **b wieder in den vorigen Stand einsetzen,** Modestin. dig. 4, 4, 29. § 1. – **c** von einer Last **befreien,** publicanos tertiā mercedum parte, ein Drittel des Pachtgeldes erlassen, Suet. Caes. 20, 3.

re-liceor, ērī, **zurückbieten,** d. i. **unterbieten** (= ein niedrigeres Gebot tun, als schon getan ist), Cic. de off. 3, 61 zw. (jetzt qui contra se liceatur).

reliciae, s. reliquiae ►.

relīcinus, a, um, **zurückgebogen, in Locken nach hinten fallend,** v. Haupthaar, coma, Itin. Alex. 6 (13). p. 4, 2 *Volkm.*: imago Pompei relicino honore grata, durch seine prächtig nach hinten fallenden Locken, Plin. 37, 14: prägn., **mit nach hinten fallenden Locken,** frons, Apul. flor. 7. p. 8, 5 Kr.: Marsyas comā relicinus, *ibid.* 3. p. 4, 6 Kr.

relictio, ōnis, *f.* (relinquo), **I** das **Zurücklassen, Lassen** (Ggstz. ablatio, das Wegnehmen), praeputii, Iulian. bei Augustin. c. sec. resp. Iul. 2, 152. – **II** das **Verlassen, a** übh.: r. argenti vivi, die Trennung vom Quecksilber, Vitr. 7, 9, 1. – **b** das bösliche **Verlassen, Im-Stich-Lassen,** rei publicae, Cic.: illa r. proditioque consulis sui, Cic.

relictor, ōris, *m.* (relinquo, s. Prisc. part. XII vers. Aen. 11. § 209. p. 510, 34 K.), **einer, der im Stich lässt, nicht beachtet,** deus voluntatum bonarum adiutor ac remunerator, malarum autem relictor et damnator, Augustin. de civ. dei 14, 26.

relictrīx, trīcis, *f.* (Femin. zu relictor), **eine, die im Stich lässt, nicht beachtet,** Prisc. part. XII vers. Aen. 11. § 209. p. 510, 34 K.

1. relictus, ūs, *m.* (relinquo), das **Verlassen,** esse relictui, verlassen-, hintangesetzt werden, Gell. 3, 1, 9.

2. relictus, a, um, *PAdi.* im *Superl.* (relinquo), **verlassen,** homines a ceterorum laudibus relictissimi, Fronto laud. fum. et pulv. p. 213, 11 N.

relicus u. **relicuus,** a, um = reliquus, s. d.

relīdo, līsī, līsum, ere (re u. laedo), **I zurückschlagen, zurückprallen machen, 1** eig.: **a** übh.: in quam (Italiam) asperitas et altitudo Siciliae aestum relidit, Sall. hist. fr. 4, 20 (35): im Bild, sonoris peccatorum relidentibus fluctibus, Ambros. de interp. Iob et David 2, 9. § 34. – **b widerhallen (ertönen) lassen,** barbaros leudos (Lieder) arpa relidebat, Ven. Fort. 1. praef. p. 2, 14 *Leo.* – **2** übtr., **zurück-, abweisen,** Auson. epist. 25, 48. Cassiod. in psalm. 20, 12. – **II zerstoßen,** frontem, Prud. perist. 9, 48; vgl. relaedo. – **III anschlagen, beibringen,** alapas, Prud. apoth. 95.

religāmen, inis, *n.* (religo), das **Band,** Prud. psych. 359.

religātio, ōnis, *f.* (religo), das **Anbinden,** vitium, Cic. de sen. 53.

religēns, s. 2. religo.

religio, ōnis, *f.* (*religo, ere, wov. religens), die rücksichtliche Beachtung, **I** im Allg., die **gewissenhafte Berücksichtigung,** die auf einem inneren Gefühl beruhende **gewissenhafte Sorgfalt, -Genauigkeit,** die **Gewissenhaftigkeit,** nimia, Cic.: antiqua, Cic.: hāc ego religione (gewissenhafte Berücksichtigung jedes einzelnen) non sum ab hoc conatu repulsus, Cic.: nulla in iudiciis severitas, nulla religio ... existimantur esse, Cic.: u. so nullus deûm metus, nullum iusiurandum, nulla religio, Gottlosigkeit, Meineidigkeit, Gewissenlosigkeit, Liv. – mit obj. *Genet.*, non nullius officii, privati officii, eines bedeutenden, eines persönlichen Pflichtverhältnisses, Cic. – mit subj. *Genet.*, fides et rel. iudicis, Cic.: testimoniorum rel. et fides, Cic.: fides et religio vitae (gewissenhafter Lebenswandel), Cic.: Atheniensium religioni (gewissenhafte Sorgf.) servire, Cic.: admirari fidem alcis et in consilio dando religionem, Cic.

II insbes., die rücksichtliche Beachtung des Heiligen, **A** der **Gewissenszweifel, Religionszweifel,** das **Bedenken,** die **Scheu** des Gewissens, cum summā religione, tum summo metu legum et iudiciorum teneri, Cic.: perturbari religione et metu, Cic.: offertur alci religio, Cic.: causa obiectae religionis, Caes.: inicere alci religionem, Cic.: eam religionem animis eximere, Liv.: res in religionem alci venit, Cic.: u. in religionem venit m. folg. *Acc.* u. *Infin.*, Liv. 22, 33, 7: alci religio incessit m. folg. *Acc.* u. *Infin.*, Liv.: tanta religio civitatem incessit, ut etc., Liv.: nova nunc religio in te istaec incessit, Ter.: rem religioni habere, Cic.: religio obstitit, ne etc. Liv.: religio est (alci) absol. od. m. *Infin.*, Plaut., Ter. u. Liv.: u. religio est (es ist verboten) mit *Acc.* u. *Infin.*, equo Dialem flaminem vehi religio est, Fab. Pict. fr. bei Gell. 10, 15, 4: ebenso religioni est (man macht sich ein Gewissen daraus) m. *Acc.* u. *Infin.*, religioni deinde fuisse, quibus eam opem dei tulissent, (eos) vinciri, Liv. 5, 13, 8: u. religio alci *non* est, *quo minus* etc., Cic. Cat. 3, 15: collegium decrevit, *non* religioni habendum, *quin* etc., Atei. Capito bei Gell. 4, 6, 10: religio alqm capit, Liv.: alqd trahere od. vertere in religionem, Liv.: religio vetuit, Verg. – im Plur., quas religiones? was für religiöse Bedenken? Cic.: demere animo curas ac religiones, Varro: religionibus atque minis obsistere vatum, Lucr.

B das **religiöse Gefühl, die fromme Scheu, 1** eig.: **a** im einzelnen Fall = die **Andacht,** sacra Cereris summā maiores nostri religione caerimoniāque confici voluerunt, Cic. Balb. 55. – **b** als habituelle Eigenschaft, **α** im guten Sinne, der **fromme Sinn,** die **Frömmigkeit, Gottesfurcht,** der **Glaube,** die **religiöse Denkweise,** die **religiösen Gefühle** od. **Gesinnungen,** die **Religiosität,** inclita iustitia religioque eā tempestate Numae Pompilii erat, Liv.: haud liber erat religione animus, Liv.: vir haud intacti religione animi, ein für religiöse Gefühle nicht unempfänglicher Mann, Liv. – im Plur., bald übh. = **religiöse Gesinnungen, Religiosität,** impurus atque impius hostis omnium religionum, Cic. – bald = die den Glauben, die Konfession ausmachenden relig. Gesinnungen, der **Glaube,** die **Konfession,** die **Religion,** quod ceterae gentes pro religionibus suis bella suscipiunt, istae contra omnium religiones, Cic. – **β** im üblen Sinne, die **abergläubische Scheu,** der **Aberglaube,** animos multiplex religio et pleraque externa incessit, Liv.: terrebat eos portenti religio, die abergläubische Scheu, die das W. einflößte, Iustin. – Plur., **abergläubische Gedanken** od. **Bedenken, Besorgnisse,** pleni religionum animi, Liv.: novas religiones sibi fingere, Caes. – **2** meton., der Gegenstand frommer Scheu, das **Heilige,** sowohl an sich, als insofern es an anderen Dingen haftet, **a** im Allg.: **α** im guten Sinne: in sacerdotibus tanta offusa oculis animoqae religio, das Heilige, Scheu vor den Göttern Gebietende, das in den Personen der Priester seinem Auge und Gemüt so majestätisch entgegentrat, Liv. 2, 40, 3. – **β** im üblen Sinne, der Frevel gegen das Heilige, der **Religionsfrevel,** die **Religionsverletzung,** die begangene **Sünde,** der **Fluch,** rel. Clodiana, der von Klodius begangene R., Cic.: rel. inexpiabilis, Cic.: contactus religione dies Alliensis, auf dem ein Fluch ruht, Liv.: de religione queri, Cic.: templum religione liberare, Liv.: expiare religionem aedium suarum, Cic. – **b** insbes.: **α** aktiv, die **religiöse, heilige Verpflichtung,** das **religiöse Band,** der **Gewissenszwang,** nisi religione sacerdotii attineretur, durch die h. V. seiner Priesterwürde, Tac.: tantā religione obstricta tota provincia est, ut etc., Cic.: nullam scelere religionem exsolvi, Liv.: ut religione obstrictos haberent multitudinis animos, Liv. – u. so des Eides, rel. iurisiurandi, Caes. u. Cic.: dah. prägn. = die **Eidesverpflichtung,** der verpflichtende Eid (s. Oudend. Caes. b. c. 1, 67, 3), vestra religio, Cic.: timori magis quam religioni consulere, Caes. – **β** neutral, der Charakter der Heiligkeit, den etwas hat, die **Heiligkeit,** einer Pers., deorum religio et sanctimonia, Cic.: magistratus religione inviolati, Cic.: magnam possidet religionem paternus maternusque sanguis, Cic. – eines Ortes, rel. fani, sacrarii, Cic.: templorum, Tac. – eines Verhältnisses, rel. sortis, Cic.: si nullam religionem sors habebit, Cic.: obstringere periurio sacramenti religionem, auf die H. des Soldateneides einen Meineid laden, Liv.

C die religiöse **Verehrung,** die **Gottesverehrung,** der **Kultus,** die äußere **Religion, 1** eig.: religio id est cultus deorum, Cic.: sua cuique civitati religio est, Cic. – rel. Cereris, Cic.: deorum immortalium, Cic.: Iuppiter sollicitatus pravā religione, durch solche verkehrte Zeremonien beunruhigt und gestört, gereizt od. versucht, Liv.: rel. Christiana, Eutr. u. Augustin. – im engeren Sinne = **religiöser Brauch,** obrui tales religio est, Plin. – Plur. religiones, **religiöse (heilige) Handlungen, -Obliegenheiten, -Gebräuche (Zeremonien),** und als Inbegriff dieser = die **Gottesverehrung,** die **Religion,** der **Kultus,** diligentissimus religionum cultor, Liv.: institutor ineptiarum religionum, Lact.: interpres religionum, Cic.: religiones nocturnae, nächtlicher Kultus, Nachtfeier (des Priapus), Petron.: religiones interpretari, Auskunft geben über usw., Cic. u. Caes.: de religionibus senatum consulere, Liv.: religiones instituere (einführen), Liv.: neglegere religiones aut prave colere, Liv.: religiones colere pie magis quam magnifice, Liv.: qui sunt sancti (fromm), qui religionum colentes (Verehrer der Religion), Cic.: conficere religiones, die heiligen Handlungen ausrichten (vollziehen), Cic.: sollemnes religiones od. omnes religiones expiare, die Vorgänge gegen die Religion sühnen, Cic. – **2** meton.: **a** der **Gegenstand frommer Verehrung,** das **Heiligtum,** quae religio aut quae machina belli? v. trojan. Pferd, Verg.: rel. domestica, v. einer Bildsäule, Cic.: religiones ipsae … commovisse se videntur, Cic. – dah. die **heilige Wohnung** der Götter ad deorum religionem demigrare, Cic. Rab. perd. 30: omnes ad suas religiones (Tempel) convolaverunt, Capit. Maxim. 25, 5. – **b** Plur. religiones, **Götterzeichen,** auspiciis et religionibus inductus, Auct. b. Alex. 74, 3. – ► Bei Dichtern die erste Silbe wegen des Metrums lang, dah. relligio geschrieben.

religiōse, *Adv.* (religiosus), **I gewissenhaft, mit gewissenhafter Sorgfalt,** testimonium dicere, Cic.: commendare, Cic.: promittere, Nep. – religiosius rem rusticam colere, Cic. – **II religiös, fromm,** deos colere, Liv.: religiosius natalem celebrare, Plin. ep.: religiosissime templum colere, Cic.

religiōsitās, ātis, *f.* (religiosus) = ὁσιότης, die **Gottesfürchtigkeit, Frömmigkeit, Religiosität,** Apul. de dogm. Plat. 2, 7. Tert. apol. 25; ad nat. 2, 17 u. a. Eccl.

religiōsulus, a, um (*Demin.* v. religiosus), **ein wenig gottesfürchtig,** Hieron. adv. Ruf. 3, 7.

religiōsus, a, um (religio), **I gewissenhaft, mit gewissenhafter Sorgfalt verfahrend, -urteilend,** in testimoniis, Cic.: testis, Cic.: iudex (Ggstz. impius iudex), Cic.: Atticorum aures teretes et religiosae, Cic. – **II** in Beachtung des Heiligen: **A religiös ängstlich, -bedenklich,** civitas, Liv.: agricolae, Colum.: insbes. dies, ein bedenklicher Tag, ein Tag von böser Vorbedeutung, wie der dies Alliensis, die dies atri u. dgl., Lucil., Cic. u. Liv.: religiosum est m. folg. *Infin.*, Liv. – **B** voll religiöser Scheu, **a** im guten Sinne, **α** eig., **gottesfürchtig, fromm, religiös** (Ggstz. superstitiosus), qui omnia, quae ad cultum deorum pertinerent, diligenter retractarent et tamquam relegerent, sunt dicti religiosi ex relegendo, Cic.: si magis religiosa fuerit, Plaut.: maiores nostri religiosissimi mortales, Sall.: iura, Cic.: dei religiosus ac pius cultus, Lact.: res (Plur.), Religion, Gell.: religiosum est m. folg. *Infin.*, Plin. – **β** meton., **heilig,** templum sanctum et relig., Cic.: signum sacrum et relig., Cic.: altaria, Cic.: limina deorum, Verg.: loca, Cic.: vestes, Suet.: volumina, Bücher über die heiligen Gebräuche, heilige Schriften, Religionsbücher, Plin.: delubra religiosissima, Cic.: Ceres antiquissima, religiosissima, Cic. – m. *Dat. Gerund.*, inprimis religiosum id gestamen amoliendis periculis arbitrantur, halten sie für ein besonders geheimnisvolles Mittel zur Abhaltung der G., Plin. 32, 23. – **b** im üblen Sinne, **abergläubisch, scheinheilig,** religentem esse oportet, religiosum est nefas, Poëta vet. bei Gell. 4, 9, 1: ecquis incultior, religiosior, desertior? Cato oratt. fr. 43: ut stultae et miserae omnes sumus religiosae, Ter. heaut. 650. – **c dem geistlichen Stand angehörig,** Salv. c. avar. 3, 5, 22.

1. **re-ligo,** āvī, ātum, āre, **I zurückbinden, hinterbinden, aufbinden, anbinden, befestigen, a** eig.: **α** übh.: virginem, Ov.: rite equos, anspannen, Verg.: religato revinctoque navigio trahi, in einem an ein anderes gebundenen u. befestigten Fahrzeug, Plin.: manibus suā sponte religatis, Curt.: rel. herbam desectam, zusammenbinden, Colum. – m. *Abl.* (womit?), remos struppis, Liv. Andr. fr.: ea tigna laminis (mit Schienen) catenisque, Caes.: trabes axibus, mit Bohlen verbinden, Caes.: fissas taleas ferularum lineo funiculo, aufbinden, Colum.: religatus brachia (an den A.) nodo, Tibull.: captiva corpora religantes velis ac funibus suspendere, Flor.: ferreis manibus iniectis navem, festhalten, Caes.: tabulas catenis, anbinden, Pompon. dig.: robora catenis, zusammenbinden, Lucan.: ne religer (gefesselt werde) durā captiva catenā, Ov. – m. *ad* u. Akk., restim ad pinnam muri, Liv.: mala ad maiores ramos, Colum.: caput ad pedes, Veget.: alqm ad currum, Cic. u. a.: alqm ad palum, Val. Max.: alqm ad saxum, Hieron.: ad duras religata brachia (an den A.) cautes, Ov. – m. *inter* u. Akk., alqm inter duos currus, Flor. 1, 3, 8. – m. *post* u. Akk., manus post tergum, Vell. u. Curt.: manus post terga, Suet. – m. *in* u. Abl., funem in stipite, Ov. – m. *ex* (auf) u. Abl., storias ex tribus partibus, quae ad hostes vergebant, religaverunt, Caes. b. c. 2, 9, 4 (vgl. unten *no.* γ). – m. *ab* (von aus = an) u. Abl., funiculum a puppi, Cic.: funem ab umeris, Plin. (vgl. unten *no.* γ). – m. *pro* u. Abl., canem pro foribus, Suet. Vit. 16. – m. bl. *Abl.* (an, auf), retinacula mulae saxo, Hor.: vincula laquei foribus, Ov.: tabulam adversam fronti (vorn an der Stirn) cornibus (an den H.), Colum.: religari quadrigis (v. Pers.), Aur. Vict. – **β** das Haar **aufbinden,** alci (jmdm. zuliebe) flavam comam, Hor.: capillum in vertice, Tac.: Lyde in comptum Lacaenae more comam religata nodum, das Haar in einem Wulst aufgebunden, Hor. – u. das Haar od. die Schläfe **umwinden,** quā (hederā) crines religata fulges, Hor.: tempora religata feno recenti, Ov. – **γ** ein Schiff od. ein Schiffstau am Ufer **anbinden, befestigen,** m. *Abl.* (womit?), funem, quo navis religata est, praecīdere, ICt.: m. *ad* u. Akk., naves ad terram, Caes.: m. *in* u. Abl., religata in litore pinus (Schiff), Ov.: m. *ab* od. *ex* u. Abl., ab (an) aggere classem, Verg.: herboso ab aggere funem, Ov.: funem ab Emathio litore, poet. = am emath. U. landen, Lucan.: funes ex arboribus ibi (= in ripis) natis, Gaius dig. 1, 8, 5 *pr.* – m. *Abl.* (wo?) poet. = wo landen, iactatam udo litore navim, Hor.: classem litore Threīcio, Ov.: barbarā funem orā, Sen. poët. – **b** übtr.: quae (prudentia) si extrinsecus religata pendeat, wenn sie an Außendinge geknüpft u. von ihnen abhängig wäre, Cic. Tusc. 3, 37: hoc vinculo pietatis obstricti deo et religati, Lact. 4, 28, 3 (vgl. 4, 28, 12; epit. 69, 5): dapibusque simul religataque somno agmina, gefesselt, Claud. VI. cons. Hon. 472. – **II losbinden,** ait haec minax Cybebe religatque iuga manu, Catull. 63, 84: funem in Cretam, poet. = nach Kreta absegeln, Catull. 64, 174: providendum est omnibus annis vitem resolvi et religari, Pallad. 3, 13, 2.

2. **religo,** ere (re u. ligo [Nbf. v. lego] = achten), rücksichtlich beachten; dav. **religēns,** entis, **gottesfürchtig,** Poëta bei Gell. 4, 9, 1.

re-lino, lēvī, litum, ere, **öffnen,** was verpicht od. verkittet war, dolia omnia, alle Fässer anstechen, Ter. heaut. 460: mella, Honig ausnehmen, Verg. georg. 4, 228.

re-linquo, līquī, lictum, ere, **I zurücklassen** = nicht mitnehmen, **A** im Allg.: **a** eig.: alterum avexit secum, illum reliquit alterum apud matrem domi, Plaut.: ipse abiit, me reliquit pro atriensi in sedibus, Plaut.: abeuntes ambo senes me filiis relinquunt quasi magistrum, Ter.: rel. alqm in Gallia, Caes.: equos, Caes.: copias praesidio castris, Caes.: prae metu obliti, quid relinquerent, quid secum ferrent, Liv. – sub sinistra Britanniam relictam conspexit, Caes.: u. im Passiv, naves ab aestu relictae, von der Ebbe überrascht, Caes.: relinqui paulatim solem cum posterioribus signis, zurückbleiben, Lucr. – **b** übtr.: **α** übh., **zurücklassen, hinterlassen,** excusationem, Cic.: aculeos in animo alcis, Cic. – **β** im Rang, **zurücklassen,** omnes in omni genere eloquentiae procul a se, Quint. – **B** insbes.: **1** durch den Tod **zurücklassen, hinterlassen, a** eig.: filiam, Ter.: uxorem gravidam, Liv.: alqm heredem testamento, Cic.: alci haec quae habet omnia, Ter.: orationes, Cic.: scripta posteris, Quint.: scriptum in Originibus, Cic.: ficta, Ov. – **b** bildl.: sibi hanc laudem, Ter.: memoriam, Cic.: nomen, Hor. – **2 übriglassen, überlassen, verstatten, a** eig.: nec vas nec vestimentum, Ter.: alci non modo granum nullum, sed ne paleas quidem ex omni fructu, Cic.: equitatus partem alci, Caes.: pauca aratro iugera, Hor.: haec porcis comedenda, Hor.: habitanda fana apris, Hor.: relinquebatur una per Sequanos via, blieb übrig, Caes.: qui nisi huc redit, paucorum mensum relictae sunt reliquiae, so ist für wenige Monate noch Unterhalt übrig, Plaut.: Partiz. subst., relictum, ī, *n.*, das **Übrige,** der **Rest,** Ps. Ov. de nuc. 99. – **b** bildl.: populari rei publicae laudem, Cic.: spes relinquitur, bleibt übrig, Cic. u. Caes.: nullā provocatione ad populum relictā, Cic.: quis relictus est obiurgandi locus? Ter.: nullum sibi ad cognoscendum spatium, Caes.: relinque aliquantum orationis, cras quod mecum litiges,

Plaut.: munitioni castrorum tempus relinqui volebat, Caes.: alqm poenae, Ov. u. Plin. ep.: urbem direptioni et incendiis, Cic.: alqd in aliorum spe relinquere, Cic.: alqd ne in opinione quidem cuiusquam relinquere, Cic.: m. folg. *Infin.*, Lucr., Hor. u. a.: m. folg. *Acc.* u. *Infin.*, Lucr. – insbes., nihil relinquitur, nisi fuga, es bleibt nichts übrig, Attic. b. Cic.: relinquitur m. folg. *ut* u. Konj., Cic. u. Caes. – **3** etw. in einem gewissen Zustand **zurücklassen, liegen lassen, lassen, a** eig.: alqm insepultum, Cic.: alqm exsanguem naso auribusque mutilatis, Liv.: tabellas vacuas, Quint. – **b** bildl.: eum locum integrum, Ter.: rem integram, Cic.: alqos incorruptos, Sall.: agros intactos, Iustin.: conclave apertum, offen lassen, Gran. Licin.: alqd inchoatum, Cic.: alqd neglectum, Cic.: id iniudicatum relinquo, lasse ich unentschieden, Quint.: solā incolumi relictā inscriptione, Amm.: sine imperio tantas copias, Caes.: alqd in medio, Cic. u. Quint. – sed ipse divus Iulius, ipse divus Augustus et tulere ista et reliquere (ließen bestehen), Tac. – **II** übh., **verlassen,** von jmd. od. etwas **sich trennen, A** im Allg.: **a** eig.: nebulonem hunc, Scip. Afr. b. Gell.: domum propinquosque, Caes.: Ilio relicto, Hor.: Roma relinquenda est, Ov.: volucres ova relinquebant, Lucr. – **b** bildl.: me somnus reliquit, Enn.: alqm febris relinquit, Spart. u. Vulg.: quartana alqm relinquit, Hor., a quartana alqs relinquitur, Cic.: quem vita reliquit, Lucr.: animam, Ter.: vitam, Verg.: relinquit alqm animus (die Besinnung), Caes.: tum ab omni honestate relictus, entblößt, Cic. – **B** prägn., jmd. od. etwas **fahren lassen, im Stich lassen, verlassen, 1** eig.: alqm, Plaut. u. Ter.: so vom Verlassen der Geliebten, Plaut., Prop., Tibull. u. Ov.: equos, Caes.: id argentum, Plaut.: signa, desertieren, Liv.: relicta non bene parmula, Hor. – **2** übtr.: **a** übh., **fahren lassen, aufgeben, unterlassen, hingehen lassen, vernachlässigen, hintansetzen, außer Acht lassen,** rem et causam et utilitatem communem, Cic.: alias res, Plaut.: relictis rebus, mit Hintansetzung aller meiner Geschäfte, Komik.: u. so omnibus relictis rebus, Plaut., od. relictis rebus omnibus, Cic., od. omnibus rebus relictis, Caes.: omnia, Cic.: agrorum et armorum cultum, Cic.: agrum alternis annis, brachliegen lassen, Varro.: relictae possessiones, aufgegebenes Land (weil nicht zu kultivieren), Cic.: bellum, Cic.: Mutinae obsessionem, As. Poll. b. Cic.: obsidionem, Liv. – mit folg. *Infin.*, mirari multa relinquas, unterlassest, Lucr. 6, 654. – **b** insbes.: **α unbeachtet lassen, αα** = mit Absicht **unerwähnt lassen,** hoc loco Domitium non relinquo, Cic.: caedes relinquo, libidines praetereo, Cic.: hoc certe quod sum dicturus neque praetermittendum neque relinquendum est, Cic. Vgl. Bonnell Cic. de off. 3, 9. Halm Cic. Cat. 3, 18. – **ββ** = **unbearbeitet lassen** (Ggstz. elaborare in alqa re), artem inveniendi totam, Cic. top. 6. – **β ungerügt-, ungerächt hingehen lassen,** iniurias suas, Cic.: vim hominibus armatis factam, Cic. Vgl. Jordan Cic. Caecin. 9. p. 158. Benecke Cic. de imp. Pomp. 11. p. 116 *sq.* – **γ in Ruhe lassen,** non illum puto in domo canem reliquisse, Petron. 43, 8. – ► arch. relinquont, Ter. Phorm. 72 u. Hec. 461. Cic. Verr. 5, 127 M.

relinquōsus, ī, *m.* (relinquo), der **Hintansetzer, hintansetzend,** m. *Genet.*, quasi relinquosi omnium ceterorum, Non. 492, 5.

reliquātio, ōnis, *f.* (reliquor), **I** der noch rückständige **Rest,** der **Rückstand,** Paul. dig. 26, 7, 44. § 1: übtr., aetatis, Tert. de anim. 56. – **II** eine zurückgelassene Abteilung Soldaten, reliquatio classis, CIL 8, 1322 u. 10, 3345.

reliquātor, ōris, *m.* (reliquor), der **Restant,** superioris anni, Paul. dig. 46, 3, 102. § 2: vectigalium, Paul. dig. 39, 4, 9. § 2: decem milium solidorum, Cassiod. var. 5, 6, 1.

reliquātrīx, trīcis, *f.* (Femin. zu reliquator), die **Restantin,** übtr., delictorum, Tert. de anim. 35.

reliquia, ae, *f.*, s. reliquiae ►.

reliquiae, ārum, *f.* (reliquus), das Zurückgebliebene, Übrige von etwas, der **Überrest,** der **Rest,** die **Trümmer, I** eig.: **A** im Allg.: alicariae, Abfälle, Plaut.: paucorum mensum, Plaut.: copiarum, Nep.: coniurationis, Cic.: cibi, Ausleerungen, Cic.: hordei, Phaedr.: oppidorum, Verg.: navigii, Wrack, Sen. – m. subj. *Genet.*, Troes, Danaûm r., die von Seiten der Danaer übriggelassenen Troer, Verg.: reliquiae pugnae, die nach der Schlacht Übriggebliebenen, Liv.: reliquias tantae cladis velut ex naufragio colligere, Trümmer (von Truppen), Liv. – **B** insbes.: **a** die **Speisereste, Tafelreste, Reste, der Abhub, Abtrag,** Plaut., Sen. u. a. (vollst. cenarum r., Apul. met. 2, 24): cenā peractā reliquias circumstantibus dividere, Sen. – sarkastisch, vellem Idibus Martiis me ad cenam (zur Ermordung Cäsars) invitasses, reliquiarum nihil fuisset, es würden keine Reste (kein Abtrag, d. i. Antonius) übriggeblieben sein, Cic. ep. 12, 4 *in.* – **b** die **Überreste** eines toten Menschen od. Tieres, das **Gerippe,** humanorum corporum, Tac. ann. 2, 69: polypi, Plin. 9, 93. – **c** die **Überreste** eines verbrannten Leichnams, die **Asche,** Marii, Cic.: reliquias gentili Domitiorum monumento condere, Suet.: ossa et reliquias mari mersit, Suet. – u. = **Gebeine,** CIL 6, 1884 u. 6, 14672: reliciae geschr., CIL 6, 4999. – u. die Gebeine eines Märtyrers, die **Reliquie,** Hieron. epist. 109, 1. Augustin. serm. 318, 1 u. a. Eccl. – **d** die nicht verbrannten **Fleischreste** des Opfertieres, im Gegensatz zu exta, Suet. Aug. 1. – **e** die **Ausleerungen, Exkremente,** Sen. de const. sap. 13, 2. – **f** reliquiae infantis, die **Nachgeburt,** Soran. – **II** übtr.: pristinae fortunae reliquiae miserae et afflictae, Cic.: reliquiae pristinae dignitatis, Cic.: dissipare reliquias (die letzten Kräfte) rei publicae, Cic.: erant haud parvae reliquiae belli circa Agrigentum Romanis, Liv.: avi reliquias persequi, den vom Großvater hinterlassenen Rest (des punischen Krieges), Cic. – ► *Sing.* reliquia, converritor pridianae reliquiae, Apul. apol. 6. – bei Dichtern zur Verlängerung des e auch relliquiae geschrieben.

reliquo, āvī, ātum, āre (reliquus), als Rest **schuldig bleiben,** quae quis ipse reliquavit, Ulp. dig. 34, 3, 9: ilico sum reliquati fenoris recordatus, Apollin. in Alcim. Avit. epist. 11.

reliquor, ātus sum, ārī (reliquus), mit einer Schuld **im Rückstand sein,** etwas **noch nicht bezahlt haben,** ICt. – m. folg. *Acc.*, summam, ICt.

reliquus (relicuus), a, um (relinquo), **zurückgelassen, übriggeblieben, übrig,** teils von dem, was jmdm. übh. noch bleibt, teils als Rest von einem Ganzen, **I** eig.: **A** im Allg.: si qua spes reliqua est, Cic.: familia, ex qua reliquus est Rufus, zurückgeblieben, noch übrig ist, Cic. – subst., **α** Plur. reliqui m. *Genet.*, der **Rest,** reliqui peditum, Liv.: reliqui caesorum, Tac. – **β** reliquum, ī, *n.* u. Plur. reliqua, ōrum, *n.*, das **Übrige,** der **Rest,** de (in Betreff) reliquo, Cic. u. Plin.: quae reliqui summa fuit, Cic.: quod belli reliquum erat, Liv.: nec quod ab hoste crudelius pati possent, reliqui quicquam fuit, Liv. – reliqua belli perficere, Liv.: reliqua belli exstinguere, Tac. – Besondere Verbindungen: reliquum est m. folg. *ut* u. Konj., nun ist noch übrig, dass usw., Cic.; so auch reliquum est m. *Infin.*, Cic. ad Att. 7, 5, 5. Sall. hist. fr. 3, 61 (82), 2. Ps. Sall. de rep. 1, 8, 10. nihil est reliqui, nichts bleibt übrig, Cic.: reliquum habere alqm, übrig haben, Cic.: reliquum facere, übrig lassen, quod fortuna reliqui fecit, übrig gelassen, Cic.: agros reliquos feci, habe übergangen, Cic.: dafür auch velle alqd reliquum esse, Cic.: ferner nullum munus cuiquam reliquum fecisti, hast keinen Dienst jmdm. übrig gelassen, hast sie alle erfüllt, Cic.: prorsum ab utrisque nihil relicum fieri, man ließ es auf beiden Seiten an nichts fehlen, Sall.: dah. nihil reliqui facere, teils = nichts übrig lassen, Cic., teils = nichts unterlassen, Nep. u. Caes. – **B** insbes.: **1** als *t. t.* der Geschäftsspr., von einer Schuld noch **rückständig, übrigbleibend,** quod reliquum restat persolvere, Plaut.: pecuniam reliquam ad diem solvere, Cic. – subst., reliquum, ī, *n.* u. gew. Plur. reliqua, ōrum, *n.*, der rückständige **Rest,** der **Rückstand,** in reliquum omne, ICt.: accipite reliquum, übtr., den Schluss der Erzählung, Plaut.: cum tanta reliqua sint, Cic.: reliqua creverunt, Plin. ep.: reliqua trahere, habere, debere, im Rückstand bleiben, restieren, ICt. – **2** in Bezug auf die Zeit, **übrig, künftig,** gloria, Cic.: tempus, Nep.: in reliquum tempus, Cic., od. bl. in reliquum, Liv., auf das Künftige: *neutr.* subst., der **Rest,** reliquum noctis, Liv. 2, 64, 11: reliquo aestatis, Sen. nat. qu. 4, 1, 2. – **II** übtr., vom anderen Teil eines Ganzen als Rest gedacht, **übrig, ander,** im Plur. = die **übrigen, anderen, α** *Sing.*: r. pars exercitus, Caes.: r. exercitus, Nep.: r. multitudo, Cic. – ex omni reliquo, dem ganzen übrigen Teil, Cic.: quod reliquum est, in Betreff des Übrigen, Cic.: u. so de reliquo, Cic. – **β** *Plur.*: r. reges, Cic. – reliqui omnes, alle übrigen, Cic.: reliqua (das Übrige) differamus in posterum, Cic. – aderat ianitor carceris et carnifex praetoris, reliqua, u. so weiter, Quint.: u. so et reliqua, Vopisc. – dagegen reliqua = in Betreff des Übrigen, übrigens, Cic. ad Q. fr. 1, 3, 10. – ► Bei einigen Dichtern (bei den Komikern immer) u. nach sehr guten Hndschrn. auch in Prosa viersilbig relicuus.

relligio, relligiōsus, s. religio etc.

re-loco, (āvī), ātum, āre, **I** wieder an seine Stelle bringen, **einrichten,** articulum, Cael. Aur. de morb. chron. 2, 1, 28: linguam, *ibid.* 1, 4, 75. – **II wieder verdingen, -verpachten, -vermieten,** Ulp. dig. 19, 2, 13. § 10. Iavol. dig. 19, 2, 51 *pr.*

reloquus, a, um (reloquor, Not. Tir. 26, 15 a), **zurück-, gegenredend, entgegnend,** Ggstz. eloquus, Varro LL. 6, 57.

re-lūceo, lūxī, ēre, **zurückleuchten, -strahlen, -scheinen, einen Widerschein geben,** huic non una modo caput ornans stella relucet, Cic. poët.: freta igni relucent, Verg.: flamma relucens, Liv.: latissimae flammae altaque incendia relucebant, Plin. ep.: clarissima lumina et ex disposito relucentia, Sen.: transcurrunt et exstinguntur subinde, quae reluxerant, Sen.: olli ingens barba reluxit, stand ihm in Flammen, Verg.

re-lūcēsco, lūxī, ere (*Inchoat.* v. reluceo), **wieder hell werden, wieder erglänzen,** imago solis reluxit, Ov.: caeco reluxit dies, Tac. – *impers.*, paulum reluxit, es wurde wieder etwas hell, Plin. ep. 6, 20, 16.

reluctanter, *Adv.* (reluctor), **mit Widerstreben,** verb. renitenter et rel., Augustin. de lib. arbitr. 3, 23, 69.

reluctātio, ōnis, *f.* (reluctor), das **Sich-Sträuben,** Cod. Theod. 12, 1, 179. Augustin. conf. 7, 6, 9 u. a. Eccl.

re-lucto, (āvī), ātum, āre = reluctor, Apul. met. 4, 20 u. 7, 5: reluctatis rebus, Claud. rapt. Pros. 1, 42.

re-luctor, ātus sum, ārī, **dagegenringen, sich sträuben, sich widersetzen, I** eig.: uxor reluctans, Tac.: draco reluctans, Hor. – von Lebl., etesiae reluctantur navigationi, Plin. ep.: luna reluctans, dem Zauber widerstrebend, Ov. met. 12, 264. – **II** übtr.: reluctatus invitusque, Vell.: multum reluctata verecundia principis nostri, Plin. pan. – m. folg. *Infin.*, sich (dagegen) bemühen usw., Claud. in Ruf. 2, 354.

re-lūdo, lūsī, ere, **dagegen spielen, -scherzen, -spotten,** adversus temerarios mariti iocos, Sen. contr. 2, 2 (10), 7: sibique ipse reludit, Manil. 5, 170.

re-lūmino, āre, **wieder erleuchten,** caecos, wieder sehend machen, Eccl.

re-luo, ere, **I abwaschen,** nequaquam sui lavandi reluant arma lue, Licin. Macer ann. 2. fr. 21 (bei Non. 52, 9). – **II wieder einlösen,** aurum et vestem, Caecil. com. 105.

re-macrēsco, cruī, ere, **wieder mager werden,** Suet. Dom. 18, 1.

re-maledīco, ere, **wieder schimpfen, -schmähen,** Suet. Vesp. 9, 2 u. Eccl.

remancipātio, ōnis, *f.* (remancipo), das **Zurückemanzipieren,** Mos. et Rom. leg. collat. 16, 9. § 2.

re-mancipo, (āvī), ātum, āre, **zurückemanzipieren,** Gaius 1, 115. Ael. Gall. ICt. b. Fest. 277 (a), 12.

1. **re-mando**, (āvī), ātum, āre, **zurück-** (dagegen-) **sagen lassen, erwidern,** alci, Eutr. 2, 13. Cassiod. hist. eccl. 10, 12: manda remanda, Vulg. Isai. 28, 10 u. 13.

2. **re-mando**, ere, **wiederkäuen,** quasi eundem cibum, Quint. 11, 2, 41: absol., Plin. 10, 200.

re-maneo, mānsi, mānsum, ēre, **zurückbleiben, I** im Allg.: **a** v. Pers.: Romae, Cic.: domi, Cic.: in Gallia, Caes.: in exercitu, Cic.: ad urbem cum imperio, Caes.: apud alqm, Caes.: absol., Catulus remansit, Cic. – **b** v. Lebl.: ferrum, quod in corpore remanserat, Nep. – **II** insbes., **dauernd zurückbleiben, verbleiben, 1** eig.: animi remanent post mortem, Cic.: longius anno uno in loco, Caes.: equos eodem remanere vestigio assuefaciunt, Caes. – **2** übtr.: **a** übh.: in qua muliere etiamnunc quasi exempli causā vestigia antiqui officii remanent, sich erhalten haben, Cic.: u. so si ulla apud vos memoria remanet avi mei Masinissae, Sall.: quorum (Rhodiorum) usque ad nostram memoriam disciplina navalis et gloria remansit, Cic. – v. Pers., in duris remanens amicus, ausharrend, Ov. – **b** m. adjekt. Prädikat = in einem Zustand **verbleiben, übrig bleiben,** pars integra remanebat, blieb ganz, Caes.: quae (potentia senatus) gravis et magna remanebat, Cic.: remanebis indefessus, Augustin.

re-māno, āre, **wieder-, zurückfließen,** retro, Lucr. 5, 269 u. 6, 635.

remānsio, ōnis, *f.* (remaneo), das **Zurückbleiben, Verbleiben** am bisherigen Ort, Cic. Lig. 4 (wo Ggstz. profectio); ad Q. fr. 3, 1, 5. § 17. Ambros. in psalm. 118. serm. 16, 43; de off. 1, 41, 205.

remānsor, ōris, *m.* (remaneo), **I** der über die Zeit des Urlaubes Ausbleibende, der **Ausbleiber,** Arr. Menand. dig. 49, 16, 5. § 6 M. – **II** der mit Erlaubnis des Feldherrn zu Hause bleibende Soldat, etwa der **Beurlaubte,** CIL 6, 225, a, 13/14.

remastico, āre (*Intens.* v. 2. remando), **wiederkäuen,** Gloss. IV, 388, 1.

remeābilis, e (remeo), **zurückgehend, -kehrend,** saxum (*sc.* Sisyphi), Stat. Theb. 4, 537: anima in corpora, Tert. de res. carn. 1: Christus e tumulo, Prud. apoth. 1049.

remeāculum, ī, *n.* (remeo), der **Rückweg** aus der Unterwelt (Ggstz. demeaculum), Apul. met. 6, 2.

remeātio, ōnis, *f.* (remeo) = μετάβασις, das **Zurückkommen** auf den Gegenstand (als rhet. Fig.), Auct. carm. de fig. 88. p. 66 H.

remeātus, ūs, *m.* (remeo), die **Rückkehr,** Marcian. dig. 48, 19, 4.

remediābilis, e (remedio), **I heilbar,** levi curā remediabiles, Sen. ep. 95, 29. – **II heilsam,** bonum, Cassiod. var. 3, 14 (Mommsen remediale).

remediālis, e (remedium), **heilend, heilsam,** vis, Macr. sat. 7, 16, 34: iussio, Cassiod. var. 10, 29, 1.

remediātio, ōnis, *f.* (remedio), die **Heilung,** Scrib. Larg. 11. Marc. Emp. 1.

remediātor, ōris, *m.* (remedio), der **Heiler,** Tert. adv. Marc. 4, 8 u. 35 im engeren Sinne = der **Wunderdoktor,** Augustin. serm. 376, 4.

remedio, āvī, ātum, āre (remedium), **heilen,** capitis dolorem, Scrib.: alqm, Scrib. u. a.: bovem Gargil. Mart.: vitia corporis, Tert.

remedior, ārī (remedium), **heilen,** alci, Hieron. epist. 68, 1. Marc. Emp. 27. Ps. Apul. herb. 2 u. 105.

remedium, iī, *n.* (re u. medeor), **I** das **Gegenmittel** gegen etw., das **Heilmittel,** efficax, Cels.: caecitatis, Tac.: veneni, gegen Gift, Curt.: remedia adhibere alci, Plin., morbis animorum, Cic.: remedium quoddam habere, Cic.: remedio quodam uti, Cic.: remedio esse, Cic.: in remedio est, si etc., es hilft dagegen, Plin. – **II** übtr., jedes **Heilmittel, Hilfsmittel** gegen etwas, aegritudinum, Ter.: iniuriae tuae, Cic.: timoris, Liv.: formidinis, Plin. ep.: remedia incommodorum, Cic., praesentium malorum, Liv.: id remedium timori fuit, Liv.: ad magnitudinem frigorum hoc sibi remedium comparare, Cic.: domo sibi quaerere remedium ad eam moram, quae nuptiis affertur, Cic.: iniuriae tuae remedium morte ac suspendio quaerere, Cic.: per alqm quaerere remedia praesentium malorum, Liv.: haec reperiebant remedia, ut alio loco ignes facerent, Caes.: acrioribus remediis saluti suae subveniendum putavit, Cic.: remedium est m. folg. *ut* u. Konj., ein Mittel dagegen ist, dass man usw., Plin. 17, 260; 18, 85; 33, 122.

remelīgo, inis, *f.* (nach Otfr. Müller Paul. ex Fest. 224, 12 von re u. mello = moveo), die **Aufhalterin, Verzögererin,** Plaut. Cas. 804. Afran. com. 277.

re-meminī, isse, **sich wiedererinnern,** priorum, Tert. adv. Marc. 4, 1.

rememorātio, ōnis, *f.* (*rememoro), die **Wiedererwähnung, Erzählung,** Vulg. psalm. 37, 1 u. 69, 1. Arnob. in psalm. 69.

rememoror, ātus sum, ārī (re u. memor), **sich wieder** an etw. **erinnern,** m. *Acc.*, Vulg. epist. ad Hebr. 10, 32. Isid. orig. 11, 1, 109: m. folg. indir. Fragesatz, Tert. adv. Marc. 4, 43: absol., Vulg. psalm. 77, 35.

remēnsūro, āre (re u. mensura), **wieder vermessen,** omnem terram, Gromat. vet. 384, 4.

re-meo, āvī, ātum, āre, **zurückkehren, wiederkommen, zurückkommen,** v. leb. Wesen u. Lebl., ne ad se remearent, Liv.: remeat victor, Verg.: aër, Cic.: Titus Suriā remeans, Tac.: navis, Tac.: m. folg. *Acc.*, urbes, Verg.: aevum peractum, von neuem durchleben, Hor. sat. 1, 6, 94.

re-mergo, ere, **wieder eintauchen, wieder versenken,** Augustin. conf. 8, 5.

re-mētior, mēnsus sum, mētīrī, **I wieder-, zurückmessen, A** im Allg.: astra rite, wieder beobachten, Verg. Aen. 5, 25. – **B** prägn.: **1 zurückgehen, a** eig.: iter, zurückreisen, Stat.: mille stadia, Plin.: sol diem remetitur, geht am Tag zurück (nach Osten), Sen. – Passiv, iter retro pari ratione remensum est, Lucr. 2, 516: in qua mensura mensi fueritis, remetietur, Vulg. Matth. 7, 2: pelago remenso, Verg. Aen. 2, 181: remenso mari, *ibid.* 3, 143. – **b** übtr.: **α wieder überdenken,** dicta ac facta sua cotidie, Sen.: discrimen transmissum, Plin. ep. – **β wiederholen, wiedererzählen,** fabulam, Apul. met. 1, 4 u. 2, 20. – **2 wieder von sich geben,** alqd vomitu, erbrechen, Sen.: durch den Urin, Mart. – **II wieder messen, dagegen messen,** frumentum pecuniā, das Getreide mit Geld aufwägen, Ps. Quint. decl. 12, 19 *extr.*

rēmex, igis, *m.* (remus u. ago), der **Ruderer, Ruderknecht,** Cic. u. a. – kollektiv = die **Ruderknechte,** Verg., Liv. u. a. – ▶ Nom. Sing. remex (von Phocas 428, 23 K. als ungebr. bezeichnet), Cic. de div. 2, 114. Prop. 2, 27, 13. Curt. 4, 3 (14), 18. Sidon. epist. 1, 5, 5 (wo remex kollektiv = die Kahnführer, Lohnschiffer). – Genet. Plur. immer remigum, wie jetzt auch Tac. hist. 4, 16 u. 5, 23. Symm. epist. 4, 4 (7) gelesen wird.

Rēmī (Rhēmi), ōrum, *m.*, **I** eine belgische Völkerschaft zwischen der Matrona (Marne) u. Axona (Aisne); ihre Grenznachbarn im Westen waren die Suessiones, die Carnutes ihre Klienten, Caes. b. G. 2, 3. Tac. hist. 4, 67 *sq.* – Sing. Iccius Remus, Caes. b. G. 2, 6: poet. kollektiv, Lucan. 1, 424. – **II** die Hauptstadt der Remi (früher Durocortorum), j. *Reims,* Amm. 15, 11, 10 u. 16, 2, 8.

rēmigātio, ōnis, *f.* (remigo), das **Rudern,** Cic. ad Att. 13, 21, 3.

rēmigātor, ōris, *m.* (remigo), der **Ruderer,** Gloss. IV, 386, 6.

rēmigium, iī, *n.* (remex), **I** das **Ruderwerk,** die **Ruder, a** eig., Verg., Tac. u. a. – Sprichw., remigio veloque festina, mit Ruderwerk u. Segel, d. i. aus allen Kräften, Plaut. asin. 157: meo remigio rem gero, ich handle nach meinem eigenen Kopf, Plaut. mil. 747 (Lorenz 740 meo remigio remigo). – **b** übtr., das **Ruderwerk** der Vögel = die **Flügel,** Avien. u. Apul.: von den Flügeln des Merkur u. des Dädalus, Verg. – **II** meton.: **a** das **Rudern,** portus decem dierum remigio ab oppido distans, Plin.: findite remigio aquas, Ov. – **b** die **Ruderer, Ruderknechte,** Liv., Verg. u. a.; vgl. Fabri Liv. 21, 22, 4.

rēmigo, āvī, ātum, āre (remex), **rudern,** paululum, Cic.: alio modo, Cic.: contra aquam, Sen.: non intermisso remigandi labore, Caes.: mare pigrum et grave remigantibus, Tac. – poet., m. *Acc.*, alnum (Schiff), Claud. rapt. Pros. 2, 178.

re-migro, āvī, ātum, āre, **zurückziehen, -wandern, zurückkehren, I** eig.: Romam, Cic.: in domum suam, Cic.: trans Rhenum in vicos suos, Caes.: in domum veterem e nova, Cic.: ad deos (v. der Seele), Apul. – prägn., **ausziehen** (aus seiner Mietwohnung), rem. kal. Quinctilibus, Cic. ep. 13, 2 (Wesenberg demigrare). – **II** übtr.: remigrat animus nunc demum mihi, der Mut zieht wieder ein, Plaut. Epid. 569 G.: ad argumentum volo remigrare, zurückkommen, Plaut. Poen. prol. 47: atque ei ne integrum quidem erat, ut ad iustitiam remigraret (zurückkehre), Cic. Tusc. 5, 62.

remillus, a, um = repandus, Lucil. 1303. Vgl. Fest. 277[b], 19.

reminīscentia, ae, *f.* (reminiscor), die **Rückerinnerung, Übersetzung** des griech. ἀνάμνησις, Boëth. Aristot. anal. pr. 2, 21: Plur., Tert. de anim. 23 *sq.* Arnob. 2, 19.

reminīsco, ere, Nbf. v. reminiscor, Prisc. 8, 29; getadelt von Auson. epigr. 44, 1 u. 45, 1. p. 208 Schenkl.

re-miniscor, minīscī, **I** an etw. **zurückdenken,** woran man bisher nicht dachte oder was man vergessen hatte, etwas **sich ins Gedächtnis zurückrufen,** auf etw. **sich besinnen,** einer Sache **sich erinnern,** absol., de quaestoribus reminiscentem recordari, Cic.: non tum illa discere, sed reminiscendo recordari, Cic.: quantum reminiscor, soweit ich mich erinnere, Ov. – m. *Genet.*, veteris incommodi populi Romani, Caes.: veteris famae, Nep.: m. *Acc.*, eas (res) reminisci ac recordari, Cic.: dulces Argos, Verg.: acta, Ov.: amicos animo, Ov.: et patruos meos reminiscere cantu, Auson.: hunc se reminiscitur, er erinnert sich seiner als eines solchen, Ov. met. 7, 293. – m. folg. indir. Fragesatz, reminiscere, quoniam es initiatus, quae tradantur mysteriis, Cic.: reminiscebatur, quam capitaliter ipsum me apud decemviros laesisset, Plin. ep. – mit folg. *Acc.* u. *Infin.*, esse quoque in fatis reminiscitur, adfore tempus, quo etc., Ov. met. 1, 256: reminiscere totius imum nil esse in summa, Lucr. 2, 91. – **II** meton.: **a** sich besinnend **bedenken, erwägen,** ea potius reminiscere, Sulpic. in Cic. ep. 4, 5, 5. – **b** sich besinnend **erdenken, aussinnen, ausdenken,** plura bona, Nep. Alc. 2, 1: finge quidvis, reminiscere, excogita, quod possit magicum videri, Apul. apol. 54: saltem fingite aliquid, reminiscimini (besinnt euch darauf), quod respondeatis, *ibid.* 102.

rēmipēs, pedis (remus u. pes), **I mit den Füßen rudernd,** anates, Auson. epist. 3, 13. *Varro sat. Men. 489 (Bücheler-Heräus remipedas v. remipedus). – **II die Ruder gleichs. statt der Füße habend,** ratis, Auson. epist. 5, 34: lembi, Auson. Mos. 201.

re-mīsceo, mīscuī, mīstum u. mīxtum, ēre, **I wieder mischen, -vermischen,** animus suae naturae remiscebitur, Sen. ep. 71, 16. – **II vermischen,** vis veneni remixta cibo, Sen. de const. sap. 7, 4: Lydiis remixtum carmen tibiis, ein Lied zum Schall der lydischen Flöte gesellt, Hor. carm. 4, 15, 30: sic veris falsa remiscet, verschmilzt, verwebt mit usw., Hor. de art. poët. 151.

remissa, ae, *f.* (remitto), die **Erlassung,** peccatorum, Tert. adv. Marc. 4, 18 u. a. Eccl.

remissārius, a, um (remitto), **vor- und wieder zurückschiebbar,** vectis, ein Vorschieberiegel, Cato r. r. 19, 2.

remissē, *Adv.* (remissus), **a lose, in freier Weise,** orationem non astricte (in gebundener Weise), sed remissius numerosam esse oportere, Cic. de or. 3, 184. – **b gelassen, sanft, gelinde** (Ggstz. concitate, severe), Cic. u. a.: remissius disputare, Cic. – u. **zu gelinde, nachlässig,** Colum. 1, 8, 20. – **c heiter, scherzhaft,** Suet. Claud. 30 (wo Ggstz. serio).

remissibilis, e (remitto), **I erlässlich,** delicta, Tert. de pudic. 2. – **II sanft, gelinde,** Cael. Aur. de morb. chron. 2, 13, 164.

remissio, ōnis, *f.* (remitto), **I** das **Zurückschicken, -senden, a** einer Pers.: obsidum captivorumque, Liv. 27, 17, 1. – **b** einer Sache, das **Zurücksenden, Zurückwerfen,** splendoris, Vitr. 7, 3, 9. – **II** das **Nachlassen, A** eig.: **a** das **Herablassen, Herunterlassen,** superciliorum, Cic. de off. 1, 146. – **b** das **Nachlassen, Fallen,** vocis contentiones et remissiones, Hebungen u. Senkungen, Cic. de or. 1, 261: nisi aër influens cum incremento fecerit auctus et remissiones continenter, beständig steigt und fällt, Vitr. 8. prooem. § 2. – **B** übtr.: **1** das **Nachlassen,** die **Unterbrechung,** laboris, Varro: poenae, Cic.: morbi, Cic.: animi, die geistige Abspannung, Liv.: febris, Cels.: continui clamoris, Rhet. Her.: usus, ein (allmähliches) N. im Umgang, Cic. – **2** das **Erlassen,** der **Erlass,** venia est meritae poenae remissio, Sen.: tributi in triennium, Tac.: nuntiationis, Aufhebung des Verbotes, ICt. – absol., publicani remissionem petentes, Suet.: post magnas remissiones (E. vom Pachtgeld), Plin. ep.: u. so de remissionibus cogitare, Plin. ep. – bei den Eccl. = **Erlass-, Vergebung** der Sünde, delicti (Ggstz. retentio [das Nichterlassen] delicti), Tert. adv. Marc. 4, 28: peccatorum, Ambros. de Isaac et anim. 1. § 1. – **3** remissio animi, **a** die **geistige Erholung** (Ggstz. contentio animi), Cic. de or. 2, 22; vgl. Sen. de tranqu. anim. 17, 5: rem. animorum, Cic. ep. 9, 24, 3: u. ohne animi, Cic. Cael. 39. Plin. pan. 81, 1: u. Plur. remissiones, Plin. pan. 49, 4. Tac. dial. 28: curarum, Tac. Agr. 9. – **b** die **Gelassenheit, Ruhe,** in acerbissima iniuria remissio animi ac dissolutio, in Schwäche ausartende Gelassenheit, Cic. ep. 5, 2, 9: naturalis animi remissio et laxitas, Sen. ep. 66, 14. – **c** die **Gelindigkeit, Nachsicht** (Ggstz. severitas), Cic. de or. 2, 72.

remissīvus, a, um (remitto), **I** als mediz. *t. t.,* **nachlassen machend,** v. Arzneien, Cael. Aur. de morb. acut. 3, 4, 31. – **II** als gramm. *t. t.,* **eine Schwächung (Milderung) bezeichnend,** adverbia (wie pedetemtim, paulatim, sensim), Prisc. 15, 35.

remissor, ōris, *m.* (remitto), der **Erlasser, Vergeber,** iniuriae, Ambros. de off. ministr. 1, 17, 66: peccati, Hilar. in psalm. 121. *no.* 8: peccatorum, Ambros. in psalm. 39. § 10. Augustin. serm. 316, 3: absol., de Rossi inscr. Christ. Vol. II. p. 165, 13, 9.

re-missus, a, um, *PAdi.* (v. remitto), **nachgelassen, losgespannt, schlaff, lose, I** eig.: arcus, Hor.: corpora, Cic.: membra, Lucr. – **II** bildl.: **a** im üblen Sinne, **α** physisch **matt,** color (Ggstz. intentus, lebhafte), Sen. nat qu. 1, 3, 12: carbunculus remissior, Plin. 37, 103. – **β** geistig **schlaff, nachlässig, lässig,** animus, Caes.: remissior amicitia, Cic.: remissi, Hor.: te remissiorem in petendo, Cic.: nihil languidi neque remissi patiebatur, Sall.: modo acerbior parciorque, modo remissior ac neglegentior quam conveniret principi, Suet. – poet., mons festo remissus, beim Fest nicht beachtet (nicht bewacht), Prop. 4, 4, 83. – **b** im guten Sinne, **α** physisch: ventus remissior, Caes.: frigora remissiora, Caes. – **β** geistig: **αα gelassen, gelinde, sanft, mild,** Cic., Plin. ep. u. a.: remissior iudex (Ggstz. rigidus iudex), Sen.: quid (est) clementiā remissius, quid crudelitate negotiosius? Sen. – **ββ ausgelassen, lustig, scherzhaft, heiter,** homo, Cic.: iocus, Cic.: remississimo ad otium et comitatem animo, Suet. Aug. 98, 1: remissiores hilarioresque sermones, Suet. – **γγ** von etw. **nachlassend, vergebend,** m. *Genet.,* sui iuris remissior, Ambros. de off. 1, 18, 70.

re-mitto, mīsī, missum, ere, **I zurückgehen lassen, zurückschicken,** contionem, nach Hause schicken, entlassen, Liv.: adulterum, ICt.: mulieres Romam, Cic.: alqm cum legione in hiberna, Caes.: obsides alci, Caes.: librum alci, Cic.: nuntium uxori, einen Scheidebrief schicken, Cic.: so auch repudium remittere, die Ehe **aufkündigen** (seiner Braut), Komik.; u. repudium remittere genero, Sen. rhet.: Caesari litteras (m. folg. indir. Fragesatz), zurückschreiben, Caes.: scripta ad Caesarem mandata, dagegensenden, Caes. – dah. **1 zurückwerfen,** pila, Caes.: calces, nach hinten ausschlagen, Nep. – **2 wiedergeben, wieder zustellen,** alci aedes, Plaut. – erwidernd, alci beneficium, Caes.: veniam (eine Gefälligkeit), Verg. – **3 (wieder) von sich lassen, a von sich geben,** vocem nemora remittunt, geben ein Echo, Verg.: sanguinem e pulmone, Ov.: digitum *contrahere* et *remittere,* Plin.: sonum, Hor.: lactis plurimum ficus remittit, Colum.: oleae librum remittunt, bekommen Bast, Colum.: colores, fahren lassen, Vitr.: bildl., opinionem animo, ablegen, aufgeben, Cic. – **b hervorbringen, verursachen,** atramenta remittunt labem, Hor.: quod baca remisit olivae, Hor.: vasa aënea aeruginem remittunt, Colum. – **4 zurückziehen,** hanc manum, Sen. Oedip. fr. (Phoeniss.) 61. – **5** wohin **verweisen,** causam ad senatum, Tac.: alqm ad ipsum volumen, Plin. ep. – **II zurückgehen lassen, -schießen lassen,** ramulum adductum, Cic.: habenas, Cic.: so auch frena equo, Ov.: arcum, abspannen, Hor. – dah. **1 herablassen, herabsinken lassen,** brachia, Verg.: aures, Plin.: tunica remissa, Ov.: digiti sopore remissi, Ov. – **2 auflösen,** vincula, Ov. met. 9, 315. – bes.: **a (wieder) flüssig machen,** sevum igne, Ser. Samm.: calor mella liquefacta remittit, lässt durch Schmelzen zergehen, Verg. – **b befreien,** z. B. vom Fieber, Plin. ep.: vere remissus ager, im Frühjahr ist der Acker frei von Eis und Schnee, Ov. – **3 machen, dass** etwas **nachlässt** od. **ablässt,** etwas **abhalten, abziehen,** spes animos a certamine remisit, Liv.: ab religione animos remiserunt, sie fühlten sich in ihrem Gewissen etwas erleichtert, Liv.: refl. se remittere, Nep. u. Sen., od. medial remitti, Plin. ep., nachlassen von der Arbeit, sich erholen: animum, dem Geist Erholung gönnen, Cic.: cantus remittunt animos, geben Erholung, heitern auf, Cic. – refl. se remittere u. bl. remittere, **nachlassen, milder werden, abnehmen, aufhören,** cum remiserant dolores, Cic.: dolor se remittit, Cels.: dolores se remittent, Ter.: imbres remiserunt, Liv.: ventus remisit, Caes. – ebenso medial remitti, z. B. febres remittuntur, Cels.: vita remissa, das beendigte, Poëta bei Cic. – **4** einer Sache **freien Lauf lassen** (Ggstz. continere), animi appetitus, qui tum remitterentur, tum continerentur, Cic. de nat. deor. 2, 34. – **5 nachlassen** = **erlauben, zugestehen, einräumen,** in etwas **zu Willen sein,** auf etwas **verzichten, a** übh.: memoriam, Cic.: alci legionem, abtreten, Brut. in Cic. ep.: omnia ista concedam et remittam, Cic.: id reddo ac remitto, verzichte darauf, Cic.: so auch provinciam remitto, exercitum depono, Cic.: remittentibus tribunis (da die Tr. es gestatten) comitia sunt habita, Liv.: mit folg. *Infin.,* nec res dubitare remittit, Ov. met. 11, 376: prodesse remittit, Claud. laud. Stil. 2, 37: m. folg. *ne,* quamquam tibi remitto, necesse ne habeas scribere, Cic. ad Att. 12, 39, 1. – **b** eine Leistung, Strafe usw. **nachlassen, erlassen, ersparen, schenken,** auf etwas **verzichten,** ne nihil remissum dicatis remitto (*sc.* aliquid laboris), Liv.: munus sine ignominia, Gell.: navem in triennium, Cic.: contionem, Liv.: multam, Cic., multam alci, Liv.: poenam, Liv.: pecunias, Caes.: culpam, verzeihen, Val. Flacc.: Erycis tibi terga (*i.e. caestus)* remitto, ich will keinen Gebrauch davon machen, Verg.: m. folg. *Dat.* (zugunsten jmds.), inimicitias suas rei publicae, Liv.: memoriam simultatum patriae, aus Liebe zum Vaterland aufgeben, Liv.: privata odia publicis utilitatibus, Tac.: rei publicae novissimum casum, Tac. – **c nachlassen, ablassen, nachgeben,** de celeritate, Cic.: aliquantum, Cic.: bellum, Liv.: industriam, Liv.: nullum tempus, Ter.: aliquid iracundiae, Cic.: aliquid de severitate cogendi (*sc.* pignora), Cic.: ex aequissimis condicionibus aliquid, Cic.: de summa iuris, Liv.: si ex hoc impetu (von dem raschen Gang) rerum nihil prolatando remittitur, Liv. – m. folg. *Infin.,* remittas iam me onerare iniuriis, Ter. Andr. 827: remittas quaerere, quid etc., Hor. carm. 2, 11, 3: neque remittit, quid ubique hostis ageret, explorare, Sall. Iug. 52, 5.

rēmivagus, a, um (remus u. vagor), **durch Ruder getrieben,** celox, Varro sat. Men. 49.

Remmius, a, um, Name einer röm. *gens,* aus der nur bekannt der Verfasser der lex Remmia (s. *Adi.*) u. Remmius Palaemon, ein Grammatiker, Suet. gr. 23. – *Adi.* **remmisch,** lex, von einem Remmius verfasst, wonach ein Ankläger, der seine Klage nicht beweisen konnte, bestraft wurde (viell. dadurch, dass ihm ein Buchstabe [vermutlich K, *i.e.* Kalumniator] an die Stirn gebrannt wurde), Cic. Rosc. Am. 55. Papin. dig. 22, 5, 13. Marcian. dig. 48, 16, 1. § 2.

re-mōlior, ītus sum, īrī, **I zurückbewegen, zurückstoßen, wegstoßen,** pondera terrae, von sich abwälzen, Ov. met. 5, 354: ferrea claustra, Stat. Theb. 10, 527. – Partiz. Perf. passiv, orbe remolito, Sen. Herc. fur. 504 (508). – **II wieder in Bewegung setzen,** arma, Sil. 1, 36.

re-mollēsco, ere, **weich werden, I** eig.: cera remollescit sole, Ov. met. 10, 285; sole remollescit, quae frigore constitit, unda, Ov. met. 9, 662. – **II** übtr.: **a erweicht werden** = sich bewegen lassen, precibus, Ov. met. 1, 378. – **b verweichlichen,** eā re ad laborem ferendum remollescere homines atque effeminari, Caes. b. G. 4, 2, 6.

re-mollio, īvī, ītum, īre, **wieder und wieder weich machen, I** eig.: terram, auflockern, Colum. 2, 11, 9: grana, Ps. Apul. herb. 3, 9. – **II** bildl.: **a verweichlichen,** artus, Ov. met. 4, 286. – **b erweichen** = umstimmen, Suet. Aug. 79, 1.

re-moneo, ēre, **wieder erinnern, wiederholentlich erinnern,** Apul. met. 5, 24.

re-mora, ae, *f.,* **I** die **Verzögerung,** der **Verzug,** remoram faciunt rei privatae et publicae, halten auf, verzögern, Plaut.: remora si sit, wenn ich zögere, Plaut.: quaenam vox gressui meo remoram facit? Liv. Andr.: remorā ausus miserabiles casus levare multorum, Amm. – meton., was Verzug macht oder aufhält, das **Hindernis,** Cels. 7, 15. – **II** übtr., ein Seefisch = echenēis, Donat. Ter. Andr. 4, 3, 24. Serv. Verg. Aen. 8, 699. Schol. Lucan. 6, 675.

remorāmen, inis, *n.* (remoror), das **Hemmnis,** remoramina ipsa nocebant, gerade die Hemmnisse (Gegenvorstellungen, Warnungen), Ov. met. 3, 567 zw. (Ehwald moderamina).

remorātio, ōnis, *f.* (remoror), das **Verweilen,** Eccl. u. Gloss.

remorātor, ōris, *m.* (remoror), der **Säumer,** Mart. Cap. 1. § 70.

remorātrīx, trīcis, *f.* (Femin. zu remorator) = βραδεῖα, die **Säumerin,** Gloss. II, 259, 51.

remorbēsco, ere (re u. morbus), **wieder krank werden,** Enn. bei Fest. 277 (b), 23.

re-mordeo, mordī, morsum, ēre, **I wiederbeißen,** dah. bildl.: **a** einen Angriff erwidern, alqm, Hor. epod. 6, 4. – **b** wiederholentlich beunruhigen, quälen, peccata remordent, Lucr.: libertatis desiderium remordet animos, Liv.: te cura remordet, Verg. – **II ätzen, zusammenziehen,** vinum leviter od. mediocriter remordens, Cael. Aur. de morb. chron. 2, 13, 181 u. 2, 14, 209: remordentes materiae, *ibid.* 2, 11, 35.

Remōria, ae, *f.*, s. 2. Remūria.

remoris, e (remoror), **I aufhaltend,** aves, Vögel, bei deren Anblick man mit der Ausführung einer Sache noch anstehen musste, Fest. 277 (b), 9; vgl. Paul. ex Fest. 276, 11. – **II langsam,** Aur. Vict. de orig. gent. Rom. 21, 4.

re-moror, ātus sum, ārī, **I** *intr.* **sich aufhalten, verweilen, säumen,** diu intus, Plaut.: non diu, Catull.: in Italia, Liv. – **II** *tr.* **zurückhalten, aufhalten, verzögern, hemmen,** alqm, Plaut. u. Cic.: alqm ab negotiis, abhalten, Sall.: iter alcis, Sall.: te longae fata senectae remorentur, Prop.: num unum diem postea L. Saturninum et C. Servilium mors ac rei publicae poena remorata est? ließ die Todesstrafe auch nur einen Tag auf sich warten? Cic.: m. folg. *quo minus* u. Konj., nox atque praeda castrorum hostes, quo minus victoriā uterentur, remorata sunt, Sall. Iug. 38, 8.

remōtē, *Adv.* (remotus), **entfernt,** aliae (stellae) propius a terris, aliae remotius ... eadem spatia conficiunt, Cic. de nat. deor. 1, 87: *Superl.* remotissime, Augustin. de trin. 12, 5.

remōtio, ōnis, *f.* (removeo), **I** das **Zurückbewegen, -ziehen,** brachii, Rhet. Her. 4, 26. – **II** die **Entfernung, Beseitigung,** tutoris, Ulp. dig. 26, 10, 4: bildl., criminis, Zurückweisung der Beschuldigung, Cic. de inv. 1, 15 u. 2, 86.

remōtus, a, um, *PAdi.* (v. removeo), **I entfernt, entlegen,** locus ab arbitris remotus, Cic.: antrum remotius, Ov.: loci maritimi an remoti a mari, Cic.: Apulia ab impetu belli remotissima, Cic.: homo ab agro remotissimus, der ganz vom Land entfernt lebte, sich gar nicht mit Ackerbau beschäftigte, Cic.: verba remotiora, gewähltere Ausdrücke, Quint.: m. bl. *Abl.*, remoto mari loco, Vell.: quasi civitatis oculis remotus, Suet. – *neutr.* subst., in remoto, in der Ferne, Sen. nat. qu. 3, 26, 1. – **II** übtr., **entfernt** von etwas, **a fern, frei** von etwas, a culpa remotus est, Cic.: a vulgari scientia remotiora, Cic.: ab suspicione remotissimus, Cic. – **b abgeneigt,** a vino, ab escis, nicht zugetan, Colum.: ab inani laude, Cic. – **c verwerflich, nachzusetzend,** subst., remōta, ōrum, *n.* = reiecta, die ἀποπροηγμένα der Stoiker, Dinge, die zwar kein Übel, aber doch verwerflich u. anderen Dingen nachzusetzen sind, **Nachgesetztes,** Cic. de fin. 3, 52.

re-moveo, mōvī, mōtum, ēre, **zurückbewegen, zurückschaffen, entfernen, wegschaffen,** pecora, Cic.: arbitros (gew. remotis arbitris), Cic.: alqd ex oratione, Cic.: alqd de medio, Cic.: alqd ab oculis, Cic.: equos ex conspectu, Caes.: alqm a vita, töten, Lucr. – alqm a re publica, von der Teilnahme an Staatsgeschäften entfernen, der politischen Rechte berauben, Cic.; dah. auch für den Staat unschädlich machen, Tac.: alqm senatu, Liv.: alqm quaesturā, Suet.: praetorianos, abdanken, Suet. – r. se artibus, Cic.: r. se a negotiis publicis, sich zurückziehen, Cic. – remoto ioco, ohne Scherz, Scherz beiseite, Cic. – ► Synk. Perf.-Formen remōrunt, remōrat, remōsse.

re-mūgio, īre, **I dagegenbrüllen,** ad mea verba remugis, Ov. met. 1, 657. – **II zurückbrüllen,** Sibylla remugit antro, Verg. Aen. 6, 99. – übtr., **zurückschallen,** vox assensu nemorum ingeminata remugit, Verg.: leve tympanum remugit, Catull.: nemus ventis remugit, Hor.: nemus latratu remugit, Sen. poët.

re-mulceo, mulsī, mulsum, ēre, **I zurückstreichen, -beugen,** caudam, Verg. Aen. 11, 812: crines fronte parili separatu per malas, Apul. flor. 15. p. 17, 7 Kr. – **II streicheln,** aures equi, Apul. met. 1, 2. – bildl., **a streicheln, besänftigen,** Stat. Theb. 8, 93. – **b ergötzen,** dulcissimis modulis animos audientium, Apul. met. 5, 15.

remulco, āre (remulcum), **ins Schlepptau nehmen, bugsieren,** Non. 57, 27 u. Gloss.

remulcum, ī, *n.* (v. ῥυμουλκέω, st. ῥυμὸν ἕλκω), das **Schlepptau,** navem remulco trahere, ins Schlepptau nehmen, schleppen, Liv.: ebenso navem remulco abstrahere, Caes.: navem remulco adducere, Caes.: in altum remulco retrahere, Sisenn. hist. fr. – Sprichw., non contis nec remulco, ut aiunt, sed velificatione plenā, Amm. 18, 5, 6.

1. Remulus, ī, *m.*, **I** ein König in Alba, Ov. met. 14, 616 u. fast. 4, 49 (bei Liv. 1, 3, 9 Romulus Silvius gen.). – **II** = Remus, Sulpic. sat. 19. – **III** ein Heldenname, Verg. Aen. 9, 360 u. a.

2. rēmulus, ī, *m.* (*Demin.* v. remus), das **kleine Ruder,** Turpil. com. 97.

re-mundo, āre, **wieder reinigen,** CIL 5, 4016.

remūnerātio, ōnis, *f.* (remuneror), die **Vergeltung, Erwiderung,** die **Erkenntlichkeit** für etw., benevolentiae, Cic. de amic. 49: officiorum, Cic. de inv. 2, 66: interfecti regis, Macr. somn. Scip. 1, 4, 2: absol., a quo expeditior et celerior remuneratio fore videtur, in eum etc., Cic. de off. 2, 69: sanctarum remunerationum per triennium comes, CIL 6, 1749. lin. 12.

remūnerātor, ōris, *m.* (remuneror), der **Vergelter,** Tert. apol. 36. Ambros. de Noë et arca 14, 48. Augustin. de civ. dei 14, 26. Vulg. epist. ad Hebr. 11, 6. Cassiod. var. 5, 41, 5 u. 10, 16, 2: virtutum, CIL 6, 1749 lin. 4.

remūnerātrīx, trīcis, *f.* (Femin. zu remunerator), die **Vergelterin,** Ambros. in psalm. 118. serm. 14. § 31 *extr.;* cant. cantic. 2. § 23 *extr.*

remūnero, s. re-mūneror ►.

re-mūneror, ātus sum, ārī, **vergelten,** wieder **beschenken, belohnen, sich erkenntlich zeigen** für usw., **α** m. *Acc. pers.:* alqm, Varro u. Cic.: alqm si non pari at grato tamen munere, Cic.: alqm simillimo munere, Cic.: alqm magno praemio, Caes.: neque enim obligandus, sed remunerandus est in amoris officio qui prior coepit, Plin. ep.: im üblen Sinne, alqm suppliciis, Catull. 14, 20. – **β** m. *Acc. rei:* meritum, Liv.: beneficia alcis officiis, Cic.: solum (der Boden) impensam coloni laboremque magno fetu remuneratur, Colum.: im üblen Sinne, rem. sophisma, erwidern, Gell. 18, 13, 7. – **γ** absol.: in accipiendo remunerandoque, Cic.: remunerandi voluntas, Cic. – ► Aktive Nbf. **remūnero**, āvī, ātum, āre, M. Aurel. bei Fronto ad M. Caes. 3, 2. p. 41, 6 N. Petron. 140, 8. Ps. Quint. decl. 2, 6. Tert. apol. 25. Papin. dig. 17, 1, 7: Passiv, Fronto ad M. Caes. 2, 1 (8). § 16. p. 24, 11 N. Tert. apol. 46. Apul. met. 7, 14. Min. Fel. 7, 2.

1. Remūria, ōrum, *n.* (Remus) = Lemuria (s. lemurēs), nach Ov. fast. 5, 479.

2. Remūria (Remōria), ae, *f.*, ein Ort auf der Spitze des aventinischen Hügels, wo Remus der Sage nach Auspizien wegen Gründung der Stadt Rom anstellte, Aur. Vict. de orig. gent. Rom. 23, 1.

re-murmuro, āre, **entgegenmurmeln, -rauschen, I** *intr.:* nec fracta remurmurat unda, Verg. Aen. 10, 291: pinus nulli spoliata remurmurat aurae, Stat. silv. 5, 1, 153. – **II** *tr.:* **a** eig.: carmina remurmurat echo, Calp. 4, 28. – **b** übtr., widersprechend **dagegenmurmeln,** si quis quid remurmurat aut deprecatur, Fronto ep. ad amic. 2, 7 (6) *in.*

1. rēmus, ī, *m.* (altlat. resmus; vgl. ἐρετμός), das **Ruder, I** eig. u. bildl.: **a** eig.: remos ducere, Ov., oder impellere, Verg.: navigium remis incitare, Caes.: remis insurgere, incumbere, inhibere, s. d. Verba: remos reducere ad pectora, rudern, Ov.: servos ad remum dare, Liv.: detergere remos, Caes., ab utroque latere remos, Liv., alterius lateris remos, Liv.: demittere remos in aquam ab utroque latere, Liv. – Sprichw., remis ventisque, od. ventis remis, od. velis remisque, eig. mit Segeln und Rudern, d. i. mit allen Kräften, mit aller Anstrengung, remis ventisque petivit (fuhr), Verg. Aen. 3, 563: ventis remis in patriam omni festinatione properavi, mit vollen Segeln, Cic. ep. 12, 25, 3: res velis, ut aiunt, remisque fugienda, Cic. Tusc. 3, 25. – **b** bildl.: quaerebam igitur, utrum panderem vela orationis statim an eam (*sc.* orationem) ante paulum dialecticorum remis propellerem, Cic. Tusc. 4, 9. – **II** übtr., remi, von den Händen und Füßen eines Schwimmenden, Ov. her. 17 (18), 215: von den Flügeln der Vögel, alarum remis, Ov. met. 5, 558.

2. Remus, ī, *m.,* Bruder des Romulus, des ersten Königs in Rom, Liv. 1, 5 *sqq.* Cic. de div. 2, 80: Remi nepotes, die Römer, Catull. 58, 5.

3. Rēmus, s. Rēmī.

rēn, rēnis, *m.* (ῥέω), die **Niere,** nur im Plur. renes, die **Nieren,** **I** eig., Cic. u. a.: laborare ex renibus, Nierenschmerzen haben, Cic. – **II** meton., die **Lenden,** Nemes. cyn. 112. – ▶ a) Nbf. rien = ren, Plaut. fr. bei Fest. 277 (a), 15, wovon auch Plur. rienes, Chalcid. Tim. 37. – **b** Genet. Plur. renum u. renium.

rēnālis, e (ren), **die Nieren betreffend, Nieren-,** passio (griech. νεφρῖτις), Cael. Aur. de morb. chron. 5, 3, 52.

re-nārro, āre, **wieder erzählen,** fata divûm, Verg.: facta, Ov.: a facto propiore priora, Ov.: Thebas Argosque, Stat.

re-nāscor, nātus sum, nāscī, **wieder wachsen, wiedergeboren werden, wieder entstehen (erstehen),** **I** eig.: pinnae renascuntur, Cic.: Samius (Pythagoras) posse renasci nos putat, Ov.: Phoenix renascitur ex se, Plin.: renascitur dens, Plin.: ut revixisse aut renatum (neugeboren) sibi quisque Scipionem imperatorem dicat, Liv. – **II** übtr.: **a** v. Konkr.: ab secunda origine velut ab stirpibus laetius feraciusque renata urbs, Liv.: Tyros post excidium renata, Curt.: alio renascitur orbe (Lycus fluvius), kommt wieder hervor, Ov.: Archibucolus taurobolio criobolioque in aeternum renatus, CIL 6, 510. lin. 19. – **b** v. Abstr.: principium exstinctum ab alio renascitur, Cic.: bellum istuc renatum, Cic.: (tribunatus plebis) brevi tempore nescio quo pacto recreatus multoque taetrior et foedior renatus est, Cic.: Troiae renascens fortuna, Hor.: annus semper renascens, Plin.: renascitur aurea aetas, Calp.

re-nato, ātus, āre, **wieder zurückschwimmen** über usw., eodem renatato stagno, Augustin. de civ. dei 18, 17.

renātus, a, um, *Partic.* v. renascor, s. d.

re-nāvigo, āre, **zurückschiffen,** in haec Puteolana et Cumana regna, Cic.: ab Astura Antium, Plin.: ex India, Plin.

re-necto, ere, **knüpfen, verknüpfen,** Avien. Arat. 474.

re-neo, ēre, eig., **zurückspinnen,** d. i. **das Gespinst auflösen,** dolent fila reneri, dass die Schicksalsfäden der Parzen wieder aufgelöst = der Schicksalsbeschluss geändert werde, Ov. fast. 6, 757: stant rata non ullā fila renenda manu, Auct. consol. ad Liv. 444.

rēnēs, um, *m.,* s. rēn.

rēniculus, ī, *m.* (*Demin.* v. ren), die **kleine Niere,** Marc. Emp. 26 *extr.*

renīdentia, ae, *f.* (renideo), das freundliche **Lächeln,** infantium, Tert. de anim. 49.

re-nīdeo, ēre, **I zurückstrahlen, erglänzen, schimmern,** pura nocturno renidet luna mari, Hor.: non ebur neque aureum mea renidet in domo lacunar, Hor.: lares renidentes (weil mit Wachsfirnis überzogen), Hor.: aes renidens, d. i. die blitzenden Waffen, Verg.: non domus auro renidet, Lucr.: gemmis frena renident, Claud. – bildl., iam sola renidet in Stilichone salus, Heil, Hoffnungsschimmer erglänzt, Claud. in Eutr. 2, 501. – **II** meton., mit glänzendem Auge **lächeln, freundlich tun,** im üblen Sinne = **höhnisch, tückisch lächeln, grinsen,** homo renidens, Liv.: ore renidenti, mit vor Freude strahlendem G., Ov.: instanti minitantique renidens, Tac.: m. *Acc. Adi. neutr.* st. des *Adv.,* falsum renidens vultu, mit tückisch lächelnder Miene, Tac. ann. 4, 60: u. so torvum et furiale renidens, Sil. 13, 375: renidens exitiabile, Apul. met. 6, 16: torvum renidens, Amm. 14, 9, 6: m. folg. *Infin.,* adiecisse praedam torquibus exiguis renidet, Hor. carm. 3, 6, 12. – bildl., mihi renidens fortuna, anlachend, Apul. met. 10, 16: velut hilarior renidet oratio, Quint. 12, 10, 28. – ▶ Perf. renidui in der 3. Pers. reniduit, Gloss. II, 172, 13.

renīdēsco, ere (renideo), **erglänzen,** tota circum aere renidescit tellus, Lucr. 2, 326.

renīsus, ūs, *m.* (renitor), der **Widerstand,** Cels. 5, 28. *no.* 12. Augustin. de civ. dei 14, 23, 2 u. 21, 16 *in.* Claud. Mam. de stat. anim. 1, 22, 2.

renītenter, *Adv.* (renitens v. renitor), **mit Widerstand,** verb. ren. et reluctanter (mit Kampf u. Widerstreben), Augustin. de lib. arbitr. 3, 23, 69.

re-niteo, ēre, **zurückblinken, -glänzen,** Prisc. perieg. 258. Ambros. de fide 2. § 14 u. a. Eccl.

renītor, nīsus sum, nītī, **sich entgegenstemmen = sich widersetzen, widerstehen,** **I** eig.: alter motus alteri renititur, Plin.: renititur os (specillo), Cels.: trahere me renitentem, Apul. – **II** übtr., absol., v. Menschen, Liv. u. Curt., v. Tieren, Plin.: m. *Dat.,* ren. alcis imperio, Spart.

re-nīxus, ūs, s. renīsus.

1. re-no, āre, **zurückschwimmen,** per Stygias umbras, Auct. consol. ad Liv. 432. – übtr., saxa renant, tauchen wieder empor, Hor. epod. 16, 25.

2. rēno (rhēno), ōnis, *m.* (ein keltisches Wort), das **Tierfell** mit den Haaren nach außen, als Kleidung der Gallier u. Germanen, der **Pelz,** die **Wildschur,** Varro LL. 5, 167. Sall. hist. fr. 2, 58 *ed. Kritz* (inc. libr. fr. 19 *ed. Dietsch).* Isid. orig. 19, 23, 4: (Germani) pellibus aut parvis renonum tegumentis utuntur, Caes. b. G. 6, 21, 5: Germani intectum renonibus corpus tegunt, Sall. hist. fr. 3, 57 *ed. Kritz* (inc. libr. fr. 18 *ed. Dietsch).*

renōdis, e (re u. nodus), **zurückgeknüpft, aufgeknüpft,** capillus, Capit. Albin. 13. § 1.

re-nōdo, (āvī), ātum, āre, **entknoten,** longam comam, entwulsten (= das in eine Wulst aufgebundene lange Haar losknüpfen und frei hängen [fliegen] lassen), Hor. epod. 11, 28: teque renodatam pharetris ac pace fruentem, vom Köcher befreit, Val. Flacc. 5, 380.

re-nōrmo, (āvī), ātum, āre, **wieder nach dem Richtmaß ordnen,** agrum, Gromat. vet. 232, 16 u. 288, 25 u. 27.

re-nōsco, ere, **wieder erkennen,** Paul. Nol. carm. 15, 342.

renovāmen, inis, *n.* (renovo), die **Erneuerung** = neue Gestalt, Ov. met. 8, 729.

renovātio, ōnis, *f.* (renovo), die **Erneuerung,** **I** eig.: mundi, Cic. de nat. deor. 2, 118: tergorum, Plin. 9, 95. – insbes., r. singulorum annorum, die Zinserneuerung, Zins auf Zins, Cic. ad Att. 6, 1, 5. – **II** übtr.: **a** im Allg.: r. timoris, Cic.: auspiciorum, Liv., doctrinae, Rückkehr zur usw., Cic. – **b** als rhet. Fig. = ἀνακεφαλαίωσις, die **zusammenfassende Wiederholung, Zusammenfassung,** Sulpic. Vict. instit. orat. § 23. p. 324, 23 *ed. Halm.*

renovātor, ōris, *m.* (renovo), der **Erneuerer,** operum publicorum, CIL 10, 3857: corporis, Ps. Tert. carm. adv. Marc. 1, 39.

re-novello, āre, **wieder erneuern,** vineam, Colum. de arb. 6, 1.

re-novo, āvī, ātum, āre, **erneuern, wiederherstellen,** **I** eig.: templum, Cic.: colonias, Cic.: agrum, durch Brache erneuern, Ov.; aber agrum aratro, durch Pflügen erneuern = nach gehabter Ruhe zu neuer Anstrengung bearbeiten, Ov. – insbes., fenus in singulos annos, Zins auf Zins rechnen, Cic. ad Att. 6, 3, 5: centesimae quotannis renovatae (Ggstz. perpetuae), Cic. ad Att. 6, 2, 7: tabulas testamenti omnibus mensibus, das Testament umändern, Petron. 117, 10. – **II** übtr.: **1 erneuern,** **a** übh.: scelus suum illud pristinum, Cic.: proelium, Caes.: bellum, Caes.: dextras, den Handschlag (= die unter Handschlag gegebene Zusage), Tac.: casus omnes, von neuem bestehen, Verg.: ren. gaudia, redintegrare laetitiam (den Jubel verjüngen), Plin. pan.: memoriam (Andenken), Cic.: ex morbo velut renovatus (verjüngte) flos iuventae, Liv.: senectus renovata, verjüngte, Ov. – animos equitum Romanorum ad Q. Caepionis odium ren., aufs neue zum H. gegen Q. Cäpio entflammen, Cic.: cum auditoris animus renovatur ad ea, quae restant, von neuem gerichtet wird, Cic. – m. folg. *ut* u. Konj., ipsis quoque tribunis, ut sacrosancti viderentur, relatis quibusdam ex magno intervallo caerimoniis renovarunt, Liv. 3, 55, 6. – **b** im Gedächtnis erneuern, **ins Gedächtnis zurückrufen,** mit Worten = **wiederholen,** renovabitur prima illa militia, cum etc., Cic.: renovabo illud, quod initio dixi, Cic.: ut renovetur, non redintegretur (nicht ganz wiedergegeben wird) oratio, Rhet. Her. – **2 erquicken, erfrischen, sich erholen lassen,** corpora animosque ad omnia de integro patienda (v. der Ruhe), Liv.: se novis opibus copiisque, wieder zu Kräften kommen, Cic.: quibus (vaporibus) altae renovataeque stellae, Cic.: reficere et renovare rem publicam, Cic.: fatigata (facundia) renovatur, Quint.

re-nūbo, ere, **wieder heiraten** (von einer Frau), Tert. ad uxor. 1, 7.

re-nūdo, āvī, ātum, āre, **I entblößen, bloßmachen,** brachia, Apul.: m. *Abl.,* renudata laciniis, Apul. – **II aufdecken, eröffnen,** Arnob. u. Mart. Cap.

re-nūdus, a, um, **entblößt,** Tert. de virg. vel. 17 *in.*

rēnulus, ī, *m. (Demin.* v. ren), die **kleine Niere,** Plur. bei Theod. Prisc. 4, 2.

renumerātio, ōnis, *f.* (renumero) = ἀνακεφαλαίωσις, die **zusammenfassende Wiederaufzählung, Zusammenfassung,** Cassiod. de art. ac disc. lib. litt. 2. p. 532 (b) *ed. Garet.*

re-numero, āvī, ātum, āre, **wiederzahlen, zurückzahlen, wieder auszahlen,** alci aurum, Plaut. Bacch. 46: omnem pecuniam patri, *ibid.* 608: dotem huc, Ter. Hec. 502: pecuniam, Apul. apol. 92.

rēnunculus, ī, *m. (Demin.* v. ren), die **kleine Niere,** Plur., Marc. Emp. 26. Vulg. Levit. 3, 4.

renūntiātio, ōnis, *f.* (renuntio), **I** die **Verkündigung, Bekanntmachung, Anzeige,** der **Bericht,** m. subj. *Genet.,* eius, Cic.: m. obj. *Genet.,* suffragiorum, Cic.: consulum, Plin. pan.: absol., Cic. u. ICt. – **II** die **Aufsagung, Aufkündigung,** ICt. u. Eccl.; vgl. Ps. Ascon. ad Cic. I. Verr.. 6, 16. p. 131, 15 B. u. – die **Entsagung,** Augustin. epist. 85, 2; vgl. renuntio *no.* II, b.

renūntiātor, ōris, *m.* (renuntio), der **Bekanntmacher, Verkündiger, Entdecker,** ICt. u. Eccl.

re-nūntio, āvī, ātum, āre, **I zurückberichten, -verkünden, -melden, -anzeigen, hinterbringen, Bericht erstatten, a** übh., m. *Acc.,* m. *de* u. Abl., m. *Acc.* u. *Infin.,* m. folg. indir. Fragesatz, quid nunc renuntiem abs te responsum, Ter.: nihil a quoque renuntiabatur, wurde keine Antwort gebracht, Suet.: hoc alii mihi renuntiant, Plaut.: ne Stoicis renuntiaretur, wiedererzählt würde, Cic.: te ad patrem esse mortuom renuntiem, Plaut.: ego iam nunc tibi renuntio futurum, ut sis sciens, Ter.: assentior renuntioque vobis nihil esse quod etc., erkläre euch, Cic.: puer cum celeriter, quid esset, renuntiasset, Nep. – *impers.,* mihi renuntiatum est de obitu filiae tuae, Sulpic. in Cic. ep.: ero renuntiatum est eam huic nuptum dari, Plaut.: postquam ad nos renuntiatum est te et patrem esse mortuom, Plaut.: renuntiari tibi Licinium plagiarium tributa exigere, Cic. – absol., nunc domum renuntiatum, Plaut.: renuntiatum est, Ter. – **b** amtlich **zurückberichten, melden, Bericht abstatten,** alqd ad senatum, Cic.: alqd in concilium, Liv.: legationem, von seiner Sendung Bericht abstatten, Cic.: hominum et militum numerum, Cic. ep. – **c öffentlich bekanntmachen, α** die Wahl zum Konsul, Prätor usw., **verkündigen, ausrufen,** m. dopp. *Acc.,* im Passiv m. dopp. *Nom.,* L. Murenam consulem, Cic.: Valerium Corvum consulem, Liv.: eodem modo sacerdos Climachias renuntiatus est, Cic.: ter praetor centuriis cunctis renuntiatus sum, Cic.: fratrem a fratre renuntiatum (*sc.* magistratum, als M.), Caes.: tuā voce (consules) renuntiati sumus, Plin. pan.: ter praetor primus (zuerst, an erster Stelle) renuntiatus sum, Cic. – m. folg. indir. Fragesatz, a praecone coepti sunt renuntiari, quem quaeque tribus fecerint aedilem, Varro r. r. 3, 17, 1. – m. folg. *Acc.* u. *Infin.,* Palicanum suffragiis populi consulem creatum, Val. Max. 3, 8, 3. – **β öffentlich erklären,** m. dopp. *Acc.,* im Passiv m. dopp. *Nom.,* ut hostis (F. des Staates) renuntiaretur, Spart. Did. Iul. 5, 3. – **d** repudium alci, die Ehe aufkündigen, Plaut. aul. 783. Ter. Phorm. 677. Fronto ad amic. 1, 15 *extr.* – **e** ren. sibi, **sich im Geiste sagen, sich zu Gemüte führen,** m. folg. *Acc.* u. *Infin.,* nihil horum, quae facis, posse subduci, Sen. cons. ad Polyb. 6 (25), 1: m. folg. indir. Fragesatz, quanta sit humani ingenii vis, Quint. 12, 11, 10. – **II aufkündigen, aufsagen, absagen, a** eig.: alci amicitiam, Liv.: decisionem tutoribus, Cic.: hospitium alci, Cic. – insbes., jmdm. eine Einladung zu Tisch **absagen,** ren. ad alqm, Plaut. Stich. 599: ego illi ad prandium promisissem, ad cenam renuntiassem! Sen. suas. 2, 12. – **b** bildl., **entsagen, aufgeben, sich lossagen** von etwas, auf etwas **verzichten,** civilibus officiis, Quint.: advocationibus, Plin. ep.: vitae, Suet.: mundo, Cypr.: ut etiam rebus, quibus renuntiasti, te post renuntiationem inserueris, Augustin. epist. 85, 2.

re-nūntius, iī, *m.,* der **Wiederberichter,** nuntii, renuntii, v. Laufburschen, Plaut. trin. 253: nuntii renuntiique, Zwischenträger, Cod. Theod. 3, 7, 1.

re-nuo, uī, ere, abwinken = **ablehnen, verneinen, missbilligen** (Ggstz. annuo), multi renuēre, Ov.: renuit negitatque Sabellus, Hor.: oculo renuente, Ov.: annuendi renuendique motus, Quint.: übtr., renuente metro, da es das Versmaß nicht zulässt, Prud. perist. 4, 162. – m. *Dat.,* alci, Tac.: huic decem milium crimini, widersprechen, Cic.: m. *Acc.,* renuis, quod iubet alter, Hor.: quid annuat mente vel renuat: Augustin.: nullum convivium, ausschlagen, Cic., laudem labori, versagen, Sabin. epist. – m. *Infin.,* non renuo mori, Prud. perist. 14, 20. Vulg. psalm. 76, 3; Ierem. 5, 3 u. 9, 6.

renūto, āre (*Intens.* v. renuo), **ablehnen, sich weigern, widerstreben,** simulacra renutant (*sc.* transire per foramina rerum), Lucr. 4, 598: contra illa renutat, Prud. ham. 774.

re-nūtrio, īre, **wieder ernähren,** Paul. Nol. epist. 23, 9.

renūtus, Abl. ū, *m.* (renuo), das Abwinken = das **Ablehnen,** ego quoque simili nutu ac renutu respondere voto tuo possum, Plin. ep. 1, 7, 2.

reor, ratus sum, ērī (zu Wz. **rē,* worauf bedacht sein, vgl. gotisch *urrēdan,* urteilen, ahd. *rātan,* raten), aus vernünftigen Gründen (aus Berechnungen, Schlüssen) bei sich bestimmen = **meinen, glauben, urteilen, dafürhalten** (mehr poet., dah. auch in der höheren Prosa, s. Cic. de or. 3, 152. Quint. 8, 3, 26), **α** m. folg. *Acc.* u. *Infin.* od. m. bl. *Infin.:* hoc servi esse officium reor, Plaut.: rentur eos esse, quales se ipsi velint, Cic.: equidem aliquid interesse rebar inter id tempus, quo etc. … et hoc, quo etc., Liv.: rebantur enim fore, ut etc., Cic. – consul optumum factu ratus noctem quae instabat antecapere, Sall. – **β** m. dopp. *Acc.:* alii rem incredibilem rati, Sall.: tametsi omnia potiora fide Iugurthae rebatur, Sall. – **γ** m. *Acc.* u. m. *Genet.,* illam obsidionem flagitii ratus, für eine Schmach (für schmachvoll) haltend, Sall. – **δ** absol., reor als Parenthese, nam, reor (ich sollte doch denken), nullus posset esse iucundior, Cic.: ut potius reor, Verg. – ► vulg. Formen rabar, rabamini, randum, Gloss., s. Löwe Prodr. p. 346 u. Löwe Gloss. nomin. p. 142. – reor passiv, nach Prisc. 8, 15 u. 17. – akt. Nbf. **reo,** wov. remus, Ven. Fort. carm. 7, 3, 3 *Leo.*

re-ōrno, āre, **wieder putzen,** reornantur et specula lunae, quae menstruus numerus attriverat, Tert. de res. carn. 12; vgl. Not. Tir. 33, 89.

repāgēs, um, *f.* poet. = repagula, Fest. 281 (a), 12.

repāgulum, ī, *n.* (repango), der vorgeschobene **Querbalken, I** Sing., der **Schlagbaum,** das **Gatter,** igitur cum equites nihil praeter fugae circumspectantes praesidia vidisset longius Caesar, concito equo eos velut repagulum quoddam cohibuit, Amm. 16, 12, 38. – **II** Plur. (wohl weil immer je zwei): **a** der doppelte **Schlagbaum,** das **Gatter** in der Rennbahn, um die Pferde vom Auslaufen zurückzuhalten, Ov. met. 2, 155. Lucan. 1, 295. Sil. 16, 317. Ven. Fort. carm. 5, 6, 8. – **b** zwei Balken, die entweder waagrecht unten u. oben wie Schlagbäume zwischen die beiden Pfosten der Tür eingesetzt oder senkrecht an jede der beiden Türpfosten angesetzt wurden, die **Türriegel** (vgl. Fest. 281, 6), dextri robusta repagula postis, Ov. met. 5, 120 (*v.* 123 Ggstz. laevi robora postis): occludite aedes pessulis, repagulis ilico, Plaut. cist. 649: portae cecĭdisse repagula sensit et clausura fuit, nisi etc., Ov. met. 14, 783: in templo Herculis valvae clausae repagulis subito se ipsae aperuerunt, Cic. de div. 1, 74: cardines ad foramina resident, postes ad repagula redeunt, ad claustra pessuli recurrunt, Apul. met. 1, 14: convulsis repagulis effractisque valvis (fani), Cic. Verr. 4, 94: so auch an einem Tierkäfig, repagula versabilia, drehbare Riegel, Art Zylinder, Amm. 19, 6, 4. – im Bild, omnia repagula pudoris officiique perfringere, alle Riegel, Schranken, Cic. Verr. 5, 39: ille transversā mente mi hodie tradidit repagula, quibus ego iram omnem recludam, die Riegel, Enn. fr. scen. 270 *sq.* – **c** in einer Wurfmaschine (scorpio) die **Kloben,** auf denen die Seile laufen, repagula, quibus incorporati sunt funes, explicantes, Amm. 23, 4, 6.

repandirōstrus, a, um (repandus u. rostrum), **mit aufwärtsgebogenem Rüssel,** pecus Nerei, die Delphine (Meerkälber), Pacuv. tr. 408 (bei Quint. 1, 5, 67).

re-pando, ere, **wieder aufsperren,** fores, Apul. met. 4, 18 u. 9, 20.

repandulus, a, um (*Demin.* v. repandus), **etwas rückwärts gebogen,** Schol. zu Acro Hor. sat. 2, 4, 34.

repandus, a, um, **rückwärts (aufwärts) gebogen, -gekrümmt,** crura, Sen. fr.: dorsum, des Delphins, Plin. (dah. vom Delphin, repandus in undas desiluit, Ov.): calceoli, eine Art Schnabelschuhe, Cic.: cervix, Plin.: tela, die zurückgebogenen Hauer des Ebers, Sidon.: lilium, Vulg.: m. *Genet.*, pecus nasi rostrique repandum, Lucil. 212 (vgl. repandirostrus).

re-pango, ere, **hineinsetzen, -senken** od. **-pflanzen,** semen ferulae, Colum. 5, 10, 14 u. de arb. 22, 3.

reparābilis, e (reparo), **ersetzlich, ersetzbar,** res, Sen. de vit. beat. 6, 4; vgl. Sen. ep. 1, 3: damnum, Ov. u. Lucan.: Phoenix, wieder lebendig werdend, Anson.: silva, wieder belaubt, Calp.: caelum, wieder erwerblich, Val. Flacc.: echo, wiederholend, Pers.

reparātio, ōnis, *f.* (reparo), die **Wiederherstellung,** der **Wiederaufbau,** die **Erneuerung,** thermarum, CIL 6, 1750: murorum tormentorumque omnium, Veget. mil. 3, 3. p. 70, 4 L^2.: eorum, quae exusta erant, Oros. 7, 2, 11: vitae, Prud. cath. 10, 120: humani generis, Oros. 2, 6, 11: reparationis spes, das Treffen wiederherzustellen, Veget. mil. 3, 14 *extr.;* vgl. 3, 25.

reparātor, ōris, *m.* (reparo), der **Wiederhersteller, Erneuerer,** immensi aevi, Stat. silv. 4, 1, 11: orbis, CIL 11, 4781: rutili Eoi, Avien. Arat. 106: absol., et auctor et rep., Ambros. de Noë et arca 14, 48. – als Feldgott, Serv. Verg. georg. 1, 21.

re-parco (reperco), repercī, ere, **seinerseits** etw. **sparen,** -mit etwas **sparsam sein,** einer Sache **sich enthalten,** repercis saviis, Plaut. truc. 376 *Schoell:* istius muneris operam non r., Symm. epist. 1, 33: m. *Infin.*, ex nulla facere id si parte reparcent, Lucr. 1, 667.

re-paro, āvī, ātum, āre, **I wieder erwerben, wieder anschaffen, wiederherstellen, wieder erneuern, 1** im Allg.: perdere videbatur, quod reparare posset, Cic.: urbes, Eutr.: res amissas, Hor.: ignem, Plin. ep.: auxilia, Tac.: vires, erneuern, Ov.: novas vires, Lucan.: magnas novi exercitus vires, Vell.: tribuniciam potestatem, Liv.: capillos, Plin. – **2** insbes.: **a wiederherstellen, wieder ausrüsten, -aufbauen,** naves, Eutr.: classem, Auct. b. Alex.: aedificia, Plin. ep.: Carthaginem, Eutr. – **b ergänzen, ersetzen,** exercitum, Liv.: damnum, Iustin. u. a.: damna caelestia lunae, Hor.: cornua (v. Mond), Ov. – **c wiederherstellen = erquicken, verjüngen,** membra, Ov.: ingenia reparantur, erholen sich, Quint. – **d erneuern, wiederholen,** bellum, Liv.: proelium, Iustin. – **II dagegen (dafür) erwerben, dagegen (dafür) einkaufen, -eintauschen,** vina merce Syrā, Wein eintauschen gegen usw., Hor.: so auch merces, ICt.: Cleopatra reparavit classe latentes oras, hat eingetauscht = statt ihrer ägyptischen aufgesucht, Hor. carm. 1, 37, 24.

reparturiēns, entis, *Partic.* (re u. parturio), **wiedergebärend,** Alcim. Avit. poëm. 6, 71.

re-pāsco, ere, **(wieder) füttern, ernähren,** Paul. Nol. epist. 44, 1 *extr.* u. a.

repastinātio, ōnis, *f.* (repastino), **I** das **Wiederbehacken, Wiederumgraben,** Cic. u. Colum. – **II** bildl., das **Umarbeiten, Beschneiden,** Tert. de exhort. ad cast. 6.

re-pastino, āvī, ātum, āre, **wieder behacken, wieder umgraben, I** eig. u. übtr.: **a** eig.: silices, Cato fr.: agrum, Plin.: vineas, Colum.: absol., altius, Varro. – Partiz. subst., repastinātum, ī, *n. (sc.* solum), der **wieder behackte-, wieder umgegrabene Boden,** Colum. u. Plin. – **b** übtr.: ungues, vom Unrat reinigen, Tert. de paen. 11. – **II** bildl.: usum divitiarum, beschränken, Tert.: vitam, erneuern, Tert. – ► Archaist. Infin. Perf. repastinassere, Afran. com. 288.

re-patēsco, patuī, ere, **sich wieder ausbreiten,** postea promiscue repatuit usus rei, Plin. 13, 70 *Mayh.* mit *cod. M.*

repatrio, āvī, āre (re u. patria), **ins Vaterland zurückkehren, heimkehren,** Solin. 27, 15. Ambros. de interpell. Iob et David 2, 5. § 19. – übtr., in der Rede **zurückkehren,** ad Pelusium, Solin. 33, 23: ad Romanum imperium, Cassiod. var. 3, 18, 2.

repausātio, ōnis, *f.* (repauso), der **Ruhepunkt,** Cassiod. de art. ac disc. lib. art. 1. p. 529 (b) *ed. Garet* u. a.

re-pauso, āre, **I** *intr.* **ausruhen, ruhen,** Th. Prisc. 4. fol. 317, b (?). Interpr. Origin. in Matth. 138. – **II** *tr.* **beruhigen, besänftigen,** Cassian. coll. 18, 14.

re-pecto, pexus, ere, **(wieder) kämmen,** iubas, Stat.: coma repexa, Ov.: crinis repexus, Claud.

repedābilis, e (repedo), **zurückweichend,** arbor, Ven. Fort. vit. S. Mart. 1, 266.

repedo, āvī, āre (pes), **zurückgehen, -weichen,** Lucil. 676 u. 677: ad sua rep., Amm. 17, 2, 4: ad signa rep., Amm. 24, 4, 30: iter ad Prasiacam, Iul. Val. 3, 17 (16). p. 126, 5 K. – mit homog. *Acc.*, gradum, Pacuv. tr. 400.

re-pello, reppulī, repulsum, ere, **I zurücktreiben, vertreiben, A** eig.: hostes, Vell.: homines a templi aditu, Cic.: Hannibalem a Nola, Liv.: alqm ex urbe, Cic.: hostes in silvas, in oppidum, Caes.: hostem telis, Caes.: equites fundis, Curt. – **B** bildl., **zurücktreiben, vertreiben, abweisen, abhalten, entfernen, verhindern,** repellere bellum, non inferre, Curt.: vim vi, Cic.: dolorem a se, Cic.: oratorem a gubernaculis civitatum, Cic.: furores Clodii a cervicibus civium, Cic.: iniuriam ab alqo, Liv.: facinus, Ov.: contumeliam, sich des Schimpfens enthalten, Cic.: so auch iracundiam, Tac.: alqm a spe, einem die Hoffnung benehmen, Caes.: quod procul a vera nimis est ratione repulsum, entfernt, Lucr. – **II zurückstoßen, -schlagen, A** eig.: repagula, Ov.: mensas, umstoßen, Ov.: so auch aras, Ov.: alqm a genibus suis, Cic.: naves a terra, Auct. b. Alex., u. umgekehrt tellurem (*sc.* a mari), Ov., abfahren, absegeln: impressā tellurem hastā, den Boden gleichsam von sich stoßen, sich, auf die Lanze gestützt, vom Boden aufschwingen, Ov.: so auch amnes Oceani pede repellere, aus dem Ozean emporsteigen, vom Aufgang eines Gestirns, Verg.: alqd cute, abprallen lassen von usw., Ov.: u. so telum aere repulsum, das vom Schild abprallte, Verg. – aera repulsa, das zurück-, aneinandergeschlagene Geklapper, Tibull. – **B** übtr.: **a widerlegen,** allatas criminationes, Cic.: repulsus veritatis viribus, Phaedr. **b zurückstoßen, zurück-, abweisen, verschmähen,** a quo repulsus (graculus), Phaedr.: si quid meque vobisque dignum petiveris, haud repulsus abibis, Sall.: foribus repulsus, Ov.: repulsus ab amicitia, Sall.: conubia, Verg.: preces, Ov.: beim Ansuchen um Ehrenstellen, et hi repulsi, in spem impetrandi tandem aliquando honoris dilati, Liv.: repulsi sunt ii, quos etc., Cic. – bei Bewerbungen um eine Geliebte, repulsi proci, Ov.: saepe repulsus eas, Prop.: repulsus amor, Ov. – ► Das Perf. reppuli, nicht repuli, s. Osann Cic. de rep. p. 478. Ellendt Cic. de orat. 2, 100 not. cr.

re-pendo, pendī, pēnsum, ere, **I zurückwägen, wieder darwägen, in eben dem Gewicht wieder zustellen,** pensa, das aufgegebene Gespinst, Prop. 4, 7, 41. Ov. her. 9, 78. – **II dagegenwägen,** etwas gegen etwas **wägen** od. **darwägen, A** eig.: **a** übh.: aurum pro capite, Cic., od. caput auro, Vell.: pondus argento rependitur, das Gewicht wird mit Silber aufgewogen, Plin.: Ravenna ternos (asparagos) libris rependit, drei Stück wiegen zu R. ein Pfund, Plin. – **b auslösen, loskaufen,** miles auro repensus, Hor.: captivam manum ductore, Sil. – **B** übtr.: **a** übh., **als Vergeltung geben, -zahlen, erwidern, vergelten,** gratiam, den Dank durch die Tat erwidern, Ov.: pretium vitae, bezahlen, belohnen, Prop.: alternā lege vices, Gleiches mit Gleichem vergelten, Prop.: si magna rependam, Großes dagegen gebe, d. i. eine Wohltat sehr vergelte, Verg.: vitam dote, die Rettung des Lebens vergelten, Ov.: beneficia iniuriis, Val. Max.: incolumitatem turpitudine, Plin. ep. – damna formae ingenio, aufwägen, ersetzen, Ov.: r. et compensare leve damnum delibatae honestatis maiore aliā honestate, Gell. – poenas pares sceleribus, Strafe leiden, sich bestrafen, Sen. poët.: maestam noctem, rächen, Stat.: culpam culpā, büßen, Ov. – **b** geistig **erwägen,** facta, Claud. cons. Mall. Theod. 227.

repēns, entis (v. ῥέπω, sich neigen, an der Waage den Ausschlag geben), **I plötzlich, schnell, unerwartet** (Ggstz. exspectatus), adventus, Cic.: bellum, Liv. – *Adv.*, quae repens clades allata esset, Liv. 22, 7, 7: repens alia nuntiatur clades, Liv. 22, 8, 1: Ianus bina repens oculis obtulit ora meis, Ov. fast. 1, 96. – **II** (bei Tac.) übtr., **neu, frisch augenblicklich**, causa, Tac.: perfidia, Tac.: cogitatio, Tac.: neque decerneres quid repens aut vetustate obscurum, Tac. Vgl. Nipperd. Tac. ann. 6, 7. Heräus Tac. hist. 1, 23.

repēnsātio, ōnis, *f.* (repenso), die **Wiedervergeltung**, vicissitudinis, Salvian. c. avar. 4, 3, 17.

repēnsātrīx, trīcis, *f.* (repenso), die **Wiedervergelterin**, Mart. Cap. 9. § 898.

repēnso, āvī, ātum, āre (*Intens.* v. rependo), **aufwägen**, caput auro, Flor. 3, 15, 6. – übtr., **ersetzen, vergelten, ausgleichen**, quasi gratiam perfecti laboris, Solin.: incommodum uvarum multitudine, Colum.: bonis mala, Vell.: merita meritis, Sen.: quicquid ex iliis utile et necessarium est, non potest his repensari, Sen. Vgl. Bünem. Lact. 7, 1, 25.

repēnsor, ōris, *m.*, der **Wiedervergelter**, Ennod. epist. 29.

repentāliter, *Adv.* = repente, Fulg. myth. 3, 2. p. 61, 20 H.

repente, *Adv.* (repens), **plötzlich, mit einem Schlag, unvermutet** (Ggstz. sensim), Ter., Cic. u. a. – attrib., laeta rep. pax, Liv. 1, 13, 6: quo repente discursu, Liv. 22, 17, 3.

repentim, *Adv.* (repens) = ἐξαπίνης, **plötzlich**, Gloss. II. 301, 57.

repentīnē, *Adv.* (repentinus), **plötzlich**, Gloss. II, 221, 33.

repentīnō, *Adv.*, s. repentīnus.

repentīnus, a, um (repens), **plötzlich, plötzlich aufgetaucht (emporgekommen), unvermutet**, amor, Cic.: adventus, Caes.: exercitus, in Eile ausgehoben, Liv.: venenum, schnell wirkendes, Tac.: heres, Cic.: ignoti homines et repentini, Cic. Brut. 242; vgl. ubi omnis repentina et ex virtute nobilitas sit, Liv. 1, 34, 6. – rep. = aus dem Stegreif gesprochen, improvisiert, repentina noscitis, Apul. de deo Socr. prol. p. 1, 13 Goldb.: auch v. der Person = unvorbereitet, Apul. de deo Socr. prol. p. 1, 7 Goldb. – de repentino od. (als ein Wort) derepentino, plötzlich, Apul. flor. 16. p. 20, 7 Kr. u. de deo Socr. prol. p. 105 H. (p. 2, 14 G.). – Dav. *Adv.* **repentīno, plötzlich, unvermutet**, Afran. com. 82 u. 397. Cic. Quinct. 14 (vgl. Charis. 217, 3). Caes. b. G. 2, 33, 2. Auct. b. Alex. 29, 4. Gran. Licin. lib. 28. p. 11, 17 Bonn. Apul. flor. 16. p. 21, 3 Kr.; de mund. 16. Lact. 1, 11, 55.

reperco, s. re-parco.

repercussibilis, e (repercutio), **was zurückgeschlagen werden-, zurückprallen kann**, Cael. Aur. de morb. chron. 1, 1, 45 u. 3, 6, 88.

repercussio, ōnis, *f.* (repercutio), das **Zurückschlagen, Zurückprallen**, minoris (lapidis), Augustin. de quant. anim. 22, 37: vicinorum siderum, Rückschein, Widerschein, Sen. nat. qu. 7, 19, 1: rep. splendoris solis in nubibus, Rufin. recogn. 8, 42. – übtr., rep. dactyli, der Rückschlag, Mar. Victorin. 1, 11, 26. p. 45, 21 K.

repercussus, ūs, *m.* (repercutio), das **Zurückprallen**, solis, Sen. u. a.: maris, Gegendruck, Plin. ep.: galearum, Widerschein, Flor.: quo plenior et gravior vox repercussu (durch den Widerhall) intumescat, Tac. – Plur., quidam colorum repercussus, Plin. 37, 22.

re-percutio, cussī, cussum, ere, **I zurückschlagen, zurückstoßen, -treiben, -schleudern, -schnellen, zurückprallen machen, A** eig.: homo repercussus, Val. Max.: discus repercussus in aëra, Ov.: an ut flumina quae in mare deferuntur adversantibus ventis obvioque aestu *retorquentur*, ita est aliquid quod huius fontis excursum *repercutiat?* Plin. ep. 4, 30, 8. – Insbes. Passiv repercuti, **zurückprallen**, u. repercussus, **zurückprallend, a** von der Stimme, v. Schall = **widerhallen, einen Widerhall geben**, Partiz. = **widerhallend**, voces repercussae montis anfractu, Tac.: clamor iugis montium repercussus, Curt.: valles repercussae (clamoribus), Liv. – **b** v. Licht, **widerscheinen, einen Widerschein geben**, Partiz. = **widerscheinend**, lumen aquae sole repercussum, Verg.: gemmae reddebant lumina repercusso aëre, Plin. – **B** übtr.: **a** übh.: fascinationes, durch Ausspucken gleichs. von uns abprallen machen, Plin. – **b** bes. eine **Äußerung** usw. auf den Urheber gleichs. **zurückprallen machen**, orationes alcis dicto alqo, Plin.: aliena, Quint. – **c** = **blenden**, multa aciem nostram aut splendore nimio repercutiunt aut obscuro retinent, Sen. ep. 115, 6. – **II** Münzen **umprägen**, monetam, Tert. ad nat. 2, 7. – **III wiederschlagen, Schläge zurückgeben**, cum percuteretur, non repercussit, Ambros. de off. 1, 21, 93.

re-perio, repperī, repertum, īre (re u. per-io; vgl. comperio u. a.), **wiederfinden, auffinden, finden, antreffen, I** eig.: parentes suos, Ter.: mortui sunt reperti, Cic. – **II** übtr.: **1** übh.: **a ausfindig machen, ermitteln, entdecken, wahrnehmen, erfahren, sehen**, causas duas, Cic.: verum, Ter.: quibus (armis) quemadmodum salutariter uterentur, non reperiebant, Cic.: neque reperire poterat, quanta esset etc., erfahren, Caes. – m. dopp. *Acc.*, alqm fidelem r. amatorem, Plaut.: transgressos r. consules, Vell.: alqm percussorem cum ferro, als Mörder ertappen, Tac.: im Passiv m. dopp. *Nom.* = **erfunden** od. **gefunden werden** = **erscheinen**, sich zeigen, ni grato ingratus repertus est, Plaut.: Stoici ... inopes reperiuntur, Cic.: improbissimus reperiebare, Cic.: mea ratio in tota amicitia nostra constans et gravis reperietur, Cic. – mit *Acc.* u. *Infin.* = historisch **berichtet finden**, quem Tarentum venisse L. Camillo Appio Claudio consulibus reperio, Cic.: im Passiv m. *Nom.* u. *Infin.*, quartum annum regnante L. Tarquinio Superbo in eas Italiae partes Pythagoras venisse reperitur, Cic. de rep. 2, 28. – **b finden, erlangen, sich erwerben**, rem et gloriam, Ter. sibi salutem, Caes., nomen, Plaut.: v. Lebl., nomen ex inventore, Cic. – **2** etw. Neues **ausfindig machen, erfinden, erdenken, ersinnen**, aliquid callidi consilii, Plaut.: nihil novi, Cic.: viam, quā etc., Cic.: causam, Ter.: m. folg. *Infin.*, Plin. – Partiz. subst., repertum, ī, *n.*, die **Erfindung**, Lucr. 1, 732 u. a. Auct. de pond. 15. – ► Archaist. Fut. reperibit, Caecil. com. 120: reperibitur, Pompon. com. 9. Plaut. Epid. 151 G. – Parag. Infin. reperirier, Plaut. truc. 699 Sch. Lucr. 4, 478. – Perf. repperi, s. Ellendt Cic. de orat. 2, 100. Lachmann Lucr. p. 210 *sq.*

repertīcius, a, um (reperio), **auf der Straße aufgefunden, -aufgelesen**, civis, Ps. Sall. declam. in Cic. 1. § 1.

repertio, ōnis, *f.* (reperio), die **Erfindung**, haec rep., Mythogr. Lat. 2, 28.

repertor, ōris, *m.* (reperio), der **Erfinder, Urheber**, vitis, Varro.: medicinae, Verg.: hominum rerumque, v. Jupiter, Verg.: legis, Quint.: novi iuris, Tac.: perfidiae, Sall. fr.: flagitii, Tac.: Cyrenaicae sectae, Stifter, Apul.: rhetoricae, geometricae, Apul.: Mercurius traditur furandi repertor, Porphyr. Hor. carm. 1, 10, 9.

repertōrium, iī, *n.* (reperio), das **Verzeichnis**, Ulp. dig. 26, 7, 7 *in.*

repertrīx, trīcis, *f.* (Femin. zu repertor), die **Erfinderin, Urheberin**, m. *Genet.*, artium (v. Minerva), Hieron. epist. 46, 1: paupertas omnium artium repertrix, Apul. apol. 18: absol., rep. ecclesia, Tert de pudic. 7 *extr.*

repertus, ūs, *m.* (reperio), **I** das **Finden**, Apul. met. 11, 2. – **II** die **Erfindung**, Apul. met. 11, 11.

repetentia, ae, *f.* (repeto), die **Rückerinnerung**, Arnob. 2, 26 u. 28. Lucr. 3, 851 *Brieger.*

repetītio, ōnis, *f.* (repeto), **I** die **Rückforderung**, ICt. u. Apul.: repetitionem (das Recht der R.) habere, ICt. – **II** die **Wiederholung, a** übh.: eiusdem verbi crebra r., Cic.: r. brevis rerum, Quint. – **b** als Redefigur, **α** = ἀναφορά, ἐπαναφορά, ἐπιβολή, die **Wiederholung** desselben Wortes zu Anfang mehrerer Sätze u. Satzglieder, Rhet. Her. 4, 19. Carm. de fig. 34. p. 64 H.; vgl. Rutil. Lup. 1, 7. – **β** = ἐπανάληψις, die **einmalige Wiederholung desselben Begriffes** od. **Gedankens**, Aquil. Roman. § 31. Rufin. de fig. sent 31 u. de schem. lex. 5. Mart. Cap. 5. § 533. – **III** die **Zurückrechnung, -datierung**, Paul. dig. 44, 7, 34. § 2.

repetītor, ōris, *m.* (repeto), **I** der **Zurückforderer**, nuptae ademptae, Ov. her. 8, 19. – **II** der **Wiederholer**, Isid. orig. 10, 235.

re-peto, īvī u. iī, ītum, ere, **I wieder auf etw. zu-** od. **losgehen;** dah. **a wieder angreifen** mit etw., regem repetitum saepius cuspide ad terram affixit, Liv.: bis cavere, bis repetare, nachstoßen, Quint.: alqm toxico, Suet.: repetuntur pectora luctu, wieder ergriffen, befallen, Val. Flacc.: dulci repetitus amore, sich der früheren Liebe erinnernd,

Sil. – **b** **wiederschlagen,** mulam calcibus, Sen. de ira 3, 27, 1. – **c** wohin **zurückgehen, -kehren,** castra, Cic.: urbem, Suet.: Macedoniam, Nep.: retro in Asiam, Liv.: quid repetiimus (verst. patriam), Liv.: absol., febricula repetit, kommt wieder, Cels.: morbi tunc maxime et inchoantur et repetunt, Cels.

II übtr.: **A** **wieder-, zurück-, dagegen verlangen,** **a** **wieder-, von neuem verlangen,** repudiatus repetor, nachdem man mich abgewiesen hat, sucht man mich wieder, Ter.: Gallum ab eodem repetit, Caes. – dah. als gerichtl. *t. t.*, jmd. **von neuem belangen,** nec repeti nisi intra annum permisit, Suet. Dom. 9, 2. – **b** **wieder-, zurückverlangen, -fordern,** promissa, Cic.: me ab istius furore, Cic.: hinc Dardanus ortus huc repetit, der von hier entsprossene Dardanus verlangt uns hierher zurück, Verg.: urbes in antiquum ius, Liv.: civitatem in libertatem, Liv.: Salaminii Homerum repetunt, fordern ihn zurück (= nehmen ihn als ihren Landsmann in Anspruch), Cic.: pecunias ereptas, Cic.: m. dopp. *Acc.*, Parthos (v. den P.) signa, Min. Fel. 7, 4. – Insbes., **α** res repetere, vom Feind **Ersatz-, Genugtuung fordern,** v. den Fetialen, Varro fr., Cic. u. Liv. – **β** **auf Schadensersatz klagen,** res, Cic. Mur. 3: absol., utrum aequius est decumanum petere an aratorem repetere, Cic. Verr. 3, 27: pecuniae repetundae u. bl. repetundae, die wiederzuerstattenden Gelder, die von den Statthaltern widerrechtlich erpresst worden waren, der **Ersatz für Erpressungen, -Gelderpressungen,** lex pecuniarum repetundarum, de pecuniis repetundis, Cic.: postulare alqm de repetundis, Cael. in Cic. ep., od. repetundis, Tac., anklagen wegen Erpressungen: repetundarum insimulari, Quint., convinci, Suet., damnari, Vell.: prägn., metu repetundarum, aus Furcht vor Wiedererstattungsklage, Tac. – **c** **wieder-, dagegen fordern, -verlangen,** neque repeto pro illa quicquam abs te preti, Ter. eun. 749. – **d** als sein Recht **einfordern, abfordern,** ius suum, Cic.: rationem ab alqo, Cic.: eas poenas vi ab alqo, mit G. einfordern = gewaltsam vollziehen, Cic.: pro veteribus Helvetiorum iniuriis populi Romani ab his poenas bello, züchtigen, Caes.

B **wiederholen,** **a** **zurückholen,** qui maxime me repetistis atque revocastis, Cic. de domo 144. – **b** **wiederholen** = **α** **von neuem holen, auch noch holen, nachholen,** ita primis expositis (elephantis) alii deinde repetiti ac traiecti sunt, Liv. 21, 28, 9: traiecto in Siciliam exercitu cum partem reliquam copiarum continenti repeteret, oppressus ex improviso a Demochare, uno demum navigio aegerrime effugit, Suet. Aug. 16, 3. – **β** **wieder vornehmen, wieder anfangen, erneuern,** pugnam, Liv.: viam, denselben Weg zurückgehen, Liv.: studia, Cic.: cuncta repetivere, suchten hervor, Tac.: somnum, wieder schlafen, Cic.: consuetudinem, Cic.: clades post longam saeculorum seriem repetitae, wiederkehrend, Tac. – Partiz. repetitus poet. wie ein Adv. = **wiederholentlich, von neuem,** repetita robora caedit, führt immer neue Schläge auf die Ei., Ov.: repetita vellera mollibat, krempelte wiederholt durch, Ov. – **γ** in Gedanken **wiederholen, wieder überdenken, sich erinnern,** rei memoriam, Cic.: praecepta, Cic. – mit folg. *Acc.* u. *Infin.*, repeto me correptum ab eo, cur ambularem, Plin. ep. 3, 5, 16; vgl. 7, 6, 7 u. 13. – absol., inde usque repetens, Cic. Arch. 1. – **δ** mündlich oder schriftlich **wiederholen,** repete, quae coepisti, Cic.: unde tuos repetam fastus? wo soll ich beginnen, deine stolze Kälte zu schildern? Prop.: Abl. absol. m. folg. *Acc.* u. *Infin.*, multum ante repetito concordem sibi coniugem (esse) et sex partus enixam, nachdem er vorher oft wiederholt, seine Gattin lebe in Einigkeit mit ihm usw., Tac. ann. 3, 33. – **c** weit, aus alten Zeiten **herholen, herleiten, auf** etw. **zurückgehen,** zu etw. **zurückgreifen,** originem domus, Verg.: alqd alte et a capite, Cic.: ab initio, Tac., ab altiore initio, Tac., ab ultimo initio, Rhet. Her.: ab Erechtheo, zurückgehen auf den Er., Cic.: nostrum populum a stirpe, Cic.: supra septingentesimum annum repeti, hergeleitet werden, hinausreichen über usw., Liv.: rep. longe, longius, Cic.: initia amicitiae ex parentibus, Cic.: haec tam longe repetita principia, Cic.: haec mea oratio tam longa aut tam alte repetita, Cic.: repetendum videtur, qualis status urbis, quae mens exercituum, Tac. – **d** **wiedererlangen, wiedergewinnen,** Politorium rursus bello, wieder erobern, Liv. 1, 33, 3. – rep. libertatem per occasionem, Liv. 3, 49, 2: dies ille libertatis improspere repetitae, Tac. ann. 1, 8: uc ne mors quidem sit in repetenda libertate fugienda, beim Streben nach Wiedererlangung, Cic. Phil. 10, 20. – se rep., wieder zu sich kommen, sich wieder erholen, Sen. ep. 104, 6. – **e** das Unterlassene **nachholen,** quidquid putationis superfuit, Colum.: praetermissa repetimus, inchoata persequimur, Cic. – **f** **zurückrechnen, -datieren,** repetitis et enumeratis diebus, Caes. b. c. 3, 105, 2: repetitis ex die vulneris CCCLXV diebus, ICt.

re-petundae, ārum, *f.*, s. re-peto.

re-pīgnero (**-pīgnoro**), **das Pfand einlösen,** Ulp. dig. 13, 6, 5. § 12; vgl. Fest. 281 (a), 28. Not. Tir. 47, 81.

re-pigrior, ōris, *m.*, s. re-pigro *no.* I.

re-pigro, (āvī), ātum, āre, **I** **träge machen,** uxoris Cyllenius fotibus repigratus, Mart. Cap. 1. § 35: Partiz. im Kompar., repigratior, Mart. Cap. 1. § 36 *Eyss.* – **II** bildl., **hemmen, zurückhalten,** bestiarum repigratur impetus, Apul. met. 8, 15: repigrato fetu, *ibid.* 1, 9.

re-pingo, ere, **wieder malen, -bilden,** Ven. Fort. vit. S. Mart. 1, 172 u. 246.

re-planto, āvī, ātum, āre, **wieder pflanzen,** Ital. Ierem. 24, 6. Augustin. de unit. eccl. § 74. Paul. Nol. 23, 41 u. a. Eccl.

re-plaudo, ere, gegen etw. **schlagen, dass es widerhallt,** dextrā saeviente frontem, Apul. met. 1, 7: quadrupedi cursu solum, *ibid.* 6, 28.

re-pleo, plēvī, plētum, ēre, **I** **wieder erfüllen, ausfüllen,** **1** eig.: domus exhaustas, Cic.: scrobes repletae (*sc.* terrā), Verg. – **2** übtr.: **a** **ergänzen, wieder vollzählig-, -vollständig machen, ersetzen,** consumpta, Cic.: exercitum, legiones, Liv.: quod voci deerat, plangore replebam, Ov. – **b** **erfüllen** = **erquicken, erheitern, erfreuen,** vires, Stat.: patriam laetitiā, Vell.: urbem spectaculis epulique celebratione, Vell.: animos oculosque alcis, Vell. – **II** **vollmachen, anfüllen, erfüllen, sättigen,** **1** im Allg.: corpora carne, Ov.: exercitum frumento, reichlich versehen, Caes.: sinum floribus, Ov.: bildl., repleri scientiā iuris, Cic. – dah. replētus, a, um, **voll, erfüllt,** eig. u. bildl., templa, Cic.: eruditione, Suet.: vitā, lebenssatt, Lucan. 3, 242. – **2** insbes.: **a** **schwängern,** Iustin. 13, 7, 7 u. Pallad. 4, 13, 1. – **b** **anstecken,** (wie ἀναπιμπλάναι u. ἀναπλήθειν), ut curantes eādem vi morbi repletos secum traherent, Liv. 25, 26, 8. – ► Synkop. Perf.-Formen replesti, Stat. silv. 3, 1, 92: replestis, Liv. 7, 24, 5: replerat, Lucr. 6, 1270: replerant, Stat. Theb. 10, 563: replesset, Curt. 10, 2 (8), 8. Aur. Vict. de vir. ill. 60, 3: replessent, Liv. 24, 26, 14.

replētio, ōnis, *f.* (repleo), **I** die **Anfüllung** (Ggstz. inanitio), Isid. orig. 4, 6, 11. Augustin. c. Faust. 15, 1: nimia ciborum (mit Sp.) repl., Iul. Val. 3, 16. p. 118, a (*ed. Paris.*). – **II** die **Ergänzung,** Cod. Iust. 6, 28, 4; 7, 2, 15. § 4.

replētīvus, a, um (repleo) = παραπληρωματικός, **zum Ausfüllen dienend, ausfüllend,** coniunctio, Prisc. 15, 38 u. 18, 170. Dosith. 46, 13 u. 20. – subst., replētīvum, ī, *n.* (*sc.* vocabulum), das **Ausfüllungswort,** Prisc. 18, 255.

replicābilis, e (replico), **zurückrollbar, zurückrollend, zurückgehend,** Chalcid. Tim. 105 u. 314. Serv. Verg. Aen. 1, 161. – **der Wiederholung wert,** nomen, Ven. Fort. carm. 7, 8, 33.

replicātio, ōnis, *f.* (replico), das **Zurückfalten, Wiederaufrollen,** **a** im Allg.: cingulorum, die Lösung des Gürtelknotens, Arnob. 3, 25: ut replicatione quādam mundi motum regat atque tueatur, durch eine gewisse Rückbewegung (= in sich selbst zurückkehrende, kreisförmige Bewegung), Cic. de nat. deor. 1, 33. – **b** als jurist. *t. t.*, die **Replik,** ICt. – **c** als arithm. *t. t.*, repl. numeri, das **Zurückwenden, Zurückgehen zur Einheit,** Mart. Cap. 7. § 757 u. 759: repl. numerorum, Chalcid. Tim. 35. – **d** die **Wiederholung,** proeliorum, Sidon. epist. 1, 5, 1: anniversaria, Augustin. serm. 280, 1.

replicātūra, ae, *f.* (replico), das **Einschlagen** des Saumes, Edict. Diocl. 7, 48. Vgl. Gloss. II, 172, 43 ›replicatura, ἀναδίπλωσις‹.

re-plico, āvī, ātum, āre, **I** **zurück-, wieder auseinanderfalten, -rollen, -beugen,** **A** eig.: **a** eine Schrift, einen Schriftsteller **aufrollen,** volumen edicti, Amm. 20, 9, 6: Euhemerum, Arnob. 4, 29; vgl. *no.* B, 1. –

b zurückbeugen, -schlagen, labra, Quint.: cervicem, Plin.: laminas, Cato: radios, zurückschlagen, zurückstrahlen, Sen.: iocinora replicata intrinsecus, nach innen verschlungen, Suet. – **B** bildl.: **1** im Allg.: memoriam annalium, gleichs. aufrollen, Cic.: so auch memoriam temporum, Cic.: necem, (erzählend) wiederholen, Amm. 30, 1, 3 (u. so multa alia, quae idcirco non replico, ne etc., Hieron. epist. 129, 2 *extr.*): u. so quorum (glirium) magnitudo saepius replicata (wiederholt gepriesen), Amm. 28, 4, 13. – temporis primum quidque replicans, immer das erste wieder abrollend, Cic. de div. 1, 127. – vestigium suum, zurückwenden, Apul. met. 4, 19. – **2** insbes.: **a häufig überlegen, überdenken,** haec identidem mecum replicans, Apul. met. 3, 1. – **b** als jurist. *t. t.*, **dagegen einwenden, eine Replik machen,** Modestin. dig. 2, 14, 35 *extr.* Claud. Mam. de stat anim. 2, 3, 4. – **II wieder zusammenfalten,** gloriae vestra scripta suscipiens legenda laetus *aperui*, sed tristis perlecta *replicavi*, Greg. epist. 13, 19. – **III wieder rückgängig machen,** replicavit illi dominus decem milia talentorum, quae illi dimiserat, Augustin. serm. 5, 2: omnia quae dimissa fuerint replicentur, *ibid.* – ► Partiz. Perf. synkop. replictus, Stat. silv. 4, 9, 29.

replum, ī, *n.*, der **Anschlagleisten,** der **Rahmen** einer Tür, Vitr. 4, 6, 5: einer Ballista, Vitr. 10, 11, 8.

re-plumbo, āre, **vom Blei befreien, -reinigen,** argentum, Sen. nat. qu. 4, 2, 18 u. ICt.

replūmis, e (re u. pluma), **wieder befiedert,** corpus aquilae, Paul. Nol. carm. 21, 81.

re-pluo, ere, **zurück-, wieder herabregnen,** caelo, v. den Feuerspritzen, Musa b. Sen. contr. 10. praef. § 9.

rēpo, rēpsī, rēptum, ere (Ableitung unsicher, nicht mit serpo verwandt), **kriechen, schleichen, a** eig., v. Menschen u. Tieren, quā unus homo vix poterat repere, Nep.: genibus per viam repens, Sen.: inter saxa repentes cochleae, Sall.: formicae repentis effigiem habet, Plin. – **b** übtr., v. langsam Reisenden, Hor. sat. 1, 5, 25: v. Kaninchen, per fabam, Enn. ann. 556: v. Schwimmenden, flumen, Arnob.: von Gewächsen, cucurbitae humi repunt, Plin.: v. Fahrzeugen, Pacuv. tr. fr.: von hölzernen beweglichen Türmen, Lucan.: v. Wasser, aqua repit, schleicht, fließt langsam, Colum.: v. Nebel usw., nebula ac nubes paulatim repit, Lucr.: vom heiligen Feuer, sacer ignis repit per artus, Lucr. – **c** bildl., von niedriger Schreibart, sermones repentes per humum, Hor. ep. 2, 1, 251.

re-polio, īre, **wieder reinigen, -fegen,** frumenta, Colum. 2, 20 (21), 6.

re-pondero, āre, **dagegen zuwägen, erwidern, vergelten, zur Vergeltung geben,** studii vicissitudinem, Sidon. epist. 1, 4, 3: alci gloriam, Sidon. epist. 5, 1, 1: pro falsitate alci veritatem, Claud. Mam. de stat. anim. 3, 15.

re-pōno, posuī, positum, ere, **I zurück-, rückwärts-, hinter sich legen, -stellen, -setzen, a** übh.: digitum oblique, Quint.: cervicem, zurückbeugen, Lucr. u. Quint. – **b** aufbewahrend **zurücklegen, aufbewahren,** pecuniam in thesauris, Liv.: arma, Caes.: alimenta in hiemem, Quint.: hiemi reponere, Verg.: res suis locis, Quint. – bildl., in praesentia odium, aufheben, vor der Hand verbergen, Tac.: haec sensibus imis reponas, präge es dir tief ein, Verg. – **c zurücklegen = weglegen, beiseite legen,** telas, Ov.: scripta in aliquod tempus, Quint.: onus, Catull.: faciemque deae vestemque, Verg.: brachia, herablassen, Val. Flacc. – poet., falcem arbusta reponunt, machen unnötig, Verg. georg. 2, 416. – übtr., **aufgeben, einstellen,** caestus artemque, Verg. – iram, Manil.: fugam, Stat. – **d beisetzen, begraben, beerdigen,** tellure repostos, Verg.: an poteris siccis mea fata (poet. für meine Asche, meinen Leichnam) reponere ocellis? Prop. – **II wieder zurück** an seinen vorigen **Ort legen, -setzen, wieder-, von neuem hinsetzen, -legen, -stellen, a** übh.: columnas, Cic.: lapidem suo loco, Cic.: femur, einrenken, Cels.: ossa in suas sedes, Cels.: se in cubitum, sich wieder auf den Ellbogen stützen, d. i. wieder zu essen anfangen, Hor.: insigne regium, das Diadem wieder aufsetzen, Cic.: togam, wieder in die Höhe nehmen, Quint.: pecuniam duplam in thensauros, zurückliefern, Liv. 29, 19, 7 (vgl. 31, 13, 1); dagegen sacram pecuniam in thensauris, Liv. 29, 18, 15. – übtr., in memoriam reponi, in das G. zurückgerufen werden, Quint. 11, 2, 19. – **b wieder** (auf die Tafel) **aufsetzen,** plena pocula, Verg.: dapes et sublata pocula, Verg.: vina mensis, Verg. – **c wieder in den vorigen Stand setzen, wiederherstellen,** robora flammis ambesa, Verg.: pontes ruptos, Tac.: amissam virtutem voce, Ov. (vgl. nec vera virtus, cum semel excĭdit, curat reponi deterioribus, Hor.): tempora cessata, wieder einbringen, Sil.: pontum et turbata litora, beruhigen, Val. Flacc. – dah. **wieder einsetzen,** reges, Sil.: alqm in sceptra, in die königliche Würde, Verg. – **d wieder aufführen, wieder auf die Bühne bringen,** Achillem (nach Homer), Hor. de art. poët. 120: so auch fabulam, *ibid.* 190. – **e zurückerstatten, wieder zustellen, wiedergeben,** nummos, Plaut.: donata, Hor.: cum reputaret quosdam ex debito aliquantum, quosdam nihil reposuisse, Plin. ep. – **III dagegensetzen, -legen, -stellen,** eins gegen das andere, statt des anderen, **a an die Stelle** von etw. **setzen,** te meas epistulas delere, ut reponas tuas, Cic.: praeclarum diem illis diebus festis, Cic.: verbum aliud, Quint.: eorum in vicem reponenda, Colum.: in eius locum reponi, Brut. in Cic. ep. – **b** antwortend **erwidern, dagegen antworten, versetzen,** ne tibi ego idem reponam, damit ich dir nicht dieselbe Frage (statt aller Antwort) vorlege, Cic.: semper ego auditor tantum? numquamne reponam? Iuven. – **c erwidern, dagegen erweisen, vergelten,** iniuriam, Sen.: haec pro virginitate reponit? Verg.: absol., Catulo et Lucullo alibi reponemus, wollen wir anderswo Ersatz (für ihre Ausschließung vom Dialog) geben, Cic. ad Att. 13, 12, 3. – **IV hinsetzen, -stellen, -legen, a** eig.: grues in tergo praevolantium colla et capita reponunt, Cic.: quae (signa) sacra quaedam more Atheniensium virginum reposita in capitibus sustinebant, Cic.: ligna super foco, Hor.: animas sedibus, Hor.: litteras in gremio, Liv.: mollia crura, setzen, werfen (v. Füllen), Enn. u. Verg. – **b** übtr.: **α** übh.: sidera in numero deorum, Cic.: tamen hunc in numerum non repono, Cic. de opt. gen. 17: rep. in deos, Cic. de nat. deor. 1, 38: in eius locum, Cic. ad Brut. 1, 16, 4: in alqa re vigilias, somnum, auf etwas verwenden, Plin. ep.: rem in artis loco, für eine Kunst halten, Cic.: ille deus, quem mente noscimus et in animi notione tamquam in vestigio volumus reponere, wie in eine Fußspur hineinpassen, Cic. – reponi cum Iove, gegen J. gestellt, dem J. zur Seite gestellt werden, Sen. de brev. vit. 17, 6. – **β setzen = beruhen lassen,** spem in virtute, Caes.: causam totam in iudicum humanitate, Cic.: plus reponere (mehr Gewicht legen) in duce quam in exercitu, Tac.: dah. repositum esse, auf etwas **beruhen,** in te repositam esse rem publicam, Cic.: in armis, Liv. – ► Archaist. Perf. reposivi, Plaut. asin. 519 G. – Synk. Partiz. repostus, bes. im Hexameter, Lucr. 1, 35 u. a. Verg. Aen. 1, 26 u. a. Hor. epod. 9, 1. Sil. 7, 507; 12, 639. Iuvenc. hist. evang. 4, 143.

re-porrigo, ere, **wieder hinreichen,** phialam, Petron. 51, 2.

reportātio, ōnis, *f.* (reporto), das **Zurückbringen, Davontragen,** ab inimicis victoriarum reportatio, Augustin. de gest. Pelag. 5.

re-porto, āvī, ātum, āre, **zurücktragen, -führen, -bringen, I** eig.: **a** übh.: infantem, Quint.: legiones, Liv.: exercitum Britanniā, Cic.: milites navibus in Siciliam, Caes.: se (zurückkehren) ad alqm, Auct. b. Hisp.: u. so se ad hospitium alcis, Apul. – **b zurückbringen = mit nach Hause bringen, α** als Sieger aus dem Kampf, nihil ex praeda domum, Cic.: nihil praeter laudem neque ex hostibus neque a sociis, Cic.: victoriam, non pacem domum, Liv.: a rege signa victoriae, non victoriam, Cic.: spolia opima de rege Agrone Feretrio Iovi manibus suis, Flor.: veram ac solidam gloriam, Plin. pan.: triumphum, Plin. – **β** aus der Provinz, ex proconsulatu Asiae gloriam, Plin. ep. 3, 7, 4. – **II** übtr.: **1 zurückbringen, überbringen,** certa, Verg.: adytis haec tristia dicta, Verg.: m. *Acc.* u. *Infin.*, regis ad aures nuntius reportat advenisse viros, Verg. Aen. 7, 167. – **2 zurückbringen, heimbringen,** spem bonam certamque domum, Hor.: alci solacium aliquod, Cic.: benevolentiam, Cic.: non tam gaudium parentibus quam detestandum sui conspectum, Iustin.: audita verba, zurücktragen (v. Echo), Ov.

1. re-pōsco, ere, **I** etw. **wieder-, zurückverlangen, -fordern, sich wieder ausbitten,** eandem (pallam), Plaut.: arma, Ov.: debitum, Suet.: alqm, Ter. u. Ov.: alter a me Catilinam, alter Cethegum reposcebat, Cic.: poet., amissam virtutem, Ov.: mit dopp. *Acc.* (von jmd. etw.), alqm virginem, Plaut.: alqm aulam, Plaut.: alqm simulacrum, Cic.: Parthos signa, Verg.: mit folg. indir. Fragesatz, reposcere quae deposueris, Quint. 9, 2, 63. – **II** wieder und wieder, nachdrücklich, als sein Recht, als eine Schuld **verlangen, abverlangen, abfordern,** legatam ab Augusto pecuniam, Tac.: regem ad supplicium, Verg.: ab alqo rationem (Rechenschaft) vitae, Cic.: rationem reposcitis, quid victis fecerimus, Liv.: responsa, Verg.: poenas, Str. nehmen, züchtigen, Catull.: vicem (Vergeltung), Mart.: gratiam, Plin. ep.: foedus reposcite flammis, die Erfüllung des Vertrages, Verg. – m. dopp. *Acc.*, quos illi poenas (als Strafe = zur Bestrafung an meiner Statt) reposcent, Verg. Aen. 2, 139: Passiv reposcor m. *Acc. rei,* es wird etwas von mir verlangt, cum rationem facti reposcerentur, Quint. 6, 3, 10: cuius (libelli) pretium reposceris, Plin. ep. 7, 12, 6.

2. repōsco, ōnis, *m.* (reposco, ere), der **Einforderer,** Amm. 22, 16, 23.

repositio, ōnis, *f.* (repono), **I** die **Aufhebung,** feni, ligni, cannarum repositiones, Pallad. 1, 32: illius cineris rep., Augustin. qu. in heptat. 4, 33, 9. – **II** meton., der Aufhebeort = die **Niederlage, Scheune,** congregabit triticum in repositionem, Itala (Cant.) Luc. 3, 17. – oder = das **Behältnis, Fach,** subscalaris, CIL 6, 29791 (wo verderbt repossone subiscalire).

repositīvus, a, um (repono), **aufbewahrt, zurückgelegt,** pecuniae, Cassiod. var. 6, 8, 6 *Mommsen.*

repositōrium, iī, *n.* (repono), **I** die **Niederlage,** Augustin. de oper. monach. § 27: als Erklärung von apotheca, Isid. orig. 15, 5, 8: als Erklärung von granarium, Acro Hor. sat. 1, 1, 53. – synk. Form, repostorium (so!) sanctius, das Pretiosenkabinett, Capit. Anton. phil. 17, 4. – **II** der **Tafelaufsatz,** rund od. viereckig, sehr hoch, oft aus kostbarem Holz, mit Schildpatt belegt u. mit Verzierungen von Silber geschmückt, der in mehrere Etagen abgeteilt war, von denen jede eine Tracht od. einen Gang Schüsseln (ein ferculum) enthielt, Sen. ep. 78, 24. Plin. 18, 365; 28, 26 u. a. Petron. 35, 2; 36, 1 *sqq.* u. a. – **III** das **Grabmal,** Iul. Val. 3, 59 (34).

repositus, synk. **repostus,** a, um, **I** *Partic.* v. repono, s. d. – **II** *PAdi.*, **1 zurückgelegt, aufbewahrt,** subst., repositum, ī, *n.*, der **aufbewahrte Vorrat, die aufbewahrte Masse,** ex reposito fundere, Sen. nat. qu. 6, 7, 3. – **2 entfernt liegend, entlegen,** convalles quaquaversus repositae, Apul.: terrae repostae, Verg.: repostae Massylum gentes, Verg.: gentes repostae, Val. Flacc. – subst., repositum, ī, *n.*, das **innere Heiligtum,** intra repositum Palatinae aedis inclusi, Pacat. pan. 21, 3.

repostor, ōris, *m.* (repono), der **Wiederhersteller,** templorum, Ov. fast. 2, 63.

repostōrium, s. repositōrium *no.* I.

repostus, a, um, s. repositus.

repōtātio, ōnis, *f.*, s. repōtia.

repōtia, ōrum, *n.* (re u. poto), das nochmalige Trinken nach der Mahlzeit, das **Nachgelage, a** übh., Apul. de mund. 35 u. apol. 59 (nach Konjektur schon Varro LL. 5, 122 u. 6, 84 *ed. Muell.*, wo die Hdschrn. repotatio haben). – **b** insbes., das **Trinkgelage,** die **Nachfeier** am Tag nach dem eigentl. Hochzeitsfest (vgl. Fest. 281 [a], 3), Hor. sat. 2, 2, 60. Auson. epist. 9, 50. Gell. 2, 24, 14. Symm. epist 7, 19.

repōtiālis, e (repotia), **zum Trinkgelage gehörig,** Liber, Pacuv. tr. 193.

repraesentāneus, a, um, **sogleich strafend,** potestas, Tert. apol. 28.

repraesentātio, ōnis, *f.* (repraesento), die Vergegenwärtigung, **I** die **bildliche Darstellung, Abbildung, Vorstellung,** Quint. u. Plin.: bildl., Aemilius Paulus, nunc felicissimi, nunc miserrimi patris clarissima repraesentatio, lebendiges, augenfälliges Beispiel eines usw., Val. Max. 5, 10, 2. – **II** die **sofortige Stellung, -Leistung, -Übergabe,** personarum, spät. ICt.: fidei commissi, Marcell. dig. 35, 1, 36. § 1. – insbes., die **sofortige-, bare Bezahlung,** die **Vorausbezahlung,** Cic. ad Att. 12, 31. 2 u. 13, 29, 3 oft bei den ICt.

repraesentātor, ōris, *m.* (repraesento), der **Darsteller,** patris, Tert. adv. Prax. 24.

re-praesento, āvī, ātum, āre, **I vergegenwärtigen, vorführen, vorstellen, vor Augen stellen, a** übh.: se, sich zeigen, gegenwärtig sein, Colum.: repraesentari iudicio, sich stellen, erscheinen, Apul.: alqm (absentem) sibi, sich vorstellen, Plin. ep.: speciem urbis animo, Curt.: imagines rerum animo, Quint.: quod ipsum templum repraesentabat memoriam consulatus mei, Cic.: veritatem, Plin.: affectus, Quint.: imaginem sceleris, Quint.: fidem, die Wahrheit außer Zweifel setzen, Suet. – von Darstellung der Kunst, Alcibiaden, Plin. 34, 88. – u. der Rede, volumina legentis modo, wiedergeben, wiederholen, Plin. 7, 89. – **b darstellen** = **vorstellen, ausdrücken, nachahmen,** gemma cerasum repraesentat, Plin.: virtutem moresque Catonis, Hor.: affectum patris, durch Handlungen u. Gesinnungen ausdrücken, Plin. ep.: butyrum olei vicem repraesentat, tut eben die Dienste wie das Öl, ersetzt das Öl, Plin. 28, 160. – **II** etw. **auf der Stelle (sogleich) verwirklichen, -gewähren, -erfüllen, -leisten, -vollziehen,** etw. **sofort eintreten lassen, -bewirken, -herbeiführen, -anwenden,** etw. **beschleunigen, a** übh.: se repraesentaturum id etc., Caes.: alci vulnera, necem, Suet.: iudicia repraesentata, sogleich, auf der Stelle angesetzte Gerichtsverhandlungen, zu denen sich der Redner also nicht vorbereiten konnte, Quint.: si, quae polliceretur, repraesentaturus esset, Auct. b. Alex.: medicinam, Cic.: conceptus, Plin.: improbitatem, Cic.: poenam, Suet.: supplicia, Curt.: diem promissorum, Cic.: si repraesentari morte meā libertas civitatis potest, alsbald herbeigeführt, Cic.: minae iraeque caelestes repraesentatae casibus suis, die sich sogleich kundgetan durch seine Unglücksfälle, Liv. – **b** insbes., als *t. t.* der Geschäftspr., **sogleich-, ohne Verzug-, bar bezahlen, -entrichten,** repr. summam, Suet.: repr. mercedem alci, Suet.: omnibus dena HS., Suet.: repr. fideicommissum, ICt.: repr. pecuniam ab alqo (durch Anweisung an jmd.), Cic.: absol., magno alci adiumento esse in repraesentando, Cic.

re-praesto, āvī, āre, **abgewähren, abliefern,** Paul. dig. 19, 1, 47.

re-prehendo, prehendī, prehēnsum, ere, und zsgz. **reprēndo,** prēndī, prēnsum, ere, **ergreifend zurückhalten, aufhalten, festhalten, fassen, I** eig.: servum (fugitivum), Plaut.: reprehensi ex fuga Persae, Curt.: alqm pallio, Plaut.: alqm manu, Liv.; vgl. (im Bild) revocat virtus vel potius reprehendit manu, Cic. Acad. 2, 139: membra reprensa, Ov. – **II** übtr.: **A** im Allg.: euntes ab exitio, Lucr.: cursus vestros, Prop.: me reprehendi, hielt an mich, Ter.: genus pecuniae, Cic.: vitae vinculum, Lucr.: quod erat imprudentiā praetermissum, id quaestu ac tempore admonitus reprehendisti, gleichs. noch aufgegriffen, nachgeholt, Cic.: pernoscite furtumne factum existimetis, an locum reprehensum, qui praeteritus neglegentiā est, ob das ein Diebstahl oder ein aus Gleichgültigkeit verschmähtes u. dann aufgenommenes Thema sei, Ter. – **B** insbes.: **1** tadelnd gleichs. **fassen, packen, anfechten** = tadeln (Ggstz. probare, laudare), alqm, Cic.: alqm in eo, quod etc., Cic.: de ipsa mente item reprehenditur ut ceteri, Cic. – r. haec, Ter.: consilium, Caes.: id in me reprehendis, Cic.: r. nihil in magno Homero, Hor.: absol., nec reprehendo, Cic.: quo plures det sibi tamquam ansas ad reprehendendum, gleichs. Anhaltspunkte, ihn zu fassen, Cic. – mit *Genet.* (wegen), quem etiam lyrico carmine inconstantiae reprehendit, Porphyr. Hor. ep. 1, 12, 1. – **2** als rhet. *t. t.*, **widerlegen,** Cic. part. or. 44.

reprehēnsibilis, e (reprehendo), **anfechtbar** = tadelnswert, Lact. 4, 28, 2. Ambros. de fug. saec. 5. § 26; in psalm. 118. serm. 8. § 17. Hieron. epist. 133, 12. Vulg. Galat. 2, 11. Salv. de gub. dei 4, 14, 68: *Compar.*, Ambros. in psalm. 118. serm. 3. § 35.

reprehēnsibiliter, *Adv.* (reprehensibilis), **auf tadelnswerte Weise,** Alcim. Avit. epist. 9 u. a. spät. Eccl.

reprehēnsio, ōnis, *f.* (reprehendo), das **Zurückziehen, Zurückhalten;** dah. bildl. **I** das **Anhalten, Innehalten** des Redners, sine reprehensione, ohne Anstoß, Cic. de or. 3, 100. – **II** insbes.: **1** die **Anfechtung, Zurechtweisung** = der Tadel (Ggstz. laus, gloria), culpae, vitae,

Cic.: absol., Cic. u. a.: reprehensione dignus (Ggstz. laude dignus), Ps. Quint. decl.: reprehensionem non capere, nicht getadelt werden können, Quint.: Plur., Cic. – meton., der **Tadel, Fehler,** Quint. 3, 11, 22. – **2** als rhetor. *t. t.*, die **Widerlegung,** Cic. de or. 3, 207 u. part. or. 44. Quint. 9, 1, 34.

reprehēnso, āre (*Intens.* v. reprehendo), **wieder und wieder zurückhalten,** singulos, Liv. 2, 10, 3.

reprehēnsor, ōris, *m.* (reprehendo), der **Anfechter** = **Tadler,** der etw. besser haben od. machen will, absol., Cic. Acad. 2, 7; de nat. deor. 2, 20; opt. gen. or. 18: m. *Genet.*, comitiorum, Cic. Planc. 8: reprehensor idem et auctor delicti, Ov. her. 17, 219: reprehensores imperfectionis (Ggstz. approbatores perfectionis), Augustin. in Galat. 12. – id factum non accusatore tantum, sed etiam reprehensore caruit, Val. Max. 6, 3, 9.

re-prēndo, s. re-prehendo.

repressē, *Adv.*, doch nur im *Compar.* (repressus v. reprimo), **mit Zurückhaltung, zurückhaltend, eingeschränkt,** repressius peccare, Gell. 12, 11, 5: repressius agere, Amm. 29, 2, 12.

repressio, ōnis, *f.* (reprimo), **I** das **Zurückdrängen, Zum-Weichen-Bringen,** der **Rückzug,** ut cognoscerent excitationes tubarum et repressiones, dass sie die Signale für Angriff u. Rückzug sich merkten, Heges. 3, 3, 4. p. 175, 29. – **II** übtr., der **Tadel** (ital. *ripressione*), cum quo vixit annos XXV sine repressione, Murat. inscr. 1412, 13 (wo viell. reprensione zu lesen.).

repressor, ōris, *m.* (reprimo), der **Beschränker,** caedis cotidianae, Cic. Sest. 144: tributorum, Eutr. 10, 8: suarum passionum, Ambros. de Iacob et vit. 1. § 1: tumoris (der Hoffart), Augustin. serm. 77, 11: si me extulero, te invenio repressorem (Demütiger), Augustin. in psalm. 138, 11.

repressus, a, um (reprimo), **gedämpft, matt,** color (Ggstz. color acutus), Solin. 27, 36.

reprimo, pressī, pressum, ere (re u. premo), **zurückdrücken, -drängen, -treiben, aufhalten, hemmen, I** eig.: lacum Albanum, Cic. – procidentes vulvas, v. Heilmitteln, Plin.: u. so alvum, Cels.: sudorem, Plin.: reprimentia medicamenta, Cels. – dextram, Verg.: retro pedem, Verg.: repr. ac retinere vehiculum, aufhalten u. nicht weiter lassen, Suet. – represso iam Lucterio ac remoto, (im Kampf) zurückgedrängt, Caes.; vgl. quem (Mithridatem) repressum magna ex parte, non oppressum reliquit, Cic. – **II** übtr., **zurückdrängen, einschränken, beschränken, dämpfen, beschwichtigen, im Keim ersticken, a** lebl. Objj.: conatus alcis, Cic.: fletum, Cic.: fugam, Caes.: impetus, Cic.: regios spiritus (den despotischen Übermut), Nep.: iracundiam, Ter.: odium suum a corpore alcis, Cic.: vix reprimo labra, quin te deosculer, Plaut. – **b** persönl. Objj.: concitatam multitudinem, Nep.: alqm (Ggstz. impellere), Planc. in Cic. ep.: se, an sich halten, sich bezwingen, sich Schweigen auflegen, Ter. u. Cic.: vgl. medial vix reprimor, quin etc., Plaut. – est magnificum quod te ab omni contagione vitiorum reprimis ac revocas (zurückhältst u. entfernst), sed magnificentius quod tuos, Plin. pan. 83, 2.

reprobābilis, e (reprobo), **verwerflich,** Not. Tir. 19, 100 u. spät. Eccl.

reprobātio, ōnis, *f.* (reprobo), die **Verwerfung,** Tert. apol. 13. Hieron. epist. 149, 2. Vulg. Hebr. 7, 18. – als rhet. *t. t.* = ἀποδίωξις, die **Verwerfung** einer Sache, als gar nicht in Frage kommend, Iul. Rufin. de fig. sent. 12.

reprobātor, ōris, *m.* (reprobo) = ἀποδοκιμαστής, der **Verwerfer,** Gloss. III, 127, 45.

reprobātrīx, trīcis, *f.* (Femin. zu reprobator), die **Verwerferin,** Tert. adv. Marc. 4, 36.

re-probo, āvī, ātum, āre, **für untüchtig erkennen, -erklären, verwerfen,** monetam, abschlagen, heruntersetzen, ICt.: statuas imperatorum, ICt.

re-probus, a, um, **ausgeschossen, verworfen, unecht, schlecht,** v. Münzen, pecunia, nummi, Ulp. dig. 13, 7, 24. § 1: argentum, Vulg. Ierem. 6, 30: quidquid vero vile et reprobum fuit, hoc demoliti sunt, Vulg. 1. regg. 15, 9: repr. sensus, Vulg. Rom. 1, 28: v. Pers., Vulg. Sirach 9, 11 u. a.: *ad* omne autem opus bonum reprobi, Salv. de gub. dei 4, 18, 86.

reprōmissio, ōnis, *f.* (repromitto), **a** das **Gegenversprechen,** Cic. Rosc. com. 39 u. 56. – **b** übh. **das Versprechen,** Tert. adv. Iud. 5. Vulg. Sirach 29, 24 u. a.: Plur., Vulg. Iudith 16, 22.

reprōmissor, ōris, *m.* (repromitto), der **Versprecher, Bürge,** Vulg. Sirach 29, 21 u. 22: vitae aeternae, Ambros. de fide 4, 11. § 154.

re-prōmitto, mīsī, missum, ere, **I dagegen-, dafür verspechen, ein Gegenversprechen geben,** Cic., Suet. u. a. – **II wieder-, von neuem versprechen,** m. folg *Acc.* u. *Infin.*, Suet. Otho 4, 1. – **III** übh. **versprechen,** Eccl. – ► arch. Perf.-Formen repromeiserit u. repromeisisset, CIL 1, 205, col. 1, 12 u. 25.

re-propitio, āre, **wieder gnädig machen,** Eccl.

rēptābundus, a, um (repto) = ἑρπύσιμος, ἑρπύζοντι ὅμοιος (Gloss.), sich dem Schleichen hingebend, **mit schleichendem Schritt,** Sen. de vit. beat. 18, 2.

rēptātio, ōnis, *f.* (repto), das **Kriechen,** illa (infantium) per manus et genua reptatio, Quint. 1, 12, 10.

rēptātus, ūs, *n.* (repto), das **Kriechen** der Schnecke, Tert. de anim. 10: übtr., der Gewächse, Plin. 14, 13.

rēptilis, e (repo), **wer, was kriechen kann, kriechend,** cochleae, Sidon. epist. 8, 12, 6: animal (Ggstz. animal volatile, natabile), Boëth. in Cic. top. 3. § 30–32. p. 332, 2 B.: animalia, Firm. math. 2, 12. p. 26 *ed. Bas.* – Oft subst., rēptile, is, *n.*, das **kriechende Tier,** das **Gewürm,** Ambros. de Noë et arca 25, 90. Vulg. genes. 1, 20 u. 25 u. a.: Abl. reptile, Ven. Fortun. vit. S. Mart. 4, 286: Plur., Augustin. de gen. ad litt. § 44. Vulg. genes. 1, 24 u. 7, 21 u. a.: Ggstz. volucres et pisces, Vulg. 3. regg. 4, 33.

rēptio, ōnis, *f.* (repo), das **Kriechen,** Hilar. in psalm. 68, 35.

rēpto, āvī, ātum, āre (*Intens.* v. repo), **I** *intr.* **kriechen, schleichen, a** eig., v. Menschen, Plaut. u. Sen. rhet.: von Tieren, Gell. – **b** übtr., v. langsam od. lässig Einhergehenden, Lucr. u. Hor.: per limitem, Plin. ep. – v. Gewächsen, Plin. – **II** *tr.* etw. **bekriechen;** nur im *Partic. Perf. Pass.*, ager reptatus (*sc.* ab angue), Stat.: teneroque reptatus amnis Achilli, Claud.

rēptus, ī, *m.* (repo), in der Vulgärspr. = reno, die **Wildschur,** Isid. orig. 19, 23, 4.

re-pūbēsco, ere, **wieder mannbar werden,** bildl., **wiedererstarken,** senectus regressum non habet nec revirescere nec repubescere potest, Colum. 2, 1, 4.

repudiātio, ōnis, *f.* (repudio), die **Abweisung, Verschmähung,** supplicum, Cic. Mur. 9; absol., Cic. ad Att. 12, 51, 2.

repudiātor, ōris, *m.* (repudio), der **Verschmäher,** Tert. adv. Marc. 1, 14 u. a. Eccl.

repudio, āvī, ātum, āre (repudium), **zurückweisen, von sich weisen, von der Hand weisen, verwerfen, verschmähen** (Ggstz. assumere, accipere, recipere), **I** im Allg.: consilium, Ter.: cuius vota et preces a vestris mentibus repudiare debetis, Cic.: pacem, Cic. u. Liv.: condicionem aequissimam, Cic.: decretum sibi (honorem triumphi) sprevit ac repudiavit, Val. Max.: officium, hintansetzen, Cic.: consilium senatus a re publica, entfernt halten, dem St. entziehen, Cic. – **II** insbes.: **a** eine Erbschaft, ein Legat usw. **zurückweisen, ablehnen,** ICt. – **b** v. Verlobten u. Ehegatten, den anderen Teil **verstoßen, sich scheiden, sich trennen** von usw., uxorem, Suet.: sponsum, sponsam, Suet.: repudiatus repetor, erst weist man mich ab, dann sucht man mich wieder, Ter.

repudiōsus, a, um (repudium), **verwerflich,** nuptiae, anstößig, tadelnswert, Plaut. Pers. 384 *Schoell.*

repudium, iī, *n.* (re u. pes, wie tripudium v. terra u. pes), das Zurücktreten, bildl., der **Rücktritt,** die **Verstoßung,** bes. von Verlobten od. Verheirateten, die **Auflösung, Trennung** der Verlobung, der Ehe (vgl. Modestin. dig. 50, 16, 101), alci repudium remittere od. renuntiare, die Verlobung oder Ehe aufkündigen, aufsagen, den Scheidebrief schicken, rep. rem. b. Plaut. aul. 799. Ter. Phorm. 928. Lucil. 849. Sen. contr. 7, 6 (21), 13. Suet. Tib. 11, 4. Modestin. dig. 50, 16, 101. Liv.

epit. 132; rep. ren. bei Plaut. aul. 784. Ter. Phorm. 677. Fronto ad amic. 1, 15 *extr.*: so auch (alci) r. mittere, Paul. dig. 24, 2, 3. Modestin. dig. 24, 3, 38: repudium dicere, die Scheidung aussprechen, Tac. ann. 3, 22; u. so scribere, schriftlich aussprechen, Tert. apol. 6: Olympiada repudio dimittere, sich von der Ol. trennen, Iustin. 11, 11, 5. – repudium inter uxorem et virum intercessit, Ehescheidung, Val. Max. 2, 1, 4: causam repudii dare (vom Mann u. v. der Frau), Papin. dig. 24, 3, 39.

re-puerāsco (repuerēsco), ere, **wieder zum Kind werden, a** eig., ex hac aetate, Cic. de sen. 83. – **b** übtr., **wieder kindisch werden,** Plaut. merc. 296. Cic. de or. 2, 22.

repūgnāns, antis, *PAdi.* (repugno), **widersprechend,** quo quid repugnantius dici possit, non video, Lact. de ira 17, 9. – subst., repūgnantia, ium, *n.*, **widersprechende Dinge, Widersprechendes,** Cic. de or. 2, 170. *Quint.* 5, 10, 2.

repūgnanter, *Adv.* (repugnans), **widerstrebend** (Ggstz. patienter), Cic. de amic. 91: non rep., Amm. 20, 8, 4.

repūgnantia, ae, *f.* (repugnans), **I** der **Widerstand,** illa domina rerum omnium hanc dedit repugnantiam apibus, das Mittel zum Widerstand, d. i. den Stachel, Plin. 21, 78. – **II** bildl., der **Widerstreit, Widerspruch** (Ggstz. concordia), rerum, Cic.: naturae, Plin.

repūgnātio, ōnis, *f.* (repugno), der **Widerstand,** Cael. Aur. de morb. chron. 3, 8, 144. Greg. reg. past. 13: Plur. b. Apul. de Plat. 1, 12. Vgl. Gloss. II, 230, 4 ›repugnatio, ἀντιμάχησις‹.

repūgnātor, ōnis, *m.* (repugno), der **Widersacher,** Ambros. de parad. 8. § 38.

repūgnātōrius, a, um (repugno), **zum Widerstand gehörig,** res, Verteidigungsmaschinen, Vitr. 10, 16, 2.

re-pūgno, āvī, ātum, āre, **dagegenstreiten, sich widersetzen, Widerstand leisten usw., I** eig.: nostri primo fortiter repugnare, Caes.: cum repugnare possent, Cic. – **II** übtr.: **1** im Allg., sich **widersetzen, widerstehen, widerstreben, entgegensein, -stehen,** contra veritatem, Cic.: fortunae, Cic.: amori, Ov.: cum huic (cupiditati) *obsecutus sis,* illi *est repugnandum,* Cic.: his omnibus rebus unum repugnabat, quod (dass usw.) etc., Caes.: non repugno, ich habe nichts dagegen, Cic.: non repugnare circa alqd, sich in etwas nicht ungelehrig zeigen, Quint.: invito et repugnanti (ganz unwillkürlich) lacrimae per genas fluunt, Hieron. – mit folg. *ne* u. Konj., Ov. her. 20, 121. Colum. 7, 10, 7 Schn.: non rep. m. folg. *quo minus* u. Konj., Cic. de or. 1, 256: mit folg. *Infin.*, Ov. her. 17, 137: rep. m. folg. *Acc.* u. *Infin.*, Lucr. 4, 1080 (1088). – im Passiv, diversitas est nobis repugnanda, zu bekämpfen, zu bestreiten, Tert adv. Marc. 3, 16 *extr.*: quot populi repugnati, Tert. de pall. 2 *extr.* – **2** insbes., seiner Natur nach einer Sache od. (v. zwei Dingen) einander **widersprechen,** mit etw. od. untereinander **im Widerspruch stehen,** sich **nicht vereinigen lassen,** Cic.: simulatio amicitiae repugnat maxime, Cic. – haec inter se quam repugnent, plerique non vident, Cic.: repugnat enim recte accipere et invitum reddere, Cic. – *PAdi.* repūgnāns s. bes.

repullēsco, ere (re u. pullus), **wieder ausschlagen, hervorsprossen,** Colum. 4, 22, 5 u. a.

re-pullulo, āvī, āre, **wieder ausschlagen, -hervorsprossen,** Sen. de clem. 1, 8, 7. Plin. 16, 46 u. a. Isid. orig. 17, 6. *no.* 10 u. 14: übtr., Itala b. Augustin. in psalm. 49, 11. Augustin. catech. rud. 19.

repulsa, ae, *f.* (repello), die **Zurückweisung, I** als publiz. *t. t.*, die **Abweisung, Zurücksetzung,** bei Bewerbung um ein öffentliches Amt, um Ehrenstellen, repulsa consulatus, Cic.: aedilicia, Cic.: sine repulsa factum esse consulem, ohne vorher vergeblich darum angehalten zu haben, Cic.: a populo repulsam ferre u. bl. repulsam ferre od. accipere, übergangen werden, durchfallen, Cic.: virtus repulsae nescia, Hor. – **II** übtr., übh. die **Abweisung, a** auf ein Ansuchen, eine Bitte, die **abschlägige Antwort,** die **Fehlbitte,** nullius rei a se repulsam laturum, er werde der Gewährung jedes Gesuches gewiss sein, er werde ihm nichts abschlagen, Nep.: nullam repulsam ferre, keine Fehlbitte tun, Ov. – **b** in sonstigen Bemühungen, nec hanc repulsam sentiret, Abweisung, Verstoßung, Phaedr.: in tristitiam ira post repulsam revolvitur, Fehlschlagen seiner Absicht u. Bemühung, Sen.

repulsio, ōnis, *f.* (repello), **I** die **Zurücktreibung, Abwehr,** violentiae per vim rep., Isid. orig. 5, 4, 2. – **II** die **Abweisung, Widerlegung,** Cael. Aur. de morb. chron. 2, 7, 112. Augustin. c. Cresc. 4, 7 u. a. Eccl.

repulso, āre (*Intens.* v. repello), **wieder und wieder zurücktreiben, -schlagen, I** eig.: civitas eloquiis caelestibus magis quam corporis voluptatibus hostiles impetus repulsare consueta, Ambros. in psalm. 118. serm. 22. § 37 *extr.* – colles verba repulsantes, widerhallend, Lucr. 4, 577 (579). – **II** übtr., **wieder und wieder abweisen,** vera repulsans pectus dicta, Lucr. 4, 911 (914).

repulsor, ōris, *m.* (repello), der **Zurückdränger, -treiber,** Ambros. de Iob 4, 11. § 29; in psalm. 118. serm. 2. § 22 u. serm. 3. § 40. Heges. 1, 40, 1.

repulsōrius, a, um (repello), **zurückdrängend,** cohortes, Amm. 24, 4, 7. – subst., **repulsōrium,** iī, *n.*, das **Vertreibungsmittel,** Ambros. in psalm. 118. serm. 4. § 15 *extr.* Heges. 3, 5, 2.

1. **repulsus,** a, um, *PAdi.* m. *Compar.* (v. repello), **entfernt,** quod procul a vera nimis est ratione repulsum, Lucr. 5, 406. – ecquis publicis negotiis repulsior, Cato oratt. fr. 44 (bei Fest. 286, 29).

2. **repulsus,** ūs, *m.* (repello), das **Zurückstoßen, Zurückprallen,** des Lichtes, effigies crebro repulsu reiectae, Lucr.: lucis, Claud.: dentium, das Aneinanderschlagen, Klappern der Zähne, Plin.: durioris materiae, das Anschlagen, Cic.: scopulorum, der Widerhall von den Felsen, Cic. poët.: raucus repulsus umbonum, Getöse, Claud.

repūmicātio, ōnis, *f.* (re u. pumico), das **Wiederabglätten,** das **Abreiben** des Rauen, gemmarum (der Knospen), Plin. 17, 246.

re-pungo, ere, **wiederstechen,** bildl., in quo possem illorum animos mediocriter lacessitus leviter repungere, wieder einen leichten Stich (Hieb) versetzen, Cic. ep. 1, 9, 19. – ► Perf. repupugi u. repunxi, nach Caper bei Prisc. 10, 32: repunxit, Not. Tir. 80, 36.

repūrgium, iī, *n.* (repurgo), die **Wiederreinigung,** spät. ICt.

re-pūrgo, āvī, ātum, āre, **wieder reinigen, -säubern, vom Unrat befreien, I** eig. u. übtr.: **a** eig.: alveum Tiberis, Suet.: iter, reinigen, gangbar machen, Liv.: hortum, jäten, Curt.: so auch agrum, Sen.: vulnera, Plin.: humum saxis, Ov.: aurum venis, von den A. scheiden, Flor. – **b** übtr.: caelum, Ov.: serenitas caeli in sincerissimum nitorem repurgata, Sen.: ne dubitare possimus quae per plures dies latius dixerit postea recisa ac repurgata in unum librum coartasse, Plin. ep. – **II** meton., durch Reinigen **entfernen,** interanea, Plin. 8, 217: quicquid in Aenea fuerat mortale, repurgat, Ov. met. 14, 603: libertinos e tribubus, Ampel. 18, 6.

reputātio, ōnis, *f.* (reputo), **I** die **Berechnung, Anrechnung,** im Sing. u. Plur., ICt. – **II** die **Erwägung, Betrachtung,** misera, der unselige Gedanke, Plin. pan.: veterum novorumque morum, Tac.

re-pūtēsco, ere, **stinkend werden,** Tert. de anim. 32.

re-puto, āvī, ātum, āre, **I rechnen, berechnen,** annos, Plin.: tempora, Tac.: ex hoc die superiores solis defectiones usque ad illam, quae etc., Cic. de rep. 1, 25. – **II** übtr.: **A überdenken, erwägen,** horum nihil umquam, Cic.: infirmitatem suam, Tac.: cum animo facinus suum, mit sich zu Rate gehen über usw., Sall.: u. so haec cum animo suo, Plaut. (und so dicam, quid animo meo reputem, Fronto): multa secum, bei sich (in der Stille), Nep. – m. folg. *Infin.*, Solin. praef. § 1. – m. folg. *Acc.* u. *Infin.*, cum tibi nihil merito accĭdisse reputabis, Cic.: si cotidie fecisse te reputes, Plin. ep.: illic Caecinam genitum (esse), Tac.: ne cum animo tuo reputes cotidiano te mendacio astringi, Fronto. – m. folg. indir. Fragesatz, nec reputas, cur milia multa animarum conveniant, Lucr.: non reputans, quid ille mallet, Cic.: reputaret cum animo praemia an cruciatum vellet, Sall.: nec iniuriā *ex* his, quae tribuisset sibi, quam mutabilis esset, reputabat, schloss aus dem, was usw., Curt. – absol., apud te ipse reputa, Fronto de eloqu. p. 148, 11 N.: vere reputantibus Galliam suismet viribus concĭdisse, wenn man's recht erwäge, Tac. hist. 4, 17. – **B anrechnen, zurechnen,** alci nec bona opera nec mala, Tert. de res. carn. 16: si illis reputamur, Tert. de orat. 7 (vgl. scorp. 6): reputaturus patri, quod eo nomine praestiterit, Papin. dig. 11, 7, 17.

re-quaero, s. requīro.

re-quiēs, quiētis, *f.*, die **Ruhe, Rast, Erholung** von Anstrengung, Sorgen usw., **I** eig.: **a** übh.: non *labor* meus, non *requies,* Cic.: curarum, Cic.: pugnae, Verg.: ad requiem animi et corporis, Cic.: quaerere requietem occupationibus, Luccei. in Cic. ep.: quaerere requiem et non invenire, Vulg.: da requiem terrae, Ov.: da requiem gravidae, Gratt. cyn.: dare aliquam requiem senectuti meae, Suet. – nec requies (est), *quin,* Verg. georg. 2, 516. – **b** (in der christl. Zeit) insbes., die **Ruhe** im Grab, die **Todesruhe,** Vulg. Sirach 38, 24 u. Hebr. 4, 3. CIL 3, 4221. – **II** meton., das **Ruheplätzchen,** Hor. ep. 1, 7, 79. – ► Genet. requiēī, Prob. cath. 18, 15 K.; requiē, Sall. hist. fr. 1, 97 (99): Dat. ungebr.: Akk. requietem u. requiem, abwechselnd bei Cic. (vgl. Otto Cic. de sen. p. 135 *sq.*); bl. requiem bei Tac.: Abl. requiete, Cic. poët. de div. 1, 22: requiē, Ov. met. 13, 317 u. 15, 16.

re-quiēsco, quiēvī, quiētum, ere, **ruhen, ausruhen, rasten, I** eig.: **1** im Allg.: **a** v. Pers.: legiones requiescere iussit, Caes.: paulisper in eius sella, Cic.: sub umbra, Verg.: super pilum, Tert.: nullam partem noctis, Cic.: a muneribus rei publicae, Cic.: quo requiesceret animus a domesticis malis, Tac.: satis diu requiesse, Cic.: quamvis ille suā lassus requiescat avenā, Prop. 2, 34, 75 H. – **b** übtr., v. Lebl **ruhen, ausruhen, sich erholen,** requiescat humus, Tibull.: vixdum requiesse aures a strepitu et tumultu hostili, Liv.: requiescit vitis in ulmo (= stützt sich auf usw.), Ov.: requiescit stilus lectione, Quint. – m. *Acc.,* mutata suos requierunt flumina cursus, die Fl. standen nach Veränderung ihres natürlichen Laufes still, Verg. ecl. 8, 4: rapidos etiam requiescunt flumina cursus, Ps. Verg. Cir. 232: sol quoque perpetuos meminit requiescere cursus, Calvus fr. 13 M. (b. Serv. Verg. ecl. 8, 4). – **2** insbes.: **a ruhen, schlafen,** lecto, Tibull. u. Prop.: Iuppiter Alcmenae geminas requieverat Arctos, zwei Nächte der Alk. wegen, Prop. – **b** im Grabe **ruhen, ausruhen,** in sepulcro requiescere mortuum, Cic.: Fabricio iunctus fido requiescit Aquinus, Mart.: ossa requiescite in urna, Ov.: auf Grabschriften, C. Pompeius hic requiescit, Petron. 71, 12: requiescit in pace domini, Orell. inscr. 962: baptidiata (= baptizata) requiescit in pace, de Rossi, inscr. Christ. Vol. I. *no.* 805: hic mea ferali requiescunt ossa sepulcro, CIL 6, 11407 = Buecheler Carm. epig. 1222. – **II** übtr., **ausruhen, zur Ruhe kommen, sich beruhigen,** animus ex multis miseriis atque periculis requievit, Sall.: ubi primum a luctu requiesset animus, Tac.: in spe huius, Cic.: in hac lectione, Quint.: eorum exitio, Cic. – ► Synkop. Perf.-Formen, requierunt, Verg. ecl. 8, 4: requierant, Catull. 84, 7: requiesset, Catull. 64, 176. Tac. ann. 1, 25: requiesse, Cic. de or. 2, 290; ad Att. 14, 8, 2. Liv. 26, 22, 8. – Vulg. synk. Perf. requevit, de Rossi inscr. Christ. Vol. I. *no.* 161.

requiētōrium, iī, *n.* (requiesco), die **Ruhestätte, Grabstätte,** CIL 6, 25987.

requiētio, ōnis, *f.* (requiesco), **I** das **Ausruhen,** die **Ruhe,** Vulg. Lev. 16, 31 u. 23, 32 u. a.: requ. domini, Hieron. in Isai. 18, 66. *v.* 1 *extr.*: septimo requietionis anno, im Erlassjahr, Hieron. adv. Iovin. 2, 12. – insbes., die **Ruhe** im Grab, CIL 5, 1014 u. 6, 2120, 9. – **II** meton., der **Ruheplatz,** sedes, requietio, Porphyr. Hor. ep. 1, 17, 37.

requiētus, a, um (requiesco), **I ausgeruht,** miles, Liv.: ager, brachgelegener, Colum. u. Ov.: animi, Sen.: terra requietior, Colum. 2, 1, 5. – **II** lange gelegen, **abgelagert, alt,** caro apri, Hor.: caseus, Colum.: ovum, Colum.: porri, Apic.

requīrito, āre (*Intens.* v. requiro), nach etw. **nachfragen,** res novas, Plaut. most. 1003.

requīro, quīsīvī, quīsītum, ere (re u. quaero), **I hersuchen, zur Stelle suchen, aufsuchen, 1** eig.: cervam, Gell.: libros, Cic.: alqm, Ter.: columbae evolitant ad requirendos cibos, Colum. – **2** übtr.: **a vermissen,** maiorum prudentiam in alqa re, Cic.: subsidia belli, Cic.: multos inde requiro, Ov.: quae nonnumquam requirimus (an Kato) auszusetzen haben, Cic. Mur. 61. – **b verlangen, erfordern, für nötig halten,** neque amplius requisivit, verlangte weiter nichts, Nep.: non intellego, quid requirat, ut sit beatior, Cic.: virtus nullam voluptatem requirit, Cic.: in hoc bello virtutes multae requiruntur, Cic. – **II nach** etw. **fragen, forschen, nachfragen, nachforschen, sich erkundigen, 1** im Allg., mit u. ohne ab od. ex od. de alqo (bei jmd.), alqd (nach etw.) od. de alqa re (in Betreff usw.), dicam hercle; etenim recte requiris, Cic.: requ. vera, Lucr.: domum alcis, Cic.: tua facta requirere coepi, Ov.: facilia sunt, quae a me de Vatinio et de Crasso requiris, Cic.: cum modo aliquid de antiquitate ab eo requireret, modo etc., Nep.: quoniam nihil ex te hi maiores natu requirunt, Cic.: m. folg. indir. Fragesatz, illud quoque requirit, quā ratione fecerit, Cic.: nec quotus annus eat, require, Ov.: ea (vis) quae sit, ab augure collega requiro, Cic.: quas tribus tu tulisti si iam ex te requiram, Cic.: de te tantum requiram, utrum ... an etc., Cic.: spätlat., requ. alqm de alqa re, Cassiod. inst. div. litt. praef. (tom. 2. p. 509, a *ed. Garet*). – **2** prägn.: **a untersuchen,** rationes, Cic.: impendia rei publicae, Plin. ep. – **b erforschen, Nachricht einziehen,** cum requisisset, ubinam esset, Nep. Att. 10, 4. – ► Auch urspr. Form requaero, z. B. Plaut. merc. 633 G. – Perf. requisiit, Suet. Nero 6, 4.

requīsīta, ōrum, *n.* (requiro), **I** der **verlangte, nötige Ausdruck,** ut requisita respondere (zu Gebote zu stehen) videantur, Quint. 8. prooem. 30. – **II** das **Bedürfnis,** die **Notdurft** des Leibes, proficisci ad requisita naturae (um seine Notdurft zu verrichten), Sall. hist. fr. inc. 54 (20): u. so ad requisita naturae discedere, Spart. Carac. 6, 6: ad requisita naturae secedere, Amm. 23, 6, 79: ad requisita naturae foras exire, Augustin. de ord. 1, 8, 22.

requīsītio, ōnis, *f.* (requiro), die **Untersuchung,** historiae antiquioris, Gell. 18, 2, 6.

requoquo, s. re-coquo.

rēs, reī, *f.* (altind. *ras,* Gut, Besitz, *rāti,* gibt), **Sache, Ding** im weitesten Sinne, **I** im Allg., **Sache, Ding, Gegenstand, Wesen, Umstand, Lage, Angelegenheit, Vorfall, Begebenheit, Ereignis, Erscheinung,** zuw. bl. = **etwas,** divinae humanaeque res, Cic.: res, quae numquam fuerunt, ut Scyllae, Cic.: natura rerum, Welt, Cic.: caput rerum (Welt) urbs Romana, Ov. – Genet. rerum pleonast., timeo quid rerum gesserim, Plaut.: quid rerum geritis? Plaut. u. Catull.: abdita rerum, Verborgenes, Hor.: ficta rerum, Schnurrpfeifereien, Hor.: dum ita rerum habet, Tert adv. Val. 14 *in.*: u. so rerum zur Verstärkung des *Superl.,* rerum pulcherrima, Roma, die allerschönste, Verg.: pulcherrima rerum, eloquentia, Quint.: pulcherrime rerum, maxime rerum, Ov. – res divina, r. militaris, navalis, rustica u. dgl., s. dīvīnus usw. – rem gerere, s. 1. gero *no.* I, B, 2. – si r. postulabit, die Sachlage, Cic.: ebenso res autem haec est, Cic. – quae res? quae haec res est? Plaut. (s. Brix Plaut. mil. 1343. p. 126). – multa signa sunt eius rei, hiervon, Cic.: si qua (invidia) ex re (daraus) oreretur, Liv.: neque est ulla r. (irgendetwas), in qua, Cic.: homines nullā re bonā digni, nichtswürdig, Cic.: sumptu ne parcas ulla in re, Cic.: res una solaque, das einzige, das einzige Mittel, Hor.: profecto, ut loquor, ita res est, so ist es, Plaut.: male se res habet, es steht schlimm, Cic.: Dion rem eo perduxit, ut etc., brachte es dahin, dass usw., Nep. – mala r., übler Handel, üble Lage, üble Umstände, Plaut. u. Sall.: gew. Plur. malae r. (Ggstz. bonae res), Komik. u. a.; vgl. adversus, secundus, florens, salvus u. dgl. – e re nata, nach Beschaffenheit der Umstände, Ter. u. Apul.: dass. pro re nata, Cic., u. bl. pro re, Liv. – nitentia (arma) ante rem, vor der Schlacht, Liv.: quibus (*sc.* litteris tuis) non modo res omnes, sed etiam rumores cognoscamus, Cic. – r. nova, eine neue Erscheinung, Nep.: r. magna, ein wichtiges Ereignis, etwas Großes, Wichtiges, Liv. – res populi Romani (die Begebenheiten, Ereignisse, die Geschichte) perscribere, Liv.: u. so res Persicae, Nep.: veteres res, alte Geschichte, Cic.

II insbes.: **A** die **Sache selbst,** die **Tat,** der **wirkliche Erfolg, der Augenschein,** die **Wirklichkeit, Wahrheit,** res dicta secuta est, gesagt getan, Ov.: res indicabit, Cic.: ut ipsa res declaravit, Cic.: re tibi praestabo, ICt. – aut consilio aut re iuvero, Ter. – rem opinor spectari oportere, non verba, Cic.: hos deos non re, sed opinione esse, Cic.: nominibus differre, re congruere, Cic.: eum tametsi verbo non audeat, tamen re ipsā de maleficio confiteri, Cic.: vides, quantum distet argumentatio ab re ipsā atque a veritate, Cic.: haec ille, si verbis non audet, re quidem verā loquitur, Cic.: populi nomine, re autem verā sceleratissimo latrocinio, Cic.: et re verā, in der Tat, wirklich, Cic. – ut erat res, wie es sich wirklich verhielt, Sall.: u. so hoc od. id quod res est, wie es sich wirklich verhält, Komik.: u. bl. quod res est, Cic. ep. 13, 7, 2. – **B** **Besitztum, Vermögen, Hab und Gut,** pro (im Verhältnis zu) re nostra, Ter.: rem quaerere (zu erwerben suchen), Plaut.: rem facere (erwerben), Ter. u. Hor.: rem augere, Cic.: rem conficere (vertun), Cic.: reliquias rei publicae dissipare, Cic. – Plur., reliquiae rerum suarum, Suet.: privatae res (Ggstz. res publica), Cic. – **C** **Interesse, Vorteil, Nutzen,** res magis quaeritur, quam clientium fides, Plaut.: consulere suis rebus, Nep.: in rem suam convertere, Cic.: dum ob rem, wenn es nur nützlich ist, Ter.: verum id frustra an ob rem faciam, Sall.: ebenso si in rem est, Ter.: u. in rem et vostram et nostram esset, Ter.: quod in rem recte conducat tuam, Plaut. u. in rem est (es ist zweckdienlich, vorteilhaft) m. folg. *Infin.*, Sall. u. Liv., od. m. folg. *Acc.* u. *Infin.*, od. m. folg. *ut* u. Konj., Plaut. u. Ter.: ex tua re est, ut ego moriar, Plaut.: ex re mea, Cic.: ex re istius, Ter.: e od. ex re publica (zum Vorteil, zum Besten des Staates) fecisse, Cic., ducere, Liv.: u. ex od. e re publica est m. folg. *Acc.* u. *Infin.*, Cic. u. Liv.: subdole ab re consulit, er gibt Ratschläge (vom Vorteil weg, d. h.) zum Nachteil, Plaut.: u. so haud id ab re ancupis, Plaut. Vgl. übh. Brix Plaut. trin. 238. Spengel Plaut. truc. 2, 6, 40 u. Ter. Andr. 546. – **D** **Ursache, Grund,** nur in der Verbndng. eā (hāc) re od. ob eam (hanc) rem, adv., **deshalb, zu dem Behuf,** eā re, Cic.: hāc re, Lucr. u. Sen. ep.: ob eam rem, Plaut., Cic. u. a. – **E** **Geschäftssache, Geschäftsangelegenheit, Geschäft,** inter se multa communicare de tota illa ratione atque re Gallicana, Cic.: rem cum alqo transigere, Cic. – dah. übtr., allg.: res (alci) est cum alqo, m. jmd. **zu tun (zu schaffen) haben,** etiamne tecum hic res mihi est? Ter.: tecum mihi res est, T. Rosci, quoniam etc., Cic.: quoniam cum senatore res est, Cic.: u. v. Sachen, famigeratori res sit cum damno et malo, bekomme es zu tun mit Verlust u. Schaden, Plaut. trin. 219. – **F** **Rechtssache, Rechtsangelegenheit, Rechtshandel, Prozess** (allgemeiner als causa), utrum rem an litem dici oporteret, Cic.: de rebus ab isto cognitis iudicatisque et de iudiciis datis, Cic. – **G** res publica u. (bes. bei Histor.) auch bl. res, das **Gemeinwesen,** das **Gemeindewesen, Staatswesen,** der **Staat;** auch **Staatsleitung, Staatsverwaltung, Staatsgewalt,** **α** *res p.*: rei publicae pericula, Cic.: re publicā frui, Cic.: rem publicam sustinere, Cic.: rem publicam gerere, s. 1. gero *no.* I, B, 2, a u. b: ratio rei totius publicae, Cic.: de re publica disputatio, Cic.: dubitationem ad rem publicam adeundi tollere, Cic.: rem publicam recusare, den Staatsdienst aufgeben, Commod. bei Spart. Pesc. 4, 4: de tribus generibus rerum publicarum, Cic.: in rebus publicis, Cic. – **β** bl. *res:* res Romana, Liv. u. Hor.: res Albana, Liv.: res eorum civibus, moribus, agris aucta, Sall. – Plur., res Priami evertere, Verg.: incruenta Urbs et res sine discordia translatae, Tac. – ► arch. Genet. re, Elog. clar. vir. 29 im CIL 1. p. 288: arch. Dat. re, Lucil. 52 u. 969: arch. Abl. rēē, einsilbig gemessen, CIL 6, 9499 = Carm. epigr. 959 A: Genet. rē einsilbig, und Dativ rei einsilbig oft bei Plaut. u. Ter.

re-sacro, āre, **von dem Fluche befreien, entsühnen** (Ggstz. devovere), alqm rursus r., Nep. Alc. 6, 5.

re-saevio, īre, **wieder wüten,** ne mota resaeviat ira, Ov. trist. 1, 1, 103.

resalūtātio, ōnis, *f.* (resaluto), das **Wiedergrüßen,** der **Gegengruß,** Suet. Ner. 37, 3. Augustin. epist. 197, 1.

re-salūto, āvī, ātum, āre, jmd. **wieder grüßen, den Gruß erwidern,** alqm, Cic. u. a.

re-salvo, ātus, āre, **von neuem erlösen,** animam suam, Hieron. epist. 98, 21 *extr.*: resalvati ex monte Sion, Augustin. de civ. dei 18, 31, 1.

re-sānēsco, sānuī, ere, **wieder gesunden, wieder heilen,** bildl., Ov. am. 1, 10, 9. Lact. 5, 2, 6.

re-sāno, āvī, ātum, āre, **wieder gesund machen, wieder heilen,** debiles, Lact. epit. 45, 2: phreneticos symphoniā, Mart. Cap. 9. § 926: nigello quodam pulvere illato per cannulas eadem (vitia) resanari, Mart. Cap. 3. § 224. – geistig, impios, Lact. 4, 20, 1 (u. so alqm auch Lact. 5, 22, 23).

re-sarcio, sarsī, sartum, īre, **wieder flicken, -ausbessern, wiederherstellen,** **I** eig. u. übtr.: vestem, Ter.: tunicam, Cypr.: tecta, Liv.: locum, wieder anfüllen, Plin. – **II** bildl., **wieder ersetzen, wieder ergänzen,** detrimentum, Caes.: damnum, Suet.: quaestum, Colum. – ► Ungew. Perf. resarcierit, Iustin. inst. 4, 8, 3 Kr.

re-scindo, scidī, scissum, ere, **los-, ab-, zerreißen, zerschneiden, einreißen,** **I** eig.: u. meton.: **1** eig.: pontem, abbrechen, Caes. u. Nep.: quercum, aufschlitzen, Gell.: vestem a membris, Tibull.: sinum, Prop.: venam, die Ader öffnen, Colum.: latebram teli, zerschneiden, Verg.: cadaverum artus, viscera, sezieren (v. Arzt), Sen. rhet.: plures (crocodilos), den Bauch aufschlitzen, Sen.: vulnus, wieder aufreißen, Liv. epit. u. Ov.; vgl. (bildl.) rescindere suum dolorem, Cic. u. luctus obductos, erneuern, Ov., u. vulnus dolorum meorum, Flor. Verg. or. an poët. – **2** meton., **eröffnen,** vias, Lucr.: os ulceris, Verg.: locum firmatum, Cic. – **II** übtr., **vernichten, ungültig machen, aufheben,** voluntates mortuorum, Cic.: pactiones, Cic.: iudicium, res iudicatas, Cic.: testamentum, Cic.: alcis decreta, Suet.: alcis acta (Anordnungen), Liv. u. Suet.

re-scio, īre, **dahinterkommen, in Erfahrung bringen, erkunden** (s. Gell. 2, 19, 1 *sqq.*), quod pater resciens, Hyg. fab. 164; quid ibi rescirem, Commodian. apol. 12: rescit a transfuga m. folg. *Acc.* u. *Infin.*, Itin. Alex. 29 (69). Vgl. rescisco.

re-scīsco, scīvī od. sciī, scītum, ere, **dahinterkommen,** etw. **in Erfahrung bringen, erkunden, zur Kunde** von etw. **gelangen,** etw. **entdecken,** nihil opus (est) resciscat, Plaut.: primus rescisco omnia, Ter.: ubi rem rescivi, Ter.: quor haec, tu ubi rescivisti ilico, celata me sunt? Plaut.: sero est, iam rescivere, Claud. Quadrig. fr.: cum id rescierit, Cic.: resc. futurum, Ov.: resc. alqd ex alqo, Caes.: prius adversarios rescituros de suo adventu, quam etc., Nep.: si rescivero m. folg. *Acc.* u. *Infin.*, Naev. com. 96.

re-scissio, ōnis, *f.* (rescindo), die **Aufhebung,** prioris decreti, ICt.: emptionis, ICt. – übtr., mortis, Tert. de res. carn. 57, 5: sacramentorum violatio atque resc., Augustin. c. Crescon. 2, 8. § 10: Ggstz. institutio, Tert. adv. Marc. 2, 7.

rescissōrius, a, um (rescindo), **zur Aufhebung gehörig,** rescissoria actio u. subst. bl. rescissōria, ae, *f.*, die auf Aufhebung eines Rechtsgeschäftes oder Rechtsverhältnisses sich gründende Klage, ICt.

re-scrībo, scrīpsī, scrīptum, ere, **I** **wieder-, von neuem-, nochmals schreiben,** commentarios, Suet.: rationes, Plin. ep.: ex eodem milite novas legiones, wieder aufstellen, Liv.: cantus tum fuisse rescriptos vocum sonis, gleichsam noch einmal niedergeschriebene nach den Tönen der Stimme, d. i. den Tönen entsprechend abgefasste, in Töne gesetzte, komponierte, Cic. Tusc. 4, 2, 3 *Kuehner* (*al.* descriptos od. discriptos). – **II** **wieder-, zurück- (dagegen-) schreiben,** **a** antwortend, epistulam, Cic. – dah. **wieder schreiben,** schriftlich **antworten,** alci od. ad alqm, Cic.: litteris od. ad litteras od. ad epistulam, auf einen Brief, Cic.: absol., rescripserat sese deducturum etc., Caes.: quod promptum rescriptu, die Wendung, die sich leicht zu einer Antwort darböte, Tac. – Insbes. als *t. t.* der Gerichts- u. Kanzleispr., **α** **rechtliche Antwort** (responsa) **erteilen,** ICt. – **β** v. Fürsten (Kaisern), **eine Verfügung erlassen,** ICt. – dah. Partiz. subst., rescrīptum, ī, *n.*, **αα** allg., rescripto nihil opus est, Fronto. – **ββ** die schriftl. Antwort des Landesherrn, der **Befehl, Erlass,** Plin. ep., Tac. u. a. – **b** entgegnend = **dagegenschreiben, dawiderschreiben, schriftlich widerlegen,** alcis libro, Suet.: actionibus, Suet.: rescripta Bruto de Catone, eine Gegenschrift gegen Brutus über Kato, Suet. – **III** **zurückschreiben,** **a** in den Rechnungsbüchern einen Posten **umschreiben, abschreiben,** illud mihi argentum rursum iube rescribi, lass das Geld wieder auf mich schreiben, Ter. Phorm. 922: quod tu numquam rescribere (wieder bezahlen) possis, Hor. sat. 2, 3, 76. – **b** in eine andere Kriegsgattung **umschreiben,** ad equum, in die Reiterliste eintragen, im scherzh. Doppelsinn = unter die Reiter versetzen u. = unter die Ritter versetzen, in den Ritterstand erheben, Caes. b. G. 1, 42, 6. – **c** **in Rest schreiben, zur Last schreiben,** reliqua, Cic. ad Att. 16, 2, 1.

rescrīptio, ōnis, *f.* (rescribo), ein kaiserlicher **Erlass,** ICt.

rēscula, ae, *f.*, s. rēcula.

re-sculpo, ere, **von neuem schnitzen, -bilden,** dah. bildl., **wiederherstellen, erneuern,** Eccl.

resecābilis, e (reseco), **wert, abgeschnitten (gehemmt) zu werden,** perfidiae excessus, Cassiod. var. 2, 41, 1.

resecātio, ōnis, *f.* (reseco), das **Abschneiden,** übtr., das **Entfernen,** peccatorum, Salv. de gub. dei 7, 22, 96.

re-seco, secuī, sectum, āre, **abschneiden,** **I** eig.: linguam, Cic.: ungues, Val. Max. u. Petron.: truncos, Verg.: partem de tergore, Ov.: ad vivum resecare (eig. u. im Bild), de vivo aliquid resecare (im Bild), s. vīvus *no.* I, B. – **II** übtr., **abschneiden, hemmen, Einhalt tun, entfernen,** nimia, Cic.: libidinem, scharf zu Leibe gehen, Cic.: spem longam, wie einen Faden kurz abschneiden = nicht Raum geben, Hor. – ► Perf. resecavit, Augustin. serm. 27 *in.* (Mai). Symm. epist. 10, 73. Mart. Cap. 8. § 837: Partiz. Perf. resecatus, a, um, Incert. (Eumen.) gratiar. act. 11, 5. – Nbf. resico, Cat. de agr. cult. 33, 2 u. 47. Varr. r. r. 1, 31, 2.

resecro, āvī, ātum, āre (re u. sacro), **1** **von neuem-, wiederholt-, angelegentlich bitten,** nunc te obsecro resecroque, Plaut. aul. 684: obsecro resecroque te, Plaut. Pers. 47. – **II** **die Bitte zurücknehmen,** resecro, mater, quod iam dudum obsecraveram, Plaut.: nec resecravit, Amm. – Andere Form resacro, s. bes.

resectio, ōnis, *f.* (reseco), das **Abschneiden, Beschneiden,** der Reben usw., Colum. 4, 29. 4 u. ö.

resectōrium, iī, *n.* (reseco), = ὀνυχοτόμον, die **Nagelschere,** Gloss. III, 326, 19.

resēda, ae, *f.* (resēdo), die **Reseda** (*Reseda alba,* L.), Plin. 27, 131.

re-sēdo, āre, **wieder stillen, -heilen,** reseda (Reseda) morbos od. (Jan) morbis reseda, sympathet. Formel bei Plin. 27, 131.

resēgmina, um, *n. pl.* (reseco), die **Schnitzel, Abfälle,** unguium, Plin.: papyri, Plin.

re-sēmino, āre, **wieder erzeugen,** se, sich aus sich selbst wieder erzeugen, v. Phönix, Ov. met. 15, 392.

re-sequor, secūtus sum, sequī, **nachfolgen,** alqm, in der Rede nachfolgen, antworten, dictis, Ov.: ebenso rogantem his, Ov.: u. v. Echo, nostras querelas, Auson.

reserātus, Abl. ū, *m.* (resero, āre), das **Aufschließen, Eröffnen,** Sidon. epist. 9, 11, 2.

1. re-sero, āvī, ātum, āre, **aufriegeln,** **I** eig.: **1** im engeren Sinne, eine Tür usw. **aufriegeln, aufschließen** u. so **öffnen,** fores, ianuam, Ov.: carcerem, Ov.: res. urbem et pandere portas, Verg.: res. portas hosti, Ov. – **2** im weiteren Sinne, **öffnen** übh., claustrum forti malleo perculsum, Amm. 23, 4, 6: claustra oppositi manipli, Sil. 7, 334: pectus (das Innere der Brust), Ov. met. 6, 663: ulceris os, Colum. 7, 5, 10: suppuratio melius igneā laminā quam frigido ferramento reseratur, Colum. 6, 34, 1. – **II** übtr.: **1** im Allg.: res. obsaepta diutinā servitute ora, von ihren Banden lösen, Plin. pan. 66, 5. – **2** insbes.: **a** **erschließen, eröffnen** = zugänglich machen, quod forum, quae templa reserata! Plin. pan.: Italiam, Tac.: Italiam exteris gentibus, Cic.: aures, Liv.: rem familiarem, Cic. – **b** **eröffnen** = offenbar machen, augustae oracula mentis, Ov.: futura, Sil.: secreta, Val. Max.: commissa, Petron. poët.: sui populi arcana futuris, Sedul. – **c** **eröffnen** = anfangen, annum, Ov.: fastos, das Konsulat zu Anfang des Jahres antreten, Plin. pan. – **d** **erschließen** = aufhellen, aufheitern, clausum diem (von Phöbus), Boëth. cons. phil. 1. metr. 3. *v.* 8: Olympum (v. Phöbus), Auson. Mosell. 12: instar aestivi temporis reseratum est caelum, Dict. 1, 22: rursus placatis omnibus amoena laetitia mundi reseratur, Apul. de mund. 22: reseratā caeli temperie, Amm. 21, 6, 7 u. 27, 12, 18 G.

2. re-sero, sēvī, ere, **I** **wieder säen, -pflanzen,** Colum. u. Plin. – **II** **besäen, bepflanzen,** agrum, Varro LL. 5, 39.

re-servo, āvī, ātum, āre, **I** **aufsparen, versparen, aufbewahren, vorbehalten,** legiones ad pericula, Caes.: in aliud tempus, Caes.: in diem, Cic.: ad extremum, auf den äußersten Fall, Cic.: cetera praesenti sermoni, zur mündlichen Unterredung, Cic.: crimen iudicio, Cic.: Minucio me reservabam, ich wartete mit meinem Brief auf Minucius (um ihm denselben mitzugeben), Cic.: se ad meliora tempora, Oros.: quod si nos ad aliquam alicuius commodi recuperandi spem fortuna reservaverit, Cic. – **II** **erhalten,** **a** = **erretten,** omnes, Cic.: fetum, die (Leibes-)Frucht erhalten, Cels. – **b** = **behalten, beibehalten,** nihil ad similitudinem hominis (nichts Menschliches), Cic.

reses, idis (resideo), **I** **sitzengeblieben, zurückgeblieben,** reses in urbe plebs, Liv. 2, 32, 5. – v. Lebl., caseus in corpore, unverdaulich, Varro: aqua, stehendes Wasser, Varro. – **II** **träge, untätig, unbeschäftigt,** eum residem tempus terere, Liv.: populi resides, die lange nicht gekämpft, Verg.: animi, erkaltetes Herz, Verg. – m. *Genet.*, bellorum resides, Stat. Theb. 7, 285.

resex, ecis (reseco), *sc.* palmes, eine junge Rebe, die beschnitten wird, etwa **Stürzel** (auch custos gen.), Colum. 4, 21, 3 u. a.

re-sībilo, āre, **entgegenzischen,** Sidon. carm. 9, 83.

re-sicco, āvī, āre, **wieder trocknen,** Plin. Val. 1, 10.

resico, s. re-seco a. E. ►.

resideo, sēdī, sessum, ēre (re u. sedeo), verweilend **sitzen bleiben, sitzen, sitzend zurückbleiben, verweilen,** **I** eig.: **a** übh.: corvus arbore residens, Phaedr.: in equo, Ov.: equo, Sil.: patriis in terris resedisse, Tac.: in re publica, Cic.: cum pater suus plerisque honoratis assurgeret (vor usw. aufstand), ille resideret, Capit. Maximin. 28, 1. – mit *Acc.,* **α** **auf** etw. **sitzen,** nunc hanc nunc illam (columbam), Dracont carm. 10, 166 tigres, *ibid.* 10, 273. – **β** prägn., ein Fest **feiern,** venter gutturque resident esuriales ferias, scherzh., Plaut. capt. 408: denicales, quae a nece appellatae sunt, quia residentur mortuis, Cic. de legg. 2, 55. – **b** **rückständig bleiben,** pecunia publica resedit apud alqm, Marcian. dig. 48, 13, 4. § 3. – **II** übtr.: in corpore nullum residere sensum, Cic.: in nutu residebat auctoritas, thronte, Cic.: si quid in te residet amoris erga me, Cic. ep.: etiam nunc residet spes in virtute tua, beruht noch allein, Cic.: quorum in consilio pristinae residere virtutis memoria videtur, noch ein Abglanz der alten T. zu finden ist, Caes.: cuius culpa non magis in te resedit, Cic. – mit *Dat.*, cum horum tectis et sedibus residere aliquod bellum semper videtur, Cic. de dom. 61. – absol., huius incommodi culpa ubi resideat, Cic.: si qua (ira) ex certamine residet, Liv.

re-sīdo, sēdī, sessum, ere, **I** **sich niederlassen, sich setzen** **a** **sich niederlassen,** um zu ruhen usw., Cic., Nep. u. a.: in unguentaria taberna, Sen.: in area domus, Plin. ep.: mediis aedibus, Verg. – **b** irgendwo sich **niederlassen,** um dort zu wohnen (gew. considere), Siculis arvis, Verg. Aen. 5, 702: mit *in* u. Abl., loci amoenitate captos in isdem terris cum virgine (eos) resedisse, Iustin. 13, 7, 8. – **c** an einem Ort verweilend **verbleiben, Rast machen,** in villa, Cic.: in oppido aliquo, Cic. – bildl., Viennensium vitia intra ipsos residunt, nostra late vagantur, Plin. ep. 4, 22, 7. – **II** **sich niedersenken, einsinken,** **1** im Allg.: **a** eig.: si montes resedissent, Cic.: his, quae eminebant, paulatim in se residentibus, Sen.: vom Bodensatz, sich setzen, Plin.: v. anderen Dingen, iam iam residunt cruribus (Dat.) asperae pelles, setzen sich, schließen sich an, Hor. carm. 2, 20, 9. – **b** bildl.: **α** **sich setzen, sich legen, ruhig werden, ablassen,** mens resedit, Caes.: cum tumor animi resedisset, Cic.: ira, terror resedit, Liv.: lien aegri residit, wird heil, Plin. ep.: bellum resedit, Hor. u. Verg.: v. Redenden, nunc attollebatur, nunc residebat, bald erhob er sich, bald sank er (mit der Stimme), Plin. ep. – **β** **nachlassen, matt werden, sinken,** longiore certamine sensim residere Samnitium animos, Liv. 10, 28, 3: ut ardorem eum, qui resederat (erkaltet war), excitaret rursus novaretque, Liv. 26, 19, 2. – **2** **sich niedersenken** = sich zurückziehen, **a** eig.: retro residunt, Verg.: maria in se ipsa residant, Verg.: Nilus incipit crescere … et residit, Plin.: fons horis singulis intumescit ac residit, Plin. – **b** übtr.: sex mihi surgat opus numeris, in quinque residat, mit sechs Takten erhebe ich mein Lied, zu fünfen sinke (falle) es herab = Hexameter wechsele mit Pentameter ab, Ov. am. 1, 1, 27.

residuum, ī, *n.*, s. residuus.

residuus, a, um (resideo), **I zurückbleibend, -geblieben, übrig, rückständig,** odium, Cic.: simulatio, Liv.: pecuniae, Cic. – subst., residuum, ī, *n.*, das **Rückständige, Übrige,** der Rest, Cic.: quid potest esse residui? Cic.: so auch residua, ōrum, *n.*, Suet. Aug. 78, 1. – **II träge, untätig,** Acc. tr. 696.

resīgnāculum, ī, *n.* (resigno) = ἀποσφράγισμα, der **Abdruck** des Siegels, similitudinis, bildl. v. Menschen als Ebenbild Gottes, Itala Ezech. 28, 12 (b. Tert. adv. Marc. 2, 10); vgl. Hieron. in Ezech. 28, 12 (vol. 5. p. 282 Migne).

resīgnātor, ōris, *m.* = ἀποσφραγιστής, der **Entsiegler,** Gloss. II, 241, 15.

resīgnātrīx, trīcis, *f.* (Femin. zu resignator), die **Entsieglerin, Eröffnerin,** Tert. de hab. mul. 1.

re-sīgno, āvī, ātum, āre, **I entsiegeln, 1** eig.: litteras, Cic.: testamenta, Hor. – **2** übtr.: **a eröffnen, α** = **trennen,** periuria Graia resignat, durchbricht die treulose Schar, Sil. 17, 424. – **β eröffnen** = entdecken, enthüllen, venientia fata, Ov.: mandata alcis, Mart.: totum hoc verba resignent, Pers. – **b** gleichs. durch Abziehen des Siegels **ungültig machen, vernichten,** fidem tabularum, Cic.: pacta, Sil.: ne quid ex constituti fide resignaret, um der Heiligkeit dessen, was man gelobt, nichts zu vergeben, Flor. 4, 7; 14. – **c lösen, befreien,** lumina morte resignat (Mercurius), löst die sich schließenden Augen vom Tode, d. i. lässt das sich brechende Auge nicht sterben, Verg. Aen. 4, 244. – **II** aus einem Rechnungsbuch in das andere schreiben (sonst rescribere); dah. **a zurückgeben, verzichten auf** usw., cuncta, Hor.: quae dedit, Hor. – **b anweisen, zuteilen,** resignatis vectigalibus, Cato oratt. fr. 73.

resilio, siluī, sultum, īre (re u. salio), **I zurückspringen,** von Menschen, Taureae dextrum umerum sauciavit atque ita resiluit, Claud. Quadr. fr.: interim tamen *recedere sensim* datur; quidam (oratores) et *resiliunt,* quod est plane ridiculum, Quint.: res. ad manipulos, Liv.: in gelidos lacus, Ov.: v. Tieren, ranae resiliunt in lacus, Ov.: v. Lebl., **zurückspringen, zurückprallen, abprallen,** resilit grando a culmine tecti, Ov.: ab ictu resilit ignis, Plin.: vox resiliens, Vitr.: im Bild, ubi scopulum offendis eiusmodi, ut non modo ab hoc crimen resilire videas, verum etc., nicht an ihm hafte, ihn nicht treffe, Cic. Rosc. Am. 79. – **II** übtr.: **a sich zurück-, zusammenziehen, sich verkleinern, sich verkürzen,** cornua cochlearum protenduntur ac resiliunt, Plin.: in spatium breve, Ov.: mamma resilit, Plin.: polypus resilit a tetro odore, Plin.: Taurus (mons) resilit (tritt zurück) a septentrione, Plin.: dies aliquantum resiluit, Sen. – **b abspringen, abstehen, ablassen** von etwas, ut emptori liceret resilire, vom Kauf abstehen, ICt.: resiliendum ab iis, quae non recipientur, Quint. 12, 10, 56. – ► *Perf.* gew. resiluit (jetzt auch Claud. Quadrig. ann. 6. fr. 56 bei Prisc. 10, 51); zuw. resilivit, wie Sen. contr. 1, 3, 4, u. resiliit, Flor. Verg. orat. an poët. p. 107, 8 H. Petron. 46, 7 (wo resilierit). – synk. Imperf. resilibat, Ven. Fort. carm. 5, 5, 19.

re-sīmus, a, um, **aufwärts gebogen, aufgeworfen,** lamina, Cels.: ferulae, Cels.: ossa, Cels.: labra canis, Varro: nares, der Rinder, Colum.: nares a fronte resimae, der Affen, Ov.: rostrum hippopotami, Plin.

rēsīna, ae, *f.* (ῥητίνη), das **Harz,** Cato, Cels. u. a.: vinum resinā conditum, Plin. 23, 46: vinum, quod resinā conditum sit, Cels. 4, 12 (5). p. 137, 15 D. (vgl. resinatus): resinam ac picem calfactare, Capit. Pert. 8, 5: Plur., pices resinaequae, Arten von Pech u. Harz, Plin. 16, 56. – als lindernde **Salbe,** tollite resinam ad dolorem eius, Vulg. Ierem. 51, 8.

rēsīnāceus, a, um (resina), **harzig, harzähnlich,** semen, Plin. 24, 99.

rēsīnālis, e (resina), **harzig,** Cael. Aur. de morb. chron. 2, 13, 175 u. 14, 207.

rēsīnātus, a, um (resina), **mit Harz versehen;** dah. **I mit Harz bestrichen,** iuventus (um die Haare wegzubringen u. die Haut glatt zu machen), Iuven. 8, 114. – **II mit Harz gewürzt, -schmackhaft gemacht** (da die Alten Harz in die Weinfässer hängten, um den Wein dadurch zu verbessern), vinum, Cels. 2, 24 u. 28; 2, 30. Plin. 23, 46. Mart. 3, 77, 8. Vgl. resina.

rēsīnōsus, a, um (resina), **voll Harz, harzig, harzreich,** Plin.: pix Bruttia est resinosissima, Plin.

rēsīnula, ae, *f.* (*Demin.* v. resina), das **Stückchen Harz,** Panchaicae resinulae, Weihrauch, Arnob. 7, 27.

resipio, ere (re u. sapio), **I** von etw. **einen Nachgeschmack haben,** nach etwas **schmecken, a** eig.: quod (mustum) resipit ferrum, Varro: vinum resipit picem, schmeckt nach Pech, Plin. – **b** bildl.: Epicurus, homo non aptissimus ad iocandum minimeque resipiens patriam, bei dem von seiner Vaterstadt (Athen) nichts verspürt wird (d. i. ohne attischen Witz), Cic. de nat. deor. 2, 46: non dubium est, quin istae fabulae resipiant stilum Plautinum, Gell. 3, 3, 13. – **II** anders als vorher, d. i. **besser schmecken,** ut insulsa resiperent, Auson. edyll. 12. vers. monosyll. praef. p. 134, 1 Schenkl.

resipīscentia, ae, *f.* (resipisco), Übersetzung von μετάνοια, **Sinnesänderung, Besserung,** Lact. 6, 24, 6 u. a. Eccl.

resipīsco, sipuī, u. sipiī, auch sipīvī, ere (resipio), **I wieder zur Besinnung kommen, wieder zu sich kommen, sich wieder erholen,** von der Ohnmacht usw., Plaut., Cic. u. a.: dah. auch **wieder Mut fassen,** Ter. Andr. 698. – **II wieder zu Einsicht-, zu Verstand kommen,** Cic. u. Liv. – ► Perf. resipui, Cic. ad Att. 4, 5, 1 B. (Wesenb. resipivi), Ambros. de Hel. 12 *extr.*: resipivi, Afran. com. 16 (bei Prisc. 10, 7, wo *cod. Bamb.* u. a. resipui): resipisti, Plaut. mil. 1344 G.: resipiit, Suet. Ner. 42, 1: synkop. resipisset, Cic. Sest. 80: Infin. Perf. resipisse, Ter. heaut. 844. Iuvenc. 3, 181.

resistentia, ae, *f.* (resisto), der **Widerstand,** Augustin. de pecc. merit. 2, 22.

re-sisto, stitī, ere, **I stehen bleiben, a** im Zustand der Ruhe, **stehen bleiben, zurückbleiben, verbleiben, verharren,** ibi, Caes.: Romae, Liv.: qui obsessor Luceriae restiterat, Liv.: in regno, Caes.: an inopiā navium ibi restitisset, Caes. – **b** von der Bewegung aus, **stehen bleiben, stillstehen, haltmachen,** Ter., Caes. u. Liv.: beata vita resistet extra fores limenque carceris, Cic.: negabat se umquam cum Curione restitisse, sei stehen geblieben, um mit ihm zu sprechen, habe mit ihm je ein Wort geredet, Cic.: resiste, bleib stehen! halt! Ter.: hospes resiste, CIL 1, 1027: nunc fugiens, nunc resistens, Apul. – v. Lebl., resistentibus flammis, da die Flammen nicht weiter vordrangen, Tac.: rota resistit, Sen. poët.: resistit proluvies ventris, Colum. – übtr., **α stillstehen, innehalten,** sed ego in hoc resisto, im Reden, Cic.; ebenso Verg. Aen. 4, 76: so auch verba resistunt, Ov.: von anderen Dingen, resistit dolor intestinorum, Colum. – **β wieder festen Fuß fassen, wieder zum Stehen kommen,** ubi lapsi resistamus, Cic. Mur. 84. – **II sich entgegenstellen, sich widersetzen, widerstehen, Widerstand leisten, sich zur Wehr setzen** (defensiv, hingegen obsistere offensiv), **a** physisch, **α** v. Perf., hostibus, Caes.: venientibus, Caes.: omnibus, Nep.: alci in acie, Nep.: vi contra vim, Liv.: neque ullā multitudine resisti posse Romanis, Hirt. b. G.: *neque* amplius *resisti* iam apud eos poterat m. folg. *quin* u. Konj., Dict. 2, 12. – absol., nullo resistente, Nep.: adversus resistere, Nep.: resistere ac propulsare, Widerstand u. Abwehr leisten, Sall.: res. in itinere, Caes. – **β** v. Lebl., plaustra adversus tempestatem non resistunt, Varro: quae nunc immotae perstant ventisque resistunt, Ov.: aut ripae fluminis cedunt aut prominentia montium resistunt (es hindern), Tac. – non res. mit folg. *quo minus* u. Konj., non aquam sibi resistere, quo minus mergantur, Sen. nat. qu. 2, 9, 3. – im Passiv, fluctus ingrui resistuntur, Solin. 24, 6. – **b** moralisch, sero alci, Cic.: huic rogationi, Sall.: dolori fortiter, vix dolori, Cic.: lacrimis et precibus, Cic.: res. et pugnare contra veritatem, Cic.: mollis ac minime resistens ad calamitates perferendas mens eorum, Caes.: unpers., omnibus his resistitur, Caes.: cui nec virtute resisti potest, Ov. – m. folg. *ne* u. Konj., ne sibi statua poneretur, restitit, Nep. Att. 3, 2 (u. so Cic. de har. resp. 50. Liv. 23, 7, 4. Aur. Vict. de vir. ill. 75, 6). – m. folg. *quin* u. Konj., vix deorum opibus, quin obruatur Romana res, resisti potest,

Liv. 4, 43, 11: cui nullā vi resisti potest m. folg. *quo secius* u. Konj., Cic. de inv. 2, 170. – absol., cunctabundi et resistentes (sich sträubend), Liv.: resistentibus collegis, Sall.: restitit et pervicit Cato, Cic.: cum a Cotta acriter resisteretur, Caes. – **III** **wieder aufstehen,** post ex fluvio fortuna resistet, Enn. ann. 46. – ► arch. Perf. restitistei = restitisti, CIL 1, 1006.

resolūbilis, e (resolvo), **wieder auflöslich,** caementum, Prud. apoth. 515: corpus, Prud. cath. 10, 149: homines luti corruptione resolubiles, Ambros. in psalm. 118. serm. 13. § 20: nulli resolubiles calori nives, Sidon. carm. 23, 190.

resolūtē, *Adv.* (resolutus), **ausgelassen,** resolutius decachinnari, Tert. ad nat. 1, 19.

resolūtio, ōnis, *f.* (resolvo), **I** die **Auflösung,** lori, Gell. 17, 9, 12: calceamenti, Interpr. Origen. in 1. Sam. hom. 1, 6. – **II** übtr.: **a** die **Auflösung** in Einheiten (Ggstz. contextio), Macr. somn. Scip. 1, 5, 18. – od. in seine Teile, fabulae res., Donat. Ter. Andr. 5, 2, 10. – **b** der Zustand der Auflösung, die **Erschlaffung, Schwäche, Lähmung,** nervorum, Cels.: maxillarum, Cels.: ventris, Magenschwäche, Cels.: ventris od. alvi, Durchfall, Cels. – **c** die **Aufhebung, Einziehung,** Ulp. dig. 41, 2, 13. § 1.

resolūtōria, ae, *f.* (resolvo) = ἀναλυτική, die **Analyse** in der Logik, Boëth. de diff. top. 1 *in.*

resolūtus, a, um, *PAdi.* (v. resolvo), **I** **weibisch, wollüstig,** Idaeo resolutior cinaedo, Mart. 10, 98, 2. – **II** **zügellos, ungebunden, ausgelassen,** gaudia, Sil. 11, 305.

re-solvo, solvī, solūtum, ere, **wieder auflösen,** was gebunden, geschlossen war, dann übh. **auflösen, aufbinden, losbinden,** **I** eig. u. übtr.: **1** eig.: vestes, Ov.: vulnus, Quint.: alqm (vinctum), Colum.: equos, abspannen, Ov.: virginem catenis, Ov.: puella resoluta capillos, mit aufgelöstem Haar, Ov.: resolutis capillis, Liv. – **2** übtr.: **a** übh.: glebam in pulverem, Colum.: gleba se resolvit, löst sich auf, wird locker, Verg.: gleba resoluta defluxit, Curt.: nubes resolvuntur in aquas, Sen.: quicquid (natura) *composuit, resolvit,* quicquid *resolvit, componit* iterum, Sen.: frenatam tot malis linguam resolvimus, lösen wir von ihren Banden, Plin. pan.: Cerberus immania terga resolvit fusus humi, dehnt aus (zum Schlaf), Verg.: membrum resolutum od. pars resoluta, ein gelähmtes Glied, Cels. – **b** **öffnen,** litteras, Liv.: ora, Ov.: fauces in verba, den Mund zum Reden, Ov. – **c** **auflösen, schmelzen,** nivem, v. Sonne u. Regen, Ov.: margaritas in tabem, Plin.: corpora in tabem iam resoluta, die schon verwesten, Augustin.: auch **umschmelzen** od. **wieder einschmelzen,** formas binarias, Geldformen im Wert zweier Goldstücke, Lampr. Alex. Sev. 39, § 18. – **d** **auflösen, vertreiben,** nebulas, Ov.: tenebras, Verg. – **e** **einreißen,** muros ariete, Sil. 5, 533: u. cinctos muros, Sil. 12, 495. – **f** **bezahlen,** argentum, Plaut.: pro vectura, Plaut. – **II** bildl.: **a** **auflösen, endigen,** curas, Verg.: litem lite, Hor. – **b** jmds. Körper od. dessen Glieder **auflösen, der Spannkraft berauben,** dah. teils **ermatten, entkräften, erschlaffen, weichlich machen, teils schmelzen, entzücken,** felicitas illos totos resolvit, macht weichlich, Sen.: ut iacui totis resoluta medullis, entzückt, Ov.: in omnes lusus, in omnes iocos se resolvebant, Sen. rhet. – **c** **aufheben, vernichten, ungültig machen,** stipulationem, ICt.: iura pudoris, verletzen, Verg.: disciplinam militarem, Tac.: fraudes, vereiteln, Sil.: vectigal, aufheben, abschaffen, Tac. – **d** **befreien,** Ausoniam, Sil.: te piacula nulla resolvent, Hor.: amore resolutus, Tibull. – **e** **entwirren, auflösen, ins Licht setzen,** dolos tecti (Labyrinthi) ambagesque, die trügerischen Irrgänge des Hauses entwirren (= jmd. lehren, darin den Weg zu finden), Verg. Aen. 6, 29: amphiboliam, Quint. 7, 9, 14: ambiguitatem, Quint.: distinguendo, dividendo etc., Quint. 12, 2, 13. – dah. **widerlegen,** ex parte diversa dicta, Quint. 5, 13, 12: m. folg, indir. Fragesatz, Lucr. 5, 770 (773). – **f** **abfertigen, abzahlen, bezahlen,** unā plagā, Plaut. Amph. 705: quadraginta minas danistae, Plaut. Epid. 142 (und so *ibid.* 352 und Men. 930 Sch. Cato r. r. 144 u. 149).

resonābilis, e (resono), **widerhallend,** echo, Ov. met. 3, 358. Auson. epigr. 99, 1.

resonantia, ae, *f.* (resono), der **Widerschall, Widerhall,** Vitr. 5, 3, 7.

re-sono, sonuī, u. sonāvī, āre, **I** *intr.*: **1** **einen Widerhall geben, widerschallen, widerhallen,** aedes plangoribus resonant, Verg.: resonans theatrum, Cic.: bes. v. Echo, ubi non resonant imagines, Varro: proprium est, ut litore resonent scopuli, Isid.: so auch gloria virtuti resonat (ist ein Widerhall der Tugend) tamquam imago, Cic. – **2** **wieder und wieder ertönen, -erschallen,** quoia vox resonat? Plaut.: quoia nam vox ex te resonans meo gradu remoram facit? Lucil. 965: nervos resonare, Cic.: resonant avibus virgulta, Verg. – **II** *tr.*: **1** **von etw. widerhallen, ertönen,** doces silvas resonare Amaryllida, Verg.: ora Hylan semper resonantia, den Namen Hylas widerhallend, Val. Flacc.: umbrae resonarent triste et acutum, einen wehmütigen u. schrillen Ton von sich geben, Hor.: u. so silva quiddam agreste resonans, Mela. – dah. im Passiv, in fidibus testudine resonatur (sonus), entsteht ein Widerhall, Cic. de nat. deor. 2, 144. – **2** prägn., **widerhallen machen, mit Schall erfüllen,** lucos assiduo cantu, Verg. Aen. 7, 12. – ► Perf. resonavit, Manil. 5, 567. Hieron. epist. 117, 1 (aber Hor. sat. 1, 8, 41 die besten Hdschrn. resonarent); u. resonui, Porphyr. Hor. carm. 1, 20, 5 (wo resonuisse). – Von der alten Nebenform resono, ere, findet sich resonit, Pacuv. tr. 114. Acc. tr. Aen. 2: resonunt, Enn. ann. 363.

resonus, a, um (resono), **widerschallend, -hallend,** voces, Ov. met. 3, 496: valles, Lucan. 7, 480: ripae, Sil. 6, 285: caetrae, Sil. 3, 348.

re-sōpio, īre, **einschläfern,** Fulg. continent. Verg. p. 156 M.

re-sorbeo, ēre, **wieder-, zurück in sich schlucken, -schlürfen,** fluctus, Ov.: nec mare litore tenus accrescere aut resorberi, Tac.: mare in se resorberi, Plin. ep.: vocem, Plin.: spiritum, verschlucken, einziehen, Quint.: fletum, die Tränen mit Gewalt zurückhalten, gleichs. zurückschlürfen, Sil. 12, 594.

re-sordeo, ēre, **verächtlich erscheinen,** Anthol. Lat. 311, 3 (322, 3).

respectio, ōnis, *f.* (respicio), die **Musterung,** animarum sanctarum, Vulg. sap. 3, 13.

respecto, āvī, ātum, āre (*Intens.* v. respicio), *intr.* u. *tr.*, **I** **zurücksehen, sich umsehen,** auch bloß **hinsehen,** nach etwas, **1** eig.: quid respectas? Ter.: pavens atque respectans, Flor.: respectantium turba, Plin. pan.: resp. ad tribunal, Liv. – m. *Acc.*, alius alium respectantes, Tac.: resp. sine fine Caesarem, Vell.: arcem Romanam, Liv. – m. folg. *ne* u. Konj., ne te uxor sequatur, respectas identidem, Plaut. Men. 161 (u. so Cas. 886): m. folg. *dum* (bis) u. Konj., reliquas (apes) respectantes, dum conveniant, Varro r. r. 3, 16, 30: mit folg. *quod* (weil), respectantibus nobis, quod candidatum nostrum venturum sciebamus, Varro r. r. 3, 17, 1. – **2** übtr.: **a** v. Pers.: verum haec ita praetereamus, ut tamen intuentes et respectantes relinquamus, nicht ohne einen Hinblick u. eine Rückschau, Cic.: m. *Acc.*, si qua pios respectant numina, berücksichtigen, Verg.: nec meum respectet, ut ante, amorem, denke an m. L., Catull. – **b** v. Lebl.: cortinae contra se invicem respectantes, die gleich gegenüber standen, Vulg. 3. regg. 7, 30. – **II** meton., einer Sache **entgegensehen, entgegenharren,** par munus ab alqo, Cic. Planc. 45 (Müller exspectare).

respectus, ūs, *m.* (respicio), **I** das **Zurückblicken, Sich-Umsehen,** **a** eig.: sine respectu fugere, ohne sich umzusehen, Liv.: resp. incendiorum, nach dem Brand, Cic. – **b** übtr., die **Rücksicht, Berücksichtigung, Aussicht,** Romanorum maxime respectus civitates movit, Liv.: faciet nos moderatiores respectus nostri, Sen.: sin aliquis respectus mei, Liv.: aliquem respectum amicitiae habere, Liv.: sine respectu maiestatis, Liv., amicitiae, Iustin.: sine respectu sui, Sen.: oft respectu, in Rücksicht auf, m. *Genet.*, respectu rerum privatarum, Liv.: respectu paucitatis, Iustin.: huius respectu fabulae, Phaedr. – **II** meton., der **Rückhalt,** die **Zuflucht,** der **Zufluchtsort,** si nullus alio sit quam ad Romanos respectus, Liv.: ii, qui respectum habent, Liv.: cum respectum ad senatum non haberet, Cic.: nos omnium rerum respectum praeterquam victoriae nobis abscidamus, Liv.

1. respergo, spersī, spersum, ere (re u. spargo), **I** **zurückspritzen, zurückstreuen,** radicem, ausbreiten, Pallad. 2, 15, 15. – **II** **bespritzen, besprengen, bestreuen,** oculos, Cic.: manus sanguine, Cic.: alqm sanguine nefando, Liv.: alqm cruore, Liv. (vgl. vestis alcis cruore respersa, Val. Max.): sanguine suo fores uxoris, Liv. epit.: alqm urinā, Val. Max.: os alcis sputo, Val. Max.: respergi od. respergere se sanguine alcis, Liv.: respersum guttis, gleichs. damit bespritzt, bestreut, bunt, Plin.: poet., cum primum aurora respergit lumine terras, bestreut, erfüllt, Lucr. 2, 144 bei Macr. sat. 6, 1, 25 (aber die Hdschrn. des Lukr. spargit): nullā nube respersus Titan, bedeckt, Sen. Herc. Oet. 721 (726): bildl., alqm infamiā, bedecken, Ps. Quint. decl. 18, 3: ebenso servili probro respergi, Tac. hist. 1, 48.

2. respergo, inis, *f.* (1. respergo), das **Bespritzen,** Prud. adv. Symm. 1, 503.

respersio, ōnis, *f.* (respergo, ere), das **Anspritzen, Bespritzen, Besprengen,** pigmentorum, Cic. de div. 2, 48: sumptuosa respersio, das Besprengen des Grabes mit Wohlgerüchen u. Wein, Cic. de legg. 2, 60.

respersus, Abl. ū, *m.* (respergo, ere), das **Bespritzen, Besprengen,** Plin. 10, 10.

respicio, spēxī, spectum, ere (re u. specio), *intr.* u. *tr.*, **zurücksehen, hinter sich sehen, I** eig., Cic. u. a.: ad alqm, Ter.: in alqm, Apul.: nusquam circumspiciens aut respiciens, Liv.: neque post respiciens nec ante prospiciens, Varro fr. – mit *Acc.*, teils = **sich** nach etw. od. jmd. **umsehen,** tribunal, Liv.: Eurydicen suam, Ov.: amissam, amicum, Verg.: cum, quidnam esset, quod respicere vetitus esset, agitaret animo, Liv. – teils = **hinter sich sehen, -erblicken, -bemerken,** quod ubi respexit rex procul grege facto venientes, Liv.: angues a tergo, Verg.: moenia, Verg. – mit *Acc.* u. *Infin.*, respiciunt atram in nimbo volitare favillam, Verg. Aen. 5, 666. – **II** übtr.: **a zurückdenken, überdenken,** quoad longissime potest mens mea respicere spatium praeteriti temporis, Cic.: quod tam longe retro respicere non possunt, Cic. – **b** auf etw. **Rücksicht nehmen, α** = etw. **bedenken, überlegen,** respice aetatem tuam, Ter.: u. so neque te respicis, nimmst nicht Rücksicht auf dich (auf dein Alter), Ter.: si Caesar se respexerit, sich eines Besseren besinnen wird, Planc. in Cic. ep.: ut respiciam generum meum, Cic. – **β** = für etw. **sorgen,** auf etw. **sehen,** etw. **beachten,** rem publicam, Cic.: respiciet nos aliquis deus, Plaut.: di nos respiciunt, Ter.: commoda populi, Cic.: ad haec respice, Verg. – **c** jmd. **angehen, zur Last fallen,** ad hunc summa imperii respiciebat, Caes. b. c. 3, 5, 4: periculum ad venditorem respicere, ICt. – **d** auf etw. mit Sehnsucht, -Verlangen **sehen,** auf etw. **warten, hoffen,** spem ab Romanis, Liv.: subsidia, Liv. – ► Archaist. *Coniunctiv Perf.* respexis, Plaut. aul. 58; most. 523; rud. 678ᵇ Sch.

respīrāculum, ī, *n.* (respiro), die **Luftröhre,** Claud. Mam. de stat. anim. 2, 12.

respīrāmen, inis, *n.* (respiro), das **Atmen,** dicht. meton. der **Atemweg,** die **Luftröhre,** Ov. met. 12, 142: Plur. respiramina claudere, Ov. met. 2, 828.

respīrāmentum, ī, *n.* (respiro), die **Erholung,** Augustin. conf. 7, 7 *extr.;* serm. 232, 8 *extr.*

respīrātio, ōnis, *f.* (respiro), **I** das **Aufatmen, Atemholen, a** eig., Cic. u. a.: sine respiratione pugnare, ohne aufzuatmen, ohne Unterlass, Liv. – **b** meton., der **Ruhepunkt,** die **Pause** im Reden, wo man innehält und von neuem Atem holt, Cic. or. 53 (Plur.). Quint. 7, 9, 11. – **II** die **Ausdünstung,** aquarum, Cic. de nat. deor. 2, 27.

respīrātus, Dat. uī, Abl. ū, *m.* (respiro), das **Aufatmen, Atemholen,** Abl. respiratu, Cic. de nat. deor. 2, 136 (Madvig u. Baiter intrante spiritu): Dat. respiratui, Apul. met. 4, 15.

re-spīro, āvī, ātum, āre, **I zurückblasen, -wehen, entgegenblasen, -wehen,** vom Wind, Lucr. 6, 568 u. 570. – v. der Hirtenpfeife, **ertönen,** Calp. ecl. 4, 74. – mit *Acc.*, v. einer Örtlichkeit, **ausdünsten,** malignum aëra, Stat. silv. 2, 2, 78. – **II** insbes., **zurückatmen, A durch Atmen ausstoßen, ausatmen,** animam, Cic. de nat. deor. 2, 136: ex ea pars redditur respirando, Cic. de nat. deor. 2, 138. – **B aufatmen, Atem holen,** sowohl übh., als bes. nachdem das Atmen eine Zeitlang unterbrochen od. gestört worden ist, **wieder Atem schöpfen, wieder zu Atem kommen, Luft schöpfen, 1** eig., Cic. u. a. – **2** bildl. = sich wieder erholen, von Furcht, Schrecken, Beschäftigung, Not usw., paulum a metu, Cic.: a minis, Liv.: respiraro, si te videro, Cic.: si civitas respiraverit, Cic.: spatium respirandi, Liv. – v. Zuständen, **sich abkühlen, zur Ruhe kommen, ruhen,** cupiditas atque avaritia respiravit paulum, Cic.: ne punctum quidem temporis oppugnatio respiravit, Cic. – *Pass. impers.*, ita respiratum est, Cic.

resplendentia, ae, *f.* (resplendeo), der **Widerschein, Abglanz,** Augustin. epist. 155, 14.

re-splendeo, uī, ēre, **einen Widerschein geben, widerstrahlen,** Verg. Aen. 12, 741. Sen. de ben. 4, 6, 2 u. 4, 30, 4; nat. qu. 1, 13, 2. Sen. Agam. 543 (564). Sil. 12, 732. Claud. rapt. Pros. 3, 446. Manil. 5, 721. Vulg. 1. Mach. 6, 39 (Perf.). – bildl., resplendet gloria Martis, Claud. laud. Stil. 1, 16: cura honestatis inter eversae patriae cineres et favillas in affectibus piis resplenduit et refulsit, Ambros. de off. 3, 17, 98.

resplendēsco = resplendeo, Not Tir. 34, 1.

re-spondeo, spondī, spōnsum, ēre, **I dagegen versprechen, versichern,** Plaut. capt. 899. – übh., **gewiss versichern, versprechen,** Papin. dig. 50, 1, 17 *extr.* – **II antworten, A** eig., **Antwort erteilen,** eig. mündlich, tibi non *rescribam,* sed *respondeam,* Sen. ep. 67, 2. – dann mündlich od. schriftlich auf etwas **antworten,** etw. **beantworten,** epistulae, Cic.: brevi litteris alcis, Cic.: adversario, Quint., ad alqd, Cic.: ad haec, Cic.: ad reliqua, Quint.: alci ad rogatum, Cic.: ad interrogata, Liv.: adversus haec in hanc sententiam, Liv.: aliud mihi respondes, Ter.: videat, quid respondeat, Cic.: zur Einführung der direkten Antwort, cum dixisset: ›Quid agis, Grani?‹ respondit: ›Immo vero tu, Druse, quid agis?‹ Cic. Planc. 33: ›Quid vos, quantum‹, inquam, ›debetis?‹ Respondent ›CVI‹, Cic. ad Att. 5, 21, 12: u. so Cic. de inv. 1, 51; Tusc. 5, 56; de div. 2, 71. – m. folg. *Acc.* u. *Infin.*, Plaut. Amph. 214 u. merc. 943. Cic. Lig. 23. Sall. Iug. 11, 6. Iustin. 31, 4, 2 u. 37, 4, 5. Capit. Maximin. 22, 1. – m. folg. Fragesatz, quin respondes, vetuerimne etc., Liv. 8, 32, 6. – m. folg. *ut* u. Konj., prägn. = als Antwort den Befehl erteilen, Nep. Them. 2, 6. Iustin. 11, 11. § 11. – m. bl. Konj., quod sibi responsum fuerit a genero mortem caveret, Hyg. fab. 84. p. 83, 9 Schm. – Insbes.: **a** von Richtern, die um Rat gefragt, um eine rechtliche Entscheidung angegangen werden, de iure, rechtliche Bescheide geben, Cic.: ad ius respondendum, um Recht zu sprechen, Cic.: criminibus respondere, sich gegen die Beschuldigungen verteidigen, Cic.: von Orakeln oder Wahrsagern, die auf geschehene Anfrage eine Antwort erteilen, einen Ausspruch tun, Cic.: ex notis corporis, Vell.: übtr., saxa respondent voci, geben ein Echo, Cic.: so auch respondent flebile ripae, Ov. – **b sagen, dass man dasei,** von Beklagten, die vorgeladen sind und deren Namen verlesen wurden; dah. **sich stellen, erscheinen, gegenwärtig sein,** bes. vor Gericht in festgesetzten Terminen, um sich zu verteidigen, seine Sache zu führen, Verrem non responsurum, Cic.: nec respondere ausus, Cic.: quia non respondebant, quorum nomina delata erant, Liv.: respondere debebat, Hor.: respondere per procuratorem, seine Sache durch einen Anwalt führen lassen, ICt. – so auch von Soldaten, deren Namen verlesen wurden, **sich stellen,** ad nomina non resp., Liv.: ad delectum non resp., ICt. – dah. im Bild, respondesne tuo nomine? antwortest du für dich (= darfst du dieses Lob als dir zukommend ansehen)? Hor.: pedes respondere non vocatos, erscheinen, in Bereitschaft sein, Cic.: so auch verba respondebunt, werden zu Gebote stehen, Quint. – **B** übtr.: **a entsprechen, übereinstimmen, ähnlich** od. **gemäß sein,** ut (frumentum) ad mensuram pondusque respondeat, dem M. u. G. entspreche, an M. u. G. nichts fehle, Sen.: verba verbis respondeant, Cic.: patri, Cic.: dictis matris cetera respondent, Verg.: eventus ad spem respondit, Liv.: tua virtus opinioni hominum respondet, Cic.: porticus, quae Palatio respondeat, eine Galerie, die der Galerie auf dem palatinischen Berg ähnlich, das Seitenstück zu ihr sei, Cic.: rhetoricam respondere ex altera parte dialecticae (griech. ἀντίστροφον εἶναι), sei das Seitenstück, Cic.: quia (verba) raro respondeant, sich gut ausnehmen, Quint.: vires veteres mihi non respondent in carmina, sind nicht mehr da für usw., Ov. – **b** von dem, was zu bestimmten Zeiten wiederkehrt, **seine Stunde** od. **Zeit halten, zu seiner Zeit sich einstellen,** podagra ad tempus respondet, Sen. nat. qu. 3, 16, 2. – c **der Erwartung entsprechen, anschlagen, einschlagen,** prout (experimenta) cuique responderant, Cels.: feminae, quibus sanguis per menstrua non respondet, nicht gehörig fließt, Cels.: quod saepius respondeat, Mittel, das öfter anschlägt, Cels.: quae varie responderunt, verschiedene Wirkung gehabt, bald geholfen, bald nicht, Cels. – dem Ertrag nach, **tragen, geben, abwerfen,** frumenta cum quarto responderunt, haben das vierte Korn gebracht, Colum.: vitis non respondet, Colum.: metalla plenius responsura, Sen. – d erwidernd **entsprechen, erwidern, vergelten,** amori amore, Cic.: liberalitati, Cic. – e der Lage nach **entsprechen, gegenüberliegen,** contra respondet tellus, Verg. Aen. 6, 23. – f im Versprechen od. Bezahlen **Wort halten,** ad tempus, Cic.: nominibus non resp., Sen.: ad reliqua, den Rest bezahlen, die Rechnung ausgleichen, Quint. – g den Kräften nach **entsprechen, ein Gleichgewicht bilden, das Gleichgewicht halten, gewachsen sein,** urbes tumulis respondebunt, Cic.: orationi illorum, Cic. – h dem Erfolg nach, **einschlagen, richtig eintreffen, zutreffen, in Erfüllung gehen,** coniectura respondet, Cels.: quod si respondet, Cels. – i wozu **gehören,** cui rei publicae vicus ille respondet, Ulp. dig. 50, 1, 30. – ► Vulg. Fut. respondeam = respondebo, Salv. de gub. dei 2, 1. § 1. – Nbf. nach der 3. Konjug. respondis, Commod. instr. 2, 35, 16: Imper. respondite, Itala (Taurin.) Marc. 11, 29 u. (Rhed.) Luc. 20, 3.

respōnsālis, is, *m.* (respondeo), der **Stellvertreter,** der an jmds. Stelle Bescheid gibt, ecclesiae (= apocrisiarius), Novell. 37 (39) *pr.*

respōnsātīvus, a, um (responso), **zur Antwort dienend, antwortend,** sententiae, Isid. orig. 2, 21, 18 *ed. Otto.*

respōnsio, ōnis, *f.* (respondeo), I die **Antwort,** der **Bescheid,** die **Entgegnung, Erwiderung** (Ggstz. interrogatio), Cic. u. a.: responsionem elicere, Cic.: Plur., Plaut. most. 591. – II als rhet. Fig. = ἀπόκρισις, sibi ipsi responsio, die **Selbstbeantwortung** einer Frage, die **Selbstwiderlegung,** Cic. de or. 3, 207. Quint. 9, 1, 35 u. 9, 3, 90. Carm. de fig. 31. p. 64 H.

respōnsito, āvī, āre (*Intens.* v. responso), **Antwort-, Bescheid-, ein Gutachten geben,** von Rechtsgelehrten, absol., Cic. de legg. 1, 14; de rep. 5, 5: resp. publice de iure, Gell. 13, 10, 1. Ulp. dig. 3, 1, 1. § 3.

respōnsīvē, *Adv.* (responsivus), **antwortweise** (Ggstz. interrogative), Ps. Ascon. ad Cic. II. Verr.. 1, 56, 148 p. 198, 2 B.

respōnsīvus, a, um (respondeo), **zum Antworten geeignet, antwortend,** sententia (= ἀποφώνημα), Iul. Rufin. de fig. sent 19. Isid. orig. 2, 21, 18 *ed. vulg.*: verba, Prisc. 2, 15: pronomina, Asper 550, 16 K.

respōnso, āre (*Intens.* v. respondeo), **antworten, entgegnen,** I eig. u. übtr.: neu quisquam responset, quando etc., Plaut.: num servi tibi responsant? belfern die Skl. gegen dich? sind die Skl. grob gegen dich? Plaut. – übtr., lucus ripaeque responsant circa, geben einen Widerhall, Verg.: u. so responsant silvae et vaga certat imago, Val. Flacc.: fallax responsat imago frondibus, Stat. – II bildl.: ingenuis satis responsare (genügen) nequire, Plaut. mil. 963: resp. cupidinibus, gleichsam Rede stehen, Trotz bieten, Hor.: cenis, verschmähen, Hor.: palato, dem Gaumen trotzen, Hor.

respōnsor, ōris, *m.* (respondeo), der **Antworter, Bescheiderteiler,** Plaut. rud. 226.

respōnsōria, ōrum, *n.* (respondeo), **Wiederholungen** beim Gottesdienst, psalmorum, Ambros. hexaëm. 3, 5, 23.

respōnsum, ī, *n.* (respondeo), die **Antwort,** I im Allg.: resp. ferox (Ggstz. resp. mitius), Liv.: resp. parum reverens, Massur. Sab. fr.: resp. senatus amicitiae Samnitium memor, Liv.: responsum dare alci, Cic.: alci tantis de rebus responsum dare, Cic.: alci responsum nullum dare, Cic.: responsum reddere (geben), Liv.: alci responsum reddere, Cic.: nullum responsum reddere, Liv.: resp. ferre, auferre, bekommen, Cic.: resp. accipere (erhalten) et reddere, Caes.: resp. renuntiare, bringen, Ter. resp. elicere, Quint.: benignā interrogatione mitius responsum elicere, Liv.: sine responso legatos dimittere, Liv.: responsa suis postulatis exspectare, Caes. – II insbes.: a die **Antwort,** der **Ausspruch** eines Orakels, Weissagers, Apollinis, Ter.: dei Delphici, Nep.: oraculi, Nep.: sortium, Liv.: Sibyllae, Verg.: haruspicum, Cic. u. Tac.: responsum petere, ein Orakel einholen, Verg.: falsum responsum referre, Hyg.: adversus responsum (dem Orakelspruch zuwider) ad servos publicos sacra transtulisse, Lact.: quod scibo, Delphis tibi responsum ducito, Plaut. – b der **Bescheid** der Rechtsgelehrten, Cic. u. ICt.

respōnsus, ūs, *m.* (respondeo), I die **Antwort,** der **Bescheid** (Ggstz. interrogatio), Gaius dig. 44, 7, 1. § 7. – dah. ad responsum = responsalis, Cod. Iust. 12, 24, 7; 12, 36, 18. § 1. – II das **Entsprechen,** die **Übereinstimmung, Symmetrie,** Vitr. 1, 2, 2 u. 4; 3, 1, 9.

rēs-pūblica, s. rēs *no.* II, G.

re-spuo, uī, ere, **zurückspeien, ausspeien, auswerfen, von sich geben,** I eig.: varios liquores ex stomacho, von sich geben durch Erbrechen, Scrib. Larg.: frenos cum sanguine, Stat.: reliquiae cibi, quas natura respuit, Cic.: vascula oris angusti superfusam umoris copiam respuunt, Quint.: respuet invisum iusta cadaver humus, Ov. – im weiteren Sinne, ferrum ab se, zurückstoßen, Lucr.: repercussum illum aëra respuere aut excipere, v. Spiegel, Plin.: respuitur duritiā soli dens aratri, Colum.: omne vulnus respuens, unverwundbar, Plin. – II übtr., **von sich weisen, verwerfen, missbilligen, nicht annehmen,** condicionem, Caes.: defensionem, Cic.: Caesaris interdicta, verschmähen, Cic.: poëtas, Hor.: alqm auribus, Cic.: so auch aures respuunt, es beleidigt das Ohr, Cic.: gustatus id quod valde dulce est aspernatur et respuit, Cic. – mit folg. *Infin.*, Boëth. cons. phil. 1. metr. 5, 26. – m. folg. *ut* u. Konj., *ibid.* 2. pros. 6. p. 34, 26 Obb. – ► Partiz. respuens m. folg. *Genet.*, vocum communium, Gell. 6, 15, 2.

restāgnātio, ōnis, *f.* (restagno), I das **Austreten** des Wassers, illius Oceani, Plin. 2, 168: Euphratis, Plin. 6, 146. – II übtr., das **Aufstoßen, Aufsteigen,** alvi (des Magens), Plin. 11, 176.

re-stāgno, āre, **übertreten, austreten, sich ergießen,** v. Gewässern, quas (paludes) restagnantes faciunt lacus, Liv.: restagnans mare, Ov.: übtr., v. Orten, die von stehendem Wasser überschwemmt sind, late is locus restagnat, bildet einen See, Caes.: restagnant arva palude, Sil. – Partiz. Perf. restāgnātus = **zurückgetreten,** restagnatis incursibus, Cassiod. var. 2, 32, 4.

restaurātio, ōnis, *f.* (restauro), die **Erneuerung, Wiederherstellung,** ICt.

restaurātor, ōris, *m.* (restauro), der **Wiederhersteller** eines Bauwerkes usw., CIL 6, 467: thermarum hiemalium, *ibid.* 11, 4096: huius urbis, *ibid.* 8, 898: orbis terrarum, *ibid.* 8, 896.

restaurātrīx, trīcis, *f.* (Femin. zu restaurator), die **Wiederherstellerin,** virtutum (Ggstz. dissipatrix vitiorum), Augustin. serm. 30 (?).

restauro, āvī, ātum, āre (vgl. instauro), I **wiederherstellen,** theatrum, Tac.: aedem, Tac.: alqd in pristinum statum, ICt. – II **erneuern, wiederholen, wieder anfangen,** bellum, Iustin. 2, 10, 1 u. a.: actionem furti, ICt.: accusationem, ICt.

re-sterto, ere, **einen schnarchenden Ton von sich geben,** Pelagon. veterin. 12 (204 *Ihm*).

restiārius, iī, *m.* (restis), der **Seiler,** Fronto diff. voc. p. 529, 10 K.

restibilio, īre (re u. stabilio), **wiederherstellen,** Pacuv. tr. 324.

restibilis, e (v. re u. stabilis, also eig. was wieder zum Stehen gebracht ist; nach anderen v. resto, eig. bleibend, fortdauernd), I **was wiederhergestellt wird,** platanus restibilis facta, die sich wieder erholt hat, wieder fruchttragend, Plin. 16, 133. – II was seiner Fortdauer wegen **jährlich wiederhergestellt** od. **erneuert wird,** ager, der jährlich besät wird, nicht brachliegt, Varro: so auch terra, Varro, u. locus, Cato: dass. subst., restibile, is, *n.*, Colum. – seges, die noch im folgenden Jahr trägt, Varro: vinetum od. vinea, der jährlich gegraben wird, Colum.: übtr., fecunditas (mulierum), wieder neu, frisch, Plin. 28, 248.

resticula, ae, *f.* (*Demin.* v. restis) = σπάρτος (Gloss. II, 435, 23), das **kleine Seil,** die **Schnur,** Scriptt. r. r., Cic. Scaur. 10 u. a.

resticulārius, iī, *m.* (resticula) = σχοινοπλόκος, der **Seiler,** Gloss. II, 450, 10.

resticulus, ī, *m.* (*Demin.* v. restis) = resticula (s. d.), Hieron. in Iob 40. – ► Nbf. resticulum, Ambros. in psalm. 118, serm. 15. *no.* 14.

restillo, āvī, ātum, āre, **I** *tr.* **wieder einträufeln,** bildl., quae (litterae) mihi quiddam quasi animulae restillarunt, wieder eingeflößt, Cic. ad Att. 9, 7 *in.* zw. (Baiter stillarunt, Wesenberg u. Müller instillarunt). – **II** *intr.* **zurückträufeln,** Prud. c. Symm. 2, 287.

restīnctio, ōnis, *f.* (restinguo), das **Löschen,** sitis, Cic. de fin. 2, 9.

restinguo, stīnxī, stīnctum, ere, **auslöschen, löschen, I** eig.: ignem, Cic.: incendium, Hirt. b. G. (bildl., incendium belli civilis, belli Punici, Cic.): aggerem, den brennenden Wall, Caes.: calcem, Plin.: calx restincta, Inscr.: carbo restinctus, Plin.: absol., ad restinguendum concurrunt, zum Löschen, Caes. – **II** übtr.: **a löschen, dämpfen, mäßigen, stillen,** sitim, Cic.: ardorem cupiditatum, Cic.: mentes auditorum inflammatas, Cic.: odium alcis, Cic.: peroratio inflammans restinguensque, Cic. – **b** übh. **dämpfen, vernichten, vertilgen, hemmen,** verba (irae plena) unā lacrimulā, Ter.: morbum, Plin.: ictus scorpionum, Plin.: venena, Plin.: studia, Cic.: sermunculum omnem rest. aut sedare, allem Geklatsche auf einmal oder nach u. nach den Mund stopfen, Cic.: animos hominum sensusque morte restingui, aufhören, Cic.: cimices, töten, Plin. 29, 62.

restio, ōnis, *m.* (restis), der **Seiler,** Suet. Aug. 2, 3. Fronto de diff. voc. p. 529, 10 K. – scherzh. von einem, der mit Stricken gegeißelt wird, Plaut. most. 884. – Titel eines mimischen Gedichtes des Laberius, Gell. 10, 17, 2 u. a.

restipulātio, ōnis, *f.* (restipulor), das **gegenseitige Versprechen,** die **Gegenverpflichtung,** Cic. Rosc. com. 37. Gaius inst. 4, 18 u. a.

re-stipulor, ārī, gegenseitig voneinander **eine Verheißung-, ein Versprechen fordern, sich dagegen versprechen lassen,** Cic. u. a. – ► arch. Inf. Präs. restipularei, CIL 1, 205. col. 1, 8.

restis, is, Akk. im u. em, Abl. e, *f.*, das **Seil,** der **Strick, I** eig., Varro u. a.: zum Schlagen, Geißeln, Plaut.: der Seiltänzer, um darauf zu tanzen, Iuven.: zum Hängen, Plaut.: beim Ketten- od. Kreistanz, bei dem ein Seil durch die Hände der Tanzenden lief, per manus reste datā, Liv. 27, 37, 14: so beim griech. Kordax (s. cordāx), tu inter eas restim ductans saltabis (vgl. κόρδακα ἕλκειν), Ter. adelph. 752. – Sprichw., ad restim res redit, es ist bei mir bis zum Aufhängen gekommen, man möchte sich aufhängen, d. i. meine Lage ist verzweifelt, Caecil. com. 215. Ter. Phorm. 686. – **II** übtr.: restes allii, die Blätter am Lauch, Plin. 20, 51: so auch an Zwiebeln, Mart. 12, 32, 20.

restito, āre (*Intens.* v. resto), **zurückbleiben, zaudern, zögern, sich sträuben,** Komik., Liv. u. a.: restitare ac tergiversari, Liv. 30, 31, 8.

restituo, uī, ūtum, ere (re u. statuo), **I** an seine frühere Stelle **wieder hinstellen, 1** im Allg.: statuam, Cic.: ut, quo quaeque (arbor) modo steterit, restituant, Verg. – **2** prägn.: **a wieder zurückbringen,** in patriam, zurückrufen, Nep.: causa restituendi me (in das Vaterland aus der Verbannung), Cic.: sospites Romam ad propinquos, Liv. – **b wieder zustellen, wieder übergeben, wiedergeben,** alqm alci, Caes.: agrum alci, Liv.: auch mit *ad* u. Akk., Arpi restituti ad Romanos, Liv. – bildl., se alci, jmds. Freund wieder werden, Cic. u. Liv. – **c** einem etw. durch richterlichen Ausspruch **als Eigentum zusprechen,** apibus fructum suum, Phaedr. 3, 13, 15. – **II wiederherstellen, in seinen vorigen Stand setzen, wieder aufbauen,** aedes, Cic.: fores effractas, Ter.: oppida, Caes.: muros, Nep.: comas disiectas, Ov.: provinciam in antiquum statum, Cic.: alqd in pristinam dignitatem, Cic.: Acarnanas in antiquam formulam iurisque ac dicionis Aetolorum, Liv.: alqm in regnum, Nep.: alqm in amicitiam suam, Cic.: Aetolos Romanis (Dat.), Liv.: Britanniam patientiae veteri, zur alten Unterwürfigkeit zurückführen, Tac.: alqm, einen in seinen Besitz u. seine Gerechtsame wieder einsetzen, Cic. Caecin. 82 (vgl. Suet. Cal. 15, 4); aber auch = jmd. wieder auf den guten Weg, zur Vernunft zurückbringen, Plaut. trin. 118: alqm in integrum, in den vorigen Stand wieder einsetzen, Caes., Cic. u. a.: so auch praedia in integrum, Cic.: quod te absente hic filius egit, restitui in integrum aequom est bonum, wieder ins Geleise zu bringen, Ter.: cum consilia neque revocari neque in integrum restitui possint, ungeschehen gemacht werden, Liv. – rem (den Staat), Enn. fr., Verg. u. Liv. – aciem, proelium, pugnam, Liv.: sanitatem, Plin.: visum, Plin.: depravata, Cic.: vina sibi restituuntur, werden wiederhergestellt, Plin.: se, sich wieder erholen, Varro – iudicia (Verris), die Urteilssprüche aufheben u. so die Sache auf den alten Fuß setzen, Cic. – alci impedimenta, wiedererstatten, ersetzen, Curt.: iacturam, wiedergutmachen, ersetzen, Colum.: u. so damna Romano bello accepta, Liv.: res perditas, Liv.: vim (den durch Gewalt angerichteten Schaden), Cic.

restitūtio, ōnis, *f.* (restituo), **I Wiederherstellung,** domus, Suet.: theatri, templi, Sulp. Sev.: urbis in maius, Wiederaufbau u. Vergrößerung, Iustin.: bildl.: libertatis, Val. Max.: lunae, Erneuerung, Arnob. – **II** die **Zurückberufung, a** aus der Verbannung, die **Wiedereinsetzung in den vorigen Stand,** Cic. in Pis. 35. – **b** die **Begnadigung,** damnatorum, Cic. de lege agr. 2, 10. – **c** die **Wiederaufnahme** eines aus dem Senat gestoßenen Senators, Suet. Oth. 2, 2. – **III** die **Wiedererstattung, Rückgabe,** ICt.: virginis, Dict. 2, 30 u. 33.

restitūtor, ōris, *m.* (restituo), der **Wiederhersteller,** templorum omnium, **Wiedererbauer,** Liv. 4. 20, 7; restitutores urbium, CIL 9, 1566: rest. Galliarum, Vopisc. Aurel. 9, 4: tanti operis effector et rest. deus, Ps. Apul. Ascl. 26: rest. salutis meae, mein Retter, Cic. Mil. 39: dass. absol., der Retter, Quint. 7, 1, 43.

restitūtōrius, a, um (restitutor), die **Wiedereinsetzung betreffend,** actio, iudicium, ICt. subst., restitūtōrium, iī, *n.* (*sc.* iudicium), die Wiedereinsetzungsklage, Ulp. dig. 27, 6, 7. § 3.

restitūtrīx, trīcis, *f.* (Femin. zu restitutor), die **Wiedererstatterin,** Ps. Apul. Ascl 2.

re-sto, stitī, āre, **I zurückstehen, stillstehen, 1** im Allg.: **a** eig., Pacuv. tr. 227. – **b** bildl.: impetus haut longe mediis regionibus restat, Enn. ann 481: qui (amor) restat, bleibt, ausharrt, Prop. 2, 25, 18. – **2** prägn., **sich widersetzen, widerstehen, Widerstand leisten** (vgl. Wagner Ter. heaut. 1009. Drak. Liv. 4, 58, 4. Drak. u. Fabri Liv. 23, 45, 9), Ter., Liv., Prop. u. Ov.: übtr., von Dingen, die nicht nachgeben, feststehen, aera, quae claustris restantia vociferantur, Lucr.: restantibus lamminis adversum pila et gladios, Tac.: restantia claustra, Sil. – **II zurückbleiben = übrig bleiben, übrig sein, 1** im Allg.: **a** v. Lebl.: de bonis quod restat reliquiarum, Plaut.: unam sibi spem reliquam in Etruscis restare, Liv.: hic restat actus, Cic.: dona pelago et flammis restantia, die dem Meer u. den Flammen entgangen sind, aus dem Meer u. den Fl. gerettet sind, Verg.: quae (summa studia amicorum) ei sola in malis restiterunt, Cic.: restat, ut etc., es ist noch übrig, dass usw., Cic. u. a.: hoc od. id restat, das fehlt noch, Cic. u. Ter.: u. so hoc restiterat etiam, ut etc., das hätte noch gefehlt, dass ich usw., Cic. fr.: non od. nihil aliud restat nisi od. quam m. folg. *Infin.*, Liv. 44, 4, 8. Ter. Phorm. 85: u. bl. restat m. folg. *Infin.*, Ov. met. 1, 700 (mihi restat, Ov. fast. 5, 369). Hor. ep. 1, 6, 27. Sil. 16, 345: m. folg. *Acc.* u. *Infin.*, Stat. silv. 4, 1, 40. – **b** v. Pers., **noch übrig sein, α** übh.: restabam solus de modo viginti, Ov.: ultimus restabas labori, zuletzt warst du ihrer Mühsal noch übrig, Ov. – **β** = noch am Leben sein, ubi etiam huius generis reliquias restare video, vivere etiam nunc lubet, Ter. adelph. 445: qui pauci admodum restant, von denen nur noch wenige übrig (am Leben) sind, Cic. de sen. 46: ego vivendo vici mea fata, superstes ut restarem genitor, Verg. Aen. 11, 161: omnes composui. Felices! nunc ego resto, Hor. sat. 1, 9, 28: iam pridem hunc sepeli; tu restas, Pers. 3, 97. – **2** in Bezug auf die Zukunft, **noch übrig sein = noch bevorstehen,** placet (vobis) socios sic tractari, quod restat, ut per haec tempora tractatos videtis? in alle Zukunft, künftig, Cic. Verr. 3, 208. – hoc Latio restare canunt m. folg. *Acc.* u. *Infin.*, Verg. Aen. 7, 270 *sq.*: u. mit bl. *Infin.*, Lucr. 5, 227. Hor. ep. 1, 6, 27. – ► Vulg. Perf. restavi, Augustin. serm. 112, 2 Mai.

restrictē, *Adv.* (restrictus), **I knapp, sparsam, kärglich,** tam restr. facere id, Cic.: restrictius uti rebus praetereuntibus, Augustin.: restrictissime facere (Ggstz. plenissime), Plin. ep. – **II genau, pünktlich, streng,** praecipere, Cic.: observare, Cic.

restrictim, *Adv.* (restrictus), **genau,** Afran. com. 334.

restrictio, ōnis, *f.* (restringo), **a** die **Einschränkung, Kargheit,** Augustin. de moribus eccl. cathol. 31. Chalcid. Tim. 3. – **b** als mediz. *t. t.*, die **Verstopfung,** omne legumen, quod restrictionem facit, Plin. Val. 5, 42.

restrictus, a, um, *PAdi.* (v. restringo), **I** **straff angezogen,** toga, dicht anschließende, zu enge (Ggstz. toga fusa, zu weite), Suet.: digiti restrictiores, kürzere, Suet.: alvus restricta, verstopfter, harter Magen, Ser. Samm. – **II** übtr.: **1** **bescheiden,** an restrictius arbitraris per orbem terrarum legendum dare duraturam memoriam suam, quam uno in loco duobus versiculis signare quod feceris? Plin. ep. 9, 19, 6. – **2** **sparsam, karg,** homo, Cic.: cum naturā semper ad largiendum ex alieno fuerim restrictior, Cic. – **3** **straff, streng, vorsichtig,** imperium, Tac.: iudicatio, Apul.: sermo restrictior, Ambros.: restrictior factus est, Spart.: restrictissimis regulis, Cod. Iust.

re-stringo, strīnxī, strictum, ere, **I** **zurückziehen, an sich ziehen,** laevam prolatā longius dextrā, Quint. 11, 3, 131: restrictis manibus, Petron. 73, 4. – **II** **zurückbinden, -ziehen,** teils um zu verengen, teils um zu erweitern, **1** **zurückbinden, -ziehen,** etwas zu öffnen, voneinander zu machen; dah. **a** **voneinander machen, öffnen,** dentes, die Zähne fletschen, Plaut. u. a.: labella, Apul.: rabies restricta, der fletschende Grimm, Lucr. 5, 1063. – **b** übtr., **beengen, beklemmen,** animum maestitiā, Tac. ann. 16, 16. – **2** **zurückbinden,** um festzubinden, **a** eig.: manus ad terga, auf den Rücken, Plin.: restrictis lacertis, Hor. – vinculum ad arcum sellae, Tac. – m. *Dat.*, restrictus silici, Catull. – **b** übtr.: **α** übh.: omnes ad custodiam pecuniae, gleichsam daran fesseln, dazu anhalten, genau anweisen, Plin. ep.: paralyticos, heilen (eig. die Gelenke wieder festmachen), Tert. – **β** **beschränken, knapp machen, hemmen, zurückhalten,** sumptus, Plin. ep.: delicias et necessitates, Plin. ep. – **III** **ausringen,** restringues (so!), Apic. 4, 124.

restringuo, s. re-stringo *no.* III.

re-struo, strūxī, strūctum, ere, **wieder erbauen, wieder errichten,** **I** eig.: aras, statuas, Tert. apol. 6; ad nat. 1, 10. – **II** bildl., **wiederherstellen,** fidem, Tert. de res. carn. 31.

resūdātio, ōnis, *f.* (resudo), das **Hervorschwitzen,** Cael. Aur de sign. diaet. pass. 79 u. 82.

re-sūdo, āre, **I** *intr.*, **Feuchtigkeit ausschwitzen,** v. Boden, Curt. 5, 1 (2), 12; 7, 10 (39), 3. – **II** *tr.*, **hervorschwitzen,** Prud. apoth. 719 u. a.

re-sulco, āre, **wieder durchfurchen, -pflügen,** dumnosa novalia purgans, proscindens, iterans, bis terque quaterque resulcans, Ven. Fort vit S. Mart. 3, 162 *sq.* – vulnera, wieder aufkratzen, Prud. perist. 5, 144.

resultātio, ōnis, *f.* (resulto), **I** das **Zurückspringen,** **a** die **Rückströmung** (Ggstz. manatio, Ausströmung), Augustin. epist. 109, 1. – **b** das **Zurückprallen,** der **Widerhall,** quam grata et consona res., Ambros. hexaëm. 3, 5. § 11: clamor iucunditatis, laetitiae res., Ambros. in psalm. praef. § 9: caelestis oraculi res., Heges. 4, 17. – citharae blanda res., Cassiod. var. 2, 40, 12. – **II** übtr., das **Widerstreben,** die **Weigerung,** Cassiod. var. 2, 24, 1.

resulto, āre (*Intens.* v. resilio), **I** *intr.* **zurückspringen, zurückprallen,** **1** eig.: **a** übh.: tela resultant galeā, Verg.: aër resultat, Plin. b) v. Schall (Echo usw.), **zurückprallen, zurück-, widerhallen,** sonus resultans, Plin.: imago vocis resultat, Verg.: grave (poet. = graviter) aera resultant, Mart.: übtr., von Örtlichkeiten usw. colles clamore resultant, Verg.: tecta resultantia vocibus, Plin. pan. – **2** übtr.: **a** **hüpfen, aufhüpfen,** als ein Fehler der Rede, wenn sie zu viele kurze Silben hat, vitiosum dicendi genus, quod verborum, licentiā resultat, Quint.: von der Stimme, durch Ungleichmäßigkeit, pronuntiatio resultans vocis mutationibus, Quint. – **b** **widerstreben,** barbara nomina Graecis versibus non resultant, lassen sich ins Metrum bringen, Plin. ep. 8, 4, 3. – **II** **zurückprallen machen, widerhallen lassen,** saxa parilem sonum resultarent, Apul.: carmina, quae nemorale resultent, Calp.

re-sūmo, sūmpsī, sūmptum, ere, **I** **wieder nehmen, -an sich nehmen, -annehmen,** **1** eig.: tabellas, Ov.: librum in manus, Quint.: arma, wieder ergreifen, Tac.: militiam, wieder dienen, Tac. – **2** übtr.: **a** **wieder nehmen, wieder Gebrauch von** etw. **machen,** praetextas, wieder anziehen, Plin. pan.: libertatem, sich wieder in Freiheit setzen, Plin. pan. – **b** **wieder vornehmen,** curas principales, Plin. pan. 79, 5. – **c** **erneuern, wiederholen,** pugnam, Tac.: hostilia, Tac. – gemitus, Stat. – **d** **wieder bekommen** (gew. recuperare), vires, Ov.: somnum, Suet.: animum, Suet. – **II** **wiederherstellen, erquicken,** aegrotantem, Cael. Aur. de morb. acut. 2, 1, 3 u. 2, 18, 100 u. de morb. chron. 3, 7, 91: mitte nummos ei, unde se resumere possit, Commodian. instr. 2, 30 (29).

resūmptio, ōnis, *f.* (resumo), **I** = ἐπανάληψις, die **einmalige** hervorhebende **Wiederholung desselben Begriffes u. Gedankens,** eine rhet. Fig., Iul. Rufin. de schem. lex. 5. Carm. de fig. 67. p. 66 H. – **II** die **Wiederherstellung, Erholung,** Cael. Aur. de morb. acut. 2, 37, 217; de morb. chron. 4, 3, 44: Plur., Cael. Aur. de morb. chron. 2, 3, 23.

resūmptīvus, a, um (resumo), **zur Erholung dienlich,** cyclus, Cael. Aur. de morb. chron. 2, 1, 47: virtus, *ibid.* 4, 3, 75.

resūmptōrius, a, um (resumo), **zur Erholung dienlich,** Cael. Aur. de morb. acut. 3, 8, 95.

re-suo, (suī), sūtum, ere, **auftrennen,** tunica ex utraque parte resuta, Suet. Aug. 94, 10: außerdem Not. Tir. 83, 57.

resupīnātus, a, um, *PAdi.* (v. resupino), **zurückgelehnt, zurückgebogen, rückwärts gebeugt,** resupinatam facit eius speciem, Vitr. 3, 5, 13: os (coxarum), gebogen, gekrümmt, Cels. 8, 1. p. 328, 6 D.

re-supīno, āvī, ātum, āre, **hinterwärts beugen, zurückbeugen, -lehnen,** **I** eig.: caput, Plin.: assurgentem umbone, rücklings zu Boden stoßen, Liv.: nares planā manu, aufwärts streifen, umkehren, Quint. – medial resupinari, sich zurückbeugen, sich auf den Rücken legen, v. Löwen, Plin.: u. so resupinatus Gallus, der die Beine in die Höhe streckend daliegende (betrunkene) Cybelepriester, Iuven.: palos resupinatos defodere, Vitr. – **II** meton.: **a** **hinstrecken** = sich begatten mit usw., aviam, Iuven. 3, 112. – **b** **umreißen, umstürzen,** valvas, Prop. 4, 8, 51: rem totam, umkehren = verderben, Acc. tr. 135. – **c** alqm, machen, dass jmd. (stolz) den Kopf zurückwirft, libet itaque interrogare, quid se tantopere resupinet? warum er die Nase so hoch trage, sich in die Brust werfe, Sen. de ben. 2, 13, 1.

re-supīnus, a, um, **zurückgebogen, -gebeugt, -gelehnt, rücklings,** **I** eig. u. übtr.: **1** im Allg.: **a** eig.: collum, Ov.: os (Gesicht), Ov.: resupinus haeret curru, Verg.: resupinum alqm fundere, jmd. rücklings zu Boden werfen, Ov.: resupino pectore vertit, warf ihn rücklings zu Boden, Ov. – v. Lebl., vomer, zurückgebogen, Plin.: u. labra lilii, Plin. – **b** übtr.: iam cantici quiddam habent sensimque resupina sunt, sanft verlaufend, Quint. 11, 3, 167. – **2** insbes.: **a** **auf dem Rücken liegend,** verb. reclinis et resupinus, Vopisc. Firm. 4, 3: humi iacentes resupini (auf dem Rücken), Plin.: iacuit resupinus, Ov.: resupini (auf dem Rücken) natant, Ov. – **b** poet. von Örtl., **abschüssig,** Elis, Stat. Theb. 4, 237. – **II** meton.: **a** den Kopf zurückwerfend, **die Nase hoch tragend, sich in die Brust werfend,** v. Stolzen, Ov. met. 6, 275. Sen. ep. 80, 7: v. Nacken selbst, **stolz,** cervix, Cod. Theod. 9, 3, 6. – resupina arrogantia, Ambros. de off. 2, 24, 119. – **b** **weichlich, träge,** voluptas, träges Wohlbehagen, Quint. 5, 12, 20. – **c** **nachlässig, sorglos,** homo, Paul. dig. 22, 3, 25: existimatio, Venulei. dig. 43, 24. 4.

re-surgo, surrēxī, surrēctum, ere, **wieder aufstehen, -sich aufrichten, -sich erheben, sich wieder zeigen,** **I** eig. u. übtr.: **1** eig.: resurgam (aus dem Bett), Ov.: iacentes nullo ad resurgendum nisu, Tac.: herba resurgens, Ov.: arbor eodem vestigio resurgens, Tac.: luna resurgit, geht auf, Ov.: claustra mobilia *coniventia* vicissim et *resurgentia,* v. einem Ventil, Gell. 17, 11, 4. – **2** übtr.: **a** **sich wieder erheben,** in ultionem, Tac. hist. 3, 2. – **b** **sich wieder erheben, wieder hervorkommen,** resurgit bellum, Vell.: amor, erwacht wieder, Verg. – **c** **wieder emporkommen,** regna Troiae, Verg.: Troica Roma resurges, Prop.: quoniam res Romana contra spem votaque eius velut resurgere ab stirpibus videatur, Liv.: cum Mithridatem summi imperatores ita vicerint, ut maior clariorque instaurando bello resurgeret, Iustin.: ideoque ne resurgere (sich aufraffen, sich zusammennehmen) quidem adulescentiae licet, Sen. – **II** meton., **wieder aufstehen, wiedererstehen, a** = wieder lebendig werden, bes. v. Christus, Vulg. Matth. 11, 5 u. a. Lact. 4, 19, 6: a mortuis, Vulg. Matth. 17, 9 u. a.: tertiā die, *ibid.* 16, 21: post tres dies, Vulg. Marc. 8, 31: tertio die ab inferis, Lact. 4, 26, 3. – **b** = wieder aufgebaut werden, resurgens urbs, Tac.: ego vix crediderim tam mature tantam urbem crevisse, floruisse, concĭdisse, resurrexisse, Vell. – ► Fut. resurgebit, Itala (Taurin.) Marc. 10, 34.

resurrēctio, ōnis, *f.* (resurgo), **I** das **Sichwiedererheben,** übtr., luctus resurrectiones, Fulg. myth. 1, 1. p. 30 M. – **II** die **Wiederauferstehung** von den Toten, mortuorum, Tert. de res. carn. 1. Vulg. Matth. 22, 31. Augustin. de civ. dei 22, 28: domini (Christi), Lact. 4, 19, 9 u. 20, 4: dominica (des Herrn), Sulp. Sev. chron. 2, 33, 5: ex mortuis, Vulg. Luc. 22, 35: a mortuis, Interpr. Iren. 1, 10, 1: ad vitam, Vulg. 2. Mach. 7, 14: absol., Vulg. psalm. 65, 1 u. a.

resuscitātio, ōnis, *f.* (resuscito), die **Wiedererweckung** von den Toten, Tert. de res. carn. 30.

resuscitātor, ōris, *m.* (resuscito), der **Wiedererwecker** von den Toten, Tert. de res. carn. 57. Augustin. serm. 125, 2.

re-suscito, āvī, ātum, āre, **I wieder aufrichten** = wieder aufbauen (Ggstz. solvere), templum, Lact. 4, 18, 5. – **II wieder wach machen, A** eig., **wiedererwecken** von den Toten, Eccl. – **B** bildl.: positam od. veterem iram, wieder anregen, -anfachen, Ov. met. 8, 474 u. 14, 495: legatum, das Legat erneuern, wieder geltend machen, Paul dig. 34, 4, 27. § 1.

retaceo, s. reticeo.

rētae, ārum, *f.*, aus dem Ufer des Flusses hervorragende oder aus dem Flussbett hervorstehende Bäume, nach Gavius b. Gell. 11, 17, 4: dah. **rētare** flumen, den Fluss (von solchen Bäumen) rein u. frei halten, Edict. vet. b. Gell. 11, 17, 4.

retālio, āre (re u. talio, ōnis), **mit Gleichem vergelten, wiedervergelten,** (id) retaliari debet, Gell. 20, 1, 16.

re-tango, ere, **wieder und wieder-, öfter berühren,** dehinc detergemus faciem quoqoe, spongiā aquā frigidā retangentes, öfter benetzend, Cael. Aur. de morb. chron. 2, 13, 156.

retardātio, ōnis, *f.* (retardo), die **Verzögerung,** unde est adhuc bellum tractum nisi ex retardatione et mora? Cic. Phil. 5, 30: Mercurii et Veneris stellae … regressus retro et retardationes faciunt, Vitr. 9, 1, 6.

re-tardo, āvī, ātum, āre, **verzögern, zurückhalten, aufhalten, I** eig.: alqm in via, Cic.: inundationibus Tiberis retardatus, Suet.: mulierum menses retardati, Plin. – refl., tum antecedendo, tum retardando, Zurückbleiben, Cic. – medial, motus stellarum retardantur, die Sterne bewegen sich langsam, Cic. – **II** übtr., **aufhalten, hemmen, hindern,** impetus hostium, Cic.: illius animos atque impetus, Cic.: alqm a scribendo, Cic., a scribendi studio, Plin. ep.

re-taxo, āre, **dagegen-, wieder tadeln,** Suet. Vesp. 13.

rēte, is, Abl. e, Genet. Plur. ium, *n.*, das **Netz** im Allg. (sowohl das Fischer- als das Jägernetz), das **Garn,** rete aviarium, Varro: rete iaculum, s. iaculus: retium varia genera, Sen.: rete iacĕre (in das Meer), Plaut.: retia ponere cervis, Verg.: retia tendere, Ov.: non rete accipitri tennitur (= tenditur) neque miluo, Ter.: retia intendere ad feras capiendas, Donat.: in retia cogere (treiben), Augustin.: retia extrahere, Suet., retia aurea extrahere blattinis funibus, Eutr.: ex araneolis aliae quasi rete texunt, Cic. – im Bild, tendis retia mihi, Prop.: retibus (amoris) exire, Lucr.: albo (*sc.* praetoris) rete aliena oppugnare bona, Plaut. – ► Nbf. retis, is, *f.*, Nom., Charis. 61, 15. Prisc. 5, 45 (ohne Beleg): Akk. retem, Varro r. r. 3, 5, 11 u. 14. Cels. dig. 19, 1, 12 (aber Plaut. rud. 984 Fl. rete): Abl. rete cannabinā, Varro r. r. 3, 5, 11: Akk. Plur., in retes meas incĭdisti, Charis. 33, 20. – retis als masc. angeführt von Charis. 61, 15 u. bei Prisc. 5, 45 u. 7, 55, aber ohne sicheren Beleg; denn Plaut. rud. 942 liest Leo uvidum rete. – Abl. reti, Plaut. rud. 1071. Parid. exc. Val. Max. 7, 8, 5 H.; vgl. Prisc. 7, 55.

re-tego, tēxī, tēctum, ere, **I** aufdecken, entblößen, öffnen, **1** eig.: **a** übh.: thecam nummariam, Cic.: retectis super clunes vestibus, Plin.: ubi ea (area) retecta, dachlos, Varro r. r. 1, 51, 2: sacra nullis retecta viris, zugänglich gemacht, geöffnet, Prop. 4, 9, 26. – vultus, Lucan.: ensem, Lucan.: homo retectus, nicht gedeckt, nicht geschützt (durch den Schild), Verg.: retectis pedibus conquiescebat, mit unbedeckten Füßen usw., Suet. – **b** poet., **sichtbar machen, erhellen,** orbem radiis, Verg.: iam rebus luce retectis, Verg. – **2** übtr., **entdecken, offenbaren,** arcanum consilium, Hor.: scelus, Verg.: occulta coniurationis numine, Tac. – **II wieder bedecken,** Pallad. 11, 7, 5.

re-tempero, āre, **ermäßigen,** Th. Prisc. 2, 21. Cassiod. in psalm. 41, 2.

retempto, āre, s. 2. re-tento.

re-tendo, tendī, tēnsum u. tentum, ere, **zurückspannen, zurücklassen, abspannen, a** eig.: arcum, Ov.: arcus retentus, Ov., u. retensus, Phaedr. – **b** bildl.: velut alternā quiete retenduntur, abgespannt werden, Quint. 1, 3, 8.

Retēno, ōnis, *m.*, ein Fluss in Oberitalien, noch j. *il Reteno,* Ven. Fort. vit. S. Mart. 4, 677.

retentāculum, i, *n.* (retineo), das Band, um etw. zurückzuhalten, der **Aufhalter,** Ven. Fort. vit. S. Menard. 12.

retentātio, ōnis, *f.* (retento), die **Zurückhaltung,** Gregor. Tur. hist. Franc. 6, 11. p. 255, 33.

retentātor, ōris, *m.* (retento), der **Zurückhalter,** Cassiod. var. 2, 10, 2.

retentātrīx, trīcis, *f.* (Femin. zu retentator), die **Zurückhalterin,** Macr. sat. 7, 4, 15.

retentio, ōnis, *f.* (retineo), **I** das **Zurückhalten,** aurigae, das Anhalten des Kutschers, Cic.: vom Zurückhalten einer zu bezahlenden Summe, Cic. ad Att. 13, 23, 3 u. 25, 1. – übtr., r. assensionis, die ἐποχή der Akademiker, das **Zurückhalten des Beifalls,** Cic. Acad. 2, 59 u. 78. – **II** die **Zurückhaltung, Beibehaltung,** iudicum, Ascon.: societatis, Erhaltung, Lact.: retentionem habere od. facere, das Zurückhaltungsrecht haben, behalten können od. dürfen, ICt. – ret. delicti, das Beibehalten, d. i. das Nichterlassen (Ggstz. remissio delicti), Tert. adv. Marc. 4, 28.

1. **retento**, āvī, ātum, āre (*Intens.* v. retineo), **zurückhalten, festhalten, I** eig.: alqm, Plaut., Liv. u. a.: agmen, Liv.: dum fugientes retentat, Tac.: caelum a terris, entfernt halten, Lucr. – se ret., Rhet. Her. – **II** übtr.: **a** übh.: iras, unterdrücken, Val. Flacc. 3, 97. – **b** vom Untergang zurückhalten, **erhalten,** sensus hominum vitasque, Cic. poët. de div. 1, 17.

2. **re-tento** (retempto), āvī, ātum, āre (re u. tento), **wieder versuchen,** verba, Ov.: viam leti, Ov.: fila lyrae, noch einmal in die Saiten greifen, Ov.: studium, Ov.: memoriam, Sen.: vota dimissa, eine aufgegebene Hoffnung von neuem fassen, Val. Flacc. – spes alqm retentat, bewegt, treibt wieder, Val. Flacc. – m. folg. *Infin.*, Ov. met. 9, 208.

retentor, ōris, *m.* (retineo), der **Zurückhalter,** Apul. flor. 6. p. 6, 8 Kr. Augustin. serm. 206, 2.

retentōrius, a, um (retineo), **zurückhaltend,** virtus animae, Cassiod. de anim. 6.

retentūra, ae, *f.* (retendo), die dritte Abteilung des inneren Lagers zwischen der via quintana und der porta decumana, Hyg. de munit. castr. § 17.

1. **retentus**, a, um, **I** *Partic.* v. retendo, s. d. – **II** v. retineo, s. d.

2. **retentus**, ūs, *m.* (retineo), das **Zurückhalten, Festhalten,** Claud. in Rufin. 2, 438.

re-tergeo, tersī, ere, **wieder aus-** od. **abwischen, reinigen, säubern,** vulnera, Cael. Aur. de morb. chron. 2, 14, 207. – übtr., fossas yruderibus obrutas, Amm. 29, 6, 11. – ► Nach der 3. Konjug. retergit, Not. Tir. 49, 4 u. reterget (Futur.), Cael. Aur. de morb. chron. 2, 14, 207.

re-tero (trīvī), trītum, ere, **abreiben,** retritum rutabulum, Naev. com. 127: retritis pilis, Sen. ep. 47, 7.

re-texo, texuī, textum, ere, **I** Gewebtes **aufweben, wieder auftrennen, aufdröseln, 1** eig.: quasi Penelope telam retexens, Cic. Acad. 2, 95: u. tarda nocturno tela retexta dolo, v. der Odyssee des Homer, Ov.

am. 3, 9, 30: so auch Stat. silv. 3, 5, 9. – **2** übtr.: **a** übh.: haec (corpora) non possunt retexi, wieder aufgelöst werden, Lucr.: dum luna quater plenum tenuata retexuit orbem, verkleinerte, Ov. – **b** **auflösen, rückgängig machen, ungültig machen, vernichten,** praeturam, Cic.: superiora, Cic.: iura, Manil.: orationem, widerrufen, Cic.: scriptorum quaeque, umarbeiten, ändern, bessern, Hor.: an me ipse retexam? soll ich mich selbst umgestalten, zu einem anderen Menschen machen? Matius in Cic. ep.: decreti circumspectissimā sanctitate impium opus censoris retexuit, machte vergessen, Val. Max. – **II** **wieder-, von neuem weben;** dah. poet. übtr. = **erneuern, wiederholen,** properata fata (des Lebens), Ov.: orbes, Verg.: erzählend, ordine singula, Apul.: breviter et in epitomae speciem belli Troici causam, Auson. – ► Perf. auch retexi, Manil. 4, 214 (in einem wahrsch. unechten Vers).

rethib..., s. redhibeo...

rētia, ae, *f.* (Nbf. v. rete) = δίκτυον, das **Netz, Garn,** Plaut. bei Prisc. 7, 55 (aber in ders. Stelle Plaut. rud. 900 die Hdschrn. retia als Akk. Plur.). Amm. 16, 2, 12. Schol. Iuven. 8, 208. Itala Matth. 4, 18 u. 20 u. a. (s. Rönsch Itala p. 259).

rētiāculum, ī, *n.* (*Demin.* v. retia), **a** das **Wurfnetz,** Vulg. psalm. 140, 10. Augustin. in psalm. 30. enarr. 2. *no.* 10 u. a. Eccl. – **b** das **Gitter,** Vulg. exod. 38, 5 u. 39, 39; Ierem. 52, 23. – **c** ein netzartiger Streifen am Kapitäl der Säulen, der **Reif,** Vulg. 3. regg. 7, 17; paral. 4, 12 u. a.

rētiālis, e (retia od. retium), **zum Netz gehörig, Netz-,** maculae, Non. 378, 2.

rētiārius, iī., *m.* (rete), **I** ein Gladiator, der sich außer einem Dreizack (fuscina) eines Netzes bediente, um es seinem Gegner über den Kopf zu werfen u. ihn so zu Boden zu ziehen, der **Netzfechter,** Fest. p. 285 (a), 11 (neben murmillo; vgl. Paul. ex Fest. 284, 2). Val. Max. 1, 7, 8. Quint. 6, 3, 61. Suet. Calig. 30, 3; Claud. 34, 1. Tert. de spect. 25. CIL 5, 3465 u. 6, 631. – Sprichw., contra retiarium ferula, schwache Waffen gegen einen Wohlgerüsteten, Mart. 2. praef. – **II** der **Netzverfertiger,** viell. CIL 2, 499. Vgl. Gloss. ›retiarius, δικτυοπλύκος‹.

rētiātus, a, um (retia = rete), **netzförmig** = **gegittert,** fenestra, Itala (Wurzeb.) Ezech. 41, 16.

reticentia, ae, *f.* (reticeo), das **Schweigen, Stillschweigen,** **I** im Allg., Ggstz. locutio, Cic. de off. 1, 146: ni hunc ad malam aetatem adiungas cruciatum reticentiā, Pacuv. tr. 278: enicas (enecas) me miserum tuā reticentiā, Plaut. merc. 893: quod vestra virtus neque *oblivione eorum qui nunc sunt,* neque *reticentiā posterorum* sepulta esse poterit, Cic. Phil. 14, 33. – poena reticentiae, d. i. für das Verschweigen dessen, was man sagen sollte, z B. eines Fehlers beim Verkauf eines Gegenstandes, Cic. de off. 3, 65. – **II** als Redefigur, das **Stillschweigen mitten in der Rede,** das **Abbrechen,** griech. ἀποσιώπησις, Cic. de or. 3, 205. Quint. 9, 2, 54 u. 57. Aquil. Rom. § 5.

reticeo, cuī, ēre (re u. taceo), **I** *intr.* **stillschweigen,** **a** absol.: cum Sulpicius reticuisset, Cic.: de iniuriis, Cic.: de adversis, Tac.: v. der Nachtigall, vicibus reticent, Plin. 10, 83: poet. übtr., lyra, quae reticet, Claud. IV. cons. Hon. 224. – **b** m. *Dat.,* **vor-, gegen** jmd. **stillschweigen,** jmdm. **nicht antworten,** Liv., Ov. u. a.; vgl. Weißenb. Liv. 3, 41, 3. Nipperd. Tac. ann. 14, 49. – **c** m. *adversum* u. *Acc.,* reticens adversum proximos, **schweigsam, verschlossen,** Tac. ann. 4, 69. – **II** *tr.* **verschweigen,** cogitationes suas, Cic.: nil reticuit, Ter.: nihil reticebo, quod sciam, Plaut.: quod ii, qui ea patefacere possent, reticuissent, Cic.: neque reticere, quae audierat, Sall.: reticetur formula pacti, Ov.: ne retice, Afran. com. fr.: nihil me subterfugere voluisse reticendo, Cic.: quae reticenda accepi ad profanos enuntiare, Apul. – Partiz. Fut. Pass. subst., reticenda, ōrum, *n.,* die **Geheimnisse,** matrimonii reticenda publicare, Iustin. 1, 7, 15. – ► retaceo, wovon retacuit, Commod. instr. 1, 18, 10 *cod. C.*

reticēsco, ere (*Inchoat.* v. reticeo), **verschweigen,** ne aut tacenda proferat aut proferenda reticescat, Greg. epist. 1, 24.

Retico, ōnis, *m.,* ein Gebirge in Germanien, jetzt das **Siebengebirge,** nicht weit von Bonn, Mela 3, 3, 3 (3. § 30).

rēticulātim, *Adv.* (reticulum), **netzförmig,** Veget. mul. 3, 41, 3.

rēticulātus, a, um (reticulum), **netzförmig, gegittert,** fenestra, Varro: genus structurae, Vitr.

rēticulum, ī, *n.* u. **rēticulus,** ī, *m.* (*Demin.* v. rete), das **kleine Netz,** **a** zum Fischen, venari reticulo in medio mari, Plaut asin. 100 Fl. (Goetz u. Loewe reti iaculo). – **b** um etw. darin aufzubewahren, reticulum plenum rosae, Cic. Verr. 5, 27; od. darin zu tragen, reticulum panis, Hor. sat. 1, 1, 47; od. darin aufzuhängen, amphora ex reticulo suspensa, Ulp. dig. 9, 3, 15. § 12 M. (Vulg. resticulo). – **c** zum Durchsieben, vinum infundere reticulo aut cribro, Sen. nat. qu. 7, 19, 1. – **d** zum Zusammenhalten der Haare auf dem Kopf der Frauen u. verweichlichter Männer, griech. κεκρύφαλος, **Haarnetz, Netzhaube** (vgl. Varro LL. 5, 130. Isid. orig. 19, 31, 7), Varro sat. Men. 463. Petron. 67, 6. Iuven. 2, 96. Lampr. Heliog. 11, 7 u. Alex. Sev. 41, 1. Fest. 286 (b), 33: reticula galearia (über die Perücke), Claud. Quadr. ann. 1. fr. 32 (b. Non. 222, 2). – **e** netzartiges **Busenband,** reticulus pectoralis, Fenestell. b. Non. 221, 33. – **f** zum Bedecken der Augen, Plin. 12, 59. – **g** als **Schläger** zum Ballschlagen, Ov. art. am. 3, 361. – **h** als **Vorhang,** Spart. Hel. 5, 7. – **i** als **Gitter,** Varro r. r. 3, 5, 13: r. aëneum, Drahtgitter, Fest. 348 (a), 11. – **k** scherzh. Benennung für campagus (s. d.), **Schuhnetz,** Gallien. b. Treb. Poll. Gallien. 16, 4. – **l** reticulum iecoris, das **Netz** über die Leber, Vulg. exod. 29, 13 u. a.

rētifex, ficis, *m.* (rete u. facio), der **Netzverfertiger,** Alcim. homil. fr. 5.

Retina, ae, *f.,* ein Flecken in Kompanien, östlich von Neapel, in der Nähe des Vesuvs, jetzt *Resina,* Plin. ep. 6, 16, 8 u. 9.

retinācŭlum, ī, *n.* (retineo), alles, was zurück- od. festhält, der **Halter, Haken,** die **Klammer,** das **Seil** usw., classis, Taue, Ov.: frustra retinacula tendens auriga, Leinen, Zügel, Verg.: mulae retinacula religat, Stränge, Hor.: tignum distinetur retinaculis, Vitr. – bildl., vitae retinacula abrumpere, die Bande des Lebens, Plin. ep.: abruptis ardentissimi desiderii retinaculis, Apul. – ► Synkop. retinaclis, Prud. c. Symm. 2, 147.

retināx, ācis (retineo), **zurückhaltend,** Symm. epist. 1, 47. § 1.

retinēns, entis, *PAdi.* (v. retineo), an etwas **festhaltend, auf** etwas **haltend,** retinens iuris et libertatis, Cic.: sui iuris dignitatisque, Tac.: avitae nobilitatis, Tac.: antiqui moris, Tac. – Sallustius proprietatum in verbis retinentissimus, Gell. 10, 20, 10.

retinentia, ae, *f.* (retineo), das **Behalten** im Gedächtnis, die **Erinnerung,** actarum rerum, Lucr. 3, 673: nostri, Lucr. 3, 849.

retineo, tinuī, tentum, ēre (re u. teneo), **I** **zurückhalten, aufhalten, festhalten,** **A** eig.: **1** **zurück-, aufhalten,** **a** leb. Wesen: quid nunc me retines? Plaut.: concilium dimittit, Liscum retinet, Caes.: nisi iam profecti sunt, retinebis homines, Cic.: legatos (Ggstz. dimittere legatos), Liv.: milites, milites in loco, legiones ad urbem, cohortes apud se, Caes.: venit Varro ad me, et quidem id tempus, ut retinendus esset, (zu Tisch) dabehalten werden musste, Cic.: biduum tempestate retentus, Caes. – **b** Lebl.: lacrimas, Ov.: manus ab ore, Ov.: ibi paulum retentus (fons) in Larium lacum decĭdit, Plin. ep. – **2** **zurückhalten, behalten, einhalten,** armorum parte tertiā celatā atque in oppido retentā, Caes.: mercedem, Plaut.: semel empta, Eutr.: alienum, Cic.: u. alqm obsidem (als G.). – u. eine Eroberung **behaupten,** oppidum, Caes.: Moesiam, Eutr.: Hispanias contra hostem, Eutr.: arces, Catull. – **B** übtr.: **1** **zurück-, in Schranken halten, auf-, anhalten,** erum ad salutem, Plaut.: liberos pudore, liberalitate, metu, Ter.: ut, cum sciatis, quo quaeque res inclinet, retinere aut ante possitis occurrere, Cic.: moderari cursum atque in sua potestate r., Cic.: r. gaudia, rabiem, Ov. – r. labantem disciplinam, im Sinken aufhalten, nicht ganz sinken lassen, Spart. Hadr. 10, 3. – r. in officio, Cic.: animos sociorum in fide, Liv. – retineri nequeo od. non possum u. aegre retineor m. folg. *quin* u. Konj., retineri nequeo, quin dicam ea quae promeres, Plaut.: tormento non retineri potuit ferreo, quin reciperet se huc esum, Plaut.: retineri non poterant, quin in nostros tela conicerent, Caes.: aegre sunt retenti, quin oppidum irrumperent, Caes. – **2** etw. **zurückbehalten,** **a** im Allg. = **bewahren, behalten, beibehalten, sich erhalten, behaupten,** id egit, ut amicos observantiā, rem parsimoniā retineret, Cic.: retinere servareque amicos, Hor.: ret. se, sich als Freund erhalten, Cic.: inconsultius uxor assumpta, retenta (beibehalten) patientius, Plin. pan.: ius augurum rei publicae causā conservare ac r., Cic.: ius suum, Cic.: statum suum, Cic.: pristinam virtutem, Caes.; vgl. vestigium pristinae dignitatis, Cic.: officium, Cic.: iustitiam (neben colere), Cic.: caritatem in pastores, Cic.: utilitatem in amicitia et fidem, Cic.: hunc morem usque adhuc, Cic.: memoriam suae pristinae virtutis, Caes.: memoriam alcis, Cic.: alqd memoriā, im G. behalten, Cic.; vgl. (v. den Ohren) r. commissa, Hor. – **b** prägn.: **α** als Gesetz, Regel **beibehalten,** mit folg. *ut* od. *ne* u. Konj., ut *Palaemo* et *Telamo* et *Plato* dicerentur, retinuerunt, Quint. 1, 5, 60: vehementer id retinebatur (man hielt streng darauf), populi comitia ne essent rata, nisi etc., Cic. de rep. 2, 56. – **β im Gedächtnis bewahren, sich erinnern,** Gell. 17, 9, 16: mit folg. *Acc.* u. *Infin.*, Ulp. dig. 35, 1, 92 *in*. – **II festhalten, A** eig.: alqm dexterā manu, Plaut.: mulierem per vim, Plaut.: arcum manu, Cic.: iniectā ferreā manu et retentā utrāque nave, Caes. – **B** übtr., **festhalten = fesseln,** ordo ipse annalium mediocriter nos retinet quasi enumeratione fastorum, Cic. ep. 5, 12, 5 (vgl. *ibid.* § 4): (Picus) ore suo volucres vagas retinere solebat, Ov. met. 14, 340.

re-tinnio, īre, **dagegenklingen, -tönen,** illud est maius, quod in vocibus nostrorum oratorum retinnit et resonat quiddam urbanius, ein Klang u. Ausdruck liegt, der feinstädtischer lautet, Cic. Brut. 171: u. *tr.* – **erklingen lassen,** isti in fine eadem retinniunt, quae in capite sonuerunt, Cassiod. in psalm. 117 *extr.*

rētiolum, ī, *n.* (*Demm.* v. rete), das **kleine Netz,** das **kleine Garn,** des Jägers, Apul. met. 8, 4: als Haarnetz, retiolum, quod colligit comas, Serv. Verg. Aen. 4, 138 (vgl. reticulum): nec sint vobis tam tenera capitum tegmina, ut retiola subter appareant, Augustin. epist. 211, 10.

rētis, is, *f.*, s. rēte.

rētium, iī, n. (Nbf. von rete) – δίκτυον κυνηγετικόν, das **Jagdnetz, Garn,** Gloss. II, 277, 48. Vgl. retia.

rēto, āre, **reinigen,** s. rētae.

re-tollo, ere, **davontragen,** partos triumphos, Coripp. Ioann. 2, 329.

re-tondeo, tōnsus, ēre, **abscheren;** dah. übtr., **abmähen, abgrasen,** retonsae segetes, Plin. 18, 161.

re-tono, āre, **zurückdonnern, zurückerschallen,** face (= fac) cuncta mugienti fremitu loca retonent, donnernd (dröhnend) widerhallen, Catull. 63, 82: ipse autem Dominus de medio, tamquam de caelo retonans, potentiae suae nobis arcana patefecit, Cassiod. in psalm. 2.

re-torpēsco, ere, **(wieder) erstarren, (wieder) gefühllos werden,** Tert. adv. gnost. 1.

re-torqueo, torsī, tortum, ēre, **I rückwärts-** od. **zurückdrehen, -wenden, -kehren, -beugen, 1** eig.: aquiliferum in contrariam partem, Val. Max.: agmen ad dextram, Caes.: oculos saepe ad hanc urbem, Cic. (aber sacra retorserunt oculos, die Bilder wandten ab den Blick, Ov.): caput in sua terga, Ov.: ora ad os Phoebi, hindrehen, Ov.: currum, Verg.: gubernacula, nach dem Ufer zurücksteuern, umkehren, Plin. pan.: hastam, zurückschleudern, Sil.: crinem, kräuseln, crine retorto, gekräuselt, Mart.: manibus retortis, auf den Rücken gebunden, Hor. – pantherae tergum, zurück-, umschlagen, umwerfen, Verg.: u. so amictum, Verg. – retortae litore violenter undae, zurückgedrängt, Hor.: Rhoetum leonis unguibus, zurücktreiben, Hor. – viam, zurückgehen, Claud. – **2** übtr.: **a** übh.: animum ad praeterita, Sen.: argumentum, den Beweis auf die Gegenpartei zurückwenden, Apul.: so auch crimen in alqm, ICt.: scelus in auctorem, das Verbrechen (den uns zugedachten Tod) den Urheber treffen lassen, Iustin. – **b** prägn., **umändern,** mentem, Verg. Aen. 12, 841. – **II verdrehen, verkrüppeln,** gibbi retorti, Lampr. Commod. 11, 2: übtr., sermones gibberosi retorti (verzwickte), Fronto de eloqu. 1. p. 148, 8 N.

re-torreo, tōstus, ēre, **(wieder) rösten, dörren,** Plin. 13, 48.

retorrēsco, ere (*Inchoat.* v. retorreo), **verdorren, vertrocknen,** Colum. 3, 3, 4 u. a.

retorridē, *Adv.* (retorridus), **zusammengedorrt, dürr,** Plin. 17, 33.

re-torridus, a, um, gleichs. in sich **zusammengedorrt, verdorrt, vertrocknet, dürr. I** eig.: prata, Varro: planta, Colum.: arbor, Sen.: ramus, Sen.: trunca illa et retorrida manus Mucii (Scaevolae), Sen. – **II** übtr.: vultu gravissimus et retorridus, mit höchst ernsthafter u. in tiefe Falten gelegter (mürrischer) Miene, Capit. Maxim. et Balb. 6, 2: Gallicanae mentes durae ac retorridae, unbotmäßige, Lampr. Alex. Sev. 59, 5: mus, gerieben, abgefeimt, schlau, Phaedr. 4, 2, 16; vgl. Gell. 15, 30, 1.

Retovium, iī, *n.*, Stadt in Ligurien, jetzt *Ritorbio;* dav. **Retovīnus,** a, um, **retovinisch, aus Retovium,** lina, Plin. 19, 9.

retractātio, ōnis, *f.* (retracto), **I** das **Wiedervornehmen, a** die **Umarbeitung, Verbesserung** einer Schrift, nur im Plur. Retractationes, als Titel eines Werkes des Augustinus. – **b** die **Beschäftigung** mit etw. **im Gedanken,** eorum (amicorum), qui fuerunt, Sen. ep. 63, 6. – **c** = πλοκή, die **Wiederholung** desselben Wortes, aber in anderer Bedeutung, als rhet. Fig., Iul. Rufin. de schem. lex. 14. – **II** das **Sich-Sträuben,** die **Ablehnung, Weigerung,** sine retractatione, Liv.: sine ulla retractatione, Cic. u. Arnob.: sine ulla dubitatione aut retractatione, Cic.

retractātor, ōris, *m.* (retracto), **I** der **Wiedervornehmer,** Isid. orig. 10, 235. – **II** der **Verweigerer,** officii, Tert. de ieiun. 15: absol., der **Widerspenstige,** *Spart. Anton. Get. 4, 1.

1. **retractātus,** a, um, *PAdi.* (retracto), **wieder durchgegangen,** idem σύνταγμα misi ad te retractatius, ziemlich umgearbeitet, Cic. ad Att. 16, 3, 1.

2. **retractātus,** ūs, *m.* (retracto), **I** die **nochmalige Behandlung, Wiederholung,** Tert. de praescr. haer. 7 u. a. – **II** die **Weigerung, Bedenklichkeit,** sine ullo retractatu, Tert. apol. 4.

retractio, ōnis, *f.* (retraho), **I** das **Zurückziehen,** graduum, die Breite der Stufen einer Treppe (so wie crassitudo die Höhe), Vitr. 3, 4, 4. – **II** übtr., die **Verminderung** (Ggstz. auctio), dierum, Macr. sat. 1, 14. § 1: absol., Ggstz. intentio, Boëth. inst. arithm. 1, 1. p. 8, 2 Fr.; vgl. 1, 18. p. 38, 1 Fr.

re-tracto (retrecto), āvī, ātum, āre, **I wieder-, von neuem betasten, -ergreifen, -nehmen vor die Hand nehmen, vornehmen, 1** eig.: ferrum, Verg.: vulnera, Ov.: arma, Liv.: vota, das ersehnte Bild, Ov.: pedamenta, wieder bearbeiten, Colum.: agrum, wieder vornehmen, -besichtigen, Colum.: cruda vulnera, noch nicht verharschte Wunden wieder aufreißen, bildl. = die alten Schmerzen erneuern, Ov. trist. 3, 11, 19. – **2** übtr.: **a wieder-, noch einmal vornehmen, -behandeln, -bearbeiten, umarbeiten,** hoc in proximo libro, Varro LL.: verba desueta, Ov.: librum, Sen.: orationem, Plin. ep.: opera, *ibid.:* finitam causam, nochmals zur Erörterung bringen, *ibid.:* leges, Suet.: detecta et nuda omnium mens posterā die retractatur, hat sich so die allgemeine Gesinnung (Meinung) offenbart u. enthüllt, dann unterliegt sie des anderen Tages einer neuen Verhandlung, Tac. – **b** einen Zustand **erneuern,** augere dolorem retractando, indem man die wunden Stellen immer wieder berührt, Cic.: quia mihi iucundum est, quod ceperim gaudium, scribendo retractare, von neuem zu genießen, Plin. ep. – **c wieder überdenken,** alqd diligenter, Cic.: fata, Ov.: memoriam carissimi sodalis, erneuern, Sen. rhet.: secum memorata, Ov.: saepe secum retractans ac recogitans, Colum. – **II zurückziehen;** dah. übtr.: **a zurückziehen, zurücknehmen, widerrufen,** dicta, Verg.: largitiones, Traian. in Plin. ep. – **b sich sträuben, sich widersetzen, sich weigern, sich nicht gutwillig fügen, ungern an** etw. **gehen,** quid retractas? Verg.: nullo retractante, Liv.: sive retractabis, sive poperabis, Cic.: humi se abiecit et retrectans elevatus est, Capit.: quod retractantem (widerspenstig) calcitrosumque eum (iuvencum) reddit, Colum. – **c herabsetzen,** opus, Gell. 14, 3, 4.

1. **retractus,** a, um, *PAdi.* (v. retraho), gleichs. zurückgezogen, **entfernt, verborgen, versteckt,** retractior a mari murus, Liv.: sinus, maris introrsus retractus, Liv.: retracti introrsus oculi, tiefliegende Augen, Sen.: retractius cubiculum, Plin. ep.

2. **retractus,** Abl. ū, *m.* (retraho), das **Zurückziehen,** Tert. adv. gnost. 1. Isid. de nat. rer. 40, 1.

re-trādo, didī, ditum, ere, **wieder übergeben,** ICt.

re-traho, trāxī, tractum, ere, **I** **zurückziehen,** **A** = rückwärts ziehen, **1** eig.: **a** übh.: manum, Cic.: Hannibalem in Africam, Cic.: unda pedem retrahit, Verg.: se ab ictu, Ov. – Ggstz. bos domitus et procurrentem (bovem indomitum) *retrahit* et cunctantem *producit,* Colum. 6, 2, 10. – **b** insbes., einen Flüchtling **zurückschleppen, -bringen, zurückholen,** Cic., Caes. u. a.: alqm ex fuga, Sall.: alqm ex itinere, Sall. – scherzh., ad se argentum fugitivum, Ter. heaut. 678. – wohl mit Bezug auf diese Bedeutung im Bild bei Varro LL. 5, 5. – **2** übtr.: **a** **zurückziehen, -halten, abhalten,** consules a foedere, Cic.: rettend, ab interitu, Nep.: ex magnis detrimentis, Suet. – **b** **zurückhalten** – nicht herausgeben, quos occulere aut retrahere aliquid (mit etwas zurückhalten – es nicht vollständig geben) suspicio fuit, Liv. 32, 38, 8. – u. = nicht merken lassen, vires ingenii, Sen.: verba, Sen. – **c** **verkürzen,** ductas summa ad fastigia noctes, Manil. 4, 254. – **d** se r., **sich** (von der Teilnahme, einer Leistung, Hilfe usw.) **zurückziehen,** Catull. 30, 8. Hor. ep. 1, 18, 58: se a convivio, Ggstz. in convivio esse, Cels. 1, 1: cum se retraxit, ne pyxidem traderet, Cic. Cael. 64: nam plerique reges cum populis suis se retraxerunt, Capit. Anton. phil. 14, 2. – **e** aus einer Zahl entfernen, **streichen,** ex viginti trecentisque milibus recipientium frumentum e publico ad centum quinquaginta retraxit, Suet. Caes. 41, 3. – **B** **wieder-, von neuem ziehen, -schleppen,** **1** eig.: ad eosdem cruciatus, Tac.: Treveros in arma, Tac. – **2** übtr.: **a** übh.: potiorem civitatis partem ad societatem Romanam, Tac. – **b** **wieder hervorziehen, wieder ans Licht ziehen,** composita aut oblitterata mansuetudine principis novam ad saevitiam, Tac.: oblitterata aerarii nomina, Tac. – **II** **hinziehen,** übtr., in einen Zustand versetzen, in odium iudicis, beim R. verhasst machen, Cic.: in condicionem proborum ministrorum, in den Stand ehrlicher Diener versetzen, Traian. in Plin. ep.

re-trānseo, īre, **wieder und wieder-, von neuem hinübergehen** (Ggstz. transeo), Augustin. conf. 10, 30: m. *Acc.*, Gromat. vet. 312, 14 u. 335, 23.

retrānsitio, ōnis, *f.* (retranseo), das **wiederholte Sich-Zurückbeziehen** (des Pronomens sui, sibi, se), Prisc. 17, 116 u. 134.

retrānsitīvē, *Adv.* (retranseo), **wiederholt sich zurückbeziehend,** Prisc. 12, 12.

re-trānsmitto, ere, **wiederholt hinübersetzen, -steigen** über usw., Caucasum, Itin. Alex. 45 (103).

retrārius, a, um (retro), **rückwärts gekehrt** (Ggstz. contrarius), Augustin. serm. 105, 5.

retrecto, s. re-tracto.

re-tribuo, tribuī, tribūtum, ere, **I** **wiedergeben,** **a** **zurückgeben, wieder zustellen,** pro Siculo frumento acceptam pecuniam populo, Liv. 2, 41, 8: potes omne, ut acceperas, retribuere, Apul. apol. 92. – **b** **von neuem geben, dagegengeben,** corpora rebus, Lucr. 5, 277: vicem alci, vergelten, Lact. 6, 18, 22. – **II** einem das ihm Gebührende **geben, zukommen lassen,** alci exactae aetatis fructum, quem meruit, Cic. Rosc. com. 44.

retribūtio, ōnis, *f.* (retribuo), die **Vergeltung, Erwiderung,** auch im Plur., Eccl.

retribūtor, ōris, *m.* (retribuo), der **Vergelter,** Augustin. serm. 254, 6 (Ggstz. debitor).

retrīmentum, ī, *n.* (retero), der **Abfall, Abgang** von gepressten Oliven, Varro: v. Metall, Schlacken, Cels.: cibi, Exkremente, Varro.

retrior, ōris (retro), mehr rückwärts befindlich, der, die, das **hintere,** partes, Schol. Iuven. 11, 138.

re-trītūro, āre, **(wieder) dreschen,** Augustin. epist. 108, 3. § 7.

retrō, *Adv.* u. *Praep.* (v. re u. dem Pronominalsuffix ter, wie in citro, ultro etc.), **rückwärts,** **I** *Adv.*: **a** eig.: **a** auf die Frage wohin? = **rückwärts, hinwärts, zurück, hinter,** inhibere navem, Liv.: fugere, Hor.: iter mihi necessarium retro ad Alpes usque incīdit, Cael. in Cic. ep.: dare lintea, zurückschiffen, Verg.: abire, Mela: pretium (agrorum) retro abiit, Plin. ep.: retro ago, s. retro-ago: retro eo, s. retroeo. – oft (nach unserer Anschauung) pleonastisch bei den mit re zusammengesetzten Verben, z. B. r. redire, Liv.: r. remeare, Mela: r. repetere, Liv. (s. Drak. Liv. 22, 6, 7): r. respicere, Cic.: r. revocare, Liv. – **b** auf die Frage wo? = **rückwärts, nach hinten, hinten,** est mihi in ultimis aedibus conclave retro, Ter.: quid retro atque a tergo fieret, ne laboraret, Cic.: homines duas manticas habere, unam *ante se,* aliam *retro,* Porphyr. Hor. sat, 2, 3, 299. – **b** übtr.: **1** von der Zeit, **rückwärts, zurück, vorher,** et deinceps retro usque ad Romulum, Cic.: quodcumque r. est, im Rücken ist, Hor.: retro habeatur ratio, Plin. ep.: attrib., meliores retro (die früheren) principes, Lampr. Alex. Sev. 35, 1: u. so omnes retro principes, CIL 3, 2721 u. 6, 1125: stipendia retro debita, rückständige, Lampr. Pertin. 9, 2. – **2** in anderen Verhältnissen, **a** übh. **zurück, rückwärts,** retro ponere, zurücksetzen, hintansetzen, Cic.: pretium r. abiit, hat abgeschlagen, Plin. ep.: quianam sententia vobis versa retro? warum hat sich euer Entschluss gewandt? Verg. Aen. 10, 6: retro vulgus abhorret ab hac, schaudert zurück, Lucr.: qui, ut ita dicam, retro (rückwärts = verkehrt) vivunt, Sen. ep. 122, 18. – **b** **dagegen, hinwiederum, umgekehrt,** Cic., Quint. u. ICt. – **c** **zurück, wieder,** dare, reddere, Marcell. dig. 46, 3, 67. – **II** *Praep.* m. *Acc.*, **hinter,** quae retro nos sunt, Chalcid. Tim. 239.

retro-ago, ēgī, āctum, ere, **I** **zurücktreiben,** **a** eig.: vasta flumina, Mela 3. § 1: capillos, rückwärts-, hinterlegen od. -streichen, Quint. 11, 3, 160. – **b** bildl.: iram, gleichs. rückwärtsgehen machen, d. i. ändern, besänftigen, Sen.: honores, Plin. – **II** übtr., **umkehren, ändern,** ordinem, Quint.: litteras, in umgekehrter Ordnung hersagen lassen, rückwärts durchnehmen, Quint.: dah. v. Anapäst, dactylus retroactus, umgekehrter Daktylus, Quint. 9, 4, 81.

retrō-cēdo, cessī, ere, **zurückweichen,** Liv. 8, 8, 9. Curt. 7, 4 (15), 4. Amm. 16, 12, 1; 29, 1, 3; 31, 10, 5.

retrōcessio, ōnis, *f.* (retrocedo), das **Zurückweichen,** minoris lapidis, Augustin. de quant. anim. 22, 37.

retrōcessus, ūs, *m.* (retrocedo), das **Rückwärts-, Zurückgehen** (Ggstz. progressus), Apul. de Plat. 1, 8.

retrō-dūco, dūxī, ductum, ere, **rückwärts-, zurückführen, -bringen,** Vitr. 10, 2, 14. Marc. dig. 34, 5, 16.

retro-eo, īre, *Anom.*, **rückwärts-, zurückgehen,** Sen. nat. qu. 7, 21, 2 (auch getrennt). Plin. 2, 69.

retrō-flecto, flexī, flexum, ere, **rückwärts-, zurückbeugen,** apices capillorum, Petron. 106, 15.

retrōgradātio, ōnis, *f.* (retrogrador), das **Rückwärts-, Zurückgehen,** Mart. Cap. 8. § 881. Isid. orig. 3, 68.

retrō-gradior, gressus sum, gradī, **rückwärts-, zurückgeben,** Plin. 8, 40: v. den Sternen, Plin. 2, 61 u. a. Mart. Cap. 8. § 883.

retrōgradis, e (retrogradior), **rückwärts-, zurückgehend,** retrogradi fugā, Apul. met. 4, 20.

retrōgrador, ārī (retrogradus), **rückwärts-, zurückgehen,** Suet. fr. 139. p. 216, 16 *Reiff.* Mart. Cap. 8. § 887 zw.

retrōgradus, a, um (retrogradior), **rückwärts-, zurückgehend,** Sen. u. a.

retrōgressus, ūs, *m.* (retrogradior), das **Rückwärts-, Zurückgehen,** Macr. sat. 1, 17, 61.

retrō-lego, ere, **rückwärts** an etwas **hingehen, -schiffen,** litora, Ps. Quint. decl. 6, 7.

retrō-pendulus, a, um, **rückwärts-, zurückhängend** (Ggstz. antependulus), crinium globi, Apul. met. 6, 22.

retrōrsum u. retrōrsus, *Adv.* (= retroversum od. vorsum u. retroversus od. vorsus), **rückwärts, zurück,** **I** eig.: retrorsum vela dare, Hor.: verb. retrorsum redeunt, Plin. – **II** übtr.: **a** **umgekehrt,** deinde retrorsum vicissim etc., Cic.: sed omnia retrorsum, Flor.: quaedam argumenta retrorsus idem valent, Quint. – **b** **rückwärts, auf die vergangene Zeit,** retrorsum se actio refert, ICt.: retrorsus ad id tempus reducere, ICt. – **c** **zurück, wieder,** ac si retrorsus homo mihi venisset, zurückverkauft worden wäre, Afric. dig. 44, 3, 6. § 1.

retrōrsus, a, um (= retro versus od. vorsus), **rückwärts gekehrt,** **I** eig.: manus (Ggstz. manus supina), Plin. 26, 93. – **II** übtr., der

Zeit nach, **vorherig,** *Compar.* retrosior, **älter,** Tert. apol. 19 (tom. 1. p. 190 Oehl.).

retrōsior, s. retrōrsus, a, um.

retrōversim, *Adv.* (retroversus), **rückwärts,** cedere, Claud. Mam. de stat. anim. 1, 7, 1. p. 43, 10 *Engbr.*

retrōversum, s. 2. retrōversus.

1. retrō-versus, a, um (verto), **umgedreht, zurück-** od. **rückwärts gedreht, rückwärts,** ipse retroversus prodidit ora, Ov.: argumentum retroversum, Lact.: versetzt, sententia versa retro, umgewandelt, Verg.

2. retrōversus u. retrōversum, *Adv.*, **rückwärts, hinter sich,** retroversum cedam, Plaut.: colonia retroversus crescit, nimmt ab, Petron.

retrō-verto, ere, **umwandeln,** quos (iambos) in trochaeos retrovertit creticus, Ter. Maur. 2347.

re-trūdo, trūsus, ere, **zurück-, fortstoßen,** alqm, Plaut. Epid. 249. Itin. Alex. 24 (60): alqm in custodiam, Sulp. Sev. vit. S. Mart. 4, 6: alqm in carcerem, Heges. 4, 9, 5: in metallum, Cod. Theod. 1, 5, 1. – *Partic.* retrūsus, a, um, übtr., **entfernt, versteckt,** simulacra deorum iacent in tenebris ab isto retrusa atque abdita, Cic.: haec autem esse penitus in philosophia retrusa atque abdita, Cic.: voluntas abdita et retrusa, Cic. – ► Perf. retrusit, Hieron. adv. Iovin. 2, 31. Not. Tir. 80, 55[b].

retrūsus, a, um, s. re-trūdo.

re-tundo, tudī, tūsum (tūnsum), ere, **I zurückstoßen, -treiben, a** eig.: Boreas retundit pelagus, Lucan. 5, 601: dah. retūsus, a, um, zurückprallend, einen Widerschein gebend, fratre (lunae, *i.e.* sole) retuso, Claud. de cons. Prob. et Olybr. 23. – **b** übtr., **zurückhalten, im Zaum halten,** improbitatem alcis, Lentul. in Cic. ep.: animum, qui luxuriā diffluit, Ter.: linguas Aetolorum, die (bösen) Zungen zum Schweigen bringen, Liv.: sermones, Cael. in Cic. ep.: suspicionem animo retudit, er drängte den V. zurück, Val. Max. – **II** etw. Scharfes abstoßen, d.i. **abstumpfen, stumpf-, unbrauchbar machen, a** eig.: tela, Ov.: ascias, Plin.: gladios etiam incuriā hebetari retundique, Plin. pan.: ferrum retusum, Verg.: im Bild, ferrum alcis, jmds. mörderisches Vorhaben vereiteln, Cic.: so auch gladios in rem publicam destrictos, Cic. – **b** übtr.: impetum, Liv.: hostem, die Heftigkeit des Feindes mildern, seine Hitze dämpfen, Liv.: mucronem stili, Cic.: mucronem ingenii, Quint.: aciem oculorum, Sen. rhet.: retusa ingenia (Ggstz. acuta ingenia), Cic. – mihi cor retunsumst oppugnando pectore, abgestumpft (-gefühllos gemacht) worden, Plaut. Pseud. 1045. – ► Perf. rettudi geschrieben, um die Silbe re zu verlängern, Phaedr. 4, 24, 21.

retūro, āre (re u. *turo, wov. auch obturo), **I vollstopfen,** bildl., obscenis verbis novae nuptulae aures, Varro sat Men. 10. – **II entstopfen = öffnen,** surdorum auriculas, *Arnob. 1, 52 R. (*cod. P* recusare, wonach Hug u. Hertz reclusare).

retūsus (retūnsus), a, um, *PAdi* (retundo), **abgestumpft, stumpf, I** eig.: securis, Plaut.: ferrum, Verg. – **II** übtr., **abgestumpft, abgeschwächt, a** v. Licht, **dunkel,** stella crine retuso, Claud. IV. cons. Hon. 185. – **b** v. geistigen usw. Zuständen: ingenium, Cic.: fervor belli, gebrochen, Sil.: res (Plur.) geschwächt, getrübt, Sil. – cor retusum, gefühlloses, Claud. Eutr. 2, 47 (vgl. retundo a. E.).

reubarbarum, ī, *n.* u. **reuponticum,** ī, *n.*, **Rhabarber,** franz. *rhubarbe,* Isid. orig. 17, 7, 40: reup., Plin. Val. 2, 14 u. 33. Th. Prisc. 4. fol. 314 (a).

Reudignī, ōrum, *m.*, eine germanische Völkerschaft im nördl. Deutschland, ungefähr von der Grenze von Lauenburg bis zur Mündung der Havel, Nachbarn der Langobarden, Avionen u. Angeln, Tac. Germ. 40.

reuma etc., s. rheuma etc.

reūmenē, Akk. ēn, *f.* (ῥευμένη, die fließende), eine Art **Silberschaum,** *Plin. 33, 108 D.

reūnctor, ōris, *m.* (reungo) = ἰατραλείπτης, der **Salber, Einreiber,** ein Gehilfe, den der Arzt zum Salben u. Einreiben der Kranken gebrauchte, Plin. 29, 4.

re-unguo, ūnxī, ūnctum, ere, **mit Salben einreiben, salben,** Not. Tir. 79, 95. 96. 97.

reuponticum, s. reubarbarum.

reus, ī, *m.* u. **rea,** ae, *f.* (zu rēs = Prozess), **I der** oder **die in Anklagestand versetzt-, der verklagt ist,** der **Verklagte,** die **Verklagte,** wobei die Angabe der Klage im *Genet.* steht (Ggstz. accusator, quaesitor, iudex), seltener mit *de* u. Abl., reus ad populum (vor den Tributkomitien), Liv. 2, 53, 3: reus parricidii, Quint.: reus furtorum, Lampr.: cotidianorum scelerum rei, Lampr.: maluit patrati quam incepti facinoris reus esse, Tac.: reum facere alqm, in Anklagestand versetzen, vor Gericht fordern, Cic., de vi, Cael. in Cic. ep.: reum fieri, in Anklagestand versetzt werden, angeklagt werden, Cic.: ut socrus rea ne fiat, Cic.: alqm reum agere, in Anklagestand versetzen, anklagen, Liv. u.a. (s. Fabri u. Weißenb. Liv. 24, 25, 1): u. so alqm agere reum legum spretarum (wegen usw.), Ov.: alqm incesti reum agere, Vell.: u. reum peragere, die Klage weiter verfolgen, durchführen, Liv. 4, 42, 6 (u. so receptus reus, neque peractus, die Klage gegen ihn wurde nicht weiter verfolgt, Tac. ann. 4, 21: et peragar populi publicus ore reus, und vom Volk werde ich für völlig schuldig erklärt werden, Ov. trist. 1, 1, 24): referre in reos, unter die Zahl der Beklagten schreiben, vom Prätor, Cic.: alqm ex reis eximere (wieder ausstreichen), Cic.: postulare alqm reum impietatis, anklagen, Plin. ep.: nemo est reus (befindet sich im Anklagestand) legibus illis, Cic.: similis criminis reus erat, Quint.: Sextius, qui est de vi reus, Cic.: alqm reum pro se constituere, als Schuldner (in Schuldsachen) für sich stellen, ICt. – außergerichtlich, reus fortunae, schuld am Unglück, Liv.: reus calpae alienae, Liv.: reus in secreto acebatur, wurde insgeheim (beim König) angeschwärzt, Curt.: egit me ore silente reum, Ov.: reus sine te criminis huius agor, Ov.: communis culpae cur reus unus agor? Prop. – Plur. rei, die **Parteien,** sowohl der Kläger als der verklagte Teil, reos appello, quorum res est, Cic. de or. 2, 321. – **II** der etwas zu leisten gehalten ist, **schuldig, verbunden** zu etw., **gebunden** an etw., satis dandi, ICt.: dotis, ICt.: voti, schuldig, das Gelübde zu bezahlen, d.i. wenn der Wunsch gewährt ist, Verg.: suae partis tutandae, schuldig, für seinen Teil zu stehen, Liv.

re-valēsco, valuī, ere, **wieder genesen, sich wieder erholen, I** eig.: ope quā revalescere possis, Ps. Ov. her. 21, 231: interibi revalesco, Apul. apol. 73: te significasti iam revalescere coepisse, Ambros. epist. 79, 1: quod sub ipso oppido ex capitali morbo revaluisset, Gell. 16, 13, 5. – **II** übtr.: **a sich wieder erholen, wieder zu Kräften kommen, erstarken,** iterum respiravi et revalui (von der Bestürzung), Fronto ep. ad Ver. 6. p. 133, 7 N.: Laodicea tremore terrae prolapsa propriis opibus revaluit, Tac. ann. 14, 27: revalescente rursus astutiā, Apul. met. 10, 10. – **b wieder Geltung erlangen,** ut diplomata Othonis, quae neglegebantur, laetiore nuntio revalescerent, Tac. hist. 2, 54.

re-vecto, āre, **zurückschaffen,** ad Macedoniam corpus alicis, Iul. Val. 3, 27 (17).

re-veho, vēxī, vectum, ere, **I zurückführen, -tragen, -bringen,** auf den Schultern, zu Pferd, Schiff, Wagen usw., **1** eig.: **a** *act.* u. *pass.:* tela revexit (zu Schiff), Ov.: praeda revecta, zurückgebracht (zu Wagen), Liv. – **b** medial revehi, **zurückkommen, -fahren, -reiten** (mit u. ohne equo, curru, nave etc.), equo, zurückreiten, Liv.: u. so in castra, Liv., inde ad proelium, Liv.: revectus equis, Ov.: curru triumphali, Plin.: cum per circum reveheretur, zurückfuhr, Liv.: Ithacam (nach I.), zurückfahren, Hor. – **2** übtr.: ad superiorem aetatem revecti sumus, (in der Rede) zurückgekommen, Cic.: famam ex Bithynia, zurückbringen, heimbringen, Plin. ep.: r. triumphum, heimbringen, Eutr. – **II** = *veho et reveho,* **hin- und zurückfahren,** quos revehat, Val. Flacc. 1, 99.

revēlātio, ōnis, *f.* (revelo), **I** die **Enthüllung, Entblößung,** pudendorum, Arnob. 5, 35. – **II** bildl., die **Enthüllung, Offenbarung,** Eccl. – insbes., die **Offenbarung** Johannis als Schrift, Lact. epit. 42, 8.

revēlātor, ōris, *m.* (revelo), der **Offenbarer,** Tert. adv. Marc. 4, 25. Augustin. serm. 126, 9 Mai.

revēlātōrius, a, um (revelator), **offenbarend,** Tert. de anim. 47.

re-vello, vellī, vulsum, ere, I **wegreißen, herausreißen, abreißen, losreißen,** 1 eig.: crucem, Cic.: tela de corpore, Cic.: telum ab alta radice, Verg.: pellem (bovis), daran zupfen, Colum.: usque proximos revellis agri terminos, erweiterst deine Besitzungen, Hor.: morte ab alqo revelli, getrennt, entrissen werden, Ov.: rev. tabulam, Cic.: claustra portarum, Cic.: dah. signa (militaria) revellere, mit dem Heer aufbrechen (wobei die in die Erde gesteckten Fahnen herausgerissen wurden), Sil.: puerum, wegreißen, mit Gewalt wegnehmen, Ov.: quos Sidoniā urbe revelli, weggerissen, entfernt, weggeführt habe, Verg. – 2 übtr., **wegreißen, verbannen, vertilgen, vernichten,** consulatum ex omni memoria, Cic.: omnes iniurias, Cic.: alci avias veteres, die alten Vorurteile, Pers. – II **aufreißen, aufbrechen, öffnen,** humum dente curvo, pflügen, Ov.: sepulcra, erbrechen, eröffnen, Rhet. Her.: so auch cinerem manesve = *sepulcrum,* Verg. – ► Perf.-Formen, revulsit, Sen. Oedip. 100. Prudent. perist. 10, 7: revulserat, Prudent. perist. 10, 761. – Ov. met. 8, 585 Ehwald revelli.

re-vēlo, āvī, ātum, āre, **enthüllen, entblößen,** I eig.: caput (iumenti), Ggstz. involvere, Suet.: caput (aus Ehrfurcht), Arnob.: frontem, Tac.: os, Ov.: faciem, sich entschleiern, den Schleier vom Gesicht zurückschlagen, Ambros.: pectus, Flor.: sacra, Ov. – II übtr., a **enthüllen, entdecken, offenbaren,** Apul. u. a. – b **aufklären, aufhellen,** ut, si qua forte a Graecis obscure dicta sunt, revelentur, Cael. Aur. de morb. acut. 1, 1, 2.

re-vēndo, vēndidī, ere, **wieder verkaufen,** Ulp. dig. 38, 2, 37 *pr.*

re-vēneo, vēniī, īre, **wieder verkauft werden,** si fundus revenisset, Nerat. dig. 18, 3, 5.

re-venio, vēnī, ventum, īre, **wiederkommen, zurückkommen, heimkehren,** I eig.: huc, Plaut.: domum, Cic.: in urbem, Tac.: ex longinquo, Tac. – II übtr.: res in eum revenit locum, ist so weit gekommen, Plaut.: ex inimicitia in gratiam, Plaut.: *impers.,* inter eos rursum si reventum in gratiam est, Plaut.

reventus, Abl. ū, *m.* (revenio), die **Rückkunft,** Suev. b. Macr. sat. 2, 14, 12.

rē-vērā, s. rēs *no.* II, A.

re-verbero, āre, **zurückschlagen, zurückwerfen, zurückprallen (abprallen) machen,** Passiv reverberari, **zurückprallen, abprallen,** a eig.: sic veneficiis corpus induruit, ut saxa reverberet, Sen. contr. 1, 3, 11: Indus saxis saepe impeditus, quis (= quibus) crebro reverberatur, an denen er anprallt, Curt. 8, 9 (30), 7: reverberato lapide, zurückgeprallt, Amm. 24, 4, 28: ut humus molliter cedat nec incrementa duritiā suā reverberet, Colum. 3, 13, 7: ut radios omnes tuoris nostri splendore reverberent, Apul. de deo Socr. 11: hinc vi reverberante ventorum, Amm. 22, 15, 7. – b übtr., omnem Fortunae iram, Sen. de clem. 2, 5, 5: reverberata utique affectuum disparilitate anima tua ab eius anima quodam modo resiliret, Claud. Mam. de stat. anim. 1, 27.

re-verēcunditer, *Adv.,* **ehrerbietig, achtungsvoll,** Pompon. com. 75. Enn. inc. libr. fr. LXIV R.^{2} (b. Prisc. 15, 13).

reverendus, a, um, *PAdi.* (v. revereor), **ehrwürdig,** nox, Ov. Ibis 75: facies, Iuven.: liber reverendae vetustatis, Gell.: vultu reverendus (von einer Person), Spart.: reverendissimi dies, Oros. 7, 37, 2. – als Titel hoher christl. Geistlicher, **hochehrwürdig, Hochehrwürden,** reverendissimus Christi servus, Eugipp. vit. S. Severin. 8 u. spät. ICt.

reverēns, entis, *PAdi.* (revereor), I **achtungsvoll, ehrerbietig,** sermo erga patrem reverens, Tac.: illud reverentius, Plin. ep.: reverentior maiestatis, Flor.: reverentissimus mei, gegen mich, Plin. ep. – poet., ora (Musarum), sittsame, Prop. 2, 30, 33. – II **ehrwürdig,** reverentius visum est nomen Augusti, Flor. 4, 12, 66. – Superl. reverentissimus, **hochehrwürdig,** CIL 6, 1678 u. 13, 2132 spät. Eccl. (s. Bünem. Lact. 1, 1, 15. p. 9).

reverenter, *Adv.* (reverens), **ehrerbietig, achtungsvoll,** Plin. ep. u. a.: reverentius, Tac.: reverentissime, Suet. u. Plin. ep.

reverentia, ae, *f.* (revereor), die **Scheu,** I die mit Furcht od. Scham verbundene **Scheu,** discendi, die Scheu vor dem Lernen, d. i. Furcht, Colum.: ebenso poscendi, Prop. – languoris, Rücksicht, Ps. Quint. decl. 5, 13. – II prägn.: 1 die mit Achtung-, mit Ehrerbietung verbundene Scheu, die **Achtung, Ehrfurcht, Ehrerbietung, achtungsvolle Rücksicht,** adversus homines, Cic.: adversus maiores, Sen.: alci reverentiam praestare, Plin. ep.: reverentiam habere, Plin. ep.: oblivisci reverentiae, quae parentibus debetur, Quint.: legum, vor den Gesetzen, Iuven.: maxima debetur puero reverentia, Iuven.: ego reverentiae vestrae sic inserviam, ut etc., werde stets in dem Grade mit Ehrfurcht euch begegnen, Plin. pan. 95 *extr.* – personif., Reverentia, ae, *f.,* als Göttin, Mutter der Maiestas von Honor, Ov. fast. 5, 23. – 2 die **Verehrungswürdigkeit, Hoheit, Majestät,** patris patriae, Vopisc. Prob. 12, 8: Romani imperii, Vulc. Gall. Avid. Cass. 4, 6: sacrati nominis, Capit. Macrin. 7, 7.

re-vereor, veritus sum, ērī, I etwas **scheuen, befürchten,** vor etw. **sich scheuen, fürchten,** gegen etw. **Bedenken haben,** a übh.: simultatem meam, Ter.: suspicionem, Cic.: multa adversa, Cic.: adventum, Ter.: coetum virorum, Liv.: rev. m. folg. *Infin.,* Augustin. conf. 8, 2: non rev. m. folg. *quo minus* u. Konj., Ter. Hec. 630. – b **scheuen** = schonen, quaestus suos, Plin. 10, 141. – II **Achtung, Ehrerbietung erzeigen, hochachten, ehren,** virtutem, Rhet. Her.: auctoritatem illustrium scriptorum, Colum.: fortunam alcis, Curt.: vicem regis, Curt. – ► Passiv, u. zwar unpers., non te tui saltem pudet, si nihil mei revereatur? wenn du keine Scheu vor mir hast? Varro sat. Men. 449.

re-vergo, ere, sich zurückneigen, dah. bildl., **gereichen,** in aliorum commodum, Claud. Mam. in Sidon. epist. 4, 2, 3.

re-verro (revorro), ere, **wieder auseinanderkehren** (mit dem Besen), bildl., revorram hercle hoc quod convorri modo, Plaut. Stich. 389.

reversio (revorsio), ōnis, *f.* (revertor), I aktiv, als gramm. u. rhet. *t. t.,* die **Umkehrung,** die **Umdrehung,** griech. ἀναστροφή, z.B. mecum = cum me u. dgl., Quint. 8, 6, 65. Carm. de fig. 137. p. 69 H. – II refl. = die **Wiederumkehr,** a eig., die **Umkehr** auf der Reise, ehe man das Ziel erreicht hat (dagegen reditus = die Rückkehr, nachdem man das Ziel erreicht hat), dann auch die **Wiederkehr, Rückkehr** übh., reditu vel potius reversione (Umkehr), Cic.: consilium profectionis et reversionis meae, Cic.: revorsionem ut ad me faceret denuo, zu mir wieder den Rückweg nehmen, Plaut.: reversionem ad terram faciunt vesperi, Plaut.: übtr., tertianae febris et quartanae r., Cic.: plur., sol binas in singulis annis reversiones ab extremo contrarias facit, Cic. de nat. deor. 2, 102: reversiones temporum, Apul. de Plat. 1, 10. – b als rhet. Fig., α = ἐπιστροφή, die **Rückkehr** zu demselben Wort am Schluss mehrerer Sätze, Iul. Rufin. de schem. lex. 18. – β = ἐπάνοδος, das **Zurückgeben auf einen von mehreren genannten Gegenständen,** um eine weitere Beschreibung von ihm zu geben, Iul. Rufin. de schem. lex. 21.

re-verso, ātus, āre, I **wieder umkehren, -umdrehen,** versa et reversa in tergum et in latera, Augustin. conf. 6, 16 *extr.* – II **rückwärts-, zurückwenden, umwenden,** reversatā prius palpebrā, Plin. Val. 1, 21: subcinericius panis est cinere coctus et reversatus, Isid. orig. 20, 2, 15.

reverticulum, ī, *n.* (revertor), die **Rückkehr,** solis annua reverticula, Apul. flor. 18. p. 31, 5 Kr.

re-verto (revorto), vertī (vortī), versum (vorsum), ere, u. **revertor** (revortor), versus (vorsus) sum, vertī (vortī), I **umkehren, zurückkehren, zurückkommen,** a eig.: ex itinere, Cic.: ex Asia, Iustin.: ex hostium castris, Sen. rhet.: a foro, Plaut.: ab Scythia, a Sicilia, Iustin.: ab exsilio, Suet. u. Tac.: ad alqm, Caes.: Laodiceam, Cic.: domum, Ter.: tridui viam progressi rursus reverterunt, Caes. – m. dopp. *Nom.,* consules praedā ingenti partā victores (als S.) reverterunt, Liv. 7, 17, 5: cum victor a Mithridatico bello revertisset, Cic. Acad. 2, 3: a bello inermis revertor, Sen. suas. 2, 8. – poet. v. lebl. Subjj., multa videbis retro repulsa revorti, Lucr.: Tiberim reverti, Hor.: sol reversus, Manil. – b bildl., in gratiam cum alqo, sich versöhnen, Liv.: in gratiam cum fato, Sen.: ad sanitatem, zu besserer Einsicht kommen, Caes.: ad vitam, Lucr.: poena reversura est in caput tuum, wieder zurückfallen, Ov.: ad alqm oder adversum alqm, jmd. ersatzpflichtig machen, sich an ihn halten, bei verkauften Dingen usw., ICt.: ad bonos mores, Sen. rhet.: malum in civitatem reverterat, Sall. – bes.

in der Rede, rursus igitur eodem revertamur, Cic.: ut eo revertar, unde sum digressus, Quint.: ut unde huc fleximus revertamur, Amm.: sed illuc revertor, Nep.: ut ad me revertar, um wieder auf mich zu kommen, Cic.: sed ut ad propositum revertar, Sen.: ad propositum revertar, Cic.: sed iam ad propositum revertamur, Cic.: nunc ad destinatum revertamur, Solin.: tempus est ad oceani oras reverti, Solin.: sed iam ad id, unde digressi sumus, revertamur, Cic.: verum uti Lilybaeum, unde digressa est oratio, revertamur, Cic.: verum ut ad classem, quo ex loco sum digressus, revertar, Cic.: nunc ad ordinem revertamur, wollen wir den Faden der Erzählung wieder aufnehmen, Vopisc. – **II** übtr., reverti, **sich wenden,** scribam tibi tres libros, ad quos revertare, si qua in re quaeres etc., Varro: revertitur ad commodum, betrifft den Nutzen, Cic.: ne ira victoris in tribunos reverteretur, Tac. – ► Vor dem Zeitalter des Augustus ist das Partiz. reversus selten (bei Cic. nur Phil. 6, 10, bei Caes. nur b. G. 6, 42, 1) u. ebenso das Pers. reversus sum (nur bei Nep. Them. 5, 2; u. außerdem Vell. 2, 42, 3 *ed. Kritz* [Halm revectus est]. Val. Max. 5, 1, 1 u. 5, 3, 4. Plin. 8, 82 u. 9, 27. Hyg. fab. 131. Quint. 7, 8, 2; 11, 2, 17 u. Spät.); in den Präsens-Formen ist dagegen das Aktivum kritisch sicher nur Lucr. 5, 1151 u. Pompon. com. 81. Augustin. serm. 194, 5 Mai (wo ad Marciam revertere). – ► Parag. Infin. revertier, Phaedr. 4, 18, 14.

re-vestio, īvī, ītum, īre, **wieder bekleiden,** Tert. adv. Marc. 5, 5 extr. u. a. – ► Imperf. revestibat, Fulgent. ed. Helm p. 159, 22.

revibrātio, ōnis, *f.* (revibro), der **Widerschein,** Hyg. astr. 4, 14.

revibrātus, Abl. ū, *m.* (revibro), der **Widerschein,** Mart. Cap. 2. § 110.

re-vibro, āvī, āre, **I** *tr.* **zurückprallen lassen,** radios, einen Widerschein geben, Mart. Cap. 2. § 169. – **II** *intr.* **einen Widerschein geben,** Mart. Cap. 8. § 810.

revictio, ōnis, *f.* (revinco), die **Widerlegung, Überführung,** Apul. de Plat. 3. p. 266 H.

re-video, ēre, **wieder hinsehen** nach jmd., nunc ad eram revidebo, Plaut. truc. 320.

re-vigēsco, viguī, ere, **wieder lebhaft werden,** Iuvenc. 2, 204. – ► Falsche Lesart für revirescere.

re-vīlēsco, ere, **wieder gering werden, an Wert verlieren,** Sen. de tranqu. anim. 15, 9 (17, 2).

revīmentum, ī, *n.* (*re-vieo) – παραστροφή (Gloss. II, 174, 34), der **Umschlag, Saum** am Kleid, Fronto laud. fumi p. 211, 21 N.

revincibilis, e (revinco), **widerlegbar, überführbar,** Tert. de res. carn. 63 *extr.*

re-vincio, vīnxī, vīnctum, īre, **I zurück-, rückwärts binden,** iuvenis manus post terga revinctus, Verg. Aen. 2, 57. – **II anbinden, befestigen, a** eig.: trabes, Caes.: latus ense, umgürten, Prop.: tellurem (die Insel Delos) Mycono celsā Gyaroque revinxit, Verg.: Megaeram revinxit serpentum spiris, umwand, umgab, Verg.: zona de poste revincta, Ov.: poet., latices in glaciem revincti, zu Eis erstarrt, Claud. – **b** übtr.: mentem amore, fesseln, Catull.: urbes legibus, Claud. – **III losbinden,** alqm, Colum. 1, 8, 16.

re-vinco, vīcī, victum, ere, gleichs. **niedersiegen, besiegend bewältigen, I** eig.: catervae consiliis iuvenis revictae, Hor.: vires (ignis) aliquā ratione revictae, Lucr. – **II** übtr.: **A** im Allg. coeptam adultamque et revictam coniurationem, niedergedämpft, bewältigt, unterdrückt, Tac. ann. 15, 73. – **B** insbes., wie refutare, durch Gegenbeweise jmd. niederschlagen, jmd. **vom Gegenteil überführen,** eine Beschuldigung **widerlegen,** alqm, Cic. u. a.: revinci in culpa et maleficio, Gell., in mendacio, ICt. – crimina revicta rebus, ICt.

re-vireo, ēre, **wieder grünen,** Eleg. ad Maecen. 1, 113 (= Poet. Lat min. ed. Baehrens 1. p. 132).

revirēsco, viruī, ere (*Inchoat.* v. revireo), **wieder grünen, wieder grün werden, I** eig.: silvae revirescunt, Ov.: Ruminalis arbor in novos fetus revirescit, Tac.: Ggstz. caepe *revirescit et congerminat* decedente lunā, contra autem *inarescit* adulescente, Gell. 20, 8, 7: im Bild, non sit sterilis in vobis ager dei; ergo revirescite, granascite, maturascite, Augustin. serm. 223, 2 *extr.* – **II** übtr.: **a sich physisch verjüngen, wieder jung werden,** arte suum revirescere posse parentem, Ov. met. 7, 305. – **b politisch wieder aufblühen, sich verjüngen, wieder erstarken,** aliquando rei publicae rationes revirescent, Rhet. Her.: impolitae res ad renovandum bellum revirescent, Cic.: domum Germanici revirescere, Tac.: praeter spem omnium senectus imperii quasi redditā virtute reviruit, Flor. – senatum ad auctoritatis pristinae spem revirescere, dem S. die H. auf sein fr. A. wieder aufblühe, Cic.

revīscerātio, ōnis, *f.* (*reviscero, āre), die **Wiederherstellung des Fleisches,** Tert. de res. carn. 30.

revīsio, ōnis, *f.* (revideo), das **Wiedersehen,** Claud. Mam. in Sidon. epist. 4, 2, 1.

re-vīsito, āre, **wiederholt besuchen,** urbem, Plin. 18, 13.

re-vīso, vīsī, vīsum, ere, nach etw. od. jmd. **hinsehen,** um zu sehen, wie es damit steht, was jmd. macht u. dgl., nach etwas **nachsehen,** etwas od. jmd. **besichtigen-, besuchen gehen** od. **kommen,** bei jmd. **vorsprechen, a** *intr.* reviso quid agant, Ter.: reviso quidnam Chaerea hic rerum gerat, Ter.: ad me revisas, Plaut.: revises ad me atque disces, quid etc., Gell.: furor revisit, suchte heim, kehrte wieder, Lucr. – **b** *tr.:* revise nos aliquando, Cic.: rem Gallicanam, Cic.: agrum saepius, Colum.: domos, Liv.: instaurata proelia, Verg.: tempus est te revisere molestias nostras, dass du wieder einmal unsere (städtischen) Plackereien dir in der Nähe besiehst, Plin. ep. – v. lebl. Subjj., revisunt longos obitus sidera, Lucr.: aut quae fortuna satis digna revisit (te), ist dir ein Glück zuteil geworden, wie du es verdienst, Verg.

revīvēsco, ere, s. re-vīvīsco.

revīvificātus, a, um (re u. vivifico), **wieder lebendig gemacht,** Tert. de res. carn. 19.

re-vīvīsco, vīxī, ere, **wieder lebendig werden, wieder aufleben, I** eig.: **a** v. leb. Wesen, Ter., Varro, Cic. u. a.: ut revixisse aut renatum (neugeboren) sibi quisque Scipionem imperatorem dicat, Liv. 26, 41, 25. – **b** v. Lebl.: anima (noctilucae) reviviscit, Varro fr.: gramina reviviscunt, Colum.: flores occĭdunt et revivescunt, welken dahin u. blühen wieder auf, Min. Fel.: pennae avulsae reviviscunt, wachsen wieder, Plin. – **II** übtr., reviviscere memoriam ac desiderium mei, Cic.: reviviscunt homines iustitiā, abstinentiā, Cic.: reviviscentes erectius, drohender ihr Haupt erhebend, Amm. – ► Nbf. revivesco, Min. Fel. 34, 11 Domb.[2].

re-vīvo, victūrus, ere, **wieder leben,** Sen. Med. 477 (479). Paul. Nol. carm. 32, 563.

revocābilis, e (revoco), **zurückrufbar, widerruflich,** gew. mit einer Negation = **unwiderruflich,** cum iam revocabile telum non fuit, Ov.: non r. umquam pudor, Val. Flacc.: non rev. verbum, Stat.: poenae leves et revocabiles, Sen. de ira 1, 6, 3.

revocāmen, inis, *n.* (revoco), der **Rückruf,** die **zurückrufende Warnung,** Ov. fast. 1, 561; her. 13, 135: Plur., Versuche, zurückzurufen, Ov. met. 2, 596.

revocātio, ōnis, *f.* (revoco), **I** das **nochmalige Rufen, -Aussprechen,** verbi, als rhet. Fig., Cic. de or. 3, 206. Quint. 9, 1, 33. – **II** das **Zurück-, Abrufen,** a bello, Cic. Phil. 13, 15: übtr., Plur., revocationes lunae a sole, das Entfernen, Vitr. 9, 2, 3. – bildl., **a** übh.: avocatio a cogitanda molestia et revocatio ad contemplandas voluptates, Cic. Tusc. 3, 33. – **b** als jurist. *t. t.*, revocatio domum, die Berufung an einen heimischen Richter = das Recht eines von der Heimat Abwesenden, einen gegen ihn erhobenen Rechtsstreit vor das heimische Forum zu ziehen, Ulp. dig. 5, 1, 2. § 3: u. so bl. Plur. revocationes, Chalcid. Tim. 163.

revocātor, ōris, *m.* (revoco), der **Zurückrufer,** animarum, **Auferwecker,** Ps. Quint. decl. 10, 19.

revocātōrius, a, um (revocator), **I zurückrufend,** subst., revocātōria, ae, *f.* (*sc.* epistula), ein Abberufungsschreiben, Cod. Iust. 12, 1, 18. – **II zurückziehend,** emplastrum, Th. Prisc. 2, 32.

re-voco, āvī, ātum, āre, **I wieder rufen,** d. i. **A wieder rufen, nochmals rufen, -aufrufen, a** übh.: in suffragium, Liv.: rursus ad bibendum, Petron. – **b** als gerichtl. *t. t.*, jmd. **von neuem vor Gericht laden, auf**

erneute Anklage jmds. **dringen,** hominem populus revocat, Cic. ad Q. fr. 2, 4 (6), 6. – **c** als szenischer *t. t.*, jmd. **von neuem** zum Vortrag einer Stelle **auffordern,** jmdm. *da capo* **zurufen,** cum saepius revocatus vocem obtudisset, v. Schauspieler, Cic.: revocatus eandem rem dicit, vom vortragenden Dichter, Cic.: praeco revocatus, Liv. – m. *Acc.* der Sache, primos tres versus, *da capo* rufen bei usw., Cic. – absol., cur revocabas, Plin. ep. – *impers.*, milies revocatum est, Cic. – **d** als milit. *t. t.*, beurlaubte Soldaten (**wieder**) **einberufen,** milites, Cic. Verr. 5, 80: veteranos, Tac. hist. 2, 82: inter ceteros conveteranos suos revocatus, CIL 13, 1837. – **B wieder-, dagegen rufen, a** übh.: unde tu me ex iure manum consertum vocasti, inde ego te revoco, rufe ich dich dagegen (rufe ich dich meinerseits), Cic. Mur. 26. – **b wieder-, dagegen einladen,** istum non fere quisquam vocabat, nec mirum, qui non revocaturus esset, der nicht wieder Gäste einladen konnte, Cic.: r. vulpem, Phaedr. – **II zurückrufen, A** im engeren Sinne: **1** eig.: **a** übh.: alqm intro, Plaut.: inde, Cic.: alqm domum (nach H., in die Heimat), Iustin.: alqm de suo cursu, Cic.: alqm de exsilio, Liv., ab exsilio, Tac. u. Iustin.: alqm ab exercitu, Iustin.: alqm a morte, Verg.: alqm ex itinere, Cic.: alqm de legatione (vom Legatenposten), Cic.: qui me revocastis (aus der Verbannung), Cic. – v. lebl. Subjj., spes Samnites ad Caudium rursus revocavit, Liv. – mit sächl. Objj., **zurückziehen, -wenden,** pedem ab alto, Verg.: gradum, Verg.: lumina, oculos suos, Ov.: deficientem capillum a vertice, zurückstreichen, Suet.: proscissam terram in liram, zurückbringen, -schaffen, Plin.: ad superficiem rheumatismum, hinleiten, Th. Prisc.: poet., artus gelidos in vivum calorem, die Lebenswärme in die k. Gl. zurückrufen, Ov. – **b** insbes., als milit. *t. t.*, **zurück-, abrufen,** equites, copias, Caes.: legiones ab opere, Caes.: hos certo signo, Caes.: vigiliae finitis horis a cornicine revocantur, abgerufen, abgelöst, Veget. mil. – poet. übtr., flumina signo dato, Ov. – **2** übtr.: **a zurückrufen, wieder hervorbringen, wiederherstellen, erneuern,** vires, Cic.: animos, Verg.: priscos mores, Liv. – studia longo tempore intermissa, wieder aufnehmen, Cic.: antiquam militiam, Tac. – **b zurückrufen, -ziehen, -setzen, -bringen, -führen, -holen,** praetermissa, wieder einbringen, nachholen, Plin.: periuria, wiederholen, Prop.: se ad industriam, wieder anfangen, tätig zu sein, Cic.: hominum mentes ab hisce isdem permotionibus ad lenitatem misericordiamque, Cic.: mentes hominum ad sanitatem, zur Vernunft bringen Lact.: u. so exulceratas mentes ad sanitatem, Petron.: u. cives suos ad sanitatem, Auct. b. Alex.: revocare alqm ad servitutem, wieder versetzen, Suet.: non numquam animum incitatum ad ulciscendam orationem tuam revoco ipse et reflecto, Cic.: se ad ea revocat, e quibus etc., ruft sich Dinge ins Gedächtnis zurück, bei denen er usw., Cic.: se ad se revocare u. bl. se revocare, sich besinnen, Cic.: u. so revocato rursus impetu, nachdem der erste Sturm sich gelegt hatte, Suet.: revocari in memoriam somnii, oraculi, sich des Tr., des Or. wieder erinnern, Iustin. 1, 5, 3 u. 7, 1, 8: so rursus in memoriam revocatus iniuriae, sich aufs neue wieder erinnernd, Petron. 10, 3: spätlat. auch revocare alci alqd in memoriam, jmdm. etw. ins G. zurückrufen, Augustin. de civ. dei 16, 38, 2 u. c. Acad. 2, 25; serm. 280, 1. – dah. **α ab-, zurückhalten,** alqm a turpissimo consilio, Cic.: alqm a tanto scelere, Cic.: animum ab ira, Ov. Vgl. Bünem. Lact. 1, 1, 21. – **β** in einen engeren Raum **zurückziehen, einschränken,** vitem, beschneiden, Cic.: comitia in unam domum, Cic.: revocare se non poterat, konnte sich seinem Umgang nicht ganz entziehen, Cic.: Phoebus revocaverat umbras, hatte verkürzt, Val. Flacc. – **γ zurückziehen = widerrufen,** promissum suum, Sen.: facta, Ov.: libertatem, wieder zum Sklaven machen, Tac. – **δ zurückziehen = zurückfordern,** praemia coronarum, Suet.: ut pecuniae, quas creditoribus solverat, revocarentur, Plin. ep. – **c** als jurist. *t. t.*, r. domum, domum suam, sich auf den heimischen Richter berufen (s. revocātio a. E.), ICt. – **B** im weiteren Sinne, **zurück-,** d. i. zu sich berufen, herbeirufen, hinrufen, **1** eig.: abi, quo blandae iuvenum te revocant preces, Hor. carm. 4, 1, 8. – **2** übtr.: **a** wohin **beziehen, anwenden,** alqd ad suas res (Verhältnisse), Cic.: ostenta ad coniecturam aliquam interpretatione, durch Deutung eine mutmaßliche Beziehung geben, Cic.: haec ratione (Gründe) explicari et ad naturam revocari possunt, kann ihnen eine natürliche Beziehung gegeben werden, Cic.: nonnulli autem illam rem ad illam rationem coniecturamque revocabant, bezogen jenen Vorfall auf den Grund und die wahrscheinliche Berechnung der Umstände, Cic. – **b** wohin **ziehen, bringen,** in dubium, in Zweifel ziehen, Cic.: ad rationem, wieder zur Rechenschaft ziehen, Cato: omnia ad suam potentiam, benutzen, Cic.: rem ad manus, Cic.: rem ad sortem, es aufs Los ankommen lassen, Liv.: spem consulatus in partem, teilen, Liv.: revocare ad se maximi facinoris crimen, die Beschuldigung auf sich ziehen, -laden, Cic.: memoriam ad referendam gratiam admonitione, das G. durch Mahnung dazu bringen, den Dank abzustatten, Sen. de ben. 5, 25, 6. – **c** wohin **ziehen, verweisen,** an me ad M. Antonii aestumationem frumenti exactionemque pecuniae revocaturus es? Cic. Verr. 3, 213: revocata res ad populum est, Liv. 10, 24, 4. – **d auf** etw. **richten,** rationem ad veritatem (auf die Wirklichkeit), Cic. – **e auf** etw. **verwenden,** quod temporis hortorum aut villarum curae seponitur, in animum revocabo, werde ich auf geistige Beschäftigung verwenden, Tac. ann. 14, 54. – **f nach** etw. **einrichten** od. **beurteilen,** reliquas res ad lucrum praedamque, es bei den übrigen Dingen auf G. u. B. absehen, Cic.: omnia ad gloriam, Cic.: consilia ad naturam, Cic. – ► Vulg. auch reboco, Inscr. bei Rossi Bullett Christ. a. 1863. p. 25. – vulg. Partiz. Perf. revocitus = revocatus, Exc. Vales. (Amm.) 14, 85 *codd. optt.* (Gardhausen revocatus); vgl. vocitus unter voco.

re-volo, āvī, ātum, āre, **zurückfliegen** (Ggstz. advolare), **I** eig.: dux (gruum) revolat, Cic.: ipse licet revolet ceratis Daedalus alis, quid faciet? Ov.: turdi quotannis in Italiam trans mare advolant et eodem revolant, Varro. – **II** übtr.: revolat telum, Ov.: revolat ad patrem Caesar, eilt zurück, Vell.

revolsio, ōnis, *f.*, s. revulsio.

revolūbilis, e (revolvo), **zurückwälz-, -rollbar,** pondus (Steinlast), Ov. Ib. 189: orbita, Auson. egl. de nom. sept. dier. 12. p. 9 Schenkl: unda, zurückströmende, Sil. 15, 237. – Fatorum nulli revolubile carmen, unabwendbare, Prop. 4, 7, 51.

revolūtio, ōnis, *f.* (revolvo), das **Zurückwälzen, I** eig., das **Wegwälzen,** lapidis (des St. vom Grabe Christi), Leo serm. 71, 3. – **II** übtr., die **Rückkehr,** Augustin. de civ. dei 22, 12 extr.; trin. 12, 24. Mart. Cap. 9. § 922: lunaris cursus, Eulog. in Cic. top. p. 407, 17 B. (aus Varro?).

re-volvo, volvī, volūtum, ere, **zurückrollen, -wälzen, -wickeln, I** eig.: **1** im Allg.: **a** transit.: pelagus fluctum revolvit in partem superiorem, Colum.; vgl. molis obiectu revolutus amnis, Tac.: revolvere retro fila, Sen. poët., od. stamina, Stat., von den Parzen, die Fäden zurückwickeln auf die Spindel, d. i. das Schicksal rückgängig machen od. ändern. – poet., rursus iter omne, zurückmessen, Verg.: u. so aequora, Verg.: revoluta aestu saxa, wieder überströmten, Verg. – **b** refl. u. medial: draco revolvens sese, Cic.: revolutus equo, herabgefallen, Verg.: ter revoluta toro est, fiel, sank zurück, Verg. – u. so v. den Gestirnen, Zeiten usw., **α abrollen = vergehen,** te (Phönix) saecula teste cuncta revolvuntur, Claud.: revoluta saecula, Ov. – **β** im Kreislauf **zurückrollen = zurückkehren,** centesimā revolvente se lunā, Plin.: revoluta dies, Verg. – **2** insbes., ein Buch **zurück-,** d. i. **aufrollen, aufschlagen** (weil die Bücher der Alten nach Art unserer Landkarten um einen Stab gerollt waren), Origines (ein Buch des Cato), Liv.: librum ad extremum, ganz durchblättern, durchlesen, Plin. ep.: ebenso librum usque ad umbilicum, Sen. rhet. – **II** übtr.: **1** im Allg.: **a** aktiv u. passiv: summa paupertas in eadem non frequentissime revolvit, führt zurück, Quint.: omnia necessario a tempore atque homine ad communes rerum atque generum summas revolventur, alles wird zurückgeführt werden, Cic.: animus revolvens iras (ein Herz, das den Zorn immer von neuem anfachte), etiamsi impetus offensionis languerat, Tac. – poet., iterum casus, von neuem bestehen, Verg.: fata, zurückkehren lassen, erneuern, Sil. – **b** medial, revolvi, **α** in od. auf etwas **zurückfallen, wieder-, von**

neuem **verfallen,** in eandem vitam, Ter.: in luxuriam, Iustin.: ad vitia, Tac.: ad vana et totiens, irrisa, Tac. – u. redend, denkend auf od. zu etw. **zurückkommen, zurückkehren,** itaque revolvor identidem in Tusculanum, komme ich immer wieder auf mein T. (= auf den Plan, mein T. zu verkaufen) zurück, Cic.: ut ad illa elementa revolvar, Cic.: eodem revolveris, Cic.: r. ad memoriam coniugii, wieder seiner Ehe gedenken, Tac. – **β** übh. auf od. in etw. (Schlechteres) **geraten, kommen,** revolutus ad dispensationem inopiae, sich genötigt sehend zur usw., Liv.: eo revolvi rem (es komme dahin), ut etc., Liv. – u. redend, denkend, quid in ista revolvor? wie komme ich darauf? Ov. – **2** insbes., **wiederholen,** lesend, **wiederlesen,** loca iam recitata, Hor. ep. 2, 1, 223: relegere et revolvere testimonia temporum, Tert. ad nat. 1, 10. – denkend, **wieder überdenken,** visa, Ov.: ut omnia facta dictaque eius secum revolvant, sich vergegenwärtigen, sich wieder vor die Seele rufen, Tac. – mit Worten, **wiedererzählen,** haec, Verg.: facta, Claud.

re-vomo, vomuī, ere, **zurückspeien, wieder von sich geben,** fluctus, Verg.: plumam, Plin.: Charybdis vorat revomitque carinas, Ov.: im Bild, cum sanguine et spiritu male partam victoriam, Flor.

revorro, ere, s. re-verro.

revorsio, ōnis, *f.*, s. reversio.

re-vorto, revortor, s. re-verto.

revulsio (revolsio), ōnis, *f.* (revello), das **Ab-, Losreißen,** Plin. 13, 80.

1. rēx, rēgis, *m.* (von rego, gallisch *rīx* in Orgetorīx usw., altind. *rājān,* got. *reiks,* ahd. *rīhhi,* mächtig), der **Leiter, Regierer** eines Staates, der **König, Fürst, Regent, I** eig.: rex Deiotarus u. Deiotarus rex, Cic.: Alexander rex, Cic. u. Sall. fr.: Amulius rex Albanus, Liv.: rex vetustissimus, Iustin.: reges tragici (in der Tragödie), Theaterkönige, Iustin. – rex regum, von Agamemnon, Liv. 45, 27, 9. Vell. 1, 1, 2; bei den Römern vorzugsw. v. Partherkönig (wie bei den Griechen ὁ μέγας βασιλεύς v. Perserkönig), Suet. Cal. 5 (so wohl auch regum rex regalior, Plaut. capt. 825): u. so bl. rex vorzugsw. v. Perserkönig (wie im Griech. βασιλεύς), Ter. heaut. 117. Nep. Milt. 7, 5: regem deligere, creare, constituere, Cic.: alqm appellare regem, den königlichen Titel beilegen, Cic.: sub rege esse (stehen), Liv. – poet. attrib., **herrschend, regierend,** populus late rex, Verg. Aen. 1, 21. – **II** übtr.: **1** als Bezeichnung mancher Götter, rex divûm atque hominum, r. deorum, v. Jupiter, Verg.: rex aquarum, v. Neptun Ov.: rex Stygius, v. Pluto, Verg.; dah. regis solium, des Pluto, Verg. – **2** reges, der **König und seine Gemahlin,** das **Königspaar** (s. M. Müller Liv. 1, 39, 2), reges excitos, Liv.: Ptolemaeus Cleopatraque reges, Liv. – od. die **königliche Familie,** ne quis eum motum regibus nuntiaret, Liv.: direptis bonis regum, Liv. – od. die **königlichen Prinzen** od. **Kinder,** reges Syriae, regis Antiochi filius, Cic.: rex Epiphanes, Prinz, Tac.: controversiae regum, Caes. – **3** zur Zeit der Republik, nach Vertreibung des letzten Königs, oft als gehässige Benennung, **Despot, unumschränkter Herrscher,** rex populi Rom., d. i. Cäsar, Cic. de off. 3, 84: decem reges aerarii etc., von den zehn Kommissarien, um den Rullus verhasst zu machen, Cic. de lege agr. 2, 15. – **4** in der Religionssprache, rex sacrorum, sacrificiorum, Cic., od. rex sacrificus, Liv., od. rex sacrificulus, Liv., ein dem Pontifex Maximus untergebener Priester, der die Opfer verrichten musste, die früher die Könige verrichteten (s. Weißenb. u. M. Müller Liv. 2, 2, 1): r. Nemorensis, Opferpriester der Diana von Aricia, Suet. Cal. 35, 3. – **5** im Allg., wie **König = Haupt, Oberhaupt, Machthaber, Lenker, a** v. Tieren, wie r. ferarum, v. Löwen, Phaedr.: r. apum, Scriptt. r. r. u. Verg.: r. avium, v. *trochilus* (s. d.), Plin.: v. Adler, Plin. – u. v. Flüssen, wie v. Eridanus, als Hauptfluss Italiens, Verg. – **b** vom **Beschützer, Patron** der Schmarotzer, Plaut., Ter., Hor. u. a. – **c** jeder **Mächtige, Reiche, Vornehme,** der **mächtige, reiche Patron** (s. Brix Plaut. capt. 90), meus rex potitus est hostium, Plaut.: rex eris, si etc., Hor.: r. causarum, der alle Prozesse gewinnt, von einem großen Redner, Ascon.: regem me esse oportuit! ich sollte ein reicher Mann sein! Ter.: dah. reges, von den Freunden des damals vielvermögenden Cäsar, große (hohe) Herren, Cic. ep. 9, 19, 1. – **d** der Leiter eines Jünglings, der **Jugendführer, Erzieher,** pueritiae, Hor. carm. 1, 36, 8. – **e** rex mensae (wie im Griech. βασιλεύς = συμποσίαρχος), der Zechmeister beim Gastmahl od. Trinkgelage, Macr. sat. 2, 1, 3: so auch rex convivii, Sidon. epist. 9, 13, 4: im Zshg. bl. rex, Prud. cath. 9, 30. – ► Genet. rege, CIL 6, 5639 = 1^2, 1334^a. – Genet. Plur. regerum, Cn. Gell. bei Charis. 54, 26.

2. Rēx, Beiname der gens Marcia, wie der Konsul Q. Marcius Rex, Sall. Cat. 30, 3: der Schwager des Klodius, Q. (Marcius) Rex, in einem Wortspiel bei Cic. ad Att. 1, 16, 10.

Rhā, s. Ra.

rhabdos, ī, *f.* (ῥάβδος), der **Stab,** als Lufterscheinung, Apul. de mund. 16.

rhabo, ōnis = rabo, s. d.

rhācoma, richtiger rhecoma, s. d.

Rhadamanthus u. **-os,** ī, *m.* (griech. immer Ῥαδάμανθυς), Sohn Jupiters, Bruder des Minos, wegen seiner Gerechtigkeit nach der Sage Richter in der Unterwelt, Cic. Tusc. 1, 10 u. 98. Ov. met. 9, 436 u. 9, 440 (wo Akk. Rhadamanthon). Verg. Aen. 6, 566 (u. dazu Serv.).

Rhadamās, Akk. antem, *m.*, ein angenommener Name bei Plaut. trin. 928.

Rhaetī, Rhaetia, Rhaeticus, Raethus, s. Raetī.

rhagades, um, Akk. as, *f.* (ῥαγάδες) u. **rhagadia,** ōrum, *n.* (ῥαγάδια), **Risse, Spalten, Schrunden** an einzelnen Körperteilen, wie an den Lippen, Füßen usw. (rein lat. fissurae, s. Marc. Emp. 31 *in.*), Form *-des,* Plin. 23, 74 u. 87: griech. bei Marc. Emp. 31 *in.* – Form *-dia,* Plin. 23, 129 u. 24, 126. Th. Prisc. 1, 5. Pelagon. veterin. 16 (252 *Ihm,* wo ragadia): Nbf. rhagadiae, Isid. orig. 4, 17, 39. – Sing. rhagas, adis, *f.*, Augustin. epist. 38, 1: rhagadium, iī, *n.*, Veget. mul. 3, 51. Th. Prisc. 4, fol. 312 (a). Not. Tir. 112, 3.

rhagion, iī, *n.* (ῥάγιον), eine kleine schwarze giftige **Erdspinne,** Plin. 29, 86.

Rhamnēnses, Rhamnēs, s. Ramnēs.

rhamnos od. **-us,** ī, *f.* (ῥάμνος), eine Art Dornstrauch, der **Wegdorn, Kreuzdorn** (Rhamnus, L.), Plin. 24, 124. Veget. mul. 5, 74: rein lat. sentix ursina, Isid. orig. 17, 7, 59.

Rhamnūs, ūntis, Akk. ūnta, f. (Ῥαμνοῦς), der nördlichste Flecken in Attika, berühmt wegen des alten Tempels u. der Statue der Göttin Nemesis, Val. Max. 1, 8, 10. Plin. 4, 24 u. 36, 17. Lucan. 5, 233. Donat. Ter. Andr. 5, 4, 27. – Dav.: **A Rhamnūsis,** idis, *f.* (Ῥαμνουσίς), die **Rhamnusische,** d. i. die Göttin Nemesis, Ov. – **B Rhamnūsius,** a, um (Ῥαμνούσιος), **rhamnusisch, aus Rhamnus,** Ter. – bes. als Beiname der Nemesis, Rh. virgo, Catull.: dies. bl. Rhamnusia, Ov.

Rhamsēs, is, Akk. ēn, *m.*, König von Ägypten in uralter Zeit, Tac. ann. 2, 60. – ► Nbf. Rhamsesis, Plin. 36, 65.

rhaphanīdion, iī, *n.*, eine Pflanze = leontopetalon, Plin. 27, 96 *Jan* (Detl. rapadion).

rhapisma, atis, *n.* (ῥάπισμα), der **Schlag mit der flachen Hand,** Cod. Iust. 8, 49, 6.

rhapsōdia, ae, *f.* (ῥαψῳδία), die **Rhapsodie,** secunda (der Iliade), Nep. Dion. 6, 4.

1. Rhēa (Rēa), ae, *f.*, altitalischer Name, so Rhea Silvia, Tochter des K. Numitor in Alba, Vestalin, von Mars Mutter des Romulus u. Remus, Liv. 1, 3, 11. Aur. Vict. de orig. gent. Rom. 19, 4 u. de vir. ill. 1, 1. Eutr. 1, 1. Prud. c. Symm. 1, 174. – nach dieser benannt die erdichtete Vestalin bei Verg. Aen. 7, 659. – ► Die Schreibung Rea noch den Hdschrn. die bessere; vgl. Tzschucke Eutr. 1, 1.

2. Rhea, ae, *f.* (Ῥέα), anderer Name der Cybele (s. d.), Ov. fast. 4, 201. Auson. Technop. 7 de dis 2. p. 135, 11 Schenkl.

rhēcoma, ae, *f.*, die Wurzel einer Pflanze, viell. **Rhapontik, Rhabarber,** Plin. 27, 128.

rhēctae, ārum, *m.* (ῥῆκται), eine Art **Erdbeben,** wobei die Erde zerspringt, Apul. de mund. 18.

rhēda, ae, *f.*, s. raeda.

rhēdārius, a, um, s. rēdārius.

rhēdo, s. rēdo.

Rhēdonēs, s. Rēdonēs.
Rhēgīnus, a, um, s. Rēgium *no.* II.
Rhēgion, -**ium**, iī, *n.*, s. Rēgium *no.* II.
Rhēmī, ōrum, *m.*, s. Rēmī.
Rhēnānus, a, um, s. Rhēnus.
Rhēnigena, ae, *c.* (Rhenus u. geno = gigno), **am Rhein geboren,** manus, Mart. 9, 35, 4.
rhēno, ōnis, *m.*, s. 1. re-no.
Rhēnus, ī, *m.*, I der Rhein, der bekannte Fluss in Germanien, Caes. b. G. 1, 1, 3 u. 4, 10, 3. Tac. Germ. 1: Rhenus spumans, Ven. Fort. carm. 10, 9, 48: poet. adjekt., flumen Rhenum, der Rheinstrom, des Rheines Flut, Hor. de art. poët. 18 (vgl. Prisc. 5, 43). – bei Dichtern meton. = die Anwohner des Rheins, die Germanen, Ov. fast. 1, 286; ex Pont. 3, 4, 88. Lucan. 5, 268. Stat. silv. 1, 4, 89: u. so Plur., ingentes locat Rhenos, Pers. 6, 47. – Dav. **Rhēnānus**, a, um, zum Rhein gehörig, **rhenanisch, rheinisch, Rhein-,** terrae, Sidon. epist. 4, 17, 2. – II kleiner Fluss in Italien, bei Bologna, der in den Po fällt, j. *Reno*, Plin. 3, 118 u. a. Sil. 8, 599.
Rhēsus, ī, *m.* (Ῥῆσος), König in Thrazien, der Troja zu Hilfe kam. Weil nun die Griechen dem Orakel zufolge Troja nicht erobern konnten, wenn des Rhesus weiße Rosse trojanisches Gras u. Wasser genossen hatten, so schlichen sich Diomedes u. Ulixes in sein Lager u. raubten die Pferde, Cic. de nat. deor. 3, 45. Verg. Aen. 1, 469. Ov. met. 13, 249.
Rhetico, s. Retico.
rhētor, oris, *m.* (ῥήτωρ), I der **Lehrer der Beredsamkeit,** Cic., Quint. u. a.: griech. Genet. Sing. rhetoros, Prisc. 2, 43: griech. Akk. Sing. rhetora, Mart. 2, 64, 1. Iuven. 10, 132. Fronto de eloqu. ep. 3. p. 152 N. Mart. 2, 64, 1: Plur. rhetoras, Edict. cens. bei Suet. rhet. 1 u. bei Gell. 15, 11, 2. Sen. suas. 2, 12. Tac. dial. 30 u. 35. Mart. 5, 56, 3. Macr. sat. 5, 2, 1. – II = orator, der **Redner,** Nep. Epam. 6, 3.
rhētorica, ae, *f.* u. **rhētoricē**, ēs, *f.*, s. rhētoricus.
rhētoricē, *Adv.* (rhetoricus), **rednerisch, mit rednerischem Schmuck, wortreich,** Cic. Brut. 43 u. a.
rhētorico, āvī, āre, u. **rhētoricor**, ārī (rhetoricus), **auf rhetorische Art sprechen,** Form *-o,* Nov. com. 5 (wo synkop. Perf. rhetoricasti): Form *-or,* Tert. de res. carn. 5. Hieron. in Helvid. *no.* 22; ad Pelagon. 1. *no.* 14.
rhētoricōteros, ī, (ῥητορικώτερος), **rednerischer,** Lucil. 86 (bei Cic. de or. 3, 171). – ► Superl. rhetoricotata, Fronto ep. ad amic. 2, 3. p. 191, 8 N.
rhētoricus, a, um (ῥητορικός), I **zum Rhetor gehörig, des Rhetors,** mos, Cic.; professio, Augustin.; ars, Rhetorik, Redekunst, Cic.; wofür auch subst. bl. rhētorica, ae, *f.* u. rhētoricē, ēs, *f.* (ῥητορική) Cic. u. Quint. – II **zur Redekunst-, zur Rhetorik gehörig,** doctores, Lehrer der Redekunst, Rhetoren, Cic.: so auch magistri rhetorici et grammatici Latini, Amm.: artifex rhet., Gell.: libri rhetorici, Lehrbücher der Redekunst, Cic.: auch subst. bl. rhētoricus, ī, *m.* (*sc.* liber), Quint. 3, 5, 14, u. Plur. rhētoricī, ōrum, *m.*, Quint. 2, 15, 6 u. 3, 1, 20. – rhētorica, ōrum, *n.*, Rhetorik, Cic. de fato 4: alii rhetorica tongent (verstehen), Enn. fr. var. 28.
rhētoriscus, ī, *m.* (*Demin.* v. rhetor), der **junge Redner,** Gell. 17, 20, 4.
rhētorisso, āre (ῥητορίζω), **wie ein Rhetor sprechen,** Pompon. com. 83.
rhētra, ae, *f.* (ῥήτρα), der **Ausspruch,** das **Gesetz,** rhetrae Lycurgi, Amm. 16, 5, 1.
rheubarbarum, s. reubarbarum.
rheuma, atis, *n.* (ῥεῦμα), I die **Strömung,** aestu quodam, quod rheuma vocant, Veget. mil. 5, 12. Ambros. hexaëm. 5, 10, 29. – II der **Fluss** im Körper, der **Katarrh,** der **Rheumatismus,** Hieron. epist. 122, 1. Cael. Aur. de morb. chron. 2, 1, 8: heteroklit. reuma, ae, *f.*, Isid. orig. 4, 7, 11 (wo fluor reumae).
rheumaticī, ōrum, *m.* (ῥευματικοί), **mit Rheumatismus Behaftete,** Plin. 29, 142.
rheumatismus, ī, *m.* (ῥευματισμός), **der Katarrh, Fluss,** rein lat. fluctio, Plin. 22, 46 u. a.: levis umoris fluor, quem Graeci rheumatismum vocant, Cael. Aur. de morb. acut. 8, 27, 146: fluctiones alvi, quas Graeci rheumatismus vocant, Bauchflüsse, Plin. 22, 98: dies. vollst. rheumatismi ventris, Plin. 27, 88: alvi, Plin. 23, 121: interaneorum, Plin. 23, 56: intestinorum, Plin. 23, 35: rheumatismi gutturis od. thoracis, Katarrhe der Luftröhre, Plin. 23, 56 u. 154.
rheumatizo, āvī, āre (ῥευματίζομαι), **an Rheumatismus leiden,** Th. Prisc. 1, 10. fol. 293, 16 u. 21. Plin. Val. 1, 32. Marc. Emp. 7 u. 20.
rheuponticum, s. reubarbarum.
rhexia, ae, *f.*, eine Pflanze = onochelis, Plin. 22, 51.
rhigolethron, ī, *n.* (ῥιγόλεθρον), **Frosttod,** v. warmem Wasser, in das Kranke zur Vertreibung des Frostes gebracht werden, Cael. Aur. de morb. chron. 1, 4, 93 (die Hdschr. pygoliton).
rhīna, ae, *f.* (ῥίνη, Feile) = squalus, ein Meerfisch aus dem Geschlechte der Haifische, aus dessen harter Haut man Pfeile fertigte, Plin. 32, 150.
rhīnengytēs, ae, *m.* (ῥινεγγύτης), ein chirurg. Werkzeug zum Eingießen (Einspritzen) von Flüssigkeiten in die Nase, Scrib. Larg. 7. – Nbf. **rhīnengytos**, ī, *m.*, Cael. Aur. de morb. acut. 2, 4, 82 u. 3, 3, 42.
rhīnion, iī, *n.* (ῥίνιον, kleine Feile), **eine Salbe gegen Narben und harte Haut,** Cels. 6, 6, 30.
rhīnocerōs (rīnocerōs), ōtis, Akk. ōtem u. ōta, Akk. Plur. ōtas, *m.* (ῥινόκερως), I das **Nashorn,** Plin. 8, 71. Curt. 9, 1, 5. Capit. Gord. 33, 1. Tert. adv. Iud. 10. Iul. Val. 3, 19 (17): cornua rhinocerotis, Vulg. deut. 33, 17: rhinocerotum cornua, Plin. 6, 173: Akk. Sing. rhinocerotem, Suet. Aug. 43, 4. Fest. 270 (b), 8; rhinocerota, Mart. 14, 52, 2 u. de spect. 22, 1. Vulg. Iob 39, 10: Akk. Plur. rhinocerotas, Curt. 8, 9 (31), 16. – Sprichw., rhinocerotis nasum habere, naseweis, vorlaut sein, alles beschnüffeln, Mart. 1, 3, 6; vgl. Sidon. carm. 3, 8. – II meton., das aus Nashornbein verfertigte **Geschirr** (zum Waschen od. Baden), Mart. 14, 52, 2. Iuven. 7, 130. – ► Nbf. rinoceros, Lucil. 118 u. 159 bei Prisc. 6, 26.
rhīnocerōticus, a, um (ῥινοκερωτικός), **vom Nashorn,** naris rhinocerotica, sprichw. st. **Spott,** Sidon. carm. 9, 349.
Rhīnocolūra, ae, *f.* (Ῥινοκόλουρα), Stadt an der Küste des Mittelmeeres, bald zu Ägypten, bald zu Syrien gerechnet, die im Altertum als Stapelplatz für den ägyptischen Handel wichtig war, jetzt *El-Arîsh* (*Arisch*), Liv. 45, 11, 10. Sen. de ira 3, 20, 2. – Andere Schreibart **Rhinocorūra**, ae, *f.* (Ῥινοκόρουρα), Hieron. in Isai. 27.
rhīnocorax, acis, *m.* (ῥίς u. κόραξ), der **Nasenrabe,** eine fabelhafte Rabenart, Iul. Val. 3, 21 (3, 17).
Rhintōn, ōnis, *m.* (Ῥίνθων), ein Dichter aus Tarent, der tragische Stoffe in heiterer Weise behandelte, Varro r. r. 3, 3, 9. Cic. ad Att. 1, 20, 3. Colum. 8, 16, 4. – Dav. **Rhintōnicus**, a, um, **rhintonisch,** fabula, mimus, Gramm.
Rhion, u. -**ium**, iī, *n.* (Ῥίον), Vorgebirge in Achaja, dem Vorgeb. Antirrhium an der Grenze von Ätolien und Lokris gegenüber und mit diesem die 5 Stadien weite Pforte des korinthischen od. krissäischen Meerbusens bildend, j. *Castello di Morea,* mit dem gegenüberliegenden *Castello di Romleia,* früher die kleinen Dardanellen, Plin. 4, 6. Liv. 27, 29, 9; 28, 7, 18.
Rhīphaeus, s. Rīphaeus.
Rhium, s. Rhion.
rhiziās, ae, *m.* (ῥιζίας), **aus der Wurzel gezogen** (Ggstz. caulias), sucus, Plin. 19, 43 (Detl. griechisch).
Rhīzinium, iī, *n.*, alte feste Stadt in Illyrien an dem schmalen rhizäischen Meerbusen, j. *Rizano* am Busen von Kattaro, Plin. 3, 144. – griech. Nbf. **Rhīzōn**, onis, *m.* (Ῥίζων, ονος), Liv. 45, 26, 2. – Dav. **Rhīzonītae**, ārum, *m.* (Ῥιζωνῖται), die Bewohner dieser Stadt u. Gegend, Liv. 45, 26, 13.
rhizotomos, ī, *f.* (ῥιζοτόμος), eine Pflanze, Art der illyrischen Iris, Plin. 21, 41.
rhizotomūmena, ōrum, *n.* (ῥιζοτομούμενα), **Wurzelbücher,** in denen von Arzneien aus zerschnittenen Wurzeln gehandelt wird, Plin.
rhō, *n. indecl.* (ῥῶ), der griechische Buchstabe R, Cic. de div. 2, 96. Auson. epigr. 128, 10.
Rhoda, ae, *f.*, Stadt der Indigetes in Hispania Tarraconensis, am Meer,

j. *Rosas,* Liv. 34, 8, 7. Mela 2, 6, 5 (2. § 89). – Dav. **Rhodēnsēs**, ium, *m.*, die Einw. von Rhoda, die **Rhodenser,** CIL 2, 430*.

Rhodanicus, a, um, s. Rhodanus.

Rhodanītis, idis, s. Rhodanus.

Rhodanus, ī, *m.* (Ῥοδανός), ein Fluss in Gallien, die jetzige **Rhone,** Caes. b.G. 1, 1 u. 5. Mela 2, 5, 4 *sq.* (2. § 78 u. 79). Planc. in Cic. ep. 10, 9, 3. Mart. Cap. 6. § 635.: Rhodani potor, Anwohner des Rh., Hor. carm. 2, 20, 20. – meton. für die Anwohner des Rhodanus, die Gallier, Lucan. 5, 268. – Dav.: **A** **Rhodanicus**, a, um, **zum Rhodanus gehörig, Rhone-,** nautae, CIL 12, 1797; 13, 1996 u. 2002. – **B** **Rhodanītis**, idis, *f.*, **zum Rhodanus gehörig,** urbes, am Rhodanus gelegene, Sidon. epist. 9, 13. carm. *v.* 145. – **C** **Rhodanūsia**, ae, *f.*, die **Rhonestadt,** spät. Name der Stadt Lugdunum in Gallien, jetzt *Lyon,* Sidon. epist. 1, 5, 1.

Rhodēnsēs, s. Rhoda.

Rhodia, s. Rhodos.

Rhodiacus, Rhodiēnsis, s. Rhodos.

rhodinus, a, um (ῥόδινος), **aus Rosen, Rosen-,** unguentum, Plin.: oleum, Plin.

rhodītis, idis, *f.* (ῥοδῖτις), ein uns unbekannter rosenfarbener Edelstein, Plin. 37, 191.

Rhodius, s. Rhodos.

rhododaphnē, es, *f.* (ῥοδοδάφνη), die **Lorbeerrose,** der **Oleander,** Plin. 16, 79 u. 24, 90. Pallad. 1, 35, 9. Pelagon. veterin. 8 (146 *Ihm*) u. 11 (194 *Ihm*).

rhododendros, ī, *f.* u. **rhododendron**, ī, *n.* = rhododaphne, Form *-os,* Plin. 24, 90: Form *-on,* Plin. 16, 79 u. a.

rhodomeli, *n. indecl.* (ῥοδόμελι), der **Rosenhonig,** Pallad. 6, 16. – Nbf. **rhodomel**, mellis, *n.*, Th. Prisc. 1, 15. Plin. Val. 5, 5: u. **rhodomelum**, ī, *n.*, Isid. orig. 20, 3, 12.

Rhodopē, es, *f.* (Ῥοδόπη), ein hohes Gebirge in Thrazien, Teil des Hämus, j. *Despoto* od. *Despoti Dag,* Ov. met. 2, 222 u. 10, 77. Verg. georg. 3, 351. Mela 2, 2, 2 (2. § 17). – meton. = Thrazien, Verg. ecl. 6, 30. Stat. Theb. 12, 181. – Nbf. Rhodopa, Eutr. 6, 2, 1. Ruf. Fest. brev. 9, 2 u. 4. Amm. 22, 8, 4. – Dav.: **A** **Rhodopēius**, a, um, **rhodopēisch,** poet. für **thrazisch,** vates, heros, v. Orpheus, Ov.: regna, Thrazien, Ov.: arces, Verg. – **B** **Rhodopēus**, a, um, **rhodopēisch,** saxa, Lucan. 6, 618.

Rhodōpis, idis, *f.* (Ῥοδῶπις), Name einer griech. Hetäre, Plin. 36, 82.

Rhodos u. **-us**, ī, *f.* (Ῥόδος), die durch Schifffahrt u. Handel, durch eine Rhetorenschule, sowie durch den Koloss am Eingang des einen der beiden Häfen berühmte Insel im Karpatyischen Meer an der Südwestspitze Kleinasiens mit der Hauptstadt gleiches Namens, j. *Rhodis,* Form *-os,* Hor. ep. 1, 11, 17 u. 21. Mela 2, 7, 4 (2. § 89). Plin. 2, 202. Ov. met. 7, 365: Form *-us,* Cic. Planc. 84; ep. 2, 17, 1. Liv. 31, 15, 8 u. a. Plin. 5, 104 u. a.: Nbf. Rhodia, ae, *f.*, Plaut. Curc. 444: die Insel wegen ihrer milden Luft gerühmt, Plin. 2, 153; vgl. Hor. ep. 1, 11, 17. – Dav.: **A** **Rhodius**, a, um (Ῥόδιος), **zu Rhodos gehörig, aus Rhodos, rhodisch,** uva, Verg.: opus, der rhodische Koloß, Mart.: vinum, Gell.: galli, Colum.: Pythion Rhodius, Varro: secessus, nach Rhodos, Tac.: classis, der Rhodier, Ov.; u. eine Flotte von Schiffen, nach Art der rhodischen erbaut, Suet.: oratores Rhodii, die die Mitte zwischen der asiatischen Weitschweifigkeit u. der attischen Kürze hielten, Cic. – subst., Rhodius, iī, *m.*, der **Rhodier,** Sen. ep. 70, 5: Plur. Rhodiī, iōrum, *m.*, die Einw. von Rhodos, die **Rhodier,** Cic. u. a. – **B** **Rhodiacus**, a, um (Ῥοδιακός), **rhodisch,** Vitr. u. Plin. – **C** **Rhodiēnsis**, e, **zu Rhodus gehörig, rhodiensisch,** hospes, Suet.: civitas, Gell. – Plur. subst., Rhodiēnsēs, ium, *m.*, die Einw. von Rhodus, die **Rhodiser,** Cato origg. 5, 2 u. a.

rhoeas, adis, Akk. ān *f.* (ῥοιάς), **fließend,** Beiname einer Art wilden Mohnes (gliech. ῥοιὰς μήκων), Plin. 19, 169 u. 20, 204.

Rhoecus, ī, *m.*, s. Rhoetus.

Rhoetēum, ēī, *n.* (Ῥοίτειον), Vorgebirge in Troas am Hellespont, Serv. Verg. Aen. 2, 506: mit gleichnam. Stadt, Mela 1, 18, 5 (1. § 96). Liv. 37, 9, 7 u. a. – Dav.: **A** **Rhoetēus**, a, um, **rhötēisch,** **a** eig.: profundum (Meer), Ov.: litora, Mela u. Plin.: Iuppiter, Ov. – subst., Rhoetēum, ēī, *n.*, das Meer in der Nähe des Vorgebirges Rhöteum, Ov. fast. 4, 279. – **b** poet. übtr. = **trojanisch,** ductor, v. Äneas, Verg., v. Scipio, Sil.: fata, Sil. – **B** Nbf. **Rhoetēius**, a, um, **rhötēisch,** poet. übtr. – **römisch,** pubes, regna, Sil.

Rhoetus (Rhoecus), ī, *m.* (Ῥοῖκος), **I** (Form *-tus*) ein Gigant, Hor. carm. 2, 19, 23; 3, 4, 55. – **II** ein Zentaur, Form *-tus,* Verg. georg. 2, 456. Ov. met. 12, 271. Val. Flacc. 1, 141: Form *-cus,* Lucan. 6, 390.

rhoicus, a, um (rhus), **zum Sumach gehörig, Sumach-,** rhoicis (*sc.* foliis) utuntur, Plin. 24, 92.

rhoītēs, ae, *m.* (ῥοΐτης, *sc.* οἶνος), Wein aus Granatäpfeln, Plin. 14, 104.

rhomboīdēs, is, *f.* (ῥομβοειδής, rautenförmig), eine mathem. Figur, die **geschobene Raute,** das **Rhomboid,** Gromat. vet. 341, 7 u. 378, 23. Boëth. art. geom. p. 376, 18 Fr. (griech. u. lat. erklärt bei Mart. Cap. 6. § 712).

rhombus, ī, *m.* (ῥόμβος), **I** ein kreisförmiger Körper: **A** der **Kreisel** der Zauberer, das **Zauberrad,** Ov. am. 1, 8, 7. Mart. 9, 30 u. 17, 57. Prop. 2, 28, 35 u. 3, 6, 26. – **B** als mathem. Figur, das **verschobene Quadrat,** die **Raute,** der **Rhombus,** Gromat. vet. 341, 4 u. a. – Nbf. rhombos, Gromat. vet. p. 341, 4 u. 378, 22: rombos, Boëth. art. geom. p. 276, 17: rumbus, Gromat. vet. p. 250, 16: sumbus, *ibid.* p. 249, 6: subus, *ibid.* p. 405, 3. – **II** übtr., ein Seefisch aus der Gattung der Butten, nach einigen die **Glattbutte** (*Pleuronectes rhombus,* L.), nach anderen die **Steinbutte** (*Pleuronectes maximus,* L.), Plin., Hor. u. a.

rhomphaea, -ālis, s. romphaea.

rhonch…, s. ronch...

Rhondēs, ae, *m.*, ein berüchtigter Seeräuber, Lucil. 1292; vgl. Fest. 270 (b), 4.

rhopalicus, a, um (ῥοπαλικός), **wie eine Keule** (die nach oben immer dicker wird), **keulenartig,** versus, ein Vers, in dem jedes folgende Wort um eine Silbe länger ist (z.B. rem tibi confeci, doctissime, dulcisonoram), Serv. centim. 9, 25 K.

rhopalon, ī, *n.* (ῥόπαλον, die Keule), eine Pflanze = nymphaea, Plin. 25, 75. 15. Ps. Apul. herb. 67.

Rhōsos (-us), ī, *f.* (Ῥῶσος), Seestadt in Cilicien an der Südspitze des Issischen Meerbusens (j. *Totose* od. Hundskap), Fabrikort künstlicher Geräte, Plin. 5, 80. – Dav.: **A** **Rhōsicus**, a, um (Ῥωσικός), **rhosisch,** vasa, Cic. ad Att. 6, 1, 13. – **B** **Rhōsius**, a, um, **rhosisch,** montes, Plin. 5, 80.

Rhoxolānī (Roxolānī), ōrum, *m.*, eine szythische Völkerschaft in der jetzigen europ. Tatarei, Rhox., Plin. 4, 80. Tac. hist. 1, 79. CIL 14, 3608: Rox., Vopisc. Aurel. 33, 4. Amm. 22, 8, 31.

rhūs, rhois, Akk. rhūn, *c.* (ῥοῦς, *Genet.* ῥοός), der **Sumach, Färberbaum, Gerberbaum** (*Rhus coriaria,* L.), meton. – Sumachblätter, Sumachbeeren (als Gewürz), gew. rhus Syriacum od. Syriaca, Cels. u. a.: u. rus siriacum, Apic. 10, 463: Akk. rhun Syriacam, Plin. 24, 129. – Vulg. Nbf. **rōs**, rōris, *n.*, Akk. ros Syriacum, Pelagon. veterin. 24 (308 *Ihm*) u. 25 (313 *Ihm*), Genet. roris Syriaci, Colum. 12, 42, 3: Abl. rore Syriaco, Colum. 9, 13, 5. Pallad. 4, 15, 1.

rhūselīnon, ī, *n.* (ῥουσέλινον) = apiastellum *no.* I (s. d.), Ps. Apul. herb. 8.

rhyparographus, ī, *m.* (ῥυπαρογράφος), ein Maler, der nur niedere Gegenstände zur Aufgabe wählt, der **Schmutzmaler,** Plin. 35, 112.

rhypōdēs, is, *n.* (ῥυπώδης, ες, schmutzig), ein **Zugpflaster,** Cels. 6, 18, 7 (griech. u. Rezept dazu bei Cels. 5, 19, 15).

rhythmicē, ēs, *f.* (ῥυθμική), die **Lehre vom Rhythmus,** die **Rhythmik,** Mart. Cap. 9. § 969.

rhythmicus, a, um (ῥυθμικός), **rhythmisch,** magistri, Ter. Maur. 1354: ratio, Diom. 494, 25: melo favente rhythmico, Mart. Cap. 2. § 121. – subst., **a** rhythmicī, ōrum, *m.* (ῥυθμικοί), Lehrer über Numerus u. Takt, **Rhythmiker,** Cic. de or. 3, 190. Quint. 9, 4, 68. – **b** rhythmica, ae, *f.* (ῥυθμική), die **Lehre vom Rhythmus,** die **Rhythmik,** Cassiod. de music. p. 587 *Garet.* Isid. orig. 1, 2, 1 u. a.

rhythmizomenon, ī, *n.* (ῥυθμιζόμενον), das **in Rhythmus Gebrachte,** Mart. Cap. 9. § 697 *sq.*

rhythmoīdēs (ῥυθμοειδής), **rhythmusartig,** Mart. Cap. 9. § 970 u. 972.

rhythmopoeia, ae, *f.* (ῥυθμοποιΐα), die **Modulation,** Mart. Cap. 9. § 970 u. 994.

rhythmulus (rytmulus), ī, *m.* (*Demin.* v. rhythmus), der **kurze Rhythmus,** Diom. 478, 2.

rhythmus, ī, *m.* (ῥυθμός), das **Gleichmaß, Ebenmaß,** der **Rhythmus** in der Musik u. Rede (rein lat. u. klass. [immer bei Cic.] numerus), Varro sat. Men. 397. Mart. Cap. 9. § 967 *sqq.* Quint. 9, 4, 45 *sqq.*

rhytium, iī, *n.* (ῥύτιον), ein hornförmiges Trinkgefäß, das **Trinkhorn,** Mart. 2, 35, 2.

rīca, ae, *f.*, das **Kopftuch,** ein viereckiges Stück wollenes Zeug, ringsum mit Fransen besetzt, das die röm. Frauen über dem Kopf u. von da auf die Schultern herabhängend trugen, sodass es die ganze Gestalt einhüllte (vgl. Fest. 277 [a], 5 u. 289 [b], 19. Paul. ex Fest. 276, 1 u. 288, 10), Nov. com. 71. Plaut. Epid. 232 G. Lucil 71*. Sept. Seren. bei Non. 539, 20. Gell. 10, 15, 28. Caes. Germ. Arat. 123: caput ricā velatus (von einem verkleideten Jüngling), Gell. 7 (6), 10, 4: bes. Tracht der Frauen beim Opfern, Varro LL. 5, 130: dah. beständige Tracht der Flaminika, Paul. ex Fest. 288, 10.

rīcīniātus, a, um (ricinium), **mit einem** *ricinium* **angetan,** Arnob. 6, 25. CIL 6 2068. lin. 9 u. 21 (Acta Arv. *a.* 91). – reciniatus geschr., Fest. 277 (a), 1.

rīcīnium, iī, *n.* (rica), das **kleine Kopftuch,** ein kleines viereckiges Stück wollenes Zeug, das man doppelt gefaltet über dem Kopf trug (s. Varro LL. 5, 132. Fest. p. 274 [b], 32 [wo recinium]). Isid. orig. 19, 25, 4), Nov. com. 71. Varro sat. Men. 538. Varro vit. P. R. 3 fr. 19 (bei Non. 549, 32). Cic. de legg. 2, 59 u. 64 (Halm u. Vahlen recinium, Müller ricinium). Serv. Verg. Aen. 1, 282 (Thilo recini).

1. ricinus, ī, *m.*, **I** eine Art Ungeziefer, viell. unser **Holzbock,** bei Schafen, Cato: Hunden, Varro (vgl. Isid. orig. 12, 5, 15): beim Rindvieh, Colum. – ric. = Laus, Petron. 57. – **II** ein Baum, der **Wunderbaum,** Plin. 15, 25. *Petron. 48, 7 (Bücheler). – **III** eine noch unvollkommene Maulbeere, Plin. 23, 137.

2. rīcīnus, a, um (rica), **mit einer** *rica* **versehen,** mitra, Varro sat. Men. 433.

ricto, āre, Naturlaut des Leoparden, nach Spart. Geta 5. § 5.

rictum, ī, *n.* = rictus, Lucr. 6, 1193. Cic. Verr. 4, 94: Plur., Lucr. 5, 1062.

rictus, ūs, *m.* (ringor), **I** das **Öffnen des Mundes,** der **aufgesperrte Mund,** **a** der Menschen, Varro fr., Quint. u. a.: toto rictu hiavit, Apul.: risu diducere rictum, Hor.: ad cenae conspectum rictum diducere, Iuven.: ne hiatus modicus rictum distendat, Quint.: sint modici rictus, man sperre den Mund nicht zu weit auf, Ov. – **b** der Tiere, der **klaffende Rachen,** Cato.: lato rictu, Ov.: serpentis, Ov.: einer Löwin, Ov.: der Frösche, Ov.: rictus Cerberei, Ov. – **c** der Pflanzen, diducit rictu ora, Solin. 4, 4. – **II** übtr., die **Öffnung** der Augen, Lucan. 6, 757. Sen. Herc. Oet. 1168 (1172) u. (1278).

rīcula, ae, *f.* (*Demin.* v. rica), das **kleine Kopftuch** der röm. Frauen (s. rīca), Turpil. com. 74. Vgl. Fest. 277 (a), 5. Paul. ex Fest. 276, 1. Isid. orig. 19, 31, 5.

Ridagnus, ī, *m.*, ein kleiner Steppenfluss in Parthien, mit dem Zioberio vereinigt Choatres (jetzt *Adschi Su*) gen., Curt. 6, 4 (10), 6.

rīdendus, a, um, *PAdi.* (rideo), **belachenswert, lächerlich,** partes, komische Rolle, Petron. 80, 9. *v.* 8: falsa ridendaque simulacra, Augustin. in psalm 80, 14: subst., rīdenda, ōrum, *n.*, das **Lächerliche, Komische,** Auson. cento nupt. 1. p. 140, 16 Schenkl.

rīdeo, rīsī, rīsum, ē e (zu altind. *vrīḍate*, er wird verlegen, schämt sich), **I** *intr.* **lachen,** **A** im Allg.: *ridere* convivae, *cachinnare* ipse Apronius, Cic.: puto te in hoc aut *risisse* aut ingemuisse, Cic.: multitudo audiens gaudet dolet, ridet plorat, Cic.: ut ridentibus arrident, ita flentibus adsunt humani vultus, Hor.: hic iudices ridere, Cic.: ridentem dicere verum, lachend, scherzend, Hor.: non puto esse, qui his temporibus ridere possit, lachen, scherzen, Cic.: inter se r., Petron.: in stomacho r., im Ingrimm l., Cic.: r. usque ad lacrimas (dass einem die Tr. in die Augen kommen), Petron.: quid risisti? Ter.: quid rides? Petron. – ridere γέλωτα σαρδάνιον, zu seinem Schaden lachen, Cic. ep. 7, 25, 1: malis ridere alienis, s. 1. aliēnus *no.* II, b: non ex animo ridere, Porphyr. Hor. sat. 2, 3, 72. – Passiv unpers., ridetur, es wird gelacht, Lachen entsteht, Hor. sat. 1, 7, 22 u. 2, 8, 83. – **B** insbes.: **1** freundlich lachen, **lächeln,** u. alci od. ad alqm, jmdm. **zulächeln,** Iuppiter hic risit, Enn.: vultu ridet Fortuna sereno, Ov.: cui non risere parentes, Verg.: m. *Acc. neutr.* st. des *Adv.*, ridere blandum, Petron. 127, 1: perfidum (v. der Venus), Hor. carm. 3, 27, 67: parvulus dulce rideat ad patrem, Catull. 61, 219. – dah. übtr. v. Lebl., **a lachen** = ein heiteres Ansehen haben, tempestates serenae riserunt omnes risu Iovis omnipotentis, Enn. ann. 457 *sq.*: omnia nunc rident, Verg.: tempestas ridebat, Lucr.: ager ridet, Ov.: domus ridet argento, Hor.: acanthus ridens, Verg. – **b anlachen** = gefallen, ille terrarum mihi praeter omnes angulus ridet, Hor. carm. 2, 6, 14: tibi carmina rident, Calp. 4, 51. – **2** über etw. **triumphierend lachen, triumphieren,** muneribus aemuli, Hor. carm. 4, 1, 18. – **II** *tr.* über jmd. od. etw. **lachen,** jmd. od. etw. **belachen, auslachen** (s. Brix Plaut. capt. 478. Jahn Cic. de opt. gen. 11. p. 133 *sq.*), **A** im Allg.: rideo hunc, Ter.: neque me rident, Plaut.: risi ›nivem atram‹, Cic.: r. pavimenta divitum, Sen.: ioca tua de haeresi Vestoriana risisse me, Cic.: haec ego non rideo, dabei ist mir nicht zum Lachen, das sage ich nicht zum Scherz, Cic. – poet. m. folg. *Infin.*, Stat. Theb. 10, 648. – im Passiv, satius est rideri quam derideri, es ist besser belacht als ausgelacht zu werden, Petron. 61, 4: non sal, sed natura ridetur, Cic.: ex his omnibus nihil magis ridetur, quam quod est praeter exspectationem, Cic. – *PAdi.* ridendus s. bes. – **B** insbes.: **1** jmd. freundlich **anlächeln,** neque me rident, Plaut. capt. 481. – **2 verlachen, auslachen, lächerlich machen,** alqm, Cic.: haec risum veni, Cael. in Cic. ep.: versus Ennii, Hor.: quis non rideat Fornacem deam? Lact. – im Passiv, Pyrrhi ridetur largitas a consule, Cic.: Socrates ludens ab Alcibiade risus est, Val. Max.: pro! miseranda condicio! rideor ubique, narror, ostendor, Ps. Quint. decl. – ► rideor als *Depon.*, rideatur alios, Petron. 57, 3.

rīdibundus, a, um (rideo), **sich dem Lachen hingebend, mit lachender Miene, unter Lachen,** Plaut. Epid. 413. Cato oratt. 1. fr. 12; vgl. Ter. Scaur. b. Gell. 11, 15, 3.

rīdica, ae, *f.* (ἐρείδω), ein viereckiger Weinpfahl (hingegen palus ein runder, zugespitzter Pfahl), Cato r. r. 7, 1 u. a. Scriptt. r. r.

rīdiclus, s. rīdiculus.

rīdiculāris, is, *m.* (ridiculus), der **Possenreißer,** Plur. bei Isid. orig. 8, 7. *no.* 7.

rīdiculārius, a, um (ridiculus), **lächerlich,** verba, Fronto ep. ad M. Caes. 4, 3. p. 62, 23 N. – subst., **a** rīdiculāria, iorum, *n.*, **Possen,** Plaut. asin. 330; trin. 66; truc. 684. Cato oratt. 40. fr. 4. – **b** rīdiculārius, iī, *m.*, der **Possenreißer,** Gell. 4, 20, 3.

rīdiculē, *Adv.* (ridiculus), **lächerlich,** **I** im guten Sinne, **spaßhaft, scherzhaft, possierlich,** Cic. u. a.: naturis aliorum irridendis, ipsorum ridicule indicandis risus moventur, indem man seinen eigenen Charakter mit scherzhafter Naivität verrät, Cic. de or. 2, 289 M. – **II** im üblen Sinne, **verlachenswert, lächerlich,** homo r. insanus, Cic. Verr. 4, 148.

rīdiculōsē, *Adv.* (ridiculosus), **spaßhaft,** Aldh. epist. 3 *extr.*

rīdiculōsus, a, um (ridiculus), **spaßhaft, possierlich,** res, Hieron.: negotia, Arnob.: carmen, Schol. Pers.

rīdiculus, a, um (rideo), **Lachen erregend, lächerlich,** **I** im guten Sinne, **spaßhaft, scherzhaft, possierlich,** **A** *adi.*: homo, Plaut.: caput, Ter.: cavillator facie magis quam facetiis ridiculus, Cic.: hinc illi homines erant, qui etiam ridiculi inveniebantur ex dolore, man fand Leute, die infolge ihres Unwillens zu Spaßmachern wurden, denen der Unwille ein Witzwort entlockte, Cic.: sed quia stomachabantur, ridiculi videbantur esse, ihre üble Laune erregte Lachen, Cic.: r. mus, Hor.: parasiti ridiculissimi, Plaut.: tum sum ridiculissimus, Plaut.: synk. Nom. Plur. ridiclei, Petron. 57, 8. – r. res, Plaut.: r. et iocosa res, Catull.: r. dictum, Plaut. u. Quint.: r. vultus gestusque, Quint. – poet. ridiculus m. folg. *Infin.*, (Porcius) ridiculus totas simul absorbere placentas, der närrische Kauz, der usw., Hor. sat. 2, 8, 24. – absol., ridiculum! lächerlich! Ter. Andr. 474 u. 712. – **B** *subst.*, **a** rīdiculus, ī, *m.*, **α** der **Spaßmacher, Possenreißer,** der **närrische Kauz, Freund von Späßen,** Plaut. capt. 470 u. 477 u. a. Ter. eun. 244. – **β** ein **Verwachsener,** Firm. math. 3, 2, 21 u. 8, 20, 6. – **b** rīdiculum, ī, *n.*, das **Possierliche,** der **Spaß, Scherz, Witz,** quae sint genera ridiculi, Cic.: per ridiculum dicere, Cic.: ridiculi causā, Plaut.: mihi solae ridiculo fuit, war er lächerlich, Ter. – Plur., sententiose ridicula dicere, Cic.: ridicula aut facere aut dicere, Quint. – **II** im üblen Sinne, **lächerlich, verlachenswert,** quī ridiculus minus illo (es)? Hor.: insania, quae ridicula aliis, Cic.: poëma r., Hor. – ridiculum est m. folg. *Infin.*, Ter. heaut. 353. Cic. Arch. 8. Quint. 6, 3, 94.

riēn, is, *m.*, s. rēn.

rigātio, ōnis, *f.* (rigo), das **Wässern, Begießen** der Pflanzen u. Bäume, Colum. 11, 3, 48 u. a.

rigātor, ōris, *m.* (rigor), der **Wässerer,** Tert. adv. Val. 15 *extr.* u. a. Eccl.

rigātus, Abl. ū, *m.* (rigo), das **Bewässern,** bildl., Ambros. de Isaac 1. § 2; in Luc. 6. § 85 *in.* Ven. Fort. carm. 8, 27, 3.

rigefacio, fēcī, ere (rigeo u. facio), **erstarren machen,** Frontin. 2, 5, 23.

rigēns, entis, *PAdi.* (v. rigeo), **starrend, starr, I** eig. u. übtr.: **1** eig.: **a** vor Kälte, aqua, Mart.: pars terrae, Tibull.: pars mundi rigentissima, Solin. – **b** vor Steifheit, **starr, steif,** caput, Quint.: oculi, Plin. – **2** poet. übtr., saxa, kahl emporstarrende, Sen. poët. – **II** bildl., **starr, unbeugsam,** animus, Sen. poët.: vir tot malis, *ibid.*

rigeo, ēre (verwandt mit frigeo), **starren, starr-, steif sein, I** eig. u. übtr.: **1** eig.: **a** vor Kälte, Frost, Eis, r. frigore (Ggstz. calore uri), Cic.: omnia rigentia gelu, Liv.: prata rigent, Hor. – **b** (poet.) vor Steifheit, terga boum plumbo insuto ferroque rigebant, Verg.: Cerealia dona rigebant, waren starres Gold, Ov. – **c** (poet.) vor Fülle starren, **strotzen,** auro od. ex auro (von G.), Verg. u. Sil.: ex aere, Verg.: arva rigent semine percepto iam veteris venae, strotzen von den aufgenommenen Körnern der schon alten Goldader (= von Goldsand), Ov. met. 11, 114 *sqq.* – **2** übtr.: **a steif sein** = unbeweglich sein, nervi rigent, Hor. epod. 8, 17. – **b starr-, kahl emporragen, emporstarren,** cervix riget horrida, Ov.: pars summa riget, Ov.: sine frondibus arbos riget, Ov.: late riget Tmolus, Ov. – v. Haar, **sich sträuben,** gelido comae Ov. – v. Haar, **sich sträuben,** gelido comae terrore rigebant, Ov. met. 3, 100. – **II** bildl.: feritas immota riget, starrt regungslos, Mart. 5, 31, 5. – Vgl. rigens u. rigesco.

rigēsco, guī, ere (*Inchoat.* v. rigeo), **erstarren, starr-, steif (hart) werden, I** eig. u. übtr.: **a** eig., vor Kälte, vestes rigescunt, Verg.: aquae rigescunt in grandines, Plin. – scherzh., si Parthi vos nihil calficiunt, nos hic frigore rigescimus, frieren wir ganz ein, Cael. in Cic. ep. 8, 6, 4. – u. übh. rigescunt electra, Ov., ubera, Ov. – **b** übtr., **emporstarren,** v. Haar = **sich sträuben,** metu riguisse capillos, Ov. fast. 1, 97. – **II** bildl.: saecula rigescent, werden erstarken, mannhaft werden, Claud. in Eutr. 2, 113.

rigidē, *Adv.* (rigidus), **starr, steif, I** eig. u. übtr.: **a** eig., **fest,** tectorio rigide obsolidato, Vitr. 2, 3, 2. – im Bild, propter bella civilia dissolutam disciplinam militarem praefractius et rigidius astringere, fester anziehen = strenger handhaben, Val. Max. 9, 7. mil. Rom. 3. – **b** übtr., **ganz geradeaus, in gleicher Linie,** pilam mittere, Sen. de ben. 2, 17, 4. – **II** bildl., **streng,** Ov. trist. 2, 251.

rigiditās, ātis, *f.* (rigidus), die **Steife, Härte,** des Holzes, Vitr. 2, 9, 9.

rigido, āre (rigidus), **steif-, hart machen,** Sen. ep. 71, 20.

rigidus, a, um (rigeo), **starr, steif, unbiegsam, hart, I** eig. u. übtr.: **a** eig., teils vor Kälte, tellurem Boreā rigidam movere, Verg.: aqua, Ov.: frigus, erstarrend, starr machend, Lucr. – teils übh., silex, Ov.: ensis, Verg. – **b** übtr.: **α starr** = **emporstarrend,** columna, Ov.: capilli, Ov.: quercus, Verg.: collum, Lact.: hominem rigidum (aufrecht) figuravit, Lact.; s. Bünem. Lact. 2, 2, 17. – **β steif, gerade ausgestreckt,** crura, Cic.: cervix, Liv. – subst., rigida (*sc.* mentula) mea, Catull. 56, 7. – **II** bildl.: **a starr, hart, unbeweglich, unerschütterlich,** innocentia, Liv.: vultus, Ov.: mens, unerbittlich, Ov. – **b ungeschmeidig, rau, steif,** mores, Ov.: signa rigidiora, nicht wohl bearbeitet, Cic.: stoliditas rigidissima, Arnob. – **c hart, streng, unbeugsam,** satelles, Hor.: censor, Ov.: sententia, Plin. ep.: Stoicorum rigida ac virilis sapientia, Sen. – **d hart, abgehärtet,** von der Arbeit, fossor, Mart. – **e hart, rau, wild, grausam,** ferae, Ov.: Sabini, Ov.

rigo, āvī, ātum, are, **I** eine Flüssigkeit wohin **leiten, führen, a** eig.: aquam per agros, Orac. vet. bei Liv.: sanguinem per venas, Plin. – **b** bildl.: hinc motus per membra rigantur, Lucr.: somnum per pectora, Fur. b. Macr. – **II** prägn., eine Flüssigkeit wohin leitend-, gehen lassend **bewässern, benetzen, a** eig. u. übtr.: lucum fons perenni rigabat aquā, Liv.: fluvius rigat campos, Plin.: quā Istrus Getas rigat, vorbeiströmt, Tibull.: seminaria conspergi potius quam rigari debent, lieber besprengt als bewässert werden, Colum. – poet. übtr., ora lacrimis, fletibus u. dgl., Verg., Ov. u. a. Dicht.: vultum suum lacrimis, Augustin. serm. 211, 6: Babylonica, bepissen, Lucr.: caelum, überströmen, erfüllen (v. Licht u. Wärme), Lucr.: natos vitali rore, tränken, säugen, Cic. poët. – **b** bildl.: ingenia omnium, Rhet. Her.: (Calliope) lymphis a fonte petitis ora Philetaeā nostra rigavit aquā, Prop.

Rigodūlum, ī, *n.*, eine Stadt im Gebiet der Treveri, j. *Riol* an der Mosel, nordöstlich von Trier, Tac. hist. 4, 71.

rigor, ōris, *m.* (rigeo), das **starre Wesen,** die **Unbiegsamkeit, Steifheit, Härte, I** im Allg.: **1** eig. u. übtr.: **a** eig., des Goldes, Lucr. u. Heges.: des Holzes, Eisens, Vitr., Verg. u. a.: nervorum, Starrkrampf, Cels.: rigorem habere, steif, unbiegsam sein, Colum. – **b** übtr., **die gerade Lage, gerade Linie, -Richtung** einer Sache, des fließenden Wassers, ICt.: auf Äckern, vulg. Plur. rigora, Grom. vet. ed. Lachm. I. p. 362, 14 u. p. 366, 3: Nbf. rigura, *ibid.* p. 332, 20 u. 363, 18. – **2** bildl.: **a** die **Unbeugsamkeit, Härte, Strenge,** disciplinae veteris, Tac.: iuris, ICt.: antiquus rigor et nimia severitas, Tac.: cui placuit pro constantia rigor, Sen.: hoc meus meruit rigor? (gegen die Liebe), Sen. poet. – **b** die **Ungeschmeidigkeit, Härte, Unmanierlichkeit, Steifheit,** in Sitten, Ov.: in Gemälden, Statuen, Plin.: accentus, wenn man immer in einem Akzent fortredet, Quint. – **II** insbes., die **Erstarrung** vor Kälte, meton. die **Kälte** selbst, gelidus, Lucr.: Alpinus, Ov.: nivalis, Macr.: glacialis Caucasi montis, Val. Max.: aquae, Plin. ep.: mancus algu atque rigore manus (an den H.), Lucil. fr.: torpentibus rigore membris, Liv.: ex nimio haustu rigoris obstupefactis nervis, Val. Max.: Plur., rigores praeposteri, Nachtfröste, (Spätfröste), Plin.: nimii, Lact.: corpus torpet rigoribus, Scrib. Larg.

rigōro, (āvī), ātum, āre (rigor), **steif machen, geraderichten, stützen,** traduces rigorati, Plin. 17, 211.

riguus, a, um (rigo), **I** aktiv = **bewässernd,** amnes, Verg. georg. 2, 485. – subst., riguus, ī, *m.*, die **Bewässerung,** konkret, die **Wasserleitung,** Plin. 19, 250: u. rigua, ōrum, *n.*, die **Bewässerung,** Plin. 5, 74 u. 17, 246 *sqq.*: u. **bewässerte Fluren,** circa Babylonis rigua, Plin. 9, 175. – **II** passiv = **bewässert, a** eig.: hortus, Ov.: genus prati (Ggstz. siccaneum), Colum.: locus (Ggstz. siccaneus), Colum.: mons scatebris fontium riguus, Plin.: regio fontibus rigua, Plin. – v. Pflanzen = **auf sumpfigem Boden wachsend** (Ggstz. siccanus), ulmus, Plin. 16, 72. – **b** übtr., **strotzend,** quae plurimo lacte rigua bos est, am stärksten milchend, Solin. 2, 33.

rīma, ae, *f.* (aus *ric-sma, vgl. altind. *rikháti,* ritzt, griech. ἐρείκω, reiße auf), die **Ritze, Spalte,** der **Riss,** das **Leck, I** im Allg.: r. angusta, Hor.: cava, Prop.: parvula, Cels.: rimas agere, Cic., od. ducere, Ov., Risse bekommen: ebenso tectoria rimam faciunt, bekommen einen Riss, springen, Vitr.: aber cunctaque fortunā rimam faciente dehiscunt, wenn das Unglück einen Riss macht, Ov.: naves rimis dehiscunt, bekommen ein Leck, werden leck, Verg.: u. so rimis dehiscit cumba, Ov.: rimas explere, zustopfen, ausfüllen, Cic. – poet., ignea rima micans, der Blitzstrahl, weil er die Wolken spaltet, Verg. Aen. 8, 692. – scherzh. übtr., plenus rimarum sum, bin voller Ritzen (kann nichts bei mir behalten, verschweigen), Ter.: aliquam reperitis rimam, Ritze = Ausflucht, Plaut.: u. so persuasae fallere rima sat est, Prop. – **II** insbes. = cunnus, Iuven. 3, 97.

rīmābundus, a, um (rimor), **durchforschend, betrachtend,** Apul. met. 2, 5; de deo Socr. 2. Fulg. myth. 1. praef. p. 25 M.

rīmātim, *Adv.* (rima), **durch die Ritzen,** cognoscere, Mart. Cap. 2. § 112.

rīmātor, ōris, *m.* (rimor), der **Forscher,** Arnob. 5. *no.* 8.

rīmo, āre = rimor, Pacuv. tr. 71 u. 203. Epit Iliad. 457. Iul. Val. 3, 16 (17). – dah. rīmātus, a, um, passiv, Sidon. epist. 7, 2, 8.

rīmor, ātus sum, ārī (rima), **zerspalten, I** im Allg., **aufreißen, aufwühlen,** terram rastris, Verg. georg. 3, 534. – **II** insbes.: **A** suchend **durchwühlen, durchstöbern, durchsuchen, durchforschen, 1** eig.: **a** den Boden u. dgl., von Vögeln (die Wiesen nach Futter), Verg.: u. so stagna et paludes, Colum.: v. Schwein, paludes, Colum.: v. Menschen, terram, Sen.: ipsam humum pilis, Tac. – **b** andere Dinge, vultur viscera rimatur epulis (zur Speise), Verg.: partes apertas, Verg.: canes elatis rimantur naribus auras, Ov.: exta, besichtigen, Iuven. – absol., quod cuique repertum rimanti, Verg. Aen. 7, 507 *sq.* – **2** übtr., **durchforschen, ausforschen, zu erspähen suchen,** id quoque rimatur quantum potest, Cic.: secreta, Tac.: offensas (die gespannten Verhältnisse), Tac.: multa in Caesellio reprehendendo, Gell. – **B** meton., suchend **aufstöbern,** fustem, Apul. met. 3, 27.

rīmōsus, a, um (rima), **voll Risse, voll Spalten, leck,** cymba, Verg.: aedificium, Colum.: tectoria, Vitr.: fores, Prop.: rimosior pulmo, Gell. – bildl., auris, rissige Ohren, Ohren eines Schwätzers, der nichts bei sich behalten, verschweigen kann, Hor. sat. 2, 6, 46: nihil in ea (anima) rimosum est ac remissum, Ambros. cant. cantic. 1. § 52.

rīmula, ae, *f.* (*Demin.* v. rima), die **kleine Spalte, -Ritze,** Boëth. consol. phil. 4. pros. 4: Plur., exiguae cavernarum rimulae, Lact. de opif. dei 8, 14: si intrat aqua per rimulas in sentinam, Augustin. in psalm. 66, 7.

ringor, gī, **den Mund weit aufsperren, die Zähne fletschen, I** eig., Pompon. com. 124. – **II** übtr., **grollen, unwillig sein, sich heimlich ärgern,** Ter., Hor. u. Sen.

rīnocerōs, s. rhīnocerōs.

rīpa, ae, *f.* (vgl. ἐρείπω, reiße ein, ἐρίπνη, Absturz, Abhang), der steile Rand, das Ufer eines Gewässers, **I** eig., klass. eines Flusses od. Baches (dagegen litus das Ufer des Meeres, ora, die Meeresküste), margo ripae, Stat.: citerior ripa fluminis, Vell. u. Amm.: ripa magni fluminis, Cic.: Anienis, Liv.: ripae demissiores (flachere), Auct. b. Alex. u. Plin. ep.: ripae abruptissimae, Plin. ep.: plausus militum *litoribus ripisque* resonabat, Curt.: municipales qui sunt circa *ripam* fluminis Padi et *oras,* Vitr.: ad Eurum sequentibus nihil memorabile occurrit; vasta omnia vastis praecisa montibus, *ripae* (Flussufer) potius sunt quam *litora,* Mela. – Plur. ripae v. einem Ufer, Liv. 1, 27, 11 u. a. – poet. u. nachaugust., das **Ufer** des Meeres, Hor., Plin. u. a.; vgl. Heinsius Ov. her. 6, 54. – **II** übtr.: ripis superat mi atque abundat pectus laetitiā meum, Plaut. Stich. 279.

Rīpaeus, a, um, s. Rīphaeus.

rīpārēnsis (rīpāriēnsis), e (ripa), **zu den am Ufer befindlichen gehörig,** milites, legiones, die am Ufer (der Donau) standen, Aurel. bei Vopisc. Aurel. 88, 4. Cod. Iust. 12, 35 (36), 14. Cod. Theod. 7, 1, 18 u. 7, 4, 14 (wo riparienses).

rīpāriolus, a, um (*Demin.* von riparius), **am Ufer befindlich, Ufer-,** hirundo, Marc. Emp. 15.

rīpārius, a, um (ripa), **am Ufer befindlich, Ufer-,** hirundo, Plin. 30, 33: avis, Suet. fr. 164. p. 258, 1 R.

rīpātim, *Adv.* (ripa), **an Ufern,** Plac. Gloss. V, 97, 8.

rīpēnsis, e (ripa), **am Ufer befindlich,** Dacia, am Ufer der Donau liegend, Amm. 26, 7, 12: milites u. militia (s. rīpārēnsis), Cod. Theod. 7, 20, 4 u. 22, 8.

Rīphaeus (Rhiphaeus, Rhīpaeus od. Rīpaeus), a, um (Ῥιπαῖος), Bezeichnung einer Gegend im äußersten Sarmatien od. Szythien, montes, die riphäischen Gebirge, Mela 1, 19, 13 (1. § 109). Plin. 4, 78. Iustin. 2, 2, 1. Amm. 22, 8, 38. Mart. Cap. 6. § 663 u. a. Enn. sat. 68. Prop. 1, 6, 3: dass. im Sing. Rhiphaeus mons, M la 1, 19, 18 u. 20 (1. § 115 u. 117); dafür poet. Rhiph. arces, Verg. georg. 1, 240. – u. in Bezug auf die riph. Gebirge, eurus, Verg. georg. 3, 382: pruina, *ibid.* 4, 518: grando, Stat. Theb. 1, 420: nix, Stat. Theb. 11, 115. Sen. Phaedr. (Hippol.) 8: Strymon, Sil. 11, 459. – Die von Servius (Verg. Aen. 9, 82) ausdrücklich geforderte Schreibung Riphaeus findet sich (neben Rhiphaeus) in den besten Handschriften; dagegen ist Ripaeis montibus bei Enn. sat. 68 richtig, da man zu Ennius' Zeit ein ph noch nicht kannte.

rīpula, ae, *f.* (*Demin.* v. ripa), das **kleine Ufer,** Cic. ad Att. 15, 16. litt. a.

riscus, ī, *m.* (ῥίσκος), ein aus Weiden geflochtenes u. mit Fell überzogenes Behältnis für Schmuck, Kleider usw., der **Koffer,** Ter. eun. 754. Ulp. dig. 34, 2, 25. § 10. Hieron. in Ezech. 4, 15.

rīsibilis, e (rideo), **I belachenswert, lächerlich,** quid his risibilius fieri potest? Eustath. hexaëm. 6, 6: *neutr. pl.* subst., quaedam risibilia celebrare, gewisse lächerliche Zeremonien begehen (v. den Juden), Cassiod. hist. eccl. 11, 13. – **II der lachen kann,** Mart. Cap. 4. § 354 u. 398. Cledon. art. rhet. 591, 7 H. Boëth. in Cic. top. lib. 5. p. 355 *sq.* (B.).

rīsiloquium, iī, *n.* (risus u. loquor), das **Reden mit Lachen,** Tert. de paen. 10.

rīsio, ōnis, *f.* (rideo), das **Lachen, Gelächter,** Plur. risiones (Fleckeisen rissiones), Plaut. Stich. 658.

rīsito, āre (*Intens.* v. rideo), **belachen,** dicta, Laev. fr. 19 M. (b. Non. 209, 31) zw. (viell. richtiger missitantes).

rīsor, ōris, *m.* (rideo), der **Lacher, Spötter, Spottvogel,** Hor. de art. poët. 225. Firm. math. 5, 2.

rīsōrius, a, um (rideo), **I belachenswert,** Fulg. myth. 2, 17. Cassiod. in psalm. 82, 3. – **II lachend, lächelnd,** serenā facie, risorio ore, (Augustin.) ad fratr. erem. serm. 16.

rissio, ōnis, *f.,* s. rīsio.

rīsus, ūs, *m.* (rideo), das **Lachen, Gelächter, I** im guten Sinne, **A** eig.: hominum de te, Cic.: dulcis quidam blandientis infantis risus, das Lächeln, Iustin.: alqd in risum vertere, lächerlich machen, Hor.: ista ad risum, ist zum Lachen, Cic.: risui sorori fuit, die Schw. lachte über sie, sie wurde von der Schw. ausgelacht, Liv.: risui est habitus, er wurde zum Gelächter (Gespött), Capit.: risus consecutus est, non in te, sed in errorem tuum, Cic.: in eam tabulam magni risus consequebantur, Cic.: togam sum eius magno hominum risu cavillatus, Cic.: miros risus edere, Cic.: risum movere, commovere, Cic.: risum concitare, Cic.: risus facere, Cael. in Cic. ep.: risum praebere, Lachen erregen, Iustin.: dare risus alci, jmdm. zum G. dienen, Hor.: dare risus iocosque, Stoff gewähren zu G. u. Sch., Hor.: risus captare, darauf ausgehen, Lachen zu erregen, Cic. u. Hor.: risu alqd excipere, über etw. lachen, Quint.: risu dissilire, Sen. od. rumpi, Afran. fr., od. dirumpi, Apul., vor Lachen bersten (bersten wollen), vergehen; so auch risu contendere ilia, Ov., risu ilia dissolvere, Petron.: risu corruere, Cic., oder emori, Ter., vor Lachen fast sterben: risum tollere, Hor.: risu quatere populum, durch L. dem V. das Zwerchfell erschüttern, Hor.: risum tenere, continere, sich des Lachens enthalten, Cic.: risum iam diu compressum etiam indecenter effudit, Petron. – **B** meton., v. Gegenstand des Gelächters, o magnus posthac inimicis risus! Gespött, Hor. sat. 2, 2, 107: deus omnibus risus erat, wurde von allen ausgelacht, Ov. fast. 1, 438. – **II** im üblen Sinne, der **Spott, Hohn,** per iocum deos irridens ... Qui risus etc., Cic. de nat. deor. 2, 7. – **III** personif., Risus als Gottheit der Thessalier, Apul. met. 3, 11.

rīte, *Adv.;* eig. *Abl.* statt ritu, dah. rite nefasto, Stat. Theb. 11, 285), **I nach rechtem-, nach gehörigem Religionsgebrauch, nach den gehörigen Zeremonien,** deos colere, Cic.: mactare bidentes, Verg.: rebus divinis r. perpetratis, Liv.: perfectum rite votum, Solin. – **II** übtr.: **A** im engeren Sinne als publiz. u. jurist. *t. t.,* **in feierlicher** (d. i. vom Gesetz vorgeschriebener) **Form, gesetzlich,** non r. creatus tribunus, Quint. – u. in der Juristenspr., testes r. affuerunt, Rhet. Her.: testamentum r. perfectum, ICt. – **B** im weiteren Sinne: **1 auf rechte-, gehörige Weise, recht, mit Recht, gehörig, wohl, a** übh.: deum r. beatum dicere, Cic.: quae potest appellari r. sapientia, Cic.: rebus r. paratis, Verg.: maturos partus r. aperire, Hor. –

b (poetisch) **zum Rechten** = **zum Glück,** venire, Plaut.: propinquare augurium, Verg. – **2 auf herkömmliche-, auf gewöhnliche Weise,** retinentes pocula rite, Lucr.: quorum plaustra vagas r. trahunt domos, Hor.: religatos r. carpere gramen equos, Verg.

rīto, āre, **aufregen,** als Stammwort von irrito angef. bei Prisc. 15, 10 u. 14.

rītuālis, e (ritus), **den religiösen Brauch-, die Zeremonien betreffend,** libri, Ritualbücher, Cic. de div. 1, 72. Fest. 285 (a), 25: rituales Etruscorum libri, Censor. 17, 5: dies. bl. rituales, Amm. 17, 7, 10.

rītuāliter, *Adv.* (ritualis), **dem religiösen Brauch-, den Zeremonien gemäß,** consecrare alqd, Amm. 29, 1, 29.

rītus, ūs, *m.* (altind. *ṛtá,* heiliger Brauch), **I** die **hergebrachte Weise** in der Religionsübung, der **religiöse Gebrauch,** der **Religionsgebrauch, Ritus,** die **Zeremonie,** Cic. u. a.: Christiani ritus presbyter, Amm.: nulli simulacrorum ritui deditus, kein Götzendiener, Augustin.: Romanos ritus didicisse, die sakralen Einrichtungen, Liv. – **II** übtr.: **A** im engeren Sinne, als jurist. *t. t.,* die **feierliche** (vom Zivilrecht vorgeschriebene) **Form,** nuptiarum, Dig. 22. tit. 2. – **B** im weiteren Sinne, übh. **Gebrauch, Sitte, Gewohnheit, Art,** ritus (Plur.) Cyclopum, Ov.: molles ritus, Sil.: in alienos ritus mores legesque verti, Liv.: moribus ritibusque efferatioribus quam ulli barbari, immo quam immanes beluae vivunt, Liv.: duo examina (Bienenschwärme) dissimiles habuere ritus, Plin. – bes. häufig Abl. ritu, **nach Art, wie** (s. Mützell Curt. 3, 8 [19], 10), latronum ritu, Cic.: mulierum ritu, Liv.: ritu deorum, Sen.: pecudum ritu, Cic.: ferarum ritu, pecudum ferarumque ritu, Liv.: pecorum ritu, Sen.: more atque ritu adulantium canum, Gell.: ferino ritu, Hieron.: fluminis ritu, Hor.: tempestatis prope ritu, Hor.: ritu grandinis, Amm.: quo ritu, Lucr.: ritu aleatorio, nach Spielerart, Gell.: novo ritu, auf neue Art, nach neuem Geschmack, Hor. – ► Archaist. Genet. rituis, Varro fr. b. Non. 494, 30.

rīvālicius, a, um (rivalis), **die Bachnachbarn betreffend,** lex, Fest. 340 (a), 13.

rīvālis, e (rivus), **zum Bach-, zum Kanal gehörig, Bach-, Kanal-, I** *adi.:* allecula, in Bächen lebend, Colum. 8, 15, 6. – **II** *subst.:* **A** eig., der **zu einem Wasserkanal** auf den Äckern **Mitberechtigte, Kanalnachbar,** Plur. b. Gell. 14, 1, 4. Ulp. dig. 43, 20, 1. § 26. Paul. dig. 43, 20, 3. § 5. – **B** übtr., **der Nebenbuhler** in der Liebe, rivales alcis, Ter.: effuge rivalem Ov.: rivales sumus, Plaut.: rivales socii puellarum, Catull.: v. Tieren, Colum. – Sprichw., se amare sine rivali, ohne dass man einen Nebenbuhler zu befürchten hat, ohne beneidet zu werden, Cic. ad Q. fr. 3, 8, 4; vgl. Hor. de art. poët. 444.

rīvālitās, ātis, *f.* (rivalis), die **Nebenbuhlerschaft,** die nebenbuhlerische **Eifersucht,** in der Liebe, Cic. Tusc. 4, 56: zwischen zwei Frauen, Apul. met. 10, 24.

rīvātim, *Adv.* (rivus), **bachweise, wie Bäche,** Macr. sat. 7, 12, 36. Cassian. conl. 6, 17, 1.

rīvīnus, ī, *m.* (rivus) = rivalis, der **Nebenbuhler,** Argument. ad Plaut. asin. 6.

rīvo, āre (rivus), **ableiten,** fontes in atria, Paul. Nol. carm. 28, 614.

rīvora, *n. pl.* = rivi, **Gerinne, Abzugsgräben,** Gromat. vet. 327 *sqq.*

rīvulus, ī, *m.* (*Demin.* v. rivus), das **kleine Gerinne, I** eig. u. übtr.: **a** der **kleine Bach,** das **Bächlein** (ital. *rivolo*), r. tenuis, Varro r. r. 3, 5, 11: r. quidam serpens leniter, Apul. met. 4, 4: r. proximus, *ibid.* 4, 23: r. Almonis, Prud. perist. 10, 160: rivuli aquarum, Vulg. cant. 5, 12: rivuli fluminum, Vulg. Iob 20, 17: fons rivulis pluribus dispersus, Apul. met. 4, 6: interloquentibus rivulis, Itin. Alex. 20 (51): ut sudor ex ea (manu) rivulo laberetur, Apul. flor. 9. – **b** der **Kanal, Gang,** si plures se quasi rivuli (fistulae) ostendunt, Cels. 7, 4, 1: eius (urnulae) orificium non altiuscule levatum in canalem porrectum longo rivulo prominebat, Apul. met. 11, 11. – **II** bildl., Cic. de or. 2, 117 u. a.: Ggstz. fons, Cic. Acad. 1, 8 u. a.

rīvus, ī, *m.* (zu Wz. **rei-* fließen in altind. *riṇāti,* lässt fließen, lässt laufen), das **Gerinne, I** eig. u. übtr.: **1** eig.: **a** der **Bach,** sowohl das Bett, propter aquae rivum, Lucr.: purae rivus aquae, Hor. – als das Wasser, rivi aquarum, Liv. u. Vulg.: rivorum a fonte deductio, Cic.: omnia flumina atque omnes rivos averterat, Caes. – Sprichw., e rivo flumina magna facere, eine unbedeutende Sache vergrößern, aus einer Mücke einen Elefanten machen, Ov. ex Pont. 2, 5, 22. – **b** der **Wassergang, -graben,** die **Wasserrinne,** der **Kanal,** durch ein Ackerstück u. dgl. Pompon. dig. 8, 4, 11 *pr.* u. a. ICt.: als **Bewässerungsrinne,** rivos ducere, Ov. rem. 194, deducere, Verg. georg. 1, 269: rivos claudere, Verg. ecl. 3, 111. – **c** das **Gerinne** einer Wasserleitung (durch gemauerte Wassergänge, per canales structiles), Vitr. 8, 6, 1. Frontin. aqu. 5 u. a.: solum (die Sohle) rivi, Vitr. 8, 6, 1. – **d** der **Stollen** zur Ableitung des Grubenwassers, effodere rivos, Tac. ann. 11, 20. – **2** übtr., der **Bach, Strom,** die **Masse,** von anderen Flüssigkeiten, wie Blut, Milch usw., rivi sanguinis profluentes, Hieron.: lacrimarum, Ov.: argenti et auri, Lucr.: rivis currentia vina, in Bächen, stromweise fließende, Verg.: sudor fluit undique rivis, Verg.: rivi ignium, Plin. – **II** bildl., die **Strömung,** der **Gang, Verlauf,** fortunae, Hor. ep. 1, 12, 9: quia tenuis in nobis facundiae rivus est, Lact. de opif. dei 20, 8.

rīxa, ae, *f.,* **I** der **Hader** = **Zank, Streit** bis zur Erbitterung, ja bis zu Tätlichkeiten, **Rauferei, a** zwischen Menschen, Cic. u. a.: iurgia (Stichelreden) primum, mox rixa, Tac.: in rixam ire, sich zanken, Quint.: Academiae nostrae cum Zenone magna rixa est, Cic.: nobilis pietatis, Mart. – Plur., rixae immodicae, Hor.: corrupta iurgiis aut rixis disciplina, Tac.: rixarum amator, Streithahn, Augustin. – **b** zwischen Tieren, Ov., Colum. u. Plin. – **II** übtr., übh. der **Streit, Kampf,** maior cum Oceano quam cum ipsis navibus rixa, Flor. 3, 10, 5.

rīxātor, ōris, *m.* (rixor), der **Zänker,** Quint. 11, 1, 29. Firm. math. 5, 8.

rīxātōrius, a, um (rixa), **zum Hader** (**Zank**) **geeignet,** accipe aliud rixatorium iam hoc et iurgiosum, Fronto ad M. Caes. 4, 12. p. 74, 6 N.

rīxo, āre = rixor, Varro sat. Men. 43 u. 454. Porphyr. Hor. carm. 3, 21, 2 u. Eccl. (s. Rönsch Itala p. 299).

rīxor, ātus sum, ārī (rixa), **hadern, zanken, streiten** bis zur Erbitterung, ja bis zu Tätlichkeiten, **sich in den Haaren liegen, I** eig.: cum alqo de amicula, Cic.: non *pugnat,* sed *rixatur* (orator), Tac. dial. – **II** übtr.: dum inter se non rixentur cupiditas et timor, Sen.: cum theatro, Mart.: so auch cum ore, Quint.: cum fortuna (sua), Sen. rhet. u. Ps. Quint. decl.: rami inter se rixantes, ineinander wachsend, sich ineinander verwickelnd, Plin.: herbae rixantur, widerstreben, Varro.

rīxōsus, a, um (rixa), **zänkisch,** gens, Tert. ad nat. 2, 8: mulier, Vulg. prov. 21, 19: aves, Colum. 8, 2, 5.

rīxula, ae, *f.* (*Demin.* v. rixa) der **kleine Hader, -Streit, -Zank,** CIL 10, 1948.

robeus, a, um, s. 1. rubeus.

Rōbīgālia, s. 2. Rōbīgo.

rōbīgino (rūbīgino), āre (robigo), **rosten,** ut gladius usu splendescit, situ robiginat, ita etc., Apul. flor. 17. p. 26, 14 Kr.

rōbīginōsus (rūbīginōsus), a, um (robigo), **verrostet, rostig,** strigilis, Plaut. Stich. 228 G.: gladius (Ggstz. gl. splendidus), Fronto de eloqu. 1. p. 147, 8 N.: m. *Abl.* **wodurch?** telum sanguine rubiginosum, Apul. de deo Socr. 5. – bildl., robiginosis cuncta dentibus rodit, mit neidischen, missgünstigen, Mart. 5, 28, 7.

1. rōbīgo (rūbīgo), inis, *f.* (ruber), **roter** (fehlerhafter) **Ansatz, Rost, I** an Metallen u. dgl. der **Rost** im Allg. (während aerugo Kupfer-, Erzrost, ferrugo Eisenrost), **A** eig.: aeris r., Colum.: metallorum, Hieron.: gladiorum r., Curt. (u. so robigine obsiti enses, Flor.): scabra robigine pila, Verg.: aes ac ferrum robigo corripit, Plin. u. Solin.: neque ego arma squalere situ ac rubigine velim, Quint.: ferrum robigine roditur, Ov.: aera extersa rubiginem celerius trahunt quam neglecta, rosten schneller, Plin. – v. Rost am Gestein, Plin. 36, 136. – poet. übtr., v. Rost, v. der Fäulnis an den Zähnen, Ov. met. 2, 776; art. am. 1, 515. – v. fressender Fäulnis einer Wunde, Calp. ecl. 5, 76: ein durch Unkeuschheit erzeugter eiternder Aufsatz, Varro bei Serv. Verg. georg. 1, 151. – **B** bildl.: **a** (wie situs) der **Rost, Moder** der Untätigkeit, der Vergessenheit, ingenium longā robigine laesum torpet, Ov. trist. 5, 12, 21: infectus longi robigine ruris, Claud. Mall. Theod. cons. 175. – **b** der anklebende **Rost** übler Gewohnheiten,

Fehler, r. animorum, Sen.: robiginem suam alci affricare, Sen.: quod limat aegram pectoris robiginem, Prud.: istud horridae vetustatis robigine obsitum imperium, Val. Max. – c der fressende **Rost** = Neid, municipalium robigo dentium, der nagende Neid seiner Mitbürger, Mart. 12. praef. p. 282, 15 Schn. min. – II der **Rost** als Krankheit des Getreides, der **Mehltau, Brand,** griech. ἐρυσίβη, Scriptt. r. r. u. a. – ► Nbf. rubigo, z.B. Quint. 10, 1, 30. Vulg. 3 regg. 8, 37. Cypr. de habit. virg. 11. Gloss. IV, 564, 3 u. ö.; aber Prob. app. (IV) 199, 5 verworfen.

2. Rōbīgo (Rūbīgo), inis, *f.* u. **Rōbīgus** (Rūbīgus), ī, *m.* (1. robigo), die bald weiblich, bald männlich gedachte Gottheit der Römer, die man um Abwendung des Mehltaus anrief, die Ἐρυσιβίη Δημήτηρ der Gorgonier u. der Ἐρυσίβιος Ἀπόλλων der Rhodier, Form *-o,* Ov. fast. 4, 907. Tert. de spect. 5 *extr.* Lact. 1, 20, 17: Form. *-us,* Varro LL. 6, 16 u. r. r. 1, 1, 6. Serv. Verg. georg. 1, 151. Gell. 5, 12, 14. – Dav. **Rōbīgālia** (Rūb.), ium, *n.*, ein Fest **zu Ehren der Gottheit Robigus,** das jährlich am 25. April gefeiert wurde, Varro LL. 6, 16 u. r. r. 1, 1, 6. Plin. 18, 284. Fast. Praen. Apr. 25 im CIL 1^2. p. 236. Serv. Verg. georg. 1, 151 (Variante, Thilo Robiginalia).

robius, a, um, s. 1. rubeus.

rōbor, oris, *m.,* s. rōbur ►.

rōborārium, iī, *n.* (robur) = vivarium, der mit starkem Holz eingehegte **Tiergarten, Wildpark,** Scip. African. bei Gell. 2, 20, 5 *sq.*

rōborāsco, ere (roboro), **stark werden,** ramus roborascit, Nov. com. 21.

1. rōborātus, a, um, *PAdi.* (roboro), **gestärkt, stark,** Hieron. c. Pelag. 3, 8: roboratior exitus, Tert. de anim. 25.

2. rōborātus, a, um (robur *no.* II, C), **mit dem Starrkrampf behaftet,** equus, Pelagon. veterin. 19 (278 *Ihm).*

rōboreus, a, um (robur), **aus Eichenholz, eichen,** pons, Ov.: axis, Colum.: materies, Colum.: materia, Edict. Diocl.: ligna, Plin.: sudes, Val. Max.: tabulae, Gell.

rōboro, āvī, ātum, āre (robur), **kernfest machen, stärken, kräftigen,** I eig.: artus, Lucr.: filii sui corpus, Gell.: equum largo cibo, Plin.: nidos stramento, haltbar machen, Plin.: corpora et animos, Val. Max. – II übtr.: gravitatem (animi), Cic.: pectora, Hor.: educata huius nutrimentis eloquentia ipsa se postea colorat et roborat, nimmt eine bestimmte Färbung u. kräftige Haltung an, Cic.

rōborōsus, a, um (robur *no.* II, C), **mit dem Starrkrampf behaftet,** passio, Starrkrampf, Veget. mul. 5, 23, 1 *sqq.*

robrus, s. ruber ►.

rōbur (altlat. rōbus), oris, *n.* (aus *rōbos, vgl. rōbustus), das Starke, I eig., das **Starkholz, Hartholz, Kernholz,** bes. das **Eichenholz,** die **Eiche,** a im Allg.: robur querceum vel subereum, Colum.: quercus antiquo robore, Verg.: annoso robore, Verg. u. Ov.: fixa est pariter cum robore cervix, mit der Eiche, Ov.: naves totae factae ex robore, Caes.: u. so sapiens non est e saxo sculptus aut e robore dolatus, Cic. – poet. v. and. Hartholz, morsus roboris, des Oleasters, Verg.: robora Maurorum, Citrusbäume, Stat. – b κατ' ἐξ. – die sehr harte **Steineiche,** Plin. 16, 19 (neben ilex, quercus etc.) u. a. – II meton.: A von den aus Eichen- od. anderem hartem Holz bereiteten Ggstdn.: a übh.: in robore accumbunt, auf eichenen, harten Bänken, Cic.: r. aratri, eichener Pflug, Verg.: r. sacrum, das hölzerne Pferd von Troja, Verg.: robur praefixum ferro, Speer, Lanze, Verg.: u. so r. letale, Sil.: robur impingere, Mauerbrecher, Lucan.: substernere robora (eichene Balken), Min. Fel. – b insbes., der von Servius Tullius im röm. Staatsgefängnis (carcer) angelegte schauerliche unterirdische Kerker, in dem schwere Staatsverbrecher gefangen gehalten u. auch hingerichtet wurden, nach dem Erbauer auch Tullianum gen., Liv. 38, 59, 10. Tac. ann. 4, 29. Hor. carm. 2, 13, 19: archaist. robus, Paul. ex Fest. 264, 12. – B die **Härte, Stärke, Festigkeit, Kraft** eines Ggstds., 1 als Eigenschaft: a v. phys. Härte usw., r. ferri, Verg.: saxi, Lucr.: navium, Liv. – omnia pariter crescunt et robora sumunt, gewinnt Kraft, Lucr. – v. Körperkraft, die **Manneskraft, Rüstigkeit,** robur et colos imperatoris, Liv.: rob. iuventae, Liv.: qui (Messala) si iam satis aetatis atque roboris haberet, ipse pro Sex. Roscio diceret, Cic.: cum paululum iam roboris accessisset aetati, Cic. – b v. polit. **Macht,** neque his ipsis tantum umquam virium aut roboris fuit, Liv. 21, 1, 2. – c v. geistiger u. moralischer **Kraft, Stärke,** alter virtutis robore firmior quam aetatis, Cic.: r. incredibile animi, Cic.: grave magnanimi robur Rutili, Ov.: quantum in cuiusque animo roboris est ac nervorum, Cic.: quid roboris attulerunt, Cic. – sententiis adicere oratorium robur, rednerischen Nachdruck geben, Quint.: m. *Gen. Gerund.*, robur dicendi, Quint. – 2 konkr., der **stärkste, kräftigste Teil** eines Ggstds., **Kraft, Kern, Stamm,** a übh.: versaris in optimorum civium vel flore vel robore, Cic.: Celtiberi, id est robur Hispaniae, Flor.: poet., r. betae, Stengel, Colum. poët. – Plur., C. Flavius Pusio, Cn. Titinius, C. Maecenas, illa robora populi Romani, Cic.: ingentia robora virorum, Plin. pan. – b v. Soldaten, der **Kern,** die **Kerntruppen,** der **alte Stamm,** et *robur* et *suboles* militum periit, As. Poll. in Cic. ep.: quod fuit roboris duobus proeliis interiit, Caes. – Plur., haec sunt nostra robora, Cic.: robora peditum, centurionum, Liv. – c v. einer Örtl., der **Stützpunkt,** quod coloniam virium et opum validam robur ac sedem (Herd) bello legisset, zu fester Basis des Kr., Tac. hist. 2, 19. – d (archaist. robus) eine vorzügl. schwere Art Weizen, **Kraftweizen,** Colum. 2, 6, 1. – C der **Starrkrampf,** als Krankheit der Pferde, Pelagon. veterin. 23 (294 *Ihm);* vgl. Veget. mul. 5, 23. § 3 u. 17. – ► Archaist. Form robus, Cato r. r. 17, 1. Colum. 2, 6, 1. – Bei den Gramm. (Charis. 30, 5; 43, 31; 86, 5; 119, 2. Prisc. de accent. 24. p. 524, 2 K. Phocas 416, 10 K.) u. in sehr guten Hdschrn. auch robor, s. Lachm. Lucr. 2, 1131.

rōburneus, a, um (robur), **von Eichen,** fruges, Eicheln, Colum. 9, 1, 5.

1. rōbus, a, um, archaist. = rufus, **rot,** iuvencus, Iuven. 8, 155; vgl. Paul. ex Fest. 264, 10.

2. rōbus, oris, *n.* = robur, s. d.

rōbustē, Adv. m. *Compar.* u. *Superl.* (robustus), **stark,** Nazar. pan. 17, 2: robustius, Augustin. conf. 8, 11: robustissime, Cassiod. var. 12, 21, 1.

rōbusteus, a, um (robur), **aus Steineiche** oder **aus hartem Holz** übh., scandulae, Vitr.: stipites, Vitr.: pali, Vitr.

rōbustus, a, um (robur), I **aus Hartholz, aus Eiche, eichen,** materia, Varro: stipites, Liv.: fores, Hor.: pali, Vitr. – II übtr., **hart, fest, stark** (Ggstz. imbecillus), 1 physisch: a übh.: cornua, Plin.: cibus robustior, Cels.: triticum robustius, Plin.: terra robustissima, solum robustissimum, Colum. – b von der körperl. Stärke des Menschen, **kernfest, kräftig, rüstig, stark,** vires, Lucr.: corpus, Suet.: pollex, Ov.: vox, Plin. – robusti et valentes satellites, Cic.: si esses usu aut aetate robustior, Cic.: iuventus robustissima, Suet. – *neutr. pl.* subst., promiscue enim (pestilentia) imbecilla robustaque invadit, die schwachen u. starken Körper, Sen. de ira 3, 5, 1. – 2 geistig, **kräftig, stark, mächtig,** animus, Cic.: frequentia (hominum), Cic.: improbitas robustior, Cic.: malum fit robustius, Cic.

rodarum, ī, *n.* (gallisches Wort), Name der Pflanze *Spiraea ulmaria* (L.), Plin. 24, 172.

rōdo, rōsī, rōsum, ere, **nagen, benagen,** I eig. u. bildl.: 1 eig.: vitem, Ov.: pollicem, Hor.: vivos ungues, an den Nägeln kauen (bei langem Nachdenken), Hor.: cum servis urbana diaria, Hor.: nivem, Sen. – 2 bildl.: a übh.: murmura secum, auf die Zähne beißend in sich hineinmurmeln, Pers. 3, 81. – b **benagen,** α = herabsetzen, verkleinern, verleumden, absentem amicum, Hor.: absol., in conviviis rodunt, Cic. – β = an etw. **nagen, zehren,** acrior cura rodebat intima mea, Augustin. conf. 6, 4. – II übtr., allmählich **verzehren,** ferrum rubigine roditur, Ov.: tophus calce roditur, Plin.: ripam, abspülen, aushöhlen, v. Fluss, der das Ufer unterwühlt, Lucr.

rōdus, s. raudus.

rogālis, e (rogus), **zum Scheiterhaufen gehörig,** flammae, des Scheiterhaufens, Ov. am. 3, 9, 41. Orest. tr. 406. Serv. Verg. Aen. 5, 7: fragmenta, Sidon. epist. 3, 3, 9: cadaver, Sidon. epist. 3, 13, 5.

rogāmentum, ī, *n.* (rogo), die **Frage,** Apul. de Plat. 3. p. 265 H.

rogāticius, a, um (rogo), **auf Ersuchen an die Hand gegeben, erborgt,** verba, Fronto ad Ver. 2, 1. p. 123, 11 N.

rogātim, *Adv.* (rogo), **frageweise,** Gloss. IV, 164, 39.

rogātio, ōnis, *f.* (rogo), **I** das **Fragen,** die **Frage, 1** aktiv, das **Fragen,** Cic. de inv. 1, 54. – **2** passiv, die **Frage, a** als Redefigur, Cic. de or. 3, 203. Quint. 9, 1, 29. – **b** als publiz. *t. t.*, die **Anfrage** an das Volk in Betreff eines vorzuschlagenden Gesetzes, der **Gesetzesantrag** od. **-vorschlag,** die **Rogation,** Caecilia, von Cäcilius eingebracht, Cic.: rogationem ad populum ferre, Caes., u. bl. rogationem ferre, Liv.: rogationem promulgare, Cic.: rogationem perferre, Cic.: rogationem accipere, Cic.: rogationem antiquare, Cic.: recitabat rogationis carmen (das Formular), Liv.: suasit (empfahl dem Volk) rogationem me ex senatus consulto ferente, Cic. – **II** die **Bitte,** das **Ansuchen, Gesuch,** die **Aufforderung,** Cic. u. Val. Max.

rogātiuncula, ae, *f.* *(Demin.* v. rogatio), **I** eine **kurze Frage,** die eine **Schlussfolgerung** in sich enthält, wie sie die Stoiker häufig gebrauchten, Cic. de fin. 1, 39. – **II** ein in Vorschlag gebrachtes **Gesetz,** eine **Verordnung,** Cic. de domo 51.

rogātor, ōris, *m.* (rogo), **I** der **Frager, Anfrager,** als publiz. *t. t.:* **a** der beim Volk einen Gesetzesantrag macht, der **Antragsteller,** legum, Lucil. 853*. – übtr., übh. der **Antragsteller, Vorschlagende,** Cic. ad Att. 16, 16. litt. B. § 9. – **b** (ursprüngl. der das Volk um seine Stimmen Fragende; dann nach Einführung der Stimmtafeln) der an den saepta das Volk zur Abstimmung Auffordernde u. die Aufsicht über die cistae Führende (an jedem saeptum einer), der **Stimmensammler,** Cic. in Pis. 36: r. primus, der Stimmensammler der Prärogativ-Zenturie, Cic. de nat. deor. 2, 10; vgl. v. dems. Cic. de div. 1, 33; 2, 75. – **II** der **Bettler,** Mart. 10, 5, 4. – u. = der **Flehende,** Hieron. in Matth. 5, 8.

rogātus, *Abl.* ū, *m.* (rogo), die **Bitte,** das **Ansuchen, Ersuchen,** rogatu tuo, Cic.: eius rogatu, Cic.

rogitātio, ōnis, *f.* (rogito) = rogatio, der **Gesetzesvorschlag, -antrag,** rogitationes plurimas propter vos populus scivit, Plaut. Curc. 509.

rogito, āvī, ātum, āre (*Intens.* v. rogo, s. Prisc. 8, 74), **wieder und wieder-, angelegentlich fragen,** alqm, Komik.: rogitantes alii alios, Liv.: illum hoc simul, Ter.: pisces, nach dem Preis der Fische, Plaut.: multa super alqo, Verg. – m. folg. indir. Fragesatz, rogitat, qui vir esset, Liv.: quid rei sit, rogitant, Liv.: rogitantes, ecquod feminis quoque asylum aperuissent, Liv.: per ludibrium rogitantes, an tam immensa onera, tam longa itinera libenter ferret, Tac.: rogitantes, quo pergeret (wohin er wolle), ad imperatorem an ad patres, Tac. – absol., at rogitas! Ter. (s. Spengel Ter. Andr. 828).

rogo, āvī, ātum, āre (verwandt mit rego ›nach etw. langen‹), etw. **holen, I** eig.: aquam hinc de proxumo, Plaut. rud. 404: purpurae exemplum (Probe) aliunde, Rhet. Her. 4, 9 (vgl. *ibid.* aliunde exemplum quaeritent).

II übtr.: **A** jmd. (nach etw.) **fragen, 1** im Allg.: **a** *alqm alqd:* unum te rogare volo, Plaut.: hanc (colubram) cum rogaret causam facinoris, Phaedr.: quid me istud rogas? inquit: Stoicos roga, Cic. – im Passiv, multa rogatus, Ov.: si ei rei, quam primo rogetur, recte assenserit, wenn er auf die ihm zuerst vorgelegte Frage seine Zustimmung richtig abgibt, Cic. – **b** *alqd:* hoc quod rogo responde, Plaut. – quasi aliquid rogaturus propius accessit, Suet.: via roganda est, du musst nach dem Weg fragen, Ov.: Partiz. subst., alci ad rogatum respondere (das Gefragte), Cic. Flacc. 10. – **c** *alqm:* quem ego igitur rogem etc., Ter.: und in der Umgangssprache, men rogas? me rogas? rogas me? du fragst mich? du fragst mich erst (noch)? Plaut. u. Ter. – **d** m. *de* u. *Abl.:* rogatus de cybaea, tenetis memoriā, quid responderit, Cic.: respondeto ad ea, quae de te ipso rogaro, Cic.: de istoc (darum) rogare omitte, Plaut. – **e** m. folg. Fragesatz: rogo, num quid velit? Ter.: rogavi, pervenissentne Agrigentum, Cic.: rogant, cur malimus etc., Varro LL.: rogant me servi, quo eam, Plaut.: quae sit, rogo, Ter. – **f** absol.: roganti respondebo, Plaut.: prius respondes, quam rogo, Plaut.: und in der Umgangssprache, rogas? du fragst? Komik. u. Cic.: etiam rogas? du fragst noch? Komik. – **2** insbes.: **a** als publiz. *t. t.*, von jeder amtlichen Anfrage: **α** alqm sententiam u. bl. alqm, jmd. **um seine Meinung, -Stimme fragen, befragen,** Racilius surrexit et de iudiciis referre coepit. Marcellinum quidem primum rogavit. In sententiam dixit, ut etc. Postea Racilius de privatis me primum sententiam rogavit, Cic.: quos priores sententiam rogabat, Cic. – im Passiv, cum omnes ante me rogati gratias Caesari egissent, ego rogatus mutavi meum consilium, Cic.: me esse rogatum sententiam, Cic. – **β** r. populum od. legem od. absol., eig. das Volk wegen eines Gesetzes befragen, dah. übh. = beim Volk **einen Gesetzesvorschlag machen, ein Gesetz beantragen,** in aes incīdi iubebitis credo illa legitima: consules populum iure rogaverunt populusque iure scivit, Cic.: r. plebem, Cic.: r. legem, Cic. – absol., ego hanc legem, uti rogas, iubendam censeo, Liv. – unpers., nunc rogari, ut populus consules creet, Liv. – **γ** r. (populum) magistratum, dem Volk eine Behörde zur Wahl **vorschlagen,** ut consules roget praetor vel dictatorem dicat, Cic.: praetores cum ita rogentur, Cic.: Romam ad rogandos magistratus (zur Wahl der M.) proficiscitur, Sall.: comitia consulibus rogandis habuit, Cic.: m. dopp. *Acc.*, qui plebem Romanam tribunos plebi rogaret, der röm. Plebs Volkstribunen vorschlagen, die röm. Pl. V. wählen lassen, Liv. 3, 65, 4. – absol., mortuo rege Pompilio Tullum Hostilium populus regem interrege rogante comitiis curiatis creavit, Cic. – **b** als milit. *t. t.:* r. milites sacramento, gleichs. um den Eid befragen, d. i. **vereidigen,** den Fahneneid **schwören lassen,** Caes., Liv. u. a.: u. ohne *sacramento,* vis rogare? Plaut. mil. 38 (68 Br.). – **c** als jurist. *t. t.*, jmd. um seinen Willen zum Eingehen einer Stipulation **fragen,** roga me viginti minas, ut me effecturum tibi quod promisi scias, stipuliere von mir usw., Plaut.: rogavit Titius, spopondit Maevius, ICt.

B jmd. bittend um etwas **ersuchen, bitten,** von jmd. etw. bittend **verlangen, 1** im Allg.: **a** *alqd ab alqo:* ab amico alicunde mutuom argentum, Plaut. trin. 758: a Metello missionem, Sall. Iug. 64, 1: ut ab avunculo rogetur Aethiops (der Mohr), Rhet. Her. 4, 63. – **b** *alqm alqd:* hoc te vehementer etiam atque etiam rogo, Cic. – **c** *alqd:* aquam, Plaut.: utenda vasa, Plaut.: res turpes, Cic.: auxilium, Caes.: vitam, Sen. rhet.: auxilium summissā voce, Ov. – **d** *alqm:* Taurum de aqua per fundum eius ducenda, Cic.: transisse se Rhenum non suā sponte, sed rogatum et arcessitum a Gallis, Caes.: ambiuntur, rogantur, werden um ihre Stimme gebeten, Cic.: in proximum annum consulatum *petere* vel potius *rogare,* um das K. betteln, Cic. – **e** *alqm* mit *pro* u. Abl., ut per omnes deos pro vita eius rogaretur, Lact. de mort. pers. 17, 5. – **f** m. folg. *ut* od. *ne* u. Konj. oder m. bl. *Coniunctiv,* eum rogato, ut relinquat alias res et huc veniat, Plaut.: sed ego cesso ad Thaidem hanc deducere et rogare ad cenam ut veniat, Ter.: id ut facias, te etiam atque etiam rogo, Cic.: etiam atque etiam te rogo atque oro, ut eum iuves, Cic.: rogat et orat Dolabellam, ut etc., Cic. – mit bl. *Coniunctiv,* qui rogarat, ubi nata esset, diceret, Plaut.: rescribas nobis ad omnia rogamus, Brut. in Cic. ep.: Caesar consolatus rogat, finem orandi faciat, Caes.: illud rogo, legi potius quam scorto cadat, Sen. rhet. – mit folg. *ne* u. Konj., ac te illud primum rogabo, ne quid invitus meā causā facias, Cic. ep. 13, 1, 2. – **g** mit folg. *Infin.*, roget (eum) morari, Catull. 35, 10. – **h** m. folg. *Acc.* u. *Infin.*, multa rogant utenda dari, Ov. art. am. 1, 433: tot mihi natales contingere vana rogavi, Ov. met. 14, 138: summis precibus rogat sibi perferri ostendique puerum, Iustin. 1, 4, 9. – **i** absol.: neque ego sic rogabam, ut petere (zu fordern) viderer, Cic.: pater et filius pro vita rogantes, Suet.: in blandiendo, rogando lenis et summissa vox, Quint. – **2** insbes., **bitten** = **einladen,** alqm, jmd. zum Besuch einl., sich den Besuch jmds. erbitten, Cic. ep. 16, 22, 1; ad Att. 2, 3, 3: m. Ang. **wohin?** durch *ad* od. *in* u. Akk., alqm ad Palatium, Lampr. Alex. Sev. 48, 1: alqm in senatum, Lampr. Heliog. 4, 1. – m. Ang. **wozu?** durch *ad* od. *in* u. Akk., alqm ad signandum testamentum, alqm in advocationem, alqm in consilium, alle drei bei Plin. ep. 1, 9, 2: alqm in consilium, Gell. 14, 2, 9: alqm ad prandium, Lampr. Heliog. 28, 5: alqm ad convivium, Iustin. 43, 3, 10. Amm. 28, 4, 17: alqm ad nuptias, Amm. 14, 6, 24. – ► Archaist. *Coni. Perf.* rogassit, rogassint, Cic. de legg. 3, 9 u. 10. – Parag. Infin. rogarier, Lex Sull. bei Cic. Caecin. 95.

rogus, ī, *m.* (von rego), das Aufgerichtete, der **Scheiterhaufen** (als Holzstoß, während das griech. pyra = der Sch. als Brandstätte), rogum exstruere, Cic. u. a.: alqm in rogum imponere, Cic.: inferri in rogum, Cic., od. rogo, Plin.: ardentibus rogis se maritorum immittere, Sen. rhet.: rogum accendere, Liv.: escendere rogum suum (v. Krösus), Sen.: conscendere regum, Val. Max., rogos, Verg.: inscendere in rogum ardentem, Cic. – poet., carmina diffugiunt rogos, entgehen der Vernichtung, Ov. am. 3, 9, 28. – meton. = das **Grab,** obserat herbosos lurida porta rogos, Prop. 4, 11, 8. – ► Nbf. rogum, ī, *n.,* Afran. com. 114.

Rōma, ae, *f.* (etrusk. Ursprungs), **Rom,** die Hauptstadt von Latium in Italien, dann des ganzen Römischen Reiches, im Jahre 753 (od. 754) v. Chr. am linken Tiberufer gegründet, Varro r. r. 3, 1, 2. Cic. de rep. 2, 18: als Göttin in einem besonderen Tempel verehrt, Liv. 43, 6, 5. Tac. ann. 4, 37. CIL 3, 1422; 5, 18 u. a. – ► archaist. Genet. Romai, CIL 1, 54; 1441, 12. – Dav.: **A Rōmānus,** a, um, **1 zu Rom gehörig, in-, aus Rom, römisch,** civis Romanus, Romana, Cic.: mulieres, Gell.: homo, ein Römer (im Ggstz. zu den Griechen), Cic.: vir, Sen.: populus, Cic.: gens, Augustin.: urbs, Rom, Liv.: Iuno, die von den Römern auf römische Art verehrte, Cic.: ludi, die ältesten Spiele Roms (auch ludi magni u. maximi gen.), Cic. u. a.: bellum, Liv.: mores, Sen.: studia, Sen.: scriptor historiae Romanae, Hieron.: Romano more, auf römische Art, auf gut römisch = aufrichtig, ohne Umschweife, geradeheraus, loqui, commendare, Cic.: u. so Romanā simplicitate loqui, Mart.: minime arte Romanā, Liv.: minime Romani ingenii homo, Liv. (s. M. Müller Liv. 1, 53, 4): Romanum est (es ist Römerart) m. folg. *Infin.,* et facere et pati fortia Romanum est, Liv. 2, 12, 10. – subst., **a** Rōmānus, ī, *m.,* **α** im Sing. teils kollektiv = die **Römer,** wie Liv. 2, 27, 1; 8, 3, 1; teils prägn., der **Römer** = der röm. Feldherr, wie Liv. 21, 59, 5 (s. dazu Fabri mehr Beisp. für beide Fälle): u. so Romanus sedendo vincit, v. Q. Fabius Maximus, Varro r. r. 1, 2, 2. – **β** im Plur., Romani, die **Römer,** Cic. u. a. – **b** Rōmāna, ae, *f.,* eine **Römerin,** Liv. 1, 26, 4: Lucretia, vetus Romana, Augustin. de civ. dei 1, 19, 1: Plur., Vell. 2, 75, 3. – **c** Rōmāna, ōrum, *n.,* **α** das **Römische** = das **römische Gebiet,** Danubius Sarmatica ac Romana disterminet, Sen. nat. qu. prol. § 8. – **β** das **Römische** = **römische Geschichte,** Romana cognoscere, Sen. ad Marc. 1, 3. – **2** im weiteren Sinne = **lateinisch,** lingua, Ov., Vell., Plin. ep. u. a.: verba, sermo, litterae, auctores, Quint.: oratio plane Romana, non civitate donata, Quint.: non minima pars Romani stili (v. Asinius Pollio), Vall. Max.; vgl. Herbst Quint. 10, 1, 85. – *Adv.* **Rōmānē, römisch, auf gut römisch** (Romano more, s. vorher), Gell. 13, 21, 2. – **B Rōmānēnsis,** s. unter Romaniensis. – **C Rōmānia,** ae, *f.,* das **römische Weltreich,** Possid. vit. Augustin. 30. Ps. Augustin. app. epist. 4. Oros. 3, 20, 11 u. 7, 43, 5. Ven. Fort. carm. 6, 4, 7. – **D Rōmānicus,** a, um, **römisch, in Rom gemacht,** aratra, iuga, Cato r. r. 135, 2. – **E Rōmānulus,** a, um (*Demin.* v. Romanus), **römisch,** porta, ein Tor in Rom unterhalb der westlichen Spitze des palatinischen Hügels, Varro LL. 5, 164. – **F Rōmāniēnsis,** e, **römisch,** Cato r. r. 162 *in.* CIL 5, 3416 u. 14, 2213: andere Form Rōmānēnsis, Varro LL. 8, 33. Paul. ex Fest. 61, 1. CIL 11, 3936 u. 12, 1920. – **G Rōmilius,** a, um, **romilisch,** tribus, Varro LL. u. Cic. – **H Rōmānitās,** ātis, *f.,* die **römische Art,** das **Römertum,** Tert. de pall. 4 *in.*

rombos, s. rhombus.

romphaea (rhomphaea), ae, *f.* (ῥομφαία), ein großes, langes, zweischneidiges Schwert, zum Hieb u. Wurf, als Waffe barbar. Völker, bes. der Thrazier, auf der rechten Schulter getragen, der **Flamberg** (rein lat. framea, s. Ulp. dig. 43, 16, 3. § 2 [wo romphaeae nach Mommsen Glossem]; u. Gloss. II, 73, 19, wo ῥομφαία, framea), Claud. epigr. 27, 9. Isid. orig. 18, 6, 3. Prud. perist. 5, 189. Augustin. epist. 149, 12 u. a. Eccl. (s. Rönsch Itala p. 245): flammea illa, das Flammenschwert, Ambros. in psalm. 118. serm. 3. *no.* 16. Hieron. epist. 60, 3. – lat. Nbf. **rumpia,** ae, *f.,* Enn. bei Gell. 10, 25, 2. Liv. 31, 39, 11. Ascon. in Cic. or. pro Mil. p. 28, 4 K.: hölzerner Schaft u. eiserne Klinge gleich lang, Val. Flacc. 6, 98. – Von romphaea abgel. **romphaeālis,** e, **romphäalisch,** incendium, das flammende Schwert, Prud. cath. 7, 93 (wo des Metrums wegen romphĕālis geschrieben u. gemessen ist).

Rōmula, ae, *f.,* gew. vollst. Iulia Romula, die auch Hispal od. Hispalis gen. Stadt im bätischen Hispanien, j. *Sevilla,* vollst. Iul. Rom., Isid. orig. 15, 1, 71: bl. Rom., CIL 2, 1169. – Dav. **Rōmulēnsis,** e, **romulensisch,** Hispal colonia cognomine Romulensis, Plin. 3, 11. – Plur. subst., Rōmulēnsēs, ium, *m.,* die Einw. v. Romula, die **Romulenser,** CIL 2, 1184.

Rōmulāris, s. Romulus.

Rōmulēnsis, s. Romula.

Rōmuleus, s. Romulus.

Rōmulidēs, s. Romulus.

Rōmulus, ī, *m.,* Sohn der albanischen Fürstentochter Ilia od. Rhea Silvia, Zwillingsbruder des Remus und mit ihm Erbauer Roms, erster König der Römer, Liv. 1, 4 *sqq.* Cic. de rep. 2, 4 *sqq.;* de div. 1, 20. Varro LL. 5, 54. Sen. ep. 108, 31. – Dav.: **A Rōmuleus,** a, um, **a zu Romulus gehörig, romulisch, des Romulus,** ensis, Ov.: manus, Ov.: casa, Petron.: fera, Wölfin, Iuven. – **b römisch,** urbs, colles, Rom, Ov.: senatus, Sil. – **B Rōmulus,** a, um, **a romulisch,** ficus = Ruminalis, Ov. – **b römisch,** tellus, Verg.: hasta, Prop. – **C Rōmulāris,** e, **a zu Romulus gehörig,** ficus, s. 2. Rūmīnālis (unter Rumia). – **b römisch,** populus, Sidon. epist. 9, 13. carm. 2. – **D Rōmulidēs,** ae, *m.,* der **Romulide** (männl. Nachkomme des Romulus), Plur. Rōmulidae, ārum und um, poet., v. den Römern, Verg. Aen. 8, 638. Pers. 1, 31: Genet. *-ārum,* Lucr. 4, 681: Genet. *-um,* Prud. c. Symm. 1, 6. Rutil. Nam. 1, 68. – adjekt., inter Romulidas et Tyrias manus, Anthol. Lat. 735, 1.

ronchisonus, a, um (ronchus u. sono), **schnarchend,** Sidon. carm. 3, 8.

roncho (ronco), āre (ronchus), **schnarchen,** Sidon. epist. 1, 6, 3.

ronchus (rhonchus), ī, *m.* (ῥόγχος), **I** das **Schnarchen,** Mart. 3, 82, 30. – **II** übtr.: **a** das **Quaken** der Frösche, Apul. met. 1, 9. – **b** der **schnarchende** od. **näselnde Ton,** des Spötters, Mart. 1, 3, 5 u. 4, 86, 7.

ropio, ōnis, falsche Lesung für sopio bei Cl. Sacerd. art. gramm. 1. *no.* 153.

rōrārius, iī, *m.,* gew. im Plur. **rōrāriī,** iōrum, *m.* (*sc.* milites), eine Art junger, leichtbewaffneter Soldaten, die im Feld hinter den Triariern standen, gewöhnlich den ersten Angriff auf die Feinde machten u. sich dann wieder hinter die Triarier zurückzogen, Liv. 8, 8, 8; 8, 9, 14: Sing., Lucil. 290 u. 393.

rōrātio, ōnis, *f.* (roro), **I** das **Tauen,** der **Tau,** Plur., Vitr. 8, 2, 2: r. nocturnae, Apul. met. 9, 32. – **II** übtr.: das Abfallen der Weinbeeren nach einem kalten Tau, franz. *la coulure,* Plin. 17, 226.

rōridus, a, um (ros), **betaut,** terga iugi, Prop. 4, 4, 48: specus, Apul. met. 4, 17.

rōrifer, fera, ferum (ros u. fero), **Tau bringend,** Lucr., Stat. u. a.

rōrifluus, a, um (ros u. fluo), **Tau bringend,** vet. Poëta in catal. 2, 14: roriflua luna, Anthol. Lat. 483, 14 (388, 14).

rōriger, gera, gerum (ros u. gero), **Tau bringend,** Fulg. myth. 1, 13. p. 12 *Helm.*

rōro, āvī, ātum, āre (ros), **I** *intr.* **tauen, A** eig.: **a tauen lassen, Tau entstehen-, -fallen lassen,** cum croceis rorare genis Tithonia coniunx coeperit, Ov. fast. 3, 403. – **b** *impers.,* rorat, **es taut, der Tau fällt,** Colum.: si rorasset, Suet. – **B** übtr., **träufeln, 1** = **triefen, feucht sein,** rorant pennae, Ov.: capilli rorantes, Ov.: rorabant sanguine vepres, Verg.: rorantes lacte capellae, die milchenden, Verg. – **2 träufeln** = **tröpfeln,** ante rorat quam pluit, Varro LL.: per cutem roraverint sanguinis guttae, Apul.: lacrimae rorantes, Lucr. – **II** *tr.* **betauen, A** eig.: rorata tellus, Ov.: roratae rosae, Ov. – **B** poet. übtr.: **1 beträufeln** = **befeuchten, benetzen,** ora lacrimis, Lucr.: lacrimis oculi rorantur obortis, Ov.: saxa cruore, Sil. – **2 träufeln, träufeln lassen, tropfenweise fallen lassen,** si roravit quantulumcumque imbrem, Plin.: umorem, Auct. pervig. Ven.: balsama, Apul.: roratae aquae, gesprengte, Ov. – absol., rorans iuvenis, der einschenkende Jüngling, v. Ganymedes als Gestirn, der Wassermann, Manil.: minuta atque rorantia pocula, kleine, nur tropfenweise den Wein spendende, Cic. de sen. 46.

rōrulentus, a, um (ros), **betaut,** Acc. tr. 495. Cato r. r. 37, 4. Colum. 5, 6, 19. Plin. 12, 74 u. 18, 315. Solin. 2, 49. – subst., rōrulentum, ī, *n.*, **betautes Land,** Plin. 18, 330.

1. **rōs,** rōris, *m.* (altind. *rásas,* Saft, Flüssigkeit), der **Tau,** **I** eig.: ros nocturnus, Caes.: ros matutinus, Colum. u. Amm.: ros cadit, Plaut. u. Plin. – Plur., **Tautropfen** od. **Tau** übh., gelidi, Cic. poët.: nocturni rores, Colum.: rores verni, Manil.: rores matutini, Ps. Quint. decl.: minutissimi rores, Lact.: rores cadunt, Plin. – **II** übtr.: **1** (poet.) von jeder träufelnden Feuchtigkeit, das **Nass,** v. Wasser, r. liquidus, Ov.: spargens rore levi, Verg.: ros lympharum, Lucr.: salis (= *maris),* Lucr.: Ionius, Jonisches Meer, Prop.: vivus, fließendes Wasser, Ov.: rores pluvii, Regenschauer, Hor. – v. Tränen, ros lacrimarum, Ov.: stillare ex oculis rorem, Hor. – vitalis, Milch aus den Brüsten, Cic. poët.: u. so lacteus ros, Min. Fel.: stillans, Blut, Ov. – v. Wein, ros vini, Apic. 1, 1: rores (Tropfen) exigui vini, Arnob. 7, 36. – von Balsam, Salbe, Arabus, Ov.: Syrius, Tibull. – v. Saft der Purpurschnecke, Plin. – **2** ros marinus od., in einem Wort, rosmarinus, der **Rosmarin** (*Rosmarinus officinalis,* L.), Colum. u. a.: marinus ros, Colum. u. Hor.: poet., ros maris, Ov.; u. bl. ros, Verg. georg. 2, 213: aber ros marinus, eine andere Pflanze, wahrsch. unsere **Nussdolde** (*Cachrys Libanotis,* L.), Plin. 24, 101.

2. **rōs,** s. rhūs.

rosa, ae, *f.* (vgl. ῥόδον), **I** die **Rose** als Blume u. als Strauch, **A** als Blume, **1** eig.: **a** übh., Cic. u. a.: frutex rosae, Rosenstock, Colum.: rosa hiberna, Mart.: Plur., Paestanae rosae, Mart. 4, 42, 10: rosarum tempus, Augustin. in psalm. 96, 19: rosae rubentes, Hieron. vit. Paul. erem. § 3: rosas cape, Mart. 2, 59, 3: inter vepres rosae nascuntur (sprichw.), Amm. 16, 7, 4: plena rosarum atria, rosig durchschimmerte Halle, Ov. met. 2, 113. – **b** kollektiv = **Rosen, Rosenkränze,** pulvinus rosā fartus, Cic.: reticulum plenum rosae, Cic.: in rosa, mit Rosen bekränzt, Cic.: so auch redimitus rosā, Cic.: dah. vivere in aeterna rosa, d. i. in ewigem Vergnügen, angenehm, fröhlich (wie wir: in Rosen leben), Mart.: in rosa iaceat, in Wollust, in stetem Vergnügen, Sen. – Sprichw., rosa, ut dicitur, de spinis floruit, Hieron. vit. Hilarion. § 2. – **c** als Schmeichelwort, mea rosa, meine Rose, mein Röschen, Plaut.: tu mihi rosa es, Plaut. – **2** meton., die **Rosensalbe,** das **Rosenöl,** Cels. 6, 18, 8. – **B** die **Rose** als Strauch, der **Rosenstrauch, -stock,** flos rosae, Cels., rosarum, Hor.: Plur. flores rosae, Hor., u. flores rosarum, Lucr.: spinae rosarum, Ambros. – rosa Paesti bis florens, unsere Damaszenerrose, Verg.: rosa laurea, Lorbeerrose, Rosenlorbeer, Oleander (*Nerium oleander,* L.), Apul. – **II** übtr., rosae, eine rosenfarbige Zitronenart, noch jetzt ital. *mela rosa,* Edict. Diocl. 6, 68 (wo rhosae geschr.). Apic. 4, 178.

rosāceus, a, um (rosa), **aus Rosen, Rosen-,** corona, Plin.: rosaceum oleum u. subst. bl. rosāceum, eī, *n.*, Rosenöl, Plin.

rosācius, a, um (rosa), **aus Rosen, Rosen-,** oleum, Pelagon. veterin. 5 (48 *Ihm)* u. ö.

rosālis, e (rosa), **mit Kränzen ausgestattet,** escae, Mahle zur jährlichen Bekränzung der Gräber mit Rosen, CIL 5, 2090 (vgl. das.u. 2176 rosae et escae). – subst., rōsālia, ium, *n.*, die jährl. Bekränzung der Gräber mit Rosen, das Rosenfest, CIL 5, 4016 u. 4410: tempore rosalliorum (so!) *ibid.* 5, 5272.

rosāns, antis (*Partic.* v. roso, āre), **rosenrot,** Poet. in catal. 2, 28.

rosārius, a, um (rosa), **aus Rosen, Rosen-,** cena, Suet.: venenum, Genuss der für giftig gehaltenen Lorbeerrose, Apul.: auxilium, aus dem Genuss der Rosen, Apul. – subst., rōsārium, iī, *n.*, die **Rosenhecke,** der **Rosengarten,** Scriptt. r. r., Verg. u. a.

rosātio, ōnis, *f.* (rosa), die **Bekränzung der Gräber mit Rosen,** CIL 6, 10239, 9.

rosātus, a, um (rosa), **aus Rosen bereitet, mit Rosen angemacht,** oleum, Rosenöl, Ser. Samm. 637. – subst., rosātum, ī, *n.*, **a** **Rosenwein,** Pallad. u. a. – **b** **Rosenmus,** Apic. 1, 4.

Rōsciānus, a, um, s. Rōscius *no.* I u. II.

rōscidus, a, um (ros), **tauig, betaut,** **I** eig.: herba, Varro: mala, Verg.: mella, herabträufelnd wie Tau, Verg.: pruina, Tau, Ov.: u. so umor, Plin.: folia melle roscida, mit Honigtau überzogen, Plin.: nox, Plin.: luna, Verg.: Iris roscida pennis, Verg.: dea, Aurora, Ov.: ripae, Sidon. – *neutr. plur.* subst., roscida caespitum, betaute Wiesen, Apul. met. 1, 2. – **II** poet. übtr., **benetzt, bewässert,** Hernica saxa rivis, Verg. Aen. 7, 683: tecta, Mart. 4, 18, 3.

Rōscius, a, um, Name einer röm. *gens,* aus der am bekanntesten **I** Q. Roscius, aus Lanuvium, der größte Schauspieler in Rom zu seiner Zeit, vertrauter Freund und Lehrer Ciceros in der Vortragskunst, Cic. de or. 1, 124 u. 129*sq.;* Arch. 17. – appellat., ein **Roscius** = ein Meister in seinem Fach, s. Cic. de or. 1, 130; Brut. 290. – Dav. **Rōsciānus,** a, um, **roscianisch,** imitatio, Cic. de or. 2, 242. – **II** Sex. Roscius aus Ameria, der, des Vatermordes angeklagt, von Cicero in einer noch vorhandenen Rede verteidigt wurde, Cic. Brut. 312. – dah. die Rede **Rōsciāna,** ae, *f.* (verst. oratio), Mart. Cap. 5. § 441. – **III** L. Roscius Otho, Freund Ciceros und Volkstribun, Verf. der lex Roscia, Cic. Mur. 40. – Dav. **Rōscius,** a, um, **roscisch,** lex, durch das die Ritter besondere Sitze im Theater bekamen, Cic. Phil. 2, 44.

Rōsea (Rōsia), ae, *f.*, eine Gegend im Sabinischen bei Reate, mit trefflichen Pferdeweiden, j. *le Roscie,* Cic. ad Att. 4, 15, 5. Varro r. r. 1, 7, 10 u. a. – Dav.: **A** **Rōseus,** a, um, **rosisch,** rura, Verg. Aen. 7, 712: cannabis, Plin. 19, 174. – **B** **Rōseānus,** a, um, **roseanisch,** equi, Varro r. r. 2, 7, 6. – **C** **Rōsulānus,** a, um, **rosulanisch,** ager, Serv. Verg. Aen. 7, 712.

rosētum, ī, *n.* (rosa, s. Prisc. 4, 12), die **Rosenhecke,** der **Rosengarten,** Varro r. r. u. a.

1. **roseus,** a, um (rosa), **I** **aus Rosen, mit Rosen besetzt, erfüllt** usw., **Rosen-,** vinculum (Kranz), Sen.: strophium, Verg.: corona, Apul.: flores, Claud.: ripa, voll Rosen, Claud.: rosae purpureae odoris rosei (Rosengeruch), floris aurei, Vopisc. – **II** meton., **rosenrot, rosenfarbig, rosig,** pannus, Plin.: color, Plin.: fucus, Catull.: rubor, Ov. – poet. Beiwort der Gottheiten des Morgenlichtes, dea, Aurora, Ov., roseis Aurora quadrigis, Verg.: Eous, Luzifer, Prop.: Phoebus, Verg. – und alles jugendlich Blühenden, bes. einzelner Körperteile, labella, Catull.: cervix, os, der Venus, Verg.

2. **Rōseus,** a, um, s. Rōsea.

Rōsia, ae, *f.*, s. Rōsea.

rōsidus, a, um (Nbf. v. roscidus), **tauig,** umor, **Tau,** Catull. 61, 24.

rosīna herba, eine uns unbekannte Pflanze, Veget. mul. 6, 13, 4.

rōsio, ōnis, *f.* (rodo), das **Nagen, Fressen, Reißen,** die **fressende Empfindung** u. dgl., Cels. 5, 28, 17 u. a.: Plur., Plin. 20, 153 u. 175 u. a. Gargil. Mart. cur. boum § 17: inflationes rosionesque praecordiorum, Plin. 23, 43.

rōs-marīnus, s. 1. rōs *no.* II, 2.

rōsor, ōris, *m.* (rodo), der **Benager,** mures horreorum rosores, Ambros. serm. 81.

rōstellum, ī, *n. (Demin.* v. rostrum), das **Schnäbelchen, Schnäuzchen,** pullorum (avium), Colum.: muris, Plin.

rōstra, ōrum, *n.*, s. rōstrum.

rōstrālis, e (rostra, s. rōstrum), **zu den** *rostra* **gehörig,** tabula, Sidon. epist. 1, 11, 3.

rōstrāns, antis (Partic. v. *rostro, āre), **seine Spitze einschlagend, eindringend,** rostrante vomere, Plin. 18, 178.

rōstrātus, a, um (rostrum), **mit einem Schnabel-, mit einem Haken-, mit einer krummen Spitze** u. dgl. **versehen, geschnäbelt, vorn gekrümmt, Schnabel-, Haken-,** falx, Colum.: vectis, Plin. – bes. von den am Vorderteil mit einer schnabelförmigen Spitze versehenen Schiffen der Alten, navis, Cic. u. a.: prora, Plin.: dah. columna rostrata, eine marmorne, mit den Schnäbeln der erbeuteten Schiffe verzierte Säule, die dem Duilius wegen seines Seesieges über die Karthager im ersten punischen Krieg auf dem Forum zu Rom errichtet war, von der eine Nachbildung aus der Zeit des Kaisers Klaudius noch erhalten ist, die sich jetzt im Konservatoren-Palast befindet (die darauf befindliche u. teilweise noch erhaltene Inschrift am vollständigsten mitgeteilt im CIL 1, 195), Liv. 42, 20, 1. Quint. 1, 7, 12: rostrata columna, Suet. Galb. 23. – ebenso rostrata corona, eine mit goldenem hervorstehendem Schiffsschnabel gezierte Ehrenkrone, die dem zur Belohnung gegeben wurde, der zuerst ein feindliches Schiff erstiegen od. übh. im Seetreffen sich mutig bewiesen hatte, Plin. 16, 7: dah. poet. übtr. von Agrippa, cui tempora navali fulgent rostrata coronā, d. i. dem die geschnäbelte Ehrenkrone um die Schläfe erglänzt, Verg. Aen. 8, 684.

rōstrum, ī. *n.* (rōdo), **das Nagewerkzeug, I** eig., beim Geflügel, der **Schnabel,** bei anderen Tieren der **Rüssel,** die **Schnauze,** Cic. u. a.: v. Mund der Menschen, **Maul, Schnabel,** teils im verächtlichen Sinne, teils in der vertraulichen Sprache, Plaut. Men. 89. Petron. 75, 10. Commodian. apol. 384. – **II** übtr., von dem, was einem Schnabel ähnlich spitz hervorragt, **A** im Allg., am Winzermesser die gekrümmte Spitze, Colum.: am Pflug, Plin.: der Lampen, Leuchter, Plin.: insulae, Plin. – **B** insbes., der am Vorderteil der Kriegsschiffe der Alten angebrachte, mit Erz beschlagene Schnabel zur Abwehr u. zum Durchbohren feindlicher Schiffe, der **Schiffsschnabel,** Caes., Liv. u. a.: weil in drei Zacken od. Spitzen ausgehend, r. trifidum, Sil.: r. tridens, Verg.: navis rostris icta supprimitur, Liv. – meton.: **a** (poet.) das **Vorderteil** des Schiffes, Verg. Aen. 10, 157 u. 301. – **b** rōstra, ōrum, *n.,* die (mit den Schiffsschnäbeln der von den Antiaten im J. 338 v. Chr. erbeuteten Schiffe gezierte) **Rednerbühne** und der sie umgebende Raum auf dem Forum, escendere in rostra, Cic.: descendere de rostris, Cic.: contionari conantem de rostris deducere, Caes.: poet., rostra movere, das dort versammelte Volk, Lucan.: rostra forumque optare, Volksversammlung, d. i. Frieden wünschen, Lucan.: a rostris, von der R. (vom Forum) her, Hor. sat. 2, 6, 50: u. so a rostris usque ad arcum Fabianum, Sen. de const. 1, 3.

Rōsulānus, a, um, s. Rōsea.

rosulentus, a, um (rosa), **I voll Rosen,** prata, Prud. perist. 3, 199. – **II** meton., **rosenfarbig,** Mart. Cap. 1. § 73.

rōsūra, ae, *f.* (rodo) = rosio, Plin. Val. 2, 28.

rōsus, ūs, *m.* (rodo) = rosio, Marc. Emp. 28.

rota, ae, *f.* (altind. *rátha-ḥ*), das **Rad, I** eig.: **1** im Allg., vom Wagenrad, r. radiata, Varro: rota carri, Vulg.: orbes rotarum, Lucr. u. Plin.: axes rotarum, Plin.: vehiculum duarum rotarum, quattuor rotarum, Isid.: vehiculum altissimarum rotarum, Isid.: rotis plaustrorum teri (v. Getreide), Hieron. – v. Maschinenrad, r. aquaria, Cato u. a.: r. exhauritoria, Schöpfrad, Isid. gloss.: ne currente retro funis eat rotā, dass nicht, während das Rad vorwärts eilt, das Seil zurückschnellt, Hor. – **2** insbes.: **a** das **Rad** = **Folterrad** der Griechen (griech. τροχός), in rotam ascendere, Cic.: membra praebere rotae, Sen. poët.: u. oft v. Rad des Ixion, Verg. u. a.: u. so rota orbis Ixionii, das kreisende Rad, der Umlauf des Rades, Verg. – **b** das Rad der **Töpfer, die Töpferscheibe,** rota figuli, Sen. u. a.: rota figularis, Plaut.: rota figulina, Cael. Aur.: rota Cumana, Tibull.: currente rotā cur urceus exit? Hor. – **c** die **Rolle** zum Fortschieben einer Last, alqd subiectis rotis (auf R.) traicere, Frontin. 1, 5, 7, propellere, Tac. hist. 4, 23: basim subiectis rotis (auf R.) facere, Vitr. 10, 13, 2. – **II** übtr.: **1** das Rad am Wagen, meton. (bei Dicht.) **a** = der **Wagen** selbst, pedibusve rotāve, Ov.: so auch Plur. rotae, Verg. u. Ov.: rotae leves, Verg.: rota Luciferi, Sonnenwagen, Tibull. – **b** = die **Pferde,** Cynthia fraternis afflata rotis, Sil. 4, 483. – **2** von einem kreisförmigen Körper, bes. die **Sonnenscheibe** (griech. δίσκος), solis rota, Lucr. 5, 432: solis maior rota, Lucr. 5, 564: rota solis, Apul. met. 9, 28. Mythrogr. Lat. 3, 10. *no.* 10: – **3** der **Kreis,** gleichs. die Bahn, die ein Rad beschreibt, septima, die siebente Umfahrt im Zirkus, Prop.: anni, Kreislauf, Sen. – **4** ein Seefisch, das **Rad,** Plin. 9, 8. – **III** bildl.: **1** vom **Wechsel,** von der **Unbeständigkeit,** des Glückes, fortunae rota, Cic.: versatur celeri fors levis orbe rotae, Tibull.: der Liebe, versor in amoris rota, auf der Liebesfolter, Plaut.: vinceris aut vincis; haec in amore rota est, Prop.: Fortunae volucris rota, adversa prosperis semper alternans, Amm. – **2** von dem ungleichen Versmaß (Hexameter u. Pentameter) der Elegie, rotae impares, dispares, Ov. art. am. 1, 264; ex Pont. 3, 4, 86.

rotābilis, e (roto), im Kreis **drehbar** od. **sich drehend,** motus, Augustin. de genes. ad litt. 5, 23, 45: flexus, Winde, Amm. 23, 4, 2.

rotābulum, s. rutabulum.

rotābundus, a, um (roto), **sich im Kreis drehend,** Chalcid. Tim. 40 B.

rotālis, e (rota), **mit Rädern versehen,** carpentum, Capit. Opil. Macrin. 12, 7: machina, Sulp. Sev. dial. 1, 13, 2.

rotārium, iī, *n.* (rota), **Chausseegeld,** vectigal rotarii, CIL 6, 10327 u. 10328.

rotātilis, e (roto), **kreisförmig,** gyrus, Sidon. epist. 2, 9, 4: trochaei, Prud. epilog. 8.

rotātim, *Adv.* (rota), viell. = **kreisförmig,** Diom. 407, 3. – Funck: »mit der Geschwindigkeit eines Rades«.

rotātio, ōnis, *f.* (roto), die **kreisförmige Umdrehung,** Vitr. 8, 3 § 1 u. § 9. Boëth. inst. arithm. 1, 1. p. 8, 31 Fr.

rotātor, ōris, *m.* (roto), der in einem Kreis herumdreht, der **Herumdreher,** Stat. silv. 2, 7, 7. Cassiod. var. 7, 5, 5.

rotātus, ūs, *m.* (roto), die **kreisförmige Drehung (Umdrehung),** Stat. Ach. 2, 417. Auson. Mosell. 362. Chalcid. Tim. 36 C. 58. 94.

rotella, ae, *f.* *(Demin.* v. rota), das **Rädchen,** Augustin. in psalm. 76, 20 u. (von da) Isid. orig. 14, 2, 1.

roto, āvī, ātum, āre (rota), **I** *tr.* **wie ein Rad-, kreisförmig herumdrehen, -schleudern, -schwingen, rollen, 1** eig.: **a** aktiv: aper rotat ore canes, Ov.: fumum, Hor.: ensem, um auszuholen, Verg.: fusos, Prud. u. Hieron.: cum maiore nisu libratum (telum) funditor habenā rotaret, excussum velut glans emicabat, Liv. 42, 65, 10: devolutus torrens altissimis montibus saxa revolutis remissa compagibus rotat, rollt einher, Sen. nat. qu. 3, 27, 7. – **b** medial rotari, **sich kreisförmig herumdrehen, umrollen,** greges circumque infraque rotantur, Stat.: pariterque rotantur inclines, Manil.: circum caput igne rotato, Ov.: partim maiore, partim minore circulo rotabantur, Chalcid.: sphaerico motu in orbem rotari, Macr. somn. Scip. 2, 14, 31. – **2** übtr., sic ordinem fati rerum aeterna series rotat, rollt im Kreislauf ab, Sen. nat. qu. 2, 35, 2: aut curvum sermone rotato torqueat enthymema, in gerundetem Vortrag, Iuven. 6, 449. – **II** *intr.* **sich im Kreis herumdrehen, rollen,** saxa rotantia, Verg. Aen. 10, 362: vom Pfau, **ein Rad schlagen** (mit dem Schweif), Colum. 8, 11, 8.

rotula, ae, *f.* *(Demin.* v. rota), das **Rädchen,** Plaut., Colum. u. a.

rotulus, ī, *m.* = rotula, Calp. 7, 51.

rotunda, ae, *f.* (rotundus), eine **Kugel** aus Pflastermasse, Scrib. Larg. 201 *extr.*

rotundātio, ōnis, *f.* (rotundo), das **Rundmachen,** die **Rundung,** der **Kreis,** Vitr.: linea rotundationis, Kreislinie, Vitr.

rotundē, *Adv.* (rotundus), **I rund,** rotundissime, Colum. de arb. 5, 2. – **II** bildl., vom Ausdruck, **abgerundet,** Cic. de fin. 4, 7.

rotundifolius, a, um (rotundus u. foliom), **rundblätterig,** Ps. Apul. herb. 71.

rotunditās, ātis, *f.* (rotundus), die **runde Gestalt,** die **Rundung, I** eig., Vitr. 5, 3, 2 u. a. Sen. nat. qu. 4, 11, 3. Plin. 37, 190 u. a.: caeli rot., Augustin. de civ. dei 12, 26. p. 552, 11 D.[2] Lact. 3, 24, 7: oculi, pomi, Augustin. de civ. dei 12, 26. p. 552, 13 D.[2] (Dombart rutunditas): pressula rot., Apul. flor. 9. p. 11, 10 Kr. – **II** übtr., die **Abrundung** der Rede, verborum, Macr. sat. 7, 5, 1: Symmachi, Sidon. epist. 1, 1, 1.

rotundo, āvī, ātum, āre (rotundus), **rund machen, abrunden, I** eig., Cic. Tim. 35: se rotundare od. Pass. medial rotundari, sich runden, rund werden, Plin.: dah. rotundātus, a, um, abgerundet, rund, Vell. – **II** übtr.: **a** eine Geldsumme **rund (voll) machen,** mille talenta rotundentur, Hor. ep. 1, 6, 34. – **b** rotundātus, a, um, **abgerundet,** v. der Rede, elegi, Sidon. epist. 8, 4, 2.

rotundula, ae, *f.* *(Demin.* v. rotunda), ein **Kügelchen** aus Pflastermasse, Ps. Apul. herb. 13.

rotundus, a, um (rota), **scheibenrund,** im Ggstz. zu globosus (kugelrund) u. orbiculatus (kreisrund); dann auch **kugelrund** (griech. σφαιροειδής) od. übh. **rund** (Ggstz. angulatus, eckig), **I** eig.: caelum, Cic.: terrarum forma, Manil.: lanx, ICt.: folia rotundiora, Ps. Apul. herb.: nihil rotundius, Cic.: capita rotundissima, Cels.: von der Kleidung, toga, gleichförmig herum- od. herabhängend, Quint. 11, 3, 139. – Sprichw., der Baukunst od. Geometrie entlehnt, mutat quadrata rotundis, rundet, was viereckig war, d. i. kehrt das Unterste zu oberst, Hor. ep. 1, 1, 100. – **II** übtr.: **1** abgerundet in sittlicher Hinsicht, von einem Weisen, der nicht in der Außenwelt sein Glück sucht, teres atque rotundus, Hor. sat. 2, 7, 86. – **2** im Ausdruck u. in der Beredsamkeit, wenn der Ausdruck wohl zusammengefügt, bes. die Sätze auf periodische Art wohl zusammengekettet sind, **abgerundet,** verborum apta et quasi rotunda constructio, Cic.: nec satis, ut ita dicam, rotundus (Thucydides), Cic.: verba, Gell.: rotunda volubilisque sententia, Gell.: ore rotundo loqui, in gerundeter Sprache, Hor. – ► In sehr guten Hdschrn. auch rutundus geschrieben, z.B. Varro r. r. 1, 51, 1 u. 3, 5, 12 *cod. P.* Varro sat. Men. 21 u. 88 B. Gell. 11, 13, 4 *ed. Hertz.* Spart. Hadr. 16, 4 *ed. Peter.*

Rōxanē, ēs, *f.* (Ῥωξάνη), Tochter des Persers Oxyartes, Gemahlin Alexanders des Großen, wurde nebst ihrem nach dem Tode des Königs geborenen Sohn umgebracht, Curt. 8, 4 (16), 23; 10, 6 (19), 13 u. ö. Iustin. 12, 15; 15, 2. – abgek. Nbf. Roxa, Oros. 3, 23, 31.

Rōxolānī, s. Rhoxolānī.

rubēdo, inis, *f.* (rubeo), die **Röte,** Firm. math. 2, 12.

rubefacio, fēcī, factum, ere (rubeo u. facio), **röten,** saetas sanguine, Ov.: ora sororum (v. der Aurora), Sil.: rubefacta cruore, Ov.

rubelliānus, a, um (rubellus), **rötlich,** vitis, eine Art Weinstöcke mit rötlichem Holz, Colum. 3, 2, 14.

rubellio, ōnis, *f.* (rubellus), ein rötlicher Fisch, viell. eine Art der **Seebarbe,** Plin. 32, 138. Apic. 10, 459.

rubellulus, a, um (*Demin.* v. rubellus), **hübsch rot,** Mart. Cap. 5. § 566.

rubellus, a, um (*Demin.* v. ruber), **rötlich,** Plin. u. a.: Veientanum rubellum, vej. Rotwein, Flach Mart. 1, 103, 9.

rubēns, entis, *PAdi.* (v. rubeo), **rot, rötlich, gerötet, I** im Allg.: uva, Verg.: folium, Plin.: rosae, Hieron.: ver, der rotprangende (von roten u. anderen prangenden Blumen), der bunte, Verg.: superficies locustarum rubentior, Plin. – **II** insbef.: **a errötend, schamrot,** Tibull. u. a. – **b weinrot, vom Wein glühend,** buccae, Hieron. epist. 22, 16.

rubeo, uī, ēre (ruber), **I rot sein,** sol rubere solitus, Liv.: rubere aquas credunt, Curt.: rubent ocelli flendo, Catull.: sanguine terra rubet, Ov. – **II** insbes., vor Scham **erröten,** Cic. u. a.

ruber, bra, brum (altind. *rudhirás,* griech. ἐ-ρυθμός vgl. rūfus), **rot, gerötet, rot gefärbt, rot glühend, I** im Allg.: flamma, Ov.: sanguis, Hor.: sal, Plin.: crine ruber (homo), Mart.: canicula, brennend, hitzig, Hor.: equi (Aurorae), Tibull.: color ex rubro subniger, schwärzlich mit Rot vermischt, schwärzlichrot, Cels.: rubrior pilus, Plin.: ruberrimum nitrum, Cels.: uva Aminea est ruberrima, Scrib.: aequor rubrum oceani, durch den Untergang der Sonne gerötet, Verg. georg. 3, 359: rubrae leges, mit roter Aufschrift, Iuven. 14, 192. – **II** als *Adi. propr.:* **A** rubrum mare, das **Rote Meer,** der **Arabische** u. **Persische Meerbusen,** Cic. de nat. deor. 1, 97. Tibull. 2, 4, 30. Nep. Hann. 2, 1. Liv. 42, 52, 14 u. a. Mela 1, 10, 3 *sqq.* (1. § 61; 3, 71. 72. 81). Sen. nat. qu. 3. praef. § 10; 3, 29, 8 (wo Caspium et rubrum mare). Tac. ann. 2, 61. Plin. 6, 106 u. 115 u. 163. Solin. 33, 2 u. 55, 1. Curt. 3, 2 (4), 9: mare rubrum, Liv. 36, 17, 15. Sen. de ben. 7, 2, 5. Tac. ann. 14, 25. Augustin. de civ. dei 18, 52, 1 u. a. Eutr. 8, 3: mare, quod Rubrum dixere nostri, Plin. 6, 107: poet., rubra aequora, Prop. 1, 14, 12: u. subst. bl. rubrum, Flor. 3, 5, 31. – **B** Saxa rubra, ein Flecken in Etrurien, nicht weit vom Fluss Kremera, mit Steinbrüchen, Cic. Phil. 2, 77. Liv. 2, 49, 12. Tac. hist. 3, 79: dass. breves Rubrae, Mart. 4, 64, 15. – ► Nbf. rubrus, Solin. 40, 23. Isid. orig. 19, 10, 3: robrus, Oribas. 2, 28 *Hagen.*

rubēsco, buī, ere (*Inchoat.* v. rubeo), **I rot werden, sich röten,** mare rubescebat radiis, Verg.: arva caede rubescunt, Verg.: Aurora rubescebat, Verg.: signa rubescunt (*sc.* sole ingrediente), Ov.: saxa rubuerunt sanguine vatis, Ov.: rosa rubescens, Plin.: malae ad gratiam rubescentes, Hieron. – **II** insbes., **schamrot werden,** Pompeius numquam non coram pluribus rubuit, Sen. ep. 11, 4.

rubēta, ae, *f.* (rubus) = φρῦνος (Gloss. II, 541, 30), die **Kröte,** weil sie sich in Dornbüschen aufhält, Cic. de div. 1, 15. Plin. 32, 50. Iuven. 1, 70; 6, 659: rana rubeta, Prop. 3, 6, 27. Plin. 8, 110. Plin. Val. 3, 14.

rubētum, ī, *n.* (rubus), das **Brombeergebüsch, -gesträuch,** poet. im Plur., Ov. met. 1, 105 u. fast. 4, 509. Calp. ecl. 3, 5.

1. **rubeus** (robeus), a, um (v. ruber), **rot,** colore rubeo, Varro: coloris rubei, Colum. u. Pallad.

2. **rubeus,** a, um (v. rubus), **vom Brombeerstrauch,** virga, Verg. georg. 1, 266.

Rubī, ōrum, *m.*, Stadt in Apulien, jetzt *Ruvo,* Hor. sat. 1, 5, 94. – Dav. **A Rubustīnī,** ōrum, *m.*, die **Rubustiner,** Plin. 3, 105. – **B Rubeus,** a, um, **rubisch,** virga, Verg. georg. 1, 266 *Ribb.* (andere rubea).

rubia, ae, *f.*, die **Färberröte,** der **Krapp,** Vitr. 7, 14, 1. Plin. 19, 47 u. a.

rubibundus = rubicundus, Prisc. 4, 35.

1. **rubico,** āre, falsche Lesart st. rubrico, s. d.

2. **Rubico,** ōnis, *m.*, ein kleiner Fluss in Italien, südl. von Ravenna, der vor Augustus die Grenze zwischen Italien und Gallia Cisalpina bildete, berühmt durch Cäsars Übergang beim Ausbruch des Bürgerkrieges, jetzt *Pisatello,* bei den umwohnenden Landleuten auch *Rukon* gen., Cic. Phil. 6, 5. Plin. 3, 115: Nom. Rubicon, Lucan. 1, 214; vgl. Prob. cath. 9, 17 K.

rubicundōsus, a, um (rubicundus), **ganz hochrot,** Dynam. 2, 35.

rubicundulus, a, um (*Demin.* v. rubicundus), **etwas rot** vor Scham, Iuven. 6, 424.

rubicundus, a, um (rubeo), **rot,** und zwar **hochrot, glühendrot,** Priapus, rot bemalt, Ov.: matrona, von der Sonne gerötet, gebräunt, Ov.: homo, rot im Gesicht, Ter.: Ceres (Getreide), rötlich, gelblich, Verg.: rubicundi coloris esse, Colum.: sabulo rubicundior, Varro: arcus (Regenbogen) longe eā parte, quā fulget, rubicundior quam sol, Sen.

rubidus, a, um (zu rufus, rubigo), **rot,** u. zwar **dunkelrot** (vgl. Gell. 2, 26. § 8 u. 14), facies ex vinolentia, Suet.: panis, braunes, Plaut.: ampulla, Plaut.

Rūbīgālia, s. 2. Rōbīgo.

Rūbīgo, s. 2. Rōbīgo.

rūbīgo, rūbīgino, rūbīginōsus, s. 1. rōbīgo etc.

Rūbīgus, s. 2. Rōbīgo.

rubor, ōris, *m.* (rubeo), die **Röte,** das **Rot, I** als Färbestoff: **a rote Schminke,** fucati medicamenta (Schönheitsmittel) candoris et ruboris, Cic. or. 79. – **b Purpur,** Tyrii rubores, Verg. georg. 3, 307: molles rubores, Sen. Herc. Oet. 664 (668). – **II** als Beschaffenheit: **I** als dauernde: **a** übh.: cocci, Plin. u. Solin.: purpurascens (caeli), Ambros.: puniceus de mole cruor manabat, et intra temporis exiguum rubor evanescere coepit, Ov. – **b** die **Röte,** das **Rot** der Haut, bes. des Gesichts, der **rote Teint,** est illi facies liberalis, multo sanguine, multo rubore, Plin. ep.: ille fusus et candore mixtus rubor (der Venus), Cic.: mixtus candore rubor, Ov.: nullus in ore rubor, Ps. Verg. Cir. 180. – **2** als vorübergehende Beschaffenheit: **a** die **Röte,** das **Rot** der Haut übh., pectora traxerunt tenuem percussa ruborem, Ov.: flammae latentis indicium rubor est (bei Pestkranken), Ov.: alqm in ruborem dare, braun u. blau schlagen, Plaut. capt. 962. – **b** die **Röte** der Augen, des Gesichts beim Zorn, saepe suum fervens oculis dabat ira ruborem, Ov.: multus ore toto rubor, Sen. – **c** die **Röte** der Scham, das **Erröten,** die **Schamröte,** verecundus, Ov.: subitus invita notavit ora rubor, Ov.: Masinissae rubor suffusus, Liv.: ruborem alci inicere, Rhet. Her.: rubores alci elicere, Rhet. Her.: ruborem afferre, einen schamrot machen, Tac.: sine ullo rubore mentiri, Apul.: duas res ei rubori fuisse, Liv.: Latmius Endymion non est tibi, Luna, rubori, du brauchst nicht zu erröten über usw., Ov.: m. folg. *Genet. Gerund.*, magnus caelestibus iniectus est rubor ulterius adversus eam saeviendi gentem, quae etc., Val. Max. 1, 1, 15: unde mihi rubori est (weshalb ich sogar erröten muss) m. folg. *quod* (dass), Tac. ann. 14, 55: alci non rubori est (jmd. braucht nicht zu erröten) m. folg. *Infin.*, Ov. am. 3, 14, 21. – dah. meton., **α** die **Schamhaftigkeit, Verschämtheit,** Cic. de or. 2, 242. – **β** der Grund zur Scham, die **Beschämung, Schande,** Cic. de rep. 4, 6. Liv. 4, 35, 11. Val. Max. 3, 4, 5 u. a. Curt. 9, 7 (29), 25; verb. rubor ac dedecus, Tac. hist. 1, 30: magno cum rubore civitatis, zur großen Sch. des St., Val. Max. 9, 1, 8: u. rubor est alci (es ist beschämend für jmd.) mit folg. *Infin.*, Ov. art. am. 3, 167. Val. Max. 4, 4, 5: nec rubor inter comites aspici, Tac. Germ. 13.

rubōrātior, ōris, *Adi.* im *Compar.* (rubor), **beschämender,** quanto ruboratior exitus, Tert. de anim. 25.

Rubra Saxa, s. ruber II, B.

Rubraesus lacus, s. Rubrēnsis lacus.

rubrātus, a, um (ruber), **rot gefärbt,** Alcim. Avit. epist. 12.

Rubrēnsis lacus, ein See in Gallia Norbonensis, in der Nähe der Stadt Narbo, der er als Hafen diente, jetzt *l'Etang de Sigean*, Plin. 3, 32: ders. **Rubraesus lacus**, Mela 2, 5, 6 (2. § 81).

rubrīca, ae, *f.* (rubricus), **I** (*sc.* terra) jede **rote Erde,** Vitr.: vollst. rubrica terra, Colum. – Insbes., jede aus der Erde gegrabene rote Farbe, **Rötel, roter Ton, Eisenton** u. mehrere **Eisenocker,** Plaut., Rhet. Her. u. Hor. – weil die Titel der Gesetze rot geschrieben wurden, dah. meton.: **a** der **Titel** eines Gesetzes, die **Rubrik,** edictum proponitur sub rubrica ›unde vi‹, Paul. dig. 43, 1, 2. § 3. – **b** das **Gesetz** selbst, se ad album ac rubricas transtulerunt, studierten das prätor. Recht und die Gesetze des bürgerl. Rechts, Quint. 12, 3, 11: si quid Masuri rubrica vetavit, Pers. 5, 90. – **II** (*sc.* tunica) ein **feuerrotes Gewand,** induo puerum rubricam et rubricā, Charis. 296, 16.

Rubrīcātum, ī, *n.*, ein Fluss in Numidien, Plin. 3, 21. Mela 2, 6, 6 (2. § 90).

rubrīcātus, a, um (rubrico), **rot gefärbt (angestrichen), rot gemalt,** Petron. 46, 7. Priap. 73, 2. Itala exod. 26, 14 u. 35, 23. Augustin. in exod. 2. quaest. 177, 23. Marc. Emp. 34.

rubrīco, āre (rubrica), **rot färben, röten,** Ven. Fort. carm. 8, 7, 12; vit. S. Mart. 2, 461 u. 3, 145 *Leo.* Vgl. rubricatus.

rubrīcōsus, a, um (rubrica), **voll roter Erde, rot,** ager, Cato: solum, Colum. u. Plin.

rubrīcus, a, um (ruber), **rot, feuerrot,** Not. Tir. 52, 24ª u. 78, 81ª. Gloss. II, 426, 45 (wo ›rubricus, τυῤῥός‹). – subst., rubrīca, ae, *f.*, s. bes.

rubrus, a, um, s. ruber ►.

rubus, ī, *m.* (viell. zu ruber, rubeo), **I** die **Brombeerstaude,** Caes. u. a.: auch *fem.*, Prud. cath. 5, 31; apoth. 56 u. 70. – bildl., eradicato cacto et rubo subdolae familiaritatis, Tert. de pall. 2. – **II** die **Brombeere,** punicei, Prop. 3, 13, 28: fraga rubosque colligere, Calp. ecl. 4, 31.

Rubustīnī, s. Rubī.

ructābundus, a, um (ructo), **ein Mal ums andere rülpsend,** Sen. de vit. beat. 12, 3.

ructāmen, inis, *n.* (ructo), das **Aufstoßen, Rülpsen,** Prud. ham. 466.

ructātio, ōnis, *f.* (ructo), das **Aufstoßen, Rülpsen,** gew. im Plur., Cael. Aur. de morb. chron. 3, 8, 107; 5, 3, 56 u. a. Marc. Emp. 20. Ennod. epist. 7, 21.

ructātrīx, trīcis, *f.* (ructo), **Aufstoßen-, Rülpsen verursachend,** menta, Mart. 10, 48, 10.

ructo, āvī, ātum, āre, u. depon. Nbf. **ructor**, ārī (vgl. ἐρεύγομαι u. ahd. *it-ruchen,* wiederkäuen), **rülpsen, I** im Allg.: alci in os ructare, Plaut.: cui ructare turpe esset, is vomens etc., Cic.: numquam ructasse, Plin.: nec ieiunis et inanibus plenus ipse et ructans non tam apponis quam obicis cibos, Plin. pan. – *Depon.*, ructaretur, Cic. fr. bei Paul. ex Fest. 263, 3. – m. *Acc.* der Speise, nach deren Genuss man rülpst, die einem aufstößt, qui crudum ructat, Cels.: stomachus acida ructans, Plin.: aprum, Mart.: u. *Depon.*, cuius aves etiam nunc ructor, Varro r. r. 3, 2, 3. – **II** prägn., **1** = eructo, **rülpsen = rülpsend ausspeien, ausrülpsen,** cruor ructatus, Sil.: ructatos ore cruores, Sil.: calix venenarius, in quem mors aliqua (einiges) ructarit, Tert. de res. carn. 16. – übtr., fumum, ausdünsten (von der Erde), Pallad. 9, 8, 7. – bildl., versus ructatur (Depon.), Hor. de art. poët. 457: potor Mosellae (als Gallier) Tiberim ructas, die röm. Sprache mit Eleganz sprichst, Sidon. epist. 4, 17, 1: ructans semideûm propinquitates, im Munde führend, Sidon. carm. 23, 252: u. so quae academiis et porticibus Atticis pasta sapientiam ructas, Tert. de test. anim. 1: patrio ructata (ausgesprochen) profundo, Prud. apoth. 93. – **2** = **genießen, essen,** qui centenis vicibus ferculorum cotidiani convivii copias ructare consuerunt, Paulin. vit. Ambros. 1. – ► Über ructo u. ructor vgl. Caper 93, 10 K. Paul. ex Fest. 263, 2. Porphyr. Hor. art. poët. 457.

ructor, ārī, s. ructo.

ructuātio, ōnis, *f.* (ructuo) = ructatio, Augustin. serm. 150, 9: Plur., Cael. Aur. de sign. diaet. pass. 63. 64. 67.

ructuo, āvī, āre = ructo, Solin. 1, 74. Fulg. Verg. contin. p. 142 M. u. Eccl.

ructuor = ructor, Itala (Veron.) Matth. 13, 35.

ructuōsus, a, um (ructus), **voll Rülpse,** ructuosos spiritus geminare, mit jedem Atemzug einen Rülps ausstoßen, ein ums andere Mal rülpsen, Cael. b. Quint. 4, 2, 123.

ructus, ūs, *m.* (v. *rugo, ere, s. ructo), das **Rülpsen, Aufstoßen** des Magens, Plaut. u. Cic.: ructus gignere od. movere od. facere, Plin.: übtr., ex quibus profluentes fontium erumpunt ructus, wo es dann als eine sprudelnde Quelle hervorbricht, Vitr. 8, 1, 7.

rūdectus, a, um (rudus), eig. voll Schutt, dah. vom Erdboden, **trocken, mager,** terra, Cato r. r. 34, 2: locus, Cato r. r. 35, 1.

1. rudēns, entis, *m.*, das **starke Seil,** bes. **Schiffsseil, Tau,** um Segelstangen u. Segel anzuziehen u. zu befestigen, rudentis explicatio, Cic.: rudentum sibilus, Pacuv. fr.: stridor rudentum, Verg.: rudentum materiae, Solin.: e capillo torti rudentes (Stränge an der Katapulte u. Balliste), Vitr.: candidaque intorti sustollant vela rudentes, Catull.: dum hanc tibi quam trahis rudentem complico, Plaut.: rudentem explicuit immensum, bildl. = zählte eine un. Reihe von Tatsachen auf, Amm. 29, 1, 6. – Sprichw., rudentibus apta fortuna, an die Schiffstaue angeheftetes, folglich sehr ungewisses Glück, Cic. Tusc. 5, 40. – meton. = **Schiff** od. **Schifffahrt,** Val. Flacc. 1, 627. – ► Als *fem.* b. Plaut. rud. 938. – Abl. Sing. gew. rudente, selten rudenti, wie Vitr. 10, 2, 4: Genet. Plur. gew. rudentum, selten rudentium, wie Vitr. 10, 12 (18), 2 u. 10, 13 (19), 6. Prud. c. Symm. 2. praef. 13.

2. rudēns (Partiz.) s. rudo.

rūdera, um, *n. plur.*, s. 1. rūdus.

rūderārius, a, um (rudus), **morsch, gebrechlich,** cribrum, Apul. met. 8, 23.

rūderātio, ōnis, *f.* (1. rudus), **I** die **Verfertigung des Estrichs,** Vitr. 7, 1. § 1. – **II** meton., die **Estrichmasse,** Vitr. 5, 12, 6.

rūderātus, a, um (rudus), **mit Schutt bedeckt,** ager, voll Schutt, mager, trocken, Plin. 21, 20.

Rudiae, ārum, *f.*, Stadt in Kalabrien, Geburtsort des Ennius, j. *Rotigliano* od. *Ruge*, Plin. 3, 102. Mela 2, 4, 7 (2. § 66). Sil. 12, 396 *sq.* – Dav. **Rudīnus**, a, um, **aus Rudiä,** Rudinus homo, d. i. Ennius, Cic. Arch. 28: Sing. subst. Rudinus = Ennius, Auson. edyll. 12, 13. grammat. 17. p. 139 Schenkl: Plur. subst., Rudīnī, ōrum, *m.*, die Bewohner von Rudiä, die **Rudiner,** Enn. ann. 377. CIL 9, 23.

rudiārius, iī, *m.* (2. rudis), der bei seiner Entlassung mit einer rudis beschenkte **ausgediente Gladiator,** Suet. Tib. 7, 1.

rudibundus, a, um (rudo), **fort und fort brüllend, -iahend,** Aldh. de re gramm. in Class. auct. 5, 568 *extr.*

rudicula, ae, *f.* (*Demin.* v. rudis), ein Stöckchen zum Umrühren, **Kelle, Rührlöffel, Quirl,** Cato, Colum. u. Plin.

rudīmen, inis, *n.*, s. rudīmentum a. E. ►.

rudīmentum, ī, *n.* (zu rudis, e-rudio), der **erste Anfang,** der **erste Unterricht** in einer Kunst, die **Übungsschule, Vorschule,** der **erste Versuch,** die **erste Probe** in etw., **a** übh.: primum regni puerilis, Liv.: prima rudimenta rhetorices, Anfangsgründe, Quint.: turpe, Ov.: r. ponere, deponere, ablegen, durchmachen, Suet. u. Iustin.: cuius (Achillis) rudimenta formaverit Centaurus (Chiron), Stat.: ad fovenda vitae atque lucis rudimenta (die ersten Keime) praesto est, Gell. – **b** im Kriegsdienst, r. militare, Liv.: rudimenta militiae, Vell.: dura rudimenta belli, Verg.: magnorum praefectorum et ducum haec incrementa sunt et rudimenta, Pflanz- u. Übungsschule, Curt.: r. adulescentiae ponere, seine ersten Jugendkräfte versuchen, Liv.: sub militia patris rudimenta tirocinii deponere, Iustin. – ► Nbf. rudīmen, Gloss. IV, 397, 18 u. V, 612, 6.

Rudīnus, a, um, s. Rudiae.

1. rudis, e, **unbearbeitet, ungebildet, kunstlos, roh, wild, I** eig.: **a** von Lebl.: terra, Varro: ager, Colum.: r. atque infecta materies, Petron.: r. indigestaque moles (v. Chaos), Ov.: marmor, saxum, Quint.: aes (Ggstz. aes signatum), Plin.: hasta, Verg.: novacula (neben retusa), Petron.: caementum (neben informes tegulae), Tac. dial. – lana, rohe (noch ungesponnene), Ov. u. Stat.: textum, rohes, grobes, Ov.: so vestis, Ov. (aber vestes rudes, noch ungetragene, Edict. Diocl. 7, 54 *sqq.):* capilli, ungeordnetes, Sen. poët.: herba, rohes, wildes, Mart.: uva, harte, unreife, Mart. – *neutr. pl.* subst., detrahit doctrina aliquid, ut lima rudibus (rohen Gegenständen) et cotes habetibus, Quint. 2, 12, 8. – **b** poet. v. leb. Wesen, **jung, neu,** Amphitrite, ungewohnte, Catull.: agna, Mart.: nati rudes, neugeborene Kinder, Val. Flacc. – **II** übtr., **roh, unausgebildet, naturwüchsig, kunstlos, ungebildet, ungeschickt, unkundig, unerfahren, a** absol.: forma quaedam ingenii admodum impolita et plane rudis, Cic.: quae pueris nobis ex commentariolis nostris inchoata ac rudia excĭderunt, Cic.: quae rudia atque imperfecta adhuc erant, Quint.: esse illa rudibus et incompositis similia, Quint. – vox r., rohe, Quint.: vox incondita ac rudis (kunstlose), Tac.: r. modulatio, Quint.: modus (tibicinis), Ov.: r. in militari homine lingua, rohe, ungeübte Sprache, Liv. – stilus (neben confusus), Quint.: rudia prope primordia ac velut futurae mox artis (picturae), Quint.: animi (neben agrestes), Quint. u. (= noch unerfahrene in der Liebe) Prop.: ingenium, Quint. u. Hor.: r. vita priscorum et sine litteris, Plin.: saeculum, Quint. u. Tac.: anni, junge, frühe, Quint.: r. adhuc aetas, Quint. – v. Pers., r. et integer discipulus, Cic.: tam eram rudis? tam ignarus rerum? tam expers consilii? etc., Cic.: illi rudes ac bellicosi, Quint.: nescit equo rudis haerere ingenuus puer, Hor.: filia r., die noch in der Liebe unerfahrene, die unschuldige, Mart. – **b** m. *in* u. *Abl.* od. (selten) m. bl. *Abl.:* alii in disputationibus perpoliti, alii in disserendo rudes, Cic.: nulla in re tironem ac rudem esse, Cic.: in communi vita et vulgari hominum consuetudine nec hebetem nec rudem esse, Cic.: rudis in re navali erat, Liv.: sive in amore rudis sive peritus erit, Prop.: r. in re publica, in causa, in iure civili, Cic.: r. omnino in nostris poëtis, Cic.: rudis in plerisque et incompositus, steif u. ungelenk (v. Aristophanes), Quint.: r. sermo nulla in re, Cic. – m. bl. *Abl.,* Ennius ingenio maximus, arte rudis, Ov.: r. studiis, Vell. – **c** mit *ad* u. Akk.: r. ad pedestria bella gens, Liv.: r. natio ad voluptates, Curt.: r. ad partus, Ov.; vgl. Fabri u. Wölffl. Liv. 21, 25, 6. Weißenb. Liv. 35, 26, 3. Drak. Liv. 45, 32, 10. – **d** m. *Dat.:* fontes rudes puellis, den M. fremd, von M. unbesucht, Mart. 6, 42, 4. – **e** m. *Genet.:* imperiti homines rerum omnium rudes ignarique, Cic.: dicat se non imperitum foederis, non rudem exemplorum, non ignarum belli fuisse, Cic.: (Verres) non provinciae rudis erat et tiro, sed Siciliae, Cic.: non modo Graecarum litterarum rudes, sed etiam docti aliquantum, Cic.: r. rei militaris, Cic.: r. artium, Liv.: r. bonarum artium, Tac.: r. bellorum, v. Elefanten, Flor.: r. somni, schlaflos, Ov.: r. dicendi, Tac.: tractandi animos, Curt. – **f** m. *Infin.,* Sil. 6, 90; 8, 260.

2. rudis, is, *f.,* **jeder dünne Stab, I** zum Umrühren, **Kelle, Rührlöffel, Quirl,** Cato u. Plin. – **II** ein **Stab** zu Fechtübungen der Soldaten und Gladiatoren, etwa **Rappier,** Liv., Suet. u. a. – einen solchen Stab erhielt der ausgediente Fechter als Zeichen der völligen Befreiung vom Kampf od. der erlangten Meisterschaft, tam bonus gladiator rudem tam cito accepisti? Cic. Phil. 2, 74: acceptā rudi, Capit.: essedario indulgere rudem, Suet. – dah. übtr. v. der Befreiung von gewissen Pflichten oder Verrichtungen, me donari iam rude tempus erat, mich zu entlassen, Ov.: u. so donatum iam rude, des Dienstes schon entlassen, Hor.: me meruisse rudem, Mart. – ► Abl. Sing. gew. rude, selten rudi, wie Capit. Opil. Macr. 4, 5.

ruditās, ātis, *f.* (rudis), die **Roheit,** bildl. = die **Unwissenheit,** *Apul. flor. 20. p. 33, 16 Kr.

ruditus, ūs, *m.* (rudo), das **Schreien** des Esels, das **Iahen,** Apul. met. 8, 29. Mythogr. Lat. 3, 6, 26; vgl. Aldh. de re gramm. in Class. auct. 5, 568 *extr.*

rudo, rudīvī, ere (altind. *rudati,* jammert, ahd. *riozan,* klagen), **brüllen, I** eig., v. Tieren, z.B. von Löwen, Verg.: von Hirschen, **schreien,** Verg.: bes. von Eseln, **iahen,** Rhet. Her., Ov., Pers. u. Apul. – **II** übtr.: **a** von Menschen, Lucil. 261. Verg. Aen. 8, 248. – **b** v. Lebl.: prora rudens, knarrend, Verg. Aen. 3, 561. – ► Das *u* lang bei Pers. 3, 9. – Perf. rudivi bei Apul. met. 7, 13.

rudor, ōris, *m.* (rudo), das **Brüllen,** Apul. flor. 17. p. 26, 19 Kr.; de mund. 18.

1. rūdus, eris, *n.* (aus **ghreudos,* Wz. *ghreu(d),* hart über etwas hinstreifen, zerreiben, ahd. *grioz,* Sand, nhd. Grieß), **zerbröckeltes Gestein,** Stückchen Kalk, Erde usw., rudere pingui saturare terram, fette Erde, Colum. poët. 10, 81. – bes. **a** rudus vetus u. bl. rudus, **Geröll, Schutt,** von alten, eingestürzten Gebäuden, Tac. ann. 15, 43: Plur. rudera, altes, eingestürztes Gemäuer, Suet. Aug. 30, 1; Vesp. 8, 5. – **b** rudus novum u. bl. rudus, ein aus Brandsteinen u. Kalk bereiteter **Mörtel** zum Überziehen der Wände, Fußböden usw., die **Estrichmasse,** Cato, Vitr. u. Plin.: r. redivivum, schon einmal gebrauchte Estrichmasse, Vitr.: Alexandriae aedificia tecta sunt rudere aut pavimentis, Auct. b. Alex.

2. rūdus, s. raudus.

rūduscula porta, s. raudus.

rūdusculum, ī, *n.,* s. rauduscultum.

ruēs, s. ruīna a. E. ►.

rūfēsco, ere (rufus), **rot-, rötlich werden,** Plin. 28, 194 u. a.

rūfius, iī, *m.,* gallischer Name für chama, der **Hirschluchs,** Plin. 8, 70.

rūfo, āre (rufus), **rot-, rötlich machen,** von Farbstoffen, capillum, Plin. 15, 87 u. a.

Rufrae, ārum, *f.,* eine Stadt in Kampanien an der Grenze von Samnium, nach Reichard jetzt *Lacosta Rufaria,* Verg. Aen. 7, 739. Sil. 8, 568.

Rufrium, iī, *n.,* eine Stadt der Hirpiner, Liv. 8, 25, 4.

Rūfulī, ōrum, *m.,* Name der tribuni militum, die der Feldherr od. das Heer selbst wählte, während die vom Volk in den Komitien gewählten comitiati hießen, Liv. 7, 5, 9. Ps. Ascon. I. Verr.. 30. p. 142, 7 B.

rūfulus, a, um (Demin. v. rufus), **rötlich,** Plin.: rufulus (homo), rotköpfig, Rotkopf, Plaut.

1. rūfus, a, um (zu ruber u. rutilus), **rot** u. zwar **lichtrot, fuchsrot,** armenta, Vitr.: vacca, Hieron.: sanguis, Cels.: crinis, Plin.: crines, Solin.: color, Gell. u. Marc. Emp.: materies maris (tiliae) dura rufiorque, Plin.: radix rufior, Plin. – von Pers., **rothaarig, rotköpfig,** rufus quidam, Rotkopf, Plaut.: virgo rufa, Ter.

2. Rūfus, ī, *m.,* ein röm. Beiname, s. Curtius, Musonius, Rutilius.

1. rūga, ae, *f.* (vgl. altind. *rūkšá-ḥ,* rau), die Runzel, **Falte** der Haut, bes. im Gesicht, **I** eig., Varro, Hor. u. a.: sulcare rugis cutem, Ov. – zur Bezeichnung des Alters, aratā rugis fronte, Hieron.: non rugae auctoritatem arripere possunt, Cic.: der Traurigkeit, tunc ruga tristis abit, Ov.: haec si rugam trahit, dich verdrießlich macht, dir missfällig ist, Iuven.: rugas contrahere in fronte, verursachen, Varro: der Ernsthaftigkeit, des finsteren Wesens, rugas coēgit, hat finstere Mienen angenommen, Ov.: populum rugis supercilioque decepit, Cic.: vultus tuus colligit rugas et trahit frontem, quasi longius exeam, deine Miene zieht sich in Falten u. du runzelst die Stirn, Sen. – **II** übtr.: **1** im Allg.: arboris cortex replicatur in rugas, Plin.: iam decies redit in rugam, wird verzehnfacht, Pers.: nitidis rebus maculam ac rugam figere, schänden, verderben, einen Schandfleck anhängen, Iuven. – **2** insbes.: **a** die durch Falten gebildete **Runzel** an Kleidern usw., die **Falte** als Erhöhung (während sinus die Falte als Vertiefung), stolarum rugae, Vitr.: in veste et rugas et sinus invenit, Plin.: vestes quoque diutius vinctas ruga consumit, Petron. – **b** rugae, der **Schraubengang,** die **Schraubenmutter** (griech. περικόχλιον), Plin. 18, 317.

2. Rūga, ae, *m.,* röm. Beiname, z.B. des Sp. Carvilius, Val. Max. 2, 1, 4. Gell. 4, 3, 2 u. 17, 21, 44.

rūgātio, ōnis, *f.* (rugo), das **Runzeln** der Haut (Ggstz. extensio), Cael. Aur. de morb. chron. 2, 1, 3 u. 17.

Rugiī, iōrum, *m.,* eine germanische Völkerschaft an der Ostsee zwischen der Oder u. Weichsel u. auf der Insel Rügen, Tac. Germ. 43 (44). – Dies. **Rugī**, Amm. exc. Vales. 10, 48 G. Ennod. vit. Epiphan. p. 361, 14 *Hartel;* wov. Sing. Rugus kollekt. bei Sidon. carm. 5, 582 u. 7, 322.

rūginōsus, a, um (1. ruga) = rugosus, **runzelig, faltig,** cutis veluti ruginosa, Cael. Aur. de morb. acut. 1, 11, 86.

rugio, īvī od. iī, īre, **brüllen,** von Löwen, Spart. Get. 5. § 5. Suet. fr. 161. p. 247, 5 R. Anthol. Lat. 762, 49 (233, 49). Hieron. epist. 22, 4. Vulg. iudic. 14, 5; Iob 6, 5 u. a.: v. Hirschen, Suet. fr. 161. p. 248, 2 R.: v. Esel, **iahen,** Amm. 27, 3, 1. – übtr., rugientem (den kollernden) saturare ventrem, Hieron. epist. 52, 6. – ► Perf. rugierunt, Vulg. Ierem. 2, 15.

rugītus, ūs, *m.* (rugio), **I** das **Brüllen,** leonum rugitus (Plur.), Hieron. vit. Hilar. 6. Vopisc. Prob. 19, 5: rug. leoninus, Iul. Val. 1, 9 (17): canes terrificis latratibus ultra rugitus insanientes, Solin. 15, 7. – **II** übtr., intestinorum rugitus = βορβορυγμός, das **Knurren, Kollern** im Magen, Cael. Aur. de morb. chron. 3, 2, 18; 4, 7, 92. Hieron. epist. 22, 11.

rūgo, āvī, ātum, āre (1. ruga), **I** *tr.* **runzeln,** frontem, Hieron. epist. 50, 2: u. so rugatā fronte negare, Prop. 1, 10, 23 (Haupt): übtr., tunica, quae nec in infantibus rugatur (zusammenschrumpft), nec in iuvenibus tenditur, Optat. schism. Donat. 6, 10: concharum testae rugatae, runzelige, Plin. 9, 102. – **II** *intr.* **sich runzeln,** d. i. **Falten werfen,** vide, palliolum ut rugat, Plaut. Cas. 246.

rūgōsitās, ātis, *f.* (rugosus), die **Runzeligkeit,** Tert. de patient. 15.

rūgōsus, a, um (1. ruga), **runzelig, faltig,** venter, Cels.: genae, Ov.: senilia et rugosa membra, Val. Max.: senectus, Hieron.: senecta, Tibull.: sanna, das Naserümpfen, Pers.: cortex, Ov.: acina, Colum.: rugosus frigore pagus (Dorfschaft), Hor.: rugosius scrotum, Cels.: rugosior stolā frons, Mart.

Rugus, s. Rugiī.

ruibundus, a, um (ruo), **dahinstürzend,** amnis, CIL 4, 1688.

ruidus, a, um, **rau, uneben,** pilum (Stempel), Plin. 18, 97 zw. (Detl. mit *cod. Paris.* u. *Vatic.* nudo pilo).

ruīna, ae, *f.* (ruo), das **Stürzen** = das **Herab-, Hin-, Niederstürzen, der Sturz, I** eig. u. übtr.: **1** eig.: **a** übh.: grandinis, Lucr.: aquarum, Cael. Aur.: iumentorum sarcinarumque, Liv.: Capanei, Sturz des K. (durch den Blitzstrahl Jupiters), Prop.: subitā vi ruinae, des Sturzes (eines Kämpfenden), Amm.: dare equitum peditumque ruinas, stürzen machen, Lucr.: aulaea ruinas in patinam fecere, stürzten herab auf usw., Hor. – **b** der **Einsturz** eines Gebäudes, repentina r. turris, Caes.: r. amphitheatri, pontis, Suet. (u. so pontium ruinae et montium labes, Symm.): fracti ruinā, durch den Einsturz eines Gebäudes zerschmettert, Sen.: eā (*sc.* conclavis) ruinā oppressum interire, Cic.: ruinam dare, einen Einsturz erleiden, zusammenstürzen (v. einem Haus), Verg.: ebenso ruinam trahere, Verg.: ruinas dare arboribus, die Bäume niederstürzen, Verg.: ruinam dare sonitu ingenti, einander niederstrecken, Verg. – Plur., ruinae incendiaque urbis, Vell.: quantum ruinis (aedificiorum) deicitur, Auct. b. Alex.: Capitolio ruinas parare, Hor. – **2** übtr.: **a** der **Sturz, Fall** = **Fehltritt, Irrtum, Verwirrung,** fecere ruinas, sind gestrauchelt, Lucr.: (Academia) si invaserit in haec, nimias edet ruinas, würde viele Verwirrungen (Verwüstungen) anrichten, Cic. – **b Sturz** = **Unfall, Fall, Ungemach, Unglück, Ruin, Umsturz, Untergang,** rerum nostrarum, Liv.: r. publica, Vell.: incendium meum ruinā (rei publicae) restinguam, Cic.: r. urbis, Liv.: ruinae fortunarum tuarum, Cic.: tanti fortunam populi in ruinas aget, Sen.: aetatis facta est tanta ruina meae, Ov. – v. einer Niederlage, ruinā Hannibalis prope attoniti, Liv.: strage ac ruinā fundere Gallos, Liv.: ruinae similem stragem eques dedit, Liv.: quantis fatigaret ruinis, Hor. – v. polit. Sturz, ruina partium, pro quibus steterat, Liv. fr.: ruinā soceri in exsilium pulsus, Tac. – v. Untergang = Tod, ille dies utramque ducet ruinam, Hor.: r. Neronis principis, Plin. – **II** meton.: **1** von dem, was niederstürzt, einstürzt, **a** übh.: caeli r., Unwetter, Regensturz, Verg.: poli, Donner, Val. Flacc. – **b** das **eingestürzte Gebäude, Trümmer,** flumina ad lavandam hanc ruinam iugis montium obiter duxere, Plin. 33, 74: ex ruina templi Martis, CIL 11, 3801. – gew. im Plur., ruinae templorum, Liv.: ruinae aedium sacrarum (Ggstz. aedes sacrae stantes), Sen.: ruinae muri (Ggstz. stantia moenia), Liv.: fumantes Thebarum ruinae, Liv.: ruinae Carthaginienses, Vell.: Sagunti ruinae nostris capitibus incīdent, L v. – **2** v. Pers., die Unglück, Umsturz herbeiführen, der **Verderber, Zerstörer,** rei publicae, Cic. Sest. 109: ruinae publicanorum, v. Piso u. Gabinius, Cic. de prov. cons. 13. – ► arch. Nbf. ruēs, CIL 1, 28 (Carm. fr. arval.) *v.* 2. Gloss. IV, 281, 5.

ruīnōsus, a, um (ruina), **I** den Einsturz drohend, **baufällig,** aedes, Cic. de off. 3, 54: parietes, Sen. de ira 3, 35 *extr.*: bildl., quaedam sibi placendi altitudo ruinosa, Augustin. de civ. dei 21, 16. p. 520, 12 D².: tenebris et parietinis quibusdam animae ruinosus, Ambros. epist. 28, 3. – **II** übtr., **eingefallen, eingestürzt,** domus, **Trümmer** der Häuser, Ov. her. 1, 56. – subst., ruīnōsa, ōrum, *n.*, **Trümmer, Ruinen,** Vulg. Ezech. 23, 24 u. 27; 36, 10 u. 33.

1. rullus, a, um (aus **rud-las* zu rudis), **bäuerisch, grob, ungesittet,** subst. der **Grobian,** Plaut. most 40 u. Pers. 169. Vgl. Gloss. II, 176, 1 ›rulla, χωρική, ἀγροῖκος‹, u. Gloss. II, 175, 60 ›rullus, mendicus, ἀγύρτης‹.

2. Rullus, ī, *m.*, röm. Beiname, unter dem am bekanntesten war der Volkstribun P. Servilius Rullus, gegen den Cicero die drei agrarischen Reden hielt. – Plur. Rulli, Cic. Phil. 5, 48.

rūma, ae, *f.*, **rūmis,** is, *f.* u. **rūmen,** inis, *n.* (altlat. Wort), **I die säugende Brust,** ruma, Varro fr. bei Non. 167, 33. Varro r. r. 2, 11, 5: rumis, Varro r. r. 2, 11, 5 (wo Abl. Sing. rumi u. Nom. Plur. rumis). Plin. 15, 77 (wo Akk. Sing. rumim). Paul. ex fest. 271, 4 (wo Nom. Sing. rumis). – **II** die **Kehle, Gurgel,** der **Schlund,** rumen, Pompon. com. 152. Fest. 270, 28 u. 309 (a), 1. Paul. ex Fest. 9, 14: ruma, Arnob. 7, 25. Serv. Verg. ecl. 6, 54.

rumbus, s. rhombus.

rūmen, inis, *n.*, s. rūma.

rūmentum, ī, *n.* (rumpo), die **Unterbrechung** (als *t. t.* der Auguralspr.), Fest. 270 (a), 30. Paul. ex Fest. 271, 7.

rumex, icis, *c.*, **I** der **Ampfer, Sauerampfer,** Plaut. Pseud. 815. Ps. Verg. moret. 73. Plin. 11, 18. – **II** das **Brandgeschoss,** Lucil. 1315. Gell. 10, 25, 2.

Rūmia, s. Rūmina.

rūmifico, āre (rumor u. facio), **öffentlich preisen, -rühmen** usw., quam cives rumificant probam, rühmen als usw., Plaut. Amph. 678 (die neueren Herausgeber rumiferant).

rūmigerātio, ōnis, *f.* (rumigero), die Verbreitung eines Gerüchtes, die **Herumträgerei,** Lampr. Heliog. 10, 4.

rūmigero, āre, u. **rūmigeror,** ārī (rumor u. gero), **öffentlich bekanntmachen, ausbreiten,** Fest. 270 (a), 19. Paul. ex Fest. 271, 3: rumigerantium sermones, Schol. Bob. ad Cic. orat. de aere alieno Milon. 2. fr. 7. p. 344, 18 Kays.

rūmigerulus, a, um (rumor u. gerulus), der neue Gerüchte herumträgt, der **Neuigkeitskrämer, Postenträger,** Amm. 14, 1, 2. Hieron. epist. 50, 1; 117, 10.

rūmigo, āre (ruma u. ago), **wiederkäuen,** wiederkäuend **fressen,** Apul. met. 4, 22: bos si non rumigat, Gargil. Mart. cur. boum § 15.

Rūmina (in Hdschrn. auch Rūmia), ae, *f.* (rumis), die Göttin der Säugenden bei den Römern, die in einem besonderen Tempel in der Nähe des Feigenbaumes verehrt wurde, unter dem der Sage nach eine Wölfin den Romulus u. Remus genährt hatte, Varro r. r. 2, 11, 5. Augustin. de civ. dei 4, 11. p. 161, 6 D². u. a. – Dav. **Rūmīnālis** ficus, der Feigenbaum des Romulus u. Remus, Varro LL. 5, 54. Plin. 15, 77. Liv. 1, 4, 5 (nach dem er früher Rominalis ficus hieß): ebenso Ruminalis arbor, Nipperd. Tac. ann. 13, 58; u. **Rūmina** ficus, Ov. fast. 2, 412 (nach dem er früher Romula ficus hieß).

1. rūminālis, e (rumen), **wiederkäuend,** hostia, Plin. 8, 260.

2. Rūmīnālis, s. Rūmina.

rūminātio, ōnis, *f.* (rumino), das **Wiederkäuen, I** eig. u. übtr.: **a** eig., Plin. 11, 201. Serv. Verg. ecl. 6, 54. – **b** übtr., die **Verdoppelung,**

Wiederholung, corticis inter nucleos, Plin. 15, 94: hiemis, Plin. 17, 191. – **II** bildl.: de ruminatione cotidiana, wie man täglich das Alte wiederkäue, Cic. ad Att. 2, 12, 2.

rūminātor, ōris, *m.* (rumino), der **Wiederkäuer, wiederkäuend,** Arnob. 7, 24 u. a. spät. Eccl.

rūmino, āre, u. **rūminor,** ārī (rumen), **wiederkäuen, I** eig. (Form rumino): **1** im Allg.: **a** *intr.*: **α** v. Tieren, wie v. Rind u. Schaf, Colum. 6, 6, 1. Plin. 11, 161. Vulg. Levit. 11, 3: v. Kamel, Vulg. Levit. 11, 4: v. Hirsch, Plin. 10, 200: v. Hasen u. Igel, Vulg. Levit. 11, 5 u. 6: v. Fisch *scarus,* Plin. 9, 62: v. der Kropfgans, in veram alvum ruminantis modo refert, Plin. 10, 131. – **β** v. Menschen, servi sui recumbentes et ruminantes, Augustin. conf. 11, 2. – **b** *tr.*, v. Rind, pallentes herbas, Verg. ecl. 6, 54: revocatas herbas, Ov. am. 3, 5, 17: reduces gutture herbas, Paul. Nol. carm. 18, 340: v. Fisch *scarus,* epastas escas, Ov. hal. 119. – **2** prägn., **essen, genießen,** qui cum radicis amarum corticem ruminare cupiunt, poma spernunt, Anon. de solemn. 1 (Spicil. Solesm. tom. 1. p. 9 *sq.).* – bildl., quam sapida gaudia de pane tuo ruminaret, Augustin. conf. 6, 3. – **II** übtr., **wiederkäuen** = sich od. jmdm. ins Gedächtnis zurückrufen, wiederholen (vgl. Augustin. in psalm. 46, 1 ut, quando audit, sit similis manducanti; cum autem audita in memoriam revocat, sit similis ruminanti), **α** Form *ruminor:* Odyssian Homeri, Varro sat. Men. 60: antiquitates, *ibid.* 505: humanitatem, Varro logist. (Tanaquil I) p. 258 *Riese:* haece mulieri, Liv. Andr. tr. 8: figuras habitusque verborum nove aut insigniter dictorum in Laeviano illo carmine, Gell. 19, 7, 2. – **β** Form *rumino:* dum carmina tua ruminas, Symm. epist. 3, 13: cuius edulio saturati ruminamus cotidie verba, Hieron. epist. 96, 17: ama ecclesiasticas legere litteras; legendo et rumidando omnia quae cognitione digna sunt aut certe plurima perdisces, Augustin. epist. 140, 85: qui autem est non oblitus cogitat et cogitando ruminat, ruminando delectatur, Augustin. in psalm. 36. serm. 3. *no.* 5.

Rūminus, ī, *m.* (ruma), der **Allernährer,** Beiname Jupiters, Augustin. de civ. dei 7, 11.

rūmis, is, *f.*, s. rūma.

rūmito, āre (rumor), **öffentlich bekannt machen, ausbreiten,** Naev. b. Paul. ex Fest. 271, 3.

rūmo, āre = rumino, nach Fest. 270 (a), 28.

Rūmōn, ōnis, *m.*, alter Name des Tiberflusses, Serv. Verg. Aen. 8, 63 u. 90.

rūmor, ōris, *m.* (wohl verwandt mit raucus), jedes dumpfe **Geräusch, I** im Allg.: **a** v. Lebl., wie das **Geräusch** der Ruder, rumore secundo, unter günstigem Ruderschlag, Poëta vet. b. Cic. de div. 1, 29. Verg. Aen. 8, 90: das **Murmeln** des Wassers, tacito rumore, Auson. Mos. 22. – **b** das **Murmeln, Summen, verworrene Geschrei,** das verworrene **Durcheinanderrufen** einer Menschenmenge, Claud. nupt. Hon. et Mar. 160: trepido rumore viciniae clamitantis territus, Apul. met. 3, 27. – bes. oft rumore secundo, poet. = *clamore secundo,* **unter Beifallsruf, mit lärmendem Beifall,** Hor. ep. 1, 10, 9. Tac. ann. 3, 29. Suev. b. Macr. sat. 6, 1, 37: secundo populi rumore, Fenest. b. Non. 385, 17. – **II** prägn.: **A** das erzählende, berichtende leise **Gerede** der Leute von etwas, das dumpfe **Gerücht,** die **unverbürgte Nachricht** (Ggstz. veritas, s. Donat. Ter. Andr. 3, 3, 2), rumor inanis, Tac. (vgl. *no.* B): rumor levis et incertus, Suet.: rumores incerti, Caes.: rumores falsi, Caes.: rumor temere ortus, Liv.: rumores a privatis temere in gratiam magistratuum conflicti, Liv.: primo rumore, Sall.: rumor multa fingit, Caes.: rumor multa perfert, Cic.: quod in totam contionem pertulit rumor, Liv.: r. serpit, Cic.: frigidus a rostris manat per compita rumor, Hor.: rumorem dissipare, differre, Ter. u. Nep., serere, Verg. u. Curt.: dare passim varias rumorem per urbes, Stat.: rumores Africanos excipere et celeriter ad alqm perferre, Cic.: alere de industria rumores, Liv.: evanescit temere ortus rumor, Liv.: addidit alimenta rumoribus adventus Attali, Liv.: affingunt rumoribus quod res poscere videbatur, Caes.: rumoribus falsis terreri, Caes.: incertis rumoribus servire, Caes. – m. *Genet. caus.*, uno rumore periculi, von G., Cic.: cenae r., Suet. – m. *de* u. Abl., graves de te rumores, Cic.: exstinctis rumoribus de auxiliis legionum, Caes.; vgl. rumor sine satis certo auctore allatus de morte Ptolemaei regis, ein unverbürgtes G., Liv. – mit folg. *Acc.* u. *Infin.*, nach rumor venit, Ter., r. emergit, Vopisc., r. est, Ter. u. Cic., r. narrat, Mart., r. incedit, Tac., r. vulgatur, Liv.: nach crebri rumores afferebantur, Caes.: nach rumores exsistunt, Auct. b. Alex.: nach increbrescit rumor, Liv.: nach rumores distulerunt malevoli, Ter. – **B** das beurteilende **Gerede** der Leute, die **Volksstimme,** objekt. der **Ruf, 1** im Allg.: rumor populi, Ter.: fama rumoresque hominum, Liv.: rumore adverso esse, in üblem Ruf stehen, Liv.: so auch rumore malo flagrare, Hor.: claro apud vulgum rumore esse, Tac.: inanem aucupari rumorem et omnes umbras etiam falsae gloriae consectari, Cic.: totam opinionem parva nonnumquam commutat aura rumoris, Cic. – **2** insbes.: **a** die **gute Meinung,** der **Beifall,** rumori servire, Plaut.: rumorem quendam et plausum popularem esse quaesitum, Cic.: plebis rumorem affectavit, Tac. – **b** die **üble Nachrede,** die **Verleumdung,** Curt. 10, 10 (31), 18: Plur., Sall. hist. fr. 2, 30 (2, 36).

rumpia, ae, *f.*, s. romphaea.

rumpissa, ae, *f.* (rumpia = spina alba), der **Weißdorn,** Gargil. Mart. cur. boum § 13.

rumpo, rūpī, ruptum, ere (Wz. *reup, rup,* brechen, reißen, altind. *rópayati,* er bricht ab, *rōpam,* Loch), **brechen, zerbrechen, zerreißen, zerteilen, gewaltsam trennen, -öffnen, zersprengen, I** eig.: **A** im Allg.: **a** übh.: vincula carceris, vincula alcis, Cic.: catenas, Hor.: pontem, abbrechen, Liv.: arcum, Phaedr.: vestes, Ov.: tenues vestes a pectore, Ov.: funem ab litore, Verg.: linum ruptum aut turbata cera, Quint. – praecordia ferro, durchbohren, Ov.: guttura cultro, durchschneiden, Ov.: ebenso colla securi, Ov. – nodos et vincula linea (mit dem Pfeil) zerschießen, Verg. – adamantem, sprengen, Plin.: nubem, zerteilen, spalten, Lucr. – ruperunt horrea messes, machten bersten (vor Fülle), Verg.: cantu rumpent arbusta cicadae, werden so zirpen, dass die Bäume bersten, Verg. – Passiv rumpi = **brechen, aufbrechen, platzen, reißen, bersten, zerspringen** u. dgl., vesica rumpitur, Cels.: inflatas rumpi vesiculas, Cic.: usque dum (calcaria, Hahnensporen) rumpantur, Varro: tofi gelu rumpuntur, Plin.: ruptus mons terrae motu, Plin.: ruptum caelum, Sil. – **b** am Körper etw. **brechen, zerreißen, sprengen, zersprengen, bersten machen,** übh. **verletzen, beschädigen,** ramices, Plaut. u. Varro fr. (s. rāmex): membrum, Cato: alcis ilia, Catull.: Iarbitam, Hor.: exiguam ranam, Mart.: alqm ambulando, fast zu Tode hetzen, ganz abhetzen, Ter.: u. so bovem, Plin.: leporem forti equo, Mart.: si quis rumpet occīdetve, verletzt, Carm. vet. b. Liv.: u. so oft r. alqm = verletzen, beschädigen, bei den ICt. – sich selbst, rumpe miser tensum iecur, sprenge (v. einem Schreihals), Iuven.: ramices suas od. se alcis causā, sich im Leibe zerreißen, Plaut.: ebenso me rupi causā currendo tuā, Plaut. – u. Passiv rumpi medial = **bersten,** rumpantur ut ilia Codro, Verg.: u. v. der Pers. selbst, risu clandestino rumpier, bersten, Afran. com. fr.: cantando rumpitur anguis, Verg.: rumpi invidiā (vor N.), Mart.: miser rumperis et latras, schreist dich (fast) zu Tode, zerschreist dich, Hor.: ut licentiā audacium, quā ante rumpebar, nunc ne movear quidem, hätte bersten mögen (vor Ärger), Cic.: u. so rumpantur iniqui, Prop. u. Mart.: rumpi (bersten vor Ärger) m. folg. *Acc.* u. *Infin.*, non rumperetur supra cineres Cn. Pompei constitui Seianum? Sen. ad Marc. 22, 5. – **c sprengen, zersprengen, durchbrechen, α** = eine Menschenmenge auseinandertreiben, als milit. *t. t.*, ordines, mediam aciem, Liv.: rapido cursu media agmina, Verg.: misso proelia equo (von Decius), Prop. – **β** (poet.) durch eine Örtlichkeit sich einen Weg bahnen, Alpes, Sil.: iuga, Val. Flacc. – **d** poet. übtr.: unde tibi reditum certo subtemine Parcae rupere, abgeschnitten, Hor. epod. 13, 15. – **B** prägn.: **1** brechen machen, **durchbrechen, bahnen, eröffnen, öffnen,** ferro per hostes viam, Verg.: eo cuneo viam, Liv.: viam igne, Stat.: iter ferro, Sil.: aditus, Verg.: parvos hiatus, Sil. – **2 hervorbrechen lassen, a** übh.: fontem, Ov. met. 5, 257. – öfter refl. se rumpere u. medial rumpi, **hervorbrechen,** tantus se nubibus imber ruperat, Verg.: inter nubila sese rumpent radii, Verg.: amnes rumpuntur fontibus, Verg.: rupto turbine, hervorgebrochen, Verg. u. Petron. Vgl. übh. Goßrau Verg. Aen. 2, 416. – **b** einen Ton usw. aus sich = **ertönen-, hören lassen,** unser **ausbrechen** in usw., has voces, Verg.; vgl. non exsilio fratrum ruptā voce, zu einem Laut vermocht, Tac.: questus, Verg.: querellas, Lucan.: gemitum, Sil. – **II** bildl., **brechen, a brechen = verletzen, vernichten, aufheben, vereiteln,** foedera, Cic. u. a.: sacramenti religionem, Liv.: fidem indutiarum, pacis, Liv.: pacem, Eutr.: ius gentium, Liv.: edicta, Hor.: leges, Lucan.: pactum, Gell.: proposita, Vell.: imperium, den Gehorsam aufkündigen (v. Soldaten), Curt. u. Tac., od. das Gebot (den Befehl) übertreten, Tac.: testamentum, Cic.: nuptias, Hor.: societatem fidei atque amicitiae per scelus, Liv.: condiciones pacis, Vell.: fata aspera, Verg.: fati necessitatem humanis consiliis, vereiteln, Liv.: rumpere et finire vitam, v. den Parzen (Ggstz. ordiri u. contexere), Lact. – **b brechen = unterbrechen, stören, abbrechen,** visum, Cic.: somnum, Verg. u. Lucan.: sacra, Verg.: novissima verba, Ov.: silentium, Plin. ep.: tandem obstinatum silentium, Curt.: hoc iterum sermone silentia, Ov.: alta silentia verbis, Verg.: si quando pietas nostra silentium rumpit, Plin. pan.: taciturnitatem, Tac.: ut quidam patientiam rumperent, einigen die Geduld brach, Suet.: rumpe moras, Verg.: rumpe iam moras, Plin. ep. – ► arch. Perf.-Form rupsit = ruperit, XII tabb. 8, 2. p. 141 *Schoell:* vulg. Infin. Perf. rumpisse, Avian. fab. 25, 13: parag. Infin. Präs. Pass. rumpier, Afran. com. 127.

rumpōtinētum, ī, *n.* (rumpotinus), das niedere **Weingesenk, Weingebüsch,** Colum. 5, 7, 2.

rumpōtinus, a, um (rumpus u. teneo), **zum Halten der Weingesenke dienend,** genus arbusti, arbores, Colum. 5, 7, 1 u. 3. – subst., rumpōtinus, ī, *f.*, der **Masholder** (opulus), Plin. 14, 12.

rumpus, ī, *m.* (rumpo) = tradux, das **Weingesenk,** Varro r. r. 1, 8, 4.

rūmusculus, ī, *m.* (Demin. v. rumor), das **nichtige Gerede der Leute,** das **Geschwätz,** imperitorum hominum rumusculos aucupari, Cic. Clu. 105: omnes rumusculos popularis aurae aucupari, Cic. de legg. 3, 35: hominum rumusculos aucupari, Hieron. epist. 52, 13: rumusculos et gloriolas et palpantes adulatores quasi hostes fuge, Hieron. epist. 58, 6: quid imperitorum de ingenio tuo rumusculi iactitent, Agustin. epist. 66, 9: animus laudem atque rumusculos et gloriolam populi requirens, Hieron. epist. 105, 2.

rūna, ae, *f.*, **I** ein **Wurfgeschoss, Wurfspieß,** viell. das spätere pilum, Paul. ex Fest. 263, 1. – **II** übtr., die **Runenschrift,** Ven. Fort. carm. 7, 18, 19.

rūnātus, a, um (runa), **mit einem Wurfgeschoss (Wurfspieß) versehen,** Enn. ann. 589.

runcātio, ōnis, *f.* (runco), **I** das **Jäten, Ausjäten,** Colum. u. Plin. – **II** meton., das auszujätende **Unkraut,** Colum. 2, 11, 6.

runcātor, ōris, *m.* (runco), der **Jäter,** Colum. 2, 12, 1 u. a.

1. **runcina,** ae, *f.* (ῥυκάνη, s. 1. Varro LL. 6, 96), der **Hobel,** Plin. 16, 225. Tert. apol. 12. Vulg. Isai. 44, 13: runcinarum levigari de planis (Eisen), Arnob. 6, 14.

2. **Runcīna,** ae, *f.* (1. runco), die dem Reinigen der Saat durch Ausrupfen des Unkrautes und der unbrauchbaren Ährenhalme vorstehende ländliche Gottheit, nach Augustin. de civ. dei 4, 8. p. 156, 6 D^2.

runcino, āre (runcina), **hobeln, abhobeln,** Varro LL. 6, 96. Arnob. 5, 28. Min. Fel. 23, 11: scherzh., ego illum probe iam oneratum runcinabo, will ihn beschummeln (übers Ohr hauen), *Plaut. mil. 935 (Ritschl; Brix admovebo).

1. **runco,** āre, **I jäten, ausjäten,** spinas, Cato r. r. 2, 4: segetes, Varro r. r. 1, 30. Colum. 11, 2, 40. Plin. 18, 139 u. 159: absol., Colum. 2, 10, 26 u. 5, 6, 7. Tert. de pall. 2. – **II** übtr.: **A** glatt **rupfen,** Pers. 4, 36. – **B mähen,** frumenta, Augustin. de civ. dei 4, 8. p. 156, 5 D^2.

2. **runco,** ōnis, *m.* (runco, āre), die **Reuthacke, Jäthacke,** Pallad. 1, 43, 3; vgl. Isid. orig. 20, 14, 5.

ruo, ruī, rutum, aber *Partic. Fut.* ruitūrus, ere (vgl. griech. ἔχραον, überfiel, bedrängte u. congruo, in-gruo), **rennen, stürzen, I** *intr.*: **A** im Allg., **rennen, stürzen, stürmen = eilen, 1** eig.: **a** v. Pers.: id ne ferae quidem faciunt, ut ita ruant itaque turbent, ut etc., Cic.: (Pompeium) ruere nuntiant et iam iamque adesse, Cic.: quidam inermes ultro ruere ac se morti offerre, Tac.: legio sustinuit ruentes (die Einherstürmenden), Tac. – huc omnis turba ruebat, Verg.: in aquam caeci ruebant, Liv.: in castra fugientes, Liv.: in ferrum, Verg.: in vulnera ac tela, Liv.: in proelium, Flor.: ad urbem infesto agmine, Liv.: ad portas, Tac.: ad convivium, Tac. – per vias, Tac.: per proelia, Verg. – eques pedesque certatim ruere portis, Liv. – **b** v. Flüssen, r. de montibus, Verg.: per campos, Ov.: in Galliam (v. Rhein), Tac. – **c** v. Tönen, antrum, unde ruunt totidem voces, responsa Sibyllae, hervorbrechen, -tönen, Verg. Aen. 6, 44. – **d** v. Nacht u. Tag, vertitur interea caelum et ruit Oceano nox, d. i. eilt herauf, Verg.: u. so revoluta ruebat dies, Verg. – dagegen nox ruit enteilt (geht unter), Verg.: ebenso sol ruit caelo, Apul., u. bl. sol ruit, Val. Flacc.: ruit imbriferum ver, Verg. – **2** übtr.: **a** übh.: r. in arma ac dimicationem, einen blinden Hang haben zu usw., Liv.: crudelitatis odio in crudelitatem, Liv.: mutuis inter se odiis in bellum, Iustin.: r. in servitium, in exitium, Tac.: in sua fata, Ov.: omnia fatis in peius ruere, Verg.: avide ad libertatem, Liv.: ad interitum, Cic.: se in errores, Gell. 6 (7), 2, 8. – quo ruis? quibus periculis te obicis? Plin. ep. – quo scelesti ruitis? Hor. – poet. m. *Infin.*, quo ruis imprudens dicere fata? Prop. 4, 1, 71: u. so Stat. Theb. 7, 177. Claud. rapt. Pros. 3, 387. – *impers.*, ut ferme fugiendo in media fata ruitur, Liv. 8, 24, 4. – **b** insbes., vom unüberlegten, stürmischen Handeln, **sich überstürzen, sich übereilen, unüberlegt-, stürmisch handeln, seinem Sturz entgegeneilen,** r. in agendo, in dicendo, Cic.: emptorem od. reum ruere pati, Cic. u. Liv.: vide, ne quid imprudens ruas, Ter.: cum cotidie rueret, Cic.: non compescere ruentes, Tac.

B prägn., **stürzen = nieder-, herabstürzen, einstürzen, sinken, 1** eig.: **a** (poet.) v. Pers.: ruebant victores victique, Verg.: nec quisquam primus ruit, Val. Flacc. – **b** v. Lebl.: ruere illa non possunt, ut haec non eodem labefacta motu concīdant, Cic.: ruunt parietes, aedes, Plaut.: ruunt templa deûm, aulaea, Hor.: ruere in agris tecta, Liv.: supra sese ruere omnia tecta, Lucr.: murus latius, quam caederetur, ruebat, Liv. – ruit alta a culmine Troia, Verg. – neve ruant caeli tonitralia templa superne, Lucr.: so ruit arduus aether (d. i. Unwetter, Regen u. dgl.), Verg.: caelum imbribus immodicis, Mart.: caelum in se, Liv.: turbidus imber aquā, Verg.: tempestas, Tac. – Sprichw., v. sehr zaghaften u. furchtsamen Menschen, *Cl.* Quid tum quaeso, si hoc pater resciverit? *Sy.* Quid si nunc caelum ruat? Ter. heaut. 719. – **2** übtr., **niederstürzen, sinken,** ratio ruat omnis, vita quoque ipsa concīdat extemplo, Lucr.: quae cum accīdunt nemo est quin intellegat, ruere illam rem publicam, Cic.: quem vocet divûm populus ruentis imperii rebus? Hor.: Vitellium ne prosperis quidem parem, adeo ruentibus debilitatum, durch Sinken, durch den Untergang des Glückes, Tac.

II *tr.:* **A fortraffen, aufraffen,** d. i. **1** eilig fortnehmen, **a** übh.: cinerem et confusa ossa focis, Verg.: atram nubem ad caelum, emporführen, Verg. – **b** = eilig **zusammenraffen, -zusammenscharren,** unde divitias aerisque ruam acervos, Hor. sat. 2, 5, 21 *sq.;* – **2** aus **der Tiefe aufwühlen, a** übh.: (tauri) terram ruebant, Lucr.: cum mare permotum ventis ruit intus arenam, Lucr.: ruunt (venti) totum mare a sedibus imis, Verg.: r. spumas salis aere, v. Schiffenden, Verg. – **b** in der jurist. Sprache der *t. t.*, rūta et caesa und asyndet. rūta caesa, alles, was auf einem Grundstück ausgegraben (ruta) u. gefällt (caesa) worden ist, ohne verarbeitet worden zu sein, u. vom Besitzer beim Verkauf zurückgehalten wird, **rohes Material,** Cic., Crass. (bei Cic.) u. ICt. (wegen des hier langen *u* s. 1. Varro LL. 9, 104).

B etw. **niederreißen, niederstürzen,** imbres fluctusque frangere malum, ruere antennas, scindere vela etc., Plaut. – naves (vis venti) ruit, Lucr.: ceteros ruerem, agerem, raperem, tunderem et prosternerem, Ter.: immanem molem volvuntque ruuntque, Verg.: cumulos ruit pinguis arenae, zerschlägt, ebnet, Verg. – refl. in praedam superne sese, sich herabstürzen, Apul. flor. 2. p. 2, 19 Kr.

rūpēs, is, *f.* (v. rumpo), **die steile, schroffe, jähe Felswand, die Klippe,** dah. auch = **Felsenkluft,** jähe **Schlucht,** jäher **Abgrund,** altissimae rupes, Caes.: excelsissimae rupes, Plin.: abscisae rupes, Liv.: cavae rupes, Felsenklüfte, zerklüftete Felsen, Verg. u. Liv.: angustior rupes atque ita rectis saxis, ut etc., Liv.: sub ima rupe, Felsengrotte (der Sibylle), Verg.: contusi ac debilitati inter saxa rupesque, zwischen Felsen und Schluchten (Abgründen), Liv.: praecipitati Alpinā rupe torrentes, Salv.: tecta informia rupibus imposita, Liv.: urbs saxo undique absciso rupibus imposita est, auf Felsen, die von rings scharf abgeschnittenen Steinmassen gebildet sind, Liv.: sive te rupes et acuta leto saxa delectant, Hor.: alqm in rupes (Abgründe) protrudere, Hor.

rūpeus, a, um (rupes), **steinern,** bildl. = **starr, tot,** saxa (Ggstz. vivi lapides), Ambros. in Luc. 2. § 75.

rupex, icis, *m.* (rupes), der **Steinblock,** attrib. = **steinern,** rupices paginae, Salv. de gub. dei 1, 9, 43. – übtr., ein roher, ungebildeter, bäuerischer Mensch, ein **Klotz,** ein **Rüpel,** Lucil. 1121. Gell. 13, 9, 5. Tert. de pall. 4 u. a.

rūpicapra, ae, *f.* (rupes u. capra), die **Gemse,** Plin. 8, 214 u. a.

rupico, ōnis, *m.* = rupex, Apul. flor. 7. p. 8, 15 K.

Rupilius, a, um, Name einer röm. *gens,* aus der am bekanntesten **a** P. Rupilius, mit Popilius Lānas Konsul, Cic. de amic. 37; Verr. 2, 40: dah. *adi.,* leges Rupiliae, Cic. Verr. 2, 40 u. a. – **b** A. Rupilius, ein Arzt, Cic. Clu. 176. – **c** ein Schauspieler zu Ciceros Zeit, Cic. de off. 1, 114. – **d** P. Rupilius Rex, aus Präneste, Zeitgenosse des Horaz, von Oktavian geächtet, Hor. sat. 1, 7, 1.

rupīna, ae, *f.* (rupes), die **Felskluft, Steinkluft,** Plur. bei Apul. flor. 11; met. 6, 26 u. a.

ruptio, ōnis, *f.* (rumpo), **a** aktiv = die körperl. **Beschädigung,** Plur., Ulp. dig. 9, 2, 27 § 17. – **b** passiv, das **Zerspringen, Bersten,** tunicularum oculi, Marc. Emp. 8. fol. 96 (a): aurium interior, Sex. Placit. de medic. 4, 13 *lemm.:* Plur., ruptiones ex ictu tunicularum, *ibid.* 4, 8.

ruptor, ōris, *m.* (rumpo), **I** der **Zerplatzenmacher,** vesicarum, Sidon. epist. 3, 13, 4. – **II** übtr., der **Verletzer,** foederis, foederum, Liv.: indutiarum, Liv.: pacis, Tac. u. a.

ruptūra, ae, *f.* (rumpo), der **Bruch** eines Gliedes, das **Reißen** einer Ader u. dgl., Gell. 20, 1, 33. Veget. mul. 5, 64, 11.

rūrālis, e (rus), **ländlich,** negotia, Amm.: opus (Hesiodi), Macr.: Apollo, Calp.

rūrāliter, *Adv.* (ruralis), **ländlich, auf dem Lande,** Cassiod. var. 3, 51, 3.

rūrātio, ōnis, *f.* (ruro), das **Landleben,** die **Landwirtschaft,** Apul. flor. 15. p. 16, 15 Kr. u. apol. 56.

rūrestris, e (rus), **ländlich, Land-, Feld-,** arva, Apul.: opus, ICt.: tibia, Mart. Cap.

rūricola, ae, *c.* (rus u. colo), **I das Feld bebauend, ländlich,** deus, v. Priapus, Ov.: Ceres, Ov.: homines, Landleute, Bauern, Itin. Alex.: Phryges, phrygische Bauern, Ov.: bos, Ov.: aratrum, Ov. – subst., rūricola, ae, *m.,* der Feldbebauer, Sidon. carm. 2, 19: poet. v. Stier, Ov. met. 15, 124: Plur., rūricolae, ārum, *m.,* Landleute, Bauern, Colum. poët. 10, 337. Calp. ecl. 8, 14 u. 8, 52. – **II das Feld bewohnend,** Fauni, Ov. met. 6, 392: formicula, Apul. met. 6, 10. – ► synk. Genet. Plur. ruricolûm, Calp. ecl. 8, 52.

rūricolāris, e (ruricola), **das Feld bauend,** cultor, Ven. Fort. vit. S. Mart. 1, 326 *Leo.*

rūrigena, ae, *c.* (rus u. gigno), **auf dem Land geboren,** subst., rūrigenae, ārum, *c.,* die Landleute, Ov. met. 7, 765. – ► Nbf. rurigenus, Gloss. IV, 563, 40.

Rūrīna, s. Rūsīna.

rūro, āre, u. **rūror,** ārī (rus), **auf dem Land leben, Landwirtschaft treiben,** dum ruri rurant, Plaut. capt. 84: dum in agro studiosius ruror, Varro sat. Men. 457.

rūrsus u. **rūrsum** (altlat. rūsus, rūsum, russum), *Adv.* (zsgz. aus revorsus, revorsum, *i.e.* reversus, reversum), **I rückwärts, zurück,** rursum cadere, zurückfallen, Plaut.: rursum se recipit, Caes.: rursum trahunt, Cic.: rursum reditum ad vada tetulit, Catull.: dah. rursum vorsum, rückwärts, Plaut.: rursum prorsum u. rursus prorsus, s. prōrsum u. prorsus. – **II** übtr.: **A** zur Bezeichnung des Entgegengesetzten, **umgekehrt, im Gegenteil, dagegen, andererseits, wiederum** (s. Cic. Tusc. 1, 17, 40. Kritz u. Dietsch Sall. Cat. 53, 5. Kritz Sall. Iug. 69, 1. Nipperd. Tac. ann. 13, 14. Heräus Tac. hist. 1, 1), rursus repudiaret, Cic.: rursus quidam arbitrantur, Quint. – **B** zur Bezeichnung der Rückkehr zu einer früheren Tätigkeit oder ihrer Wiederholung, **wieder, von neuem, noch einmal** (s. Held Caes. b. G. 4, 12, 2. Schneider Caes. b. G. 4, 1, 5), em rursum tibi, da hast du's wieder, Plaut.: dic rursum, Ter.: rursus sevocanda videatur, Cic.: rursus resistere, instare, Caes.: rursus minuente aestu, Caes.: hi rursus in vicem anno post in armis sunt, Caes.

rūs, rūris, *n.* (aus **revos,* avestisch *ravah-* aus *ravas* Feld, gotisch *rūm,* nhd. Raum), das **Land,** im Gegensatz zur Stadt, **Feld, Besitzung, Landgut, I** eig.: rus suburbanum, Tac.: habes rus amoenum, Cic.: ex meo propinquo rure hoc capio commodi, Ter.: rura peragrantes, Cic.: rura colere, Plin.: rura colentes, die Landbebauer, Hirt. b. G.: rura exercere bubus, Hor.: vel in urbibus vel in ruribus, Augustin. c. litt. Pet. 3, 31, 36. – bl. Akk. rus auf die Frage wohin? = **aufs Land, aufs Gut,** rus ire, Plaut. u. Ter.: dagegen m. *Adi.,* in Albense rus inferre, Plin.; u. Plur. in sua rura venire, Cic. – bl. Abl. rure u. Lokat. ruri, auf die Frage woher? = **vom Land, vom Gut,** redire rure, Ter. u. Cic., ruri, Plaut.; u. auf die Frage wo? = **auf dem Land, auf dem Gut,** vivere ruri, Cic., u. rure, Hor.: rure morientem, Liv.: m. *Adi.* immer *rure,* wie rure paterno, Hor.: rure suo, Ov.: suburbano rure, auf einem Landsitz im Weichbild der Stadt, Tac.: in Veliterno rure, Plin. Vgl. Plaut. most. 1062. – **II** meton., das **Land,** d. i. das **bäuerische Wesen,** manent vestigia ruris, Hor.: pleni ruris et inficetiarum, Catull.

rūscārius, a, um (ruscum), **zum Mäusedorn (Brüsch) gehörig,** falculae, zum Ausjäten des Mäusedorns, Cato r. r. 11, 4. Varro r. r. 1, 22, 5.

Ruscino, ōnis, *f.,* eine Stadt in Gallia Narbonensis an den Pyrenäen, am Fluss gleiches Namens, jetzt *la Tour de Rousillon,* Liv. 21, 24, 2 *sqq.* Mela 2, 5, 8 (2. § 84). Prisc. 5, 9.

Ruscōnia, ae, *f.,* eine Stadt an der Nordküste von Mauretania Cäsariensis, unter Augustus kolonisiert, Plin. 5, 20. – Dav. **Ruscōniēnsis** (Ruscūniensis), e, **ruskoniensisch,** colonia, CIL 8, 9047.

rūsculum, ī, *n.* (*Demin.* v. rus), das **Gütchen,** Gell. 19, 9, 1.

rūscum, ī, *n.* od. **rūscus,** ī, *f.,* der **Brüsch, Mäusedorn,** eine Art Feldspargel (*Ruscus aculeatus,* L.), dessen zähe Schafte zum Anbinden des Weinstocks dienten, Verg. ecl. 7, 42; georg. 2, 413. Colum. poët. 10, 374. Plin. 21, 86 u. 173. Edict. Diocl. 6, 36: Nom. ruscum, Fest. 262 (b), 31: Nom. ruscus, Colum. 12, 7, 2: Nom. ruscum u. ruscus, Gloss. II, 176, 28 u. II, 256, 36.

Rusellae, ārum, *f.,* eine der zwölf Bundesstädte Etruriens, östlich vom lacus Prilius auf einem Felsen, im J. 302 v. Chr. von den Römern kolonisiert, jetzt Ruinen bei *Roselle;* dav. **Rusellānus** (Russellānus), a, um, **rusellanisch, von** oder **bei Rusellä,** Rus. ager, Liv.: Rus. colonia, Plin.: fons Rusellanus, CIL 14, 3911. – Plur. subst., Rusellānī, ōrum, *m.,* die Einw. von Rusellä, die **Rusellaner,** Liv.

Rusgūnia, ae, *f.,* Stadt in Mauritania, röm. Kolonie, Plin. 5, 20. Itin. Anton. 16, 1. CIL 8, 9250. – Dav. **Rusgūniēnsēs,** ium, *m.,* die Einw. von Rusgunia, die **Rusgunienser,** CIL 8, 9250.

Rūsīna, ae, *f.* (archaist. = Rurina, v. rus), die den Landbau beschützende Gottheit, Augustin. de civ. dei 4, 8. p. 155, 17 D^2.

Rūsor, ōris, *m.* (rusum = rursum), die Gottheit der regelmäßigen Wiederkehr aller Erzeugnisse, Varro b. Augustin. de civ. dei 7, 23 *extr.*

Rūspina, ae, *f.,* eine Stadt in Africa propria, südlich von Karthago, Auct. b. Afr. 6. § 6 u. a. Plin. 5, 25 u. a. Sil. 3, 260.

rūspo, āre = ruspor, Tert. de pall. 2.

rūspor, ārī, **durchforschen, untersuchen,** Acc. tr. 441 u. 489. Apul. apol. 41. Vgl. Oehler Tert. de pall. 2 (tom. 1. p. 923, b).

russātus, a, um (russus), **I rotgefärbt, gerötet,** sanguine, Tert. de cor. mil. 1. – **II** (Nbf. ryssātus) **rotgekleidet,** grex, die rotgekleidete Partei der Wagenlenker (Wettfahrer), CIL 6, 10072.

Russellānus, s. Rusellae.

russeolus, a, um (*Demin.* v. russeus), **etwas rötlich,** Prud. perist. 11, 130.

russēsco, ere (russus), **rot werden, sich röten,** russescunt frundes, Enn. ann. 261.

russeus, a, um (russus), **rötlich,** equus, Fuchs, Pallad. 4, 13, 4: tunica, Petron. 27, 1: paenulae coloris russei, Lampr. Diad. 2, 8: russ. fasciola, Apul. met. 2, 8: auriga russei (panni), ein Wagenlenker (Wettfahrer) der roten (rotgekleideten) Partei, Plin. 7, 186.

russulus, a, um (*Demin.* v. russus), **rötlich,** fasciolae, Capit. Albin. 5, 9: tunicae, Vopisc. Prob. 4, 5.

rūssum, s. rūrsum.

russus, a, um (zu ruber), **rot,** fauces, Enn. tr. fr.: gingiva, Catull.: tunicae russae militares oder ducales, Valer. imp. b. Treb. Poll. u. Vopisc.: vinum russum, Vopisc. – ► rusus geschr. b. Gell. 2, 26, 8 H.

rūsticanter, *Adv.* (rusticans v. rusticor) = rustice, **bäuerisch,** d. i. **ungeschickt, plump,** Sidon. epist. 9, 3, 6 *Luetjohann.*

rūsticānus, a, um (rusticus), **das Land** od. **den Landmann betreffend,** in Bezug auf Herkunft, Aufenthalt u. dgl., **ländlich, bäuerlich,** vita, das Landleben als bloßer Aufenthalt auf dem Land (hingegen rustica vita das Landleben mit allen Beschäftigungen, die dahin gehören), Cic.: rusticanus vir, sed plane vir, auf dem Land aufgewachsen, erzogen, Cic.: homines rusticani ex municipiis, Landbau treibende, Cic.: quidam rusticanus, Cic.: sum quidam rusticanus upilio, Apul.: illud, quod loquitur, priscum visum iri putat, si plane fuerit rusticanum, Cic. – r. tugurium, Bauernhütte, Hieron. epist. 52, 6. – Sing. subst. rūsticānus, ī, *m.*, der **Landmann,** Augustin. serm. 102, 5: Plur. subst., rūsticānī, ōrum, *m.*, **Landleute, Bauern,** Eutr. 9, 20.

rūsticātim, *Adv.* = rustice, **bäuerisch** (Ggstz. urbanatim), Pompon. com. 7.

rūsticātio, ōnis, *f.* (rusticor), **I** der **Aufenthalt auf dem Land (Landgut),** das **Landleben,** Fronto ep. ad Anton. 2, 4. p. 106, 22 N.: Plur., Cic. de amic. 103. – **II** die **Landwirtschaft,** Cic. oecon. fr. bei Colum. 12. prooem. 4. Colum. 6. prooem. § 4 (von Müller nicht aufgenommen, der es also für ein Wort des Colum. hält).

rūsticē, *Adv.* (rusticus), **I ländlich, bäuerisch,** loqui, Cic. u. Gell. – **II** meton., **bäuerisch,** d. i. **ungeschickt, plump,** urgere, Cic.: facere, Cic.: *Compar.*, rusticius tonsus, Hor. sat. 1, 3, 31.

rūsticellus, ī, *m.* (*Demin.* v. rusticus), das **Bäuerlein,** Hercules, H. im Bauernkittel, Varro b. Plin. 7, 83 zw. (Detl. u. Mayh. Rusticelius als Eigenname, z. B. auch CIL 4, 301 u. 329).

rūsticitās, ātis, *f.* (rusticus), das **Landwesen, I** die **Landwirtschaft,** Pallad. de insit. 12. – **II** meton.: **A** die **Landleute,** Pallad. 1, 31. Cod. Iust. 1, 55, 3. – **B** die **Art der Landleute, 1** im guten Sinne, die **ländliche Einfalt, Einfachheit, Offenheit,** Plin. ep. 1, 14, 4. Calp. ecl. 4, 14. – **2** im üblen Sinne, das **bäuerische Wesen, a** die **Ungeschicktheit, Unmanierlichkeit, Plumpheit, Unart,** Ov., Suet. u. a.: verborum, Quint.: Ggstz. urbanitas, Quint. – **b** die **unzeitige Schamhaftigkeit, Scheu,** Ov. u. Sen. – **III** die **Aussprache** (der **Akzent) eines Landmannes,** Quint. 11, 3, 30.

rūsticor, ārī (rusticus), **I den Landmann machen, 1 sich auf dem Land (Landgut) aufhalten,** absol., Cic.: cum alqo, Cic. – **2 Landwirtschaft treiben, Landwirt sein,** Colum. 11, 1, 5: bes. von denen, die selbst die Feldarbeit verrichten (Sklaven usw.), Colum. 12, 3, 8. – Partiz. subst., rūsticantēs, ium, *m.*, die **Landwirtschaft treibende Klasse** (der Bevölkerung), Aur. Vict. epit. 41, 9. – **II** meton., **nach Landmannsart-, bäuerisch** (d. i. unbeholfen, plump) **reden,** Sidon. epist. 4, 3, 1.

rūsticulus, a, um (*Demin.* v. rusticus), **I ländlich, auf dem Lande befindlich,** subst., **A** rūsticulus, ī, *m.*, der **schlichte Landmann,** Cic. Sest. 82: rusticulus quidam, Arnob. 7, 39. – **B** rūsticula, ae, *f.* (*sc.* gallina) = gallina rustica, das **Haselhuhn,** Plin. 10, 111. Mart. 13, 76 *lemm.* u. *v.* 1 Schn. (ed. min.). – **II** meton., **etwas unbeholfen, plump,** libellus, Mart.: nomen, Auson.

rūsticus, a, um (rus), **zum Land** (Feld, Landgut) **gehörig, ländlich, Land-, Feld-** (Ggstz. urbanus), **I** eig.: **1** *adi.*: **a** v. Lebl., praedium, Cic.: vita, Cic. (vgl. rusticanus): res rusticae, Cic., od. res rustica, Colum., Landwirtschaft: hortus, Plin. ep.: vox, Cic.: sedulitas, Ov.: opus rusticum facere, Ter.: vocabulum, Gell.: Musa, carmina, Verg. – **b** v. leb. Wesen, homo, der Landmann, Bauer, Cic.: colona, die Bäuerin, Ov.: mus, Landmaus (Ggstz. mus urbanus), Hor.: gallina, Haselhuhn, Scriptt. r. r.: numina, Ov. – ›sermonari‹ rusticius videtur, mehr der Bauernsprache angehörig, Gell. – **2** *subst.*, rūsticus, ī, *m.*, der **Landmann, Bauer,** Plur. rustici, **Landleute, Bauern** (Ggstz. urbani), Sing., Hor. u. a., verb. agricola et rusticus, Cic.: Plur., Plaut., Cic. u. a. – rusticus (Ackerbauer), Ggstz. agricola (Grundbesitzer), et rusticum laboris sui effetum agro suo propulset agricola? Ambros. in Luc. 8. § 4. – **II** meton., nach ländlicher Weise, **A** im guten Sinne, **ländlich = einfach, schlicht, ungeschminkt,** mores, Cic.: veritas, Mart.: simus hoc titulo rusticiore contenti, Sen. – **B** im üblen Sinne, **bäuerisch = tölpisch, unbeholfen, plump, ungeschliffen, roh,** r. vox et agrestis, Cic.: querela, Ov.: carmen, Ov.: Musa, Verg.: non rusticus hospes, Ov.: homines rustici et agrestes, roh u. ungeschliffen, Cic.: rusticus es Corydon, Verg.: nec Venus oranti rustica Gradivo difficilisque fuit, nicht spröde und taub gegen usw., Ov. art. am. 2, 566. – subst., rūsticus, ī, *m.*, **der grobe Bauer, Bauernlümmel, Grobian,** rūstica, ae, *f.*, die **grobe Bäuerin,** Plaut., Ov. u. a.: Plur. rustici, bäuerische Menschen, Quint. 6, 2, 17.

rūsum, *Adv.*, archaistisch = rursum, s. d.

1. rūsus, s. russus ►.

2. rūsus = rursum, s. d.

1. rūta, ae, *f.* (ῥύτη od. ῥυτή), die **Raute,** ein bitteres Kraut, Cic. ep. 9, 22, 3. Cels. 2, 21 u. 22 u. a. Colum. 11, 3, 38. Plin. 19, 156 u. a.: ruta silvatica, Pelagon. veterin. 2 (26 *Ihm*): ruta, quam nunc πήγανον appellant, Varro LL. 5, 103: Plur. rutae, Ov. rem. 801. – bildl., s. pūlēium. – ► arch. Genet. Sing. rutai, Lucil. 135.

2. rūta caesa, s. ruo *no.* II, A, 2, b.

rutābulum, ī, *n.* (von *rutāre, graben, zu ruo), ein **Werkzeug** zum Aufscharren, Aufrühren, **I** eig.: **a** die **Ofenkrücke** (vgl. Fest. 262 [b], 9. Paul. ex Fest. 263, 7), Nov. com. 80. Cato r. r. 10, 3 u. 11, 5. Suet. Aug. 75. – **b** die **Rührkelle, Rührschaufel,** Colum. 12, 20, 4. – **c** die **Krücke** zum Ausmisten, Isid. orig. 20, 8, 6 (wo vulg. Nbf. rotabulum). – **II** übtr., vom männl. Glied, Naev. com. 127.

rūtāceus, a, um (ruta), **aus Raute, Rauten-,** herba, Marc. Emp. 26: oleum, Marc. Emp. 29. Th. Prisc. 1, 7. Plin. Val. 2, 28: Nbf. rutacium oleum, Cael. Aur. de morb. chron. 4, 7, 104: rutacius clyster, *ibid.* § 95.

rutarius, a, um (ruta), **mit Raute bewachsen, Rauten-,** clivus, CIL 6, 7803.

rūtātus, a, um (ruta), **mit Raute versehen,** lacerti, mit Raute bedeckt, eingehüllt, Mart. 10, 48, 11: mustum, mit Raute angemacht, Plin. 19, 156: oleum, Pelagon. veterin. 2 (26 *Ihm*).

rutellum, ī, *n.* (*Demin.* v. rutrum), die **kleine Schaufel,** Lucil. 322.

Rutēnī (Ruthēnī), ōrum, *m.*, eine Völkerschaft im keltischen Gallien u. zum Teil in der römischen Provinz, mit der Hauptstadt Segodunum (j. *Rhodez*), Caes. b. G. 1, 45, 2. Plin. 3, 37. – Sing. Rutēnus, ī, *m.*, der **Rutener,** Not. Tir. 87. 45.

rutilāns, antis, s. rutilo.

rutilēsco, ere (rutilus), **rötlich werden,** lepores rutilescunt, Plin. 8, 217: sacra fulgura cur rutilescant, Mart. Cap. 2. § 123.

Rutīlius, a, um (urspr. appell., rutilius = rufus, s. Fest. 262 [b], 18. Paul. ex Fest. 263, 8), Name einer röm. *gens*, aus der am bekanntesten sind **a** P. Rutilius Rufus, ein Redner u. Geschichtsschreiber, Konsul zur Zeit des Marius, Cic. Brut. 85 u. 110 u. 113. – **b** P. Rutilius Lupus, ein jüngerer Rhetor zur Zeit des Augustus und Tiberius, Verfasser der Schrift de figuris sententiarum, Quint. 9, 2, 102. – **c** Rutilius Claudius Namatianus, aus Gallien, Staatsmann unter Honorius, der ein Itinerarium in Versen verfasst hat.

rutilo, āvī, ātum, āre (rutilus), **I** *intr.* **rötlich schimmern, wie Gold glänzen,** iamque Auroram rutilare procul video, Acc. tr. fr.: arma rutilare vident, Verg.: rutilare fulgora, Min. Fel. – so auch rutilāns, rötlich **schimmernd,** wie Gold **glänzend,** arma, Tac.: color, Plin.: rutilantior auro, Ven. Fort. – **II** *tr.* **rötlich machen, -färben,** capillos, Plin.: vellera, Val. Flacc.: comae rutilatae, Liv.

rutilus, a, um (zu ruber), **rötlich** (ins Goldgelbe fallend), **gelbrot, goldgelb** (griech. πυῤῥός), ignis, Verg.: cruor, Ov.: caput, rothaarig, Plaut.: so auch barba, Suet.: comae, Tac.: capilli, Ov.: fulgor, Cic.: thorax, wie Gold schimmernd, glänzend, Val. Flacc. – ► Nbf. rutulus, Mart. Cap. 6. § 697 *Eyssenhardt.*

rūtīnus, a, um (ruta), **aus Raute, Rauten-,** oleum, Cael. Aur. de morb. chron. 4, 7, 100.

rutrum, ī, *n.* (ruo), **I** das **Grabscheit,** die **Schaufel,** Pompon. com. fr., Scriptt. r. r., Liv. u. a. – **II** die **Maurerkelle,** Cato, Vitr. u. a.

rutuba, ae, *f.,* die **Verwirrung, Unruhe,** Varro sat. Men. 488.

rūtula, ae, *f. (Demin.* v. ruta), die **zarte Raute,** nach Cic. ep. 9, 22, 3.

Rutulī, ōrum u. (poet.) ûm, *m.,* **I** die **Rutuler,** eine Völkerschaft im alten Latium, deren Hauptstadt Ardea war, Liv. 1, 2. § 2 *sq.* Cic. de rep. 2, 5. Verg. Aen. 1, 266; 10, 445 (Genet. -ûm). – Sing. Rutulus, ī, *m.,* der **Rutuler,** Tros Rutulusve, Verg. Aen. 10, 108: R. audax, von Turnus, König der Rutuler, Verg. Aen. 7, 409. – Dav. **Rutulus,** a, um, **rutulisch,** rex, v. Turnus, Verg.: sanguis, Verg. – **II** poet. übtr.: **A** die Einwohner von Sagunt, als einer Kolonie von Ardea, Sil. 1, 584 u. 2, 541. – **B** die Römer, Sil. 10, 450; 11, 165; 16, 142 (Genet. -ûm). – Sing. Rutulus, ein Römer, Sil. 13, 193.

rutulus, s. rutilus ►.

rutund… s. rotund...

Rutupiae, ārum, *f.,* Stadt u. Hafen der Caverni in Britannien, nach einigen das heutige *Richborough.* – Dav. **Rutupīnus,** a, um, **rutupinisch,** ager, Auson. parent. 20, 8. p. 50 Schenkl: litora, Lucan. 6, 67: fundus, Iuven. 4, 141.

rutus, Abl. ū, *m.* (ruo), das **Aufscharren, Aufwühlen,** a quo rutu rastri dicti, Varro LL. 5, 136 (*e coniect. Scal.).*

rymulcum, s. remulcum.

ryssātus, s. russātus *no.* II.

rythm… s. rhythm…

S.

S, s, der achtzehnte Buchstabe des latein. Alphabets, entsprechend dem griech. Σ (σίγμα), aber kurzweg *Es* genannt. – Im weitesten Umfang ist *s* mit *r* verwandt, s. R. – In mehreren Wörtern ist *s* an die Stelle des älteren *t* getreten, wie mersare, pulsare für die veralteten mertare, pultare (s. Quint. 1, 4, 14) – In manchen Wörtern vertritt *s* die Stelle des griech. Spiritus asper, wie ὑπέρ, super, ὕδωρ, sudor u. dgl. – Auch wird *s* teils am Anfang, teils in der Mitte, teils am Ende der Wörter nicht selten ausgestoßen, z.B. fallo = σφάλλω, tego = στέγω, (st) latus, (st) lacus u. a.; ferner dū (s) mus, dū (s) metum, (st) lis u. a. (umgekehrt γρύτη = scruta). Bes. lassen die Dichter der älteren Sprachperiode das *s* der Endungen us u. is sehr häufig verschwinden, wenn das nächste Wort mit einem Konsonanten anfängt, z.B. qui est omnibu' princeps u. vita illa dignu' locoque, s. Cic. or. 161. Quint. 9, 4, 38. Max. Victor. 216, 12 *sq.*: so auch in Inschrn., z.B. L. CORNELIO L. F. statt CORNELIOS, CIL 1^2. p. 8. – Assimilation erfährt *s* in dis vor *f*, z.B. difficilis, differo. Durch Assimilation entsteht es aus *b, d* und einigen anderen Buchstaben, z. B. iubeo, iussi (statt iubsi), cedo, cessi (statt cedsi), premo, pressi (st. premsi), pando, passum (pandsum, pansum) u. dgl. – Als Abkürzung bezeichnet *S* den Vornamen Sextus: auf Münzen = semissis: ebenso S. od. Sp. = Spurius: S. C. = senatus consultum: S. P. Q. R. = senatus populusque Romanus: S. D. = salutem dicit.

Saba, ae, *f.* (Σάβη), eine weihrauchreiche Gegend im glücklichen Arabien, Plin. 12, 52. – Dav. **Sabaeus,** a, um (Σαβαῖος), **sabäisch,** poet. = **arabisch,** tus, Verg.: aroma, Ven. Fort.: terra, das glückliche Arabien, jetzt *Yemen,* Ov. – subst., **a** Sabaea, ae, *f.* (*sc.* terra), das Land Sabäa (= das glückliche Arabien), Hor. carm. 1, 29, 3. – **b** Sabaeī, ōrum, *m.*, die Bewohner von Saba, die **Sabäer,** deren Hauptstadt Sabōta, Plin. u. Verg.

Sabācius, richtiger Sabazius, s. d.

Sabādia, ōrum, *n.*, richtiger Sabazia, s. d.

Sabādius, s. Sabāzius.

Sabaeī, Sabaeus, a, um, s. Saba.

sabāia, ae, *f.*, ein **Gerstentrank** der Armen in Illyrien, Amm. 26, 8, 2. Hieron. in Isai. 6, 19. – Dav. **sabāiārius,** iī, *m.*, der **Gerstentränkler,** als Schimpfwort, Amm. 26, 8, 2.

sabanum (savanum), ī, *n.* (σάβανον), ein **grobes (leinenes) Tuch,** um irgendetwas hineinzutun, Pallad. 7, 7, 3. Apic. 6, 215 u. 239 (sav.). Pelagon. veterin. 17 (269 *Ihm):* als Handtuch zum Abtrocknen u. Abreiben, Veget. mul. 5, 46, 11: als Decke zum Einhüllen des Körpers, um nach einem Dampfbad in Schweiß zu kommen, Marc. Emp. 26: als Gewand, lineum sabanum auro vel gemmis ornatum, Ven. Fort. vit. S. Radeg. 9: außerdem angef. b. Isid. orig. 19, 26, 7. Schol. Iuven. 14, 22.

Sabaōth, *indecl.* (σαβαώθ, v. hebr. צבאות), die **himmlischen Heerscharen,** Prud. apoth. 833 (wo Sabāōth gemessen): dominus oder deus Sabaoth, Tert. adv. Iud. 13. Prud. cath. 4, 7 (wo Sabăōth gemessen).

Sabāria, (Savāria), ae, *f.*, alte Stadt der Bojer in Pannonia Superior, von Kaiser Klaudius kolonisiert (dah. mit dem Beinamen Claudia), oft Residenz der spät. röm. Kaiser, j. Ruinen im heut. Stein am Anger (ungar. *Szombathely),* Itin. Anton. 233, 5 u. a. Amm. 30, 5, 16. Aur. Vict. epit. 19, 2: Sabaria Pannoniarum urbs, Sulp. Sev. vit. s. Mart. 2, 1: colonia divi Claudii Sabaria, Plin. 3, 146: colonia Savaria, CIL 3, 4198: colonia Claudia Savaria (abgek. C. C. S.), CIL 3, 4191. – Dav. **Savāriēnsis,** e, **savariensisch, zu Savaria,** statio, CIL 3, 4161.

Sābātē, ēs, *f.*, Stadt in Etrurien am gleichnamigen See lacus Sabate, j. *Lago di Bracciano,* Paul. ex Fest. 342, 6. – Dav.: **A Sābātīnus,** a, um, **sabatinisch,** ager, Colum.: tribus, Liv.: lacus, Frontin. u. Colum. – **B Sābātius,** a, um, **sabatisch,** stagna, poet. vom See Sabate, Sil.

sabatēnum, ī, *n.* = diabathrum (s. d.). Plin. Val. 2, 17.

Sābātīnus u. **Sābātius,** s. Sābātē.

sabatizo, s. sabbatizo.

Sabāzia (Savādia, Sebādia), ōrum, *n.*, ein Fest zu Ehren des Dionysus Sabazius, Sab., Cic. de nat. deor. 3, 58: Sav., CIL 10, 5197: Seb., Arnob. 5, 21. – Von

Sabāzius (Sabādius, Sebādius), iī, *m.* (Σαβάζιος), Beiname, **I** des Gottes Dionysus od. Bacchus, Sabazius, Cic. de legg. 2, 37 M.: Sabadius, Apul. met 8, 25: Sebadius, Macr. sat. 1, 18, 11. – **II** des Jupiter, Val. Max. 1, 3, 3. CIL 11, 1323.

sabbatārius, a, um (sabbatum), zum Sabbat gehörig, **sabbatlich,** luxus, Sidon. epist. 1, 2, 6. – v. Pers., **am Sabbat tätig,** non plane sabbatarius aut dominicarius, sed cotidianus est ille tentator, Augustin. epist. 36, 31: subst., sabbatāriī, ōrum, *m.* od. sabbatāriae, ārum, *f.*, Sabbatfeierer = Juden, Jüdinnen, Mart. 4, 4, 7.

sabbatismus, ī, *m.* (σαββατισμός), die **Feier des Sabbats,** Augustin. de civ. dei 22, 30, 5. p. 635, 1 D.[2] Hieron. epist. 140, 8; in Isai. 16, 58, 13.

sabbatizo, āre (σαββατίζω), **den Sabbat feiern,** Tert. adv. Iud. 2 *extr.* Hieron. in Ephes. 2, 12 u. a. Vulg. exod. 16, 30; Levit. 25, 2.

sabbatum, ī, *n.* (σάββατον) u. **sabbata,** ōrum, *n.* (σάββατα, vom hebr. שבת, die Ruhe), der **Sabbat,** der wöchentliche Ruhetag, -Feiertag der Juden, später auch von den Römern mitgefeiert (aber irrtümlich für einen Fasttag gehalten), **α** Sing., oft bei den Eccl. (namentl. in der Vulg.), z. B. sabbati otium, Hieron. epist. 121. c. IV. p. 1014 Migne: requies sabbati, Vulg. exod. 16, 21: dies sabbati, *ibid.* 20, 8 u. 10. Schol. Iuven. 6, 542: sicut quidam ieiunantes sabbatum observant, Augustin. epist. 36, 2. – **β** Plur., August. b. Suet. u. a. (s. bes. Iustin. 36, 2, 14): für **Feiertag** übh., Sen., Ov. u. a.: tricesima sabbata, nach einigen = der große Sabbat (das jüdische Versöhnungsfest am 10. des Monats Tisri, d. i. des Oktobers), nach anderen = der Neumond, Hor. sat. 1, 9, 69.

Sabbura, ae, *m.*, s. 2. Saburra.

Sabellī, ōrum, *m.* *(Demin.* v. Sabini), meist poetischer Name für **Sabiner,** Varro sat. Men. 17. Hor. sat. 2, 1, 36. Plin. 3, 107. – Sing., Sabellus, der Sabeller, Sabiner = Horaz (als Besitzer eines Landgutes im Sabinischen), Hor. ep. 1, 16, 49. – Dav.: **A Sabellus,** a, um, **sabellisch, sabinisch,** ager, Liv.: pubes, Verg.: cohortes, Liv.: anus, Wahrsagerin, Hor.: carmina, Zauberformeln, Hor. – **B Sabellicus,** a, um, **sabellisch, sabinisch,** sus, Verg.: genus caulium, Plin.

Sabellius, iī, *m.*, Stifter einer christl. Sekte, Prud. apoth. 178. – Dav. **Sabelliānī,** ōrum, *m.*, die Anhänger des Sabellius, die **Sabellianer,** Ambros. de fide 5, 13. § 162 u. de incarn. dom. sacram. 2. § 8.

Sabellus, s. Sabellī.

Sabīna, ae, *f.*, s. 1. Sabīnus (unter Sabini).

Sabīnē, *Adv.*, s. 1. Sabīnus (unter Sabini).

Sabīnēnsis, e, s. Sabīnī.

Sabīnī, ōrum, *m.*, die **Sabiner,** eine altitalische Völkerschaft, Grenznachbarn der Latiner, nördlich an die Umbrer, südlich an den Anio stoßend, Varro LL. 5, 78 (wo auch Genet. Sabinûm). Varro r. r. 3, 1, 16. Cic. de rep. 2, 13 *sq.* Liv. 1, 9 *sq.*: meton. = das Sabinerland, ex Sabinis, in Sabinis, Liv. 1, 45, 3 *sq.* – Sing. Sabīnus, ī, *m.*, der **Sabiner,** Liv. 1, 45, 6. – Sabīna, ae, *f.*, die **Sabinerin,** Iuven. 6, 164. Stat. silv. 5, 1, 123: Plur., Prop. 2, 6, 21. Ov. am. 2, 4, 15. – Dav.: **A Sabīnus,** a, um, **sabinisch, der Sabiner,** lingua, Varro: virgo, Cic.: baca, Olive, Iuven.: faex, sab. Öl, das stark roch, Mart.: virgo, Cic.: mater, mulier, Liv.: ille rex, v. Numa, Lact.: ager, Cic.: proelium, Cic.: herba Sabina, Säbenbaum, Sadebaum (*Iuniperus Sabina,* L.), Cato u. a. – subst., Sabīnum, ī, *n.* *(sc.* vinum), **Sabinerwein, Sabiner,** vile, Hor. carm. 1, 20, 1. – *Adv.* **Sabīnē, sabinisch** = in sabinischer Sprache, Varro

LL. 5, 159. – **B** **Sabīniēnsis,** e, **aus dem Sabinerland, sabinensisch,** der **Sabinenser,** CIL 6, 8202.

Sabīniānus, a, um, s. 2. Sabīnus.

1. Sabīnus, s. Sabīnī.

2. Sabīnus, ī, *m.* (eig. der Sabiner, s. 1. Sabīnus unter Sabini), ein röm. Familienname, wie beim Dichter Sabinus, Freund des Ovid, Ov. am. 8, 18, 27: u. bes. der Jurist Massurius Sabinus, wov. **Sabīnianus,** a, um, **sabinianisch, des** (Massur.) **Sabinus,** libri, Cod. Iust. 3, 33, 17 u. a.: u. subst., Sabīniānī, ōrum, *m.*, die Schüler u. Nachfolger des (Massur.) Sabinus, die Sabinianer, Ulp. dig. 24, 1, 11 u. a. ICt.

Sabis, is, Akk. im, *m.*, ein Fluss im belg. Gallien, j. *Sambre,* Caes. b. G. 2, 16, 1 u. 18, 1.

sablo, s. sabulo.

sablum, s. sabulum.

Sābrata (Sābratha), ae, *f.*, Stadt in Afrika bei der kleinen Syrte, j. *Sabart* od. *Tripoli vecchio,* Solin. 27, 8. – Dav. **Sābratēnsis,** e, **sabratensisch, aus Sabrata,** Suet. Vesp. 3. Cyprian. concil. Carthag. p. 120. – ► Nbf. **Sābratēria** u. dav. **Sābraternus,** a, um, **sabraternisch,** Prisc. 2, 62. vol 1. p. 81, 5 *ed. Hertz* (doch s. *not. cr.).*

sabūcus, ī, *f.*, s. 1. sambūcus.

sabulētum, ī, *n.* (sabulum), ein **sandiger Ort,** Plin. 27, 64.

sabulo, ōnis, *m.* = sabulum, **grobkörniger Sand, Kies,** Varro u. a.: synk. sablo (franz. *sablon*), Ven. Fort. carm. 9, 15, 5.

sabulōsus, a, um (sabulum), **sandreich, sandig,** Vitr. u. a. – subst., sabulōsa, ōrum, *n.*, **sandige Orte,** Plin. 21, 175.

sabulum, ī, *n.* (aus *psab-lum, zu griech. ψάμμος, d. i. ψάφμος), **grobkörniger Sand, Kies,** Plin., Curt. u. a.: synk. sablum, Plin. 35, 168.

1. saburra, ae, *f.* (sabulum), **der Sand,** bes. der **Schiffsand, Ballast,** Verg., Liv. u. a.

2. Saburra, ae, *m.*, ein Befehlshaber des Königs Juba, Caes. b. c. 2, 38 *sqq.* Auct. b. Afr. 95, 1. – auch **Sābbŭra** geschr. u. gemessen, Sil. 15, 441. Lucan. 4, 723.

saburrālis, e (saburra), **aus Sand bestehend, Sand-,** Vitr. 9, 8, 8.

saburrārius, iī, *m.* (saburra), der Ballast zu u. von den Schiffen fährt, der **Ballastfahrer,** CIL 14, 102.

saburro, (āvī), ātum, āre (saburra), **I** **mit Ballast beschweren, -beladen,** se arenā, Plin. 18, 361: u. so saburrari medial, Solin. 10, 14. – **II** übtr.: **1** mit Speise u. Trank **vollladen,** ubi saburratae sumus, Plaut. cist. 121: so vino saburrati, v. Betrunkenen, Arnob. 5, 12. – **2** **ausduften,** paradisiaci horti odoramenta saburrans, Ven. Fort. carm. 5, 1. p. 101, 4 *Leo.*

Sacae, ārum, *m.*, s. Sacēs.

sacal (ein ägyptisches Wort), ägyptischer **Bernstein,** Plin. 37, 36.

saccārius, a, um (saccus), **zu den Säcken gehörig, Sack-,** **I** *adi.:* navis, ein Sackschiff (= ein mit Säcken beladenes), angeführt bei Quint. 8, 2, 13. – **II** *subst.:* **a** saccārius, iī, *m.*, **α** der **Sackträger,** Paul. dig. 18, 1, 40. § 3. – **β** = σακκοπλόκος (Gloss. II, 429, 56), der **Durchschlagmacher, Filtriersackmacher,** CIL 4, 274 u. 497; 13, 3700. – **b** saccāria, ae, *f.*, die **Sackträgerei,** saccariam facere, Säcke tragen (als Tagelöhner), den Sackträger machen, Apul. met. 1, 7.

saccellātio, ōnis, *f.* (saccello), das **Auflegen eines Säckchens** auf ein krankes Glied, meton. = der trockene **Umschlag,** Veget. mul. 5, 23, 9: Plur., Veget. mul. 3, 11, 3.

saccello, āre (saccellum), **als Umschlag auflegen,** Plin. Val. 2, 18.

saccellum, ī, *n.* *(Demin.* v. saccus), das Säckchen als **Umschlag** auf ein krankes Glied, Plin. Val. 2, 18.

saccellus, ī, *m.* *(Demin.* v. sacculus), das **Säckchen,** Geldsäckchen, saccelli sonantes aere, Petron.: saccellus solidorum, Augustin.: das Kräutersäckchen, saccelli calidi, Cels. – ► vulg. sacellus, Petron. 140, 15. Coripp. Ioh. 3, 369. Cod. Iust. 4, 334. Soran. Lat. p. 50, 18.

sacceus, a, um (saccus), **aus Sack = aus grober Sackleinwand,** tunica, Hieron. vit. Hilar. 44: cingulum, Hieron. epist. 22, 27: vestes, Arnob. in psalm. 64.

saccharon, ī, *n.* (σάκχαρον), der aus den Absätzen des Bambusrohres (Bambusa arundinacea) ausschwitzende **Saft,** der **Zuckersaft, Tabaschir,** Plin. 12, 32. – Vulg. Nbf. succarum, ī, *n.*, Veget. mul. 5, 22, 4 u. a.

saccibuccis, e (saccus u. bucca), **pausbäckig,** *Arnob. 3, 14 zw.

saccīnus, a, um (saccus *no.* II), **sackartig,** pallium, grobhärener, zottiger, Vulg. Zach. 13, 4.

saccipērium, iī, *n.* (saccus u. pera), die **Umhängetasche** für die Geldbörse (marsupium), Plaut. rud. 548. – Nbf. **saccipērio,** ōnis, *m.*, Varro de vit. pop. Rom. 1. fr. 23 (bei Non. 531, 15).

1. sacco, (āvī), ātum, āre (saccus), durch ein Säckchen u. dgl. **durchseihen, filtern,** **I** eig.: aquam, Sen.: vinum, Mart.: aquam linteo, in linteo, Plin. – subst., saccātum, ī, *n.*, die mit Wasser versetzte u. gefilterte Weinhefe, **Krätzer** (franz. *piquette),* Isid. orig. 20, 3, 11. – **II** übtr.: saccatus umor corporis, Urin, Lucr. 4, 1021 (1028). Ser. Samm. 77: bl. saccatus umor, Arnob. 2, 37 *Reiff.*

2. sacco, ōnis, *n.* (saccus), der **Säckler, Einsäckler,** v. Geldwucherer, Cic. ad Att. 7, 13, 5.

saccomel, mellis, *n.*, der **Honigumschlag,** Th. Prisc. 4. fol. 311 (b).

saccopathna, ae, *f.* (σακκοπάθνιον), der **lange, schmale Sack,** Edict. Diocl. 11, 8.

saccułāriī, ōrum, *m.* (sacculus), Gauner, die durch Taschenspielerkünste u. andere Gaunerei den Leuten das Geld aus der Tasche stehlen, gleichs. **Geldsäckler, Taschendiebe,** Ascon. ad Cic. tog. cand. p. 90 B. (p. 80, 14 K.). Ulp. dig. 47, 11, 7 u. 47, 18, 1 u. 2.

sacculus, ī, *m.* *(Demin.* v. saccus), das **Säckchen,** zum Getreide, Apul.: zum Durchseihen des Weins, der Durchschlag, Lucil. fr.: bes. zum Geld, das Geldsäckchen, Catull., Sen. u..a. – ► vulg. saculus, CIL 5, 6878.

saccus, ī, *m.* (σάκκος), **der Sack,** **I** eig.: cilicia, sacci, viell. Getreidesäcke, Cic.: Geldsack, Hor. u. Hieron.: auf einen kranken Teil des Körpers zu legen, wie unsere Kräuterkissen, Kräutersäckchen, Plin. – bes. der geflochtene Sack, um etw. durchzuseihen u. zu läutern, der **Filter, Durchschlag,** zum Durchseihen des Fettes, des Honigs, Plin., bes. des Weins, vinarius, Plin., u. des Schneewassers, nivarius, Mart. – Sprichw., ire ad saccum, den Bettelsack (Bettelstab) ergreifen, betteln gehen, Plaut. capt. 90. – **II** meton., **Sack** = grobes härenes Gewand, Eccl.

sacellārius (v. sacellus = sac cellus) = βαλαντιοφύλαξ, der **Schatzmeister,** Gloss. II, 255, 41.

sacellum, ī, *n.* *(Demin.* v. sacrum, s. Prisc. 3, 38), ein heiliger, umschlossener u. mit einem Altar versehener Ort, das **kleine Heiligtum,** die **kleine Kapelle,** Cic. u. a.

1. sacellus, a, um, *Demin.* v. sacer, Prisc. 3, 37 (ohne Beleg).

2. sacellus, s. saccellus ►.

sacēna, ae, *f.*, s. 2. scēna.

sacer, cra, crum (sancio), einem Gott **geheiligt, gewidmet, heilig,** **I** *adi.:* **A** im Allg.: **a** mit *Dat.* u. *Genet.:* mensis sacer manibus, Ov.: aesculus sacra Iovi, Plin.: sacrum deae pecus, Liv.: sacrum Soli id animal, Tac.: Cereri sacer Polyphoetes, Priester der Ceres, Verg.: eius partem decumam Apollini sacram esse, Liv.: m. *Genet.,* anseres sacri Iunonis, Liv.: pietatis sacrum, Inscr.: illa insula eorum deorum sacra putatur, Cic. – übtr., pugionem magno operi sacrum, geweiht (= bestimmt), Tac. – **b** absol.: sacrae aedes, Cic.: aedificia (Ggstz. aed. profana), Cic.: lucus, Curt.: signa, Cic.: litterae, die heilige Schrift, Bibel, Eccl.: ignis, Curt.: fontes, amnes, Ov.: ius (Ggstz. publicum, privatum), Quint.; vgl. iura sacerrima lecti, heiligsten, dah. unverbrüchlichsten, Ov.: foedus, Curt.: pecunia (Ggstz. p. privata), Quint.: vates (weil dem Apollo heilig), Hor.: sacra profanaque omnia polluere, Sall. – poet. v. der Gottheit selbst, Vesta, Cybele, Prop. (und bei Liv. 3, 19, 10 im Wortspiel ut sacrosancti [hochheilig] habeantur, quibus ipsi dii neque sacri [hoch] neque sancti [heilig] sunt). – übtr., **heilig, ehrfurchtsvoll, ehrwürdig,** lingua (des Cicero), Mart.: Maro, Mart.: memoria patris, Quint.: sacerrima eloquentia, Sen. rhet. – bes. in Bezug auf den Kaiser, sacrā Caesaris aure, Mart.: occupationes, Suet.: dah. später = kaiserlich übh., constitutiones, ICt.: auditio, spät. ICt. – endlich als stehendes Beiwort gewisser Örtlichkeiten u.

Ggstd., wie: sacer mons, **der heilige Berg,** ein alleinstehender Hügel im Sabinischen, 4 km nordöstlich von Rom, am rechten Ufer des Anio, Liv. 2, 32, 2; vgl. Fest. p. 318 (b), 20. – sacra via, die **heilige Straße,** eine Straße in Rom, beim sacellum Streniae beginnend, auf der Burg endigend, Cic. Planc. 17. Hor. sat. 1, 9, 1: bei Dicht. auch sacer clivus, Hor. carm. 4, 2, 35. Mart. 1, 70, 5. – os sacrum, das **heilige Bein** (griech. ἱερὸν ὀστέον), als anatom. *t. t.*, Cael. Aur. de morb. chron. 1, 4, 24. – mare sacrum, das **große Weltmeer,** Cael. Aur. de morb. acut. 2, 30, 162: dass. sacer Oceanus, Sen. suas. 1, 4. – **B** insbes., einer unterirdischen Gottheit zur Vernichtung geweiht, ihr als Opfer **verfallen,** dah. **verflucht, verwünscht, a** als *t. t.* der Religionsspr.: **α** m. *Dat.*: eius caput Iovi (*sc.* Stygio) sacrum esset, altes Plebiszit bei Liv.: sac os esse certis dis, Macr. – **β** absol.: eum, qui eorum cuiquam nocuerit, sacrum sanciri, Liv. – **b** übtr., übh. **verflucht, verwünscht, verabscheut, abscheulich, α** m. *Dat.*: homo, sacra res homini, Sen. ep. 95, 33. – **β** absol.: ego sum sacer, scelestus, Plaut.: unus istic servus est sacerrimus, Plaut.: is intestabilis et sacer esto, Hor. – auri sacra fames, Verg.: hircus alarum, Catull.: venenum, magisches, geheimes, Val. Flacc.: passio, die Fallsucht, Epilepsie, Cael. Aur. de morb. chron. 1, 4, 60: ignis, s. īgnis.

II *subst.*, **sacrum,** ī, *n.*, etw. **Heiliges, Geweihtes, A** der **heilige, geweihte Gegenstand,** das **Heiligtum, a** eig.: Cloacinae sacrum, Plaut.: sacrum clepere, rapere, Cic.: sacrum (Opfer) accendere, Phaedr.: sacrum (Opfer) id Vulcano cremare, Liv. – Plur., **α** die Heiligkeit, regni, der Königswürde, Nipperd. Tac. ann. 2, 27. – **β** Heiligtümer, heilige Geräte u. dgl., sacra ex aedibus suis eripuisse, Cic.: sacra omnia proferre, Auct. b. Alex.: cumque suis penetralia sacris, Götterbildnissen, Penaten, Ov.: sacra in mensa penatium deorum ponere, Opfergaben, Opfer, Naev. fr.: persaepe (incedebat) velut qui Iunonis sacra ferret, oft schritt er so bedächtig einher, wie einer, der beim Junofest die heiligen Geräte trägt, Hor. sat. 1, 3, 10 *sq.* – **b** poet. übtr., v. Dichtungen, die **Heiligtümer** (der Musen), sacra caelestia, Ov.: sacra Maronis, Mart.: vatum, Pers. – **B** der **heilige Gebrauch, die heilige, gottesdienstliche Handlung, Feier,** bes. das **Opfer, a** eig.: Graeco sacro, nach griech. Religionsgebrauch, Cic.: morientibus operire oculos ... sacrum est, Plin.: ebenso fabacia in sacro est, Plin. – sacrum (Opfer) facere Herculi, Liv., Iunoni, Prop.: sacra facere Graeco Herculi, Liv., Iovi, Ov.: plurima sacra obire, Liv.: sacris operari, Liv.: perpetrato sacro in monte (Albano), Liv. – sollemne Apollinis sacrum (Gottesdienst), Suet.: Cereris sacrum arcanae, Hor.: u. so Plur. sacra oft übh. Gottesdienst, gottesdienstl. Feier, sacrorum religio, Cic.: sacra Orphica, Cic., Eleusina, Suet.: sacra Cereris, Cic.: sacra arcana, Hor.: Romana sacra suscipere, Liv.: ea sacra, quae maiores nostri ab exteris nationibus adscita atque arcessita coluerunt, Cic.: Romanis quoque ab eodem prodigio novemdiale sacrum susceptum est, Liv. – u. v. Privatgottesdienst der Geschlechter (gentes) u. Familien (familiae), von den Römern mit äußerster Sorgfalt bewahrt u. selbst vom Staat überwacht (sodass immer der Vermögenserbe u. der Adoptierte die sacra übernehmen mussten), sacra gentilicia (Ggstz. publica sacra), Liv.: sacra interire maiores noluerunt, Cic.: isdem uti sacris, Cic.: sacra nuptialia, Vermählungsfeierlichkeiten, Quint.: dass. sacra iugalia, Ov. – Sprichw., inter sacrum (Opfer) saxumque (Kieselstein, mit dem der Fetial das Opfertier tötete) sto, das Messer steht mir an der Kehle, Plaut. capt. 617: u. so quod ait vetus proverbium, inter sacrum ac saxum positus cruciabar, Apul. met. 11, 28. – hereditas sine sacris, eine Erbschaft ohne (mit vielen Kosten u. Mühen verknüpfte) Familiensakra = großer Vorteil ohne Kosten, -ohne Mühe, Plaut. capt. 775; trin. 484. – **b** übtr., der **Geheimdienst,** die **Mysterien** = die **Geheimnisse,** sacra tori, Ov. – bes. der Wissenschaften, litterarum sacra colere, Quint.: sacra studiorum profanare, Tac. dial.

► vulg. Nomin. sacrus, Not. Vatic. im Corp. gramm. ed. Keil. IV. p. 308 a. E. – arch. Nbf. nach der 3. Dekl., in der Opfersprache, in der Verbindung sacrem porcum, angef. b. Fest. p. 318 (a), 7 u. Plur. porci sacres, Plaut. Men. 289; rud. 1208. Varro r. r. 2, 1, 20 u. 2, 4, 16.

sacerda, ae, *f.* (Nbf. v. sacerdos als *fem.*), die **Priesterin,** CIL 8, 3307.

sacerdōs, ōtis, *c.* (aus *sacri-dōs, ›qui sacra dat‹), **I** der **Priester,** die **Priesterin** (wie der Augur, Pontifex, Flamen, die Vestalin usw.), **1** im Allg.: sacerdotes populi Rom., Priester, Cic.: sacerdotes Cereris, Priesterinnen, Cic.: Fonteia sacerdos, Vestalin, Cic.: Vestae sacerdos, Vestalin, Ov.: Phoebi sacerdos, Priester, Verg.: sacerdotes arvorum, Flurpriester (fratres arvales), Plin.: sacerdotes et antistites religionum, Lact. – summus sacerdos, der hohe Priester (bei den Juden), Vulg.: ebenso sacerdotes maximi, Lact. – spöttisch von Klodius, sacerdos popularis, weil er sich in weiblicher Kleidung in die Kapelle der Bona Dea schleichen wollte, Cic. – als Apposition, regina sacerdos, v. der Rhea, die eine Vestalin war, Verg. – **2** insbes., der **Bischof,** Sulp. Sev. chron. 2, 31, 4; 2, 46, 8 u. a. – **II** Sacerdos, ein röm. Beiname, namentlich einiger Licinii, s. *Orelli* Onomast. Tull. 2. p. 355 (a). – ► Genet. Plur. sacerdotum, selten sacerdotium, wie CIL 6, 2242.

sacerdōtālis, e (sacerdos), **priesterlich,** collegia, Lampr. Comm. 12, 1: ludi, die die Priester beim Antritt ihres Amtes gaben, Plin. ep. 7, 24, 6: nomen, bei den Priestern üblicher, Macr. sat. 3, 5, 6: sedes, bischöflicher Stuhl, Amm. 15, 7, 9: cathedra, Kanzel, Hieron. de vir. ill. 70: ordo, Priesterschaft, Leo serm. 57, 2: lex, Tert. adv. Iud. 5: iudicium, Ambros. de off. 1, 18, 72. – v. Pers., sacerdotalis vir, ein Mann von priesterlicher Stellung, v. gewesenen Priester (Oberpriester), Vell. 2, 124, 4. CIL 13, 7064: u. so subst., sacerdōtālis, is, *m.*, ein **gewesener Priester,** Tert. de spect. 11. Cod. Theod. 12, 5, 2. Amm. 28, 6, 10.

sacerdōtia, ae, *f.* (sacerdos), die **Priesterin,** CIL 13, 1754.

sacerdōtiālis, is, *m.* = sacerdotalis (s. d.), CIL 6, 2332.

sacerdōtissa, ae, *f.* (sacerdos), die **Priesterin,** Schol. Lucan. 7, 778 *Weber.*

sacerdōtium, iī, *n.* (sacerdos), das **Priestertum, Priesteramt,** die **Priesterwürde,** Albā oriundum sacerd., Liv.: sacerd. summum (bei den Juden), Sulp. Sev.: ebenso sacerd. maximum Lact.: sacerdotio praedita (Vestalis), Cic.: sacerdotium inire, Cic.: augurale sacerdotium habere, Lact.: duo sacerdotia habere, Liv.: sacerdotiis praeesse, Cic.: sacerdotio praeficere alqm, Plin.: civitatis sacerdotium gerere (bekleiden), Vitr.

sacerdōtula, ae, *f.* (*Demin.* v. sacerdos), die **Priesterin,** Varro LL. 5, 130. Veran. bei Paul. ex Fest. 203, 1. Paul. ex Fest. 93, 6.

sacerdus, ī, *m.* (Nbf. v. sacerdos), der **Priester,** CIL 6, 733.

sacersānctus, a, um = sacrosanctus, Tert. de cor. mil. 13 *extr.*

Sacēs, ae, *m.*, der **Sazer,** Plur. Sacae, ārum, *m.*, Name der Nomadenvölker außerhalb der Grenzen des persischen Reiches nach Norden, bei den Griechen Szythen gen., Sing. bei Claud. laud. Stil. 1, 157. Plur. bei Catull. 11, 6. Plin. 6, 50. Curt. 5, 9 (26), 5 u. 7, 4 (15), 6.

sācōma, atis, *n.* (σήκωμα, dor. σάκωμα), das **Gewicht,** bes. das nach einem Mustermaß festgesetzte Gewicht, das zum Wägen eines Gegenstandes in die andere Waagschale gelegt wird, das **Gegengewicht,** aurum ad sacoma (nach dem G. = genau) appendere redemptori, Vitr. 9. praef. § 9: pendet ex altera parte aequo pondere phelli sacoma saburrale (ein Gegengewicht von Sand), Vitr. 9, 8. § 8.

sācōmārius, a, um (sacoma), **zum Gewicht (Gegengewicht) dienend,** cucurbitae, Hieron. in Ion. 4, 6. – subst., **a sācōmārius,** iī, *m.*, der **Wiegemeister,** CIL 10, 1930 = 1², 1623. – **b sācōmārium,** iī, *n.*, die **öffentliche Waage, Gewichtkammer,** CIL 14, 309.

sacondios, iī, *m.*, s. socondios.

sacopēnium, iī, *n.*, der gummiartige Saft einer Doldenpflanze, Plin. 12, 126 u. a.

sacos, ī, *m.*, s. socos.

sacrābiliter, *Adv.* (sacra, näml. passio, s. sacer), **wie Epileptische,** spumare, Th. Prisc. 2, 2.

sacrāmentum, ī, *n.* (sacro), **I** das, wodurch man sich od. einen anderen zu etw. verbindlich macht, die **Weihe,** dah. **A** als jurist. *t. t.* = die Summe Geldes, die man im Zivilprozess niederlegte u. die die den Prozess verlierende Partei zugleich mit einbüßte, das **Haftgeld,** die **Strafsumme,** Varro LL. 5, 180. Gaius inst. 4, 12 *sqq.* Ps. Ascon. Cic.

Verr. 1, 9, 26. p. 164 B: multae sacramentum, Cic. de rep. 2, 60. – meton., die **gegenseitige Provokation auf eine Strafsumme,** eine Art **Wette,** die der Kläger und Beklagte um die Wahrheit u. Unwahrheit ihrer Behauptung eingingen, worüber dann die Zentumvirn u. der Judex zu entscheiden hatten (vgl. Prob. de litt. sing. § 4. p. 273 K. si negas, te sacramento quingenario provoco), sacramento contendere cum alqo, mit jmd. unter Pr. auf eine Str. prozessieren, Val. Max.: iusto sacramento contendere cum alqo, Cic.: sacramentum alcis iustum iudicare, den Prozess zu jmds. Gunsten entscheiden, Cic.; vgl. sacramenta pronuntiare non iusta, Arnob.: übtr. v. Wetten, ut sacramento contendas mea non esse, eine Wette eingehst, wettest, Cic. ep. 7, 32, 2. – **B** milit. *t. t.* = die **Verpflichtung zum Kriegsdienst** u. bes. der damit verbundene **Diensteid, Eid der Treue** (vollst. sacr. militare od. militiae, s. im Folg.), **1** eig. u. meton.: **a** eig.: alqm militiae sacramento obligare, vereidigen, zur Fahne schwören lassen, Cic.: so auch milites sacramento rogare, Caes. u. Liv., od. adigere, Liv., schwören lassen, in Eid nehmen: dicere sacramentum, Caes., od. sacramento, Liv., schwören, zur Fahne schwören, den Fahneneid leisten: vollst. dicere sacramento militari, Plin. ep.: alci sacramento od. sacramentum dicere, einem schwören, Liv. u. Tac.: sacramentum neglegere, Caes. – **b** meton., der **Kriegsdienst,** longo Caesarum sacramento imbutus, Tac.: qui sacramento non tenerentur, die zum Kriegsdienst nicht verpflichtet wären, Suet.: praemia sacramentorum, Iuven. – **2** übtr.: **a** die **Verpflichtung,** amicitiae, Petron.: si quod inesset mutis animalibus tacitum ... sacramentum, Apul. – **b** der **Eid,** sacramento quodam nexi, Iustin.: perfidum sacramentum dicere, Hor.: sacramento se obstringere, Plin. ep.: contra religionem sacramenti occīdi, Eutr. – **II** im Kirchenlatein = das **religiöse Geheimnis,** Lact. u. a.

Sacrānī, ōrum, *m.*, eine Völkerschaft in Latium, Fest. p. 321 (a), 18. – Dav. **Sacrānus,** a, um, **sakranisch,** acies, Verg. Aen. 7, 796.

sacrāria, ae, *f.* (Femin, zu sacrarius), die **Aufseherin der Heiligtümer** einer Gottheit, CIL 5, 3423.

sacrārium, iī, *n.* (v. sacrum od. sacra), **I** ein Ort, wo Heiligtümer aufbewahrt werden, das **Heiligtum** (s. Ulp. dig. 1, 8, 9. § 2), Ov. met. 10, 695: Caere sacrarium populi Rom. (weil einst die Heiligtümer Roms nach Cäre gebracht waren), Liv. 7, 20, 7: übtr., arcana naturae interiore sacrario clausa sunt, Sen. nat. qu. 7, 30, 6. – **II** ein Ort, wo Gottesdienst abgehalten wird, das **Bethaus,** der **Tempel,** Bonae Deae, Cic.: Cereris, Liv. epit.: sacraria Ditis, heilige Wohnung, Aufenthalt des Dis, die Unterwelt, Verg.: von einem Ort, wo Frauen sich zur geheimen Feier von Bacchanalien versammelten, Liv.: von einer **Hauskapelle,** in tuo sacrario, Cic.: a sacrario, Diener, Besorger der Hauskapelle, CIL 6, 4027: spöttisch übtr., sacrarium libidinum tuarum, Cic. – u. vom kaiserl. Kabinett, in sacrario imperialis oraculi, Auson. grat act. 1, 1. p. 20, 2 Schenkl.

sacrārius, iī, *m.* (sacrum v. sacer), der **Aufseher der Heiligtümer** einer Gottheit, Iunonis, CIL 6, 1818 u. 9869; 11, 3100 u. 3125.

sacrātē, *Adv.* (sacratus), **I heilig, fromm,** Augustin. epist. 235, 3. – **II geheimnisvoll, mystisch,** Augustin. de doctr. Chr. 2, 16.

sacrātio, ōnis, *f.* (sacro), die **Weihung, Widmung, Heiligung,** Macr. sat. 3, 7, 4.

sacrātor, ōris, *m.* (sacro), der **Heiliger,** iustitiae, Augustin. epist. 261, 2.

sacrātus, a, um, *PAdi.* (von sacro), **geheiligt, heilig,** templum, Verg.: dies sacratior, Mart.: divi Augusti sacratissima memoria, Val. Max.: beneficiorum sacratissimum ius, Sen.: numen gentibus illis sacratissimum, Plin. – lex sacrata, ein Gesetz, auf dessen Übertretung ein Fluch gesetzt ist, ein hoch verpöntes Gesetz, Cic. Sest. 16; de domo 43. – bes. v. Kaiser, zur Gottheit erhoben, **vergöttert,** dux, v. Augustus, Ov.: u. sacratissimus als Beiwort der Kaiser, Gaius dig. u. Spät.: Plur. subst., sacrātī, ōrum, *m.*, die **Vergötterten,** Capit. Anton. phil. 18, 8.

Sacravia als ein Wort, Charis. 17, 5. Diom. 436, 17 K.; vgl. unser ›Heiligenstadt!‹

sacricola, ae, *c.* (sacrum u. colo), **opfernd, Opferdiener, -priester,** Tac. hist. 3, 74 u. Spät.: attrib., sacricolae reges, die opfernden, Prud. c. Symm. 1, 47.

sacrifer, fera, ferum (sacra u. ferō), **Heiligtümer tragend,** rates, Ov. fast. 4, 252.

sacrificālis (-**ficiālis**), e (sacrificium), **zum Opfern gehörig, Opfer-,** Tert. u. Spät.: sacr. patera, Vopisc.

sacrificātio, ōnis, *f.* (sacrifico), das **Opfern,** Cic. de nat. deor. 2, 67.

sacrificātor, ōris, *m.* (sacrifico), der **Opferer,** Tert. de spect. 8 *extr.* u. a. Eccl.

sacrificātrīx, trīcis, *f.* (Femin. zu sacrificator), die **Opfererin,** CIL 10, 3692.

sacrificātus, Dat. uī, *m.* (sacrifico), das **Opfern,** nullum uspiam pecus sacrificatui habemus, Apul. met. 7, 10.

sacrificiālis, e, s. sacrificālis.

sacrificiolus, ī, *m.* (*Demin.* v. sacrificus), der **Opferer,** rex, der die früher vom König besorgten Opfer verrichtende **Opferpriester,** Varro LL. 6, 31. Vgl. sacrificulus.

sacrificium (altlat. sacruficium), iī, *n.*, (sacrifico), **I** das **Opfer,** in sacruficiis remansit guttus et simpulum, Varro: illud ludorum epulare sacr., Cic.: sollemne et statum sacrificium, Cic.: sacrificia anniversaria, Cic.: sacrificia nocturna, Cic.: facere sacrificium u. sacrificia, Cic.: sacrificia facere Libero Liberaeque, Colum.: quaedam occulta sollemnia sacrificia Iovi Elicio facere, Liv.: sacrificium lustrale parare, Liv.: id sacrificium instaurare, Liv.: sacrificio perfecto, Liv.: sacrificio rite perpetrato, Liv.: sacrificium violare, Cic.: ligno eius (arboris) nec ad sacrificia uti fas habetur, Plin. – **II** meton., das **Opfertier,** sacrificia occīdere, Schol. Iuven. 12, 14.

sacrifico (altlat. sacrufico), āvī, ātum, āre (sacrificus), **I** *intr.* **ein Opfer darbringen, opfern,** apud aram, Nep.: apud deos, Tac.: dis, Varro: Iovi vivo argento, Plaut.: non lapidibus (Dat.) humanā manu factis, sed deo vivo (Dat.), Lact.: alci maioribus hostiis, Liv.: quinquaginta capris, Liv.: cotidie pro salute et victoria populi Romani, Liv.: apud lares, Capit.: in sacrificando, Cic. de nat. deor. 2, 67. – Passiv unpers., secundum segetes huic deo sacrificatur, Varro LL. 6, 16: pure et caste a matronis sacrificatum (est), Liv. 27, 37, 10: cui sacrificatur ante d. XII. kal. Ian., Plin. 3, 65: quod emortuo carbone sacrificatur, Plin. 16, 24. – **II** *tr.* **als Opfer darbringen, opfern,** dis Poeni soliti suos sacrificare puellos, Enn.: suem, Ov.: sacrificata animalia, Plin.: pecora in fanis trucidare verius quam rite sacrificare, Liv.: mustum Libero, Fest.: Saturno filios suos, Augustin. (Depon.). – dah. sacrificati, diejenigen **Christen, die bei Verfolgungen** (aus Furcht) **den Göttern opferten,** Cypr. epist. 55. *no.* 12 u. 13 u. epist. 59 *no.* 10 u. 11. – ► *Depon.* sacrificor, ātus sum, ārī, Varro LL. 6, 18. Varro sat. Men. 266. Varro fr. b. Non. 480, 7. Varro r. r. 2, 8, 1 u. 2, 11, 5. Augustin. de civ. dei 7, 26. p. 307, 31 D². Iul. Val. 3, 42 (24). Vgl. über beide Formen Varro LL. 9, 105. Gell. 18, 12, 10.

sacrificulus, ī, *m.* (*Demin.* v. sacrificus), der **Opferer, Opferpriester,** Liv. 25, 1, 8. Suet. Dom. 1, 2. – als Apposit., rex s., der die früher vom König besorgten Opfer verrichtende Opferpriester, s. Liv. 2, 2, 1 *sq.* (vgl. sacrificiolus): sacrificuli reges, Liv. 6, 41, 9: vates, Liv. 35, 48, 13.

sacrificus, a, um (sacrum u. facio), **I opfernd,** Ancus, Ov.: rex, Liv. (vgl. sacrificulus). – **II zum Opfern gehörig, Opfer-,** ritus, Ov.: dies, Ov.: os, die Sprache der Opfernden od. Priester, Ov.: securis, Ov.: vestis, Sil.: ara, Val. Flacc.: cruor, Sil.: preces, Sen. poet.

sacrilegē, *Adv.* (sacrilegus), **gottlos,** Tert. apol. 12.

sacrilegium, iī, *n.* (sacrilegus), **I** der **Tempelraub,** sacrilegium facere, admittere, Quint., committere, perpetrare, Iustin.: sacrilegium prohibere, Liv.: sacrilegium pervestigare, Liv.: fur onustus sacrilegio, mit den geraubten Heiligtümern, Phaedr.: sacrilegium (den Tempelraub, meton. = den Tempelräuber) deprehendere, Quint. 8, 6, 26. – im Plur. bei Suet. Caes. 54, 3 (wo synk. Abl. Plur. sacrilegis). Vulg. 2. Mach. 4, 39: sacrilegia minuta puniuntur, magna in triumphis feruntur, die kleinen Diebe hängt man, die großen lässt man laufen, Sen. ep. 87, 23. – **II** die **Religionsschändung, -entweihung,** der **Religionsfrevel,** non sine quodam sacrilegii metu, Flor. 2, 17, 12: sacrilegium facere, Sen. de vit. beat. 27, 1: alqm sacrilegii damnare, Nep. Alcib. 6, 4: parum se grate gerere sacrilegium sit, Sen. de ben. 1, 4, 4: hoc enim sacrilegis (= sacrilegiis) simile, Ps. Apul. Ascl. 41 (Koziol sacrilegi).

sacrilegus, a, um (sacra u. lego), **I tempelräuberisch,** subst., der **Tempelräuber,** Cic. u. Nep.: exi e fano, natum quantum est hominum sacrilegissime, Plaut. rud. 706. – **II** einer der die Pflichten gegen die Götter, die religiösen Gebräuche usw. verletzt, **irreligiös,** der **Religionsschänder, -frevler, a** eig., Nep. u. a.: homo sacr., Quint.: von Erysichthon, sacrilegus, weil er die Ceres verachtete, Ov.: von Pentheus, weil er des Bacchus Gottesdienst verachtete, Ov. – **b** übtr., jeder, der grobe Verbrechen u. Laster begeht, **gottlos, verrucht,** artes meretricum, Ov.: linguae, manus, Ov.: feminae, die den Orpheus zerrissen, Ov. – als Schimpfwort, **Schurke, Erzschurke,** ille sacrilegus, Ter.: so auch sacrilega, Ter.

Sacriportus, ūs, *m.* (sacer u. portus), **I** eine Stadt in der Nähe von Rom im Volskischen zwischen Signia u. Präneste, wo Sulla den jungen Marius schlug, Liv. epit. 87. Vell. 2, 26, 1 u. 2: in der Tmesis, quot apud Sacri cecidere cadavera portum? Lucan. 2, 134. – **II** eine Stadt am tarentinischen Meerbusen, Liv. 26, 39, 6.

sacrium, iī, *n.*, der szythische **Bernstein,** Plin. 37, 40.

sacro, āvī, ātum, āre (sacer), **I** der Gottheit etwas zusprechen, **-weihen, -widmen, 1** eig.: caput, Liv.: aras, Verg.: diversam aciem Marti ac Mercurio, Tac. – **2** übtr.: **a** übh., **widmen, geben, bestimmen,** honorem alci, auf beständig geben, Verg.: telis Euandri sacratum, bestimmt, Verg.: quod Libitina sacravit, was tot ist, Hor. – **b** meton., **heilig-, unverletzlich** machen, foedus, Liv.: nemus honore (= *exstructo sepulcro*), Mart.: deum sede, einem Gott einen Tempel weihen, ihn durch einen Tempel ehrwürdig u. heilig machen, Liv. – **II** (= consecrare) eine Person **zu einer Gottheit erheben,** alqm inter divos, Spart. Alex. Sev. 7, 8. – übtr., dem Ruhm nach **unsterblich machen, verewigen,** avum … sacrarunt aliquā carmina parte tuum, Ov.: alqm Lesbio plectro, Hor.: vivit eloquentia Catonis sacrata scriptis omnis generis, unsterblich durch seine Schriften, Liv.

sacrōsānctus, a, um (sacer u. sanctus), **I unverletzlich,** was man bei hoher Strafe nicht verletzen darf, **hochheilig,** possessiones, Cic.: v. den Volkstribunen, Liv.: u. so potestas (tribunorum plebis), Liv. – **II** übtr., **hochheilig** = **ehrwürdig,** memoria alcis, Plin. ep.: imago (des Kupido), Apul.: ista civitas, v. Rom, Apul. – ► In der Tmesis sacroque sanctus, Plin. 7, 143.

sacruficium, iī, *n.*, s. sacrificium.

sacrufico, āre, s. sacrifico.

sacrum, ī, *n.*, s. sacer *no.* II.

sacrus, s. sacer ►.

saculus, s. sacculus ►.

Sadala, ae, *m.* u. **Sadalēs,** ae, *m.*, ein thrazischer Fürst, Sohn Kotys' III., Cic. II. Verr.. 1, 63. Caes. b. c. 3, 4, 3. Lucan. 5, 54.

Saddūcaeī, ōrum, *m.*, eine Sekte bei den Juden, die das Dasein der Engel leugneten u. glaubten, die Seelen der Menschen gingen mit den Körpern unter usw., Tert. de praescr. 45. – Dav. **Saddūcaeus,** a, um, **sadduzäisch,** genus, Arnob. 3, 12.

saeclum, ī, *n.*, s. saeculum.

saeculāris (sēculāris), e (saeculum), **I hundertjährig,** ludi, Spiele, die in der Regel alle hundert Jahre abgehalten wurden, Val. Max. u. Suet.: dah. carmen, Lied, das bei der Jahrhundertfeier von Knaben u. Mädchen gesungen wurde, wie Horaz eins zur Säkularfeier des Augustus dichtete. – **II** im Gegensatz zum Geistlichen = **zeitlich, weltlich, heidnisch,** litterae, Tert.: historia, Sidon.: litteratura, Hieron.: homines (Ggstz. monachi), Hieron.

saeculāriter, *Adv.* (saecularis), **dem Zeitalter gemäß, allgemein üblich,** ornari, Cypr. test. 3, 36 *lemm.* Augustin. epist. 27, 5 u. a.

saeculārius, a, um (saeculum), **heidnisch,** auctores, Alcim. Avit. epist. 1. – subst., saeculāriī, ōrum, *m.*, die **Heiden,** Eustath. hexaëm. 3, 3.

saeculum (sēculum, synkop. saeclum, seclum), ī, *n.* (aus *sejtlom zu Wz. *sē(i)*, säen, s. 1. sero), **I** das **Zeugungsgeschlecht,** das **Geschlecht,** muliebre, Lucr.: cupide generatim saecla propagant, Lucr.: u. der Tiere, saecla pavonum, ferarum, leonum, Lucr. – **II** übtr.: **A** im engeren Sinne, wie γενεά, die gewöhnliche Zeitdauer eines Menschengeschlechts (33 1/2 Jahre), das **Menschenalter, Zeitalter** (vgl. Censor. 17, 2), **1** eig.: **a** im Allg.: multa saecula hominum, Cic.: saecula plura numerentur, Liv.: saec. aureum, Sen. contr. 2, 17, 5. Lampr. Heliog. 35, 4. Lact. 5, 6, 13: aureum saeculum, Tac. dial. 12: dass. Plur. saecula aurea, Verg. Aen. 6, 792 *sq.* Ov. art. am. 2, 277: saec. aëneum, Serv. Verg. Aen. 1, 452: saec. ferreum (Ggstz. aureum), Lampr. Heliog. 35, 4: saecula ferrea, Tibull. 2, 3, 38. – **b** insbes., das **Zeitalter** = die **Regierungszeit** eines Fürsten, saeculum felicissimum, Sen.: tristissimum saeculum, Plin. ep.: saeculi sui decus, Plin. pan. Vgl. Walch Tac. Agr. 3. p. 121. – **2** meton.: **a** das in einem bestimmten Zeitalter lebende Menschengeschlecht, das **Zeitalter,** das **Geschlecht,** novi ego hoc saeculum moribus quibus sit, Plaut.: ipse fortasse in huius saeculi errore versor, Cic.: o nostri infamia saecli, Ov. – **b** die **Zeit,** in Bezug auf die darin lebenden Menschen u. herrschenden Sitten, die **Zeiten,** der **Zeitgeist,** der **Ton,** die **Gepflogenheit der Zeit,** saeculum prius, Ter.: mitescent saecula, Verg.: impia aeternam timuerunt saecula noctem, Verg.: nec corrumpere aut corrumpi saeculum vocatur, Tac. – **c** die **Zeit** = die **Welt,** das **irdische Leben,** die **Zeitlichkeit,** Prud.: und von der Heiden Lebensart und Zucht, videmus saeculi exempla, Tert. – **B** im weiteren Sinne die längste Lebensdauer der Menschen, das **Jahrhundert, 1** eig. u. übtr.: **a** eig.: duobus prope saeculis ante, Cic.: saeculo festas referente luces, Hor.; vgl. Censor. 17, 13. – **b** übtr., das **Jahrhundert** = ein langer unbestimmter Zeitraum, eine **lange Reihe von Jahren,** aliquot saeculis post, Cic.: saecula plurima, saecula sescenta, Cic.: vir saeculorum memoriā dignus, Quint.: facto in saecula ituro, zu späten Jahrhunderten gelangende, noch in späten Jahrh. gepriesene, Sil.: u. so ibit in saecula fuisse principem etc., zu späten Jahrh. wird die Kunde gelangen, dass es usw., Plin. pan.: saeclis effeta senectus, durch die lange Reihe von Jahren, Verg. – **2** meton., die in einem Jahrhundert lebenden Menschen, das **Jahrhundert,** saeculorum reliquorum iudicium, Cic. de div. 1, 36: dicent haec plenius futura saecula, Quint. 10, 1, 92.

saepe, *Adv.* (eig. *neutr.* eines Adjekt. *saepis), **oft** (Ggstz. nonnumquam, raro), Cic. u. a.: saepe … saepe, Ov.: bene saepe, Enn. fr. u. Cic.: saepe et multum, multum et s., Cic.: saepe multi, multi saepe, Cic. (s. Beier Cic. de off. 2, 20). – *Compar.* saepius, *Superl.* saepissime, Cic. u. a.

saepenumerō, *Adv.*, **oftmals, gar oft, zu wiederholten Malen,** Cic. u. a.: *Compar.* saepiusnumero, Gell. 3, 16, 1.

saepēs (sēpēs), is, *f.* (saepio), der **Zaun,** die **Verzäunung,** das **Gehege, I** eig., Caes. u. a.: segeti praetendere saepem, Verg. – **II** übtr., jede **Vermachung,** portarum, Ov.: stridor adaugescit scopulorum saepe repulsus, Cic. poët. – ► Nbf. saeps, Cic. nach Auson. edyll. 12, grammatom. 11. p. 139 Schenkl und viell. Val. Flacc. 6, 537 (wo *cod. C* spes).

saepia, s. sēpia.

saepicula, ae, *f.* (*Demin.* v. saepes), das **kleine Gehege,** der **kleine Zaun,** Apul. met. 8, 20.

saepiculē, *Adv.* (*Demin.* v. saepe), **gar oft,** Plaut. Casin. 703 (alle Hdschrn. des Plautus; dagegen Prisc. 3, 29 saepiuscule). Apul. met. 1, 12; 6, 28 u. a.

saepīmen, inis, *n.* (saepio), die **Umzäunung,** das **Gehege,** Apul. flor. 1.

saepīmentum, ī, *n.* (saepio), die **Umzäunung, Einfriedigung,** Varro u. Cic.

Saepīnum, ī, *n.*, eine kleine Munizipalstadt in Samnium, j. *Sepino,* Liv. 10, 44. § 9 u. 45. § 12. – Dav. **Saepīnās,** ātis, **säpinatisch,** municipes, CIL 9, 2457: magistratus, CIL 9, 2438. – Plur. subst., Saepīnātes, ium, *m.*, die Einw. von Säpinum, die **Säpinaten,** Plin. 3, 107. CIL 9, 2319 u. 10, 4590.

saepio (sēpio), saepsī, saeptum, īre (saepes), **verzäunen, umzäunen, umhegen, einhegen, einfriedigen, I** eig. u. übtr.: **a** eig.: segetem,

Colum.: vallum arboribus, Liv. – **b** bildl.: locum cogitatione, Cic.: inventa memoriā, Cic.: tribunatum saeptum habere, Liv. – **II** übtr.: **1** mit etw. **umgeben, einschließen,** urbes moenibus, Cic., urbem muris, Nep.: oppidum castris, Cic.: ea munimentis, Liv.: domum custodiis, Nep.: se tectis, sich im Palast einschließen, Verg.: ebenso multiplicibus se muris turribusque, sich verschanzen hinter usw., Sen.: campus montibus circa saeptus erat, Liv.: locus montibus aut Mosellā amne saeptus, Tac. – im Bild, bene dicere non habet definitam aliquam regionem, cuius terminis saepta teneatur, Cic.: cuius divinis oculis (Dat.) nihil saeptum est, vor dessen göttlichen Au. nichts verschlossen (verborgen) ist, Lact. – **2 bedecken, a** = **besetzen,** vias, Liv.: urbem praesidio, durch Besatzung decken, Liv. – **b** = **verwahren,** fauces munimento, Curt.: perpetua lorica obducta transitum saepserat, hatte verhindert, Curt.: natura oculos membranis vestivit et saepsit, Cic.: quoniam unum omnibus finem natura vel ferro saeptis (mit Eisen bewehrt) statuit, Sall. fr. – ► vulg. Perf. sepivit, Vulg. Isai. 5, 2.

saepior, *Superl.* **saepissimus,** a, um (saepe), **öfter,** Prisc. 15, 25: saepissima discordia, Cato b. Prisc. 3, 12.

saepiusculē, *Adv.* (*Demin.* v. saepe, saepius), **gar oft,** Prisc. 3, 29 (ohne sicheren Beleg, denn Plaut. Casin. 703 lesen alle Hdschrn. des Plautus saepicule).

saeps, is, *f.,* der **Zaun,** s. saepēs.

saepta, ōrum, *n.,* s. saeptum.

saeptātus, a, um (saeptum), **mit einer Verzäunung umgeben, abgeschlossen,** culmen, Mart. Cap. 2. § 208.

saeptio, ōnis, *f.* (saepio), die **Verzäunung,** der **Verschlag,** Vitr. 5, 12, 5 u. a.: Plur. saeptiones, die Erweiterungen der Ringmauern um die Stadt, Vopisc. Aurel. 22, 1.

saeptum, ī, *n.* (saepio), die **Verzäunung, Einfriedigung,** das **Gehege, I** im Allg.: quibus saeptis beluas continebimus? Cic.: exiret victima saeptis, Stall, Verg.: saepta, von einem Fischteich, Colum.: saepta domorum, die Mauern der Häuser, die Häuser, Lucr. u. Verg.: saeptum venationis = *vivarium,* Varro. – **II** insbes.: **1** transversum saeptum, auch bl. saeptum, das Zwerchfell im tierischen Körper, Cels. – **2** Plur. saepta, ōrum, *n.,* **a** die **Schranken,** innerhalb deren das römische Volk bei den Komitien abstimmte, Ov. fast. 1, 53: bald auf dem Forum aus Holz errichtet, Cic. Sest. 79, bald auf dem Kampus Martius, Cic. ad Att. 4, 16, 14 (4, 17, 7), und dort wahrsch. später dauernd u. mit prächtigen Kaufläden umgeben, Mart. 9, 59, 1. – **b** das **Schutzgatter** an Schleusen, das **Wehr,** Ulp. dig. 23, 21, 1 *in.* u. § 4.

saeptuōsē, *Adv.* (saeptum), **verhüllt,** bildl., **dunkel, undeutlich,** Liv. Andr. b. Non. 170, 17 (dagegen *Ribbeck* Pacuv. tr. 5 saeptuosa dictio).

saeptus, Abl. ū, *m.* (saepio) = saeptum (s. d.), Itin. Alex. 46 (106).

saeta (sēta), ae, *f.,* das **starke Haar,** bes. das der Tiere, die **Borste, I** eig. u. übtr.: **a** eig., der Schweine, Ov. u. Colum.: saeta equina, Pferdehaar, Cic.: Bockshaare, Kuhhaare, Löwenhaare, Verg. u. a.: v. struppigen Menschenhaaren, Verg., Ov. u. a.: obsessa saetis cervix, Sen. – **b** übtr., v. den Spitzen des Nadelholzes, Plin. 16, 41 zw. – **II** meton.: **1** die **Angelschnur,** Ov. hal. 35. Mart. 1, 55, 9 u. a. – **2** (im Sing. u. Plur.) der **Pinsel,** saetā od. saetis inducere, Vitr. 7, 9, 3. Plin. 33, 122. – ► Die Schreibung saeta ist fast überall die der besten Hdschrn.

Saetabis, is, *f.,* Stadt im tarrak. Hispanien, berühmt durch Flachs u. feine Gewebe, j. *Jativa,* Plin. 19, 9. Sil. 3, 374. Gratt. cyn. 41. CIL 2, 3625. – Dav.: **A Saetabitānus,** a, um, **sätabitanisch, aus Sätabis,** CIL 6, 16247: Plur. subst., Saetabitāni, ōrum, *m.,* die Einw. von Sätabis, die **Sätabitaner,** Plin. 3, 25. – **B Saetabus,** a, um, sätabisch, Saetabum sudarium, Catull. 25, 7: Saetaba sudaria, Catull. 12, 14; u. bl. Saetaba, Plin. nat. hist. praef. § 1.

saetiger (sētiger), gera, gerum (saeta u. gero), **Borsten tragend,** sus, Verg. u. Ov.: apri, Inscr.: pecus, Verg.: vestis, aus Ziegenhaaren, Paul. Nol. – subst., saetiger, gerī, *m.,* der **Borstenträger,** v. Eber, Ov. u. Mart.

saetōsus (sētōsus), a, um (saeta), **borstig, behaart,** aper, Verg.: pectus, Cels.: verbera (Peitsche), haarig, aus Fell, Prop.

saetula (sētula), ae, *f.* (*Demin.* v. saeta), die **kleine Borste,** Arnob. 7, 20.

saevē, *Adv.* mit *Compar.* u. *Superl.* (saevus), **grausam, wütend, heftig,** Hor., Suet. u. a.

saevidicus, a, um (saevus u. dico), **hart-, zornig geredet,** saevidicis dictis, Ter. Phorm. 213.

saevio, saeviī, saevītum, īre (saevus), **wütend sein, wüten, toben, I** eig., v. Tieren, saevit equus, Lucr., lupus, Ov., panthera, Phaedr., anguis, Verg.: ursorum est uncare vel saevire, Suet. fr.: saevire coepisse, in Wut geraten (v. Elefanten), Liv.: in alqm, Ov., Gell. u. a. – **II** übtr.: **a** v. Menschen, in Bezug auf leidenschaftliche Aufregungen, Komik., Hor., Sall. u. a.: ne saevi tantopere, Ter.: infestis querellis, Lucr.: Mars saevit in armis, Mart.: saevire in obsides, Liv.: in suum sanguinem, Liv.: in ea delubra, quae etc., Liv.: in suos hostili odio, Iustin.: in se, gegen sich wüten = Hand an sich legen, ICt.: adversus innocentes valide, Lact.: adversum cunctos ingenti avaritiā, libidine, crudelitate, Eutr.: m. *Dat.,* non uni saeviet usque deus, Tibull.: qui nunc mihi saevit, sic tibi parcat, Ov.: m. *Infin.,* cum manus impia saevit sanguine Caesareo Romanum exstinguere nomen, Ov. met. 1, 200. – *impers.,* per sex dies saevitum est, Suet.: in corpus, in tergum saeviri, Liv.: in ceteros saevitum esse, Liv. (vgl. Drak. Liv. 30, 31, 10). – **b** v. sachl. u. abstr. Ggstdn.: saevit pontus, Lucr. u. Hor.: mare ventis, Sall.: pelagus, Tac.: ventus, Caes.: Aufidus, Hor.: saevit venenum in praecordiis, Hor. – tibi flagrans amor et libido saevit circa iecur, Hor.: saevit amor ferri, Verg.: saevit ira in alqm, Ov.: saevit fames, Val. Flacc.: morbus, Gell. – saeviente frigore, Lact. – oratio ferociens saeviensque (Ggstz. demissa iacensque), Gell. – saevientissima et crudelissima caedes, Augustin. – ► Synkop. Imperf. saevibat, Lucr. 5, 1001 (1003). – Ungew. Futur. saevibo, Mar. Vict. de fratr. Machab. 20. p. 443 *ed. Fabric.* – Perf. saevit = saeviit, Vulc. Gallic. Avid. Cass. 7, 5 *Peter* (Jordan saeviit).

saevis, is (Nbf. v. saevus), **wütend,** tyranni, Amm. 15, 9, 6 G.

saevitās, ātis, *f.* (saevus), die **Wut, Grausamkeit,** Prud. perist. 10, 483. Ambros. in Luc. 9. § 32; de spir. scto 3, 16. § 117. Firm. math. 5, 5.

saeviter, *Adv.* = saeve, Enn. fr. scen. 180 u. 307. Afran. com. 301. Plaut. Pseud. 1290 u. a.

saevitia, ae, *f.* (saevus), die **Wut, I** eig., von Tieren: canum, Plin.: ferarum, Quint. – **II** übtr., die **Wut, Heftigkeit, Strenge, Grausamkeit, grausame Strenge, a** v. Menschen u. menschl. Vornahmen, iudicis (Ggstz. clementia), Cic.: feneratorum, Sall.: dictorum factorumque, Suet.: ingenii, Suet.: Iasidos, *i.e. animus durus et ab amore alienus,* Prop.: tantā temperantiā inter ambitionem (Gunst suchenden Milde) saevitiamque moderatus, Sall.: occultis libellis saevitiae principis adrepere, sich in des Tyrannen Gunst einen Platz erkriechen, Tac.: Plur., Sall. hist. fr. 1, 9 (10). – **b** v. lebl. Subjj.: maris, Vell., Sen. u. a.: perpetuae hiemis, Strenge, Grimmigkeit, Plin.: temporis (*i.e. hiemis*), Sall.: caeli, Curt.: amoris, Colum.: annonae, Teuerung, Tac.

saevitiēs, ēī, *f.* (saevus) = saevitia, Apul. met. 6, 19. Iul. Val. 3, 20 (17).

saevitūdo, inis, *f.* (saevus) = saevitia, Plaut. Bacch. 2 *Goetz* (bei Non. 172, 32). Iul. Val. 1, 9 (17) u. 3, 16 (17).

saevum, s. sēbum ►.

saevus, a, um, **wütend, tobend, wütig, I** eig., v. Tieren, leo, aper, Lucr.: lupus, Tibull.: saevior leaena, Verg.: saevissima animalia, reißende, Sen. – **II** übtr., von jeder Art heftiger Aufregung, **wütend, tobend, heftig, schrecklich, furchtbar, grausam, grimmig, herrisch, gestreng, a** v. Menschen, Ter.: uxor, Ter.: puella, herrisch (gegen den Liebhaber), Tibull.: Iuno, Verg. – Aeneas saevus in armis, furchbar, gewaltig (griech. δεινός), Verg.: u. so Hector, Verg. – poet. m. folg. *Infin.,* quaelibet in quemvis opprobria fingere saevus (schonungslos), Hor. ep. 1, 15, 30. – **b** v. lebl. Subj.: mare, Sall. u. a.: pontus, Ov.: undae, Lucr.: aequora, Verg.: ventus, Cic.: gelu, Verg.: hiems, Veget. mil.: horror, Verg.: scopulus, Verg.: fletus, Prop.: somnia, Tibull.: facies, Tac.: odor (vini), wild machend, Stat. – tridens, Verg.: falx, schrecklich, Tibull.: stola, gewaltige, Enn. fr.: funera, schrecklich anzusehen, Verg.: verbera, Verg. – ▶ saevum, *adv.* = *saeve,* Stat. u. Claud.

saffīrīnus, s. sappīrīnus.

sāga, ae, *f.*, s. 1. sāgus, a, um.

sagācitās, ātis, *f.* (sagax), die Kraft, leicht zu wittern, **I** durch die Sinne, **a** die **Spürkraft** der Hunde, canum ad investigandum sagacitas narium, Cic.: so auch canum, Plin.: vincit idem sagacitate odorandi canes et volturios, Apul. – **b** die **Empfindsamkeit** anderer Sinne, sensuum, Sen. ep. 95, 58. – **II** übtr., durch den Verstand, der **Scharfsinn, Scharfblick,** die **Schlauheit,** hominis, Cic. u. Nep.: consilii, Val. Max.

sagāciter, *Adv.* (sagax), **scharf, I** von den physischen Sinnen, sag. u. sagacius odorari, v. Hunden, Colum., v. Geiern, Plin.: olfacere sagacissime, Plin. – **II** übtr., v. geistigen Sinn, **genau,** pervestigare, Cic.: perspicere naturam alcis, Suet.: tu sagacius odorabere, Cic.: ut odorer, quam sagacissime possim, quid sentiant etc., Cic.

sagana, ae, *f.* = saga, kluge Frau, **I** die **Zauberin,** Prisc. 4, 5. – **II** als *nom. pr.*, Sagana, Name einer Zauberin, Hor. sat. 1, 8, 25 u. a.

Sagaris, Akk. im, Abl. ī, *m.* u. **Sagarius,** iī, *m.* u. **Sagiarius,** iī, *m.* u. **Sangarius,** iī, *m.* (Σαγγάριος), ein Fluss in Phrygien u. Bithynien, der sich in die Propontis ergießt, j. *Sakarja, Sakari,* bei den Türken *Ayala,* Form Sagaris, Ov. ex Pont. 4, 10, 47. Mart. Cap. 6. § 687 u. 688; Sagaris u. Sagarius, Solin. 43, 1: Sagiarius, Plin. 6, 4 D.: Sangarius, Liv. 38, 18, 8. – Dav.: **A Sagarītis,** idis, *f.*, **sagaritisch,** nympha, in die sich Attis verliebte, Ov. fast. 4, 229. – **B Sangarius,** a, um, **sangarisch,** puer, Attis, Stat. silv. 3, 4, 41.

sagārius, a, um (sagum), **zum Sagum** (Mantel, Umwurf, bes. Soldatenmantel) **gehörig,** negotiatio, Ulp. dig. 14, 4, 5. § 15: negotiator, CIL 10, 1872. Schol. Iuven. 6, 591 *ed. Cramer* (Jahn bl. negotiator): mercator, CIL 6, 9675: ders. subst. bl. sagarius, CIL 12, 2619 u. a.: sag. Romanensis, der saga nach röm. Mode machte, CIL 12, 1928.

sagātio, ōnis, *f.* (sagum) = παλμός, das **Emporschnellen (Prellen) auf einem ausgebreiteten Mantel,** das **Fuchsprellen,** Gloss. II, 177, 7.

sagātus, a, um (sagum), **I mit dem Sagum** (Mantel, bes. Soldatenmantel) **bekleidet,** Cic. u. a. – **II aus dichter Wolle gemacht,** cucullis sagatis, Colum. 11, 1, 21 zw. (wohl richtiger cucullatis sagis).

sagāx, ācis, Abl. ācī (sagio), **leicht spürend, I** mit den physischen Sinnen, dem Geruch nach, canis, Spürhund, Enn. fr. u. Cic.: Umber nare sagax, Sil.: nasus, Plaut.: vom Gehör, sagacior anser, Ov.: vom Geschmack, palatum sagacissimum, Plin. – **II** übtr., mit dem geistigen Sinn, **scharf, scharfsichtig, scharfsinnig,** mens, Cic.: vir sagacis animi, Plin.: sagax et admodum subtilis ingenio, Eutr.: sagax et acutus et sollers, Paul. ex Fest.: ingenia sagaciora, Iustin.: sagacissimus *ad* suspicandum, Cic.: vir *in* coniecturis sagacissimus, Iustin.: m. *Dat.*, ut est Magorum sollertia occultandis fraudibus sagax, Plin.: civitas rimandis offensis sagax, Tac.: m. *Genet.*, utilium rerum, Hor.: prodigiorum, Iustin.: odorandi vias periculorum occultas perquam sagax, Amm.: rerum naturae sagacissimus, Colum.: m. *Infin.*, Aethion sagax quondam ventura videre, Ov. met. 5, 146.

sagda, ae, *f.*, ein Edelstein von lauchgrüner Farbe, Plin. 37, 181.

sagēna, ae, *f.* (σαγήνη), das **Schleppnetz, Zuggarn,** die **Wate** zum Fangen einer größeren Zahl Fische auf einmal, rein lat. everriculum (s. Ulp. dig. 47, 10, 13. § 7), Manil. 4, 679. Vulg. Iob 40, 26; eccl. 7, 27 u. a.: sagena missa in mare, Vulg. Matth. 13, 47.

sagēnicum, ī, *n.* (sagena), der **Netzfang** = Fische aller Art, wie sie auf einmal mit dem Zuggarn gefangen werden (ital. *frutti di mare*), Edict. Diocl. 5, 11.

Sagiārius, s. Sagaris.

sagīna, ae, *f.* (σάττω, anfüllen, vollstopfen), **I** die **Mast, Mästung, Fütterung** bis zur Fettigkeit, **1** eig.: **a** der Tiere, anserum, Varro: vaccarum, Vulg.: harum avium, Colum.: cochlearum, Plin.: Plur., altilia veterum saginarum, Fronto fer. Als. 3. p. 224, 18 N. – **b** der Menschen = die **Unterhaltung, Nährung,** in saginam, zur Mast, Plaut.: non auctoritate, sed saginā tenebat, Cic. – **2** meton.: **a** das, womit man mästet, die **Mast,** viva, kleine Fische, Varro r. r. 3, 17, 7: conquisito altilium enormem saginam, Tert. de paen. 11. – **b** das **gemästete Tier,** saginam caedite, esset, Plaut. most. 65. – **c** das **Fett,** die **Fettigkeit** vom Mästen od. vom vielen Essen, corporis, Iustin, u. Apul.: ventris, Iustin. – **II** übtr., die **Fütterung** übh., das **Futter, Essen, Fressen,** die **Speise** ferarum, Suet.: gladiatoria, Speise, wie die Gladiatoren sie bekommen, Tac.: so auch qui dabat venalia fata (vitam suam) saginae (gladiatoriae), sich als Gladiator unterhalten lassen (denn die Gladiatoren bekamen reichliche und stärkende Kost), Prop.: orca saginam persequitur, Plin.

sagīnārium, iī, *n.* (sagino), ein **Ort, wo Tiere gemästet werden,** includunt in saginario, Gänsekorb usw., Varro r. r. 3, 10, 7.

sagīnātio, ōnis. *f.* (sagino), das **Mästen, Füttern** bis zum Fettwerden, Plin. 8, 207. Tert. de pall. 4. – meton., das **Mastvieh,** Itala (Colb.) Matth. 22, 4.

sagīnātor, ōris, *m.*, (sagino), der **Mäster,** Gloss. III, 309, 38.

sagīno, āvī, ātum, āre (sagina), **mästen, fett machen, I** eig.: boves, Varro: porcum, Prop.: terra, quae copiā rerum omnium (illos Gallos) saginaret, Liv.: murenas sanguine humano saginari, Sen. – **II** übtr., **mästen, füttern, abspeisen,** convivas totidem aureis potoriis, Plin.: catulos ferarum molliore praedā, Quint.: exquisitis cotidie saginari epulis, Plin.: sanguine rei publicae saginari (sich mästen), Cic.: velut saginatus nuptialibus cenis, Liv.: dives cotidianis epulis saginatus, Augustin.: ille domitor Asiae per XXXIII dies saginatus ad ea, quae sequebantur, Curt.: septuagiens sestertio saginatus, Tac.: languent per inertiam saginata, Sen. – terra velut saginata largioribus pabulis, Colum. – ▶ Partiz. Perf. im Kompar., saginatior hostia, Hieron. ad Damasipp. (tom. 4. p. 152 *ed. Martian.*).

sāgio, īre (Stamm sac, wov. auch sagax, sagus), etw. **leicht spüren, -wittern, -wahrnehmen,** wie ein Spürhund usw., sagire enim sentire acute est, Cic. de div. 1, 65.

sagitta, ae, *f.*, der **Pfeil, I** eig., Cic. u. a.: sagittae venenatae, Solin.: sagittarum scientia, Hygin.: sagittam iacĕre, Tibull.: sagittam conicere, Verg., impellere nervo, Ov.: v. den Pfeilen des Liebesgottes, Hor. u. Ov.: sagittae Veneris, Liebespfeile, Pfeile des Kupido, Lucr. – **II** übtr.: **a** der **Pfeil,** ein Gestirn, Cic. Arat. u. Plin. – **b** das **Pfeilkraut,** Plin. 21, 111. – **c** ein Eisen zum Aderlass, das **Lasseisen,** die **Lanzette,** Veget. mul. 1, 25, 5 u. 43, 3. – **d** der **äußerste** u. **dünnere Teil des jungen Zweiges** am Baum u. Weinstock (des malleolus), des Rebschosses od. Fächsers, Colum. u. Plin. – ▶ Bei Plaut. u. a. auch sāgĭta geschrieben u. gemessen.

sagittārius, a, um (sagitta), **zu den Pfeilen gehörig, Pfeil-, I** *adi.:* calamus, dienlich zu Pfeilen, Plin.: certamen, Dict. Cret. – **II** *subst.*, sagittārius, iī, *m.*, **1** (*sc.* faber) der Pfeile macht, der **Pfeilschmied,** Aurel. Arcad. dig. 50, 6, 6. – **2** der **Bogenschütze, a** eig., Cic. u. Caes.: sagittarii equites, B. zu Pferde, berittene B., Curt.: (dass. Sing. kollekt., eques sagittarius, Tac.): pedites sagittarii, B. zu Fuß, Tac. – **b** übtr., der **Schütze,** ein Gestirn, sonst arcitenens gen., Cic. Arat., Plin. u. a.

sagittifer, fera, ferum (sagitta u. fero), **I Pfeile tragend,** pharetra, Ov. met. 1, 468. Stat. Ach. 1, 416: pecus, das Stachelschwein, Claud. hystr. 48. – **II mit Pfeilen bewaffnet, der Pfeilschütze,** Parthi, Catull. 11, 6: Geloni, Verg. Aen. 8, 725. – subst., sagittifer, ferī, *m.*, der **Schütze,** ein Gestirn, Manil. 2, 267 u. a. Anthol. Lat. 616, 5 u. 623, 5 R.

sagittiger, gera, gerum (sagitta u. gero), **Pfeile tragend,** subst., sagittiger, gerī, *m.*, der **Schütze,** ein Gestirn, Avien. Arat. 482.

sagittipotēns, entis (sagitta u. potens), **pfeilmächtig,** subst., der **Schütze,** ein Gestirn, Cic. Arat. 73 (= fr. H IV, a, 311). Q. Cic. in Anthol. Lat. 642, 11 (66, 11). Anthol. Lat. 1028, 9 M.

sagitto, āvī, ātum, āre (sagitta), **I** *intr.* **Pfeile abschießen, mit Pfeilen schießen,** Curt. u. Iustin.: sagittandi peritissimus, Hieron. – **II** *tr.* **mit Pfeilen schießen, -treffen,** nur im *Partic.*, sagittātus, a, um, **mit Pfeilen geschossen, -getroffen,** Ambros. de Cain et Abel 1, 5, 15. Cael. Aur. de morb. chron. 2, 12, 144.

sagittula, ae, *f.* (*Demin.* v. sagitta), der **kleine Pfeil,** Apul. met. 10, 32.

sagma, ae, *f.* u. **sagma,** atis, *n.* (σάγμα), der härene **Packsattel, Saum-**

sattel, als *f.*, Veget. 3, 59, 1. Itala Levit. 15, 9. Isid. orig. 20, 16, 5: als *n.*, Vulg. Levit. 15, 9: sagma burdonis, asini, cameli, Edict. Diocl. 11, 4 *sqq.*

sagmārius, a, um (sagma), **zum Saumsattel gehörig,** caballus, mula, Isid. orig. 20, 16, 5: mulus, mula, Serv. Verg. Aen. 1, 417. – subst., **a** sagmārius, iī, *m.*, **α** das **Saumross,** Lampr. Heliog. 4, 4. Aurel. imp. bei Vopisc. Aurel. 7, 7. – **β** = σαγματοποιός, der **Saumsattelverfertiger,** Gloss. II, 429, 28. – **b** sagmārium, iī, *n.*, das **Gepäck auf dem Saumsattel,** Serv. Verg. Aen. 1, 417.

sagmen, inis, *n.* (sacer, sancio), das Heiligende, das auf der Burg gepflückte u. die Fetialen auf der Gesandtschaft heiligende (unverletzlich machende) **Grasbüschel,** Liv. 1, 24, 4 u. 30, 43, 9. Plin. 22, 5.

sagochlamys (sagoclamys), ydis, *f.* (sagum u. chlamys), der **Kriegsmantel,** Valer. imp. bei Treb. Poll. Claud. 14, 5.

Sagra, ae, *m.* od. *f.* (Σάγρα, ἡ, u. Σάγρας, ὁ), Küstenfluss im Land der Bruttier, zwischen Lokri u. Kaulon ins Meer einmündend, berühmt durch das Treffen, in dem 120000 Krotoniaten von 10000 Lokrern geschlagen wurden (etwa 580 v. Chr.), jetzt *Sacriano,* Cic. de nat. deor. 2, 6 u. 13. Plin. 3, 95.

sagulāris, e, u. **sagulārius,** a, um (sagulum), via, ein Weg im röm. Lager, der die unter dem Wall lagernden Legionskohorten vom inneren Teil des Lagers trennte, Hygin. de munit. castr. § 3. § 20. § 32 u. 44.

sagulātus, a, um, **mit dem** *sagulum* **bekleidet,** comites, Suet. Vit. 11, 1. – Plur. subst., sagulati (Soldaten), Ggstz. praetextati (Bürger), Flor. Vergil. orat. an poët. p. 109, 2 H.

sagulum, ī, *n.* (*Demin.* v. sagum), der **kurze Umwurf, -Mantel,** bes. **Reisemantel, Kriegsmantel,** Cic., Liv. u. a.: Tracht der Gallier, Caes.: versicolor, der Plaid der Kelten (Gallier u. Germanen), Tac.

sagum, ī, *n.* (Nbf. sagus, ī, *m.*, Afran. com. 44. Enn. ann. 508. Varro sat. Men. 569) [σάγος, keltisches Wort, s. Isid. orig. 19, 24, 13], ein **viereckiges, dichtes, grobes Stück wollenes Tuch,** als **Umwurf,** kurzer **Mantel** (über die Schulter geworfen und an der Seite mit einer Spange befestigt), gegen die raue Witterung als Bedeckung der Sklaven, Cato u. Colum.: der Hirten, Plin.: des Viehes, Veget.: benutzt zum Emporschnellen (als Strafe), Suet. u. Mart. (vgl. sagatio): als Schutzwand gegen Pfeile, Veget. mil. – bes. als Tracht der Kelten (Germanen), der Plaid, Tac. – u. als Umwurf der Soldaten im Feld, der **Soldatenmantel, Kriegsmantel,** Caes. u. a. – dah. ist sagum Zeichen des Krieges (wie toga Zeichen des Friedens) in den Redensarten: sagum sumere (v. einem) u. saga sumere (von mehreren), sich zum Kampf bereithalten (auch von den in der Stadt zurückbleibenden Römern, mit Ausnahme der Konsularen, bei einem nahen Krieg [in tumultu]), Cic. u. a.: so auch ad saga ire, Cic. u. Vell.: est in sagis civitas, steht unter den Waffen, Cic.: dagegen saga ponere = die Waffen ablegen, Liv. epit.

Saguntia, s. Segontia.

Saguntum, ī, *n.* u. **Saguntus** (Saguntos), ī, *f.*, griech. Ζάκυνθος, Stadt in Hispania Tarraconensis jenseits des Ebros (Hiberus) am Mittelländischen Meer, j. *Murviedro,* mit deren Belagerung Hannibal den zweiten punischen Krieg eröffnete, bekannt wegen des guten Tons u. des daraus verfertigten Geschirrs, Form *-tum,* Liv. 21, 7, 1 u. a. Plin. 3, 20 u. 35, 160. Lucan. 3, 350 u. wahrsch. Cic. Phil. 5, 27 (Genet.). Cic. de div. 1, 49 (Akk.): Form *-tus,* Liv. 21, 19, 1. Mela 2, 6, 6. (2. § 92). Plin. 7, 35. Flor. 2, 6, 3 (*-tos*). Eumen. grat. act. 3, 1. Sil. 2, 569 u. 662; 3, 2. Stat. silv. 4, 6, 83. CIL 2, 3836 u. 3867: Graia Saguntos, Sil. 3, 178. – Dav.: **A Saguntīnus,** a, um, **saguntinisch,** Cato u. Liv.: Plur. subst., Saguntīnī, ōrum, *m.*, die Einw. von Sagunt, die **Saguntiner,** Cic., Sall. fr. u. a. – **B Saguntiī,** ûm, *m.*, die Einw. von Sagunt, die **Saguntier,** Sall. hist. fr. 2, 22 (28); vgl. Charis. 143, 9.

1. sāgus, a, um (sac, wov. sagio), scharfsinnig = **wahrsagend, prophetisch, I** *adi.*: aves, Stat.: clangores, Stat.: manus, zauberische, Inscr. – **II** *subst.*, saga, ae, *f.*, **a die kluge Frau, Wahrsagerin, Zauberin,** Cic. u. a. – u., weil die W. sich zur Kupplerin gebrauchen ließ, **b** die **Kupplerin,** Turpil. com. 8. Lucil. 271: saga rapax (gierige), Tibull. 1, 5, 59.

2. sagus, ī, *m.*, s. sagum a. A.

saio, ōnis, *m.* (saium = sagum), der **Gerichtsbote,** Cassiod. var. 4, 47, 4 u. 12, 3 *lemm.*

Sais, is, *f.* (Σάϊς), die alte Hauptstadt von Unterägypten am linken Ufer des sebennyt. Nilarmes, j. Ruinen beim Dorf *Sâ el Haggar,* Mela 1, 9, 9 (1. § 60). – Dav.: **A Saïtēs,** ae, *m.*, saïtisch, nomos, Plin.: Plur. subst., Saïtae, ārum, *m.*, die Einw. von Saïs, die **Saïten,** Cic. – **B Saïticus,** a, um, **saïtisch,** lex, Chalcid. Tim. 21 E.

sāl, salis, *m.* u. *n.*, Plur. salēs (ἅλς), das **Salz, I** eig. u. bildl.: **1** eig.: sal et mel, Varro: sal fossicius od. fossilis (Ggstz. marinus), Varro: sal montanus, Colum.: sal coctum, Colum.: sal nitrum, Plin.: sal aliud perlucidum, aliud inquinatum aut nigrum, Fabian. fr. bei Charis. 106, 15: multi modii salis, Cic.: mons ex sale mero magnus, Cato fr.: salis statua, Salzsäule, Sedul.: sale invecto uti, Liv. – Plur. sales, **Salzkörner, Salz,** sales nimii, Colum.: sales fricti, Pallad.: aspergi solent sales, Varro. – **2** bildl.: **a Salz** für »feiner, aber scharfer Witz« im Reden, Scherzen usw., urbani sales, Cic.: amari sales, Quint.: epistulae humanitatis sparsae sale, Cic.: leporem quendam et salem consequi, Cic.: sale et facetiis Caesar vicit omnes, Cic.: delectari sale nigro, bitterem Humor, Hor.: ut quidquid loquitur, sal merum est! Afran. fr. – **b** der **Verstand,** die **Klugheit,** List, qui habet salem, quod in te est, Ter. eun. 400. – **c** die **Feinheit,** der **Geschmack,** tectum plus salis quam sumptus habebat, Nep.: nulla venustas, nulla in tam magno est corpore mica salis, Catull. – **d** der **Reiz** zum Hunger, Durst usw., aviditatem naturali sale augent, Plin. 10, 198. – **II** meton.: **1** das (salzige) **Meerwasser,** das **Meer,** fluctus salis, Catull.: undae salis, Catull.: Tyrrhenus, Verg.: campi salis, Verg.: artus sale tabentes, Verg. – **2** ein wie ein Salzkorn gestalteter **Fleck** auf Edelsteinen u. Kristallen, sal, Plin. 37, 68: Plur. sales, Plin. 37, 22. – **3** Plur. sales = der **Salzgeschmack,** sales amari, Ov. met. 15, 286: aequorei, Lucan. 10, 257. – ► Nbf. sale, is, *n.*, Enn. ann. 385. Varro b. Non. 223, 17: Abl. Sing. gew. sale, aber auch sali, Veran. bei Fest. 158 (b), 30; vgl. Frgm. Bob. de nom. § 25. p. 560, 31 K. (wo ein Nom. salis angenommen wird). – Über Geschlecht u. Messung von sal s. Bentley Ter. eun. 3, 1, 10.

salacaccabia, ōrum, *n.* (sal u. caccabus), **im Topf gekochte Salzspeisen, Kachelsülze,** Apic. 4, 116 (Schuch sala cottabia).

1. Salācia, ae, *f.* (v. salum u. cieo), eine Meergöttin, die griechische Tethys, Gemahlin des Oceanus, Varro LL. 5, 72. Cic. Tim. 39. Vgl. Serv. Verg. georg. 1, 31; Aen. 10, 76. – appellat. (poet.) = **Meer,** Pacuv. tr. 418.

2. Salācia, ae, *f.*, ein Munizipium der Turdetaner in Lusitanien, j. *Alacer do Sal,* Plin. 8, 191. Itin. Anton. 418, 6. – Dav. **Salāciēnsis,** e, **salaciensisch, von** od. **aus Salacia,** municipium, CIL 2, 32: v. Pers., CIL 2, 518.

salācitās, ātis, *f.* (salax), die **Neigung zur Begattung,** die **Geilheit,** des Hahnes, Colum. 8, 2, 13 u. 8, 11, 5: des Sperlings, Plin. 9, 59 u. 10, 107: der Menschen, Tert. de ieiun. 1.

salaco, ōnis, *m.* (σαλάκων), der **Prahler, Aufschneider,** Cic. ep. 7, 24, 2.

salamandra, ae, *f.* (σαλαμάνδρα), der **Salamander,** Plin. u. a.

Salambo, ōnis, *f.*, eine babylonische Göttin, von den Römern mit der Venus identifiziert, Lampr. Heliog. 7, 3.

Salamīn u. **Salamīna,** s. Salamīs.

Salamīs, īnis, Akk. īna, *f.* (Σαλαμίς), **I** Insel u. Stadt im Saronischen Meerbusen, Eleusis u. Attika gegenüber, wo einst Telamon, Vater des Ajax u. des Teucer, herrschte u. in deren Nähe später (480 v. Chr.) Themistokles den Sieg über die Perser erfocht, j. *Kuluri,* Cic. de off. 1, 61; Tusc. 1, 110. Nep. Them. 2, 8. Val. Max. 5, 3. ext. 3. p. 242, 233 H. u. 8, 14. ext. 1. Hor. carm. 1, 7, 21. – latinisierte Form Salamīna, ae, *f.*, Val. Max. 5, 3. ext. 3. p. 240, 21 H. (Akk. -am). Iustin. 2, 7, 7 (Genet. -ae) u. 44, 3, 2 (Akk. -am). Dict. 6, 4 *Deder.* (Akk. -am). Hieron. in epist. ad Philem. 1 *sqq.* (Akk. -am). Schol. Bob. ad Cic. Sest. 67. p. 311, 19 B. (Akk. -am). – u. spät. griech. Nbf. Salamīn (spätgriech. Σαλαμίν, ῖνος), Stat. Theb. 12, 627. – Hyg. fab. 173. – meton. – die **Schlacht bei Salamis,** Lucan. 3, 183. Flor. 2, 8, 13. –

II Stadt auf Cyprus, von Teucer erbaut, Cic. ad Att. 6, 1, 6. Ov. met. 14, 760: Akk. -ina, Hor. carm. 1, 7, 29. Vell. 1, 1. § 1. – Dav.: **A Salamīniacus**, a, um (Σαλαμινιακός), zur Insel Salamis gehörig, **salaminisch**, Lucan. u. Sil. – **B Salamīnius**, a, um (Σαλαμίνιος), **a** zur Insel Salamis gehörig, **salaminisch**, tropaeum (vom Sieg des Themistokles über die Perser), Cic.: so auch victoria, Nep.: Teucer, aus Salamis, Hor.: Aiax, Epit. Iliad. 197. – subst., Salamīniī, ōrum, *m.*, die Einw. von Salamis, die **Salaminier**, Cic. u. Plin. – **b** zur Stadt Salamis auf Cyprus gehörig, **salaminisch**, Iuppiter, zu Salamis verehrt, Tac.: insulae, S. gegenüberliegend, Plin. – subst., Salamīniī, ōrum, *m.*, deren Einw., die **Salaminier**, Cic. ad Att. 5, 2, 11.

Salapia, ae, *f.*, Stadt im daunischen Apulien, j. Dorf *Sapi* (in der neapolit. Provinz *Capitanata*), Liv. 24, 20, 15 u. a. Prisc. 2, 63. – Nbf. Salpia, ae, *f.*, Vitr. 1, 4, 12. – Dav.: **A Salapitānus**, a, um, **salapitanisch**, Prisc. 2, 63: Plur. subst., Salapitānī, ōrum, *m.*, die Einw. von Salapia, die **Salapitaner**, Liv. 27, 28, 6. – **B Salapīnus** (Salpīnus), a, um, **salapinisch**, palus, Lucan. 5, 377: Plur. subst., Salapīnī (Salpīnī), ōrum, *m.*, die Einw. von Salapia, die **Salapiner**, Cic. u. Vitr.

salapitta, ae, *f.*, s. salpicta.

salapūtium, iī, *n.*, scherzhafte Bezeichnung eines kleinen Menschen, das **Kerlchen**, Catull. 53, 5 (auch angeführt bei Sen. contr. 7, 4 (19), 7, Kießling salputtium).

salar, aris, *m.*, die **Forelle**, Auson. Mos. 10, 88 u. 129. Sidon. epist. 2, 2, 12.

Salariānus, a, um, **salarianisch**, castanea, eine Art Kastanien, Plin. 15, 94.

salāriārius, iī, *m.* (salarium), der **Söldner**, Ulp. dig. 17, 1, 10. § 9. CIL 11, 3007.

salārius, a, um (sāl), **zum Salz gehörig, Salz-**, **I** *adi.*: annona, der Ertrag od. das jährliche Einkommen aus dem Salz, Liv. 29, 37, 3. – als *Adi. propr.*, Salaria via, die an der Porta Collina beginnende Straße, die **Salzstraße** (so genannt, weil auf ihr die Sabiner das Salz vom Meer holten), Varro r. r. 1, 14, 3. Liv. 7, 9, 6. Suet. Ner. 48, 1. Tac. hist. 3, 78 u. 82. Eutr. 7, 15: auch bl. Salaria gen., Cic. de nat. deor. 3, 11. Mart. 4, 64, 18. – **II** *subst.*: **A salārius**, iī, *m.*, der **Salzfischhändler**, griech. ταριχοπώλης, Mart. 1, 41, 8 u. a.: corpus salariorum, CIL 6, 1152. – **B Salāria**, ae, *f.* = via Salaria, s. *no.* I. – **C salārium**, iī, *n.*, eig. die **Ration an Salz**, die beim Heer die gemeinen Soldaten u. Offiziere, u. im Zivildienst das **Deputat an Salz**, das Magistratspersonen u. deren Begleitung auf Reisen od. in der Provinz erhielten, Plin. 31, 89. – Da diese Gabe später in Geld umgewandelt wurde, dah. **a** der **Sold**, die **Gage** eines Offiziers, tribunorum militarium salaria, Plin. 34, 11. – **b** das einer Magistratsperson oder ihrer Begleitung zur Entschädigung für den Unterhalt gegebene **Verpflegungsgeld**, die **Diäten** u. dgl., Tac. Agr. 42. Plin. ep. 4, 12, 2. Suet. Tib. 46: dah. scherzh. für cena recta, förmliche Mahlzeit, Mart. 3, 7, 6. – **c** übtr., übh. der **Sold, Ehrensold**, das **Ehrengeschenk**, für den Arzt, Scaev. dig. 34, 1, 16. § 1. Lampr. Alex. Sev. 42, 3: für den tabularius, Sidon. epist. 5, 7, 3: salaria annua, Jahresgehalt für ärmere Senatoren, Suet. Ner. 10, 1: u. so öfter annuum salarium, ICt.: u. bl. salarium = Jahresgehalt, Capit. Anton. phil. 15, 3. Spart. Pesc. 7, 6. Schol. Iuven. 6, 480; 7, 87.

Salassī, ōrum, *m.*, die **Salasser**, ein keltisch-ligurisches Alpenvolk im Tal der Duria (im heutigen Savoyen), im Besitz der Alpenpässe, die sie lange gegen die Römer verteidigten, bis sie Augustus gänzlich besiegte, Liv. 21, 38, 7. Liv. epit. 135. Suet. Aug. 21, 1.

salāx, ācis, Abl. ācī (v. salio, springen), **I** zum Bespringen, zur Begattung geneigt, **geil**, v. männl. Tieren, aries, Ov.: gallus, Varro: salaciora animalia, Lact.: gallinacei mares salacissimi, Plin. – v. a. männl. Wesen, salax deus, v. Priapus, P iap. 14, 1 u. 34, 1; v. Jupiter, Arnob. 4, 22: salacissimus Iuppiter, Sen. bei Lact. 1, 16, 10 (= Sen. fr. 119 *ed. Haase*). – **II** übtr., **Geilheit erregend, geil machend**, taberna, Catull. 37, 1: eruca, Ov. u. a.: herba (= *eruca*), Ov. u. Mart.

salbātor, s. salvātor.

sale, is, *n.*, das **Salz**, s. sāl.

salebra, ae, *f.* (salio), die **holperige Stelle** des Weges, **I** eig., im Plur., Hor. Colum. u. a. – übtr., senile guttur salebris spiritus gravavit, das ungleiche (bald stärkere, bald schwächere) Atemholen, Val. Max. 9, 12. ext. 6. – **II** bildl.: **a** als Bild der Unebenheit: brevis tristitiae salebra, leichte Wolke der Traurigkeit, Val. Max. 6, 9. ext. 5. – v. Fluss der Darstellung u. v. Redner, carmina per salebras altaque saxa cadunt, stolpern von hohem Fels zu hohem Fels (Ggstz. molli limite currunt), Mart.: (Herodotus) sine ullis salebris quasi sedatus amnis fluit, Cic. – **b** als Bild des Anstoßes, der aufstoßenden Schwierigkeit, oratio haeret in salebra, bleibt auf einer Untiefe (auf dem Trockenen) sitzen, Cic.: numquam in tantas salebras incĭdisset, Untiefen, (Schwierigkeiten), Cic.

salebrātim, *Adv.* (salebra), **holperig**, Sidon. epist. 2, 2. § 17.

salebritās, ātis, *f.* (salebra), die **Holperigkeit**, das **Holperige, Unebene**, Apul. met. 6, 14.

salebrōsus, a, um (salebra), **holperig, uneben, rau**, semita, Apul.: saxa, Ov.: bildl., v. der Rede u. v. Redner, **holperig** = nicht fließend, oratio, Quint.: compositio Pollionis Asinii, Sen.: Santra, Mart.: per salebrosissimas regulas stilum traxi, Sidon. epist. ante carm. 14 *in.*

Sālentīnī (Sallentīnī), ōrum, *m.*, eine Völkerschaft Kalabriens an der Küste, Liv. 9, 42, 4. – meton. = das salentinische Gebiet, in Salentinis, Varro r. r. 2, 3, 11. Cic. Rosc. Am. 132. Liv. 10, 2, 1. – Dav. **Sālentīnus** (Sall.), a, um, **salentinisch**, campi, Verg. – subst., Sālentīnum, ī, *n.*, das **salentinische Gebiet**, Plin.

Salernum, i, *n.*, Stadt am Etrurischen Meer, im Picentinischen, j. *Salerno*, Liv. 32, 29, 3. Hor. ep. 1, 15, 1. – Dav. **Salernitānus**, a, um, **salernitanisch**, latebra, Plin.: regio, Val. Max.

salgama, ōrum, *n.* (ἅλς) = τὰ ἁλμαῖα, zum Aufbewahren im Winter in Salzlake eingelegte Früchte, Wurzeln, Kräuter, **Eingemachtes in Salz**, Colum. 12, 4, 4 u. a. – Dav. **salgamārius**, iī, *m.* = ἁλμευτής, der Früchte usw. in Salzlake einlegt und verkauft, der **Händler mit in Salz Eingemachtem**, Colum. 12, 56, 1. Salv. adv. avar. 4, 7, 38 *Halm.* – dah. Titel einer Schrift des C. Matius, Colum. 12, 46, 1.

salgamum, ī, *n.* (ἁλμαῖον), der Inbegriff aller zur Zubereitung der Speisen u. zur Erquickung des Körpers notwendigen Dinge, etwa die **Atzung**, Cod. Iust. 12, 42. Cod. Theod. 7, 9. § 1 *sqq.*

1. saliāris, e (salio), **hüpfend**, insulae, Plin. 2, 209: genus saltandi, Fest. 329 (a), 6.

2. Saliāris, e, s. 1. Saliī.

saliātus, ūs, *m.* (Salius unter 1. Salii), das **Amt-**, die **Würde eines Saliers** (Priesters des Mars), das **Saliat**, Cic. pro Scauro 34. Capit. M. Anton. philos. 4. § 3.

salībārium, s. salīvārius *no.* I.

salicastrum, ī, *n.* (salix), eine Art des wilden Weinstockes, die in Weidengebüschen wächst, Plin. 23, 20.

salicētum, s. salictētum.

salictārius, a, um (salictum), **zu den Weiden gehörig, Weiden-**, **I** *adi.*: lupus, in Weidenhecken wachsender, Weidenhopfen, Plin. 21, 86. – **II** *subst.*, salictārius, iī, *m.*, der Aufseher über die Weidenpflanzungen, der **Weidenwärter**, Cato r. r. 11. § 1.

salictētum, ī, *n.* = salictum, Ulp. dig. 47, 7, 3. § 2 (wo viell. salicetum zu lesen ist).

salictor, ōris, *m.* (salo), der **Springer**, Anthol. Lat. 794, 54 R.

salictum, ī, *n.* (synkop. aus salicetum, v. salix), die **Weidenpflanzung**, das **Weidengebüsch, Weidicht**, Cato, Cic. u. a.

salientēs, ium, *m.*, s. 2. salio *no.* I, B, b.

salīgneus, a, um (salix), **vom Weidenbaum, aus Weidenholz, -ruten, weiden, Weiden-**, regula, Vitr.: clava, Colum.: virgae, Ulp. dig.

salīgnus, a, um (salix), **vom Weidenbaum, aus Weidenholz, -ruten, weiden, Weiden-**, frons, Ov.: crates, Verg. u. Petron.: pali, Vitr.: cuneus, Cato: fustis, Hor.: lectus, Ov.

1. Saliī, ōrum, *m.* (salio, eig. Tänzer, Springer), ein von Numa für den Kultus des Mars eingesetztes Kollegium von 12 Priestern (von Tullus Hostilius um 12 vermehrt), das jährlich in der ersten Hälfte des März bewaffnet und mit den Ancilien (s. ancīle) versehen unter Absingung von Liedern mit Waffentanz u. feierlichem Reigen Umzüge um die

Stadt und deren heilige Plätze hielt, wobei glänzende Gastmähler stattfanden, Varro LL. 5, 85. Liv. 1, 20, 4 u. 27, 7. Cic. de rep. 2, 26: Genet. Saliûm, Hor. carm. 1, 36, 12; 4, 1, 28. – Die Lieder der Salier wegen ihrer altertümlichen Sprache schon in der klassischen Zeit fast unverständlich, Varro LL. 7, 2. Quint. 1, 6, 40. – In Tibur solche Salii dem Dienst des Herkules geweiht, Serv. Verg. Aen. 8, 285. Macr. sat. 3, 12. § 7, daher als Priester des Herkules angeführt, Verg. Aen. 8, 285. – Sing. Salius, iī, *m.*, der **Salier,** CIL 5, 1812 u. 6431; 6, 2158 u 2170; 9, 4855 u. ö. – Dav. **A** **Saliāris,** e, **saliarisch, der Salier,** **a** eig.: versus (Sing.), Varro LL.: carmen Numae, von Numa aufgebracht Hor.: saltus, Sen.: sacra, Macr. – **b** übtr., v. Gastmählern, **saliarisch = prächtig, üppig,** dapes, Hor.: cenae, Fest. u. Apul.: epulum, Auson.: epulae, Apul.: epulari Saliarem in modum, Cic. – **B** **Salius,** a, um, **salisch,** virgines, Fest. 329 (a), 18. – subst., Saliae, ārum, *f.* (*sc.* epulae), Apul. met. 4, 22.

2. Saliī, ōrum, *m.*, die **Salier,** ein Teil der Franken, Amm. 17, 8, 3. – Sing. Salius, iī, *m.*, der **Salier,** kollekt. bei Claud. laud. Stil. 1, 222.

salillum, ī, *n.* (*Demin.* v. salinum), das **Salzfässchen,** Catull. 23, 19. – bildl. salillum animae, Plaut. trin. 492 (Schoell vatillum).

salīnae, ārum, *f.* (v. salinus, a, um), die **Salzgrube,** das **Salzwerk, Salzlager,** die **Saline,** **I** im Allg., Cic., Caes. u. a. – im scherzh. Doppelsinne mit *sales* (witzige Einfälle, Witze): possessio salinarum mearum, Cic. ep. 7, 32, 1. – **II** κατ᾽ ἐξ. **salīnae,** **A** weite **Behälter** auf dem rechten u. linken Tiberufer bei Ostia, nahe dem Meer, in die man durch einen Kanal Seewasser einließ, das von der Sonnenhitze zu Boisalz verdampft wurde, **Liv. 1, 33, 9; 5, 45, 8.** – vollst. **salinae Romanae, Liv. 7, 19, 8.** – **B** (Salinae) eine urspr. nach dort befindlichen Salzlagern benannte Gegend in Rom an der **Porta Trigemina, Liv. 24, 47, 15. Frontin. aqu. 5. Solin, 1, 8.**

salīnātor, ōris, *m.* (salinae; eig. v. *salino, āre), **I** der **Salzbereiter, Salzhändler,** Arnob. 2, 38. CIL 11, 390: s. aerarius, Salinenpächter, Cato oratt. 19. fr. 5. – **II** Salīnātor, ein röm. Beiname.

salīniēnsis, is, *m.* (salinae), der **Salzbereiter, Salzhändler,** CIL 4, 128. – Nbf. Dat. Plur. salinesibus, *ibid.* 4, 1611.

salīnum, ī, *n.* (*sc.* vas, v. salinus, a, um), das **Salzgefäß, Salzfass,** Plaut., Hor. u. a.: beim Opfer, Liv. u. a. – Plur. auch heteroklit. **salīnī,** ōrum, *m.*, Varro vit. P. R. 1. fr. 43 (bei Non. 546, 14).

salīnus, a, um (sal), **zum Salz gehörig,** wovon salinae, salinum, s. d.

1. salio (arch. sallio), iī, ītus, īre (sal), **salzen,** pernas, Cato fr. u. Varro: pisces, Cels.: thynnus salitus, Colum.: [si] sallitūrus istaec est, mittam salem, Nov. com. 117: cetera salierunt, Vulg. Tob. 6, 6: v. Pers., sale salitus, mit Salz abgerieben, Vulg. Ezech. 16, 4. – Nbf. **sallo,** ere, Varro fr. u. a. bei Diom. 375, 20 *sqq.* Varro LL. 5, 110. Sall. hist. fr. 3, 6 (7): salsurus, Mumm. fr. bei Prisc. 10, 57.

2. salio, saluī (sehr selten saliī), saltum, īre (ἅλλομαι = σάλjομαι), **I** *intr.* **springen, hüpfen,** **A** eig., v. leb. Wesen: saliendo sese exercere, Plaut.: s. de muro, Liv.: super vallum, Liv.: in aquas, Ov.: unctos per utres, Verg.: per praecipitia et praerupta, Liv. – v. Tieren, aves ambulant quaedam, saliunt aliae, Plin.: per flammas, Ov.: in gurgite, v. Fröschen, Ov.: caprae ferae, quae saliunt e saxo pedes sexagenos, Cato orig. 2, fr. 16. – **B** übtr., v. Lebl.: **a** übh.: salit grando, Verg.: sal od. mica (salis) saliens, das Opfersalz, das (als günstige Vorbedeutung) in das Feuer geworfen, in die Höhe springt, farre pio et saliente sale, Tibull.: farre pio et saliente micā, Hor.: in ovo gutta ea salit palpitatque, Plin.: cor lienosum, opinor, habeo, iamdudum salit (pocht, klopft), Plaut.: ut cor ei saliat, dass ihm das Herz im Leibe lacht, Plaut.: cor tibi rite salit? bleibt dein Herz im richtigen Takt? schlägt dein H. ruhig? Pers.: pectora trepido salientia motu, Ov.: supercilium salit, zuckt, Plaut.: u. so (v. Gliederzucken) si membrum aliquod salierit, Augustin.: dum eis membrorum quaecumque partes salierint, Isid. – poet., e terra exorta repente arbusta salirent, Lucr. – **b** v. Flüssigkeiten, **springen, rinnen, rieseln,** **α** v. Wasser, locus, ubi aqua saliat, Varro: personae, e quarum rostris aqua salire solet, Ulp. dig.: dulcis aquae saliens rivus, Verg.: ebenso aqua saliens, ein rieselndes W., Bachwasser (Ggstz. puteus, fons), Plin. ep. – u. v. Springbrunnen, in peristylio saliente aquā, Suet.: salientes aquae, Springbrunnen, Frontin. aqu.: dass. subst., salientes, ium, *m.* (*sc.* fontes), Cic. u. a.: bini s., publici s., Frontin. aqu. – **β** v. Wein, ut in culleum de dolio vinum salire possit, Cato r. r. 154. – **II** *tr.* **bespringen, bedecken,** von der Begattung der Tiere, verres incipit salire, Varro: asinus equilam (equulam) salit, Varro fr.: equus matrem saliret, Varro, v. Pfauen, Gänsen, treten, Varro: Passiv, saliri, Varro: laeta salitur ovis, Ov. – ► Das regelm. Perf. ist salui, s. Prisc. 10, 51. Serv. Verg. Aen. 3, 416: salii steht Stat. silv. 1, 2, 210; Theb. 9, 132. Claud. III. cons. Hon. praef. 3. Augustin. de doctr. Christ. 2, 20. § 31. Isid. orig. 8, 9, 29 (auch Verg. georg. 2, 384 *cod. Rom.* u. *cod. Med.* saliere): salibit (d. i. salivit), Itala (Cant.) Ioann. 21, 7.

salipotēns, entis (salum u. potens), **Beherrscher des Meeres,** ein Beiname des Neptun, Plaut. trin. 820 Sch.[3]

salīsātio (salissātio), ōnis, *f.* (*saliso od. salisso *Frequ.* v. salio), das **Springen, Zittern, Zucken,** cordis, Marc. Emp. 21 *extr.*

salīsātor (salissātor), ōris, *m.* (*saliso od. salisso) – παλμοσκόπος, der **Wahrsager aus dem Gliederzucken,** Isid. orig. 8, 9, 29. Mythogr. Lat. 3, 13.

Salisubsilus, ī, *m.* (= Salius subsiliens), der **tanzende Salier,** Catull. 17, 6.

salītio, ōnis, *f.* (2. salio), das **Springen,** equorum (auf die Pf.), das Voltigieren, Veget. mil. 1, 18.

salito, āre (*Intens.* v. salio), **hin und her springen, tanzen,** Varro LL. 5, 85.

salītūra, ae, *f.* (salio), das **Salzen, Anmachen mit Salz,** musti, Colum. 12, 21, 3.

salītus, a, um, s. 1. salio.

saliunca, ae, *f.*, eine wohlriechende Pflanze, die **wilde** od. **keltische Narde** (*Valeriana Celtica,* L.), Verg., Plin. u. a. – Dav. *Demin.* **saliuncula,** ae, *f.*, Itala Isai. 55, 13. Hieron. in Isai. 15, 55. *v.* 12 u. 13. CIL 5, 6415. Not. Tir. 105, 43. Vgl. Gloss. II, 217, 24 ›saliuncula, ἀγριόροδον‹, u. Gloss. II, 225, 51 ›saliuncula, ἀνεμώνη‹.

Salius, s. 1. u. 2. Saliī.

salīva, ae, *f.*, der **Speichel, Geifer** (im Mund, hingegen sputum der ausgespuckte, die Spucke), **I** eig. u. meton.: **1** eig., Catull., Sen. u. a.: ieiuna, nüchterner, der gegen Gift u. Zauberei dienen soll, Plin.: aber arcanae salivae, Zauberei (durch Hilfe des Speichels), Bezauberung, Prop.: salivam ciēre, den Speichel erregen, Plin. – **2** meton.: **a** der **Appetit,** die **Begierde,** mercurialis, nach Gewinn, Pers. 5, 112: Aetna salivam tibi movet, macht dir den Mund wässerig, d. i. du bekommst Lust, ihn zu beschreiben, Sen. ep. 79, 7. – **b** der **Geschmack** der Dinge, bes. des Weines, Prop. u. Plin. – **II** übtr., die **speichelartige Feuchtigkeit,** das **Schleimige,** der Schnecken, Austern, Plin.: v. den Tränen, Plin.: v. Honig, Plin.

salīvārius, a, um (saliva), **I** **zum Speichel gehörig,** subst., salīvārium, iī, *n.*, das **Gebiss** am Pferdezaum, Edict. Diocl. 10, 5 (wo vulg. salibarium). – **II** **speichelartig, schleimig,** lentor, Plin. 9, 160.

salīvātio, ōnis, *f.* (salivo), der **Speichelfluss,** Cael. Aur. de morb. acut. 3, 2, 7.

salīvātum, ī, *n.* (saliva), **ein den Speichelfluss erregendes Heilmittel,** Colum. u. a.: mit *Genet.*, farinae, Colum.

salīvo, āre (saliva), **I** **geifernd von sich geben, ausgeifern,** lentorum cuiusdam cerae, Plin. 9, 125. – **II** **die Feuchtigkeiten** bei einem (kranken) Tier **zum Fluss bringen,** pecus, Colum. 6, 5, 2 u. 7, 9.

salīvōsus, a, um (saliva), **I** **voll Speichel, geifernd,** labra, Verg. cat. 5, 29: labia, Apul apol. 59. – von Pers., **viel Speichel auswerfend,** aegrotans, Cael. Aur. de morb. acut. 2, 2, 12. – **II** **speichelartig, schleimig, zäh,** Plin. 16, 181.

salix, icis, *f.* (ahd. *salaha,* Salweide), **I** die **Weide,** der **Weidenbaum,** Plaut. fr., Varro u. a. – **II** meton. = **Weidenruten,** Prud. perist. 10, 703.

Sallentīnī, Sallentīnus, s. Sālentīnī.

sallio, sallītus, s. 1. salio.

sallo, s. 1. salio.

Salluī, s. Saluvii.

Sallustiānē, **-ānus**, s. Sallustius.

Sallustius (Sālustius), iī, *m.*, ein röm. Name, unter dem bes. bekannt **I** C. Sallustius Crispus, ein berühmter lateinischer Geschichtsschreiber, Zeitgenosse u. Gegner Ciceros, der de coniuratione Catilinae u. bellum Iugurthinum geschrieben hat, Tac. ann. 3, 30. Quint. 2, 5, 19; 10, 1, 101: Plur., Sallustii, Männer wie Sallust, Vopisc. Prob. 2, 7. – **II** Sallustius Crispus, Großneffe des Geschichtschreibers, Freund des Augustus, berühmt durch seine großen Reichtümer, Besitzer herrlicher Gärten u. ergiebiger Bergwerke, Sen. de clem. 1, 10, 1. Tac. ann. 3, 30. Hor. carm. 2, 2, 3; sat. 1, 2, 48. Vgl. Plin. 34, 3. – Dav. **Sallustiānus** (Sālustiānus), a, um, **sallustianisch, des Sallust,** horti, Tac.: sententia, Sen. rhet.: brevitas, Quint.: lectio, des Sallust, Gell.: Sempronia, Fulg. (vgl. Sall. Cat. 25, 5). – subst., Sallustiānus, ī, *m.*, der **Nachahmer des Sallust,** Sen. ep. 114, 17. – u. dav. **Sallustiānē**, *Adv.*, **sallustianisch,** Prisc. 15, 37.

Sallūviī, s. Saluvii.

Salmacidēs, s. Salmacis.

salmacidus, a, um (zsgzg. aus salgama, salma, u. acidus), wie Salzlake scharf u. sauer, **salzigsauer** (Ggstz. dulcis), aquae, Plin. 31, 36. Flor. 4, 10, 8 (wo subst. bl. salmacidae): aqua, Plin. Val. 5, 41 *extr.*

Salmacis, idis, *f.* (Σαλμακίς), eine sehr klare u. viel benutzte (nach der Sage) verweichlichende Quelle in Karien, Ov. met. 4, 286 u. 15, 319: personif., die mit dem Hermaphrodit zusammengewachsene Nymphe dieser Quelle, Fest. p. 329 (a), 10. Vitr. 2, 8, 11. Vibius Sequ. de font. p. 22 *Oberl.* Ov. met. 4, 306 (wo Vok. Salmaci). – Dav. **Salmacidēs**, ae, Vok. a, *m.*, der **Salmacide,** appell. = der **Weichling,** Salmacida spolia sine sudore et sanguine, Enn. fr. scen. 18 bei Cic. de off. 1, 61.

salmentum, s. salsāmentum.

salmo, ōnis, *m.*, der **Salm, Lachs,** Plin. 9, 68. Auson. Mos. 97. Gargil. Mart. de medic. 62.

Salmōna, ae, *f.*, Fluss in Gallia Belg., der in die Mosella (Mosel) fließt, j. **Salm,** Auson. Mos. 366.

Salmōneus, eī u. eos, Akk. ea, *m.* (Σαλμωνεύς), Sohn des Äolus, Bruder des Sisyphus, Vater der Tyro u. König in Elis, dort Erbauer der Stadt Salmone, wagte voll Übermut sich dem Zeus gleichzustellen und ließ sich Opfer darbringen. Mit Fellen u. Kesseln od. mit seinem Wagen ahmte er den Donner, mit Fackeln den Blitz nach. Zeus erschlug ihn mit seinem Blitzstrahl, zerstörte seine Stadt u. ließ ihn in der Unterwelt bestrafen, Verg. Aen. 6, 585 *sqq.* Hyg. fab. 60, 51 u. 250. Firm. math. 8, 6. – Dav. **Salmōnis**, idis, Akk. ida. *f.* (Σαλμωνίς), die **Salmonide** (Tochter des Salmoneus), d. i. Tyro, Mutter des Neleus u. Pelias von Neptun, der die Gestalt des Enipeus angenommen hatte, Prop. 1, 13, 21. Ov. am. 3, 6, 43. Hyg. fab. 157.

sāl nitrum, s. nitrum.

Salomōn, ōnis, Akk. ōnem u. ōna, *m.* (Σαλωμών, Σαλομών, Σολομών [שלמה], dah. auch Solomon geschr.), **Solomon,** Sohn Davids, Prud. ham. 579 u. a. Eccl.: Solomon bei Lact. 4, 8, 13 u. a. – Dav.: **A** **Salomōnius** (Solomōnius), a, um, **salomonisch,** Eccl. – **B** **Salomōniacus**, a, um (Σαλομωνιακός), **salomonisch,** Eccl.

Salōna, ae, *f.* u. **Salōnae**, ārum, *f.*, eine Hafenstadt in Dalmatien, Form *-a,* Mela 2, 3, 13 (2. § 57). Form *-ae,* Caes. b. c. 3, 9. § 1 u. 2. – Dav. **A** **Salōnīnus**, ī, *m.*, **der Saloniner,** als Beiname, Serv. Verg. ecl. 4, 1. – **B** **Salōnīniānus**, a, um, **saloninianisch,** trientes, Gallien. bei Treb. Poll. Claud. 17, 7. – **C** **Salōnītānus**, a, um, **salonitanisch, aus Salona,** urbs, Salonā, Augustin. de civ. dei 20, 5, 4. p. 414, 8 D².: archigallus, CIL 3, 2920ª.

salpa, ae, *f.* (σάλπη), ein Meerfisch, der mit Ruten geschlagen werden muss, wenn er weich kochen soll, wie der Stockfisch, Plin. 9, 68. Ov. hal. 121.

Salpia, s. Salapia.

salpicta u. **salpista**, ae, *m.* (σαλπιγκτής, σαλπιστής), **I** der **Trompeter,** Form *-picta,* Firm. math. 8, 21: Form *-pista,* Vopisc. Car. 19, 2. – **II** (Nbf. salapitta) meton., die **schallende Backpfeife** (s. bucco), Arnob. 7, 33; vgl. Gloss. II, 177, 25 ›salapitta, ῥάπισμα‹.

Salpīnātēs, um, *m.*, Stadtgemeinde in Etrurien, wahrsch. in der Nähe von Volsinii, nach Reich. j. *Monte Alfino,* Liv. 5, 31, 5 u. 32, 2. – Dav. **Salpīnās**, ātis, **salpinatisch,** ager, Liv. 5, 32, 4.

Salpīnī, s. Salapia.

salpinx, ingis, *f.* (σάλπιγξ) = tuba, Serv. de cent. metr. 464, 11 K. Not. Tir. 107, 3.

salpista, s. salpicta.

salpūga, ae, *f.*, s. sōlipūga.

salputtium, s. salapūtium.

salsāmen, s. salsāmentum.

salsāmentārius, a, um (salsamentum), **zu den eingesalzenen** od. **marinierten Fischen gehörig, Salzfisch-,** vasa, Colum.: cadi, Plin.: negotians, CIL 6, 9676. – subst. salsāmentārius, iī, *m.* = ταριχοπώλης (Gloss. II, 451, 59), der **Salzfischhändler,** Rhet. Her. 4, 67. Suet. vit. Hor. *in.* (aber Salv. adv. avar. 4, 7, 38 Halm salgamarius).

salsāmentum, ī, *n.* (v. *salso, āre), **I** die **Fischlake,** Cic. de div. 2, 117. – **II** **eingesalzener** oder **marinierter Fisch, Salzfisch,** gew. im Plur., Ter., Scriptt. r. r. u. a. – ► Synk. salmentum, Charis. 265, 16. Iulian. exc. ex comm. Donat (V) 324, 10. Consent. (V) 392, 10. – Nbf. **salsāmen**, Arnob. 7, 24. Gloss. II, 451, 55.

salsārius, a, um (salsus), **zu den Salzfischen gehörig, Salzfisch-,** negotians, CIL 6, 9676. – subst., salsārium, iī, *n.*, der Tunkenapf, Apic. 9, 442.

salsē, *Adv.* m. *Comper.* u. *Superl.* (salsus), **mit Witz, witzig, launig,** dicere, Cic. u. a.

salsēdo, inis, *f.* (salsus), der **salzige Geschmack,** marina, Pallad. 11, 14, 2: amara, (Rufin.) comm. in Amos 1, 5. *v.* 7 *sq.*: bildl., omnis malorum morum salsedo, Fulgent. myth. 3, 12.

salsīcius, a, um (salsus), **mit Salz angemacht, gesalzen,** facta, Salzwürste, Bratwürste, ital. *salsiccia,* Acro Hor. sat. 2, 4, 60.

salsīlāgo, inis, *f.* (salsus), **I** der **Salzgehalt,** das **Salzige,** als Flüssigkeit, das **Salzwasser,** in Salzwerken die **Mutterlauge, Sohle,** Plin. 31, 92.

salsipotēns, entis (salsum u. potens), der **Gebieter über die Salzflut** (= das Meer), von Neptun, Plaut. trin. 820 *Leo.* – Nbf. **salsipotis**, Anthol. Lat. 21, 2 R.

salsitās, ātis, *f.* (salsus), die salzige Beschaffenheit, das **Salzige,** **I** eig.: liquoris, Iul. Val. 3, 18 (17): soli, Cassian. coen. inst. 5, 36. – **II** übtr.: **a** übh.: irrigare salsitatem gentium, Augustin. in psalm. 73, 17. – **b** das **beißend witzelnde Wesen,** Sardorum, Hieron. contr. Lucif. § 14 zw. (die Handschrn. falsitate).

salsītius, s. salsīcius.

salsitūdo, inis, *f.* (salsus), die **Salzigkeit,** der **Salzgehalt,** des Wassers, Vitr. 1, 4, 11: der Speisen, Ps. Augustin. serm. app. 295, 5: Plur., salsitudines corporis, Anhäufungen des Salzes im Körper, Plin. 20, 154.

salsiusculus, a, um (*Demin.* v. salsius, *Compar.* v. salsus), **etwas gesalzener,** Augustin. conf. 8, 3.

salso, āvī, āre (salsus) = ταριχεύω (Gloss. II, 451, 51), **salzen,** nec ullā aquā pavimenta salsavisti, Augustin. epist. 108, 14.

salsūgo, inis, *f.* (salsus), **I** das **Salzige,** der **Salzgehalt,** Vitr. 2, 4, 2. Plin. 36, 176: terra salsuginis, das salzige, saure Land, Vulg. Iob 39, 6; Ierem. 17, 6; psalm. 106, 34. – **II** meton., **salziges Wasser, Salzwasser,** Plin. 19, 85. Solin. 30, 8. – insbes., die **Mutterlauge, Sohle** in Salzwerken, Plin. 31, 92.

Salsulae fōns, **Salzquelle,** eine Quelle in Gallien an der Küste Leucata (j. *Etang de Leucate*), j. *la Fontaine des Salses,* Mela 2, 5, 7 (2. § 82). – u. **Salsulae**, ārum, *f.*, eine Stadt in der Nähe dieser Quelle, j. *Salses,* Itin. Anton. 389, 7.

salsūra, ae, *f.* (sallo, ere), die **Einsalzung, Marinierung,** meton. = die **Salzlake,** Varro u. Colum.: pabula salsurae, marinierte Fische, Colum. – dah. bildl. **a** übh.: meae animae salsura evenit, ich bin missmutig, Plaut. Stich. 92. – **b** der beißende **Witz,** Attica, Fulg. myth. 1. praef. p. 3 M.

salsus, a, um, *PAdi.* (v. salo od. sallo, s. 1. salio), **gesalzen, salzig,** **I** eig. u. übtr.: **1** eig.: caseus, Colum.: tellus, Verg.: salsior cibus, Plin.:

vada salsa, fluctus salsi, v. Meer, Verg.: mola salsa, Mart., u. poet., salsa farra, Ov., od. salsae fruges, Verg., s. mola. – vinum salsum, mit Meerwasser vermischt, Cels.: aqua salsa et foetida, Amm.: aquae salsae (Ggstz. aquae dulces), Sen.: mare salsum, Eccl.: aqua salsior, Auct. b. Alex.: sal salsissimus, Plin. – hoc salsum est, das ist versalzen, Ter. – subst., salsa, ōrum, *n.*, gesalzene Dinge, -Speisen, Plin. – **2** übtr., **gesalzen, salzartig, wie Salz schmeckend, beißend, scharf,** sudor, Verg.: lacrimae, Lucr.: robigo, beizend, Verg. – **II** bildl.: **a** übh.: qui te ex insulso salsum feci operā meā, dass ich dir ungewaschenem Kerl zur Wäsche verhalf, Plaut. rud. 517. – **b witzig, launig, schalkhaft, beißend,** Cic. u. a.: inveni ridicula et salsa multa Graecorum, Cic.: de'Ηρακλειδείῳ Varronis negotia salsa, das ist eine lustige Geschichte, Cic. – v. Pers., Cic. u. a. (vgl. Augustin. de genes. c. Manich. 2, 23 *extr.* ›Latine salsi dicuntur qui iocari amant‹): male salsus, mit schlechtem Witz, Hor.

saltābundus, a, um (salto), **fort und fort tanzend** (Ggstz. stans), Gell. 20, 3. § 2.

saltātim, *Adv.* (1. saltus), **sprungweise,** currere singulis cruribus, Gell. 9, 4, 9, (*Hertz* jetzt saltuatim, s. d.).

saltātio, ōnis. *f.* (salto), das **Tanzen,** der (bei den Alten mit Gebärden verbundene) **Tanz,** Cic. u. a.: Plur., Plaut. Stich. 659.

saltātiuncula, ae, *f.* (*Demin.* v. saltatio), das **Tänzchen,** Vopisc. Aurel. 6, 4.

saltātor, ōris, *m.* (salto), der **Tänzer** (bei den Römern, denen das Tanzen für unanständig galt, immer mit verächtlichem Nebenbegr.), Cic. u. a.

saltātōriē, *Adv.* (saltatorius), **tanzend,** Apul. met. 10, 30.

saltātōrius, a, um (saltator), **zum Tanzen gehörig, Tanz-,** orbis, Tanzreif, Cic. in Pis. 22. Arnob. 2, 42: ludus, Tanzschule, Macr. sat. 2, 10. § 4. Scip. Afr. bei Macr. sat. 2, 10. § 7.

saltātrīcula, ae, *f.* (*Demin.* v. saltatrix), die **Tänzerin,** Gell. 1, 5 *lemm.* u. 1, 5, 3.

saltātrīx, trīcis, Genet. Plur. trīcum, *f.* (Femin. zu saltator), die **Tänzerin,** Vulg. Sirach 9, 4. Amm. 14, 6, 19 (wo Genet. Plur.): tonsa, Ambros. de Cain et Abel 1, 4. § 14: spöttisch v. Gabinius, Cic. in Pis. 18: attrib., avis quodam genere saltatrix, Plin. 10, 68.

saltātus, ūs, *m.* (salto), das **Tanzen,** Liv. u. a.: Plur., Ov. met. 14, 637. Acro Hor. carm. 3, 6, 22 H.

saltem (in Hdschrn. auch saltim geschr.), *Adv.* (wohl aus si *alitem [gebildet nach item], wenn anders), **wenigstens, zum wenigsten, mindestens, I** affirmativ: **a** mit Angabe des Gegensatzes, si illud non licet, saltem hoc licebit, Ter.: si id nequeas, s. ut optimis sis proximus, Plaut.: eripe mihi hunc dolorem aut minue s., Cic.: vere nihil potes dicere; finge aliquid s. commode, Cic.: in der Frage, quis ego sum s., si non sum Sosia? wer bin ich denn eigentlich? Plaut. Amph. 438. – **b** ohne Angabe des Gegensatzes, istuc sapienter s. fecit filius, Plaut.: nunc s. ad illos calculos revertamur, Cic.: s. tenet hoc nos, Hor.: hos sex dies s., Plaut.: s. tantisper dum etc., Plaut. – at saltem! s. at *no.* II, B, 2. – **II** mit der Negation non, neque verb. = **auch nicht, selbst nicht nicht einmal,** non s., Liv. u. a.: neque s., Quint. u. a.

salticus, a, um (saltus), **hüpfend, tanzend,** Tert. adv. gnost. 8: fabulae, Suet. vit. Lucan. p. 78, 16 *Reiff.*

saltim, *Adv.* = saltem, s. d.

saltito, āre (*Intens.* v. salto, s. Macr. exc. Bob. 561, 16 K.), **tanzen,** Macr. sat. 2, 4, 14. Arnob. 2, 42: militariter salt., den Kriegertanz aufführen Vopisc. Aurel. 6, 4.

salto, āvī, ātum, āre (*Intens.* v. salio, s. Macr. exc. Bob. 651, 16 K.), **I** *intr.* **tanzen** (bei den Alten mit Gebärden), Cic. u. a.: saltare sublatis primoribus pedibus, auf den Hinterfüßen tanzen (v. einem Esel), Apul.: saltare in convivio nudum, Cic.: discere saltare, tanzen lernen, Cic.: saltare, non incedere videbatur, Amm.: *impers.*, cantatur ac saltatur per omnes gentes, Quint. 2, 17, 10. – übtr., plectra gerens Erato saltat pede, carmine, vultu, Auson. edyll. 20, 6, p. 251 Schenkl: nunc acre comminantibus gestire pupulis et nonnumquam saltare solis oculis, Apul. met. 10, 32: v. Redner, Hegesias saltat incīdens particulas, wird dadurch, dass er seine Sätze zerhackt, hüpfend, hopsend (im Ausdruck), Cic. or. 266: u. v. der Rede, qualis (compositio) apud multos, et cotidie magis, lascivissimis syntonorum modis saltat, Quint. 9, 4, 142. – **II** *tr.* etwas **(mit Gebärden) tanzend ausdrücken, -aufführen, darstellen,** pyrricham (saltationem), Suet.: puellam, Ov.: carmina, poëmata, mit Handbewegungen singen, Ov.: u. so odaria, Petron.: Cyclopa, Hor.: tragoediam, Suet.: im Passiv, illic assidue ficti saltantur amantes, Ov. rem. 755: saltatur Venus; saltatur et Magna Mater, Arnob. 4, 35: saltatur Iuppiter, Augustin. epist. 91, 5: plerique iactant cantari saltarique commentarios suos, in singendem Ton u. mit übertriebenen Handbewegungen vorgetragen werden, Tac. dial. 26: quae inter theatricos plausus cantantur atque saltantur, Augustin. de civ. dei 18, 10.

saltuārius, iī, *m.* (saltus), der **Forstverwalter, Waldaufseher, Wald-, Trifthüter,** Petron. u. ICt. (auch CIL 9, 706): Virtutis, Hüter des Haines (beim Tempel) der Virtus, CIL 5, 2383.

saltuātim, *Adv.* (1. saltus, s. Prisc. 15, 19), **sprungweise,** currere singulis cruribus, Gell. 9, 4, 9: salt. incīdere singulis litteris, anprallen an usw. (v. e. Ring), Amm. 29, 1, 31. Vgl. saltatim. – übtr., v. der schriftl. Darstellung, salt. scribere, Sisenn. hist. fr. 127. p. 294, 9 P. (b. Gell. 12, 15, 2): dum ex loco subinde salt. redire festinamus, Amm. 26, 5, 15: dum novum scribendi morem gradatim appeto et veterem salt. dedisco, Sidon. epist. 4, 3, 9.

saltuēnsis, e (saltus), **zu Wald und Triften gehörig,** coloni, fundi, spät. ICt.

saltuōsus, a, um (saltus), **waldreich, waldig,** loca, Waldschluchten, Sall. u. a.: regio, Nep.: convalles, Plin.: loci, Tac.

1. **saltus,** ūs, *m.* (v. salio), das **Springen, Hüpfen,** der **Sprung,** Cic. u. a.: agrestis, Ov.: fullonius, Sen.: Saliaris, Sen.: histrionicis motibus sinuati corporis saltus, Ambros.: saltu venit super ardua Pergama, hinübergesprungen, Verg.: saltu corpora ad terram mittere, auf den Boden herabspringen, Verg.: saltum u. saltus dare (tun), Ov.: crura longis saltibus apta, Ov.

2. **saltus,** ūs, *m.* (verwandt mit ἄλσος, ἄλτις), ein mit Berg u. Tal, Höhen u. Schluchten abwechselnder Landstrich, mag er ganz od. nur zum Teil mit Hochwald od. nur mit Buschwerk bewachsen sein, **I** eig. u. übtr.: **a** als **gebirgiger-, waldiger Landstrich,** das **Waldgebirge,** die **Gebirgs-, Waldschlucht,** das **Waldtal,** der **Gebirgspass,** Pyrenaeus, Nep.: Graius, die Alpen, Nep.: Thermopylarum, Liv.: saltus Pyrenaei, Caes.: saltus duo alti angusti silvosique, Liv.: saltum munitionibus impedire (unwegsam, ungangbar machen), Liv.: in eo saltu, qui regiis tum teneretur castris, armentum pascere solitus (pastor), Liv. – v. mons u. silva unterschieden, silvis aut saltibus, Caes.: saltus silvaeque, Verg.: montes saltusque, Iustin. – sprichw., uno in saltu apros capere duos, mit einer Klappe zwei Fliegen schlagen, Plaut. Cas. 476. – **b** als zur Weide benutzter **Waldboden, Weideplatz,** der **Weidefleck, Triftfleck,** die **Viehtrift,** s. pāscuus, ICt.: saltibus in vacuis pascant, Verg.: saltibus silvestribus delectantur, Varro. – zuw. = das **Landgut, Vorwerk,** das Viehtriften hat, Iuven. u. ICt.: de saltu agroque deicitur, Cic. – **c** als Feldmaß, eine Abteilung des Gemeinackers von vier *centuriae* od. 800 *iugera,* Varro r. r. 1, 10 *extr.* – **d** übtr., v. weibl. Glied, Plaut. Cas. 922 Sch.; Curc. 56: saltus virginalis, Augustin. serm. 18, 2 Mai. – **II** bildl., von einer bedenklichen Sache, meum erum ex hoc saltu damni salvum ut educam foras, Plaut. Men. 988. – ► Archaist. *Genet.* salti, Acc. tr. 435: *Abl.* salto, CIL 8, 14603.

salūber, bris, bre, u. gew. **salūbris,** e (v. salus), **gesund, I gesund = der Gesundheit zuträglich** od. **dienlich, heilsam** (Ggstz. pestilens), **a** eig.: aëres locorum salubres, Vitr.: habitatio, Vitr.: natura loci, Cic.: annus salubris, Cic.: Phoebe saluber, Ov.: locus saluber, Varro: ager salubrior, Varro: saluberrimum est, Plin. – triclinium, Plin. ep.: somnus, Verg.: vinum corpori salubre, Colum.: lotium ad omnes res salubre est, Cato: icterias existimatur salubris contra regios morbos, Plin. – **b** übtr., **heilsam, dienlich, zuträglich,** consilia, Cic.: liber,

Quint.: iustitia, Hor.: res salubrior, Liv.: sententia rei publicae saluberrima, Cic.: saluber magis quam ambitiosus princeps, ein Fürst, der bei seiner Güte mehr den Nutzen als die Gunst anderer zum Zweck hat, Suet. – **II** **gesund** = **heil, kräftig,** **a** eig.: corpus, Sall.: corpora salubriora, Liv.: exercitum itineribus ac mutatione castrorum mobiliorem ac salubriorem esse, Liv. – **b** übtr., **gut beschaffen, gut, tauglich, gehörig,** quoniam, quicquid est salsum aut salubre in oratione, id proprium Atticorum est, Cic.: tela modi salubris, von ziemlicher Größe, Gratt.

salūbritās, ātis, *f.* (saluber), die **Gesundheit,** **I** = **Gesundheit bringende-, gesunde Beschaffenheit, Heilsamkeit** (Ggstz. pestilentia), **a** eig.: loci, Cic.: tum *salubritatis* tum *pestilentiae* signa, gesunde Witterung, Cic.: aquarum, Tac.: caeli, Plin. ep.: fons medicae salubritatis, ein Gesundbrunnen, Plin.: Plur., salubritates regionum, Vitr. 5, 3, 1. – **b** bildl.: omnis illa salubritas Atticae dictionis et quasi sanitas, der kräftigende Hauch, Cic.: a iurisconsultis salubritas (Heilsamkeit, Rettungsmittel), ab iis, qui dicunt, salus (Heil, Rettung) petitur, Cic. – **II** die **Gesundheit** = das **Wohlsein,** corporum, Tac.: haec remedia salubritatem faciunt, Colum.: non aliter pristinam recuperari salubritatem posse, Val. Max.: salubritatem aegris corporibus afferre, Frontin.: Plur., salubritates corporis retinuisse, Gell. 2, 1, 6: quod in eo (anno) dicunt morbos salubritatesque circumire, Censor. 18, 7.

salūbriter, *Adv.* (saluber), **I** **gesund, der Gesundheit dienlich,** Gell.: salubrius refrigerari, Cic.: saluberrime bilem detrahere, Plin. – **II** übtr., **dienlich, heilsam, nützlich, mit Vorteil,** bellum trahere, Liv.: praediolum hoc tam s. emere, ut etc., so billig, so wohlfeil, Plin. ep.: ebenso saluberrime refici, Plin. ep.

salum, ī, *n.* (viell. zu ahd. *swëllan,* schwellen, aufwallen, *widerswalm,* Strudel, nhd. Wasserschwall). **I** eig.: **1** v. Meer, **a** das **offene, hohe Meer,** die **weite, hohe See,** als Ankerplatz = die **Reede,** in salo esse, v. Schiffen, Auct. b. Hisp.: in stationibus cum longis navibus apud Thapsum custodiae causā in salo esse, Auct. b. Afr.: in salo haerere (v. einem Schiff), Hieron.: in salo ad Leptim stare (v. einer Flotte), Auct. b. Afr.: propter vim tempestatis stare ad ancoram in salo non posse (v. einer Flotte), Liv.: in salo ad ostium portus in ancoris stare (v. Schiffen), Liv.: procul ab insula in salo navem tenere in ancoris, Nep.: paucas naves ante portum Ephesi in salo habere, Liv.: alqm (tempestate reiectum) non in salum restituere, sed in ipsam urbem, quam petebat, Cic. – **b** das **Meer** übh., rapidum, Catull.: iniustum, Prop.: immensum, Ov.: altum, Hor.: sali latitudo, Solin.: navigium pervetus et attritum salo, Sen. rhet.: se in salum eiaculare (v. Arion), Gell. – **c** übtr., die **Strömung eines Flusses,** amnis saevit maiore salo, Stat. Theb. 10, 867. – **2** das durch die unruhige Bewegung des Meeres hervorgebrachte **Schwanken des Schiffes,** wodurch die Seekrankheit (nausea) entsteht, salo nauseāque confecti, Caes. b. c. 3, 28, 4. – **3** die **Meerfarbe,** Mart. Cap. 1. § 16 u. § 17. – **II** bildl., die **Bewegung, Unruhe,** tam aerumnoso navigare salo, Meer der Drangsale, Cic. poët. Tusc. 3, 67: cum in isto cogitationis salo fluctuarem, Apul. met. 4, 2: miro mentis salo et cogitationum dissensione, Apul. met. 9, 19: ipsa mens eorum salo perturbationum fluctuat, Augustin. de civ. dei 9, 6. – ► Mask. Nbf. undantem salum, Enn. fr. scen. 195.

salūs, ūtis, *f.* (v. salvus, a, um), die **Unverletztheit,** der **unverletzte Zustand,** **I** im Allg.: **a** die **Gesundheit,** das **Wohlbefinden,** Ter.: cum salute eius fiat, ohne Schaden seiner Gesundheit, Ter.: medicinā ad salutem reducere, heilen, Cic.: medicis suis non ad salutem, sed ad necem uti, Cic.: salutem alci imprecari, beim Niesen, Apul. – personif., Salūs = Ὑγίεια, die **Göttin der Gesundheit,** CIL 9, 427; vgl. unten *no.* b, β. – **b** das **Heil, Wohl,** die **Wohlfahrt,** das **Glück,** die **Erhaltung des Daseins,** sowohl des Einzelnen als des ganzen Staates (Ggstz. pernicies), nulla salus bello, Verg.: rediit suā salute, zu ihrem Glück, Plaut.: bonā salute, was Gott verhüten wolle, Cato: quae quidem res et iis contemnentibus perniciei et huic despecto saluti fuit, Nep.: fugā salutem petere, in der Fl. sein Heil suchen, Nep.: utilitati salutique servire, Cic.: augurium salutis, eine Art von augurium, wo man die Gottheit fragte, ob sie erlaube, für die Wohlfahrt des Volkes zu beten, Cic.: spes salutis, Hoffnung auf bessere Zustände, Cic. – auch das **bürgerliche Wohl** eines Römers, wenn er nicht im Exil lebt, restitutio salutis meae, Zurückberufung aus dem Exil, Cic. – dah. **α** als Liebkosungswort, quid agis, mea salus? mein Heil, Plaut.: o salute meā salus salubrior, Plaut. – **β** personif., Salus, als Göttin des Heils und der Wohlfahrt übh., Plaut. cist. 742. Ter. adelph. 761. Cic. Font. 21, und der öffentlichen Wohlfahrt, der Staatswohlfahrt, der C. Junius Bubulkus einen Tempel auf dem Quirinal gelobt hatte (277 v. Chr.), Liv. 9, 43, 25; 10, 1, 9, den Fabius Pictor ausmalte, Val. Max. 8, 14, 6. Plin. 35, 19. – **c** das **Leben,** wenn es in Gefahr ist od. in Gefahr kommen soll, salutis suae rationem iudicum severitati reservavit, Cic. Verr. 5, 74. – **d** die **Rettung** vom Tod, von der Gefahr, vom Untergang usw. (Ggstz. pernicies), sine spe salutis, Nep.: ad salutem vocare, in Sicherheit bringen, retten, Cic.: salutem ferre alci, Cic.: salutem afferre rei publicae, Rettung verschaffen, Cic.: pecuniae salutem attulit, hat gerettet, Caes.: salutem petere, Rettung oder Sicherheit suchen, Nep.: ob eiusdem hominis consulatum unā cum salute (Freisprechung) obtinendum, Cic.: alia, nisi haec, salutis via nulla est, Gell. – u. das **Rettungsmittel,** nulla salus rei publicae reperiri potest, Cic.: si ulla salus servare posset, Cic.: una est salus m. folg. *Infin.,* es gibt nur ein Rettungsmittel (nur eine Rettung), näml. usw., Liv. 7, 35, 9. Verg. Aen. 2, 354. – **e** die **Sicherheit** vor Gefahr u. Untergang, iuris, libertatis, fortunarum suarum salus in istius damnatione consistit, Cic. Verr. 2, 16. – **II** insbes.: **a** das (mündl. od. schriftl.) jmdm. gewünschte **Wohlsein,** der **Gruß,** salutem nuntiare, Cic.: salutem ascribere, Cic.: scribere patri salutem, Mart.: impertit tibi multam salutem, grüßt dich vielmals, Cic.: plurimā salute Parmenonem impertit Gnatho, Ter.: salutem accipere, Auson.: salute datā redditāque od. salute acceptā redditāque, Liv.: alci salutem dicere iubere, jmd. grüßen lassen, Plaut.: u. elliptisch, Anacharsis Hannoni salutem (verst. dicit), Cic.: salutem alci afferre, Ov.: alci salutem mittere, Lucil. u. Ov.: secundum salutem, ut assolet, scriptum erat (stand [im Brief] geschrieben) m. folg. *Acc.* u. *Infin.,* Liv. 24, 31, 7: bildl., salutem dicere foro et curiae, den Abschied geben, entsagen, Cic. – **b** die **begrüßende Anrede** in der Vorrede, die **Widmung,** Salv. de gub. dei praef. § 4. – ► Archaist. Dat. v. salus (Gesundheit) salutei, CIL 1, 587. – arch. Genet. von Salus (Göttin) Salutes, CIL 1, 49: arch. Dat. Salute, *ibid.* 179.

Sālustius, Sālustiānus, s. Sallustius.

salūtābundus, a, um (saluto), **wieder und wieder grüßend,** m. *Acc.,* Iovem, Mart. Cap. 7. § 729.

salūtāris, e (salus), **zum Wohlsein-, Wohl-, Heil gehörig, heilsam, zuträglich, ersprießlich** (Ggstz. nocens, mortifer, pestifer u. perniciosus), **I** im Allg.: **a** absol.: **α** v. Lebl.: ut quae mala perniciosaque sunt, habeantur pro bonis ac salutaribus, Cic.: herba s., Ov. u. Sen.: ars s., Heilkunst, Hor.: res s., Cic. u. (Ggstz. mortiferae) Arnob.: res utiles et s., Cic.: s. et vitalis calor, Cic.: s. litterae, Cic.: quod faustum felix salutareque sit, CIL 14, 2112, I, 14: quod bonum faustum salutareque sit, Vopisc. Tac. 4, 4. – subst., **αα** salūtāre, is, *n.* – σωτήριον, **Rettungsmittel, Rettung, Heil,** Tert. de res. carn. 59. Vulg. genes. 49, 18 u. a. Eccl. (s. Rönsch Itala p. 104). – **ββ** salūtāria, ium, *n.,* **Heilmittel,** pro salutaribus mortifera conscribere (v. Arzt), Cic. de legg. 2, 13. – **β** v. Pers.: agri ipsi tam beneficum, tam salutarem, tam mansuetum civem desiderant, Cic. Mil. 20. – **b** m. folg. *Dat.,* m. *ad* u. Akk., m. *contra* u. Akk.: s. res corporibus, Cic.: ratio quoniam pestifera sit multis, admodum paucis salutaris, Cic.: hominum generi cultura agrorum est s., Cic.: consilium s. utrique, Cic.: nihil est eo (mundo) pulchrius, nihil nobis salutarius, Cic.: nihil praeclarius actum umquam, nihil rei publicae salutarius, Cic. – stella Iovis aut Veneris coniuncta cum Luna ad ortus puerorum s. sit, Cic.: ad dentium dolorem decoctum eorum s. est, Plin.: herba Britannica non nervis modo salataris, sed contra anguinas quoque et contra serpentes, Plin.: quod (vinum) salutare contra pestilentiam sit, Pallad. –

II insbes.: A appellat.: s. littera, d. i. der Buchstabe A, als Abkürzung von absolvo auf den Stimmtafeln der Richter (Ggstz. littera tristis, d. i. C = condemno), Cic. Mil. 15. – digitus s., der Zeigefinger (viell. als zum Grüßen gebraucht), Suet. Aug. 80. – collegium salutare, eine Körperschaft, die zusammengetreten war, um in einem Sterbefall die Leichenkosten aufzubringen, CIL 2, 379 u. 14, 2212, I, 8. – di s., Heil bringende Götter, Götter der menschl. Wohlfahrt, CIL 3, 987. – B *Adi. propr.*, Collis Salutaris, eine der vier Spitzen des Quirinals, so gen. nach dem dort befindlichen Tempel der Salus, Varro LL. 5, 52. – Porta Salutaris, eins der Tore am Quirinal, ebenfalls nach dem Tempel der Salus ben., Paul. ex Fest. 327, 6. – u. Salutaris als Beiname des Jupiter (wie bei den Griechen Σωτήρ Beiname des Zeus), der **Erretter,** Cic. de fin. 3, 66. – qui (Iesus) Latine dicitur *salutaris* (Heilbringer) sive *salvator* (Erretter), Lact. 4, 12, 6. – Plur., Salutares, Heilbringer, v. Kastor u. Pollux als Beschützer der Seefahrer, Schol. Caes. Germ. Arat. 146. p. 390, 9 *Eyssenhardt.*

salūtāriter, *Adv.* (salutaris), **heilsam, vorteilhaft, zuträglich,** uti armis, Cic.: se recipere, Planc. in Cic. ep.: m. *Dat.*, quinque consulatus salutariter rei publicae administrati, Val. Max. 5, 2, 3.

salūtātio, ōnis, *f.* (saluto), I das **Grüßen,** die **Begrüßung,** Cic. u. a.: armis demissis salutationem more militari facere, militärisch grüßen, Auct. b. Afr.: u. so inter exercitus salutationem factam, Liv.: salutationem reddere, wieder grüßen, Tac. (u. so salutatione acceptā ac redditā, nach gegenseitiger Begrüßung, Macr.). – II insbes., die Begrüßung jmds. in seinem Haus, bei **Staatsbesuch,** die **Aufwartung,** salutationes matutinae, Sen.: dare se salutationi amicorum, Cic.: ubi salutatio defluxit, Cic.: beim Kaiser, opperientes salutationem Caesaris, Gell.: nec tuas salutationes fuga et vastitas sequitur, Plin. pan.: so auch im Tempel der Götter, salutationem facere, seine Andacht verrichten, Vitr.: deae perfectis salutationibus matutinis, Apul. – III die **Rettung,** Itala (Sangerm. 15) Iudith 8, 16. Vgl. saluto *no.* III.

salūtātīvus, a, um (saluto), **zur Begrüßung geeignet,** casus, der Vokativ, Gloss. zu Anecd. Helv. 243, 19.

salūtātor, ōris, *m.* (saluto), I der **Grüßer, Begrüßer,** Stat. silv. 2, 4, 29. – II insbes., der einem Vornehmen täglich früh seine Aufwartung Machende, der **Aufwartende** Cic., Sen. u. a.

salūtātōrius, a, um (salutator), **zum Begrüßen gehörig,** I **zum Empfang gehörig,** cubicula, Empfangszimmer, Plin. 16, 38. – subst., salūtātōrium, iī, *n.*, das **Begrüßungszimmer, Empfangszimmer,** Cassiod. hist. eccl. 9, 30. Anthol. Lat. 203 *lemm.* (R.). – II als gramm. *t. t.*, casus salut., der Vokativ, Prisc. 5, 73.

salūtātrīx, trīcis, *f.* (Femin. zu salutator), I **grüßend, begrüßend,** pica, Mart. 7, 87, 6: charta, Mart. 9, 99, 2. – II insbes., **die Aufwartung-, (den Hof) machend,** turba, Iuven. 5, 21.

salūtifer, fera, ferum (salus u. fero), **Gesundheit-, Heil-, Glück-, Rettung bringend, heilsam,** puer, Äskulap, Ov.: aquae, Mart.: potio, Apul.: crux, Augustin.: opem salutiferam dare, Ov.

salūtificātor, ōris, *m.* (*salutifico), der **Retter,** Tert. de res. carn. 47; de carn. Chr. 14.

salūtiger, gera, gerum (salus u. gero), I **Heil-, Glück-, Rettung bringend, heilsam,** Auson. u. Prud. – II **Grüße bringend, grüßend,** libelli, Briefe, Auson. epist. 24, 4. – subst., salūtiger, gerī, *m.*, der **einen Gruß bestellende Bote,** Apul. de deo Socr. 6.

salūtigerulus, a, um (salus u. gerulus), **einen Gruß überbringend,** pueri, Botenläufer, Plaut. aul. 502.

salūto, āvī, ātum, āre (*Intens.* v. salvo, wie voluto v. volvo; dah.) zu jmd. *salve* sagen, d. i. jmd. **grüßen, begrüßen,** I im Allg.: alqm, Cic.: Tironem saluta nostris verbis, Cic.: vade salutatum Perillam, Ov.: salutatum vult te mea littera (Brief), Ov.: sternumentis (sternutamentis) salutare, beim Niesen sagen *salve!* (Gott helf'! zur Gesundheit! usw.), Plin.: dah. deos, den Göttern, ihren Bildnissen seine Verehrung erweisen, Cic.: so auch numen, Ov.: augurium, begrüßen, bewillkommnen od. Verehrung beweisen, Verg. – m. dopp. *Acc.*, jmd. als den u. den **begrüßen, grüßend nennen,** alqm imperatorem, Tac.: alqm regem, Curt.: alqm dominum regemque, Iuven. – II insbes.: 1 jmd. **zur Begrüßung besuchen,** bei jmd. **einen Besuch machen, seine Aufwartung (den Hof) machen,** alqm, Cic.: alqm numquam salutavisse, Cic.: venit salutandi causā, Cic.: salutari, appeti, Cic.: agmina salutantium, Tac. – 2 beim Kommen od. Weggang **begrüßen,** a beim Kommen, alqm (Ggstz. alqm valere iubere od. alci valere dicere, beim Gehen), Cic. ad Att. 5, 2, 2. Suet. Aug. 53, 3. – b beim Weggang, **grüßen, Lebewohl sagen,** Plaut. mil. 1339: puppem de rupe salutant, Stat. Theb. 4, 31. – III **retten, schirmen,** Vulg. Sirach 22, 31 (diese Stelle auch Ambros. de off. 3, 16).

Salūviī (Sallūviī), ōrum u. ûm, *m.*, eine ligurische Völkerschaft, in der heutigen Provence sesshaft, Liv. 5, 34, 7 u. 35, 2 (Weißenb. Genet. Sal., Hertz Sall.). Liv. 21, 26, 3 (Sal.). Flor. 2, 3, 5 u. 3, 2, 3 *ed. Halm* (Sal.). Plin. 3, 36 (Sal.). Plin. 3, 47 u. 124 (Jan u. Detl. Sallui).

salvātio, ōnis, *f.* (salvo), die **Rettung,** Vulg. psalm. 27, 8. Boëth. de duab. natur. p. 953.

salvātor, ōris, *m.* (salvo), der **Erretter, Erhalter,** spätlat. Übersetzung von σωτήρ und bes. von Iesus (hebr. ישוע), der **Erlöser,** klass. servator, s. Mart. Cap. 5. § 510. Lact. 4, 2, 6 u. a. Eccl. – vulg. salbator, CIL 8, 2079.

salvātrīx, trīcis, *f.* (Femin. zu salvator), die **Erretterin, Erlöserin,** attrib. = **errettend, erlösend,** spät. Eccl.

1. salvē, *Adv.* (v. salvus, a, um), **im Wohlergehen, im Wohlsein, wohl,** quam salve agit Demeas noster? wie befindet sich unser D.? Apul. met. 1, 26; vgl. apol. 44: dah. die Formel, satin salve? od. satin salvae, s. salvus a. E.

2. salvē, *Imperat.*, s. salveo.

salveo, ēre (salvus), **gesund sein, sich gesund und wohl befinden,** im Wortspiel mit salve, z. B. *Ar.* Salve. *Ph.* Salvere me iubes, quoi (cui) tu abiens adfers morbum? Plaut. asin. 593: u. so Plaut. truc. 260. – gew. jedoch nur als Begrüßungswort, dah. immer salve, salvete, salveto, salvebis u. salvere (iubeo), **bleib' gesund! sei glücklich!** u. (selten beim Abschiednehmen) **lebe wohl! ich grüße dich usw.,** a beim Bewillkommnen u. dgl., **Heil dir! sei gegrüßt! Gott grüß' dich! guten Morgen! guten Tag! willkommen!** salve, Ter.: salvete, Ter.: salve, adulescens. *Sc.* Et tu multum salveto, Plaut.: salvebis a meo Cicerone, mein Sohn lässt dich grüßen, empfiehlt sich dir, Cic.: iubeo te salvere, ich grüße dich, Dionysium velim salvere iubeas, ich bitte dich, den Dionysius zu grüßen, Cic.: deum salvere iubent, grüßten ihn als Gott, sagten *salve deus!* Liv.: ferner iubemus te salvere, sei gegrüßt, wir grüßen dich usw., Plaut.: salvere Hegionem plurimum iubeo, Ter.: ironisch, salvete fures, Plaut.: obstinatissime retinuit, ut liberti servique bis die frequentes adessent et mane salvere (guten Morgen!), vesperi valere (guten Abend!) sibi singuli dicerent, Suet. Galb. 4, 4. – und so bei feierlicher Erwähnung einer Gottheit u. überhaupt einer hochgeachteten Person od. Sache, salve, vera Iovis proles (v. Herkules), Verg.: salve, magna parens frugum, Saturnia tellus, Verg.: o salve Lapithaeae gloria gentis, Caneu, Ov.: o grata testudo Iovis, mihi cumque salve rite vocanti, Hor. – b beim Abschiednehmen, unser **behüt' dich Gott, leb' wohl** usw., Plaut.: verb., salve atque vale, Plaut., oder vale salve, Cic.: wechselnd mit salvus sis, Plaut. Stich. 316, s. salvus a. E. – beim Abschiednehmen von Verstorbenen, salve aeternum mihi, aeternumque vale, Verg. – c beim Niesen, salvere Githona iubet, Petron. 98, 5.

salvia, ae, *f.* (salvus), der **Salbei,** eine Pflanze, Plin. 22, 147.

salvificātio, ōnis, *f.* (salvifico) = σωτηρία, die **Errettung,** Gloss. II, 450, 48.

salvificātor, ōris, *m.* (salvifico) = salvator, der **Erretter, Erlöser,** Tert. de pudic. 2 *in.*

salvifico, āre (salvificus), **erretten,** Vulg. Ioann. 12, 27 u. 47. Sedul. carm. 5, 7.

salvificus, a, um (salvus u. facio), **rettend, Heil bringend,** Alcim. ad soror. 380.

salvo, āvī, ātum, āre (salvus), spätere Form für servo, a **gesund machen, heilen,** alqm, Gargil. Mart. medic. 22. – b **retten, erlösen,**

Eccl. – **c** etw. **beibehalten, an** etw. **festhalten,** salvatur unitas, salvatur unus, Augustin. serm. 125, 6. – ► Auch Plin. 17, 178 liest Detl. mit Harduin salventur = serventur; u. Quint. 12, 10, 44 haben die besten Hdschrn. salvant (Halm servant).

salvus, a, um (vgl. altind. *sár-vu-s,* unversehrt, griech. ὅλος = ὀλϝος, ionisch οὖλος), **heil = wohlbehalten, wohlbewahrt, noch am Leben befindlich, gesund, unverletzt, unbeschädigt, gerettet, unverloren** u. dgl., **I** im Allg.: **a** v. Pers., Cic. u. a.: oft verb. salvus et servatus, salvus et sospes, Plaut.: salvus atque incolumis (z. B. exercitus, civis), Caes.: salvus et sanus (z. B. filia), Plaut. – s. Penelope, keusche, Prop. – salvus advenio, redeo, Plaut., revertor, Cic. – mit einem Nomen im *Abl. absol.* **solange noch... am Leben ist (sind),** se salvo, Cic.: salvis suis, Liv. – **b** v. Lebl.: num navis periit? *Ac.* salva est navis, Plaut.: argentum, Plaut.: clipeus, Cic.: epistula (Ggstz. ep. conscissa), Cic. – m. einem Nomen im *Abl. absol.,* utinam salvis rebus colloqui possemus, zu den guten Zeiten, Cic.: u. so bes. im *Abl. absol.* = **ohne Verletzung, unbeschadet,** salvo officio, Cic.: salvis auspiciis, Cic.: salvā conscientia, salvā bonā conscientiā, Sen.: salvā magnitudine tuā, Plin. ep.: salvo iure amicitiae, Cic.: salvo eo, ut etc., mit Vorbehalt, dass usw., ICt.: salvo eo, quod, abgesehen davon, dass usw., Salv. de gub. dei 5, 3, 14. – **II** Besondere Formeln der Umgangssprache: **a** v. Pers.: **α** salvus (salva) sum, mit mir steht es gut, ich bin geborgen, -gerettet, mir ist geholfen u. dgl., Komik.: ebenso im Plur., salvi (salvae) sumus, Komik. – **β** in der Beteuerung, ne salvus sim, si etc., ich will nicht gesund sein, wenn usw., Cic. ad Att. 16, 13. litt. a. § 1. – **γ** als Begrüßungsformel: salvus sis! = *salve!* dah. mit diesem wechselnd, beim Kommen, *Cr.* O Mysis, salve. *My.* Salvus sis, Crito, Ter. Andr. 802: beim Gehen, *Ge.* Ibo atque hunc compellabo. Salvus sis. *Pi.* Et tu salve, Plaut. Stich. 316. – **b** v. Lebl.: **α** salva res est, noch steht alles gut (mit ihm), es ist noch nichts verloren, Ter. adelph. 643. – in der Frage: sunt vestra salva? ist euere Sache in Ordnung? Petron. 58, 12: oft satin salve od. satin salvae? steht alles gut (bei dir)? Plaut. trin. 1177. Ter. eun. 978. Sall. hist. fr. 23 (27). Liv. 1, 58, 7; 3, 26, 9; 6, 34, 8; 10, 18, 11; 40, 8, 2. Fronto epist. ad Ver. imp. 1, 4. p. 118, 7 N. Auson. grat. act. XVII. 76. p. 29, 10 Schenkl: u. so salvaene, amabo? Plaut. Stich. 8 G. – **β** salvum lotum! wohl gebadet! Spät.; vgl. Haupt opusc. 2, 448.

sam = suam, s. suus a. E. ►.

Samaeī, ōrum, *m.,* s. Samē.

samara, ae, *f.,* s. samera.

samardacus, ī, *m.* (afrikanisches Wort), der **Gaukler, Betrüger,** Augustin. c. Acad. 3, 15. Schol. Cruq. et Acro Hor. sat. 1, 6, 113 *sq.*: übtr., v. einem zu einer dreifachen Grenze führenden Grenzstein, der **Irreführer,** Gromat. vet. 305, 22; vgl. samartia.

Samarīa, ae, *f.* (Σαμάρεια), eine Landschaft mit gleichnamiger Hauptstadt in Palästina, Plin. 5, 68 *sq.* – Dav.: **A Samarītēs,** ae, *m.,* der **Samariter,** Tac. u. a. – **B Samarītānus,** a, um, **samaritanisch,** Eccl.: subst., Samarītāna, ae, *f.,* die **Samaritanerin,** Eccl.: Plur. Samarītānī, ōrum, *m.,* die **Samaritaner,** Eccl. – **C Samarīticus,** a, um, **samaritisch,** Eccl. – **D Samarītis,** idis, *f.,* **samaritisch,** femina, Iuvenc. 2, 252: subst., die **Samariterin,** Eccl. – **E Samarītida,** ae, *f.,* **samaritisch,** mulier, Iuvenc. 2, 256. – **F Samarēus,** a, um, **samaritisch,** superstitio, Cassiod. var. 3, 45, 2.

Samarobrīva, ae, *f.,* eine Stadt im belg. Gallien, Hauptstadt der Ambiani, j. *Amiens,* Caes. b. G. 5, 24, 1. Cic. ep. 7, 11 *sq.*

samartia, ae, *f.* (ἁμαρτία), die **Irrung,** von einem zu einer dreifachen Grenze führenden Grenzstein, der leicht irre führt, Gromat. vet. 360, 21.

sambūca, ae, *f.* (σαμβύκη), **I** ein dreieckiges Saiteninstrument von sehr scharfen, schneidenden Tönen (daher für unedel gehalten), die **Sambuka,** viell. die **Harfe,** Plaut. Stich. 381. Scip. Afr. fr. b. Macr. sat. 3, 14, 7. Spart. Hadr. 26, 4. Isid. orig. 3, 20, 7. Vgl. Pers. 5, 95. – **II** übtr., eine ähnlich gestaltete Kriegsmaschine bei Belagerungen, wodurch die Belagerer auf die Mauer kommen konnten, die **Sturmbrücke, Fallbrücke,** Vitr. u. Veget.; vgl. (für *no.* I u. II) Paul. ex Fest. 324, 7.

sambūcātus, a, um (2. sambucus), **mit Holunder versehen,** Th. Prisc. de diaet. 12.

sambūceus (sabūceus), a, um (sambucus, sabucus), **aus Holunder, Holunder-,** furca, Plin. 29, 57 (wo Sillig samb., Jan u. Detl. sab.): baculum, Aur. Vict. de vir. ill. 10, 2 (wo samb. ohne Variante).

sambūcina, ae, *f.* (sambuca u. cano), die **Sambukaspielerin,** Plaut. Stich. 381 zw. (Goetz u. Leo richtiger sambucas).

sambūcistria, ae, *f.* (σαμβυκίστρια), die **Sambukaspielerin,** Liv. 39, 6, 8. Arnob. 2, 42; vgl. Paul. ex Fest. 324, 7.

1. **sambūcus,** ī, *m.* (sambuca), der **Sambukaspieler,** Mart. Cap. 9. § 924.

2. **sambūcus** u. **sabūcus,** ī, *f.,* der **Holunderbaum,** Plin. 15, 64; 16, 74 u. a. (wo Sillig überall samb., Jan u. Detl. sab.). Colum. 4, 26, 1 u. 12, 46, 3 (überall mit der Variante sab.). Pallad. 4, 10, 9 (samb.). Ser. Samm. 50 u. 100 337 u. 503 (wo überall sab.). – Dav. **sabūcum,** ī, *n.,* **Holunder** als Frucht, Scrib. Larg. 160, Apic. 4, 128. – ► Die Glossen haben sowohl sambucus als sabucus.

Samē, ēs, *f.* (Σάμος), früherer Name der ionischen Insel Cephalenia mit einer gleichnam. Stadt, j. *Cefalonia,* Verg. Aen. 3, 271. Ov. trist. 1, 5, 67. Sil. 15, 302 (nach Mela 2, 7, 10 [2. § 110] eine Insel in der Nähe von Ceph.): die Stadt, Liv. 38, 29, 9 u. 30, 1. – Nbf. **Samos,** ī, *f.* (Σάμος), Ov. met. 13, 711. Auson. perioch. Odyss. 4. – Dav. **Samaeī,** ōrum, *m.,* die Einw. von Same, die **Samäer,** Liv. 38, 28 *sq.*

sāmentum (st. sagmentum), ī, *n.* (= sagmen), Fronto epist. ad M. Caes. 4, 4. p. 67, 3 N.

samera (samara), ae, *f.,* der **Same der Ulme,** Colum. 5, 6. § 2 u. 6 u. a. Plin. 16, 72 u. 17, 76 (wo samara).

Samia, ae, *f.,* s. Samius (unter 1. Samos).

samiātor, ōris, *m.* (samio), der **Wetzer und Schleifer** der Waffen, Edict. Diocl. 7, 33; vgl. Gloss. II, 178, 8 ›samiator, ἀκονητής‹.

samio, āvī, ātum, āre (Samius), mit einem samischen Wetz- und Polierstein **wetzen, blank machen,** loricas vel catafractas, Veget. mil. 2, 14: ferramenta samiata, Vopisc. Aurel. 7, 6. Vgl. Non. 398, 29.

Samiolus, a, um, s. 1. Samos a. E.

Samīramis, s. Semīramis.

Samius, s. 1. Samos.

Sammonicus, s. serēnus *no.* II, B, 2, b.

Samnīs, Samnītēs, s. Samnium.

Samnīticus, s. Samnium.

Samnītis, s. Samnīs (unter Samnium).

Samnium, iī, *n.* (synk. aus Sabinium), ein Bergland, von den Höhenzügen der Apenninen durchzogen nördlich über Kampanien bis an das Adriatische Meer, **Samnium,** dessen Einwohner von den Sabinern abstammten, Liv. 7, 32, 2. Flor. 1, 16, 8. Cic. Clu. 197. Varro sat. Men. 17. – Dav.: **A Samnīs,** ītis, Abl. īte u. ītī (Nbf. **Samnītis,** Cato fr. u. Prud.), **samnitisch,** exercitus, Liv.: ager, Liv.: bellum, Plin. – subst., **a** der **Samniter,** kollektiv b. Liv. u. a. (s. Drak. Liv. 7, 33, 15): Plur. Samnītēs, ium, *m.,* die Einw. von Samnium, die **Samniter,** Varro LL., Cic. u. a. (Genet. Plur. immer Samnitium, jetzt auch Cic. de or. 2, 325. Sen. contr. 2, 1 [9], 8 K. Sen. ad Helv. 10, 8. CIL 1, 27: griech. Akk. Plur. Samnitas, Flor. 1, 16. § 1 u. 7. Aur. Vict. de vir. ill. 34, 6. Eutr. 2, 9). – **b** ein mit samnitischen Waffen gerüsteter Gladiator, Lucil. fr.: Plur. bei Varro LL., Cic. u. a. – **B Samnīticus,** a, um, **samnitisch,** Suet. u. a.

samolus, ī, *f.,* eine Pflanze, von Dalechamp u. Harduin für unsere **Küchenschelle** (*Anemone Pulsatilla,* L.), von Sprengel für *Samolus Valerandi* (L.) gehalten, Plin. 24, 104.

1. **Samos** u. **-us,** ī, *f.* (Σάμος), eine Insel des Ikarischen Meeres nahe an der Küste Joniens, Ephesus gegenüber, Geburtsort des Pythagoras, Hauptsitz des Kultus der Hera (= röm. Juno), mit einem berühmten Tempel der Hera, der Asylrecht hatte (s. Tac. ann. 4, 14), bekannt wegen der guten Erde u. des daraus gefertigten Geschirres, jetzt *Syssam Adassi,* mit einer gleichn. Hauptstadt beim heutigen *Kora,* Mela 2, 7, 4 (2. § 101). Hor. ep. 1, 11, 2 u. 21. Cic. de imp. Pomp. 33. – Threicia Samus (Samos) – *Samothrace,* Verg. Aen. 7, 208. Ov. trist.

1, 10, 20. – Dav. **Samius,** a, um (Σάμιος), **samisch, von Samos,** mater, Ter.: terra, samisches Gebiet, der Teil der gegenüberliegenden Küste, der zu Samos gehörte, Liv.: Iuno, Hera, Cic.: genetrix, quae delectatur Samiā arenā, von der Juno, Iuven.: Samius Pythagoras, Sidon.: u. so von dems. Samius senex, Samius vir, Ov.: Samia terra, samische Erde, unser Pfeifenton, Cels. u. Plin.: lapis, ein Stein zum Goldglätten, war vermutlich nur eine etw. verhärtete samische Erde, Plin.: capedines, aus samischer Erde, Cic.: u. so vasa, Plaut., Cic. u. Lact.: testa, Tibull.: *Me.* Placide pulta. *Pe.* Metuis credo, ne fores sint Samiae, von Ton (zerbrechlich wie samische Töpferware), Plaut. – subst., **a** Samius, iī, *m.*, der **Samier** = Pythagoras, Ov. fast. 3, 153: Plur. Samiī, iōrum, *m.*, die Einw. von Samos, die **Samier,** Cic. u. a. – **b** Samia, ae, *f.* (*sc.* placenta), **samischer Kuchen,** Tert. adv. Marc. 3, 5. – **c** Samia, iōrum, *n.* (*sc.* vasa), **samisches Geschirr,** Rhet. Her. u. a. – und wieder von Samius **α Samiārius,** a, um, **aus Samos, samisch,** exul, carnifex, Cic. Phil. 11, 5 u. 7. – **β** das *Demin.* **Samiolus,** a, um, **samisch,** poterium, Plaut. Stich. 694.

2. Samos, s. Samē.

Samosata, ōrum, *n.* (τὰ Σαμόσατα), Hauptstadt der syrischen Provinz Kommagene, am westl. Ufer des Euphrats, Geburtsort des Lucian, jetzt *Scempsat* od. *Schemisat,* Plin. 2, 235 u. a. – Nbf. **Samosata,** ae, *f.*, Amm. 14, 8, 7 u. a. – Dav. **Samosatēnus,** a, um, **aus Samosata,** der **Samosatener,** Paulus, Hieron. de vir. ill. 69 *extr.* Ambros. de fide 5, 8. § 105; de incarn. dom. sacr. 2. § 8.

Samothrācē (Samothrēcē), ēs, *f.* u. **Samothrāca,** ae, *f.* (Σαμοθρᾴκη) u. **Samothrācia,** ae, *f.*, Insel des Ägäischen Meeres an der Küste Thraziens, der Mündung des Hebros gegenüber, berühmt durch den mystischen Kabirendienst, mit einer gleichnam. Hauptstadt, j. *Samothraki,* Form *-thrace,* Varro r. r. 2, 1, 5. Liv. 45, 28, 11. Mela 8, 7, 8 (2. § 106). Plin. 33, 23: Form *-threce,* Varro LL. 7, 34: Form *-thraca,* Cic. de nat. deor. 3, 89. Liv. 42, 25, 6. Plin. 37, 181: Form *-thracia,* Varro LL. 5, 58. Cic. de nat. deor. 1, 119; in Pison. 89. Verg. Aen. 7, 208. Serv. Verg. Aen. 2, 325. – Dav.: **A Samothrācēnus,** a, um (Σαμοθρακηνός), **in-, aus Samothrace, samothracenisch,** Plin. 11, 167. – **B Samothrāces,** um, *m.*, (Σαμόθρακες), die Einw. der Insel Samothrace, die **Samothracier,** Varro LL. u. Ov. – *adi.* Samothraces di, die Kabiren, Varro LL. u. Macr.: dies. absol. bl. Samothraces, Iuven. – **C Samothrācicus,** a, um, **samothracisch,** religiones, Macr. sat. 3, 4, 8. – **D Samothrācius,** a, um (Σαμοθρᾴκιος), **auf-, aus Samothrace, samothracisch,** cepa, Plin. 19, 101: anulus, Isid. orig. 19, 32, 5: subst., Samothracia ferrea, samothracische eiserne Ringe, Lucr. 6, 1042. – **E Samothrācus,** a, um, **samothracisch,** vates, Val. Flacc. 2, 439.

sampsa, ae, *f.*, das **mürbe gemachte Fleisch der Oliven,** woraus dann Öl gepresst wird, Colum. 12, 15, 2 u. a.

Sampsiceramus, ī, *m.*, ein arab. Stammfürst in Emesa am Libanon, den Pompejus überwand, dah. scherzh. von Pompejus selbst, der **Magnat vom Libanon,** Cic. ad Att. 2, 14, 1 u. a.

sampsūchinus, a, um (σαμψύχινος), **aus Majoran,** oleum, Plin. 21, 163.

sampsūchum, ī, *n.* (σάμψυχον) u. **sampsūchus,** ī, *m.* u. *f.* (ὁ u. ἡ σάμψυχος), der **Majoran** (*Origanum Maiorana,* L.). Form *-um,* Plin. 13, 10; 21, 61 u. 163: Plur., Colum. poët. 10, 171. – Form *-us,* Cels. 5, 11 (*masc.*). Marc. Emp. 36. fol. 141 (b), wo sampsucus.

Samuēl, ēlis, *m.* (hebr. שמואל), der Prophet **Samuel,** Vulg. 1. regg. 1, 20. Prud. psych. 388 u. a. Eccl.

Samus, ī, *f.*, s. 1. Samos.

sānābilis, e (sano), **I heilbar, a** physisch: vulnus, Ov.: res nullis medicamentis sanabilis (v. Brustkrebs), Ambros.: dolor sanabilior, Cels.: Ggstz. plaga mihi sanabilis, illi pestifera, Cic. – **b** geistig, iracundi sanabiles, Cic.: qui ad philosophum venit, aut sanior domum redeat aut sanabilior, Sen. – **II heilsam,** ista paenitentia cruciabilis non sanabilis, Augustin. serm. 18, 5: erit sanabilius ergo, ut etc., Cael. Aur. de morb. chron. 4, 8, 123.

sānātēs, um, *m.* (sanus), die **begnadigten Völker** ober- u. unterhalb Roms, die als **Klienten** die Äcker der Vornehmen (forctes = fortes) bebauten, XII tabb. b. Gell. 16, 10, 8. Fest. 348 (b), 10 (dessen Ableitung irrig ist).

sānātio, ōnis, *f.* (sano), die **Heilung,** corporum, Cic. Tusc. 3, 5: plena, Th. Prisc. 2, 8: ulceri imponito usque ad sanationem, Th. Prisc. 4. fol. 314 (b), 43. – bildl., malorum, Cic. Tusc. 4, 35: nostrae naturae, Augustin. op. imperf. c. Iulian. 6, 8: haec est certa et propria sanatio, Cic. Tusc. 4, 60: u. so absol., Tert. de fug. in pers. 3.

sānātor, ōris, *m.* (sano), der **Heiler, Gesundmacher,** Hieron. in Iob 34. Augustin. in psalm. 36. serm. 2. § 8. Vulg. exod. 15, 26 u. a. Eccl.

sancaptis, idis, *f.*, s. saucaptis.

sanchrōmaton, ī, *n.*, eine Pflanze = dracontium, Ps. Apul. herb. 14.

sancio, sānxī, sancītum u. sānctum, īre (sacer), **heiligen,** d. i. durch relig. Weihe **unverbrüchlich, unverletzlich machen, I** eig.: **a** ein Gesetz, ein Bündnis u. dgl. **als heilig und unverbrüchlich festsetzen, -verordnen,** legem, Cic.: lex diligenter sancta, Liv.: in legibus eadem illa sancta sunt, Cic.: foedus sanguine alcis, Liv.: poenam, Stat.: poenam capitis alci, Curt.: silentium periculo vitae (unter Androhung des Todes), Curt.: veniam omnium factorum dictorumque, Suet.: omnes liberos esse sanxit, Suet.: radendumque (esse) nomen sanxere, Aur. Vict.: mortuum iustitio elogioque lugendum (esse) sanxere, Aur. Vict.: sanxit edicto, ne etc., Cic.: Solon capite sanxit, si qui etc., hat die Todesstrafe darauf gesetzt, Cic.: neque, quominus id postea fieret, ulla lex sanxit, Cic.: Valerii lex sanxit, ne etc., Cic.: quā lege videmus satis sanctum, ut cives Romani sint ii, quos Cn. Pompeius de consilii sententia singillatim civitate donaverit, Cic.: habent legibus sanctum, si quis quid de re publica a finitimis rumore aut famā acceperit, uti ad magistratum deferat, Caes.: de iure praediorum sanctum apud nos non est iure civili, Cic. – **b** durch ein Gesetz usw. unwiderruflich **bekräftigen, besiegeln, bestätigen, genehmigen, anerkennen,** acta Caesaris, Cic.: dignitatem alcis, Cic.: foedera fulmine, Verg.: dextrā datā fidem futurae amicitiae, Liv.: ius imperii morte, Curt.: iurando gratiam, Curt.: quae coniunctio necessitudinem eorum sanxit, Nep.: augurem, Cic. – **II** übtr., etw. **bei Strafe verbieten, verpönen,** incestum supplicio, Cic.: lege sanciri aut iure civili, Cic.: honoris cupiditas ignominiā sancitur, Cic.: quod Athenis exsecrationibus publicis sanctum est, Cic. – ► Archaist. Perfektform sancierat, Pompon. Sec. bei Diom. 371, 19 u. Prisc. 10, 49 (wo auch als archaist. sancivi ohne Beleg): ungew. Partiz. Perf. sancītus, Lucr. 1, 587. Cass. Sev. bei Diom. 371, 21. Vulg. Hebr. 8, 6.

sānctē, *Adv.* (sanctus), **I heilig = unverletzlich, unantastbar,** nusquam eas (pecunias) tutius sanctiusque deponere credentes quam in publica fide, Liv. 24, 18, 14. – **II heilig = mit heiliger Scheu, streng religiös, gewissenhaft, unsträflich, keusch und rein** u. dgl., iurare, adiurare, Plaut. u. Ter.: pie sancteque colere naturam excellentum, Cic.: multa (in lege Iulia) sunt severius scripta quam in antiquis legibus et sanctius, Cic.: se sanctissime gerere, Cic.: sanctissime observare promissa, Cic.: opinionem sanctissime conservare, Quint.: tabulas servare sancte, Cic. – dicta sancte et antique, Quint.

sānctēsco, ere (sanctus), **heilig werden,** Acc. tr. 163.

sānctificātio, ōnis, *f.* (sanctifio), die **Heiligung,** Eccl. u. Gloss.

sānctificātor, ōris, *m.* (sanctifico), der heiligt, der **Heiligmacher,** Eccl.

sānctificātrīx, trīcis, *f.* (Femin. zu sanctificator), die **Heiligmacherin,** Eccl.

sānctificium, iī, *n.* (sanctificus), die **Heiligung,** Eccl.

sānctifico, āre (sanctificus), **heiligen,** Eccl.

sānctificus, a, um (sanctus u. facio), **I** *act.*, **heiligend,** Eccl. – **II** *passiv,* **geheiligt,** vates, Iuven. in Levit. 136.

sānctiloquus, a, um (sancte u. loquor), **heilig redend,** Eccl.

sānctimōnia, ae, *f.* (sanctus), **I** die **Heiligkeit, Ehrwürdigkeit,** sofern sie sich an einem Gegenstand offenbart, ad deorum religionem et sanctimoniam demigrasse, Cic.: nuptiarum, heilige Feierlichkeit, Rhet. Her. – **II** die **tugendhafte Gesinnung, Unschuld,** der **unbescholtene-, reine-, gottgefällige Wandel,** domum habere clausam pudori et sanctimoniae, Cic.: virgo priscae sanctimoniae, Tac.: quid mihi cum ista summa sanctimonia (Gewissenhaftigkeit) et diligentia, Cic.

sānctimōniālis, e (sanctimonia), **heilig, fromm,** v. Klosterleben, vita, Klosterleben, Cod. Iust.: mulier, Nonne, Cod. Iust.: dies. bl. sanctimonialis, Augustin. epist. 35, 2 u. a. Eccl.

sānctimōniāliter, *Adv.* (sanctimonialis), **heilig, fromm,** tempus vitae degere, im Kloster, Cod. Iust. 1, 3, 56.

sānctimōnium, iī, *n.* (sanctus), **I** die **Heiligkeit,** der **gottgefällige Wandel,** Augustin. in psalm. 99, 13 u. a. – **II** das **Märtyrertum,** Cypr. epist. 21, 4 u. 75, 12.

sānctio, ōnis, *f.* (sancio), **I** die **geschärfte Verordnung,** der Hauptartikel eines Gesetzes, der die Androhung der Strafe bei Übertretung enthält, der **Strafartikel,** das **Strafgesetz,** legum sanctionem poenamque recitare, Cic.: sanctiones sacrandae sunt, Cic. – **II** bei Bündnissen, der **Vorbehalt,** die **Klausel,** der **besondere Artikel,** foederis, Cic. Balb. 36. – ► Archaist. Abl. sanctioni, CIL 1, 198. lin. 56.

sānctitās, ātis, *f.* (sanctus), **I** die **Heiligkeit, Unverletzlichkeit, Unantastbarkeit, Ehrwürdigkeit,** tribunatus, Cic.: regum, Caes. b. Suet.: templi insulaeque, das Asylrecht, Liv.: u. so templo sanctitatem tribuere, Tac.: deorum et hominum sanctitates omnes, Cic.: animantium vilium sanctitates, Arnob. – **II** die **Frömmigkeit, Unsträflichkeit, Tugend,** der **unsträfliche Wandel,** die **Ehrlichkeit,** die **Züchtigkeit, a** übh.: elucere sanctitatem, Cic.: quantā sanctitate bellum gessisset, Nep.: matronarum, Cic.: docentis, Quint. – **b** die **Frömmigkeit** gegen Gott, deos placatos pietas efficiet et sanctitas, Cic.: religionum sanctitates, eine vernünftige u. vom Aberglauben gereinigte Verehrung der Götter Cic. – **c** als Titel der Bischöfe, sanctitas tua, Hieron. epist. 62, 2. Augustin. epist. 249, 1. Cassiod. var. 3, 37, 1.

sānctitūdo, inis, *f.* (sanctus) = sanctitas, **I** die **Heiligkeit, Unverletzlichkeit, Unantastbarkeit, Ehrwürdigkeit,** Iovis, Acc. tr. 646: Apollinis, Turpil. com. 114: nominis matronae, Afran. com. 326: fani, Cl. Quadr. ann. 1. fr. 2 (bei Gell. 17, 2, 19): sepulturae, Cic. de rep. 4, 8 (aus Non. p. 174, 7): profana philospohiae turba, vana sanctitudinis, Apul. de deo Socr. 3: Plur., caelitum sanctitudines, Acc. tr. 593. – **II** die **Reinheit, Unsträflichkeit,** morum suorum, Capit. Ver. 8, 9.

sānctor, ōris, *m.* (sancio), der **Verordner,** legum, Tac. ann. 3, 26 *extr.*

sānctuārium, iī, *n.* (sanctus), **I** der Ort, wo Heiligtümer aufbewahrt werden, das **Heiligtum,** Gromat. vet. 23, 24: porta sanctuarii, Ambros. epist. 41, 6. – **II** das **Geheimarchiv** eines Fürsten, als Ort, CIL 6, 9036: Caesaris, Gromat. vet. 154, 24 u. 26; 155, 2. – Plur. = die Geheimschriften, in sanctuariis Mithridatis, Plin. 23, 149.

sānctulus, a, um (*Demin.* v. sanctus), **ein wenig heilig,** Hieron. in Rufin. 3. *no.* 7.

sānctus, a, um, *PAdi.* (v. sancio), **I heilig, unverletzlich, unantastbar,** fanum Iunonis, Cic.: templum, Liv.: lucus, Ov.: tribuni plebis, Cic.: divi, Catull.: societas, Cic.: officium, Cic.: ius, Cic. u. Liv.: aerarium sanctius, s. aerārium: ut vestris etiam legionibus sanctus essem, Cic.: quod mihi est sanctius, Cic.: iura patriae sanctiora quam hospitii duxit, Nep. – **II heilig, ehrwürdig, göttlich, a** vom Göttlichen u. Erhabenen, stella Mercurii, Cic.: nomen poëtae, Cic.: dies, Hor.: oratio, feierliche, Quint.: sancti ignes, zu Ehren der Götter bei Opfern, Verg.: im Tempel der Vesta, Ov.: Osiris, Hor.: sanctius consilium, engerer Ausschuss des Senates, engerer Rat, Liv.: sanctissimum orbis terrae consilium, v. Senat, Cic.: sancte deorum, Verg.: vates sanctissima, v. der Sibylla, Verg.: sanctissime Imperator, erhabenster Kaiser, Plin. ep. – *neutr.* subst., **α** übh.: omne sanctum non tanget, sie soll nichts Heiliges anrühren, Vulg. Levit. 12, 4. – **β** das **Heilige** = der Tempel, in sancto quid facit aurum? Pers. 2, 69. – **b** von Gottgefälligen, **gottgefällig, fromm, unschuldig,** sittlich **rein, züchtig, tugendhaft, unsträflich,** virgo, Vestalin, Hor.: manus, Val. Max.: mores, Iuven.: coniunx, Verg.: mulier sancti pudoris, Tibull.: nulla umquam res publica nec maior nec sanctior, Liv.: quod (genus orationis) quo fuerit gratius et sanctius, eindringlicher u. reiner, Quint.: Cato sanctus et innocens, Liv.: Luscius et Manilius naturā sancti et religiosi, Cic.: sanctius animal, v. Menschen, Ov.: nemo sanctior illo (viro), Cic.: homo sanctissimus, Cic. – *neutr.* subst., nihil veri, nihil sancti, kein Gefühl für Wahrheit, kein Sinn für Recht, Liv. 21, 4, 9. – ► vulg. santus, CIL 5, 8136: Xanctus, Commodian. instr. 1, 35, 21 u. 2, 19, 21.

Sancus, ī, u. ūs, *m.*, auch Semo, Semo Sancus oder Fidius Sancus gen., eine umbrisch-sabinische Gottheit, wahrsch. = Ζεὺς Πίστιος, später mit Herkules identifiziert, Ov. fast. 6, 213. Liv. 8, 20, 8 u. 32, 1, 10. Plin. 8, 194. Sil. 8, 422 *sqq.* Prop. 4, 9, 71 *sqq.* Varro LL. 5, 66. Lact. 1, 15, 8. Fest. 229 (a), 13 u. 241 (a), 2. – ► Liv. 8, 20, 8 in den besten Hdschrn. (*PM*) Sangus geschrieben.

sandala, richtiger scandala, s. d.

sandaliārius, a, um (sandalium), **zu den Sandalen gehörig, Sandalen-,** vicus, die Sandalengasse, Schustergasse, CIL 6, 761: Apollo, eine Statue des Apollo, nach dem vicus sandaliarius, wo sie aufgestellt war, benannt, Suet. Aug. 57, 1. – subst. sandaliārius, iī, *m.*, die **Sandalengasse, Schustergasse** (s. oben), Gell. 18, 4, 1.

sandaligerula, ae, *f.* (sandalium u. gero), die **Sandalenträgerin,** eine Sklavin, die ihrer Herrin, wenn sie ausging, die Sandalen nachtrug, Plaut. trin. 252 Sch.[3]

Sandaliōtis, idis, Akk. im, *f.* (Σανδαλιῶτις), Bezeichnung der Insel Sardinien von ihrer Sandalenform, Timaeus b. Plin. 3, 85.

sandalis, idis *f.* eine Art **Palmbäume, deren Frucht den Sandalen** (sandalia) **ähnlich sein soll,** Plin. 13, 43.

sandalium, iī, *n.* (σανδάλιον), die **Sandale,** Turpil. com. 31 u. 147. Ter. eun. 1028. Ps. Albinov. eleg. 2, 65 (wo die zweite Silbe lang steht): faber sandaliorum, Schol. Iuven. 8, 175: sandalia muliercularum, Augustin. c. Iulian. Pelag. 3, 5. § 11 *extr.*

sandapila, ae, *f.*, die **Totenbahre** für gewöhnliche Leute und Missetäter (denn Vornehme wurden in einer Sänfte [lectica] hinausgetragen), Mart. 2, 81, 2. Iuven. 8, 175. Suet. Dom. 17, 3.

sandapilārius, iī, *m.* (sandapila), der die Totenbahre trägt, der **Leichenträger,** vespillonum sandapilariorumque ministeria, Sidon. epist. 2, 8, 2.

sandaraca (sanderaca) u. **sandaracha**, ae, *f.* (σανδαράκη u. σανδαράχη), **I Sandarach,** ein roter Färbstoff, sowohl gegrabener = ein roter, mit Schwefel verbundener Arsenik, »rotes Operment, roter Arsenik«, als künstlich bereiteter, bestehend aus cerussa usta seu in fornace cocta, eine Art **Mennige,** Vitr. u. Plin.; vgl. Fest. p. 323 (a), 11. Paul. ex Fest. 324, 7. – **II** der **Sandarach,** das **Bienenbrot,** sonst erithace genannt, Plin. 11, 17.

sandaracātus, a, um (sandaraca), **mit Sandarach vermischt,** Plin. 35, 177.

sandaraceus, a, um (sandaraca *no.* I), **aus Sandarach,** color, Labeo bei Fulg. expos. serm. ant. p. 112, 13 *Helm.*

sandaracinus (sanderacinus), a, um (σανδαράχινος), **sandarachfarben,** merula sandaracino ore, Naev. com. 123; vgl. Fest. 325 (b), 13.

sandarēsos, ī, *f.*, ein aus Indien und Arabien kommender Edelstein, von einigen auch garamantites u. sandastros gen., wahrsch. eine Art **Katzenstein,** Plin. 37, 102.

sandastros, s. sandarēsos.

sandȳx, *ȳcis*, c. (σάνδυξ), **I** eine **Staude mit scharlachroter Blume** (nach Hesychius), Gratt. cyn. 86: Indica, Vopisc. Aurel. 29, 3. Vgl. Schol. Bern. Verg. ecl. 4, 45 sandyx, genus herbae rubeae, cuius radices infantes cum coxerint, tabularum ceras ex eis tingunt, unde et ›sandines‹ et ›sandices‹ vestes dicuntur. – **II** eine **rote Mineralfarbe,** aus Mennige u. Bergrot zusammengesetzt, nach anderen die **Mennige** selbst, Prop. 2, 25, 45. Verg. ecl. 4, 45. Plin. 35, 30 u. a. Marc. Emp. carm. 30. fol. 141 (a).

sānē, *Adv.* (sanus), **I vernünftig, mit Vernunft,** amare, Plaut.: sane sapio et sentio, ich bin völlig bei Vernunft u. Besinnung, Plaut.: non ego sanius bacchabor Edonis, Hor. carm. 2, 7, 26. – **II** übtr.: **A** bekräftigend usw. = **fürwahr, in der Tat,** sane vellem, Cic.: homo sane perquam in noscendis veteribus scriptis exercitus, Gell. – dah.: **a** in Antworten, **in der Tat, jawohl, allerdings, freilich,** Ter.: sane pol, Ter.: sane hercle od. sane hercule, Komik., Rhet. Her. u. Cic. – **b** bei Einräumungen, **immerhin, meinetwegen,** sint falsa sane, Cic.: sint sane liberales, Sall.: sed haec sint sane paria omnia, Cic.: Aeneas sane ignotis iactetur in undis, Verg. – **c** beim *Imperat.*, **nur immerhin, immerhin, denn,** age sane, Ter., Cic. u. a. (s. Drak. Liv. 1, 57, 8): abi sane, Ter.: i sane, Ter.: cedo sane, Ter. – **B** steigernd = **ganz, durchaus, vollkommen,** bei Verben u. Adjj., Cic.: u. b. Advv., sane bene od. bene sane, ganz gut, Cic. u. Ter.: u. in Antworten, sane bene, Ter.: sane commode, Plaut.: sapienter sane, Plaut. – sane quam = überaus, ungemein, bei Verben u. Adjj., Cic. u. Gell. – haud sane diu esset, cum etc., nicht gar lange her, Plaut.: haud erat sane quod etc., so wäre eben kein Grund vorhanden gewesen, Cic.: nihil sane esset, durchaus nichts, gar nichts, Cic.

sānēsco, ere (sanus), **gesunden, gesund-, heil werden,** v. Pers., Cels.: corpus sanescit, Cels.: vulnera sanescunt, Colum.: ulcera difficile sanescunt, Plin.

Sangarius, iī, *m.*, s. Sagaris.

sangenon, ī, *n.*, bei den Indern eine vorzügliche Art des **Opals** (paederos), Plin. 37, 130.

Sanguālis, s. Sanquālis.

sanguen, inis, *n.*, s. sanguis.

sanguiculus, ī, *m.* (*Demin.* v. sanguis), etwa **Blutwurst,** Plin. 28, 209.

sanguifluus, a, um (sanguis u. fluo), **von Blut fließend,** venae per totum corpus sanguifluae, Dynamius gr. 9 (b. Mai nov. patr. bibl. I, 2. p. 184).

sanguilentus, a, um (sanguis), **blutig,** urina, Scrib. Larg. – *neutr. pl.* subst., sanguilenta (blutige Teile) reicere, Scrib. Larg. 143, 182 u. 186.

sanguinālis, e (sanguis), **zum Blut gehörig, Blut-,** herba, bei den Griechen, πολύγονον ἄῤῥεν, wahrsch. *Polygonum aviculare,* L., der **gemeine Knöterich,** Cels. u. Colum.

sanguinārius, a, um (sanguis), **I zum Blut gehörig, Blut-,** herba s. = herba sanguinalis (s. sanguinālis), Colum. u. Plin. – **II** bildl., **blutgierig, blutdürstig,** iuventus, Cic.: imperator, Eutr.: barbarae ac ferae et s. gentes, Hieron.: s. sententia, Plin. ep.: temeritas Diocletiani, Eutr.: Tarquinius Superbus nuntium illum saevum atque sanguinarium filio remisit ex horto, Plin. 19, 50.

sanguinātio, ōnis, *f.* (sanguino), das **Bluten,** ulcerum tactu s. fit, Cael. Aur. de morb. chron. 4, 6, 87.

sanguineus, a, um (sanguis), **zum Blut gehörig, I** eig. u. übtr.: **A** eig.: **1** = **aus Blut bestehend, Blut-, Bluts-,** imber, Cic.: guttae, Ov. u. Plin. – od. **bluthaltig,** venae, Plin. – **2 blutig, blutbefleckt,** caput, Ov.: manus, Ov.: Marii felicitas, Augustin. de civ. dei 2, 23, 2. p. 86, 30 D². – **B** übtr.: **1 mit Blutvergießen verbunden, blutig,** rixa, Hor.: caedes, Ov. – **2 blutfarbig, blutrot,** sagulum, Cic.: flammeum, Schol. Iuven.: color vini, Plin.: sucus herbae, Plin. – **II** bildl., **blutgierig, blutdürstig,** Mavors, Verg.: Mars, Ov.: vir, v. Hannibal, Sil.

sanguino, āvī, āre (sanguis), **I** *intr.*: **A bluten, von Blut fließen, 1** eig., Ps. Quint. decl.: femina sanguinans = *cui menses fluunt,* Tert. – **2** bildl., **blutgierig sein,** eloquentia sanguinans, die Klienten aussaugende, Tac. dial. 12, 2. – **B** übtr., **blutfarbig sein,** Apul. – **II** *tr.*: **A** jmd. **bluten machen,** jmdm. **Blut lassen,** jmd. **zur Ader lassen,** alqm, Pelagon. veterin. 3 (34 *Ihm*) u. 8 (140 *Ihm*): alqm iuxta genua et de coxis, *ibid.* 26 (347 *Ihm*). – **B blutig machen, a blutig hauen,** latus servo pessimo, Vulg. Sirach 42, 5. – **b mit Blut besudeln,** puerperio sanguinati panni, Porphyr. Hor. epod. 17, 50.

sanguinolentia, ae, *f.* (sanguinolentus), die **Blutunterlaufung,** oculorum, Cael. Aur. de morb. acut. 1, 1, 27.

sanguinolentus (sanguinulentus), a, um (sanguis), **voll Blut, mit Blut erfüllt, I** im Allg.: **a mit Blut unterlaufen, blutig,** oculus, Marc. Emp. 8: oculi, Cael. Aur. de morb. acut. 1, 3, 36 u. 1, 8, 55; de morb. chron. 1, 5, 152. Firm. math. 4, 12: vicina loca quoque sanguinolenta apparebunt, Cael. Aur. de morb. chron. 2, 11, 134. – im Bild, haec mali gangrena sanguinolenta, Varro vit. P. R. 3. fr. 23 (b. Non. 117, 2). – **b blutrot,** color, Ov. am. 1, 12, 12: Allia vulneribus Latiis sanguinolenta, Ov. art. am. 1, 414. – **II** im üblen Sinne, durch Verwundung, durch Mord **blutig, 1** eig.: **a** übh. = **mit Blut bespritzt, -befleckt, bluttriefend, blutrünstig, α** v. Pers.: soror, Tibull. 1, 6, 40: Erinys, Ov. her. 6, 46: Dido, Ov. fast. 3, 640: coniugis imago, Ov. her. 7, 70: sanguinolenti ex acie redeuntes, Sen. ep. 66, 50: nece natorum sanguinolenta parens, Ov. am. 1, 336. – **β** von Lebl.: torques, Cl. Quadr. ann. 3. fr. 10^b (bei Gell. 9, 13, 18): pectora, Ov. her. 3, 50: qui Threicii quondam praesepia regis fecerunt dapibus sanguinolenta suis, Ov. Ib. 380. – **b** prägn.: **α blutig-, mit Blutvergießen verbunden,** seditiones, Varro vit. P. R. 4, 10 (bei Non. 466, 33). – **β blutig** = durch Blutvergießen erworben, palma, Rhet. Her. 4, 51. – **2** übtr.: **a verwundend, verletzend,** m. *Infin.*, nulla exstat littera Nasonis sanguinolenta legi, Ov. Ib. 4. – **b das Blut** (der Armen) **aussaugend,** centesimae, Sen. de ben. 7, 10, 4.

sanguinōsus, a, um (sanguis), **vollblütig,** sanguinosos homines ex utroque brachio phlebotomandos, Cael. Aur. de morb. acut. 3, 4, 30.

sanguis (urspr., aber veraltete Form sanguen), inis, *m.*, das **Blut** (= der dünne, die Glieder durchströmende und lebenerhaltende **Blutsaft,** hingegen cruor = der rohe Blutsaft, das rohe, dicke Blut; vgl. Tac. ann. 12, 47), **I** eig. u. bildl.: **1** eig.: sanguinis eruptio, Cels.: sanguinis vomitus, Cels.: sanguinis missio, das Aderlassen, Cels.: sanguis ater, Lucr., Verg. u. Liv.: caprinus, Aur. Vict.: humanus, Liv. u. a.: taurinus, Catull. u. Plin.: tauri sanguis, Cic.: vestis sanguine madens, Quint.: gladius sanguine oblitus, Sall.: sanguine subito ictus, vom Schlag getroffen, Eutr.: murenas sanguine humano saginare, Sen. (bildl., sanguine rei publicae saginari, sich mit dem Mark des St. mästen, Cic.): candor corporis magis sanguine atro maculabatur, Liv.: affectus nobis fugant sanguinem, treiben uns das Blut (im Gesicht) zurück (Ggstz. evocant ruborem), Sen.: os sanguine respergere, Cic.: se sanguine nefando respergere, Liv.: sanguinem mittere, zur Ader lassen, alci, Cels., u. scherzh., provinciae, Cic.: so auch sanguinem extrahere, Plin., od. detrahere, Colum., od. emittere venis, Plin., od. demittere, Gell.: sanguinem sistere, Plin., od. cohibere, Cels., od. supprimere, Cels.: sanguinem exspuere, Cels., ab ore exspuere (Ggstz. ex stomacho cruorem reicere), Scrib.: sanguinem vomere, Cels.: sanguinem fundere, ausgießen, Cic., u. vergießen, Curt. (vgl. plus sanguinis ex multa carne fundebatur, Liv.): sanguinem effundere, vergießen, Cic.: sanguinem haurire, Liv., sanguinem alcis haurire, Cic.: hauriendus aut dandus est sanguis, ihr müsst Blut (der Feinde) vergießen oder (das eurige) hingeben, Liv.: sanguinem sitire, Iustin. u. Lact.: sanguinem alcis sitire, Cic.: gustasse civilem sanguinem vel potius exsorbuisse, Cic.: numquam sanguinem alcis expetivisse, Cic.: hominis propinqui sanguinem vitamque eripere, Cic.: saturare se sanguine dissimillimorum sui civium, Cic.: satia te sanguine, quem sitisti, Iustin.: canes satiati sanguine erili, Ov.: etiam impendio sanguinis sui alqm tueri, Sen. – **2** bildl.: **a** die **Lebensfrische,** das **Kernhafte,** amisimus sucum et sanguinem, Cic.: quibus integer aevi sanguis, Verg. – v. der Rede u. v. Redner, Cic.: verum sanguinem deperdebat, Cic.: sanguinem ipsum ac medullam verborum ipsius (Sallustii) eruere atque introspicere peritus, Gell. 18, 4, 2. – **b** = **Vermögen, Geld,** de sanguine aerarii detrahere, Cic.: sanguinem miserit, quicquid potuerit detraxerit, Cic. – **II** meton.: **1** das **Blutvergießen,** der **Mord,** sanguis cotidianus, Cic.: fraterni sanguinis insons, Ov.: odio civilis sanguinis, Cic.: usque ad sanguinem incitari solet odium, Cic.: sanguinem facere (anrichten), Liv.: – **2** das **Geblüt** = die **Blutsverwandtschaft,** der **Stamm,** das **Geschlecht** usw., **a** abstr.: magnam possidet religionem paternus maternusque sanguis, Cic.: cognatio materna Transalpini sanguinis, Cic.: ne sanguis societur (durch das Heiraten untereinander), Liv.: sanguine coniunctus, Blutsverwandter, Cic.: attingere alqm sanguine, blutsverwandt sein mit usw., Plin. ep. – **b** konkret, **Abkömmling, Kind (Sohn, Tochter), Enkel** usw., Alexandri sanguis ac stirps (Sprössling), Curt.: proice tela, sanguis meus, Verg.: est sanguis tuus, Tibull.: regius sanguis, v. der Europa, königliche Prinzessin, Hor.: saevire in suum sanguinem, Liv. – **III** poet. übtr., die natürliche

Feuchtigkeit, der **Saft** der Pflanzen usw., bacas turgentes sanguine Pallas amat, Öl, Nemes.: viridis nemori sanguis decedit, Saft der Bäume, Manil.: von der Purpurfarbe, Val. Flacc. – ► Das i von Natur lang, daher oft bei Dichtern so gemessen. – Genet. Sing. vulg. auch sanguis, Cael. Aur. de morb. chron. 2, 11, 128. Paul. Nol. 21, 376: Akk. sanguem, CIL 6, 2104, 22 (Act. Arv. *a. 218*). – Archaist. Nomin.-Form sanguen, Enn. ann. 113; fr. scen. 26 u. 202. Acc. tr. 83. Cato origg. 4. fr. 7, u. oratt. fr. 60. Varro sat. Men. 225. Lucr. 1, 837 u. a. Petron. 59, 1. Lact. 1, 15, 31. – Der Plur. sanguines wird von Prisc. 5, 54 u. Serv. Verg. Aen. 4, 687 als ungebräuchlich bezeichnet, aber s. Vulg. 2. regg. 16, 7; psalm. 5, 7 u. 15, 4; prov. 29, 10 u. ö. Hieron. in psalm. 15, 4 u. ö.

sanguisūga, ae, *f.* (sanguis u. sugo), der **Blutegel,** Cels. 5, 27, 16. Colum. 6, 18, 2. Plin. 29, 62 u. 92. Cael. Aur. de morb. acut. 3, 3, 21. Marc. Emp. 16 *extr.*: übtr., Vulg. prov. 30, 15. – ► sanguisuga ist Ausdr. des gemeinen Lebens für das später außer Gebrauch gekommene hirudo, s. Plin. 8, 29. Porphyr. Hor. de art. poët. 476. Gloss. II, 78, 28. – Nbf. sanguisugia, Acro Hor. de art. poët. 476.

Sangus, s. Sancus.

saniārium, iī, *n.* (sanies), der Ort, wo die verwundeten Gladiatoren gepflegt werden, eine Art **Lazarett,** Curios. urb. reg. II.

saniēs, ēī, *f.* (Nbf. v. sanguis), **I** verdorbenes Blut und andere Säfte des Körpers, die noch nicht in weißen u. zähen Eiter (pus) übergegangene **Jauche, Wundjauche** (s. Cels. 5, 26, 20 sanies est tenuior hoc [*sc.* sanguine], varie crassa et glutinosa et colorata: pus crassissimum albidissimumque, glutinosius et sanguine et sanie), Cato, Cels. u. a.: antiqui medici nesciebant saniem emittere, Sen.: si aures manent sanie, Plin. – **II** übtr., v. ähnlichen Flüssigkeiten, **Saft, 1** im Allg.: aranei, vom Saft der Spinne, Plin.: v. Saft der Purpurschnecke, Vitr. u. Plin.: olivae, Plin.: sanies pretiosa fluit, Lake, Manil.: auri sanies = *chrysocolla,* Plin. – **2** insbes. (poet.) = **Geifer, Gift,** perfusus sanie atroque veneno, Verg.: sanies manat ore trilingui, Hor.: colubrae saniem vomunt, Ov. – ► Genet. Plur. sanierum, Cael. Aur. de sign. diaet. pass. 97 u. 98.

sānifer, fera, ferum (sanus u. fero), **gesund machend, Heil bringend,** virtus, Paul. Nol. carm. 20, 218.

saniōsus, a, um (sanies), **voll Jauche,** Plin. 7, 66. Cael. Aur. de morb. chron. 4, 6, 84; de sign. diaet. pass. 138 u. 151. Th. Prisc. 1, 7: saniosa ulcera, Augustin. serm. 8, 7.

sānitās, ātis, *f.* (sanus), die **Gesundheit, I** eig., der physisch **gesunde Zustand,** dah. auch die **Genesung** (Ggstz. imbecillitas, Quint. 12, 10, 15. Augustin. de civ. dei 19, 4, 2: exitium vel sanitas, Chalcid. Tim. 185 *extr.*), Cic. u. a.: ossis, Cels.: ulcera sanitati restituere, heilen, Plin.: sanitas debetur medico, Sen.: Plur., sanitates perficere, die Menschen gesund machen, Vulg. Luc. 13, 32. Interpr. Iren. 1, 23, 1. – **II** übtr.: **1** der **gesunde Seelenzustand,** bes. im Ggstz. zur leidenschaftl. Aufregung, die **Vernunft,** die **Besonnenheit (Besinnung)**, ad sanitatem reverti, Caes., od. redire, Cic., od. se convertere, Cic.: ad sanitatem reducere, Cic.: so auch ad sanitatem perducere, Hirt. b. G., oder revocare, Auct. b. Alex.: alqm ad sanitatem flectere, Liv.: alqm de sanitate ac mente deturbare, Cic.: sanitatem animis afferre, Liv.: sanitat evacans, unvernünftig, Cic. – **2** v. der Rede und v. Redner, das **gesunde Wesen,** die **nüchterne und besonnene Sprache,** orationis, Cic.: oratoris, Cic.: eloquentiae, Tac. dial. – **3** v. anderen Abstrakten: metri, Richtigkeit, Regelmäßigkeit, Macr.: victoriae, Vollständigkeit, Tac.

sāniter, *Adv.* (sanus), **vernünftig,** Afran. com. 220.

sanna, ae, *f.* = μῶκος, die zur Verspottung dienende **Grimasse,** Pers. 1, 62; 5, 91. Iuven. 6, 305. Porph. Hor. ep. 1, 19, 45.

sannātor, ōris, *m.* (sannor) = μυκτηριστής, der **Naserümpfer, Spötter,** Gloss. II, 178, 30.

sannio, ōnis, *m.* (sanna), der **Grimassenschneider, Hanswurst,** Cic. de or. 2, 251; ep. 9, 16, 10. Amm. 14, 6, 16. Schol. Iuven. 1, 61.

sannor, ārī (sanna) = μυκτηριάζω, μυκτηρίζω, **naserümpfen, spotten, verspotten,** Dosith. 61, 3 K. u. Gloss. II, 373, 58.

sāno, āvī, ātum, āre (sanus), **heilen, gesund machen, I** eig.: alqm, Nep.: vomicam, Cic.: tumorem oculorum, Cic.: cancrum, Augustin.: crura, Prop.: dolores, Plin.: vulnus, Plin.: corpora vix ferro quaedam sanantur acuto, Ov.: non ferri desectione nec cauteriorum adustione sanamur, Augustin. – *ex* magno et diutino languore sanari, Augustin. – **II** übtr.: **a** physisch, ein Übel **beseitigen,** ex aris fumum atque nidorem, Plin. 12, 81. – **b** geistig u. moralisch, **heilen, wiedergutmachen, zurecht-, zur Vernunft bringen,** partes aegras rei publicae, Cic.: vulnera avaritiae, Cic.: avaritiam, Sen.: discordiam, Liv.: mentes consceleratas, Cic.: mentes eorum, umstimmen, Caes.: timentes omnium animos consolatione, Hirt. b. G.: curas, Tibull. u. Prop.: scelus, büßen, Sen. poët.: cuius causa non sanari potest, Cic.: litterae me sanarunt, Cic.: unius orationis saluberrimā medicinā sanatus, Val. Max.

sanquālis (sanguālis), e (Sancus), **zum Sankus gehörig,** avis, der dem Sankus geheiligte Vogel, der Beinbrecher (ossifragus), Liv. 41, 13, 1. Plin. 10, 20. Iul. Obsequ. 63. Fest. 317 (b), 31. – Sanqualis porta, eins der Tore am Quirinal, benannt nach dem in der Nähe stehenden aedes Sanci, wo man jetzt von der *Fontana Trevi* zur *Piazza di Monte Cavallo (Via della Dataria)* aufsteigt, Fest. 343 (b), 34.

sānsa, ae, *f.*, s. sampsa.

santerna, ae, *f.*, zum Goldlöten zubereiteter **Borax,** -zubereitetes **Berggrün,** Plin. 33, 93 u. 34, 116.

Santonēs, um, *m.* u. **Santonī,** ōrum, *m.*, die **Santonen,** eine Völkerschaft im aquitanischen Gallien am Ozean, in der heutigen Provinz *Saintonge,* gew. Form *-oni,* Caes. b. c. 1, 11, 6. Mela 3, 2, 7 (3. § 23). Plin. 4, 108. – Sing. Santonus, ein **Santone,** Lucan. 1, 422. Auson. epist. 25, 79: Santo, Prob. cath. 11, 6: Genet. Plur. Santonum, Caes. b. G. 1, 10, 1: Akk. Plur. **Santonas, Schol. Iuven. 8, 145.** – meton. **Santoni** für ihre Stadt **(Mediolanum,** j. *Saintes),* **Auson. epist. 11** *extr.* **p. 170, 7 Schenkl** u. **15, 11** (wo Genet. **Santonorum**). – Dav. **Santonicus, a, um, santonisch, Oceanus, Tibull.: virga, Mart.: cucullus, Iuven.: absinthium, Plin.,** dafür wohl **Santonica herba, Colum.,** od. **virga, Mart.**

Santra, ae, *m.*, ein berühmter Grammatiker um 50 v. Chr., Quint. 12, 10, 16. Suet. gr. 14. Mart. 11, 2, 7. Paul. ex Fest. 68, 1.

sāntus, a, um, s. sānctus, a, um ►.

sānus, a, um, **gesund, heil, I** eig. (Ggstz. aeger): pars corporis, Cic.: corpus, Cels.: pedes, Augustin.: pecus, Varro: sanissimus (homo), Cels.: vulnera ad sanum coiere, sind geheilt, Prop.: cancrum sanum facere, Cato: ulcera sana facere sine dolore, Cato: alqm sanum facere, Cic.: si eo medicamento sanus factus est, Cic.: sanus fiet ex eo morbo, Cato. – Plur. subst., sani, Gesunde (Ggstz. male habentes), Augustin. in psalm. 38, 18. – **II** übtr.: **a gesund, in guter Beschaffenheit, unverdorben,** res publica, Cic.: res (Ggstz. res aegra), Sen.: armamenta (navis), Plaut.: vox, frei von Naturfehlern, Quint.: ego sanus *ab* illis (vitiis), noch rein von usw., Hor. – **b** vom Verstand usw., **gesund, unverdorben, richtig,** dann in Bezug auf die Person, **von gesundem-, richtigem Verstand, vernünftig, gescheit** (Ggstz. demens, insanus, ineptus), mens, Cic. u. Ov.: sensus (Plur.), Cic.: homo, Cic.: so auch homines, Leute von gesundem-, richtigem Gefühl, -Geschmack (Ggstz. inepti), Suet. Caes. 56, 2: bene sanus, Cic.: mentis bene sanae, ein Mann von gesundem Urteil, Hor.: male sanus, unklug, nicht recht gescheit, beschränkt, der Überlegung beraubt, nicht recht bei Sinnen, Cic., Sen. u. Ov.; od. schwermütig, Verg.: satin sanus es? od. sanusne es? od. bl. sanus es? bist du recht klug? recht bei Verstand? bist du bei Trost? Plaut. u. Ter.: qui sanior, ac si etc., Hor.: quisquam sanissimus tam certa putat, quae videt, quam etc., Cic.: poet., sanus gurges, vernünftiger (= sanft strömender), Claud. cons. Mall. Theod. 235. – mit *Genet.*, satin tu sanus es mentis aut animi tui? Plaut. trin. 454: omnium rerum certe sanus es, Fronto epist. ad M. Caes. 1, 8. p. 24, 16 N. – **c** von der Rede, **nüchtern und besonnen,** u. vom Redner, **von nüchterner und besonnener Sprache,** genus dicendi, Cic.: sani oratores, Cic.: Rhodii saniores, Cic.

sapa, ae, *f.* (vgl. unser »Saft«), der Most, den man (nach Varro) bis auf die Hälfte oder (nach Plin.) bis aufs Drittel einkochen lässt, **Mostsaft,**

Mostsirup, griech. ἕψημα, Varro vit. P.R. 1. fr. 34, e (b. Non. 551, 21). Plin. 14, 80. Pallad. 11, 18: von den Alten gebraucht zum Trinken, Ov. fast. 4, 780: auch den Wein damit anzumachen und zu verstärken, Colum.: mit Mehl zum Mästen der Schnecken, Varro.

Sapaeī, ōrum, *m.* (Σαπαῖοι), eine thrazische Völkerschaft an der Propontis, Ov. fast. 1, 389. Plin. 4, 40.

Sapaudia, ae, *f.*, das heutige **Savoyen**, Amm. 15, 11, 17.

sapenos, ī, *m.*, s. socondios.

sāperda, ae, *m.* (σαπέρδης), der pontische Name eines geringen, häufig in der Palus Maeotis gefangenen Fisches, bes. sobald er eingesalzen war, etwa **Sardelle**, Lucil. 54. Pers. 5, 134; vgl. Fest. p. 325 (b), 7. – scherzh. übtr., omnes videmur nobis esse belli festivi saperdae, cum simus σαπροί, ranzige Sardellen, Varro sat. Men. 312.

saphōn, ōnis, *m.*, das **Schiffseil, Tau** auf dem Vorderteil des Schiffes, Isid. orig. 19, 4, 5.

sapidē, *Adv.* (sapidus), **schmackhaft**, sapidissime, Apul. met. 8, 31.

sapidus, a, um (sapio), **schmackhaft**, **I** eig.: ius, Apic.: avis sapidior, Apic.: tuccetum perquam sapidissimum, Apul. – **II** bildl., **weise, klug**, Alcim. Avit.

sapiēns, entis, Abl. ente *PAdi.* (v. sapio), **weise, einsichtig, einsichtsvoll, vernünftig, verständig, klug, I** im Allg. (Ggstz. brutus, stultus), v. Pers., vir, Cic.: rex aequus ac sapiens, Cic.: puella, Ov.: quis sapientior ad coniecturam rerum futurarum? Cic.: Cyrus ille Perses iustissimus fuit sapientissimusque rex, Cic.: mit *Genet.*, sapiens rerum humanarum, Gell. 13, 8, 2: eligendae mortis, Augustin. epist. 204, 7. – von Tieren, mus pusillus quam sit sapiens bestia, Plaut.: animalia sapientiora, Plin. – v. Lebl., excusatio, Cic.: vita, Nep.: consilium, Ov.: vera et sapiens animi magnitudo, Cic.: sapientior aetas, Ov.: sapientissima arborum, v. Maulbeerbaum, weil er nach geendigter Kälte ausschlägt, Plin. – subst. = der **Einsichtsvolle, Vernünftige, Verständige, Kluge** (Ggstz. brutus, stultus, demens), dictum sapienti sat est, Plaut.: insani sapiens nomen ferat, Hor.: sapiens ex bruto numquam potest oriri, Lact. – als Beiname der Juristen L. Atilius, M. Kato u. a., Cic. – **II** prägn., wie σοφός, voll höherer Einsicht in den Gang u. Wert der Dinge, **weise**, subst. der **Weise** (verschieden von prudens, dem Weltklugen), Cic.: septem sapientes, die bekannten sieben Weisen der Griechen, Val. Max.: dafür oft bl. septem, Cic. – ► Genet. Plur. in Prosa jetzt nach den besten Hdschrn. überall sapientium; sapientum bei Lucr. 2, 8 u. Hor. sat. 2, 3, 296.

sapienter, Adv. (sapiens), **weise** = **einsichtsvoll, vernünftig, verständig, klug**, facere, Cic.: dicere, Ter.: insipienter factum s. ferre, mit der Ruhe eines Weisen, Plaut.: so auch dolorem ferre, Gell.: sap. sapit, er ist gar schlau, Plaut.: nemo est, qui tibi sapientius suadere possit te ipso, Cic.: alqd probavisse maxime et retinuisse sapientissime, Cic.

sapientia, ae, *f.* (sapiens), **I** die **Weisheit** = übh. die **Einsicht, Vernünftigkeit, Vernunft**, der **Verstand**, die **Klugheit** (Ggstz. stultitia), non habet plus sapientiae quam lapis, Plaut.: quanta mea sapientia est, Plaut.: pro vestra sapientia, Cic. – u. bes. im Ggstz. zu furor (das Rasen), die **Vernünftigkeit**, das **Bei-Verstande-Sein**, in sapientiae aegritudine, bei Kranken, die ihre Sinne haben (Ggstz. in furoris morbo), Plin. 7, 171. – **II** prägn., wie σοφία, die höhere Einsicht in den Wert u. Gang der Dinge, die **Weisheit, Lebensweisheit, Philosophie**, dah. auch v. der Staatskunst u. dgl., Cic.: sapientiae doctores, Tac. – m. obj. *Genet.*, ceterarum rerum, in den übrigen Dingen, Cic.: constituendae civitatis, Cic. – Plur., virtutes ebullire et sapientias, mit allerlei Tugend und Weisheit (Tugend- u. Weisheitsregeln) um sich werfen, Cic. Tusc. 3, 42. – ► arch. Genet. sapientiai, Plaut. mil. 236.

sapientiālis, e (sapientia), **zur Weisheit gehörig, Weisheits-**, Tert. de anim. 15.

sapientipotēns, entis (sapientia u. potens), **mächtig durch Weisheit**, Enn. ann. 181 (bei Cic. de div. 2, 116).

sāpīneus, s. sappīneus.

Sāpīnia tribus, s. Sapis.

sāpīnus, ī, *f.*, s. sappīnus.

sapio, iī, ere (Wz. *săp-*, schmecken, riechen, merken, ahd. *int-sebjan*, bemerken), **I schmecken, Geschmack haben**, von Dingen, die gegessen oder getrunken werden, **a** eig.: sus sapit, Plaut.: oleum male sapiet, Cato: caseus iucundissime sapit, Colum.: qualiter (quisque eorum piscium) assus aut iussulentus optime sapiat, Apul.: pectore tantum et cervice sapit (anas), Mart.: hic scarus visceribus bonus est, cetera vile sapit (schmeckt schlecht), Mart.: mit *Acc.* der Sache, wonach es schmeckt, mella herbam eam sapiunt, Plin. – **b** übtr., nach etwas **riechen**, crocum (v. e. Salbe), Cic. u. Plin.: sed istic servos quid sapit? wonach riecht er? Plaut. Pseud. 737. – **c** bildl., patruos, ihnen ähnlich sein, solche Tadler sein wie sie, Pers. 1, 11. – **II schmecken, Geschmack haben, a** eig., von denen, die eine Sache genießen, ut, cui cor sapiat, ei non sapiat palatus, Cic. de fin. 2, 24. – **b** bildl., **weise sein, Verstand haben, verständig sein, Einsicht haben**, qui ipse sibi sapiens prodesse non quit, nequiquam sapit, Enn. fr.: foris (= aliis) sapere, Ter.: sapere eum plus quam ceteros, Cic.: nihil, keinen Verstand haben, albern, dumm sein, Cic.: dagegen quoi pectus sapit, ein Mann von Kopf u. Herz, Plaut.: nil parvum, keinen Geschmack an niedrigen Dingen haben, Hor.: si sapis, Ter.: sapienter sapit, er ist gar schlau, Plaut.: haud stulte sapis, du bist nicht auf den Kopf gefallen, bist nicht dumm, bist gar klug, Ter.: sapit ad omnia, Ter.: m. *Acc.* = **verstehen**, nullam rem, Plaut.: recta, Cic.: quantum ego sapio, Plin. ep.: so auch m. *Infin.*, qui se continere non sapiunt, Ps. Augustin. serm. app. 292, 7. – ► Perfektformen, sapisti, Mart. 3, 2, 6; 9, 5, 1; 11, 106, 4: sapisset, Plaut. rud. 899: sapivi, Nov. com. 95: sapui, Hieron. epist. 3, 1. Augustin. de civ. dei 1, 10 u. a. Eccl.; vgl. Prisc. 10, 7 ›sapio‹ tam ›sapui‹ vel ›sapii‹ quam ›sapivi‹.

Sāpis, is, *m.*, ein Fluss im zispadanischen Gallien, der südlich von Ravenna mündet, j. *Savio*, Plin. 3, 115. Sil. 8, 450 (Lucan. 2, 406 Isapis gen.); wov. viell. tribus Sapinia, Liv. 31, 2, 6 u. 33, 37, 1.

sāpo, ōnis, *m.* (germanisches Wort), die **Seife**, bei den Galliern als **Haarsalbe (Pommade)**, Plin. 28, 191. Mart. 14, 27 *lemm.* Ser. Samm. 158.

sāpōnātum, ī, *n.* (sapo), **Seifenwasser**, Th. Prisc. 1, 16.

sapor, ōris, *m.* (sapio), **I** der **Geschmack, A** der **Geschmack** als Beschaffenheit einer Sache, **1** eig. u. bildl.: **a** eig.: amarus, dulcis, Plin.: qui non sapore capiatur, Cic.: poma sapore tristi, Ov.: Plur., veteraria per sapores aetatesque disponere, Sen. nat. qu. 4, 13, 3. – **b** bildl., die **feine Redeweise**, der **feine Ton**, vernaculus, Cic. Brut. 172: Atticus, Quint. 12, 10, 75; vgl. 6, 4, 107. – **2** meton. = die **Leckerei**, der **Leckerbissen**, sapores annui, Plin.: acervatio saporum, Plin.: gallae admiscere saporem, Verg.: saporibus palatum suum delectare, Sen. – **3** übtr., der **Geruch**, gravitas saporis, Plin. 32, 117. – meton., sapores, **Wohlgerüche**, Verg. georg. 4, 62. – **B** der **Geschmack**, den ein Mensch von etwas hat, **a** eig.: oris, Lucr. 2, 511. – **b** bildl., der **feine Ton** in Benehmen u. Rede, homo sine sapore, Cic. post red. in sen. 14: sermonem habere non publici saporis, besser sprechen als gewöhnliche Leute, Petron. 3, 1. – **II** der **Sinn**, quinque genera saporum sunt, visus auditus odoratus tactus gustus, Schol. Bern. Verg. georg. 2, 246.

sapōrātus, a, um (sapor), **mit Geschmack versehen, schmackhaft gemacht**, pulmenta, Tert. de spect. 27: cibi, Amm. 31, 2, 3.

sapōro, āre (sapor), **schmackhaft machen, würzen**, Dracont. hexaëm. 1, 165: bildl., Atticā saporante salsurā, Fulg. myth. 1. praef. p. 3, 17 Helm. Vgl. saporatus.

sapōrus, a, um (sapor), **schmackhaft**, merces, Lact. 3, 16, 15: saxum, Prud. ham. 751: mala (Äpfel), Iul. Val. 3, 33 (21): übtr., nihil est dulcius ac magis saporum, quam vatis pia praecinentis orsa, Prud. cath. 4, 94.

Sapphicus, a, um, s. Sapphō.

sapphīrātus, -**rīnus**, a, um, s. sappīrātus.

sapphīrus, s. sappīrus.

Sapphō, ūs, *f.* (Σαπφώ), eine lyrische Dichterin aus Mytilene auf Lesbos, die sich wegen ihrer hoffnungslosen Liebe zu Phaon vom leukadischen Felsen ins Meer gestürzt haben soll, Nom. Sappho, Cic. Verr. 4, 125. Sen. ep. 88, 37. Hor. ep. 1, 19, 28. Ven. Fort. carm. 4, 7, 6: Genet. Sapphus, Ov. her. 15, 3; vgl. Charis. 63, 19 *sq.* (der lat. Sapphonis vorschlägt): Genet. Sappho, Hieron. praef. in Iob: Akk. Sappho, Hor. carm. 2, 13, 25: Abl. Sappho, Plin. 22, 20. – Dav. **Sapphicus**, a, um (Σαπφικός), sapphisch, Musa, Sappho (als zehnte Muse), Catull.: metrum, Ven. Fort.: versus, im sapphischen Versmaß, Auson.

sappīneus u. **sappīnius**, a, um, **von der Tannenart** *sappinus*, nuces, Colum.: sappinea (pars) = sappinus *no.* II (s. d.), Vitr.

sappīnus, ī, *f.*, **I** eine Art **Tanne** od. **Fichte**, Varro r. r. 1, 6, 4. Plin. 16, 61. – **II** der untere knorrenlose Teil der Tanne od. Fichte, der **Schaft**, das **Schaftstück** (Ggstz. fusterna, das Knorrenstück), Plin. 16, 61 u. 196.

sappīrātus, a, um (sappirus), **mit Saphiren versehen, -geschmückt**, Sidon. epist. 2, 10 carm. *v.* 14 (wo die zweite Silbe verkürzt ist).

sappīrīnus (sapphīrīnus, saffīrīnus), a, um, **aus Saphir**, saff. lapis, Marc. dig. 39, 4, 16. § 7: sapph. lapis, Vulg. exod. 24, 10: sapph. fundamenta, Hieron. in Isai. 15, 54. *v.* 11 u. 12: sappir. horoscopus, Iul. Val. 1, 3 (4). Vgl. Placid. gloss. V, 40, 14.

sappīrus (sapphīrus), ī, *f.* (σάπφειρος), der **Saphir**, ein Edelstein (unser **Lasurstein**, *Lapis lazuli)*, Form *sappir.*, Plin. 37, 119 u. 120: Form *sapphir.*, Tert. adv. Marc. 2, 10. Vulg. exod. 28, 18 u. a. Hieron. in Isai. 15, 54. *v.* 11 u. 12. Ven. Fort. carm. 6, 2, 85 (wo sapphīrus gemessen). Isid. orig. 16, 9, 2 (als *masc.)*.

saprophago, ere (σαπρός u. φάγω), **verdorbene Speise (Ranziges) essen**, Mart. 3, 77, 10.

saprus, a, um (σαπρός), **faul, mürbe**, caseus, Plin. 28, 132.

sapsa = ipsa, Enn. ann. 430. Pacuv. tr. 324; vgl. Fest. 325 (a), 29 u. Paul. ex Fest. 324, 3.

1. **Sāra**, ae, *f.*, Gattin Abrahams, Mutter Isaaks, Prud. psych. praef. 15 u. dittoch. 15. Vulg. genes. 17, 17; 17, 19 u. ö. – ▶ Nbf. Sarra, Firm. Mat. de err. 13, 2. Itin. Anton. 519, 11: Ven. Fort. carm. 8, 3 (6), 99. – Sarai (*indecl.)*, Vulg. genes. 11, 29 *sqq.* u. ö.

2. **Sāra** (Fluss), s. Sāravus.

saraballa (sarabala), ōrum, *n.* u. **saraballae**, ārum, *f.* = sarabara, Itala Daniel in Hieron. epist. 1. *no.* 9: Form *-ballae*, Augustin. de magistr. 33.

sarabāra, ae, *f.* u. **sarabāra**, ōrum, *n.*, die langen weiten Beinkleider, **Pluderhosen** der Perser, P. Syr. com. 19 *ed. Ribb.*[2] Tert. de pall. 4 u. de res. carn. 58. Hieron. ad Daniel 3, 21. Isid. orig. 19, 23, 2.

Sarabdēnus, a, um, s. Sarepta.

Saracēnī, ōrum, *m.* (Σαρακηνοί), eine Völkerschaft im glücklichen Arabien, Amm. 14, 4, 1 u. a. Hieron. in Isai. 42, 11 u. a. Anthol. Lat. 826, 11 M. – Sing. Saracenus kollekt., Veget. mil. 3, 26 *extr.* – Dav. **Saracēnus**, a, um, **sarazenisch**, der **Sarazenen**, alae, Vopisc. Aurel. 28, 2.

Sārānus, ī, *m.*, s. Seranus.

Sarāpīa, Sarāpis, s. Serapis.

Sarapta, ae, *f.*, s. Sarepta.

Sāravus, ī, *m.*, ein Nebenfluss des Rhenus (Rheins) auf gallischer Seite, j. *Saar*, Auson. Mos. 367: Sara gen. bei Ven. Fort. carm. 7, 4, 15 u. 10, 9, 20 *Leo.*

sarca, ae, *f.* (σάρξ), das **Fleisch**, der **Leib**, senilis, CIL 5, 8294.

sarcasmos, ī, *m.* (σαρκασμός), der **beißende, bittere Spott**, Charis. 276, 25. Diom. 462, 6 u. 33. Serv. Verg. Aen. 2, 547.

sarcīmen, inis, *n.* (sarcio), die **Naht**, Apul. met. 4, 15.

sarcina, ae, *f.* (sarcio), die **Bürde**, das **Bündel, Pack**, das (tragbare) **Gepäck** des Einzelnen, **I** eig. u. bildl.: **1** eig.: **α** Sing.: stuppae sarcinā satis onustus, Apul.: meae gravis sarcina chartae, Hor.: sarcinae ingenti cervices supponere, Sen.: sarcinam constringere, Plaut.: sarcinam ferre, Sen.: alci sarcinam imponere, sprichw. = jmdm. etwas aufbinden, Plaut. most. 430. – **β** Plur., sarcinas colligere, s. 1. colligo *no.* I, a: sarcinas conferre, Caes.: conicere sarcinas in medium (auf einen Haufen), Liv.: sarcinas contrahere (schnüren), Sen.: sarcinas proicere, Caes.: legionem sub sarcinis adoriri, Caes.: salva est uxor sarcinaeque, Habseligkeiten, Mart. – **2** bildl., die **Bürde, Last**, militiae sarcina fida tuae, Bürde (= überflüssiger Begleiter), Prop. 4, 3, 46: publica rerum, Last der Regierung, Ov.: sarcina sum (tibi), Ov.: patrimonium tamquam amaram aliquam sarcinam quam celerrime abicere cupiens, Val. Max.: magisterii illius sarcinam deponere, Augustin.: sarcinā divitiarum praegravatus, Hieron. – **II** übtr., die **Leibesbürde, Leibesfrucht**, prima, Ov. met. 6, 224: sarcinam effundere, Phaedr. 3, 15, 6.

sarcinālis, e (sarcina), **zum Gepäck-, zur Bagage gehörig**, iumentum, Amm. 15, 5, 3; 29, 4, 5; 29, 5, 55.

sarcinārius, a, um (sarcina), **zum Gepäck-, zur Bagage gehörig**, iumenta, Lasttiere, Caes. b. c. 1, 81, 6: subst., sarcinārius, iī, *m.*, der **Gepäckführer** = Maultiertreiber, Porphyr. Hor. ep. 2, 2, 72.

1. **sarcinātor**, ōris, *m.* (sarcio), der Hersteller neuer u. alter Kleider, der **Schneider** (bes. der **Hemdenmacher**), **Flickschneider**, Lucil. 747. Plaut. aul. 515. Gaius inst. 3, 143 u. 162 u. 205. Paul. sent. 2, 31. § 29 (= dig. 47, 2, 84). Ulp. dig. 14, 4, 1. § 1. Serv. Verg. Aen. 12, 13. Edict. Diocl. 7, 48. Charis. 94, 21. Pompeii comment. 149, 10 K.: nach Prob. de nom. 212, 33 vulgär für sartor.

2. **sarcinātor**, ōris, *m.* (sarcina) = σκευοφόρος (Gloss. II, 433, 20), **Gepäckträger**, Albin. 309, 28 K.

1. **sarcinātrīx**, trīcis, *f.* (Femin. zu sarcinator), die Herstellerin neuer u. alter Kleider, die **Schneiderin, Flickerin**, Varro sat. Men. 363. Cypr. epist. 42. Gaius dig. 15, 1, 27 *pr.* Paul. ex Fest. 9, 6. CIL 6, 4467 u. 9880. Vgl. Gloss. II, 178, 46 u. II, 222, 38 ›sarcinatrix, ἠπήτρια, ἀκέστρια, ἢ καλλωπίστρια‹.

2. **sarcinātrīx**, trīcis, *f.* = quae sarcinas servat, Fronto de diff. voc. 520, 15 K. (= p. 348, 12 *ed. Mai)*.

sarcinātus, a, um (sarcina), **bepackt**, Plaut. Poen. 979. Paul. Nol. 21, 911.

sarcinōsus, a, um (sarcina), **mit Bürden beladen, belastet**, lupi vastis corporibus sarcinosi, Apul. met. 8, 15.

sarcinula, ae, *f.* *(Demin.* v. sarcina), das **Bündelchen**, das **kleine Bündel**, das **bisschen Gepäck**, ex sarcinula sua librum proferre, Gell. 19, 1, 14: de sarcinula sua proferre Stoici Epicteti librum, Augustin. de civ. dei 9, 4, 2. p. 372, 30 D[2]: sarcinulam suam sumere, Apul. met. 1, 14 u. 17. – gew. Plur., aptae sarcinulae et expeditae, bequeme u. dünngeschnürte (leichte), Catull.: sarcinulas expedire, zurechtmachen (zur Reise), Petron.: sarcinulas alligare, das bisschen Gepäck zusammenbinden, sich reisefertig machen, Plin. ep.: colligere sarcinulas, seine paar Habseligkeiten (seine sieben Sachen) zusammenpacken, Petron. u. Iuven.: raptim constringere (schnüren) sarcinulas, Apul.: sarcinulas sumere, Apul. – scherzh. gener puellae sarcinulis impar, dem bisschen Vermögen, -Mitgift, Iuven. 3, 161.

sarcio, sarsī, sartum, īre (Wz. *sark*, flechten, zusammenschnüren, griech. ἕρκος, Gehege, Schutz), **flicken, ausbessern, wiederherstellen, wieder zurechtmachen** (vgl. Charis. 220, 27. Paul. ex Fest. 323, 4), **I** eig.: funes veteres, Cato: tunicam, Iuven.: vestimenta, Gaius inst.: aedes suas, Plaut.: dolia quassa, Plin.: pedamenta, Colum.: fragmenta crystalli, Plin.: seminaria, Plin.: rimas pedum, heilen, Plin.: so auch rupta intestina, Plin.: vulnus sartum, Scrib. – **II** übtr., **ersetzen, wieder einbringen, wiedergutmachen**, damnum, Liv.: detrimentum, Caes.: iniuriam, Cic.: ruinas generis lapsi (apum), Verg.: temporis longam usuram, quā caruimus, sarciam, Cic.: gratia male sarta, nicht recht wiederhergestellte Freundschaft, Hor. – ▶ Perf. sarcii, wov. sarciit, Paul. dig. 39, 2, 22: sarcivi, Prob. cath. (IV) 35, 34 (ohne Beleg).

Partiz. **sartus**, a, um, in der bes. Verbndg. sartus et tectus u. häufiger asyndet. sartus tectus, **in gutem Zustand**, **a** eig. v. Gebäuden, **gut ausgebessert, -gebaut** od. **gedeckt, im baulichen Stand**, aedem Castoris sartam tectam tradere, Cic.: monumentum quamvis sartum tectum integrumque esset, Cic.: Chelidon in his sartis tectis (in solchen Bauangelegenheiten) dominata est, Cic.: u. so in sartis tectis quo modo se gesserit, Cic.: sarta tecta exigere, darauf sehen, dass alles wohl gebaut, -ausgebessert, im guten Zustand sei, Cic.: omnia sarta tecta exigere, Cic.: sarta tecta exigere sacris publicis (Dat.), in baulichem Stand, in Dach u. Fach erhalten, Liv.: sarta tecta acriter et cum summa fide exigere, Liv.: sarta tecta aedium sacrarum locorumque communium tueri, Cic.: instaurare sarta tecta domus od.

templi, das Haus od. den Tempel in baulichen Stand setzen, Vulg. – **b** bildl., **in gutem Zustand, wohl verwahrt,** sarta tecta tua praecepta habui, habe in Ehren gehalten, wie ein Evangelium gehalten, Plaut. trin. 317: M'. Curium sartum et tectum (bei heiler Haut), ut aiunt, ab omnique incommodo, detrimento, molestia sincerum integrumque conserves, Cic. ep. 13, 50, 2.

sarcion, iī, *n.* (σαρκίον, ein Stückchen Fleisch), ein Fehler an den Smaragden, Plin. 37, 73.

sarcītis, idis, *f.* (σαρκῖτις, von σάρξ, Fleisch), ein uns unbekannter Edelstein, der Ähnlichkeit mit dem Rindfleisch haben soll, Plin. 37, 181.

sarcītor, ōris, *m.* = 1. sartor, CIL 5, 450; vgl. Prob. app. 202, 29.

sarcītrīx, trīcis, *f.* = sartrix, Non. 56, 22 (der die Form verwirft).

sarcocēlē, ēs, *f.* (σαρκοκήλη), ein Fleischwuchs an irgendeinem zum Hodensack gehörigen Teil, der **Fleischbruch,** Th. Prisc. 1, 26 (griech. bei Cels. 7, 18 *extr.).*

sarcocolla, ae, *f.* (σαρκοκόλλα), **persisches Gummi,** Plin. 13, 67 u. a.

sarcofag..., s. sarcophag...

sarcogena, ae, *f.* (σαρκογενής), **vom Fleisch geboren,** CIL 5, 6251.

sarcophago, āre (sarcophagus), **in einen Sarkophag einschließen,** Ven. Fort. in epist. praem. carm. 5. libr. 6.

sarcophagus, a, um (σαρκοφάγος), **Fleisch fressend, -verzehrend,** lapis, eine Art **Kalkstein,** am besten zu Assus in Troas gebrochen, zu Särgen gebraucht, worin der Leichnam binnen vierzig Tagen verzehrt u. in Asche verwandelt wurde, auch lapis Assius gen., Plin. 2, 210 u. 36, 131. – subst., sarcophagus, ī, *m.*, die (urspr. aus solchem fleischverzehrenden Kalkstein verfertigte) **Totenkiste,** der **Sarg, Sarkophag,** Iuven. 10, 171. Paul. sent. 1, 21. § 8. Prud. cath. 3, 203. Augustin. serm. 102, 2. CIL 6, 20033: sarcofag. geschr., CIL 3, 1198; 6, 2120 u. 13, 1974. Not. Tir. 58, 67. – Nbf. sarcofagum, ī, *n.*, CIL 3, 2654 u. 13, 7028 u. a. Itala Luc. 7, 14. Not. Tir. 58, 67.

sarcōsis, is, *f.* (σάρκωσις), die **Fleischgeschwulst,** Veget. mul. 5, 25 *in.*

sarctē, *Adv.*, s. sartē.

sarculārius, a, um (sarculum), **zur Jäthacke gehörig,** subst., sarculāria, ae, *f.*, die **Jäterin,** ein Atellanentitel, Pompon. com. 162.

sarculātio, ōnis, *f.* (sarculo), das **Behacken** des Bodens, Plin. u. Pallad.

sarculo, āvī, ātum, āre (sarculum), **behacken,** die Saat usw., Pallad. u. Prudent.

sārculum, ī, *n.* (sarrio od. sario), eine kleine ein- od. zweizinkige Hacke zum Behacken, Auflockern und Jäten des Bodens, die **kleine Hacke,** die **Gartenhacke, Jäthacke,** Script. r. r., Plin. u. a.: sarculis arant, sie bedienen sich der Hacke statt des Pfluges, Plin.: ruratio omnis in sarculo et surculo, Apul. – scherzh., sarculum hinc illo profectus illim rediisti rutrum, Pompon. com. 90. – Nbf. **sārculus,** ī, *m.*, Pallad. 1, 43, 3.

sarda, ae, *f.*, **I** ein Breitfisch, der eingesalzen wurde, wie unsere Sardellen, Plin. 32, 46 u. 151. Apic. 9, 431. Sex. Placit. de medic. 30, 8. Schol. Iuven. 4, 33: ders. sardina, Colum. 8, 17, 12. Plin. Val. 1, 37. Gargil. Mart. de medic. 42 *extr.:* sardae sive sardinae, Edict. Diocl. 5, 12. – **II** ein Edelstein, die männliche Art unser **Sard,** die weibliche **Karneol,** Plin. 37, 105.

Sardanapālus (Sardanapallus), ī, *m.* (Σαρδανάπαλος, Σαρδανάπαλλος), der bekannte weibische letzte König von Assyrien, der sich bei einer gegen ihn ausgebrochenen Empörung zuletzt mit seinem ganzen Serail u. allen seinen Schätzen auf einem Scheiterhaufen verbrannte, Vell. 1, 6, 2. Iustin. 1, 3, 1 *sqq.* Cic. Tusc. 5, 101. Cic. de rep. fr. bei Schol. Iuven. 10, 362. Val. Max. 4, 7 *pr.* Fest. 322 (b), 17: Sardanapallos geschr., Schol. Iuven. 8, 175. – appell. = der Weichling, Mart. 11, 11, 6. – Dav. **Sardanapālicus,** a, um, **sardanapalisch,** Sidon. epist. 2, 13, 7. – ► Die Schreibung Sardanapallus ist die der besten Hdschrn.

Sardeis, s. 2. Sardī u. 2. Sardīs *no.* A.

Sardēnsis, s. 2. Sardīs.

Sardēs, falsche Lesart st. Sardis, s. d.

1. Sardī, s. 2. Sardīs *no.* A.

2. Sardī, ōrum, *m.* (nach Σαρδώ = Sardinien), die Einw. der Insel Sardinien, die **Sarder,** Nov. com. 46. Cic. Balb. 41. Quint. 11, 1, 89. Act. triumph. Capitol. a. u. c. 446 im CIL 1^2. p. 47 (wo archaist. Abl. Sardeis): berüchtigt wegen ihrer Treulosigkeit, Cic. Scaur. 42. – Sprichw. (wegen der Wohlfeilheit der sardinischen Sklaven nach dem sardinischen Krieg), Sardi venales, v. verächtlichen und wertlosen Menschen, Varro sat. Men. 449 *lemm.* Cic. ep. 7, 24, 2. Aur. Vict. de vir. ill. 57, 2; vgl. Fest. 322 (a), 27 *sqq.* – Dav.: **A Sardus,** a, um, **sardisch, sardinisch, aus Sardinien,** Tigellius, Hor.: mel, Hor.: creta, sardinische Walkererde, Plin. – **B Sardonius,** a, um (Σαρδόνιος), **sardonisch, sardinisch,** herba (s. Sardōus), Verg. u. Solin. – **C Sardōus,** a, um (Σαρδῷος), **sardoisch, sardinisch,** regna, Ov.: insula, Sardinien, Claud.: Sardoa (u. Sardonia) herba, eine giftige Art »Hahnenfuß« (nach Sprengel *Ranunculus hirsutus, Ait.),* Nemes. u. a. (s. Verg. ecl. 7, 41). – **D Sardinia,** ae, *f.*, die Insel **Sardinien,** ergiebig an Salz u. grober Wolle, von keinem giftigen Tier bewohnt, Varro, Cic. u. a. – u. dav. **Sardiniēnsis,** e, **sardiniensisch,** terra, Lucil. fr.: triumphus, über die Unterwerfung Sardiniens, Nep.: quaestura, Spart.

Sardiānus, a, um, s. 2. Sardīs.

Sardica, s. Serdica.

sardina, s. sarda *no.* I.

sardinārius, a, um (sardina), **mit Sardellen gefüllt,** vascellum, Chronogr. ed. Mommsen p. 647, 26.

Sardinia, ae, *f.*, s. 2. Sardī.

Sardiniēnsis, e, s. 2. Sardī.

sardinus lapis, s. sardius.

1. Sardis, s. 2. Sardīs *no.* A.

2. Sardīs, ium, Akk. īs, *f.* (Σάρδεις), **Sardes,** die uralte Hauptstadt Lydiens am Paktolus, Residenz des Königs Krösus, j. Dorf *Sart* mit ansehnlichen Ruinen, Nom. Sardis (vgl. Prisc. 7, 83 ›hae Sardis, has Sardis‹), Hor. ep. 1, 11, 2. Plin. 6, 215. Oros. 3, 16, 57: Genet. Sardium, Curt. 5, 1 (6), 45: Akk. Sardis, Cic. de sen. 59. Nep. Milt. 4, 1 u. Ages. 3, 5. Sen. de ben. 6, 31, 12. Curt. 3, 12 (30), 6. Solin. 1. § 112. Iustin. 14, 1, 7. Auct. itin. Alex. 10 (24): Dat. u. Abl. Sardibus, Varro sat. Men. 96. Liv. 33, 19, 10 u. 37, 18, 6. Ov. met. 11, 137. Plin. 5, 100. Val. Max. 5, 4. ext. 6. Frontin. 3, 8, 3. – Dav.: **A Sardī,** ōrum, *m.* (Σάρδιοι), die Einw. von Sardes, die **Sardier,** wohl für **Lydien** übh., Plaut. mil. 40 Lor. (wo Ritschl [44] mit den Hdschrn. Sardis, Brix Sardeis in gleicher Bedeutung). – **B Sardiānus,** a, um (Σαρδιανός), **sardianisch,** Plin.: cubo in Sardianis tapetibus, Varro sat. Men. 212. – Sardiānī, ōrum, *m.*, die Einw. von Sardes, die **Sardianer,** Cic. – **C Sardēnsis,** e, **sardensisch,** Hieron. catal. scriptt. eccl. (de Melitone).

sardius, iī, *m.*, mit u. ohne lapis, der **Sarder,** ein Edelstein, viell. unser **Sard,** sard. lapis, Vulg. exod. 20, 17: bl. sard., Tert. adv. Marc. 2, 10. Hieron. in Isai. 15, 54. *v.* 11 u. 12. Vulg. exod. 39, 10 u. a. – ders. lapis sardinus, Vulg. apoc. 4, 3 u. Variante bei Hieron. in Isai. 15, 54. *v.* 11 u. 12.

sardo, āre, **verstehen,** Naev. bell. Punic. inc. libr. fr. 8. p. 18 *ed. Vahlen* (bei Paul. ex Fest. 323, 6).

Sardonius, a, um, s. 2. Sardī.

sardonychātus, a, um (sardonyx), **mit einem Sardonyx geschmückt,** manus, Mart. 2, 29, 2.

sardonychus, s. sardonyx.

sardonyx, ychis, Akk. Plur. ychas, *c.* (σαρδόνυξ), der **Sardonyx,** ein Edelstein, *fem.*, Plin. 37, 86 *sqq.* Pers. 1, 16. Iuven. 7, 144: *masc.*, Iuven. 6, 382. Mart. 4, 28, 4. – Akk. Sing. auch sardonycem, Hieron. in Isai. 15, 54. *v.* 11 u. 12, sardonychen, Prud. psych. 860: Genet. Plur. sardonychum, Iuven. 13, 139: Akk. Plur. sardonychas, Mart. 5, 11, 1. – Ders. lapis sardonychus, Vulg. Iob 28, 16.

Sardōus, a, um, s. 2. Sardī.

Sardus, a, um, s. 2. Sardī.

Sarepta (Sarephta), ae, *f.* (Σάρεπτα, Σαρεφθά, Nbf. Σάραπτα), Stadt in Phönizien, zwischen Sidon und Tyrus, durch guten Wein berühmt, j. *Sarafent (Serphant* od. *Tzarphand),* Plin. 8, 76. Ambros. de Elia 2. § 2 *extr.* Coripp. laud. Iustin. 3, 88 (wo Sā gemessen). – Nbf. **Sarephta,** Hieron. in Abdiam *v.* 20 u. 21. Vulg. 1. regg. 17, 9 *sqq.* u. a.: u.

Sareptis, is, *f.*, Ven. Fort. vit. S. Mart. 2, 81 (wo Să gemessen), u. **Sarapta**, Sulp. Sev. chron. 1, 43, 4. – Dav.: **A** **Sareptēnsis**, e, **aus Sarepta**, vidua, Hieron. epist. 120, 20. – **B** **Sarabdēnus**, a, um (v. der Nbf. Σάραπτα), **aus Sarepta, sarabdenisch**, oraria, Treb. Poll. Claud. 17, 7. – **C** **Sareptānus**, a, um, **aus Sarepta, sareptanisch**, palmes, Sidon. carm. 17, 16 (wo Să gemessen): vinum, Fulg. myth. 2, 15.

sargus, ī, *m.* (σαργός), ein bei den Römern beliebter Meerfisch, der **Brachsen** (*Sparus Sargus*, L.), Plin. 9, 65. Enn. fr. var. 37. Lucil. 1276. Ov. hal. 105. Vgl. Fest. 322 (b), 20.

sārio (sarrio), īvī u. uī, ītum, īre, die Erde, Saat **behacken**, um das Unkraut herauszuschaffen usw., **jäten**, segetes, Varro u. Colum.: frumenta bis, Cato: fabam, Plin.: locum rastris ligneis, Plin.: saxum, Mart.: absol., non semper occant prius quam sariunt rustici, Plaut. capt. 663: unpers., saritur diebus XX, Plin. 18, 254. – Die Schreibung sario, sowie der davon Abgeleiteten mit einem r ist überall die der besten Hdschrn. sowie der Inschrn. (z. B. Menol. rust. im CIL 1^2. p. 280. col. 2. lin. 10, wo segetes sariuntur).

saripha, ae, *f.*, eine am Nil wachsende Sumpfpflanze, Plin. 13, 128.

sarīsa (nicht sarissa), ae, *f.* (σάρισα), die **lange mazedonische Lanze**, Liv. u. a.; vgl. Fest. 318 (b), 18. – meton., sarisae = die Mazedonier, Lucan. 8, 298 u. 10, 47; vgl. Rhet. Her. 4, 43. – Dav. **sarīsophorus**, ī, *m.* (σαρισοφόρος), der mazedonische **Lanzenträger**, Liv. u. Curt. – ► Die Schreibung mit einfachem s ist überall die der besten griechischen u. lateinischen Hdschrn., u. Choerob. in Cramer. anecd. tom. 2. p. 236, 10 verlangt sie im Griechischen ausdrücklich. – Die Länge des i bezeugen Ov. met. 12, 466. Lucan. 8, 298. Ser. Samm. 828.

sārītio (sārrītio), ōnis, *f.* (sario), das **Behacken, Jäten** mit einer Hacke, Colum. 2, 11 (12), 1 u. a. Serv. Verg. georg. 1, 21.

sārītor (sārrītor), ōris, *m.* (sario), der **Behacker, Jäter** mit der Hacke, Varro r. r. 1, 29, 2. Colum. 2, 12 (13), 1. – personif., als ländl. Gottheit, deus Saritor u. bl. Saritor, s. Serv. u. Fab. Pict. ap. Serv. Verg. georg. 1, 21. – synkop. sartor, Prob. app. 202, 29: bildl., sator sartorque scelerum et messor maxume, Pfleger, Plaut. capt. 661.

sārītōrius, a, um (saritor), **zum Behacken** od. **Jäten gehörig**, opera, Colum. 2, 12 (13), 2.

sārītūra u. synkop. **sartūra**, ae, *f.* (sario) = saritio, das **Behacken, Jäten** mit der Hacke, Colum. 11, 2, 26. Plin. 18, 254 (sartura).

Sārmata, ae, *m.* (Σαρμάτης), der **Sarmate**, Plur. Sārmatae, die **Sarmaten**, eine Völkerschaft in Polen, der kleinen Tatarei u. den angrenzenden Ländern, Sing. meist kollektiv, Lucan. 1, 430. Mart. spect. 3, 4. Avien. descr. orb. 442. Hieron. epist. 60, 16: Plur., Mela 1, 3, 5 (1. § 19). Tac. Germ. 1 u. 17. Capit. Anton. phil. 17, 3: Plur. Sārmati, ōrum, *m.*, Anon. Ravenn. 4, 11. p. 199, 14 *Pinder.* – Dav.: **A** **Sārmatia**, ae, *f.* (Σαρματία), **Sarmatien**, das Land der Sarmaten; war doppelt, das europäische u. das asiatische am östlichen Ufer des Don im heutigen Astrachan, Mela u. a. – **B** **Sārmaticus**, a, um (Σαρματικός), **sarmatisch**, gens, Ov. u. Mela: mare, Schwarzes Meer, Ov.: laurus, Sieg über die Sarmaten, Mart.: Plur. subst., Sārmatica, ōrum, *n.*, das **Sarmatische** = das sarmatische Gebiet, Sen. nat. qu. prol. § 8. – *Adv.* **Sārmaticē**, **sarmatisch**, loqui, Ov. trist. 5, 12, 58. – **C** **Sārmatis**, idis, *f.*, **sarmatisch**, umbra, Ov.: tellus, Ov.

sarmen, inis, *n.* = sarmentum, Plaut. most. 1114 zw.

sarmentīcius, a, um (sarmentum), **aus Reis-** od. **Rebenholz**, cinis, Colum. 6, 26, 3 u. 12, 16, 1. Die Christen hießen sarmenticii u. semaxii (*al.* semiaxii), weil ad stipitem dimidii axis revincti sarmentorum ambitu exurimur, nach Tert. apol. 50.

sarmentōsus, a, um (sarmentum), **voller Reiser**, Plin. 25, 140.

sarmentum, ī, *n.* (aus *sarpmentum zu sarpo) das **abgeschnittene Reis**, auch übh. das **Reis**, der **dünne Zweig**, die **Rebe**, **a** grün, v. Weinstock, Cic. de sen. 52. – **b** dürr = **Reisholz, Reisig**, sarmenta arida, Liv.: fasces sarmentorum, Reisbündel, Faschinen, Liv.: ligna et sarmenta circumdare, Cic.: sarmenta ad cornua boum alligare, Liv. epit.

Sarnus, ī, *m.*, ein schiffbarer Fluss in Kampanien, an dem Pompeji lag, j. *Sarno*, Plin. 3, 62. Vib. Sequ. p. 18 *Oberl.* Verg. Aen. 7, 738. Sil. 8, 539.

Sarōnicus sinus (Σαρωνικὸς κόλπος), ein Meerbusen des Ägäischen Meeres zwischen Attika u. dem Peloponnes, j. *Golf v. Ägina*, Plin. 4, 10 u. 18.

sarpa, ae, *f.* = ardea, der **Reiher**, Serv. Verg. georg. 1, 364 *cod. Gud.*

Sarpēdōn, onis, *m.* (Σαρπηδών), **I** Sohn Jupiters, König in Lycien, der Troja zu Hilfe kam u. im Kampf von Patroklus getötet wurde, Cic. de div. 2, 25. Mela 1, 13, 5 (1. § 77). Verg. Aen. 1, 100. Ov. met. 13, 255: griech. Akk. -ona, Gell. 15, 21. – **II** ein Vorgebirge in Cilicien, j. *Lissan el Kahpe*, Liv. 38, 38, 9. Mela 1, 13, 5 (1. § 77). Plin. 5, 92.

sarpio u. **sarpo**, sarpsī, sarptum, ere (zu ἁρπάζω), **abschneiden**, XII tabb. VI, 8 Schoell (bei Fest. 348 [b], 4, wo lin. 3 sarpiuntur); vgl. Fest. 322 (a), 10. Paul. ex Fest. 323, 1. – ► Charis. 245, 21 ›sarpo, sarpis, sarpsi‹; u. Prisc. 10, 41 ›sarpo, sarpsi‹.

sarpo, s. sarpio.

1\. **Sarra**, ae, *f.*, das hebräische Zōr, der alte Name der Stadt Tyrus in Phönizien, berühmt durch ihre Purpurfärbereien, Enn. ann. 220. Gell. 14, 6, 4. Prob. u. Serv. Verg. georg. 2, 506. – Dav. **Sarrānus**, a, um, **sarranisch**, **a** = **tyrisch, phönizisch**, ostrum, Verg.: aulaea (s. aulaeum a. E.), Iuven.: Leptis, von Tyrern gegründet, Sil.: tibiae, Serv. u. Donat. – **b** = **karthagisch**, Iuno, Sil.: numina, Sil.: manus, Sil.

2\. **Sarra** (Gemahlin Abrahams), s. 1. Sara.

3\. **Sarra** (Fluss), s. Sāravus.

sarrăcum, s. serrăcum.

Sarrānus, a, um, s. 1. Sarra.

Sarrastēs, um, *m.*, eine Völkerschaft in Kampanien Anwohner des Sarnus, Verg. Aen. 7, 738. Sil. 8, 538.

sarrio, s. sārio.

sarrītio, **-tor**, s. sārītio, saritor.

sarrītōrius, a, um, s. sārītōrius.

sarrītūra, s. sārītūra.

Sārsina (Sāssina), ae, *f.*, eine Stadt in Umbrien, in den Apenninen am Sagisfluss, Geburtsort des Plautus, noch j. *Sarcina* (am Savio), Mart. 9, 58, 4. Sil. 8, 463. CIL 5, 923. – Dav.: **a** **Sāssinās**, ātis, **sassinatisch, aus** od. **bei Sassina**, Fest. 238 (b), 1. Mart. 3, 58, 35. – subst., Sārsinātēs (Sāssinātēs), ium, *m.*, die Einw. von Sarsina, die **Sarsinaten**, Plin. 3, 114. CIL 11, 414. – **b** **Sārsinātis**, *f.*, die **Sarsinatin**, Plaut. most. 770. – ► Die Schreibung Sass. ist die der meisten Inschrn. u. Hdschrn.; vgl. Ruperti Sil. 8, 463 *not. cr.*

Sarsūra, ae, *f.*, eine Stadt in Africa propria, Auct. b. Afr. 76, 1.

sartāgo, inis, *f.*, **I** ein Küchengeschirr, etwa **Tiegel, Pfanne, Kasserolle**, Plin. 16, 55. Iuven. 10, 64. Ambros. epist. 100, 9: sartago loquendi, Mischmasch, Allerlei, Pers. 1, 80: im Wortspiel mit Carthago, veni Carthaginem et circumstrepebat me undique sartago flagitiosorum amorum, Hexenkessel, Höllenpfuhl, Augustin. conf. 3, 1. – **II** die **Opferpfanne**, Augustin. serm. 273, 8.

sartē, *Adv.* (sartus v. sarcio) = integre, Paul. ex Fest. 323, 3. – dass. **sarctē**, Libr. augur. b. Charis. 220, 29.

1\. **sartor**, ōris, *m.* (v. sarcio), der **Ausbesserer**, **I** der **Flicker, Flickschneider** (vgl. Non. 7, 28), sartoris arte se pascere, Augustin. de civ. dei 22, 8, 10. Pompeii comment. 149, 10 K. – **II** der **Ausbesserer, Berapper**, der Häuserwände, sartor arenarius, CIL 8, 7158.

2\. **sārtor**, ōris, *m.*, s. sārītor.

sartrīx, trīcis. *f.* (Femin. zu 1. sartor), die **Flickerin**, Cael. Aur. de morb. acut. 3, 9, 100. Fronto de diff. voc. 520, 15 K.: sartrix vel sertrix, Beda 288, 29 K. Albin. 309, 28 K.

1\. **sārtūra**, ae, *f.*, s. sārītūra.

2\. **sartūra**, ae, *f.* (v. sarcio), die **Flickstelle, Flicknaht**, Colum. 4, 26, 2: Plur., sarturae veteris lintei, Sen. de vita beat. 25, 2.

sartus, a, um, s. sarcio.

sas = suas, s. suus a. E. ►.

Sāso u. **Sāsōn**, ōnis, Akk. ōna, *m.* (Σάσων, Σασώ), eine kleine Insel vor der illyrischen Küste, dem Vorgebirge Acroceraunium nördl. gegenüber, noch j. *Saseno,* Plin. 3, 152. Itin. Anton. 489, 1 u. 4 520, 3 (Nom. Saso). Lucan. 2, 627 (Calaber Sason); 5, 650 (Akk. Sasona). Sil. 7, 480.

Sassia, ae, *f.,* Mutter des A. Cluentius Habitus, Cic. Clu. 12 u. a.

Sāssina, Sāssinās, Sāssinātis, s. Sārsina.

sat (aus *sate = satis), **genug, hinlänglich, hinreichend, I** *adi.*: pol vel legioni sat est (obsonium), Plaut.: tantum, quantum sat est, Cic.: iam sat est, Plaut. u. Ter.: si hoc sat est, Quint.: aber sat esse alci, gewachsen sein, Plaut.: sat habeo, ich bin zufrieden, Ter. – m. *Genet.,* sat est osculi mihi vestri, Plaut.: sat salutis est, Plaut.: sat signi, Ter.: sat poenae, Prop.: nec sat rationis in armis, Verg. – sat est m. folg. *Infin.,* nonne id sat erat, accipere ab illo iniuriam? Ter.: perdere posse sat est, Ov.: so auch sat habuit, Poët. b. Cic. – **II** *adv.*: **a** bei *Verbb.*: sat scio, Plaut. u. Ter.: s. biber, Verg. – **b** bei *Adii.*: s. bonus, Cic.: s. idōneus pugnae, Hor.: s. planum, Liv. – **c** bei *Advv.*: sat adhuc, lang genug, Ter.: s. diu, Cic.

sata, ōrum, *n.,* s. 2. sero

satagius, a, um (satago), **sich abängstigend, sich abkümmernd,** Sen. ep. 98, 8.

sat-agito, āre, **genug zu tun haben, Not genug haben,** satagitas tu rerum tuarum, hast mit dir selbst genug zu tun, Plaut. Bacch. 637 (Goetz u. Leo getrennt).

sat-ago, ere, **I Genüge leisten, befriedigen,** nunc satagit, nun befriedigt (bezahlt) er gleich, Plaut. asin. 440. – **II genug zu tun haben, a** übh., **vollauf zu tun haben, sich vollauf beschäftigen, geschäftig sein,** absol., Domit. Afer bei Quint. 6, 3, 54 u. 11, 3, 126. – m. *Dat.* (für wen?), quisque sibi satagit, sed nihil proficiet illi, Commodian. apol. 1007. – m. *circa* u. Akk., Martha autem satagebat circa frequens ministerium, machte sich viel zu schaffen mit usw., Vulg. Luc. 10, 40. – m. allg. *Acc.,* haec satagens, geschäftig betreibend, Petron. 137, 10. – mit *Genet.,* etsi is quoque suarum rerum satagit, mit seinen Angelegenheiten vollauf zu tun hat, Ter. heaut. 225 (auch getrennt geschrieben). – m. *ut* u. Konj., **sich eifrig bemühen, sich befleißigen,** quapropter, fratres, magis satagite, ut etc., Vulg. 2. Petr. 1, 10: u. so mit folg. *ut ne* u. Konj., semper satagere, ut ne in amore animum occupes, Pacuv. tr. 72: u. m. folg. *Infin.,* provenire satagit vir, Commodian. apol. 604: satagite immaculati et inviolati ei inveniri in pace, Vulg. 2. Petr. 3, 14: quantum possunt satagunt sibi servare, Augustin. serm. 390, 1. – **b** im üblen Sinne, **sich abquälen, in Ängsten-, in Not (Bedrängnis) sein,** curris, stupes, satagis, Petron. 58, 9: Iuppiter satagit fractus metu, Arnob. 5, 21: dole et satage (kreiße) quasi parturiens, Vulg. Mich. 4, 10: Caesar alteram alam mittit, qui satagentibus (den Bedrängten) celeriter succurrerent, Auct. b. Afr. 78, 7. – ► CIL 3, 2341 commendo virtute satactam viell. = die mit der Tugend viel zu schaffen gehabt hat, die höchst tugendsame.

satan, *indecl.,* u. **satanās,** ae, *m.* (hebr. שטן, griech. σατανᾶς), der **Widersacher, Feind,** Tert. adv. Marc. 3, 20. – κατ' ἐξ. = der **Teufel,** Tert. apol. 22 *in.*

satanāria, ae, *f.* *(sc.* herba) = peucedanos, der **Haarstrang,** Ps. Apul. herb. 94.

satārius, a, um, s. satōrius.

satelles, itis, *c.* (vielleicht etrusk. Wort), **I** der beschützende Begleiter eines Vornehmen, bes. eines Fürsten, der **Trabant,** im Plur. = das **Gefolge,** der **Anhang,** Cic., Sall. u. a. – von den Bienen, circa eum (regem apum) satellites quidam etc., Plin. – **II** übtr.: **1** übh. der **Begleiter,** Aurorae, v. Luzifer, Cic.: Orci, v. Charon, Hor.: Iovis, der Adler, Cic. poët.: sensus tamquam satellites attribuit, Cic. – **2** insbes., im üblen Sinne, **der Helfershelfer, Spießgeselle,** audaciae, Cic.: scelerum, Cic. – v. Lebl., satellites tui (die Stürme u. Wirbelwinde), Plaut.: viribus corporis, perniciosissimis satellitibus, Cic. – ► Akk. Sing. heteroklit. satellem, Commodian. instr. 2, 12, 14: Abl. Plur. satellibus, Vict. Vit. 2, 53.

satellitium (satellicium), iī, *n.* (satelles), die **Bedeckung des Leibes eines Fürsten,** Iul. Val. 1, 17 (10). – bildl., **a** der **Schutz,** Augustin. de doctr. Chr. 3, 18: in eius satellicium confluere, Itin. Alex. 31 (72). – **b** der **Dienst,** die **Untertänigkeit, Knechtschaft,** Augustin. in psalm. 82, 8; epist. 118, 1; in evang. Ioann. tract. 41, 12. – **c** die **Helfershelferschaft,** Augustin. c. litt. Petil. 2. § 209.

satiābilis, e (satio), **I sättigend,** Ps. Augustin. serm. 100, 3. Cael. Aur. de morb. chron. 1, 4, 122. – **II sättigbar** (Ggstz. insatiabilis, Not. Tir. 20, 87), nullis satiabilis umquam amnibus Oceanus, Victor. genes. 2, 372.

satianter, *Adv.* (satio), **bis zur Sättigung, sattsam,** equi satianter pasti, Apul. met. 7, 16.

satiās, ātis, *f.* (vom *Adi.* *satius; vgl. satietas u. 1. satio), die **Sättigung, I** = das **Sattsein,** die **Hinlänglichkeit,** ad satiatem, Lucr.: cibi, Lucr.: frumenti, Sall. fr.: cum sat haberet, satias manum de mensa tolleret, Varro fr.: aut quaenam umquam ob mortem Myrtili poenis luendis dabitur satias supplici? wird das Strafgericht sich zur Genüge sättigen? Acc. fr. – **II** subjekt. = die **Übersättigung,** der **Überdruss, Ekel,** ubi satias fieri coepit, Ter.: divites satias in melius mutet, Tac.: mit obj. *Genet.* (an), quid mihi proderit, quam satias omnium rerum tenet, Lucil. fr.: inde ubi id temporis visum, quo de die epulatis iam vini satias esset, des Weines schon übersatt wären, Liv.: si forte (eum) iam satias amoris in uxore ex multa copia cepisset, Liv.: quos satias vitae tenet, Solin. – ► Nbf. satiēs, Nomin. Iuvenc. evang. hist. 1, 673. Dict. 3, 25 *in.* u. 5, 2: Akk. satiem, Iuvenc. evang. hist. 3, 216. CIL 8, 1523 *v.* 9 (= Anthol. Lat. 1408, 5 M): Abl. satie, Plin. 8, 209.

satiātē, *Adv.* (satiatus v. satio), **zur Genüge,** eadem rursus satiateque dicere, Arnob. 6, 1: *Superl.* satiatissime, Tert. de anim. 46. Augustin. de mus. 4, 14.

Satīcula, ae, *f.,* eine Stadt in Samnium auf der Anhöhe, die das eigentliche Kampanien von Samnium trennt, in der Nähe des heutigen *Caserta vecchia,* Liv. 7, 32, 2. Vell. 1, 14, 4. – Dav.: **A Satīculānus,** a, um, **satikulanisch,** Liv. – Plur. subst., Satīculānī, ōrum, *m.,* die Einw. von Satikula, die **Satikulaner,** Liv. – **B Satīculus,** ī, *m.,* ein Einw. von Satikula, ein **Satikulaner,** kollekt., Verg. Aen. 7, 729.

satiēs, s. satiās ►.

satietās, ātis, *f.* (vom *Adi.* *satius; vgl. 1. satio), **I** die **Hinlänglichkeit, Genüge, Reichlichkeit,** der **Überfluss,** die **hinlängliche Menge,** neque eis ulla ornandi satis satietas est, Plaut. Poen. 215: salix tilia vitex ignis et aëris habendo satietatem, umoris temperate, parum autem terreni habere videntur, mit F. u. L. reichlich gesättigt, Vitr. 2, 9, 9: ad satietatem copiā commeatuum instructus Curt. 4, 10 (40), 15. – im Plur., quercus terrenis principiorum satietatibus abundans, reichlich gesättigt, Vitr. 2, 9, 8. – **II** das **Sattsein** einer Sache, die **Übersättigung,** der **Überdruss, Ekel,** die **Langeweile, a** abstr.: assidua, nimia, Plin.: m. subj. *Genet.,* lectorum (der Leser), Nep.: m. obj. *Genet.,* cibi, Cic.: nimia cibi ac vini, Rutil. Lup.: ne satietas perimat (pecora), Curt. – ad satietatem, Plaut. u. Suet. – bildl., amoris, Ter.: satietas provinciae me tenet, Cic.: satietatem capere alcis rei, überdrüssig werden, Plaut.: satietatem afferre od. habere, Cic., od. parēre, Rhet. Her., od. creare, Quint.: satietatem sui superare, machen, dass die Leute unser nicht überdrüssig werden, Cic.: occurrendum est satietati aurium animorumque vestrorum, Cic.: vobis minime mirum est et desiderium quietis et satietatem gloriae occurrere, dass ihr ... empfindet, Curt.: nec quisquam est, quin satietate iam defessus sit, Cic. – Plur. satietates, Cic. de amic. 67. – **b** konkret, der Überfluss der genossenen Speisen = die **Ausleerungen,** Solin. 2, 33.

satilium (*Demin.* von satis) animae, das **bisschen Leben,** Plaut. trin. 492 *Leo.*

satin od. **satine** = satisne, s. satis *no.* I, A, 2.

1. satio, āvī, ātum, āre (vom *Adi.* *satius zum St. sati-; vgl. satis), **zur Genüge anfüllen, satt machen, sättigen, I** eig.: u. übtr.: **1** eig.: mit Speise u. Trank, turtures, Colum.: agnos, Lucr.: se, Plin.: satiati canes sanguine erili, Ov.: satiatus vultur humano corpore, Plin.: satia te sanguine, quem sitisti, Iustin.: cibus, quem occuparunt, satiat, sättigt zur Genüge, Curt. – **2** übtr.: **a** v. Befriedigung körperlicher Bedürfnisse, **sättigen = befriedigen, stillen,** desideria naturae, Cic.:

famem, Ov.: sitim, Mart. – **b** v. Farben, **sättigen,** color Tyrius pelagio satiatur, Plin. – **c** vom hinlänglichen Düngen des Ackers, **sättigen,** solum stercore, Colum. u. Plin. – **d** von anderen Dingen, terra satiata, mit Wasser gesättigt (Ggstz. arida), Sen.: ignes satiantur odoribus (*i.e. ture)*, Ov.: loca (aegra) oleo, recht einschmieren, Veget. – **II** bildl.: **1** = **sättigen,** hinlänglich **stillen, befriedigen,** ex longa fame se auro, Curt.: aviditatem legendi, Cic.: animum, Cic.: mentem oculosque alcis non sanguine et vulneribus suis, Cic.: oculis non satiari posse, sich nicht sattsehen können, Sen. rhet.: u. so nequaquam se esse satiatum, habe sich nicht sattgesehen, Cic.: Romanus satiatus somno, der hinlänglichen Schlaf genossen hat, Liv.: satiatum esse prosperis adversisque, Glück und Unglück im vollsten Maße genossen haben, Tac. – **2 bis zum Überdruss sättigen, mit Überdruss erfüllen, übersättigen,** im Passiv = etwas **satt haben, überdrüssig sein,** numerus agnoscitur, deinde satiat, Cic.: assiduo satiatus aratro, der sich satt u. müde gepflügt hat, Tibull.: vitā satiatus (lebenssatt, -müde) et senectute confectus, Lact.: m. *Genet.*, cum satiata ferinae dextera caedis erat, Ov. met. 7, 808: satiatus et aevi et decoris, Sil. 16, 604.

2. satio, ōnis, *f.* (sero), **I** das **Säen,** Lucr., Cic. u. a. – Plur. sationes, konkr. = **a** die Saaten, Sen. ep. 60, 2. – **b** die besäten Äcker, die **Saatfelder,** Cic. Verr. 3, 38. – **II** das **Pflanzen, Anpflanzen,** Verg. u. Liv.

satiōnālis, e (satio), **zum Säen geeignet,** ager, Serv. Verg. georg. 1. praef. p. 169 *Lion.* Schol. Bern. Verg. buc. et georg. praef. p. 840 *Hagen.* Isid. orig. 15, 13, 6.

satira (altlat. satura), ae, *f.* (satur), die **Satire,** ein (aus den Stegreifreden in den einheimischen Mimenspielen der Römer [s. Liv. 7, 2 v. Val. Max. 2, 4, 4] hervorgegangenes) Gedicht über vermischte Gegenstände ethischen od. historischen Inhaltes, wie es die Satiren des Ennius, Pakuvius, Lucilius, Varro u. Horaz waren, Lebensbilder, deren Zweck, namentl. bei Horaz, darin bestand, den Betrachter nicht zum Lachen zu zwingen, doch ihm ein Lächeln abzunötigen, auf der anderen Seite aber auch mit sittlichem Ernst, ja Ingrimm die Torheiten der Menschen zu geißeln (sunt quibus in satira videor nimis acer, Hor. sat. 2, 1, 1), Diom. 485, 30 u. 486, 7. – dah. übtr., das allmählich aus jenem hervorgegangene **Spottgedicht,** in dem Leidenschaften u. Vorurteile, Torheiten u. Laster der Menschen mit Scherz, Witz od. bitterem Spott dargestellt u. lächerlich gemacht werden, wie die Satiren des Persius u. Juvenal (s. Diom. a. a. O.). – personif., Satura iocabunda, Mart. Cap. 6. § 576. – ► Nach falscher Ableitung von Satyrus bei Spät. auch satyra geschr.

satiricē, *Adv.* (satiricus), **satirisch,** Porphyr. Hor. ep. 1, 15, 28 u. 2, 1, 111 (wo Pauly satirice, Hauthal saturice, Meyer satyrice).

satiricus, a, um (satira), zur Satire gehörig, **satirisch,** poëta, Satirendichter, v. Persius, Suet. tr. p. 299, 5 u. 6 *Roth:* satirici carminis scriptor, Lact. 2, 4, 3: sat. materies, Sidon. epist. 8, 11, 6: lepos, Fulg. myth. 1. prooem. p. 3, 11 H.: versus (Plur.), Sidon. epist. 1, 11, 2: leges, Schol. Iuven. 1, 168. – subst., satiricus, ī, *m.*, der **Satirenschreiber,** Sidon. epist. 1, 11, 13 u. 4, 1, 2.

satirographus, ī, *m.* (satira u. γράφειν), der **Satirenschreiber,** Sidon. epist. 1, 11, 8.

satis (zu Wz. **sā;* vgl. homerisch ἄσαι, gotisch *saþs,* ahd. *sat,* satt), *Compar.* satius, **genug, genügend, hinlänglich, hinreichend, recht, I** im *Positiv:* **A** im Allg.: **1** *adi.:* libram satis esse ambobus farris, Titin. fr.: s. est alci alqd, es genügt jmdm. etw., Ter., Cic. u. a.: duo talenta pro re nostra ego esse decrevi s., Ter.: s. est alqd ad alqd, Ter., Liv. u. a.: in poenas non s. unus eris, Ov.: unus est poenae s., Sen. poët. (vgl. Ruhnken Ov. her. 2, 44). – satis est m. folg. *dum,* Ter., od. m. folg. *si,* Plaut., Cic. u. a. – s. superque, genug u. noch darüber = mehr als zuviel, mehr als zu sehr, quia satis superque diximus, quid etc., Firm.: satis superque est, foret, Plaut. u. Sall.: satis superque me benignitas tua ditavit, Hor.: satis superque habere, Cic. – mit folg. *Genet.*, s. mihi est tuae orationis, Plaut.: satis habeo divitiarum, Plaut.: ea amicitia non s. habet firmitatis, Cic.: ad dicendum temporis s. habere, Cic.: s. superque esse sibi suarum cuique rerum, Cic. – (non) satis est m. folg. *Infin. Praes.*, Lucr., Cic. u. Liv., m. folg. *Infin. Perf.*, Cic., Liv., Hor. u. a.: ebenso satis habeo m. folg. *Infin. Praes.*, Sall. u. Quint., m. folg. *Infin. Perf.*, Ov., Vell. u. Quint.: satis habeo m. folg. si, Nep. Them. 8, 4; Timol. 2, 4. Liv. 5, 21, 9. Tac. ann. 2, 37; 4, 38: m. folg. quod, Liv. 40, 29, 13. Iustin. 22, 8, 14: satis puto mit folg. *Infin.*, Quint.: non satis credo m. folg. *Infin. Perf.*, Quint. – **2** *adv.* (in der Umgangssprache oft satine od. satin = satisne), Ggstz. parum, minus: **a** bei *Verbb.:* sapere, Plaut.: scire, Ter.: consequi, Cic.: ostendere, Cic. – satis superque dicere contra alqm, Cic. – satin ille homo nos ludibrio habet? Plaut.: satin est id ad etc., Cic.: satin habes? bist du befriedigt? bist du es zufrieden? Plaut.: satin abiit? ging er denn wirklich fort? Plaut. – **b** bei *Adii.:* dives s. sum, Plaut.: s. multa restant, Cic.: s. planus, Liv.: s. honestus, Cic.: vix s. decorum, Cic.: s. optimus, Aur. Vict.: satis superque humilis, über die Maßen, Liv.: satin parva res est voluptatum in vita? Plaut.: satin salvae? s. salvus a. E. – **c** bei *Advv.:* s. audacter, Plaut.: s. superbe, Ter.: s. bene, Cic.: s. scite, Ter.: s. honeste, Cic.: s. saepe, oft genug, Sall.: s. adhuc, lange genug, Ter. u. Liv.: sic satis, es geht schon an, so ziemlich, Ter. – satine recte? geht's recht wohl? Ter. Andr. 804: satin salve? od. satin salvae? s. salvus a. E. – **d** absol.: de hoc satis, Cic.: sed satis de hoc, Nep. – **B** Besondere Verbindungen: **a** satis agere, **genug (vollauf) zu tun haben, seine Not haben,** Cato fr., Plaut. u. Gell.: *impers.*, agitur tamen satis, Cic. ad Att. Vgl. satagito u. satago. – **b** als jurist. *t. t.*, **hinlängliche Versicherung, Kaution,** s. petere (fordern), s. exigere (fordern), s. cavere (geben), ICt.: s. offerre, ICt.: s. accipere (erhalten), Plaut., Cic. u. ICt.; im Passiv, quae satis accipiunda sunt, Cato: satisdo, satisfacio, s. bes. – **II** *Compar.* **satius, besser, dienlicher,** satius est od. satius (esse) existimo od. satius puto u. dgl. m. folg. *Infin.*, scire satius est quam loqui servum, Plaut.: sed etiam id, quod neque obest neque adiuvat, satius est praeterire, Rhet. Her.: mori s. esse, Cic.: inter feras satius est aetatem degere quam in hac tanta immanitate versari, Cic.: terga hostium impugnare s. visum est, Liv.: nonne fuit satius tristis Amaryllidis iras atque superba pati fastidia? Verg.: bono vinci satius est quam malo more iniuriam vincere, Sall.: satius existimans concedere quam armis contendere, Nep.: quis satius censeat absinthite vino utendum potius quam absinthio ipso? Plin.: s. esse in Asia quam in Europa dimicari, Nep.: m. folg. *Acc.* u. *Infin.*, mori me s. est, Ter.: ebenso s. putaverunt in urbe eum comprehendi, Nep.: mit folg. *ut* u. Konj., satius est, ut se ab uxoris congressione contineat, Lact. 6, 20, 25: (ut) meam penum componam satius est, Nov. com. 16[1]. – ► satius = potius (lieber) ist falsche Lesart bei Varro r. r. 1, 2, 26 u. bei Prop. 2 (3), 34, 31; s. Lachm. Prop. p. 224 (a). Haupt opusc. 3, 419.

satis-acceptio, ōnis, *f.*, die **Annahme der Kaution,** Pompon. dig. 45, 1, 5. § 2.

satis-accipio, s. satis *no.* I, B, b.

satisdatio, ōnis, *f.* (satisdo), **I** die **Befriedigung,** eines Gläubigers, Marcian. dig. 46, 3, 49. – **II** die **Kautionsstellung,** die **Gewährleistung, Bürgschaft,** auch im Plur., Cic. or. in Clod. et Cur. fr. III, 5 Kays. = fr. 18 M. (Plur.) u. ICt.: et sunt aliquot satisdationes secundum mancipium, einige Bürgschaften können auch durch Verpfändung meines Eigentums gestellt werden, Cic. ad Att. 5, 1, 1; vgl. Paul. dig. 50, 6, 61: satisd. capitalis, das Haften mit dem Leben, Plin. 36, 29.

satisdatō, s. satis-do.

satisdator, ōris, *m.* (satisdo), der **Gutsager, Bürge,** Sidon. epist. 4, 24, 8. Ps. Ascon. ad Cic. II. Verr.. 1, 45, 115. p. 191, 20 B.

satisdatum, ī, *n.*, s. satis-do.

satis-do, dedī, datum, dare, jmdm. **gehörige Sicherheit geben, Kaution stellen, bürgen,** Cic. u. ICt.: mit *Genet.*, damni infecti, wegen eines zu befürchtenden Schadens, falls ein Schaden entstehen sollte, Cic. u. a.: so auch iudicatae pecuniae, Val. Max. – dah. satisdatō, **durch gestellte Bürgschaft (Kaution),** debere, Cic. ad Att. 16, 6, 3 u. 16, 15, 2: cavere, promittere, ICt.

satis-facio, fēcī, factum, ere, **Genüge tun, Genüge leisten, befriedigen,** **I** im Allg.: officio od. muneri suo, Cic.: vitae satisfeci, ich habe lange genug gelebt, Cic.: satisfacere necessitati, seine Notdurft verrichten, ICt.: alci alqd petenti, Cic.: ohne *Dat.*, histriones satisfaciebant, Cic. – Passiv, non satisfacitur rei publicae, Varro sat. Men. 82: im Abl. absol., iure iurando satisfacto, nachdem man dem Eid Genüge geleistet hatte, Gell. 6 (7), 18, 9. – **II** insbes.: **A** einem Gläubiger usw., u. zwar: **a** durch Bezahlung befriedigen = **bezahlen,** pecuniam, Cato: in pecunia, Cael. in Cic. ep.: ipse Fufiis satisfacit, Cic.: de visceribus suis, Cic.: pro alqa re, Plaut. – **b** durch Kaution = **Kaution leisten,** ICt.: mit *Genet.*, dotis, ICt. – **B** einem Beleidigten, Verletzten, **a** durch Entschuldigung od. Rechtfertigung = **sich gehörig entschuldigen, rechtfertigen,** auch **abbitten,** alci, Caes. u. Cic.: publice, Cic.: satisfieri postulat ille sibi, Ov. – m. *de* u. Abl., omnibus rationibus de iniuriis, Caes. b. G. 5, 1, 7: mit *Genet.*, iniuriarum satisfecisti L. Labeoni, Rhet. Her. 4, 37. – **b** durch Strafe = **Schadensersatz geben, Strafe erleiden,** satisf. alci de corio u. satisfieri alci de corio alcis, Sen. suas. 7, 13; contr. 10. praef. § 10; s. corium: saepe satisfecit praedae venator, Mart. 12, 14, 3: ut pro facinore suo satisfaceret hosti, Lact. 5, 13, 13. – **C** **zur Genüge (genugsam) dartun,** alci m. folg. *Acc.* u. *Infin.*, Cic. Verr. 2, 2. Nep. Att. 21, 5. – ► unpers. Pass. satisfacitur, Varro sat. Men. 82.

satisfactio, ōnis, *f.* (satisfacio), die **Genugtuung,** **I** die **Befriedigung** eines Gläubigers, Ulp. dig. 46, 3, 52. – **II** die einem Beleidigten gegebene **Genugtuung,** und zwar: **a** = **Entschuldigung, Rechtfertigung, Abbitte,** Cic. u. a.: satisfactionem alcis accipere, Caes. u. Cic.: satisfactionem recipere, Tac.: ne aliquid satisfactio levitatis habere videatur, Cic.: quam ob rem *defensionem* in novo consilio non statui parare, *satisfactionem* ex nulla conscientia de culpa proponere decrevi, Sall.; vgl. Korte Cic. ep. 7, 13, 3. – **b** **Genugtuung** durch Strafe usw., Tac. u. ICt.: von Tieren, Plin.

satisfactionālis, e (satisfactio), **zur Genugtuung geeignet, Genugtuung gebend,** liber, Cassiod. hist. eccl. 9, 23.

satius, s. satis *no.* II.

satīvus, a, um (v. sero, sevi etc.), **gesät, gepflanzt,** (Ggstz. agrestis, silvestris), res, Varro: morus, Plin.: corna, Plin. – Plur. subst., satīva, ōrum, *n.*, **angebaute Pflanzen** (Ggstz. silvestria), Plin. 19, 185.

sato, āvī, āre (*Frequ.* v. sero, säen), **zu säen pflegen,** Augustin. serm. 199, 1 Mai.

sator, ōris, *m.* (v. sero, sevi etc.), **I** der **Säer, Pflanzer,** Varro u. Colum.: omnium rerum seminator et sator est mundus, Cic. – personif. als Gottheit, Serv. Verg. georg. 1, 21. – **II** übtr., der **Zeuger, Hervorbringer, Vater, Urheber,** sator sartorque scelerum et messor maxume, Plaut. capt. 661: aeternûm humanûm (= deorum hominumque) sator, *Pacuv. fr.: caelestum sator (Iuppiter), Cic. poët.: sator hominum deorumque, v. Jupiter, Verg.: omnium deorum (v. Saturnus), Lact.: turbarum, Sil.: so auch litis, Liv.: v. Vater, Fronto ad Anton. imp. 1, 3.

satōrius, a, um (sator), **zum Säen-, zum Pflanzen gehörig,** trimodia, Colum. 2, 9, 9.

Satrachus, ī, *m.* (Σάτραχος), Fluss auf Zypern, Catull. 95, 5.

satrapa, ae, *m.*, s. satrapēs.

satrapēa, ae, *f.*, s. satrapīa.

satrapēs, ae u. is, *m.* u. **satrapa,** ae, *m.* u. **satraps,** apis, *m.* (σατράπης, persisches Wort), der (persische) **Statthalter,** der **Bassa,** der **Satrap,** Nom. Sing. satrapes, Nep. Paus. 1, 2; Alc. 10, 3. Curt. 8, 4 (16), 21 u. a.: satrapa, Ter. heaut. 452. Curt. 3, 13 (33), 1. Amm. 18, 6, 20; 25, 1, 6. Iul. Val. 2, 9. p. 65 (b) *ed. Paris.* (vgl. Gloss. II, 429, 65 ›satrapa, σατράπης‹): satraps, Sidon. carm. 2, 78. Alc. Avit. poëm. 6, 392: Genet. satrapis, Nep. Lys. 4, 1: Dat. satrapae, Curt. 5, 3 (12), 16: Akk. satrapēn, Curt. 6, 4 (13), 25 u. 6, 6 (21), 10. Plin. 6, 139, satrapem, Nep. Con. 2, 1, satrapam, Vulg. 4. regg. 18, 24: Abl. satrape, Curt. 7, 3 (11), 1. – Nom. Plur. satrapae, Nep. Dat. 3, 1; Ages. 2, 2. Amm. 23, 6, 14: Genet. satraparum, Plin. 6, 119. Curt. 6, 6 (22), 20. Vulg. 1. regg. 29, 7: Dat. satrapīs, Vulg. 1. regg. 6, 5 u. 29, 6 u. 1. Esdr. 8, 36: Nom. satrapēs, Apul. de mund. 26: Abl. satrapibus, Iul. Val. 2, 21 (2, 7 *in.*). – Akk. satrapas, Sidon. epist. 8, 3, 5; carm. 9, 50. Iul. Val. 2, 23 (2, 7). Vulg. 1. regg. 5, 8.

satrapīa u. **satrapēa,** ae, *f.* (σατραπεία), die (persische) **Statthalterschaft, Satrapie,** Form *-pia*, Plin. 6, 78. Iul. Val. 3, 94: Form *-pea*, Curt. 5, 1 (6), 44; 5, 2 (9), 17; 6, 2 (5), 11; 6, 6 (22), 20.

satraps, apis, *m.*, s. satrapēs.

Satricum, ī, *n.*, latinische Stadt an der appischen Straße auf dem Gebiet von Antium, j. *Casale di Conca* mit teilweise erhaltenen Ringmauern, Cic. ad Q. fr. 3, 1, 2. § 4. Liv. 2, 39, 3. – Dav. **Satricāni,** ōrum, *m.*, die Einw. von Satrikum, die **Satrikaner,** Liv. 9, 12, 5 u. a.

satullo, āre (satullus), **sättigen, satt machen,** Varro sat. Men. 401.

satullus, a, um (*Demin.* v. satur), **hübsch satt,** Varro r. r. 2, 2, 15. Itala (Corb.) Iac. 2, 16.

satum, ī, *n.*, ein hebräisches Maß, 88 Liter enthaltend, tria sata farinae, Augustin. serm. 111, 1 u. oft in der Vulg.

satur, ura, urum (verwandt mit satis), **satt, gesättigt,** **I** eig. u. übtr.: **1** eig., Ggstz. esuriens, Plaut.: Ggstz. famelicus, Plaut.: pullus, Cic.: m. *Genet.*, omnium rerum, Ter.: altilium, Hor.: saturior lactis, Colum.: alqā re saturum fieri, an etw. sich sättigen, Favorin. fr.: ire quo saturi solent = *ire cacatum,* Plaut. – **2** übtr.: **a** **satt, gesättigt,** = befriedigt, der genug hat, satur et plenus rerum, Lucr.: saturi site fabulis, Plaut.: expleti atque saturi, Cic. – **b** **reichlich, fruchtbar, voll,** Tarentum, Verg.: rus, Pers.: praesepia, Verg.: autumnus, Colum. poët. – **c** von der Farbe, wenn sie **dicht, hoch** u. **stark** ist, **gesättigt** (Ggstz. dilutus, dünn, schwach), color, Verg. u. Plin. – **d** von Kleidern, wenn sie **stark gefärbt** sind, so viel Farbe angenommen haben wie sie konnten, **satt, gesättigt,** vestes saturae ostro, Sen.: purpura saturior, Sen. – **e** **fett, feist,** aves, Mart. 11, 52, 14. – **II** bildl., **reichhaltig,** nec satura ieiune (dicet), Cic. or. 123. – ► Nbf. saturus, Augustin. vol. 47, 1143 *Migne.* Gloss. Leid. bei Löwe Prodr. p. 410; vgl. insaturus, Coripp. Ioh. 3, 368. – u. so der Eigenname Satur, Corp. inscr. 6, 2194, mit Nbf. Saturus, CIL 7, 68. Vict. Vit. 1, 49.

satura, ae, *f.* (*sc.* lanx), **I** eine **Fruchtschüssel,** mit allerlei Früchten angefüllt, wie man sie den Göttern jährlich darbrachte, Diom. 485 *sq.* Acro Hor. sat. 1, 1 *in.* – **II** übtr., was aus Mancherlei besteht, ein **Allerlei,** ein **Gemengsel,** es sei ein Gericht, Varro bei Diom. 486, 7 *sq.* Fest. 314 (b), 25; oder ein Gesetz (Verordnung), das mehrere Dinge in sich begreift u. verordnet, Fest. 314 (b), 26: dah. per saturam, **bunt durcheinander** = ohne Rücksicht auf die ordnungsmäßige Form, gegen die gewöhnliche Ordnung od. Weise, regellos, planlos (franz. *pêlemêle,* engl. *pell-mell),* quasi per saturam sententias exquirere, Sall. Iug. 29, 5 (vgl. per saturam aedilem factum, Lucil. 48): imperium quod plebes per saturam dederit, T. Ann. Luscus bei Fest. 314 (b), 32: in libris historiarum per saturam refert (berichtet), Lact. 1, 21, 13: tamquam per saturam subito cubiculariis suffragantibus (ihre Entscheidung abgaben), Amm. 16, 6, 3: separata igitur utraque dicam; neque enim quasi per saturam confundenda sunt tanta beneficia, Eumen. grat. act. 11, 1: imperfecta Latinorum libertas incertis vestigiis titubat et quasi per saturam inducta adhuc remanet, Cod. Iust. 7, 6, 1: pandecten vocant, nam omnia in se capit quasi collata per saturam concessā sibi rerum variā potestate, Charis. 194, 21. – Hiervon satira (satura), die »Satire«, s. oben bes.

Saturae palūs, ein See in Latium, wahrsch. ein Teil der pontinischen Sümpfe, Verg. Aen. 7, 801. Sil. 8, 382.

saturāmen, inis, *n.* (saturo), die **Sättigung,** Paul. Nol. carm. 27, 194.

saturanter, *Adv.* (saturans v. saturo), **hinlänglich, vollständig,** Fulg. Verg. cont. p. 91, 21 H.: *Compar.* saturantius, Fulg. myth. 3, 6. p. 68, 21 H.

saturātim, *Adv.*, **hinlänglich, reichlich,** Gloss. II, 341, 26.

saturātio, ōnis, *f.* (saturo), die **Sättigung,** Augustin. tract. in Ioann. 24.

saturātor, ōris, *m.* (saturo), der **Sättiger,** Augustin. epist. 140, 62.

saturātus, a, um, *PAdi.* (v. saturo), **gesättigt,** übtr., von der Farbe = stark, color saturatior, Plin. 21, 46.

saturēia, ae, *f.*, **Saturei**, eine Pflanze, Scriptt. r. r. u. Plin. – Plur. heteroklit., saturēia, ōrum, *n.*, Ov. art. am. 2, 415. Mart. 3, 75, 4.

Saturēiānus, a, um, **saturejanisch**, Bezeichnung einer Gegend in Apulien, dah. poet. = **apulisch**, caballus, Hor. sat. 1, 6, 59.

saturicē, s. satiricē.

Saturiscus, s. Satyriscus.

Saturio, ōnis, *m.* (satur), erdichteter Eigenname eines Schmarotzers, etwa **Sattermann**, im Wortspiel mit esurio (Hungermann), Plaut. Pers. 101.

saturitās, ātis, *f.* (satur), **I** das **Satt-**, **Gesättigtsein**, die **Sattheit**, **Sättigung**, Plaut. capt. 865. Aur. Vict. epit. 45, 9: saturitate ebrius, weidlich angetrunken, dick u. voll getrunken, Plaut. capt. 109. – virgis alqm usque ad saturitatem sauciare, bis er genug hat, Plaut. rud. 758. – scherzh. personif. als Göttin eines Schmarotzers, sancta Saturitas, Plaut. capt. 877. – **II** übtr.: **1** das **Gesättigtsein** der Farbe, die **Sättigung**, Plin. 9, 138. – **2** die **Reichlichkeit**, der **Überfluss**, **a** abstr.: saturitas copiaque rerum omnium, Cic. de sen. 56: sat. Aegyptia (Ggstz. incopiosa solitudo), Tert. de ieiun. 5. – **b** konkr., der Überfluss der genossenen Speisen = die **Ausleerungen**, Plin. 10, 92.

Sāturnālia, Sāturnālicius, Sāturnālis, Sāturnia, s. Sāturnus.

Sāturnigena, ae, *c.* (Saturnus u. gigno), **Sprössling des Saturnus**, v. Jupiter, Auson. edyll. 15, 22. p. 147 Schenkl. Sidon. carm. 9, 131.

Sāturnīnus, ī, *m.*, ein röm. Beiname, unter dem besonders bekannt ist L. Apuleius Saturninus, Volkstribun im Jahre 100 v. Chr., zum Staatsverräter erklärt u. getötet, Cic. Rab. perd. 18 *sqq.*; Brut. 224 u. a.

Sāturnius, a, um, s. Sāturnus.

Sāturnus, ī, *m.* (2. sero), **I** ein einheimischer Gott der Latiner, der als Gott der Anpflanzung (a satu od. satione frugum) verehrt wurde u. die Ops (Erdgöttin) zur Gemahlin hatte. Später wurde er mit dem griechischen **Kronos** identifiziert u. vereinigte dessen Fabeln in sich; dah. ist er Vater des Jupiter, Pluto, Neptun, der Juno, Ceres, des Pikus usw.: unter seiner Regierung soll das goldene Zeitalter gewesen sein, Varro r. r. 3, 1, 5. Aur. Vict. orig. 1. § 1 u. 3. § 1 *sqq.* Macr. sat. 1, 7. § 14 *sqq.* Verg. Aen. 8, 319 *sq.* Ov. fast. 1, 235 u. a.: als Gott der Zeit, Cic. de nat. deor. 2, 64. Lact. 1, 12, 9. – In seinem Tempel zu Rom, am Fuße des Kapitols, war das aerarium (w. vgl.), in dem der öffentl. Schatz, das Staatsarchiv und die signa militaria aufbewahrt wurden, Macr. sat. 1, 8, 3. Suet. Claud. 24, 2. Plin. ep. 10, 3 (20), 1: Saturni aerarium, Solin. 1, 12. – Saturni sacra dies, der Samstag, Sonnabend, Tibull. 1, 3, 18. – Saturni stella, der Planet Saturn, Cic. de div. 1, 85 u. a.: ders. auch bl. Saturnus, Hor. carm. 2, 17, 23. – **II** übtr., der Sonnengott der Phönizier u. ihrer Stammverwandten, der **Baal**, **Moloch**, Curt. 4, 3 (15), 23. – Dav.

A **Sāturnālis**, e, zu Saturnus gehörig, **saturnalisch**, festum, die Saturnalien (s. im Folg.), Macr. sat. 1, 2, 15. – Gew. u. klass. nur subst., **Sāturnālia**, iōrum, ibus, *n.* (wegen des Genet. s. bes. Macr. sat. 1, 4, 5 *sqq.*), das **Saturnusfest**, die **Saturnalien**, ein vom 17. Dezember an gefeiertes allgemeines Freudenfest zum Andenken an die glückliche Regierung des Saturnus in Latium, an dem man einander Geschenke schickte, die Sklaven bei Tisch von ihren Herren bedient wurden u. jedermann an Essen u. Trinken, öffentlichen Schauspielen u. dgl. sich ergötzte (s. bes. Fest. 325 [a], 6. Macr. sat. 1, 7, 18 *sqq.* Liv. 2, 21, 2. Varro LL. 6, 22), Cato r. r. 57, 2. Cic. ad Att. 5, 20, 1: io Saturnalia (heisa! juchheia, dudeldumdei!), rogo, mensis December est? Petron. 58, 2. – Das Fest dauerte mehrere Tage, wovon der erste hieß Saturnalia prima, Liv. 30, 36, 8: der zweite Saturnalia secunda, Cic. ad. Att. 13, 52, 1. CIL 6, 2079 (Act. Arv. *a.* 119): der dritte Saturnalia tertia, Cic. ad Att. 5, 20, 5. – übtr., vestra Saturnalia, v. den feriae Matronales, weil an diesem Festtag die Hausfrauen u. Geliebten Geschenke erhielten u. die Frauen ihre Sklavinnen bewirteten (vgl. unter matronalis), Mart. 5, 84, 11. – Sprichw., non semper Saturnalia erunt, es ist nicht alle Tage Kirchweih, Freudentage dauern nicht ewig (man muss sich in sein Unglück fügen), Sen. apoc. 12, 2. – u. dav. **Sāturnālicius**, a, um, **zum Saturnusfest gehörig**, tributum, das an diesem Fest geschickte Geschenk, Mart.: so auch nuces, versus, Mart.: und *neutr. pl.* subst., Saturnālia (*sc.* dona), Spart. Hadr. 17, 3. – **B** **Sāturnius**, a, um, zu Saturnus gehörig, **saturnisch**, stella, Planet Saturnus, Cic.: sidera = *Capricornus*, Val. Flacc.: regna, das goldene Zeitalter, als Saturnus regierte, Verg.: arva od. tellus, Italien, weil Saturnus da regiert hat, Verg.: gens, die Italer, Ov.: mons, alter Name des kapitolinischen Berges, Varro LL., Solin. u. Iustin.: numerus, die alte italische (raue) Dichtkunst, Hor.: falx, des Saturnus, mit der er abgebildet wird, Ov.: Saturnius pater, v. Jupiter, Verg.: domitor maris, v. Neptun, Verg.: Iuno, Tochter des Saturnus, Verg.: virgo, Vesta, Tochter (nach anderen Mutter) des Saturnus, Ov.: proles, Sohn des Saturnus, von Pikus, Ov.: versus, der saturnische Vers, Fest. 325 (a), 12. Ter. Maur. 2502: u. so metrum, Diom. 512, 18. – subst., **a** Sāturnius, iī, *m.*, **α** = Jupiter, Ov. u. Claud. – **β** = Pluto, Ov. – **b** Sāturnia, ae, *f.*, **α** = Juno, Verg. u. Ov. – **β** die uralte **Stadt des Saturnus** auf dem kapitolinischen Berg, der sagenhafte Uranfang Roms, Verg. u. a.

saturo, āvī, ātum, āre (satur), **sättigen**, **I** eig. u. übtr.: **1** eig., animantia mammas appetunt earumque ubertate satiantur, Cic.: se sanguine civium, Cic.: instructioribus epulis satiari, Lact.: glebula (= *agellus*) saturabat patrem, nährte, Iuven. – **2** übtr.: **a** ein körperliches Bedürfnis **befriedigen**, **stillen**, famem epulis, Claud. de Phoen. 12. – **b** **sättigen** = **erfüllen**, **vollfüllen**, horrea, Auct. Aetnae 271: sola fimo, reichlich düngen, Verg.: saturata murice palla, Ov.: aditus cinere, füllen, Pallad.: lunae sidus terras saturat, Plin.: saturata Cydonia melle, eingemacht, Mart.: tabulas pice, Vitr. – **II** bildl.: **1** **sättigen**, **stillen**, **befriedigen**, **Genüge tun**, perfidiam alcis, Cic.: crudelitatem suam odiumque, Cic.: L. Flacci sanguine illius nefarium in omnes odium, Cic.: homines saturati honoribus, Cic.: orant, suppliciis suis potius saturaret se quam contumeliis, Iustin. – **2** jmd. einer Sache **satt-**, **überdrüssig machen**, hae res vitae me saturant, machen mich des Lebens überdrüssig, Plaut. Stich. 18.

saturus, **Saturus**, s. satur ►.

satus, ūs, *m.* (sero, sevi etc.), **I** das **Säen**, die **Saat**, das **Pflanzen**, vitium, Cic.: seges ab satu, Varro LL.: satui semen dare alci, Cato r. r. 5, 3. – meton., die **Saat**, im Bild, philosophia praeparat animos ad satus accipiendos, Cic. Tusc. 2, 13. – **II** übtr., die **Zeugung**, der **Ursprung**, das **Geschlecht**, der **Stamm**, Hercules Iovis satu editus, Cic.: a primo satu, Cic.

satyra, s. satira ►.

satyriasis, is, *f.* (σατυρίασις), eine unnatürliche, mit Schmerz u. Entzündung verbundene Spannung der Schamteile, **unnatürliche Geilheit**, Soran. Lat. p. 57, 10 *sq.* Cael. Aur. de morb. acut. 3, 18, 175. Th. Prisc. 2, 11.

satyricē, s. satiricē.

satyricōs, Adv. (σατυρικῶς), **satirisch**, **spöttisch**, Porphyr. Hor. ep. 1, 18, 19.

1. Satyricus, a, um, s. Satyrus.

2. satyricus, a, um, s. satiricus.

satyrion, iī, *n.* (σατύριον), **I** die **Stendelwurz**, das **Knabenkraut**, **Hundshödlein**, Plin. u. a. – **II** **Stendelwurzsaft**, Petron. 8, 4 u. 21, 1.

Satyriscus, ī, *m.* (Σατυρίσκος), der **kleine Satyr**, Cic. de div. 1, 39 (Baiter Saturiscus).

Satyrus, ī, *m.* (Σάτυρος), **I** der **Satyr**, Gefährte des Bacchus, mit langgespitzten Ohren u. hörnerartigen Knoten dahinter, mit Pferdeschwanz, struppigem Haar u. stumpfnäsig. In späterer Zeit mit den Panen und Panisken u. bes. von den röm. Dichtern mit den den Panen entsprechenden latein. Waldgöttern, den Faunen, identifiziert, dah. auch mit Bocksfüßen u. langen Hörnern, Hor. ep. 2, 2, 125. Ov. met. 6, 110 u. 383. Cic. Verr. 4, 135: im Plur. bei Lucr. 4, 583 (580). Hor. carm. 2, 19, 4. Ov. met. 1, 193. Cic. de nat. deor. 3, 43. – v. Marsyas, Satyrus Phryx, Ov. ex Pont. 3, 3, 42. – v. Tänzer Bathyllus, als Satyr, Pers. 5, 123. – **II** übtr.: **A** wegen der Ähnlichkeit, eine Art **geschwänzter Affe**, Plin. 7, 24 u. a. Solin. 27, 60. – **B** meton., eine Art Drama bei den Griechen, worin Satyrn den Chor bildeten, das **Satyrspiel**, satyrorum scriptor, Hor. de art. poët. 235: satyri dicaces, protervi, *ibid.* 226 u. 233. – Dav. **Satyricus**, a, um (Σατυρικός), **satyrisch,** d. i. **a** zum Satyr gehörig, **satyrartig,** signa, Bilder von satyrähnlichen Missgestalten, Plin. 19, 50. – **b** zum Satyrspiel gehörig, genus scaenarum (neben tragicum, comicum), Vitr. 5, 6, 9: ebenso scaenae, *ibid.*: fabulae, dramata, Acro Hor. art. poët. 216: satyrica vel mimica levitas, Augustin. de civ. dei 5, 26, 2. p. 241, 22 D.[2]

saucaptis, idis, *f.*, ein erdichtetes Gewürz, Plaut. Pseud. 832 *Goetz.*

sauciātio, ōnis, *f.* (saucio), die **Verwundung,** Cic. Caecin. 43.

saucietās, ātis, *f.* (saucius), die **Verletzung;** dah. die **Unpässlichkeit,** Cael. Aur. de morb. chron. 2, 13, 179.

saucio, āvī, ātum, āre (saucius), **verwunden, verletzen, I** eig. u. übtr.: **1** eig.: **a** übh.: se, Mela: alqm virgis, Plaut. od. plagis, jmd. blutig hauen, Auct. b. Alex.: alqm telis, Cic.: genas ungue, blutig kratzen, Ov.: radices, Plin. – **b** insbes., jmdm. **Blut lassen,** euphem. = jmd. tödlich verwunden, Cic. ad Att. 14, 22, 1. – **2** übtr.: **a** vom Bearbeiten des Bodens usw. mit dem Pflug = **aufreißen, aufpflügen,** duram humum (v. Pflug), Ov.: summam partem (terrae) levi vomere, Colum. – **b sich einen Hieb verschaffen** = **sich betrinken,** sauciare se flore Liberi, Laev. bei Fulg. exp. serm. ant. p. 117, 12 *Helm.* – **II** bildl.: alci cor, Plaut.: famam, Plaut.: saucians lingua, Apul.

saucius, a, um, **verwundet, verletzt, I** eig. (Ggstz. integer), graviter saucius, Cic., Suet. u. Curt.: leviter saucius, Cic. u. (Ggstz. multis vulneribus confossus) Sen.: letaliter saucius, Amm.: gladiator ille confectus et saucius, Cic.: L militibus amissis, paucis sauciis, Caes.: laevo umero (an der l. Sch.) leviter saucius, Curt.: mit *Acc. resp.* (an), saucius ense latus, Prop.: sat saucia pectus, von der Bellona, Tibull. (vgl. Quint. 9, 3, 18). – Plur. subst., saucii, ōrum, *m.*, die **Verwundeten,** Cic. u. a. – **II** übtr.: **a** übh., v. Lebl.: securi saucia trabs ingens, Ov.: malus saucius Africo, Hor.: tellus saucia vomeribus, Ov.: glacies saucia sole, wenn es zu schmelzen beginnt, Ov. – **b angerissen** = **betrunken,** Iustin., Mart. u. a. – **c angegriffen** von Krankheit, Prop. u. Apul. – v. Hunger, fauces fame sauciae, Apul.: belua male saucia, hungrig, Sil. – m. *Genet.*, fatigationis hesternae saucius, angegriffen von der Reise, Apul. met. 2, 15. – **d** v. einem Angeklagten, **schon halb geschlagen** = schon halb verurteilt, Cael. in Cic. ep. 8, 8, 3. – **e verwundet, verletzt** im Gemüt, **α** übh., **beleidigt, verstimmt, betrübt, bekümmert,** usw., animus eius, Cic.: animi iactatione saucius, Dict.: saucius dolore, Prud.: Iuno saucia dictis, Stat.: exstat nemo saucius ore meo, Ov.: mit *Genet.*, animi, Apul. 4, 32: clientes saucii famae et salutis, Auson. prof. 5, 18. – **β** insbes., **verwundet** von der Liebe, regina saucia curā (*amore*), Verg.: saucius a nostro igne, Ov.

Saül, *m. indecl.* od. Genet. ūlis, *m.*, **Saul,** erster König der Juden, Vulg. 1. regg. 9, 2 u. 3 u. a. Alcim. Avit. ad Sor. 435. Paul. Nol. carm. 13, 601.

Saulus, ī, *m.*, **Saulus,** früherer Name des Apostels Paulus, Prud. dittoch. 190. Arat. act. apost. 1, 709.

saura, ae, *f.* (σαύρα), die **Eidechse,** Isid. orig. 12, 4, 37. Laev. fr. b. Apul. apol. 30 *extr.* p. 40, 16 Kr. (Laev. fr. 10 L. M. sauri v. σαῦρος = σαύρα).

Sauractē, s. Sōracte.

saurex, s. saurix.

saurion, iī, *n.*, der **Senf,** Plin. 19, 171.

saurītis, idis, Akk. im, *f.* (σαυρῖτις), der **Eidechsenstein,** ein uns unbekannter Edelstein, Plin. 37, 181.

saurix u. **sōrix**, icis, *m.*, ein Vogel aus dem Geschlecht der Eulen, Max. Victorin. 1, 4, 110. p. 26, 7 K. Serv. Verg. georg. 2, 30 u. 278. – ► Nbf. saurex, Plaut. Poen. 1313 G.

Sauroctonos, ī, *m.* (σαυροκτόνος), der **Eidechsentöter,** Beiname des Apollo; dah. als Statue, Apollo S., eine berühmte Statue des Praxiteles, Plin. 34, 70: Corinthius, Mart. 14, 172 Überschr.

Sauromatēs, ae, *m.* (Σαυρομάτης), der **Sarmate,** Ov. trist. 3, 12, 30. Stat. Ach. 2, 418. Auson. edyll. 8, 31. p. 18 Schenkl: auch als Eigenname, z. B. rex Sauromates, Plin. ep. 10, 64 (14) *in.*: prägn., tabellarius Sauromatae, des Sarmatenkönigs, Plin. ep. 10, 63 (13). – Plur. Sauromătae, die **Sarmaten** (s. Sārmata), Ov. trist. 2, 198. Mela 1, 2, 6 (2. § 2). – Dav. **Sauromatis**, idis, *f.* (Σαυρομάτις), **sarmatisch,** Mela 3, 5, 4 (3. § 39). Schol. Iuven. 2, 1.

saurus, s. saura.

Sāus, s. Sāvus.

savanum, ī, *n.*, s. sabanum.

Savāria, Savāriēnsis, s. Sabāria.

Sāvēnsis, s. Sāvus.

sāviātio (suāviātio), ōnis, *f.* (savior), das **Küssen,** Plur., saviationes puerorum et puellarum, das Gekose mit Kn. u. M., Gell. 18, 2, 8.

sāvillum, ī, *n.* (suavis), eine Art süßes **Eingemachtes,** das mit kleinen Löffeln gegessen wurde, Cato r. r. 84.

sāvio, āre (savium), **küssen,** Nov. com. 81. Pompon. com. 84. Claud. Quadr. ann. 2. fr. 39 (b. Prisc. 8, 26).

sāviolum, ī, *n.* (*Demin.* v. savium), das **Küsschen,** Catull. 99, 2 u. 14. Apul. met. 2, 10 u. (Plur.) 7, 11.

sāvior, ātus sum, ārī (savium), **küssen,** os oculosque, Catull. 9, 9: alcis naevulos, Fronto ad Anton. imp. 1, 2. p. 98, 18 N.: alqm, Cic. Brut. 53; ad Att. 16, 3, 6. Amm. 26, 7, 15: alqm hiulco savio, Poëta b. Gell. 19, 11, 4 u. bei Macr. 2, 2, 17. – Partiz. sāviātus medial = **küssenswert, küsslich,** Fronto ad M. Caes. 5, 33.

sāvium, iī, *n.*, **I** der zum Küssen geformte **Mund,** der **Kussmund,** Plaut. asin. 798; rud. 424 Sch.: hiulcum savium, Poëta b. Gell. 19, 11, 4: valga (verzogene, aufgeworfene) savia, Plaut. mil. 94. – **II** meton., der mit zugespitzten Lippen gegebene **Kuss,** das **Mäulchen,** das **Schmätzchen,** mellitissimum savium, Apul.: mellita savia, Apul.: tria natorum savia, Catull.: savium posco, Plaut.: (alci) dare savium, Plaut. u. Caecil. com. fr.: Atticae meis verbis savium des volo, Cic.: accipere ab ipsa Venere septem savia suavia, Apul. – als Liebkosungswort der Verliebten, meum savium, Ter. eun. 456.

sāviunculum, ī, *n.* = savillum (s. d.), *Petron. 66, 2 B.

Sāvus (Sāus), ī, *m.* (Σάος), ein Fluss in Pannonien, der in die Donau fällt, j. *Save (Sau),* Form Saus, Plin. 3, 147 *sq.*: Form Savus, Claud. laud. Stil. 2, 192. Iustin. 32, 3. § 8 u. 14. Ruf. Fest. brev. 7 *extr.* – Dav. **Sāvēnsis**, e, **am Savus liegend,** regio, Ruf. Fest. brev. 7 *extr.* = 7. § 6 W.

saxātilis, e (saxum), **I an-** od. **bei den Felsen befindlich, Felsen-,** columbae, Fels-, Turmtauben, Varro: pisces, Cels., od. subst., saxātilēs, ium, *m.*, Plin., die sich an Felsen aufhalten (dah. Ov. hal. 109 saxatilis = unus ex genere saxatilium, weil Ovid den eigentlichen Namen nicht kannte): u. so mullus, Sen.: piscatus, zwischen den Felsen, Klippfischfang, Plaut. – **II steinartig, Stein-,** imber, Solin. 10, 15. Nepotian. epit. 7, 6. p. 494 H.

Saxētānum, ī, *n.*, Stadt an der südöstl. Küste von Hispania Baetica, j. *Motril,* Itin. Anton. 405, 3. – Dav. **Saxētānus**, a, um, **saxetanisch,** lacerti, Mart. 7, 78, 1: u. **Sexītānus**, a, um (weil die Stadt auch Sex. hieß), **sexitanisch,** colias, Plin. 32, 146.

saxētum, ī, *n.* (saxum), ein **felsiger Ort,** Cic. de lege agr. 2, 67.

saxeus, a, um (saxum), **aus Felsen, aus Stein, felsig, steinern, I** eig. u. meton.: **a** eig.: scopulus, Ov.: tecta, Ov.: crepido, Plin.: terminus, von Kiesel, Gromat. vet.: umbra, von den Felsen, Verg.: Niobe saxea facta, zu Stein, Ov. – **b** meton.: **α steinhart, steinartig,** durities iecoris, Cael. Aur. de morb. chron. 3, 6, 81. – **β so groß wie ein Fels, felsengroß,** dentes (asini), Apul. met. 10, 22 u. 11, 13. – **II** bildl.: saxeum pectus, ein Herz von Stein, Gregor. epist. 9, 122: u. so saxeus es, hast ein Herz von Stein, Plin. ep. 2, 3, 7.

saxicola, ae, *m.* (saxum u. colo), der **Steinanbeter, Götzendiener,** Paul. Nol. carm. 26, 167.

saxifer, fera, ferum (saxum u. fero), **Steine tragend,** Val. Flacc. 5, 608.

saxificus, a, um (saxum u. facio), **in Stein verwandelnd, versteinernd,** Medusa, Ov.: so auch vultus (Medusae), Ov., od. os, Sen. poët.

saxifraga, -fragia, s. saxifragus.

saxifragus, a, um (saxum u. frango), **Felsen** od. **Steine zerbrechend,** undae, Enn. bei Cic. de or. 3, 167: dah. von der Pflanze adiantum, den Stein im Körper zerbröckelnd, Plin. 22, 64: dieselbe auch saxifraga (herba), Ser. Samm. 602. Ps. Apul. herb. 67, saxifragia, Plin. Val. 2, 36, saxifrica, Plin. Val. 2, 37 u. 38.

saxifrica, s. saxifragus.

saxigenus, a, um (saxum u. gigno), **aus Fels od. Stein entsprossen,** Prud. cath. 5, 7.

saxitās, ātis, *f.* (saxum), die **Felsigkeit, Felsenhärte,** Cael. Aur. de morb. chron. 3, 4, 49; 3, 8, 109.

Saxo (Saxon), onis, Akk. ona, *m.*, der **Sachse,** Sing. kollektiv, Claud. laud. Stil. 2, 255; in Eutr. 1, 192 u. a. Pacat. pan. Theod. 5, 2: u. die **Sächsin,** hic et haec Saxon, Prob. cath. 9, 18 K. – Plur. Saxonēs, die **Sachsen,** eine germanische Völkerschaft am südlichen Ende der zimbrischen Halbinsel (im jetzigen Holstein), Eutr. 9, 21. Amm. 26, 4, 5. Oros. 7, 25, 3 u. 32, 10.

saxōsitās, ātis, *f.* (saxosus), die **Felsigkeit, Felsenhärte,** Cael. Aur. de morb. chron. 3, 6, 82.

saxōsus, a, um (saxum), **I voll Felsen, voll Steine, felsig, steinig,** valles, Verg.: montes, Verg.: loca, Colum. – subst., saxōsa, ōrum, *n.*, **felsige-, steinige Orte,** Quint. u. Plin. – **II** übtr., **zwischen Gestein-, zwischen Felsen wachsend, -fließend, Felsen-,** frutex, Plin.: Euphrates, Plin.: saxosus sonans Hypanis, mit Rauschen durch Felsen sich stürzend, Verg. georg. 4, 370.

saxulum, ī, *n.* *(Demin.* v. saxum), der **kleine Fels,** Ithaca illa in asperrimis saxulis tamquam nidulus affixa, so raue u. armselige Felsennest, Cic. de or. 1, 196.

saxum, ī, *n.* (zu seco, vgl. ahd. *sahs,* Steinmasse), der **Felsblock,** das **Felsstück,** der **Felsstein, große Stein, I** eig.: **A** der **Fels, 1** im Allg.: saxo undique absciso rupes, Felsen, die von rings scharf abgeschnittenen Steinmassen gebildet sind, Liv.: saxa latentia, Klippen, Verg.: saxa cautesque, Apul.: summis saxis fixus asperis, Enn. tr. fr.: angustior rupes atque ita rectis saxis, ut etc., Liv.: saxum vivum, natürlicher Felsen, Tac.: im Bild, quasi murenula inter definitionum saxa prolaberis, Augustin. op. imperf. c. Iulian. 3, 145. – Plur. saxa = **felsige-, steinige Orte,** Ligurum, Mart. 3, 82, 22. Eumen. grat. act. 6 *extr.* (wo Ggstz. humilitas, Niederung); vgl. Verg. georg. 2, 522. – **2** insbes.: **a** Saxum (sacrum), der **heilige Fels,** die Stelle auf der Höhe des Aventin, wo Remus die Auspizien gesucht hatte, Cic. de dom. 136. Ov. fast. 5, 150. – **b** der **tarpejische Fels,** Cic. ad Att. 14, 16, 1. Hor. sat. 1, 6, 39. Tac. ann. 2, 32 u. 4, 29 (vollst. saxum Tarpeium, Tac. ann. 6, 19; vgl. Tarpeius). – **c** Saxa rubra, s. ruber. – **B** der **Stein, a** übh., der **(große) Stein,** der **Felsstein,** saxum silex, Kieselstein, Vitr. u. Liv.: in saxo sedere, Ov.: saxa iacĕre, Cic.: nunc tela nunc saxa ingerere, Liv.: ex spelunca saxum in crura incĭdisse, Cic. – Sprichw., s. sacer. – **b** der **Werkstein,** zum Bauen, saxum quadratum, Quaderstein, Quader (kollektiv), Liv. u. a.: templa saxo structa, Verg. – zu Statuen usw., **Steinblock, Marmorblock,** non e saxo sculptus, Cic.: canis eodem fabricatus saxo, Ov.: saxo sollers nunc hominem ponere, Hor. – **II** meton.: **a** die **steinerne Mauer,** saxo lucum circumdedit alto, Ov. fast. 3, 431. – **b** das **steinerne Gebäude,** perrumpere amat saxa, Hor. carm. 3, 16, 10. – **III** übtr. eine Art der zimolischen Kreide (creta Cimolia), unsere Walkererde, weil sie in mächtigen Lagern vorkommt, Plin. 35, 196. – ► Nbf. saxus, u. zwar Nomin. saxsus (so!), CIL 10, 4431 u. Vok. saxe, CIL 11, 137.

saxuōsus, a, um = saxosus, Gromat. vet. 6, 29; 41, 21 u. a.

saxus, s. saxum a. E. ►.

scabellum (auch **scabillum**), ī, *n.* *(Demin.* von scamnum, s. Quint. 1, 4, 12), **I** das niedrige Bänkchen, der **Fußtritt, Schemel, Fußschemel,** die **Hitsche,** Cato u. Varro. – **II** übtr. = κρούπεζα, κρουπέζιον, eine Art hoher Holzsohlen, mit denen die den mimischen Tanz auf der Bühne begleitenden Flötenspieler den Takt traten, die **Taktsohle,** Suet. Cal. 54, 2. Arnob. 2, 42. Augustin. de mus. 3 *in.*: auch gebraucht, um das Zeichen zum Herablassen od. Hinaufziehen des Vorhangs (s. aulaeum) am Anfang u. Ende des Stückes zu geben, Cic. Cael. 65.

scaber, bra, brum (scabo), **rau, schäbig** (Ggstz. lēvis), **I** im Allg.: unguis, Ov. u. Cels.: tophus, Verg.: gemma, Plin.: folia, Plin.: arbor scabro aspectu, Plin.: arbor scabrior, Plin.: robigo, Verg.: von Pers., **schäbig, unsauber** (im Äußeren), Hor. ep. 1, 7, 90. – bildl., versus, Macr. sat. 6, 3. § 9. – **II** insbes., **schäbig = krätzig, räudig,** oves, Plaut., Cato u. Colum.

scabia, ae, *f.* = scabies, Gloss. II, 481, 44: Akk. Plur. scabias, Dynam. 2, 91.

scabiālis, e (scabo), **geschabt,** resina, Pelagon. veterin. 25 (323 *Ihm).*

scabidus, a, um (scabies), **krätzig,** palpebrae, Marc. Emp. 8: impetigo, *ibid.* 19: bildl., concupiscentia, bösartig, Tert. de anim. 38.

scabiēs, ēī, *f.* (scabo), die **Rauigkeit, Schäbigkeit, I** im Allg.: **1** eig.: ferri, Verg. georg. 2, 220: mali, Iuven. 5, 153: sc. vetusta cariosae testae, Unreinlichkeit, Apul. met. 9, 7. – **2** bildl., das **Jucken, a** = der **große Reiz,** Cic. de legg. 1, 47: lucri, Hor. ep. 1, 12, 14: v. der Schmähsucht, Verkleinerungssucht, Mart. 5, 60, 11. – **b** der **Wollustreiz,** Mart. 6, 37, 4 u. 11, 7, 6: vollst. sc. libidinum, Augustin. conf. 9, 1. – **II** insbes., die **Räude, Krätze,** der **Aussatz,** Verg., Colum. u. a.: mala, Hor.: an Bäumen u. Pflanzen, Plin.: übtr. poet. occupet extremum scabies, hole der Henker den letzten, ein Ausruf bei Knabenspielen, Hor. de art. poët. 417.

scabillāriī, iōrum, *m.* (scabillum = scabellum), die **Taktsohlenschläger,** CIL 6, 10147ª u. 11, 5054. – auch scamillarii geschr., CIL 11, 4813.

scabillum, ī, *n.*, s. scabellum.

scabio, āvī, āre (scabies), **an der Räude leiden, räudig sein,** v. Vieh, Pelagon. veterin. 26 (347 *Ihm).*

scabiola, ae, *f., Demin.* v. scabies, Plur. bei Augustin. op. imperf. c. Iulian. 4, 13.

scabiōsus, a, um (scabies), **I rau,** curalium, Plin.: far, schlecht, verdorben, wurmstichig, Pers. – **II** insbes., **krätzig, räudig, aussätzig,** bos, Colum.: homo, Pers. – Plur. subst., scabiōsī, ōrum, *m.*, Gaius dig. 21, 3, 3.

scabitūdo, inis, *f.* (scabies), die **Rauigkeit,** bildl., omnem scabitudinem animi delere, aus meinem Sinn alle Roheit narbenlos verschwinden lassen, Petron. 99, 2.

scabo, scābī, ere (Wz. *scap* od. *skabh,* schaben, kratzen, graben, griech. σκάπτω, graben, hacken, gotisch *skaban* = ahd. *scaban* = nhd. schaben), **kratzen, reiben, I** im Allg.: caput, Lucil. u. Hor.: aures pedibus posterioribus (von Tieren), Plin.: quid aures meas scabis? wozu kitzelst du (mit angenehmer Unterhaltung) meine Ohren? Sen. – Sprichw., mutuum muli scabunt, ein Affe lobt den anderen, Auson. edyll. 12. praef. monosyll. p. 134, 4 Schenkl (vgl. Symm. epist. 1, 31 *in.* si plura de te praedicem, videor mutuum scabere, sich gegenseitig loben). – **II** insbes.: **1 abkratzen,** Plin. 18, 236. – **2 auskratzen,** tellurem pedibus, Plin. 10, 196.

scabrātus, a, um (scaber), **rau gemacht,** vitis, aufgeritzt, Colum. 4, 24, 22.

scabrēdo, inis, *f.* (scabe.), die **Rauigkeit** der Haut, die **Krätze,** Hieron. u. a.

scabreo (scapreo), ēre (scaber), **rau sein,** ostreis squamae scabrent, Enn. fr. scen. 115.

scabrēs, s. scabritia.

scabridus, a, um (scabres), **rau,** Ven. Fort. carm. 2, 10, 2. Ennod. epist. 2, 27 u. 5, 7.

scabritia, ae, *f.* u. **scabritiēs,** ēī, *f.* (scaber), **I** die **Rauigkeit, Schäbigkeit,** chartae, Plin.: corticis, Plin.: unguium, Plin.: Plur., scabritiae genarum, oculorum, unguium, Plin. – **II** insbes., die **Krätze, Räude,** Colum. 7, 5, 8. – ► Nbf. scabrēs, wovon Abl. scabre, Pacuv. tr. 314 (auch angeführt von Varro sat. Men. 254).

scabritūdo, inis, *f.* (scaber), die **Rauigkeit,** der **Aussatz,** scabritudines oculorum, Marc. Emp. 8. Plin. Val. 1, 18. Vgl. scabitudo.

scabrōsus, a, um (scaber), **rau,** Prud. psych. 106: lapides, Herm. Past. 3. sim. 9, 8.

Scādināvia, s. Scandināvia.

Scaea porta, ae, *f.* und **Scaeae portae** (Σκαιαὶ πύλαι), das **westliche Tor** von Troja, Sing., Verg. Aen. 3, 351. Sil. 13, 73. Serv. Verg. Aen. 2, 13: Plur., Verg. Aen. 2, 612: u. bl. Scaeae, Auson. epitaph. 16, 3. p. 75 Schenkl.

scaena (scēna), ae, *f.* (σκηνή), die **Bühne** des Theaters, die **Schaubühne,** der **Schauplatz,** die **Szene** und in diesem Sinne das **Theater,** **I** eig. u. übtr.: **1** eig.: artifices scaenae, Bühnenkünstler = Schauspieler, Sen.: scaena Marcelliani theatri restituta, Suet.: eorum ludorum causā scaenam pulpitum ceteraque, quae ad eos ludos opus erant, in loco publico ponere, CIL 1, 206. lin. 77: in scaenam producere, s. produco (*no.* I, A, c, γ): in scaenam venire, Donat.: in scaenam prodire, Nep.: scaenam tenere, allein auf der Bühne gelten, Suet.: de scaena decedere, von der B. (auf immer) abgehen, abtreten (Ggstz. in scaenam redire), Cic.: nullum aditum in scaenam mimis dare, Val. Max.: fabulam in scaenam deferre, Suet. – agitur res in scaenis, geht auf dem Th. vor, Hor.: Agamemnonius scaenis agitatus Orestes, auf den Bühnen (in den Tragödien), Verg.: priorum scelerum fabulis omnes scaenas replevisse, Iustin.: haec ad ostentationem scaenae (zur Darstellung auf der Bühne) gaudentis miraculis aptiora quam ad fidem, Liv. – **2** übtr., das **Laubdach,** tum silvis scaena coruscis desuper, Verg. Aen. 1, 164. – **II** bildl.: **A** die **Bühne,** der **Schauplatz** (das **Feld**) jeder öffentl. Tätigkeit, **a** v. Forum, v. der Volksversammlung, die **öffentliche Bühne, Weltbühne,** die **große Welt, Öffentlichkeit,** in scaena, id est in contione, Cic.: quia maxima quasi oratori scaena videatur contionis, Cic.: ubi se a vulgo et scaena remorant virtus Scipiadae et mitis sapientia Laeli, Hor.: minus in scaena esse, der großen Welt weniger in die Augen fallen (= die öffentliche Aufmerksamkeit weniger auf sich ziehen), Cic. – sphaeram in scaenam, ins Publikum, ut dicitur, afferre, Cic.: populo et scaenae servire, sich den Augen der Welt zeigen, sein Licht vor den Leuten leuchten lassen, Cic. – **b** v. den Versammlungen u. Schulen der Rhetoren zur Übung der Beredsamkeit, der **Schauplatz** der Beredsamkeit, Plin. ep. 7, 17, 9. – **c** übh. **Schauplatz, Feld** der Tätigkeit, scaena manet dotes grandis tuas, deiner Gaben wartet ein mächtiges Feld, Ov. trist, 1, 9, 48: cuius vita nihil aliud erat, nisi scaena improbitatis, Heges. 1, 40, 1. – **B** alles auf äußeren Schein Berechnete: **a** das **Schaugepränge,** äußere **Gepränge,** neque (verba) ex alio genere ad usum cotidianum, alio ad scaenam pompamque sumuntur, Cic.: nec minore scaenā Mausoleo intulit (urnas), Suet. – **b** wie unsere angestellte **Komödie, Maskerade, abgekartete Sache** = **Täuschung, Trugwerk,** ne quid scaenae deesset, Petron.: scaena rei totius haec, Cael. in Cic. ep.: scaena pessimi Thrasylli, Apul.: scaena feralium nuptiarum, Apul.: scaenam ultro criminis parat, Tac.: affectare ad omnem malitiae suae scaenam, es auf jedes Trugwerk ihrer Bosheit absehen, Tert. – **C** (spätlat.) die **Szene** = der äußere **Anblick,** die äußere **Gestalt,** die äußere **Erscheinung,** der **Hergang,** die **Lage** u. dgl., Apul., Tert. u. a., s. Hildebr. Apul. met. 4, 20. p. 261. – arch. Genet. scaenai, Lucr. 4, 79. – ► Die Schreibweise scaena in den besten Hdschrn. u. Inschrn. (dort auch scaina).

scaenālis, e (1. scaena), **szenisch, theatralisch, Bühnen-,** frondes, Anthol. Lat. 1210, 11 M.

scaenārius, a, um (scaena), **szenisch, Bühnen-,** artifex, Bühnenkünstler = Schauspieler, Amm. 28, 4, 32: pictor, Theater-, Dekorationsmaler, CIL 6, 9794. – subst., scaenārium, iī, *n.*, der Ort, wo die Bühne errichtet wird, CIL 1, 1341.

scaenāticus, ī, *m.*, (scaena), der **Bühnenheld,** Plur. b. Varro sat. Men. 353.

scaenātilis, e (scaena), **zur Bühne gehörig, szenisch,** modus, Varro sat. Men. 304.

scaenicē, *Adv.* (scaenicus), **wie auf der Bühne,** cum aliqua velut sc. fiunt, wenn etwas wie auf der Bühne vorgeht, Quint. 6, 1, 38.

scaenicus, a, um (σκηνικός), **I** zur Bühne gehörig, **szenisch, theatralisch, A** *adi.:* ludi, theatralische Schauspiele, Komödien usw., Liv.: artes, Hieron.: voluptas, Cic.: adulteria, auf dem Theater vorgestellt, Ov.: u. so portenta, Val. Max.: res forenses scaenicā prope venustate tractare, Cic.: poëtae scaenici, Varro LL.: scaenicae mulieres, Afran. com. fr.: scaenici artifices, Cic., od. actores, Quint. u. Augustin., Schauspieler: sc. fabula, das Schauspiel, Amm. 28, 1, 4. – **B** *subst.:* **a** scaenicus, ī, *m.*, der **Schauspieler,** Val. Max., Quint. u. a., der **Bühnenheld** (als Schimpfwort), Tac.: im Plur. b. Cic. u. a. – **b** scaenica, ae, *f.*, die **Schauspielerin,** Ambros. de obit. Valent. § 17. Cod. Iust. 5, 27, 1. – **II** übtr., im Ggstz. zum Wirklichen, **vorgeblich, Schein-,** rex, der Bühnenkönig, Scheinkönig, v. Andriskus, der sich für den König Philippus ausgab, Flor. 2, 14, 4.

scaenographia, ae, *f.* (σκηνογραφία), die **perspektivische Zeichnung** der Vorder- u. der Nebenseiten eines Gebäudes, Vitr. 1, 2, 2.

scaeptrum, s. scēptrum.

1. **scaeva,** ae, *m.* (scaevus), **I** der **links ist, mit der linken Hand ficht** usw., der **Linkshändige,** Ulp. dig. 21, 1, 12. Sen. contr. 3. praef. § 10. CIL 6, 10180 (wo mur. scaev. = murmilloni scaeva). – **II** Scaeva, ein röm. Beiname.

2. **scaeva,** ae, *f.* (scaevus), das **Anzeichen,** es sei glücklich od. unglücklich, bona, Plaut. u. Varro LL.: canina, das ein begegnender Hund macht, Plaut.

scaevitās, ātis, *f.* (scaevus), **I** die **Verkehrtheit,** v. Menschen, Gell. praef. § 20 u. 6, 2, 8. – **II** das **Missgeschick,** Apul. met. 9, 10 u. a.

Scaevola, ae, *m.* (*Demin.* von scaeva), Linkhand, ein Beiname des mucischen Geschlechtes, s. Mucius.

scaevus, a, um (griech. σκαιϝός), **I link,** iter, Serv. Verg. Aen. 3, 351: uti portarum itinera non sint *directa,* sed *scaeva,* dass die Torwege nicht in gerader, sondern in schräger, zur Linken gewendeter Richtung geführt werden, Vitr. 1, 5, 2. – **II** übtr.: **1 ungeschickt, verkehrt, albern, täppisch, linkisch,** von Pers., Gell. 12, 13, 4: mulier, Apul. met. 9, 14: scaevus iste Romulus, Sall. hist. fr. 1, 41 (45), 5. – v. Lebl. fabula, Paul. Nol. carm. 11, 44. – **2 ungünstig, unglücklich, traurig,** eventus, fortuna, Apul.: in rebus scaevis, Apul.: somnium scaevissimum, Apul. met. 4, 27.

scāla, ae, *f.*, s. scālae.

scālae, ārum, *f.* (aus *scand-sla zu scando), **I** die **Stiege, Leiter, Treppe,** scalarum gradus alios tollere, alios incīdere, Caecin. b. Cic. – scalas in occulto comparare, Liv.: scalas ferre, Liv.: scalas admovere (muris od. moenibus), Caes. u. Tac.: scalas applicare moenibus, Curt.: scalas erigere ad murum od. moenia, Liv.: muros scalis aggredi, Sall.: positis scalis muros ascendere, Caes.: scalis integros muros transcendere, Liv. – in scalis latuit, Hor.: se in scalas tabernae librariae conicere, Cic.: se in scalarum tenebras abdere, Cic. – scalis devolvi, die Tr. herabstürzen, Scrib. u. Curt.: per scalas complicitis pedibus in superius cenaculum attrahi, Apul. – scalis habito tribus, ich wohne drei Treppen hoch, d. i. in einem Dachstübchen (wo nur Arme wohnen), Mart. 1, 117, 7. – Der Sing. scala wird von den alten Grammatikern (wie Varro LL. 9, 68 u. 69. Quint. 1, 5, 16) verworfen, doch findet er sich Cels. 8, 15. p. 356, 15 D. (wo scala gallinaria). Gaius dig. 47, 2, 56. § 4. Hyg. fab. 125. Vulg. genes. 28, 12 u. 13. Isid. orig. 7, 8, 34. Schol. Iuven. 3, 200: confragosi *scalae gradus,* Sulp. Sev. vit. S. Mart. 19, 4: von der Himmelsleiter Jakobs im Traum, Cypr. test. 2, 16. Hieron. epist. 3, 4 u. 188, 13. – u. bildl. scala, wie κλῖμαξ, als rhet. Fig., die **Steigerung** im Ausdruck, Aquil. Rom. de fig. sent. § 40 *in.* (von Augustin. conf. 4, 7, 11 in dieser Bedeutung für ungebräuchlich erklärt). – **II** meton., die **Stufen** einer Treppe (gradus), prima, Schol. Iuven. 3, 200: haec per ducentas cum domum tulit scalas, Mart. 7, 20, 20.

scālāris, e (scala), zur **Leiter** od. **Treppe gehörig, Leiter-, Treppen-,** forma, Gestalt einer Leiter, Vitr. 10, 8, 1: structio, CIL 6, 10233. – subst., scālāre, is, *n.*, **Treppenwerk, Treppen,** CIL 6, 10233: u. so Plur. scālāria, ium, *n.*, Vitr. 5, 6, 3. CIL 6, 29982.

scālārius, iī, *m.* (scala), der **Treppenverfertiger,** Plur. CIL 5, 5446.

Scaldis, is, *Acc.* em u. im, Abl. e u. ī, *m.*, ein Fluss im belg. Gallien an der Grenze Germaniens, j. die **Schelde,** Caes. b. G. 6, 33, 3. Plin. 4, 98 u. 105 *sq.*

scalēnus, a, um (σκαληνός), **ungleich, ungleichseitig,** Auson. cento nupt. praef. p. 141, 2 (Schenkl griech.).

scalmus, ī, *m.* (σκαλμός), das Holz an der Seite des Schiffes, worin das Ruder geht, das **Ruderholz,** die **Dolle,** Cic. u. Vitr.: navicula duorum scalmorum, zweiruderiges, Cic.: u. so navis quattuor scalmorum, vierruderiges, Vell. – scalmum nullum videt, auch nicht ein R., keine Spur von Kähnen, Cic. de off. 3, 59.

scalpello, āre (scalpellum), **mit der Lanzette ritzen,** dentes, Marc. Emp. 12. Vgl. Gloss. II, 179, 39 ›κατασχίζει, scalpellat‹.

scalpellum, ī, *n. (Demin.* v. scalprum) und **scalpellus**, ī, *m. (Demin.* v. scalper), **a** das **chirurgische Messer,** das **Skalpell,** die **Lanzette,** Cic., Cels. u. a. – **b** sc. scribae, das **Schreibermesser, Federmesser,** Vulg. Ierem. 36, 23.

scalper, prī, *m.*, s. scalprum.

scalpo, scalpsī, scalptum, ere (griech. σκάλοψ, Maulwurf, ahd. *scelifa* = nhd. dialekt. Schelfe [häutige Schale]), **kratzen, ritzen, scharren, reiben, I** im Allg.: **a** eig.: ficus perquam fecundo proventu, scalpendo tantum ferreis unguibus, ritzen, Plin.: palmam alternā manu, Plin.: caput digito uno, sich mit einem Finger in den Haaren krauen (mit einem Finger, um die Haartracht nicht zu verderben), Iuven. 9, 133; bes. von Pompejus, Asin. Poll. poët. fr. bei Sen. contr. 7, 4 (19), 7 u. 10, 1 (30), 8. Amm. 17, 11, 4: dentes, Nov. com. tr. u. Plin.: nates, Pompon. com. fr.: vehementius exulceratam verrucam, Suet.: ostium, Sisenn. fr.: terram unguibus, Hor.: strata, ein wenig aufgraben, Pallad.: morsu scalpunt locum, nagen an usw., Colum. – **b** bildl., **zur Wollust reizen,** tremulo intima versu, Pers. 1, 21: sc. scabiem libidinum, Augustin. conf. 9, 1. – **II** insbes., als *t. t.* der Kunst, mit einem scharfen und spitzen Werkzeug (Schnitzmesser, Grabstichel, Meißel, scalprum) in Holz, Edelsteine u. dgl. **schnitzen, schneiden, einschneiden, eingraben, ausschneiden, stechen gravieren** (u. zwar steht scalpo von flacherer Arbeit, wie ξέειν; hingegen sculpo von tieferer, halb od. ganz erhabener Arbeit, wie γλύφειν, dah. dem caelare, τορεύειν, verwandt; vgl. Fea Hor. carm. 3, 11, 52), nostri memorem sepulcro scalpe querelam, Hor.: apta manus est ad fingendum (wie des Bildhauers), ad scalpendum (des Holz-, Steinschneiders), Cic.: apparet scalpi etiam smaragdos solitos, geschnitten werden zu Gemmen, Kameen, Plin.: vetuit in gemma se ab alio scalpi, quam a Pyrgotele, Plin.: lapideus deus caeditur, scalpitur, Min. Fel.: duriori tanta inest vis, ut aliae gemmae scalpantur fragmentis eius, Plin.: flores et acanthi eleganter scalpti, geschnitzte, Vitr.: capita leonina sunt scalpenda, Vitr.

scalprātus, a, um (scalprum), **wie ein Gartenmesser (Winzermesser) gestaltet,** Colum. 9, 15, 9.

scalprum, ī, *n.* u. (bei Celsus) **scalper**, prī, *m.* (scalpo), ein **scharfes Schneideinstrument, a** die **Schusterahle,** der **Kneif,** Hor. sat. 2, 3, 106: scalprum anglatum (= angulatum), Corp. inscr. Lat. 4, 1712. – **b** der **Grabstichel, Meißel,** Sen. ep. 65, 13 (neben lima): fabrile (wie ihn die Handwerker brauchen), Liv. 27, 49, 1 u. Oros. 4, 18, 2 (Zimmermannsmeißel). – bes. als chirurg. Instrum., ferale scalprum (Lanzette zum Aderlassen), Lampr.: si nigrities (subest), angulo scalpri (mit der Ecke des M.) sinus exiguus fit, Cels.: tum excisorius scalper (Schneidemeißel) ab altero foramine ad alterum malleolo adactus id quod inter utrumque medium est excīdit, Cels.: satis est id quod eminet plano scalpro excīdere, Cels.: ad manum scalprumque veniendum est, Cels. – **c** das **Federmesser,** Tac. ann. 5, 8. Suet. Vit. 2, 3 (wo vollst. sc. librarium). – **d** das **Gartenmesser, Winzermesser** (falx, falx vinitoria), Plin. 17, 119 (b. Colum. 4, 25, 1 vom vordersten Teil des Winzermessers, die vordere gerade Schneide). – ► Vulg. Nbf. scalprus, ī, *m.*, Isid. orig. 19, 19, 13.

scalptor, ōris, *m.* (scalpo), der **Holz-, Stein-, Gemmenschneider, Graveur** (vgl. sculptor), expetuntur (adamantis crustae) a scalptoribus, Plin.: pictor scalptorque, Plin. ep.: scalptores et pictores, Plin.: plastae, pictores, scalptores, Vell.: gemmarum scalptor, Kameenschneider, Plin.

scalptōrium, iī, *n.* (scalpo), ein **Werkzeug zum Kratzen,** Mart. 14, 83 *lemm.*

scalptūra, ae, *f.* (scalpo), **I** das **Graben, Stechen, Schneiden** mit dem Grabstichel, das **Holz-, Steinschneiden, Gravieren,** Plin. 37, 104 u. Quint. 2, 21, 9 H u. M. – **II** meton., die **eingegrabene Figur,** das **gestochene Bild,** das **Schnitzwerk,** Sing. u. Plur., Vitr., Plin., Suet. u. a.

scalpurrīgo, inis, *f.* (scalpurrio), das **Kratzen, Krauen,** Solin. 32, 25 M.

scalpurrio, īre (v. scalpo), **kratzen,** Plaut. aul. 467 G.; vgl. Non. 171, 32.

Scamander, drī, *m.* (Σκάμανδρος), ein Fluss in Troas, der am Berg Ida entspringt u. mit dem Simoïs vereinigt südl. vom Vorgebirge Sigeum ins Meer fällt, j. *Mendere Su* od. Fluss von *Bunarbaschi,* Mela 1, 18, 3 (1. § 93). Enn. fr. scen. 185. Catull. 64, 357. Hor. epod. 13, 14. – wegen seiner roten Farbe auch (u. zwar urspr.) Xanthus (ὁ Ξάνθος) gen., Vitr. 8, 3, 14. Verg. Aen. 1, 473. Ov. met. 2, 245. – Dav. **Scamandrius**, a, um, **skamandrisch, des Skamanders,** unda, Acc. tr. 322.

scambus, a, um (σκαμβός), **krummbeinig,** rein lat. varus, Suet. Oth. 12, 1.

scamellum u. **scamillum**, ī, *n. (Demin.* von scamnum), das **Bänkchen,** scamell., nach Prisc. 3, 38: scamill., Apul. b. Prisc. 3, 38. Not. Tir. 101, 22. Vgl. scamillus.

scamillāriī, s. scabillāriī.

scamillus, ī, *m. (Demin.* v. scamnum, wie mamilla v. mamma), eig. das »Bänkchen«; dah. meton., scamilli impares, ungleiche Erhöhungen auf dem Säulenstuhl u. auf dem Deckel der Kapitäle, **ungleiche Bänkchen,** Vitr. 3, 4, 5 u. 5, 9, 4.

scamma, atis, *n.* (σκάμμα), eig. der **Graben;** dah. meton.: **I** der mit einem Graben umgebene u. mit Sand beworfene Platz, wo die Athleten sich übten, der **Kampfplatz** in der Palästra, Cael. Aur. de morb. chron. 2, 1, 57 zw. Hieron. adv. Ioh. Hieros. 16; epist. 61, 5. Ambros. de off. 1, 16; de Helia et ieiun. serm. 13. – **II** der **Kampf,** Tert. ad martyr. 3.

scammōnia (scāmōnia) u. **scammōnea**, ae, *f.* (σκαμμωνία, σκαμωνία), das **Purgierkraut,** die **Purgierwinde** (*Convolvulus Scammonia,* L.), Cic. u. a.: sucus scamoniae, quem diagridium appellamus, Cael. Aur. de morb. acut. 2, 29, 155. – Dav. **scammōnium** (scāmōnium), iī, *n.* u. **scammōneum**, eī, *n.*, der Saft aus der Wurzel, der **Skammoniensaft,** Cato u. Plin.

scammōnītēs, ae, *m.* (σκαμμωνίτης οἶνος), mit Skammoniensaft zubereiteter Wein, **Skammonienwein,** Plin. 14, 109.

scammōnium, iī, *n.*, s. scammōnia.

scamnārius, iī, *m.* (scamnum *no.* II, C), viell. = arcarius, der **Kassenverwalter,** CIL 8, 2553 u. 2557.

scamnātus, a, um (scamnum), **mit Bänken versehen, wie Bänke gestaltet,** ager, der die Furchen in der Breite od. von Abend gegen Morgen hat, Gromat. vet. 3, 14; 110, 2 u. a.

scamnellum, ī, *n. (Demin.* v. scamnum), das **Bänkchen, Schemelchen,** Prisc. 3, 38: sc. tuorum pedum, Paul. Nol. carm. 1, 60 (Class. auct. 5, 371).

scamnulum, ī, *m. (Demin.* v. scamnum), das **Bänkchen,** Diom. 325, 32.

scamnum, ī, *n.* (aus *scabnum, vgl. altind. *skabhnắti,* stützt, *skambhá-ḥ* Stütze, Pfeiler), die **Stütze, Lehne,** die **Bank, I** eig., die **Bank,** der **Schemel, a** eig.: scamnum facere, Hor.: cava sub tenerum scamna dare pedem, Ov.: agresti in scamno assidere foco, Val. Max.: ante focos scamnis considere longis, Ov.: sedere in scamnis (*i.e.* subselliis) equitum (in den Schauspielen), Ritterbänke, Mart. – **b** übtr., scamna, die zum Sitzen dienenden horizontalen Baumäste, **Bänke,** Plin. 12, 10: scamna ramorum, Plin. 17, 201. – **c** bildl.: regni stabilita scamna solumque, königlicher Sitz, Thron, Königreich, Enn. ann. 96. – **II** meton.: **A** die **Erhöhung des Erdreichs,** die **Erdbank,** auf einem gepflügten Acker, die noch hervorragende ungepflügte Erde, Colum. u. Plin.: in Weinbergen, der Raum zwischen zwei Gruben, in die Weinstöcke gesetzt werden, Colum. – **B** die **Breite** der Äcker (hingegen die Länge striga), Gromat. vet. 206, 11 u. a. – **C** ein 50 bis 80 Fuß breiter Raum, abgesteckt für die Zelte der Legaten u. Tribunen im Lager, Hyg. de munit. castr. § 15: sc. legatorum, *ibid.* § 20.

scāmōnia u. **-nium**, s. scammōnia.

scandala, ae, *f.*, der **Spelt,** Plin. 18, 62 D. Not. Tir. 57, 100: Nbf. scandula, Edict. Diocl. 1, 8. Isid. orig. 17, 3, 11.

scandalizo, āvī, ātum, āre (σκανδαλίζω), **ein Ärgernis geben,** zum Bösen **verführen,** Tert. de virg. vel. 3 u. a. Eccl. – ► Nbf. scandalizio, Itala (Taurin.) Matth. 5, 29 u. 30; Marc. 9, 43; 14, 29.

scandalum, ī, *n.* (σκάνδαλον), **I** das, woran man sich im Gehen stößt od. stoßen kann, der **Anstoß,** Prud. apoth. praef. 35. – **II** bildl., die Veranlassung zum Bösen, das **Ärgernis,** die **Verführung,** Tert. de virg. vel. 3 u. a. Eccl.

Scandiānus, a, um, nach einem Skandius benannt, **skandianisch,** mala, Colum. u. Plin.

Scandināvia (Scadināvia, Scatināvia), ae, *f.*, **Skandinavien,** wahrsch. das h. **Schweden,** dessen Südspitze noch j. *Scania, Scane, Schonen,* Plin. 4, 96 (Detl. Scat.) u. 8, 39 (Detl. Scad.). Mela 3, 6, 7 (3. § 54), wo Parthey nach den Hdschrn. Codanavia. – auch **Scandia** gen., Plin. 4, 104 (Detl. Akk. Plur. Scandias, weil schon die Griechen 4 Σκανοίαι νῆσοι annahmen).

scandīx, īcis, *f.* (σκάνδιξ), der **Kerbel,** eine Pflanze (*Scandix Caerefolium,* L.), Plin. 21, 89.

scando, scandī, scānsum, ere (altind. *skándati,* schnellt, springt), **I** *intr.* **steigen, a** eig.: scand. in aggerem, Liv.: in domos superas, Ov.: in sublime (v. Wasser), Plin.: poet., scandens arx, sich erhebend, hoch, Prop. – **b** übtr., **emporsteigen, sich erheben,** supra principem, Tac.: super titulos et avitae laudis honores, Auct. pan. in Pis.: timor scandit eodem quo dominus, Hor. – **II** *tr.* **besteigen, ersteigen, a** eig.: equum, Verg.: Capitolium, Hor.: malos, Cic.: foros (den Schiffsbord), Tac.: muros, Liv.: montes, Pacat. pan.: saltu pontem fluminis, Itin. Alex.: regna parentis, zum Himmel aufsteigen (von den Giganten), Hor.: scherzh., alia (littera) aliam scandit, einer hockt auf dem anderen, Plaut.: im Bild, scandit aeratas vitiosa naves cura, Hor. carm. 2, 16, 21. – **b** übtr.: paulatim gradus aetatis adultae, Lucr. 2, 1123: versus, skandieren, Gramm.: ironisch v. einem Podagristen, scandere qui nescis, versiculos laceras, Claud. epigr. 29, 2.

1. **scandula,** ae, *f.* (scande), die **Schindel, Dachschindel,** Hirt. b. G., Vitr. u. a. – Die Variante scindula ist bei den früheren Schriftstellern überall die Lesart der weniger guten Hdschrn., u. auch die Inschrn. haben scandula, s. CIL 13, 1730; doch scheint scindula (v. scindo) die später üblichere Form gewesen zu sein, s. Isid. orig. 19, 19, 7. Pallad, 1, 22 *Schmitt* (wo Schneider gegen die Hdschrn. scandulis).

2. **scandula,** s. scandala.

scandulāris, e (1. scandula), **zu den Schindeln gehörig, Schindel-,** tectum, Schindeldach, Apul. met. 3, 17 (alle Hdschrn.; aber Hildebr. scindulare). Vgl. scandula.

scandulārius, iī, *m.* (1. scandula), der die Dächer mit Schindeln deckt, der **Schindeldecker,** Tarrunt. dig. 50, 6, 6.

scānsilis, e (scando), **steigbar, besteigbar, I** eig.: ficus, Plin. 17, 84: via, Itin. Alex. 49 (112): gradus superiores scansiles, Schol. Iuven. 7, 46: elati vertices, qui scansili suggestu consurgunt, Amm. 16, 10, 14. – **II** übtr., von den Stufenjahren, lex annorum scansilis, das stufenweise Aufsteigen der J., Plin. 7, 161.

scānsio, ōnis, *f.* (scando), das **Steigen, I** eig.: simplici scansione scandebant in lectum, Varro LL. 5, 168: duplicata scansio gradus dicitur, *ibid.* – **II** übtr.: **a** das **Steigen** der Töne, sonorum scansiones, Vitr. 6, 1, 6. – **b** das **Skandieren** der Verse, Diom. 495, 30 u. 496, 8. Donat. vit. Verg. 25. § 104: Plur., Serv. centim. 457, 3. Beda de art. metr. 245, 17 K.

scānsōrius, a, um (scando), **zum Steigen gehörig, Steig-,** genus (machinarum) sc., Steigmaschine, Vitr. 10, 1. § 1.

Scānsus, eine Gottheit = Ascensus (s. ascēnsus a. E.), Cypr. de idol. van. 2.

Scantia silva, s. Scantius.

Scantiānus, a, um, s. Scantius.

Scantīnius, a, um, Name einer röm. *gens,* aus der am bekanntesten ein Volkstribun C. Skantinius Kapitolinus, Val. Max. 6, 1, 7. – *Adi.* **skantinisch** (skatinisch), lex Sc. (de nefanda Venere), Cael. in Cic. ep. 8, 12, 3. Suet. Dom. 8, 3. Iuven. 2, 44.

Scantius, a, um, Name einer röm. *gens,* aus der am bekanntesten die Scantia, Cic. Mil. 75. – *Adi.* **skantisch,** silva, in Kampanien, Cic.: aquae, viell. ebendas., Plin. – Dav. **Scantiānus,** a, um, **skantianisch,** mala, Varro: uva, vitis, Plin.

scapha, ae, *f.* (σκάφη), das **Boot,** der **Kahn, Nachen,** Plaut., Cic. u. a.

scaphārius, iī, *m.* (scapha), der **Bootführer, Kahnführer,** CIL 2, 1169 u. 14, 409.

scaphē, ēs, *f.* (σκάφη) = scaphium, der **Nachen,** eine Art rund ausgehöhlter Sonnenuhr, Vitr. 9, 8, 1.

scaphistērium, iī, *n.* (σκαφιστήριον, Gloss. II, 432, 50), die **Wurfschaufel,** mit der das ausgedroschene Getreide auf der Tenne in die Höhe geworfen wurde, um es von der Spreu zu reinigen, Colum. 2, 9, 10 (wo Schneider noch falsch capisterio).

scaphium (scapium), iī, *n.* (σκάφιον), ein nachenförmiges Geschirr, ein **Becken, I** im Allg., Lucr. 6, 1044. Vitr. 8, 1, 4: zur Wasseruhr, Vitr. 9, 8, 5: zur Sonnenuhr, Mart. Cap. 6. § 597 (dort erklärt). – **II** insbes.: **1** eine nachenförmige **Trinkschale,** Plaut. Bacch. 70. Cic. Verr. 4, 37: scaphia aurea, *ibid.* 4, 54. – **2** ein nachenförmiges **Nachtgeschirr,** bes. für Frauen, Mart. 11, 12, 16. Iuven. 6, 264. Ulp. dig. 34, 2, 27. § 5. – ► Die Schreibweise scapium in guten Hdschrn.

scapho, ōnis, *m.*, ein **Tau** am Vorderdeck des Schiffes, Caecil. com. 257; vgl. Isid. orig. 19, 4, 5.

scaphula, ae, *f.* (*Demin.* v. scapha), das **kleine Boot, der Nachen, Kahn,** Veget. mil. 3, 7. Paul. Nol. epist. 49, 1. – als Badegeschirr, Cael. Aur. de morb. acut. 1, 11, 95; 2, 40, 232.

scapium, s. scaphium.

scapreo, s. scabreo.

scaprēs, s. scabrēs.

Scaptēnsula, ae, *f.* (Σκαπτὴ ὕλη, gleichs. »Grubenwalde«, von σκάπτω, fodio, und ὕλη, silva), ein Städtchen in Thrazien in der Nähe von Abdera, berühmt durch Gold- u. Silberbergwerke und durch die Verbannung des Thukydides, Lucr. 6, 810. Paul. ex Fest. 331, 4.

Scaptia, ae, *f.*, eine frühzeitig untergegangene Stadt in Latium, Plin. 3, 68. – Dav.: **A Scaptius,** a, um, **skaptisch,** tribus, Liv. 8, 17, 11. – **B Scaptiēnsēs,** ium, *m.*, die **Leute aus der skaptischen Tribus,** Suet. Aug. 40, 2.

1. **Scapula,** ae, *m.*, Beiname des kornelischen Geschlechtes, wie P. Cornelius Scapula, Liv. 8, 22, 1. – Dav. **Scapulānus,** a, um, **skapulanisch, des Skapula,** horti, Cic. ad Att. 12, 40, 4.

2. **scapula,** ae, *f.* = venucula, s. d., Plin. 14, 34.

3. **scapula,** s. scapulae ►.

scapulae, ārum, *f.*, die **Schulterblätter, Achselblätter,** dann die **Schultern, Achseln,** auch der **Rücken, a** an Menschen, Cato fr., Cels. u. a.: nudis scapulis aut semitectis, Sen.: alterius diminutae scapulae, Sen. rhet.: scapulae gestibant mihi, Plaut.: scapulas perdidi, ich bekam tüchtige Schläge, Ter.: scapulas praebere verberibus, Sen.: si aliquid inveniat, quo tegat scapulas (seine Blöße bedecke), Sen. – **b** an Tieren, Varro u. Plin. – **c** übtr., an Lebl., das ähnliche **Oberteil,** machinae, die oberen Balkenenden, Vitr. 10, 2, 3: montium, die oberen Bergrücken, Tert. de pall. 2. – ► Sing. scapula, das **Schulter-** od. **Achselblatt** (ὠμοπλάτη, Gloss. II, 482, 9), dah. auch die **Achsel, Schulter,** der **Rücken,** Vulg. genes. 21, 14; 24, 15 u. 45; Zach, 7, 11.

scāpus, ī, *m.* (σκᾶπος = σκῆπος), alles, woran, worauf od. womit sich etwas stützt, der **Schaft, Stiel, Stengel, Stamm;** dah. **I** der **Stengel, Strunk** an den Pflanzen, lupini, Varro: asphodeli, Colum.: folia lactucarum cum scapis, Apic.: inventus est et scapus unus centum fabis onustus, Plin. – **II** der **Schaft** der Säule, Vitr. 3, 3 *sq.* – **III** der **Schaft** des Leuchters, Plin. 34, 11. – u. der **Schaft** der Lanze, sc. hastae, Treb. Poll. Gallien. 18, 3. – **IV** scapi, bei den Webern, die **Schäfte, Stäbe** an den Kämmen, Lucr. 5, 1351. – **V** das Querholz, der Querbalken an der Waage, der **Waagebalken,** Vitr. 10, 3, 4. – **VI** die **Treppensäule, Treppenwange,** Vitr. 9. praef. 8. – **VII** der **Schenkel** einer Tür, Vitr. 4, 6, 4: scapi cardinales, Zapfenschenkel, *ibid.* – **VIII** der **Zylinder,** um den die Papierblätter aus Papyrus gerollt u. verkauft wurden. Ein solcher scapus hatte höchstens 20 Blätter, ein **Buch Papier,** s. Plin. 13, 77: dum stilo nostro papyri inlevi scapos, Varro sat. Men. 58.

scarabaeus, ī, *m.* (*σκαραβαῖος v. σκάραβος = κάραβος), der **Holzkäfer,** Plin. 11, 99 u. 30, 99. Auson epigr. 70, 10.

scardia, ae, *f.,* eine Pflanze = aristolochia, Ps. Apul. herb. 19.

scarīfātio (scarīphātio), ōnis, *f.* (scarifo), I das **Ritzen, Schröpfen,** der Menschen u. Tiere, Colum. 6, 12 *in.* u. 6, 17, 1 3: der Bäume, Plin. 17, 251. – II übtr., das **leichte Überpflügen** des Ackers, Plin. 18, 140. – ► Bei Colum. u. Plin. die besten Hdschrn. scarifatio od. scariphatio. – Spätere Nbf. **scarīficātio** (v. scarifico), Veget. mul. 4, 21, 1.

scarīfico, s. scarīfo.

scarīfo (csarīpho), āvī, ātum, āre (σκαριφάομαι, σκαριφεύω), I **aufritzen, aufschlitzen, aufstochern,** dentes, Plin. 28, 179: gingivas, Plin. 32, 79: sinapi compressum, Colum. 12, 57, 1. – Spätere Nbf. **scarīfico,** āre, Pallad. 4, 10, 28. Pelagon. veterin. 16 (256 *Ihm.)* u. 29 (409 *Ihm.).* Cael. Aur. de morb. acut. 3, 4, 36, u. im Passiv **scarīfīo,** fierī, Scrib. 262, wo aber wohl scarifantur (od. scarifentur) zu lesen ist. – II mit einem Nagel oder einem sonstigen spitzen Instrument **bekritzeln,** parietes inscribere aut scariphare, CIL 6, 52.

scarīfus, ī, *m.* (σκάριφος), der **Riss** = die **Flurkarte,** der **Flurplan,** rein lat. forma, Gromat. vet. 244, 4 u. 8.

scarītis, idis, *f.* (σκαρῖτις), ein uns unbekannter Edelstein von der Farbe des Fisches scarus, Plin. 37, 181.

scarizo, āre (σκαρίζω), **zucken, zappeln,** Interpr. Iren. 1, 30, 6.

scarus, ī, *m.* (σκάρος), ein sehr schmackhafter Meerfisch, der **gemeine Papageifisch,** Enn. fr. var. 40 *Vahlen.* Plin. 9, 62. Hor. sat. 2, 2, 22. Cael. Aur. de morb. chron. 1, 1, 22: quattuor (IIII) scari (als Abbildung), CIL 6, 9671. Curios. urb. reg. VIII: scarorum iocinora, Suet. Vit. 13, 2.

scatebra, ae, *f.* (scateo), I eig. der **Sprudel,** fluviae (= fluvii), Acc. tr. 505: fontium, Plin.: fonticuli, Plin. – poet., scatebrae, der **Sprudel** = die hervorsprudelnde Wassermasse, Verg. georg. 1, 110. – II übtr. causidicorum scatebra exoritur, Fronto epist. ad Anton. Pium 9. p. 170, 19 N. – III als nom. propr., Scatebra, ein Nebenflüsschen des Liris im Gebiet von Kasinum in Latium, Plin. 2, 227.

scatebrōsus, a, um (scatebra), a **voll sprudelnden Wassers,** Hilar. Arelat. carm. in genes. 787. – b **schmutzig,** Schol. Bern. Verg. georg. 2, 348.

scateo, ēre u. (archaist.) **scato,** ere, **hervorquellen, hervorsprudeln,** I eig. u. übtr.: 1 eig. (Form scato): fontes scatere, Enn. fr. scen. 155 (Trag. inc. fab. fr. 137 R.^{2}): qui (fons) dulcis aquae scatit, Lucr. 6, 891; vgl. 5, 949. – 2 übtr.: a übh., **haufenweise hervorkommen,** semina scatere foras possunt, Lucr. 6, 896. – b **häufig sein,** cuniculi (Kaninchen) scatent iuxta in Hispania Balearibusque, Plin. 8, 226. – II meton., von etwas **ganz voll sein, wimmeln,** mit *Genet.* u. *Abl.,* a von Konkr.: arx scatens fontibus, Liv.: pontus scatens beluis, Hor.: Nilus scatet piscibus, Mela: metallis scatet Hispania, Plin.: Terracina scatet silvis nucum, Plin.: terra ferarum scatit, Lucr. 5, 40. – b von Abstr.: volumen scatet ostentis, Plin.: puer scatens argutiis, Gell.: Xanthippe irarum molestiarumque muliebrium per diem perque noctem scatebat, Xanthippes Zornesausbrüche u. weibliche Unerträglichkeiten gingen bis ins Unendliche, Gell.: mit *Acc. Pronom.,* id tuus scatet animus, Plaut. Pers. 177 Sch.

scatēsco, ere (scateo), **hervorsprudeln,** übtr., multis proeliis undique scatescentibus, Oros. 1, 19, 2.

Scatināvia, s. Scandināvia.

scato, s. scateo.

scatūrēx, s. scaturrēx.

scatūrīginōsus, a, um (scaturigo), **voll hervorsprudelnden Wassers,** von der Erde, **sumpfig,** Colum. 5, 8, 6.

scatūrīgo (scaturrīgo), inis, *f.* (scaturio), **hervorsprudelndes Wasser,** der **Sprudel,** der Prudel, **Prudelquell,** scaturriginis vena, Mart. Cap. 1. § 2: sc. palustris, Colum. 3, 13, 8: fontanea, Solin. 37, 24. Isid. orig. 16, 3, 9: summi fontis penita sc., Apul. met. 6, 13: Plur., fontium scaturigines, Eumen. pan. Constant. Aug. 22, 1: scaturigines turbidae, Liv. 44, 33, 3 H. (Weißenb. scaturiges): in nigra (terra) scaturigines non fere sunt perennes, Plin. 31, 47: Signino circumiecto continendarum scaturiginum causā adiuvatur (aqua Virgo), Frontin. aqu. 10: scaturrigines quaedam ac proluviones easdem strages dederunt, Apul. de mund. 34 (auch angeführt von Augustin. de civ. dei 4, 2. p. 148, 5 D.^{2}). – übtr., multiiuga scaturrigo (formicarum), Strom, Schwarm, Apul. met. 8, 22: scaturigines sanguinis, Ströme von Blut, Amm. 19, 1, 9.

scatūrio (scaturrio), īvī, īre (scateo), I **hervorsprudeln, -quellen,** aqua scaturiens, Pallad. 1, 33, 2: de summo vertice fons scaturribat (synkop. = scaturriebat), Apul. met. 4, 6: ibi de terra oleum scaturit, Ampel. 8, 5. – übtr., scaturientes aurae sermonis, Prud.: scaturientes vermiculi, Priap.: ista consideratio scaturivit in animo meo ex intimo corde meo, Augustin. conf. 4, 13. – II meton., von etwas **ganz voll sein, wimmeln,** solum fontibus non scaturiat, sei nicht quellenreich, Colum.: summi scaturient montes, auf den höchsten Bergen wird es von Quellen sprudeln, Sen.: übtr., Curio totus hoc scaturit, strömt davon (von der Vorliebe zu dieser Partei) ganz über, Cael. in Cic. ep. 8, 4, 2: vestra vita cotidiana ipsis peccatis scaturiens, Augustin. serm. 9, 18.

scaturrēx (scatūrēx), īgis, *m.* = scaturigo, Varro sat. Men. 112. – Liv. 44, 33, 3 liest Weißenb. scaturiges, Hertz scaturigines.

scaturrīgo, s. scatūrīgo.

scaurus, a, um (σκαῦρος), I der große herausstehende Knöchel hat, dessen Knöchel verwachsen sind, der **Klumpfuß,** Hor. sat. 1, 3, 48. – dah. II **Scaurus,** ein röm. Beiname der gens Aemilia u. Aurelia, s. *Orelli* Onomast. Tull. 2. p. 17 *sqq.* u. p. 91. Besonders bekannt ist M. Aemilius Scaurus, den Cicero in einer teilweise noch erhaltenen Rede verteidigte. – Dav. **Scauriānus,** a, um, **skaurianisch,** subst., Scauriāna, ae, *f.* (*sc.* oratio), die Rede Ciceros für Skaurus, Pompeii comment. 144, 29 K. Mart. Cap. 5. § 441 (*cod. Mon.* Scaurina).

scazōn, ontis, Akk. onta, *m.* (σκάζων, hinkend), der **hinkende Jambus, Choliambus,** ein vollständiger Trimeter, der aber statt des letzten Jambus einen Spondeus oder Trochäus hat, Plin. ep. 5, 11, 2. Mar. Victorin. (VI) 136, 24.

scelerātē, *Adv.,* m. *Compar.* u. *Superl.* (sceleratus), **freventlich, frevelhaft** (Ggstz. pie), facere, Cic.: dicere in alqm (Ggstz. pie dicere pro alqo), Cic.: alqm scelerate nefarieque tractare, Cic.: domus sceleratius aedificata quam eversa, Cic.: sceleratissime machinari omnes insidias, Cic.

scelerātim, *Adv.* (sceleratus), **verbrecherischerweise,** Aeth. 1, 10.

scelerātus, a, um, *PAdi.* (v. scelero), I **durch Frevel befleckt, -entweiht,** terra, Verg.: terrae, Ov.: limina Thracum, Ov. – insbes., sceleratus vicus, die **Frevelstraße,** der höchste Punkt des vicus Cyprius am Esquilin, wo Tullia, des K. Servius Tochter, über den Leichnam ihres Vaters fuhr, Liv. 1, 48, 7. Varro LL. 5, 159. Fest. 333 (b), 22. – sceleratus campus, das **Frevelfeld,** die an der porta Cellina noch innerhalb der Stadt, unmittelbar unter dem Wall gelegene Stelle, wo die der Unkeuschheit überführten Vestalinnen lebend in einer gemauerten Gruft ihr Grab fanden, Liv. 8, 15, 8. Fest. 333 (b), 32. Serv. Verg. Aen. 11, 206. – v. Aufenthalt der Gottlosen in der Unterwelt, scelerata sedes, Schelmensitz, Tibull. 1, 3, 67. Ov. met. 4, 456, u. sceleratum limen, Verg. Aen. 6, 563. – II übtr.: A **frevelhaft, verrucht, verflucht,** v. Menschen, Cic. u. a.: contra patriam scelerata arma capere, Cic.: preces, Cic.: audacia, Iustin.: hasta sceleratior, Cic.: homo sceleratissimus, Cic. – subst., scelerati, verruchte Menschen, Frevler, Cic. – poet., sceleratas sumere poenas, für den Frevel, Verg. – B **unheilvoll, unselig, unglücklich, verderblich, schädlich,** tene ego sustineo positum scelerata videre, Cons. ad Liv. 135: sc. mater, CIL 6, 9961.: sc. parentes, CIL 6, 21899. – frigus sc., Verg.: herba sc., wahrscheinl. »Gifthahnenfuß« (*Ranunculus sceleratus,* L.), Apul.: sceleratissimi serpentum, Plin.: poëmata sc., lästig, zuwider, Mart.

scelererȳtis, idis, Akk. ida, eine Art **Silberglätte,** Plin. 33, 108 D.

sceleritās, ātis, *f.* (scelus), das **Frevelhafte,** facti, Marc. dig. 48, 21, 3 *in.*

scelero, (āvī), ātum, āre (scelus), **I durch Frevel beflecken,** manus, Verg.: parentes, Catull. – **II schädlich machen,** scelerata sucis spicula, Sil. 3, 272.

scelerōsus, a, um (scelus), **voll Frevel, frevelhaft, verrucht, gottlos,** subst. = ein **erklärter Bösewicht,** Ter.: mulier, Apul.: facta, Lucr.

scelerus, a, um (scelus), **frevelhaft, abscheulich,** von Serv. Verg. Aen. 9, 486 fälschlich angenommene Wortform, da die von ihm angeführten Stellen aus Plaut. zu scelus gehören, sodass Plaut. Pseud. 817 sinapis scelera = Abschaum von Senf, abscheulicher Senf, Plaut. Bacch. 829 u. a. scelerum caput = Erzhalunke; vgl. Brix u. Lorenz Plaut. mil. 494.

scelestē, *Adv.* (scelestus), **freventlich, verrucht,** facere, Liv.: suspicari, schelmisch, schalkhaft, Cic.: *Compar.* in Augustin. epist. 91, 5.

scelestus, a, um (scelus), **I frevelhaft, gottlos, verrucht,** subst. = der **Frevler, Verbrecher,** der **Schurke, Bösewicht,** im Superl. = der **Erzschurke, a** übh., v. Pers., Komik., Sall. u. a.: facinus, Cic.: nuptiae, Sall.: sermo scelestior, Liv.: scelestissimum te arbitror, Plaut. – etsi scelestus est, at mi infidelis non est, er ist zwar ein verdammter Kerl, aber eine treue Seele, Plaut.: me scelestum, qui non circumspexi! bin ich nicht ein verfluchter (dummer) Kerl, dass ich usw., Plaut. – **b** im Scherz, von listigen, witzigen Leuten, **schelmisch, gottlos, schalkhaft,** sapit scelesta multum, Plaut. most. 170. – **II** übtr., **1 unheilvoll, unselig,** scelestiorem ego annum argento faenori numquam ullum vidi, quam hic mihi annus optigit, Plaut. most. 532: Mevia Sophe, impetra, si quae sunt manes, ne tam scelestum discidium diutius experiscar, CIL 6, 7579. – **2 elend, unglücklich,** quid mihi scelesto tibi erat auscultatio, Plaut. rud. 502; vgl. *v.* 801.

sceletus, ī, *m.* (σκελετός, ή, όν, ausgetrocknet), der **ausgetrocknete Körper,** die **Mumie** (niemals das Totengerippe [ossa], wofür wir das Wort **Skelett** mit Unrecht gebrauchen), Apul. apol. 61 u. 63.

scelio, ōnis, *m.* (scelus), der **gottlose-, verruchte Mensch,** der **böse Bube,** Petron. 50, 5 *cod. Trag.* u. *ed. Anton* (Bücheler stelio = stellio).

scelotyrbē (sceloturbē), ēs, *f.* (σκελοτύρβη), die **Schenkel-, Kniélähmung,** Plin. 25, 20.

scelus, eris, *n.* (Wz. *[s]quel,* biegen, krümmen, verkehrt handeln, griech. σκαλιός, krumm, σκέλος, Schenkel; abh. *scëlah* = nhd. scheel), die **Bosheit, I** eig., subjektiv = die **Verruchtheit, Ruchlosigkeit,** der **verbrecherische Sinn,** der **Frevelmut,** die **Bosheit, Tücke** (Ggstz. pietas), Cic. Cat. 2, 25 u. 4, 20. Cic. Verr. 3, 152; 5, 106 u. 189. Cic. Sull. 16 u. 70; de rep. 3, 27. – v. der Tücke der Tiere, des Wassers usw., Plin. 25, 20. – **II** meton., objektiv. **A** die **Bosheit** = **frevelhafte-, gottlose-, ruchlose-, verruchte Tat,** ein mit Verachtung der Gesetze, der Religion und der eigenen Schande unternommenes Verbrechen, der **Frevel,** die **Freveltat, Bluttat,** wie Mord, Hochverrat usw., **1** eig.: scelus facere od. admittere od. committere od. edere od. concipere od. in sese concipere od. suscipere, Cic.: scelere se devincire od. se obstringere od. se alligare od. astringi, sich beladen, Cic.: in scelera simul ac dedecora prorumpere, Tac.: Piso sceleris condemnat generum suum, wegen Hochverrats, als Empörer gegen den Staat, Cic.: so auch hinc pietas (Vaterlandsliebe), hinc scelus (Hochverrat), Cic.: sc. divinum et humanum, gegen Götter u. Menschen, Liv.: sc. legatorum interfectorum, Verbrechen des Gesandtenmordes, Liv.: minister sceleris, des Mordes, Liv.: scelus est m. *Infin.,* sc. est (civem Romanum) verberare, Cic. Verr. 5, 170. – **2** übtr.: **a** im unwilligen Gesprächston für **verfluchter Streich, Unglück,** quod hoc est scelus? welch hartes Los! Plaut. capt. 762: quid hoc est sceleris! Ter. eun. 326: accĭdit infandum nostrae scelus puellae, Mart. 7, 14, 1. – **b** von schrecklichen Naturereignissen, **Greuel,** scelera naturae, wie Überschwemmungen, Erdbeben, Plin. 2, 206. – **c** v. schlecht schmeckenden Dingen, sinapis scelera, greulicher, abscheulicher Senf, Plaut. Pseud. 817. – **B** der **verworfene-, ruchlose-, verruchte Mensch,** der **Schurke,** das **Laster,** ne bestiis quae tantum scelus attigissent, immanioribus uteremur, Cic.: bes. als Schimpfwort, **Schelm, Schurke,** Komik. u. Apul. (s. Spengel Ter. Andr. 607): scelerum caput, Erzhalunke, Plaut. (s. Brix u. Lorenz Plaut. mil. 495): mit *Genet.,* scelus viri, Schurke (Schelm) von Kerl, Plaut.; u. so scelus artificis, Verg. (vgl. Brix Plaut. Men. 488): von männlichen Wesen mit *Pronom. masc.,* is scelus, Plaut.: illic scelus, Ter. – ► ungew. Abl. sceleri, Sen. Phaed. 685.

scēma, s. schēma.

1. scēna, s. scaena.

2. scēna, ae, *f.* (zsgzg. aus sacena), die **Haue** (dolabra) des Pontifex, Liv. Andr. bei Fest. p. 330 (b), 3; vgl. Fest. 318 (b), 16.

scēnālis, e, s. scaenālis.

scēnārius, a, um, s. scaenārius.

scēnāticus, s. scaenāticus.

scēnātilis, s. scaenātilis.

scēnicē, s. scaenicē.

scēnicus, s. scaenicus.

scenobatēs, s. schoenobatēs.

scēnofactōrius, a, um (σκῆνος u. facio), **zur Zeltbereitung gehörig,** erant autem scenofactoriae artis, sie waren aber Zeltmacher, Vulg. act. apost. 18, 3.

scēnographia, s. scaenographia.

scēnōma, atis, *n.* (σκήνωμα), das **Zelt,** Serv. Verg. Aen. 3, 351 *Thilo.*

scēnopēgia, ae, *f.* (σκηνοπηγία), das **Laubhüttenfest** der Juden, Vulg. 1. Mach. 10, 21; evang. Ioann. 7, 2. Gloss. V, 243, 13.

Scēpsis, is, *f.* (Σκῆψις), eine Stadt im inneren Mysien, j. Dorf *Eskiupschi* oder *Eski Schupsche,* Plin. 5, 122. – Dav. **Scēpsius,** a, um (Σκήψιος), **skepsisch, aus Skepsis,** Metrodorus, Cic.: ders. bl. Scepsius gen., Ov.

scēptos, ī, *m.* (σκηπτός), die allgemeine Benennung für alles, was aus den Wolken herabkommt, nach Apul. de mund. 15 *extr.*

scēptrifer, fera, ferum (sceptrum u. fero), **ein Zepter tragend,** Servi manus (Plur.), Ov. fast. 6, 480: sceptriferi tonantes, Jupiter u. Juno, Sen. Med. 59: palmae, Sil. 17, 142.

scēptriger, gera, gerum (sceptrum u. gero), **ein Zepter führend,** rex, Sil. 16, 244. Augustin. c. Faust 15, 5 u. 6: Atrides, Epit. Iliad. 8. Vgl. sceptrifer.

scēptrum, ī, *n.* (σκῆπτρον), das **Zepter** der Könige u. Triumphatoren (rein lat. scipio), **I** eig. u. meton.: **1** eig.: Iovis, Suet.: sc. Augusti, als triumphierenden Feldherrn, sonst scipio eburneus gen., Suet.: der Könige in der Tragödie, Ov. – **2** meton., das Zepter = das **Reich,** die **Regentschaft, Herrschaft,** Asiae, Ov.: ante sceptrum Dictaei regis, Verg.: sceptra petit Euandri, Verg. – **II** übtr.: **1** scherzh. v. **Stab** des Pädagogen, Mart. 10, 62, 10. – **2** anderer Name des Strauches aspalathus, Plin. 12, 110. – **3** das **männliche Glied,** Auct. Priap. 25, 1. – ► Über die Schreibung scaeptrum s. Varro LL. 7, 96; aber die besten Hdschrn. sceptrum.

scēptūchus, ī, *m.* (σκηπτοῦχος), der **Zepterträger,** ein hoher Staatsbeamter im Orient, Tac. ann. 6, 33.

scheda (schida) u. **scida,** ae, *f.* (σχίδη), **I** ein **abgerissener Streifen** der Papierstaude, deren mehrere zu einem Bogen Papier zusammengeleimt wurden, Form scheda b. Plin. 13, 77 (Detl. schida). – **II** übh., ein **Streifen,** ein **Blatt Papier,** eines Briefes, Buches, Form *scida,* scida aut littera, Cic. ep. 15, 16, 1: ut scida ne qua depereat, Cic. ad Att. 1, 20, 7: omnes scidas excutit, Quint. 1, 8, 19. – Form *scheda,* Mart. 4, 89, 4 *Gilbert.*

schedius, a, um (σχίδιος), **in der Eile-, leichthin-, aus dem Stegreif gemacht,** navis, nur aus roh zusammengefügten Balken, Ulp. dig. 14, 1, 1. § 6. Paul. ex Fest. 335, 3. – subst., schedium, iī, *n.,* ein **aus dem Stegreif verfertigtes Gedicht,** Petron. u. a.; vgl. Paul. ex Fest. 335, 3.

schedula, ae, *f.* (*Demin.* von scheda), das **Blättchen Papier,** Hieron. in Rufin. 3, 2, 5. Rufin. apol. 2, 44. – Andere Form scidola (v. scida), Aethic. cosmogr. 66. p. 45, 10 W.

schēma, atis, *n.* u. **schēma,** ae, *f.* (σχῆμα), **I** wie das rein lat. habitus = die **Haltung** des Körpers in Hinsicht auf Miene, Gebärde, äußeren Anstand, Kleidung usw., die **Miene, Gebärde, 1** im Allg.: filius in me incedit sat hilarā schemā, Miene, Gebärde, Caecil. com. 76. –

2 insbes.: **a** die **Stellung, Haltung** eines Tänzers, Pantomimen usw., Apul. met. 4, 10: von unzüchtigen Stellungen, Suet. Tib. 43, 2: libidinosissima schemata, Lampr. Heliog. 19, 3. – **b** der **äußere Aufzug,** die **Tracht, Kleidung,** quod processi huc cum servili schema, Plaut. Amph. prol. 117 (vgl. Pompeii comment. 197, 15): Bacchico cum schemate, Naev. tr. 35. – **II** der **Abriss,** die **Figur, 1** die **Figur, Gestalt,** utinam pisciculi te schema, sine cruribus videam, Caecil. com. 57. – **2** die geometr. **Figur,** geometrica schemata, Vitr. 6. praef. 1: sphaeroides schema, Vitr. 8, 6, 3; u. so ö. – **3** (schema, atis, *n.*) die **rhetorische Figur, a** im weiteren Sinne, jede Wendung u. Gestaltung der Rede, wodurch diese an Lebhaftigkeit gewinnt, Sen. contr. 1. praef. § 23 u. 24; 1, 1. § 25. Quint. 4, 5, 4: scema geschr., Sen. contr. 2, 1 (9), 24 u. 9, 4 (25), 22 K. – **b** im engeren Sinne, die verblümte, versteckte Art zu reden, wo man etwas anderes sagt, als man zu sagen scheint, Quint. 5, 10, 70; 9, 1, 14. – Petron. 44, 8 (wo schemae). – *Dat.* u. *Abl. Plur.* schematis u. griech. schemasin, Plin. und Varro bei Charis. 53, 18: dagegen schematibus, Lampr. Heliog. 19, 3, schemis, Apul. met. 4, 20.

schēmatismus, ī, *m.* (σχηματισμός), die **figürliche Art zu reden,** Quint. 1, 8, 14.

schida, s. scheda.

schidia, ae, *f.* (σχίδιον), der **Holzspan, Span** (ital. *scheggia*), Plur. bei Vitr. 2, 1, 4: taedae schidiae, Kienspäne, Vitr. 7, 10, 3.

schīnus, ī, *f.* (ἡ σχῖνος), der **Mastixbaum,** rein lat. lentiscus, Vulg. Dan. 13, 54.

schirrōsis, s. scirrōsis.

schisma, atis, *n.* (σχίσμα), die **Spaltung, Trennung,** das **Schisma,** Eccl.

schismaticus, ī, *m.* (σχισματικός), der **Schismatiker,** Plur. b. Augustin. serm. 56, 12; de quaest. XVII in Matth. quaest. 11.

schistos, a, on (σχιστός), **gespalten, getrennt, spalt-, trennbar,** lapis, unser »roter Glaskopf«, eine Art Roteisenstein, Plin.: lac, Molken, Plin.: cepa, weil die Blätter abgerissen werden, die dann wieder wachsen, Plin.: alumen, Cael. Aur.

schoenantos, s. schoinūanthos.

Schoenēūs, eī u. eos, *m.* (Σχοινεύς), König in Böotien, Vater der Atalanta, Hyg. fab. 173 u. 244. – Dav.: **A Schoenēis,** idis, Akk. ida, *f.*, die **Schönëide** (Tochter des Schöneus) = Atalanta, Ov. – **B Schoenis,** idis, Akk. ida, *f.* = Schoeneis, Sidon. carm. 14, 15. – **C Schoenēius,** a, um, **schönëisch,** Schoeneia virgo u. bl. Schoeneia, des Schöneus Tochter Atalanta, Ov.

schoenicolae, ārum, *f.* (schoenus), **mit Binsensalbe gesalbte** öffentliche **Buhldirnen,** Plaut. fr. b. Varro LL. 7, 64 u. b. Fest. 329 (b), 32.

Schoenis, idis, *f.*, s. Schoeneus.

schoenoanthos, s. schoinūanthos.

schoenobatēs, ae, *m.* (σχοινοβάτης), der **Seiltänzer,** Iuven. 3, 77 (Schopen Uned. Schol. S. 7, 31 scenobates, funambulus).

schoenum, ī, *n.* = schoenus, Colum. 12, 20. § 2 u. 5 zw.

schoenus, ī, *m.* (σχοῖνος), **I** die **Binse, Schmeele,** rein lat. iuncus, wovon die Alten eine wohlriechende Art (*Andropogon Schoenanthos,* L.) gebrauchten, um den Wein anzumachen und ihm einen gewissen Geschmack u. Geruch zu geben, Cato u. Colum. – **II** meton.: **A** eine aus der wohlriechenden Binsenart bereitete wohlfeile Salbe, die **Binsensalbe,** mit der sich öffentliche Dirnen salbten, schoeno delibutae, Plaut. Poen. 267. – **B** ein griechisches Landmaß, nach dem man, wie in Italien nach der *pertica,* erobertes Land ausmaß u. unter die Ansiedler verteilte; dann auch ein persisches u. ägyptisches Landmaß, gewöhnlich zwischen 30 und 60 Stadien gerechnet, Plin. 6, 125 u. 12, 53.

schoinūanthos, ī, *n.* (σχοίνου ἄνθος), eine Pflanze, **Kamelheu** (noch j. ital. *schinanto*), Veget. mul. 5, 39, 1. – Nbff. schoenuanthos, Pelagon. veterin. 6 (114 *Ihm*) u. ö., schoenoanthos, Veget. mul. 3, 31, schoenantos (σχοίνανθος), Veget. mul. 6, 13, 3, squinuanthos, Pallad. 11, 14, 3, squinantus, Plin. Val. 2, 17 u. a. Th. Prisc. 4, fol. 315 (a), squinantium (σχοινάνθιον), Plin. Val. 2, 18, u. bl. squinum, Isid. orig. 17, 9, 11.

schola (scola), ae, *f.* (σχολή), die **Muße, Feier, Ruhe** von der Arbeit; dah. **I** jede **gelehrte Untersuchung, Abhandlung, Unterredung über einen gelehrten Gegenstand, Vorlesung und Erklärung gelehrter Werke,** certae scholae sunt de exsilio, de interitu patriae etc., Cic.: vertes te ad alteram scholam, Materie, Cic.: quinque scholas in totidem libros contuli, Cic.: scholas Graecorum more habere, Cic.: scholam aliquam alci explicare, jmdm. einen schulgerechten Vortrag halten, Cic. – **II** meton.: **1** der Ort, wo Lehrer u. Schüler zusammenkommen, um zu unterrichten u. unterrichtet zu werden, die **Schule, a** eig., Cic. u. Quint.: scholam aperire, den Unterricht anfangen, Suet.: scholam dimittere, sein Lehramt niederlegen, Suet.: scholas frequentare, v. Knaben, Sen.: in scholas deduci, v. Knaben, Tac. dial. – **b** übtr.: **α** eine **Galerie,** wo Kunstwerke aufgestellt waren u. Gelehrte zusammenkamen, um sich zu unterhalten, Octaviae scholae, Plin. 36, 22; vgl. 35, 114. – **β** eine **Galerie,** ein **Gang** mit Sitzen, der um die Badewanne herumging, wo die, die baden wollten, sich so lange ausruhten, bis sie ins Bad steigen konnten, schola labri et alvei, Vitr. 5, 10, 4: scola et horologium, CIL 10, 831. – **γ** ein Gebäude als Versammlungsort einer Korporation (s. *no.* 2), Amm. u. Inscr.: sch. Iudaeorum, die Synagoge, Augustin. serm. 137, 6: scholae bestiarum, der Kampfplatz der Tiere, das Amphitheater, Tert. apol. 35. – **2** die **Schule,** clamabunt omnes philosophorum scholae, Cic.: dissederunt hae scholae, Plin. – und wieder übtr., eine **Körperschaft** von Amtsgehilfen, ein **Kollegium,** sowohl im Zivil- als auch im Militärdienst, Cod. Iust. u. Amm. – ► In Hdschrn. u. Inschrn. auch scola geschr., s. CIL 3, 371 u. 10, 831; u. escola (woraus franz. *école*), Inscr. bei Rossi Rom. sotterr. tom. 1. p. 320.

scholāris (scolāris), e (schola), **I zur Schule gehörig, Schul-,** murmur, Prud.: declamatio, Hieron.: inchoamenta, Mart. Cap. – **II zur kaiserl. Garde gehörig,** alae, Sulpic. Sev. vit Mart. 2. § 2 *Halm* (scolares). – subst., scholārēs, ium, *m.*, die **kaiserl. Garde,** spät. ICt.

scholasticē (scolasticē), *Adv.* (scholasticus), **rhetorisch,** Sulpic. Sev. dial. 1, 4.

scholasticulus, ī, *m., Demin.* v. scholasticus, Donat. art. gramm. 373, 14 K. Pompeii comment. 145, 3 K. Consent. 340, 22 K. Cassiod. de orat. 1 (de nomine). p. 562 (b) *ed. Garet,* wo auch noch die weiteren Deminutiva **scholasticellus** u. **scholasticellulus.**

scholasticus (scolasticus), a, um (σχολαστικός), **zur Schule-,** bes. **zum Studium der Beredsamkeit gehörig, rhetorisch, I** *adi.:* lex, in der Schule gebräuchliches, Plin. ep.: materia, Quint.: controversia, in den Rhetorenschulen verhandelt, Quint.: declamatio, Gell.: pragmata schol. (Ggstz. negotia forensia), Iul. Vict. art. rhet. 3. § 4. p. 202, 3 B. – **II** *subst.* **A** scholastica, ōrum, *n.*, in den Rhetorenschulen vorgenommene **Redeübungen** (declamationes) od. **Streitfragen** (controversiae), **Schulvorträge,** Sen. rhet. u. Quint.; vgl. Spalding Quint. 4, 2, 30. – **B** scholasticus, ī, *m.*, **1** der **Schüler, Student,** bes. der Beredsamkeit, Varro fr., Quint. u. a. – **2** der Lehrer, Gelehrte, **a** der Lehrer der Beredsamkeit, der **Professor,** der sich mit der Beredsamkeit nicht vor Gericht, sondern bloß zur Übung beschäftigt, **Schulredner, Rhetor,** Suet. u. a.: dah. als Schimpfwort, der **Schulfuchs, Pedant, Geck,** Petron. 61, 4 u. a. Apul. met. 2, 10. – **b** übh. der **Gelehrte,** Veget. mul. 4. prol. 2. Hieron. u. a.: so von einem Grammatiker, Verg. cat. 7, 4.

scholicus, a, um (σχολικός), **zur Schule gehörig, Schul-,** scholicā dape, Varro sat. Men. 144: scholica quaedam nugalia, Gell. 4, 1 *in.:* scholicum, axioma, Mart. Cap. 4. § 327.

scia, ae. *f.* (ἰσχίον), das **Hüftbein** (rein lat. coxa), Plin. Val. 2, 33.

sciadē, ēs, *f.* (verderbt aus ischias), das **Hüftweh,** Sex. Placit. de medic. 23, 2.

sciadēūs, eī, *m.* (σκιαδεύς), ein Meerfisch, dessen Weibchen **sciaena** (σκίαινα) heißt, rein lat. umbra gen., viell. die **Äsche** od. der **Meerschatten** (*Salmo Thymallus,* L.), franz. *l'ombre,* Plin. 32, 151.

Sciāpodes (Sciopodes), um, Akk. as, *m.* (Σκιάποδες), die **Schattenfüßler,** ein fabelhaftes Volk in Libyen, mit ungeheueren Fußsohlen, die sie, ein Bein in die Höhe hebend, als Sonnenschirm gebraucht haben sollen, Plin. 7, 23. Tert. apol. 8. Augustin. de civ. dei 16, 8. p. 135, 20 D.[2]

Sciathos u. **Sciathus**, ī, *f.* (Σκίαθος), Insel im Ägäischen Meer, nördl. von Euböa, Form *-os,* Mela 2, 7, 8 (2. § 106). Val. Flacc. 2, 8: Form *-us,* Liv. 31, 28, 9 u. a. Sen. ad Helv. 6, 4. Plin. 4, 72.

sciaticus, a, um = ischiadicus (s. d.), Plin. Val. 2, 37 u. 4, 12. – subst., sciaticum, ī, *n.*, das **Hüftweh,** Ps. Apul. herb. 24, 2.

scībilis, e (scio), **wissbar, erkennbar,** Tert. adv. Marc. 5, 16. Mart. Cap. 4. § 375.

scida, scidola, s. scheda, schedula.

sciēns, entis (scio), **I** *Partic.*, etwas **wissend,** von etwas **Kenntnis habend,** ut sis sciens, damit du es wissest, Ter.: scientem alqm facere, jmdm. zu wissen tun, Komik. – m. folg. *Acc.* u. *Infin.*, pro possessore is possidet, qui ... totam hereditatem sciens ad se non pertinere possidet, Gaius inst. 4, 144. – **II** *Adi.* (m. *Compar.* u. *Superl.*), **wissend,** prägn.: **A** = **wissentlich, mit Wissen** (Ggstz. insciens, imprudens), verb. prudens et sciens, Cic., asyndet., prudens sciens, Ter.: a me sciente occultatur, Cic.: ut offenderet sciens neminem, Cic. – **B** einer Sache **kundig, kenntnisreich, geschickt,** mit etw. **vertraut,** mit *Genet.*, locorum, regionum, Sall.: belli, Sall.: citharae, Hor.: officii, Lact.: divini (der Weissagekunst), Apul.: scientem esse oportet earum rerum, Varro: scientissimi veterum, scientissimus rei publicae gerendae, Cic. – m. *Infin.*, flectere equum sciens, Hor. carm. 3, 7, 25: neque delectus agere nec locum capere castris sciens, Quint. 12, 3, 5; vgl. 12, 7, 7. – m. folg. indir. Fragesatz, sciens, quid sit pugna, Quint. 12, 6, 6. – absol., tu scientior eris praeceptorum artificio, Rhet. Her.: quis hoc homine scientior umquam aut fuit aut esse debuit? Cic.: scientissimus gubernator, Cic.

scienter, *Adv.* (sciens), **I wissentlich, mit Wissen** od. **Bewusstsein** (Ggstz. ignoranter), Augustin. c. duas epp. Pelag. 3, 5 u. 6, 47 u. c. Iul. Pelag. 5, 8. – **II geschickt, mit Geschicklichkeit, mit Sachkunde,** dicere, Cic.: tibiis cantare, Nep.: neminem in eo genere scientius versatum Isocrate, Cic.: rationem huius operis scientissime exponere, Cic.

scientia, ae, *f.* (sciens), das **Wissen,** die **Kenntnis,** die (subjektive) **Kunde,** die (subjektive) **Wissenschaft, I** im Allg. (Ggstz. ignoratio): regionum, Cic.: futurorum malorum, Cic.: scientiam huius viri fugere, Cic.: memoriā et scientiā comprehendisse (neben didicisse), Cic.: alcis scientiae satisfacere, jmds. Wissen, d. i. Erfahrung Genüge leisten (v. einer Rede), Cic.: m. *de* u. Abl., cuius scientiam de omnibus constat fuisse, dass er von allem Kunde gehabt, Cic. – Plur., quod si haberent scientias animae, Arnob. 2, 18. – **II** insbes., das gründliche **Wissen,** die gründliche **Kenntnis, Wissenschaft,** das **Verstehen** einer Sache, die **Vertrautheit** mit einer Sache, die **Einsicht,** die **Geschicklichkeit** in etwas, **a** übh.: scientia atque usus militum, Cic.: alqm scientiā augere, Cic.: ars, cum eā non utare, scientiā (Theorie) tamen ipsā teneri potest, Cic.: huius scientiae conditor, Zweiges des Wissens (von der Medizin), Sen. – mit objekt. *Genet.*, sc. dialecticorum, iuris, Cic.: rei militaris, Caes. u. Cic.: militiae, Sall.: linguae Gallicae, Caes.: sc. optimarum artium, wissenschaftliche Bildung, Cic. ep.: colendorum deorum, Cic.: aeris fundendi, Plin.: summam scientiam rei militaris habere, Caes.: scientiam medicinae tenere, Sulpic. in Cic. ep.: adhibere scientiam earum rerum, quae naturā evenirent, Cic. – m. *in* u. Abl., paene divina eius in legibus interpretandis scientia, Cic. – Plur. = Wissenszweige, Vitr. 9, 7 (6), 3: tot artes, tantae scientiae, Cic. de sen. 78 *Mueller* (wo andere tot artes tantae scientiae verbinden = so viele Künste, die ein so bedeutendes Wissen erfordern): disciplinarum scientiae u. scientiae artificiorum, Kenntnisse in den verschiedenen Zweigen der Kunst, Vitr. 1, 1, 17; 3. praef. § 1: scientiae artium variarum, Augustin. de civ. dei 7, 30: scientiarum artes, Iul. Val. 2, 13 (4). – **b** v. philos. gründlichem **Wissen** (Ggstz. inscientia), Cic. Acad. 1, 41.

scientiola, ae, *f.* (*Demin.* v. scientia), die **wenige (geringe) Kenntnis,** Augustin. de civ. dei 11, 31: Plur. b. Arnob. 2, 18.

scīlicet, *Adv.* (aus scire u. licet, nach Madvig Cic. de fin. 5, 3. p. 618 [608] unmittelbar vom Stamm des Verbums scire), **I vernimm nur! man höre** oder **denke nur!** um die Aufmerksamkeit auf etwas Seltsames, Wunderbares zu lenken, rogat et prece cogit, scilicet ut tibi se laudare et tradere coner etc., Hor. ep. 1, 9, 3: ter sunt conati imponere Pelio Ossam scilicet atque Ossae frondosum involvere Olympum, Verg. georg. 1, 281 *sq.;* vgl. dazu Wernsdorf Gratt. cyn. 317 (Poët. Lat. min. tom. 1. p. 60). – **II** wie unser **versteht sich, natürlich, freilich,** zur bestätigenden Vervollständigung dessen, was eigentlich als sich von selbst verstehend gar nicht bestätigt zu werden braucht, **1** im Allg.: **α** wegen des Begriffes von scire mit folg. *Acc.* u. *Infin.: Sy.* Sed istunc exora, ut suam esse assimulet. *Clin.* Scilicet facturum me esse, versteht sich, dass ich es tun werde, Ter. heaut. 358 *sq.;* u. so Plaut. asin. 787 u. a. Ter. heaut. 856 *sq.* Lucr. 2, 469. Sall. Iug. 102, 9; hist. fr. 1, 48 (51), 5. Liv. 7, 13, 3 *ed. Hertz* (Madv. si licet). – **β** als bloße Partikel: ego valde suspenso animo exspecto, primum te scilicet, deinde Marionem cum tuis litteris, Cic.: etiamne hoc affirmare potes, Luculle, esse aliquam vim, cum prudentia et consilio scilicet (und natürlich eine mit Einsicht ausgerüstete und planmäßig handelnde), quae etc., Cic. – cur igitur eos manumisit? metuebat scilicet, ne indicarent, Cic.: und so in der Antwort: *Le.* Tam ego homo sum quam tu. *Me.* Scilicet ita res est, Plaut. – dah. elliptisch: *Gn.* Rex ergo te in oculis (sc. gestat)? *Thr.* Scilicet (freilich das), Ter.; und so sehr oft bei den Komik. – **2** insbes.: **a** wie unser **natürlich, allerdings versteht sich, freilich,** einräumend, m. folg. Adversativsatz (gew. mit *tamen, sed tamen* u. bl. *sed*), nihil scilicet novi, ea tamen, quae te ipsum probaturum esse confidam, Cic.: me quidem species quaedam commovit, inanis scilicet, sed commovit tamen, Cic.: sunt clara indicia naturae, maxime scilicet in homine, sed in omni animali, Cic. – maxime scilicet consolatur spes; facile secundo loco me consolatur etc., Cic. – **b** wie unser **natürlich, versteht sich, nun ja, ja nun,** im ironischen und sarkastischen Sinne, wenn der Redende das Gegenteil meint: *Sim.* Meum gnatum rumor est amare. *Dav.* Id populus curat scilicet! da kümmert sich natürlich der Staat darum! Ter.: scilicet tibi graviorem dolorem patrui tui mors attulit quam C. Graccho fratris, Cic.: ego istius pecudis consilio scilicet aut praesidio uti volebam, Cic. – **c** wie unser **freilich leider,** wenn der Redende etwas nicht zu Änderndes mit schmerzlicher Fügung in die Notwendigkeit usw. vorbringt, at vero nos, docti scilicet a Graecia, haec a pueritia legimus et ediscimus, Cic. Tusc. 2, 27; vgl. Cic. de off. 2, 3: unda scilicet omnibus ... enaviganda, Hor. carm. 2, 14, 9. – **III** wie unser erklärendes od. erläuterndes **nämlich,** prima pars casualis di viditur in parteis duas, in nominatus scilicet et articulos, Varro LL. 10, 18 (vgl. 10, 44): sub nomine alieno, nepotum scilicet et uxoris sororisque, Suet. Aug. 29, 4 (vgl. Tib. 14, 2 u. Vesp. 2, 1).

scilla, ae, *f.* (σκίλλα), die **Meerzwiebel** mit länglicher Bolle (*Scilla maritima,* L.), Scrippt. r. r. u. Verg. georg. 3, 451. – Verschieden dav. ist squilla, s. d.

scillinus, a, um (scillus), **aus Meerzwiebeln bereitet, Meerzwiebel-,** acetum, Plin. 23, 59. Cael. Aur. de morb. chron. 1, 1, 29.

scillītēs, ae, *m.* (σκιλλίτης), **mit Meerzwiebeln angemacht, Meerzwiebel-,** vinum, Colum.: acetum, Plin. u. Auson.

scillīticus (scyllīticus), a, um (σκιλλιτικός), **aus Meerzwiebeln bereitet, Meerzwiebel-,** Cels. u. a.

scimpodion, iī, *n.* (σκιμπόδιον), = grabatus, Gell. 19, 10, 1.

scīn = scisne, s. scio ►.

scincos u. **scincus**, ī, *m.* (σκίγγος od. σκίγκος), eine **ägyptische Eidechsenart,** dem Krokodil ähnlich, Plin. 8, 91 u. 28, 119.

scindo, scidī, scissum, ere (griech. σχίζω, altind. *chinátti,* spaltet, schneidet ab, ahd. *skintan,* schinden) **schlitzen,** schlitzend **reißen, zerreißen, spalten, mit Gewalt trennen, -zerteilen, I** eig.: **1** im Allg.: epistulam, Cic. (vgl. invitus litteras tuas scinderem, Cic. fr.): librum rationum in conspectu populi, Aur. Vict.: chirographum debitoris, Ambros.: crines, Verg.: mater scissa comam, mit zerrissenem Haar, Verg.: scissa genas, mit zerkratzten Wangen, Lucan.: vestes de corpore, Prop.: so auch scissa vestis, Liv.: u. chlamys scissa rabidis morsibus, Cael. Aur.: vallum, herausreißen, Caes.: quercum cuneis, zerspalten, Verg.: aequor ferro, mit dem Pflug aufbrechen, aufreißen, Verg.: u. so scindere terras et pastinare vineas, Salv.: navis scindit aquas, Ov.: agmen, durchbrechen, Tac.: aber agmine propero silvam Caesiam limitemque a Tiberio coeptum, durchbrechen (in dopp. Bedeutung, bei silvam = durchziehen, und bei limitem = eröffnen), Tac.: u. so poet., medii per maxima Nerei stagna viam, bahnen, Verg.: chelyn, zu sehr in sie hineinreißen, von einem verdrießlichen Spieler, Stat.: scissa humus, aufgegrabene, Mart.: pons a tergo eius scinditur, wird abgebrochen, Lact. – Passiv scindi medial = **sich zerteilen, sich trennen, zerreißen (reißen),** iam vincula scindi coeperunt, Curt.: flamma scinditur in partes, Lucan.: Italia scinditur in duo promunturia, Bruttium et Sallentinum, Sall. fr.: per campestria vagus (Nilus) in plura scinditur flumina, Sen. – Sprichw., scindere alci paenulam, s. paenula *no.* I. – **2** insbes., vom Vorschneider bei Tafel, **zerschneiden, zerlegen,** aves in frusta, Sen.: opsonium, Sen. – dah., meton., **vorlegen** (den Gästen), nihil, Mart. 3, 12, 2. – **II** übtr.: **1 zerreißen, zerfleischen, zerteilen, trennen** u. dgl., alqm quāvis scindunt cuppedine curae, Lucr. 3, 992. – genus amborum scindit se sanguine ab uno, Verg.: scidit se studium, Quint. – Passiv scindi medial = **sich trennen, -teilen, -zerteilen,** in contraria studia scinditur vulgus, Verg.: hi in duas factiones scinduntur, Tac.: hae (stellae) in numerum scissae sunt, Macr. somn. Scip. 1, 6, 18. – **2** insbes.: **a** gewaltsam **unterbrechen,** verba fletu, Ov.: actionem, Plin. ep.: tu modo a nobis abiens recentem amicitiam scindis potius quam dissuis, quod prudenter apud Ciceronem Laelius (76) vetat, Hieron. epist. 8. – **b zerstören, zugrunde richten,** Pergamum, Plaut. Bacch. 1053. – in utraque re analogiam, Varro LL. 9, 67. – **c** = rescindo, **wieder aufreißen** = erneuern, ne scindam ipse dolorem meum, Cic. ad Att. 3, 15, 2 zw. (Baiter u. Wesenb. rescindam). – ► Archaist. *Perf. redupl.* scicidi, Enn. fr. scen. 293. Naev. com. 94. Afran. com. 227. Acc. didasc. 1, 2 M. (bei Prisc. 10, 24); vgl. Gell. 7, 9, 16.

scindula, scindulāris, s. 1. scandula, scandulāris.

scinifes (sciniphes), um, *f.* (= σκνῖφες von σκνίψ), eine Ameisenart, die die Feigen benagt, Vulg. exod. 8, 16 *sqq.;* psalm. 104, 31. Sulpic. Sev. chron. 1, 14, 4. Oros. 7, 27, 6. p. 497 Zang. – ► Die besten Hdschrn. haben überall scinifes od. sciniphes, nicht cinifes.

Scinis, s. Sinis.

scintilla, ae, *f.* (vgl. ahd. *scīnan,* scheinen), der **Funke, I** eig. u. übtr.: **1** eig., des Feuers, videmus accidere ex una scintilla incendia passim, Lucr.: silici scintillam excudere, Plin.: scintillam emittere, scintillas edere, Plin.: cum saxis pastores saxa feribant, scintillam subito prosiluisse ferunt, Ov.: scintillam levem ignis inditam plumae folle fabrili ad caput fistulae imposito flando accenderunt, Liv.: parva saepe scintilla contempta excitavit incendium (bildl.), Curt. 6, 3 (8), 11: de parva scintilla et paene moriente maxima suscitavit incendia, Hieron. epist. 121, 2. – **2** übtr., ein funkenähnlicher Punkt auf Gold usw., ein **Funke,** Plin. 33, 95. – **II** bildl., der noch glimmende **Funke,** der **kleinste Überrest,** eine **verschwindende Kleinigkeit,** Plaut. trin. 678: belli, Cic. ep. 10, 14, 2: ingenii, Cic. de rep. 2, 31: virtutum quasi scintillae, Cic. de fin. 5, 43 *Mueller* mentis, Prud. cath. 7, 19: vigoris paterni, Hieron. epist. 79, 6: veritatis, Lact. 5, 2, 9: partem ac veluti scintillas quasdam sacrorum in terram resiluisse atque alieno loco haesisse, Sen. de otio 5, 5.

scintillātio, ōnis, *f.* (scintillo), das **Funkeln, Flimmern,** oculorum caligo scintillatioque, als Krankheit, Plin. 20, 80.

scintillo, āvī, āre (scintilla), **Funken sprühen, funkeln, flimmern, I** eig.: scintillant oculi, Plaut.: fulgetra, Plin.: carbuncula contra radios solis, Plaut.: scintillare omnia templa, Lucr.: scintillat oleum testā ardente, Verg.: ardenti scintillat sanguine lampas, Calp. – **II** bildl.: scintillavit cruentis ira genis, Sil. 9, 562: tunc Venus et calidi scintillat fervor amoris, die Liebe lodert auf, Calp. 5, 22: cupiditatis ardor, qui scintillet in animis audientium, Ambros. in psalm. 118. serm. 18. § 22: vidisti in multo fumo scintillantem fidem meam, Augustin. conf. 4, 2.

scintillōsus, a, um (scintilla), **Funken sprühend,** fons, Cassiod. var. 2, 39, 8.

scintillula, ae, *f.* (*Demin.* v. scintilla), das **Fünkchen,** bildl., virtutem quasi scintillulae, Cic. de fin. 5, 43 *Madvig* (C. F. W. Müller scintillae): vitae, Tert. de anim. 23.

scio, īvī u. iī, ītum, īre, **wissen, in Erfahrung gebracht haben, erfahren, I** im Allg. (Ggstz. opinari, arbitrari): **a** m. *Acc.:* unde id scis? Ter.: haec scivisti et me celavisti? Plaut.: id equidem ego certo scio, Plaut.: scire istarum rerum nihil, Cic.: nemo omnia potest scire, Varro: quam (rem) triduo sciturus es, wissen (erfahren) wirst, Cic.: ebenso scituros id hostes ratus, Liv. – quod sciam, was ich wüsste, soviel ich weiß, Komik. u. Cic.: ebenso quantum ego quidem sciam, Quint. – quod scio, omne *ex* hoc scio, Plaut.: quasi, si quid aliquando scio, non *ex* isto soleam scire, Cic. – im Passiv, an vero nihil certum sciri possit, Cic.: id de Marcello aut certe *de* Postumia sciri potest, kann von M., oder wenigstens von P. erfahren werden, Cic. – **b** m. *Infin.* od. *Acc.* u. *Infin.:* scio tibi ita placere, Cic.: quas scitis exstare, Cic.: scimus Atilium appellatum esse sapientem, Cic.: non se tam barbarum neque tam imperitum esse, ut non sciret (= *nesciret*) neque bello Allobrogum proximo Aeduos Romanis auxilium tulisse neque etc., Caes. – licet scire (man muss wissen) hunc (puerum) lumen futurum, Liv.: proinde sciatis licet (lasst euch gesagt sein) aut intraturum me urbem aut oppugnaturum, Curt. – scires (man sollte meinen) a Pallade doctam, Ov.: ebenso scires non ibi genitum Manium Curium, Plin. – *impers.,* hoc scitis omnes, usque adeo hominem in periculo fuisse, quoad scitum sit Sestium vivere, Cic. – im Passiv m. *Nom.* u. *Infin.,* Christus scitur (man weiß von Chr.) vocis simplicis iussione ambulatum dedisse contractis, Arnob. 1, 48. – **c** mit indir. Fragesatz, quae accommodata regno suo sint, ipsum optime scire, Liv.: neque sciebatur, quae senatus Romani de bello et pace sententia esset, Liv.: nec quā primum aut potissimum parte ferrent opem satis scire poterant, Liv.: cum sciatis, quo quaeque res inclinet, Cic.: ex tribus istis modis rerum publicarum velim scire quod optimum iudices, Cic.: ut quis et unde sit scire possimus, Cic.: quid rei esset, nemo satis pro certo scire, Liv.: avere te certo scire (zu erfahren), quid hic agatur, tum *a* me scire, non quo certiora sint ea, quae etc., … quam etc., Cic.: cui vis facile scitu est, quam fuerim miser, Ter.: scire velis, cur etc., Hor.: scin tu ut tibi res se habeat? Ter.: u. so scientem te faciam (ich will dir zu wissen tun), quidquid egero, Plaut.: haud scio an, s. an *no.* I, 2, a. – bl. vorklass. scio mit dem Indikativ im indir. Fragesatz, Plaut. Bacch. 78 u. a. – elliptisch: at scin quo modo? weißt du, wie ich dich (traktieren werde)? eine Drohformel, Plaut. Amph. 356 u. a. (s. Weise Plaut. Poen. 1, 2, 165). – **d** absol.: me sciente, Plaut.: scies, du sollst es erfahren, so wisse! Ter.: scio, ironisch = natürlich, Ter.: quem (Catonem), ut scitis, unice dilexi, Cic. – statim fac, ut sciam, Cic.: nemo ex me scibit, Ter.: nihil facilius scitu est, Liv.: scito huic opus est, Ter. – m. *de* u. Abl., cum is, qui de omnibus scierit, de Sulla se scire negarit, Cic. Sull. 39. – **II** insbes.: **A wissen, a** = **verstehen, gelernt haben, können, α** m. *Acc.:* omnes linguas, Plaut.: litteras, Cic. (vgl. littera *no.* I. u. *no.* II, B, 2, c): musicam, Vitr. – im Passiv, ars earum rerum est, quae sciuntur, Cic. – **β** m. *Infin.:* scisti uti foro, du hast gelernt, dich in die Welt zu schicken, Ter.: quae (lex naturae) vetat ullam rem esse cuiusquam nisi eius, qui tractare et uti sciat, Cic.: vincere scis, Liv. (mehr Beisp. s. Fabri Liv. 22, 51, 4). – **γ** absol.: scire Graece, Latine, Cic. – scire fidibus, des Saitenspieles kundig sein, Ter. eun. 133. Solin. 9, 14 (vgl. docere fidibus, Cic. ep. 9, 22, 3, discere fidibus, Cic. de sen. 26). – mit *de* u. Abl., de legibus instituendis, de bello, de pace … Lycurgum aut Solonem scisse melius quam Hyperidem aut Demosthenem, Cic. de or. 1, 58. – **b** = **einsehen, sich bewusst werden, merken,** cor dolet, quom scio, ut nunc sum atque ut fui, Plaut. most. 149: m. folg. *Acc.* u. *Infin.,* scivi extemplo rem de compecto geri, Plaut, capt. 484: eum vos esse meum servom scitis? Plaut. Poen. 724. – **B** scire alqm, **a** jmd. **kennen,** alqm, Tert. apol. 5 u. 21. Spart. Hadr. 21, 2. Apul. met. 6, 23: alqm bene, Capit. Anton. phil. 10, 5: mit dopp. *Acc.,* alqm puerum scisse, Spart. Car. 2, 1. – **b** euphemist., vom Mann etwas wissen wollen, ihn im Beischlaf **erkennen,** virum suum, von der Frau, Treb. Poll. trig. tyr. 30, 12. – ► Archaist. *Imperf.* scibam, scibas etc., Komik. u. Lucr.: *Fut.* scibo, scibis etc., Komik. u. Cato. – scin für scisne, Komik. – Synk. *Perf.* scisti, Ter. u. Ov.: regelm. *Infin. Perf.* scisse, Cic. u. a. (vgl. Quint. 1, 6, 17).

sciolus, ī, *m.* (*Demin.* v. scius), der **Halbwisser,** Arnob. 2, 62 *Reiff.* Hieron. praef. in Daniel u. ep. 48, 18; 58, 5; 125, 16. Claud. Mam. de statu anim. 2, 9, 4. p. 136, 10 *Engelbr.*

Sciopodes, um, *m.*, s. Sciapodes.

sciothēricon, ī, *n.* (σκιοθηρικόν), die Sonnenuhr, Plin. 2, 178. – Andere Form **sciothērum,** ī, *n.* (σκιόθηρον), Gromat. vet. 189, 1.

Scīpiadās u. **Scīpiadēs,** ae, *m.*, s. scīpio *no.* II.

scīpio, ōnis, *m.*, I) (σκίπων, σκήπων), der **Stab,** zum Gehen, Plaut.: eburneus, der Stab, den die viri triumphales trugen, Liv.; u. die Konsuln zur Kaiserzeit, Vopisc.; als Geschenk des röm. Volkes an Könige, Liv. – **II** als *nom. propr.*, **Scīpio** (Σκιπίων, Σκηπίων), ein Familienname des kornelischen Geschlechtes, s. Cornelius. – Dav.: **A Scīpiōnāriī,** ōrum, *m.*, **Anhänger des Scipio,** Varro LL. 9, 71 (wofür nach Varro einige falsch **Scipionīni** sagten). – **B Scīpiadās,** ae, *m.* u. **Scīpiadēs,** ae, *m.* (Σκιπιάδης), einer aus der Familie der Scipionen, ein **Scipiade,** poet = **ein Scipio,** Nom. *-as,* Lucr. 3, 1032. Lucil. 1139 (aus Fest. 294 [b], 27); Nom. *-es,* Claud. cons. Stil. 3. praef. 1 (vgl. Prisc. 7, 4): Genet. u. Dat. *-ae,* Lucil. 394 (bei Gell. 4, 17, 11). Prop. 3, 11, 67. Hor. sat. 2, 1, 72. Claud. bell. Get. 141: Akk. *-am,* Hor. sat. 2, 1, 17 (vgl. Prisc. 7, 4 Horatius … ›Scipiadam‹, non ›Scipiaden‹ dixit). – Plur., Nom. *-ae,* Sil. 7, 107. Iuven. 2, 154. Manil. 1, 792: Genet. *-um,* Claud. laud. Ser. 42: Akk. *-as,* Verg. georg. 2, 170; Aen. 6, 843. Claud. in Prob. et Olybr. 149. Sil. 8, 254 u. 13, 384.

scircula, s. sūrcula.

scirerȳtis, idis, Akk. ida *f.*, eine Art **Silberglätte,** Plin. 33, 108 *Jan* (Detl. sclererytida).

scīria, ae, *f.* (σκιῤῥία), die **raue, zottige Haut,** leonina, Tert. de pall. 4 zw.

Scīrōn, ōnis, Akk. ōna, *m.* (Σκίρων, Σκείρων), **I** als Männername, **A** ein berüchtigter Räuber auf den Meerfelsen zwischen Megaris und Attika, von Theseus getötet, Mela 2, 3, 7 (2. § 47). Ov. met. 7, 444. Stat. Theb. 1, 333: Akk. *-ona,* Gell. 15, 21. Stat. Theb. 12, 577. – Dav.: **AA Scīrōnis,** idis, *f.* (Σκιρωνίς, Σκειρωνίς), **scironisch,** petrae, Sen. Hipp. (Phaedr.) 1023. – **BB Scīrōnius,** a, um, **scironisch, des Sciron,** saxa, Mela u. Plin.: rupes, Claud. – **B** (Sciron, Scyron, Siron, Syron) ein Epikureer, Zeitgenosse Ciceros u. Vergils, Cic. Acad. 2, 106 (Halm Sciron, Müller Siron); de fin. 2, 119 (Baiter u. Müller Sironem). Cic. ep. 6, 11, 2 (Baiter Sironem, Wesenb. Syronem). Verg. cat. 7, 9 u. 10, 1 (*codd.* Scir. od. Scyr.). Donat. vit. Verg. § 79 (*codd.* Scir., Sillig Syr.). Serv. Verg. ecl. 6, 13 (Sir.) u. Serv. Verg. Aen. 6, 264 (Sir. od. Syr.). – **II** ein vom scironischen Felsen her wehender **Nordwestwind,** Plin. 2, 120. Sen. nat. qu. 5, 17, 4. Suet. fr. 151. p. 232, 6 *Reiff.*

scīropaectēs, ae, *m.* (σκιροπαίκτης), der **Gaukler mit Würfeln,** Not. Tir. 107, 60.

scirpeus (sirpeus), a, um (scirpus), **aus Binsen, I** *adi.*: ratis, Plaut.: fiscina, Ps. Verg. copa, 17 R.: imago od. simulacrum, Binsenbild, binsenes Argeerbild (s. Argēī *no.* II), Ov. – **II** *subst.*: **a** scirpea od. sirpea (sirpia), ae, *f.*, ein aus Binsen geflochtener **Wagenkorb** (gew. zum Hinausfahren des Mistes gebraucht), Varro u. Ov.: vannorum sirpiarumque vitores, Korbwarenflechter, Arnob. 2, 38. – **b** scirpea, ōrum, *n.*, **Binsengeflechte,** Varro LL. 7, 44.

scirpiculus (sirpiculus, surpiculus), a, um (scirpus), **zu den Binsen gehörig, aus Binsen bestehend, -geflochten, I** *adi.*: falces, Binsensicheln, Cato u. Varro. – **II** *subst.*, sirpiculus (nicht scirpiculus), surpiculus, ī, *m.*, der **geflochtene Korb,** Varro u. Prop.: surpiculi piscarii, Fischreusen, Plaut.

scirpo (sirpo), āvī, ātum, āre (scirpus), **I mit Binsen anbinden,** Varro LL. 5, 137. – **II** aus Binsen **flechten, binden,** dolia, Varro LL. 5, 137: cupas vinarias, Varro sat. Men. 116: ›sirpea‹ quod virgis sirpatur, Varro LL. 5, 139.

scirpula vitis, eine sonst unbekannte Rebengattung, Colum. u. Plin.: so auch uva, Plin.

scirpus, ī, *m.* (etruskisches Wort), **I** die **Binse,** Plaut, u. Plin. – weil die Binsen keine Knoten haben, dah. sprichw., quaerere in scirpo nodum, Schwierigkeiten finden, wo keine sind, Enn. sat. 70. Plaut. Men. 247. Ter. Andr. 941; vgl. Isid. orig. 17, 9, 97. Fest. 330 (b), 9 *sqq.* – **II** das Binsennetz, dah. übtr. das **Rätsel,** Gell. 12, 6, 1.

scirros, ī, *m.* (σκίῤῥος), das **verhärtete Geschwür,** Plin. 7, 63.

scirrōsis (scirrhōsis), is, Akk. in, *f.* (*σκίῤῥωσις), die **Verhärtung** im menschl. Körper, rein lat. saxitas, Cael. Aur. de morb. chron. 3, 4, 49. Plin. Val. 3, 26. Cass. Fel. 43.

scīscitātio, ōnis, *f.* (sciscitor), die **Nachforschung, Erforschung, Erkundigung,** Chalcid. Tim. 153: diligentissima, Petron. 24, 5: m. obj. *Genet.*, veri dei, Chalcid. Tim. 128: sapientiae, naturae, Chalcid. Tim. 166 u. 264: m. folg. Fragesatz, tua sciscitatio fuit, quae sint illa, quae nec oculus vidit nec auris audivit, Hieron. epist. 59, 1.

scīscitātor, ōris, *m.* (sciscitor), der **Nachforscher, Untersucher,** delicatae urinae, Mart. 3, 82, 16. – in geistiger Beziehung, minutissimus artium, Amm. 22, 16, 16: absol., Prud. cath. 7, 193.

scīscito, ātus, āre = sciscitor, **sich erkundigen,** paucula etiam sciscitare prius volo, Plaut. merc. 389 G.: ubi adhibito sanguine etiam inferos perhibet sciscitari, Augustin. de civ. dei 7, 35. p. 318, 14 D²: omnium sententiis occultius sciscitatis, Amm. 25, 8, 12: ephemeride scrupulose sciscitatā (befragt), Amm. 28, 4, 24.

scīscitor, ātus sum, ārī (scisco), **I** etw. **zu erfahren suchen,** nach etw. od. jmd. **sich erkundigen (fragen), nachforschen,** etw. **erforschen, erkunden, ausforschen, auskundschaften, a** *alqd:* consulis voluntatem, Liv.: imperia ducum, Tac.: alcis consilium, Tac.: cura diversa (die Vorgänge auf feindlicher Seite) sciscitandi, Tac. – **b** *alqd* m. *ex* u. Abl.: Epicuri sententiam ex Velleio, Cic.: ex eo … eius sententiam, Cic. – **c** m. de u. Abl.: de uno quoque nostrûm sciscitantur omnes, Cic.: sc. de victoria, Cic. – **d** alqm = jmd. befragen, deos, Liv.: singulos, Suet. – **e** m. folg. indir. Fragesatz: sciscitari, ad quem eorum regnum Romanum esset venturum, Liv.: sciscitari, quibus precibus suppliciisque deos possent placare, Liv.: prius quid sit sciscitari, Ter.: sciscitari, uter Porsena esset, Liv.: ut respiceret Burrum et sciscitaretur, an militi imperanda caedes esset, Tac.: *de* Domitio sciscitare, ubi sit, quid cogitet, Cic.: *ab* utroque sciscitor, cur etc., Cic. – **f** absol.: sciscitandi gratiā, Quint.: elicuit comiter sciscitando, ut fateretur etc., Liv.: issem plane sciscitatum ad istos, Gell.: Epicharis quaedam, incertum quonam modo sciscitata (man weiß nicht, wie sie die Kunde davon erhalten hat), Tac. – **II versuchen, eine Probe machen,** sciscitatus, an apti essent oneri ferendo, Capit. Anton. phil. 5, 2.

scīsco, scīvī, scītum, ere (*Inchoat.* v. scio), **I** eig.: **zu erfahren suchen, sich erkundigen, erforschen,** Acc. tr. 626. Pacuv. 214. Plaut. Amph. 1069. Afran. com. 395. – **II** übtr.: **A** als publiz. *t. t.* = durch seine Abstimmung **genehmigen** u. **verordnen, a** vom Volk, quae sisceret plebes, Cic.: m. folg. ut u. Konj., Athenienses sciverunt, ut etc., Cic.: plebes scivit, ut etc., Liv.: m. folg. *ne* u. Konj., scivere gentis suae more, ne etc., Curt. 8, 1 (2), 18: m. folg. *Acc.* u. *Infin.*, et solem concedere nocti sciscant imbelles, Sil. 7, 545. – **b** v. einem = für etw. **stimmen,** eam legem, Cic. – **B in Erfahrung bringen,** Plaut. Bacch. 302 u. 359; Pseud. 72; Poen. 772. – ► depon. Nbf. scīscor, nach Prisc. 8, 29.

scissilis, e (scindo) = σχιστός, **I spaltig, sich spaltend,** alumen sc., der faserige Alaun, griech. στυπτηρία σχιστή, Cels. 5, 2 u. a.: ders. lapis sc., Cels. 6, 6, 30. – **II zerrissen,** Apul. u. Veget.

scissim, *Adv.* (scissus v. scindo), **gespalten, zerteilt,** Prud. dittoch. 34.

scissio, ōnis, *f.* (scindo), **I** das **Zerreißen,** veli (des Vorhanges im Tempel), Augustin. de cons. evang. 3, 19, 56: Plur. meton., scissiones parietum, Risse, Vulg. Amos 6, 12 u. Rufin. in Amos II. c. 6, 12: taleas scissiones (Späne) lignorum et praesegmina, Varro dicit de re rustica I (40, 4), Non. 414, 25. – **II** die **Trennung, Zerteilung,**

Macr. somn. Scip. 1, 6, 18. – als gramm. *t. t.* = diaeresis (s. d.), Anecd. Helv. 99, 5.

scissor, ōris, *m.* (scindo), **I** der **Vorschneider, Vorleger** der Speisen bei Tisch, Petron. 36, 6. – **II** eine Art Gladiatoren, CIL 9, 466.

scissūra, ae, *f.* (scindo), **I** die **Spaltung, Trennung, Zerteilung, a** eig.: Nili, Plin. 5, 50. – **b** bildl., der **Zwiespalt, Zwist,** Prud. psych. 756. Augustin. serm. 358, 3. – **II** meton., der **Schlitz,** die **Spalte,** der **Riss,** Sen. u. a.: vulgär cissura, Gromat. 360, 17.

scissus, a, um, *PAdi.* (v. scindo), **I** *adi.*, **geschlitzt, gespalten, spaltig, gerissen, rissig,** cervis tantum *scissae* aures ac velut *divisae,* Plin.: alumen, faseriger (s. scissilis), Colum.: genae, runzelige, Prop.: so auch venter, Mart. – vocis genus scissum, eine kreischende, überschlagende Stimme, Cic. de or. 3, 216. – **II** *subst.*, scissum, ī, *n.*, der **Schlitz, Riss,** scissa reficere, Plin. 11, 84.

scītāmenta, ōrum, *n.* (1. scitus *no.* II), **I sehr schmackhafte Speisen, Leckerbissen,** Plaut.: mellita, Apul. – **II** bildl., von seltenen Ausdrücken, gleichs. **Leckereien, Feinheiten,** Gell. 18, 8, 1.

scītātio, ōnis, *f.* (scitor), das **Nachfragen,** die **Erkundigung,** Amm. 18, 5, 1.

scītātor, ōris, *m.* (scitor), der **Erforscher,** Amm. 22, 8, 10 G.

scītē, *Adv.* m. *Compar.* u. *Superl.* (scitus), **geschickt, klug, fein, geschmackvoll, allerliebst, nett,** scite loqui, Liv.: capella sc. facta, Cic.: versus sc. (sinnig) factus, Gell.: sc. coli, sich geschmackvoll kleiden, Liv.: sc. exornare convivium, Sall. – *Compar.* scitius, Gell. 4, 11, 10: *Superl.* scitissime (arch. scitissume), Plaut. Stich. 273. Gell. 10, 11, 6. Apul. met. 9, 11.

1. scītor, ātus sum, ārī, (v. scio), etwas **wissen wollen,** nach etwas **sich erkundigen,** etwas **erforschen, erfragen,** alqd, Verg. u. a.: alqm de alqa re, Ov.: oracula, befragen, Verg. – m. folg. indir. Fragesatz, quid veniat, scitatur, Ov.: at seitari possit, quid molirentur, Amm.: scitantibus, ubi esset, Amm. – alqd ex alqo, Hor., ab alqo, Ov. – ► Parag. Infin. scitarier, Ov. met. 2, 2741.

2. scītor, ōris, *m.* (scio), der **Wisser, Kenner,** potissimorum, Claud. Mam. de stat. anim. 1, 11.

scītulē, *Adv.* (scitulus), **geschickt, fein,** Apul. met. 2, 19 u. a.

scītulus, a, um (*Demin.* v. scitus), **fein, schön, allerliebst,** facies, forma, Plaut.: caupona (Gastwirtin), Apul.: pusiones, Arnob.: Plur. subst., scituli, schöne Leute, Schönheiten, Arnob. 2, 6.

scītum, ī, *n.* (scisco), **I** die **Verordnung,** der **Beschluss,** plebis scitum, populi scitum, Cic. u. a.: plebei u. plebi scitum, Inscr. u. Liv.: scitum plebis, populi, Liv.: scita patrum plebisque, Prud.: scita pontificis, Liv.: scita ac iussa nostra, Cic.: decemviralia scita, Arnob.: Ctesiphon scitum fecit, ut etc., Cic.: qui primum eius modi scita sanxerint, Cic. – **II** übtr., der **Lehrsatz** eines Philosophen, der **Grundsatz,** klass. decretum od. dogma (δόγμα), Sen. ep. 95, 10: scita atque consulta (sapientium virorum), Fronto epist. ad M. Anton. de eloqu. 1. p. 144, 13 N.: Orphei et Pythagorae scita, Apul. apol. 56. p. 66, 6 Kr.

1. scītus, a, um, *PAdi.* m. *Compar.* u. *Superl.* (v. scisco), **I gescheit, klug, schlau, erfahren, kundig, geschickt, fein,** homo, Plaut.: mulier, Gell.: sermo, Cic.: non sum scitior, quae hos rogem, Plaut.: scitissuma oratio, Plaut. – m. *Genet.*, scitus vadorum, kundig, erfahren, Ov.: lyrae, Ov.: m. *Infin.*, Sil. 15, 594 u. 17, 292. – dah. scitum est, **es ist ein gescheiter-, kluger Gedanke, -Einfall,** Plaut., Ter., Cic. u. a.: vetus illud Catonis admodum scitum est, Cic. – **II** übtr.: **a fein, hübsch, allerliebst, nett,** puer, Ter.: satis scita est, Ter.: forma scitior, Lampr.: – **b passend, schicklich, tauglich,** vox, Gell.: nox, Plaut.

2. scītus, Abl. ū, *m.* (scisco), die **Verordnung,** der **Beschluss,** plebi scitu (Ggstz. populi iussu), Cic. ad Att. 4, 2, 3: ebenso de senatus sententia plebique scitu, Liv. 25, 7, 5.

sciūrus, ī, *m.* (σκίουρος), das **Eichhörnchen,** Plin. 8, 138 u. a. Mart. 5, 37, 13.

scius, a, um (scio), **I mit Wissen, wissentlich,** Lact. 3, 24, 10. – **II wissend, kundig,** Pacuv. fr., Petron. u. a.: m. *Genet.*, rerum, Lact.: Latinae linguae, Macr. u. Augustin., magicarum rerum et carminum, Porphyr.: subst., scius, iī, *m.*, ein verständiger Mensch, ein Verständiger, Vulg. Sirach 21, 18. Vgl. Muncker Hyg. fab. 92. p. 149.

sclareia, ae, *f.*, die **Schalmei,** Gargil. Mart. de medic. 62.

sclererȳtis, idis, Akk. ida, *f.*, eine Art **Silberschaum,** Plin. 33, 108 D. (Jan scirerytida).

sclingo, ere, Naturlaut der Gänse, anserum est gliccire vel slingere, Suet. fr. 161. p. 251, 3 *Reiff.*

scloppus, s. stloppus.

scobina, ae, *f.* (scobis), die **grobe Feile,** die **Raspel,** Varro LL. 7, 68 (das. auch Plaut). Tert. apol. 12: sc. fabri, Plin. 11, 180.

scobis, is, *f.* (scabo), alles Feine od. Kleine, was beim Feilen, Sägen, Raspeln, Bohren abfällt, der **Feilstaub,** die **Raspelspäne, Sägespäne,** das **Sägemehl, Bohrmehl,** Cels. u. Colum.: scobis aeris delimata, Plin.: scobinam a scobe, Varro LL.: zum Bestreuen des Fußbodens beim Ausfegen gebraucht, Hor. sat. 2, 4, 81. Sen. contr. 9, 1 (25), 4. Iuven. 14, 67: auri scobis (Goldstaub), zum Bestreuen der Haare, Treb. Poll. Gallien. 16, 4. – übtr., scobem cutis oesypum extenuat, Schuppen u. was dem ähnlich ist, Plin . 30, 28. – ► *Gen. masc.*, scobe citreo, Vitr. 8, 3, 8: educto scobe, Pallad. 3, 17, 7: hic *scobis* et haec *scobes* (so!), Schol. Cruq. Hor. sat. 2, 4, 81. – Nom. scobs nur nach Prisc. 7, 40.

Scodra, ae, *f.*, Stadt im mazedon. Illyrien, jetzt *Scutari,* Liv. 44, 31, 2 *sqq.* u. a. – Dav. **Scodrēnsis,** e, **von** od. **aus Skodra, skodrensisch,** regio, CIL 6, 2698. – Plur. Scodrēnsēs, ium, *m.*, die Einw. von Skodra, die **Skodrenser,** Liv. 45, 26, 14.

Scodrus, ī, *m.*, mons, die östl. Fortsetzung der dalmatischen u. illyrischen Gebirge, jetzt *Argentaro,* Liv. 43, 20, 1; 44, 31, 4 *sq.*

scola, scolāris, s. schola, scholaris.

scolasticus, s. scholasticus.

scolax, acis, *m.*, die **Wachsfackel,** Isid. orig. 20, 10, 5.

scōlēcion, iī, *n.* (σκωλήκιον), eine (leicht wurmstichig werdende) Art **Scharlachbeere,** Plin. 16, 22 D. u. 24, 8.

scōlēx, ēcis, Akk. ēca, *m.* (σκώληξ), eine Art **Kupferrost,** wenn das Kupfer wie wurmstichig aussieht, Plin. 34, 116 (wo Nom. u. Akk.).

scolibrochon, ī, *n.*, eine sonst callitrichon und scolopendrion gen. Pflanze, Ps. Apul. herb. 47.

scolopāx, ācis, *m.* (σκολόπαξ), die **Schnepfe,** Nemes. de aucup. 2, 3.

scolopendra, ae, *f.* (σκολόπενδρα), **I** der **Skolopender, Tausendfuß,** ein vielfüßiges Insekt, der Assel ähnlich, Plin. 8, 104. – **II** ein Meerfisch, Plin. 9, 145.

scolopendrion, iī, *n.* (σκολοπένδριον), s. scolibrochon.

scolops, opis, *m.* (σκόλοψ), die **Palisade** (rein lat. vallus), Serv. Verg. georg. 1, 264.

scolymos, ī, *m.* (σκόλυμος), eine Pflanze, deren Blumenboden essbar war, viell. *Cynara carduncullus,* L., die **Kardone,** eine Art Artischocken, Plin. lib. I. ind. ad 20, c. 99, p. 45, 13 D. Plin. 21, 94 *sq.* u. a.

scomber, brī, *m.* (σκόμβρος), ein Meerfisch, wahrsch. unsere **Makrele** (*Scomber Scomber,* L.), Catull. 95, 8. Colum. 8, 17, 12. Plin. 9, 49. Pers. 1, 43. Mart. 3, 50, 9: sc. horaeus, Plaut. capt. 851: garum scombri, CIL 4, 2574–2576; vgl. Plin. 31, 94. – ► Nbf. scombrus, Prisc. 6, 33 ohne Beleg.

scōmma, atis, *n.* (σκῶμμα), der **spöttische Ausdruck,** die **Stichelei,** Macr. sat. 7, 3, 1 *sqq.*

1. scopa, ae, *f.* (σκοπή), das **Spähen,** die **Umschau,** Plur. bei Mart. Cap. 8. § 812.

2. scōpa, ae, *f.*, **I** der **dünne Zweig,** das **Reis,** am Baum, an Kräutern usw., scopa regia u. Plur. scopae regiae, eine Pflanze, nach Sprengel der **besenartige Gänsefuß** (*Chenopodium scoparia,* L.), Plin. 21, 28 u. 25, 44. – öfter der Plur. von den Zweigen (Büscheln) des Wermuts, Spargels u. anderer Kräuter, Naev., Plin. u. Auct. b. Afr. – **II** meton., Plur. **scōpae,** ārum, *f.*, der (aus mehreren Reisern gebildete) **Besen** (wo natürlich der Sing. falsch wäre, wie schon Varro LL. 10, 24 u. Quint. 1, 5, 16 angeben; doch Sing. Vulg. Isai. 14, 32; vgl. Charis. 32, 22 *sq.* scopae, σάρος, dicimus tamen et scopa), myrti folia, ex qua fiunt scopae, Plin.: unae scopae, ein Besen, Varro LL.: scopae viles, Hor.: cape illas scopas, converre, Plaut.: limen deverrere scopis, Varro fr.: argentum inter reliqua purgamenta scopis coepit everrere, Petron. – Sprichw., scopas dissolvere, die Reiser des Besens auseinandernehmen, d.i. eine Sache ihrer Ordnung u. Zusammenfügung berauben, Cic. or. 235: dah. scopae solutae, auseinandergenommener Besen = ein alberner u. unnützer Mensch, Cic. ad Att. 7, 13. litt. b. § 2.

scōpārius, iī, *m.* (scopae), der **Auskehrer,** Ulp. dig. 33, 7, 8. § 1.

Scopās, ae, *m.* (Σκόπας), **I** ein berühmter Bildhauer aus Paros, Cic. de div. 1, 23. Plin. 34, 49. Hor. carm. 4, 8, 6. Mart. 4, 39, 3. – **II** ein vornehmer Thessalier, Zeitgenosse des Simonides, Cic. de or. 3, 352 *sq.* Quint. 11, 2, 14.

scōpes, um, *f.* (σκῶπες, Hom. Od. 5, 66), eine Art **Eulen,** Plin. 10, 138.

scōpio, ōnis, *m.*, der **Stiel,** an dem die Beeren der Weintraube hängen, Cato u. Plin.: u. der **Samenstengel, Stamm** des Spargels, Colum. 11, 3, 46. – Andere Form **scōpius,** iī, *m.*, Varro r. r. 1, 54, 2 u. 2, 4, 17.

1. scōpo, āvī, āre (2. scopa), **mit dem Besen fegen, ausfegen,** monasterii plateas, Ven. Fort. vit. S. Radeg. 23: iussit eundem locum scopari, Herm. Past. 3, 9, 10 (cod. Palat.); vgl. Anecd. Helv. 241, 19 ›scopare‹ dicitur pavimentum verrere. – bildl., Vulg. Isai. 14, 23. Hieron. in Isai. 6, 14, 23.

2. scopo, ere (σκοπέω), **durchforschen, prüfen,** spiritum suum, Vulg. psalm. 76, 7.

scōpula, ae, *f.* (*Demin.* v. 2. scopa), **I** Sing. = das **Besenreis,** Colum. 12, 18, 5. – **II** meton., Plur. scopulae, ārum, *f.* = der **kleine Besen,** Cato u. Colum.

scopulōsus, a, um (scopulus), **voller Felsen, voller Klippen, felsig, klippenreich, I** eig. u. übtr.: **a** eig.: mare, Cic.: litus, Ambros.: collis, Sil.: *neutr. pl.* subst., deici per scopulosa et abrupta, über jähe Felsen, Plin. 6, 65. – **b** poet übtr.: terga beluae, wie Felsen hervorragend, Val. Flacc. 2, 518. – **II** bildl.: intellego, quam scopuloso difficilique in loco verser, Cic. div. in Caecil. 35.

scopulus, ī, *m.* (σκόπελος), jeder hohe, hervorragende Ort, von dem herab man weit in die Ferne sehen (σκοπεῖν) kann, die **Bergspitze,** der **Felsen, I** eig.: **A** im Allg., Verg. u. a.: scopulus Mavortis, d.i. der Areshügel neben der Burg von Athen, Ov. met. 6, 70. – bei Dicht. übh. der **große Stein,** der auf die Mauern herabgeschossen wird usw., Val. Flacc.: imber agens scopulos, Val. Flacc. – **B** insbes., der **Felsen** im oder am Meer, die **Klippe,** ad scopulos allidi, Caes., affligi, Cic.: ubi (Nilus) scopulos cautium verberavit, Sen. – scopuli errantes = *symplegades* (s. symplēgas), Val. Flacc. – poet. v. einem Vorgebirge, infames scopuli, Acroceraunia, Hor.: terra tribus scopulis procurrit in aequor, Ov. – im Gleichnis, zur Bezeichnung des Trotzes und der daraus entstehenden Schwerhörigkeit, o scopulis undâque ferocior, Ov.: scopulis surdior Icari voces audit, Hor. – **II** bildl.: **A** im Allg.: scopulos et ferrum gestare in corde, von einem harten, unbarmherzigen Menschen, Ov.: ad scopulum ire, zugrunde gehen, Lucr.: ipso quoque praeturam, ut e celsiore scopulo caderet, affectante, um von einer desto gefährlicheren steilen Höhe herabzustürzen, Amm. 30, 5, 10. – **B** insbes., wie unser Klippe, als Sinnbild des Gefährlichen, Unheilbringenden, rationes ad scopulos appellere, Cic.: in hos scopulos incīdere vitae, Cic.: ubi scopulum offendis eius modi, ut non modo ab hoc crimen resilire videas, verum etc., Cic. – v. Pers., **Klippe** = Zugrunderichter, vos, geminae voragines scopulique rei publicae, v. Piso u. Gabinius, Cic.: scopulus et nodus et mora publicae securitatis, v. Antonius, Flor.: piratarum scopulus, v. Pompejus, Petron. poët. – **III** das **Ziel,** nach dem man schießt, Suet. Dom. 19 *Roth* u. *Ihm.* Vgl. scopus.

scopus, ī, *m.* (σκοπός), das **Ziel,** nach dem man schießt, Suet. Dom. 19 (*Roth* u. *Ihm* scopulus, s. d.): übtr., nos ad hunc scopum dirigere, Cassian. coll. 1, 5.

scordalia, ae, *f.* (scordalus), die **Zänkerei,** agite scordalias de medio, Petron. 59, 1.

scordalus, ī, *m.*, der **Zankteufel,** Sen. suas. 7, 14. Sen. ep. 56, 2 u. 83, 12. Petron. 95, 7.

scordastus, ī, *f.*, ein dem Gummibaum ähnliches Gewächs, Plin. 12, 36.

scordilon, ī, *n.* = scordion, Ps. Apul. herb. 70.

scordion u. **scordium,** iī, *n.* (σκόρδιον), eine Pflanze mit Knoblauchgeruch, **Skordion, Lachenknoblauch, Wasserbathengel** (*Teucrion scordium,* L.), Form *-dion,* Plin. 25, 63. Ps. Apul. herb. 70: Form *-dium,* Pelagon. veterin. 16 (257 *Ihm*).

scordiscārius, iī, *m.* (scordiscus), der **Verfertiger lederner Sättel,** Hieron. epist. 51, 5 (wo bis jetzt falsch sordiscarius od. scortisarius).

Scordiscī, ōrum, *m.*, eine Völkerschaft in Oberpannonien um die Mündung des Savus, Plin. 3, 148. Frontin. 2, 4, 3. Iustin. 32, 3, 5. Amm. 27, 4, 4: Scordisci equites, Frontin. 3, 10, 7.

scordiscus, ī, *m.*, der **lederne Sattel** zum Reiten, Edict. Diocl. 10, 2: sc. malacus, CIL 7, 4008, 19. Vgl. Gloss. II, 180, 20 ›scordiscus, ἐφίππιον‹.

scordium, s. scordion.

scordōtīs, idis, Akk. im, *f.* = scordion, Plin. 25, 63.

Scordus, ī, *m.* (bei den Griechen τὸ Σκάρδον ὄρος), ein Gebirge in Illyris barbara od. Romana, an der Grenze gegen Mösien und Mazedonien, j. *Nissawa Gora* u. *Scharta,* nach anderen *Argentara,* Liv. 44, 31, 4.

scōria, ae, *f.* (σκωρία), die **Schlacken** des Metalles, Plin. u. a.

scoriscātio, ōnis, *f.*, s. coruscātio.

scorīsco, s. corusco ►.

scorofio, s. scorpio *no.* II, e.

scorpaena, ae, *f.* (σκόρπαινα), ein stacheliger Meerfisch, der **Drachenkopf** (*Scorpaena porcus,* Oken), Plin. 32, 151.

scorpiacum, ī, *n.* (σκορπιακόν), ein **Mittel gegen den Skorpionenstich,** Tert. adv. gnost. 1.

scorpināca, ae, *f.*, die sonst proserpinaca gen. Pflanze, Ps. Apul. herb. 18.

scorpio, ōnis, *m.* u. **scorpius** u. **-os,** ī, *m.* (σκορπίων, σκορπίος), **I** der **Skorpion,** ein giftiges Insekt, Ov. u. Plin. – **II** übtr.: **a** der **Skorpion** als Sternbild, Cic. poët., Ov. u. a. (bei Müller Cic. de nat. deor. 2, 113 groß geschrieben). – **b** eine Kriegsmaschine, mit der man Steine, Pfeile u. andere Geschosse abschleuderte, der **Skorpion,** Caes. u. Liv.; vgl. Amm. 23, 4, 4. *sqq.* Veget. mil. 4, 22. – **c** ein stacheliger Meerfisch (*Cottus scorpio,* L.), Plin. 32, 151. Petron. 35, 4. Apic. 4, 153: scorpios, Ov. hal. 116. – **d** eine stachelige Pflanze (*Spartium scorpius,* L.), das **Skorpionkraut,** Plin. 22, 39: u. ein Strauch, sonst tragos gen., Plin. 13, 116 u. 27, 132. – **e** ein **spitzer Haufen** zusammengelegter Steine als Grenzzeichen, Gromat. vet. 138, 23 u. a.: auch in der Bauernsprache scorofio, Gromat. vet. 211, 10 u. a. – **f** ein Marterinstrument, Vulg. 1. regg. 12, 14. Isid. orig. 5, 27, 18.

scorpioctonon, ī, *n.* (σκορπιοκτόνον), eine Pflanze, der **Sonnenwirbel,** Ps. Apul. herb. 49.

scorpion, iī, *n.*, eine sonst thelyphonon gen. Pflanze, Plin. 25, 122.

scorpiōnius, a, um (scorpio), **skorpionisch,** genus cucumeris, wegen der Ähnlichkeit mit dem Skorpionenschwanz, Plin. 20, 8.

scorpios, iī, *m.*, s. scorpio.

scorpītis, idis, *f.* (σκορπῖτις), ein dem Skorpion an Farbe und Gestalt ähnlicher Edelstein, der **Skorpionstein,** Plin. 37, 187.

scorpiūrus u. **-os,** ī, *m.* u. **scorpiūron,** ī, *n.* (σκορπίουρος u. -ον), der **Skorpionenschwanz,** eine Art heliotropium, Plin. 22, 60. Ps. Apul. herb. 49.

scorpius, iī, *m.*, s. scorpio.

scortātio, ōnis, *f.* (scortor), die **Hurerei,** Eccl.: Plur. scortationes, Unzuchtsvergehen, Augustin. in psalm. 70. serm. 1. § 9.

scortātor, ōris, *m.* (scortor), der **Hurer,** Plaut. Amph. 287. Hor. sat. 2, 5, 75. Hieron. ad Ephes. 1, 1, 13. Vulg. deuter. 23, 17.

scortātus, Abl. ū, *m.* (scortor), das **Huren,** Apul. met. 5, 28.

scorteus, a, um (scortum), **I aus Fell, aus Leder, ledern,** paenula, Varro fr. u. Mart.: pulvinus, Cels.: fascinum, Petron.: sacculus, Paul. ex Fest. 35, 1: ne quid scorteum (kein Lederzeug) adhibeatur, Auct. bei Varro LL. 7, 84. – subst., **A** scortea, ae, *f.*, **a** ein Kleid aus Fell od. Leder, ein **Pelz,** Sen. nat. qu. 4, 6, 2. Mart. 14, 130, 2. – **b** (scortia) ein Gefäß aus Leder zu Öl, ein **Lederschlauch,** Edict. Diocl. 10, 16;

vgl. Isid. orig. 20, 7, 1. – **B** scortea, ōrum, *n.*, aus Fell od. Leder gefertigte Dinge, **Lederzeug,** Varro LL. 7, 84. Ov. fast. 1, 629. Paul. ex Fest. 331, 1. – **II** bildl., **ledern = alt, verschrumpft,** scortum scorteum, Apul. met. 1, 8.

scortia, ae, *f.*, s. scorteus.

scortillum, ī, *n.* (*Demin.* v. scortum), das **Dirnchen, Hurchen,** Catull. 10, 3.

scortīnus, a, um (scortum), **aus Leder, ledern,** asses, Suet. fr. 178. p. 319, 5 *Reiff.*

scortor, ārī (scortum), **huren,** Plaut. asin. 270 u. a. Ter. heaut. 206 u. a. (vgl. Varro LL. 7, 84): Partiz. subst., scortantes, **Hurende, Hurer,** scortantes et meretricantes, Augustin. in psalm. 136, 9: scortantes cum meretricibus, Vulg. 2. Mach. 6, 4. – ► Parag. Infin. scortarier, Plaut. merc. 1018.

scortulum, ī, *n.* (*Demin.* v. scortum), die **Haut,** bes. die **Löwenhaut,** Tert. ad nat. 2, 10 (mit Anspielung auf scortum *no.* II).

scortum, ī, *n.*, **I** in der alten Sprache, das **Fell,** Varro LL. 7, 84: Herculis, Löwenhaut des Herkules, Tert. de pall. 4. – **II** übtr., die **Hure,** die **Dirne,** das **Schätzchen,** Komik., Cic. u. a.: scortum transfugarum unius, Liv.: scorta meritoria, Suet.: sc. vulgare, Cic.: sc. publicum, Tert. apol. 13.

scorusc... s. corusc...

Scōti, ōrum, *m.*, eine Völkerschaft im südlichen Teil von Schottland (Caledonia) und in Irland (Hibernia), die **Skoten, Schotten,** Amm. 20, 1, 1. Oros. 1, 2, 81 (Zang. Scotti). Isid. orig. 14, 6, 6. Claud. IV. cons. Hon. 33. – Sing. Scōtus kollekt., Claud. bell. Get. 417; laud. Stil. 2, 251. Pacat. pan. 5, 2. – Dav. **a Scōtia,** ae. *f.*, das **Land der Skoten, Skotien, Schottland,** Isid. orig. 14, 6, 6 (dort = Hibernia). – **b Scōticus,** a, um, **skotisch, schottisch,** tela, Claud. laud. Stil. 2, 254.

scotia, ae, *f.* (σκοτία), *t. t.* der Baukunst: **I** ein hohles eingebogenes, nach einem halben Kreis vertieftes Glied, die **Einziehung,** Vitr. 3, 5, 2. – **II** die **Regenrinne** am Kinn des Kranzleistens, Vitr. 4, 3, 6.

Scōticus, a, um, s. Scōti.

Scotīnos od. **-us,** a, um (Σκοτεινός), der **Dunkle,** ein Beiname des Heraklit, Sen. ep. 12, 6 (wo aber in den besten Hdschrn. das Wort fehlt).

scotōma, atis, *n.* (σκότωμα), **Dunkelheit vor den Augen, Schwindel,** Isid. orig. 4, 7, 3. – Dav. **scotōmaticus,** a, um (σκοτωματικός), **mit Schwindel behaftet,** Th. Prisc. 2, 3.

scotōmo, āre = σκοτόω, **schwindelig machen,** sodass es einem dunkel vor den Augen wird, falsum vinum caput scotomat, Th. Prisc. de diaet. 12.

Scotti, Scōtus, s. Scōti.

scratta (scratia, scrattia, scrapta), ae, *f.*, Bezeichnung einer Buhldirne (vgl. Fest. 333 [a], 29. Varro LL. 7, 65), Titin. com. 75 (Ribbeck scrattae, Müller bei Fest. 333 [b], 1 scratiae). Plaut. fr. b. Varro LL. 7, 65 (scratia) u. b. Gell. 3, 3, 6 (scratta) u. b. Non. 169, 8 (scrapta). Vgl. Ribbeck Coroll. ad comic. Rom. fragm. p. LXVII ed. 2.

scrautum = pelliceum, in quo sagittae reconduntur, Paul. ex Fest. 332, 5; vgl. Fest. 333 (b), 17.

screa (*n. pl.*) = quae quis exscreare solet, der **Auswurf,** Fest. 333 (a), 31.

screātor, ōris, *m.* (screo), der sich räuspert, der **Räusperer,** Plaut. mil. 647.

screātus, ūs, *m.* (screo), das **Räuspern,** screatus abstine, Ter. heaut. 373.

screo, āre, **sich räuspern,** Plaut. Curc. 115 G.

scrība, ae, *m.* (scribo), der **Schreiber,** bes. der **beamtete Schreiber,** der **Sekretär, a** öffentlicher, eine Art Unterbeamter (Schrift- od. Rechnungsführer) im Dienste des Senates u. obrigkeitlicher Personen (Konsuln, Prätoren, Ädilen, Quästoren, Statthalter), die in Rom einen ehrenvollen Stand bildeten, Cic.: scriba aedilicius, Cic.: quaestorius, Suet.: equitum, Eskadronschreiber, Curt. 7, 1, 15: – bei Fürsten, Nep. Eum. 1, 5: regum scribae, Firm. math. 8, 25. p. 233, 20 ed. Basil. – **b** bei Privatpersonen, scriba librarius, Varro (sonst bloß librarius gen.): scriba Neronis, Hor.: so auch scriba meus, Cic. ep. 5, 20, 1: scriba ab epistulis, Schreiber, Sekretär, Inscr.

scrībātus, ūs, *m.* (scribo), der **Schreiberdienst, Sekretärdienst,** Cod. Iust. 7, 62, 4.

scriblīta, ae, *f.*, eine Art Gebackenes, nach einigen **warme Torte,** Plaut. Poen. prol. 43. Cato r. r. 78. Petron. 35, 4 u. 66, 3. Mart . 3, 17, 1.

scriblītarius, a, um (scriblita), zur warmen Torte gehörig, **Torten-,** pistor, der Tortenbäcker, Afran. com. 161.

scrībo, scrīpsī, scrīptum, ere (vgl. griech. σκάριφος, Stift, Griffel, meton. Umriss, Zeichnung, σκαριφᾶσθαι, ritzen u. zeichnen), mit einem spitzen Griffel **graben, einzeichnen, zeichnen,** Züge, Linien, Figuren, Buchstaben **machen, schreiben, I zeichnen, reißen, ziehen, 1** im Allg.: stigmata fugitivo, einen entlaufenen Sklaven brandmarken, Quint.: lineam, Cic. – **2** prägn.: **a bezeichnen, bemalen,** totius frontem tabernae scorpionibus, Catull. 37, 10: arva sanguineo scribit rutilantia gyro, Stat. Theb. 11, 514. – **b** etwas **zeichnen, entwerfen, beschreiben,** von etw. **einen Abriss machen,** in linea trigonum paribus lateribus et intervallis, Vitr.: formam, Plin. ep.: scribetur tibi forma et situs agri, Hor. – **II schreiben, 1** im Allg.: litteram, Cic.: meā manu scriptae litterae (Brief), Cic.: erat scriptum ipsius manu, Cic.: itaque terra in augurum libris scripta cum R uno, Varro LL.: *Ch.* Fassus es Charmidem dedisse aurum tibi. *Suc.* Scriptum quidem, ja, geschriebenes, ja, auf dem Papier, Plaut.: ut scriptum (schwarz auf weiß) aut obsignatum aut depositum, Cic.: nihil erat clausum, nihil obsignatum, nihil scriptum (als vorhanden aufgeführt, inventarisiert), Cic.: liber minutioribus litteris scriptus, Sen.: historia minutissime scripta, Sen.: absol., scribere decore, eine schöne (hübsche) Hand schreiben, Amm. 30, 9, 4. – bildl., mihi scripta illa dicta sunt in animo, eingeprägt, Ter. Andr. 383. – **2** insbes.: **a** etwas **beschreiben,** unam (sortem) excīdisse ita scriptam, Liv.: columna litteris gentis eius scripta, Curt. 10, 1 (2), 14: postes hinc et inde totos, Mart. 1, 117, 11: ceram ossibus (= stilis osseis), Isid. orig. 6, 9, 2: scriptus et aeterno nunc primum Iuppiter auro, mit einer goldenen Weihinschrift für ewig versehen, durch eine goldene Inschrift verewigt, Mart. 11, 4, 3. – **b** an jmd. **schreiben,** ihm **schriftlich melden,** ad alqm u. alci, Cic.: ad alqm de alqo (einen an jmd. empfehlen) accuratissime (sehr), Cic.: salutem (einen Gruß), Plaut.: m. folg. Fragesatz, diplomata, quorum dies praeteriit an omnino observari et quam diu velis rogo scribas, Plin. ep. 10, 45 (54); vgl. 10, 116 (117), 1. – Passiv m. *Acc.* u. *Infin.*, scribitur nobis multitudinem convenisse, Cic.: mit *Nom.* u. *Infin.*, haec avis scribitur solere etc., Cic. – **c schreiben, schriftlich auftragen, verlangen, bitten, befehlen,** si quid ad me scripseris, Cic.: m. folg. *ut* od. *ne* u. Konj., velim domum ad te scribas, ut mihi tui libri pateant, Cic.: collegae scripsit, Aquileiam ut veniret, Liv.: Scipioni scribendum, ne bellum remitteret, Liv.: m. folg. bl. *Coniunctiv*, scribit Labieno, veniat, Caes.: mit folg. *Infin.*, scribitur tetrarchis ... iussis Corbulonis obsequi, Tac. – **d schreiben,** schriftlich **aufsetzen, verfertigen, verfassen, niederschreiben,** libros, Cic.: defensionem, Cic.: historiam, Cic.: epistulam ad alqm, Quint.: scripsisse aliquid in Antonium, Liv. fr.: sunt alii scriptae quibus alea luditur artes, andere haben die Kunst, mit Würfeln zu spielen, beschrieben, Ov. – dicam alci scribere, gegen jmd. eine Anklageschrift (Klage) einreichen, Cic.: leges, Gesetze machen, schriftlich verfassen, Cic.: foedus amicitiae, machen, Liv.: senatus consultum, Cic.: so auch adesse scribendo, gegenwärtig sein, wenn der Senatsbeschluss schriftlich abgefasst wird, Cic.: ebenso auch esse ad scribendum, Cic. – absol., **α schreiben** = etw. Gelehrtes ausarbeiten, bes. Gedichte, ad scribendum animum appulit, etwas zu schreiben, zu dichten, Ter.: se ad scribendi studium contulit, zum Dichten, Cic.: ad scribendum se contulit, er wurde Schriftsteller, Hieron. de vir. ill. 80. – **β schreiben** = von etwas schriftlich handeln oder reden, de Alexandri laudibus, Gell.: ut Plutarchus scribit, Gell.: hac super re scribam ad te, Cic.: scripsit super hoc plenissime octo voluminibus, Hieron.: maior scribendi diligentia, eine sorgfältigere Darstellung, Eutr. – **γ** von Rechtsgelehrten, Urkunden aller Art (Testamente, Verträge, Klageformeln usw.) **abfassen,** haec urbana militia respondendi, scribendi, cavendi, Cic. Mur. 19. – **e** m.

dopp. *Acc.*, **α** als den u. den **schreiben,** auf etw. **setzen,** cum ... se A. Cornelium Cossum consulem scripserit, sich als Konsul A. Kornelius Kossus daraufgesetzt (auf das Weihgeschenk), unterschrieben hat, Liv. 4, 20, 11. – **β** schriftlich **ernennen, einsetzen, festsetzen,** alqm heredem (zum Erben), Cic.: alqm heredem secundum, Hor.: alqm alci scribere coheredem, Sen. u. Tac. (vgl. in testamento alcis heredem scriptum esse, Caes.): so alqm tutorem, Cic. – **f** schriftlich **aussetzen,** alci legatum, vermachen, Plin. ep.: u. so servo libertatem, ICt. – **g** als *t. t.* der Geschäftssprache, bei Wechselgeschäften, **Anweisung zur Auszahlung von Geld** an jmd. geben, durch **Anweisung** od. **Wechsel** an jmd. **zahlen,** alci nummos, Plaut. asin. 440: scribe decem a Nerio, lass (dem Schuldner) 10000 Sesterze durch (den Wechsler) Nerius auszahlen, Hor. sat. 2, 3, 69; s. Bentley Hor. sat. 2, 3, 76; ep. 2, 1, 105; vgl. rescribo. – **h** **beschreiben, besingen, schildern,** von jmd. **schreiben, singen,** Marium, Cic.: Cyrus ille a Xenophonte non ad historiae fidem scriptus, Cic.: fons supra scriptus, Vitr.: scriberis Vario fortis, Hor. – **i** als publiz. u. milit. *t. t.*, Kolonisten, Soldaten usw. **anwerben, ausheben,** milites, Sall. (vgl. ex his tribubus scriptos iuniores duo tribuni ad bellum duxere, Liv.): exercitum, Liv.: legiones, Sall.: quattuor milia peditum, Liv.: milites in supplementum, Liv.: supplementum legionibus, Cic.: socios navales, Matrosen ausheben, Liv.: quinque milia colonorum Capuam (nach K.), Liv.: u. so sex milia colonorum Albam in Aequos, Liv.: novorum militum ea pars, quae scripta in Histriam provinciam esset, Liv. – übtr., v. anderen Personen, scribe tui gregis hunc, zähle ihn unter deine Freunde, Hor. ep. 1, 9, 13. – **k** m. dopp. Akk., als der und der **unterschreiben = seinen Namen setzen,** cum ... se A. Cornelium Cossum scripserit, als Konsul A. Kornelius Kossus (auf das Weihgeschenk) seinen Namen gesetzt hat, Liv. 4, 20, 11. – ► Synk. *Perf.* scripsti, Plaut. asin. 802: scripstis, Enn, fr. scen. 211: *Infin.* scripse, Auson. sept. sap. lud. 1. p. 105 Schenkl. – auch scribsisse u. scribturum geschrieben, Lucil. 818.

Scrībonius, a, um, Name einer röm. *gens,* s. *Orelli* Onamast. Tull. p. 525 *sqq.* – Bes. bekannt ist Scribonius Largus, Arzt zur Zeit der Kaiser Tiberius u. Klaudius, Verf. einer noch erhaltenen Schrift Compositiones medicamentorum.

scrīniārius, iī, *m.* (scrinium), **Vorsteher des** *scrinium,* scriniarius a libellis, Corp. inscr. 6, 8617: scr. ab epistulis, CIL 10, 527: scr. actorum, Cassiod. var. 11, 24: scr. curae militaris, *ibid.* 11, 24: absol., CIL 2, 9885.

scrīniolum, ī, *n.* (*Demin.* v. scrinium), das **Schreinchen,** Not. Tir. 101, 20. – bildl., pectoris sui, Hieron. epist. 77, 7.

scrīnium, iī, *n.* (ahd. *scrīni,* nhd. Schrein), die zylinderförmige **Kapsel,** Papiere, Bücher, Salben usw. aufzubewahren, Sall., Hor., Plin. u. a. – Bei den späteren Kaisern gab es in der Hofkanzlei besondere scrinia memoriae, epistularum, libellorum u. epistularum Graecarum.

scrīplum, ī, *n.*, s. scrīpulum.

scrīptilis, e (scribo), **schreibbar,** Amm. 17, 4, 15. (Serg.) explan. in Donat. 525, 20 K.: Ggstz. inscriptilis, Diom. 420, 12 *sq.*

scrīptio, ōnis, *f.* (scribo), **I** das **Schreiben,** Cic. ad Att. 10, 17, 2. – **II** insbes.: **a** das **schriftliche Ausarbeiten,** die schriftliche **Darstellung, Abfassung,** Cic.: im Plur., philosophiae scriptiones, schriftliche Beschäftigungen mit der Ph., Cic. Tusc. 5, 121. – **b** der **schriftliche Ausdruck,** der **Buchstabe** einer Schrift, ex scriptione, nach dem klaren, schriftlichen Texte, Cic. de inv. 1, 68. – **c** die **Schuldverschreibung,** Varro sat. Men. 37.

scrīptiōnālis, e (scriptio), die (schriftliche) **Abfassung betreffend,** species quaestionis, Mart. Cap. 5. § 463.

scrīptito, āvī, ātum, āre (*Intens.* v. scribo), **fort und fort schreiben, zu schreiben pflegen, I** im Allg.: quod ea quae nos per *ae* antiqui per *ai* scriptitaverunt, Vel. Long. 57, 21 K.: in palmarum foliis primo scriptitatum est, Plin. 13, 68. – **II** insbes.: **a** = **recht oft (wiederholt) schreiben** = recht oft schriftlich berichten, haec et si quid aliud ad me scribas velim vel potius scriptites, Cic. ad Att. 7, 12. § 6: ad Primum et Varum media scriptitabat, Tac. hist. 3, 52: absol., scr. Othoni, ibid. 2, 86. – **b** als Schriftsteller **aufsetzen, abfassen, verfassen,** orationes multis, Cic. Brut. 169: talia, Plin. ep.: Graeci si scriptitarunt, Cic.: in deos convicia potius quam eis dignum aliquid scriptitasse, Augustin.: ea, quae scriptitantur legibus humano consilio promulgatis, Augustin.

scrīpto, āre (*Intens.* v. scribo) = scriptito (s. d.), Vet. schol. ad Hor. sat. 1, 6, 122. Prisc. inst. 8, 74 u. part. XII vers. Aen. 1, 28. p. 466, 17 K. Mar. Victorin. 1, 5, 21. p. 28, 24 K. Cl. Sacerd. 1. *no.* 23. p. 5 *ed. Endlich.* u. a. Gramm, (aber nicht Hor. sat. 1, 6, 122, wo scripto Ablat. des Partiz.).

scrīptiuncula, ae, *f.* (scriptio), die **kleine Schrift,** das **Schriftchen,** Salv. de gub. dei praef. § 3. Cassian. incarn. Chr. 6, 2. Anon. de solemnit. 14 (Spicil. Solesm. 1. p. 13).

scrīptor, ōris, *m.* (scribo), der **Schreiber, I** im Allg., der **Schreiber** als **Abschreiber, Kopist, Sekretär,** Cic. de or. 1, 136; Brut. 88. Tac. ann. 15, 63. Edict. Diocl. 7, 29. – scriptor librarius, Hor. de art. poët. 354 (vgl. Hieron. epist. 8 scriptores a libris arborum librarios vocavere). – **II** insbes., der **Schreiber** über etw. = der **Berichter, Berichterstatter** über usw., der **Verfasser, Autor, Erzähler, a** übh.: **α** m. *Genet.:* rerum suarum domestici scriptores et nuntii, Cic.: artis, Rhet. Her.: bonarum artium, Cic.: scr. tragoediarum, Quint., Plin. u. Iustin.: veteris comoediae, Quint.: togatarum (*sc.* fabularum) scr., Porphyr.: mediae comoediae, Apul.: elegiarum, satirici carminis, Lact.: carminum, iamborum, Quint.: scr. cyclicus, s. cyclicus: divinorum hymnorum, Psalmist, Lact.: annalium scr. aut carminum, Pacat. pan.: multos rerum suarum scriptores secum habere, v. Alexander, Cic.: u. so scr. rerum, Geschichtsschreiber, Liv.: dass. historiae scr.. Gell.: historiarum scr., Plin. u. a.: historiarum futuri scriptores, Quint.: scr. Graecae historiae, Capit., Romanae historiae, Hieron.: scr. historiae Augustae, Vopisc.: scr. Troiani belli, Hor., Troici belli, Auson.: et philosophi et poëtae et scriptores rerum antiquarum, Lact.: Atticarum Musarum scriptores, Varro fr.: ecclesiastici scriptores Graeci et Latini, Hieron.: prosarum scriptores, Prosaiker (Ggstz. poëtae), Prisc.: diaetetices scriptores, die Diätetiker, Cael. Aur. – **β** absol. = der **Schriftsteller,** v. Redner, subtilis scriptor, v. Lysias, Cic.: v. Historiker, Sall. u. a.: v. Dichter, Hor. u. Phaedr. (scriptor lyricus, ein Lyriker, Suet. fr.): scriptor pro auctore (statt des Vollbringers der Tat) laudatur, Itin. Alex. – Plur., omnes scriptores, Quint.: temporum illorum (gleichzeitige) scriptores, Tac.: scriptores veteres, Gell. – **b** als publiz. *t. t.*, der **Verfasser, Abfasser,** legis, legum, Cic., u. im Zshg. ohne legum, Cic. – testamenti, Suet., u. im Zshg. ohne testamenti, Quint.

scrīptōrius, a, um (scriptor), **zum Schreiben gehörig, Schreib-,** atramentum, Cels. 6, 4, *extr.* u. a.: calamus, Cels. 5, 28, 12; s. calamus. – subst., scrīptōrium, iī, *n.* = γραφίον, ein metallener **Schreibgriffel** zum Schreiben auf Wachstafeln, Isid. orig. 6, 9, 2.

1. scrīptulum, ī, *n.* (*Demin.* v. scriptum), eine **kleine Linie** (auf dem Spielbrett), Plur. bei Ov. art. am. 3, 364.

2. scrīptulum, ī, *n.* u. **scrīptulus,** ī, *m.*, s. scrīpulum.

scrīptum, ī, *n.* (scribo), **I** die auf einem Spielbrett (wie unserem Damenbrett usw.) gezogene **Linie,** lusus duodecim scriptorum, ein Brettspiel, das aus einem Spielbrett, das durch 12 sich quer durchkreuzende Linien (scripta) in 25 Felder abgeteilt war, mit Steinen von verschiedenen Farben (calculi) gespielt wurde, Quint. 11, 2, 38: u. auch ludere duodecim scriptis, Cic. de or. 1, 217. – **II** alles **Geschriebene,** die **Schrift,** der **Entwurf,** der **schriftliche Auftrag, 1** im Allg.: Latina scripta, Cic.: in scriptis relictum esse, unter seinen Schriften, schriftlich, Cic.: mandare scriptis, schriftlich aufzeichnen, aufschreiben, Cic.: auch scripta scribere, Cic.: de scripto dicere, vom Konzept sprechen, ablesen, Cic.: u. so de scripto praeire (das Gebet vorsprechen), Plin.: rem agere de scripto, vom K. vortragen, Cic.: laudavit scripto meo, nach der Rede, die ich aufgesetzt hatte, Cic. – **2** insbes.: **a** die schriftliche **Verordnung,** Cic. de dom. 69. – **b** Plur. scripta, **geschriebene Anweisungen,** magistrum scripta habere oportet, Varro r. r. 2, 10, 10. – **c** der **buchstäbliche Ausdruck,** der

Buchstabe einer Schrift (Ggstz. sententia), in scripto versatur controversia, cum ex scriptionis ratione aliquid dubii nascitur. Id fit ex ambiguo, ex scripto et sententia, Cic.: cum videtur scriptoris voluntas cum scripto ipso dissentire, wenn der Sinn u. die Absicht des Schriftverfassers mit dem buchstäblichen Ausdruck nicht übereinzukommen scheint, Cic.

scrīptūra, ae, *f.* (scribo), **I** das Zeichnen; dah. meton., die **Linie, Grenzlinie,** malarum, Gesichtszüge, Petron. 126, 15. – **II** das **Schreiben, A** im Allg.: minium in voluminum quoque scriptura usurpatur, Plin.: mendum scripturae liturā tollatur, Caecin. in Cic. ep. – **B** insbes., die **schriftl. Darlegung, Abfassung, 1** eig.: scr. assidua ac diligens, Cic.: tenuis oratio et scr. levis, gehaltloser Stil, Ter.: carmen perplexius scripturae genere, Liv.: hoc genus scripturae (Geschichtsschreibung) leve iudicant, Nep.: genus hoc scripturae non modo liberum sed incitatum atque elatum esse debere quis ignorat? Caecin. in Cic. ep.: edebat per libellos scripturā brevi, von wenigen Worten, Suet. – scripturā alqd persequi, Cic.: omnes res per scripturam amplecti, Cic. – **2** meton.: **a** die **Schrift** = das **Schriftwerk, Schriftstück,** ne cum poëta scriptura (die Dichtung) evanesceret, Ter.: postquam poëta sensit scripturam suam ab iniquis observari, Ter.: diurna actorum scr., Nipperd. Tac. ann. 3, 3: disciplinarum (Etruscarum) scripturae, Vitr.: scriptura infra scripta, CIL 6, 10233: u. oft scr. divina od. sancta od. sacra, im Sing. u. Plur., die Bibel, Eccl.: u. dass. bl. scriptura, Chalcid. Tim. 277 u. 278 u. Eccl. – **b** die **Aufschrift, Inschrift,** Val. Max. 1, 1, 12. Vell. 2, 61, 3. – **c** die **Lesart,** Augustin. de civ. dei 13, 24, 1. – **d** das schriftliche **Gesuch,** per alios desideriorum indice missā scripturā, Amm. 19, 12, 4. – **e** die **Anweisung,** der **Auftrag** an einen Wechsler zur Auszahlung einer Summe, scr. mensae, Donat. Ter. adelph. 2, 4, 13. – **f** das **schriftliche Gesetz,** der **Buchstabe des Gesetzes,** Suet. Cal. 41, 1. – **g** die schriftliche **Testamentsbestimmung,** deinde ex superiore et ex inferiore scriptura docendum id, quod quaeratur, Cic. de inv. 2, 117: u. so Quint. 7, 9, 6; 9, 2, 34. – **h** die **Abgabe von den Triften,** das **Weidegeld, Triftgeld,** der **Triftzins,** vectigal (Einkünfte) ex scriptura, Cic.: scripturam dare, Plaut.: magistri (Vorsteher, Bureauvorsteher, Direktoren) scripturae, Cic.: operas in scriptura pro magistro dare, den Vizevorsteher (Vizedirektor) machen, Cic.: u. so in scriptura Siciliae pro magistro est quidam L. Carpinatius, Cic.

scrīptūrābilis, e (scriptura), **mit Schrift versehbar, beschreibbar,** Cassiod. var. 11, 38, 5.

scrīptūrārius, a, um (scriptura), **zum Viehweidegeld-, zum Triftgeld gehörig, I** *adi.*: ager, gegen Triftgeld beweideter, Fest. 333 (a), 16. – **II** *subst.*, scrīptūrārius, iī, *m.*, der **Einzieher des Triftgeldes,** Lucil. 671.

scrīpturio, īre (*Desider.* v. scribo), **gern schreiben wollen, Schreiblust haben,** Sidon. epist. 7, 18, 1 u. 8, 11, 8.

scrīptus, ūs, *m.* (scribo), der **Schreiberdienst, Sekretärdienst,** publicus, Fronto ad amic. 2, 7 (6). p. 193, 9 N.: quaestorius, Schreiberstelle beim Quästor, Suet. vit. Hor. p. 44, 8 *Reiff.*: censorius, beim Zensor, Schol. Iuven. 5, 3: scriptum facere, ein Schreiber (Sekretär) sein, Piso b. Gell. 6, 9, 2 *sq.* Liv. 9, 46, 2.

scrīpulāris, e (scripulum), **von einem Skrupel** an Gewicht, Plin. 33, 126: andere Form scrupularis, Th. Prisc. 4. fol. 314, b.

scrīpulātim, *Adv.* (scripulum), **skrupelweise** (dem Gewicht nach), Plin. 22, 118.

scrīpulum (scrūpulum), ī, *n.* (Nbf. v. scrupulus, scripulus), das **Skrupel** od. der kleinste Teil eines Gewichtes od. Maßes, **I** eig.: **a** eines Pfundes = der 24. Teil einer uncia od. = der 288. Teil eines as (= 1,137 Gramm), argenti scripulum, Cic.: auri scripulum, Vitr.: scrupula quinque, Ov. – **b** eines Jucherts (iugeri) = 88,8 □ Fuß, Varro r. r. 1, 10, 2. Colum. 5, 1, 9. – **c** der 24. Teil einer Stunde, CIL 11, 1513. M. Aurel. in Fronto epist. ad Caes. 2, 6 (9). p. 31, 14 N. – **II** übtr., der kleinste Teil jedes Maßes, wie das Skrupel eines Grades in der Astronomie, die **Minute,** Plin. 2, 48. – ► Synkop. scrīplum, ī, *n.*, Auct. de pond. 8. – Nbff. scrīptulum, Metrol. scriptt. Lat. p. 64, 27 u. 65, 3 *Hultsch.* Charis. 105, 5 (aber Varro bei Charis 105, 7 scripulis). – scrīptulus, ī, *m.*, Metrol. scriptt. Lat. p. 128, 8 *Hultsch.*

scrobātio, ōnis, *f.* (scrobis), das **Einsetzen** (Einpflanzen) der jungen Bäume **in die Grube,** arborum, Monol. Colot et Vall. Nov. im CIL 1^2, p. 281.

scrobiculus, ī, *m.* (*Demin.* v. scrobs), die **kleine Grube,** Varro fr., Colum. u. Plin.

scrobis, is, *c.*, die **Grube,** Bäume hineinzusetzen, Caes., Verg. u. Colum.: Tote hineinzulegen, Tac.: scrobem fodere, Varro fr. – virginalis, das weibliche Glied, Arnob. – ► Nom. **scrobs** nur Prisc. 7, 40 (denn Colum. 4, 4, 1 u. arb. 19, 2 u. a. hat *cod. Sang.* scrobis).

scrōfa, ae, *f.* (γρομφάς), **I** eine **Sau,** die Junge geworfen hat od. zur Zucht gehalten wird, das **Mutterschwein,** Varro u. a. – **II** Plur. scrofae = scrofulae (s. d.), Plin. Val. 4, 8.

scrōfīnus, a, um (scrofa), **von Säuen, Sau-,** fel, Plin. 28, 163: stercus, Marc. Emp. 4: perna, Marc. Emp. 13. – subst., **a** scrofina, ae, *f.* = σκρωφέα, **Fleisch von der Sau,** Gloss. III, 364, 21. – **b** scrōphīna (so!), ae, *f.* (*sc.* volva), die **Gebärmutter, Tasche** einer Sau, scrophinae steriles, Plin. Val. 5, 35.

scrofipāscus, a, um (scrofa u. pasco), der **Sauzüchter,** Plaut. capt. 807.

scrofulae, ae, *f.* (v. scrofa), **Halsdrüsen, Halsgeschwülste, Skrofeln,** Veget. mul. 3, 23 *in.*

scrōphīnus, s. scrōfīnus.

scrōtum, ī, *n.*, der **Hodensack,** Cels. 7, 18 *sqq.*

scrūpeda od. wohl richtiger **scrūpipeda,** ae, *f.*, schwerfällig gehend, **humpelnd,** Plaut. b. Gell. 3, 3, 6. Vgl. Varro LL. 7, 65.

scrūpeus, a, um (scrupus), **schroff, steil,** saxum, Enn. fr. scen. 115: spelunca, Verg.: ora, Val. Flacc.: rupes, Ambros. epist. 6, 13. – bildl., difficultas, Auson. edyll. 12, 2. praef. p. 132 Schenkl: schola, Tert. de pall. 4. – subst., scrūpea, ae, *f.* = scrupulus (*no.* II), Acc. tr. 431.

scrūpipeda, s. scrūpeda.

scrūpōsus, a, um (scrupus), **voll schroffer** oder **rauer Steine, schroff, rau,** saxa, Lucr.: via, Plaut.: ager, Apul. – bildl., ratio, Lucr. 4, 521.

scrūpulāris, scrūpulātim, s. scrīpulāris...

scrūpulōsē, *Adv.* (scrupulosus), **ängstlich genau, gewissenhaft,** Quint. u. a.: *Compar.*, Quint. u. a.: *Superl.*, Colum. 1. praef. § 3. Augustin. de anim. 4. § 18.

scrūpulōsitās, ātis, *f.* (scrupulosus), die **ängstliche Genauigkeit, Ängstlichkeit,** Colum. 11, 1 *extr.* Tert. de virg. vel. 11. Hieron. in epist. ad Galat. prol. (tom. 7. p. 370 Vallars.). Mar. Victorin. art. gramm. 1, 8, 10. p. 39, 32 K.

scrūpulōsus, a, um (scrupulus), **voll spitzer Steinchen, schroff, rau, I** eig.: cotes, Cic. Tusc. 4, 33: specus, Pacuv. tr. 252: viae, Donat. Ter. Andr. 5, 4, 37. – **II** bildl., **ängstlich genau, gewissenhaft, grübelnd,** disputatio, Quint.: volumina, Plin. ep.: cura, Val. Max.: lector, Apul.: scrupulosior observatio ventorum, Plin.: deorum cultus scrupulosissimus, Apul.

scrūpulum, ī, *n.*, s. scrīpulum.

scrūpulus (in Hdschrn. auch scrīpulus), ī, *m.* (*Demin.* v. scrupus), **I** das **spitze Steinchen,** Solin. 7, 4 u. 53, 25. Donat. Ter. Andr. 5, 4, 37. – **II** bildl.: **1** = scripulum, CIL 11, 1513. – **2** das stechende, ängstliche Gefühl, die **Ängstlichkeit, Besorgnis, Bedenklichkeit,** die **Unruhe,** der **beunruhigende Zweifel, a** übh.: at mi unus scruplus (so!) etiam restat, Ter.: scr. tenuissimus residet, Cic.: scrupulum ex animo evellere, Cic.: scr. alci inicere, jmdm. einen Floh ins Ohr setzen, Ter. u. Cic.: scr. eximere alci, Plin. ep.: sine scrupulo, ohne Bedenken, Colum. – mit *Genet.*, quaestionis, Apul. apol. 48. – **b** die **ängstliche, kleinliche Grübelei,** Gell. 5, 15, 9. – ► Nbf. scripulum s. bes.

scrūpus, ī, *m.*, **I** der **spitze Stein,** Petron. u. Spät. – **II** bildl. = scrupulus *no.* II (s. d.), Cic. de rep. 3, 26.

scrūta, ōrum, *n.* (γρύτη, ἡ), **altes Gerümpel, Trödelware,** Lucil. 1282. Hor. ep. 1, 7, 65. Petron. 62, 1.

scrūtābundus, a, um (scrutor), **nachforschend, nachsuchend,** Chalcid. Tim. 26 B.

scrūtāns, antis, *PAdi.*, doch nur im *Superl.* (scrutor), **tief eingehend** auf usw., **genau und pünktlich** in usw., militaris rei ordinum scrutantissimus, Amm. 30, 9, 4.

scrūtanter, *Adv.* (scrutans), **tief eingehend,** Ambros. epist. 80.

scrūtāria, ae, *f.* (*sc.* ars), der **Trödelkram,** scrutariam facere, einen Trödelkram haben, trödeln, übtr. von Dieben, die nur Kleinigkeiten stehlen, sich mit Lumpereien abgeben, Apul. met. 4, 8.

scrūtārius, iī, *m.* (scruta), der **Trödelkrämer, Trödler,** Lucil. 1282.

scrūtātio, ōnis, *f.* (scrutor), die **Durchsuchung, Untersuchung, I** eig.: scrutationem (domus) populo praebere, Sen. de vit. beat. 23, 2: scrutationem (die D. von Seiten eines Zollbeamten) permittere, Ps. Quint. decl. 359. – **II** bildl.: insulsa nimis et odiosa, Gell. 9, 10, 5: ut merito hāc scrutatione claruerit, Oros. praef. § 14 Z.: Plur., Hieron. in Euseb. chron. 1. prooem. *no.* 2. Augustin. in psalm. 65, 15.

scrūtātor, ōris, *m.* (scrutor), **I** der **Durchsucher, Untersucher, a** eig., Suet. u. Iustin.: profundi (des Meeres), Fischer, Stat.: scrutatores vel repertores aquarum aquilices dicuntur, Serv. Verg. georg. 1, 109. – **b** bildl.: Hecataeus et Ptolomaeus aliique huiusmodi cognitionum minutissimi scrutatores, Amm. 22, 8, 10 W. (Gardth. scitatores): quaestionum difficillimarum scrutator ardens, Augustin. conf. 6, 10. – **II** der **Aufsucher, Nachforscher** nach usw., **a** eig.: auri, Lucan. 4, 298: u. so Pacat. pan. 28, 2 (neben quaesitor). – **b** bildl.: fati, Lucan. 5, 122: rerum futurarum, Lact. de mort. pers. 10, 1.

scrūtātrīx, trīcis, *f.* (Femin. zu scrutator), die **Aufsucherin, Nachforscherin** nach usw., Alcim. Avit. poëm. 2, 326 u. a. Eccl.

scrūtillus, ī, *m.*, die **Magenwurst,** Plaut. b. Fest. p. 333 (b), 3; vgl. Paul. ex Fest. 332, 2.

scrūtinium, iī, *n.* (scrutor), die **Durchsuchung,** Apul. met. 9, 41. Vulg. psalm. 63, 7: Plur., inter scrutinia supellectilis, Amm. 29, 2, 3.

scrūto, s. scrūtor.

scrūtor, ātus sum, ārī (scruta), **I** umwühlend **durchsuchen, durchstöbern, durchwühlen, 1** eig.: domos, naves, Cic.: Alpes, Cic.: mare, Tac.: abdita loca, Sall.: calles, Curt.: gladio ignem, mit dem Schw. ins Feuer stören, Hor.: poet., imas animae mucrone corusco latebras, tief in die Brust stechen, Stat. Theb. 1, 615. – persönl. Objj., alqm, Nep. u. a.: tabellarios, Asin. Poll. in Cic. ep.: semianimem, durchsuchend plündern, Tac.: non *excutio* te, si quid forte ferri habuisti, non *scrutor* te, Cic. – **2** bildl. = **nachforschen, durchforschen, untersuchen, zu erforschen suchen,** omnes sordes, Cic.: locos, ex quibus argumenta eruamus, Cic.: animos ceterorum, Tac.: exoletos auctores, Quint.: m. folg. indir. Fragesatz, ubi, cur et unde sint verba, scrutantur, Varro. – **II** übtr., **nach** etw. **suchen, forschen,** etw. **aufsuchen,** venas inter saxa, Plin.: iter, Claud.: dominorum abdita, Tac. – abstr. Objj., arcanum, Hor.: mentes deûm, Ov.: fata alcis, Tac.: m. folg. indir. Fragesatz, scrutantes (nachforschend), quid occuleret, Curt. 8, 3 (12), 12: scrutans (nachsinnend), num irā deorum ad tantum nefas actus esset, Curt. 8, 2 (6), 6. – ► Aktive Nbf. **scrūto,** āvī, āre, wov. scrutabamus, Amm. 15, 5, 30: scrutavit, Itala (frgm. Weingart.) Ioël 1, 71 *Ranke:* scrutare, Min. Fel. 5, 5 (vgl. Prisc. 8, 29 u. Gloss. II, 265, 24 ›scruto, γρυτεύω‹): dah. scrutari passiv, Amm. 28, 1, 10 u. 29, 2, 27: ebenso Partiz. scrutatus passiv, Val. Max. 1, 8. ext. 2; 9, 13. ext. 3. Sen. ep. 110, 13: scrutatus im *Abl. absol.*, Aur. Vict. orig. 6, 3. Amm. 15, 8, 16; 19, 12, 12; 21, 3, 6 (wo notario scrutato, si quid portaret).

scudicia, ae, *f.*, etwa **Grabscheit,** Isid. orig. 20, 14, 7.

sculna, ae, *m.* (synkop. st. seculna v. sequor) = sequester, der **Schiedsrichter,** Lavin. b. Gell. 20, 11. § 2. Macr. sat. 2, 13, 16.

sculpo, sculpsī, sculptum, ere (verwandt m. scalpo), durch Graben, Stechen od. Schneiden etwas **bilden, schnitzen, meißeln,** aus od. in Stein, Elfenbein, Holz usw. (s. das Nähere unter scalpo *no.* II), **I** eig.: ebur, eine Statue aus Elfenbein, Ov.: marmora, Plin.: e saxo sculptus, aus Stein gebildet, Cic.: scyphos, Plin.: denticulos in coronis, Vitr.: gemmas faberrime, Kameen schneiden, Apul.: ancoram in gemma, Iustin.: imago sculpta, Suet.: funditur, tunditur, sculpitur Iuppiter, Augustin. epist. 91, 5. – **II** bildl., **tief einprägen,** quā quidem naturae lege in animo eius sculptum sit, Apul. de Plat. 2, 20.

sculpōneae, ārum, *f.* (griech. κρούπαλα), **hohe hölzerne Schuhe, hohe Holzschuhe,** Cato r. r. 59 u. 135, 1. Plaut. Cas. 495.

sculpōneātus, a, um (sculponeae), **mit hohen Holzschuhen bekleidet,** Varro sat. Men. 457.

sculptilis, e (sculpo), durch Graben-, Stechen-, Schnitzen gebildet, **geschnitzt, modelliert,** opus dentis Numidae, Arbeit aus Elfenbein, Ov. ex Pont. 4, 9, 28: forma in aere, Prud. perist. 10, 266. – subst., sculptile, is, *n.*, das **geschnitzte Bild,** Vulg. iudic. 17, 3: sculptile aut conflatile, Hieron. epist. 29, 3: sculptile atque conflatile, Vulg. iudic. 18, 4: Plur., sculptilia deorum, Vulg. 1. Mach. 5, 68: bl. sculptilia, Hieron. in Isai. 4, 10. *v.* 5 *sqq.* Augustin. in psalm. 96, 11: sculptilia et conflatilia, Augustin. de civ. dei 18, 31, 2.

sculptor, ōris, *m.*, (sculpo), der **Steinschneider, Bildhauer,** sc. marmorum, Cassiod. var. 7, 5, 5: simulacrorum sculptores, Firm. math. 4, 7 *extr.:* gemmarum sculptores, Isid. orig. 6, 11, 3: opere sculptoris et caelaturā gemmarii, Vulg. exod. 28, 11. – ► Oft Variante von scalptor, w. vgl.

sculptūra, ae, *f.* (sculpo), das **Bilden durch Graben, Stechen, Schnitzen,** in Holz, Elfenbein, Marmor, Glas u. Edelsteinen, die **Skulptur** (vgl. scalptura), Quint. 2, 21, 9 (Halm u. Meister scalptura): anulus, cuius gemmae sculptura erat Proserpinae raptus, Suet. Ner. 46 *Roth.* – Plur. meton. = **plastische Arbeiten,** Vitr. 2, 9, 9. Plin. 16, 209. Ampel. 8, 14.

sculptūrātus, a, um (sculptura), **mit der Skulptur beschäftigt,** ars, die Skulptur, Ven. Fort. carm. 9, 15, 8.

scultātōrēs, um, *m.* (verstümmelt aus auscultatores), eine Art **Leibwache,** Veget. mil. 2, 17.

scultor = sculptor, s. d., CIL 7, 37.

Scūpī, ōrum, *m.*, eine Stadt Mösiens, j. *Askub,* Claud. Goth. b. Treb. Poll. trig. tyr. 9, 11. CIL 6, 533. Paul. Nol. carm. 17, 188.

scurra, ae, *m.* (vgl. σκαίρω, springe, hüpfe, tanze, ahd. *scern,* Possenreißerei), **I** der **Pflastertreter, Tagedieb,** der auf dem Markt, in Gymnasien, Bädern u. Schenken herumschlendert, Neuigkeiten auskramt u. eintauscht u. über alles seine Glossen macht, der **Lebemann, Stutzer, Zierbengel, Laffe,** Plaut. most. 15; trin. 202. Rhet. Her. 4, 14: Ggstz. homo militaris, Plaut. Epid. 15 *sq.*, u. Ggstz. manipularis, Plaut. truc. 491: scurrae locupletes, Cic. Sest. 39; de har. resp. 42. – **II** übtr.: **1** der **lustige Gesellschafter, lustige Bruder, Spaßmacher, Witzbold, Possenreißer** (selbst gemeiner, schmutziger Art), **Schmeichler Schmarotzer, Schranze,** der sich in den Häusern der Vornehmen einfindet und durch aufgeräumte Gesprächigkeit und leichten Witz die anwesende Gesellschaft (bes. bei Tafel) unterhält, temporis ratio et ipsius dicacitatis moderatio et temperantia et raritas dictorum distinguet oratorem a scurra, Cic. de or. 2, 247: homo, qui se ipse scurram improbissimum existimari vult: qui a scurris potius semper gladiator quam scurra appellatus est, Cic. Verr. 3, 146: nam neque parum facetus scurra Sex. Naevius, neque inhumanus praeco est umquam existimatus, Cic. Quinct. 11: Zeno Socratem scurram (= γελωτοποιόν, Spaßmacher) Atticum fuisse dicebat, Cic. de nat. deor. 1, 93: vagus scurra, non qui certum praesepe teneret, Schmarotzer, Hor. ep. 1, 15, 28: Sabinus Asilius venustissimus inter rhetores scurra, Sen. suas. 2, 12: scurra Catulli, der Spaßmacher, Possenreißer, von einem Pantomimen, Iuven. 13, 111: so auch histriones scurraeque mimarii, Capit. Ver. 8, 11. – Sprichw., de scurra multo facilius dives quam paterfamilias fieri potest, aus einem lustigen Bruder wird eher ein reicher Mann als ein guter Hausvater, Cic. Quinct. 55. – **2 einer von der Garde,** ein **Gardist,** Sing., sc. Persicus, Treb. Poll. trig. tyr. 30, 26: sc. barbarus, Lampr. Alex. Sev. 62, 5: Plur., Lampr. Heliog. 33, 7. Lampr. Alex. Sev. 61, 3.

scurrīlis, e (scurra), **I possenreißermäßig, übertrieben im Scherzen,** iocus, Cic.: dicacitas, Cic. – **II lustig, schäkerhaft,** strepitus (Klang = Gesang der Vögel), Anthol. Lat. 762, 34 (233, 34).

scurrīlitās, ātis, *f.* (scurrilis), die **Lustigmacherei, Possenreißerei,** Quint. 11, 1, 30. Tac. dial. 22. Vulg. Ephes. 5, 4: Plur., scurrilitates histrionum, Sidon. epist. 1, 5: Nbf. scurrulitas, Porphyr. Hor. sat. 1, 3, 21 u. 1, 8, 11 *Meyer.*

scurrīliter, *Adv.* (scurrilis), **possenreißermäßig,** in tanta re tam serio tempore tam scurriliter ludere, Plin. ep. 4, 25, 3: iocari, Iustin. 24, 6, 4: Nbf., scurruliter obsequor, Porphyr. Hor. ep. 1, 17, 19.

scurror, ārī (scurra), **den** *scurra* (s. d.) **machen, schmeicheln, hofschranzen,** scurrantis speciem praebere, Hor. ep. 1, 18, 2: scurror ego ipse mihi, populo tu, Hor. ep. 1, 17, 19.

scurrula, ae, *m.* (*Demin.* v. scurra), das **Spaßvögelchen** usw., Apul. met. 10, 16: urbanus, Arnob. 6, 21.

scurrūlitās, s. scurrīlitās.

scurrūliter, s. scurrīliter.

scuta, ae, *f.*, s. scutra.

scūtāle, is, *n.* (scutum), das schild-, rautenförmige **Schleuderleder,** Liv. 38, 29, 6 u. 42, 65, 10; vgl. Charis. 118, 34.

scūtāneus, a, um (scutum), **schildförmig,** Gromat. vet. 362, 18.

scūtārius, a, um (scutum), **zum Schild gehörig, Schild-, I** *adi.*: fabrica, Schildfabrik, Veget. mil. 2, 11. – **II** *subst.*: **A** scūtārius, iī, *m.*, **1** der **Schildmacher,** Plaut. Epid. 37. – **2** eine mit einem scutum bewaffnete Art Leibwache, der **Schildtrabant, Schildträger,** Amm. 14, 7, 9 (dazu Vales.); 25, 10, 9; 26, 1, 4. Lact. de mort. pers. 19, 6. Vulg. 3. regg. 14, 27 u. 28 u. a.: schola scutariorum et scutariorum clibanariorum, Cod. Theod. 14, 17, 9. – **3** ein Anhänger der mit einem Langschild bewaffneten Gladiatoren (der Samnites), griech. σκουτάριος, Marc. Aurel. comment. 1, 5; vgl. palmularius. – **B** scūtārium, iī, *n.* = ἀξίωμα στρατιωτικόν, Gloss. II, 232, 5; vgl. Charis. 118, 34.

scūtātus, a, um (scutum), **mit einem Türschild-, Langschild versehen,** cohortes, Caes.: quattuor milia scutata, Liv. 28, 2, 4: manus, Sil.: equites, Verg.: praefectus scutatae cohortis (Leibkohorte, s. scūtārius *no.* II, A, 2), CIL 11, 3801. – Plur. subst., scūtātī, ōrum, *m.*, **Langschildner,** turba scutatorum, Liv. 8, 8, 5.

scutella, ae, *f.* (*Demin.* v. scutra, nach Diom. 326, 27. Prisc. 3, 44. Donat. 376, 8. Consent. 346, 29 K. Serv. Verg. Aen. 2, 324 von scutum), die **Schale** zum Trinken, hedychri, Cic. Tusc. 3, 46: als Untersatz zu Speiseschüsselchen, die **Platte,** Ulp. dig. 34, 2, 19. § 10. – ► scūtella gemessen, Ven. Fort. carm. 3, 13, 4; 11, 1, 7.

scutica (scytica), ae, *f.* (σκυτική, v. σκῦτος, Leder, s. Fest. 333 [b], 21, wo scytica), eine Peitsche aus einzelnen breiten Riemen (scuticae habenae, Ov. her. 9, 81), die **Riemenpeitsche,** die **Karbatsche,** bes. als Strafwerkzeug der Schulmeister (gelinder als flagellum u. stärker als ferula) Hor. sat. 1, 3, 119. Iuven. 6, 480 (Jahn scytica mit *codd. PS*): si quos Orbilius ferulā scuticāque cecīdit, Domit. Marsus bei Suet. gr. 9: nec tibi ferulas adhibeo neque athenogeronta meum scuticā et plagis litteras docere contendo, Hieron. c. Rufin. 3, 6.

scūtigerulus, ī, *m.* (scutum u. gerulus), der **Schildträger, Waffenträger** eines Herrn, Plaut. Cas. 262.

scutra, ae, *f.*, die **flache Schüssel,** die **Schale, Platte,** Caecil. com. 68. Cato r. r. 157, 11. Plaut. Pers. 88. Vulg. 1. regg. 7, 40 u. 45. Serv. Verg. georg. 1, 110. Pompeii comment. 164, 24 K. – Nbf. scuta, ae, *f.*, Lucil. 223.

scutrillus, ī, *m.*, *Demin.* v. scutra (s. d.), Pompeii comment. 164, 26 K.

scutriscum, ī, *n.* (*Demin.* v. scutra), die **flache Schüssel,** die **Schale,** Cato r. r. 10, 2 u. 11, 3.

scutula, ae, *f.* (σκυτάλη), **I** ein zylinderförmiges Holz, die **Walze, Rolle,** der **Rollbaum,** zum Fortbewegen einer Last (eines Schiffes usw.), Cato r. r. 68. Caes. b. c. 3, 40, 4. – **II** die **kleine flache Schüssel,** das **flache Schüsselchen,** die **Platte** (hingegen lanx eine tiefere Schüssel), Mart. 8, 71, 7 u. 11, 31, 19. – **III** jede rautenförmige Figur (rhombus od. rhomboides), die **Raute,** als geom. Figur, scutula est rhombos, quod latera paria habet nec angulos rectos, Censor. fr. c. 7. p. 84 *Jahn:* von der Gestalt eines Landes, formam totius Britanniae oblongae scutulae vel bipenni assimulavere, Tac. Agr. 10: als rautenförmiges Läppchen aufs Auge (um sich unkenntlich zu machen), Plaut. mil. 1178: als Plättchen (Schildchen), das beim Okulieren aus der Rinde des Baumes geschnitten wird, Plin. 17, 118: als Platte, Tafel zum Täfeln des Fußbodens u. der Wände, Vitr. 7, 1, 4. Pallad. 1, 9, 5. Vulg. 1. Mach. 4, 57: in Geweben, scutulis dividere vestes, Plin. 8, 196.

scutulātus, a, um (scutula), **mit Rauten versehen, rautenförmig, gegittert, gewürfelt, I** *adi.*: rete (der Spinne), Plin. 11, 81: pavimentum, rautenförmig getäfelter, Plin. 36, 185: vestis, quam Salacia scutulato textu commendat, Plin. 8, 191: pecten (kammartiger Schlaggriffel zum Spielen der Saiten der Lyra), weil von Schildpatt, Schol. Iuven. 6, 382: color (equi), Farbe des Apfelschimmels, Pallad. 4, 13, 4. Isid. orig. 12, 1, 48. – **II** *subst.*, scutulāta, ōrum, *n.* (*sc.* vestimenta), **gewürfelte Kleider,** Iuven. 2, 97. Cod. Theod. 15, 7, 11. Vulg. Ezech. 27, 16.

scūtulum, ī, *n.* (*Demin.* v. scutum), **I** das **Schildchen,** Cic. de nat. deor. 1, 82. – **II** übtr. Plur. scutula operta = ὠμοπλάται, die **Schulterblätter,** Cels. 8, 1. p. 326, 21 D.

scūtum, ī, *n.* (v. σκῦτος, Leder), der große (1¹/₈ m lange und ³/₄ m breite), den ganzen Mann deckende länglich viereckige **Schild** des röm. schweren Fußvolkes, der **Langschild,** griech. θυρεός (bestehend aus zwei zusammengeleimten Brettern, erst mit Leinwand u. dann darüber mit Rindshaut überzogen, am Rand mit Eisen beschlagen, in der Mitte nach außen mit einem eisernen Buckel versehen; hingegen clipeus der kleinere, länglich runde, hohle Schild von Erz; vgl. Veget. mil. 2, 18), Caes. u. a.: pedestre, des Fußsoldaten, Liv.: scuta equestria, der Reiter, Liv.: scutum abicere, wegwerfen, Cic., reicere, hinter sich halten, um den Rücken zu decken, Cic. – im Bild, scuto vobis magis quam gladio opus est, Liv. 3, 53, 9: scutum imperii, v. Fabius Kunktator, Flor. 2, 6, 27. – ► Archaist. Nbf. **scūtus,** ī, *m.*, Turpil. com. 40.

scybalon, ī, *n.* (σκύβαλον), der **Kot** des Leibes, Th. Prisc. 2, 9 u. 10.

scybelītēs, ae, *m.* (σκυβελίτης), ein süßer Wein in Galatien, Plin. 14, 80.

scyfus, s. scyphus.

Scylacēum (Scyllacēum), ēī, *n.*, eine Stadt in Unteritalien, j. *Squillace,* navifragum, Verg. Aen. 3, 553. – Dav. **Scylacēus,** a, um, **szylazëisch,** litora, Ov. met. 15, 702: sinus, Mel. 2. § 68 *Frick.*

Scylla, ae, *f.* (Σκύλλα), **I** ein hoher Felsen auf vorspringender Landspitze am Eingang der sizilischen Meerenge, dem Strudel Charybdis gegenüber, gefährlich für die Schiffer, Mela 2, 7, 14 (2. § 115). Sen. ep. 79, 1. Verg. Aen. 3, 420 u. a. Dichter. – Personifiz. = Tochter des Phorkus, die von der Circe aus Eifersucht in ein Ungeheuer mit Hunden am Unterleib verwandelt wurde, Ov. met. 14, 52 *sqq.* Cic. Verr. 5, 146; vgl. Bach Ov. met. 7, 65. – übtr., obloquiorum Scyllae, Sidon. epist. 7, 9, 8. – **II** Tochter des Nisus, des Königs in Megara, die aus Liebe zu Minos ihrem Vater das Purpurhaar, worauf sein Wohl beruhte, raubte u. dann von Minos verschmäht sich ins Meer stürzte u. in den Vogel Ciris verwandelt wurde, Ov. met. 8, 6 *sqq.* Ov. trist. 2, 393. Hyg. fab. 198. – von Dichtern oft mit *no.* I verwechselt, wie Prop. 4, 4, 39. Verg. ecl. 6, 74. – Dav. **Scyllaeus,** a, um (Σκυλλαῖος), **szylläisch, a** zur Szylla (Tochter des Phorkus) gehörig, rabies, Verg.: undae, bei Sizilien, Lucan.: canes, Salv. de gub. dei 5, 11, 58: Sc. obtrectatorum canes, Hieron. epist. 125, 2: subst., Scyllaeon u. Scyllaeum (Σκύλλαιον), **α** = Scylla *no.* I (als Fels), u. zwar übtr., Scyllaeum illud aeris alieni, Cic. Sest. 18. – **β** Vorgebirge im Peloponnes, Mela 2, 3, 8 (2. § 49 *sq.*) u. Liv. 36, 42, 6. – **b** zur Szylla (des Nisus Tochter) gehörig, rura, megarensische, Stat. Theb. 1, 333.

Scyllacēum, s. Scylacēum.

scyllīticus, s. scillīticus.

scymnus, ī, *m.* (σκύμνος), das **junge Tier,** das **Junge,** scymni leonum, Lucr. 5, 1034.

scyphulus (scypulus), ī, *m.* (*Demin.* v. scyphus), der **kleine Pokal,** Paul. Nol. carm. 26, 463.

scyphus, ī, *m.* (σκύφος), der **Becher, Pokal,** Plaut., Cic. u. a.: aureus, Tac.: inter scyphos, beim Glas Wein, beim Wein, Cic. – prägn. = der **Giftbecher,** vadit in eundem carcerem atque in eundem paucis post annis scyphum Socrates, Cic. Tusc. 1, 97. – ► Später scyfus geschr., z. B. Valerian. b. Treb. Poll. Claud. 14, 4.

scypulus, s. scyphulus.

Scȳrēis, Scȳrias, Scȳrius, s. Scȳros.

Scȳrōn, ōnis, *m.*, s. Scīrōn.

Scȳros u. **-us,** ī, *f.* (Σκῦρος), Insel im Ägäischen Meer bei Euböa, Sitz des Lykomedes, dessen Tochter Deïdamia von Achilles, der hier in Frauenkleidern sich aufhielt, den Pyrrhus gebar, j. *Sciro,* Plin. 4, 69. Mela 2, 7, 8 (2. § 106). – Dav.: **A Scȳrēis,** idis, *f.*, ein **szyrisches Mädchen,** eine **Szyrierin,** Stat. Ach. 2, 147. – **B Scȳrēticus,** a, um (*Σκυρητικός), **szyretisch,** Plin. 31, 29. – **C Scȳrias,** adis. *f.*, **szyriadisch,** puella, v. der Deïdamia, Ov.: Plur. Scyriades, szyrische Mädchen, Szyrierinnen, Stat. – **D Scȳrius,** a, um (Σκύριος), **szyrisch,** Deidamia, Prop.: pubes, Verg.: membra, des Pyrrhus, Ov.

scytala, ae, *f.* u. **scytalē,** ēs, *f.* (σκυτάλη), die **Walze, Rolle** (vgl. scutula *no.* I); dah. **I** die Rolle, auf die ein langer Streifen oder Riemen gewickelt u. dann in fortlaufenden Zeilen überzwerch so beschrieben wurde, dass nur der das Geschriebene vollständig lesen konnte, der den Streifen um eine Rolle von gleicher Dicke wickelte; dah. meton. = das **geheime Schreiben,** der **schriftliche Geheimbefehl** (vgl. Gell. 17, 9, 6 *sqq.*), Auson. epist. 23, 23 *sqq.*: rein lat. clava, Nep. Paus. 3, 4. – **II** eine walzenförmige (überall gleich dicke) Schlange, Solin. 27, 30. Lucan. 9, 717: scytale et angues, Plin. 32, 54.

Scytalosagittipelliger, gerī, *m.* (scytale [=clava], sagitta, pellis u. gero), der **Keulpfeilundfellträger,** ein Beiname des Herkules, Poëta bei Tert. de pall. 4 (tom. 1. p. 935 Oehler).

scytanum, ī, *n.*, ein Mittel, die Annahme der Farbe zu fördern, Plin. 33, 38.

Scytha, ae, *m.* u. **Scythēs,** ae, *m.* (Σκύθης), der **Szythe,** Nom. Scythes, Cic. Tusc. 5, 90. Hor. carm. 2, 11, 1 u. 4, 14, 42. Plin. 7, 198. Flor. Vergil. or. an. poët. p. 107, 31 *Halm.* Sen. Hipp. (Phaedr.) 167 (173). Ps. Apul. Asclep. 24: Akk. Scythen, Hor. carm. 4, 5, 25. Plin. 7, 197: Nom. Scytha, Phaedr. 3. prol. 52. Lucan. 10, 454. Avien. descr. orb. 906. Vopisc. Aurel. 3, 5. Vulg. Coloss. 3, 11. Ven. Fort. carm. 5, 6, 218. Prisc. 5, 5: Akk. Scytham, Lact. 3, 25, 18: Abl. Scytha, Tac. ann. 2, 60 (wo es = Szythenland). Tert. adv. Marc. 1, 1. – Plur. Scythae, die **Szythen,** ein unbestimmter Name, bald eines Volkes, bald aller nomadischen Völker, die im Norden des Schwarzen und Kaspischen Meeres bis tief in das östliche Asien hin ihre Wohnsitze hatten, Mela 2, 1, 2; 1, 2, 3 (1. § 11 u. 12) *sq.* Cic. Verr. 5, 150. – als (poet.) *Adi.* **Scythēs** u. **Scytha,** ae, *comm.*, **szythisch,** Nom. Taurus Scythes, Sen. Hipp. (Phaedr.) 906 (914): Akk. pontum Scythen, den Pontus Euxinus, Sen. Herc. fur. 1210 L.: Nom. pontus Scytha, Stat. Theb. 11, 437: Akk. Plur. Scythas zmaragdos, Mart. 4, 28, 4. – Dav.: **A Scythia,** ae, *f.* (Σκυθία), das Land der Szythen, **Szythien,** Verg., Ov. u. Mela. – **B Scythicus,** a, um (Σκυθικός), zu den Szythen gehörig, **szythisch, a** eig.: tegimen, Cic.: arcus, Ov.: amnis, Tanaïs, Hor.: Oceanus, Eismeer, Plin.; Pontus Euxinus, Val. Flacc.: rupes, Mart. u. Auson.: convallis, Claud.: Diana, die taurische, Ov.: Scythica herba u. subst. bl. Scythicē, ēs, *f.*, eine Pflanze, Plin. – **b** = **parthisch,** pharetra, Lucan. – **C Scythis,** idis, *f.* (Σκυθίς), **szythisch,** subst., eine **Szythin,** Ov. u. Val. Flacc.: vorzugsw. vom szythischen Edelstein, Mart. Cap. 1. § 67 u. (neben smaragdus u. iaspis) 75. – **D Scythissa,** ae, *f.*, eine **Szythin,** mater, Nep. Dat. 1. § 1.

Scytholatrōnia, ae, *f.* (Scytha u. latro), das **Szythensöldnerland,** *Plaut. mil. 43.

Scythopolis (Scytopolis), Akk. im, Abl. ī, *f.* (Σκυθόπολις), Stadt in Palästina, das alttest. *Bethsean,* noch j. *Beisan, Bysan,* Plin. 5, 74 (Akk.). Hieron. de vir. ill. 96 (Akk.). Itin. Anton. 197, 2 (wo Abl. Scytopoli). Orb. descr. § 17 u. 18. (Class. auct. 3, 395). – Dav. **a Scythopolītae,** ārum, *m.* (Σκυθοπολῖται), die Einw. von Szythopolis, die **Szythopoliten,** Vulg. 2. Mach. 12, 30. – **b Scythopolītāni,** ōrum, *m.*, die Einw. von Szythopolis, die **Szythopolitaner,** Cod. Theod. 10, 20, 8.

scyzinum vīnum, ein aus Pflanzen gemachter Wein, Plin. 14, 111.

1. sē (sēd), *Praepos.* = sine, **ohne** (vgl. Paul. ex Fest. 292, 5 u. 336, 4), **I** m. *Abl.*: se fraude esto, XII tabb. b. Cic. de legg. 2, 60 u. b. Gell. 20, 1, 49: sed fraude, Lex repet. im CIL 1^2, 583, 64 u. 69. – **II** als *Praepos. insepar.*: **a** = **ohne,** wie securus (= *sine cura*). – **b beiseite, besonders,** wie sepono, ich lege beiseite, sedeo, ich gehe besonders, wovon seditio, der Aufstand: sobrius aus se-ebrius, socors aus se-cors, solvo aus se-luo, sudus aus se-udus.

2. sē = semi, **halb,** wie selibra, semodius.

3. sē = sex, wie semestris.

4. sē, Akk. u. Abl. v. sui, s. d.

sēbāciārium, iī, *n.* u. gew. Plur. **sēbāciāria,** ōrum, *n.* (sebacii), die **Beleuchtung mit Talglichtern,** sebaciaria facere, für die Beleuchtung des Wachtraumes usw. zu sorgen haben (s. sebaciarius), CIL 6, 2998 *sqq.*

sēbāciārius mīles, ein Soldat der Kohorte, der sowohl für die Beleuchtung des Wachtraumes zu sorgen, als auch die Kerzen für die Patrouillen zu liefern hatte, CIL 6, 3053 (wo falsch sabaciarius).

sēbāciī, ōrum, *m.* (sebum), **Unschlitt-, Talglichter,** Apul. met. 4, 19.

Sebādia, s. Sabāzia.

Sebādius, s. Sabāzius.

sēbālis, e (sebum), **mit Talg überzogen,** fax, Amm. 18, 6, 15.

sebastonīcēs, ae, *m.* (σεβαστονίκης), der Sieger in den zu Ehren des Kaisers zu Alexandrien gefeierten Spielen, CIL 6, 10120.

Sebāzius, iī, *m.*, s. Sabāzius.

sebe = sibi, s. sui.

Sēbēthos (Sēbētos), ī, *m.*, ein Flüsschen in Kampanien bei Neapolis, Stat. silv. 1, 2, 263: als Flussgott, CIL 10, 1480. – Dav. **Sēbēthis** (Sēbētis), idis, *f.*, **sebethisch,** nympha, Verg.: lympha, der Fluss Sebetbis, Colum. poët.

sēbo, āre (sebum), **mit Talg (Unschlitt) überziehen,** candelas, Lichter ziehen, Colum. 2, 21 (22), 3.

sēbōsus, a, um (sebum), **a voll Talg, talgig,** Plin. 11, 214. – **b Sēbōsus** als röm. Beiname, ein Freund des Katulus, Cic. ad Att. 2, 14, 2 u. 2, 15, 3: außerdem Statius Sebosus, Plin. 6, 201 u. 9, 46.

sēbum, ī, *n.*, der **Talg,** das **Unschlitt,** Plaut. capt. 281. Caes. b. G. 7, 25, 2. Hirt. b. G. 8, 42, 1. Colum. 7, 5, 13. Plin. 11, 212. Veget. mul. 4, 8, 2 u. 6, 23, 1. Pallad. 1, 35, 1 u. 1, 40 (41), 3. Marc. Emp. 16. Isid. orig. 20, 2, 25. Ser. Samm. 763. – ► spätere vulg. Form sevum od. saevum, Ser. Samm. 763 (756). Veget. mul. 4, 8, 2 u. 6, 23, 1. Soran. Lat. 23. p. 123, 3 u. 24. p. 124, 1. CIL 6, 1770. Edict. Diocl. 4, 49 (Colum. 6, 12, 2 *cod. Sang.* ›sebo‹).

sēbur, s. sēvir.

Sebūra, s. Subura.

Sebūsiāni, ōrum, *m.*, s. Segusiāvī.

secābilis, e (seco), **zerschneidbar, zertrennbar, teilbar,** Lact. de ira dei 10, 8; epit. 36, 5. Auson. edyll. 1, 7. p. 154 Schenkl. Hieron. in Isai. 5, 18, 4.

secābilitās, ātis, *f.* (secabilis), die **Zerschneidbarkeit, Teilbarkeit,** Claud. Mam. de stat. anim. 1, 15.

secāle, is, *n.*, eine Getreideart, vermutlich unser **Korn** od. **Roggen** (*Secale Cereale,* L.), wiewohl andere, da sie nach Plinius schwarze Körner haben soll, sie für den **schwarzen Spelt** halten, Plin. 18, 141. Edict. Diocl. 1, 3 (wo sicale).

secāmenta, ōrum, *n.* (seco), **Schnitzwerk,** Plin. 16, 42.

sē-cēdo, cessī, cessum, ere, **beiseite gehen, weggehen, fortgehen, sich entfernen, I** eig.: **1** im Allg.: **a** v. Pers.: de via, Plaut.: secedant improdi, Cic. – **b** übtr., v. Lebl. = **sich entfernen,** Perf. secessisse = **entfernt sein,** (luna) quantum solis secedit ab orbe, Lucr.: villa XVII milia passuum ab urbe secessit, Plin. ep.: tantum secessit ab imis terra, Ov. – **2** insbes.: **a abseits gehen, sich zurückziehen,** procul, huc, Plaut.: in abditam partem aedium, Sall.: orandi gratiā in montem (v. Christus), Lact.: ad requisita naturae (um ein natürliches Bedürfnis zu befriedigen, um seine Notdurft zu verrichten), Amm.: so auch ad ventris solita, Aur. Vict. u. Amm., od. ad exonerandum ventrem, Sen.: ad deliberandum, Liv. – bes., aus dem Gewühle der Stadt auf das Land, in die Einsamkeit sich zurückziehen, abs., Suet. Tib. 10, 1: sec. illuc, Suet. Aug. 98, 4. – **b** politisch **sich trennen,** plebs a patribus secessit, Sall.: in sacrum montem, ausziehen, Liv.

– **c** sich zur Ruhe begeben, zur Ruhe eingehen, v. Sterbenden, in hortulis nostris secessimus, Gruter. inscr. 1059, 6: in agellulis meis secessi, CIL 10, 6720. – **II** bildl.: secedere et aliā parte considere, von der Meinung abgehen, Sen.: ad Christum, sich zu Chr. bekennen, Lact.: ad stilum, zum Schreiben sich begeben, Quint.: in te ipse secede, ziehe dich in dich selbst zurück, Sen.

secēna, ae, *f.* (seco), ein Schneidewerkzeug, viell. **Messer,** Liv. Andr. com. 2; vgl. Ribbeck Coroll. p. VII.

sē-cerno, crēvi, crētum, ere, **ab-** od. **aussondern, ab-** od. **ausscheiden, trennen** (Ggstz. confundere), **I** eig.: arietes, Varro: sparsos sine ordine flores calathis, in Körben sondern, Ov.: nihil (praedae) in publicum, für den Staatsschatz absondern, Liv.: in unam cohortem, Curt.: patres centum denos in orbes, Ov. – m. *ab* u. Abl., Europen ab Afro, Hor.: inermes ab armatis, Liv.: se a bonis, Cic.: secretus a reliquo cibo sucus is, quo alimur, Cic.: secreti ab aliis, Liv. – m. *ex* u. Abl., alqm e grege imperatorum velut inaestimabilem, Liv.: monile ex omni gaza, Suet. – poet. m. bl. *Abl.*, me nympharum chori secernunt populo, scheiden vom usw., Hor. – **II** bildl.: **1** im Allg.: hos ego homines excipio et secerno libenter, Cic. m. *ab* u. Abl., animum a corpore, Cic.: venustas et pulchritudo corporis secerni non potest a valetudine, Cic.: sua a publicis consilia, Liv. – **2** insbes.: **a unterscheiden,** blandum amicum a vero, Cic. – poet. m. bl. *Abl.*, honestum turpi, Hor.: publica privatis, Hor. – **b** verwerfend **ausscheiden, ausmerzen** (griech. ἀπεκλέγεσθαι), frugalissimum quemque, Cic.: minus idoneos senatores, Suet.: contraria non fugere, sed quasi secernere, Cic. – ► Parag. Infin. secernier, Lucr. 3, 263.

secespita, ae, *f.* (v. seco), das **Opfermesser,** Suet. Tib. 25, 3. Antist. Labeo bei Fest. 348 (a), 4 u. 16; vgl. Paul. ex Fest. 349, 1. Serv. Verg. Aen. 4, 262.

sēcessio, ōnis, *f.* (secedo), **I** das **Sich-Absondern,** das **Abseitsgehen,** secessione factā, nachdem sie sich abgesondert, Liv. 21, 14, 1. – bes. zu einer Besprechung, secessiones subscriptorum, Cic. Mur. 49: milites vesperi secessionem faciunt, rotten sich zusammen, Caes. b. c. 1, 20, 1. – **II** insbes., **a** die physische **Absonderung, Trennung,** sec. animi et corporis, Chalcid. Tim. 41 D. – **b** die politische **Absonderung, Trennung,** populi, Caes.: Crustumerina, Varro LL.: ab suis, Liv.: secessio ab decemviris facta est, Liv.: in Aventinum (montem) secessionem plebis factam esse, Auszug, Liv. 2, 32, 2: Plur., secessiones plebei, Cic. de rep. 1, 62.

sēcessus, ūs, *m.* (secedo), **I** das **Fortgehen,** die **Trennung,** avium, der Abzug, Plin.: animi a corpore, Gell. – **II** insbes.: **a** die **Entfernung von anderen,** die **Abgeschiedenheit, Zurückgezogenheit, Einsamkeit,** der **einsame Aufenthalt,** Ov. u. Suet.: aestivi secessus causā Sen.: Plur., secessus mei, meine Abgesch. von Rom, Plin. ep.: omnes vitae secessus, alle inneren Lebensverhältnisse, Sen. – dah. meton., **α** der **entfernte, einsame Ort,** auf dem Lande zur Erholung, bes. der **Sommeraufenthalt,** Verg., Plin. pan. u. a.: bildl., in secessu quam in fronte beatior, im Innern der Seele, Val. Max. 7, 2. ext. 12. – **β** das **Versteck,** die **Schlucht,** longus (tiefer), v. e. Bucht, Verg. Aen. 1, 159: in secessu longo sub rupe cava, fern in der Schlucht und unter gewölbter Felswand, ibid. 3, 229. – **γ** der **Abtritt,** Vulg. Matth. 15, 17 u. Marc. 7, 19. Hieron. in epist. ad Tit. 2, 11: dah. der Stuhlgang, Oribas. frgm. Bern. 1, 35. p. 2. 18 H. – **b** die politische **Trennung, Spaltung,** plebis secessus (Plur.), Plin. 19, 56.

secitius, s. 1. secus *no.* II.

sēcius, s. 2. secus *no.* II.

secīvum libum est, quod secespitā secatur, Fest. 348, 16. Paul. ex Fest. 349, 3.

sē-clūdo, clūsi, clūsum, ere (cludo *i.e.* claudo), **besonders** (an einem besonderen Ort) **verschließen, I** im engeren Sinne, **abschließen, absperren, einsperren,** incientes, Varro: inter puellas, Stat.: dah. secludi, **sich verstecken,** Prop.: antro seclusa reliquit, versteckt in der H., Verg. – übtr., inclusum supplicium atque a conspectu parentium ac liberûm ... seclusum, die Marter der Einsperrung u. Absperrung von usw., Cic. Verr. 5, 23. – **II** im weiteren Sinne, **absondern, abschneiden, trennen,** aquula seclusa, abgeschützt, abgeteicht, Cic.: nemus seclusum, entfernter, Verg.: terram lumine solis, Lucr.: munitione flumen a monte, Caes.: cohortem a reliquis, Caes.: dextrum cornu a sinistro, Caes.: in secluso, besonders, nicht vor jedermanns Augen, Varro. – übtr., corpore vitam, Plaut.: curas, fahren lassen, verbannen, Verg.

sēclum, ī, *n.*, s. saeculum.

sēclūsōrium, iī, *n.* (secludo), das Behältnis zum Einschließen der Vögel, der **besondere Verschluss,** Varro r. r. 3, 5, 5.

seco, secuī, sectum, aber secātūrus, āre (ahd. *seh,* Pflugmesser, *sëga,* Säge, *sëgansa,* Sense), **schneiden, abschneiden, zerschneiden, I** eig. u. übtr.: **1** im Allg.: digitum, Plaut.: pabula, Caes.: alci collum, Q. Cic.: alci nares et brachia, Hygin.: fauces novaculā, Suet.: unguis sectus, Hor. – cotem novaculā, Flor.: lapidem serrā, zersägen, Plin.: u. so marmora, sägen, Hor. (vgl. domus sectis nitebat marmoribus, von Marmorplatten, Lucan.): tergora in frusta, Verg.: corium in partes tenuissimas, Iustin. – absol., manus secanti (einer sägenden) similis, Quint. 11, 3, 119: nec ideo ferrum secandi vim perdidit, Sen. de ben. 5, 5, 1. – **2** insbes.: **a schneiden, schnitzen,** dona secto elephanto, von geschnitztem Elfenbein, Schnitzwerk von Elfenbein, Verg. Aen. 3, 464. – **b** als mediz. *t. t.*, **schneiden = operieren, amputieren,** secare vomicam immaturam, Plaut.: varices Mario, Cic.: corpora, Plin.: Marius cum secaretur, er operiert (ihm die Krampfader geschnitten) wurde, Cic.: qui (medici) illum calculi dolore consumi ad populum mentiti, dum secant, occīderunt, Liv. epit.: medici etiam integra secantes, Quint.: absol., saevitia secandi urendique, Plin.: sanguis rapitur insecando, Plin.: nos et urimur et secamur, Salv. – Partiz. subst., secta, ōrum, *n.*, operierte Teile des Körpers, secta recentia, Plin. 21, 126. – **c zerlegen, vorschneiden,** lepores, gallinam, Iuven. 5, 124: altilia decenter, Sen. ep. 47, 6: placentam, Mart. 3, 67, 3. – **d verschneiden, kastrieren, entmannen,** sectus Gallus, Mart. 5, 41, 3: puer sectus arte mangonis, Mart. 9, 6, 4. – **3** übtr.: **a schneiden = verwunden, ritzen, beschädigen,** tarmes postes secat, zerfrisst, Plaut.: secuerunt corpora vepres, Verg.: acuto ne secer ungui, Hor.: sectus flagellis, gegeißelt, Hor.: sectae ungue genae, zerkratzte, Hor.: verbere terga, Tibull.: lacertos suos, Sen.: u. so umeros suos, Lact.: comas, zerreißen, Mart. – si quem podagra secat, quält, Catull.: podagrā cheragrāque secatur Gaius, Mart. – **b durchschneiden, trennen,** amnis urbem secans, Plin.: undas secat Isthmos, Lucan.: orbis sectus, die Halbscheid des Erdkreises, der halbe Erdkreis, Hor. – **c** in der Bewegung **durchschneiden** = durchschneidend **zurücklegen, durcheilen, durchlaufen, -dringen, -fliegen, -schiffen,** avis secat aethera, Verg.: aequor puppe, durchschiffen, Ov.: fretum Minyae Pegasaeā puppe, Ov.: vox secans aëra, Quint. – v. Flüssen, undae vada nota secantes, Ov.: secant ipsas oras Nili ostia, Mela: Euphrates secat continuo agros, Mela. – viam ad naves, Verg.: diversae viae secari coeperunt, verschiedene Richtungen wurden eingeschlagen, Quint.: via secta, Lucr.: arcum, machen, Verg. – **II** bildl.: **1** mit Worten **durchhecheln,** urbem, Pers. 1, 114. – **2 zerteilen, abteilen, teilen,** causas in plura genera, Cic.: secta bipartito mens, der entzweite Geist, Ov. – dah. **a** = dirimere, **schlichten, entscheiden,** lites, Hor.: res magnas, Hor. – **b** (wie secare viam) spem secare, eine Hoffnung verfolgen, Verg. Aen. 10, 107. – ► Perf. im Vulgärlat. auch secavi, wov. secarunt, CIL 6, 30112: secarit, Serv. Verg. Aen. 5, 2: Partiz. Fut. Akt. secaturus, Colum. 5, 9, 2: Partiz. Perf. Pass. secatus, CIL 5, 5049, 12. de Rosci inscr. Christ. Vol. I. p. 265. Vulg. 4. Esdr. 4, 32. Commodian. apol. 514 (510). – Nbf. sico, wovon sicat u. sicare, CIL 1, 199, 40 u. 41.

Secontia, s. Segontia.

sēcordia, ae, *f.*, s. sōcordia.

sēcrētārium, iī, *n.* (secretus), der **geheime-, besondere, abgesonderte-, einsame Ort,** secretaria terrae, Apul.: in der Kirche, etwa Sakristei, Sulp. Sev.: für die Richter, geheimes Verhörzimmer, spät. ICt. u. Lact.: Sitzungssaal des Senats, CIL 6, 1718: übtr., secr. mentis, das innere Heiligtum des Herzens, Augustin. in psalm. 78, 8 u. a.: so interiora mentis secretaria, Augustin. in psalm. 34. serm. 2. § 3.

sēcrētē, *Adv.* (secretus), **besonders, geheim,** Tert. de pall. 4 u. a.: secrete aut publice, Augustin. serm. 387, 1. – *Compar.* secretius, s. sēcrētō.

sēcrētim, *Adv.* = secrete, Amm. 29, 1, 6. Schol. Iuven. 10, 89.

sēcrētio, ōnis, *f.* (secerno), die **Absonderung, Trennung, Scheidung,** Cic. Tusc. 1, 71. Chalcid. Tim. 353.

sēcrētō, *Adv.* (secretus), **I abgesondert, beiseite,** eo nunc ego secreto foras te huc seduxi, Plaut. aul. 133 G.: consilia secreto *ab* aliis coquebant, Liv. 3, 36, 2. – **II** übtr.: **a besonders, für sich,** de quibus suo loco dicam secretius, Colum. 11, 2, 25. – **b abseits = im Stillen, ohne Zeugen, unter vier Augen, insgeheim, heimlich** (Ggstz. palam, s. Oudend. Caes. b. G. 1, 31, 1), mirum quid solus secum secr. ille agat, Plaut.: petierunt, ut sibi secreto de sua omniumque salute cum eo agere liceret, Caes.: eadem secreto ab aliis quaerit, Caes.: ibi secreto monuit, ut etc., Sall.: secreto hoc audi, tecum habeto, Cic.: secreto velle loqui te aiebas, Hor. – *Compar.*, et dicebat Simpliciano *non palam,* sed *secretius* et familiarius, Augustin. conf. 8, 2, 4: cum dicerent quaedam secretius suggerenda, Capit. Albin. 8, 2: quae (inflatio) ventrem interdum *cum sono* exonerat, interdum *secretius* (ziemlich lautlos), Sen. nat. qu. 5, 4, 2.

sēcrētus, a, um, *PAdi.* (v. secerno), **abgesondert, besonders, getrennt, I** *adi.*: **A** eig.: **1** im Allg.: corbis, Varro: arva, Verg.: imperium, Liv.: pascere oves secretas, Varro.: susurri divisi secretā aure, dadurch gesondert, dass jeder seinem Nachbar das Ohr hinhält, Hor. – **2** insbes.: **a gesondert, entlegen, abgeschieden, einsam,** castā et secretā domo, abgeschlossen, Tac.: colles, Tac.: quies, Mart.: secretissimus homo, Sen.: secreta petere loca, die Einsamkeit suchen, Hor. – **b besonder, selten,** figurae, Quint.: lingua secretior, veraltete Ausdrücke, Quint. – **B** bildl.: **a** einer Sache **entbehrend, beraubt,** m. *Abl.*, secreta cibo natura, Lucr. 1, 194: m. *Genet.*, corpora secreta teporis, Lucr. 2, 843. – **b geheim,** artes, geheime Zauberkünste, Ov.: carmina, sybillinische, Lucan. (aber secreta carmina, noch nicht veröffentlichte, Mart. 1, 66, 5): notae secretiores, Geheimschrift, Iul. Victor.: tu secreta (insgeheim) pyram erige, Verg.: nec quicquam secretum alter ab altero habent, sie haben kein Geheimnis voreinander, Liv.: prägn., secreta auris, für Geheimnisse offenes, Hor. sat. 2, 8, 78: u. so secretam garrit in aurem, Pers. 5, 96. – **II** *subst.*, secrētum, ī, *n.*, **1** die **Abgeschiedenheit, Einsamkeit** (abstr. u. konkr.), der **abgelegene, einsame Ort,** longum, Ov.: secreta Sibyllae, Verg.: ambigua secreta, zweideutige Zusammenkünfte, Tac.: in secreta, Hor.: secretum petit, Phaedr.: aber auch secretum petere = jmd. allein-, unter vier Augen sprechen wollen, geheime Audienz verlangen, Plin. ep. u. Suet.: secretum agere, sich der Einsamkeit überlassen, Suet.: abducere alqm in secretum, beiseite führen, Liv.: ferner secretiora Germaniae, Tac.: dulce secretum, Plin. ep.: in secreto, an einem abgelegenen Ort, heimlich, Liv. u. Curt. – **2** die **Heimlichkeit,** das **Geheimnis, a** übh., **geheime Gedanken, geheimes (einsames) Treiben** (s. Nipp. Tac. ann. 3, 37): uxor omnis secreti capacissima, Plin. ep.: secretum eius non timeres, Tac.: omnium secreta rimari, Tac.: secreta patris mitigare, Tac.: hoc secreta nostra, hoc sermones agant, Tac. – **b** Plur. secreta, **Geheimkünste, geheime Zauberkünste,** qui secretiora quaedam se nosse confingit, Amm. 14, 6, 14. – **c** Plur. secreta, **geheime Papiere, -Schriften,** Suet. Cal. 49, 3. – ► sēcrētō, *Adv.*, s. bes.

secta, ae, *f.* (sequor), die Folge = die **Grundsätze,** die jmd. befolgt, die **Denk- u. Handlungsweise, I** im Allg.: sectam meam exsecutae, Catull.: eorum sectam sequuntur multi mortales, Naev. fr.: nos, qui hanc sectam rationemque vitae re magis quam verbis secuti sumus, Lebensweise, Cic.: quod (natura) habet quasi viam quandam et sectam quam sequatur, Cic.: altera severitas eiusdem sectae disciplinaeque est, der zweite strenge Urteilsspruch legt (ebenfalls) Zeugnis ab von einer ähnlichen Verfahrungsweise u. Zucht, Gell. 4, 20, 7: iuvenes hortatur, ut illam ire viam pergant et eidem incumbere sectae, Iuven. 14, 121 *sq.*: m. folg. *Infin.*, hi mores, haec duri immota Catonis secta (die Grundsätze) fuit, servare modum finemque tenere, Lucan. 2, 380. – **II** insbes.: **1** die polit. **Grundsätze,** die **Partei,** der jmd. anhängt, horum hominum sectam atque instituta persequimur, Cic.: cuius sectam sequi, cuius imperio parēre potissimum vellet, Cic.: cuius sectam atque imperium secutus est, Cic.: Vitruvius sectamque eius secuti, seine Anhänger, Liv. – **2 philosophische Lehre, Schule, Sekte,** qui eorum philosophorum sectam secutus es, quorum etc., Cic.: Stoici et Epicuri sectam secuti, Quint.: Stoicorum secta, Tac.: Stoica secta, Sen. u. a.: Peripatetica secta, Colum.: Academica secta, Lact. – **3** juristische **Schule, Sekte,** hi duo primum veluti diversas sectas fecerunt (bildeten), Pompon. dig. 1, 2, 2. § 47. – **4** eine religiöse **Sekte,** Cod. Iust. 1, 9, 3: plurimae sectae et haereses, Lact. 4, 30, 2. – **5** eine **Bande** von Räubern, Apul. met. 4, 18 u. 24.

Sectānius, iī, *m.* (sector), ein erdichteter Name = Mädchenjäger, Hor. sat. 1, 4, 112 *Fritzsche.*

sectārius, a, um (v. seco), **verschnitten, kastriert,** vervex, Plaut. capt. 820. – Nach Paul. ex Fest. 336, 8 ist sectarius vervex = der Leithammel (v. 1. sector.)

sectātio, ōnis, *f.* (sector), das **Nachfolgen, Nachgehen,** bildl. = die **Nacheiferung,** boni, Tert. ad uxor. 1, 6 *extr.*: malorum, Vulg. prov. 11, 19.

sectātor, ōris, *m.* (sector), **I** der **Begleiter, Anhänger,** im Plur. das **Gefolge,** der **Anhang, a** im Allg., Cic. u. Tac.: lex Fabia, quae est de numero sectatorum, Begleiter, Klienten der Kandidaten, Cic.: domi, eifriger Besucher, Hausfreund, Tac. – **b** insbes., der **Anhänger** eines Lehrers, einer Doktrin, der **Schüler,** Suet. u. a.: Aristotelis, Gell.: iudiciorum, Tac.: eloquentiae, Gell.: veritatis, Lact.: sapientiae, Salv. – **II** der einer Sache **nachjagt,** sect. epularum, Schmarotzer, Sidon. epist. 3, 13, 3.

sectātrīx, trīcis, *f.* (Femin. zu sectator), die **Anhängerin, Freundin,** eiusdem philosophiae, Iulian. bei Augustin. op. imperf. c. Iul. 4, 43: perpetuae continentiae, Augustin. de virginit. § 18.

sectilis, e (seco), **I geschnitten, gespalten, gehauen,** ebur, Ov.: laminae, Plin.: asseres, Inscr.: pavimenta, aus drei-, vier-, sechseckigen usw. Marmorplatten zusammengesetzt, musivische (Mosaik-), Vitr. u. Suet.: luna, in zwei gleiche Teile geteilt, halbiert, Chalcid. Tim. 37. – **II schneid-, spalt-, haubar,** porrum, Schnittlauch, Pallad., Mart. u. a.: lapis, Plin.

sectio, ōnis, *f.* (seco), **I** das **Schneiden, Abschneiden, Zerschneiden, Verschneiden, A** eig.: **1** im Allg.: corporum, Vitr.: membrorum, Augustin.: brassicae, Plin. – **2** insbes.: **a** das **Sezieren,** die **Sektion,** factā membrorum sectione, Chalcid. Tim. 246. – **b** das **Schneiden** des krankhaften Körperteiles, das **Operieren,** die **Operation,** iumenta ac pecudes sectione curantur, Salv. de gub. dei 7, 1, 3: Plur., bibitur ante sectiones punctionesque, ne sentiantur, Plin. 25, 150. – **c** das **Verschneiden, Kastrieren,** die **Kastration,** Apul. met. 7, 26. – **B** bildl. als rhet. *t. t.*, das **Teilen,** die **Zerteilung** der Rede, sectio in infinitum, Quint. 1, 10, 49. – **II** übtr., das **Aufkaufen** der von Staats wegen eingezogenen u. im ganzen (in Bausch u. Bogen) zum Verkauf gestellten Güter der Proskribierten, der kriminalgerichtlich Verurteilten, sowie der auf gleiche Weise zum Verkauf gestellten Beute u. der dem Staat anheimgefallenen Erbschaften, ad illud sectionis scelus accedere, Cic.: sectionibus uberius compendium nactus, Suet.: sectionem facere, eine öffentliche Versteigerung anstellen, Eutr.: exercendis apud aerarium sectionibus famosus, als Güterkäufer bei Beschlagnahmen berüchtigt, Tac.: sectio publicanorum, Wucher der Staatspächter mit im Ganzen gepachteten Staatsgütern, die sie wieder an einzelne Kolonen verpachteten, Iustin. 38, 7, 8. – konkr. = das zum Verkaufe Kommende od. Gekommene, die **Auktionsmasse, Beutemasse,** bona sectiove alcis, Varro: cuius praedae sectio non venierit, Cic.: sectionem eius oppidi universam Caesar vendidit, Caes.: pro sectione debebas, Cic.: reliquiae Neronianarum sectionum, Tac.

sectīvus, a, um (seco), **schneidbar, Schnitt-,** porrum, Schnittlauch, Colum. u. a.

secto, āvī, āre = 1. sector (s. Prisc. 8, 29), **I** jmdm. **folgen,** jmd. **begleiten,** a cane sectari, Varro r. r. 2, 9, 16. – **II** übtr., etw. **zu erjagen suchen, nach** etw. **trachten,** qui ista sectaverit, Isid. eccl. off. 2, 5 *extr.*

1. sector, ātus sum, ārī (*Intens.* v. sequor), jmdm. **überall-, mit Eifer-, mit Begierde folgen, I** eig.: **1** im freundlichen Sinne = jmd. **überall begleiten, immer in** jmds. **Begleitung** od. **Gefolge sein,** (verächtlich) jmdm. **immer nachlaufen, a** übh.: alqm totos dies, Cic.: oves, Tibull.: matronas, Hor.: omnes se ultro sectari mulieres, Plaut.: rex ibis neque te quisquam stipator ineptum praeter Crispinum sectabitur, Hor. – **b** als Diener, jmds. **Leibdiener (Lakai) sein,** servum misi, qui sectari solet gnatum meum, meines Sohnes Lakai, Plaut.: nam equidem te iam sector quintum annum, Plaut.: ii servi ubi sunt? Chrysogonum sectantur, Cic. – **c** einem Ort gern nachgehen, ihn **gern aufsuchen,** gymnasia, porticus, Plin. ep. 1, 22, 6. – **2** im feindlichen Sinne = jmdm. **überall-, immer folgen, -nachlaufen,** um ihn zu verspotten, etwas von ihm zu fordern usw., **a** übh.: ut pueri eum sectentur, Cic.: anum sectatus sum clamore, Plaut.: servum sectari atque flagitare virum iubet, Cato fr. – **b** ein Tier **verfolgen, jagen,** leporem, Hor. u. Ov.: apros, Verg.: cervam (v. Hunden), Ter.: sues silvaticos venabulo aut cervos, Varro fr. – **II** übtr.: **1** etwas **zu erjagen suchen,** einer Sache **nachjagen,** nach etwas **eifrig trachten, -streben,** einer Sache **nacheifern,** praedam, Caes.: commoda, Suet.: facinora, Plaut.: virtutes, Tac.: praecepta, Suet.: lenia (*al.* levia), Hor. de art. poët. 26. – **2 zu erforschen suchen,** mitte sectari, quo etc., Hor. carm. 1, 38, 3. – ► Parag. Infin. Präs. sectarier, Plaut. mil. 91. Hor. sat. 1, 2, 78.

2. sector, ōris, *m.* (seco), **I** der **Schneider, Abschneider, Zerschneider,** zonarius, Beutelschneider, Plaut.: collorum, Mörder, Bandit, Cic.: feni, Heumäher, Colum.: serrarius, Marmorsäger, CIL 1, 1108. – **II** der **Ersteher, Aufkäufer** von dem Staat anheimgefallenen Gütern, der **Sektor** (vgl. Gaius dig. 4, 146), bonorum, Cic.: Pompei (der Güter des P.), Cic. Vgl. sectio *no.* II. – poet. übtr., favoris, der Verkäufer seiner Gunst, Lucan. 1, 178. – **III** als *t. t.* der Geom., sector circuli, der **Abschnitt, Ausschnitt** eines Kreises, Boëth. art. geom. 379, 13 Fr.

sectōrius, a, um (sector *no.* II), **die Sektores (Güteraufkäufer) betreffend, sektorisch,** interdictum, Gaius dig. 4, 146.

sectrīx, trīcis, *f.* (Femin. zu sector, ōris), die **Ersteherin, Aufkäuferin** der Güter von Verurteilten, proscriptionum, Plin. 36, 116.

sectūra, ae, *f.* (seco), **I** das **Schneiden,** der **Schnitt,** Varro LL. 5, 115. Plin. 37, 111. – II) meton.: **1** der Ort, wo ein Schnitt gemacht worden ist, im Holz usw., der **Schnitt,** Plin. 17, 124. – **2** der Ort, wo etwas **(geschnitten) gehauen** od. **gegraben wird,** aerariae secturaeque, Erzgruben u. Steinbrüche, Caes. b. G. 3, 21, 3.

sēcubātio, ōnis, *f.* (secubo) = secubitus, Plur. bei Solin. 26, 4.

sēcubito, āre (*Frequ.* v. secubo), **immer allein schlafen,** Lucil. 685.

sēcubitus, ūs, *m.* (secubo), das **Alleinliegen, Alleinschlafen,** ohne Beischläfer od. Beischläferin, Catull. 64, 380. Ov. am. 3, 10, 16: Plur., secubitus tristes, Ov. am. 3, 10, 43.

sē-cubo, uī, āre, **allein liegen, I** eig., **allein schlafen,** v. Mann, Catull., Liv. u. a.: v. der Frau, Tibull. u. Ov. – **II** übtr., **zurückgezogen-, einsam leben,** Prop. 2, 25, 5. Apul. met. 4, 20.

secula, ae, *f.* (seco), die **Sichel** (falx) bei den Kampanern, Varro LL. 5, 137.

sēculāris, s. saeculāris.

sēculum, s. saeculum.

sēcum = cum se, s. cum u. sui.

secunda u. **secundae**, s. secundus *no.* I, 2, a.

secundānus, a, um (secundus), der **zweite der Ordnung nach,** Iuppiter, wahrsch. v. Neptun, Mart. Cap. 1. § 47: Pales, *ibid.* 1. § 51. – Plur. subst., secundānī, ōrum, *m.*, die **Soldaten der zweiten Legion,** Liv. 34, 15, 8 u. 46, 13; 41, 3, 7. Mela 2, 5, 2 (2. § 75). Plin. 3, 36. Tac. hist. 5, 16.

secundārius, a, um (secundus), der **zweite der Ordnung nach,** der **nächste nach dem ersten, von der zweiten Sorte,** mel, Colum.: panis, Suet. – v. Abstr., status de tribus secundarius, Cic. – subst., secundārium, iī, *n.*, die **Nebensache** (Ggstz. caput, die Hauptsache), Cic. de inv. 2, 24.

secundātus, ūs, *m.* (secundus), die **zweite Stelle,** der **zweite Rang,** alteri primatum damus, alteri secundatum, Tert. de anim. 27.

secundē, *Adv.* (secundus), **glücklich,** quod haec res tam secunde processit, Cato origg. 5. fr. 1.

secundicērius, iī, *m.* (secundus u. cera), ein **Beamter zweiten Ranges,** Cod. Iust. 2, 17, 4.

secundīna, ae, *f.* (secundus), die **Nachgeburt,** Sex. Placit. de medic. 14, 10: dass. im Plur., Vulg. deuter. 28, 57.

1. secundo, āvī, āre (secundus), **I begünstigen, beglücken,** aura secundat iter, Prop.: secundante vento, bei günstigem Wind, Tac. u. Iustin.: di incepta secundent, Verg.: ut eventus secundet, Verg.: cum divina providentia nostros uberius secundarit exercitus, Vopisc. 15, 7: et cetera etiam quae *ad* agrorum exercitia secundarent, mit helfen, Iul. Val. 2, 18 *extr.* (*ed. Paris.*); vgl. 3, 16. – **II gefällig sein, nachgeben,** sec. in loco, Ter. adelph. 994.

2. secundō, *Adv.* (secundus), **I zweitens,** Varro, Cic. u. a.: primum … secundo, Varro LL. 8, 63. Donat. Ter. Andr. – **II zum zweiten Mal,** Spart. Hadr. 4, 4 u. 23, 13. Eutr. 2, 19; 4, 17; 5, 1. Lact. 4, 17, 9 (aber zweifelh. b. Auct. b. Alex. 40, 2). – **III zweimal,** Capit Gord. 6, 6. Treb. Poll. Gall. 17, 4.

secundum, *Adv.* u. *Praep.* (secundus), **I** *Adv.* **1 nach, hintennach,** age i tu sec., komm nach, Plaut. Amph. 551: ite hac sec. vos (Nom.), folgt mir nach, Plaut. Stich. 453. – **2 zum Zweiten, zweitens,** Varro vit. P. R. 3. fr. 7 (b. Non. 149, 16). Cic. Vatin. 14. – In der Bedeutung **zum zweiten Mal** bei Liv. 6, 18, 1 u. 7, 3, 3 u. a. falsche Lesart statt iterum. – **II** *Praep.* m. *Acc.*, **nach, A** im Raum: **1 dicht hinter,** ite s. me, Plaut.: s. aram, Plaut. fr.: nos sec. ferri nunc per urbem haec omnia, Plaut. – **2 entlang, längs … hin, nächst an, nahe bei, hart an,** sec. litus, Plaut.: sec. mare, Cic.: sec. flumen, Caes.: sec. Pelium montem, Plin.: vulnus accepit sec. aurem, Sulpic. in Cic. ep. – **B** der Zeit u. Reihenfolge nach = **sogleich nach, 1** eig.: **a** der Zeit nach = **nach Verlauf,** s. comitia, Cic. u. Liv.: s. haec, hierauf, Liv.: s. quietem, nach eingetretenem Schlaf, im Traum, Cic. u. a. – **b** der Reihenfolge u. dem Rang nach = gleichsam **in zweiter Linie, unmittelbar nach, nächst, zunächst, nach,** sec. patrem tu es pater proximus, Plaut.: s. te nihil mihi amicius est solitudine, Cic.: secundum deos violati sumus, Liv.: s. vocem vultus valet, Cic.: s. ea, demnächst, hierauf, Cic. u. Sall. (s. Sall. Iug. 14, 3): heres s. filiam, der nach der Tochter erbt, Cic. – **2** übtr., zur Bezeichnung der Übereinstimmung einer Handlung mit etwas anderem: **a = in Übereinstimmung mit** usw., **nach, gemäß,** s. naturam vivere, Cic.: s. alqm sentire, Suet. – **b** im jurist. Stil = **zu Gunsten, zum Vorteil, für,** decernere s. alqm, Cic.: s. eam (partem) litem dare, Cic.: vindicias dare secundum libertatem, Liv. – ► sec. seinem Kasus nachgesetzt, nos sec., Plaut. mil. 1349.

secundus, a, um (sequor), **folgend, I** im Allg., der Zeit u. Reihe nach: **1** der Zeit nach: lumine secundo, am folgenden Tag, d. i. morgen, Enn. fr.: mensa, der Nachtisch (Äpfel, Birnen usw.), Cic. u. Nep. – **2** der Reihe nach, auf den ersten **folgend, zweit, a** eig.: liber, volumen, Varro LL.: Pannonia, Eutr.: qui secundus ab Romulo numeretur, Liv.: haec erit a mensis fine secunda dies, das wird der vorletzte Tag des M. sein, Ov.: id secundum erat de tribus, Cic.: heres, ein substituierter Erbe, der erbt, wenn der erste Erbe stirbt od. die Erbschaft ausschlägt, der Beierbe, Aftererbe, Cic.: partes secundae, die zweite Rolle (eig. u. bildl.), Cic.; u. so subst. bl. secundae, Plin.: dah. fuit M. Crassi quasi secundarum, spielte gleichsam die zweite Rolle (Violine) nach Krassus, folgte auf ihn, Cic.: secundas alci deferre, den zweiten Platz anweisen, auf die zweite Stufe stellen, Quint.: secundas agere, Sen., od. partes secundas tractare, Hor., nachgeben, beipflichten, ja sagen. – subst., **α** secunda, ae, *f.* (*sc.* hora), **αα** die **zweite Stunde,** ad secundam, Hor. sat. 2, 6, 34. – **ββ** die **Nachgeburt,** s. im Folg. – **β** secundae, ārum, *f.*, **αα** die **zweite Rolle,** s. vorher. – **ββ** die **Nachgeburt,** mit u. ohne Genet. partus, Cels., Colum. u.

Plin.: dass. auch Sing. secunda, Sex. Placit. de medic. 16, 49 (wo caprae secunda neben mulierum secundae). – **b** bildl.: **α** dem Rang nach der (die, das) **folgende, nächste, zweite,** secundus a rege, Auct. b. Alex.: secundus ad principatum, Cic.: altera persona, sed tamen secunda ita, ut proxima esset Epaminondae, Nep.: nil generatur simile aut secundum, Hor.: tenere locum virtute secundum, Verg.: horum vel secundi vel etiam infra secundos, die in zweiter Reihe auf sie folgen, ja die noch tiefer stehen, als die letzteren, Cic. – **β** dem Gehalt od. Wert nach **geringer, schlechter, nachstehend,** panis, Hor.: v. Pers., nulli Campanorum secundus, Liv.: haud ulli veterum virtute secundus, Verg. – **II** insbes., **leicht-, freiwillig folgend** (Ggstz. adversus), **1** eig.: **a** v. Pers., dum ridetur fictis rerum Balatrone secundo, während B. gern (redlich) mitmacht, Hor. sat. 2, 8, 83. – **b** v. Wasser, Wind u. Segeln: **α** vom Wasser, **stromabwärts,** secundo flumine, Caes.: secundo Tiberi defertur, Liv.: secundā aquā (Ggstz. adversā aquā), Liv. – **β** v. Wind, **folgend, begleitend, begünstigend,** navem secundis ventis cursum tenentem, Cic.: vento secundissimo, glücklich, günstig, Cic.: quid secundis flatibus, quid adversis ratio poscat, Quint.: verb. classis vento fluctuque secundo lapsa, Lucan. – **γ** v. den vom Wind **günstig geschwellten** Segeln, secunda vela dato, Ov.: bildl., des ingenio vela secunda meo, Ov. – **c** v. a. Ggstdn.: (Neptunus) flectit equos curruque (Dat.) volans dat lora secundo, Verg.: Austri anniversarii secundo sole flant, nach dem Lauf der Sonne, Nigid. fr.: cur alii pisces squamā secundā (abwärts gerichtete), acipenser adversā (aufwärts gerichtete) sit, Nigid. fr. – **2** übtr.: **a begünstigend, günstig, Beifall gebend,** voluntas contionis, Cic.: exitus belli, Hor.: haruspex, heilverkündender Seher, Verg.: vires, den Erfolg begünstigende, den Erfolg herbeiführende, Verg.: secundo populo, unter dem Beifall des V., Cic.: secundo clamore, unter freudigem Geschrei, Verg.: rumore secundo, mit freudigem (lautem) Beifall, Hor. u. Verg.: secundis dis, von den G. begünstigt, Verg.: secundo Marte, im Glück des Kampfes, Verg.: secundis auribus accipi, Liv.: secundior fama, Suet.: verba secunda irae (Dat.), den Zorn begünstigend, Liv.: leges secundissimae plebi, begünstigend, angenehm, Liv.: verba secunda loqui alci, recht geben, beipflichten, nach dem Mund reden, Ov. – **b glücklich, nach Wunsch gehend** (Ggstz. adversus), proelium, Caes.: secundius proelium equitum nostris, Caes.: secundissimum proelium, Caes.: auspicia, Cic.: casus (Plur.), Nep.: res secundae, glückliche Umstände, Glück, Cic.: secundissimae res, Cic.: secunda navigatio, Tac.: fortuna, Nep., u. Plur. fortunae, Cic., Glück: omnia enim *secundissima* nobis, *adversissima* illis accĭdisse videntur, Caes. in Cic. ep. – subst., secundum, ī, *n.*, **etwas Glückliches, Glück,** si quid secundi evenisset, Nep.: Plur. secunda (Ggstz. adversa), glückliche Umstände, Glück, glückliche Erfolge, Ter., Sall. fr., Hor. u. Curt.: vir secundis adversisque iuxta famosus, Tac.: iam nunc secunda mihi facis, nun zeigst du endlich dich gefügiger, Plaut. asin. 496.

sēcūrē, *Adv.* (securus), **I sorglos, unbekümmert, furchtlos, ruhig,** Suet. u. a.: securius divites erimus, si etc., Sen. – **II** objektiv, **sicher** = gefahrlos, subiacens mare securius intuetur, Plin. ep. 2, 17, 6.

secūriclātus, a, um (securicula), **I beilförmig,** herba securiclata, das Beilkraut, ein Unkraut in den Linsen (griech. πελεκῖνος), Plin. 18, 155. – **II durch einen Schwalbenschwanz verbunden, schwalbenschwanzförmig,** griech. πελεκινωτός, Vitr. 10, 10, 3.

secūricula, ae, *f.* (*Demin.* v. securis, s. Consent. 355, 13. Not. Tir. 38, 55), **I** das **kleine Beil,** die **kleine Axt,** Plaut. rud. 1158*sq.* Mart. 14, 35 *lemm.*: am Pflug angebracht, um die Wurzeln zu zerschneiden, Plin. 18, 177 D. – **II** meton. (als *t. t.* der Baukunst), eine beilförmige Art Verklammerung, der **Schwalbenschwanz,** griech. πελεκῖνος, Vitr. 4, 7, 4; 10, 11, 8.

secūriculārius, iī, *m.* (securicula), der **Verfertiger kleiner Beile,** Not. Tir. 38, 56.

secūrifer, fera, ferum (securis u. fero), **ein Beil-, eine Axt tragend,** Ov. met. 12, 460.

secūriger, gera, gerum (securis u. gero), **ein Beil-, eine Axt führend,** puellae, Amazonen, Ov. her. 4, 117: Nealces, Val. Flacc. 3, 191: catervae, Val. Flacc. 5, 138: Lycurgus, Sen. Oedip. 471: dextra, Sil. 16, 48.

secūris, is, Akk. im, Abl. ī, *f.* (seco), **I** das **Beil,** die **Axt, 1** eig. u. bildl.: **a** eig., zum Fällen der Bäume, Verg. u. a.: zum Töten der Opfertiere, Verg. u. a.: als Waffe, Streitaxt, Verg. u. Hor.: sec. anceps, Doppelaxt, Plaut. u. Ov.: ebenso sec. bipennis, Varro fr.: bes. zum Köpfen, Hinrichten der Verbrecher, admota cervicibus meis securis, Sen. rhet.: securi ferire, percutere, mit dem Beil hinrichten, Cic.: saevus securi Torquatus, der seinen eigenen Sohn köpfen ließ, Verg.: securium gladiorumque terrore subnixi, Lact. – Sprichw., securi Tenediā (Τενεδίᾳ πελέκει), mit äußerster Strenge, ohne alle Barmherzigkeit (hergeleitet von der Strenge des Königs Tenes auf der Insel Tenedos, der jedesmal bei Anklagen den Scharfrichter hinter den Kläger stellte, um diesen, falls er einen Unschuldigen anklagte, sogleich zu bestrafen), Cic. ad Q. fr. 2, 9 (11) 2: ebenso securim Tenediam, quam minaris, abde aliquo, den strengen Vorsatz, Fronto epist. Graec. 6 *in.* (ad M. Caes. 1, 9 *in.*). – **b** bildl., der **Hieb,** die **Wunde** = Schaden, Verlust, graviorem infligere securim rei publicae, Cic. Planc. 70: quam te securim putas iniecisse petitioni tuae, Cic. Mur. 48 (vgl. *ibid.* illa plaga est iniecta petitioni tuae). – **2** übtr., der Teil des Winzermessers, der zum Hauen dient, die **Haue,** Colum. 4, 25, 1. – **II** meton. (da secures, fasces u. virgae von den Liktoren den höchsten obrigkeitlichen Personen, bes. den Konsuln vorgetragen wurden, Sinnbild der höchsten Gewalt) = **höchste Gewalt, -Macht, röm. Oberherrschaft, α** im Plur.: Gallia securibus subiecta, der römischen Hoheit, Caes.: virtus nec sumit aut ponit secures (= *magistratus, honores*), Hor.: Medus timet secures (= *imperium Rom.*), Hor.: saevas secures accipiet, Verg. – **β** im Sing.: Germania colla Romanae praebens animosa securi, Ov. trist. 4, 2, 45. – ► Akk. gew. securim, doch auch securem, z. B. Varro sat. Men. 389. Liv. 3, 36, 4 H. Sen. contr. 2, 3 (11), 10: Abl. gew. securi, doch auch **secure, Apul. met. 8, 30. Tert. de pudic. 16. Orest. trag. 214;** vgl. **Consent. 355, 14 K.**

sēcūritās, ātis, *f.* (securus), **I** die **Sorglosigkeit, 1** im guten Sinne = die **Sorglosigkeit, Furchtlosigkeit, Gemütsruhe, Ruhe,** Cic. u. a.: Plur., Plin. 23, 41. – m. obj. *Genet.* (vor), mortis, Plin. 7, 184. – **2** im üblen Sinne = die **Sorglosigkeit, Unbekümmertheit, Fahrlässigkeit,** Quint., Tac. u. a. – **II** übtr., die **Sicherheit, 1** objekt. **a** die **Sicherheit,** die **Gefahrlosigkeit,** Plin. ep. u. a.: Plur., CIL 5, 2781. lin. 34. – m. *Genet.*, annonae, Tac.: itinerum, Plin. – **b** die **Sicherheit, Garantie** für eine Schuld durch Unterpfand od. Quittung, dah. die **Quittung,** der **Empfangschein,** Sen. de ben. 3, 12, 2. Ulp. dig. 27, 4, 1. § 6 u. a. ICt.: Plur., Sidon. epist. 5, 13, 4. Symm. epist. 10, 50 (43): securitates accipere, Amm. 17, 10, 4: securitates reddere, Cod. Theod. 11, 1, 19. – **2** subjekt., das **Gefühl der Sicherheit,** Tac. hist. 1, 51: securitate pacis, im G. der S. des Friedens, Tac. hist. 2, 12.

sēcūrus, a, um (1. se u. cura), **ohne Sorge, sorg-, harmlos, I** eig., **unbesorgt, unbekümmert, furchtlos, voll Sicherheitsgefühl, a** v. Pers., Liv. u. a.: verb. securi solutique, Liv.: securi otiosique, Quint.: securus pro salute, Tac.: pro me securior, Tac.: securior ab alqo, Liv.: securi contra litigatores, Plin.: contra eorum insidias, Augustin.: securus de bello erat, Liv.: animus securus de alqa re, Cic. – m. *Genet.*, poenae, Hor.: opinionum, Sen.: magnitudinis suae, Plin. pan.: offensae pariter gratiaeque, Plin. ep.: tam parvae observationis, Quint.: amorum, Verg.: famae, Ov.: pelagi, Verg.: sui, Itin. Alex.: auditorii, Apul.: numquam securus huius mali, Sen. – m. folg. indir. Fragesatz, quid Tiridaten terreat, unice securus, Hor.: post hoc securus cadat an recto stet fabula talo, Hor. – mit folg. *Acc.* u. *Infin.*, nihil sibi posse perire securus, Min. Fel. 36, 9. – non sec. m. folg. *ne* u. Konj., ne quis etiam errore labatur vestrûm quoque, non sum securus, Liv. 39, 16, 6. – Plur. subst., securi, Ggstz. paventes, Plin. pan. 95, 5. – **b** v. Lebl.: **α sorglos, furchtlos, heiter,** quies, Ov.: convivia, Sen.: vita, Sen.: summa malorum, unbesorgt lassend, Ov.: olus, das einfache, zwanglose Mahl, Hor.: Tripolim securissimam reddidit, Spart.: securi *ab* eo metu somni, Plin.: m. *Genet.*, sint tua vota licet secura repulsae, vor jeder Verweigerung sicher, Ov. met. 12,

199: urbis loca secura eius modi casuum, die sich sicher fühlten (geschützt schienen) vor usw., Tac. hist. 1, 86. – **β** im üblen Sinne, **sorglos = unbekümmert, fahrlässig,** castrensis iurisdictio, Tac. Agr. 9. – **II** übtr., objektiv, Sicherheit gewährend, **harmlos = sicher, weniger gefahrvoll, gefahrlos,** Cato non quidem melior sed tamen securior, weniger anstößig, Tac.: tempus, locus, Liv.: lectio, Quint.: materia, Tac.: iram sibi esse securam, Plaut.

1. secus, *n. indecl.* (τέκος) = sexus, das **Geschlecht** (s. Drak. Liv. 26, 47, 1), virile secus numquam ullum habui, Sohn, Plaut.: liberorum capitum virile secus ad decem milia capta, freie Menschen männlichen Geschlechtes, Liv.: virile et (ac) muliebre secus, Sall. fr., Liv. u. Tac.: muliebre secus omne summovit, Suet.

2. secus, a, um = secundus, CIL 3, 387 (heres secus).

3. secus (sequor), **I** *Posit.* **secus, A** *Adv.*: **a** = aliter, **anders, nicht so,** secus est, Cic.: non (haud) secus, nicht anders, ebenso, m. folg. atque (ac) od. quam, wie, non secus ac etc., Cic.: haud secus ac etc., Verg.: secus quam, Cic.: paulo secus atque etc., Cic.: longe secus, ganz anders, Cic.: non multo secus, nicht viel anders, beinahe, fast so, Cic. – dah. **b schlecht, nicht recht, nicht gut, nicht wohl, übel,** im Gegensatz zum vorhergegangenen *recte, bene, beate* etc., wie recte an secus, recht oder unrecht, Cic.: pro bene aut secus consulto, gut od. schlecht (übel), Liv.: aut beate aut secus vivere, glücklich od. nicht, glücklich od. unglücklich, Cic. – si s. accĭderit, Cic.: s. existimare de alqo, Cic.: secus loqui de alqo, Tac.: ne quid s. scriberet, etwas Böses, Liv.: quod secus a me erga te commissum aut praetermissum videretur, was ich gegen deine Wünsche getan oder unterlassen hätte, Cic. – **c weniger** (= minus), neque multo secus in iis virium, Tac. ann. 4, 5: HS vicies paulo secus, Apul. apol. 23. – **d mehr,** modico secus progressus, ging ein wenig weiter, Apul.: paulo secus, ein wenig mehr od. drüber, Apul. – **B** *Praep.* m. *Acc.* = secundum, **1** eig.: **a** im Raum, **α nebenbei, -an** (in der Vulgärsprache nach Charis. 80, 18), foramina utrimque secus laminas, Cato r. r. 21, 2: ut insulis omnibus et quae secus mare essent locis regnaret, Enn. fr. bei Lact. 1, 11, 34: aedificia, quae sunt iuncta ex utraque parte secus viam, CIL 11, 3932: ipsa viva sibi secus coniugem suum, CIL 2, 507. – **β** angehängt, zur Bezeichnung »der Seite«, s. altrīnsecus, circumsecus, postsecus, utrimquesecus. – **b** der Zeit nach, **sogleich nach,** ne possent vel sationes facere hoc secus, sogleich nachher, Sempr. Asellio bei Charis. 220, 15. – **2** übtr., **nach = gemäß,** secus merita eius, CIL 11, 5694. – **II** *Compar.* **sequius** (nach den besten Hdschrn. richtiger als secius), mit der Nbf. **sētius, 1 anders, nicht so,** setius dicere, Plaut.: res cum ei sequius, ac rata fuerat, proveniret, Apul.: nihilo setius quam somnia, nicht anders wie usw., Plaut.: nihilo setius obsequiosus, ebenso, Plaut.: non setius uritur, quam etc., nicht anders, ebenso, Ov.: so auch non setius ut, nicht anders wie, Verg. – **2** = minus, d. i. **a weniger,** mit vorhergehender Negation (non, nec, nihilo etc.), nilo u. nihilo setius (sequius), nichtsdestoweniger, dessen ungeachtet, dennoch, Ter. u. Caes.: so auch haud setius u. non setius, Verg.: neque eo setius, Nep., od. nec hoc setius, Lucr., od. nec eo setius, Suet., nichtsdestoweniger. – **b** quo setius = *quo minus,* impedimento est, quo setius lex feratur, Rhet. Her. 1, 21. – **3 minder gut, nicht recht, übel,** quom hoc ago setius, Plaut. cist. 692: sin, id quod non spero, ratio talis sequius cecĭderit, Afran. com. 293: sequius loqui de alqo, Sen. de ben. 6, 42, 2: sequius cogitare de alqo, Varro logist. (Tanaquil I.) p. 258 *Riese:* invitus, quod sequius sit (etwas, was minder gut erscheinen möchte), de meis civibus loquor, Liv. 2, 37, 3.

Secusiānī od. **-āvī,** s. Segusiāvī.

secūtio, ōnis, *f.* (sequor), das **Nachfolgen, Streben** nach etwas, dei, Augustin. de morib. eccles. cathol. 1, 11.

secūtor, ōris, *m.* (sequor), **I** der **Begleiter,** Apul. met. 4, 12: acerrimus (uxoris), als Aufseher, Apul. met. 9, 17: als Beiname des Mars, Beschützer, Apul. met. 7, 11: tribuni, Ordonnanz, CIL 6, 2931. – **II** insbes., der **Nachsetzer,** ein (mit Helm, Schild u. Schwert bewaffneter) Gladiator, der mit dem Netzfechter (retiarius), ihm nachsetzend, kämpfte, Suet. Cal. 30, 3. Iuven. 8, 210. Lampr. Comm. 15. § 8. Schol. Iuven. 6, 108.

secūtōrius, a, um (sequor), **nachfolgend,** iudicium, Gaius inst. 4. § 166 u. 169.

secūtulēius, a, um (sequor), **überall den Männern nachlaufend, mannstoll,** mulier, Petron. 81, 5.

1. sēd, s. 1. sē.

2. sēd, s. sui.

3. sed (altlat. set), *Coni.* (verwandt mit sēd = se, sine), **I aber, allein, 1** übh. zur Berichtigung u. Beschränkung des im vorigen Satz ausgesprochenen Urteils, Cic. u. a.: verb. sed tamen, Catull.: sed enim, Cic., Verg. u. Ov.: sed enimvero, Liv.: sed autem, Plaut. u. Verg. – **2** insbes.: **a** zur Steigerung des Vorhergehenden, **aber, aber auch, aber freilich,** clavas? sed probas, aber tüchtige, Plaut.: gew. verb. sed etiam, **aber auch, ja auch,** avarissimae, sed etiam crudelissimae, Cic.: consilium defuit, sed etiam obfuit, ja auch, Cic. – so auch sed et, Suet.: sed ... quoque, Suet. Cal. 20. – **b** bei Übergängen = **aber, doch,** Plaut., Cic. u. a. – dah. **α** beim Einlenken, Zurückkehren zu einem früheren Gegenstand = **aber, doch,** sed redeamus ad Hortensium, Cic.: sed perge, ut coeperas, Cic. – **β** beim Zurückführen der Rede auf das durch eine Parenthese unterbrochene Thema, **aber, nun, sage ich,** ut peroravit (nam ... peregerat), sed ut peroravit etc., Cic. – **c** beim Abbrechen, Innehalten der Rede = **aber, doch,** sed haec hactenus, Cic.: sed satis verborum est: cura, quae iussi, Plaut. – **II** zur Beschränkung od. Berichtigung eines vorhergehenden negativen Satzes = **sondern,** Cic. u. a.: zwei- u. mehrmals wiederholt (bes. in erregter Rede), bei Cic. u. a.; s. Madvig Cic. de fin. 2, 45. Drak. Liv. 3, 11, 2. Ruperti Tac. ann. 1, 10, 2. – bes. häufig in der Verbindung: non modo (non solum, non tantum) ... sed etiam (et od. quoque), **nicht nur (allein, bloß) ... sondern auch,** Cic., Caes. u. a.: aber non modo (solum) ... sed, **nicht nur (allein, bloß) ... sondern sogar,** negotiis non interfuit solum, sed praefuit, Cic.: non modo utilitatis, sed dignitatis, Cic.: so auch non modo ... sed ne ... quidem, **nicht nur ... sondern selbst nicht,** Cic.

sēdāmen, inis, *n.* (sedo), das **Beruhigungsmittel,** amoris, Sen. Hipp. (Phaedr.) 1188 (1196).

sēdātē, *Adv.* (sedatus), **gelassen, ruhig, mit Ruhe, mit Fassung, ohne Murren,** sedate servio, Plaut.: placide atque sedate, constanter et sedate dolorem ferre, Cic.: sedate placideque labi (v. der Rede), Cic. – *Compar.,* exercitu sedatius procedente, gemach, Amm. 25, 1, 5.

sēdātio, ōnis, *f.* (sedo), die **Beruhigung** der Leidenschaften, animi, Cic.: maerendi, Cic.: aegritudinis, Cic. – Plur., sedationes (animi), Ggstz. perturbationes, Cic. Tusc. 5, 43.

sēdātor, ōris, *m.* (sedo), der **Beruhiger,** militaris insaniae, Arnob. 3, 26.

1. sēdātus, a, um, *PAdi.* (v. sedo), **gelassen, ruhig, still, gefasst,** homo, Cic. u. Apul.: sedato gradu abire, Liv.: animus sedatior, Cic.: vox sedatissima, Rhet. Her.

2. sēdātus, Abl. ū, m. (sedo), der **Zustand der Ruhe** (Ggstz. bellum), Vergil. gramm. ep. 3 (de verbo) in Class. auct. 5, 38.

sēdecennis, e (sedecim u. annus), **sechzehnjährig,** Auson. epitaph. 34 *lemm.* p. 80 Schenkl.

sēdeciēs, *Adv.* (sedecim), **sechzehnmal,** Paul. dig. 38, 10, 10. § 18. Rutil. itin. 1, 135.

sēdecim (sex u. decem), **sechzehn,** Ter., Cic. u. a. – dafür decem et sex, Liv. 33, 4, 4 u. 37, 40, 1: decem sexs, CIL 5, 3087. – ► sexdecim ist eine schlechte Variante.

sēdēcula, ae, *f.* (*Demin.* v. sedes), das **Sitzchen, Stühlchen,** Cic. ad Att. 4, 10, 1.

sēdēni, ae, a (sex u. deni), **zu sechzehn,** Anthol. Latin. 680, 15, (390, 15).

sedentārius, a, um (sedens), **I im Sitzen arbeitend,** sutor, Plaut. aul. 513. – **II mit Sitzen verbunden, sitzend,** opera, Colum.: necessitas assentiendi, sitzend (im Senat) seine Zustimmung zu geben, Plin. pan.: fatigatio, vom Sitzen, Apul.

sedeo, sēdī, sessum, ēre (altind. *sad-,* sich setzen, *sādas,* Sitz, gotisch *sitan,* ahd. *sizzen,* griech. ἕδος), **sitzen, I sitzen** übh.: **A** eig.: **1** im

Allg., m. *in* u. Abl., **a** v. Menschen: in subselliis, Plaut.: in sella, in solio, in equo, Cic.: in conclavi, Ter.: in cubiculo (suo), Liv. u. Plin. ep.: in vestibulo aedium, Liv.: in hemicyclio domi, Cic. – m. bl. *Abl.*, carpento, sede regiā, Liv.: sellā curuli, Liv.: equo, Liv. epit. u. Curt.: vehiculo, Cels.: theatro curvo, Ov. – mit anderen *Praepp.*, ante fores, Tibull.: apud alqm, Cic.: inter ancillas, Plaut.: per iuga, Verg.: post me gradu uno, Hor.: sub arbore, Ov.: supra torum, Fronto: m. *Acc.*, equum, asinos, Gregor. Tur.: mit Ortsadvv., hic, Plaut.: istic, Plaut.: illic, Ter. – absol., cum tot summi oratores sedeant, Cic.: supplex ille sedet, Prop.: lumbi sedendo mi (= mihi), oculi spectando dolent, Plaut. – *impers.*, sedetur, ambulatur, Varro LL.: cum sedeatur, ambuletur, Gell. – **b** v. Tieren: polypus in ovis sedet, Plin.: cornix sedet in humo, Ov. – u. Passiv sederi = geritten werden, sederi equos, Spart.: cum (Bucephalus) ab equario suo mollius sederetur, Solin.: animalia sedentur, Veget. – **2** insbes., **a** von Behörden, bes. v. Richtern = **Sitzung halten, zu Rate-, zu Gericht sitzen** (s. Matthiä Cic. Sest. 33 [welche Stelle Halm richtiger zu *no.* II, A, 1 zieht]. Manut. Cic. Rab. Post. 9. Korte Sall. Cat. 37, 7. Drak. 3, 46, 9. Passerat. Prop. 2, 17, 27. Phaedr. 1, 10, 6. Bünem. Lact. de mort. pers. 14, 4), Scaevolā (tribuno) in rostris sedente, Cic. – eius igitur mortis sedetis ultores, Cic.: pro tribunali, Cic.: iudices in C. Fabricium, Liv.: Minos sedet arbiter Orci, Prop.: sedebant centum et octoginta iudices, Plin. ep.: iudex sedens adhuc atque audiens, Quint.: sedebat ipse atque innocentes igne torrebat, Lact. – v. den Gehilfen des Prätors, in tribunali, Cic. – v. Zeugen, Quint.: v. Anwalt, Quint. – **b** v. Buhldirnen, prostat et in quaestu pro meretrice sedet, treibt das Hurengewerbe, Ov. ex Pont. 2, 3, 20. – **c** (= desideo) **auf dem Klosett sitzen,** Marc. Emp. 29; vgl. sordido in loco sedere, auf dem K. sitzen, Val. Max. 9, 13, 2.

B übtr., v. lebl. Subjj., **sich senken, sich setzen,** **1** eig.: **a** übh.: (libra) nec hāc plus parte sedet nec surgit ab illa, Tibull.: tam gravia, ut depressa sederent, nec levia, ut possent per summas labier oras, Lucr.: sederunt medio terra fretumque solo, Ov.: rupti aliqui montes tumulique sedere, Sall. fr.: sedisse montes, Tac.: sedet nebula densior campo quam montibus, liegt auf der Ebene dichter als auf den B., Liv. – v. Speisen, die den Magen nicht beschweren, wie unser »sich gesetzt haben« (Ggstz. innatare), esca, quae tibi sederit, gut bekommen ist, Hor. sat. 2, 2, 73. – **b** von der niedrigen, flachen Lage von Örtlichkeiten = **sich herabsenken, in flacher Ebene liegen, sich in der Ebene hinziehen** u. dgl. (wie ἧσθαι, s. Heinsius Sil. 6, 674), proxima pars urbis celsam consurgit in arcem, mediisque sedent convallibus arva, Lucan.: campo Nola sedet, Sil. – u. **c** v. Pflanzen, lactuca sedens, niedriger-, in die Breite wachsender Salat, Mart. 10, 48, 9 (sonst lactuca sessilis gen., wie Mart. 3, 47, 8. Plin. 19, 125). – **2** bildl. von Leidenschaften usw. = **sich legen,** sedit rabies feritasque famesque, Stat.: sedere minae, Sil.

II mit dem Nbbgr. der Dauer: **A** eig.: **1** = an einem Ort **harren, verharren, verweilen,** u. mit dem Nbbgr. der Untätigkeit = **ruhig-, müßig-, untätig dasitzen** (s. Schmid Hor. ep. 1, 17, 37. Bremi Nep. Dat. 7, 1. Halm Cic. Sest. 33), in oppido, Varro: in villa totos dies, Cic.: Corcyrae, Cic.: desidem domi, Liv.: ad aquas, Cic.: sedit qui timuit, blieb ruhig zu Hause sitzen, Hor.: consulibus sedentibus, Cic.: sedetis et oscitamini, Rhet. Her.: tu sedes et quiescis? Cic. – Sprichw., compressis, quod aiunt, manibus sedere, ruhig die Hände in den Schoß legen, Liv. 7, 13, 7. – **2** insbes.: **a** v. denen, die beim Altar einer Gottheit als Betende od. Flehende auf den Ausspruch od. die Hilfe einer Gottheit **harren** (wie ἵζειν, ἱζάνειν; vgl. Broukh. Tibull. 1, 3, 30), meliora deos sedet omina poscens, Verg.: ad tumulum fugiam supplexque sedebo, Tibull. – **b** v. Frauen, die im Hause **still-, zurückgezogen leben** (s. Bremi Nep. praef. 7. Broukh. Prop. 2, 14, 15), domi, Ter.: in interiore parte aedium, Nep. – **c** v. Jünglingen, die vor den Türen der Geliebten **harren,** Tibull. 4, 4, 20. – **d** als milit. *t. t.* = **zu Felde liegen, gelagert sein, ruhig** od. **untätig harren** (vgl. Taubm. Plaut. Amph. 2, 1, 52. Drak. Sil. 12, 64), ad Trebiam, Liv.: Arretii ante moenia, Liv.: apud moenia Contrebiae, Val. Max.: apud hostes, Plaut.: montana circum castella in armis, Verg.: contra alqm, Cato fr.: absol., sedendo oppugnare urbem, Liv.: sedendo et cunctando bellum gerere, Liv. – Sprichw., vetus proverbium ... est: Romanus sedendo vincit, Varro r. r. 1, 2, 2.

B übtr., v. lebl., Subjj.: **1** eig.: **a** = **festsitzen, feststecken, hängen bleiben,** in liquido sederunt ossa cerebro, Ov. – **b** von tief eindringenden Waffen, wie unser **sitzen,** clava sedet in ore viri, Ov.: librataque cum sederet (glans), Liv.: u. v. Hieb, Schlag usw., plagam sedere cedendo arcebat, Ov. – übtr., vox auribus sedens, eindringend, Quint. – **c** v. Kleidern, die sich dem Körper fest-, knapp anschließen, wie unser **sitzen** (Ggstz. dissidere, s. Obbar. Hor. ep. 1, 1, 96), toga sedet umero, Quint.: toga umeris non sedet, Sen. rhet.: pars togae melius sedet, Quint. – **d** von Schiffen, die auf Untiefen od. Felsen **auflaufen** (s. Drak. Liv. 2, 5, 3), super aggerationem, Vitr.: sicco litore, Lucan.: pars *sedet* una ratis, pars altera *pendet* in undis, Lucan. – **2** bildl.: **a** **sitzen, fest bleiben, unauslöschlich verbleiben** (vgl. Schwarz Plin. pan. 55 *extr.*), quam bene umeris tuis sederet imperium, Plin. pan.: pallor in ore sedet, Ov.: cuius amabilis vultus in omnium civium ore, oculis, animo sedet, Plin. pan.: sedet alqd in animo, Sen., od. altius in animo, Plin. ep.: vetus in capto pectore sedit amor, Ov.: sedet Cressa relicta in ingenio tuo, Ov.: sedere coepit sententia, Plin. – **b** v. Entschlüssen usw. = **sitzen, fest sein, fest beschlossen sein,** mihi animo fixum immotumque sedet, Verg.: idque pio sedet Aeneae, Verg.: sedet consilium fugae, Flor.: sedet m. folg. *Infin.*, Stat. Theb. 1, 324 u. 3, 459. Val. Flacc. 2, 383. – ► Imperat. sedito, Lex Iul. municip. c. 10.

sēdēs, is, *f.* (sedeo), der **Sitz,** **I** eig. u. übtr.: **A** eig., der **Stuhl,** die **Bank,** der **Thron** usw., sedes honoris, sella curulis, Cic.: sedes regia, Liv., regalis, Augustin.: media inter deos, Plin. pan.: omnes in iis sedibus, quae erant sub platano, consedisse dicebat, Cic.: ad laevam eius capite velato sedem capere, Liv.: sedes ponere (setzen), Liv.: priores sedes (Ehrensitz) tenere, Hor.: in suis sedibus trucidari, Liv.: tibi concedo meas sedes (im Doppelsinn = meinen Sitz u. = meine Behausung), Cic. de div. 1, 104. – **B** übtr.: **a** der **Sitz, Wohnsitz,** die **Wohnung, Behausung,** der **Aufenthalt,** die **Heimat,** sceleratorum, Schelmensitz (in der Unterwelt), Cic.: ebenso scelerata, Ov.: sedes fundatur Veneri, Verg.: eam sibi domum sedemque deligere, Cic.: sedem certo loco domiciliorum causā constituere, Cic.: ad quaerendam sedem Alpes transgredi, Liv. – Plur., sedes sanctae penatium deorumque, Cic.: mediis in sedibus, Catull.: sedes discretae piorum, Hor.: Troiani, qui Aeneā duce sedibus incertis vagabantur, Sall.: aliud domicilium, alias sedes petere, Caes.: reverti in suas sedes regionesque, Caes.: non haerere in suis sedibus, Cic.: his sedibus sese continere, Caes.: in continentem sedes transferre, Liv.: sedes intrare silentum (der Stummen = der Toten in der Unterwelt), Ov. – Insbes., **α** **Standquartier** der Soldaten, Veget. mil. 3, 4 *in.* Iustin. inst. 2, 11 pr. Cod. Theod. 6, 24, 2. Amm. 14, 2, 12 u. a. – **β** der **Richterstuhl,** die **Gerichtsstelle,** Cod. Iust. 3, 1, 14 u. a.: urbanae sedis apparitor, *ibid.* 12, 54, 2. – **γ** Wohnplatz der Toten, **Ruhestätte** = Grab, ita Augustum in foro potius quam in campo Martis sede destinatā cremari vellent, Tac. ann. 1, 8: sedibus hunc refer ante suis et conde sepulchro, Verg. Aen. 6, 152 (u. so Verg. Aen. 6, 371): aeternam tibi sedem, Hermes, aramque dicavi, Anthol. Lat. 1284 M. – **δ** die **Behausung** der Seele = der Leib, anima misera de sede volens exire, Ov. met. 11, 788: priore relictā sede, *ibid.* 15, 158 *sq.* – **b** v. lebl. Subjj., der **Sitz, Boden, Grund,** die **Grundfeste,** der **Platz,** die **Stätte,** turrim convellimus altis sedibus, Verg.: mare totum a sedibus imis ruunt (venti), Verg.: ossa in suam sedem reponere, einrichten, Cels.: suis sedibus convulsa Roma, Cic., domus, Plin. ep.: montes moliri sede suā, Liv.: montem vellere sede, Sil. – sedes belli, Sitz, Schauplatz, Liv. u. Vell.: sedes orationis, Ruhepunkt, Quint.: neque verba sedem habere possunt, si etc., Cic. – **II** meton., das **Gesäß** = der Hintern, Plin. 22, 61 u. a. Ps. Apul. herb. 87, 3. – Nom. Sing. sedis, Liv. 9, 23, 1 H.: Genet. Plur. sedum (vgl. Prisc. 7, 7. Prob. inst. 92, 1 u. 97, 18 K. Consent. 356, 2 K.), Cic. Sest. 45; de lege agr. 2, 51

M. Liv. 5, 42, 1; sedium, Vell. 2, 109, 3: seedes geschr., CIL 1, 1006 u. 1166.

sēdiciōnor, s. sēditiōnor.

Sēdigitus, a (sex u. digitus), der, die **Sechsfingerige**, als Beiname, s. Plin. 11, 244: v. Dichter C. Vulcatius, Gell. 3, 3, 1 u. 15, 24, 1.

sedīle, is, *n.* (sedeo), der **Sitz**, **I** eig.: **a** Sing., Verg., Sen. u. a.: sed. regium, Spart.: aliud filio quoque eius sedile apponere, Gell. – **b** Plur., sedilia lignea, Suet.: s. e marmore, Plin. ep.: s. avium, Varro: v. den Sitzen im Theater, Hor.: in einem Hörsaal, Apul.: v. den Ruderbänken, Verg.: sedilia equitum, Sattelkissen, Fronto ad Verr. imp. 1. p. 128, 20 N. – **II** übtr. = das **Sitzen, Stillsitzen,** post iter primum sedile, deinde unctio, Cels. 1, 3. p. 17, 20 D.: alvum astringit labor, sedile, *ibid.* p. 20, 22 D.

sedimen, inis, *n.* (sedeo), der **Satz, Bodensatz,** Isid. orig. 17, 9, 6: aceti, Cael. Aur. de morb. chron. 5, 2, 44: bes. im Urin, sed. crassius, *ibid.* 5, 4, 64: arenosum vel capillosum, *ibid.* 5, 4, 67: sedimina aliquando crassiora et calida, aliquando arenosa et saxosa, *ibid.* 5, 4, 62: sedimina purulenta, *ibid.* 5, 10, 108.

sedimentum, ī, *n.* (sedeo), der **Satz, Bodensatz,** Plin. 36, 73.

sēdis, s. sēdēs a. E. ►.

sēditio, ōnis, *f.* (v. sed = se [abseits] und itio), der zwischen Verbundenen entstandene **Zwiespalt, I** zwischen einzelnen, die **Zwietracht,** der **Zwist,** das **Zerwürfnis,** zwischen Eheleuten, Plaut. Amph. 478. Ter. Andr. 830: domestica (Ggstz. fraterna concordia), v. Bruderzwist, Liv. 45, 19, 13: pantomimorum, Suet. Ner. 26, 2: crescit favore turbida seditio, Ov. met. 9, 427. – **II** zwischen Mitgliedern eines polit. Vereins, bes. den Bürgern od. Soldaten = der **Aufstand, Aufruhr,** die **Auflehnung, Meuterei,** die **Empörung, 1** eig. u. meton.: **a** eig.: sed. exercitus, Vell.: sed. militaris, Liv.: muliebris, Liv.: seditiones urbanae, Auct. b. Alex.: atrox seditio militum iam ante irritata nec satis in principio compressa, Liv.: seditionem ac discordiam concitare, Cic.: seditionem concire, Liv., conflare, Cic., excitare, Flor., de integro accendere, Liv.: seditionem facere, Asin. Poll. in Cic. ep. u. Caes.: seditio inter belli pacisque auctores orta in Sabinis, Liv.: ne qua in castris ex eorum concursu seditio oreretur, Caes.: ut nulla nec inter ipsos (milites) nec adversus ducem seditio exstiterit, Liv.: iam prope seditionem res erat, Curt.: ea contentio cum prope seditionem veniret, Liv.: Aetoli erant in seditionibus, Liv.: in seditione ipsi inter se sunt, Liv.: componere (beilegen) seditionem, Liv., seditionem civilem, Suet. (aber componere seditionem, verabreden, Tac. hist. 4, 14): comprimere od. coërcere seditionem, Liv. u. Tac.: seditionem restinguere, Cic., exstinguere, Liv., sedare, Cic.: seditio gliscit, Liv., crescit, Iustin.: seditio paulatim deflagrat, Tac.: seditio recrudescit, Liv.: omni ope ab seditione milites continere, Liv.: seditionem vindicare (bestrafen), Cic. – personif. als Begleiterin der Fama, Seditio repens (plötzlich entstehend), Ov. met. 12, 61. – **b** meton. = die **Aufrührerischen,** die **Aufrührer,** Liv. 28, 25, 3. – **2** übtr., der **Aufruhr,** die **Aufregung** usw., maris, pelagi, Stat. u. Manil.: tori, Stat.: intestina corporis, Liv. 2, 32, 12: iracundia dissidens a ratione seditio quaedam animi, Cic. de rep. 1, 60: scherzh., seditionem facit lien, occupat praecordia, wird aufsässig und besetzt den Magen, Plaut. merc. 123 G.

sēditiōnor, ārī (seditio) = στασιάζω, **im Aufstand (Aufruhr) sein, sich empören,** Dosith. 61, 6 K. u. Gloss. II, 436, 41.

sēditiōsē, *Adv.* m. *Compar.* u. *Superl.* (seditiosus), **aufrührerisch,** Cic. u. a.

sēditiōsus, a, um (seditio), **I Aufruhr erregend, aufrührerisch, unruhig,** civis, Cic.: contio seditiosior, Ascon.: seditiosissimus quisque, Tac.: triumviri seditiosissimi, Cic. – v. Lebl., voces, Tac.: sermo, Atta com. fr. – übtr., ea (Clodia) est enim seditiosa, sie ist eine Unruhestifterin, Cic. ad Att. 2, 1, 5. – **II den Staatsunruhen ausgesetzt, unruhig,** seditiosa ac tumultuosa vita, Cic. de div. 1, 4.

sēdo, āvī, ātum, āre (*Causat.* v. sedeo), machen, dass sich etwas setzt, zu Boden sinkt, **sinken machen, I** eig.: pulverem, Phaedr. 2, 5, 18. – **II** übtr., **stillen, löschen, beschwichtigen, beruhigen, beilegen, beseitigen, heben, Einhalt tun, hemmen, a** *act.:* fluctus, Cic.: ventos, Ov.: tempestatem, Cic.: incendia, Liv. sitim, Ov., Val. Max. u. Solin.: famem, Plin.: lassitudinem militum, Nep.: lamentationem, Liv.: fletus, Prop.: curriculum, Cic.: bellum, pugnam, Cic.: odium, invidiam, Cic.: appetitus, Cic.: molestias, Cic.: impetum populi, Cic.: animos (Ggstz. incitare), Cic.: iram, Plaut.: seditionem, Cic.: tumultum, Caes.: discordias, Cic.: lites eorum, Cic.: certamina Allobrogum, Liv.: vela fessa, die S. zur Ruhe bringen, in den Hafen einlaufen, Prop.: scabiem, Plin.: dolores, Plin.: alqm, sättigen (durch Getränk), Plaut.: neque tibi nox neque dies curam animi *sedaverit, quin* insomnis exercitus alienatā mente feraris, Ps. Sall. de rep. 2, 12, 6. – **b** *refl.* **sich legen,** tempestas sedavit, Cn. Gell. b. Gell. 18, 12, 6.

sē-dūco, dūxī, ductum, ere, **beiseite führen** u. **ziehen, I** eig.: **a** jmd., um mit ihm heimlich zu reden, alqm, Cic.: alqm blandā manu, Ov.: solum seorsum ab aedibus, Plaut.: alqm solum foras, Ter.: alqm secreto huc foras, Plaut.: singulos separatim, Liv.: alqm in secretum, Phaedr.: alqm paululum a turba, Petron.: nisi quod te Idibus Martiis a debita tibi peste seduxit? beiseite geführt u. durch Gespräch aufgehalten hat, sodass dich das Verderben nicht trifft, Cic. Phil. 13, 22 (vgl. Cic. ep. 10, 28, 1). – **b** Lebl.: **α** (poet.) übh.: vacuos ocellos, beiseitewenden, wegwenden, Prop. 1, 9, 27: stipitem, beiseiteschieben, Ov. rem. 446 R. (Merkel diducto stipite): vina paulum seducta, beiseitegesetzt, Ov. met. 8, 673: mons erat audaci seductus (hoch hinaufragend) in aethera dorso, Stat. Theb. 3, 460. – **β** prägn., **beiseite ziehen, an sich ziehen,** dum (avaritia) seducere aliquid cupit atque in suum vertere, omnia fecit aliena, Sen. ep. 90, 38. – **II** übtr.: **a** (poet.) physisch, **trennen, scheiden, (ab)sondern,** seducit terras unda duas, Ov.: seducunt castra, sie trennen sich in zwei Heere, Ov.: comitum seductus ab agmine fido, Ov.: tellus seducta nuper ab alto aethere, Ov. – **b** geistig: **α ausschließen,** consilia seducta a plurium conscientia, Liv. 2, 54, 7: quod semper ab immortalitate seducitur, Curt. 10, 6 (19), 7: non potes itaque ad obtinendum dolorem muliebre nomen praetendere, ex quo te virtutes tuae seduxerunt, Sen. ad Helv. 16, 5. – **β** jmd. **auf Abwege führen, verführen,** ICt. u. Eccl.

sēductibilis, e (seduco), **verführbar,** Augustin. in psalm. 54, 22 u. 67, 39.

sēductilis, e (seduco), **verführbar,** Augustin. conf. 2, 3 u. in psalm. 106, 14. Alcim. Avit. poëm. 2, 166.

sēductio, ōnis, *f.* (seduco), **I** die **Beiseiteführung,** seductiones testium, Cic. Mur. 49. – **II** übtr.: **a** die **Trennung,** Lact. 2, 12, 9. – **b** die **Verführung,** Tert. adv. Marc. 2, 2 *extr.* Ambros. in Luc. 7. § 218. Vulg. Ierem. 14, 14 u. 2; Thess. 2, 10: Plur., Vulg. Ierem. 23, 26. Augustin. conf. 10, 34, 52.

sēductor, ōris, *m.* (seduco), der **Verführer,** Augustin. tract. in Ioann. 29. Vulg. Matth. 27, 63 u. a.

sēductōrius, a, um (seductor), **verführerisch,** Augustin. conf. 5, 6 *extr.;* tract. in Ioann. 4. § 8. Ambros. de bon. mort. 9. § 4: *neutr. pl.* subst., abstinerent ab omnibus seductoriis (Verführungen), Augustin. serm. 38, 5.

sēductrīx, trīcis, *f.* (Femin. zu seductor), die **Verführerin,** Tert. adv. Marc. 2, 2 *extr.*

sēductus, a, um, *PAdi.* (v. seduco), **I beiseitegeführt,** paulum seductior audi, tritt ein wenig beiseite u. höre, Pers. 6, 42. – **II entfernt, entlegen,** recessus gurgitis, Ov.: terrae longe seductae, Ov. – **III** übtr.: **a fern, geschieden,** consilia seducta a plurium conscientia, um die andere nicht wissen, Liv.: corpora habent proprium quiddam et a corporibus seductum, Sen. **b zurückgezogen, einsam,** von Pers., Plin. ep.: vitae genus, Sen.: in seducto, in der Zurückgezogenheit, Einsamkeit, Sen.

sēdulāria, ōrum, *n.* (sedes), **Sitze, Polster zum Sitzen,** Paul. dig. 33, 10, 4. Vgl. (Serg.) expl. in Donat. 559, 13.

sēdulē, *Adv.* (sedulus), **emsig, geschäftig,** Colum. 9, 9, 1. Prud. perist. 5, 407.

sēdulitās, ātis, *f.* (sedulus), die **Emsigkeit, Geschäftigkeit, Dienstbeflissenheit,** Cic. u. a.: officiosa, Hor.: at cui materiae hanc sedulitatem praestiterunt? Plin. ep.: ars et sed. educandi, Fronto ep. ad Anton. Pium 3. p. 166, 11 N. – v. Ameisen, iam in opere qui labor, quae sedulitas! Plin. 11, 109.

sēdulō, *Adv.* (se [sine] dolo), **a** **mit Emsigkeit, emsig, mühsam, mit allem Fleiß, nach allen Kräften, sorgfältig, angelegentlich, ernstlich,** Komik. u. Cic.: s. audire, aufmerksam, Liv.: s. argumentaris, mühsam, Cic.: observatum est s., man hielt pünktlich darauf, Suet.: s. hunc dixisse, reiflich durchdacht, gründlich, Ter.: quod dico s., nachdrücklich behaupte, beteure, Plaut. – **b** **mit Fleiß = mit Vorsatz, vorsätzlich,** Ter., Liv. u. Quint. – ► Vgl. sedulus a. E.

sēdulum = se (sine) dolo malo, Vet. plebisc. b. Fest. 246 (b), 3.

sēdulus, a, um, **emsig, geschäftig, betriebsam** (Ggstz. piger), homo, Cic.: apis, Ov.: brachia, Ov.: labor, Sen. – ► Die alten Grammatiker leiteten sedulus u. sedulo von se u. dolus ab = **ohne Arg,** s. Suet. fr. 289, 5 *Reiff.* (318, 26 Roth). Charis. 219, 6. (Serg.) expl. in Donat. 559, 12 K. Donat. Ter. adelph. 3, 3, 59. Non. 37, 28. Isid. orig. 10, 244 u. 247; so sedulus corde, Ambros. de off. 2, 7, 32.

1. **sedum,** ī, *n.*, die **Hauswurz,** eine Pflanze, Colum. 2, 9, 10. Plin. 18, 159. Pallad. 10, 3, 2. Fest. 343 (a), 24.

2. **sedum,** archaist. = sed, Charis. 112, 5. Mar. Victorin. 1, 4, 16. p. 10, 13 K.

Sedūnī, ōrum, *m.*, eine helvetische Völkerschaft in der Gegend des heutigen Sion oder Sitten im Kanton Wallis, Caes. b. G. 3, 1 *sq.*

Sedusii, ōrum, *m.*, germanische Völkerschaft zwischen Main und Neckar, Caes. b. G. 1, 51, 2.

seges, etis, *f.* (zu Wz. **se-* in 2. sero; vgl. semen), **I** die **Saat** auf den Feldern von der Aussaat bis zum Abmähen, **1** eig. u. bildl.: **a** eig.: lini s., Leinsaat, Apul.: laetae segetes, Cic.: seges it in articulum, Colum.: seges farris est matura messi, Liv.: demessis segetibus, Colum.: s. Indorum, Wohlgerüche (Myrrhen usw.), Sen. poët.: v. Weinstock, v. Pflanzen, Verg. georg. 2, 411: prima seges, junger Anwuchs (der Reben), Verg. georg. 2, 267. – **b** bildl. = **Vorteil, Nutzen,** quae inde seges, Iuven. 7, 103. – **2** übtr., **Saat = dichte Menge,** s. clipeata virorum, Ov.: telorum, Verg.: ferri, Claud.: dah. von einem Dichter, uberius nulli provenit ista seges, Ov. – **II** meton., das **Saatfeld,** **1** eig. u. bildl.: **a** eig., Scriptt. r. r., Cic., Liv. u. a. (s. Fabri Liv. 23, 48, 1): scherzh., stimulorum seges, Prügelsaat (v. Sklaven, die immer gepeitscht werden), Plaut. – **b** bildl., wie unser »das **Feld,** der **Boden**«, quid odisset Clodium Milo, segetem ac materiam suae gloriae, Cic.: criminum, Arnob. – **2** poet. übtr., jedes **Gefilde,** Cereri opportuna seges, Verg.: fert casiam non culta seges, Tibull.

1. **Segesta,** ae, *f.*, **I** römischer Name der alten Stadt Acesta auf der Nordküste Siziliens, in der Nähe des Berges Eryx, j. *Castel a mare di Golfo,* Cic. Verr. 4, 72 *sqq.* – Dav.: **A** **Segestānī,** ōrum, *m.*, die Einw. von Segesta, die **Segestaner,** Cic. u. Plin. – **B** **Segestēnsēs,** ium, *m.*, die Einw. von Segesta, die **Segestenser,** Cic. – **II** Segesta Tigulliorum, eine Stadt in Ligurien, j. *Sestri di Levante,* Plin. 3, 48.

2. **Segesta,** ae, *f.*, s. Segetia.

segestellum, ī, *n.*, *Demin.* v. segestre (s. d.), Not. Tir. 99, 27.

segestre, is, *n.* (στέγαστρον, dah. auch segestrum, Gloss. III, 326, 52), die **Decke** od. **Umhüllung** von Stroh (die **Matte**) oder von Fell, Sing. segestre, als Umhüllung od. Verdeck der Sänfte od. Kutsche, Lucil. 515. Edict. Diocl. 8, 42 (wo segestrae = segestre). – Plur. segestria, als Umhüllung od. Verdeck der Sänfte, Varro vit. P. R. 1. fr. 53 (bei Non. 11, 17): als Hülle um die Waren, Plin. 13, 76: als lederne Decken auf Kriegsschiffen, um die Wirkung der auffallenden Geschosse abzuschwächen, griech. δέρρεις, Paul. ex Fest. 70, 7. – Nbf. **segestria,** ae, *f.*, als Umhüllung der Sänfte, Varro LL. 5, 166: als Wildschur, Suet. Aug. 83 *Roth.*

segetālis, e (seges), **zur Saat gehörig,** gladiolus, ein in der Saat wachsendes Unkraut, Ps. Apul. herb. 78.

Segetia, ae, *f.* (seges), die **Göttin der Saat,** Macr. sat. 1, 16, 8. Augustin. de civ. dei 4, 8. – Segesta gen. b. Plin. 18, 8.

Segimērus, s. Sigimērus.

sēgmen, inis, *n.* (Stamm sec, wov. auch seco), **Schnitzel, Splitterchen, Stückchen,** unguium et capilli segmina, Fab. Pict. b. Gell. 10, 15. § 15: nec segmina nec rimam ullam fieri patietur, sich weder absplittern, noch springen, Vitr. 7, 3 *extr.*: nulli secabile s., v. Atom, Auson. egl. 1, 7. p. 154 Schenkl.

sēgmentārius, iī, *m.* (segmentum), der **Goldbesatzverfertiger,** Schol. Iuven. 2, 124. Not. Tir. 99, 6.

sēgmentātus, a, *um* (segmentum), **mit einem Purpur-** oder **Goldbesatz versehen, bordürt,** toralia (alba), Act. Arv. *a.* 117 (CIL 6, 2076) 14; *a.* 122 (CIL 6, 2051) 10; *a.* 118 (CIL 6, 2078) 50; *a.* 183 (CIL 6, 2099) 17; vgl. Act. Arv. *a.* 241 (CIL 6, 2114) 19: vestis, Isid. orig. 19, 22, 18: amictus, Symm. epist. 4, 42 *extr.*: cunae, Iuven. 6, 89: bildl., paginae Tulliano segmentatae auro, besetzt, Symm. epist. 3, 12.

sēgmentum, ī, *n.* (seco), **I** der **Schnitt, Einschnitt, Abschnitt,** **1** eig.: laxiora segmenta, Plin. 36, 53: segmenta percae, Auson. Mos. 119. – **2** übtr., durch die Polarkreise gebildeter Welt-, Erdabschnitt, mundi, Plin. 6, 211: quinto continentur segmento Bactra, Iberia, Plin. 6, 216. – **II** Plur. segmenta, rechteckige, kreisförmige od. streifenartige Stückchen von Purpur mit Gold durchwebt od. von feingeschlagenem Goldblech, wie sie unten über dem Saum der Damenkleider aufgenäht wurden, der **Purpurbesatz,** der **Goldbesatz,** Ov. art. am. 3, 169. Val. Max. 5, 2, 1. Iuven. 2, 124. Sidon. epist. 8, 6, 6; vgl. Schol. Iuven. 6, 89. – ► Vulg. sigmentum, CIL 8, 1013, 2.

sēgne, *Adv.*, s. sēgniter.

sēgnēsco, ere (segnis), **langsamer werden, nachlassen,** segnescentibus sputis, Cael. Aur. de morb. acut. 2, 18, 110.

Sēgnī, ōrum, *m.*, eine Völkerschaft in Belgien (der Name scheint erhalten in den Dörfern *Alt-* u. *Neu-Bourg-Sègne* südl. von *Givet*), zwischen den Eburonen u. Treverern, Caes. b. G. 6, 32, 1.

sēgnipēs, pedis, *m.* (segnis u. pes), der **Trägfüßler,** poet. Bezeichnung eines abgenutzten Pferdes, Iuven. 8, 67.

sēgnis, e (aus *sēq-ni-s zu griech. ἧκα, ἥκιστος, attisch ἥκιστος), **schwerfällig, schläfrig, träge, langsam, lass** (Ggstz. promptus, industrius), **a** absol.: segnes et tardi, Sen.: laudare promptos et castigare segnes, Tac.: segniores castigare atque incitare, Caes.: equus segnior annis, Verg.: segnem volvi sinit, unvermögend zu fliehen, Verg.: corpus segnissimum, Apul. – aetas, Greisenalter, Curt. – bellum, nicht eifrig betrieben, Liv.: so auch obsidio, Liv.: mors (durch Gift, im Gegensatz zum Tod durch das Schwert), Liv.: cultus terrae segnior, Cic.: aqua, langsam fließend, Curt.: campus, ermüdet, kraftlos, Verg.: silva, unfruchtbar, Quint.: so auch carduus, Verg. – pugna segnis stat, bleibt unentschieden, Curt. – **b** mit *ad* u. Akk.: segnes ad persequendum, Nep.: segnior ad respondendum, Cic.: nec ad citharam segnis nec ad arcum, v. Apollo, Ov.: gens s. ad pericula, Tac.: segnior ad alia factus consilia erat, Liv. – **c** m. *in* u. Akk.: non in Venerem segnes nocturnaque proelia, Verg.: quo vulnere nec segnior in bellum nec iracundior adversus hostes factus est, Iustin. – und m. *in* u. Abl.: senatu segniore in exsequendis conatibus, Suet. – **d** m. *Genet.*: laborum, Tac.: occasionum haud s., bei den sich darbietenden G., Tac.: operum segnes puellae, Claud. – **e** poet. mit *Infin.*: solvere nodum, Hor. carm. 3, 21, 22: u. so Ov. trist. 5, 7, 19. Lucan. 10, 398. – ► vulg. Kompar. segnitior, Ulp. dig. 47, 10, 17. § 17. Itin. Alex. 3 (7).

sēgnitās, ātis, *f.* (segnis) = segnitia, Acc. tr. 108 u. Acc. Aen. 7. Cic. de or. 1, 185 M.

sēgniter u. **sēgne,** *Adv.* (segnis), **unbetriebsam, lass, träge, schläfrig, schwerfällig, nicht lebhaft, langsam,** **a** *Posit.*: **α** Form *segniter,* Liv., Vell. u. a. – **β** Form *segne,* Amm. 21, 10, 1 (aber Liv. 38, 22, 6 gehört segne zu tempus). – **b** *Compar.* segnius, Liv., Hor. u. a. – bes. mit vorherg. Negation, nihilo segnius, Sall. u. a.: so non segnius, Ov. u. Plin. ep.: non segnius et in silente luna, Plin. 28, 77. – **c** *Superl.* segnissime, Cassiod. var. 1, 35, 4.

sēgnitia, ae, *f.* u. **sēgnitiēs,** ēī, *f.* (segnis), die **Gleichgültigkeit,** die **Schläfrigkeit,** die **Langsamkeit, Lassheit,** **a** eig.: **α** Form *-tia,* Cic., Liv., Vell. u. a.: sine segnitia, Cic. – **β** Form *-ties,* Plaut., Verg., Liv.

u. a. – **b** übtr.: segnitia maris, Meeresstille, Tac. hist. 3, 42: mimia ventorum segnities, Windstille, Colum. 2, 20, 5: segnities verbi, wenn ein Wort die Sache nicht gehörig und kräftig genug ausdrückt, Ps. Quint. decl. 12, 11.

Segobrīga, ae, *f.* (Σεγοβρίγα), Hauptort der Keltiberier (in Hispania Tarraconensis), wahrsch. in der Gegend des h. *Priego*, Plin. 36, 160. – Dav. **Segobrīgēnsēs**, ium, *m.*, die Einw. von Segobriga, die **Segobrigenser**, Plin. 3, 25. Frontin. 3, 10, 6.

Segodūnum, ī, *n.*, Hauptort der Rutener an der Nordgrenze von Gallia Narbonensis, j. *Rodez*, Cic. Font. 9 (19).

Segontia (Secontia, Saguntia), ae, *f.*, Stadt in Hispania Baetica, in der Nähe des h. *Siguenza*, Plin. 3, 27 (Jan Seg., Detl. Sec.). Auct. b. Alex. 57, 6 (die Hdschrn. Segoniam, Nipperd. Segoviam). Liv. 34, 19, 10 (Sag.).

Segontiăcī, ōrum, *m.*, eine Völkerschaft im südl. Britannien, Caes. b. G. 5, 21, 1.

Segovax, acis, *m.*, einer der britischen Tetrarchen in Kantium (Kent) zu Cäsars Zeit, Caes. b. G. 5, 22, 1.

Segovia, ae, *f.*, Stadt in Hispania Tarrac., Plin. 3, 27. Flor. 3, 22, 7 (versch. bei Auct. b. Alex. 57, 6, s. Segontia). – Dav. **Segoviēnsēs**, ium, *m.*, die Einw. von Segovia, die **Segovienser**, Frontin. 4, 5, 22.

sē-gredior, gredī, **beiseite-, weggehen**, ab oculis et auribus, Tert. de anim. 18.

sēgregātim, *Adv.* (segrego), **abgesondert, besonders**, Prud. ham. praef. 39. (Serg.) expl. in Donat. 560, 10.

sēgregātio, ōnis, *f.* (segrego), die **Absonderung, Trennung**, Tert. de anim. 43. Chalcid. Tim. 279.

sēgregātīvus, a, um (segrego), **trennend, distributiv**, pronomina, Asper 550, 36 K.

sē-grego, āvī, ātum, āre (grex), **I von der Herde absondern, trennen**, mater segregat egregiam subolem, Nemes. cyn. 156 *sq.*: oves segregatae, Phaedr. 3, 15, 3. – **II** übtr., übh. **absondern, trennen, entfernen**, grana sordidissimis putaminibus vestita curiosā manu, Petron.: ex hostium coacervatorum cumulis corpora suorum, Liv.: alqm e senatu, Plaut.: alqm a numero civium, Cic.: alqm a se, jmd. von sich = sich von jmd., Komik. u. Cic. (s. Meißner Ter. Andr. 291): manu liberos a se, Cic.: alqm a vita immani et fera, Cic.: suspicionem et culpam ab se, Plaut.: virtutem a summo bono, Cic.: vita beata comitatu pulcherrimo segregata, Cic. – ut segregaret pugnam eorum, Liv.: s. sermonem, die Rede abbrechen, schweigen, Plaut. – ► In der Tmesis, seque gregari, Lucr. 1, 452.

sēgregus, s. sē-grex.

sē-grex, gregis, **abgesondert, getrennt**, agere vitam segregem, Sen. de ben. 4, 18, 2: novā gnatum nece segregem (zerrissen) sparsi per agrum, Sen. Hipp. (Phaedr.) 1209 (1218): civitates situ segreges, Sidon. epist. 9, 3 (u. so oft bei Eccl.): m. *Genet.*, quasi publici mali segrex, Sen. contr. 7, 6 (21), 20. – Nbf. **sēgregus**, a, um, Auson. parent. 10, 10. p. 45 Schenkl.

Segusiāvī (nicht Segusiānī), ōrum, *m.*, eine Völkerschaft im lugdun. Gallien, im heutigen *Feurs* (*Dép. de la Loire*), Caes. b. G. 1, 10, 5. Cic. Quinct. 80. CIL 13, 1632 u. 1640: Sing. Segusiāvus, CIL 13, 170. – dies. Secusiavi liberi, Plin. 4, 107.

segutilum, ī, *n.*, als bergmänn. *t. t.*, das äußere Kennzeichen (eine Erdart u. dgl.) vom Vorhandensein einer Goldmine, noch j. spanisch *segullo*, Plin. 33, 67.

sei, s. sī.

Sēia, ae, *f.* (sero, sevi etc.), die **Göttin des Säens**, Plin. 18, 8. Macr. sat. 1, 16, 8. Augustin. de civ. dei 4, 8.

Sēiāniānus u. **Sēiānus**, s. Sēius.

seic, s. sīc.

seiromastēs, Abl. ē, *m.* (σειρομάστης), eine **Lanze mit einem Widerhaken**, Hieron. epist. 147, 9 Vall.

sēiuga, s. 1. sēiugis.

1. sēiugis u. (selten) **sexiugis**, e (v. sex u. iugum), **sechsspännig**, currus, Apul. flor. 16. p. 24, 19 Kr.: sexiuges equi, Aur. Vict. de vir. ill. 76, 1. – subst., sēiugēs, ium, *m.*, das **Sechsgespann**, Liv. 38, 35, 4. Plin. 34, 19. CIL 5, 10048. – Nbf. sēiugae, ārum, *f.*, Isid. orig. 18, 36, 1; u. Sing. sēiuga, ae, *f.*, *ibid.* § 2.

2. sēiugis, e (v. se u. iugum), **abgesondert, getrennt**, seiuges usque ad se gentes ad unum morem coniugasse, Solin. 4, 2.

sē-iugo, ātus, āre, **voneinander scheiden, absondern, trennen**, partitiones, quae specialiter antea seiugabantur, Macedonum nomini contributae factae sunt corpus unum, Solin. 9, 1: singulis granis rite dispositis atque seiugatis, Apul. met. 6, 10. – m. *ab* u. Abl., humani animi eam partem, quae sensum habeat, non esse ab actione corporis seiugatam, Cic. de div. 1, 70: haec ipsa verba sola excerpta et ab ordine suo seiugata, Apul. apol. 82. – mit *Abl.*, si spiritus corpore suo semel fuerit seiugatus, Apul. met. 6, 17.

sēiūnctim, *Adv.* (seiunctus v. seiungo), **abgesondert**, Tibull. 4, 1, 103. Isid. orig. 8, 5, 64.

sēiūnctio, ōnis, *f.* (seiungo), **I** eig., die **Trennung, Absonderung**, Cic. de or. 3, 203. – **II** übtr., die Trennung der Gemüter, der **Zwiespalt, Zwist**, Flor. 1, 23, 2.

sē-iungo, iūnxī, iūnctum, ere, **absondern, trennen, I** eig.: Alpes Italiam a Gallia seiungunt, Nep.: se ab alqo, Cic.: matrem gelidis bustis, Stat.: discedere ac seiungi promunturia, quae ante iuncta fuerant, arbitrere, Iustin. 4, 1, 18. – **II** übtr.: **1** im Allg.: alqm ex fortissimorum civium numero, Cic.: se a libertate verborum, sich entfernen, sich enthalten, Cic.: bonum, quod non possit ab honestate seiungi, Cic.: seiunctum est a re proposita, es liegt nicht in meinem Plan, Nep.: singularis est igitur quaedam natura atque vis animi seiuncta (wesentlich verschieden) ab his usitatis notisque naturis, Cic.: rhetorice, quae sit a bono viro atque ab ipsa virtute seiuncta, die dem rechtschaffenen Mann usw. fernsteht, Quint. – m. bl. *Abl.*, corpore seiunctus dolor, Lucr.: Laribus seiuncta potestas, Claud. – **2** insbes., **unterscheiden**, morbum ab aegrotatione, Cic.: liberalitatem et benignitatem ab ambitu atque largitione, Cic.

Sēius, ī, *m.*, röm. Name, unter dem bes. bekannt M. Seius, ein reicher röm. Ritter, Freund des Attikus u. Cicero, Varro r. r. 3, 2, 7; 3, 10, 1. Cic. de off. 2, 58 u. a. – Dav. **Sēiānus**, a, um, **sejanisch, des Sejus**, aedes, pastiones, des M. Sejus, Varro r. r. 3, 2. § 8. u. 12: equus, das Pferd eines Kn. Sejus, das diesem sowie allen folgenden Besitzern Unglück brachte, dah. sprichw. ille habet equum Seianum, Gell. 3, 9, 6. – u. subst. als Name: L. Aelius **Sēiānus**, Sohn des Seius Strabo, der allvermögende praefectus praetorio des Tiberius, Suet. Tib. 55. Tac. ann. 4, 1 *sqq.* – u. von diesem abgeleitet **Sēiāniānus**, a, um, **sejanianisch, des Sejanus**, satellites, iugum, Sen. ad Marc. 1. § 2 u. 3.

seive, s. sī-ve.

selāgo, inis, *f.*, eine dem Sadebaum ähnliche Pflanze (Lycopodium Selago, L.), Plin. 24, 103.

selas, *n.* (σέλας), eine Art feuriger Lufterscheinung, ein **Wetterschein, Luftfeuer**, Apul. de mund. 16: Plur. sela, Sen. nat. qu. 1, 15 *in*.

sēlēctio, ōnis, *f.* (seligo), das **Auslesen**, die **Auswahl**, Cic. de fin. 2, 43 u. a.: si selectio nulla sit *ab* iis rebus, quae etc., Cic. de fin. 3, 31: si insipientis iudicio multitudinis facta est deorum ista selectio, Augustin. de civ. dei 7, 3, 2. p. 278, 18 D.[2]

sēlēctor, ōris, *m.* (seligo), der **Auswähler, Ausleser**, postremo in eo vim artificii consumant, ut ipsi ab aliis potius eligendi, quam aliorum (aus Fremden) boni selectores existimentur, Rhet. Her. 4, 7 Fr.; außerdem Augustin. de civ. dei 7, 3.

selēnion, iī, *n.* (σελήνιον), eine Pflanze, die **Päonie**, Ps. Apul. herb. 64.

selēnītēs, s. selēnītis.

selēnītis, idis, *f.* (σεληνῖτις), ein mondlichtfarbiger Edelstein, der **Gipsselenit**, das **Marienglas**, Plin. 37, 181. – dass. **selēnītēs**, ae, *m.* (σεληνίτης), Solin. 37, 21. Augustin. de civ. dei 21, 5, 1. p. 496. 15 D.[2] Isid. orig. 16, 4, 6 u. (mit der Variante selenitis) 16, 10, 7. Prisc. perieg. 989.

selēnogonon, ī, *n.* (σεληνόγονον) = selenion, Ps. Apul. herb. 64.

Seleucē, s. Seleucēa *no.* I.

Seleucēa u. **Seleucīa**, ae, *f.* (Σελεύκεια), Name mehrerer Städte, von denen die bekanntesten **I** mit dem Beinamen Babylonia, die berühmte Stadt in der Nähe des Tigris in Babylonien an einem Kanal, der diesen Fluss mit dem Euphrat verband, erbaut von Seleukus Nikator, j. *El-Madaien,* Cael. in Cic. ep. 8, 14, 1. Plin. 10, 132. Flor. 3, 11, 5: Nbf. Seleucē, ēs, *f.*, Gall. eleg. fr. 1. – **II** mit dem Beinamen Pieria, große Stadt in Syrien, nicht weit vom Orontes, mit einem Hafen, jetzt Ruinen bei *Kepse,* Cic. ad Att. 11, 20 *in.* Plin. 5, 67. Amm. 14, 8, 8: wahrsch. für den Distrikt Σελευκίς, in dem Seleucia lag, Plaut. trin. 112 u. bes. 845. – **III** mit dem Beinamen Trachēa (Σελεύκεια ἡ τραχεῖα), von Seleukus Nikator nördlich von der Mündung des Kalykadnus gegründete Stadt Ciliciens, j. *Selefkieh,* Plin. 5, 93. Amm. 14, 2, 14. – Dav. **Seleucēnsēs,** ium, *m.*, die Einwohner von Seleucea, die **Seleucenser,** Tac. ann. 6, 42. – ▶ Form *-ea* in den Hdschrn. des Cic., Form *-ia* in denen des Plin. u. in Not. Tir. 74, 49. – Die Messung Sēleucĭa b. Plaut. a. a. O.; falsch Sēleucia bei Ven. Fort. carm. 8, 6 (4), 171.

seleucis, idis, *f.* (σελευκίς), eine Art Vögel am Berg Kasius, die die Heuschrecken verzehrten (*Turdus Seleucis,* L.), Plin. 10, 75.

Seleucus, ī, *m.* (Σέλευκος), mit dem Beinamen Nicator (ὁ Νικάτωρ), ein berühmter Feldherr Alexanders des Gr., dann Statthalter in Babylon u. Medien, zuletzt König in Syrien, Plaut. mil. 75 u. 948 *sq.* Iustin. 13, 4, 17; 15, 4, 1 *sqq.* Auson. ord. urb. nob. 24. p. 98 Schenkl. Amm. 14, 8, 2.

sēlībra, ae, *f.* (st. semilibra), ein **halbes Pfund,** Cato, Liv. u. a. – ▶ Die erste Silbe kurz bei Mart. 4, 46, 7 u. ö.

sēligo, lēgī, lēctum, ere (se u. lego), **auslesen, auswählen, I** im Allg.: exempla, Cic.: selectae sententiae, Cic. – **II** insbes.: **a** selecti iudices, die (vom Prätor gewählten) Richter in Kriminalsachen, Cic. u. a. – **b** dii selecti, nach Varro folgende zwanzig: *Ianus, Iuppiter, Saturnus, Genius, Mercurius, Apollo, Mars, Vulcanus, Neptunus, Sol, Orcus, Liber pater,* nebst den weiblichen: *Tellus, Ceres, Iuno, Luna, Diana, Minerva, Venus, Vesta,* Varro bei Augustin. de civ. dei 7, 2; vgl. Augustin. de civ. dei 7, 3 u. 33.

selīnoīdēs, Akk. ea (σελινοειδής), oder (mit Jan) **selīnas,** adis, Akk. ada, *f.*, **eppichartig,** Beiwort einer krausblätterigen Kohlart, Plin. 20, 79.

selīnon, ī, *n.* (σέλινον), der **Eppich,** rein lat. apium, Ps. Apul. herb. 8 u. a.

Selīnūs, ūntis, *f.* (Σελινοῦς), **I** eine Seestadt auf Sizilien, nach dem dort häufig wachsenden Eppich (σέλινον) so genannt, j. *Selinonto,* Verg. Aen. 3, 705. Sil. 14, 200. – **II** Stadt in Cilicien, später Traianopolis gen., j. *Selenti,* Liv. 33, 20, 4: dabei ein gleichnam. Fluss, Lucan. 8, 260. – Dav.: **A Selīnūntiī,** ōrum, *m.*, die Einw. von Selinus (in Cilicien), die **Selinuntier,** Plin. – **B Selīnūsius,** a, um, **selinusisch,** terra, die in der Medizin bekannt war, wahrsch. unsere »Schaumerde«, Vitr. u. Plin.

seliquastrum, ī, *n.* (sedeo), der **hohe Sitz,** der **Sessel, Stuhl,** Varro LL. 5, 128. Hyg. astr. 2, 10.

sella, ae, *f.* (aus sedla v. sedeo), der **Stuhl, Sessel, I** im Allg., Plaut., Cic. u. a.: sellam afferre, apponere, Gell.: alias sellas promere, Gell.: in sella sedere, Cic.: de sella, in qua sedebat, cecĭdit, Augustin. – Sprichw., duabus sellis sedere, auf zwei Stühlen sitzen, unser »auf beiden Achseln tragen«, Laber. b. Sen. contr. 7, 3 (18), 9. – **II** insbes.: **1** der Stuhl, worauf die Handwerksleute sitzen, der **Arbeitsstuhl,** Cic. Cat. 4, 17: in foro sellam ponere, Cic. Verr. 4, 56. – **2** der Stuhl des Lehrers, der **Lehrstuhl,** Cic. ep. 9, 18, 4. – **3** der **kurulische Sessel,** vollst. sella curulis gen., worauf die hohen obrigkeitlichen Personen saßen, Cic.: dah. iussit vocari ad sellam, Cic. – **4** der **Thronsessel,** aurea, Nep. Eum. 7, 2. – **5** castrensis sella, der **Feldstuhl,** Suet. Galb. 18, 3. – **6** der **Nachtstuhl,** Cato u. Scrib., vollst. sella pertusa, Cato, od. sella familiarica, Varro: desidere ad sellam, Scrib.: per sellas, durch Ausleerung nach unten, Scrib.: per vomitus et sellas, durch Ausleerung nach oben u. nach unten, Marc. Emp. – **7** der **Tragsessel** (später statt der lectica, der eigentlichen »Sänfte«, üblich geworden), gestatoria, Suet.: muliebris, Suet.: baiulatoria, fertoria, portatoria, Cael. Aur.: sellā vehi, Plin. ep., od. gestari, Mart. – **8** der **Wagensitz, Kutschsitz,** Phaedr. 3, 6, 5. – **9** der **Reitsattel,** spät. ICt.: equinae sellae, Iordan.: sellae equestres, Sidon.: ad usum sellae, zum Reiten, Veget.

sellāriolus, a, um (*Demin.* v. sellarius), **zum Sitz gehörig,** popinae, in denen der gemeine Mann saß u. kneipte, Mart. 5, 70, 3.

sellāris, e (sella), **zum Sessel gehörig,** gestatio, das Tragen auf dem Tragsessel, Cael. Aur. de morb. chron. 1, 4, 92: iumenta, die Tragsessel oder Sättel tragen, folglich zum Reiten dienen, Veget. mul. 2, 28, 34 u. a.

sellārius, a, um (sella), **zum Sitz-, zum Sessel gehörig,** subst., **I** sellārius, iī, *m.*, der auf Sesseln unnatürliche Unzucht treibt, etwa der **Sessler,** Tac. ann. 6, 1. – **II** sellāria, ae, *f.*, die öffentliche **Buhldirne,** die auf hohem Sessel ihre Reize den Blicken der Vorübergehenden aussetzt, Plur., Schol. Iuven. 3, 136. – **III** sellāria, ōrum, *n.*, das **Sessel-, Sofazimmer,** Plin. 36, 111. Suet. Tib. 43, 1.

sellifer, fera, ferum (sella u. fero), **den Sattel tragend, gesattelt,** equus, Anthol. Lat. 159, 4 (963, 4).

sellisternium, iī, *n.* (sella u. sterno), die **Göttermahlzeit,** der **Götterschmaus,** wobei den auf Sessel gestellten Götterbildnissen Speisen dargebracht wurden, die dann die Priesterinnen verzehrten, Tac. ann. 15, 44 u. Gloss. II, 430, 33. (wo sellisternium, σελλάστρωσις); vgl. Ruperti Tac. ann. 14, 12, 1. p. 275.

Selloe (Σελλοί), die Urbewohner von Dodona in Epirus, Plin. 4, 2. Lucan. 3, 180.

sellula, ae, *f.* (*Demin.* v. sella), der **kleine Sessel,** arquata, kleiner Lehnsessel, Arnob. 2, 23: so auch reclinis, Hieron. reg. S. Pamoch. *no.* 87. – bes. der **kleine Tragsessel,** Tac. hist. 3, 84. Fronto epist. ad M. Caes. 5, 44.

sellulārius, a, um (sellula), **zum Sitz-, zum Sessel gehörig,** quaestus, Gewinn sitzender Gewerbsleute (Handwerker usw.), Gell. u. Amm.: ars, Handwerk, wobei man sitzt, Schusterhandwerk usw., Apul.: artifex, v. Handwerker, der sitzend sein Gewerbe treibt, Apul.; dass. gew. subst., sellulārius, iī, *m.*, Cic. fr. u. Liv.

Sēm, *m. indecl.*, Sohn Noahs, Vulg. genes. 9, 18. Ven. Fort. carm. 9, 2, 19.

sēmanticus, *a, um* (σημαντικός), **bezeichnende Kraft habend** (rein lat. significativus), Mart. Cap. 9. § 985 u. § 988.

sēmātus, a, um (semis), **zur Hälfte genommen, halbiert,** sem. caput (als Erklärung von sinciput), Diom. 436, 14 K. Vgl. Gloss. II, 181, 45 ›sematum, ἡμίκενον‹.

sēmāxius, s. sēmi-āxius.

sēmbella, ae, *f.* (zsgz. aus semilibella), eine halbe *libella* (s. d.), ein **halber As,** Varro LL. 5, 174.

semel, *Adv. numer.* (zu indogerm. *sem-, eins, vgl. sem-per, sim-plex), **I einmal, ein einziges Mal,** Cic., Nep. u. a.: semel atque iterum, semel iterumque, einmal und noch einmal, zweimal, Cic.: semel atque iterum ac saepius, Cic.: semel … iterum … tertio, Liv.: nec semel, sed iterum ac tertio, Val. Max.: plus quam semel, Cic., od. plus semel, Varro, mehr als einmal: non semel, Cic., od. haud semel, Plaut., nicht (etwa) einmal (sondern öfter). – semel et tricies … mille, einunddreißigmal, Vitr.: semel ac vicies, einundzwanzigmal, Plin. – **II** übtr.: **A einmal,** das **erste Mal, erstlich** = primum, beim Zählen, m. folg. *iterum, deinde, item* etc.: semel … iterum, Cic.: semel … deinde, Cic.: semel … item, Suet. – **B** das tonlose **einmal, a** übh.: quod semel dixi, haud mutabo, Plaut.: ut semel (sobald einmal) e Pyraeo eloquentia evecta est, Cic.: s. ut emigravimus, Plaut.: quandoquidem coepisti s., Plaut.: cum s. coepisti, labitur, Cic.: quoniam semel ita vobis placuit, Cic. – **b einmal (es sei, wann es wolle),** quando in apertum s. discrimen evasura esset res, weil doch einmal … kommen würde, Liv.: si s. animum tuum perspexerit, Ter. – **c einmal,** bei Dingen, die nicht zu ändern sind (s. Fritzsche Hor. sat. 1, 4, 36), qui s. verecundiae fines transierit, eum bene et naviter oportet esse impudentem, Cic.: in tuendo, quod s. annuisset, tantā erat curā, ut etc., Nep.: ubi s. procubuissent, wo sie einmal usw., Liv.: animus ubi semel (wenn einmal) se devinxit cupiditate malā, Ter.: s. quoniam venerat, weil doch einmal usw., Ov.: possessum s. obtinerent imperium, das sie einmal (bereits) besäßen, Liv.: denique ut s. finiam, dass ich doch einmal usw., Quint. – **C** prägn., wie ἅπαξ, **auf einmal, mit einem Male, ein für allemal, a** übh.: s. exorari soles, Cic.: quibus s. ignotum a te esse oportet, Cic.: s. humum ore momordit, Verg.: vitam s. finirent, Liv.: omnes virtutes s. complectitur, Quint.: s. absorbere placentas, Hor.: verb. semel in perpetuum, semel et in perpetuum, Flor. Vgl. übh. Benecke Cic. Dei. 3, 9. p. 94. Heumann Cic. Dei. 39. Bentley Hor. sat. 2, 8, 24. Haverc. Tert. apol. 9. p. 95. – **b** in der Rede, **mit einem Male, ein für allemal, mit einem Wort,** ut s. dicamus, Plin.: nec hoc s. decretum erat, Quint.: ut fundus s. indicaretur (der Preis gesagt werde), Cic.

Semelē, ēs, *f.* u. **Semela**, ae, *f.* (Σεμέλη), Tochter des Kadmus, von Jupiter Mutter des Bacchus, wurde während ihrer Schwangerschaft vom Blitz Jupiters getötet, da sie durch ihre Bitten den Gott bewogen hatte, dass er ihr in vollem Glanze seiner Gottheit wie der Hera erscheine, Ov. met. 3, 293. Hyg. fab. 167 u. 179: Semeles puer, von Bacchus, Hor. carm. 1, 19, 2: proles Semeles Bacchus, Tibull. 3, 4, 45: Liber Semelā natus, Cic. Tusc. 1, 28. – Dav. **Semelēius** u. **Semelēus**, a, um, **semelēisch,** Semeleia proles, v. Bacchus, Ov.: so auch Semeleius Thyoneus, Hor.: Semelea busta, Stat.

sēmen, inis, *n.* (zu Wz. **se-* in 2. sero), das Mittel, um ein Säen, Pflanzen, Fortpflanzen hervorzubringen, der **Same,** der **Setzling, I** eig., übtr. u. meton.: **A** eig.: u. übtr. **1** der **Same, a** des Getreides und anderer Gewächse, semen optimum, Varro: terra semen genitale retinens, Lact.: tritici semen, Augustin.: semina feni, Colum.: herbarum semina quaedam, Hieron.: semen manu spargere, Cic., mandare terrae, Colum.: in semen abire, in Samen gehen, Plin.: ad semen reservare, Colum.: separatim ex optima spica semen reponere, Colum. – u. vorzugsw. = **Speltsame, Spelt,** Colum. u. Plin. – **b** übtr.: **α** der Menschen u. Tiere, Lucr. u. Varro: creatae semine Saturni, von Saturnus gezeugt, Ov. – **β** v. den Grundstoffen anderer Körper (des Wassers, Feuers, der Steine usw.), Lucr., Verg. u. a. – **2** der **Setzling, a** der zur Fortpflanzung gebrauchte **Pflänzling,** das **Setzholz,** der **Fechser,** Varro u. a. – **b** übtr., die zur Fortpflanzung in Fischteiche gesetzte junge Brut der Fische, der **Satz,** die **Setzlinge,** marina semina, Colum. 8, 16, 2. – **B** meton., der **Same** = **1** der **Stamm,** das **Geschlecht,** Romanum, Cic.: regio semine orta, von königlichem Geblüt, -Geschlecht, Liv. – v. Tieren, pecus boni seminis, Rasse, Varro. – **2** poet., **Sprössling, Nachkomme, Kind,** caelestia semina partu ediderat, gebar zwei Kinder göttl. Ursprungs, Ov.: semina Phoebi, Äskulap, des Phöbus Sohn, Ov.: matrum, Ov. – **II** bildl., der **Same** = die **Ursache, Grundursache, Grundlage, Veranlassung,** der **Stoff (Zündstoff), Urheber,** stirps ac semen malorum omnium, Cic.: huius belli semen fuisti, Cic.: sed eius seminis generisque sint, ex quo etc., die Bildungskraft u. Art in sich tragen, Gell. – Plur., bellorum civilium semen et causa, Cic.: in animis quasi virtutum igniculi ac semina, Cic.: tribuni semina discordiarum, Liv.: semina veteris eloquentiae, Tac.: semina discordiae praebere, Tac.

sēmēnstris, s. 1. u. 2. sēmēstris.

sēmentātio, ōnis, *f.* (semento), das **Säen,** die **Saat,** Plur. bei Tert. de spect. 8.

sēmentifer, fera, ferum (sementis u. fero), **Saat tragend, fruchtbar** an Getreide, Ps. Verg. Cir. 477.

sēmentīnus, a, um (sementis), **zur Saat gehörig, zur Saatzeit geschehend,** dies, Ov., od. feriae, Varro, das Saatfest: pira, Cato, u. mala, Varro, vermutlich Obst, das zur Saatzeit, folglich im Herbst reif wird, Saatbirnen, Saatäpfel. – subst., sēmentīnum, ī, *n.* = σπόρμιον, die **Saat,** Gloss. II, 435, 61 u. Plur. sēmentīna, ōrum, *n.*, nennt Plinius *triticum, hordeum, fabam* etc., weil sie zeitig zu säen sind, Plin. 18, 50 (*Detl.* sementiva).

sēmentis, is, Akk. em u. im, *f.* (semen), das **Säen,** die **Saat, I** eig. u. bildl., die **Saat,** die **Aussaat, a** eig.: prima ... novissima ... postrema s., Colum.: sementes frumenti, Plin.: quid sit sementis ac messis, Cic.: dare fruges in sementem, Hyg.: facere sementim, Cato, od. sementem, Liv., säen, die Saat bestellen: sementes maximas facere, recht viel aussäen, viele Saatfelder bestellen, Caes. – Sprichw., ut sementem feceris, ita metes, wie man sät, so erntet man, Cic. de or. 2, 261. – **b** bildl.: malorum sementim od. proscriptionis sementem facere, Cic.: scherzh., hisce ego iam sementem in ore faciam pugnosque obseram, Striemen ziehen = tüchtig abprügeln, Plaut. Men. 1012. – **II** meton.: **A** die **Saat,** die **Saatzeit,** Cato u. Colum. – **B** die **Saat,** der gesäte **Same,** Colum. 2, 8, 4. – **C** die **Saat** = das emporgewachsene junge Getreide, sementes tenerae, Ov. fast. 1, 679: sementes tempestiviores, Gell. 2, 29, 5. – ► Vulg. Nbf. sementium, Itala (Ashb.) Levit. 18, 23; Plur. sementia, Augustin. serm. 110, 2 Mai (und die Hdschrn. bei Plin. 28, 78); u. sementa, *ibid.* 73, 3 u. Ps. Cypr. de laud. mart. 23.

sēmentīvus, richtiger sementinus, s. d.

sēmento, (āvī), ātum, āre (sementis), **Samen bringen, sich besamen,** herbae sementaturae, Plin. 18, 259.

sēmentum, s. sēmentis ►.

sēmermis (-**ermus**), s. sēmiermis.

sēmessus, s. sēmēsus.

1. sēmēstris (in sehr guten Hdschr. u. Gloss. semēnstris), e (v. sex u. mensis) = ἑξαμηνιαῖος (Gloss. II, 181, 49), **sechsmonatlich, halbjährig, a** = sechs Monate alt, infans, Liv.: Croesi filius, Plin. – **b** = sich auf sechs Monate erstreckend, auf sechs Monate beschränkt, regnum, Cic.: annua ac semestris censura, Liv.: vita, Plin.: aves, die ein halbes Jahr bei uns bleiben, Plin.: dies aut nox, gegen Norden, wo man ein halbes Jahr Tag hat usw., Varro: consulatus, Suet.: tribunatus (militum), auf ein halbes Jahr (wie es zur Kaiserzeit Sitte war) verliehen, Plin. ep.; dah. semestri vatum digitos circumligat auro, verleiht den Dichtern die Ringe der halbjährigen Tribunen, macht sie zu halbjährigen Tribunen, Iuven. 7, 89. – subst., sēmēstria, ium, *n.*, die Sammlung der in einem halben Jahr ergangenen kaiserlichen Verordnungen, ICt.

2. sēmēstris (sēmēnstris), e (v. semi u. mensis), **halbmonatlich,** luna, Vollmond, Apul. met. 11, 4: so auch species (lunae), Amm. 20, 3, 1. Vgl. Gloss. II, 181, 49 ›semenstris, ἡμιμηνιαῖος‹; u. Gloss. II, 181, 48 ›semenstre, ἡμιμήνιον‹.

sēmēstrium, iī, *n.* (semi u. mensis), ein **halber Monat,** Colum. 11, 2, 6.

sēmēsus, a, um (semi u. esus), **halbverzehrt,** praeda, ossa, Verg.: facies, Sen. rhet.: reliquiae, Pacuv. tr. bei Cic. Tusc. 1, 106 *Mueller* pisces, Hor.: opsonia, Suet.: corpora liberorum, Petron.

sēmet = se, s. sui.

sēmeter, tra, trum (se u. metrum), **ohne gehöriges Maß, unebenmäßig,** Prud. psych. 829.

sēmhians, s. semihians.

sēmi, das griech. ἡμι, **halb,** in Zusammensetzungen, s. die folgenden Wörter.

sēmi-acerbus, a, um, **halbsauer, halbunreif,** uva, Pallad. 9, 13.

sēmiadapertus, a, um (semi u. adaperio), **halboffen, halbgeöffnet,** Ov. am. 1, 6, 4.

sēmiadopertulus, a, um (*Demin.* von semi u. adoperio), **halbgeschlossen,** Apul. met. 3, 14.

sēmi-agrestis, e, **halbbäuerlich,** Aur. Vict. de Caes. 39, 17.

sēmi-alpha, *n. indecl.*, ein **halbes A,** Boëth. inst. mus. 4, 3. p. 311, 16 Fr.

sēmiambūstus, a, um (semi u. amburo), **halbverbrannt,** cadaver, Suet. Cal. 59, 1: turba, Sil. 2, 681: saxa, Sil. 14, 63.

sēmiamictus, a, um (semi u. amicio), **halbbekleidet, halbnackt,** Apul. met. 1, 6.

sēmi-amphora, ae, *f.*, eine **halbe Amphora** (als Maß), Metrol. scriptt. Lat. p. 144, 19 *Hultsch.*

sēmiamputātus, a, um (semi u. amputo), **halbbeschnitten,** ramuli, Apul. met. 1, 4.

sēmianimis, e, u. **sēmianimus**, a, um (semi u. anima), nur noch halbbeseelt = **schon halbentseelt, halblebendig, halbtot,** anguis semianimus, Cic. poët.: corpora semianima, Liv.: semianimes oculi, Enn.: semianimes digiti, Verg.: semianimem (fratrem suum) inter manus domum ablatum, Liv.: affectum semianimemque recreavit, Sen.: semianimes isti greges oberrant, Sen. rhet. – übtr., luna semianimi ambitur orbe, wenn er schon mehr als halbvoll ist, Plin. 2, 80.

sēmi-annuus, a, um, **halbjährig**, Mart. Cap. 6. § 595.

sēmiapertus, a, um (semi u. aperio), **halbgeöffnet, halboffen**, semiapertae portarum fores, Liv. 26, 39, 22.

sēmi-āridus, a, um, **halbtrocken**, virgae, Herm. Past. 3, 8, 1 u. a.

sēmi-ās, assis, *m.*, ein **halber As**, als Erklärung von semis b. Varro LL. 5, 171.

sēmi-ātrātus, a, um, **halbschwarz gekleidet**, Varro sat. Men. 47.

sēmiātus, a, um, s. sēmātus.

sēmi-āxius, a, um, s. sarmentīcius.

sēmi-barbarus, a, um, **halbbarbarisch**, der **Halbbarbar**, Galli, Suet. Caes. 76, 3: adulescens, Capit. Maximin. 2, 5: Romani, Eutr. 1, 3: urbs Leptis, Hieron. adv. Iovin. 1, 48.

sēmi-bōs, bovis, *m.*, **halb Ochse**, Ov. art. am. 2, 24 u. a.

sēmi-canāliculus, ī, *m.*, die halbe Vertiefung an den Säulen, der **Halbschlitz**, Vitr. 4, 3, 5.

sēmi-cānus, a, um, **halbgrau**, cincinni, Apul. met. 8, 24: comae, *ibid.* 9, 30.

sēmi-caper, caprī, *m.*, **halb Bock**, Pan, Ov. met. 14, 515: Faunus, Ov. fast. 5, 101.

sēmi-centēsima, ae, *f.*, ein **halbes Prozent** als Abgabe, Cod. Theod. 13, 9, 3.

sēmi-christiānus, ī, *m.*, der **Halbchrist**, Hieron. in Galat. 3, 14.

sēmicinctium, iī, *n.* (semi u. cinctus), der **Halbgurt, schmale Gurt**, Petron. 94, 8. Mart. 14, 153 *lemm.* Vulg. act. apost. 19, 12. Isid. orig. 19, 33, 1.

sēmi-cingo, ere, **halbeinschließen**, Oros. 1, 2, 64. Schol. ad Caes. German. Arat. 48. p. 116, 2 *Breys.*

sēmicirculātus, a, um (semicirculus), **halbkreisrund**, Cels. 7, 26, 2.

sēmi-circulus, ī, *m.*, **I** *subst.* = der **halbe Kreis, Halbkreis**, Cels. 7, 26, 2. Colum. 5, 2, 1. Gromat. vet. 378, 3 u. 390, 9. – **II** *adi.* = **halbkreisrund**, ager, Colum. 5, 2, 8 u. 9. Gromat. vet. 355, 14 u. a.

sēmiclausus u. **sēmiclūsus**, a, um (semi u. claudo, cludo), **halbverschlossen, -geschlossen**, os, Apul. met. 10, 10: postica, Amm. 18, 6, 11: Silvane sacrā semicluse fraxino, nur zur Hälfte sichtbarer, CIL 12, 103.

sēmicoctus, a, um (semi u. coquo), **halbgekocht, halbgar**, hordeum, Colum.: grana, Plin.: ovum, Marc. Emp.

sēmicombūstus, a, um (semi u. comburo), **halbverbrannt**, Sidon. epist. 3, 13, 5 u. Eccl.

sēmicōnfectus, a, um (semi u. conficio), **halbbearbeitet**, Sidon. epist. 6, 10, 1.

sēmi-cōnspicuus, a, um, **halbsichtbar** Apul. met. 3, 2.

sēmi-corporālis, e = semicorporeus, Firm. math. 2, 12.

sēmi-corporeus, a, um, **nur mit halbem Körper sichtbar**, Firm. math. 2, 12.

sēmi-corpus, corporis, **mit halbem Körper**, Cassiod. hist. eccl. 8, 1.

sēmi-cōrus, ī, *m.* (corus, ein hebr. Maß = 30 modii, Eccl.), ein **halber Kor** (ein hebr. Maß) = 15 modii, Ambros. epist. 44. § 7 u. 8.

sēmicremātus, a, um (semi u. cremo), **halbverbrannt**, membra, Ov. Ib. 632: tura, Mart. 11, 54, 2.

sēmicremus, a, um (semi u. cremo), **halbverbrannt**, stipes, Ov. met. 12, 287.

sēmi-crūdus, a, um, **I halbroh**, caro, Flor. u. Frontin.: carnes, Hieron.: exta, Suet.: lupini, Colum. – **II nur halbverdaut habend**, Stat. silv. 4, 9, 48.

sēmi-cubitālis, e, **eine halbe Elle lang**, hastile, Liv. 42, 65, 9.

Sēmi-cūpa, ae, *f.*, **Halbfass, Schmerbauch**, als Schimpfwort, Amm. 28, 4, 28.

sēmi-decima, ae, *f.*, ein **halbes Zehntel**, als Abgabe, Cod. Theod. 14, 4, 4 *pr.*

sēmi-deus, a, um, **halbgöttlich**, subst. der **Halbgott**, die **Halbgöttin**, heroes, Stat.: dryades, Ov.: canes, Anubis, Lucan.: Roma, Prud.: semideum genus, v. den Nerëiden, Ov.: pecus, v. den Panen, Stat. – semideique deique, Ov.: tres semideae, v. den Sirenen, Auson.: hunc Platonem Labeo inter semideos commemorandum putavit, Augustin. de civ. dei 2, 14, 2: vgl. 2, 15. – ► Genet. Plur. semideûm, Stat. Theb. 1, 206 u. 5, 273. Sidon. carm. 23, 252. Apul. de Plat. 2, 23 *extr.*

sēmi-diametros, ī, *f.*, der **Halbmesser** (als geom. *t. t.*), Boëth. art. geom. p. 424, 3 u. 5 Fr.

sēmi-diēs, ēī, *m.*, der **halbe Tag**, Auson. egl. 8. de rat. dier. 5 u. egl. 10. de rat. solst. 2.

sēmi-digitālis, e, **einen halben Zoll groß, halbzöllig**, foramen, Vitr. 10, 16, 5.

sēmi-dīvīnus, a, um, **halbgöttlich**, locus, Fronto ad M. Caes. 1, 5. p. 13, 14 N.

sēmi-doctus, a, um (doceo), **halbgelehrt, Halbwisser**, Plaut. u. a.: omnium artium semiperitus ac semidoctus, Fronto: haec ut apud doctos et semidoctus ipse percurro, Cic.: übtr., manus villici, ungeschickte, Mart.

sēmiermis (sēmermis), e, u. **sēmiermus** (sēmermus), a, um (semi u. arma), **nur halbbewaffnet**, semiermes, Liv.: semermi, Tac.

sēmiēsus, s. sēmēsus.

sēmifactus, a, um (semi u. facio), **nur halbgemacht, nur halbfertig**, opera, Tac. ann. 15, 7: portae valli, Auct. b. Afr. 83, 3.

sēmi-falārica (-**phalārica**), ae, *f.*, die **kleinere Falarika**, Gell. 10, 25, 2.

sēmi-fāstīgium, iī, *n.*, ein **halber Giebel**, Vitr.

sēmifer, fera, ferum (semi u. ferus), **halbtierisch, halb Tier, I** eig.: homines, Mela: pectus Tritonis, Verg.: Capricornus (Gestirn), Cic. Arat. – bes. subst., im Sing. u. Plur., v. den Zentauren, Ov. u. a. – **II** übtr., **halbwild, a** v. Tieren, glires, s. animal, Plin.: proles, Gratt. – **b** v. Menschen, von wilden, rauen Sitten, Plin. u. Sil. – subst., sēmifer, ferī, *m.*, der **Halbwilde**, Verg. Aen. 8, 267. – ► Nom. **sēmiferus**, Augustin. de civ. dei 19, 12, 2. p. 374, 27 D.[2]

sēmifōrmis, e (semi u. forma), **in halber Gestalt (Figur), halbausgebildet**, pulli, Colum. 8, 5, 12: luna, der halbe Mond, Colum. 4, 25, 1.

sēmifultus, a, um (semi u. fulcio), **halbgestützt**, subsellio semifultus extremo, Mart. 5, 14, 9.

sēmifūmāns, antis (semi u. fumo), **halbrauchend**, bildl., dignitas praefecturae, noch warm, frisch, Sidon. epist. 1, 7, 4.

sēmifūnium, iī, *n.* (semi u. funis), ein **Halbseil, Halbstrick**, ein **dünnes Seil**, Cato r. r. 135, 5.

Sēmi-gaetūlus, ī, *m.*, ein **halber Gätuler**, Apul. apol. 24.

sēmigelātus, a, um (semi u. gelo), **halbgeronnen**, sanguis, Oros. 2, 9, 10: sanguis bovis, Compend, Vitruv. 30. p. 312, 11 *Rose.*

sēmigenius, a, um (semi u. genus) = ἑτερογενής, **halbgeschlechtlich**, nomina, die im Plur. ein anderes Geschlecht annehmen (z. B. caelum, Plur. caeli), Anecd. Helv. 162, 21.

Sēmi-germānus, a, um, **halbgermanisch**, gens, Liv. 21, 38, 8.

sēmi-gomor, *n. indecl.* (gomor, ein hebr. Maß, = 15 modii, Eccl.) ein **halbes Gomor** (ein hebr. Maß) = $7^1/_2$ modii, Ambros. epist. 9, 76.

Sēmigraeculus, ī, *m.* (Semigraecus), ein **Halbgriechlein**, Hieron. epist. 50, 2.

Sēmi-graecus, a, um, **halbgriechisch**, pastores, Varro: poëtae et oratores, Suet.: civitas, Flor.

sēmi-gravis, e, **halbbetrunken, mit schwerem Kopf**, Liv. 25, 24, 2.

sē-migro, āvī, āre, **wegziehen, ausziehen**, a patre, Cic. Cael. 18.

sēmihiāns, antis (semi u. hio), **halboffen** od. **geöffnet**, labellum, Catull. 61, 220 (= 216, wo L. Müller u. Bährens semhiante): labella, Apul. flor. 15. p. 17, 15 Kr.: labiae, Apul. met. 10, 28: vox, Stimme aus halbgeöffnetem Mund, Apul. met. 5, 18 *extr.*

sēmi-hiulcus u. **sēmulcus**, a, um, **halboffen** od. **geöffnet**, savium, Poëta bei Gell. 19, 11, 4 u. bei Macr. sat. 2, 2, 17 (wo semulc.).

sēmi-homo, hominis, *m.*, der **Halbmensch, I** = halb Mensch und halb Tier, Colum. poët. 10, 19: Centauri, Ov. met. 12, 536: canis, v. Anubis, Sedul. de veter. test. 231 *Looshorn.* – **II** übtr. = **halbwild**, Cacus, Verg. Aen. 8, 194: Nasamones, Sil. 11, 180: talis etiam homo sive semihomo, Augustin. de civ. dei 19, 12, 2. p. 374, 24 D.[2] (gleich darauf semiferus gen.); vgl. *ibid.* p. 373, 25 u. 374, 17 D.[2]

sēmi-hōra, ae, *f.,* die **halbe Stunde,** Cic. u. a.

sēmi-iēiūnia, ōrum, *n.,* das **halbe Fasten** Tert. adv. Psych. 13.

sēmi-inānis, e, s. sēminānis.

sēmi-integer, gra, grum, **halbunverletzt,** Amm. 20, 5, 4.

Sēmi-iūdaeus, ī, *m.,* ein **Halbjude,** Hieron. in Isai. 1, 2, 20 u. 15, 54, 12 u. 17, 60, 1.

sēmi-iūgerum, ī, *n.,* das **halbe Juchert,** der **halbe Morgen Landes,** Colum. 4, 18 *in.* u. 5, 1, 6. Gromat. vet. 372, 17.

sēmi-lacer, cera, cerum, **halbzerfleischt,** Ov. met. 7, 344.

sēmi-later, eris, *m.,* der **Halbziegel,** Vitr. 2, 3, 4 (wo semilateria u. semilateres wechseln).

sēmi-laterium, iī, *n.* (later), der **Halbziegel** (griech. ἡμιπλίνθιον), Vitr. 2, 3, 4.

sēmi-lautus, a, um, **halbgewaschen,** crura, Catull. 54, 2.

sēmi-līber, bera, berum, **halbfrei,** Cic. ad Att. 13, 31, 3. Cic. fr. bei Sen. de brev. vit. 5, 2.

sēmi-lībra, ae, *f.,* das **halbe Pfund,** Aur. Vict. de vir. ill. 58, 11. Ps. Apul. herb. 99.

sēmi-lixa, ae, *m.,* ein **halber Marketender,** als Schimpfwort, Liv. 28, 28, 4 u. 30, 28, 3.

sēmi-lixula, ae, *f.,* der **halbe** (od. kleine) **Zirkel** aus Mehl, Wasser u. Käse, Varro LL. 5, 107.

sēmi-lūnāticus, a, um, **halbepileptisch,** Firm. math. 7, 3 *extr.* (Dressel servi lunatici).

sēmi-madidus, a, um, **halbnass,** ager nimbis exiguis sem., Colum. 2, 4, 5.

sēmi-marīnus, a, um, **halbmeerisch, -seeisch,** corpora (Scyllarum), Lucr. 5, 889 (892).

sēmi-mās, maris, *m.,* **I** **halb Mann, Zwitter, Hermaphrodit,** Liv. u. Ov. – **II** übtr., **kastriert, entmannt,** caper, Varro: ovis, Ov.: Galli (Priester der Cybele), Ov.

sēmi-masculus, ī, *m.,* **halb Mannsperson,** Attin castrando semimasculum fecit, Fulg. myth. 3, 5.

sēmi-mātūrus, a, um, **halbreif,** mespila, Pallad. 4, 10, 22: hordeum, Pallad. 7, 12: sorba, Marc. Emp. 29. fol. 129 (b), 40.

Sēmi-mēdus, ī, *m.,* ein **halber Meder,** Apul. apol. 24.

sēmimetopion, iī, *n.* (semi u. metopa), eine **Halbmetope,** Vitr. 4, 3, 5.

sēmi-mitra, ae, *f.,* eine **halbe-, schmale Mitra,** Ulp. dig. 34, 2, 25. § 10.

sēmimīxtus, a, um (semi u. misceo), **halbgemischt,** acetum, Marc. Emp. 23.

sēmi-modius, iī, *m.,* s. sēmodius.

sēmi-mortuus, a, um (semi u. morior), **halbtot,** membra, Catull. 50, 15: anus, Apul. met. 6, 26.

sēminālis, e (semen), **zum Samen gehörig,** **I** im Allg.: vicia, Colum. 11, 2, 76: herba, Augustin. conf. 13, 17 u. 24. – subst., sēminālia, ium, *n.,* die **Saat,** Tert. adv. Marc. 1, 13 extr. – **II** insbes., zum männl. Samen gehörig, **Samen-,** membrum, Priap. 26, 2: trames, Auct. pervig. Ven. 65: viae, Cael. Aur. de morb. acut. 3, 18, 180. Th. Prisc. 4, 2: vascula, Th. Prisc. 4, 2: venae, Lact. de opif. dei 12, 2. – *Adv.* **sēmināliter,** Augustin. gen. ad litt. 4, 33.

sēminānis, e (semi u. inanis), **halbleer, nur halbvoll,** orbis, Plin. 2, 80.

sēminārium, iī, *n.,* s. sēminārius.

sēminārius, a, um (semen), **zum Samen gehörig,** **I** *adi.:* pilum, den Samen zu stampfen, Cato r. r. 10, 5. – **II** *subst.:* **A** sēmināria, ae, *f.,* die **Samenhändlerin,** CIL 14, 2850. – **B** sēminārium, iī, *n.,* die **Baumschule, Pflanzschule,** Scriptt. r. r. u. a. – bildl., equites, seminarium senatus, Liv.: sem. exiguum militum, Liv.: Catilinarum, katilinarischer Existenzen, Cic.: triumphorum, Cic.: omnium scelerum, Liv. epit.: omnium malorum (v. einer Pers.), Apul. apol. 74.

sēminātio, ōnis, *f.* (semino), die **Befruchtung, Zeugung,** Varro r. r. 2, 6, 3. Ambros. de Noë 29. § 107 u. a. Eccl.

sēminātor, ōris, *m.* (semino), der **Säer,** **I** eig.: omnium rerum, quae naturā administrantur, seminator et sator et parens, ut ita dicam, atque educator et altor est mundus, Cic. de nat. deor. 2, 86. – **II** bildl., der **Erzeuger, Urheber,** qui est versus omnium seminator malorum, dieser Vers enthält alles Unheils Keime, Cic. de nat. deor. 3, 66: tamquam fallaciae seminatores, Lact. 5, 2, 17: inimicus ille seminator, Iulian. bei Augustin. op. imperf. 1, 9.

sēminecus = seminex, Fragm. Bob. 542, 40 K.

sēmi-nex, necis, **halbtot,** v. leb. Wesen, Verg., Liv. u. a.: artus, noch nicht kalt, Ov.: seminecem vitam exhalare, Sil. – Nom. seminex, Gloss. II, 324, 44 u. III, 279, 64: Genet. Sing. seminecis, Spart. Sever. 11, 6. Ser. Samm. 897: Abl. Plur. seminecibus, Heges. 5, 47, 2.

sēminiverbius, a, um (semino u. verbum), **Worte hier und da ausstreuend** = gesprächig, Übersetzung von σπερμολόγος, Vulg. act. apost. 17, 18.

sēminium, iī, *n.* (semen), **I** der **Same,** zur Erzeugung lebendiger Geschöpfe, Plaut., Varro u. Lucr. – **II** meton., die **Art der Tiere,** insofern man dabei auf das Fortpflanzen oder Begatten sieht, die **Rasse,** in seminio legendo, wenn man eine gute Art zum Begatten wählt, Varro: tertia pars est, quo sint seminio quaerendum, man muss fragen, von welcher Rasse ein Tier ist, Varro: et quo quaeque magis sunt aspera seminiorum, tam magis etc., Lucr.

sēmino, āvī, ātum, āre (semen), **I** **säen,** **1** eig.: hordeum, Colum.: triticum, Colum.: seminati dentes (draconis), Acro Hor. art. poët. 187. – Partiz. subst., sēmināta, ōrum, *n.,* **Saaten, Saatfelder,** Ambros. in Luc. 5, 6. – **2** übtr., **zeugen, erzeugen, hervorbringen,** v. Menschen, alter decumo post mense nascetur puer quam seminatus est, Plaut. Amph. 482: v. Stier, sem. armenta, Colum. 6, 24, 1: v. Esel, hoc pecus, mularum genus, Colum. 6, 37, 4 u. 5: v. Pflanzen, viscum, quod non sua seminat arbos, Verg. Aen. 6, 206: nullius agricolae cultu stirps tam diuturna quam poëtae versu seminari potest, kann (aus Samen) gezogen werden, Cic. de legg. 1, 1. – **3** bildl., **aussäen, ausstreuen** in die Welt, cultum dei per totam terram, Lact.: religionem cultus sui per orbem terrae, Lact.; vgl. Bünem. Lact. 1, 22, 26 u. 4, 25, 2. – **II** **besamen** = **besäen,** agrum, Colum. 2, 4, 11.

sēminōsus, a, um (semen), **voller Samen,** Priap. 51, 17.

sēmi-nūdus, a, um, **halbnackt,** **I** eig.: **a** im Allg., v. Pers., Liv. u. a.: corpus, Hieron. – subst., ille seminudus, Sen. ep. 62, 2, 3. – **b** im weiteren Sinne, **halbbloß** = fast wehrlos, pedes prope seminudus, Liv. 31, 35, 6. – **II** bildl.: sententiae, Fronto epist. ad Anton. imp. 1, 2. p. 96, 21 N.

Sēmi-numida, ae, *m.,* ein **halber Numidier,** Apul. apol. 24.

sēmi-obolus, ī, *m.,* ein **halber Obolus,** Auct. de pond. et mens. 8. Isid. orig. 16, 25, 10.

sēmi-obrutus, a, um (semi u. obruo), **halbbedeckt,** dolium, Apul. met. 9, 5.

sēmi-onustus, a, um, **halbbeladen,** naves, Sisenn. fr. inc. 2 (bei Prisc. 10, 57).

sēmi-orbis, is, *m.,* der **Halbkreis,** Sen. nat. qu. 1, 8, 4. Amm. 20, 3, 10 u. 23, 6, 75.

sēmi-pāgānus, ī, *m.,* ein **halber Laie,** kein rechter Dichter, Pers. prol. 6.

sēmi-pāstus, a, um (semi u. pasco), **halbverzehrt,** Isid. orig. 12, 5, 9.

sēmi-patēns, entis (pateo), **halboffen,** vestibula, Sidon. epist. 7, 6, 8.

sēmi-pedālis, e, **von einem halben Fuß** (dem Maß nach), **halbfüßig,** apertura, Vitr.: altitudo, Plin.

sēmi-pedāneus, a, um = semipedalis, Colum. 4, 1, 4.

semipedius, s. sēmi-pēs.

sēmiperāctus, a, um (semi u. perago), **halbvollendet,** Paul. Nol. carm. 20, 299.

sēmiperēmtus, a, um (semi u. perimo), **halbvernichtet,** Ps. Cypr. Sodom 133.

sēmi-perfectio, ōnis, *f.,* die **halbe Vollendung,** Ambros. epist. 44. § 8.

sēmiperfectus, a, um (semi u. perficio), **I** **halbvollendet,** Suet. Cal. 21. Ambros. de spir. scto 3, 14. § 18. – **II** bildl., **halbvollkommen,** Apul. Plat. 2, 9.

sēmi-perītus, a, um, **halbkundig, Halbwisser,** verb. omnium artium semiperitus ac semidoctus, Fronto epist. ad M. Caes. 4, 3 *in.*

Sēmi-persa, ae, *m.*, ein **halber Perser,** Apul. apol. 24.

sēmi-pēs, pedis, *m.*, **I** ein **halber Fuß, a** als Maß, Scriptt. r. r. u. a. – **b** ein **halber Versfuß,** Varro bei Gell. 18, 15, 2. Auson. epist. 4, 87. Augustin. de music. 5, 4. § 7 u. a. – Nbf. semipedius, Mar. Victorin. (VI) 166, 28. – **II halbfüßig = halblahm,** Prud. perist. 2, 150.

sēmiphalārica, s. sēmi-falārica.

sēmi-piscīna, ae, *f.*, der **kleine Teich, -Fischteich,** Varro r. r. 1, 13, 3.

Sēmi-placentīnus, ī, *m.*, ein **halber Placentiner,** Cic. in Pis. 14.

sēmi-plēnē, *Adv.*, **halbvollständig, halb,** Sidon. epist. 4, 22, 5.

sēmi-plēnus, a, um, **I halbvoll, nicht ganzvoll,** scrobes, Colum.: naves, mit halber Bemannung, Cic.: carpenta, halbbeladen, Paneg. vet. – **II halbvollzählig, halbvollständig,** legio, Vell. 2, 80, 1 u. 112, 2: stationes, Liv. 25, 30, 10: honor, CIL 14, 1783, 31: elocutiones, Serv. Verg. Aen. 5, 847: semiplenum eum (actum) significans, Prisc. 18, 49: aliter semiplenus est sensus, (Serg.) in Donat. 504, 5 K.: *neutr. pl.* subst., ut semiplena dicendo cogat et interrogare et avidius audire Troianos, Serv. Verg. Aen. 2, 100.

sēmiplētio, ōnis, *f.*, die **halbe Vollständigkeit,** (Ggstz. plenitudo), Ambros. epist. 39.

sēmiplōtia, ōrum, *n.*, **niedrige Halbschuhe** zum Jagdgebrauch, Fest. 238 (a), 33.

sēmipodius, a, um (semi u. πούς), **halbfüßig** (als metr. *t. t.*), Mar. Victorin. de metr. 4, 3, 41. p. 166, 28 K.

sēmi-poēta, ae, *f.*, ein **halber Dichter,** Schol. Pers. prol. 6.

sēmi-puella, ae, *f.*, das **Halbmädchen,** halb Mädchen und halb Vogel, v. den Sirenen, Auson. edyll. 11, 21. p. 129 Schenkl.

sēmi-pullātus, a, um, **halbschwarz gekleidet,** Sidon. epist. 1, 7, 9.

sēmiputātus, a, um (semi u. puto), **halb-, nicht recht beschnitten,** vitis, Var. Ruf. tr. 9. p. 229 R.[2] Verg. ecl. 2, 70. Ambros. epist. 37, 42.

sēmiquīnārius, a, um (semi u. quini), die **Hälfte von fünf enthaltend,** Prisc. de fig. num. § 27. p. 415, 8 K. Prisc. part. XII vers. Aen. § 5 u. § 84. p. 460, 14 u. p. 478, 10 K. u. a. – subst., sēmiquināria, ae, *f.*, ein **halber Pentameter,** Diom. 502, 32.

Semīramis (in sehr guten Hdschrn. auch Samīramis, Samēramis), idis und idos, Akk. im, Abl. ide, *f.* (Σεμίραμις), Gemahlin und Nachfolgerin des Rinus, Königs von Assyrien, berühmt durch ihren großen Geist und ihre Wollust, Iustin. 1, 1 *sq.* Curt. 5, 1 (4), 24 u. 9, 6 (26), 23 (Samir.). Ov. met. 4, 58. Schol. Iuven. 2, 108 (Samer.): Genet. Samiramidos, Iul. Val. 3, 27 u. 28 (3, 17 u. 18): Dat. Samiramidi, Iustin. 36, 2, 1: Akk. Samiramidem, Treb. Poll. trig. tyr. 27, 1: Akk. Samiramim, Curt. 7, 6 (27), 20. Amm. 28, 4, 9: Abl. Samiramide, Iustin. 1, 1, 10 u. Semiramide, Hieron. Euseb. chron. 12. – appell., an vero in Syria est Sameramis illa retinenda, v. Prokonsul Gabinius wegen seiner weibischen Üppigkeit, Cic. de prov. cons. 9 (*codd. optt.*). – Dav. **Semīramius**, a, um, **semiramisch,** sanguis, Mart.: acus, babylonisch, Mart.

sēmirāsus, a, um (semi u. rado), **halbgeschoren,** ustor, Catull. 59, 5: m. *Acc. resp.*, homunculi capillum semirasi, Apul. met. 9, 12.

sēmireductus, a, um (semi u. reduco), **halb-, etwas zurückgebogen,** manus, Ov. art. am. 2, 614.

sēmirefectus, a, um (semi u. reficio), **halbausgebessert,** classis, Ov. her. 7, 176.

sēmi-rēmex, igis, *m.*, **halb Ruderer,** sem. Hercules, halb R., halb Kämpfer, d. i. bald rudernd, bald kämpfend, Septim. Seren. fr. 19 L. M. (bei Serv. Verg. Aen. 5, 116).

sēmi-rōmānus, a, um, **halbrömisch,** Acro Hor. sat. 1, 7, 2.

sēmirōsus, a, um (semi u. rodo), **halbbenagt,** panis, Arnob. 6, 16.

sēmi-rotundus, a, um, **halbrund,** suggestus, Apul. met. 3, 3: subterraneum, Apul. met. 9, 6: castra, Veget. mil. 1, 23.

sēmirutus, a, um (semi u. ruo), **halbeingerissen, halbzerstört, -zerrissen,** moenia, Sall. fr.: murus, Liv.: urbs, Liv.: Carthago, Flor.: castella, Liv. u. Tac.: tecta, Liv.: aedificia, Amm.: tela, Claud. – Plur. subst., sēmiruta, ōrum, *n.* = halbeingerissene-, halbzerstörte Stellen, Liv. 36, 6 H. (Weißenb. per semirutos ... muros): moenium, Apul. flor. 15. p. 16, 18 Kr.

1. **sēmis**, *indecl.* (wahrsch. von ἥμισυ, die Hälfte), **halb,** die **Hälfte,** hoc est semis, Colum. 5, 1, 11.

2. **sēmis**, missis, *m.* u. (selten) **sēmis**, *indecl.* (semi u. as), **I** die **Hälfte** eines zwölfteiligen Ganzen, **halb, A** im Allg.: semis Africae, die Hälfte = sechs Teile, Plin. 18, 35: panem semissem (ein halbes Brot) ponebat supra torum, Petron. 64, 6. – **B** insbes.: **1** als Münze: **a** ein **halber As,** Cic. u. a. – dah. homo non semissis, der nicht einen Heller wert ist, Vatin. in Cic. ep. 5, 10, 1. – **b** eine goldene Münze, etwa ein **halber Dukaten,** semisses aureorum, Lampr. Alex. Sev. 39, 7. – **2** als Längenmaß: **a** ein **halber Morgen Landes** (sowie as ein ganzer), bina iugera et semisses agri assignati, Liv.: proscindere semissem, iterare assem, Plin. – **b** ein **halber Fuß, sechs Zoll,** sesquipedes in latitudinem, in longitudinem semisses, Plin.: duos pedes et semissem, $2^1/_2$ Fuß, Colum.: urere ad mensuram semissis, Veget. – **3** in Geldangelegenheiten: **a** bei Erbschaften, $^6/_{12}$ od. die Hälfte des Ganzen, e libertorum defunctorum bonis pro semisse dextans cogeretur, statt $^6/_{12}$ genommen würden $^{10}/_{12}$, Suet.: semissis patrimonii, ICt. – **b** bei Zinsen, **sechs Prozent** (wenn von hundert *denarii, asses* etc. monatlich ein halber Denar od. As gezahlt wird), de Tulliano semisse, wegen der sechs Prozent des Tullius, Cic. ep.: semissibus magna copia est, für sechs Prozent ist viel Geld zu haben, Cic.: dah. usurae semissium, Zinsen zu sechs Prozent, Colum.: so auch in Apposit., usurae semisses, Zinsen zu sechs Prozent, ICt. – **II** bei den Mathematikern (die die Zahl 6 als numerus perfectus nahmen), die Hälfte der Zahl sechs, die **Dreizahl, Drei,** Vitr. 3, 1, 6.

sēmi-saucius, a, um, **halbverwundet,** Augustin. conf. 8, 8.

sēmiseptēnārius, a, um (semi u. septeni), **die Hälfte von sieben enthaltend,** Prisc. de fig. num. § 27. p. 415, 8 K. Prisc. XII vers. Aen. 5. p. 460, 14 K. – subst., sēmiseptēnāria, ae, *f.* = hephthemimeres (s. d.), Diom. 497, 23.

sēmisepultus, a, um (semi u. sepelio), **halbbegraben,** ossa, Ov. her. 1, 55.

sēmi-sermo, ōnis, *m.*, eine **halbe-, unvollständige Rede,** Hieron. epist. 7, 2.

sēmi-siccus, a, um, **halbtrocken,** Pallad. 3, 24, 4.

sēmi-somnus, a, um, **halbschlafend, verschlafen, schlaftrunken,** v. Pers., Plaut., Cic. u. a.: sopor, schlafähnliche Betäubung, Cael. Antip. fr.: cor, Phaedr. – Nbf. **sēmisomnis**, is, v. Pers., Sen. de vit. beat. 14, 4.

sēmisonāns, antis (semi u. sono), **halbtönend,** litterae, Halbvokale (Ggstz. insonae et sonantes), Apul de mund. 20. – Plur. subst., sēmisonantēs, ium, *f.*, **Halbvokale,** Ter. Maur. 1054 u. 1057, wo Genet. semisonantum, Isid. orig. 1, 4. *no.* 4.

sēmisōnārius, iī (semi u. sona = zona), der **Verfertiger der Halbgürtel** (semicinctia), Plaut. aul. 516 *Goetz.*

sēmisonus, a, um (semi u. sonus), **halbtönend,** Arnob. in psalm. 130: litterae, Halbvokale, Mar. Victorin. 1, 6, 16. p. 34, 8 K.

sēmisōpītus, a, um (semi u. sopio), **halbschlafend, verschlafen, schlaftrunken** (klass. semisomnus), Apul. met. 1, 15.

sēmi-sopōrus, a, um = semisopitus (s. d.), Sidon. carm. 11, 60.

sēmispathium, iī, *n.*, eine **kleine** *spatha,* Veget. mil. 2, 15 u. 16. Isid. orig. 18, 6, 5.

sēmisphērium, iī, *n.* (semi u. σφαιρίον), dah. = μαγάς, der halbkreisförmige **Steg,** über den die Zithersaiten gespannt werden, Boëth. inst. mus. 4, 18.

sēmissālis, e (2. semis), **zum halben As gehörig,** usurae, wenn von hundert *asses* monatlich ein halber As gezahlt wird, sechs Prozent, Modestin. dig. 50, 12, 10.

sēmissārius, a, um (2. semis), **zur Hälfte gehörig,** coheres, der die Hälfte erbt, Florentin. dig. 30, 1, 116. § 1.

sēmisso, āre (semis), **einen halben Fuß groß brennen,** Veget. mul. 1, 26, 4 u. a.

sēmi-supīnus, a, um, **halbrückwärts gebogen, -gelehnt,** v. Pers., Ov. am. 1, 14, 20. Mart. 6, 35, 4.

sēmi-syllaba, ae, *f.*, eine **halbe Silbe,** Consent. de barb. 18.

sēmita, ae, *f.* (zu meo), der **Fußweg, Fußsteig, Pfad, Nebenweg, I** eig.

u. übtr.: **a** eig.: proclivis, Liv.: angusta et ardua, Liv.: perangusta, Curt.: angustissimae semitae, Cic.: neque eo quo pervenire volumus semitae tritae (ferunt), Varro LL.: decedam ego illi de via, de semita, als Ehrenbezeigung, Plaut.: ebenso equo desiliam, caput adaperiam, semitā cedam, Sen.: omnibus viis semitisque essedarios ex silvis emittebat, Caes.: petra undique abscisa et abrupta semitā perangustā aditur, Curt.: repletas semitas inter vulgus aliud puerorum et mulierum huc atque illuc euntium, Liv. – Sprichw., qui sibi semitam (ihren eigenen Weg) non sapiunt, alteri monstrant viam, von denen, die anderen raten wollen, sich selbst aber nicht raten können, Enn. fr. scen. 321. – **b** übtr.: arteriae, id est spiritus semitae, Plin.: lunae, Bahn, Lauf, Claud. – **II** bildl.: illius (Aesopi) porro ego semitā feci viam, auf seinem Pfade habe ich weitere Bahn gemacht (= ich habe seinen Stoff erweitert), Phaedr.: pecuniam, quae viā visa est exire ab isto, eandem semitā revertisse, Cic.: nunc pol in rectam redii semitam, bin ich auf die richtige Spur gekommen, Plaut.: s. vitae, Hor. – ► Falsche Form semitibus für semitis, CIL 3, 5524.

sēmitāctus, a, um (semi u. tango), **halbberührt,** unguento, Mart. 6, 74, 2.

sēmi-talentum, ī, *n.*, ein **halbes Talent** (als Übersetzung von ἡμιτάλαντον), Prisc. de fig. num. § 9. p. 408, 15 K. Metrol. scriptt. Lat. p. 67, 7 *Hultsch.*

sēmitālis, e (semita), **zu den Fußsteigen gehörig,** di, an den Fußsteigen verehrt (ἐνόδιοι), Verg. catal. 8, 20.

sēmitārius, a, um (semita), **auf den Seitenwegen befindlich,** moechi, Catull. 37, 16.

sēmitātim, *Adv.* (semita), **fußsteigweise, immer auf Fußsteigen,** Titin. com. 14.

sēmitātrīx, trīcis, *f.* (semita), **Vorsteherin der Fußsteige,** als Gottheit, CIL 3, 4174.

sēmitēctus, a, um (semi u. tego), **halbbedeckt** = halbnackt, nudae scapulae aut semitectae, Sen. de vit. beat. 25, 2: semit. exercitus, Amm.: Diana semitectis femoribus, die hochgeschürzte, Arnob.

sēmiter, *n.* (semi u. iter), der **halbe Weg,** als Erklärung von semita b. Varro LL. 5, 35.

sēmito, āre (semita), **durch einen Nebenweg (Mittelweg) durchschneiden lassen,** vineas, Plin. 17, 169.

sēmitonium, iī, *n.* (semi u. tonus) = ἡμιτόνιον, der **halbe Ton,** Hyg. astr. 4, 14. Macr. somn. Scip. 2, 1, 25. Boëth. inst. mus. 1, 16 *sqq.*

sēmitōnsus, a, um (semi u. tondeo), **halbgeschoren,** caput, Cypr. epist. 77, 3.

sēmitractātus, a, um (semi u. tracto), **halb abgehandelt,** Tert. de fuga in persecut. 1 *in.*

sēmi-trepidus, a, um, **halb zitternd,** Apul. met. 7, 8.

sēmitrītus, a, um (semi u. tero), **halb ausgedroschen,** frumenta (Ggstz. fr. munda), Colum. 1, 6, 24. Pallad. 1, 36, 2.

sēmiulcus, s. sēmi-hiulcus.

sēmiūncia, ae, *f.*, s. sēmūncia.

sēmiūnciālis, s. sēmūnciālis.

sēmiūstulandus, a, um (semi u. ustulo), **halb zu verbrennen,** Suet. Tib. 75, 3.

sēmiūstulātus, s. sēmūstulātus.

sēmiūstus u. synk. **sēmūstus**, a, um (semi u. uro), **halb-, halb und halb (nicht ganz) verbrannt, halb eingeäschert,** semiustus Typhon, Cic.: fax semiusta, Ov.: Vari corpus semiustum, Vell.: cadaver semiustum, Suet.: semusti cineres, Tac.: semiusta materia, Heges.: robora semusta, Verg.: semustum forum, Liv. – m. *Abl.* **(wodurch?),** Enceladi semustum fulmine corpus, Verg. – im Bild, se populare incendium priore consulatu semustum effugisse, sei kaum mit heiler Haut entgangen, Liv. 22, 40, 3. – Die Form semustus bei Verg., Liv. u. Tac. in den besten Hdschrn.; vgl. auch Gloss. II, 324, 46 ›semustus, ἡμίκαυστος‹, und Gloss. II, 182, 6 ›semustum, ἡμίφλεκτον‹. – Pacuv. tr. 200 R. Vahlen reliquias semustas.

sēmi-viētus, a, um, **halbverschrumpft, halbwelk,** Colum. 12, 16, 3.

sēmivīllānus, ī, *m.* (semi u. villa), ein **halber Laie,** Schol. Pers. prol. 6.

sēmi-vir, virī, *m.*, ein **halber Mann,** d. i. **I** eig.: **1** halb Mann und halb Tier, Chiron, der Zentaur, Ov.: bos, der Minotaurus, Ov. – **2** der **Zwitter, Hermaphrodit,** Ov. u. Plin. – **II** übtr.: **1** der **Kastrat, entmannt, kastriert,** famuli = Galli (die Priester der Cybele), Varro sat. Men. 132: semiviri chori, Sil. 17, 20: formosum iuvenem exsectis virilibus semivirum reddit, Lact. 1, 17, 7. – ingens semivir (v. Priester der Cybele), Iuven. 6, 513: praecedit cavernas Basternarum ordo semivirorum (Eunuchen), Hieron. epist. 22, 16. – **2 unmännlich, weibisch, a** übh.: comitatus, Verg. Aen. 4, 215. Lact. 1, 10, 9: semivir Phryx, Verg. Aen. 12, 99. Stat. Ach. 2, 363. – **b** v. den *pathici,* Liv. 33, 28, 7 (§ 2 molles viri u. § 5 obsceni viri gen.): impure ac semivir, Lucan. 8, 552.

sēmi-vīvus, a, um, **halblebendig, halbtot, halb abgestorben, I** eig., Cic. u. a. – **II** bildl.: mercennariorum voces, halb erstorbene (= matte) Stimmen, Cic. Sest. 126.

sēmi-vōcālis, e, **I halb ertönend, halb-, ziemlich der menschlichen Stimme nahekommend,** instrumentum rusticum, ist dreifach, vocale, Sklaven, semivocale, Rinder usw., mutum, Wagen usw., nach Varro r. r. 1, 17, 1: so auch signum militare dreifach, vocale, Worte, semivocale, Trompete, Horn usw., mutum *i.e.* vexilla, nach Veget. mil. 3, 5. – **II den Vokalen nahekommend,** subst., sēmivōcālēs, ium, *f.* (*sc.* litterae), die Buchstaben, die in der Aussprache mit einem Vokal anfangen (als F, L, M, N, R, S, X), **Halbvokale,** Quint. 1, 4, 6 u. 1, 7, 14.

sēmi-vocus, a, um (semi u. vox), **mit halber Stimme gesprochen, nur gelallt,** verba, Augustin. serm. 151, 3 Mai.

sēmi-volucer, cris, cre, **halbgeflügelt,** puellae, Sirenen, Symm. epist. 1, 47. § 1.

sēmivulsus, a, um (semi u. vello), **halbzerrupft (zerfetzt),** vittae, Mart. Cap. 1. § 10.

sēmizōnārius, iī, *m.*, s. sēmisōnārius.

Semnonēs, um, *m.*, eine germanische Völkerschaft zwischen der Elbe und der Weichsel, Vell. 2, 106, 2. Tac. Germ. 39.

Sēmo, ōnis, *m.* (nach Mommsen von se u. homo), der **Nichtmensch,** die **Gottheit** (Halbgott od. Gott), Carmen fratr. arv. im CIL 1, 28 (wo archaist. Plur. Semunes, Simunes); vgl. Mart. Cap. 2. § 156. Fulg. expos. serm. ant. 11. p. 115, 5 u. 9 H. – gew. Beiwort des Sancus, s. d.

sēmodiālis, e (semodius), **einen halben römischen Scheffel** (modius) **in sich enthaltend,** placenta, Cato r. r. 76, 5: olla, Marc. Emp. 36.

sēmodius, iī, *m.* (semi u. modius), der **halbe Modius** (röm. Scheffel), Scriptt. r. r. u. a.: sem. margaritarum, Varro fr. – Nbf. sēmimodius, Metrol. scriptt. Lat. p. 145, 17 *Hultsch.*

semol, s. simul.

Sēmōnia, ae, *f.* (Stamm se, wov. semen, sero), die **Saatgöttin** der Römer, Macr. sat. 1, 16, 8.

sēmōtē, *Adv.* (semotus), **abgesondert, besonders,** Marc. Emp. 20.

sēmōtim, *Adv.* (semotus), **abgesondert, besonders,** Th. Prisc. 4, 1.

sēmōtio, ōnis, *f.* (semoveo), die **Abgeschiedenheit,** villatica, Fulg. myth. 1, 6. p. 4, 13 H.

sēmōtus, a, um, *PAdi.* (v. semoveo), **entfernt, entlegen, I** eig.: locus a militibus semotus, Caes.: semotae partes urbis, Auct. b. Alex. – *neutr. pl.* subst., longe semota tuemur, Lucr.: quae terris semota videt, Hor. – **II** übtr.: **a entfernt** = **fern** von etw., **ohne** etw., semotus a curis, Lucr.: curā semotus metuque, Lucr. – **b entfernt** von usw. = **verschieden** von usw. (vgl. Bünem. Lact. 5, 15, 7), divûm natura semota a nostris rebus seiunctaque longe, Lucr.: quae merita quam longe ab immortalitate semota, Lact.: nihil a sapientis ratione semotius, Lact. – **c** von der Öffentlichkeit entfernt = **vertraulich,** arcana semotae dictionis (Unterredungen), Tac. dial. 2.

sē-moveo, mōvī, mōtum, ere, **beiseite schaffen, absondern, entfernen, I** eig.: vos semotae; nos soli, Ter. Andr. 285: qui antea voce praeconis a liberis semovebantur, tuis ludis non voce, sed manu liberos a se segregabant, Cic. de har. resp. 26. – **II** übtr., **absondern, ausschließen, beseitigen,** verba, Cic.: voluptatem, Cic.: ceterorum sententias, Cic.: Strato ab ea disciplina omnino semovendus est, ist gar nicht zu dieser Schule zu rechnen, Cic. – ► sēmōtus als *PAdi.* s. bes.

semper, *Adv.* (von sem = ἕν, u. *per*), **ein für alle Mal,** d. i. **I allezeit, jederzeit, stets, jedesmal, regelmäßig, immer,** Ter., Cic. u. a.: vento semper (jedesmal) rubet aurea Phoebe, Verg.: id hodie quoque publice semper (regelmäßig) refectum manet, Liv. – bei Substst. attrib., etwa deutsch **immerwährend, beständig,** eri semper lenitas, Ter.: Hasdrubal pacis semper auctor, Liv. – **II von jeher,** Plaut., Cic. u. a.

semperflōrium, iī, *n.* (semper u. flos), das **Immergrün, Hauslaub,** Ps. Apul. herb. 123.

semperum, *Adv.* = semper, Iordan. Get. 48, 249 u. 251.

semper-vīvus, a, um, **immerlebend,** semperviva herba, Apul., u. subst. bl. semperviva, ae, *f.*, Pallad., u. sempervīvum, i, *n.*, Plin., das Immergrün, Hauslaub, die Hauswurz.

sempiternē, *Adv.* (sempiternus), **unaufhörlich, immer, ewig, von Ewigkeit her,** Pacuv. tr. 234. Augustin. conf. 9, 3, 5 u. 11, 7, 9 u. a. Claud. Mam. de statu anim. 1, 3. *no.* 2 *extr.* u. a. Eccl.

sempiternitās, ātis, *f.* (sempiternus), die **Ewigkeit,** Ps. Apul. Ascl. 30. Claud. Mam. de statu anim. 1, 3, 5 u. a.

sempiternō, -num, s. sempiternus.

sempiternus, a, um (semper), **immer fortdauernd, immerwährend, unaufhörlich, ewig** (griech. ἀίδιος), hiemes, Varro: nox, Lact.: tempus, Cic.: cursus stellarum, Cic.: ignis Vestae, Cic.: vincula, Cic.: odia, Cic.: memoria amicitiae nostrae, Cic.: potentia, Tac.: animus, Cic. – *Adv.*, **a** sempiternum, **auf beständig, immer,** Plaut. aul. 147. – **b** sempiternō, **immer, auf immer,** Cato oratt. 1. fr. 5 (bei Charis. 218, 16). Vitr. 1, 5, 3 u. 9, 1 (4), 2. Petron. 45, 6. Solin. 35, 5 u. 40, 19.

Semprōniānus, a, um, s. Semprōnius.

Semprōnius, a, um, Name einer röm. *gens* (mit den patrizischen Familien der Gracchi u. Atratini u. den plebejischen der Blaesi, Longi u. a.), aus der am bekanntesten die Brüder Tib. Sempron. Gracchus u. C. Sempron. Gracchus, Unruhen stiftende, aber tüchtige u. begabte Volkstribunen, die wegen verschiedener, dem Senat missfälliger leges agrariae u. frumentariae auf dessen Veranlassung getötet wurden, Liv. epit. 58 u. 60. Flor. 3, 14 *sq.* Vell. 2, 3 *sqq.* – *Adi.* **sempronisch,** lex, Cic. u. a. – Dav. **Semprōniānus,** a, um, zu Sempronius gehörig, **sempronianisch,** senatusconsultum, des C. Sempronius Rufus, Cic. ep. 12, 29, 2: clades, vom Konsul C. Sempronius Atratinus erlitten, Liv. 4, 43, 2.

semul, s. simul.

sēmūncia, ae, *f.* (semi u. uncia), **I** eine **halbe Unze,** ein **halbes Zwölftel** eines As (as) od. zwölfteiligen Ganzen, ein **Vierundzwanzigstel,** der **vierundzwanzigste Teil, A** eig.: **1** als Münze, Varro LL. 5, 171. – **2** als Maß u. Gewicht: **a** als Feldmaß = 1/24 eines Jucherts (iugeri), Colum, 5, 1, 10 u. a. – **b** als Gewicht = 1/24 **Pfund,** eine **halbe Unze,** auri, Cic. Verr. 4, 57. Liv. 34, 1, 3. Val. Max. 9, 1, 3: semuncia bene plena salis cocti, Colum. 12, 59, 5: piperis semuncia, Apic. 1, 35: staterem, id est semunciam, Boëth. art. geom. p. 426, 6 Fr. – **3** bei Geldangelegenheiten, z. B. Erbschaften, facit heredem ex deunce et semuncia Caecinam, Cic. Caecin. 17: bona eius semunciā venierunt, um 1/24 des Wertes, Ascon. ad Cic. Mil. 34. p. 54 B. – **B** bildl.: brevis semuncia recti, ein ärmliches Quentchen Weisheit, Pers. 5, 121. – **II** übtr., als Gerät der Landwirtschaft, Cato r. r. 10 u. 11. – ▶ Nbf. semiuncia, Metrol. scriptt. Lat. p. 130, 11 u. 134, 11 *Hultsch.*: semiuntia, *ibid.* p. 131, 15 (beide auch sonst als Variante von semuncia).

sēmūnciālis, e (semuncia), **eine halbe Unze schwer,** (uniones) ultra semunciales inventos negant, Solin. 53, 27 *codd. optt.* (Mommsen semiunciales).

sēmūnciārius, a, um (semuncia), **zur halben Unze gehörig,** fenus, 1/24 Prozent monatlich od. 1/2 Prozent jährlich, Liv. 7, 27, 3: asses, eine h. U. schwere, Plin. 33, 46.

sēmūncideūnx, ūncis (semuncia u. deunx), **sieben Achtel** eines As, Metrol. scriptt. Lat. p. 73, 26 u. 74, 1 *Hultsch.*

Semūrius, a, um, **semurisch,** ager, ein zum röm. Stadtgebiet gehöriges Feld, Cic. Phil. 6, 14. Macr. sat. 1, 10, 16.

sēmus, a, um (sem-is), **halbvoll, halbleer,** vasa, Past. Herm. 2, 12, 5 Palat. – übtr., **halbvoll** = nur bis zur Hälfte, nur halb, Boëth. inst. mus. 1, 16 *extr.*: opusculum, Eugen. praef. ad Dracont.

sēmūstulātus u. (in den besten Hdschrn.) **sēmiūstulātus** od. **sēmiūstilātus** u. **sēmūstilātus,** a, um (semi u. ustulo, ustilo), **halb-, halb und halb verbrannt,** Varro sat. Men. 411. Cic. Mil. 33 u. a. Cypr. de laps. 13 *extr.* u. epist. 40.

sēmūstus, a, um, s. sēmiūstus.

Sēna, ae, *f.*, eine Stadt in Umbrien am Adriatischen Meer, wo Livius Salinator den Hasdrubal schlug, j. *Senigaglia,* Liv. 27, 46 *sq.* Eutr. 3, 10: in deren Nähe ein gleichn. Fluss, Sil. 8, 455. Lucan. 2, 407. – Dav. **a Sēnānus,** a, um, **senanisch, bei Sena,** aquae, Cael. Aur. de morb. chron. 2, 1, 48. – **b Sēnēnsis,** e, **senensisch, zu** od. **bei Sena,** populus, Liv.: proelium, Cic.

senāculum, ī, *n.* (v. senatus), das **Beratungsgebäude-,** der **Sitzungssaal des Senates** (συνέδριον), Varro LL. 5, 156. Fest. 347 (a), 22 (vgl. Paul. ex Fest. 337, 12). Liv. 41, 27, 7. Val. Max. 2, 2, 6. – später = **Beratungsgebäude, Sitzungssaal** übh., Lampr. Heliog. 4, 3.

senāpi, s. sināpi.

sēnāriolus, ī, *m.* (*Demin.* v. senarius), der **kleine-, unbedeutende Senar,** Cic. Tusc. 5, 64.

sēnārius, a, um (seni), **aus sechs Dingen bestehend,** numerus, die Sechszahl, Sechs, Macr. u. a.: fistula, deren Blech vor der Krümmung sechs Zoll breit war, Frontin. aqu.: limes, Chalcid. Tim.: sen. versus u. subst. bl. sēnārius, iī, *m.*, ein sechsgliederiger (insgemein jambischer) Vers, ein Sechsfüßler, ein Senar, Cic., Quint. u. a. – nomina, sechs Abwandlungen habende, Prob. inst. 121, 9 K.: forma casuum, Prob. cath. 33, 6 K.

senātor, ōris, *m.* (senex), der **Senator,** ein Mitglied des röm. Senates, der von Romulus aus hundert unter den Vollbürgern (populus) durch Alter, Erfahrung u. Lebensweisheit ausgezeichneten Männern gebildet wurde, zu denen er nach Unterwerfung der Sabiner aus deren edelsten Geschlechtern noch hundert Senatoren hinzugefügt haben soll. Tarquinius der Ältere vermehrte die Zahl der Senatoren um hundert u. nannte diese patres minorum gentium, während die früheren nun patres maiorum gentium hießen. Sulla erhöhte die Zahl der Senatoren auf vierhundert, Cäsar sogar auf neunhundert, während Augustus sie wieder auf sechshundert herabsetzte. – Zu den Erfordernissen, in den Senat gewählt zu werden, gehörte in den früheren Zeiten vor allem, Patrizier zu sein; spätere Ergänzungen geschahen vorzüglich aus dem Ritterstand, der deshalb auch seminarium senatus genannt wurde (Liv. 42, 61, 5). In den früheren Zeiten des Freistaates wurden nur Männer über sechzig Jahre (senes), später weit jüngere aufgenommen. Zur Zeit der Könige hing die Wahl der Senatoren von diesen ab; in der ersten Zeit des Freistaates hatten sie die Konsuln u. Diktatoren, später die Zensoren, und zwar diese bei jedem Lustrum u. zugleich so, dass sie diejenigen Senatoren, deren Ruf irgendwie befleckt war, aus dem Senat stießen. Zur Aufnahme in den Senatorenstand war auch ein bestimmtes Vermögen (census) nötig, das früher 800000 HS, später 1000000 bis 1200000 HS an Wert haben musste, da eine Besoldung nicht gewährt wurde u. der Senator doch standesgemäß leben musste. Indessen gab es auch arme Senatoren (Liv. 2, 16, 7 u. 2, 33, 11). – Die äußeren Ehrenzeichen eines Senators waren ein breiter Purpurstreifen an der Tunika (latus clavus, tunica laticlavia), schwarze Lederschuhe (calcei nigri ex aluta), mit einem C (lanula gen.) mit Elfenbein od. Silber verziert. Außerdem wurden sie in den szenischen Schauspielen später durch besondere, der Orchestra zunächstliegende Plätze geehrt, ebenso in den zirzensischen usw., wo sie dem Schauplatz zunächst saßen, Cic. Clu. 132. Suet. Caes. 80, 2. – übtr., von Mitgliedern einer das allgemeine Beste beratenden Versammlung bei anderen Völkern, wie bei den Nerviern, Caes. b. G. 2, 28, 2: bei den Rhodiern, Cic. de rep. 3, 48: bei den Mazedoniern (σύνεδροι), Liv. 45, 32, 2.

senātōrius, a, um (senator), **zu den Senatoren gehörig, senatorisch,** ordo (Stand), als der oberste in Rom, Cic.: gradus, Cic.: consilium, Richterkollegium, das aus Senatoren besteht, Cic.: census (s.

senātor), Suet.: ius, Plin. ep.: oratio, als Senator (im Senat) gehaltene, Solin. 27, 10. – subst., senātōrius, iī, *m.*, ein Mann von senatorischem Rang, ein **Senator,** Ps. Sall. de rep. 2, 11, 6.

senātrīx, trīcis (Femin. zu senator), die **Senatorin,** Prisc. 4, 40: senatores et senatrices, Vita Caesarii 1, 4, 30.

senātus, ūs, *m.* (senex), **I** der röm. **Senat** (eine Art Staatsrat, als Träger des Volkswillens), bestehend aus durch Alter, Erfahrung u. Lebensweisheit ausgezeichneten Männern (senatores gen., s. senātor), die aus den Geschlechtern der Vollbürger (populus) gewählt wurden u. über das Wohl des Staates zu wachen hatten (also nicht Männer von obrigkeitlicher Würde, magistratus, obgleich außer den senatores auch Magistratspersonen am Senat teilnehmen konnten); den Vorsitz führten anfangs die Könige, später die Konsuln. Seine Versammlungen hielt der Senat an verschiedenen Orten, am häufigsten in der Kurie (curia). – **Besondere Verbindungen:** senatus populusque (Romanus) u. (selten) umgekehrt, s. 1. populus: princeps senatus, der vom Zensor zuerst verlesene Senator, Liv.: in senatum venire, Senator werden, Cic. (vgl. unten): alqm in senatum legere (wählen), Cic. u. Liv.: senatum cooptare, Cic.: alqm senatu movere, aus dem Senat stoßen, Sall. u. a.: so auch alqm de senatu movere, Cic., u. alqm senatu removere, Liv.: alqm ex senatu eicere, Cic.: senatum legere, die Senatoren verlesen, Liv.: so auch senatum recitare, Cic. u. Liv.: senatum vocare, Liv., convocare, Cic., den Senat zusammenberufen: senatus (senati) consultum, ein förmlicher Senatsbeschluss, senatus auctoritas, ein Senatsgutachten (s. auctōritās *no.* I, 3, a, α u. β), Cic. u. a. – von ähnlichen Körperschaften anderer Völker, senatus ac populus Carthaginiensis, Liv. – u. v. anderen Körperschaften, de senatu doctorum excludere, Hieron. epist. 125, 18: cum tamquam senatum philosophorum recitares, Cic. de nat. deor. 1, 94: Aeduos omnem senatum amisisse, Caes.: a seditiosis senatus (zu Gades) trucidatus aut expulsus est, Asin. Poll. in Cic. ep.: scherzh. = hoher Rat, senatum congerronum convocare, Plaut. most. 1049: de re argentaria senatum convocare in corde consiliarium, Plaut. Epid. 159: sibi senatum consili in cor convocare, Plaut. most. 688. – **II** meton.: **A** die **Senatsversammlung, Senatssitzung,** der **Senat,** senatum habere, Cic.: senatum mittere od. dimittere, Cic.: eo die senatus erat futurus, Cic.: in senatum venire, Cic.: senatus frequens, zahlreich, sodass ein Senatsbeschluss zustande kommen konnte, Cic.: datur alci senatus, es bekommt jmd. Audienz beim Senat, Cic., Sall. u. a. – übtr., v. anderen beratenden Versammlungen, deûm, Mart. Cap. 6. § 582: scherzh., redeo in senatum (die hohe Ratsversammlung) rusum, Plaut. mil. 592: frequens senatus poterit nunc haberier, Plaut. mil. 594. – **B** der Ort, wo die Senatoren im Schauspiel sitzen, die **Senatorensitze, -plätze,** in senatu sedere, Suet. Claud. 25, 4: in orchestram senatumque descendere, Suet. Ner. 12, 3. – ► Archaist. Genet. senatuis, G. Fann. bei Charis. 143, 14. Sisenn. hist. fr. 136 (bei Non. 484, 19). Varro u. Nigid. nach Gell. 4, 16, 1: senati, Plaut. Cas. 536; Epid. 189 G. Sisenn. hist. 3. fr. 17 (bei Non. 484, 17) u. 4. fr. 119 (bei Non. 130, 12). Cic. ep. 2, 7, 4 u. 5, 2, 9; ep. ad Brut. 1, 26. Cic. div. in Caecil. 19; de har. resp. 8 u. 14; Phil. 3, 38. Sall. Cat. 30, 3 u. a. SC. bei Cael. in Cic. ep. 8, 8, 6. SC. im CIL 1, 199. lin. 4. CIL 1, 200 u. 547 *sqq.* u. 632. Auson. edyll. 8, 5. p. 17 Schenkl; epist. 16, 19 u. 25, 36 (vgl. Quint. 1, 6, 27. Prob. app. 193, 21): archaist. Genet. senatuos, SC. de Bacch. im CIL 1, 196. lin. 8. 17. 21. 33. – Dat. senatu (s. Gell. 4, 16, 5), Tac. ann. 1, 10 u. a. Capit. Albin. 12, 9: archaist. Abl. senato, Fasti Philoc. 1. Nov. im CIL 1, 1^2. p. 276: Dat. u. Abl. Plur. senatibus, Prisc. 7, 91 (ohne Beleg).

senātūs-consultum, s. senātus.

sene = sine, s. d.

Seneca, ae, *m.*, ein Familienname des annäischen Geschlechtes, unter dem bekannt sind: M. Annaeus Seneca, ein Rhetor aus Korduba im bätischen Hispanien, Quint. 9, 2, 42. – sein (zu Korduba um 2 nach Chr. geborener) Sohn, der berühmte Philosoph L. Annaeus Seneca, Verf. vieler Schriften in Prosa u. in Versen (Tragödien u. Epigramme), Lehrer des Nero, der ihm aber durch Öffnen der Adern im Bad den Tod geben ließ, Quint. 10, 1, 125 *sqq.* Lact. 5, 9, 19. Suet. Ner. 7, 1. Tac. ann. 12, 8 u. a. – Plur. duo Senecae, der Rhetor u. der Philosoph, Mart. 1, 61, 7: u. Senecae, Männer wie Seneka, Boëth. cons. phil. 1, 3. p. 6, 18 *Obb.*

1. **senecio,** ōnis, *m.* (senex), der **Alte,** der **Greis,** Afran. com. 276. – Senecio als röm. Beiname, wie Herennius Senecio, Tac. Agr. 2: Claudius Senecio, Tac. ann. 13, 12: bl. Senecio, Plin. ep. 3, 11, 3.

2. **senecio,** ōnis, *m.*, die auch gerontēa (γεροντεία) u. ērigerōn gen. Pflanze, die **Kreuzwurz,** (ἠριγέρων, *Senecio vulg.*, L.), Plin. 24, 167. Ps. Apul. herb. 75.

senecta, ae, *f.*, s. 1. senectus, a, um.

1. **senectus,** a, um (senex), **alt, bejahrt, I** *adi.*: membra, Lucr.: corpus, Sall. fr.: aetas, das (hohe) Alter, Plaut., Sall. fr. u. a. (s. Arntzen Aur. Vict. epit. 41 *extr.*). – **II** *subst.*, senecta, ae, *f.*, das **(hohe) Alter, Greisenalter: 1** eig., Komik., Catull. u. a. Dicht., Varro LL., Liv. u. nachaug. Pros.: in senecta, im Alter, Ter.: s. extrema, Tac.: vom Alter der Tiere, Verg., Ov. u. Plin.: des Weines, Plin. – **2** meton., **a** = der **Greis,** Sil. 8, 6; u. = die **Greisin,** Augustin. serm. 101, 1 Mai. – **b** die **alte Haut,** die die Schlangen jährlich abwerfen, Plin.: senectam exuere, Plin.

2. **senectūs,** ūtis, *f.* (senex), das **(hohe) Alter, Greisenalter, I** eig. u. meton.: **1** eig., Cic. u. a.: viridis, Plin. ep., cruda viridisque, Verg. u. Tac.: vivere ad summam senectutem, Cic.: ad extremam senectutem non minus dignitate quam gratiā fortunāque crevisse, Nep. – v. Tieren, Verg. u. Plin. – im Bild, v. der Rede, Cic. Brut. 8: plena litteratae senectutis oratio, Cic. Brut. 265. – **2** meton.: **a** abstr.: **α** das **Alter** = das **Finstere des Alters,** die **Finsterkeit,** der **Ernst,** Hor. epod. 13, 5. – **β** die **Trägheit,** Val. Flacc. 6, 283. – **b** konkret: **α** das **Alter** = das **graue Haar,** Verg. Aen. 5, 416. – **β** das **Alter** = die **Greise,** senectus semper agens aliquid, Cic. de sen. 26: Ggstz. adulescentia, Cic. de sen. 48. – **γ** die **unsaubere Gestalt,** Claud. VI. cons. Hon. 535. – **δ** die **alte Haut der Schlangen,** die sie jährlich abwerfen, Plin.: senectutem exuere, Plin. – **II** übtr., das **Alter** einer Sache, die **lange Dauer,** cariosa (*sc.* tabellarum), Ov.: vini, Iuven.

Sēnēnsis, e, s. Sēna.

seneo, ēre (senex; vgl. Charis. 252, 25. Prisc. 9, 49 u. 10, 20), **I alt sein,** Pacuv. tr. 304. Catull. 4, 26. – **II** meton., **kraftlos-, schwach sein,** Pacuv. tr. 275. Acc. tr. 612.

senēsco, senuī, ere (seneo), **I** den Jahren nach **alt werden, ein Greis (ein alter Mann) werden, a** v. Pers.: tacitis senescimus annis, unbemerkt beschleicht uns das Alter, Ov.: Solon significat se cotidie aliquid addiscentem senescere, Val. Max.: senescendum fore tantum terrarum vel sine proelio obeunti, Curt.: puerascere, iuvenescere, senescere, Augustin. in psalm. 38, 10: seclum dictum a sene, quod longissimum spatium senescendorum hominum id putarant, Varro LL. 6, 11. – **b** v. Lebl.: arbores quo magis senescunt, hoc maturius ferunt, Plin. 16, 116. – **II** den Kräften nach **altern, 1** eig.: **a** v. leb. Wesen, **alt und stumpf-, alt und grau werden, verkommen und verkümmern,** senescens equus, Hor.: ne desiderio agni senescant, Varro: v. Pers., otio tam diutino, Liv.: amore habendi, Hor.: quodam inani circa voces studio, Quint.: u. dis hominibusque accusandis, Liv. – **b** v. Lebl., **altern, alt und stumpf werden, allmählich schwinden** od. **eingehen,** arbor hiemali tempore cum luna simul senescens, Cic.: continuā messe senescit ager, Ov.: senescunt vires, Sall. fr. u. Liv.: sensim sine sensu senescit aetas, Cic. – **2** übtr.: **a** übh. an Umfang, Kraft u. Stärke **allmählich abnehmen, hinschwinden, hinwelken, erschlaffen, erlahmen, erkalten, allmählich erlöschen** (Ggstz. crescere), v. lebl. Subjj., prior mensis senescens, Varro LL.: luna senescens (Ggstz. luna crescens), Cic. u. Plin.: hiems senescens, Cic.: smaragdi, uniones senescunt, verlieren die Farbe, erbleichen, Plin.: caseus senescit in salem, geht über, Plin.: senescit coma, geht aus, Domit. bei Suet.: non modo ut incendium non adiutum senesceret, sed oppressum emori posset, Nazar. pan. – v. Abstrakta, senescit laus, Cic.: morbus, Cic.: bellum, Liv.: senescens pugna, Liv.: amor, Ov.: fortuna (Ggstz. floret fortuna), Vell.: senescentibus vitiis, Liv.:

senescere dilatione belli vires suae videbantur, Liv. – **b** der polit. Geltung nach **in Verfall geraten, immer mehr Boden verlieren, an Geltung (Einfluss) mehr und mehr verlieren, nicht aufkommen können,** prope senescente Graeciā, Cic.: senescit civitas otio, Liv.: senescit Hannibalis vis, Liv.: senescit cum viribus maiestas, Liv.: Atheniensium male gestis in Sicilia rebus opes senescere, Nep.

senex, senis, *Compar.* senior, *neutr.* senius, Genet. seniōris (altind. *sána-s,* griech. ἕνος, gotisch *sincix*), **alt, bejahrt, I** *adi.*: **a** eig., v. Pers., servus, Cato: miles, Ov.: amica, Papin. poët. fr.: mulier, Ter.: senex puer (= παιδογέρων), ein kindischer Greis, Chalcid. Tim. 209: alius senior est, alius iuvenior, Sen.: senem fieri, altern, Cic. u. Sen. rhet. – v. Tieren, cervus, Ov.: muli, Apul.: sus, Petron. – v. Lebl., anni seniores, Ov.: vis est senior quam etc., Cic.: senes autumni, alte (reife) Herbstfrüchte, Mart.: senibus saeclis, in späten Jahrhunderten, Ps. Verg. Cir. 40. – **b** bildl., **reif,** senior, ut ita dicam, quam illa aetas ferebat, oratio, Cic. Brut. 160. – **II** *subst.*: **a** *masc.*, der **Alte,** der **Greis,** ein Mann über 60 Jahre alt (Ggstz. puer, adulescens, iuvenis), hingegen senior, ein Mann von 45 bis 60 Jahren, Cic. u. a.: doch senex auch zuw. hyperbolisch für Leute von 45 bis 60 Jahren, wie unser **Alter,** Hor. u. Liv.: so auch seniores patrum (Ggstz. iuniores), Liv. – **b** *fem.*, die **Alte,** Tibull. 1, 6, 82. Val. Flacc. 1, 349: iuvenes senesque, Junge u. Alte, Stat. Theb. 5, 149. – ► Urspr. Genet. senicis, Plaut. fr. b. Prisc. 3, 38 u. 6, 94. – Kompar. senicior, Not. Tir. 54, 19 (neben senior 54, 18).

sēnī, ae, a (sex), **I je (jeder, jedem) sechs,** bei Einteilungen, Liv. u. a.: tribuni militum seni deni, zu 16, Liv.: pueri annorum senûm septenûmque denûm, von 16 bis 17 Jahren, Cic. – **II sechs** auf einmal, **sechs** zusammen, sena vellera, Ov.: so auch bis seni dies, 12 Tage, Verg.: bis seni anni, 12 Jahre, Stat.: latitudo pedum senûm denûm, Vitr. – Sing. sēnus, a, um, seno pede, Stat. silv. 5, 3, 92 u. in den Verbindgg.: bis senus, a, um, **zweimal sechs, zwölffach,** labor, Sen. poët.: Plur., dies, Stat. Theb. 3, 574.

Seniae balneae, ārum, *f.*, ein Bad in Rom, Cic. Cael. 62.

senica, ae, *f.* (*senicus, woraus senex), die **Alte,** das **alte Weib,** Pompon. com. 111 u. 131.

seniculus, ī, *m.* (*Demin.* v. *senicus, wov. senica u. senex), das **alte Männchen,** Apul. met. 1, 25.

senīlis, e (senex), **zu den Greisen gehörig, greisenhaft, eines Greises, der Greise, Greisen-,** prudentia, Cic.: statua incurva, Cic.: anni, Ov. u. Cael. Aur.: aetas, Greisenalter (= die Greise), Cael. Aur. u. Th. Prisc.: turpe senilis amor, Ov.: ulcera senilia, Plin.: seniles partes iuveni mandare, Hor.: stultitia, Cic.: animus, Liv.: adoptio, von einem Greis herrührend, Tac.: s. illud facinus, das böse alte Weib, Apul.

senīliter, *Adv.* (senilis), **nach Art alter Leute,** tremere, Quint. 1, 11, 1.

sēnio, ōnis, *m.* (seni), die **Sechs,** als Würfelzahl (vgl. Isid. orig. 18, 65), Mart. 13, 1, 6. Pers. 3, 48: senionem mittere, eine Sechs (= sechs Augen) werfen, Aug. b. Suet. Aug. 71, 2.

senior, s. senex.

sēni-pēs, pedis, **sechsfüßig, senarisch,** von Versen, stilus, Sidon. carm. 12, 10 u. 23, 130.

senium, iī, *n.* (senex), das **(hohe) Alter,** die **Betagtheit** als **Altersschwäche, Entkräftung, I** eig. u. übtr.: **a** eig.: senium et orbitas principis, Tac.: omni morbo seniove carere, Cic.: senio confectus, Suet.: anus quaedam curvata gravi senio, Apul.: curvata senio membra, Tac. – **b** übtr., das **Hinschwinden, Abnehmen, Verfallen,** der **Verfall,** lunae, Plin.: lentae velut tabis, Liv.: senio proficiens vini eius vita, Plin.: famae, Veralten, Schwinden, Stat.: mundus se ipse consumptione et senio alebat sui, Cic.: passus enim est leges istas se tam immodico supplicio situ atque senio emori, als gleichs. vermodert außer Kraft traten u. ausstarben (= gänzlich in Vergessenheit gerieten), Gell. – **II** meton.: **1** abstrakt: **a** das **finstere Wesen, der finstere Ernst,** Camenae, Hor.: morum, Sen. poët. – **b** der **Verdruss,** das **Ärgernis,** id illi senio est, Plaut.: tota civitas confecta senio est, Leidwesen, Cic. – **c** die **Trägheit,** Sen. de ben. 7, 26, 4. Sil. 16, 14. – **2** konkret: **a** der **Alte,** als Schmähwort, te, senium atque insulse sophista, Lucil.: illum, senium, Ter. – ohne gehässigen Nebenbegriff, aequabat senium, Sil. 8, 467. – **b alter Schmutz,** Sil. 3, 20.

senius, iī, *m.*, der **Greis,** Cic. de or. 3, 154 Fr.

Senonēs, um, *m.*, **I** eine Völkerschaft in Gallia Lugdun., mit der Hauptst. Agedincum, j. *Sens,* Caes. b. G. 5, 54, 2 u. a. Iuven. 8, 234. Sil. 4, 160 u. 6, 655: Akk. Plur. *-as,* Amm. 16, 11, 1. Verr. Flacc. bei Fest. 339 (a), 33 (auch Variante bei Caes. b. G. 7, 56, 5). – Sing. Seno, onis, *m.* = ein **Senone,** Hirt. b. G. 8, 30, 1. – **II** eine davon abstammende Völkerschaft in Oberitalien, Liv. 5, 35, 3 u. a. – Dav. **Senonicus,** a, um, **senonisch,** bellum, Gell. 17, 21. § 21.

sēnsātē, *Adv.* (sensatus), **mit Verstand, verständig,** loqui, Vulg. Sirach 13, 27.

sēnsātus, a, um (sensus), **mit Verstand begabt, verständig,** Firm. math. 3, 10; 5, 12. Vulg. 2. paral. 2, 12; Sirach 4, 29; 5, 15 u. ö.

sēnsibilis, e (sentio), **I** passiv = **empfindbar, sinnlich,** vox aëris actu sensibilis auditu (dem G.), Vitr. 5, 3, 6: quicumque voluptatem in summo ponunt, sensibile iudicant bonum, Sen. ep. 124, 2. – subst., sēnsibilia, ium, *n.* (Ggstz. insensibilia), Ps. Apul. Ascl. 19. – **II** aktiv = **mit Empfindung (Gefühl) begabt** (Ggstz. brutus), simulacrum sensibile et intellegens, Lact. 2, 10, 3: ex his enim duobus alterum sensibile est, alterum caret sensu, Lact. 2, 8, 33. – subst., sēnsibile, is, *n.* (Ggstz. brutum), Lact. 7, 4, 12.

sēnsibilitās, ātis, *f.* (sensilibis), **I** die **Empfindbarkeit,** Fulg. contin. Verg. p. 150 M.: corporis, Ps. Sor. qu. medic. 71: carnalis, Isid. qu. in exod. 31, 2. – **II** der **Sinn** der Worte, Non. 173, 14 u. 526, 22.

sēnsibiliter, *Adv.* (sensibilis), **empfindbar durch die Sinne** (Ggstz. intellegibiliter), Augustin. solil. 1, 1, 3. Arnob. 7, 28 u. a. Eccl.

sēnsiculus, ī, *m.* (*Demin.* v. sensus), der **kleine Satz,** das **Sätzchen,** Quint. 8, 5, 14.

sēnsifer, fera, ferum (sensus u. fero), **Empfindung verursachend,** Lucr. 2, 240 u. 272.

sēnsificātor, ōris, *m.* (sensifico), der **Empfindung Erzeugende,** als Erklärung des Sentinus, Augustin. de civ. dei 7, 3.

sēnsifico, āre (sensus u. facio), **mit Empfindung begaben, empfindsam machen,** rupes tonis, Mart. Cap. 9. § 908: corpus, oculum, Claud. Mam. de stat. anim. 1, 17 u. 3, 2: est alia vis non solum, quā vivifico, sed etiam quā sensifico carnem meam, Augustin. conf. 10, 7.

sēnsificus, a, um (sensus u. facio), **Empfindung hervorbringend,** Macr. sat. 7, 9, 20. Th. Prisc. 4. fol. 316^b u. 317^a.

sēnsilis, e (sentio), **empfindbar, sinnlich** (Ggstz. insensilis), Lucr. 2, 888. – subst. sēnsilia, ium, *n.*, **sinnliche Dinge,** Chalcid. Tim. 394 u. 350.

sēnsilocus, a, um (sensus u. loquor), **die Sinne ansprechend, sinnlich,** Non. 186, 10.

sēnsim, *Adv.* (sentio, sensus), **nur** od. **kaum merklich, allgemach, allmählich, unter der Hand, nach und nach, mit Weile** (Ggstz. repente, citato gradu, cursim), sensim sine sensu, allmählich, Cic.: amicitias sensim dissuere (Ggstz. repente praecīdere), Cic.: s. super attollere limen pedes, Plaut.: sensim reprehendi, Nep.: s. recedere, Curt.: temptare animos, Liv.: queri, Phaedr.: pavescere, Gell.

sēnsio, ōnis, *f.* (sentio) = sententia, Gloss. Isid., zweifelh. bei Schol. Bob. ad Cic. pro Sull. 13. p. 367, 4 B.

sēnsuālis, e (sensus), **sinnlich,** Cael. Aur. u. Eccl.

sēnsuālitās, ātis, *f.* (sensualis), die **Empfindsamkeit, Sinnlichkeit,** Tert. de anim. 37 u. 38. Augustin. c. Faust. Manich. 15, 4. Mythogr. Lat. 3, 6. *no.* 14 u. 16.

sēnsuāliter, *Adv.* (sensualis), **sinnlich,** Claud. Mam. de stat. anim. 2, 12.

sēnsus, ūs, *m.* (sentio), **I** das **Wahrnehmen,** die **Wahrnehmung, Beobachtung,** ut (oppidanos) a sensu eius (operis) averteret, Curt. 4, 6 (25), 9: utere igitur argumento tute ipse sensus tui, wähle dir also selbst einen Beweis aus deiner Erfahrung, Cic. de rep. 1, 59. – **II** prägn., die wahrnehmende Kraft, **1** die physische: **a** die **Empfindung,** das **Gefühl,** das **Bewusstsein,** bestiis sensus a natura est datus, Cic.: deus totus est sensus, totus visus, totus auditus, Plin.: illa sensus omnis expertia, empfindungslosen, gefühllosen Dinge, Curt.: s. moriendi, Cic.: parēre sensus, Cic.: voluptatis sensum capere, Cic.

– **b** der **Sinn,** tactus corporis est sensus, Lucr.: quinque sensuum voluptates, Lact.: s. videndi, audiendi, Cic.: sensus oculorum atque aurium, Sen.: sensus oculorum atque aurium hebetes, Liv.: res subiectae sensibus, Cic.: narium sensum commulcere, Arnob. – **c** das **Bewusstsein** = die **Besinnung,** im Plur. – die **Sinne,** omnem sensum alci excutere, Curt.: omnes sensus alci eripere, Catull.: a mero redeunt in pectora sensus, Ov.: sensus vincuntur mero, Curt. – **2** die moralische: **a** der **Sinn,** das **Gefühl,** s. amoris, amandi, diligendi, Cic.: s. humanitatis: absol., ut (oratio) sensus, ut doloris habeat, quantum opus sit, dass sie das nötige Ethos u. Pathos habe, Cic.: dah. im Plur. = die **Empfindungen, Gefühle,** die wir hegen, verba, quibus voces sensusque notarent, Hor.: vultus sensus animi plerumque indicant, Cic. – **b** die **Sinnesart, Denkungsart,** die **Gesinnung, Stimmung,** s. civium, populi, Cic.: non sum tam vestri sensus ignarus atque expers, ut etc., Cic.: erat eodem quo Alcibiades sensu, er war ein Gesinnungsgenosse des Alc., Nep.: dissidentes suos sensus aperire, Nep. – **3** die geistige, **a** die **Anschauungsweise, Auffassungsweise,** das **Verständnis,** die **Ansicht,** die **Gedanken,** s. communis (allgemein herrschende, gang u. gäbe), Cic. (vgl. *no.* b): s. vulgaris popularisque (des großen Haufens), Cic.: totis castris unus omnium sensus, Curt.: abhorrere a nostris sensibus od. a consuetudine communis sensus, Cic.: quod in communibus hominum sensibus atque ipsā naturā positum atque infixum est, Cic.: dah. das **Verständnis, Urteil,** der **Geschmack** für etw., omnibus sensibus orbus, Vell.: in his rebus aliquem sensum habere, Cic. – **b** das geistige **Wahrnehmungsvermögen,** die **Denkkraft,** der **Verstand,** celer sensu, Vell.: s. rudis et inconditus, Cic.: s. communis, allen Menschen gemeinsamer, gesunder Menschenverstand, verständiger Sinn, Hor., Phaedr. u. Sen. (vgl. *no.* a): ex communibus sensibus ducta oratio (aus den gewöhnlichen Kreisen der Vorstellung), Tac. dial. – **c** meton., der **Inhalt, α** der **Gedanke,** die **Idee** (Ggstz. verbum), sensibus celeber, verbis rudis, Vell.: irrumpunt optimi nonnumquam sensus, Quint. – **β** der einem Wort oder einer Schrift zugrundeliegende **Gedanke,** der **Sinn,** die **Bedeutung,** der **Inhalt,** verbi, Ov.: testamenti, Hor.: verba duos sensus significantia, die zweierlei Sinn haben, Quint: ἀδιανόητα, hoc est, quae verbis aperta occultos sensus habent, Quint.: etsi (ambiguitas) sensum turbare non potest, tamen etc., Quint.: uti non solum sonum nominis spectes, sed sensum, Tert.: sensum validiorem facere, den Sinn verstärken, Serv. – **γ** konkr., der in Worten ausgedrückte **Gedanke,** der **Satz,** die **Periode,** aliqui sensus vehemens et acer, Quint.: sensus toti, quem ad modum coeperunt, desinunt, Quint.: verbo sensum cludere multo optimum est, Quint.: aliter semiplenus est sensus, Serg. in Donat. – ► vulg. Genet. Sing. sensui, Itala (Cant.) act. apost. 20, 19.

sēnsūtus, a, um (sensus) = sensatus, **mit Verstand begabt, verständig,** vir, Itala Sirach 26, 26 (b. Augustin. specul. 33 Mai).

sententia, ae, *f.* (sentio), **I** die **Meinung, Willensmeinung, 1** im Allg., der **Wille, Sinn,** die **Gesinnung,** der **Gedanke,** die **Ansicht,** die **Idee** (dem Ausdruck entgegengesetzt), abundans sententiis, ideenreich, Cic.: sententiam fronte tegere, Cic.: sententiam aperire Cic.: in hac sum sententia, ut etc., Cic.: in sententia manere od. permanere od. perstare, Cic.: alqm de sententia deducere, Cic.: de sententia decedere, Cic.: sententiā od. de sententia desistere, Cic.: sententiam mutare, Cic.: de sententia deici, deterreri, Cic.: si honestatem tueri sententia est, Cic.: sententia stat Hannibali, Liv.: u. bl. stat sententia, Ter.; mit folg. *Infin.,* Liv. u. Ov.: sic stat sententia (als Parenthese), Ov.: sicinest sententia? ist das dein Beschluss? Ter.: quoniam sententiae (Ansicht) atque opinionis (Meinung) meae voluistis esse participes, Cic.: haec sententia vincit, Liv.: ea sententia valuit, Tac. – ex sententia, nach Wunsch, von Herzen, Cic.: de sententia, nach der Meinung, alcis, Cic.: meā sententiā, nach meiner Meinung, Cic. – **2** insbes.: **a** die amtliche **Meinung,** die **Stimme, α** der **Beschlussantrag,** das **Votum,** der Senatoren in der Kurie usw., sententiam dicere, Cic., ferre, Cic., dare, Liv.: in sententiam alcis discedere, jmds. Meinung beipflichten, Liv.: u. so (pedibus) ire in sententiam, Liv.: sententiam referre, vortragen, Cic.: sententiae loco dicere, in der Reihe der Abstimmung, wenn die Reihe, sein Votum abzugeben, an ihn kommt, Sen., Tac. u. Plin. ep. (s. Nipperd. Tac. ann. 14, 42): so pro sententia dicere (seine Stimme dahin abgeben), ut etc., Tac.: ego pro sententia mea hoc censeo, ich gebe meine Stimme dahin ab, Sen.: ex sententia senatus, Cic. – **β** das **Votum,** der **Ausspruch,** das **Urteil,** sententiam dicere, Cic.: sententiam ferre, seine Stimme abgeben, v. Richtern u. v. Volk in den Komitien, Cic.: ubi paris numeri sententiae fuissent, praeponi absolutio damnationi solebat, bei Stimmengleichheit pflegte usw., Augustin. de civ. dei 18, 10: sex sententiis absolutus est, *ibid.:* mares pro Neptuno, feminae pro Minerva tulere sententias (stimmten für M.), et quia una plus inventa est feminarum, Minerva vicit, *ibid.* 18, 9. – de eventu fortuna iudicat, cui de me sententiam non do, ich keine Stimme einräume, Sen. ep. 14, 16. – **b** als Eidesformel: ex animi mei (tui, sui) sententia, **nach meiner wahren Herzensmeinung = nach bestem Wissen und Gewissen, auf mein (dein) Gewissen,** iurare, Cic. u. a. (s. Fabri Liv. 22, 53, 10). – dah. jener Doppelsinn des L. Porcius Nasika, als ihn Kato fragte: ex tui animi sententia (auf dein Gewissen) tu uxorem habes? Non hercle, inquit, ex animi mei sententia (= auf mein Gewissen nicht, aber auch = nicht nach Wunsch), Cic. de or. 2, 260; vgl. Quint. 8, 5 *in.* Gell. 4, 20. § 2 *sqq.* – als Beteuerungsformel übh., me quidem ex animi mei sententia (nach meiner Herzensmeinung = nach meiner innersten Überzeugung) nulla oratio laedere potest, Sall. Iug. 85, 27. – **II** übtr.: **1** abstr.: **a** der **Verstand, Sinn** eines Wortes, der **Begriff,** den man damit verbinden muss, die **Bedeutung,** sub voce sententiam subicere, damit verbinden, Cic.: id habet hanc sententiam, Cic. – **b** der **Inhalt** einer Rede, contionis, Cic.: in hanc sententiam, dieses Inhaltes, folgendermaßen, loqui, respondere, Cic. u. Liv. – **2** konkret: **a** ein in Worten ausgedrückter **Gedanke, Satz,** eine **Periode,** Cic. Phil. 13, 22. Hor. sat. 1, 10, 9. – **b** bes. ein **Denkspruch, denkwürdiger Gedanke,** eine **Sentenz,** ein **Spruch, Kernspruch,** acuta, Cic.: gravis, Cic.: Euripides sententiis densus, Quint. – ► Abl. Sing. sententiad, CIL 1, 196, 21.

sententiālis, e (sententia) = γνωμικός, **in Form und Art einer Sentenz, gnomisch,** Cassiod. de rhet. 13. p. 499, 22 *Halm.* Isid. orig. 2, 9, 11.

sententiāliter, *Adv.* (sententialis), **in Gestalt einer Sentenz, dem Sinn nach,** Tert. de carn. Chr. 18 u. a. Eccl.

sententiola, ae, *f.* (*Demin.* v. sententia), die **kleine Sentenz,** das **Sprüchlein,** Cic. Phil. 3, 21 (Plur.) u. a.

sententiōsē, *Adv.* (sententiosus), **I gedankenvoll, gedankenreich,** dicere, Cic.: oratio graviter et s. habita, Cic. – **II durch Sentenzen, durch witzige Gedanken,** Cic. de or. 2, 286.

sententiōsus, a, um (sententia), **voller** (bes. witziger) **Gedanken, gedankenreich,** genus dictionis, Cic. Brut. 325.

Sentia, ae, *f.* (sentio), die gute Gedanken eingebende Gottheit, Augustin. de civ. dei 4, 11.

senticetum, ī, *n.* (sentis), das **Dorngesträuch,** Apul. flor. 11: in einem Wortspiel, *He.* Nil sentio (ich merke nichts). *Er.* Non enim es in senticeto, eo non sentis, »du bist auch kein Merker (od. nicht aus Merkersheim), deshalb merkst du nichts«, Plaut. capt. 860.

senticōsus, a, um (sentis), **voller Dornen, dornig,** terra solito senticosior futura promittitur, Iulian. b. Augustin. op. imperf. c. Iul. 6, 27: bildl., verba, Afran. com. 1: merces, Apul. flor. 18. p. 30, 22 Kr.

sentifico, āre, s. sēnsifico.

sentīna, ae, *f.* (zu Wz. *sem- schöpfen), **Schiffsbodenwasser, Kielwasser, I** eig.: sentinam exhaurire, Cic.: navium, Plin.: sentinae vitiis conflictari, Caes.: navis, quae sentinam trahit, Wasser zieht, leck wird, Sen.: Romam sicuti in sentinam (Kloake) confluere, Sall. – **II** bildl.: **1** im Allg.: sedebamus in puppi et clavum tenebamus; nunc autem vix est in sentina locus, saßen erst am Hinterschiff u. hatten das Steuer des Staates (waren in großem Ansehen); jetzt aber ist kaum im untersten Schiffsraum Platz (gelten wir so viel wie gar nichts), Cic. ep. 9, 15, 3. – **2** insbes., von pöbelhaften, liederlichen Menschen = der **Auswurf, Abschaum,** die **Hefe,** s. rei publicae exhaurietur, Cic.: urbis, Cic.: sentinam quandam urbis rati exhaustam laetabantur, Liv.: vom liederlichen Tross des Heeres, Val. Max.

sentīnāculum, ī, *n.* (sentino), die **Schaufel, das Bodenwasser eines Schiffes auszuschöpfen,** Paul. Nol. epist. 36, 3.

Sentīnās, s. Sentīnum.

sentīnātor, ōris, *m.* (sentino), der **Ausschöpfer des im Schiff befindlichen Bodenwassers,** Paul. Nol. epist. 36, 12.

sentīno, āre (sentina), **I das in das Schiff gedrungene Wasser ausschöpfen,** Paul. Nol. epist. 36 *in.*: m. *Acc.*, sententia ista est in corde hominis quo modo cadus, unde sentinatur navis in pelago, Augustin. serm. 278, 13. – **II** bildl., **seine Not haben,** Caecil. com. 4. Augustin. serm. 56, 11. Vgl. Fest. 339 (a), 8.

sentīnōsus, a, um (sentina), **voll Bodenwasser,** navis, Cato origg. 2. fr. 31: navigium, Ambros. de exc. fratr. Satyr, 1. § 26.

Sentīnum, ī, *n.*, eine Stadt in Umbrien (Ptolem.). – Nbf. **Sentis,** Gromat. vet. 258, 6. – Dav. **Sentīnās,** ātis, **sentinatisch,** ager, Liv. 10, 27, 1: in Sentinati agro, Liv. 10, 30, 4 u. 31, 12: ex agro Sentinate, Liv. 10, 27, 6: u. bl. in Sentinate, Frontin. strat. 1, 8, 3. – Plur. subst., Sentīnātēs, um, *m.*, die Einw. von Sentinum, die **Sentinaten,** Plin. 3, 114.

Sentinus, ī, *m.* (sentio), die Gottheit, die die Sinne der Neugeborenen weckte u. behütete, Augustin. de civ. dei 7, 2 u. 3. Tert. ad nat. 2, 11.

sentio, sēnsī, sēnsum, īre (wohl zu ahd. *sinnan* = nhd. sinnen), **fühlen, empfinden, wahrnehmen, I** mit den äußeren Sinnen: **1** im Allg.: suavitatem cibi, Cic.: sonitum, Plaut.: odores, Lucr.: dolorem, Lucr.: vitia corporis, Curt.: colorem, sehen, Lucr.: paralysin et morbos articularios, damit behaftet sein, Plin.: sentire alqm, beschlafen werden von jmd., Ov. – Passiv, posse prius ad angustias veniri quam sentiretur, Caes. – m. folg. *Infin.* od. *Acc.* u. *Infin.*, sentire sonare, schallen hören, Lucr.: aperiri fores, Plaut.: ire foras animam, Lucr. – m. *Nom.* des Partiz., sensit medios delapsus in hostes, Verg. Aen. 2, 377: invidiae letali plagā percussi sero sentitis, Apul. met. 4, 34. – absol., nusquam sentio, Plaut.: ita, ut ne vicini quidem sentiant, Cic. – **2** prägn.: **a** etwas (die Wirkung von etwas) zum Nachteil **empfinden, fühlen, spüren, erfahren, kennenlernen** (s. Burmann Petron. 139, 2. *v.* 4), **α** v. Pers.: quod ipse sensisset ad Avaricum, Caes.: quae quisque Persei bello sensisset, Liv.: tecum Philippos et celerem fugam sensi, Hor.: audivere, non sensere arma, Iustin.: primo inopiam, deinde ad ultimum famem sentire coeperunt, Curt.: ceterum quominus damnum sentiret, identidem incremento renovabatur (exercitus), Curt.: semper homines, quantamcumque felicitatem habeant, invidiam tamen sentire maiorem, Curt. – mit dopp. *Acc.*, eo usque (patriam) sensit inimicam, ut etc., Val. Max. 5, 3. ext. 3. p. 241, 19 H. – m. folg. indir. Fragesatz, sentiet, qui vir siem (archaist. = *sim*), Ter.: iam curabo sentiat, quos attentarit, Phaedr. – **β** von lebl. Subjj., vites orbitas vinculi sentiunt, Plin.: gemma ignem non sentiens, Plin.: ora senserat vastationem, Liv.: alnos primum fluvii sensere cavatas, Verg. – **b** für eine Krankheit **empfänglich sein,** von ihr **befallen werden,** morbos, Plin.: radix celeriter cariem sentit, Plin. – **II** geistig **fühlen, 1** eig., **wahrnehmen, merken, sehen, sich (wohl) bewusst sein, wohl wissen, die Überzeugung hegen, einsehen, verstehen,** plus sentire, mehr Einsicht haben, Caes.: quod quidem senserim, soviel ich mir bewusst bin, Cic.: quod nondum sentiebat calamitatem, Curt.: ut mihi quidem sentire (bewusst zu sein) videor, Cic.: mit folg. *Acc.* u. *Infin.*, inepta esse sentio, Ter.: sentit animus se moveri, Cic.: qui sentiebant vera memorari, Curt.: mit folg. indir. Fragesatz, quod sentio (ich mir bewusst bin), quam sit exiguum, Cic.: ex quo fonte hauriam, sentio, Cic.: equus quidem videbatur sentire, quem veheret, Curt.: nec aliter sentire, *quin* mit folg. Konj., er sei überzeugt, dass usw., Caes. b. G. 7, 44, 4: ex nocturno fremitu de profectione eorum senserunt, merkten etwas von ihrem Abzug, Caes. b. G. 5, 32, 1. – *impers.*, non ut dictum est in eo genere intellegitur, sed ut sensum est, man will nicht nach dem Wort, sondern nach dem Sinn verstanden sein, Cic. – **2** übtr., **urteilen, denken, a** übh., die und die **Ansicht-, Gesinnung haben, meinen, dafürhalten, gelten lassen als** usw. (s. Madvig Cic. de fin. 2, 6. p. 147 = p. 146[2]), idem, Cic.: recte, recht denken, Cic.: iocansne an ita sentiens, im Ernst es so meinend, Cic.: humiliter, niedrig denken, niedrige Gesinnung haben, Cic.: de alqo mirabiliter, vortrefflich über jmd. urteilen, -gegen ihn gesinnt sein, Cic.: de dis prava, von den G. verkehrte Begriffe haben, Cic.: cum istis vera, richtige Begriffe haben, Cic.: cum alqo, Cic., od. ab alqo, Plaut., es mit jmd. halten, es mit jmds. Partei halten. – mit dopp. *Acc.*, sich jmd. od. etw. **denken** als usw., **unter** jmd. od. etwas das u. das **sich denken, verstehen,** alqm bonum civem, Cic. de off. 1, 125: voluptatem hanc, quam etc., Cic. de fin. 2, 6: ebenso m. *Acc.* u. *Infin.*, s. Cic. Tusc. 5, 82. – Partiz. subst., sēnsa, ōrum, *n.*, **Gedanken, Vorstellungen,** mentis, Cic.: ut sensa sua dicerent, Quint. – **b** (publiz. u. jurist. *t. t.*) **seine Meinung sagen, -aussprechen, stimmen,** s. lenissime, Cic.: si iudices pro mea causa senserint, zu meinen Gunsten entschieden, Gell. – ► Synk. Perf. sensti, Ter. Andr. 882.

sentis, is, *m.* (zu griech. ξαίνω, ich kratze), der **Dornenstrauch, α** Sing.: sentis canis (κυνόσβατος), Hagebuttenstrauch, Colum. 11, 3, 4. – **β** gew. Plur.: rubi sentesque, Caes.: dumi et sentes, Lact.: densi sentes, Verg.: sentisne (= sentesne) essitas? Plaut. – *gen. fem.*, tenerae fruticum sentes, Ps. Verg. cul. 55: et rubus et sentes tantum modo natae, Ps. Ov. nuc. 113. – scherzh. übtr. v. diebischen Händen, Plaut. Cas. 720.

sentīsco, ere (*Inchoat.* v. sentio), **wahrnehmen, merken,** Lucr. 3, 393; 4, 584.

sentix, ticis, *m.* (sentis), die sonst sentis canis od. cynosbatos gen. Pflanze, der **Hagebuttenstrauch,** Ps. Apul. herb. 87. Isid. orig. 17, 7, 60: sentix ursina = rhamnos (s. d.), Isid. orig. 17, 7, 59.

sentōsus u. **sentuōsus,** a, um (sentis), **voll Dornen, dornig,** sentosae viae, Paul. Nol. carm. 6, 310: sentosa nemorum frutecta, Fulg. myth. 1. praef. p. 6, 7 H.: agri sentosi, Acro Hor. carm. 2, 9, 1 H.: übtr., potestne haec caro insolitis blandimentis illecta non aliquid sentuosum de illo vitiorum fomite germinare? Cassian. coll. 21, 21: stricte et sentuoso brevitatis vinculo, Boëth. in Porphyr. dial. 1. p. 12.

sentus, a, um (sentis), **dornig, rau, holperig, nicht glatt, I** eig., v. Örtl.: loca senta situ, Verg.: loca senta, Ov.: vepres, Prud. – **II** übtr., v. Pers., **ruppig, struppig,** Ter. eun. 236.

sēnus, a, um, s. sēnī.

seorsus, a, um (st. sēvorsus, v. sē u. vorto od. verto), **besonders, von anderen getrennt, abgesondert,** vocabulum, Cato fr.: studia, Auson. – Dav. *Adv.* **seorsus** u. **seorsum** (bei Dicht. zweisilbig), **besonders, abgesondert,** omnibus gratiam habeo et seorsum tibi, Ter.: praeterea centum Philippeae minae in pasceolo seorsus, Plaut.: m. folg. *ab* u. Abl., **in Entfernung, ohne usw.,** seorsum ab rege exercitum ductare, Sall.: quod seorsus a collega puto mihi omnia paranda, ohne Zutun meines K., Cael. in Cic. ep.: seorsum tractandum hoc est ab illo, Rhet. Her.: abs te seorsum cogito, denke anders als du, Plaut.: m. bl. *Abl.*, seorsum corpore, ohne Körper, Lucr. – ► Nbf. sorsum, Lucr. 3, 629 u. 630. Priap. 85, 17.

sē-pār, paris, **abgesondert, getrennt, verschieden,** Nom. separ, Prisc. 5, 14: Abl. separe, Val. Flacc. 5, 58. Prud. apoth. 243: Abl. separi, Solin. 7, 27 M.

sēparābilis, e (separo), **trennbar,** a corpore, Cic. Tusc. 1, 21.

sēparābiliter, *Adv.* (separabilis), **getrennt,** Augustin. serm. 52. § 15 u. 17 u. a.

sēparātē, *Adv.* (separatus), doch nur im *Compar.*, **besonders,** quaedam argumentationes *communiter* et similiter tractabuntur, quaedam *separatius* ad finem adiungentur, Cic. de inv. 2, 156.

sēparātim, *Adv.* (separatus), **besonders, abgesondert** (Ggstz. communiter), separatim semel, iterum cum universis, Cic.: castra s. habebant, Liv.: ut videatur tertius versus s et divise legendus, Gell. – m. folg. *ab* u. Abl., d s. ab universis singulos diligunt, Cic.: nihil s. a reliquis, was die anderen nicht auch betrifft, Cic. – s. dicere de etc., ohne besondere Beziehung (Ggstz. definite d.), Cic. de or. 2, 118.

sēparātio, ōnis, *f.* (separo), die **Absonderung, Trennung** (Ggstz. coniunctio), **I** eig.: distributio partium ac sep., Cic.: animi et corporis in morte, Gell.: animae, Mythogr. Lat.: separationes agrorum, Gromat. 11, 30. – **II** übtr.: sep. criminum, Quint.: nominum idem significantium, Quint.: sui facti ab illa defensione, Cic. – als rhet. Fig. = διακοπή oder διαστολή, die **Trennung,** der **Einschnitt,** wenn zwischen zwei gleiche Wörter ein drittes gesetzt wird (z. B. duc, age, duc ad nos), Iul. Rufin. de schem. lex. § 11.

sēparātīvus, a, um (separo), **trennend, absondernd,** coniunctio, Diom. 418, 26: praepositiones, Prisc. 14, 54.

sēparātor, ōris, *m.* (separo), der **Absonderer, Trenner,** Tert. de praescr. 30. Vulg. Zach. 9, 6 u. a. Eccl.

sēparātrīx, trīcis (Femin. zu separator), die **Absondrerin, Trennerin** (Ggstz. coniunctrix), rerum, Augustin. de trin. 11, 10.

1. sēparātus, a, um, *PAdi.* (v. separo), **abgesondert, getrennt, besonder, verschieden,** volumen, Cic.: exordium, nicht zusammenhängend mit der Sache, Cic.: separatis temporibus, zu verschiedenen Zeiten, Nep. – *Compar.* bei Tert. de anim. 18. Ambros. de Elia 17, 91. Cael. Aur. de morb. chron. 5, 10, 101.

2. sēparātus, ūs, *m.* (separo), die **Absonderung,** Apul. flor. 15. p. 17, 7 Kr.

sēpārius, s. saeparius.

sē-paro, āvī, ātum, āre, **absondern, trennen, I** eig.: **a** *alqm* od. *alqd ab* etc.: a populari consessu senatoria subsellia, Cic. fr.: separandos a cetero exercitu, Curt. – haec ibi latitudo Asiam ab Europa separat, Plin.: xystus, qui porticum a ripa separat, Sen. – **b** *alqd alqā re:* Seston Abydenā separat urbe fretum, Ov. trist. 1, 10, 38: u. so Lucan. 4, 75 u. a. – Pers., natura nos ceteris separatos animalibus sola homines fatetur, Diom. 300, 13 K. – **c** *alqd* ex *alqa re* od. in *alqd:* equitum magno numero ex omni populi summa separato, Cic. – ut corpora illius civitatis separata sint in alias gentes, Vell. – **d** mit bl. *Acc.:* Europam Asiamque separans fretum, Plin.: nec nos mare separat ingens, Ov.: cum (maria) pertenui discrimine separentur, Cic. – **II** bildl., **trennen, besonders vornehmen, a** m. *ab* u. Abl.: a perpetuis suis historiis bella ea, Cic.: suum consilium ab reliquis, einen besonderen Entschluss fassen, Caes. – **b** m. bl. *Acc.:* utilitatem, Cic.: officium dantis testes et refellentis, Quint.: ut idem separetur Cato, ausgenommen werde, Vell. – ► Nbf. separo, ere, wovon Imperat. separe, Stat. Theb. 4, 481.

sepelībilis, e (sepelio), **was sich begraben-,** bildl. **was sich verbergen lässt,** stultitia, Plaut. cist. 62.

sepelio, pelīvī u. peliī, pultum, īre (altind. *saparyáti,* verehrt), einen Toten-, die Gebeine eines Toten **zur Ruhe bringen** (vgl. Plin. 7, 185 *sepultus* intellegitur quoque modo conditus), **I** eig.: **a bestatten, beisetzen, begraben,** mortuum in urbe ne sepelito, XII tabb. fr.: ossa, Ov. – **b verbrennen,** Liv. u. Suet. – **II** bildl.: **1** gleichs. **zu Grabe tragen, begraben = völlig unterdrücken, vernichten** usw., patriam, Cic. u. Prop.: famam, Ov.: bellum, beilegen, Cic. u. Vell.: somnum, vertreiben, Plaut.: dolorem, Cic. u. Prop.: cum Genucio unā mortuam ac sepultam tribuniciam potestatem, Liv.: multa tenens antiqua sepulta, in Vergessenheit Geratenes, Enn. fr. – nullus sum, sepultus sum, es ist aus mit mir, ich bin verloren, Ter. Phorm. 943. – **2** in etwas **begraben, versenken,** vinolentiā sepeliri, Augustin. serm. 391, 2: dah. poet., sepultus, in etwas gleichs. **begraben, versenkt,** somno vinoque sepultus, Verg.: inertia sepulta, schlummernd, lässig, Hor.: custode sepulto, eingeschläfert, Verg. – ► *Perf.* sepulivit, CIL 3, 2326: *Futur.* sepelibis, Auson. epist. 25, 61: *Partic. Perf. Pass.* sepelitus, Cato orat. 12 (b). fr. 3: sepellitus, CIL 8, 4373 u. 13, 1968: saepelitam, CIL 10, 2496. – Synk. Perfektformen, sepeli, Pers. 3, 97: sepelisset, Prop. 1, 17, 19. Lact. de mort. pers. 40, 6: sepelissent, Quint. 8, 5, 16: sepelisse, Aur. Vict. de orig. gent. Rom. 10, 2.

1. sēpēs, pedis (sex u. pes), **sechsfüßig,** Apul. met. 6, 10.

2. sēpēs, s. saepēs.

sephyrus, s. zephyrus.

sēpia, ae, *f.* (σηπία), **I** der **Blackfisch, Tintenfisch** (rein lat. lolligo, w. vgl.), Plaut. rud. 659. Cic. de nat. deor. 2, 127. Colum. 6, 17, 7: saepia geschrieben, Plin. 9, 84 u. 11, 8 D u. M. – **II** meton., Tintenfischsaft zum Schreiben, **Tinte,** Pers. 3, 13.

sēpicula, ae, *f.*, s. saepicula.

sēpīmen, s. saepīmen.

sēpīmentum, s. saepīmentum.

Sēpīnās, Sēpīnum, s. Saepīnum.

sēpio, s. saepio.

sēpiola, ae, *f. (Demin.* v. sepia), das **Tintenfischchen,** Plaut. Cas. 493.

sēpiōticon, ī, *n.* (*σηπιωτικόν), **Tinte** (rein lat. atramentum), übtr. = Schrift, Fulg. myth. 1. praef. p. 19 M. (Helm p. 10, 16 sipnoticon).

Sēplasia, ae, *f.*, ein Straße in Kapua, in der Salben verkauft wurden, Cic. Pis. 24 u. a. Val. Max. 9, 1. ext. 1. Auson. epigr. 123, 4: fraus Seplasiae, in der S. verfälschte Salben, Plin. 34, 108. – Pluralform Sēplasiae, ārum, *f.*, Pompon. com. 160. Varro sat. Men. 38: u. heteroklit. Sēplasia, ōrum, *n.*, Varro sat. Men. 511. Marc. Emp. carm. *v.* 66 (wo Sēplāsia gemessen ist). – Dav.: **A sēplasiārius,** iī, *m.*, der **mit seplasischer Salbe Handelnde,** der **Salbenkrämer,** Lampr. Heliog. 30, 1. CIL 5, 7454 u. 11, 1621: vollst. seplasiarius institor, CIL 6, 3004*. Vgl. Gloss. II, 393, 48 ›seplasiarius, μυροπώλης‹ u. Gloss. II, 182, 20 ›seplasiarius, παντοπώλης‹. – **B sēplasium,** iī, *n.*, **a** = παντοπωλεῖον, die **Salben-** u. übh. **Hökerbude,** Gloss. II, 393, 49. – **b** seplasische **Salbe,** Petron. 76, 6.

sē-pōno, posuī, positum, ere, **beiseite-, besonders** wohin **legen,** zu fernerem Gebrauch **zurücklegen, -aufheben, I** im Allg.: **1** eig., verb. seponere et occultare, seponere et recondere, Cic.: mit Angabe des Zweckes, alqd ad fanum, für den T. (= für die Ausschmückung des T.), Cic.: principes ad pompam, Suet.: captivam pecuniam in aedificationem templi, Liv.: primitias magno Iovi, Ov.: quam ob rem Sibyllam quidem sepositam et conditam habeamus, lassen wir also die S. (= sibyllinischen Bücher) in ihrem Verschluss beiseiteliegen, Cic. – **2** übtr.: **a** übh. **beiseitelegen,** seponamus id, quod primum se obtulerit, Quint. 7, 1, 27: paulum sepositā severitate (die Amtsmiene), Mart. 4, 14, 6. – **b** zu irgendeiner Bestimmung **vorbehalten, aufsparen, in Beschlag nehmen, bestimmen,** ut alius aliam sibi partem, in qua elaboraret, seponeret, Cic.: sibi ad eam rem tempus, Cic.: alci vestem (im Testament), aussetzen, Phaedr.: principatum divi Nervae senectuti, die H. des g. N. (zu schildern) für das höhere Alter aufsparen, Tac.: Aegyptum, Tac.: locus servilibus poenis sepositus, Tac. – **II** insbes.: **A** mit dem Nbbgr. des Absonderns u. Trennens = **absondern, ausscheiden, 1** eig.: de mille sagittis unam, auswählen, Ov. met. 5, 381. – **2** übtr.: **a absondern, trennen,** a ceteris dictionibus eam partem dicendi, quae etc., Cic.: qua de re sepositus est nobis locus, besondere Stelle, Quint. – **b sondern = unterscheiden,** inurbanum lepido dicto, Hor. de art. poët. 273. – **B** mit dem Nbbgr. des Entfernens = **entfernen, fernhalten, 1** eig.: **a** übh.: interesse pugnae imperatorem an seponi (sich fernhalten) melius foret, dubitavere, Tac. hist. 2, 33: quibus sepositis et absentibus in rura sua consulatus ferebantur, fern von Staatsgeschäften u. abwesend, Plin. pan. 57, 4. – **b** als publiz. *t. t.* der Kaiserzeit, **entfernen = verbannen** (vgl. Heräus Tac. hist. 1, 10, 4 u. 1, 88, 1), fratrem, Suet.: alqm a domo sua, Tac.: alqm in civitatem Massiliensem, in insulam, Tac.: alqm Surrentum, Suet. – **2** übtr., **fernhalten,** extra certamen alterum consulatum, aus dem Streit lassen, Liv. 6, 37, 7: graves curas, bannen, Ov. met. 3, 319: questus, Sen. Phaedr. (Hippol.) 404. – ► Synk. Partiz. sepostus, Sil. 8, 376; 17, 280.

sēpositio, ōnis, *f.* (sepono), **I** das **Beiseitelegen,** die **Aufhebung,** sep. ista pecuniae, Veget. mil. 2, 20. p. 54, 9 L^2. – **II** die **Absonderung,** Ulp. dig. 50, 12, 2. § 2.

sēpositus, a, um, *PAdi.* (v. sepono), **I ausgesucht, vortrefflich,** vestis, Staatskleid, Sonntagskleid, Tibull. 2, 5, 8: grex, Mart. 2, 43, 4. – **II entlegen, entfernt,** fons, Prop. 1, 20, 24: gens, Mart. spect. 3, 1: mare, Sen. Med. 335.

1. sēps, sēpis, Akk. sēpa, *c.* (σήψ), **I** eine kleine Art **Eidechsen,** deren Stich das gestochene Glied in Fäulnis setzt, Plin. u. a. – **II** ein Insekt, viell. **Assel, Kellerwurm,** Plin. 20, 12; 29, 136.

2. sēps = saepes, s. d.

sēpse = se ipse, Cic. de rep. 3, 12 (auch angef. bei Sen. ep. 108 32, wo Haase richtig liest sepse, id est se ipse).

sēpta, ōrum, *n.*, s. saeptum.

septagē, s. siptacē.

septātus, a, um, s. saeptātus.

septem, *Num.* (altind. *saptá,* griech. ἑπτά, gotisch u. ahd. *sibun*), **sieben, I** im Allg.: s. milia, Plaut.: s. et decem, Plaut. u. Cic., od. decem et s., Liv., od. decem septemque, Nep.: od. septem decem od. decem septem, Liv. (vgl. Prisc. 18, 172. Fabri u. Müller Liv. 24, 15, 2): s. et viginti, s. et triginta, Cic.: s. et septuaginta, Nep.: septem miracula, die sieben Wunder (Wunderwerke) der Welt, Plin. 36, 30. Val. Max. 4, 6. ext. 1: dies. septem mira, Lact. 3, 24, 2, od. septem spectacula, Vitr. 2, 8, 11, od. septem omnium terrarum spectacula, Gell. 10, 18, 4. – **II** insbes.: **A** septem (οἱ ἑπτά), die **sieben Weisen Griechenlands** (vgl. Cic. de or. 3, 137), Cic. Tusc. 5, 7; de amic. 7 u. 59. – **B** septem stellae = septemtriones, das Gestirn des großen Bären, das **Siebengestirn,** Acc. tr. 566. Sen. Troad. 443 (448). – **C** Septem aquae, die Vereinigung sehr wasserreicher Bäche in der reizenden Berggegend von Reate (j. Rieti), j. der See *Sta. Susanna,* Cic. ad Att. 4, 15, 5.

September, bris, bre, Abl. brī (septem u. Suffix ber), **zur Sieben gehörig, Sieben-, September-, a** mensis September, der siebte, dann (wie bei uns) der neunte Monat des röm. Jahres, der **September,** Cic. u. a.: auch subst. bl. September, bris, *m.*, Varro u. a. – **b** zum Monat September gehörig, **des September,** Kalendae, Nonae, Idus, Cic. u. a.: horae, die (ungesunde) Septemberzeit (= Herbstzeit), Hor.

septemcordis, e (septem u. corda = chorda), **siebensaitig,** cithara, Isid. orig. 3, 21, 4.

septemdecim, *Num.* (septem u. decem), **siebzehn,** Cic. u. a. (seltener als septem et decem u. dgl., s. septem *no.* I).

septemfāriam, *Adv.* (septem u. fari), **siebenfach,** Santra bei Non. 170, 21 (wo Iunius septifariam).

septem-fluus, a, um (fluo), **siebenfach** (in sieben Mündungen) **strömend, siebenarmig,** Nilus, Ov. met. 1, 422: flumina Nili, *ibid.* 15, 753.

septem-geminus, a, um, **siebenfältig,** Nilus, siebenfach (in sieben Mündungen) strömend, Catull. u. Verg.: Roma, siebenhügelige, Stat.

septemmēstris, e (septem u. mensis), **siebenmonatig,** infans, Censor. 8. § 10: partus, *ibid.* 11. § 2.

septem-nerva, ae, *f.* (nervus), die auch plantago maior gen. Pflanze, Ps. Apul. herb. 1.

septem-pedālis, e, **von sieben Fuß** (an Größe), Plaut. Curc. 441.

septemplex, plicis, Abl. plice u. plicī (septem u. *pleco, Simplex zu com-, implico), **siebenfältig,** clipeus = ἑπταβόειον σάκος, aus sieben übereinandergelegten Rinderhäuten bestehend, siebenhäutig, Verg.: Ister, mit sieben Mündungen, Ov.: s. spiritus, Tert. poët. adv. Marc. 4, 128: spiritus sancti gratia, Ambros. de Iacob et vit. beat. 2, 9. § 39: Piraeus Atheniensium portus septemplici muro communitus, Oros. 6, 2, 5.

septempliciter, Adv. (septemplex), **siebenfältig,** Vulg. Isai. 30, 26. Augustin. in psalm. 11, 7 *extr.*

septem-trio (septemptrio, septentrio), ōnis, *m.*, gew. Plur. septemtriones, die **sieben Pflugochsen;** dah. **I** als nördliches Sternbild, der **große Bär,** der **Wagen,** Cic. u. a. – Sing., septemtrio maior, der große Bär, Vitr. 9, 4 (6), 6: septentrio minor, der kleine Bär, Cic. de nat. deor. 2, 111. Vitr. 9, 4 (6), 6: septentriones duo, maior et minor, der große u. kleine Bär, Ampel. 3, 1: gelidissimus septemtrionis axis, der kalte Nordpol, Curt. 7, 3 (12), 7. – **II** meton.: **a** die **mitternächtige Gegend,** der **Norden** (Ggstz. meridies, meridiana regio), **α** Sing.: rigor vicini septentrionis, Tac.: quā (sol) decurrit, meridies; ab adversa parte septemtrio, Mela: quā (terra) vergit ad septemtrionem, Curt.: sinistra (templi pars) ab oriente, dextra ab occasu, antica ad meridiem, postica ad septemtrionem, Varro LL.: septemtrio a Macedonia obicitur, Liv.: a septemtrione (im N.) Nasamones sunt, Curt.: spectare ad septentrionem (von einer Säulenhalle), Vitr.: sub septentrione nasci, Vitr.: in der Tmesis, septem subiecta trioni, Verg. georg. 3, 381: Scythiam septemque trionem horrifer invasit boreas, Ov. met. 1, 64 *sq.* – **β** Plur., neque se septentriones in caelo conmovent, Plaut.: inflectens sol cursum tum ad meridiem, tum ad septemtriones, Cic.: orbis terrae maxime secundum naturam ad meridiem versus et ad septentriones, Varro: eorum una pars vergit ad septemtriones, Caes.: Asia iacet ad meridiem et austrum, Europa ad septemtriones et aquilonem, Varro LL.: Gallia sub septentrionibus posita est, Caes.: *adi.*, sept. venti, Cic. ad Att. 9, 6, 3. – **b** das **Abendland** (Ggstz. oriens), Flor. 3, 5, 21. – **c** der **Nordpol,** Plin. 6, 83. – **d** der **Nordwind,** griech. ἀπαρκτίας (aparctias), Cic., Liv. u. a. – **e** ein weiblicher Schmuck, das **Siebengestirn,** sept. cylindrorum XXXII, CIL 2, 2060.

septemtriōnālis, e (septemtrio), **nördlich, Nord-** (Ggstz. meridianus), pars, Varro: plaga, Sen. u. Lact.: regio, Vitr.: circulus, Vitr.: venti (Ggstz. venti australes), Colum. u. Isid.: gentes (Ggstz. meridianae nationes), Vitr. – subst., **a** Sing., der **Norden,** Visio Pauli 41. – **b** *n. plur.*, septemtriōnālia, ium, *n.*, **nördliche Gegenden,** Plin. u. Tac.

septemtriōnārius, a, um (septemtrio), **nördlich,** ventus, der Nordwind (ἀπαρκτίας), Gell. 2, 22, 15.

septemvīcennis, e (septem, viginti u. annus), **siebenundzwanzigjährig,** CIL 11, 2451.

septem-vir, vir ī, *m.*, im Plur. **septemvirī,** ōrum u. ûm, *m.* (abgek. VIIvir u. VIIviri), die **Sieben-Männer,** ein Kollegium aus sieben Personen zur Verwaltung eines Amtes, **I** der Epulonen, s. 1. epulo *no.* I. – **II** zur Ausmessung u. Verteilung der dem Staat zugefallenen Ländereien an die Kolonisten (vgl. decemvir *no.* IV), Cic. Phil. 5, 21 u. 6, 14 (wo Genet. septemvirûm). – Sing. septemvir, Cic. Phil. 5, 33; ad Att. 15, 19, 2.

septem-virālis, e (abgek. VIIviralis), **zu den Sieben-Männern gehörig, septemviralisch, Septemviral-,** auctoritas, Cic. Phil. 12, 23. – subst., septemvirālēs, ium, *m.*, die **Septemviralen,** Cic. Phil. 13, 26.

septemvirātus, ūs, *m.* (abgek. VIIviratus), das **Amt-,** die **Würde-,** der **Charakter eines** *septemvir,* das **Septemvirat,** Cic. Phil. 2, 99. Plin. ep. 10, 13 (8).

Septemzōdium, s. Septizōnium.

septēnārius, a, um (septeni), **aus sieben bestehend,** numerus, Plin. u. a.: versus, aus sieben Füßen bestehender V., Siebenfüßler, Septenar, Diom. (Plur. subst., tam boni septenarii, Cic.): fistula, deren Durchmesser sieben Quadranten enthält, Frontin.: synthesis, (viell.) Aufsatz von sieben Geschirren, Mart. – absol., primo septenario, in den ersten sieben Kapiteln (od. Büchern), Spart. Anton. Get. 2, 1.

septendecim, s. septemdecim.

septēnī, ae, a (septem), **I sieben,** bei Einteilungen **je (jeder, jedem) sieben,** septenis cyathis committe hos ludos, Plaut.: duo fasces septenos habuere libros, Liv. – Genet. Plur. septenûm, z. B. pueri annorum senûm septenûmque denûm, Cic.: seriae singulae, quae sint amphorûm septenûm, Colum. – **II sieben** auf einmal, **sieben** zusammen, septena fila lyrae, Ov.: dispar septenis fistula cannis, Ov.: bis septeni greges, Sen. poët.: quā septenas temperat unda vias (Mündungen), Prop. – Sing., numerus septenus, die Siebenzahl, Fulg.: septenus Hister, mit sieben Mündungen, Stat.: septena canna, die siebenröhrige Hirtenpfeife, Calp.: septeno gurgite rapidus, Lucan.: non removeri septeno circuitu, Plin.

septennis, s. septuennis.

septennium, s. septuennium.

septentrio, -triōnālis, -triōnārius, s. septem-trio etc.

septēnus, a, um, s. septēnī.

septeresmos, -us, s. septirēmis.

Septiciānus, a, um, zu einem Septicius gehörig, **septicianisch,** libra, von zwölf *unciae* auf neuneinhalb *unciae* herabgesetzt, Mart. 8, 71, 6: so auch argentum, Mart. 4, 88, 3.

septicollis, e (septem u. collis), **siebenhügelig,** arx, v. Rom, Prud. perist. 10, 413.

sēpticus, a, um (σηπτικός), **beizend,** vis, Plin. 27, 105 u. 30, 30.

septidromus, ī, m. (septem u. δρόμος), ein **Kreislauf von sieben Jahren,** Th. Prisc. 4, 3.

septiēs (septiēns), *Adv.* (septem), **a siebenmal,** Liv. u. a.: septiens deciens, Prisc.: septiens milliens sestertium u. bl. septiens milliens, 700 Millionen Sesterze, Cic. – **b zum siebenten Mal,** septies consul, Spart. Hadr. 1, 3: a consulatu suo septies, Amm. 14, 10, 1: usque ad consulatum septies, Cod. Theod. 11, 28, 9.

septifāriam, s. septemfāriam.

septifluus, a, um (septem u. fluo), **siebenarmig,** Lydus, Petron. poët. 133, 3. *v.* 4 B.

septifolium, iī, *n.* (septem u. folium), das **Siebenblatt,** eine Pflanze, Ps. Apul. herb. 115.

septiforis, e (septem u. foris), **sieben Öffnungen habend, siebenlöcherig,** Alcim. Avit. poëm. 1, 83. Sidon. epist. 2, 2, 14.

septifōrmis, e (septem u. forma), **siebenfältig,** Isid. orig. 7, 3, 13. Cypr. test. 1, 20 u. ad Fortun. 11. p. 338, 3 H. u. a. Eccl.

septimānārius, a, um (septimana), **die Wochentage betreffend,** per septimanas et decadas septimanarias, Augustin. serm. 99, 2 Mai.

septimānus (in sehr guten Hdschrn. septumānus), a, um (septimus), **zur Zahl sieben gehörig, sieben betreffend, I** *adi.*: Nonae, die auf den siebten Tag des Monates fallen, Varro LL. u. a.: fetura, Leibesfrucht von sieben Monaten, Arnob. 3, 10: ille septimanus, mit od. nach sieben Monaten geboren, Ambros. epist. 44. § 5. – **II** *subst.*: **A** septimāna, ae, *f.*, **a** die **Woche,** Cod. Theod. 15, 5 *leg. ult.* Vulg. 2. Mach. 12, 31. Plin. Val. 3, 23. Augustin. serm. 99, 2 (vgl. septimanarius). – **b** die **siebente Altersstufe,** Macr. somn. Scip. 1, 6. § 74 u. 76. – **B** septimānī, ōrum, *m.*, die Soldaten der siebenten Legion, die **Siebener, Septimanen,** Plin. 3, 36. Tac. hist. 3, 25.

Septimātrūs, uum, *f.*, **ein Fest, das am siebten Tag nach den** *Idus* **eines Monats gefeiert wird,** vielleicht das Fest der Minerva (sonst Quinquatrus gen.), am siebenten Tage nach den Idus Martiae gefeiert, Varro LL. 6, 14. Fest. 257 (a), 5. Paul. ex Fest. 255, 10.

Septimius, iī, *m.*, Name einer röm. *gens,* aus der bes. bekannt sind: Titius Septimius, ein Dichter und Freund des Horaz, Hor. ep. 1, 9, 1. – Porcius Septimius, Tac. hist. 3, 5. – Septimius Severus, röm. Kaiser, s. 2. Sevērus *no.* b. – *fem.* Septimia b. Cic. ad Att. 16, 11, 1.

septimō, s. septimus.

Septimontiālis, e (Septimontium), **zum Siebenhügel-Fest gehörig,** sacrum, Suet. Dom. 4 Roth: satio fabae, zu der Zeit geschehend, Colum. 2, 10, 8.

Septimontium, iī, *n.* (septem u. mons), **I** die Stätte, auf der später die Stadt Rom stand, der **Umkreis der sieben Hügel,** Varro LL. 5, 41. Fest. 321 (a), 19. Serv. Verg. Aen. 11, 317. – **II** das **Siebenhügel-Fest,** ein Fest zu Rom im Dezember zum Andenken an die Aufnahme der sieben Hügel in den Umkreis der Stadt gefeiert, Varro LL. 6, 24. Tert. de idol. 10. Paul. ex Fest. 341, 2.

Septimulēius, ī, *m.*, Lucius, aus Anagnia gebürtig, der sich das abgeschlagene u. mit Blei ausgefüllte Haupt des C. Gracchus vom Konsul Opimius mit Gold aufwägen ließ, Cic. de or. 2, 269. Val. Max. 9, 4, 3.

septimus (septumus), a, um (septem), der **siebte,** locus, Cic.: mensis, Plaut.: dies, Cic.: annus, Tac.: aestas, Verg.: casus, der Ablativ als Instrumentalis, Abverbialis usw., Quint. u. a. Gramm. – septimus decimus annus, Liv., dies, Vitr.: sententia septima decima, Cic. – subst., septimo (*sc.* die) Idus Apriles, Colum. 11, 2, 32: septimo decimo (verst. die) Cal. Decembris, Colum. 11, 2, 88. – *Adv.*, **a** septimum, **zum siebten Mal,** Cic. u. a. – **b** septimō, **α zum siebten Mal,** Cl. Quadrig. ann. 19. fr. 82 (bei Gell. 10, 1, 3). Vopisc. Florian. 4, 1. – **β siebenmal,** Treb. Poll. Gallien. 17, 4. Vopisc. Tac. 17, 1. – **γ siebtens,** Cassiod. de anim. 12. – **c** die septimi (septumi), Plaut. Pers. 260. – ► Vulg. Nbf. setimus (wov. italien. *settimo*), CIL 8, 9815 (wo setimo [*sc.* die] calendas Acustas [= Augustas]).

septimus-decimus, a, um, s. septimus.

septingēnārius, a, um (septingeni), **aus siebenhundert bestehend,** grex, Varro r. r. 2, 10, 11.

septingēnī, ae, a (septingenti), **je (jeder, jedem) siebenhundert,** Plin. 33, 61.

septingentēnī, ae, a = septingeni, Vulg. 2. Mach. 8, 22. Prisc. de fig. num. § 24. p. 414, 2 K.

septingentēsimus, a, um (septingenti), der **siebenhundertste,** annus, Liv. praef. § 4: anno urbis septingentesimo fere vicesimoque secundo, Aur. Vict. de Caes. 1, 1; vgl. epit. 1, 1.

septingentī, ae, a (septem u. centum), **siebenhundert,** Plaut., Liv. u. a. – subst., septingenta, ōrum, *n.* (*sc.* sestertia), Mart. 7, 10, 7.

septingentiēs, *Adv.* (septingenti), **siebenhundertmal,** Plin. 28, 183 u. a.

septinūba, *f.* (septem u. nubo), **siebenmal verheiratet,** mulier, Iulian. bei Augustin. op. imperf. c. Iul. 6, 30.

sēptio, ōnis, *f.*, s. saeptio.

septipēs, pedis (septem u. pes), **von sieben Fuß** (an Größe), **siebenschuhig,** Sidon. epist. 8, 95. *v.* 34 u. carm. 12, 10.

septirēmis, e (septem u. remus) = ἑπτήρης, **mit sieben Ruderreihen versehen,** navis, der Siebenruderer, Curt. 10, 1 (3), 19: archaist. septeresmos navis, CIL 1, 195. lin. 11: u. septeresmus (ohne navis), CIL 6, 1300.

Septizōnium, iī, *n.* (septem u. zona), ein hohes Gebäude in Rom von uns unbekannter Bauart und Bestimmung, Suet. Tit. 1: ein anderes vom Kaiser Severus erbaut, Spart. Sev. 19, 5 u. 24, 3. Spart. Anton. Get. 7, 2: Septemzōdium gen., Amm. 15, 7, 3.

septuāgēnārius, a, um (septuageni), **aus siebzig bestehend,** homo, siebzigjährig, Callistr. dig. 50, 6, 5. § 7: aetas, Alter von siebzig Jahren, Eutr. 8, 16: fistula, deren Blech vor der Krümmung siebzig Zoll breit war, Frontin. aqu. 56.

septuāgēnī, ae, a (septuaginta), **I siebzig,** bei Einteilungen, **je (jeder, jedem) siebzig,** imae (pyramides) latae pedum quinûm septuagenûm, Plin. 36, 92: fistula septuagenûm quinûm, eine fünfundsiebziger Röhre (= eine Röhre aus einer 75zölligen Platte), Frontin. aqu. 57: septuagenarum librarum compensatione, Cod. Theod. 14, 4, 4. § 1. – **II siebzig** zusammen, -auf einmal, septuagies septuageni (pedes) fiunt, Colum. 5, 2, 7. – ► Sing. septuāgenus, a, um, **je siebzigst,** coitus, Plin. 26, 99.

septuāgēsiēs, s. septuāgiēs.

septūāgēsimus, a, um (septuaginta), der **siebzigste,** Cic. u. a.

septuāgēssis, is, *m.* = septuaginta asses, Prisc. de fig. num. § 31. p. 416, 33 K.

septuāgiēs, *Adv.* (septuaginta), **siebzigmal,** Colum. 5, 2, 7. – Nbf. septuāgēsiēs, Mart. Cap. 7. § 737. Ps. Ascon. ad Cic. I. Verr.. 56. p. 152, 9 B.; aber an beiden Stellen falsche Lesart.

septuāginta, *Numer.* (ἑβδομηκοντα), **siebzig,** Colum.: centum septuaginta, hundertundsiebzig, Cic.: septem et septuaginta, siebenundsiebzig, Nep.: septuaginta et tres, Liv.

septuennis, e (septem u. annus), **siebenjährig,** puer, Plaut. Bacch. 440 u. a. Prud. perist. 10, 656. – Nbf. septennis, Capit. Anton. phil. 21, 3. Lact. de mort. pers. 50, 6.

septuennium, iī, *n.* (septuennis), ein **Zeitraum von sieben Jahren,** Fest. 347 (a), 20. – Andere Form septennium, iī, *n.* (septennis), Vell. 2, 31, 3. Prud. dittoch. 23. Eutr. 9, 22. Firm. de err. prof. rel. 13. Schol. Bern. Verg. georg. 4, 206. Not. Tir. 62, 31.

sēptum, ī, *n.*, s. saeptum.

septumānus, s. septimānus.

septumus, s. septimus.

septūnx, ūncis, *m.* (septem u. uncia), **I sieben Zwölfteile** eines Asses od. zwölfteiligen Ganzen, iugeri, Liv. u. Colum.: auri, sieben Unzen, Liv. – **II** übtr., **sieben Stück** von einer Art, beim Trinken **sieben Gläser,** septunce multo perditus (*i.e. ebrius*) stertit, Mart. 3, 82, 29; vgl. 8, 51, 25.

sēptuōsē, *Adv.* (septum), **verhüllt,** bildl., **dunkel, undeutlich,** Liv. Andr. b. Non. 170, 17 (dagegen *Ribbeck* Pacuv. tr. 5 saeptuosa dictio).

septuplus, a, um (ἑπτάπλους), **siebenfach,** retributio, Augustin. epist. 78, 16: solis lumen, Rufin. Orig. in num. hom. 23, 11. – subst., septuplum, ī, *n.*, das **Siebenfache,** Vulg. Levit. 26, 18 u. 24 u. a. Augustin. serm. 83, 7. Salv. adv. avar. 2, 10, 48. – adv., septuplum, **siebenfach,** argentum purgatum s., Augustin. serm. 50, 11: s. puniri, Vulg. genes. 4, 15.

sēptus, Abl. ū, *m.*, s. saeptus.

sepulchr... s. sepulcr...

sepulcrālis (sepulchrālis), e (sepulcrum, sepulchrum), **zum Grabe gehörig,** arae, Ov. met. 8, 480: fax, Leichenfackel, Ov. her. 2, 120.

sepulcrētum, ī, *n.*, der allgemeine **Begräbnisplatz,** Catull. 59, 2.

sepulcrum (sepulchrum), ī, *n.* (v. sepelio, wie fulcrum v. fulcio), die **Ruhestätte, I** eig. u. übtr.: **1** eig.: **a** die **Grabesstätte, α** das **Grab,** die **Gruft,** monumentum sepulcri, Grabmal, Nep.: monumenta sepulchrorum, Cic.: alqm condere sepulcro, begraben, beerdigen, Verg. u. Ov.: honores sepulcri, Leichenstein, Aufschrift usw., Hor. – **β** der **Grabhügel,** onerare membra sepulchro, Verg. Aen. 10, 558. – **b** der Ort, wo ein Leichnam verbrannt wird, die **Leichenstätte,** ad sepulchrum venimus; in ignem imposita est, Ter. Andr. 128: so auch ara sepulchri, Scheiterhaufen, Verg. Aen. 6, 177. – **2** übtr.: crudele sepulcrum, v. Magen (des Geiers), Enn. ann. 139: s. vetus, v. einem alten Mann, Plaut. Pseud. 412: magnarum rerum magna sepulcra, v. heruntergekommenen Städten, Carm. de quib. urb. 2, 8 (in Poët. Lat. min. ed. *Wernsdorf* tom. 5. part. 3. p. 1353). – **II** meton.: **A** das **Grabmal,** d. i. das Grab samt Denkmal, Leichenstein u. Aufschrift, sepulcrum exstruere, Hor., facere, Cic.: legere sepulchra, die Aufschrift auf den Gr. lesen, Cic.: summam incīdere sepulcro, Hor. – **B** der **Tote,** placatis sepulcris, Ov.: gratum mutis sepulcris, Catull. – ► Akk. als *masc.*, eum sepulcrum, CIL 5, 5415.

sepulio, s. sepelio.

sepulto, āre (*Intens.* v. sepelio), **begraben halten,** Ven. Fort. carm. 8, 6, 167.

sepultor, ōris, *m.* (sepelio), der **Begraber,** corporis, Augustin. trinit. 4, 3: sanctorum corporum, Augustin. in psalm. 78, 6. – bildl., turbinum, Beruhiger, Tert. de anim. 46.

sepultōrium, iī, *n.* (sepelio) = θαπτήριον, der **Begräbnisplatz,** Gloss. II, 326, 31.

sepultūra, ae, *f.* (sepelio), das Zur-Ruhe-Bringen eines Toten, **a** die **Beisetzung, Bestattung** eines Toten, das **Begräbnis,** verb. humatio (Beerdigung) et sepultura, Cic. Tusc. 1, 102: sepulturā alqm afficere, beerdigen, Cic.: locum sepulturae dare, Sulpic. in Cic. ep.: mortes et sepulturae deorum, Cic. de nat. deor. 1, 119. – **b** das **Verbrennen,** Val. Max. 5, 1. ext. 6. Tac. ann. 2, 73; vgl. sepelire u. sepulcrum.

sepultūrārius, a, um (sepultura), **zum Begräbnis gehörig,** fines, Gromat. vet. 303, 12.

sequācitās, ātis, *f.* (sequax), das **leichte Folgen,** die **Folgsamkeit,** Sidon. epist. 4, 11, 3 u. 9, 9, 8. – als astron. *t. t.* = ὑπόλειψις, das **Zurückbleiben** in der Bewegung, Chalcid. Tim. 74.

sequāciter, *Adv.* (sequax), **folgend, folglich, konsequent,** Arnob. 2, 11 u. 47. Augustin. de doctr. christ. 2, 22.

Sēquana, ae, *m.*, ein Hauptfluss Galliens, der nebst der Matrona die Grenze zwischen den Belgiern u. Kelten bildet, j. *Seine,* Caes. b. G. 1, 1, 2. Mela 3, 2, 4 (3. § 20). Plin. 4, 105 u. 109. Amm. 15, 11, 3. Sidon. carm. 5, 209. Ven. Fort. carm. 3, 33, 5 u. 6, 7, 237. – Dav. benannt **Sēquanī,** ōrum, *m.*, die **Sequaner,** eine bedeutende gallische Völkerschaft, begrenzt von der Rhone im Süden, vom Rhein und dem Jura im Osten, den Vogesen im Norden, also in der jetzigen Franche-Comté und in Burgund, Caes. b. G. 1, 2, 3 u. a. Plin. 4, 106. CIL 5, 6887; 13, 1674 u. 13, 5353: Sing. Sequanus, *ibid.* 13, 1983. – u. dav.: **A Sēquanus,** a, um, **sequanisch,** gens, Lucan.: ager, Plin. – **B Sēquanicus,** a, um, **sequanisch,** Mart.

sequāx, ācis, Abl. ācī (sequor), **I leicht** od. **schnell folgend, a** eig.: equus, Ov.: undae, wo eine Welle die andere drängt, eine auf die andere folgt, Verg.: flammae, Verg.: capreae, gern den Weinstöcken nachgehende, gern sie benagende, Verg.: fumus, leicht überallhin dringender, Verg.: hederae, sich gern ausbreitender, Pers.: Latio (= *Latinis*) dant terga sequaci, verfolgend, Verg. – **b** bildl.: mores, Lucr.: curae, den Menschen überall begleitende, Lucr.: scabies s. malum, Gratt. cyn.: sequacia mala, Oros. – subst., der **Anhänger,** m. *Genet.*, Bacchi Venerisque, Manil. 5, 143: Meletii sequaces, Cassiod. hist. eccl. 6, 23: sequaces eorum, *ibid.* 1, 13. – **II** übtr.: **1 biegsam, geschmeidig, nachgiebig,** folglich **leicht zu bearbeiten, a** eig.: lentitia (virgarum salicis), Plin.: materia sequacior, Plin.: v. Pers., atque, ut ita dicam, sequaces sumus, Plin. pan. 45, 5. – **b** bildl., **folgsam, gelehrig,** discipuli, Pacat. pan.: sensus, Auson. – **2** als astron. *t. t.* = ὑπολειπτικός, **gern zurückbleibend,** stella, Chalcid. Tim. 74.

sequēla (in den besten Hdschrn. sequella), ae, *f.* (sequor), **I** die **Folge,** mors sequela morborum, Lact.: per sequelas, Gell. – **II** meton., das was folgt, die **Folge,** iumenta, quorum sequela erat equuleus, ICt.: lixae calonesque et omnis generis sequelae, Frontin. – ► Die Schreibung sequella auch CIL 11, 5749.

sequēns, entis, s. sequor.

sequentia, ae, *f.* (sequens), die **Folge, Reihenfolge,** Boëth. instit. arithm. 1, 10 u. a. Schol. Bob. ad Cic. pro Sest. 6. p. 294, 28 B.: Plur., Boëth. inst. arithm. 1, 23.

sequester, tra, trum u. **sequester,** tris, tre (sequor), **vermittelnd, I** *adi.*: pace sequestrā, durch Vermittelung des Friedens, Verg. Aen. 11, 133. Stat. Theb. 2, 425. – **II** *subst.*: **A** sequester, trī od. tris, *m.*, **a Mittelsperson,** die sich zur Bestechung der Gerichte u. des Volkes gebrauchen ließ, weshalb bei ihr auch das zu Bestechungen zu verwendende Geld niedergelegt wurde, in Sicilia sequester istius, interpres, confector negotiorum, Cic.: venditor et corruptor et sequester, Cic.: quo sequestre in illo iudice corrumpendo dicebatur esse usus, Cic.: candidatus per sequestrem agit, Sen. – bildl., suam pudicitiam sequestrem periurii fieri passi sunt, Belohnung des Meineides, von Richtern, die für sinnlichen Genuss den Klodius lossprachen, Val. Max. 9, 1, 7. – **b Mittelsperson,** bei der das, worüber zwei Personen streiten (Geld usw.), inzwischen in Verwahrsam gelegt wird, nisi das sequestrum, Plaut.: apud sequestrem depositum, Gell. – **c** übh., **Mittelsperson, Vermittler,** pacis, Sil. 6, 347. Lucan. 10, 472: fidei pacisque, Stat. Theb. 7, 542: Menenius Agrippa inter patres ac plebem publicae gratiae sequester fuit, Sen. ad Helv. 12, 5. – **B** sequestra, ae, *f.*, **Mittelsperson,** pacis, Stat.: stupri, Apul. – **C** sequestrum, ī, *n.* od. sequestre, is, *n.*, etwa **Niederlegung einer streitigen Sache bei einer dritten Person,** sequestro (*Dat.*), zur Verwahrung, deponere, niederlegen, Plaut.: dafür steht deponere in sequestri, Ascon., oder in sequestre, ICt.: so auch pecuniam sequestre ponere, ICt. (*al.* in sequestre).

sequestrārius, a, um (sequester), **den Sequester betreffend,** actio, die Klage aus dem Niederlegungskontrakt gegen den Sequester, ICt.

sequestrātim, *Adv.* (sequestro), **abgesondert, getrennt,** Cassian. coll. 19, 4 u. a. Eccl.

sequestrātio, ōnis, *f.* (sequestro), **I** die **Niederlegung des streitigen Geldes,** die **Sequestration,** Cod. Theod. 2, 28, 1. – **II** die **Trennung, Absonderung,** Eccl.

sequestrātor, ōris, *m.* (sequestro), der **Sequestrierer,** bildl., der **Verhinderer, Hemmer,** officiorum, Symm. epist. 8, 53.

sequestrātōrium, iī, *n.* (sequestro), der **Aufbewahrungsort,** Tert. de res. carn. 52 *extr.*

1. **sequestro,** āvī, ātum, āre (sequester), beim Sequester niederlegen; dah. **I aufzuheben geben,** Eccl. – **II absondern, trennen, entfernen, entziehen** (s. Jan Macr. somn. Scip. 1, 5, 6): causam motus ab eo, quod movetur, Macr.: se a rerum publicarum actibus, Macr.: de corporibus eam ... intellectus sequestrat, Macr.: ut ex donativo dimidia pars sequestraretur, Veget. mil.: omni ab infamia vir sequestrandus, Sidon.: caro et olera sequestrata, Treb. Poll. – dah. **zurückweisen, verwerfen,** esto, Gallieni epistula sequestretur, Vopisc. Prob. 6, 5: sequestrari nequit, quin omne quod excellentissimum sit, id etiam videatur esse clarissimum, Boëth. cons. phil. 3, 2. p. 43, 30 *Obb.*

2. **sequestrō,** *Adv.*, s. sequester *no.* II, C.

sequior, *neutr.* sequius, Genet. sequiōris, *Adi. Compar.* (v. 2. secus), eig., was auf das erste od. etw. folgt; dah. **minder gut** = **geringer,**

schlechter, fortuna, Amm. 18, 6, 6: vita frugi an sequior, Ulp. dig. 2, 15, 8. § 11: sexus, das geringere = das weibliche Geschlecht, Apul. met. 7, 8 u. 10, 23.

sequius, *Adv.*, s. 2. secus *no.* II.

sequo, ere, s. sequor ►.

sequor, secūtus sum, sequī, *tr.* u. *intr.* (altind. *sácate,* begleitet, griech. ἕπομαι, Aor. ἑ-σπόμην, St. σεπ), **folgen, nachfolgen, begleiten,** **I** eig. u. übtr.: **A** eig.: **1** im Allg.: **a** v. leb. Wesen: alqm intro, Ter.: Caesarem ex urbe Caes.: alqm (magistratum) in provinciam, Nep.; alcis vestigia, Ov. – absol., i prae, sequar, Ter.: sequere hāc me igitur, Plaut.: sequere hāc me intro, Plaut.: sequere hāc me intro ad Glycerium, Ter. (s. Spengel Ter. Andr. 978): funus interim procedit (setzt sich in Bewegung); sequimor (wir schließen uns an), Ter.: servi sequentes, Hor.: Helvetii cum omnibus suis carris secuti, Caes. – **b** v. lebl. Subjj.: magna multitudo carrorum sequi Gallos consuevit, Caes.: zona bene te secuta, Hor. – **2** insbes.: **a** feindlich **folgen, nachfolgen, verfolgen,** hostes, Caes.: feras, Ov.: hostem vestigiis, Liv.: alqm ferro, Ov.: hostem telo, Tac.: absol., finem sequendi facere, Caes. – **b** einem Ort **nachgehen,** ihn **aufsuchen,** Formias, Cic.: secutae sunt nares vicinitatem oris, haben gesucht die usw., Cic. – **B** übtr.: **a** der Zeit od. Reihe nach **folgen, nachfolgen, erfolgen,** aestatem autumnus sequitur, Enn.: sequitur hunc annum nobilis clade Caudinā pax, Liv.: transacto Punico bello secutum est Macedonicum contra Philippum regem, Eutr.: sequens annus, Hirt. b. Gall.: sequenti tempore, Nep.: sequenti anno, Liv. u. Eutr.: sequenti die, Liv. u. Auct. b. Hisp.: sequenti volumine, Plin.: secuto die, Plin.: secutis temporibus, Tac.: secuta aetas, Plin.: Africanus sequens, der Jüngere, Plin. – tonitrum secuti nimbi, Ov.: lacrimae sunt verba secutae, Ov.: cetera sequentur, Cic.: et quae sequuntur, und so weiter, Cic. – Partiz. subst., **α** sequēns, entis, *n.* = epitheton, das **Folgewort,** nach Quint. 8, 6, 40. – **β** sequentia, ium, *n.*, das **Folgende, Spätere,** Tac. ann. 6, 48. – **b** jmdm. als Besitztum, Erbschaft nachfolgen = **zufallen, zuteil werden,** urbes captae Aetolos sequerentur, Liv.: heredes monumentum ne sequeretur, Hor.: plumbum eum sequetur, ICt.: so in Inschriften, z. B. hic locus, hoc monumentum heredem non sequitur, CIL 14, 1311 u. 1818. Petron. 71, 7. – **c** prägn., **folgen = leicht nachgeben, sich gut herausziehen lassen, gut herausgehen,** herbae sequuntur, Varro: ipse (ramus) volens facilisque sequetur, Verg.: telum non sequitur, Liv.

II bildl.: **1** im Allg., **folgen, nachfolgen, verfolgen,** gloria virtutem tamquam umbra sequitur, Cic. – viam, quae popularis habetur, Cic.: verbum, Cic.: verba ducis, nachsprechen, Val. Flacc.: edictum, die Worte des Erlasses verfolgen, Cic.: dicta sic voce, folgendermaßen verfolgen, beantworten, Verg. – m. *ex* u. Abl., ex eo tempore tantae discordiae secutae sunt, ut etc., Cic.: mit *post* u. Akk., post illas datas litteras secuta est summa contentio de domo, kam es zu einem gewaltigen Kampf über mein Haus, Cic. – **2** insbes.: **a** jmds. Beispiel, Meinung, Ansicht **folgen, Folge leisten, befolgen, beitreten, anhängen,** an jmd. **sich anschließen** (s. Bünem. Lact. 1, 11, 34 u. 2, 17, 11), leges, Cic.: consilium alcis, Cic.: exemplum, Nep.: sententiam alcis (jmds. Vorschlag), Nep.: amicum, Cic.: si senatus sequatur, Cic.: liberi sequuntur patrem, folgen dem Stand des Vaters, Liv. – **b** einer Sache **nachgehen,** etwas **suchen,** einer Sache **Folge leisten,** nach etwas **trachten, streben,** auf etwas **sehen, sein Augenmerk richten,** sich von etwas nicht **trennen können,** an etw. **festhalten,** von etw. **sich leiten lassen,** lites, Ter.: amicitiam Atticorum, Nep.: amicitiam fidemque populi Romani, Cic.: amicitiam Caesaris, sich auf Cäsars Seite schlagen, Caes.: negotia familiaria, Sall. fr.: fortunam magis quam amicitiam, Eutr.: remotum a studiis ambitionis otium et tranquillitatem vitae, wählen, Cic.: commodum alcis, Ter.: video meliora proboque, deteriora sequor, Ov. – **c** in der Rede der Reihe nach **folgen, an die Reihe kommen,** sequitur illa divisio, Cic.: sequitur, ut doceam etc., Cic.: sequitur videre de eo, quod etc., ICt. – **d** einer vorhergehenden Ursache als Wirkung **folgen, erfolgen, die Folge sein,** modo ne summa turpitudo (höchste Grad der Sch.) sequatur, Cic.: poena, quae illud scelus sequeretur, Cic.: m. *ex* u. Abl., an mediocre discrimen opinionis secuturum *ex* hac re putetis? Liv.: *ex* his tristitia sequitur, Sen.: mit *post* u. Akk., poena, quod (weil sie) post peccatum sequitur, Varro LL.: meminit post gloriam invidiam sequi, Sall.: nec tantum sequi gloriae post victoriam quam ignominiae post ruinam, Hieron. – Insbes., logisch **folgen, sich ergeben,** gew. mit *ut* u. Konj., si hoc enuntiatum verum non est, sequitur, ut falsum sit, Cic.: sequitur, ut nihil paeniteat, nihil desit, Cic.: sequitur ergo, ut, quia illa propter hanc causam irascitur nobis, tu mitiges matrem, qui irae eius nos obtulisti, Curt.: nachaug., *inde* et illud sequitur, ut etc., Sen. de ira 2, 25, 1: *unde* sequitur, ut etc., Augustin. op. imperf. c. Iul. 2. *c.* 236 *extr.*: seltener mit folg. *Acc.* u. *Infin.*, nec, si omne enuntiatum aut verum aut falsum est, sequitur ilico esse causas immutabiles, Cic. de fato 28. – **e** prägn., **leicht folgen, sich fügen, von selbst kommen, -gehen, gelingen** (vgl. Spalding u. Bonnell Quint. 10, 2, 26. Thiel Verg. Aen. 12, 912. Gierig Ov. met. 1, 647), verbaque provisam rem non invita sequentur, Hor.: tropus oratorem sequitur, Quint.: non omnia nos ducentes ex Graeco sequuntur, glückt uns, Quint.: quod meae memoriae mediocritatem sequebatur, Quint. – non sufficiunt vires, nec vox nec verba sequuntur, Verg.: non quaesitum esse numerum, sed secutum, Cic.: sequi debet gloria, non appeti, Plin. ep.: quae tum est pulcherrima, cum sequitur, non cum arcessitur, Quint.: ebenso cum sequitur, non cum affectatur, Quint. – ► Archaist. aktive Nbf. sequo, ere, nach Gell. 18, 9, 8. Prisc. 8, 29. – Infin. sequi passiv, Rhet. Her. 3, 5.

sequūris, s. secūris.

1. Sēr, Sēris, *m.* (Σήρ), der **Serer,** Plur. Sēres, um, *m.* (Σῆρες), die **Serer,** eine Völkerschaft im östlichen Asien, und zwar im östlichen Teil der kleinen Bucharei, in der Kotschotei und einem Teil des westl. China, berühmt durch die Bereitung seidenartiger Stoffe, Mela 1, 2, 3 (1. § 11) u. 3, 7, 1 (3. § 60). Plin. 6, 54. Amm. 23, 6, 67 *sq.* Verg. georg. 2, 121: Akk. Seras, Hor. carm. 1, 12, 56. Mela 1, 2, 3 (1. § 11). – Sing. (meist kollektiv) bei Auson. edyll. monos. de hist. 24. p. 137 Schenkl. Sen. Herc. Oet. 667 Leo. – Dav. **Sēricus,** a, um (Σηρικός), **serisch,** ferrum, Plin.: sagitta, Hor. – pulvillus, serisches (seidenes) Kissen, Hor.: vestis, serisches (seidenes) Kleid, -Decke, Plin.: so auch toga, Quint.: carpenta, mit serischen (seidenen) Vorhängen, Prop. – subst., **a** sēricum, ī, *n.*, **serischer-, seidener Stoff,** Solin. u. a.: u. **seidenes Kleid,** Tertull.: Plur., sērica, ōrum, *n.*, **seidene Stoffe, -Kleider,** Prop., Sen. u. a. – **b** sīricae, ārum, *f.*, **seidene Kleider,** CIL 4, 1940. – **c** sēricī (sīricī), ōrum, *m.*, **Seidenhändler,** Salv. de gub. dei 4, 14, 69 (Halm mit *cod B* Syricorum).

2. Ser., Abkürzung von Servius.

1. sera, ae, *f.* (vermutlich zu altindisch *svárु-h,* langes Holzstück, Opferpfosten), der Vorleger, Vorstecker = μοχλός, **I** jede **Latte,** serae transversae, die quer über eine Verzäunung genagelten Latten, Colum. 9, 1, 4. – **II** vorzugsw. der Querbalken zum Verriegeln einer Tür, der **Querriegel,** der zum Verschließen der Tür angelegt und beim Öffnen wieder abgenommen wurde, clavis (Schlüssel) et sera, Sen.: sera firma, Tibull.: centum duris postibus addere seras, Ov.: excutere poste seram, Ov.: demere appositas seras, Ov.

2. sēra, ae, *f.*, s. sērus.

Serāpēum, ī, *n.*, s. Serāpis.

Seraphīn, *plur. indecl.* (hebr. שרפים), die **Seraphim,** eine höhere Engelgattung nach israelitischer Vorstellung, Vulg. Isai. 6, 2 u. 6. Isid. orig. 7, 5, 24. Prud. cath. 4, 5. Ven. Fort. carm. 7, 4 (3), 131.

serāpias, adis, *f.* (Σεραπιάς), die auch orchis gen. Pflanze, Plin. 26, 95. – dies. **serāpion,** iī, *n.*, Ps. Apul. herb. 15.

Serāpicus, a, um, s. Serāpis.

1. Serāpiōn, ōnis, *m.* (Σεραπίων), ein griechischer Eigenname, namentlich ein Schimpfname des P. Kornel. Scipio Nasika, weil er einem schlechten Menschen gleiches Namens ähnlich sah, Cic. ad Att. 6, 1, 17; vgl. Val. Max. 9, 14, 3.

2. serāpion, iī, *n.*, s. serāpias.

Serāpis (Sarāpis), pis u. pidis, *m.* (Σέραπις, gew. Σάραπις), eine hohe

Gottheit, besonders in Ägypten, später auch in Griechenland u. Rom verehrt, Varro LL. 5, 57. Cic. de div. 2, 123. Augustin. de civ. dei 18, 5: Genet. *-pis*, Varro bei Charis. 89, 29 (wo Sar.). Plin. 36, 58. Val. Max. 1, 3, 4. Macr. sat. 1, 20, 18: Genet. *-pidis*, Tac. hist. 4, 81. Spart. Sev. 17, 4 (wo Sar.). Amm. 23, 6, 47. Min. Fel. 2, 4. CIL 6, 570: Dat. *-pi*, Vitr. 1, 7, 1. Hadr. bei Vopisc. Saturn. 8, 2. Apul. met. 11, 9. CIL 6, 573 u. 574; vgl. 6, 353: Dat. *-pidi*, Tac. hist. 4, 84. CIL 6, 402 u. 10, 1593 (wo Sarapidi): Akk. gew. *-pim*, Catull. 10, 26 (wo Sar.). Varro sat. Men. 128. Cic. de nat. deor. 3, 47; Verr. 2, 160. Mart. 9, 29, 6 (Schneidew. *-pin*); selten Akk. *-pem*, Tert. ad nat. 1, 10. Hadr. bei Vopisc. Saturn. 8, 2; u. Akk. *-pidem*, Hadr. bei Vopisc. Saturn. 8, 4. Lact. 1, 21, 22 (neben Serapim). Tert. ad nat. 2, 8: Abl. *-pi*, Macr. sat. 1, 20. § 16: Abl. *-pe*, Tert. ad nat. 1, 10; u. Abl. *-pide*, Suet. Vesp. 7, 2. – Dav.: A **Serāpēum** (Serāpīum), ī, *n*, (Σεραπεῖον), ein **Tempel des Serapis**, Tert. u. a. – B **Sarāpīa**, ōrum, *n.* (Σαραπεῖα, ionisch Σεραπήϊα), das **Serapisfest**, Monol. Colot. April. im CIL 1². p. 280. – C **Serāpicus**, a, um, **serapisch**, cenae, prachtvolle, kostbare, Tert. apol. 39. – ► Bei spät. Dicht. a kurz gemessen, Prud. c. Symm. 2, 531. Mart. Cap. 2. § 191. Paul. Nol. carm. 26, 100.

serārius, a, um (serum), **von Molken lebend**, porcus, Cato r. r. 150, 2.

Serdica, ae, *f.*, Stadt in Niedermösien, j. *Sofia* Eutr. 9, 22, 1. Sulp. Sev. chron. 2, 36, 5: civitas Serdica, CIL 6, 2742.

Serēnātor, ōris, *m.* (sereno), der **Aufheiterer** des Wetters, ein Beiwort Jupiters, Apul. de mund. 37.

serēnē, *Adv.*, doch nur im *Compar.* serēnius (serenus), **heiter, klar**, Augustin. de trin. 8, 3.

serēnifer, fera, ferum (serenum u. fero), **heiteres Wetter bringend**, aquilo, Avien. phaen. 989 u. prognost. 413.

serēnificus, a, um (serenus u. facio), **aufgeheitert, klar**, caelum, CIL 3, 77. Schol. Bern. Verg. georg. 1, 460.

serēniger, gera, gerum (serenus u. gero), **heiteres Wetter bringend**, motus, Anthol. Lat. 389, 4 (1024, 4).

serēnitās, ātis, *f.* (serenus), I die **Heiterkeit**, das **heitere Wetter**, caeli, Cic. u. Sen.: diei solisque, Auct. b. Afr.: serenitas reddita, Liv.: Plur. serenitates (Ggstz. imbres), Colum. 3, 1, 10. – bildl., ser. fortunae, Liv.: oris et vultus, Gell.: mea, Gemütsruhe, Sen. – II ein Titel des Kaisers, **Durchlaucht, Erlaucht**, serenitas tua od. tua serenitas, Capit. Opil. Macrin. 15, 4. Veget. mil. 3, 26 *extr.*: ser. nostra, Cod. Iust. 8, 17, 1. § 1.

serēno, āvī, ātum, āre (serenus), **heiter machen, aufheitern**, I eig.: caelum, Verg.: lux serenans, Cic. poët. – unpers., cum tonat, fulgurat, fulminat, cum serenat (es [= der Himmel] heiter ist), Min. Fel. 32, 4. – II übtr.: nubila animi, Plin.: spem fronte, durch eine heitere Stirn Hoffnung äußern, Verg.: serenatus Phoebus, günstige, Sil.

serēnus, a, um (viell. zu altind. *kšārá-s*, brennend, griech. ξηρός, ξερός, trocken), **heiter, hell, klar** (Ggstz. nubilus), I eig. u. übtr.: 1 eig.: caelum, Cic. u. a.: nox, Verg.: dies (Ggstz. nebulosus), Solin.: pelagus, Verg.: aër, Plin.: tempestas, Enn. fr.: caelum serenius, Mart. – subst., serēnum, ī, *n.*, heiteres Wetter, serenum cum est, Varro: sereno, bei heiterem Wetter (Himmel), Liv. u. (Ggstz. nubilo), Sen. u. Plin.: puro sereno, Suet.: cum serenum atque placidum est, Gell.: Plur., aperta serena, Verg.: nubilo serena succedunt, Sen.: si ab ortu circave surrexit, serena promittunt (so bedeutet das heiteres Wetter), Sen. – 2 übtr.: a **hell, klar, leuchtend**, color, Plin.: aqua, Mart.: vox, Pers. – b aktiv = **heiter machend, heiteres Wetter bringend**, favonius, Plaut. merc. 877 G. – II bildl.: A im Allg., **heiter, ruhig**, frons, Cic.: vita, Lucr.: cumque serenus erit (Augustus), heiter, aufgeräumt, Ov. – B insbes.: 1 **heiter, glücklich**, res, Sil. 8, 546. – 2 Serēnus, a als Titel der Kaiser, **durchlauchtig**, Iuppiter Serenus, vom Kaiser Domitian, Mart: Serenissimo principi, Cod. Theod. – b Serenus, Serena, als Eigenname. So Serenus Sammonicus, Vater u. Sohn, Schriftsteller im dritten Jahrh. n. Chr., von denen der eine (wahrsch. der Sohn) Verfasser einer zwar unwissenschaftlichen, aber gewandt in Hexametern abgefassten Sammlung von Hausmitteln ist, die wir noch besitzen, Macr. sat. 3, 9, 6 u. 3, 16, 6. Spart. Anton. Get. 5, 5: der Sohn, Lampr. Alex. Sev. 30, 2. – Serena, Gemahlin des Stilicho, Schwiegermutter des Kaisers Honorius, von Klaudian in einem besonderen Gedicht besungen.

Sēres, um, *m.*, s. 2. Ser.

1. serēsco, ere (v. serenus), **trocken werden**, Lucr. 1, 306.

2. serēsco, ere (v. serum), **Molken werden**, lac frigore serescit, Plin. 11, 238.

Sergius, a, um, Name einer röm. *gens*, aus der am bekanntesten L. Sergius Catilina, dessen Verschwörung gegen Rom von Cicero unterdrückt wurde. – C. Sergius Orata, ein berüchtigter Weichling. – *Adi.* **sergisch**, olea, Plin.: tribus, Ascon. – Dav. **Sergiānus**, a, um, **sergianisch**, olea, Cato u. Varro.

1. sēria, ae, *f.*, ein großes, weites, längliches irdenes Gefäß, zum Öl, Wein usw., die **Tonne**, das **Fass**, der große **Krug**, Plaut., Scriptt. r. r., Liv. u. a.

2. sēria, ae, *f.*, s. 1. sērius.

3. seria, s. seriēs ►.

sēribibī, ōrum, m. (sero u. bibo), die **Spätzecher**, univeri, Verein der Sp., CIL 4, 581.

sēricablatta, s. sēricoblatta.

sēricārius, a, um (sericum), **zur Seide-, zum seidenen Zeug gehörig, Seiden-**, negotiator, CIL 14, 2793 u. 2812: negotians, CIL 6, 9678 (siricarius). – subst., a sēricārius, (sīricārius), iī, *m.*, der **Seidenhändler, Seidenweber**, CIL 6, 98908 u. 14, 3711. – b sēricāria, ae, *f.*, die **Bewahrerin der Seidenkleider**, eine Sklavin der röm. Damen, CIL 6, 9892 (siricaria).

sēricātus, a, um (sericum), **mit seidenem Stoff bekleidet, in Seidenstoff**, Suet. Cal. 52, 1. Isid. orig. 19, 23, 6.

serichātum, ī, *n.*, eine uns unbekannte Gewürzpflanze, Plin. 12, 99.

sēricoblatta, ae, *f.* (sericus u. blatta), ein **purpurnes, seidenes Kleid**, Cod. Iust. 11, 7, 10. Cod. Theod. 10, 20, 13 (wo Hänel sericablattae).

sericula, ae, *f.*, s. secūricula.

sēricum, ī, *n.*, s. 2. Ser.

Sēricus, a, um, s. 2. Ser.

seriēs, Akk. em, Abl. ē, *f.* (sero, uī etc.), die **Reihe, Reihenfolge, Kette** zusammengefügter, stetig ineinandergreifender Gegenstände, I im Allg.: a eig.: vinculorum, Curt.: iuvenum, Reigen, Tibull. – b bildl.: casuum, Kasusreihe, Varro LL.: causarum, Cic.: rerum, Cic.: ser. rerum et catena, Gell.: ser. rei actae, Quint.: temporis, Ov.: tot annorum, Sen.: innumerabilis annorum, Lact.: omnis temporum, Lact. – II insbes., die **Geschlechtsreihe, Stammreihe**, serie fulcite genus, Prop.: digne vir hāc serie, Ov.: communio nominis ac familiae veteris propinquitatis serie cohaerens, Val. Max.: defici avorum proavorumque serie, Sen. – ► *Genet.* u. *Dat.* bis jetzt nicht nachweisbar. – Nbf. **seria**, ae, *f.*, CIL 7, 39 (wo longa seria annorum).

sērietās, ātis, *f.* (serius, a, um), die **Ernsthaftigkeit, Ernstlichkeit**, Auson. parent. 2, 6. Sidon. carm. 23, 439.

serilia (serillia), um, *n.* (sero, reihen), **Seile**, spartea, Pacuv. tr. 251. Vgl. Verr. Flacc. bei Fest. 340 (b), 33 *sqq.* u. 343 (a), 1 *sqq.*

sēriō, *Adv.*, s. 1. sērius, a, um.

sēriola, ae, *f.* (*Demin.* v. seria), das **Tönnchen**, das **kleine Fass**, der **Krug**, Pers. 4, 29. Pallad. 4, 10, 9.

Serīphos u. **-us**, ī, *f.* (Σέριφος), eine zykladische Insel des Ägäischen Meeres, j. *Serfo* od. *Serfanto*, Form *-os*, Mela 2, 7, 11 (2. § 111). Ov. art. am. 3, 192; met. 5, 251. Tac. ann. 2, 85: Form *-us*, Plin. 4, 66. Sen. ad Helv. 6, 4: Genet., Seriphi (auf S.) natum esse, Cic. de nat. deor. 1, 88. – Dav. **Serīphius**, a, um, **seriphisch**, Plin. – subst., Serīphius, iī, *m.*, ein **Seriphier**, Cic.

seris, idis, Akk. im, Abl. ī, *f.* (σέρις), eine Art **Endivien**, die in Gärten gezogen wurde, Varro r. r. 3, 10. § 5 u. 6. Plin. 20, 73 u. 76 *sq.* u. a.

sērisapia, ae, *f.* (serus u. sapio), **Spätschmecker**, komische Bezeichnung eines Gerichtes, Petron. 56, 8.

sēritās, ātis, *f.* (serus), **späte Ankunft**, epistularum, Symm. epist. 3, 28.

1. sērius, *Adv.*, s. 1. sero unter serus.

2. sērius, a, um (viell. zu ahd. *swāri*, *swār*, schwer), **ernsthaft, ernstlich, ernst**, a v. Lebl.: res, Cic.: ministerium, Val. Max.: verba, Tibull.: dicta (Ggstz. iocosa), Quint.: tempus, Suet.: Ggstz., si autem omnis imitatio non *res* potissimum *seria,* sed quasi *ludus ac iocus est,* Lact. 2, 18, 3. – m. folg. 2. *Supin.*, verba seria dictu, Hor. de art. poët. 107. – subst., sērium, iī, *n.*, der **Ernst** (Ggstz. iocus), Plaut., Quint. u. a.: iocum seriumque participavimus, Fronto: res in serium versa est, man zog die Sache ins Ernste (= legte der Sache einen ernsten, triftigen Grund unter), Curt.: dah. *Abl.* serio, im Ernst, mit Ernst, ernstlich (Ggstz. ioco; vgl. iocus), Komik., Liv. u. a.: serio audire (Ggstz. per ludibrium audire), Liv.: iocari potius quam serio agere, Augustin.: Plur. seria, ernstliche Dinge (Ggstz. ioci u. ioca, lusus et ioci, s. Drak. Liv. 1, 4, 9), in seria iocosque artifex, Iustin.: seria ac iocos celebrare (treiben), Liv.: ioca atque seria cum alqo agere, Sall.: so auch quicum ioca, seria, ut dicitur (*sc.* agimus od. aguntur), v. einem vertrauten Freund, Cic. – **b** v. Pers., Afran. com. 253. Macr. sat. 3, 14, 10.

Sermio, ōnis, *f.*, s. Sirmio.

sermo, ōnis, *m.* (1. sero), die zwischen mehreren gewechselte Rede, die **Unterredung, Unterhaltung,** das **Gespräch** (s. 1. Varro LL. 6, 64), **I** eig.: **A** im Allg.: **a** eig.: iocus, ludus, sermo (Gekose), Plaut.: sermo in circulis, disputationibus, congressionibus familiarium versetur, Cic.: cum in sermone cotidiano, tum in senatu palam sic egit causam tuam, ut etc., Cic.: esse in ore, in sermone omnium, Cic.: memini in eum sermonem illum incīdere, qui tum fere multis erat in ore, Cic.: iucundus mihi est sermo litterarum tuarum, die briefliche Unterredung (Unterhaltung) mit dir, Cic.: sermonem arripere, Cic.: sermonem conferre cum alqo, Cic.: sermonem instituere cum alqo, Cic.: sermones u. alqd sermonibus serere, s. 1. sero *no.* II: texere longos sermones, Plaut.: sermonem quaerere, anfangen zu schwatzen, zu kosen, Ter.: sermonem ordiri, Cic.: oritur sermo de alqa re, Hor.: inde ortus sermo percunctantibus utrimque, Sall. fr.: in istum sermonem delabi, Cic.: sermonem habere cum alqo, Cic.: dare se in sermonem, in die Unterhaltung eintreten, Poët. bei Cic.: se familiariter in eorum sermonem insinuare ac dare, Cic.: longior ab alqo instituitur sermo, Caes.: discumbitur, fit sermo inter eos, Cic.: quaecumque eis rebus de quibus hic sermo est nomina imponis, Cic.: de Alexandrinis esse video sermonem, quem ego non refuto, Cic.: multa ibi totā die in concilio sermonibus iactata erant, war hin u. her besprochen worden, Liv.: abrumpere sermonem, s. ab-rumpo *no.* II, 2, b: interrumpere sermonem, Plaut.: sermonem incīdere (v. einer Frage), Liv.: dabimus sermonem iis, qui etc., wir werden denen etwas zu reden geben, die usw., Cic.: nullā sermonum vice, ohne ein Wort zu wechseln, Amm. – **b** meton., das Gespräch = der **Gegenstand des Gespräches,** filius meus sermo est per urbem, ist das Stadtgespräch, Plaut.: nunc inter eos tu sermo es, Prop.: Cataplus ille Puteolanus, sermo illius temporis, Cic. – **B** insbes.: **1** die **gelehrte Unterredung, Disputation,** der **Dialog,** sermo oritur ab alqa re, Cic.: princeps Crassus eius sermonis ordiendi fuit, Cic.: in sermonem ingredi, teilnehmen an der U., Cic.: vocare alqm in longum sermonem, auffordern zu usw., Cic.: sermonem cum alqo habere de amicitia, Cic.: num sermonem vestrum aliquem diremit noster adventus? Cic.: sermones, quos scripsit (Plato), Gell. – **2** die **gewöhnliche Rede,** die **Umfangssprache,** das **ruhige-, gelassene Gespräch,** der **ruhige-, gelassene Gesprächston** (Ggstz. contentio, s. Rhet. Her. 2, 23. Cic. de off. 1, 132), sermonis plenus orator, Cic.: litigantes a sermone incipiant, ad vociferationem transeant, Sen.: supra modum sermonis attolli, Quint.: vox sermoni proxima, Quint.: scribere sermoni propiora, Hor. – dah. meton.: **a** bei Horaz, seine **Briefe** u. **Satiren,** als dem gewöhnlichen Gesprächston sich annähernde Sprachdarstellungen, im Gegensatz zu dem erhabenen poetischen Ausdruck, Hor. ep. 1, 4, 1 u. 2, 2, 60 (von den Satiren); u. *ibid.* 2, 1, 250 (von den Briefen). – **b** die sich dem Gesprächston annähernde kunstlose **Rede,** ut rursus vaces sermoni, quem apud municipes meos habui, Plin. ep. 1, 8, 2. – **c** übh. gesprochene **Worte,** getane **Äußerung,** hic sermo Abdalonymi, Curt. 4, 1 (4), 26: multi et illustres et ex superiore et ex aequo loco sermones habiti, meine vielen unzweideutigen, auf der Gerichtsbühne u. im gewöhnlichen Leben getanen Äußerungen, Cic. ep. 3, 8, 2. – **3** mit Beziehung auf ein gewisses Objekt, die **Rede** der Menge über etw., das **Gerede,** das **Gerücht,** verb. sermo atque fama, Cic.: vulgi, hominum, Cic.: sermones lacessere, G. hervorrufen, zu G. Veranlassung geben, Cic.: dare sermonem alci, jmdm. zu reden geben, Cic.: ebenso sermones praebere aliis, Liv.: materiam sermonibus praebere, Tac.: ne putet aliquid oratione meā sermonis in sese aut invidiae esse quaesitum, übler Nachrede, Cic. – **II** übtr.: **1** die **Sprache** = die **Sprech-,** die **Rede-, Ausdrucksweise,** der **Ausdruck, a** eig.: s. rusticus (der Bauern), urbanus (der Städter), Liv.: s. proletarius, Plaut., plebeius, Cic.: s. cotidianus, Quint.: s. lenis minimeque pertinax, Cic.: antiquior est huius (Catonis) sermo, Cic.: delicatus, festivus, elegans, Cic.: sermonis elegantia, Cic.: s. tenuis exsanguisque, Cic.: sermonis error, irrtümliche Ausdrucksweise, Cic.: fuit ergo in Catulo sermo Latinus, Cic.: est igitur tropus sermo a naturali et principali significatione translatus ad aliam, Quint. – **b** meton., die besonders gesprochenen oder geschriebenen Worte, der **Ausdruck, Satz,** s. Ulp. dig. 7, 1, 20; 11, 7, 2. § 1. Pompon. dig. 28, 5, 29 u. ö. bei den ICt.: Plur., non possum exprimere sermonibus, ich finde nicht Worte, Min. Fel. 2, 2. – **2** die **Sprache,** die jmd. redet, u. im Ggstz. zu einer anderen die **Mundart,** der **Dialekt,** patrii sermonis egestas, Lucr.: sermone debemus uti, qui natus est nobis, unserer Muttersprache, Cic.; vgl. nativus ille sermo commercio aliarum gentium exolevit, Curt.: sermoni Persarum se dedidit, Nep.: quae philosophi Graeco sermone tractassent, Cic.: sermonem humanum imitari, v. Vögeln, Plin. – lusciniae Graeco atque Latino sermone dociles, Plin. – **3** der **Sprachgebrauch,** rectus, ICt.: vulgi sermone mors significatur, ICt. – ► Das o im Nom. von Natur lang, Lucr. 4, 535. Hor. sat. 1, 10, 23: später verkürzt, Iuven. 6, 193; 8, 39.

sermōcinanter, *Adv.* (sermocinor), **mit Reden, mit Gespräch,** Sidon. epist. 8, 6, 13.

sermōcinātio, ōnis, *f.* (sermocinor), **I** das **Reden, Gespräch,** der **Dialog,** Quint., Gell. u. a. – **II** als Redefigur, die **Einführung eines Redenden,** Rhet. Her. 4, 55 u. bes. 4, 65. Quint. 9, 2, 31. – **III** = die **Sprache,** communis, Arn. 1, 59.

sermōcinātor, ōris, *m.* (sermocinor), der **Schwätzer,** Gloss. II, 579, 35.

sermōcinātrīx, trīcis, *f.* (Femin. zu sermocinator), die **Sich-Unterredende, I** als Übersetzung des griech. προσομιλητική, die Kunst der Unterredung u. des Umganges, Quint. 3, 4, 10. – **II** die **Schwätzerin,** Apul. met. 9, 17.

sermōcino, s. sermōcinor a. E.

sermōcinor, ātus sum, ārī (sermo), **schwatzen, sich unterreden, plaudern, I** im Allg.: consuetudo scribendi aut sermocinandi, Cic.: ut de caritate sit occasio sermocinandi, Augustin.: serm. cum spectatoribus, Cato fr.: serm. cum isto diligenter, Cic.: comoedus sermocinatur, tragoedus vociferatur, Apul.: psittaci sermocinantes, Plin. – **II** insbes., **ein** gelehrtes **Gespräch führen, disputieren,** Suet. Tib. 56. Gell. 5, 21, 1. – ► Akt. Nbf. sermōcino, wov. Infin. Perf. sermocinasse, Isid. orig. 1, 39, 2.

sermōnālis, e (sermo), **redend** (Ggstz. rationalis), deus, Tert. adv. Prax. 5.

sermōnor, ārī (sermo) = sermocinor, Gell. 17, 2, 17. – Nbf. sermōno, āre, CIL 1, 818. col. 1. lin. 3 u. 6.

sermunculus, ī, *m.* (*Demin.* v. sermo), **I** das **böswillige Gerede,** das **Geschwätz, Geklatsch** der Menge, die **Klatschgeschichte,** urbani malevolorum sermunculi, Cic.: sermunculis etiam fabellisque duci, Plin. ep.: sermunculum omnem aut restinguere aut sedare (auf einmal oder nach und nach den Mund stopfen), Cic. – **II** die kleine **Schrift, Rede,** Hieron. epist. 32, 1.

serniōsus, a, um (sernia, serna, sarna, gallisch = die Räude) = petiginosus, **räudig,** Th. Prisc. 1, 12.

1. **sero** (seruī), sertum, ere (zu Wz. *sĕr-*, reihen, knüpfen, griech. εἴρω, ich knüpfe), **fügen, reihen, knüpfen,** Blumen oder andere Dinge, **I** eig., nur im *Partic. Perf.* sertus, a, um, **zusammengefügt, -gereiht,**

-geknüpft, loricae, Kettenpanzer, Ringelharnische, Nep. Iph. 1, 4. – bes. von Blumen u. Kränzen, **geflochten,** corona, Lucan.: flos sertus et solutus, flores serti et soluti, rosa serta et rosa soluta, Apul. – **II** übtr., **reihen, anreihen, anknüpfen, verknüpfen,** fati lege immobilis rerum humanarum ordo seritur, Liv.: causa causam ex aeternitate serens, Cic.: moras serere, San.: fabulam argumento (s. argūmentum *no.* I, b), Liv.: colloquia cum hoste, Liv., colloquia per propinquos popularium, Liv.: orationes populares, Liv.: sermonem, Plaut.: sermones inter se, Liv.: huius similes sermones, Plaut.: sermones in vehiculis, Plin. ep.: haec in castris occultis sermonibus, Liv.: multa inter sese vario sermone, Verg.: bellum ex bello (einen Kr. an den anderen), Sall. fr.: u. so bella ex bellis, Liv. (s. Müller Liv. 2, 18, 10): quid tu porro serere vis negotium? warum willst du die Sache in der Zukunft mit Mühe u. Not verfolgen? Plaut. most. 1100.

2. sero, sēvī, satum, ere (redupl. **si-sō* zu Wz. **se-* [*sēi*], vgl. *sēmen*), **I säen, pflanzen, A** eig. u. übtr.: **1** eig.: adoreum, triticum, Cato: hordeum, Varro LL.: frumenta, Caes.: ut tantum decumae sit, quantum severis, Cic.: conductā tellure serere, auf einem gepachteten Feld säen, ein gepachtetes Feld bebauen, Verg: satae messes, Verg.: arbores serere, pflanzen, Cic. – Partiz. subst., sata, ōrum, *n.*, die Saaten, Pflanzungen, Gewächse, Verg., Liv. u. a.: manu sata, Caes.: verb. sata et arbusta, Sen., sata et animalia, Sen. – Sprichw., mihi istic nec seritur nec metitur, mich geht es nichts an, ich habe weder Nutzen noch Schaden davon, Plaut. Epid. 265. – **2** übtr., **hervorbringen, zeugen,** genus humanum, Cic. – Partiz. satus, a, um, **gezeugt, geboren, entsprossen,** non temere sati et creati sumus, Cic.: matre satus terrā, geboren, Ov.: Anchisā satus, Sohn des Anchises, Verg.: satus Nereide, Sohn der Thetis, Ov.: satae Peliā, Töchter des Pelias, Ov.: stirpe divinā satus, Liv.: de Telamone satus = Aiax Telamonius, Ven. Fort. carm. 6, 12, 44. – **B** bildl., **säen, aussäen, ausstreuen, verbreiten, ins Leben rufen, anstiften, veranlassen, verursachen, erregen,** vulnera, Lucr.: cum patribus certamina, Liv.: causam discordiarum, Suet.: discordias, Liv., bella civilia (v. einem Umstand), Lampr.: crimina, in alqm, Liv.: opinionem mit folg. *Acc.* u. *Infin.*, Iustin.: rumores, Verg.: mentionem, hier u. da Erwähnung tun, Liv.: mores, Cic.: diuturnam rem publicam, Cic. – **II besäen, bepflanzen,** agrum, Ov.: terram panico, Plin.: iugera sunt sata, Cic.

3. sero, āvī, ātum, āre (sera), **I mit einem Riegel versehen, verschließen,** praeda nullo obstaculo serata, Ven. Fort. vit. S. Menard. 6: serare portas hostibus impetum facientibus, Arnob. in psalm. 147: quosdam domorum inclinata fastigia intrinsecus serabant intactos, *Amm. 17, 7, 6 G. – **II** = resero, **aufriegeln, öffnen,** Varro LL. 7, 108. – ► Präsens bei Prob. inst. art. 186, 23 K. Serg. expl. in Donat. 543, 1 K. Eutych. 486, 13 K. – Präs. u. Perf. bei Prisc. 8, 94 u. 10, 41. Consent. 384, 26 K.

4. sērō, *Adv.*, **spät,** s. sērus, a, um.

seror, s. soror ►.

sērōtinus, a, um (sero, spät), **spät, I** als *t. t.* der ökonom. Sprache: **a** = spät kommend, -wachsend, -geschehend, hiems, Plin.: autumnus, Flor. Verg.: pira, Plin.: pulli, Colum. – **b** = spät hervorbringend, rosarium, Colum.: loca, Plin. – **II** = spät etwas tuend, raptor, Sen. contr. 7, 6 (21), 21.

serpēdo, inis, *f.* (serpo), der **Rotlauf,** Isid. orig. 4, 8, 5.

serpēns, entis, *c.* (serpo), das **kriechende Geschöpf, I** die **Schlange, A** eig.: Cic. u. a.: serp. pestifera, Sen.: serp. Epidaurius, Hor.: serpentes caeci, Plin.: serpentes mali, Sen.: serpentes parvulae, Sen.: quaedam serpentes ortae extra aquam, Cic.: serpentis ictus od. morsus, Cels.: serpentium domitor Gell.: serpentium est sibilare, Suet. fr. – **B** übtr., als Sternbild: **1** der **Drache,** am nördlichen Himmel zwischen beiden Bären (sonst Draco u. Anguis gen.), Hyg. astr. 3, 1. Vitr. 9, 4, 5 *sq.* Ov. met. 2, 173. – **2** die **Schlange, a** am nördlichen Himmel, die Schlange, die der Schlangenträger (Anguitenens, Ὀφιοῦχος) in der Hand trägt, selbst von ihr umschlungen, Hyg. astr. 2, 14; 3, 13. Vitr. 9, 4, 4. – **b** am südl. Himmel, die **Wasserschlange;** dah. serpens septentrionalis austrinave, Plin. 2, 93. – **II** das **kriechende Insekt** am menschl. Körper, wie **Laus** usw., Plin. 7, 172. Apul. flor. 15. p. 19, 2 Kr. – ► Der Genet. Plur. in der klass. Prosa nach den besten Hdschrn. regelm. serpentium, bei Dicht. u. Spät. auch serpentum (welche Form Caper 111, 11 K. verwirft), z. B. Verg. Aen. 8, 436 u. 12, 848. Manil. 5, 392. Lucan. 9, 608 u. a. Calp. ecl. 5, 92. Colum. 9, 14, 17. Amm. 22, 15, 25 (aber Sen. ep. 66, 43 Haase serpentium; ebenso Halm bei Val. Max. 1, 6, 8).

serpentāria, ae, *f.* (serpens), die **Schlangenwurzel,** sonst viperina gen., Ps. Apul. herb. 5.

serpentifōrmis, e (serpens u. forma), **wie eine Schlange gestaltet,** Interpr. Iren. 1, 30, 5.

serpentigena, ae, *c.* (serpens u. gigno), von einer Schlange entsprossen, der **Schlangensprössling,** Ov. met. 7, 212.

serpentīnus, a, um (serpens), **von Schlangen,** Eccl.: serpentina proles, Schlangengezücht, Vict. Vit. carm. 3, 63.

serpentipēs, pedis (serpens u. pes), **schlangenfüßig,** Gigantes, Ov. trist. 4, 7, 17.

serperastra, ōrum, *n.* (v. sirpo, ich binde), die **Knieschienen** zum Geraderichten der krummen Knie der Kinder, die **Kniesteifen,** Varro LL. 9, 11. – bei Cicero scherzh. übtr., die Offiziere seiner Kohorte, die er benutzte, um die Soldaten in Schranken zu halten, Cic. ad Att. 7, 3, 8 (Wesenberg mit *cod. M* serpirastra).

serpillifer, s. serpyllifer.

serpillum, ī, *n.*, s. serpyllum.

serpio, ere = serpo, Itala act. apost. 4, 17 (von Prob. inst. art. 141, 37 u. 185, 36 verworfen).

serpo, serpsī, ere (Wz. **serp*, kriechen, altind. *sárpāti,* schleicht, kriecht, griech. ἕρπω), **kriechen, schleichen, I** eig. u. übtr.: **a** eig., von Tieren (dagegen repo auch von kriechenden od. langsam gehenden Menschen), quaedam bestiae serpentes, quaedam gradientes, Cic.: s. per humum, Ov.: imā humo, Ov.: in platanum, Ov.: serpentia secla ferarum, d. i. Schlangen, Lucr. – *tr.* **bekriechen,** cum insula nullo serpatur angue, Solin. 22, 10 (8). – **b** übtr., v. langsam oder unvermerkt sich fortbewegenden Ggstdn., tacitis quia leniter undis placidus per vada serpis, dich hinschlängelst (v. Fluss Cydnus), Tibull.: et (Ister) tectis in mare serpit aquis, Ov.: vitis serpens multiplici lapsu et erratico, Cic.: flamma per continua serpens, Liv.: serpunt rami in terram, Plin.: serpunt radices inter se, Plin.: si ulcus latius atque altius serpit, Cels.: somno serpentes Plin. – **II** bildl.: **A** im Allg., vom Dichter niederer Dichtungsart: serpit humi tutus, Hor. de art. poët. 28. – **B** insbes., **kriechen, schleichen, sich unvermerkt ausbreiten, fortwuchern,** per membra senectus serpit, Lucr.: neque enim serpit, sed volat in optimum statum res publica, Cic.: serpit nescio quo modo per omnium vitas amicitia, Cic.: si paulatim haec consuetudo serpere ac prodire coeperit, Cic.: hoc malum obscure serpens, Liv.: serpet hoc malum longius quam putatis, Cic.: ne latius serperet res, Liv.: ne pestis ad plures serperet, Iustin.: quam facile serpat iniuria et peccandi consuetudo, videte, Cic.: serpit hic rumor, man raunt sich hier allenthalben ins Ohr, m. folg. direkt. Rede, Cic.: serpit fama per coloniam, Plin. ep.: serpit cura altius, Plin. – v. Pers., serpere occulte coepisti, im Stillen weiter um dich zu greifen, Cic. de or. 2, 203. – ► Konj. serpiat, Itala (Cant.) Act. apost. 4, 17: archaist. Konjunktiv Perf. serpsit, Paul. ex Fest. 349, 6.

serps = serpens, Ven. Fort. carm. 8, 6, 195 cod. Vat.

serpula, ae, *f.* (serpo), die **kleine Schlange,** Messala bei Fest. 351 (a), 13; vgl. Paul. ex Fest. 349, 6 u. 350, 2.

serpullum, ī. *n.*, s. serpyllum.

serpyllifer (serpillifer), fera, ferum (serpyllum u. fero), **Quendel tragend,** Sidon. epist. 8, 11. *v.* 45.

serpyllum (serpullum, serpillum), ī, *n.* (ἕρπυλλον), der **Quendel, Feldthymian** (*Thymus Serpyllum,* L.), Scriptt. r. r., Varro LL., Cels., Verg. u. a. – ► Die Schreibung serpullum, seltener serpillum, ist die der besten Hdschrn.

serra, ae, *f.*, die **Säge, I** eig., Cic. u. a.: serrā secare, Plin., scindere, Sen.: zum Schneiden des Marmors, Plin. 36, 51. – Sprichw., serram cum alqo ducere, mit jmd. streiten, Varro r. r. 3, 6 *in.;* vgl. Tert. de cor. mil. 3. – II übtr.: A eine säge- oder schlangenförmige Schlachtordnung, die **Säge,** Cato de re mil. fr. 11. Gell. 10, 9, 1. Veget. mil. 3, 19 *extr.* – B ein Seefisch, viell. der **Sägefisch,** Plin. 9, 3. – C der **Dreschwagen** mit gezackten Rädern, Hieron. in Amos 1. Vulg. Isai. 28, 27.

serrāculum, ī, *n.*, das **Steuerruder,** Ulp. dig. 9, 2, 29. § 2; vgl. Not. Bern. 90 (b). Gloss. II, 407, 17 ›πηδάλιον, gubernaculum, clavus, serraculum‹.

serrācum (sarrācum), ī, *n.*, I ein aus dem Ausland in Italien eingeführter Wagen mit zwei starken Rädern u. einem Kasten mit zwei geschlossenen Seitenwänden, von den röm. Bauern zum Wegschaffen von Lasten oder zu Fahrten mit ihrer Familie gebraucht, Form serr., Cic. fr. bei Quint. 8, 3, 21. Vitr. 10, 1, 5. Sidon. epist. 4, 18, 1. Capit. Anton. phil. 13, 3. Iuven. 3, 255: Form sarr., Sisenn. hist. 4. fr. 61 (bei Non. 195, 29). Amm. 31, 2, 18 (vgl. σαράγαρον, Edict. Diocl. 15. *no.* 23 u. 24). – II übtr., als Gestirn, der **Wagen,** Iuven. 5, 23 (serr.).

serrāgo, inis, *f.* (serra), das **Sägemehl,** die **Sägespäne,** caprini cornus, Cael. Aur. de morb. acut. 1, 14, 106: cervini cornu serrago, quam Graeci ῥίνημα (Feilspäne) vocant, Cael. Aur. de morb. chron. 4, 8, 120.

serrālia, ae, *f.* (serra), der **gezackte Strunksalat** (portug. *serralha,* span. *sarraja*), Isid. orig. 17, 10, 11 (wo jetzt noch sarralia).

1. Serrānus, ī, *m.* (auch Sarānus geschr., aber nicht v. 2. sero, sondern von Saranum, einer umbrischen Stadt, abzuleiten), Beiname des vom Pflug zum Konsulat geholten C. Atilius Regulus, dann übh. ein Beiname in der gens Atilia.

2. Serrānus, falsch st. Sarranus, s. d.

serrārius, a, um (serra), **mit der Säge beschäftigt,** sector serrarius, der Marmorsäger, CIL 1, 1108 (wo collegium sectorum serrariûm). – ders. subst., serrārius, iī, *m.*, CIL 2, 1131 u. 1132; vgl. Gloss. III, 309, 14 ›serrarius, πρίστης‹.

serrāta, s. serrātus.

serrātim, *Adv.* (serra), **sägeförmig, gezackt** wie eine Säge, Vitr. 6, 8 (11), 7. Ps. Apul. herb. 12.

serrātōrius, a, um (serro), **zum Sägen gehörig, Säge-,** machina, Amm. 23, 4, 4.

serrātula, ae, *f.* (*Demin.* v. serrata), die **Gezackte,** v. der Betonie, Plin. 25, 84.

serrātūra, ae, *f.* (serro), das **Sägen,** Pallad. 3, 17 *in.*

serrātus, a, um (serra), **sägeförmig, gezackt (zackig)** wie eine Säge, dentes, Plin.: folia, Plin.: fistula, eine Art Getreidemühle, etwa wie unsere Kaffeemühle, Plin.: morsus (anseris), Petron. – subst., a serrātī, ōrum, *m.* (verst. nummi), am Rand gezackte Silberdenare, **Serraten,** Tac. Germ. 5. – b serrāta, ae, *f.* (*sc.* herba), die **Gezackte,** v. der Pflanze chamaedrys, Plin. 24, 130.

serro, āvi, āre (serra), **sägen, zersägen,** Veget. mil. 2, 25 *extr.* Hieron. in Isai. 15, 57. *no.* 1. Vulg. Isai. 41, 15 u. (Pers.) 2. regg. 12, 31. Ambros. Isai. 4, 10, 15 u. 4, 15, 55.

serrula, ae, *f.* (*Demin.* v. serra), die **kleine Säge,** adunca, ex omni parte dentata et tortuosa serrula, Cic.: serrulae manubriatae minores maioresque, Pallad.: id serrulā praecīdere, Cels.: aliquem nodum serrulā desecare, Colum.

serta, ōrum, *n.* u. **serta,** ae, *f.*, s. sertum.

sertātus, a, um (sertum), **umkränzt,** rosis decussatim vinctis sertata contextio, Mart. Cap. 1. § 85: caput sertatum regali maiestate, Mart. Cap. 5. § 426.

Sertōrius, iī, *m.*, vollst. Q. Sertorius, Anhänger des Marius und tüchtiger Feldherr, der, als Sulla die Oberhand behielt, nach Spanien floh und dort lange tapfer kämpfte, bis er von Perperna hinterlistig getötet wurde, Sall. hist. fr. 1, 65 (64); 2, 15 (22) u. a. Liv. epit. 90. Vell. 2, 25, 3. Cic. Brut. 108. – Dav. **Sertōriānus,** a, um, **sertorianisch, des Sertorius,** duces, Cic.: bellum, Cic.

sertrīx, s. sartrīx.

sertula Campāna, s. sertum.

sertum, ī, *n.*, gew. Plur. serta, ōrum, *n.*, u. **serta,** ae, *f.* (1. sero), das **Blumengewinde,** die **Girlande,** die **Fruchtschnur** (στέμμα), sertis redimiri, Cic.: spicea serta (Plur.), Ährengirlande, Ov.: demissae in pocula sertae, Prop.: serta Campanica u. bl. serta, eine Pflanze = melilotos, Cato; auch sertula Campana gen., Plin.

sertus, a, um, s. 1. sero.

1. serum, ī, *n.* (altind. *saráḥ,* **flüssig,** griech. ὀρός, Molken), I der wässerige Teil der geronnenen Milch, die **Molken,** das **Käsewasser,** Verg., Colum. u. a. – II übtr., der **wässerige Teil** von anderen Dingen, resinam decoctam minus picis reddere, quoniam in serum abeat, Plin. 16, 60: v. männlichen Samen, Catull. 80, 8. – ► Nbf. seru ohne Beleg bei Charis. 31, 7 u. 36, 1 bei Phoc. 414, 14 K.

2. sērum, ī, *n.*, s. sērus.

sērus, a, um (Wz. **sēi-* langsam, spät kommen, altind. *sāyám,* Einkehr, Abend, gotisch *sainjan,* säumen, zögern, ahd. *lancseimi,* langsam, nhd. langsam), I **spät,** 1 im Allg.: gratulatio, Cic.: ficus, spät wachsend, Colum.: hora serior, Ov.: aetas serior, das reifere A. (Ggstz. nova aetas), Ov.: si hiems magis sera (= serior) fuisset, Liv.: successores serissimi, Vell.: serissima omnium Amerina (pira), Plin. – subst., a sērum, ī, *n.*, die **späte Zeit,** rem in serum trahere, sich verspäten, Liv.: serum diei, Abend, Liv. u. Tac.: noctis, späte Nacht, Liv. – b sēra, ae, *f.*, der **Abend,** Silvia Peregr. ad loca s. 41. 100 u. ö. – dah. *Abl.* sērō adv. = spät, Cic.; insbes., spät = abends, Cic. (dafür Akk. Sing. serum, Verg. Aen. 12, 864, u. Plur. sera, Verg. georg. 4, 122). – *Compar.*, sērius, **später** (Ggstz. ocius, früher, temperius, zeitiger), biduo serius, Cic.: paulo serius aliquanto, Cic.: spe omnium serius (z. B. id bellum fuit), Liv., od. serius spe omnium (z. B. Romam venit), Liv.: modo surgis Eoo temperius caelo, modo serius incīdis undis, Ov.: quid serius, quid ocius futurum sit, Cic.: serius ocius, später oder früher, früher oder später, Hor. carm. 2, 3, 26: ebenso serius aut citius, Ov. met. 10, 33. – *Superl.*, ut quam serissime eius profectio cognosceretur, Caes. b. c. 3, 72, 2. – 2 insbes.: a **spät in Erfüllung gehend,** spes, Liv.: portenta, Cic.: malum, Val. Flacc. – b **spät etwas tuend,** serus abi, geh' spät weg, Ov.: serus in caelum redeas, Hor.: m. *Genet.*, o seri studiorum! Spätgelehrte (griech. ὀψιμαθεῖς), Hor. sat. 1, 10, 21: consilio viridis, sed belli serus Ilertes, Sil. 3, 255. – m. folg. *Infin.*, serus versare boves, Prop. 3, 5, 35. – c **bejahrt, nicht jung,** platanus, Ov.: ulmus, Verg. – d **langsam, lange dauernd,** bellum, Ov.: piacula, Verbrechen, Val. Flacc. – e **weit entfernt,** amnis, Val. Flacc. 4, 705. – II prägn., **zu spät, verspätet,** Kalendae, Cic.: bellum, Sall.: paenitentia, Phaedr. (vgl. celerem paenitentiam, sed seram sequi, Liv.): venis serus, Ov.: sera assurgis, Verg. – *Abl.* sērō adv. = **zu spät** (wie zuw. im Griech. ὀψέ), Cic. u. Caes.: sero est, Cic.: sero iam est mutare eam, Liv. – Sprichw., sero sapiunt (*sc. Phryges, i. e. Troiani*), Cic. ep. 7, 16, 1. – *Compar.* sērius = **etwas zu spät,** venire (kommen), Cic.: serius a terra profectae naves, Caes.

serva, ae, *f.*, s. servus.

servābilis, e (servo), **errettbar,** Ov. trist. 4, 5, 21.

servāns, antis, *PAdi.*, doch nur im *Superl.* (servo), **beobachtend, aufrecht erhaltend,** servantissimus aequi, Verg. Aen. 2, 427: servantissimus iusti vir, Auson. perioch. Iliad. et Odyss. prooem. p. 227 Schenkl: iustissimus et servantissimus aequi, Boëth. consol. phil. 4. pros. 6. p. 90, 33 *Obb.*

servātio, ōnis, *f.* (servo), die **Beobachtung** = das **beobachtete Verfahren,** Plin. ep. 10, 120 (121), 1. Cael. Aur. de morb. acut. 3, 4, 45.

servātor, ōris, *m.* (servo), I der **Beobachter,** Olympi, Lucan.: nemoris, Auflauerer, Stat. – II der **Bewahrer,** 1 = der **Erhalter, Erretter,** rei publicae (Ggstz. perditor), Cic.: Graeciae, v. Miltiades, Sen. rhet: mundi, Prop.: bonorum (Ggstz. malorum depulsor), Boëth.: salutis, Heiland, Erlöser, Ov. – als Beiname Jupiters, wie Σωτήρ, Plin. 34, 74. CIL 9, 4852. – 2 = der **Erfüller,** foederis, Claud.: honesti, Lucan.

servātrīx, trīcis (Femin. servator), die **Bewahrerin,** I = die **Erhalterin, Erretterin,** Ter. u. a.: sui, Cic. de fin. 5, 26: pectoris, Beschützerin,

Stat. – als Beiname der Proserpina, CIL 2, 145. – **II** die **Bewahrerin = Erfüllerin, Beobachterin,** convenientiae, Apul. de Plat. 2, 6.

Serviānus, a, um, nach dem Juristen Servius Sulpicius benannt, **servianisch,** actio, die urspr. dem Verpächter, dann übh. jedem Pfandgläubiger zustehende Klage auf Verfolgung seines Pfandrechts gegen jeden Besitzer des Pfandes, ICt.

serviculus, ī, *m.* (*Demin.* v. servus), der **geringe Sklave,** Tert. de idol. 10.

Servīliānus, a, um, s. Servīlius.

servilicola, s. servulicola.

servīlis, e (servus), **zu den Sklaven gehörig, den Sklaven eigen, den Sklaven obliegend, der Sklaven, sklavisch, Sklaven-,** vestis, Cic.: cella, Val. Max.: munus, Cic.: iugum, Cic.: tumultus, Caes.: percontatio, das Forschen-, die Neugierde des Sklaven, Cic.: litterae, wissenschaftliche Kenntnis eines Sklaven (Lesen, Schreiben, Rechnen u. dgl.), Sen.: terror, vor den Sklaven, vor Sklavenunruhen, Liv. – indoles, sklavische Anlage, Liv.: animus, Sklavenseele, Tac. – *Acc. neutr.* poet. st. des *Adv.*, servile gemens, Claud. b. Gild. 364. – ► Abl. Sing. gew. servili; doch auch servile, CIL 1, 1429.

servīliter, *Adv.* (servilis), **sklavisch, nach Sklavenart,** ne quid serviliter muliebriterve faciamus, Cic.: serv. saevire, Flor.: serv. currere, Tertull.

Servīlius, a, um, Name einer röm. *gens,* aus der am bekanntesten C. Servilius Ahala, der als *magister equitum* den unruhigen Mälius tötete, Liv. 4, 13 *sq.* Cic. Cat. 1, 3. – P. Servilius Rullus, Verf. der lex Servilia über den Verkauf der italischen usw. Äcker, gegen den Cicero die orationes agrarias hielt, Cic. de lege agr. 2, 53. – Servilius Nonianus, ein römischer Geschichtsschreiber zur Zeit des Persius, Quint. 10, 1, 102. – Servilia, die Mutter des Brutus, Geliebte Cäsars, Suet. Caes. 50, 2. – *Adi.* **servilisch,** lex, Cic. u. a.: lacus, ein von einem Servilius angelegtes Becken am Forum nach der Seite des Kapitoliums hin (vgl. Fest. 290 [b], 20), wo die Köpfe der ermordeten Geächteten aufgesteckt wurden, Cic. u. a.; s. Osenbr. Cic. Rosc. Am. 89. p. 125. – Dav. **Servīliānus,** a, um, **servilianisch, des Servilius,** horti, Suet.

servio, īvī u. iī, ītum, īre (servus), **dienen, dienstbar sein, Sklave sein, I** eig. u. übtr.: **1** eig.: apud alqm, Cic.: alci, Ter.: servire regi humiliter, aliis superbe imperare, Liv. (vgl. quae etiam imperitare ceteris debet, servit aliis, Apul.): absol., humiliter servire (Ggstz. superbe dominari), Liv.: L. Voltacilius Pilutus servisse dicitur, Suet. – m. homogen. *Acc.,* servitutem, Cic.: privatam servitutem servire alci, Plaut. – im Passiv, servis paucioribus serviri, von w. Sklaven sich bedienen lassen, Sen. de tranqu. anim. 9, 3 zw. – **2** übtr., v. lebl. Subjj.: **a** als Haus, Acker usw., in gewissen Stücken jmdm. unterworfen sein, wenn der Nachbar das Licht verbauen darf usw., **eine Servitut auf sich haben,** eae (aedes) serviebant, Cic.: omnia (praedia), quae serviebant, Cic. – **b zu etwas dienen, dienlich sein, taugen, gebraucht werden,** chartis serviunt calami, Plin.: candelae luminibus et funeribus serviunt, Plin.: domus serviet domino non minori, Plin. ep. – **II** bildl.: **1** jmdm. od. einer Sache **dienen, Dienste erweisen, gefällig sein, willfahren,** alci, Cic.: amori aliorum, Cic.: auribus alcis, Caes.: iracundiae, Cic.: totus tibi serviet hornus, zu Diensten stehen, Calp.: quid comparabile habebat honor a me delatus illi et servitus (erwiesen) ab illa mihi? Augustin. conf. 9, 12, 30. – **2** einer Sache gleichs. **dienen, a** = einer Sache **nachleben, frönen,** für etw. **leben, sorgen, auf** etw. **hinarbeiten, bedacht sein,** einer Sache **seine ganze Aufmerksamkeit widmen,** brevitati, Cic.: valetudini, Cic.: abdomini, Sen.: gloriae, Cic.: posteritati, Cic.: paci, Nep.: alcis amori flagitiosissime, Cic.: bello, tun, was der Krieg fordert, Caes. – **b** nach etwas **sich richten,** einer Sache **sich anbequemen, willfahren,** von etw. **sich beherrschen lassen,** incertis rumoribus, Caes.: tempori, sich in die Zeit schicken, Cic.: personae (Rolle), dem Charakter treu bleiben, Cic.: archaist. m. *Acc.,* modice atque parce eius serviat cupidines, Turpil. com. 39: numquam unius me comparavi servire eligantiam (= elegantiam), *ibid.* 99. – ► Synk. *Imperf.* servibas, Plaut. capt. 247: servibant, Ven. Fort. carm. 10, 9, 49: *Fut.* servibo etc., Plaut. Men. 1101 u. a. Ter. Hec. 495.

servitiālis, e (servitium), **zum Dienst gehörig, dienend,** clerici, Laienbrüder, Isid. epist. 1, 15.

servitium, iī, *n.* (servus), **I** die **Sklaverei,** der **Sklavenstand, Sklavendienst,** ego hoc tibi pro servitio debeo, als dein Sklave, Ter.: ducere alqm in servitium, Liv.: coniuges, liberos in servitium abstrahere, Liv.: civitatem a servitio abstrahere, Cic.: Graeciae demere grave servitium, Sall. fr.: servitio liberari, Colum.: servitio exire, Verg.: servitio premere Phthiam, Verg., Germanias, Tac.: iustum pati servitium, Liv. – übtr., von jeder Art von Dienstbarkeit, s. corporis (Ggstz. animi imperium), Sall.: s. (amoris) ferre, Ov. – **II** meton., die **Sklaven,** sowohl im Plur. als (kollektiv) im Sing., das **Sklavenvolk,** pessimi servitiorum, Tac.: servitia sileant, Cic.: servitia concitare, Cic.: servitium in scaenam immissum, Cic.: servitii decem milia, Tac.

servītor, ōris, *m.* (servio), der **Aufwärter, Diener,** Auct. serm. 43 ad fratr. (in Augustin. op.). CIL 10, 1560.

servītrīcius, a, um (servus), **zu den Sklaven gehörig,** stabulum servitricium, **Sklavenlasterstall** (als Schimpfwort), Plaut. Pers. 418 Sch.

servitūdo, inis, *f.* (servus), die **Sklaverei,** Liv. 24, 22, 2 zw. Paul. ex Fest. 83, 1. Vgl. Gloss. II, 280, 29 ›servitudo, δουλεία‹.

servitūs, ūtis, *f.* (servus), die **Dienstbarkeit** eines Sklaven, die **Sklaverei,** der **Sklavenstand, Sklavendienst,** die **Knechtschaft, I** eig. u. übtr.: **1** eig., sowohl einzelner als ganzer Staaten, iusta, Ter.: diutina, Cic.: perpetua, Caes.: opulento homini (bei einem r. Mann) dura hoc magis servitus est, Plaut. – alqm in servitutem abducere, Cic.: coniuges in servitutem abstrahere, Caes.: addicere alqm in servitutem, Cic., perpetuae servituti, Caes.: afficere liberum populum servitute, Cic.: anteponere mortem servituti, Cic.: asserere alqm in servitutem, Liv.: cadit libertas in nimiam servitutem, Cic.: ex Macedona ac libero in Persicam servitutem transire, Sen.: ipse me dedi in servitutem, Petron.: depellere a civibus suis iniustum illud durae servitutis iugum, Cic.: depellere a Syracusanis inveteratam servitutem, Nep.: esse in servitute, in der Sklav. sein, ein Sklave sein, Cic.: excutere cervicibus iugum servitutis, Iustin.: alqm eximere servitute, Liv.: exuere servitutem, Liv.: imponere alci servitutem, Sall. fr.: iniungere civitatibus perpetuam servitutem, Caes.: iniungere alci miseram et onerosam servitutem, Suet.: Graeciam servitute liberare, Cic.: mittere urbes in servitutem, Liv.: civitatem servitute oppressam tenere, Nep.: pati servitutem, Tac.: redigere alqm in servitutem, Plaut.: miserrimam servitutem recordari, Iustin.: repellere servitutem a civibus, Cic.: servire servitutem, s. servio: patriam a XXX tyrannis oppressam e servitute in libertatem vindicare, Nep. – u. von der **Dienstbarkeit,** v. **Dienst** für Bezahlung, est in illis ipsa merces auctoramentum servitutis, Cic. de off. 1, 150. – Plur., captivitates urbium et sublatis ingenuitatibus servitutes, Arnob. 2, 76. – **2** übtr.: **a** übh. **Dienstbarkeit, Unterwürfigkeit, Gehorsam,** einer Frau gegen den Mann, muliebris, Liv.: eines Sohnes gegen den Vater, Plaut.: officii, Verbindlichkeit zur Pflicht zu gehorchen, Cic.: iuris, Verbindlichkeit, den Gesetzen zu gehorchen, Quint. – **b** v. Häusern, Äckern usw., die darauf haftende **Verbindlichkeit, -Verpflichtung,** die **Servitut,** praediorum, ICt.: fundo servitutem imponere, Cic. – **II** meton., die **Sklaven,** servitus crescit nova, von den Liebhabern eines Mädchens, Hor. carm. 2, 8, 18: ut servitutes opprimerent, Arnob. 2, 39. – ► servitutium ist Plaut. Pers. 418 unnötige Konjektur, s. servitricius.

Servius, iī, *m.* (v. servus, eig., ein »Sklavenkind«), ein röm. Vorname, der durch den König Servius Tullius aufkam u. nachher nur in dem sulpicischen Geschlecht vorkommt, s. Sulpicius. – Außerdem Servius, vollst. Servius Maurus Honoratus, ein gelehrter Grammatiker im 5. Jahrh. n. Chr., bekannt als Erklärer Vergils, Rufin. de comp. et de metr. orat. p. 191, 11 *ed. Bait.*

servo, āvī, ātum, āre (avestisch *haurvaiti* aus **sarvati,* hat Acht, schützt), **I erretten, erhalten, unversehrt bewahren, 1** im Allg.: **a** m. konkr. Objj. (Ggstz. perdere): navem ex hieme, Nep.: Capitolium a Gallis, Claud. Quadr. bei Gell.: curvam falcem, bewahren (poet. = halten), Verg.: populum, Cic.: alqm ex iudicio, Cic. – m. dopp. *Acc.,* se integros castosque, Cic.: urbem et cives integros incolumesque, Cic.: corpora vestra coniugum ac liberorum vestrorum inviolata, garantiert, Liv. – **b** m. abstr. Objj., etwas **beobachten, in Acht nehmen, halten, aufrecht erhalten, nicht verletzen, wider** etw. **nicht handeln,** ordinem, Reih' u. Glied halten, Liv.: u. so ordines, Caes. u. a.: vigilias, custodias, Wache halten, Liv.: concentum (v. den Saiten), Cic.: amicitiam, Cic.: legem, Cic.: morem, Mela u. Quint.: morem ab antiquis traditum, Hor.: ius, Cic.: iura indutiarum Caes.: pacem cum alqo, Cic.: promissa, Cic.: iusiurandum, Nep.: diem, den Tag beobachten, abwarten, Liv.: consuetudinem, Cic.: fidem, Wort halten, Cic.: fidem erga alqm, Tac.: fidem iurisiurandi cum hoste, das beschworene Versprechen dem Feind halten, Cic. – m. dopp. *Acc.*, pudicitiam liberorum servare ab eorum libidine tutam, Cic. II. Verr.. 1, 68. – serv. m. folg. *ut* od. *ne* u. Konj., cum ita priores decemviri servassent, ut unus fasces haberet, Liv. 3, 36, 3: *impers.*, alibi servatur, ut nudis pedibus eant, Plin. 28, 78: servatumque in hodiernum est, ne quis e novis civibus in iis iudicaret, Plin. 33, 30. – **2** insbes., für die Zukunft usw. **aufsparen, aufbewahren,** vermes in melle, Plin.: vinum in vetustatem, Cato: se ad tempora, Cic.: se ad maiora, Liv.: eo (bis dahin) me servavi, Cic.: ea (necessaria vitae) firmiter conclusa servare, unter Schloss u. Riegel halten, Lact.: mit *Dat. comm.*, vosmet rebus servate secundis, Verg.: res iudicio voluntatique alcis, Cic.: eius regni causa integra Caesari servaretur, sollte bis auf Cäsars Ausspruch unerledigt bleiben, Auct. b. Alex. – **II** übtr.: **A** auf etw. od. jmd. **achtgeben, aufpassen, lauern,** jmd. **belauern, 1** im Allg.: eum, Ter.: te, Plaut.: ortum caniculae, Cic.: sidera, Verg.: quantum acie oculi possent servare sequentum, soweit zu reichen vermöchte der Folgenden spähender Blick, Verg.: servare de caelo, auf den Blitz achtgeben, den Blitz beobachten (eine Pflicht der Auguren), Cic. u. Arnob.: m. folg. *ne* u. Konj., me omnibus servat modis, ne etc., Plaut. rud. 895: me infensus servat, ne etc., Ter. Andr. 212. – absol., **aufpassen, Wache halten** (s. Lorenz Plaut. most. 436), natus nemo in aedibus servat, Plaut.: solus Sannio servat domi, Ter.: intus serva, Plaut.: hanc sinas esse hic et servare apud me, Plaut.: cetera servabant atque in statione manebant, Ov.: vincere arundinibus servantia lumina temptat, Ov. – **2** insbes.: **a achtgeben, Sorge tragen, sich in Acht nehmen, vorbeugen, verhüten,** servarent, ne qui nocturni coetus fierent, Liv.: serva! gib Acht! nimm dich in Acht! Hor.: ebenso em od. hem, serva! b. Plaut. u. Ter. – **b verwahren, in Acht nehmen, hüten, α** übh.: alqm liberā custodiā, Cic.: volumen epistularum diligentissime, Cic.: fructus, Nep.: itinera, nicht aus den Augen lassen, Caes.: praesidia indiligentius, die Posten mit geringerer Sorgfalt besetzt halten, Caes.: dah. limen (Wohnung, Zimmer), das Zimmer oder Haus hüten, zu Hause bleiben, Verg.: so auch vestibulum servat, ist (bleibt) im Vorhof, Verg. – **β** (poet.) einen Ort gleichs. hüten = wo **sich aufhalten, verweilen,** einen Ort **bewohnen,** wo **heimisch sein,** silvas et flumina, Verg.: has nimbi ventique domos et naufraga servat tempestas, Val. Flacc. – **B retten, a = erhalten, bekommen,** cum populus suum servaret, Cic. ep. 5, 20, 5: haec una ratio a rege proposita Postumo servandae pecuniae, Cic. Rab. Post. 28: u. so Cic. ad Q. fr. 3, 1, 3. Suet. Claud. 16, 2. – alqd ab alqo, ICt. – **b ersetzt-, erstattet bekommen,** sumptus in rem factos, ICt.: quod praestiterit quis, ICt. – ► Archaist. *Fut. exact.* servasso, Plaut. most. 228: servassis, Formul. vet. bei Cato r. r. 141, 3: servassint, Plaut. asin. 654; trin. 384.

servola, s. servula.

servolicola, ae, *f.* (servolus u. colo), die **Sklavenpflegerin,** sordidae, v. Buhldirnen, Plaut. Poen. 267.

servolus, ī, *m.*, s. servulus.

servos, s. servus.

servula (servola), ae, *f.* (*Demin.* v. serva), die **junge Sklavin,** Cic. ad Att. 1, 12, 3.

servulicola, s. servolicola.

servulus (servolus), ī, *m.* (*Demin.* v. servus), der **junge Sklave,** Komik., Cic. u. a.: homo serv., Apul. met. 8, 26. – ► Genet. Plur. servulûm, Apul. met. 4, 19.

servus (altlat. servos), ī, *m.* u. **serva,** ae, *f.* (servo; eigentl. der Hüter, Wächter des Viehes), der **Sklave,** die **Sklavin** (Ggstz. liber, der Freie), **a** *m.*, Cic. u. a.: servi publici, Staatssklaven, Cic.: servi fratres, Apul. met. 10, 13: feci ex servo ut esses libertus mihi, Ter. – übtr., servi cupiditatum, Cic.: legum, Cic.: servus potestatis vestrae, Cic.: servi ventris vos estis, Iul. Val. 3, 16 *ed. Paris.* – **b** *f.*, Plaut., Liv. u. a.: facta e serva libera est, Plaut. – *Dav. adi.* **servus,** a, um, **sklavisch,** übtr., **dienstbar, unterworfen, a** im Allg.: aqua, von Sklaven getrunken, Ov.: manus, Ov.: civitas, Liv.: capita, Liv.: imitatorum servum pecus, Hor.: omnia non serva (alles Nichtdienstbare) hostilia ducere, Sall. fr. – **b** als jurist. *t. t.*, v. Häusern u. liegenden Gründen, **mit einer Servitut beschwert,** praedia serva, Cic.: aedes, fundus, ICt.

sēsama, ae, *f.*, s. sēsamum.

sēsaminus, a, um (σησάμινος), **aus Sesam gemacht,** oleum, Plin. 13, 11 u. a.

sēsamoīdes, is, *n.* (σησαμοειδές), eine dem Sesam ähnliche Pflanze, viell. eine Art *Erigeron* (L.), Plin. 22, 133.

sēsamum u. **-on** u. **sīsamum,** ī, *n.* (σήσαμον), der **Sesam,** *Sesamum orientale,* L., oder nach anderen *Sesamum indicum,* L., eine schotenartige Pflanze, aus deren Frucht noch jetzt im Orient ein Öl gepresst wird, Plaut., Cels. u. a.; Plur. sēsama, ōrum, von einer Anzahl Pflanzen, Colum. – sesamon silvestre = cici, Plin. 15, 25. – Form sisamum, Colum. 7, 13, 2 *codd.* Pallad. 10, 7 u. 11, 1, 3. Isid. orig. 17, 3, 13. Gargil. Mart. cur. boum § 12. – Nbf. **sēsama** od. (in den besten Hdschrn.) **sēsima,** ae, *f.* (σησάμη), oft bei Plin. (s. Sillig Plin. 15, 28).

sescēnāris, s. sescennāris.

sescēnārius, a, um (sesceni), **aus sechshundert bestehend,** cohortes, Caes. b. c. 3, 4. § 3.

sescēnī, ae, a (sescenti), **je (jeder, jedem) sechshundert,** bei Einteilungen, Cic. u. a.

sescennāris, e (sesqui u. annus), **anderthalbjährig,** bos, Liv. 41, 15, 1.

sescentēnārius, a, um (sescenti), **aus sechshundert bestehend,** Prisc. de fig. num. 27. p. 415, 13 K.

sescentēnī, ae, a (sescenti), **je (jeder, jedem) sechshundert,** bei Einteilungen, Colum., Suet. u. a.

sescentēsimus, a, um (sescenti), der **sechshundertste,** annus, Plin. a. u.

sescentī, ae, a (sex u. centum), **I sechshundert,** Plaut., Cic. u. a. – **II** meton. für eine unbestimmte große Zahl, wie unser **(an die) tausend = unzählige,** Komik., Cic. u. a.; vgl. Brix Plaut. trin. 791. Garatoni Cic. Sest. 27, 59.

sescentiēs (sescentiēns), *Adv.* (sescenti), **sechshundertmal,** Plaut., Cic. u. a. – zur Angabe einer großen Zahl, Cic. fr. b. Non. 269, 5 (= Cic. fr. epist. V. *no.* 5. p. 41 Kays. od. p. 295 Muell.).

sescentoplāgus, a, um (sescenti u. plaga), **der sechshundert Streiche erhält,** Plaut. capt. 726.

sescla, ae, *f.* = sextula, Anthol. Lat. 741, 11. 13. 15 (1067, 5 M.).

sēscōncia, s. sēscūncia.

Sēsculixēs, is, *m.* (sesqui u. Ulixes), **ein und ein halber Ulixes** = der Erzschlaukopf, Titel einer Satire des Varro, Plin. nat. hist. praef. § 24. Non. 28, 12 (an beiden Stellen mit der Variante Sesquiulixes).

sēscūncia, ae, *f.* (= sesquiuncia), **anderthalb Zwölftel** eines Asses (as) oder zwölfteiligen Ganzen, **anderhalb Unzen,** Cels. u. a.: hereditatis, ICt.: radicis, drei Lot, Colum.: senica non sescunciae, nicht einen Heller wert, Pompon. com. 111.

sēscūnciālis, e (sescuncia), **von anderthalb Zoll,** crassitudo, Plin. 13, 94.

sēscuplāris, e, s. v. a. sescuplus, Chalcid. Tim. 35. 46. 92.

sēscuplex u. **sēsquiplex,** plicis (sesqui und *plico), **anderthalbfältig, anderthalbmal genommen,** sesc. b. Quint. 9, 4, 47: sesqu. b. Cic. or. 193. Paul. ex Fest. 223, 3.

sēscuplus, a, um (sesqui), **anderthalbfach, anderthalbmal so viel,** ratio, proportio, Censor.: tempus, Ter. Maur. – subst., sēscuplum, ī, *n.*, das **Anderthalbfache,** sescuplum spatii, Plin. 2, 84: sescuplum facere, Quint. 9, 4, 47.

seselis, is, *f.* (σέσελις), der **Sesel, Steinkümmel,** eine Pflanze, Cic. de nat. deor. 2, 127. Plin. 8, 113: Nbf. seselium Gallicum, Plin. Val. 1, 58.

Sēsia, s. Sēssia.

sēsima, s. sēsamum.

sēsimoīdes, s. sēsamoīdes.

Sesōsis, s. Sesōstris.

Sesōstris, idis, *m.* (Σέσωστρις), ein der Sage angehöriger König Ägyptens, der Sohn des Amenophis, der bedeutende Feldzüge und Eroberungen gemacht u. Ägypten mit einer Menge großartiger u. nützlicher Bauwerke geschmückt haben soll, Plin. 33, 52 (wo Abl. Sesostri). Lucan. 10, 276. – Nbf. Sesōsis, Abl. Sesōside, Tac. ann. 6, 28. – Zerdehnte Form Sesoōstris, Paul. Nol. in Auson. epist. 19, 21 (vgl. Σεσόωσις, Diod. 1, 53 *sq.*).

sēsqualter, s. sēsqui-alter.

sēsquātus, a, um (sesqui), Benennung zweier Zahlen, in deren Differenzen beide aufgehen, numeri, Augustin. mus. 1, 9. § 17 u. 18: motus, *ibid.* 4, 9. § 10: pars, Ter. Maur. 1577.

sēsqueoctāvus, **-tertius**, s. sēsqui-octāvus, -tertius.

sēsqui, *Adv. num.* (semis u. qui), **ein halbmal-, um die Hälfte mehr,** sesqui maior, um die Hälfte größer, Cic. or. 188. – so auch in der Zusammensetzung mit Substantiven, wie sesquicyathus etc. – und in der Zusammensetzung mit einem Zahlwort (wie ἐπί in ἐπόγλοος, ἐπίτριτος) die Zugabe eines solchen kleinsten Bruchteils wie die Einheit des folgenden Zahlwortes gleiche Bruchteile enthält, s. sēsquialter, sesquioctavus, sesquitertius.

sēsqui-alter u. synk. **sēsqualter**, altera, alterum (das griech. ἐπιδεύτερος), **anderhalbig,** bezeichnet das Verhältnis von 3 zu 2, wenn die größere Zahl die kleinere einmal ganz und die Hälfte enthält, denn 3 enthält 2 u. die Hälfte, nämlich 1, also $2/2 + 1/2 = 1\,1/2$, Cic. Tim. 7 *sqq.* Vitr. 3, 1, 6 (als Übersetzung von ἡμιόλιος). Apul. apol. 89. Boëth. art. geom. p. 418, 3: Form sesqualter, Boëth. inst. arithm. 1, 1. p. 8, 27 Fr. u. 1, 24. p. 49, 18 Fr. u. a.

sēsqui-cūleāris (**culleāris**), sēsqui-culleāris e, **anderthalb** *culei* **enthaltend,** dolium, Colum. 12, 18, 7.

sēsqui-cyathus, ī, *m.*, **anderthalb Becherchen,** Cels. 6, 7, 2.

sēsqui-decimus, a, um, gibt das Verhältnis von 11 zu 10 an, also $1 + 1/10 : 1$, d. h. $11/10 : 10/10$, Boëth. inst. music. 2, 9.

sēsqui-digitālis, e, **anderhalbzöllig,** foramen, Vitr. 10, 16, 5.

sēsqui-digitus, ī, *m.*, **anderthalb Zoll,** Vitr. 8, 5, 2 u. 10, 11, 3.

sēsqui-hōra, ae, *f.*, **anderthalb Stunden,** Plin. ep. 4, 9, 9.

sēsqui-iūgerum, ī, *n.*, **anderthalb Jucherte,** Plin. 4, 31 u. a.

sēsqui-lībra, ae, *f.*, **anderthalb Pfund,** Cato r. r. 106, Colum. 12, 36.

sēsqui-mēnsis, is, *m.*, **anderthalb Monate,** Varro r. r. 1, 27 *in.*

sēsqui-modius, iī, *m.*, **anderthalb** (röm.) **Scheffel,** Varro, Cic. u. a.

sēsqui-nōnus, a, um, bezeichnet das Verhältnis wie 10 zu 9, also $1 + 1/9 : 1$, d. h. $10/9 : 9/9$, Boëth. inst. geom. 1. p. 1518 *ed. Basil.* 1570.

sēsqui-obolus, ī, *m.*, **anderthalb Obolen** (oboli), Plin. 26, 73.

sēsqui-octāvus, a, um = ἐπόγδοος, gibt das Verhältnis von 9 zu 8 an, also $1 + 1/8 : 1$, d. h. $9/8 : 8/8$, Cic. Tim. 23 M. Arnob. 2, 24 (wo sesqueoctavus). Boëth. inst. mus. 1, 10. p. 197, 20 u. a.

sēsqui-octāvus decimus, a, um, gibt das Verhältnis von 19 zu 18 an, also $1\,1/18 : 1$, d. h. $19/18 : 18/18$, Boëth. inst. mus. 3, 2.

sēsqui-opera, ae, *f.*, **anderthalb Tage Arbeit, anderthalb Tagewerke,** Colum. 2, 12 (13), 2.

sēsqui-opus, eris, *n.*, **anderthalb Tagewerke,** Plaut. capt. 725.

sēsqui-pedālis, e, **anderthalbfüßig,** latitudo, Vitr.: mensura, Colum.: tigna, Caes.: übtr., **ellenlang** = sehr lang, dentes, Catull.: verba, Hor.

sēsqui-pedāneus, a, um = sesquipedalis, Plin. 9, 82.

sēsqui-pedis, e (sesquipes), **anderthalb Fuß hoch** usw., terra, Mart. Gargil. de arb. pomif. 3, 1.

sesqui-pēs, pedis, *m.*, **anderthalb Fuß,** in der Länge, Breite usw., Plaut., Colum. u. a.

sēsqui-plāga, ae, *f.*, **anderthalb Streiche, -Hiebe,** Tac. ann. 15, 67 *extr.*

sēsquiplāris, is, *m.* (sesquiplex = sescuplex), ein **Soldat, der** (zur Belohnung seiner Tapferkeit) **anderthalb Rationen erhielt,** Veget. mil. 2, 7. – ders. **sesquiplicārius**, iī, *m.* (abgek. SESQ.), Hyg. de munit. castr. 16. CIL 3, 9816; 6, 225. 3224. 3235. 3259.

sēsquiplex, s. sēscuplex.

sēsquiplicārius, s. sēsquiplāris.

sēsquiplus, s. sēscuplus.

sēsqui-quartus, a, um, gibt das Verhältnis von 5 zu 4 an, also $1 + 1/4 : 1$, d. h. $5/4 : 4/4$, Boëth. inst. arithm. 1, 24 u. a.

sēsqui-quīntus, a, um, bezeichnet das Verhältnis von 6 zu 5, also $1 + 1/5 : 1$, d. h. $6/5 : 5/5$, Boëth. inst. arithm. 1, 24 u. a.

sēsqui-septimus, a, um, gibt das Verhältnis von 8 zu 7 an, also $1 + 1/7 : 1$, d. h. $8/7 : 7/7$, Boëth. inst. mus. 5, 17.

sēsqui-septimus decimus, a, um, gibt das Verhältnis von 18 zu 17 an, also $1 + 1/17 : 1$, d. h. $18/17 : 17/17$, Boëth. inst. arithm. 2, 44.

sēsqui-sextus, a, um, bezeichnet das Verhältnis von 7 zu 6, also $1 + 1/6 : 1$, d. h. $7/6 : 6/6$, Boëth. inst. arithm. 2, 44 u. inst. mus. 2, 4.

sēsqui-sextus decimus, a, um, gibt das Verhältnis von 17 zu 16 an, also $1 + 1/16 : 1$, d. h. $17/16 : 16/16$, Boëth. inst. mus. 3, 2.

sēsqui-tertius, a, um = ἐπίτριτος, bezeichnet das Verhältnis von 4 zu 3, also $1 + 1/3 : 1$, d. h. $4/3 : 3/3$, Cic. Tim. 23. Boëth. inst. arithm. 1, 1 u. 1, 24 u. a. Arnob. 2. *no.* 24 (wo sesquetertius).

sēsqui-trīcēsimus, a, um, gibt das Verhältnis von 31 zu 30 an, also $1 + 1/30 : 1$, d. h. $31/30 : 30/30$, Boëth. inst. mus. 5, 17 Fr.

Sēsquiulixēs, s. Sēsculixēs.

sēsqui-vicēsimus, a, um, gibt das Verhältnis von 21 zu 20 an, also $1 + 1/20 : 1$, d. h. $21/20 : 20/20$, Boëth. inst. mus. 5, 17 u. 18.

Sēssia, ae, *f.* (2. sero), die **Göttin des Säens, -der Saat,** Tert. de spect. 8.

sessibile, is, *n.* (sedeo) = sessibulum, Iul. Val. 1, 33 (34).

sessibulum, ī, *n.* (sedeo), der **Sitz, Stuhl, Sessel,** Plaut. Poen. 268. Apul. met. 1, 23. Iul. Val. 1, 33 (34). p. 44, 7 K.

sessibulus, a, um (sedeo), **zum Verweilen dienend,** vici, Iul. Val. 1. 24 (31). p. 33, 26 K.

sessilis, e (sedeo), **zum Sitzen gut, -geeignet, I** passiv: tergum (equi), Ov. met. 12, 401. – **II** aktiv: **1** eig., aufsitzend (= gut) **stehend, fest aufstehend,** obba, Pers.: ebenso pira minimo pediculo, Plin. – **2** übtr., **niedrig, in die Breite wachsend,** genus lactucae, Plin.: lactuca, Mart. u. Priap. (vgl. lactuca sedens unter sedeo): plantae, Pallad.

sessimōnium, iī, *n.* (sedeo), der **Sitz,** die **Versammlung,** deorum, Götterrat, *Vitr. 7. praef. § 16 (Schneider; die Hdschrn. sesemaneo, Rose caerimonia).

sessio, ōnis, *f.* (sedeo), **I** das **Sitzen, 1** im Allg.: status, incessio, sessio, Cic.: statio significat permansionem, sessio humilitatem, Augustin.: medicamentum sessionis deambulatio est, Augustin.: sessiones quaedam contra naturam sunt, gewisse Haltungen im Sitzen, Cic. de fin. 5, 35. – **2** insbes.: **a** das **Müßigsitzen, Verweilen,** Capitolina, Cic. ad Att. 14, 14, 2: ursae pigrā sessione languidae, Apul. met. 4, 14. – **b** die **Sitzung, α** zum Disputieren, posmeridiana, Cic. de or. 3, 121. – **β** die gerichtl. **Session** des Prätors, Ulp. dig. 38, 15, 2. § 1. – **II** meton., der **Sitz, 1** der **Ort** zum Sitzen, **a** der **Sitzplatz** im Freien, bes. die exedra (s. d. *no.* I), Cic. de fin. 5, 2: Plur., Cic. de or. 2, 20. – **b** die Stelle, wo etw. festsitzt, die **Wurzel,** veretri, Cael. Aur. de morb. chron. 5, 4, 66: oculorum, die Augenhöhlung, Cael. Aur. de morb. chron. 2, 7, 94. – **2** = ἐγκάθισμα, das **Sitzbad,** Cael. Aur. de morb. chron. 5, 4, 69. – **3** (wie ἕδρα), das **Gesäß,** der **Hintere,** Cael. Aur. de morb. chron. 3, 3, 50. – **4** = intestinum rectum, der **Mastdarm,** Cael. Aur. de morb. acut. 3, 22, 220.

sessito, āvī, āre (*Intens.* v. sedeo), **immer sitzen,** quam deam (Suadam) in Pericli labris scripsit Eupolis sessitavisse, Cic. Brut. 59: super orbem simulacrum columbae sessitabat, Iul. Val. 3, 52 (28): regio sessitandi, das Gesäß, der Hintere, Apul. de Plat. 1, 16.

sessiuncula, ae, *f.* (*Demin.* von sessio), die Sitzung zur Unterhaltung, das **Kränzchen,** Plur. bei Cic. de fin. 5, 56.

sessor, ōris, *m.* (sedeo), **I** der **Sitzer, a** im Theater, der **Zuschauer,** Hor. ep. 2, 2, 130. – **b** im Bordell, Catull. 37, 8. – **c** auf dem Pferd, der **Reiter** (im Ggstz. zum Pferd), Sen. de const. 12, 3. Suet. Caes. 61. Vulg. 2. Mach. 3, 25. Augustin. serm. 385, 3. – **II** prägn., der **Insasse** = der **Einwohner,** Nep. Cim. 2, 5.

sessōrium, iī, *n.* (sedeo), **I** der **Sessel, Stuhl,** Cael. Aur. de morb. acut. 1, 11, 83. – **II** der **Sitz** = **Wohnsitz,** viperae, Petron. 77, 4.

sessulus, a, um (sessus), **zum Verweilen dienend,** vici, Iul. Val. 1, 24 (31). p. 33, 26 *Kuebler.*

sessus, Dat. uī, *m.* (sedeo), das **Sitzen,** locum sessui impertiunt, Apul. flor. 16. p. 25, 6 H.

sēstertiārius, a, um (sestertius), **für einen Sesterz zu haben, kaum einen Sesterz wert,** homo, Petron. 45, 8: gladiatores, *ibid.* § 11.

sēstertiolum, ī, *n.* (*Demin.* v. sestertium), 1000 **Sesterze** (s. sēstertius), sestertiolum bis deciens, zwei Millionen Sesterze, Mart. 1, 58, 5.

sēstertius, a, um (semis-tertius), **dritthalb, I** als Münzbezeichnung, sestertius (mit Zeichen HS, d. t. II u. semis), iī, *m.* u. vollst. sestertius nummus, Genet. Plur. sestertiûm nummûm u. bl. sestertiûm od. sestertiorum, der **Sesterz, A** eine Silbermünze, zur Zeit der Republik dritthalb As oder ein Vierteldenar, ungefähr 20 Pfennige (1000 sestertii = 200 Mark), **1** eig.: s. duodeni, Cic.: s. singuli, Plin.: s. nummus, Cic. u. Colum. – Der häufige Gebrauch der Genetivform sestertiûm bei den Zahlbestimmungen über mille bewirkte, dass man sie schon sehr früh für einen neutralen Nominativ hielt u. nicht bloß einen Plural sestertia bildete, sondern sestertium selbst als Singular deklinierte. Und zwar bedeutet sestertium (mit Auslassung von mille) die Summe von **tausend Sesterzen** u. neben dem multiplikativen Adv. decies, centies etc. (mit Auslassung von centena milia) die Summe von **hunderttausend Sesterzen,** also decies sestertium eine Million, centies sestertium zehn Millionen usw.: sescenta sestertia = 600000 **Sesterze,** Cic.: quadragena milia sestertia, Varro: septem sestertia, Hor.: milies sestertium = 100 Millionen, Cic.: sexagies sestertium, Caes.: decies sestertii, Liv.: sestertio decies, Cic.: sexagies sestertio, Suet.: *a trecentis sestertiis* (300 S.) ad-ūsque *duo sestertia* (2000 S.) sūmptus cenarum propagatus est, Gell. 2, 24, 15. – **2** übtr.: **a** nummo sestertio od. sestertio nummo, **für eine geringe Summe, für eine Kleinigkeit,** nummo sestertio od. sestertio nummo alci addici, Cic. Rab. Post. 45. Val. Max. 5, 2, 10: sestertio nummo venire (verkauft werden), Liv. epit. 55: alqm sestertio nummo damnare, Aur. Vict. 8, 2, 3: ut quae maxima inter nos habentur, divitiae, gratia, potentia, sestertio nummo aestimanda sint, Sen. ep. 95, 59. – **b** amplo sestertio, **für vieles Geld,** basilisci reliquias amplo sestertio comparare, Solin. 27, 53. – **B** in der Kaiserzeit auch eine **Kupfermünze,** 4 Asse an Wert, Plin. 34, 4. – **II** in der ökonom. Sprache als Maßbestimmung, **dritthalb Fuß Tiefe,** sat erit bipalio vertere, quod vocant rustici sestertium, Colum. de arb. 1, 5.

Sēstiacus, a, um, s. Sēstos.

Sestiānus, a, um, s. Sextius.

Sēstias, adis, *f.*, s. Sēstos.

Sestius, a, um, s. Sextius.

Sēstos u. **Sēstus**, ī, *f.* (Σηστός), eine Stadt in Thrazien am Hellespont, Wohnort der Hero (s. Ov. her. 17 u. 18), nach Reichard j. *Jalova,* Mela 2, 2. 7 (2. § 26). Liv. 32, 33, 7. Lucan. 2, 674. – Dav.: **A Sēstiacus**, a, um (Σηστιακός), **sestiacisch,** Stat. u. Auson. – **B Sēstias**, adis, *f.* (Σηστιάς), die **Sestierin** = Hero, Stat. u. Sidon. – **C Sēstus**, a, um, aus **Sestos, sestisch,** puella, Hero, Ov. her. 17 (18), 2 (Ehwald Sesti puella).

set = sed, s. d.

sēta, s. saeta.

Sētabis, Sētabitāni, s. Saetabis.

Sētabus, a, um, s. Saetabis.

sētania, ae, *f.* u. **sētanion**, iī, *n.* (σητανία, σητάνιον), der Beiname **I** einer großen Art **Mispeln,** Plin. 15, 84. – **II** einer Art **Zwiebeln,** Plin. 19, 102: dies. sitanea u. setinia cepa, *Apic. 8, 356 u. 379. – **III** einer Art **Zwiebelgewächse** (bulbi), Form setanion, Plin. 19, 95.

Sētia, ae, *f.*, eine Stadt in Latium auf einem in die Pontinischen Sümpfe hineinreichenden Berg, berühmt durch Weinbau, j. *Sezza,* Liv. 6, 30, 9. Sil. 8, 378: pendula Pomptinos quae spectat Setia campos, Mart. 13, 112, u. dah. bl. pendula S., Mart. 4, 64, 34. – poet. = setischer Wein, Setiner, Stat. silv. 2, 6, 90. – Dav. **Sētīnus**, a, um, **setinisch,** ager, Cic. – Plur. subst., Sētīnī, ōrum, *m.*, die Einw. von Setia, die **Setiner,** Plin.

sētiger, s. saetiger.

setim, *n. indecl.*, **Setim,** eine oriental. Holzart, Vulg. exod. 25, 10.

setimus, s. septimus ►.

sētinia cēpa, s. sētania *no.* II.

Sētīnus, a, um, s. Sētia.

sētius, s. 2. secus *no.* II.

sētōsus, s. saetōsus.

sētula, s. saetula.

setus, s. 1. situs unter sino.

seu, s. sī-ve.

seutlophācē, ēs, *f.*, s. teutlophacē.

sēvacii, sēvālis, s. sēbācii, sebalis.

sē-vehor, vectus sum, vehī, **beiseite fahren,** im Bild, cur tua praescripto sevecta est pagina gyro? warum verließ dein Gedicht die vorgeschriebene Bahn? Prop. 3, 3, 21.

sevērē, *Adv.* m. *Compar.* u. *Superl.* (severus), **ernstlich, ernsthaft, streng** (Ggstz. remisse, familiariter et hilare, per ridiculum), Cic. u. a.

Sevēriānus, s. 2. Sevērus.

sevēritās, ātis, *f.* (severus), die **Ernsthaftigkeit, Strenge,** das **strenge Urteil** (Ggstz. comitas, clementia, indulgentia, remissio animi), censorum, censoria, Cic.: censorum severitates, Gell. 4, 20, 1: iudiciorum, Cic.: aurium, Plin. ep.: prisca ac nimis dura, Liv.: severitatem in filio adhibere, Cic.: severitatem adhibere rei publicae causā, Cic.: comitatem alcis et facilitatem suae gravitati severitatique aspergere, Cic.: dissolvere disciplinam severitatemque, Auct. b. Alex.: quos aculeos habeat severitas gravitasque vestra, eos erigere in rem, emittere in hominem et in reum, Cic.: in summa severitate habere comitatis satis, Cic.: summam severitatem iungere cum summa humanitate, Cic.: minuere militarem disciplinam severitatemque, Auct. b. Alex.: remittere aliquid de severitate (senatum) cogendi, Cic.: suscipere iudicis severitatem in hoc crimine, Cic.: sustinere in rebus statuendis et decernendis eam severitatem, quā tu usus es in iis rebus, quae etc., Cic.: iudicum animos a severitate ad hilaritatem risumque traducere, Cic. – übtr., quaedam ipsius vitii s., Plin. 13, 21.

sevēriter, *Adv.* = severe, Titin. com. 67. Apul. met. 2, 27.

sevēritūdo, inis, *f.* (severus), die **Ernsthaftigkeit, Strenge,** frontis, Plaut. Epid. 609: morum, Apul. met. 1, 25; 3, 3 u. 4, 31.

1. sevērus, a, um, **ernsthaft (ernst), gesetzt, streng, genau** (Ggstz. comis, blandus, iocosus, clemens, indulgens), **I** im guten Sinne: **a** eig.: **α** v. Pers.: sed ipse egreditur, quam severus! Ter.: civis severus et gravis, Cic.: sev. consul, Liv.: eius legis severi custodes, Cic.: senes severiores, Catull.: auctor severissimus Trogus, Plin.: Tubero vitā severus, Cic.: qui perindulgens in patrem, idem acerbe severus in filium, Cic.: familia cum ad ceteras res tum ad iudicandum severissima, Cic.: neque (potest) severus esse in iudicando, qui alios in se severos esse iudices non vult, Cic.: nam te omnes saevum severumque avidis moribus commemorant, Plaut. – **β** v. Lebl.: frons, Plaut. u. Ov.: vultus (Plur.), Ov. (u. so qui vultus quo severior est et tristior, hoc etc., Cic.): nostra vel severa vel iocosa congressio, Cic.: imperia severiora, Cic.: imperii severissimi vir, Liv.: iudicia severa, Cic., severiora, Quint.: res, ernsthafte (ernste) Dinge, Nep.: u. so res severissima, Cic.: sententiae graves et severae, Cic. – subst., **αα** sevērus, ī, *m.*, nimium severus, der allzu Strenge (gegen sich), Hor. ep. 1, 5, 13: Plur. severi, Ernsthafte, Stockphilister, Catull. 27, 6. Hor. ep. 1, 19, 9. – **ββ** sevēra, ōrum, *n.*, ernste Dinge, Hor. carm. 2, 8, 28: aber austera illa severaque, jene Reden im ernsten u. strengen Ton (Ggstz. dulcia haec blandaque), Plin. ep. 3, 18, 10. – *neutr.* adv., nunc severum (auf ernste Art u. Weise) vivitur, Prud. cath. 2, 33. – **b** übtr.: Falernum (vinum), herber, strenger, Hor.: silentia noctis, Lucr.: amnis Eumenidum od. Cocyti, schauerliche, Hor.: quod ego dixi per iocum id eventurum esse et severum et serium, Plaut. – **II** im üblen Sinne, **hart, grausam, a** eig.: Neptunus saevus severusque, Plaut.: turba Eumenidum, Prop. – **b** übtr.: uncus, Hor.: amnis Cocyti, Verg.: voluisti istuc severum facere? grässlich erscheinen lassen, Plaut.

2. Sevērus, ī, *m.*, ein römischer Familienname, unter dem bes. bekannt sind **a** in literarhistor. Beziehung, Cornel. Severus, ein epischer Dichter zur Zeit des Augustus, Quint. 10, 1, 89. Sen. suas. 6, 25 *sq.*: Freund des Ovid, Ov. ex Pont. 4, 2, 1 *sqq.*; 4, 16, 9. – T. Cassius Severus, röm. Rhetor zur Zeit des Augustus u. Tiberius, Sen. exc. contr. 3. praef. § 1 *sqq.* Quint. 10, 1, 116. Plin. 7, 55. Tac. dial. 19 u. 26. – Septimius Severus, aus Afrika gebürtig, ein Rhetor, Zeitgenosse des Quintilian u. Statius, Quint. 4, 1, 9. Stat. silv. 4. prooem. p. 95, 15 Baehr. u. 4, 5, 34. – Sulpicius Severus, ein christlicher Schriftsteller im fünften Jahrh., Verf. einer historia sacra (chronica gen.), einer vita Martini u. a. Schriften. – **b** als Kaiser, L. Septimius Severus, reg. 193–211 n. Chr., Spart. Sever. 1 *sqq.* Eutr. 8, 19. – Aurelius Alexander Severus, reg. 222 bis 234 n. Chr., Lampr. Alex. Sev. 1 *sqq.* Eutr. 8, 23. – Dav. **Sevēriānus,** a, um, **severianisch, des Kaisers (Septimius) Severus,** thermae, Spart. Sev. 19, 5.

3. Sevērus mōns, ein Berg im Sabinischen, ein Zweig der Apenninen, j. *Vissa,* Verg. Aen. 7, 713.

Seviānus, a, um nach einem Sevius benannt, **sevianisch,** pira, Plin. 15, 54.

sēvir u. **sexvir,** virī, *m.* (sex u. vir), Plur. sēvirī (abgek. VIvir, -viri od. vir, -viri), die **Sechsmänner,** ein Kollegium von sechs Männern, **I** seviri Augustales, die sechs obersten Priester zu Ehren des Augustus, sehr oft in Inschrn., z. B. CIL 5, 3354 u. 4203; 12, 526; 14, 12. 367. 2795: Trimalchoni seviro Augustali, Petron. 30, 2. – **II** seviri equitum Romanorum, die Vorsteher der sechs Abteilungen (turmae) der röm. Ritter, sevir equ. Rom., CIL 11, 1331b: sevirum turmis equitum Romanorum creavit, Capit. Anton. phil. 6. § 3. – ► vulg. Nomin. sebur, CIL 14, 319.

sēvirālis, e, **zu den** *seviri* **gehörig,** ludi, der Rittersevirn, Capit. Anton. phil. 6, 3. – subst., sēvirālis, einer von den seviri (s. sēvir), CIL 11, 5752 u. 5796: auch sexviralis, CIL 9, 5855.

sēvirātus, ūs, *m.* (sevir), die Würde-, das Amt der Sechsmänner, das **Sevirat,** Petron. 71, 12. CIL 11, 5400: sexviratus geschr., CIL 11, 6126.

sēvo, āre, s. sēbo.

sē-voco, āvī, ātum āre, **beiseite rufen, abrufen, I** eig.: alqm, Caes.: plebem in Aventinum, Cic. – übtr., haud mediocriter de communi quodcumque poterat ad se in privatam domum sevocabat, brachte auf die Seite, Cic. Quinct. 13. – **II** übtr.: **a** übh.: ille a me solus se in consilium sevocat, zieht sich allein insgeheim zu Rate, Plaut. merc. 384 G. – **b abziehen,** animum a voluptate, Cic.: eloquentiam a poëtis, Cic.: se a corpore (v. der Seele), Cic.

sēvōsus, a, um, s. sēbōsus.

sēvum, ī, *n.*, s. sēbum ►.

sex, *Num.* (altind. *šát,* griech. ἕξ, gotisch *saíhs,* ahd. *sehs*), **sechs,** Cic. u. a.: sex et quinquaginta, Cic.: decem et sex milia, Liv.: sex aut septem, Lucr. u. Mart., od. sex septem, Ter., Cic. u. Hor., sechs bis (oder) sieben: sex menses, sechs M., ein halbes Jahr (franz. *six mois*), Plaut. u. Liv. – ► In Inschrn. oft sexs geschr., z. B. CIL 6, 7812 u. 10, 5500: vulg. six, CIL 7, 80.

sexāgēnārius, a, um (sexageni), **sechzig enthaltend, a** v. Lebl.: fistula, aus einer 60zölligen Platte, eine sechziger Röhre, Frontin. aqu. 54: procuratio, 60000 Sesterze Gehalt eintragende, CIL 6, 1532: fructus, sechzigfache, Cypr. de hab. virg. 21. – **b** v. Pers., **sechzigjährig,** Quint. u. a.: vidua, Hieron.: sexagenarius aetate, Aur. Vict.: maior sexagenario, Eutr. – subst., sexāgēnāriī, ōrum, *m.*, **α** sechzig Jahre alte Leute, **Sechziger,** im Sprichw., sexagenarios de ponte, herunter von der Brücke (in den Komitien) mit den Sechzigern, viell. für: das Alter verdient wenig Beachtung, -hat keine Stimme, Varro bei Non. 523, 21. Fest. 334 (a), 16. – **β** Beamte (bes. einige Klassen der Prokuratoren), die 60000 Sesterze Gehalt haben, Cod. Iust. 10, 19, 1. CIL 6, 1624.

sexāgēnī, ae, a, Genet. ēnûm (sexaginta), **I je (jeder, jedem) sechzig,** bei Einteilungen, Cic., Liv. u. a.: SH sexagena (verst. milia), CIL 14, 170 (s. sexāgēnārius a. E.). – **II sechzig** auf einmal, -zusammen, Cic. Verr. 5, 53. – **III** fistula sexagenûm quinûm, die fünfundsechziger (aus einer 65zölligen Platte verfertigte) Röhre, Frontin. aqu. 55. – zur Angabe einer ziemlich großen Zahl, sexagena teras cum limina mane senator, Mart. 12, 26, 1. – ► Sing., sexagenus fructus, Augustin. de civ. dei 21, 27, 6.

sexāgēsimus, a, um (sexaginta), der **sechzigste,** dies, Flor.: quarto et sexagesimo anno, Cic.: die septingentesimo sexagesimo quinto, Cic. – subst., sexāgēsima, ae, *f.* (*sc.* pars), der **sechzigste Teil,** denarii unius, Plin. 29, 24.

sexāgēssis, is, *m.* = sexaginta asses, Prisc. de fig. num. § 31. p. 416, 33 K. Beda de num. 1. p. 101.

sexāgiēs (sexēgiēns), *Adv.* (sexaginta), **sechzigmal,** sestertium sexagiens (abgek. SH LX), sechzigmal hunderttausend Sesterze, Cic. Phil. 2, 45. Caes. b. c. 1, 23, 4: dafür bl. sexagiens, Cic. Rosc. Am. 6.

sexāginta, *Num.* (ἑξήκοντα), **I sechzig,** Cic. u. a.: maior sexaginta annis, über sechzig Jahre alt, Liv. – **II** meton. = **sehr viel,** limina, Mart.: triumphi, Petron.

sexangulātus, a, um (sexangulus), **sechseckig,** crystallus, Solin. 33, 20: iris (lapis), Isid. orig. 16, 3, 6: lapis, Aethic. cosmogr. 83 (zweimal).

sex-angulus, a, um, **sechseckig,** cera, Ov.: cella, Plin.: figura, Plin. – subst., sexangulum, ī, *n.*, das **Sechseck,** Prisc. de fig. num. 32. p. 417, 4 K. Boëth. inst. arithm. 2, 16.

sexātrūs, uum, *f.*, der **sechste Tag** nach den Idus, Varro LL. 6, 14. Fest. 257 (a), 5. Paul. ex Fest. 255, 10.

sexcen…, s. sescēnī…

sexcent…, s. sescent…

sexdecim, s. sēdecim ►.

sexennis, e (sex u. annus) **sechsjährig,** v. Kindern, Plaut. Poen. 902 u. 987. Capit. Anton. phil. 4, 1: v. Hirschen, Plin. 8, 116: v. Schweinen, Petron. 47, 8. – sexenni die, in sechsj. Frist, Caes. b. c. 3, 20, 4.

sexennium, iī, *n.* (sexennis), ein **Zeitraum von sechs Jahren, sechs Jahre,** centesimae sexennii Cic.: puer subripitur sexennio prius quam moritur pater, Plaut.: sexennio post Veios captos, Liv.: ante proximum sexennium, Apul.: sexennio toto, Paneg. vet.: ille biennium, hi sexennium, jener wollte eine Dauer von zwei Jahren, diese sogar von sechs Jahren, Cic. – aber sexennio imperii, im sechsten Jahre der Reg., Aur. Vict. de Caes. 27, 8.

sexfascālis, is, *m.* (sex u. fascis), ein kaiserl. Statthalter (legatus Augusti), der sechs Faszes hat, CIL 8, 7015 u. 8324.

sexiēs (sexiēns), *Adv.* (sex), **sechsmal,** hostis sexies victus, Liv.: sexies tantum, quantum etc., Cic.: Mario sexiens cons., Vell. 1, 15, 5 *ed. Haase* (Kritz u. Halm sextum). – ► sexsiens geschr., Monum. Ancyr. tab. 3. lin. 24.

sexis, *n. indecl.* (sex), **I** die Zahl sechs, Vitr. 3, 1. § 7 u. 8. Mart. Cap. 7. § 767. – **II sechs Asse,** Mart. Cap. 3, 305.

Sexītānus, a, um, s. Saxētānum.

sexiugis, s. 1. sēiugis.

sex-prīmī, ōrum, *m.*, die **sechs Obersten des Stadtrates** in Munizipien und Kolonien, die **sechs Vornehmsten der Bürger,** Cic. de nat. deor. 3, 74. Fragm. iur. Rom. Vatic. § 124. CIL 6, 1827. – Sing., scriba quaestorius sexprimus, einer von den sechs obersten quästor. Schreibern, CIL 6, 1825.

sexsiēns, s. sexiēs ►.

sextādecumānī, ōrum, *m.* (sextus decimus), die **Soldaten von der sechzehnten Legion,** die **Sechzehner,** Tac. hist. 3, 22.

sextānī, ōrum, *m.* (sextus), die **Soldaten der sechsten Legion,** die **Sextaner,** Mela 2, 5, 2 (2. § 75). Plin. 3, 36.

sextāneus, a, um (sextus), **zum sechsten gehörig,** der **sechste,** limes, der nach dem Schatten der Mittagsstunde (der sechsten des Tages) gezogene, Gromat. vet. 248, 15 u. a.: ders. subst. bl. sextāneus, *ibid.* 313 27 u. a. – rivus, *ibid.* 327, 8: ders. subst. bl. sextāneus, *ibid.* 313, 22 u. a. – pars, *ibid.* 310, 13 u. a.: latus, *ibid.* 333, 10.

sextāns, antis, *m.* (sex), **I** der **sechste Teil eines Asses** od. **zwölfteiligen Ganzen,** Varro LL. 6, 171. – Insbes.: **a** als kleine Münze, **zwei** *unciae,* ein **Sechstel,** Liv. u. Plin.: servus non sextantis, kein Sechstel (keinen Heller) wert, Laber. com. 31: u. so non esse sextantis, in einem Wortspiel, Granius bei Cic. de or. 2, 254. – **b** der sechste Teil einer Erbschaft, ex sextante heres institutus, ICt.: ex parte dimidia et sextante heres, Suet.: testamento heres ex parte dimidia et tertia est Capito; in sextante sunt ii, quorum pars etc., im T. ist K. zum Erben von fünf Sechsteln gemacht; das letzte Sechstel ist Personen vermacht, die usw., Cic. – **c** eines Pfundes, Ov.: mit pondo, Scrib. – **d** eines Morgen Landes, iugeri, Varro u. Colum. – **e** eines Gemäßes, **zwei Maß** (cyathi), Mart. u. Suet. – **II** bei den Mathematikern (denen die 6 als numerus perfectus, Grundzahl, galt) der sechste Teil einer Sechs, die **Eins,** Vitr. 3, 1, 6.

sextantālis, e (sextans), **den sechsten Teil betragend,** fusi, zwei Zoll dick, Vitr. 10, 2, 14.

sextantārius, a, um (sextans), **den sechsten Teil betragend,** as, das den sechsten Teil des ehemaligen Asses, folglich nur zwei unciae betrug od. schwer war, Fest. 347 (a), 13: so auch asses sextantario pondere, Plin. 33, 44.

sextāriālis, is, *f.* (sextarius), ein **Nöselmaß, halbes Quart, Schoppen,** Gruter. inscr. 223, 2.

sextāriolus, ī, *m.* (*Demin.* v. sextarius), ein **Geschirr von einem Nösel** (sextarius), ein **Schoppenfläschchen,** Aug. b. Suet. vita Hor. p. 47 *Reiff.*

sextārius, iī, *m.* (sextus), der **sechste Teil** (Fest. 246 [b], 5 *in v.* Publica pondera), **I** der flüssigen Dinge, der sechste Teil des *congius,* nach unserer Art ein **Nösel, halbes Quart, Schoppen,** aquae, Cic.: vini, Hor. – **II** trockener Dinge, der **vierte Teil des römischen Modius** (röm. Scheffels), folglich die **römische Metze,** Colum. u. Plin. – meton., das eine Metze haltende Gemäß, die **Metze,** Cato r. r. 13 *extr.*

Sextiānus, a, um, s. Sextius.

Sextiliānus, a, um, s. Sextilius.

sextīlis, e (sextus), der **sechste,** doch nur vom Monat; dah. Sextilis mensis u. subst. bl. Sextīlis, is, *m.*, der sechste Monat des röm. Jahres, vom März an gerechnet, also unser achter, der **August,** Sext. m., Hor. ep. 1, 11, 19; bl. Sext., Cic. ep. 10, 26, 1. Hor. ep. 1, 7, 2 (später mensis Augustus gen., s. Macr. sat. 1, 12 *extr.* Suet. Aug. 31, 2): dah. Kalendae Sextiles, Cic.: Nonae Sextiles, Liv.

Sextilius, a, um, Name einer röm. *gens.* – Dav. abgel. **Sextiliānus,** a, um, **sextilianisch, des Sextilius,** pirum, Cloat. b. Macr. sat. 2, 15 *extr.*

Sextius und Sestius, a, um, Name einer röm. *gens,* aus der am bekanntesten P. Sextius, der als Volkstribun die Zurückberufung Ciceros beförderte und den Cicero dann in einer noch erhaltenen Rede verteidigte. – *Adi.* **sextisch,** lex, vom Volkstribunen L. Sextius abgefasst, des Inhaltes, dass auch ein Plebejer Konsul werden könne, Liv.: tabula, des Wechslers Sextius, wo Kaufkontrakte aufgesetzt, Auktionen angestellt wurden usw., Cic. – bes. **Aquae Sextiae,** röm. Kolonie in der Nähe von Massilia, vom Konsul Sextius Kalvinus im J. 123 v. Chr. gegründet, berühmt durch Mineralbäder, jetzt *Aix-les bains,* Liv. epit. 61. Vell. 1, 15, 4. Solin. 2, 54. Flor. 3, 3, 7. – Dav. abgel. **Sextiānus** (Sestiānus), a, um, **sextianisch, des Sextius (Sestius),** conviva, Catull.: mala, Colum.: dicta, Cic.

sextō, *Adv.*, s. sextus.

sextula, ae, *f.*, *sc.* pars (v. sextulus, a, um, *Demin.* v. sextus), der **sechste Teil einer Uncia** = der **sechste Teil vom Zwölftel** eines jeden Ganzen, folglich der **zweiundsiebzigste Teil** eines Ganzen, eines Asses (als Münze), Varro LL. 5, 171. – einer Erbschaft, Cic. Caecin. 17. – eines Morgen Landes, Colum. 5, 1, 9 u. 5, 2, 2.

sextum, *Adv.*, s. sextus.

sextus, a, um (sex), **I** der **sechste,** liber, Cic.: casus, der Ablativ, Quint.: sextus decimus locus, Cic.: sextus decimus annus, Liv.: sexta decima legio, Tac. – subst., sextā decimā (verst. horā), Mart. Cap. 6. § 696: sexto (*sc.* die) Idus Apriles, Colum. 11, 2, 34: sexto decimo (verst. die) Kalendas Ianuarii, Colum. 11, 2, 94. – *Adv.*, **a** sextum, **zum sechsten Mal,** sextum consul, Cic.: consul sextum creatus T. Quinctius Capitolinus, Liv. – **b** sextō, **sechsmal,** Treb. Poll. Gall. 17, 4. – **II** Sextus, ein röm. Vorname.

sextus-decimus, s. sextus.

sexuālis, e (sexus), **zum Geschlecht gehörig,** manus, einer Frau, Cael. Aur. de morb. acut. 3, 18, 184.

sexus, ūs, *m.* (zu secare), **I** das männliche u. weibliche **Geschlecht, a** v. Menschen: hominum genus et in sexu consideratur, virile an muliebre sit, Cic.: liberi utriusque sexus, Suet.: verenda utriusque sexus, Plin.: sexus infirmus (v. weibl. Geschlecht), Lact.: u. so sexus infirmitas, Lact.: sexus validior et infirmior, Augustin.: Plur., diversi sexus, Quint.: quoniam sunt ex duobus sexibus nati, Lact. – v. Zwittern, homines utriusque sexus, Plin.; vgl. natus ambiguo inter marem et feminam sexu infans, Zwitter, Liv. – **b** v. Tieren, Plin. – **c** v. Bäumen, Steinen usw., Plin. – **II** meton., das **Geschlechtsglied,** Plin. 22, 20. Lact. 1, 21, 16. – ► Abl. Plur. sexibus, Spart. Hadr. 18, 10. Lact. 1, 8, 4; 1, 16, 16. Arnob. 3, 20 u. 7, 19: aber sexubus, Iul. Val. 1, 36 (35).

sexvir, sexvirālis, s. sēvir, seviralis.

sexvirātus, ūs, *m.*, s. sēvirātus.

sfaer..., s. sphaer...

sfondilus, s. spondylus.

sfongia, s. spongia.

sfongius, a, um, s. spongius.

sfungia, s. spongia.

sī, *Coni.* (sibiliert aus εἰ), **I** als Bedingungspartikel = **wenn, wofern, gesetzt den Fall, dass,** je nach dem Zusammenhang mit dem *Indicat.* od. *Coniunctiv* aller Tempora, **1** im Allg.: numquam labere, si te audies, Cic.: si minus, wo nicht, Cic. – verb. quod si, und wenn nun, wenn demnach, zu Anfang eines mit dem Vorhergehenden zusammenhängenden Satzes, s. Cic. Cat. 2, 10; Rosc. com. 54 u. a. – si ne, si non = *nisi,* Plaut. u. Lucr. – si … si non (auch ohne wiederholtes Verbum), Cic. u. a. – si non … at saltem (doch wenigstens, doch sicherlich), Cic. – si … sive od. si … seu, Komik. (s. Spengel Ter. Andr. 216): si … si = sive … sive, Plaut. capt. 114. Gell. 2, 28, 3. – **2** insbes.: **a** zur Angabe der Begründung u. Rechtfertigung = **wenn anders, wenn nämlich,** delectus habetur, si hic delectus appellandus, Cic.: bellum vobis indictum est, magno eorum malo, qui indixere, si viri estis, Liv. – **b wenn doch,** bei Wünschen, si nunc se ostendat! Verg.: dah. o si! o **wenn doch!** Verg. u. Hor. – **c** bei Vergleichungen, ac si, **als wenn, gleich als wenn,** mit *Coniunctiv,* Cic. u. Liv.: so auch perinde ac si, s. per-inde. – **d** zur Angabe eines Zugeständnisses, **wenn auch,** si omnes deos hominesque celare possimus, Cic. Vgl. Spengel Plaut. truc. 4, 4, 24. Fabri Sall. Iug. 85, 48. – **II** in abhängigen Frage- u. Zweifelsätzen, **falls = ob, ob wohl etwa, ob vielleicht** (wie im griech. εἰ u. in bes. gemütlichen Fällen auch ἐάν), visam, si domi est, Ter.: conati, si possent etc., Caes.: dicito, si etc., Cic. Vgl. Brix Plaut. capt. prol. 26. Held Caes. b. c. 2, 34, 1. Fritzsche Hor. sat. 2, 5, 87. Zuw. ist der Begriff des Versuchens in Gedanken zu ergänzen (vgl. Held Caes. b. c. 2, 34, 1), equitatum ostentare coeperunt, si ab re frumentaria Romanos excludere possent, (um zu versuchen) ob sie usw., Caes.: castra movet, si … posset etc., (um zu versuchen) ob er usw., Liv. – ► arch. sei, CIL 1, 33; 1, 196, 28; 14, 3572 u. ö. Plaut. Men. 238 u. merc. 526 *cod. A* u. ö. Lucr. 5, 38 L. Catull. 39, 2.

siagones, um, Akk. as, *m.* (σιαγόνες), die **Muskeln der Kinnlade,** Cael. Aur. de morb. chron. 1, 1, 37 u. 1, 4, 90. – dies. auch **siagonītae,** ārum, *f.* (σιαγονῖται), Cael. Aur. de morb. acut. 2, 10, 59 u. a.

siat = οὐρεῖ ἐπὶ βρέφους, Gloss. II, 183, 29.

sībe, s. sī-ve a. E.

sībilātio, ōnis, *f.* (sibilo), das **Zischen, Pfeifen,** Vulg. sapient. 17, 9: sib. vel stridor, Cael. Aur. de morb. chron. 2, 14, 198: Plur. Nbf. sifilationes, Non. 531, 5.

sībilātrīx, trīcis, *f.* (sibilo), **zischend, pfeifend,** fistula (= σῦριγξ), Mart. Cap. 9. § 906.

sībilātus, ūs, *m.* (sibilo), das **Zischen, Pfeifen,** Cael. Aur. de morb. acut. 2, 27, 144: oris risus vel sibilatus, Prob. inst. art. 47, 13 K.

sībilo, āre (sibilus), **I** *intr.* **zischen, pfeifen,** im Allg., Rhet. Her.: v. Schlangen, anguis sibilat, Ov.: serpentium est sibilare, Suet. fr.: si fallo, vipera nostris sibilet in tumulis, Prop.: v. der Nachtigall, zwitschern, philomela inter frutices sibilans, Sidon. epist. 2, 2, 14: v. Pers., (auf der Straße einem Mädchen) zuzischeln, Plaut. merc. 407: sib. alci, jmdm. pfeifen (damit er kommt), Vulg. Isai. 7, 18 u. Zach. 10, 8: aber sib. super alqm, über jmd. zischen, jmd. auszischen, auspfeifen, Vulg. Ezech. 27, 36. – übtr., sibilat stridor rudentum, rauscht, Sil.: sibilat aura, Lucan.: v. glühenden Eisen im Kühltrog, ferrum in tepida submersum sibilat unda, Ov. met. 12, 279. – **II** *tr.:* **1** etw. **hervorzischen,** tibia, idiomatum proprietate amissā, sibilat potius rem, quam enuntiat, Fulg. myth. 3, 9. – **2** jmd. **auszischen, auspfeifen,** alqm, Cic. ad Att. 2, 19, 2. Hor. sat. 1, 1, 66. – ► Nbf. sifilo, Non. 531, 2.

sībilum, s. 2. sībilus ►.

1. sībilus, a, um, **zischend, pfeifend,** colla (der Schlange), Verg.: so auch ora, Verg.: coma torvae frontis, des Pan, Val. Flacc.

2. sībilus, ī, *m.* (Plur. sibili u. bei Dicht. sibila), (gotisch *swiglōn,* pfeifen, ahd. *sweglōn,* die Flöte), das **Zischen, Säuseln, Sausen, Pfeifen,** sibila stridentis teli, Sil.: calamorum, Lucr.: austri, Verg.: aurae tenuis (Nom.), Lact.: rudentum, Pacuv. tr. fr. u. Cael. in Cic. ep.: der Hirtenflöte, Ov.: der Schlange, serpentum sibilus, Prob.: sibila dare, Ov., od. torquere, Val. Flacc.: sibilum edere (v. Lebl.), Cels. – v. leb. Wesen, das **Zischen (Pfeifen),** sibilo signum dare, Liv.: sibilo allectari (v. Rindern), Colum.: quotiens retentum spiritum remiserunt, sibilos (audio) et acerbissimas respirationes, Sen. – bes. das missbilligende, verspottende **Zischen (Pfeifen),** das **Auszischen (Auspfeifen),** Ggstz. plausus, Sen. ep. 102, 9: sibilum metuis? Cic.: sibili vulgi, Cic.: intactus ab sibilo, Cael. in Cic. ep.: sibilis conscindi, Cic.: sibilis alqm explodere, Cic. (u. so per sibilos explodi, Amm.). – ► Archaist. *Abl.* sibilu, Sisenn. hist. 12. fr. 131 (bei Prisc. 6, 79). – Nbf. sibilum, Gloss. III, 84, 28. – Nbf. sifilum, Prisc. 1, 46.

sibina (sibyna, subina), ae, *f.* (σιβύνη), der illyrische **Jagdspieß,** Enn. ann. 504 (b. Paul. ex Fest. 336, 5, wo Müller sybinam hat). *Pacuv. tr. 270 R.[2] (wo subina). Tert. adv. Marc. 4, 1. – ► **sibōnes** b. Gell. 10, 25, 2 viell. dass. (wenn nicht sibynae zu lesen ist).

Sibulla, s. Sibylla.

Sibullīnus, s. Sibyllinus.

sibus, a, um, **scharfsinnig, gescheit, schlau,** Paul. ex Fest. 336, 3.

Sibuzātēs, um, *m.*, ein Volk in Aquitanien in der Gegend von *Saubusse* an den Pyrenäen, zwischen *Dax* u. *Bayonne,* Caes. b. G. 3, 27, 1.

Sibylla, ae, *f.* (Σίβυλλα, aus Σιὸς [= Διὸς] βουλή, eig. Gottesraterin), die **Weissagerin und Priesterin des Apollo,** die **Sibylle,** deren zehn bekannt sind, s. 1. Varro b. Lact. 1, 6, 7 *sqq.:* Sibyllarum carmina, Lact. 2, 8, 48. – In der röm. Sage vorzüglich die zu Kumä, zur Zeit des Äneas, Verg. Aen. 6, 10. Ov. met. 14, 104 u. a. – eine andere kumäische, der die sogen. sibyllinischen Bücher (libri Sibyllini, alte Weissagungen) zugeschrieben werden, die dem Tarquinius von einer unbekannten Alten zum Kauf angeboten, dann auf dem Kapitol verwahrt und in Bedrängnissen des Staates von einem besonderen Kollegium (anfangs duoviri, dann decemviri und quindecimviri, s. d.) nachgeschlagen wurden (s. Gell. 1, 19; etwas anders erzählt bei Plin. 13, 88), Cic. de nat. deor. 3, 5. Liv. 38, 45, 3. – ► Auch Sibulla geschr., Val. Max. 1, 5 ext. 1. *ed. Halm.* Tac. ann. 6, 12 *cod. M* u. *ed. Nipp.* Vgl. Sibyllinus. – Dav. **Sibyllīnus,** a, um, **sibyllinisch** (Sibylla), sacerdos, Cic.: vaticinatio, Cic.: carmina, Lact.: libri, Cic. u. a.: libros Sibyllinos adire, Liv., inspicere, Frontin.: diess. auch fata, Cic.: absol., in Sibyllinis (verst. libris), Cic. de div. 2, 112. – ► Auch Sibullini libri geschr., Fast. Praen. Apr. 4 im CIL 1[2]. p. 235. CIL 10, 797.

sibyna, s. sibina.

sīc, *Adv.* (von der Wurzel i [wovon auch is u. ita] mit angenommenem Spiranten u. dem demonstrativen ce, also eig. si-ce, dann apokopiert sic), **so, also, I** im Allg., **so, also, auf diese-, auf solche Weise, solchergestalt, dergestalt, a** übh.: ventulum huic sic facito, so (indem sie es vormacht), Ter.: sive enim sic est, sive illo modo, videri possunt etc., Cic.: illa, quae aliis sic, aliis secus ... videntur, Cic.: illa civitas popularis (sic enim appellant), in qua in populo sunt omnia, Cic.: sic se infert, so gestaltet, Verg.: ebenso sic venias hodierne, Tibull. – **b** einen folgenden Gedanken einleitend, **so, also, folgendermaßen,** sic in animo habeto, uti ne cupide emas, Cato: ingressus est sic loqui Scipio, Cic.: so auch verborum ordinem immuta, fac sic: *Comprobavit filii temeritas* etc., Cic.: u. sic est: acerba fata Romanos agunt, Hor. – bes. einen folg. *Acc.* u. *Infin.*, qui voluptatem sic definiunt, sublationem animi sine ratione opinantis se magno bono frui, Cic.: sic velim existimes, te nihil gratius facere posse, Cic.: u. so sic habeto mit folg. *Acc.* u. *Infin.*, Cic. – **c** sic est u. dgl. als bestätigende Aussage od. Antwort, *S.* Et illud vide, si etc. *L.* Sic, inquit, est ... *S.* subregno igitur tibi esse placet omnes animi partes? *L.* Mihi vero sic placet, Cic. de rep. 1, 60: *S.* Vides igitur, ne illam quidem, quae tota sit in factionis potestate, posse vere dici rem publicam. *L.* Sic plane iudico, Cic. de rep. 3, 44: u. so sic erit, so ist es jedenfalls, Ter. heaut. 1014 u. Phorm. 801: sed profecto hoc sic erit, Plaut. Pseud. 677. – dah. in der Umgangsspr. absol. sic = **so ist es, ja,** s. Ter. Phorm. 316. **II** insbes.: **A** bei Vergleichungen, **so, a** übh., gew. korresp. mit *ut,* seltener *quemadmodum, tamquam, quasi* u. dgl., Atticum sic amo, ut alterum fratrem, Cic.: sic suscipias, ut si esset etc., Cic.: u. so quemadmodum ... sic, Cic.: sic ... tamquam, Cic. u. Liv.: sic ... quasi, Cic.: sic ... quomodo, Plaut. – **b** ut ... sic, zur Angabe, dass das eine neben dem anderen eingeräumt wird, obgleich man es nicht erwartet, **wenn auch ... doch; zwar ... doch,** ut errare potuisti, sic decipi te non potuisse quis non videt? Cic.: ut naturam fautricem habuerat in tribuendis animi virtutibus, sic maleficam nactus est in corpore fingendo, Nep. – **c** (wie οὕτως) bei Versicherungen, Schwüren und Wünschen (bei Dichtern, in Prosa gew. ita), sic mit Konjunktiv ... ut mit Indikat., **so wahr ich wünsche, dass** usw. ... **so gewiss,** quoque minus dubites, sic has deus aequoris artes adiuvet, ut nemo iam dudum litore in isto constitit, Ov. – statt des Konjunktivs auch der Indikat. Fut., sic me di amabunt, ut me tuarum miseritum est fortunarum, Ter. – in Wünschen (wie οὕτως) verkürzt (ohne korresp. ut), sic tua Cyrneas fugiant examina taxos, incipe, si quid habes, Verg.: post damnum sic vendas omnia pluris, Hor.

B zur Angabe der Beschaffenheit, **so, so beschaffen, von der Art,** sic sum: si placeo, utere, Ter.: sic est vulgus: ex veritate pauca, ex opinione multa existimat, Cic.: sic est ingenium, Ter.: sic vita hominum est, ut ad maleficium nemo conetur sine spe atque emolumento accedere, Cic.: Laelius sapiens (sic enim est habitus, als ein solcher galt er nämlich) etc., Cic. Vgl. Matthiä Cic. Rosc. Am. 84.

C zur Angabe der Art und Weise des Erfolges bereits angedeuteter Tatsachen, **a so, auf diese Weise** = **unter solchen Umständen, in dieser Lage, nach solchen Vorgängen, demgemäß, und nun,** crimini maxime dabant in Numitoris agros ab iis impetum fieri ... Sic ad supplicium Numitori Remus deditur, Liv.: sic Eumenes ... talem exitum habuit, Nep. Vgl. Fabri Liv. 24, 2, 1. – **b** zur Angabe der bloßen Ursache, **so** = **deswegen,** *Th.* Quid vos insanin estis? *Tr.* Quidum? *Th.* Sic, quia foris ambulatis, Plaut. most. 450 *sq.:* u. so Apul. met. 4, 32 H. (mit *cod.* F) – **c** zur Angabe der Folge einer Ursache, **so** = **daher, demgemäß,** quia non est obscura tua in me benevolentia, sic fit, ut multi per me tibi velint commendari, Cic. ep. 13, 70 *in.*

D zur Angabe der Bedingung u. Einschränkung, **so** = **mit** od. **unter der Bedingung (Voraussetzung), mit der Bestimmung, mit der Einschränkung, insofern,** gew. korresp. mit ut (dass), also sic ... ut = **insofern ... dass; doch so ... dass,** sed tamen recordatione nostrae amicitiae sic fruor, ut beate vixisse videar, Cic. – u. sic ... ne, **doch so ... dass nicht,** sic positum servabis onus, ne forte sub ala fasciculum portes librorum, ut rusticus agnum, Hor. – u. sic ... si, **mit** od. **unter der Bedingung (Voraussetzung), insofern ... wenn; dann ... wenn,** decreverunt, id sic ratum esset, si patres auctores fierent, Liv.:

sic enim facillime putavit se Graecā linguā loquentes, qui Asiam incolerent, sub sua retenturum potestate, si amicis suis oppida tuenda tradidisset, Nep.

E zur Bezeichnung des Grades, u. zwar: **a** eines besonders hohen Grades, bes. mit folg. Effektsatz (mit *ut*), **so** (betont), **so sehr, in dem Grade, dergestalt ... dass** usw., Caecinam a puero sic semper dilexi, ut non ullo cum homine coniunctius viverem, Cic.: repente ex omnibus partibus advolaverunt, sic uti ab signis legionibusque non absisterent, Caes. – ohne folg. Effektsatz, sic erat in omni vel officio vel sermone sollers, Cic. – **b** eines niederen Grades, der Mittelmäßigkeit, **so, so so,** *Da.* Quid rei gerit? *Ge.* Sic tenuiter, Ter.: *Sy.* Et quidem hercle forma luculenta. *Ch.* Sic satis, es geht schon an, Ter.: sic hoc, das geht so ziemlich, Ter.: nosne? sic, Ter.: sub pinu iacentes sic temere, Hor.

F (wie οὕτως) zum Ausdruck des Leichtnehmens, der Vernachlässigung, **so, nur so, so obenhin, schlechthin, ohne Weiteres** (vgl. Spengel Ter. Andr. 175. Obbarius Hor. carm. 2, 11, 14), sic nudos (nackt, wie sie sind) in flumen proicere, Cic.: quod me sic vides, so wie ich gehe und stehe, Petron.: mirabar hoc si sic abiret, Ter.: non posse istaec sic abire, Cic. – ► arch. seic, CIL 1, 818 (zweimal).

sīca, ae, *f.* (seco), **I** der **Dolch,** maximus sicarum numerus et gladiorum, Cic.: sicā confodere alcis latus, Val. Max.: ferreā sicā confodere alqm, Suet.: haec sica istam Appiam nece Papirii cruentavit, Cic.: quotiens tibi iam extorta est sica ista de manibus! Cic.: haec sica intentata nobis est, Cic.: non iam inter latera nostra sica illa versabitur, Cic.: hi pueri sicas vibrare et spargere venena didicerunt, Cic. – übtr., utroque (arbore et saxo) apri dentium sicas exacuunt, die Schneiden, Plin. 18, 2: sicam ingenii destringentes, ihren Witz wie einen geschärften Dolch brauchend, Amm. 30, 4, 9. – **II** meton., der **Dolchstich,** die **Erdolchung, geheime Mordtat,** der **Meuchelmord,** hinc sicae, venena, falsa testamenta nascuntur, Cic.: sicae, veneni, peculatus quaestiones, Cic.

sicāle, s. secāle.

Sicamber, -brī, s. Sugambrī.

Sicānī, ōrum, *m.*, die **Sikaner,** ein aus Gallien eingewanderter keltischer Stamm, der längs der Westküste Italiens wohnte und von da nach Sizilien zog, Verg. Aen. 5, 293. Sil. 14, 34. Gell. 1, 10, 1. Amm. 30, 4, 12. – Dav.: **A Sicānia,** ae, *f.*, **Sikanien** = **Sizilien,** Ov. met. 5, 464 u. 495; 13, 724. Iustin. 4, 2, 1. – **B Sicānis,** idis, *f.*, **sikanisch,** poet. = **sizilisch,** Ov. Ib. 596. – **C Sicānius,** a, um, **sikanisch,** poet. = **sizilisch,** Verg. u. a. – **D Sicānus,** a, um, **in, aus, bei Sizilien, sizilisch,** fluctus, Verg.: portus, Verg.: montes, Ps. Ov.

sīcārius, iī, *m.* (sica), der **Meuchelmörder, Bandit,** Cic. u. a. – dah. die Formel inter sicarios, des Meuchelmordes wegen, quaestio M. Plaetorii et C. Flaminii inter sicarios, Cic.: accusare alqm, defendere, exercere quaestionem, Cic.

Sicca, ae, *f.*, mit dem Beinamen Veneria, bedeutende Stadt Numidiens am Bagradas, röm. Kolonie mit einem Tempel der Venus Erycina, j. *Keff,* Sall. Iug. 56, 3. Val. Max. 2, 6, 15. Plin. 5, 22. CIL 13, 6449: bl. Veneria, Solin. 27, 8. – Dav. **Siccēnsēs,** ium, *m.*, die Einw. von Sicca, die **Siccenser,** Sall. Iug. 56, 4 u. 5. CIL 8, 1647.

siccābilis, e (sicco), **trocknend,** Cael. Aur. de morb. chron. 3, 8, 138 u. 139.

siccāneus, a, um (sicco), **von trockener Beschaffenheit, trocken** (Ggstz. riguus), genus prati, Colum.: locus, Colum. – Plur. subst., siccānea, ōrum, *n.*, **trockene Stellen** (Ggstz. rigua), Colum. 2, 2, 4.

siccānus, a, um (siccus), **von trockener Beschaffenheit, trocken,** ulmus (Ggstz. rigua), Plin. 16, 72: holus, Pelagon. veterin. 7 (128 *Ihm*).

siccārius, a, um (siccus), **zum Trocknen gehörig,** canistra, die Untersätze der Becher, Serv. Verg. Aen. 1, 706.

siccātio, ōnis, *f.* (sicco), das **Trocknen,** Plin. 34, 129: s. sagenarum, Vulg. Ezech. 26, 5 u. 14; 47, 10.

siccātīvus, a, um (sicco), **trocknend,** virtus, Cael. Aur. de morb. chron. 2, 3, 69. Th. Prisc. 2, 3: malagma, Cael. Aur. de morb. chron. 4, 3, 71: aquae, Cassiod. var. 10, 29, 1.

siccātōrius, a, um (sicco), Kraft zu trocknen habend, **trocknend,** origanum, Th. Prisc. de diaeta 10.

siccē, *Adv.* (siccus), **I trocken, im Trocknen,** ut bos sicce stabuletur, Colum. 6, 12, 2. – **II** bildl., **körnig, schlicht,** quasi sicce dicere, Cic. de opt. gen. 12.

siccēsco, ere (*Inchoat.* v. sicco), **trocken werden,** Vitr. u. a.: Ggstz. umesco, Plin. 18, 339.

siccidus, a, um (siccus), **trocken,** seu calidior a natura factus est aut siccidior, aut frigidior aut certe umidior, Oribas. fr. 17, 11 *extr.*

siccificus, a, um (siccus u. facio), **trocken machend,** Macr. sat. 7, 16, 34.

sīccine od. **sīcine** od. **sīcin,** *Adv.* (sic-ce), demonstrative Fragepartikel = **also?** siccine mihi obsequens es? Plaut.: siccine agis? Ter.: siccine me ... deserto liquisti in litore? Catull.: sicine iaces? Prop.: sicin mihi interloquere? Ter.

siccitās, ātis, *f.* (siccus), **I** die **Trockenheit, a** eig.: uvae, Plin.: paludum, Caes.: laborum, Arnob. – **b** meton., die **trockene Witterung, Dürre,** Cic. u. Liv.: Plur. siccitates, Caes. u. a.: post longas siccitates, Colum.: siccitatum vapor, Plin. 17 222. – **II** übtr., **a** die **Geistesarmut,** Rhet. Her. 4, 9 (bildl.). – **b** die **Festigkeit, Gedrungenheit,** die **kernhafte Gesundheit** des Körpers (im Gegensatz zu dem aufgedunsenen, schwammigen Körper), corporis, Cic. de sen. 34: so auch absol. b. Cic. Tusc. 5, 99. – **c** die **trockene Derbheit, Trockenheit** der Rede, der **körnige, schlichte, knappe Ausdruck,** orationis, Cic. de nat. deor. 2, 1: Attici generis, Cic. Brut. 285.

sicco, āvī, ātum, āre (siccus), **trocknen, trocken machen, I** *v. tr.:* **A** im Allg. (Ggstz. udare, nässen, anfeuchten): vellera, Verg.: herbas, Ov. – bes. Gewässer u. Ländereien **austrocknen, trocken legen,** paludes, Cic.: maria, Sen. rhet.: agros, Suet.: paludem Pomptinam, Quint.: paludes Pomptinas, Liv. epit. u. Suet.: infima urbis loca cloacis fastigio in Tiberim ductis, Liv. – **B** prägn.: **a austrinken, ausleeren,** calices, Hor. u. Iuven.: sacram largo Permessida ore, den (den Musen) heiligen permessischen Quell mit starken Zügen trinken = ein großer Dichter sein (Ggstz. verecundam malle esse sitem), Mart. – **b melken,** ovem, Ov.: distentas pecudes, Lucan. – **c aussaugen,** ubera, Verg. u. Plin. – **II** *v. intr.* **trocknen** = trocken werden, quotiens flumina et stagna siccaverint, Lact. 7, 3, 8: lacrimae siccaverunt, Vict. Vit. 3, 50: cum siccaverit, Apic. 3, 105: cum siccaverint, Apic. 4, 132 u. 9, 410. – **III** *impers.* **es trocknet,** ubi pluerit et siccaverit, Cato r. r. 112, 2.

siccoculus, a, um (siccus u. oculus) = ξερόφθαλμος, **trockene Augen habend,** Plaut. Pseud. 77.

siccus, a, um (aus *siticos zu sitis), **trocken, I** eig. u. bildl.: **1** eig.: **a** im Allg. (Ggstz. umidus, umens, aridus): urna, Hor.: folia, Plin.: aquae, Schnee, Mart.: signa, die Bären am Himmel, weil sie nie untergehen, Ov.: pocula, leere, Tibull.: cepa (Ggstz. viridis, condita), Plin.: lignum, stark, fest, Verg.: panis, trockenes (ohne Zukost), Plin.: cibus siccus atque aridus, saft- u. kraftlose (Ggstz. dulcis atque pinguis), Plin.: siccā voce, der man anhört, dass der Mund trocken ist, Ov.: m. *Genet.*, sicci sanguinis enses, Sil. 7, 213. – horreum siccissimum, Colum.: loca siccissima, Sen.: pars siccissima, Sen. – subst., siccum, ī, *n.*, das Trockene, Ggstz. umidum, Apul. de Plat. 1, 17: in sicco, auf dem Trockenen, auf dem trockenen Land, hibernare, Liv.: Plur. sicca, das **Trockene, trockene Orte,** auch die Erde, Quint. u. a. – **b** insbes.: **α trocken, ohne Tränen, tränenlos,** oculi, Hor. u. Quint.: homo, Sen. – **β trocken, noch nüchtern, durstig,** siti sicca sum, Plaut.: siccus, inanis, Hor.: poet. dies, gleichs. durstige = heiße, sengende, Hor. – dah. meton., **nüchtern, enthaltsam, mäßig** (Ggstz. vinolentus), Plaut., Cic. u. a.: oft verb. siccus ac sobrius (Ggstz. ebrius et vomitans), Lucil. fr., Sen. u. Petron. – **γ** nur von Trockenem lebend, ein **armer Schlucker, Hungerleider,** accedes siccus ad unctum, Hor. ep. 1, 17, 12. – **δ heiter, ohne Wolken,** canis (Gestirn), Prop.: luna, Prop. u. Plin. – **ε trocken** = regenlos, caelum (Klima), Plin.: fervores, Ov. – **2** bildl.: **a trocken, kalt, gefühllos, lieblos,** medullae, Prop.: puella, Ov. u. Mart. – **b leer, ungebildet,**

ohne Kenntnisse, sicci omnino atque aridi pueri, Suet. gr. 4. – **II** übtr.: **A** vom Körper, frei vom Schleim, vom Schnupfen usw., **straff, stramm, gedrungen, kerngesund, 1** eig.: mulier, Plaut.: corpus (Ggstz. umidum, saftreicher), Cels.: corpora sicciora, Plin. – **2** bildl., v. Redner u. dessen Ausdruck = **körnig, schlicht, knapp,** orator, Cic.: dicendi genus, Quint. – **B** aktiv = **trocknend, trocken machend,** Scrib. 71.

sīcdum, *Adv.*, **auch noch so,** Stat. Theb. 12, 242 *Queck.*

Sicelicon, ī, *n.* (Σικελικόν), **sikelisches Kraut,** anderer Name für psyllium, das **Flöhkraut,** Plin. 25, 140.

Sīcelis, idis, *f.*, s. Sicilia.

sicelisso, āre (σικελίζω), **im sikelischen** (sizilischen) **Ton sich halten, sikelisieren,** v. einem Bühnenstück, Plaut. Men. prol. 12; vgl. Paul. ex Fest. 28, 17 u. Consent. 376, 33 K. (wo sicilizat).

sicera, ae, *f.* (σίκερα, τό, das hebr. שכר), ein berauschendes Getränk bei den Hebräern, **Scherbet,** Eccl.

Sichaeus, d. Sychaeus.

Sichem, *f. indecl.*, Stadt in Palästina, Hauptstadt von Samaria, später Neapolis Flavia genannt, j. *Nabulus, Naplus* od. *Naplusa,* Vulg. genes. 12, 6 u. a.: Samaritis Sichem, Iuvenc. 2, 246.

Sicilia, ae, *f.* (Σικελία), **Sizilien,** die größte und wichtigste Insel des Mittelmeeres, dem südwestl. Teil Italiens gegenüber, deren Einwohner die Siculi (s. d.), ein Zweig der älteren Sicani, waren, Mela 2, 7, 14. (2. § 115), Plaut. Men. 409. Cic. Verr. 2, 1 *sqq.* – Dav.: **A Sicelis,** idis, *f.* (Σικελίς), **sizilisch,** Musae, Verg.: puella, Ov.: subst. = eine Sizilierin, Ov. – **B Siciliēnsis,** e, **siziliensisch, aus Sizilien,** fretum, bei Sizilien, Cic.: pecunia, in Sizilien erworben, Cic.: bellum, in Sizilien geführt, Suet.: peregrinatio, Aufenthalt (eines Reisenden) in Sizilien, Suet.: negotiatores, Paul. ex Fest.

sicilisso, āre, s. sicelisso.

sīcilicula, ae, *f.* (*Demin.* v. sicilis), die **kleine Sichel,** als Kinderspielzeug, argenteola, Plaut. rud. 1169.

sīcilicus (sīciliquus), ī, *m.* (sicilis; auf Inschrn. durch das Zeichen) ausgedrückt), **I** der **vierte Teil vom Zwölftel** (uncia) **eines Asses** und jedes Ganzen, der **achtundvierzigste Teil: a** der Erbschaft, Scaev. dig. 33, 1, 21. § 2. – **b** eines Pfundes, **zwei Drachmen** (Quentlein), Auct. de pond. 21. – **c** eines Fußes, also ein **Viertelzoll,** Plin. 13, 93 u. 31, 57. Frontin. aqu. 28. Act. fr. arv. *a.* 81 im CIL 6, 2059. – **d** der **achtundvierzigste Teil einer Stunde,** Plin. 18, 325. – **e** der **achtundvierzigste Teil eines Jucherts,** Colum. 5, 1, 9 u. 5, 2, 5. – **II** übtr. (von der Figur des sicilicus), gramm. Zeichen, und zwar: **a** das **Komma,** Mar. Victorin. 1, 4, 92. p. 23, 3 K. – **b** Zeichen der Verdoppelung der Konsonanten, z. B. AN'IUS, Mar. Victorin. 1, 4, 2. p. 8, 3 K. Isid. orig. 1, 26, 29.

Siciliēnsis, e, s. Sicilia.

sīcilimentum, ī, *n.* (sicilio), das **mit der Sichel Nachgemähte,** Cato r. r. 5. § 8.

sīcilio, īre (sicilis), **mit der Sichel nachmähen,** prata, Varro u. a.

sīcilis, is, *f.* (sica), die **Sichel,** Plin. 6, 38: als Waffe, Enn. ann. 507. Gell. 10, 25, 2.

sicilizo, s. cicelisso.

sīcin, sīcine, s. sīccine.

sīcinium, iī, *m.*, s. sincinium.

Sicinius, iī, *m.*, Cn., Volkstribun im J. 76 v. Chr. Cic. Brut. 216.

sicinnista, ae *m.* (σικιννιστής), der Tänzer des *sicinnium* (s. d.), der **Sizinnist,** Acc. b. Gell. 20, 3, 3.

sicinnium, iī, *n.* (σίκιννις), ein dem satyrischen Drama eigener Tanz, der sich durch schnelle, aber ungekünstelte u. einfache Bewegungen auszeichnete, Gell. 20, 3, 2.

sicium, s. īsicium.

siclus, ī, *m.* (σίκλος, das hebr. שקל), der **Sekel, Silberling,** eine hebräische Münze, Vulg. exod. 21, 32 u. a. Hier. in Ezech. 1, 4, 9; vgl. Isid. orig. 16, 25, 18.

sico, s. seco.

Sicoris, is, Akk. im, Abl. ī, *m.*, ein Nebenfluss des Hiberus im tarrakon. Hispanien, der die Grenze zwischen den Ilergetae u. Lacetani bildete, j. *Segre,* Caes. b. c. 1, 40, 1; 1, 48, 3; 1, 62, 3 u. a. Plin. 3, 24. Lucan. 4, 14 u. 335. Auson. epist. 25, 59.

sīcubi, *Adv.* = si alicubi, **wenn irgendwo,** Ter., Cic. u. a.

sīcula, ae, *f.* (*Demin.* v. sica), der **kleine Dolch;** dah. meton. scherzh. = mentula, Catull. 67, 21.

Siculī, ōrum, *m.*, die **Sikuler,** ein Zweig der Sicani (urspr. in Gallien), der früh in Italien einwanderte und das Land vom Tiber bis an die östliche Küste besetzte, in der Folge aber genötigt wurde, nach Sizilien zu wandern, Plin. 3, 56. Varro LL. 5, 101. Colum. 1, 3, 6. – dah. übtr. = die Einwohner Siziliens, die **Sizilier,** Cic. Brut. 46: Siculi Hieron et Epicharmus, Colum. 1, 1, 8: *Genet.* Siculûm, Lucr. 6, 642. – im Sing. Siculus, ī, *m.*, der **Sizilier,** Plaut. capt. 888. Cic. de or. 2, 278 u. a.: Hieron Siculus, Varro r. r. 1, 1, 8. – Dav. **Siculus,** a, um, **sizilisch,** mare, Hor. u. Mela: fretum, Liv. u. a.: tellus, Verg.: oratores, Cic.: pastor, der Dichter Theokrit, Verg.: fratres, Amphinomus u. Anapus, Mart.: coniunx, Proserpina, Iuven.: fuga (*sc.* Sex. Pompei), Prop.: tyrannus, Phalaris, Ov.: Siculi cantus (Plur.), der Sirenengesang, Iuven. 9, 150.

sīcunde = si alicunde, **wenn irgendwoher,** Cic. ad Att. 13, 30, 2 (3) u. a.

Sicuōn, ōnis, *f.*, s. Sicyōn.

sīc-ut u. **sīc-utī,** *Adv.*, **sowie, gleichwie, wie, I** im Allg.: **a** m. einem Verbum: s. factum erat, Cic.: s. praedico, Plaut.: s. sapiens poëta dixit, Cic.: sicuti dixi, Plaut.: sicuti accepi, Sall. – m. folg. *ita, itidem, sic:* s. … ita, Liv.: s. … sīc, Caes. u. Tac.: sicuti … ita, Caes.: sicuti … itidem, Plaut.: m. folg. *ubi,* s. … ūbi, wie … wann, Verg. – **b** ohne Verbum: amplectitur me sicuti neminem, Cic.: sapiens nec s. vulgus, Cic.: s. apud nos, Cic.: potestas in uxores, sicuti in liberos, Caes.: s. antea, Hor. – mit folg. *ita, item* etc.: s. in foro, item in theatro, Cic.: s. Campani Capuam, sic Regium habituri etc., Liv. – **II** insbes.: **1** mit ursächlichem Nebenbegriff, **wie denn, zumal da,** s. cras aderit, hodie non venerit, Plaut. Epid. 272 G.; vgl. Plaut. mil. 974. – **2** als Bestätigung einer Behauptung, **wie es wirklich-, in der Tat ist (war),** quamvis felix sit, s. est, Cic.: dicat, Epicurus s. dicit, Cic.: quamquam perspexisti, sicuti perspicies, Cic. – **3** zur Angabe eines Vergleiches, **gleichsam,** hic locus sicut fundamentum est huius constitutionis, Cic.: natura rationem in capite s. in arce posuit, Cic.: fugā Tibur s. arcem belli Gallici petunt, Liv. – **4** zur Anfügung eines Beispieles, **wie, wie zum Beispiel, als** u. dgl., quibus in causis omnibus, s. in ipsa M. Curii, Cic.: qui proprie libros huic operi dedicaverunt, s. Caecilius, Dionysius etc., Quint. – **5** s. eram, erat etc. = ὡς εἶχον, zur Bezeichnung einer dauernden Beschaffenheit bei einer neuen Tätigkeit, **so wie ich (er) war,** s. erat togatus, Suet.: sicut nudatus erat, Curt.: s. eram, fugio, Ov.: seltener mit einem anderen Verbum, s. vestitus advenerat, Suet.: sicut curru eminebat, Curt. – **6** hypothetisch, **wie wenn, gleich als wenn,** sicuti partā iam atque exploratā victoria, Caes.: sicut foret lacessitus, Sall.: sicut salutatum introire etc., Sall.

Sicyōn, ōnis, *m.* u. *f.* (Σικυών), Hauptstadt der Landschaft Sicyonia in der nördl. Peloponnes, berühmt als sehr früher Sitz aller Künste u. Wissenschaften, der Lyrik, der Malerei u. Bildhauerei, von Manufakturen u. Fabriken, bes. für Metall, Geburtsort des Aratus, j. wahrsch. Ruinen bei *Camari* od. *Camares,* Plaut. Curc. 395. (Fleckeisen Sicuonem); merc. 647; Pseud. 995 (Abl. lok. -oni; Fleckeisen Sicuoni). Cic. de off. 2, 81; ep. 13, 21, 2. Liv. 27, 31, 1 u. 27, 37, 5: die Umgegend berühmt durch treffliche Oliven, Ov. ex Pont. 4, 15, 10: dah. Sicyon olifera, Ov. Ib. 315. – Dah. **Sicyōnius,** a, um (Σικυώνιος), **sikyonisch, aus** od. **zu Sikyon,** Aratus, Cic.: magistratus, Cic.: ager, Liv.: baca (Olive), Verg.: oleum, Cael. Aur.: calcei, eine Art weicher Schuhe, Cic.: dies. subst. auch Sicyōnia, ōrum, *n.*, Lucil. fr., Lucr. u. a. – ▶ Sicyon als *masc.*, Cic. ad Att. 1, 13, 1: als *fem.*, Ov. Ib. 319. Stat. Theb. 2, 179 u. 4, 50. Iuven. 3, 69. – spät. Nbf. Sicyona, wov. Akk. Sicyonam, Oros. 3, 23, 15.

sicyos agrios (σίκυος ἄγριος), die **wilde Gurke,** ein Strauch, Ps. Apul. herb. 113.

Sīda, ae, *f.* (Σίδη, dah. auch **Sīdē**, ēs, *f.*, Plin. 5, 96 D., bei Jan Sade), Stadt in Pamphylien, westl. vom Fluss Melas, eine äolische Kolonie von Kumä, mit einem guten Hafen, Verehrungsort der Minerva, j. *Eski Adalia,* Cic. ep. 3, 6, 1. Liv. 35, 13, 5. – Dav. **Sīdētae**, ārum, *m.* (Σιδῆται), die Einw. von Sida, die **Sideten,** Liv. 35, 48, 6.

sīderālis, e (sidus), **zu den Gestirnen gehörig, Gestirn-,** circulus, Hygin.: scientia, Plin.: inscitia, Auson.: ratio, Plin.: dies, Isid.

sīderātīcius, a, um, **von der Krankheit** *sideratio* **befallen, -erstarrt, -gelähmt, hirnwütig vom Sonnenstich,** iumenta, Veget. mul. 3, 35 (5, 34).

sīderātio, ōnis, *f.* (sideror), **I** die Konstellation, der **Stand der Gestirne** mit Rücksicht auf das Schicksal jmds., Firm. math. 4, 13 *extr.* u. 6, 31. – **II** eine von der Witterung, bes. von der Hitze herrührende Krankheit, **a** der Bäume, Plin. 17, 218 u. 223. – **b** der Tiere, der **Sonnenstich,** die **Hirnwut vom Sonnenstich,** Scrib. Larg. 101.

sīdereus, a, um (sidus), **zu den Gestirnen-, zu den Sternen gehörig, gestirnt, Sternen-, I** eig.: **a** übh.: caelum, Ov.: u. v. dems. arx mundi, Ov., u. sedes, Verg. u. Ov.: ignes, Sterne, Ov. met. 15, 665 (vgl. *no.* b): Canis, Hundsgestirn, Ov.: dea = Nox, Prop.: coniunx, Ceyx (als Sohn des Luzifer), Ov. – **b** insbes., zur Sonne gehörig, **Sonnen-,** ignes, Ov. met. 1, 779 (vgl. vorh. *no.* a): lux, Ov.: deus, Sonne, Mart.: colossus, der Sonne geweiht, Mart. – **II** übtr.: **A** zum Himmel gehörig, **himmlisch,** arcus, Colum. poët. 10, 292. – dah. **a** = göttlich, sanguis, von Göttern, Val. Flacc. 7, 166. – **b himmlisch, göttlich** = sehr schön der Gestalt nach, ministri, Mart.: mares, Mart. – od. herrlich, trefflich den Eigenschaften nach, vates Maro, Colum. poët. 10, 434. – **B glänzend, strahlend,** clipeus, Verg.: artus, Stat.: os, Val. Flacc.

sidērion, iī, *n.* (σιδήριον), die Pflanze **Eisenkraut,** Plin. 25, 34 u. a.

sidērītēs, ae, *m.* (σιδηρίτης) = sideritis *no.* I, b, Plin. 37, 58.

sidērītesis, is, *f.* = heliotropium, Ps. Apul. herb. 19.

sidērītis, idis, Akk. im, *f.* (σιδηρῖτις), **I** als Gestein: **a** der **Magnet,** Plin. 36, 127. – **b** ein Edelstein aus dem Geschlecht der Diamanten, Plin. 37, 182 (vgl. siderites). – **II** als Pflanze, das Eisenkraut, Plin. 25, 42 u. 26, 148.

sidērizūsa, ae, *f.* (σιδηρίζω), **eisenhaltig,** aquae, quas siderizusas appellant, Cael. Aur. de morb. chron. 4, 1, 1.

sidēropoecilos, ī, *m.* (σιδηροποίκιλος), ein uns unbekannter Edelstein, Plin. 37, 182.

sīderor, ātus sum, ārī (sidus) = *sidere afflari,* **hirnwütig werden, am Sonnenstich leiden,** griech. ἀστροβολεῖσθαι, Plin. u. Veget.

Sidicīnī, ōrum, *m.*, eine Völkerschaft in Kampanien, die den nördlichsten Teil des mons Massicus bewohnte, mit der Hauptstadt Teanum (j. *Teano*), Cic. Phil. 2, 107. Liv. 7 29, 4. – Dav. **Sidicīnus**, a, um, **sidizinisch,** ager, Liv.: aequora, Verg.: cohors, Sil.

sīdo, sīdī u. sēdī, sessum, ere (ἵζω, altind. *sīdati,* sitzt), **sich setzen, sich niederlassen, I** eig., v. leb. Wesen: canes sidentes, Plin.: sedit Atlantiades, Ov.: post eos, qui sederant proximi, constitit, Curt. – m. *Praeposs.* od. m. bl. *Abl.*, musca in temone sedit, Phaedr.: in adverso limine sedit, Ov.: dicta sub arbore sedit, Ov.: corvus ei supra dextrum brachium sedit, Eutr.: columbae per aëra lapsae sedibus optatis geminā super arbore sidunt, Verg.: et (columbae) viridi sedere loco, Verg.: imusne sessum? Cic.: alqm sessum recipere, Cic.: alqm in quattuordecim sessum deducere, Pollio in Cic. ep.: ebenso sessum in quattuordecim (um sich auf den Ritterplatz zu setzen) e scaena per orchestram transiit, Suet.: insbes. **sich zu Gericht niedersetzen,** sessum it praetor, Cic. de nat. deor. 3, 74. – **II** übtr., v. lebl. Subjj.: **A** im Allg., **sich setzen, sich senken, sich niederlassen, sich lagern,** cum siderit (pix), Colum.: gutta sidens ad ima vasa, Plin.: orta ex lacu nebula campo quam montibus densior sederat, Liv.: nebulae in vallibus sidentes, Plin. – **B** insbes.: **1 stecken-, sitzen-, liegen bleiben, a** übh.: lancea sedit femine, Sil.: pallia sidere in lecto, Prop.: cum sederit glans, Liv. – **b** als naut. *t. t.* = auf einer Untiefe **sitzen bleiben, festsitzen,** v. Schiffen, Nep., Prop. u. a.: ubi cymbae siderent, Liv. – **2 sinken** = schwinden, **a** eig.: non flebo in cineres arcem sedisse paternos Cadmi, Prop.: sidentes in tabem acervi, zusammensinkend, Lucan. – **b** bildl.: civitas pessum suā mole sidens, Sen.: fundamenta imperii sidentia, Plin.: his dictis sedere minae, legten sich Sil.: metu sidente, Tac.

Sīdōn, ōnis, *f.* (Σιδών, ῶνος, u. όνος), die älteste u. wichtigste Stadt Phöniziens, nördlich von Tyrus in einer von Bergen eingeschlossenen Ebene, Mutterstadt von Tyrus, schon zu Homers Zeiten berühmt durch Handel, Schiffahrt u. Künste, j. *Saida,* Mela 1, 12, 2 (1. § 66). Cic. ad Att. 9, 9, 2: Akk. Sīdōna, Curt. 4, 1 (3), 15 u. (mit langem o) Verg. Aen. 1, 619: Abl. Sīdōne (mit langem o), Lucr. 6, 585. Ov. met. 4, 572; u. Sīdone (mit kurzem o), Sil. 8, 438. – Dav.: **A Sīdōnicus**, a, um (Σιδωνικός), **sidonisch,** Sall. – **B Sīdones**, um, *m.* (Σιδόνες), die **Sidoner,** Curt. – **C Sīdōnis** u. **Sīdonis**, idis, *f.*, **sidonisch, tyrisch,** concha, tyrischer Purpur, Ov.: tellus, Phönizien, Ov. – subst. = die Sidonierin, v. der Europa, Ov. art. am. 3, 252 (Vok. Sidoni); fast. 5, 610 u. 617 (Vok. Sidoni): v. der Dido, Ov. met. 14, 80: von Anna, der Schwester der Dido, Ov. fast. 3, 649. – **D Sīdōnius** u. **Sīdonius**, a, um (Σιδώνιος, poet. Σιδόνιος), **sidonisch, tyrisch, phönizisch,** navis, Liv.: hospes, Kadmus, Ov.: urbs, Verg., od. moenia, Ov., die Stadt Sidon: amor, der Europa, Mart.: bes. vom Purpur, ostrum, Ov.: chlamys, purpurn, Verg. – subst., Sīdōnia, ae, *f.*, die Gegend um Sidon, Iustin.: Sīdōniī, ōrum, *m.* (Σιδώνιοι), die Sidonier od. Tyrier, Ov. u. Curt. – weil Karthago u. Theben von Sidon abstammen, dah.: **α karthagisch,** Sil.: subst., Sīdōniī, ōrum, *m.*, die **Karthager,** Sil. – **β thebisch, thebanisch,** Stat.

1. **Sīdōnius**, s. Sīdōn.

2. **Sīdōnius**, iī, *m.*, vollst. C. Sollius Apollinaris Sidonius, ein christl. Schriftsteller des 5. Jahrh. n. Chr. (um 430–488), seit etwa 472 Bischof von Klermont (Arverni), Gennad. de vir. ill. 92: antistes Sidonius, Ven. Fort. carm. 2, 15 (12), 7.

sīdus, eris, *n.*, das **Himmelsbild,** das **Gestirn, I** eig. u. meton.: **A** eig., teils durch mehrere Sterne gebildetes **Sternbild, Sterngruppe,** teils einzelner Himmelskörper, **Gestirn, Stern, a** übh.: **α** Sing.: sidus Vergiliarum, Liv.: sidus Veneris, Martis, Plin.: sidus tauri, Sidon.: s. haedorum, Amm.: s. aestivum, solstitiale, Sonne, Mela u. Iustin.: so auch s. aetherium, Ov.: u. sidere inclinato, Plin.: s. lunae, Plin.: s. lunare, Sen. – **β** Plur.: illi sempiterni ignes, quae sidera et stellas vocatis, Cic.: sol et luna reliquaque sidera, Cic.: sidera, quae vocantur errantia, Cic. – Arcturi sidera, Verg.: caprae s., Hor.: poet., sidera solis, v. der Sonne selbst, Ov. – **b** in Hinsicht des Einflusses auf die Geburt u. die Schicksale des Menschen, sidus natalicium, Cic.: grave sidus habens, Ov.: vivere me duro sidere, Prop. – **c** in Bezug auf Krankheiten, die man dem Einfluss der Gestirne zuschrieb, afflantur alii sidere, bekommen den Sonnenstich, Plin.: subito flas sidere mutus, Mart. – haud secus quam pestifero sidere icti pavebant, Liv.: loquacitas animos iuvenum pestilenti quodam sidere afflavit, Petron. – **B** meton.: **1** Sing.: **a** die **Jahreszeit,** quo sidere terras vertere conveniat, Verg.: hiberno sidere, im Winter, Verg.: mutato sidere, in einer anderen Jahreszeit, Verg. – **b** der **Tag,** brumale, Wintertag, kürzester Tag, Ov. – **c** das **Klima,** der **Himmelsstrich,** die **Gegend,** patrium, Plin. pan.: tot sidera emensa, Verg.: nec sidus regione viae litusve fefellit, Verg. – **d** die **Witterung,** grave sidus et imber, Sturm, stürmisches Wetter, Ov.: Minervae, Sturm, den Minerva erregt, Verg.: sideraque ventique, Ov.: abrupto sidere nimbus it ad terras, Sturmwolke, Verg.: s. confectum, wenn die Witterung, die ein Gestirn erregt, zu Ende ist, Plin. – **2** Plur.: **a** der **Himmel,** ad sidera missus, Iuven.: ad sidera ferre, bis zum Himmel erheben (= sehr loben), Verg.: alqm evehere in sidera (Ggstz. in Cocyti profunda mergere), Amm.: sideribus regnare, Calp.: ad sidera, hyperbolisch = **sehr hoch,** auch. bl. = **in die Höhe, empor,** ad sidera ducti, Prop.: poma ad sidera nituntur, steigen (wachsen) empor, in die Höhe, Verg.: sub sidera lapsae, flogen in die Höhe empor, Verg.: iactant voces ad sidera, Verg.: vertice sidera tangere, Ov., od. ferire, Hor., die Sterne berühren (= groß-, glücklich-, göttlich-, über andere Sterbliche erhaben sein): sub pedibus videt nubes et sidera, ist wirklich ein Gott, Verg. – **b** die **Nacht,** exactis sideribus, Prop.: sidera producere ludo, Stat. – **II** übtr.: **1** v. schönen Augen, **Sterne,** oculi sidera nostra, Prop.: geminum, sua lumina, sidus, Ov. – **2** v. der **Schönheit** der Gestalt, **a** abstr.: puer egregiae praeclarus sidere formae, Stat. silv. 3, 4, 26 (vgl. Hor. carm. 3, 9, 21 sidere pulchrior ille; u. Val. Flacc. 5. 465 *sq.* Iason, sideris ora ferens). – **b** konkret, der **Stern** = der **Glanz,** die **Zier,** hoc Macedoniae columen ac sidus, Curt.: o sidus Fabiae, Maxime, gentis, Ov.: terrestria sidera, flores, Ov.: princeps, qui noctis novum sidus illuxit, Curt. – dah. als Schmeichelwort angef. b. Suet. Cal. 13.

siēm, -ēs etc., s. 1. sum.

sīfilātio, s. sībilātio.

sīfilo, sīfilus, s. sībilo, sibilus.

sīfo, s. sīpho.

Sīgaliōn, ōnis, *m.* (von σιγάω, schweigen), die Gottheit des Schweigens bei den Ägyptern, Auson. epist. 25, 27.

Sigamber, Sigambrī, Sigambria, s. Sugambrī.

Sīgēum, ēi, *n.* (Σίγειον), Vorgebirge u. Hafenstadt in Troas, wo Achilles' Grabmal war, j. *Jenischer,* Mela 1, 18, 3 (1. § 93). Cic. Arch. 24. Liv. 44, 28, 6. – Dav.: **A Sīgēus,** a, um, **a sigēisch,** freta, campi, Verg.: pulvis, die Kämpfe vor Troja, Stat.: pestis, das von Herkules erlegte Ungeheuer, Val. Flacc. – **b** (weil die Römer von den Trojanern abstammen sollen) poet. = **römisch,** colonus, Sil. – **B Sīgēius,** a, um, **sigēisch,** tellus, Ov. her. 1, 33.

sigillāriārius, iī, *m.* (sigillarius), der *sigillaria* (kleine Figuren, Standbilder usw. aus Wachs, Gips od. Ton) verfertigt, der **Wachs-, Gips-, Tonbildner,** CIL 6, 9895.

sigillārīcius, a, um (sigillum), **zu den** *sigilla* **gehörig,** subst., **a** sigillārīcium, iī, *n.*, das **Bilderfest** (s. sigillārius *no.* A), Vopisc. Aurel. 50, 2. – **b** sigillārīcia, ōrum, *n.* (*sc.* dona), **Geschenke am Bilderfest,** Spart. Hadr. 17, 3.

sigillārius, a, um (sigillum), **zu den** *sigilla* (kleinen Puppen, Standbildern usw. aus Wachs od. Ton) **gehörig,** sigillario motu, durch automatenartige Bewegung, Tertull. de anim. 6: ähnlich velut sigillario extrinsecus ductu, Tertull. adv. Valent. 18. – subst., sigillāria, ōrum, Abl. iis u. ibus, *n.*, **A** ein Fest in Rom, bei dem man sich neben anderen Geschenken bes. kleine Figuren aus Wachs od. Ton schenkte, das **Bilderfest,** Macr. sat. 1, 10, 24; 1, 11, 46 *sqq.* Tib. b. Suet. Claud. 5, 1. Spart. Carac. 1, 8. Schol. Iuven. 6, 154. – **B kleine Figuren** aus Wachs, Gips od. Ton, die am Bilderfest geschenkt wurden, **Wachs-, Gips-, Tonfiguren, -bilder,** Sen. ep. 12, 3. Spart. Carac. 1, 8. Schol Iuven. 6, 154. – als Gegenstände der göttl. Verehrung, Tert. de or. 12. Arnob. 6, 11 u. 13. – **C** Sigillaria, der Ort in Rom, wo sigilla u. Bücher u. andere künstlerische Werke verkauft wurden, der **Bildermarkt, Kunstmarkt,** Suet. Claud. 16, 4. Gell. 5, 4, 1: Abl. sigillaribus, Scaev. dig. 32, 1, 102, sigillariis, Gell. 2, 3, 5.

sigillātus, a, um (sigillum), **mit kleinen Figuren (in erhabener Arbeit) verziert,** scyphi, Cic.: putealia, Cic. Vgl. Gloss. II, 322, 53 ›sigillatum, ζωδιακόν‹.

sigilliolum, ī, *n.* (*Demin.* v. sigillum), die **kleine Figur,** Plur. b. Arnob. 6, 11 u. 18.

sigillo, āvī, āre (sigillum), **I kenntlich eindrücken, hervorheben,** quibus (arvis) muricatos, ut aiunt, sigillaverunt gressus, Fulg. myth. 1. praef. p. 8 M. – **II** das **Kreuz vor** jmd. **schlagen,** quod draconem sigillavit ille, Ven. Fort. vit. S. Marcell. 10.

sigillum, ī, *n.* (*Demin.* v. signum), **I** die **kleine Figur,** das **kleine Bildnis,** die **kleine Statue** (das **Standbildchen**), Vitr. 9, 8, 6 u. 7. Apul. apol. 62: sig. Volkani, CIL 14, 3: im Plur., patella, in qua sigilla erant egregia, Cic. Verr. 4, 48: albaria sigilla aedificiorum, Gipsfiguren (als Stukkaturarbeit) an Häusern, Plin. 36, 183: quattuor certamina brevibus distincta sigillis, in ein Gewebe eingewirkt, Ov. met. 6, 86: ornatus circus sigillis, mit Standbildchen, Ov. art. am. 1, 407: Tyrrhena sigilla, Standbildchen, Götterbildchen, Hor. ep. 2, 2, 180: u. so von Standbildchen, Cic. de nat. deor. 1, 85: parva sigilla, Lact. 2, 4, 19: sigilla perparvula, Cic. Verr. 4, 95. – von Abdrücken des Siegelringes, das **Siegel,** ignoti anuli sigillo impresso, Curt. 3, 7 (18), 14: cum aperuisset sigillum secundum, tertium etc., Vulg. apoc. 5, 3 *sqq.*: Plur., si in eiusmodi cera centum sigilla hoc anulo impressero, Cic. Acad. 2, 86: odisti claves et grata sigilla pudico, Hor. ep. 1, 20, 3: liber signatus sigillis septem, Vulg. apoc. 5, 1. – **II** das **Zeichen,** die **Spur,** Ven. Fort. vit. S. Mart. 2, 326.

Sigimērus, ī, *m.*, Fürst der Cherusker, Vater des Arminius u. Bruder des Segestes, Vell. 2, 118, 2. – auch Segimērus (Σεγίμηρος, Strabo) gen., Tac. ann. 1, 71.

sigla, ōrum, *n.* (synkop. aus sigilla, Plur. v. sigillum), die **Abkürzungszeichen, Abkürzungen,** Iustin. ep. ad antec. § 8. Cod. Iust. 1, 17, 2. § 22.

sigma (simma), atis, *n.* (σίγμα), der griechische **Buchstabe** σ, der, groß geschrieben, die Figur eines C, folglich eines halben Kreises hat, dah. meton. **I** ein halbrundes **Speisesofa,** Mart. 10, 48, 6. Lampr. Heliog. 25, 2 u. 29, 3. Spart. Hadr. 17, 4. – **II** eine halbrunde **Badewanne,** Sidon. epist. 2, 2, 5.

sigmentum, s. sēgmentum ►.

sīgnāculum, ī, *n.* (signo), **I** das **Zeichen,** corporis, Beschneidung, Tert. apol. 21: inscripta oleo frontis signacula, Zeichen des Kreuzes, Prud. psych. 360. – **II** insbes., das **Siegel,** Ulp. dig. 16, 3, 1. § 36. Nov. Theod. 2. tit. 16. c. 1. § 5. Apul. flor. 9. p. 11, 6 Kr.

sīgnālis, e (signum), **bestimmt, ein Zeichen zu geben,** Gromat. vet. 361, 22.

sīgnanter, *Adv.* (signo), **bezeichnend, deutlich,** Auson. grat. act. II. 9. p. 21, 3 Schenkl. Hieron. adv. Iovin. 1, 13 *extr.*: *Compar.* signantius, Augustin. de consens. evang. 2, 6, 19.

sīgnārius, a, um (signum), **zu den Bildern (Standbildern) gehörig,** artifex, der Bildhauer, CIL 6, 9896.

sīgnātē, *Adv.* (signatus), **bezeichnend, deutlich,** Gell. 2, 5 *lemm.*; 2, 6, 6; 13, 25 (24), 32. Macr. sat. 6, 7, 9. Amm. 29, 1, 33. Augustin. de civ. dei 14, 8, 2 u. a. Porphyr. Hor. sat. 1, 1, 1: *Compar.* signatius, Amm. 23, 6, 1 u. 15, 2: *Superl.* signatissime, Pelag. epist. ad Demetr. 5.

sīgnātim, *Adv.* (signatus), **kenntlich,** Gromat. vet. 307, 5.

sīgnātio, ōnis, *f.* (signo), das **Zeichenmachen,** furtiva crucis, das verst. Kreuzschlagen, Tert. ad uxor. 2, 9.

sīgnātor, ōris, *m.* (signo), **I** der **Untersiegler** einer Urkunde als Zeuge, **a** eines Testamentes, **Testamentszeuge,** Suet., Val. Max. u. a.: signatores falsi, Testamentsfälscher, Sall. – **b** der Ehepakten, der **Vermählungszeuge,** venit cum signatoribus, Iuven. 10, 336. – **II** der **Geldpräger, Präger,** CIL 6, 44. – **III** der **Bezeichner,** Augustin. serm. 107, 7.

sīgnātōrius, a, um (signator), **zum Siegeln gehörig, -dienlich,** anulus, Siegelring, Ulp. dig. 34, 2, 25. § 10. Paul. dig. 50, 16, 74: anulus, quo signatorio utebatur, Val. Max. 8, 14, 4. – subst., sīgnātōrium, iī, *n.* = σφραγιστήριον (Gloss. II, 449, 46), der **Siegelring,** Alcim. Avit. epist. 78.

sīgnātus, a, um, *PAdj.* (v. signo), **I kenntlich, deutlich, sichtbar,** quid signatius, Tert. de res. carn. 13. – **II wohlverwahrt, geschützt, unversehrt,** Varro b. Non. 397, 22.

Signia, ae, *f.*, eine Stadt in Latium, nordöstl. von Kora, jenseits der Berge, bekannt durch den dort angebauten herben Wein, j. *Segni,* Liv. 1, 56, 3. Sil. 8, 380. – Dav. **Signīnus,** a, um, **signinisch,** vinum, Cels.: Signinum opus u. subst. bl. Signīnum, ī, *n.*, signinisches Werk (eine Mischung von gestoßenen Scherben u. Kalk, zu Estrich, zur Wandbekleidung usw.), Vitr., Colum. u. a.: dah. camera Sign., aus sign. Werk, Pallad. u. Inscr.: u. so parietes, Pallad. – Plur. subst., Signīnī, ōrum, *m.*, die Einw. von Signia, die **Signiner,** Liv.

sīgnifer, fera, ferum (signum u. fero), **Zeichen-, Bilder tragend, I** im Allg.: puppis, mit Bildern geschmückt, bemalt, Lucan.: ebenso crater, Val. Flacc. – **II** insbes.: **A mit Gestirnen versehen, gestirnt,** aether, Lucr.: caelum, Lucan.: orbis, der Tierkreis, Cic. u. a.: dass. polus, Lucan. u. Amm. – subst., sīgnifer, ferī, *m.*, der Tierkreis, Vitr., Sen. u. a. – **B ein Feldzeichen tragend,** subst. als milit. *t. t.*, sīgnifer, ferī, *m.*, der **Adlerträger, Bannerträger,** Caes., Cic. u. a. – übtr., der **Bannerträger** = der Leiter, Anführer, calamitosorum, Cic.: iuventutis,

Cic.: factionis, Eumen. pan.: praeclarorum hominum ac primorum signiferumque maluisti dici, Lucil. 90.

sīgnifex, ficis, *m.* (signum u. facio), der **Bildner, Bildgießer, Bildhauer,** Apul. u. a.

sīgnificābilis, e (significo), **anzeigend, zu verstehen gebend,** vox, artikulierte Töne, Varro LL. 6, 52: placetne appellemus significabilia ea, quae signis significari possunt nec signa sunt? Augustin. de magistro 8.

sīgnificāns, antis, *PAdi.* (significo), **I bezeichnend, treffend, deutlich,** verba significantia et nitida, Quint. 11, 1, 2: significantissimum vocabulum, Gell. 1, 15, 17. – **II anschaulich,** locorum dilucida et significans descriptio, die Orientierung über Örtlichkeiten, Quint. 9, 2, 44: quia significantius est, Quint. 8, 6, 6.

sīgnificanter, *Adv.* (significans), **vernehmlich, deutlich, anschaulich, verständlich,** dicere, Quint.: acrius, apertius, significantius dignitatem alcis defendere, Cic.: significantissime, Ps. Quint. decl.

sīgnificantia, ae, *f.* (significo), **I** die **Deutlichkeit, Anschaulichkeit,** Quint. 10, 1, 121. – **II** die **Bedeutung,** auch im Plur., Eccl. u. a. Spät.

sīgnificātio, ōnis, *f.* (significo), **I** das **Zuerkennengeben, Bezeichnen, Anzeigen,** die **Bezeichnung, Anzeige, Andeutung,** das **Merkzeichen, Zeichen,** die **Spur, a** absol., verb. nutus et s., Cic.: declarare alqd significatione, Cic.: significationem fumo od. ignibus facere, Caes.: s. fit, Cic. u. Caes. – m. subj. *Genet.*: litterarum, Cic.: Gallorum, Caes. – **b** m. obj. *Genet.*: virtutis, Cic.: timoris, Cic.: voluntatis, Cic.: victoriae, Caes.: adventus, Caes.: recondita veteris ritus, Gell.: factā significatione probitatis, Cic.: primum quam minimi artificii alicuius, deinde nullam Graecarum rerum significationem dare, Cic. – Plur.: significationes valetudinis, Cic.: rerum futurarum, Cic. – **c** m. *Acc.* u. *Infin.*: significatio fit non adesse constantiam, Cic. de off. 1, 131. – multas nec dubias significationes saepe iecit, ne reliquis quidem se parsurum senatoribus, Suet. Ner. 37, 3. – **II** insbes.: **1** wie das griech. ἐπισημασία, das **Zeichen der Beistimmung, Beifallszeichen,** der **Beifallsruf,** s. omnium, Cic.: significatione florere, Cic. – Plur., Cic. ad Q. fr. 1, 1, 14. § 42. Liv. 31, 15, 2. – **2** das **Vorzeichen** der **Witterung,** est et aquarum significatio etc. … caeli quidem murmur non dubiam habet significationem, Plin. 18, 359 *sq.* – **3** die **nachdrucksvolle Andeutung,** der **Nachdruck,** die **Emphase** (griech. ἔμφασις), Rhet. Her. 4, 67. Cic. de or. 3, 202; or. 139. Quint. 9, 2, 3. – **4** die **Bedeutung** eines Wortes, Ausdrucks, der **Wortsinn, Sinn,** naturalis et principalis s., Quint.: mala, Gramm.: scripti, Cic.: verbi, Quint.: verbum aliquod dubiae significationis, Sen.: in XII tabulis legum nostrarum nusquam nominatur ›villa‹, semper in significatione ea ›hortus‹, Plin. – **5** der **Ausspruch,** der **Satz,** duas significationes habet propositio vestra, Sen. ep. 87, 28.

sīgnificātīvē, *Adv.* (significativus), **bezeichnend,** Augustin. serm. 89, 6 u. a. Spät.

sīgnificātīvus, a, um (significo) = (σημαντικός), **bezeichnende Kraft habend, zur Bezeichnung** einer Sache **dienend,** res (Plur.), Augustin. in pentat. 2, 124: sanguis, Augustin. de civ. dei 14, 32, 1: mit *Genet.*, ut ea appellatio certi significativa sit, Ulp. dig. 45, 1, 75. § 2: haec enuntiatio … simul et quantitatis et aestimationis significativa est, Paul. dig. 50, 16, 282: verbum et agendi vel patiendi significativum, Prisc. 8, 1: τὸ SIC est significativum languoris cuiusdam et lentitudinis, Donat. Ter. Andr. 4, 5, 9.

sīgnificātor, ōris, *m.* (significo), der **Bezeichner,** Hier. interpr. Origen. in Luc. 35 u. a.

sīgnificātōrius, a, um (significo), **bezeichnend, anzeigend,** Tert. adv. Herm. 32. Ambros. de incarn. dom. sacr. 9. § 98.

sīgnificātus, ūs, *m.* (significo), **I** das **Anzeichen, Vorzeichen,** tempestatum significatus (Plur.), Vitr. u. Plin. – **II** die **Bedeutung,** sign. duplex, Gell. 5, 12, 9: ne quid deperdat ex significatu, Mar. Victorin. art. gr. 1, 4, 33. p. 13, 13 K. – **III** die **Benennung,** Arnob. 1, 3.

sīgnifico, āvī, ātum, āre (signum u. facio), **ein Zeichen geben,** etw. **anzeigen, zu verstehen-, zu erkennen geben, sich merken lassen, äußern, an den Tag legen,** auf etwas **hindeuten, anspielen, I** im Allg.: **a** m. *Acc.*: hoc mihi significasse et annuisse visus est, Cic.: quod ille saepe mihi litteris significavit, Cic.: s. deditionem, Caes.: aliud nihil habeo, quod ex iis a te verbis significari putem, Cic.: quorum timor cum fremitu et concursu significaretur, Caes. – s. Zenonem, auf Z. hindeuten, anspielen, Cic. – m. dopp. *Acc.*, ut eorum ornatus in his regem neminem significaret, keinen unter ihnen als König vermuten ließ, Nep. Ages. 8, 2: eum enim a deo significari murum ligneum, denn das sei die vom Gott bezeichnete hölzerne Mauer, Nep. Them. 2, 7. – **b** m. folg. *Acc.* u. *Infin.*: omnes qui aderant significabant ab eo (Laelio) se esse admodum delectatos, Cic.: cum ego antea tibi significarim per litteras me sperare illum in nostra potestate fore, Cic.: quod non nihil significabant tuae litterae subdubitare te, quā essem erga illum voluntate, die leise Andeutung enthielten, Cic.: hāc re significari magnum numerum civitatum suam vim sustinere non posse, Caes.: Romam se ire magno clamore significabant, Liv. – **c** m. folg. *ut* u. Konj.: voce et manibus ex vallo significare coeperunt, ut statim dimitterentur, Caes.: hic contra, ut paulum exspectaret, manu significat, Plin. ep. – **d** m. folg. indir. Fragesatz: litterae … neque unde nec quo die datae essent significabant, Cic.: ut (anseres et canes) significent, si fures venerint, Cic. – **e** mit folg. *de* u. Abl.: conclamare et significare de fuga Romanis coeperunt, Caes.: de hac (coniuratione) significare videtur et Cicero in quadam ad Axium epistula, hinzudeuten, anzuspielen auf usw., Suet. – **f** absol.: significare inter se et colloqui coeperunt, Cic.: maxima natu pars significat, Ov.: clamore per agros significant, Caes. – **II** insbes.: **A** Zukünftiges **anzeigen, verkünden, a** übh.: futura, Cic.: quid sibi significent, trepidantia consulit exta, Ov.: ut iam puerilis tua vox possit aliquid significare (einen kleinen Vorbegriff geben) inimicis vestris, quidnam, cum se corroborarit, effectura esse videatur, Cic. – **b** die Witterung: ventus tempestatem significat, Colum.: pluviam, Plin. – **B** dem Wortsinn nach **bezeichnen, bedeuten,** uno verbo significari res duas, Cic.: *carere* hoc significat, Cic.: quae idem significarent solitos scio ediscere, gleichbedeutende (sinnverwandte) Wörter, Synonyma, Quint. – ▶ Depon. Nbf. significor, ohne Beleg bei Gell. 18, 12, 10.

Signīnus, a, um, s. Signia.

sīgnio, īre (signo), **kennzeichnen,** Prisc. partit. XII vers. Aen. 8, 161.

sīgnipotēns, entis, **gestirnt, sternhell,** nox, Cic. fr. H. 4, a, 728.

sīgnitenēns, entis (signum u. teneo), **gestirnt,** bigae, Enn. fr. scen. 113.

sīgno, āvī, ātum, āre (signum), **mit einem Zeichen versehen, zeichnen, bezeichnen** u. dgl., **I** eig.: **A** im Allg.: sonos vocis, Cic.: quasi s. in animo suam speciem, Cic. – loca signat, ubi ea (cistella) excĭdit, Plaut.: frontem calidā forcipe, Nov. fr. (u. so signata frons, Lact.): campum limite, Verg.: humum longo limite, Ov.: caeli regionem in cortice, einschneiden, Verg.: nomina saxo, eingraben, Ov.: u. so aere omnes honores alcis, Plin. ep.: rem carmine, mit der Aufschrift der Tat versehen, Verg.: ceram figuris, bilden, Ov.: qui (cruor) fusus humi signaverat herbam, gezeichnet = befleckt hatte, Ov.: humum cyclade, poet. = berühren, Prop.: humum pede certo, poet. = betreten, Hor.: lanugine malas, den ersten Bart bekommen, Mart. – **B** insbes.: **1 mit einem Siegel versehen, siegeln, besiegeln, versiegeln** (gew. obsignare), libellum, Cic.: volumina, Hor.: arcanas tabellas, Ov.: falsae litterae signo adulterino T. Quinctii signatae, Liv. – dah. poet.: **a besiegeln = festsetzen, bestimmen,** iura, Prop. u. Lucan.: iura Suevis, Claud. – **b schließen, beendigen,** ut qui prima novo signat quinquennia lustro, Mart. 4, 45, 3. – **2** Münzen **mit dem Prägezeichen, Stempel versehen, prägen,** pecuniam signo, Liv.: argentum signatum, Cic. u. Curt.: aurum argentumque signatur, Tac.: s. denarium, Plin.: denarius signatus Victoriā, Plin.: pecunia signata formā publicā populi Romani, Lex Rubria c. 21 u. 22. – dah. poet., (filia) quae patriā signatur imagine vultus, d. i. dem Vater ähnlich sieht, Mart. 6, 27, 3. – **3 auszeichnen, schmücken,** honore, Verg.: caelum coronā, Claud. – **II** übtr.: **A** im Allg.: signatum memori pectore nomen habe, eingeprägt, Ov.: tunc signa animo, quodcumque in corpore mendum sit, zeichne, präge dem

Gedächtnis ein, Ov. – **B** insbes.: **1 bezeichnen = anzeigen, ausdrücken** (gew. significare), differentiam, Quint.: ea eādem appellatione, Quint.: essa nomen (Caieta) signat, Verg.: fama loco signata, Ov.: terras nomine, benennen, Lucan.: si tamen quid sentiam quaeris et vis signare (me) responsum, dass ich bestimmte Antwort (Erklärung) gebe, Sen. de ben. 7, 16, 1: quidam per ampla spatia urbis ... equos velut publicos signatis, quod dicitur, calceis agitant, jagen mit bescheinigten Schuhen, d. i. als hätten sie einen Postschein gelöst (wie mit Extrapost), durch die Stadt, Amm. 14, 6, 16. – m. folg. indir. Fragesatz, in qua regione quali adiutore legatoque fratre meo usus sit, amplissimorum honorum, quibus triumphans eum Caesar donavit, signat memoria, Vell. 2, 115, 1. – m. folg. *Acc.* u. *Infin.*, quod verum esse patris epistula signat (beweist), Capit. Albin. 4, 5. – **2 bemerken, beobachten,** ora sono discordia, Verg.: Turnus ut videt ... se signari oculis, Verg.: signant ultima, sie fassten das Ziel fest ins Auge, Verg.

sīgnum, ī, *n.* (altlat. seignom), das **Zeichen, Abzeichen, Kennzeichen, Merkmal** u. dgl., **I** im Allg., verb. signa et notae locorum, Cic.: signum sanguinis, id est signum crucis, quā (Christus) sanguinem fudit, in sua fronte conscribere, Lact.: imponere fronti immortale signum (crucis), Lact.: liminibus suis de sanguine agni candidi signum imponere, Lact.: ponere signa novis praeceptis, die neuen L. sich anmerken, niederschreiben, Hor.: crucis signum impingere in labiis, das Kr. machen, Hieron.: signum imprimere pecori, Verg.: iaculo mihi vulnera fecit; signa vides, Ov.: signa pedum sequi, den Spuren, Ov.: u. so bl. signa sequi, Verg. – oculis mihi signum dedit, ne se appellarem, Plaut.: deos gallis signum dedisse cantandi, Cic – parva dare mutato signa calore, Spuren inneren Grams auf dem Gesicht tragen, Prop. – quae assolent signa esse ad salutem, Ter.: signa doloris ostendere, Cic.: signa timoris mittere (äußern), Caes.

II insbes.: **A** als milit. *t. t.*: **1** das Abzeichen der Heeresabteilungen, das **Feldzeichen,** das **Banner,** die **Fahne, a** der größeren Heeresabteilungen, der Legionen usw.: signa militaria, Caes. u. Plin.: signa legionum fulgentia, Liv.: signa amittere, Caes.: signa relinquere, fahnenflüchtig werden, Sall.; und ähnlich ab signis discedere, Caes. u. a.: signa ferre, aufbrechen, Caes.: ebenso signa movere, Liv., signa movere e castris, Liv., u. signa tollere, Auct. b. Alex. u. Vell. (vgl. signis militaribus effossis, quae tolli non poterant, Liv. epit.): signa convelli iubere, Befehl zum Aufbruch erteilen, Liv. – signa inferre, zum Angriff anrücken, angreifen, absol., Caes., portae, Liv., in hostes, Caes., adversus Faliscos, contra Veientem, Liv. – signa convertere, kehrtmachen = eine Schwenkung machen, Caes. u. Liv.: conversa signa inferre, mit einer Frontveränderung angreifen, Caes.: signa conferre, **α** im guten Sinne, **die F. zusammennehmen, sie** (an einem Ort, Punkt) **vereinigen,** Caes. u. Liv.: ad alqm, zu jmd. stoßen, Liv. – **β** im üblen Sinne, **handgemein werden,** cum Alexandrinis, Cic.: cum hoste, Liv.: in laevum cornu, Liv.: u. dah. collatis signis certare od. dimicare, ein förmliches Treffen liefern, Liv.: collatis signis superare hostem, in einem förml. Tr., Cic. – sub signis ducere legionem, in Reih' u. Glied, geordnet, Cic.: ebenso sub signis urbem intrare, Liv.: quingenti Pannonii, nondum sub signis, eine ungeordnete Schar, Tac. – übtr., signa conferre, sich in einen Streit einlassen, Cic. ad Att. 7, 5, 5: infestis signis inferuntur Galli in Fonteium, Cic. Font. 34. – **b** der einzelnen Kohorten u. Manipeln (Ggstz. aquila, das Hauptlegionszeichen): s. militaria ... aquila, Cic. Cat. 2, 13. – dah. übtr. wie unser **Fähnlein** = kleine Heeresabteilung, signa et ordines (und Manipeln) od. signa ordinesque, Liv. (s. M. Müller Liv. 2, 59, 7): octo cohortes ... reliqua signa, Sall.: terror primo Latinorum signa turbavit, Liv.: signa ordinesque turbarunt, Liv. – **2** das vom Feldherrn gegebene **Zeichen, Signal,** der **Befehl, a** durch eine auf dem Feldherrnzelt aufgesteckte rote Fahne (vexillum), s. pugnae proponere, Liv.: s. simul itineris pugnaeque proponere, Liv.: signum pugnae dare, Iustin. – **b** mit der Tuba usw., s. tubā dare, Caes.: dare s. proelii committendi, recipiendi, Caes.: s. proelii exposcere, Caes.: s. canere, Sall.; vgl. ea signa, quae receptui canunt, Cic. – **c** das **Losungswort,** die **Parole** (vgl. Nipperd. Tac. ann. 13, 2 u. Heräus Tac. hist. 1, 38, 9 u. 3, 73, 17), consuerat signum petenti ›Priapum‹ aut ›Venerem‹ dare, die Parole *Priapus* od. *Venus,* Suet. Cal. 56, 2: cedo signum, Plaut.: it bello tessera s., Verg.: signum militiae petenti tribuno *Optimae matris* dedit, Tac.: u. so signum excubanti tribuno dedit *Optimam matrem,* Suet.: signo *Felicitatis* dato, Auct. b. Afr. – übtr., tu illam (virtutem) iubes signum petere, sich das Losungswort geben lassen (= einem Höheren untergeordnet sein), Sen. de ben. 4, 2. § 2. – **B** das vom Prätor od. Konsul beim Wettrennen im Zirkus mit einer Flagge (mappa) gegebene **Zeichen** zum Auslaufen der Rennwagen, signum mittendis quadrigis dare, Liv. 8, 40, 3: signum mittere, Enn. ann. 84. – **C** das **Kennzeichen des Zukünftigen, Wahrzeichen, Vorzeichen,** s. se obicit, Cic.: medici signa habent ex venis, Cic. – **D** das **Zeichen** = der **Beweis,** signa rerum, sachliche Beweise (Ggstz. argumenta, Gründe), Quint.: de ea re signa atque argumenta paucis verbis eloquar, Plaut.: haec utrum abundantis an egentis signa sunt? Cic.: hoc signi erit, ubi calx cocta erit, summos lapides coctos esse oportebit, Cato: hoc est signi, ubi primum poterit, se illinc subducet scio, Ter.: u. so hoc signi est u. id signi est (erit) mit folg. *Acc.* u. *Infin.,* Rhet. Her. u. Cic. (s. Halm Cic. Rosc. Am. 83): u. signum est m. folg. *Acc.* u. *Infin.,* magnum hoc quoque signum est dominam esse extra noxiam, Ter.: quod est signum nullam umquam inter eos querimoniam intercessisse, Nep.: quae signa sunt omnia (lauter Beweise, dass) non mediocri quodam consilio naturam mundi administrari, Cic. – **E** das durch Kunst gearbeitete **Bild, Bildnis,** die **Figur,** die **Bildsäule** (das **Standbild**), bes. einer Gottheit, signa ahena, Lucr.: s. aëneum, marmoreum, eburneum, Cic.: formatum marmore, Ov.: pictum, Plaut.: palla signis auroque rigens, Verg.: pictores et ii qui signa fabricantur (Bildhauer), Cic. – dah.: **a** das **Bild** im Petschaft, das **Siegel,** s. notum, imago avi, Cic.: s. adulterinum, Liv.: s. lagoenae laesum, Hor.: signa integra, Cic.: sub signo habere, unter Siegel haben, Cic.: sub signo claustrisque, Cic. – **b** das **Sternbild, Gestirn,** signorum ortus et obitus, Cic.: signa omnia stellaeque, Cic.: s. leonis, Cic.: brumale s., Zeichen des Steinbocks, Cic.: s. pluviale capellae, Ov.: astrorum micantium splendentia signa, Lact.: nox caelo diffundere signa parabat, Hor. – **F** der **Beiname, Spitzname,** Capit. Gord. 4, 8. Vopisc. Aurel. 6, 2. CIL 8, 4411.

sīl, is, *n.,* **I** der **Ocker,** das **Berggelb,** Vitr., Plin. u. a. – **II** = seselis, der **Sesel,** eine Pflanze, Cels. 5, 23. *no.* 1 u. 3. Scrib. Larg. 126. Plin. 12, 128 u. a. – ► Abl. gew. sile; doch auch sili, wie Plin. 20, 36. Paul. ex Fest. 346, 2.

Sīla, ae, *f.,* ein großer Gebirgswald im Bruttischen, bes. reich an Pech, noch jetzt der **Silawald** genannt, Cic. Brut. 85. Verg. georg. 3, 219 u. a. – Dav. **Sīlānus,** a, um, **vom Silawald, silanisch,** caseus, Cassiod. var. 12, 12, 1.

sīlāceus, a, um (sil), **ockergelb, berggelb,** Vitr. u. Plin.

1. sīlānus, ī, *m.* (Σιλανός, dor. = Σειληνός), der (gew. aus einem Silenenkopf sprudelnde) **Springbrunnen,** Lucr., Cels. u. a.

2. Sīlānus, a, um, s. Sīla.

Silarus, ī, *m.,* ein Fluss in Lukanien, j. *Sele,* Plin. 3, 70. Verg. georg. 3, 146. Sil. 8, 582. – Nbf. Silerus, Mela 2, 4, 9 (2. § 69). u. Siler, Colum. poët. 10, 136. Lucan. 2, 426.

sīlātum, ī, *n.* (sil), **mit Sesel angemachter Wein, Seselwein,** Paul. ex Fest. 346, 2 u. danach Fest. 347 (b), 25.

silaus, ī, *m.,* eine Art Eppich, der **Wassereppich, Wassermerk** (*Apium graveolens,* L.), Plin. 26, 88.

Sīlēnicus, a, um, s. Sīlēnus.

silenter, *Adv.* (silens, s. sileo), **(still) schweigend, still,** Vulg. 1. regg. 24, 5. Isid. in 1. regg. 17, 6. Iuvenc. 3, 461 u. a. Eccl.

silentiārius, iī, *m.* (silentium), der **Stillegebieter, a** im röm. Privathaus, ein Sklave, der darauf zu achten hatte, dass Stille im Hause herrschte u. dass niemand von der ganzen Dienerschaft nur das geringste Geräusch machte (selbst ein Niesen od. Husten wurde sofort mit Stockschlägen bestraft, s. Sen. ep. 47, 3), Salv. de gub. dei 4, 3,

15. CIL 6, 1942. – **b** am späteren kaiserlichen Hof, ein Kammerherr, der für Ruhe u. Ordnung im kaiserlichen Palast zu sorgen hatte, Cod. Iust. 3, 28, 30 *extr.* Cod. Theod. 6, 23, 2 *sqq.* CIL 6, 32003 (ex silentiario).

silentiōsē, *Adv.* (silentiosus), **ganz in der Stille,** Cassiod. var. 11, 1, 8.

silentiōsus, a, um (silentium), **voller Stille, ganz still,** Apul. met. 11, 1. Cassiod. var. 7, 7, 2 u. 8, 32, 2.

silentium, iī, *n.* (sileo), die **Lautlosigkeit,** das **Stillsein, Schweigen, Stillschweigen,** die **Stille, I** eig.: **A** im Allg.: s. est, Cic.: audire alqd magno silentio, Cic.: silentio od. cum silentio audiri, geneigtes Gehör finden, Cic. u. Liv.: ubi silentium coepit, als Stille eintrat, als es still wurde, Sall.: silentium inde aliquamdiu tenuit (dauerte fort), Liv.: maestum me intra silentium tenui, ich beobachtete ein tr. Schw., Plin. ep.: silentium tenuit, er beobachtete Schw., Liv.: maestum aliquamdiu silentium obtinuit, Liv.: obstinatum silentium obtinuit, Liv.: silentium in alqo audiendo servare, Liv.: rumpere silentium, Curt., obstinatum silentium, Curt.: rumpere silentia voce, Ov., alta silentia verbis, Verg., hoc iterum sermone silentia, Ov.: si quando pietas nostra silentium rupit, Plin. pan. – silentium facere, Schweigen beobachten, Plaut. u. a.: silentium manu facere, Sen. rhet.: silentium manu poscere, Tac.: facere silentium fabulae, dem Schauspiel ruhig zusehen, Plaut.: silentium fieri iubere, Cic. – aber silentium facere classico, Schweigen bewirken, Cic.: ebenso aspectu, Tac. – silentium agere de alqo, Schweigen beobachten, Quint.: cum silentio animum attendere, ruhig aufmerken, Ter.: cum silentio ad alqm convenire, Liv.: silentio praeterire, mit Stillschweigen übergehen, Cic. (aber ut nulla pars orationis silentio praeteriretur, ohne Zuruf, ohne Geräusch, Cic.): silentio transire, silentio praetervehi, Cic.: silentio transmittere, Tac. (s. Otto Tac. ann. 1, 13. *not.* 30): silentium est de alqo, ist's still, Cic.: usque ad Abraham de iustorum aliquorum, qui pie deum colerent, commemoratione silentium est per annos amplius quam mille, Augustin. de civ. dei 16, 2, 3: plagas ferre silentio, Cic.: furto silentia demere, den Diebstahl ausplaudern, Ov. – v. der Stille der Nacht, silentio noctis, Caes. u. a.: primo silentio noctis, Liv.: per silentium noctis, Liv.: poet. im Plur., muta silentia noctis, Ov.: severa silentia noctis, Lucr.: taciturna silentia rumpi, Lucr. – von der Stille des Feldes, silentia ruris, Ov. met. 1, 232. – v. der Stille einer Örtl., silentio semoti loci defensi, Amm. 19, 5, 5. – **B** insbes.: **a** die **Ungestörtheit,** also Fehlerlosigkeit in der Beobachtung der Wahrzeichen, Cic. de div. 2, 71 *sq.*; vgl. Fest. 348 (a), 29. – **b** das **Stillschweigen** der Leute über jmd., die **Ruhmlosigkeit,** laudem eorum iam prope senescentem ab oblivione hominum atque a silentio vindicare, der ruhmlosen Vergessenheit entreißen, Cic. de or. 2, 7: quod ut paucos in lucem famamque provexit, ita multos e tenebris et silentio protulit, aus ruhmloser Dunkelheit hervorgezogen hat, Plin. ep. 9, 14. – **II** übtr., die **Stille,** der **Stillstand,** die **Ruhe, Muße, Untätigkeit,** verb. silentium otiumque, Liv.: silentium iudiciorum ac fori, Cic.: vitam transire silentio, Sall.: biduum deinde silentium fuit, Liv.

Sīlēnus, ī, *m.* (Σειληνός), in der bacchischen Sage der Erzieher u. Begleiter des Bacchus, kahlköpfig, immer betrunken, auf einem Esel reitend usw., Hor. de art. poët. 239. Verg. ecl. 6, 14. Ov. fast. 1, 413. Cic. Tusc. 1, 114. – Im Plur. Sileni, als Waldgottheiten = alte Satyri, Catull. 64, 252. Plin. 35, 110. – Dav. **Sīlēnicus,** a, um (Σιληνικός), **silenisch, silenenhaft,** hedera, Plin. 16, 146 *Jan* (Detl. Silenici).

sileo, uī, ēre (zu Wz. *sē (i),* nachlassen, gotisch *ana-silan,* nachlassen, still werden), **lautlos-, still sein, schweigen,** mit folg. Objekt = in Bezug auf etw., von etw. **schweigen,** etw. **verschweigen, I** eig.: **1** v. Pers.: **a** ganz absol. od. m. *de* u. Abl.: silete et tacete, Plaut.: silens ac prope mutum agmen incessisse, Liv.: sedentibus ac silentibus cunctis, Suet.: optimum quemque silere, Liv. – ceteri de nobis silent, Cic.: sileremus de re publica, Cic. – *impers.,* de iurgio siletur, Ter.: silebitur toto iudicio de maximis illius furtis, Cic. (aber Augustin. de civ. dei 16, 2, 3. p. 124, 24 D.[2] jetzt silentium est, s. silentium *no.* I, A). – Partiz. silēns, **schweigend, schweigsam, still,** umbrae silentes (der Verstorbenen), Verg.: u. so animae silentes, Prop., u. sil. populus, Claud. – subst., silentes, die **Schweigenden, α** = die Toten in der Unterwelt, rex silentum (v. Pluto), Ov. u. Claud.: sedes silentum, Ov.: concilium silentum, Verg.: pia turba silentum, Val. Flacc.: umbrae silentum, Ov.: coetus silentum, Lucan. 6, 513. – **β** die Pythagoreer, coetus silentum, Ov. met. 15, 66. – **b** m. *Acc.:* tu hoc silebis, Cic.: ut alia sileam, Oros.: neque te silebo, Liber, Hor.: s. fortia facta, Ov. – im Passiv, res siletur, Cic.: vir neque silendus neque dicendus sine cura, Vell.: quae (tempora) sileri Agricolam non sinerent, von A. zu schweigen, Tac.: sileantur fraudenturve laude suā, Liv. – Partiz. subst., silenda, ōrum, *n.,* zu verschweigende Dinge, Geheimnisse, Mysterien, Liv. 39, 10, 5: verb. arcana et silenda, Curt. 6, 7 (25), 3. – **c** m. *Infin.:* ut sileat verbum facere, Auct. b. Hisp. 3, 7. – **2** von Lebl.: silet aura, silent venti, Colum.: silet aër, Ov.: silet nox, Verg.: silet aequor, Verg., mare, Val. Flacc.: silent immotae frondes, Ov.: materia silens, vom nicht knackenden Holz, Plin. – m. folg. Relativsatz, si chartae sileant quod bene feceris, Hor. carm. 4, 8, 21. – Partiz. silēns, **schweigend, schweigsam, ruhig, still,** silentes venti, Plin.: sil. nox, Verg.: nocte silente od. silenti, Tibull., Ov. u. Liv.: luna silens, Plin.: silente od. silenti lunā (Ggstz. plenā lunā), Cato u. Plin.: silente caelo, Plin.: silenti agmine, Liv.: aerarium silens (friedlich) et quietum, Plin. pan.: silentes anni, die Jahre des Stillschweigens bei den Pythagoreern, Claud.: vineae silentes, noch nicht ausschlagende, Colum.: u. so surculi, sarmentum, Colum.: silentia ova, in denen die Küchlein sich noch nicht bewegen, Colum. – mit *ab* u. Abl., dies silens a ventis, ein windstiller, Colum. 4, 29, 5. – m. *Acc. neutr.* statt des *Adv.,* Bauli magnum silentes, in tiefes Schweigen gehüllte, Symm. epist. 1, 8. – **II** übtr., **still-, untätig sein, ruhen, feiern, aufhören, a** v. Pers.: silent diutius Musae Varronis quam solebant, Cic.: nec ceterae nationes silebant, Tac.: fixa silet Gradivus in hasta, Val. Flacc. – **b** von Lebl.: silent leges inter arma, Cic.: si quando ambitus sileat, Cic.: silent carmina, Lucr.: ne sileret sine fabulis hilaritas, Petron. – ► *Part. Praes.* im Abl. Sing. gew. silente; doch auch silenti, wie Cato r. r. 40 (41), 1. Liv. 23, 35, 18 u. a. Ov. met. 4, 84. – synk. Nom. Plur. silenta (loca), Laev. fr. 15 M. (bei Gell. 19, 7, 7): synkop. Genet. Plur. silentum, Verg. Aen. 6, 432 u. catal. 11, 46. Ov. met. 5, 356 u. a. Prop. 3, 12, 33.

1. siler, eris, *n.,* eine Staude, deren Same als Arznei diente u. aus der der Landmann Stäbe schnitt, um sich gegen die Schlangen zu schützen, nach Cäsalpin der **gemeine Spindelbaum** (*Evonymus Europaeus,* L.), nach anderen eine Art **Bachweide,** Plin. 16, 77. Verg. georg. 2, 12. Ven. Fort. carm. 3, 9 (7), 23.

2. Siler u. **Silerus,** s. Silarus.

silēsco, ere (*Inchoat.* v. sileo), **I still werden, schweigen,** Verg. Aen. 10, 101. – **II** übtr., **still werden** = sich legen, ruhig werden, silescunt turbae, Ter.: caeli furor silescit, Catull.: venti silescunt, Ov.

silex, icis, *m.* (selten *f.*), jeder harte Stein, **Kiesel, Kieselstein, Feuerstein, Granit, Basaltlava,** bes. zum Pflastern, **I** eig.: rupes durissimi silicis, Suet.: silex seu lapis durus ordinarius, Vitr.: uti (calx) de silice coquatur, aus Lava, Vitr.: certo in loco silicem caedere, Cic.: vias in urbe silice sternere, Liv.: silici scintillam excudit, Verg. – verb. lapis silex, Plaut., Cato u. Liv.: saxum silex, Liv. – als Bild der Unempfindlichkeit, Hartherzigkeit, nec in tenero stat tibi corde silex, Tibull.: dicam silices pectus habere tuum, Ov.: motura duros verba queror silices, die einen Stein erbarmen möchten, Ov. – **II** poet. übtr. = scopulus, **Fels,** silici membra restrictus catenā, Catull.: silicum cavernae, Lucr.: acuta silex praecisis undique saxis, Verg. – als Bild der Unbeweglichkeit, s. Verg. Aen. 6, 470. – ► *gen. fem.* bei Verg. Aen. 6, 471 u. a. Ov. met. 9, 614. Apul. met. 6, 26. Amm. 29, 5, 18. – Abl. silici, CIL 1, 1161 u. 11, 5694.

Sīliānus, a, um, s. Sīlius.

silicārius, iī, *m.* (silex), der **Pflasterer,** Frontin. aqu. 117.

siliceo, ōnis, *m.* (silex), das **Kieselherz** (= hartherziger Mensch), quis tam siliceo? Laev. bei Gell. 19, 7, 10.

silicernium, iī, *n.* (zu siliqua, Hülsenfruchtschote, also Mahl aus Hülsenfrüchten, die die Totenspeise κατ' ἐξοχήν bildeten), der **Leichenschmaus**, das **Leichenmahl** (griech. περίδειπνον), Caecil. com. 122. Varro sat. Men. 303. Tert. apol. 13; vgl. Fest. 294 (a), 18. Serv. Verg. Aen. 5, 92. Non. 48, 6. Jahn Pers. 6, 33 *sqq.* p. 219 *sq.* – nach einigen eine Art Würste, Arnob. 7. *no.* 24; vgl. Paul. ex Fest. 295, 2. – übtr. v. einem Greis, dem man ein Leichenmahl halten sollte, der kein Recht mehr hat zu leben, als Schimpfwort, exercebo te, ut dignus es, silicernium, alter Kracher, Ter. adelph. 587: als *masc.*, silicernius, Cinc. Alim. bei Fulg. expos. serm. ant. 8. p. 114, 6 u. 9 H.

siliceus, a, um (silex), **aus Kiesel, Kiesel-**, saxa, Vitr. 8, 3, 19: lapides, Cato r. r. 18, 3 *codd.* (Schneider lapides silices).

silicia, ae, *f.* = fenum Graecum, das **Fönnkraut, Bockshorn**, Plin. 18, 140 u. a.

silicineus, a, um (silex), **aus Kiesel, Kiesel-**, Gromat. vet. 306, 22.

silico, s. siliceo.

silicula, ae, *f.* (*Demin.* v. siliqua), die **kleine Schote**, Varro r. r. 1, 23, 3.

silīgināceus, a, um (siligo), **von Weizen, Weizen-**, furfures, Plin. Val. 1, 46.

silīginārius, a, um (siligo), **zum Weizen gehörig**, pistor, Weizenmehl-, Weißbäcker, CIL 6, 22. – dass. subst. silīginārius, iī, *m.*, Ulp. dig. 47, 2, 52. § 11.

silīgineus, a, um (siligo), **aus Weizen-, aus Weizenmehl bereitet, Weizen-, Weizenmehl-**, farina, Cato u. Plin.: panis, Varro fr. u. Sen.: cunni, Brote in deren Form, Mart.: Priapus, Mart.

silīgo, inis, *f.*, **I** eine Art von sehr weißem Weizen, **Winterweizen** (*Triticum hibernum,* L.), Scriptt. r. r. u. a. – **II** meton., **feines Weizenmehl,** Plin. 18, 86. Iuven. 5, 70 u. 6, 472.

siliqua, ae, *f.*, **I** die **Schote** der Hülsenfrüchte, Varro u. Verg.: dah. Plur. siliquae, Hülsenfrüchte, Hor. u. a. – **II** das **Johannisbrot**, Colum. u. Plin. – **III** das **Fönnkraut** (fenum Graecum), Colum. 2, 11, 10 u. 11, 2, 71. – **IV** als Maßbestimmung: **a** ein kleines Gewicht, der **sechste Teil eines Skrupels,** Auct. de pond. 10. Veget. mul. 1, 20, 2. – **b** als Münze, 1/24 **eines Solidus,** Cod. Iust. 4, 32, 26.

siliquastrēnsis, e (siliquastrum), **von der Größe des** *siliquastrum,* sil. basis, Anthol. Lat. 761, 46 R.

siliquastrum, ī, *n.*, die auch piperitis genannte Pflanze, Plin. 19, 187 u. 20, 174. Hyg. astr. 2, 10 u. 3, 9.

siliquātārius, iī, *m.* (siliqua), der **Zolleinnehmer,** Cassiod. var. 2, 26, 4.

siliquāticum, ī, *n.* (siliqua), die Zahlung einer siliqua von Waren als Abgabe an den Staat, der **Zoll,** Cassiod. var. 4, 19, 2 u. a. Novell. Mai. de curial. 4, 7. *c.* 1. § 16.

siliquor, ārī (siliqua), **Schoten ansetzen, -bekommen,** Plin. 17, 54 u. a.

Sīlius, a, um, Name einer röm. *gens,* aus der bes. bekannt sind: A. Silius, ein Freund Ciceros, von dem dieser einen Garten kaufen wollte, um dort der Tullia ein Denkmal zu errichten, Cic. ad Att. 10, 13, 3; 12, 18. litt. a. § 2 u. a. – P. Silius Nerva, Proprätor in Bithynien u. in Pontus (i. J. 51 v. Chr.), auch bekannt durch einen Erbschaftsprozess, Cic. ad Att. 6, 1, 13; ep. 7, 21 u. a. – C. Silius Italicus, ein epischer Dichter des 1. Jahrh. n. Chr., Verf. eines Gedichtes über den zweiten punischen Krieg in 17 Büchern, s. Plin. ep. 3, 7. Mart. 4, 14, 1; 11, 48 *sq.* – Dav. **Sīliānus, a, um, silianisch, des** (A.) **Silius, negotium, Cic.: villa, Cic.**

sillographus, ī, *m.* (σιλλογράφος), der Verfertiger von Spottgedichten (σίλλοι), der **Sillenschreiber,** Amm. 22, 16, 16.

1. sillybus, ī, *m.* (σίλλυβος), die Quaste, ein an die Schriftrollen der Alten angehängter Papierstreifen, auf dem der Titel des Buches od. der Name des Verfassers stand, der **Buchtitel,** das **Titelblatt,** Cic. ad Att. 4, 5, 3 u. 4, 8, 2 (*Baiter* sittybis).

2. sillybus, ī, *f.* (σίλλυβον), eine distelartige Pflanze, die **Gundelie** (*Gundelia Tournefortii,* L.), Plin. 22, 85 u. 26, 40 (Detl. syllibus).

silo, ōnis, *m.* = silus (σιμός, Gloss. II, 184, 2), der **Affennäsige, Plattnäsige,** Plaut. rud. 317 Sch. Varro sat. Men. 207. – Silo als Beiname bei Plin. 11, 158.

silphium, iī, *n.* (σίλφιον) = laserpitium, Cato u. a.

Silurēs, um, Akk. as, *m.*, eine Völkerschaft in Britannien, im Westen des Severn u. Avon, im südlichen Wales u. östlicher, Plin. 4, 103. Tac. ann. 12, 32 *sq.*

silūrus, ī, *m.* (σίλουρος), ein Flussfisch, nach einigen der **Wels** (*Silurus Glanis,* L.), Lucil. 54. Plin. 9, 45. Solin. 56, 17. Iuven. 4, 33 u. 14, 132. Auson. Mos. 135. Ven. Fort. carm. 1, 21, 51.

silus, a, um (σιλλός u. σιλός) = simus (σιμός, Gloss. II, 184, 8), **mit aufgeworfener Nase, stülpnäsig plattnäsig, affennäsig,** Cic. de nat. deor. 1, 80. – Silus als Beiname, bes. der gens Sergia, wie M. Sergius Orata Silus, Cic. de or. 2, 285.

silva (weniger gut sylva), ae, *f.*, die **Holzung,** das **Holz,** die **Waldung,** der **Wald, Forst, I** eig. u. meton.: **1** eig.: **a** übh.: s. densa, Cic.: s. caedua, Scrippt. r. r. u. a., Ggstz. incidua, Ov.: laurea, Lorbeerwald, Varro LL.: pinea, Verg. u. Sil.: tonsilis, Sen.: turis et balsami silvae, Flor.: nemora silvaeque, Cic.: silvae et saltus (Ggstz. campi), Tac.: silvae publicae, Staatsforsten, Liv.: silvarum dea, Diana, Ov.: silvarum numina, Faune u. Satyrn, Ov.: montes vestiti frequentibus silvis sunt, Liv.: silvam caedere, Caes.: silvas decīdere Plin. – **b** der angelegte Wald, der **Park,** signa in silva disposita, Cic. II. Verr.. 1, 51: domus amoenitas non aedificio sed silvā constabat, Nep. Att. 13, 2: murus circumdatus silvae, Sen. ep. 86, 3. – **2** meton., alles das, woraus der Wald besteht: **a** v. einer Menge **Sträucher** od. **Pflanzen, Buschwerk, Gestrüpp,** Verg. u. Colum. – **b** bei Dichtern oft = **Waldbäume** u. übh. **Baum** od. **Bäume,** Verg. u. Ov. – **II** übtr.: **1** wie **Wald** = eine **dichtgedrängte Menge, -Fülle, a** (mehr poet.) übh.: immanem aerato circum fert tegmine silvam, einen gewaltigen Wald von ragenden Speeren, Verg.: densam ferens in pectore silvam, einen Wald von Geschossen, Lucan.: horrida siccae silva comae, Iuven. – **b** ein **reiches,** noch unbenutztes **Material,** ein **reicher,** noch unbenutzter **Stoff** od. **Vorrat,** dolorum (Listen), Plaut.: virtutum et vitiorum, Cic. – bes. v. Redestoff (s. Piderit Cic. or. 12), silva rerum, Cic.: omnis ubertas et quasi silva dicendi, und gleichsam Baumaterial, Cic.: quaedam silva atque materia universa omnium argumentationum, Cic.: dah. als Titel von Schriften (wegen der Mannigfaltigkeit des Stoffes), Gell. praef. § 5 u. 6. Suet. gr. 24 *extr.* Suet. vit. Lucan. *extr.* p. 78 *Reiff.* – aber auch = noch **ungeordnete Masse,** Quint. 10, 3, 17. – **2** die **Wildnis** = das weltliche Leben, Commodian. apol. 600; instr. 1, 25, 3. – ► siluae dreisilbig, st. silvae, Hor. carm. 1, 23, 4; epod. 13, 2; vgl. Prisc 1, 21. – arch. Genet. silvai, Plaut. mil. 1154.

Silvānae, ārum, *f.*, s. Silvānus a. E.

Silvānus, ī, *m.* (silva), der latinische Wald- und Feldgott, der als Beschützer des Waldes, bes. der Waldpflanzungen, des Feldes u. Anbaues und der Herden verehrt wurde, Cato r. r. 83. Verg. Aen. 8, 300 (u. dazu Servius). Hor. epod. 2, 22. Cic. de nat. deor. 2, 89. – übtr., Plur. Silvānī, ōrum, *m.*, **Wald- und Feldgötter,** Ov. met. 1, 193. Lucan. 3, 403. – u. Silvānae, ārum, *f.*, **weibliche Waldgottheiten,** CIL 3, 3393 u. 4441; 5, 3303 (wo *Dat.* Silvanabus).

silvāticus, a, um (silva), **I zum Wald gehörig,** falx, Cato u. Varro. – **II** übtr., **in der Wildnis wachsend** od. **lebend, wild wachsend, wild,** pirus, Varro: mus, Plin.: sues, wilde Schweine, Schwarzwild, Varro fr.: porcus, Petron.

silvēsco, ere (silva), **I zu viel Holz bekommen, in das Holz wachsen, verwildern,** v. Weinstock, Cic. de sen. 52. Colum. 4, 11, 2. – im Bild, paradisus silvescens plurimarum opinionum plantariis, Ambros. epist. 45, 7. – **II** übtr.: **a** physisch: silvescentes crines, verwilderter Haarwuchs, Arnob. 3, 15. – **b** geistig u. moralisch, **wild emporwachsen, aufwuchern, sich ausdehnen,** aequivoca, in quibus ambiguitatum perplexio prope infinita silvescit, Augustin. de dial. 10. p. 17, 13 Cr.: unde talia vitia silvescerent, Augustin. de civ. dei 2, 18, 3. p. 76, 9 D.²; vgl. serm. 36, 18: silvescere ausus sum variis et umbrosis amoribus, Augustin. conf. 2, 1, 1.

silvester, tris, tre, u. gew. **silvestris**, e (silva), **I zum Wald gehörig, a mit Wald bewachsen, waldig, Wald-,** collis, Caes.: loca, Varro u. Cic.: ager, Colum.: via, Cic. – subst., silvestria, ium, *n.*, **mit Wald bewachsene, waldige Gegenden,** an culta ex silvestribus facere potui? Liv. 38, 49, 7: herba silvestribus et montuosis nascens, Plin. 25,

70. – **b** **im Wald, aus dem Wald,** belua, Wölfin, Cic.; dah. uber, der Wölfin, Prop.: homines, in Wäldern lebend, Hor.: u. so gens, Liv.: cibus, Wildbret, Capit. – cursus, in Wäldern, Cic.: umbra, Ov.: materia, Holz aus den Wäldern, Liv.: feritatem illam silvestrem primo servare, deinde mitescere (von wilden Tieren), Liv.: silvestrem agere vitam, Solin. – **II** übtr.: **A** **wild wachsend, wild,** rosa, Plin.: oliva, Ov.: corna, Hor.: pruni, Colum.: tauri, Plin.: silvestriora omnia tardiora, Plin.: est et alterum genus eius silvestrius, Plin. – **B** übh. **ländlich,** Musa, Lucr.: carmen, Verg. – ► Nom. silvester, Colum. 1. praef. § 25. Plin. 14, 110. Gromat. vet. 44, 14 u. 75, 7. Sen. Hippol. (Phaedr.) 461. – Dat. Sing. silvestro, CIL 3, 3499 u. 3504. – Genet. Plur. synk. silvestrûm, Acc. tr. 256.

Silvia, s. 1. Rhēa.

silvicaedus, ī, *m.* (silva u. caedo) = ὑλοτόμος, der **Holzschläger, Holzhauer,** Chalcid. Tim. 128.

silvicola, ae, *c.* (silva u. colo), **im Wald wohnend,** der **Waldbewohner,** Verg. u. a.: v. den Brahmanen, Tert. apol. 42.

silvicolēns, entis (silva u. colo) = silvicola (s. d.), equorum silvicolentum progenies, CIL 2, 2660.

silvicomus, a, um (silva u. coma), **das Haupt (den Gipfel) mit Wald geschmückt,** mons, Poëta bei Mar. Victorin. 4, 1, 28. p. 145, 5 K.

silvicultrīx, trīcis, *f.* (silva u. colo), **im Wald wohnend,** cerva, Catull. 63, 72.

silvifragus, a, um (silva u. frango), **waldzerbrechend, waldzerschmetternd,** flabra, Lucr. 1, 275.

silviger, gera, gerum (silva u. gero), **Wald tragend, waldig,** montes, Plin. 31, 43: dei, Waldgottheiten, CIL 6, 462.

silvōsus, a, um (silva), **I** **voller Wald, waldig,** saltus, Liv. 9, 2, 7: locus, Augustin. in psalm. 95, 5. – subst., silvōsa, ōrum, *n.*, **waldige Gegenden,** Augustin. in psalm. 70. serm. 2. § 3. – **II** **voller Holz,** arbor, Vitr.: rami emicant silvosā multitudine, Plin.: im Bild, exstirpa silvosa dumeta avaritiae, Augustin. conf. 13, 19, 24.

silvula, ae, *m.* (*Demin.* v. silva), das **Wäldchen,** Colum. 8, 15, 4. Sidon. carm. 9, 229.

sīma, ae, *f.*, die **Rinnleiste,** ein Glied des Säulenkranzes, Plur. bei Vitr. 3, 5, 15. CIL 10, 1781.

Simbruvium, iī, *n.*, die Gegend von Simbruvium im Lande der Äquer mit ihren Hügeln u. Gewässern, Sil. 8, 369. – Dav. **Simbruīnus,** a, um, **simbruinisch,** colles, beim heutigen *Subiaco,* Tac. ann. 11, 13: stagna, Tac. ann. 14, 22. – subst., Simbruīnae, ārum, *f.*, die **simbruinischen Heilquellen,** Cels. 4, 12 (5). p. 137, 7 D.

simitu, s. simitū.

sīmia, ae, *f.* u. (seltener) **sīmius,** iī, *m.* (simus), der **Affe,** Cic. u. a. – als Schimpfwort auf Menschen: simius iste, dieses Affengesicht, Hor.: quis est hic simia? Afran. fr.: illius simiae vultum subire, Cael. in Cic. ep.: simius, non semissis homo, Vatin. *ibid.* – bes. von zu eifrigen Nachahmern, Rusticum Stoicorum simiam appellat, Plin. ep. 1, 5, 2. – ► Nach Serg. expl. in Donat. 494, 27 K. sagte man hic u. haec simia.

simil, s. similis ►.

1. simila, ae, *f.*, das **feinste Weizenmehl,** Cels. 2, 18. p. 64, 36 D. Mart. 13, 10, 1. Hieron. epist. 52, 6 u. 54, 11. Vulg. genes. 18, 6. Apic. 5, 187.

2. Simila, s. Stimula.

similāginārius, a, um (similago), **aus feinstem Weizenmehl backend,** pistor, CIL 1, 1017 (wo abgek. pistor simi).

similāgineus, a, um (similago), **aus dem feinsten Weizenmehl,** panis, Vulg. Sirach 39, 31.

similāgo, inis, *f.* = simila (s. d.), Cato r. r. 75. Plin. 18, 89. Ambros. in Luc. 8. § 49 u. de Cain et Abel 1, 8. § 30. Vulg. Sirach 35, 4 u. 38, 11.

similātio, ōnis, *f.* (similo), das **Ähnlichmachen,** Augustin. serm. 8, 14.

similigenus, a, um (similis u. genus), **von ähnlicher Art,** Cael. Aur. de morb. acut. 2, 19, 115.

similis, e (altind. *samá-s,* gotisch *sama,* ahd. *samo,* derselbe, griech. ὁμοῖος, ähnlich, zu indogerm. *sem,* eins; vgl. semel), **ähnlich,** **a** m. *Genet.* (auf Personen bezogen bei Cicero, mit wenigen, teilweise kritisch unsicheren Ausnahmen, immer m. *Genet.*, s. Madvig Cic. de fin. 5 12 *sq.* u. Baiter *not. crit.* zu Cic. de fin. 5, 12. p. 179, 39), hominis, patris, Cic.: non tam potuit patris similis esse, quam ille fuerat sui, Cic.: tui s. est probe, Ter.: monstri, Ter.: simile veri, Cic.: similia veri, Liv.: quod est magis veri simile, Caes.: cuius rei veri similis causa afferebatur quod etc., Hirt. b. G.: non est veri simile, ut … occīderit, Cic.: mihi minus simile veri visum est m. folg. *Acc.* u. *Infin.*, Liv.: non veri simile est (man macht sich keine Vorstellung), quam sit in utroque genere et creber et distinctus Cato, Cic. – *Compar.*, veri similius, Liv. u. Plin.: similiores Atticorum, Cic. – *Superl.*, corpore simillimus sui, Nep.: simillima societas hereditatis, Cic.: simillimum veri, Cic., u. veri simillimum, Cic.: multa veri simillima proponere, Auct. b. Hisp. – **b** m. *Dat.*: nihil hoc similist (= simili est) similius, Plaut.: si similes Icilio tribunos haberet, Liv.: quid illi simile bello fuit, Caes.: quid simile habet epistula aut iudicio aut contioni, Cic.: ea quamquam similia veris erant, Liv.: versus semper s. sibi est, Quint.: umor quidam, qui est lacti similis, Lact.: quaedam sordes vel plumbo vel capillamentis vel etiam sali similes, Lact. – *Compar.*, hominem homini similiorem numquam vidi alterum: Plaut.: similius id vero fecit, Liv. – *Superl.*, sibi simillimus, Vell. simillimus deo, Cic.: media simillima veris sunt, Liv. – **c** m. *Genet.* u. *Dat.* nebeneinander: s. illi … s. deorum, Cic.: s. lacti … s. mei, Plaut. – **d** zweifelhaft, ob *Genet.* od. *Dat.*: s. aquae, Plaut.: s. fugae, Caes.: s. caprae, Solin. – **e** m. *cum* u. Abl.: sit similis cultus cum aequalibus, Sen. de ira 2, 21, 11. – **f** m. *inter* u. Akk.: homines inter se cum formā tum moribus similes, Cic.: m. *inter se* u. m. *Dat.* nebeneinander: nihil est uni tam simile, tam par, quam omnes inter nosmet ipsos, Cic. – **g** m. *in* u. Akk. = hingehalten gegen usw., hinsichtlich, in speciem Iunonis, Apul. met. 10, 30 (wie dissimilis in dominum, Tac. ann. 2, 39). – **h** mit *atque (ac), ut si, tamquam si,* Cic. u. a. – **i** absol.: s. Aristoteles, Ebenbild des A., Iuven.: improbitas, Cic.: animus, Cic.: culpa, Caes.: omnia, Liv.: pares magis quam similes, Quint. – *Compar.*, similior mulier, Plaut. – *Superl.*, simillimos esse, Plaut. – subst., simile, is, *n.*, ein **ähnliches Beispiel,** ein **Gleichnis,** ein **Analogon,** ecce aliud simile dissimile, Cic.: utuntur simili, Cic.: ut in eodem simili verser, Cic.: Plur. similia, et similia od. similiaque, **und dergleichen mehr,** latitatio, metus, similia, Quint.: ›ignavi‹ et ›erepublica‹ et similia, Quint.: de philosophia, de re publica similibusque, Quint. – ► Archaist. Nbf. simil, Naev. com. 60. Nov. com. 62. Vgl. Ribbeck Coroll. ad Comic. Rom. fragm. p. XVI. Ritschl op. 2. p. 331 u. 617.

similitās, ātis, *f.* (similis, **I** = similitudo, die **Ähnlichkeit,** Caecil. com. 216. – **II** die **ähnliche-, gleichartige Eigentümlichkeit,** Plur. bei Vitr. 2, 9, 5.

similiter, *Adv.* (similis), **ähnlich, auf ähnliche Art, (fast) ebenso, auf gleiche Art,** similiter atque uno modo dicere, Cic.: similius, Phaedr.: simillime, Cic. – m. *Genet.*, veri sim., Apul., veri similius, Tert. u. Apul. – m. *Dat.*, sim. his et scorpiones terrestres vermiculos ovorum specie pariunt, Plin. 11, 86. – mit folg. *atque (ac), ut* (als, wie), s. facis ac si etc., ebenso wie usw., Cic.: s. atque, Cic.: s. ut si etc., Cic.

similitūdināriē, *Adv.* (similitudo), **ähnlichkeitshalber,** Donat. Ter. Andr. 4, 5, 19.

similitūdo, inis, *f.* (similis), die **Ähnlichkeit,** **I** eig.: **1** im Allg.: **a** eig.: est inter ipsos s., Cic.: est homini cum deo similitudo, Cic.: habet honestatis similitudinem, Cic.: insignem alcis similitudinem prae se ferre, Liv.: est arduum similitudinem effingere ex vero, Plin. ep.: genus radicis ad similitudinem panis efficiebant, behandelten es wie Brot, buken Brot daraus, Caes.: veri sim. u. sim. veri, die Wahrscheinlichkeit, Cic.: ad nostri similitudinem, so wie ich, Apul. (s. Hildebr. Apul. met. 8, 6). – Plur. similitudines konkret = ähnliche (verwandte) Erscheinungen, Fälle, Cic. Brut. 143; de off. 1, 11. – **b** meton., navigera similitudo alia, eine andere Art solcher schiffähnlicher Geschöpfe, Plin. 9, 94. – **2** insbes.: **a** die **Porträtähnlichkeit,** Cic. u. a.: vollst. veri similitudo, Plin. 34, 38. – **b** die **Charakterähnlichkeit,** Liv. 1, 46, 7. – **c** das **Gleichnis,** Cic. u. a.: vulgatā similitudine usus, Liv.: ut similitudinem istam persequar, Sen. – **II** übtr.: **1** die **Anwendung auf ähnliche Fälle,** similitudini relinquere, Cic. de or. 2, 71. – **2** die **sich gleichbleibende Darstellung,** die **Einförmigkeit,** Cic. de inv. 1, 76.

similo, āvī, āre (similis), **I ähnlich sein,** m. *Dat.*, nec mi similat, CIL 4, 1877: filius patri non solum corpore sed et moribus similavit, Schol. Iuven. 14, 50. Vgl. Diom. 365, 20 ›similat‹ non dicimus sed ›similis est‹. – **II ähnlich machen,** unde debuit per omnia fratribus similari, Vulg. Hebr. 2, 17: similatus gratiae spiritali, Ps. Cypr. de mont. Sina et Sion 15. – ► Auch Variante von simulo, s. d.

sīminīnus, a, um (simia), **von Affen, Affen-,** herba, eine Pflanze, Ps. Apul. herb. 86.

sīmiolus, ī, *m.* (*Demin.* v. simius), das **Äffchen,** v. einem Menschen, das **Affengesicht,** Cic. ep. 7, 2, 3.

simītū, *Adv.*, altlat. Nbf. v. simul, **zugleich** (vgl. Brix Plaut. trin. 223. Lorenz Plaut. most. 779), Acc. tr. 79. Pompon. com. 100. Plaut. Amph. 631; Men. 745; most. 792 u. a. Lucil. 1011. – Nbf. **simītur,** Plaut. Amph. 631 *Goetz et Loewe.* CIL 6, 9290 u. 10, 174.

sīmius, s. sīmia.

simma, atis, *n.*, s. sigma.

1. **sīmo,** āvī, ātum, āre (simus), **aufstutzen, aufstülpen, platt drücken,** nares, Lucil. 284: u. so simatae nares, Sulpic. Luperc. in Anthol. Lat. 649, 37 (543, 37). – eorum proiecturas, eine plattgedrückte, eingedrückte Form geben, Vitr. 4, 2, 3.

2. **Sīmo,** ōnis, *m.* (simus), Eigenname in der lat. Komödie, s. Plaut. most. u. Ter. Andr. u. Hor. de art. poët. 238; vgl. Plin. 9, 23.

3. **Simo,** ōnis, *m.*, Name eines Oberhauptes der Juden, Tac. hist. 5, 9 u. 12.

Simoīs, entis, Akk. enta, *m.* (Σιμόεις), ein reißender Waldstrom im Trojanischen, der vom Ida kommend bei Neuilium sich mit dem Skamander vereinigt, j. *Ghumbre,* Mela 1, 18, 3 (1. § 93). Verg. Aen. 1, 100. Hor. epod. 13, 14: Dat. Simoenti, Plin. 5, 124: Akk. Simoenta, Verg. Aen. 5, 261 u. a. Prop. 2, 9, 12 u. a. Ov. her. 7, 145: Akk. Simoin, Mythogr. Lat. 2, 195.

Simōn, ōnis, *m.* (hebr. שמעון), Name des Apostels Petrus als Jude, Iuvenc. 3, 393 (wo Sīmōn gemessen), Prud. c. Symm. 2. praef. 1 (wo Sīmōn gemessen).

Simōnidēs, is, *m.* (Σιμωνίδης), ein berühmter lyrischer Dichter von Keos, Erfinder der Gedächtniskunst, geb. 556, gest. 468 v. Chr., Cic. de or. 2, 351 *sqq.;* Tusc. 1, 101. Quint. 10, 1, 64. Phaedr. 4, 21: ungew. Genet. Simonidei (wie Ulixei), Auson. prof. 13, 6: Akk. gew. Simonidem, z. B. Cic. de sen. 23; de nat. deor. 1, 60 (Baiter u. Müller Simoniden). Plin. 7, 192 D. (Sillig u. Jan Simoniden). – Dav. **Simōnidēus,** a, um, **simonideïsch, des Simonides,** lacrimae, Catull. 38, 8. – u. **Simōnidīus,** a, um, **simonidiisch, des Simonides,** metrum, Serv. de cent. metr. 460, 23 u. 462, 22 K.

simplāris, e (simplus), **einfach,** armaturae, Soldaten, die nur einfache Rationen (annona) erhalten, Veget. mil. 2, 7. Vgl. duplicarius, sesquiplaris.

simplārius, a, um (simplus), **einfach,** venditio = *ubi venditor non cogitur de dupla repromittere, sed de simpla tantum,* Pompon. dig. 21, 1, 48. § 8.

simplex, plicis (indogerm. *sem,* eins, vgl. semel u. septemplex), aus einem Teil, Bestandteil, bestehend u. dgl., **einfach,** griech. ἁπλοῦς (Ggstz. duplex, triplex, multiplex, mixtus etc.), **I** eig.: **a** im Ggstz. zum Zusammengesetzten, Vermischten u. dgl., fistula (Ggstz. fistula duplex, multiplex), Cels.: scansio simplex (Ggstz. scansio duplicata), Varro LL.: putamen loculosum aut simplex, Plin.: tibia tenuis simplexque foramine pauco, Hor.: iter (auditus) s. et directum (Ggstz. flexuosum), Cic.: villus s. (Ggstz. crispiores iubae), Plin.: s. cursus venarum, Plin. – cortex multiplex tunicis, ut tiliae; quibusdam simplex, ut fico, Plin. – s. natura animantis (Ggstz. concreta ex pluribus naturis), Cic.: u. so s. natura (Ggstz. mixta, conexa), Cic.: cibus, Plin.: ius, Hor.: aqua, reines W., Ov.: verba, voces, einfache (Ggstz. verba composita, voces compositae), Quint.: Abl. simplici, auf einfache Weise, Apic. 5, 204. – **b** im Ggstz. zu dem in mehrere Abteilungen Zerfallenden, **einfach, ein,** acies, Auct. b. Afr.: simplicibus ordinibus instructis, Auct. b. Alex.: simplici ordine urbem intrare, **in einer Reihe,** Liv.: herba simplici caule, Plin. – **c** im Ggstz. zu dem der Zahl nach aus mehr als einer Einheit Bestehenden, **einfach, ein einzig, ein,** argumentum, Ter.: plus vice simplici, mehr als einmal, Hor.: non s. vulnus, Ov. – **II** übtr.: **A** übh.: **a** im Ggstz. zum Zusammengesetzten, Gemischten usw.: genus rei publicae (Ggstz. triplex u. conflatum ex omnibus), Cic.: simulacra (Ggstz. mixta), Quint.: causa, Cic., Ggstz. coniuncta, perplexa, Quint. – **b** im Ggstz. zum Besonderen usw.: genus mortis, einfache T. (ohne besondere Martern, wie Folter, Kreuzigung), Liv.: so auch mors, Sall. fr., Sen. u. a.: res, einfache (= ohne besondere Schwierigkeit), Cic.: necessitudo, unbedingte, Cic.: quaedam sunt in rebus simplicia (unbedingt, unabhängig), quaedam copulata (bedingt, abhängig), Cic. – simplex est manere (*sc.* filium), illud (*sc.* in Hispaniam ire) anceps, ohne weitere Gefahr, Cic. ad Att. 12, 7, 1. – **c** im Ggstz. zum Verschiedenen od. Vielartigen: unum est et s. iudicium aurium, Cic.: s. officium atque una est bonorum omnium causa, Cic.: quantitas simplicior, qualitas magis varia est, Quint.: facilius in iis simpliciusque iudicium, quae etc., Quint.: materia simplicissima (Ggstz. multiplex), Quint. – **d** im Ggstz. zum Verbundenen, **einfach** = **einzeln,** verba (Ggstz. coniuncta), Cic. – **e** im Ggstz. zum Gekünstelten, Gesuchten, Versteckten, **einfach, natürlich,** ratio veritatis, Cic.: res aperta et simplex, Cic.: illa ἀφέλεια simplex et inaffectata, Quint.: rectae simplicesque manus (Hiebe), Ggstz. aversae tectaeque, Quint.: simplex ac nuda veritas, Lact. – **B** insbes., moralisch **einfach, schlicht, gerade, aufrichtig, offen u. ehrlich, ohne Falsch, natürlich, bieder, arglos, unbefangen, harmlos** (s. Nipperd. Tac. ann. 1, 69. Fritzsche Hor. sat. 1, 3, 52), **a** v. leb. Wesen u. deren Gemüt usw.: vir apertus et s., Cic.: Naevius, Hor.: cervus, animal, Plin.: regio (= *incolae regionis),* Cic.: animus apertus ac s., Cic.: tuus erga me animus s. atque amicus, Mat. in Cic. ep. – simplicior quis est etc., Hor.: dux simplicissimus, Vell.: mens simplicissima, Plin. – **b** v. Lebl.: (vir) simplici virtute, Vell.: verba, Suet.: cogitationes, Tac.: non enim simplices eae curae, Tac. – nihil simplex, nihil sincerum, Cic. – ► Abl. Sing. gew. simplicī, nur bei Dichtern im daktylischen Versmaß auch simplice.

simplicitās, ātis, *f.* (simplex), **I** die **Einfachheit, a** übh.: sunt igitur solidā primordia simplicitate, Lucr.: materiae surda et indigesta simplicitas, Plin. – **b** das **einfache Wort** (Ggstz. compositio), Prisc. de accent. § 14 u. 29 u. 38. – **II** übtr.: **a** die **Einfachheit,** das **Natürliche,** simplicitas antiquorum in cibo capiendo, Val. Max. 2, 5, 5. – **b** die **Einfalt, Offenheit, Unschuld** in Mienen und im Betragen, die **Unbefangenheit, Arglosigkeit, Aufrichtigkeit, Ehrlichkeit** (Ggstz. versutia, Ambros. de off. 3, 6. § 37; Ggstz. astutia, Sidon. epist. 7, 13, 5), puerilis, Liv.: generosissima, Vell.: quorum (legatorum) sermo antiquae simplicitatis fuit, Liv.: simplicitas rudis ante fuit, Ov.: scis Romanā simplicitate loqui, Mart.

simpliciter, *Adv.* (simplex), **einfach, I** eig.: **a** im Ggstz. zum Gewundenen usw., bruscum intortius crispum, molluscum simplicius sparsum, Plin. 16, 68. – **b** im Ggstz. zur Mehrzahl, **in der Einzahl, im Singular,** dicere, Hieron. in Matth. 1, 2 *extr.* – **II** übtr.: **A** übh.: **a einfach** = **schlechtweg, schlechthin, geradezu, ohne Rücksicht, lediglich, nur, bloß,** defendere, Cic.: sententiam referre, Cic.: s. ad amicitiam petendam venisse, Liv.: ludere eum s., Liv. – **b einfach** = **an und für sich,** Ggstz. coniuncte, Cic., u. comparate, Cic. – **c einfach** = **ohne Kunst, ohne Umstände, schlicht,** frontes s. positae, Ov.: exponere s. sine ulla exornatione, Cic.: s. loqui, Cic.: s. uti permutatione mercium, Tac. – **B** insbes., moralisch **einfach, gerade, unumwunden, offen u. ehrlich, ohne Nebengedanken, arglos, unbefangen** (vgl. Heräus Tac. hist. 1, 15, 23), s. et candide inimicitias ponere, Cael. in Cic. ep.: recedere s. et libere (Ggstz. dissimulanter et furtim), Plin. ep.: ludere s. et palam, Suet.: simplicius confiteri, Plin. ep.: simplicius agere, Tac.: simplicissime inter se loqui, Tac.

simplicitūdo, inis, *f.* (simplex), die **Einfachheit,** der **einfache Ausdruck,** Cledon. 38, 7 K.

simplicitus, *Adv.* = simpliciter, Non. 176, 27 (doch in der angef. Stelle Plaut. merc. 10 (14) jetzt sed eā ut sim implictus dicam).

simplico, āre (simplex), **einfach machen,** radicem, eine einzelne (einzige) Wurzel schlagen, Pallad. 2, 15, 15.

simplo, ĕre (simplex), **einfach machen** (Ggstz. triplico), Sedul. 1, 281.

simplus, a, um (indogerm. *sem;* vgl. semel u. duplus), **einfach, I** *adi.:* mors, Prud. perist. 10, 878. – **II** *subst.:* **A** simplum, ī, *n.*, das **Einfache** (Ggstz. duplum), Cic. u. a. – **B** simpla, ae, *f.*, der **einfache Kaufpreis** (Ggstz. dupla), Varro u. a.

simpol.., s. simpul...

simpulātor, ōris, *m.* u. **simpulo,** ōnis, *m.* (simpulum), der **Zechgenosse,** Fulg. expos. serm. ant. 47. p. 181 *ed. Muncker* (Helm p. 123, 15 u. 18 simpolator u. simpolo).

simpulātrīx, trīcis (Femin. zu simpulator), die **Eingießerin des Weines in die Opferschale vermittelst des** *simpuvium,* Paul. ex Fest. 337, 11.

simpulo, ōnis, *m.*, s. simpulātor.

simpulum, ī, *n.*, ein rundes Schälchen mit einem langen Stiel, um bei Opfern den Wein damit aus dem Mischkessel (crater) in die Opferschale (simpuvium) zu gießen, die **Schöpfkelle,** der **Schöpflöffel** (vgl. Varro LL. 5, 124. Paul. ex Fest. 337, 10), Plin. 35, 158 D. Apul. apol. 18. p. 27, 3 K. – Sprichw., excitare fluctus in simpulo, viel Lärm um nichts machen, Cic. de legg. 3, 36.

simpuviātrīx, trīcis, *f.* (simpuvium), die **Kredenzerin des** *simpuvium* (s. d.), Schol. Iuven. 6, 343.

simpuvium, iī, *n.*, die **Opferschale** (vgl. Cassiod. de orthogr. 181, 6 K. simpuvium εἶδος σκεύους ἱερατικοῦ), Varro sat. Men. 115. Cic. de legg. 6, 2; de har. resp. 23. Iuven. 6, 343 (u. dazu die Schol.). Arnob. 4, 31 u. 7, 29.

simul (archaist. semul, semol), *Adv.* (zu similis), **zugleich,** u. zwar, wie unser **zugleich,** zur Bezeichnung der zeitlichen Vereinigung zweier Subjekte, dagegen unā, wie unser **zusammen,** der räumlichen (vgl. Jordan Cic. Caecin. 22. p. 180), **I** im Allg.: **a** absol.: s. omnes, Ter.: s. venire, Cic.: totos dies s. esse, beisammen sein, Cic.: s. commonefacere, Caes.: simul verbis increpans, Liv.: verb. mit *unā:* s. bibere unā, Plaut. – **b** m. *cum:* unā fui; testamentum Cyri simul obsignavi cum Clodio, Cic.: animi s. cum corporibus, Cic.: voluntas s. cum spe, Cic. – verb. m. *unā* (s. Wagner Ter. heaut. 907), s. mecum unā, Plaut.: unā mecum s., Ter. – **c** m. *et, et … et, que, atque* etc.: s. et ostendi, Cic.: s. et patres, Liv.: s. et conficiam, Plaut.: s. et qualis sit (res publica) et optimam esse ostendam, Cic.: mit dreimaligem et, Caes. b. G. 2, 24, 2. – s. inflatus exacerbatusque, Liv. – s. honoribus atque virtutibus, Liv. – salve, s. autem vale, Plaut. – s. lassitudine, fame etiam, Liv. – **d** mit *Abl.:* s. septemviris, Tac.: s. his dictis, Verg.: s. his, Hor.: s. nobis, Ov. – **II** Besondere Verbindungen: **A** simul … simul, **ebensosehr … wie; sowohl … als; teils … teils,** s. spernebant, s. … metuebant, Liv.: increpando s. temeritatem, s. ignaviam, Liv.: trepidam urbem ac simul atrocitatem recentis sceleris simul veteres Othonis mores pavens, Tac.: s. ipse, s. Achates, Verg. – so bes. m. folg. *ut* (damit) od. *ne* (damit nicht) u. Konj., u. m. folg. *quod* (weil) m. Indikat. od. Konj., simul sui purgandi causā, simul ut etc., Caes.: simul concordiae causā, simul ne etc., Liv.: u. so simul ut … simul, Liv.: simul ut … simul ut, Liv.: simul ut … simul ne, Liv.: simul … simul quod, Curt.: simul quod … simul quod, Liv. – u. so auch einfach im zweiten Glied simul ut, Liv. u. Curt., simul ne, Liv., simul quod, Liv. Vgl. Drak. Liv. 3, 50, 12. – **B** simul atque, auch simulatque (simulac) geschr., simul ut u. bl. simul, **sobald als, a** *s. atque (ac):* s. atque increpuit, Cic.: s. atque cognitum est, Caes.: s. ac profugit, Cic. – **b** *s. ut:* s. ut experrecti sumus, Cic.: s. ut ille venerit, Cic. – **c** bl. *simul:* s. inflavit tibicen, Cic.: s. constiterunt, Caes.: *simul* accepi litteras, *statim* quaesivi a Balbo etc., Cic.: simul primum, Liv. 6, 1, 6. – **C** in Verbindung mit dem Partiz. Präs., simul hoc dicens (gleich bei diesen Worten), Verg. Aen. 10, 856: simul fugiens, *ibid.* 12, 758.

simulācrum, ī, *n.* (v. simulo, wie lavacrum v. lavo), das **Ebenbild, Abbild, Bildnis, I** eig.: **1** als Werk der Plastik, Malerei usw., **a** übh.: oppidorum, Cic.: montium (abgemalt), Tac.: statuae et imagines non animorum simulacra, sed corporum, Cic.: simulacrum Helenae pingere, Cic.: u. so simulacrum eius rei pingi iubere, Liv.: ipsum hominem cupere evertere, eius effigiem simulacrumque servare, Cic. – ad simulacrum alcis rei, nach dem Bild-, Muster von usw., templi Veneris, Suet.: ignium, Flor.: so auch per litterarum simulacra, Sen. – **b** die **Puppe,** simulacra cerea, Ov. her. 6, 91: simulacra hominum armata, Frontin. 3, 8, 3: simulacra illa armatorum, *ibid.* – **2** v. Spiegel-, Schatten-, Traum- u. Phantasiebildern: **a** v. Spiegelbild, Lucr. 4, 97: im Wasser, Lucr. 1, 1060. Ov. met. 3, 432. – **b** = **Schattenbild, Schatten** der Abgeschiedenen, Ov. u. a.: simulacra pallentia, Enn. u. Lucr.: incertum, Apul. Vgl. Prop. 1, 19, 11. Delr. Sen. Herc. Oet. 1959. p. 358 *sq.* – **c** = **Traumbild,** simulacra inania somni, Ov.: vana (noctis), Ov.: pallentia, Verg. – **d** = **Gespenst,** simulacra audita, Gespenstergeschichten, Plin. ep. 7, 27, 7 (§ 6 imago gen.). – **e** (wie imago b. Cic. = εἴδωλον) als *t. t.* der epikurëischen Philos. = das dem Geiste vorschwebende **Abbild** eines gesehenen od. gedachten Gegenstandes, Lucr. 2, 112; 4, 128. – **f** v. den mnemonischen **Bildern** od. **Vorstellungen,** Cic. de or. 2, 354. – **3** übtr., v. Bild der Rede: **a** = das **Charakterbild,** die **Charakterschilderung,** viri, Liv. 45, 25, 3. – **b** = das **Gleichnis** (gew. imago), Plaut. most. 89. – **II** übtr., im Ggstz. zur Wirklichkeit: **1** im Allg., das bloße **Abbild,** die **Nachbildung,** simulacra virtutis, Cic.: belli, Scheinkämpfe, Lucr.: pugnae, Verg.: s. ludicrum pugnae, s. navalis pugnae, Manöver, Liv.: u. so decurrentis exercitus, Liv.: simulacra proeliorum, Gell.: s. vindemiae, Tac. – **2** insbes.: **a** mit dem Nebenbegr. des Täuschenden = das **Scheinbild, Schattenbild, Trugbild, Phantom,** der **Schein,** simulacra religionis, Cic. de div. 1, 105. – **b** mit dem Nbbgr. des Wesenlosen = der **Schatten,** si denique imaginem iudiciorum aut simulacrum aliquod futurum reliquum credidisset, Cic.: haec simulacra sunt auspiciorum, auspicia nullo modo, Cic.: qui ea simulacra libertatis senatui praebebat, Tac.: simulacra inania, wesenlose Bilder, Quint.

simulāmen, inis, *n.* (simulo), die **Nachahmung,** ein nachgeahmtes Bild, Ov. met. 10, 727. Auson. Mos. 228. Iul. Val. 1, 4 (5).

simulāmentum, ī, *n.* (simulo), das **Vorgeben,** die **Vorspiegelung,** die **Täuschung,** laetitiae simulamento, Itin. Alex. 27 (65): Plur. = Vorspiegelungen, Täuschungsmittel, Gell. 15, 22 *lemm.* u. Eccl.

simulāns, antis, *PAdi.*, doch nur im *Compar.* (v. simulo), **nachahmend,** vocum simulantior ales, v. Papagei, Ov. am. 2, 6, 23.

simulanter, *Adv.* (simulans), **zum Schein, vorgeblich,** Apul. met. 8, 10.

simulātē, *Adv.* (simulatus v. simulo), **zum Schein, mit Verstellung,** Cic. Rabir. Post. 33; de off. 3, 68: Ggstz. vere, Cic. in Pis. 27: Ggstz. ex animo, Cic. de nat. deor. 2, 168: verb. ficte et simulate, Cic. ad Q. fr. 1, 1, 4. § 13. – *Compar.*, simulatius exit proditionis opus, Petron. poët. fr. 28, 4.

simulātilis, e (simulo), **nachgeahmt,** Ven. Fort. de vit. S. Mart. 2, 276.

simulātio, ōnis, *f.* (simulo), der angenommene **Schein** einer Sache, das fälschliche **Vorgeben, Vorschützen,** die **Vorspiegelung,** der **Vorwand,** die **Verstellung, Täuschung, Heuchelei** (Ggstz. veritas, Cic. de off. 3, 74), **I** übh.: ista vestra verbosa simulatio prudentiae, Scheinklugheit, Cic.: fallax imitatio simulatioque virtutis, Cic.: simulatione Parthici belli, Caes.: equitum specie et simulatione, sodass sie wie R. aussahen und sich benahmen, Caes.: Faustuli simulatione gladiatores emptos esse, scheinbar für F., Cic.: legis agrariae simulatione, Cic.: hostium simulatione, die Feinde zum Vorwand nehmend, Cic.: eādem usus simulatione itineris, noch immer scheinbar im Abzug begriffen, Caes.: per simulationem vulnerum se recipere, Caes.: agere cum (unter) simulatione timoris, Caes.: ita res agatur, ut ne simulatio quidem aequitatis ulla adhibeatur, Cic.: temporariā simulatione concordiae discordiam differebant, Plin. ep.: summam prudentiam simulatione stultitiae tegere, Cic.: iuvenis longe alius ingenio, quam cuius simulationem induerat, als der war, dessen Maske er angenommen hatte, Liv. – absol., sim. ficta, Cic.: ex omni vita simulatio dissimulatioque tollenda est, Cic.: nihil ut opus sit simulatione et fallaciis, Cic.: artificio simulationis eruditus, in der Verstellungskunst geübt, Cic. – Plur. **Verstellungskünste, Verstellung,** illa simulationum nescia, Tac. ann. 4, 54: simulationum falsa (*n. pl.*), Tac. ann. 6, 54: neutrum simulationes expresserint, Plin. pan. 72, 7. – **II** als rhet. Fig., εἰρωνεία est simulatio, Mart. Cap. 5. § 523.

simulātō, *Adv.* (simulatus), **zum Schein,** in mimicis adulteriis ea quae solent sim. fieri effici ad verum iussit, Lampr. Heliog. 25, 4: tum sim. ferunt persecutionem se debere criminibus, Ennod. apol. pro synod. p. 298, 17 *Engelbr.*

simulātor, ōris, *m.* (simulo), **I** der **Nachahmer,** figurae, Ov. met. 11, 634: humani oris, Claud. Eutr. 1, 303. – **II** übtr., der **Heuchler, fälschlich Vorgeber,** cuius rei libet simulator ac dissimulator, worin er wollte, heuchlerisch u. verstellt, Sall.: segnitiae, Tac.: simulator in omni oratione, ein Meister in schalkhafter Verstellung (griech. εἴρων), von Sokrates, Cic.: alqm callidum et simulatorem interpretari, in jmd. einen listigen Heuchler zu erkennen glauben, Tac.

simulātōriē, *Adv.* (simulatorius), **täuschend** (Ggstz. veraciter), Augustin. de pecc. orig. u. a. Eccl.

simulātōrius, a, um (simulo), **zur Täuschung geeignet, täuschend, scheinbar,** disputationes, Ambros. hexaëm. 1, 2. § 7: excusatio, Cassian. coll. 17, 25. p. 1080 M.: sic omnia illa simulatoria gerebantur, tamquam etc., Augustin. epist. 82, 11 *extr.*

simulātrīx, trīcis (Femin. zu simulator), die **Umbildnerin,** v. der Circe, weil sie Menschen in Tiere verwandelte, Stat. Theb. 4, 551.

simulātus, a, um, s. simulo.

simulo, āvī, ātum, āre (similis), **ähnlich machen, I** eig.: **A** im Allg.: simulata magnis Pergama, Verg.: Minerva simulata Mentori, die die Gestalt des Mentor angenommen, Cic. – **B** insbes.: **1** = **abbilden, darstellen,** cupressum, Hor.: aera Alexandri vultum simulantia, Hor.: m. folg. *Acc.* u. *Infin.,* percussam sua simulat de cuspide terram edere fetum, stellt dar, wie das Land usw., Ov. met. 6, 80. – **2** = **nachahmen,** nimbos, Verg.: Catonem, Hor. – **II** übtr., etwas **zum Schein äußern** od. **vorgeben, sich den Anschein** von etwas **geben, sich stellen, als ob** usw., mortem, Ter. u. Cic.: gaudia vultu, Ov.: lacrimas, Ov.: negotia, mit Verstellung, mit Schlauheit seine Geschäfte führen, Sall.: simulabat aegrum, stellte sich krank, spielte die Rolle eines Kranken, Liv.: so auch simula sanum, Ov.: aliud agentes, aliud simulantes, Cic.: m. dopp. Akk., per ambitionem sese probos simulare, Sall. Iug. 85, 9: praegravem aut delumbem sese simulans, Plin. 10, 103. – m. folg. *Acc.* u. *Infin.* (deutsch zuw. durch »angeblich, vorgeblich, anscheinend, scheinbar«), simulat se aegrotare, stellt sich krank, Cic.: simulavit se furere, Cic.: se Tarentum proficisci simulavit, Cic.: manere iis bellum, quod positum simuletur, der angeblich beigelegt sei, Liv.: schema, quo aliud simulatur dici quam dicitur, Quint. – poet. m. folg. bl. *Infin.,* simulat Iove natus abire, Ov. met. 2, 697: simulatque gradu discedere verso, *ibid.* 4, 338. – m. *quasi,* verum quasi affuerim tamen simulabo, Plaut.: quod illa autem simulet quasi gravedo profluat, Plaut. – absol., cur simulat? warum verstellt er sich? Ter.: non sui commodi causā simulare, Cic.: simulandi gratiā vineas agere, Sall.: si simulasse vocat crimen, simulavimus ambo, Ov. – unpers., quid est quod amplius simuletur? Ter. heaut. 901. – Abl. absol. simulātō (unter dem Vorgeben) m. folg. *quod* (dass) u. Konj., Dict. 2, 15. Heges. 5, 38. – Bes. Partiz. simulātus, a, um, **scheinbar, nur den Schein habend, erheuchelt** (Ggstz. verus), lacrimae, Liv.: amicitia, Nep.: sedulitas, Cic.: falsa ista et simulata (angeblich) emptio, Cic.: verba, Verg.: nec simulatum quicquam potest esse diurnum, keine Vorspiegelung (kein Blendwerk) kann sich lange halten, Cic.

simultās, ātis, *f.* (= similitas, wie facultas st. facilitas), **I** die **Feindschaft** gegen jmd., der uns gleich ist, das **gespannte Verhältnis,** die **anhaltende Spannung,** das **Missverständnis,** die zwischen zweien (bes. in polit. Hinsicht) obwaltende **Nebenbuhlerschaft, Rivalität, α** Sing.: amicitia et simultas, Sen.: simultas aemulatioque mutua, Gell.: inter finitimos vetus atque antiqua simultas, Iuven.: alci simultas cum alqo non est od. nulla est, Cael. in Cic. ep. u. Liv.: numquam cum sorore fuisse in simultate, Nep.: pro re publica simultatem gerere cum alqo, M. Anton. in Cic. ep.: alci simultas intercedit cum alqo, Caes.: simultas exoritur cum alqo, Suet.: simultatem deponere, Cic.: nemo umquam te placavit inimicus, qui ullas resedisse in te simultatis reliquias senserit, Cic. – **β** Plur.: ultores veterum simultatium, Liv.: de locis (höchsten Stellen) summis simultatibus contendere, Caes.: erant inter Athenienses et Dorienses simultatium veteres offensae, Iustin.: simultates exercere cum libertis, Cic.: suas simultates pro magistratu exercere, Liv.: privatas multorum simultates finitas esse, Liv.: qui simultates, quas mecum habebat, deposuisset, Cic.: simultates dirimere, Cic.: bono publico sibi proprias simultates irritare, Liv.: graves simultates callide nutrire, Tac.: suo beneficio paternas simultates oblitterare, Liv.: ponere simultates, Liv.: non modo offensas verum etiam simultates pro alqo subire, Plin. ep.: multas simultates partim obscuras partim apertas suscepisse, Cic.: ex quibus non nullas simultates susceptas habemus, Cic.: susceptis propriis simultatibus, Plin. ep. – **II** der **Wettkampf, Wettstreit,** Hyg. fab. 22 u. a. – ► Genet. Plur. oft simultatium, z. B. Auct. b. Alex. 49, 2. Liv. 1, 60, 2. Val. Max. 4, 2, 2. Iustin. 2, 6, 16. Vgl. Drak. Liv. 9, 38, 12.

simulter, *Adv.* (zsgzg. aus similiter), **auf ähnliche (gleiche) Weise,** sim. itidem, gerade ebenso wie, Plaut. Pseud. 382.

sīmulus, a, um (*Demin.* v. simus), **plattnäsig, stumpfnäsig,** Lucr. 4, 1161 (1169). Ps. Verg. moret. 3 (Haupt u. Ribbeck Simylus).

sīmus, a, um (σιμός), von unten **aufwärts gebogen,** oberwärts **platt,** sculptura, Vitr.: puer simā nare, plattnäsig, stumpfnäsig, Mart.: u. so simis naribus, Sen. fr.: rostrum, Plin.: a parte, quā sima est, Cels. – prägn. = **stulpnäsig, plattnäsig,** capella, Verg. ecl. 10, 7. – Sīmus als Beiname, Plin. 11, 158. – u. Sīmus (Σῖμος), ein berühmter griech. Maler, Plin. 35, 143.

sīn (sī u. enklitisches ne), *Coni.,* **wenn aber, wofern aber,** wenn das Gegenteil od. etwas Gegenseitiges vorhergegangen ist, **I** mit vorhergeh. *si, nisi* u. dgl., si relinquo, eius vitae timeo: sin opitulor etc., Ter. – u. so oft si … sin, Cic.: si … sin aliter, Komik., Cic. u. a.: si … sin autem, Komik, u. Cic.: si … sin vero, Colum.: nisi … sin, quando … sin, dum … sin, Plaut. – sin minus, sin aliter, sin secus, zuw. ellipt. als ganzer Satz = **wo aber nicht, widrigenfalls,** sin minus, Cic.: sin aliter, Cic.: sin secus, Plaut.: sin autem, Cic. ad Att. 10, 7, 2: auch bl. sin, Cic. ad Att. 16, 13. litt. b. § 2. Priap. 31, 3. – **II** ohne vorhergehende Partikel, wenn der vorausgehende Satz nicht die bestimmte **Form,** sondern nur den **Sinn** eines Bedingungssatzes hat, s. Cic. de amic. 78: verstärkt sin autem, Cic. de off. 1, 123.

Sīna u. **Sīnai,** *m. indecl.* (סיני), der Berg **Sinai** in Arabia deserta, j. *Djebel Musa* (d. i. Mosesberg), Form *Sina* (in der LXX Σινά), Sulp. Sev. dial. 1, 17. § 2 u. 6: Form *Sinai,* Vulg. exod. 16, 1 u. a.

sināpi, *indecl. n.* u. **sināpe,** is, *n.* u. **sināpis,** is, Akk. im, Abl. e u. gew. ī, *f.* (σίναπι), der **Senf,** Scriptt. r. r. u. a.: granum sinapis, Ambros. – Nbf. senapi u. senapis, Apic. 1, 9 u. 24: senapis scelera, abscheulicher S., Plaut. Pseud. 817.

sināpismus, ī, *m.* (σιναπισμός), **der Gebrauch des Senfpflasters, -des Senfumschlags,** Cael. Aur. de morb. chron. 2, 7, 108; 3, 8, 112. Th. Prisc. 1, 15.

sināpizo (sināpisso), āre (σιναπίζω), auf etwas **ein Senfpflaster-, einen Senfumschlag legen,** partem corporis, Veget. u. Cael. Aur.

sincērē, *Adv.* (sincerus), **I gut, recht,** satin ego oculis utilitatem optineo sincere an parum? Plaut. Epid. 634 G. – **II** übtr., **von Herzen, aufrichtig, ohne Falsch,** istuc dicere, Ter.: id dicere, Catull.: loqui, Cic.: pronuntiare, Caes.: nam neque irati neque blandi quicquam sincere sonunt, Enn. fr. – *Compar.* bei Gell. 6 (7), 3, 55. – *Superl.* in Augustin. epist. 137, 17.

sinceris, s. sincērus.

sincēritās, ātis, *f.* (sincerus), **I** die **Unverdorbenheit, Unverletztheit, Gesundheit,** capitis, Pallad.: salinarum, Plin.: sinc. summa et animi et corporis, Val. Max. – **II** übtr.: **a** die **Aufrichtigkeit, Ehrlichkeit, Rechtschaffenheit,** Gell. u. a. – **b** die **Unverdorbenheit** usw., bonum habebit sinceritatem suam, Vollständigkeit, Vollkommenheit, Sen.: verborum, Güte, Gell.: sinc. summa vitae, Sittenreinheit, Val. Max.

sincēriter, *Adv.* (sincerus) = sincere, Gell. 13, 16 (17), 1. Cod. Iust. 8, 28, 10. Augustin. quaest. 66, 1.

sincēro, āvī, āre (sincerus), **rein machen,** Diom. 364, 28. Augustin. serm. 359, 7.

sincērus, a, um (viell. aus sine cera, vom wachsfreien Honig gesagt), **I ungeschminkt, echt, natürlich, wirklich, a** eig.: genae, Ov.: secernere fucata et simulata a sinceris atque veris, Cic. – **b** übtr.: **α echt, wirklich,** Stoicus, Gell. – **β aufrichtig, rechtschaffen,** nihil sinceri, Cic.: fides, Liv.: pronuntiator rerum gestarum, unparteiischer, Cic.: scriptor sincerissimus, Gell. – **II rein,** d. i. **1** – **schmutzlos, unbefleckt, unversehrt, gesund, a** eig.: vas, Hor.: tergum, rein, ohne rote Flecken von Schlägen, Plaut.: corium sincerissimum, Plaut.: porci, rein, ohne Finnen usw., Plaut.: corpus, Ov.: corpus sincerius, Gell.: pars, Ov.: sincerum integrumque conserves, Cic. – **b** übtr., **unbefleckt, unversehrt, unverdorben,** Minerva, Ov.: iudicium, Cic.: fama, Gell. – **2 rein** = **unvermischt, bloß, a** eig.: proelium equestre, bloßes Reitertreffen, Liv.: gens, Tac.: axungia, Plin. – *neutr.* adv., non sincerum sonere, klinge nicht rein, Lucr. 3, 871. – **b** übtr.: voluptas, Cic. u. Ov.: gaudium, Liv.: sincerius gaudium, Iustin. – ► Nbf. sinceris, Neutr. sincere u. zwar Nom. Sing. sinceris, Varro bei Isid. de nat. rer. 38, 5. Ambros. serm. 65. Gloss. II, 184, 29 u. ö.: sincere, Scrib. Larg. 113 u. 224: Nom. Plur. sinceres, Itala (Clar.) Phil. 1, 10 u. 2, 15.

sincinium, iī, *n.* (zu semel u. cano) = μονῳδία, der **Einzelgesang,** das **Solo,** Isid. orig. 6, 19, 6 (wo Otto sicinium = secinium, v. se u. cano).

sincipitāmentum, ī, *n.* (sinciput) = ἡμικεφάλαιον, das **Halbkopfstück,** sincipitamenta porcina, Plaut. Men. 211 E. (Brix gegen die Hdschrn. sinciputamenta).

sīnciput, pitis, *n.* (viell. st. semicaput, ἡμικέφαλον; vgl. Diom. 436, 14 *sinciput,* cum intellegatur *sematum caput*), **I der halbe Kopf, Vorderkopf,** vom geräucherten Schweinskopf, sincipita verrina, Plin. 8, 209: fumosum s., Pers. 6, 70: flebile nati sinciput elixi, Iuven. 13, 85. – **II** meton., der **Schädel, a** als Sitz des Gehirns, die **Hirnschale,** non tibi sanum est, adulescens, sinciput, ut intellego, du bist nicht richtig im K. (im G.), Plaut. Men. 505 *sq.*: quom negabas mihi esse sanum sinciput, behauptetest, ich sei nicht richtig im K. (im G.), Plaut. Men. 633. – **b** = der **Kopf** übh., dissicit ancipiti miserabile sinciput ense, Sidon. carm. 5, 424.

sīnciputāmentum, s. sincipitāmentum.

Sindēnsēs, ium, *m.*, die Einwohner der Stadt Sinda in Pisidien, die **Sindenser,** Liv. 38, 15, 1.

Sindēs, Akk. ēn, *m.*, Fluss in Medien, der die Daher u. Arier trennte, Tac. ann. 11, 10.

sindōn, onis, *f.* (σινδών), eine Art feines baumwollenes Zeug, der **Musselin,** das **Nesseltuch,** meton. das **baumwollene Gewand,** Mart. 4, 19, 12 u. 11, 1, 2. Auson. ephem. 2. parech. 2. p. 4 Schenkl. Vulg. iudic. 14, 12 u. 13; prov. 31, 24 u. a.: lectuaria sindon, baumwollene Bettdecke, Non. 537, 21.

sine (vulg. sene); altindisch *sanitúr,* außer, ohne, ahd. *suntar,* abgesondert = nhd. sonder, *Praepos.* m. *Abl.*, **ohne** (Ggstz. cum), semper ille ante *cum* uxore, tum *sine* ea, Cic.: sine liberis esse, kinderlos sein, Curt.: sine liberis decedere, kinderlos sterben, Quint.: so auch in matrimonio sine liberis defungi, Ulp. dig.: uxor sine dote, Plaut.: sine aliquo vulnere, ohne erheblichen Verlust, Caes.: sine ullo vulnere, ohne jeden Verlust, Caes.: sine vulnere suorum, ohne Verlust, Caes.: non sine cura, mit besonderer Sorgfalt, Nep.: haud sine ira plebis, Liv.: sine periculo, Ter.: sine dubio, Cic.: sine ulla dubitatione, ohne allen Zweifel, Cic.: sine labore ullo, Cic.: sine omni malitia, Plaut.: sine omni periculo, ohne jede Gefahr, Ter.: aber sed ne sine omni quidem sapientia, ohne die gesamte Ph., Cic. – zuw. dem Kasus nachgesetzt, vitiis nemo sine nascitur, Hor. sat 1, 3, 68: u. so *ibid.* 1, 5, 99. – ► Im afrik. Vulgärlat. m. *Acc.*, vgl. Rönsch Itala p. 412 u. Collect. p. 172; ferner sine laesionem, CIL 6, 9663: sine fraudem, *ibid.* 6, 9485: sine curam, *ibid.* 8, 2728, 88.

Singara, ae, *f.*, Stadt in Mesopotamien am Tigris, Plin. 5, 86.

singilio, ōnis, *m.*, viell. das **einfache kurze Kleid,** Gall. b. Treb. Poll. Claud. 17, 6.

singillāriter, *Adv.* (wie singillarius von singulus), **einzeln,** Lucr. 6, 1065.

singillārius, a, um (singularis), **einfach,** motus, Tert.: ductus, Tert.

singillātim u. **singulātim,** *Adv.* (singulus), **einzeln** (Ggstz. generatim atque universe), Ter., Cic. u. a.: non sing. et discretim, sed cunctim et coacervatim, Apul. – ► Nach Fleckeisen singillatim die handschriftlich am besten beglaubigte Form.

singillo, āre = separo, Virg. gramm. epist. 4. p. 160, 6 *Huemer.*

singula, ae, *f.* = sembella (s. d.), Metrol. scriptt. Lat p. 70, 7 u. 19 *ed. Hultsch.*

singulāriē, *Adv.* = singulariter, **einzeln,** Cic. fr. K. 12 bei Charis. 219, 24.

singulāris, e (singuli), **zum einzelnen gehörig, I** eig.; **A** im Allg.: **a** aus einem einzelnen bestehend, **einzeln, vereinzelt,** non est s. nec solivagum genus hoc, Cic.: s. homo, Caes.: s. homoprivatus, Cic.: ubi aliquos singulares ex navi egredi conspexerant, Caes.: hircus, qui s. natus sit, eingeboren (griech. μονογενής), Plin.; vgl. s. hic mundus atque unigena (εἷς καὶ μονογενὴς οὐρανός γεγονώς, Plato), einzelne u. eingeschaffene, Cic.: herba s. (Ggstz. fruticosa), Plin.: s. deus, der eingeschaffene, einige, Lact. (s. Bünem. Lact. 1, 4, 8). – **b eines einzelnen, Einzel-** (Ggstz. communis), pugna, **Einzelkampf,** Duell, Macr.: so auch certamen, Eutr.: imperium, potentia, Alleinherrschaft, Cic.: odium (Ggstz. communis invidia), Cic.: beneficium (Ggstz. commune officium civium), Cic.: sunt quaedam in te singularia (dir allein eigene, bei dir allein stattfindende Dinge) … quaedam tibi cum multis communia, Cic. – **c** v. Örtl., **einzeln** = **abgesondert,** locus, Suet. Aug. 72, 2. – **B** insbes.: **1** als gramm. *t. t.* **zur Einzahl-, zum Singular gehörig,** res s., ein Singular (Ggstz. multitudo), Varro LL.: casus s., Varro LL.: numerus, Quint.: s. nominativus, genetivus, Quint. – absol. = der **Singular,** alii dicunt in singulari hāc *ovi,* alii hāc *ove,* Varro LL.: nam cum dico ›vultus hominis‹ pro vultu, dico pluraliter, quod singulare est, Quint.: pleraque, quae ex multitudine cum transeunt in singulare, difficulter efferuntur ore, Varro LL. – **2** singulārēs, ium, *m.*, die **Eliten,** ein zu Entsendungen gebrauchtes, berittenes Korps, **a** im Gefolge des Kaisers, **berittene Feldjäger** od. **Armeegendarmen,** ala singularium, Tac. hist. 4, 70: cohors singularium, CIL 8, 9058 (vgl. 8, 2825 u. 9055): gew. vollst. equites singulares, Hyg. de munit. castr. § 7 u. 8 u. a. CIL 6, 3227: so auch praefectus equitum singulariorum (Genet. Plur. von singularius), CIL 11, 1836. – **b** in dem Offizium der Präfekten, zu Entsendungen in die Provinzen gebraucht, Cod. Iust. 1, 27, 1. § 8. – **3** singulāris, is, *f.*, die Witwe, Commodian. instr. 2, 31 (30), 15. – **II** übtr.: **1 besonder** = eine Ausnahme von allgemeinen Rechtsgrundsätzen enthaltend, ius, ICt. – **2** einzig, eigentümlich, charakteristisch in seiner Beschaffenheit, u. dah. **ausgezeichnet, vorzüglich, außerordentlich, a** im guten Sinne: Aristoteles meo iudicio in philosophia prope s., Cic.: qui ingenio atque animo singulares, Cic.: Pompei singularis eximiaque virtus, Cic.: fides s., Nep.: quid tam singulare (est) quam *ut* ex senatus consulto legibus solutus consul ante fieret, quam ullum alium magistratum per leges capere licuisset? Cic. de imp. Pomp. 62. – **b** im üblen Sinne, **absonderlich,** crudelitas, Caes.: nequitia, Cic.

singulāritās, ātis, *f.* (singularis), **I** das **Einzelnsein, Alleinsein** u. insbes. das **ehelose Leben,** Eccl. – **II** als gramm. *t. t.*, **a** = der **Singular** (Ggstz. pluralitas, der Plural), Charis. 93, 4. – **b** = die **Einheit,** Mart. Cap. 7. § 750. 774. 792. Chalcid. Tim. 37 D.: konkr., die Zahl **eins,** Chalcid. Tim. 33 *sqq.*

singulāriter, *Adv.* (singularis), **I einzeln, a** übh.: inter se s. apta, Lucr.: a iuventute s. sedens, abgesondert, Paul. Nol. – **b** als gramm. *t. t.*, **im Singular** (Ggstz. pluraliter), dicere, Gell. u. Ambros.: pluralia efferre, Quint. – **II** übtr., **außerordentlich,** alqm diligere, Cic. Verr. 2, 117: alqm amare, Plin. ep. 4, 15, 1: alqm et mirari et diligere, Plin. ep. 1, 22, 1.

singulārius, a, um (singularis), **I einzeln,** übh.: natura, Turp. com. fr.: litterae, Abkürzungen, Chiffern, Gell.: catenae, Einzelfesseln (d. h. solche, mit denen nicht zwei zusammengekoppelt werden), Plaut. capt. 112: equites singularii, s. singularis *no.* I, B, 2, a. – **II** übtr., **außerordentlich,** velocitas, Gell. 9, 4, 6.

singulātim, s. singillātim.

singulī, ae, a, s. singulus.

singultim, *Adv.* (singultus), **stockend, abgerissen,** pauca loqui, Hor. sat. 1, 6, 56.

singultio, īre (singultus), **I schluchzen,** vor Weinen, Apul. met. 3, 10: u. **den Schlucken haben,** als Übel, Cels. 5, 26, 19. Plin. 23, 48. – **II** übtr. **A glucken, glucksen,** von der Henne, Colum. 8, 11, 15. – **B zittern** vor Wollust, Pers. 6, 52.

singulto (āvī), ātum, āre (singultus), **I** *intr.* **schluchzen,** singultantium modo, Quint.: verba singultantia, schluchzende, Calp., abgebrochene, Stat. – von Sterbenden, **röcheln,** Verg. u. a. – von dem Wasser, wenn es gleichsam schluchzend, mit dem Ton **gluck gluck** durch eine Öffnung dringt, Sidon. – **II** *tr.* **herausschluchzen, ausröcheln,** animam, Ov.: sonis singultatis, Ov.

singultus, ūs, *m.*, das Ausstoßen einzelner Töne; dah. **I** das **Schluchzen,** der **Schlucken, a** das **Schluchzen** der Weinenden, singultus frequens, Lucr.: singultuque pias interrumpente querellas, Ov.: multas lacrimas et fletum cum singultu videre potuisti, Cic.: Plur., frigiduli singultus, Catull.: pleno singultibus ore, Ov.: mitte singultus, Hor.: singultibus oscula rumpunt, Lucan.: praepedita singultibus anima, Hieron. – **b** der **Schlucken,** auch im Plur., Sen. ep. u. Plin. – **c** bei Sterbenden, **das Röcheln,** Verg. u. Sen.: ille, quo redditur anima singultus, Ps. Quint. decl. – **II** der ähnliche Ton **a** der Tiere, **α** des Raben, das **Krächzen,** Plin. 18, 362. – **β** der Henne, das **Glucken, Glucksen,** Colum. 8, 5, 3 u. a. – **b** das Glucken der Flasche, Plin. ep. 4, 30, 6. – ► vulg. Genet. Sing. singulti, Ven. Fort. carm. 5, 6, 3.

singulus, a, um, häufiger der Plur. **singulī,** ae, a (zu *sem = ἕν u. Suffix golos), **I einzeln, ein einziger, einer allein, a** übh.: **α** Sing.: singulum vestigium, Plaut.: numero singulo dicere, im Singular, Gell.: semel unum singulum est, einmal eins ist eins, Varro sat. Men. 345 u. 414. Vgl. Mart. Cap. 3. § 325 (nach dem ein Singular wie singulus vir, singula mulier, singulum scrinium ungebräuchlich). – **β** Plur. (Ggstz. bini, ambo, duo, universi): honestius eum (agrum) vos universi qnam singuli possideretis, Cic.: frequentes an pauci an singuli, Cic.: oculi vel ambo vel singuli, Cels.: quadrageni singuli, einundvierzig, Plin. – **b allein** = ohne Gesellschaft, numquam sumus singuli, Sen.: meliores erimus singuli, Sen. – **II** *distrib.*, **je einer, jeder ein, jedem ein** usw., **α** Sing.: nummo singulo multabatur, Gell. 18, 13, 6. – **β** Plur.: legiones singulas posuit Brundisii, Tarenti etc., eine Legion nach Brindisi, eine nach usw., Cic.: filiae singulos filios habentes, Liv.: quibus singulae naves erant attributae, jedem ein Schiff, Caes.: describebat censores binos in singulas civitates, Cic.: singulis diebus, Cic.: in dies singulos, von Tag zu Tag, mit jedem Tag, täglich, Cic.

Sinis (falsch Scinis), is, Akk. in, *m.*, (Σίνις, d. i. der Schädiger, Beschädiger), ein Straßenräuber auf der korinthischen Landenge, der die Reisenden überfiel, beraubte u. sie an zwei herabgebogenen Fichten aufhängte, die wieder aufschnellten und die Unglücklichen zerrissen; von Theseus überwunden u. getötet, Prop. 3, 22, 37. Ov. met. 7, 440. Stat. Theb. 7, 576.

sinister, tra, trum, **I link, zur linken Seite** od. **Hand befindlich** (Ggstz. dexter), **A** *adi.*: manus, Nep.: oculus, Plin. ep.: calceus, Suet.: ripa, Hor.: pars, Caes. – *Compar.* sinisterior, us (Ggstz. dexterior, us), sinisterior funalis equus, Suet.: rota, Ov.: pars, Varro: dexterius et sinisterius cornu, Galba in Cic. ep. – *Superl.* sinistimus, a, um (Ggstz. dextimus), nach Fest. 339 (a), 1. Prisc. 3, 19 u. 22. – **B** *subst.*: **1** sinistra, ae, *f.*, **a die linke Hand, die Linke** (Ggstz. dextra), Caes. u. a. – beim Stehlen benutzt, natae ad furta sinistrae, Ov.: dah. v. den Gehilfen eines Diebes, Porci et Socration, duae sinistrae Pisonis, Catull. – **b die linke Seite,** supra infra, dextra sinistrā, Cic.: ad sinistram, Plaut.: sub sinistrā, Caes.: miles dextrā ac sinstrā muro tectus, Caes. – sinistrā m. *Acc.*, links an, dextrā sinistrāque ianuam, C. Aelius Gallus bei Gell. 16, 5, 3: dextrā ac sinistrā fornicem, Fest. 206 (b), 18. – **2** sinistrum, ī, *n.*, **die linke Seite,** nur mit Präpos., z. B. a sinistro, Quint.: in sinistrum, Quint.: in sinistro, Tac. – **3** sinistrī, ōrum, *m.*, **der linke Flügel** der Schlachtreihe (Ggstz. dextra pars), Liv. 9, 27, 9. – **II** übtr.: **1 linkisch, verkehrt, ungeschickt,** mores, Verg.: liberalitas, Catull.: instituta, Tac.: natura, Curt.: interpretatio, Tac. – **2 unglücklich, widerwärtig,** signa, Ov.: pugna, Prop.: fama, übler Leumund, Iuven. (u. so ut *laeta* [günstiger] apud plerosque, ita apud quosdam *sinistra* fama, Tac.: eo de homine sinistra in urbe fama, Tac.): aber sinistra ex urbe fama, üble Gerüchte aus der St., Tac.: notus pecori sinister, Verg.: sinistro pede proficisci, zur unglücklichen Stunde, Apul.: m. *Genet.*, fidei sinister, der nicht Wort hält, treulos, Sil. 1, 56. – subst., sinistrum, ī, *n.*, das Böse, Arge, si qua (matrona) est studiosa sinistri, Ov. trist. 2, 257. – **3** als *t. t.* der Religionssprache: **a** bei den Römern, deren Augen, nach Süden gewandt, die östliche Seite zur Linken hatten = **glücklich, glückliche Anzeigen gebend,** avis, Plaut.: cornix, Verg.: tonitrus, Ov.; vgl. Cic. de div. 2, 74 u. 82. – **b** bei den Griechen, die nach Norden gewandt, die östliche Seite zur Rechten hatten = **unglücklich,** omen, Ov.: avibus sinistris, zur unglücklichen Stunde, Ov. – u. so auch zuw. bei Römern, auspicia, Val. Max.: fulmen, Cic. Phil. 2, 99. – ► Vulg. Nbf. senesterior, CIL 14, 1473.

sinisteritās, ātis, *f.* (sinister), das **linkische Benehmen, die Ungeschicktheit** (Ggstz. dexteritas), Plin. ep. 6, 17, 3 u. 9, 5, 2. Sidon. epist. 1, 5, 1 u. 3, 11, 1.

sinistimus, s. sinister *no.* I, A.

sinistrātus, a, um (sinister), **zur Linken-, links gelegen** (Ggstz. dextratus), ager, Gromat. vet. 247, 5: pars, *ibid.* 291, 11 u. a.: subst., in sinistrato (Ggstz. in dextrato), *ibid.* 290, 19.

sinistrē, *Adv.* (sinister), **links;** dah. übtr., **übel, ungünstig, nachteilig,** excipere, Hor.: accipere, Tac.: de festinatione Primi ac Vari rescribere, Tac.: porro non tam s. constitutum est, ut etc., auch steht es nicht so schlimm um uns, Plin. pan.

sinistrōrsus u. **-um,** *Adv.* (st. sinistroversus od. -um), **links ab, links, nach der linken Hand zu** (Ggstz. dextrorsus u. -um), Caes., Hor. u. a.

sinistrō-versus, *Adv.* (sinister u. versus) = sinistrorsus, Lact. 3, 6, 4.

sino, sīvī, situm, ere, eig. **niederlassen, niederlegen, hinlegen,** so nur noch im Partiz. situs u. in dem Kompositum pōno (= posino); im *verb. fin.* nur übtr.; etw. **geschehen lassen, dulden, gestatten, I** im Allg.: **a** mit einem Objektsatz: **α** mit folg. *Acc.* u. *Infin.:* nos transalpinas gentes oleam et vitem serere non sinimus, Cic.: vinum ad se omnino importari non sinunt, Caes.: huic ordini ignem novum subici non sivistis, Cic. – im Passiv m. *Nom.* u. *Infin.*, hic accusare eum moderate, a quo ipse nefarie accusatur, per senatus auctoritatem non est situs, Cic.: ficus ibi (= in dolio) sinitur fermentari, Colum. – **β** m. *ut* u. Konj.: sivi, ut expleret animum, Ter.: sinite exorator ut sim, Ter. – **γ** m. bl. *Coniunctiv:* iam sine sic iratus sit, Plaut.: sine me expurgem, Ter.: sine veniat, lass ihn nur kommen (drohend), Ter.: sine pascat aretque, Hor. – **b** m. *Acc.:* sinite arma viris, Verg.: sine hanc animam, lass (mir) das Leben, Verg.: non s. transitum, Plin.: pugnam per sagittas s., Tac.: non sinat hoc Aiax, Ov. – Zuw. ist der *Acc.* elliptisch zu fassen, mit einem zu ergänzenden Infinitiv (sein, bleiben, tun, gehen u. dgl.), binis mensibus porcos sinunt eum matribus, lassen sie bei den M. (sein, bleiben), Varro: neu propius tectis taxum sine, Verg.: sinerem illum, tun lassen, Ter.: istuc sino, lasse ich sein, Plaut.: sine me, lass mich (gehen), Ter. – **c** absol.: sine foris sic (so = so offen), Plaut.: auctor sum, sino, Plaut.: age dicat, sine,

Ter.: non feram, non patiar, non sinam, ich kann's, ich will's, ich darf's nicht dulden (leiden), Cic.: sinentibus nobis, mit unserer Erlaubnis, Plin. ep. – **II** insbes.: **A** in der Umgangssprache, **a** sine, **lass = mag, möge,** feriant sine litora fluctus, Verg. – auch bl. sine! **mag sein! lass gut sein! mag's doch! schon gut!** pulchre ludificor: sine! Plaut.: non est profecto: sine! Ter.: sic sine, Plaut. – **b** sine modo, **lass nur erst,** d.i., wenn nur erst, sine modo adveniat, Plaut. most. 11. – **B** ne di sinant (sirint), ne Iuppiter sirit u. dgl., **das wolle Gott nicht! behüte Gott!** nec di sinant illud, Plin. ep.: ne istuc Iuppiter O.M. sirit, Liv.: ne di sirint, Plaut. – ► *Perf.* siit, Varro fr. bei Diom. 374, 16. Ter. adelph. 104: sieris, Pacuv. tr. 200: sierit, Plaut. Curc. 27 Fl. (Goetz sirit). – *Perf.* gew. synkop. sisti, sistis, siris, sirit, siritis, *Plusqu.* sisset u. sissent, s. Wunder Cic. Planc. 87. p. 218*sq.* Halm Cic. Sest. 44. p. 158*sq.* – Vulg. Perfektform sinueris, Lact. epit. 53, 8. – Dav.

Partic. **situs**, a, um, **I** als reines *Partic.* = **hingestellt, hingelegt, 1** im Allg.: in suo quidque loco nisi erit mihi situm supellectilis, Plaut.: nec plus aqua sita siet unam horam, Cato: ea (mater mortua) exadversum sita erat, Ter. – **2** insbes.: **a erbaut,** Philippopolis a Philippo sita, Tac.: ara Druso sita, Tac. – **b begraben, bestattet,** hic est ille situs, Enn.: Aeneas situs est super Numicium flumen, Liv.: C. Marii sitae reliquiae apud Anienem, Cic.: arca, in qua Numa situs fuisset, Plin.: dah. als Grabschrift, hic situs est Phaëthon, Ov.: Lygdamus hic situs est, Tibull.: Antronia … hic sita est, CIL 6, 5084[a]. – **c** beim Wechsler usw. **angelegt,** immo apud trapezitam situm est (argentum), Plaut. Curc. 345 G.: übtr., quod apud nos fallaciarum sex situm est, *Plaut. mil. 1156 Brix (andere structum est). – **II** als *PAdi.* = **gelegen, liegend, befindlich. A** eig.: **1** im Allg.: lingua in ore sita est, Cic.: sitae fuere et Thespiades (statuae) ad aedem Felicitatis, Plin.: inter duo genua naribus sitis, Plin. – **2** insbes.: **a** von Örtl. = **gelegen,** locus s. in media insula, Cic.: Carthago s. est in sinu, Liv.: s. urbs ex adverso Carthaginis, Karthago gegenüber, Plin.: s. insulae ante promunturium, Plin.: s. regio contra Parthiae tractum, Plin. – **b** v. Pers., **befindlich, wohnend, hausend,** gens s. in convallibus, Plin.: cis Rhenum sitae gentes, Vell.: post Euphratem et Tigrim amnes siti, Curt.: Scytharum gens haud procul Thraciā sita, Curt.: Indi procul a nobis ad orientem siti, Apul.: ultra siti sunt Modubae, Plin. – **B** übtr.: **1** im Allg.: hoc erit tibi argamentum semper in promptu situm, Enn. fr.: in melle sunt sitae linguae vostrae, v. süßklingender Sprache, Plaut.: voluptates in medio sitas esse dicunt, können allen zuteil werden, Cic.: terrena quaedam inter homines sita, einige irdische, dem Menschen naheliegende Dinge, Gell. – **2** insbes.: **a** dem Verhältnis nach zu jmd. so und so **stehend,** socii amici, procul iuxta siti, Fern- und Nahestehende, Sall. hist. fr. 4, 61, 17 (4, 61, 19): frater, propinqui, longius siti, Fernerstehende, Tac. ann. 12, 10. – **b** situm esse in alqa re od. in alqo, auf etw. od. jmd. **beruhen,** quae (adsensio) est in nostra potestate sita, Cic.: in eius pernicie patriae sitam putabant salutem, Nep.: cui spes omnis in fuga sita erat, Sall.: quorum res fidesque in manibus sitae erant, Sall.: in te spes nobis omnis sita est, Ter.: quantum est situm in nobis, soviel an uns liegt (parenthet.), Cic.: in vestra manu situm est mit folg. *Infin.*, Apul. de deo Socr. prol. p. 104 H. (p. 2, 6 G.) – ► vulg. setu est = situs est, CIL 8, 9639.

Sinōn, ōnis, *m.* (Σίνων), Sohn des Äsimus, ein Grieche, der die Trojaner überredete, das hölzerne Pferd in die Stadt zu ziehen, dann in der Nacht die in dem Pferde verborgenen griechischen Helden herausließ u. so die Eroberung Trojas ermöglichte, Verg. Aen. 2, 79*sqq.* Hygin. fab. 108.

Sinōpa, ae, *f.* u. **Sinōpē**, ēs, *f.* (Σινώπη), **I** eine Stadt in Paphlagonien am Schwarzen Meer, Kolonie von Milet, Geburtsort des Zynikers Diogenes, j. *Sinap, Sinabe, Sinub,* Form *-a,* Cic. II, Verr. 1, 87; de lege agr. 2, 53 (Genet. ae): Form *-e,* Cic. de imp. Pomp. 21. Tac. hist. 4, 83*sq.* Plin. 6, 6. – Dav.: **A Sinōpēnsis**, e **sinopensisch,** colonia, ICt. – subst., Sinōpēnsēs ium, *m.*, die Einw. von Sinope, die **Sinopenser** Liv. – **B Sinōpeus**, eī, Akk. Plur. eās, *m.* Σινωπεύς), **der Sinopeer, aus Sinope** Plaut.: Cynicus, Diogenes, Ov. – **C Sinōpicus**, a, um (Σινωπικός), **sinopisch,** Cels. – **II** eine griechische Stadt in Latium, von den Römern kolonisiert u. Sinuessa (s.d.) gen., Liv. 10, 21, 8.

sinōpis, idis, *f.* (σινωπίς), eine rote Erdart zum Färben, die, in Kappadozien gefunden, zu den Griechen aber aus Sinope gebracht wurde, **roter Eisenocker,** Plin.

sinua, s. 2. sinus.

sinuāmen, inis, *n.* (sino), die **Krümmung,** Eccl.

sinuātio, ōnis, *f.* (sinuo), die **Krümmung,** Fulg. myth. 1. p. 26 M.: sin. interiorum aurium, Ambros. hexaëm. 6, 9, 62: illa intestinorum reflexio et sin., Ambros. de Noë 9, 28.

sinuātus, Abl. ū, *m.* (sinuo), die **Krümmung,** sinus a sinuatu, Prisc. 6, 78.

Sinuessa, ae, *f.* (Σινούεσσα od. Σινύεσσα), die früher Sinope genannte, von den Römern kolonisierte Stadt in Latium an der Grenze Kampaniens, in deren Umgegend guter Wein gebaut wurde und warme Bäder waren, die häufig besucht wurden, j. Ruinen der Stadt beim Kastell *Rocca di Mondragone,* Liv. 10, 21, 8. Cic. ad Att. 9, 15*sq.* Ov. met. 15, 715. – Dav. **Sinuessānus**, a, um, **sinuessanisch,** deversoriolum, Cic.: prela, Mart.: aquae, Plin.

sīnum, ī, *n.* u. **sīnus**, ī, *m.* ein weitbauchiges, tönernes Gefäß für Wein, Milch usw., der **Asch,** Nom. sinum, Varro LL. 5, 123. Varro vit. P.R. 1. fr. 50 (bei Prisc. 6, 78 u. Non. 547, 23). Cic. fr. K. 14. Colum. 7, 8, 2: Nom. sinus, Plaut. Curc. 82; rud. 1319. Atta com. 10. Anthol. Lat. 1040, 4 M. Serv. Verg. ecl. 7, 33: Akk. sinum, Plaut. Curc. 75. Verg. ecl. 7, 33 (u. dah. Prud. c. Symm. 1, 113). Val. Ruf. bei Philarg. ad Verg. georg. 3, 177. Mart. 3, 58, 20. Vgl. Prisc. 6, 78. Schol. Veron. ad Verg. ecl. 7, 33. p. 75 *Keil.*

sinuo, āvī, ātum, āre (sinus), **I** bogenartig **krümmen, beugen, bauschig machen,** arcum, spannen, Ov.: vela, Apul.: terga, Verg.: albentibus spumis in modum diadematis orbes (v. Euphrat), kronenartige Kreise bilden, Tac. – Passiv medial, serpens sinuatur in arcus, Ov.: luna sinuata in orbem, Plin.: histrionicis motibus sinuati corporis saltus, Arnob. – v. Örtl. u. dgl., cuius in contrariis parietibus duo baptisteria velut eiecta sinuantur, Plin. ep.: Pontus sinuatus cetera, Mela: muri introrsus sinuati, bogenförmige, Tac.: donec (Chaucorum gens) in Chattos usque sinuetur, bogenförmig ausläuft, Tac.: vallis sinuata latus, Calp. – **II** übtr., bogenförmig **aushöhlen,** Cels. 7, 2. p. 265, 18 D.

sinuōsē, *Adv.* (sinuosus), **faltenreich,** bildl., dicere sinuosius, verwickelter, Gell. 12, 5, 6.

sinuōsus, a, um (sinus), **voll Krümmungen, -Vertiefungen, -Falten, bauschig, faltenreich, I** eig.: vestis, Ov.: folia sinuosa lateribus, Plin.: flexus (anguis), Verg. – **II** übtr.: narratio, voll Abschweifungen, Quint.: quaestio, weitläufige, Gell.: in sinuoso pectore, im Innersten meiner Brust, Pers. – ► Im *cod. Palat.* Verg. georg. 1, 244 sinuossus geschrieben.

1. sīnus, s. sīnum.

2. sinus, ūs, *m.*, die **bauschige Rundung, Krümmung** (konkr.), der **Bausch,** die **Falte** u. dgl., **I** im Allg., die Krümmung der Schlange, Cic. – des Winzermessers, Colum. – ossis, Cels. – der Haare, die Haarlocke, Haartracht, Ov. – des Kleides, die Falte, sinu ex toga facto, Liv. 21, 18, 13. – die Vertiefung, der Bausch des Netzes, Plaut.; dah. meton. das Netz selbst, Iuven.: das Spinnengewebe, Plin. – das Bäuschchen des durch den Wind angeschwellten Segels, sinus implere secundos, Verg.: pleno pandere vela sinu, Ov.: coturnices vela incīdunt et praeponderatis sinibus mergunt, Solin. – fronte simul et sinu excipi, von der Front und einem Bogen (indem der lange linke Flügel, soweit er den Feind überragte, sich auf dessen rechte Flanke warf), Tac. ann. 13, 40: deinde cedendo etiam sinum in medio dedit, bildete einen Bogen, Liv. 22, 47, 8. – **II** insbes.: **A** der **Bausch** des oberen Gewandes, der **Busen, 1** eig.: **a** übh. (der durch Gürten entstand), sinus fluentes, Verg.: sinus implere (floribus), Ov. – **b** insbes. der **Bausch** der Toga (der entstand, wenn die Toga um den linken Arm geschlagen u. mit ihm zusammengenommen wurde, sodass man in diesem Winkel, wie in einer Tasche, allerhand tragen u. verbergen konnte); dann der unter diesem Faltenwurf befindliche Teil des Körpers, der **Busen,** die **Brust,** manum inferre alci in sinum, Ter.: litteras in sinu ponere (stecken), Liv. epit.: cedo litteras ex ipsius sinu, Cic.: in sinu consulis recubare, Liv.: gaudere in sinu, sich im Stillen freuen, s. gaudeo *no.* I, B, 1: metu micuere sinus, Ov.: sinus meos fugit, flieht meine Umarmung, Prop.: excusserunt illi patrem et aurum in sinu eius (in s. B., in seiner Tasche) invenerunt, Quint.: in horum sinus congerebant omnia, in ihren Schoß schütteten sie alle Gaben, Plin. pan.: optatum negotium sibi in sinum delatum esse dicebat, sei ihm in den Schoß gefallen (= gegen Erwarten zuteil geworden), Cic. – sinus ponderat, sie untersucht die Taschen, Prop.: praedam omnem in sinum contulit, machte er sich in seine Tasche, nahm er für sich, Lampr.: rapinarum provincialium sinus, gleichs. Einsäckler = Hehler, Plin.: abditis pecuniis per occultos aut ambitiosos sinus, indem sie ihr Geld in den Säckeln niedriger oder hochgestellter Personen niederlegten, Tac. – **2** meton., das **Kleid,** indue regales sinus, Ov.: Tyrio prodeat apta sinu, Prop.: herbas imitante sinu, Stat. – **3** bildl.: **a** wie unser **Schoß, Busen,** von zärtlicher Liebe, zärtlichem Umgang, liebevollem Schutz usw., in sinu est meo, ist mein Schoßkind, Cic.: in sinu est, neque ego discingor, sitzt mir im Schoß u. ich lasse ihn nicht fallen, Cic.: in sinu gestare, sehr lieb u. wert haben, Cic.: calumniatores ex sinu suo (aus der Zahl seiner Vertrauten) apponere, Cic.: cubiculum ac sinum (ihr Vertrauen) offere, Tac.: in sinu amici deflere, Plin. ep.: in sinu avi falsa perdidicerat, Tac.: Bibulum noli dimittere ex sinu tuo, Cic.: alqm e sinu gremioque patriae abstrahere, Cic.: sinum praebere tam alte cadenti, liebevollen (freundschaftlichen) Schutz bieten, Sen. de ira 3, 23, 6. – **b** das **Innerste,** in sinu urbis sunt hostes, Sall.: in intimo sinu pacis, Plin. pan. – **c** gleichs. **tiefer Schoß, Tiefe,** non enim fecimus altos nimis et obscuros in his rebus quaestionum sinus, ich habe mich bei diesen Untersuchungen nicht in die verborgensten Tiefen verstiegen, Gell. praef. § 13. – **d der Busen** od. **Schoß** = der Zufluchtsort, confugit in sinum tuum res publica, Plin. pan.: res publica in Vespasiani sinum cessisset, Tac. – **e** = **Gewalt, Macht,** opes in sinu praefectorum fore, Tac.: in sinu meo habui, ICt. – **B** der **Meerbusen,** die **Bucht,** der **Golf, a** eig., oppidi, Cic.: maritimus, Cic.: naves ex portu sinuque adversariorum abducere, Caes. – **b** meton. = das am Meerbusen liegende **Land,** die **Landspitze,** Liv. u. a.; s. Drak. Liv. 28, 5, 15. – **C** der **Kessel, Schlund** der Erde, Arpini terra campestri agro in ingentem sinum consedit, Liv. 30, 2, 12: u. so Sen. Oed. 582 (595); Herc. fur. 679 (683). – ► Abl. sino, Iordan. Get. 2, 10 u. 29, 148: Dat. u. Abl. Plur. immer sinibus. – Nbf. sinua, wov. Akk. Plur. sinuas, Itala act. apost. 17, 20.

sion u. **sium,** iī, *n.* (σίον), eine Sumpf- oder Wiesenpflanze, der **Merk, Wassermerk** (*Sium latifolium,* L.), sion, Plin. lib. I. ind. ad 26. c. 32: sium, Plin. 22, 84 u. 26, 88.

sīparium, iī, *n.* (*Demin.* v. siparum, supparum; vgl. Fest. p. 340 [a], 17. Paul. ex Fest. 341, 4), **I** der kleinere **Vorhang** auf dem Theater bei den Zwischenszenen der Komödien (während aulaeum = der Hauptvorhang), **a** eig.: aulaeum tragicum dimoveto et siparium scaenicum complicato, Apul. met. 1, 8: aulaeo subducto et complicitis sipariis scaena disponitur, Apul. met. 10, 29 *extr.*: im Bild, quibuscum iam in exostra (etwa bei offener Bühne = öffentlich) helluatur, antea post siparium (hinter dem Vorhang [wir: hinter den Kulissen] = heimlich), Cic. de prov. cons. 14. – **b** meton. = **Komödie,** verba cothurno, non tantum sipario fortiora, Sen. de tranqu. anim. 11, 8: vocem locasti sipario, Iuven. 8, 186. – **II** der **Vorhang** auf der Richterbühne, um die Sonnenstrahlen abzuhalten, Quint. 6, 1, 32 u. 6, 3, 72.

sīparum, sīpharum (sīpharus), s. supparum.

Siphnos (us), ī, *f.,* eine der zykladischen Inseln, j. *Siphno,* Mela 2, 7, 11 (2. § 111). Plin. 4, 65.

sīpho (sīpo), ōnis, *m.* (σίφων), die **Röhre, I** der gerade **Heber, Doppelheber,** griech. διαβήτης, Sen. nat. qu. 2, 16. Plin. 2, 166. Iuven. 6, 310. – **II** die **Spritze, Feuerspritze,** Sen. contr. 10. paef. § 9. Plin. ep. 10, 33 (42), 2 (wo Keil sipo). Ulp. dig. 33, 7, 12. § 18. Isid. orig. 20, 6, 9 (wo Nom. siphon).

sīphōnārīus (sīpōnārius, sīfōnārius), iī, *m.* (sipho), der **Spritzenmann,** CIL 6, 2994.

sīphunculus, s. sīpunculus.

1. sipo, āre = suppo, s. d.

2. sīpo, s. sīpho.

sīpōnārius, s. sīphōnārīus.

Sīpontum, ī, *n.* (Σιποῦς), eine bedeutende Hafenstadt in Apulien, j. *Maria de Siponto* (bei *Manfredonia*), Cic. ad Att. 9, 15, 1. Liv. 8, 24, 4. – griech. Form Sīpūs, ūntis, *f.,* Sil. 8, 633. Lucan. 5, 377: *Sipontum* aut, ut Grai dixere, *Sipus,* Mela 2, 4, 7 (2. § 66). – Dav. **Sīpontīnus,** a, um, **sipontinisch,** siccitas, Cic. de lege agr. 2, 71.

siptacē, ēs, *f.* (indisches Wort, woraus ψιττακός), der **Papagei,** Plin. 10, 117 Detl. (Jan septagen, Sillig sittacen).

siptachorās, ae, *m.* (σιπταχόρας), der indische Name eines Baumes, aus dem electrum, ein wohlriechendes Harz, ausschwitzte, Plin. 37, 39.

sīpunculus (siphunculus), ī, *m.* (*Demin.* v. sipo = sipho), die kleine **Springbrunnenröhre,** Plin. ep. 5, 6, 23 u. 36. Fronto de or. 1. p. 158, 22 N.

Sīpūs, ūntis, *f.,* s. Sīpontum.

Sipylos, -us, ī, *m.* (Σίπυλος), ein Gebirge in Lydien, Seitenzweig des Tmolus, auf dem Niobe vor Kummer zu Stein geworden sein soll, j. *Sipulidag,* Cic. ad Q. fr. 2, 11, 2. Liv. 36, 43, 9. Prop. 2, 20, 8. Sen. Herc. Oet. 184 [185] (wo Sipylum saxum). – Dav. **Sipylēius,** a, um, **sipylëisch,** genetrix, Niobe, Stat.: cautes, Auson.

sī-quando, *Adv.,* **wenn einmal,** Cic. u. a. – absol. = wenn es je geschehen ist oder geschehen soll, nunc mihi, siquando, favete, jetzt vorzüglich, Ov.

sī-quidem, wenn ja, sofern ja, sintemal (weil) ja, Komik., Cic. u. a. – ► Die Silbe si ist bei den Komikern lang, bei späteren Dichtern kurz; s. Brix Plaut. mil. 28. Spengel Ter. Andr. 465.

sī-quis, qua, quid, s. si u. quis.

siraeum, ī, *n.* (σίραιον) = sapa, Plin. 14, 80.

sirbēnus, a, um (συρβηνός), **verworren redend,** Fronto de eloqu. 3. p. 149, 6 N.

sircitula, ae, *f.,* eine Art Weintrauben, Colum. 12, 43, 9.

Sīrēdōn, onis, *f.* (σειρηδών) = Siren, Auson. edyll. 11, 20. p. 129 Schenkl.

siremps u. **sīrempse** (nach Fest. 344 [a], 25 zsgz. aus similis re ipsā), publiz. *t. t.* von gleicher Anwendung gesetzlicher Bestimmungen = **ganz gleich, ganz dasselbe, desgleichen,** siremps lex, Tab. Bantin. lin. 10 (p. 15 *ed. Klenze*). Lex repetund. c. 73 im CIL 1^2, 583 u. a. Cato oratt. fr. 80. Sen. ep. 91, 16: sirempse legem, Plaut. Amph. prol. 73.

Sīrēn, ēnis, Akk. ēna, Akk. Plur. ēnas, *f.* (Σειρήν, **I die Sirene,** Plur. Sīrēnēs, um, Akk. ēs u. as, *f.,* **die Sirenen,** in der Sage Vögel mit Mädchenköpfen an der Südküste Italiens, die am Gestade sitzend, die Vorüberfahrenden zu sich zu locken u. zu verderben pflegten, Ov. met. 5, 551 *sqq.* (vgl. Hyg. fab. 125 u. 141). Prop. 3, 12, 34. Hor. ep. 1, 2, 23. Ov. rem. 789 (Akk. -as): Sirenum cantus, Cic. de fin. 5, 49. – Sirenum scopuli, drei kleine felsige Inseln an Kampaniens Südwestküste, zwischen Surrentum u. Kapreā, griech. Σειρηνοῦσαι, j. *Licosa, St. Pietro* u. *la Galetta,* Verg. Aen. 5, 864. Ov. met. 14, 88: dies. Petrae Sirenum gen. b. Mela 2, 4, 9 (2. § 69). – Sing. Siren. Solin. 2. § 9. Sil. 14, 437. Sen. Herc. Oet. 190. Mart. Cap. 6. § 642 u. 645 (vgl. im Folg.). – übtr., Cato grammaticus Latina Siren, die latein. Sirene (als Gesangsmeisterin), Poëta bei Suet. gr. 11: et nullam Sirena flagellis comparat, den schönsten Sirenengesang dem Ton der Peitsche nicht gleichstellt, Iuven. 14, 19: vitanda est improba Siren desidia, Verlockerin, Hor. sat. 2, 3, 14. – Dav.: **A Sīrēnēus,** a, um (Σειρήνειος), **sirenëisch** = bezaubernd, cantus, Hieron. epist. 82, 5 Vall. – **B Sīrēnis,** idis, Akk. ida, *f.,* **sirenisch, der Sirenen,** longe supra Sirenida rupem, Prisc. perieg. 354. – **C Sīrēnius,** a, um (Σειρήνιος), **sirenisch, der Sirenen,** scopuli, Gell. 16, 8, 17. Amm. 29, 2, 14. – **II sīrēnēs** = eine Art **Drohnen** (fuci), Plin. 11, 48.

Sīrēna, ae, *f.*, spät. Nbf. v. Siren (s. d.), Sing., Gloss. V, 150, 26. Philarg. ad Verg. georg. 4, 564 (Abl.): Plur., Gloss. III, 57, 52. Hieron. epist. 22. *no.* 18. Schol. Iuven. 9, 150: mortifera Sirenarum carmina, Hieron. epist. 54, 13: cantus Sirenarum, Ambros. de Iacob et vit. beat. 2, 12. § 56. Hieron. praef. in Iosua: scopuli Sirenarum, Mart. Cap. 6. § 641. Dict. 6, 5: Cyclopum et Sirenarum ora, Tert. apol. 7 (die meisten Handschrn.; Dehler mit *cod. F* u. *G* Sirenum).

siriacus, a, um (σειριακός), **zum Hundsstern gehörig,** von ihm herrührend, calor, Avien. Arat. 285.

sīriāsis, is, Akk. im, *f.* (σειρίασις), eine durch Sonnenbrand entstehende Krankheit der Kinder, **trockene Hitze, Sonnenstich** (sideratio), Plin. 22, 59 u. a.

sīricae, s. 1. Sēr.

sīricārius, s. sēricārius.

sīricī, s. 1. Sēr.

sīring... s. syring...

Siris, Akk. im, *f.*, Stadt in Lukanien am Tarentinischen Meerbusen, Plin. 3, 97. Iustin. 20, 2, 4.

sirium, iī, *n.*, der **Beifuß,** Ps. Apul. herb. 10.

sīrius, iī, *m.* (σείριος), der **Hundsstern,** ein vorstrahlender Stern im großen Hund, dessen Aufgang (nach e. den 18., nach a. zwischen dem 25. u. 26. Juli) glühende Hitze brachte, rein lat. canicula (s. d. *no.* II, A), Hyg., Verg. u. a. Dichter. – poet. attrib., sirius ardor, des Sirius, Verg.: vapor, Prud.

Sirmio, ōnis, *f.*, Stadt auf einer Halbinsel od. Landzunge im südlichsten Teil des lacus Benacus (j. *Lago di Garda*), wo Katull ein Landgut hatte, j. *Sermione,* Catull. 31, 12. Itin. Anton. 127, 12, (Wessel. Sirmio, Parthey Sermio).

Sirmium, iī, *n.*, eine alte Stadt der keltischen Taurisker in Unterpannonien am linken Ufer des Savus, Geburtsort des Kaisers Probus, jetzt Ruinen beim Städtchen *Mitrowitz,* Plin. 3, 148. Itin. Anton. 124, 2 u. 131, 4. Eutr. 9, 17. Amm. 17, 13, 34 u. a. Cod. Theod. 16, 5, 5. CIL 10, 3375. – Dav. **Sirmiēnsis,** e, **sirmiensisch, zu** oder **aus Sirmium,** ecclesia, Ambros. de spir. scto 3, 10. § 59: civitas, Ambros. gest. concil. Aquilei. § 16: Pannonia, Cassiod. var. 3, 23, 2: episcopus, Sulp. Sev. chron. 2, 36, 3: Plur. subst., Sirmiēnsēs, ium, *m.*, die Einw. von Sirmium, **die Sirmienser,** Plin. 3, 148.

sīromastēs, ae, *m.* (σειρομάστης), der **Grubenuntersucher,** ein Stab mit Widerhaken, mit dem die Zöllner Getreidegruben u. Speicher durchsuchten, Hieron. epist. 109, 3 u. 147, 9.

Sīrōn, s. Sciron *no.* I, B.

Sirona, ae, *f.*, eine Göttin der Gallier, neben Apollo gen., CIL 6, 36 u. 13, 6458.

sirpe, is, *n.* (σίλφιον) = laserpitium (s. d.), Plaut. rud. 630. Solin. 17, 48. – Dav. **sirpicus,** a, um, **sirpisch,** Solin. 27, 49.

sirpea, ae, *f.*, s. scirpeus.

sirpeus, a, um, s. scirpeus.

sirpia, ae, *f.*, s. scirpeus.

sirpiculus, a, um, s. scirpiculus.

sirpicus, a, um, s. sirpe.

sirpo, āre, s. scirpo.

sīrus, ī, *m.* (σειρός od. σιρός), die unterirdische, luftdicht geschlossene Getreidekammer, der **Silo,** Colum. u. a.

sīs zsgz. aus si vis, *Adv.*, **wenn du willst, doch,** Cic. u. a.

sīsamum, s. sēsamum.

Sisapo, ōnis, *f.*, eine Stadt in Hispan. Baetica, deren Umgegend reich an Gold- u. Zinnobergruben war, j. *Guadalcanal,* Cic. Phil. 2, 48. Plin. 3, 14. – Dav. **Sisapōnēnsis,** e, **sisaponensisch,** regio, miniarii, Plin. 33, 118 u. 121.

sisara, ae, *f.* = erice, Varro r. r. 3, 16, 26 (Schneider siserae). Plin. 11, 42 (Sillig sisirum, Jan u. Detl. sisyrum).

Sīsenna, ae, *m.*, **I** (L. Cornelius), ein berühmter römischer Redner u. Geschichtsschreiber, Zeitgenosse Ciceros, Vorgänger Sallusts, Cic. Brut. 228. Cic. de legg. 1, 7. Sall. Iug. 95. 2. Vell. 2, 9, 5. Ov. trist. 2, 443. – **II** Name eines bekannten Lästermauls in Rom, Hor. sat. 1, 7, 8.

siser, eris, *n.* (σίσαρον), die **Rapontika, Rapunzel** (*Sium Sisarum,* L.), Colum. 11, 3, 18 u. 10, 114. Plin. 19, 90 u. 20, 34. Hor. sat. 2, 8, 9. – Plur. tres siseres (wahrsch. *gen. fem.*), Plin. 20, 35 (vgl. Varro LL. 8, 48, der den Plur.; wenigstens den Plur. sisera, als ungebräuchlich angibt.)

sisera, s. sisara.

Sīsichthōn, onis, Akk. ona, *m.* (Σεισίχθων), der **Erderschütterer,** ein Beiname Neptuns, Amm. 17, 7, 12.

Sisinnius Capito, Verfasser der libri spectaculorum, Lact. 6, 20, 35. Hieron. quaest. in genes. 10, 4.

sisirus, s. sisara.

Sispes, Sispita, s. sōspes, sōspita.

sisto, stitī u. stetī, statum, ere (Reduplikation von sto), **I** *tr.:* **A** irgendwo **stehen machen, wohin stellen, bringen, hinstellen, hinbringen, 1** übh.: aciem in litore, Verg.: alci iaculum in ore, in den Mund treffen, Verg. – alqm pede huc alci in viam, Plaut.: alqm reducem sistere, jmd. zurückkehren machen = jmd. zurückführen, zurückbringen, Catull.: huc siste sororem, Verg.: tu me meosque reduces Romam sistito, CIL 12, 103, 8. – **2** insbes.: **a** (als gerichtl. *t. t.*) sistere se od. alqm, sich od. jmd. vor Gericht zum Termin **stellen,** Cic. u. Liv.: vadimonium sistere, sich bei dem Termin einfinden, Cic.: übtr., se = sich bei jmd. **einstellen, einfinden,** se vegetum alci, Cic. – **b** (wie ἵστημι) **aufstellen = aufführen, errichten** (s. Dräger Tac. ann. 4, 37), templum isdem vestigiis, Tac.: alcis effigiem, Tac. – **c** bildl., **herstellen,** m. dopp. *Acc.*, ego vos alvas sistam, Plaut.: cum diis bene volentibus operā tuā sistas hunc nobis sanum atque validum quam citissime, Gell.: im Passiv m. dopp. *Nom.*, omnia ut quidque infuit ita salva sistentur tibi, Plaut. – **B** prägn.: **1** etw. **stillstehen machen, -lassen, einhalten, anhalten, hemmen, a** eig.: legiones, Liv.: impetum, Liv.: equos, Verg.: pedem, Verg., od. gradum, Verg. u. Curt., stillstehen, stehenbleiben, haltmachen: sanguinem, Plin.: alvum, den Bauchfluss hemmen, stillen, Plin.: u. so ventrem, Capit.: non prius se ab effuso cursu sistunt, quam in conspectu Praeneste fuit, machen nicht eher in ihrem zügellosen Jagen halt, Liv. 6, 29, 3. – **b** bildl., **einhalten, einstellen, hemmen, endigen,** fugam, Liv.: sitim, Ov.: lacrimas, fletus, querelas, Ov.: certamina, Ov.: opus, Ov.: statis iam militum odiis, sich gelegt, Tac. – **2** etw. Schwankendes usw. **feststehen machen, feststellen, befestigen, a** eig.: dentes, Plin. – **b** bildl.: animum in tranquillo et tuto, Plaut.: rem Romanam, Verg. – **II** *intr.:* **A sich stellen, zu stehen kommen, 1** übh.: capite (auf den Kopf), Plaut.: so auch ore, Plaut. – **2** insbes., als gerichtl. *t. t.* = sich vor Gericht zum Termin **stellen,** testificatur Quinctium non stitisse, Cic.: si reus dolo actoris non stiterit, ICt. – **B** prägn.: **1 stillstehen, Fuß fassen, a** eig.: ubi sistere detur, Verg.: ab Epheso profectus primo ad Myonnesum stetit, Liv. – v. Lebl., sistunt amnes, Verg.: omnis stetit imo vulnere sanguis, stand still, stockte, Verg. – **b** übtr., **bestehen, fortbestehen, sich halten,** rem publicam sistere negat posse, Cic. – unpers., vix concordi sisti posse, man könne kaum bestehen, -sich halten, Liv.: nec mediocribus remediis sisti posse, Tac.: non sisti potest, Plaut.: nec sisti posse, ni etc., Liv.: qui omnes populi si pariter deficiant, sisti nullo modo posse, Iustin.: intra quietem et unctionem et cibum sistendum est, man muss sich halten innerhalb usw., es bewenden lassen bei usw., Cels. Vgl. übh. Brix Plaut. trin. 720. Drak. Liv. 3, 16. 4. Gronov Liv. 4, 12, 6. Benecke Iustin. 11, 1, 6. – **2 auftreten** als usw., iudex sistet, Manil. 4, 549. *Partic.* **status,** a, um, **a festgesetzt, bestimmt, fest,** periodisch **wiederkehrend,** dies cum hoste, XII tabb. fr.: dies, Liv.: caerimoniae, Cic.: sacrificium, Cic.: cursus siderum, Plin.: stato tempore, zu gewisser, bestimmter Zeit, Plin.: statā vice, Curt.: stato in eosdem dies mercatu, immer auf dieselben Tage fallende, Tac.: stella, Fixstern (Ggstz. stella vaga, Planet), Censorin. 8, 2. – **b ebenmäßig, proportioniert,** forma, Enn. b. Gell. 5, 11. § 14.

sīstrātus, a, um (sistrum), **mit einer Isisklapper versehen,** Mart. 12, 29, 19.

sīstrifer, fera, ferum (sistrum u. fero), **die Klapper tragend, mit der Klapper,** sistr. Pharia, Isis, Anthol. Lat. 4, 99 R.

sīstriger, gera, gerum (sistrum u. gero), **die Klapper tragend, mit der Klapper,** Nilus, CIL 8, 212. *v.* 84.

sistrum, ī, *n.* (σεῖστρον), die in Ägypten beim Gottesdienst der Isis gebrauchte **Klapper,** die **Isisklapper,** aus einigen durch ein Blech hindurchgesteckten metallenen Stäbchen bestehend, Ov. met. 9, 784. Sen. de vit. beat. 26, 8. Iuven. 13, 93. Apul. met. 11, 6: Plur., Ov. met. 9, 778. Mart. 14, 54, 2. Apul. met. 11, 10: als Kriegsinstrument, Verg. Aen. 8, 696. Prop. 3, 11, 43. Lucan. 10, 63. Pacat. pan. 33, 4.

sisura u. **susurna,** ae, *f.* (σισύρα u. σίσυρνα), der dicke, zottige, **einfache Pelz,** die **einfache Pelzdecke,** bes. v. Ziegenfellen, Plaut. Pers. 97 R.; vgl. Amm. 16, 5, 5: σισύρα, quam vulgaris simplicitas *susurnam* appellat.

sisymbrium, iī, *n.* (σισύμβριον), eine wohlriechende, der Venus geweihte Pflanze, nach einigen der **Quendel,** nach anderen Kresse, Varro LL. 5, 103. Plin. 19, 172. Ps. Apul. herb. 105: Plur., Ov. fast. 4, 869. Edict. Diocl. 6, 24.

Sīsyphus u. **-os,** ī, *m.* (Σίσυφος), Sohn des Äolos, Bruder des Salmoneus u. König zu Korinth, berüchtigt als verschlagener Straßenräuber, der, von Theseus getötet, in der Unterwelt zur Strafe einen immer wieder zurückrollenden Stein auf einen Berg wälzen musste, Hyg. fab. 60. Mythogr. Lat. 2, 105. Poëta bei Cic. Tusc. 1, 10. Ov. met. 4, 460 *sqq.*: vafer, Hor. sat. 2, 3, 21. – Dav.: **A Sīsyphēius,** a, um (*Σισυφήϊος), **sisyphēisch,** vincla, Avien. Arat. 597 (wo die erste Silbe kurz). – **B Sīsyphēus,** a, um, **sisyphēisch,** mare, Mythogr. Lat. 2, 105. – **C Sīsyphidēs,** ae, *m.* (*Σισυφίδης), der **Sisyphide** (Sohn des Sisyphus), von Ulixes, weil Sisyphus mit der Antiklea, vor ihrer Vermählung mit dem Laertes, den Ulixes gezeugt haben soll, Ov. art. am. 3, 313. – **D Sīsyphius,** a, um, **a sisyphisch,** Prop.: sanguine cretus Sisyphio, d. i. Ulixes, weil Sisyphus sein rechter Vater sein soll (s. Sisyphides), Ov. – **b** korinthisch, weil Sisyphus König in Korinth gewesen, opes, Ov.

sisyrinchion, iī, *n.* (σισυριγχίον), eine Art Zwiebelgewächs, Plin. 19, 95.

sisyrus, s. sisara.

sītanius, a, um (σητάνειος od. σητάνιος), **heurig, vom heurigen Jahre,** triticum, Sommerweizen, Plin.: panis, Brot aus Sommerweizen, Plin.: cepa, Apic.

sītarchia u. **sītarcia,** ae, *f.* (σιταρκία), die Kiste für Speisevorräte, die **Speisekiste,** bes. für Seereifen, die **Proviantkiste,** Form sitarch., Apul. met. 2, 11. Schol. Iuven. 12, 61: Form sitarc., Hieron. vit. Malch. § 10 Vall. Vulg. 1. regg. 9, 7. Augustin. serm. de cant. nov. § 2. Isid. orig. 20, 9, 6.

sitella, ae, *f.* (*Demin.* v. situla), ein Gefäß mit engem Hals und weitem Bauch, zum Losen gebraucht, in der Art, dass man es mit Wasser füllte, dann die hölzernen Lose hineinwarf und darauf das Gefäß schüttelte, sodass wegen des engen Halses allemal nur ein Los obenauf schwamm, das dann herausgenommen wurde, der **Lostopf,** die **Stimmurne,** Plaut. Cas. 296. Rhet. Her. 1, 21. Cic. pro Cornel. 1. fr. 30 u. 31 M. Liv. 25, 3, 6: de alqo sitellam deferre, über jmd. abstimmen lassen, Cic. de nat. deor. 1, 106.

Sīthōn, onis, *m.* (Σίθων), Sohn Neptuns u. der Ossa, König in der thrazischen Chersones; davon **A Sīthōn,** onis, Akk. Plur. onas, **sithonisch,** poet. – thrazisch, triumphi, Ov. fast. 3, 719. – **B Sīthonis,** idis, Vok. ī, *f.*, **sithonisch, thrazisch,** subst. die **Thrazierin,** Ov. – **C Sīthonius,** a, um, **sithonisch, thrazisch,** Verg. u. Ov. – subst., Sīthōniī, ōrum, *m.*, **a** die Bewohner Sithoniens, die **Sithonier,** Plin. – **b** die **Thrazier,** Hor.

siticen, inis, *m.* (situs [das Hinschwinden] u. cane), der **Leichenbläser, Trauermusikant,** Cato oratt. fr. 69. Not. Tir. 107, 32.

sitīcula, ae, *f.*, *Demin.* v. sitis, Not. Bern. p. 91, b. Not. Tir. 104, 68.

sitīculōsē, *Adv.* (siticulosus), **durstig,** Aldh. epist. 13.

sitīculōsus, a, um (sitis), **I voll Durst, durstig, durstend, a** eig., v. Pers., Sidon. epist. 2, 2, 12. – **b** übtr., **sehr trocken, lechzend,** Apalia, Hor. ep. 3, 16: solum, Colum.: calx, Vitr.: aestas, Priap. – **II** aktiv = **Durst erzeugend,** Plin. 23, 104.

sitiēns, entis, s. sitio.

sitienter, *Adv.* (sitiens b. sitio), **durstig,** satis sitienter (mit ziemlich durstiger Gier) haurire salutares illas aquas, Apul. met. 9, 4. – bildl. = **mit Heißhunger,** expetere, Cic. Tusc. 4, 37: hauriendis voluptatibus s. incumbere, Lact. 2, 1, 3.

sitio, īvī u. iī, ītum, īre (sitis), **dürsten, I** *intr.* **dürsten, A** eig. u. übtr.: **1** eig., Plaut., Cic. u. a.: m. folg. *Genet.*, cochleae cum siriunt aëris, Symm. epist. 1, 27: im Bild, fallacis undae sitit u. verae beatitudinis esurit et sitit, Apul. de deo Socr. 22. – unpers., quia esuritur, quia sititur, Augustin. serm. 104, 3. – Sprichw., mediis sitire in undis, beim größten Reichtum darben, Ov. met. 9, 761. – **2** übtr.: **a dürsten** von Pflanzen, Bäumen, Äckern, **dürr sein, nach Feuchtigkeit verlangen,** sitiunt agri, Cic.: sitit tellus, Ov., herba, Verg., arbor, Plin.: luna sitiens, heiter (= *sicca*), Cato u. Plin.: valde sitiens colonia, an großem Wassermangel leidende, Plin. ep.: loci sitientes, loca sitientia (Ggstz. umida), trockene, wasserarme oder wasserlose Gegenden, Plin.: dies. auch subst., sitientia, ium *n.*, Plin.: u. sitientia Africae, Plin. – **b große Hitze haben, im heißen Klima sein,** von Gegenden u. Völkern, Afri sitientes, Verg.: so auch canicula sitiens, hitzig, heiß, Ov. – **B** bildl., **dürsten, begierig sein,** Partiz. sitiēns, **dürstend, begierig, heißhungrig,** eo gravius avidiusque sitiens, Cic.: avidus sitiensque redibis, Ov.: fac venias ad sitientes aures, nach Nachrichten schmachtende, Cic. – **II** *tr.* nach etwas **dürsten, A** eig.: Tagum, Mart.: *pass.*, aquac sitiuntur, man dürstet nach Wasser, Ov. – **B** bildl. = nach etwas **begierig sein, lechzen, schmachten, ein heißes Verlangen tragen,** sanguinem, Cic.: honores, Cic.: u. Partiz. sitiēns mit *Genet.*, virtutis, Cic.: sanguinis Hectorei, Epit. Iliad.

sitis, is, Akk. im, Abl. ī, bei Spät. em u. e, *f.* (altind. *kšiti-ḥ*, Vergehen, Untergang, griech. φθίσις, Schwindsucht), der **Durst, I** eig. u. übtr.: **1** eig.: arentibus siti faucibus, Liv.: sitim facere, Plin.: sitim colligere, D. bekommen, Ov., od. D. verursachen, Verg.: sitim explere, Cic., od. exstinguere, Ov., od. restinguere, Cic.: sitim sedare, Ov. u. Solin., sitim suam sedare, Val. Max.: cibo et potione famem sitimque depellere, Cic.: cibus famem sedet, potio sitim exstinguat, Sen. – **2** übtr., **Durst,** der Pflanzen, der Erde usw., die **Dürre, Trockenheit, große Hitze,** aestatis, Colum.: siti findit Canis arva, Verg.: deserta siti regio, Verg. – **II** bildl., **Durst, Heißhunger = heftige Begierde, heftiges, heißes Verlangen,** cupiditatis, Cic.: argenti, Hor.: cruoris, Ov.: civilis sanguinis Syllana sitis, Sen. rhet.: sitis caedis, Mordlust, Spart.: alci facere sitim audiendi, Quint.: populi fauces exaruerunt libertatis siti, Cic.: velut ex diutina siti avide meram haurientes libertatem, Liv.

sitītor, ōris, *m.* (sitio), der **Dürstende, I** eig.: aquae, Mart. 12, 3, 12. – **II** bildl., der **Heißhungrige,** der **Lechzende, Schmachtende** nach etwas, sanguinis, Mart. Cap. 1. § 82. novitatis, Apul. met. 1, 2.

sitīvē, *Adv.* (*sitivus u. situs), **der Lage nach,** Tert. adv. Prax. 29.

sitla, s. situla.

sītōna, ae, *m.* (σιτώνης), der **Getreideaufkäufer für das Heer, der Proviantmeister,** Papir. Iust. dig. 50, 8, 9. § 6.

sītōnia, ae, *f.* (σιτωνία), das **Proviantmeisteramt,** Ulp. dig. 50, 5, 2 *in.*

Sitonēs, um, *m.*, die **Sitoner,** Kollektivname der nichtgermanischen Bewohner Skandinaviens, Tac. Germ. 45.

sittacē, ēs, *f.*, s. siptacē.

sittybus, ī, *m.*, s. 1. sillybus.

situla, ae, *f.* = κάδος (Gloss.), **a** der **Eimer** zum Wasserschöpfen, Plaut. Amph. 671. Paul. dig. 18, 1, 40. § 6. Anthol. Lat. 65, 3 M. (aus Charis. 275, 24 u. Diom. 461, 24): synk. sitla, Auct. de idiom. gen. (IV) 578, 14: Nbf. situlus, ī, *m.*, Cato r. r. 10, 2 u. 11, 3. Vitr. 10, 4 (9), 4. Paul. sent. 3, 6, 83: situlus barbatus, Paul. ex Fest. 176, 6. – **b** der **Krug** zu Wein, situlas duas plenas mero duxit, Vopisc. Firm. 4, 5. – **c** die **Urne** zum Losen, die **Stimmurne,** Plaut. Cas. 359; vgl. sitella.

situlārius, iī, *m.* (situla), der **Wasserträger, -verkäufer,** CIL 2, 3442.

situlus, ī, *m.*, s. situla.

1. situs, a, um, s. sino.

2. situs, ūs, *m.* (sino), **I die Lage, Stellung, 1** eig.: **a** übh.: urbis, Caes. u. Cic.: loci, Cic.: locorum, Curt.: membrorum, Cic. – Plur., situs oppidorum, castrorum, Caes.: locorum, Cic. u. Solin.: terrarum, Cic.: urbium, Sen. rhet.: gentium, Örtlichkeiten, Ortsverhältnisse, Tac. – **b** als philos. *t. t.*, die Kategorie κεῖσθαι, Augustin. de categ. 12. Mart. Cap. 4. § 340 u. 363 u. 381. – **2** meton.: **a** die Stellung = der **Bau,** exegi monumentum … regali situ pyramidum altius, als der Königsbau der P., Hor. carm. 3, 30, 2. – **b** die **Lage** = die **Weltgegend, Gegend,** meridianus, Plin.: Plur., (pantherae) repleturae illos situs, Plin. 27, 7. – **II** insbes., das **lange Liegen** an einem Ort, **A** eig. u. meton.: **1** ein.: gladius situ robiginat, Nichtgebrauch, Apul.: situ durescere campum, Ruhe, Verg. – **2** meton.: **a** der **Mangel an Wartung,** cessat terra situ, Ov.: so auch loca senta situ, Verg. – **b** der durch langes Liegen erzeugte **Schimmel, Rost, Schmutz,** occupat arma situs, Tibull.: canescunt tecta situ, Ov.: ferrum situ carpitur, Sen. rhet.: crocum, quod redolet situm, Plin.: v. Schmutz, v. der Unsauberkeit des Körpers, Poëta bei Cic., Ov. u. a. – **B** übtr., das geistige **Verrosten, Vermodern, Verwesen, Hinwelken, Hinschwinden, a** im Allg.: senectus victa situ, Ov.: ne pereant pectora situ, Untätigkeit, Ov.: velut situm ducere, sich gewissermaßen verliegen, Quint.: marcescere otii situ, Liv.: situ secreti consumi, in der Einsamkeit verrosten, Quint. – **b** v. Dingen, die in Vergessenheit, aus der Gewohnheit kommen, in aeterno iacēre situ, Vergessenheit, Prop.: passus est leges situ atque senio emori, als vermodert u. veraltet außer Kraft zu treten, Gell.: quantum apud Ennium et Accium verborum situs occupaverit = *quot verba vetustas et oblivio deleverit,* Sen.: sepultae ac situ obsitae iustitia, aequitas, industria civitati redditae, die gleichs. zu Grabe getragene und vermoderte G. usw., Vell. – ► Nom. Plur. situus, Plin. 7, 153 *Detl.*

sium, iī, *n.*, s. sion.

sī-ve (altlat. seive) u. **seū,** *Coni.*, **I oder wenn,** si media nox est sive est prima vespera, Plaut.: si omnes declinabunt, sive aliae declinabunt etc., Cic.: si arborum trunci sive naves essent a barbaris missae, Caes.: si speras, seu tibi confidis etc., Plaut. – dehinc postulo, sive aequumst, te oro, ut etc., Ter.: me, seu corpus spoliatum lumine mavis, redde meis, Verg. – **II** m. vorherrschendem disjunktivem Sinne: **a** doppelt, sive … sive u. seu … seu, **es sei nun, dass … oder dass; mag nun … oder mag; wenn entweder … oder wenn; entweder … oder,** mit besonderem Verbum bei jedem sive, wie sive tu medicum adhibueris (Fut. ex.), sive non adhibueris (Fut. ex.), Cic.: seu clam nuntio misso a Carthagine, uti fieret, seu Hasdrubale sine publica fraude auso facinus, Liv.: m. *Coniunctiv,* sive accuratam meditatamque profert orationem … sive novam et recentem curam attulerit, Tac. dial.: und in der *orat. obliqu.*, sive fecisset, sive voluisset, Cic.: seu maneant, seu proficiscantur, Caes. – od. m. gemeinschaftlichem Verbum, sive deus sive natura ademerat, Cic.: sive casu sive consilio deorum, Caes.: seu recte seu perperam facere coeperunt, ita in utroque excellunt, ut etc., Cic.: mit *Coniunctiv,* seu manibus in assurgendo seu genu se adiuvissent, Liv.: intentus sive Etruria se interim, ut nuper, sive nova haec cura, Latini atque Hernici moverint, ob etwa … oder, Liv. – u. so sive … seu, Verg., Liv. u. a. (u. so auch sive quia … seu quia, Liv.): seu … sive, Verg., Ov. u. a. – mehrmals wiederholt: sive … sive … sive, Cic.: seu … sive … sive, Ov.: sive … sive … sive … seu, Plaut. – m. anderen Disjunktivpartikeln, seu … aut, Verg.: sive … sive … vel, Flor.: sive … vel … sive, Tac. – m. Fragepartikeln, ne … seu, Verg.: sive … an, Tac.: sive … seu … an, Tac. – **b** einfach = **oder,** regis Philippi sive Persae, Cic.; proelio sive naufragio, Iustin.: nuntios seu potius Pegasos, Cic.: matri seu novercae, Liv. – vulg. Nbf. sibe, Edict. Diocl. 4, 3 u. 45; 6, 40 u. in Inschriften.

six, s. sex.

smaragdachātēs, ae, *m.* (*σμαραγδαχάτης), der **Smaragdachat,** ein Edelstein, Plin. 37, 139.

smaragdineus, a, um (smaragdus), **smaragden,** viriditas, Mart. Cap. 1. § 66: postis, Ven. Fort. carm. 8, 8, 18.

smaragdinus, a, um (σμαράγδινος), **smaragden,** lapis, Vulg. Esther 1, 6: emplastrum, wegen der grünen Farbe so genannt, Cels. 6, 19, 4: prata, Prud. psych. 862: plateae, Ven. Fort. carm. 5, 1, 1. p. 101, 9 *Leo.*

smaragdus (in Inschrn. u. Hdschrn. auch zmaragdus), ī, *m.* u. *f.* (σμάραγδος), **I** der **Smaragd,** worunter aber die Alten außer unserem Smaragd alle grünen Edelsteine und Halbedelsteine, wie Praser, Jaspis, Melachit usw. verstanden, Varro sat. Men. 382. Sen. ep. 90, 33. Plin. 32, 62 *sqq.* Lucr. 2, 805. Lucan. 10, 121. Mart. 4, 28, 4. Claud. VI. cons. Hon. 563. – **II** meton., der **Smaragd** = die **Smaragdfarbe,** Auct. carm. de Phoen. 135. – ► Die Schreibung zmaragdus in Inschrn., z. B. CIL 2, 3386 u. 6, 9547; aber b. Plin. gew. smaragdus, s. Sillig Plin. 32, 151.

smaris (zmaris), idis, *f.* (σμαρίς), ein kleiner Meerfisch von gewöhnlicher Art, Ov. hal. 120. Plin. 32, 108 u. a.

smēcticus, a, um (σμηκτικός), **abwischend** = **trocknend, reinigend,** vis, Plin. 30, 29 u. 35, 37. – subst., zmēctica (so!), ōrum, *n.*, **Reinigungsmittel,** *Plin. 31, 92.

smēgma (zmēgma), atis, *n.* (σμῆγμα), das **Reinigungsmittel,** Plin. 20, 11 u. 22, 156 u. a.: Dat. Plur. zmegmatis, Plin. 31, 105 D. – ► Nbf. smīgma, atis, *n.*, Vulg. Daniel 13, 17.

Smerdis, is, Akk. im, *m.* (Σμέρδις), Bruder des Kambyses, Iustin. 1, 9, 4 (Jeep Mergim, Rüyl Mergidem) u. § 9 u. 10 (Jeep u. Rühl Mergide).

smīgma, s. smēgma.

smīlax, s. mīlax.

smīlion, iī, *n.* (σμίλιον), eine wie ein Messerchen die Geschwüre wegnehmende Augensalbe, Marc. Emp. 35 (griech. bei Cels. 6, 6, 18).

Smintheus (Zminthēus), eī, Akk. eum u. ea, *m.* (Σμινθεύς), ein Beiname des Apollo, entweder von σμίνθος (im Kretischen = »Maus«), der »Mäusetöter«, oder nach Aristarch richtiger von Smintha (Σμίνθη), einer Stadt im Trojanischen, der **Sminthier,** Apollo Smintheus, Hyg. fab. 106 (wo Schmidt Zminthei). Lact. 1, 7, 9 (Akk. -eum): bl. Smintheus, Ov. fast. 6, 425; met. 12, 585 (Akk. -ea). – Dav.: **A Sminthēus,** a, um (Σμίνθειος), **sminthēisch** = **apollisch,** Sen. Agam. 176 (wo Peiper u. Leo Zminthea). – **B Sminthius,** a, um (Σμίνθιος), **sminthisch,** Apollo, Amm. 22, 8, 3. Dict. 2, 14 u. 47. Serv. Verg. Aen. 3, 108: templum, Plin. 5, 123 (wo Jan u. Detl. Zminthium): mures, Arnob. 3, 33.

smyris, idis, f. (σμύρις), der **Schmergel,** ein hartes Eisenerz oder ein Diamantspat, der auf dem Rad der Steinschleifer u. Steinschneider zum Abschleifen u. Polieren gebraucht wurde u. noch jetzt gebraucht wird, Isid. orig. 16, 4, 27 *Otto.*

1. smyrna (smurna), ae, *f.* (σμύρνα), die **Myrrhe,** Lucr. 2, 504. Macr. dig. 39, 4, 16. § 7.

2. Smyrna (Zmyrna), ae, *f.* (Σμύρνα), berühmte Handelsstadt in Ionien, mit vorzüglichem Hafen, nach einigen der Geburtsort Homers, j. *Ismir,* Cic. Flacc. 71; Balb. 28. Plin. 33, 129. Gell. 12, 7, 1. Stat. silv. 4, 2, 9. – Dav. **Smyrnaeus,** a, um (Σμυρναῖος), **smyrnäisch,** conventus, Plin.: mater familias, Amm.: vates, Homer, Lucan.: plectra, homerisch, Sil. – Plur. subst., Smyrnaeiī, ōrum, *m.*, die Einw. von Smyrna, die **Smyrnäer,** Liv. – ► Über die Schreibart Smyr. u. Zmyr. s. Obbar. Hor. ep. 1, 11, 3 *not. crit.* Die besseren Hdschrn. des Cic. haben bald Smyr., bald Zmyr.; die Bamberger Hdschr. des Plin. überall Smyr., s. Sillig Plin. 32, 151. p. 55 *sq.;* so auch Prisc. 1, 30.

smyrnion (in Hdschrn. auch zmyrnion), iī, *n.* (σμύρνιον), eine Pflanze (*Smyrnium olus atrum,* L.), die **Pferdesilge,** Plin. 27, 133 u. a.

smyrrhiza, ae, *f.*, s. myriza.

smȳrus, ī, *m.*, s. zmȳrus.

sobolēs, sobolēsco, s. subolēs etc.

sōbriācus, a, um (sobrius), **ganz nüchtern,** de Rossi inscr. Chr. Vol. I. *no.* 160.

sōbriē, *Adv.* (sobrius), **I nüchtern, mäßig,** vivere, Cic. de off. 1, 106. – **II** bildl., **vernünftig, besonnen,** Plaut. capt. 225 u. a.

sōbrie-factus, a, um, **vernünftig geworden,** Apul. met. 8, 10.

sōbrietās, ātis, *f.* (sobrius), **I** die **Nüchternheit, a** eig. = Mäßigkeit im Trinken, Sen. u. Val. Max. – **b** übtr., die **Mäßigkeit, Enthaltsamkeit,** vitae, ICt. – personif., Feindin der Venus, Prud. psych. 450. Apul.

met. 5, 30. – II bildl., die **Vernünftigkeit, Besonnenheit,** consiliorum, Amm. 31, 10, 19.

sobrīna, ae, *f.* (sobrinus, w. vgl.), **zweites Geschwisterkind, Muhme,** Plaut. Tac. u. ICt.

sobrīnus, ī, *m.* (statt sororinus v. soror), **zweites Geschwisterkind, Vetter,** Ter., Cic. u. a.

sōbrio, āre (sobrius), **nüchtern machen,** Paul. Nol. carm. 21, 685 u. a.

sōbrius, a, um (= se-ebrius, wie socors = secors), nicht betrunken, **nüchtern,** I eig. u. meton.: a eig., v. Pers., Ggstz. vinolentus, ebrius, ebriosus, temulentus, Cic. u. a. – b meton., v. Lebl.: pocula, nüchterne, die nicht betrunken machen, Tibull.: so auch lympha, Tibull.: convictus, Tac.: verba non sobria, die ein Betrunkener vorbringt, Mart.: uva, Wein, der nicht betrunken macht, Plin. – II übtr. u. bildl.: 1 übtr., **nüchtern, mäßig, enthaltsam,** a v. Pers. (Ggstz. libidinosus), Lact. 3, 26, 7: parcus et s., Ter.: Antonius s., Vell.: homines frugi ac sobrii, Cic.: caret invidendā sobrius aulā, Hor. – b v. Lebl.: mensa, Sen.: vetus illa Romana virtus et sobria, Amm. – 2 bildl., **vernünftig, verständig, besonnen,** orator, Cic.: homo, Cic.: ingenium, Sen.: sobria ferre pedem, besonnen, vorsichtig, Ov.: sobria dicere, Gell. – *Compar.* sobrior, Laber, com. fr. bei Charis. 83, 20.

soccātus, a, um (soccus), **mit leichten Sandalen bekleidet,** Sen. de ben. 2, 12, 2. Amm. 28, 4, 27 (C.F.W. Müller).

soccellus, ī, *m.* (*Demin.* v. soccus) = socculus (s. d.), Isid. orig. 19, 34, 12.

soccifer, fera, ferum (soccus u. fero) = soccatus, Sidon. carm. 9, 215.

soccito, āre, Naturlaut der Drossel, Suet. fr. 161. p. 253, 1 *Reiff.* Aldh. de re gramm. in Auct. class. 5, 570.

socculus, ī, *m.* (*Demin.* v. soccus), die **leichte Sandale,** der **kleine Sokkus,** bei den Römern nur von Frauen und Weichlingen getragen, Sen. u. a. – vorzugsw. Tracht der Schauspieler der Komödie, Plin. ep. 9, 7, 3.

soccus, ī, *m.* (συκχίς), eine Art niedriger, leichter Schuhe bei den Griechen, der **Sokkus,** Plaut. u. Cic.: dem Gott Hymen beigelegt, Catull. – bei den Römern nur Tracht der Frauen und Weichlinge, muliebris, Suet. Cal. 52. – vorzugsw. Tracht der Schauspieler der Komödie, wie der cothurnus der Tragöden; dah. meton.: a die Komödie, Hor. de art. poët. 80. – b **der komische Stil,** Hor. (u. a. Dicht.) u. Apul.

socer, cerī, *m.* (altind. *çuárçuras,* griech. ἑκυρός got. *swaíhra,* ahd. *swehur*), der **Schwäher = Schwiegervater,** auch der zukünftige (Ggstz. gener, der Schwiegersohn), Komik., Cic. u. a.: uxor socerque, Liv.: gener socerque, Catull. u. a.: socer et socrus, ICt.: candidatus socer, der sich um die Schwägerschaft bewirbt, Apul.: generum socer mancipio accepit, Sen. rhet.: quia socerum gener sepulturā prohibuit, Liv.: noster socer venit, meines Sohnes Schwiegervater, Ter. Hec. 770: socer magnus, Großschwiegervater, Großvater meiner Gattin, Modestin. dig. 38, 10, 4. § 6: socer maior, Urgroßschwiegervater, Urgroßvater meiner Gattin, Paul. ex Fest. 136, 10. – Plur. soceri, die Schwiegereltern, Liv. 26, 50, 6. Verg. Aen. 2, 457 u. 10, 79. Ov. met. 3, 132. Val. Flacc. 1, 403 u. 6, 274. CIL 5, 4908; 5, 7357 u. 8, 9129; aber auch die beiden Väter des Ehepaares, Tac. ann. 1, 55. Sen. Med. 106: hostes soceri, die verschwägerten Feinde, Hor. carm. 3, 5, 8. – ► Nbf. socerus, Plaut. Men. 957 u. a. – Synkop. Genet. socri, Ulp. dig. 38, 10, 6 M.: Dat. socro, CIL 3, 5616. 5974. 6235; 8, 2885. 3143. 3399: Abl. socro, Cic. poët. Tusc. 3, 26: Dat. Plur. socris, CIL 3, 3678 u. 4281: Akk. Plur. socros, *ibid.* 3, 2760. – Nbf. socerio, wov. Dat. socerioni, CIL 3, 5622.

socera, s. socrus.

socerio, s. socer a. E.

socerus, s. socer.

socia, ae, *f.*, s. socius.

sociābilis, e (socio), I **vereinbar,** Plin. 16, 225. – II insbes., **gesellig, verträglich,** Sen. ep. 95, 52: consortio inter binos Lacedaemoniorum reges, Liv. 40, 8, 12. – *Adv.* **sociābiliter,** Augustin. de mus. 5,15.

sociālis, e (socius), I **die Gesellschaft betreffend, gesellschaftlich, gesellig,** homo sociale animal, Sen.: amicitiae, Apul.: consilium, Augustin.: beneficium dare socialis res est, Sen. – II insbes.: A **ehelich,** torus, Ov.: anni, Ov.: iura, Ov.: amor, Ov. – B die **Bundesgenossen betreffend,** lex, Cic.: foedus, Liv.: fides, Liv.: exercitus, das Heer der Bundesgenossen, Liv.: bellum, mit den Bundesgenossen, Nep.

sociālitās, ātis, *f.* (socialis), die **Geselligkeit,** Plin. pan. 49, 4. Plin. ep. 9, 30, 3 *Keil.*

sociāliter, *Adv.* (socialis), **kameradschaftlich,** Hor. de art. poët. 258. Augustin. c. Faust. 22, 61.

sociātio, ōnis, *f.* (socio), die **Vereinigung,** Mart. Cap. 2. § 109. Firm. math. 6, 31 u. Eccl.

sociātrīx, trīcis, *f.* (socio), die **Vereinigerin, vereinigend,** Val. Flacc. 5, 499.

sociennus, ī, *m.* (socius), der **Kamerad,** Plaut. aul. 659 G.

societās, ātis, *f.* (socius), I jede **Gesellschaft, Verbindung** mit anderen im Guten und Bösen, die **Teilnahme, Gemeinschaft,** das **Bündnis, Komplott,** die **Verbindung unter den Völkern einer Sprache, Nationalverbindung,** die **Verbindung durch Ehe und Blutsverwandtschaft,** hominum inter ipsos, Cic.: latronum societās, Räuberbande, Augustin.: vitae, geselliges Leben, Cic.: regni, Liv.: nominum, Plin.: sceleris, Cic.: gravissimi facti, Verb. zu einer so höchst ruhmvollen Tat, Cic.: societatem coire, statuere, inire, conflare, Cic.: societatem conciliare, Cic.: societatem confirmare, Cic.: ad societatem periculorum accedere, Cic.: venire in societatem laudum alcis, teilnehmen an usw., Cic.: nulla societas nobis cum tyrannis, et potius summa distractio est, Cic.: neque naturae societas ulla cum somniis est, Cic.: societatem labefactare, dirimere, Cic.: a societate se seiungere, Cic.: alqm ad gaudii societatem vocare, teilnehmen lassen an der Fr., Fronto. – II insbes.: 1 die **Handelsgesellschaft,** a übh.; societatem facere, Cic.: societatem gerere, führen, besorgen, Cic.: iudicium societatis, gerichtliche Untersuchung wegen Untreue jmds. gegen seinen Handelskompagnon, Cic. – b die **Gesellschhaft** der Generaloder Staatspächter (publicani), die in Gemeinschaft vom Staat pachteten, Bithynica, Cic.: magister societatis, Cic. – 2 **das förmliche Bündnis** zwischen zwei Staaten od. Fürsten, societatem cum alqo coniungere, Sall.: societatem habere cum alqo, Nep.: societatem belli facere, Liv.

socio, āvī, ātum, āre (socius), I **vergesellschaften, vereinigen, verbinden,** vim rerum cum dicendi exercitatione, Cic.: vitae suae periculum cum alqo, sein Leben mit jmd. wagen, Cic.: sanguinem (Verwandtschaft, Familie), Liv.: gaudia cum alqo, Tibull.: consilia (cum alqo), gemeinschaftliche Sache machen, mit in seinen Plan ziehen, Tac. u. Gran. Licin.: intima consilia cum alqo, Val. Flacc.: sermonem cum alqo, sich mit jmd. in ein Gespräch einlassen, Curt.: cubilia cum alqo, ehelich beiliegen, Ov.: sociata cum marito mors, mit dem G. geteilter, Tac.: cetera ex rerum usu sociarent partirenturve, Tac. – leb. Wesen, omne genus hominum sociatum inter se esse, Cic.: consilia coetusque hominum iure sociati, quae civitates appellantur, Cic. – alqm, zum Genossen nehmen, sich beigesellen, Tac.: Lateranum nulla iniuria sed amor patriae sociavit, bewog zum Beitritt, Tac.: eam matrimonio sociavit, nahm er zur Ehegenossin, Spart.: nobiscum per conubium sociati (vereinte), Tac.: nos urbe, domo socias, mit uns Stadt u. Wohnung teilst, Verg. – II insbes., etw. in **Gesellschaft mehrerer begehen, -tun,** sociari parricidium potuit, Iustin. 10, 1, 6: sociati parte laboris fungi, die gemeinschaftliche Arbeit, Ov. met. 8, 546. – ► Depon. socior, wov. sociatur, Fulgent. de aet. mund. 30. p. 157, 19 *Helm.*

sociofraudus, a, um (socius u. fraudo), der **Kameradenbetrüger,** Plaut. Pseud. 362.

socius, a, um, *PAdi.* u. *Subst.* (zu sequor), I **teilnehmend, in Verbindung stehend, zugestellt,** subst. = der **Gesellschafter,** die **Gesellschafterin,** der **Genosse, Kamerad, Mitinhaber, Teilnehmer,** die **Teilnehmerin** usw., socii penates, Ovi: socius regni, Mitregent, Cic. de rep. 2, 35 (u. so regni socii, Lucan. 1, 92): socius periculorum, Cic.: belli, Cic.: amentiae, Cic.: vitae socia virtus, Cic.: nocte sociā, unter dem Schutz der N., Cic.: socias sorores impietatis habet, Ov.: socias quoque iungere moras, auch mit müßiger Weile zubringen, Ov. – **II** insbes.: **1** in Hinsicht der Verwandtschaft, socius sanguinis, Bruder, Ov.: generis, Ov. – **2** in Hinsicht der Ehe, socius tori, Gatte, Ov.: socia tori, Ov., u. bl. socia, Sall., Gattin: lectus socius, Ov. – **3** in Hinsicht des Bündnisses, **verbündet,** socii Carthaginiensium populi, Liv.: classis socia, Ov.: agmina, Verg.: socia civitas, Quint.: timuit socias manus, den Bundesgenossenkrieg, Ov. – subst., socius, iī, *m.*, der **Bundesgenosse,** socios sibi arcessunt, Caes.: huic populo socii fuerunt, Cic. – socii (die italischen Bundesgenossen außer Latium) et Latini oder et Latinum nomen, Cic., Sall. u. Liv.: u. so Latinum nomen sociique, Liv.: u. homines nominis Latini et socii Italiae, Sall.: aber socii Latini nominis, die latinischen Bundesgenossen, Liv. – **4** in Hinsicht des Geschäftes, **a** **Geschäftsgenosse, Mitinhaber, Kompagnon,** Cic. u. a.: dah. pro socio, eine gerichtliche Formel, als Handlungsteilhaber, wegen Verbrechen als Mitinhaber, damnari, wegen Untreue gegen seinen Mitinhaber, Cic.: die gerichtliche Untersuchung iudicium pro socio, Cic. – **b** socii = **die Gesellschaft der General-** oder **Staatspächter** (publicani), Bithyniae, Cic. – **c** **Geselle,** opificis, Macr. sat. 2, 4, 29. – **d** socii navales, s. navalis. – ► *Genet. Plur.* auch sociûm, Plaut., Liv., Verg u. a.

socondios, iī, *m.* (socos), ein hyazinthfarbener Amethyst bei den Indern, wenn er hellfarbiger war, sapenos genannt, Plin. 37, 122.

sōcordia (sēcordia), ae, *f.* (socors), die **geistige Trägheit, Stumpfheit,** d. i. **I** **geistige Beschränktheit, Geistesschwäche,** Suet. u. Tac. – **II** im milderen Sinne, die **Sorglosigkeit, Gedankenlosigkeit, Fahrlässigkeit, Schlaffheit,** Ter., Sall. u. a.: verb. socordia atque neglegentia od. neglegentiaque, Liv. – ► sŏcordia gemessen bei Prud. apoth. 194.

sōcorditer, *Adv.*, doch nur im *Compar.* (socors), **sorglos, fahrlässig, schlaff,** socordius ire milites occepere, Sall. hist. fr. 3, 71 (86): ab Albanis socordius res acta, Liv. 1, 22, 5: hostis successu rerum socordius agens, Tac. hist. 2, 15.

sōcors, cordis (v. sē, ohne, u. cor), **geistig träge, stumpfsinnig,** **I** = **beschränkten Geistes, geistesschwach, einfältig,** Cic. u. a.: ingenio socors, Liv. epit.: *Compar.* in Sidon. epist. 5, 7, 6: *Superl.* b. Apul. apol. 24. – **II** im milderen Sinne, **sorglos, gedankenlos, fahrlässig, schlaff,** Plaut., Sall. u. a.: verb. socors ipsius natura neglegensque, Cic. – mit *Genet.*, ceterarum rerum, Ter. adelph. 695: futuri, Tac. hist. 3, 31. – ► sŏcors gemessen bei Prud. cath. 1, 33.

socos, ī, *m.*, die **Hyazinthfarbe** bei den Indern, Plin. 37, 122.

socra, s. socrus.

Sōcratēs, is, *m.* (Σωκράτης), der berühmte Philosoph zu Athen, Zeitgenosse des Xenophon u. Alcibiades, der beschuldigt wurde, an keine Götter zu glauben und die Jugend zu verführen u. deshalb den Schierlingsbecher trinken musste, Cic. de or. 1, 42; de fin. 2, 1. Plaut. Pseud. 465: Akk. auch Socraten, Cic. de fato 10 u. a.: Vok. auch Socrate, Cic. Hortens. fr. 33 Kays. (bei Non. 337, 26). Cic. Protag. fr. 1 Kays. (bei Prisc. 6, 63). – appell. im Plur., Socratae (Leute wie Sokrates), Gell. 14, 1, 29. – Dav. **Sōcraticus,** a, um (Σωκρατικός), **sokratisch,** chartae, Philosophie, Hor.: philosophi, Cic.: Xenophon, der Schüler des Sokrates, der Sokratiker, Varro u. Nep.: interrogationes, Quint.: sinus, der Philosophie ergeben, Pers.: cinaedi (mit Bezug auf Alcibiades, den Liebling des Sokrates), Iuven.: alqm Socraticā fide diligere, sokratisch lieben, Petron. – Plur. subst. Sōcraticī, ōrum, *m.*, die Schüler-, Anhänger des Sokrates, die **Sokratiker,** Cic.

socruālis, e (socrus), **schwiegermütterlich,** Sidon. epist. 6, 2, 3 u. 8, 9, 2.

socrus, ūs, *f.* (socer; vgl. ἑκυρά), die **Schwiegermutter,** Ter., Cic. u. a.: socer et socrus, ICt.: magna, Großschwiegermutter, Großmutter meiner Gattin, Modestin, dig. 38, 10, 4. § 6: maior, Urgroßmutter meiner Gattin, Paul. ex Fest. 136, 11. – ► Archaist. auch *m.* = socer, Acc. tr. 196. Vgl. Prisc. 6, 44. – Nbf. socera, ae, *f.*, CIL 3, 3895; 7, 229 u. 12, 2630, synk. socra, ae, *f.*, CIL 2, 530 u. 2936; 3, 655; 9, 563 u. a. (vgl. dagegen Prob. app. 199, 1 socrus, non socra).

sodālia, ae, *f.* (sodalis), die **Genossin,** CIL 6, 20874 u. 11, 1096.

sodāliciārius, iī, *m.* (sodalicium), der **Verbrüderte,** der **Kamerad, Busenfreund,** CIL 6, 10185. Not. Tir. 36, 1. – u. **sodāliciāria,** ae, *f.*, die **Gefährtin,** consilii boni, CIL 6, 9275.

sodālicium, iī, *n.*, s. sodālicius.

sodālicius, a, um (sodalis), **genossenschaftlich, kameradschaftlich,** **I** *adi.:* consortium, Amm.: iure sodalicio, Ov.: collegia, geheime Gesellschaften, ICt. – **II** *subst.*, sodālicium, iī, *n.*, **A** die **Genossenschaft, Kameradschaft,** der **Umgang mit Busenfreunden,** der **gesellige Umgang,** Catull. Val. Max. u. Sen.: adulterorum sodalicia, Gen. mit E. Sen. – **B** insbes.: **1** die **Schmausgesellschaft,** das **Kränzchen,** Rhet. Her. 4, 64. – **2** die **Verbrüderung,** **a** im guten Sinne, sodalicii iure sacramento quodam nexi, Iustin. 20, 4, 14: cultorum Herculis, fullonum, CIL 9, 5450 u. 11, 1159. – **b** im üblen Sinne, die **geheime Gesellschaft, -Verbindung** (zu Verschwörungen, Bestechungen usw.), lex Licinia, quae est de sodaliciis, Cic. Planc. 36: in hoc sodaliciorum tribuario crimine, Cic. Planc. 47: Mariana sodalicia, Plin. 36, 116.

sodālis, e, **gesellschaftlich, kameradschaftlich,** **I** *adi.:* turba, Ov. rem. 586. – **II** *subst.*, sodālis, is, *m.*, **A** **der Kamerad, Spielkamerad, Gespiele, Gefährte,** der **gute Freund, Busenfreund,** **a** eig., Ter. u. Cic. – **b** übtr.: **α** b. lebl. Subjj., der **Kamerad, Gesellschafter,** sodalis hiemis, v. Hebrus, Hor.: u. sodalis Veneris, v. Mischkessel (cratera), weil Wein und Liebe gern beisammen sind, Hor. – **β** in etwas **ein Kamerad** = **ähnlich,** ille sodalis istius erat in hoc morbo, Cic. II. Verr.. 1, 91. – **B** insbes.: **1** der **Tischgenosse, Essgesellschafter,** im üblen Sinne, der **Zechbruder** Cic. u. a. – **2** der **Cicisbeo,** Mart. 9, 3, 8. Hieron. adv. Iov. 1, 48. – **3** das Mitglied einer **Verbrüderung, -Verbindung,** **a** im guten Sinne, eines Priesterkollegiums, sibi in Lupercis sodalem esse, Cic.: bes. von den Eigenpriestern der vergötterten Kaiser, sodales Augustales (s. Augustālis), Tac. u. a.: sodales Titiales Flaviales, Inscr.: sodales Hadrianales, Spart, u. Inscr. – **b** im üblen Sinne = **der Spießgeselle, Mitteilnehmer** an unerlaubten Verbindungen (bes. zum Erkaufen der Stimmen, zu Verschwörungen usw.), Cic. Planc. 46. Plaut. Pers. 561. – ► Abl. sodale, Mart. 1, 86, 5; 106, 2. Plin. ep. 2, 13, 6. Argum. Plaut. most. 11. Argum. 2. Plaut. merc. 14: Abl. sodali, Plaut. Curc. 68. Cic. de or. 2, 197. Ov. trist. 3, 6, 13 u. a.

sodālitās, ātis, *f.* (sodalis), **I** die **Kameradschaft, Busenfreundschaft,** officia sodalitatis familiaritatisque, Cic.: intima sod., Tac.: homo summā sodalitate, der die größte Anzahl von Busenfreunden hat, Cic.: alqm sodalitatibus convictuque hominum abducere, Gell. – meton. = die Genossen, Freunde, Plaut. most. 1126. – **II** insbes.: **1** die **Schmausgesellschaft,** das **Kränzchen,** Plur. bei Cic. de sen. 45. – **2** die **Verbrüderung,** **a** im guten Sinne, fera quaedam sod. Lupercorum, Cic. Cael. 26. – **b** im üblen Sinne = **geheime Verbindung** (bes. zum Erkaufen von Stimmen, zu Verschwörungen usw.), consensio, quae magis honeste quam vere sodalitas nominaretur, Cic. Planc. 37: von der Obrigkeit verboten, Cic. ad Q. fr. 2, 3, 5 (Plur.).

sōdēs (nach Cicero entstanden aus si audes [urspr. avides]), als Formel der vertraulichen Sprechart), **wenn du Lust hast, -willst, wenn du so gut sein willst, wenn es gefällig ist, gefälligst, doch,** dic sodes, quis heri Chrysidem habuit? Ter.: iube sodes nummos curari, Cic.: sodes mihi redde decem sestertia, Catull.: me, sodes (*sc.* relinque), Hor.: at scin quid, sodes? Ter. Vgl. Ter. Andr. 85, Fritzsche Hor. sat. 1, 9, 41.

Sodoma, ōrum, *n.* (Σόδομα, hebr. סדם), die Stadt **Sodom** in Palästina, Tert. apol. 40. – dies. Sodoma, ae, *f.*, Sulpic. Sev. chron. 1, 6. Sedul. 1, 105: Sodomum, ī, *n.*, Solin. 35, 8. – Dav.: **A** **Sodomīta** ae, *c.*, **sodomitisch,** arbores, Augustin.: cinis, Prod.: libido, Prud.: Plur. Sodomītae, ārum, *m.* (Σοδομῖται), die Einw. von Sodom, die **Sodomiten,** Prud. – **B** **Sodomītānus,** a, um, **sodomitanisch,** Eccl.: Plur. Sodomītānī, ōrum, *m.*, die Einw. von Sodoma, die **Sodomitaner,** Eccl. – **C** **Sodomīticus,** a, um (Σοδομιτικός), **sodomitisch,** Eccl. – **D** **sodomīa,** ae, *f.*, die **Sodomie,** Gregor, epist. 10, 4.

sofistēs, s. sophistēs.

Sogdiāna regio, eine Landschaft in Asien zwischen dem Jaxartes u. Oxus, westl. von Szythien, die auf ihrer Nordseite die Nordbucharei oder das Land der Usbeken u. Turkestan, gegen Südosten einen Teil von Kaschgar umfasste, noch jetzt der schönste Teil des Landes *Sogd,* Curt. 7, 10 (30), 1 *sqq.* – **Sogdiāni,** ōrum, *m.*, die Bewohner dieser Landschaft, die **Sogdianer,** Curt. 7, 4 (15), 5; 9, 2 (9), 24; dies. Sugdiāni, ōrum, *m.*, Mela 1, 2, 5 (1. § 13); 3, 5, 6 (3. § 42.).

sōl, sōlis, *m.* (aus **sāvel,* dorisch) ἀέλιος, Sonne, gotisch *savil;* vgl. auch σέλας, σελήνη), die Sonne, **I** eig. u. meton.: **A** eig.: **1** als *nom. appell.:* s. praecipitanter, zum Abend sich neigend, Cic.: supremo sole, am Abend, Hor.: sole novo, früh, wenn die Sonne aufgeht, Verg.: sole magno, wenn die S. hoch steht, Gell.: duos soles visos, Liv.: sol mihi excĭdisse e mundo videtur, ich hatte mir eher des Himmels Einfall versehen, Cic. – Sprichw., nondum omnium dierum sol occĭdit, es ist noch nicht aller Tage Abend, Liv. 39, 26, 9: sole ipso est clarius (es ist sonnenklar) m. folg. *Acc.* u. *Infin.*, Arnob. 1, 47. – **2** *nom. propr.:* **a** Sol, der **Sonnengott,** der Phöbus der Griechen, später mit Apollo identifiziert, Vater des Phaëthon, der Pasiphaë, Circe u. a., Plaut. Bacch. 255. Varro r. r. 1, 1, 5. Cic. de nat. deor. 3, 48 u. 51. Ov. met. 2, 1: filia Solis, Pasiphaë, Ov. met. 9, 736. – **b** Solis gemma, ein uns unbekannter Edelstein, Plin. 37, 181. – **B** meton.: **1** die **Sonne** = **Sonnenschein, Sonnenwärme, Sonnenhitze,** Plur. soles oft = **sonnige Tage,** sol nimius, Ov.: soles et nubila, Ov.: soles assidui, Sonnenstrahlen, Sonnenglut, Lucr.: ambulare in sole, Cic.: seu sol seu imber esset, Suet.: in sole ponere, Colum.: in sole siccari, Colum.: violento sole torreri (v. Afrika), Iustin.: in solem proferre, Plin.: toto die solem accipere, Colum. – dah. von der Arbeit an der Sonne, Ggstz. umbra (was zum Vergnügen oder Zeitvertreib, nicht öffentlich geschieht), und zwar: **a** v. Kriegsdienst, cedat umbra (*i.e.* iurisprudentia) soli, Cic. Mur. 30. – **b** vom öffentlichen Auftreten, Erscheinen vor der Menge, procedere in solem et pulverem, Cic.: doctrinam in solem et pulverem producere, öffentlich zeigen, Cic. – **2** der **Tag,** tres soles erramus, Verg.: niger, Hor.: trini soles, Calp. – **3** das **Jahr,** bini soles, Gratt. cyn. 122. – **II** bildl., die **Sonne,** von ausgezeichneten Männern, P. Africanus sol alter, Cic. de nat. deor. 2, 14: solem Asiae Brutum appellat, Hor. sat. 1, 7, 24.

sōlāciolum (nicht sōlātiolum), ī, *n.* (*Demin.*, v. solacium), der **kleine Trost,** doloris, Catull. 2, 7: vitae dulce solaciolum, CIL 8, 7427.

sōlācium (nicht sōlātium), iī, *n.* (solor), das **Trostmittel,** der **Trost,** **I** eig. u. übtr.: **1** eig.: servitutis, Cic.: et gaudia ex superstitibus (liberis) et ex amissis tam gloriosa solacia, Plin. ep.: solacium afferre oder praebere, Cic.: absenti magna solacia dedisse, Cic.: vacare culpā magnum solacium est, Cic.: hoc est mihi solacio, Caes.: miseri iam non salutis spem, sed solacium exitii quaerunt, Cic.: utcumque in illis, qui morbo finiuntur, magnum ex ipsa necessitate solacium est, Plin. ep.: convenisse recenti dolori luctum et ex maerore solacia, Tac.: ut aliqua solacia invenire aegro animo possent, Liv.: luctum alcis nullo solacio levare posse, Cic.: haberent haec oblectamenta et solacia servitutis, Cic.: qui aliquid solacii habebant, Cic.: sed fruatur hoc solacio, er finde darin einen Tr., Cic.: in maximo dolore hoc solatio utor, quod etc., finde ich darin einen Tr., dass usw., Brut. in Cic. ep.: nos malo solacio, sed non nullo tamen consolamur, Cic. – **2** übtr.: **a** **der Trost, das Hilfsmittel, die Zuflucht** in der Not, annonae, Cic.: solacium populo campum Martium patefecit, Tac. – **b** die **Schadloshaltung, Entschädigung, Genugtuung, der Ersatz, die Vergütung** (s. Heräus Tac. hist. 2, 59, 18), ne sine solacio ageret, Tac.: mihi non ultione nec solaciis opus est, Tac.: solitum solacium domino praestare, ICt. – **c** die **Pflege,** der **Unterhalt,** Ulp. dig. 24, 3, 22. § 8. – **II** meton., der **Trost** = **Tröster, Trösterin,** aves solacia ruris, Ov.: dicta, duri solacia casus, Verg.

sōlāgo, inis, *f.* (sol) = heliotropium, Ps. Apul. herb. 49 u. 63.

sōlāmen, inis, *n.* (solor), **I** **Trostmittel, Trost, Linderungsmittel,** Verg. u. a. – **II** übtr., **Unterstützung** (an Getreide), solamina transferre, CIL 1, 1180. lin. 11.

sōlāmentum, ī, *n.* (solor) = solamen, Paul. Nol. carm, 18, 343. Not. Tir. 38, 28.

sōlāminium = solamen *no.* II, CIL 8, 619. lin. 4.

sōlānum, ī, *n.*, der **Nachschatten,** eine Pflanze, Cels. 2, 33 u. a. Plin. 27, 132.

sōlānus, ī, *m.* (*sc.* ventus; v. sol), der **Ostwind,** sonst subsolanus gen., Vitr. 1, 6, 5.

sōlāris, e (sol), **zur Sonne gehörig, Sonnen-,** lumen, Sonnenlicht, Ov.: arcus, der Sonne gegenüberstehend, Sen.: circulus, Sonnenbahn, Plin.: herba = *heliotropium* (s. d.), Cels.

sōlārium, iī, *n.*, s. 1. u. 2. solarius.

1. sōlārius, a, um (sol), **zur Sonne gehörig,** **I** *adi.:* horologium, die Sonnenuhr, Plin. 7, 213. – **II** *subst.*, sōlārium, iī, *n.*, **A** die **Sonnenuhr,** Plaut. b. Gell. 3, 3, 5. Varro LL. 6, 4. Chalcid. Tim. 64: solarium vel descriptum (eigentl. Sonnenuhr) vel ex aqua (Wasseruhr), Cic. de nat. deor. 2, 87. – Ein solches solarium war auf dem Forum zu Rom, wo sich täglich gegen Mittag die Römer, sowohl um Geschäfte abzumachen, als auch um die Zeit unter Scherz und Witz hinzubringen, einfanden; dah. non ad solarium etc. versatus est, ist nicht auf dem Forum abgeschliffen, Cic. Quinct. 59: ita petulans est ac proterva, ut ne ad solarium quidem, ut mihi videtur, sed pone scaenam et in eiusmodi locis exercitata, Rhet. Her. 4, 14. – **B** jeder der Sonne ausgesetzte Ort, **Erker, flaches Dach, Söller, Altan, Terrasse,** Plaut. mil. 340. Suet. Ner. 16, 1. Ulp. dig. 8, 2, 17 *pr.* CIL 6, 10223: auf Grabmonumenten, CIL 14, 3323.

2. sōlārius, a, um (v. solum), zum Grund und Boden gehörig, subst., solārium, iī, *n.* (*sc.* vectigal), der **Grundzins,** Ulp. dig. 30, 1, 39. § 5 u. 43, 8, 2. § 17. CIL 6, 1585.

sōlātārius, iī, *m.* (sola = solea), der **Sandalensohlenhändler,** CIL 6, 1117.

sōlātio, ōnis, *f.* (sol), das **Sonnen,** solatio, quam (h)eliosin dicunt, Cass. Fel. 54. p. 141, 2: solationes (*al.* solicationes), quas Graeci ἡλιώσεας vocant, Cael. Aur. de morb. chron. 4, 2, 18.

sōlātiolum, s. sōlāciolum.

sōlātium, s. sōlācium.

sōlātius, a, um (solor), **tröstend,** der **Tröster,** fuit solatius, misericors, omnibus notus, de Rossi inscr. Chr. Vol. I. *no.* 211.

sōlātor, ōris, *m.* (solor), der **Tröster,** Tibull. 1, 3,15. Stat. silv. 5, 5, 40.

sōlātus, a, um (v. sol), **von der Sonne zu sehr angegriffen,** Plur. subst., solati, id est sole correpti, Plin. 29, 118.

soldurii, iōrum, *m.* (keltisches Wort), die jmdm. durch ein Gelübde (auf Leben u. Tod) Verpflichteten, die **Getreuen** (griech. εὐχωλιμαῖοι, rein lat. devoti), Caes. b. G. 3, 22, 1.

soldus, a, um, s. solidus.

solea, ae, *f.* (solum), **I** **die Schnürsohle, Sandale,** die nur die Fußsohle bedeckte, oberhalb mit Riemen und Bändern geschnürt wurde u. die Fußzehen und den oberen Teil des Fußes frei ließ, Gell. 13, 21, 5 (vgl. calceus), ammentum soleae, Plin.: soleas demere, Plaut., od. deponere (vor Tisch), Mart.: soleas poscere (nach Tisch), Hor., Sen. rhet. u. Plin. ep.: soleas festinare (eilig anziehen), Sall. fr. – **II** übtr., wegen der Ähnlichkeit: **a** eine Art Fußfesseln, **Zwangsschuhe,** Rhet. Her. u. Cic. – **b** eine Art Fußbekleidung der Tiere, die nicht wie die Hufeisen mit Nägeln angeschlagen, sondern angezogen wurde, der **Schuh,** Colum. u. a. – **c** die **Zunge,** der **Zungenfisch** (*Pleuronectes Solea,* L.), eine Art der Schollen, Ov. u. Plin. – **d** **ein Werkzeug beim Ölpressen,** Colum. 15, 52, 6. – **e** die **Fußsohle** der Tiere, Veget. mul. 1, 56, 31.

soleāris, e (solea), **sohlenartig, sohlenförmig,** cella, Spart. Carac. 9, 4.

soleārius, iī, *m.* (solea), der **Schnürsohlen-, Sandalenverfertiger,** Plaut. aul. 514. CIL 12, 4510: faber soliarius baxiarius, CIL 6, 9404.

soleātus, a, um (solea), **Schnürsohlen-, Sandalen tragend,** Cic. u. a.

soledus, s. solidus.

sōlemnis, e, s. sollemnis.

sōlēn, ēnis, *m.* (σωλήν), eine Art Seemuscheln, die sogenannte **Messerscheide** (*Solen,* L.), Plin. 10, 192 u. a.

sōlennis, sōlennitās etc., s. sollemnis etc.

soleo, solitus sum, ēre (viell. zu solum; vgl. nhd. wohnen – gewohnt sein), **I pflegen, gewohnt sein,** mit folg. *Infin.*, Cic. u. a.: ut soleo (verst. facere), ut solet (verst. facere), wie ich es gewohnt bin, wie er es gewohnt ist, nach meiner, seiner Gewohnheit, Cic. u. Ter.: u. so ut solebam, Cic.: dagegen ut solet (verst. fieri), wie es zu geschehen pflegt, wie gewöhnlich, wie in der Regel, Cic. u. a. (vgl. Madvig Cic. de fin. 5, 1. Fabri Liv. 23, 14, 2), vollst. ut solet fieri, Curt. 3, 8 [21], 20, u. ut fieri solet, Lact. 1, 15, 2: ebenso ut antea (verst. fieri) solebat, Cic.: u. ut in terrore solet, Sall.: u. id quod in tali re solet (verst. fieri), Sall. (vgl. Dietsch u. Fabri Sall. Cat. 29, 2): u. quod plerumque in atroci negotio solet, Sall.: ut in plerisque negotiis solet, Sall.: praeter quam in navali certamine solet, gegen die Regel im S., Liv. – *Partic.*: **a** solēns, nach Gewohnheit, Plaut.: solens sum = *soleo*, Plaut. – **b** solitus, a, um, teils *act.*, Cic., teils *pass.* oder *adi.*, **gewöhnlich,** s. solitus, a, um besonders. – **II** prägn., fleischlichen **Umgang haben,** cum viris, Plaut. cist. 36: ellipt., Mucillam (*sc.* stuprare) od. Mucillā (*sc.* uti), Catull. 1, 131, 1. – ► Archaist. verlängerte Präsens-Form solinunt = solent, Fest. 162 (b), 24. – archaist. Perfektformen, solui, Enn., Cato u. Varro LL. 9, 107: soluerint, Cael. Antip. hist. 6. fr. 45 (bei Non. 509, 2): soluerat, Sall. hist. fr. 2, 55 (64). – *Futur.* ungebr. nach Macr. de diff. 23. § 8.

sōlers, sōlertia etc., s. sollers etc.

soleum, s. solium.

Solī u. **Soloe,** ōrum, *m.* (Σόλοι), Stadt in Zilizien, griechische Kolonie, Vaterstadt des Stoikers Chrysippus, des Komikers Menander und des Astronomen Aratus, Liv. 33, 20, 4 u. 37, 56, 7: Form *oe*, Mela 1, 13, 2 (1. § 71). Plin. 5, 92. Diom. 453, 25. Mart. Cap. 3. § 226: später Pompeiopolis gen. (s. Diom. 453, 25), w. vgl. – Dav.: **A Solēnsis,** e, **solensisch, aus Soli, der Solenser,** Bion Solensis, Plin. 1. ind. libr. 8 (p. 16, 34 Jan, p. 28, 6 Detl., wo Abl. Solense): Aristomachus Solensis, Plin. 11, 19: Plur. subst., Solēnsēs, ium, *m.*, die Einw. von Soli, die **Solenser,** Cic. de legg. 2, 41. – **B Solēus,** eī, *m.* (Σολεύς), **aus Soli,** der **Soler,** Bion Soleus, Varro r. r. 1, 1, 8: Milon Soleus, Plin. 35, 146.

soliar, āris, *n.* (solium), **der Teppich über das** *solium* (wie toral über den torus), Varro sat. Men. 228. Vgl. Fest. 298, 14 *sqq.* Paul. ex Fest. 299, 8.

soliārius, s. soleārius.

sōlicanus, a, um (solus u. cano), **allein singend** (Ggstz. concinens). Mart. Cap. 2. § 127.

sōlicātio, s. sōlātio.

sōlicito, sōlicitus nebst den Ableitungen, s. sollicito etc.

solidāmen, inis, *n.* (solido) = solidamentum, Ven. Fort. carm. 6, 1, 139 *Leo.*

solidāmentum, ī, *n.* (solido) = στερέωμα, das **Befestigungsmittel,** die **Befestigung,** caeli, Itala (Psalt. Veron.) Daniel 3, 56 u. Augustin. serm. 377: corporis, Lact. de opif. dei 7 *in.*: pietatis, Augustin. conf. 7, 20, 26: auctoritatis, *ibid.* 13, 15, 16.

solidātio, ōnis, *f.* (solido), das **Dicht-, Festmachen,** Vitr. 7, 1, 7: Plur. b. Vitr. 5, 3, 3.

solidātrīx, trīcis, *f.* (solido), die **Befestigerin,** Arnob. 4, 8.

solidē, *Adv.* (solidus), **I dicht, fest,** cista viminea, quae neque spisse, solide tamen et crassis viminibus contexta sit, Colum. 12, 56, 2: nemo nostrûm s. natus est, ohne Blähung, Petron. 47, 4. – *Compar.*, solidius concreta aqua, Gell. 19, 5. 5. – **II** übtr., **fest, sicher, ordentlich, tüchtig,** gaudere alcis gaudia, Ter.: id scire, Plaut.: formidare, Apul. – *Compar.*, scutum solidius iactare non posse, Spart. Hel. 6, 2.

solidēsco, ere (solidus), **I dicht-, fest werden,** Vitr. 2, 6, 1. – **II sich zusammenfügen, ganz werden,** Plin. 11, 216.

solidipēs, pedis (solidus u. pes), einen ganzen-, nicht gespaltenen Huf habend, **ganzhufig,** Plur. subst., contra naturam solidipedum aut bisulcorum, Plin. 10, 184.

soliditās, ātis, *f.* (solidus), **I** eig.: **a** die **Dichtheit,** der Atome, Cic.: nec di habent ullam soliditatem nec eminentiam, Cic.: adiectis pro acquisita soliditate ponderibus, Pallad.: dah. (wie στερέωμα), die **Feste** des Himmels, das **Himmelsgewölbe,** Chalcid. Tim. 277. – **b** die **Dicke,** Pallad. 1, 6, 9 u. a. – **c** die **Festigkeit, Dauerhaftigkeit,** Vitr. 2, 6, 4 u. a. – **II** übtr., das Ganze, possessionis, Cod. Iust. 4, 52, 2 u. a.: hereditas universorum et soliditas singulorum, Ambros. psalm. 118. serm. 14. § 41.

solido, āvī, ātum, āre (solidus), **dicht machen, I** eig.: u. übtr.: **1** eig.: **a dicht-, derb machen,** locum fistucationibus, Vitr.: aream cretā, zukleiben, Verg.: aquam in saxum solidari (sich zu Stein verdichte) dicit, Chalcid. Tim. 323. – **b festmachen, befestigen,** muros, Tac.: accessum urbis, Itin. Alex.: fistulas stanno, Plin.: arenae aggestu ad terrae speciem via solidata, Aur. Vict. – **2** übtr.: **a ganz machen, zusammenfügen,** ossa fracta, Plin.: fracta, Plin. ep.: nervos incisos, Plin. – **b vollständig machen,** Ps. Ascon. in Cic. II. Verr.. 1, 36, 92. p. 185, 18 B. – **II** bildl., **befestigen,** rem Romanam, Aur. Vict. de Caes. 33, 11: imperium Romanum tandem ex diuturna convulsione, Auct. inc. pan. Constant. 1, 3: illud constitutione, feststellen, Cod. Theod. 15, 9, 1: contra omnes tempestates et turbines saeculi immobili et inconcussā firmitate solidati, Cypr. de eccl. un. 1.

solidus, a, um, **dicht, derb, gediegen, gedrungen, fest, I** eig.: **1** im Allg.: **a** übh., nicht hohl, -locker, -löchrig (Ggstz. cavus, concavus), paries, Cic.: columna, Cic.: dentes, Plin.: ungulae, ungespaltene, Plin. u. (Ggstz. bifissae) Solin.: solidus ac fortis cibus, Lact.: caseus solidior, Colum. – subst., solidum, ī, n., **α** dichter Boden, Ov. – **β** dichter Körper, finditur in solidum (arboris) cuneis via, Kern, Verg.: Plur. solida, dichte Körper (z. B. Kugeln), Cic. – **b** von Metallen usw., **dicht, gediegen,** crateres auro solidi, von reinem Gold, Verg.: so auch vasa auro solida, Tac.: solido argento facti lecti, Lampr.: v. Elfenbein, ex solido elephanto, Verg.: v. Marmor, solido de marmore templum, Verg. – **c fest, hart,** ripa, Ov.: adamas, Verg.: plumbum, Lucan.: solidissima terra, Ov.: structura solidissima, Vitr.: so auch solidum nihil (est), quod terrae sit expers, Cic. Tim. 13. – subst., solidum, ī, *n.*, etwas Festes, Hor. sat. 2, 1, 78: solido carere, nichts Festes haben, Cic. Tim. 13: insbes., fester Boden, Verg. u. Ov.: per solidum, auf f. Boden, Tac.: in solido gradiens (Ggstz.: in pelago incedens), Lact.: dah. in solido, auf festem B., bildl. = in Sicherheit, alqm in solido locare, Verg.: in solido esse, Sen.: u. so bona sua in solido habet, Sen. – **d dick, stark, gedrungen,** crus, Sen.: corpus, Sen. rhet.: tori Herculis, Ov.: telum, Verg.: vinum, Pallad.: navis *ad* ferendum incursum maris solida, Sen. ep. 76, 13. – **2** insbes., solidus, ī, *m.*, eine Goldmünze, anfangs ungefähr 25 denarii, später fast nur die Hälfte an Wert, ICt., Apul. u. a. – **II** übtr.: **1 ganz, völlig, vollständig,** decem anni, Varro fr.: usura, Cic.: vires, Verg.: consulatus, Liv.: stipendia, Liv. – subst., solidum (soldum), ī, *n.*, das Ganze, das Kapital, die ganze Summe, Cic. u. a.: reddere soldum, Hor.: decies solidum, ganze zehnmal hunderttausend Sesterze, Hor.: in solido, im Ganzen, voll (bei Zahlenbestimmungen), Solin.: creditores in solidum appellare, Tac. Vgl. Fritzsche Hor. sat. 2, 3, 240 u. Otto Tac. ann. 6, 17. p. 775. – **2 kernhaft, gedrungen, gediegen, bleibend, wahrhaft, wesentlich, reell,** eloquentia, Quint.: suavitas, Cic.: gaudium, Ter.: beneficium, Ter.: libertas, Liv.: vita (Ggstz. fragilis), Lact.: effigies iustitiae, Cic.: res, Cic.: laus, Cic.: utilitas, Cic.: nihil, quod solidum tenere possis, Cic. – subst., solidum ī, *n.*, das Wesentliche, Gediegene, Echte (Ggstz. inane), Hor. sat. 1, 2, 113; u. das Gesunde, dem Zahn der Zeit Widerstehende (Ggstz. fragile), Hor. sat. 2, 1, 78. – **3 fest, unerschütterlich,** mens, Hor. carm. 3, 3, 4: fides, Tac. hist. 2, 7. – **4** Akk. solidum adv., **fest = ordentlich, tüchtig, heftig,** Venus irata solidum, Apul. met. 5, 28 (aber Pers. 5, 25 ist quid solidum crepet = was nach Gediegenem klingt). – ► vulg. soledus, CIL 1, 1166; synkop. soldus, Varro r. r. 1, 48, 1 u. 1, 51, 2 *cod. P.* Hor. sat. 1, 2, 113; 2, 5, 65.

sōlifer, fera, ferum (sol u. fero), **die Sonne bringend,** plaga, Orient, Sen. Herc. Oet. 159.

sōliferreum, eī, *n.*, s. solliferreum.

sōlifuga, ae, *f.* (sol u. fugio), die **Tarantel,** Plin. 22, 163 (Sillig, Jan u. Detl. solipuga). Solin. 4. § 3 u. 6. Arnob. 2, 23 u. 7, 16. Isid. orig. 12, 3, 4.

solifundium, iī, *n.* (solum u. fundus), **Grund und Boden,** das **Grundstück,** Fronto princ. hist. *in.* p. 313 *ed. Rom.* zw.

sōligena, ae, *m.* (sol u. gigno), **vom Sonnengott gezeugt,** Aeetes, Val. Flacc. 5, 317.

sōliloquium, iī, *n.* (solus u. loquor), das **Reden mit sich selbst,** das **Selbstgespräch,** der **Monolog,** Augustin. soliloqu. 2, 7 *extr.*

solinunt, s. soleo ►.

sōlipūga, ae, *f.*, die **giftige, weiße Ameise,** Plin. 8, 104 u. 22, 163. Cic. fr. I, 12 M. bei Plin. 29, 92 (in Hispania Bätika salpuga); vgl. Lucan. 9, 837. – Nbf. solipugna, Fest. 301 (b), 3.

solistimum (**solistumum, sollistimum**) **tripudium,** in der Augurenspr. = günstiges Wahrzeichen, wenn die Weissagehühner so gierig fraßen, dass ihnen die Speise aus dem Schnabel auf die Erde fiel, solistim. tr., Cic. de div. 1, 28 u. 2, 72. Liv. 10, 40, 4: solistum. tr., Cic. de div. 2, 20: sollistim. tr., Fest. 298 (b), 26.

sōlistit… s. solstit…

1. sōlitāneus, a, um (v. solus), **abgesondert, besonder,** Th. Prisc. 3. praef.

2. solitāneus, a, um (v. solitus), **gewöhnlich,** Marc. Emp. 25.

Solitānus, a, um, **solitanisch,** cochleae, aus Afrika, vielleicht vom promunturium Solis, Varro r. r. 3, 14, 4. Plin. 9, 174.

sōlitāriē, *Adv.* (solitarius), **einsam,** Cassian. coll. 19, 11 u. a. Eccl.

sālitārius, a, um (solus), **alleinstehend, I sich fern vom Verkehr mit anderen haltend, einsam, ungesellig,** solitarius homo atque in agro vitam agens, Cic. de off. 2, 39: solus ac solitarius parvā sed satis munitā domunculā contentus, Apul. met. 4, 9: deus desertus ac solitarius, Lact. 1, 7, 4: unde vel quis ille aut ubi deus unicus, solitarius, destitutus, Min. Fel. 10, 3: aves sol. (Ggstz. aves congregae), Isid. orig. 12, 7, 1. – apes non sunt solitariā naturā, Varro r. r. 3, 16, 4: solitaria et velut umbratica vita, Quint. 1, 2, 18: sol. cena, allein gehaltenes, ungeselliges, Plin. pan. 49, 6: locus, Fronto ad M. Caes. 2, 15 (12): natura solitarium nihil amat, Cic. de amic. 88. – **II** nicht in Verbindung mit anderen, **einzeln, allein,** ut, quoniam solitaria (für sich allein) non posset virtus ad ea, quae summa sunt, pervenire, coniuncta et consociata cum altera perveniret, Cic. de amic. 83: ne solitarium aliquod aut rarum iudicatum afferatur, ein als einzelner oder seltener Fall dastehendes Urteil, Cic. de inv. 1, 83: cum (stellae) solitariae venere … geminae autem etc., Plin. 2, 101: hominem solitarium (einzelnen) tres tam validos evitasse iuvenes, Apul. met. 3, 9: imperium universae rei publicae solitarium, Alleinherrschaft, Mamert grat. act. 13, 1: oculorum sol. concupiscentia, Tert. apol. 45.

sōlitās, ātis, *f.* (solus), die **Einsamkeit,** das **Alleinsein,** Acc. tr. 354. Apul. met. 9, 18; apol. 22. – personif., einer der Äonen des Valentinian, Tert. adv. Val. 37.

sōlitātim, Adv. (solus), **einsam,** Fronto epist. ad Ver. imp. 2, 1. p. 127, 7 N.

solitaurīlia, s. suovetaurīlia.

solitē, *Adv.* (solitus), **gewohnterweise,** Coripp. Ioann. 4, 283 u. a. spät. Eccl.

1. solito, āvī, āre (*Intens.* v. soleo), **pflegen, die Gewohnheit haben,** Gell. 6 (7), 1, 6.

2. solitō, *Adv.* (solitus), **gewöhnlich,** Isid. orig. 12, 4, 6.

sōlitūdo, inis, *f.* (solus), **I die Einsamkeit, Einöde, Menschenleere** (Ggstz. celebritas, frequentia, frequentia et obambulatio hominum), loci, Cic.: desertissima, Cic.: solitudo ante ostium, ich sehe keinen Menschen vor der Tür, Ter.: erat ab oratoribus quaedam in foro solitudo, Cic.: audistis, quae solitudo in agris esset, Cic.: ut quam in curia solitudinem fecerit, domi quoque faciat, Liv.: in solitudine secum loqui, Cic.: se in solitudinem ac silvas abdere, Caes.: solitudinem facere, Plin. hist. nat. u. Plin. pan. – Plur., in animi doloribus solitudines captare, Cic.: discedere in aliquas solitudines, Cic.: vastas inde solitudines facere, Liv.: civitatibus maxima laus est quam latissime circum se vastatis finibus solitudines habere, Caes. – **II** insbes., das **Alleinstehen,** die **Verlassenheit, Hilflosigkeit, Verwaistheit,** der **Mangel** an Menschen usw., huius, Ter.: liberorum, Cic.: viduarum, Cic.: tua, Cic.: eius solitudo, Nep.: eadem, Liv.: id repente solitudinis erat, so plötzlich war sie verlassen, Tac.: Albutius iste, qui iam diu Caesenniae viduitate ac solitudine aleretur, Cic.

solitus, a, um, *PAdi.* (v. soleo), **gewohnt, gewöhnlich, üblich, gebräuchlich, a** adjekt.: alveus, das gew. (eigentliche), Tac.: artes, Ov.: exercitationes, Suet.: honores, Tac.: labor, Ov.: locus, Ov.: ministeria, Plin. ep.: mos, Sen. u. a. (bes. oft solito more od. more solito, Ov., Curt. u. a.: more de solito, Arnob.: solito matrum de more, Verg.): soliti (sumptus) dimidium, Capit.: solitus sibi, id est modicus apparatus, Val. Max.: sol. torus, Tibull.: Ggstz., alter solito tempore labitur, alter insolito, Sen. rhet. – m. *Dat.*, armamenta Liburnicis solita, Tac. hist. 5, 23: solito bonis (Ehrlichen) more, Ov. her. 21, 127. – **b** subst., solitum, ī, *n.*, das **Gewohnte, Gewöhnliche, Gebräuchliche,** der **Gebrauch,** hostibus belloque gratiam habendam, quod solitum quicquam liberae civitatis fieret, dass noch irgendetwas, was der Regel nach zu einem freien Staat gehöre, beobachtet werde, Liv. 3, 38, 9: mit *Dat.*, proinde tona eloquio, solitum tibi, wie du gewohnt bist, Verg. Aen. 11, 383: Plur., ad ventris solita secedens, als wolle er ein natürliches Bedürfnis (seine Notdurft) verrichten, Aur. Vict. epit. 41, 22. – oft m. *Praepp.*, ex solito, nach G., regelmäßig, Vell. u. Sen.: praeter solitum, Hor. u. Verg.: praeter solita vitiosis tractibus, Sall. fr.: super solitum, Sen.: ultra solitum, Tac. ann. 4, 64, 1. Amm. 16, 12, 36. – im *Abl.* beim *Compar.*, u. zwar teils des Adj., maior solito, Liv.: citatior solito, propior solito, Liv.: solito audacior, Cels.: solito vehementior, Fronto: solito rariores, Plin. ep.: solito formosior, Ov.: plus debito solitoque facere (Ggstz. minus debito facere), Sen.; teils des Adv., solito velocius, Ov.: solito serius, Liv.: solito plus, Ov., plus solito, Liv.: magis solito, Liv.

solium, iī, *n.* (mit sabin. l aus d zu sedeo), **I** der **hohe-, erhabene Sitz,** der **Thron a** für Könige, divinum, Cic.: regale, Liv.: Iovis, Hor. u. Verg.: regale Iovis, Ov. (dah. sprichw., hoc facto putabat se solium Iovis tenere, Petron. 61, 5). – meton., der **Thron** = die königl. Würde, das Königreich, Lucr. u. Ov.: in paterno solio locare, Liv.: solio depellere, Tac. – **b** für die Götter in den Tempeln, deorum solio, Cic. de har. resp. 57. – **c** der Rechtsgelehrten in ihrer Wohnung, wenn sie Bescheide gaben, der **Lehnsessel,** paternum, Großvaterstuhl, Crass. bei Cic.: quo minus more patrio sedens in solio consulentibus responderem, Cic.: cum se de turba et a subselliis in otium soliumque contulerit, Cic. – **d** für Magistrate, eburnum = *sella curulis,* Claud. laud. Stil. 3, 199. – **II** die steinerne od. hölzerne **Badewanne** (vgl. Fest. 298 [b], 24), solium calidae aquae, Cels.: solium caldum, Scrib.: insidens ligneo solio, Suet.: in solium descendere, Vitr. u. Cels. – **III** der irdene od. steinerne **Sarg, Sarkophag,** solium porphyretici marmoris, Suet.: refertum odoribus solium, Flor.: iacēre in solio, Curt.: defunctos sese multi fictilibus soliis condi maluere, Plin. – ► Nbf. soleum, CIL 6, 10848. Auct. de idiom. gen. (IV) 583, 4.

sōlivagus, a, um (solus u. vagus), **allein-, einzeln herumschweifend, I** eig.: bestiae (Ggstz. congregatae), Cic.: ferae insociabiles et solivagae, Augustin.: non singulare nec solivagum genus hoc (hominum), Cic.: elephanti minime ex omnibus solivagi, Plin.: aves (Ggstz. congregae), Isid.: quarum (animantium) natura solivaga est, Lact. – soliv. caelum, der sich allein bewegt, Cic. – **II** bildl.: cognitio, auf sich beschränkte, vereinzelte, Cic.: virginitas, alleinstehend, ohne Gleichen, Mart. Cap.

solivertiātor, ōris, *n.* (solum u. verto), **einer, der sich aus dem Staub macht, fremd macht,** Testam. porcell. *in.*

sollemnis (sōlemnis od. sōlennis), e (v. sollus [= totus] u. annus), **I alljährlich = alljährlich wiederkehrend, -gefeiert,** sacra, sacrificia, Cic. u. a.: dies deorum festi ac sollemnes, Cic. – **II** übtr.: **A feierlich, festlich,** religiones, Cic.: verba, Cic.: epulae, Cic.: ludi, Cic.: dies, Hor.: arae, Verg.: dies baptismo sollemnior, Tert. de bapt. 19: festivitas sollemnissimi diei, Augustin. serm. 309, 6: dies tibi sollemnissimus natalis meus, Fronto ad Anton, imp. 1, 2 *in.*: sollemnissimae preces, Apul. met. 11, 16. – subst., sollemne, is, *n.*, jede **Feierlichkeit,** sollemne clavi figendi, Liv.: auspicatorum comitiorum, Liv.: funeris, Tac.: ludorum, Liv.: Nemeorum, Liv.: antiquissimum, Liv.: Fidei sollemne instituit, Fest nebst Opfern usw., Liv.: sollemne allatum ex Arcadia, Liv.: sollemnia (feierliche Wünsche) incipientis anni Kalendis Ianuariis epistulā precari (aussprechen), Tac. – insbes. Plur. sollemnia = **Opfer,** extis sollemnium vesci, Liv.: tumulo sollemnia mittet, Verg. – **B durch den Gebrauch-, durch die Sitte geheiligt, a = üblich, gewöhnlich, gewohnt,** lascivia militum, Liv.: officium, Cic.: opus, Hor.: mos, Suet.: gloria, Phaedr. – subst. sollemne, is, *n.*, **etwas Gewöhnliches,** die **Gewohnheit,** nostrum illud sollemne servemus, Cic.: inter cetera sollemnia, Liv.: sollemne est mihi m. folg. *Infin.*, ich habe es in der Gewohnheit, es ist meine Gewohnheit, omnia de quibus dubito ad te referre, Plin. ep.: m. folg. *Acc.* u. *Infin.*, quos (gladiatores) promiscue spectari sollemne olim erat, Suet.: dah. poet., sollemnia (statt sollemniter) insanire, auf gewöhnliche Art, Hor. ep. 1, 1, 101. – **b = förmlich,** numerus testium, ICt. – subst., sollemnia, ium, *n.*, **Förmlichkeiten,** ICt.

sollemnitās (sōlemnitās, sōlennitās), ātis, *f.* (sollemnis), **I** die **Festlichkeit, Feierlichkeit** eines Tages, dierum sollemnitates, Gell.: ordinariae sollemnitates, Tert.: spectaculum sollemnitati pristinae reddere, Solin.: illuc sollemnitatis implendae causā venire, Lampr.: ita sollemnitas, quae iubebatur, expleta est, Vopisc. – **II** die **Förmlichkeit,** iuris, ICt.: eiusmodi sollemnitatem peragere, ICt.

sollemniter (sōlemniter od. sōlenniter), *Adv.* (sollemnis etc.), **I feierlich,** omnia peragere, Liv.: convivium instituere, Iustin. – **II auf übliche Weise, a nach Gebrauch,** Pallad.: se purificantes, Plin. – **b förmlich, mit Beobachtung der Rechtsförmlichkeiten,** ICt.

sollemnitus, *Adv.* = sollemniter, Liv. Andr. tr. 9. Gloss. V, 647, 59.

sollemnizo (sollempnizo), āre (sollemnis), **feierlich begehen,** pascha, Augustin. serm. 93, 5 Mai.

sollers (sōlers), ertis (v. sollus [= totus] u. ars), eig. »ganz Kunst«, Ggstz. iners; dah. **mit praktischem Sinn** od. **mit Geschick ausgestattet, schöpferisch, erfinderisch, anschlägig, anstellig, geschickt,** im üblen Sinne **verschlagen, verschmitzt, schlau, a** v. Pers.: adulescens, Ter.: hominum genus, Mela: agricola, Cic.: Ulixes, Ov.: sollers ingenio, Tac.: quo quisque est sollertior et ingeniosior, hoc etc., Cic.: sollertior isto, Ov.: divitiarum quaestu quam custodiā sollertior, Iustin.: ex his unus, qui destinandis sagittis sollertior habebatur, der für einen geschickten Bogenschützen galt, Iul. Val.: diligentissimus et sollertissimus princeps, Eutr.: rudis antea et ignarus belli, sollertissimus omnium in paucis tempestatibus factus est, Sall. – m. folg. *Infin.*, Hor. carm. 4, 8, 8. Ov. am. 2, 7, 17. Sil. 1, 79; 8, 258 u. 595. – m. folg. *Genet.*, Musa lyrae sollers, Hor. de art. poët. 407: sollers cunctandi Fabius, Sil. 7, 126. – m. folg. *Abl.*, sollers ingenio, Tac.: non sollertior ense, Sil. 12, 469. – m. *ad* u. Akk., ad inveniendum sollers, Lact. epit. 70, 8: ad inferenda bella sollertissimus, Amm. 30, 9, 4: cum esset deus ad excogitandum providentissimus, ad faciendum sollertissimus, Lact. 2, 8, 3. – **b** v. Lebl.: genus acuminis, Cic.: natura, Cic.: providentia naturae, Cic.: descriptio, Cic.: consilium, Curt.: sollertia ducum facta, Frontin: nihil sollertius, Cic.: fundus sollertissimus, höchst ertragsfähig, Cato r. r. 8, 2. – ► Abl. Sing. gew. sollertī; doch auch sollerte, wie Ov. ex Pont. 4, 14, 35.

sollerter (sōlerter), *Adv.* m. *Compar.* u. *Superl.* (sollers), **schöpferisch, erfinderisch, anstellig, geschickt, verschmitzt, schlau,** Cic. u. a. – *Compar.* sollertius, Cic. de nat. deor. 2, 88. Ov. met. 11, 635. Tac. ann. 5, 10. – *Superl.* sollertissime, Cic. Verr. 4, 98. Apul. de mag. 2.

sollertia (sōlertia), ae, *f.* (sollers), der **schöpferische Geist,** die **Erfindsamkeit, Anschlägigkeit, Anstelligkeit, Geschicklichkeit,** im üblen Sinne, das **Raffinement,** die **Schlauheit, Verschmitztheit,** naturae, Cic.: ingenii, Sall.: sine perpendiculi sollertia, Genauigkeit, Apul.: m. obj. *Genet.*, machinarum ad capienda oppida repertarum, Gell.: venandi, Sen. rhet.: cogitandi, iudicandi, Cic.: consiliorum, Vitr.: belli, Sil.: m. *ad* u. Akk., acumen eius et sollertia ad aedificia paranda, Vitr. 2, 8, 11. – ingenia maximae sollertiae, Gell.: est summae genus sollertiae, ein überaus anstelliger Menschenschlag, Caes.: in hac re tanta inest ratio atque sollertia, ut etc., Cic.: mirari se non modo diligentiam, sed etiam sollertiam eius, Cic.: placuit sollertia (der listige Anschlag), tempore etiam iuta, Tac. – Plur., egregiae ingeniorum sollertiae, Vitr. 7. praef. § 10.

sollicitātio, ōnis, *f.* (sollicito), **I** die **Bekümmernis,** nuptiarum (wegen der usw.), Ter. Andr. 261. – **II** die **Aufwiegelung, Aufhetzung, Verführung,** auch im Plur., Cic., Sen. rhet. u. a.

sollicitātor, ōris, *m.* (sollicito), **I** der **Reizer zur Wollust,** der **Verführer,** alienarum nuptiarum (fremder Frauen), ICt.: so auch absol. bei Sen. contr. 2, 15, 3. – **II** der **Verführer,** servi, ICt.

sollicitē, *Adv.* (sollicitus), **I bekümmert, ängstlich,** Sen. u. Sil. – **II sorgfältig, angelegentlich,** soll. providere, ut etc., Plin. ep.: sollicitus et intentius tui me quam mei excipiunt, Plin. ep.: urbis annonaeque curam sollicitissime semper egit, Suet.: sollicitissime carendum est in docendo superbiae vitium, Augustin.

sollicito, āvī, ātum, āre (v. sollus = totus u. citare), **stark bewegen, erregen, erschüttern** u. dgl., **I** eig. u. übtr.: **1** eig.: mundum de suis sedibus, Lucr.: tellurem, pflügen, Verg.: freta remis, Verg.: stamina docto pollice, die Saiten rühren, Ov.: spicula, schütteln (zum Herausziehen), Verg. – **2** übtr.: **a in rege Tätigkeit-, in Bewegung-, in Trab setzen,** myropolas, Plaut.: lentum Cupidinem cantu tremulo, Hor. – arcu feras, jagen, Ov. – **b** krankhaft **erregen, reizen, angreifen, schwächen,** nullā varietate sollicitandus aeger est, Cels.: s. stomachum vomitu, alvum purgatione, Cels.: u. so malā copiā aegrum stomachum, Hor. – **II** bildl.: **1** übh. **erschüttern, wankend machen, stören,** pacem, Liv.: statum quietae civitatis, Liv. – **2** insbes., durch Einwirkung auf Gefühl, Willen u. Entschluss geistig erregen, **a** auf jmds. inneres Gefühl, Gemüt, **α in Unruhe versetzen, beunruhigen, bekümmern,** haec cura me sollicitat, Cic.: anxitudo semper ipsa se sollicitans, Cic.: multa me sollicitant anguntque, Cic.: libido et ignavia semper animum excruciant et semper sollicitant, Cic.: cur meam senectutem huius sollicito amentiā? warum verkümmere ich usw., Ter.: sollicitus eram de rebus urbanis …; sed tamen nihil me magis sollicitabat quam in iis molestiis non me, si quae ridenda essent, ridere tecum, Cic. ep. – **β aufbringen,** zum Zorn **reizen,** sollicitatus Iuppiter, Liv.: s. hostes, Lucan. – **γ interessieren,** Sen. contr. 4. pr. 1 u. Sen. ep. 88, 7. – **b** auf jmds. Willen und Entschluss = **α** im üblen Sinne, **aufregen, aufreizen, reizen, aufwiegeln, wankend machen, verführen,** civitates, Caes.: servitia, plebem, Sall.: sollicitatus ab Arvernis pecuniā, Caes.: sollicitati et eo anno sunt dulcedine agrariae legis animi plebis, Liv.: s. deas, Ov.: bello Iovem, Ov.: s. ipsam ingentibus datis, zur Wollust reizen, Ov.: u. so matronam, Sen. rhet.: non deest forma, quae sollicitet oculos, reizt, verführt, Sen. – poet., m. sachl. Objekt, fidem pudicam donis, Ov.; vgl. fidem liminis astricti, Ov.: legitimos toros, Ov.: s. iudicium donis, das Urteil bestechen, Ov. – m. Angabe des Endzwecks durch *ad* u. Akk., *causā* u. Genet., *ut* od. *ne* u. Konj., poet. durch den *Infin.*, s. servum ad venenum dandum, Cic.: legatos tumultus excitandi causā a P. Lentulo esse sollicitatos, Cic.: reliquas civitates sollicitant (fordern, rufen sie auf), ut etc., Caes.: dixit se sollicitatum esse, ut regnare vellet, Cic.: s. maritum precibus, ne spem sibi ponat in arto, Ov.: sollicitor nullos esse putare deos, Ov. – **β** im guten Sinne, zu etw. **bewegen, veranlassen, auffordern, reizen,** in his me multa sollicitant, reizen (zum Kauf), Plin. ep.: circumspicias praeceptores, quos sollicitare possimus, zum Hierherkommen bewegen, auffordern, Plin. – m. Ang. **wohin?** durch *ad* od. *in* u. Akk., aves ad se, Plin.: alqm in Formianum, einladen, Plin. ep.: Alexandrum in Italiam, Iustin.: Iones in suas partes, Iustin. – m. Ang. **wozu?** durch *ad* od. *in* u. Akk. od. (poet.) durch den *Infin.*, ad emendum, Sen.: ad hunc laborem, Sen.: alqm ad colloquium, Iustin.: alqm in auxilium, Liv. epit.: spatium decurrere amoris, Lucr.: finem expromere rerum sollicitat deos, Lucan. – ► parag. Infin. Präs. Pass. sollicitarier, Ter. Andr. 689.

sollicitūdo, inis, *f.* (sollicitus), **I** die physische **Erregung, Beschwerde,** das **Leiden,** epilepticorum similis est sollicitudo, Th. Prisc. 2. chr. 3. – **II** die **unruhige Spannung** des Gemütes, die **peinliche Unruhe,**

Bekümmernis, der **Kummer,** die **bange Sorge, ängstliche Sorgfalt** od. **Genauigkeit,** **I** eig.: **a** Sing., verb. cura et sollicitudo, Ter. u. Cic.: sollic. ista falsa, Ter.: magna, Cic.: laboris, sollicitudinis socius, Plin. ep.: m. subj. *Genet.*, alcis sollicitudo et studium, Plin. ep.: m. objekt. *Genet.*, nuptiarum, Ter.: provinciae, Cic.: administrandae Italiae, die sorgenvolle Verwaltung Italiens, Eutr.: rerum (neben cura verborum), Quint.: gemmarum, Plin.: sine sollicitudine religionis, Trai. in Plin. ep.: scribendi sollicitudo, Quint.: nimia *pro* illo sollicitudo, Sen. ep. 92, 33. – abducere alqm a sollicitudine (v. der Philosophie), Cic.: sollicitudo non cum ipsis (sceleribus) abiit, Sen.: abstrahere se ab omni sollicitudine, Cic.: mihi altior sollicitudo, quale iudicium hominum emererer, accessit, Quint.: adducere alqm in sollicitudinem, Sen., alqm in summam sollicitudinem, Cic.: afficior curā et quam pro me sollicitudinem non adii, quasi pro me altero patior, Plin. ep.: nec tibi sollicitudinem ex dubitatione mea nec spem ex affirmatione afferre (machen) volui, Cic.: quantā me curā et sollicitudine afficit gnatus, Ter.: magnā me sollicitudine affecit Passenni Pauli valetudo, Plin. ep.: ex te duplex nos afficit sollicitudo, quod et ipse re publicā careas et illa te, Cic.: magnā sollicitudine afficior, Cic.: augere sollicitudinem alcis, Plin. ep.: te rogo quam maturrime sollicitudini meae consulas, Plin. ep.: demere sollicitudinem, Cic. u. Tac.: deponere omnem sollicitudinem pro vita, Sen.: alci ego summae sollicitudini sum, Plaut.: magnae est nobis sollicitudini valetudo tua, Cic.: incredibili sum sollicitudine de tua valetudine, Cic.: esse in summa sollicitudine, Pompei. in Cic. ep.: imaginare, quae sollicitudo nobis (fuerit), qui metus, Plin. ep.: exsolvere alqm hāc sollicitudine, Plin. ep.: neque diutius ferre sollicitudinem possum, Plin. ep.: finitā igitur sollicitudine in Africa, nachdem er die bange S. in Afr. los war, Capit.: sollicitudinis aliquid habere (Ggstz. ab omni molestia vacuum esse), Cic.: quicquid hoc tempore habeat sollicitudinis ac negotii, id omne a matre esse conflatum, Cic.: non haerere in animis hominum sollicitudinem sempiternam, Cic.: incutere sollicitudinem, beunruhigen (von einer Rede), Curt.: intendi sollicitudine, Plin. ep.: liberare alqm sollicitudine magnā, Cic.: liberare alqm longae exspectationis sollicitudine, Plin. ep.: nihil adhuc inter manus habui, cui maiorem sollicitudinem praestare (eine größere ängstliche Sorgfalt widmen) deberem, Plin. ep.: tantam etiam curam (nimium est dicere sollicitudinem) praestitit, Plin. ep.: ut praesumpta laetitia sollicitudini locum non relinquat, Plin. ep.: renovatur sollicitudo, Plin. ep.: ob haec ipsa amantis animus in sollicitudinem suspicionemque revolutus est, Curt.: dices me ipsum mihi sollicitudinem struere, Cic.: subvenire alcis sollicitudini, Cic.: interim maximam hic sollicitudinem curamque sustineo, ne etc., Planc. in Cic. ep.: torqueri omni sollicitudine districtum, Hor.: sollicitudine provinciae vel maxime urgeri, Cic. – **b** Plur.: sollicitudines domesticae, Cic.: remotus a sollicitudinibus et curis, Tac. dial.: allevare sollicitudines alcis aliqua ex parte, Cic.: quantas hic suis consiliis mihi conflavit (*al.* confecit) sollicitudines, Ter.: ille, in quo omnes sollicitudines meas deposui (anvertraut habe), Sen.: omnes molestias et sollicitudines deposui et eieci, Cic.: detrahere inanes sollicitudines (von der Philosophie), Cic.: ubi eae sollicitudines discessere, Liv.: cotidie magis exacuere alcis sollicitudines, Cic.: habere alqm sollicitudinum socium, Cic.: eas ipsas sollicitudines, quibus eorum animi noctesque diesque exeduntur, a dis immortalibus supplicii causā importari putant, Cic. – **2** meton. = cura, die **Besorgung, Obliegenheit,** cursus vehicularis soll., Arcad. Charis. dig. 50, 4, 18. § 4: sollicitudinem cursualem agere, Cod. Theod. 6, 29, 7.

sollicitus, a, um (sollus [= totus] u. cio), **stark bewegt, -erregt, aufgeregt,** **I** eig., physisch: motus, Lucr. 1, 343; 6,1036 (1038): mare, Verg. georg. 4, 262 (viell. unecht). – **II** übtr.: **A** politisch **beunruhigt,** Hispaniae armis (durch Waffengetöse) sollicitae, Sall. hist. fr. 1, 48 (51), 8. – **B** gemütlich, **in unruhiger Spannung = befangen, beunruhigt, unruhig, besorgt, bekümmert,** **a** v. Gemüt usw.: animus soll., Cic.: anxius animus aut sollicitus, Cic.: suspensus animus et sollicitus, Cic.: animi solliciti, Hor.: mens soll., Curt.: mentes soll., Ov.: cor soll., Afran. com. fr.: pectus soll., Ov.: amor omnis sollicitus atque anxius, Cic. ad Att. 2, 24, 1 (versch. von unten *no.* c, β): omnis expers curae, quae scribentis animum etsi non flectere a vero, sollicitum tamen efficere posset, Liv. 1. praef. § 5. – **b** v. leb. Wesen: **α** v. Pers. (Ggstz. securus): vehementer sollicitum esse, Cic.: ante sollicitus eram atque angebar, Cic.: alqm sollicitum habere, teils = jmd. in Unruhe versetzen, jmdm. Unruhe-, jmdm. zu schaffen machen, Komik. (s. Wagner, Ter. heaut. 461), teils = jmd. bekümmern, betrüben, Cic.: sollicitum hostem ad lucem tenere, in unruhiger Spannung halten, Liv.: communicato enim imperio sollicitior tu, ille securior factus est, Plin. pan.: primum adspice, quanto maior pars sit pauperum, quos nihilo notabis tristiores sollicitioresque divitibus, Sen.: sollicitiorem hominem neminem puto fuisse, Planc. in Cic. ep.: hoc est, quod sollicitissimum facit, Quint. – mit *Genet.*, sollicitus futuri (um die Zukunft), Sen. ad Marc. 19, 6. – mit *causā* u. Genet., meā solius causā, Ter. heaut. 129: vestri causā, Apul. met. 7, 9. – m. *Dat.*, corpori vestro, Vulg. Matth. 6, 25. – m. *Praepp.* od. m. Akk. *vicem* (wegen), *ex* hoc (dolore) sollicita est, Ter.: sollicitum esse *de* alcis valetudine, de rebus urbanis, Cic.: sollicitum esse *de* verbis, Quint.: nec sum *in* hoc sollicitus, Quint.: sollicitior *circa* lites, Quint.: *pro* Aetolis sollicitus, Liv.: non magnopere sollicitus *pro* anima, Gell.: ne necesse sit unum sollicitum esse pro pluribus, Cic.: aut *pro* vobis sollicitior aut pro me securior, Tac.: sollicitus *propter* difficultatem locorum, Liv.: propter Iudaeos, Vulg.: sollicitus consul et *propter* itineris difficultatem et eorum *vicem*, quos praemiserat, Liv.: solliciti *vicem* imperatoris milites, wegen des F., Liv.: *meam* quoque *vicem* sollicitus, Liv. – mit *Abl.* (durch, über), maestus ac sollicitus morte Tigelli, Hor.: sollicita civitas suspicione, suspensa metu, perturbata seditionibus, Cic. – m. folg. indir. Fragesatz, quam sum sollicitus, quidnam futurum sit! Cic.: mirifice sum sollicitus, quidnam de provinciis decernatur, Cic. – m. folg. *Infin.*, tempora sollicitus litis servasse, Sil. 7, 442: venenum praesentarium comparare sollicitus (ängstlich darauf bedacht), Apul. met. 10, 9. – mit folg. *ut* u. Konj., Sen. ep. 98, 6. – mit folg. *ne* u. Konj., quae (mater) cruciatur et sollicita est, ne eundem paulo post spoliatum omni dignitate conspiciat, Cic. Mur. 88: u. so Liv. 35, 31, 1. Iustin. 2, 7, 9. – **β** von Tieren: pecus, Mart.: equi, lepus, Ov.: canes, besorgte, wachsame, Ov.: u. so canes, sollicitum animal *ad* (bei) nocturnos strepitus, Liv. 5, 47, 3. – **c** v. Lebl.: **α** passiv, **voll unruhiger Spannung, unruhig, beunruhigt, bekümmert, sorgenvoll,** in vita omnia semper suspecta atque sollicita, Cic.: sollicitumque aliquid laetis intervenit, Ov.: soll. nox, Liv.: pax, Liv.: via, Ov.: ratis, Ov.: senecta, Ov.: vita, Hor.: sollicitā prece, Hor. u. Ov.: sollicitam hiemem agere, Liv.: illorum brevissima et sollicitissima aetas est, qui etc., Sen. – m. *in* u. Akk., eloquentia non in verba sollicita, Sen. de ben. 7, 8, 2. – **β** aktiv, **in unruhige Spannung versetzend, beunruhigend,** amor, Ov.: amores, Verg.: cura, Ov.: cura sollicitior, Amm.: dolor, metus, timor, Ov. – spätlat. = **unsicher, verdächtig,** solutio, Cael. Aur. de morb. acut. 2, 21, 128: iniectio, Cael. Aur. de morb. chron. 4, 3, 37.

solliferreum (sōliferreum), eī, *n.* (sollus [= totus] u. ferrum), ein Geschoss aus Eisen, das **Wurfeisen,** Liv. 34, 14, 11. Gell. 10, 25, 2. Vgl. Fest. 293 (a), 16. Paul. ex Fest. 299, 6.

sollistimus, a, um, s. solistimus.

sollus, a, um, oskisch = totus (s. Fest. 293 (a). 15), Lucil. 1318 b. Fest. 298 (b), 5 (wo sollo, oskisch = Plur. tota).

1. sōlo, āvī, ātum, āre (solus), **einsam-, öde machen,** domos, Stat. Theb. 5, 149: populis urbes, *ibid.* 4, 36: solata puppis, Val. Flacc. 3, 41: solatae peste domus, Sen. Oedip. 4.

2. Solo, ōnis, *m.*, s. Solōn.

Soloe, ōrum, *m.*, s. Solī.

soloecismus, ī, *m.* (σολοικισμός), **I** die **grammatisch unrichtige Verbindung** der Wörter, der **Solözismus,** Rhet. Her. 4, 17. Quint. 1, 5, 16 (neben barbarismus). Sinn. Capit. b. Gell. 5, 20 (der ihn rein lat. imparilitas nennt). Sen. suas. 2, 13 u. contr. 9. praef. § 3. Sen. ep. 95, 9. Gell. 1, 7, 3. Iuven. 6, 456. Tert. ad nat. 1, 3. Apul. flor. 9. p. 9,

14 Kr. Diom. 453, 21. Isid. orig. 1, 32. *no.* 1 *sqq.*: barbarismis, soloecismis obsitae sunt res vestrae et vitiorum deformitate pollutae, Arnob. 1, 59: scherzh. bei Mart. 11, 19, 2. – **II** der **Verstoß gegen gute Lebensart (Sitte), -gegen den Anstand,** Hieron. in Helv. 16.

soloecista, ae, *m.* (σολοικιστής), der **solözistisch Redende, der Solözist,** Hieron. in Rufin. 3, 6.

soloecophanes, is, *n.* (σολοικοφανές), der **scheinbare Solözismus,** Cassiod. de orat. 6. p. 572 (b) *ed. Garet.*

soloecum, ī, *n.* (σόλοικον) = soloecismus (s. d.), Cic. ad Att. 1, 19, 10. Gell. 5, 20, 6; 17, 2,11.

Solomōn, -mōnius, s. Salomōn.

Solōn u. **Solo,** ōnis, *m.* (Σόλων), einer von den sieben Weisen Griechenlands, berühmter Gesetzgeber der Athener, um 600 v. Chr. Plaut. asin. 599. Cic. Brut. 27. Liv. 2, 31, 8: Nom. Solo, Cic. de rep. 2, 2: Nom. Solon, Val. Max. 5, 3. ext. 3; 8, 7. ext. 14. Sen. ep. 90, 6. Hyg. fab. 221. Auson. lud. sept. sap. 82. p. 106 Schenkl.

Solonius, a, um, Name einer Gegend in Latium, **solonisch,** ager, Liv.: ire in Solonium, ins Solonische, Cic.

sōlor, ōtus sum, ārī, **trösten, I** eig.: diffidentem verbis suis, Plaut.: inopem, Hor. u. Verg.: se, Quint. – **II** übtr.: **a erleichtern, lindern, mildern, beschwichtigen, zu lindern (zu mildern, zu beschwichtigen) suchen, erträglich machen** oder **vergessen machen** (vgl. Burm. Val. Flacc. 2, 151): desiderium fratris amissi aut nepote eius aut nepte, Plin. ep.: residua senectutis aliā uxore, Ps. Quint. decl.: cladem Lugdunensem quadragies sestertio (durch 4 Millionen Sesterze), Tac.: famem concussā quercu, Verg.: modico et castrensi cibo ieiunia longa, Pacat. pan.: aestum fluviis, Hor.: laborem cantu, Verg.: cavā aegrum amorem testudine, Verg.: lacrimas alcis, Ov.: metum, Verg. – von lebl. Subjj., singulorum fatigatio, quamlibet se rudi modulatione solatur, verschafft sich Erleichterung, Quint. 10, 1, 16: quamvis repulsam propinqua spes soletur, obwohl die nahe H. über die Zurückweisung tröste, Tac. ann. 2, 36. – **b** jmd. **schadlos halten, entschädigen,** alqam decies HS dote, Tac. ann. 2, 86.

solōx, ōcis, **filzig, I** eig., ein Beiwort der rohen Wolle, lana, Titin. com. 3. Fronto de eloqu. 1. p. 144, 19 N. Fest. 301 (a), 6. Philarg. Verg. georg. 3, 385. – prägn., pecus hirtum atque solox, mit struppiger und filziger Wolle, Lucil. 1246; vgl. Fest. 301 (a), 6. – subst. = das **filzige Wollkleid,** Tert. de pall. 4. – **II** bildl.: cantilena elaborata filo soloci (grobem), Symm. epist. 1, 1.

solporeus, s. sulphureus.

solpūga, ae, *f.*, s. sōlipūga.

sōlsequia, ae, *f.* u. **sōlsequium,** iī, *n.* (sol u. sequor) = heliotropium, Isid. orig. 17, 9, 37. Ps. Apul. herb. 49.

sōlstitiālis, e (solstitium), **I zum Sommersolstitium gehörig** (Ggstz. brumalis), dies, der Tag, an dem die Sonne in den Krebs tritt u. der Sommer anfängt, der längste Tag, Cic.: so auch tempus, Ov.: exortus, Plin., u. ortus solis, Iustin., Aufgang der Sonne im Solstitium: occasus, Untergang der Sonne im Solst., Plin.: circulus oder orbis, Sonnenwendekreis, Varro u. Cic.: nox, die kürzeste Nacht, Ov.: herba, ein um die Zeit des Solstitiums blühendes Gewächs, Plin. 26, 26 (vgl. *no.* II, A): morbus, die hitzige Kr. im Hochsommer (entw. = Sonnenstich od. = hitziges Fieber), Plaut. trin. 544. – **II** meton.: **A zum Hochsommer-, zur Sommerhitze gehörig, sommerlich,** solstitiali tempore, mitten im Sommer, Liv.: herba, ein junger Grashalm zur Sommerzeit, Plaut. Pseud. 38 (vgl. *no.* I): acini, Plin.: spina, Colum. – **B zur Sonne gehörig, Sonnen-,** orbis, Liv.: annus, Sonnenjahr, Serv. – ► In Hdschrn. auch solistitialis, s. Baiter *not. crit.* zu Cic. de nat. deor. 3, 37. p. 459, 26.

sōlstitium, iī, *n.* (sol u. sisto), der **Sonnenstillstand,** die **Sonnenwende,** das **Solstitium, I** im Allg.: aestivum, Colum.: brumale, Colum.: brumae, Manil. – **II** insbes., das **Sommersolstitium,** die **Zeit der längsten Tage** (Ggstz. bruma), **A** eig., Scriptt. r. r., Cic. u. a.: Plur., Cic. de nat. deor. 2, 19. – **B** meton., die eig. **Sommerzeit,** die **Sommerhitze, Sonnenglut,** quod paenula (facit) solstitio, Hor.: mittere vestimenta hiberna solstitio, Sen.: solstitium pecori defendite, Verg. – ► In Hdschrn. auch solistitium, s. Baiter *not. crit.* zu Cic. de nat. deor. 3, 37. p. 459, 26.

solūbilis, e (solvo), **I auflöslich, zertrennbar,** Lact., Amm. u. a. – **II** aktiv = **auflösend,** aër, Cael. Aur. de morb. acut. 2, 37, 192.

1. solum, ī, *n.* (griech. ὑλία, Sohle, ahd. *swelli,* nhd. Schwelle), der **unterste Teil** jeder Sache, bald **Boden,** bald **Grund, Grundfläche, I** im Allg.: **a** eig.: fossae, Caes.: considentis soli lapsus, Sen.: clivus ad solum exustus est, bis auf den Gr. abgebrannt, Liv.: tres (urbis regiones) solo tenus deiectae, wurden bis auf den Gr. zerstört, Tac.: u. so Gaboa urbs usque ad solum diruta, Hieron.: solo aequare (dem Boden gleich machen), s. aequo *no.* II, A, 2, a: Numantiam a solo evertere, von Gr. aus (gänzlich) zerstören, Eutr.: urbem ad solum diruere, bis auf den Gr. (gänzlich) zerstören, Curt. – **b** bildl., **Grund, Grundlage,** regni scamna solumque, Enn. ann. 96: sola regni, *ibid.* 150: verum tamen hoc quasi solum quoddam atque fundamentum (Grund u. Boden) est, verborum usus et copia bonorum, Cic. de or. 3, 151: u. so solum et quasi fundamentum oratoris vides, locutionem emendatam et Latinam, Cic. Brut. 258. – **II** insbes.: **1** der **Fußboden eines Zimmers** usw., marmorea sola, Cic. parad. 6, 49. – **2** der **Grund und Boden** eines Hauses, Paul. dig. 13, 7, 21. – **3** die **Fußsohle,** solum hominis, Varro: solorum callum, Cic.: loca nullius ante trita sole, vorher von niemandes Fuß betreten, Lucr.: oculum ecfodito per solum mihi, bohre mir das Auge aus, dass es durch die Fußsohle herauskommt, Plaut. Men. 156. – **4** die **Sohle** des Schuhs, calcei sine solo, Isid.: putre vetusque solum, Mart.: auro soccis suppactum solum, Plaut.: unus corripuit currenti cursori solum, Plaut. – **5** der **Boden,** die **Erde,** der **Erdboden, a** insofern er bebaut wird od. nicht, macrum, Cic.: pingue, Colum.: fertile, Curt.: viride, Verg.: immensi cultor soli, Sen.: ponere membra solo, auf die Erde, Ov.: solum terrae, Erdboden, Lucr.: so auch agri solum, Grund und Boden, Caes.: ebenso urbis, Iustin.: in sede ac solo nostro, unserem Grund und Boden, Liv.: solum proscindere, Apul.: res quae solo continentur, liegende Gründe, Sen. u. Plin. ep.: dass. res soli, ICt.: collocare in solo, auf liegende Gründe leihen, Suet. – Sprichw., quod od. quodcumque in solum venit (mihi venerit), was immer auf den (Acker) Boden fällt = was einem in den Sinn kommt, einfällt, Afran. com. 41. Varro sat. Men. 90. Cic. de nat. deor. 1, 65: u. ellipt., ibi loquor, quod in solum, ut dicitur, Cic. ep. 9, 26, 2. – **b** der **Boden,** das **Land,** solum patriae, Boden des Vaterlandes, Cic.: solum genitale,Vell. u. a.: omne solum forti patria est, Ov. fast. 1, 493: solum vertere, fortziehen, das Land verlassen, Cic., bes. von denen, die ins Exil gehen, Cic. (vollst. solum vertere exsilii causa, Liv.): so auch solum mutare, Cic. – Plur., sola terrarum, Enn. ann. 455. – **6** der **Boden** = die **Unterlage,** Cereale, Unterlage von Brot, worauf Obst gespeist wurde, Verg.: subtrahiturque solum (*sc.* navi), Meer, Verg.: so auch ponti, Val. Flacc.: astra tenent caeleste solum, Himmelsboden = Himmel, Ov.

2. solum, *Adv.* (solus) = **nur, bloß, allein, einzig, a** übh., Cic. u. a. – **b** in negativen Sätzen, in den Verbndgg. non solum ... sed etiam, **nicht allein ... sondern auch,** Cic.: u. so non solum ... sed et, Nep.: non solum ... verum etiam, Cic., od. verum quoque, Hor. – non solum ... sed, **nicht allein ... sondern,** Cic. – non solum ... sed ne ... quidem, **nicht allein ... sondern nicht einmal,** Cic. – non solum ... sed vix, **nicht etwa ... sondern kaum,** Cic. – m. Auslassung der Adversativpartikel u. in umgekehrter Satzstellung etiam ... non solum, Cic.

sōlum-modo, *Adv.*, **nur allein** oder **allein nur,** Ulp. dig. 4, 9, 1. § 2 u. a. Ps. Quint. decl. 247. Serv. Verg. Aen. 1, 159 u. Eccl.

Solūntīnus, a, um, s.2. Solūs.

1. sōlus, a, um, Genet. sōlīus, Dat. sōlī (se, mit dem Umlaut so, wie socors aus se u. cor), **ganz allein, einzig, bloß, I** im Allg.: solum regnare, Cic.: solum unum hoc vitium, Ter.: uno illo solo antistite, Cic.: solos novem menses, bloße neun M., Cic. – **II** prägn.: **A allein = alleinstehend, verlassen** (ohne Freunde, Verwandte usw.), sola sum, Ter. eun. 147; vgl. Ter. Andr. 381; adelph. 291. –

B einsam, menschenleer, öde (s. Spengel Ter. Andr. 406. Nipperd. Nep. Eum. 8, 6), locus, Komik.: loca, Cic. u. Nep.: terrae, Plaut.: neque magis solae terrae solae sunt quam haec loca atque hae regiones, Plaut.: sola sub rupe, Catull. – **C einzig = außerordentlich, ungemein,** solum id est carum mihi, Ter. adelph. 49: solus est homo amico amicus, Ter. Phorm. 562: nam sine controversia ab dis solus diligere, *ibid.* 854. – ▸ *Genet.* soli, Cato orig. 1. fr. 24: *Genet. fem.* solae, Auson. idyll. 13. praef. p. 140, 3 Schenkl: *Dat. m.* solo, CIL 14, 2977: *Dat. fem.* solae, Plaut. mil. 356 u. 1019. Ter. eun. 1004: *Voc.* ungebr.

2. Solūs, ūntis, *s.* (Σολοῦς), eine Stadt an der Nordküste Siziliens, östl. von Panormus, jetzt *Castello di Solanto,* Plin. 3, 90. – Dav. **Solūntīnus,** ī, *m.* (Σολουντῖνος), **aus Solus,** der **Soluntiner,** Cic. Verr. 2, 102: Plur. Solūntīnī, ōrum, *m.*, die **Soluntiner,** Cic. Verr. 3, 103.

solūtē, *Adv.* (solutus), **I ungebunden,** bildl.: **a ungehindert, frei, nach Belieben,** moveri, Cic.: lascivire, Tac.: sol. et sauviter dicere, ungezwungen, Cic. – **b ohne Schwierigkeit, leicht,** Cic.: solutius promptiusque eloqui, fließender u. leichter, Tac. – **II schlaff, lässig, sorglos,** Cic. u. a.; verb. solute ac neglegenter, Liv.: quaedam a fabris neglegentius solutiusque composita, Sen.

solūtilis, e (solutus), **(leicht) auseinandergehend,** navis, Suet. Ner. 34, 2.

solūtim, *Adv.* (solutus), **ungebunden, ohne Zwang, leicht,** Tert. de pall. 5.

solūtio, ōnis, *f.* (solvo), das **Lösen, I** das **Ablösen, A** eig.: **a** aktiv, das **Losbinden,** de eius (Promethei alligati) solutione haec memoriā prodita est causa, Hyg. astr. 2, 15. – **b** passiv = das **Gelöstsein,** linguae solutio, eine wohlgelöste (d. i. geläufige) Zunge, Cic. de or. 1, 114. – **B** übtr.: **1** die **Ablösung, Abtragung = Abzahlung, Bezahlung,** dies solutionis, ICt.: sol. rerum creditarum, Cic.: aeris alieni, Liv.: iusti crediti, Liv.: solutione impeditā, Cic.: non est quod exspectes, ut solutionem tibi ostendam, Sen.: Plur., Caes. b. 3, 20, 1. Dig. 46. tit. 3. – **2** passiv, das Gelöstsein = das **Ledigsein,** alligatio (das Gebundensein, eheliche Band) solutioni contraria est, Hieron. epist. 145, 1. – **II** die **Auflösung, A** eig. u. zwar passiv = das **Aufgelöstsein,** ex quo ipsam aegritudinem λύπην Chrysippus quasi solutionem totius hominis appellatam putat, Cic. Tusc. 3, 61. – dah. auch das **Erschlafftsein,** die **Erschlaffung,** solutiones stomachi, Plin. 23, 112. – **B** übtr., die **Auflösung, a** übh.: spondei in dactylum, Serv. Verg. Aen. 1, 16: quaedam in oblectamentum ac iocum sic illigantur, ut eorum solutio imperito difficilis sit, Sen. de ben. 5, 12, 2. – **b = Erklärung,** sol. captionis sophisticae, Gell. 18, 2, 6: sol. huius sophismatis, Gell. 18, 2, 10.

solūtor, ōris, *m.* (solvo), der **Auflöser,** dah. **I** der **Eröffner,** Augustin. de morib. Manich. 2, 13 *extr.* – **II** der **Bezahler,** Tert. adv. Marc. 4, 17.

solūtrīx, trīcis, *f.* (Femin. zu solutor), die **Löserin,** Lyaea, quasi solutrix malorum, Diom. 486, 30.

solūtus, a, um, *PAdi.* (v. solvo), **aufgelöst, I aufgelöst, aufgebunden, locker, lose, frei, A** eig.: soluta ac velut labens undique tunica, Quint. (gleich nachher dafür laxior sinus): flores serti et soluti, rosa serta et rosa soluta, Apul.: im üblen Sinne: manus, schlotterige, zitterige, Sen. apoc. 6, 2. – **B** übtr., **ungebunden, fessellos, frei, selbständig, 1** im guten Sinne: **a** übh.: terrae solutae, die (vom Frost) entfesselte E., Hor.: solutus liberque animus, Cic.: s. et liberi amores, Cic.: permissa et s. licentia, Cic.: civitatis voluntas soluta, virtus alligata, Cic.: s. optio eligendi, ungehindert, Cic.: quo mea ratio facilior et solutior esse potest, Cic.: si essent omnia mihi solutissima, in allem ganz freie Hand hätte, selbständig handeln könnte, Cic.: solutus in paupertate, frei von Sorgen, sorgenlos, Hor.: liberi ad causas et soluti veniebant, frei und unbefangen, Cic. – m. *ab* u. Abl., soluti a cupiditatibus, liberi a delictis, Cic. – m. bl. *Abl.,* numeri lege soluti, von der freieren pindarischen Dichtung, Hor.: solutus ambitione, Hor., curā belli, Plin.: id solutum poenā (straflos) fuerat, Tac. – m. *Genet.,* famuli operum soluti, Hor. carm. 3, 17, 16. – solutum est (es ist ungehindert, erlaubt, bleibt freigestellt) mit *Infin.,* solutum existimatur esse alteri male dicere, Caecin. in Cic. ep. 6, 7, 3: sed maxime solutum et sine obtrectatore fuit prodere de iis, quos etc., Tac. ann. 4, 35. – **b** frei von Schulden und Hypotheken, **schuldenfrei** (Ggstz. obligatus, hingegen liber = fronfrei, Ggstz. servus), praedia, Cic. de lege agr. 3, 9. – **c** v. Redner = **gewand, geläufig,** solutus atque expeditus ad dicendum, Cic.: solutus in explicantis sententiis, Cic.: omnium oratorum solutissimus in dicendo, Cic. – **d** v. der Rede, **ungebunden, α = ohne Versmaß, prosaisch,** soluta oratio, Ggstz. poëmata, Cic., Ggstz. carmen, Gell.: historia et proxima poëtis et quodammodo carmen solutum, Quint. – **β** übh., **in freierer Form, ungebunden, frei,** s. verba, Cic.: verba soluta et diffluentia, Cic.: maiorem vim habend apta quam soluta, Cic. – **2** im üblen Sinne: **a ungebunden, unumschränkt, fessellos, zügellos, ausgelassen,** praetura, Cic.: dicta factaque, Tac.: risus, Verg.: libido solutior, Liv.: ut quisque contemptissimus, ita solutissimae linguae est, desto ungebundener ist seine Zunge, Sen. – **b sich gehen lassend, lässig,** Titius tam solutus et mollis in gestu, ut etc., Cic.: pueri soluti ac fluentes, Quint. – eo solutiore curā, desto sorgloser, Liv. – **c wenig energisch, nachgiebig,** lenitas solutior, Cic.: sententia vel solutior vel mollior, Plin. ep. – **II** in seinen Teilen **aufgelöst, locker, lose, a** vom Boden (Ggstz. spissus), solum, Colum.: terra, Plin.: solutiores ripae, Frontin. aqu. – **b** v. Planzen, mas (agarici) spissior, femina solutior, Plin. 25, 103. – **c** v. Magen, **weich, flüssig** (Ggstz. compressus), venter, Cels. – im üblen Sinne, stomachus, Durchfall, Scrib.: stomachus solutior, Petron.

solvo, solvī, solūtum, ere (se u. luo), **lösen, I** etwas An- od. Zusammengebundenes **ab-, auflösen, los-, aufbinden, los-, aufwickeln, A** eig. u. übtr.: **1** eig.: funem a stipite, Ov.: corollas de nostra fronte, Prop. – a corpore brachia od. nexus, Ov.: vinculum epistulae, Curt.: vincla iugis (boum), Tibull.: catenas, Ov.: frenum, Phaedr.: crines, capillos, Tibull., Hor. u. a.: tunicas, Tibull.: zonas, Hor.: nodum, Tibull. – **2** prägn.: **a** lebender Wesen **Bande lösen,** sie **losbinden, entfesseln,** alqm, Plaut. u. Ter.: equum senescentem, abspannen, Hor.: canem, Phaedr.: leones soluti (Ggstz. alligati), Sen. – **b** lebloser Dinge **Bande lösen** und sie so **öffnen,** cistulam, Plaut.: epistulam, Cic.: venam cultello, Colum.: ora (den Mund), Ov.: ergastula, Brut. in Cic. ep. u. Caes. – als mediz. *t. t.,* ventrem, alvum, offenen Leib machen, Colum., Cels. u. Plin. – **c** als naut. *t. t.,* solvere ancoram od. navem, den befestigten Anker, das am Land befestigte Schiff lösen, den **Anker lichten, absegeln,** Cic. u. a.: ebenso solvere oram, Quint., funem, Verg., naviculae funem (Ggstz. praecīdere), Hieron.: funem arenā, Prop.: u. absol., e portu navis solvitur, segelt ab, Plaut.: naves conscenderunt et a terra solverunt, Caes.: Alexandriā, portu solvere (v. den Schiffern), Cic.: naves ex portu solverunt, Caes.

B übtr.: **1** als kaufm. *t. t.* = eine Schuld, einen Lohn usw. **lösen, abtragen = ab-, be-, auszahlen, a** eig.: **α** *alqd:* decem minas, Plaut.: pecuniam debitam, Cic.: creditas pecunias, Caes.: pretium, Sall. fr.: pretium ex fisco, Eutr.: pro frumento nihil, Cic.: pecunias creditoribus, Plin. ep.: pretium operae praeceptori, Sen.: dotem matri, ICt.: dies solvendae pecuniae, Zahlungstag, Amm. u. ICt. – absol., creditoribus (Dat.), Sen.: qui pro vectura solveret, Cic.: ab alqo, durch jmd. (einen Wechsler usw.), Plaut. u. Cic.: solvendo non erat, war zahlungsunfähig, Cic.; aber auch solvendo aeri alieno non erat, Liv.; u. ad solvendum non esse, Vitr.: in solutum u. pro soluto, als Bezahlung, Sen. u. ICt. – **β** solvere *alqm,* jmd. **bezahlen,** Plaut.: Passiv solvi = bezahlt werden, ICt. – **b** übtr., **lösen, abzahlen, abtragen, erweisen,** si solveris (ea quae pollicceris), Cic.: u. so promissum, Val. Max.: vota, Plaut. u. Cic.: grates alci, Vell. – omnia iusta paterno funeri, Cic.: exsequias rite, Verg.: suprema alci, Tac. – beneficia, vergelten, Cael. in Cic. ep.: fidem, sein Wort lösen, -halten, Ter., Planc. in Cic. ep. u. a. (s. Duker Flor. 1, 1, 12): capite poenas, mit dem Leben büßen, Sall.: iniuriam magnis poenis, Ov. – **2** von etw. (wie von einer Fessel) **lösen, befreien, entbinden (dispensieren), entfesseln,** alqm curā et negotio, Cic.: alqm dementiā, Hor.: civitatem, rem publicam religione, Cic. u. Liv.: civitatem voto, Iustin.: alqm legibus, Liv.: per aes et libram heredes testamenti (die Testamentserben), Cic.: ego somno solutus sum, entfesselt, Cic.: nec Rutulos solvo, nehme die R. nicht aus, Verg. – linguam ad iurgia, Ov.: cupiditates, Curt.: numeri lege soluti, fessellose, Hor. carm. 4, 2, 12: ut si solvas (entfesselst = in Prosa auflösest) »*postquam Discordia* etc.«, Hor. sat. 1, 4, 60.

II zu einem Ganzen Verbundenes **auflösen,** A eig. u. übtr.: 1 eig.: a im Allg.: pontem, abbrechen, Tac.: navim, zerschellen, Ov. – b insbes., in Flüssigkeit **auflösen = schmelzen,** nivem, Ov.: silices fornace, Ov.: rigor auri solvitur aestu, Lucr.: solvuntur viscera, gehen in Fäulnis über, Verg. – 2 übtr.: a Nebeneinandergestelltes, Vereinigtes **lösen, trennen,** commissas acies, Prop.: agmina diductis choris, Verg.: amicos, Prop. – b **auflösen = erschlaffen, schwächen,** senectus corpus solvit, Curt.: homines solverat alta quies, Ov.: solvuntur frigore membra, Verg.: corpus in Venerem, Verg.: vires ipsas specie solvi, Quint.: in otia solvi, Prop.: solvi morte u. bl. solvi, sterben, Ov.: u. so morbo, inediā solvi, Flor. u. Petron.

B bildl.: 1 auflösend **aufheben,** a **ein Ende machen, vertreiben, benehmen,** obsidionem, Curt.: convivium, Curt.: iniuriam, Sall. fr.: ebrietatem, Cels.: lassitudinem, Plin.: tristes affectus, Quint.: noctem faces multae variaque lumina solvebant, Plin. ep.: Passiv, hiems solvitur, löst sich = vergeht, Hor. – b der Kraft entbindend **auflösen, aufheben = für ungültig erklären, kassieren, brechen,** matrimonium, Iustin.: leges, Curt.: traditum a prioribus morem, Liv.: istum morem, Curt.: foedus, Eutr.: pacem, Eutr.: fidem, Ambros. de off. 3, 10, 69: ipsam fori sanctitatem ludorum talarium licentiā, entweihen, Quint.: solventur risu tabulae, die Gesetzestafeln werden durch G. ihre Kraft verlieren, Hor. – c etw. **aufgeben, sich einer Sache entschlagen,** pudorem (das sittliche Bedenken), Verg.: metum corde, Verg. – 2 erklärend **lösen, auflösen, enträtseln, aufklären,** iuris nodos et legum aenigmata, Iuven.: aenigmata, Quint.: captiosa, Cic.: carmina, Ov.: errorem omnium, Phaedr. – ► *Perf.* soluīt dreisilb., Catull. 2, 13: soluīsse viersilb., Tibull. 4, 5, 16. – parag. Infin. Präs. Pass. solvier, Boëth. cons. phil. 4. metr. 5, 16.

Solyma, s. Solymī.

Solymī, ōrum, *m.* (Σόλυμοι), die frühesten, zum syrischen Volksstamm gehörigen Bewohner Lyziens, Plin. 5, 94, von denen einer Sage nach die Juden abstammen und nach denen die Stadt Hierosolyma genannt sein soll, Tac. hist. 5, 2. – Dav.: A **Solyma,** ōrum, *n.* (Σόλυμα), **Jerusalem,** Mart. 11, 94, 5: andere Form Solyma, ae, *f.*, Eccl. – B **Solymus,** a, um, **jerusalemisch, jüdisch,** leges, Iuven.: cinis, Stat.

somniālis, e (somnium), I **einem Traum ähnlich, geträumt,** figmentum, Fulg. myth. 1. p. 3, 18 *Helm.* – II **Traum bringend,** Beiwort des Herkules, CIL 11, 1449.

somniātor, ōris, *m.* (somnio), der **Träumer,** Sen. contr. 7, 7 (22), 15. Vulg. genes. 37, 19 u. a.: von Joseph, Tert. adv. gnost. 2.

somniculōsē, *Adv.* (somniculosus), **schläfrig,** Plaut. Amph. 622 u. a.: *Superl.*, Iulian. bei Augustin. op. imp. c. Iul. 1, 108.

somniculōsus, a, um (somniculus), I **schlaftrunken, zum Schlaf geneigt, schläfrig,** senectus, Cic.: villicus, Colum. – II aktiv = **Schlaf bringend,** übtr., aspis, erstarrend, tötend, Cinna fr. 2 M. (b. Gell. 9, 12. § 12): mustum, Laber. com. 86.

somniculus, ī, *m.* (*Demin.* von somnus), ein **Schläfchen, ein wenig Schlaf,** Not. Tir. p. 83, 17.

somnifer, fera, ferum (somnus u. fero), I **Schlaf bringend, schläfrig machend, einschläfernd,** virga (Mercurii), Ov.: cantus, Verg.: vis papaveris, Plin. – II **erstarren machend, narkotisch, tödlich,** venenum, Ov.: aspis, Lucan.

somnificus, a, um (somnus u. facio), I **Schlaf machend, einschläfernd,** vis, Plin. 25, 150: crater, Mart. Cap. 1. § 82. – II **erstarren machend, narkotisch,** aspidum vis, Plin. 29, 63.

somniger, gera, gerum (somnus u. gero), 1 **Schlaf bringend, einschläfernd,** cornua (lunae), Dracont. de laude dei 1, 214. – 2 **erstarren machend,** sopor, Orest. tr. 804.

somnio, āvī, ātum, āre (somnium), **träumen,** I eig.: de alqo, Cic.: totas noctes, Cic.: neque ulla nox est, quā non somniemus, Cic.: unpers., plurimum somniari circa ver et autumnum, Plin. – m. homogen. *Acc.*, mirum somnium, Plaut.: hoc somnium, Iul. Val.: mi haud falsum evenit somnium, quod noctu hac somniavi, Plaut. – m. *Acc.* = von etwas, aurum, Plaut.: ovum, Cic.: id, quod somniarimus, evadere (eintreffen), Cic.: refert, eventura soleas an contraria somniare, Plin. ep.: m. *Acc.* u. *Infin.*, ovum pendēre ex fascia lecti, Cic.: vim ei ab Appio illatam (esse), Suet. – II übtr., wie **träumen** = etw. ohne Grund sich einbilden od. vermuten, **faseln,** somnias, Plaut.: vigilans somniat, Plaut.: portenta non disserentium philosophorum, sed somniantium, Cic. – m. *Acc.* = von usw., Troianum, Cic.: easdem ineptias, Colum.: latrones, Augustin. – m. folg. *Acc.* u. *Infin.*, eam fore mihi occasionem, Plaut.: de psaltria me agere, Ter.: de leone se oppressum esse, Spart. – ► Depon. Nbf., aedes non somniatur, Petron. 74, 14: vigilans somniabar, Apul. met. 3, 22: quiesce securus, bene somniare, *ibid.* 8, 12.

somniōsus, a, um (somnus), **schlaftrunken, schläfrig,** Cael. Aur. de morb. acut. 3, 5, 51.

somnium, iī, *n.* (somnus), der **Traum,** 1 eig.: tibi somnia tristia portans, Verg.: haec metuo, ne sint somnia, bloße Träume, Cic.: interpretes somniorum, Cic. u. Quint.: somnio uti, Cic., od. somnium videre, Ov., einen Traum haben, träumen: per somnia (im Tr.) loqui, Cic.: somnium somniare, s. somnio *no.* I: alci conicere (deuten) somnium, Plaut.: fortasse hoc illi in somniis (viell. in somnis) Apollo aliquis nuntiavit, Lact. – 2 übtr., **Traum** = leere Einbildung, Wahn, somnium! Possen! Ter.: fabulae! somnia! Hirngespinste, Ter.: tu nil nisi sapientia es, ille somnium, ein Hirngespinst (ein Tor), Ter.

somnolenter, *Adv.* (somnus), **schlaftrunken,** Augustin. in psalm. 118.

somnolentia (somnulentia), ae, *f.* (somnolentus), die **Schläfrigkeit,** das **schläfrige Wesen,** Augustin. serm. fr. 8. § 5 *extr.* Sidon. epist. 2, 2. § 13.

somnolentus (somnulentus), a, um (somnus), **schlaftrunken, schläfrig,** v. leb. Wesen, Solin. 20, 7. Apul. met. 1, 26: von Zuständen, gravedo, betäubende Wirkung, Apul. met. 10, 26.

somnurnus, a, um (somnus), **im Schlaf gesehen,** imagines, Varro sat. Men. 427.

somnus, ī, *m.* (aus **svepnos,* altind. *svapnas,* griech. ὕπνος), der **Schlaf, Schlummer,** die **Nachtruhe,** I eig. u. übtr.: A eig.: 1 im Allg.: meridianus, Plin. ep.: dulcis, Verg. u. Apul.: facilis (williger), Hor.: levis, Hor.: levissimus, Sen. rhet.: altus et gravis, Curt.: altior, Curt.: altissimus, Liv.: Endymionis, ewiger, Cic.: imago somni, ein Traumbild, Traum, Ov.: somni tempus, Schlafenszeit, Scrib.: somni expers, schlaflos, Amm.: somnum coepi mentiri, ich tat, als ob ich schlief, Petron.: somnum capere non posse, nicht schlafen (einschlafen) können, Cic.: somnum videre, schlafen, Cic.: somnum tenere, sich des Schlafes erwehren, Cic.: somnum afferre, conciliare, concitare, facere, gignere, parere (von Mitteln), Plin.: somnum alci affere (von einem Brief), Cic.: somnum petere (suchen), Quint. u. Ov.: somnus alqm complectitur, Cic., arripit, Iustin.: somno consopiri sempiterno, Cic.: alto et gravi somno sopitum esse, Curt. (u. so somno sopitus, Solin.: somno oppressus, Caes., u. oppressus inexcitabili somno, Sen.): somno graviori premi, Plin.: homines somno altissimo premere, Liv.: dare se somno, sich schlafen legen, Cic.: somnus obrepit, Hor., alci obrepit, Hieron.: poficisci ad somnum, schlafen gehen, zu Bett gehen, Cic.: somnum rumpere, Verg. u. Lucan.: somnos ducere, Schlaf bringen od. einschläfern, Hor., od. schlafen, Verg.: somni esse permodici, Capit.: somnum fugare, Plin.: adimere alci somnum, Cic., alci somnos, Hor.: alqm somno privare (v. Kummer), Cic.: alqm ex somno excitare, Cic., excire, Liv. (u. excitus somno, Sall. u. Liv., excita somno, Catull.): tropaeis e somno suscitari, Cic.: interruptum somnum recuperare non posse, nicht wieder einschlafen können, Suet.: somno (im Schl., Traum) videre, Liv.: u. so per somnum videre, Iustin., in somnis videre, Cic. u. a. (u. so sonst oft in somnis): sollicitus inter somnos quoque expavesco, Sen. rhet.: dispositi, quos supra somnum habebat, Leute, die er als Wächter über seine Nachtruhe aufgestellt hatte, Curt. – **2** insbes., der **Schlaf** als Fehler, die **Schläfrigkeit, Schlafsucht,** Cels.: bildl. = die Trägheit, Untätigkeit, somno nati, Cic.: dediti somno, Sall.: in somnum a vigiliis conversa civitas, Vell. – **B** übtr.: **1** der **Todesschlaf, Tod,** longus, Hor.: niger, Sil. – **2** die **Ruhe** des Meeres, Stat. silv. 3, 2, 73; Theb. 3, 256. – **II** meton.: **1** die **Nacht,** libra die (= diei) somnique pares ubi fecerit horas, Verg. georg. 1, 208: miscuerat lucem somno, Sil. 3, 200. – **2** der **Traum,** Sil. 3, 216 ›nisi somnus est‹, inquit, ›en Persae‹, Amm. 23, 5, 3.

sōna, s. zōna.

sonābilis, e (sono), **leicht ertönend, klangreich,** sistrum, Ov. met. 9, 784: vox, Augustin. de gen. ad litt. 8, 3, 7.

sonāns, antis, *PAdi.* (sono), **tönend, schallend,** fidiculae numerose (taktmäßig) sonantes, Cic. de nat. deor. 2, 22: concha, schmetternde, Ov. met. 1, 333: meatus animae sonantior et gravior erat, Plin. ep. 6, 16, 13: von Worten, ut sint alia (verba) sonantiora, volltönender, Cic. part. or. 17; u. so Plin. ep. 7, 12, 4: v. Buchstaben, ex quibus (litteris) aliae sunt insonae (stumme), semisonantes (Halbvokale) aliae, pars sonantes (Vokale), Apul. de mund. 20.

sonantius, *Adv.* im *Compar.* (sonans), **volltönender,** ›transdere‹ veteres sonantius quod nos lenius dicimus ›tradere‹, Donat. Ter. Phorm. prol. 2.

sōnārius, s. zōnārius.

sonāx, ācis (sono), **sehr ertönend, mit schmetterndem Ton,** concha, Apul. met. 4, 31: aper dentibus attritu sonaci spumeus, Apul. met. 8, 4.

sonchos, ī, *m.* (σόγχος), die **Gänsedistel, Saudistel** (*Sonchus oleraceus,* L.), Plin. 22, 88.

soniger, gera, gerum (sonus u. gero), **weithin schallend,** dederunt petrae crepitum sonigero fragore, Augustin. serm. 28, 4 Mai.

sonipēs (sonupēs), pedis (sonus u. pes; vgl. Prob. cath. 26, 15), **mit dem Fuß tönend,** Gratt. cyn. 43. – öfter subst., sonipēs, pedis, *m.*, das **Pferd, Ross,** Acc. fr., Cic., Catull., Verg. u. a.: Campanus sonipes, Lucil. 507: succussus laevā sonipes, CIL 8, 2581, 5: vectus feroci sonipede, *ibid.* 2, 2660.

sonito, āre (*Intens.* v. sono), **laut ertönen,** Solin. 2, 40 zw. (Mommsen sonent).

sonitus, ūs, *m.* (sono), der **Schall, Klang,** das **Getöse, Geräusch,** ungularum, Plaut.: tubae, Rhet. Her.: ventorum, Lucr.: primo largioris procellae (Ggstz. lentior deinde aequaliorque accidens), Liv.: remorum, Caes.: placidae aquae, Tibull.: Olympi, Donner, Verg.: flammae, das Knistern, Nep.: pedum, Ov.: aurium, Brausen in den Ohren, Plin.: vocis obiurgatorius, Gell.: verborum inanium, Sen.: verborum vel optimorum atque ornatissimorum sonitus inanis, Cic.: nosti in hac materia sonitus nostros, den Donner meiner Rede, Cic.: sonitum reddere, Cic., od. facere, Plaut. u. Lucr., od. dare, Enn., Verg. u. Ov. – ▸ Heteroklit. Genet. Sing. soniti, Pacuv. tr. 133. Caecil. com. 21.

sonivius, a, um (sonus), **ertönend,** nur in der Augurenspr. in der Verbindung s. tripudium, vom Geräusch des herabfallenden Futters der weissagenden Hühner, Cic. ep. 6, 6, 7. Plin. 10, 49 u. 15, 86. Vgl. Fest. 290 (a), 31 u. 297 (b), 19. Serv. Verg. Aen. 3, 90.

sono, sonuī, sonitum, āre (sonus), **I** *intr.*: **1** **tönen (ertönen), schallen (erschallen), klingen, rauschen, brausen (erbrausen), krachen, dröhnen, schwirren, klirren, knistern, zischen, a** übh.: quoia vox sonat procul? Plaut.: vox, quae aere icto sonat, Chalcid. Tim.: sonuerunt tympana, Caes.: classica sonant, Verg.: ubique lyraeque tibiaeque et cantus sonant, Ov.: quā numerosa fides quāque aera rotunda Cybebes mitratisque sonant Lydia plectra choris, Prop.: longe sonans Aufidus, Hor.: sonant (es toben) clamore viri, stridoro rudentes, ventorum incursu gravis unda, tonitribus aether, Ov.: sonuit contento nervus ab arcu, Ov.: fraxinus (Lanze) in umero sonuit, Ov.: tela (Pfeile im Köcher) sonant umeris, Ov.: fons sonat a dextra, Ov.: et solido graviter sonat ungula cornu, Verg.: cum subito rauci sonuerunt cardine postes, Prop.: saepe a latere ruentis aedificii fragor sonuit, Sen.: nunc mare nunc silvae Thrēicio aquilone sonant, Hor.: sonabant incendio silvae, krachten, Curt.: hirundo umida circum stagna sonat, schwirrt um usw., Verg.: pennae sonuere per auras, Ov.: in omne latus diffusa sonabat flamma, Ov.: ambusti sonant nervi, Ov.: motae sonuere colubrae, Ov.: spumae sonantes, Ov.: leve nescio quid femineumque sonet, sanft nur, ich weiß nicht wie, und weiblich klinge der Ton, Ov.: sonare inani voce, leere Worte sagen, ein leeres Wortgeklingel machen, Cic.: sonare citharā, Phaedr.: nunc magno ore sonandum (est), jetzt ertöne das schallende Lied (Loblied), Verg. – m. adv. *Acc. neutr.*, cum corrigia disrupta sonat aridum, knackt, Varro fr.: tale sonat populus, so erbraust das V., Ov.: amnis rauca sonans, dumpf brausend, Verg.: rauca saxa sonabant, gaben einen dumpfen Ton von sich, Verg.: magna sonare, Hor.: quamvis chordae diversa sonabant, verschieden klangen, Ov. – m. *Adi.* beim Partiz., saxosus sonans Hypanis, s. Ladewig Verg. georg. 4, 369. – **b** insbes.: **α** v. einzelnen Buchstaben od. Wörtern, **klingen,** litterae sonantes, Vokale (Ggstz. insonantes et semisonantes, stumme Buchstaben u. Halbvokale), Apul. de mund. 20: aurifex melius per i sonat quam per u, Vel. Long. 75, 12 K.: nam et ipsum ›cui‹ per ›quoi‹, quo pinguius sonaret, scribebant, Vel. Long. 77, 11 K. – **β** v. zusammenhängenden Worten, v. der Rede, **klingen,** bene, melius, optime sonare, Cic.: ut extrema ex altera parte graviter, ex altera autem acute sonent, Cic. – prägn., sonantia verba, in die Ohren fallend, voll Wohlklang, Plin. ep. 1, 16, 2, – **2** **widerhallen, einen Widerhall geben,** ripae sonant, Verg. georg. 3, 555: m. adv. *Acc. neutr.*, ter valles cavae sonuere maestum, Sen. Oedip. 583. – **II** *tr.* **tönen, a** dem Klang nach, **α** den u. den Ton **hören lassen,** v. Pers.: itinerarium, zum Abmarsch blasen, Amm.: inconditis vocibus inchoatum quiddam et confusum, unvollständige u. verwirrte Töne hören lassen, Cic.: raucum quiddam, kreischen, Ov.: poëtae pingue quiddam atque peregrinum sonantes (deren Sprache einen schwülstigen u. ausländischen Klang hat), Cic.: vox (Aussprache), in quā nihil sonare aut olere peregrinum, einen fremdartigen Klang oder Anstrich habe, Cic.: sonabit cornua quod vincatque tubas (wird mit seiner Stimme H. u. T. übertönen), Hor.: nec vox hominem sonat, die St. klingt nicht menschlich, Verg. – **β durch die Stimme** od. **den Ton verraten, anzeigen,** furem sonuere iuvenci, Prop. 4, 9, 13: quem morem vocamen sonat, Solin. 30, 7. – **b** der Bedeutung nach, **bedeuten,** re unum, einerlei Bedeutung haben (Ggstz. verbo discrepare), Cic.: quid sonet haec vox, Cic.: quomodo condocentes nihil aliud sonat quam simul docentes, Augustin. – **c** dem Inhalt nach: **α** übh. **erschallen-, ertönen-, hören lassen,** euhoë Bacche! Ov.: ut ego semper in ore meo nomen tuum sonem, Hieron.: nec mortale (sterbliche, menschliche Worte) sonans, Verg.: sonant te voce minores, lallen deinen Namen, Sil.: licet alcyones Ceyca suum fluctu leviter plangente sonent, beklagen, Sen poët.: m. folg. dir. Ausruf, ipsa sonant arbusta ›deus ille Menalca‹, Verg.: sive mendaci lyrā voles sonari ›tu pudica etc.‹, Hor.: m. indir. Rede im Akk. u. Infin., Sil. 4, 61. – **β besingen, im Lied preisen,** bella, Ov.: aureo plectro mala dura belli, Hor.: te carmina nostra sonabunt, Ov.: lyra te sonabit, Ov.: magno nobis ore sonandus eris, Ov. – **γ ruhmredig erwähnen, rühmen,** atavos et atavorum antiqua nomina, Verg. Aen. 12, 529. – ▸ **a** Regelm. Formen: sonaverunt, Itala psalm. 45, 4: sonarit, Iuvenc. 4, 570: sonaverint, Tert. ad Scap. 3: sonaturum, Hor. sat. 1, 4, 44. – **b** Formen nach der dritten Konjug.: sonere, Acc. tr. 225 u. 470. Lucr. 3, 156 u. 871: sonit, Enn. fr. scen. 181. Acc. tr. 570: sonunt, Enn. ann. 389; fr. scen. 106. Pacuv. tr. 214.

sonor, ōris, *m.* (sono), der **Klang, Ton,** das **Geräusch, Getöse,** lepidus, Lucr.: sonorem dant silvae, Verg.: laeto cantu aut truci sonore, Tac. – Plur., sonores melici, Lucr.: strepitus tumultuosi sonores, Sall. fr.: saeva sonoribus arma, Verg.: sonores barbarorum et inanes minae, das Gellen, Tac.: multorum animalium immeditati sonores, Apul.: tubarum sonores, Nazar. pan.: fragores nubium et sonores procellarum, Fronto.

sonōrē, *Adv.* (sonorus), **schallend, tönend,** Gell. 4, 20, 8.

sonōritās, ātis, *f.* (sonorus) = εὐφωνία, der **klangvolle Ton, Wohlklang,** Prisc. inst. 1, 9; part. XII vers. Aen. 1, 16. p. 463, 19 K.

sonōrus, a, um (sonor), **schallend, klingend, ertönend, rauschend, klangvoll,** cithara, Tibull.: flumina, Verg.: tempestas, Verg.: terrificus fremitus et sonorus, entsetzliches, durchdringendes Gebrüll (des Löwen), Gell. – *Compar.*, rationabilius est sonoriusque m. folg. *Acc.* u. *Infin.*, Prisc. 2, 3. – ► Nbf. nach der 3. Dekl., sonores versus (= στίχοι ἠχητικοί), Diom. 498, 26 u. 499, 24 K.

sōns, sontis (vgl. ahd. *sunta,* Sünde), **I schädlich,** nach Fest. 297 (b), 22. – **II** übtr., **sträflich, straffällig** (Ggstz. insons), subst., der **Missetäter,** der **Schuldige,** di, Stat.: anima, Verg.: sanguis, Ov. – subst., punire sontes, Cic. – ► Nomin. Sing. sons, Auson. edyll. 12. technop. gramm. 15. p. 139 Schenkl; vgl. Fest. 297 (b), 22. Paul. ex Fest. 296, 10. Augustin. reg. 505, 10 K.; u. dagegen Prob. cath. 28, 27 K. (wo sons non legi). – Genet. Plur. gew. sontium.

Sontiātēs, um, *m.*, mächtige Völkerschaft in Gallia Aquitanica (*Sôs)* an der Grenze von Gallia Celtica, Caes. b. G. 3, 20, 2 u. 3, 21, 2.

sonticus, a, um (sons), **gefährlich, bedenklich,** morbus, eine bedenkliche, gefährliche Krankheit, die einen überall entschuldigt, eine Hauptkrankheit, bes. die fallende Sucht, Cinc. ICt. bei Gell. 16, 4, 4. XII tabb. nach Fest. 290 (b), 24 u. Gell. 20, 1, 27. Paul. dig. 5, 1, 46 u. a. ICt.: übtr., causa, ein von einer bedenklichen Krankheit u. dgl. hergenommener Entschuldigungsgrund, ein triftiger, erheblicher Entschuldigungsgrund, Naev. com. 128. Cato oratt. fr. 58: so auch non illi sontica causa est, Tibull. 1, 8, 51.

sonupēs, s. sonipēs.

1. sonus, ī, *m.* (**svenos* od. **svonos,* altind. *svaná-s*), der **Schall, Ton, Klang,** das **Geräusch, Getöse, I** eig. u. meton.: **1** eig.: **a** übh.: dulcis, Cic.: acutissimus, der höchste Diskant, Ggstz. gravissimus, der tiefste Bass, Cic.: tubae, Caes.: signorum, Caes.: nervorum in fidibus, Cic.: tympani, Ov.: articulorum se ipsos torquentium, das Krachen (Knacken) der Glieder, die sich selbst verdrehen, Sen.: ventris, Cels.: ingens fluminis, Liv.: linguae Latinae, Liv.: lingua sonos efficit, Cic.: chorda sonum reddit, Hor.: inanes sonos fundere, einen leeren Schall von sich geben, Cic.: complet aures tantus et tam dulcis sonus, Cic. – **b** insbes. = tönendes **Wort,** ficti soni, Ov.: reddebat od. edidit ore sonos, Ov. – **2** meton., die **Stimme, Sprache,** cycni, Hor.: tunc mens et sonus relapsus, Hor. – **II** übtr., die Art der Darstellung, der **Ton,** Cic. de or. 2, 54; Brut. 100; de opt. gen. 1. – ► Heteroklit. nach der 4. Dekl., Genet. sonus, Amm. 20, 4, 14: Abl. sonu, Sisenn. hist. 3. fr. 26 (bei Non. 491, 27) u. 4. fr. 72 (bei Non. 142, 6, wo jetzt sono). Apul. met. 8, 30. Amm. 18, 8, 5; 20, 9, 6; 27, 1, 5 u. a.: Nom. Plur., sonus, Amm. 22, 9, 15.

2. sonus, a, um (sono), **tönend, klingend,** Isid. orig. 1, 4. *no.* 4.

Sōpater, trī, *m.* (Σώπατρος), griech. Männername, z. B. Sopater Halicyensis, Cic. Verr. 2, 68: Sopater proagorus (Tyndaritanorum), Cic. Verr. 4, 85.

Sōphēnē, ēs, *f.*, der südwestliche Teil von Großarmenien, Plin. 5, 66.

sophia, ae, *f.* (σοφία), die **Weisheit** (reinlat. *sapientia*), Enn. ann. 218*. Afran. com. 299. Poëta com. in Sen. ep. 89, 7. Ps. Sen. ep. ad Paul. 14. Mart. 1, 111, 1. Lact. 3, 16, 10. Prud. c. Symm. 1, 34 (wo sophīae gemessen ist).

sophisma, atis, *n.* (σόφισμα), der **Trugschluss,** das **Sophisma** (rein lat. captio), Sen. u. a.

sophismation, iī, *n.* (σοφισμάτιον), der **kleine Trugschluss,** das **kleine Sophisma,** Gell. 18, 13.

sophistēs, ae, *m.* u. sophista, ae, *m.* (σοφιστής), **I** der **Sophist,** ein Philosoph, der für Geld die Kunst zu denken und zu sprechen, Weltweisheit u. Beredsamkeit, lehrte, u. da die Lehren u. Schlüsse der Sophisten auf den äußeren Schein, nie auf die Wahrheit gerichtet waren, mit dem Nebenbegr. des Prahlers, Aufschneiders, Wortspielers (vgl. Cic. Acad. 2, 72; de fin. 2, 1), Nom. *-es,* Cic. de nat. deor. 1, 63 u. a.: Nom. *-a,* Ps. Sen. ep. ad Paul. 2. Gell. 17, 5, 3. Apul. flor. 18. p. 29, 24 Kr. Hieron. epist. 53, 7. Sidon. epist. 4, 1, 2; vgl. Prisc. 5, 5 u. 7, 4 u. 17, 208: Vok. *-a,* Lucil. 1117: Abl. *-e,* Quint. 3, 4, 10. – **II** der **Lehrer der Beredsamkeit,** Nom. *-a,* Edict. Diocl. 7, 71.

sophisticē, *Adv.* (sophisticus), **sophistisch, spitzfindig,** Cod. Iust. 8, 10, 12. § 3: s. loqui, Vulg. Sirach 37, 23.

sophisticus, a, um (σοφιστικός) **sophistisch, spitzfindig,** ars, Apul.: res, Tiro b. Gell.: captio, Gell.: levitas, Auson.: ostentatio, Arnob.: Abl. Fem. griech., sophisticē aperantologiā, mit soph. unbegrenzter Geschwätzigkeit, *Varro sat. Men. 144 B. – *neutr. pl.* subst., aliaque sophistica, quae etc., Sophistereien, Auson. edyll. 12. p. 132, 9 Schenkl.

sophistria, ae, *f.* (σοφίστρια), die **Sophistin,** Hieron. chron. Euseb. ann. DCCLXX.

Sophoclēs, is, *m.* (Σοφοκλῆς), der berühmte griechische Tragödiendichter, Cic. de fin. 5, 3. Hor. ep. 2, 1, 163. Quint. 10, 1, 67 *sq.* Vell. 1, 16, 1. – griech. Genet. Sophocli, Gell. 12, 11, 6: 13, 18, 2 *sq.* – griech. Akk. Sophoclea, Val. Max. 4, 3. ext. 1. – Vok. Sophocle, Cic. de off. 1, 144. – Dav. **Sophoclēus,** a, um (Σοφόκλειος), **sophoklëisch, des Sophokles,** Cic. u. a.

Sophonība, ae, *f.* (Σοφονίβα), Tochter des Puniers Hasdrubal, Gemahlin des numidischen Königs Syphax, Liv. 30, 12. § 11 u. 22; 30, 15. § 4 *sqq.*

1. sophōs (σοφῶς), *Adv.*, als beifälliger Zuruf, wie unser **bravo!** Mart. 1, 3, 7; 1, 49, 37; 1, 66, 4 u. a.: ›sophos‹ universi clamamus, Petron. 40, 1.

2. sophos u. **-us,** ī, *m.* (σοφός) **weise,** victor sophus, Phaedr. 3, 14, 9: gubernator, Phaedr. 4, 17, 8. – subst. = der **Weise,** te sophos omnis amat, Mart. 7, 32, 4.

Sōphrōn, onis, *m.* (Σώφρων), ein griechischer Mimendichter, Zeitgenosse des Euripides, Varro LL. 5, 179. Quint. 1, 10, 17.

Sōphroniscus, ī, *m.* (Σωφρονίσκος), ein Bildhauer, Vater des Sokrates, Val. Max. 3, 4. ext. 1. Sen. de ben. 3, 32. 2.

Sōphrosynē, ēs, *f.* (Σωφροσύνη), Tochter des Dionysius des Älteren, Nep. Dion. 1, 1.

1. sōpio, īvī u. iī, ītum, īre (altind. *svāpáyati,* schläfert ein), **I einschläfern, 1** im Allg.: **a** leb. Objj.: vino oneratos, Liv.: vino epulisque sopiti hostes, Liv.: pervigilem draconem herbis, Ov.: lentior aequaliorque accidens (sonitus procellae) magnam partem hominum sopivit, wirkte einschläfernd auf usw. Liv. – Partiz. sopitus, **eingeschlafen,** vigiles, Liv.: corpus, Cic.: somno sopitus, Solin.: alto et gravi somno sopitus, Curt.: hoc (sopore) sumpto sopitus, Nep.: Ggstz., quem *videntem ac vigilantem* sic eluseritis, *sopitum* oportet fallatis, Liv. 7, 35, 6. – **b** übtr., lebl. Objj., **einschläfern, zur Ruhe bringen, beruhigen,** im Passiv sopiri u. sopitum esse = **schlummern, ruhen,** haec omnia, Vell.: labores, Claud.: bellum, Sulp. Sev.: venti, tempestates sopiuntur, Plin.: virtus sopita sit, Cic.: sopitus ubique armorum furor, Vell.: ignis sopitus, das (unter der Asche) schlummernde Feuer, Verg. – **2** prägn., **in den ewigen Schlaf wiegen** = töten, fratrem fundā per inane volutā, Sil. 10; 153: od. quiete sopitus, in den Tod od. ewigen Schlaf gewiegt, Lucr. 3, 902 u. 1036. – **II** meton. **betäubt machen, betäuben,** impactus ita est saxo, ut sopiretur, Liv.: quies sopita, empfindungsloser, fester Schlaf, Liv.

2. sopio, ōnis = *penis,* Catull. 37, 10 *Schwabe.* CIL 4, 1700. Vgl. ropio.

sōpītio, ōnis, *f.* (sopio), die **Einschläferung, Betäubung,** Petron. 22, 1. Marc. Emp. 29.

sopor, ōris, *m.* (zu sopio, somnus), der **feste, tiefe Schlaf, I** eig.: **1** im Allg.: sopor et quies, Plaut.: sopor manus calvitur, Plaut.: iunci semine somnum allici, sed modum servandum, ne sopor fiat, Plin.: sopor alqm opprimit, Liv.: gravi sopore acquiescere, Curt.: velut ex alto sopore excitati, Curt.: bei Dichtern = **Schlaf** übh., Verg. u. Ov. – personif. Sopor, der Gott des Schlafes, Verg. Aen. 6, 278. – **2** prägn., der **Todesschlaf, Tod,** perpetuus sopor, Hor.: sopori dare, töten, Plaut. – **II** meton.: **1** die **Betäubung,** semisomno (schlafähnliche) sopore, Cael. b. Quint. 4, 2, 124: animi corporisque sopore discusso, Curt. 8, 6 (23), 26. – **2** die **Schläfrigkeit, Trägheit, Lässigkeit,** Tac. u. Mart. – **3** der **Traum,** Claud. rapt. Pros. 3. praef. 9 u. 25. – **4** der **Schlaftrunk,** soporem miscere, Sen.: patri soporem dare, Nep.: soporem sumere, Nep. u. Sen.: e nigro papavere sopor gignitur, Plin. – 5 der **Schlaf** als Seitenteile des Kopfes, Stat. silv. 2, 3, 29.

sopōrātus, a, um, *PAdi.* (v. soporo), I **eingeschlafen, schlafend,** hostis, Ov.: artus, Val. Flacc.: aquatilia ipsā quiete cernuntur placida ceu soporata, Plin. – II **mit einschläfernder Kraft versehen, betäubend,** ramus vi soporatus Stygiā, Verg.: melle soporata offa, Verg.: linguae, Claud.

sopōrifer, fera, ferum (sopor und fero), **Schlaf bringend, einschläfernd,** Verg., Ov. u. a.: potiones, Th. Prisc.

sopōro, āvī, ātum, āre (sopor), I *tr.* **einschläfern, betäuben,** a eig., leb. Wesen: iterum soporatur (v. Kranken), fällt in Schlaf, Cels.: serpentes, Plin.: mentem (v. Opium), Scrib. – b übtr., lebl. Objj., **zur Ruhe bringen, stillen,** multo imbre rogum, Theb. 6, 235: iterum recruduit soporatus dolor, der beschwichtigte Unwille brach aufs Neue hervor, Curt. 7, 1, 7. Vgl. soporatus. – II *intr.* **schlafen,** Ambros. epist. 19, 27: soporantes oculi, bildl., Ven. Fort. carm. 3, 4. – subst., soporantes, die Schlafenden, securitas soporantium, Cassiod. var. 7, 7, 2. CIL 8, 2297.

sopōrus, a, um (sopor), **voll Schlafes,** I = **schlafbringend,** nox, Verg. Aen. 6, 390. Lucan. 2, 236. Stat. Theb. 1, 403: quies, Chalcid. Tim. 248: soporae (Somni) pennae, Sil. 10, 354*sq.*: amnis, v. der Lethe, Sil. 13, 856. – subst., papaveris lacrima, quae sopora a quibusdam appellatur, Marc. Emp. 1. – II = **schlaftrunken,** dapibus vinoque sopori, Val. Flacc. 2, 221.

Sōra, ae, *f.*, die nördlichste Stadt der Volsker in Latium am rechten Ufer des Liris, von den Römern kolonisiert, noch jetzt *Sora,* Liv. 7, 28, 6; 10, 1, 1*sq.* Sil. 8, 394. Iuven. 3, 223. – Dav. **Sōrānus,** a, um, **soranisch, aus Sora,** ager, Liv.: legio IIII, Inscr.: augur (spottweise wegen des Aberglaubens der Soraner), Cic.

Sōracte (Sauracte), is, *n.*, ein Berg in Etrurien in der Nähe von Rom, auf dem ein berühmter Tempel des Apollo stand, j. *Monte di S. Silvestro,* Varro r. r. 2, 3, 3 (Abl. -acti). Plin. 2. 207 (Abl. -acte). Hor. carm. 1, 9, 2. Verg. Aen. 7, 606. – Nbf. **Sōrax,** actis, *m.*, Porphyr. Hor. carm. 1, 9, 1: Akk. Soractem, Plin. 7, 19. – Dav. **Sōractīnus,** a, um, **vom Sorakte,** caementorum copiae, Vitr. 2, 7, 1.

sōracum, ī, *n.* (σώρακος, ὁ), die **Truhe,** Plaut. Pers. 392; vgl. Fest. 297 (b), 11.

1. Sōrānus, a, um, s. Sōra.

2. Sōrānus, ī, *m.* (v. σωρός, Haufe, Menge, in gleicher Bed. wie Dis u. Πλούτων), ein Beiname des Pluto als des geheimen Schutzgottes von Rom, Serv. Verg. Aen. 11, 785.

3. Sōrānus, ī, *m.*, vollst. Servilius Barea Soranus, cos. suff. 52 n. Chr. unter Klaudius, gleichzeitig mit Thrasea angeklagt u. zum Tode getrieben, Tac. ann. 16, 32. Schol. Iuven, 1. 33: bl. Barea, Iuven. 3, 116: Plur. Sorani, Männer wie Soranus, Boëth. cons. phil. 1, 3. p. 6, 18 *Obb.*

Sōrax, s. Sōracte.

sorbeo, sorbuī, ēre (vgl. ῥοφέω = *σροφέω), etwas Flüssiges **zu sich nehmen, hinterschlucken, schlürfen,** I eig.: a v. leb. Wesen: ius vitulinum, Cels.: margaritas aceto liquefactas, Suet.: ovum, Plin.: sanguinem, Plin. – b v. Lebl.: Charybdis sorbet in abruptum fluctus, Verg.: Charybdis forte inlata naufragia sorbens gurgitibus occultis, Sall. fr.: exiguum est quod terra sorbeat, Sen.: puppis sorbet mare, Val. Flacc.: minus sorbet charta, Plin.: genera rubricae sorbentur, ziehen sich ein (in die Wände bei dem Anstreichen usw.), Plin. – II bildl.: odia, in sich fressen, erdulden, Cic.: alqd animo, im Geiste verschlingen, Cic. – ► Perf. auch sorpsi, Val. Max. 8, 7. ext. 2; vgl. Claud. Sacerd. art. gramm. 2. *no.* 163. Prisc. 9, 56 u. 57. Prob. cath. 38, 7 K. (verworfen von Vel. Long. 74, 4 K. Caper 94, 14 K.). – Supin. sorbitum u. sorptum ohne Beleg bei Prisc. 9, 57 (doch vgl. sorbitio). – Nbf. der 3. Konj. sorbo, ere, Apul. met. 2, 11 (auch Germanic. progn. 2, 14 als Variante); vgl. Prisc. 9, 56 u. 57. Prob. cath. 38, 7 K. (wo Keil richtig sorbo sorbis sorbui).

sorbilis, e (sorbeo), **schlürfbar,** ovum, Cels. u. Cael. Aur.: cibi, Colum.

sorbillo, s. 1. sorbilo.

1. sorbilo (sorbillo), āre (*Demin.* v. sorbeo), **schlürfen,** cyathos, Ter. adelph. 591: vinum dulciter, Apul. met. 2, 16: übtr., sorbilantibus saviis, Apul. met 3, 14. – ► sorbilo scheint die urspr., sorbillo die spätere Form zu sein; vgl. auch Cledon. 54, 32 K. Pompeii comment. 221, 1 K.

2. sorbilō, *Adv,* (sorbeo), schlürfweise, übtr. = **tropfen-, bissenweise,** victitandum sorbilo, wie ein armer Schlucker, Caecil. com. 73. Plaut. Poen. 397.

sorbitio, ōnis, *f.* (sorbeo), I das **Schlürfen,** cicutae, Pers. 4, 2. – II meton., was geschlürft wird, die **Brühe, Suppe,** auch im Plur., Cato, Cels. u. a.

sorbitium, iī, *n.* (sorbeo) = sorbitio (*no.* II), Ser. Samm. 375.

sorbitiuncula, ae, *f.* (*Demin.* v. sorbitio), das **Brühchen, Süppchen,** auch im Plur., Hieron. vit. Hilarion. 11 u. adv. Iovin. 2, 5. Vulg. 2. regg. 13, 6*sqq.* Marc. Emp. 10. Plin. Val. 1, 54. Not. Tir. 103, 94.

sorbo, ere, s. sorbeo a. E.

sorbum, ī, *n.*, die Frucht des Baumes *sorbus,* der **Speierling,** die **Arlesbeere,** Cato, Verg. u. a.

sorbus, ī, *f.*, der **Sperberbaum, Arlesbeerbaum** (*Sorbus torminalis,* L.), Colum. u. Plin.

sordeo, uī, ēre (sordes), I **schmutzig-, unsauber-, unflätig sein,** Plaut., Sen. u. a.: cunctane prae campo sordent? Hor. – II übtr.: 1 **schlecht beschaffen-, niedrig-, zu gering sein,** Plaut. u. Gell.: quasi terrena spolia iam sorderent, Iustin.: pretium aetas altera sordet, erscheint mir als Preis zu gering, Hor. ep. 1, 18, 18. – 2 **verächtlich sein, anekeln, anwidern, für** jmd. **den Reiz verloren haben,** sordebant tibi villicae, Catull.: adeo se suis sordere, Liv.: sordent tibi munera nostra, Verg.: sordebat suis (Protogenes), Plin.

sordēs, is, *f.* u. gew. Plur. **sordēs,** ium, *f.* (vgl. gotisch *swarts,* ahd. *swars,* schwarz), der **Schmutz, Unflat,** I eig. u. meton.: 1 eig.: a übh.: pellis sordi sepulta, Lucr.: pleni oculi sordium, Plaut.: sine sordibus ungues, Hor.: in sordibus aurium inhaerescere, Cic. – bildl., nulla nota, nullus color, nullae sordes (Flecken) videbantur his sententiis allini posse, Cic. I. Verr.. 17. – b insbes., der **Schmutz der Kleidung,** die **schmutzige Kleidung,** als Tracht Leidtragender u. Angeklagter, wie Sack und Asche bei den Juden, etwa **Trauer,** sordes lugubres, Cic.: sordes reorum, der unglückliche Zustand, Liv.: u. so sordes patris, Iustin.: iacēre in lacrimis et sordibus, Cic. – 2 meton., v. Pers.: o tenebrae, lutum, sordes! schmutziger, pöbelhafter Mensch! Cic.: apud sordem urbis et faecem, niedrigsten Pöbel, Cic.: in hoc caenum, has sordes abicere, an so verworfene und verächtliche Menschen verschwenden, Plin. ep.: calere sordibus, für die Kanaille (von Liebe) entflammt sein, Petron. – II übtr.: 1 die **Niedrigkeit, Verächtlichkeit,** hominis, Cic.: fortunae et vitae, Cic.: sordes suas eluere, sich aus seiner Niedrigkeit emporarbeiten, Cic. – insbes., **niedrige Herkunft,** sordium oblitus, Iustin.: sordes maternae, Iustin. – 2 wie unser **Schmutz = schmutziges-, schändliches Betragen, Niederträchtigkeit, schmutzige Gesinnung, schmutzige Habsucht, schmutziger Geiz,** α selten der Sing.: nullam in re familiari sordem posse proferri, Cic. Flacc. 7: ut adulescentiam tuam nullā sorde commacules, Hieron. – β gew. der Plur.: domesticae, Cic.: iudicum, Cic.: mens oppleta sordibus, niederträchtige, schmutzige Gesinnung, Cic.: sepulcrum sine sordibus exstrue, Hor.: amat sordes et inhumanitatem multo minus, Cic.: si neque avaritiam neque sordes obiciet, Hor.: per avaritiam ac sordes contemptus exercitui invisusque, Tac.: incusans eius sordes, Quint.: damnatus sordium, Plin. ep.: satius esse illum in infamia ac sordibus relinqui (dass auf ihm der Ruf einer schmutzigen Schandtat sitzen bleibe), quam etc., Cic. – ► Nom. Sing. sordes nicht nachweisbar (dagegen Albin. de orthogr. 309, 33 K. sors, sordis, u. das. aus Ambros. sors aliqua vini): Abl. Sing. gew. sorde; aber sordi bei Lucr. 6, 1269.

sordēsco, duī, ere (*Inchoat.* v. sordeo), **schmutzig werden,** mel sordescens, Plin. 11, 31: contrectatus (liber) ubi manibus sordescere volgi coeperis, schmutzig u. dadurch wertlos werden (v. einem Buch), Hor. ep. 1, 20, 11: Ggstz., in tanti velut patris familias dispositissima domo vilia vasa *colerentur*, pretiosa *sordescerent*, Boëth. cons. phil. 4, 1. p. 72, 8 *Obb.* – übtr., si quis agrum suum passus fuerat sordescere, hatte verwildern lassen, Gell. 4, 12, 1: in totum lucrandi aviditate sordescens, bei jeder Gelegenheit nach schmutzigem Gewinn haschend, Amm. 15, 13, 1: vanus error hominis et inanis cultus dignitatis, fulgere purpurā, mente sordescere, eine schmutzige Seele zu haben, Min. Fel. 37, 10: sorduimus coram vobis, wir sind unrein geworden, Vulg. Iob 18, 3: u. so qui in sordibus est, sordescat adhuc, Vulg. apoc. 22, 11.

sordicula, ae, *f.* (*Demin.* v. sordes), **etwas Schmutz,** Marc. Emp. 8. § 6. fol. 97 (a). Augustin. serm. 199, 3 Mai.

sordidātus, a, um (von sordidus; denn das Verbum sordido wurde erst später gebildet), **I in schmutziger Kleidung, schmutzig gekleidet, a** übh., Komik. u. Cic. – **b** (nach sordes *no.* I. 1, b) insbes., **in Trauerkleidung-, in Sack und Asche gehend,** Ggstz. albatus (im Feierkleide), Cic. u. a. – **II** übtr., **beschmutzt, befleckt,** conscientia sordidatissima, Sidon. epist. 3, 13, 11.

sordidē, *Adv.* (sordidus), **schmutzig, unflätig, I** eig.: per plateas trahi sordidissime, Lampr. Heliog. 33, 7. – **II** übtr.: **1 niedrig, gemein,** loqui, Plaut.: sordidius natus, Tac. dial – **2 niedrig, niederträchtig, unanständig,** dicere, Cic.: bes. **schmutzig geizig, knickerig,** Cic. u. a.

sordido, āvī, ātum, āre (sordidus), **voller Schmutz machen, beschmutzen,** terram moto pulvere, Sidon. carm. 23, 347. – bildl., sordidat lavatio ista, Cypr. de hab. virg. 19: post gratiam baptismi sordidatos denuo posse purgari, Cypr. op. et eleem. 2 *extr.*: hoc templum (cordis), quod non fumo, non pulvere, sed malis cogitationibus sordidatur, Lact. de ira dei 23, 28: externis vitiis sermo patrius sordidatur, Hieron. epist. 107, 10: quanto satius est mentem potius eluere, quae malis cogitationibus sordidatur, Lact. 5, 19, 34: assidue lugubri tristitiā sordidentur, Firm. math. 4, 12: nec (illum) prorsus affectata penuria sordidarat, Vit. Cypr. 6: außerdem (ohne Beleg) bei Prisc. 8, 30.

sordidulus, a, um (*Demin.* v. sordidus), **I etwas schmutzig,** toga, Iuven. 3, 149. – **II** bildl., **ziemlich niedrig, verächtlich,** servoli, Plaut. Poen. 270.

sordidus, a, um (sordes), **schmutzig, unsauber, unflätig, I** eig.: vestis, Liv.: tunica, Iustin.: catena (Ggstz. aurea), Sen.: lana, Ov.: amictus, Verg.: fumus, Hor.: terga suis, geräucherter Schweinsrücken, Ov.: rura, Verg.: sordido in loco (auf dem Klosett) sedere, Val. Max. 9, 13, 2 *ed. Halm.* – **II** übtr.: **1 niedrig, gering, armselig, verächtlich, unbedeutend,** homo, Cic.: reus, Cic.: sordidi nati, armselige, Hor. carm. 2, 18, 28: verba, Quint.: homo sordido loco natus, Liv.: oratores sordidiores, artes sordidiores, Cic.: ut quisque sordidissimus videbitur, je niedriger in seinen Verhältnissen einer in den Augen der Leute erscheint, Cic.: genus Agathoclis, Iustin.: a sordidis initiis ad summa crescere, Iustin. – **2 niederträchtig, unedel, schmählich, schimpflich,** iste omnium turpissimus et sordidissimus, Cic.: multo homo sordidissimus, Cic. – sord. lucrum, Quint.: illiberales et sordidi quaestus, Cic.: sord. adulterium, Liv.: pecuniam praeferre amicitiae sordidum existimant, Cic.: cum quibus comparari sordidum est, Cic. – bes. **knickerig, schmutzig geizig** (Ggstz. praelautus), homo, Cic.: cupido, Hor.: aedilis, der für Geld pflichtwidrig gehandelt hat, Suet.: caelum fatigas sordido periurio, Phaedr.

sordifluus, a, um (sordens u. fluo), **von Schmutz triefend,** Ps. Iuvenc. triumph. Chr. 101.

sorditia, ae, *f.* u. **sorditiēs,** ēī, *f.* (sordes), **Schmutz,** Schol. Cruq. Hor. sat. 2, 8, 10 (Form *-a).* Fulg. myth. 2, 16 (Form *-es*). Vgl. Gloss. II, 428, 64 ›sorditia, ῥυπαρία‹.

sorditūdo, inis, *f.* (sordes), der **Schmutz,** Plaut. Poen. 970. Vgl. Non. 173, 11.

sordulentus, a, um (sordes), **schmutzig gekleidet,** Tert. de paenit. 11 *in.*

sōrex, icis, *m.* (ὕραξ), die **Spitzmaus,** Ter. eun. 1024. Varro r. r. 2, 4, 12. Plin. 2, 109: a soricibus aut muribus infestari, Colum. de arb. 15: ihr Pfeifen (occentus soricis) als böses Omen, Val. Max. 1, 1, 5. Plin. 8, 223. Amm. 16, 8, 2: übtr., tineas soricesque palatii eos (spadones aulicosque omnes) appellans, Aur. Vict. epit. 41, 10. – ► Die erste Silbe lang b. Ser. Samm. 57, kurz in Anthol. Lat. 762, 62 (233, 62).

sōricīnus, a, um (sorex), **von der Spitzmaus,** Plaut. Bacch. 889.

sōrītēs, ae, *m.* (σωρείτης) der durch Anhäufung der Gründe gebildete Trugschluss, der **Häufelschluss,** der **Sorites** (rein lat. acervus), Cic. u. a. – Dat. Sing. soriti, Cic. de div. 2, 11. – Akk. Sing. soritam, Cic. Hortens. fr. 45 Kays. (bei Non. p. 329, 20). – Akk. Plur. soritas, Fronto de eloqu. 1. p. 146, 8 N.

sōrīticus, a, um (σωριτικός), **in Form eines Häufelschlusses** (sorites), syllogismus, Mar. Victorin. explan. in rhet. Cic. 2, 27. p. 285, 9 *ed. Halm* (p. 151, 29 *ed. Orell.*).

sōrix, s. saurix.

soror, ōris, *f.* (altind. *svásar*, got. *swistar*, ahd. *swester*), **die Schwester, I** eig.: **1** im Allg., Komik., Cic. u. a.: Phoebi, Luna, Ov.: magna soror matris Eumenidum, die Erde als Schwester der Nacht, Verg. – Plur., sorores, v. den Parzen, Ov. (tres sorores, Hor.): v. den Furien, Ov.: v. den Musen, Prop.: v. den fünfzig Töchtern des Danaus, Prop. – v. Tieren, in grege prioris anni sororem libentius etiam quam matrem equa comitatur, Plin. 8, 156. – **2** insbes. = soror patruelis, **Muhme, Geschwisterkind,** Cic. ep. 5, 2, 6. Ov. met. 1, 351. – **II** übtr., die **Schwester, a** als liebkosende Benennung, **Schwester** = Freundin, Gespielin, Acca soror, Verg.: sorores meae, Verg.: fratrem te vocat et soror vocatur, Mart.: sive sibi coniunx sive soror, Tibull. – **b** die **Schwester** = die Mitsklavin, Tert. de cult. fem. 2, 1. – **c** die **Schwesterstadt,** soror civitas (v. Utika), Tert. de pall. 1. – **d** von ähnlichen od. verbundenen Dingen, soror dextrae, v. der linken Hand, Plaut.: ebenso die übrigen Haare sorores des abgeschnittenen Haars, Catull.: sapores caryotarum sorores, verschwistert mit usw., Plin.: sorores veritatis, Tert. – ► vulg. seror, CIL 2, 515 u. 3, 3174.

sororcula, ae, *f.* (*Demin.* v. soror), das **Schwesterchen,** Plaut. fr. b. Prisc. 3, 30.

sorōricīda, ae, *m.* (soror u. caedo), der **Schwestermörder,** Cic. de domo 26.

sorōriculāta, ae, *f.* (*sc.* vestis), zw. Ausdruck b. Plin. 8, 195, Böttiger orbiculata, d. i. mit kreisförmigen Flecken.

sorōrio, āre (soror), **als Schwestern zusammen heranwachsen,** übtr., papillae sororiabant, fingen an aufzuschwellen, Plaut. fr. bei Fest. 297 (b), 3; vgl. Paul. ex Fest. 296, 5: so auch mammae sororiantes (schwellende), Plin. 31, 66 (Jan u. Detl. sororientes).

sorōrius, a, um (soror), zur Schwester gehörig, **schwesterlich, Schwester-,** adulter, Cic.: stuprum, mit der Schw., Cic.: ultio, wegen der Schw., Iustin.: oscula, geschwisterliche, Ov. – spätlat. subst., sororius, ii, *m.*, **a** der **Schwestermann,** CIL 5, 4369 u. 13, 2070. – **b** der **Schwestersohn,** Gloss. IV, 174, 13 u. ö.

1. **sors,** sortis, *f.* (v. 1. sero, wie fors v. fero), das **Los, I** eig. u. übtr.: **A** eig.: **a** übh.: conicere sortes in sitellam, Plaut., in hydriam, Cic.: im Zshg. bl. conicere sortes, Cic., deicere sortes, Caes.: sors mea exit, kommt heraus, Cic.: ut sors excĭderat, herausgefallen (herausgekommen) war, Liv. – **b** insbes., sortes als Orakel gebraucht u. zwar: **α Losstäbchen,** von einem Knaben gemischt und für den, der das Orakel befragte, gezogen, sortes miscere, ducere, Cic.: sortes attenuatae od. extenuatae sunt, sind eingeschwunden (als Vorzeichen öffentl. Unglücks), Liv. – **β** Sprüche, die vom sortilegus durch Aufschlagen eines Buches (von Christen aus der Bibel) herbeigeschafft, od. Verse (z. B. aus Vergil) auf Blätter geschrieben, die gezogen wurden, **Spruchorakel,** sortes Vergilii od. Vergilianae, Lampr. Alex. Sev. 14, 5. Spart. Hadr. 2, 8: sortes sacrae, Tibull. 1, 3, 11: Sanctorum sortes, Isid. orig. 8, 9, 28: sortes tollere, Tibull. 1, 3, 11. CIL 5, 5801: sortes ducere, Iuven. 6, 583: de paginis poëtae cuiusdam sortem consulere, Augustin. conf. 4, 3, 5: de paginis evangelicis sortes legere, Augustin. epist. 55, 37. CIL vol. 1. p. 267 *sqq.* – **B** übtr., das **Los, Losen,** Cic.: sorte ducere, herauslosen, Sall.: filias in sortem dare, zum Losen stellen (bei der Wahl der vestal. Jungfrauen), Suet.: res revocatur ad sortem, es wird gelost, durch das Los ausgemacht, Cic.: conicere in sortem provincias, um die Pr. losen, Liv.: ei sorte pro-

vincia evenit, Cic.: extra sortem renuntiari, ohne zu losen, Cic.: remissā sorte povinciae, ohne durchs Los einer Provinz zugeteilt zu werden, Vell. – **II** meton.: **1** der (urspr. auf Lostäfelchen gegebene) **Orakelspruch,** das **Orakel,** die **Weissagung,** sors oraculi, Antwort des Orakels, Orakelspruch, Liv.: sors (Orakelspruch) ad sortes referenda, Cic.: sortem trahere, Suet.: dictae per carmina sortes, Hor.: sortes Lyciae, die Orakelsprüche des lyzischen Apollo (zu Patara in Lyzien), Verg.: neque responsa sortium ulli alii committere ausus, Liv. – **2** das **Amt,** die **Amtsverrichtung,** numquam afuit, nisi sorte, wegen seines Amtes, Cic.: cecĭdit custodia sorti, Verg. – **3** das **Los** = das durch das Los bestimmte, tertia sors, die durch das Los bestimmte dritte Tributsendung athenischer Jünglinge u. Jungfrauen nach Kreta, Ov. met. 8, 171. – **4** das **Los** = der **Anteil** an etwas, **a** übh. = **Teil,** in nullam sortem bonorum nato, Liv. 1, 34, 3: mala sors praedae, Ov. met. 13, 485: Saturni sors prima, erster Teil, erstes Kind, Ov. fast. 6, 30: nec cedit mihi sorte, hinsichtl. des zugefallenen Loses, d. i. der Unterwelt, Ov. met. 5, 529. – insbes., der Anteil an einer von einer Genossenschaft gebauten Grabstätte, der jmdm. durchs Los zugefallen war, CIL 6, 10329. 10332. 11035. 11047. – u. als ein gewisses Feldmaß, zwei zusammengelegte Jucherte, auch wir ein Los, Gromat. vet. 30, 17. – **b** das **Los,** das **Schicksal (Geschick)** eines Menschen, die **Umstände,** der **Zufall,** nescia mens sortis futurae, Verg.: iniqua, Liv. fr.: iniquissima, Liv.: illacrimare sorti humanae, Liv.: sortis est m. *Infin.*, quia hostem subicere sortis est, Heges. 5, 53. – dah. insbes., **α** der **Stand** od. **Rang** eines Menschen, non tuae sortis hominem, Hor.: ultimae sortis homo, Liv. epit. u. Suet.: humillimae sortis homo, Liv. epit.: sors tua mortalis, dein Stand ist menschlich, du bist ein Mensch u. kein Gott, Ov.: prior, erster Rang, Vorzug, Ov.: prima, secunda, Rang, Liv.: prima sors inter mortales, vornehmste, erste Freund, Ov. – **β** das **Geschlecht,** altera, das weibliche, Ov.: auctoris, Ov.: totidem femineae sortis, Ov. – **γ** die **Art, Sorte, Kategorie,** beneficia non dubie primae sortis, Sen. ep. 36, 4: egregium hoc quoque, sed secundae sortis ingenium, *ibid.* 52, 3: nova pugnae sors, Verg. Aen. 12, 54. – **5** das Geld, das gegen Zinsen ausgeliehen wird, das **Kapital,** qui mihi nec fenum nec sortem argenti danunt (= dant), Plaut.: etiam de sorte nunc venio in dubium miser? Ter.: sorte caret, usurā nec eā solidā contentus est, Cic.: se multiplici iam sorte exsolutā mergentibus semper sortem usuris obrutum fenore esse, Liv.: nam etsi unciario fenore facto levata usura erat, sorte ipsā obruebantur inopes, so wuchs doch das K. den Armen über den Kopf, Liv.: sortem aliquam ferte (nehmt ein mäßiges K. an, seid mit einem m. K. zufrieden), de capite deducite quod usuris pernumeratum est, Liv. – ► Archaist. Nom. sortis, Plaut. Cas. 380. Ter. Andr. 985: archaist. Abl. sorti, Plaut. Cas. 428. CIL 1, 200. lin. 16. Verg. georg. 4, 165; Aen. 9, 271. Sil. 7, 368. Apul. met. 4, 8; vgl. Drak. Liv. 4, 37, 6; 28, 45, 11.

2. sors, sordis, *f.*, s. sordēs ►.

sorsum, *Adv.*, s. seorsus.

sorticula, ae, *f.* (*Demin.* v. sors), das **Lostäfelchen,** Suet. Ner. 21, 1. Gromat. vet. 113, 12. sorticola (so!) una buxea, CIL 1, 198. *no.* L u. LI. p. 61.

sortifer, fera, ferum (sors u. fero), **Orakelsprüche gebend,** Lucan. 9, 512 (*al.* corniger; aber wahrsch. zu lesen certior).

sortilātor, ōris, *m.* (sors u. fero) = sortilegus, Porphyr. Hor. sat. 1, 6, 114 zw. (Meyer sortilegos).

sortilegus, a, um (sors u. lego), **weissagerisch, prophetisch,** Delphi, Hor. art. poët. 219: mathematici, Schol. Cruq. Hor. sat. 1, 6, 113. – subst., sortilegus, ī, *m.*, der **Weissager,** bes. aus Sprüchen u. Versen (s. 1. sors *no.* I, A, b, β), Varro LL. 6, 65. Cic. de div. 1, 132 u. 2, 109. Lucan. 9, 581. Augustin. serm. 4, 36. CIL 6, 2274. Vgl. Isid. orig. 8, 9, 28. Porphyr. Hor. sat. 1, 6, 114.

sortīo, īvī, ītum, īre (sors), archaist. = sortior, **losen,** tute sorti, Plaut. Cas. 395 u. 413: inter se sortiant, Varro bei Non. 471, 4: m. *Acc.* = durch das Los verteilen, inter se sortiunt urbem atque agros, Enn. fr. scen. 128.

sortīor, ītus sum, īrī (sors), **I** *intr.* **losen,** inter se, Cic.: de ordine agminis, Tac.: de altero consulatu, Suet.: inter se de toga et pallio, Lact.: praetor certā lege sortitur, bestimmt die Richter durch das Los, Quint. – dah. Sortientes = Κληρούμενοι, die **Losenden,** eine Komödie des Diphilus, Plaut. Cas. prol. 32. – **II** *tr.*: **A** um etw. **losen, losen lassen,** etwas **durch das Los verteilen, -bestimmen, 1** eig.: provinciam, Cic.: tribus, Cic.: iudices, Cic.: dicas, die Richter, Cic.: necessitas sortitur insignes et imos, wirft das Los über Hohe u. Niedere (= Hohe u. Niedere sind dem Tode unumgänglich geweiht), Hor. – mit folg. indir. Fragesatz, consules sortiti, uter dedicaret, Liv.: num sortiuntur inter se, quae declinet, quae non? Cic.: quasi sortiri, quid loquare, Cic. – **2** übtr.: **a aussuchen, wählen, verschaffen,** fortunam ocullis, Verg.: subolem, Verg.: matrimonium, Iustin. – **b** unter sich od. andere **verteilen, sich** in etwas **teilen,** laborem, Verg.: periculum, Verg.: regnum in plebem, Liv. – **B durch das Los erlangen, erlosen, 1** eig.: regna vini, Hor.: peregrinam (provinciam), Liv. – **2** übtr., durchs Schicksal, durch Zufall usw. **erlangen, bekommen, erhalten,** mediterranea Asiae, Liv.: amicum casu, Hor.: filium, ICt.: Atheniensem dominum (als H.), Sen. rhet.: ferae bestiae praecipitia ingenia sortitae, die mit der leidenschaftlichsten Gemütsart begabt sind, Curt.: mores hominesque nostri et tempora et ingenia cultiora sortiti, die einer Zeit höherer Geistesbildung angehören, Curt. – ► sortitus, a, um, passiv, **gelost, durchs Los gezogen,** Cic. u. a.: dah. sortitō, **durch das Los,** Cic. u. a., u. **durch das Schicksal,** Plaut. u. Hor.

sortis, is, *f.*, das **Los,** s. 1. sors ►.

sortītio, ōnis, *f.* (sortior), das **Losen,** provinciarum, um die usw., Cic.: u. so regnorum, Lact.: aedilicia, um die Ädilität, Cic.: iudicum sortitio fit, Cic.: sortitione in alqm animadvertere, durch das Los, nach Belieben, Cic. – Plur., ut separatim in eo (foro) sortitiones iudicum fierent, Suet. Aug. 29, 1.

sortītō (*Abl.*), s. sortīor ►.

sortītor, ōris, *m.* (sortior), der **Loser, Verloser,** Cic. de dom. 50: urnae, Sen. Troad. 984 (992).

sortītus, ūs, *m.* (sortior), **I** das **Losen,** Plaut. Cas. 306: si pluribus de rebus uno sortitu rettulistis, Cic. de domo 50: Plur., quae sortitus non pertulit ullos, um die nicht gelost worden ist, Verg. Aen. 3, 323. – **II** meton.: **1** das **Los,** Stat. Theb. 6, 389. – **2** das **Los** = der **Teil,** Stat. Theb. 12. 557.

sōrus, ī, *m.* (σαῦρος), ein uns unbekannter Seefisch, Plin. 32, 151.

sōry (sōri), eōs, *n.*(σῶρυ, Genet. σώρεως), **Atramentstein,** Cels. 6, 9. p. 246, 37 D. Plin. 34, 117 *sq.* Scrib. Larg. 51 u. 227.

sos = suos, s. suus a. E. ►.

Sōsia u. **Sōsiās,** ae, *m.*(Σωσίας), griech. Sklavenname, Nom. Sōsia, Plaut. Amph. 365 *sqq.* Ter. Andr. 28. Rhet. Her. 4, 63. Cic. de inv. 1, 33. – Nom. Sōsiās, Auson. ephem. 4 (egress.). *v.* 9.

Sosius, a, um, ein röm. Geschlechtsname. Bekannt sind die Sosii, Buchhändler in Rom zu Horaz' Zeiten, Hor. ep. 1, 20, 2; de art. poët. 345. – Dav. **Sosiānus,** a, um, **sosianisch,** Apollo, ein vom Quästor C. Sosius aus Seleucia nach Rom gebrachtes Bildnis des Apollo, Plin. 13, 53 u. 36, 28.

sōspes, itis, Abl. ite, **I** passiv = **wohlbehalten, unverletzt, unversehrt,** v. Pers., sospes incolumisque (Caesar), Plin. pan.: filius vivus, sospes et incolumis, Plaut.: mater iuvenum semper sospitum, Hor.: sospites brevi in patriam ad parentes restituant, Liv. – v. Lebl., res publica, August. bei Suet.: navis sospes ab ignibus, Hor.: domus sospes ab incursu, Ov. – übtr., **behütet = glücklich, günstig,** dies, Plaut.: cursus, Hor. – **II** aktiv = **rettend,** subst., der **Erretter,** Enn. ann. 590; vgl. Fest. 301 (b), 15. Paul. ex Fest. 300, 10. – u. die **Erretterin,** als Beiname, Iuno Sispes (archaist. = Sospes), Fest. 343 (a), 14. vgl. sospita.

sōspita, ae, *f.* (sospes), die **Erretterin,** Iuno Sospita, mit einem Ziegenfell um den Leib, mit einer doppelten Tunika, Schnabelschuhen, Spieß u. Schild als Attributen, urspr. in Lanuvium, seit 338 v. Chr. auch in Rom verehrte Gottheit, Cic. de div. 1, 4 u. 99; Mur. 90. Liv. 8, 14, 2;

24, 10, 6. Apul. met. 6, 4: bl. illa vestra Sospita, Cic. de nat. deor. 1, 82. Ov. fast. 2, 56: archaist. Iuno Sispita, CIL 14, 95*, 99*, 100*. Eckhel doctr. numm. vet. vol. 5. p. 294 u. vol. 7. p. 14 u. 107. Vgl. sospes *no.* II.

sōspitālis, e (sospes), **heilsam,** Plaut. Pseud. 247. Amm. 14, 8, 3; 18, 9, 2 u. a. Macr. sat. 1, 17, 15.

sōspitās, ātis, *f.* (sospes), das **Heil, Wohl,** Amm. 17, 5, 10 u. 19, 4, 8. Macr. sat. 1, 7, 35 u. a. Symm. epist. 3, 71. Vulg. Iob 5, 11. Hieron. epist. 74, 6: Ggstz. aegritudo, Chalcid. Tim. 226.

sōspitātor, ōris, *m.* (sospito), der **Erretter, Heilbringer,** Apul. met. 9, 3; apol. 64: von Christus, Arnob. 2, 74.

sōspitātrīx, trīcis, *f.* (Femin. zu sospitator), die **Erretterin, errettend,** dea, Apul. met. 11, 9 u. 11, 15.

sōspito, āre (sospes), **erhalten, erretten, behüten, beglücken,** alqm, Plaut.: regnum nostrum sospitare superstitareque, Enn. fr.: sosp. bonā ope gentem, Catull.: sosp. suam progeniem, Liv. 1, 16, 3.

Sōtadēs, ae, *m.* (Σωτάδης), ein Dichter, Verfertiger von Versen, die rückwärts gelesen einen unzüchtigen Sinn gaben, Mart. 2, 86, 2. – Dav.: **A Sōtadēus,** a, um, **sotadëisch,** metrum, Ter. Maur.: versus, Quint. u. a. – **B Sōtadicus,** a, um, **sotadisch,** metrum, Gramm. – Plur. subst., Sōtadicī, ōrum, *m.* (*sc.* versus), **sotadische Verse,** Sotadicos intellego, Plin. ep. 5, 3, 2: in Sotadicorum libro I., Gell. 7, 9, 16.

sōtēr, ēris, Akk. ērem u. ēra, *m.* (σωτήρ), der **Erretter, Heiland** (bei den Griechen), Ptolomaeum soterem, Plin. 7, 208. Cic. Verr. 2, 154 (Akk. -tera). Serv. Verg. Aen. 8, 652 (wo Iovis soteris): Demetrium Sotera, Troi. Pomp. prol. 35 (Iustin. *ed. Iepp* p. 230).

sōtēria, ōrum, *n.* (σωτήρια), **Geschenke bei der Genesung,** Mart. 12, 56, 3. – Titel eines poetischen Glückwunsches zur Genesung, Stat. silv. 1, 4 *lemm.*

sōtēriciānus, a, um (soter), **zum Heiland gehörig,** substantia, Tert. adv. Val. 27.

Sotiātēs, falsch für Sontiates, s. d.

soubtilis, s. subtīlis.

sovo, sovom, sovos s. suus ►.

sōzūsa, ae, *f.* (σῴζουσα), der **Beifuß,** Ps. Apul. herb. 10.

spādicārius, iī, *m.* (spadix), der **Kastanienbraunfärber,** Firm. math. 3, 7, 1.

spādīcum, ī, *n.* = spadix *no.* I, Amm. 24, 3, 12.

spādix, icis, Akk. Plur. īcas, *m.* (σπάδιξ), **I** ein abgerissener **Palmzweig** mit der rötlichen Frucht, Gell. 2, 26, 10 (griech.). – dah. *adi.* **dattelfarben, braunrot, kastanienbraun,** spadices equi, Verg. georg. 3, 82 (dazu Schol. Bern.); vgl. Gell. 2, 26, 9. – **II** ein Musikinstrument, wie die Lyra, Quint. 1, 10, 31.

spado, ōnis, *m.* (σπάδων), der **Entmannte,** der der Zeugungskraft Beraubte, entweder verschnitten oder von Natur aus, ICt.: als Verschnittener, Kastrat, Liv. u. Suet.: v. Tieren, Veget.: übtr., von unfruchtbaren Pfropfreisern, Bäumen usw., Colum.: von dem Rohr, das keine Wolle hat, Plin.

spadōnātus, ūs, *m.* (spado), der **Zustand eines Entmannten,** Tert. de cult. fem. 2, 9.

spadōnīnus, a, um (spado), **unfruchtbar,** laurus, Plin. 15, 130.

spadōnius, a, um (spado), **unfruchtbar,** laurus, Plin.: mala, die keinen Samen enthalten, Kastratenäpfel, Plin.

spaera, s. sphaera.

spaerīta, ae, *m.* (*σφαιρίτης), eine Art Kuchen mit Kügelchen, Cato r. r. 82.

spagas, eine Art Pech, das in Asien gefunden wurde, Plin. 14, 123.

spalax, acis, *f.* (σπάλαξ), eine uns unbekannte Pflanze, Plin. 19, 99.

spando, spanditus, ere, spätere abgekürzte Form für expando, **ausbreiten, ausdehnen** (noch j. ital. *spandere*), orthocylli (ὀρθόκυλλοι) sunt, quibus priores pedes spanditi fuerint introrsum, einwärts gebogen waren, Pelagon. veterin. 16. (266 *Ihm* pandi fuerint).

Spānus, ī, *m.*, spätere abgekürzte Form für Hispānus, der **Spanier,** Arnob. 5, 24 (kollektiv). – Dav.: **a Spānus,** a, um, **spanisch,** pix, Scrib.: oleum, Cael. Aur. u. Apic.: vinum, Plin. Val.: pullus color est, quem nunc Spanum vel nativum dicimus, Non. 549, 30. – **b Spānia,** ae, *f.*, **Spanien,** Vulg. u. Spät. – u. dav. **Spāniēnsis,** e, **spanisch,** ecclesia, Augustin. epist. 35, 2. – Vgl. übh. Heinr. Schol. Iuven. 14, 279. p. 430.

sparagus, s. asparagus ►.

sparganion, iī, *n.* (σπαργάνιον), die **Igelskolbe,** eine Pflanze (*Sparganium ramosum,* Sm.), Plin. 25, 109.

1. spargo, inis, *f.* (spargo, ere), das **Spritzen, Sprengen,** salis, Ven. Fort. carm. 3, 4, 1. p. 52, 4 *Leo.*

2. spargo, sparsī, sparsum, ere (vgl. σπείρω), **I streuen, hinstreuen, ausstreuen, sprengen, spritzen, hinsprengen, hinspritzen, A** im Allg.: nummos populo, Cic.: pecuniam, Sen.: nummos in plebem, Suet.: nuces, Verg.: venena, G. verspritzen = Leute vergiften, Cic. (u. so neque spargi venena in tres poterant, konnten mit G. vergeben werden, Tac.): cruorem, hinspritzen, Lucr.: acetum, daraufgießen, Tac. – absol., qui spargunt, sprengen (um den Staub zu löschen), Cic. – **B** insbes.: **1 ausstreuen, säen,** semina humo, Ov.: in optimam segetem praeclara semina, Cic. fr. – bildl., animos in corpora, gleichs. säen, Cic.: omnia, quae gerebam, spargere me in orbis terrae memoriam, Cic. – **2** hinstreuen = **werfen, schießen, schleudern,** tela, Verg.: pondera fundae, Prop.: Geryon sparsus, hingeworfen, zu Boden geworfen, Sen. – absol., sagittarius cum funditore utrimque summo studio spargunt fortissime, Claud. Quadrig. ann. 19. fr. 85 (bei Gell. 9, 1, 1). – **3 auseinanderstreuen, teilen, ausbreiten, verbreiten, zerstreuen, a** übh.: **α** lebl. Obj.: manum, Mart.: res sparsas et vage disiectas ita diligenter eligere, ut etc., Rhet. Her.: cupressus spargit ramos, Plin.: cacumina se in aristas spargunt, Plin.: Rhenus in Mosam se spargit, ergießt sich weit u. breit, Plin.: bellum, den Kriegsschauplatz bald hier- bald dorthin verlegen, Tac.: per aequora bellum, Lucan.: bella Sardoas in oras, Lucan.: arma (den Krieg) per agros, Verg. – dah. gerüchtweise verbreiten, **aussprengen,** Argolicas nomen per urbes Theseos, Ov.: nomen suum in toto orbe, Mart.: voces in vulgum ambiguas, Verg.: in parentes abominanda crimina, Quint.: fama per Aenium rapido vaga murmure campum spargitur in turmas, Stat.: u. spargitur m. folg. *Acc.* u. *Infin.*, spargebatur insuper Albinum regis insigne usurpare, Tac. hist. 2, 58: sparge subinde (äußere bei verschiedenen Gelegenheiten) m. folg. dir. Rede, Hor. sat. 2, 5, 103. – **β** leb. Wesen, **verteilen,** per vias speculatores, Liv.: exercitum per provincias, Tac. – im üblen Sinne, **versprengen, zerstreuen,** aper spargit canes, Ov.: sp. se toto campo, Liv.: sp. se in fugam, Liv.: ceteram multitudinem inermem toto sparsam vagari saltu, Liv.: sicubi sparsos ac dissipatos invadere possent, Liv.: sparsos et incompositos cum inopinato invasissent, Liv.: ne sparsi et inconditi sine ordine, sine signis omnibus portis excurrerent, Liv.: pedites ordinati et praeparati sparsos per neglegentiam et semisomnos prope adorti sunt, Liv. – **b** prägn.: **α** die **Zeit versplittern, verzetteln,** tempus, Sen. ep. 19, 1. – **β Vermögen versplittern, vergeuden,** spargas tua prodigus, Hor. ep. 2, 2, 195: pecuniam spargere, sein Geld zum Fenster hinauswerfen, Sen. ep. 120, 21. – **γ teilen, einteilen, zerteilen, verteilen,** genera in species, Plin.: legiones, zerteilen, Tac.: vestigia fugae, zerteilen = unkenntlich machen, Curt. – **δ entfernen, trennen,** magnum ab Argis Alciden, Val. Flacc. 5, 488: sparsis consumptisque fratribus bello intestinae discordiae, Iustin. 27, 3, 1. – **ε zerteilen, zerreißen,** corpora, Ov. met 7, 442: so auch sparsus silebo, Sen. Herc. Oet. 1394 (1398). – **4 Bemerkungen einstreuen,** de hac parte adhuc spargetur omnibus locis, Quint. 8, 3, 58. – **II bestreuen, besprengen, bespritzen, 1** eig.: humum foliis, bestreuen, Verg.: corpus lymphā, Verg.: farinam aquā, Sen.: stupentes aquā frigidā, Sen. – **2** übtr.: **a bestreuen,** aurora spargebat lumine terras, Verg.: caelum astris, Ov.: porticus sparsa tabellis, geschmückt, Ov. – bildl., litterae humanitatis sale sparsae, Cic.: sparsi fraternā caede penates, die durch Verwandtenmord befleckten, Verg.: vir bonus iniquis rumoribus sparsus, Sen. – **b befeuchten, begießen, benetzen,** cytisum, Plin.: lacrimā favillam amici, Hor.: dah. haustu sparsus aquarum, mit geschöpftem Wasser besprengt (= die Hände gewaschen), Verg. – **c** **besprengen, sprenkeln,** alas coloribus, Verg.: velamina (feris detracta) maculis, Tac.: duo capreoli, sparsis etiamnunc pellibus albo, mit weiß gesprenkelten F., Verg. – ► Parag. Infin. spargier, Hor. carm. 4, 11, 8. Prud. cath. 5,148.

sparsilis, e (spargo, ere), **zerstreubar,** Tert de pudic. 2.

sparsim, *Adv.* (sparsus), **zerstreut, hier und da,** crocus sparsim defluens, Apul. met. 10, 34: ex eodem libro Catonis haec etiam sparsim et intercise commeminimus, Gell. 11, 2, 5: de sollertia divinae providentiae per totum hoc opus, quod suscepimus, sparsim nos dicere necesse est, Lact. 1, 2, 6.

sparsio, ōnis, *f.* (spargo, ere), **I** das **Sprengen** mit Flüssigkeiten im Zirkus u. mit Wasser od. mit Wohlgerüchen in den Theatern, Sen. nat. qu. 2, 9, 2: Plur., Sen. contr. 10. praef. §9. CIL 4, 1177. 1181. 1184. – **II** das **Ausstreuen (Auswerfen) der Geschenke** im Theater, Stat silv. 1, 6, 66.

sparsus, a, um, *PAdi.* (v. spargo), **I** **ausgebreitet, zerstreut,** crines, zerstreute Haare, die unordentlich auf dem Kopf liegen, z. B. bei wütenden Personen, Liv.: so auch capilli, Ov.: temere sparsa manus, ausgebreitete od. um sich herumgeworfene, Quint.: homo sparsus triplici foro = vagam per tria fora, Mart.: sparsum et incertum militiae genus, verzettelt, Val. Max.: sparsior racemus, Plin. – **II** **bunt, fleckig, gefärbt,** os sparsum, sommersprossig, sommerfleckig, Ter.: anguis maculis sparsus, Liv.

Sparta, ae, *f.* u. **Spartē,** ēs, *f.* (Σπάρτη), die bekannte Hauptstadt Lakoniens, gew. Lacedaemon gen., j. *Misitra,* Plaut. Poen. 663 u. 666. Cic. Tusc. 2, 34: poet. Form *-e,* Prop. 3, 14, 1. Ov. met. 6, 144 u. ö.: Plur. Spartae meton. = die Spartaner, Itala 1. Mach. 12, 2 u. 5. – Dav.: **A** **Spartānus,** a, um, **aus Sparta, spartanisch,** civitas, Val. Max.: bellum, Krieg mit Sp., Liv.: disciplina, Liv.: nobilitas, Petron.: saxum (Marmor), Mart.: chlamys, purpurne (mit Anspielung auf Tänarum, wo es viele Purpurschnecken gab), Iuven.: aula omnibus Spartanis gymnasiis durior, Pacat. pan. – subst., Spartānus, ī, *m.*, der **Spartaner,** Val. Max. 3, 2. ext. 3; 3, 7. ext. 8; 6, 4. ext. 5: peregrinus Spartanus, Plaut. Poen. 770: oft im Plur., Spartāni, ōrum, *m.*, die **Spartaner,** Nep. Pelop. 2, 4; de regg. 1, 2. Tac. ann. 3, 26. Curt. 4. 1 (6), 40; 4, 8 (34), 15; 7, 4 (19), 39. Iustin. 2, 11, 8; 2, 25, 5 *sqq.* u. a. Claud. cons. Mall. Theod. 153. – **B** **Spartiacus,** a, um (Σπαρτιακός), **spartanisch,** Apul. met. 1. *c.* 1. – **C** **Spartiātēs,** ae, *m.* (Σπαρτιάτης), **aus Sparta,** der **Spartaner,** Plaut., Cic. u. a. – **D** **Spartiāticus,** a, um, spartanisch, Plaut. Poen. 719. – **E** **Sparticus,** a, um, **spartanisch,** myrtus, Ps. Verg. cul. 400 (Ribbeck Parthica).

Spartacus, ī, *m.*, ein berühmter Gladiator, Thrazier von Geburt, Anstifter u. Leiter des Gladiatorenkrieges gegen die Römer, Liv. epit. 95. Flor. 3, 20. Vell. 2, 30. Hor. carm. 3, 14, 19.

Spartānus, s. Sparta.

spartārius, a, um (spartum), **zum Pfriemengras gehörig, Pfriemengras tragend,** Carthago, Plin. 31, 94. – Plur. subst., spartāria, ōrum, *n.* (*sc.* loca), Gegenden, wo das Pfriemengras häufig wächst, Plin. 11, 18.

sparteolus, ī, *m.* (*Demin.* v. sparteus), der **Feuerwächter** (so genannt nach den bei Feuersbrünsten gebrauchten Pfriemengrasstricken), Tert. apol. 39. Schol. Iuven. 14, 305.

sparteus, a, um (spartum), **aus Pfriemengras,** funis, Cato u. Colum.: taenia, helcium, Apul.: phormio, Donat.: solea, Colum.: so auch subst. bl. spartea, ae, *f.* (*sc.* solea), Colum. u. a.

Spartī u. **Spartoe,** ōrum, *m.* (Σπαρτοί v. σπείρω), die **Gesäten,** die aus den von Kadmus in die Erde gesäten Zähnen der Schlange hervorgekommenen Menschen, Form *-toe,* Censor. 4, 12. Hyg. fab. 178: Form *-ti,* Lact. 3, 4, 9. Vgl. Varro bei Gell. 17, 3, 4.

Spartiacus, s. Sparta.

Spartiānus, ī, *m.*, Aelius, ein röm. Geschichtsschreiber aus Diokletians Zeit, einer der Scriptores historiae Augustae.

Spartiātēs, **-tiāticus,** s. Sparta.

Sparticus, s. Sparta.

Spartoe, s. Spartī.

sparton u. **-um,** ī, *n.* (σπάρτον), **I** eine Pflanze, woraus Matten, Seile, Taue usw. gemacht wurden, besonders häufig in Spanien, wo sie noch jetzt *esparto* heißt, wahrscheinl. **Pfriemengras** (*Stipa tenacissima,* L.), Varro r. r. 1, 23, 6. Varro fr. bei Gell. 17, 3, 4. Liv. 22, 20, 6. Mela 2, 6, 2 (2. § 86). Plin. 24, 65. – **II** meton., ein daraus geflochtenes **Seil, Tau,** Plin. 28, 46 u. a. Dict. 3, 18.

spartopolia, ae, Akk. ān, *f.* (σπαρτοπόλιος, ον, mit zerstreuten grauen Haaren), ein uns unbekannter Edelstein, Plin. 37, 191.

spartum, s. sparton.

sparulus, ī, *m.* (*Demin.* v. sparus), die **Brachse,** Ov. hal. 106. Mart. 3, 60, 6.

sparum, s. 1. sparus.

1. sparus, ī, *m.* u. **sparum,** ī, *n.* (ahd. *spër*), ein dem Landvolk eigentümlicher kurzer **Jagdspeer** (s. Serv. Verg. Aen. 11, 682. Non. 555, 20. Paul. ex Fest. 331, 6), bestehend aus einem Schaft von Holz, der oben mit einer eisernen Spitze, an der noch ein scharfer Widerhaken sich befand, unten mit einem langen, eisernen Spieß versehen war, im Krieg nur als Notwaffe, z. B. bei plötzlichen Schilderhebungen, gebraucht, Sisenn. hist. 3. fr. 21 (b. Non. 555, 24). Varro sat. Men. 293. Sall. Cat. 56, 3. Liv. 34, 15, 4: Nom. sparus, Verg. Aen. 11, 682. Sil. 3, 388; 8, 521. Serv. Verg. Aen. 11, 682. Isid. orig. 12, 6, 31: Nom. sparum, Non. 555, 20: Plur. spara, Lucil. 1315 (bei Fest. 330 [a], 18 u. bei Non. 224, 2).

2. sparus, ī, *m.*, ein Fisch, der **Goldbrachsen** (*Sparus aurata,* L.) franz. *sparaillon,* ital. *sparlo,* Cels. 2, 18. p. 65, 22 D.

spasma, atis, *n.* (σπάσμα) = spasmus, Plin. 28, 237.

spasmus, ī, *m.* (σπασμός), die **Zuckung,** der **Krampf,** Plin. 32, 36. Scrib. Larg. 171. Cael. Aur. de morb. acut. 2, 3, 18. Isid. orig. 4, 6, 11: Plur., Plin. 22, 21 u. a.

spasticus, a, um (σπαστικός), **mit Krämpfen behaftet, spastisch,** gew. Plur. subst., spastici, Plin. 20, 157 u. a.

spatalium, iī, *n.* (σπατάλιον), eine Art **Armband,** Plin. 13, 142. Tert. de cultu fem. 2, 13. CIL 2, 2060 u. 3386.

spatalocinaedus, ī, *m.* (σπάταλος u. κίναιδος), der **Wollüstige, Unzüchtige,** Petron. 23,3.

spatangius, iī, *m.* (σπατάγγης), eine Gattung des Meerigels, Cod. Theod. 14, 20, 1.

spatārius, a, um, s. spathārius.

spatha, ae, *f.* (σπάθη), **I** ein längliches, breites Gerät, um Arzneien und andere Dinge umzurühren od. zu vermischen, der **Rührlöffel, Spatel,** Cels. u. a. – **II** ein breites, flaches Holz, dessen sich die Weber statt des Kammes oder der Weberlade (pecten, griech. κτείς) beim alten senkrechten Webstuhl bedienten, um den Einschlag damit zu schlagen u. so das Gewebe dicht zu machen, der **Spatel,** Sen. ep. 90, 20. – **III** ein breites, zweischneidiges **Schwert** zum Hauen, ohne Spitze, etwa der **Flamberg,** der **Säbel,** (noch jetzt ital. *spada,* der Degen), Tac. u. a. – **IV** der Stiel der Palmblätter u. der männl. Blüte des Palmbaumes, Plin. 16, 112. – **V** die auch elate gen. Palmenart, die **Kokus-** od. **Dattelpalme,** Plin. 12, 134. Scrib. Larg. 269: Form spathē, ēs, *f.*, Plin. 23, 99.

spathalium, s. spatalium.

spathārius (spatārius), a, um (spatha), **zum Säbel gehörig, Säbel-,** fabrica, Notit. imp. occid. 32. – subst., spatārius, iī, *m.*, der **Säbelbewahrer** seines Herrn, domini Bilisarii, Drusi, CIL 6, 9898 u. 6, 9049.

spathē, ēs, *f.*, s. spatha *no.* V.

spathomēlē (spatomēlē), ēs, *f.* (σπαθομήλη), die **spatelförmige Sonde,** Pelagon. veterin. 31 (448 *Ihm*). Marc. Emp. 7. Plin. Val. 3, 12. Isid. orig. 4, 11, 3.

spathula, ae, *f.*, s. 1. spatula.

spatiātor, ōris, *m.* (spatior), der **müßige Herumspazierer, Pflastertreter,** Cato oratt. 40. fr. 3 (bei Macr. sat. 3, 14, 9).

spatio, āre, s. spatior ►.

spatiolum, ī, *n.* (*Demin.* v. spatium), ein **kleiner Raum,** Arnob. 4, 37. Pallad. 1, 38, 2.

spatior, ātus sum, ārī (spatium), mit gemessenem Schritt **einhergehen, einherschreiten, herumspazieren, lustwandeln, sich ergehen,** absol., Cic. u. Quint.: in palatio, Plin. ep.: sub divo, Suet.: in aggere aprico, Hor.: in sicca arena (v. der Krähe), Verg.: lato arvo, Ov.: ante ora deûm ad aras, Verg. – übtr., v. Lebl., **sich ausbreiten,** alae spatiantes, Ov.: spatiante venā intus, Plin.: vires eius (morbi), antequam spatientur, opprimere, Sen. – ▶ vulg. spatiarus = *spatiaris,* CIL 1, 1220. – Aktive Nbf. spatio, wov. Infin. spatiare, Ven. Fort. vit. S. Mart. 4, 108.

spatiōsē, *Adv.* (spatiosus), **I in langem Raum** des Ortes, **a geräumig, weitläufig, weit,** inula fruticat sp., breitet sich sehr aus, Plin.: partes sp. operire, Plin. – eadem illa spatiosius (weitläufiger) et uberius (vollständiger) volumine amplecti, Plin. ep. 3,18, 1. – **b weit, groß,** increvit (flumen) latis spatiosius undis, Ov. am. 3, 6, 85 M. – **II** bildl., **in langen Zeiträumen,** spatiosius, in späterer Zeit, Prop. 3, 20, 11.

spatiōsitās, ātis, *f.* (spatiosus), die **Geräumigkeit, Weitläufigkeit, Weite,** Sidon. epist. 2, 2, 5 L. *not. cr.* Gromat. vet. 78, 4.

spatiōsus, a, um (spatium), **I von großem Umfang, geräumig, weit, groß, lang** (Ggstz. parvus, brevis, contractus), taurus, Ov.: insula, Plin.: spatiosa modice terra, Mela: cella frigidaria spatiosa et effusa, Plin. ep.: stabulum, Colum.: horti, Spart.: sp. et capax domus, Plin. ep.: spatiosiora aedificia, Vitr.: quo lucus ibi spatiosior fieret, Eutr.: iter urinae spatiosius (Ggstz. brevius), Cels.: Andromache spatiosior aequo, länger, Ov.: quid erat spatiosius illis (capillis), Ov.: spatiosissimus xystus, Plin. ep. – m. *Infin.,* quo (portu) non spatiosior alter innumeras cepisse rates, Sil. 8, 481. – **II** übtr.: **1** der Zeit nach, **lang, langwierig,** nox, Ov.: tempus, Ov.: vox, langes Wort, Quint.: duodecim clepsydris, quas spatiosissimas acceperam, sunt additae quattuor, Plin. ep. – **2 weit, umfassend,** magna et spatiosa res est sapientia, Sen. ep. 88, 33.

spatium, iī, *n.* (zu Wz. **spe(i)-,* sich ausdehnen; vgl. altind. *sphāyati,* nimmt zu, ahd. *spuot,* das Gelingen, *spuon,* vonstattengehen, gelingen), der **Raum,** als Ausdehnung nach Länge u. Breite, **I** eig. (u. bildl.): **A** im Allg.: spatia locorum, Caes.: caeli spatium, Verg., totum caeli sp., Lucr.: reliquum spatium, quā flumen intermittit, mons continet, Caes.: spatium non est agitandi (equos), Nep.: iam tamen ad impetum capiendum, equiti utique, modicum erat spatium, Liv.: laxum spatium res magna desiderat, Sen.: nam quo squamigeri poterunt procedere tandem, ni spatium dediderint latices? Lucr.: protinus certe recesserunt spatio libero dato, Curt. – **B** insbes., der bestimmt zwischen zwei Gegenständen gedachte Raum, **1** die **Weite,** u. zwar: **a** die **Weite** = der **Zwischenraum,** die **Entfernung,** paribus spatiis intermissae trabes, gleichweit abstehende B., Caes.: aequo fere spatio ab castris utrisque abesse, Caes.: ab tanto spatio, in so großer Entfernung, Caes.: neve spatium viae te terreat, accipe currus, die Weite, Ov. – **b** die **Weite** = der **Umfang,** die **Größe, Länge,** victi hostis, Ov.: oris et colli, Ov.: spatium admirabile rhombi, eine wunderbar große Butte, Iuven.: quod sit homini spatium a vestigio ad verticem, id esse passis manibus inter longissimos digitos, Länge, Plin.: trahere aures in spatium, in die Länge, Ov.: fugit in spatium, flieht geradeaus, sucht das Weite (Ggstz. redit in gyrum), Ov. – **2** die **Strecke,** die jmd. zu durchgehen, zu durchlaufen hat, **a** übh., die **Strecke, Wegstrecke, Bahn,** longum sp. itineris, Caes.: duûm milium sp., Caes.: ingens die uno cursu emetiens spatium, Liv.: dimidium fere spatium confecerat, cum etc., Nep.: incredibili celeritate magno spatio paucis diebus confecto, Caes.: nec lapis spatium evasit totum, Ov.: eadem spatia quinque stellae conficiunt, Cic. – profunda altitudo nullis inquirentium spatiis penetrabilis, v.d. Maßleine am Senkbeil, Tac. – **b** die **Bahn** der Wettrennenden, **α** die zurückzulegende Strecke, der **Umlauf,** singulos missus a septenis spatiis ad quina corripuit, Suet.: cum septimo spatio palmae appropinquant, Sen.: septem spatiis circo meruere coronam, Sen.: spatia corripere, den Lauf beschleunigen, Verg.: ebenso addere in spatia, Lauf an Lauf fügen, Verg. – bildl., quasi decurso spatio, Cic.: aetatis od. vitae spatium decurrere, den Lebenslauf vollenden, Plaut. u. Ov.: mea quem spatiis propioribus aetas insequitur, der mir an Alter näher kommt, Verg. – **β** die ganze **Bahn, Rennbahn** (griech. στάδιον), sp. declivis Olympi, Ov.: nobiles equos cursus et spatia probant, Tac. dial. – bildl., deflexit iam aliquantulum de spatio curriculoque consuetudo maiorum, ist aus ihrer Bahn u. ihrem Geleise gewichen, Cic. – **c** der **Spaziergang, α** als Strecke, der **Gang,** duobus spatiis tribusve factis, Cic.: ut in extremis spatiis subsultim decurreret, Suet. – **β** als Ort, der **Spazierplatz, Gang,** spatia silvestria, Cic.: spatia Academiae, Cic.: spatia communia, Cic. – **II** übtr., v. der Zeit, **A** im Allg.: **a** der **Zeitabschnitt, Zeitraum,** die **Zeit,** tempore ac spatio, Tac.: spatia omnis temporis non numero dierum sed noctium finiunt, Caes.: sp. praeteriti temporis, Cic.: annuum, Cic.: dierum triginta, Cic.: tam longo spatio, Cic.: spatio brevi, Hor.: in brevi spatio, Ter.: hoc interim spatio, in dieser Zwischenzeit, Cic.: post sexagesimum vitae spatium, nach dem 60. Lebensjahr, Plin.: mori iussis non amplius quam horarum spatium dedit, Suet. – **b** emphatisch, die **Dauer, Länge** der Zeit, spatio pugnae defatigati, durch die Dauer des K., Caes.: arbor spatio durata, durch die Länge der Zeit, Ov.: spatia annorum (die Länge der Jahre) lenibunt vulnera nostra, Prop. – **B** insbes.: **1** die für eine Tätigkeit usw. bestimmte **Zeit, Frist, Muße, Gelegenheit,** nisi tempus et spatium datum sit, Cic.: pugnae spatium dare, eine Pause im K. eintreten lassen, Curt.: spatium animo dare, sich Zeit zur Überlegung gönnen, Curt.: irae spatium dare, dem Zorn Raum geben (= den Z. austoben, verrauchen lassen), Liv. u. Sen.: irae spatium et consilio tempus dare, Liv.: daret malorum paenitentiae, daret bonorum consensui spatium, er möchte den Schlechten Zeit zur Reue, den Guten Zeit zur Vereinigung geben, Tac.: quom prius quam intereo spatium ulciscendi danunt (= dant), Pacuv. fr.: ut spatium pila in hostes coniciendi non daretur, Caes.: si mihi aliquid spatii ad scribendum darent, Cic.: neque, ut celari posset, tempus spatium ullum dabat, gestattete die Zeit, Ter.: spatium habere ad dicendum, Cic.: spatio sumpto, Liv.: spatium sumamus ad cogitandum, Cic.: spatio ad colloquendum sumpto, Liv.: sex dies ad eam rem conficiendam spatii postulant, Caes.: ne properes, ora; spatium pro munere posco, Ov. – **2** das metrische od. rhetor. **Zeitmaß,** Cic. or. 193. Quint. 1, 5, 18 u. a.

spatomēlē, ēs, s. spathomēlē.

1. spatula (spathula), ae, *f.* (*Demin.* v. spatha), **I** der **kleine Rührlöffel,** der **Spatel,** Plin. Val. 2, 45. – **II** der **Vorderbug,** das **Schulterblatt,** porcina, Apic. 4, 174 *sqq.* – **III** der **Palmzweig,** Vulg. Levit. 23, 40. – **IV** eine Art der Grenzsteine in Gestalt einer spatha, Gromat. vet. 341, 13: cursoria, *ibid.* 240, 5 u. a.

2. spatula, ae, *f.* (σπατάλη), **Schwelgerei, Üppigkeit,** Varro sat. Men. 275 (Riese spatule).

spēca, s. spīca.

specellātus, s. specillātus.

speciālis, e (species), **I besonders, speziell,** (Ggstz. generalis), Sen., Quint. u. a. – subst., speciālis, is, *m.,* der **besondere Freund,** spec. atque intimus tuus, Claud. Mam. in Sidon. epist. 4, 2, 4. – **II besonder = eigentümlich,** Treb. Poll. trig. tyr. 14, 3.

speciālitās, ātis, *f.* (specialis), die **besondere Beschaffenheit,** Anton. gramm. b. Fronto de diff. voc. p. 525, 21 K. Tert. adv. Marc. 5, 8. Serv. Verg. Aen. 2, 402. Isid. orig. 2, 25, 6.

speciāliter, *Adv.* (specialis), **insbesondere, besonders** (Ggstz. generaliter), Cels., Colum. u. a.

speciāria, ae, *f.* (species), die **Spezerei-** od. **Gewürzhändlerin,** CIL 6, 10112.

speciātim, *Adv.* (species), **insbesondere, besonders,** Vulc. Gallic. Avid. Cass. 6. § 6: Ggstz. generaliter, Mart. Cap. 9. § 939.

speciātus, a, um (species), **gestaltet, gebildet,** Tert. adv. Hermog. 40.

speciēs, ēī, *f.* (specio), **I** aktiv = das **Gehen,** der **Anblick, Blick,** das **Gesicht,** oculi, Vitr.: acuta, Vitr.: speciem aliquo vertere, die Augen, den Blick wohin wenden, Lucr. – **II** passiv = **1** das **Ansehen,** der **Anblick,** speciem boni viri prae se ferre, Cic.: praeter speciem stultus es, Plaut.: praebere speciem horribilem, Caes.: speciem ignis praebere, wie F. aussehen, Curt.: speciem ridentis praebere, die Miene eines Lachenden annehmen Liv.: equus ad speciem (von A.) honestus, Apul.: u. so forum comitiumque adornatum *ad speciem* magnifico ornatu, *ad sensum cogitationemque* acerbo et lugubri, Cic.: in montis speciem curvari, wie ein B., Ov. – **2** die **Gestalt,** die man mit den Augen sieht, die **äußere Gestalt, -Erscheinung,** das **Äußere,** bes. häufig von blendenden Gestalten u. Erscheinungen, humana, Cic.: divina, Liv.: auspiciorum, Cic.: fortunae principalis, die äu. E., das Bild fürstlicher Hoheit, Tac.: mortali specie excelsior iuvenis, Val. Max. – **3** die **schöne Gestalt, Schönheit,** teils natürliche, iuvenis, Iuven.: vaccae, Ov.: teils durch angebrachten Schmuck, **Ansehen, Zierde, Schimmer,** triumpho maximam speciem captiva arma praebuere, Liv.: adhibere in dicendo speciem, Liv.: qui non speciem (Schimmer) expositionis, sed fidem (Glaubwürdigkeit) quaerit, Quint. – öfter von der in die Augen fallenden **Pracht** und **Schönheit** des Himmels, species candorque caeli, Cic. Tusc. 1, 68; vgl. Cic. de nat. deor. 2, 100. – **4** die **Gestalt,** die man im Geiste sieht; dah. **a** das **Musterbild, Ideal** (s. Nipperd. Nep. Timol 5, 1), eloquentiae, Cic.: optima species et quasi figura dicendi, Cic.: excellentis eloquentiae speciem et formam adumbrare, Cic.: hanc enim speciem libertatis esse, si etc., Nep. – **b** die **Idee,** der **Begriff,** die **Vorstellung,** griech. ἰδέα (vgl. Cic. Acad. 1, 30), Cic. u. Hor.: boni viri, Cic.: species inanes anxio animo figurare, Wahngebilde (leere Gespenster) vormalen, Curt.: veram speciem Romani senatus capere, sich eine richtige V. vom r. S. machen, Liv. – **c** die **Gestalt** im Schlaf od. Traum, das **Gesicht,** der **Schemen,** nocturna, Liv.: consuli visa species viri, Liv.: species et umbrae insontis interempti filii, Liv. – **d** der **Schein, Anschein,** speciem utilitatis habere, Cic.: fraudi imponere speciem iuris, Liv.: speciem ostendere in obsidione perseverantis, sich den Anschein geben, als beharre man bei der B., Curt.: speciem praebere alcis rei, den Anschein (die Vermutung) erzeugen, Curt.: u. so praebere speciem mit folg. *Acc.* u. *Infin.,* Curt.: per speciem militarium usuum, Liv.: per speciem auxilii ferendi, Liv.: specie rei publicae lapsi, Cic.: specie, ut indutiae essent, Liv. – specie, dem Schein nach, Ggstz. reapse, Cic., u. Ggstz. re, Sen.: ebenso in speciem, Cic., Ggstz. re ipsā, Liv.: ad speciem, zum Schein, zur Täuschung, Caes. u. Q. Cic.: specie tenus, dem Schein nach, Amm. – primā specie, dem ersten Anschein nach, Cic. u. Curt. – **5** das **Bild, Bildnis, Standbild,** die **Statue,** Cic.: Iovis, Cic. – **6** die Art oder *species* einer Gattung oder eines Geschlechtes (eines *genus*), Varro u. Cic. – **7** = casus, der **Fall,** haec species incĭdit, Plin. ep.: proponitur apud eum species talis, Ulp. dig. – **8** das **einzelne Stück,** species argenti, Stücke - Sorten, ICt.: vestis, ICt. – dah. Plur. species = einzelne Dinge, die verbunden sind, wie **α Waren,** publicae, Cod. Iust.: annonariae, *ibid.* – **β Gewürze, Spezereien,** zum Einmachen, zu Arzneien, **Zutaten,** Macr. u. a. – ► *Genet.* specii, Mat. b. Gell. 9, 14, 15. – *Genet.* u. *Dat. Plur.* specierum u. speciebus bei den Alten nicht in Gebrauch nach Cic. top. 30 (vgl. Boëth. in Cic. top. 3. p. 331, 34 B.): aber später oft *Genet.* specierum, Apul. de dogm. Plat. 1, 6; de mundo 37; Ps. Apul. Ascl. 3 *sqq.* u. a. Amm. Marc. 29, 5, 36. Arcad. Charis. dig. 50, 4, 18. § 5. Cod. Iust. 1, 2, 10 u. a. Pallad. 11, 14, 15. Cael. Aur. de morb. chron. 1, 5, 151. Symm. epist. 9, 130. Macr. sat. 7, 9, 21: *Dat.* od. *Abl.* speciebus, Ps. Apul. Ascl. 5 u. a. Tert. de spect. 18 u. a. Vopisc. Aurel. 21, 4. Scaevol. dig. 28, 2, 29. § 10 u. a. ICt. Sidon. epist. 1, 10. 2. Mart. Cap. 10. § 707 u. a. Prisc. epist. ad Iul. § 5 u. Prisc. 2, 33 u. 64. – Für den *Genet. Plur.* verlangen Charis. 31, 18 u. Diom. 305, 4 specieum.

specietās, ātis, *f.* (species), die **Artbeschaffenheit,** Fronto de diff. voc. p. 525, 21 K.

specillātus, a, um (*specillum, *Demin.* v. speculum), mit kleinen Spiegeln versehen, **gespiegelt,** patina, Vopisc. Prob. 4, 5 (Peter specellatam).

specillum, ī, *n.* (specio), **I** ein chirurgisches Werkzeug, Wunden, Schäden usw. zu untersuchen, die **Sonde,** Cic., Cels. u. a. – **II** das **Spiegelchen,** Augustin. epist. 3, 3.

specimen, inis, *n.* (specio), **I** das **Kennzeichen,** die **Probe,** das **Beispiel,** die **Gewähr** (überall nur im Sing.): Solis avi, Verg.: animorum, Liv.: ingenii, Cic.: qua in re non modo ceteris specimen aliquod dedisti, sed tute tui periculum fecisti, Cic.: specimen iustitiae temperantiaeque primus dederat, Liv.: saepe eum in Hispania rarae inter homines virtutis specimen dedisse sociis pariter hostibusque, Liv. – **II** übtr., was anderen zum Beispiel dient, **Muster, Beispiel** als Muster, **Musterbild, Ideal,** sationis, Lucr.: prudentiae, Cic.: partium, Vorbild der Partei, Tac.: servare antiquum specimen animarum, Liv.: illud num dubitas, quin specimen naturae capi debeat ex optima quaque natura, Cic.: quom tute speculo es specimen maximum, Plaut. – **III** die **Zierde,** der **Schmuck,** der **Glanz,** sp. antiquum imperii, Sen. Thyest. 223: sp. egregium, Sen. Phoen. (Oedipi fr.) 80: sp. summum, Amm. 23, 6, 23: tibi specimen gloriosum arrogaris, wirst dir viel Ehre machen, Apul. met. 1, 23. – ► Nur im Sing. gebräuchlich.

specīnī, ōrum, *m.* (keltisches W.), eine Gattung Soldaten, die *guastatori* der heutigen Italiener, CIL 5. suppl. Ital. 611.

specio (spicio), spēxī, spectum, ere (altind. *spaçati,* sieht, griech. σκέπτομαι statt *σπέκτομαι, ahd. *spehōn,* spähen), **sehen,** nach einem Gegenstand, Ziel, altlateinisches Wort, bei Enn. fr. u. Cato fr.: sp. avem (als *t. t.* der Augurspr.), Varro LL.: quo supercilio spicit, so verächtlich sieht sie uns an, Plaut.: nunc specimen specitur, nun kommt es auf die Probe an, Plaut. Vgl. übh. Brix u. Lorenz Plaut. mil. 693 (690).

speciōsē, *Adv.* (speciosus), **schön, glänzend, prächtig, voll** od. **mit Anstand,** sp. vehi, Plin.: sp. dictum, Quint.: speciosius instratus equus quam uxor vestita, Liv.: hasta speciosissime (mit sehr viel Anstand) contorta, Quint.: duobus consulatibus et dictaturā speciosissime (mit großer Auszeichnung) functus, Val. Max.

speciōsitās, ātis, *f.* (speciosus), das schöne äußerliche Ansehen, die **Schönheit,** Tert. de cult. fem. 2, 2 *extr.* Ambros. de Isaac 7. § 60 u. cant. cantic. 6. § 11: sp. mulierum, Vulg. 1. Mach. 1, 27.

speciōsus, a, um (species), **I** durch gutes äußerliches Ansehen **in die Augen fallend, wohlgestaltet, sehr gut aussehend, auffallend schön** (bezeichnet einen höheren Grad von Schönheit als formosus), v. Pers., mulier, Ov.: speciosior homo, Cels.: filia, Petron.: homo speciosissimus, Quint.: v. Lebl., aedificium, Val. Max.: speciosa structura, schönes Mauerwerk, Vitr.: vicus speciosissimus, Val. Max. – dah. **a sich gut hören lassend, schön klingend, blendend,** eloquentia, Quint.: nomina, Tac. – **b ansehnlich, auffallend,** opes, Tac.: familia, Vell.: exemplum, vorleuchtendes, Liv.: speciosissima victoria, Val. Max.: speciosissimus triumphus, Val. Max.: speciosum adventum suum ingentem turbam captivorum prae se agentes fecerunt, Liv. – **II den Schein für sich habend, durch den äußeren Schein blendend,** damnum, Ov.: vocabula, Hor.: titulus, Liv.: m. 2. *Supin.,* si vera potius quam dictu speciosa dicenda sunt, Liv. 1, 23, 7.

speclāriārius, s. speculārius.

speclārius, s. speculārius.

speclātor, s. speculātor.

spectābilis, e (specto), **I sichtbar,** corpus caeli, Cic.: sp. undique campus, Ov. – **II sehenswert, ansehnlich,** heros, Ov.: Niobe vestibus intexto Phrygiis spectabilis auro, Ov.: proceritas arborum, Plin.: mons, Plin.: victoria, Tac.: pax et victoria, Gell.: – dah. Spectabilis unter den Kaisern ein Titel der vornehmsten Beamten vom zweiten Rang, vir, Cod. Iust.: iudices, *ibid.:* praefectus vigilum, Paul. dig.

spectābilitās, ātis, *f.* (spectabilis), **I** die **hohe Würde,** sp. tua, Ew. Hochwürden, Augustin. epist. 129, 7. – **II** die **Würde eines** *vir spectabilis,* spät. ICt.

spectāclum, ī, *n.,* s. spectāculum.

spectāculum, ī, *n.* (specto), **I** was ein *spectare* gewährt, der **Anblick,** die **Schau,** das **Schauspiel, A** im Allg.: magnificum, Liv.: luctuosum, Cic.: deforme, Liv.: deforme semirutae ac fumantis sociae urbis, Liv.: rerum caelestium, Cic.: Euripi, Liv.: alci sp. praebere, Cic.: alci laetum spectaculum praebere, Liv.: praebere spectacula, sich beschauen lassen, Ov.: spectacula oblatae praedae capere, ansehen, Ov.: egregium spectaculum capessere oculis, seinen A. ein herrliches Sch. gönnen, Liv.: spectaculo esse, zur Augenweide dienen, Cic.: non ista spectacula poscit, Verg.: Syphacem in castra addui cum esset nuntiatum, omnis velut ad spectaculum triumphi multitudo effusa est, Liv. – spectaclum (synkop. = spectaculum) ipsa sedens, zum Anblick aller, ein Sch. für alle, Prop. 4, 8, 21. – Plur. spectacla, Plaut. Curc. 647. – **B** insbes.: das im Theater, Zirkus usw. aufgeführte **Schauspiel,** sp. apparatissimum, Cic.: sp. gladiatorum, gladiatorium, Liv.: sp. circi, Liv.: nondum spectaculo commisso (begonnen), Liv.: spectacula tributim dare, Cic. – **II** meton., der Ort, von wo aus oder wo man *spectare* kann, gew. Plur. spectacula, **A** der **Schauplatz,** das **Schaugerüst,** die **Zuschauerbühne,** spectaculorum gradus, Tac.: spectacula sunt tributim data, Cic.: tantus est ex omnibus spectaculis plausus excitatus, Cic. – **B** das **Schauspiel** = das **Amphitheater, Theater,** ingredi spectacula, Suet. Cal. 35, 1: in caelum trabibus spectacula textis surgere, Calp. ecl. 7, 23: außerdem CIL 10, 852. – **III** das **Wunderwerk, Weltwunder,** in septem spectaculis nominari, Vitr. 2, 8, 11: numerari inter septem omnium terrarum spectacula, Gell. 10, 18, 4.

spectāmen, inis, *n.* (specto), **I** die **Probe,** der **Prüfstein,** Plaut. Men. 966. – dah. **a** die **Bewährung,** das **Erprobtsein,** morum, Prud. psych. 913. – **b** der **Beweis,** geometrica spectamina, Gromat vet. 61, 13. – **II** der **Anblick,** das **Schauspiel,** Apul. met. 4, 20 u. 7, 13: iucunda spectamini, Claud. Mam. de stat. anim. 2, 12, 7.

spectāmentum, ī, *n.* (specto), der **Anblick,** das **Schauspiel,** das sich den Blicken darbietet, Fronto de diff. voc. p. 531, 15 K.

spectātē, *Adv.*, doch nur im *Superl.* (spectatus), **herrlich, vortrefflich,** spectatissime florere, Plin. 21, 2: has res administrare, Amm. 28, 3, 9.

spectātio, ōnis, *f.* (specto), **I** das **Schauen, Anschauen, Beschauen, 1** im Allg., apparatus, Cic. u. Vitr.: animum spectatione levari, Cic.: quam spectationem θεωρίαν rectissime nominavit, Lact.: Plur., Vitr. 10. praef. § 3: ludorum spectationes, Vitr. 5, 3, 1. – **2** die **Besichtigung** = die **Prüfung, Probe,** des Geldes, Cic. Verr. 3, 181. – **II** übtr., die **Rücksicht, Betrachtung,** Flor. 2, 7, 3.

spectātīvus, a, um (specto), **zur Betrachtung gehörig, theoretisch,** pars (philosophiae), Ggstz. pars activa, Quint. 3, 5, 11; Ggstz. actualis, Isid. orig. 2, 24, 9.

spectātor, ōris, *m.* (specto), **I** der **Anseher, Betrachter, Beobachter, a** übh.: Archimedes, unicus spectator caeli siderumque, Liv.: quasi spectatores superarum rerum atque caelestium, Cic.: Albanus exercitus, spectator certaminis, Liv.: certaminis, cui destinatur frequens spectator (von angehenden Rednern), Quint.: mearum ineptiarum testis et sp., Augenzeuge, Cic.: u. so testis spectatorque virtutis atque ignaviae cuiusque adest, Liv.: caelestissimorum eius operum spectator et adiutor, Vell.: locus fusorum ab Alexandro Persarum sp. ac testis, Mela. – prägn., der **lästige Beobachter, Aufpasser,** non spectator adnotatorque convivis imminens tuis, Plin. pan. 49, 6. – **b** der **Zuschauer** im Schauspiel, Plaut. Amph. prol. 66 u. 1146 u. a. Cic. de har. resp. 22. – **II** der **Prüfer, Beurteiler,** elegans formarum, Kenner, Ter. eun. 566: proprii ponderis, Claud. laud. Stil. 1, 147: pecuniae spectatores, Münzwardeine, Donat. Ter. eun. 3, 5, 18: acrior virtutis spectator ac iudex, Liv. 42, 34, 7.

spectātrīx, trīcis, *f.* (Femin. zu spectator), **I** die **Betrachterin, Zuschauerin, Beobachterin,** Plaut., Sen. u. Ov.: Ioppe religatae ad saxum Andromedae sp., Hieron. epist. 108, 8. – **II** die **Beurteilerin, Prüferin,** humanorum spectatrix Adrastia, Amm. 22, 3, 12: posteritas incorrupta praeteritorum sp., Amm. 30, 8, 1: illa virtus, quae est spectatrix et diiudicatrix omnium rerum, Apul. de Plat. 2, 6.

spectātus, a, um, *PAdi.* (v. specto), **I geprüft, bewährt,** homo, Cic.: castitas, Liv.: spectatissimum sit, Liv. – a divo Hadriano in mores atque litteras spectatus, wegen seines Benehmens und seiner Kenntnisse bei H. angesehen, Gell. 13, 22 (21), 1. – **II** insbes.: **a von bewährter Begabung, von bewährter Redlichkeit, vortrefflich, ansehnlich,** vir, Cic.: vir spectatissimus, Cic.: femina spectatissima, Cic.: mit *Infin.*, quo non spectatior alter voce movere fora, es besser verstand, Sil. 1, 440. – **b ansehnlich, vortrefflich, sehenswert,** paeninsula spectatior, Plin.: laurus spectatissima in monte Parnasso, Plin.

spectile od. **spetile,** is, *n.*, ein gewisses Stück vom Schwein, etwa **Bauchstück,** Plaut. fr. b. Fest. 330 (b), 28. Vgl. Fest. 330 (b), 24. Paul. ex Fest. 331, 10.

spectio, ōnis, *f.* (specio, ere), das **Beobachten** der Auspizien (des Vogelfluges, Blitzes usw.) von Seiten des Augurs; dah. das den höheren Magistraten zustehende **Beobachtungsrecht** (vgl. Fest. 333 [a], 9 *sqq.* Varro LL. 6, 82), nos (angures) nuntiationem solum habemus, consules et reliqui magistratus etiam spectionem, Cic. Phil. 2, 81.

specto, āvī, ātum, āre (*Frequent.* v. specio), *intr.* u. *tr.* **schauen = sehen, anschauen, ansehen, betrachten, I** eig.: **A** im Allg.: ut spectare aliquid velimus et visere, Cic.: spectat oculis devorantibus daucos, gafft lüstern an, Mart.: taceas, me spectes, Plaut.: ebenso specta me modo, Plaut.: specta, quam arte dormiunt, Plaut.: per flabellum, Ter.: alte, in die Höhe schauen, Cic., u. (bildl.) sich ein hohes Ziel setzen, Cic.: intro, Plaut.: huc ad me, Plaut.: ad dextram, Plaut.: in nos solos, Cic.: in humum, in caelum, Lact. (vgl. Bünem. Lact. 2, 1, 14): quoquo hic spectabit, Plaut.: lumbi sedendo mi oculi spectando dolent, Plaut.: spectatumne huc venimus? Liv. – *impers.*, cum plausu congregari feros (pisces) ad cibum assuetudine in quibusdam vivariis spectatur, Plin. – **B** insbes.: **1** ein Schauspiel od. einen Schauspieler **sehen,** ein Sch. **mit ansehen, ihm zusehen, beiwohnen,** Megalesia, Cic.: fabulam, ludos, Hor.: circenses, Suet.: pugiles, Suet.: spectavi comicos ad istum modum sapienter dicta dicere, Plaut.: absol., matronae tacitae spectent, Plaut.: ut Turpione Ambivio magis delectatur, qui in prima cavea spectat, delectatur tamen etiam, qui in ultima, Cic. – **2** prägn.: **a** mit dem Nebenbegr. der Bewunderung = **bewundernd anschauen,** gaude quod spectant oculi te mille loquentem, Hor. – **b** mit dem Nbbgr. des Prüfens, **prüfend betrachten, prüfen, untersuchen,** cui nunc hoc (argentum) dem spectandum scio, Plaut.: spectatur in ignibus aurum, Ov. – im Bild, hunc igni spectatum arbitrantur, die Feuerprobe bestanden, Cic. – **3** übtr., v. Örtl. usw., nach einer Gegend **hinsehen, gerichtet-, gelegen sein,** ad orientem solem, Caes. u. bl. ad orientem, Vitr.: ad meridiem, Caes.: ad fretum, Cic.: in ventum favonium, Varro: in Etruriam, Liv.: vestigia omnia te adversum spectantia nulla retrorsum, Hor.: inter occasum solis et septemtriones, Caes.: solem occidentem et mare Siculum, Liv.: bl. orientem, Liv. u. Sall., occidentem, Curt.: prora spectat sepulcrum, ist hingekehrt nach usw., Liv. – dah. v. Völkerschaften, Belgae spectant in septemtriones, Caes. – **II** bildl.: **A** im Allg.: **sehen, besehen, betrachten,** specta rem modo, doch warte nur (als Drohung), Plaut.: audaciam specta, Ter.: alterius spectare laborem, Lucr.: caeli signorum ordinem et pulchritudinem, Cic. fr.: voluptates procul sp. (Ggstz. propter intueri), Cic. – **B** insbes.: **1 nach etwas hinsehen, -sich umsehen,** etwas **erwarten, nach** etw. **streben, trachten, sich** wohin **neigen,** wohin **zielen,** auf etwas **Rücksicht nehmen,** etw. **berücksichtigen, a** v. Pers.: magna, Cic.: commune bonum, Lucr.: ea quae sunt in usu vitaque communi, Cic.: mores, Cic.: locum probandae virtutis suae, Caes.: fugam, Cic.: arma, an bewaffnete Abwehr denken, Curt.: u. so arma et rebellionem, Liv. – m. folg. *ut* u. Konj., (me) spectasse semper, ut possem etc., Cic. ep. 5, 8, 3: qui spectant, ut pueritia splendeat, Sen. ep. 122, 7. – mit folg. *ad* u. Akk., ad imperatorias laudes, Cic.: ad suam magis gloriam quam ad salutem rei publicae, Cic.: si ad vitulam spectas, Verg. – **b** übtr. auf abstrakte Subjekte, **sehen,** wohin **zielen, sich neigen,** auf etw. **sich beziehen** (s. Bünem. Lact. 3, 12, 33), et prima et media verba spectare debent ad ultimum, Cic.: ad arma, ad seditionem rem spectare, es lasse sich zum Kr., zum Aufr. an, Liv.: u. so parva ex re ad rebellionem spectare res videbatur, Liv.: ad perniciem, Cic.: ad bene beateque vivendum, Cic.: ad religionem, ad ius, Cic.: spectat alqd eo od. huc, ut etc., Cic.: quo igitur haec spectat oratio? Cic.: quorsum haec spectat omnis oratio? Cic. – **2 beurteilen, erproben,** alqm ex trunco corporis, Cic.: animum tuum ex animo spectavi meo, Ter.: non ex singulis vocibus philosophi spectandi sunt, Cic.: quod non tam studiose in nobis quam in histrionibus spectari puto, Cic.: in dubiis hominem spectare periclis, Lucr.

spectrum, ī, *n.* (specio) = εἴδωλον, eine Erscheinung in der Vorstellung, der **Schemen,** das **Gesicht,** spectra Catiana, des Philosophen Katius, Cic. ep. 15, 16, 1 u. Cass. *ibid.* 15, 19, 1.

spectus, Abl. ū, *m.* (specio), der **Blick,** spectu protervo ferox, Pacuv. tr. 147.

1. spēcula, ae, *f.* (*Demin.* v. spes), die **kleine Hoffnung,** der **Strahl (Schimmer) von Hoffnung,** ecquid in te speculaest? Plaut. Pers. 310 Sch.: specula etiam in sortitust mihi, Plaut. Cas. 306 Sch.: qui aliquid ex eius sermone speculae degustarat, Cic. Clu. 72: in communibus miseriis hāc tamen oblectabar speculā Dolabellam meum fore ab iis molestiis, quas liberalitate suā contraxerat, liberum, Cic. ep. 2, 16, 5: cassae speculae renuntias fortiter, Apul met. 6, 5: tenui speculā solabar clades ultimas, Apul. met. 10, 29.

2. specula, ae, *f.* (specio), **I** eine Anhöhe zum Umsehen, zum Spähen, die **Warte,** velut in aliqua sublimi specula constitutus, Lact.: speculas per promunturia omnia ponere, Liv.: dat signum specula Misenus ab alta, Verg.: has naves per altum ferri, cum ex specula signum datum Antenori esset, Liv.: contemplatus regium agmen ex specula quadam, Liv.: multo ante tamquam ex aliqua, specula prospexi tempestatem futuram, Cic. – bildl., homines in speculis sunt (sind od. stehen auf der Lauer), observant, Cic.: u. so regem in speculis fuisse semper, Cic.: u. diem unum in speculis fuit, Liv.: u. in speculis omnis Abydos erat, Ov.: ab illo in speculis (auf der Lauer) atque insidiis relictus, Cic.: restitit in speculis fati, Claud. – **II** übtr.: **a** übh. die **Anhöhe,** alta, Verg.: montis, Höhe, Gipfel, Verg.: e speculis clamorem tollunt, von der Stadtmauer, Verg. – **b** meton., das **Ausspähen, Auslugen,** turris, quam speculae causā elatissimam aedificaverat, Vopisc. Prob. 21, 3.

speculābilis, e (speculor), **sichtbar,** Stat. Theb. 12, 624.

speculābundus, a, um (speculor), **fort und fort auf der Lauer stehend,** Tac. hist. 4, 50. – m. *ab* u. Abl., ab ostio speculabunda, Mart. Cap. 2. § 112. – m. *ex* u. Abl. u.m. *Acc.,* speculabundus ex altissima rupe identidem signa, fort u. fort auf die Zeichen (Signale) lauernd, Suet. Tib. 65, 2.

speculāmen, inis, *n.* (speculor), das **Hinsehen,** Prud. apoth. 20.

specular, āris, *n.* (specularis), die **Fensterscheibe,** das **Fenster,** corneum, Tert. de anim. 53.

speculāris, e (speculum), **zum Spiegel gehörig, spiegelartig,** ratio, Spiegelhypothese, Sen. nat. qu. 1, 5, 9: lapis, der Spiegelstein = das Fraueneis, Marienglas, ein durchsichtiger Stein, der sich in dünne Blättchen spalten lässt, die die Alten als Fensterscheiben gebrauchten, s. Plin. 36, 150 *sqq.* – subst., speculāria, ium u. iōrum, *n.,* **Fenstergläser, -scheiben, Fenster,** Sen. u. Plin.: als Treibhausfenster, Plin. ep. u. Mart.

speculāriter, *Adv.* (specularis), **sichtbar,** Ven. Fort. carm. 5, 6, 3. p. 113, 10 *Leo.*

speculārium, iī, *n.* (speculum), der **Spiegel,** Ulp. dig. 43, 24, 9. § 1. Vgl. specularis.

speculārius, iī, *m.* (speculum), der **Spiegelverfertiger,** Tarrunt. Patern. dig. 50, 7 (6), 6. Cod. Theod. 13, 4, 2. CIL 5, 5203; 6, 7299: synkop., speclārius, CIL 6, 2206 u. 6, 9900: appos., discentes specularii, Lehrlinge der Spiegelverfertiger, CIL 6, 8659. – so auch speclāria, ae, *f.,* **Spiegelscheibenhändlerin,** CIL 6, 10112 (wo falsch speciaria).

speculātio, ōnis, *f.* (speculor), **I** das **Ausspähen, Auskundschaften,** Amm. 27, 2. § 2 u. 4: turris speculationis, Gregor. in Iob 31. § 85: Plur. bei Amm. 14, 2, 15 u. 26, 10, 4. – **II** die **Betrachtung,** das **Beschauen,** Boëth. cons. phil. 4. pros. 1 u. 5. pros. 2: suis fruitur dives speculatio terris, Auson. Mos. 326.

speculātīvus, a, um (speculor), **spekulativ,** philosophia, Boëth. in Porphyr. dial. 1. p. 2: dies. subst., speculātīva, ae, *f.,* Ggstz. activa, Cassiod. var. 1, 45, 3.

speculātor, ōris, *m.* (speculor), der **Ausspäher, I** der **Kundschafter, Ausspäher, Spion,** im Krieg, **a** v. Menschen, Caes., Cic. u. a. solche speculatores als besondere Abteilung jeder Legion, speculator de legione II. Pompeiana, Auct. b. Hisp.: um die Person des Feldherrn als Ordonnanz, Feldjäger, Leibwache, Auct. b. Afr., Suet. u. a.: als Scharfrichter, Henker, Sen. de ira 1, 18, 4; de ben. 3, 25: apud arbitrum speculatorem litigaturi, Tert. ad uxor. 2, 5 *extr.:* u. dafür (= Scharfrichter) spiculator, Vulg. Marc. 6, 27. Hieron. epist. 1, 8. Augustin. serm. 307, 1. Firm. math. 4, 4 u. 8, 26. – **b** der Bienen, Plin. 11, 19. – **II** der **Erspäher, Forscher** übh., sp. venatorque naturae, Cic.: speculatores futurae grandinis (griech. χαλαζοφύλακες), Sen.: sp. futuri, Sil. – ► synkop. speclātor, CIL 10, 684. – **III** der **Hüter, Aufseher,** Eccl.

speculātōrius, a, um (speculator), **a zum Ausspäher-, Kundschafter gehörig,** navigium, Spähschiff, Flor.: navigia od. naves, Spähschiffe, Caes. u. Liv.: dies. subst. bl. speculatoriae, Liv. 22, 9, 5. – **b von den** *speculatores* (im Heer) **getragen,** caliga, Suet. Cal. 52: dies. subst. bl. speculatoria, Tert. de cor. mil. 1.

speculātrīx, trīcis, *f.* (Femin. zu speculator), die **Ausspäherin,** furiae duae sunt speculatrices et vindices facinorum et scelerum, Cic. de nat. deor. 3, 46: fida sp. utilitatis alienae, Apul. Plat. 2, 7: mens boni sp. consiliorum suorum est, Ambros. epist. 67, 5: sp. et propugnatrix meorum periculorum, CIL 6, 1527, 61: absol., Sen. contr. 1, 6, 10: v. der Juno, Val. Flacc. 7, 190. – dah. übtr., sp. villa profundi, auf das Meer hinblickende, Stat. silv. 2, 2, 3: ebenso angusti atque aestuosi maris alto e tumulo speculatrix statua, Val. Max. 9, 8. ext. 1.

speculor, ātus sum, ārī (specio), **I** *intr.* **spähen, umherspähen, sich umsehen, auslugen,** unde sedens partes speculatur in omnes, Ov. met. 1, 667. – **II** *tr.* nach **etwas umherspähen, sich umsehen,** etwas **auskundschaften, belauern, beobachten, ins Auge fassen, in Augenschein nehmen,** loca, eine Erkundigung vornehmen, Liv.: omnia, Cic.: rostra, Cic.: alcis consilia, Sall. u. Vell.: fortunam, auf eine Wendung des Glückes lauern, Vell.: u. so fortunam seditionis alienae, Tac.: alqm, Cic.: columbam, Verg.: obitus et ortus signorum, Verg.: incendia villarum de muris, Iustin. – m. folg. *ne* u. Konj., speculabor, ne quis nostro consilio venator adsit, Plaut. mil. 607: m. folg. *Acc.* u. *Infin.,* haud imprudenter speculatus (berechnend) neminem celerius opprimi, quam qui nihil timeret, Vell. 2, 188, 2: m. folg. indir. Fragesatz, nunc speculabor, quid ibi agatur, Plaut.: specularetur, quae fortuna esset, Liv. – absol., speculandi causā, Caes. u. Cic., speculandi gratiā, Hirt. b. G.: quod neque precibus umquam nec insidiando nec speculando assequi potui, Cic. – ► speculor passiv, wov. speculabitur, Boëth. inst. arithm. 2, 38. p. 134, 8 Fr.: speculatus, Boëth. inst. mus. 2, 2: speculandus, Boëth. inst. arithm. 2, 42. p. 139, 29 Fr.

speculum, ī, *n.* (specio), der **Spiegel** (bei den Alten aus glänzenden Metallplatten), **I** eig.: speculorum levitas, Cic.: sp. concavum, Hohlspiegel, Plin.: inditum auro (in G. gefasster) sp., Sen.: specula totis paria corporibus auro argentoque caelata sunt, Sen.: inter pectinem speculumque occupati, Sen.: cotidie adversum speculum (vor dem Sp.) ornari, Scipio bei Gell.: quodam modo speculi vice fungi (als Sp. dienen), Sen.: speculo placere, schön geputzt sein, Ov.: crebro semet in speculo contemplari, Apul.: faciem quaerere in speculo od. ad speculum, Macr. u. Hieron.: speculum suum consulere, Ov.: speculum invisere, Apul.: se speculo videre alterum, Hor.: hoc facinus speculo videre, Mart.: Demosthenes grande quoddam intuens speculum componere actionem solebat, Quint.: inspicere tamquam in speculum in vitas omnium, Ter.: iis (libidinibus etc.) posse istius tamquam in speculo vitam intueri, Cic.: indicant pueri, in quibus ut in speculis natura cernitur, Cic. – vom Spiegel des Wassers, lympharum, Phaedr. 1, 4, 3. – **II** übtr., der **Spiegel** = das Abbild, morum, Sittenspiegel, Plin. ep.: speculum video, Plaut.: quae (parvos et bestias) putat esse specula naturae, Cic.: opus Vergilianum de quodam Homerici operis speculo formatum est, Macr. – ► vulg. Nbf. **speculus,** ī, *m.,* Ps. Cypr. de monte Sina et Sion 13 (zweimal).

specus, ūs, *m., f.* u. *n.* (zu specio; eig. Öffnung zum Sehen), die **Höhle, Grotte, I** eig.: **a** natürliche, gew. *masc.*, Hor., Liv. u. a.: *fem.* b. Varro u. Gell.: neutr., specus horrendum, Verg. – **b** künstliche: **α** übh.: in defossis specubus, Verg. georg. 3, 376: altius effossi specus (Tunnel), Tac. ann. 12, 57: quo depressius aestivos specus foderint, Sen. ad Helv. 9, 3. – **β** in Bergwerken, der **Schacht,** Vitr. 7, 7, 1. – **γ** bei Belagerungen, die **Mine,** fodere specus, minieren, Vitr. 10, 16, 9. – **δ** der bedeckte **Wassergang, Abzugsgraben,** die **Schleuse,** subterranei, Cic.: perducere specus e piscina in mare, Varro. – **II** übtr., die **Höhle,** alvi, Phaedr.: vulneris, Verg. – ► Nbf. specu, nach Prisc. 4, 11 u. de nom. et pronom. § 9 u. 10. Donat. 376, 20 K. Cledon. 42, 10 K.: Plur. specua, nach Mart. Cap. 3. § 293. – Heteroklit. nach der zweiten *Declin.*, Plur. speca, Cato inc. libr. fr. 9 (vgl. Prisc. 6, 76, nach dem man auch hoc specum sagte): altis clausere specis, Acc. tr. 63. – Von specus Abl. Plur. gew. specubus, selten specibus, wie SC. bei Frontin. aqu. 125 u. Vet. lex bei Frontin. aqu. 129.

speicula, ae, *f.* (*Demin.* v. spes), eine **kleine Hoffnung,** ein **Funke von Hoffnung,** una effugiendi aeterni ignis speicula datur, Salv. adv. avar. 3, 18, 81.

spēlaeum, ī, *n.* (σπήλαιον), die **Höhle, Grotte, Gruft,** Verg. ecl. 10, 52. Claud. b. Get. 354 u. Eccl. – **spēlēum** geschr., CIL 5, 5795 u. 6, 733.

spelta, ae, *f.*, der **Spelt, Spelz,** Hieron. in Ezech. 1, 4, 9. Edict. Diocl. 1, 7 u. 8: Plur., totidem speltae, Speltkörner, Auct. de pond. 12.

spēlunca, ae, *f.* (σπήλυγξ, υγγος), **I** die **Höhle, Grotte,** spelunca alta vastoque immanis hiatu, Verg.: spelunca vasto submota recessu, Verg.: spelunca peropaca, Lact.: spelunca latronum, Vulg.: speluncae Bacchicae, Macr.: propter est spelunca quaedam, Cic.: iam decimum annum in spelunca iacet, Cic.: cum homines speluncas et antra pro domibus haberent, Lact. – **II** als *nom. propr.*, Spelunca, Name eines Landhauses des Tiberius bei Terracina, Suet. Tib. 39. Tac. ann. 4, 59. Plin. 3, 59.

spēluncōsus, a, um (spelunca), **voller Höhlen, höhlenreich,** Cael. Aur. de morb. acut. 2, 37, 191.

spērābilis, e (spero), **was zu hoffen ist,** cum nulla meae vitae salus sperabilest, Plaut. capt. 518.

spērātor, ōris, *m.* (spero), der **Hoffende,** Augustin. serm. 20, 4.

Sperchēos u. **-chēus** u. **Sperchīos** u. **-chīus,** ī, *m.* (Σπερχειός), ein Fluss im phthiotischen Thessalien, der auf dem Pindus entspringt und sich in den malischen Meerbusen ergießt, mit reizenden Ufern, j. *Agramela* od. *Ellada,* Form *-eos,* Verg. georg. 2, 487. Stat. Ach. 1, 239 u. Theb. 4, 838: Form *-eus,* Liv. 36, 14, 15 u. 37, 4, 10: Vok. Sperchee, Stat. Ach. 1, 628: Form *-ios,* Mela 2, 3, 6 (2. § 44). Plin. 4, 28. Ov. met. 1, 579: Form *-ius,* Claud. de Get. bell. 183. – Dav.: **A Sperchēis,** idis, *f.*, **sperchēisch,** undae, Ov.: ripae, Ov. – **B Sperchīonidēs,** ae, *m.*, ein **Anwohner des Spercheos,** Ov. met. 5, 86. – **C Sperchīae,** ārum, *f.*, Stadt im Spercheustal, Liv. 32, 13, 10.

spērēs, Plur., s. spēs.

spergo, ere = spargo, Colum. 12, 39, 3.

sperma, atis, *n.* (σπέρμα), der **Same,** Sulp. Sev. chron. 1, 11 *in.*

spermaticus, a, um (σπερματικός), **zum Samen gehörig,** pori, Samengänge, Cael. Aur. de morb. 3, 18, 180.

spernāx, ācis (sperno), **verachtend, Verachtung äußernd,** mortis, Sil. 8, 463: in consilio admittendo, Sidon. epist. 4, 9, 4.

sperno, sprēvī, sprētum, ere (altind. *sphuráti,* stößt mit dem Fuß weg, ahd. *spornōn,* mit der Ferse ausschlagen), **I absondern, trennen, entfernen,** se a malis spernit procul, Enn. fr. scen. 189: nec spes opes auxiliaque a me segregant spernuntque se, Plaut. capt. 517; vgl. Plaut. mil. 1232 G. – **II** übtr., **verwerfen, verschmähen, verachten** (Ggstz. cupere, concupiscere), **1** im Allg.: alqm, Ter., Cic. u. a.: cibum, Hor.: veteres amicitias, Cic.: alcis litteras, Liv.: natio haud spernenda, Tac.: nequaquam spernendus auctor, unverwerflicher, glaubwürdiger, Liv. – Partizz. mit *Genet.*, spernens dotis, Apul. apol. 92 *extr.*: spernendus morum, in Ansehung usw., Tac. ann. 14, 40. – poet. m. folg. *Infin.*, nec partem solido demere de die spernit, Hor.: obsequio deferri spernit aquarum, Ov. – Partiz. sprētus, a, um, **a verachtet,** Cic. u. Liv. – **b verachtungswürdig, verächtlich,** Euanthes inter auctores Graeciae non spretus, Plin. 8, 81: m. *Genet.*, Parthenope non spreta vigoris, in Ansehung des Mutes, Sil. 12, 28. – **2** insbes., über etw. **sich verächtlich äußern, spotten** (Ggstz. extollere), graves mero suas vires extollere, hostium nunc temeritatem nunc paucitatem spernere incipiunt, Curt. 7, 4 (15), 2. – ► Synk. Perf. spreruni, Prud. dittoch. *no.* 31, 3 (123). – aktive Nbf. nach der 1. Konjug., wov. spernabant, Itala Luc. 18, 9: u. Partiz. spernātus, ἐξουλενηθείς, Gloss. II, 187, 36. – depon. Nbf. nach der 1. Konjug. spernatur, Iuven. 4, 4: spernabere, Fronto de eloqu. 1. p. 114, 4 N.

spēro, āvī, ātum, āre, etwas (Günstiges od. Ungünstiges) **erwarten, vermuten, I** etwas Günstiges **erwarten = hoffen, sich versprechen,** auf etw. **Aussicht haben,** mit etw. **sich schmeicheln** (Ggstz. metuere, timere), bene od. recte, gute Hoffnung hegen, Cic. (u. so recte spero, es wird sich schon machen, Ter.): ut spero (als Parenthese), Cic.: fiet aliquid, spero, Ter. – de alqa re, Cic.: bene de alqo, Nep.: deos teque, auf die G. und auf dich, Plaut. – pacem, Cic.: victoriam ab alqo, Caes.: omnia ex victoria, Caes.: meliora, Cic.: quod sapienter speravimus, erwartet haben, Colum. – im Passiv, simul medio tempore plures nuntii sperabantur, Tac.: Germani, qui ab ipsis sperentur, Tac.: quo mitius imperium Romanum speraretur, Tac.: sperata praeda, Caes.: sperata gloria, Cic. u. Liv. – m. dopp. *Acc.*, quem vel praecipuum adiutorem speraverat, auf dessen Beistand er gerade gehofft hatte, Suet. Aug. 10, 2. – m. folg. *Acc.* u. *Infin.*, und zwar gew. m. *Infin. Futur.*, spero aeternam inter nos gratiam fore, Ter.: spero fore, ut etc., Cic.: sperare pro eius iustitia quae petierint impetraturos, Caes.: ex quibus sperant se maximum fructum esse capturos, Cic.: u. im Passiv, legiones secuturae sperabantur, Tac.: plurimae gentes collaturae capita sperabantur, Amm. – seltener mit *Infin. Praes.* od. *Perf.*, itaque alvom prodi speravit nobis salsis poculis, Plaut.: sperat se a me avellere (rus), Ter.: spero ex hoc ipso non esse obscurum, Cic.: neque ego hanc abscondere furto fugam speravi, hoffte, erwartete, Verg.: sperabam iam defervisse adulescentiam, Ter.: de nostra Tullia spero cum Crassipede nos confecisse, Cic.; quorum mentes nondum ab superiore bello resedisse sperabat, Caes. – wie im Griech. m. folg. Subjektsatz, visura (= *se visuram esse*) et quamvis numquam speraret Ulixen, Prop. 2, 9, 7. – m. folg. *ut* u. Konj., Liv. 34, 27, 3. Sen. contr. 9, 2 (25), 18. Sen. ad Polyb. 18 (37), 6. Iustin. 5, 3, 3. – Partiz. spērātus subst., **a** spērātus, spērāta, der, die **Ersehnte,** von verlobten Personen, **Bräutigam, Braut, Verlobter, Verlobte, Liebster, Liebste,** Afran. com. fr. u. Plaut.: auch von Verheirateten, Amphitruo uxorem salutat speratam suam, Plaut. – **b** sperata orum, *n.*, die **gehegten Wünsche,** die **gehegte Hoffnung,** contra od. praeter sperata, Amm. 24, 4, 19 u. 25, 7, 5: potiri sperata, ihre Hoffnungen verwirklicht sehen, Liv. 21, 45, 9. – **II** wie ἐλπίζειν = etwas Ungünstiges **erwarten, vermuten = fürchten,** id quod non spero, Cic.: bellum, Flor.: deos, Verg.: hunc si potui sperare dolorem, et perferre potero, Verg. – m. *Acc.* u. *Infin.*, haec spero vobis molesta videri, Cic.: sperans suorum ignaviā bellum trahi, Capit.: im Passiv, quae inedia (Hungersnot) per multas difficilesque causas iam adfore sperabatur, Amm. 14, 7, 5.

spēs, eī, *f.* (altlat. Plur. speres, wov. spero), **I** die **Hoffnung, 1** eig.: **a** appell.: lentior, sera, Liv.: vera, begründete, Cic.: falsa, Ter.: bona certaque, Cic.: spes emptionis, auf die dauernde Gültigkeit des Kaufes, Cic.: peccatorum, Cic.: patrandi incepti, Amm.: egregiae spei filia, hoffnungsvolle Tochter, Tac.: summae spei adulescentes, hochstrebende, Caes.: mit *Genet. obiect.*, nullast spes iuventutis, von der Jugend ist nichts zu hoffen, Plaut.: spes est od. alci deest ad alqd faciendum, z. B. ut nunc in uno cive spes ad resistendum sit, Cic.: cum spei nihil ad resistendum esset, Liv.: quia Gallis ad temptanda ea defuit spes, Liv. (vgl. Weißenb. Liv. 21, 25, 10): spem cepit fenoris expugnandi, Liv.: spes est in vobis, beruht auf euch, Cic.: in eo spem verti obsidionis, darauf beruhe usw., Liv.: omnem spem salutis in virtute ponere, Caes.: omnem spem otii in Pompeio ponere, Cic.: in alqo magnam spem dignitatis suae collocare, Cic.: spem habere, in spem venire od. ingredi od. adduci, spes me tenet (ich hoffe) mit folg. *Acc.* u. *Infin.*, Cic. (vgl. Sorof u. Meißner Cic. Tusc. 1, 97): iniecta mihi spes est m. folg. *Acc.* u. *Infin.*, Cic.: si spem afferunt, ut etc., Cic. de amic. 68: spes magna est, ut etc., Gell. 7 (6), 14, 4: spes mihi certa fuit, ut etc., Auson. edyll. 2, 46. p. 34 Schenkl: irritā spe agitari, ut etc., Tac. ann. 16, 26: opinio omnis ad eam spem traducenda est, ut etc., Cic. de off. 2, 10: spes (mihi) est m. folg. *Acc.* u. *Infin.*, Plaut.: in magna spe esse m. folg. *Acc.* u. *Infin. Fut. act.*, Cic.: de alqa re nec nulla nec magna in spe esse, Cic.: spe ullā teneri, Cic.: spe, quā iubes, nitemur, Cic.: spe duci m. folg. *Acc.* u. *Infin.*, Cic.: ponere in spem (seine H. darauf setzen) m. folg. *Acc.* u. *Infin.*, Plaut.: pax fuit in spe, wurde gehofft, Cic.: quod nulla habeo in spe, das hoffe ich nicht, macht mir keine Hoffnung, Cic.: id in optima spe pono, macht mir gute Hoffnung, Cic.: spem alci facere od. ostendere od. afferre, Cic.: spem alcis explere, Liv. u. (Ggstz. frustrari) Suet.: spes omnium explere, Iustin.: spei finem imponere, die H. krönen, Liv. spem alci dare, einflößen, Cic.: aber spem insperatam dare alci, erfüllen, Plaut.: spem insperatam offerre (eröffnen) alci, Plaut.: meam spem cupio consequi, Plaut. fr.: spem abscīdere, Liv., incīdere, Liv., od. praecīdere, Cic., od. destituere, Liv., od. fallere, Cic., od. eripere, Cic., od. adimere, Ter. u. Cic.: spem abicere, Brut. in Cic. ep., deponere, Hor.: spem perdere, Cic.: tum spem, tum metum ostendere (vor Augen stellen), Cic.: partim spe, partim metu, Versprechungen, Liv. – praeter spem, Cic., od. contra spem, Liv.: contra spem omnium, Caes. – in spem arripere, Hoffnung auf Erbschaft, Hor.: scribere alqm in secundam spem, zum anderen Erben, wenn der erste sterben sollte usw., zum Aftererben, Tac. – Plur., spes, Komik., Cic., Liv. u. a.: sperum, Eumen. pan. Constant. Aug. 15, 3: spebus, Sidon. epist. 1, 9. Sulpic. Sev. dial. 3, 10, 3. Salv. adv. avar. 2, 1, 1. Paul. Nol carm. 18, 263. Hilar. in psalm. 119. – **b** personif., Spes, die **Hoffnung** als Göttin, die in Rom mehrere Tempel hatte u. deren Fest am 1. August gefeiert wurde, Plaut. Bacch. 893. Cic. de legg. 2, 28. Liv. 2, 51, 2. – **2** meton., die **Hoffnung** für das, worauf man seine Hoffnung setzt, wie ἐλπίς, das **gehoffte Gut,** spem vanam sequens, Ov.: spem sine corpore amat, Ov.: spem anni intercipere, Ov.: spe potitur, erreicht das Gehoffte, Ov.: castra Argivom, vestras spes uritis, Verg. – v. leb. Wesen, cum tam procul Romani, unica spes, circa omnia hostium essent, Liv.: spes gregis, v. den Lämmern, Verg.: u. so spes grexque, Lämmer u. Mutterschafe, Verg.: spes gentis, v. jungen Bienen, Verg.: clarissima forma multorum fuit spes invidiosa procorum, Ov.: spes reliqua nostra, Cicero, der du noch meine einzige H. bist, Cic.: u. als Schmeichelwort, spes mea, Plaut.: o mea spes, Plaut.: Flacce, Antenorei spes, Mart. – **II** die **Erwartung** von etwas Ungünstigem = die **Aussicht** auf etw., die **Befürchtung** von etw. (vgl. Fabri Liv. 21, 6, 5), naufragii, Lucan.: mala res, spes multo asperior, Sall.: spe omnium serius, Liv.: omnium spe celerius, Liv. – ► Archaist. *Acc. Sing.* sperem, Non. 171, 25 (ohne Beleg): Nom. u. *Acc. Plur.* speres, Enn. ann. 429 u. 128: *Abl.* speribus, Varro sat. Men. 1 u. 350.

spetile, is, *n.*, s. spectile.

speusticus, a, um (σπευστικός), **eilfertig gemacht,** panis, Plin. 18, 105.

sphacos, ī, *m.* (σφακός), **I** = sphagnos, Plin. 24, 27. – **II** = elelisphacos, Plin. 22, 146.

sphaera (sphēra), ae, *f.* (σφαῖρα), die **Kugel** (rein lat. pila od. globus), **I** im Allg., Cato u. Cic. – **II** insbes.: **a** die astronom. gläserne od. eherne **Himmelskugel,** der **Himmelsglobus,** Cic.Tusc. 1, 63; de rep. 1, 21 *sq.* – **b** der **Spielball, Ball,** Italica, Cael. Aur. de morb. chron. 3, 6, 88 u. 5, 11, 134 u. a.: sphaerae ludus, Cael. Aur. de morb. chron. 1, 4, 78. – **c** die **Kreisbahn** der Planeten, Cic. de nat. deor. 2, 55. – **d** der **Weltkörper** (wie Himmel, Erde usw.), Macr. somn. Scip. 2, 4, 8. Mart. Cap. 7. § 741 (u. dazu Kopp). – ► arch. spaera, Cato r. r. 82. – bei Spät. sphēra geschr.; dah. fehlerhaft gemessen sphĕra bei Prud. apoth. 210.

sphaerālis, e (sphaera), **I zur Kugel gehörig, Kugel-,** extremitas, Macr. somn. Scip. 1, 22, 7. – **II kugelförmig,** forma, Macr.: motus, Macr.

sphaericus (sphēricus), a, um (σφαιρικός), **I kugelförmig,** motus, Macr. somn. Scip. 2, 14, 31: numeri, Boëth. inst. arithm. 2, 4 u. a. Isid. orig. 2, 7. – **II** die **Kugel betreffend,** subst., sphaerica, ae, *f.*, die Lehre von den bewegten Körpern oder von der Bewegung, die **Sphärik,** die sich bei den Alten meistens auf Sätze der sogenannten Mechanik des Himmels beschränkte, Boëth. inst. arithm. 1, 1. p. 11, 22 Fr.

sphaerista, ae, *m.* (σφαιριστής), der **Ballspieler,** Sidon. epist. 2, 9, 4 u. 5, 17, 7. CIL 10, 6638 C III, 15 (wo abgekürzt sphaer.).

sphaeristērium (sfaeristērium), iī, *n.* (σφαιριστήριον), **I** der **Ballspielort, Ballspielsaal,** Plin. ep. 2, 17, 12 u. 5, 6, 27. Suet. Vesp. 20. CIL 10, 7004. – **II** übtr., das **Ballspiel,** Lampr. Alex. Sev. 30, 4. Sidon. epist. 2, 2, 15.

sphaerīta, ae, *m.*, s. spaerīta.

sphaeroīdēs, es (σφαιροειδής), **kugelähnlich,** schema, Vitr. 8, 5, 3.

sphaeromachia, ae, Akk. ān, *f.* (σφαιρομαχία), der **Faustkampf mit eisernen** (aber mit einem gepolsterten Lederüberzug versehenen) **Kugeln,** Sen. ep. 80 *in.* Stat. silv. 4. praef. *extr.*

sphaerula, ae, *f.* (*Demin.* v. sphaera), die **kleine Kugel,** Vulg. exod. 25, 31 *sqq.* u. 37, 17 *sqq.* Augustin. de gen. ad litt. 2, 15.

sphagnos, ī, *m.* (σφάγνος), eine Art wohlriechendes **Moos,** Plin. 12, 108 u. 24, 27.

sphēniscos, ī, *m.* (σφηνίσκος), der **kleine Keil,** das **Keilchen,** rein lat. cuneolus, Boëth. inst. arithm. 2, 25. p. 114, 9 u. 29. p. 121, 3 Fr.

sphēra, s. sphaera ►.

sphērica, -cus, s. sphaericus.

sphīnctēr, ēris, *m.* (σφιγκτήρ), der runde Schließmuskel, Muskel an der Afteröffnung, der **Aftermuskel,** der **Sphinkter,** Cael. Aur. de morb. chron. 2, 1, 11.

Sphīnga (Spīnga), ae, *f.* = Sphīnx, Anthol. Lat. 180 *lemm.* R. Augustin. de civ. dei 18, 13. p. 272, 21 D.[2]: Plur., Hyg. fab. 67. Sidon. epist. 5, 7, 5. Isid. orig. 12, 2, 32: Spingae geschr., Isid. orig. 20, 11, 3.

sphīngātus (spīngātus), a, um (Sphinga, Spinga), **in Form einer Sphinx,** effigies, Isid. orig. 20, 11, 3.

sphingion, iī, *n.* (σφιγγίον), eine Art **Affe,** viell. der **Hundsaffe, Hundskopf** (*Simia Cynocephalus,* L.), Plin. 6, 173 u. 184; 10, 199.

Sphīnx, Sphīngis, *f.* (Σφίγξ), **I** die **Sphinx,** ein weibliches Ungeheuer bei Theben, das jedem Vorbeigehenden ein Rätsel aufgab und den zerriss, der es nicht erriet; bei den Ägyptern (von denen die Gestalt der Sphinx entlehnt ist) als ein geflügelter liegender Löwe mit menschlichen Oberteilen, bei den Griechen (u. Römern) gew. als ein ungeflügelter Löwenrumpf mit Kopf u. Brust einer Jungfrau abgebildet, Plaut. Poen. 444. Auson. edyll. 11, 41. p. 130 Schenkl: griech. *Genet.* Sphingos, Stat. Theb. 1, 66: griech. Akk. Sphinga, Ov. trist. 4, 7, 17; Ib. 380. Sen. Oedip. 92: Genet. Plur. Sphingum, Fest. 206, 3. Vgl. Sphinga. – eine Sph. als Siegelbild, Suet. Aug. 50. – im Wortspiel, Quint. 6, 3, 98. – **II sphīnx,** eine Art Affen, vielleicht der **Schimpanse** (*Simia Troglodytes,* Gmel.), Mela u. a. – ► Nbf. Sphinga, s. bes.

sphondulus, s. spondylus.

sphondylē, ēs, *f.* (σφονδύλη), ein unter der Erde lebendes, alle Wurzeln beschädigendes Tier, das, wenn es verfolgt wird, einen Gestank von sich gibt, Plin. 27, 143.

sphondylion, s. spondylion.

sphondylus, ī, *m.*, s. spondylus.

sphrāgīs, īdis, Akk. Plur. īdas, *f.* (σφραγίς, das Siegel; dah. meton.) **I** ein Edelstein, mit dem meistens gesiegelt wird, Plin. 37, 117. – **II** die **lemnische Erde,** weil sie nicht anders verkauft wurde als signata, d. i. mit einem Siegel bezeichnet, Plin. 35, 33. – **III** eine Art Pflasterkügelchen (pastillus), Cels. 5, 26, 23.

sphrāgītis, idis, Akk. Plur. idas, *f.* (σφραγῖτις), das **aufgedrückte Siegel, -Mal,** Prud. perist. 10, 1076.

sphyraena, ae, *f.* (σφύραινα), ein Meerfisch, sonst sudis gen., Plin. 32, 154.

spīca, ae, *f.* u. **spīcum,** ī, *n.* u. **spīcus,** ī, *m.* (von gleichem Stamm mit spi-na), eig. die Spitze; dah. **I** die **Ähre** des Getreides, **1** eig.: ad spicam perducere fruges, Cic.: spica triticea (Plur.), Claud. Mam.:

fundit frugem spici ordine structam, Cic.: spicas desecare, Liv. – **2** übtr.: **a** der hellste Stern im Gestirn der Jungfrau, die **Kornähre,** spicum illustre, Cic.: spica (Sing.), Colum. – **b** v. Pflanzen, deren Spitze od. oberer Büschel ährenförmig ist, Ov. u. Plin.: bes. v. der Narde, spica nardi, Plin.: dah. spica nardi, Veget. mul., u. bl. spica, Scrib., die Pflanze selbst ist, wie bei uns, Spiekenard, d. i. Lavendel: so auch allii, Bollen, Colum. – **c** spicus crinalis, **Haarnadel,** die Haare zu ordnen, Mart. Cap. poët. 9. § 903. – **II** spica testacea, ein Brandstein zum ährenförmigen Pflaster, Vitr. 7, 1. § 7. – ► In der Bauernsprache spēca, Varro r. r. 1, 48, 2.

spīcātus, a, um, s. spīco.

spicella, ae, *f.* (wohl verderbt aus specilla = specillum), die **Sonde,** Sex. Placit. de medic. 11, 14b.

spīceus, a, um (spica), **aus Ähren bestehend, Ähren-,** corona, Tibull. u. Inscr.: serta, Ov.: vitta, Inscr.: messis, Getreideernte, Verg.

spīcifer, fera, ferum (spica u. fero), **Ähren tragend, -bringend, -hervorbringend,** dea, Ceres, Manil.: Nilus, Mart.: virgo, CIL 7, 759.

spīcilegium, iī, *n.* (spica u. lego), die **Ährenlese, Nachernte, Nachlese,** Varro r. r. 1, 53; LL. 7, 109.

spicio, ere = specio, s. d.

spīco (āvī), ātum, āre (spica), **I spitz machen, mit einer Spitze versehen,** hastilia, Gratt. cyn. 118. – Partiz. spīcātus, a, um, **zugespitzt, spitz, mit einer Spitze versehen,** Gratt. u. Min. Fel. – **II mit einer Ähre versehen:** dah. spīcārī, **Ähren bekommen,** grana spicantur, Plin.: herbae spicatae, Ähren oder ährenartige Büschel tragend, Plin.: u. so nardum spicatum, Vulg. (vgl. nardus): testacea spicata, das ährenförmige Pflaster aus Brandsteinen, wenn die Steine auf die hohe Kante so gegeneinandergelegt werden, dass sie immer ein Dreieck bilden, fast wie die Körner in der Ähre, Vitr. u. Plin.

spīcula, ae, *f.* = chamaepitys, Ps. Apul. herb. 26.

spiculātor, ōris, *m.*, s. speculātor.

spīculo, āvī, ātum, āre (spiculum), **spitz machen,** telum, Plin. 11, 3: cauda (mantichorae) velut scorpionis aculeo spiculata Solin. 52, 37.

spīculum, ī, n. (v. spicum), **I** die **Spitze,** der **Stachel, a** eig., z. B. der Biene, Verg.: des Skorpions, Ov.: bes. eines Geschosses, eines Wurfspießes, einer Lanze (u. zwar bald die obere, bald die untere Spitze), Cic., Liv. u. a., od. Pfeils, calami, Hor.: aber spicula (sagittae), Widerhaken, Cels. 7, 5, 2. – **b** (poet.) meton. = der ganze **Wurfspieß, Pfeil,** Verg. u. Ov.: des Kupido, Ov. – **II** übtr.: rosarum spicula, Stacheln = Dornen, Mart. Cap. 2. § 132: solis, der Strahl, Prud. cath. 2, 6: dentium (der zischenden Natter), Prud. c. Symm. 1. praef. 28.

spīculus, a, um, **spitz,** Tert. de pudic. 7 *extr.*

spīcum, spīcus, s. spīca.

spīna, ae, *f.* (von gleichem Stamm mit spica), **I** der **Dorn, A** eig. u. meton.: **1** eig., Verg., Sen. rhet. u. a.: spinis coronatus, mit einer Dornenkrone, Eccl.: zum Zuhefteln, consertum tegumen spinis, Verg.: spinis conserto tegmine nullis, Ov.: tegumen omnibus sagum *fibulā* aut, si desit, *spinā* consertum, Tac. – **2** meton.: **a** der **Dornbusch,** das **dornige Gewächs,** Colum., Sen. u. a.: spina alba, Weißdorn, Plin. u. a.: spina Arabica (ἄκανθα Ἀραβική), Plin. 24, 107 (vgl. Gloss. II, 187, 7 ›spina, ἄκανθα‹): spina fullonia, s. fullōnius. – **b** = der einem Dorn ähnliche **Zahnstocher,** Petron.: argentea, Petron. – **B** bildl., **a** spinae = Sorgen, Begierden, spinas animo evellere, Hor. ep. 1, 14, 4: quid te exempta levat spinis de pluribus una, Hor. ep. 2, 2, 212. – **b** spinae, die **Spitzfindigkeiten,** disserendi, Cic.: partiendi et definiendi, spitzfindige Einteilungen u. Erklärungen, Cic.: spinas vellere, Cic. – **II** übtr.: **1** der **spitze Stachel** des Igels, Stachelschweins usw., Cic. u. Plin. – **2** das **Rückgrat,** bei Tieren und Menschen, Varro, Cels. u. a.: vollst. dorsi spina, Augustin. de civ. dei 19, 4, 2: spina, quae est in dorso, Gell. 3, 10, 7: medullae spinae, das Rückenmark, Augustin. de gen. ad litt. 7, 16. § 23: poet. übtr., concussae spina carinae, Ps. Cypr. carm. de Iona 39. – **3** die **Lende,** habebat zonam loream circa spicam suam, Itala (Taurin.) Matth. 3, 4. – **4** sacra spina, das **Heiligenbein, Kreuzbein,** Suet. fr. 62 u. fr. 173 *Reiff.* (= Suet. bei Fronto ad amic. 1, 13). Hieron. in eccles. tom. 3. p. 490 Vall. (= p. 1166 Migne). Isid. orig. 11, 1, 96. – **5** die **Gräte** bei den Fischen, Ov. u. Plin.: spinae piscium, Cic. or. pro Q. Gall. fr. (bei Quint. 8, 3, 66.) – **6** die den Zirkus quer durchschneidende, gegen 2 m hohe u. gegen 6 m breite Mauer, um die das Wettrennen stattfand, Cassiod. var. 3, 51, 8. Schol. Iuven. 5, 688. Vgl. circus *no.* II, 1.

spīnālis, e (spina), **zum Rückgrat gehörig, Rückgrat-,** medulla, Rückenmark, Macr. sat. 7, 9, 22: meatus (Plur.), *ibid.* §. 24.

spinea, anderer Name für spionia, eine Art Weinstöcke, Plin. 14, 34.

spīnēsco, ere (spina), **dornig werden,** Mart. Cap. 6. § 704.

spīnētum, ī, *n.* (spina), die **Dornhecke,** das **Dorngebüsch,** nur im Plur., Verg. ecl. 2, 9. Plin. 10, 204: spineta sentesque, Sen. de ira 2, 10, 6, neben silvestres dumi. – bildl., nec Aristotelis spineta conquirimus, Hieron. in Helv. 2.

spīneus, a, um (spina), **aus Dornen, dornig,** vincula, Ov. met. 2, 789: frutices, Solin.: corona, Lact.

Spīnga, s. Sphīnga.

spīngātus, a, um, s. sphīngātus.

Spīniēnsis, is, *m.* (v. spina), deus, der das Feld vor Dornen bewahrende **Dornengott,** Augustin. de civ. dei 4, 21 *extr.*

spīnifer, fera, ferum (spina u. fero), **Dornen** od. **Stacheln tragend, dornig, stachelig,** pruni, Pallad. poët. de insit. 81: rubus, Prud. cath. 5, 31.

spīniger, gera, gerum (spina u. gero), **Dornen** od. **Stacheln tragend, dornig stachelig,** cauda pistricis, Cic. Arat. 178 (*al.* spinifera): stirpes, Prud. perist. 11, 120.

spīniola (rosa), ae, *f.*, eine Art **kleinblätteriger Rosen,** Plin. 21, 16.

spīnōsulus, a, um (*Demin.* v. spinosus), **etwas dornig,** bildl., **etwas spitzfindig,** im Disputieren, Hieron. epist. 69, 2.

spīnōsus, a, um (spina), **I voll Dornen, dornig, stachelig,** loca, Varro: arbor, Isid.: herbae, Ov.: folia, Plin.: animal, v. Igel, Schol. Iuven. – **II** übtr., **voll Dornen, a stechend wie Dornen,** curae, Catull. 64, 72. – **b spitzfindig,** oratio, Cic.: haec spinosiora, Varro LL. u. Cic.: spinosissimae disciplinae, Augustin.

1. spīntēr, ēris, *n.* (σφιγκτήρ), eine **Armspange** in Gestalt einer Schlange, die um den Oberarm gelegt wurde, Plaut. Men. 527 *sqq.*: vgl. Prisc. 5, 15. Fest. 333 (b), 6. Paul ex Fest. 332, 3.

2. Spinthēr, ēris, *m.*, römischer Beiname, z. B. P. Cornelius Lentulus Sp., s. 2. Lentulus.

spīntria (spinthria), ae, *m.* (v. σφιγκτήρ) = *qui muliebra patitur seque aliis abutendum praebet,* Tac. u. Suet.

spinturnīcium, iī, *n.*, *Demin.* v. spinturnix, s. d., Plaut. mil. 989. Amm. 23, 15, 14.

spinturnīx, īcis, *f.* (verwandt mit σπινθαρίς, Funke), ein hässlicher u. Unglück bedeutender Vogel mit funkelnden Augen, viell. der **Uhu** (vgl. Fest. 330 [b], 34), Plin. 10, 36. Poëta bei Fest. 333 (a), 1.

spīnula, ae, *f.* (*Demin.* v. spina), **I** der **kleine Dorn,** Arnob. 2, 11. – **II** das **kleine Rückgrat,** Apul. met. 10, 32.

spīnulentus, a, um (spina), **dornig, stachelig,** Solin. 46, 4.

spīnus, ī, *f.* (spina), ein dorniger Strauch, der **Schlehdorn, Schwarzdorn** (*Prunus spinosa,* L.), Verg. georg. 4, 145. Pallad. 3, 25, 6. – ► Heteroklit. Abl. Sing. spinu, Varro de vit. pop. Rom. 2, 16 (bei Charis. 144, 21).

spionia, ae, *f.* (vitis), eine Art Weinstöcke, Colum. u. Plin. – Dav. **spionicus,** a, um, **spionisch,** gustus (Wein), Colum. 3, 21, 10.

spīra, ae, *f.* (σπεῖρα), ein gewundener, geflochtener Körper, bes. nach Art der gewundenen Schneckenlinie, **I** im Allg., die **Windung** der Schlange, Acc. tr. 307. Verg. georg. 2, 154; Aen. 2, 217: spirae Draconis (Gestirn), Manil. 1, 627: so auch der Eingeweide, Lact. de opif. dei 11. § 16: die schneckenförmige Windung der Adern im Holz, die Maser, Plin. 16, 198. – **II** insbes.: **1** eine Art Backwerk, etwa **Brezel, Ringel,** Cato r. r. 77 u. 82; vgl. Fest. 330 (b),16. – **2** der **gekrümmte Haarschmuck,** Plin. 9, 117. Val. Flacc. 6, 396. – **3** der ring- oder kranzförmige **Fuß,** das **Fußgesims** einer Säule, Vitr. u. Plin. – **4** die **Binde** einer Mütze (galeri), womit sie unter dem Kinn zugebunden wird, Iuven. 8, 208. – **5** eine Schar Soldaten, die **Rotte,** der **Manipel,** Enn. ann. 510. – u. im Geheimgottesdienst, die **Schar,** der **Chor,** CIL 6, 76 u. 261; 10, 6510; 14, 977.

spīrābilis, e (spiro), **I atembar, luftig, luftartig, a** übh.: animus, Cic.: natura, Cic. – **b** zum **Leben dienlich,** lumen caeli, Verg. Aen. 3, 600. – **II zum Atmen geschickt, einatmen könnend,** viscera, Plin. 9, 17.

spīrāculum, ī, *n.* (spiro), das **Luftloch,** die **Dunsthöhle,** Verg., Plin. u. a.

spīraea, ae, *f.* (σπειραία), die **Spierstaude** (*Spiraea,* L.), Plin. 21, 53.

spīrāmen, inis, *n.* (spiro), **I** eine Öffnung, aus der gehaucht, geblasen, geatmet wird, das **Luftloch,** naris, Lucan.: interclusis spiraminibus interire, Arnob. – **II** das **Hauchen, Blasen, Atmen,** Stat. u. Amm.: secundo u. adverso spiramine, Luft, Veget. mil.

spīrāmentum, ī, *n.* (spiro), **I** eine Öffnung, durch die gehaucht-, geblasen-, geatmet wird, das **Luftloch,** Verg. u. Colum.: animae, Luftröhre, Verg.: cavernarum, Iustin. – **II** das **Hauchen, 1** das **Wehen, Dunsten, Duften,** der **Dunst, Duft,** venti sp. et perflatus, Luftzug, Vitr.: v. Dunst des Essigs, Vitr.: vom Duft der Wohlgerüche, Macr.: Oceanus quasi spiramenta quaedam magnitudinis exaestuat, Sen. rhet. – **2** das **Atmen,** der **Atem,** sensit spiramentum gracile, luctantem vitam cum morte, Hist. Apollon. 26. – dah. meton., der gleichsam durchs Atmen bestimmte **Zwischenraum** in der Zeit, die **Pause,** temporum, Tac. Agr. 44: sine spiramento ullo, ohne langes Zaudern, Amm. 14, 7, 15: sine spiramento vel mora, Amm. 29, 1, 40.

spīrarchēs, ae, *m.* (σπειράρχης), der **Anführer einer Schar,** der **Chorführer,** im Geheimgottesdienst, CIL 6, 2251 u. 2252.

spīrātio, ōnis, *f.* (spiro), **I** das **Hauchen, Atmen,** Scrib. Larg. 47 u. a. – **II** meton., der **Atem,** Scrib. Larg. 185 u. a.

spīrātus, ūs, *m.* (spiro), das **Atmen,** der **Atem,** falsche Lesart bei Plin. 11, 6, wo jetzt nach guten Hdschrn. spiritum.

Spīridiōn, ōnis, *m.* (Σπειριδίων, v. σπειρίδιον, eine kleine Windung), Beiname des Rhetors Glykon, Sen. contr. 10, 5 (34). § 27 u. 28. Quint. 6, 1, 41.

spīritālis od. (nach a. Hdschrn.) **spīrituālis,** e (spiritus), **I zur Luft gehörig, Luft-,** machina, durch die Luft bewegt (wie eine Orgel), Luftmaschine, Vitr. 10, 1, 1. – **II zum Atem gehörig,** fistula, Luftröhre, Lact.: arteriae, Arnob.: tractus, das Atemholen, Arnob. – **III geistig,** d. i. nicht körperlich, auch **geistlich** (Ggstz. carnalis, fleischlich), Eccl.: *neutr. pl.* subst., spiritalia (spiritualia) nequitiae, die bösen Geister, Eccl. (s. Rönsch Itala p. 104.)

spīritāliter (spīrituāliter), *Adv.* (spiritalis), **nach dem Geiste, geistig** (Ggstz. corporaliter), Eccl.

spīrituālis, e, s. spīritālis.

spīrituāliter, *Adv.*, s. spīritāliter.

spīritum, ī, *n.*, s. spīritus ►.

spīritus, ūs, *m.* (spiro), der **Hauch, I** der **Hauch** = **Lufthauch, Luftzug,** die wehende bewegte **Luft, 1** übh.: spiritus Boreae, Verg.: spiritus purior, Frontin. aqu.: semper aër spiritu aliquo movetur, Plin. ep.: quo spiritus non pervenit, Varro: circumfusus nobis spiritus, Quint.: alvus redditur cum multo spiritu, Winden, Blähungen, Cels.: u. so digerere spiritum, die Blähungen abtreiben, Cels. – **2** das **Einatmen** der Luft, das **Atemholen,** der **Atem,** caeli, Cic.: aër spiritu ductus, Cic. – und die **Luft,** insofern sie eingeatmet wird, quid tam est commune quam spiritus vivis? Cic.: noxius caeli spiritus, ungesunde Luft, Pallad. – **3** der **Atem, Hauch,** angustior, kurzer Atem, Cic.: uno spiritu, in einem Atem, Cic.: spiritum reddere, den Atem von sich geben, Cic.: spiritum movere, atmen, Cels.: spiritum trahere, Atem holen, Cels., Curt. u. a. (s. Mützell Curt. 3, 6 [15], 10): spiritum intercludere, Liv. u. Curt.: spiritum includere, Liv. u. Plin.: spiritum intercipere, Sen. rhet.: quos idem deus de suis spiritibus figuravit, Lact. epit. 42, 3. – insbes., der **Lebenshauch,** das **Leben,** spiritum auferre, Cic.: extremum spiritum effundere in victoria, Cic.: ultimum spiritum reddere, seinen Geist aufgeben, Vell.: u. so spiritum patriae reddere, Cic., u. spiritum ponere, deponere, dimittere, Eccl. (s. Bünem. Lact. 4, 26, 31): ultimum spiritum trahere, Sen.: sub acerbissimi carnificis arbitrio spiritum ducere, hinschmachten, Liv.: reliquum spiritum exhaurire (v. einem Schlag), Cic.: filiorum suorum postremum spiritum ore excipere, Cic.: quorum usque ad extremum spiritum est provecta prudentia, Cic.: non effundere mihi spiritum videtur, sed tradere, Sen. – dah. **a** das **Seufzen,** Hor. epod. 11, 10. Prop. 1, 16, 32. – **b** das **Zischen** der Schlange, Ps. Verg. cul. 182 R. – **c** als gramm. *t. t.,* der **Spiritus** (asper od. lenis), Auson. edyll. 12. de litt. monos. 19. p. 138 Schenkl: sp. asper vel lenis, Prisc. 2, 12. – **d** der **Ton, Klang,** die **Stimme,** Quint. – **e** ein durch den Atem bestimmtes **Zeitteilchen, Taktteilchen,** Cic. de or. 3, 184. – **4** der **Duft, Dunst,** die **Ausdünstung,** Lucr. u. Cels.: sp. pestilens, Capit.: sp. florum, Gell.: aëris spiritus graves, böse Wetter, Schwaden in der Erde, Vitr. – **II** prägn., der **Geist, A** die **Seele, 1** appell.: **a** eig.: morte carens spiritus, Ov.: dum spiritus hos regit artus, Verg. – **b** meton., der **Geist,** die **Seele** = **Person,** carissimi sibi spiritus, Vell. 2, 123, 2: religiosissimus spiritus tam crudeliter vexatus, Val. Max. 1, 1, 14. – **2** personif., der **Geist,** Sen. ep. 41, 2: Spiritus sanctus, Auson. ephem. 4. parecb. 18. p. 4 Schenkl. Cod. Iust. 1, 1, 1: u. so iurare per Deum et Christum et sanctum Spiritum (von den Soldaten, bei der Vereidigung), Veget. mil. 2, 5: nocens ille Spiritus, böse Geist, Lact. 4, 27, 12: Spiritus nigri, die bösen Geister, Sedul. carm. 3, 41. – **B** übtr.: **1** der hohe **Geist,** die hohen **Gedanken,** im Guten u. Bösen, **hochstrebender, kühner, unternehmender Sinn,** dah. auch **Übermut, Trotz, Stolz** usw., qui spiritus illi (Dat.), qui vultus etc., Geist, Majestät, Ansehen, Verg.: spiritus regius, Cic.: spiritus tribunicii, Cic.: spiritus patricii, Kastengeist, Adelstolz, Liv.: ingentis spiritus vir, Liv.: spir. Dolabellae, anmaßendes Benehmen, Cic.: res gestae mihi nescio quos spiritus attulerunt, Cic.: tantos sibi spiritus, tantam arrogantiam sumpserat, ut ferendus non videretur, Caes.: etiam minus barbaro atque impotenti animo spiritus facere, übermütig machen, Liv.: altiores spiritus sumere, höher hinauswollen, Tac.: remittere spiritus, comprimere animos suos, sedare arrogantiam, Cic.: multis saepe bellis fractos spiritus esse, Liv.: cetera maioris operis ac spiritus, von größerer Wichtigkeit und höherer Art, Quint. 1, 9, 6. – **2** die **Gesinnung,** hostiles, Liv. 2, 35, 6. – **3** der **Unwille,** die **Erbitterung,** der **Zorn,** spiritus alcis mitigare, Tac. ann. 13, 21. – **4** der **Hauch der Begeisterung,** der **Geistesaufschwung,** die **Begeisterung,** der **Enthusiasmus,** das **Feuer,** divinus, Liv.: poëticus, Quint.: mihi spiritum Graiae tenuem Camenae Parca dedit, Hor.: carent libri spiritu illo propter quem maiora eadem illa, cum aguntur, quam cum leguntur, videri solent, Cic. – ► spĭrĭtus gemessen bei Prud. cath. 10, 8. Sedul. hymn. 1, 100. – Genet. Plur. spirituum, Prisc. de vent. (Rose Anecd. 2. p. 53, 10): Dat. od. Abl. Plur. spiritibus, Vulg. Luc. 6, 18; 7, 21; 8, 2 u. a. Augustin. serm. 216, 11 *extr.* – Nbf. spiritum, ī, *n.*, Ital. act. apost. 16, 7, wov. Abl. spirito, CIL 13, 1898.

spīro, āvī, ātum, āre (zu Wz. **speis-*, blasen, hauchen), **I** *intr.*: **1 blasen, wehen,** zephyri spirant, Verg.: cum venti a Pontico mari spirant, Curt.: aurae salubriter spirantes, Amm. – bildl. spirare alci, anwehen = begünstigen (vgl. χάριν τινὶ πνεῖν), Prop. 2, 24, 5. – **2 hauchen,** poet. = **schnauben, schäumen, brausen, gären,** spirans immane (ungeheuer), Verg.: freta spirantia, Verg.: quā vada non spirant, wo die Untiefe nicht gärt (wo keine Brandung ist), Verg.: spirat e pectore flamma, Verg.: m. *Abl.:* sp. ignibus, Feuer aushauchen, schnauben, Verg.: u. so veneno od. venenis, Lucan. u. Val. Flacc. – **3 atmen, Atem holen,** dum spirare potero, Cic.: querulum (*adv.*), kläglich atmen, seufzen, Mart.: u. = **leben,** ab eo spirante defendi, Cic. – dah. übtr., **a atmen, leben,** videtur Laelii mens spirare in scriptis, Cic.: spirat adhuc amor, Hor.: spirantia exta, die noch warmen, rauchenden Eingeweide, Verg. – **b** gleichs. **leben, zu leben scheinen,** in bildenden Künsten, **nach dem Leben dargestellt sein,** spirantia signa, Verg.: spirantia aera, Verg.: spirat picta tabella, Mart. – **c** von dichterischer Begeisterung, quod spiro et placeo, si placeo, tuum est, dass mich ein Dichter beseelt, Hor. carm. 4, 3, 24. – **d mit etwas umgehen,** spirans Medea venenis, Val. Flacc. 6, 157. – **4 hauchen, duften,** thymbra graviter spirans, Verg.: floribus spirabunt arae, Stat. – **5** **klingen, tönen,** dulcius, Quint. 12, 10, 27. – **II** *tr.*: **1** **hauchen, a atmen, aushauchen, ausatmen,** flammas spirantes, feuerspeiende Tiere (wie Drachen), Liv.: sp. ignem naribus (v. Rossen), Verg.: semper frigora (v. Winden), Verg.: sulfur pectore, Claud.: tunc immensa cavi spirant mendacia folles, Iuven. – übtr., homo tribunatum etiamnunc spirans, der noch immer vom Geiste eines Tribunen beseelt sei, Liv.: tragicum satis, von einem tragischen Geiste beseelt sein, tragisches Genie haben, Hor.: quae spirabat amores, der Liebe Glut einhauchte, Hor. – **b** **einhauchen,** ficto corpori animam, Lact. 2, 11, 3. – **2** **duften, ausduften,** divinum vertice odorem, Verg. Aen. 1, 404: facies pinguia Poppaeana spirat, duftet nach usw., Iuven. 6, 463.

spīrula, ae, *f.* (*Demin.* v. spira), **I** das **Brezelchen,** Arnob. 2, 42. – **II** das kleine **Fußgesims** einer Säule, Serv. Verg. Aen. 2, 217.

spissāmentum, ī, *n.* (spisso), der dichtmachende, verstopfende Gegenstand, **Pfropf, Wisch** u. dgl., Sen., Colum. u. Scrib. Larg.

spissātio, ōnis, *f.* (spisso), die **Verdichtung,** Sen. ep. 86, 18.

spissē, *Adv.* (spissus), **dicht, I** eig.: ponere arbores, Colum.: calcare carbones, Plin.: spissius serere sementim, Colum. – **II** übtr.: **a** nicht recht vorwärts kommend, **zögernd, langsam,** atque enim tu minus spisse atque tarde incedis, Naev. com. fr.: sp. atque vix ad alqm pervenire (bei jmd. in der Rede anlangen), Cic.: nascimur spissius, quam emorimur, Varro fr.: habet hoc senectus in se, spisse ut videantur omnia ei confieri, Pacuv. fr. – **b** **häufig hintereinander,** spissius basiare, Petron. 18, 4.

spissēsco, ere (*Inchoat.* v. spisso), **dicht werden,** Lucr. 6, 176. Cels. 5, 27, 4.

spissigradus, a, um (spisse u. gradior), **langsam schreitend,** homines spissigradissumi, Plaut. Poen. 506.

spissitās, ātis, *f.* (spissus), die **Dichte, Dichtheit,** Vitr. 2, 9, 8. Plin. 18, 304.

spissitūdo, inis, *f.* (spissus), die **Dichte, Dicke, Dichtheit, Dickheit,** est nubes spissitudo aëris crassi, Sen. nat. qu. 2, 30, 4: sp. mellis, Scrib. Larg. 4 u. 5: emplastri, Scrib. Larg. 81: cerati, Scrib. Larg. 200: non nimis liquida sp., Scrib. Larg. 37: in mellis spissitudinem redigi, Scrib. Larg. 58: spissitudinem eius absolvere, Pallad. 12, 17, 2: ad spissitudinem malagmatis coqui, Veget. mul. 5, 81 (82), 1: ita ut eam spissitudinem habeat, ut pastilluli fieri possint, Marc. Emp. 16. – insbes., der **dichte Schwarm,** muscarum, Cassiod. var. 3, 53, 3.

1. spisso, āvī, ātum, āre (spissus), **I** **dicht machen, verdichten,** lac, Plin.: (aquilo) sanum corpus spissat, Cels.: ignis densum spissatus in aëra transit, Ov.: spissandi vim (zusammenziehende Kr.) habere, Plin. – **II** bildl., etwas **häufig hintereinander tun,** officium, Petron. 140, 9.

2. spissō, *Adv.* (spissus), **langsam, spät,** venire, Afran. com. 211.

spissus, a, um, **dicht, dick, I** eig.: coma, Hor.: grando, Ov.: theatrum, voll, zahlreich, Hor.: arena, Verg.: solum (Ggstz. solum solutum, lockerer), Colum. u. Plin.: crassa spissaque corpora (Ggstz. subtilia), Sen.: tunica, Plaut.: semen spissius, Colum.: arbor spississima, Plin.: ut ita dicam spississimum, Sen. – m. *Abl.* (wodurch?), corona spissa viris, Verg.: navis iuncturis aquam excludentibus spissa, Sen. – subst., spissae, ārum, *f.* (*sc.* vestes), **dichtwollige Gewänder,** Sen. de ben. 1, 3, 7. – **II** übtr.: **a** **nur langsam (nicht rasch), nur mühsam vorwärtskommend** od. **vorwärtsgehend, zögernd, langsam,** iter, Turpil. fr.: exitus spissi et producti, Cic.: opus sp. et operosum, Cic.: etiamsi est aliquanto spissius (gar nicht recht damit vorwärts geht), aut si ego sum tardior, Cic.: sin id erit spissius, sollte dies einige Anstände haben, Cic.: pro spisso evenit, langsam, spät, Plaut. – **b** **häufig hintereinander,** spississima basia, eine Flut von Küssen, Petron. 31, 1.

spithama, ae, *f.* (σπιθαμή), die **Spanne,** als Längenmaß (rein lat. dodrans), Plin. 7, 26.

splēn, splēnis, *m.* (σπλήν), die **Milz,** Vitr. u. a.: sed sum petulanti splene cachinno, doch es prickelt die Milz mir, ich bin zum Lachen (über anderer Fehler) geneigt, Pers. 1, 12.

splendentia, ae, *f.* (splendeo), das **Glänzen,** der **Glanz,** als Übersetzungsversuch von στιλπνότης in Hieron. epist. 57, 11.

splendeo, ēre, hell-, schimmernd **glänzen, schimmern, strahlen, I** eig.: claro splendere colore, Lucr.: non toga splendeat, ne sordeat quidem, Sen.: splendet tremulo sub lumine pontus, Verg.: Lacaenae splendet adulterae formosus hospes (v. Paris), Hor. – Partiz. Präs., splendens stella candida, Plaut.: labra splendentia, Verg.: *Compar.*, splendentior igni clipeus, Claud. gigantom. 77. – **II** übtr.: virtus splendet per sese semper neque alienis umquam sordibus obsolescit, Cic.: splendere alienā invidiā velle, auf Unkosten anderer glänzen wollen, Liv.: splendentes auctores, Plin. – ► Nbf. nach der 3. Konjug. splendit = splendet, Gloss. II, 187, 16.

splendēsco (*Inchoat.* von splendeo), duī, ere (splendeo), **glänzend werden, erglänzen, Glanz bekommen, I** eig., Verg. u. Ov. – **II** übtr.: nihil est tam incultum, quod non splendescat oratione, Cic.: perfectum opus absolutumque est; nec iam splendescit limā, sed atteritur, es kann durch die Feile nicht mehr an Glanz gewinnen, wohl aber verlieren, Plin. ep.

splendico, āre (*Intens.* v. splendeo), **glänzen, schimmern,** Apul. met. 5, 9 u. a.

splendidē, *Adv.* (splendidus), **I** **hell, glänzend, herrlich, prächtig** (Ggstz. sordide), eig. u. bildl., ornare convivium, Cic.: se gerere, eine glänzende Haushaltung führen, Vell.: acta aetas honeste ac splendide, Cic.: ornate splendideque facere, Cic.: spl. declamare, Suet.: dicta splendide, Cic.: splendidius gerere bellum contra regem quam contra fugitivorum manum, Auct. b. Alex. – femina splendide nata, von glänzender (vornehmer) Geburt, Plin. ep.: u. so multi splendidissime nati, Sen. – **II** übtr., **hell, deutlich,** loqui, Cic. de or. 2, 68.

splendido, āre (splendidus), **glänzend machen,** dentes, Apul. apol. 103.

splendidus, a, um (splendeo), **glänzend, schimmernd, blinkend, blank** (Ggstz. sordidus, foedus u. vgl.), **I** eig. u. bildl.: **1** eig.: color, Lucr.: caelum, Plin.: gladius (Ggstz. robiginosus), Fronto: lana, Mart.: bilis, die glashelle G., Hor.: brachia (von Gold), Ov.: sol splendidior, Tibull.: fons Bandusiae od. Galatea splendidior vitro, Hor. u. Ov.: splendidissimus candor, Cic. – **2** bildl., glänzend = **a** **einen schönen Schein habend, gut klingend,** nomen, Cic.: verba, Ov.: rectius hoc et splendidius multo est, Hor. – **b** = **prächtig, herrlich, ansehnlich,** civitas splendidissima, Nep.: homo, Glanz liebend, Nep.: nihil, Cic.: ratio dicendi, Cic.: oratio, Cic. – **c** **ausgezeichnet, angesehen,** homo, Cic.: fama, Prop.: eques Romanus, Plin. ep. – **II** übtr., **hell, deutlich,** vox, Cic. Brut. 203.

splendificē, *Adv.* (splendificus), **glänzend, hell,** Fulg. myth. 1. praef. § 25 M.

splendifico, āre (splendor u. facio), **hell machen, glänzend machen, erhellen,** diem, Mart. Cap. 9. § 912.

splendificus, a, um (splendor u. facio), **hell machend, glänzend, strahlend,** Beda hist. eccl. 5, 7.

splendifluus, a, um (splendor u. fluo), **von Glanz fließend, strahlend,** Dracont. hexaëm. epil. 2.

splendor, ōris, *m.* (splendeo), der helle **Glanz,** die **Helle,** das **Helle** einer Sache, **I** eig. u. bildl.: **1** eig.: caeli, Plaut.: flammae, Ov.: aquae, Lucr.: aquarum, Frontin. aqu.: auri, Rhet. Her.: floris, Glanz, Schönheit, Ov. – Plur., nitores splendoresque auri, Gell. 2, 6, 4: tremuli splendores, Claud. cons. Prob. et Ol. 123: ob hoc tales splendores (Glanzerscheinungen) Graeci areas vocaverunt, Sen. nat. qu. 1, 2, 3. – **2** bildl., der **Glanz, a** = die **Pracht** in der Lebensart usw., domus atque victus, Gell.: omnia ad gloriam splendoremque revocare, Cic. – **b** = das **Ansehen,** die **Ansehnlichkeit, Vortrefflichkeit,** nominis, Cic.: imperii, Cic.: vitae, animi et vitae, Cic.: orationis, Sen. rhet.: summorum hominum, Cic.: familiae, Suet.: equester, Cic.: summo splendore homo ac virtute praeditus, Cic.: obtinere suae dignitatis splendorem, Cic.: eo negotio M. Catonis splendorem maculare, Cic.: cuius splendor omnis his moribus obsolevit, Cic. – **c** der **Schmuck,** die **Zierde,** ordinis, Cic. Caecin. 28. – **II** übtr., der **helle Klang,** vocis, Cic.: verborum, wohlklingende Worte, Cic.

splendōrifer, fera, ferum (splendor u. fero), **Glanz bringend**, Tert. de iudic. dom. 5.

splēnēticus, u. **splēnīticus** a, um (splen), **milzsüchtig**, gew. Plur. subst. = die **Milzsüchtigen**, Form *-neticus*, Th. Prisc. 2. chr. 15. Plin. Val. 2, 18. Sex. Placit. de medic. 11, 16. Firm. math. 4, 2, 8. Ps. Apul. herb. 34. Pallad. 8, 6, 2. Schn. (*cod. Palat.* splenici): Form *-niticus*, Marc. Emp. 1 u. 20. Pelagon. veterin. 13 (§ 212 *Ihm*).

splēniacus, a, um (splen), **milzsüchtig**, Th. Prisc. 2. chr. 15.

splēniātus, a, um (splenium), **bepflastert**, mentum, Mart. 10, 22, 1.

splēnicus, a, um (σπληνικός), **milzsüchtig**, Plur. subst. = die **Milzsüchtigen**, Plin. 20, 87 u. a. Pallad. 8, 6, 2 *cod. Palat.*

splēnītēs, ae, *m.* (σπληνίτης), **von** od. **an der Milz**, Cael. Aur. de morb. chron. 3, 8, 106.

splēnīticus, s. splēnēticus.

splēnium, iī, *n.* (σπλήνιον), **I** das **Milzkraut**, Plin. 25, 45. – **II** das **Pflästerchen**, bes. das **Schminkpflästerchen**, **Schönheitspflästerchen**, Plin. ep. u. a.

spodiacus, a, um (σποδιακός) = cinereus, **aschfarbig**, collyrium, Scrib. Larg. 24 *in.* (vgl. 23 *extr.*).

spodium, iī, *n.* (σπόδιον), **I Asche**, Plin. 23, 76. – **II Metallasche**, **Ofenbruch**, Plin. 34, 170 u. 172.

spodos, ī, *f.* (σποδός), der **Hüttenrauch** (vgl. pompholyx), Plin. 34, 128.

Spōlētium, iī, *n.*, eine der bedeutendsten Städte Umbriens, j. *Spoleto*, Liv. 22, 9, 1. Vell. 1, 14, 8. – spät. **Spōlētum**, ī, *n.*, Prisc. 2, 56. – Dav. **a Spōlētīnus**, a, um, **spoletinisch**, Cic. – subst., Spōlētīnī, ōrum, *m.*, die Einw. von Spoletium, die **Spoletiner**, Liv. – **b** (v. Spoletum) **Spōlētānus**, a, um, **spoletanisch**, Prisc. 2, 56.

1. spolia, ae, *f.*, s. spolium ►.

2. spolia, ōrum, *n.*, s. spolium *no.* II.

spoliārium, iī, *n.* (spolium), **I** ein Raum des Amphitheaters, wo die Fechter an- und ausgezogen und die durch starke Verletzungen unbrauchbar gewordenen getötet wurden, Sen. ep. 93, 12. Lampr. Commod. 18, 3 u. 19, 3. – **II** übtr., das **Raubnest**, die **Mördergrube**, Sen. contr. 10, 4 (33), 2. Sen. prov. 3, 7: so auch v. Ärarium, insofern das erpresste Vermögen der Bürger hineingelegt wurde, Plin. pan. 36 *in.*

spoliātio, ōnis, *f.* (spolio), die **Beraubung**, **Plünderung**, sacrorum, Liv.: in tanta spoliatione omnium rerum, Cic.: Plur., spoliationes, fanorum, Cic.: oppidorum fanorumque spoliationes, Cic. – übtr., die **gewaltsame Entziehung**, sp. dignitatis, Cic.: consulatus, Cic.

spoliātor, ōris, *m.* (spolio), der **Berauber**, **Plünderer**, monumentorum spoliator vexatorque, Cic. Verr. 4, 80: sp. templorum, Liv. 29, 18, 5: pupilli, Iuven. 1, 46.

spoliātrīx, trīcis, *f.* (Femin. zu spoliator), **beraubend**, die **Berauberin**, **Plündererin**, Venus, Cic. Cael. 52: amica, Mart. 4, 29, 5.

spoliātus, a, um, *PAdi.* m. *Compar.* (v. spolio), **ausgeplündert**, **armselig**, nihil illo spoliatius, es gibt kein Reich, das ärger ausgeplündert wäre, Cic. ad Att. 6, 1, 4.

spolio, āvī, ātum, āre (spolium), **I** einen **ausziehen**, **entkleiden**, **der Kleider berauben**, alqm, Cic.: corpus caesi hostis, Liv.: übtr., dentibus folliculos, mit den Z. abziehen, enthülsen, Petron. – **II** prägn., **berauben**, **plündern**, delubra, fana sociorum, Cic.: fana atque domos, Sall.: corpus, Curt.: sese (sich selbst), Cic.: hominem, Cic. – m. *Abl.*, alqm argento, Cic.: alqm regno paterno atque avito, Cic.: alqm vitā Verg., dignitate, Cic.: omnibus rebus spoliari, Iustin. – m. lebl. Obj.: passus est virtutem Romanam ab Gallo turpiter spoliari, bloßgestellt werde, Cl. Quadr. fr. bei Gell. 9, 13, 14: poet. m. *Acc. resp.*, hiems spoliata suos capillos, Ov. met. 15, 213. – absol., dispersi per municipia et colonias Vitelliani spoliare, rapere, vi et stupris polluere, Tac. hist. 2, 56. – ► Depon. Nbf. spolior, wov. spoliantur eos, Enn. ann. 619 (bei Donat. 394, 8 K. Pompeii comment. 291, 25 K. Serg. expl. in Donat. 564, 1 K.).

spolium, iī, *n.*, **I** die **abgezogene** od. **abgelegte Haut** eines Tieres, leonis, Löwenhaut, Ov.: pecudis, Widderfell, Ov.: die Haut, die die Schlangen jährlich ablegen, Lucr. 4, 60. – **II** übtr., gew. Plur. spolia, ōrum, *n.*, **1** die dem Feind abgenommene Rüstung, die **Spolien**, die **erbeutete Rüstung**, der **Raub** (im Gegensatz zu praeda, Viehbeute), spolia caesorum legere, Liv.: spolia opima, s. opīmus. – meton. = **Sieg**, spolia ampla referre, Verg. Aen. 4, 93. – Dav. wieder übtr.: **2** die **Beute** übh., und zwar: **a** die **dem Feind abgenommene Beute**, spolia classium, die Schiffsschnäbel, Cic.: hostium, Statuen usw., Cic.: agrorum, von den Äckern, Liv.: so auch Pferde, Gefangene, Liv. – **b** jede **Beute**, jeder **Raub**, aliorum spoliis nostras facultates augeamus, Cic.: sceleris, von dem goldenen Haar, das Scylla ihrem Vater raubte u. dem Minos brachte, Ov.: mendici, Bettlerkleid, Petron. – ► Vulg. Nbf. spolia, ae, *f.*, Augustin. serm. 146, 1 Mai (cum magna spolia). Vict. Vit. 3, 59.

sponda, ae, *f.*, **I** das **Gestell**, **Fußgestell** eines Bettes, Sofas, sponda pedesque saligni, Gestell der Ruhebank, Ov.: grabati, Petron. – **II** meton.: **a** das ganze **Bett**, Hor. u. Ov.: interior, Mart. u. Suet. – **b** das **Sofa**, **Ruhebett**, aurea, Verg. Aen. 1, 698. – **c** die **Totenbahre**, Orciniana, Mart. 10, 5, 9.

spondaeus, ī, *m.*, s. spondēus.

spondaicus, a, um, s. spondīacus.

spondālium, iī, *n.*, ein **Opfergesang**, der während des Opferns unter Begleitung der Flöte gesungen wurde, damit der Opfernde nichts von böser Vorbedeutung höre, Diom. 476, 13: u. ein in die Tragödie eingelegtes Lied, Plur. bei Cic. de or. 2, 193 M.

spondaulēs, ae, *m.* (σπονδαύλης), der **Flötenbläser beim Trankopfer**, Mar. Victorin. 1, 11, 15. p. 44, 23 K. (Isid. orig. 1, 16, 2 griech.).

spondēadeus, a, um (spondeus), **spondēisch**, metrum, Plot. art. gr. 500, 14 K.: monoschematistus spondeadeus (*sc.* versus), *ibid.* 503, 1.

spondeo, spopondī, spōnsum, ēre (griech. σπένδω, σπονδή,), förmlich-, feierlich **versprechen**, **-sich verpflichten**, **geloben**, **angeloben**, **1** als publiz. u. jurist. *t. t.*, bei Bündnissen, Verträgen, Verhandlungen, qui stulte spondet, Cato fr.: qui spopondisse me dicit? Cic.: nomina omnium, qui spoponderunt, exstant, Liv. – m. *Acc.*, si quis, quod spopondit, qua in re verbo se obligavit uno, si id non facit, maturo iudicio sine ulla religione iudicis condemnatur, Cic.: fenoris tui, quod stipulanti spoponderam tibi, reliquam particulam percipe, Colum.: qui spondet mille nummûm? P. African. fr. bei Gell.: illis spondere pacem, Liv.: im Passiv, spondebatur aut pecunia aut filia nuptiarum causā (s. *no.* 3), Varro LL. 6, 70: pecunia sponsa, *ibid.* – m. folg. *Acc.* u. *Infin.*, si spopondissemus urbem hanc relicturum populum Romanum, Liv. 9, 9, 6. – Partiz. spōnsum subst., s. bes. – **2 sich verbürgen**, **Bürge sein**, se quisque paratum ad spondendum Icilio ostendere, Liv.: ita vindicatur Virginia spondentibus propinquis, Liv.: hic sponsum (Supin.) vocat, Hor.: fraudator homines cum advocat sponsum improbos, Phaedr.: sponsum descendam, quia promisi, Sen. – m. *pro* u. Abl., pro multis, pro Cornificio, Cic.: levi (kreditlosen) pro paupere, Hor.: pro iudicato (für einen Verurteilten), Sen.: quod mihi pro illo spoponderat, Cic. – m. *Acc.* (für wen?) sustine carnifex! adsum, quem spopondit, für den er sich verbürgt hat, Hygin. fab. 257. – **3** eine Tochter **versprechen**, **verloben** (vgl. Serv. Sulpic. bei Gell. 4, 4, 2), *Lu.* sponden tu ergo tuam gratam uxorem mihi? *Ch.* Spondeo et mille auri Philippûm dotis, Plaut.: spondesne, miles, mihi hanc uxorem? Plaut.: sponden tuam gnatam filio uxorem meo? Poëta bei Varro LL. 6, 70: istāc lege filiam tuam sponden mi uxorem dari? Plaut.: Passiv, scis (Pamphilam) sponsam mihi? Ter. eun. 1036; vgl. oben *no.* 1 aus Varro LL. 6, 70. – Partiz. subst., spōnsus, ī, *m.*, der **Verlobte**, der **Bräutigam**, u. spōnsa, ae, *f.*, die **Verlobte**, die **Braut**, Komik., Cic., Liv. u. a.: sponsus sponsaque, ICt.: sponsus et sponsa, Isid.: sponsi Penelopae, poet. = die Freier, Hor. ep. 1, 2, 28: vulg. synk. sposus, CIL 4318 (= maritus). – Sprichw., suam cuique sponsam, mihi meam, jedem nach seinem Geschmack, Atil. com. 1 (bei Cic. ad Att. 14, 20, 3). – **4** weissagend usw. **verheißen**, **verkünden**, de infante Scribonius mathematicus praeclara spopondit, Suet. Tib. 14, 2: illius et dites monitis spondentibus Indi, Val. Flacc. 6, 117: sponde adfore reges, Val. Flacc. 3, 504. – v. d. Gestirnen, te fera nec quicquam placidum spondentia Martis sidera presserunt, Ov. Ib. 213 *sq.* – **5** übh. **heilig versichern, -versprechen, verheißen, geloben,** gleichs. **Bürge sein, a** v. Pers., m. *Acc.*, non solam fidem (Verschwiegenheit), Ov.: iis honores et praemia, Cic.: celeres missae (sorori) recursus, Ov.: officium (Dienstwilligkeit) commisso amori, Ov.: impunitatem vitiis suis, Lact.: non, si mihi Iuppiter auctor spondeat, hoc sperem, Verg. – m. allg. *Acc.* u. m. *de* u. Abl., quod ego non modo de me tibi spondere possum, sed de te etiam mihi, Cic. ep. 15, 21, 1: tantum sibi vel de viribus suis vel de fortuna spondentes, sich versprechend von usw., Iustin. 3, 4, 1: u. so multa sibi de lenitudine Romana spondebant, Amm. 24, 1, 8. – m. folg. *Acc.* u. *Infin.*, quem ego vobis ita commendo, ut cupidissimum otii, studiosissimum bonorum ... futurum esse promittam et spondeam, Cic.: promitto, recipio, spondeo, C. Caesarem talem semper fore civem, qualis etc., Cic.: spopondit Lacedaemonios eo nolle classe confligere, quod etc., Nep.: spondeo sollicitudini tuae, spei meae, magnitudini causae (eum) suffecturum, Plin. ep. – m. bl. *Infin.*, at ego fide meā spondeo (ich gebe dir mein heiliges Wort) futurum, ut omnia longe ampliora quam a me praedicantur invenias, Plin. ep. 1, 14, 10: oboedire praeceptis promptissime spoponderunt, Amm. 17, 12, 11. – **b** übtr., v. Lebl., m. *Acc.*, quod (ingenium) magnum spondebat virum, einen gr. M. verhieß, Iustin. 7, 6, 1. – m. *de* u. *Abl.*, implent (epistulae tuae) me bonā spe et iam non promittunt de te, sed spondent, Sen. ep. 19, 1. – m. *Acc.* u. *Infin.*, quod propediem futurum spondet et virtus et fortuna vestra, Liv. 7, 30, 8. – ▶ spondēn = *spondesne,* Plaut. capt. 898 u. a. Comoed. pall. inc. fr. 15. p. 114 R.[2] – Perf. auch spepondi, Val. Ant. fr. bei Gell. 7, 9, 12 (nach Gell. 7, 9, 14 auch Cic. u. Caes.). CIL 6, 10241, 30. – ohne Reduplikation spondi, Vulg. (Amiat.) genes. 26, 3; spondisti, Itala (Floriac.) prov. 6, 3, sponderis, Vulg. (Amiat.) Sirach 8, 16, sponderit, Itala (Tolet.) 17, 18: Plusquamperf. sponderat, Ps. Tert. carm. adv. Marc. 3, 135: sponsis = *spoponderis,* Form. augur. vet. bei Fest. 351 (a), 10. – Nbf. nach der 3. Konjug. spondit = spondet, Gloss. IV, 174, 43 u. ö.

spondēus (spondīus), a, um (σπονδεῖος), **zu den Libationen gehörig,** subst., I) spondēum, ī, *n.*, ein **Gefäß zur Libation,** Apul. met. 11, 20. – **II** spondēus (spondīus) u. spondēos, ī, *m.* (*sc.* pes), der (in den langsamen, feierlichen Melodien der Libationsgesänge bes. gebrauchte) Versfuß – –, der **Spondeus,** Cic. u. a., Form *eos,* Ter. Maur. 2312 u. (Akk. *-eon*) 2201 u. a. – meton., ein **Gedicht aus Spondeen,** Cic. bei Boëth. inst. mus. 1, 1. p. 158, 2 u. 15 Fr.

spondīacus, a, um (σπονδειακός), **aus Spondeen bestehend, spondëisch,** Diom. 495, 21; 496, 13. Ter. Maur. 2234 K. (auch angef. bei Prisc. de metr. Ter. § 5).

spondīazōn, ontis, Akk. Plur. ontas, *m.* (σπονδειάζων), der **aus lauter Spondeen bestehende Hexameter,** Diom. 498, 13. Mar. Victorin. 3, 5, 11. p. 112, 7 K. Atil. Fortun. (VI) 284, 23 K. Schol. Pers. 1, 98 Buech.

spondilium, s. spondylion *no.* II.

spondilus, s. spondylus.

spondīus, s. spondēus.

spondylē, ēs, *f.*, s. sphondylē.

spondylion (sphondylion) u. **-um,** iī, *n.* (σπονδύλιον, σφονδύλιον), **I** eine Pflanze, die **Bärenklau, Bärwurz,** der **Porst** (*Heracleum Spondylium,* L.), spond., Plin. 12, 128 u. a.: sphond., Scrib. Larg. 2 u. 5. – **II** das **runde Wirbelbein,** der **Wirbelknochen** des Rückgrates od. Halses, Plur. spondilia, Isid. orig. 11, 1, 95. – **III** der fleischige Teil der Austern, das **Schloss,** Plur. spondylia, Cael. Aur. de morb. chron. 3, 2, 35.

spondylus (sphondylus), ī, *m.* (σπόνδυλος, σφόνδυλος), **I** das **runde Wirbelbein,** der **Wirbelknochen** des Rückgrates od. Halses, Plin. u. Veget. – **II** der fleischige Teil der Austern u. Muscheln, das **Schloss,** Colum. u. Plin. – **III** eine Art Muscheln, die **Stachelmuschel, Klappmuschel, Lazarusklappe** (*Spondylus gaederopus,* L.), Sen. u. a.: sphondylus (σφόνδυλος) geschr., Colum. 8, 16, 7: u. sfondilus, Apic. 2, 42 u. a.: u. sphondulus marinus, Edict. Diocl. 5, 10.

spongea, ae, *f.*, s. spongia.

spongeola, ae, *f.*, s. spongiola.

spongeōsus, a, um, s. spongiōsus.

spongeus, a, um, s. spongius.

spongia (spongea), ae, *f.* (σπογγιά), der **Schwamm, I** eig.: **a** übh.: raritas quaedam et assimilis spongiis mollitudo, Cic.: spongiae maiores et minores, Colum.: spongiam aceto imbuere, Colum.: spongeā frigidā cerebrum umefacere Plin.: spongiam exprimere, Cels.: detergere spongiā sudorem in facie, Cels.: detergere spongiā labra (bovis), Colum.: corpus (alcis) spongeā pertergere, Val. Max.: e foro spongiis effingere sanguinem, Cic. – zum Abwischen des Afters an einem Holz befestigt u. an Aborten aufgehängt, Sen. contr. 7. praef. § 3. Sen. ep. 70, 20. Mart. 12, 48, 7. – zum Ersticken (als Todesstrafe) in den Mund gestopft, Sen. de ira 3, 19, 4. – **b** der **Rosenschwamm, Schlafapfel, Schlafkunz,** Plin. 29, 94. – **II** übtr.: **1** ein schwammförmiger, weicher **Panzer,** Liv. 9, 40, 3. Tert. de spect. 25. – im Doppelsinn mit *no.* I: Aiacem suum in spongiam incubuisse, sein Ajax (seine Tragödie Ajax) habe sich in den Schwamm (wie der eig. Ajax in das Schwert) gestürzt, sei dem Schwamm verfallen, Aug. b. Suet. Aug. 85, 2 u. b. Macr. sat. 2, 4, 2. – **2** spongiae, die **verflochtenen Wurzeln des Spargels,** Colum. u. Plin. – **3** eine Art poröser Steine, der **Schwammstein, Bimsstein,** Vitr. u. Pallad.; vgl. Isid. orig. 19, 10, 11. – **4** spongiae, die aus dem Schmelzofen kommenden porösen u. brüchigen Eisenstückchen, Plin. 34, 146. – **5** ein **Moos** (conferva), das auf den Wiesen wächst, Plin. 19, 63. – **6 schwammiges Brot,** Isid. orig. 20, 2, 16. – ▶ Vulg. Nbf. sfungia, Isid. orig. 12, 6, 60 *codd. optt.*

spongiola (spongeola), ae, *f.* (*Demin.* v. spongia), **I der Schlafapfel, Rosenschwamm,** Plin. 25, 18. – **II** die **verflochtenen Wurzeln des Spargels,** Colum. 11, 3, 44.

spongiolus, falsche Lesart bei Apic. statt sfondilus, s. spondylus a. E.

spongiōsus (spongeōsus), a, um (spongia), **schwammig, porös,** pulmo, Cels.: pumex, Plin.: panis spongiosā inanitate, Plin.

spongītis, idis, *f.* (σπογγῖτις), der **Schwammstein,** eine Art Meerschwamm, nach Plin. 37, 182 ein Edelstein.

spongius (spongeus), a, um, **schwammig,** lignum, Cassiod. var. 11, 382: ova sfongia (so!), als Gericht, Apic. 7, 307.

spongizo (sfongizo), āre (σπογγίζω), **mit dem Schwamm abwischen,** Apic. 1, 26; 7, 326 u. a.

spōns, spontis, *f.* (vgl. ahd. *spanst,* Antrieb, Lockung), der **freie Wille, Trieb,** die **Willkür,** nur im *Genet.* u. *Abl.* vorkommend, **I** *Abl.:* sponte alcis, **mit od. nach jmds. Willen,** sponte Antonii, Tac.: sponte legatorum, Tac.: sponte litigatoris, Tac.: sponte dei, Val. Flacc., deorum, Lucan.: sponte naturae suae, Plin.: m. *Praepp.*, de tua sponte, Cotta bei Charis. 220, 2: a sponte, ab eadem sponte, a qua sponte, de sponte eius, sine sponte sua, Varro LL. 6. § 69. 71. 72. 73: sua ex sponte, CIL 8, 4575. – häufiger meā, tuā, suā etc. sponte, auch bl. sponte, **a aus (meinem, deinem, seinem) eigenem Antrieb** od. **Willen, von selbst, freiwillig, nach eigenem Kopf, absichtlich** (Ggstz. coactus, rogatus, ab alqo provocatus, ex necessitate, casu), meā sponte feceram, Cic.: tuā sponte facere, Cic.: suā sponte et voluntate fecissent, Cic.: non sponte sequor, Verg.: sponte an oblitus (praetermiserit) ignoro, absichtlich od. aus Vergesslichkeit, Macr.: spätlat. sponte propriā, z. B. nusquam a veritate sponte propriā digredi, Amm. 14, 6, 1: sponte se propriā dare (ergeben), Amm. 17, 2, 3. – **b von selbst, aus eigener Einsicht,** neque id solum meā sponte (prospexi), sed multo etiam magis monente et denuntiante te, Cic. ep. 4, 3, 1. – **c von selbst, an sich, allein, ohne** jmds. **Hilfe** od. **Zutun,** nec suā sponte, sed eorum auxilio, Cic.: ignis suā sponte exstinguitur, Cic.: sponte natis ali, sich von dem, was von selbst wächst, nähren, Arnob. – **d von selbst,** d. i. **an sich, schlechtweg, für sich allein** (ohne dass Fremdes hinzukommt), von unbelebten Subjekten, res, quae suā sponte scelerata est, Cic.: an est aliquid, quod te suā sponte delectet? Cic. – **e zuerst, ohne ein Beispiel vor sich zu haben,** quod C. Verres suā sponte instituisset, Cic. II. Verr.. 1, 111. –

II *Genet.*: homo, qui suae spontis est, sein eigener Herr, Cels.: cytisus suae spontis, von selbst wachsend, Colum.: aqua suae spontis, von selbst fließend, Colum.: sic despondisse animum quoque dicitur ut despondisse filiam, quod suae spontis statuerant finem, Varro LL. 6, 71. – ► Nom. spons nur von Charis. 49, 16 u. Auson. technop. per interr. et resp. 11. p. 138, 3 Schenkl willkürlich aufgestellt. – ad spontem Otfr. Müller Varro LL. 6, 72.

spōnsa, ae, *f.*, s. spondeo *no.* 3.

spōnsālicius, a, um (sponsalia), **zur Verlobung gehörig, Verlobungs-**, arra, Cod. Iust. 5, 1, 5. § 3 u. 5, 2 pr.: donatio, Cod. Iust. 6, 61, 5. § 1. Sidon. epist. 7, 2.

spōnsālis, e (sponsus), **zum Eheverlöbnis-, zur Verlobung gehörig, Verlobungs-** I *adi.*: dies, Varro LL.: tabulae, Hieron. – II *subst.*: 1 spōnsālis, is, *m.*, das **Brautgemach,** Tert. adv. Valent. 31. – 2 spōnsālia, ûm od. ōrum, *n.*, a das **Verlöbnis,** die **Verlobung,** sponsalia saepe nubentis, Sen.: cena sponsalium, Plin.: dies sponsaliorum, Suet.: decentissimum sponsaliorum genus est adulterium, Sen.: sponsalia facere (schließen), Cic.: sponsalia rite facere, Liv.: sponsalia facere dictatis verbis, Ov.: surgam ad sponsalia, quod promisi, Sen. – b der **Verlöbnisschmaus,** sponsalia Crassipedi praebui, Cic. ad Q. fr. 2, 5, 2 (2, 6, 1). – c die **Verlobungsgeschenke,** Cod. Iust. 5, 3, 3 u. a.

spōnsio, ōnis, *f.* (spondeo), das feierliche **Versprechen,** das **Angeloben,** I eines Gelübdes, das **Eingehen,** voti, Cic. de legg. 2, 41. – II die feierliche **Verpflichtung** zwischen zwei Parteien, A bei Verhandlungen, Verträgen, Bündnissen usw., das feierliche **Gelöbnis,** die feierliche **Zusage,** bes. die **Verbürgung, Bürgschaft** (vgl. Paul. dig. 50, 16, 7), lex est ... communis rei publicae sp., ein allgemeines G. der Staatsgesellschaft (zum Gehorsam), ICt.: per indutias sponsionem faciunt, uti certo die legati domo proficiscerentur, Sall.: non foedere pax Caudina, sed per sponsionem facta est, Liv.: eadem superbia, quā sponsionem istam expresserunt nobis Samnites, Liv.: tam sponsiones quam foedera sancta esse, Liv.: cum me seu turpi seu necessariā sponsione obstrinxi, Liv.: Ocriculani sponsione in amicitiam accepti, Liv.: vilia haec capita luendae sponsionis feramus, zur Auflösung der B. (den Feinden) darbringen, Liv. – B im Zivilprozess, die **gegenseitige Verpflichtung, Stipulation** der Parteien, dass der Verlierende dem Gewinnenden eine gewisse Summe erlegen solle, eine Art **Wette,** a eig.: sponsionem facere cum alqo, Cic.: cum sponsionem fecisset NI VIR BONUS ESSET, er wolle die stipulierte Summe zahlen, wenn er nicht usw., Cic.: vincere sponsione (v. zur sponsio auffordernden Kläger), u. vincere sponsionem (v. dazu aufgeforderten Beklagten), das stipulierte Geld, die gerichtl. Wette gewinnen, Cic. (vgl. Jordan Cic. Caecin. 91. p. 276 *sq.*). – übtr., v. ähnlichen Wetten, Cleopatra sponsione provocavit, insumere se posse in una cena HS centies, Macr.: sponsionibus (*sc.* inter Cleopatram et Antonium) factis, Plin. – b meton., die bei solchen Stipulationen, Wetten **niedergelegte Geldsumme,** Varro LL. 6, 70.

spōnsiuncula, ae, *f.* (*Demin.* v. sponsio), die **kleine Bürgschaft,** Petron. 58, 8.

spōnso, āre (sponsus), I **sich verloben,** Paul. dig. 23, 2, 38. – II **zur Braut machen, verloben,** virgines sponsari non possunt, Tert. de vel. virg. 11: sp. uxorem, sich mit einer Frau verloben, Augustin. quaest. in deut. qu. 31: übtr., et sponsabo te mihi in sempiternum od. in fide, Vulg. Osee 2, 19 u. 20: animam sponsans, Paul. Nol. carm. 18, 43: abs., sponsans Achilles (*sc.* coniugem), Orest. tr. 78.

spōnsor, ōris, *m.* (spondeo), I der für etwas gut sagt, der **Bürge,** Cic. u. a.: salutis, für das Leben, Lucan.: in Geldsachen, Suet. Caes. 18, 1: von Frauen, Ps. Ov. her. 16 (15), 114. – II insbes., der **Pate,** Tert. de bapt. 18.

spōnstrīx, trīcis, *f.* (Femin. zu sponsor), die **Bürgin,** Prob. de nom. 212, 16 u. 20 K.

spōnsum, ī, *n.* (spondeo), I das **Angelobte** od. **Verbürgte,** sponsum negare, eine gegebene Zusage meineidig brechen, Hor. sat. 1, 3, 95. – II = sponsio *no.* II (s. d.), ex sponso agere, Cic. Quinct. 32. Vgl. 2. sponsus *no.* II.

1. **spōnsus**, ī, *m.*, s. spondeo.

2. **spōnsus**, ūs, *m.* (spondeo), I = sponsio *no.* II, A, das **Gelöbnis,** interrogatio sponsus, Befragung mit G., Paul. dig. 50, 16, 7. – bes. die **Verbürgung, Bürgschaft,** Cic. ad Att. 12, 19, 2. – II = sponsio *no.* II, B (s. d.), quod sponsu erat alligatus, Varro LL. 6, 71: ex sponsu agere, Serv. Sulpic. bei Gell. 4, 4, 2: agere cum alqo ex sponsu, Varro LL. 6, 72: lex Furia de sponsu adversus eum, qui etc., Gaius inst. 4, 22.

spontālis, e (spons), **freiwillig,** Apul. met. 4, 11 u. a.

spontāliter, *Adv.* (spontalis), **freiwillig, von selbst,** Sidon. epist. 8, 9, 2. Anecd. Helv. 55, 18.

spontāneē, *Adv.* (spontaneus), **freiwillig,** Vulg. 1. Petr. 5, 2. Hieron. epist. 52. *no.* 7. Th. Prisc. 1, 8.

spontāneus, a, um (spons), **freiwillig, frei,** mors, Augustin. de civ. dei 1, 26. Macr. som. Scip. 2, 12, 2: bellum, Augustin. de civ. dei 4, 14: voluntas, Cod. Iust. 2, 3, 2: benignitates numinum, Arnob. 3, 24: spontaneo ferri agitatu, Macr. somn. Scip. 2, 14, 13: nec formido iussus adgredi opus, quod spontaneum cessit inpune, Veget. mil. 2. praef. *extr.* p. 34, 3 L.[2]

sponte, spontis, s. spōns.

spontīvus, a, um (spons), **freiwillig,** damnum, Solin. 2, 36.

Sporades, um, *f.* (insulae), αἱ Σποράδες νῆσοι, eine bedeutende Anzahl kleiner Inseln im Ägäischen Meer, zwischen den zykladischen u. Kreta, Mela 2, 7, 11 (2. § 111): griech. Akk. -das, Amm. 22, 8, 2. Prisc. perieg. 530.

sporta, ae, *f.* (vgl. σπυρίς), der geflochtene **Korb,** Scriptt. r. r., Sall. fr. u. a.: als Seihkorb, Plin.

sportella, ae, *f.* (*Demin.* v. sporta), I das **Körbchen,** Suet. Dom. 4, 5. Petron. 40, 3: für Geld, Ps. Ascon. ad Cic. I. Verr.. 8, 22. p. 135, 3 B.: als Küchengeschirr, in dem man Speisen leicht aufkochen ließ, Apic. 6, 248; 8, 364 u. 374: sportella palmicea, Plin. Val. 3, 14. fol. 194 (b), 14. – II insbes., das **Speisekörbchen,** die in Körbchen gegebene kalte **Küche,** das **kalte Gericht** u. **kalte Speisen** (im Ggstz. zur förmlichen Mahlzeit), Cic. ep. 9, 20, 2.

sportellārius, a, um (sportella), **als Zugabe mitgegeben,** puella, CIL 3. p. 937.

sportula, ae, *f.* (*Demin.* v. sporta), I das **Körbchen,** Plaut. Curc. 289; Stich. 289 u. a. Apul. met. 1, 25. – II insbes., das **Speisekörbchen,** A v. den unter die Klienten u. andere geringe Personen ausgeteilten Körbchen mit Speisen od. statt dessen mit Geld (gew. 100 Quadranten = 10 Sesterze), die **Spende,** Suet. Ner. 16, 2. Mart. 1, 59, 1; 1, 80, 1 u. a. Iuven. 1, 95. Tert. adv. Marc. 3, 16 (wo sprichw. furunculus sportulam captat, schnappt nach fremdem Gut). – Übtr., a dem Volk gegebene kurze Spiele, Claud. b. Suet. Claud. 21, 4. – b das **Geschenk** übh., die **Sportel,** Plin. ep. 2, 14, 4 u. a. Ulp. dig. 24, 1, 5. § 17; 30, 1, 120 *pr.*: bes. **Gerichtssporteln,** Cod. Iust. 12, 21, 2. Iul. epit. nov. 15. § 56. – B = δεῖπνον ἀπὸ σπυρίδος, das Picknick, Iuven. 3, 249.

sportulor, ārī (sportula), **Spenden einsammeln,** sportulantes fratres, Cypr. epist. 1, 1 *extr.*

spōsus, ī, *m.* (spondeo), vulg. = sponsus, der **Bräutigam,** CIL 8, 4318.

sprētio, ōnis, *f.* (sperno), die **Verachtung,** Ambros. enarr. in psalm. 43. § 54. Rufin. Orig. in Rom. 9, 40.

sprētor, ōris, *m.* (sperno), der **Verschmäher, Verächter,** deorum, Ov. met. 8, 613: matronalium amplexuum, Apul. met. 3, 19.

sprētus, ūs, *m.* (sperno), die **Verschmähung, Verachtung,** Apul. de deo Socr. 3. Sidon. epist. 3, 14, 2. (spretui est).

spūma, ae, *f.* (zu altind. *phēna-ḥ*, Schaum, Feim, ahd. *feim*), der **Schaum, Gischt,** Verg. u. Plin.: spumas agere in ore, schäumen, Cic.: spumam eximere, abschäumen, Colum.: spuma argenti, Silberschaum, Glätte, Verg.: salis, Salz aus dem Schaum des Meeres, Schaumsalz, Plin.: spuma caustica, kaustische Seife, womit sich die Germanen u. Gallier das Haar rot färbten, Mart.: dies. spuma Batava gen., Mart.

spūmābundus, a, um (spumo), **schäumend,** Apul. apol. 44.

spūmātio, ōnis, *f.* (spumo), das **Schäumen,** oris, Cael. Aur. de morb. acut. 3, 2, 8.

spūmātus, Abl. ū, *m.* (spumo), das **Schäumen,** der **Schaum,** Stat. silv. 1, 4, 103.

spūmēsco, ere (*Inchoat.* zu spumo), **schäumend werden, aufschäumen,** Ov. her. 2, 87.

spūmeus, a, um (spuma), **I aus Schaum bestehend, schaumig, schäumend,** Verg. u. a. – **II** übtr., **schaumähnlich,** sucus, Plin.: color, Pallad.

spūmidus, a, um (spuma), **schäumend, schaumig,** Apul. apol. 50.

spūmifer, fera, ferum (spuma u. fero), **Schaum bei sich tragend, schäumend,** Anio, Prop.: 4 (5), 7, 81: Aegon, Stat. Theb. 5, 56: Hebrus, Stat. Theb. 9, 438: fluctus, Stat. Achill. 1, 59.

spūmigena, ae, *c.* (spuma u. geno = gigno), **aus Schaum geboren,** Mart. Cap. 9. § 915.

spūmiger, gera, gerum (spuma u. gero), **Schaum bei sich führend, schäumend,** fons, Ov. met. 11, 140: leo, Lucr. 5, 983 (985): lupi, Manil. 5, 74.

spūmo, āvī, ātum, āre (spuma), **I** *intr.*: **A schäumen, Schaum von sich geben, a** übh., spumans salum, Verg.: aper spumans, Verg.: sanguis ex ore spumans, Cels.: spumantia frena, Phaedr.: spumant apris ora, Sen.: ut terra respersa eo (aceto) spumet, Cels. – **b** insbes., vor Wut **schäumen,** ardescit furiis atque indignationibus mater, spumat, anhelat, exaestuat, Arnob. 5, 20: ira turpior spumante rictu, Suet. Claud. 30. – **B** übtr.: terra spumat, schäumt, kocht auf, Cels. 5, 27, 4. – **II** *tr.*: **A beschäumen** = mit Schaum bedecken, saxa cana salis niveo spumata liquore, beschäumt von der schneeigen Salzflut, Cic. poët. de div. 1, 13. – **B hervorschäumen, schäumend von sich geben,** equi aegra soporatis spumant oblivia linguis, Claud.: bildl., iste spumans ex ore scelus, Rhet. Her.

spūmōsus, a, um (spuma), **voll Schaum, schäumend, a** eig.: litora, Catull.: undae, Ov.: pulmo, Plin.: *Compar.*, Addua spumosior, Claud. VI. cons. Hon. 458: sputa fulviora vel spumosiora, Cael. Aur. de morb. acut. 2, 27, 144. – *neutr. plur.* subst., reicere spumosa, Scrib. Larg. 186. – **b** bildl.: hoc spumosum (v. Versen), brausend, volltönend, Pers. 1, 96.

spuo, spuī, spūtum, ere (πτύω), **I** *intr.* **spucken,** ex toto spuere desisse, Cels. 2, 8. p. 48, 19 D.: sp. in sinum, Plin. 28, 35: in faciem alcis, Vulg. num. 12, 14: Antoniam Drusi (*sc.* uxorem) non spuisse percelebre est, Solin. 1, 74. – **II** *tr.* **ausspucken, ausspeien,** sicco terram ore, Verg. georg. 4, 97. – ► Cels. 8, 9. *no.* 1 ist sanguis spuitur Glossem.

spurcāmen, inis, *n.* (spurco), der **Unflat,** Prud. cath. 9, 56.

spurcātus, a, um, s. spurco.

spurcē, *Adv.* (spurcus), **schweinisch, säuisch, unflätig,** Colum. 7, 9, 14. – bildl., aliquid spurce factum, Rhet. Her. 1, 8: quin in illam miseram tam spurce, tam impie dixeris, Cic. Phil. 2, 99: spurcius nos quam alios Opicon appellatione foedant, Cato libr. ad Marc. fil. fr. 1. p. 77 *Jord.*: deinde perscribit spurcissime (in den unflätigsten Ausdrücken), quas ob causas fecerit, Cic. ad Att. 11, 13, 2.

spurcidicus, a, um (spurce u. dico), **unflätig redend, unflätig,** versus, Plaut. capt. prol. 56.

spurcificus (spurcuficus), a, um (spurcus u. facio), **unflätig machend, verunreinigend,** Plaut. trin. 826.

spurciloquium, iī, *n.* (spurce u. loquor), die **unflätige Rede,** Tert. de res. carn. 4 *extr.*

spurcitia, ae, *f.* u. **spurcitiēs,** ēī, *f.* (spurcus), der **Unflat,** die **Unflätigkeit,** Form *-a*, Colum. 1, 5, 8 u. a. Plin. 33, 69: Form *-es*, Lucr. 6, 977. Apul. met. 8, 28: Plur., Varro r. r. 3, 16, 7: suum spurcitiae, Plin. 17, 52: spurcitias omnes emendare, Sex. Placit. de medic. 11, 8. – im moral. Sinne, spurcitia patris, Afran. com. 54: improbi, *ibid.* 164.

spurco, āvī, ātum, āre (spurcus), **besudeln, verunreinigen,** Plaut., Catull. u. ICt. – Partiz. adjekt. im *Superl.*, helluo spurcatissimus (unflätigster), Cic. de domo 25.

spurcuficus, a, um, s. spurcificus.

spurcus, a, um (viell. verwandt mit porcus), **schweinisch, säuisch, unflätig, garstig, I** eig. u. übtr.: saliva, Catull.: urinā spurcius, Gell. – tempestas, Cic.: siccus et spurcus ager (Ggstz. umidus et granosus), Colum.: res spurcissima, Varro fr. – **II** bildl., v. Charakter od. Stand, Dama, Hor.: homo spurcissimus, Cic. – nihil est te spurcius, Mart.: vita spurcissima, Gell. – bes. v. schändlicher Buhlerei, meretrix, Mart.: quaestus, Kuppelei, CIL 11, 6528.

Spurinna, ae, *m.* (spurius), **I** ein berühmter Haruspex, der Cäsar vor den Iden des März (15. März) warnte, Cic. de div. 1, 119; ep. 9, 24, 2. Suet. Caes. 81, 2. – **II** Vestricius Spurinna, Anführer der othonischen Partei, Tac. hist. 2, 11. Plin. ep. 2, 7, 1. – als lyrischer Dichter gepriesen, Plin. ep. 3, 1, 1 *sqq.*

spurium, iī, *n.* (σπορά, Zeugung), das weibl. **Zeugungsglied,** nach Isid. orig. 9, 5, 24: meton. = ein so gestaltetes Seetier, Apul. apol. 35.

spurius, a, um, **I** als *n. appellat.*, von einem unbekannten Vater mit einer gemeinen Buhldirne erzeugt, **unehelich,** subst., das **uneheliche Kind,** das **Hurenkind,** griech. πορνογενής (hingegen nothus von einem bekannten Vater mit einer Beischläferin gezeugt, **Bastard, Kebskind,** griech. νόθος), Gaius inst. 1, 64. Modest. dig. 1, 5, 23 u. a. ICt. Iustin. 20, 1, 15. Apul. met. 6, 9. – bildl., **unecht,** versus, Auson. epist. 18, 30. p. 179 Schenkl: vates, schlechter, Auson. lud. sept. sap. 13 zw. – **II** als *nom. propr.*, Spurius, ein röm. Vorname, abgek. Sp., wie Sp. Aelius.

spūtāmen, inis, *n.* (sputo), der **Speichel,** Eccl. – Plur., aegrotantium sputamina, Cael. Aur. de morb. chron. 2, 14, 199.

spūtāmentum, ī, *n.* (sputo), der **Speichel,** Plur. bei Tert. de spect. 30. Augustin. ad Oros. c. Priscill. § 11. Iul. Val. 1, 11 (1, 18) *extr.*

spūtātilicus, a, um (sputo) = κατάπτυστος **zum Ausspucken, ausspuckenswert** = verabscheuenswert, crimina, Sisenn. bei Cic. Brut. 260.

spūtātor, ōris, *m.* (sputo), der **Spucker,** minime sputator, screator sum, Plaut. mil. 648.

spūto, āre (*Intens.* v. spuo), **I spucken (speien), ausspucken (ausspeien),** sanguinem, Plaut. merc. 138: cum atro mixtos sanguine dentes, Ov. met. 12, 256. – **II** vor etw. **ausspucken,** qui sputatur morbus, die Epilepsie, Plaut. capt. 550 (Schoell u. Leo insputatur). Vgl. Plin. 10, 69 u. 28, 35.

spūtum, ī, *n.* (spuo), die **Spucke,** der **Speichel, Auswurf, I** eig.: sp. cruentum, biliosum, purulentum, Cels.: turbatus sputo pulvis, Petron.: alcis os sputo respergere, Val. Max. – Plur., tenuia sputa minuta, Lucr.: sputa cruenta, Prop.: alius servus sputa deterget, Sen.: dolor pulmonis si neque per sputa neque per sanguinis detractionem finitus est, Cels. – **II** meton.: hoc linitur sputo, mit diesem Ding (bractea), das so dünn ist wie Speichel, Mart. 8, 33, 11. – ► Akk. Plur. heterokl. sputos, Greg. Tur. vit. patrum 13

spūtus, ūs, *m.* (spuo), das **Speien,** Cael. Aur. de morb. chron. 3, 2, 18 u. 4, 4, 80: sp. sanguinis, Cael. Aur. de signif. diaet. pass. 84. – Plur., venenati sputus, Augustin. de civ. dei 18, 23, 2. p. 287, 23 D.[2]: sputus umorosi, Cael. Aur. de signif. diaet. pass. 99.

squālentia, ae, *f.* (squaleo), der **Unflat, Schmutz,** Tert. exhort. ad castit. 10.

squāleo, ēre (1. squālus), **starren, rau-, starr sein, I** im Allg.: squalentes conchae, die rauen, Verg.: picti squalentia terga lacerti, der harte, schuppige Rücken, Verg. – mit *Abl.*, von etw. **starren, strotzen** = mit etwas **überzogen, überdeckt sein,** tunica oder lorica sqalens auro, Verg.: squalentes auro maculae, Verg.: filaque concreto cogit squalere metallo, Claud.: squalentia murice terga, des Triton, Claud.: nigro squalentia tecta tabo (Moder), Ov.: humus squalet serpentibus atris, wimmelt, Ov.: quidquid hirsutis squalet imaginibus, Mart.: vestes squalentes atro pulvere, Lucan.: neque arma squalere situ (Schmutz) ac rubigine velim, Quint. – **II** insbes.: **1** infolge der Trockenheit starren = **trocken, vertrocknet sein,** squalebant pulvere fauces, Lucan.: oraque proiectā squalent arentia linguā, Lucan.: diffugere undae, squalent fontesque lacusque, Stat.: squalebat tellus, Sil.: squalentes campi, Sil. – **2** aus Mangel an Pflege, vor Schmutz starren, **a** übh.: ita mihi supellex squalet atque aedes meae, starrt vor Schmutz, Plaut.: volumina et diutino situ squalebant et habitu aspectuque taetro erant, Gell.: barba squalens, schmutziger, Verg.: coma squalens, verworrenes, Ov. – dah. meton. = **in schmutzigem Aufzug trauern, das Trauergewand angelegt haben,** squalebat civitas publico consilio veste mutatā, Cic. Sest. 32: *luget* senatus, *maeret* equester ordo, tota civitas confecta senio est, *squalent* municipia, Cic. Mil. 20. – **b** v. Örtlichkeiten, **ungepflegt = unangebaut-, wüst liegen,** squalent abductis arva colonis, Verg.: sterilis profundi vastitas squalet soli, Sen. poët.: squalentia arva, Lucan.: squalens litus, wüste (öde) Dünen, Tac.

squālēs, Abl. squale, *f.* (squaleo), der **Schmutz,** Pacuv. tr. 314. Varro sat. Men. 254.

squālēsco, ere (*Inch.* v. squaleo), **I starr werden,** Caper 93, 19 K. Not. Tir. 40, 41b. – **II unsauber werden,** ut vitiorum sordibus squalesceret mundus, Ps. Augustin. serm. app. 120, 1.

squālidē, *Adv.* (squalidus), **rau, ungeglättet,** squalidius dicere, zu trocken, Cic. de fin. 4, 5: vidit squalidius (in unklaren Umrissen) speciem illam genii publici, Amm. 25, 2, 3.

squāliditās, ātis, *f.* (squalidus), der **Schmutz;** bildl. = das **Dunkel,** die **Unklarheit,** Amm. 26, 5, 15.

squālidus, a, um (squaleo), **I starrend, strotzend,** corpora, membra, Lucr. – aurum, glänzend, Acc. tr. 517. – bildl., v. der Rede, **rau, ungeglättet, trocken,** quoniam suā sponte squalidiora sunt, Cic. or. 115. – **II** insbes., **starrend** vor Mangel an Pflege u. Schmutz, **schmutzig, unsauber, unreinlich** (Ggstz. nitidus), **1** eig.: homo, Ter.: barbā squalidus, Apul.: carcer, Ov.: corpora squalida et prope efferata, Liv.: stola, Enn. – **2** übtr.: **a in schmutzigem Aufzug,** bes. v. Angeklagten, reus, Ov.: senectus, Plin. ep. – **b wüst, unwirtlich, schauerlich,** squalida siccitate regio, Curt. 7, 4 (18), 27: humus, Ov. fast. 1, 558.

squālitās, ātis, *f.* (squales) = squalor, Acc. tr. 617. Lucil. 597.

squālitūdo, inis, *f.* (squales) = squalor, Acc. tr. 340.

squālor, ōris, *m.* (squaleo), **I** das **Starren,** die **Rauheit** (Ggstz. levor), Lucr. 2, 425. – bildl.: rudis saeculi, Quint. 2, 5, 23. – **II** insbes., das Starren vor Schmutz, die **Unsauberkeit, Unreinlichkeit,** der **Schmutz, 1** eig.: homo squaloris plenus ac pulveris, Cic.: senex macie et squalore confectus, Plin. ep.: illuvie, squalore enecti, Liv.: obsita erat squalore vestis, Liv.: ignavis et imbellibus manet squalor, Tac. – **2** übtr.: **a** die schmutzige äußere Erscheinung als Zeichen der Trauer, der **schmutzige Aufzug,** die äußere **Trauer** (während luctus = Trauer in der Haltung, maeror = innere Trauer), squalor et maeror, Cic.: squalor sordesque sociorum, Cic.: sordes et squalor propinquorum similis habitus, Quint.: coniugis miserae squalor et luctus atque optimae filiae maeror assiduus, Cic.: ea multitudo in squalore et luctu supplex vobis, Cic.: in luctu et squalore sum, Metell. in Cic. ep.: luctum suum sordium ac squaloris foeditate irritare, Sen.: senatus eum tonderi et squalorem deponere iussit, Cic. – **b** das **wüste, unwirtliche, schauerliche Aussehen,** die **Unwirtlichkeit** einer Örtlichkeit usw., locorum squalor et solitudines inviae, Curt. 5, 6 (21), 13: silva squalore tenebrarum horrenda, schauerliche Finsternis, Amm. 17, 1, 18: u. so crassae caliginis squalor, Amm. 17, 7, 2. – **c** das **Traurige, Armselige** der Lage, ex squalore nimio miseriarum ad principale culmen provectus, Amm. 14, 1, 1.

1. squālus, a, um = squalidus, **schmutzig,** vestis, Enn. fr. scen. 311.

2. squalus, ī, *m.*, der **Meersaufisch,** Varro, Ov. u. Plin.

squāma, ae, *f.* (squaleo), die **Schuppe, I** eig. u. übtr.: **1** eig., der Fische, Schlangen, Bienen usw., Cic., Verg. u. Ov. – **2** übtr.: **a** von schuppenförmigen Gegenständen, z. B. squamae, Panzerschuppen, Schuppenpanzer, Verg.: aeris, Kupferschlag, Cels.: ferri, Hammerschlag, Plin.: milii, Hülse, Plin.: in oculis, Fell, Staar, Plin. – **b** meton., ein **Fisch,** Iuven. 4, 25. – **II** bildl.: sermonis, das Schuppige, Raue, Ungefeilte, Sidon. epist. 3, 3, 2.

squāmātim, *Adv.* (squama), **schuppenweise, schuppenartig,** Plin. 16, 49.

squāmātio (squammātio), ōnis, *f.* (squama), die **Beschuppung,** Isid. orig. 4, 8, 10.

squāmātus, a, um (squama), **beschuppt, schuppig,** Tert. apol. 21: lorica squ., Schuppenpanzer, Vulg. 1. regg. 17, 5. – subst., squāmātus, ī, *m.*, ein Fisch, viell. = squatus, Isid. orig. 12, 6, 37 *Otto* (*al.* squatus.)

squāmeus, a, um (squama), **voll Schuppen, schuppig,** anguis, Verg.: membrana chelydri, Ov. – übtr., auro squameus, **einen Panzer aus goldenen Schuppen** (s. squāma) **tragend,** Claud. III. cons. Hon. 524.

squāmicutis, e (squama u. cutis), **schuppenhäutig** (Ggstz. levicutis, glatthäutig), Ps. Cypr. Sodom 143 H.

squāmifer, fera, ferum (squama u. fero), Schuppen tragend, **schuppig,** orbes, Lucan. 9, 709: turba, Schlangen, Sen. Med. 685.

squāmiger, gera, gerum, Genet. Plur. gerûm (squama u. gero), Schuppen führend, **voll Schuppen, schuppig,** pisces, Cic. Arat. 328: cervices (anguis), Ov. met. 4, 717: animalia, Plin. 11, 137: gens (v. Fischen), Ps. Cypr. Sodom 143 (*al.* squamicutis): Plur. subst., squāmigerī, ûm, *m.*, Lucr. 1, 378: squamigerûm genus, Lucr. 1, 162: squamigerûm pecudes, Lucr. 2, 343 u. 1083.

squamm... s. squam...

squāmōsus (squamossus), a, um (squama), **voll Schuppen, schuppig, I** eig.: draco, Verg.: pecus, Fische, Plaut.: pisces, Cael. Antip. fr.: squamoso corpore pisces, Cic. poët. – **II** übtr.: thorax, Prud.: smaragdi, Plin.: lingua, raue, Lucan.

squāmula, ae, *f.* (*Demin.* v. squama), die **kleine Schuppe,** Cels. 5, 28, 17 u. a.

squarrōsus, a, um (nach Scaliger von ἐσχάρα, der Schorf auf einer Wunde), mit Schorf od. Grind behaftet, **grindig,** Lucil. 1171.

squatina, ae, *f.*, der **Engelfisch, Meerengel,** eine Art Haifische (*Squalus squatina,* L.), Plin. 9, 40 u. a.

squatus, ī, *m.* = squatina, Plin. 32, 150. Isid. orig. 12, 6, 37 (*al.* squamatus).

squilla, ae, *f.* (σκίλλα), ein kleiner (Seekrebs, die **Krabbe,** Cic., Hor. u. a.

squīnantium, -nantus, s. schoinūanthos.

squīnuanthos, s. schoinūanthos.

squīnum, s. schoinūanthos.

st! *Interj.* = **st! still!** Plaut. u. Ter. Cic. de fin. 2, 94.

Staberius, iī, *m.*, vollst. Stab. Eros, ein röm. Grammatiker, Lehrer des Brutus u. Kassius, Suet. gr. 13. Plin. 35, 199.

Stabiae, ārum, *f.*, eine Stadt in Kampanien zwischen Pompeji und Surrentum, berühmt durch ihre Heilquellen, von Sulla im Bundesgenossenkrieg teilweise zerstört, schließlich mit Herkulaneum u. Pompeji bei einem Ausbruch des Vesuvs zugleich verschüttet, Ov. met. 15, 711. Plin. ep. 6, 16, 12: wegen des in seiner Nähe befindlichen durch seine gute Milch gebenden Futterkräuter berühmten Lactarius od. Lactis mons der Milchkur wegen besucht, Symm. epist. 6, 17. – Dav.

Stabiānus, a, um, **stabianisch,** Sen. – subst., Stabiānum, ī, *n.*, **a** das stabianische Gebiet, das **Stabianische,** in Stabiano, Plin. – **b** das **stabianische Landgut,** Cic.

stabilīmen, inis, *n.* (stabilio), das **Befestigungsmittel,** die **Befestigung,** Acc. tr. 210 (bei Cic. de nat. deor. 3, 68).

stabilīmentum, ī, *n.* (stabilio), das **Befestigungsmittel,** die **Stütze,** ventris stabilimenta, Plaut. Curc. 367: favorum stabilimentum, Plin. 11, 16. – übtr., Sicilia et Sardinia gradus et stabilimenta bellorum, im Krieg unsere Anhaltspunkte und Stützen, Val. Max. 7, 6, 1: stabilimenta fidei Christianae, Augustin. c. Iul. Pelagon. 6. § 10.

stabilio, īvī, ītum, īre (stabilis), machen, dass etwas feststeht u. nicht wankt, **befestigen, I** eig.: stipites, Caes.: dentes, Plin.: navem, einen festen Stand geben, festlegen, Liv. – **II** übtr., **aufrechterhalten,** rem publicam, Cic.: leges, Cic.: hoc probe stabilito et fixo, wenn dieses unumstößlich festgestellt ist (feststeht), Cic.: stab. alqm ad retinendam patientiam, jmdm. zur Ausbauer u. Geduld Mut einflößen, Gell. 12, 5, 3. – ► Synkop. Imperf. stabilibat, Enn. ann. 43.

stabilis, e (sto), **fest, feststehend, nicht wankend, I** eig.: via, Cic.: pes, Ov.: insuetus ad stabilem pugnam, ungewohnt, festen Fußes zu fechten, Liv.: equus vel per medios gurgites stabilis, das auch mitten im

Strudel fest stand, Liv.: stab. domus, fest, wo man immer wohnt, Plaut. – **II** übtr., **feststehend, fest, unveränderlich, dauerhaft, standhaft** (Ggstz. mobilis, incertus), amicus, Cic.: animus (Ggstz. animus mobilis), Cic.: decretum, Cic.: haec certa stabilisque sententia, Cic.: stabile et fixum bonum, Cic.: sedes, Cic.: aquae, immer fließend, Plin.: radices, Val. Max.: res (Ggstz. res incerta), Sen.: imperium stabilius, Tac.: quaestus stabilissimus, Cato r. r. praef. § 4. – voluptas stabilis, die Lust im Ruhestand = das feste sinnliche Wohlbehagen der Epikureer, das Freisein von allem Schmerz, Ggstz. voluptas, quae in motu est, Cic.: spondei stabiles, weil sich in ihnen Arsis u. Thesis der Form nach im Gleichgewicht halten, Hor.: so auch pedes, Quint. – mit *ad* u. Akk., nihil est enim tam insigne nec tam ad diuturnitatem memoriae stabile (so auf die Dauer im Gedächtnis festhaltend), quam id, in quo aliquid offenderis, Cic. de or. 1, 129: id stabile ad paenitentiam erit, wird der Reue sichere Stütze sein, Tac. ann. 1, 43 *extr.* – mit *Genet.*, quod stabilem sui fecerit orbem, Boëth. cons. phil. 3. metr. 2, 38. – stabile est m. folg. *Acc.* u. *Infin.*, **es steht fest, ist fest beschlossen,** Plaut. Bacch. 520. – subst., stabilia, ium, *n.*, das **Feststehende, Stetige,** stabilia (meliora) incertis, Cic. top. 70: stabilia probant, clauda deprendunt, Quint. 9, 4, 116.

stabilitās, ātis, *f.* (stabilis), das **Feststehen,** die **Festigkeit, I** eig.: dentium, Plin.: peditum in proeliis, Stetigkeit (Ggstz. mobilitas equitum), Caes.: stirpes stabilitatem dant iis, quae sustinent, Cic. – **II** übtr., die **Festigkeit, Standhaftigkeit, Unveränderlichkeit,** amicitiae, Cic.: fortunae, Cic.: divinae mentis, Boëth.: sententiae, quae stabilitatis aliquid habeant, Cic.

stabiliter, *Adv.* (stabilis), **fest, dauerhaft, I** eig.: tympanum includere, Vitr. 10, 9 (14), 2: quam (molem) quo stabilius fundaret, navem ante demersit, Suet. Claud. 20, 3. – **II** übtr., **fest, unveränderlich,** disciplinae vero coniunctae cum animis nullo tempore deficiunt, sed permanent stabiliter ad summum exitum vitae, Vitr. 6. praef. § 3: spem in deo stab. collocabat, Augustin. c. Cresc. Donat. 2. § 38: deus stab. movetur, Claud. Mam. de stat. anim. 1, 18: deus providentiā singulariter stabiliterque facienda disponit, Boëth. cons. phil. 4, 6. p. 88, 30 *Obb.*

stabilito, are = stabilio, Gregor. Tur. hist. Franc. 9, 11. p. 368, 12.

stabilītor, ōris, *m.* (stabilio), der **Befestiger,** verb. stator stabilitorque (von Jupiter) Sen. de ben. 4, 7, 1.

stabulārius, a, um (stabulum), **zum Stall gehörig,** subst., stabulārius, iī, *m.*, **I** der **Stallbediente,** Colum. 6, 23, 3. – **II** einer, der Ausspann hält, ein niederer Gastwirt, **Stallwirt,** Sen. u. a.: so auch stabularia mulier, eine Gastwirtin, **Stallwirtin,** Augustin. de civ. dei 18, 18, 1. p. 178, 7 D.[2]

stabulātio, ōnis, *f.* (stabulor), der **Aufenthalt** des Viehes, die **Stallung,** hiberna, Colum. 6, 3, 1: ovilis, Apul. met. 4, 6. – u. der **Standort** der Menschen, Gell. 16, 5, 10. Macr. sat. 6, 8, 20.

stabulo, āre (stabulum), **I** *tr.* **stallen, Stallung gewähren,** Varro r. r. 1, 21 *extr.* Hieron. epist. 60, 16. – **II** *intr.* **stallen, im Stall stehen, seinen Standort** irgendwo **haben,** in foribus (Orci), Verg.: unā (beisammen), Verg.: sub Haemo, Stat.: circa dominae cubiculum, Apul.

stabulor, ātus sum, ārī (stabulum), **stallen, seinen Standort** od. **Aufenthaltsort** irgendwo **haben,** von vierfüßigen Tieren, Ov. u. Colum.: v. Geflügel, Varro: v. Fischen, Colum.: v. der Schlange, Gell.

stabulum, ī, *n.* (sto), jeder **Standort, Aufenthalt, I** im Allg.: neutrubi habeam stabile stabulum, si etc., Plaut. aul. 233: nusquam stabulum est confidentiae, nirgends ist eine Unterkunft für die Zuversicht, Plaut. most. 350. – **II** insbes., der Aufenthalt für Tiere u. Menschen niederer Klasse: **A** der Tiere: **1** eig.: **a** wilder, das **Lager,** die **Behausung,** das **Gehege,** ferarum gelida stabula, Catull.: 63, 53: ferarum stabula alta, u. im Zshg. bl. stabula alta, Verg. Aen. 6, 179; 10, 723. – **b** zahmer, das **Behältnis,** der **Stall,** die **Stallung,** der **Schauer,** Scrippt. r. r. u. a.: pecudum, Colum.: equorum Diomedis, Solin.: avium cohortalium, Colum.: pavonum, Colum.: piscium, Colum.: apium, Bienenschauer, Colum. – poet. v. der Weide, Verg. Aen. 8, 207 u. 213. – Plur. stabula, die **Ställe,** der **Viehhof,** zugleich als Aufenthalt der Hirten, pastorum stabula, Cic.: ab eo ad stabula Larentiae uxori educandos datos (pueros), Liv. – **2** meton., die **Herde, Koppel,** nutritor stabuli, Mart.: stabula mansueta, Gratt. – **B** der Menschen niederer Klasse, der **Ausspann,** die **Stallung,** der **Gasthof** (wo ausgespannt wird, hingegen caupona = Schankwirtschaft), Plin. u. Mart.: cauponam vel stabulum exercere, Schankwirtschaft oder Ausspann halten, Ulp. dig. – Solche Ausspanne zugleich Aufenthaltsorte gemeiner Buhldirnen, s. Plaut. Poen. 268; dah. stabulum = **Stätte der Unzucht, Bordell,** huius in sedibus pro cubiculis stabula sunt, Cic. Phil. 2, 69: u. als Schimpfwort, st. flagitii, Plaut.: st. nequitiae, Plaut.; dah. st. Nicomedis, als Schimpfname auf Cäsar, wegen seiner Buhlerei mit N., Suet. Caes. 49, 1.

stachys, yos, *f.* (στάχυς), der **Rosspolei,** Plin. 24, 136. Marc. Emp. 16.

stacta, ae, *f.* u. **stactē,** ēs, *f.* (στακτή), das **Myrrhenöl,** der **Myrrhensaft,** das **Myrrhenharz,** Form *-cta,* Lucr. 2, 847. Plaut. most. 309 u. a. Plin. 12, 70: myrrha stacta, Scrib. Larg. 125. – Form *-cte,* Plaut. Curc. 100 G. Plin. 12, 68. Hieron. cant. cantic. homil. 1. § 2: myrrha stacte, Scrib. Larg. 144. – Plur., Colum. poët. 10, 173.

stacton, ī, *n.* (στακτόν), eine Augensalbe, die eingeträufelt wurde, Scrib. Larg. 34.

stacula, ae, *f.* = venucula, Plin. 14, 34 (Jan u. Detl. scapula).

stadiālis, e (stadium), **ein Stadium betragend,** ager, Gromat. vet. 368, 11 u. 372, 21.

stadiātus, a, um (stadium), **mit einer Laufbahn versehen,** porticus, Vitr. 5, 11, 3.

stadiodromos, ī, *m.* (σταδιόδρομος), der **Wettläufer in der Laufbahn,** Plin. 34, 59. Firm. math. 8, 8: Plur. stadiodromoe, Censor. 14, 5.

stadium, iī, *n.* (στάδιον), **I** ein griechisches Längenmaß, rund 200 Meter, das **Stadium,** Cic. u. Plin.: Genet. Plur. oft stadiûm, z. B. Sall. hist. fr. 1, 61. Plin. 2, 184 (vorher § 183 stadiorum). Curt. 8, 10 (37), 25. – **II** meton., die **Rennbahn, Laufbahn,** qui stadium currit, Cic.: ut in stadio cursores exclamant, Cic.: stadio notus Olympico, Sen. tr.: apud Aegyptios se egit philosophum in omnibus stadiis templis locis, Capit.: excitavit stadium et odium, Suet. – bildl. = der Wettstreit, in stadium artis rhetoricae prodire, Rhet. Her.: me adulescentem multos annos in stadio eiusdem laudis exercuit, Cic. – ► Andere Form **stadius,** iī, *m.* (στάδιος), wov. Nom. Plur. stadii, Itin. Alex. 49 (112): Akk. Plur. stadios, Macr. somn. Scip. 1, 15, 18.

stafis agria, s. staphis.

Stagīra, ōrum, *n.* (Στάγειρος), eine Stadt in Mazedonien, Geburtsort des Aristoteles, jetzt *Libanora,* Plin. 4, 38. Amm. 27, 4, 8. – Dav. **Stagīrītēs,** ae, *m.* (Σταγειρίτης), der **Stagirite,** vorzugsw. von Aristoteles, Cic. Acad. 1, 17 (wo Akk. *-tem*). Vopisc. Aurel. 3, 5: auch Stagērites geschr., Varro r. r. 2, 1, 3.

stāgnālis, e (stagnum), **im stehenden Wasser** (Teich) **lebend** (Ggstz. marinus, fluminalis), genus piscium, Iunior. philos. orb. descr. *c.* 21 (in Class. auct. 3, 398).

stāgnārius, iī, *m.* (2. stagnum) = κολλυστής, der **Löter,** Gloss. III, 271, 23.

stāgnātilis, e (stagno), **zum Teich gehörig, Teich-,** pisces, Plin. Val. 1, 42.

stāgnātio, ōnis, *f.* (2. stagno), der (feste) **Bewurf,** Hieron. in Amos 7, 6.

stāgnātor, ōris, *m.* (= stannator, v. 2. stagnum = stannum) = κασσιτερουργός, der **Zinnarbeiter, Zinngießer,** Gloss. II, 339, 29.

1. stāgnātus, a, um, s. 2. stagno.

2. stāgnātus, a, um, s. stānnātus.

stāgnēnsis, e (stagnum), **zum Teich gehörig, Teich-,** pisces, Augustin. enarr. 1. in psalm. 103 *extr.*

stāgneus (stanneus), a, um, **aus** *stagnum* **gemacht, mit** *stagnum* **überzogen,** pixis, Plin.: caccabus, Colum.: vasculum, Apul.: bucculae stagneae, Vitr.: nummus stagneus, ICt.

1. stāgno, āvī, ātum, āre (stagnum), **I** *intr.:* **1** von Gewässern, **austreten,** ubi aquae evagatae stagnant, Plin.: aquae stagnantes, Plin.: aquae late stagnantes, Curt.: Ganges stagnat, Curt.: Nilus continuatis aquis in faciem lati ac turbidi maris stagnat, Sen.: stagnans flumine Nilus, Verg. – **2** übtr., v. Örtlichkeiten, **überschwemmt sein, unter**

Wasser stehen, orbis stagnat paludibus, Ov.: moenia stagnabant, Sall. fr.: stagnans ripa, Sil., solum, Plin. – bildl. regna stagnantia sanguine, Sil. – **II** *tr.* **überschwemmen,** Tiberis plana urbis stagnaverat, Tac.: loca stagnata paludibus ument, Ov.

2. stagno, āvī, ātum, āre (στεγνόω), **I stehen machen,** bitumine aqua omnis stagnatur, Iustin. 36, 3, 7. – **II befestigen** = mit einem festen Bewurf versehen, stans supra murum stagnatum, Hieron. in Amos 7, 7: bildl., **befestigen, verwahren,** adversus omnes aegritudines desperatas boves, Veget. mul. 3, 4 (2), 5: se adversus insidias exquisitis tutioribus remediis, Iustin. 37, 2, 6: trinis potionibus stagnata animalia, gestärkt, Veget. mul. 1, 18 *extr.*

stāgnōsus, a, um (stagnum), **voll ausgetretener Gewässer, voller Pfuhle,** Liternum, Sil. 6, 653: loca, Ps. Apul. herb. 8: pleraque stagnosa et referta salicibus, Amm. 17, 13, 4.

1. stāgnum, ī, *n.* (sto), das abrinnende, austretende Gewässer, **I** eig., jedes durch Austreten des Meeres od. eines Flusses entstandene Gewässer, gleichviel ob stehend oder nicht, bald **stehendes Gewässer** übh., bald **See,** bald **Teich,** bald **Pfuhl, Lache, Tümpel** (während lacus der bleibende Landsee, palus der Sumpf), fontes et stagna, Cic. poët.: quaedam stagni incola, v. Frosch, Phaedr.: addidit et fontes immensaque stagna lacusque, Ov.: quo fit ut ex stagno vel lacu vel flumine eadem genera (piscium) graviora sint, Cels.: mite stagnum placidaque palus, Verg.: st. salinarum, Salzsee, Salzlache, Auct. b. Afr.: super ripas Tiberis effusus lenibus stagnis, Liv. – **II** übtr.: **A** (poet.) jedes langsam fließende **Gewässer,** imis stagna refusa vadis, Verg.: Phrixeae stagna sororis, der Hellespont, Ov.: dulcia stagna Caystri, Verg. – **B** künstlich angelegter **Teich, Becken,** stagna et euripi, Ov.: latius extenta Lucrino stagna lacu, Hor. – st. navale, vom Becken zu Naumachien, Tac. u. Stat.: st. calidae aquae, Becken zum Baden, Tac. – ► Nbf. stāgnus, Gramm. vet. 365, 22 u. 24.

2. stāgnum (stānnum), ī, *n.,* eine Mischung aus Silber u. Blei, **Werk, Werkblei,** Plin. u. Suet.

stāgnus, ī, *m.,* s. 1. stāgnum ►.

stagoniās, ae, Akk. *ān, m.* (σταγονίας, tröpfelnd, träufelnd), der **Tropfweihrauch,** die größeren Stücke des Weihrauchs (hingegen orobias die kleineren), Plin. 12, 62.

stagonītis, idis, Akk. im, *f.* (σταγονῖτις), das **Galbanharz,** Plin. 12, 126.

Staiēnus, ī, *m.,* C., ein als bestechlicher Richter verrufener Römer (um 76 v. Chr.), der sich willkürlich den Namen C. Aelius Paetus Staienus beigelegt u. so sich in die gens Aelia eingedrängt hatte, Cic. Clu. 72 u. 99; Brut. 241: Plur., Staieni, Menschen wie Staienus, Cic. Brut. 244.

stalagmiās, ae, Akk. ān, *m.* (σταλαγμίας, tröpfelnd, träufelnd), eine Benennung des natürlichen Vitriols, das sich bei dem Heruntertröpfeln in Gebirgen verdichtet, Plin. 34, 124.

stalagmium, iī, *n.* (v. στάλαγμα, der Tropfen), eine Art Ohrgehänge, bestehend aus einer od. mehreren Perlen, goldenen Kugeln oder edlen Steinen (vgl. Fest. 317 [a], 8), Caecil. com. 106: Plur., stalagmia, Plaut. Men. 542.

stalticus, a, um (σταλτικός), **an-** od. **zusammenziehend,** cucurbitae, Th. Prisc. 3, 7: *neutr. plur.* subst., cetera staltica, die übrigen an- od. zusammenziehenden Mittel, Th. Prisc. 2. chr. 18.

stāmen, inis, *n.* (sto, ›das Stehende‹), **I** der Grundfaden od. die Grundfäden beim Weben am aufrechtstehenden Webstuhl der Alten, der **Weberzettel,** die **Werfte,** der **Aufzug,** die **Kette** (griech. στήμων), im Gegensatz zu subtemen (Einschlag), stamen secernit arundo, Ov.: stamen intendere, anscheren, Sen. – **II** übtr.: **1** der **Faden** übh., **a** der **Faden** an der Spindel, stamina ducere od. torquere, spinnen, Ov.: stamine fallere somnum, durch Spinnen, Prop.: v. den Parzen, der **Schicksalsfaden,** das **Schicksal,** der **Lebensfaden,** Tibull. u. Ov.: dah. de nimio stamine queri, zu langes Leben, Iuven. – **b** von **Fäden** anderer Art, wie der gestrickten Netze, Plin.: der Ariadne, womit sie Theseus aus dem Labyrinth half, Prop.: der Spinne, Ov. u. Plin.: die Saite eines Instrumentes, Ov.: die Fäden od. Fasern des Holzes, Plin.: v. den Staubfäden der Lilien, Plin. – **2** meton. (poet.). das **Gewebe,** ein Kleid, Claud.: die Inful oder Binde der Priester, Prop. u. Sil.

stamīnātus, a, um (στάμνος, Krug), **in einen Krug gefüllt,** staminatas (*sc.* potiones) duxi, ich habe aus dem vollen Krug getrunken, d. i. ich habe tüchtig gebechert (gezecht), Petron. 41, 12.

stāmineus, a, um (stamen), **I voll Fäden,** rhombi rota, mit Fäden umwickeltes, Prop. 3, 6, 26. – **II faserig,** den Fäden ähnlich, vena, im Holz, Plin. 16, 226.

stānnātus (stagnātus), a, um (stannum), **verzinnt,** Th. Prisc. 4, 1. Plin. Val. 1, 31 u. 3, 14.

stānneus, a, um, s. stāgneus.

stānnum, ī, *n.,* s. 2. stāgnum.

stantārius, a, um (stans v. sto), **im Stehen, auf dem Fleck,** mors, Iul. Val. 3, 22 *extr.* (3, 17. p. 124 [a] *ed. Paris.*).

staphis, idis, *f.* (σταφίς), viell. **Läusekraut,** Plin. 23, 17: auch staphis (stafis) agria gen., Cels., Pallad. u. Plin. Val.

staphylē, ēs, *f.* (σταφυλή), die **Zaunrübe, Sichtrübe,** rein lat. vitis alba (*Bryonia alba,* L.), Plin. 23, 21.

staphylīnos od. **-us,** ī, *c.* (σταφυλῖνος), eine Art **Pastinake,** Colum. poët. 10, 168. Plin. 19, 88 u. a. Th. Prisc. 3, 5. fol. 309 (b).

staphylodendron, ī, *n.* (σταφυλόδενδρον), der **Pimpernussbaum** (*Staphylea pinnata,* L.), Plin. 16, 69.

staphylōma, atis, *n.* (σταφύλωμα), ein **Fehler des Auges in Gestalt eines Weinbeerkerns,** Veget. mul. 19, 1.

Staphylus, ī, *m.* (Στάφυλος), Sohn des Dionysos u. der Ariadne, Sall. hist. fr. inc. 87 (55). Plin. 7, 199.

stapia, ae, *f.,* der **Steigbügel,** CIL 6, 5 s.

stārum, s. is-te ►.

stasimum, ī, *n.* (στάσιμον), der Chorgesang in der Tragödie, der vom Chor nicht beim ersten Auftreten, sondern nachdem er seinen Stand bereits in der Orchestra eingenommen hatte, gesungen wurde, Mar. Victorin. art. gr. 2, 3, 22. p. 77, 10 K.

Stata (māter) = Vesta, Fest. 317 (a), 2. CIL 6, 761–765: bl. Stata, Cic. de legg. 2, 28.

Statānum vīnum, ein guter Wein in Kampanien, Plin. 14, 65.

Statānus u. **Statilīnus,** ī, *m.* (sto), die das Stehen der Kinder befördernde Gottheit, Varro bei Non. 532, 24 *sq.* Augustin. de civ. dei 4, 21. – als weibl. Gottheit Statīna gen., Tert. de anim. 39.

statārius, a, um (status), **I im Stehen geschehend,** prandium, das hurtig im Stehen genossen wird, Claud. Mam. grat. act. ad Iulian. 11, 4. – **II im Stehen** oder **auf ebendemselben Fleck** (ohne wegzugehen) **geschehend** od. **handelnd,** miles, der feststehend od. in Reih' u. Glied sicht (nicht wie leichte Truppen bald vor-, bald rückwärts läuft), Liv.: so auch pugna, Amm. – insbes., stat. comoedia, od. bl. statāria, ae, *f.,* das ruhige Charakterstück (Ggstz. motoria c.), Ter. heaut. prol. 36. Euanth. de trag. et com. (Ter. comoed. ed. Klotz tom. 1. p. XV, 32): und in Bezug darauf, agendi modus (Ggstz. motorius), character (Ggstz. motorius), Donat. Ter. Andr. prol. 24: dah. statārius, iī, *m.* = der Schauspieler im ruhigen Charakterstück, Cic. Brut. 116: u. übtr., C. Piso, statarius et sermonis plenus orator, der seinen ruhigen (gemessenen) Schritt geht, sich nicht überstürzt, Cic. Brut. 239.

Statellās, s. Statellī.

Statellī u. **Statiellī,** ōrum, *m.,* eine Völkerschaft in Ligurien, Liv. 42, 21, 5. Plin. 3, 47: deren Hauptstadt **Aquae Statiellōrum** od. **Aquae Statiellae,** j. *Acqui* (in Montferrat), Plin. 3, 49 u. 31, 4. – Dav.: **A Statellās,** ātis, **statellatisch,** in agro Statellati, Liv. 42, 7, 3. – subst. Statellātēs, ium, *m.,* die Einw. von St., die **Statellaten,** Liv. 42, 8, 5 u. 42, 21, 2. – **B Statiellēnsēs,** ium, *m.,* die Einw. von St., die **Statiellenser,** Brut. in Cic. ep. 11, 11, 2.

statēr, ēris, *m.* (στατήρ), **I** ein **Gewicht,** Cod. Theod. 12, 7, 1. – insbes.: **a** = semuncia, Boëth. art. geom. p. 426, 6 Fr. Isid. orig. 16, 25. § 15 u. 16. Carm. de libr. sive ass. partt. 10. – **b** = quattuor drachmae, Tab. cod. Bob. *no.* 6. p. 127 *Hultsch.* – **II** eine Silbermünze, vier Drachmen an Wert, der **Stater,** als jüdische Münze = der **Sekel,** Ambros. epist. 7, 12. Hieron. in Matth. 3, 10. Vulg. 1. regg. 9, 8 u. a.

statēra, ae, *f.* (στατήρ), **I** die **Waage,** sowohl mit als ohne Schalen, **a** eig., Vitr. u. Suet.: aurificis, Cic.: stateras dolosas et mensuras duplices habere, Augustin. serm. 105, 2 Mai: unum quodque verbum aurariā staterā pendĕre, Varro sat. Men. 419. – **b** meton., der **Wert** einer Sache, Plin. 12, 127. – **II** übtr.: **a** die **Waage** (iugum) am Wagen, Stat. silv. 4, 3, 35. – **b** eine Art Speisegeschirr, Plin. 33, 146.

statībus, s. statīvus.

staticē, ēs, *f.* (στατική), eine zusammenziehende Pflanze (*Statice,* L.), Plin. 26, 51.

staticulum, ī, *n.* (statua), die **kleine Statue,** das **kleine Standbild,** Plin. 34, 163 u. a. Tert. adv. gnost. 2.

staticulus, ī, *m.* (*Demin.* v. 2. status), die komische Stellung des pantomimischen Tanzes, die **Pantomime,** staticulum saltare, facere, Plaut. Pers. 824: staticulos dare, Cato oratt. 40. fr. 4 u. 5.

Statiellae, -ellēnsēs, s. Statellī.

Statiellī, s. Statellī.

Statilīnus, s. Statānus.

statim, *Adv.* (sto), **I feststehend auf der Stelle,** ohne zu weichen, rem gerere, Plaut.: dah. **fest, unbeweglich,** statim stant signa, Plaut.: talenta bina statim capiebat, beständig, ein Jahr wie das andere, Ter.: officiis inferialibus statim (regelmäßig) factis, Apul. – **II** übtr., **stehenden Fußes, auf der Stelle, a** = **sogleich, den Augenblick, alsbald,** Cic., Caes. u. a.: m. folg. *ac, atque, ut, cum, quam,* wie: statim ut deposuimus, sensi etc., Cic.: statim atque, ICt.: statim cum spargitur, Pallad.: statim quam, ICt.: mit folg. *simul ac,* Cic. – **b den Augenblick, nicht lange vorher,** Pallad. 1, 35 *extr.* – ► a kurz gemessen, Mart. 6, 30, 1. Sen. Thyest. 1028 (1032); lang, Avien. Arat. 397. Alc. Avit. poëm. 2, 180.

Statīna, ae, *f.,* s. Statānus.

statio, ōnis, *f.* (sto), **I** das **Stehen, Stillstehen, Feststehen, 1** eig.: *statio* significat permansionem, *sessio* humilitatem, Augustin. serm. 179, 3: statio terrae, Manil.: manere in statione, stillstehen, sich nicht bewegen, Lucr.: tenui a pectore varas in statione (Kämpferstellung) manus paravi, Ov.: solus immobilem stationis gradum retinens, unbeweglich standhaltend, Val. Max.: dah. der (scheinbare) **Stillstand** der Himmelskörper (Planeten usw.), griech. στηριγμός, Plin. u. Chalcid. Tim.: stationem facere, stillstehen, Vitr. – **2** bildl., das durch Gewohnheit u. Gebrauch **Festgesetzte,** das **Positive** (Ggstz. natura, das Natürliche), als Übersetzung von θεματισμός, Vitr. 1, 2, 5. – **II** übtr., jeder **Ort des Aufenthaltes,** der **Standort, Aufenthalt, 1** im Allg., der **Ort,** die **Stelle,** alternā fratrem statione redemit, Ov. fast. 5, 719: Termine ... quā positus fueris statione, mane, Ov. fast. 2, 674. – Plur., stationes umoris hiberni, Pallad. 1, 43, 1. – **2** insbes.: **a** der Soldaten: **α** der **Posten,** sowohl der Ort als die Soldaten, die Wache, der **Wachtposten,** die **Feldwache,** statio hostium, quae pro castris erat, Liv.: statio segnis, Liv.: tuta, Liv.: equites ex statione, Caes.: custodiae stationesque, Schildwachen und Vorposten, Liv.: u. so stationes et vigiliae (Schildwachen), Sall. fr.: mos stationum vigiliarumque, Liv.: stationes portis disposuit, Liv.: equites in stationibus locis idoneis posuerat, Liv.: progressus ante stationes, quae pro porta stabant, vocari Crispinum iussit, Liv.: ab statione clamor ortus, Liv.: stationem habere, Liv.: so auch in statione u. (v. mehreren Kohorten usw.) in stationibus esse, Caes.: stationem agere, den Wachdienst haben, in castris (v. einem Tribunen), Tac., in Palatio (v. einer Kohorte), Tac.: cum auxiliaribus et equitatu stationem agere pro vallo (v. Befehlshaber), Liv.: stationes nocturnas agere ac vigilias, Amm.: noctu diuque stationes et vigilias temptare, Sall. fr.: in stationem succedere, die Wache ablösen, Caes.: stationem relinquere (im guten Sinne), Verg., deserere (im üblen Sinne), Suet.: inter stationes evadere, Liv.: per medias hostium stationes egredi, Liv.: fore, ut minus intentae in custodiam urbis diurnae stationes ac nocturnae vigiliae essent, Liv. – **β** der **Standort,** das **Quartier** der Soldaten, stationes hibernae, Winterquartiere, Amm. 14, 1, 1. – bildl., imperii, Ov.: de praesidio et statione vitae decedere, von dem Posten seines L. abtreten, Cic.: in hac statione, quā positus est (magnus animus), Sen. ep.: in statione manebant (oculi), Ov. – **b** der **Posten** im Staatsdienst, die **Stellung, Würde** (s. Heß u. Pabst Tac. dial. 17), imperatoria, augusta, regia, Scriptt. hist. Aug.: laeta et prospera stationis istius, Plin. pan.: suscipere hanc stationem, Fronto: stationi paternae succedere, Vell. – **c** der Leute auf der Gasse, wo sie stehen od. sitzen, um zu schwatzen, **öffentlicher Platz** u. dgl., Plin. ep. u. ICt. – **d Versammlungsort** der Leute, um sich Unterricht in Rechtssachen zu holen, Gell. 13, 13 *in.* – **e** stationes municipiorum, **Sammelplätze** der Munizipalen, wahrsch. Hallen, unter denen sich die Bürger der Munizipien versammelten, um nachher in den Tribus abzustimmen, Plin. 16, 236. – **f** der Gesandten der Städte, die **Station,** das **Quartier,** Plin.: u. die **Station** der Staatsbehörde in den Provinzen, dah. auch diese Behörde selbst, Cod. Theod. 12, 6, 19. CIL 10, 3878. – **g** übh. **Standort, Aufenthalt, Quartier,** Ov.: sedes apibus statioque petenda, Verg.: in arce Athenis statio mea nunc placet, Cic. ad Att. 6, 9 *extr.* – **h Ort der Christen, wo sie stehend sich versammelten,** Tert. de or. 29 u. a. – **i** der **Standort** od. **Aufenthalt** des Viehs, der **Stall,** Pallad. u. ICt. – **k** die **Poststation,** CIL 14, 4120, 3. – **l** die **Faktorei,** Corp. inscr. Graec. 14, 830. lin. 10. – **m** der **Standort** der Schiffe, die **Bai, Bucht, Anfahrt,** der **Landungsplatz,** die **Reede,** Cic. u. a.: im Bild, fluctibus eiectum tutā statione recepi, Hafen, Zufluchtsort, Ov. – **n** der **Standort,** gehörige **Ort,** die gehörige **Lage** lebl. Ggstd., comas ponere in statione, Ov.: permutatā rerum statione, Petron.

statiōnālis, e (statio), **stillstehend,** stella Martis, Plin. 2, 60.

statiōnārius, a, um (statio), **I stillstehend,** sidera, Isid. de nat. rer. 22, 3. – **II zum Standort gehörig, a** milites stationarii, auf bestimmten Posten stationierte Soldaten, in Städten = **Garnisonsoldaten,** an der Grenze = **Grenzsoldaten, Vorposten,** Ulp. dig. 1, 12, 1. § 12 u. 11, 4, 1. § 2. Amm. 18, 5, 3. dies. subst. bl. stationarii, Ulp. dig. 11, 4, 4. Amm. 19, 6, 7. Augustin. in psalm. 93, 9. – **b** statiōnārii, ōrum, *m.,* **α** die den Postkurs der Kuriere von Station zu Station befördern, **Posthalter, Postwärter, Postmeister,** Cod. Theod. 8, 5, 1. – **β** eine an einem Ort stationierte fiskalische Behörde, das **Fiskalamt,** Cod. Iust. 4, 31, 1 u. 10, 5, 1.

Stātius, iī, *m.,* vollst. Caecilius Statius, aus Neapel, ein Komödiendichter, jüngerer Zeitgenosse des Ennius, gest. 168 v. Chr., Cic. de opt. gen. 2; ad Att. 7, 3, 10. Vell. 1, 17, 1. – P. Papinius Statius, epischer Dichter unter Domitian, Verf. von silvae, einer Thebais und einer unvollendeten Achilleis, Iuven. 7, 82 *sqq.* Capit. Gord. 3, 3.

statīvus, a, um (sto), **I stehend, stillstehend, A** *adi.:* aquae, Varro: lux = στηριγμός, der Stillstand eines Planeten, Apul.: praesidium, ausgestellter Posten, Cic. u. Liv.: castra, Standlager, Standquartier des Heeres, Liv.; ironisch, von einem Proprätor, der kein Heer hatte, das müßige Stilleliegen u. Unterlassen der nötigen Reisen, Cic. Verr. 5, 29. – sive stativo sive ambulatorio titulo, zu Hause oder auf Reisen, Tert. ad nat. 1, 16. – **B** *subst.,* statīva, ōrum, *n.* (*sc.* castra), **a** das **Standlager, Standquartier** des Heeres, Liv. u. Stat.: stativa ponere (aufschlagen), Liv.: Nbf. statīva, ae, *f.,* Veget. mil. 3, 8 *in.* Lampr. Alex. Sev. 45, 2. – **b** das **Standlager** eines Reisenden, der **Ausruheort,** Plin. 6, 103. Fronto ad M. Caes. 1, 6. p. 15, 18 N. (wo statiba). – **II** = status, a, um, **feststehend, festgesetzt, bestimmt,** feriae, Macr. sat. 1, 16, 5 *sq.*

1. **Stator,** ōris, *m.* (v. sisto), der **Fluchthemmende** u. übh. **Erhalter, Schirmer** des Bestehenden, als Beiname Jupiters, Liv. 1, 12, 6; 10, 37, 15. Cic. Cat. 1, 33. Sen. de ben. 4, 7, 1: inter Statores ac Tonantes et Feretrios Elicium quoque accepimus Iovem, Plin. 2, 140. – aber auch auctor ac stator Romani nominis Gradive Mars, Vell. 2, 131, 1.

2. **stator,** ōris, *m.* (sto), die **Ordonnanz** der Prokonsuln usw. in den Provinzen, Cic. ep. 2, 19, 2. Planc. in Cic. ep. 10, 21, 2. Ulp. dig. 1, 6, 4; 4, 6, 10. CIL 6, 1009: stator praetorius, CIL 9, 4923 u. 10, 1766: statores altius cincti, Petron. 126, 5. – so auch stator Augusti od. Augustorum, CIL 6, 2950. 2952. 2956. 2957. 2958: centuriae statorum, CIL 11, 395. – außerdem stator civitatis Vienn., CIL 12, 1920.

statua, ae, *f.* (statuo), **I** die **Statue,** das **Standbild** die **Bildsäule** (eines Menschen, während simulacrum bes. = ἄγαλμα, Bilds. einer Gottheit), statuae et simulacra, Lact.: simulacra deorum, statuae veterum hominum, Cic.: statua aurata, Liv.: statua Arvernorum (für die Arv.), Plin.: statuam fundere ducereve ex aere, Sen.: statuam alci ponere od. statuere, Cic., od. constituere, Nep.: statuam sibi maiorem fieri praecepit Solis habitu, Treb. Poll.: Caesaris statuam consecrare, Caes.: illi statuam istius persimilem, quam stare celeberrimo in loco voluerat, deturbant, affligunt, comminuunt, dissipant, Cic.: ingenium statuā taciturnius exit, Hor.: iste statuā pallidior, Catull. – a statuis, der Aufseher über die Statuen, CIL 6, 4032. – **II** die **Säule,** statuae marmoreae, Vopisc. Aurel. 37, 2: statua salis, Salzsäule, Sedul. pasch. 1, 106.

statuārius, a, um (statua), **zu den Statuen gehörig, I** *adi.*: temperatura aeris, Plin. 34, 97: ars, Bildgießerkunst, Plin. 34, 33. – **II** *subst.*: **a** statuārius, iī, *m.*, der **Bildgießer,** Sen. ep. 88, 18. Plin. 35, 54. Quint. 2, 21. § 1 u. 10: pictores et statuarii, Vitr. 6, 10, 6: statuarii et pictores, Vitr. 3. praef. §. 2. – **b** statuāria, ae, *f.* (*sc.* ars), die **Bildgießerkunst,** Plin. 34, 35 u. 35, 156.

statūlīber, ī, *m.* u. **statūlībera,** ae, *f.* (eig. statu liber u. libera), **durch testamentliche Feststellung freiwerdender Sklave, -freiwerdende Sklavin,** ICt.

statumāria, ae, *f.* = proserpinaca, Ps. Apul. herb. 18.

statūmen, inis, *n.* (statuo), die **Stütze,** gew. Plur. statumina, **a Pfähle** zum Stützen, **Stützen,** Colum. 4, 2, 1 u. 4, 16, 2. – **b** die **Rippen der Schiffe,** die **Bauchstücke,** die krummen Hölzer, woran die Seitenbretter befestigt werden, sonst costae navium gen., Caes. b. 1, 54, 2. – **c** jede **Unterlage, Grundlage,** von Steinen, Vitr. 7, 1, 1: beim Papiermachen, Plin. 13, 79.

statūminātio, ōnis, *f.* (statumino), die **Unterlage,** Vitr. 7, 1, 3 u. 5.

statūmino, āre (statumen), **durch eine Stütze** od. **Unterlage festmachen,** vineam, stützen, Plin.: statuminetur saxo, man mache die Unterlage aus Steinen, Vitr.

statunculum, ī, *n.* (*Demin,* v. statua, s. Donat. 376, 9 K.), die **kleine Statue,** Petron. 50, 6. Ps. Cypr. de aleat. 7. p. 100, 3 H.

statuo, uī, ūtum, ere (v. statum, dem *Supinum* v. sisto), machen, dass etwas steht, **hinstellen, aufstellen, stehen lassen, I** eig.: **1** im Allg.: crateras, Verg.: signum (v. Fahnenträger), Val. Max.: navem, vor Anker legen, Plaut.: boves, Prop.: in terra arcum, Curt.: equus Curtium statuit in vado, Liv.: aliquem ante oculos, Cic.: captivos in medio, Liv.: perticam supra praetorium, Curt.: alqm eo loci, Val. Max.: m. dopp. *Acc.,* alqm capite pronum in terram, Ter. adelph. 316. – **2** insbes.: **a** errichtend, aufbauend **setzen, aufrichten, errichten, erbauen** usw., statuam, Plaut. u. Cic.: tropaeum (tropaea), s. d.: tabernāculum, s. d.: urbem, Verg.: aras, Ov.: regnum, Cic. – **b hemmen,** motum, Chalcid. Tim. 43 D. – **II** übtr.: **1** gleichs. in den Kopf festsetzen = **sich in den Kopf setzen, sich vorstellen, glauben, dafürhalten,** ut ego mihi statuo, nach meiner Vorstellung, Cic.: m. folg. *Acc.* u. *Infin.,* laudem statuo esse maximam, Cic.: statui in eo me non officii solum fructum, sed etiam pietatis laudem quaerere, Cic. – **2 setzen, festsetzen, bestimmen, a** einrichtend, ius, Rhet. Her.: sibi finem consilii, Cic.: locum od. tempus colloquio, Liv.: diem comitiis, Liv.: pretium arti, Ter.: statuto loco, Cic.: dies est statutus comitiis, Liv.: st. exemplum, s. exemplum *no.* II, B, 3, b: u. st. documentum m. folg. *ne* u. Konj., Cic. ad Brut. 1, 15, 10. – m. dopp. *Acc.,* alqm regem, zum K. einsetzen, Curt. 5, 9 (26), 8. – **b** beschließend **festsetzen, bestimmen, beschließen, sich vornehmen,** m. *de* u. Abl., de alqo, als Richter, Caes., Sall. u. a.: de capite civis, Cic.: de Caesaris actis, Cic.: de se, sich umbringen, Tac. – m. *in* od. *contra* u. Akk., in alqm aliquid gravius, Caes.: in alqm crudeliter, Iustin.: in alqm exsilium, Tac. – m. bl. *Acc.,* triste aliquid, Ov.: stipendium alci de publico, Liv. – m. folg. indir. Fragesatz, post tot annos etiam nunc statuere non potuisse, utrum diem tertium an perendinum dici oporteret, Cic.: ego vix statuere apud animum meum possum, utrum peior ipsa res an peiore exemplo agatur, Liv.: ipsi primi statuerent apud animos, quid vellent, Liv. – m. folg. *Infin.,* velle mori, Ov.: decertare, Caes.: ferro arcere contumeliam, Liv.: sic habuisti statutum cum animo ac deliberatum, omnes qui habitarent in Sicilia iudices reicere, Cic. – m. folg. *ut* u. Konj., rus ut irem iam heri mecum statueram, Plaut. Pseud. 549: statuunt, ut decem milia hominum in oppidum mittantur, Caes.: Athenienses cum statuerent, ut urbe relictā naves conscenderent, Cic.: statuisse Vitellium, ut Germanicas legiones in Suriam transferret, Tac. – m. folg. *ne* u. Konj., statuitur, ne post M. Brutum pro consule sit Creta provincia, Cic. Phil. 2, 97. – Partiz. Perf. subst. statūtum, ī, *n.*, die **Bestimmung,** secundum dei statutum, Lact. 2, 16, 14: quarum (Parcarum) legibus ac statutis parēre omnes deos necessitas cogit, Lact. 1, 11, 14: si statuta eius (dei) et placita differi possunt, Lact. 7, 25, 8. – **c** entscheidend **festsetzen, entscheiden,** res privatas, Ov. trist. 2, 95: m. folg. *Acc.* u. *Infin.,* Curt. 4, 1 (3), 19.

statūra, ae, *f.* (sto), der **Wuchs,** die **Größe, Gestalt, a** eines Menschen, parva, Rhet. Her.: quadrata, Plin.: homo staturae procerae, Suet.: staturā procerus, Treb. Poll., procerior, Vopisc.: vir praecipuae staturae, Colum.: statura utrique mediocris, Iustin.: homines tantulae staturae, Caes.: quā facie fuerit, quā staturā, Cic. – **b** der Tiere, Altinae (schreibe Alpinae) vaccae sunt humilis staturae, Colum. 4, 26, 5. – **c** der Gewächse, producat (arundo) pampinum in tantam staturam, quantam permittit agricola, Colum. 5, 5, 8.

statūrōsus, a, um (statura), **sehr groß von Gestalt,** gigantes, Augustin. de civ. dei 15, 23 *extr.*: servus, Augustin. in psalm. 33. serm. 2. § 15.

1. status, a, um, s. sisto.

2. status, ūs, *m.* (sto), das **Stehen,** der **Stand,** die **Stellung, I** eig.: **1** im Allg.: status, incessus, sessio, Cic.: erectus, Cic.: artificis status ipse fuit, selbst die Stellung war die eines Künstlers, Ov. – **2** insbes., die **Stellung,** minax, Hor.: citharoedicus, Apul.: illo statu sibi statuam fieri voluit … ex quo factum est, ut postea athletae ceterique artifices iis statibus in statuis ponendis uterentur, quibus victoriam essent adepti, Nep.: statu movere hostem, Liv. – **3** der **Wuchs,** die **Größe, Lebensgröße,** von Menschen u. Tieren, Colum., u. v. Gewächsen, Pallad. – **II** übtr.: **1** im Allg., der **Stand,** der **Zustand,** die **Verfassung, Umstände, Beschaffenheit,** die Lage (bes. die ruhige, sichere), adversarios de omni statu deicere, aus der Verfassung bringen, Cic.: so auch e sua sede et statu demovere, Cic.: restituere alqm in pristinum statum, Cic.: hic belli status erat, Tac. – caeli status imbrifer, procellosus et imbrifer (Ggstz. quietus), Colum.: statum caeli notare, Liv. – Plur., omnes vitae status, Cic.: status regum, Stellungen, Rechte, Cic.: locorum status, Plin.: – **2** insbes.: **a** der **Stand,** den die Geburt macht, zwischen einem Freigeborenen und Sklaven, ICt.: zwischen einem Patrizier und Plebejer, agnationibus familiarum distinguuntur status, Cic. – **b** die **sichere, feste Stellung,** der **feste Bestand,** und insofern er auf dem Vermögen beruht = der **Wohlstand,** civitatis, rei publicae, Cic. (s. Halm Cic. Sest. 1): nullum habere statum (v. Proskribierten), Vell. – Plur., multorum excisi status, Tac. ann. 3, 28. – **c** status aetatis, das Alter von fünfundzwanzig Jahren, das **Mannesalter,** die **Großjährigkeit,** ICt. – **d** status causae od. bl. status, bei Rednern, der **Stand** der Sache, d. i. die Art u. Weise der Untersuchung, griech. στάσις, Cic. u. Quint. – **e** in der Grammatik = die **Form** des Verbums, Quint. 1, 5, 41; 9, 3, 11.

statūtio, ōnis, *f.* (statuo), die **Hinstellung, Errichtung,** tigni, Vitr. 10, 2, 10.

statūtum, ī, *n.*, s. statuo.

statūtus, a, um (status = statura), **stämmig, untersetzt,** Plaut. rud. 317.

ste, s. is-te ►.

steatītis, idis, *f.* (στεατῖτις), ein uns unbekannter Edelstein, viell. **Speckstein,** Plin. 37, 186.

steatōma, atis, *n.* (στεάτωμα), die **Fettgeschwulst, Speckgeschwulst,** Cels. 7, 6. Veget. mul. 3, 30, 1: Plur., Plin. 25, 82 u. a.

stefanium, s. stephanium.

stega, ae, *f.* (στέγη), das **Verdeck** des Schiffes, Plaut. Bacch. 278; Stich. 413.

stegnus, a, um (στεγνός), **schließend,** Plin. 23, 120.

stēla, ae, *f.* (στήλη), **a** der **Pfeiler,** die **Säule,** Enn. bei Lact. 1, 11, 63.

Plin. 6, 150 u. 174. Mart. Cap. 2. § 137: ad Herculis stelas, Itin. Alex. 53 (119). Iul. Vict. 3, 49 (27). – **b** insbes. = cippus, die **Grabsäule,** Petron. 62, 4. – ► Andere Schreibung stella (στήλλη), in Hdschrn. u. in griech. Inschrn.

stelephūros, ī, *m.* (στελεφοῦρος), eine Pflanze, viell. das **Ravenna- Zuckerrohr** (*Saccharum Ravennae,* L.), Plin. 21, 101.

stēlio, s. stēllio.

stēlis, idis, Akk. in, *f.* (στελίς), die **Mistel** auf der Tanne u. dem Lärchenbaum, Plin. 16, 245.

1. stēlla, ae, *f.* (= sterula, wie puella st. puerula, *Demin.* v. ἀστήρ), **I** der **Stern** am Himmel, als leuchtender Himmelskörper, **1** eig., Cic. u. a.: dah. auch der **Planet, Komet,** stella Saturni, stella Iovis, der Planet Saturn, Jupiter, Cic.: stella erratica, ein Planet, Varro fr. u. Sen.: stellae inerrantes (Fixsterne), Ggstz. vagae (Planeten), Cic.: st. diurna, der den Tag bringende Stern, der Morgenstern, Plaut.: st. comans, Komet, Ov.: stellae fulgentes, Blitze, Lucr. 6, 357: septem stellae, s. septem. – **2** übtr.: **a** eine sternförmige Figur, der **Stern,** Colum. u. Plin. – **b** der **Stern** im Auge, Claud. Phoen. 37. – **c** der **Sternfisch,** Plin.: stella marina, Veget. – **d** der helle Punkt auf den Edelsteinen, der **Stern,** Plin. – **e** peculiares stellae, die **Johanniswürmchen,** Plin. 18; 251. – **f** = groma. – **II** bei Dichtern, **1** = sidus, **Gestirn, Sternbild,** Verg. u. Ov. – **2** = **Sonne,** cinget geminos stella serena polos, Ov. fast. 6, 718.

2. stēlla, s. stēla.

stēllāns, antis (stella), von Sternen schimmernd, **gestirnt,** nox, Cic. poët.: caelum, Lucr. u. Chalcid. Tim. – übtr., **blitzend, schimmernd,** gemma, Ov.: oculi, Mart. Cap.: volatus, Plin.: frons stellans, zerfetzt, Mart.

stēllāris, e (stella), **zu den Sternen gehörig,** essentia, Wesen des Sternes, Macr. somn. Scip. 1, 14, 19. – subst., stēllāris, is, *f.* (*sc.* ars), die **Sternkunde, Astronomie,** Tert. de pall. 6.

Stēllātis campus od. **ager,** ein südlich von Kales gelegener sehr fruchtbarer Bezirk in Kampanien, Cic. de lege agr. 1, 20 u. 2, 85. Liv. 9, 44, 5; 22, 13, 6. Suet. Caes. 20, 3. Sil. 11, 268. – Dav. **Stēllātīnus,** a, um, **stellatinisch,** tribus, Liv. 6, 5, 8.

stēllātūra, ae, *f.*, der Abzug an den Rationen (annonae) der Soldaten, den die Proviantmeister sich widerrechtlich in ihre Tasche machten, der **Unterschleif,** Lampr. Alex. Sev. 15, 5 (Plur.). Cod. Theod. 7, 4, 28. § 1. u. 7, 4, 29. § 5: stellaturas accipere, sich von den Proviantmeistern bestechen lassen (v. Zenturionen), Spart. Pesc. 3, 5.

stēllātus, a, um (stella), **mit Sternen besetzt, gestirnt, a** eig.: Cepheus, Cic.: ora Tauri, Ov. – **b** übtr.: Argus, viele Augen habend, Ov.: ensis, blitzend, Verg.: salamandra, animal st., Plin.

stēllifer, fera, ferum (stella u. fero), Sterne tragend, **gestirnt,** stellifer cursus, Cic. de rep. 6, 18: stelliferae sphaerae cursus, Macr. somn. Scip. 2, 1, 1: stellifer polus, Sen. Hipp. (Phaedr.) 785 (793).

stēlliger, gera, gerum (stella und gero), Sterne führend, **gestirnt,** Varro fr., Cic. fr., Stat. u. a.

stēllimicāns (stēllumicāns), antis (stella u. mico), **von Sternen schimmernd,** Varro sat. Men. 92 *v.* 4 (b. Prob. ad Verg. ecl. 6, 31).

stēllio (stēlio), ōnis, *m.* (stella), griech. ἀσκαλαβώτης, die **Sterneidechse,** eine Eidechsenart mit schimmernden Flecken auf dem Rücken, die wie Sterne aussehen (*Lacerto gecko,* L.), Verg., Plin. u. a.: appell. v. einer ränkevollen Person, Apul. met. 5, 30. – ► Caper 107, 2 will stello.

stēlliōnātus, ūs, *m.* (stellio), jede **Art des Betruges** od. **der Verfälschung,** die in den Gesetzen nicht ausdrücklich benannt ist, ICt. Vgl. Gloss. II, 308, 12 ›stellionatus, ἐπίθεσις ἢ χλεύη‹.

1. stēllo, āre (stella), **mit Sternen besetzen,** hyadum numero et dispositione stellantur, v. Edelsteinen, Plin. 37, 100. – bildl., Symm. epist. 3, 11 *extr.* – ► stellans u. stellatus, s. bes.

2. stēllo, s. stēllio ►.

stēllumicāns, s. stēllimicāns.

stēllula, ae, *f.* (*Demin.* v. stella), das **Sternchen,** als Schriftzeichen, Übersetzung von ἀστερίσκος, Hieron. epist. 112, 19.

stemma, atis, *n.* (στέμμα), **I** der **Kranz,** Prud. u. Firmic.: bes. als Schmuck der Ahnenbilder, Sen. u. Plin. – **II** meton., der **Stammbaum,** die **Ahnentafel, Genealogie,** Sen., Suet. u. a. – übtr., argenti fumosa sui stemmata narrare, den berauchten Stammbaum = das hohe Alter, Mart. 8, 6, 3: u. so referre prisci stemma ieiunii, Prud. cath. 7, 81.

stenocoriāsis, is, *f.* (στενοκορίασις), die **Pupillenverengung,** eine Augenkrankheit der Pferde, Veget. mul. 3, 16, 1.

Stentōr, oris, Akk. ora, *m.* (Στέντωρ), ein Grieche vor Troja, der so laut schreien konnte wie fünfzig zusammen, Iuven. 13, 112.

stephanēplocos, ī, *f.* (στεφανηπλόκος), die **Kranzflechterin** (Glycera), ein Gemälde des Pausias, Plin. 21, 4 u. 35, 125.

stephanītis, idis, *f.* (στεφανῖτις), eine Art Weinstöcke, die sich kranzförmig winden, Plin. u. Macr. – dass. **stephanītēs,** ae, *m.* (στεφανίτης), Colum. u. Isid.

stephanium (stefanium), iī, *n.* (στεφάνιος), das **Kränzchen,** Aethic. cosmogr. 84.

stephanomelis, is, *f.*, eine Pflanze, wirksam gegen das Nasenbluten, Plin. 26, 136.

stephanopōlis, is, *f.* (στεφανοπῶλις), die **Kranzhändlerin,** Plin. 35, 125.

stephanos, ī, *m.* (στέφανος), der **Kranz,** als Name einiger Gewächse, Alexandri, sonst pervinca gen., Plin.: Aphrodites, sonst sisymbrium gen., Apul.

stephanūsa, ae, *f.* (στεφανοῦσα), die **Kranzwinderin,** eine Statue des Praxiteles, Plin. 34, 70.

stercerārius, s. stercorārius.

stercerātus, a, um, s. stercorātus.

Sterces, is, *m.*, s. Stercutus.

stercilīnium iī od. **stercilīnum,** ī, *n.* (v. stercus), der **Misthaufen,** die **Mistgrube,** der **Mistplatz,** Scriptt. r. r. u. a.: als Schimpfwort, Plaut. u. Ter. – ► Nbf. sterculīnum, Plaut. Cas. 114. Ter. Phorm. 526. Ulp. dig. 19, 1, 17. § 2. Iulian. epit. nov. c. 58. § 202. Vulg. (Amiat.) Luc. 14, 35. – sterquilinium, Colum. 7, 5, 8. Tert. adv. Marc. 4, 28 *extr.* u. de anim. 30. Vulg. Iob 2, 8 u. 20, 7. Vulg. 2. Esdr. 3, 13 u. 12, 31. Aldh. de laud. virgin. 44. Caper (VII) 111, 11. – sterquilinum, Sen. apoc. 7, 3. Phaedr. 3, 12, 1. Tert. adv. Marc. 4, 34 *extr.*

stercorārius (stercerārius), a, um (stercus), **zum Mist gehörig, Mist-,** crates, Cato r. r. 10, 3. Varro r. r. 1, 22, 3: porta, im Tempel der Vesta, Fest. 344 (b), 16

stercorātio, ōnis, *f.* (stercoro), die **Düngung,** Varro, Colum. u. a.

stercorātus (sterceratus), a, um, *PAdi.* (v. stercoro), **gedüngt,** stercorati od. (in der Bauernspr.), stercerati agri, Mart. Cap. 3. § 305. Cassiod. de art. gramm. *in.* p. 530 (a) *Garet.* Beda orthogr. 289, 26. K. Albin. orthogr. 310, 4 K.: locus stercoratissimus, Colum. 11, 2, 85. – subst., in stercorato, in gedüngtem Boden, Plin. 18, 192: non stercorato, auf ungedüngtem Land, *ibid.*

stercoreus, a, um (stercus), **kotig, Schmutzfink** (κοπρίας), miles, Plaut. mil. 90: putentes atque stercoreae digestiones, Arnob. in psalm. 77.

stercoro, āvī, ātum, āre (stercus), **I (mit Mist) düngen,** loca in agro, Varro: agrum, Cic.: utilitas stercorandi, Cic.: meos hortulos plus stercoro quam holero (olero), Gn. Matt. poët. bei Prisc. 6, 91. Vgl. stercoratus. – **II ausmisten,** latrinas, ICt.: colluvies stercorata, zusammengebrachter Haufen Mist, Colum.

stercorōsus, a, um (stercus), **I gut gedüngt,** solum, Colum.: locus stercorosissimus, Cato: sterc. herbae, durch Mist gezogene, Colum. – **II mistartig, kotig,** aqua, Colum. 8, 3, 8: ut omne immundum stercorosumque litoribus impingat, Sen. nat. qu. 3, 26, 7.

sterculīnum, s. stercilīnium.

Sterculius, Sterculus, s. Stercutus.

stercus, oris, *n.*, **I** die **Ausleerung** der Menschen u. Tiere, der **Kot, Mist, Dünger,** hominis, Varro: stercus, quod homines faciunt, Colum.: stercus columbinum, Varro u. Plin.: caprinum, ovillum, asininum, equinum, Varro: supra (oben darauf) stercus iniectum, Cic.:

novalia stercore satiare, Colum. – Plur., murium stercora, Gregor.: stercora aequare, Colum.: pretiosissimis cibis humana stercora miscere, Lampr. – Sprichw., aurum colligere de stercore Ennii, Donat. vit. Verg. 18: aurum in stercore quaerere, Cassiod. de inst. div. litt. 1. p. 510 (b) *ed. Garet.* – als Schimpfwort, stercus curiae, Schmutzfink, Cic. de or. 3, 164. – **II** übtr., der **Abgang,** die **Schlacken,** ferri, Scrib. Larg. 188: plumbi stercus, quod scoriam vocant, Marc. Emp. 10.

Stercutus, ī, *m.* (stercus), der **Düngergott,** nach einigen ein Beiname des ländlichen Saturnus nach anderen des Picumnus, Plin. 17, 50. Macr. sat. 1, 7, 25. Lact. 1, 20, 36 u. epit. 21, 2. – ders. **Sterculus,** Tert. apol. 25 u. ad nat. 2, 9. Prud. perist. 2, 449. – u. **Sterculīnius,** Serv. Verg. georg. 1, 21 u. Aen. 9, 4. – u. **Sterces,** is, *m.*, Augustin. de civ. dei 18, 15. Vgl. übh. Zeune Macr. sat. 1, 7, 25.

sterelȳtis, idis, *f.*, s. scirerȳtis.

stereobatēs, ae, *m.* (στερεοβάτης), der **gemauerte Sockel,** der **Untersatz,** Vitr. 3, 4, 1.

stergēthron, ī, *n.* (στέργηθρον), große **Hauswurz, großes Hauslaub,** Plin. 25, 160. Ps. Apul. herb. 123.

stericula, ae, *f.*, s. sterilicula.

stērigmos, ī, *m.* (στηριγμός), der **Stillstand** eines Planeten, rein lat. stativa lux, Apul. de mund. 16.

sterilēsco, ere (sterilis), **unfruchtbar werden, I** eig., von Tieren u. Menschen, Plin. u. Solin.: von Gewächsen, Plin.: mamma sterilescit, wird trocken, verliert die Milch, Plin. – **II** bildl., sterilescant gaudia vobis, Val. Cato dir. 9.

sterilicula, ae, *f.* = vulva sterilis (Apic. 7, 258), die Gebärmutter einer Sau, die noch nicht geworfen hat, Petron. 35, 3.

sterilis, e (altind. *stari-ḥ*, unfruchtbare Kuh, Stärke, griech. στεῖρα, *f.*, unfruchtbar, got. *stairō, f.*, unfruchtbar, ahd. *stëro*, Widder, nhd. Stärke, junge Kuh, die noch nicht geworfen hat), **I unfruchtbar** (Ggstz. fertilis, von Menschen u. Tieren Ggstz. praegnans u. gravidus), **A** eig.: coniugium, kinderlose Ehe, Augustin.: ager, Verg.: platanus, avena, Verg.: herba, Ov.: vacca, Verg.: uxor, Sen. rhet. u. Iuven.: virgo (Ggstz. fecunda), Sen.: Octavia, Tac.: vir, v. Eunuchen, Catull.: vulva, Apic. (s. sterilicula): galli ad partum steriliores, Varro. – sterile est m. *Infin.*, serere e pampinariis sterile est, Schnittlinge von Wasserreben sind unfruchtbar, Plin. 17, 157. – **B** übtr., **a unfruchtbar = leer,** manus, Plaut.: epistulae, ohne Geschenke, Plin. ep.: so auch amicus, Mart.: prospectus, menschenleer, Plaut.: nummi, keine Zinsen tragend, ICt. – m. *Genet.*, steriles veri, von der Wahrheit Verlassene (= die W. nicht Kennende), Pers. 5, 75: v. Lebl., st. laurus bacarum, Plin.: steriles plumbi lapides, Plin. – m. *Abl.*, corpora sonitu sterila (= sterilia), Lucr. 2, 845. – **b unfruchtbar, ertraglos, erfolglos, leer,** annus (Ggstz. fertilis), Sen.: Februarius, Cic.: labor, Mart.: pax, Tac.: amor, unerwidert, Ov.: ingenii fuit sterilis, geistesarm, Sen. – m. *Genet.*, virtutum sterile saeculum, arm an usw., Tac.: quae urbes talium studiorum fuere steriles, Vell.: m. *Abl.*, quod momentum, quod immo temporis punctum aut beneficio sterile aut vacuum laude, Plin. pan. 56. – **II** (poet.) aktiv = **unfruchtbar machend,** robigo, dürrer Brand, Hor.: hiems, Mart.: frigus, Lucan. – ► Abl. Sing. gew. sterilī; doch auch sterile, wie Apic. 7, 258.

sterilitās, ātis, *f.* (sterilis), die **Unfruchtbarkeit, I** eig. u. übtr.: **a** eig.: agrorum, Cic.: terrarum, Lact.: mulierum, Plin.: arborum, Plin.: absol., magnā quondam sterilitate, Misswuchs, Suet.: Plur., assiduae, continuae sterilitates, Suet. u. Plin. ep. – **b** übtr.: st. caelestis, Unfruchtbarkeit erzeugende Witterung, Plin.: fortunae, Dürftigkeit, Plin. – **II** bildl.: paulatim in sterilitatem emarcuit maiestas, Plin. 15, 121.

steriliter, *Adv.* (sterilis), **unfruchtbar,** Augustin. serm. 86, 13 u. a. Eccl.

sterilus, a, um = sterilis (vgl. Paul. ex Fest. 316, 6), Lucr. 2, 845.

sternāx, ācis (sterno), **zu Boden zu werfen suchend,** equus, das den Reiter abzuwerfen sucht, störrisch, Verg. Aen. 12, 364. Sil. 1, 261: cives, sich zu Boden werfende, demütig bittende, Sidon. epist. 5, 14, 3: u. so v. Bittenden, *ibid.* 4, 12, 4.

sterno, strāvī, strātum, ere (zu Wz. **ster-*, altind. *stṛṇāti*, streut, wirft nieder, griech. στρώννυμι, στορέννυμι got. *straujan*, ahd. *strewen*, streuen), **I** auf den Boden **hinbreiten, hinstreuen, A** im Allg.: **a** eig.: vestes, Ov.; vgl. strata sub pedibus vestis, Suet.: vellus duro in solo, Ov.: strata iacent passim sua quaeque sub arbore poma, Verg.: glaream, Tibull.: arenam, Ov.: spongias ad lunam et pruinas, Plin.: arma per flores, Gratt.: super eos (asseres) pontes, schlagen, Curt. – bildl., illos cognitioni numinis tui sternere, unterbreiten, unterstellen, Spart. Hel. 1. § 1. – **b** übtr., u. zwar Passiv sterni medial, v. Örtl., **sich ausbreiten, sich erstrecken,** ibi Laborini campi sternuntur, Plin.: insulae Frisiorum, Chaucorum etc. sternuntur inter Helinum ac Flevum, Plin. – **B** insbes.: **1** am Boden usw. **hinbreiten, hinlegen, hinstrecken, niederlegen, niederstrecken, niederwerfen, a** übh.: silvas, Curt.: vineam, Colum.: u. so vites stratae, Colum. – corpora passim, Liv.: strata somno corpora, Liv.: quidam somno etiam strati, Liv. – refl. se st., **sich hinstrecken, sich lagern,** se somno in litore, Verg. – u. ebenso Passiv medial, sterni passim ferarum ritu, Liv.: sterni Iovi, sich niederwerfen zum Gebet, fußfällig verehren (προσκυνεῖν), Sil.: so auch Partiz. stratus, **hingestreckt, hingelagert, liegend,** humi, Cic.: sibi ad pedes strati, Cic.: viridi membra sub arbuto stratus, Hor. – ursi humanitus strati, hingestreckt-, sich hinlegend wie die Menschen, Plin. – **b** feindlich, gewaltsam **niederstrecken, zu Boden strecken, niederwerfen, niedermachen, niederhauen, α** eig.: ferro pecus, Hor.: omnia ferro, Liv.: caede viros, Verg.: alqm subitā morte, Verg.: alqm morti, Verg.: extremos metendo humum, Hor.: ingenti caede sterni, Liv.: strati caede hostes, Liv. – poet., ventos, sich legen machen, beruhigen, Hor. – moenia, Ov.: ariete muros, Liv.: a culmine Troiam, Verg.: stabula dentibus, vom Elefanten, Plin. – **β** übtr., **niederwerfen, zu Boden drücken, -werfen,** irae Thyesten exitio gravi stravere, Hor.: mortalia corda humilis stravit pavor, Verg.: afflictos se et stratos esse, Cic. – **2** Raues usw. zur Fläche hinbreiten, **ebnen, glatt und eben legen, a** das aufwogende Meer **ebnen, sich legen machen,** aequor aquis, Verg.: pontum, Ov.: postea sternitur mare alcyonum feturae, Plin. – **b** einen rauen Weg usw. **ebnen, eben legen, bahnen, α** eig.: viam per mare magnum, Lucr.: hoc (iter) Cannae stravere tibi, Sil.: stratum militari labore iter, Quint. – bes. durch Pflaster usw., **pflastern,** semitam saxo quadrato, Liv.: vias, clivum silice, emporium lapide, Liv.: fossam silice vel glareā, auspflastern, Plin.: columnam tollere, locum illum sternendum (zu pflastern) locare, Cic. – **β** bildl.: praesens tibi fama benignum stravit iter, Stat. Theb. 12, 813. – **II** meton., mit etwas **überbreiten, überstreuen, bedecken, überdecken, a** übh.: foliis nemus, vom Sturm, Hor.: litora nive, Val. Flacc.: arenam Circi chrysocollā, Plin.: solum telis, Verg.: ante aras terram caesi stravere iuvenci, Verg.: intrinsecus (solum) stratum sulphure et bitumine traditur, Iustin. – naves pontibus, Tac.: maria pontibus, Iustin. – triclinia argento privatorum alci sternuntur, die Tafeln jmds. werden mit dem Silbergerät der Privatpersonen besetzt, Eutr. – **b** insbes.: **α** eine Lagerstatt mit Teppichen, Polstern usw. überbreiten, **decken, polstern, zurechtmachen,** duabus culcitis ac duabus toros plagulis, Varro fr.: lectum vestimentis, Ter.: lectum sine linteis, sine purpura, Liv. epit.: u. so bl. lectum, Komik., Cic. u. a.: triclinium, Cic.: arceram, XII tabb. fr.: lectus lepide stratus, Plaut.: cathedra strata, gepolstert, Iuven. – absol., iubet sterni sibi in prima domus parte, Plin. ep. – **β** ein Pferd **decken,** unser **satteln,** equum, Liv. u. Veget.: non stratos, non infrenatos (aufgezäumt) habebant equos, Liv.: iam dimisso synthemate (Postschein) equus publicus sternebatur, Hieron. epist. 118, 1. – ► Synk. Plusquamperf. strarat, Manil. 1, 776: strasset, Varro de vit. P.R. 1. fr. 24 (bei Non. 86, 6).

sternūmentum, ī, *n.* (sternuo), **I** das **Niesen,** Sing. u. Plur., Cic., Cels. u. a.; vgl. sternutamentum a. E. – **II** meton., das **Niesmittel, Niespulver,** Cels. 6, 7. *no.* 9 (nach *cod. Med.*). Plin. 25, 135 u. 173.

sternuo, uī, ere (verwandt mit πτάρνυμαι), **I** *intr.* **niesen, a** eig., Colum. u. Plin.: dum tu sternuas, res erit soluta, in so viel Zeit, wie du zum Niesen gebrauchen wirst (= in einem Augenblick), Plaut. Pseud. 629 (Studemund). – **b** übtr., vom Licht, **knistern,** Ov. her. 18 (19), 151 *sq.* – **II** *tr.* **zuniesen, niesend mitteilen,** dextram approbationem, Catull.: omen alci, Prop.

sternūtātio, ōnis, *f.* (sternuto), das **Niesen,** Scrib. Larg. 10. Fronto epist. ad Marc. Caes. 4, 5 *extr.* Apul. met. 9, 25. Vulg. Iob 41, 9. Cael. Aur. de morb. chron. 2, 7, 94: Plur., crebrae sternutationes, Apul. met. 9, 24: sternutationes continuae, Cael. Aur. de sign. diaet. pass. 74 in Rose, Anecd. II, 233.

sternūto, āvī, āre (*Frequ.* von sternuo), **wieder und wieder niesen,** Petron. 98, 4 u. 102, 10. Macr. de diff. 21, 7: von Caper 111, 13 K. verworfen.

sternūtus, ūs, *m.* (sternuo), das **Niesen,** Veget. mul. 1, 10, 4.

sterquilīnium, sterquilīnum, s. stercilīnium.

Stertinius, iī, *m.*, ein stoischer Philosoph, Hor. sat. 2, 3, 33 u. 296. – Dav. **Stertinius,** a, um, **stertinisch, des Stertinius,** Hor. ep. 1, 12, 20.

sterto, ere (vielleicht verwandt mit δαρθάνω), **schnarchen** (auch = schnarchend, fest schlafen), per me stertas licet, Cic.: st. totam noctem, Plaut.: noctes et dies, Ter.: blandum (sanft), Mart. Cap.: altius, Apul.: quibus (vigiliis) ob securitatem altiore stertitur somno, Amm.: bildl., animus pigris stertit in praecordiis, Prud. cath. 7, 20. – ► Perf. stertui, nach Prisc. 10, 48 u. Prob. cath. 39, 22 K. (vgl. destertuit bei Pers. 6, 10).

Stēsichorus, ī, *m.* (Στησίχορος), ein griechischer Lyriker aus Himera, geb. 632 v. Chr., gest. 553, Zeitgenosse der Sappho, Cic. de sen. 23. Quint. 10, 1, 62. Hor. carm. 4, 9, 8: lyricus St., Amm. 28, 4, 14. – Dav. **Stēsichorīus,** a, um (Στησιχόρειος), **stesichorisch,** metrum, Serv. de cent. metr. 460, 12 u. 461, 20 K.

Stheneboea (Sthenoboea), ae, *f.* (Σθενέβοια, Σθενόβοια), Gemahlin des Argiverkönigs Prötus, deren Liebe Bellerophon, der Gastfreund des Prötus, verschmähte, worauf sie rasend wurde, Iuven. 10, 327. Hyg. fab. 57 u. 243. – Dav. **Stheneboeius** (Sthenoboeius), a, um, **stheneböisch,** heros, Bellerophon, Sidon. carm. 11, 74.

Sthenelus, ī, *m.* (Σθένελος), **I** Sohn des Kapaneus u. der Euadne, einer der Epigonen, gegen Troja Führer der Argeier unter Diomedes, Verg. Aen. 2, 261. Hor. carm. 1, 15, 24; 4, 9, 20. Hyg. fab. 108 u. 175. – **II** Sohn des Perseus u. der Andromeda, Vater des Eurystheus von der Nicippe, Hyg. fab. 244. – **III** König in Ligurien, dessen Sohn Zyknus in einen Schwan verwandelt wurde, s. Ov. met. 2, 367. – Dav.: **A Sthenelēius,** a, um, **steneleïsch,** hostis, Eurystheus, Ov.: proles, Zyknus, Ov. – **B Sthenelēis,** idis, *f.*, **steneleïsch,** volucris, Schwan, Ov.

Sthenos, ī, *m.*, kleiner Fluss in Thrazien, Mela 2. § 28 Fr.

stibadium, iī, *n.* (στιβάδιον), das **Ruhebett,** der **Ruhesitz,** in Gestalt eines Halbkreises, Plin. ep. u. a.

stibi u. (selten) **stimmi,** is, *n.* u. **stibium,** iī, *n.* (στίβι u. στίμμι), **I** das **Spießglas,** Form stibi, Cels. 5, 19, 28 u. 20, 5; 6, 6, 5 u. 6 u. a. Plin. 12, 43 u. a.: Form stimmi (stimi), Plin. 33, 101: Form stibium, Scrib. Larg. 23 u. 24. – **II** meton., ein Pulver aus geröstetem Spießglaserz, das wie Ruß (fuligo) aussah und von den Frauen auf die Augenbrauen gestrichen wurde, um sie schwarz zu färben, die **Augenschwärze,** bei den heutigen Orientalinnen *Surmé* gen., orbes oculorum stibio fuliginati, Hieron. epist. 54, 7: oculos stibio depingere, Vulg. 4. regg. 9, 30. Heges. 4, 25, 2: oculos pingere stibio, Vulg. Ierem. 4, 30: oculos stibio circumlinere, Vulg. Ezech. 23, 40: faciem purpurisso et cerussā et stibio depingere, Hieron. epist. 108, 15: unguere oculos non stibio diaboli sed collyrio Christi, Cypr. de op. et eleem. 14 *extr.*

stibinus, a, um (stibi), **aus Spießglas,** Vulg. 1. paral. 29, 2.

stibium, iī, *n.* = stibi (s. d.).

stīc, abgek. f. istic, Sedul. carm. 4, 122 *Huemer.*

sticula, ae, *f.*, eine Art Weintrauben, Colum. 3, 2, 27.

stigma, atis, *n.* (στίγμα, der Stich), **I** ein den Sklaven und überhaupt zur Beschimpfung eingebranntes Zeichen, das **Brandmal, 1** eig., Sen., Quint. u. a. – **2** bildl., das **Brandmal** = **Beschimpfung** usw., Mart. u. Suet. – **II** ein von einem ungeschickten Barbier im Gesicht gemachter Schnitt, Mart. 11, 84, 13. – ► In der Vulgärspr. auch stigma, ae, *f.*, Petron. 45, 9 u. 69, 1 (Akk. stigmam).

stigmatiās, ae, *m.* (στιγματίας), der **Gebrandmarkte,** v. einem Sklaven, Cic. de off. 2, 25.

stigmo, āvī, āre (stigma), mit einem Brandmal bezeichnen, **brandmarken,** Prud. perist. 10, 1080 (wo synk. Perf. stigmarit).

stigmōsus, a, um (stigma), **voller Brandmale, gebrandmarkt,** Petron. 109, 8: Vitellianā cicatrice stigmosus, M. Regul. in Plin. ep. 1, 5, 2.

stilāsco, ere, s. stilo.

Stilbōn, ontis, Akk. onta, *m.* (στίλβων, *Partic.* v. στίλβω), der »Glänzende, Strahlende«, Beiname des Planeten Merkur, Auson. edyll. 18, 11. p. 152 Schenkl. Hyg. astr. 2, 42. Mart. Cap. 8. § 851. Censor. 13, 3.

stīlicidium, s. stīllicidium.

stīlla, ae, *f.* (*Demin.* v. stiria), **I** der **Tropfen,** stilla mellis, Cic.: cruoris humani, Sen.: olei, Apul.: ternas stillas addere, Plin. – **II** übtr., ein **Tropfen** = eine Wenigkeit, ein Bisschen, olei, Mart. 12, 70, 3. – bildl., pauculae temporum stillae, Augustin. epist. 261, 1 (vgl. conf. 11, 2, 1): stillam vacantis temporis nanctus, Augustin. epist. 280, 1.

stīllanter, *Adv.* (stillans v. stillo), **tropfenweise,** Ambros. epist. 41, 14.

stīllārium, iī, *n.* (stilla), die Tropfengabe = die **kleine Zugabe,** das **kleine Trinkgeld,** Sen. ep. 97, 2.

stīllātīcius, a, um (stillo), **träufelnd,** resina, Plin. 16, 54: mel, Marc. Emp. 9.

stīllātim, *Adv.* (stillo), **tropfenweise,** Varro LL. 5, 27. Diom. 407, 8.

stīllātio, ōnis, *f.* (stillo), **a** das **Heruntertropfen,** pluviae, Hieron. in Mich. 1, 2, 6. – **b** das **Tröpfeln,** narium, Plin. Val. 1, 8 *lemm.*

stīllātīvus, a, um (stillo), **träufelnd,** Plin. Val. 1, 18.

stīllicidium, iī, *n.* (stilla u. cado), **I** die tropfenweise herabfallende Feuchtigkeit, das **Träufeln,** die **träufelnde Feuchtigkeit,** Lucr., Varro LL., Sen. u. a.: stillicidia urinae, Strangurie, Plin. – bildl., per stillicidia emittere animam, quam semel exhalare, tropfenweise = nach und nach, Sen. ep. 101, 14. – **II** insbes., das vom Dach herabträufelnde Wasser = die **Dachtraufe, Dachrinne,** Vitr., Cic. u. a. – ► Die in sehr guten Hdschrn. Schreibung stilicidium

stīllo, āvī, ātum, āre (stilla), **I** *intr.* **träufeln, tröpfeln, tropfenweise fallen, a** eig.: vas, unde stillet aqua, Varro: de ilice stillabant mella, Ov.: stillabant mella de rupibus, Lact.: pugio stillans (von Plut), Cic. – **b** bildl.: plumis stillare diem, voll sein, Stat.: itaque stillare illum nolo quam currere, sein Vortrag soll ebensowenig tropfenweise fließen wie ohne Aufenthalt dahinströmen, Sen.: stillantes voces, abgebrochene Töne, Cal. – **II** *tr.* **träufeln, tröpfeln, träufeln lassen, a** eig.: rorem (Tränen) ex oculis, Hor.: Africa Hammoniaci lacrimam stillat, Plin.: stillatum lac, Arnob.: stillata cortice myrrha, herabgeträufelte, Ov. – **b** bildl.: in aurem stillavit exiguum de etc., flüsterte ein usw., Iuven. 3, 122: tuae litterae, quae mihi quiddam quasi animulae stillarunt, meine Lebensgeister ein bisschen aufgefrischt hat, Cic. ad Att. 9, 7, 1 (Mueller instillarunt).

stilo, āvī, āre, od. (viell. richtiger) **stilāsco,** stilāvī, ere (stilus), **Stengel bekommen,** simulatque semina castaneorum stilaverint, Colum. 4, 33, 4.

stilus, ī, *m.* (vgl. in-stīgo, eig. Stichel), jeder aufrechtstehende spitze Körper; dah. **I** als milit. *t. t.*, stili caeci, verdeckte spitze Pfähle, vorn mit eisernen Haken versehen, eine Art **Fußangeln,** Auct. b. Afr. 31, 7. Sil. 10, 415 (bei Caes. b. G. 7, 73, 9 stimulus gen.): eminentes lignei stili, Amm. 15, 10, 5. – **II** ein spitzes, länglich rundes Werkzeug in der Land- u. Gartenwirtschaft, um die Gewächse auseinanderzumachen, Colum.: und sie von Würmern zu reinigen, Pallad. – **III** der **Stiel, Stengel, Stamm,** des Spargels, Colum.: des Nussbaums, Colum. – **IV** der (gew. eiserne) **Griffel** zum Schreiben, der oben breit wie ein Falzbein, unten spitz war, womit man in die wächsernen Tafeln schrieb, **1** eig.: erant in proximo stilus et pugillares, Plin. ep.: ecfer cito stilum ceram tabellas linum, Plaut.: poscit pugillares stilum lumen, Plin. ep. – Man bediente sich seiner besonders zur Übung im Schreiben (vgl. Hieron. epist. 107, 4 b cum vero coeperit [puella] trementi manu stilum in cera ducere) u. zum Konzipieren (s. vorh.);

hatte man einen Schreibfehler gemacht, so kehrte man den Griffel um und verstrich das Geschriebene mit Wachs (vgl. Augustin. de ver. relig. 39 stilus ferreus aliā parte quā scribamus, aliā quā deleamus, affabre factus est); dah. stilum vertere = das Geschriebene ausstreichen, saepe stilum vertas, Hor.: vertit stilum in tabulis suis, Cic. – scherzh., stilis me totum usque ulmeis conscribito, Plaut. Pseud. 545; vgl. conscribo a. E.: doppelsinnig = Griffel u. = Dolch, Cic. Phil. 2, 34. Hor. sat. 2, 1, 39. – **2** meton.: **a** das **Schreiben,** das **schriftliche Abfassen,** die **Abfassung, Darstellung,** stilus optimus et praestantissimus dicendi effector ac magister, das Schreiben, die Übung im Schreiben, -in der Komposition, Cic.: st. exercitatus, eine geübte Feder, Cic.: non ita dissimili sunt argumento, sed tamen dissimili oratione sunt factae ac stilo, Sprache u. Abfassung, Ter.: unus sonus est totius orationis et idem stilus, derselbe Klang, dieselbe Komposition, Cic.: orationes paene Attico stilo scriptae, mit attischer Feder, Cic.: ut geographici stili formarunt, nach der Darstellung in der Geographie, Amm. 23, 6, 13. – **b** die **Ausdrucksweise, Schreibart,** der **Stil,** pressus demissusque, Plin. ep.: pugnax et quasi bellatorius, Plin. ep.: stilum obscurare, Suet.: reliqua stilo maiore dicenda sunt, Eutr.: cum cothurnatius stilus procederet lacrimosus, Amm. – **c** das schriftlich Abgefasste, **α** das **Schrifttum,** die **Literatur,** Val. Max. 8, 13. ext. 4. Tert. de res. carn. 22. – **β** die schriftliche **Stimmenabgabe,** die **Stimme,** Apul. met. 10, 8. – **d** die **Sprache,** Graecus, Romanus stilus, Hieron. epist. 3, 4: transferre in Latinum stilum, Porphyr. Hor. ep. 2, 1, 164.

stimmi, s. stibi.

Stimula, ae, *f.* (nach Augustin. de civ. dei 4, 11 u. 16 v. stimulus), eine der Semele nachgebildete oder mit ihr gänzlich identifizierte Göttin, unter deren Einfluss die dem befreienden Liber geweihten Bacchanalien gefeiert wurden, die **Entfesslerin der weiblichen Leidenschaft,** s. Ov. fast. 6, 503. Schol. Iuven. 2, 3. – Andere Namensform Simila, ae, *f.*, Liv. 39, 12, 4.

stimulātio, ōnis, *f.* (stimulo), die **Reizung,** der **Sporn,** Plin. 15, 7. Tac. hist. 1, 90.

stimulātor, ōris, *m.* (stimulo), der **Reizer,** Claud. in Rufin. 2, 501. Claud. Mam. grat. act. 5, 2.

stimulātrīx, trīcis, *f.* (Femin. zu stimulator), die **Reizerin, Hetzerin,** Plaut. most. 203 u. 219 spät. Eccl.

stimulātus, Abl. ū, *m.* (stimulo), das **Anspornen, Anstacheln,** animante stimulatu domini, Ps. Cypr. de Iudaic. incred. 8. p. 129, 19 H.

stimuleus, a, um (stimulus), **aus Stacheln bestehend,** supplicium, Strafe der Sklaven mit dem *stimulus,* Plaut. mil. 511.

stimulo, āvī, ātum, āre (stimulus), **I mit dem Stachel stechen, stacheln,** turbatos currus (= *equos*), antreiben, lenken, Lucan.: equos vehementer calcaribus, Val. Max.: quadriiugos atro flagello, Sil. – **II** übtr.: **1 martern, quälen, beunruhigen,** larvae stimulant virum, Plaut.: te conscientiae stimulant maleficiorum, Cic. (u. so nec te conscientia stimulat, Apul.: stimulante conscientiā, Curt.): qui (scrupulus) dies noctesque stimulat ac pungit, Cic.: me nunc et congressus huius stimulat, Cic.: consulem cura de minore filio stimulabat, Liv. – **2 anspornen, anstacheln, anreizen, anregen, zusetzen,** **a** m. *Acc.:* alqm incitare et stimulare, Liv.: alqm stimulare et accendere (Ggstz. reconciliare et componere), Plin. ep.: animos (v. einer Begierde), Liv.: animum (v. Ruhmbegierde), Liv.: paelicis iram, Ov.: quod ne fames quidem, quae mutas accenderet bestias, curam eorum stimulare posset, Liv. – sucus stimulat sitim, Plin.: venerem stimulari hoc cibo certum est, Plin. – **b** m. *ad* od. *in* u. Akk.: istorum caritate ad huius salutem defendendam maxime stimulari atque excitari, Cic.: cupido imperii duos cognatos populos ad arma stimulat, Liv.: iniuriae dolor in Tarquinium ipsum magis quam in Servium eos stimulabat, Liv.: et Flamininus relatione rerum gestarum recentissime suos stimulabat in proelium, Iustin.: extremā desperatione *ad* iram saepius quam *in* formidinem stimulabantur (wurden getrieben), Tac. – **c** mit *ut* u. Konj.: vetus nostra simultas stimulabat me, ut caverem, Cic. ep. 3, 12, 4. – **d** mit *ne* u. Konj.: eodem metu stimulante, ne regis exspectationem moraretur, Curt. 7, 7 (31), 26: u. so Tac. dial. 37. – **e** poet. m. folg. *Infin.*, Verg. Aen. 4, 576. Colum. 2, 2, 26. Lucan. 6, 423. Sil. 12, 504. Augustin. conf. 6, 8 *extr.*

stimulōsus, a, um (stimulus), **voll Stacheln,** bildl., **voll Reizungen,** Cael. Aur. de morb. acut. 3, 18, 179; de morb. chron. 5, 9, 90.

stimulus, ī, *m.* (vgl. īn-stīgo, στίζω), der **Stachel, I** als milit. *t. t.*, stimuli, kleine Stäbe, oben mit einem eisernen Haken versehen, eine Art **Fußangeln,** Caes. b. G. 7, 73, 9 (vgl. stilus *no.* I). – **II** der Stachel zum Antreiben der Tiere, bes. der Pflugochsen, u. der Sklaven, der **Treibstecken, Treibstachel, A** eig., Plaut. u. Plin.: dah. verächtlich, dum te stimulis fodiam, Cic.: parce stimulis, »schone die Peitsche«, Ov. – Sprichw., s. caedo *no.* I u. calcitro u. 1. calx *no.* I. – **B** bildl., der **Stachel, a** der beunruhigende, quälende, der **Stachel der Unruhe,** die **Qual,** doloris, Cic.: amoris stimuli, v. der Eifersucht, Liv. – **b** der anregende, der **Sporn,** der **Antrieb,** animum stimulis gloriae concitare, Cic.: alci stimulos admovere, Cic., adicere, Ov.: ingenio stimulos subdere, Ov.: addit ad dicendum etiam pudor stimulos, auch das Ehrgefühl spornt uns zum Auftreten als Redner an, Quint.: tam praecipiti materna furori Pyrrhus origo dabat stimulos, schon früh wurde solche Verruchtheit durch den Gedanken genährt, dass seiner Erzeugerin Ahnherr Pyrrhus gewesen, Sil.

stinchus, s. stingus.

1. ***stinguo,** ere (Stamm stig-), **stechen,** ungebr. Stammwort, wov. distinguo, instinguo, interstinguo (interstinctus) u. das abgeleitete stimulus.

2. **stinguo,** ere, **auslöschen,** u. Passiv stinguī, **ausgelöscht werden, verlöschen,** Lucr. 4, 1090 (1098). Cic. Arat. fr. II. p. 519 *ed. Orell.:* im Passiv, Lucr. 1, 666. Cic. Phaen. fr. I, 555 *ed. Orell.*

stingus (stinchus), ī, *f.* = satyrion (s. d.), Isid. orig. 17, 9, 43. Th. Prisc. 2, 11 (wo stinchus).

stīpāmen, inis, *n.* (stipo), das **Gedränge,** turbae, Heges. 2, 6, 3. lin. 19 u. 5, 3, 1. lin. 10.

stīpātio, ōnis, *f.* (stipo), die **sich** um jmd. **drängende, gedrängte, dichte Menge** Leute, der **Andrang** von Menschen zu jmd., Varro LL. u. Plin. ep.: u. von Tieren u. Dingen, Plin. – von Begleitenden, das **Gefolge,** Cic. u. a. – bildl., st. enthymematum, Quint. 5, 14, 27.

stīpātor, ōris, *m.* (stipo), **einer aus dem Gefolge** eines Königs, der dessen Leib deckt, der **Leibwächter,** Varro LL., Cic. u. a.: als gehässige Bezeichnung der Begleiter jmds., stipatores corporis, Cic.: Venerei, Cic.

stīpātrīx, trīcis, *f.* (Femin. zu stipator), als Begleiterin **umringend, umgebend,** attribut., turmae stipatrices, Trabantenhaufen, Ambros. hexaëm. 5, 16, 53.

stīpātus, a, um, *PAdi.* (v. stipo), **umgeben, umringt,** Sidon. epist. 3, 3, 5: stipatissimus, Sidon. epist. 3, 2, 1.

stīpendiālis, e (stipendium), **mit Tribut verbunden,** foedus, Sidon. epist. 8, 9 in carm. *v.* 47.

stīpendiārius, a, um (stipendium), **I tributpflichtig, steuerpflichtig,** aratores, Auct. b. Afr.: aliae civitates sunt stipendiariae, aliae liberae, Schol. Bob.: Aeduos sibi stipendiarios factos, Caes.: vectigalem (zinspflichtig) ac stipendiariam (steuerpflichtig) Italiam Africae facere, Liv.: uti reliquas civitates stipendiarias haberent, Liv.: ceterae civitates Asiae, quae Attali stipendiariae fuissent, eaedem vectigal Eumeni penderent; quae vectigales Antiochi fuissent, eae liberae atque immunes essent, Liv. – vectigal, quod stipendiarium dicitur, jährlich festgesetzte Geldabgabe, Steuer, Kontribution, Cic. Verr. 3, 12. – subst., socii stipendiariique populi Romani, Cic.: stipendiarii Aeduorum, Caes. – **II um Sold dienend, Sold empfangend,** cohors, Auct. b. Afr.: stipendiarii facti sunt (Romani), Liv. – subst. stīpendiārius, iī, *m.*, der **Söldner,** Tac. ann. 4, 73.

stīpendior, ātus sum, ārī (stipendium), **besoldet werden,** folglich **Dienste tun,** regi peditum DC milia, equitum XXX milia per omnes dies stipendiantur, Plin. 6, 68: infantes Pontici butyro stipendiati, um B. dienend, d. i. zum Sold od. Unterhalt erhaltend, Tert. adv. Marc. 3, 13.

stīpendiōsus, a, um (stipendium), **von langer Dienstzeit, gedient,** milites (Ggstz. tirones), Veget. mil. 1, 18 *in.*

stīpendium, iī, *n.* (= stipipendium, von stips und pendo), was einzeln gezahlt wird; dah. **I** die **Steuer,** der **Tribut,** die **Kontribution, a** eig.: pacisci annuum stipendium, Liv.: stipendium imponere, absol. od. alci, Caes. u. Liv.: argentum in stipendium imponere, Liv.: stipendium capere iure belli, Caes.: stipendium conferre in publicum (v. Volk), Liv.: stipendium per bellum non contulisse, Liv.: pecuniam conferre in stipendium belli, Iustin.: stipendium pendĕre, Liv.: stipendium exigere totā cis Taurum Asiā, Liv.: ab iis stipendium per viginti annos exegisse, Liv.: stipendium iis coloniis in milia aeris asses singulos imperare exigereque quotannis, Liv.: stipendium remittere, Liv.: alcis operā stipendio liberari, Caes.: de stipendio recusare, Caes.: stipendio multare, Liv.: iis (virginibus Vestae), ut assiduae templi antistites essent, stipendium de publico statuit, Einkünfte aus dem ager publicus, Liv. 1, 20, 3. – **b** übtr.: **α** der **Zoll,** die **Strafe,** dira ferens stipendia tauro, Catull.: quod me manet stipendium? Hor. – **β** der **Beistand,** die **Unterstützung,** Colum. 1, 1, 10. – **II** der **Sold** der Soldaten, die **Löhnung, a** eig. (vollst. stipendium militare, Liv. 4, 60, 5. Plin. 33, 45), stipendium solidum, Liv.: stipendium duum mensum, Curt: stipendium ingens militum, Curt.: militum stipendia, Plin.: stipendiorum solutio, Iustin.: stipendium alci decernere, Cic.: stipendium militi constituere (v. Senat), Quint.: modum (Höhe) stipendii sibi ipsi constituere conati sunt, Vell.: alci od. militibus stipendium dare, Cic. u. Liv.: equitibus triplex stipendium dare, Liv.: stipendium militibus usque ad Idus Quinctiles persolvere, Cic.: stipendium militibus per omnes annos a civitatibus mensis palam propositis esse numeratum, Cic.: stipendium praeteritum (rückständigen) cum fide exsolvere, Liv.: plurimis stipendia retro debita (rückständigen) exsolvere, Lampr.: in angustiis aerarii victorem exercitum stipendio afficere, Cic.: stipendium accipere, Liv.: militiā semenstri solidum stipendium accipere, Liv.: equitum stipendium fraudare od. avertere, unterschlagen, Caes.: stipendium flagitare, Caes. (u. so stipendia militibus non a se flagitanda esse, sed ab hoste quaerenda, Iustin.): stipendia merere u. mereri, Sold verdienen = Kriegsdienste tun, Cic.: primum stipendium meruit (den ersten Kriegsdienst tat er) annorum decem septemque, Nep. (vgl. mereo *no.* I, B, 2): auxiliaria stipendia mereri, bei den Hilfstruppen dienen, Tac.: stipendiis honestis militare, einen ansehnlichen Rang im Heer haben, Eutr. – **b** meton., der Kriegsdienst, die kriegerische **Laufbahn,** homo nullius stipendii, der nie gedient hat, Sall.: sextus decimus stipendii annus, Tac. – gew. im Plur., finis stipendiorum, Cic.: sub stipendiorum meorum initia, Vell.: stipendia facere, Sall.: stipendia emereri, stipendia emerita, Sall. u. Liv.: C. Cornelius fortissimae militiae stipendia emeritus, Val. Max. 6, 1, 10: stipendia explere, Tac., implere, Liv. epit.: milites stipendiis confectis, Cic., od. emeritis, Liv., die ihre Jahre ausgedient, ihre Feldzüge getan hatten: decimum annum delectibus, stipendiis se exhaustos esse, Liv.: castrensibus stipendiis imbui, den Dienst im Lager lernen, Plin. ep. – insbes., das **Dienstjahr,** der **Feldzug,** plurimorum stipendiorum milites, Liv.: multa od. minima stipendia habere, Liv.: stipendiis duobus ter et vicies vulneratum esse, Plin.: iuventus octavo iam stipendio functa, Hirt. b. G.: stipendia alcis numerare, Liv. u. Iustin.: septem et viginti enumerare stipendia, Liv.: quadragesimum id stipendium Caecina parendi aut imperitandi habebat, vierzig Jahre hatte C. teils gehorchend, teils befehlend jetzt gedient, Tac. – bildl., tamquam emeritis stipendiis libidinis, ambitionis etc., Cic. de sen. 49: plurium velut emeritis annorum stipendiis, Colum. 3, 6, 4: functus omnibus humanae vitae stipendiis, Sen. ep. 93, 4. – übtr., der **Dienst** übh., rex, cui (Hercules) duodecim stipendia debebat zu zwölf Diensten verpflichtet war, Iustin. 2, 4, 18. – ► vulg. Nbf. istīpendium, CIL 8, 9838.

stīpes, itis, *m.* (v. στύπος), der **Stamm, a** roh, der **Stamm** eines Baumes, Catull., Verg., Plin. u. a.: poet., der Baum, Ov.: der Zweig, Mart. – als *fem.*, arboris cariosa stipes, Apul. met. 8, 22. – **b** bearbeitet, der **Stock, Pfahl,** die **Stange,** Caes. u. a.: zum Spießen der Missetäter, Sen.: poet. auch die **Keule,** quernus, Ov.: u. der **Holzklotz,** Scheit zum Verbrennen, semicremus, Ov.: u. der **Feuerbrand,** Stygius, Ov. – Sprichw., ein **Stock** = dummer Mensch, Ter. heaut. 877. Petron. 43, 5; vgl. Cic. Pis. 19. – ► Nbf. stīps, stīpis, *m.*, Petron. 43, 5.

stīpidōsus, a, um (stipes), **stämmig, klotzig,** radix, Ps. Apul. herb. 67 u. 74.

stipis, s. 1. stips ►.

stīpo, āvī, ātum, āre (vgl. στείβω, ich mache dicht, στιπτός, gedrungen στῖφος, Haufe), **stopfen = dicht zusammendrängen, zusammenpressen, dicht zusammenpacken, -häufen, I** eig.: maiorem numerum (assium) in aliqua cella, Varro LL.: carinis ingens argentum, Verg.: uvas foliis involutas vinaceis, Plin.: mella, v. den Bienen, Verg. – ita in arto stipatae erant naves, ut etc., Liv.: Graeci stipati, quini in lectulis, saepe plures, Cic.: velut stipata phalanx, Liv.: hos arto stipata theatro spectat Roma, Hor. – poet., st. Platona Menandro, die Schriften des Pl. mit denen des M. zusammenpacken, Hor.: se custodum gregibus, sich dicht anschließen, Prop.: medial, cuncta praecipiti stipantur saecula cursu, drängen sich, Claud. – **II** übtr.: **A gedrängt vollstopfen, vollfüllen,** nucem sulphure et igni, Flor.: calathos prunis, Colum. poët.: calceum multiformem, mit dem ganzen Fuß füllen, einen hoch hinaufgehenden Sch. tragen, Tert. – **B** in dichter Menge besetzen, **1** eine Örtlichkeit **gedrängt füllen,** bes. *Partic.* stīpātus, a, um, **gedrängt voll, dicht gefüllt,** stipant graves equi recessus Danai, Petron. poët.: aditus et tectum omne fartim, Apul.: pontes calonibus et impedimentis stipati, Suet.: curia cum patribus fuerit stipata, Ov. – **2** eine Örtlichkeit od. Pers. **umdrängen** = mit od. in dichter Menge zum Schutz, zur Begleitung usw. **umringen, dicht umgeben,** senatum armatis, Cic.: qui *stipatus* semper sicariis, *saeptus* armatis, *munitus* iudicibus fuit, Cic.: neque *stipatus* satellitum manu, sed *circumfusus* undique nunc senatus, nunc equestris ordinis flore, Plin. pan. – stipati gregibus amicorum, Cic.: senectus stipata studiis iuventutis, Cic. – magnā stipante catervā, Verg.: cum amicorum tum satellitum turbā stipante, Liv.

1. stips, stipis, *f.* (stipo), **I** der **Beitrag an Geld,** der **Geldbeitrag,** die **Gabe, Spende, Gebühr,** das **Almosen,** amnica, Fährgeld, Apul.: bes. zu religiösen Zwecken, stipem conferre, Liv.: unciariam stipem conferre, Plin.: stipem cogere, Cic., ab alqo, Liv.: stipem colligere a tyrannis castellanisque deviis, Liv.: stipem quotannis emendicare a populo, Suet.: stipem u. stipes dare, Ov. u. Tac.: stipem porrigere mendico, Sen.: largificā stipe donare, Lucr.: nodosam stipem exsolvere, Strafgebühr (v. Hagestolzen), Val. Max. 2, 9, 1: stipe collaticia od. precariā victitare, Amm.: stipem tollere, das Betteln aufheben, abschaffen, Cic. – **II** übtr., aus einem Gewerbe erzielter **Ertrag, Gewinn,** advocationum, Quint.: pastiones non minimam colono stipem conferunt, Colum.: suburbanum hortum exiguā colens stipe, Curt.: ancilla mercenariae stipis, vom Hurengewinn lebend, Plin. – ► Nom. stips bei Varro LL. 5, 182. Charis. 109, 26; vgl. Gloss. II, 496, 12 ›stips, ἔρανος‹. – Genet. Plur. stipium, Tert. de ieiun. 13, stipum, Fragm. Bob. de nom. 562, 12 K. (ohne Beleg). – vulg. Nbf. stipis, Prud. c. Symm. 2, 911.

2. stīps, s. stīpes ►.

stipticus, s. stypticus.

stipula, ae, *f.* (stipo), der **Halm, a** des Getreides, der **Kornhalm, Strohhalm,** Plur. = das **Stroh,** Ter., Varro u. Ov.: stipulae leves, Stoppeln, Ov.: stipulam urere, die Stoppel, Verg.: ut ignis in stipula (Stoppel), Oros. – **b** des Rohres, verächtl. Rohr = Rohrpfeife, Verg. ecl. 3, 27. – **c** der Bohne, Ov.: des Heus, Varro.

stipulātio, ōnis, *f.* (stipulor), die **förmliche Anfrage** bei jmd. **ob er** etw. **förmlich angeloben wolle,** die **Stipulation,** der **Kontrakt,** der dadurch entsteht, dass ich jmd. frage: »versprichst du das und das usw.?« und er antwortet »ich verspreche es (spondeo)«, die **verlangte Angelobung,** das **Handgelöbnis,** auch im Plur., Cic. u. a.: stip. argentaria, der zwischen dem Auktionsherrn u. dem Auktionator abgeschlossene Vertrag, der darauf hinausgeht, Wertgegenstände zu versilbern, Tab. Pompei.

stipulātiuncula, ae, *f.* (*Demin.* von stipulatio), die **geringfügige Stipulation,** Cic. de or. 1, 174.

stipulātor, ōris, *m.* (stipulor), **der sich förmlich angeloben lässt,** der **Stipulierende,** Suet. Vit. 14, 2 u. ICt.

stipulātus, ūs, *m.* (stipulor), die **verlangte Angelobung, Stipulierung,** Ps. Quint. decl. 12, 21. Gaius inst. 3, 94 u. a. ICt. – ► Metaplast. Abl. ex stipulato, Paul. dig. 37, 2, 86 (85).

stipulor, ātus sum, ārī (stipulus), **I sich** etwas **förmlich angeloben (zusagen) lassen, -ausbedingen,** Plaut., Cic. u. a. – **II auf Verlangen angeloben, eine Verbindlichkeit übernehmen,** Suet. u. ICt. – ► Parag. Infin. Präs. stipularier, Plaut. Pseud. 1076. – passivisch, haec pecunia necesse est ... stipulata sit, Cic. Rosc. com. 14: u. so Suet. fr. 111. p. 148, 7 *Reiff.;* vgl. Prisc. 8, 21. – aktive Nbf. **stipulo,** āre, Symm. epist. 1, 11; vgl. Gloss. II, 306, 49 ›stipulo, ἐπερωτῶ‹.

stipulus, a, um (stipo), im Altlat. = **fest,** Paul. sent. 5, 7, 1. Iustin. instit. 3, 15 (16) *pr.*

stīria, ae, *f.* (verwandt mit stilla, s. Paul. ex Fest. 345, 3), der **gefrorene, hängende Tropfen,** der **Eiszapfen,** Verg., Plin. u. a.

stīriacus, a, um (stiria), **gefroren,** gutta, Solin. 27, 48.

stīricidium, iī, *n.* (stiria n. cado), das **Schneeflockenfallen,** Cato oratt. fr. 65. Vgl. Fest. 344 (a), 13. Paul. ex Fest. 345, 3.

stirpēs, s. stirps a. E.

stirpēsco, ere (stirps), **zum Stengel werden,** v. Spargel, Plin. 19, 149.

stirpeus, a, um (stirps), **stämmig,** anima, Chalcid. Tim. 31.

stirpis, s. stirps a. E.

stirpitus, *Adv.* (stirps), **mit Stamm und Wurzel, I** eig.: arborem transferre, Ulp. dig. 47, 7, 1. § 2 u. 3. § 4: barbam evellere, Sidon. epist. 1, 2, 2. – **II** bildl., **mit Stumpf und Stil = von Grund aus, gänzlich,** errorem, quasi radicem malorum omnium, st. extrahere, Cic. Tusc. 4, 83.

stirps, stirpis, *f.,* **I** der **Stamm** des Baumes, **A** eig.: **a** das **Stammende** u. die **Wurzel,** Cic. u. a. – **b** der **(ganze) Stamm,** Verg. – **c** der **Stamm,** der **Baum ohne Zweige,** Plin.: bes. der **junge Stamm, junge Baum, Setzling,** Verg. u. Colum. – **d** der **Holzsplitter,** ingens, Gell. 5, 14, 22. – **B** übtr.: **1** v. Gewächsen: **a** die **Pflanze,** das **Erdgewächs, Staudengewächs, Wurzelgewächs,** der **Stengel,** die **Wurzel** (Ggstz. arbor), Cic. u. a.: verb. stirpes et herbae, Cic.: internatae saxis stirpes et herbae, Tac. – **b** der **Spross, Zweig,** Lucr. u. Colum. – **2** v. Haaren, die **Wurzel,** vellere albos ab stirpe capillos, Prop.: a stirpe tollere albos capillos, Tibull. – **3** v. Menschen = **a** abstr., der **Stamm** = der **Ursprung,** die **Abkunft,** incerta, Liv.: divina, Verg. u. Ov.: regia (Ggstz. ultima), Vell.: senatoria, Vell.: advena non modo vicinae sed ne Italicae quidem stirpis, ich will nicht sagen aus der Nachbarschaft, aber nicht einmal aus Italien stammend, Liv.: a stirpe par, vom Stamm der Ahnen her, Verg.: durum ab stirpe (von Haus aus), Verg. u. Avien.: Iuniam familiam a stirpe ad hanc aetatem ordine enumerare, Nep. – **b** konkr.: **α** der **Stamm** = der **Stammhalter,** unum prope puberem aetate relictum, stirpem genti Fabiae (für die f. F.), Liv. 2, 50, 11. – **β** das **Geschlecht,** die **Familie,** Ggstz. gens, Cic. de or. 1, 176: Herculis, Cic.: egregia Priami, Verg.: stirps et progenies, Tac.: exstinctam in Alexandro stirpem, Iustin. – **γ** die **Nachkommenschaft** u. der einzelne **Sprössling,** virilis, feminea, Ov.: regia, Liv.: regiae subolis, Iustin.: Achillea, Neoptolemus, Verg.: Philippi, Enkel, Nep.: Lemnicolae, Ov.: stirpem augere, Liv.: stirpem ex se relinquere, Liv.: neque stirps potest deesse, Kinder, Nep.: nullam stirpem liberûm habere, Liv.: omnes (Potitios) intra annum cum stirpe (mit dem letzten Sprössling) exstinctos, Liv.: nec prima stirps fui, Ov. – **II** bildl., die **Wurzel, 1** im Allg.: ex hac nimia licentia ut ex stirpe quadam exsistere et quasi nasci tyrannum, Cic.: gens antiquior ab stirpe exstincta est, Liv.: si stirpem hominum sceleratorum interfici vellet, die ruchlose Bande mit Stumpf u. Stiel ausrotten, Caes.: pro tali facinore stirps ac nomen civitatis tollatur, das ganze Volk soll bis auf den letzten Mann ausgerottet werden, Caes.: Carthago ab stirpe (von Grund aus) interiit, Sall.: velut ab stirpibus laetius feraciusque renata urbs, Liv. – **2** insbes.: **a** = der **Ursprung, Uranfang,** die **Grundlage,** Cic. u. a.: virtutis, iuris, Cic. – **b** = die **ursprüngliche Natur, -Beschaffenheit,** Cic. de lege agr. 2, 95. Liv. 37, 8, 4. – ► stirps *gen. masc.,* Enn. ann. 178. Pacuv. tr. 421. Cato r. r. 40, 2. Verg. Aen. 12, 208 u. 770 u. 781. Colum. 5, 9, 13. Plin. 8, 96; vgl. Quint. 1, 6, 2. – Nbf. Nom. stirpis, Liv. 1, 1, 11; 26, 13, 16; u. Nom. stirpes, Liv. 41, 8, 10.

stīs, s. is-te ►.

stīva, ae, *f.,* der **Pflugsterz,** Varro LL., Cic. fr., Verg. u. a.: agrestem stivam aratri repetere, wieder zum Pflug greifen (zurückkehren), Val. Max.

stlāta (stlatta), ae, *f.,* wahrsch. urspr. = γαῦλος, **Kauffahrteischiff,** später = **Kreuzer,** Auson. epist. 22, 41; vgl. Paul. ex Fest. 312, 6. Gell. 10, 25. § 5. Caper 107, 1 K. Vgl. Gloss. II, 188, 50 ›stlatta, πειρατικοῦ σκάφους εἶδος‹.

stlātārius, a, um (stlata), **1 eine** *stlata* **betreffend,** navis, **Kreuzer,** Quint. 8, 3, 13. – **2** zu Schiff geholt, **kostbar,** purpura, Iuven. 7, 134. – subst., stlātāria, ōrum, *n.,* **kostbare Stoffe,** Enn. ann. 226. – Nbf. **stlātāris,** e, Caper 107, 1 K.

stlatta, s. stlāta.

stlembus, a, um, **schwerfällig, langsam,** pedibus stlembi, Lucil. 1109; vgl. Paul. ex Fest. 312, 8.

stlīs, altlat. = lis, nach Cic. de or. 156. Quint. 1, 4, 16.

stlocus, ī, *m.,* altlat. = locus, nach Quint. 1, 4, 16.

stloppus, ī, *m.,* das **Geräusch,** das sich hören lässt, wenn man auf aufgeblasene Backen schlägt, der **Klapps,** Pers. 5, 13.

1. sto, stetī, statum, stātūrus, āre (Stamm sta, wie in ἕστη-κα, ἑστάναι, ahd. *stân*), **stehen, I** im Ggstz. zum Sitzen usw., im weiteren Sinne = stehend **verweilen, sich aufhalten, sich befinden, A** eig.: **1** im Allg.: **a** v. leb. Wesen: stant ambo, non sedent, Plaut.: cum virgo staret et Caecilia in sella sederet, Cic.: stans ac rectus homo (Ggstz. humilis et ad terram more quadrupedum abiectus), Liv.: stantes (im Stehen, sich erhoben habend) plaudebant, Cic. (vgl. stantia in plausum tota theatra, Prop.): Minerva, quae est in Parthenone stans (in stehender Stellung), Plin.: stando (im Stehen) mingens, Amm.: cui standi (sich auf den Füßen zu erhalten) vulnera vires non dederant, Ov.: stans pede in uno, Hor.: stante alqo, in jmds. Gegenwart, Cic. u. Tac.: me stante, Cic.: stantibus legatis, in Gegenwart d. G., Liv. – ad ianuam, ad curiam, Cic.: ad fores, Curt.: ante aedes, Plaut.: post aulaea, Curt.: in atriis, Plaut.: in conspectu exercitus, Curt.: cum gladiis in conspectu senatus, Cic.: circum senatum (v. Bürgern usw.), Cic.: propter in occulto, Cic.: stat super (oben darauf, auf dem Wagen), Ov.: hic foris, Plaut.: hinc procul, Ter.: qui proximi steterant, Caes. – *Pass. impers.,* quid agitur? statur! Plaut. u. Ter. – **b** v. lebl. Subjj.: stabat in his (lucis) ingens quercus, Ov.: in cava nullus stet tibi nare pilus, Ov.: stant saxa antro, Ov.: stramenta stantia in segete relinquit, ut postea subsecentur, Varro. – v. Altären u. Bildsäulen, stabant sine ignibus arae, Ov.: quorum statuae steterunt in rostris, Cic.: signa stant ad impluvium, Cic.: stabat commune sepulcrum, Hor.: aëneus (als eherne Bildsäule) ut stes, Hor.: levi de marmore tota stabis, wirst dastehen (als Bildsäule) aus M., Verg. – v. Webstuhl und dem Gewebe, aufrecht stehend, stans tela, Ov. met. 4, 275: stantes telae, Ov. fast. 3, 819.

2 insbes.: **a** als milit. *t. t.* – **stehen, aufgestellt sein,** laxius, Curt.: in ulteriore ripa, Curt.: ante signa, Curt.: pro porta (v. Posten), Liv.: extra teli iactum, Liv.: sub armis, Auct. b. Afr.: in acie, Auct. b. Hisp.: haud impari acie, Liv.: pars aciei stetit sub hoste (tiefer als der F.), Auct. b. Afr.: quotā parte virium suarum ibi dimicavit Antiochus? In Asia totius Asiae steterunt vires, Liv.: stetimus tela aspera contra contulimusque manus, Verg.: Bactriani armati stabant, Curt.: Eumenes rex Attalusque cum omni manu sua ab tergo inter postremam aciem ac vallum steterunt, Liv. – **b** v. Dienern, **dastehen, aufwarten,** pueri eximiā facie stabant, C. Gracch. fr.: sto exspectans, si quid mihi imperent, Ter.: ad cyathum et vinum, Suet.: ad pedes,

Suet. – **c** v. Buhldirnen = *prostare,* **feilstehen,** meritoria (*sc.* scorta) intra urbem stare vetuit, Vopisc. Tac. 10, 2: stat meretrix certo cuivis mercabilis aere, Ov. am. 1, 10, 21: olente in fornice stans, Hor. sat. 1, 2, 30: quod steterat multis in carcere fornicis annis, Iuven. 10, 239; vgl. 11, 172. – **d** von Gebäuden = **fertig dastehen, erbaut sein,** iam stabant Thebae, Ov.: stet Capitolium fulgens, Hor.: aedificant muros. Stabat opus, Ov.: iam stare ratem, Val. Flacc. – **e** v. Schiffen u. Schiffern, wo **liegen, vor Anker liegen,** stant litore puppes, Verg.: lembi, qui in Strymone stabant, Liv.: stabat classis in salo ad Leptim, Auct. b. Afr.: classe divisā pars in salo ad ostium portus in ancoris stetit, Liv.: intra sexagesimum diem quam caesa silva erat centum sexaginta navium classis in ancoris stetit, Flor.: nox ea, quā propter vim tempestatis stare ad ancoram in salo Romana classis non posset, Liv. – **f** **starrend stehen, emporstehen, -starren, -ragen,** steteruntque comae, Verg. u. Ov.: crines fulti pulvere, Stat.: saetae, cristae, Ov.: stant mammae, Plin. – **g** mit *Abl.* = **von etwas starren, strotzen, vollstehen, -sein,** cupressi stant rectis foliis, Enn. fr.: stat ager sentibus, Caecil. com. fr.: stat nive candidum Soracte, Hor.: pulvere caelum stare, Verg.: stant lumina flammā, Verg.

B bildl.: **1** im Allg.: in fastigio eloquentiae, Quint.: ante oculos stat ille meos, Ov.: pericula stant circum alqm, Verg.

2 **auf** jmds. **Seite stehen, -sein,** ihm **anhängen, beistehen,** od. das Gegenteil, **gegen** jmd. **stehen,** jmds. **Gegner sein,** **a** mit *ab* u. Abl.: stare a se potius quam ab adversariis, Cic.: ab iis stare, Nep.: a senatu et a bonorum causa stare, Cic. – **b** mit *cum* u. Abl.: vobiscum me stetisse dicebat, Cic.: quae (pars) cum Romanis stabat, Liv.: cum di prope cum Hannibale starent, Liv.: capita nominis Latini stare ac sentire cum rege videbant, Liv.: übtr., fortuna cum barbaris stabat, Liv.: victoria stat tecum, Ov. – **c** m. *pro* u. Abl.: pro nobis, Ov.: pro Iuba atque Afris, Quint.: pro Pompei partibus, id est pro re publica, Vell.: pro meliore causa, Curt.: pro isdem partibus, Sen.: ruina partium, pro quibus steterat, Liv. fr.: stabat pro templo, für den T. (als Schützer), er war der Tempelhüter, Verg.: übtr., si pro mea patria ista virtus staret, Liv.: ni pro iure gentium stetisset fortuna, Liv.: stabat pro partibus invicta fortuna, Flor.: stabit pro signis iusque piumque tuis, Ov. – **d** m. *in* u. Abl.: Graeci, qui in Darei partibus steterant, Curt. 3, 11 (28), 18. – **e** mit *in* od. *contra* od. *adversus* u. Akk., gew. im Ggstz. zu *ab, cum, pro* u. Abl.: nec steterunt in te virque paterque meus, Ov.: quod adversus populi commoda in senectute steterat, sich dem V. des V. widersetzt hatte, Nep.: cum saepe a mendacio contra verum stare homines consuescerent, Cic.: qui nobiscum adversus barbaros steterunt, Nep.: Ligarium non pro Cn. Pompeio, sed pro Iuba et Afris inimicissimis populo Romano stetisse, Quint.: Mulciber in Troiam, pro Troia stabat Apollo, Ov.: mox simulatione contra Pompeium et Caesarem, animo pro Caesare stetit, Vell.: quemadmodum Antiochi Philippique bello *pro* vobis *adversus* reges, sic nunc *pro* rege *adversus* vos stetimus, Liv.: *cum* quo ferocissime *pro* Romana societate *adversus* Punicum foedus steterat, Liv. – **f** mit *Advv.*: hinc stas, illim causam dicis, Plaut. Men. 799: ut, unde stetisset, eo se victoria transferret, Iustin. 5, 4, 12: prope incondita Thurinorum turba nec satis fido animo, unde pugnabat, stans, Liv. 25, 15, 13: unde ius stabat, ei (populo) victoriam dedit (eventus belli), Liv. 21, 10, 9: aliunde stet semper, aliunde sentiat, Liv. 24, 45, 3.

3 **auf** jmd. od. etwas **beruhen,** m. *in* u. Abl. od. m. bl. *Abl.,* omnis in Ascanio cari stat cura parentis, Verg.: stat salus in armis, Val. Flacc.: vigili stant bella magistro, Sil.

4 wie unser **zu stehen kommen** = **kosten,** centum talentis, Liv.: magno pretio, Hor.: alci gratis, Cic. Verr. 5, 48. – übtr., multo sanguine ac vulneribus ea Poenis victoria stetit, Liv.: damnavit multo staturum sanguine Martem, Mart.: sanguine quippe, si renuat, blando nimium facilique marito statura obsequia, Sil.: nulla pestis humano generi pluris stetit, Sen.: tunc res immenso placuit statura labore, Lucan.: haud scio an magno detrimento certamen staturum fuerit, Liv.: periculum vitae meae tuo stat periculo, wird erkauft, ist zu haben für usw., Plaut.: Herculeo stabunt (logi ridiculi) prandio, cenā tibi, Plaut.

II prägn.: **A** eig.: **1** im Ggstz. zur Bewegung = **stillstehen, -halten, still-, unbeweglich dastehen, sich nicht rühren,** **a** eig.: **α** v. leb. Wesen, si iste ibit, ito: stabit, astato simul, Plaut.: sed abi intro, noli stare, Plaut.: quid stas lapis? Ter. – equus stare nescit, Verg.: ut taurus vaccā ademptā stare nequit, ruhen und rasten, Ov. – **β** v. lebl. Subjj., wie v. Schiffen, videsne navem illam? *stare* nobis videtur, at iis qui in navi sunt *moveri* haec villa, Cic. Acad. 2, 81: stetit aequore puppis, Ov.: mea si staret navis in Oceano, still läge, Prop. – von Himmelskörpern, statim stant signa, Plaut. – von Gewässern und anderen Flüssigkeiten, stant aquae, Ov.: placidum ventis stat mare, Verg.: stantia freta, Ov.: stat et fracto dolio vinum, Sen.: gelidus in venis stetit haesitque sanguis, Sen. poët.: cuius ex levi tactu stabant profluvia sanguinis, Arnob. – vom Eis, stat glacies iners, Hor. – **b** übtr., von der Zeit – gleichs. **stillstehen, verweilen,** non segnis stat remeatve dies, Tibull.: veluti stet volucris dies, Hor.

2 mit dem Nbbegr. der Festigkeit, **a** als milit. *t. t.* – **α** **stehen, festen Fuß fassen, standhalten,** in gradu (auf der Mensur), Cic.: qui (miles) steterit (Ggstz. abiecto scuto fugiat), Cic.: in acie stare ac pugnare (Ggstz. in castra refugere), Liv.: verb. comminus stare et impetum sustinere, Caes.: contra leonem etiam stetit, Spart. – **β** übtr., v. Kampf selbst – **stehen, auf einer Stelle haften, schweben,** anceps dicitur certamen stetisse, soll ohne allen Ausschlag gestanden haben, Liv.: ibi aliquamdiu atrox pugna stetit, Liv.: diu pugna neutro inclinata stetit, Liv. – **b** von Felsen, Gebäuden = **fest, unerschütterlich stehen, dauern** (vgl. Drak. Liv. 31, 31, 15), quam si dura silex aut stet Marpesia cautes, Verg.: nec domus ulla nec urbs stare poterit, Cic.: stantibus Hierosolymis, Cic.: muros stare, Liv.: stantia moenia (Ggstz. ruinae muri), Liv.: aedes sacrae stantes (Ggstz. aedium sacrarum ruinae), Sen. – **c** v. Geschossen, **fest stecken bleiben, haften,** missum stetit inguine ferrum, Ov.: hasta stetit medio tergo, Ov.: ossa inter ferreus ad costas alto stat vulnere mucro, Verg.

B bildl.: **1** im Allg., **stillstehen, stehenbleiben,** utinam res publica stetisset quo coeperat statu, Cic. de off. 2, 3: nihil quo stat loco stabit, omnia sternet abducetque secum vetustas, Sen. ad Marc. 26, 6.

2 stare per alqm, durch jmds. Schuld gleichs. hängen bleiben = an jmd. **hängen, liegen,** jmds. **Schuld sein,** per me stetisse, Ter.: non per me stetit, Quint. – oft stat od. non (nihil) stat per alqm m. folg. *quo minus* u. Konj., Caes., Liv. u. a., od. stat per alqm m. folg. *quin* od. *ne* u. Konj., Liv., Suet. u. a. (vgl. Drak. Liv. 8, 2, 2. M. Müller Liv. 2, 31, 11. Ruperti Tac. dial. 21 *extr.*): u. per alqm stat m. folg. *ut* u. Konj., Plin. ep. 10, 6 (22), 2. Ps. Quint. decl. 250: per alqm non stat m. folg. *Infin.*, Scaevol. dig. 32, 1, 38. § 6.

3 mit dem Nbbegr. der Festigkeit u. Dauer = **a** **fest-, unerschüttert stehen, sich halten, sich behaupten, bestehen, verbleiben, Bestand haben** (Ggstz. titubare, corruere, concĭdere), si stare non possunt, corruant, wenn sie sich nicht halten, sich nicht (bei ihren Vermögensumständen) behaupten können, so mögen sie fallen (bankrott werden), Cic.: qui me stante (solange ich mich in meiner Würde behauptete) stare non poterant, Cic.: per quos homines ordinesque steterim, Cic.: dum stabat regno incolumis, Verg.: stamus animis, sind festen Mutes, Cic.: stas animo, Hor.: quae si valuissent, res publica staret, tu tuis flagitiis concĭdisses, Cic.: res publica stat virtute suā, Liv.: regnum eorum novum fraternā stare concordiā, Liv.: tutelā muliebri res Latina et regnum avitum puero stetit, verblieb dem Kn., Liv.: stat nulla mortalibus umquam, fortunā titubante, fides, Sil.: nullo enim modo posse video stare istum (Caesarem) diutius, *quin* ipse per se etiam languentibus nobis concĭdat, Cic. ad Att. 10, 8, 6. – **b** bei etw. **festbleiben,** **α** = **beharren, verharren,** ihm **nachkommen, an** etw. **sich halten, bei** etw. **es bewenden lassen,** m. *in* u. Abl., in fide, Cic.: in sententia, Liv.: stare oportet in eo, quod sit iudicatum, Cic. – m. bl. *Abl.*, stant sententiā, Plaut.: suis stare iudiciis, Cic.: censoris opinione, Cic.: alcis iudicio, Cic.: alcis decreto, Caes.: illis promissis, Cic.: pacto, Liv.: ut palam in senatu diceret, staturus eo esset, quod censuissent, an ad populum laturus, Liv.: *impers.*, eo stabitur consilio, Liv.: statur priore foedere, Liv. – mit *Dat.*, arbitri sententiae, voluntati patris defuncti, ICt.: rei iudicatae, ICt. – **β** übtr., **feststehen = festgesetzt-, fest bestimmt-, fest beschlossen sein,** stat sua cuique dies, Verg.: tempus agendae rei nondum stare, Liv.: u. so stat sententia, Ter.: stat pensata diu belli sententia, vincam servare invitos, Sil. – dah. stat alci sententia m. folg. *Infin.* = es steht bei jmd. der Entschluss-, der Wille fest, es ist bei jmd. fest beschlossen, zu usw., Liv.: so auch stat pectore fixum mit folg. *Infin.*, Val. Flacc.: u. stat alci od. bl. stat mit folg. *Infin.*, Cic. u. a. – **c** v. Schauspielern u. Schauspielen, **stehen = sich** auf der Bühne **halten, gefallen** (Ggstz. cadere, exigi), in his, quas primum Caecilii didici novas, partim sum earum exactus, partim vix steti, Ter.: illi, scripta quibus comoedia prisca viris est, hoc stabant, Hor. – cum stetit olim nova (fabula), actoris operā magis stetisse quam suā, Ter.: securus, cadat an recto stet fabula talo, Hor. – ► Perf. stĕtĕrunt gemessen, Verg. Aen. 2, 774; 3, 48. Prop. 2, 8, 10 M. Ov. her. 7, 166. – Das Supinum statum will Prisc. 9, 38 mit langem a, dagegen 10, 27 mit kurzem a gemessen haben; stātūrus misst Lucan. 2, 566 u. 719; 3, 381. Sil. 17, 82. Mart. 6, 32, 3. – vulg. Nbf. **isto**, wov. istat, Augustin. serm. 118, 4 Mai: istamus, Itala (Fuld.) Roman. 5, 2: istatis, Itala (psalt. Veron.) psalm. 133, 1: ista, Itala (Fuld.) Iacob. 2, 3: istare, Isid. de nat. rer. 44, 2 *cod. Bamb. A.*

2. stō, s. is-te ►.

stobrus, ī, *f.*, ein Baum in Karmanien, der ein wohlriechendes Harz gibt, Plin. 12, 79.

stoebē, ēs, *f.* (στοιβή), eine Pflanze, sonst pheos gen., Plin. 21, 91.

Stoechades, um, Akk. as, *f.*, insulae (Στοιχάδες), eine Inselgruppe an der Südküste Galliens, nahe bei Massilia, j. *Iles d'Hyères*, Mela 2, 7, 20 (2. § 124). Schol. Bob. ad Cic. Sest. p. 293 B. Oros. 1, 2, 66.

stoechas, adis u. ados, *f.* (στοιχάς), das **Stöchaskraut** (*Lavandula Stoechas*, L.), eine gewürzige Pflanze, Plin. 26, 42 u. 27, 131. Scrib. Larg. 106 u. 121 177.

Stōicē, *Adv.* (Stoicus), **stoisch,** Cic. Mur. 74 u. a.

Stōicī, ōrum, *m.*, s. Stōicus.

Stōicida, ae, *m.*, verächtlich von wollüstigen lasterhaften Philosophen, die sich für Stoiker ausgeben, Iuven. 2, 65. – Von

Stōicus, a, um (Στωϊκός), zur stoischen Philosophie gehörig, **stoisch,** schola, Cic.: libelli, Hor.: secta, Sen. u. Hieron.: philosophus, Schol. Iuven.: philosophi, Vulg.: sententia, Sen.: disciplina, Gell.: sapientia, Solin.: Stoicum est (es ist ein Satz der Stoiker) quidem nec admodum credibile ›nullum esse pilum etc.‹, Cic. Acad. 2, 85. – subst., **a** Stōicus, ī, *m.*, der **Stoiker, stoische Philosoph,** Cic. u. Hor.: Plur., Stoici, Cic. u. a. – **b** Stōica, ae, *f.* (*sc.* secta), die **stoische Sekte,** Porphyr. Hor. ep. 1, 1, 16. – **c** Stōica, ōrum, *n.*, **stoische Philosophie,** Cic. de nat. deor. 1, 15.

stola, ae, *f.* (στολή), ein langes Kleid, das vom Halse bis auf die Knöchel geht, **I** der ehrbaren, vornehmen Frau, das **Damenkleid,** die **Stola,** Dianae amplum signum cum stola, Cic.: stola longa, Ov.: mulierum stola, Varro LL.: stola nuptialis, Cassiod.: cunnus velatus stolā, Hor.: stola haesit (blieb hängen) ei, Plin. ep. – meton. = **vornehme Dame, Patrizierin,** Stat. silv. 1, 2, 335. Plin. 33, 40. – **II** des Mannes, der **Talar,** Enn. fr. scen. 330 u. 339: amicti stolis albis, Vulg. apoc. 7, 13. – Bes.: **a** der Flötenspieler am Minervafest, der **Talar,** Ov. fast. 6, 654. – **b** der Isispriester, Apul. met. 11, 24.

stolātus, a, um (stola), **I mit der Stola bekleidet, a** übh.: statuae marmoreae muliebres stolatae, Vitr. 1, 1, 5: Ulixes stolatus, ein Ul. im Weiberrock, v. der listigen Livia, Calig. b. Suet. Cal. 23, 2: ob cotidiana martyria stolatus agnum sequatur, Hieron. epist. 3, 5. – Plur. subst., stolātae, ārum, *f.*, ehrbare Matronen, Petron. 44, 18. – **b mit der Stola** als Ehrenkleid **ausgezeichnet,** femina, CIL 3, 5283. 5293. 6155; 5, 5892: filia, CIL 3, 5225. – **II** meton., **einer ehrbaren Matrone eigen,** pudor, Mart. 1, 35, 8.

stolidē, *Adv.* (stolidus), **tölpelhaft, albern, dummdreist, brutal, unsinnig,** st. laetus, Liv.: st. ferox viribus suis, Liv.: robore corporis st. ferox, Tac.: st. castra suggressus, Sall. fr.: übtr., stolide tument pulmonea (mala), unsinnig, Plin. 15, 52. – *Compar.* bei Amm. 19, 5, 2.

stoliditās, ātis, *f.* (stolidus), die **Tölpelhaftigkeit, Albernheit, Dummdreistigkeit,** quaedam st. barbarica, Flor. 3, 3, 12: stoliditatem fingere (v. Brutus), Schol. Iuven. 4, 102.

stolidus, a, um (v. *stoleo, ein Tölpel sein, wie calidus v. caleo etc., vgl. stolo u. stultus), **I tölpelhaft, albern, töricht, dummdreist, brutal, unsinnig, a** von Perf., Enn., Plaut. u. a.: vix sensi stolidus, ich Alberner, ich Narr, Ter.: gens stolida viribus, Ps. Quint. decl.: Lentulus perincertum stolidior an vanior, Sall. hist. fr. 4, 35 (50): o vatum stolidissime, Ov. met. 13, 774: dux ipse inter stolidissimos ferocissimosque ad arma vocat, Liv. 22, 28, 9. – **b** von Lebl.: fiducia, superbia, Liv.: audacia, Tac.: nullum est stolidius hoc saxum, Plaut. – **II** übtr. = **unwirksam, untätig,** Cic. top. 59.

stolo, ōnis, *m.* (v. *stolo, uī, ultum, ere, übertölpeln, betören, woher noch stultus, betört, der Tor), **I** der **Tölpel,** der seinen Zweck verfehlt, Auson. epist. 4, 49. – **II** der **Wurzelspross, Wurzelschoss,** der von der Wurzel ausschlägt, folglich dem Stamm die Nahrung entzieht, ein **Räuber,** Varro u. Plin.

stolus, ī, *m.* (στόλος), **I** die **Seefahrt, Seereise,** Alexandrinus, Cod. Theod. 13, 5, 7. – **II** die zu einer Unternehmung ausgerüstete **Flotte,** ubi est stolus navium vestrarum, qui obsideat freta? Heges. 2, 9. p. 143, 1 W.

stomacacē, ēs, *f.* (στομακάκη), eine Krankheit des Zahnfleisches, die **Mundfäule,** der **Scharbock,** Plin. 25, 20.

stomachābundus, a, um (stomachor), **sich dem Unmut (Unwillen) hingebend, seinem Unmut (Unwillen) freien Lauf lassend, unmutig, unwillig,** Gell. 17, 8, 6.

stomachanter, *Adv.* (stomachor), **unwillig,** arridens, Augustin. de vit. beat. § 15.

stomachicus, a, um (στομαχικός), **zum Magen gehörig, Magen-, a** von Lebl.: passio, Cael. Aur. de morb. chron. 3, 2, 13. – **b** v. Perf., **an einem schwachen Magen leidend, magenkrank,** gew. Plur. subst., stomachicī, ōrum, *m.*, Sen. ep. 24, 14. Plin. 20, 100 u. a. Scrib. Larg. 103. Th. Prisc. 2. chron. 16.

stomachor, ātus sum, ārī, (stomachus) **unmutig-, ärgerlich sein, sich ärgern,** absol., stomachari tamen coepit, Cic.: destiti stomachari, Cic.: si stomachabere et moleste feres, plura dicemus, Cic.: huic ego iam stomachans fastidiose ›immo ex Africa‹ inquam, Cic.: saepe videbam cum irridentem tum etiam irascentem et stomachantem Philippum, Cic.: iratus illi proximam stomachandi occasionem arripio, Sen. – m. *cum* u. Abl., Scipio cum stomacharetur cum C. Metello, sich zankte, Cic. de or. 2, 267: quid stomachetur Mnesarchus, quid Antipater digladietur cum Carneade tot voluminibus? Cic. Acad. 1. fr. 1. – mit *Abl.* (über), iucundissimis tuis litteris stomachatus sum in extremo, Cic. ep. 10, 26, 1: stomachati sunt videndo zizania, Augustin. serm. 57, 6. – m. *ob* u. Akk., prave sectum ob unguem, Hor. ep. 1, 1, 104. – m. folg. *quod* (weil, dass), non dubito, quin mirere atque etiam stomachere, quod tecum de eadem re agam saepius, Cic. ad Att. 16, 16. lit. F. § 17. – m. folg. *si* (wenn), sed stomachabatur senex, si quid asperius dixeram, Cic. de nat. deor. 1, 93. – m. allg. *Acc.*, über usw., id mecum stomachabar, Ter.: stomachor omnia, Cic.: sive quid stomachor valde, August. bei Suet.: u. mit bestimmtem *Acc.*, stomachata biles Venereas, im Ärger gleichs. Gift u. Galle speiend, wie sie der Venus eigen, Apul. met. 5, 31.

stomachōsē, *Adv.* (stomachosus), **unmutig, unwillig, unwirsch,** Cic. nach Charis. 218, 6. Donat. Ter. Andr. 2, 3, 1: rescripsi ei stomachosius, Cic. ad Att. 10, 5, 3.

stomachōsus, a, um (stomachus), **voller Unmut (Unwillen), empfindlich, unmutig, unwillig, unwirsch,** eques, Hor.: homo, Sen.: animus, Iul. Firm. – übtr. = Unmut verratend, genus acuminis, Cic.: genus irarum, Sen.: litterae stomachosiores, Cic.

stomachus, ī, *m.* (στόμαχος), **I** der **Schlund,** als Speisekanal, u. zwar sowohl der ganze als insbes. der untere Teil, die **Speiseröhre,** Cic. de nat. deor. 2, 135. Cels. 4, 1. p. 120, 15 D.; 5, 26. *no.* 2. Plin. 11, 170. – **II** übtr. = *ventriculus,* der **Magen, A** eig.: stomachi calor Cic.: stomachi tormenta, Sen.: stomachus solutus, Scrib., solutior, Petron.: st. aeger, Hor.: st. morbo vitiatus, Sen.: st. bonus, Ggstz. st. infirmus, imbecillus, Cels.: boni stomachi, von guter Verdauung, Quint.: stomachum movere, Plin., Ggstz. comprimere, Cels.: stomachum laedere (von einer Sache), Plin.: stomachum colligere, sich von der Kolik erholen, Cels. – **B** bildl.: **1** im Allg.: stomachus bonus, ein guter Magen = Ruhe, Gelassenheit, gute Laune, Quint. 2, 3, 3; 6, 3, 93: adversus quos difficile cotidie habere bonum stomachum, Mart. 12. praef.: u. so prägn., haec autem animo Catonis ferenda sunt aut Ciceronis stomacho, Cic. fr. bei Quint. 6, 3, 102. – **2** insbes.: **a** der **Geschmack,** ludi apparatissimi, sed non tui stomachi, Cic.: in hoc agello Tranquilli mei stomachum multa sollicitant, Plin. ep. – **b** die **Empfindlichkeit, Reizbarkeit** u. der dadurch entstehende **Unmut, Unwille, Ärger,** die **üble Laune,** consuetudo callum obduxit stomacho meo, Cic.: in stomacho ridere, Cic.: stomachum facere od. movere alci, Cic.: alqm summo cum labore, stomacho miseriāque erudire, Cic.: in alqm stomachum erumpere, seinen Unwillen usw. an jmd. auslassen, Cic.: plus stomacho quam consilio dedit, er hat mehr die Laune (den Ärger) als die Überlegung walten lassen, Quint.

stomaticē, ēs, *f.* (στοματική), eine Arznei gegen die Krankheiten des Mundes, eine **Mundarznei,** Plin. u. Scrib. Larg.

stomis, idis, *f.* (στομίς), die **Mundbinde** des Flötenspielers, Lucil. 511.

stomōma, atis, *n.* (στόμωμα), eine feinere Art des Eisenschlags (squama ferri), Cels.: und des Kupferschlags (squama aeris), Plin.

storacinus, a, um, s. styrax.

storax, acis, *m.,* s. styrax.

storbos, ī, *f.* = ladanum, Plin. 12, 74.

storea (storia), ae, *f.* (wahrsch. v. στορέννυμι), eine geflochtene Decke aus Stroh, Binsen od. Stricken usw., die **Matte,** Caes. b. 2, 9, 5. Liv. 30, 3, 9.

1. storia, s. storea.

2. storia, ae, *f.,* spätlat. = historia (s. d.), Schol. Iuven. 7, 99 u. 103.

stōrum, s. is-te ►.

1. straba, s. strava.

2. straba, s. strabus.

strabo, ōnis, *m.* (στράβων), **I** der **Schielende** (vgl. paetus), Cic. u. a. – bildl., der **Scheelsüchtige,** Lucil. 704. Varro sat. Men. 176. – **II** Strabo als röm. Familienname, s. Plin. 11, 150.

strabōnus, ī, *m.* (strabo), **schielend,** der **Schielende,** Petron. 68, 8.

strabus, a, um (στραβός), **schielend,** non haec res de Venere paeta strabam facit, Varro sat. Men. 344; vgl. Prisc. inst. 5, 10; 6, 17. Prisc. partit. XII vers. Aen. 4, 87. p. 478, 32 K. Non. 27, 2. – bildl., straba foeditas, Cassiod. de orthogr. praef. p. 574 (b) *ed. Garet.*

strāgēs, is, *f.* (sterno, strātus), **I** das Hingestrecktwerden od. -sein = das **Niedersinken, Niederstürzen, Zusammenstürzen** (der **Zusammensturz),** das **Einstürzen** (der **Einsturz**) die **Verwüstung, a** übh.: obstantis molis, Tac.: tectorum, Liv.: aedificiorum, Tac.: arborum ac virgultorum, Liv.: nemorum, Sil.: stragem dare satis, die S. niederschlagen (v. Sturm), Verg.: stragem inter se dare, sich einander (gegenseitig) niederreißen, Liv.: multis sacris profanisque locis stragem facere, Verwüstungen anrichten (v. Sturm), Liv.: templa diruta et strages agrorum facta, Iul. Obsequ. – **b** das **Hinsinken** durch Krankheit, das **Hinsterben, Fallen,** hominum, Tac.: canum volucrumque aviumque boumque, Ov. – **c** das **Hinsinken** durchs Schwert, **α** übh., die **Ermordung,** der **Mord,** principum, Iustin.: tot filiorum, Curt. – **β** im Kampf, das **Stürzen,** die **Vernichtung, Niederlage, Verwüstung,** der **Verlust,** duorum in Hispania Scipionum totidemque Romani sanguinis exercituum miserabilis strages, Val. Max.: strages barbarorum, Iustin.: umbonibus et gladiis stragem caedemque continuare, Tac.: per arma, per viros late stragem dare (anrichten), Liv.: ruinae similem stragem dare, Liv.: stragem hostium edere (anrichten), Iustin.: quas strages ille edidit! Cic.: quantas acies stragemque ciebunt, Verg.: u. (bildl.) in contionibus quas ego pugnas et quantas strages edidi! was für Schlachten habe ich geliefert und was für Niederlagen angerichtet! Cic. ad Att. 1, 16, 1. – **II** meton., der **Haufe-,** die **Masse** zu Boden gestürzter Gegenstände (s. Lorenz Plaut. mil. 7. Drak. u. Weisenb. Liv. 42, 63, 4), iacentium elephantorum, Liv.: hominum (od. corporum) armorumque, Liv.: complere strage campos, Liv.: tumuli repleti stragibus, Claud.: exsurgentes quidam ex strage media cruenti, Liv.: memet in hac strage militum meorum patĕre exspirare, lass mich bei diesen meinen gefallenen Soldaten sterben, Liv.: in tanta strage cadaverum, Augustin.

strāgula, ae, *f.,* s. strāgulus.

strāgulātus, a, um (stragulum), **zur Decke gemacht,** vestis, Decke, Vulg. prov. 31, 22.

strāgulum, ī, *n.,* s. strāgulus.

strāgulus, a, um (sterno), **zum Über-** od. **Unterbreiten** (bes. über od. auf ein Lager) **dienlich, I** *adi.:* vestis stragula, das Polster, der Pfühl, die Decke, der Teppich, die Matratze, Cic. u. a.: u. so vestimenta stragula, ICt. – **II** *subst.:* **A strāgula,** ae, *f.,* **a** übh. die **Decke,** der **Teppich,** Plur. b. Apul. met. 2, 21 *in.* – **b** die **Totendecke,** Petron. 78, 1. – **c** die **Reitdecke, Schabracke,** Plur. bei Ulp. dig. 34, 2, 25. § 3. – **B strāgulum,** ī, *n.,* **a** die **Decke** über das Lager, das **Sofa** usw., die **Lagerdecke** (Ggstz. opertorium), textile, Cic.: stragula cubicularia, Plin.: pellibus haedinis pro stragulis uti, Val. Max.: ex duabus paenulis altera stragulum, altera opertorium facta est, Sen. – **b** die **Totendecke,** Suet. u. Petron. – **c** die **Reitdecke, Schabracke,** Mart. 14, 36, 1. – **d** die **Unterlage** der Vögel unter die Eier, damit diese weich liegen, Plin. 10, 100. Solin. 7, 29.

strāmen, inis, *n.* (sterno), **I untergestreutes Stroh,** die **Streu,** Verg., Ov. u. Plin.: Plur., Ov. u. Stat. – **II** = stragulum, die Decke, die **Lagerdecke,** das **Lager,** straminum mollities, Cael. Aur. de morb. acut. 3, 8, 75.

strāmentārius, a,um (stramentum), **zum Stroh gehörig,** falces, zum Schneiden des Strohs, Cato r. r. 10.

strāmentīcius, a, um (stramentum), **aus Stroh,** casa, Auct. b. Hisp. 16, 2: puer, Petron. 63, 8.

strāmentor, ārī (stramentum) **Stroh holen,** Hyg. fab. 14.

strāmentum, ī, *n.* (sterno; vgl. Varro r. r. 1, 50, 3), das **zum Hinbreiten Dienliche, I** die **Streu,** bes. das **Stroh,** Caes. u. a. casae, quae more Gallico stramentis erant tectae, Caes.: casae stramento arido tectae, Liv. fasces stramentorum incendere, Hirt. b. G.: teneras arbores intorto stramento vestire mit Strohseilen einbinden, Plin.: stramenta secare, Frontin. – noch auf dem Feld stehend, desecta cum stramento seges, Liv.: falce secundum terram succīdunt stramentum, Varro: haec (serrula ferrea) cum comprehendit fascem spicarum, desecat et stramenta stantia in segete relinquit, ut postea subsecentur, Varro. – **II** der **Packsattel,** stramenta de mulis detrahere, Caes. b. G. 7, 45, 2. Vgl. Gaius dig. 50, 16, 234. Apul. met. 7, 21 u. 8, 30.

strāmineus, a, um (stramen), **aus Stroh, strohern, Stroh-,** casa, Prop. 2, 16, 20. Ov. am. 2, 9, 18: Quirites, Strohmänner, die man jährlich statt wirklicher Menschen in die Tiber warf, Ov. fast. 5, 631.

strangiās, ae, Akk. ān, *m.* (στραγγίας πυρός), eine Art **Weizen** in Griechenland, Plin. 18, 64.

strangulābilis, e (strangulo), **erwürgbar, erstickbar,** Tert. de anim. 32.

strangulātio, ōnis, *f.* (strangulo), das **Erwürgen, Ersticken,** Plin. 23, 17: strangulationes vulvae, Mutterkrämpfe, -weh, Plin. 20, 162.

strangulātor, ōris, *m.* (strangulo), der **Erwürger,** Spart. Sever. 14, 1.

strangulātrīx, trīcis, *f.* (Femin. zu strangulator), die **Erwürgerin,** Prud. perist. 10, 1103.

strangulātus, ūs, *m.* (strangulo), das **Erwürgen,** vulvae, Mutterkrampf, -weh, Plin. 10, 197 u. a.

strangulo, āvī, ātum, āre (στραγγαλόω, στραγγαλίζω), **erwürgen, erdrosseln, ersticken** u. übh. **würgen, I** eig. u. übtr.: **a** eig.: patrem, Cic.: ex se natos pueros, Lact.: equitem Romanum in carcere, Plin. ep.: anserem, Plin.: medial, strangulari, ersticken, Plin.: difficultate spirandi strangulari, würgen, Cels. – **b** übtr.: vocem, würgen, zwängen, Quint.: solum, den Boden ersticken (machen, dass er keine Saaten hervorbringt), Plin.: so auch arborem, Plin.: sata laeto gramine, überwuchern u. so ersticken, Quint. – **II** bildl., geistig **quälen,** strangulat inclusus dolor, Ov.: plures pecunia strangulat, Iuven.: causae, quibus (venditor) strangulatur, zum Verkauf gezwungen wird, Cod. Theod.

strangūria, ae, *f.* (στραγγουρία), die **Strangurie,** der **Harnzwang,** die **Harnwinde,** Cato, Cic. u. a.

strangūriōsus, a, um (stranguria), **mit der Strangurie (Harnstrenge) behaftet,** Marc. Emp. 26.

strāta, ae, *f.* (sterno), *sc.* via, die gepflasterte **Straße,** Eutr. 9, 15, 2. Oros. 5, 4, 9. Vict. Vit. 1, 40. Cod. Theod. 15, 3, 6. Augustin. serm. 9, 21. Isid. orig. 15, 16. 6. Iuvenc. 1, 315 (325) u. 3, 655. CIL 10, 1885.

stratēgēma, atis, Genet. Plur. atōn, *n.* (στρατήγημα), die **Kriegslist** eines Feldherrn, Val. Max. 7, 4 *in.* Frontin. strat. praef. libr. 1 u. libr. 4. – übtr., strategemate hominem percussit, er hat den Mann durch eine Kriegslist geschlagen, Cic. ad Att. 5, 2, 2.

stratēgēmaticos, on (στρατηγηματικός), **die Kriegslist betreffend,** Plur. subst., stratēgēmatica, ōn, *n.*, **Feldherrnlisten, Kriegslisten,** Frontin. strat. praef. libr. 1 u. libr. 4.

stratēgia, ae, *f.* (στρατηγία), die **Landvogtei,** Plin. 4, 40.

stratēgicos, on (στρατηγικός), **den Feldherrn betreffend,** Plur. subst. stratēgica, ōn, *n.*, **Feldherrntaten,** Frontin. strat. praef. libr. 4.

Stratēgīum, iī, *n.* (στρατηγεῖον), das **Feldherrnzelt,** als Ortsname, Cassiod. hist. eccl. 2, 18 *in.*

stratēgus, ī, *m.* (στρατηγός), **I** der **Heerführer, Feldherr,** Plaut. Curc. 285. – **II** übtr., der **Vorsitzer** bei einem Gastmahl, Plaut. Stich. 697 u. 705 G.

strātio, ōnis, *f.* (sterno), das Belegen mit Decken (Teppichen) bei Veranstaltung eines Gastmahls, die **Herrichtung des Speisezimmers,** CIL 14, 2112, II, 16: strationes publicae, CIL 10, 114, 17.

stratiōtēs, ae, *m.* (στρατιώτης), eine Wasserpflanze, entweder die **Wasseraloë** (*Stratiotes aloides,* L.) od. die **Muschelblume** (*Pistia stratiotes,* L.), Plin. 24, 169. – Auch **stratiōticē,** ēs, *f.*, gen., Ps. Apul. herb. 88.

stratiōticus, a, um (στρατιωτικός), **soldatisch,** mores, Plaut. mil. 1359: nuntius, Feldjäger, Plaut. Pseud. 603: homo, ein Kriegsmann, *ibid.* 918. – subst., stratiōticum, ī, *n.*, eine Art Augensalbe, Scrib. Larg. 33. CIL 13, 10021, 199.

Strato u. **Stratōn,** ōnis, *m.* (Στράτων), **I** ein Philosoph aus Lampsakus, Schüler des Theophrastus, Anhänger der peripatetischen Philosophie (starb um 270 v. Chr.), Form Strato, Cic. Acad. 1, 34; de fin. 5, 13 u. a. – Form Straton, Sen. nat. qu. 6, 13, 2. – **II** (Strato) ein Arzt zur Zeit Ciceros, Cic. Cluent. 176 u. 179 u. a.

Stratoclēs, is, Akk. ea, *m.* (Στρατοκλῆς), ein berühmter Schauspieler, Iuven. 3, 99. Quint. 11, 3, 178. – ► Genet. Stratocletis angef. bei Charis. 132, 10.

Stratōn, s. Strato *no.* I.

Stratonīcēa, ae, *f.* (Στρατονίκεια), eine der bedeutendsten Städte in Karien, j. *Eski Hissár,* Liv. 33, 18, 7 u. a. – Dav. **Stratonīcēnsis,** e, **stratonicensisch,** Cic. u. Liv.: Plur. subst., Stratonīcēnsēs, ium, *m.*, die Einwohner von Stratonicea, die **Stratonicenser,** Tac.

Stratonīcēum, ēī, *n.* (Stratonicis), ein Tempel der Venus Stratonicis, Vitr. 5, 9, 1.

Stratonīcis, idis, *f.* (Στρατονικίς), ein Beiname der Venus bei den Smyrnäern, Tac. ann. 3, 63.

stratopedum, ī, *n.* (στρατόπεδον), das **Lager,** rein lat. castra, Iul. Obseq. 116.

strātor, ōris, *m.* (sterno), **I** der **Lagerer,** stratores lagoenarum, die die Weinfässer aufs Lager bringen, die Schröter, Vulg. Ierem. 48, 12. – **II** der **Reitknecht, Bereiter,** der das Pferd satteln und seinem Herrn beim Aufsteigen helfen musste, Spart. Carac. 7, 2: appos., strator miles, Amm. 30, 5, 19. – **III** ein kaiserl. **Stallbeamter,** der die in den Provinzen zu stellenden Pferde zu prüfen hatte, Amm. 29, 3, 5. Cod. Iust. 12, 25 u. 12, 59 (60), 3. Cod. Theod. 6, 31, 1. – **IV** ein Bediensteter im Gefolge der Provinzialstatthalter, etwa **Leibwächter, Trabant,** Ulp. dig. 1, 16, 4. § 1 u. *ibid.* 4, 6, 10. Cod. Iust. 1, 27, 1. § 33. – **V** der **Gefängniswärter,** Cod. Iust. 9, 4, 1. § 1. – **VI** der **Ausbreiter,** caeli, Augustin. serm. 31, 1 Mai.

strātōrius, a, um (sterno), **zum Hinbreiten gehörig,** vestes, Decken, Paul. sent. 3, 6. § 67. – subst., strātōrium, iī, *n.*, die **Lagerstätte,** Vulg. 2. regg. 17, 28.

Stratos, s. 2. Stratus.

strātum, ī, *n.* (sterno), das Hingebreitete, **I** die **Decke,** u. zwar: **1** auf das Lager, das **Polster,** die **Matratze,** und meton. = das **Lager,** molle stratum, Liv.: lecti mollia strata, Lucr.: membra stratis reponere, Verg.: strato surgere, Verg. – **2** die **Pferdedecke, Reitdecke,** Sen. u. a. – u. die **Packdecke,** der **Packsattel,** Liv. 7, 14, 7: u. so qui asinum non potest, stratum caedit, sprichw., Petron. 45, 8. – **II** das **Pflaster** der Straße, extraneum, Petron. poët. 55, 6. *v.* 11: strata viarum, Lucr. 4, 413: strata saxea viarum, Lucr. 1, 315 *sq.* – u. der **Estrich,** die **Decke** des Fußbodens, der **Fußboden,** *Plin. 11, 98 M.: dah. der **Boden,** die **Grundlinie, Horizontaldecke** der Widderschildkröte, Vitr. 10, 13 (19), 6.

strātūra, ae, *f.* (sterno), **I** das **Pflastern,** viarum, Suet. Claud. 24, 2: areae (ariae), Pallad. 1, 40, 2. CIL 6, 9422: porticus, CIL 5, 3408: fori, CIL 8, 4579. – **II** eine **Lage** Mist, Pallad. 12, 7, 11.

1. strātus, ūs, Dat. ū, *m.* (stemo), **I** das **Hinstreuen, Hinbreiten,** Varro r. r. 1, 50, 3. CIL 13, 5708, 5. – prägn., das **Schlachten,** animantium, Iul. Vict. 1, 32 (1, 33 *extr.*). – **II** meton., die **Decke,** der **Teppich,** die **Matratze,** ICt. u. Eccl.: als Pferdedecke, Solin.: als Lagerstatt, Favorin. (b. Gell.) u. Hieron.

2. Stratus, ī, *f.* (Στράτος), Stadt in Akarnanien am Achelous, Cic. Pis. 97. Liv. 36, 11, 6 u. 43, 21, 5: griech. Form Stratos, Plin. 4, 5.

strava (straba), ae, *f.* (zu gotisch *straujan,* streuen), ein aus feindlichen Waffenrüstungen errichteter Siegeshügel, Lact. ad Stat. Theb. 12, 62. Iordan. Get. 49, 258. p. 124, 20.

strebula (stribula), ōrum, *n.*, das Fleisch an den Hüften der Opfertiere, das **Bugfleisch,** Plaut. fr. b. Fest. 313 (b), 4. Varro LL. 7, 67 (wo Müller strib.); vgl. Paul. ex Fest. 312, 5 u. Fest. 313 (a), 34. – dass. caro strebula, Arnob. 7, 24 u. 25.

strēna, ae, *f.*, **I** das **Wahrzeichen, Omen,** Plaut. Stich. 460 G.: bona str., *ibid.* 673. – **II** das der guten Vorbedeutung wegen an einem Fest, bes. am Neujahrstag gemachte Geschenk, das **Neujahrsgeschenk** usw., franz. *étrenne,* Suet. Aug. 51, 1 u. ö. Symm. epist. 10, 28 (35). Auson. epist. 18, 4. – Nbf. **strēnua,** CIL 6, 10234, 8; getadelt von Consent. 396, 26 K.

Strēnia, ae, *f.*, eine sabinische Gottheit, die Göttin der gesunden leiblichen Entwicklung (die röm. Salus), deren Name mit dem latein. strenuus zusammenhängt, Augustin. de civ. dei 4, 11 u. 4, 16. Symm. epist. 10, 35. – Ein altes Heiligtum der Strenia stand in Rom in der Nähe des Kolosseums, beim Ausgang der Karinen, wo die sacra via begann, Varro LL. 5, 47. Fest. 293 (a), 3.

strēnua, s. strēna.

strēnuē, *Adv.* (strenuus), **betriebsam** in seinen Geschäften **munter, hurtig,** hoc facere (Ggstz. otiose), Plaut. u. Rhet. Her.: mandata sibi impigre et strenue facere, Gell.: arma capere, Cic.: navigare, Cic.: abi prae strenue ac fores aperi, Ter.: quae me absente strenue ac fortiter fecisti, Liv.: ubi quid fortiter ac strenue agendum esset, Liv.: vel mori strenue quam tarde convalescere mihi melius est, Curt. – *Superl.*, strenuissime hercle ivisti, *Plaut. Pseud. 1175 (1158) *Lor.*: per hos strenuissime omnia bella confecta, Veget. mil. 1, 17.

strēnuitās, ātis, *f.* (strenuus), die **Betriebsamkeit** in seinen Geschäften, die **Hurtigkeit, Munterkeit,** Varro LL. 3, 15. Ov. met. 9, 320.

strēnuo, āre (strenuus), **sich sputen,** dum tu strenuas, Plaut. Pseud. 629 (Goetz u. Leo dum tu sternuas, s. sternuo).

strēnuus, a, um (vgl. στρῆνος, Kraft, στρηνής, kräftig), voll rüstiger Tatkraft, **betriebsam, tüchtig** in seinen Geschäften, **unternehmend, entschlossen, hurtig, munter, tätig, wacker, brav** (Ggstz. iners, ignavus, imbellis, timidus), **a** eig., v. Pers. (oft verb. mit fortis [tüchtig], s. Fabri Sall. Cat. 51, 16 u. Liv. 21, 4, 4. Heräus Tac. hist. 2, 86,

8): **α** im guten Sinne: mercator, Cato: vir fortis ac strenuus, Nep.: fortis ac strenuus socius (Bundesgenosse), Liv.: strenuus et fortis, Hor.: nunc i, rem strenuus auge! mach' brav gute Geschäfte! Hor.: iners pro strenuo in manipulum redibat, Tac. – m. Abl., strenuus bello, ein tüchtiger (wackerer) Kriegsmann, Tac.: manu fortis et bello strenuus, Nep.: strenuus manu, ein tüchtiger Haudegen, Tac. u. Iustin.: strenuus ingressu, Ruf. Fest.: gens linguā magis strenua quam factis, Liv.: obeundis proeliis strenui et sagittis eminus vel ensibus comminus, Apul. flor. 6. p. 6, 12 Kr. – m. *Genet.*, strenuus militiae, ein tüchtiger Kriegsmann, Tac. hist. 3, 43 *in.* (aber Capit. Clod. Albin. 13, 2 Peter armorum sciens prorsus). – m. *in* u. Abl., itidem in hac re ut in aliis strenuus homo, Ter.: imperator in proeliis strenuus et fortis, Quint. – *Compar.*, vilicus paulo strenuior si evaserit, Lucil. 532: u. so strenuior, Ggstz. deterior, Plaut. Epid. 442 G. – *Superl.*, vir strenuissimus, Eutr.: viri fortissimi et milites strenuissimi, Cato: strenuissimus quisque aut occīderat in proelio etc., Sall.: sumi bellum etiam ab ignavis strenuissimique cuiusque periculo geri, Tac. – **β** in üblen Sinne, **unternehmend,** multi in utroque exercitu sicut modesti quietique, ita mali et strenui, Tac. hist. 1, 52: neque fidei constans neque strenuus in perfidia, Tac. hist. 3, 57. – **b** übtr., v. lebl. Subjj.: navis, Ov.: corpus, Gell.: manus, Cels.: toxicum, stark wirkendes, starkes, drastisches, Colum.: u. so remedium, Curt.: mors, rascher, Curt.: inertia, geschäftiger Müßiggang, Hor.: militia, Tüchtigkeit im Kriegsdienst, Eutr.

strepito, āre (*Intens.* v. strepo), wild **lärmen, schreien, toben, rauschen, klirren, a** v. leb. Wesen: corvi inter se foliis strepitant, Verg. georg. 1, 413: incerti clauduntque domos strepitantque per urbem, Auct. consol. ad Liv. 183. – **b** v. Lebl.: pulsis strepitant incudibus urbes, Val. Flacc. 4, 288: ut iam strepitantibus advolat alis, Tibull. 2, 2, 17: arma ferunt strepitantia caelo audita, Tibull. 2, 5, 73: multum strepitantibus armis, Sil. 9, 280.

strepitus, ūs, *m.* (strepo), **I** jedes verworrene, wilde **Geräusch, Getöse, Lärm, Rasseln, Rauschen, Knallen, Klirren** usw., Plaut., Cic. u. a.: rotarum, Caes.: fluminum, Cic.: valvarum, Hor.: molarum, Enn.: telorum, Tac.: saevi belli, Lucan.: pedum, Tibull.: non strepitu, sed clamore, Cic.: inter strepitum tot bellorum, Liv.: labiorum in se collisorum (= poppysma), Schol. Iuven.: sententiarum vanissimus strepitus, Petron.: strepitus obscenus, ein Furz, Petron. – Plur., strepitus nocturni, Liv.: strepitus clamoresque, Liv.: strepitus per pudenda corporis expressi, Min. Fel. – **II** poet. übtr., das geregelte **Tönen** eines Musikinstrumentes, der **Klang,** das **Rauschen,** citharae, Hor.: tibicinae, Hor. – ► heterokl. Genet. Sing. strepiti, Enn. fr. scen. 157.

strepo, uī, itum, ere, **I** wild **lärmen, schreien (jauchzen, jubeln), rauschen, toben, tosen, rasseln, A** eig.: **1** *intr.*: **a** v. leb. Wesen, mixti strepentium paventiumque clamores, Liv.: coepisse inter se strepere, Cic. poët.: barbari suo more laetari, exsultare, strepere vocibus (durcheinander schreien), Sall.: vocibus truculentis strepere, Tac.: de cothurno strepere tragico, herabdonnern, Amm.: apes in alvo strepunt minus ac minus, donec etc., machen Getöse, Plin.: m. adv. *Acc. neutr.*, subraucum et lugubre strepens, mit heiserem, furchtbarem Gebrüll, Amm. 31, 16, 6. – **b** v. Lebl.: arma et scuta … offensa quo levius streperent, weniger Geräusch machten, Sall.: strepit assiduo cava tempora circum tinnitu galeā, Verg.: fluvii strepunt hibernā nive turgidi, Hor. – bes. v. Örtl. usw., **tönen, ertönen,** symphoniarum cantibus strepentes lacus, Sen.: omne convivium obscenis cantibus strepit, Quint.: ludos litterarum strepere discentium vocibus, Liv.: quid dicam … hic non fora litibus strepere dies perpetuos, Sen.: strepit omnis murmure campus, Verg. – **2** *tr.*: haec cum streperent, lärmend riefen, Liv.: qui (lucus) Capitolium montem strepit, mit Geräusch erfüllt, ertönen lässt, M. Caes. bei Fronto. – **B** bildl.: str. equorum gloriā, vom R. der Pf. erklingen (= wegen ihrer Pf. gerühmt werden), Plin. 8, 156. – **II** poet. übtr., von Musikinstrumenten, **rauschen, schmettern,** strepunt litui, Hor.: rauco strepuerunt cornua cantu, Verg.

strepsicerōs, ōtis, *m.* (στρεψικέρως) = addax (s. d.), Plin. 8, 214 u. bes. 11, 124.

streptis (στρέφω), **sich drehend,** uva, eine Art Weintrauben, Plin. 14, 39.

stria, ae, *f.*, die **Riefe,** die **Vertiefung,** rimosa, Plin. 22, 92: quā aratrum vomere striam facit, sulcus vocatur, Varro r. r. 1, 29, 3. – Insbes., **a** die **Falte** im Gewand, Apul. flor. 15. p. 17, 12 Kr. – **b** als *t. t.* der Architektur, der **Streifen,** die **Auskehlung, Kannelierung, Kannelüre,** der **Steg** an den Säulen usw., Vitr. 3, 4, 14; 4, 1, 7; 4, 3, 9; 4, 4, 3.

striātūra, ae, *f.* (stria), das **Gestreifstein,** die **Streifenform,** die **Auskehlung, Kannelierung,** Vitr. 4, 3, 9. Sidon. epist. 4, 8, 4.

stribilīgo u. **striblīgo,** inis, *f.*, der **Sprachfehler, Solözismus,** Gell. 5, 20, 1. Arnob. 1, 59.

striblīta, ae, *f.*, s. scriblīta.

stribula, s. strebula.

stricōsus, s. strigōsus ►.

strictē, *Adv.* m. *Compar.* u. *Superl.* (strictus), **I eng, knapp,** Pallad.: strictissime circumligare, Gell. 16, 3, 4. – **II** bildl., **genau, streng,** strictius interpretari, Paul. dig. 8, 2, 20.

strictim, *Adv.* (strictus), **I eng, knapp,** Plaut. u. Pallad. – **II** bildl., **darüberhin, nur obenhin, flüchtig,** dicere, Cic.: librum attingere, Cic.: materiam tam copiosam et uberem contingere, Lact.

strictio, ōnis, *f.* (stringo), die **Zusammenziehung, Zusammenpressung,** Cael. Aur. de morb. acut. 2, 9, 79 u. 3, 9, 100. Th. Prisc. 4. fol. 314 (b). – übtr., die **Strenge** (Ggstz. remissio), Cassian. coll. 19, 12.

strictivillae (strittivillae, strictivellae), ārum, *f.* (stringo u. villus od. vellus), die **Haarausreißerinnen,** ein Schimpfwort auf die Buhldirnen, die sich der Haare berauben, Plaut. fr. b. Gell. 3, 3, 6 (Hertz strittivillae) u. b. Non. 169, 8 (Quicherat strictivellae).

strictīvus, a, um (stringo), **abgestreift, abgepflückt,** olea, Cato r. r. 146.

strictor, ōris, *m.* (stringo), der **Abpflücker** der Oliven usw., Cato r. r. 144.

strictōria, ae, *f.* (stringo), ein knapp anliegendes Unterkleid mit langen Ärmeln, das **Männerhemd,** Edict. Diocl. 7, 56 u. 16,3.

strictōrium, iī, *n.* (stringo) = σφιγκτήρ, die **Schnur,** Gloss. II, 449, 34.

strictūra, ae, *f.* (stringo), **I** die **Zusammenpressung,** stomachi, Plin. Val. 4, 2. – absol., die **Zusammenpressung, Beklommenheit** (Ggstz. solutio), Cael. Aur. de morb. acut. 1, 7, 52 u. a.: Plur. (Ggstz. solutiones), Cael. Aur. de morb. chron. 4, 8, 115; 5, 4, 64. – übtr. = θλῖψις, die **Bedrückung, Beängstigung,** Qual, dura, Iuvenc. 2, 789: vehementior est virtutis strictura quam poenae, Ambros. de spir. scto 1, 9. § 108. – **II** die **Metallmasse,** die verarbeitet wird, Verg. Aen. 8, 421: Biturix str., Rut. Nam. 1, 353: und die schon zugerichtete, das **Stabeisen,** Lucil. 144. Varro fr. bei Serv. Verg. Aen. 10, 174. Plin. 34, 143.

strictus, a, um, *PAdi.* (v. stringo), **zusammengezogen;** dah. **I** eig., **dicht, straff, stramm, eng,** emplastrum, Scrib.: venter, harter Magen, Veget.: strictior aura, strengere, kältere Luft, Auson. – von Gliedern, **straff, stramm,** artus, Tac.: membra, Pallad. – v. der Tür, **eng,** ianua strictissima, Ov. – **II** übtr.: **1 stramm, kurz** im Ausdruck, **bündig,** epistulae, Sen.: Aeschines, Quint.: strictior Demosthenes, Quint. – **2** vom Charakter: **a streng,** Catones, Manil.: lex, Stat.: disciplina, Tertull.: stricto iure, nach dem str. R., ICt.: iudex, Sen. contr. 2, 1 (9), 23: iudicium strictius, Sen. contr. 1. praef. § 23. – **b karg,** stricti, avari, sordidi, Firm. math. 5, 2 *in.* – ► Abl. Sing. Komparat. strictiori, CIL 5, 2781. lin. 6.

striculus, a, um, s. hystriculus.

strīdeo, u. **strīdo,** strīdī, ēre u. ere (vgl. τρίζω u. strix), **zischen, schwirren, schrillen, knirschen, knistern, knarren, pfeifen, sausen,** wie Schlangen, fliegendes Geschoss, Verg.: der Wind, Verg.: die Säge, Lucr.: das Tau des Schiffes, Plin. ep. u. Ov.: die Türangel, der Wagen, Verg.: die Ketten, klirren, Ambros.: die Flöte, Catull.: die Schuhe (stridentes calceoli), Ambros.: das Meer, Verg. – v. Menschen, stridens vocula, einer alten Frau, Apul.: inamabile stridet, zischt, lispelt,

Ov.: stridere molari, knirschen, Iuven. – von Bienen, summen, Verg.: v. der Grille, zirpen, Plin.: v. der Fledermaus, pfeifen, Anthol. Lat.

strīdor, ōris, *m.* (strido), das **Zischen, Schwirren, Schrillen, Knirschen, Knistern, Knarren, Pfeifen, Sausen,** des Windes, Cic.: der Türangel, Cic.: der Säge, Cic.: der Flöte, Calp.: der Zähne, das Knirschen, Cels. u. a.: str. pectoris, Marc. Emp.: str. maris, Serv. – v. Tieren, wie der Schlange, Ov.: des Schweines, das Grunzen, Ov.: der Gans, das Zischen, Petron.: der Affen, Ov.: des Elefanten, Auct. b. Afr. u. Liv.: der Bienen, das Schwirren, Ov. – v. Menschen, tribuni, das Zischeln, Cic. – Plur., magni stridores, Rauschen, Brausen der Wogen, Verg., od. das Summen der Bienen, Verg.: terrifici stridores, Schmettern der Tuba, Sil.: aurium stridores, Ohrensausen, Plin.

strīdulus, a, um (strido), **zischend, schwirrend, klirrend, knarrend, sausend,** cornus (v. Speer), Verg.: tela, Lucan.: plaustra, Ov.: sibila, Lucan.: adducta stridula nervis ballista, Sil.: tenuis et str. vox, Sen.

1. striga, ae, *f.* (stringo, s. Fest. 314 [a] 30), **I** der **Strich,** die **lange Reihe** des abgeschnittenen Getreides od. Grases, der **Schwaden,** Colum. 2, 19, 2. – **II** ein mit Zelten besetzter rechteckiger Raum, der **Zeltplatz,** die **Zeltreihe,** Hyg. de munit. castr. § 1. § 7 *sqq.* u. a. Charis. 109, 14. Caper 111, 12 K. Beda de orthogr. 291, 15 K. Vgl. Lange Hyg. de castr. munit. § 1. p. 107. – **III** ein **Streifen** Land von Zenturienlänge, also 60 Fuß (von Mittag nach Mitternacht laufend), Gromat. vet. 206, 11 u. a.: prima, *ibid.* 207, 14: in strigas assignatur (ager), *ibid.* 238, 15.

2. striga, ae, *f.* (strix), ein den Kindern verderbliches altes Weib, die **alte Hexe,** Petron. 63, 4.

strigātus, a, um (1. striga *no.* II), **in Streifen, abgeteilt,** ager, Gromat. vet. 3, 12 u. 110, 1.

strigēs, um, *f.*, s. strix.

strigilēcula, ae, *f.* (*Demin.* v. strigilis), die **kleine Striegel,** Apul. flor. 9. p. 11, 11 Kr.

strigilis, is, Abl. ī, Genet. Plur. ium, *f.* (stringo), **I** = στλεγγίς, das zum Abreiben der Haut beim Baden gebrauchte **Schabeisen** (aus Metall oder Horn), der **Striegel,** Cic. u. a. – **II** ein chirurgisches Werkzeug, etwas in das Ohr zu tröpfeln usw., die **Ohrenspritze** (griech. ὠτεγχύτης), Cels. 6, 7, 1. – **III** ein kleines Stück gediegenes Gold (in Spanien), Plin. 33, 62. – **IV** die **Auskehlung, Kannelierung** an den Säulen, Vitr. 4, 4, 3. – ► Akk. Sing. auch strigilim, Lucil. 1283; vgl. Charis. 126, 6: Genet. Plur. synkop. striglium, Vitr. 4, 4, 3 *Rose* (auch einige Hdschrn. bei Plin. 28, 55 u. 31, 131): Dat. Plur. synkop. striglibus, Iuven. 3, 263.

strigmentum, ī, *n.* (stringo), **I** das **Abgekratzte, Abgeschabte,** Plin. 20, 17. – **II** insbes., der (abgekratzte, abgespülte usw.) **Unflat, Unrat,** Cels. u. a.

1. strigo, āre (1. striga), beim Pflügen **innehalten, rasten,** Plin. 18, 177: übtr., Ps. Verg. cat. 8, 19. Sen. ep. 31, 4.

2. strigo, ōnis, *f.* = strigosus, Nelei carm. fr. 4 (p. 233 R.²). Vgl. Fest. 314 (a), 27 u. Paul. ex Fest. 315, 4 (Turnebus strigones).

strigōsus, a, um (1. striga), **schmächtig, mager, dürr** (Ggstz. obesus), v. Pers., canis, Colum.: equus nimis st., Masur. Sabin. fr.: equi strigosiores, Liv.: (ut capra) largi sit uberis et non strigosissimi corporis, Colum. – bildl., strigosior, v. Redner, Cic. Brut. 64.

strigula, ae, *f.* = strigilis *no.* I (s. d.), Schol. Iuven. 3, 263.

stringo, strīnxī, strictum, ere (ahd. *strihhan,* streichen, griech. στραγγεύω, drehe), **I** was man fest gefasst hat, **an-, abziehen, A straff anziehen, zusammenziehen, -schnüren, 1** im Allg.: **a** eig.: tamquam laxaret elatum pedem ab stricto nodo, Liv.: habenam, Stat.: arcum, spannen, Plin. ep.: quercus in duas partes diducta, stricta denuo (zusammengeschnellt) et cohaesa, Plin.: vela, einziehen, Sen.: quae fides (Saiten) perpetuo sono strictae sunt, Fronto. – stringebant magnos vincula parva pedes, drückten, Ov.: übtr., v. der Kälte, stricta matutino frigore vulnera, Liv.: mare gelu stringi (gefriere) et consistere, Gell.: stricti amnes, zugefrorene, Val. Flacc. – **b** übtr.: **α** in der Rede **zusammenziehen, kurz zussammenfassen,** narrationis loco rem, Quint. 4, 2, 128. – **β im Zaum halten, beherrschen,** quaecumque meo gens barbara nutu stringitur, adveniat, Claud. b. Gild. 371. – **2** insbes.: **a schmieden,** ferri stringere duritiem, *Catull. 66, 50 *Heyse* (al. fingere). – **b** se stringere = se astringere, **sich verdichten, gerinnen,** Pelagon. veterin. 28 (384 *Ihm*). – **B abziehen,** d. i. **1 streifen, abstreifen, abscheren, abschneiden, abpflücken, a** eig.: frondes, Verg. u. Hor.: hordea, Verg.: rubos, Liv.: bacas, Varro: folia ex arboribus, Caes.: remos silvis, Verg. – **b** übtr.: ingluvie rem, durch Vertun schmälern, Hor. sat. 1, 2, 8. – **2** eine Waffe aus der Scheide **los-, blank ziehen, ziehen, a** eig.: gladium, Caes. u. a. (u. so auch stricto super caput gladio, Val. Max.: stricto super capita consultantium gladio, Liv.): ferrum, Verg., Liv., Sen. u. a. (so auch stricto super capita deliberantium ferro, Liv. epit.): strictis semel gladiis, wären einmal die Schw. aus der Scheide, Liv.: cultrum, Liv.: stricti in capita civilia mucrones, Sen.: übtr., stricta manus, die zum Kampfe fertige Hand, Ov. – **b** bildl.: bellum, das Kriegsschwert ziehen, sich zum Kriege rüsten, Flor.: stringitur iambus in hostes, mit Spottversen wird losgezogen gegen usw., Ov.: talia carmina, Mart. – **3 striegeln,** equos, Charis. 109, 15. Caper 111, 12 K. Beda de orthogr. 291, 16 K. – **II streifen** = leicht berühren, **1** im Allg.: **a** eig.: summas undas, Ov.: metas interiore rotā, Ov.: vestigia canis rostro, Ov.: iuga montium recto alveo, im geraden Laufe berühren (v. einem Fluss), Curt. – **b** übtr.: (mit Worten) **nur berühren** (= kurz erwähnen), pressis stringam revocatam ab origine famam narrandi metis, Sil. 8, 48: quod in epistula strinxit, Tert. adv. Marc. 5, 12. – **2** insbes.: **a streifen** = leicht verwunden, -verletzen, gladius stringit et transforat, Sen.: tela stringentia corpus, Verg. – (poet.) übtr., **α verletzen,** nomen, Ov.: pectora delicto, Ov. – **β rühren,** animum patriae strinxit pietatis imago, Verg. Aen. 9, 294. – **b** der Lage nach eine Örtl. **berühren,** an eine Örtl. stoßen, Scytharum gens ultima Asiae, quā Bactra sunt, stringit, Curt. 7, 7 (29), 4.

stringor, ōris, *m.* (stringo), das **Zusammenziehen,** die **zusammenziehende Kraft,** gelidai aquai, Lucr. 3, 687 (693).

strio, āvī, ātum, āre (stria), **mit Riefen (Falten, Streifen) versehen,** qui (asparagus) caulem educens tempore ipso fastigatus in toros striatur, breitet sich in streifenartigen Büscheln aus, Plin. 19, 146. – als *t. t.* der Archit., **auskehlen (abkehlen), kannelieren,** columnas autem striari XX striis oportet, Vitr. 4, 3, 9. – Oft Partiz. striātus, a, um, **mit Riefen versehen, gerieft,** plagusiae, Plaut.: concha, Plin.: folia, Plin.: frons, faltig, runzelig, Pacuv. u. Apul. – als *t. t.* der Archit., **ausgekehlt, kanneliert,** columna, Vitr. 4, 4, 3.

stritavus, s. tritavus.

strittabilla, ae, *f.* (stritto), die **Schleicherin,** v. Buhldirnen, Varro LL. 7, 65.

strittivillae, s. strictivillae.

stritto, āre, langsam einhergehen, **schleichen,** Varro LL. 7, 65.

strix, igis, *f.* (στρίγξ, Zischer, v. στρίζω oder τρίζω, strideo), die **Ohreule,** ein in den Ammenmärchen der Alten berüchtigter Nachtvogel, der, wie man glaubte, den Kindern in der Wiege das Blut aussog und giftige Milch aus eigenen Brüsten einmelkte, folglich für eine Art Harpyie, Unholdin usw. gehalten wurde, Plaut., Ov. u. Plin.; vgl. Fest. 314 (a), 33. Charis. 109, 14. Beda de orthogr. 291, 15 K.

strobilus, ī, *m.* (στρόβιλος), die **Zirbelnuss, Strobel,** Ulp. dig. 32, 1, 55. § 10. Pelagon. veterin. 12 (209 *Ihm*) u. 28 (367 *Ihm*).

strof…, s. stroph…

strōma, atis, Abl. Plur. atibus u. atis, *n.* (στρῶμα), **I** die **Decke, Matratze,** der **Teppich,** Capit. in Ver. 4. § 9. – **II** (weil die Decken und Teppiche mit mancherlei Figuren bunt durchwirkt zu sein pflegten) übtr., strōmata, um, *n.*, **Schriften vermischten Inhaltes,** Hieron. prol. in epist. ad Galat. (tom. 7. p. 333 Migne, p. 369 Vallars.).

strōmateus, eī, *m.* (στρωματεύς), **I Schrift vermischten Inhaltes,** Titel einer Schrift des Caesellinus, Prisc. 6, 40: u. des Origines, Hieron. epist. 84, 3 (wo Genet. Plur. stromateon). – **II** Beiname des T. Flavius Klemens von Alexandrien, als **Verfasser von** στρώματα, Cassiod. inst. divin. litt. 1 u. 8.

strombus, ī, m. (στρομβός), eine Art **gewundener Schnecken,** Plin. 32, 117 u. a.

strongyla, ae, f. (στρογγύλη), das **Brustbild,** Tert. de pall. 4.

strongylē, ēs, *f.* (στρογγύλη), eine Art des Alauns, der **Kugelalaun,** Plin. 35, 187.

stropha, ae, *f.* u. **strophē,** ēs, *f.* (στροφή), das Drehen, Wenden; dah. **I** die **Wendung,** elegantes strophae, die elegante Pantomime, Petron. 60, 1. – **II** in der lyrischen Dichtkunst (bes. in den dramatischen Chören), die **Strophe,** entgegengesetzt der antistropha (antistrophe), Macr. somn. Scip. 2, 3. § 5. Mar. Victorin. 1, 16. § 1 u. 10. p. 58, 7 u. 59, 19 K. (wo strophe u. antistrophe). – **III** die **List,** der **Kunstgriff,** auch im Plur., Sen., Plin. ep. u. a.

Strophades, um, Akk. as, *f.* (Στροφάδες), zwei Inseln im Ionischen Meer, zwischen Zakynthos u. dem Peloponnes, in der Sage berühmt als Aufenthalt der Harpyien, j. *Strofadia* od. *Strivali,* Mela 2, 7, 10 (2. § 110). Verg. Aen. 3, 210. Val. Flacc. 4, 500.

strophārius, iī (stropha) = inpostor, fraudator, **Ränkeschmied,** Gloss. IV, 393, 51.

strophiārius, iī, *m.* (strophium), der **Verfertiger von Busenbinden,** Plaut. aul. 516.

strophicus ī, *m.* (strophus), **mit Bauchgrimmen behaftet,** Th. Prisc. 2, 9.

strophiolum, ī, *n.* (*Demin.* v. strophium), das **Kränzchen,** Plin. 21, 3. Tert. de cor. mil. 15.

strophium, iī, n. (στρόφιον), was herumgewunden wird; dah. **I** die **Busenbinde,** womit der allzuvolle Busen unterbunden und zusammengehalten wurde (rein lat. fascia pectoralis; vgl. Non. 538, 7), Catull., Cic. u. a. – **II** der **Kranz,** Ps. Verg. cop. 32. – übtr., dactylicum strophium (= *carmen*), Prud. cath. 3, 29. – **III** der gedrehte **Strick,** das **Seil, Tau,** ancorale, Ankertau, Apul. met. 11, 16.

Strophius, iī, *m.* (Στρόφιος), König in Phocis, Vater des Pylades, des Freundes von Orestes, Strophio atque Agamemnone nati, Pylades u. Orestes, Ov. ex Pont. 2, 6, 25.

strophōma, atis, *n.* (στρόφωμα), das **Bauchgrimmen, Bauchweh,** Plur. b. Hieron. in Isai. 13, 8.

1. strophōsus, a, um (strophus), **mit Bauchweh behaftet,** Veget. mul. 3, 57. Ven. Fort. carm. 8, 9, 17 (wo strŏphōsus gemessen ist).

2. strophōsus (strofōsus), a, um (stropha), **ränkevoll,** Not. Tir. 48, 62.

strophus, ī, *m.* (στρόφος), das **Bauchgrimmen, Leibschneiden, Bauchweh,** Veget. mul. 1, 43 u. a. Th. Prisc. 2, 9. Marc. Emp. 20 u. 29. Ps. Apul. herb. 26.

stroppus, ī, *m.,* s. struppus.

strūctē, *Adv.* (structus), **I geputzt, geschmückt,** structius prodire, Tert. de cult. fem. 2, 11 zw. (Oehler exstructius). – **II** bildl., **geordnet,** (Ggstz. incondite), scribere, Fronto epist. ad Ver. 1, 1. p. 114, 3 N.

strūctilis, e (struo), **I aus mehreren Stücken zusammengefügt, gemauert,** canalis, Vitr.: gemellar, Colum.: str. saepes, Ggstz. viva, Colum.: bases, columnae, ICt.: opus, ICt. u. Inscr. – **II zum Zusammenfügen** od. **zum Mauern dienlich,** caementum, Mart. 9, 71, 1: lapis, Ulp. dig. 8, 5, 6. § 5.

strūctio, ōnis, *f.* (struo), **I** die **Zusammenfügung, Zusammensetzung, Erbauung, Errichtung,** str. scalaris, Treppenbau, CIL 6, 10233: inter spatia structionis (olivarum), zwischen den Lagen (Schichten) der Oliven, Pallad. 12, 22, 5. – bildl., das **Gerüst,** der **Apparat,** fidei, Tert. de pat. 3: eius studii, Firm. math. 8, 9. – **II** = instructio, die **Unterweisung, Belehrung,** Tert. de pat. 3 (Variante instructio). Arnob. 5, 15 *cod. P* (Reiff. pro instructione).

strūctor, ōris, *m.* (struo), **I** der **Maurer,** Plur. = **Bauleute,** Cic. u. a.: str. parietarius, s. parietārius: str. lapidarius, der Maurer am Haus- und Dachbau, Edict. Diocl. 7, 2: bildl., str. orationis huius, Apul. de deo Socr. prol. p. 106, 1 H. (p. 2, 17 G.). – **II** der **Anordner** (vgl. Claud. Sacerd. 2, 184), **a** = τραπεζοποιός, ein Sklave, der die Anordnung der Tafel und die Beaufsichtigung der aufwartenden Sklaven zu besorgen hatte, der **Anrichter, Tafeldecker,** Petron. 35, 2. Mart. 10, 48, 15. Iuven. 5, 120 u. 11, 136. Lampr. Heliog. 27, 3. Capit. Ver. 5, 2. Valer. imp. bei Treb. Poll. Claud. 14, 9; vgl. Serv. Verg. Aen. 1, 704 unde et structores dicuntur ferculorum compositores. – **b** structor capillaturae, der **Friseur,** Tert. de cult. fem. 2, 7.

strūctōrius, a, um (structor), **zum Bauen gehörig, Bau-,** Tert. apol. 14.

strūctūra, ae, *f.* (struo), **I** die **ordentliche Zusammenfügung,** die **Ordnung, 1** im Allg., der Knochen im Körper, Cels.: togae, Macr. – **2** insbes.: **a** das **Aufmauern, Mauern,** saxorum rudium, Quint.: silex globosus, sed structurae infidelis, Plin.: hos muros lapidum aedificat structurā vivorum, Ambros. – **b** die Art und Form des Mauerns, das **Mauerwerk,** die **Bauart,** parietum, Caes.: structurae antiquae genus, Liv. – **c** meton.: **α** das **Mauerwerk** = die **Mauer,** auch im Plur., Vitr. u. a. – **β** das **Bauwerk,** der **Bau,** aerariae structurae, Grubenbau, Caes. b. G. 3, 21, 3. (*Dinter* aerariae secturaeque, Erzgruben u. Steinbrüche). – **II** übtr., in der Rede, die **ordentliche Zusammenfügung** der Gedanken oder Worte, die **Ordnung,** der **Bau,** verborum, Cic.: vocum, Quint.: compositionis structuraequae mollitia, Fronto.

strūctus, ūs, *m.* (struo), der **Aufbau, aufgetürmte Haufen,** lignorum structibus incensis, Arnob. 7, 15.

struēs, is, *f.* (struo), **I** der **Haufen** schichtweise zusammen- oder übereinandergelegter oder -liegender Dinge, pomorum, Sen.: uvarum in vinea, Plin.: strues corporum, Leichenhaufen, Tac.: pontes et moles ex humanorum corporum strue facere, Liv.: arma cum telis in strue mixta sua, Ov.: mensā positā librorum exstruere struem, Hieron. – im Bild, ne frustra neve temere verborum strues acerventur, Fronto de eloqu. 1. p. 139, 10 N. – **II** insbes.: **a** der **Haufen Holz,** lignorum, Liv. u. a., und ohne lignorum, Plin. u. a.: verb. acervi struesque, aufgeschichtete Haufen (Holz), Curt., dah. der **Scheiterhaufen,** Sen. poët. u. Lucan. – **b** das **Opfergebäck,** ein Haufen kleiner Opferkuchen, die zusammengelegt waren und dann die Gestalt zusammengelegter Finger hatten (vgl. Fest. 310 [b], 25), Cato 134, 2 u. 141, 4. Ov. fast. 1, 276: verb. strues atque fertum, Fab. Pict. bei Gell. 10, 15, 14. – **c** der **Haufen,** als Maß, laterum, Cic. ad Att. 5, 12, 3. – **d** der **Haufen,** die **dichte Masse,** von der phalanx, Liv. 44, 41, 7.

strufertāriī, ōrum, *m.,* Opferer, die an vom Blitz getroffenen Bäumen ihre Gaben darbrachten, Paul. ex Fest. 295, 1.

struīx, īcis, *f.* (struo), ein **Haufen** zusammengefügter Dinge (s. Fest. 310 [b], 30), struices saxeae, Liv. Andr.: struices caementiciae, Solin.: struices ossuum, Itala: tantas struices concinnat patinarias, schüsselt brav auf, Plaut. – bildl., struix malorum, Übel die Hülle und Fülle, Naev. tr. 60.

strūma, ae, *f.* (struo) = χοιράδες, die skrophulöse Anschwellung u. Vereiterung der Lymphdrüsen, bes. am Hals, **angeschwollene Drüsen, dicker Hals** (spätlat. scrophulae, bei den Alten nicht unser »Kropf«, latein. guttur tumidum, turgidum, Iuven. 13, 162. Vitr. 5, 28, 7), s. bes. Cels. 5, 28, 7: struma Vatinii, Cic. ad Att. 2, 9, 2: Plur., Plin. 8, 206 u. 25, 174. Cic. Vat. 39. – mit Anspielung auf die angeschwollenen Drüsen des Vatinius, qui exsecant pestem aliquam, tamquam strumam civitatis, Cic. Sest. 135.

strūmāticus, a, um (struma), **mit angeschwollenen Drüsen behaftet,** Firm. math. 8, 19 *extr.*

strūmella, ae, *f., Demin.* v. struma, s. d., Marc. Emp. 15.

strūmōsus, a, um (struma), **mit angeschwollenen Drüsen behaftet,** pecudes, Colum. 7, 10, 3: homo, Iuven. 10, 309: facies, Schol. Bob. ad Cic. Sest. 65. p. 310, 28 B.

strūmus, ī, *m.* (struma), **Drüsenkraut, a** = ranunculus, Plin. 25, 174. – **b** – strychnos, Plin. 27, 68. Ps. Apul. herb. 74.

struo, strūxi, strūctum, ere (stammverwandt mit στρώννυμι, sterno), eig. schichten; dah. **I** schichtweise über- oder nebeneinander legen, **über-** od. **aneinanderschichten, über-** od. **aneinanderfügen, a** eig.: lateres, Caes.: arbores in pyram, Ov.: alta congestos ad sidera montes, Ov.: penum ordine longo, Verg.: u. so avenae structae, die Halmpfeife, Ov. – **b** übtr., aus Worten zusammensetzen, Quint. 1, 5, 67. – **II** mit verschiedenen Nebenbegriffen: **A** mit dem Nbbgr. des Bereitens – künstlich **aufschichten, aufbauen, errichten, verfertigen, zubereiten, a** eig.: acervum, Hor.: pyram, Verg.: domum, Hor.: muros, Nep.: aggerem, Tac.: e latere duro aut silice aequato veluti latericios parietes, Plin.: villa structa lapide quadrato, Sen.: murus, cuius inferiora saxo, superiora cruda latere sunt structa, Curt.: fornices non ad eandem crassitudinem quā veterem murum, sed simplici laterum ordine structos esse, Liv.: str. publicis locis convivia, veranstalten, Tac. – absol., reticulata structura, quā frequentissime Romae struunt, bauen, Plin.: aliae apes struunt (schichten Waben), aliae poliunt, Plin.: u. *Partic.* subst., saxorum structa, Felsenbaue, Lucr. 4, 359 (361). – **b** übtr.: **α** übh.: struebat iam fortuna in diversa parte terrarum initia causasque imperio, quod etc., legte den ersten Reim und den Grund zu einer Dynastie, die usw., Tac. hist. 2, 1. – **β** etwas (Böses) **bereiten, stiften, anstiften,** alci insidias, jmdm. nachstellen, Liv.: alci pericula, Sen.: alci aliquid calamitatis, Cic.: periculosas libertati opes, eine der Fr. gef. Macht gründen, Liv.: odium in alios, Cic.: dolum adversum alqm, Donat.: dices me ipsum mihi sollicitudinem struere, Cic.: quid struit? was hat er im Sinn? führt er im Schilde? Verg. – u. eine Pers. **anstiften,** crimina et accusatores, Tac. ann. 11, 12: ultroque struebantur qui monerent perfugere ad Germaniae exercitus, Tac. ann. 4, 67. – **B** mit dem Nbbgr. des Ordnens od. Einrichtens = **ordnen, a** eig. u. übtr.: postquam structi utrimque stabant, in Reih' u. Glied, in Schlachtordnung aufgestellt, Liv.: u. so omnes armatos in campo, Liv.: u. aciem, Verg., Liv. u. Tac. (vgl. hoc postea manipulatim structa acies coepit esse, Liv.). – übtr., verba sic, ut etc., Cic.: ulteriora, Quint.: compositi oratoris bene structa collocatio, Cic.: numerosus et structus compositusque sermo, eine abgemessene, wohlgeordnete und wohlgefügte Rede, Arnob. – **b** bildl., **ordnen, bestimmen,** varios per saecula reges, Val. Flacc. 1, 535. – **C** mit dem Nbbgr. des Erhöhens, Vermehrens = **häufen, aufhäufen,** altaria donis, mit Opfern beladen, Verg. – opes, Petron. u. Lact.: rem, Pers. – **D** mit dem Nbbgr. des Ausrüstens = **gehörig versehen, ausrüsten,** quot steriles utriusque naturae infructuosis genitalibus structi, Tert. de res. carn. 61: sermo autem spiritu structus est, Tert. adv. Prax. 8: matres experimentis omnium affectuum structae, Tert. de virg. vel. 9. – **E** mit dem Nbbgr. des Verrammens, **verstopfen,** aures habere structas, verstopfte (unzugängliche), Arnob. 3, 43 *extr.*

struppeāria, s. struppus a. E.

struppus (stroppus), ī, *m.* (στρόφος), **I** ein gedrehter **Riemen,** zur Sänfte, Gracch. b. Gell. 10, 3, 5: so auch zum Anbinden der Ruder an die Ruderbank, griech. τροπός, τροπωτήρ, Liv. Andr. b. Isid. orig. 19, 4, 9. Vitr. 10, 3, 6. – **II** ein dünner Kranz, der aus Schnüren von Bast gedreht und aus Bandschleifen geschlungen wurde, aus dem dann Blätter und Blumen in Zwischenräumen hervorragten, Plin. 21, 3; vgl. Fest. 313 (a), 12. – Dav. **struppeāria,** iōrum, *n.*, das **Kranzfest,** Fest. 313 (a), 20.

strūtheus, (strūthius), a, um (στρούθιος), **vom Sperling,** mala, Sperlingsäpfel, eine Art kleinerer Quitten, Cato, Colum. u. Plin.: dies. absol., strūthea, ōrum, *n.*, Plaut. Pers. 87.

strūthio (strūtio), ōnis, *m.* (στρουθίων), der Vogel **Strauß** Capit. Gord. 3, 7. Lampr. Heliog. 30, 2. Vopisc. Firm. 6, 2. Vulg. Lev. 11, 16; deut. 14, 15 u. a. Isid. orig. 12, 7. § 1 u. 20. Apic. 6, 212.

strūthion, iī, *n.* (στρουθίον), eine Pflanze, unser **offizinelles Seifenkraut** (*Saponaria officinalis,* L.), Cels. u. Plin.

strūthiōnīnus, a, um (struthio), **vom** (Vogel) **Strauß-, Straußen-,** adeps, Plin. Val. 2, 30.

strūthocamēlus, ī, *m.* u. *f.* (στρουθοκάμηλος), der Vogel **Strauß,** Sen. de const. sap. 17, 2 G. Plin. 10, 1 u. 56 (*masc.*); 11, 155 (*fem.*). Petron. 137, 5. Lampr. Heliog. 28, 4. – Dav. **strūthocamēlīnus,** a, um, **vom Strauß, Straußen-,** Plin. 29, 96.

strūthopūs, podis (στρουθόπους), **sperlingsfüßig,** Plin. 7, 24.

strūtio, s. strūthio.

strychnos, ī, *m.* (στρύχνος), eine Art **Nachtschatten,** Plin. 21, 177. Ps. Apul. herb. 74.

Strȳmo u. **Strȳmōn,** onis u. onos, Akk. onem u. ona, *m.* (Στρυμών), einer der bedeutendsten Flüsse Thraziens, früher Grenzfluss gegen Mazedonien, der auf dem Hämusgebirge entspringt und in den strymonischen Busen mündet, j. *Karasu* od. *Struma* (*Strumo*), Mela 2, 2, 2 u. 9 (2. § 17 u. 30). Verg. georg. 4, 508. Nep. Cim. 2, 2 (Akk. -ona). Liv. 44, 44, 8 (Akk. -onem). Sen. nat. qu. 1. praef. § 8. Prop. 4, 4, 72 (Genet. -onis). Stat. Theb. 9, 437 u. 860 (Genet. -onos): Aufenthaltsort vieler Kraniche, Lucan. 3, 199. Claud. b. Gild. 475. – poet. = **Thrazien,** Stat. Theb. 5, 188. – Dav.: **A Strȳmonis,** idis, *f.* (Στρυμονίς), **eine vom Strymon,** eine **Thrazierin,** v. einer Amazone, Prop. 4, 4, 72. – **B Strȳmonius,** a, um (Στρυμόνιος), **strymonisch,** grues, Verg.: grex, Kraniche, Mart. – poet. = **thrazisch** oder **nordisch,** matres, Ov.: Arctos, Stat.

stūc, s. 2. istūc ►.

stud, s. is-te ►.

studeo, uī, ēre (vgl. σπεύδω, σπουδή, σπουδάζω, sich sputen), aus innerem Trieb und Drang **sich ernstlich** um etwas **bemühen,** etw. **ernstlich-, eifrig-, tätig betreiben, sich** einer Sache **befleißigen, mit Eifer** einer Sache **obliegen, -sich auf** etw. **legen,** nach etw. **streben, -trachten, eifrig auf** etw. **bedacht sein,** etwas (zu erreichen, zu erlangen, sich anzueignen) **suchen, I** im Allg.: **a** m. *Dat.:* escis alienis, Ter.: praeturae, Cic.: pecuniae, Cic.: novis rebus, Cic. u. Caes.: sacrificiis, agriculturae, Caes.: litteris, optimis disciplinis atque artibus, studieren, Cic.: illi arti, Cic.: eloquentiae, Sen. rhet.: medicinae, Sen. rhet.: iuri civili, rei militari, Crass. or. fr.: gloriae, virtuti, Crass. or. fr.: laudi, virtuti, Cic.: labori ac duritiae, sich anzueignen suchen, sich gewöhnen an usw., Caes.: lectis sternendis munditiisque apparandis, Plaut.: patrimonio augendo, Crass. or. fr.: iuri ac legibus cognoscendis, Cic.: iuri reddendo magis quam muneri edendo, Aur. Vict. – **b** m. *Genet.:* qui te nec amet nec studeat tui, sich nicht um dich bekümmert, Caecil. com. 201. – **c** m. *Acc.:* id agit, id studet, Enn.: horum nihil egregie, Ter.: unum, hoc unum, Cic. u. Hor.: eadem omnia, Ter.: minus has res, Plaut.: illud, Plaut.: res Graecas, Titin. fr.: im Passiv, virtutes eas doceri et studeri posse arbitrabatur, Apul. de Plat. 2, 9. – **d** m. *Infin.* od. *Acc.* u. *Infin.*, studeo hercle audire, Plaut.: studet intrare, Nep.: studeo scire, quid egeris, möchte gern wissen, Cic. – atque me id facere studeo, Plaut.: illam ad vos redire studeo, Ter.: studui quam ornatissima senatus populique Romani de me iudicia intercedere, Cic.: tamen salvum (Dionysium esse) propter necessitudinem studebat, Nep.: sese student praestare ceteris, Sall.: dissensionem exstingui summe studui, Mat. in Cic. ep.: omnia mutari student, Sall. – **e** mit folg. *ut* od. *ne* u. Konj.: sterquilinium magnum stude ut habeas, Cato: maxime studebat, ut … excluderet, Auct. b. Alex.: ne solus esset studui, Phaedr.: m. vorgeh. allg. *Acc.*, lenonem ut periurum perdas, id studes, Plaut.: id quom studuisti, isti formae ut mores consimiles forent, Ter.: id studere, ne super impunitatem etiam praemio sceleris frueretur, Liv. – **f** mit folg. *in* u. Akk.: in quam rem studendum sit, Quint.: in id solum student, ut sciant, Quint.: – **g** absol.: ita ut aequum fuerat atque ut studui, Ter.: si qui in ea re studebat, Cato b. Gell.: eo quo studuerat (*sc.* venire) venit, wohin er gewollt hatte, Nep. – **II** insbes.: **1** für jmd. Partei nehmen, jmd. durch Gunst unterstützen, tätlich **begünstigen, förderlich sein, sich** jmds. **eifrig** od. **ernstlich annehmen,** alci, Cic. u. a.: alcis rebus, Nep.: partes, quibus illi student, Rhet. Her.: absol., Sall. Cat. 51, 13. – **2** absol. = **der Wissenschaft sich befleißigen, sich wissenschaftlich beschäftigen, studieren** (nachaug., bei Cic. dafür studere litteris, optimis disciplinis atque artibus u. dgl.), anni, quibus studuimus, Quint.: studendi solacium, Suet.: apud alqm, Sen. rhet. u. Augustin.: diligenter apud alqm, Sen. rhet. u. Quint.: domi, Quint.: in Tuscis, Plin. ep.: habitavimus unā, studuimus unā, Fronto. – ► Ungew. Perf. studivi, M. Aurel. b. Fronto ep. ad M. Caes. 4, 5. p. 68, 3 N.: Infin. Präs. Pass. studiri, Grom. vet. 359, 17.

studiolum, ī, *n.* (*Demin.* v. studium), die **kleine Studie,** die **kleine Schrift,** M. Aurel. b. Fronto ad M. Caes. 4, 5. p. 68, 21 N.

studiōsē, *Adv.* (studiosus), **a eifrig,** Cic. u. a.: quo studiosius armarentur … praemia proposuit, Nep.: qui haec caelestia vel studiosissime solet quaerere, Cic. – **b** **geflissentlich, absichtlich,** cum studiose de absentibus detrahendi causā malitiose contumelioseque dicitur, Cic. de off. 1, 134.

studiōsus, a, um (studium), **eifrig, emsig,** einer Sache **eifrig ergeben, -sich befleißigend, auf** etwas **eifrig bedacht, nach** etwas **strebend,** ein **Freund** von usw., **I** im Allg., mit *Genet.*, venandi, Cic.: dicendi, Cic.: florum, Hor.: litterarum, Nep.: alicuius doctrinae, ein Student, Quint.: Christianae legis, Amm. – studiosissimus homo natandi, ein großer Freund vom Schwimmen, Cic.: vir morum et litterarum veterum studiosissimus, Gell.: studiosissimus lautitiarum, Suet.: – m. *Dat.*, qui nisi adulterio studiosus rei nulli aliaest inprobus, Plaut. mil. 802: venando usque ad reprehensionem studiosus, Spart. Hadr. 2, 1 *Peter* (Jordan venandi): armorum quam conviviorum apparatibus studiosior, Iustin. 9, 8, 4. – mit *ad* u. Akk., studiosiores ad opus fieri (operarios) liberalius tractando, Varro r. r. 1, 17, 7. – m. *in* u. Abl., in argento plane studiosus sum, Petron. 52, 1: hoc te studiosiorem in me colendo fore, Cic. ep. 5, 19, 1. – **II** insbes.: **A** für jmd. od. etw. **eifrig** = ihm **gewogen, geneigt, günstig, zugetan,** einer Sache **huldigend,** mei, Cic.: alterius partis, Suet.: victoriae, Cic.: studiosissimus existimationis meae, Cic. – **B** **sich des Wissens-, sich der Wissenschaft befleißigend, wissbegierig, strebsam, studierend, gelehrt,** cohors, Hor.: iuvenis, Quint.: studiose lector! Apul.: übtr., disputatio, gelehrte Unterhaltung, Quint.: otium, Plin. ep. – Plur. subst., studiōsī, ōrum, *m.*, **Studierende, Kunstbeflissene,** Cic. de opt. gen. 13. Quint. 2, 10, 15; 10, 1, 45. Plin. ep. 4, 13, 10; 4, 28, 2.

studium, iī, *n.* (studeo), der **innere Trieb und Drang,** das **eifrige Streben,** die **Bestrebung,** der **Eifer,** die **Neigung,** Luft usw., **I** im Allg., m. subj. *Genet.*, amici, Cic.: m. obj. *Genet.*, veri reperiendi, Drang (Durst) nach Wahrheit, Cic.: pugnandi, Kampflust, Caes.: venandi, Liv.: discendi, Cic.: pugnae, Lucr.: dare se studio eloquentiae, Cic.: studio citharae deditus, Hor.: st. quaestus, Gewinnsucht, Cic.: vitae, Lebensweise, Afran. com. fr.: m. *Dat. Gerund.*, tenue studium probandis provinciarum ac militiae rectoribus, Aur. Vict. de Caes. 42, 23: m. *Infin.*, nec aliud studium est quam a deo homines avocare, Cypr. de idol. van. 7: m. *Acc.* u. *Infin.*, viris esse advorsas aeque studiumst, Ter. Hec. 202. – absol., incensi sunt studio, Cic.: omne studium ad alqd conferre, Cic.: studium agricolationi dare, Colum.: summo studio dicere, Cic.: u. so studio accusare, aus Neigung, leidenschaftlich (Ggstz. officio defendere), Cic.: et hoc studio pravus facis, recht geflissentlich, Hor.: meo de studio studia erant vestra omnia, mir zu gefallen war euer ganzes Streben, Plaut.: vide, quam iniquus sis prae studio, in deinem Eifer, Ter. – **II** insbes., die besondere Neigung für eine Person od. Sache: **A** für eine Person = die besondere **Neigung, Vorliebe,** das **Interesse,** die **Ergebenheit, Dienstbeflissenheit,** der **Parteieifer,** die **eifrige (begeisterte) Teilnahme, Begeisterung** (verb. mit favor u. mit suffragium u. im Ggstz. zu odium), Cic. u. a.: studium et fides erga clientes, Suet.: eorum erga se studium, Auct. b. Afr.: studia nostra circa tuendos socios, Plin. pan.: eorum studium super expugnandis haereticis, Sulp. Sev.: st. in populum Romanum, Tac. rei publicae, Vaterlandsliebe, Cic.: partium, Parteilichkeit, Cic.: studia (der Parteieifer) competitorum, Cic.: u. so absol., verb. cupiditas et studium, Liv.: sine studio dicere, Cic.: sine ira et studio (Vorliebe, Parteilichkeit), Tac.: studium (Interesse) et iracundiam suam rei publicae dimittere, Cic.: im Plur., senatum in studia diducere, in Parteibestrebungen, Tac.: senatus, in quo erant studia, Tac.: studia Numidarum in Iugurtham accensa, Sall.: studia hominum (aller Welt) accensa in Agrippinam, Tac. – **B** für eine Sache: **1** übh. die **Lieblingsneigung, -beschäftigung, Liebhaberei,** istius studium … latrocinium, Cic.: u. so immoritur studiis, Hor.: suo quisque studio maxime ducitur, Cic.: alcis studiis obsequi od. inservire, Ter. u. Nep. – **2** das **wissenschaftliche Streben,** die **wissenschaftliche Beschäftigung,** das **Studieren,** **a** eig.: iuris, Cic.: studium u. studia doctrinae, Cic.: Graeca studia, Suet.: studium musicum, Solin.: studia liberalia, Vell. u. Suet.: studia quae honesta ac liberalia vocantur, Augustin.: pabulum studii atque doctrinae, Cic.: haec inter se studia exercere, Cic.: studiis illis se dare, Cic.: in studiis vitam egi, Ov.: studiis septem dedit annos, Hor.: atque huiusce rei coniecturam de tuo ipsius studio (Fach) facillime ceperis, Cic.: ad studiorum (Berufsarten) atque artium (Wissenschaften, Kenntnisse) contentionem revertamur, Cic. – **b** meton.: **α** Plur., studia, **Werke der Literatur,** omnia ingenia, quae lucem studiis nostris attulerunt, tunc nata sunt, Sen. contr. 1. praef. § 7. – **β** der **Studienort,** Cod. Theod. 14, 9, 3 *pr.*

stultē, *Adv.* m. Compar. u. *Superl.* (stultus), **töricht, einfältig, albern** (Ggstz. prudenter, sapienter), Komik., Cic. u. a.: haud st. sapis, du bist gar nicht dumm, gar klug, Ter.

stultiloquentia, ae, *f.* (stulte u. loquor), das **einfältige Gerede, Gewäsch,** Plaut. trin. 222.

stultiloquium, iī, *n.* (stulte u. loquor) = μωρολογία (Gloss. II, 374, 49), das **einfältige Gerede, Gewäsch,** Plaut. mil. 296. Vulg. Ephes. 5, 4 u. a. Eccl.

stultiloquus, a, um (stulte u. loquor) = μωρολόγος, **einfältig redend,** tace, stultiloque, Plaut. Pers. 514.

stultitia, ae, *f.* (stultus), die **Torheit,** der **Mangel an Einsicht,** die **Einfalt, Albernheit** (Ggstz. prudentia, sapientia), Plaut., Cic. u. a.: multorum stultitiam perpessum esse, Cic.: calumniam stultitiamque eius obtrivit ac contudit, Cic.: stultitia est m. *Infin.*, stultitiast venatum ducere invitas canes, Plaut.: esse enim stultitiam ab iis porrigentibus et dantibus nolle sumere, Cic.: stultitia est sedendo aut votis debellari credere posse, Liv. – als gelinder Ausdruck für Unzucht u. dgl. bei Plaut. u. Ter. – Plur., hominum ineptias ac stultitias, quae devorandae nobis sunt, non ferebat, Cic. Brut. 236. – ► Nbf. **stultitiēs,** ēī, *f.*, Apul. apol. 53 *codd. F φ*.

stultividus, a, um (stulte u. video), **einfältig-,** folglich **unrecht sehend,** Plaut. mil. 335.

stultus, a, um, *PAdi.* (eig. *Partic.* v. *stolo, uī, ultum, ere, verkehrt machen, betören), **betört, töricht, einfältig, albern** (Ggstz. prudens, sapiens, catus, eruditus), **a** v. Pers., Komik., Cic. u. a.: reddere alqm stultiorem, Cic.: stultissima persona, Cic. – subst., stultus, ī, *m.*, der **Einfältige,** der **Tor,** Ter., Cic. u. a. – **b** übtr., v. Lebl.: loquacitas, Cic.: laetitia, Sall.: labor, Mart.: occupatio, Sen.: vita, Sen.: dies, töricht verlebt, Tibull.: consilium stultum, Cic.: consilium stultissimum, Liv.

stūpa, nebst abgeleiteten, s. stuppa usw.

stupefacio, fēcī, factum, ere, *Pass.* **stupefīo,** factus sum, fierī (v. stupeo u. facio), **betäubt-, sinnlos machen, betäuben,** privatos luctus stupefecit publicus pavor, übertäubte, Liv.: stupefactus, a, um, **erstaunt, außer sich** usw., Cic.

stupeo, uī, ēre (zu Wz. **stup-*, schlagen, stoßen in stuprum usw.), **I** **betäubt sein, A** physisch **betäubt-, erstarrt sein,** Partiz. stupēns, **betäubt, erstarrt, starr,** cum semisomnus stuperet, sich nicht recht besinnen konnte, Cic.: animo relictos (Ohnmächtige) stupentesque (u. Besinnungslose) frigidā aquā spargere, Sen.: torpescunt stupentque pallentes, Plin.: stupentia (steife, starre) membra, Curt.: oculi, Sen. rhet. u. a. – m. *ad* u. Akk., vini natura non gelascit; alias ad frigus stupet tantum, ist nur erstarrt (dick), Plin. 14, 132. – **B** geistig: **1** **lahm sein,** quantum stupere atque frigere Caecilius visus est, Gell. 2, 23, 7. – **2** **starr-, verdutzt-, verblüfft-, betreten sein, stutzen, staunen,** haec cum loqueris, nos stupemus, Cic.: animus lassus curā confectus stupet, Ter. – mit *Abl.* (durch = über), gaudio, Cael. bei Quint.: illis carminibus, Hor.: aere, Hor.: novitate, Quint.: tam saevā dominatione, Iustin. – m. *in* u. Abl., in Turno, Verg.: in ducibus, Val. Flacc.: in titulis et imaginibus, Hor. – m. *ad* u. Akk., ad auditas voces, Ov.: ad raptus tuos, Mart.: ad supervacua, Sen. ep. 87, 5. – m. *Acc.*, donum exitiale Minervae, anstaunen, erstaunen über usw., Verg.: plena horrea, Plin. pan.: superbi regis delicias, Mart.: omnia (v. einer Pers.), Val. Flacc.: stupent omnia, stutzen vor allem (v. Hirschen), Solin.: mirantur haec homines et stupent qui nesciunt ea, Augustin. – m. folg. *Acc.* u. *Infin.*, Verg. ecl.

6, 37; Aen. 12, 707. Mart. 4, 35, 3. Prud. dittoch. 184. CIL 8, 212. *v.* 15 u. 48. – Partiz. adj., **a** stupēns, **stutzend, stutzig, verdutzt,** quae cum tuerer stupens, Cic.: attoniti et stupentibus similes, Curt.: m. *Genet. loc.*, capti et stupentes animi, Liv. 6, 38, 8. – **b** stupendus, a, um, **erstaunenswert, bewunderswert, erstaunlich,** virtutibus et vitae meritis stupendus, Val. Max. 5, 7, 1: Porus stupendus satis supra hominum magnitudines, Itin. Alex. 48 (111): venire ad ingentium virtutum stupenda penetralia, Nazar. pan. 6, 1. – **II** übtr., von lebl. Subjj., die keine od. eine schwere Bewegung haben, die ermattet zu sein, zu ruhen scheinen, **stocken, stillstehen,** stupuit Ixionis orbis, Ov.: unda, quae stupet pigro lacu, stehendes Wasser, Mart.: stupente seditione, Liv.: stupuerunt verba palato, erstarben, Ov.

stupēsco, ere (*Inchoat.* v. stupeo), **in Erstaunen (Entsetzen) geraten, stutzen, sich entsetzen,** aspiciat, admiretur, stupescat, Cic. de or. 3, 102: stupescent in domino, Itala Osee 3, 5 (bei Augustin. de civ. dei 18, 28): et stupescere faciam super te multos populos, Vulg. Ezech. 32, 10.

stūpeus, a, um, s. stuppeus.

stupiditās, ātis, *f.* (stupidus), die **Sinnlosigkeit, Verdutztheit, Dummheit,** Acc. tr. 287. Cic. Phil. 2, 80. Ps. Apul. herb. praef. 127 *Ackerm.*

stupido, āre (stupidus), **betäubt-, verdutzt machen, in Erstaunen setzen,** Mart. Cap. 6. § 572 u. 7. § 725.

stupidus, a, um (stupeo), **I betäubt, verdutzt, betroffen, verblüfft, vernarrt,** Komik., Cic. u. a.: omnes stupidi timore obmutuerunt, Rhet. Her. – **II dumm, dämisch, borniert, a** übh.: stupidum esse Socratem dixit, Cic.: maritus, Mart. – *Superl.*, homo stupidissimus, Varro sat. Men. 406. Tert. adv. Marc. 1, 26. – **b** als stehende Rolle in der röm. Komödie, der **Tölpel,** Capit. Anton. phil. 29, 2. CIL 6, 1063, 12 u. 1064, 4. Vgl. Heinrich Iuven. 5, 171.

stupor, ōris, *m.* (stupeo), **I** die **Betroffenheit, a** die **Gefühllosigkeit,** sensus, Cic.: in corpore, Cic.: totius corporis, Sen. rhet.: stupor linguae, Unbeholfenheit, Schwerfälligkeit der Sprache, Cic. – **b** die **Verdutztheit,** das **Staunen,** stupor patres defixit, Liv.: stupor et admiratio omnes incessit, Iustin. – **II** die **Dummheit,** der **Stumpfsinn,** die **Borniertheit,** Cic. u. a. – meton. = dummer, bornierter Kerl, Einfaltspinsel, Catull. 17, 21. Ps. Verg. cat. 3, 4.

stupōrātus, a, um (stupor), **angestaunt,** gloria, Tert. de cult. fem. 2, 3.

stuppa (stūpa), ae, *f.* (στύππη od. στύπη), **Werg, Hede,** auch **grober Flachs** od. **Hanf,** Lucr., Liv. u. a. – Form stupa bei Caes. b. 3, 101, 1.

stuppārius, a, um (stuppa), **zum Werg gehörig,** malleus, Flachsbläuel, Plin. 19 17.

stuppātor, ōris, *m.* (stuppa), der **Kalfaterer,** CIL 6, 1649 u. 14, 44.

stuppeus (stūpeus), a, um (stuppa), **aus Werg** od. auch **aus grobem Flachs** od. **Hanf, flächsern, hanfen,** vincula, Verg.: verbera fundae, Verg.: flamma, Brandpfeile, Verg.: retinacula, Ov.: tomentum, Apul.: messis, Flachs, Gratt. cyn.

stuprātor, ōris, *m.* (stupro), der **Schänder** eines Mädchens, Sen. rhet., Quint. u. a.

stuprē, *Adv.* (*stuprus), **schändlich,** Nelei carm. 2. Fest. 317 (a), 23.

stupro, āvī, ātum, āre (stuprum), **schänden, I** im Allg.: pulvinar, Cic. de har. resp. 33: mores, Tert. apol. 6. – **II schänden** – durch Unzucht **entehren,** filiam, Plaut., Cic. u. a.: virginem, Sen. rhet.: liberos eorum et coniuges, Liv. epit.: ingenuam, Quint.: Lucretia vi stuprata, Cic.: stuprata mater familiae, Liv.

stuprōsus, a, um (stuprum), **hurerisch,** mens, Val. Max. 6, 1, 8.

stuprum, ī, *n.* (zu Wz. **stup-*, schlagen, stoßen, altind. *(s)tupáti*, er stößt; griech. τύπτω, schlagen, τόπος, Schlag; nhd. Staupe, stäupen), **I** die **Schande,** cum stupro redire suos ad populares, Naev. b. Punic. fr. 37 *Vahlen:* magnum stuprum populo fieri per gentes, *ibid.* 39. Vgl. Fest. 317 (a), 21. – **II** insbes., die Entehrung durch Unzucht aller Art, die **Schändung, Hurerei,** der **uneheliche Beischlaf** (Ggstz. pudicitia), **a** eig.: auctor stupri, Ov.: homo plenus stupri, flagitii, sceleris, ein Hurer, schandbarer u. lasterhafter Mensch, Cic.: stupra virginum matronarumque, Liv.: puerorum stupra, Arnob.: raptus ac stupra, Sen.: stuprum alci offerre od. inferre, schänden, Cic.: inicere stupra puberibus, Aur. Vict.: nefarium stuprum facere cum alqa, Cic.: stuprum admittere cum alqo, Tac.: virgines ad stuprum rapere, Sall. fr., diripere, Iustin.: plura virorum inter sese quam feminarum esse stupra, Liv.: alqam cogere pati stuprum (notzüchtigen), Sen. rhet.: uxor stuprum pati coacta, Val. Max.: stuprum pati nolle, Liv.: stuprum saevi passa tyranni, Sen. poët.: erat ei cum Fulvia stupri vetus consuetudo, Sall.: stupri consuetudinem facere cum sororibus, Suet.: in domesticis germanitatis stupris volutatum esse, Cic.: sumptus stupro corporis tolerare, Sall. – v. Tieren, caper stupro matrem supervenit, Colum. 7, 6, 3. – **b** meton. = die **Buhlerin,** Prop. 4, 7, 57.

stīrnīnus, a, um (sturnus), **stargrau,** equi, Hieron. in Isai. 66, 20.

sturnus, ī, *m.*, der **Star,** die **Sprehe** (*Sturnus vulgaris,* L.), Plin. 10, 72 u. 120. Ulp. dig. 19, 2, 15. § 2. Lampr. Commod. 10, 4. Mart. 9, 54, 7. Stat. silv. 2, 4, 19.

Stygiālis, Stygius, s. Styx.

stȳlobatēs, ae, u. is, *m.* (στυλοβάτης), der **Säulenstuhl,** das **fortlaufende Postament,** Varro u. Vitr.

stymma, atis, *n.* (στύμμα), der die Salbenöle **zusammenziehende-, verdichtende Stoff,** damit sie den Wohlgeruch besser und länger behalten (Ggstz. hedysma), Plin. 13, 7. Cael. Aur. de morb. acut. 3, 3, 17. Plin. Val. 2, 28.

stymmaticus, a, um (στυμματικός), **zusammenziehend,** vinum, Plin. Val. 2, 28.

Stymphālos u. **-us,** ī, *m.* u. **Stymphālum,** ī, *n.* (Στύμφαλος), ein See nebst Fluss u. Stadt gleiches Namens in Arkadien, in der Sage berühmt als Aufenthaltsort jener gefräßigen, mit ehernen Federn befiederten Raubvögel (Stymphalides), die die Menschen anfielen und endlich von Herkules erlegt wurden, j. Ruinen der Stadt bei *Katholicon* od. *Kionea,* Plin. 4, 10. Suet. vit. Ter. 5. Stat. silv. 4, 6, 101; Theb. 4, 298 (aerisonus St.): Plur. Stymphala, Lucr. 5, 32 (30). – Dav.: **A Stymphālicus,** a, um (Στυμφαλικός), **stymphalisch,** aves, Plaut. Pers. 4. – **B Stymphālis,** idis, *f.* (Στυμφαλίς), **stymphalisch,** undae, der See Stymphalus, Ov.: insulae, Isid.: aves, Hyg., u. bl. Stymphalides (s. oben), Mart.: Nbf. Stymphalidae aves, Isid. orig. 12, 7, 27. – **C Stymphālius,** a, um, **stymphalisch,** monstra, die st. Raubvögel (s. oben), Catull. 68, 113.

stypsis, is, *f.* (στύψις), die **zusammenziehende Kraft,** vini, die Säure Cassiod. var. 12, 4, 4 (wo stipsis); bei Cael. Aur. de morb. chron. 3, 4, 27 u. 42 griechisch.

styptēria, ae, *f.* (στυπτηρία), **Alaun,** Ulp. dig. 27, 9, 3. § 6. Plin. Val. 1, 14.

styptēriazūsa, ae, *f.* (*στυπτηριάζουσα von *στυπτηριάζω), **alaunhaltig,** aqua, Cael. Aur. de morb. chron. 4, 1, 1.

stypticus (stipticus), a, um (στυπτικός), **verstopfend,** medicamenta, quae styptica vocant, Plin.: Armeniaca st., Gargil.: natura st., Plin.: st. vis, Macr.: st. vinum, von saurem Geschmack, Pallad. – subst., stypticum, ī, *n.*, ein zusammenziehendes Mittel, Pelagon. veterin. 11 (§ 200 *Ihm*) u. 16 (§ 256 *Ihm*).

styptīria, s. styptēria.

styraca, -acinus, s. styrax.

styrax, acis, *m.* (στύραξ), der **Storax,** ein Strauch, der ein wohlriechendes Gummiharz gibt, das denselben Namen führt und als Räucherwerk gebraucht wird, Plin. 12, 124 u. a. Cael. Aur. de morb. chron. 2, 7, 113. Marc. Emp. carm. 48, fol. 141 (a). – Vulg. Nbf. styraca, ae, *f.*, Plin. Val. 1, 11. – Andere Form storax, Ps. Verg. Cir. 168. Solin. 33, 10. Vulg. genes. 43, 11 u. Sirach 24, 21. Isid. orig. 17, 8, 5. – Dav. **styracinus** u. **storacinus,** a, um (στυράκινος), **vom Storaxstrauch,** styr. oleum, Cael. Aur. de morb. chron. 2, 7, 113. Plin. Val. 1, 38: stor. oleum, Pelagon. veterin. 17 (§ 273 *Ihm*): stor. virga, Sulp. Sev. dial. 1, 19, 2.

Styx, Stygis u. Stygos, Akk. Stygem u. Styga, *f.* (Στύξ), **I** eine Quelle in Arkadien, deren eiskaltes Wasser giftig und korrosiv war, Sen. nat. qu. 3, 25, 1. Curt. 10, 10 (31) 17 (Akk. -gem); vgl. Vitr. 8, 3, 16 (wo griech. Στυγὸς ὕδωρ). – **II** in der Sage: **1** = ein Gewässer der Unterwelt, bei dem die Götter den heiligsten und unverletzlichsten Eid schwören, Verg. georg. 4, 480; Aen. 6, 154 (Genet. -gis). Ov. met.

12, 322; art. am. 1, 635 (Akk. -ga). Stat. Ach. 1, 269 (griech. Genet. -gos): deierare per Stygis maiestatem (von den Göttern), Apul. met. 6, 15. – **2** (poet.) meton.: **a** = **Unterwelt,** Verg. georg. 1, 243. Ov. met. 10, 13. Mart. 4, 60, 4. (Akk. -ga). – **b** = **Gift,** Sen. Oed. 163 (Akk. -ga). – Dav.: **A Stygiālis,** e, **zum Styx gehörig, stygialisch,** sacra, Ps. Verg. Cir. 373. – **B Stygius,** a, um (Στύγιος), **zum Styx, zur Unterwelt gehörig,** stygisch, **unterirdisch,** palus, der See Styx, Verg. u. Lact.: Iuppiter od. frater od. rex, Pluto, Verg.: Iuno, Proserpina, Stat.: cymba od. carina, Charons Kahn, Verg.: per Stygias aquas deierare, Apul. – dah. **a höllisch** = greulich, tödlich, schädlich, traurig, bubo, Ov.: os (*sc.* serpentis), Ov.: vis, Verg.: frigus, die Kälte des Todes, Sil.: color, Totenfarbe, Sil. – **b magisch, zauberisch,** carmen, Lucan.: religio, Sil.

suād = sic, Fest. 351 (a), 15.

Suāda, ae, *f.*, s. suādus.

suādēla, ae, *f.* (suadeo), **I** das **Zureden,** die **Überredung,** Plaut. cist. 566. Apul. de dogm. Plat. 2, 27. Porph. Hor. ep. 16, 23. Plur., Apul. met. 9, 18. – **II** personif., Suadela = Πειθώ, die **Göttin der Überredung,** Hor. ep. 1, 6, 38.

suādenter, *Adv.* (suadeo), **überredend,** Donat. Ter. Andr. 1, 5, 36. Arnob. 2, 19. Interpr. Iren. 1. praef. § 1.

suādeo, suāsī, suāsum, ēre (zu suavis, also jmdm. etw. angenehm machen), **I** *intr.* **raten, Rat geben, zureden,** an C. Trebonio persuasi, cui ne suadere quidem ausus essem, Cic.: nemo est qui tibi sapientius suadere possit te ipso, Cic.: sed haec, quae supra scripta sunt, eo spectant, ut et horter et suadeam, soll bloß eine Aufforderung u. ein guter Rat für dich sein, Cic.: in suadendo et dissuadendo, Cic. – v. lebl. Subjj., suadet enim vesana fames, Verg.: suadentibus annis, Plin. ep. – **II** tr.: **A** etwas **raten, anraten,** zu etwas **raten, zureden, a** mit *Acc.:* pacem, Cic.: legem, Cic.: parsimoniam omnibus, Iustin.: quod ipse tibi suaseris, Cic.: m. *Acc. pers.:* sermone, inquis, me suasisti, medicamine sapientissimo, Tert. de pall. 6. – von lebl. Subjj., tantum religio potuit suadere malorum, Lucr.: suadent (laden ein zu) cadentia sidera somnos, Verg. – Partiz. subst., suāsum, ī, *n.*, ein überredendes Wort, Tert. ad uxor. 2, 1: Plur. suasa, Ps. Cypr. de genes. 103. – **b** mit *Infin.:* mori, Cic.: alci in gestu discendo histrionum more elaborare, Cic.: succurrere fratri, Verg.: Arimazi petram tradere, Curt.: Tiridati precibus Caesarem aggredi, Tac. – v. lebl. Subjj., hinc tibi saepes saepe levi somnum suadebit (einladen) inire susurro, Verg.: assiduus timor omnia experiri suadet, Sen.: cum ratio suadet finire (vitam), Sen. – **c** m. *Acc.* u. *Infin.:* nullam esse rationem amittere eiusmodi occasionem, Cic.: Iuturnam occurrere fratri suasi, Cic.: multorum praeceptis multisque litteris sibi ab adulescentia suasisse (sich den Grundsatz beigebracht haben) nihil esse in vita magno opere expetendum nisi laudem, Cic. Arch. 14: onerandas (esse) tributo provincias, Suet.: quando maritandum principem cuncti suaderent, Tac. – v. lebl. Subjj., nunc me pietas matris potius commodum suadet sequi, Ter.: tua me virtus quemvis sufferre laborem suadet, Lucr. – **d** mit folg. *ut* od. *ne* u. Konj.: ut istas remittat sibi, Plaut.: postea me, ut sibi essem legatus, non solum suasit verum etiam rogavit, Cic.: suadet Lacedaemoniis, ut regiā potestate dissolutā ex omnibus dux deligatur, Nep.: suasit, ne se moveret, Nep.: ne praecipitetur editio, Quint.: ne supra principem scanderet, Tac. – v. lebl. Subjj., ingenium, cui nulla malum sententia suadet ut faceret facinus, Enn. ann. 243 *sq.* – **e** m. folg. bl. *Conjunctiv:* proinde istud facias ipse, quod faciamus nobis suades, Plaut.: se suadere, Pharnabazo id negotium daret, Nep.: suaserunt commilitonibus, stringerent gladios, Frontin.: suadeo cenemus, Petron. – **f** mit *de* u. Abl.: suasuri de pace, bello, copiis etc., Quint. 3, 8, 14. – **B** einem **raten, zureden,** ihm die und die **Überzeugung beibringen,** ihn **überreden,** uxorem eius tacite suasi ac denique persuasi, Apul. met. 9, 25: tu es, quae eum suasisti, Tert. de habit. mul. 1: m. folg. *Infin.*, haec me fortunae larga indulgentia suasit vitae abitum petere, Auson. edyll. 2, 53. p. 34 Schenkl: ut te suadeant meos explorare vultus, Apul. met. 5, 11. – im Passiv, immortalitatem habere confiditis paucorum asseverationibus suasi, Arnob. 1, 64: nec potest aliquid suaderi perdere, Arnob. 2, 26: Megadorus a sorore suasus ducere uxorem, Plaut. aul. argum. 1. *v.* 6: sororum pernicioso consilio suasa, Apul. met. 5, 6: versch. probe suasus et confirmatus animi amator, ein wohlempfohlener, Apul. met. 9, 22. – ► sŭādent, dreisilb., Lucr. 4, 1149 (1157).

suādibilis, e (suadeo), **I sich überreden lassend,** sapientia, Vulg. epist. Iacobi 3, 17. – **II überredend,** doctrina, Augustin. de civ. dei 18, 51, 1. p. 336, 8 D.[2]: si magis suadibile videtur m. folg. *Acc.* u. *Infin.*, Oros. 7, 1, 9.

suādus, a, um (suadeo), **zuredend, überredend,** Stat., Symm. u. a. – subst., **Suāda,** ae, *f.*, als Person = Πειθώ, die **Göttin der Überredung,** Suadae medulla, Enn. ann. 308. – ► Vgl. benesuadus u. malesuadus.

sualiternicum, ī, *n.*, eine rötliche Art des Bernsteins, Plin. 37, 33 (Detl. hyalopyrrichum).

suārius, a, um (sus), **zu den Schweinen gehörig, Schweine-, I** *adi.:* forum, Schweinemarkt, ICt.: functio, ICt.: negotiator, Schweinehändler, Plin. – **II** *subst.:* **A** suārius, iī, *m.*, **1** = συβώτης, der **Schweinehirt, Sauhirt,** Plin. 8, 208. – **2** der **Schweinehändler,** Cod. Theod. 14, 4, 3 u. a. Symm. epist. 10, 27. CIL 6, 1771, 9. – **B** suāria, ae, *f.*, der **Schweinehandel,** suariam facere, CIL 6, 1771, 11.

suāsio, ōnis, *f.* (suadeo), **I** das **Raten, Ratgeben,** der **Rat,** non tantum praeceptionem, sed etiam suasionem et consolationem et exhortationem necessariam iudicat, Sen. ep. 95, 65: Plur., suasiones malae, Chalcid. Tim. 300: omni suasionum admonitionumque genere utens, Gell. 10, 19, 4. – **II** insbes.: **a** als publiz. *t. t.*, die **Empfehlung** eines Gesetzvorschlages, legis Serviliae, Cic. Clu. 140. – **b** als rhet. *t. t.*, die **anratende** od. **empfehlende Rede,** tales suasiones, qualem fecit Isocrates panegyricum, Cic. or. 37: ea praecepta, quae de suasionibus tradenda sunt et laudationibus, Cic. de or. 2, 333.

suāsor, ōris, *m.* (suadeo), der **Anrater, Anempfehler,** facti, Cic.: deditionis, Cic.: legis, Liv.

suāsōriē, *Adv.* (suasorius), **ratend, Rat gebend,** Prisc. 18, 104.

suāsōrius, a, um (suadeo), **I zum Ratgeben gehörig, Rat gebend, A** *adi.:* pars, Quint. 3, 8, 6. – **B** subst., suāsōria, ae, *f.* (*sc.* oratio), eine Rede, worin Rat gegeben od. etw. empfohlen wird, Quint. u. a. – **II zum Überreden gehörig, Überredungs-,** oscula, Apul. met. 5, 6.

1. suāsum, s. suādeo *no.* II, A, α.

2. suāsum, ī, *n.*, ein **rußigbrauner Fleck,** Plaut. truc. 271; vgl. Fest. 302 (b), 12.

suāsus, ūs, *m.* (suadeo), das **Raten,** der **Rat,** ob meum suasum, Ter.: per vim et suasum, ICt.: iussu … non suasu, Tert.: de suasu ipsius, Apul.

1. suātim, *Adv.* (sus), **nach Schweineart,** Nigid. b. Non. 40, 26.

2. suātim, *Adv.* (suus), **nach seiner Weise,** Gramm. Vatic. de adv. 6 (Class. auct. 5, 279, a).

suāve, *Adv.* (suavis) = suaviter **angenehm, lieblich,** suave olens, s. suāveolēns: suave rubens, Verg.: suave sonans, Augustin.: suave resonare, Verg.

suāveolēns, entis, klass. getrennt **suāve olēns,** entis (suave u. oleo), **wohlriechend,** Catull. 61, 7. Priap. 85, 13. CIL 12, 103: *neutr. pl.* subst., **Wohlgerüche,** suaveolentium vaporationes, Interpr. Iren. 4, 14, 3.

suāveolentia, ae, *f.* (suaveolens), der **Wohlgeruch,** Sidon. epist. 8, 14, 4. Augustin. conf. 8, 6, 15.

suāviātio, s. sāviātio.

suāvidicus, a, um (suave u. dico), **angenehm-, lieblich redend, angenehm, lieblich,** versus, Lucr. 4, 178.

suāvidus, a, um = suavis, Th. Prisc. de diaet. 20.

suāvifico, ātus, āre (suavis u. facio), **lieblich-, annehmlich machen,** Isid. orig. 17, 8, 11. Arnob. in psalm. 103.

suāvillum, s. sāvillum.

suāviloquēns, entis (suave u. loquor) = ἡδυεπής, **angenehm-, lieblich redend, angenehm, lieblich,** os, Enn. ann. 303: iucunditas, Cic. de rep. fr. b. Gell. 12, 2, 7 (das. als ennianisches Wort von Cicero getadelt): carmen, Lucr. 1, 945: senectus, Mart. Cap. 1. § 3.

suāviloquentia, ae, *f.* (suaviloquens), das **angenehme-, liebliche Reden,** Cic. Brut. 58. Augustin. conf. 5, 3. § 3.

suāviloquus, a, um (suave u. loquor) = ἡδυεπής, **angenehm-, lieblich redend,** Claudia, CIL 6, 3375*: caecutientis Maeonii suaviloqua senectus, Mart. Cap. 1. § 3.

suāvilūdius, ii, *m.* (suavis u. ludus), **sich an Schauspielen ergötzend, der Schauspielliebhaber,** Tert. de spect. 20 u. de cor. 6.

suāvio, s. sāvio.

suāviolum, s. sāviolum.

suāvior, s. sāvior.

suāvis, e (statt *suād-vis, altind. *svādú-ś*, griech. ἡδύς, dor. ἁδύς = *σϝαδύς, ἁνδάνω), **lieblich, angenehm, anziehend, I** für die äußeren Sinne: odor, Cic.: aqua, Plin.: flores, Lucr.: cantus, Plaut.: vox, Gell.: sopor, Lucr.: suavior color, Plin. – suave adv., s. bes. – **II** für das innere Gefühl u. den Geist: homines, Cic. (aber ironisch) homo suavis! ein schöner Kunde! Ter. Phorm. 411): coniunctio, Cic.: litterae tuae, Cic.: sermo suavior, Hor. – suave est m. *Infin.*, tibi porro ut non sit suave vivere, Ter.: mihi suavissimum est dare etc., Cael. in Cic. ep. – ► sŭāves, dreisilb., Sedul. 1, 274.

suāvisator, ōris, *m.* (suavis u. sator), **Bereiter angenehmer Genüsse,** v. Koch, Vespae iudic. 93 (Poët. Lat. min. *ed. Wernsdorf.* tom. 2. p. 238).

suāvisāviātio, ōnis, *f.* (suavis u. suaviatio = saviatio), das **kosende Küssen, der Küsse süße Lust,** Plaut. Pseud. 65: scherzh. personif., Plaut. Bacch. 116 u. 120.

suāvisonus, a, um (suavis u. sono), **lieblich tönend, -klingend,** echo, Acc. tr. 572: melos, Naev. tr. 25.

suāvitās, ātis, *f.* (suavis), die **Lieblichkeit, Annehmlichkeit,** das **Anziehende, I** für die Sinne: cibi, Cic.: odorum, Cic.: coloris, Cic.: oris et vocis, Nep.: valentissimae vocis, Sen. rhet.: – Plur., suavitates, angenehme Genüsse, Cic.: mortiferae libidinum suavitates, Lact.: suavitates variarum voluptatum, Lact.: multas odorum suavitates spargere, Ambros. in Luc. 6. § 21; vgl. Bünem. Lact. 7, 5, 23. – **II** für das innere Gefühl u. den Geist: vitae, Cic.: mira quaedam in cognoscendo s., Cic.: eius eximia s., Liebenswürdigkeit, Cic.: so auch s. quaedam sermonum (Konversation) atque morum (Benehmen übh.), Cic. – Plur., propter multas suavitates ingenii, officii, humanitatis tuae, Cic. ep. 3, 1, 1.

suāviter, *Adv.* (suavis), **lieblich, angenehm, anziehend, I** für die Sinne: quam suaviter voluptas sensibus blandiatur, Cic.: odor suaviter gravis, Plin.: suavissime et peritissime legere, Plin. ep. – **II** für das innere Gefühl u. den Geist: loqui, Cic.: meminisse, mit Vergnügen, Cic.: suavius vivere, froher, behaglicher, Hor.: suavissime scriptae litterae, Cic.: vos rogo, amici, ut vobis suaviter sit, Freunde, macht es euch behaglich, ich bitte euch darum, Petron.: als Antwort, quid agis, dulcissime rerum? Suaviter, ut nunc est, ganz nett, ganz gemütlich, Hor. sat. 1, 9, 5.

suāvitūdo, inis, *f.* (suavis) = suavitas, die **Lieblichkeit, Annehmlichkeit,** tua, Turpil. com. 110: pronuntiationis, Rhet. Her. 3, 22: Plur., suavitudinum mollitie capti, Lact. 6, 22, 5. – als Liebkosungswort, suav. mea, meine Wonne, Plaut. Stich. 755. Plaut. fr. bei Non. 173, 3.

suāvium, s. sāvium.

sub, *Praep.* m. *Abl.* u. *Acc.* (aus sup, vgl. ὑπό), **I** m. *Abl.*: **A** v. Raum, **1** zur Bezeichnung des Verweilens unter einem Gegenstand, **unter, a** neben Verben der Ruhe, sub terra habitare, Cic.: sub vestimentis habere, Plaut.: sub pellibus hiemare, Caes.: vitam sub divo agere, Hor. – übtr., sub armis esse, Caes.: sub armis manere, Liv.: sub armis habere legiones, Cic.: legionem sub sarcinis adoriri, Caes.: sub corona, sub hasta vendere, Caes. u. Liv.: saepe est etiam sub palliolo sordido sapientia, Caecil. com. fr.: sub nomine pacis bellum latet, Cic. – **b** neben Verben der Bewegung **α unter ... hin, hin ... unter,** sub terra vivi demissi sunt, Liv.: sub hoc iugo dictator Aequos misit, Liv. – **β unter ... hervor,** qui sub terra erepsisti modo, Plaut.: sub terra lapides eximet, Plaut.: – **γ empor, hinauf, auf,** monte sub aërio, Verg.

2 zur Bezeichnung des Verweilens in der unmittelbaren Nähe eines höher ragenden Gegenstandes, **unter, unterhalb, unten an, an, vor,** sub monte esse, considere, Caes.: sub moenibus esse, Cic.: sub septemtrionibus positum esse, Caes.: est ager sub urbe, Plaut. – übtr., sub manu esse, bei der Hand sein, Cic.: sub iactu teli esse, in Schussweite sein, Liv.: sub oculis domini suam probare operam studebant, Liv.: omnia sub oculis erant, alles lag vor Augen, Caes.: sub sinistra Britanniam relictam conspexit, Caes.

3 zur Bezeichnung des Verweilens in einem umschließenden Gegenstand, **unten in, in,** silvis inventa sub altis, Ov.: vidimus obscuris primam sub vallibus urbem, Verg.: tuta sub exiguo flumine nostra ratis, Prop.

4 zur Bezeichnung einer unmittelbaren Aufeinanderfolge, **unmittelbar hinter,** Euryalumque Helymus sequitur; quo deinde sub ipso ecce volat calcemque terit iam calce Diores, Verg. Aen. 5, 322 *sq.*

B v. der Zeit, **1** zur Bezeichnung des unmittelbaren Zusammenfallens eines Ereignisses mit der Zeit, **innerhalb, während, in, bei,** cervi sub ipsa die quam maxime invia petunt, Plin.: primis spectata sub annis, Ov.: consilium sub die nasci debet, Sen.: ne sub ipsa profectione milites oppidum irrumperent, Caes.: sub somno plerique senescunt, Cels. – sub Tiberio Caesare, unter dem K. T. = unter der Regierung des Kaisers Tib., Sen.: u. so sub divo Augusto, Sen. u. Plin.: sub Vespasiano, Plin. ep.: sub Dario rege, Lact.: Herodes, qui fuit sub imperio Tiberii Caesaris, Lact.

2 zur Bezeichnung der ungefähren Annäherung eines Ereignisses an eine Zeit, **bei, gegen,** faces viator sub luce reliquit, Ov.: sub luce urbem ingressus, Liv.: excesserunt urbe sub adventu Romanorum, Liv.: sub fine morbi, Cels.: sub exitu vitae, Suet.

C von Zuständen: **1** zur Bezeichnung einer Unterordnung, **unter, bei,** sub regno alcis, Cic.: cuius sub imperio phalanx erat Macedonum, Nep.: qui tribunus cohortis sub Classico fuerat, Plin. ep.: sub dicione atque imperio alcis esse, Caes.: sub manu alcis esse, Planc. b. Cic.: sub Hannibale magistro omnes belli artes edoctus, Liv.: sub rege, unter der Herrschaft eines Königs, Cic.: u. so sub optimo rege, Sen.: adhuc sub iudice lis est, Hor.

2 zur Bezeichnung näherer Umstände, unter denen etwas geschieht **unter, bei,** sub frigido sudore mori, Cels.: Bacchi sub nomine risit, Ov.: sub hoc metu villicus erit in officio, Colum.: ut sub specie venationis dolus lateret, Iustin.: nuptias sub belli denuntiatione petit, Iustin.: sub pacto abolitionis, Quint.: sub ea condicione, Suet.: sub lege, Suet.: sub nomine meo duo libri ferebantur, Quint.: vitia nobis sub virtutum nomine obrepunt, Sen.: cuius commenta sub nomine Democriti falso produntur, Colum.: multa vana sub nomine celebri vulgabantur, Tac.: sub honesto patrum aut plebis nomine dominationes affectabant, Sall. fr.: ferebantur sub nominibus consularium fictae in Seianum sententiae, Tac.: sub exceptione, si, Suet.: sub exspectatione successorum rapinis studebant, Colum.: sub poena mortis, servitutis, Suet.

II mit *Acc.*: **A** v. Raum, **1** zur Bezeichnung der Bewegung unter einen Gegenstand, **unter, a** neben Verben der Bewegung, subdere sub solum, Plaut.: exercitum sub iugum mittere, Caes.: sub furcam ire, Hor.: manum sub vestimenta deferre, Plaut.: sub scamna dare pedem, Ov.: sub divum rapere, Hor. – übtr., sub sensum cadere non possunt, Cic.: quae sub sensus subiecta sunt, Cic.: sub iudicium sapientis et delectum cadunt, Cic. – **b** neben Verben der Ruhe, quidquid sub Noton et Borean hominum sumus, Lucan. 7, 364.

2 zur Bezeichnung der Bewegung in die unmittelbare Nähe eines höher ragenden Gegenstandes, **unter, unterhalb, nahe an, an,** sub montem succedunt milites, Caes.: sub aciem succedunt, Caes.: hostem mediam ferit ense sub alvum, Ov.: sub orientem secutus Armenios, Flor. – übtr., sub manus succedere, unter die Hände kommen, Plaut.: hoc succedit sub manus negotium, kommt bequem, Plaut.: sub manum summittere, Auct. b. Afr.: venire sub ictum, in Schussweite kommen, Liv.

3 zur Bezeichnung der Ausdehnung an einem höher ragenden Gegenstande hin, **an ... hin, bei,** Iudaei sub ipsos muros struxere aciem, Tac.: arat finem sub utrumque colonus, Hor.: sub ipsum murum fons aquae prorumpebat, Hirt. b. G.

B von der Zeit, zur Bezeichnung der unmittelbaren Annäherung eines Ereignisses an eine Zeit, **a** indem dasselbe vorhergeht = **um, gegen, kurz (unmittelbar) vor** (s. Fritzsche Hor. sat. 2, 1, 9. M. Müller Liv. 1, 35, 2), sub noctem naves solvit, Caes.: sub vesperum portas claudi iussit, Caes.: u. so sub noctem, Hor.: sub ortum ferme lucis, Liv.: sub idem tempus legati missi, Liv.: sub ipsum certaminis diem, Liv.: sub finem certaminis, Liv.: sub horam pugnae, Suet.: sub tempus (*sc.* comitiorum), Liv.: sub tempus edendi, Hor.: sub lumina prima, Hor.: sub galli cantum, Hor.: sub adventum, Liv. – **b** indem dasselbe nachfolgt = **nach, sogleich nach, unmittelbar nach** (vgl. Fritzsche Hor. sat. 2, 8, 43. Fabri Liv. 21, 2, 1. Wölffl. Liv. 21, 18, 14), sub eas litteras statim recitatae sunt tuae, Cic.: sub hanc vocem fremitus variantis multitudinis fuit, Liv.: sub haec dicta omnes procubuerunt, Liv.: sub hoc erus ... inquit, Hor.

C von Zuständen, zur Bezeichnung einer Unterordnung = **unter,** sub potestatem redigere, Nep.: matrimonium vos sub legis superbissimae vincula conicitis, Liv.

▶ sub ist in Zusammensetzungen: **a** = **unter.** – **b** = **etwas, ein wenig** (s. Donat. Ter. Andr. 2, 6, 16). – **c** = **unter der Hand, heimlich.**

subabsurdē, *Adv.* (subabsurdus), **etwas ungereimt,** Cic. de or. 2, 275.

sub-absurdus, a, um, **etwas ungereimt, etwas abgeschmackt,** tempus discessus, Cic.: *neutr. pl.* subst., subabsurda dicere, Cic.: subabsurda illa constant stulti simulatione, Quint.

sub-accūso, āre, **ein wenig tadeln, -be- schuldigen,** alqm, Cic. ad Att. 13, 46, 3; 16, 7, 1: meum discessum reprehendere et subaccusare voluisti, Cic. Planc. 86.

sub-ācer, cris, cre, **etwas scharf,** radicis eius (napi) gustus subacrior est, Isid. orig. 17, 10, 8.

sub-acidus, a, um, **etwas sauer, säuerlich,** vinum, Cato r. r. 108, 2: sucus, Plin. 12, 120.

subāctārius, a, um (subigo), **zum Zurechtarbeiten geeignet,** coriarius, der Gerber, der die Felle für die Verarbeitung zurechtmacht, CIL 10, 1916.

subāctio, ōnis, *f.* (subigo), die **Durcharbeitung,** durch Stampfen, Kneten, Kauen usw., bacillorum od. liaculorum subactiones, das Schlagen mit kleinen Stäben, Vitr.: ciborum subactiones, das Kauen, Arnob. – bildl., die **Bearbeitung, Durchbildung** des Verstandes, Cic. de or. 2, 131 (in einem vom Ackerbau entlehnten Bild).

subāctor, ōris, *m.* (subigo), im obszönen Sinne = der **Schänder,** Lampr. Commm. 3, 6 u. Heliog. 5, 4.

subāctus, Abl. ū, *m.* (subigo), das **Durcharbeiten, Kneten,** Plin. 18, 67.

subadiuva, ae, *m.* (sub u. adiuvo), der **Untergehilfe, Assistent,** spät. ICt.

subadiuvāns, antis, *m.* (sub u. adiuvo) = subadiuva, Notit. utr. imper. *s.* 41.

sub-admoveo, ēre, **unter der Hand hinbringen, -nähern,** Colum. 6, 36, 4 zw.

subadroganter, s. sub-arroganter.

subadsentiēns, s. subassentiēns.

subaediānus, a, um (sub u. aedes), **im Inneren des Hauses beschäftigt,** fabri = intestinarii, Kunsttischler (Ggstz. Bautischler, Zimmerleute), CIL 12, 4393, 28: corpus subaedianorum, CIL 6, 9558 u. 9559. – Nbf. **subaedānus,** z. B. marmorarius, der **Marmorarbeiter für das Innere des Hauses,** CIL 6, 33293.

subaemulātio, ōnis, *f.* (subaemulor), die **verstohlene Nacheiferung,** Ambros. in psalm. 36. § 10.

sub-aemulor, ārī, **verstohlen nacheifern,** Ambros. in psalm. 36. § 10.

sub-aerātus, a, um, **inwendig kupfern,** aurum, Pers. 5, 106.

sub-agrestis, e, **etwas bäuerisch, ziemlich roh, ziemlich plump,** consilium, Cic.: ingenium, Amm.: subagreste quiddam planeque subrusticum, Cic.: ut asper et subagrestis, ein Mann von rauen Sitten u. von wenig Lebensart, Amm.

sub-ālāris, e, **I unter den Flügeln befindlich,** plumae perdicum, Lampr. Heliog. 19, 9. – subst., subālāres, ium, *f.*, die unter den Flügeln befindlichen Federn, Vulg. 4. Esdr. 11, 25 u. a. – **II** übtr., **unter den Achseln befindlich, -getragen,** telum, Nep. Alcib. 10, 5.

sub-albēns, entis, **weißlich,** Cassiod. var. 5, 34.

sub-albicāns, antis, **weißlich,** Varro r. r. 3, 9, 5.

sub-albidus, a, um, **weißlich,** folia, Plin.: pustula, Cels.: pars carnis, Cels.: sanies, Cels.: lingua, Cael. Aur.

sub-albulus, a, um, **weißlich,** Isid. orig. 12, 1, 50 (*cod. Gud.* 1; Vulg. subalbidus).

sub-albus, a, um, **weißlich,** Varro r. r. 1, 9, 5. Sen. apoc. 13.

sub-alpīnus, a, um, **an den Alpen gelegen,** montes, Plin.: Italia, Plin.

subalternātim, *Adv.*, **untergeordnet,** Boeth. com. in Porph. (Migne 64, 79 A).

sub-alternus, a, um, **untergeordnet,** genera, Iulian. bei Augustin. op. imperf. c. Iul. 5, 25 u. a. Eccl.

subamārē, *Adv.* (subamarus), **etwas (ziemlich) bitter,** loqui de collega, Schol. Bob. ad Cic. Sest. III, 3. p. 293, 31 B.

sub-amārus, a, um, **etwas (ziemlich) bitter,** subamara aliqua res, etwas (ziemlich) bitter Schmeckendes, Cic de inv. 1, 25. – Plur. subst., subamāra, ōrum, *n.*, die **etwas bitteren Dinge** (Ggstz. dulcia), Cic. de fat. 8. – *neutr.* adv., subamarum adridens, Amm. 27, 11, 5.

sub-ambiguē, *Adv.*, **etwas zweideutig,** loqui, Donat. Ter. Phorm. 4, 4, 2.

sub-aperio, īre, **eröffnen,** auriculam subcaute, Apic. 8, 372: quid nivem in plumeas subaperiat crustulas, verwandele, Arnob. 2, 58.

subaquāneus, a, um (sub u. aqua), **unter dem Wasser befindlich,** Tert. de anim. 32.

sub-aquilīnus, a, um, **etwas adlerartig** = etwas abwärts gebogen, naribus subaquilinis fuit, er hatte eine Habichtsnase, Itin. Alex. 6 (13).

sub-aquilus, a, um, **etwas dunkelfarbig, bräunlich,** corpus, Plaut. rud. 423 Sch.: fuit vultu subaquilo, Treb. Poll. trig. tyr. 30, 15.

subarātor, ōris, *m.* (subaro), der **Unterpflüger,** der nahe an etwas pflügt, Plin. 17, 227.

sub-ārēsco, ere, **etwas trocken-, etwas dürr werden,** Vitr. 7, 3, 5.

sub-argūtulus, a, um, **etwas spitzfindig, etwas schlau,** Gell. 15, 30, 1.

Subaris, s. Sybaris.

Subaritānus, s. Sybaris.

subarmālis, e (sub u. armus), **unter dem Arm befindlich,** vestis, eine Art Kleidung, die unter den Arm zurückgeschlagen wurde, Mart. Cap. 5. § 426: dass. subst. subarmālis, is, *m.*, Valerian. b. Treb. Poll. Claud. 14, 8 u. Vopisc. Aurel. 13, 3. Spart. Sever. 6, 11.

sub-aro, āre, **etwas unterpflügen,** Plin. 16, 116 u. 119.

subarro, ātus, āre (sub u. arra), **durch ein Aufgeld verbindlich machen, verpfänden,** Cassian. coll. 7, 6. Sulp. Sev. append. ep. 2, 12. p. 241, 22 *Halm* u. a. Eccl.

sub-arroganter (subadroganter), *Adv.*, **etwas anmaßend, -vermessen,** Cic. Acad. 2, 114.

sub-asper, era, erum, **etwas rau,** Cels. 5, 28, 19.

subassentiēns, entis (*Partic.* v. *subassentio), **ein wenig beistimmend,** Quint. 11, 3, 100.

sub-asso, ātus, āre, **ein wenig** od. **nach und nach braten,** Cael. Aur. de morb. chron. 4, 3, 65 u. 67. Apic. 2, 43 u. 60; 7, 261.

subātio, ōnis, *f.* (subo), die **Brunst** der Schweine, das **Ranzen,** Plin. 8, 205. Fulg. expos. serm. ant. 46 zw.

sub-audio, īre, **I ein wenig hören,** Apul. met. 5, 19. – **II darunter-, dabei verstehen,** in Gedanken **ergänzen,** ein Wort usw., Ps. Ascon. ad Cic. I. Verr.. 2. § 4. p. 128, 6 B. u. 9. § 26. p. 139, 3 B. u. a. Ulp. dig. 28, 5, 1. § 7. Donat. Ter. adelph. 2, 3, 6. Serv. Verg. ecl. 3, 30 u. Aen. 2, 26. Boëth. inst. arithm. 1, 28. p. 60, 6 u. 8 Fr.

subaudītio, ōnis, *f.* (subaudio), das **Dabeiverstehen,** das in Gedanken **Ergänzen** eines ausgelassenen Wortes, Serv. Verg. georg. 2, 98; Aen. 10, 89. Boëth. inst. arithm. 1, 28. p. 60, 12 Fr. Hieron. quaest. Hebr. in reg. 2, 3, 13. Augustin. de serm. dom. 1, 9. § 25 u. a. Eccl.

sub-aurātus, a, um, **leicht vergoldet,** anulus (Ggstz. anulus totus aureus), Petron. 32, 3: tabellae, Schol. Iuven. 7, 23: statua equestris, CIL 9, 333.
subauro, āre (sub u. aurum), **leicht vergolden,** statuam subaurandam de sua pecunia curavit, CIL 9, 5688.
sub-ausculto, āre, **heimlich zuhören, lauschen, horchen,** Plaut. asin. 586 u. a. Cic. de or. 2, 153 u. a.
sub-austērus, a, um, **etwas herb, herblich,** Cels. 3, 6 *extr.* u. 6, 6. *no.* 8. Dynam. 1, 48.
sub-bāiulo, āre, **aufhocken,** scapulis validis tantam molem, Augustin. c. Faust. 15, 5: alterā ungulā subbaiulante alteram, Interpr. Iren. 5, 8, 3.
sub-balbē, *Adv.*, **etwas stammelnd,** Spart. Geta 5, 1.
Sub-ballio, ōnis, *m.*, gleichs. **Unterballio, Vizeballio,** Plaut. Pseud. 607.
subbasilicānus, ī, *m.* (sub u. basilica), der **unter der Basilika Spazierengehende,** der **Hallenbesucher,** Plaut. capt. 815.
sub-bibo, bibī, ere, trinkend **nippen,** paulum, **ein Schlückchen trinken,** Suet. Ner. 20, 2; vgl. Prisc. 2, 5.
sub-blandior, īrī, **ein wenig liebkosen, -schmeicheln,** alci, Plaut. asin. 185 u. a.: domino, Eugraph. Ter. heaut. 3, 3, 30: absol., Lucil. 883. Plaut. Bacch. 876. – ► Archaist. Futur. subblandibitur, Plaut. Bacch. 517: parag. Infin., subblandirier, Plaut. Cas. 586.
subbrachia, ōrum, *n.* (sub u. brachium), die **Höhlungen unter dem Arm,** alae subbrachia sunt appellata, Isid. orig. 11, 1, 65.
sub-brevis, e, **etwas kurz,** Plin. 21, 43.
sub-bullio, īre, **leicht aufschäumen,** Cassiod. hist. eccl. 7, 2. Plin. Val. 1, 11.
sub-caelestis, e, **unter dem Himmel befindlich,** Tert. adv. Valent. 31.
sub-caeruleus, a, um, **bläulich,** creta cimolia, Cels. 6, 5 *extr.*
sub-candidus, a, um, **weißlich,** Plin. 27, 16 u. 120.
sub-cautē, *Adv.*, **etwas vorsichtig,** Apic. 8, 372.
sub-cavo, āre, **unterhöhlen,** Schol. Iuven. 1, 155 *Cramer* (nicht bei Jahn).
sub-cavus, a, um, **unterwärts hohl,** areae, Cato: loca, Lucr. u. Gromat. vet.
sub-cēno, āre, **von unten verspeisen,** Galba bei Quint. 6, 3, 90.
1. sub-centurio, āre, s. 1. succenturio.
2. sub-centurio, ōnis, *m.*, s. 2. succenturio.
sub-cerno (succerno), crēvī, crētum, ere, **I durchsieben,** Cato u. Vitr.: subc. cribro farinario, Plin.: scherzh., iste gradus succretust cribro pollinario, Plaut. Poen. 513. – **II** übtr., **durchschütteln,** Auct. Aetnae 497.
subcinericius, a, um (sub u. cinis), **unter-, in der Asche gebacken,** panis, Vulg. genes. 18, 6 u. a. Hieron. in Osee 2, 8, 7. Isid. orig. 20, 2, 15. Vet. vers. Epiphan. de mens. § 12. p. 101, 20 *Hultsch.*
subcīnctus, s. succingo.
subcingo, s. succingo.
subcīsīvus, a, um, s. subsicīvus.
sub-coelestis, e, s. sub-caelestis.
sub-coeno, āre, s. sub-cēno.
subcoeruleus, a, um, s. sub-caeruleus.
sub-colōrātus, a, um, **leicht gebräunt, etwas dunkelfarbig,** charta, Isid. orig. 6, 10, 3.
sub-commūnis, e, als Übersetzung v. ἐπίκοινος, mehreren **gemeinschaftlich,** genus, v. Tieren, die nur ein gramm. Genus haben, aber von beiden natürlichen Geschlechtern gebraucht werden (z. B. aquila, passer), Diom. 301, 13.
sub-continuātio, ōnis, *f.*, die **unmittelbare Fortsetzung,** Prisc. 16, 3.
subcontinuātivus, a, um (subcontinuatio), **unmittelbar fortgesetzt,** Prisc. 16, 3 u. 4.
sub-contumēliōsē, *Adv.*, **etwas schimpflich, nicht allzu säuberlich,** alqm tractare, Cic. ad Att. 2, 7, 3.
sub-coquo, ere, **etwas-, ein wenig-, gelinde kochen,** Marc. Emp. 36.
sub-corniculārius, iī, *m.*, der **Gehilfe des** *cornicularius* (s. d.), CIL 6, 3596.
sub-cortex, icis, *c.*, die **untere-, innere Rinde** des Baumes, Veget. mul. 4, 28, 7.
subcrassulus, a, um (sub u. *crassulus, *Demin.* v. crassus), **etwas dick,** Capit. Gord. 6, 1.
subcrēsco, s. succrēsco.
subcrētus (succr.), s. sub-cerno.
sub-crīspus, a, um, **etwas kraus, kräuslich,** capillus, Cic.: iuba equi, Varro.
sub-croceus, a, um, **rotgelblich,** color, Schol. Pers. 3, 95.
sub-crotillus, s. succrotillus.
sub-crūdus, a, um, **etwas roh, halb gekocht,** ulcus, Cels.: brassica, Cato.
sub-cruentus, a, um, **etwas blutig,** Cels. 4, 18 u. a.
subcubo, āre, s. 1. succubo.
subcubōnea, ae, *f.*, s. succubōnea.
subcultro, āvī, ātum, āre (sub u. culter), **mit dem Messer zerschneiden,** Apic. 4, 135 u. 8, 404.
subcumbo, s. succumbo.
subcumbus (succumbus), ī, *m.* (sub u. cumbo), der **Grenzstein,** Gromat. vet. 305, 9 u. a.
sub-cuneo, (āvī), ātum, āre, durch Keile verbinden, **verkeilen,** Vitr. 6, 8, 2.
sub-cūrātor, ōris, *m.*, der **Unterkurator,** Iulian. dig. 3, 5, 29 (30).
sub-curvus, a, um, **etwas krumm,** Amm. 26, 9, 11.
sub-cūstōs, ōdis, *m.*, der **Unterwächter, Vizewächter,** Plaut. mil. 868.
subcutāneus, s. subtercutāneus.
sub-dealbo, āre, **weißlich machen,** Varro sat. Men. 171 (Bücheler gegen die Hdschrn. dealbet).
sub-dēbilis, e, **etwas gelähmt,** Suet. Vit. 17, 2.
sub-dēfendo, ere, **ein wenig verteidigen, -in Schutz nehmen,** culpam, Donat. Ter. Andr. 5, 3, 25.
sub-dēficio, ere, **nach und nach mattschwach werden,** Curt. 7, 7 (31), 20. Augustin. serm. 343, 10.
sub-diācōn, onis, *m.*, der **Unterdiakonus, Subdiakonus,** Cassiod. compl. 1. ad Timoth. 3.
subdiācōnālis, e (subdiaconus), **eines Unterdiakonus,** ministerium, Ven. Fort. vit. S. Marcel. 6.
subdiācōnātus, ūs, *m.* (subdiaconus), das Amt eines Unterdiakonus, das **Subdiakonat,** Gregor. epist. 9, 66.
sub-diāconus, ī, *m.*, der **Unterdiakonus, Subdiakonus,** Cod. Iust. 1, 3, 6 u. 20. Augustin. epist. 63, 1. Isid. orig. 7, 12, 23. CIL 9, 1069 u. 10, 1371.
subdīālis, e (v. sub dio), **unter freiem Himmel befindlich,** inambulationes, Plin. 14, 11: petrae, Plin. 34, 117. – subst., subdīāle, is, *n.*, der **Altan,** Plur. subdialia, Plin. 36, 186. – Andere Form subdīvālis, e, Amm. 19, 11, 4. Th. Prisc. 1, 2. Cassian. coll. 19, 1 u. 24, 2. – u. subst., subdīval, ālis, *n.*, der **Altan,** Itala Ezech. 9, 3 (b. Tert. adv. Iud. 11); vgl. Gloss. III, 365, 46 ›subdival, ὕπαιθρον‹. – ► Über die Länge des *i* in subdialis s. Lachm. Lucr. p. 227.
sub-difficilis, e, **einigermaßen schwierig,** exsistit autem hoc loco quaedam quaestio subdifficilis, Cic. de amic. 67.
sub-diffīdo, ere, **einigermaßen misstrauisch sein, nicht recht trauen,** Cic. ad Att. 15, 20, 2.
sub-dīmidius, a, um, als Übersetzung von ὑφημιόλιος, **die Hälfte weniger enthaltend,** drückt das Verhältnis von 1 zu 2 aus, Mart. Cap. 7. § 761.
sub-disiūnctīvus, a, um, **einander entgegengesetzt,** doch nicht so, dass nicht das eine sein oder nicht sein könne, Procul. dig. 50, 16, 124: coniunctiones, Prisc. 16, 7.
subdīstīnctio, ōnis, *f.* (subdistinguo), **I** = ὑποστιγμή, das **Komma,** Diom. 438, 5. Prisc. 18, 11. Donat. 372, 16 u. 17 K. Cassiod. de orthogr. 146, 1 K. – **II** als rhet. Fig. = περιδιαστολή, die **genaue Unterscheidung,** Auct. carm. de fig. 115. p. 67 *Halm.*
sub-dīstinguo, ere = ὑποστίζω, **ein Komma setzen, durch ein Komma trennen,** Ps. Ascon. ad Cic. II. Verr.. 2, 13, 32. p. 213, 13 B. Prisc. 18,

11. Porphyr. Hor. epod. 16, 15. Donat. Ter. Andr. prol. 11 u. 1, 1, 28 2, 2, 11 u. a. Serv. Verg. ecl. 3, 29; Aen. 2, 391 u. 604; 10, 173. Augustin. de genes. ad litt. 5, 14, 31. Interpr. Iren. 3, 6, 1.

subditātio, ōnis, *f.*, s. subdito.

subditīcius (subditītius), a, um (subdo), **untergeschoben, unecht,** Antoninus, Lampr. Heliog. 17, 9. Vgl. subditivus.

subditio, ōnis, *f.* (subdo), die **Hinzufügung,** exemplorum, Varro sent. *no.* 46 *Riese.*

subditītius, s. subditīcius.

subditīvus, a, um (subdo), **I untergelegt, substituiert,** secreta, Arnob. 5, 32. – **II** insbes., **untergeschoben, unecht, verkappt,** Sosia, Plaut.: archipirata, Cic.: subditivom fieri ego illum militis servom volo, Plaut.: fratrem ut subditivum apud patrem arguere conatus est, Suet.

subdito, āre (*Intens.* v. subdo) = ἐνεχυριάζω (als Unterpfand geben), Gloss. II, 298, 56 (subditatio = ἐνεχυριασμός, Gloss. II, 298, 54).

subditus, Abl. ū, *m.* (subdo), das **Unterlegen,** odoris, Plin. 32, 28.

subdīval, subdīvālis, s. subdīālis.

sub-dīvido, vīsī, vīsum, ere, etwas **in Unterabteilungen zerlegen,** libros, hebdomades, Eccl.

subdīvīsio, ōnis, *f.* (subdivido), die **Unterabteilung,** Hieron. epist. 58, 5. Cod. Iust. 3, 28, 37 u. a.: Plur., Boëth. inst. arithm. 1, 13.

subdīvum, ī, *n.* = ὕπαιθρον (Gloss. II, 190, 15), der **freie Himmel,** subdivo, bei freiem (heiterem) Himmel (Ggstz. nubilo), Tert. de pall. 2. p. 930 *Oehler.*

subdīvus, a, um = ὕπαιθρος, **unter freiem Himmel,** Gloss. II, 463, 11.

sub-do, didī, ditum, ere, **I unten hin-, unter** etw. **hintun, -legen, -setzen, -stellen, -fügen, unterlegen, untersetzen, A** im Allg.: **1** eig.: **a** übh.: ignes, Cic.: pugionem pulvino, Suet.: furcas vitibus, Plin.: neque fundamenta per solidum (auf festem Boden) subdidit, Tac.: mensam pedibus, Curt.: calcaria equo, die Sporen geben, Liv.: tauros aratro, Tac.: se aquis, untertauchen, Ov.: versus, unten anfügen, Gell.: illico subdidisti, hinzugefügt, Auson.: sub pedem subditus, unter die Füße geworfen (*al.* sub pede subditus, unter den Füßen liegend), Auct. b. Afr. 78, 1. – **b** Partiz. subditus, v. Örtl. = **unter** od. bei einem Ort **liegend,** subdita templo Appias, Ov.: Libye subdita Cancro, Sil. – u. v. Völkerschaften = unter einem Ort **wohnend,** Coeletae (populi) maiores Haemo subditi, Plin. – **2** übtr.: irae facem, Lucr.: affectibus nostris faces, Sen.: faces studiis, Sen. rhet.: alci acriores ad studia dicendi faces, Cic.: ignaviae subditum calcar, Sen.: ingenio stimulos, Ov.: alci spiritus, einflößen, Liv.: supplicia, anwenden, Cod. Iust. – **B** insbes.: **unterwerfen, untertänig machen, 1** eig., ne feminae imperio subderentur, Tac.: proles subdita regno, Tibull. - **2** übtr., **unterwerfen, preisgeben, aussetzen, überlassen,** rem casibus, Plin.: ep.: colla Fortunae, unter das Schicksal beugen, Sil. – **II an die Stelle** des anderen **setzen, substituieren, A** im Allg.: me in Hirtii locum, Cic.: iudicem in meum locum, Cic.: subdidit verbum ei verbo, quod omiserat, finitimum, Gell.: exemptā litterā unā sonitus vastioris et subditā lenioris Gell. – **B** insbes.: **a** fälschlich **unterschieben, vorschieben,** alqm, Ter. u. Tac. (u. so me subditum et paelice genitum appellant, Liv.): testamentum, Tac.: crimina maiestatis, Tac.: rumorem, fälschlich verbreiten, Tac. – m. dopp. *Acc.,* alqm reum, jmd. als Schuldigen vorschieben, Tac. ann. 1, 6 u. 15, 44. – **b** jmd. **unter der Hand** als Ankläger **anstellen,** Tac. ann. 4, 59.

sub-doceo, ēre, **I** *tr.* bei jmd. **als Stellvertreter den Schulmeister machen, einen Hilfslehrer abgeben,** Cic. ad Att. 8, 4, 1. – **II** *intr.* **Unterlehrer sein, als Unterlehrer beistehen,** grammatico, Augustin. conf. 8, 6, 13.

subdoctor, ōris, *m.* (subdoceo), der **Unterlehrer,** Auson. de prof. 23 (22) *lemm.*

subdolē, *Adv.* (subdolus), **hinterlistig, heimtückisch,** Plaut. trin. 238. Cic. Brut. 35. Sall. Iug. 108, 1.

subdolēns, entis (sub u. doleo), **etwas schmerzlich,** subdolens faucium sensus, Cael. Aur. de morb. acut. 3, 2, 7.

subdolōsitās, ātis, *f.* (sub u. dolosus), die **Hinterlistigkeit,** Isid. orig. 10, 229.

sub-dolus, a, um, **heimtückisch, hinterlistig, schleichend, trügerisch,** v. Pers., Plaut., Sall. u. a.: verb. occultus ac subdolus, Tac., subdolus et occultior, Aur. Vict. – v. lebl. Subj., animus audax, subdolus, varius, Sall.: subdolus ac versutus animus, Vell.: oratio, Caes.: rete, Mart.: loci forma, Tac.

sub-domo, āre, gleichs. unterzähmen = **überwältigen,** Plaut. asin. 702.

sub-dubito, āre, **einigen Zweifel hegen, einigermaßen in Zweifel sein,** antea subdubitabam, Cic. ad Att. 14, 15, 1 (2): m. folg. indir. Fragesatz, quod non nihil significabant tuae litterae, subdubitare te, quā essem erga illum voluntate, Cic. ep. 2, 13, 2.

sub-dūco, dūxī, ductum, ere, **I darunter wegziehen, entziehen, benehmen, wegnehmen,** bes. insgeheim, **A** eig.: **1** im Allg.: ubi bullabit vinum, ignem subducito, Cato: ensem capiti, Verg.: lapides ex turri, Caes.: cibum athletae, Cic.: lac agnis, Verg.: pugnae Turnum, Verg.: alqm praesenti periculo, Vell.: alqm saevitiae, Curt.: amoenitatis eius speciem repente subduci, Lact.: quasi subductis (abgeschnitten) et consummatis omnibus viis, Lact.: columbi matre subducti, Th. Prisc.: se subducere colles incipiunt, sich allmählich zurückziehen, zurücksenken, Verg. ecl. 9, 7: hic quoque fons nascitur simulque subducitur (verliert sich), Plin. ep. 5, 6, 39: est (cubiculum) subductum omnibus ventis, ist gegen alle W. gesichert, Plin. ep. 2, 17, 10. – **2** insbes.: **a wegziehen, wegbringen, wegführen,** u. mit Angabe wohin? = **hinführen, hinüberführen, -bringen,** alqm ex acie, Curt.: alqm in contionem, Liv.: statuam in locum editum, Gell.: bes. als milit. *t. t.,* cohortes e dextro cornu, Liv.: copias in proximum collem, zog sie zurück, brachte sie in Schutz, Caes.: milites in primam aciem, Sall.: copias in collem, Caes.: u. so aciem in collem, Aur. Vict.: eodem agmen, Tac. – **b heimlich entfernen, -fortschaffen, entziehen, entwenden,** partem subducere, partem subtrahere, ICt.: furto obsides, Liv.: per gratiam, per colludium, furto subduci, Cod. Theod.: dolo malo heredis subduci, ICt.: amores, durch Ränke entziehen (wie ὑποκλέπτεσθαι εὐνήν bei Sophocl.), Prop.: aut cistam effractam aut viatica subducta plorat, Hor.: cogi adire, quae mortalium oculis natura subduxerit, Curt.: subd. rem de iudicio, Ulp. dig. 10, 2, 14. – u. se subd., **sich unter der Hand (heimlich) entfernen, sich fort-, wegschleichen, sich drücken,** subd. hinc se, Plaut.: clam se istinc, Plaut.: se de circulo, Cic.: clam se custodibus, Nep.: u. bl. clam se, Auct. b. Afr.: u. übtr., hic se felicitati suae subducere cupit, Sen.: nos quaerimus illa tamquam lateant semper seseque subducant, Quint. – **c** als mediz. *t. t.,* nach oben od. nach unten abführen, alvum, Cels. u. Gell. – **d** als naut. *t. t.,* ein Segel **einziehen, reffen,** celeriter vela subduci demittique antemnas iubet, Auct. b. Alex. 45, 3. – **B** übtr., subd. rationem od. ratiunculam = **die Rechnung ziehen, zusammenrechnen, berechnen, erwägen,** Cic. u. Plaut.: so auch calculos, Cic.: summam, Cic.: et sine ea cogitatione ineundis subducendisque rationibus, Cic. fr.: dah. subductā ratione, mit Überlegung, Ter. u. Cic. – ähnlich utilitatem non pecuniarii lucri aestimatione subducimus (berechnen wir), sed acquisitione pietatis, Ambros. de off. 2, 6, 23. – **II in die Höhe ziehen, 1** im Allg.: cataractam in tantum altitudinis, Liv.: aulaeum, Apul.: tunicas, Ov.: supercilium, Laev. fr. u. Priap.: supercilia, Hor. u. Sen.: voltum, Prop.: frontem, in Falten ziehen (Ggstz. expandere), Tert. – **2** insbes., als naut. *t. t.,* ein Schiff **ans Land ziehen** (ἀνέλκειν, Ggstz. deducere, καθέλκειν), classem, Liv.: naves, Caes.: naviculas, Min. Fel.: perpaucas naves, Liv.: naves in aridum, Caes.: – ► Synk. Perf. subduxti, Ter. eun. 795: synk. Infin. Perf. subduxe, Varro r. r. 2, 1, 6.

subductārius, a, um (subduco), **zum Aufziehen dienlich,** funis, Cato r. r. 12 u. a.

subductio, ōnis, *f.* (subduco), **I** das **Wegziehen,** übtr.: **a** die **Berechnung, Auszifferung,** Plur. bei Cic. de or. 2, 132. – **b** die **Verzückung,** Augustin. de genes. ad litt. 12, 32, 60. – **II** das **Ziehen der Schiffe ans Land,** subductiones navium, Vitr. 10, 2, 10: absol., subductiones, Caes. b. G. 5, 1, 2.

subductus, a, um, *PAdi.* (subduco), **zurückgezogen, a zurückliegend,** subducti oculi et recessu cavo introrsum recepti, Solin. 40, 21. – **b** v. Örtl. = **entlegen,** terra subductior, Mart. Cap. 6. § 591.

sub-dulcis, e, **etwas süß,** Plin. 26, 58 u. 97; 27, 72. Augustin. epist. 26, 3. Marc. Emp. 29.

sub-duplex, icis, die **in einer größeren Zahl zweimal enthaltene kleinere Zahl,** Boëth. inst. arithm. 1, 30 *extr.* – dass. **sub-duplus,** ī, *m., ibid.* 1, 23. p. 47, 17 u. 20 Fr.

sub-dūrus, a, um, **etwas hart,** Cels. 5, 28, 14. – bildl., Q. Cic. pet. cons. 46.

sub-edo, ēdī, ēsum, ere, **von unten anfressen, unterfressen, unterhöhlen,** Ov. met. 11, 783. Hieron. in Ierem. 1, 2, 37: sic me subes cottidie, quasi fiber salicem, Plaut. fr. bei Paul. ex Fest. 90, 3.

sub-eo, iī, itum, īre, **I unter** oder **unten** in etw. **gehen, -kommen, -treten,** sich **ducken, kriechen,** sich **schmiegen, tauchen, 1** eig.: **a** übh.: **α** mit *Praepp.:* subit oras hasta per imas clipei, Verg. – **β** m. *Dat.:* dumis, Sil.: luco, Verg. – als Träger, ingenti feretro, Verg.: subtemen, quod subit stamini, Verg. – **γ** m. *Acc.:* virgulta, aquam, Curt.: paludem, aquas, Ov.: latebras, Ov.: cavum, Hor.: operta telluris, Verg. – inter annos XIV tectum non subisse, Caes.: u. so tecta, Quint.: u. Ov.: mucronem, dem Schwert unterlaufen, Verg. (vgl. im Bild, omnia tela intenta in patriam, Cic.). – als Träger, iugum, sich (als Gespann) unter das J. schmiegen, Plin. (vgl. im Bild, iugum imperii rigidā cervice, Curt.): ebenso currum, Verg.: onus dorso gravius, Hor. (vgl. im Bild, onus subire et perferre, Ggstz. horrere, Hor.): verbera saeva, Ov.: und (im Bild) vel contumeliarum verbera, Cic. – **δ** absol.: umeris subibo, will mich unterbücken, Verg.: ille astu subit, bückt sich mit List, Verg. – als Träger, aura, subito, hebe mich auf, trage mich, Ov. – **b** im obszönen Sinne: **α** m. *Dat.:* liquido deo, Prop. – **β** m. *Acc.:* iuvenes, Iuven. – **2** übtr., sich einer Sache (wie einer Last) **unterziehen,** etw. (wie eine Last) **auf sich nehmen, über sich ergehen lassen, sich gefallen lassen,** quamvis carnificinam, Cic.: quemque casum, Cic.: subitum casum, Caes.: condiciones, Tac.: parem cum ceteris condicionem fortunae, Cic.: summae crudelitatis famam, Cic.: poterisne eius orationis subire invidiam? Cic.: pro amico periculum aut invidiam, Cic.: vim atque iniuriam, Cic.: inimicitias, Cic.: iudicium, sich dem G. stellen, Liv.: iudicium multitudinis imperitae, Cic.: labores, Cic.: postremo ipsam mortem, Lact.: mortem aequo od. iniquo animo, Lact.: molem curae sponte, Plin. pan.: odium alcis, Cic.: offensionem, Cic.: non modo offensas, verum etiam simultates pro alqo aequo animo, Plin. ep. (u. so quantas contentiones, quantas etiam offensas subierimus, Plin. ep.): aut periculosas inimicitias aut infamiam sempiternam, Cic.: infamiae maculam, Iustin.: civitatis onus, Liv.: dupli poenam, Cic.: legis poenam, Nep.: minus sermonis subissem, Cic.: sub. maximas rei publicae tempestates, Cic.: subeunda dimicatio (*sc.* capitis) totiens, quot coniurati superessent, Liv.: auspicum verba, Tac.: subeundus usus omnium, es müssen praktische Erfahrungen in allem gemacht werden, Cic. de or. 1, 157 (Friedrich subeundus visus hominum, man muss den Menschen unter die Augen treten): procellarum incerta subeuntur, Augustin. serm. 351, 12 *extr.*

II nahend **herangehen, A** an einen Punkt **herangehen, herankommen, heranrücken,** nach oben = **aufrücken, aufsteigen, emporsteigen, 1** eig.: **a** übh.: **α** m. *Praepp.:* sub falas, Plaut.: sub orbem solis, vor die Sonne treten (v. Mond), Liv. – in latebras, Ov.: in adversum, Liv.: in adversos montes, Liv. – ad montes, ad vallum, ad urbem, Liv. – aqua subit in caelum, Plin. – **β** m. *Dat.:* muro, Verg.: portu Chaonio, Verg. – **γ** mit *Acc.:* collem, Hirt. b. G.: muros, Liv.: Anxur impositum saxis, Hor.: medium orbem, sich nahen (v. der Nacht), Verg.: terram, hinter die Erde treten (v. Mond), Curt.: aqua subit altitudinem exortus sui, steigt hinan, Plin. – poet., eine Person **angehen,** precibus tonantem, Stat.: u. so subit illa minantem, Stat. – feindlich = **angreifen,** Herbesum, Verg. – **δ** absol.: pone subit coniunx, hinter mir wandelt, Verg.: subit ipse meumque explet opus, Ov.: quae (aqua) subire potuerit, aufsteigen, Plin. – v. Gewächsen usw. = aufgehen, aufsprossen, ne subeant herbae, Verg.: altera barba subit, Mart. – **b nach und nach-, langsam-, unvermerkt herangehen, sich heranschleichen, sich einschleichen, α** m. *Acc.:* thalamos pudicos, Ov.: furtim lumina fessa (vom Schlaf), Ov. – **β** absol.: acrius illa (puella) subit, Prop.: an subit (amor), Ov. – im guten Sinne, venae subeunt, zeigen sich weniger aufgeregt, Cels. – **c** v. Gewässern = **an** od. **unter** einen Ort **dicht herantreten,** einen Ort **bespülen,** ubi maxime montes Crotonenses Trasumennus subit, Liv.: ea (litora) subit ac circumluit pelagus, Mela: subit tum ripam mare, Mela: hinc simul mare, quod Ciliciam subit, Curt.: radices eius (petrae) Indus amnis subit, Curt. – **d** v. Örtl., **sich erheben,** quā vero ipsa (regio) subit ad Medos, Plin. 6, 115. – **2** übtr.: **a** übh., **unter** etwas od. jmd. **kommen, α** m. *sub* u. Akk.: omnes sententiae verbaque omnia, quae sunt cuiusque generis maxime illustria, sub acumen stili subeant et succedant necesse est, Cic. de or. 1, 151. – **β** mit *Acc.:* clarum subit Alba Latinum, kommt unter L. (= unter die Herrschaft des L.), Ov. – **b** zu einer Tätigkeit herangehen, sich einer Sache **unterziehen,** etw. **übernehmen, α** m. *Acc.:* invicem proelium, Liv. – **β** (poet.) m. *Infin.:* tela pellere, Stat.: torquere carinam, Claud. – **γ** absol.: velut imperio aut ratione per vices subeunt (elephanti), treten ein, lösen sich (im Angriff) ab, Plin. 8, 23. – **c** v. Zuständen = jmd. **überkommen, ankommen, überfallen, befallen, erfassen, ergreifen, beschleichen, α** m. *Dat.:* subeunt mihi fastidia cunctarum, Ov.: ne subeant animo taedia iusta tuo, Ov. – **β** m. *Acc.:* sera paenitentia subiit regem, Curt.: subit me fragilitatis humanae miseratio, Plin. ep.: horror animum subit, quotiens recordor feralem introitum, Tac. – **γ** m. folg. *Infin.*, subit ira cadentem ulcisci patriam, Verg. Aen. 2, 575. – **δ** absol., **sich einstellen, eintreten,** subeunt morbi tristisque senectus et labor, Verg. georg. 3, 67. – **d** v. Gedanken usw. = jmd. **überkommen, beschleichen** = **einfallen, in den Sinn-, in die Gedanken kommen, α** m. *Dat.:* subeant animo Latmia saxa tuo, Ov.: subituram vobis aliquando germanitatis memoriam, Liv.: m. folg. *Infin.*, quae quotiens spectas subeat tibi dicere forsan ›quam procul a nobis Naso sodalis abest‹! Ov. – **β** m. *Acc.:* subit animum regis memoria oraculo editae sortis, Curt.: subibat animos Parmenionis quoque fortuna, Curt.: mentem patriae subiit pietatis imago, Verg.: mit folg. *Acc.* u. *Infin.*, quo in tractatu subit mentem non fuisse tum auctoritatem maculoso marmori, Plin.: cogitatio animum subiit indignum esse etc., Liv.: subibat inter haec animum LXXX fratres suos eodem die ab Ocho trucidatos, Curt.: quosdam misera subit cogitatio laborasse ipsos in titulum sepulcri, Sen. – m. folg. *ut* u. Konj., subit me (beschleicht mich) cura, ut quae tibi dicantur te digna sint, Plin. hist. nat. praef. § 11. – m. folg. indir. Fragesatz, subit deinde cogitatio animum, qui belli casus, quam incertus fortunae eventus communisque Mars belli sit, Liv.: mentem subit, quo praemia facto pararis, Ov. – **γ** absol.: personae subeunt, Quint.: subiit cari genitoris imago, Ov. – m. folg. *Infin.* od. *Acc.* u. *Infin.*, subiret cogitatio iam illa momento horae arsura, Liv.: subiit recordatio (es drängt sich mir die E. auf) egisse me iuvenem aeque in quadruplici, Plin. ep.: subit hanc arcana profanā detexisse manu, Ov.: subit antiquitatem mirari, Plin. – m. folg. Fragesatz, quid sim fuerimque subit, Ov.

B unmittelbar nach jmd. od. etw. herangehen, an jmds. od. einer Sache **Stelle treten,** für jmd. od. etw. **eintreten,** jmd. **ablösen,** auf jmd. od. etw. **folgen, 1** eig.: **α** m. *Dat.:* primae legioni tertia, dexterae alae sinistra subiit, Liv. – **β** m. *Acc.:* furcas subiere columnae, Ov. – **2** übtr.: **α** m. *in* u. Akk.: fugere pudor verumque fidesque; in eorum subiere locum fraudes etc., Ov. – **β** absol.: pulchra subit facies, Ov.: subiit argentea proles, Ov. – ► Perf. subivit, Ov. fast. 1, 314. Stat. silv. 2, 1, 155. Apul. met. 4, 15: subivimus, Claud. imp. bei Tac. ann. 11, 24 (Halm u. Nipp. subiimus).

sūber, eris, *n.*, **I** die **Korkeiche,** der **Pantoffelholzbaum** (*Quercus suber,* L.), Verg., Colum. u. a. – **II** der **Kork,** Verg. Aen. 11, 554.

sūbereus, a, um (suber), **von der Korkeiche, vom Pantoffelholzbaum,** Colum. 9, 1, 3. Ser. Samm. 649.

sūberiēs, ēī, *f.* = suber, Isid. orig. 17, 7, 27.

sub-ērigo (ērēxī), ērēctum, ere, **in die Höhe richten,** Sil. 15, 155. – Partiz. suberēctus bei Apul. met. 2, 21. Marc. Emp. 20.

sūberīnus, a, um (suber) = subereus, Sidon. epist. 2, 2, 12.

sub-erro, āre, an etwas **hinirren,** montibus, Claud. cons. Prob. et Ol. 254.

sub-excūso, āre, **einigermaßen entschuldigen,** Salv. de gub. dei 4, 3, 14.

sub-exhibeo, ēre, **unter** etw. **darstellen,** Arnob. 6, 8 (Reiff. getrennt sub exhiberi simulacris).

sub-explico, āre, **unten entfalten,** Arnob. 7, 46.

sub-f..., s. suff...

sub-g..., s. sugg...

sub-haereo, ēre, einer Sache **unterworfen sein, von** etw. **abhängig sein,** intellegibili atque immutabili veritati, Augustin. de trin. 12. § 3.

sub-haerēs, ēdis, *m.*, s. sub-hērēs.

subhastārius, a, um (sub u. hasta), **zur öffentlichen Versteigerung gebracht, subhastiert,** Cod. Theod. 13, 6, 9.

subhastātio, ōnis, *f.* (subhasto), die **öffentliche Versteigerung, Subhastation,** Cod. Iust. 4, 44, 16. Cod. Theod. 10, 17, 1 u. 3.

subhasto, āvī, ātum, āre (sub u. hasta), **öffentlich versteigern, subhastieren,** Solin. 10, 4. Cod. Iust. 7, 53, 3.

sub-hērēs (subhaerēs), ēdis, *m.*, der **Beierbe** (heres secundus), CIL 10, 3645 (subhaer.).

sub-hircus, ī, *m.*, der **Stinkbock unten** = die Achselhöhle, Isid. orig. 11, 1, 65.

sub-horrēsco, s. persubhorrēsco.

sub-horridus, a, um, **etwas rau (abstoßend),** in der Lebensart, verb. subhorridus atque incultus, Cic. Sest. 21.

sub-hūmidus, a, um, **etwas feucht, nässlich,** oculi (des Fieberkranken), Cels. 3, 6. p. 86, 15 D.

sub-iaceo, iacuī, ēre, **I unten liegen, unter** od. bei etw. **liegen, a** übh.: feminā subiacente, Plin.: frumentum si tegulis subiaceat, Plin. – **b** v. Örtl.: mare subiacens, Plin. ep.: subiacentes petrae, Curt.: campus aedificio subiacet, Colum.: fenestris subiacet vestibulum, Plin. ep. – **II** übtr.: **a** zu od. unter etw. **gehören,** einer Sache **angehören,** causa, cui subiacent lites, Quint.: cui subiacent omnes quaestiones, Quint.: quantitas quoque, ut dixi, etiamsi non semper, plerumque tamen eidem (qualitati) subiacet, Quint. – **b** einer Sache **unterworfen-, ausgesetzt-, preisgegeben sein,** vita multis casibus subiacet, Apul.: inopes divitum impotentiae subiacent, Apul.: qui virgarum magistralium ictibus terrorique subiaceat, Vopisc.: viliores personae capitali supplicio subiacent, Cod. Iust. – **c** jmdm. usw. **untergeordnet sein,** in jmds. **Hand** od. **Gewalt stehen,** materia subiacens deo, Lact.: subiacet deo factori mundus, Lact.: subiacent dei potestati omnia, Lact. – **d** palam subiacet, **es liegt klar am Tage,** quanto a maioribus mutaveritis, Tert. ad nat. 1, 11.

subiacio, s. subicio a. E. ►.

subiacto, s. subiecto *no.* II.

subicio, iēcī, iectum, ere (sub u. iacio), **I unter** od. **unten** an etw. **werfen, -legen, -setzen, -stellen, -fügen, -bringen, A** eig.: **1** im Allg.: ignem, Cic.: ova gallinis, Plin.: epistulam sub pulvinum, Nep.: alqd oculis, Liv., od. sub aspectum, Rhet. Her., sichtbar machen vor Augen stellen, sehen lassen. – aedes colli, unten am Hügel hinbauen, Liv.: castra urbi, unter der Stadt aufschlagen, Liv.: oves sub arbores, treiben unter usw., Varro: integras copias vulneratis, an die Stelle der V. bringen, Auct. b. Alex.: Partiz. subst., subiecta, ōrum, *n.*, **Niederungen, Talgründe,** Tac. ann. 1, 64: subiecta vallium, *ibid.* 1, 65. – **2** insbes.: **a** als milit. *t. t.*, **nahe (unten)** an einen Ort **heranrücken lassen,** aciem collibus od. castris, legiones castris, Caes.: se iniquis locis, heranrücken an usw., Caes. – **b darreichen, überreichen,** libellum alci, Cic.: gladios, Lucan. – **B** bildl.: **1** im Allg.: ea quae sub sensus subiecta sunt, Cic.: so auch res, quae subiectae sunt sensibus, Cic.: alqd cogitationi suae, unterlegen, vorlegen, Cic.: sententiam sub hanc vocem, dem W. unterlegen, bei dem W. annehmen, mit dem W. verbinden, Cic.: so auch rem voci, Cic.: faces invidiae meae, die Glut des Hasses gegen mich auf alle Weise anschüren, Cic. – aliud pro illo, quod neges, Quint. – **2** insbes.: **a unterwerfen, unterwürfig machen,** se alci, Liv.: se imperio alcis, Cic.: gentes ferocissimas Romano imperio, Sen.: gentem dicioni nostrae, Tac.: populum senatui, Val. Max.: alci provinciam, Tac.: Gallia securibus subiecta, Caes.: gentes tristi subiectae servitio, Liv.: finitimi populi armis (durch Waffengewalt) subiecti, Iustin.: parcere subiectis, die sich unterworfen haben, Verg. – **b unterwerfen, aussetzen, preisgeben,** alqm aut fustibus aut virgis, Lampr.: navigationem hiemi (den Gefahren des stürmischen Winters), Caes.: fortunas innocentium fictis auditionibus, Cic.: scelus odio, Cic.: alqd praeconi, Liv. u. Sen., od. voci praeconis, Cic., od. sub praeconem, Cic., öffentlich feilbieten (verauktionieren) lassen, unter den Hammer bringen (u. so bl. subicere reliquias spectaculorum, Suet.): mare est subiectum ventis, Cic.: terram ferro, bearbeiten, pflügen, Cic. – **c unterordnen,** partes generibus, Cic.: sub metum subiecta sunt pigritia, pudor, terror etc., dem Begriff »Furcht« sind untergeordnet, Cic. – insbes., dem Wert nach **unterordnen, hintansetzen,** id magis credo quam Q. Fabium eā aetate atque eis honoribus Valerio subiectum, Liv. 10, 3, 4. – **d** im Reden u. Schreiben **nachstellen, -setzen, folgen lassen, anfügen, anschließen,** rationem, Cic.: longis litteris breves, Quint.: dah. **darauf reden, sagen,** quod subicit, Cic.: tum risum obortum Scipioni, et subiecisse, Liv. – **e unter den Fuß geben, an die Hand geben, eingeben** od. **einhelfen (soufflieren), einflüstern, erinnerlich machen, α** v. Pers.: subiciens, quid dicerem, Cic.: subiecto uno aut altero verbo, Sen.: consilia, Liv.: spem alci, Hoffnung machen, einflößen, Liv.: carmina, Prop.: quae subicere condicio rerum poterat, Liv.: tibi subice ea, erinnere dich daran, stelle es dir vor, sage es dir selbst, Sulpic. in Cic. ep. – **β** v. lebl. Subji., **an die Hand geben, daraufführen,** m. folg. *ut* u. Konj. od. m. folg. *Infin.*, huius viri mentio subicit, ut de septem sapientium moderatione referam, Val. Max. 4, 1. ext. 7: cuius mentio mihi subicit quod adversus D. Brutum in Hispania graviter dictum est referre, Val. Max. 6, 4. ext. 1. – **II von unten werfen, 1** von unten **in die Höhe werfen, -richten, -heben,** regem in equum, Liv.: corpora saltu in equos, sich auf die Pferde schwingen, Verg. – refl., alnus se subicit, schießt empor, Verg.: u. medial, flamma subiecta, sich erhebend, emporsteigend, Verg. – **2 von unten her-** od. **hervorwerfen, -schleudern,** tragulas inter carros, Caes. b. G. 1, 26, 3. – **III** an **die Stelle** von jmd. od. etw. **setzen,** etw. **substituieren, 1** im Allg.: potiorem, Liv. 23, 3, 10: immutata (ea dico) in quibus pro verbo proprio subicitur aliud, quod idem significet sumptum ex re aliqua consequenti, Cic. or. 92. – **2** insbes.: **a** fälschlich **unterschieben,** testamenta, Cic.: librum, Nep.: partum, ICt. – **b** jmd. **vorschieben, anstiften,** Metellum, Caes.: testes, Quint. – ► Nbf. subiacio, wov. subiace, Sulpic. in Cic. ep. 4, 5, 5 *cod. Med.*

subidus, a, um (subo), **brünstig,** Poëta bei Gell. 19, 9, 11 zw. (Hertz subitus).

subiectē, Adv., doch nur in *Superl.* (subiectus), **unterwürfig,** haec quam potest demississime et subiectissime exponit, Caes. b. 1, 84, 5.

subiectibilis, e (subicio), **unterwürfig,** Vulg. Baruch 1, 18.

subiectio, ōnis, *f.* (subicio), **I** das **Legen unter** etwas, das **Hinlegen, Hinstellen, a** abstr.: rerum, quasi gerantur, sub aspectum paene subiectio, die Voraugenstellung, Veranschaulichung, als Redefigur (griech. ὑποτύπωσις), Cic. de or. 3, 202: so auch totius rei sub oculos subiectio, Gell. 10, 3, 7, u. bl. sub oculos subiectio, Quint. 9, 2, 40. – dah. absol., die **Darstellung, Verzeichnung,** Plur. bei Vitr. 9, 7, 7 u. 9, 8, 1. – **b** konkr., die **Unterlage** an einer Katapulta, Vitr. 10, 10, 5. – **II** die **Unterschiebung,** testamenti, Liv. 39, 18, 4. – **III** die **Hinzufügung,** rationis, Rhet. Her. 4, 24. – dah. **a** eine Redefigur = ἀνθυποφορά, der **Gegeneinwand,** die **Entgegnung auf einen** (selbstgemachten) **Einwand,** Rhet. Her. 4, 33. – **b** die **hinzugefügte** Erklärung, Rhet. Her. 2, 28. – **IV** die **Unterwerfung, a** die politische, subiectiones provinciarum, Oros. 3, 14, 10: forte petit subiectionem hostium suorum, die U., Demütigung, Augustin. in Ioann. c. 1. tract. 3. § 20.

– **b** die geistige, die **Unterwürfigkeit,** Oros. 1. prooem. § 8. Ambros. de Noë 10, 31: mentium, Ambros. in psalm. 118. serm. 12. § 27: u. die Unterwürfigkeit, Unterordnung der Natur, des Wesens, Ambros. de spir. scto 3, 1. § 8.

subiectīvē, *Adv.* (subiectivus), **zum Subjekt gehörig,** Mart. Cap. 4. § 393.

subiectīvus, a, um (subiectus), **I hinzugefügt, nachgesetzt,** Tert. de vel. virg. 4 *extr.*: Ggstz. praeiectivus, Ter. Scaur. 17, 19 K. – **II zum Subjekt gehörig,** pars, Subjekt, Apul. u. Mart. Cap.: particulae, Apul.

subiecto, āre (*Intens.* v. subicio), **I darunterwerfen, -legen, -fügen,** manus, Ov. met. 4, 359: stimulos alci, Hor. sat. 2, 7, 94. – **II** von unten **in die Höhe werfen,** Lucr. 6, 700. Verg. georg. 3, 241: iis (granis) tritis oportet e terra subiactari (so!) vallis aut ventilabris, Varro r. r. 1, 52, 2.

subiector, ōris, *m.* (subicio), der **Unterschieber,** testamentorum, Cic. Cat. 2, 7.

subiectum, ī, *n.* (subicio), das **Subjekt,** Mart. Cap. 4. § 361.

1. **subiectus,** a, um, *PAdi.* (v. subicio), **I unter-, an-, bei** etw. **liegend, angrenzend,** hic alter (circulus terrae) subiectus aquiloni, Cic.: subiecti Orientis orae Serae, Hor. – campus viae subiectus, Liv.: subiectis campis, auf den naheliegenden Feldern, Tac.: Italiam ostentat subiectosque Alpinis montibus Circumpadanos campos, die am Fuße der Alpen liegenden, Liv.: alvi natura subiecta stomacho, Cic. – subst., subiecta, ōrum, *n.*, **Niederungen,** Tac. ann. 1, 64: subiecta vallium, die Tiefen der Täler, Talgründe, *ibid.* 1, 65: subiecta riparum, ein etwas tieferer Uferrand, ein etwas tieferes Gestade, Auson. Mos. 166. – **II** übtr.: **a unterwürfig, untergeben, untertan,** tunc enim subiecti atque obnoxii vobis minus essemus, Liv.: nulli est naturae oboediens aut subiectus deus, untertan od. untergeordnet, Cic.: tamquam iudicio (infolge der Überlegung), non consuetudine et arte tractandi quaedam quibusdam subiectiora sunt, Sen. – subst., subiectī, ōrum, *m.*, die Untergebenen, Colum. u. = die Untertanen, Sen., Plin. u. Tac. – **b ausgesetzt, preisgegeben,** ancipiti fortunae, Val. Max.: subiectior invidiae, Hor.

2. **subiectus,** Abl. ū, *m.* (subicio), das **Unterlegen, Daranlegen,** Plin. 26, 154.

subiex, icis, *m.* (subicio), die **Unterlage,** Enn. fr. scen. 10 *Vahlen.*

subigitātio, ōnis, *f.* (subigito), die **Durcharbeitung** übtr., die **unkeusche Betastung,** Plur. bei Plaut. capt. 1030.

subigitātrīx, trīcis, *f.* (subigito), die **Durcharbeiterin,** übtr., die **unzüchtige Betasterin,** Plaut. Pers. 227.

subigito, āre (*Frequ.* v. subigo, s. Beda de orthogr. 288, 30 K.), **I dazu bringen, -bewegen,** alqm, Fronto ad M. Caes. 4, 5: alqm blanditiis, Apul. apol. 87. – **II unzüchtig betasten, beschlafen,** Plaut. merc. 203 u. a. Ter. heaut. 567.

subigo, ēgi, āctum, ere (sub u. ago), untertreiben, **I unter** etwas **hintreiben, unter** od. **nach** etwas **hinauftreiben, 1** eig.: sues in umbrosum locum, Varro: celsos sonipedes iugo, unter das J. treiben, anjochen, Sen. poët.; u. (im Bild) Graecos vincere et sub iugum Macedonici imperii subigere, Iustin. – naves ad castellum, Liv.: classem ad moenia, Sil. – saxum contra ardua montis, Sil.: frondosum apicem ad sidera, Sil. – adverso flumine lembum remigio, hinaufarbeiten = rudern, Verg.: u. so bl. ratem conto, stromaufwärts treiben, Verg.: u. inde naves in flumine Vulturno comprehensas subigi ad id quod iam ante praesidii causā fecerat castellum iussit, Liv.

2 übtr., in od. zu etw. gegen seinen Willen durch äußere oder innere Nötigung **hindrängen, vermögen, dazu bringen, zwingen, a** in einen Zustand, eine Lage: plerique omnes subiguntur sub suum (st. eius) iudicium, Naev. bell. Pun. fr. inc. 7. – gew. m. *ad* od. *in* u. Akk., Volscos ad deditionem, Liv.: nos ad necessitatem dedendi res, Liv.: hostes in deditionem, Curt.: post tot urbes vi captas aut metu subactas in deditionem, Liv. Vgl. Drak. Liv. 9, 41, 3. – **b** zu einem Tun od. Lassen, mit folg. *Infin.* od. *Acc.* u. *Infin.*, vis subigit verum fateri, Plaut.: meā vi subacta est facere, Plaut.: glebas subigas (me) proscindere ferro, Lucil. fr.: Tarquiniensem metu subegerat frumentum exercitui praebere, Liv.: subigitque fateri, quae etc., Verg.: aut metus aut iniuria te subegit, genus poenae novum decernere, Sall.: ambitio multos mortales falsos fieri subegit, Sall. Vgl. Dietsch Sall. Cat. 10, 5. Otto Tac. ann. 1, 39. A. 16. Drak. Sil. 1, 635. – m. folg. *ut* u. Konj., nec tu me quidem umquam subiges redditum, ut reddam tibi, Plaut.: haec verba subigunt me, uti mores barbaros discam, Plaut.: necessitas me subigit, ut te rogitem, Plaut.: ut ederet socios, subigi non potuit, Tac.: ut relinquant patriam atque cives, nullam vim umquam subacturam, Liv. – absol., nam eum pater eius subegit, Plaut.: non meā culpā saepe ad vos oratum mitto, sed vis Iugurthae subigit, Sall.: metu subactus Romulo rem aperit, Liv.: multitudine periclitantium subactus, sich gedrungen fühlend, Tac.: insidiis subactus, durch verräterischen Angriff dazu gedrängt, Verg.

II prägn., wie κατεργάζομαι, **niederarbeiten, 1** eig.: **zerarbeiten, durcharbeiten, aufarbeiten, zurechtarbeiten,** corium pilis, Cato: carnem in ipsis pecudum ferarumque coriis manibus pedibusque, mürbe machen, Mela: in cote secures, abreiben, schärfen, Verg.: parietes candelā linteisque puris, bohnen, Vitr.: pressā manu terga, tüchtig abreiben, Colum.: digitis opus, glatt streichen, schlichten, Ov.: pontum remis, aufwühlen, Val. Flacc. – So nun bes.: **a** den Boden **durcharbeiten, aufarbeiten, aufgraben, auflockern,** terrae solum, Lucr.: terram, Sen. u. Lact.: segetes aratris, Cic. fr.: agrum bipalio, Colum.: terras fissione glebarum, Cic.: humus subacta atque pura, Cic.: terrae gremium mollitum atque subactum, Cic.: scrobes subactae, aufgelockerte, lockere, Verg. Vgl. Moser Cic. de legg. 2, 45. p. 300. – **b** eine Masse **kneten,** farinam, Cato: lutum inter manus, farinam calcibus, Mela: panem, Plin. – **c** einen Stoff mit einer Flüssigkeit **zurechtmachen, anmachen, abkochen,** farina ex aqua frigida subacta, Cels.: calx ex oleo subacta, Vitr.: rosae folia ex passo (Rosinenwein) subacta, Cels. – **d** im obszönen Sinne = **unterkriegen,** ancillam, Auson. epigr. 142, 2; vgl. (im Doppelsinne mit *no.* 2, c) Suet. Caes. 49, 4.

2 übtr.: **a** zähmend, bildend **zurechtarbeiten** = **α** Tiere **zähmen, schulen,** vitulos, Colum.: crocodilos, Solin.: belua facilis ad subigendum, Cic. – **β** Menschen usw., **tüchtig (gründlich) durchbilden, einüben, schulen,** ipsi a pueris eruditi artibus militiae, tot subacti atque durati bellis, Liv.: alci rei consuetudine aures populi, durch G. für etwas heranbilden, Varro LL.: im Bild, subacto mihi ingenio opus est, ut agro non semel arato, sed novato et iterato, Cic. de or. 2, 131. – **b** jmd. physisch od. moralisch **hart mitnehmen, mürbe machen, beugen, niederbeugen,** vexari et subigi multo acrius (militem Romanum) quam Veientes, Liv.: victi malis subactique bello, Liv.: Cimbri et Teutoni simili inopiā subacti, Caes.: *non* adversa res ingentem eorum animum *subegit, quin,* quae virtute ceperant, simul cum anima retinerent, Ps. Sall. de rep. 2, 10, 7. – absol., mors amici subigit, Acc. tr. 316. – **c** ein Volk, einen Staat, ein Land durch Waffengewalt **unterkriegen, unterjochen, knechten, zu Paaren treiben,** Priami patriam Pergamum armis equis exercitu, Plaut.: dimidiam partem nationum usque omnium intra viginti dies, Plaut.: populos armis, Cic.: omnes gentes Hispaniae bello, Nep.: isto bello non recreatus (wiedergeboren) neque restitutus, sed subactus (geknechtet) oppressusque populus Romanus est, Cic.: reges magni bello domiti, nationes ferae et populi ingentes vi subacti, Sall.: u. so bl. sub. maximas bellicosissimasque gentes, Nep.: urbes atque nationes, Sall.: verb. ipsos vincere ac subigere, Cic.: Galliam devincere subigereque, Hirt. b. G. – Partiz. subst., victi ac subacti, Cic. Font. 26 (36).

Subigus, ī, *m.* (subigo), *i.e.* deus qui adest, ut nova nupta a viro subigatur, Tert. ad nat. 2, 11: deus pater Subigus, Augustin. de civ. dei 6, 9, 3. p. 264, 23 u. 265, 1 D².

sub-impudēns, entis, **etwas unverschämt,** Cic. ep. 7, 17, 1.

subina, s. sibina.

sub-inānis, e, **etwas eitel,** quod est subinane in nobis, ein Anflug von Eitelkeit, Cic. ad Att. 2, 17, 2.

sub-increpito, āre, **ein wenig krachen,** Ven. Fort. vit. S. Mart. 1, 259.

sub-inde, *Adv.*, **I gleich darauf, unmittelbar darauf, bald nachher,** Hor., Liv. u. a. – **II** insbes., bei oft wiederholten Handlungen, **oft = schnell, nacheinander, wiederholentlich, zu wiederholten Malen** (woher franz. *souvent*), Liv., Vell. u. a. – **III allmählich,** Curt. 8, 2 (10), 34.

sub-indignanter, *Adv.*, **etwas unwillig, etwas im Ton des Unwillens,** Donat. Ter. adelph. 1, 2, 21.

sub-indo, ere, **noch hinzufügen,** Aur. Vict. de orig. gent. Rom. 3, 7.

sub-indūco, (dūxī), ere, **fälschlich einführen, -beilegen, einschmuggeln,** Eccl.

sub-īnfero, intulī, ferre, **hinzufügen,** Rutil. Lup. 1. § 1. Vulg. 2. Petr. 1, 5. Augustin. serm. 361, 4 u. de genes. ad litt. 3, 24 u. a. Eccl.

sub-īnflo, īnflātus, āre, **etwas aufgedunsen machen,** Passiv subīnflārī, **etwas aufgedunsen werden,** Cael. Aur. de morb. chron. 2, 4, 71. – oft Partiz. **subīnflātus,** a, um, **etwas aufgeblasen, -aufgedunsen,** pectus, Arnob.: vultus, Cael. Aur.

subīnsertio, ōnis, *f.* (sub u. 2. insero) = ὑπόζευξις, die **Anreihung,** als rhet. Fig., wenn in einer Reihe einzelner Sätze jedes Subjekt sein besonderes Zeitwort hat (auch subiunctio, subnexio gen.), Iul. Rufin. de schem. lex. 4.

sub-īnstīllo, āre, **allmählich einträpfeln,** oleum, Apic. 3, 95.

sub-īnsulsus, a, um, **etwas abgeschmackt,** Cic. de opt. gen. 7.

sub-intellego, ere, **ein wenig merken, -wahrnehmen,** Acro Hor. sat. 1, 4, 69 u. Eccl.

sub-intro, āvī, ātum, āre, **insgeheim hineingehen, sich einschleichen,** Eccl.

sub-intrōdūco, dūxī, ductum, ere, **insgeheim einführen,** Augustin. epist. 78, 3. Hieron. epist. 112, 6. Vulg. Galat. 2, 4. – übtr., **fälschlich einführen, einschmuggeln,** quartam in trinitate personam, Augustin. epist. 219, 1.

sub-introeo, iī, īre, **hineingehen,** Vulg. Galat. 2, 4 u. epist. Iudae 1, 4: speciem Hammonis, die Gestalt des H. annehmen, Arnob. 6, 12.

sub-invicem, *Adv.*, **durcheinander,** Isid. orig. 16, 14, 12.

sub-invideo, ēre, **I** auf jmd. **ein wenig eifersüchtig sein,** subinvideo tibi, ultro te etiam arcessitum ab eo, ad quem etc., Cic. ep. 7, 10, 1. – **II** Partiz. subinvīsus, a, um = **etwas verhasst,** nomen, Cic. Rab. Post. 40.

sub-invīto, āre, **unter der Hand einladen, auffordern,** m. folg. *ut* u. Konj., Cic. ep. 7, 1, 6.

sub-īrāscor, īrāscī, **etwas zürnen, ungehalten werden, ein wenig böse werden, empfindlich werden,** interdum soleo subirasci, Cic. de fin. 2, 12: m. *Dat.*, subirascebar brevitati litterarum tuarum, Cic. ep. 11, 24, 1: mit *quod* (weil, dass), in Epirum quod me non invitas, subirascor, Cic. ad Att. 9, 7. § 7.

sub-īrātus, a, um, **etwas zornig, ein wenig böse, empfindlich,** homo tibi subiratus, Cic. de or. 1, 72: rescripsi tibi subiratus, Cic. ep. 3, 9, 1.

subis, *f.*, ein Vogel, der die Eier der Adler zerbricht, Plin. 10, 37.

subitāneus, a, um (subitus), **plötzlich,** ignis, Sen. nat. qu. 7, 22, 1: imber, Colum. 1, 6, 24 u. 2, 4, 4; außerdem Vulg. sap. 17, 6 u. 14; 19, 16. Th. Prisc. 2, 13 u. 2 chron. 19. Hist. Apollon. reg. 18. Augustin. serm. 232, 8.

subitārius, a, um (subitus), was plötzlich-, in Hast geschieht, **plötzlich,** dah. auch **dringend (dringlich), eilig,** aedificia, in Eile erbaut, Tac.: exercitus, milites, legiones, schnell ausgehoben, -zusammengebracht, Liv.: dictio, aus dem Stegreif, Gell.: res subitaria est, Plaut. – *neutr. pl.* subst., subitaria (Stegreifreden) ista nostra, Apul. de deo Socr. prol. *in.* p. 163, 1 H. (p. 1, 8 G.).

subitātio, ōnis, *f.* (2. subito), das **plötzliche Eintreten,** Cypr. test. 3, 16. Vulg. sap. 5, 2 u. a. Eccl.

subitē, *Adv.* = subito, Marc. Emp. 27 *in.*

1. subitō, *Adv.* (subitus), **I plötzlich, mit einem Male, jählings, geschwind,** Cic. u. a.: subito dicere, aus dem Stegreif (ex tempore) reden, Cic.: ab eo licebit quamvis subito (jeden Augenblick) sumere, Plaut. – mit folg. *cum* od. *ut*, **als plötzlich,** Cic. Caecin. 30 (wo cum subito ecce). Curt. 9, 9 (36), 19. Ov. her. 12, 137 (ut subito). – **II** übtr., **sofort, sogleich** (noch j. ital. *subito*), Lampr. Commod. 3, 4 u. 10, 5; Heliog. 16, 1.

2. subito, āvī, āre (subitus), **plötzlich erscheinen,** Cypr. epist. 60, 2 u. vit. Cypr. 15.

subitus, a, um, *PAdi.* (v. subeo), **plötzlich, unvermutet,** dah. auch **dringend (dringlich), eilig, I** *adi.*: res (Sing.), Plaut.: res (Plur.), Cic.: tempestas, Cic.: Gallorum subita et repentina consilia, Caes.: mors, Quint.: s. et fortuita oratio, aus dem Stegreif gehaltene u. vom Zufall eingegebene, Cic.: ebenso dictiones, Cic.: miles, erst plötzlich zusammengeraffte Mannschaft (Ggstz. miles vetus expertusque belli), Tac.: imagines, bloß augenblickliche, Plin. ep.: homo levis et subitus, Cic. Pis. fr. 4 Kays. (bei Arrus. Mess. 462, 25 K.): poet., subiti clivi, jähe, steile, Stat. – propter opera instituta multa multorum subitum est ei remigrare K. Quinctilibus, ist ihm zu plötzlich, Cic. ep. 13, 2. – nachdrücklich st. des *Adv.* subito, subitus irrumpet, Quint. u. Tac.: subitum venisse, Plin. ep. – **II** *subst.*, subitum, ī, *n.*, das **Unvermutete, Plötzliche,** der **unvermutete Vorfall, -Fall,** das **unvermutete Ereignis,** dah. auch das **Dringliche, Eilige,** si tibi nihil subiti est, wenn du es nicht eilig hast, Plaut.: in subito, Plin.: adv., per subitum, in subitum, Sil.: ad subitum, Cassiod.: de subito, Cels. – Plur., ad subita rerum, Liv.: ad subita belli, Liv. u. Tac.: quamlibet subitis paratus, auf die unerwartetsten Fälle gefasst, Plin. ep.: servorum manus subitis (bei plötzlichem Glückswechsel) avidae Tac. – sive meditata sive subita proferret, er mochte vorbereitet od. aus dem Stegreif Vortrag halten, Plin. ep. 1, 16, 2: u. so multa lectio in subitis (wenn er aus dem Stegreif spricht), Plin. ep. 2, 3, 2.

sub-iugālis, e, **ans Joch gewöhnt, jochbar, lastbar,** beluae, Prud. perist. 10, 333: asina, Hieron. epist. 53, 8: mutum animal, Itala u. Vulg. 2. Petr. 2, 16. – subst., subiugāle, is, *n.*, das **Jochtier, Lasttier,** Itala u. Vulg. Matth. 21, 5: Plur., Vulg. 3. Esdr. 5, 43.

subiugātio, ōnis, *f.* (subiugo), die **Unterjochung, Unterwerfung,** Augustin. in psalm. 119, 7 u. a. Eccl.

subiugātor, ōris, *m.* (subiugo), der **Unterjocher, Bezwinger,** hostium, Iul. Val. 1, 33 (34): suffragator bonorum et malorum subiugator, Apul. de dogm. Plat. 2, 7.

subiugius, a, um (sub u. iugum), **zum Joch gehörig,** subiugia lora, Jochriemen, Cato r. r. 135, 5. Vitr. 10, 3, 3: dies. bl. subiugia, Cato r. r. 63.

subiugo, āvī, ātum, āre, **I unters Joch schicken,** Arnob. 4, 4: Romanos exercitus, Eutr. 4, 17. – **II** bildl., **unterjochen, unterwerfen,** hostes, Claud.: provinciam, Ascon.: populum legi, Lact.: sub alienis potestatibus subiugati, Firm. math.: captae urbes et subiugatae nationes, Iul. Val.

subiugus, a, um (sub u. iugum), **ans Joch gespannt,** Apul. met. 7, 15. – ► animal subiugum, Plin. 30, 146, ist unbekannt.

subium, iī, *n.* (μύσταξ), der **Schnurrbart,** Auct. de idiom. gen. 580, 57 K.

subiūnctio, ōnis, *f.* (subiungo) = ὑπόζευξις, die **Anfügung,** als rhet. Fig. (s. subīnsertio), Iul. Rufin. de schem. lex. 4.

subiūnctīvus, a, um (subiungo), spät. gramm. *t. t.* = **zur Verbindung gehörig, verbindend,** modus, der Konjunktiv, Diom. 331, 24. Prisc. 8, 64: particulae, Charis. 226, 12 u. 28: coniunctio (Ggstz. praepositiva coniunctio), Diom. 415, 26: vocales (Ggstz. praepositivae vocales), Prisc. 1, 50.

subiūnctōrium, iī, *n.* (subiungo), **I** ein von Tieren gezogenes **Fuhrwerk,** Cod. Theod. 8, 5, 10. – **II** = ὑποζύγιον, das **Zugtier,** Ambros. de interp. Iob et David 2, 5. § 20.

sub-iungo, iūnxī, iūnctum, ere, **I hinzufügen, verbinden** mit usw., **1** eig.: puppis rostro Phrygios subiuncta leones, angebracht habend, haltend, Verg. Aen. 10, 157. – **2** übtr.: **a** übh.: utrumque uno nomine eorum, Lucr.: omnes artes oratori, in das Gebiet des Redners ziehen, Cic.: translationi haec ipsa, Cic.: carmina percussis nervis, mit dem Anschlag der Saiten verbinden, Ov.: cum verbo idem verbum plus significans subiungitur, Quint. – **b** mündlich oder schriftlich **hinzufügen,** preces, Plin. ep.: dicit Senecio quae res ferebat;

aliqua subiungo, Plin. ep.: at ille subiunxit m. folg. dir. Rede, Vulg. genes. 27, 36: non est alienum subiungere, qui post Messalam huic officio praefuerint, Frontin. aqu. 102. – **II anspannen, 1** eig.: tigres curru, Verg.: iuvencos plostro, Colum. – **2** übtr., **unterjochen, unter sich bringen, unterwerfen,** sub vestrum ius urbes, nationes, provincias, Cic.: urbes sub imperium, Cic.: provincias imperio nostro, Vell.: sibi res, Hor.: gentem, beherrschen, Verg. – ► Parag. Infin. subiungier, Prud. c. Symm. 2, 587.

sub-labium, iī, *n.*, die **Hundszunge,** eine Pflanze, Ps. Apul. herb. 96.

sub-lābor, lāpsus sum, lābī, **I** unvermerkt **heranschleichen, -sich einschleichen,** Verg. Aen. 7, 354; 12, 686. – **II nach unten gleiten, A** im Allg.: sublapsum est intercepto spiritu corpus, Sen. contr. 7, 1 (16), 17: imperfecta necesse est *sublabantur* aut *succīdant,* Sen. ep. 71, 35. – bildl., retro sublapsa spes, Verg. Aen. 2, 169: senum memoria longo lassa sublabens situ, Sen. Oed. 816 (838) *sq.* – **B** prägn., **verfallen,** aedificia vetustate sublapsa, Plin. ep. 10, 70 (75), 1.

sublabro, āre (sub u. labrum), **in den Mund stecken,** Nov. com. 13.

Sublacēnsis, s. Sublaqueum.

sub-lacrimo, āre, **etwas weinen,** Veget. mul. 1, 30.

sub-lāmina, ae, *f.*, das **Unterblech,** Cato r. r. 21, 3 zw.

sub-laqueo, āvī, āre, **mit einer Felderdecke unterwölben, mit einer Decke versehen,** Cn. Satrius ... basilicas sublaqueavit, CIL 11, 5820.

Sublaqueum, eī, *n.*, eine kleine Stadt in Italien im Gebiet der Äquer, in deren Nähe Nero ein Landgut besaß, j. *Subiaco,* Plin. 3, 109. Tac. ann. 14, 22. – Dav. **Sublacēnsis,** e, **sublacensisch,** Frontin. aqu. 7 u. a.

sublātē, *Adv.* (sublatus v. tollo), **hoch, I** eig.: Nilus centum diebus sublatius fluens, Amm. 22, 15, 12. – **II** übtr.: **a** im guten Sinne = **erhaben,** dicere, Cic. Brut. 201. – **b** im üblen Sinne = **hochfahrend, stolz,** de se sublatius dicere, Cic. de domo 95: sublatius insolescentes, Amm. 15, 12, 1.

sub-lateo, ēre, **darunter verborgen sein,** sublatente febriculā, Cael. Aur. signif. diaet. pass. 136.

sublātio, ōnis, *f.* (tollo), **I** die **Erhebung, a** meton., der **Aufschlag** im Takt (griech. ἄρσις, Ggstz. positio, depositio, Niederschlag, griech. θέσις), Quint. 9, 4, 48 u. 55. Mar. Victorin. 1, 9, 2. p. 40, 11 u. 15 K. Fortunat. art. 2, 4, 1. p. 280, 10 u. 2, 4, 4. p. 281, 5 u. 6 K. – **b** übtr.: animi, Cic. de fin. 2, 13. – **II** die **Aufhebung, 1** die Aufhebung des Kindes, die **Erziehung,** filios legitimos faciunt partus et sublatio patris et matris, Donat. Ter. Andr. 3, 1, 6. – **2** die **Aufhebung, Wegnahme,** furtiva, Ambros. in Luc. 5. § 112: bildl. = die **Aufhebung, Kassierung,** iudicii, Quint. 7, 1, 60.

sublātūrus, s. tollo.

sublātus, a, um, *PAdi.* (v. tollo), **I erhoben, hoch** dem Ton nach, vox sublatissima, Gell. 16, 19, 14. – **II** sich **überhebend, hochfahrend, stolz, α** m. *Abl.*: hāc victoriā, Caes.: rebus secundis, Verg. – **β** absol.: quia paulum vobis accessit pecuniae, sublati animi sunt, wollt ihr oben hinaus, Ter. Hec. 505 *sq.*: leo fidens magia et sublatior ardet, Ov. hal. 55.

sub-lavo, āre, **unten-, am unteren Teil waschen, -baden,** quod provolutum est vino austero, Cels. 6, 18, 10: se sanguine occisi gladiatoris, Capit. Anton. phil. 19, 3.

sublēctio, ōnis, *f.* (sublego), die **Nachlese,** Tert. adv. Marc. 4, 31.

sublecto, āre (v. *sublicio, wie allecto v. allicio), **ködern, foppen, äffen,** Plaut. mil. 1066.

sub-lego, lēgī, lēctum, ere, **I unten auflesen,** ficum viridem, Colum. 12, 17, 1: bacam (olivae), Colum. 12, 52 (50), 1: quodcumque iaceret inutile, vom Brockensammler (analecta), Hor. sat. 2, 8, 12. – **II heimlich wegnehmen, stehlen,** liberos parentibus, Plaut. rud. 749. – bildl., sermonem hinc, Turpil. com. 5: clam alcis sermonem, aufschnappen, Plaut. mil. 1090: hinc ex occulto sermonem eius, Plaut. vidul. fr. 21 Stud. (b. Non. 332, 31): carmina, auffangen, Verg. ecl. 9, 21. – **III an die Stelle** jmds. **wählen, nachwählen,** ›collegae‹, qui unā lecti, et qui in eorum locum suppositi, ›sublecti‹, Varro LL. 7, 66: in demortuorum locum, Liv. 23, 23, 4: familias (in numerum patriciorum) lege Cassiā, Tac. ann. 11, 25: principes Latinorum in ordinem suum (= in senatum), Val. Max. 6, 4, 1: e postremo in tertium locum esse sublectum, Cic. or. in toga cand. fr. 5 Kays. – prägn. = **durch Nachwahl ergänzen,** senatum, Iustin. 3, 3, 2.

sublestus, a, um, **schwach, gering, a** v. Konkr.: vinum sublestissimum, Plaut. fr. b. Fest. 294 (b), 4. – **b** von Abstr.: fides sublesta u. sublestior, Plaut. Bacch. 542 u. Pers. 348.

sublevātio, ōnis, *f.* (sublevo), die **Erleichterung, a** = das **Überbordwerfen,** Anian. exc. ex Paul. sent. 2, 7, 1. – **b** = die **Linderung,** Cic. de rep. 2, 59. Augustin. conf. 13, 7, 8. Ps. Cassiod. de amic. prol.

sub-levo, āvī, ātum, āre, **I in die Höhe heben, aufrichten, in die Höhe halten,** se, Caes.: alqm stratum ad pedes, Cic.: ab iis sublevatus murum ascendit, Caes.: regem umeris, tragen, Plin.: retia furcis, Plin.: mentum sinistrā, halten, Rhet. Her.: testa assiduo saltu sublevatur, wird auf der Oberfläche (des Wassers) gehalten, Min. Fel. – **II** übtr., **leichter-, geringer machen, vermindern,** vitia, Cic.: pericula, Cic.: offensionem, Cic. – Insbes.: **a** tröstend **erleichtern,** statum, Cic.: res adversas, Cic. – **b** unterstützend **erleichtern, unterstützen,** causam inimici, Cic.: fugam alcis pecuniā, Nep.: homines, Cic.

sublica, ae, *f.* (*sublicus, v. sub u. liquor, unter Wasser befindlich), der eingerammte **Pfahl, der Brückenpfahl,** Caes., Vitr. u. Liv.

sublicēs, um, *f.* = sublicae, **Brückenpfähle,** Sall. hist. fr. 4, 74 (77). Vgl. Gloss. II, 190, 46 ›sublices, καταπῆγες οἱ ἐν ποταμῷ τὴν γέφυραν ὑποβαστάζοντες‹.

sublicius, a, um (sublica), **aus Balken bestehend, auf Pfählen ruhend,** pons, eine Pfahlbrücke über die Tiber, von Ankus Marcius erbaut, Liv. u. a.

sublīdo, ere (sub u. laedo), **I allmählich beschädigen,** Vitr. 6, 8, 2. – **II herausdrücken,** murmur voce, murmeln, Prud. apoth. 848.

subligāculum, ī, *n.* (subligo), der **Schurz,** die **Schürze,** zur Bedeckung der Schamteile, Varro LL. 6, 21. Cic. de off. 1, 129.

subligar, āris, *n.* (subligo), der **Schurz,** die **Schürze,** das **Schurzfell,** zur Bedeckung der Schamteile, Mart. 3, 87, 4. Iuven. 6, 70: Plur., Plin. 12, 59.

subligātio, ōnis, *f.* (subligo), das **Anbinden,** Pallad. 1, 6, 10.

sub-ligo, āvī, ātum, āre, **von unten** an etw. **binden, befestigen, unterbinden, heraufbinden,** vites, Cato: lateri ensem, Verg.: clipeum sinistrae, Verg.: calceos ex textili papyro, Mart. Cap. – poet. übtr., virgo subligata, aufgeschürzt od. mit einer Schürze versehen, Mart. 7, 67, 4. – quem balteus subligat, gürtet, Val. Flacc. 5, 579.

sublīmātor, ōris, *m.* (sublimo), der **Erhöher,** Abrahami, Salv. de gub. dei 1, 8, 36.

sublīme, *Adv.*, s. sublīmis *no.* III.

sublīmen, s. sublīmis ►.

sublīmis, e (sub u. limen), **hoch, I** *Adi.* = **hoch, erhaben, emporstehend, sich hebend, emporragend, A** eig.: **a** übh.: columna, Ov.: porta, Verg.: cacumen montis, Ov.: armenta, groß, von hoher Statur, Colum.: sublimissimus currus, Tert.: quaedam sublimissimi corporis femina, Mart. Cap. – *neutr.* subst., sublimius aut deiectius, Tert. adv. Marc. 1, 6 *extr.* – **b in der Luft befindlich, erhaben, hoch,** sublimis abiit, ging gen Himmel, schwang sich in die Höhe, Liv.: ipsa Paphum sublimis abit, Verg.: sublimem alqm rapere, Komik, Verg., Liv. u. a.: alqm sublimem medium (um den Körper) arripere, Ter.: alqm sublimem ferre, einen auf den Achseln forttragen, Plaut. – **c hoch, erhaben = hoch** wohnend oder befindlich, aranea, Catull.: sublimes in equis redeunt, Verg.: iret consul sublimis curru multiiugis equis, fahre hoch auf dem Triumphwagen, Liv. – **B** übtr., **hehr, erhaben, hochstrebend, hochfahrend, a** übh.: mens, Ov.: vir, Varro: sublimia cures, Hor. – **b** v. der Rede usw. = **erhaben,** carmina, Iuven.: oratio, Quint.: cothurnus et sonus Sophoclis sublimior, Quint. – übtr., v. Redner u. Dichter, Hor. u. Quint. – **II** *Subst.*, sublīme, is, *n.*, die **Höhe,** die **Luft,** se eiaculari in sublime, Plin.: alqm in sublime extollere (v. einem Elefanten), Auct. b. Afr.: iactari in sublime, Suet.: per sublime volantes, Plin. – **III** *Adv.*, sublīme, **hoch, in der Höhe, in die Höhe, in die Luft** (s. Prisc. 17, 11), aër sublime fertur, Cic.: sonus sublime fertur, Cic. (u. so nach den besten Hdschrn. bei Cicero immer sublime [nicht in sublime] ferri, s. Kühner Cic. Tusc. 1, 40): sublime elatus, Liv. u. Verg.: sublime (Ggstz. humi) putescere, Cic. – Kompar. sublimius s. sublīmiter. – ▶ Nbf. **sublīmus**, a, um, z. B. sublima evolat, Acc. tr. 576: ex sublimo vertice, *ibid.* 563: sublima nebula, Sall. hist. fr. 3, 15, 4: sublimas subiices, Enn. fr. scen. 10: sublima (*n. pl.*) caeli, Lucr. 1, 340. – Nbf. **sublīmen** = sublime, als Adv. = **in die Höhe,** Naev. tr. 32. Plaut. asin. 868 (Fl. sublimem); Men. 992. 995. 1002. 1052 (Brix sublimis u. sublimem). Ter. Andr. 861 u. adelph. 316 Fl. u. Sp.

sublīmitās, ātis, *f.* (sublimis), die **Höhe, I** eig. u. meton.: **a** eig.: corporis, Quint.: cucurbitarum natura sublimitatis avida, die G. steigen gern hoch, Plin. – **b** meton., die **Erhöhung,** der **von der Erde erhöhte Platz,** cellarum, Colum. 8, 3, 3. – **II** übtr.: **a** übh., die **Höhe, Erhabenheit, Vorzüglichkeit, Größe,** honorum, Porphyr.: invicti animi, Plin.: haec est in pictura summa sublimitas, Plin. – meton., illa sublimitas, erhabene Wesen (v. Gott), Cypr. quod idol. etc. 8 *in.*: summae sublimitates, die höchsten Würdenträger, epistularii a summis sublimitatibus missi, Salv. de gub. dei 5, 7, 30. – **b** die **Erhabenheit,** das **Erhabene** im Reden und Schreiben, Quint. u. a. – ▶ Genet. Plur. sublimitatium, Plin. 2, 65.

sublīmiter, *Adv.* (sublimis), **I hoch, in der Höhe,** stare, aufrecht, Cato: volitare, Colum.: sublimius attollere altum caput, Ov. – **II** übtr., **erhaben,** sublimius dicenda, Quint. 9, 4, 130.

sublīmitus, *Adv.* (sublimis), **hoch auf, mit einem Satz,** insilire equum, Fronto epist. ad Ver. 1. p. 128, 21 N.

sublīmo, āvī, ātum, āre (sublimis), **hoch erheben, emporheben, erheben, I** eig.: sol, qui candentem in caelo sublimat facem, Enn. fr. scen. 280: granaria sublimata, in der Höhe angebracht, Vitr. 6, 6 (9), 4. – refl. u. medial = sich **emporheben, emporsteigen,** aquila cum se nubium tenus altissime sublimavit, Apul. flor. 2. p. 2, 11 Kr.: mox in altum sublimata forinsecus totis alis evolat, Apul. met. 3, 21 *extr.* – **II** übtr., **erhöhen,** in maximum decus atque in excelsissimam claritudinem sublimavit, Cato origg. 2. fr. 33: ut haec illum vel sola professio sublimaret, Macr. sat. 1, 24, 17: humilia sublimare, Apul. de deo Socr. 16 *extr.*: cum Eusebium atque Hypatium fratres sublimarent vocabula consulum, sich durch den Konsultitel so hoch ausgezeichnet sahen, Amm. 18, 1, 1 (vgl. 21, 13, 11. Cod. Theod. 8, 5, 44): praetoriis ornamentis sublimatus, dem die Auszeichnungen eines Prätors verliehen waren, Aur. Vict. epit. 4, 8: maiestate hāc regiā sublimatus, Iul. Val. 2, 17. p. 79, 15 K. – Ggstz. infimare (erniedrigen), manes sublimare, deos infimare, Apul. met. 1, 8: ingenia illa ad beatitudinem sublimata sint, haec ad miserias infimata, Apul. de deo Socr. 4.

1. sublīmus, a, um, s. sublīmis.

2. sub-līmus, a, um, **ein wenig schielend,** oculi, Tert. de pall. 4.

sublinguium, iī, *n.* (sub u. lingua), der **Kehldeckel,** Isid. orig. 11, 1, 59.

sublinguius, a, um (sub u. lingua), **unter der Zunge,** sonitus, Placid. gloss. V, 40, 6.

sub-lingulo, ōnis, *m.* (sub u. lingo), der **Unterbelecker** (der Schüsseln), coqui, Küchenjunge, Plaut. Pseud. 893.

sub-lino, lēvī, litum, ere, **I** (sub = unten): **A untenhin schmieren, -streichen, a** übh.: lacertae sanguinem, unten unter die Füße (des Kranken), Plin.: argentum vivum bracteis, Plin. – **b** als *t. t.* der Kunstsprache, v. Maler, etw. **als Grund auftragen, mit** etwas **grundieren,** caeruleum sandycem, Plin. – **B** etw. mit etw. unten bestreichen, als *t. t.* der Kunst: **a** v. Maler, eine Farbe mit etw. **grundieren,** chrysocollam atramento, Plin. 33, 90. – **b** v. Vergolder usw., mit etw. **als Folie belegen, foliieren,** sardonychen bracteā argenteā, aureā, Plin. 37, 105. – **II** (sub = ein wenig) **ein wenig anschmieren, -anstreichen** (wie ὑποχρίω), maceriam calce, ein wenig-, etw. mit K. bewerfen, berappen, Cato r. r. 15, 1. – u. sprichw., alcis od. alci os s., unser »jmd. **anschmieren**«, d. i. täuschen, anführen, eine Nase drehen, oft bei Plaut. (s. Lorenz Plaut. mil. 110), alci sursum vorsum os offuciis, Plaut.

sub-līvidus, a, um, **bläulich,** Cels. 5, 28. *no.* 1 u. 11: color, Donat. Ter. eun. 4, 4, 22.

sublūcānus, a, um (sub u. lux), **gegen den Tag,** sublucanis temporibus, in den Dämmerstunden, Plin. 11, 30.

sub-lūceo, lūxī, ēre, **unten hervorleuchten, -schimmern,** Cic. fr., Verg., Ov. u. Plin.

sub-lūcidus, a, um, **etwas licht,** lucus, Apul. met. 6, 3: silvae, Amm. 23, 6, 67: nox, Porph. Hor. carm. 3, 27, 31: semen cypri album et subl., Cassiod. in cant. cantic. 4, 14.

sublūco, āre (sub u. lux), **licht machen, auslichten,** arborem, Fest. 348 (b), 16. Paul. sent. 5, 6, 13.

sublūgeo, ēre, **etwas, ein wenig trauern,** CIL 11, 1421, 24.

sublūnāris, e (sub u. luna), **unter dem Mond befindlich, sublunarisch,** sphaera, Chalcid. Tim. 144.

sub-luo, uī, ūtum, ere, **I unten waschen, -abwaschen, -baden,** inguina, Mart.: intertrigo subluitur bis aquā calidā, Cels.: absol. subl. aquā calidā, Cels. – **II** übtr., etw. **unten bespülen, unter** etw. **vorbeiströmen,** v. Gewässern, radices collis, Caes.: montem, Caes.: Asiam, quā Hellesponto, quā rubro mari subluitur, possideo, Curt.

sublūstris, e (sub u. lux), **etwas hell, etwas licht,** nox, Liv., Hor. u. Verg.: umbra noctis, Halbdunkel der Nacht, Dämmerlicht, Verg.: eloquentiae Latinae tunc primum exorientis lumina quaedam sublustria, Gell.

sub-lūteus, a, um, **gelblich,** color, Apul. flor. 12. p. 14, 12 Kr. Arnob. 5, 12.

subluviēs, ēī, *f.* (subluo), **I** der **Unflat, Kot,** Apul. met. 9, 9: limosa, Amm. 15, 4, 5. – **II** eine Krankheit (eine Art Geschwür) an den Klauen der Schafe, Colum., u. den Nägeln der Menschen, Plin. – dass. **subluvium**, iī, *n.*, Marc. Emp. 18.

sub-maestus (submoestus), a, um, **ziemlich niedergeschlagen, in sich gekehrt,** contractiore vultu submaestus, Amm. 15, 8, 11: Terentius dux semper submaestus, Amm. 30, 1, 2.

sub-magister (summagister), trī, *m.*, der **Untervorsteher,** CIL 10, 3645 (wo abgekürzt summag., was Marin. fratr. arv. p. 55 erklärt sub magisterio).

sub-māno, āre, s. summāno.

Submānus, s. Summānus.

sub-medius, a, um, **ziemlich die Mitte haltend,** distinctio, Diom. 437, 13: paramesos, quae est submedia, Boëth. inst. mus. 4, 3. p. 311, 4 Fr.

sub-mēio, ere, **unter sich harnen,** Marc. Emp. 26. Sex. Placit. de medic. 2, 1.

submentum, ī, *n.* = ἀνθερεών, das **Unterkinn,** Gloss. II, 190, 49 u. ö.

sub-mergo, mersī, mersum, ere, **untertauchen, versenken,** Passiv sub mergī auch = **untersinken, untergehen,** v. Pers. **ertrinken, I** eig.: navem, Tac.: m. *Abl.* (in), tota cavā membra palude, Ov.: classem Argivûm ponto, Verg. – oft im Passiv, in oculis omnium duo maiora navigia submersa sunt, Curt.: legiones vagante famā submersas esse, Tac.: submersae beluae, die in der Tiefe des Meeres lebenden, Cic.: navis oneraria submersa, Caes.: Roma submersa, überschwemmte, Claud.: submersas obrue puppes, versenke die Schiffe in den Abgrund, Verg.: mit *in* u. Abl., ferrum submersum in unda, Ov.: medio in fluctu submersus, Verg.: m. *Abl.* (durch, in), submergi gurgite paludis od. fluctibus (v. Pers.), Aur. Vict. u. Ps. Quint. decl.: ille mari fluminibusque submergitur, Firm. math.: submersus equus voraginibus, Cic.: quod si omnes quondam terrae submersae profundo fuerunt, Iustin.: septies submerse fluctibus capite, Apul. – **II** bildl.: **1** im Allg.: quid (virtus) submersa tenebris proderit obscuro, Claud. IV. cons. Hon. 222: lunave submersos per inania regeret cursus, Manil. 1, 176: ut modo Romani velut aliquod flumen torrens cunctas submergerent atque obruerent nationes, ganz u. gar überschwemmten (= unter ihre Botmäßigkeit brachten), Arnob. 1, 5 *extr.* – **2** insbes., **unterdrücken,** publicam lectionem, Arnob. 3, 7.

submersio, ōnis, *f.* (submergo), das **Untertauchen, Versenken, I** übh., Arnob. 5, 35. Firm. math. 1, 2 *extr.* u. (auch im Plur.) Eccl.: übtr., captiva illa subm. libidinis, das Unterdrücken, Augustin. serm. 162,

2. – **II** insbes., das **Untertauchen, Untergehen** der Gestirne, Chalcid. Tim. 59.

submerso, āre (*Intens.* v. submergo), **tüchtig eintauchen,** submersari mari, Iul. Val. 3, 26 (3, 17. p. 175, 18 K.).

submersus, ūs, *m.* (submergo), das **Untertauchen, Versenken,** Tert. de anim. 32.

sub-merus, a, um, **fast lauter, fast rein,** vinum, Plaut. Stich. 273.

sub-migrātio, ōnis, *f.*, die **Auswanderung,** Amm. 25, 9, 1.

subminia, ae, *f.* (sub u. minium), eine blasszinnoberrote weibliche Kleidung, Plaut. Epid. 232 G.

subministrātio, ōnis, *f.* (subministro), das **Zukommenlassen, Darreichen,** die **Handreichung,** Tert. apol. 48 *extr.* Hieron. in Iob 15 *extr.* Vulg. Ephes. 4, 16 u. Phil. 1, 19 u. a. Eccl.

subministrātor, ōris, *m.* (subministro), der **Handlanger** = Helfershelfer bei etwas, libidinum, Sen. ep. 114, 25.

subministrātus, Abl. ū, *m.* (subministro), das **Darreichen,** exiguo subministratu, durch Zukommenlassen von etw. Wenigem, Macr. sat. 7, 12, 20.

sub-ministro, āvī, ātum, āre, als Handreicher, Helfershelfer, Unterstützer **zukommen lassen, an die Hand geben, darreichen, zuschicken, zuführen, I** eig.: tela clam, zustecken, Cic.: tela ad manum, Quint.: frumentum, Caes.: victum, cibum, alimenta, Lact. (s. Bünem. Lact. 5, 14, 17): alci pecuniam, Cic.: defatigatis integros equites, Auct. b. Afr.: auxilia hostibus, Caes.: absol., Apul. met. 5, 22. – **II** bildl.: huic arti plurima adiumenta, Cic.: alci occasiones, Suet.: responsa, Arnob.

submissē (summissē), *Adv.* (submissus), **I** v. der Rede = **gelassen, sanft, leise** (Ggstz. contente), dicere, Cic.: Demosthenes submissius a primo, Cic.: sciscitari submissius, leiser, Petron. – **II** v. Charakter = **mit Herablassung, demütig, bescheiden, ohne Stolz,** supplicare, Cic.: submissius nos geramus, Cic.

submissim (summissim), *Adv.* (submissus), **sanft, gelassen, leise, halblaut,** Suet. Aug. 74. Gell. 17, 8. § 7.

submissio (summissio), ōnis, *f.* (submitto), die **Herablassung,** contentio vocis et submissio, Hebung u. Senkung der Stimme, Cic.: orationis, der gelassene Ton des Vortrags, Cic.: parium comparatio nec elationem (Überordnung) habet nec submissionem (Unterordnung), Cic.: submissione alterius datur alteri plurimum, durch das demütige Benehmen, Arnob. 7, 13.

1. **submissus** (summissus), a, um, *PAdi.* (von submitto), niedergelassen, **I** eig., **niedergelassen, gesenkt,** vertex, Ov.: purpura sit submissior, weiter unten, Quint.: capillo submissiore, mehr herabhängend, Suet.: submissiores, in mehr niedergelassener Stellung, Liv. – **II** übtr.: **A** von der Stimme u. Rede u. v. Redner: **a gesenkt, leise, nicht heftig** (Ggstz. contentus), vox, Cic.: murmur, Quint. – v. Redner, in prooemiis plerumque *submissi,* in narratione *pleni* atque *expressi* sumus, Quint. – **b gelassen, anspruchslos, affektlos** (Ggstz. elatus), actio, Quint.: submissa dicere, Cic.: miscens elata submissis, Quint.: summissioribus verbis, Sen. rhet. – v. Redner, orator, Cic.: (orator Atticus) submissus est et humilis, ist anspr. u. erhebt sich nicht, Cic. – **B** v. Charakter, **a** im üblen Sinne = **niedrig, kriechend,** submissum vivere, Cic.: ne quid humile, submissum faciamus, Cic. – **b** im guten Sinne, **α demütig, demutsvoll,** submissi petimus terram, Verg. Aen. 3, 93.: civitates recenti calamitate submissiores, Hirt. b. G. 8, 31, 2: preces, Lucan. 8, 594. – **β nachgebend, mild,** Stat. Theb. 1, 663.

2. **submissus** (summissus), ūs, *m.* (submitto), die **Zuschickung,** Tert. adv. Marc. 5, 16.

sub-mitto (summitto), mīsī, missum, ere, **I herunter-, herab-, niederlassen, A** eig.: **1** im Allg.: fasces, senken, Liv.: submisso poplite in terra, Ov.: sponte genua, die Knie senken, biegen (v. einem Pferd), Curt. (u. so submissis genibus alqm orare, ut etc., mit gesenkten Knien, kniefällig, Lact.): submitti genu, in die Knie sinken, Curt. (u. so genibus submissus, Lucr.): submissus poplite, Catull.: se alci ad genua, Curt.: se ad pedes, Liv.: vultum, den Blick senken, Sen., alci (vor jmd.), Suet.: verticem, senken, Ov. – **2** insbes.: **a** wohin **hinablassen, versenken,** alqm in Tiberim, Lampr. Heliog. 33, 7: summittentes bolidem, das Senkblei hinablassend, Vulg. act. apost. 27, 28. – **b** wohin **herabversetzen,** eminentes (hochgelegene) aedes suas in plana, in die Ebene verlegen, Flor. 1, 9, 4. – **c** Passiv submitti medial = **sinken, fallen,** v. Gewässern, Tiberis aestate submittitur, Plin. ep. 5, 6, 12. – u. = **sich herabsenken,** v. Örtl., submissa fastigio planities, Liv. 27, 18, 6: rupes leniore submissa fastigio, Curt. 6, 6 (22), 23: cuius (Hyrcaniae) fastigium perpetuā valle submittitur, Curt. 6, 4 (12), 19. – **B** bildl.: **1** im Allg.: animos, sinken lassen, Liv.: so auch animum, Brut. et Cass. in Cic. ep.: se, sich herablassen, erniedrigen, Cic. – **2** insbes.: **a herablassen, vermindern, nachlassen,** multum (im Reden), nicht sehr stark reden, Cic.: orationem, mit gedämpfter Stimme vortragen, Quint.: so auch verba, Sen. – **b nachlassen, zugestehen, überlassen,** alci imperium, Liv.: pretia, vermindern, Plin. – **c unterwerfen, unterordnen,** citharae cannas, Ov. met. 11, 171: se alci, Iustin. 13, 2, 3. – **d nachlassen, bezähmen,** inceptum frustra summitte furorem, Verg. Aen. 12, 832. – **II herunter** od. **unter** etw. **lassen, unter** etw. **gehen** od. **stehen lassen, unter** etw. **stellen** od. **setzen, A** eig.: agnos nutricibus, Colum.: canterium vitibus, Colum. – **B** übtr., **unterwerfen,** animos amori, Verg.: se culpae, einen Fehler begehen, Ov.: animus neutri fortunae se submittens, sich beugend, Sen. – **III in die Höhe-, hinaufgehen lassen, in die Höhe richten, erheben, 1** im Allg.: oculos, Ov.: alcis genibus manus, Sen. rhet.: Ggstz., aliae falces *submissae,* aliae *demissae,* Curt. 4, 9 (35), 5. – **2** insbes.: **a wachsen lassen, hervorsprießen lassen,** flores, Lucr.: colores (bunte Blumen), Prop.: gramina, Val. Flacc. (wie bei Pindar χθὼν ἠρινὰ φύλλ' ἀναπέμπει). – u. übh.: **hervorbringen,** non monstrum submisere Colchi maius, Hor. carm. 4, 4, 63. – **b wachsen lassen, nicht abschneiden,** prata, Varro: salicem, Colum.: capillum, Plin. ep.: barbam ac capillum, Sen. rhet., barbam capillumque, Suet.: barbam demittere vel capillos submittere, Ulp. dig.: qui labra pressius tondent et abradunt servatā et submissā cetera parte, Sen. – **c zur Zucht heranwachsen lassen, zur Zucht behalten, aufziehen,** arietes, Varro: vitulos, Verg.: tauros, Zuchtstiere aufziehen, Verg. – **IV unter der Hand-, heimlich zuschicken, zusenden, 1** im Allg.: alqm, Cic.: subsidia alci, Caes.: milites auxilio, zu Hilfe schicken, Caes.; so auch ohne auxilio öfter bei Caes. u. Liv. (s. Drak. Liv. 6, 6, 4). – absol., huic vos non submittetis? (*sc.* successorem), Cic.: ad pupillae matrem submittebat, Cic. – **2** insbes., **ausschicken, anstellen, anstiften,** consulares, Suet. Ner. 28, 1: summissis qui ad poenam deposcerent, Suet. Tit. 6, 1. – **V** übh. **zuschicken, zusenden,** laticlaviam alci per libertum, Lampr. Alex. Sev. 21, 4.

sub-moenium, iī, *n.*, s. Summoenium.

sub-moestus, a, um, s. sub-maestus.

submolestē, *Adv.* (submolestus), **mit einigem Missbehagen,** te non esse Romae meo tempore pernecessario submoleste fero, ist mir ziemlich unangenehm, Cic. ad Att. 5, 21, 1.

sub-molestus, a, um, **etwas unbehaglich,** illud est mihi submolestum (ziemlich unangenehm), quod parum Brutus properare videtur, Cic. ad Att. 16, 4, 4.

sub-moneo (summoneo), monuī, ēre, **unter der Hand erinnern,** Ter. eun. 570. Suet. Aug. 53, 3. Donat. Ter. Andr. 5, 4, 26.

sub-mōrōsus (summōrōsus), a, um, **etwas grämlich,** illa stomachosa et quasi summorosa ridicula, Cic. de or. 2, 279.

sub-mōtātio (summōtātio), ōnis, *f.*, die **leichte Bewegung,** venarum submotationes, Th. Prisc. 4. fol. 317 (a).

sub-moveo (summoveo), mōvī, mōtum, ēre, **wegschaffen, entfernen, fernhalten, I** eig.: **1** im Allg.: **a** Pers.: alqm, Ov.: Aur. Vict. u. a.: instantes, Ov.: strictis gladiis inertes, Liv.: alqm longe, Verg.: populum aris, wegtreiben, Ov.: alqm orbe suo, von ihrer Erde verstoßen (von den Göttern), Ov.: alqm a conspectu (suo), Val. Max. u. Iustin.: coniugem ac liberos suos procul a furentibus, Tac. – **b** Lebl.: neque mulieris imago ullo casu *poni* potest, nec tyrannicidae ullo alio casu *submoveri*, Quint.: silva suis frondibus Phoebeos submovet ictus, hält fern (wehrt ab), Ov.: quae (cryptoporticus) ut tenet solem, sic aquilonem inhibet summovetque, Plin. ep.: gemitus suspirio tectus animam paene submovit, erstickte mich schier, Petron.: submotis nubibus, nachdem der Nebel oder Dunst aufwärts gestiegen, Verg. – **2** insbes.: **a** leb. Wesen: **α** **entfernen** = **beiseite treten lassen, abtreten lassen,** arbitros (gew. summotis arbitris), Liv. u. Curt.: legatos, Liv.: recusantes nostros advocatos, Cic.: contionem, Cic.: submoto eo (*sc.* Caesare), Vell. – **β** die (dem kommenden Konsul usw.) im Wege stehenden Leute **beiseite schaffen,** dem Volk usw. **befehlen, Platz zu machen, ausweichen heißen,** v. Liktor, obvios, Val. Max.: turbam, Liv.: populum, Liv.: nemo proturbabatur, nemo submovebatur, Plin. pan.: absol., lictores submoventes, Liv.: submoveri iubet, Liv.: dah. Abl. absol. submoto, nachdem Platz gemacht worden war, Liv. u.a. (vgl. Drak. Liv. 28, 27, 15). – **γ** aus einem Ort **entfernen** = **verbannen, verweisen,** alqm urbe et Italiā, Suet.: alqm patriā, Ov.: philosophos ab urbe, Plin. ep.: summotus amicus, Ov. – **δ** feindlich **verdrängen, vertreiben, zurückdrängen, -treiben,** hostes undique instantes, Flor.: avide ruentes barbaros, Curt.: nostros longius, Hirt. b. G.: procul amne Macedonum copias, Curt.: cohortes sub murum, Caes.: lembos hostium statione, Liv.: reliquos a porta, Caes.: victorem hostem a vallo, Liv.: hostes ex muro ac turribus, Caes.: hostes ab Alpibus in Italiam, Sall. fr.: Germanos trans Albim fluvium, Eutr.: Germanos ultra Albim fluvium, Suet., od. ultra Rhenum, Eutr.: fusi barbari submotique, Flor.: victi ac submoti, Caes.: Germani et Alamanni longe a Rheni submoti (abgedrängt) litoribus, Vopisc. – **ε** durch Verkauf **wegschaffen, abschaffen, verkaufen,** oves, Colum.: agnos, Colum. – **b** v. Lebl.: **α** etwas einer Sache **entziehen,** arte nefandā submota est capiti tabes, Lucan. 8, 689. – **β** eine Örtl. **weiter hinausrücken, -verlegen,** maris litora, Hor. carm. 2, 18, 21: maria proiectis molibus submoventur, werden zurückgedrängt, Sen. exc. contr. 5, 5. p. 277, 33 K. – **γ** eine Örtl. von einer anderen gleichs. **abrücken, trennen, scheiden,** terrae, quas natura longe submoverat, entrückt hatte, Curt.: submotae vastius terrae, in weitem Umfang voneinander getrennte, Mela: in summoto loco partis meridianae murorum, auf einem etw. vorspringenden Punkt, Amm.: Isthmos Aegaeum mare ab Ionio submovens, Mela: ubi Alpes Germaniam ab Italia submovent, Plin. – dah. summōtus v. Örtl. = **abgelegen, aus dem Wege liegend, entfernt,** spelunca vasto submota recessu, aus dem Wege gelegene, versteckte, Verg.: submotae terrae, Mela: submotus locus, Amm. – **II** übtr.: **a** Pers.: **α** jmd. von etw. abbringen, jmd. etw. **aufzugeben bewegen** oder **nötigen,** a bello Antiochum et Ptolemaeum reges, Liv.: alqm a spe imperii, quam conceperat, die H. benehmen, Spart.: alqm magnitudine poenae a maleficio, Cic.: quasi solā formidine oppidanos a propugnandi studio, die Lust zur B. vertreiben, Amm. – **β** jmd. von etw. **fernhalten, ausschließen** = zu etw. nicht zulassen, neminem ab eius latere (von seinem näheren Umgang), Lampr.: homines honestis parentibus ac maioribus natos a re publica (von der Staatsverwaltung), Quint. (vgl. *no.* γ): absentes a petitione honorum, Suet.: athletarum spectaculo muliebre secus omne, Suet. – **γ** jmd. von einem öffentl. Amt **entfernen,** alqm administratione rei publicae, Suet.: alqm honore, absetzen, Suet.: alqm a re publica (von der Staatsverwaltung, vom Staatsdienst), Vell. u. Spart. (vgl. *no.* β): alqm a proconsulatu, Plin. ep. – u. **(aus dem Dienst) entlassen, abdanken,** ministeria seniora, Lampr. Commod. 3, 1. – **b** Lebl.: **α** von od. aus etw. **entfernen,** libros tamquam subditos familiā, aus dem Kanon entfernen, streichen, Quint. 1, 4, 3: sumendae voces a plebe summotae, man suche dem Volksmund fremde Wörter, Petron. 118, 4: cum alia (in causis) iure summoveantur aut transferantur, auf Grund des Rechtes beseitigt oder abgelehnt wird, Quint. 12, 2, 15. – **β** etw. **fernhalten, αα** = **abwehren,** hiemem tecto (durch ein Obdach), Lucan. 2, 385. – **ββ** = **nicht gebrauchen** oder **nicht gebrauchen lassen,** utrumque ambitionis genus, Quint. 12, 7, 6: mendacem ac fucosam superstitionem, nicht dulden, Val. Max. 2, 6, 7. p. 79, 6 H. – **γγ** = **nicht zulassen, beiseite lassen, nicht berücksichtigen,** tabellas a quaestione, Val. Max. 6, 2, 5: sermonem a persona iudicis aversum in totum a prooemio, Quint. 4, 1, 63. – **γ** durch Verbot **abschaffen,** lavacra mixta (das Zusammenbaden beider Geschlechter), Capit.: delicias de castris, Vulcat. Gallic.: aurum a vestibus et cameris et pellibus, den Gebrauch des G. an Kl. usw. verbieten, Vopisc.: sacra Serapidis a vulgaritate Pelusiae, die Beteiligung an den Mysterien dem Pöbel zu P. verbieten, Capit. – **δ** einen Zustand usw. **vertreiben, verscheuchen, verbannen,** informes hiemes (Ggstz. reducere, v. Jupiter), Hor.: regnum (die Tyrannei), Plin. pan.: dolores, Cels.: querelam, Phaedr.: pudorem, Colum.: tumultus mentis et curas, Hor.: seditionem e foro (öffentlichen Leben), Vell. – ► Synk. Perf.-Form summosses, Hor. sat. 1, 9, 48.

sub-multiplex, plicis, in einer größeren Zahl **vielfach enthalten,** Boëth. inst. arithm. 1, 22 u.a.

submultiplicitās, ātis, *f.* (submultiplex), das Verhältnis der Zahl, die in einer größeren mehrfach enthalten ist, Boëth. inst. arithm. 1, 23.

submurmurātio, ōnis, *f.* (submurmuro), das **geheime Murmeln,** Augustin. in psalm. 36; serm. 3. § 8.

sub-murmuro, āvī, āre, **insgeheim murmeln,** Augustin. conf. 6, 9, 14 (vgl. 8, 11, 26) u.a. Eccl.; vgl. Schol. Pers. 3, 20 succinis, id est submurmuras.

submūtātio, ōnis, *f.* (submuto) = ὑπαλλαγή, die **Vertauschung,** Gloss. II, 463, 15.

sub-mūto (summūto), āvī, āre, **I** **hin und wieder vertauschen,** verba pro verbis, Cic. or. 93. – **II** **heimlich wechseln, -tauschen,** submutasse et aliam posuisse ursam, Schol. Caes. Germ. Arat. 17. p. 382 Eyss.

sub-nāscor, nātus sum, nāscī, **heranwachsen, hervorwachsen, nachwachsen,** Ov., Sen. u. Plin.

sub-nato, āre, **unten schwimmen,** Sil. 14, 483. Apul. met. 4, 31.

sub-nāvigo, āvī, āre, an einen Ort **heranschiffen,** Cyprum, Vulg. act. apost. 27, 4.

sub-necto, nexuī, nexum, ere, **I** **unten anknüpfen (anbinden), -umknüpfen, 1** eig.: antemnis totum velum, Ov.: aurea exsertae cingula mammae, Verg.: formicam collo, Plin.: laxos de vimine circlos cervici, Verg. – **2** übtr., vom Schriftsteller, Redner, **anknüpfen, hinzufügen** (vgl. Bünem. Lact. 1, 13, 7), fabulam, Iustin.: non invitus huic subnecto Daphnidem, Val. Max.: cui gloriae feminarum dedecus subnectam, Val. Max.: deinde callide subnectit confictas a se epistulas esse, Iustin. – **II** **unten zusammenknüpfen, -halten, -gürten,** aurea purpuream fibula subnectit vestem, Verg.: tereti subnectit (balteum) fibula gemma, Verg.: molli subnectit (crines) circulus auro, Verg.

sub-nego, āre, **einigermaßen abschlagen,** Cic. ep. 7, 19 *in.*

Subnero, ōnis, *m.* (sub u. Nero), ein **halber Nero,** ein **zweiter Nero,** Tert. de pall. 4.

subnervo, āvī, āre (sub u. nervus) = νευροκοπῶ (Gloss. II, 375, 60), **unten die Sehnen einschneiden, durch Zerschneiden der Sehnen lähmen,** taurum, alcis equum, Eccl. – bildl., calumnias, entkräften, Apul. apol. 84.

sub-neuter, tra, trum = alteruter (s.d.), Ps. Apul. de dogm. Plat. 3. p. 266 H.

subnexio, ōnis, *f.* (subnecto), **I** = ὑπόζευξις, die **Anknüpfung,** als rhet. Fig. (s. subiniectio), Iul. Rufin. de schem. lex. 4. – **II** = προσαπόδοσις, die Wiederkehr desselben Wortes an bestimmten Stellen der Sätze, Auct. carm. de fig. 112. p. 67 *Halm.*

sub-niger, gra, grum, **etwas schwarz, schwärzlich** (Ggstz. perniger), oculi, Plaut.: labra (canum), Varro: color, Cels. u.a.: v. Pers., mit schwärzlichem Teint, Plaut. Pseud. 1218.

subnīxus (subnīsus), a, um (sub u. nitor), **I** unter etwas **gestützt, a** eig.: mentum mitrā crinemque subnixus, unterbunden, Verg. Aen. 4, 217 (*Ribbeck* subnexa): galea coruscis subnixa cristis, Sil. 2, 398. – **b** bildl., **unter** etwas **befindlich,** ihm **unterworfen,** servitute, Tert. de patient. 4. – **II** **auf** etwas **gestemmt, gestützt, a** eig.: circuli verticibus subnixi, Cic.: soleo subnixa, Verg.: parva Philoctetae subnixa Petilia muro, gestützt (befestigt) durch eine M., Verg. – **b** übtr., **auf** etwas **gestützt,** sich **verlassend, trotzend,** **α** m. *Abl.*: auxiliis, Liv.: iudiciis senatus, Liv.: propinquitatibus, Tac.: victoriā, Liv.: sui conscientiā, Gell.: qui artis arrogantiā ita subnixi ambulant, Cic. – **β** m. *ex* u. Abl., subnixus animus ex victoria inerti, Zuversicht infolge usw., Cl. Quadr. ann. 1. fr. 13 (bei Gell. 17, 2, 4 u. Non. 405, 29). – **γ** absol.: subnixus et fidens innocentiae animus, seine Zuversicht und der auf seine Unschuld trotzende Sinn, Liv. 4, 42, 5.

subnotātio, ōnis, *f.* (subnoto), die **Unterzeichnung, Unterschrift,** Cod. Iust. 1, 23, 6. Cod. Theod. 8, 5, 22.

sub-noto, āvī, ātum, āre, **I unten verzeichnen -hinsetzen, 1** eig.: in inferiore linea sub utraque, Apul. de Plat. 3, 266: haec subnotat, merkt unten an, Sen. ep. 108, 30. – **2** übtr., **unterzeichnen,** libellos, Plin. ep.: nomina, Suet. – **II (insgeheim) bemerken,** verba, Mart.: alqm vultu digitoque, auf jmd. sehen und mit dem Finger auf ihn zeigen, Mart.

subnuba, ae, *f.* (sub u. nubo), das **Kebsweib,** die **Nebenbuhlerin,** Ov. her. 6, 153.

sub-nūbilus, a, um, **etwas wolkig, umzogen, trübe,** nox, Caes. b. 3, 54, 2: limes, Ov. rem. 599.

subo, āre (zu griech. σύβαξ, brünstig), **in der Brunst sein, ranzen, I** eig., von Schweinen weiblichen Geschlechtes, Plin. 10, 181. – **II** übtr.: **a** von anderen Tieren, Lucr. 4, 1191 (1199). Apul. apol. 38 zw. – **b** von Menschen, Hor. epod. 12, 11. Lampr. Heliog. 6, 1, Tert. apol. 46. – ► subimus = subamus, Titin. com. 156.

sub-obscēnus, a, um, **ins Schmutzige (Unsittliche) fallend,** Cic. or. 88.

subobscūre, *Adv.* (subobscurus), **etwas dunkel,** übtr., explicare, Gell. 3, 14, 6: dicere, Gell. 10, 1, 7. Ambros. in psalm. 118. serm. 5. § 40; vgl. Augustin. in psalm. 67, 15 u. a.

sub-obscūrus, a, um, **etwas dunkel, a** eig., der Farbe nach, cicatrix, Vulg. Levit. 13, 21: leprae species, *ibid.* 13, 29; albor, *ibid.* 13, 36. – **b** übtr. = nicht recht verständlich, ingressio, Cic. or. 11: erant breves et interdum subobscuri (*sc.* oratores), Cic. Brut. 29.

sub-occultē, *Adv.*, **etwas heimlich, unter der Hand,** Ven. Fort. vit. S. Radeg. 4.

sub-oculāris, e, **unter (neben) den Augen befindlich,** venae, Veget. mul. 4, 4.

sub-odiōsus, a, um, **etwas verdrießlich,** Cic. ad Att. 1, 5, 4.

sub-offendo, ere, **ein wenig verstoßen,** apud alqm, Cic. ad Q. fr. 2, 4, 5 (2, 6, 5).

sub-oleo, ēre, eig. jmdm. zuriechen; dah. bildl., hoc subolet mihi, u. bl. subolet mihi, u. bl. subolet, **ich wittere, es schwant mir, ich merke etwas davon,** Plaut. – Nbf. **subolo,** ere, wie ut ne paululum quidem subolat (*sc.* tibi), Ter. heaut. 899.

subolēs (vulg. sobolēs), is, Genet. Plur. um, *f.* (zu alo; vgl. indolēs, prōlēs), alles, was heranwächst, der **Anwuchs, Anflug, I** lebl. Ggstd., der **Spross, Sprössling, Zweig,** die **Zweige,** z. B. der Bäume, Colum. u. Plin.: der Zwiebeln, Colum.: der Haare, Varro. – **II** leb. Wesen, der **Anwuchs, Nachwuchs** = der **Sprössling, Abkömmling,** die **Nachkommenschaft,** das **Kind, a** von Menschen, stirpis, Liv.: iuventutis, Cic.: subolem propagare, Cic.: subolem producas, lass sie zum männlichen Alter heranwachsen, Hor.: iuventus ex nova subole lecta, Liv.: et robur et suboles militum periit, As. Poll. in Cic. ep.: omnis eiusdem familiae suboles, die ganze Kinderschar, Tac. – von einer Person, suboles imperatorum, v. Scipio, Liv.: si de te suscepta fuisset suboles, Verg.: Archytae suboles, Prop.: Aeëtae suboles, Plin. – **b** v. Tieren, haedus, suboles lascivi gregis, Hor.: capellae, Colum. – ► Plur. bei Arnob. 3, 9. Dracont. carm. 6, 82 *Duhn.* Heges. 1, 42. p. 95 W. de Rossi inscr. Christ. I, 425 (wo trium sobolum mater).

subolēsco, ere (sub u. olesco = alesco), **nachwachsen,** Liv. 29, 3, 12. Amm. 14, 11, 3.

sub-olfacio, ere, **durch den Geruch merken, riechen,** Petron. 45, 10.

sub-optio, ōnis, *m.*, der **Gehilfe des** *optio* (s. d.), CIL 9, 349.

sub-orior, īrī, **allmählich-, nach und nach entstehen, nachwachsen,** Lucr., Plin. u. Arnob. – übtr., hic suboritur quaestio valde difficilis, Boëth. in Cic. top. 3. p. 322, 40 B.

subōrnātor, ōris, *m.* (suborno), der **Anstifter,** Paul. sent. u. Spät.

sub-ōrnātrīx, trīcis, *f.* (Femin. zu subornator), die **Gehilfin der** *ornatrix* (s. d.), CIL 8, 9428.

sub-ōrno, āvī, ātum, āre, **I ausrüsten, zustutzen, versehen** mit etwas, **schmücken,** alqm pecuniā, Anton. in Cic. ep.: a natura subornatus, Cic.: leporem pinnis subornatum, Petron. – bildl., legati subornati criminibus, denen die vorzubringenden Beschuldigungen an die Hand gegeben waren, Liv. – **II** jmd. in **Bereitschaft halten, bestellen, A** im Allg., Petron. 26, 9. – **B** insbes., jmd. insgeheim zu einer schlechten Tat **anstiften, anstellen,** fictum testem, Cic.: accusatorem, Cic.: alqm adversus Charetem, Nep.: alqm in bellum, Iustin.: militem, ut perferat nuntium etc., Liv.: quosdam, ut conquererentur, Curt.: percussorem alci, Suet.: m. dopp. *Acc.*, alqm falsum testem (als f. Z.), Cic. Rosc. com. 51. – *subst.* subornati ab alqo, Curt. 10, 1 (5), 36.

subortus, ūs, *m.* (suborior), die **allmähliche Entstehung,** ex alio atque alio subortu, immer aus frischer Quelle, Lucr. 5, 303.

sub-ostendo, dī, sum, ere, **unter der Hand-, daneben zeigen,** Eccl.

sub-p..., s. supp...

sub-quadruplus, a, um, in einer größeren Zahl **viermal enthalten,** Boëth. inst. arithm. 1, 23.

sub-quartus, a, um, als Übersetzung von ὑποτέταρτος, **ein Viertel weniger** als die größere Bruchzahl **enthaltend,** bezeichnet das Verhältnis von 4 zu 5, z. B. $^3/_4$, $^6/_8$, Mart. Cap. 7. § 761.

sub-radio, āre, **hervorstrahlen lassen, anzeigen,** Tert. de res. carn. 29 *in.*

sub-rādo, rāsī, rāsum, ere, **unten-, von unten bekratzen, -beschaben, I** eig.: ficos, Cato: arbor ferreā strigili subrasa, Pallad. – **II** übtr. von Flüssen = einen Ort **unterhalb bestreichen,** an ihm **vorbeiströmen,** barbaros fines, Amm. 28, 2, 1.

sub-rancidus, a, um, **etwas ranzig,** caro, Cic. in Pis. 67.

sub-raucus, a, um, **etwas heiser,** vox, Cic. Brut. 141. – *neutr.* adv., subraucum et lugubre strepens, Amm. 31, 16, 6.

subrēctio (surrēctio), ōnis, *f.* (subrigo, s. Prisc. part. XII vers. Aen. 11, 204), **I** die **Aufrichtung,** phallorum fascinorumque, Arnob. 5, 39. – **II** die **Auferstehung,** Christi, Arator 1, 314.

sub-rēctito, āvī, āre (*Frequ.* v. subrigo = surgo), sich **zu erheben pflegen,** Cato oratt. 57. fr. 2.

subrēctor (surrēctor), ōris, *m.* (subrigo), der **Aufrichter,** Prisc. part. XII vers. Aen. 11, 204.

subrēctrīx, trīcis, *f.* (Femin. zu subrector), die **Aufrichterin,** Prisc. part. XII vers. Aen. 11, 204.

1. sub-rēctus, a, um, **etwas gerade,** subrectior locus, Gromat. vet. 345, 21 u. 352, 16: subrectior vallis, *ibid.* 332, 5.

2. subrēctus (surrēctus), s. subrigo.

3. subrēctus, ūs, *m.* (subrigo), die **Aufrichtung,** Prisc. part. XII vers. Aen. 11, 204.

subrefectus, a, um (sub u. reficio), **einigermaßen wieder erquickt,** subrefectus primo conspectu alloquioque carissimi sibi spiritus, als er wieder etwas neue Lebenskraft geschöpft hatte, Vell. 2, 123, 3.

sub-rēgulus, ī, *m.*, ein kleiner Fürst oder König, der unter einem anderen König steht, der **Vasall,** Amm. 17, 12. § 11 u. 21. Sulpic. Sev. chron. 2, 10, 1.

sub-relinquo, ere, **dabei zurücklassen,** Augustin. de civ. dei 18, 33 *extr.*

sub-remaneo, mānsī, ēre, **zurückbleiben,** Tert. de anim. 18: segniter subremansit, Jul. Roman. bei Charis. 192, 1.

sub-rēmigo (surr.), āre, **nachrudern,** Verg. u. Plin. – bildl., surremigante nequitiā, Calp. Fl. decl. 20.

sub-rēnālis, e, **zu den Nieren gehörig, Nieren-,** morbus, Veget. mul. 1, 8 u. 15 *in.*

sub-repente, *Adv.*, **ziemlich plötzlich,** Hieron. prol. in ep. ad Galat. Augustin. de mor. eccl. cath. 1, 24, 25.

sub-rēpo (surrēpo), rēpsī, rēptum, ere, **I** **hinunterkriechen, untenhin kriechen, herzuschleichen,** **a** eig.: sub tabulas, Cic.: moenia, in die Stadt hineinschleichen, Hor.: clathris, Colum. – **b** übtr.: (pestis perniciesque) mihi subrepens imos ut torpor in artus expulit ex omni pectore laetitias, Catull.: somnus in oculos subrepit, Ov.: et nova desuetis subrepens vita medullis, Lucan.: huic oblivionem cibi subrepere, er vergesse das Essen, Plin.: pectora subrepit terror, Sil.: subrepet aetas iners, Tibull.: aliquoius sententiae dulcedo subrepsit, Sen. rhet.: ne pro vero falsa subrepant, Sen. – *impers.*, subrepetur animo iudicis, der Richter wird überrascht usw., Quint. – **II** **unvermerkt hervorwachsen, -kommen,** cogit subrepere persica prunis, Calp. ecl. 2, 43. – ► Synkop. Perf. subrepsti, Catull. 77, 3: subrepsit = subrepserit, Plaut. mil. 333. – Vulg. Nbf. subrīpo bei Ennod. u. Ven. Fort., s. Hartel Index zu Ennod. p. 651 (a).

1. **subrēptīcius** (surrēptīcius), a, um (von subrepo), **verstohlen,** amor, Plaut. Curc. 205.

2. **subreptīcius** (surreptīcius), a, um (v. subripio), **gestohlen,** Plaut. Men. prol. 60 (wo Ritschl surrupticius); Poen. 962 (Goetz u. Leo subrupticius).

1. **subrēptio** (surreptio), ōnis, *f.* (v. subrepo), die **Erschleichung,** Cod. Iust. 1, 14, 2.

2. **subreptio** (surreptio), ōnis, *f.* (v. subripio), der **Diebstahl,** Apul. met. 10, 15.

subreptīvus, a, um (subripio), **verstohlen, erschlichen, unecht,** Cod. Theod. 12, 16, 1.

sub-rīdeo, rīsī, rīsum, ēre, **lächeln,** subridet Saturius, Cic.: Axius Appio subridens ... inquit, sprach lächelnd zu App., Varro: subr. mixtā irā, Verg.: limis ocellis, Ov.: modice, Mart.: amarum (bitter), Apul. u. Amm.

sub-rīdiculē, *Adv.*, **etwas lächerlich,** Cic. de or. 2, 249.

subrigo (surrigo), u. zsgzg. **surgo,** rēxī, rēctum, ere (sub u. rego), **I** **subrigo** (surrigo), rēxī etc., **in die Höhe richten, erheben, emporrichten,** Passiv subrigi auch = **emporstehen,** u. subrectus = **emporstehend,** aures, Verg.: obeliscum, Plin.: vitem, Ambros.: se, Plin.: subrecto mucrone, Liv.: certatim structus subrectae molis ad astra in media stetit urbe rogus, Sil.: horrent ac subriguntur capilli, Sen.: in Liberi honorem patris phallos subrigit Graecia, Arnob. – übtr., si ad ruinosam superbiam monachos subrigimus, Augustin. epist. 60, 1. – **II** **surgo,** surrēxī, surrēctum, surgere, **A** *tr.* **in die Höhe richten, erheben, emporrichten,** lumbos, Plaut. Epid. 733 (Goetz u. Leo porgite). – **B** *intr.* **sich in die Höhe richten, aufstehen, sich erheben,** **1** im Allg.: **a** eig.: surgedum huc, Plaut.: e lectulo, Cic.: de sella, Cic.: e cena, Plin. ep.: humo, Ov. – poet., surgit ab Arpis Tydides, erhebt sich = zeigt sich, kommt, Verg.: ad aetherias auras, an das Licht der Welt kommen, Verg. – **b** bildl.: multum supra prosam orationem, Quint.: in venerem, sich machen an usw., Apul. – **2** insbes.: **a** v. Redner = zum Reden **sich erheben, aufstehen, auftreten,** ad dicendum, Cic.: ad respondendum, Cic.: surgit ad hos Aiax, Ov.: absol., Quint. – **b** aus dem Bett, vom Schlaf **aufstehen,** ante lucem, Cic.: cum die, Ov.: ad praescripta munia, Hor. – **3** übtr.: **a** **sich erheben, hervorkommen, anfangen, sich zeigen,** surgit dies, Verg.: sol, Hor. u. Mela: nox, Ov.: ventus, Verg.: messis, Verg.: fons, Quint. – übtr., pugna aspera, discordia surgit, Verg.: rumor surgit, Tac. – **b** wachsend, zunehmend sich **erheben, emporsteigen,** **α** von Lebl., wie v. der Saat, v. Getreide, Hor. u. Colum. – v. Meer, Ov. – v. Bauten, surgens novae Carthaginis urbs, Verg.: meliora surrectura, quam arsissent, Sen.: aerea cui gradibus surgebant limina nixaeque aere trabes, Verg.: columnae surgentes, Verg. – v. Gebirgen, ultra surgit mons Rhipaeus, Mela: quo magis surgit exilior (Atlas), Mela: nemora surgentia, Sen. rhet.: circum surgentibus iugis, Tac. – v. Feuer, ignis surgit in flammas, lodert empor, Apul. met. 7, 19. – v. a. Ggstdn., area ita iam cinere mixtisque pumicibus oppleta surrexerat, ut etc., lag bereits so hoch voll Asche, vermischt mit Bimssteinen, dass usw., Plin. ep.: fistula surgit disparibus avenis, steigt an, indem ein Rohr immer länger wird als das andere, Ov. – **β** von leb. Wesen, **wachsen, heranwachsen,** surgens Iulus, Verg.: surgens Ascanius, Verg. – ► Synkop. Perf. surrexti, Mart. 5, 79, 1: Infin. Perf. surrexe, Hor. sat. 1, 9, 73: vulg. Fut. surgebit, Itala (Sangerm.) 4. Esdr. 16, 10.

sub-riguus, a, um, **einigermaßen gewässert,** Plin. 17, 128.

subringo ist falsche Lesart bei Fronto ad M. Caes. 2, 12. p. 35, 18 N. für suppingo, was schon der *cod.* hat, s. unter 1. suppingo.

sub-ringor, ringī, die **Nase etwas rümpfen** (aus Empfindlichkeit, Unwillen), Cic. ad Att. 4, 5, 2.

subripio, s. surripio.

subrīpo, s. sub-rēpo ►.

subrīsio, ōnis, *f.* (subrideo), das **Lächeln,** μειδίαμα, quod nos subrisionem possumus appellare, Hieron. in Amos 2. ad *v.* 5, 8 *sqq.*

subrobeus, s. sub-rubeus.

subrogātio, ōnis, *f.* (subrogo), die Wahl an die Stelle eines anderen, die **Nachwahl,** Ambros. epist. 13, 2.

subrogo (surrogo), āvī, ātum, āre, **I** jmd. **an die Stelle eines anderen** durchs Volk **wählen lassen** (v. Vorsitzer der Komitien, hingegen sufficere v. Volk selbst), in annum proximum decemviros alios, Cic.: collegam in locum Bruti, Liv.: collegam sibi, Liv.: ad consules subrogandos, Liv. – m. dopp. *Acc.*, sibi Sp. Lucretium collegam, Cic. de rep. 2, 55. – **II** ein Gesetz **ergänzen,** Ulp. fragm. pr. § 3.

subrōstrānī, ōrum, *m.* (sub u. rostra), Leute, die auf dem Markt zu Rom bei den *Rostra* sich aufzuhalten pflegten, **Pflastertreter,** Cael. in Cic. ep. 8, 1, 4.

subrotātus, a, um (sub und roto), **unten mit Rädern versehen, auf Räder gesetzt,** aries subrotatus, Vitr. 10, 13, 4.

sub-rotundus, a, um, **etwas rund,** radicula, Cels. 5, 28, 14.

subroveus, s. sub-rubeus.

sub-rubeo, ēre, **rötlich sein,** Partiz. subrubēns = **rötlich,** Ov. art. am. 2, 316, Pallad. u. a.

sub-ruber, bra, brum, **rötlich,** caro, Cels. 5, 28, 5.

sub-rubeus, a, um, **rötlich,** ostri color, Non. 549, 9. – Vulg. Nbf. subrobeus od. subroveus, Oribas. fragm. Bern. 2, 4. p. 7, 4 u. 14; 2, 5. p. 7, 32 *Hagen.*

sub-rubicundus, a, um, **rötlich,** ulcus, sanies, Cels.: vultus subr. (hochrotes) et similis cruento, Sen. de ira 3, 4, 1.

sub-rūfus, a, um, **rötlich,** color, Plin. 37, 170: iris, Plin. 21, 41: cicatrix alba sive subrufa, Vulg. Levit. 13, 19. – prägn. v. Menschen, **rothaarig,** der **Rotkopf,** Plaut. capt. 648.

subrūmo, āre (sub u. ruma), **an die Brust legen, saugen lassen,** v. Tieren, Colum. 7, 4, 3 u. a. Fest. 306 (b), 33. Paul. ex Fest. 307, 12. Gloss. II, 456, 31.

subrūmus, a, um (sub u. ruma), **an der Brust liegend, saugend,** agnus, Varro r. r. 2, 1, 20 u. 2, 11, 5. Varro Catus fr. VII. p. 248 *Riese.* Vgl. Fest. 270 (a), 25. Paul. ex Fest. 271, 5.

Subruncātor, ōris, *m.* (sub u. runco), der **Reuter, Ausjäter,** als ländl. Gottheit, Serv. Verg. georg. 1, 21 (wo falsch subruncinator).

subruncīvus, a, um (sub u. runco), **durch die Jäthacke** (runco) von **Dornen und Büschen notdürftig gesäubert, gereutet,** Gromat vet. 111, 15 u. a.

sub-ruo, ruī, rutum, ere, **von unten einreißen, unterwühlen, untergraben, niederreißen, niederstürzen, hinstürzen, über den Haufen stürzen,** **I** eig.: murum, Liv.: murum ab imo, Liv.: murum admotis testudinibus, Liv.: moenia cuniculo, Liv.: arbores a radicibus, Caes.: amnis subruit montes, Plin. ep. – **II** bildl., **untergraven, zerstören, vernichten, zugrunde richten,** libertatem, Liv.: reges muneribus, Hor.

subrupio, s. surripio ►.

subruptīcius, a, um, s. 2. subreptīcius.

subrūsticē, *Adv.* (subrusticus), **etwas bäuerisch,** Gell. praef. § 10.

sub-rūsticus, a, um, **etwas bäuerisch,** pudor, Cic.: sonabat subagreste quiddam planeque subrusticum, Cic.: agrestis ac subrusticus sonus Ambros.

sub-rutilo, āre, **ins Rötliche fallen,** Hieron. in Isai. 15, 54, 12. – übtr., hervorschimmern, Augustin. solil. 2, 20, 35. Claud. Mam. de statu anim. 1, 25.

sub-rutilus, a, um, **etwas rötlich, ins Rötliche fallend,** color, Plin.: frutex, Plin.: arietes, Plin.: cuiusdam caput varietate capilli subrutilum, Suet.

sub-salsus, a, um, **etwas gesalzen,** aqua, Cels.: herba subsalsa gustanti, Plin.

sub-salto, āvī, āre, **einherspringen, einhergesprungen kommen,** ex latere, Hieron. epist. 61, 3: in praesaepibus suis (v. Kälbern), Itala Ioël 1, 17.

subsanium, s. subsannium.

subsannātio, ōnis, *f.* (subsanno), die **Aushöhnung durch spöttische Gebärden,** Vulg. Iob 34, 7; psalm. 34, 16 u. 43, 14 u. a.: Plur., Vulg. Sirach 34, 21. Vgl. Gloss. II, 373, 57 ›subsannatio, μυκτηριασμός‹.

subsannātor, ōris, *m.* (subsanno), der **Aushöhner durch spöttische Gebärden,** Vulg. Sirach 33, 6. Augustin. serm. 5, 3 Mai.

subsannātōrius, a, um (subsanno), **aushöhnend,** sermo, Hieron. in Iob 15.

subsannium (richtiger subsanium), iī, *n.* (sub u. σανίς, Verdeck des Schiffes), das **Innere** des Schiffes, Hist. Apollon. reg. 38 *extr.* u. 39 *in.* u. spät. Eccl.

subsanno, āvī, āre (sub u. sanna), **durch spöttische Gebärden aushöhnen,** Nemes. fr. de aucup. 8. Tert. adv. Iud. 11. Hieron. epist. 40, 2. Vulg. 4. regg. 19, 21; psalm. 34, 16 u. a. Commodian. apol. 56; *instr.* 1, 38, 6 u. 1, 40, 11: nec nos solito more irrideas atque subsannes, Hieron. adv. Iovin. 2. § 28.

sub-scālāris, e, **unter der Treppe befindlich,** repositio, CIL 6, 29791 (wo verderbt repossone subiscalire).

sub-scalpo, ere, **leichthin zur Wollust reizen,** Mart. Cap. 1. § 7 (vgl. scalpo *no.* I, b).

sub-scindo, ere, **ein wenig spalten,** Plin. Val. 2, 30.

subscrībendārius, iī, *m.* (sub u. scribo), der **Unterschreiber,** Cod. Theod. 7, 4, 1 u. 8, 4, 8.

sub-scrībo, scrīpsī, scrīptum, ere, **I untenhin schreiben, darunterschreiben, A** im Allg.: causam parricidii, Cic.: statuis subscripsit reges esse exactos, Cic.: si quaeret Pater urbium subscribi statuis, Hor.: haec subscribe libello, Hor. – **B** insbes.: **1** ein Dokument **unterschreiben, mit der Unterschrift seines Namens versehen, a** eig.: tabulis venditionis, Ambros.: testamento, ICt.: rationes und rationibus, ICt.: und so durch seine Unterschrift **genehmigen,** quingenties sestertium ad peragendam auream domum, Suet.: cum *de* supplicio cuiusdam capite damnati ut ex more subscriberet admoneretur, Suet. – **b** übtr.: **α unterschreiben, beipflichten, begünstigen, unterstützen,** odiis accusatorum, Liv.: irae Caesaris, Ov.: luxuriae, Vorschub leisten, Cels.: si voto fortuna subscripserit, Colum.: subscripsit orationi eius consul cum meritis P. Decii laudibus, tum quae ex concordia consulum bona, quaeque ex discordia mala in administratione rerum militarium evenirent, memorando, Liv. 10, 22, 4. – **β** etwas **genehmigen, zugestehen,** alqd, Tert. de virg. vel. 10; de idol. 13. – **2** vom Zensor, den Grund eines zensorischen Tadels dem Namen des Getadelten **unter-, beischreiben, vermerken,** Cic.: istam causam, Cic.: de alqo, Quint. – **3** vom Kläger oder Mitkläger, die ihre Namen unter die Klageschrift setzen, **a** vom Kläger, **unterschreiben = förmlich** (schriftlich) **klagen, eine Klage einreichen,** nomini dicam, ihn verklagen, Plaut.: subscripsit, quod is pecuniam accepisset etc., hat geklagt usw., Cic.: in alqm, gegen jmd. klagen, Cic.: so auch in crimen, ICt.: iste cum ceteris subscripsit centumvirale iudicium, mecum non subscripsit, er reichte gegen die übrigen Erben eine Klage beim Z. ein, aber gegen mich nicht, Plin. ep. – **b** vom Mitkläger, sich **mit unterschreiben = Mitkläger sein,** Gabinium de ambitu reum fecit subscribente privigno, Cic.: neminem neque suo nomine neque subscribens accusavit, Nep.: subscr. accusanti patrono, Suet.: Agrippae in Cassium, Vell. – **4** zur Kaiserzeit, auf eine Petition kurz den Inhalt oder ein freundliches Wort oder einen Gruß an den Empfänger hinzufügen, Lampr. Comm. 13, 7: vgl. Heindorf Hor. sat. 1, 10, 92. – **II aufschreiben, aufzeichnen, verzeichnen,** numerum Cic.: audita, Quint.: quaedam, Suet.: suspiria nostra (v. den Delatoren), Tac.

subscrīptio, ōnis, *f.* (subscribo), die **Unterschrift, I** im Allg., Cic. ad Att. 6, 1, 17. – **II** insbes.: **a** die **durch Unterschrift des Dokumentes bestätigte Angabe der Jucherte,** Cic. Verr. 3, 113. – **b** censoria, die begründete **Angabe des zensorischen Tadels,** s. Cic. Clu. 123: subscriptiones censorum, Cic. Clu. 118. – **c** die Unterschrift des Klägers und Mitklägers: **α** des Klägers, die **schriftliche Klage,** Sen., ICt. u. a. – **β** des Mitklägers, die **Mitunterschrift, Mitanklage,** Cic. div. in Caecil. 49. Sen. de ben. 3, 26, 2. Ulp. dig. 48, 2, 7 *in.*: cuinam ex duobus pluribusve accusatio subscriptiove in reum permittatur, Gell. 2, 4, 1. – **d** die **Beifügung** des Inhalts oder eines freundlichen Wunsches auf ein Reskript, Ulp. dig. 1, 4, 1: auf eine Eingabe, Suet. Tib. 32, 2.

subscrīptor, ōris, *m.* (subscribo), **I** der Unterschreiber, übtr., der **Beipflichter, Begünstiger,** subscriptores approbatoresque huius verbi, Gell. 5, 21, 6: non ut huius sententiae fundus subscriptorque fierem, Gell. 19, 8, 12. – **II** insbes., der Unterschreiber der Klageschrift, der **Mitkläger,** Cic. div. in Caecil. 47 u. 51. Cael. in Cic. ep. 8, 8, 1.

sub-scrūpōsus, a, um, **ziemlich bedenklich, ziemlich krittlich,** meritorum examinator, Amm. 21, 16, 3.

subscūs, ūdis, *f.* (sub u. cūdo), eine Art von **Verklammerung,** in Gestalt eines doppelten Schwalbenschwanzes, bestehend aus zwei securiculis, Cato u. Vitr.: s. ferrea, ein starkes Eisen, das zwei in der Mitte zusammengesetzten Schwalbenschwänzen gleicht, auf dem senkrechten Mühleisen befestigt ist, den Läufer trägt und diesen Mühlstein unmittelbar umwälzt, die Haue, Vitr. – Plur. subscudes, Arnob. 6, 16: Nbf. suscudines, Augustin. de civ. dei 15, 27, 3. p. 118, 12 D^2.

subsecīvus, s. subsicīvus.

sub-seco, secuī, sectum, āre, **unten abschneiden,** carnem, Cels.: carnem circa os, Cels.: radices, abbeißen (v. Ungeziefer), Colum.: herbam falce, Varro: ungues ferro, Ov.: palpebram adverso scalpello, Cels.: a singulis procedentibus angulis cutem, Cels.

sub-secundārius, a, um, **hinterher-, nebenherkommend,** tempora, Nebenzeiten, Nebenstunden, Gell. praef. § 23.

subsecūtio, ōnis, *f.* (subsequor), die **Nachfolge** = das Nachfolgende, Cassiod. var. 8, 14, 1.

subseliārium, iī, *n.* (subselium = subsellium), der **Ort, wo die Sitze der Magistrate** im Theater **angebracht sind,** CIL 1, 1341.

subsellium, iī, *n.* (sub u. sella), **I** die **niedrige Bank,** Varro LL. 5, 128. – **II** jede ordentliche, gewöhnliche **Bank** zum Sitzen, die **Sitzbank** im Haus, Cels., Sen. u. a.: vor dem Speisesofa, dah. Lacones imi subselli viri, geringe Leute, Plaut. capt. 471 *Schoell;* vgl. Stich. 489 G.: der Zuschauer im Theater usw., Cic.: der Senatoren in der Kurie, Cic. (dah. longi subsellii iudicatio et mora, die zögernde Prüfung im Senat, wo man alles auf die lange Bank schiebt, Cic. ep. 3, 9, 2): der Tribunen u. anderer nicht kurulischen Beamten auf dem Markt, Liv. u. Suet.: bes. in Gerichten für die Richter, Kläger, Beklagten, Anwälte usw., Cic.: rei subs., Catull. – meton.: **a** v. den auf der Bank Sitzenden, die **Bank,** Mart. 1, 26, 1. – **b** subsellia = **Gerichte** (iudicia), habitare in subselliis (v. Sachwalter), Cic.: versari in ut isque subselliis (als Sachwalter u. als Richter) optimā et fide et famā, Cic.

subsentātor, ōris, *m.* (sub u. sentio), der **Schmeichler,** Plaut. b. Fronto ad Marc. Caes. 2, 10 (13). p. 33, 19 N.

sub-sentio, sēnsī, īre, **unter der Hand wahrnehmen, -merken,** Ter. heaut. 471.

subsequenter, *Adv.* (subsequens v. subsequor), **in der Folge, nacheinander, nach der Reihe,** Augustin. in psalm. 67, 11 u. 87, 1 u. a. Eccl.

sub-sequor, secūtus sum, sequī, **gleich darauffolgen, unmittelbar nachfolgen, nachkommen, I** eig.: **a** v. Pers., signa, Caes.: absol., Caes. – **b** v. lebl. Subjj.: stella subsequitur, Cic.: hos motus subsequi debet gestus, sich verbinden, Cic.: male subsequi verba dicentis, jemandes Rede nicht gut nachkommen können (mit der Feder), Suet. –

II übtr., geistig, in der Meinung **nachfolgen, folgen,** nach etw. sich **richten,** etw. **nachahmen,** alqm, Cic. u. a.: voluntatem alcis, ICt.: suo sermone humanitatem litterarum, Cic.

subsequus, a, um (subsequor), **nachfolgend,** probatio, Oros. 1, 1, 7. – Nbf. subsicuus, Iul. Val. 2, 16 (2, 5. p. 78, 26 K.).

sub-sēricus, a, um, **halbseiden** (Ggstz. holosericus), vestis, Lampr. Heliog. 26, 1. Gallien. b. Treb. Poll. Claud. 17, 6: tunicae, Vopisc. Aurel. 15, 4.

1. sub-sero, ere, **nachsäen, nachpflanzen, dazupflanzen,** Colum. u. ICt.

2. sub-sero (seruī), sertum, ere, **darunterstecken, -tun,** Apul. met. 7, 28: luna non numquam ferienti se subicit lanci, Amm. 20, 3, 8. – übtr., per arcanos susurros nutrimenta fictis criminibus, neue Nahrung geben, Amm. 14, 11, 3: super hoc Eutherio pauca, noch einiges weiter erwähnen, Amm. 16, 7, 4: u. so m. folg. *Acc.* u. *Infin.* = zu verstehen geben, Amm. 16, 2, 4.

sub-servio, īre, **I untertänig-, unterwürfig sein, unter dem Pantoffel stehen,** alci, Naev. com. 112. Plaut. Men. 766: v. lebl. Subjj., cetera membra ancillari et subservire capiti, Apul. de Plat. 1, 13: omnium aures tuae voculae subserviunt sub iugum subactae, M. Caes. bei Fronto ad M. Caes. 4, 2. p. 61, 4 N. – **II zu Hilfe kommen, sekundieren,** alcis orationi, Ter. Andr. 735. Donat. Ter. Andr. 4, 4, 4: v. lebl. Subjj., tibi aliqua vis divina subservit, quae quod dixeris scribat et suggerat, Pacat. pan. 18, 4: subserviente verecundiā, Augustin. epist. 154, 1.

subsessa, ae, *f.* (subsideo), der **Hinterhalt,** Veget. mil. 3, 6 u. 22. Serv. Verg. Aen. 11, 267.

subsessor, ōris, *m.* (subsideo), der niederkauert, um zu lauern, der **versteckte Auflaurer, -Aufpasser,** v. Jäger od. Banditen, Petron. 40, 1. Sen. Hipp. (Phaedr.) 51 (56): trium filiorum, Sen. contr. 2, 1 (9), 20. Vgl. Serv. Verg. Aen. 5, 498; 11, 268. – übtr., matrimonii alieni, Val. Max. 2, 1, 5 u. 7, 2. ext. 1: absol., Arnob. 4, 25 u. 5, 20.

sub-sicco, āre, **ein wenig trocknen,** Pelagon. veterin. 2 (§ 24 *Ihm*) u. 6 (§ 89 *Ihm*).

subsicīvus, a, um (sub u. seco; die Schreibart subsic. durch die besten Hdschrn. u. Inschrn. beglaubigt; in anderen Hdschrn. auch subsecivus und umgestellt subcisivus und succisivus; vgl. Görenz Cic. de legg. 1, 13. p. 15. Ellendt Cic. de or. 2, 364), unten abgeschnitten, **abfällig,** dah. **I** eig., als *t. t.* der Agrimensur, beim Vermessen **abfallend,** über das Maß **übrigbleibend,** ager, Gromat. vet. 9, 9 u. 246, 27 u. a.: fluminum modus, *ibid.* 157, 19: fossa, *ibid.* 366, 3. – subst., subsecīvum, ī, *n.*, die über das Maß **übrigbleibende Parzelle Land,** Gromat. vet. 6, 4; 7, 8 u. a.: u. so in subsicivum esse, Varro r. r. 1, 10, 2: Plur., subsiciva, Suet. Dom. 9, 3. CIL 9, 5420, 6. – **II** übtr.: **a** v. der Zeit, die von Berufsgeschäften gleichs. abfällt, **erübrigt, Neben-,** tempora, Nebenzeit, Nebenstunden, Cic. u. a.: so auch tempus, Plin. ep. u. a. – u. übtr. v. dem, was man in solchen Nebenstunden treibt, opera (Nom. Sing.), Lucil. 762: u. so quae (arripui) subsicivis operis, ut aiunt, Nebenarbeiten, Cic.: (philosophia) non est res subsiciva, ordinaria est, sie ist nicht Nebensache, sie ist Hauptsache, Sen.: quas (voces Latinas) subsicivo aut tumultuario studio colo, mit denen ich mich nur nebenbei (zeitweise) u. oberflächlich beschäftige, Gell. – **b** übh. von dem, was noch neben der Hauptsache stattfindet, zu tun ist, in Betracht kommt, **anderweitig, Neben-, als Anhängsel,** sollicitudo, Apul.: laudes, Apul.: so auch quam (Italiam) subsicivam Graeciam fecerat (Pythagoras), zu einem Anhängsel von Gr., Apul. – **c** von dem, was gleichs. **zerstückelt** ist, **mangelhaft,** vivacitas caduca et subsiciva (Ggstz. aeterna et indefecta), Apul. de deo Socr. 4.

subsicuus, a, um, s. subsequus.

subsīdentia, ae, *f.* (subsido), das Sichsetzen, konkr. = der **Niedersatz, Niederschlag,** aquarum, Vitr. 8, 3, 18.

subsidiālis, e (subsidium), **zur Reserve gehörig, Reserve-,** Amm. 14, 6, 17; 27, 10, 15 u. a.

subsidiārius, a, um (subsidium), **I zur Reserve gehörig, Reserve-,** cohortes, Caes. u. Liv.: naves, Auct. b. Alex. – subst., subsidiāriī, ōrum, *m.*, die **Reservetruppen** (Ggstz. prima acies), Liv. – **II** übtr., **zum Rückhalt-, zur Aushilfe dienend,** palmes, eine neue Ranke, die man nicht abschneidet, um den Stock zu erhalten, Colum. 4, 24, 13 u. 16. – als jurist. *t. t.*, actio s., die Klage, mittelst der das Mündel gegen den Magistrat, der den Vormund bestellt hat, für den Fall, dass dieser nicht zahlungsfähig ist, seine Schadloshaltung sucht, ICt.

subsidior, ārī (subsidium), **zur Reserve dienen, die Reserve bilden,** longius (entfernter, in weiterer Entfernung aufgestellt), Hirt. b. G. 8, 13, 3. Vgl. Dosith. 61, 5 K. ›subsidior, βοηθῶ‹.

subsidium, iī, *n.* (*subsideo), **I** konkr. als milit. *t. t.* = die im Rücken zurückbleibende **Hilfe,** das **Hintertreffen,** der **Rückhalt,** die **Reserve,** die **Reservetruppen** (Ggstz. frons, prima acies), subsidia et secundam aciem adortus, Liv.: iaculatores fugerunt inter subsidia ad secundam aciem, Liv.: impulsa frons prima et trepidatio subsidiis illata, Liv.: cohortes veteranas in fronte, post eas ceterum exercitum in subsidiis locat, als H., Sall.: in primam aciem suas legiones Sempronius induxit; in subsidiis locatae P. Licinii legiones, Liv.: subsidium u. subsidia submittere, Caes. – **II** abstr.: **1** als milit. *t. t.* = der **Rückhalt,** die **Hilfe,** der **Beistand** durch Truppen, nullo maris subsidio, ohne Zuzug von der See her, Tac.: subsidium ferre, Caes.: subsidio ire, Nep., oder venire, Nep. u. Cic.: ire in subsidium, Tac.: subsidio proficisci, Caes.: equites in subsidium mittere, Tac.: funditores subsidio oppidanis mittere, Caes. – **2** übtr.: **a** die **Hilfe,** das **Hilfsmittel,** der **Beistand, Rückhalt,** die **Stütze,** der **Schutz,** subsidium bellissimum existimo esse senectuti otium, Cic.: fidissimum annonae subsidium, Liv.: subsidio esse, v. Pers. = zur Hilfe dienen, Ov., v. Dingen = gegen etw. zur Hilfe dienen, zustatten kommen, his difficultatibus, Caes.: oblivioni, Cic.: subsidium ponere in fuga, Caes.: his subsidiis ea sum consecutus, Cic.: militare aerarium eo subsidio niti, stütze sich auf diesen Zuschuss, Tac.: nulla sibi subsidia ad omnes vitae status parare, Cic. – **b** der **Zufluchtsort,** das **Asyl** (s. Dräger Tac. ann. 4, 67), vix modicis navigiis pauca subsidia, Tac.: qui punito Seiano in hortos Pomponii quasi fidissimum ad subsidium perfugisset, Tac.

sub-sīdo, sēdī u. sīdī, sessum, ere, **I sich niederlassen, -niedersetzen, niederkauern, A** eig.: **1** v. leb. Wesen: **a** übh.: subsidunt Hispani, Liv.: subs. in genua (v. Elefanten), Sen.: alii elephanti pedibus insistentes, alii clunibus subsidentes, Liv. – **b sich niederlassen, -kauern, lauern,** u. m. Angabe des Zieles (mit *Dat.* od. mit *Acc.*) jmdm. **auflauern,** auf jmd. **Jagd machen,** in insidiis, Liv.: in loco, Cic. – m. *Dat.*, fero, Auson.: m. *Acc.*, leonem, Sil.: Asiam devictam, dem Agamemnon, Verg.: insontem, copiosos homines, Amm. – **c** von weiblichen Tieren = vor dem Männchen zur Begattung sich **niederlassen,** von ihm sich **begatten lassen,** equae maribus subsidunt, Lucr.: tigres subsidere cervis, Hor. – **2** übtr., v. lebl. Subjj., sich zu **Boden setzen, sich senken, sich legen, sinken,** quicquid faecis subsederit, Colum.: urbs subsedit, Lucr.: iussit subsidere valles, sich herabsenken, Ov.: montes subsidere, Sen.: rhet.: ut molli vestigio cedens arena subsideret, Min. Fel.: subsidunt undae, Verg., venti, Prop.: aqua subsidit, **setzt sich,** wird hell, Auct. b. Alex.: oculi vehementer subsederunt, sind eingefallen, Cels.: ille (ignis), qui alimentis deficitur, suā sponte subsidit, fällt zusammen, Sen. – **B** bildl.: **a** im Allg.: subsidere fata viderat, zu Boden sinken (das Bild v. Sinken der Waagschale hergenommen), Sil. 6, 28. – **b sich legen, fallen, sich vermindern, nachlassen,** nec silentio subsidat, sed firmetur consuetudine (vox), Quint.: subsidere impetum dicendi, Quint.: subsidunt menses mulierum, Plin.: vitia, Sen. – so auch hinc accĭdit … ut aetas, altioribus iam disciplinis debita, in schola minore subsidat, in seinem Eifer erkalte, unser »versauere«, Quint. 2, 1, 3. – **II** prägn. = **sitzenbleiben, 1** v. Pers., **zurückbleiben, halten,** sich wo ausdauernd **niederlassen, sich festsetzen,** si subsidit pars aliqua (apium), Varro: multitudo calonum in castris subsederant, Caes.: subsedi in via, Cic.: in Sicilia (Ggstz. proficisci), Cic.: in oppido Reatino, Nuceriae, Suet. – **2** übtr., von lebl. Subjj. = **sitzen-, steckenbleiben,** Ptolemaeus dum fugit, in Nilo navicula subsedit, Liv. epit. 112. – ► Perf. subsīdī, wov. subsiderat, Amm. 14, 3, 2 G.: subsidisse, Amm. 24, 4, 29 *cod.* V (Gardth. subsedisse).

subsiduus, a, um (*subsideo), **unten sitzend,** Gratt. cyn. 474.

subsignānus, a, um (sub u. signum), **unter der Fahne befindlich** oder **dienend,** miles (kollektiv), Legionssoldaten, die als Reserve zur Verstärkung des Mitteltreffens gebraucht wurden, Tac. hist. 1, 70 u. 4, 33: milites, Amm. 29, 5, 23.

subsignātio, ōnis, *f.* (subsigno), die **Unterzeichnung, Unterschreibung,** Paul. dig. 50, 16, 39. – bildl., per subsignationem paenitentiae, sichere Versprechung, Versicherung, Tert. de paenit. 2.

sub-sīgno, āvī, ātum, āre, **I unten verzeichnen, unten hinsetzen,** notas, Plin.: Ciceronis sententiam, Plin. – **II** übtr.: **1 verzeichnen, in das Buch eintragen,** praedia apud aerarium, Cic. Flacc. 80. – **2** durch eine unterschriebene und besiegelte Urkunde, also **urkundlich verpfänden, a** eig.: iugera tria pro amico ad aerarium, Parid. epit. Val. Max. 4, 4, 7: praedia, Inscr.: res pro cautela litis, Cod. Iust.: facultates eorum, quae subsignatae sunt fisco, ICt. – **b** übtr., **verbürgen,** gleichs. **Brief und Siegel auf** etwas **geben,** fidem pro moribus alcis, Plin. ep.: id iam nunc apud te subsigno, Plin. ep.

subsilio (sussilio), siluī, īre (sub u. salio), **I empor-, in die Höhe springen,** Plaut. u. Lucr.: a sede strenue, Varro fr.: canes subsiluere, Prop.: bildl., subsiluisti et acrior constitisti, Sen. ep. 13, 3. – **II hineinspringen,** Sen. de clem. 1, 3, 5.

sub-similis, e, **fast ähnlich,** melli, Cels. 5, 26, 20: subsimile aliquid, Ulp. dig. 35, 3, 1. § 5.

sub-sīmus, a, um, **mit etwas aufwärts gebogener Nase,** Varro r. r. 2, 5, 7. Vgl. Gloss. II, 467, 42 ›subsimus, ὑπόσιμος‹.

subsipio, ere (sub u. sapio), **etwas schmecken, einigen Geschmack haben,** Varro LL. 5, 128.

subsistentia, ae, *f.* (subsisto) = ὑπόστασις, der **Bestand,** die **Realität, Substanz,** Cas- siod. hist. eccl. 5, 38. Boëth. de duab. nat. p. 950 u. a. Eccl.

sub-sisto, stitī, ere, **I** *tr.* **stehen machen, stellen = den Kampf bestehen** mit usw., feras, Liv. 1, 4, 9: Romanum nec acies subsistere ullae poterant, Liv. 9, 31, 6. – **II** *intr.*: **A stillstehen, stehen bleiben, haltmachen, 1** eig.: **a** v. Pers.: ibi, Curt.: Arimini, Caes.: in itinere, Caes.: in flexu viae, Liv.: in Armenia, Auct. b. Alex.: ad insulam, Auct. b. Alex.: ad agmen, Caes.: cum copiis, Curt.: toto agmine, mit dem g. Z., Caes.: absol.: subsistere iubere, haltmachen lassen, Curt.: insidiarum metu substitit, Curt. – **b** v. lebl. Subjj., **stillstehen, innehalten, einhalten,** substitit unda, Verg., amnis, Plin. pan.: substiterunt lacrimae, Quint.: subsistit radius cubiti, bleibt an seiner Stelle, Cels.: substitit lingua timore, stockte, Ov. – **2** bildl.: **a stillstehen, einhalten,** im Reden, Quint.: numquam inopiā verbi substitit, stockte, Sen. rhet. – subsistit omnis sententia, Quint. – **b anstehen, Anstand nehmen,** in servo, ICt.: absol., subsisto, ICt. – **c aufhören,** substitit clamor, Ov.: ingenium meis substitit omne malis, Ov.: illud subsistet, Quint. – **B verweilen, zurückbleiben, bleiben, 1** eig.: domi, Vell.: intra tecta, Plin. ep.: in tabernaculo, in nave, in urbe, Curt.: quadriduo in eodem loco, Curt.: in Samnio adversus Caudinas legiones, zurückbleiben, stehen bleiben, Liv.: circa Mesopotamiam, Curt.: biduum apud alqm, Curt.: locus substructus, ubi nationum subsisterent legati, Varro LL.: absol., diutius, Curt.: paucos dies, Curt.: et (auch) sequenti die, Plin. ep. – übtr., **am Leben bleiben,** quae ex his subsistet, Scaevol. dig. 34, 4, 30. § 3. – **2** übtr.: **a** v. Pers.: **α** übh.: intra priorem paupertatem, verbleiben, verharren, Tac. ann. 12, 53. – **β** jmdm. **beistehen,** ihn **unterstützen,** alci, Apul. met. 2, 27. – **b** v. lebl. Subjj.: **α zurück-, übrigbleiben,** equitum nomen subsistebat in turmis equorum publicorum, Plin. 33, 30. – **β in Kraft bleiben, bestehen,** sententia subsistit, Cod. Iust. 2, 13, 14 u. a. – **C standhalten, Widerstand leisten, widerstehen, 1** eig.: **a** v. Pers.: Hannibali atque eius armis, Liv. 27, 7, 3: clipeo iuvenis, Verg. Aen. 9, 806: absol., non potes subsistere, Plaut. Epid. 84: im Bild, aut hanc esse veram religionem, cui ad vincendum tanta vis inest, aut illam falsam, quae subsistere aut congredi non potest, Lact. 4, 27, 6. – **b** v. lebl. Subjj.: quod neque ancorae funesque subsisterent, neque etc., Caes. b. G. 5, 10, 2. – **2** übtr., **standhalten = gewachsen sein, aushalten,** v. Pers., sumptui, Brut. in Cic. ep. 11, 10, 5: tantis periclis, Claud. in Eutr. 2, 368: liti, Cels. dig. 21, 2, 62. § 1.

sub-situs, a, um, **unten-, dabei befindlich,** convallis, Apul. met. 6, 3.

subsolāneus, a, um (sub u. solum), **unter dem Boden befindlich, unterirdisch,** res, Fest. 306 (a), 16.

sub-sōlānus, ī, *m.*, der **Ostwind,** Cels., Sen. u. a. – Dav. **subsōlānus,** a, um, **östlich, morgenländisch,** montes Indorum, Plin. 7, 24.

sub-solvo (solvī), solūtum, ere, **ein wenig auflösen,** Plin. Val. 2, 18.

sub-sono, āre, **insgeheim ausdrücken, -zu verstehen geben,** Charis. 194, 7.

sub-sortior, ītus, sum, īrī, **nachlosen, noch einmal losen,** iudices, neue Richter statt der von den Parteien verworfenen (perhorreszierten) durch das Los wählen, Cic. Clu. 96 u. a.

subsortītio, ōnis, *f.* (subsortior), das **Nachlosen,** iudicum, anderer R. statt der von den Parteien verworfenen, Cic. II. Verr.. 1, 157 u. a.: anderer Bürger, die Getreide erhalten sollten, statt der gestorbenen, Suet. Caes. 41, 3.

sub-spargo, ere, **unterstreuen,** semina versutiis, Tert. de res. carn. 63.

substantia, ae, *f.* (substo), der **Bestand,** die **Wesenheit, Existenz,** das **Wesen,** die **Beschaffenheit, Substanz, I** im Allg.: **1** eig.: hominis, Quint.: de substantia aut de qualitate controversiam esse, Wesen, Existenz, Quint.: non habere substantiam, nicht existieren, kein Wesen haben, Sen.: diversae esse substantiae, Frontin.: non est propria in ista nube substantia nec corpus est, sed mendacium, sine re similitudo Sen. – **2** meton.: **a** die **Sache** selbst, ICt. – **b** die **Substanz** = die **Speise,** Avian. fab. 34, 17. Prud. cath. 7, 40. – **II** insbes., der **Bestand, Inbegriff** des Vermögens, die **Subsistenzmittel** (s. Muncker Fulg. myth. 1, 1. p. 29 [b]. Papst Tac. dial. 8. p. 31), **1** eig.: facultatum, Tac.: omnis paternorum bonorum, Aur. Vict.: rei familiaris, Paul. sent. – **2** meton., das **Vermögen, Hab und Gut,** ICt.: Plur., Salv. epist. 9, 11.

substantiālis, e (substantia), **I wesentlich,** Tert. de res. carn. 45 u. a. Eccl. – **II** übtr. **selbständig,** tutela (Schutzgeist), Amm. 14, 11, 25: potestates, Geister, Amm. 21, 1, 8.

substantiālitās, ātis, *f.* (substantialis), die **Wesentlichkeit,** Hieron. in Didym. de spir. scto c. 15. Cassiod. hist. eccl. 7, 14.

substantiāliter, *Adv.* (substantialis), **wesentlich,** Tert. adv. Valent. 7 u. a. Eccl.

substantiola, ae, *f.* (*Demin.* v. substantia), das **kleine Vermögen,** Hieron. epist. 108, 26 u. 123, 14.

substantīvālis, e (substantivus) = substantialis, Tert. adv. Valent. 27.

substantīvus, a, um (substantia), **selbständig, für sich selbst bestehen könnend,** res, Tert. adv. Prax. 26 u. a.: verbum, das Verbum *sum* als selbständiges Prädikat, Prisc. 8. 51.

sub-sterno, strāvī, strātum, ere (ὑποστρώννυμι), **I unterstreuen, unterbreiten, unterlegen, 1** eig.: verbenas, Ter.: cinnama, Ov.: herbam ovibus, Cato: semina hordei, Colum.: robora (eichene Balken), Min. Fel.: fucum marinum, darunter-, als Grund auftragen, Plin.: se, sich zum Beischlaf unterlegen, Catull.: pelage late substrata, untergebreitet, ausgedehnt, Lucr. – absol., male pecori, Plin. – *impers.*, pecori diligenter substernatur, Cato. – **2** bildl., **unterlegen, darbieten** u. dgl., omne corporeum animo, Cic.: lacrimas cordi, Augustin.: delicias, Lucr.: pudicitiam alci, preisgeben, Suet. – **II** übtr., etwas **unten bestreuen, bedecken** mit etwas, pullos, Plin.: nidos mollissime, Cic.: solum paleis, Varro. – ► Liv. 22, 51, 9 ist mit den Hdschrn. zu lesen subtractus.

substīllus, a, um (sub u. stillo), **etwas träufelnd,** lotium, Strangurie, Cato r. r. 156 *extr.* – subst., substīllum, ī, *n.*, **regnerisches Wetter, wenn es tröpfelt,** Tert. de pall. 2 u. Fest. 306 (a), 26.

substituo, uī, ūtum, ere (sub u. statuo), **I unter** od. **nach** etw. **stellen, -legen, 1** eig.: lapides plantae, Pallad. 4, 10, 22: armaturas leves post elephantos, Auct. b. Afr. 59, 3. – **2** übtr.: **a** im Allg.: substituerat animo speciem corporis amplam, hatte er sich ansehnlich (im Geiste) vorgestellt, -gedacht, Liv. 28, 35, 5. – **b** insbes., **unterwerfen, aussetzen,** alqm crimini, einem ein Verbrechen schuldgeben, Plin. ep.: fortunam culpae, Quint. – **II an die Stelle** einer Person oder Sache **setzen, substituieren, a** im Allg.: in locum eorum cives Romanos, Cic.: in locum eius Alfenum Varum, Tac.: alqm alci, Curt.: alqm pro alqo, Cic.: alqd pro alqa re, Cic.: sibi consules, Suet. – m. dopp. *Acc.*, im Passiv m. dopp. *Nom.*, alqm tutorem (als V.) Antiocho (für A.), Iustin. 36, 1, 7: alqm huius criminis reum, auf jmd. die Schuld dieses V. wälzen, Curt. 6, 7 (28), 31: Alexander dux (als F.) in locum eius (patris) substituitur, Iustin. 11, 2, 5: in huius locum Artabanus rex (als K.) substituitur, Iustin. 42, 2, 1. – **b** insbes., jmd. **zum zweiten Erben-, zum Beierben machen, -einsetzen,** alqm, Suet. u. ICt.: heredes invicem, Suet. u. ICt.: pupillus, cui substitutus heres erat, Suet.: substitutus heres, der Beierbe, Quint. – absol., substituere alci, jmdm. einen Beierben geben, ICt.

substitūtio, ōnis, *f.* (substituo), **I** das **Setzen an die Stelle** eines anderen, die **Ergänzung,** Arnob. 3, 9. Chalcid. Tim. 32. – **II** insbes., die **Einsetzung eines Beierben,** heredis, ICt.: ex substitutione heredem esse, Beierbe sein, ICt.

substitūtīvus, a, um (substituo), **substituierend, bedingt,** propositio, Ps. Apul. de Plat. 3. p. 263 H.

sub-sto, āre, **I darunter-, dabei-, darin vorhanden sein,** nullo dolore substante, Cels.: ne ullā cruditate substante alvus ducatur, Cels. – **II standhalten,** metuo, ut substet hospes, Ter. Andr. 914.

sub-stomachor, ārī, **etwas unwillig-, etwas verdrießlich sein,** Augustin. conf. 3, 12, 21.

substrāmen, inis, *n.* (substerno), **I** die **Streu** für das Vieh, Varro r. r. 3, 6, 5; 3, 9, 8; 3, 10, 4. – **II** die **Unterlage,** lubrica roboreis aderant substramina plaustris, Walzen, Sil. 12, 444: substramina flores, Anthol. Lat. 253, 46 R.

substrāmentum, ī, *n.* (substerno) = substramen, die **Streu,** Cato r. r. 161, 2.

substrātus, Abl. ū, *m.* (substerno), das **Unterstreuen, Unterlegen,** Plin. 24, 61: substratu levium densarumque trabicularum, Itin. Alex. 77.

sub-strepo, ere, **ein wenig ertönen lassen, -hören lassen,** verba, Apul. met. 5, 18.

substrictus, a, um, *PAdi.* (v. substringo), **schmal, knapp, mager, eingezogen, kurz,** crura, Ov.: canis substricta gerens ilia, Windhund, Ov.: taurus ventre substrictiore, Colum.

sub-strīdo, ere, **ein wenig zischen,** Amm. 16, 4, 2.

sub-stringo, strinxī, strictum, ere, **unten zusammenziehen, -zusammenbinden, -heraufbinden, unterbinden, I** eig.: obliquare crinem nodoque substr., Tac.: caput equi loro altius, Nep.: ligatas auro comas, Lucan.: sinus, Sen. poët.: carbasa, die Segel einziehen, Mart.: aurem alci, für jmd. spitzen (= jmdm. mit gespitzten Ohren zuhören), Hor. – **II** übtr., **einschränken, anhalten,** lacrimas, Marc. Emp.: sanguinem, Veget.: quanto diffusa res est, tanto substringenda nobis erit, Tert. ad nat. 2, 12: effusa, das Breite gedrängter fassen, Quint. 10, 5, 4.

substrūctio, ōnis, *f.* (substruo), der **Unterbau, Grundbau,** substructionum moles, Cic.: theatri substructiones maximae, Caes.: maxima esse debet cura substructionum, Vitr.

substrūctum, ī, *n.* (substruo), der **Unterbau, Grundbau,** Vitr. 8, 6, 6.

sub-struo, strūxī, strūctum, ere, **unterbauen, I** im Allg., **unten hinbauen,** im Bild, fundamentum liberorum, den Grund legen für K., Plaut. most. 121. – **II** prägn., **unterbauen = mit einem Unterbau** (Grundbau) od. **mit einer festen Unterlage versehen,** locus substructus, Varro LL.: substructi canales, Plin.: sic intervalla necesse est substruere ad libramenta, Vitr. – m. *Abl.* womit? Capitolium saxo quadrato substructum est, erhielt einen Unterbau von Quadern, Liv.: censores vias sternendas silice in urbe, glareā extra urbem substruendas marginandasque primi omnium locaverunt, Liv. – absol., non alte substruitur, es wird ein nicht hoher Unterbau gemacht, Vitr. 8, 6 (7), 5: substruendo iter facere, durch Unterbauen einen Weg anlegen, Cels. dig. 8, 1, 10.

sub-sūdo, āvī, āre, **ein wenig-, leicht schwitzen,** Ven. Fort. vit. Radeg. 35.

subsultim, *Adv.* (subsilio), **in die Höhe springend, hüpfend,** decurrere, in kleinen Sprüngen laufen, Suet. Aug. 83.

subsulto (sussulto), āvī, āre (*Intens.* v. subsilio), **in die Höhe springen, hüpfen, I** eig., Plaut. Cas. 433 u. capt. 637: si tantummodo matrem subsultando turbasset, Tert. de anim. 26: ex latere subsultabas et plaudebas manu et applodebas pedem, Hieron. epist. 61, 3. – **II** übtr., von der Rede, gleichs. **hüpfen, springen** wie ein unbändiges Pferd, ne sermo subsultet imparibus spatiis ac sonis, Quint. 11, 3, 43; vgl. Quint. 9, 4, 42.

sub-sum, fuī, esse, **unten sein,** eig.: **1 darunter** od. **dahinter sein, -stecken,** suberat Pan ilicis umbrae, Tibull.: nigra subest lingua palato, Verg.: subest intra cutem vulnus (od. ulcus), Planc. in Cic. ep. – **2 in der Nähe sein, nahe sein, dabeisein,** suberat mons, Caes.: hiems, Caes.: dies, Cic.: templa mari subsunt, Ov.: me subesse propinquis locis, Planc. in Cic. ep. – **II** übtr.: **1 unterworfen sein,** notitiae suberit semper amica tuae, du wirst von allem, was sie redet od. tut, Kenntnis haben, Ov. art. am. 1, 398. – **2 dabeisein, damit verbunden sein, dabei vorhanden sein, dahinter-, darunterstecken, zugrunde liegen, vorliegen,** non temere famam nasci solere, quin subsit aliquid, Rhet. Her.: aliqua subest causa, Cic.: in alqa re nulla subest suspicio, subest nulla periculi suspicio, Cic.: culpa nulla subest, Cic. fr.: si ulla spes salutis nostrae subesset, Cic.: tamquam spes subesset, Liv.: nemine subesse dolum arbitrante, Iustin.: si his vitiis ratio non subesset, Cic.: si nulla subsit similitudo, Quint.: iis subest natura, sie haben usw., Quint.: illi regi subest ad immutandi animi licentiam crudelissimus ille Phalaris, in jenem K. steckt in Rücksicht auf die Möglichkeit, seine Gesinnung umzuwandeln, ein ähnlicher Charakter wie der des so gr. Ph., Cic. de rep. 1, 44. – ► Perf. suffui, wov. suffuerat, Fest. 348 (b), 6. – arch. Konj. Präs. subsiet, Plaut. most. 920.

sub-suo, sūtus, ere, **unten benähen, -besetzen,** quarum subsutā talos tegat instita veste, ein mit einer Falbel besetztes Kleid, ein Damenkleid, Hor. sat. 1, 2, 29. – übtr. = schriftlich **anfügen,** quoniam quidem de veteribus dogmatibus haec eadem subsuta sunt, Interpr. Iren. 2, 14, 2.

subsūtūra, ae, *f.* (subsuo), das **Unternähen des Saumes** eines Kleides, das **Säumen,** Edict. Diocl. 7, 49.

sub-tābidus, a, um, **ein wenig schwindend,** bildl., stetit subtabidus, Amm. 26, 6, 15.

sub-tacitus, a, um, **etwas still, etwas stillschweigend,** Prud. ham. 174.

sub-tālāris, e, **bis an den (die) Knöchel gehend,** calcei, Isid. orig. 19, 34, 7.

subtēgmen, inis, *n.*, s. subtēmen.

sub-tego, tēxī, tēctum, ere, **von unten bedecken,** nostis primum hominem, quando peccavit, foliis ficulneis fuisse subtectum, Augustin. serm. 122, 1: disserena oculis nostris nubilum, quo subtexisti eos, Augustin. conf. 13, 15, 17.

subtegulāneus, a, um (sub u. tegula), **unter dem Dach befindlich,** Plin. 36, 185.

subtel, *n.* = τὸ κοῖλον τοῦ ποδός (sub u. talum), die **Fußhöhle,** Prisc. 5, 11.

subtēmen (subtēgmen), inis, *n.* (*subtexmen zu sub-tego), was eingewirkt wird od. werden kann; dah. **I** der **Eintrag, Einschlag** im Gewebe, Varro, Ov., Sen. u. a.: fert picturatas auri subtemine vestes, Verg.: Tyrio subtemine vestis, Tibull. Vgl. stamen u. trama. – **II** meton., das **Gewobene, Gesponnene,** das **Garn,** der **Faden,** Tyrium, Tibull.: subtemen nere, Plaut. u. Ter. – v. den Fäden der Parzen, Catull. 64, 327. 333 u. ö.: unde tibi reditum certo subtemine Parcae rupere, Hor.: metus subtegmine tendere longo, Nemes.

sub-tendo, tendī, tentum (tēnsum), ere, **I** *tr.* **unten spannen, -bespannen,** lectos loris subtentos, Cato r. r. 10; ebenso *ibid.* 25. – **II** *intr.* **darunter sich ausdehnen,** Gromat. vet. 100, 14.

sub-teneo, ēre, **darunter halten,** Cato r. r. 25 (wo synkop. Imperat. subtento).

sub-tenuis, e, **etwas dünn,** Varro r. r. 2, 7, 5.

subter (von sub), **I** *Adv.,* **unterhalb, unten,** Lucr. u. Cic.: supra et subter (sunt), Cic.: extendi super omnia quae subter sunt, Augustin. – *Compar.,* terminis aliis subterioribus, Grom. vet. 323, 2: subterius, **weiter unten** (Ggstz. superius), Isid. orig. 16, 8, 4. – **II** *Praep.,* **unterhalb, unter, von unten hervor, nahe unter ... hin, a** m. *Acc.,* subter felicem arborem, Fab. Pict. fr.: cupiditatem subter praecordia locavit, Cic.: canis subter pineta Thyrsin, Prop.: subter murum hostium, Liv.: Ggstz. supra subterque terram, Liv. 39, 4, 9. – **b** m. *Abl.,* subter se, Cic.: Rhoeteo subter litore, Catull.: subter densa testudine, Verg. – ▶ In der Zusammensetzung dient subter zur Bezeichnung des **unterhalb, darunter,** wie in subterfluo; u. übtr. des **unter der Hand,** des **Geheimen,** wie in subterduco, subterfugio.

subter-adnexus (**annexus**), subter-annexus a, um (subter u. adnecto), **unten angebunden** an usw., carpento rotali, Capit. Macrin. 12, 7.

subter-ago (ēgī), āctum, ere, **unterhalb treiben,** subteractis quasi radicibus, Cels. 5, 18, 1.

subterannexus, s. subter-adnexus.

subter-cavātus, a, um, **unterhalb ausgehöhlt,** Solin. 2, 47. Veget. mil. 4, 20 *extr.*

subter-curro, ere, **unter** etw. **hinlaufen,** übtr., subtercurrentes basim vergiliae, Vitr. 9, 4, 2 *Rose.*

subtercutāneus, a, um (subter u. cutis), **unterhalb der Haut befindlich,** umor, Veget. mul. 4, 3, 4: morbus, Wassersucht, Aur. Vict. epit. 14, 9 (*codd.* succutaneus).

subter-dūco, dūxī, ere, **unter der Hand entziehen,** se alci, Plaut. asin. 278 u. mil. 343.

subter-fluo, ere, **unten-, unter** etw. **wegfließen, I** eig., v. Flüssen: sub montes, Vitr.: terras (Ggstz. circumfluere terras), Sen.: absol., Plin. – **II** übtr., Eumen. pan. Const. 15, 3.

subter-fugio, fūgī, ere, **I** *intr.* **unter der Hand-, insgeheim entfliehen, entwischen, sich heimlich entziehen,** Plaut. u. ICt. – **II** *tr.* **entfliehen, entgehen, vermeiden,** mare, Plaut.: poenam, Cic.: periculum, Cic.: tempestatem belli, Liv.

subter-fundo, āre, **unten-, darunter gründen,** Lact. 2, 8, 52.

subter-habeo, habitus, ere, **hintansetzen,** meis amoribus subterhabitis, Apul. met. 1, 12.

subter-iaceo, ēre, **unter** etwas **liegen,** Alcim. Avit. poëm. 1, 196.

subter-iacio, ere, **unter** etw. **werfen,** Pallad. 3, 18 *in.*

subterior, ōris, *m.* u. *f.* u. **subterius,** ōris, *n.* (subter) = inferior, Gromat. vet. 323, 2.

subterius, s. subter u. subterior.

subter-lābor, lāpsus sum, lābī, **I unten** od. **unter** etw. **hinschlüpfen, -fließen,** fluctus Sicanos, Verg.: flumina antiquos subterlabentia muros, Verg.: addam urbes, tacito quas subterlaberis alveo (v. der Mosel), Auson.: subterlabens tacito rumore Mosella, Auson. – **II unter der Hand entschlüpfen, -entwischen,** Liv. 30, 25, 6 H. (Weißenb. praelabentem, Madvig superlabentem).

subter-lino, ere, **unten bestreichen,** plantas aegri, Plin. 28, 83.

subter-luo, ere, **unten bespülen,** Claud. VI. cons. Honor. 177.

subter-luvio, ōnis, *f.* (subterluo), das **Untenbespülen, Untenhinfließen,** Claud. Mam. de statu anim. 1, 2.

subter-meo, āre, **unter** etwas **hingehen** (**hinströmen**), **hinweggehen,** pontes (v. einem Fluss), Claud. edyll. 6, 61: hebetes esse qui negent subtermeare (*sc.* terram) sidera ac rursus eādem resurgere, Plin. 2, 214.

subter-moveo, ēre, **darunterschieben,** Isid. orig. 16, 4, 2.

subter-nato, āre, **unterhalb schwimmen,** Solin. 32, 26. – m. *Acc.,* navem, Isid. orig. 12, 6, 16.

subternus, a, um (subter) = infernus, **unterhalb befindlich,** Prud. ham. 922 u. a.

sub-tero, trīvī, trītum, ere, **I unten abreiben, -abtreten,** pedes, Cato u. Colum. – **II zerreiben, zerstampfen, zerstoßen,** cepam, Colum.: subtritae paleae, Plin.

subter-pendeo, ēre, **herunterhängen,** Pallad. 4, 10, 8.

subterrāneus, a, um (sub u. terra), **unter der Erde befindlich, -lebend, unterirdisch,** specus in fundo, Cic.: ergastulum, Colum.: mures, Sen.: animalia, Pallad. – subst., subterrāneum, eī, *n.,* ein **unterirdischer Ort,** Plin. ep. 7, 11, 9. Apul. met. 11, 6.

sub-terrēnus, a, um, **unterirdisch,** Apul. met. 9, 22.

sub-terreus, a, um, **unterirdisch,** urna, Anthol. Lat. 481, 39 R.: divi, Arnob. 7, 19.

subter-sterno, strāvī, ere, **unterstreuen,** aëra ipsum subterstravisse iaculis et sagittis, Iul. Val. 2, 13 *Mai.*

sub-tertius, a, um, als Übersetzung von ὑπότριτος, **ein Drittel weniger** als die größere Bruchzahl **enthaltend,** bezeichnet das Verhältnis von 2 zu 3, Mart. Cap. 7. § 761.

subter-vaco, āre, **unterhalb leer sein,** ille subtervacans locus, Sen. nat. qu. 6, 25, 1.

subter-volvo, ere, **darunterwälzen,** Amm. 22, 8, 48.

sub-texo, texuī, textum, ere, **I unter** etwas **weben,** übtr.: **a** etwas **unter** etwas **ziehen,** vor etw. **vorziehen,** patrio capiti (der Sonne) bibulas nubes, zusammenziehen unter usw., Ov. met. 14, 368: curvo diem Olympo (v. der Sonne), Val. Flacc. 5, 414: nox subtexta polo, Lucan. 4, 104. – **b** mit etw. **von unten** gleichs. **verschleiern** = von unten bedecken, -verfinstern, caelum fumo, Verg.: subtexunt nubila caelum, Lucr.: lunam, Iuven.: ferrea munimenta (Waffenstücke) caelum omne subtexunt, Amm.: nec ullis in ea regione nubibus subtexitur caelum, Lact.: aëra ipsum subtexuisse iaculis et sagittis, Iul. Val.: locustis repente subtexi aëra videmus, Cassian. – **II anweben, 1** übtr. = **anfügen,** eiusdem naturae capiti necessaria membra, Chalcid. Tim. 235. – **2** bildl.: **a** in der Rede **einweben, verflechten, anschließen,** originem familiarum, Nep.: inceptis de te carmina chartis, Tibull.: his argumenta, Sen. rhet.: curam olitoris officiis villici, Colum.: altiora modo suo sperare ausos, Val. Max.: verum et generatim membratimque singulis corporum morbis remedia subtexemus orsi a capite, Plin.: m. folg. indir. Fragesatz, non ab re fuerit subtexere, quae ei prius quam nasceretur et ipso natali die ac deinceps evenerint, Suet. Aug. 94, 1: mit folg. *Acc.* u. *Infin.,* subtexit deinde fabulae huic legatos Aetolos in senatu inter cetera hoc quoque interrogatos esse, unde audissent etc., Liv. 37, 48, 6. – **b** übh. **beimischen,** subtexta malis bona sunt, Manil. 3, 526.

subtīliloquentia, ae, *f.* (subtilis u. loquor), die **feine Rede,** Tert. adv. Marc. 5, 19.

subtīliloquus, a, um (subtilis u. loqui), **fein redend,** Tert. adv. Marc. 5, 19.

subtīlio (suptīlio), āre, **verdünnen, verfeinern, schwächen,** Plin. Val. 5, 17. Oribas. fragm. Bern. 2, 11. p. 12, 28 u. 2, 33. p. 22, 1 *Hagen.*

subtīlis, e (aus *sub-texlis untergewebt, feingewebt, zu tēla), **I fein, dünn, zart, 1** eig. (Ggstz. crassus, spissus, verb. crassus spissusque), filum, Lucr. u. Auson.: bestis (= vestis), Edict. Diocl.: mitra, Catull.: corpus, Lucr. u. Sen.: ignis, Lucr.: farina, Plin.: vestis subtilior, Solin.: capillus flavus et solito subtilior, Vulg.: semen subtilius, Plin.: sucus subtilissimus, Plin.: poet., Graecia, zart, schlank, Manil. – **2** übtr.: **a** im Allg., **fein, genau, akkurat, gründlich,** descriptio, akkurat, genau, Cic.: venustas, fein, geschmackvoll, Cic.: sententia, ein feiner, vortrefflicher Gedanke, Plin.: epistulae subtiliores, genauer, ausführlicher, Cic.: inventum subtilissimum, Plin.: curationes subtilissimae, Cels. – **b** insbes., v. Ausdruck – **gefallend durch genaue Bestimmtheit und schmucklose Einfachheit, schlicht, einfach schön, einfach,** oratio, Cic.: dicendi genus, Cic.: subtile, quod ἰσχνόν vocant, Quint. – v. Rednern u. Schriftstellern, subtilis oratione, Cic. (vgl. subtilis deductā oratione Menelaus, Auson.): Lysias subtilis atque elegans, Quint.: Lysias egregie subtilis scriptor atque elegans, Cic.: praeceptor, Quint. – **II** von den Sinneswerkzeugen = **feinfühlend, -schmeckend, 1** eig.: palatum, Hor.: subtilior gula, Colum. – **2** übtr., vom ästhetischen Geschmack u. Urteil = **feinfühlend, fein unterscheidend, fein,** iudicium, Cic. u. Hor.: veterum iudex, Hor.: sapiens subtilisque lector, Plin. ep.: sagax et admodum subtilis ingenio, ein gar feiner Kopf, Eutr.: Democritus subtilissimus omnium, der feinste Forscher, Sen. – ► Vulg. Schreibung soubtilis, Edict. Diocl. 7, 48.

subtīlitās, ātis, *f.* (subtilis), die **Feinheit, Dünnheit, Zartheit, I** eig.: linearum, Plin.: ferramentorum, feine Schneide, Schärfe, Plin.: muliebris, Schlankheit, Zartheit, Vitr.: columnae, Zierlichkeit, Vitr.: qui cupidiores eius subtilitatis erant, die sich mehr für solche Künsteleien interessierten, Vitr. – **II** übtr.: **a** die **Feinheit** im Denken u. Handeln, die **Gründlichkeit, Genauigkeit,** der **Scharfsinn,** die **Bestimmtheit,** die **Schärfe** im Ausdruck, ingens, Petron.: mentis, Plin.: linguae, Cic.: sermonis, Cic.: sententiarum, Cic.: disserendi, Cic.: remotā subtilitate disputandi, ohne uns auf scharfsinnige Untersuchungen einzulassen, Cic. – **b** die **Schlichtheit** des Ausdrucks, die **natürliche Einfachheit, Naivität,** orationis, Cic.: tuorum scriptorum subtilitas et elegantia, Cic.: subtilitatem Lysias habuit, Cic.: ea subtilitas, quam Atticam appellant, Cic.

subtīliter, *Adv.* (subtilis), **fein, zart, I** eig.: res subtiliter conexae, Lucr.: dividere alqd, Plin.: fodere, nicht tief, Pallad. – **II** übtr.: **a fein, scharfsinnig, gründlich, genau,** iudicare, Cic.: disputare, Plin. ep.: numerum exsequi, genau, pünktlich, Liv.: subtilius scribam ad te, ausführlich, Cic.: subtilius haec disserere, Cic.: subtilissime perpolita, Cic. – **b schlicht** im Ausdruck, **einfach schön,** dicere, Cic.: tenues (causas) agimus subtilius, Cic.

subtimeo, ēre, **insgeheim fürchten, eine geheime Furcht (Angst) haben,** mit folg. *ne* u. Konj., Cic. Phil. 2, 36.

sub-tinnio, īre, **leise klimpern,** Tert. de pall. 4.

sub-titubo, āre, **ein wenig wanken,** pede, Ven. Fort. vit. S. Mart. 2, 475.

sub-torqueo, torsī, ēre, **verdrehen, verrenken,** collum, Gargil. de cura boum § 8.

subtractio, ōnis, *f.* (subtraho), das **Sich-Entziehen,** das **Abweichen,** Vulg. epist. ad Hebr. 10, 19.

sub-traho, trāxī, tractum, ere, **I hervorziehen unter** usw., subtractus (Weißenborn ›substratus‹) Numida mortuo superincubanti Romano vivus, Liv. 22, 51, 9. – **II unter der Hand-, nach und nach (heimlich) entziehen, -entreißen, -entfernen, A** eig.: aggeram cuniculis, Caes.: impedimenta fugā clandestinā, Hirt. b. G.: alci cibum, Cic.: colla iugo, Ov.: pecuniam, unterschlagen, Curt.: materiam, abführen, fortschaffen, Cels.: oculos, wegwenden, Tac. – ventorum plenos sinus, den blähenden Bausch der Segel einziehen, Prop. – hastatos ex acie, Liv.: milites ab dextro cornu, Liv. – alqm civitatis oculis, Liv. – refl., se subtr., **sich entziehen, sich davonmachen, -schleichen,** te aspectu (Dat.) ne subtrahe nostro, Verg.: se multitudini concitatae, Liv.: se ad Parthos, Flor.: repente interdiu vel noctu se subtrahebat, Suet. – medial, subtrahitur solum, das Meer weicht unter dem Schiff, Verg.: u. so subtracto solo, als der Boden wich, Tac. – subtractus fugā, entflohen, Plin. – **B** übtr.: rem, verbum, S litteram, Quint.: materiem furori tuo, Cic.: nomina, weglassen (= nicht erwähnen), Tac.: so auch alqm, Curt. – cui iudicio eum mors subtraxit, Liv.: alqm irae militum, Tac. – refl., se a curia et ab omni parte rei publicae, Cic.: se labori, Colum.: subtrahente se quoque, sich (als Gewährsmann) zurückziehen, Liv.: subtrahere se per alias causas, Liv.: praefectum praetorio non ex ingerentibus se, sed e subtrahentibus legere, nicht aus denen, die sich hinzudrängten, sondern aus denen, die sich dieser Würde entzogen, Plin. pan. 86, 2.

sub-triplus, ī, *m.*, die **in einer größeren Zahl dreimal enthaltene kleinere Zahl,** Boëth. inst. arithm. 1, 23. p. 47, 17 u. 20 Fr.

sub-trīstis, e, **etwas betrübt,** Ter. Andr. 447 (dazu Donat.). Amm. 30, 5, 19. Cypr. epist. 11, 4. Hieron. epist. 107, 9. – *Compar.*, Hieron. epist. 60, 1.

subtunicālis, is, *f.* (sub u. tunica) = ὑποδύτης, das **Untergewand** des jüdischen Priesters, Hieron. epist. 29, 4.

sub-turpiculus, a, um, **etwas schimpflich,** Cic. ad Att. 4, 5, 1.

sub-turpis, e, **etwas schimpflich,** Cic. de or. 2, 264.

subtus (v. sub), **I** *Adv.*, **unten, unterwärts,** Plaut., Liv. u. a. – **II** *Praep.* m. *Acc.*, subtus lectum, ὑπὸ τὴν κλίνην, Dosith. 94, 9 K.: dilatasti gressus meos subtus me, Vulg. prov. 17, 37.

sub-tussio, īre, **etwas husten,** Veget. mul. 3, 25, 2 zw.

subtūsus, a, um (sub u. tundo), **ein wenig zerschlagen,** subtusa genas, Tibull. 1, 10, 55.

sub-tūtus, a, um, **nur ein wenig sicher,** Commodian. instr. 1, 30, 18 (Ludwig sub totis = in totum, omnino).

subūcula, ae, *f.* (vermutlich v. *subuo = subduo, wie exuo = exduo), die **untere** *tunica,* das **Untergewand, Hemd** der Frauen u. Männer, Varro LL. 5, 131 u. 9, 46. Varro vit. P. R. 1. fr. 38 (bei Non. 548, 32). Hor. ep. 1, 1, 95. Suet. Aug. 82, 1. – Nach Aelius Stilo bei Fest. 309 (a), 25 auch eine Art Opferkuchen.

sūbula, ae, *f.* (suo), ein spitzes Werkzeug, **I** die **Pfrieme, Ahle,** Sen. u. a. – Sprichw., subulā leonem excipis? d. i. waffnest dich so schlecht gegen eine große Gefahr? Sen. ep. 82, 24. – **II** der **Spitzhammer** der Maurerpoliere, Gromat. vet. 306, 28. – ► Synk. Form subla, CIL 4, 1712 u. Gloss. II, 524, 33.

subulcus, ī, *m.* (aus ὑϊπολικός, wie bubulcus aus βουκολικός st. βουπολικός), der **Schweinehirt, Sauhirt,** Verg. ecl. 10, 19. Mart. 10, 98, 10 u. Scriptt. r. r.

sūbulo, ōnis, *m.* (verwandt mit sibilus), **I** tuskischer Name für tibicen, **Flötenspieler,** Enn. sat. 65; vgl. Fest. 309 (a), 2. – **II** eine Art Hirsche mit spitzem Geweih ohne Enden, etwa **Spießer,** Plin. 11, 123.

subūmidus, a, um, s. sub-hūmidus.

subūnctio, ōnis, *f.* (subunguo), das **leichte Einsalben,** uti subunctionibus faucium, Cael. Aur. de morb. acut. 3, 3, 22.

sub-unguo, ūnxī, ere, **leicht einsalben,** Not. Tir. 79, 98 u. 99.

Subūra, ae, *f.*, eine Straße in Rom in der vierten Region, da wo Esquilinus, Viminalis u. Quirinalis gegeneinander auslaufen, der belebteste u. geräuschvollste Teil des alten Roms (dah. clamosa, Mart. 12, 18, 2), mit einem Markt für Gartengewächse u. andere Lebensmittel, mit Schenken, berüchtigt als Wohnort der Buhldirnen, Varro LL. 5, 48. Liv. 3, 13, 2. Mart. 6, 66, 2. Pers. 5, 32. Iuven. 3, 5 u. 11, 141: vulg. Nbf. Sebura, CIL 6, 9526. – Dav.: **A Subūrānus**, a, um, **zur** *Subura* **gehörig, suburanisch,** regio, Varro LL.: tribus, Varro LL., Cic. u. Plin.: clivus, der Esquilinus, Mart. – **B Subūrānēnsēs**, ium, *m.*, die **Bewohner der Subura,** Fest. 178 (b), 27.

suburbānitās, ātis, *f.* (suburbanus), die **Nähe bei der Stadt,** Cic. Verr. 2, 7. Symm. epist. 2, 22. Sidon. epist. 7, 2, 7.

sub-urbānus, a, um, **nahe bei der Stadt, im Weichbild der Stadt** (Rom) **befindlich, I** *adi.:* ager, gymnasium, Cic.: peregrinatio, Wanderung in der Nachbarschaft von Rom, Tac.: Sicilia suburbana provincia, die nächstgelegene Provinz, Flor.: suburbano rure, auf seinem Landgut im Weichbild der Stadt, Tac. – **II** *subst.:* **A** suburbānum, ī, *n.*, **a** (*sc.* praedium) das **Landgut nahe bei der Stadt** (Rom), das **Vorwerk,** Cic. u. a. – **b** die **Vorstadt,** prope suburbanum Hadrianopoleos, Amm. 31, 12, 4: in suburbano Constantinopolis, cui nomen Oliva est, Cassiod. hist. eccl. 12, 3. – **B** suburbānī, ōrum, *m.*, **Bewohner der Nachbarstädte Roms,** Ov. fast. 6, 58.

suburbicārius, a, um (sub u. urbs), **nahe bei der Stadt** (Rom)-, **im Weichbild der Stadt befindlich,** regiones, Cod. Theod. 11, 1, 9 u. a.: mare, Schol. Iuven. 5, 94.

suburbium, iī, *n.* (sub u. urbs), die **Vorstadt,** Cic. Phil. 12, 24. Cassian. coen. inst. 2, 5.

sub-urgueo, ēre, **nahe hindrängen** an usw., proram ad saxa, Verg. Aen. 5, 202: naves Memphim per Nilum, hinaufbugsieren, Itin. Alex. 19 (48).

sub-ūro (ussī), ūstum, ere, **ein wenig verbrennen, versengen,** crura, Suet. Aug. 68: corpus subustum, Paul. Nol. carm. 7, 37. – übtr., quis te tam petulans suburit ardor (Glut der Liebe), Anthol. Lat. 301, 10 R.

Suburra, Suburrānus, s. Subura.

subus, s. rhombus.

subūstio, ōnis, *f.* (suburo), die **Heizung von unten,** thermarum, Cod. Theod. 15, 1, 32.

sub-vas, vadis, *m.*, der **Unterbürge,** der für einen Bürgen Bürgschaft leistet, XII tabb. bei Gell. 16, 10, 8.

subvectio, ōnis, *f.* (subveho), das **Herauf-, Herzuführen,** die **Zufuhr,** subv. vehiculorum (zu Wagen), Augustin. in psalm. 58. serm. 2. § 1: subv. parvulorum suorum ac coniugum, Vulg. genes. 45, 19: subv. frumenti ceterarumque specierum, Veget. mil. 3, 8. p. 85, 14 L.[2]: cuius (frumenti) tarda subvectio erat, Liv. 44, 8, 1: temperata apud transmarinas provincias frumenti subvectio, ermäßigt wurden bei den übers. Pr. die Abgaben bei der Getreideausfuhr, Tac. ann. 13, 51. – Plur., ne ab (von Seiten) re frumentaria duris subvectionibus laboraret, er bei dem Nachschub mit großen Schwierigkeiten zu kämpfen habe, Caes. b. G. 7, 10, 1: seu per portus marinae subvectiones habuerint ad moenia comportationes expeditas, die Zufuhren von der See immer leicht zur Stadt herbeigeschafft werden können, Vitr. 1, 5, 1.

subvecto, āre (*Intens.* v. subveho), **zutragen, zuführen, herbeischaffen,** saxa umeris, Verg.: corpora cymbā, Verg.: frumentum Tiberi, Tac.: onera, Colum.: saxa, Sil.

subvector, ōris, *m.* (subveho), der **Herzuführer,** Avien. descr. orb. 199.

subvectus, ūs, *m.* (subveho), die **Zufuhr,** quorum (commeatuum) subvectu, Tac. ann. 15, 4. – u. die **Hinfahrt,** cursus publicus non sufficit subvectui episcoporum, Cassiod. hist. eccl. 5, 17.

sub-veho, vēxī, vectum, ere, **I hinaufführen, -tragen, -bringen, stromaufwärts führen, -bringen, zuführen,** ast alium (aëra fluere) subter, contra qui subvehat orbem, treibt entgegen, Lucr.: commeatus ex Samnio, Liv.: frumentum flumine Arare, Caes.: naves, copias, Tac.: subvecta utensilia ab Ostia, Tac. – Passiv medial, ad arces subvehitur matrum caterva, fährt hinauf, Verg.: curru subvecta per aëra, aufgefahren, Ov.: Philippum flumine adverso lembis subvectum, Liv. – **II** übtr., **befördern,** quem statim ad praefecturam praetorii subvexit, Capit. Maxim. et Balb. 5, 5.

sub-vello (vellī), vulsum, ere, **glatt rupfen, enthaaren,** femina, Scip. Afr. fr. bei Gell. 6 (7), 12, 5: rador, subvellor (mir werden die Schamhaare ausgerupft), Lucil. 264.

sub-vēlo, āre, **etwas verhüllen, verschleiern,** si sol subvelaretur nubilo, Augustin. de lib. arb. 2, 14, 38.

sub-venio, vēnī, ventum, īre, **I unten** an etwas **hinkommen, dazukommen, 1** übtr.: tantundem (salis) nocte subvenit, quantum die auferas, Plin. 31, 73. – **2** bildl.: **a vorkommen,** ut quaeque vox indidem digna animadverti subvenerat, quā nos quoque possemus uti, memoriae mandabamus, Gell. 19, 7, 2. – **b** in die Gedanken kommen, **einfallen,** mit folg. *Infin.*, Apul. met. 3, 29 *in.* – **II** zu **Hilfe anrücken, -kommen, beistehen, 1** eig., als milit. *t. t.*: quibus (equitibus) celeriter subveniunt levis armaturae pedites, Hirt. b. G.: circumvento filio subvenit, Caes.: absol., priusquam ex castris subveniretur, Sall.: nisi Romani subvenissent, Liv.: ni castris exciti repente pedites equitesque in tempore subvenissent, Liv. – **2** übtr., jmdm. **zu Hilfe kommen, beistehen,** einem Übel **begegnen, abhelfen, a** übh., m. *Dat.*, alci, Plaut., Cic. u. a.: patriae, Cic.: saluti remediis, Cic.: vitae alcis, Caes.: gravedini, Cic.: morbo, Plin.: erroribus, Lact.: *impers.*: rei publicae difficillimo tempore esse subventum, Cic. – m. *Dat.* u. folg. *quo minus* u. Konj., reliquis, quo minus vi aut obsidio subigerentur, praematura montis Haemi et saeva hiems subvenit, kam zustatten, Tac. ann. 4, 51 *extr.* – absol., Plaut., Cic. u. a. – **b** insbes., v. Prätor = durch rechtliche Hilfe **beistehen,** aequissimum erit praetorem ei subvenire, Ulp. dig. 47, 10, 7. § 2. – Archaist. Fut. subvenibo, Plaut. Men. 1009.

subventio, ōnis, *f.* (subvenio), die **Hilfeleistung,** der **Beistand,** Cassiod. var. 12, 28, 7.

subvento, āre (*Intens.* v. subvenio), **zu Hilfe kommen,** subventa mihi, Plaut. rud. 231.

subventor, ōris, *m.* (subvenio), der **Unterstützer,** der **Beistand,** civium aurariae necessitatis, U. der B. bei einem Goldbedarf, CIL 10, 1256: populi, *ibid.* 10, 3860.

subventrīle, is, *n.* (sub u. venter), der **Unterleib,** Marc. Emp. 28. Vgl. Gloss. II, 466, 36 ›subventrile, ὑποκοίλιον‹.

subverbūstus, a, um (viell. zsgzg. aus sub verubus ustus), **unter dem Spieß gebrandmarkt,** Plaut. fr. b. Fest. 309 (a), 18. Tert. de pall. 4.

sub-vereor, ērī, **ein wenig besorgen, -fürchten,** subvereri interdum, ne te delectet tarda decessio, Cic. ep. 4, 10, 1.

subversio, ōnis, *f.* (subverto), die **Umkehrung,** der **Umsturz,** die **Zerstörung,** auch im Plur., Eccl.

subversor, ōris, *m.* (subverto), der **Umstürzer,** übtr., suarum legum, Tac. ann. 3, 28: naturae, Alcim. Avit. poëm. 2, 76: absol., increduli et subversores, Verderber (durch schlechte Rede u. schlechtes Beispiel), Vulg. Ezech. 2, 6.

sub-verto (-**vorto**), vertī (vortī), versum (vorsum), ere, von unterst zu oberst kehren, **umkehren, umstürzen, I** eig.: mensam, Suet.: montes, Sall.: absol., Hor. – **II** übtr., **umstürzen, stürzen, vernichten,** decretum, Sall.: imperium, Iustin.: iura, Tac.: alqm, Ter.: subversa Crassorum domus, Tac.

sub-vespertīnus, ī, *m.* (*sc.* ventus), der **Südwestwind,** zephyrus, id est subvespertinus, Veget. mil. 4, 38. p. 155, 11 L.[2]

sub-vesperus, ī, *m.* (*sc.* ventus), der **Südwest-Drittel-Westwind,** Vitr. 1, 6, 10.

subvexus, a, um (subveho), **schräg aufwärts gehend, -sich erhebend,** omnia fastigio leni subvexa, Liv. 25, 36, 6.

sub-vīllicus, ī, *m.*, der **Unterverwalter,** hortorum, CIL 6, 9991.

sub-viridis, e, **etwas grün, grünlich,** Plin., Scrib. Larg. u. a.

sub-volo, āre, **emporfliegen, auffliegen,** utque novas umeris assumpserat alas, subvolat, Ov.: cum (aquila) alte subvolasset, Aur. Vict.: numerusque ex agmine maior subvolat, Ov. – m. *in* od. *ad* u. Akk., rectis lineis in caelestem locum, Cic. Tusc. 1, 40: ad caelum, Hieron. epist. 98, 10: ad capita, Augustin. de civ. dei 18, 16 *extr.*

subvolturius, a, um, **etwas geierisch** = etwas bräunlich (vgl. subaquilus), corpus, scherzh. b. Plaut. rud. 423.

sub-volvo, ere, **hinaufwälzen,** manibus saxa, Verg. Aen. 1, 424. – Passiv subvolvī medial = **sich unter** etw. **hinwälzen** (hinbewegen), alvo Helices Cancer subvolvitur, Avien. phaenom. 379.

subvorto, s. sub-verto.

succaelestis, s. sub-caelestis.

succano, ere, s. succino ►.

succarum, s. saccharon.

succanto, āre (sub u. canto), **vorleiern,** quid mihi has excusationes succantas? Schol. Pers. 3, 19.

succēdāneus u. **succīdāneus**, a, um (v. succedo), **an des anderen Stelle tretend, stellvertretend, als Stellvertreter, I** *adi.*: tergum, Plaut.: hostia, ein Opfertier, das statt des anderen geopfert wird, wenn das erstere keine glückliche Anzeige gegeben, Gell.: avum suum Pharnacen regi Pergameno Eumeni succidaneum datum, Iustin. – **II** *subst.*, succēdāneus, eī, *m.*, der **Vertreter** einer fremden Verbindlichkeit, proximae culpae, ICt.: alieni periculi, ICt.: succidaneum se pro vestris periculis subdidit? Fronto ad M. Caes. 1, 3. p. 6, 12 N.

succēdo, cessī, cessum, ere, (sub u. cedo), **I unter** etw. **gehen, von unten hervorgehen, hinaufsteigen, A** eig.: sub umbras, Verg.: tecto, unter das Dach, ins Haus, Cic.: clivum satis arduum, Fronto: tumulo terrae, beerdigt werden, Verg.: fluvio, einlaufen, Verg.: alto caelo, zum hohen Himmel sich aufschwingen, Verg.: tectis succedite nostris, Verg.: pugnae, Verg.: in arduum, Liv. – von lebl. Subjj., fons, quo mare succedit, Caes. – poet., in montem succedere silvas, sich auf die Berge zurückziehen, Lucr. 5, 1368. – **B** übtr.: **a unter** etwas **kommen,** sub acumen stili, Cic.: lepide hoc succedit sub manus negotium, ganz herrlich geht das Unternehmen von der Hand, Plaut. (vgl. Brix u. Lorenz Plaut. mil. 873). – **b sich** einer Sache **unterwerfen,** dominationi, Iustin. – **c sich** einer Sache **unterziehen,** oneri, Verg.: operi, Plin. – **d unter** etwas **gehören,** comparativo generi, Quint.: probationi, Quint. – **II** nahend an etw. **herangehen, A** eig.: **1** als milit. *t. t.* = unter, gegen usw. etw. **anrücken, anmarschieren,** sub montem, Caes.: ad castra, ad montes, Liv.: portis, Caes.: moenibus, muris, Liv.: muros, Liv.: aciem, Caes.: tumulum, Liv.: absol., exprobrans metum successit, Liv.: classis paulatim successit, Tac. –

impers., ubicumque iniquo successum erat loco, Liv. – **2** an die Stelle jmds. **treten, einrücken,** jmd. **ablösen,** jmdm. **nachfolgen,** ut integri et recentes defatigatis succederent, Caes.: succedere proelio, sich im Kampf ablösen, Liv.: Lauso, für Lausus in den Kampf eintreten, für Lausus weiterkämpfen, Verg.: in stationem, Caes.: in pugnam, Liv. – **B** übtr.: **1 folgen, a** übh.: in locum alcis, Cic.: alci in scholam alcis, Augustin.: in paternas opes, Cic.: succedam ego vicarius muneri tuo, Cic.: succ. alci, Eutr., od. regno, Iustin., od. in alcis locum regno, Iustin., jmdm. in der Regierung nachfolgen: u. so alci in consulatu, Suet.: *pass. impers.*, ne tibi succederetur, abgelöst werdest, einen Nachfolger bekommst, Cic.: ut ei succederetur ante tempus, Suet.: Partiz. subst., succedentes, die Nachfolger (im Amt), Frontin. aqu. 2. – von lebl. Subjj., in teretes lignum succedere suras, Ov. met. 11, 80: in locum demortuae carnis viva succedit, Salv. de gub. dei 7, 1, 3. – **b** der örtl. Lage nach **folgen,** ad alteram partem succedunt Ubii, Caes. b. G. 4, 3. § 3. – **2** in ein Verhältnis **eintreten, treten,** in affinitatis iura, Iustin. 7, 3, 9. – **3** der Zeit nach **folgen, nachfolgen,** alci, Cic.: aetas aetati succedit, Cic.: tristibus laeta succedunt, Hieron.: orationi, nach einer Rede sprechen, Cic. – **4** dem Wert nach **folgen,** in vicem alcis, Plin.: magnitudini patris, Iustin. – **5 vonstatten gehen, glücken, gelingen** (s. Liv. 2, 45, 5), parum succedit quod ago, Ter.: haec prospere succedebant, Cic.: haec propter hiemale tempus minus prospere succedebant, Nep.: res nulla successerat, Caes.: postquam nihil conceptae temere spei succedebat, Liv.: Ggstz., nulla res urget magis attonita et in vires suas prona et sive *successit,* superba, sive *frustratur* (schiefgeht), insana, Sen. de ira 3, 1, 5. – absol., succedit, **es geht vonstatten, gelingt,** si ex sententia successerit, Cic.: si mihi successerit, Planc. in Cic. ep.: coeptis succedebat, Liv.: inceptis succederet, Liv.: fraudi successisset, Liv.: si talibus ducibus succedat, wenn es so hinginge, Liv. – *pass.*, nolle successum patribus, Liv. 2, 45, 5: cum omnia velles mihi successa, Cic. fil. in Cic. ep. 16, 21, 2. – **6** succedit animo mit folg. *Infin.*, **es fällt mir ein,** de officiis scribere, Ambros. de off. 1, 7, 23.

succendo, cendī, cēnsum, ere (sub u. *cando, wov. candeo), (**von unten) anzünden, I** eig. u. übtr.: **a** eig.: pontem, Liv.: aggerem, Caes.: aedificia proxima muro, Liv.: aras, Feuer machen auf usw., Sen. – **b** übtr., rubor ora succendit, entflammt, rötet, Lucan. 8, 792. – **II** übtr., leidenschaftlich **entzünden, entbrennen, entflammen,** alqm, Prop.: bene se, Sen.: Pyrrhae amore succensus, Ov.: Myrrha succensa patriā senectā, in Liebe entbrannt für den alten Vater, Prop.: dulcedine famae succensus, Iuven.: succensi, īra, Sil. – ► parag. Inf. succendier, Anth. Lat. 21, 194 R.

succēno, s. sub-cēno.

succēnseo, s. suscēnseo.

1. succēnsio, ōnis, *f.* (v. succendo), das **Anzünden, Entzünden, a** übh.: prunarum immensa, Amm. 25, 10, 13: matutina, das Aufgehen des Morgenlichtes, Tert. de res. carn. 12: gehennae ignis succensione non indiget, Greg. in Tob. 15, 35: non exstinguetur flamma succensionis (des Brandes), Vulg. Ezech. 20, 47. – **b** die **Heizung,** assidue mandantes, congeri ligna ad Valentini lavacri succensionem, Amm. 31, 1, 2.

2. succēnsio, ōnis, *f.*, s. suscēnsio.

succentio, ōnis, *f.* (succino), der **leise Klang, Nachklang,** Eulog. in somn. Scip. p. 15, 15 *Holder.* Vgl. accentio.

succentīvus, a, um (succino), **dazu tönend, begleitend,** tibia, die Bassflöte, Varro r. r. 1, 2, 15. Vgl. incentivus.

succentor, ōris, *m.* (succino), **I** der **Nachsänger,** Augustin. enarr. in psalm. 87. *no.* 1 und daraus Isid. orig. 7, 12, 26 *sq.* (neben praecentor). Isid. orig. 6, 19, 13 (neben accentor u. incentor). – **II** übtr., der **Tonangeber,** Paulus succ. fabularum crudelium (bei diesen Greuelszenen), Amm. 19, 12, 13.

1. succenturio, (āvī), ātum, āre (sub u. centurio, āre), **ergänzend in die Zenturie einrücken lassen,** Fest. 306 (b), 25: succenturiari dimissis alios e patria iubet, Itin. Alex. 49 (113). – dah. übtr., **ergänzen, ersetzen,** etw. **an die Stelle des anderen setzen,** Caecil. com. 229. Plaut. b. Fest. 306 (b), 28. Favorin. b. Gell. 15, 8, 2: in insidiis ero succenturiatus, als Reserve (Mithelfer), Ter. Phorm. 230.

2. succenturio, ōnis, *m.* (sub u. centurio), der **Unterzenturio,** Liv. 8, 8, 18.

succentus, ūs, *m.* (succino), das **Begleiten,** die **Begleitung,** Mart. Cap. 1. § 11 (im Plur.): u. der **tiefere Ton,** Plur. bei Chalcid. Tim. 44.

succerda, ae, *f.*, s. sucerda.

succerno, s. sub-cerno.

successio, ōnis, *f.* (succedo), **I** das **Einrücken in die Stelle** eines anderen, **a** übh.: voluptatis, Cic. de fin. 1, 37: rata alternaque lucis atque umbrarum, die Aufeinanderfolge, Chalcid. Tim. 39 C u. 201. – **b** das **Einrücken** in den Besitz durch Erbschaft, Kauf usw., die **Nachfolge** im Besitz, filiorum successiones pro parte materna, das Antreten des mütterlichen Besitzes, Capit. Anton. phil. 11, 8: statuae per plures successiones mihi traditae, nach verschiedenen Besitzern an mich gekommen, Plin. ep. 10, 8 (24), 1: morbi per successiones quasdam traduntur, werden fortgeerbt, Plin. ep. 1, 12, 4. – **c** die **Nachfolge** im Amt, in Erbschaften usw., in locum Antonii, Brut. in Cic. ep.: imperii, Suet.: regni, Heges.: annuae successiones, Iustin.: Caesaris, auf Cäsar, Flor. – **II** der **Fortgang, Erfolg,** prospera, Cic. fr. bei Augustin. de vit. beat. 26: bes. der **gute Erfolg,** proeliorum successiones, Arnob. 2, 8.

successor, ōris, *m.* (succedo), der **Nachfolger** im Amt, im Besitz, Gewerbe usw., Ggstz. decessor, Cic. u. a.: succ. officii patris mei, Vell.: succ. potentiae eius, Vell.: scholae, Sen. rhet.: magni patrimonii, Sen. rhet.: quasi Pythagorae succ. et heres, Mart.: studii, Ov.: sagittae, Erbe, Ov.: successorem sibi deligere, Gell.: loci sui et magisterii successorem deligere, Gell.: successorem petere, Liv. epit.: successorem alci mittere, jmdm. einen N. schicken, Liv. epit., im üblen Sinne = jmd. des Amtes entsetzen, Liv. epit.: successorem alci dare, des Amtes entsetzen, Spart.: dare alqm alci successorem (als N.), Suet. u. Iustin.: successorem accipere, des Amtes entsetzt werden, Plin. ep. u. Spart.: Thales Anaximenem discipulum et successorem reliquit, Augustin. – als *fem.*, (Phoebe) fraternis successor equis, Corn. Sev. bei Charis. 86, 10. – übtr., Iunius successor Maii, Ov.: novus, ein neuer Schild, Ov.: neue Liebe (Geliebte), Ov.

successōrius, a, um (successor), die **Nachfolge (Sukzession) betreffend,** ius, Amm. 14, 8, 5: caput, Paul. dig. 22, 6, 1. § 3: edictum, Ulp. dig. 38, 9, 1 *pr.*

successus, ūs, *m.* (succedo), **I** das **Heruntergehen,** der **Heruntergang,** meton., ein Ort, unter den man geht, die **Höhle,** Arnob. 5, 24. – **II** das **Herangehen,** d. i. **1** das **Anrücken,** der **Anmarsch,** hostium, Caes. b. G. 2, 20, 2: equorum, der eilende Lauf der Rosse, Verg. Aen. 12, 616. – **2** übtr.: **a** die ununterbrochene **Folge, -Aufeinanderfolge,** der **Fortgang** der Zeit, der **Verlauf,** continuo totius temporis successu = während seiner ganzen Regierungszeit, Iustin. 1, 8, 14. – **b** der (bes. der **gute**) **Fortgang** einer Sache, das **Vonstattengehen,** der **gute-, glückliche Erfolg,** sine successu et bono eventu, Varro: prosperos successus dare orsis, Liv.: successum artes non habuere meae, Ov.: multo successu Fabiis audaciam crescere, Liv.: successum victoriae moderari, Suet. – **3** meton., der **Nachkomme,** manu suos exstinguere successus, seine N. (= Kinder), Cael Aur. de morb. chron. 1, 5, 177.

succīdāneus, a, um, s. succēdāneus.

succīdia, ae, *f.* (succīdo; vgl. Varro LL. 5, 110), die **Speckseite** (vgl. laridum), Varro r. r. 2, 4, 3: hortum ipsi agricolae succidiam alteram appellant, ihre zweite Sp. (weil der Garten, wie eine Sp., bei jeder Gelegenheit etwas hergibt u. aushilft), Cic. de Sen. 56. – übtr., succidias humanas facis, du schlachtest Menschen ein (= lässt M. wie Schweine abstechen), Cato oratt. 8. fr. 1: sucidis (so!) aeternoque silentio Mauris sum (traditus), dem Tode, CIL 8, 868.

1. succīdo, cīdī, cīsum, ere (sub u. caedo), **I unten-, von unten abhauen, -abschneiden, -durchhauen, -niederhauen, 1** eig.: iis pernas, Enn. fr.: femina poplitesque, Liv.: crura equis, Liv.: frumenta, Caes. u. Verg.: arbores, Caes. u. Colum.: radices arborum, Varro LL.:

marginem, wegbrechen, Vitr.: gregem ferro, Sil.: serpens succisa, Sen. poët. – poet., succisa libido, verschnitten, kastriert, Claud. Eutr. 1, 191. – **2** übtr., **niederwerfen, stürzen, vernichten,** ut ad alios succidendos viam sibi faceret, Lact. de mort. pers. 43, 5. – **II** prägn., bildend **(aus)schneiden, ausmeißeln,** hemicyclium ad enclima succisum, Vitr. 9, 9, 1: volutas, Vitr. 3, 5, 7 *Rose.*

2. succido, cidī, ere (sub u. cado), **I unter** etw. **fallen, unter** etw. **begriffen werden,** sub vocabulum, Varro LL. 5, 116. – **II unter sich zusammensinken, niedersinken, a** eig.: genua inedia succidunt, Plaut.: continuo labore gravia genua succiderant, Curt.: succidere artus, Lucr.: aegri succidimus, Verg.: (imperfecta) necesse est sublabantur aut succidant, Sen.: agmine secuto cum subrutus multitudine pons succidisset, Flor. – **b** übtr.: mens succidit, Sen.: succidit mendax Dardania domus, Sen. poët.

3. succido, āre, s. sūcido.

succidus, a, um, s. sūcidus.

succiduus, a, um (2. succido), **I herabfallend, -sinkend,** genu, Ov.: poples, Ov.: übtr., flamma, Stat. – **II** bildl., **nicht aufhörend, nicht schwindend,** benedictio, Sidon. epist. 7, 6, 9: angor, *ibid.* 7, 16, 1.

succilus, ī, *m.* (sub u. cilium), das **Unterlaufen des Augenlides mit Blut,** Caper 111, 13 K.

succinācius, a, um, s. sūcinācius.

succīnctē, *Adv.* (succinctus), **kurz,** docere, Amm.: succinctius fari, Sidon., dimicare, Amm.

succīnctim, *Adv.* (succinctus), **kürz,** denotare, Claud. Mam. de anim. praef. p. 697 *Migne.*

succīnctōrium, iī, *n.* (succingo), der **Schurz,** die **Schürze,** Eccl. u. Gloss. III, 323, 32.

succīnctulus, a, um (*Demin.* v. succinctus), **ein wenig gegürtet, -geschürzt,** Apul. met. 2, 7.

succīnctus, a, um, *PAdi.* (v. succingo), **I bereit, gerüstet, fertig** zu etw., ad omnem clausulam, Quint.: praedae, Ov.: exilivit nostra succinctior armatura, nahm unsere Streitmacht gestärkten Mutes einen Anlauf, Amm. 25, 3, 5. – **II kurz,** libellus, Mart.: arbores succinctiores, Plin. 16, 39.

succingo, cīnxi, cīnctum, ere (sub u. cingo), **I von unten herauf gürten, aufschürzen,** tunicas, Iuven. 6, 45. – Öfter Partiz. succīnctus, a, um, übtr. v. der Person = das Gewand **gegürtet, aufgeschürzt,** mulier, Plaut.: Diana, Ov.: amicus, Mart.: bes. v. denen, die ihrer Verrichtung wegen geschürzt sind, popa, Prop.: cursor, Mart. – poet. übtr., succincta comas pinus, entblößten Stammes, Ov. – **II umgürten, umschlingen, umschließen, A** im Allg.: Virginem et Leonem et Cancrum Anguis intortus succingit, Vitr. 9, 5, 1: astricti succingant ilia ventres, Gratt. cyn. 271. – **B** insbes., mit etwas **umgürten, umschließen, a** eig.: quae lugubri succincta est stolā, Enn. fr. scen. 387: Scylla feris atram canibus succingitur alvum, Ov. met. 13, 732. – Öfter Partiz. succīnctus, a, um, mit etw. **umgürtet, gerüstet,** gladio, Enn. fr. u. Rhet. Her.: ferro, Liv.: pugione, Anton. b. Cic.: cultro, Liv.: pharetrā, Verg. Vgl. *PAdi.* succinctus. – **b** übtr., mit etw. **umgeben, ausrüsten, ausstatten,** se canibus, Cic.: se terrore, Plin. pan.: his animum bonis, Petron. – Öfter Partiz., Carthago succincta portubus, Cic.: succinctus armis legionibusque, Liv.: scientiā, Quint.: dolis, Sil.

succingulum, ī, *n.* (succingo), der **Gürtel** zum Aufgürten, Plaut. Men. 200.

succino, uī, ere (sub u. cano), **dazu** = od. **die zweite Stimme singen, begleiten, I** eig.: cantibus tuis alterno ore, Calp. ecl. 4, 79. – tubicines imitatus est succinente Habinnā, Petron. 69, 4. – **II** übtr.: **a** übh.: agricultura succinit pastorali (vitae), »spielt dem Hirtenleben gegenüber die zweite Geige«, Varro r. r. 1, 2, 16. – **b einstimmen, zustimmen,** succinit alter, Hor. ep. 1, 17, 48: cui ego ut succinerem, Varro r. r. 2, 1, 27. – **c** m. *Acc.*, mit leiser Stimme vorbringen, **hermurmeln, herstottern,** quid istas succinis ambages? Pers. 3, 20. – ► Nbf. succano, angeführt bei Varro LL. 6, 75.

succinum, ī, *n.*, s. sūcinum.

succinus, a, um, s. sūcinus.

succipio, s. suscipio ►.

succīsio, ōnis, *f.* (succīdo), das **Abhauen, Abschneiden,** lignorum, Vulg. deut. 19, 5: florum, Hieron. epist. 140, 14: pilis infra narium antra fructicantibus cotidiana succisio, Sidon. epist. 1, 2, 2.

succīsor, ōris, *m.* (succīdo), der **Beschneider** (der Bäume), Alcim. Avit. poëm. 4, 48.

succīsīvus, a, um, s. subsicīvus.

succlāmātio, ōnis, *f.* (succlamo), das **Zurufen, Zuschreien,** gew. Plur., succlamationes frequentes, Liv. 42, 28, 3: exsultationes succlamationesque populi, Suet. Ner. 24, 1: terrere succlamationibus, Liv. 28, 26, 12: si succlamationibus apud contionantem imperatorem significent, quid sentiant, Liv. 40, 36, 4.

succlāmo (sub-clāmo), āvī, ātum, āre, **darauf zurufen, -zuschreien,** alci, Liv. u. a.: dicto alci, Val. Max.: cum adiecisset: ›si quid huic accĭderit, quem in eius locum substituitis?‹ succlamavit universa contio, ›Te, Q. Catule!‹ Vell.: *impers.*, succlamatum est, Brut. in Cic. ep. u. Liv.: mit folg. *Acc.* u. *Infin.*, cum succlamasset nihil se mutare sententiae, Liv.: unā voce succlamarunt Constantinum vinci non posse, Lact. – Passiv, publicā succlamatus invidiā, Ps. Quint. decl. 18, 9: succlamatus omnium maledictis, *ibid.* 19, 3.

succlīno (sub-clīno), āre, **I** *intr.* **sich etwas neigen,** Ven. Fort. epist. praem. carm. 5. libr. 6. p. 196 *Migne.* – **II** *tr.* **niederbeugen,** Ven. Fort. 8, 18. p. 289 *Migne.*

succo, ōnis, s. sūco.

succoelestis, e, s. sub-caelestis.

succoeno, s. sub-cēno.

succollo, āvī, ātum, āre (sub u. collum), **auf den Hals-, auf die Schultern nehmen, sich aufhalsen,** Varro r. r. 3, 16, 8. Suet. Claud. 10, 2 u. Oth. 6, 3: Ggstz. deponere, Commodian. instr. 1, 19, 10.

succonditor (sub-conditor), ōris, *m.*, der **Gehilfe des** *conditor,* CIL 6, 10046.

succōsitās, s. sūcōsitās.

succōsus, a, um, s. sūcōsus.

succrepo, āre (sub u. crepo), **von unten krachen,** succrepante fragili solo demergi ac sorberi, Augustin. de vit. beat. § 3.

succrēsco (sub-crēsco), crēvī, crētum, ere, **I unten hervorwachsen,** ordo pilorum succrescit, Cels. 7, 7, 8. – **II heranwachsen, nachwachsen, a** eig. u. übtr.: sagina succrescit, Sen.: ne quid fortuitum et agreste succrescat, quod necet segetem, Sen.: succrescit ab imo cortex, Ov.: nec patiantur herbam succrescere, Colum.: mores mali quasi herba irrigua succreverunt uberrime, Plaut. – übtr., per seque vident succrescere vina, Ov. met. 8, 680. – **b** bildl., non enim ille mediocris orator vestrae quasi succrescit aetati, Cic. de or. 3, 230: se gloriae seniorum succrevisse, sei nachgereist, Liv. 10, 13, 7.

succrotillus, a, um, **dünn, zart, fein,** vox, vocula, Afran. com. 126. Titin. com. 171.

succuba, ae, *f.* (sub u. cubo), die **Beischläferin,** dah. für cinaedus, Prud. perist. 10, 192: übtr., succuba formae, Nebenbuhlerin, Apul. met. 5, 28 u. 10, 24.

Succubitānus, s. 2. Succubo.

1. succubo (sub-cubo), āre, **unter** etwas **liegen,** alci rei, Apul. met. 1, 12: alqd, *ibid.* 9, 26.

2. Succubo, ōnis, *f.*, ein Munizipium in Hispania Baetica in der Nähe von Corduba, Plin. 3, 10 *codd. Barb.* – Dav. **Succubitānus,** a, um, **sukkubitanisch,** municipium, Capit. Anton. phil. 1, 4.

succubōnea, ae, *f.* (sub u. cubo), die **Beischläferin,** Titin. com. 92.

succulentus, a, um, s. sūculentus.

succumbo, cubuī, cubitum, ere, (sub u. *cumbo, wie accumbo, decumbo etc.), **unter** etw. **fallen = sinken, niederfallen, zu Boden fallen, niedersinken, I** im Allg.: **1** eig.: succumbens victima ferro, Catull. 64, 369: omnes succubuisse oculos, seien zugefallen, Ov. met. 1, 714: non succumbentibus cavis operis, Plin. 36, 106. – **2** übtr.: **a unterliegen, erliegen, sich gewonnen geben, nachgeben,** alci, Nep. u. Liv.: oneri, Liv.: senectuti, Cic.: dolori, Curt.: huic uni culpae, Verg.: simili culpae, Ov.: labori, Caes.: tempori (den Zeitumständen), Liv.: precibus, Ov.: animo, den Mut sinken lassen, Cic. – absol., non esse viri debilitari, dolore frangi, succumbere, Cic.: hāc ille perculsus plagā non succubuit, Nep. – mit *Infin.*, quam (mortem) nec ipsam perpeti succubuisset species, tanta si non agenda res esset, Arnob. 1, 62. – **b** **sich unterwerfen,** regno, Claud.: succumbere possit sibi, Claud. – **II** insbes.: **a** **sich legen,** v. Kranken, Nolae (zu N.), Suet. Aug. 98, 5. – **b** **sich hingeben, ehelich beiliegen, sich beschlafen lassen,** v. weibl. Geschlecht der Menschen u. Tiere, virgines ut succumberent, quibus vellent, Varro: succ. tali marito, Claud. or. fr.: cuivis, Catull.: succubuit famae victa puella metu, Ov.: gallina marito succumbit, Mart. – dah. succ. alci = jmds. (eines Weibes) **Nebenbuhlerin sein,** alumnae Tethyos, Hyg. fap. 177: Iunoni, Hyg. astr. 2, 1.

succurrīcius, a, um (succurro), **zu Hilfe kommend,** benignitas naturae, Schol. ad Germanic. prognost. tom. 2. p. 117 *Buhle.*

succurro, currī, cursum, ere (sub u. curro), **I** **unter** od. **unten** an etwas **laufen, -gehen,** **1** übh.: nequeat succurrere lunae corpus, Lucr. 5, 763: pagus Succusanus, quod succurrit Carinis, weil er unterhalb der Karinen hinläuft (hinliegt), Varro LL. 5, 48. – **2** übtr.: **a** im Allg.: licet undique omnes in me terrores periculaque impendeant omnia, succurram atque subibo, Cic. Rosc. Am. 31. – **b** **in die Gedanken kommen, einfallen, beifallen,** ut quidque succurrit, libet scribere, Cic.: cogitanti autem (mihi) haec fere succurrebant, Cic.: multa succurrunt, quae dicerentur, Liv.: legentibus illud quoque succursurum, quod etc., Liv.: succurrit versus ille Homericus, Suet.: mit folg. *Infin.*, et illud annotare succurrit, Plin. 7, 157: mirari succurrit, Plin. 17, 1 u. 36, 200. – alci succurrit m. folg. *Acc.* u. *Infin.*, sed mihi succurrit numen non esse severum, Ov. fast. 5, 333: illud etiam mihi succurrebat, grave esse me de iudicio patris iudicare, Cic. fil. in Cic. ep. 16, 21, 6: tamen reliquias eum esse duorum exercituum ante paucos dies deletorum succurrebat (*sc.* iis), Liv. 25, 37, 16: neque enim scelestum portanti onus succurrit illud se caput ferre, Val. Max. 5, 3, 4: praeterea illud miror, tibi non succurrisse, unum nautam stationis perpetuae interdiu noctuque iacēre in scapha, Petron. 102, 5: alci succurrit m. folg. Fragesatz, non succurrit tibi, quam diu circum Bactra haereas? Curt. 7, 8 (34), 21. – **II** helfend **heraneilen, herbeieilen, zu Hilfe eilen,** **1** eig., als milit. *t. t.:* alci (mit u. ohne auxilio), Caes., Cic. u. a.: oppido, Auct. b. Afr. – *impers.*, si celeriter succurratur, Caes. – **2** übtr.: **a** **zu Hilfe kommen, beistehen, helfen,** v. Pers., alci, Cic.: saluti fortunisque communibus, Cic.: *impers.*, succurrendum est, Ter.: ut alteris (aegris) succurratur, Cels.: capillis fluentibus maxime quidem saepe radendo succurritur, Cels. – v. Lebl., ut beneficium sit incolume, quod subcurrat necessitati, Lact. 6, 18, 17: m. folg. *ne* u. Konj., potest hoc, quod perditurus es, multis succurrere, *ne* fame, siti aut nuditate moriantur, Lact. 3, 23, 6: m. folg. *quo minus* u. Konj., his tantis malis haec subsidia succurrebant, *quo minus* omnis deleretur exercitus, Caes. b. 3, 70, 1. – **b** einem Übel **abhelfen,** v. Pers., dum succurrere humanis erroribus cupiunt, Lact. (vgl. Bünem. Lact. 3, 1, 8). – bes. v. Arzneimitteln – **gut sein für** od. **gegen** etw., remedia similia illis, quae vicino malo saepe succurrerint, Cels.: non posse vehementi malo nisi aeque vehemens auxilium succurrere, Cels.: cannabis succurrit alvo iumentorum, Plin. – ► Perf.-Form succucurrit, Not. Tir. 27, 31.

succursor, ōris, *m.* (succurro), der **Beispringer, Helfer,** wahrsch. derjenige Gladiator, der dem Stierfechter zu Hilfe kam, CIL 10, 1074.

succus, ī, *m.*, s. sūcus.

Succusānus pāgus, ein Stadtteil Roms, der unterhalb der Carinae sich hinerstreckt, Varro LL. 5, 48.

succussātor, ōris, *m.* (succusso), der **Stößer,** v. Pferden, succussator, taeter tardusque caballus, Lucil. 163.

succussātūra, ae, *f.* (succusso), das **Stoßen** eines schlecht gehenden Pferdes, Non. 17, 24.

succussio, ōnis, *f.* (succutio), das **Aufrütteln,** die **Erschütterung,** Sen. nat. qu. 6, 21, 2.

succusso, āre (*Intens.* v. succutio), **in die Höhe schütteln, -stoßen** (wie das schlecht gehende Pferd den Reiter), Acc. tr. 568.

successor, ōris, *m.* (succutio), der **Stößer,** von Pferden, Lucil. 507.

succussus, ūs, *m.* (succutio), das **Aufrütteln,** die **Erschütterung,** Pacuv. tr. 257 (bei Cic. Tusc. 2, 48). Apul. met. 3, 21: Plur., Tert. de anim. 49 *in.*

succutāneus, s. subtercutāneus.

succutio, cussī, cussum, ere (sub u. quatio), **in die Höhe-, aufschütteln, aufrütteln, erschüttern,** Lucr., Ov. u. Sen. – bildl., vultus perquam brevi tristitiae salebrā succussus, Val. Max. 6, 9. ext. 5.

sucerdae (succerdae), ārum, *f.* (v. sus u. vielleicht cerno st. excerno), der **Schweinekot,** Titin. com. 178. Lucil. 1018.

sūcīdia, s. succīdia.

sūcido, āre (sucidus), **saftig-, frisch machen,** Plin. Val. 2, 9: lanam, Plin. Val. praef. fol. 164 (a).

sūcidus (succidus), a, um (sucus), **saftig, frisch,** solum, Apul. apol. 24: ficus (Ggstz. aridus), Cael. Aur. de morb. chron. 3, 8, 113. – bes. lana, ganz frisch abgeschorene, noch den Schmutz bei sich habende Wolle, der man besondere medizinische u. chirurgische Heilkräfte beilegte, Varro, Cels. u. a.: so auch s. vellera, Varro: u. sordes (pecorum), Plin.

sūcinācius, a, um (sucinum), **bernsteinfarbig,** Isid. orig. 20, 3, 5.

sūcinum (nicht succinum), ī, *n.* (stammverwandt mit sucus), der **Bernstein,** sonst electrum gen., Plin. 37, 31 *sqq.* Tac. Germ. 45: Plur., sucina, Bernsteinstücke, verarbeitet = Schmuck aus Bernstein, Plin. 36, 1; 37, 30 u. 49 *sqq.* Mart. 3, 65, 5 u. 5, 37, 11. Iuven. 6, 573. Prud. perist. 3, 21.

sūcinus (succinus), a, um (sucinum), **aus Bernstein,** novacula, Plin. 22, 99: gemma, Mart. 4, 59, 2: gutta, Mart. 6, 15, 2.

sūco (succo), falsche Vermutung für das handschr. sacco, s. 2. sacco.

sūcophanta etc., s. sȳcophanta etc.

sūcōsitās, ātis, *f.* (sucosus), die **Saftfülle,** Cael. Aur. de morb. acut. 2, 29, 151.

sūcōsus (succōsus), a, um (sucus), **I** **saftreich, saftvoll,** solum, Colum.: folia, Plin. – **II** übtr., **geldhabend, reich,** Petron. 38, 6.

Sucro, ōnis, *m.*, Fluss in Hispania Tarrac., der sich in das Mittelländische Meer ergießt, j. *Xucar,* Mela 2, 6, 6 (2. § 92). Plin. 3, 20. – an dessen Mündung eine gleichnamige Stadt, wahrsch. j. *Cullera,* Liv. 28, 24, 5 u. a. Sen. de ben. 5, 24, 1. Flor. 3, 22, 7. Plin. 3, 20. – Dav. **Sucrōnēnsis,** e, **zu** od. **bei Sukro, sukronensisch,** sinus, j. *Golf* von *Valencia,* Mela 2, 6, 6; 2, 7, 21 (2. § 92 u. § 125): proelium, Cic. Balb. 5.

sūctus, ūs, *m.* (sugo), das **Saugen,** Varro fr. u. Plin.: priorum pedum suctu (Absaugen) vivere, Plin.

sucula, ae, *f.* (*Demin.* v. sus), **I** das **Schweinchen,** Plaut. rud. 1170. – **II** übtr.: **A** eine Ziehmaschine, die **Haspel, Kreuzhaspel** (griech. ὄνος), Plaut., Cato u. Vitr.: bei der Kelter oder Presse, Cato. – **B** Suculae, als falsche Übersetzung des griechischen ὑάδες, ein Gestirn, die **Hyaden,** Cic. u. Plin.: Sing. sucula, dessen hellster Stern, Colum. Vgl. Hyades.

sūculentus (succulentus), a, um (sucus), **saftvoll, saftreich, kräftig,** Apul. u. Paul. Nol. – bildl., furores, Prud. ham. praef. 58.

suculus, ī, *m.* (*Demin.* v. sus), das **Schweinchen,** Iustinian. instit. 2, 1, 37.

sūcus (nicht succus), ī, *m.* (sūgo), der **Saft,** **I** eig. meton. u. bildl.: **1** eig.: suci uave, Tibull.: sucus nuci expressus, Plin.: cochleae, Plaut.: sucum sentimus in ore (der Speise), Lucr.: stirpes e terra sucum trahunt, Cic.: sucus is, quo alimur, Nahrungssaft, Cic.: terrae, Plin.: tisanae, Gerstengrützschleim, Apic.: corpus suci plenum, vollsaftig, strotzend, Ter.: corpus solidum et suci plenum, Hieron.: facies decora et suci palaestrici plena, Apul. (vgl. Hildebr. Apul. apol. 63). – **2** meton., wie χυμός, der **Geschmack** einer Sache, piscis suco ingratus, Ov.: ova suci melioris, wohlschmeckendere (griech. εὐχυμότερα), Hor. – **3** bildl., der **Saft,** **a** übh.: amisimus sucum et sanguinem, Lebhaftigkeit, **Geist,** Kraft, Cic. – **b** insbes., v. Redner u. v. der Rede, **Kraft, Geist,** orationis, Cic.: retinebant sucum Periclis, Cic. – **II** übtr., **Saft,** für jede dickflüssige Substanz (Ggstz. corpus, feste Substanz), **a** übh.: lactis, Plin. (u. so et sucus pecori et lac subducitur agnis, Verg.): piscis, Hor.: rosae, Rosenöl, Rosensalbe, Plin.: olivi, Salbe, Ov.: villarum, Mistpfütze, Pallad.: nectaris sucos ducere, Nektarsaft schlürfen, Hor. – b insbes., der **Saft** als Arznei, das Säftchen, **Tränkchen,** der **Trank,** amarus, Ov.: sucos herbasque dedi, Tibull. – ► Genet. Sing. nach der 4. Dekl. sucus, Apul. met. 9, 32 Isid. orig. 17, 9, 28: u. so Abl. Sing. sucu, Colum. 9, 15, 12 *cod. Pol.* Apic. 7, 294 u. 311: Genet. Plur. sucuum, Apul. met. 10, 13: Akk. Plur. sucus, Manil. 3, 144.

sūdābilis, e (sudo), *adi.,* **in Fluss geraten,** metallum, Cassiod. var. 5, 2, 3.

sūdābundus, a, um (sudo), **schwitzend,** Auct. carm. ad Pison. 189 (177).

sūdāriolum, ī, n. (*Demin.* v. sudarium), das **kleine Schweißtuch,** Hieron. epist. 52, 5. Apul. apol. 53 u. a.

sūdārium, iī, *n.* (sudo), das **Schweißtuch, Taschentuch,** Saetaba sudaria, Catull.: sudario candido frontem tergere, Quint.: sudario frontem siccare, Quint.: sudario manus tergere, Petron.: ante faciem obtendere sudarium, Suet.: sudario os et fauces suas coartare, Val. Max.: iam mihi nigrescunt tonsā sudaria barbā, Mart.: facies illius sudario erat ligata (zugebunden), Vulg.

sūdāsco, ere (sudo), **in Schweiß geraten,** Plaut. Cas. 361 *Schoell.*

sūdātio, ōnis, *f.* (sudo), I das **Schwitzen,** s. multa, Sen. – Plur., sudationes assae, siccae, Cels. – II meton.: a die **Schwitzstube,** Vitr. 5, 11, 2. – b Plur. = **Schwitzmittel,** quaedam naturales sudationes, Cels. 2, 17 *in.*

sūdātor, ōris, *m.* (sudo), der **Schwitzer,** der leicht u. stark schwitzt, Plin. 23, 43.

sūdātōrium, iī, s. sūdātōrius.

sūdātōrius, a, um (sudo), **zum Schwitzen gehörig** oder **dienlich,** I *adi.:* unctio, Plaut. Stich. 229 G.: qualitas, Cassiod. var. 2, 39, 5. – II *subst.,* sūdātōrium, iī, *n.,* das **Schwitzbad,** die **Schwitzstube,** Sen. ep. 51, 6 u. de vit. beat. 7, 3.

sūdātrīx, trīcis, *f.* (Femin. zu sudator), **schwitzend,** toga, Mart. 12, 18, 5.

sūdiculum, s. sūduculum.

sudis, is, *f.,* I ein kürzerer **Pfahl,** ripa erat acutis sudibus praefixis munita, Caes.: quo minus putrescerent sudes, Plin. – als Waffe, Verg. Aen. 7, 524; 11, 894. Tibull. 1, 10, 65. – II übtr.: 1 übh. die **Spitze,** saxeae sudes, Felsenspitzen, Apul.: sudes in terga erectae, Iuven.: sudes densae, Dornen, Prud. – 2 = sphyraena, ein Meerfisch, viell. *Esox Sphyraena* (L.), eine **Hechtart,** Plin. 32, 154 (wo Nom. sudis); vgl. Varro LL. 5, 77.

sūdo, āvī, ātum, āre (vgl. altind. *svédatē,* schwitzt, *svēda-ḥ,* Schweiß, griech. ἱδρώς = σϝιδρως, ahd. *sweiz*), I *intr.* **schwitzen,** 1 eig.: puer sudavit et alsit, Hor.: cum Cumis Apollo (die Apollobildsäule) sudavit, Cic. (u. so deorum sudasse simulacra, Cic.): si sudare corpus coepit, Cels.: cum sudare inceperunt boves, Varro: sudare desiit bos, Colum.: sudare in balneo, Cels.: multum sudare maximeque frigido sudore, Cels.: in montem sudantes conscendimus, Petron. – 2 übtr.: a von etw. **schwitzen** = von etw. **dunsten, triefen,** scuta duo sanguine sudasse, Liv.: sudarit sanguine litus, Verg.: cavae tepido sudant umore lacunae, Verg.: cum umore continuo Cumanus Apollo sudaret, Flor. – b **hervorschwitzen, herausschwitzen,** per agros iam sponte sudent irriguae spirantia balsama venae, Claud.: balsama odorato sudantia ligno, Verg.: dulcis odoratis umor sudavit ab uvis, Sil. – 3 **schwitzen** = **es sich sauer werden lassen, sich abmühen, sich abarbeiten,** sudabis satis, si etc., Ter.: vides, sudare me iam dudum laborantem, quo modo ea tuear, quae etc., Cic.: sudandum est his pro communibus commodis, Cic.: ipsi sudabant (es soll ihnen die Hölle heiß werden), si di volunt, Cic.: se sine causa sudare, im Doppelsinn (eig. u. bildl.), Cic. de or. 2, 223: poet., mit folg. *Infin.,* claustra remoliri, Stat. silv. 10, 526. – *impers.,* ad supervacua sudatur, Sen. ep. 4, 11. – II *tr.:* A **schwitzen, schwitzend von sich geben, ausschwitzen,** 1 eig. (s. Bünem. Lact. 7, 24, 7. Muncker Fulg. myth. 3, 8. p. 123), durae quercus sudabunt mella, Verg.: arbores balsamum sudant, Iustin.: ut viles virgulae balsama pretiosa sudarent, Hieron.: ut iam nobis latissimi colles balsama sudent, Solin.: et (Iesus) sudavit sanguinem, Augustin.: in Sicilia scuta duo sanguinem sudasse, Val. Max.: ubi tura balsamaque sudantur, Tac. – 2 bildl., gleichs. **im Schweiße seines Angesichts-, mühevoll bereiten, -verfertigen, -verrichten,** proelium, Prud. – Öfter im Partiz., multo labore Cyclopum sudatus thorax, Sil.: zona manibus sudata Serenae, Claud.: sudatus labor, Stat. – B **beschwitzen, durch Schweiß benetzen,** vestis sudata, Quint. 11, 3, 23. – C schwitzend verbringen, **durchschwitzen,** aestates inter bella sudatae, Pacat. pan. 8, 3.

sūdor, ōris, *m.,* der **Schweiß,** I eig. u. bildl.: a eig.: sudor salsus, Lucr.: frigidus, Cels. u. a.: multus, ingens, Cels.: pestiferus, Cels.: sudor a capite et a fronte defluens, Cic.: simulacrum multo sudore manavit, Cic.: sudor manat ad talos, Hor.: sudore iam madens, Petron.: sudore multo diffluentes, Phaedr.: sudore calefacti, Petron.: leti sudore perfusus, Amm.: salsus per artus sudor iit, Verg.: occupat obsessos sudor mihi frigidus artus, Ov.: in sudorem ire, schwitzen, Flor.: sudorem emittere, Plin.: sudorem facere od. movere, Plin., od. elicere od. evocare, Cels., od. excutere, Nep.: sudor erumpit alci, Sen.: sudorem sistere, coërcere, reprimere, sedare, Plin.: sudor desinit, Cels.: sudorem abluere, Val. Max. u. Fronto: ante sudorem, post sudorem, Cels. – Plur., sudores tenues, aequales, Cels.: sudores frigidi, Cels.: corpus sudoribus decoquere atque exinanire, Sen. – b bildl., **Schweiß** = große Anstrengung, Abmühung, spolia sine sudore et sanguine, Enn. fr.: divitiae per summum sudorem acquisitae, Sen.: stilus ille tuus multi sudoris est, Cic.: habet existimationem multo sudore labore vigiliisque collectam, Cic.: multo eius sudore ac labore sub populi Romani imperium dicionemque cĕcĭderunt, Cic.: quod nobilissimis summo cum sudore consequendum foret, Vell.: sudorem timere, nicht gern hartes Holz bohren, Sen. ep. 31, 7: sudore acquirere quod possis sanguine parare, Tac.: creditur sudoris minimum habere comoedia, Hor.: septem fortissimos milites uno sudore vicit, Capit.: hibernas sudorum reliquias reperit tales, Amm. – II übtr. = jede wie Schweiß hervorrinnende **Feuchtigkeit,** picis, Plin.: veneni, Ov.: caeli, Plin.: vom Honig, Plin.: maris, Lucr.: lapidis, Sen.

sūdōrifer, fera, ferum (sudor u. fero), **schweißtreibend,** vapores, Cael. Aur. de morb. acut. 3, 21, 206.

sūdōrus, a, um (sudor), **schwitzend, voller Schweiß,** corpus, Apul. flor. 16. p. 22, 7 Kr.

Sudracae, ārum, *m.,* ein Volk zwischen Indus u. Acesines, Curt. 9, 4 (16), 15 u. 9, 4 (17), 26.

sūduculum, ī, *n.* (sudo), **Schweißtuch,** sud. flagri, Schimpfname eines Sklaven, Plaut. Pers. 419. Vgl. Paul. ex Fest. 336, 7 (wo sudiculum).

sūdus, a, um (se u. udus, s. Fest. 294 [a], 30. Paul. ex Fest. 295, 4), ohne Feuchtigkeit, dah. vom Wind usw. = **trocken,** vom Wetter = **entwölkt, trocken, heiter,** a eig.: flamen venti, Varro fr.: ver, Verg.: tempestas, Apul. – subst., sūdum, ī, *n.,* α der **klare** (von keinen Wolken umschlossene) **Himmelsraum,** Verg. Aen. 8, 529 (wo Ribbeck suidum). – β **heiteres Wetter,** Plaut., Cic. u. a. – b übtr., specula, trockene (Ggstz. uda), Apul. apol. 16. – c *Adv.* sudum, **heiter,** Prud. cath. 7, 80.

Suēbī, ōrum, *m.,* die **Sueben,** der große germanische Völkerstamm an den Küsten der Ostsee, von wo er sich west- u. südwärts verbreitete, Caes. b. G. 1, 37, 3; 4, 1 *sq.* Tac. Germ. 38. Lucan. 2, 51. Oros. 1, 2, 53. Monum. Ancyr. 6, 3. CIL 13, 8497. – Sing. Suēbus, ī, *m.,* ein **Suebe,** Claud. IV. cons. Hon. 655; in Eutr. 1, 394: Suēba, ae, *f.,* eine **Suebin,** Caes. b. G. 1, 53, 4. – Dav.: A **Suēbus** (zweisilbig, bei Dichtern auch dreisilbig Sŭēbus), a, um, **suebisch,** sanguis, Prop.: crinis, nach Art der Sueben getragen, Sil. – B **Suēbia,** ae, *f.,* das **Land der Sueben,** Tac. Germ. 43 u. 45. – C **Suēbicus,** a, um, **suebisch,** mare, Tac. Germ. 45: bellum, CIL 10, 135. – ► Die Schreibung Suebi ist, wie Mommsen aufgrund vielfältiger inschriftlicher Zeugnisse behauptet, die einzige, die das Altertum kannte; doch haben die Hdschrn. bei Caes. b. G. 1, 37, 3 u. sonst überall Suevi, aber der *cod. Medic.* bei Tac. ann. 2, 26 u. ö. Suebi.

suellus, ī, *m.* (*Demin.* v. sus), das **Schweinchen,** Aldh. de re gramm. in Class. auct. 5, 558.

suēmus = suevimus, s. suēsco, Lucr. 1, 60 u. a.

sues, s. 1. sus.

suēsco, suēvī, suētum, ere, (*Inchoat.* v. *sueo), **I** *intr.* etw. **gewohnt werden,** militiae, Tac. ann. 2, 44: m. folg. *Infin.*, Auson. epist. 16, 92. p. 176 Schenkl. – dah. suevi, **ich bin gewohnt, pflege,** sueveram, **ich pflegte** usw., mittere suevit, Lucr.: ubi cubitare sueverat, Amm.: u. synkop. *Perf.*, quod suesti, wie du pflegst, Cic.: suemus, Lucr.: suerunt, Cic. poët.: suesse, Lucr. – **II** *tr.* an etwas **gewöhnen,** viros disciplinā et imperiis, Tac. ann. 2, 52 *Nipp.* (Halm disciplinae).

Suessa, ae, *f.*, **I** uralte Stadt der Aurunci in Kampanien, von Rom kolonisiert (s. Liv. 9, 28, 7), Geburtsort des Dichters Lucilius, berühmt durch Wagenbau und Korbflechterei aus Binsen, j. *Sessa,* Cato r. r. 135, 1 u. 3. Cic. Phil. 3, 10 u. a. Liv. 29, 15, 5: vollst. Suessa Aurunca, Liv. 8, 15, 4. Vell. 1, 14, 4: poet. bl. Aurunca, s. Auruncī. – Dav.: **A Suessānus,** a, um, **suessanisch,** municeps, Cic. ad Brut.: subst., in Suessano, im Suessanischen, Cato: Suessānī, ōrum, *m.*, die Einwohner von Suessa, die **Suessaner,** CIL 10, 4748 u. 4756. – **B Suessās,** ātis, **aus Suessa, suessatisch,** ollulae, Gargil. Mart. de arbor. pomif. 2, 13. – **II** Stadt der Volsker in Latium, in der Nähe der pontinischen Sümpfe, gew. vollst. Suessa Pometia gen., Cic. de rep. 2, 44. Liv. 1, 53, 2; 2, 25, 5: bl. Suessa, Sil. 8, 398. Auson. epist. 15, 9. p. 173 Schenkl: bl. Pometia, s. d.

Suessiōnēs, um, *m.*, eine gallische Völkerschaft in der Gegend des heutigen *Soissons,* Caes. b. G. 2, 3, 5 u. a.: Sing. Suessio, Not. Tir. 87, 39. – Form **Suessōnēs,** Lucan. 1, 423.

Suessula, ae, *f.*, kleiner Ort in Samnium, am südlichen Abhang des mons Tifata (j. *Torre di Sessola*), j. *Castel di Sessola,* Liv. 7, 37, 4 u. a. – Dav. **Suessulānus,** a, um, **aus** od. **zu Suessula,** dendrophorus, CIL 10, 3764. – Plur. subst., Suessulānī, ōrum, *m.*, die Einwohner von Suessula, die **Suessulaner,** Liv. 8, 14, 11. CIL 9, 2318 u. 10, 3763.

Suētōnius iī, *m.*, Name einer röm. Familie, aus der am bekanntesten C. Suetonius Tranquillus, geachteter Historiker der Kaiserzeit, Zeitgenosse des jüngeren Plinius, s. Plin. ep. 1, 24, 1 *sqq.* u. a. Spart. Hadr. 11, 3. Capit. Max. et Balb. 4, 5: bl. Tranquillus, Lampr. Comm. 10, 2.

suētus, a, um, *PAdi.* (v. suesco), **I** an etwas **gewöhnt,** einer Sache **gewohnt,** armis, Verg. u. Tac.: plebs circo ac theatris sueta, Tac.: latrociniis, Tac.: lasciviae, Tac.: mit folg. *Infin.*, Verg., Sall. fr., Liv. u. a. – **II** woran man gewöhnt ist, **gewohnt,** contubernium, Tac.: cibaria, Apul.: Cheruscis sueta apud paludes proelia, Tac. – subst., suēta, ōrum, *n.*, die **Gewohnheiten,** sectae, Apul. met. 4, 24.

Suēvī, Suēvia, Suēvicus, s. Suēbī.

Sūfāx, ācis, *m.*, s. Syphāx.

sūfes (nicht suffes), fetis, *m.* (phönizisch שפט, Richter), die höchste obrigkeitliche Person in den punischen Städten, der **Sufet,** Sing., Sen. de tranqu. anim. 4, 5. Fest. 309 (b), 29. – Plur., Liv. 28, 37, 2; 30, 7, 5; 34, 61, 15. CIL 5, 4919 u. 4921. Fest. 309 (b), 29. Paul. ex Fest. 308, 12.

suffarcino, āvī, ātum, āre (sub u. farcino), **vollstopfen, vollpacken, bepacken,** alqm muneribus, Apul. met. 9, 29. – Partiz. suffarcinātus, a, um, **vollgestopft, bepackt, eine Wulst vor sich tragend,** Plaut. Curc. 289. Ter. Andr. 770: übtr., bellule, gut vollgestopft, -gefüttert, Apul. met. 10, 16: auro et argento et veste, reich versehen mit usw., Cassiod. instit. div. litt. 28.

suffectio, ōnis, *f.* (sufficio), **I** das **Hinzufügen,** Arnob. 5, 12 u. 14: Plur. macularum suffectiones, Arnob. 7, 46. – **II** das **Ersetzen, Ergänzen,** Tert. de anim. 28.

suffectūra, ae, *f.* (sufficio), das **Ersetzen, Ergänzen,** Tert. adv. Marc. 1, 28.

suffectus, a, um, s. sufficio.

Suffēnus, ī, *m.*, ein schlechter Dichter zu Katulls Zeit, Catull. 22, 1 *sqq.* – Plur. = Leute wie Suffenus, Suffenûm omnia colligam venena, Catull. 14, 19.

suffercītus, s. suffertus.

sufferenter, *Adv.* (sufferens v. suffero), viell. = **mit Geduld,** Anecd. Helv. 213, 27.

sufferentia, ae, *f.* (suffero), die **Erduldung, Geduld,** Tert. de or. 4 u. adv. Marc. 4, 15. Vulg. Sirach 16, 14 u. epist. Iacobi 5, 11.

suffermentātus, a, um (sub u. fermento), **etwas gesäuert,** Tert. adv. Valent. 17.

suffero, sufferre (sub u. fero), **I unter** etwas **tragen, -bringen, unterhalten,** sufferamque ei meum tergum ob iniuriam, Plaut. fr. b. Non. 397, 1: tu corium sufferas, Plaut. Poen. 855. – **II** (**unten**) an etwas **hintragen, -hinbringen,** dah. **darreichen, 1** eig.: neque mater potest sufferre lac, Varro r. r. 2, 4, 19. – **2** bildl., als jurist. *t. t.*, **leisten,** litis aestimationem, ICt. – **III unten tragen, -halten, empor-, aufrecht halten, 1** eig., refl. suff. se, **sich aufrecht halten,** ut stare, colligere semet ac suffere vix posset, Suet. Cal. 50, 2: an ipse (mundus) se potius vi propriā sufferat, Arnob. 2, 58. – **2** übtr.: **a sich** einer Sache **unterziehen, sie auf sich nehmen, bestreiten,** labores, Varro: anhelitum, Atem holen können, Plaut. – **b** etwas Übles **ertragen, aushalten, erdulden,** plagas, Plaut.: vulnera, Lucr.: eius (mulierculae) sumptus, erschwingen, Ter.: eam multam (Strafe), Cic.: furoris, erroris multam, Cic.: poenas, Acc. tr. fr. u. Cic., poenam u. poenas alcis rei, Cic.: alci (von jmd.) poenas, Plaut.: pro alcis peccatis supplicium, Ter.: solem, sitim, Plaut.: ventos et imbres, Colum. – absol., vix suffero, Ter.: ad praetorem (*sc.* me rapi) sufferam, Plaut.: nec sufferre valent, Verg.

suffertus, a, um (sub u. farcio), **vollgestopft, voll,** aliquid sufferti tinnire, etwas Volltönendes, Suet. Ner. 20, 2. – Nbf. suffercītus = den Mund voll nehmend, Lucil. 509 (bei Gell. 4, 17, 3).

suffervefacio, ere (sub u. fervefacio), **ein wenig heiß machen, -erhitzen,** Plin. 18, 104. Plin. Val. 2, 17. fol. 179 (a), 37. – Passiv, suffervefīo, factus sum, fierī, **etwas heiß werden, aufsieden,** Plin. 27, 75 u. a.

sufferveo, ēre (sub. u. ferveo), **etwas heiß sein, -sieden, -aufsieden,** Ps. Apul. herb. 115.

suffes, s. sūfes.

suffessio, ōnis, *f.* (sub u. fateor) = παρομολογία, das **scheinbare Zugeständnis,** als rhet. Fig., Auct. carm. de fig. 121 p. 68 *Halm.*

suffībulum, ī, *n.* (sub u. fibula), ein länglich viereckiger, weißer **Schleier,** als Kopfschmuck der Vestalinnen, Fest. 348 (a), 25: der Priester, Varro LL. 6, 21.

sufficiēns, entis, *PAdi.* (v. sufficio), **hinreichend, hinlänglich, genügend,** testes, ICt.: sufficientissima definitio, Tert.: sufficientissimus numerus, Chalcid. Tim.

sufficienter, *Adv.* (sufficiens), **hinlänglich, genügend,** Aur. Vict. epit. 20, 7. Plin. ep. 10, 18 (29), 3. Apul. met. 4, 28. Ulp. dig. 7, 1, 15. § 24, 3, 14 pr. Pallad. 1, 35, 10. Vulg. Nahum 2, 12. Augustin. epist. 140, 0 *extr.* Chalcid. Tim. 20: *Compar.* sufficientius, Augustin. de merit. peccat. 1, 29.

sufficientia, ae, *f.* (sufficio), die **Hinlänglichkeit, Genüge,** das **Vermögen,** Tert. ad uxor. 1, 4. Vulg. 2. Cor. 3, 5 u. a.: sui, Zufriedenheit mit sich selbst, Sidon. epist. 6, 12, 9.

sufficio, fēcī, fectum, ere (sub u. facio), **I** *tr.*: **A** gleichs. **untermachen,** d. i. **1** ein Gebäude **unterbauen,** zu einem G. **den Grund legen,** opus, Curt. 5, 1 (4), 29 *Zumpt* (Hedicke vix suffulciendo operi firmum solum, Vogel vix sufficiens operi firmo). – **2** mit einer Farbe usw. **als Grund überziehen, unterlaufen lassen,** lanam medicamentis quibusdam, Cic. fr.: oculos suffecti (angues) sanguine et igni, unterlaufen, Verg.: u. so maculis suffecta genas, Val. Flacc.: suffecta leto lumina, getrübt, Val. Flacc.: nubes sole suffecta, gleichs. unterlaufen, durchstrahlt, Sen.

B gleichs. **nachfügen, nachwachsen lassen, 1** eig.: aliam ex alia generando suffice prolem, Verg.: septimo dentes decīdere anno aliosque suffici (nachwachsen), Plin. – **2** übtr.: **a** an jmds. **Stelle** (der vor Ablauf seiner Amtszeit verstorben od. verbannt ist od. der nicht genau nach der Vorschrift gewählt ist) **wählen, nachwählen** (v. Volk od. Kollegen, während subrogare v. Leiter der Komitien steht), collegam, Cic.: censorem in locum demortui, Liv. (u. so sacerdotes eo anno mortui atque in eorum locum suffecti m. folg. Namen, Liv.): collegam suffici censori, Liv.: ei suffectus est extemplo P. Manlius dictator (zum D.), Liv.: suffectus in locum Aulii C. Fabius magister equitum, Liv.: Conon Alcibiadi suffectus, Iustin.: filius patri suffectus, Tac.: heredem suffici se proximum, Phaedr.: Hasdrubale imperatore (zum F.) suffecto, Nep. – v. den Bienen, regem parvosque Quirites sufficiunt, Verg. – Insbes. suffectus consul, der **nachgewählte Konsul** (Ggstz. consul ordinarius, der zuerst gewählte), Liv. 41, 18, 16. Lampr. Alex. Sev. 43, 2: u. so consulatus suffectus, des nachgewählten Konsuls (Ggstz. cons. ordinarius), Auson. grat. act. VII. 32. p. 23 Schenkl.

C (wie ὑπέχειν) an die Hand geben, **darreichen, darbieten,** (vgl. Verg. georg. 2, 424), 1 eig.: nebulae sufficiunt nubes, Lucr.: ipsa satis tellus sufficit umorem et gravidas fruges, Verg.: ut (Hispania) Italiae cunctarum rerum abundantiam sufficiat, Iustin. – milites excursionibus, zuziehen zu usw., Liv. – 2 übtr., **darreichen, geben,** Danais animos viresque secundas, Verg. Aen. 2, 618: u. so 9, 803.

D = praeficere, einem Amt **vorsetzen;** dah. Partiz. suffectus subst. = der Statthalter, Vulg. 2. Mach. 4, 31.

II *intr.* **hinlänglich sich darbieten, -zu Gebote stehen, hinreichen,** der Menge, Größe, Stärke nach = **ausreichen, genügen, vorhalten, genug sein, gewachsen sein,** α absol. (vgl. Fabri Liv. 21, 8, 4): quamquam nec scribae sufficere nec tabulae nomnia eorum capere poterant, Cic.: non sufficiebant muri, Liv.: per quadriduum Cremona suffecit, Tac.: imitatio per se ipsa non sufficit, Quint.: sed arma sumere non ante cuiquam moris quam civitas suffecturum probaverit, bevor der Staat ihn für waffenfähig erklärt hat, Tac. – β mit *Dat.* (vgl. Mützell Curt. 3, 6, 19; 4, 1, 25): unde Volscis sufficerent milites, in hinlänglicher Menge sich darböten, Liv.: paucorum cupiditati tum, cum obsistere non poterant, tamen sufficere aliquo modo poterant, Cic.: sufficere omnes obsequio, zur Bezeugung des Gehorsams (zur Huldigung) seien alle gut genug, Tac. – mons ... sufficiebat alimentis, Liv.: nec umbo sufficit ictibus, hält nicht die Streiche aus, Verg.: vires, quae sufficiant laboribus certaminum, Quint. – γ mit *ad* u. Akk. (s. Fabri Liv. 21, 8, 5): inopi aerario nec plebe ad tributum sufficiente, die Mittel habe zu usw., Liv.: quomodo nos ad patiendum sufficiamus, Liv. – δ mit *adversus* u. Akk.: non suffecturum ducem unum et exercitum unum adversus quattuor populos, Liv. 10, 25, 13. – ε m. *in* u. Akk.: nec locus in tumulos nec sufficit arbor in ignes, Ov.: ergo ego sufficiam reus in nova crimina semper, Ov. – ζ mit *Infin.*, αα unpers. = **es genügt,** sufficit dicere *E* portu navigavi, Quint.: suffecerit haec rettulisse, Suet. – ββ pers. = **ich bin imstande, ich vermag,** nec nos obniti contra nec tendere tantum sufficimus, Verg. Aen. 5, 22: nec vox antri complere capacis sufficiens spatium, Lucan. 5, 154: u. so sufficio mit *Infin.* auch Augustin. epist. 247, 1. – η mit *ut* od. *ne* u. Konj.: interim sufficit, ut exorari te sinas, Plin. ep.: nec quisquam respondeat sufficere, ut ad tempus simplex quiddam et uniforme doceamur, Tac.: sufficit, ne ea, quae sunt vera, minuantur, Plin. ep. – θ mit folg. *si* u. Konj., igitur sufficere tibi debet, si exheredatus a matre quartam partem ab heredibus eius accipias, Plin. ep. 5, 1, 9: sufficere iis credis si probi et frugi existimentur, Plin. pan. 88, 2.

suffīgo, fīxī, fīxum, ere (sub u. figo), I **an** od. **auf** od. **unter** etwas **fügen, -heften, -stecken, -schlagen,** a eig.: lintea antemnae summae, Lucan.: alqm cruci, Cic. u. a., in cruce, Hor. u. Auct. b. Afr.: in summa cruce suffixum esse, Catull.: alqm in altissimam crucem suffigi iubere, Iustin.: alqm suff. patibulo, Iustin.: caput hastā suffixum, auf einen Spieß gesteckt, Suet.: mensam accumbere cubito suffixo, aufgestemmtem, Apul.: columnam mento suffigit suo, fügt (stemmt) unter sein Kinn eine Säule, v. einem, der nachdenkend die Hand unters Kinn stützt, Plaut. mil. 209. – b bildl.: novos stimulos dolori, Sen. Phoen. (Oedip. fr.) 206. – II mit etwas **unten beheften, beschlagen,** crepidas aureis clavis, Plin.: trabes multo auro, Sen.

suffīmen, inis, *n.* (suffio), das **Räucherwerk,** Ov. fast. 4, 731.

suffīmento, āre (suffimentum), **beräuchern,** Veget. mul. 3, 2 *extr.*

suffīmentum, ī, *n.* (suffio), das **Räucherwerk,** Cic. u. a.

suffio, īvī u. iī, ītum, īre (sub u. *fio, īre, aus θύω, wie fervo von θέρω), I *intr.* mit etwas **räuchern,** palmā, Cato: thymo, Verg. – II *tr.:* A **räuchern, beräuchern,** a eig.: locum, Prop.: tecta, Plin.: sulfure lanam, schwefeln, Plin.: se odoribus, Lucr.: oculos iocinore, Plin.: so auch suffita urna, Ov. – b poet. übtr., **wärmen,** omnes ignibus aetheriis terras feraces, Lucr. 2, 1098. – B etwas **räuchern, des Räucherns wegen anzünden,** rutam, Plin.: carnem recentem, Plin.

suffiscus, ī, *m.*, das **Angebinde** = das Anhängebeutelchen, Fest. 309 (a), 34.

suffītio, ōnis, *f.* (suffio), das **Räuchern, Beräuchern,** nimia, Colum.: turis, verbenarum, Arnob.: suffitionem doliorum facere, die F. räuchern, beräuchern, Colum.: Plur., suffitiones commendare, Plin. 25, 12.

suffītor, ōris, *m.* (suffio), der **Räucherer,** Plin. 34, 79.

suffītus, ūs, *m.* (suffio), I das **Räuchern,** die **Räucherung,** Plin. 32, 142: Plur., Plin. 24, 102. – II meton., der **Räucherduft,** huius herbae, Plin. 21, 116.

sufflābilis, e (sufflo), **atembar,** anima, Prud. apoth. 838.

sufflāmen, inis, *n.*, die **Radsperre, Hemmkette,** der **Hemmschuh,** I eig., Iuven. 8, 148. Prud. psych. 416. – II übtr. = **Hindernis,** litis, Iuven. 16, 50.

sufflāmino, āre (sufflamen), **durch einen Hemmschuh-, eine Hemmkette hemmen,** I eig.: rotam, Sen. apoc. 14, 3. – II übtr., einen Menschen im Reden **aufhalten, hemmen,** Aug. bei Sen. exc. contr. 4. praef. § 7.

sufflammo, āre (sub u. flammo), **entzünden,** Sidon. epist. 4, 6, 4.

sufflātio, ōnis, *f.* (sufflo), das **Aufblasen,** Plin. 9, 18 u. 86.

1. **sufflātus,** a, um, *PAdi.* (v. sufflo), aufgeblasen, I eig. = **aufgedunsen,** corpus, Varro b. Non. 395, 8. – II übtr.: 1 **aufgeblasen** vor Zorn od. Stolz, a = **zornig,** sufflatus ille huc veniet, Plaut. Bacch. 603. – b **aufgeblasen** = **stolz,** multiplici scientiā sufflatus, Varro sat. Men. 6: figura, Rhet. Her. 4, 15. – 2 v. Redner = **schwülstig,** Gell. 7, 14, 5.

2. **sufflātus,** Abl. ū, *m.* (sufflo), das **Anblasen,** odoris, Plin. 32, 28 D.

sufflāvus (subflavus), a, um, etwas blond = **hellblond,** capillus, Suet. Aug. 79, 2: urina, hellgelber, Oribas. frgm. Bern. 2, 4. p. 7, 4 H.

sufflo, āvī, ātum, āre (sub u. flo), I *intr.* **an** od. **gegen** etwas **blasen,** a eig.: sufflavit buccis, blies, Mart.: per fores, hineinblasen, Plin.: alci in frontem, Marc. Emp. 16. fol. 108 (b), 61. – b übtr.: suffla, blas immer von dir, bläh dich auf, Pers. 4, 20. – II *tr.:* A **aufblasen,** a eig.: buccas, Plaut. u. Varro fr.: venae ubi sufflatae sunt ex cibo, Cato. – b übtr.: se uxori, zornig sein auf usw., Plaut. Cas. 582. – B an etwas **blasen,** etwas **anblasen,** quos si sufflasses, Petron.: languidos ignes, Plin.

suffōcābilis, e (suffoco), **erstickend,** locus, Cael. Aur. de morb. acut. 1, 9, 59.

suffōcātio, ōnis, *f.* (suffoco), das **Ersticken,** der **Erstickungszustand,** Sen. ep. 54, 3: suffocationes mulierum, Mutterbeschwerden, Hysterie, Plin. 20, 30: so auch absol., suffocationes, Plin. 26, 158: übtr., resolve suffocationes impotentium commerciorum, Cypr. test. 3. 1. p. 108, 17 H.

suffōco, āvī, ātum, āre (sub u. faux), die Kehle zuschnüren, **erwürgen, ersticken,** I eig. u. übtr.: a eig.: patrem, Cic.: in melle situm suffocari, ersticken, Lucr.: vino suffocari, Fest.: ne parvuli atque lactentes solidioris cibi edulio suffocemur, Hieron. – b übtr.: vox suffocatur saepe, Quint.: suffocata mulier, hysterisch, Mutterbeschwerung habend, Plin.: vitem, Plin. – II übtr.: urbem et Italiam fame, durch Hunger den Atem ausgehen lassen = aushungern, Cic. ad Att. 9, 7, 4.

suffodio, fōdī, fossum, ere (sub u. fodio), I **unten graben, -stechen,** a v. lebl. Objj. **untergraben, unterwühlen, unterminieren,** murum, Sall.: muros, montes, Plin.: moenia cuniculo, Curt.: murum Babylonis illum latissimum suffossione, Vulg.: Alexandria est suffossa, Auct. b. Alex.: sacella suffossa, Cic.: radices frumenti, Plin. – b leb. Wesen u. deren Körperteile, **von unten durchbohren,** equos, Caes.: inguina, Suet.: ilia, Curt.: ilia equo, Plin.: equos telis, Curt.: palmis infestis latera, Apul. – **II** prägn., **in der Tiefe anlegen,** specum, Curt. 9, 8 (32), 14.

suffossio, ōnis, *f.* (suffodio), das **Untergraben, Unterwühlen,** die **Mine,** Vulg. Ierem. 51, 58: Plur. bei Vitr. 1, 5, 5 *Rose* (Schneider suffossores): cum ipsum solum suffossionibus et cuniculis tremeret, Sen. ep. 49, 8.

suffossor, ōris, *m.* (suffodio), der **Minierer,** Plur. bei Vitr. 1, 5, 5 Schn. (Rose suffossiones).

suffraenātio, ōnis, *f.*, s. suffrēnātio.

suffrāgātio, ōnis, *f.* (suffragor), **I** die **Empfehlung** zum Amt, urbana (der städtischen Bevölkerung), militaris (der Soldaten), Cic.: iusta, Liv.: consulatus (zum K.), Cic.: illi honestissimā suffragatione consulatus petebatur, Sall.: nec potestas nec suffragatio illorum valuit, quin etc., Liv.: Plur., exstinctae (sunt) suffragationes, Cic. Planc. 15. – **II** übtr., die **Begünstigung, Empfehlung, Unterstützung,** divina, humana, Val. Max.: materna, von Seiten der M., Sen.

suffrāgātor, ōris, *m.* (suffragor), der **Begünstiger, I** durch sein Votum, der **Votierende, Votierer, Wähler,** Cic. Mur. 7 u. 44. – **II** durch Empfehlung, der **Begünstiger, Empfehler, Fürsprecher, Anhänger, Beförderer,** Plaut., Varro, Val. Max. u. a.

suffrāgātōrius, a, um (suffragor), die **Stimmgebung (zum Amt) betreffend,** amicitia, auf die Dauer der Stimmgebung beschränkte, Q. Cic. pet. cons. 26.

suffrāgātrīx, trīcis, *f.* (Femin. zu suffragator), die **Begünstigerin,** Augustin. de civ. dei 18, 9 u. 10.

suffrāginōsus, a, um (suffrago), **krank am Hinterbug,** Colum. 6, 38, 2.

suffrāgiolum, ī, *n.* (*Demin.* v. suffragium), die **Abstimmung, Stimme,** Auct. carm. de fig. 129. p. 68 *Halm.*

suffrāgium, iī, *n.* (wohl nicht zu frango = Bruchstück, Scherbe, sondern zu fragor), **I** die **Abstimmung** der Bürger in den Komitien u. der Richter bei Verurteilung od. Lossprechung, das **Votum,** die **Stimme, a** eig.: suffragii latio, Liv.: ferre suffragium, votieren, Cic. u. Nep.: suffragium it per omnes, alle stimmen ab, Liv.: suffragium inire, votieren, Liv.: ire in suffragium, zur A. schreiten, Liv.: in suffragium mittere, zur A. schreiten lassen, votieren lasen, Liv.: in suffragium revocare, noch einmal zur Abstimmung rufen, Liv.: non prohiberi iure suffragii, Cic.: testarum suffragia, das Scherbengericht (ὀστρακισμός), Nep. – u. zur Kaiserzeit übh. das **Verlangen** des Volkes, suffragiis populi, auf allgemeines Verlangen (Bitten), Gell. 5, 14, 29. – **b** übtr., die **Stimme,** das **Urteil,** die **Beistimmung,** der **Beifall,** dah. auch spätlat. = die **Unterstützung, Hilfe,** tuum, Cic.: populi, Hor.: matris Marci, Spart.: abundantes suffragiis, Oros.: ut suffragia sua et hi timerent, Oros.: v. lebl. Subjj., tecti, Spart.: temporis, ICt. – **II** das Recht od. die Erlaubnis zu votieren, das **Stimmrecht,** alci suffragium impertire, Liv.: suffragium dare, abstimmen lassen, Liv.: suffragia populo reddere, Suet.: sine suffragio habere civitatem (Bürgerrecht), Liv.: res est militaris suffragii, das Heer hat das Stimmrecht, Liv. – ► subfragium, CIL 14, 2630. – arch. sufragium, CIL 1, 197, 5 u. 1, 198, 54 u. 77.

1. **suffrāgo,** inis, *f.* (sub u. frango), **I** der **Hinterbug** eines vierfüßigen Tieres, der rückwärts gebogen ist (Ggstz. armus), Sing. u. Plur. bei Colum., Plin. u. a. – **II** übtr., das **Rebschloß** (in des Landmannes Sprache), nach Colum. 4, 24, 4.

2. **suffrāgo,** āvī, āre = suffragor, **begünstigen,** Sisenn. hist. 23. fr. 132 (bei Non. 468, 12). – absol., **a beistimmen,** Pompon. com. 106. – **b vonstatten gehen,** Vulg. 3. Esdr. 6, 10.

suffrāgor, ātus sum, ārī (suffragium), **I durch seine Stimme** (Votum) **begünstigen, zum Amt befördern,** suffragandi libido, Cic. de legg. 3, 34; so auch Cic. Mur. 71: v. lebl. Subjj., domus (der Palast) suffragata domino, novo homini, ad consulatum putabatur, habe dem Herrn die Stimmen zum K. verschafft (zum K. verholfen), Cic. de off. 1, 138. – **II** übtr., übh. **begünstigen, beistehen, befördern, empfehlen, befürworten, Fürsprache einlegen, unterstützen,** cupiditati alcis, Cic.: sibi, Cic.: suffragante Surā, Spart.: suffragante fortunā, Cic.: suffragante Theramene, Nep.: si tempus suffragatur, Quint.: legi illius spes suffragatur, Cic.: chelidonia herba oculis plurimum suffragatur, sagt sehr zu, Marc. Emp. 8. fol. 94 (a), 38.

suffrēnātio, ōnis, *f.* (sub u. freno), die Aufzäumung, übtr., die **feste Verbindung, Befestigung,** lapidis, Plin. 36, 169.

suffrendēns, entis (sub u. frendo), **dabei knirschend,** Amm. 15, 12, 1.

suffrico, āre (sub u. frico), **abreiben, abwischen,** Cels. u. Colum.

suffrīgidē, *Adv.* (suffrigidus), etwas kalt, bildl. = **etwas matt, etwas abgeschmackt,** Gell. 2, 9, 4.

suffrīgidus, a, um, etwas kalt, bildl. = **etwas matt,** argumentum, Amm. 17, 11, 4.

suffringo, frēgī, frāctum, ere (sub u. frango), zur Strafe ein Glied **unten zerbrechen,** talos alci, Plaut.: crura canibus, Cic.: alci crura (bei der Kreuzigung), Aur. Vict.: ossa eius (Christi bei der Kreuzigung), Lact. – ► Perf. u. Supin. in Not. Tir. 81, 24ᵇ u. 81, 24ᶜ.

suffūco, āre, **etwas (ein wenig) schminken,** Ps. Cypr. de bon. pudic. 12.

suffugio, fūgī, fugitum, ere (sub u. fugio), **I** *intr.*, **unter** etwas **fliehen,** in tecta, Liv. 24, 46, 4. – **II** *tr.* **entfliehen, entgehen,** alqm, Suet. Tib. 27: manuum tactum, Lucr. 5, 150: sensum, Lucr. 4, 358.

suffugium, iī, *n.* (suffugio), die **Zuflucht, I** eig. = der **Zufluchtsort,** die **Zufluchtsstätte,** der **Schlupfwinkel,** propinqua suffugia, Tac. ann. 4, 47: nisi suffugium nimbos vitantibus essem, Ps. Ov. nux 119: id plurimis et adminiculum et suffugium erat, Curt. 8, 7 (14), 7. – mit subj. *Genet.*, suffugia Garamantum, der G. = bei den G., Tac. ann. 3, 74. – m. obj. *Genet.* (= gegen), nullum in propinquo suffugium aut imbris aut hiemis, Plin. ep. 9, 39, 2: nec aliud infantibus ferarum imbriumque suffugium, Tac. Germ. 46. – mit *adversus* u. Akk., non suffugia adversus perpetuum caeli rigorem, Sen. de ira 1, 11, 3. – m. *Dat.*, subterranei specus suffugium hiemi, für den W., Tac. Germ. 16 *Nipp.* (Halm hiemis). – **II** übtr., die **Zuflucht,** segnis mors, obvium suffugium, eine wohlfeile Zuflucht, Tac. ann. 14, 58 *Nipp.* (Halm sontium suffugium). – m. subj. *Genet.*, anfractus suffugia sunt infirmitatis, Quint. 9, 2, 78. – m. obj. *Genet.* (gegen), quod unum urgentium malorum suffugium in tempus erat, Tac. ann. 4, 66 *extr.*: nec ullum pestis extremae suffugium, Apul. met. 7, 19.

suffulcio, fulsī, fultum, īre (sub u. fulcio), **unterstützen,** porticum columnis, Lucr.: opus Curt. (vgl. sufficio *no.* I, A): artus, stärken, erhalten, Lucr.: lectica Syris suffulta, die getragen wird von usw., Mart. – ► suffulcierit, Fulgent. *ed. Helm* p. 152, 13.

suffulgeo (sub-fulgeo), ēre, **darunter glänzen,** Anthol. Lat. 551, 2 (477, 2).

suffultūra, ae, *f.* (suffulcio), die **Unterstützung,** die **Stütze,** Cassiod. hist. eccl. 9, 34 u. a. Eccl.

suffumigatio, onis, *f.* (suffumigo), das **Räuchern von unten,** das **Beräuchern,** Veget. mul. 3, 23 *extr.* Plin. Val. 3, 7.

suffūmigo, āre (sub u. fumigo), **unten räuchern, beräuchern,** vasa rore marino, Colum.: dolia albā cerā, Colum.: dolentem vulvam sulfure, Cels.: vellus sulfure vivo, Plin. Val.: cornu cervino suffumigato, räuchern mit usw., Gargil. Mart.: suffumigare expedit, Cels.: si ex alvo apes evadunt suffumigandum (est), Varro.

suffūmo (sub-fūmo), āre, **ein wenig räuchern,** Hieron. epist. 29, 1. Vgl. Gloss. II, 466, 27 ›suffumo, ὑποκαπνίζομαι‹.

1. **suffundo,** (āvī), ātum, āre (sub u. fundo, āre), **untergründen = unterbauen,** domos paululum modo lapidibus, Varro sat. Men. 524.

2. **suffundo,** fūdī, fūsum, ere (sub u. fundo, ere), **I untergießen, 1** einen Stoff **unter** etwas **gießen, unterhalb gießen** od. **fließen lassen, unterlaufen lassen, a** Flüssigkeiten: liquamen, Apic.: vinum salutare, Macr.: aqua suffunditur, fließt unten, Sen.: sanguis cordi suffusus, das unter dem Herzen strömende Blut, Cic.: intumuit suffusa venter ab unda, von dem darunter befindlichen Wasser, von der Wassersucht, Ov.: sanguis oculis suffusus, unterlaufenes Blut, Plin.: suffusa bilis, unterlaufene Galle, Gelbsucht, Plin. – Sprichw., aquam frigidam subdole suffundere, k. W. untergießen = jmd. verleumden, auf jmd. schmähen, Plaut. cist. 35. – **b** Röte od. Blässe (im Gesicht) unterlaufen lassen, virgineum ore ruborem, jungfräulich erröten, Verg.: rubor Masinissae suffusus est, trat Röte ins Gesicht, Liv.: me-

diā, colluctatione (mitten im Todeskampf) animae sese affligenti rubor primum, deinde pallor suffunditur, verbreitet sich über den Sterbenden erst Röte, dann Blässe, Sen.: pallor deinde suffusus est (Blässe überzog ihn [den Halbtoten]), et totum propemodum corpus vitalis calor liquit, Curt. – 2 **etwas von etw. unterlaufen lassen** = **benetzen, färben,** auch mit etwas **versehen, bedecken, erfüllen,** a übh.: lanae crebro suffusae, Plin.: aether calore suffusus, Cic.: lingua est suffusa veneno, ist unterlaufen, Ov.: suffusus lumina rubrā flammā, mit feurigem Rot, Ov.: littera suffusas quod habet maculosa lituras, verwischte Stellen, Ov.: lacrimis oculos suffusa nitentes, Verg.: oculi suffusi cruore, mit Blut unterlaufen, Plin.: minio suffusus, gefärbt, Tibull.: imbecillos oculos esse scias, qui ad alienam lippitudinem et ipsi suffunduntur, selbst überlaufen (sich mit Tränen füllen), Sen.: felle suffusi, Gelbsüchtige, Plin.: omnia suffundens nigrore, Lucr.: caelum caligine, Lucr. – bildl., oculi suffusi voluptate, Quint.: sales suffusi felle, beißender, hämischer Witz, Ov.: animus nullā in ceteros malevolentiā suffusus, das keine Ader von Übelwollen gegen andere in sich hat, Cic. – b mit Röte (im Gesicht) **überziehen,** suffunditur ora (im Gesicht) rubore, Ov.: in ore impudentia multo rubore suffusa, Plin. pan.: vultum rubore suff., rot werden, Pacat. pan.: u. Hieron.: multo pudore (Schamröte) suffundi, Plin. pan.: u. bl. suffundere alqm, schamrot machen, Hieron.: suffundi, schamrot werden, erröten, Tert. – II **an** od. **auf** od. **in etwas hingießen, zugießen, aufgießen, eingießen,** mare vinis, Meerwasser in die Weine, Plaut.: aquulam, Plaut.: merum, Ov.: merum in os mulae, Colum.

suffūror, ārī (sub u. furor), **unter der Hand stehlen,** Plaut. truc. 566. Plaut. vidul. fr. XVIII Stud. (aus Non. 220, 25).

suffusculus, a, um (*Demin.* v. suffuscus), **etwas bräunlich,** Apul. met. 2, 13. Amm. 22, 16, 23.

suffuscus, a, um (sub u. fuscus), **bräunlich,** margarita, Tac. Agr. 12.

suffūsio, ōnis, *f.* (suffundo), I das **Untergießen, Unterlaufen,** fellis, Gelbsucht, Plin. 22, 104. – dah. a m. u. ohne oculorum, der **graue Star** im Auge (griech. ὑπόχυσις), Cels., Sen. u. a. – Plur. suffusiones oculorum, Plin. u. Scrib., od. bl. suffusiones, Plin. – b mit u. ohne pedum, eine Krankheit der Füße von der Arbeit, viell. Geschwulst, Veget. mul. 2, 10, 8. – II das **Zugießen, Aufgießen,** a eig.: vini, Apic. 1, 1. – b meton., der **Aufguss** (sonst infusum), cucumeris, Pallad. 1, 35, 9.

suffūsōrium, iī, *n.* (suffundo), ein **Gefäß** zum **Auf-** u. **Eingießen,** die **Kanne,** Hieron. in Isai. 2, 4, 1. Vulg. Zach. 4, 12. Vgl. Gloss. II, 191, 56 ›suffusorium, ἐπίχυσις‹.

suffūsus, a, um, *PAdj.* (v. suffundo), **schamhaft,** suffusior, Tert. de anim. 38.

sufrāgium, s. suffrāgium a. E. ►.

Sugambrī (Sygambrī, Sigambrī), ōrum, *m.*, die **Sugambrer,** eine mächtige germanische Völkerschaft zwischen der Sieg u. Ruhr in der Nähe des heutigen Köln am Rhein, Caes. b. G. 4, 16, 2. Hor. carm. 4, 2, 36. Tac. ann. 2, 26. Claud. IV. cons. Hon. 446 (Jeep Sig.). – Dav.: A **Sugamber,** bra, brum, **sugambrisch,** cohors, Tac. ann. 4, 47. – subst., Sugambra, ae, *f.*, eine **Sugambrerin,** Ov. am. 1, 14, 40 (Merkel u. Riese Syg.). – B **Sugambria,** ae, *f.*, das Land der Sugambrer, **Sugambrien,** Claud. in Eutr. 1, 383 (Jeep Sig.).

Sugdiānī, s. Sogdiāna regio.

suggera, ae, *f.* (suggero), die **Leistung,** Cod. Theod. 14, 6, 3.

suggero, gessī, gestum, ere (sub u. gero), unterhinbringen, I im engeren Sinne, **von unten hinanbringen,** A = **unterlegen, unten an etwas bringen, -fügen,** 1 eig.: flammam virgeam costis undantis aëni, Verg. Aen. 7, 463: ignem fornace succensā, Pallad. 1, 20, 2. – 2 bildl.: a **hinzufügen, anfügen, beifügen,** α übh.: huic incredibili sententiae ratiunculas, Cic.: verba, quae desunt, Cic.: suggerebantur etiam saepe damna aleatoria, es kamen auch noch oft Spielverluste dazu, Cic. – β in der Reihenfolge der Aufzählung **anfügen, folgen lassen,** Bruto statim Horatium, Liv.: hos consules Q. Fabio et P. Decio biennio exempto, Liv. – b **unter der Hand beibringen,** Druso ludus est suggerendus, wir müssen dem Drusus unter der Hand einen neckischen Streich spielen, eine Nase drehen, Cic. ad Att. 12, 44, 2. – B von unten nach oben bringen, a übh., **auftragen, auffahren,** humus suggesta, Erderhöhung (Erdwall), Prop. 4, 4, 8. – b prägn., **hoch aufführen,** celsis suggesta theatra columnis, Sil. 14, 644. – II im weiteren Sinne, **unterbringen** = **zuführen, zutragen, darreichen, herbeischaffen, liefern, an die Hand geben,** 1 eig.: alci tela, Verg.: alci cibum, Tac. u. Stat.: his rebus sumptum, Ter.: omnium rerum apparatus, Auct. b. Alex.: u. im Bild, invidiae (Volkshass) flammam ac materiam criminibus suis, Liv.: ea res suggeret materiam interrogationi et veluti tela ad manum sumministrabit, Quint. – mit folg. indir. Fragesatz, ego subinde suggeram quae vendatis, Liv. 10, 17, 6. – absol., aliae (apes) struunt, aliae poliunt, aliae suggerunt, Plin. 11, 22. – 2 übtr.: a **liefern** = **gewähren, Gelegenheit geben** zu usw., suggerunt affatim ligna proximae silvae, Plin. ep.: prodiga divitias alimentaque mitia tellus suggerit, Ov.: lacus piscem, feras silvae, quibus lacus cingitur, studia altissimus iste secessus affatim suggerunt, der See liefert den Fisch = Gelegenheit zum Fischen gibt der See usw., Plin. ep. – quae mi adposita inmensam miluinam suggerant (beibringe), Plaut. Men. 212. – b **an die Hand geben, eingeben, zur Sprache bringen, anraten,** quaedam de re publica, Aur. Vict. de vir. ill. 66, 2: restitutionem, Ulp. dig. 4, 6, 26. § 9: nullis questibus omissis, quos in tali casu dolor suggerit, Curt. 10, 5 (15), 8: m. folg. *ut* u. Konj., Ulp. dig. 28, 5, 35. § 3. – absol., suggerente coniuge, auf die Einflüsterungen seiner Gattin hin, Aur. Vict. epit. 41, 11: suggerente irā, auf Eingebung seines Unwillens, im Unwillen, *ibid.* 12, 10. – Partiz. subst., suggerentes, die Einflüsterer, pro invidia suggerentum (= suggerentium), Veget. mil. 3, 4. p. 72, 10 L[2].

suggestio, ōnis, *f.* (suggero), I die **Hinzufügung, Häufung,** Cael. Aur. de morb. chron. 2, 13, 182. – II bildl.: 1 die **Anfügung,** eine rhet. Figur, wenn der Redner fragt und die Antwort selbst hinzufügt, Quint. 9, 2, 15. – 2 das **An-die-Hand-Geben,** die **Eingebung, Einflüsterung, Erinnerung, Vorstellung,** der **Rat,** Vopisc. Aurel. 14, 6. CIL 6, 1188 u. Eccl. (auch im Plur.).

suggestum, ī, *n.* (suggero), I jede gemachte **Anhöhe,** aus Erde, Steinen usw., Varro r. r. 3, 5, 16. – II insbes., die zu öffentlichen Reden (vor dem Volk usw.) errichtete **Erhöhung, Tribüne,** illud suggestum ascendens, Cic.: in suggestis consistere, Cic.

suggestus, ūs, m. (suggero), I im engeren Sinne u. zwar meton.: 1 der **Unterbau,** Gell. 2, 10, 2. – 2 die **Erhöhung,** die errichtete **Erhöhung, Anhöhe,** a übh., Cato u. Colum.: in orchestra, erhöhter Sitz, Suet. – b insbes.: α die zu öffentlichen Reden (vor dem Volk, zu den Soldaten usw.) errichtete **Erhöhung, Tribüne, Rednerbühne,** in Rom, Liv. u. Plin., im Lager usw., Caes. u. a. – β mit comae, eine bogenförmig um die Stirn oft in mehreren Reihen aufgebaute **Haartracht,** Stat. silv. 1, 2, 110. – γ ein Kopfaufsatz in Gestalt eines modius (Scheffels), Attribut des Serapis, Tert. ad nat. 2, 8. – c bildl., die **Höhe,** fortunarum, Apul. met. 5, 6. – II im weiteren Sinne: die **Herbeischaffung,** nur bildl.: 1 die **Veranstaltung,** circensium, Tert. de spect. 7: honorum, *ibid.* 12 u. Arnob. 4, 9. – 2 das **An-die-Hand-Geben,** der **Antrieb,** die **Erinnerung, Eingebung,** mündliche **Veranlassung,** Ulp. dig. 27, 8, 1. § 5. Iulian. bei Augustin. op. imp. c. Iul. 6, 23.

suggill..., s. sugill...

sugglūtio, īre (sub u. glutio), **ein wenig schlucken, -den Schlucken haben,** Veget. mul. 3, 60.

suggrandis, e (sub u. grandis), **ziemlich groß (geräumig),** cubiculum, Cic. ad Q. fr. 3, 1. § 2.

suggredior, gressus sum, gredī (sub u. gradior), **heranschreiten, heranrücken, anrücken,** propius, Tac.: acie, Tac. – mit *Acc.*, stolide castra suggressus, Sall. hist. fr. 4, 67 (68).

suggrunda, ae, *f.* (sub u. grunda), der **Dachvorsprung,** das **Vordach, Wetterdach,** Varro r. r. 3, 3, 5. Vitr. 10, 15, 1. Plin. 25, 160. Edict. praetor. bei Ulp. dig. 9, 3, 5. § 6. – Andere Form **suggrundium,** iī, *n.*, Vitr. 2, 9, 16. Iavolen. dig. 50, 16, 242. § 1.

suggrundārium, iī, *n.* (suggrunda), das **Grab eines Kindes unter** 40 **Tagen** (weil diese Art Gräber in ähnlicher Weise wie Schwalbennester unter einem Vordach angebracht waren), Rutil. Gemin. b. Fulg. exp. serm. ant. p. 171 Muncker (p. 560, 15 Merc.) = Fulg. de abstr. serm. p. X. *no.* VII ed. Lersch.

suggrundātio, ōnis, *f.* = suggrunda (s. d.), Vitr. 4, 2, 1.

suggrundium, s. suggrunda.

suggrunnio, īre (sub u. grunnio), **ein wenig grunzen,** v. Schwein, Paul. Nol. carm. 27, 345.

sūgillātio (suggillātio), ōnis, *f.* (sugillo), **I** der **blaue Fleck** vom Schlagen od. Stoßen, Plin. 32, 74. – **II** bildl., die **Verhöhnung, Beschimpfung,** Liv. u. a.

sūgillātiuncula, ae, *f., Demin.* v. sugillatio *no.* II, Plur. bei Claud. Mam. de statu anim. 2, 9, 4.

sūgillo (suggillo, suggilo, sūgilo), āvī, ātum, āre (wahrsch. *Demin.* v. sugo; vgl. Cledon. 54, 32 K u. Pompeii comment. 220, 36 u. 221, 1 K.), jmdm. einen Schlag ins Gesicht geben, dass er blaue Flecke bekommt, **braun und blau schlagen, -stoßen, I** eig.: alqm, Sen.: oculi ex ictu suffusi cruore et sugillati, Plin.: oculos patri, Varro fr.: sugillata (*sc.* loca), blaue Flecke, Plin. – **II** bildl.: **1 verhöhnen, beschimpfen, verletzen,** alqm, Liv.: iura, Val. Max.: pudorem, ICt. – **2 einbläuen, einkäuen, eingeben, an die Hand geben,** verba alci, Prud. perist. 10, 999.

sūgo, sūxī, sūctum, ere (ahd. *sūgan;* vgl. sūcus), **I saugen, a** übh.: mammam, Varro: absol., Cic. – **b** insbes., **aussaugen,** terram, Varro: porca sucta, Pallad. – **II** bildl., **einsaugen,** paene cum lacte nutricis errorem, Cic. Tusc. 3, 2.

sui (*Genet.*), das griech. οὗ, **seiner (seiner eigenen Person), gegen sich,** *Dat.* sibi, **sich (seiner eigenen Person),** *Acc.* se u. sese, **sich (seine eigene Person),** bezieht sich (als *Pronom. reflex.*) auf das nächst vorhergehende Subjekt, **I** im Allg.: se ipsum amat, Cic.: ipse per se faceret, Cic.: venerunt sui (von einer Mehrheit Menschen) purgandi causā, Caes.: so auch sui conservandi causā profugerunt, Cic.: eum sibi demandasse, Cic.: qui (optimates) hoc sibi nomen arrogaverunt, Cic.: persuasisset, ut se dimitterem, ihn, Cic.: so auch petivit, ut se scriberent, Cic.: quod sese movet, Cic.: fugae sese mandabant, Cic.: – Zuw. (bes. in der Umgangsspr.) sibi für ei (ihm), se für eum (ihn), Abl. se für eo, s. Brix Plaut. mil. 182. – **II** insbes.: **A** sibi, **α** als *Dat. ethic.*, quid hic sibi vestitus quaerit? Ter.: quidnam sibi clamor vellet, Liv. – **β** bei suus als Verstärkung des Besitzbegriffes, suo sibi hunc gladio iugulo, Ter.: singula suo sibi iure eluito, Colum. – **B** ad se, apud se, wie unser **zu sich, bei sich** = in seine-, in seiner Behausung, intro nos vocat ad se, tenet intus apud se, Lucil. fr.: ut veniam ad se rogat, Cic.: qui a me petierit, ut secum et apud se essem cotidie, Cic. – so auch bildl., esse apud se, bei sich = bei Besinnung sein, Ter. Hec. 707. – ► arch. Dat. sibe, nach Quint. 1, 7, 24: seibi, CIL 1, 1223: sibei, CIL 1, 38; 1, 196, 4 u. ö.: vulg. Dat. sebe, CIL 12, 1356: arch. Akk. Plur. sed, *ibid.* 1, 196, 13 u. 14; 1, 197, 21. – Verstärkt, sepse = *se ipse*, Cic. de rep. 3, 12 (vgl. Sen. ep. 108, 32). – sibimet (vgl. Diom. 332, 10), Vulg. Ierem. 3, 6: sibimet ipsi, Vulg. Hebr. 5, 6. – semet (vgl. Diom. 332, 10), Titin. com. 147. Hor. sat. 1, 6, 78. Liv. 2, 12, 7 u. 2, 44, 8: semet ipsum, ipso, ipsos, ipsas, oft in der Vulg., s. Concordant. bibl. sacr. (Venet. 1768). p. 627. col. b u. c.

suidum, s. sūdus, a, um.

suīle, is, *n.* (von sus), der **Schweinestall,** Varro LL. 8, 54. Colum. 7, 9, 14.

suillīnus, a, um (suillus), **vom Schwein, Schweine-,** tergora, Gregor. hist. Franc. 10, 24.

suīllus, a, um (*Demin.* v. suinus), **von Schweinen, Schweine-, I** *adi.:* caro, Cels. u. Iuven. (vgl. suinus): caput, Liv.: alvus, Plin.: grex, Carm. vet. bei Liv.: offa, Augustin.: tali, Apul.: fungus, eine Art schlechter Erdschwämme, Saureiske, Plin. – **II** *subst.*, suīlla, ae, *f.* (*sc.* caro), **Schweinefleisch,** Cels. u. Plin.

suīnus, a, um (sus), **von Schweinen, Schweine-,** Prisc. 2, 59 (ohne Beleg): sevum, Th. Prisc. 4, 1. fol. 314 (a), 46 Ald. – subst., suīna, ae, *f.* (*sc.* caro), **Schweinefleisch,** Prisc. 2, 60.

Suionēs, um, *m.*, die **Suionen,** Kollektivname der germanischen Völkerschaften Skandinaviens, Tac. Germ. 45.

suī-passio, ōnis, *f.* = ἰδιοπάθεια, diejenige passive Bedeutung eines Zeitwortes, die eine Affizierung durch das Subjekt selbst und nicht von außenher ausdrückt, die **Reziprozität,** Prisc. 17, 138 u. 18, 34.

suī-passīvē, *Adv.* = ἰδιοπαθῶς, **reziprok,** Prisc. 18, 34 (vgl. suipassio), von Hertz als unecht eingeschlossen.

suī-passus, a, um = ἰδιοπαθής, **reziprok,** Prisc. 17, 108 u. 115 u. 136 (vgl. suipassio), von Hertz getrennt geschrieben.

suis, s. 2. sūs.

sulca fīcus, s. 1. sulcus, a, um.

sulcābilis, e (sulco), **durchfurchbar** = ackerbar, terra, Ambros. hexaëm. 3, 4.

sulcamen, inis, *n.* (sulco), die **Furche,** Apul. met. 6, 2.

sulcātor, ōris, *m.* (sulco), **I** der **Furcher, Pflüger,** Leontini campi, Prud. c. Symm. 2, 940: patuli agri, Avien. descr. orb. 587. – **II** poet. übtr., der **Durchfurcher** = **Durchschneider,** lateris sulcator vultur, Zernager, Claud.: von Schiffenden, Averni, Stat.: v. Flüssen, fluvius sulcator arenae, der durchfließt, Lucan.

Sulcī, ōrum, *m.*, alte Hafenstadt an der Südküste Sardiniens, von Karthago angelegt, j. Ruinen bei *Palma di Solo* in der Nähe eines noch jetzt *Sulci* genannten Dörfchens, Mela 2, 7, 19 (2. § 123). Itin. Anton. 84, 6. Claud. b. Gild. 518. – Dav.: **A Sulcēnsis,** e, **sulcensisch, bei Sulci,** promunturium, Plin. 3, 84. Mart. Cap. 6. § 645. – **B Sulcitānī,** ōrum, *m.*, die Einwohner von Sulci, die **Sulcitaner,** Auct. b. Afr. 98, 1. Plin. 3, 85.

sulco, āvī, ātum, āre (sulcus), **furchen, pflügen, I** eig.: humum vomere, Ov.: agros, Tibull.: campos, Sil.: absol., Colum. – **II** übtr.: **a furchen,** fossas, graben, Varro: serpens sulcat arenam, Ov.: cutem rugis, runzelig machen, Ov. – **b** insbes., **furchen, durchfurchen** = **durchfahren, durchschiffen, passieren,** vada carinā, Verg.: undas rate, Ov.: mare arbore, Plin.: iter caeli medium, durchfliegen, Sen. poët.: v. Flüssen, sulcat arenas Bagrada, durchfließt, Sil.

1. **sulcus,** a, um, in der Verbindung fīcus sulca, eine unbekannte Feigenart, Colum. 5, 10, 11.

2. **sulcus,** ī, *m.* (ὁλκός), die **Furche, I** eig. u. meton.: **a** eig.: sulcum imprimere, Cic., od. ducere, Colum., od. facere, Colum.: aratris sulcos ducere, Ambros.: infindere sulcos telluri, Verg.: aratro sulcum patefacere, Ov.: proscindere iugerum sulco, Plin. u. a. – im Bild von der weiblichen Scham, Lucr. 4, 1264 (1272). Verg. georg. 3, 136. – **b** meton., das **Pflügen,** altero sulco, Colum.: nono sulco, Plin. ep. – **II** übtr.: **a** ein der Furche ähnlicher Einschnitt, eine **Furche** (poet.), v. der Runzel, Mart.: v. dem Einschnitt, den das Wagenrad auf der Erde, das Schiff im Wasser macht usw., infindunt sulcos (beim Schiffen), Verg.: calami sulcos, Schrift, Prud.: longo limite sulcus dat lucem, von einer feurigen Lufterscheinung, Verg. – **b** der **kleine Graben,** die **längliche Vertiefung,** die **Grube,** aquarius, Wassergraben, Colum.: Bäume (Weinstöcke usw.) hineinzusetzen, Verg. – **c** die **Krümmung** einer Schlange, Apul. met. 11, 3.

Suleviae, ārum, Dat. u. Abl. ābus, *f.* (zerdehnt aus Silviae), eine Art **Waldgöttinnen,** CIL 6, 767 u. 768; 13, 7725.

sulfur und Abgeleitete, s. sulphur etc.

Sulla (Sylla), ae, *m.*, ein röm. Familienname des kornelischen Geschlechtes, unter dem besonders bekannt ist der Diktator L. Cornel. Sulla, oft bei Cic. u. a., s. *Orelli* Onomast. Tull. 2. p. 192 *sqq.* – Dav.: **A Sullānus** (Syllānus), a, um, **sullanisch,** tempus, Cic.: ager, Cic.: assignationes, Cic.: Sullani homines, Anhänger des Sulla, Cic.: partes (Partei), Nep.: civilis sanguinis Sull. sitis, Sen. rhet.: Sull. proscriptio, Sen.: crudelitas, Sen. u. Plin.: violentia (Ggstz. Caesariana aequitas), Val. Max. – subst., Sullānī, ōrum, *m.*, die **Sullaner** = die Anhänger (Partei) des L. Sulla, Cic. – **B sullāturio,** īre, **Sulla nachahmen wollen,** Cic. ad Att. 9, 10, 6.

Sulmo, ōnis, *m.*, eine italische Stadt im Pälignischen, Geburtsort des Dichters Ovid, jetzt *Sulmona,* Liv. 26, 11, 11. Cic. ad Att. 8, 4, 3. Ov. trist. 4, 10, 3: aquosus, Ov. am. 3, 15, 11: gelidus, Ov. fast. 4,

81. Sil. 8, 511. – Dav. **Sulmōnēnsis,** e, **sulmonensisch,** ager, Plin. – Plur. subst., Sulmonēnsēs, ium, *m.*, die Einwohner von Sulmo, die **Sulmonenser,** Caes. u. Plin.

sulphur (sulpur, sulfur), uris, *n.*, **I** der **Schwefel,** Scriptt. r. r. Verg. u. a.: odor sulphuris, Sen.: sulphur vivum, gediegener Schwefel, Jungfernschwefel, Liv. u. Plin. Val.: sulphure suffire, schwefeln, Plin.: ebenso sulphure od. sulphure vivo suffumigare, Cels. u. Plin. Val. – Plur. sulphura, Schwefelstücke, Hor., Quint. u. a.: so auch sulphura viva, Verg.: sulphura viventia, Calp. – **II** meton., der **Blitz,** wegen des Schwefelgeruches, Pers. 2, 24. – ► *gen. masc.*, Akk. sulphurem, Tert. adv. Prax. 16 u. Veget. mul. 2, 10, 9.

sulphurāns, antis (sulphur), **Schwefel enthaltend, schwefelig,** aquae, Tert. adv. Val. 15: flammae, Ps. Cypr. sing. cler. 37.

sulphurāria, ae, *f.* (sulphur), die **Schwefelgrube,** Ulp. dig. 47, 2, 53. § 8; 48, 19, 8. § 10.

sulphurātio, ōnis, *f.* (sulphuro), die **Schwefelung** = die **Schwefelgänge, Schwefellager** in der Erde, Sen. nat. qu. 3, 15, 4.

sulphurātus, a, um, (sulphur), **geschwefelt** = **schwefelhaltig, mit Schwefel versetzt, I** *adi.*: fons, Vitr.: aqua, Sen.: lana, Cels.: merx, Mart. – gehenna sulphuratior, Tert. adv. Marc. 1, 28. – **II** *subst.*, sulphurāta, ōrum, *n.*, **a Schwefelfaden,** Mart. 1, 41, 4. – **b Schwefeladern, Schwefelgänge,** Plin. 31, 49.

sulphureus (sulpureus, sulfureus), a, um (sulphur), **schwefelig, a Schwefel enthaltend, mit Schwefel durchsetzt,** undae, Enn.: aqua, Verg.: vis aquae, Sen.: lux fulminum, Plin.: fornaces, Ov. – **b schwefelähnlich, Schwefel-,** odor, Plin. 36, 141. – **c schwefelfarbig, schwefelgelb,** color, Plin. 35, 41: oculi, Pelagon. veterin. 1 (§ 11 *Ihm*): loricae, Vulg. apoc. 9, 17.

sulphurōsus, a, um (sulphur), **reich an Schwefel, reich mit Schwefel versetzt, sehr schwefelhaltig,** locus, Vitr.: fons, Vitr.

Sulpicilla, ae, *f.* (*Demin.* v. Sulpicia), spöttisch von der Dichterin Sulpicia (s. Sulpicius), Fulg. myth. praef. p. 4 M.

Sulpicius, a, um, Name einer röm. *gens,* aus der am bekanntesten Serv. Sulpicius Rufus, ein großer Jurist zur Zeit Ciceros, Konsul mit M. Marcellus, Verfasser mehrerer Briefe an Cicero in Cic. epp. u. (viell.) dessen Sohn, Hor. sat. 1, 10, 86. – außerdem Sulpicia, eine Dichterin unter Kaiser Domitian, berühmt durch die Treue gegen ihren Gatten Kalenus, Mart. 10, 35, 1. Auson. edyll. 13. epil. p. 146, 15 Schenkl. Sidon. carm. 9, 262. – *Adi.* **sulpicisch,** horrea, Hor.: lex, vom Volkstribunen P. Sulpicius verfasst, wodurch der Oberbefehl gegen Mithridates von Sulla auf Marius übertragen werden sollte, Flor. – Dav. **Sulpiciānus,** a, um, **sulpicianisch,** classis, vom Prätor P. Sulpicius befehligte, Caes.: seditio, vom Volkstribunen P. Sulpicius erregter, Quint.

sulpur und Abgeleitete, s. sulphur etc.

sultis = si vultis, s. 2. volo.

1. sum, fuī, esse (ein unregelmäßiges, aus Teilen zweier verschiedener Verba zusammengesetztes Wort: sum abgekürzt aus esum st. eso v. griech. Stamm ΕΣ, wov. εἰμί; fui aber vom veralteten fuo, griech. φύω), **I** als *verbum concretum,* **sein, vorhanden sein, A** im Allg.: **1** übh.: **a** von der Existenz eines Gegenstandes, **sein, vorhanden sein, existieren, dasein, am Leben sein,** esse ea dico, quae cerni tangive possunt, Cic.: omnium qui sunt, qui fuerunt, qui futuri, sunt, Cic.: nec enim, dum ero, angar ullā re, Cic.: adhuc sumus, Cic.: fuit, er hat gelebt, Tibull.: fuimus Troes, fuit Ilium, Verg.: nullus sum, es ist aus mit mir, ich bin verloren, Komik., Cic. u. a.: alteri nulli sunt, sind zugrunde gegangen, Cic. – **b** von dem Vorhandensein eines Zustandes, **sein, vorhanden sein, vorliegen, stattfinden,** non est periculum, Cic.: neque Romanorum in se meritum esse, Liv.: solis defectio fuit, fand statt, ereignete sich, Cic.: quid tibi est? was ist dir (geschehen)? was hast du? Cic.: quid se futurum esset, was würde mit ihnen geschehen, Liv. – **c** von dem Befinden an einem Ort, **sein, sich finden, leben,** cum Athenis fuissem, Cic.: Romae esse, Cic.: in castris, in agro, in hortis, Cic.: esse in alqo, in jmd. stecken, in seine Gestalt, in ihn verwandelt sein, Ov. – **d** von dem Befinden in einem Zustand, **sein, leben, sich befinden,** esse in aere alieno, Cic.: in bonis, Cic. in servitute, Cic.: in spe, Cic.: in maestitia, Cic.: in nomine et gloria, Cic.: in laudibus, Cic.: in officio, Cic.: in vitio, Cic.: in mora, Verzug verursachen, Ter.: in amore et deliciis alci, Cic. – **e** v. Beruhen auf etwas, **in** etwas **bestehen** = **auf** etwas **beruhen,** omnem spem in impetu esse equitum, Liv.: totum in eo est, ut etc., Cic.: totum in eo est, ne etc., Colum.

2 Besondere Verbindungen: **a** sunt qui, **es gibt** Leute, Dinge, **die, α** mit folg. *Indicat.*, wenn etwas Bestimmtes bezeichnet wird, sunt qui non audent, Cic.: sunt quae praeterii, Cic.: sunt quos genus hoc minime iuvat, Hor.: est quibus Eleae concurrit palma quadrigae, Prop. – bes. steht bei *Indicat.*, wenn ein Subjekt genau angegeben wird, sunt quidam, qui molestas amicitias faciunt, Cic.: sunt bestiae quaedam, in quibus inest etc., Cic. – **β** m. folg. *Coniunctiv,* wenn etwas Gedachtes, Vorgestelltes od. Unbestimmtes bezeichnet wird, sunt qui dicant, Cic.: sunt qui anteponant, Cic.: erat nemo, in quem ea suspicio conveniret, Cic. – Auch findet sich est quibus, Prop. 3, 9, 17. – **b** mihi est res, **ich habe** eine Sache, privatus illis census erat brevis, Hor.: cui nomen Arethusa est, Cic.: unde esset adulescenti, amicae quod daret, Ter. – **c** esse ad od. apud alqm, **bei** jmd. (in jmds. Hause) **sein** od. **sich befinden,** jmd. **besuchen,** eaque est nunc ad uxorem tuam, Ter.: fuit ad me satis diu, Cic.: quorum sint legati apud se, Caes.: fuisti apud Laecam illā nocte, Cic.: apud te est, ut volumus, Cic.: Brutum apud me fuisse gaudeo, Cic.: apud me sis volo, bei mir zu Tische seiest, bei mir speisest, Ter. – **d** esse cum alqo (alqa), **α bei** jmd. (in jmds. Zimmer, Haus) **sein,** essetne quis intus cum Caesare? Suet.: me te oblectes, mecum tota sis, Ter.: quam vellem Menedemum invitatum, ut nobiscum esset (bei mir zu Tische sei, speise), amplius (dringender), Ter.: doppelsinnig, tu vero, inquam, ducas licet, si sequetur: erit enim mecum (mit mir = auf meiner Seite), si tecum erit, Cic. de fin. 5, 86. – **β mit** jmd. **zusammensein, umgehen,** erat nemo, quicum essem libentius, Cic.: multum mecum sunt, Cic.: secum esse, für sich sein, Cic. – **γ ehelich** mit jmd. **umgehen,** Plaut., Cic. u. a. – **e** esse alci cum alqo, **mit** jmd. **zu tun haben, mit** jmd. **in Verbindung stehen,** sibi cum illa nihil futurum, Cic.: si mihi tecum minus esset, Cic. – **f** esse ab alqo, **von** jmd. **sein, zu** jmd. **gehören,** ab Andria est ancilla haec, Ter.: erat ab Aristotele, war ein Aristoteliker, Cic.: vide, ne hoc totum sit a me, für mich spricht, Cic. – **g** esse pro alqo, für jmd. **sein,** jmdm. **zustatten kommen,** Cic. – **h** esse in alqm locum, wohin **sein** (= wohin gegangen sein und sich dort befinden), fui hodie in funus, war zum Begräbnis, Petron.: in conspectum fuisse, Suet. (aber Cic. ad Att. 15, 4, 2 Wesenberg quo die in Tusculanum essem venturus). – **i** esse in m. Abl., in einer Schrift **stehen** (s. Meißner Cic. Tusc. 1, 3. p. 4, a), quid fuit in litteris (in dem Br.)? Cic.: quamquam est in Originibus m. folg. *Acc.* u. *Infin.*, Cic.

B prägn., **wirklich sein, stattfinden, statthaben, der Fall sein, in Kraft sein, Geltung haben, gelten,** nec provocatio erat, Liv.: neque dictio est, Ter.: sunt ista, das ist so, Cic. – So bes. **a** est, **es ist so, es ist an dem,** Cic.: sit ita, **es sei so, gut, meinetwegen,** Cic.: so auch esto, es mag sein, gut, meinetwegen, Cic. u. Hor.: m. folg. *Acc.* u. *Infin.*, esto, alios teneri, Hor.: so auch sit m. folg. *ut* u. Konj., sit, ut intereant, Colum. – est ut od. m. folg. *Infin.*, **α** = **es ist der Fall, dass** usw., est, ut id deceat, Cic.: est, ut philosophi tradant, Cic.: non est, ut possit, Hor.: futurum esse, ut omnes pellerentur, Caes.: at enim solum id est, ut me Siculi maxime velint, Cic.: m. folg. *Infin.*, fuerit mihi eguisse, Sall.: ne sit tibi montes semper adire, Prop.: numquam est mit folg. *quin* u. Konj., numquam est, quin velimus, Rhet. Her. – **β** est, **man darf, man kann,** neque est, ut putemus, wir dürfen nicht usw., Plin.: m. folg. *Infin.*, scire est liberum ingenium, Ter.: quae verbo obiecta, verbo negare sit, lässt sich mit einem W. verneinen, Liv.: ut coniectare erat intentione vultus, Tac.: quantum dinoscere erat, Val. Max. – **b** est ubi, **es ist der Fall wo** = zuweilen, Cic. – **c** est cum, **es ist der Fall da** = zuweilen, Rhet. Her. – **d** est quod m. Indikat u. Konj., od. *ut* u. Konj., **es ist Ursache dazu da,** ich (du, er usw.)

habe Ursache zu usw., z. B. est quod suscenset tibi, Ter.: est quod me transire ad forum iam oportet, Ter.: magis est, quod gratuler, Cic.: magis est, ut ipse moleste ferat errasse se, Cic.: hingegen non est quod od. ut etc., od. nihil est quod od. cur, **es ist keine Ursache da, ich** (du usw.) **habe nicht Ursache zu** usw., nihil est, quod gestias, Cic.: non est igitur, ut mirandum sit, man braucht sich also nicht zu wundern, Cic.

II als *verbum copulativum* = etwas od. irgendwie **sein, a** in Verbindung mit einem *Adi., Subst.* od. *Pronom.*, praeclara res est, et sumus otiosi, Cic.: tuus sum, Plaut.: nos numerus sumus, Hor.: domus non ea est, quam, Cic. – **b** in Verbindung m. *Adv.*: **α** der Art u. Weise (s. Brix Plaut. trin. 46), si ita es, ut ego te volo, Plaut.: sic sum ut vides, Plaut.: hae aedes ita erant ut dixi tibi, Plaut.: ita (in solcher Lage) sunt res nostrae, Cic.: sic vita hominum est, Cic.: sic est, Cic.: quod ita cum sit, Cic. – mit speziellen, satis est, Cic.: frustra id inceptum fuit, Liv.: bene est, recte est, Cic.: cum in convivio comiter et iucunde fuisses, Cic.: mihi pulchre est od. pulchre est mihi, Cic. u. Hor.: dicta impune erant, Tac. – **β** des Ortes u. der Zeit, sunt procul ab huius aetatis memoria, Cic.: diu esse, lange dauern, währen, Prop. – **c** mit einem *Genet.* od. *Abl.* der Beschaffenheit, **sein** von einer Beschaffenheit, eine Beschaffenheit **haben, α** m. *Genet.*: eiusdem aetatis fuit, aus demselben Zeitalter, lebte zu derselben Zeit, Nep.: nulli consili sum, ich bin ratlos, Ter.: summi ut sint laboris, zu großer Arbeit tauglich sind, Caes.: nec se suae potestatis esse, hätten nicht über sich zu verfügen, Liv. – Ferner gehört hierher magni, tanti etc. esse (pretii), in hohem Wert sein, viel gelten, viel kosten, **αα** eig., frumentum fuit tanti, Cic.: ager pluris est, Cic. – **ββ** bildl., in großem Wert sein, viel gelten, geschätzt werden, magni erunt mihi tuae litterae, Cic.: mea conscientia mihi pluris est, Cic. – **β** m. *Abl.*: esse collecto pallio, capite operto, gehen mit usw., Plaut. u. Cic.: aegro corpore esse, krank sein, Cic.: aetate eā sum, bin in dem Alter, in den Jahren, Ter.: fac animo magno sis, habe usw., Cic.: quaere, quo sit patre, Hor.: simus eā mente, so gesinnt, Cic.: mille sestertiis esse, zu stehen kommen, gelten, kosten, Cic. – **d** mit *Genet.* des Maßes od. des Inhalts (durch) attrib. Zahlwörter), **bestehen aus** usw., **sich belaufen auf** usw., **betragen, zählen,** Xerxis classis mille et ducentarum navium longarum fuit, Nep.: Iulius Caesar annum ad solis cursum accommodavit, ut trecentorum sexaginta quinque dierum esset, Suet.: bona patris huiusce Sex. Roscii, quae sunt sexagies (*sc.* centenûm milium), Cic. – **e** m. *Genet.* des Gegenstandes, dem etwas gehört, angehört, dem etwas zukommt, **α eigen sein, gehören,** Gallia est Ariovisti, Caes.: cuius tum fasces erant, der damals die Regierung hatte, Cic.: Rhodiorum esse, den Rhodiern gehören, ihnen unterworfen sein, Liv. – **β eigen-, ergeben sein** (mit totus u. ohne dasselbe), me Pompei totum esse, Cic.: plebs novarum rerum atque Hannibalis tota est, Liv.: hominum, non causarum erant, nahmen bloß Rücksicht auf die Personen, nicht auf die Sachen, Liv.: suarum rerum erant, bekümmerten sich nur um ihre eigenen Angelegenheiten, Liv. – **γ eigentümlich sein,** jmds. **Sache, Gewohnheit, Pflicht sein, das Zeichen** von etwas **sein,** cuiusvis hominis est errare, es ist jedes Menschen Sache zu irren, jeder kann irren, Cic.: est hoc Gallicae consuetudinis, ut etc., Caes.: est adulescentis maiores natu vereri, Cic.: est miserorum, ut malevolentes sint, Plaut. – Anstatt des *Genet.* eines persönl. *Pron.* das *Possess.* im *Neutr.*, fuit tuum lugere, Caes.: est tuum videre, Cic. – **f** m. *Genet.* eines Subst. u. Gerundivs, zu etw. **dienen,** etw. zum **Zweck haben** (s. Weißenb. Liv. 3, 24, 1), quod initio conservandae libertatis atque augendae rei publicae fuerat, Sall.: frustrationem eam legis tollendae esse, Liv. – **g** mit dem *Dat.* der Bestimmung, des Zweckes, **α** v. Pers. od. einer Sache, jmdm. etw. **sein** = für jmd. od. etw. **abgeben,** alci custodem, patrem, matrem esse, alci adiutricem, fautricem esse, Komik. (s. Lorenz Plaut. most. 1139): Romam caput Latio esse, Liv. – od. wozu **dienen,** radix est vescendo, Plin.: esui potuique esse, ICt. – **β passen, schicklich sein,** est palaestrae, Cic. – **γ geschickt-, tauglich sein,** sum oneri ferendo, ich kann tragen, Liv.: non esse solvendo, nicht bezahlen können, Cic.: solvendo aeri alieno esse, Liv. – **δ sein, gereichen,** impedimento esse alci, Cic.: detrimento, maculae esse, Cic.: esse argumento, Cic. – **h** m. *ad* u. Akk., **dienlich-, tauglich sein** gegen od zu usw., vinum murteum est ad alvum crudam, Cato: res, quae sunt ad incendia, Caes.: valvae, quae olim ad ornandum templum erant maxime, Cic. – **i** mit *de* u. Abl., **über** od. **von** etw. **handeln** (s. Sorof Cic. Tusc. 1, 24), is liber, qui est de animo, Cic.: haec omnis, quae est de vita et de moribus philosophia, Cic.: id est, hoc est, **das ist, das heißt,** zuweilen auch steigernd: **was so viel ist als, das heißt also, also,** Cic.; vgl. Kritz Sall. Iug. 31, 20. – Archaist. Formen: esum = *sum,* Varro LL. 9, 100: Fut. escit = *erit,* XII tabb. fr. *ed. Schoell* tab. 1. fr. 3 (bei Gell. 20, 1, 25); tab. 5. fr. 4 (bei Ulp. fr. 26, 1); tab. 5. fr. 5 (in Mos. et Rom. legg. coll. 16, 4. § 2); tab. 5. fr. 7 (bei Fest. 162 [b] 19 u. Rhet. Her. 1, 23 *Klotz*). Lucr. 1, 619 (vgl. Wesenberg Cic. Tusc. 3, 11. p. 278, 14 *ed. Baiter*): escunt = *erunt,* XII tabb. fr. tab. 10. fr. 9 (bei Cic. de legg. 2, 60). – *Coni. Praes.* siem, Plaut. Amph. prol. 57 u. a. Ter. Andr. 586: sies, Pompon. com. 103. Plaut. Amph. 924 u. 934 u. a. Ter. Andr. 424 u. a. Cato fr. inc. 3 (p. 87, 7 *ed. Jordan):* siet, Acc. tr. 310. Plaut. Amph. prol. 58 u. a. Ter. Andr. 234 u. a. Lucr. 3, 101. Formul. vet. bei Gell. 5, 19. Cato origg. 5, 1 u. a. Cato r. r. prooem. § 1. u. *c.* 6. § 4: sient, SC. de Bacchan. im CIL 1, 196. lin. 30. Plaut. Amph. 209. Ter. Andr. 390. Cato origg. 4. fr. 8: fuam, Plaut. Bacch. 156 u. a.: fuas, Liv. Andr. tr. 21: fuat, Enn. fr. scen. 177. Pacuv. tr. 116. Plaut. Amph. 985 u. a. Ter. Hec. 610. Carm. vet. bei Liv. 25, 12, 6. Verg. Aen. 10, 108. Fronto de eloqu. 1. p. 143, 14 N.: fuant, Plaut. Bacch. 1033 u. a. – Perf. fuei = *fui,* CIL 1, 1008: fuveit = *fuit, ibid.* 1051: fuvimus, Enn. ann. (377) bei Cic. de or. 3, 168 (Vahlen fuimus). – Partiz. ens von Cäsar gebraucht nach Prisc. 18, 75.

2. sum = suum, s. suus a. E. ►.

sumbola, -bolum, -bolus, s. symbola etc.

sumbus, s. rhombus.

sūmen, inis, *n.* (= *sūgmen v. sugo), die **Brust** des säugenden Weibchens, **I** im Allg., Lucil. 177. – **II** insbes., das **Saueuter,** die **Saugwarzen der Sau,** der **Schmerbauch** (bei den Römern ein Leckerbissen, wenn die Jungen die Milch noch nicht ausgesogen hatten), **A** eig. u. meton.: **1** eig., Plaut. u. Plin.: mammae suminis porci, Mart.: Plur., sumina apruna, Lampr. Heliog. 21, 3. – **2** meton., die **Sau,** mirabile s., Iuven. 12, 73. – **B** übtr., der **fetteste Teil,** die **Schmalzgrube,** campos Roseae Italiae esse sumen, in quo etc., Caes. Vopisc. b. Varro r. r. 1, 7, 10. Plin. 17, 32.

sūminātus, a, um (sumen), **mit milchvollen Saugwarzen versehen,** caro, Schweinefleisch mit den Saugwarzen, Schweineeuter (vgl. sumen), Arnob. 2, 42: subst., suminata, ae, *f.* (*sc.* scrofa), die **säugende Sau,** Lampr. Alex. Sev. 22, 8.

summa, ae, *f.* (summus, a, um), das **Oberste, Höchste, I** der **oberste, höchste Platz, a** = der **oberste Rang,** solus summam habet hic apud nos, den ersten Platz (Rang) hat, obenan steht, Plaut. truc. 727: qui vobis summam ordinis consiliique concedunt, den Vorrang des Standes u. der Beratung, Cic. Cat. 4, 15. – **b** der **Höhepunkt der Vollendung,** der **Gipfel,** huic studium et incrementum dederit utilitas, summam ratio et exercitatio, Quint. 3, 2, 1; u. so Quint. 5, 10, 72 u. a. – **II** der **Hauptpunkt,** die **Hauptsache,** der **Hauptgegenstand, A** im Allg.: ipsae summae rerum atque sententiae, Cic.: lectis rerum summis, Liv.: summa iudicii, Quint.: universi belli, Liv.: postulatorum, die Hauptforderungen, Liv. – **B** insbes.: **1** die **Gesamtheit,** das **Ganze,** der **Inbegriff,** exercitus, Caes.: belli u. totius belli, Gesamtleitung, Nep. u. Caes.: u. so imperii, Caes.: rerum od. omnium rerum, die Oberleitung aller Angelegenheiten, die höchste Gewalt, Cic. u. Tac. (s. Heräus Tac. hist. 3, 70, 19); od. die gesamte Lage, Caes., Liv. u. Tac. (s. Heräus Tac. hist. 2, 81, 10): discrimen summae rerum, des ganzen Staatswohles, Liv.: victoriae, die völlige Entscheidung, Caes.: potentiae, Tac. – summā tamen omnia constant, seiner Gesamtheit nach, Ov. – ad summam nihil proficere, im Großen und Ganzen, Cic.: u. so nihil in summam proficere, Tac.: nihil in summam pacis proficere, Tac.: in summam belli proficere, Liv. (vgl. Heräus Tac. hist. 2, 16, 3. Drak. Liv. 3, 61, 12). – ad summam, adv. = überhaupt, in einem Wort, kurz u. gut, Cic.: u. = am Ende, zuletzt, Pollio bei Suet. gramm. 10: so auch in summa, in der Hauptsache, im Ganzen, überhaupt, kurz u. gut, Cic. u. Plin. ep.: dafür in summam, Tac. ann. 12, 28; u. spätlat. = am Ende, zuletzt, Iustin. 13, 8, 8 u. s. – **2** die **Gesamtzahl** der einzelnen Posten einer Berechnung, Aufzählung, die **Hauptzahl, Summe,** das **Fazit,** *Py.* quanta istaec hominum summa est? *Ar.* septem milia, Plaut.: equitum magnum numerum ex omni populi summa separare, Cic.: u. so im Bild, omnem meorum maerorum atque amorum summam edictavi tibi, Plaut.: propositā vitae eius velut summā partes singillatim exsequar, Suet. – summam facere od. subducere, das Fazit ziehen, Cic.: summam facere cogitationum suarum omnium, Cic.: summam conficere ex his, Cic. fr. – summa summarum, die Summe aller Summen, das Hauptergebnis, das Ergebnis von allem diesem, Plaut., Lucr. u. Sen. – So nun bes.: **a** die Summe Geldes, summa parvula, eine ganz kleine S., ein Sümmchen, Sen.: de summa nihil decedet, Ter.: summam pecuniae augere, zum Gebote zulegen, Liv.: hāc summā redempti, Liv. – **b** die **Summe** = Masse, Menge, praedae, Cic.: copiarum, Liv. – ► Archaist. Genet. Sing. summai, Lucr. 1, 984 u. a. – Über summa ducum, Ov. am. 1, 9, 37, s. summus (unter superus) a. E.

summagister, s. submagister.

summālis, e (summa), **sie Summe enthaltend, ganz,** Tert. adv. Hermog. 31. – *Adv.* **summāliter,** Tert. ad nat. 2.

Summānālia, s. Summānus.

Summānēs, ium, *m.* (sub u. manes), eine Art niederer Gottheiten, Mart. Cap. 2. § 164.

summāno, āre (sub n. mano), **I** *intr.* **unter** od. **an** etwas **hinfließen, hinrieseln,** Vitr. 8, 1, 2. – **II** *tr.* etwas **berieseln** (bepissen), Plaut. Curc. 416 (mit Anspielung auf Summanus, s. d.).

Summānus (Submānus), ī, *m.*, eine urspr. etrusk., dann auch röm. Gottheit, Gott des nächtlichen Himmels, der blitzwerfende Nachtgott (wie Jupiter Gott des Tageshimmels, daher Summanus auch von Späteren mit Pluto identifiziert), Plaut. Bacch. 895. Cic. de div. 1, 16. Mart. Cap. 2. § 161. – als Gott des nächtlichen Taues, **Rieselgott,** im Wortspiel mit summano, Plaut. Curc. 413 *sqq.* – **Summānālia,** ium, *n.*, in Form eines Rades gebildete Opferkuchen, die dem Summanus dargebracht wurden, Fest. 348 (b), 5. Paul. ex Fest. 349, 9.

summārium, iī, *n.* (summa), der **kurze Inhalt, Inbegriff der Hauptpunkte,** Sen. ep. 39, 1.

summārius, iī, *m.*, das **Lasttier,** der **Packesel,** Cic. ad Att. 10, 1, 3.

summās, ātis, *c.* (v. summus), **einer von den Höchsten, Vornehmsten, vornehm, erhaben,** viri, Plaut. u. Spät.: matronae, Plaut.: puella, Sidon.: dea, Apul.: virgo summas regionis, Apul. – Plur. subst., summātēs, um, *m.*, die **Höchsten, Vornehmsten,** Amm. 20, 6, 1. – u. so summates Danaûm, Orest. tr. 908.

summātim, *Adv.* (summa), **I summarisch, nur den Hauptsachen nach, im Allgemeinen,** verb. generatim ac summatim, Varro LL.: in hoc libro summ. ponere, Varro LL.: summ. attingere, Lucr., Quint. u. a.: de alqa re breviter ac summ. percurrere, Varro: summ. rescribere paucis, Lucil. fr.: quae longiorem orationem desiderant summ. perscribere, Cic.: summ. exponere alqd, mit leichten Strichen schildern, Suet.: commentarium de vita sua summ. breviterque composuit, Suet. – **II leichthin, obenhin, oberflächlich,** acutissimo cultello summ. radicem eradere, Colum.: primo anno summ. ablaqueato, Colum.

summātus, ūs, *m.* (summus), die **Oberstelle, Oberherrschaft,** imperium sibi ac summatum petere, Lucr. 5, 1140.

summē, *Adv.* (summus), **höchst, im höchsten Grade, höchlich, recht sehr, äußerst,** officiosus, Cic.: iucundus, Cic.: disertus, Quint.: munitus, Hor.: contendere, Cic.: cupere, Caes.: diffidere, Cic.: admirari, Quint. – beim *Superl.*, vir summe observantissimus, Plin. ep. 10, 26 (11), 1.

summergo-, -mersio, -merso, s. sub-mergo etc.

sumministro, s. sub-ministro.

summissē, s. submissē.

summissim, s. submissim.

summissio, s. submissio.

summitās, ātis, *f.* (summus), das Oberste einer Sache, der **Gipfel,** die **Spitze, Höhe,** Tert., Amm., Pallad. u. a. (auch im Plur.).

summiter, *Adv.* (summus), **von oben,** Marc. Emp. 21 u. 29.

summitto, s. sub-mitto.

summo, āvī, āre (summus), **auf den Höhepunkt bringen,** quod ita orationem summaverit, ut etc., Schol. Bob. ad Cic. or. pro Mil. 10. *no.* 5. p. 286, 12 B.

Summoenium, iī, *n.* (sub u. moenia), **hinter der Mauer,** in Rom Aufenthaltsort feiler Dirnen, s. Flach Mart. 1, 34, 6. – Dav. **Summoeniānus,** a, um, **von der Mauer her,** uxores, feile Dirnen, Mart.: ebenso buccae, Mart.

summoneo, ēre, s. sub-moneo.

summopere, *Adv.* (= summo opere), **mit großer Mühe, gar sehr, äußerst,** Cic. de inv. 1, 26.

summorōsus, s. sub-mōrōsus.

summōtātio, s. sub-mōtātio.

summōtenus (summo u. tenus), **bis oben,** Ps. Apul. herb. 75.

summoveo, s. sub-moveo.

summula, ae, *f.* (*Demin.* v. summa), die **kleine Summe,** veste ipsā meā quamvis parvulā distractā, sufficientem corrasi summulam, Apul. met. 11, 28: bis bina, bis terna quam efficiant summulam quaerito, Arnob. 2, 24: nam calculanda primitus, tum subnotanda summula, Prud. perist. 2, 131 *sq.* – Plur., summulas minutas distribuit flentibus servis, Sen. ep. 77, 8.

summus, a, um, s. superus.

summussus, a, um (sub. u. musso), **in den Bart murmelnd, leise sprechend,** Naev. tr. 67. Vgl. Paul. ex Fest. 299, 3.

summūto, āre, s. sub-mūto.

sūmo, sūmpsī, sūmptum, ere (v. sub u. emo), **zu sich nehmen, an sich nehmen, nehmen, I** eig.: **A** im Allg.: fustem, Plaut.: legem in manus, Cic.: ferrum, ergreifen, Liv.: arma, Liv. u. Tac.: cibum, zu sich nehmen, Nep.: venenum, Nep.: potiunculam, Suet.: regium ornatum et nomen, Nep.: argentum ab alqo, nehmen, in Empfang nehmen, Ter.: pecuniam mutuam, borgen, aufnehmen, Cic.: so auch sumere pecuniam (ohne mutuam), eine Anleihe machen, Cic. – **B** insbes.: **a an sich nehmen,** litteras, Cic.: frumentum in cellam, Cic. – **b zum Gebrauch nehmen, α anziehen,** calceos et vestimenta, Cic. de rep. 1, 18: gausapa, Ov. art. am. 2, 300. – **β** geschlechtl. **genießen,** mille licet sumant, Ov. art. am. 3, 90: alqam nudam, Mart. 10, 81, 2: cum (senex) voluerit aliquid sumere, opus anhelitu prodet, Petron. 100, 1. – **c käuflich entnehmen, kaufen, erstehen,** verrem, Pompon. com. fr.: genus signorum, Cic.: illa, quae parvo sumi nequeunt, Hor. – u. **mieten,** quoad enim perventum est eo, quo sumpta navis est, Cic. de off. 3, 89. – **d erobern,** proelio sumpta Thessalia est, Flor. 4, 2, 43. – **e verwenden, verbrauchen, ausgeben, anwenden,** minus in hisce rebus sumptum est sex minis, Plaut.: in mala uxore atque inimico si quid sumas, sumptus est; in bono hospite atque amico quaestus est quod sumitur, Plaut.: operam, Ter.: laborem, Caes.: diem rei, Ter. – **f verzehren, aufreiben,** curis sumptus, Trag. inc. fab. 8: sumi venustate alcis, Apul. met. 2, 5. – **II** übtr.: **A** im Allg.: tempus cibi, sich Zeit dazu nehmen, Liv.: animum, Mut fassen, Ov.: aber animum ex eventu sumere, einen Entschluss fassen, sich entscheiden, Tac.: u. so interficiendi domini animum sumere, den Vorsatz fassen, Tac.: supplicium, eine Strafe vollziehen, strafen, Liv.; so auch de matre, Cic.: sumere poenas, misshandeln, Verg. Aen. 6, 501: praerepta gaudia, genießen, Ov.: laudem a crimine, ernten, Ov.: ne petite auxilium, sed sumite, Ov. – **B** insbes.: **a nehmen, wählen, aussuchen, α** übh).: Capuam, Cic.: sibi studium philosophiae, Cic.: laxamentum plebi, Liv.: sumite materiam vestris aequam viribus, Hor.: diem ad deliberandum, Caes.: periculum, auf sich nehmen, Sil.: sumere (sibi), als Aufgabe wählen, zum Vorwurf nehmen, m. folg. *Infin.*, Hor. carm. 1, 12, 2; ep. 1, 3, 7. – **β** eine Pers. in einer Eigenschaft **nehmen, wählen,** duces amnis peritos, sich mit F. versehen, Curt.: duos Caesares, Eutr.: m. dopp. *Acc.* (jmd. zu), alqm sibi imperatorem, Nep.: alqm sibi collegam, Eutr. – **b** etwas **vornehmen, in die Hand nehmen, auf sich nehmen, beginnen,** proelium, sich in eine Schlacht einlassen, eine Schl. liefern, Sall. fr., Suet. u. Tac.: bellum, Krieg anfangen, zu den Waffen greifen, Sall. u. a. (vgl. Dietsch Sall. Iug. 20, 5. Duker Flor. 4, 12, 24): inimicitias, Cic.: tentamina vocis, machen, Ov. – **c** in der Rede, **α nehmen, anführen, erwähnen,** homines notos, Cic.: annum, Cic.: exemplum, Rhet. Her. – **β annehmen, festsetzen, behaupten,** alqd pro certo, Cic.: beatos esse deos sumpsisti, Cic. – Partiz. sūmptum, ī, *n.* = λῆμμα, ein **Annahmesatz,** der auch vom Gegner zugegeben worden ist, Mart. Cap. 4. § 404 *sq.* – **d annehmen** = sich aneignen, arrogantiam sibi, Cic.: vultus acerbos, Ov.: patrum vestrosque antiquos mores vultis pro his novis sumere, Liv.: si vero etiam vitiosi aliquid est, id sumere et in eo vitiosum esse, non magnum est, Cic. – **e** mit *sibi,* **α herausnehmen, anmaßen,** sibi partes imperatorias, Cic.: mihi non tantum sumo, Cic.: sumpsi hoc mihi, Cic. – **β sich vornehmen,** mit *Infin.,* hi qui sibi lugere sumpserunt, Sen. ep. 99, 2. – ► Synkop. Infin. Pers. sumpse, Naev. com. 97. – Archaist. Perf. suremit = *sumpsit,* surempsit = *sumpserit,* Paul. ex Fest. 299, 2; vgl. Fest. p. 298 (a), 9: Fut. sumebit, Fulgent. ed. Helm p. 138, 14.

sūmptio, ōnis, *f.* (sumo), **I** das **Nehmen,** Vitr. 1. 2, 2: sumptio cibi, Cael. Aur. de morb. acut. 2, 32, 172: in singulas sumptiones, Cato r. r. 145, 2 K. – **II** der **Vordersatz** eines Syllogismus, griech. λῆμμα, Cic. de div. 2, 108 (Plur.).

sūmptito, āvī, āre (*Intens.* v. sumo). **viel-, in starker Gabe zu sich nehmen,** elleborum, Plin. 25, 51.

sūmptuārius, a, um (sumptus), die **Ausgaben-, den Aufwand betreffend, Aufwands-,** lex, Cic. u. a.: rationes, Cic.

sūmptuōsē, *Adv.* m. *Compar.* (sumptuosus), **mit vielen Kosten, kostspielig,** Catull. u. Cic.

sūmptuōsitās, ātis, *f.* (sumptuosus), der **große Aufwand,** Sidon. epist. 9, 6, 2.

sūmptuōsus, a, um (sumptus), **I mit vielen Kosten, mit großen Kosten hergerichtet** od. **ausgerichtet, kostspielig, teuer,** cena, Cic.: funera magnifica et sumptuosa, Caes.: quod id bellum sumptuosum ac damnosum ipsis Romanis esset, Liv.: ludi sumptuosiores, Cic.: convivia sumptuosiora, Vopisc.: cena sumptuosissima, Sen. rhet.: sumptuosissimi operis, Stat. – **II von vielem Aufwand, viel Aufwand machend, -liebend, verschwenderisch** im Aufwand (Ggstz. diligens), amica, Ter.: homo, Cic. u. a.: ni sumptuosus (ein Verschwender) etiam insuper siet, Plaut.: in summa avaritia sumptuosus, Plin. ep.: in victu tam sumptuosus, ut etc., Lact. – Plur. subst., sūmptuōsī, ōrum, *m.,* Verschwender (Ggstz. integri, Unverschuldete, gute Haushalter), Curt. 10, 2 (8), 10.

sūmptus, ūs, *m.* (sumo), **I** das **Nehmen, Einnehmen** einer Medizin, decoctio cotidie sumptui data, Plin. Val. 1, 61 *in.* – **II** der **Aufwand,** die **Kosten,** epularum, Cic.: sumptum facere in rem od. impendere od. insumere od. ponere, Cic.: sumptum haurire ex aerario, suppeditare a sociis, Cic.: sumptum dare, Cic.: sumptum afferre, Cic.: sumptum inferre alci, anrechnen, Cic.: suo sumptu fungi officio, Cic.: sumptu ne parcas, Cic.: omnem sumptum belli polliceri, Iustin.: sumptum suum exercere, die Kosten ihrer Ernährung herausbringen, Ter. u. Eccl.: levantur tamen miserae civitates, quod nullus fit sumptus *in* nos neque *in* legatos neque *in* quaestorem neque *in* quemquam, weil sie keinen Aufwand für mich, für meine Legaten usw. zu machen brauchen, Cic. ad Att. 5, 16, 3. – Plur., nulli sumptus, nulla iactura, Cic.: luxuriae sumptus suppeditare, Plaut.: perpetuos sumptus suppeditare, nec solum necessarios sed etiam liberales, Cic.: modum facere sumptibus (v. einem Gesetz), Liv.: cum cotidiani maximi fierent sumptus, Nep.: minuendi sunt sumptus, Cic.: sumptus, quos in cultum praetorum socii facere soliti erant, circumcisi aut sublati, Cic. – prägn., **großer Aufwand, Verschwendung,** Nero inusitatae luxuriae sumptuumque, Eutr. 7, 14: si illi pergo suppeditare sumptibus, die Mittel zu geben für seine V., Ter. heaut. 930. – ► Heteroklit. Genet. sumpti, Caecil. com. 180. Turpil. com. 172. Cato r. r. 22, 3. – bes. oft in der Redensart sumpti facere, Kosten aufwenden (auf etw.), absol., intercapedo sumpti faciundi, Turpil. com. 184: m. *Acc.* worauf? restim, Plaut. Cas. 425: m. *Acc.* was? od. wieviel? quod facit sumpti, Plaut. trin. 250 Sch.: quid sumpti facere, Lucil. 1050: quantum sumpti fecerit, Varro sat. Men. 52. – Dat. öfter sumptu, z. B. Cic. ep. 16, 4, 2.

sūmtio, sūmtito etc., s. sūmptio etc.

Sunamītis, idis, *f.,* **aus Sunam** (in Palästina), puella, Hieron. epist. 52, 2.

sungraphus, s. syngraphus.

Sūnion u. **-ium,** iī, *n.* (Σούνιον), ein Vorgebirge, das die südliche Spitze von Attika bildet, j. *Capo Colonni,* mit einem Minerventempel von weißem Marmor (von dem noch Überreste vorhanden sind) und einer gleichnamigen Stadt mit Silberminen, Ov. fast. 4, 563. Mela 2. § 27. 45. 46. Ter. eun. 115. Cic. ad Att. 13, 10, 3; 7, 3, 10. Liv. 28, 8, 11.

suntonātor, s. syntonator.

suo, suī, sūtum, ere (altind. *sīvyati,* näht, *syūtá-ḥ,* genäht, gotisch *siujan,* ahd. *siuwan,* griech. κασσύω, flicke), **nähen, zusammennähen,** od. auf ähnliche Art **zusammenstücken, -fügen,** foramen, Cels.: tegumenta corporum vel texta vel suta, Cic.: corticibus suta alvaria seu vimine texta, Verg.: Partiz. subst., aerea suta, ein Kettenpanzer, Verg. Aen. 10, 313: sicut semel assuta redintegrantur, ita frequenter suta solvuntur, Ambros. de paenit. 2, 11, 98. – bildl., ne quid suo suat capiti, verursacht, bereitet, Ter. Phorm. 491.

suovetaurīlia (suovitaurīlia), ium, *n.* (sus, ovis u. taurus), das **feierliche Opfer** bei Lustrationen od. Reinigungen usw., wobei ein Schwein, ein Schaf u. ein Rind geschlachtet wurden (vgl. Quint. 1, 5, 67. Charis. 108, 27). Carm. vet. b. Cato r. r. 141, 3 u. 144, 1. Varro r. r. 2, 1, 10. Liv. 1, 44, 2. Tac. ann. 6, 37. Fronto de fer. Als. 2. p. 226, 22 N. (suov. mactare). CIL 6, 2099, I, 23; 6, 2104 u. 2107. – Dass. **sōlitaurīlia,** ium, *n.* (solus = sollus u. taurus; vgl. Fest. 283 [a], 10), Libr. Pontif. b. Fest. 189 (a). Lex vet. b. Fest. 189 (a), 16. Valg. b. Charis. 108, 28. Val. Max. 4, 1, 10. Ps. Ascon. ad Cic. div. in Caecil. 3. § 7. p. 103, 18 B.

supēlex, s. supellex ►.

supellecticārius, iī, *m.* (supellex), der **Aufseher über das Hausgerät,** Plur. bei Ulp. dig. 33, 7, 12. § 31.

supellectilis, is, *f.,* s. supellex ►.

supellex, ectilis, Abl. ectile u. ectilī, *f.* (super u. lectus), das **Gerät, I** eig.: **a** der **Hausrat,** das **Hausgerät,** regia, Curt.: plurima Deliaca, Cic.: instrumentum et sup. rustica, Varro: rustica s., Plin.: multa et lauta sup., Cic.: magnifica, Liv.: militaris, Feldwagen, Liv.: a supellectile, der Aufseher über das Hausgerät, CIL 6, 3719 u. a.: Plur., utiles suppellectiles, Amm. 22, 8, 42. – **b** übh. das **Gerat, Rüstzeug,** der **Apparat,** nihil opus erat tam magnā medicorum supellectile nec tot ferramentis atque pyxidibus, Sen. ep. 95, 18; sed et loricas et conos et enses et balteos et omnem armorum supellectilem sequere, Fronto de or. 1. p. 158, 8 N. – **II** übtr., der **Apparat,** das **Rüstzeug,** die **Ausstattung,** der **Schatz,** amicos parare, optimam vitae supellectilem, Cic.: oratoria quasi supellex, Cic.: copiosam sibi verborum supellectilem comparare, Quint.: hoc genus sententiarum supellectilem (ein Repertorium) vocabat, Sen. rhet. – ► Nbf. supellectilis, is, *f.,* Eutr. 3, 23. Salv. de gub. dei 3, 2, 7 (Halm supellectiles copiosae). Vgl. Fest. 294 (b), 7. Charis. 47, 31; 88, 13; 144, 13. Exc. ex Charis. 546, 9. Serv. Verg. georg. 1, 165. – Auch suppellex geschr., z. B. Paul. dig. 33, 10, 3 M. Amm. 22, 8, 42 G. – u. supelex, CIL 6, 4034; 6, 5358 u. 6, 9049. – u. superlex, Arnob. 2, 40. Itala exod. 30, 28 (dagegen Prob. 198, 14 supellex, non superlex).

1. **super,** a, um, *Adi.,* s. superus.

2. **super** (ὑπέρ), **I** *Adv.:* **1** v. Raum: **a oben, oberwärts, darüber, obendrauf, darauf,** ille, qui super est, Avian.: super astantium manibus in murum attollitur, Sall. fr.: eo super tigna bipedalia iniciunt, Caes.: haec super e vallo prospectant Troes, Verg.: infraque superque saxeus, Stat. – **b** = ἄνωθεν, **von oben, von oben herab,** superque immane barathrum cernatur, Verg. Aen. 8, 245: quos (hostes) super

eques et propioribus vulneribus pedites afflictabant, Tac. ann. 6, 35. – **c** **nach oben, über sich,** super aspectans, Verg. Aen. 10, 251 *Ribb.* (Vulg. supera). – **2** v. anderen Verhältnissen: **a** **über, außer,** worauf quam folgt, super quam, außerdem, super quam quod, außerdem, dass usw., Liv.: auch ohne quam = überdies, außerdem, dederatque super, Ov.: super poscunt, Verg. – **b** **darauf,** super tales effundit voces, Verg. – **c** **darüber, drüber, mehr,** super quam, darüber, mehr als, Hor.: satis superque, mehr als zu viel, mehr als zu sehr, eig. genug und noch darüber, dixi, Cic.: satis superque me benignitas tua ditavit, Hor.: satis superque humilis, über die Maßen, Liv. – **d** **übrig,** praeter arma nihil erat super, Nep.: quid super sanguinis (esse), Liv. – **II** *Praepos.* m. *Abl.* u. *Acc.*: **A** m. *Abl.*: **1** v. Raum, **über, oben auf,** ensis super cervice pendet, Hor.: gemina super arbore sidunt, Verg.: moritura super crudeli vulnere virgo, Verg. – **2** v. der Zeit, **während, in,** nocte super media, Verg.: super cena loqui, Plaut.: super mero, Hor. – **3** v. Zuständen, **über, in Betreff, wegen,** hac super re scribam ad te, Cic.: scripsit super hoc plenissime octo voluminibus, Hieron. – super tali causa missi, Nep.: agere super legatione, Cic.: super urbe curas, Hor.: ne super tali scelere suspectum sese haberet, Sall. Vgl. Dietsch Sall. Iug. 71, 5. p. 435*sq.* – **4** vom Maß, **außer,** super his, außer diesen, außerdem, noch dazu, Hor. sat. 2, 6, 3. – **B** m. *Acc.*: **1** v. Raum: **a** zur Angabe des Verweilens über einem Gegenstand, **über, oben auf,** super aspidem assiderē, Cic.: aqua super montium iuga concreta erat, Liv.: domos super se ipsos concremaverunt, über ihren Köpfen, Liv.: alqm videre super laureatum currum, oben auf einem mit Lorbeer bekränzten Wagen, Suet.: super quas (naves) turrim effectam, Caes.: arma et viri super alium alii praecipitantur, einer über den anderen, Liv.: alii super alios ruentes, Sen.; vgl. Liv. 22, 6, 5. – **b** zur Bezeichnung der Lage, **α** oberhalb eines Gegenstandes, **über, oberhalb, oberwärts, oben über,** super templum circaque, Liv.: super flumen instruit aciem, Liv.: situs super flumen, Liv.: erat super ipsum, saß über ihm (bei Tisch), Hor.: cubabat super regem, Curt. – **β** zur Bezeichnung der Lage über einen Gegenstand hinaus, **über ... hinaus, jenseits,** super Numidiam Gaetulos accepimus agitare, Sall.: super Indos proferet imperium, Verg. – **c** zur Bezeichnung der Bewegung über eine Ort hinaus, **über, über ... hinaus,** super Sunium navigans, Liv. – **2** von der Zeit, **über, bei, während,** super cenam, Suet. u. a.: super vinum et epulas, beim W. und Schmaus, Curt. (vgl. Mützell Curt. 6, 11 [43], 27. p. 591): super cocturam, Apic. – **3** v. Maß, **a** eig.: **über, außer,** super ceteros honores, Liv.: super humanam fidem, Vell.: super ceteros sumptus, Eutr.: super magnum dolorem, Cels.: super haec, außerdem, Liv. u. a.: u. so super haec, Cels. u. Plin. ep.: supor id, Cels.: super ea, ista, illa, Plin. ep.: super cetera, Liv. u. Plin. ep. – bes. vulnus super vulnus, W. über W., eine W. nach der anderen, Liv.: alio super aliud scelere (durch ein V. ums andere) indutiae ruptae sunt, Liv.: alii super alios trucidantur, einer über den anderen, Liv.: aliis super alias epistulis alci gratias agere, durch Briefe über Briefe, Plin. ep. – **b** übtr., v. Vorzug, **über, vor, mehr als,** famosissima super ceteras fuit cena data ei a fratre, Suet.: es tu super omnes beatus, Plin. ep.: quod super omnia est, Val. Max.: aetas et forma et super omnia Romanorum nomen te ferociorem facit, über alles, vor allem, Liv. – **4** v. der Zahl, **außer,** adscitae sunt super Subrium et Sulpicium militares manus, Tac. ann. 15, 50: densissimo agmine super fausta nomina sidus et pullum et pupum et alumnum appellantium, Sut. Cal. 13 *extr.* – **5** v. Gesetztsein über etw., **über,** super armamentarium positus, Curt. 6, 7 (26), 22. – ► super seinem Kasus nachgesetzt, Lucr. 6, 1256 u. 1258. Verg. ecl. 1, 60 u. a. Dichter; auch Tac. ann. 16, 35; hist. 3, 19 u. 26.

superā (verst. parte) = supra, **I** *Adv.* = **oben,** Lucr. 5, 1405: id quod iam supera tibi saepe ostendimus ante, Lucr. 4, 670: Ggstz. subter superaque revolvens sese, Cic. poët. de nat. deor. 2, 106. – **II** *Praep.* = **über,** supera terram, Lucr. 6, 561.

superābilis, e (supero), **I** **übersteigbar,** murus vel mediocribus scalis superabilis, Liv. 25, 23, 12. – **II** übtr., **überwindlich, bezwingbar,** non est per vim superabilis ulli, Ov.: nullis casibus superabiles Romani, Tac.: caecitas ope umanā superabilis, heilbar, Tac.

super-abluo, ere, **oben abwaschen,** Avien. perieg. 881.

superabundanter, *Adv.* (superabundo), **in großer Fülle,** Vulg. Ephes. 3, 20.

super-abundantia, ae, *f.*, der **Überfluss, Überschuss,** Eccl.

super-abundo, āvī, āre, **überfließen, sehr reichlich sein,** Lact. u. a.

super-accommodo, āre, **darüberfügen, darüberlegen,** Cels. 8, 10, 1.

super-acervo, āre, **übereinanderhäufen,** Tert. ad nat. 1, 15.

superāctus, a, um (super u. ago), **in die Höhe geführt,** Ven. Fort. vit. S. Mart. 4, 165.

super-addo, addidī, additum, ere, **noch dazutun, -fügen,** Verg. ecl. 3, 38 u. 5, 42. Prop. 2, 13, 33. – ► Manil. 4, 397. Chalcid. Tim. 346.

super-adhibeo, ēre, **oben darauflegen,** Th. Prisc. 2, 1.

super-adicio, iēcī, ere, **noch dazufügen,** Pallad. u. a.

super-adligo, s. super-alligo.

super-adnecto, nexuī, ere, **noch dazufügen,** Boëth. inst. mus. 4, 17 *extr.*

superadōrnātus, a, um (super u. adorno), **auf der Oberfläche-, von außen verziert** (vergoldet, versilbert), Sen. nat. qu. 4, 2, 18.

super-adspergo, s. super-aspergo.

super-adsto, s. super-asto.

super-adultus, a, um, **über die mannbaren Jahre gekommen,** Vulg. 1. Corinth. 7, 36.

superaedificātio, ōnis, *f.* (superaedifico), das **Daraufbauen,** Eccl.

super-aedificium, iī, *n.*, der **Überbau,** Ambros. in epist. ad Corinth. 1, 3, 10.

super-aedifico, āvī, ātum, āre, **darauf-, darüberbauen,** Porphyr. Hor. carm. 2, 18, 20 u. Eccl.

super-aggero, āre, **überdämmen,** Colum. 12, 46, 4: übtr., Sidon. epist. 8, 13, 2.

super-alligo, āre, **oben daraufbinden,** Marc. Emp. 32 u. 34. Dynam. 2, 103.

super-ambulo, āre, **oben darübergehen,** undas, Sedul. carm. 3, 226.

superāmentum, ī, *n.* (supero), das **Überbleibsel,** Ulp. dig. 32, 1, 55. § 4.

superāns, antis, *PAdi.*, doch nur im *Compar.* u. *Superl.* (supero), **I** **hervorragend,** mons superantissimus inter iuga Alpium, Solin. 2, 25. – **II** **überhandnehmend,** superantior ignis, Lucr. 5, 394.

super-appāreo, ere, **darüberscheinen,** Fulg. myth. 2, 16.

superappāritio, ōnis, *f.*, das **Darüberscheinen,** Fulg. myth. 2, 16.

super-appōno, (posuī), positum, ere, **noch dazusetzen,** Boëth. inst. mus. 4, 9. p. 329, 9 Fr.

super-argūmentor, ārī, **seinen Beweis darauf gründen, außerdem beweisen** od. **Beweis führen,** Tert. ad Hermog. 37.

super-aspergo (-adspergo), ere, **I** **oben darauf hinstreuen,** Veget. mul. 5, 2, 5. Cael. Aur. de morb. chron. 5, 1, 14. Plin. Val. 3, 12 (Apic. 4, 129 getrennt geschr.). – **II** **oben daraufhin bestreuen,** pardus albis maculis superadspersus, Isid. orig. 12, 2, 19.

super-asto, āre, **obendarüber stehen,** Sall. hist. fr. 1, 74 (73). Wohl richtiger getrennt zu schreiben, wie Manil. 1, 639; aber Perf. superastitit, Manil. 1. 911.

superātio, ōnis, *f.* (supero), **I** das **Überwiegen,** das **Übermaß,** fervoris, Th. Prisc. 4, 2: Plur. superationes, Ggstz. defectiones (das Abgehen, der Mangel), Vitr. 1, 4, 8 *Rose.* – **II** die **Überwindung,** Vitr. 3. praef. 2. Firm. math. 3, 10, 12.

superātor, ōris, *m.* (supero), der **Überwinder, Besieger:** populi Etruscī, Ov. fast. 1, 641: Gorgonis, Ov. met. 4, 699: übtr., superatores et repulsores venenosarum linguarum, Augustin. in psalm. 28, 9.

superātrīx, trīcis, *f.* (Femin, zu superator), die **Überwinderin,** omnium retro temporis castarum, CIL 6, 13300.

super-attraho (-adtraho), ere, **in die Höhe ziehen,** Avien. phaenom. 1250.

super-augmentum, ī, *n.* = ἐμβολισμός, die **Überzugabe,** das **Einschalten,** Isid. orig. 6, 17, 23.

superbē, *Adv.* (superbus), **übermütig, stolz, hochmütig,** sup. dominari u. sup. alci imperare (Ggstz. humiliter servire), Liv.: superbe et crudeliter imperare, Caes.: superbe insolenterque eludere, Liv.: superbe saeveque agere, Tac.: superbe quaedam et contemptim in alqm dicere, Liv.: hāc potestate immodice ac superbe uti, Liv. – legatos appellare superbius, Cic. de imp. Pomp. 11: preces alcis superbius accipere, Tac. ann. 2, 37. – alcis decreta et preces superbissime repudiare, Cic. Pis. 64: suas virtutes contra fortunam superbissime iactant, Lact. 3, 29, 12: cum Philippus se contra Gordianum superbissime ageret, Capit. Gord. 30, 1.

superbia, ae, *f.* (superbus) = ὑπερηφανεία, das **Sich-Erheben** über andere, der **Stolz, I** im üblen Sinne = der **Übermut, Hochmut,** die **Hoffart,** der **Stolz** (Ggstz. humanitas, aequitas, moderatio), oft neben arrogantia u. insolentia, Cic. u. a.: superbiam abicere, Plaut., ponere, Hor.: alcis superbiam retundere, Phaedr.: per superbiam aetatem agere, Sall.: absit superbia, asperitas, Plin. ep.: tumens inani superbiā graculus, Phaedr. – Plur., secundas fortunas decent superbiae, Plaut. Stich. 300. – übtr., candoris, das Ekle der weißen Farbe, Vitr. 7, 3, 4. – **II** im guten Sinne = das **Hochgefühl, stolze Selbstgefühl,** sume superbiam (durch Verdienste), Hor. carm. 3, 30, 14: nec tantam Vespasiano superbiam, ut etc., Tac. hist. 3, 66. – übtr., eadem causa in piris taxatur superbiae cognomine, Plin. 15, 53. – ► arch. Genet. superbiai, Plaut. cist. 40.

super-bibo, bibī, ere, **darauf-, hinterher trinken,** Plin. 23, 42. Cael. Aur. de morb. acut. 1, 14, 110. Tert. adv. gnost. 15 *extr.*

superbificus, a, um (superbus u. facio), **übermütig machend,** Sen. Herc. fur. 48.

superbiloquentia, ae, *f.* (superbus u. loquor), als Übersetzung von ἀκόλαστος γλῶσσα, **übermütige-, freche Rede,** Trag. inc. fab. 110 (bei Cic. Tusc. 4, 35).

superbio, iī, īre (superbus), **I übermütig sein, sich überheben, sich brüsten,** m. *Abl.*, formā, Ov.: nomine avi, Ov.: honore, Phaedr.: triumviratu, Plin.: annuā designatione, Tac. – mit *Praepp.*, adversus dominos, Augustin. conf. 9, 9, 19: de vita, Angustin. de civ. dei 1, 1. – m. folg. *quod* (weil), superbire miles, quod etc., Tac. ann. 1, 19. – m. folg. *Infin.*, spoliare superbit Oenides, Ön. beraubt ihn aus Stolz der Waffen nicht, Stat. Theb. 8, 588. – absol., Vulg. deuter. 17, 12 u. a. – **II** übtr., v. Lebl. **1** übh.: superbiens iactantia, Augustin. epist. 36, 7. – **2** im guten Sinne, **stolz glänzen, prangen,** quae sub Tyria concha superbit aqua, Prop. 4, 5, 22. – m. *Abl.*, hāc (gemmā) certe apud Menandrum et Palaemonem superbiunt fabulae, Plin. 37, 106: radiis auri Tyriāque superbit maiestate torus, Claud. laud. Stil. 1, 79: Phlegraeis silva superbit exuviis, Claud. rapt. Pros. 3, 337.

superbipartiēns, entis (super u. bis u. partior) u. **superbitertius,** a, um (super u. bis u. tertius), eine gerade Zahl u. darüber noch zwei Teile davon enthaltend, Boëth. inst. arithm. 1, 28.

superbiter, *Adv.* (superbus), **übermütig,** Naev. b. Punic. 6. fr. 49 *Vahlen* (b. Non. 515, 10). Afran. com. 285. Vgl. Prisc. 15, 13.

superbus, a, um (zu super, wie probus zu pro) = ὑπερήφανος, **sich erhebend** über andere, **stolz, I** im üblen Sinne, **1** eig., v. leb. Wesen, **hochfahrend, übermütig, hochmütig, hoffärtig** (Ggstz. moderatus), **a** v. Pers.: **α** absol., Cic. u. a. (auch subst., procax et superbus, Sen. de const. 18, 5): ni desinis esse superba, den Hochmut ablegst (fahren lässt), Tibull.: superbum se praebuit in fortuna, Cic.: utrum superbiorem te pecunia facit, an etc., Cic.: superbissima familia, Cic.: superbissimus homo, Auct. b. Afr. – faciam hodie te superbum (im Wortspiel), ich will dich zu einem Hochgetragenen, Hohen machen (= ich will dich so abprügeln, dass man dich wird forttragen müssen, weil die Stolzen sich lieber fahren und tragen lassen, als gehen), Plaut. – als Beiname des jüngeren Tarquinius, des letzten Königs der Römer, Cic., Liv. u. a. – **β** m. *Abl.* (auf), pecuniā, Hor.: parto regno, Curt.: meo superbus incedis malo, Hor. – **b** v. Tieren, **stolz, sich brüstend,** gallus, Mart.: ales, v. Phönix, Mart. – **2** übtr., v. sachl. od. abstr. Subjj., **stolz, hochmütig, eitel, streng,** arces, Hor.: oculi, Ov.: aures, Liv.: gressus, Verg.: dens, Hor.: corpus, Hor.: virtus, Cic.: pax, Liv.: iura, Liv.: superbius factum, Auct. b. Afr.: iudicium aurium superbissimum, Cic.: ut ille superbissimus titulus modicus atque etiam demissus videretur, Plin. ep. – victoria, quae naturā insolens et superba est, die Stellung des Siegers, die ihrer Natur nach etwas Keckes u. Hochmütiges hat, Cic. Marc. 9. – mit folg. *Infin.*, Sil. 3, 374; 12, 433; 14, 646; vgl. aliud consilium (*sc.* instituere), superbum, wäre gewalttätig, revolutionär, Cic. de or. 2, 165. – *neutr.* subst., ne superbum esset, damit dies nicht den Schein der Überhebung haben möchte, Cic.: superba loqui, hochmütige Reden führen, Prop. – **II** im guten Sinne: **1** v. Menschen, **erhaben, ausgezeichnet, hervorragend,** Atridae, Hor.: populus bello superbus, Verg.: animae virtute et factis, Sil. – **2** übtr., von sachl. u. abstr. Subjj., **prangend, prächtig, erhaben, ausgezeichnet,** coniugium, Verg.: apparatus habitusque, Liv.: triumphus, Hor.: limina civium potentiorum, Hor.: dapes, Mart. – insbes., pira, unsere Muskatellerbirnen, Colum. u. Plin.: olivae, eine dickere u. fleischigere Art, Plin.

super-cado, cecidī, ere, **darüberfallen,** Vulg. psalm. 57, 9. – supercadentes aquae, Sturzbad, Cael. Aur. de morb. chron. 2, 3, 70.

super-caelestis, e, Übersetzung von ὑπερουράνιος, **überhimmlisch** = über dem Himmel befindlich, Augustin. de civ. dei 1, 31 *extr.*; conf. 13, 15. Firm. math. 2, 23.

super-calco, āre, **von oben treten,** renes dolentes, Marc. Emp. 26. – u. **austreten,** alterum (tabulatum), Colum. 12, 39, 3.

super-cano, s. super-cino.

super-cēdo, cessī, ere **überschreiten,** iam duodecimum annum aetatis supercesserat, Apul. met. 10, 2 H.

super-certo, āre, **darüber kämpfen,** Vulg. epist. Iud. 1, 3.

superciliōsus, a, um (supercilium), **I sehr ernst, finster, streng,** v. Pers., Sen. ep. 123, 11: *Compar.* b. Mart. Cap. 8. § 809. – **II Stolz-, Anmaßung verratend,** res, Arnob. 1, 12. – Vgl. Gloss. ›superciliosus, rigidus, superbus‹.

supercilium, iī, *n.*, die **Augenbraue,** Plur. (u. oft Sing. kollektiv) die **Augenbrauen, I** eig. u. meton.: **A** eig.: **α** Sing.: hirsutum supercilium promissaque barba, Verg.: supercilii subducti carptores, Laev. fr.: quod candidum splenium in hoc aut in illud supercilium transferebat, Plin. ep.: altero ad frontem sublato, altero ad mentum depresso supercilio, Cic.: altero erecto, altero composito supercilio, Quint.: fere id in capillo fit, rarius in barba, aliquando etiam in supercilio, Cels.: quo supercilio spicit? Plaut.: deme supercilio nubem, Hor.: supercilium salit, als günstiges Omen, Plaut. Pseud. 107. – **β** Plur.: superciliorum aut remissio aut contractio, Cic.: grandia supercilia, Varro fr.: hirsuta supercilia, Non.: supercilia constricta, dissidentia, Quint.: supercilia subducta, Turpil. com. u. Varro fr.: capite et superciliis semper esse rasis, Cic.: caput et supercilia illa penitus abrasa malitiam olere videntur, Cic.: ira contractis superciliis, tristitia deductis, hilaritas remissis ostenditur, Quint.: primum superiora, superciliis obducta, sudorem a capite et a fronte defluentem repellunt, die oben liegenden Teile, die mit Bramen umgeben sind, Cic.: nares oculique et palpebrae et supercilia aliquave ex his pervertuntur, Cels.: quem dicere nolo nomine, ne tollat rubra supercilia, dass er nicht die vor Zorn roten A. erhebe = dass er nicht zornig werde, Catull.: supercilia attrahere od. subducere, wir »die Stirn falten, eine ernste Miene annehmen«, Sen. – **B** meton.: **a finstere Augenbrauen** = das **finstere Wesen,** der **finstere, strenge Ernst,** der **finstere Stolz,** supercilii severi matrona, Ov.: triste supercilium durique severa Catonis frons, Mart.: censorium supercilium, Sen. rhet. u. Val. Max.: maritale superc., Val. Max.: gravissimum patris superc., Val. Max.: grande sup., wichtige Miene, Iuven.: lateant libidines illae tenebricosae, quas fronte et supercilio, non pudore et temperantiā contegebat, Cic.: quid ego de supercilio dicam, quod tum hominibus non supercilium (finsterer Stolz), sed pignus rei publicae videbatur? Cic.: numquam principibus defuerunt, qui fronte tristi et gravi supercilio utilitati fisci contumaciter adessent, Plin. pan.: terrarum dominûm pone supercilium, Mart. – **b Hochmut, Stolz, Vornehmtuerei,** affinium grave supercilium, lästiger H., Val. Max.:

hunc Capuae Campano supercilio ac regio spiritu (Übermut) cum videremus, Cic.: ut plerique sunt, qui beneficia asperitate verborum et supercilio in odium adducunt, Sen.: pone profecto supercilium, quo nunc mihi deditionem imperas, Vopisc.: ad ardua imperii supercilia etiam acerbitatem naturae adiungi, dass zum übermütigen Bewusstsein der Regentengewalt noch grausame Gemütsart hinzukomme, Amm.: divitiis demere supercilium, dem R. seinen Hochmut benehmen, Sen. – **c** der **Wink,** Hor. carm. 3, 1, 8. Claud. ep. ad Ser. 2, 58. Arnob. 4, 21 *in.* – **II** übtr.: **a** (wie ὀφρύς) der **Vorsprung,** die **Anhöhe, Höhe, Spitze,** supercilium clivosi tramitis, Verg.: tumuli, Liv.: supercilium quoddam excelsum nacti, Auct. b. Afr.: infimo stans supercilio, am Fuße der Anhöhe, Liv. – u. der **Rand,** das **Gestade,** das **Ufer** eines Flusses supercilium amnis, Apul.: supercilia Nili, fluminis Rheni, Amm., riparum fluminalium, Amm. – das **Gestade,** die **Küste** des **Meeres,** supercilia eius sinistra, Amm. 22, 8. § 8. – u. poet. = der **Gipfel** des Scheiterhaufens, molle superc., Stat. Theb. 6, 63. – **b** als *t. t.* der Baukunst: **α** der Vorsprung der Säule usw., der **überragende Rand,** der **Überschlag,** Vitr. 3, 5, 3 (3, 3, 8). – **β** die **Oberschwelle** der Türen, crassitudo supercilii, Vitr. 4, 6, 2: itinerum supercilia, die Überwölbungen der Gänge, Vitr. 4, 6, 5 (4, 7, 2).

super-cino, ere (super u. cano) = ἐπᾴδειν, **darüber singen,** Mar. Victorin. 1, 16. § 12. p. 59, 26 K. – Nbf. supercano, ere, *ibid.* p. 58, 15 K. unechtes Einschiebsel.

supercoelestis, e, s. super-caelestis.

super-contego, tēxī, ere, **oberwärts bedecken,** lapsos, Sil. 16, 42: renes tunicis superconteguntur, Cels. 4, 1. p. 121, 23 D.

super-corrigo, ere, **überverbessern,** Hieron. epist. ad Tit. 1. *v.* 5.

super-creātus, a, um (super u. creo), **dazugewachsen, dazugekommen,** Cael. Aur. de morb. chron. 3, 8, 125.

super-crēsco, crēvī, ere, **überwachsen, überwuchern, I** *v. intr.*: **A** eig.: caro supercrescens, Cels. 5, 22 *in.*: si id (ulcus) nimium supercrevit, Cels. 5, 29, 1. – m. *Dat.*, cui (tumulo) supercrevere myrti virgulta, Serv. Verg. Aen. 3, 15. – **B** bildl. quod supercresceret caritati, was die L. übertreffe, Ps. Quint. decl. 5, 14. – **II** *v. tr.* **übersteigen, übertreffen,** municipalem habitum, Augustin. c. Acad. 1, 2.

super-cubo, āvī, āre, **darauf-, darüberliegen,** Colum. 6, 17, 1 u. 7, 4, 5. Apul. met. 6, 29.

super-curro, ere, **I zuvorlaufen, zuvorkommen,** detrudendo atque supercurrendo ad hostium terga pervenias, Veget. mil. 3, 20. p. 107, 18 L.[2] – **II** bildl., **übersteigen,** vectigal large (v. Acker), Plin. ep. 7, 18, 3.

super-cūstōdio, īre, **zum Überfluss noch beobachten,** Hilar. in epist. ad Galat. 35 (Spicil. Sol. I.p. 68 b).

super-dēligo, āre, **darüberbinden,** spongiam, Cels. 7, 7, 8.

super-dēstillo, āre, **oben darauftr**ä**ufeln,** Cael. Aur. de morb. chron. 5, 1, 18.

super-dīco, ere, **dazusagen,** Ulp. dig. 12, 2, 13 *extr.*

super-dīmidius, a, um = ἡμιόλιος, das Zahlverhältnis von 2 zu 3, **eine Zahl einundeinhalbmal enthaltend,** numerus, Mart. Cap. 7. § 761 *sqq.*

super-do, datus, are, **darübertun, -legen,** Cels. 5, 28, 3 u. a. Cael. Aur. de morb. acut. 3, 17, 163.

super-dūco, dūxī, ductum, ere, **I darüberführen, -ziehen,** Sidon. epist. 5, 17, 4. Plin. Val. 3, 22: unguem superd., den Nagel (über den Marmor) hinziehen, mit dem Nagel darüber hinstreichen (um die Glätte des M. zu prüfen), Porph. Hor. sat. 1, 5, 32. – **II über den Hals führen,** novercam liberis, Capit. Anton. phil. 29, 10: novercam filio, Ps. Quint. decl. 38: novercam adulescenti, Donat. Ter. eun. prol. 9: uxorem filiabus suis, Sulp. Sev. chron. 1, 9, 4: quod spreto priore coniugio Clytemnestram superduxerit, Dict. 6, 3. – **III über die zukommende Zahl nehmen,** Cod. Theod. 8, 5, 53. – **IV hinzufügen,** Tert. de anim. 36; de cor. mil. 11.

super-ductio, ōnis, *f.* (superduco), das **Überstreichen,** Plur. bei Ulp. dig. 28, 4, 1. § 1 M.

super-edo, ēdī, ere, **daraus-, danach essen,** Plin. 19, 113.

super-efficio, ere, **übervoll sein,** v. Maß, Ambros. in psalm. 118. serm. 14. *no.* 9.

super-effluo, ere, **I überfließen, im Überfluss vorhanden sein,** Ambros. in psalm. 118. serm. 14. § 9. Claud. Mam. de stat. anim. 1, 21, 4. Paul. Nol. carm. 32, 511: pecunia supereffluens, CIL 2, 4020: mensura supereffluens, das überfließende, mehr als volle M., Vulg. Luc. 6. 38. – **II** über etw. **vollkommen erhaben sein,** legi supereffluit doctrina Christi, Ambros. in Luc. 5. § 34.

super-ēgredior, ēgredī, **über** etw. **hinausgehen,** bildl., m. *Acc.*, Ambros. epist. 6.

super-ēlevo, āre, **über** etw. **erheben,** se, Vulg. Esdr. 4, 77.

super-ēmico, āre, **über** etw. **springen,** terram, Sidon. carm. 15, 75.

super-ēminentia, ae, *f.* (superemineo), die **Hervorragung,** übtr., vis ac supereminentia numerorum, Claud. Mam. de stat. anim. 1, 25, 5: dei, Hoheit, Augustin. serm. 341, 9. Ambros. de parad. 2. § 8.

superēminentior, *Superl.* -**entissimus,** *PAdi.* (supereminoe), **hervorragender,** Fulg. contin. Verg. p. 146 M. Augustin. enarr. in psalm. 103. serm. 1. § 9 (zweimal); de spir. et litt. 65.

super-ēmineo, ēre, **I** *intr.* **oben darüber hervor-, -herragen,** Sen. nat. qu. 5, 15, 1. Colum. 12, 49, 1. Veget. mil. 4, 8 *extr.*: m. *Dat.*, supereminens ceteris elephas, Ambr. de off. 1, 40, 198: übtr., supereminentia verba, Prisc. 18, 139. 142. 144: gaudia quasi in summo pectore supereminentia, Gell. 9, 9, 15; vgl. Muncker Fulg. Verg. contin. p. 153. – **II** *tr.* **oben über** etwas **hervorragen,** etw. **überragen,** omnes, Verg. Aen. 1, 501: omnes viros, *ibid.* 6, 857: fluctas omnes, Ov. trist. 1, 2, 49: undas umero, Verg. Aen. 10, 765.

super-ēmorior, ēmorī, **darüber hinsterben,** Plin. 10, 4.

super-ēnato, āre, **über** etwas **hinschwimmen,** amnem, Lucan. 4, 133: fluctus omnes, Alcim. Avit. poëm. 4, 240.

super-eo, īre, **über** etwas **gehen,** salsas lacunas, Lucr. 3, 1029 *Bern.*

superērogātio, ōnis, *f.* (supererogo), die **Auszahlung überdem,** Ps. Quint. decl. 3, 6.

super-ērogo, āvī, āre, **darüber auszahlen, -Geld ausgeben,** Cod. Iust. 2, 19, 14. Vulg. Luc. 10, 35.

super-ēvolo, āre, **über** etwas **hinfliegen,** Alpem, Lucan. 3, 299 (getrennt geschr. Manil. 1, 45).

superexāctio, ōnis, *f.* (superexigo), das **Darüber-Einfordern,** Cod. Iust. 10, 20. Cod. Theod. 11, 8, 1.

super-exalto, (āvī), ātum, āre, **I** *tr.*: **1 weit über alles erheben,** superexaltatus deus in omnia saecula, Augustin. conf. 3, 2, 3. – **2 sich** über etw. **erheben** = über etw. weit hinausgehen, über etw. triumphieren, superexaltat misericordia iudicium, Vulg. epist. Iacobi 2, 13; vgl. Angustin. conf. 9, 13. – **II** *intr.* über etw. **weit hinausgehen, über** etw. **erhaben sein,** superexaltat misericordia iudicio, Itala epist. Iacobi 2, 13 bei Augustin. de perf. iustit. § 34.

super-excellēns, entis, **sehr hervorragend, vorzüglich,** Fulg. Verg. contin. p. 153 M. Salv. adv. avar. 3, 18. § 76.

super-excurro, ere, **darüber hinauslaufen,** Ulp. dig. 43, 27, 1. § 2.

super-exeo, īre, **darüber hinausgehen, -sich erstrecken,** Auson. edyll. 18, 1.

super-exhaustus, a, um (super u. exhaurio), **übermäßig ausgenutzt,** Schol. Iuven. 9, 57.

super-exigo, ere, **darüber einfordern,** Cod. Iust. 1, 55, 4.

super-exsulto, āre, **emporspringen, frohlocken,** Symm. epist. 5, 92 (94). Cassiod. complex. ad epist. Iacobi 5.

super-extendo, ere, **I oben darüber hinziehen,** Hieron. Iob 26. p. 728 Migne: in alqo cutem, Vulg. Ezech. 37, 6. – **II sich übermäßig ausdehnen, -anstrengen,** Vulg. 2. Cor. 10, 14 u. a. Eccl.

super-extollo, ere, **darüber hinausheben,** Tert. de res. carn. 24. Vulg. psalm. 71, 16.

super-fero, tulī, lātum, ferre, **I darübertragen, -führen, -bringen, -legen,** sinistrum pedem (hyaenae) superlatum parturienti letalem esse, Plin.: est et ipsi (auro) superlato vis venefica, Plin. – superferri, **darüberfliegen, -fahren, -laufen, -schwimmen** usw., Plin., Apul.

u. a. – II **über die Zeit hinaustragen,** partum (die Leibesfrucht), Plin. 32, 133. – III **den höchsten Grad (Superlativ) bilden,** si augere (den höheren Grad od. Komparativ bilden) volumus, dicamus magis mane, si superferre, maxime mane, Serg. expl. in Donat. 512, 35 K.

super-fēto, āre, **überfruchtet werden,** d. i. wieder trächtig werden, ehe das erste Junge geheckt ist, Plin. 7, 48 u. a.

superficiālis, e (superficies), **zur Oberfläche gehörig,** I eig., **den Flächenraum bezeichnend,** numerus, Isid. orig. 3, 7, 4. Cassiod. arithm. p. 555 (b) *Garet.* – II übtr., **oberflächlich, ungenau,** officia, Tert. adv. Marc. 4, 28.

superficiārius, a, um (superficies), **auf erpachtetem Grund stehend, im Erbpacht besessen, Erbpacht-,** aedes, praedia, ICt.: übtr., mathematice, ut ita dicam, superficiaria est, in alieno aedificat, Sen. ep. 88, 28. – subst., superficiārius, iī, *m.*, der **Erbpächter,** ICt.

superficiēns, entis (super u. facio), **überflüssig,** Ulp. dig. 39, 3, 1. § 11.

superficiēs, ēī, *f.* (super u. facies), **der obere Teil** einer Sache, das **Oberteil,** die **Oberfläche,** I im Allg.: aquae, Colum.: testudinum, der obere Teil der Schale, die Oberschale, Plin.: corporum, Oberkörper, Plin.: carnis, Hieron.: candelabrorum, der Oberteil, worin das Licht steht (Ggstz. scapus), Plin. – von Bäumen und Gewächsen, der über der Erde hervorstehende Teil, der Oberteil, Colum. u. Plin. – von Gebäuden, von der Bedachung, Vestae aedem Syracusanā superficie tegi, Plin. – bildl., qui superficie vocabuli infamant veritatem, Tert.: qui vitam tuam non in superficie sed penitus nosset, Augustin. – II insbes.: A als jurist. *t. t.:* a das mit Grund und Boden unmittelbar zusammenhängende u. über die Oberfläche hervorragende **Gebäude** (Ggstz. area, solum), Cic. ad Att. 4, 1, 7; 4, 2, 5. Liv. 5, 54, 2. Ulp. dig. 43, 17, 3. § 5 u. 7 u. a. ICt. – b im engeren Sinne, das Gebäude, woran einem anderen als dem Eigentümer des Bodens (regelmäßig gegen einen dem Eigentümer zu entrichtenden Zins), das Recht auf vollständige Benutzung als ein vererbliches und veräußerliches dingliches Recht zusteht, etwa das **Erbpachtgebäude, Erbpachthaus,** s. Dig. 43. tit. 18. – B bei Mathematikern, die Ausdehnung in die Länge und Breite, aber ohne Dicke, die **Fläche,** Macr. somn. Scip. 2, 2, 6. Auct. carm. de pond. 108. – ► Abl. Plur. superficiebus, Gaius dig. 43, 18 *lemm.*

superficium, iī, *n.* = superficies, Iavolen. dig. 31, 1, 39. Interpr. Iren. 2, 14, 2. Menol. Vall. Febr. im CIL 1^2. p. 280; Menol. Colot. Febr. im CIL 1^2 p. 280; CIL 6, 8511. Vgl. Gloss. II, 465, 6 ›superficium, ὑπερῷον‹.

super-fīgo, fixus, ere, **daraufheften, -stecken,** Liv. 42, 60, 2. Treb. Poll. Claud. 3. § 5.

super-fīo, fierī, **übrig sein** (Ggstz. defio), superfit, Plaut. Epid. 346; mil. 356; trin. 510. Prud. c. Symm. 2, 983: superfiat, Plaut. Stich. 592. Fronto ad Ver. imp. 1. p. 115, 3 N.: superfieri, Colum. 12, 1, 6.

superflexus, a, um (super u. flecto), **darüber geflochten,** Sidon. epist. 8, 12, 5.

super-flōrēsco, ere, **überblühen,** sibi (von der Gurke), Plin. 19, 70.

super-fluē, *Adv.* (superfluus), **überflüssig,** Serv. vit. Verg. vol. 1. p. 2 *Lion.* Gromat. vet. 403, 16. Mart. Cap. 3. § 310. Hieron. epist. 27, 1 u. a. Eccl.

superfluitās, ātis, *f.* (superfluus), die **Überflüssigkeit,** das **Überflüssige,** auch im Plur., Eccl.

1. **superfluō,** *Adv.* (superfluus) = superflue, **überflüssig,** Augustin. epist. 166, 4. Cod. Iust. 5, 51, 6 u. 7, 34, 2. Mart. Cap. 6. § 576. Serv. Verg. Aen. 1, 2.

2. **super-fluo,** flūxī, ere, I *intr.* **überfließen, überströmen,** A eig.: a übh.: tum in aeneo vase leniter coquuntur, ne superfluant, Cels. 6, 18, 2. – b v. Gewässern: si (Nilus) immodicus superfluxit tardeque decessit, Sen. de ben. 6, 7, 3: Apolloniae in Ponto fons iuxta mare aestate tantum superfluit, Plin. 31, 51: superfluentis Nili receptacula, Tac. ann. 2, 61. – B übtr.: a übh., im Bild, ut nimis redundantes nos et superfluentes iuvenili quādam dicendi impunitate et licentiā reprimeret et quasi extra ripas diffluentes coerceret, Cic. Brut. 316: u. so absol., quibus (Cicero) non satis pressus, sed supra modum exsultans et superfluens videretur, Tac. dial. 18. – b **Überfluss haben,** mit *Abl.* cum Venetis Aquileia superfluit armis, Sil. 8, 604. – absol., superbus et superfluens, im Überfluss lebend, Catull. 29. 7 (6). – c **im Überfluss (in Überzahl)-, mehr als hinlänglich vorhanden sein,** in urbe tam beata cum tot superfluant virgines, Sen. contr. 1, 3, 4: nimia superfluentis populi frequentia, zus. = Übervölkerung, Sen. ad Helv. 7, 4: superfluente multitudine, Tac. hist. 3, 58: cotidie magis magisque superfluentibus bonis, Petron. 125, 2: hic erit pecunia non superfluens, sed ad sanum modum habendi parata, Sen. de ben. 1, 11, 5: quem (fortuiti sermonis contextum) iurgantibus etiam mulierculis superfluere video, Quint. 10, 7, 13: tanta claritas superfluit, Plin. 4, 24. – d **überflüssig sein,** nihil neque desit neque superfluat, Quint. 8, 2, 22 (u. so 12, 10, 16): in Tusculanam villam reportatis quae superfluebant cotidiani usus deliciis, Plin. 36, 115. – II *tr.:* 1 etw. **überströmen,** nubes autem superfluxerunt rorem, Itala (Vindob.) prov. 3, 20. – 2 vor etw. **vorbeifließen,** übtr., nec quae dicentur superfluent aures, »geht zu einem Ohr hinein und zum anderen hinaus«, Quint. 2, 5, 13.

super-fluus, a, um (2. superfluo), **überflüssig,** I *adi.*, a **überflüssig** = über das gewöhnliche Maß hinausgehend, caro, Veget. mil. 1, 6. – u. über die gewöhnliche Zahl hinausgehend, **überzählig,** subst., superflui, **Überzählige, überzählige Mannschaft,** Veget. mil. 3, 17. p. 102, 8 u. 13; 3, 18. p. 103, 10 L^2. – u. einen gewissen Betrag übersteigend, mehr **betragend,** sumptus, der Mehrbetrag der Kosten, Papin. dig. 6, 1, 48. – b **überflüssig** = unnötig, leges, Eutr. 10, 8: species imperatoriae, Capit. Anton. Pius 7, 10: futuri notio, Aur. Vict. de Caes. 38, 5: cura, Vulg. eccl. 2, 26 u. a.: multa superflua in eodem legisse memini, Vopisc. Aurel. 5, 1: superfluum forte videatur, quae vosmet ipsi vidistis, iterare, Mamert. grat. act. Iul. 30, 1: superfluum videretur et vanum orare pro mortuis, Vulg. 2. Mach. 12, 44. – v. Pers., ne sim superfluus (wir »etwas Überflüssiges tuend«), si conatus fuero docere, quod scis, Augustin. epist. 266, 4. – c **überflüssig** = nach gewissen Abzügen noch übrig, id quod superfluum est, Scaevol. dig. 26, 1, 81 (79): sup. fructus (Plur.), Papin. dig. 36, 1, 58. § 7. – II *subst.:* a superfluum, ī, *n.*, das **Überflüssige,** der **Mehrbetrag, Überrest, Überschuss,** bonorum, Papin. dig. 36, 1, 58. § 1; ex superfluo faciam, Hieron. epist. 89 *extr.* – b superflua, ōrum, *n.*, das **Überflüssige,** der **Abgang,** corporis, von den Exkrementen, Cael. Aur. de morb. chron. 5, 4, 67.

super-foedo, āre, **oben beschmutzen,** arenas, Coripp. Ioann. 6, 348.

superfoeto, āre, s. super-fēto.

superforāneus, a, um (super u. forum), **unnötig, überflüssig** Symm. epist. 3, 48.

super-fore = superfuturum esse, Scaev. dig. 17, 1, 60. § 3.

super-foro, āre, **oben-, oberwärts bohren,** Scrib. Larg. 84.

super-frutico, āre, **Zweige darübertreiben, darüberwachsen, darüber hervorwachsen,** bildl. bei Tert. adv. Valent. 39.

super-fugio, ere, über etwas **hinwegfliehen,** undas, Val. Flacc. 3, 354.

super-fulgeo, ēre, **über** etwas **hinwegglänzen,** templa superfulges, Stat. silv. 1, 1, 33.

super-fundo, fūdī, fūsum, ere, I **darüber-, daraufgießen, -schütten,** 1 eig.: a Flüssigkeiten: oleum alci rei, Colum.: pilis testacea pavimenta, Pallad.: superfusa umoris copia, Quint.: dah. superfundī, **darüber sich ergießen, darüber hinströmen, überströmen,** circus Tiberi superfuso irrigatus, Liv.: flumina campis superfusa, Plin. pan.: sanguis superfunditur altaribus, Vell. – b andere Gegenstände, **darüberschütten, -werfen,** magnam vim telorum, Tac. Agr. 36. – Passiv superfundī medial, **sich über** etwas **ergießen, sich ausbreiten,** terra superfusa scamnis, Colum.: hostes superfusi, die sich auf ihn stürzten, haufenweise sich über ihn machten, Liv.: gens superfusa montibus, Plin.: corpora, quae superfunduntur, die sich übermäßig ausbreiten (Ggstz. quae in arma sua contrahi possunt), Sen.: produnt Gallias … hanc primum habuisse causam superfundendi se Italiae, quod (weil) etc., Plin. – 2 übtr., u. zwar refl., superf. se, **sich ergießen, sich ausbreiten,** Macedonum gens superfudit se in Asiam, Liv.: laetitia se superfundens, sich übermäßig ergießende (zu heftige)

Freude, Liv. – **II übergießen, überschütten, bedecken,** alqd oleo, Colum.: alarum signa pulsu sonituque et nube ipsā operient et superfundent equites equosque, Tac.

superfūsio, ōnis, *f.* (superfundo), **I** das **Darübergießen,** testacei pavimenti, Pallad. 1, 17, 1. – **II** das **Sich-Darübergießen,** die **Überströmung, Überschwemmung,** haec, Ambros. hexaëm. 3, 3. § 14: m. subj. *Genet.*, aquarum, Ambros. hexaëm. 3, 2. § 7: nimia aquarum caelestium, Amm. 17, 7, 12: nivis, Serv. Verg. georg. 3, 354.

super-gaudeo, ēre, sich **freuen über** usw., alci, Vulg. psalm. 34, 19. Ambros. epist. 70. § 20 *extr.* Arnob. in psalm. 3.

super-gero, (gessī), gestum, ere, **darübertun, -häufen,** terram, Colum. 11, 3, 6: lorificium (Riemenwerk), Apul. met. 9, 40 *extr.*

super-glōrifico, āre (griech. ὑπερδοξάζω), **über die Maßen preisen,** Ignat. epist. ad Polycarp. 1, 1.

super-glōriōsus, a, um, **überruhmreich,** Vulg. Daniel 3, 53.

super-gradior, gradī = supergredior, Plin. 27, 110.

super-gredior, gressus sum, gredī (super u. gradior), **I überschreiten,** limen, Colum.: ruinas munimentorum, Curt.: v. Lebl., flamma supergressa fastigium templi, Suet. – **II** übtr.: **1 überschreiten, a** eine Zeit, Pers. = eine Zeit **überschritten haben,** über eine Zeit **hinaussein,** sexaginta annos supergressus es, Sen. suas. 6, 6. – **b** einen Zustand **überstehen,** necessitates supergressum esse, der N. überhoben sein, Sen. ep. 32, 5. – **2 übertreffen,** omnem laudem, Quint.: omne exemplum liberalitatis, Suet.: aetatis suae feminas pulchritudine, Tac. – ▶ Partiz. Perf. passiv, altitudine animalium supergressā, Pallad. 12, 4, 2. – Aktive Nbf. supergresserat, Apul. met. 10, 2 zw. (Hildebr. u. Eyssenh. supercesserat).

super-gressio, ōnis, *f.* (supergredior), die **Überschreitung,** bildl., summarum, Boëth. inst. arithm. 1, 29.

supergressus, ūs, *m.* (supergredior), das **Überschreiten,** bildl., per supergressum, über alle Maßen, Tert. de res. carn. 40.

super-habeo, ēre, **I darüber haben,** cataplasma, Cels. 7, 20, 7. – **II noch darüber haben,** duas solas partes minoris numeri, Boëth. inst. arithm. 1, 28.

superhumerale, is, *n.* (super u. humerus), das **Obergewand,** des jüdischen Priesters, Übersetzung des bibl. אֵפוֹד, Hieron. epist. 29, 4 u. 64, 15 u. a. Eccl.

superī, ōrum, *m.*, s. superus.

super-iaceo, ēre, **daraufliegen, -liegen bleiben,** id (cataplasma) interdiu superiacebit, Cels. 8, 9. p. 343, 33 D.: lignum (citharae) concavum, cui (auf dem) superiacent (chordae), Augustin. in psalm. 32. serm. 1. § 5.

super-iacio, iēcī, iectum (iactum), ere, **I oben darüber-, daraufwerfen,** folia, Colum.: aggerem terrenum, Suet.: tabulata, Veget. mil. membra superiecta cum tua veste fovet, Ov.: se rogo, Val. Max.: aequor superiectum, die ausgetretene, Hor.: euri atque austri (*al.* Africi) superiactis fluctibus, Sall. fr. – **II** mit einem Geschoss u. dgl. **überwerfen,** über etwas **hinauswerfen,** arbores tantae proceritatis, ut sagittis superiaci nequeant, Plin.: scopulos superiacit undā pontus, Verg. – **III hinausschreiten über** usw., **überschreiten, 1** eig.: Alpes, Sen. nat. qu. 3. praef. § 6: im Bild, quotiens ex his, quae agis et scribis intellego, quam te ipse (nam turbam olim reliqueras) superieceris, über dich hinausschreitest, Sen. ep. 34, 1. – **2** übtr.: **a** etw. **überschreiten,** fidem augendo, durch Vergrößerung die Grenzen der Glaubwürdigkeit überschreiten = übertreiben, Liv. 10, 30, 4. – **b** etw. od. jmd. **übertreffen,** beneficia parentum suorum, Sen. de ben. 3, 32, 6: non satis maliebris insania viros superiecerat, Sen. de ben. 7, 9, 4. – ▶ Partiz. auch superiactus, a, um, Sall. hist. fr. 2, 83 (81). Plin. 11, 270. Tac. hist. 3, 29 u. 5, 6.

super-iacto, ātus, āre, **I in die Höhe werfen,** infantes, Val. Max. 9, 2, 4. – **II** über etw. **setzen, -springen,** etw. **überspringen,** transversa navigia, Plin. 9, 54.

superiectio, ōnis, *f.* (superiacio), **I** das **Darüberwerfen,** vestium, Arnob. 3, 14 *extr.* – **II** bildl., die **Übertreibung, Hyperbel,** Quint. 8, 6, 67.

1. superiectus, a, um (super u. iacio), **über einem Ort-, oberhalb** eines Ortes **gelegen,** Phrygia Troadi superiecta, Plin. 5, 145.

2. superiectus, Abl. ū, *m.* (superiacio), **I** das **Daraufwerfen,** substratu levium densarumque itidem et superiectu trabicularum calcatui tabulandarum, Itin. Alex. 77. – **II** das **Daraufspringen,** Colum. 6, 36, 4.

super-illigo (āvī), ātum, āre, **oben anbinden, daraufbinden,** Plin. 29, 40 u. 30, 51.

super-illino (lēvī), litum, ere, **I oben beschmieren, besalben,** Cels. 3, 19. p. 103, 38 D. – **II daraufschmieren,** Cels. u. a. – *Partic.* auch superillinitus, Ps. Apul. herb. 74.

super-imineo, ere, **darüber emporragen,** ense sequens nudo superimminet, schwingt das gezogene Schwert schon über seinem Haupt, Verg. Aen. 12, 306: virgineus pudor zonae superimminet artus, Avien. phaen. 963.

superimpendēns, entis (super u. impendeo), **oben darüberhangend, -schwebend,** Catull. 64, 286.

super-impendo, ere, **darüber aufwenden,** Vulg. 2. Corinth. 12, 15.

super-impōno (posuī), positum, ere, **oben darauflegen,** saxum ingens machinā (mit einer M.), Liv.: arundinem, Ov.: allium, Cels.: linteolum, Plin.: manum, Quint.: monumento (Dat.) statuam, Liv.

super-incendo, ere, **noch mehr entzünden, -anfeuern,** alqm, Val. Flacc. 2, 126.

super-incerno, ere, **oben daraufsieben,** Plin. 17, 73.

1. super-incido, ere, **oben herab-, oben hereinfallen, -stürzen,** multis superincidentibus telis, Liv. 2, 10, 11: ruinā superincidentium virorum equorum armorumque est oppressus, Liv. 23, 15, 13: ne caelestem superincidentem aquam contineat, Colum. 4, 9, 1.

2. super-incīdo, ere, **oben einschneiden, oben hineinschneiden,** Cels. 7, 31.

super-incrēsco, crēvī, ere, **darüberwachsen,** superincrevit vero nimius callus, Cels. 8, 10, 7. p. 351, 31 D.

super-incubo, āre, **daraufliegen,** superincubans Romanus, Liv. 22, 51, 9; vgl. Hildebr. Apul. met. 4, 17. p. 256.

super-incumbo, cubuī, ere, **sich darauflegen,** Verg. Aen. 5, 858. Ov. her. 11, 57 u. 117. Colum. 6, 17, 1. Augustin. serm. 122, 5.

super-incurvātus, a, um (super u. incurvo), **darübergekrümmt, -gebogen,** Apul. met. 9, 7.

superindictīcus u. **superindictus,** a, um, **als außerordentliche Auflage aufgelegt,** onera, Cassiod. var. 5, 14, 6 *Mommsen* u. spät. ICt. Von

super-indictio, ōnis, *f.* u. **super-indictum,** ī, *n.*, eine **außerordentliche Auflage an** Geld usw., spät. ICt.

super-indūco, dūxī, ductum, ere, **I von oben überziehen,** tabellas cerā delitā, Iustin. 2, 10, 14 *ed. Jeep.* – **II hereinbrechen lassen über** usw., eis principes, Vulg. 2. chron. 33, 11: in alqm magnum malum, Vulg. Dan. 9, 12. – **III obendrein-, hiernächst anführen,** Tert. adv. Hermog. 26.

superinductīcius, a, um (superinduco), **untergeschoben, mit eingeschlichen,** Tert. adv. Marc. 5, 3 *p. in.*

superinductio, ōnis, *f.* (superinduco), das **Ausstreichen** der Schrift, Plur. bei Ulp. dig. 28, 4, 1. § 1 zw. (Mommsen superductiones).

superindūmentum, ī, *n.* (superinduo), was man überzieht, das **Überkleid,** die **Überkleidung,** bildl., Tert. adv. Marc. 3, 24 u. a.

super-induo, uī, ūtum, ere, **darüberziehen,** über andere Kleider, Suet. Ner. 48, 1: bildl., imortalitatem, Tert. apol. 48 u. ö.

super-īnfundo, fūdī, fūsum, ere, **darübergießen, -schütten,** aquam, Cels.: mel, Cels.

super-ingero (gessī), gestum, ere, **darauflegen, -häufen,** vestes, Gran. Licin. fr.: acervos leguminum, Plin.: montem, Stat.

super-ingredior, gredī, **über** etw. **hinschreiten,** hortos, Colum. 10, 344.

super-inicio, iēci, iectum, ere, **darüber-, darauflegen, -werfen,** raras frondes, Verg.: terram, Ov.: duum pedum terram, Plin.: fimum, Plin.: linteolum duplex, Cels.

super-inl..., s. superill...
super-inm..., s. superimm...
super-inp..., s. superimp...
super-īnspicio, ere, **darauf sehen, dafür sorgen**, Sidon. epist. 6, 1, 1 u. 9, 3, 4.
super-īnsterno, strāvī, strātum, ere, **oben darüberbreiten, -legen**, tabulas, Liv. 30, 10, 5: toros, Sil. 7, 289.
super-īnstrepo, ere, **darüberrauschen, -ertönen**, Sil. 2, 186.
super-īnstruo, īnstrūctus, ere, **I darüberbauen**, Cod. Iust. 8, 10, 1. – **II übereinanderbauen, -setzen**, ordines quidem vasorum superinstructos in altitudinem treis esse abunde est, Colum. 9, 7, 3.
super-īnsulto, āre, **darauf springen, -herumspringen, -sich herumtummeln**, Claud. gigantom. 83.
superīnsurrēctio, ōnis, *f.*, **die Hervorragung**, Cass. Fel. 25. p. 42, 9.
super-intego, ere, **oben bedecken**, Plin. 18, 47.
super-intellego, ere, **dazuverstehen**, Hieron. in Didym. de spir. scto *no.* 10.
super-intendo, ere, **die Aufsicht haben**, als Übersetzung von ἐπισκοπεῖν, Eccl.
superintentor, ōris, *m.* (superintendo), der **Aufseher**, Augustin. in psalm. 126, 3.
super-intero, ere, **oben darauf einreiben**, Th. Prisc. 1, 17.
super-inundo, āre, **überfließen**, Tert. de res. carn. 63.
super-inungo, ere, **oben besalben, beschmieren**, oculos collyrio, Cels. 7, 7, 1: collyrio, Cels. 7, 7, 8 *extr.*: cinereo, Scrib. 26.
super-inveho, ere, **darüber herzubringen**, Avien. phaen. 1158.
superior, ōris, s. superus.
superiūmentārius, iī, *m.* der **Aufseher der Lasttierknechte**, Suet. Claud. 2, 2.
superius, *Compar.* **I** v. superior, s. superus. – **II** v. supra, s. d.
super-lābor, lābī, **darüber hingleiten, -schlüpfen**, Liv. 30, 25, 6 (Weißenborn ›praeterlabor‹). Sen. ep. 90, 42. Sidon. epist. 1, 2, 5.
super-lacrimo, āre, **über** etwas **tränen** (Tränen vergießen), übtr., v. Weinstock, beim Verschneiden, Colum. 4, 24, 16.
superlātio, ōnis, *f.* (superfero), **I** als *t. t.* der Rhetor., die **Übertreibung, Vergrößerung, Hyperbel**, veritatis, Cic.: u. ohne veritatis, Rhet. Her.: si aliquam superlationem res capit, Arnob. 1, 51. Vgl. supralatio. – **II** als *t. t.* der Gramm., der **Superlativ**, auch im Plur., Quint. u. spät. Gramm.
superlātīvē, *Adv.* (superlativus), **im Superlativ**, Charis. 113, 2.
superlātīvus, a, um (superlatus, v. superfero), **I im Superlativ stehend**, gradus, u. subst. bl. superlativus, der Superlativ (Ggstz. gradus absolutus, der Positiv, comparativus, der Komparativ), Charis. 112, 16. Diom. 455, 6. Prisc. 3, 18 u. 19. Serv. 407, 10 K. Cledon. 38, 6 K. – subst., superlātīvum, ī, *n.*, ein Wort im Superlativ, ein Superlativ, Prisc. 3, 18. – **II zur Steigerung dienend, steigernd**, et coniunctio (wenn sie für etiam steht), Diom. 417, 24. – dah. auch **zur Übertreibung dienend, hyperbolisch**, sententiae, Isid. orig. 2, 21, 16.
superlātus, a, um, *PAdi.* (superfero), **übertrieben, hyperbolisch**, verba, Cic. part. or. 53 (Friedrich ›supralatus‹). Quint. 8, 3, 43.
super-laudābilis, e, **überlöblich**, Vulg. Daniel 3, 53 u. 54.
superlex, s. supellex ►.
super-ligo, āre, **obendarauf binden**, Plin. Val. 1, 8.
super-līmen, inis, *n.*, die **Oberschwelle**, lapideum, CIL 11, 4123. – Nbf. **superlīminium**, iī, *n.*, Serv. Verg. Aen. 3, 351 u. **superlīmināre**, is, *n.*, Vulg. exod. 12, 22 *sq.* u. a.: Plur., Vulg. exod. 12, 7 u. a.
super-linio, īre, **darüberschmieren**, Sulp. Sev. vit. S. Mart. 19, 4. Pallad. 11, 14, 7. Plin. Val. 1, 5. Marc. Emp. 8. *no.* 1.
superlinītio, ōnis, *f.* (superlinio), das Darüberschmieren, Marc. Emp. 8. *no.* 3.
super-lino, lēvī, litum, ere, **I darüberschmieren**, Plin. 27, 42. Pelagon. veterin. 9 (166 *Ihm*). – **II** mit etwas **überschmieren**, Plin. 22, 103. Pallad. 7, 5, 4 u. a.
superlitio, ōnis, *f.* (superlino), das **Überschmieren**, Marc. Emp. 8. fol. 96 (a), 57.
super-lucror, ātus sum, ārī, **darüber gewinnen**, Vulg. Matth. 25, 20.
super-mando, ere, **darauf-, nachher kauen**, Plin. 31, 65.
super-meo, āre, **darübergehen**, mit *Acc.*, Plin. 2, 224. Amm. 34, 1, 7: absol., Solin. 37, 8.
super-mētior, mēnsus sum, īrī, **darübermessen, reichlicher zuteilen**, Tert. de anima 38.
super-misceo, ēre, **darüber-, dazumischen**, Itala Osee 4, 2 (bei Cypr. ad Demetr. 9).
super-mitto, mīsī, missum, ere, **darüber-, daraufwerfen, -schütten**, aquam praegustatae iam potioni, Iustin. 12, 14, 9: pinicellos debuccellatos, Plin. Val. 1, 6: nucleorum combustorum duas manus plenas, Plin. Val. 1, 50 (vgl. 2, 1 u. 60): **iocur, Apic. 2, 40: pisam, Apic. 5, 194: arae lapidem**, auf den A. darauffallen lassen (v. einem Vogel), **Itin. Alex. 18 (46).**
super-molāris lapis, der **obere Mühlstein**, der **Läufer**, Ambros. de Tob. 21. § 83 *extr.*
super-mōlior, ītus sum, īrī, **überstehen, hinbringen**, undecimā die, quam supermolitus est illic, Alexandriam venit, Itin. Alex. 45 (104).
super-mundiālis, e, **überweltlich, überirdisch**, Tert. de anima 18.
super-mūnio, īre, **oben verwahren**, Colum. 9, 7, 4.
supernās, ātis (supernus), **oberländisch, von der oberen Gegend**, bes. **von dem Obermeer** (Adriatischen Meer) **herkommend** (Ggstz. infernas), adamas, August, bei Macr.: abies, Plin.: supernas (ventus), der Nordost-Drittel-Nordwind, Vitr.: vinum, Inscr.: terra, Mart. Cap.
super-nāscor, nātus sum, nāscī, **I oben darüberwachsen**, supernatis gravibus ulceribus, Cels. 8, 2 *in.*: supernato caule, Plin. 19, 45. – **II dazuwachsen**, od. **entstehen**, supernatum sit aliquid an ortus primogeniosque habeat, Arnob. 2, 61 *Reiff.* – übtr., quid est iniectio qualitatum? cum qualitas qualitati supernascitur, Fortunat. art. rhet. 1, 18.
supernātio, ōnis, *f.* (supernascor), das **Darüberwachsen**, Th. Prisc. 1, 7.
super-nato, āvī, āre, **oben darüber-, daraufschwimmen**, Sen., Colum. u. a.: mit *Dat.*, arieti supernatasse, Apul. met. 6, 29.
super-nāvigo, āre = ἐπιπλέω (Gloss. II, 310, 19), **darüberhin schiffen**, übtr. = etw. **überstehen**, hoc saeculum, Paul. Nol. epist. 23, 24.
supernē (supernus), **I** *Adv.*, **oberwärts**, **a** = **von oben her, aus der Höhe** (Ggstz. ex infimo), Lucr., Liv. u. a. – **b** = **am oberen Teile, oben, oberhalb**, Hor. u. Plin. – **c nach oben, in die Höhe**, tendere, Plin. 19, 76. – ► Bei Lucr., Hor. u. Prud. sŭpernĕ gemessen. – **II** *Praep.* m. *Acc.* cui cauda superne Centaurum lucet, *Caes. German. phaen. 426 (Grotius).
supernexīvus, a, um (super u. necto), **noch dazufügend**, Asper 553, 22 K.
supernitās, ātis, *f.* (supernus), die **Höhe**, das **Oberste**, Tert. adv. Valent. 7.
super-no, āre, **obendarauf schwimmen**, Macr. sat. 7, 12, 14. – Gell. 9, 9, 15 Hertz supereminentia.
super-nōmino, āre, **I** = ἐπονομάζω, **danach nennen** od. **benennen**, Augustin. 2. locut. in heptat. ad exod. 20, 24. – **II zubenamen, mit dem Zunamen benennen**, Philadelphum, Tert. apol. 18.
supernumerārius, a, um (super u. numerus), **überzählig**, equites, Veget. mil. 3, 18. – Plur. subst., supernumerarii, **Überzählige**, Augustin. in psalm. 146, 9: bes. beim Heer, Veget. mil. 2, 19 u. 3, 20: im kaiserl. Palastdienst, Cod. Theod. 6, 30, 15 u. 17.
supernus, a, um (super), **oberhalb (oben) befindlich**, der **obere**, pars, Plin.: litora, Mela: Tusculum, hoch gelegen, Hor.: numen, die oberen (himmlischen) Mächte, Ov.: u. so gentes, die Götter, Sisenna fr.: aquilones, qui alti supernique sunt, hoch vom Himmel herabkommen, Gell. – *neutr.* subst., de superno, von oben her, *Vitr. 10, 16 (22), 10 *Rose:* so auch de supernis, Vitr. 10, 7 (12), 3: ballistae in humiliora ex supernis valentes, die von oben herab in die Tiefe wirkten, Amm. 19, 7, 5: cum proclinior faciliorque iactus sit ex supernis in infima (von oben in die Tiefe), quam ex infimis in superna, Gell. 9, 1, 2.
supero, āvī, ātum, āre (super), **I** *intr.* oben sein; dah. **1 hervorragen, hervorkommen**, **a** eig.: commodum radiosus ipse (*al.* sese) supera-

bat ex mari, Plaut.: superant capite et cervicibus altis, Verg. – **b** übtr.: **α** als milit. *t. t.* die **Oberhand haben, Sieger sein** od. **bleiben, obsiegen,** virtute facile, Caes.: equitatu, Nep.: per biduum equestri proelio, Caes.: navibus, Auct. b. Alex.: non minus consilio quam gladio, Caes.: cum aliis partibus multitudo superaret Latinorum, die L. durch ihr Übergewicht siegten, Liv. – **β** in anderen Beziehungen übtr., die **Oberhand haben, obsiegen** superat sententia Sabini, Caes.: superavit morbus, Plin. ep.: tantum superantibus malis, überwiegend waren, Liv.: totidem formā superante iuvencae, von überwiegender (unvergleichlicher) Schönheit, Verg. – **γ** der Zahl nach **überlegen sein,** superante multitudine, Liv.: u. cum aliis partibus multitudo superaret Romanorum, Liv. – **2 übrig sein,** d. i. **a überflüssig-, sehr häufig dasein, reichlich vorhanden sein,** partem superare mendosum est, Cic.: de eo, quod ipsis superat, Cic.: divitiae superant, Sall.: cum otium superat, Liv. – **b übrig sein, übrig bleiben, noch vorhanden sein,** quid superat? Hor.: si quod superaret pecuniae rettulisses, Cic.: quae Iugurthae superaverant, Sall.: quae humana superant, Sall. fr.: nihil ex raptis superabat, Liv.: aliquot horis die superante, Liv. – bes. (mit u. poet. ohne vitā) = **am Leben bleiben** od. **sein,** uter eorum vitā superavit, Caes.: superet coniunxne Crëusa? Verg.: superatne? et vescitur aurā? Verg.: m. *Dat.,* **überleben,** captae superavimus urbi, Verg. Aen. 2, 643. – **c zuviel sein,** quae Iugurthae fesso aut maioribus astricto superaverant, die (auszuführen) dem Jug. zuviel gewesen waren, Sall. Iug. 70, 2. – **d überwallen,** victor superans animis, mit überwallendem Mute, Verg. Aen. 5, 473. – **II** *tr.:* **1 über** etw. **kommen, -gehen, -fahren, -schwimmen,** etw. **überschreiten, übersteigen,** summas ripas fluminis, vom Regenwasser, Caes.: Alpes, Liv.: montes, iuga, fossas, Verg.: regionem, Cic.: retia saltu, überspringen, Ov.: alqd ascensu, ersteigen, Verg. – dah. übtr.: **a übersteigen, überragen,** turris superat fontis fastigium, Caes.: superant cacumina nubes, Ov.: alqd mensurā, Ov. – **b übersteigen** = übertreffen, ne sumptus fructum superet, Varro r. r. 1, 53. – **2 vor** etwas **vorbeikommen, a** eig.: promunturium, Liv.: Euboeam, Nep.: insidias, Liv.: Musarum scopulos, Enn. fr. – **b** übtr.: **α** v. Tönen, **über** etw. **hinausdringen,** clamor superat inde castra hostium, Liv. 3, 28, 3. – **β** etwas **übertreffen,** omnes in re, Cic.: alqm doctrinā, Cic.: omnes scelere, Liv.: ut (Piraei portus) ipsam urbem dignitate *aequiperaret,* utilitate *superaret,* Nep. – **γ zuvorkommen,** etsi non dubitabam, quin hanc epistulam multi nuntii, fama denique esset ipsa suā celeritate superatura, Cic. ad Q. fr. 1, 1 *in.* – **δ überwinden, überwältigen, αα** jmd. im Kampf = **besiegen,** hostes, Plaut. u. Hirt. b. G.: alcis ductu hostes, Caes.: Mysios, Sall.: Mithridatem, Cic.: exercitus validissimos, Eutr.: clam ferro incautum, Verg.: bello Arvernos et Rutenos, Caes.: Asiam bello, Nep.: hostes proelio, Caes.: eas omnes copias a se uno proelio pulsas ac superatas esse, Caes.: Persas acie e suis esse superatos, Curt.: superati virtute illius, Curt. **ββ** – **überwinden, überwältigen,** über etw. **obsiegen,** die **Oberhand behalten,** alqm dolis, Plaut.: alqm donis, besänftigen, Verg.: morbus haud saepe quemquam superat, Sall.: quorum fletu et desperatione superatus (erweicht), Eutr. – lebl. Objj., bes. Zustände, casus omnes, Verg.: haec omnia (näml. Kälte, Stürme usw.), Caes.: vim tempestatis labore et perseverantiā, Caes.: si vera et honesta flagitium superaverit, Sall. fr.: falsa vita moresque mei superant, widerlegen schlagend, Sall.: iniurias fortunae facile veterum philosophorum praeceptis, Cic.

superobductus, a, um (super u. obduco), **oben darübergezogen,** pallium, Paul. Nol. carm. 22, 110.

super-obruo, ruī, rutum, ere, **oben bedecken,** alqm armis, Prop. 4, 4, 91: superobruta saxis, Auson. epitaph. 26, 3.

super-occido, ere, **darauf** (nach etwas) **untergehen,** luna soli antecedenti superoccidens, Macr. somn. Scip. 1, 18, 10.

super-occupo, āre, **darüber (dabei) überraschen,** alqm, Verg. Aen. 10, 384.

super-ōrdinātio, ōnis, *f.,* die Wahl eines Bischofs an die Stelle eines anderen, die **Nachwahl,** Ambros. epist. 12. § 5.

super-ōrdino, āre, **noch etwas hinzufügen** zu etwas, testamentum, Vulg. epist. ad Galat. 3, 15.

super-particulāris, e, numerus, eine Zahl u. einen aliquoten Teil davon noch darüber enthaltend, Mart. Cap. 7. § 761. Boëth. inst. arithm. 1, 24.

superparticulāritās, ātis, *f.* (superparticularis), das Verhältnis des numerus superparticularis, Boëth. inst. arithm. 1, 32. p. 70, 2 Fr. u. a.

superpartiēns, entis (super u. partio) = superparticularis, Mart. Cap. 7. § 762. Boëth. inst. arithm. 1, 24.

superpendēns, entis (super u. pendeo), **darüberhängend,** saxum, Liv. 37, 27, 7.

super-pingo (pīnxī), pictum, ere, **oben übermalen,** Solin. 17, 8. Avien. Arat. 906.

super-plaudo, ere, **darüber klatschen,** Solin. 2, 49.

superpondium, iī, *n.* (super u. pondus), das **Übergewicht,** die **Überfracht,** Apul. met. 7, 18.

super-pōno, posuī, positum, ere, **I darauf-, darübersetzen, -legen, aufsetzen, auflegen,** statuam marmoreo Iano, Suet.: apodyterio superpositum est sphaeristerium, Plin. ep.: superpositus est cellae tuae titulus, Sen. rhet.: superpositum capiti decus, Liv.: manum, Ov.: vitis brachia iugo, Colum.: uniones iunguntur inter se et insuper alii binis superponuntur, Sen.: maternis gremiis superpositi liberi, Val. Max. – als mediz. *t. t.* Heilmittel **auflegen,** Cels. u. Plin. – **II darübersetzen, A** der Lage nach, **oberhalb setzen,** dah. superpositum esse = **oberhalb liegen,** villam profluenti, Colum.: Galatia superposita, Plin. – **B** übtr.: **a vorziehen,** huic aliud genus, Sen. ep. 58, 13. – **b überordnen, vorsetzen,** in maritimam regionem superpositus, Liv. fr. 19 (20); ut unus de presbyteris electus superponeretur ceteris, Hieron. in epist. ad Tit. 1. *v.* 5. – Partiz. subst. superpositus medicorum, der Vorgesetzte, CIL 6, 8504. – **c** moral. **überordnen,** animum iniuriis, Sen. de const. sap. 19, 2. – **III nachsetzen,** bildl., levioribus superponenda sunt, Quint.: scientiam, Colum.

superpositio, ōnis, *f.* (superpono), **I** das **Darauflegen,** das **Auflegen,** manus, Augustin. quaest. in heptat. 2, 154. – **II** der **Paroxysmus** der Krankheit (Ggstz. lenimentum, die Beruhigung), Cael. Aur. de morb. chron. 1, 1, 18 u. 2, 13, 179: Plur., *ibid.* 1, 1, 17; 1, 4, 72 u. a.

super-postulātio, ōnis, *f.,* die **Mehrforderung,** Cod. Theod. 7, 4, 28.

superquadripartiēns, entis, u. **superquadriquīntus,** a, um, **eine Zahl und noch vier Teile davon enthaltend,** Boëth. inst. arithm. 1, 28.

super-quam, s. 1. super.

super-quārtus, a, um, als Übersetzung von ἐπιτέταρτος, drückt das Verhältnis von 5 zu 4 aus, **eins und ein Viertel enthaltend,** numerus, Mart. Cap. 5. § 761 *sqq.*

super-quantio, ere, **oben schütteln,** Avien. Arat. 1205.

super-quīntus, a, um, als Übersetzung von ἐπίπεμπτος, drückt das Verhältnis von 6 zu 5 aus, **eins und ein Fünftel enthaltend,** numerus, Mart. Cap. 5. § 761 *sqq.* Boëth. inst. arithm. 1, 24.

super-rādo, (sī), sum, ere, **oben beschaben, oben abschaben,** Plin. 22, 104.

super-rīdeo, ēre, **über** etw. **lachen,** vestrae perditioni, Itala prov. 1, 26 (b. Ps. Cypr. sing. cler. 1).

superrimus (superrumus), a, um, s. superus *no.* III, A.

super-ruo, ere, **daraufstürzen, auf** jmd. od. etw. **sich stürzen,** alqm, Apul. met. 1, 16: corpori, *ibid.* 2, 26: absol., Amm. 16, 12. § 53 u. a.

super-sapio, ere, **vorzüglich schmecken, vorzüglichen Geschmack haben,** Tert. de anim. 18.

super-scando (-scendo), ere, **übersteigen, überschreiten,** superscandens vigilum strata somno corpora, Liv. 7, 36, 2: quam virgeam (saepem) superscandant (*cod. Sang.* superscandant) sentes utriusque sulci, Colum. 11, 3, 7: ubi prostrato superscenditur, Tert. de paen. 10: übtr., hoc superscendit omnem admirationem, Tert. ad nat. 1, 7.

super-scrībo, scrīpsi, scrīptum, ere, **darüberschreiben, a** oben an einem Ort als Überschrift **darüberschreiben, oben daraufsetzen,** nec praesidis nomen licebit superscribere (auf ein Denkmal), Modestin.

dig. 50, 10, 4: cuius (libri) plurimos versus vestibulo templi Martis superscripsit Brutus, Schol. Bob. ad Cic. Arch. 11. *no.* 1. p. 359, 4 B.: quoniam in cellis nomina meretricum fuerunt superscripta, Schol. Iuven. 6, 123. – **b** in einer Schrift, **α** als Bemerkung, si inconsulto superscripsit induxisse se (in einem Testament), Ulp. dig. 28, 4, 1. § 1. – **β** als Korrektur über Ausgestrichenes, Ausgewischtes, Plin. ep. 7, 12, 3 (superscripto alio), Suet. Ner. 52. Gell. 20, 6, 14.

superscrīptio, ōnis, *f.* (superscribo), die **Überschrift, Aufschrift,** Schol. Iuven. 5, 34. Vulg. Matth. 22, 20; Luc. 23, 28 u. a. Eccl. (auch im Plur.).

super-sedeo, sēdī, sessum, ēre, **I** **auf** od. **über** etw. **sitzen,** elephanto, Suet. Ner. 11, 2 (*Ihm* supersident): tentorio (v. einem Adler), Suet. Aug. 96, 1: mit *Acc.*, ansam, Apul. met. 11, 11 *extr.* – **II** übtr.: **A** bei etwas **den Vorsitz haben,** litibus familiae, Cato r. r. 5, 1. – **B** einer Sache **überhoben sein, sie ersparen, unterlassen,** **a** m. *Abl.*: istis verbis, Plaut.: hoc labore itineris, Cic.: proelio, Caes. – *impers.*, non numquam posse complexione supersederi, Cic.: quod cum accīderit, omnino oratione supersedendum est, Cic. – **b** m. *Dat.*: pugnae, Auct. b. Afr. 75, 2: exemplis, Gell. 10, 14, 1: cum pluris triumphos mihi senatus decrevisset, iis supersedi, Monum. Ancyr. I, 1, 22. p. LXVIII *Mommsen.* – **c** m. *Acc.*: operam, Gell. – Passiv, haec causa non visa est supersedenda, Rhet. Her.: istis omnibus supersessis, Apul. – **d** m. *Infin.*, **ich überhebe mich (bin überhoben), erspare, unterlasse, mag nicht, will nicht,** loqui apud vos, Liv.: certare, Liv.: venire, Val. Max.: haec scribere publice, Plin. ep.: deflectere ad visendum Apin, Suet.

super-sēminātor, ōris, *m.* (supersemino), der **darauf-** od. **dazusät,** Tert. de anim. 16 *extr.*

super-sēmino, āvī, ātum, āre, **darauf-, dazusäen,** Eccl.

super-sero, sēvī, ere, **darüberhin säen,** Eccl.

super-sextus, a, um, als Übersetzung von ἔφεκτος, drückt das Verhältnis von 7 zu 6 aus, **eins und ein Sechstel enthaltend,** Mart. Cap. 7. § 761.

super-sīdo, ere, **sich** auf etw. **obendrauf setzen,** corio, Amm. 23, 6, 82: utribus, Amm. 25, 8, 2. Vgl. supersedeo.

supersilio, īre (super u. salio), **darauf-** od. **darüberspringen, -hüpfen,** Colum. 8, 3, 9. Chalcid. Tim. 220.

super-sisto, stitī, ere, **über** od. **auf** etw. **sich stellen, -treten,** sicarium, Apul. met. 8, 11 *extr.*: tribunal, *ibid.* 11, 24: hanc (machinam), Amm. 29, 1, 31: absol., aquila aurea supersistebat (stand darauf), Iul. Val. 3, 53.

super-sorbeo, ēre, **darüberschlürfen,** Sex. Placit. de medic. 16, 30.

super-spargo u. **superspergo**, spersus, ere, **überstreuen, bestreuen,** et farinam fabae supersparges, Plin. Val. 1, 56 (vgl. 2, 11. 18. 54): rebus his omnibus conilam superspergere bubulam, Arnob. 7, 16 *extr.* – gemma stellis puniceis superspersa, Solin. 27, 36: camelopardalis albis maculis superspersa, Solin. 30, 19.

super-spēro, āvī, āre, **überaus hoffen,** Vulg. psalm. 118, 43 u. 74 u. a. Eccl.

superspicio, spēxī, ere (super u. *specio), **darüberhin sehen,** per (über) centum triginta quinque milia passuum, Solin. 1, 99.

super-stāgno, āvī, āre, **austreten,** si amnis Nar in rivos diductus superstagnavisset, Tac. ann. 1, 79.

super-statūmino, āre, etw. **als Unterlage darauf hinstellen, -befestigen,** Pallad. 1, 9, 4.

superstēns, s. superstes.

super-sterno, strāvī, strātum, ere, **I** **daraufbreiten, -decken,** obrutus superstratis Gallorum cumulis (Leichenhügeln), Liv. 10, 29. § 19: pavimenta testacea supersternuntur, Colum. 1, 6, 13. – **II** mit etwas **überbreiten, überdecken,** fossam ponte solubili, Amm. 16, 8, 10.

superstes, stitis (super u. sto), **I** **der dabeisteht, der gegenwärtig ist,** der **Zeuge,** nemo hic adest superstes, Plaut. fr. b. Fest. 305 (a), 32: suis utrisque superstitibus praesentibus, alte juristische Formel b. Cic. Mur. 26; vgl. Serv. Verg. Aen. 3, 339. – **II** **übrigbleibend = am Leben bleibend, fortlebend,** u. in Bezug auf einen anderen = jmd. **überlebend,** **a** mit *Dat.*: ut sui sibi liberi superstites essent, Cic.: s. filio pater, Liv.: s. patriae, Hor.: gloriae suae, Liv.: Agricola posteritati narratus et traditus superstes erit, Tac.: videbatur vivere tamquam s. sibi, sich selbst-, seinen Tod zu überleben, Sen. – **b** m. *Genet.*: alterius vestrûm superstes, Liv.: tot bellorum superstes, Tac.: alqm non solum vitae, sed etiam dignitatis suae superstitem relinquere, Cic.: pauci non modo aliorum, sed etiam nostri superstites sumus, wenige haben andere überlebt, ohne selbst geistig tot zu sein, Tac. – **c** absol.: liberi superstites (Ggstz. amissi), Plin. ep.: liberis superstitibus, Quint.: alqm superstitem relinquere, Suet.: deos quaeso, ut (puer) sit superstes, leben bleibe, Ter.: übtr., superstite Romā, überdauernd, Lucan. 7, 660. – ► Nbf. superstēns, CIL 3, 410: Akk. superstem, *ibid.* 6, 6295.

superstīllo, āre, **daraufträufeln,** oleum, Apic. 4, 67 u. a.

superstitio, ōnis, *f.* (superstes), die ängstliche Scheu vor dem, was über den gewöhnlichen Volksglauben hinausgeht; dah. **I** die **ängstliche,** dah. auch **abergläubische Scheu,** die **abergläubische Besorgnis,** der **Wahnglaube, Aberglaube,** auch die **religiöse Schwärmerei,** der **Fanatismus,** **1** eig.: anilis, Cic.: muliebris aut anilis, Lact.: superstitiones paene aniles, Cic.: magicae superstitiones, Tac.: capti quādam superstitione animi, Liv.: victi superstitione animi, Liv.: anili superstitione obligari (verfallen), Cic.: huic barbarae superstitioni resistere, Cic.: superstitionem tollere, Cic.: superstitionem alci excutere, Sen.: superstitione liberari, Cic.: eā superstitione infici (angesteckt werden), Tac. – übtr., superstitione quādam virtutis (ängstliche, heilige Scheu vor der T.) teneri, Sen.: so auch superstitione praeceptorum (vor den Lehren) contra rationem causae trahi, Quint. – **2** meton.: **a** der ängstlich bindende **Eidschwur,** Verg. Aen. 12, 817. – **b** die heilige Scheu, die etw. einflößt, die **Heiligkeit,** templi, Iustin. 39, 3, 9. – **II** die **Heilighaltung, Verehrung** der Gottheit, der **Gottesdienst,** der **Kultus,** die äußere **Religion,** u. insofern sie dem Volksglauben gegenübersteht = die **Afterreligion** (vgl. Lact. 4, 28, 11 *religio* veri dei cultus est, *superstitio* falsi), privata superstitio geniti apud ipsos Herculis, Iustin.: quaenam illa superstitio, quod numen, interrogat, Tac.: superstitio Iudaica, Quint. u. ICt.: vana (der Isis), Suet. – im Plur. = **religiöse** nichtrömische **Gebräuche, abergläubische Gebräuche (Zeremonien)** u. als Inbegriff derselben = die **Gottesverehrung,** bes. der **mystische, abergläubische Kultus,** in superstitionibus atque cura deorum praecipua amnibus veneratio est, Iustin.: multi vetustis superstitionibus fidebant, Tac.: hostes operati superstitionibus, Liv.: novas superstitiones introducere (v. Sokrates), Quint.

superstitiōse, *Adv.* (superstitiosus), **I** **zu bedenklich, zu genau, kleinlich,** fieri, Quint.: inhaerere cogitatis, Quint.: alqd confabricari, Gell. – **II** **abergläubisch,** Cic. de nat. deor. 3, 92 u. a.

superstitiōsus, a, um (superstitio), **I** **weissagerisch,** subst. der **Weissager,** die **Weissagerin,** vox, Poëta trag. inc.: hariolationes, Enn. fr.: homo, Plaut.: si ista superstitiosa aut hariola est, Plaut. – **II** **abergläubisch** (Ggstz. religiosus), philosophi, Cic.: gentes, Mela: ab recenti clade superstitiosi principes, Liv. – *Compar.*, per omnia quasi superstitiosiores vos video, Vulg. act. apost. 17, 22: *Superl.*, saeculum superstitiosissimum, Tert. adv. gnost. 2.

superstito, āre (superstes), **I** *tr.* **beim Leben-, wohlauf sein lassen,** in seiner Dauer **erhalten,** Enn. fr. scen. 295. – **II** *intr.* **vollauf sein,** ut mihi supersit, suppetat, superstitet, mir reichlich, vollauf u. im Überfluss vorhanden sei, Plaut. Pers. 331.

super-sto, stetī, stāre, **oben auf** etwas **stehen,** **a** m. *Dat.*: corporibus, Liv.: essedis carrisque, Liv.: turribus, Liv.: columnae, Suet.: maceriis hortorum, Tac. – **b** mit *Acc.*: alqm, Verg.: ossa, Ov. – **c** absol. = **oben daraufstehen,** Sall. u. Liv.

superstrātus, a, um, s. super-sterno.

super-stringo, strīnxī, strictum, ere, **oben darüberbinden, -zusammenziehen,** latera balteis, Sidon. epist. 4, 20 zw.: manus, Apul. met. 11, 14.

super-struo, strūxī, strūctum, ere, **oben darüberbauen, -aufführen,**

Sen., Tac. u. a. – im Bild, quae (eloquentia) nisi oratoris futuri fundamenta fideliter iecerit, quidquid superstruxeris, corruet, Quint. 1, 4, 5.

supersubstantiālis, e (super u. substantia), **zum Lebensunterhalt notwendig,** panis, Vulg. Matth. 6, 11.

super-sum, fuī, esse, **I übrig sein,** u. zwar als Rest oder als Überschuss, **A** als Rest **übrig sein, übrig bleiben, noch vorhanden sein, a** v. lebl. Subjj.: duae partes, quae mihi supersunt illustrandae, Cic.: biduum supererat, Caes.: non multum aestatis supererat, Caes.: quantum hominis avarissimi satietati superfuit, Cic.: quod gerendis rebus superesset, Liv.: quoniam mihi per condicionem fragilitatis humanae non multum superesse videtur *ad* vitam, Lampr. Diadum. 1, 5. – quod superest, der Rest, Verg. Aen. 5, 691 u. a.: aber quod superest, scribe, quaeso, accuratissime, quid placeat, was ich noch sagen wollte, Cic. ad Att. 9, 19, 4. – superest m. folg. *ut* u. Konj., Plin. ep. 1, 1, 2. Vopisc. Aurel. 48, 3. Dict. 5, 6. Lact. 1, 23, 1 u. a. (s. Bünem. Lact. 1, 6, 6). – m. folg. Infin., Liv. 44, 6, 14. Ov. met. 7, 149; 14, 145 u. a. Plin. 19, 49. Censorin. 7, 1 u. 23, 1. Auct. de pond. 56. Tert. de pudic. 2 *extr.* Lact. 1, 6, 6 u. a. – **b** v. Pers.: **α** übh. als Rest **noch übrig-, noch vorhanden sein,** perexigua pars illius exercitus superest, Caes.: omnes, qui supersunt de Hirtii exercitu, Asin. Poll. in Cic. ep.: superesse qui etc., es gäbe außer jenen noch welche, die, Tac.: si qui de interfectoribus superfuerunt, etwa noch übrige Mörder, Vopisc.: et superesse videt de tot modo milibus unum, Ov.: ex eo proelio circiter milia hominum CXXX superfuerunt, Caes.: Lusitani, qui ex pugna superfuerunt, Auct. b. Hisp. – **β noch übrig sein** = **noch leben, noch am Leben sein** od. **bleiben,** m. *Dat.* = etwas od. jmd. **überleben,** tuum vis unicum gnatum tuae superesse vitae superstitem, Plaut.: patri, exercitui, Liv.: isti latroni, Rufus in Plin. ep.: rei publicae, Asin. Poll. in Cic. ep.: pugnae, Liv.: non enim desertis superfuit, sed desertor occĭdit, Vell. – absol., cum superessent adhuc, qui spectaverant, Suet. – **B** als Überschuss übrig sein, **mehr als zu viel vorhanden sein, a** = **reichlich-, im Überfluss vorhanden sein, völlig ausreichen** (Ggstz. deesse; vgl. Nipperd. Tac. ann. 14, 54 u. Heräus Tac. hist. 1, 51, 8), cui tanta erat res et supererat, Ter.: vereor, ne iam superesse mihi verba putes, quae dixeram defutura, Cic.: quantum alteri sententiae deesset animi, tantum alteri superesse dicebat, Caes.: fama Iovi superest, Ov.: equi ad usum et ad decus supererant, Tac.: modo vita supersit, ausreiche, Verg. – im üblen Sinne, ut neque absit quicquam neque supersit, zu viel-, überflüssig ist, Cic. de or. 2, 108. – **b hinlänglich gewachsen sein,** v. leb. Wesen, labori, Verg. georg. 3, 127: Veneri, Colum. 4, 27, 8. – **c überlegen sein** = **überwiegen,** doctrina etiam superfuit, Cic. fr. bei Gell. 1, 22, 7; vgl. Dräger Tac. ann. 3, 47. – **II beistehen,** Aug. b. Suet. Aug. 56, 3; vgl. Gell. 1, 22, 3. – **III über** etw. **sein, hervorragen,** Val. Flacc. 6, 760. – **IV** einer Sache **vorstehen, über** etw. **gesetzt sein,** unctionibus, Arnob. 3, 25: libidinum tutelis, Arnob. 4, 9: deos nobis superesse custodes (als H.), Arnob. 3, 23. – ► Archaist. Nbf. des *Futur,* superescit, Enn. ann. 494. Acc. tr. 266. – in der Tmesis, Plaut. Curc. 85. Nep. Alc. 8, 1. Verg. ecl. 6, 6 u. Aen. 2, 567. Tac. hist. 1, 20.

super-sūmo, ere, **noch dazunehmen,** Plin. Val. 1, 61.

super-tego, tēxī, tēctum, ere, **I mit** etw. **oberwärts-, von oben bedecken, überdecken,** candida ossa nigrā favillā, Tibull. 3, 2, 10 (in der Tmesis): vasa congestu culmorum et frondium, Colum. 9, 14, 14: alqm frondibus, Iustin. 43, 4, 6: exutus tunicam supertexit me celerrime, Apul. met. 11, 14 *extr.* – **II darüberdecken,** tabulata, Veget. mil. 2, 25.

supertegulum, ī, *n.* (supertego), das **Überdach,** Gregor. Tur. hist. Franc. 5, 50. p. 243, 6.

super-tendo, ere, **I über** etw. **darüberspannen,** concavum lignum, cui chordae supertenduntur, Augustin. in psalm. 70. serm. 2. § 11. – **II überaus spannen,** tumores, Cael. Aur. de morb. acut. 2, 9, 49.

super-terrēnus, a, um, **über der Erde befindlich,** Tert. de res. carn. 49.

super-tertius, a, um, bezeichnet das Verhältnis von 4 zu 3, **eins und ein Drittel enthaltend,** numerus, Mart. Cap. 7. § 761 *sq.* Censor. 10, 8: proportio, Censor. 10, 11.

super-texo, ere, **überweben,** übtr. = **überziehen,** Avien. or. mar. 127.

super-tollo, ere, **überheben,** bildl., se, Commodian. instr. 2, 19, 2.

super-traho, ere, **über-, darüber hinziehen,** Plin. 18, 173.

supertripartiēns, entis, u. **supertriquārtus,** a, um, **eine Zahl u. noch drei Teile von ihr enthaltend,** Boëth. inst. arithm. 1, 18.

superūnctio, ōnis, *f.* (superungo), die **Übersalbung,** Plur. bei Cael. Aur. de morb. acut. 3, 4, 34.

super-undo, āre, **überfließen,** bildl., gratiā, Paul. Nol. carm. 18, 183.

super-ungo, ūnxī, ūnctum, ere, **übersalben, überschmieren,** Cels. 7, 7, 1. Scrib. Larg. 29. Ambros. epist. 80, 4.

super-urgeo, ēre, **oben (oberhalb) eindringen,** fluctu superurgente, über Bord schlug, Tac. ann. 2, 23 *extr.*

superus (selten **super**), a, um (v. *Adv.* super), *Compar.* superior, *Superl.* superrimus, suprēmus u. summus, **1** *Posit.* **superus** (super), a, um, **oben (oberwärts) befindlich,** der, die, das **obere** (Ggstz. inferus), **1** im Allg.: **a super:** super inferque vicinus, Cato r. r. 149, 1. – **b superus:** limen, Plaut.: res superae, Cic.: mare superum, das obere Meer, das adriatische (Ggstz. mare inferum, das etrurische, tuskische), Cic. (im Briefstiel auch ohne mare, z. B. iter ad superum, navigatio infero, Cic. ad Att. 9, 5, 1). – subst., de supero, **von oben herab,** Plaut. u. Lucr.: ebenso ex supero, Lucr. – *adv.* superā u. synkop. suprā, s. suprā. – **2** insbes., von den Dingen auf od. über der Erde: superis ab oris, von der Oberwelt, Verg.: superas ad auras, Oberwelt, Verg. u. Ov.: superi di, die oberen Götter im Himmel, Plaut.: Iuppiter s., der kapitolinische (Ggstz. I. inferus, Pluto), Catull. – subst., **a** superī, ōrum, *m.,* **α** die **oberen Götter,** Verg. u. a. – **β** die **Oberwelt,** die **Menschen auf der Erde** (Ggstz. inferi, die Unterwelt), multum fleti ad superos, Verg.: apud superos, Vell. – **γ** die **Lebenden,** im Gegensatz zu den Toten, Val. Flacc. – **b** supera, ōrum, *n.,* die **Höhen,** supera alta, die oberen Regionen, **Höhen** des Himmels, Verg.: supera convexa, das Himmelsgewölbe, Verg.

II *Compar.* **superior,** ōris, *m.* u. *f.,* **superius,** ōris, *n.,* **weiter oben (höher) befindlich, -gelegen,** der, die das **obere,** u. partit. = der **obere Teil** von etw. (Ggstz. inferior), **1** eig.: **a** im Raum: pars, Rhet. Her.: pars collis, Caes.: domus, Cic.: Moesia, Obermösien, Eutr.: molares (Backzähne), Colum.: labrum (Lippe), Caes.: ex loco superiore, von der Anhöhe herab, Caes.: bes. de loco superiore dicere, vom Tribunal, als Prätor, Cic. Verr. 2, 102: de loco superiore agere, von der Rednerbühne, Cic. II. Verr.. 1, 14: so auch superiore e loco contionari, Cic. Tusc. 1, 117: meos multos et illustres et ex superiore et ex aequo loco sermones habitos cum tua summa laude, sowohl auf dem Tribunal als im gewöhnlichen Leben, Cic. ep. 3, 8, 2. – *neutr. pl.* subst., superiora muri, die oberen Teile der M. (Ggstz. ima), Curt. 8, 10 (37), 25. – **b** in der Schrift, scriptura superior (vorhergehende), Ggstz. inferior (folgende), Cic.: duo superiores libri, Lact.: exemplum superius, Lact. – **2** übtr.: **a** der Zeit od. Reihenfolge nach, **eher, früher, vorig, ehemalig, vergangen,** auch **älter, bejahrter,** annus, Cic.: nox, vorletzte (Ggstz. proxima, vorige), Cic.: vita, Cic.: facinus, Cic.: tempora, Cic.: crudelitas, Nep.: genus, zuerst erwähnt, Plin.: ferner omnes aetatis superioris, von bejahrtem Alter, Caes.: aetate superiores, ältere Leute (Ggstz. pueri), Varro: Africanus superior, der (dem Zeitalter nach) Ältere, Cic.: so auch Dionysius, Nep.: superiorum aetas, Cic. – **b** dem Rang nach, **höher,** superioris ordinis nonnulli, einige höhere Befehlshaber, Caes. b. 3, 74, 2: centuriones non nullos ex inferioribus ordinibus (Stellen) reliquarum legionum virtutis causā in superiores ordines huius legionis traducere, Caes. b. G. 6, 40, 7. – Plur. subst., superiores, Höhergestellte, Tac. hist. 4, 80. – **c** der Macht, dem Ansehen und anderen Vorzügen nach, **vorzüglicher, vornehmer, höher, andere übertreffend, wichtiger, α** absol.: aliquis superior, ein Vornehmer, Cic.: superior contra improbos, Cic.: populus superior factus, behielt die Oberhand, Cic.: superiores habebantur, Caes.: superioribus invidetur, Cic.: extemplo, simul *pares* esse coeperint, *superiores* erunt (werden sie eure Herren sein), Liv.:

qui eventus humanos superiores quam suos animos esse ducunt, höher stellen als usw., Liv. – als milit. *t. t.*, discessit superior, ging als Sieger von dannen, behielt die Oberhand, Caes. u. Nep.: nostri superiores fuerunt, siegten, Caes. – **β** m. *Abl.*: loco, fortunā, famā superiores, Cic.: honoris gradu superior, Cic.: causā superior, der die bessere Sache für sich, das Recht auf seiner Seite hatte, Liv.: facilitate et humanitate superior, Cic.: si superior ceteris rebus (in den übrigen Beziehungen) esses, Ggstz. cum omnibus rebus (in allen Beziehungen) inferior sis, Cic.

III *Superl.*: **A** **superrimus** (superrumus), a, um, angeführt b. Varro LL. 6, 5 u. 7, 51.

B **suprēmus**, a, um, der, die, das **oberste, höchste, äußerste,** u. partit. = **der oberste** usw. **Teil** von etwas, **1** eig.: im Raum: montes, die höchsten Spitzen, Lucr. u. Verg.: rupes, Sen. poët.: arx, Claud. – **2** übtr.: **a** der Zeit u. Reihenfolge nach der, die, das **äußerste, letzte,** **α** übh.: nox, Verg.: supremis suis annis, in seinen letzten Jahren, Plin.: supremis testamenti verbis, in den letzten Äußerungen vor seinem Ende im T., Tac.: manum supremam imponere bellis, die letzte H. legen an den Kr. = ihn zu Ende führen, Ov. – partit., nocte supremā, am Ende der Nacht, Colum.: sole supremo, beim Untergang der S., Hor. – adv., suprēmum, zum letzten Mal, Ov. met. 12, 526 (vgl. β). – **β** von dem letzten Zeitpunkt des Lebens, dies, der letzte Tag, Todestag, Cic., u. Tag der Bestattung, Cic. (s. Halm Cic. Muren. 75): dies vitae supremus, Tac.: u. so lux, nox, Mart.: hora, Todesstunde, Tibull.: honor, letzte Ehre (des Begräbnisses nebst den Zeremonien), Verg.: ignes, Scheiterhaufen, Ov.: tori, Leichenbett, Ov.: oscula, Scheidekuss, Tac.: vocat ore supremo, mit sterbendem Mund, vor seinem Tod, Ov.: iudicia, der letzte Wille, das Testament, Quint.: so auch tabulae, Mart.: tituli, Grabschriften, Plin. ep.: cura, letzte, vor seinem Ende, Suet.: so auch ira, Plin.: sors Troiae, Untergang, Zerstörung, Verg. – subst., suprēma, ōrum, *n.*, **αα** das **Letzte,** die **letzten Augenblicke,** der **Tod,** Ov. u. Tac.: in supremis, Quint. – **ββ** der **letzte Wille eines Menschen,** Tac. u. ICt. – **γγ** der Rest des verbrannten Leichnams, die **Gebeine,** der **Überrest,** Solin. u. Amm.: supremis eius plures honores dati, Liv. epit. – **δδ** die **letzte Ehre,** die man einem Toten erweist, Begräbnis und andere Zeremonien, Verg. u. Tac. – adv., suprēmum, zum letzten Mal im Leben, Verg. Aen. 3, 68. Plin. 11, 150. Tac. hist. 4, 14. Ps. Quint. decl. 6, 5: ebenso suprēmō, Plin. 11, 277. – **b** dem Maß, Grad, Rang nach, **α** der **äußerste, höchste, größte, ärgste, härteste,** macies, Verg.: supplicium, Cic.: supremo in tempore, in der ärgsten Not, Catull. – subst., ventum est ad supremum, Maß u. Ziel ist erreicht, Verg. Aen. 12, 803. – **β** der **höchste, erhabenste, vornehmste,** Iuppiter, Komik.: deus, Lact.: comes, Plaut.

C **summus**, a, um (aus *sub-mus, *Superl.* von sub; vgl. ὕπατος zu ὑπό), der, die, das **oberste, höchste, äußerste,** u. partit. = der **oberste** usw. **Teil** von etwas (Ggstz. infimus od. imus), **1** eig., im Raum: s. iugum montis, Caes.: summus ego (in triclinio), lag obenan, Hor. – partit., s. puteus, der Rand des Br., Plaut.: s. vestimentum, die Oberseite, der äußerste Saum des Gewandes, Plaut.: s. purpura, Zipfel der Toga, Lampr.: s. urbs, der oberste Teil, Cic.: summi digiti, die Spitzen der Fußzehen (ἄκροι ταρσοί bei Anacr.), Quint.: in summa sacra via, oben auf der heiligen Straße, Cic.: summa aqua, Oberfläche des Wassers, Cic.: summa ab unda, oben von den Wellen, Verg. – subst., summum, ī, *n.*, das **Oberste,** die **größte Höhe,** a summo, von oben, Cic.: ad summum, Caes.: sunt in summo, ganz oben, Plin. ep.: dare ab summo bibere, von oben an, der Reihe nach, Lucil. fr.: ebenso a summo dare, Plaut.: a summo septenis cyathis committere hos ludos, Plaut.: si quid de summo petas, wenn man etwas von der obersten Schüssel will, Plaut. – ad summum (höchste Spitze) ascendere, Treb. Poll.: emergere ad summum (auf die Oberfläche), Lampr.: ad summum perducta (virtus) incrementi non habet locum, Sen. – *neutr.* subst., summum tecti, das Oberste, die Höhe des D., Verg. – eniti in summum ambitionis, Sen.: Plur., summa collis, Spitze, Auct. b. Afr.: summa petrae, die obersten Teile, Curt.: summa tectorum, die Dächer der Häuser, Curt.: summa riguerunt, die Extremitäten, äußersten Körperteile, Sen.: u. im obszönen Sinne, summa petere, Mart. u. Auct. Priap. – **2** übtr.: **a** dem Klang nach, der **höchste,** sonus summus (Ggstz. imus), Quint.: sonus summus, medius, imus, Plin.: vox summa (Ggstz. ima), Hor. u. Quint.: sicut cithara, ita oratio perfecta non est, nisi ab imo ad summum omnibus intenta nervis consentiat, Quint. – **b** der Zeit oder Reihenfolge nach der, die, das **äußerste, letzte** (Ggstz. primus), dies, Plaut. u. Verg.: summo ludorum die, Asin. Poll. in Cic. ep.: senectus, Cic.: summam manum imponere eloquentiae, die letzte H. legen an die B., ihr das Gepräge der Vollendung geben, Quint.: at potissima prima et summa ponantur, zuerst und zuletzt, Quint.: nihil nostrā intersit, utrum ab summo an ab imo an a medio nomina eorum dicere incipiamus, Rhet. Her. 3, 30: summo, am Ende, zuletzt (Ggstz. initio), Quint. 7, 1, 10. – adv. summum, zum letzten Mal, Consol. ad Liv. 137. – **c** dem Grad, dem Rang, dem Ausehen, der Eigenschaft nach der, die, das **höchste, sehr hohe, äußerste, größte, vorzüglichste, wichtigste,** **α** v. Lebl., paupertas, Nep.: periculum, Nep.: prudentia, Cic.: deorum summus (überschwängliche) erga vos amor, Cic.: summā hieme, im tiefsten Winter, Cic.: summo iure, nach dem strengsten Recht, Cic.: summo studio, mit größtem Eifer, Cic.: scelus, Sall.: summum bonum, Cic. – omnia summa facere, die größte Mühe anwenden, sein Möglichstes tun, Cic. – summo loco natus, Cic.: summo magistratui praeesse, Caes. – in quo omnia summa sunt, lauter große Eigenschaften, Cic.: alqm socium summis rebus adiungere, erhabener Taten, Großtaten, Verg.: cum alqo de summis rebus dimicare, über die Oberherrschaft, Nep. – summo rei publicae tempore, in dem bedenklichsten Zeitpunkt, in der höchsten Gefahr des St., Cic. – summa salus rei publicae, das höchste Wohl des Staates, das ganze Staatswohl, Cic.: u. so summa res publica, das höchste (ganze) Wohl des Staates, der ganze Staat, ad summam rem publicam pertinere, Cic.: summa res publica tentatur, Cic.: – quo res summa loco? wie steht es mit dem Ganzen? mit dem Staat? Verg. – *neutr. pl.* summa, subst., die **höchste Gewalt, Oberherrschaft,** biennium summis potiti, Aur. Vict. de Caes. 26, 1. – adv., summum, **aufs Höchste, höchstens,** quattuor aut s. quinque, Cic.: uno aut summum altero proelio, Liv.; vgl. Garatoni Cic. Mil. *c.* 5. Liv. 21, 35, 9: dafür spätlat. ad summum, raro quis iterum vel ad summum tertio, Marc. Emp. 29. fol. 129 (b). – **β** v. Pers., der **höchste, größte, erhabenste, beste,** optimus et s. vir, Cic.: summi homines ac summis ingeniis praediti, Cic.: cum par honos habetur summis et infimis, Hohen und Niederen, Cic.: s. Iuppiter, Plaut.: s. sacerdōs, Vulg.: s. amīcus, Ter.; vgl. Simulo fuit summus, Ter. – m. *Genet.*, severitatis et munificentiae summus, der oberste Richter über Strenge u. Milde, Tac. ann. 1, 46. – subst., summus, der Höchste, sehr hoch Gestellte (Ggstz. infimus, der Niedrigste im Volk), Amm. 19, 9, 2: gew. Plur., summi (Ggstz. infimi), Cic. u. a. – u. poet. im *neutr. pl*, summa ducum Atrides, die Hauptperson, Ov. am. 1, 9, 37 (vgl. Lucr. 1, 86 ductores Danaûm delecti, *prima virorum*). – ► summus, gesteigert im *Compar.* summior, Eustath. hexaëm. 1, 10: u. durch *Advv.*, wie apprime summus, Claud. Quadr. ann. 1. fr. 15 bei Gell. 6 (7), 11, 7: valde summus, Plin. Val. 1, 38.

supervacāneō, *Adv.*, s. super-vacāneus.

super-vacāneus, a, um (super u. vacuus), **überflüssig,** **a** im guten Sinne, **überzählig,** vasa, Cato.: operae, in Mußestunden vorgenommene Beschäftigungen, Cic. – **b** im üblen Sinne, **überflüssig = unnötig, unnütz,** litterae, Cic.: si supervacanea esset oratio mea, Liv.: quin alter consul pro supervacaneo atque inutili habeatur, Liv. – in qua nihil inane, nihil sine causa, nihil supervacaneum, Cic.: supervacaneum est m. *Infin.*, Sall. Cat. 51, 19 u. 58, 5: ebenso supervacaneum videri potest m. *Infin.*, Vell. 2, 36, 2. – Abl. **supervacāneō** adv., Fronto ad M. Caes. 4, 3. p. 65, 18 N.

super-vaco, āre, **überflüssig sein,** Gell. 1, 22, 3.

supervacuāneus, a, um = supervacaneus, Ps. Sall. de rep. 2, 10, 6 *Jordan.*

supervacuē, *Adv.* (supervacuus), **überflüssig, nebenbei,** Paul. sent. 3, 4

B, 7. Tert. ad martyr. 1. Vulg. psalm. 24, 4 u. 30, 7. Mythogr. Lat. 3, 6, 22. Porphyr. Hor. carm. 2, 20, 24.

supervacuitās, ātis, *f.* (supervacuus), die **überflüssige, eitle Ruhmsucht,** Vulg. sapient. 14, 14.

supervacuō, *Adv.*, s. super-vacuus.

super-vacuus, a, um, **überflüssig, unnütz, unnötig,** cibus, Cels.: carnes, Plin.: radix, Plin.: frondes, Colum.: auxilium, curatio, Cels.: res, Sen. rhet.: adoptio, Sen. rhet.: labor, Quint.: facta, Suet.: doctrina, Suet.: metus, Ov.: irritatio, Val. Max.: mihi Baias Musa supervacuas Antonius facit, unnütz, unwirksam, Hor. – supervacuum est m. *Infin.*, Colum. 5, 1, 8. Cels. 3, 18. p. 99, 13 D.; 3, 20. p. 104, 20 D. u. a. Sen. suas. 6, 24. Sen. de brev. vit. 6, 3. Plin. ep. 7, 17, 5. Curt. 7, 4 (16), 18 u. 8, 8 (26), 4. Pallad. 3, 25, 4. – adv., in supervacuum, Sen.: ex supervacuo, Liv.: u. bl. supervacuo, Plin. u. ICt.

super-vādo, ere, etwas **übersteigen,** ruinas, Liv.: omnes asperitates, Sall.

super-vagor, ātus sum, ārī, **zu sehr ausschweifen, -sich ausbreiten,** v. Weinstock, Colum. 4, 21, 1 u. 22, 4.

super-valeo, ēre, **noch mehr gelten,** Vulg. Sirach 43, 32.

super-valēsco, ere, **noch mächtiger werden,** Vulg. 4. Esdr. 15, 31.

super-vector, ārī, **darüberhin fahren, -fliegen, -schweben,** super aquas, Tert. de bapt. 4.

super-veho, vectus, ere, **darüberführen,** cumulis montibusque arenarum supervectis (durch den Wind), Gell. 16, 11, 7.

super-vehor, vectus sum, vehī, **I über** etwas **hinfahren,** corpus eius iacens carpento, Paul. ex Fest. 332, 10. – **II** über eine Örtl. **hinausfahren,** montem, Catull. 66, 44: promunturium Calabriae, Liv. 42, 48, 7. – übtr., **übertreffen,** mulieres (Amazones) magnitudine corporis pariter ac pulchritudine cetera hominum genera supervectae, Iul. Val. 3, 50 (27 *extr.*). – **III auf** einem **Tier reiten,** dominus pullo asinae supervectus, Ambros. in Luc. 8. § 59.

super-venio, vēnī, ventum, īre, **I darüberkommen, über** etwas **kommen,** um es zu bedecken usw., **a** übh.: unda supervenit undam, Hor.: crura loquentis terra supervenit, Ov.: iugum, Colum. – **b** insbes., **besteigen, bespringen,** von sich begattenden Tieren, Colum. u. Plin. – **II dazukommen, a** übh.: legati superveniunt, Liv.: nisi equites supervenissent, Liv.: signa legionum supervenerunt, kamen dazu (zu Hilfe), Liv.: quod in ipso articulo periculi supervenerit, Donat.: regi supervenit, kam zu Hilfe, Curt.: v. Lebl.: alii corporis affectus, qui huic superveniunt, Cels.: quae (febris) levi vulneri supervenit, Cels.: superveniens iniuria, Sen. – **b** schnell, unvermutet **über den Hals kommen, überraschen, überfallen,** m. *Dat.*, munientibus, Liv.: huic laetitiae, Liv.: securis et laetis, Iustin.: alci nox supervenit, Curt.: m. *Acc.*, vis teneros supervenit annos, Stat. Ach. 1, 148: abs., quotiens imbres superveniunt, dazwischenkommen, Frontin. – Partiz. subst., supervenientēs, ium, *m.* = superventores (s. superventor), Notit. dignit. vol. 2. p. 113 *Boecking.* – **III darüberkommen, a** = **übersteigen,** quintam lunam, Colum. 8, 7, 5. – **b übertreffen,** Stat. Theb. 2, 298.

superventor, ōris, *m.* (supervenio), Plur. superventores, eine zum Überfall (plötzlichen Einhauen) gebrauchte leichte Reiterei, Amm. 18, 9, 3. Notit. dignit. vol. 1. p. 99 u. vol. 2. p. 22 *Boecking.* CIL 7, 33.

superventus, ūs, *m.* (supervenio), **I** das **Dazukommen,** superventu alcis, Plin. 7, 64. Tac. hist. 2, 54, 1. – **II** insbes., als milit. *t. t.*, der **Überfall,** auch im Plur., Augustin. serm. 30, 2. Veget. mil. 3, 8 u. 22 u. a.

super-vestio, ītus, īre, **überkleiden, bekleiden,** alqm (Ggstz. spoliare), Augustin. de civ. dei 14, 3 u. 20, 7; epist. 140, 16. Vulg. 2. Corinth. 5, 4: maleficos nomines taedā et papyro et cerā, Schol. Iuven. 1, 156: homo supervestitus (Ggstz. exspoliatus), Arnob. in psalm. 38.

super-vinco, ere, **überwinden,** Tert. adv. gnost. 13. Cassiod. hist. eccles. 6, 46.

super-vīvo, vīxī, ere, **überleben,** m. *Dat.*, alci, Iustin. u. Spart.: ipse mihi supervivens, Apul.: sup. manu, Apul.: gloriae suae triginta annis, dr. J. fortgenießen, Plin. ep.: absol., si supervixisset, Serv. Verg. Aen. 2, 457: percussorum fere neque triennio quisquam amplius supervixit, Suet. Caes. 89: post cuius obitum fere triennium supervixit, Paulin. vit. Ambros. 32: sin autem uno die vel duobus supervixerit, Vulg. exod. 21, 21; vgl. Serv. Aen. 11, 160 veteres enim *vivendo vincere* dicebant supervivere.

super-volito, āvī, āre, **über** etwas oder jmd. **hin und her fliegen (-flattern),** sua tecta alis, Verg. ecl. 6, 81: celsitudo (petrae), quam nec alites supervolitent, Itin. Alex. 49 (112): contionanti tantum foedarum volucrum supervolitavit, ut etc., Tac. hist. 3, 56 *in.*

super-volo, āre, **darüberfliegen, über** etwas **hinfliegen,** absol., Verg., Mela u. a.: totum orbem, Ov.: eum (chamaeleonta humi reptantem) forte (v. einem Geier), Gell.: bildl., m. *Dat.*, supervolemus terrenis opibus nostris, Augustin. epist. 15, 2.

super-volvo, volvī, volūtum, ere, **darüber hinwälzen,** se, Avien. phaen. 971: supervoluto cylindro, Colum. 11, 3, 34.

Supīnālis, is, *m.* (supinus), Beiname Jupiters, der Zurückbeugende = der Zerstörende, Augustin. de civ. dei 7, 11 *in.*

supīnātio, ōnis, *f.* (supino), die **Zurückbeugung,** stomachi, das Zurückweisen der Speise, Cael Aur. de morb. chron. 4, 3, 64.

supīnē, *Adv.* (supinus), **zurückgewandt, mit abgewandtem Gesicht,** Sen. de ben. 2, 24, 3.

supīnitās, ātis, *f.* (supinus), die **zurückgebogene Stellung, -Lage,** Quint. 11, 3, 122.

supīno, āvī, ātum, āre (supinus), **rückwärts beugen, -legen,** arcus supinatus, Manil.: modice supinata manus, Quint.: nasum nidore supinor, ich ziehe durch den G. die N. in die Höhe, ich schnüffele nach dem G., Hor.: in terga supinat, Stat.: u. so supinata testudo, auf den Rücken gelegt, auf dem Rücken liegend, Sen. – poet, glaebas, umkehren (mit der Hacke), Verg. georg. 2, 261: Parnasson tauris, umpflügen, Stat. Theb. 7, 347. – iamque supinantur fessis Penthei devexa iugi, strecken sich, Stat. Theb. 12, 243.

supīnus, a, um (zu sub u. super, griech. ὕπ-τιος), **rücklings, rückwärts gebogen, -liegend, befindlich** (Ggstz. pronus), **I** eig.: **A** im Allg.: supina iacendi positio, das Liegen auf dem Rücken, Cael. Aur.: motus corporis pronus, obliquus, supinus, Cic.: caput, Quint.: cervix, Quint.: ora, Cic.: os, Cic.: exanimata naufragiis corpora supina iacebant aut prona, Amm.: prona supinaque corpora iacēre, Pacat. pan.: modo versā modo supinā manu gesticulatus, hin u. her fuchtelnd, Petron.: manus supinas ad caelum tendere, mit der Fläche gen Himmel gewandt (Stellung der Betenden), Verg.: u. so protendere ad genua vestra supinas manus, Petron.: porrigere ad alqm supinas manus, Petron.: supinas tendere manus, Liv.: cathedra, mit rückwärtsgebogener Lehne, ein Lehnstuhl, Plin.: supini cubitus, das Liegen auf dem Rücken, Plin.: ubi aeger cubat supinus, rücklings, auf dem Rücken, Cels.: u. so cubat in faciem, mox deinde supinus, Iuven. – cornua, Plin.: falx, Plin.: palmes, Mart.: iactus, aufwärts in gebogener Richtung gehender, Liv.: supinior tonsura, in übergebogener Richtung, Plin. 17, 214; vgl. vites in supinum excisae, Plin. – **B** insbes.: **1 hingelehnt, schräg hingestreckt,** Tibur, Hor.: vallis, Liv.: collis, Verg.: planities, Amm. – mare, Plin.: tellus, Plin.: vindemia, Plin. – **2 zurückgebend, zurück,** flumina in fontes cursu reditura supino, Ov.: sursum supina reverti, Lucr.: carmen, Verse, die rückwärts gelesen dasselbe Metrum haben, Mart. – **II** bildl.: **1** mit zurückgeworfenem Haupt, **stolz,** Mart. 5, 8, 20. Pers. 1, 129. – **2** in Muße-, nachlässig zurückgelehnt, **müßig, lässig, α** v. Pers., verb. otiosus et supinus, Quint., securus supinusque, Quint., supinus et neglegens, Sen.: sup. Maecenas, Iuven. – **β** v. Lebl.: animus, Catull.: auris, Mart.: compositio, Quint.: *Compar.*, deliciae supiniores, Mart. 2, 6, 13. – **3** als gramm. *t. t.*, supinum (*sc.* verbum), **a** die Verbalform auf um, u (z. B. auditum, auditu), weil sie mit substantivischer Kasusendung ans Verbum sich gleichsam zurücklehnt, Charis. 175, 25. Prisc. 8, 49. – **b** die Verbalform auf di, do, dum (Gerundium), Charis. 175, 25. Prisc. 8, 70.

sūpo, s. suppo.

suppāctus, a, um, s. 1. suppingo.

suppaedagōgus (sub-paedagōgus), ī, *m.*, der **Unterpädagog,** CIL 6, 8976 (wo subpedagogus).

suppaenitet, *impers.* (sub u. paenitet), **es gereut ein wenig,** m. *Acc. pers.* u. *Genet. rei,* illum furoris et hunc nostrum copiarum suppaenitet, jener bereut usw. u. dieser ist unzufrieden mit usw., Cic. ad Att. 7, 14, 1.

suppaetulus, a, um (sub u. paetus), **etwas schmachtend** (s. paetus), oculi, Varro sat. Men. 375.

suppallidus, a, um (sub u. pallidus), **etwas blass, blässlich,** Cels. 2, 4 *extr.* u. 5, 26. *no.* 20.

suppalpor, ārī (sub u. palpor), **ein bisschen streicheln, -schmeicheln,** Plaut. mil. 106 (wo parag. *Infin.* suppalparier). Symm. epist. 1, 84.

suppār, paris (subpār), **I** **fast gleich, ziemlich gleich,** huic aetati suppares Alcibiades, Critias, kurz nach dieser Zeit lebten A. u. Kr., Cic. Brut. 29: suppari aetate nituerunt, Vell. 1, 17, 1: supparis aevi sum tibi, Auson. epist. 1, 13: quem eius inimici velut supparem insequerentur, Serv. Verg. Aen. 2, 86. – **II** **ziemlich entsprechend, -angemessen,** suavi Musicae suppari gressu, Apul. met. 6, 24.

supparasītor, ārī (sub u. parasitor), **schmarotzerisch schmeicheln,** alci, Plaut. Amph. 993; mil. 348.

supparātūra, ae, *f.* (supparo), die **Wiederherstellung,** Tert. de res. carn. 61.

supparile, is, *n.* (sub u. parilis), als rhet. Fig. = agnominatio (s. d.), Auct. carm. de fig. 109.

1. supparo, āre (sub u. paro), **anfügen,** Tert. de cult. fem. 2, 7 u. de anim. 25.

2. supparo, āre (sub u. par), **ein wenig gleich-, ähnlich machen,** Tert. adv. Valent. 4.

supparum (sīparum u. sīpharum), ī, *n.* u. **supparus** (sīpharus), ī, *m.* (σίφαρος), **I** das **Toppsegel, Bramsegel,** Form *sipharum* od. *sipharus,* Fronto ep. ad Anton, 1, 2. p. 97, 10 N.: Form *siparum,* Sen. ep. 77, 1. Sen. Med. 328 u. Herc. Oct. 699 *Leo.* Stat. silv. 3, 2, 27 *Baehr.* Isid. orig. 19, 3, 4 *Arev.* (Otto supparum): Form *supparum,* Lucan. 5, 429. – **II** übtr.: **A** ein an einem Querbalken, der in Kreuzform an einem aufrechten Balken befestigt ist, ausgespanntes **Banner,** siphara illa vexillorum, Tert. apol. 16 *Oehler.* Vgl. Fest. 310 (a), 19 (wo supparos) u. 340 (a), 20 (wo supparum). – **B** ein Überwurf von Leinen mit kurzen, ziemlich engen Ärmeln, die den Oberarm bis zum Ellenbogen bedeckten, von Frauen über der subucula getragen, Form *supparus,* Varro LL. 5, 131. Fest. 310 (a), 10: Form *supparus* u. *supparum* (erklärt durch περιώμιον), Prisc. 5, 42. Fest. 310 (a), 15: Akk. supparum, Nov. com. 70. Plaut. Epid. 232 G. Tert. de pall. 4: Plur. *suppara,* Lucan. 2, 364. – als rosiges Gewand der Morgenröte dem Serapis beigelegt, aurorat ostrinum hic indutus supparum, Varro sat. Men. 121.

suppateo, ēre (sub u. pateo), **unten sich erstrecken, -liegen,** fovea, quae fruticibus imis suppatet, Apul. met. 8, 20: campi suppatentes, *ibid.* 7, 24.

suppedāneus, a, um (sub u. pedaneus), **unter die Füße gesetzt,** scabellum, Fußschemel, Greg. dial. 1, 2 *extr.* – subst., suppedāneum, eī, *m.*, der **Fußschemel,** pedum tuorum, Itala psalm. 109, 1 bei Lact. 4, 12, 17 u. beim Interpr. Iren. 2, 28, 7 u. 3, 6, 1.

suppeditātio, ōnis, *f.* (suppedito), der **mehr als hinlängliche Vorrat,** der **Überfluss,** bonorum, Cic. de nat. deor. 1, 111.

suppedito, āvī, ātum, āre (*Frequent.* zu pedare, stützen), **I** *intr.* **vorrätig sein, hinlänglich-, reichlich vorhanden sein, zu Gebote stehen,** gaudium gaudiis suppeditat, Plaut.: multitudo, Liv.: nec consilium nec ratio suppeditat, Liv.: ne chartam quidem suppeditare, Cic.: ut tuo amori suppeditare possint sine sumptu tuo omnia haec, Ter. eun. 1076 Fl. – dah. **a** vita mihi suppeditat, ich habe das Leben noch, cui si vita suppeditasset, Cic.: quodsi vita suppeditet, wenn ich das Leben behalte, Tac. – **b** suppeditat m. *Infin.*, **man kann recht,** dicere, Lucr. 3, 729. – **c** zu etw. **vorrätig sein, hinlänglich sein, hinreichen,** ad cultum, Cic.: in fundamenta, Liv. – **d** zu etwas **hinlänglich sein taugen,** ihm **gewachsen sein,** labori, Plaut. asin. 423. – **II** *tr.* **1** mit etwas **an die Hand gehen,** etw. **darreichen, geben, verschaffen,** **a** m. *Acc.*: luxuriae sumptus, Plaut.: alci frumentum, Cic.: cibos, Cic.: domus suppeditat mihi hortorum amoenitatem, Cic.: otium studio, widmen, Rhet. Her.: alci ingenium suum, jmdm. mit seiner Geschicklichkeit dienen, Rhet. Her. – **b** absol., an **die Hand gehen, beistehen, unterstützen,** alci, Cic.: alcis supp. sumptibus, jmdm. die Mittel an die Hand geben zu seiner Verschwendung, Ter. – **2** suppeditari alqā re, mit etwas **versehen sein,** Lucr. 2, 1162. Cic. Cat. 2, 25.

suppēdo, ere (sub u. pedo), **ein wenig furzen,** Cic. ep. 9, 22, 4.

suppellex, s. supellex ►.

suppernātus, a, um (sub u. perna), **an der Hüfte zerschlagen, -gelähmt,** Fest. 305 (b), 15: übtr., alnus suppernata securi, niedergehauen, Catull. 17, 19.

supperturbor, ārī (sub u. perturbo), **ein wenig bestürzt werden,** pusillum supperturbatur, Sen. apoc. 13, 3 zw. (*cod. Sang.* pusillum perturbatur).

suppēs, pedis (sub u. pes), der über sich gekehrte Füße hat, Petron. fr. 13.

suppetiae, ārum, *f.* (suppeto), die **Hilfe,** der **Beistand,** nur im *Nom.* u. *Acc.* vorkommend, suppetiae, Plaut.: suppetias ferre, Plaut., Suet. u. Apul., od. affere, Plaut.: suppetias implorare, Arnob.: bes. suppetias oft statt ad suppetias, zu Hilfe, alci suppetias ire, Varro fr. u. Auct. b. Afr.: suppetias advenire, Plaut., od. venire, proficisci, occurrere, Auct. b. Afr.: milites suppetias mittere, Auct. b. Afr.

suppetilis (suppetulis) e (suppetior), **zur Hilfe dienend,** Itin. Alex. 32 (76).

suppetior, ātus sum, ārī, (suppetiae) **zu Hilfe kommen, Hilfe leisten, helfen,** Apul. met. 8, 20: oft Supin., z. B. proclamare suppetiatum, Apul. met. 1, 14: suppetiatum decurrere, Apul. met. 4, 10.

suppetium, iī, *n.* (suppeto), die **Hilfe,** der **Beistand,** suppetium non erit, Commodian. apol. 1006; instr. 2, 1 (2), 15 u. 2, 28 (29), 12.

suppeto, īvī u. iī, ītum, ere (sub u. peto), **I** herbeikommen, d. i. **A** **zur Hand sein, hinlänglich in Bereitschaft sein, in reicher Fülle vorrätig-, vorhanden sein, hinlänglich zu Gebote stehen,** ne pabuli quidem satis magna copia suppetebat, Caes.: cum frumentum copiaeque aliae largius obsessis quam obsidentibus suppeterent, Liv.: id modo videndum est, ut materies suppetat (nicht gebricht) scutariis, Plaut.: ut hodie ad litationem huic suppetat satis Iovi, Plaut.: vires non suppetunt, Vulg.: nisi conatus ac vires suppetant ambulandi, Lact.: ut mihi ad remunerandum nihil suppetat praeter voluntatem, Cic.: quibuscumque vires suppetebant ad arma ferenda, hinlängliche Kräfte hatten, Liv.: si vita suppetet, wenn ich das L. noch habe, Cic.: so dum vita suppetit, Plin. ep.: si vita longior suppetisset, Liv.: non potis ecfari tantum dictis, quantum factis suppetit (tatsächlich vorliegt), Enn. fr. – v. Redestoff, cui res non suppetat, verba non desint, Cic.: vererer, ne mihi crimina non suppeterent, Cic. – v. Rat, nec consilium sibi suppetere, wüssten sich nicht zu raten, Liv. – poet. m. persönl. Subj., novis ut usque suppetas doloribus, daseiest für usw., Hor. epod. 17, 64. – **B** übtr., zu etwas **hinlänglich sein, ausreichen, hinreichen,** einer Sache **gewachsen sein, entsprechen,** ut sumptibus copiae suppetant, Cic.: rudis lingua non suppetebat libertati, Liv.: utinam quae dicis dictis facta suppetant, Plaut.: quia non suppetunt dictis data, Plaut.: v. Pers., deos oro ut (uxor) vitae tuae superstes subpetat, dass sie so weit ausreiche (so weit komme), dich zu überleben, Plaut. trin. 57. – **II** **anstatt** jmds. **bitten,** Ulp. dig. 47, 2, 53. § 11.

suppetulus, s. suppetilis.

suppīlo, āvī, ātum, āre (sub u. *pilo, wov. auch compilo), **I** unter der Hand abplündern, pallam uxori, Plaut.: absol., Plaut. – **II** **unter der Hand ausplündern,** alqm, Pompon. com. fr. u. Plaut.

1. suppingo, pēgi, pāctum, ere (sub u. pango), **I** **unten anschlagen,** fulmentas soccis, Plaut. trin. 720: calcar equo, unten einsetzen, Fronto ad M. Caes. 2, 12. p. 35, 18 N. (als Lesart des *cod.);* übtr., alci, Symm. epist. 1, 62. – **II** **unten beschlagen,** quin habeat auro soccis subpactum solum (Schuhsohle)? Plaut. Bacch. 332.

2. suppingo, pīnxī, ere (sub u. pingo), **bemalen,** Avien. Arat. 1454 (= progn. 132).

suppinguis, e (sub u. pinguis), **etwas fett,** cutis, Cels. 6, 4: linimentum, Th. Prisc. 1, 27: phlegma, Th. Prisc. 2. chron. 21.

supplantātio, ōnis, *f.* (supplanto), die **heuchle- rische Täuschung,** Vulg. psalm. 40, 10; proverb. 11, 3 u. Augustin. serm. 4, 28.

supplantātor, ōris, *m.* (supplanto), der ein Bein unterstellt, der **Betrüger,** Hieron. epist. 69, 6. Augustin. serm. 4, 28 u. a. Eccl.

supplanto, āvī, ātum, āre (sub u. planta), **I** jmdm. **ein Bein stellen,** ihm **ein Bein unterschlagen,** griech. ὑποσκελίζειν, **A** eig. u. übtr.: **1** eig.: alqm, Cic. de off. 3, 42. Sen. ep. 13, 2. Ambros. de off. 3, 4, 26. – **2** übtr.: **a** übh.: tenero supplantat verba palato, lässt kein Wort auf die Beine kommen, radebrecht die W., Pers. 1, 35. – **b herabwerfen, zur Erde werfen, niederreißen,** fulturas, Vitr.: uvas, Plin. – **B** bildl., **über den Haufen werfen, umstoßen,** iudicium, Ps. Quint. decl. Trib. Mar. 7. – **II** gleichs. **untersohlen,** als *t. t.* des Landb., den Wein niederlegen u. in den Boden treten, **einsohlen,** vites in terram, Plin.: vitem, Colum.

supplaudo, s. supplōdo.

supplēmentum, ī, *n.* (suppleo), das **Ergänzungsmittel, die Ergänzung, I** eig.: gregis, Colum.: coloniae, Vell.: supplementa (Ergänzungsleute) urbium, Iustin. – als milit. *t. t.,* die **Ergänzung, Verstärkung, Rekrutierung,** die **Ergänzungsmannschaft,** exercitus, Liv.: pars supplementi, Caes.: supplementum scribere legionibus, Cic.: supplementum in alias (legiones) legere, Liv.: legiones veteres eodem supplemento explere, Liv.: supplementa distribuere, Liv. – in supplementum equitum, Curt. – **II** übtr., die **Nachhilfe,** die ergänzende **Hilfe,** Suet. Aug. 80. Apul. met. 2, 21.

suppleo, plēvī, plētum, ēre (sub u. pleo), ergänzend **wieder vollmachen, ergänzen, I** eig., ergänzend **wieder anfüllen, nachfüllen,** fiscellam, Cato: sanguine venas, Ov.: inania moenia, bevölkern, Ov. – **II** übtr.: **a** übh., Fehlendes, Unvollständiges, Unvollzähliges **ergänzen, ersetzen, vollzählig machen,** ex alio acervo quantumcumque mensurae defuit supplet, Colum.: damna incendiorum multis, durch Zuschuss ersetzen, Suet.: scriptum, Cic.: usum provinciae, das Nötige in der Provinz, Cic.: senatum, Suet.: bibliothecam, Cic.: suppleto biennio, nachdem zwei Jahre zu Ende sind, Soran. – als milit. *t. t.,* **ergänzen, rekrutieren, vollzählig machen,** legiones, Liv.: naves remigio, Liv. – **b ausfüllen, ersetzen = vertreten,** vicem solis, Plin. ep. 5, 6, 25: locum parentis, Sen. Hipp. (Phaedr.) 633 (641). – **c vollends dazusetzen** (damit die Zahl voll werde), ceteros, Cic. Phil. 12, 14.

supplētio, ōnis, *f.* (suppleo), die **Ergänzung,** Ps. Soran. qu. medic. 249: menstruae lunae, Gregor. in Iob lib. 34, 25.

supplex, plicis, Abl. gew. supplice, doch auch supplicī, Genet. Plur. supplicum u. (selten) supplicium (sub u. placo), **sich demütigend, demütig bittend, demütig flehend, a** absol., supplex te ad pedes abiciebas, Cic.: pro sua incolumitate supplex, Tac. – übtr., v. lebl. Subjj.: tendit ad vos manus supplices, Cic.: orat multis et supplicibus verbis, Cic.: apud alqm vocem supplicem mittere, Liv.: voce supplici postulare, Sall.: s. libellus, Bittschrift, Mart. – **b** m. *Dat.:* alci fieri od. esse supplicem, jmd. demütig bitten, Plaut. u. Cic.: cum lacrimans Socrati supplex esset, ut etc., Cic. – **c** m. *Pronom. poss.* od. m. *Genet.* des Angeflehten: vester est supplex, Cic.: tuus, Hor.: dei, Nep.: misericordiae vestrae, Cic.: eorum (näml. simulacrorum ararumque) supplices, an ihnen, unter ihrem Schutz, Nep.

supplicāmentum, ī, *n.* (supplico), **I** die Beweisung der Ehrerbietung gegen Gott durch Beten, Opfern usw., der **Gottesdienst,** Eccl. (s. Rönsch Itala p. 24). – **II** die **Strafe, Marter, Plage,** Tert. de fuga in persec. 9 (Oehler suppliciamentum).

supplicātio, ōnis, *f.* (supplico), **I** die öffentliche Demütigung vor Gott, die feierliche Verehrung der Götter durch Gebete u. Opfer, bei glücklichen oder unglücklichen Staatsereignissen, das **Dankfest,** der **Buß-** od. **Bettag,** das **Buß-** und **Betfest,** supplicatio omnibus diis (für alle G.), quorum pulvinaria Romae essent, indicta est, Liv.: ad omnia pulvinaria supplicationem decernere, Cic.: supplicationem decernere dis immortalibus pro singulari eorum merito alcis nomine (um jmds. willen), Cic.: decernere supplicationes mortuo, Cic., ei uni togato, Cic.: quindecim dies (auf 14 Tage) od. dierum viginti supplicationem decernere, Caes.: supplicationem per triduum ad omnia pulvinaria habere, Liv.: in quadriduum supplicationes decernere, Liv.: ob recitationem supplicationem decernere, Suet.: decernere eo nomine (um deswillen) supplicationes, Tac.: prodigiorum averruncandorum causā supplicationes in biduum decernere, Liv.: supplicationes per dies quinquaginta ad omnia pulvinaria constituere, Cic.: supplicationes habere, Liv.: unum diem Aesculapio supplicationem habere, Liv.: in Crustumino unum diem ipso loco supplicatio fuit, Liv.: supplicatio quoque earum religionum causā fuit, quibus diis decemviri ex libris ut fieret ediderunt, Liv.: Romae dierum viginti supplicatio redditur, wird zum Dank dargebracht, Caes.: quid in gratulationibus supplicationibusque nisi excellentiorem ornatum adiciunt? Liv. – **II** die **demütige, unbedingte Ergebung,** Amm. 17, 13, 21.

supplicātor, ōris, *m.* (supplico), der **demütig Bittende, Betende,** Eccl.

supplicē, *Adv.* (supplex = suppliciter, **demütig,** Carm. Saliar. b. Varro LL. 7, 27 *ed. princ.* (Müller supplicante).

suppliciāmentum, s. supplicāmentum.

suppliciter, *Adv.* (supplex), **demütig, flehentlich,** suppliciter tristis, in Verehrung u. Trauer, Verg.: loqui, Caes.: alqm alloqui, Iustin.: orare vitam, Liv.: suppliciter demisseque respondere Cic.: preces suppliciter admotae, Curt.: virginem deam s. adorare, Augustin.

supplicium, iī, *n.* (supplex), das »Niederknien«, sowohl zum Gebet als zum Empfang der Bestrafung; dah. **I** das **flehentliche Bitten, Flehen, 1** die **Demütigung vor Gott,** das **demütige, flehentliche Bitten, Beten, Flehen,** das öffentliche **Gebet,** deorum supplicia, Varro: precibus suppliciisque deos placare, Liv.: supplicia dis decernuntur, Sall. – **2** das **flehentliche, dringende Bitten, Flehen** zu Menschen, fatigati suppliciis regis, Sall. Iug. 66, 2: legatos ad consulem cum suppliciis mittit, *ibid.* 46, 2. – **II** die **Bestrafung, Strafe,** bes. die **Todesstrafe, Hinrichtung, Marter, 1** eig.: ad supplicium dare od. tradere alqm, Nep. u. Liv.: ad supplicium producere alqm, Cic.: supplicium expetere, Liv.: supplicium petere ex alqo, Liv.: sumere supplicium de alqo, Caes., Cic. u. a., ex alqo, Liv., ab alqo, Val. Max.: supplicium sumere virgis, Cic.: supplicium expromere in alqm, Cic.: cur tot supplicia sint in improbos more maiorum constituta? Cic.: supplicium adhibere, Cic.: omni supplicio cruciare, Cic.: ad ultimum supplicium (Selbstmord) progredi, Caes.: supplicium dare alci, Komik u. Nep.: supplicium subire, Cic.: supplicia crucibus luere, Iustin.: crucis supplicio interimi (v. Christus), Arnob.: supplicio se subtrahere, Liv. – dah. übh. **Marter, Qual, Pein,** malorum, Verg.: paululum supplicii satis est patri, Ter.: satis supplicii tulisse (durch Mangel u. Durst), Caes.: supplicium de se dare filio, Genugtuung geben, Ter.: so auch dabitur supplicium (Genugtuung) mihi de tergo vestro, Plaut. – **2** meton., die durch Marter bewirkte **Verstümmelung, Wunden,** supplicia nostra, Vitr.: dira tegens supplicia, Verg.: quos Persae vario suppliciorum genere affecerant, Curt.: omnes pari supplicio affecti sibi videbantur, Curt. – Genet. Sing. zusgz. supplici = supplicii, Acc. tr. 659. Plaut. merc. 991. Ter. Andr. 903 u. a. – Dat. od. Abl. Plur. zusgz. supplicis = suppliciis, Sen. Medea 743 u. 1015 *Leo.*

supplico, āvī, ātum, āre (supplex), **vor** jmd. **in die Knie (zu Füßen) fallen, I** im Allg., **sich vor** jmd. **demütigen,** jmd. **flehentlich bitten,** zu jmd. **flehen,** jmd. **anflehen,** jmdm. **gute Worte geben,** non quoiquam homini, Plaut.: illi, Enn. fr.: alci publice, Cic.: non multum Graecis, den Gr. nicht viel gute Worte geben, Cic.: Caesari od. senatui pro alqo, Cic.: pro capite suo, Quint.: absol., Cic. – mit *Acc.,* Achillem, Acc. tr. bei Prisc. 18, 219: u. bei Spät., imperatores nostros, ICt.: contrarios, Amm. Vgl. Prisc. 18, 219 ›supplico te‹ et ›tibi‹. – **II** insbes., **zu Gott flehen,** ihn **um seine Gnade anrufen,** ihm **ein Dank-** od. **Bittgebet darbringen,** Lari familiari pro copia, Cato: per hostias diis, Sall.: a diis, Plaut.: in fano, Plaut.: pro delictis, Tertull. – *impers.,* ture supplicabatur (deo), Sall. fr. u. Plin. – ► Archaist.

Coni. Perf. supplicassis, Plaut. asin. 467. – Depon. supplicor, Fulgent. ed. Helm p. 181, 28 u. 186, 4.

supplicuē, *Adv.* (*supplicuus v. supplex), **demütig,** Apul. met. 9, 39 u. 11, 24.

supplōdo (supplaudo), plōsī, plōsum, ere (sub u. plaudo), **I** *intr.* (supplaudo), **klatschen, Beifall geben,** Tert. de idol. 12 u. de pudic. 19 *in.* – **II** *tr.* (supplodo), **A aufstampfen,** pedem, mit dem Fuß, Cic. de or. 1, 230. Sen. ep. 75, 2. – **B** bildl., **niedertreten** = zunichte machen, calumniam, Macr. somn. Scip. 1, 2, 3: partem prosecutionum tuarum parte, Claud. Mam. de stat. anim. 3, 7.

supplōsio, ōnis, *f.* (supplodo), das **Aufstampfen,** pedis, Cic. de or. 3, 47 u. a. Quint. 10, 7, 26 u. a.: pedis dexteri rara supplosio, Rhet. Her. 3, 27: pedis nulla supplosio, Cic. Brut. 278.

suppo (sūpo, sīpo), āre (suppus) = supino, **auf den Rücken legen, (rücklings) hinstrecken, niederlegen,** obtorque prorim ac suppa tortas copulas, Acc. tr. 575. Vgl. Paul. ex Fest. 225, 14 u. 311, 6.

suppoenitet, s. suppaenitet.

suppolītor, ōris, *m.* (sub u. politor), der **Abputzer, Abreiber,** im obszönen Sinne, Laber. com. 139 R.[2] (bei Non. 490, 21).

suppōno, posuī, positum, ere (sub u. pono), **I unterlegen, untersetzen, unterstellen, 1** eig.: manum, Ov.: ova gallinis, Cic.: sarcinae ingenti cervices, Sen.: ignem tectis, Ov.: vitulum vaccae, Varro: terrae dentes vipereos, unter die Erde bringen, säen, Ov.: alqm tumulo od. terrae, beerdigen, Ov.: pecus agresti fano, untertreiben, untertreten lassen, Ov. – Partiz. suppositus, a, um, **darunter befindlich,** aqua, Ov.: ignes suppositi cineri, Hor.: Brixia speculae supposita, Catull. – **2** übtr.: **a unterstellen,** his igitur rebus subiunctis suppositisque, haben wir dieses einmal zum Grund der Erscheinung gelegt, Lucr. 6, 543. – **b unterwerfen,** se criminibus, Cic.: aethera ingenio suo, Ov. – **II unten an** etwas **legen, -setzen, 1** eig.: falcem maturis aristis, Verg.: cultrum, ansetzen (an die Kehle), Verg. – **2** übtr.: **a darunter-** od. **gleich danebensetzen, -anführen, -hinzufügen,** generi partes, Cic.: exempla, Cic. – **b** logisch **unterordnen,** huic generi Hermagoras partes quattuor supposuit, Cic. de inv. 1, 2. – **c nachsetzen,** vor etwas **geringschätzen,** Latio Samon, Ov. fast. 6, 48. – **III an die Stelle** einer Person od. Sache **setzen, 1** im Allg.: meliorem tibi suppono, Plaut.: alqm in alcis locum, Cic.: stannum pro auro, Suet.: operae nostrae fidem amicorum, Cic. – **2** insbes.: **a** fälschlich (betrüglich) **unterschieben,** testamentum, Cic.: personam, Cic.: venam lacrimis, Ov.: patri quos daedala Circe supposita de matre nothos furata creavit, Verg.: supposta furto Pasiphaë, Verg.: supposita cerva, Ov. – **b zum Pfand setzen, verpfänden,** Dig. 27, 9 *lemm.* – ► arch. Perf. supposivi, -vit, Plaut. truc. 460 u. 804: Synk. Partiz. suppostus, Verg. Aen. 6, 24. Sil. 3, 90.

supportātōrium, iī, *n.* (sub u. porto), die **Stütze,** Ambros. de Noë et arca 7. § 1.

supporto, āvī, ātum, āre (sub u. porto), **I herzu-, herbeitragen, -führen, -bringen, herbeischaffen,** frumentum, rem frumentariam, Caes.: frumentum exercitui navibus, Caes.: onerariis navibus Corcyrā Dyrrhachioque aquam suis, Caes.: frumentum auxiliaque navibus ad alqm, Caes.: frumentum commeatumque ex Sequanis et Aeduis, Caes.: omnia inde in castra, Liv.: unde (commeatus) terrestri itinere, unde navibus supportarentur, Liv. – **II** (wie franz. *supporter, soutenir*) **unterstützen,** Eccl.

suppositīcius, a, um (suppono), **I an die Stelle** jmds. **gesetzt** od. **gestellt,** Mart. 5, 25, 8. – **II** insbes., **untergeschoben, nicht echt,** Plaut. Pseud. 1168. Varro r. r. 2, 8, 2.

suppositio, ōnis, *f.* (suppono), **I** die **Unterlegung,** Colum. 8, 5, 9. – **II** das **Unterschieben** (eines Kindes), pueri, Plaut. capt. 1031; truc. 437: puellae, Plaut. cist. 152: Oedipodis, Hyg. fab. 67: suppositionem (puellae) facere, Plaut. cist. 144.

suppositīvē, *Adv.* (suppositivus) = ὑποθετικῶς, **hypothetisch,** Prisc. 18, 91.

suppositīvus, a, um (suppono) = ὑποθετικός, **hypothetisch,** Prisc. 8, 102 u. 18, 88.

suppositōrius, a, um (suppono), **untergesetzt,** cella, Laubadezimmer, weil es unter der frigidaria liegt, Vopisc. Carin. 17, 4: colica, Marc. Emp. 29. fol. 130 (b). – subst., suppositōrium, iī, *n.*, der **Untersatz,** die **Unterlage, Stütze,** die **Fußbank** u. dgl., Gloss.: insbes., das **Auftragbrett** für Becher, Gregor. epist. 1, 42.

suppostrīx, trīcis, *f.* (suppono), die **Unterschieberin** eines Kindes, Plaut. truc. 763.

suppostus, a, um, s. suppōno ►.

suppraefectus (sub-praefectus), ī, *m.*, der **Unterpräfekt,** CIL 9, 5357 u. 10, 3334. – übtr., singulis ventis binos subpraefectos (Nebenwinde) dant, Sen. nat. qu. 5, 16, 3.

suppressio, ōnis, *f.* (supprimo), **I** die **Niederdrückung, Unterdrückung,** suppressiones nocturnae, Beklemmungen im Schlaf, Alpdrücken, Plin. 27, 87. – **II** übtr.: **a** die **Unterdrückung,** veritatis, Cassian. coll. 19, 3. – **b** die **Zurückhaltung, Unterschlagung,** iudiciales (*sc.* pecuniae), Cic. Clu. 68.

suppressor, ōris, *m.* (supprimo), der **Zurückhalter, Verhehler,** Ulp. dig. 48, 15, 6. § 1.

suppressus, a, um, *PAdi.* (v. supprimo), **I leise,** vox suppressa, Cic.: orator suppressior ut voce, sic etiam oratione, Cic. orat. 85. – **II kurz,** mentum, Varro r. r. 2, 9, 3.

supprimo, pressī, pressum, ere (sub u. premo), **I herunterdrücken, herabdrücken;** dah. **1 in den Grund bohren,** navem, Liv. u. Iustin. – **2 zurückhalten, a** = in der Bewegung, im Lauf **einhalten, aufhalten, anhalten, zurückhalten, Einhalt tun, hemmen,** sanguinem, Cels.: fontem, fontes, verstopfen, Ov.: ebenso calvum, Cels.: classem, Nep.: hostem, Caes.: iter, Caes.: fugam, Ov.: impetum (Angriff) militum, Liv.: vocem = leise reden (Ggstz. vocem attollere), Quint.; u. = schweigen, Ov.: iram, Liv.: iustam iram, Ov.: habenas aërii cursus, Ov.: aegritudinem, Cic. – **b** = **bei sich behalten, verhehlen, verschweigen, unterdrücken,** pecuniam, nummos, unterschlagen, Cic.: famam decreti, Liv.: nomen alcis, Tac.: cetera, Lucan.: nec Anaxagoras quidem supprimendus est, Val. Max.: male coërcitam famam supprimentes augebant, Tac.: omnes illos megistanas et satrapas oblivio alta suppressit, Sen. – **II hinaufdrücken, hinauftreiben** (Ggstz. deprimere), Vitr. 9, 1, 4.

supprīnceps (sub-prīnceps), cipis, *m.*, der **zweite Prinzeps (Zenturio),** peregrinorum (der Fremdenlegion), CIL 11, 5215.

supprīncipālis, (sub-prīncipālis), der **nächste nach dem ersten,** sonus suppr. principalium = παρυπάτη ὑπατῶν, sonus suppr. mediarum = παρυπάτη μεσῶν, Mart. Cap. 9. § 931. 941 u. 942: außerdem Boëth. inst. mus. 4, 3. p. 309, 25 u. 310, 7 Kr.

supprōcūrātor (sub-prōcurator), ōris, *m.*, der **Vizeprokurator, Unterverwalter,** aurariarum (der kaiserl. Goldbergwerke), CIL 3, 1088: ludi magni, *ibid.* 2, 1085.

supprōmus, ī, *m.* (sub u. promus), der **Unterherausgeber** des Weines, der **Unterkellermeister,** Plaut. mil. 825 u. 837.

suppudet (subpudet), *impers.*, me alcis, **ich schäme mich ein wenig** od. **einigermaßen vor** usw., facti suppudet, Lucil. 1171: eorum (librorum) me suppudebat, Cic. ep. 9, 1, 2: puto te iam suppudere, *ibid.* 15, 16. § 1.

suppūrātio, ōnis, *f.* (suppuro), das **Unterschwären,** meton., das **Schwären, Geschwür,** auch im Plur., Cels., Sen. u. a.

suppūrātōrius, a, um (suppuro), **zur Eiterung gehörig (dienlich),** medicamenta, die die Eiterung hervorbringen, Plin. 28, 51.

suppūro, āvī, ātum, āre (sub u. pus), **I** *intr.* **unterschwären, schwären, eitern,** Cato, Plin. u. a. – prägn., cum voluptates suppurare coeperunt, Eitergeschwüre zu erzeugen, Sen. ep. 59, 17. – bildl., infame lucrum et quandoque suppuraturum, der ihnen manchmal übel bekommen kann, Sen. de brev. vit. 12, 1. – **II** *tr.*: **1 machen, dass** etwas **schwärt;** dah. suppūrātus, a, um, **geschworen, voll Eiter,** aures, Plin. 29, 33: v. Pers., capite suppuratus, Lampr. Comm. 10, 4: Plur. subst., suppūrāta, ōrum, *n.*, Schwären, Geschwüre, Plin. 20, 29 u. a. – bildl., suppurata tristitia, im Inneren um sich fressender (fortwühlender) Gram, Sen. ep. 80, 6. – **2 herausschwären, schwärend**

hervorgehen, bildl., malum, wie ein Geschwür hervortreiben, Tert. adv. gnost. 1 *in.*: aestum, *i.e. concipere*, Paul. Nol. carm. 20 (22), 261.

suppus, a, um, archaist. = supinus (s. Fest. 290 [b], 5. Paul. ex Fest. 291, 7), adsimili ratione animalia suppa (aufrecht) vagari contendunt, Lucr. 1, 1061: postea unionem canem, trinionem suppum, quaternionem planum vocabant, Isid. orig. 18, 65. – dah. = superbus, **die Nase hoch tragend, stolz,** Lucil. 1297. Vgl. Lachm. Lucr. 3, 173.

supputārius, a, um (supputo), **zum Rechnen gehörig, Rechnen-,** Tert. apol. 19.

supputātio, ōnis, *f.* (supputo), die **Ausrechnung, Berechnung,** frugum, Vulg. Levit. 25, 15: temporum, Augustin. de civ. dei 18, 36: stadiorum, Mart. Cap. 6. § 600: Plur., Arnob. 2, 71.

supputātor, ōris, *m.* (supputo), der **Rechner, Rechenmeister,** Firm. math. 5, 8 u. 6, 26 u. Eccl.

supputo, āvī, ātum, āre (sub u. puto), **I beschneiden,** Bäume, oleas teneras, Cato r. r. 27 *extr.*: castaneam bimam, Colum. 4, 33, 5: semina fruticantia, Plin. 17, 70. – **II ausrechnen, zusammenrechnen, berechnen, rechnen,** quorum (naturalium) numeros mensurasque geometres persequitur (bestimmt) et supputat, Sen. ep. 88, 26: decies et octo decempedae decies et octies supputatae trecentas viginti quattuor explebunt, Pallad. 2, 12 *extr.*: quis te, oro, quis te dupondii supputabat? Hieron. adv. Helvid. § 16: m. folg. indir. Fragesatz, et sibi quid sit utile sollicitis supputat articulis, Ov. ex Pont. 2, 3, 17 *sq.*

suprā (altlat. suprād), *Adv.* u. *Praepos.* (st. superā [*sc.* parte] von superus), **I** *Adv.* m. *Compar.*: **1** v. Raum: **a auf der oberen Seite, oben, oben darauf, oberhalb** (Ggstz. infra), oleum supra siet, Cato: omnia haec, quae supra et subter, unum esse, Cic.: et mare quod supra teneant quodque alluit infra, Verg.: magno numero iumentorum in flumine supra atque infra constituto, Caes.: supra, non infra est deus, Lact. – **b darüber heraus, darüber hervor,** toto vertice supra est, Verg. – *Compar.* superius, **weiter hinauf, weiter oben,** piscina superius construenda, Pallad.: superius rapiuntur, Sen.: Ggstz. subterius, Isid. orig. 16, 8, 4. – **c oben, vorher,** bei Verweisungen in Schrift u. Rede, uti supra demonstravimus, Caes.: ut supra dixi, Cic.: ille, quem supra deformavi, Cic.: quae supra dixi, Cic.: supra dictae particulae, Gell.: erunt adiungenda supra dictis etiam mictualia medicamenta, Cael. Aur. – *Compar.* superius, **weiter oben,** ut superius demonstravimus, Auct. b. Hisp.: dixi superius, Phaedr.: de qua superius dixerim, Firm. – **2** von der Zeit, **von oben an, von früher her, weiter** (aus vergangener Zeit), pauca supra repetere, Sall., de alqo, Tac. – **3** v. Maß: **a** eig.: **darüber, mehr,** centesimus tibi vel supra premitur annus, Sen.: ager fortasse trecentis aut etiam supra nummorum milibus emptus, Hor.: supra adicere, mehr bieten, Cic. – **b** übtr., **darüber hinaus, mehr,** dialogos confeci et absolvi nescio quam bene, sed ita accurate, ut nihil possit supra, Cic.: dominandi supra quam aestimari avidissimus potest, Aur. Vict.: nihil supra, Ter.: supra deos lacessere, noch mehr, Hor. – dah. supra quam, mehr als, patiens inediae, algoris, supra quam cuiquam credibile est, Sall.: rem supra feret, quam fieri potest, größer machen, als es möglich ist, Cic.

II *Praepos.* m. *Acc.*: **1** v. Raum: **a** mit Verben der Ruhe = **über, oben über, oben auf, auf** (Ggstz. infra), ille qui supra nos habitat, Plaut.: Nereïdes supra delphinos et cete sedentes, Plin.: ubi circa muros supra subterque terram per dies quindecim pugnatum est, Liv.: mit Berücksichtigung der Rangordnung, accumbere supra alqm, (bei Tisch) über jmd. liegen, Cic. – insbes. von der geographischen Lage = **oberhalb, jenseits,** exercitus, qui supra Suessulam Nolae praesideret, Liv.: Syene est supra Alexandriam, Plin. – bildl., supra caput, über dem Kopf, d. i. auf dem Hals, zur Last, ecce supra caput homo levis, da hab' ich auf dem Hals, Cic.: supra caput esse, Sall. u. Liv. – übtr., zur Bezeichnung des Amtes, das jmd. hat, **über,** qui supra bibliothecam fuerunt, Vitr. 7. praef. § 5: supra rationes esse positum, Ps. Quint. decl. 353: libertus supra hereditates, Scribon. 162: supra insulas, CIL 14, 2769: supra iumenta, *ibid.* 6, 7987 u. 9486: supra cocos, *ibid.* 6, 9261. – **b** mit Verben der Bewegung: **α über ... hinweg, über ... hin,** fera saltu supra venabula fertur, Verg.: supra segetes navigare, Ov. – **β oben auf,** tignumque supra turba petulans insilit, Phaedr.: nec exissent umquam supra terram, Cic. – **γ über ... hinaus,** attolli supra ceteros mortales, Plin.: supra alqm ire, einen übertreffen, Verg.: exsurgere supra dolores, Ps. Albinov. – **2** v. der Zeit, **über, vor,** paulo supra hanc memoriam, Caes.: supra septingentesimum annum, Liv. – **3** vom Maß, **a** eig. = **über, über ... hinaus,** supra milia viginti, Liv.: nec supra geminos fetus, Plin. – **b** übtr.: **α über, über ... hinaus,** supra modum, Liv.: supra morem, Verg.: supra vires, Hor.: supra humanam formam, Phaedr.: supra humanam fidem, Plin.: supra omnium opinionem, Scrib.: dominatio et potentia, quae supra leges se esse velit, die mehr gelten will als, Cic.: supra Coclites Musiosque id facinus esse, gehe über die eines K. u. M. hinaus, Liv. – **β über, außer,** supra belli Latini metum id quoque accesserat, quod etc., Liv.: de floribus supra dictos scripsit Theophrastus, außer den genannten, Plin.

suprāfātus, a, um (supra u. fari), **oben gesagt, obgedacht,** sacerdos, Sidon. epist. 5, 14, 3.

suprā-fundo, ere, **darübergießen,** Schol. Iuven. 10, 153.

suprā-gravo, āre, **überaus beschweren,** Tert. de res. carn. 48.

suprālātio, ōnis, *f.*, Variante von superlatio *no.* I bei Rhet. Her. 1, 10. Cic. de or. 3, 203; Halm Quint. 9, 1, 29 u. 9, 2, 3.

suprālātus, a, um, **übertrieben,** verba, Cic. part. or. 5316.

suprā-positio, ōnis, *f.*, der **Paroxysmus,** Plur., Cael. Aur. de morb. chron. praef. § 1.

suprā-scando, ere, **übersteigen,** fines, Liv. 1, 32, 8.

suprā-scrībo, ere, **oben hinschreiben,** nomen suum, Ps. Sen. ep. ad Paul. 10 *in.*

suprā-sedeo, ēre, **daraufsitzen,** Vulg. Sirach 33, 6.

suprā-vīvo, ere, **überleben,** alci, Spart. Hadr. 25, 8.

suprēmitās, ātis, *f.* (supremus), das **Höchste, Äußerste, I** eig., die **Spitze,** supremitates narium, Amm. 25, 1, 12. – **II** übtr.: **A** die **höchste Ehre,** Plur. bei Claud. Mam. de statu anim. 3, 13. – **B** das **Letzte,** der **Tod,** honor supremitatis, Begräbnis, Amm. 31, 13, 17.

suprēmō, suprēmum, s. suprēmus unter superus.

suprēmus, a, um, s. superus.

sups..., s. subs...

supter, alte Orthographie für subter, s. d.

sur = sub, in Zusammensetzungen vor r.

1. sūra, ae, *f.* (ionisch ὤρη, ὥρη), **I** die **Wade,** Cic. u. a.: exsecare suras vel suffragines, Amm.: suras cothurno vincire, Verg.: suras includere auro, Verg. – **II** der kleinere Knochen des Unterschenkels, das **Wadenbein** (griech. περόνη, Ggstz. tibia, der größere, das Schienbein, griech. κνήμη), Cels. 8, 1. p. 328, 29 D. u. 8, 11. p. 352, 9 D.

2. Sūra, ae, *m.*, ein röm. Beiname, unter dem bes. bekannt P. Cornelius Lentulus Sura, Zeitgenosse Ciceros, Mitverschworener Katilinas; ders. bl. Sura, Cic. ep. 5, 11, 2.

sūrcellus u. **sūrcillus,** ī, *m.* = surculus, Apic. 4, 128. Plin. Val. 2, 5.

sūrclo, s. sūrculo *no.* II.

sūrclus, s. sūrculus.

sūrcula, ae, *f.*, eine Art Weintrauben, Plin. 14, 34 D.

sūrculāceus, a, um (surculus), **holzig, holzartig,** durities, Plin. 19, 119.

sūrculāris, e (surculus), **Schösslinge hervorbringend,** terra, Colum. 3, 11, 5.

sūrculārius, a, um (surculus), **I zu jungen Bäumen gehörig, damit besetzt,** ager, Varro r. r. 1, 2, 17. – **II zu den Zweigen gehörig,** darauf **befindlich,** cicadae, Plin. 11, 94.

sūrculo, āre (surculus), **I von den Zweigen reinigen, beschneiden,** plantas (olearum), Colum. 5, 9, 11. – **II** (synk. surclo) **mit einem Speil (Spießchen) anfügen, -anstecken** (als *t. t.* der Kochkunst), Apic. 4, 183; 7, 261 u. 268.

sūrculōsē, *Adv.* (surculosus), **holzig, holzartig,** Plin. 18, 148.

sūrculōsus, a, um (surculus), **baumartig, holzartig, holzig,** frutex, Plin.: herba, Plin.

sūrculum, s. sūrculus ►.

sūrculus, ī, *m.* (*Demin.* v. sūrus, s. Paul. ex Fest. 299, 1), **der (junge) Zweig, Schössling,** das **Reis, I** im Allg., Verg., Plin. u. a.: traiectos surculos (Gesträuch) rasit, Suet.: surculum defringere, als Symbol der Besitzergreifung, Cic. de or. 3, 110. – **II** insbes.: **1** das **junge Reis zum Setzen,** das **Pfropfreis, Setzreis,** der **Setzling,** Cic. u. a.: ruratio omnis in sarculo et surculo, in Bodenbearbeitung und Baumzucht, Apul. flor. 15 *in.* p. 16, 15 Kr. – **2** ein abgebrochener Zweig, **Span, Spänchen, Splitter, a** übh.: ubi surculus corpori infixus est, Cels.: surculum extrahere (v. Pers.), Plin.: surculum educere (v. einem Heilmittel), Cels.: surculum vel manu vel etiam ferramento eicere, Cels. – **b** als chirurg. *t. t.*, die **kleine Schiene,** Cels. 8, 10, 6. – **c** als *t. t.* der Kochkunst, der **Speil,** das **Spießchen** (s. Schuch Apic. 5, 181), surculo alligare, Apic. 5, 207: surculo infigere, Apic. 7, 319. – **d** das **Stäbchen,** surculi duo erant teretes, oblonguli, Gell. 17, 9, 7. – ► Akk. Plur. synkop. surclos, Varro r. r. 1, 40, 4 K. – Nbf., surculum, ī, *n.*, Plur. surcula, Ven. Fort. carm. 5, 13, 4.

surdaster, tra, trum (surdus), **etwas taub, harthörig,** Cic. Tusc. 5, 116: aures, Augustin. c. Iulian. 5, 9, 37.

surdē, *Adv.* (surdus), **taub,** audire, schwach, Afran. com. 348.

surdēsco, ere (surdus), **taub werden,** Augustin. epist. 157. *c.* 4. § 25.

surdīgo, inis, *f.* (surdus), die **Taubheit,** Marc. Emp. 9.

surditās, ātis, *f.* (surdus), die **Taubheit,** Cic. Tusc. 5, 116. Cels. 2, 8. p. 47, 16 D. u. 6, 7. *no.* 7 *extr.*

surditia, ae, *f.* (surdus), die **Taubheit,** Gargil. Mart. de pomis 23 u. 26.

surdo, āre, **betäuben, übertäuben,** turbida nec calamos iam surdant classica nostros, Calp. ecl. 4, 131 (Vulg. exsurdant).

surdus, a, um (verwandt mit sordeo), **taub, I** eig., Cic. u. a. – *Superl.* = stocktaub, Augustin. epist. 26, 4. Mart. Cap. 9. § 926. – Sprichw., surdo narrare fabulam, tauben Ohren predigen, Ter. heaut. 222: ebenso cantare surdo oder canere surdis, Prop. 4, 8, 47. Verg. ecl. 10, 8: u. (praecepta) vana surdis auribus canere, Liv. 40, 8, 10: haud surdis auribus dicta, Liv. 3, 70, 7: narrare asello fabellam surdo (gebildet nach dem griech. ὄνῳ τις ἔλεγε μῦθον, ὁ δὲ τὰ ὦτα ἐκίνει), Hor. ep. 2, 1, 199 *sq.*; vgl. suadere surdis, quid sit opus facto, Lucr. 5, 1050. – **II** übtr.: **A** aktiv: **1 taub, a** von dem, der nicht hört oder nicht hören will, **taub, unempfindlich,** homo, Plaut.: mens, Ov.: leges rem surdam esse, Liv.: surdae ad omnia solacia aures, Liv. (vgl. sed surdae ad omnia aures concitatae multitudinis erant, Liv.): apud surdas aures, Curt.: surdus ad munera, Ov.: surdi in vota di, Ov.: surdi votis dei, Ps. Quint. decl.: u. dav. poet. übtr., surda vota, gegen die die Götter taub sind, Ov.: natura illorum est surda suadenti, Sen.: ianua surda lacrimis, Mart.: surdior freto, Ov.: tellus, unempfänglich für Kultur, Plin. – m. *Genet.*, veritatis, Colum.: pactorum, Sil. – **b** für etwas **taub** = etwas nicht verstehend, in horum sermone surdi, Cic. Tusc. 5, 116. – **2 dumpftönend, dumpf,** theatrum, mit schlechter Akustik, Varro LL. 9, 38. § 58: so auch locus, vom Theater, Vitr. 5, 3, 5: dah. surda loca, von der Unterwelt, Sen. Herc. fur. 576 (580). – surdum quiddam et barbarum, Quint. 12, 10, 28. – **3 schwach, stumpf, unmerklich** für den Geruch, das Gesicht usw., cinnama spirant surdum, duften schwach, Pers.: color, Plin.: materia, Plin. – res surdae (taube = leblose) et sensu carentes, Plin. – **B** passiv = der nicht gehört wird, **lautlos, still,** lyra, Prop.: ictus, Plin.: gratia, der verschwiegen wird, Ov.: dah. wovon man nichts hört, **unbekannt, unberühmt,** herba, Plin.: nomen, Sil.: castra in aeterno surda iacēre situ, dass das besungene Lager lautlos in Vergessenheit daliege, Prop.

surēmit, surēmpsit, s. sūmo a. E.

1. surēna, ae, *f.*, eine uns unbekannte Art Konchylien, Varro LL. 5, 77.

2. Surēna, ae, *m.*, bei den Parthern Bezeichnung des Geschlechtes und der erblichen Würde des Kronfeldherrn, der **Surena,** der **Großwesir,** s. Nipperd. Tac. ann. 6, 42. Amm. 24, 2, 4 u. 3, 1.

surgo, surrēxī etc., s. subrigo.

Surī, Suria, s. Syrī.

surio, īre, **in der Brunst sein, ranzen,** von Tieren männl. Geschlechtes (vgl. subo), von Fischen, Apul. apol. 38: übtr., von Bacchus, Arnob. 5, 28: v. Obst, ubi autem cautes et saxa pariunt dura, ibi poma necesse est suriant, strotzen auch die Äpfel notwendig von Zeugungskraft, Arnob. 5, 13.

surpiculus, ī, *m.*, s. scirpiculus.

surpuit, surpuerat, surpere, surpite, s. surripio.

surradio etc., s. sub-radio etc.

surrēctio, s. subrēctio.

surrēctito, s. sub-rēctito.

surrēctus, a, um, s. subrigo.

surref..., surreg..., surren..., s. subr...

Surrentum (Syrrentum), ī, *n.*, Stadt in Kampanien, südwestl. von Stabiä, berühmt durch Weinbau und Herstellung von tönernen Trinkgefäßen, j. *Sorrento,* Form Surrentum, Sil. 8, 544: Form Syrrentum, Mela 2, 4, 9 (2. § 70). – Dav. **Surrentīnus**, a, um, **surrentinisch,** promunturium, Tac.: litus, Sen.: vina, Plin.: colles, Ov. – subst., **a** Surrentīnī, ōrum, *m.*, die Einwohner von Surrentum, die **Surrentiner,** Liv. – **b** Surrentīna, ōrum, *n.* (verst. vina), **Surrentinerweine,** Mart.

surrēpo, psī etc., s. sub-rēpo.

surrēpsit, s. surripio.

surrēptīcius, a, um, s. 1. subrēptīcius.

surrīd..., s. subrid...

surrigo, rēxī etc., s. subrigo.

surringor, s. sub-ringor.

surripio, ripuī, reptum, ere (sub u. rapio), **heimlich wegnehmen, -entziehen, -entwenden, I** eig.: puerum, Plaut.: pallam, Plaut.: multos libros (aus einer Bibliothek), Cic.: scyphum aureum, Suet.: vasa ex privato sacra, Cic.: e viridiario pavonem, Suet.: coronam de Capitolio, Porphyr.: filium ex custodia, Cic.: mappam praetori, Mart.: de mille modiis unum, Hor.: Parmam, mit List erobern, Cic.: spiritum, unvermerkt Atem holen, Quint. – v. literar. Diebstahl, qui a Naevio vel sumpsisti multa, si fateris, vel, si negas, surripuisti, Cic. Brut. 76: Ennium hoc ait (grammaticus) Homero surripuisse, Ennio Vergilium, Sen. ep. 108, 34: itaque fecisse illum quod in multis aliis versibus Vergilii fecerat, non surripiendi causā, sed palam imitandi, Sen. suas. 3, 7. – **II** übtr.: **a** übh.: aliquid spatii, Cic.: se alci, Plaut.: se alqo, sich wohin stehlen, unvermerkt wohin kommen, Plaut.: crimina oculis patris, Ov.: virtus nec eripi nec surripi potest, Cic.: diem, die Zeit unnütz zubringen, Ov.: alqm morti, Hor. – **b** surripi von einem Angeklagten, der durch Bestechungen und andere schlechte Umtriebe bewirkt, dass er freigesprochen wird, **sich der Strafe entziehen,** s. Cic. II. Verr.. 1, 4, 10. – ► Synkop. Formen: surpite, Hor. sat. 2, 3, 283: surpuit, Plaut. capt. prol. 8 u. a.: surpuerat, Hor. carm. 4, 13, 20: surpere, Lucr. 2, 314. – *Perf.* subrepsit, Gloss. IV, 288, 20; 394, 30: *Coni. Perf.* surrepsit, Plaut. mil. 334. – Archaist. Nbf. **surrupio** (subrupio), rupuī, ruptum, rupere, Plaut. asin. 929 u. 930; Bacch. 507; Men. 58 u. 130; Poen. 1058; Pseud. 290; trin. 83. Lex Atinia bei Gell. 17, 7. § 3. 7. 8. Manil. 3, 352. CIL 12, 756: synk. Partiz. surptus, Plaut. Pers. 150 u. rud. 1105.

surrīpo (subrīpo), s. sub-rēpo.

surrogo, āre, s. subrogo.

surrōstrānī, s. subrōstrānī.

surrot..., s. subrot...

surruf..., surrum..., s. subruf..., subrum...

surrupio, s. surripio ►.

surruptīcius, a, um, s. 2. subreptīcius.

surruptus, s. surripio ►.

surrust..., s. subrust...

surrut..., s. subrut...

sursum, *Adv.* (sub u. versum), **I aufwärts, in die Höhe** (Ggstz. deorsum), sursum meare, Lucr.: sursum deorsum, auf und nieder, commeare, Cic., u. cursitare, Ter.: sursum deorsum versare, zu oberst u. zu unterst kehren, Sen.: modo sursum, modo deorsum, tamquam collus cernui, Lucil. fr. – verb. mit versus (vorsus) od. versum (vorsum), wärts, sursum vorsum serpit, Varro: sursum versus reditur,

Cic.: quod sursum versus fertur, Apul.: sursus versus gignuntur, Lucr. 2, 188: Ggstz., fruges et arbores *deorsum versus* crescere? pluvias et nives et grandines *sursum versus* cadere in terram? Lact. 3, 24, 1: zsgz. susovorsum u. sursuorsum, CIL 1, 199. lin. 7 u. 14. – **II aufwärts, oberwärts, oben,** auf die Frage wo? nares recte sursum sunt, Cic.: sursum ac deorsum, oben und unten, Tubero b. Gell.: dah. sprichw., quod sursum est, deorsum faciunt, verdrehen alles, Petron. 63, 9. – ► Nbff. sursus, Cic. de nat. deor. 2, 84. Lucr. 2, 188 (s. oben *no.* I): u. susum, Cato r. r. 157, 15. Lact. de mort. pers. 19, 4 *codd.*: u. iusum, Augustin. in epist. Ioann. tract. 8, 2 u. 10, 8: daraus vermutlich sus in suscipio etc.: dah. susque deque = sursum deorsum, eig. **auf und nieder,** oder **oben und unten,** sprichw. gebraucht, wenn man etw. nicht achtet, susque deque ferre, Laber. com. fr., od. susque deque habere alqd, Plaut., sich nichts draus machen, es nicht achten: nam de Octavio susque deque (*sc.* fero od. habeo), wie es übrigens mit Okt. steht, das ficht mich nicht an, Cic. ad Att. 14, 6, 1.: susque deque esse, nichts zu bedeuten haben, nichts auf sich haben, Varro: verum haec ludus ibi, susque omnia deque fuerunt, susque haec deque fuere, inquam, omnia ludus iocusque, Lucil. 110 *sq.*

sursuōrsum, s. sursum.

sursus, s. sursum.

1. sūrus, ī, *m.,* der **Zweig, Spross, Pfahl,** Enn. ann. 525. Vgl. Fest. 286 (b), 1 u. 297 *sq.*

2. Surus, s. 1. Syrus unter Syri.

1. sus, *Adv.,* **aufwärts, empor,** s. sursum.

2. sūs, suis, *c.* (v. der Wurzel *su-* zeugen, gebären, griech. σῦς, ὗς, ahd. *sū,* Sau, gotisch *swein,* ahd. *swīn*), **I** das **Schwein,** die **Sau,** Cic. u. a.: sus plena, trächtig, Cic.: sus lactans od. lactens, Saugferkel, Solin.: sus silvaticus, Wildschwein, Varro fr.: so auch sus ferus, Plin.: sus mansuetus, Liv.: sus dux, das Leitschwein, Plin.: sus alba, Aur. Vict.: sus setosa, Phaedr.: sus masculus, Liv.: sus femina (Ggstz. aper, männl. Wildschwein, Keiler), Plin.: ut lutulentus sus cum quovis volutari, Ps. Cic. decl. in Sall. 3. – Sprichw., sus Minervam docet, wenn ein Einfältiger einen Klügeren lehren oder ihm Regeln geben will, Cic. Acad. 1, 18: u. dafür sus artium repertricem (docet), Hieron. epist. 46, 1: so auch et docebo sus, ut aiunt, oratorem, Cic. de or. 2, 233. – **II** ein Fisch, Ov. hal. 130 (132). – ► Nom. suis, Varro LL. 10, 7. Prud. c. Symm. 2, 814 (Dressel Nom. sues). – Genet. sueris u. Abl. suere, Varro LL. 5, 110: Nom. u. Akk. Plur. sueres, Liv. Andr. fr. bei Fest. 352 (b), 21 (Müller). Plaut. bei Fest. 230 (b), 28. – Dat. u. Abl. Plur. suibus, Varro LL. 5, 110. Colum. 7, 9, 9, u. subus. Varro r. r. 2, 5, 1. Cic. de nat. deor. 2, 111. Lucr. 5, 966 (sūbus) u. 974 u. 977 (sŭbus). Varro sat. Men. 127 (sūbus), Plin. 11, 279; 24, 176 u. 29, 75.

Sūsa, ōrum, n. (Σοῦσα, τά), Hauptstadt der persischen Landschaft Susiane, Winterwohnsitz der persischen Könige, in der Nähe des heutigen *Toster* oder *Schoster,* Curt. 5, 1 (1), 7. Plin. 6, 133. Prop. 2, 13, 1 (heteroklit. Akk. Susam, Apul. de mund. 26 *codd.;* Goldb. Susa): Abl. Susā, Iustin. 11, 14, 9: meton. = die Landschaft **Susiane,** Curt. 5, 3 (10), 3. – Dav.: **A Sūsiānē,** ēs, *f.* (Σουσιανή), die pers. Landschaft **Susiane,** j. *Chusistan,* Plin. 6, 133. – u. wieder dav. **Sūsiānī,** ōrum, *m.* (Σουσιανοί), die Einwohner von Susiane, die **Susianer,** Plin. 6, 133. Curt. 5, 3 (10), 3. – **B Sūsis,** idis, *f.* (Σουσίς), **susisch,** meton. = **persisch,** Sidon. epist. 7, 17, 2. *v.* 7 u. a.: Akk. Plur., Susidas pylas, Curt. 5, 3 (12), 17.

suscēnseo, cēnsuī, cēnsum, ēre, auf jmd. **aufgebracht-, zornig-, böse sein, a** mit *Dat. pers.:* hominibus irasci et s., Cic.: alci iure s., Cic.: alci vehementer, Cic. – **b** mit allgem. *Acc. rei:* si id suscenseat, darüber usw., Ter.: nihil fecit quod suscenseas, Ter.: u. mit *Dat. pers.,* neque illi sum iratus neque quidquam suscenseo, Plaut.: illud vereor, ne tibi illum suscensere aliquid (einigen Groll hege) suspicēre, Cic. – **c** m. *propter* u. Akk.: res, quas propter tibi tamen suscensui, Plaut. trin. 1164: talia suscensent propter mihi verba Tomitae, Ov. ex Pont. 4, 14, 15. – **d** m. folg. *quia* od. *quod* (weil, dass): id tibi suscensui, quia etc., Plaut. Pers. 431: s. Athēnae, quod etc., Cic.: s. alci leviter, quod etc., Cic.: non esse militibus suscensendum, quod etc., Caes. – **e** mit folg. *Acc.* u. *Infin.:* quis tandem suscenseat milites nos esse non servos vestros? Liv. 7, 13, 9: suscensens curam verrendis viis non adhibitam, Suet. Vesp. 5, 3. – **f** absol.: qui autem suscensent, Augustin.: ego expurgationem habebo, ut ne suscenseat, Plaut.: aliud iurgandi suscensendique tempus erit, Liv.: eos minime suscensuros esse, Augustin. de civ. dei 3, 17. p. 122, 10 D.[2] – **g** *Partic. fut. pass.:* peccata hominum non suscensenda, Gell. 7 (6), 2, 5. – Die Schreibung suscenseo (nicht succenseo) ist fast überall die der besten Hdschrn.; vgl. Faernus Ter. Andr. 2, 6, 17 (448). Wagner Ter. heaut. 915.

suscēnsio, ōnis, *f.* (suscenseo), das **Aufgebrachtsein,** der **Zorn,** Symm. epist. 5, 35.

susceptibilis, e (suscipio), **fähig,** Boëth. ad Aristot, περὶ ἑρμηνείας 2, 94.

susceptio, ōnis, *f.* (suscipio), **I** die **Übernahme,** causae, Cic.: laborum dolorumque, Cic.: rerum istarum, Gell. – **II** die **Aufnahme,** peregrinorum, Hieron. epist. 52, 3. – prägn., die **Aufnahme zu Gnaden,** susc. fidelium (Ggstz. reiectio perfidorum), Ambros. in Luc. 6. § 6. – **III** der **Empfang,** baptismatis, Gregor. in Iob 31, 29.

susceptīvus, a, um (suscipio) = susceptibilis, Boëth. ad Arist. περὶ ἑρμηνείας 2, 234.

suscepto, āvī, āre (*Intens.* v. suscipio), **übernehmen, über sich nehmen,** Apul. met. 2, 30 u. 11, 29 H. (die Hdschrn. suscitare).

susceptor, ōris, *m.* (suscipio), **I** der **Unternehmer,** Iustin. 8, 3, 8: causarum, Cod. Theod. 2, 16, 6. – **II** der **Aufnehmer** der Spieler, Diebe usw. in sein Haus, der **Heger, Hehler,** ICt. – **III** der **Einnehmer,** der **Kassierer,** spät. ICt.: pecuniarum extraordinariarum, Ps. Ascon. Cic. II. Verr.. 1, 100. p. 187, 21 B. – **IV** der **Hort, Beschützer,** Vulg. psalm. 3, 4; 41 (42), 10; 90 (91), 2 u. a.

susceptrīx, trīcis, *f.* (Femin. zu susceptor), die **Aufnehmerin, zur Aufnahme befähigt,** Boëth. ad Arist. περὶ ἑρμηνείας 2, 238.

suscipio, cēpī, ceptum, ere (sus u. capio), **auf** od. **über sich nehmen, I** als Träger, **A** eig., **tragen, stützen, aufrecht erhalten,** fulturae, quibus theatrum suscipitur, Plin. ep.: lapideae moles, quibus porticus et capacia populorum tecta suscipimus, Sen. – **B** übtr.: **1 stützen, verteidigen, sich** einer Pers. od. Sache **annehmen,** famam defuncti, Plin. ep.: alqm, Vatin. in Cic. ep.: reum, Quint. – **2** als Träger **über** oder **auf sich nehmen,** einer Sache **sich unterziehen, a** um zu handeln, bald = **über sich nehmen, auf sich nehmen, sich unterziehen, annehmen,** bald = **tun, verrichten, anfangen, beginnen** usw., bes. wenn es freiwillig und ungebeten geschieht, im Ggstz. zu recipere, übernehmen, was einem aufgetragen wird, vel neglegentiae in susceptis rebus vel perfidiae in receptis, Cic.: seu iniuncta seu suscepta foret militia, Liv.: iter Asiaticum, Cic.: bellum, Cic.: negotium, Cic.: officium (ein Amt), Quint.: imperia (Kommandos) neben magistratus gerere, Lact.: onus, Cic. (s. onus *no.* II, A, a): salutem rei publicae, Cic.: personam viri boni, Cic.: diversam partem, Tac.: consilium, einen Entschluss fassen, Cic.: cogitationem, quidnam etc., darüber nachdenken, Cic.: odium, Hass fassen, Nep.: benevolentiam, Cic.: patrocinium voluptatis, Cic.: causam, Cic.: auch sibi propugnationem, Cic.: sibi auctoritatem, Cic.: pro me uno susceptum est, Cic.: votum, Liv.: maleficium, Liv.: so auch scelus in se, Cic.: vota pro alqo, G. tun, Liv.: vota in proximum lustrum, Suet.: prodigia, als wirkliche Äußerungen göttl. Zornes ansehen und auf sich beziehen, also als gültig ansehen (anerkennen), Liv.: sacra peregrina, annehmen, Cic.: religiones, abergläubische Besorgnisse in sich aufkommen lassen, in sich wecken (Ggstz. religiones deponere), Cic.: coniugia, sich Heiraten (den Pflichten u. Lasten der Ehe) unterziehen, Tac.: pulvinar, das Speisebett bereiten, die Göttermahlzeit ordnen, veranstalten, Liv.: severitatem, anwenden, gebrauchen, handhaben, Cic.: so auch orationem, Cic.: impudentiam, Cic.: suscepit vita, ut etc., hat eingeführt, dass usw., Cic.: ferias, einsetzen, Varro: maculam alci, zufügen, macula huic imperio suscipiatur, Cic. – **b** um zu leiden, **sich zuziehen, leiden, erdulden, sich unterziehen,** maculam bello superiore, Cic. culpam, Cic.: poenam, Cic.: pericula, Cic. inimicitias (Ggstz. amicitias deponere), Cic. laborem, Cic.: laborem frustra, Cic.: sumptum, Cic.: odium, Cic.: invidiam, Cic.: dolorem, sich dem Schm. überlassen, Cic.: magnam molestiam, Cic.: nauseae molestiam, Cic.: aliquas propter amicitiam molestias, Cic.: aes alienum, Cic.: mortem pro parentibus, pro liberis, pro deo, Lact.: suscipit mortem pro nobis (v. Christus), Lact.: alqm inimicum, sich zum Feind machen, Brut. in Cic. ep. – **II** als Empfangender **aufnehmen, an sich nehmen, auffangen, A** eig.: dominam ruentem, die fallende auffangen, Verg.: so auch suscipiunt famulae, Verg.: flumen, Prop.: aquam, in den Mund nehmen, Ov.: ex edito desiliens aqua suscepta marmore albescit, Plin. ep. – Insbes.: **a** alqm, ein neugeborenes Kind von der Erde aufnehmen und so als das seinige **anerkennen** und **erziehen,** in lucem editi et suscepti sumus, Cic.: puerum, Ter.: rem publicam, cui susceptus es, respicis, geboren bist, Cic.: dah. filium etc. suscepisse ex alqa, von einer bekommen-, mit ihr gezeugt haben, filiam ex te suscepi, Plaut.: liberos ex filia libertini suscepisse, Cic. – **b** eine Person als Bürger, als Schüler **aufnehmen, übernehmen,** alqm in civitatem, Cic.: alqm docendum, erudiendum, Quint.: suscepti a se discipuli, Quint. – **c** jmds. **sich annehmen,** jmd. **in Schutz nehmen,** susc. plebem et adversus publicam disciplinam defendere, Cod. Iust. 9, 30, 1. – dah. Partiz. subst., susceptus, ī, *m.*, der vor Gericht in Schutz Genommene, der **Klient** (Ggstz. patronus), Symm. epist. 5, 39 (41). Amm. 30, 4, 14. Cod. Iust. 12, 22, 1: Plur., Amm. 17, 10, 3. Augustin. epist. 149, 16. Serv. Verg. Aen. 6, 609. – **d** jmd. in die Kur nehmen (v. Arzt); dah. Partiz. subst., susceptus, ī, *m.*, der **Patient,** Cassian. de coenob. inst. 10, 7 u. 14. – **e empfangen, bekommen, in Empfang nehmen,** pecuniam, ICt.: morbos, Lucr.: cicatrices, Quint.: invidiam, sich verhasst machen, Cic. – **B** übtr.: **a** als wahr **annehmen, behaupten, zugestehen, sich gefallen lassen,** quae si suscipimus, Cic.: quod in causa difficillimum est, suscipiunt, Cic. – **b** etwas **annehmen** = für etwas empfänglich sein, consolationem, des Trostes fähig sein, Cic.: crimen, Cic. – **c versetzen, darauf antworten, das Wort nehmen,** Varro u. Verg.: vollst. susc. sermonem, Quint. – ► arch. succipio, wov. succipiunt Lucr. 4, 1242 (1250). Verg. Aen. 6, 249: Perf. succepit, Catull. 64, 101. Lucr. 5, 402. Verg. Aen. 1, 175. Vgl. Serv. Verg. Aen. 1, 144.

suscitābulum, ī, *n.* (suscito), das **Erweckungsmittel, Reizungsmittel,** vocis, Varro sat. Men. 348. *Apul. flor. 15. p. 17, 14 Kr.

suscitātio, ōnis, *f.* (suscito), **I** die **Errichtung, Aufbauung,** domus domini, Vulg. 3. Esdr. 5, 62 (60). – **II** die **Erweckung,** Tert. de carn. Chr. 23 *in.*: bildl., virtutum, Ambros. de bono mort. 4. § 15.

suscitātor, ōris, *m.* (suscito), der **Erwecker,** Tert. adv. Prax. 28. Augustin. serm. 128, 14 u. 207, 1 u. a. Eccl.: Ggstz. nec mortuorum *suscitator,* sed vivorum *avocator* (Abrufer aus dem Leben), Tert. de carn. Chr. 5 *extr.*: bildl.: litterarum quodammodo iam sepultarum, Sidon. epist. 8, 2, 1.

sus-cito, āvī, ātum, āre (cieo), **I erheben, A** übh.: **a in die Höhe richten,** die Erde beim Pflügen, Verg.: lintea, Ov. – **b errichten, aufbauen,** delubra, Lucr. 5, 1164: basilicas et forum in tantam altitudinem suscitari, Eumen. pan. Const. 22, 5. – **B** machen, dass einer sich aufrichtet, erhebt, **aufrichten, aufstehen heißen, aufjagen, wecken, erwecken,** einen Liegenden, nequitia est evertere ut suscites, Sen.: susc. se ab humo, Lact. – einen Sitzenden, et sedeo quā (wo) te suscitat Oceanus, Mart.: te ab tuis subselliis contra te testem suscitabo, Cic.: vulturium a cano capiti (= capite), aufscheuchen, Catull. 68, 124. – einen Schlafenden, susc. alqm somno u. bl. susc. alqm, Plaut.: alqm e somno, Cic.: alqm ante lucem, mane, Varro fr.: von den Toten, Augustin.: mortuos velut e somno solutos, Lact. – übtr., ignes sopitos, erwecken, wieder anblasen, Verg.: exstinctos ignes (amoris), wieder anfachen, Ov. – **II erregen, a in Bewegung setzen, ermuntern,** viros in arma, Verg.: tacentem Apollo suscitat Musam, Hor. – **b reizen,** palatum (v. Speisen), Varro sat. Men. 549. – **c erregen, erzeugen, ausbringen,** bellum civile, Brut. et Cass. in Cic. ep.: Romanum cum Saguntino bellum, Liv.: tantum bellum suscitare conari contra bellosum genus, Cael. Antip. fr.: susc. caedem, Verg.: crepitum pede, Prop.: fictas sententias, Enn.

suscūs, s. subscūs.

Sūsiānē, Sūsiānī, s. Sūsa.

sūsinātus, a, um (susinus), **aus Lilien bereitet usw., Lilien-,** oleum, Marc. Emp. 7 *extr.*

sūsinus, a, um (σούσινος), **aus Lilien bereitet usw., Lilien-,** unguentum, Cels. 5, 21, 1. Plin. 13, 11.

Sūsis, idis, *f.*, s. Sūsa.

susovōrsum, s. sursum.

suspectio, ōnis, *f.* (suspicio, ere), **I** die **Hochachtung, Verehrung,** Arnob. 7, 13. Fulg. Verg. contin. p. 163 M. – **II** = suspicio, der **Verdacht,** Frontin. strat. 1, 8, 5. Apul. met. 3, 29 (*cod. F* 3). Cael. Aur. de signif. diaet. pass. 63. Fulg. myth. 3. praef. *in.*: Plur., ad omnes mobilis suspectiones, Heges. 1, 42. p. 95, 2 W.

suspectīvus, a, um (1. suspicio), **eine Vermutung anzeigend,** Prisc. 18, 147.

1. **suspecto,** āvī, ātum, āre (*Intens.* v. suspicio), **I hinaufsehen,** tabulam pictam, nach dem Gemälde, Ter.: absol., leo suspectans, Plin. – **II** insbes., **mit Argwohn betrachten, a** eine Pers. = jmd. **beargwöhnen, verdächtig halten,** alqm, Tac.: suspectari, verdächtig sein, alci, Tac. – **b** eine Sache = etwas **argwöhnen, wittern, zu fürchten haben,** fraudem (Überlistung), Tac.: supplicium, Aur. Vict.: e petulantia perfidiam, Tac.: necem dedecorosam, Aur. Vict.: suspectatis caelestibus odiis, den Zorn des Himmels argwöhnend, Apul. – ► suspector, ārī, als *Depon.*, **im Verdacht haben,** Amm. 28, 1, 8.

2. **suspectō,** *Adv.* (1. suspectus), **mit Verdacht, auf verdächtige Art,** Paul. dig. 34, 9, 21.

1. **suspector,** ārī, s. 1. suspecto, āre ►.

2. **suspector,** ōris, *m.* (1. suspicio), der **Verehrer, Hochschätzer,** Sidon. epist. 3, 5, 1.

1. **suspectus,** a, um, *PAdi.* (v. 1. suspicio), **I beargwöhnt, verdächtig, Verdacht erregend,** suspectus regi et ipse eum suspiciens novas res cupere, Sall.: meis civibus suspectus, Cic.: nec metues suspecta Cyrum, Hor.: medicina pluribus suspecta, Cic.: locus, Plin. ep.: bellum, vermuteter, Liv. (s. Fabri Liv. 24, 40, 1): eo suspectior, Cic.: suspectissimum quemque sibi haud cunctanter oppressit, Suet. – alqm od. alqd suspectum habere, für verdächtig halten, in Verdacht haben, Caes., Sall. u. a. – m. *Abl.* wodurch? suspectus societate consilii, Vell. 2, 53, 3: contumaciā suspectus, Curt. 8, 6 (20), 1. – mit *de* u. Abl., cum filius iamiam patri suspectus esset de noverca, Cic. de off. 3, 94: si provincia de morbis aestate suspecta est, Pallad. 1, 16. – m. *super* u. Abl., ne super tali scelere suspectum se haberet, Sall. Iug. 71, 5. – mit *propter* u. Akk., quod propter novitatem posset esse suspectum, Curt. 3, 5 (13), 16. – m. *ad* u. Akk., ut vilior ob ea regi et suspectior ad omnia fieret, Liv. 35, 14, 4. – m. *in* u. Akk., Etruria omnis cum Lepido suspecta in tumultum erat, Sall. hist. fr. 1, 45 (48): ne suspectus haberetur in amorem eius, Porphyr. Hor. carm. 2, 4, 21. – m. *in.* u. Abl., in parricidio, Val. Max. 5, 9, 3: suspectus in eadem Poppaea, Tac. hist. 1, 13: suspectus in eā (filiā), Suet. gr. 16: suspectus et in morte matris fuit, Suet. Vit. 14, 5. – m. *Genet.*, suspectus cupiditatis imperii, Liv. 24, 9, 10 (wo Wölfflin cupiditate lesen will): falso incesti suspecta, Aur. Vict. de vir. ill. 46, 2: dominationis suspecti, *ibid.* 84, 4: suspectus nimiae spei, Tac. ann. 3, 29: capitalium criminum, *ibid.* 3, 60: aemulationis, *ibid.* 13, 9: proditionis, Iustin. 5, 9, 12: ob ea non quidem sceleris, sed contumaciae tamen esse suspectum, Curt. 6, 8 (29), 3. – mit *Infin.*, suspectus consilia eius fovisse, Tac. hist. 1, 46: suspectus bellum malle, *ibid.* 4, 34: suspectus res novas voluisse, Curt. 9, 10 (41), 21. – **II** aktiv = **argwöhnend, argwöhnisch, misstrauisch,** Tert. apol. 21 u. de cult. fem. 2, 4 *extr.*: verb. timidi et suspecti, Cato dist. 4, 44: m. folg. *Acc. pers.* = jmd. beargwöhnend, gegen jmd. misstrauisch, Spart. Sev. 15, 5. – *Compar.* m. *de* u. Abl., suspectior de obscuris, Amm. 16, 12, 27.

2. **suspectus,** ūs, *m.* (1. suspicio), **I** das **Aufwärtssehen, Hinaufschauen,** der **Aufblick, a** eig.: aetherium ad Olympum, Verg.: in caelum, Min. Fel.: color nigricans aspectu, idemque suspectu refulgens, wenn man an ihr hinaufsieht, Plin. – **b** meton., die **Höhe,** turris vasto

suspectu, Verg. Aen. 9, 530. – **II** übtr., die **Verehrung, Bewunderung,** Vitr., Ov. u. Sen.

suspendiōsus, a, um (suspendium), **der sich erhängt hat,** Plin. u. a.

suspendium, iī, *n.* (suspendo), das **Aufhängen, Erhängen,** alqm adigere ad suspendium, Plaut.: suspendio perire, Cic.: suspendio vitam finire, Suet.: suspendio mortem sibi consciscere, Hyg.: ex suspendio detrahi, Cels. – Plur., praebuit illa arbor misero suspendia collo, hat zum Erhängen gedient, Ov. am. 1, 12, 17: proscriptiones miserorumque suspendia, Amm. 19, 11, 3.

sus-pendo, pendī, pēnsum, ere, **aufhängen, I** eig.: **a** übh.: nidum tigno, Verg.: oscilla ex pinu, Verg.: columbam malo ab alto, Verg.: alqd collo od. e collo od. in collo, Plin.: funiculum de clavo parieti affixo, Amm.: alqm arbori infelici reste, Liv., u. bl. alqm arbori infelici, Cic. u. Liv.: alqm in oleastro, Cic.: se laqueo, Augustin.: u. so ille suspenditur laqueo, Firm.: se de ficu, Cic.: bl. se, sich hängen, -erhängen, Cic.: poet., suspendit pictā vultum mentemque tabellā, heftete (richtete) seinen Blick und seinen Geist auf ein Gemälde, Hor. – Partiz. suspēnsus, a, um, **gehängt, hängend,** Liv. u. Cels.: suspensus tabulam lacerto, eine Tafel am Arm hängen habend, Hor.: bildl., cum admodum tenui filo suspensa rei publicae salus ex sociorum fide penděret, Val. Max. – **b** insbes., **aufhängen,** einem Gott zu Ehren im Tempel etwas Gelobtes, **weihen, heiligen,** arma Quirino, Verg.: vestimenta deo maris, Hor. – **II** übtr.: **A** machen, dass etw. hoch ist, **in die Höhe bringen, erheben, hoch machen,** tectum turris, Caes.: castra saxis praeruptis, auf hohen Felsen aufschlagen, Sil.: nemora, auf den Dächern der Häuser anlegen, Sen.: tellurem sulco tenui, flach pflügen, auflockern, Verg.: campus subeunte stagno suspensus, brüchig, Mela. – **B** machen, dass etw. gleichs. hängt od. schwebt, **in der Schwebe halten, schweben lassen, 1** eig.: **a** übh.: suspendi lectus debet et moveri, Cels.: Iunonem Olympo, an dem Himmel befestigen, schweben lassen, Val. Flacc. – gressum, leise auftreten, Veget. mul.: tenui et molli incessu suspendere gradum, Sen.: pedem summis digitis, auf den Zehen gehen, auf die Zehen treten, Quint.: suspenso gradu ire, auf den Zehen gehen, Ter.: so auch suspenso pede evagari, Phaedr., u. ferre suspensos gradus, Ov.: dentes, nicht sehr zubeißen, Lucr.: Seianus genu vultuque et manibus super Caesarem suspensus, in schwebender Stellung, mit Knie, Gesicht u. Armen sich über den Kaiser hinbeugend, Tac. ann. 4, 59. Vgl. suspensus *no.* I, b. – **b** insbes., ein Gebäude schwebend bauen, sodass es auf einem Schwibbogen od. Gewölbe ruht, balneola, Cic. Hortens. fr. 69 Kays. (bei Non. 194, 13). – **2** übtr.: **a stützen,** terram columnis, Plin.: tignis contignationem, hinaufschrauben, Caes.: dolia subiectis lapidibus, darüberstürzen, Colum.: murum furculis, Liv.: ita aedificatum, ut suspendi non posset, ohne Unterstützung feststehen, Cic. – **b locker halten,** lupinum solidiores glebas sustinet et suspendit, Colum. 2, 15 (16), 6. – **c locker setzen,** vineam in summa terra, Colum. 3, 13, 8. – **3** bildl.: **a einhalten, hemmen, unterbrechen, aufheben, beseitigen,** spiritum, Quint.: fletum, Ov.: dolore per intervalla suspenso, Ps. Quint. decl.: causas morbi, Veget.: fluxiones oculorum, Plin.: pronuntiationis terminum ita, ut etc., Diom.: dah. aura suspensa levisque, gelinde, sanft, ruhig, Lucr. – **b unentschieden lassen,** medio responso rem, Liv. 39, 29, 1. – **c in Ungewissheit setzen, -lassen,** iudicum animos, Quint.: animos fictā gravitate, Ov.: alqm exspectatione, Plin. ep.

suspēnsē, *Adv.* im *Compar.* (suspensus), **zweifelhaft,** suspensius, Augustin. conf. 10, 34, 53 *extr.*

suspēnsio, ōnis, *f.* (suspendo), **I** der **Schwibbogen,** das **Gewölbe,** Vitr. 5, 10, 2. – **II** die **Unterbrechung, Aussetzung,** si quis sine media spiritus suspensione pronuntiaverit, Diom. 438, 29: dah. die **halbe Verschluckung** eines Buchstabens, susp. *m* litterae aut detractio, Isid. orig. 1, 31, 6. – **III** als mediz. *t. t.*, das **Sich-in-die-Höhe-ziehen,** palpebrarum, Cael. Aur. de morb. acut. 3, 5, 50.

suspēnsūra, ae, *f.* (suspendo), der Schwibbogen, auf dem ein Gebäude ruht, der **schwebende Fußboden,** suspensurae caldariorum, Vitr. 5, 10, 2: balneorum, Sen. ep. 90, 25: cellarum, Pallad. 1, 40, 2.

suspēnsus, a, um, *PAdi.* (v. suspendo), **I** eig.: **a erhöht, hoch, erhaben,** corus suspensum in terras portat mare, Sil. 1, 470. – **b in der Schwebe gehalten, schwebend,** vestigium (Tritt) suspensum et instabile, Plin. pan.: aquila suspensis demissa leniter alis, Liv.: suspensum ac nutans (sich auf- u. abbewegende) machinamentum, Amm.: currus suspensus (in aqua), Cic.: per mare suspensa ferret iter, Verg.: agmina suspensa, fliegend, eilend, Claud. – **c locker,** terra, Colum.: suspensissimum pastinatum, Colum. – **II** übtr.: **a** von etw. **abhängend,** auf etw. **beruhend,** ex bono casu omnia suspensa sunt, Cic.: non aliunde pendēre nec extrinsecus aut bene aut male vivendi rationes suspensas habere, das Wohl und Wehe des Lebens nicht als von Außendingen abhängig ansehen, Cic.: numquam crediderim felicem ex felicitate suspensum, Sen.: dubii suspensaeque ex fortuna spei, Liv.: animi ex tam levibus momentis fortunae suspensi, Liv. – **b ungewiss, zweifelhaft, voller Erwartung, gespannt, schwebend,** animus, Cic.: animus suspensior, Auct. b. Afr.: animus suspensus curis maioribus, Cic.: susp. plebs, Cic.: exspectatio, Cic.: verba, Tac.: res, kritische Lage, Liv.: diutius exspectationem hominum et spem rei publicae de mea voluntate suspensam tenere, in der Ungewissheit lassen, Planc. in Cic. ep.: ebenso alqm suspensum tenere, in der Spannung halten, Cic.: in suspenso relinquere, unentschieden lassen, Plin. ep.: in suspenso esse, unentschieden sein, Plin. ep. – m. folg. indir. Fragesatz, cum, quid ageretur in locis reliquis essent suspensi, Hirt. b. G. – m. *Genet.*, oppido suspensus animi, Apul. met. 11, 29: tot populos inter spem metumque suspensos animi habetis, Liv. 8, 13, 17: exspectatio te spei suspensum fatigabit, Gell. 14, 1, 36. – **c ängstlich, besorglich, verlegen, unruhig, furchtsam,** timor, Ov.: nox, Plin. ep.: suspensā manu laudare, furchtsam, zurückhaltend, Plin. ep.: est suspensum et anxium (es ist eine bange, qualvolle Lage) m. folg. *Infin.*, Plin. ep. 6, 4, 3. – von Pers., Vespasiani nomen suspensi (verlegen) et vitabundi circumibant, Tac. hist. 3, 37: suspensus (in Unruhe) pro homine amicissimo, Plin. ep. 8, 5, 3. – **d von der Arbeit befreit, arbeitsfrei, feiernd,** familia, Amm. 14, 6, 17.

suspicābilis, e (suspicor), **auf Vermutungen (Hypothesen) beruhend,** ars, v. der Arzneikunst, Arnob. 1, 48: silva, Chalcid. Tim. 347.

suspicāx, ācis (suspicor), **I argwöhnisch,** Nep. u. a.: in rumore suspicax, Ps. Quint. decl.: silentium, Tac. ann. 3, 11: *Compar.*, ut per haec suspicacioribus fidem facias, schwereren Verdacht bestätigt, Apul. apol. 98.

suspicientia, ae, *f.* (1. suspicio), die **Hochachtung, Verehrung,** Cassian. coll. 23, 16.

1. suspicio, spēxī, spectum, ere (specio), **I** *intr.* **in die Höhe sehen, aufwärts sehen,** in caelum, Cic.: de lectulo, Apul.: respicientes suspicientesque et despicientes, Plin. – **II** *tr.*: **A aufwärts** nach etw. **sehen, a** eig.: caelum, Cic.: astra, Cic.: m. *Acc.* u. *Infin.*, pueri in aedibus saepius pedibus offensant, dum recentes musteos in carnario fluitare suspiciunt, oben gewahr werden, Varro sat. Men. 12: u. = **in die Höhe sehen,** m. folg. *Acc.* u. *Infin.*, Verg. georg. 4, 59. – **b** übtr., **hochachten, verehren,** im Herzen **bewundern,** viros, Cic.: nihil, Cic.: suspicienda est figura, ist zu bewundern od. sehenswert, Cic. – **B** insbes., heimlich auf etw. od. jmd. sehen, meton. = **a** etw. **argwöhnen, vermuten,** suspectis e re nata, quae gesta erant, Apul. met. 9, 21. Vgl. 1. suspectus. – **b** jmd. **beargwöhnen,** mit folg. *Infin.*, suspectus regi et ipse eum suspiciens novas res cupere, Sall. Iug. 70, 1. – *PAdi.* suspectus, a, um, s. bes.

2. suspīcio (nicht suspītio), **I** der **Argwohn, Verdacht,** in hac re nulla subest suspicio, Cic.: nam quī istaec tibi incĭdit suspicio? wie kommst du auf den V.? Ter.: ex ea re mi incĭdit suspicio, Ter.: tanta nunc de me incĭdit suspicio, Ter.: venit ei in suspicionem, er argwöhnt, Nep.: suspicionem habere = Verdacht haben, argwöhnen, Cic.: und = verdächtig sein, Cic. u. Nep.: suspicio cadit in alqm od. pertinet ad alqm, Cic.: in suspicione esse alci, verdächtig sein, Liv.: est suspicio m. folg. *Acc.* u. *Infin.*, Cic.: non abest suspicio, quin ipse sibi mortem consciverit, Caes.: suspicionem a se removere, Cic.: suspicionem alci dare, Cic., od. praebere, Nep. u. Curt., od. afferre,

Cic., od. inferre, Cic., od. inicere, Cic., od. facere, Cic., od. movere, od. vitare, Cic.: hostibus timoris dare suspicionem, bei den F. den V. der F. erregen, Caes.: alqm in suspicionem adducere alci, Nep.: in suspicionem alci venire (v. Pers.) = bei jmd. in den V. kommen, m. folg. *Infin.*, Cic. u. a.: u. unpers., in suspicionem venit alci alcis rei, Augustin.: in suspicionem cadere od. vocari, Cic.: in suspicionem incĭdere regni appetendi, Cic.: suspicionem augere, Ter. – Plur. = Verdachtsgründe, Verdacht erweckende Umstände, verdächtige Anzeichen, Cic. u. a. – II übtr.: 1 jede **Vermutung, Ahnung,** deorum, Cic.: suspicionem habere, Cic. – 2 objektiv, der **Schein, Anschein,** vulneris, Petron.: dulcedinis, Pallad.

suspīciōsē, *Adv.* (suspiciosus), **mit Argwohn, verdächtig, auf Verdacht erregende Weise,** alqd dicere, Cic.: suspiciosius aut criminosius dicere, Cic.

suspīciōsus, a, um (suspicio, ōnis), I **argwöhnisch,** Cic. u. a. – II **Argwohn-, Verdacht erregend, verdächtig,** Cato fr., Cic. u. a.: tempus suspiciosissimum, Cic.

suspiciter, *Adv.* (1. suspicio), **argwöhnisch,** Non. 360, 5.

suspico, āre = suspicor, Plaut. Cas. 394.

suspicor, ātus sum, ārī (zu suspicio, ere), I **argwöhnen,** a *alqd:* quod suspicabar, Plaut.: nihil mali, Cic.: res nefarias, Cic.: quid nunc suspicare aut invenis de illa? Ter.: quod velim temere atque iniuriose de illo suspicati sint homines, Brut. in Cic. ep. ad Brut.: summum nefas de uxore, Quint. – mit folg. *Acc.* u. *Infin.*, omnes me suspicentur habere aurum domi, Plaut.: debere se suspicari Caesarem, quod exercitum in Gallia habeat, sui opprimendi causā habere, Caes.: ea quae fore suspicatus erat, Caes.: iamiam venturos aut hāc aut suspicor illāc … lupos, Ov. – b *alqm,* jmd. **beargwöhnen, im Verdacht haben,** Plaut. asin. 889. Apul. met. 10, 24. – absol., fuge suspicari (*sc.* me), argwöhnisch von mir zu denken, Hor. carm. 2, 4, 22. – II übtr., etw. **ahnen, vermuten, mutmaßen, annehmen, sich einbilden,** spem insperatam date mihi, quam suspicor, Plaut.: nisi me animus fallit, hic profecto est anulus, quem suspicor, Ter.: in quo neque figuram divinam neque sensum quisquam suspicari potest, Cic.: ut maius quiddam de L. Crasso, quam a nobis exprimitur, suspicentur, Cic.: licet aliquid etiam de Popilii ingenio suspicari, Cic.: aliquid ex eius sermone poterimus περὶ τῶν ὅλων suspicari, Cic.: quantum ex monumentis suspicari licet, Cic. – mit folg. indir. Fragesatz, quid sibi impenderet coepit suspicari, Cic.: quā re, quā sint illae dignitate, potes ex his suspicari, Cic. – m. folg. *Acc.* u. *Infin.*, placiturum tibi esse librum meum suspicabar, Cic.: quod valde suspicor fore, Cic.: ille potuit ex loco tumuli suspicari non esse monumentum, Quint. – ► Parag. Infin. suspicarier, Plaut. Pseud. 562; trin. 86. fr. inc. bei Donat. Ter. Hec. 3, 1, 33.

suspīranter, *Adv.* (suspirans, Partiz. v. suspiro), **unter Seufzen (Ächzen),** Gramm. Vatic. de interiect. 1 (Class. auct. 5, 271).

suspīrātio, ōnis, *f.* (suspiro), das **tiefe Atemholen, Seufzen,** Plin. nat. hist. praef. § 9. Quint. 11, 3, 158.

suspīrātus, ūs, *m.* (suspiro), der **tiefe Atemzug,** assiduo suspiratu, Apul. met. 5, 25: suspiratibus haustis dixit, tief aufseufzend, Ov. met. 14, 129.

suspīriōsus, a, um (suspirium), **tief atemholend, ächzend, keuchend,** a v. Menschen, gew. Plur. subst., suspiriosi, Plin. 20, 9 u. Gargil. Mart. de pomis § 2: *dispnoici,* quos *anhelosos* dicere poterimus sive *suspiriosos,* Cael. Aur. de morb. acut. 2, 28, 148. – b v. Tieren: mula, Colum. 6, 38, 1. – c übtr.: aridus morbus, qui et suspiriosus praecipue dicitur, Veget. mul. 1, 11, 1.

suspīritus, ūs, *m.* (suspiro), das **tiefe Atemholen, Keuchen, Ächzen, Seufzen,** creber susp. et gemitus, Liv. 30, 15, 3: susp. cruciatus tarditate vehementior, Apul. met. 10, 2: simul enicat suspiritus, Plaut. merc. 114: ut petivit suspiritum alte, Plaut. cist. 56: traxit ex intimo ventre suspiritum, Plaut. truc. 600: imo de pectore cruciabilem suspiritum ducens, Apul. met. 1, 7: quem nemo praeter nos philosophos sine suspiritu aspicere posset, Cic. ad Att. 1, 18, 3: Plur., votis intermiscet suspiritus, Apul. met. 6, 29.

suspīrium, iī, *n.* (suspiro), I das **tiefe Atemholen,** 1 der **Seufzer,** das **Ächzen,** Cic. Tusc. 4, 72: suspiria ducere animo, alto pectore, Ov.: suspiria trahere penitus, tief aufseufzen, Ov.: vultum ima ad suspiria ducere, zu tiefen S. verziehen, Ov.: pectus laxare suspiriis, Pacat. pan.: cum uxor vigilias somnos suspiria matri Liviae patefaceret, Tac.: odi ego, cum numquam pungunt suspiria somnos, Prop. – dah. meton., die **Liebe,** referens suspiria, ihre L. meldend, Ov. met. 13, 738. – 2 die **Beklemmung der Brust,** das **Keuchen,** Sen. u. a. – II übtr., übh. das **Atemholen, Atmen,** der **Atem,** Lucan., Sil. u. Mart. – III *t. t.* in der Tierarzneikunst, die **Hitzkrankheit** der Tiere, s. Schneider Veget. mul. 1, 3 u. 4. – Nbf. suspirius, Veget. mul. 1, 4 (hunc suspirium vocant).

suspīro, āvī, ātum, āre (von 1. sus u. spiro), I *intr.:* A **dampfen, ausdunsten,** foramen, quo aestuantia vina suspirent, Pallad.: tellus atro exundante vapore suspirans, Sil. – B **tief atemholen,** 1 **ächzen, seufzen,** a übh.: occulte, Cic.: und = durch Seufzen seine Furcht od. Besorgnis verraten, mit folg. *ne* u. Konj., Hor. carm. 3, 2, 9. – von lebl. Subjj., curae suspirantes, Enn. fr. scen. 38. – b insbes., in alqo, in alqa, in alqam, **nach** jmd. liebend **seufzen, schmachten,** Catull. u. Ov. – 2 **keuchen,** von Tieren, bos si tussiet aut si suspirabit, Gargil. Mart. de cur. boum § 7. – II *tr.:* A **hervorhauchen, -dampfen, -dunsten,** nebulas, Lucan. 6, 370. – B = spirare, **von** etw. **schnauben, erfüllt sein,** inclusum suspirat pectore Bacchum, Sil. 4, 779. – C etw. **erseufzen, ersehnen, nach** etw. od. jmd. **seufzen, schmachten, sich sehnen,** alios amores, Tibull.: Chloën, Hor.: matrem, Iuven.: suspirati nautis fratres Ledaei, Sil.: m. folg. *Acc.* u. *Inf.*, Lucr. 2, 1164.

suspītio, ōnis, *f.*, s. 2. suspīcio.

susque dēque, s. sursum.

sussilio, sussulto, s. subsilio etc.

sustentābilis, e (sustento), **erträglich,** Lact. de mort. pers. 31, 4. Chalcid. Tim. 52 A u. 343.

sustentāculum, ī, *n.* (sustento), I der **Grundpfeiler,** die **Stütze,** vitium sustentacula, Schol. Bern. Verg. georg. 2, 409. – bildl., victoriae, Halt, Tac. hist. 2, 28: sustentacula alimentorum, die erhaltenden Kräfte der Nahrungsmittel, Augustin. de gen. ad litt. 9, 3, 6. – II übtr., der **Unterhalt,** die **Nahrung,** corporis, Augustin. de moribus eccles. cath. 33.

sustentātio, ōnis, *f.* (sustento), I das **Stützen,** casae, Serv. Verg. ecl. 2, 29. – II übtr.: 1 die **Erhaltung, Ernährung,** mulieris, Ulp. dig. 34, 3, 22. § 9. – 2 die **Zurückhaltung,** sui, Lact. 6, 18, 32. – 3 das **Hinhalten,** der **Aufschub,** die **Verzögerung,** a übh., Cic. de inv. 2, 146. – b insbes., als Redefigur, das **Hinhalten** der Zuhörer, die **Spannung,** Cels. b. Quint. 9, 2, 22. Rufin. de fig. sent. § 34.

sustentātrīx, trīcis, *f.* (sustento), die **Erhalterin,** Iul. Val. 2, 15 (2, 4 *extr.*). Eustath. hexaëm. 3, 5.

sustentātus, ūs, *m.* (sustento), I das **Aufrechterhalten,** das **In-die-Höhe-Halten,** calanticae, Auson. perioch. Odyss. 5: seiner selbst (beim Schwimmen), Ggstz. demersus, Apul. apol. 21 Kr. (Hildebr. sustentui). – II übtr., die **Unterstützung,** digna filii dei sustentatu, Hieron. Origen. in Ezech. hom. 4, 1.

sustento, āvī, ātum, āre (*Intens.* v. sustineo), etw. **in die Höhe-, empor-, aufrecht halten, aufhalten, halten, stützen,** I eig.: corpus (damit er nicht sinkt), Plin.: fratrem ruentem dextrā, Verg.: polum, halten, tragen, Claud. – II übtr.: 1 **aufrecht erhalten, stützen, unterstützen, erhalten, nicht sinken** od. **zugrunde gehen lassen,** imbecillitatem valetudinis, Cic.: valetudinem, Cic.: bella aliorum auxiliis, Caes.: famem pecore, Caes.: parsimoniam patrum suis sumptibus, Cic.: rem publicam, Cic.: pugnam manu, voce, Tac.: aciem, Tac.: amicos fide, Cic.: Catonem a Crasso sustentari, Cic.: alcis tenuitatem ex suis angustiis, Cic.: nunc me una consolatio sustentat, Cic.: spes mentes civium sustentet, Cic.: egestatem et luxuriam domestico lenocinio, Cic.: eloquentiā sustentatus, unterstützt, Cic.: sustentor litteris, halte mich aufrecht, tröste mich, dass ich nicht ganz unterliege, Cic.: sustenta te, Cic.: sustentare (*sc.* se), sich bei Gesundheit erhalten, Plaut. – **2** **erhalten, a unterhalten, ernähren,** familiam, Ter.: se amicorum liberalitate, Cic.: m. alere verb., idem (aër) spiritu ductus alit ac sustentat animantes, Cic.: in quo nullā re egens (animus) aletur et sustentabitur isdem rebus, quibus astra sustentantur et aluntur, Cic. – **b** **erquicken, pflegen,** pectora, Stat. Theb. 6, 875. – **3** **aushalten, ertragen,** vix sustentare posse maerorem suum doloremque, Cic.: aciem diu, Tac. – absol., **aushalten, α** im Kampf, nec ultra sustentaturi fuerint, nisi in tempore subventum foret, Liv.: so auch aegre sustentatum est, Caes.: aegre is dies sustentatur, man hielt kaum den Tag aus, es war ein heißer Tag, Caes. – **β** in Krankheit, sustentavit aliquamdiu, Suet. Tib. 72, 3. – **4** **aushalten, aufhalten, zurückhalten,** impetus legionum, Tac.: hostem, Tac. **5** **aufhalten, a zurückhalten, hemmen,** aciem, Auct. b. Afr.: paulisper a rege sustentati, Sall. – **b** **hinhalten, verzögern, verschieben,** rem, Cic.: consilio bellum, absichtlich hinhalten, Liv.: aedificationem ad tuum adventum, Cic.: sustentata Venus gratissima, lange verhaltener Liebesgenuss, Ov.: id (malum) opprimi sustentando et prolatando nullo pacto potest, durch Hinhalten u. Verschleppen, Cic.

sustentus, ūs, *m.* (sustineo), das **Sich-in-die-Höhe-Halten** (Ggstz. demersus), Apul. apol. 21 H. (Krüger sustentatui).

sustinentia, ae, *f.* (sustineo), das **Ertragen,** malorum, Lact. epit. 34, 7. – absol., die **Duldsamkeit, Geduld,** Vulg. eccl. 2, 16. Augustin. serm. 38. § 1 u. 5.

sustineo, tinuī, ēre (1. sus u. teneo), etw. **in die Höhe-, aufrecht-, emporhalten, stützen, nicht sinken lassen, halten, tragen** usw.; dah. **I** eig.: **1** **erhalten, aufrecht erhalten, nicht sinken lassen, halten,** sustine hoc, halte das (das Gewand) einmal, Plaut.: aër sustinet volatus avium, Cic.: se a lapsu (vom Gleiten, Fallen), sich aufrecht halten, sich halten, dass man nicht falle, Liv.; u. so bl. se, Cic. u. Liv. (s. Fabri Liv. 21, 35, 12): vix arma, Liv.: arma male, den Schild nicht recht halten, Liv.: speculum manu, halten, Ov. – **2** **tragen,** bovem, Cic.: columnae et templa et porticus sustinent, Cic.: lapis albus pocula sustinet, trägt, hält, Hor.: furcis spectacula sustinentibus, Liv.: clipeum, tragen, haben, Ov.: sinus similes fluctibus, wallende Kleidung, Ov.: hoc illum pavimentum tam vile sustinuit, Sen.: ebore sustineri vult, auf E. (auf einer elfenbeinernen Bettstelle) ruhen, Sen. de ira 1, 21, 1. – v. Bäumen, (arbores) sustineant poma, Ov. – **3** **zurückhalten, innehalten, einhalten, hemmen,** manum, Sen. poët.: equum incitatum, anhalten, Caes.: remos, Cic.: agmen, Liv.: signa, haltmachen mit dem Heer, Liv.: se, haltmachen, stillstehen, Val. Flacc.: impetum, Cic. u. Liv.: assensionem oder assensum, Cic.: senatus metuit, ne sustineri nec in urbe nec in castris possit, Einhalt getan werden, Liv. – dah. se, **sich zurückhalten, an sich halten,** Caecin. in Cic. ep.: se ab assensu, Cic.: se a respondendo, Cic.: m. folg. *ne* u. Konj., me sustinebam, ne ad te prius ipse aliquid scriberem, quam etc., Cic. ep. 9, 8, 1. – sustine (halt ein) carnifex, adsum, quem spopondit, Hyg. fab. 257. p. 331 M. – sustinete hic (bleibt hier), Vulg.. Matth. 26, 38. – **II** übtr.: **1** **tragen, ertragen, auf sich nehmen, sich unterziehen, durchführen, aushalten,** einer Sache **widerstehen, sich bemeistern,** etw. **überwältigen, a** übh.: causam (die Schuld), Cic.: causam publicam, Cic.: causas multorum, Cic.: tres personas, Cic.: personam magistri, einen Lehrer vorstellen, Suet.: Thaida, die Thais vorstellen, die Rolle der Thais spielen, Iuven.: munus in re publica, Cic.: putasne te posse ... tot res, tam graves, tam varias voce, memoriā, consilio, ingenio sustinere? Cic.: nomen consulis, Cic.: quaestionem, Cic.: sustines non parvam exspectationem imitandae industriae nostrae, eine nicht geringe Erwartung ruht auf dir, du werdest meiner Tätigkeit nacheifern, Cic. – poenam, Cic.: potentiam alcis, Cic.: crimen, Cic.: impetum hostium, Caes.: vulnera, Caes.: certamen, Liv. – alqm non sustinere, jmdm. nicht widerstehen können, eos querentes non sustinuit, er konnte ihren Klagen nicht widerstehen, Liv.: u. so non sustinuit eos rogantes, Brut. in Cic. ep. – non sustineo alqd m. folg. *quin* u. Konj., nec ultra sustinuere certamen Galli, quin terga verterent, hielten den K. nicht weiter aus, sondern wandten sich zur Flucht, Liv. 33, 36, 12; u. so Liv. 2, 19, 4; 40, 26, 5. – sustineo, ich habe das Herz (kann es über das Herz bringen), bin imstande, kann mich überwinden, ich finde es erträglich, m. folg. *Infin.*, superesse non sustinuit, Val. Max.: haurire aquam, Plin.: quis nunc est, qui sic lavari sustineat? Sen.: non sustineo illum deserere, cui dedi vitam, Sen.: non sustinet perdere blanditias, Ov.: Cornelio numquam nocere sustinuit, Suet.: mit *Acc.* u. *Infin.*, sustinebunt tales viri se tot senatoribus ..., tot populorum privatorumque litteris non credidisse? Cic. II. Verr.. 1, 10. – **b** absol., **α** als milit. *t. t.*, **sich halten, aushalten, standhalten,** Brutus Mutinae vix sustinebat, Cic.: sustinere Pompeiani non potuerunt, Caes.: nisi subsidium sibi mittatur, sese diutius sustinere non posse, Caes. – **β** als mediz. *t. t.*, Partiz. sustinēns subst., der **Patient,** Plin. Val. 1, 5 u. 14. – **2** **erhalten, unterhalten, ernähren,** ager non amplius hominum quinque milia sustinere potest, Cic.: nepotes, Verg.: re frumentariā alimur et sustinemur, Cic.: penuriam, unterstützen, Colum.: (arbor) media ipsa ingentem sustinet umbram, unterhält, Verg. – **3** **aufhalten, hinhalten, verzögern, verschieben** (vgl. Burm. u. Ruhnk. Ov. her. 1, 114. Muncker Hyg. fab. 257. p. 311), solutionem, Cic.: rem in noctem, Liv.: consilio (absichtlich) bellum, Liv.: extremum fati diem, Ov.: spiritum, Phaedr.: animam, Ps. Quint. decl. – absol., exspectes et sustineas necesse est, du musst warten und Geduld haben, Mart. 9, 3, 13. – **4** **aufrecht erhalten, erhalten, behaupten, machen, dass** etwas **dauert** oder **besteht,** civitatis dignitatem ac decus, Cic.: amicum labentem (in Ansehung der Vermögensumstände), Cic.: animos (Mut) pugnantium, Liv.: vitam alci, Maecen. b. Sen.: dah. sustineri, worin bestehen, iurisdictione, Cic. – **5** **bewahren, in sich enthalten,** historiam veterem atque antiquam haec mea senectus sustinet, mein alter Kopf umfasst usw., Plaut. trin. 381.

sustollo, ere, **I** **in die Höhe heben,** papulas alte, Ser. Samm. 716: torvos ad aethera vultus, Ov. met. 13, 542: im Bild, qui omnia adversarum rerum onera rigidā cervice sustollat, auf seinen starken Nacken nimmt (u. trägt), Sen. ep. 71, 25. – Insbes., **a** **in die Höhe nehmen, aufnehmen,** amiculum, Plaut. cist. 115 u. a. – **b** **hoch aufrichten, errichten,** navem levi sustollit machina nixu, Lucr.: candida sustollant vela rudentes, Catull.: columnas Graecas, auf hohe Sockel stellen, Plaut.: novum opus, Cod. Theod. – **II** **wegnehmen,** filiam ab alqo, Plaut. cist. 550: has totas aedes, von dannen (von der Stelle) heben, Plaut. mil. 310: sustolli ab his locis, Arnob. 2, 60. – dah. **abschaffen,** censum, Lact. de mort. pers. 36, 1.

sustringo, sustrictus, s. sub-stringo.

sūsum, s. sursum.

susurna, s. sisura.

susurrāmen, inis, *n.* (susurro), das **Murmeln,** Apul. met. 1, 3. Mart. Cap. 7. § 726.

susurrātim, *Adv.* (susurro), **murmelnd, leise,** Mart. Cap. 6. § 705.

susurrātio, ōnis, *f.* (1. susurro), das **Flüstern, Zischeln,** das **Geflüster** = leise Gerede, Ambros. de laps. virg. consecr. 6. § 25: Plur., susurrationes, Ohrenbläsereien, Vulg. 2. Cor. 12, 20. Augustin. epist. 112, 3: susurrationes malae, Augustin. serm. 392, 6: crebrae susurrationes, Cassiod. var. 9, 18 *in.*

susurrātor, ōris, *m.* (1. susurro), der leise redet, der **Flüsterer, Zischler,** sed susurratores dum taxat, aber es ist doch nur ein leises Geflüster, Cael. in Cic. ep. 8, 1, 4. – insbes., der **Ohrenbläser,** Vulg. Sirach 5, 17 u. a. Eccl.

susurrio, s. 2. susurro.

susurrium, iī, *n.* (1. susurro), die **Ohrenbläserei,** susurria malarum ancillarum, Augustin. conf. 9, 9, 20.

1. susurro, āre (susurrus), **I** *intr.*, **zischeln, flüstern, summen, säuseln, rieseln** usw., v. Menschen, Ov.: susurrari audio, dass man davon einander in die Ohren zischelt, Ter.: v. den Bienen, Verg.: v. Wasser, Verg.: v. Wind, Verg. – **II** *tr.* etw. **herflüstern,** cantica, Mart.: quaedam, Amm.: te platanus susurrat, te pinus, dich (deinen Namen) säuselt usw., Calp.

2. susurro, ōnis, *m.* (susurrus), der **Flüsterer, Ohrenbläser,** Hieron.

epist. 108, 18. Augustin. serm. 47, 12 u. a. Eccl. – Nbf. susurrio, Vulg. (Amiat.) Sirach. 5, 16; 21, 31; 28, 15 (letzte Stelle auch Cypr. test. 3, 110).

1. susurrus, a, um, (1. susurro), **flüsternd, zischelnd,** lingua, Ov. met. 7, 825.

2. susurrus, ī, *m.* (vgl. altind. *svára-s,* Schall, Ton, deutsch ›surren‹), das **Zischeln, Flüstern (Geflüster), Summen (Gesumme),** saepes ... saepe levi somnum suadebit inire susurro (der Bienen), Verg. ecl. 1, 55: et spument rauco ferventia musta susurro, Calp. ecl. 1, 3: susurrus avium, Hieron. – bes. der Menschen, ille susurrus aquam ferentis mulierculae, Cic.: palam age, nolo murmurillum nec susurrum fieri, Plaut.: tacito susurro mala vota concipere, in leisem, stillem Gebet, Lucan.: illo tenui iugulos aperire susurro (durch heimtückische Ohrenbläserei), Iuven.: susurro tenui haec movebantur, Amm. – Plur., lenes susurri, Hor.: blandi susurri, Prop.: humiles susurri (Ohrenbläserei), Plin. pan.: susurri exercitus, Amm. – personif., Susurri, im Gefolge der Fama, Ov. met. 12, 61. – ► Heteroklit. *Genet.* susurrus, Apul. met. 6, 6: *Abl.* susurru, Apul. flor. 17. p. 26, 20 Kr.

sūtēla, ae, *f.* (suo), das Zusammennähen, bildl. = ein **Gewebe von Lug und Trug,** Plur. b. Plaut. capt. 692 u. Cas. 95. Vgl. Paul. ex Fest. 311, 7.

Suthul, *n. indecl.* u. Genet. ulis, *n.*, eine Burg in Numidien, viell. die h. Ruinen von *Guelma,* Sall. Iug. 37, 3 (Akk. Suthul); 38, 2 (Abl. Suthule). Prob. cath. 6, 3 (Genet. Suthulis).

sūtilis, e (suo), **zusammengenäht, -gebunden,** sut. centunculus, Apul.: sutilis auro balteus, ein lederner Gurt, der mit getriebenem Goldblech besetzt ist, Verg.: cymba od. cumba, aus Binsen geflochten u. mit Leder überzogen, Verg. u. Apul.: ratis, Hieron.: naves, aus Fellen od. aus Binsen, Plin.: domus, aus Fellen zusammengenäht, Val. Flacc.: corona, gewundener, Ov.: so auch rosa, Rosenkranz, Mart.: thyrsi, mit Efeu u. Weinranken umwunden, Priap.

sūtor, ōris, *m.* (suo), **I** der **Flickschuster, Schuster,** Plaut., Sen. u. a.: pascere se arte sutoris, Augustin. – zur Bezeichnung von Leuten aus dem niederen Volk, Cic. Flacc. 17. Iuven. 3, 294. – ne supra crepidam sutor iudicaret, woraus das Sprichwort, ne sutor supra crepidam (*sc.* iudicet), Schuster, bleib' bei deinem Leisten, d. i. urteile nicht über Dinge, die du nicht kennst, s. Plin. 35, 85. Val. Max. 8, 12. ext. 3. – **II** übtr., der **Zusammenflicker,** fabularum, Augustin. c. Faust. 22, 79. Sidon. epist. 3, 13, 2.

sūtōricius, a, um (sutor), **zum Schuster gehörig, Schuster-,** atramentum, Marc. Emp. 8. *no.* 2. fol. 93 (b) u. 31. fol. 132 (a). Gargil. Mart. medic. 22 *extr.*

sūtōrius, a, um (sutor), **zum Flickschuster gehörig, Schuster-,** atramentum, Schusterschwärze, Cic. ep. 9, 21, 3: fistula, der Schusterkneif, Plin.: atrium, Inscr. (s. ātrium). – subst., sūtōrius, iī, *m.*, ein **gewesener Flickschuster,** Cic. ad Att. 6, 1, 15.

sūtriballus, ī, *m.*, der **Flickschuster, Schuhflicker,** Schol. Iuven. 3, 150 od. 151. Vgl. Gloss. II, 392, 35 ›sutriballus, παλαιοράφος (Altflicker)‹.

sūtrīnus, a, um (v. sutor), **zum Flickschuster gehörig, Schuster-, I** *adi.:* taberna, Schusterbude, Tac. ann. 15, 34: ars, Schusterhandwerk, Varro LL. 5, 93. Plin. 7, 196: artem sutrinam facere, Vitr. 6. praef. § 7. – **II** *subst.:* **A** sūtrina, ae, *f.*, **a** (*sc.* ars) das **Schusterhandwerk,** omne instrumentum sutrinae vendere, Porphyr. Hor. sat. 1, 3, 130: sutrinam docere, Lact. 1, 18, 21: Plur., sutrinas facere inscius, Varro sat. Men. 211. – **b** (*sc.* officina od. taberna) = σκυτεῖον (Gloss. II, 434, 25), die **Schusterwerkstätte,** der **Schusterladen,** Varro LL. 8, 55. Plin. 10, 121. Tert. de pall. 5. Apul. flor. 9. p. 11, 17 Kr.: sutrinae manceps (Pachter), Plin. 10, 122: Plur., sutrinas pingere, Plin. 35, 112. – **B** sūtrīnum, ī, *n.* (*sc.* artificium), das **Schusterhandwerk,** Sen. ep. 90, 23.

Sūtrium, iī, *n.*, eine Stadt in Etrurien, südlich vom Kriminussee, an der Südostseite des kriminischen Waldes, j. *Sutri,* Liv. 6, 3, 2 u. a. Vell. 1, 14, 2. – Sprichw., quasi eant Sutrium, d. i. wohlvorbereitet an etwas gehen (wie Kamillus zur Eroberung von Sutrium auszog), Plaut. Cas. 524; vgl. Fest. 310 (a), 32. – Dav.: **A Sūtrīnus,** a, um, **sutrinisch,** ager, Liv.: colonia, *i.e.* Sutrium, Plin. – Plur. subst., Sūtrīnī, ōrum, *m.*, die Einwohner von Sutrium, die **Sutriner,** Liv. u. Tert. – **B Sūtrius,** a, um, **sutrisch,** Sil. 8, 493.

sūtūra, ae, *f.* (suo), das **Zusammennähen,** meton., die **Naht,** Cels. u. a.: calvariae, der Hirnschale, Cels.: pannorum suturae, Cael. Aur.: triplex scutale, crebris suturis duratum, Liv.

suus, a, um, *Pron. poss.* (v. altlat. sovos aus *sevos, griech. ἑός u. ὅς aus σϝϝός u. σός), **sein, ihr, I** eig.: **A** im Allg.: **1** *adi.:* **a** übh.: duo suos filios, zwei seiner Söhne, Cic.: suā manu scripsit, mit seiner eigenen Hand, Nep.: suus cuique erat locus definitus, Cic.: hunc sui cives e civitate eiecerunt, Cic.: alqm suum facere (durch Kauf) zu dem seinen machen, sich aneignen, Liv.: alqd suum dicere, für sein Eigentum erklären, Ps. Quint. decl. – **b** verb.: **α** mit quisque, u. zwar in ungleichem Kasus, sui cuique mores fingunt fortunam moribus, Poët. com. fr.: quo sua quemque natura maxime ferre videatur, Cic., u. in gleichem Kasus, quas tamen inter omnes est suo quoque in genere mediocris, Cic. – **β** mit proprius, z. B. locus quidem iis etiam naturis, quae sine animis sunt, suus est cuique proprius, Cic.: sua cuique laus propria debetur, Cic. Vgl. Baiter Cic. Tusc. 1, 109. Bünem. Lact. 3, 1. § 1. – **γ** mit *Dat. ethic.* sibi, wie suam sibi rem salvam sistam, Plaut.: suo sibi hunc gladio iugulo, Ter.: factus (consul) est bis, primum ante tempus, iterum sibi suo tempore, Cic. Vgl. Brix Plaut. trin. 156. Ribbeck Coroll. ad Comic. Rom. fragm. p. XXXIV. Bünem. Lact. 2, 5, 6. – **δ** mit ipse, z. B. suā ipsam peremptam (esse) mercede, Liv. 1, 11, 9: quid labores, ut eos destruas, quos sua ipsos destruit atque affligit oratio? Lact. 3, 28, 20: suis ipsi tormentis occupati, Lact. 6, 4, 20. Vgl. Fabri Liv. 21, 33, 3. – **ε** verstärkt durch angehängtes pte oder met, wie Crassum suāpte interfectum manu, Cic.: suomet ipsi more praecipites eant, Sall.: capti suismet ipsi praesidiis, Liv.: a filio suomet, seinem eigenen, Apul. – **2** *subst.:* **a** sui, die **Seinen, Ihrigen,** quem sui Caesarem salutabant, Cic.: Epicurum et Metrodorum non fere praeter suos quisquam in manus sumit, außer ihren Anhängern, Cic. – **b** suum, ī, *n.*, das **Seine, Ihrige,** ad suum pervenire, zu dem Seinigen gelangen, Cic.: quod suum non esset, Liv.: alci suum (sein rechtmäßiges Eigentum) vendere, Cic.: se suaque omnia ab iis defendere, Caes.: ad sua redire, Amm. – **B** prägn.: **1 sein, ihr** = angehörig, gehörig, bestimmt, festgesetzt, zukommend, domesticus et suus consul, Cic.: suum numerum habere, Cic.: suo Marte pugnare, auf die gehörige, ihm zukommende Art fechten, von Reitern, wenn sie zu Pferde fechten, Liv.: suā morte defungi, eines natürlichen Todes sterben, Suet.: anno suo, zu seiner Zeit, zu gehöriger, schicklicher Zeit, Cic. – suum est m. *Infin.*, quia suum est interiectionis voce abscondită proferri, Prisc. 1, 25. – **2 sein, ihr** = **ihm (ihr** oder **ihnen) günstig, ergeben, erwünscht,** auch **ihm teuer** (Ggstz. alienus), utebatur populo suo, Cic.: aestu suo Locros traicit, Liv.: sui di, Verg.: Ambracienses sui, Liv.: Chatti sui, Tac.: Hispania sua, Tac.: ventus, Hor.: sidera, Val. Flacc.: reddere alqm suum, zum Freund, günstig, gewogen, Nep.: primo variā fortunā, mox pugnavit suā, Vell.: suo loco pugnam facere, auf dem ihm günstigen Gelände, Sall.: suo maxime tempore atque alieno hostibus bellum incipere, Liv. – **3 sein, ihr** = ihm (ihr oder ihnen) eigen, nicht fremd, sui dei aut novi, Cic.: viscum, quod non sua seminat arbos, Verg. – subst., suum, ī, *n.*, **seine (ihm eigene) Art u. Weise,** suum illud, sein bekannter Grundsatz, Cic. Tusc. 1, 99. – **4 sein eigener Herr, in seiner eigenen Gewalt stehend,** ancilla nunc sua est, Plaut.: is poterit semper esse in disputando suus, auf eigenen Füßen stehend, originell, Cic.: suus non est, nicht bei Verstand, ICt.: vix sua erat, bei sich, bei Verstand, war außer sich, Ov. – **II** übtr.: **1** zuw. für eius, wie: incĭdit in eandem invidiam, quam pater suus, Nep.: Minerva dicitur patrem interemisse virginitatem suam violare conantem, Cic. – **2** seltener für den *Genet. obi.* sui, wie iniuria sua, gegen sich, Sall.: suus accusator, seiner selbst, Nep.; vgl. Kritz Sall. Cat. 51, 11. Bremi Nep. Lys. 4, 3. – **3** sui iuris, als stehende Redensart bei der ersten Pers. Plur., si sui iuris sumus, Paul. dig. 46, 2, 20 *pr.* – ► Genet. Plur. suûm, Ter. adelph. 411. Sisenn. hist. 4. fr. 112 (bei Non. 495, 12). – Archaist. Akk. sam = *suam,* nach Paul. ex Fest. 47, 3: sos = *suos,* nach Paul. ex Fest.

300, 6: sis = *suis,* Enn. ann. 149. – sovos (souos) = *suus,* wov. sovo (souo) = *suo,* CIL 1², 1211: sovom (souom) = *suorum,* CIL 1², 724: soveis (soueis) = *suis,* CIL 1, 1297.

syagrus, ī, *f.* (σύαγρος), eine Art des Palmbaumes, Plin. 13, 41.

Sybaris (Subaris), ris, Akk. rim u. (selten) rin, Abl., rī, *f.* (Σύβαρις), **I** Fluss in Lukanien, j. *Sibari* oder *Coscile,* Plin. 3, 97; 31, 13 u. 14. Ov. met. 15, 315. – **II** Stadt in Lukanien am gleichnam. Fluss, von Griechen gegründet, im Jahre 510 v. Chr. zerstört und unter dem Namen Thurii (s. d.) neu aufgebaut, berüchtigt als Sitz der Schlemmerei und Üppigkeit, Varro r. r. 1, 7, 6. Cic. de rep. 2, 28. Liv. 26, 39, 7. Hor. carm. 1, 8, 2. Ov. met. 15, 51. – Dav.: **A** **Sybarītae,** ārum, *m.* (Συβαρῖται), die Einwohner von Sybaris, die **Sybariten,** Sen. u. Quint. – **B** **Sybarītānus** (Subarītānus), a, um, **sybaritanisch,** praeda, Varro: exercitus, Plin. – Plur. subst., Sybarītāni, ōrum, *m.,* die Einwohner von Sybaris, die **Sybaritaner,** Iustin. – **C** **Sybarīticus,** a, um (Συβαριτικός), **sybaritisch,** meton. = **wollüstig,** Mart. u. Lampr.: *neutr. pl.* subst. Sybarītica, ōrum, *n.* = wollüstige Gedichte, Ov. trist. 2, 417.

sybina, s. sibina.

sybōtēs, ae, *m.* (συβώτης), der **Schweinehirt, Sauhirt,** Hyg. fab. 126. Manil. 5, 126 (wo Akk. sybōtēn).

sȳcaminos u. **-us,** ī, *f.* (συκάμινος) = sycomorus, Cels. 3, 18. p. 100, 26 D. u. 5, 18, 7. Ulp. dig. 47, 11, 10 (wo sycaminon zu lesen ist).

sȳcē, ēs, *f.* (συκῆ, Feigenbaum), **I** die auch peplis genannte Pflanze, Plin. 27, 119. – **II** eine Art **Kienbaum** od. **Kien,** Plin. 16, 44. – **III** ein immer triefendes **Geschwür** im Augenwinkel, Plin. 20, 44.

Sychaeus, ī, *m.,* Gemahl der Dido, Verg. Aen. 1, 343 (wo Sȳch. gemessen) u. a. Ov. her. 7, 97 *sq.* – Dav. **Sychaeus,** a, um, **sychäisch, des Sychäus,** cinis, Verg. Aen. 4, 552.

sȳcītēs, ae, *m.* (συκίτης), **Feigenwein,** Plin. 14, 102.

sȳcītis, idis, *f.* (συκῖτις), ein feigenfarbiger Edelstein, Plin. 37, 191.

Sȳcolatrōnidae, ārum, *m.* (σῦκον u. latro), **Feigenmauser,** ein erdichtetes Volk, Plaut. mil. 1, 1, 43 (Ritschl in Cryphiolathronia).

sȳcomorus, ī, *f.* (συκόμορος), der **wilde Feigenbaum,** die **ägyptische Feige, Maulbeerfeige, Adamsfeige** (*Ficus Sycomorus,* L.), Cels. 5, 18, 7. Isid. orig. 17, 7, 20. Vulg. 3. regg. 10, 27. Vulg. 2. par. 1, 15 u. a.

sȳcophanta (sūcophanta), ae, *m.* (συκοφάντης), eig. der Feigenanzeiger, der jmd. angibt, der gegen das Verbot aus Attika Feigen ausführt; dah. **I** der **gewinnsüchtige-, ränkevolle Ankläger, Verleumder, Ränkeschmied, Gauner,** Plaut., Ter. u. Hieron. – **II** übtr. zuw. = **listiger Schmeichler, Schmarotzer,** Plaut. u. Prud.

sȳcophantia (sūcophantia), ae, *f.* (συκοφαντία), die **Betrügerei, Gaunerei,** Plaut. mil. 767 u. a.: Plur., Plaut. asin. 71 u. a.

sȳcophantiōsē (sūcophantiōsē), *Adv.* (sycophanta), **betrügerisch, ränkevoll,** Plaut. Pseud. 1211.

sȳcophantor (sūcophantor), ārī (συκοφαντέω), **Ränke spielen,** absol., Plaut. trin. 787: alci, *ibid.* 958.

sȳcophyllon, ī, *n.* (συκόφυλλον), **Eibisch,** Ps. Apul. herb. 38.

sȳcōtum, ī, *n.* (συκωτόν) = ficatum (s. d.), Vespae iudic. coci 84 (= Anthol. Lat. 199, 84 R.).

sȳdus, eris, *n.,* s. sīdus.

Syedra, ōrum, *n.* (Σύεδρα, τά), Stadt in Cilicia aspera, zwischen Koracesium u. Selinus, Flor. 4, 2, 51. Lucan. 8, 259.

Syēnē, ēs, *f.* (Συήνη), eine Stadt in Oberägypten, berühmt wegen des roten Granits, j. *Assuan,* Mela 1, 9, 9 (1. § 60). Lucan. 2, 587. Mart. 9, 35, 7. Tac. ann. 2, 61. – poet. (meton.) = **roter Granit,** Stat. silv. 4, 2, 27. – Dav. **Syēnītēs,** ae, *m.* (Συηνίτης), **aus Syene, syenitisch,** lapis, der rote Granit, aus dem die ägyptischen Obelisken gehauen wurden, Plin.: Phorbas Syenites, Ov. – Plur. subst., Syēnītae, ārum, *m.,* die Einwohner von Syene, die **Syeniten,** Plin.

Sygamber, -gambrī, -gambria, s. Sugambrī.

Sȳla, ae, *m.,* s. Sīla.

Sylēum (Syllēum), ēī, *n.* (Σύλειον, Σύλλιον), eine feste Bergstadt in Pamphylien, zwischen Aspendus u. Side, Liv. 38, 14, 10 (Hertz Syl., Weißenb. Syll.).

1. Sylla, s. Sulla.

2. sylla, ae, *m.* = effeminatus, Charis. 110, 6.

Syllānus, a, um, s. Sulla.

syllaba, ae, *f.* (συλλαβή), **I** die **Silbe,** syll. acuta, Quint.: syll. brevis, longa, Cic.: syll. longa et brevis et mediocris (mittelzeitige), Gell.: syll. longior aut brevior, Cic.: syllaba extrema, ultima, Quint.: finalis, Endsilbe, Macr.: auceps syllabarum, Silbenstecher, Cic.: syllabarum distinctiones, Sen.: plurium syllabarum verba, Quint.: syllabam corripere (Ggstz. producere), Sen. u. Quint.: syllabam unam interponere, inserere, adiungere, Sen.: unam peccare syllabam, Plaut.: cum constent quattuor pedes binis syllabis, Quint.: ego non paginas tantum, sed versus (Zeilen) etiam syllabasque numerabo, Plin. ep.: *mus* syllaba est, Sen. – **II** meton., syllabae, **Verse, Gedichte,** Flach Mart. 1, 61, 1.

syllabāriī, ōrum, *m.* (syllaba), Leseschüler, die nur syllabieren können, **Abcschützen** (Ggstz. nominarii), Rufin. Origen. in num. hom. 27, 12.

syllabātim, *Adv.* (syllaba), **silbenweise,** Cic. Acad. 2, 119; ad Att. 13, 25, 3. Augustin. genes. ad litt. 1, 10, 20.

syllabicē, *Adv.* (syllabicus), **nur silbenweise,** Prisc. 14, 19.

syllabicus, a, um (συλλαβικός), **silbenweise,** Prisc. de accent. § 46. p. 528, 22 K.

syllabus, ī, *m.* (σύλλαβος), das **Register, Verzeichnis,** Augustin. conf. 13, 15. *no.* 18.

syllēpsis (synlēpsis), is, Akk. in, Abl. ī, *f.* (σύλληψις), eine gramm. Figur, nach der ein Wort auf ein anderes im Satz bezogen wird, zu dem es grammatisch nicht gehört (wie Verg. Aen. 1, 16. Ter. Andr. prol. 3), Charis. 281, 4. Diom. 444, 31. Donat. ad Ter. Andr. prol. 3. Serv. Verg. Aen. 2, 231.

Syllēum, s. Sylēum.

1. syllibus, s. 1. sillybus.

2. syllibus, s. 2. sillybus.

syllogismaticus, a, um (συλλογισματικός), **aus Syllogismen bestehend,** Fulg. myth. 1. praef. *extr.* p. 27 M.

syllogismus (synlogismus), ī, *m.* (συλλογισμός), der **förmliche Vernunftschluss,** der **Syllogismus,** Sen. u. a.: rhetoricus = *enthymema,* Quint.

syllogisticē, *Adv.* (syllogisticus), **durch Vernunftschluss, syllogistisch,** Max. Victorin. expos. in 2. rhet. 2, 48 *Halm* (p. 166, 15 *Orell.*). Boëth. Aristot. anal. post. 1, 9. p. 530.

syllogisticus, a, um (συλλογιστικός), **zum Syllogismus gehörig, syllogistisch,** status, Quint. 5, 10, 6: enthymema, in Form eines Syllogismus, Iul. Vict. art. rhet. 11. p. 233 *Orell.:* compendium, ratio, Chalcid. Tim. 341.

syllogizo, āre (συλλογίζω), **einen Vernunftschluss machen,** Boëth. Aristot. anal. post. 1, 9. p. 530.

sylva nebst Abgeleiteten, s. silva etc.

Sylvānus, s. Silvānus.

Symaethus, ī, *m.* (Σύμαιθος), der größte Fluss Siziliens, auf der Ostseite der Insel, der eine Menge kleiner Flüsse aufnimmt, j. *Giaretta,* Sil. 9, 410; 14, 231: Symaethi amnis, Auct. Aetnae 508 H.: flumen Symaethum, Plin. 3, 89. – Dav.: **A** **Symaethēus,** a, um (Συμαίθειος), **symäthëisch,** aquae, die in den Symäthus fallen, Ov. fast. 4, 472. – **B** **Symaethis,** idis, *f.,* **symäthisch,** nympha, die Nymphe des Flusses Symäthus, Ov. – **C** **Symaethius,** a, um, **symäthisch,** flumina, die in den Symäthus fallen, Verg.: heros, Acis, Sohn der Nymphe des Symäthusflusses, Ov. – ► y bei den Dichtern gewöhnlich kurz, bei Verg. Aen. 9, 584 lang gemessen.

symbola (sumbola), ae, *f.* (συμβολή), **I** der **Geldbeitrag** des einzelnen zu einem gemeinschaftlichen Schmaus (durch collecta übersetzt bei Cic. de or. 2, 233; vgl. Klotz u. Spengel Ter. Andr. 88), symbolarum conlatores, Plaut.: condixisse in symbolam ad cenam, Plaut.: symbolam dedit, cenavit, Ter.: edere de symbolis, Ter.: de symbolis quid actum est? Ter. – **II** übtr., symbolae, v. einer Tracht Schlägen, Plaut. Epid. 125 G. – u. v. Fragen, die gute Freunde unter sich aufwerfen und sich damit gleichsam bewirten, gelehrtes Picknick, Gell. 6, 13, 12.

symbolicē, *Adv.* (symbolicus), **symbolisch, sinnbildlich, figürlich,** appellare, Gell. 4, 11, 10.

symbolicus, a, um (συμβολικός), **sinnbildlich, figürlich,** Charis. 160, 21.

symbolum (sumbolum), ī, *n.* u. **symbolus** (sumbolus), ī, *m.* (σύμβολον u. -ος), die **Marke,** das **Kennzeichen, Wahrzeichen,** wodurch jmd. erkannt werden od. sich ausweisen soll (vgl. Isid. orig. 6, 19, 57), quem symbolum? Plaut.: symbolum est, Plaut.: symbolos proponere, Iustin.: v. Siegelring (weil er zuw. als Marke ausgegeben wurde), nach Plin. 33, 10. – Insbes., **a** eine Art **Pass-** od. **Ausweiskarte,** Cato oratt. fr. 2. p. 37, 14 *Jordan.* – **b** das **Glaubensbekenntnis,** tota ecclesia in symbolo confitetur (deum) iudicare vivos et mortuos, Augustin. epist. 214, 2.

Symiamira, ae, *f.*, Mutter des Kaisers Heliogabalus, Schwester der Mammäa, Capit. Opil. Macrin. 9, 2. Lampr. Heliog. 4. § 4.

Symmachus, ī, *m.*, Q. Aurelius, Konsul u. Stadtpräfekt gegen Ende des vierten Jahrh. n. Chr., ausgezeichneter Redner, Verf. von noch erhaltenen epistulae (10 Bücher), Macr. sat. 5, 1, 7. Sidon. epist. 1, 1, 1. Amm. 21, 12, 24; 27, 3, 3. Auson. epist. 17. – Dav. **Symmachiānus,** a, um, **symmachianisch, des Symmachus,** illud dictum, Sidon. epist. 8, 10, 1.

symmeter, s. symmetros.

symmetria, ae, *f.* (συμμετρία), das **Ebenmaß,** Varro fr., Vitr. u. Plin. (auch im Plur.).

symmetros, on (σύμμετρος), **ebenmäßig, symmetrisch,** Vitr. 1, 2, 4. – Nbf. symmeter, Boëth. analit. poster. 1, 2.

symmystēs, ae, *m.* (συμμύστης), der **Mitpriester, Priester aus einem Kollegium,** Hieron. epist. 58, 11 u. 66, 9. Rufin. Orig. homil. 7. in Levit. *no.* 2. – Nbf. symmysta, Rufin. apol. 2. *no.* 1.

sympasma, atis, *n.* (σύμπασμα), ein **Pulver zum Aufstreuen,** als Heilmittel, Cael. Aur. de morb. acut. 2, 38, 218 u. a.

sympathīa, ae, Akk. ān, *f.* (συμπάθεια), die natürliche Übereinstimmung zweier od. mehrerer Dinge, der **natürliche Zusammenhang,** die **Sympathie** (rein lat. concordia rerum, Ggstz. antipathia, rein lat. discordia rerum), Cic. de div. 2, 143. Plin. 21, 1; 37, 59 u. a. Varro sat. Men. 409: symp. stellarum, die Wechselbeziehung, Vitr. 1, 1, 16.

symperasma, atis, *n.* (συμπέρασμα), die **Schlussfolge,** Mart. Cap. 4. § 343.

symphōnia, ae, *f.* (συμφωνία), **I** das gemeinschaftliche harmonische Tönen, der **Einklang** (rein lat. concentus), symphoniae musicae sive concentus, Konsonanzen, Vitr. 1, 1, 9: ex accentibus et succentibus variata ratione musicae cantilena symphonia (Akkord) dicitur, Chalcid. Tim. 44: Ggstz. diaphonia, Isid. orig. 3, 19, 3. – **II** insbes.: **a Harmoniemusik, Konzert,** Cic. u. a.: ad symphoniam canere, nach Instrumentalmusik singen, Sen. – **b** meton., ein musikal. Instrum., eine Art **Trommel** (s. Isid. orig. 3, 21, 14), Prud. c. Symm. 2, 528. Anthol. Lat. 742, 60 (1143, 60).

symphōniacus, a, um (συμφωνιακός), **I zur Musik-, zur Kapelle gehörig,** pueri od. servi od. homines, die Musiker, die Kapelle, Cic.: symph. et fistulatoriae artes, Arnob. – subst., symphōniacus, ī, *m.*, der **Musiker,** Petron. 28, 5. CIL 6, 4472; rein lat. musicarius, *ibid.* 6, 4416. – **II** s. herba, **Bilsenkraut,** Pallad. u. a.

symphōnium, iī, *n.* = symphonia, Schol. Bern. Verg. georg. 2, 193.

symphyton od. **-um,** ī, *n.* (σύμφυτον), **I Beinwell, Wallwurz,** eine Pflanze, Plin. 27, 41. – **II** eine andere, sonst helenion etc. gen. Pflanze, Plin. 14, 108.

symplectos, on (σύμπλεκτος), **verbunden,** pes, der Versfuß – – ◡ ◡ ◡, Diom. 481, 27.

symplēgas, adis od. ados, Akk. Plur. adas, *f.* (συμπληγάς), **zusammenschlagend,** subst., u. zwar: **I** als *nom. propr.*, Symplēgas = eine **Symplegade,** Plur. Symplēgades, um, *f.* (Συμπληγάδες), die auch Cyaneae genannten zwei kleinen Felseninseln vor der Mündung des thrazischen Bosporus in den Pontus Euxinus, die der Sage nach fortwährend aneinander schlugen und alles, was zwischen ihnen hindurch wollte, zertrümmerten, bis sie seit der glücklichen Durchfahrt der Argo unbeweglich wurden, j. *Urek-Jaki,* **a** eig.: **α** Sing., Nom., Val. Flacc. 4, 221. Lucan. 2, 718: Genet. *-ados,* Val. Flacc. 5, 300: *-adis,* Ven. Fort. vit. S. Mart. 4, 14: Akk. *-ada,* Claud. in Eutr. 2, 30. β) Plur., Mela 2, 7, 3 (2. § 99). Ov. met. 15, 338. Val. Flacc. 4, 637: Akk. *-adas,* Hyg. fab. 19. Ven. Fort. carm. 3, 4, 9. – **b** scherzh. übtr., von den sich zusammenfügenden Hinterbacken, Mart. 11, 99, 5. Auson. epigr. 108, 8. – **II** die **Zusammenfügung,** Rutil. Nam. 1, 461.

symplegma, atis, *n.* (σύμπλεγμα), die Verflechtung, **I** eine **Gruppe** von je zwei Ringern, die beim Angriff alle vier Hände ineinander verschlungen hatten, Plin. 36, 24. – **II** von den wollüstigen Verschlingungen beim Beischlaf, Mart. 12, 43, 8. Arnob. 7, 33.

symposiacus, a, um (συμποσιακός), **zum Gastmahl gehörig,** subst., symposiaca, ōrum, *n.*, **Tischgespräche,** die συμπόσιον betitelten Schriften des Plutarch, Gell. 3, 6, 1; 4, 11, 13 u. 17, 11, 6.

symposion u. **-posium,** iī, *n.* (συμπόσιον), das **Gastmahl,** Alexandreae symposia obire, Apul. apol. 57. – Titel einer Schrift des Plato, Nep. Alc. 2, 2. Gell. 1, 9, 9. Auson. edyll. 13 *extr.* p. 146, 10 Schenkl: u. des Xenophon, Plin. 34, 79.

sympoticus, a, um (συμποτικός), **zum Gastmahl gehörig,** quaestiunculae, Gell. 6, 13 *lemm.*

sympsalma, atis, *n.* (σύμψαλμα), das Zusammenstimmen der Saiten, das **Singen zum Saitenspiel,** Augustin. in psalm. 4, 4.

synafīa, s. synaphīa.

synagōga, ae, *f.* (συναγωγή), die **Synagoge** der Juden, Tert. adv. Iud. 8 u. a. Ambros. in Luc. 6, 50, 53, 54. Arnob. in psalm. 103 u. a. Eccl. Schol. Iuven. 6, 159.

synalīphē, ēs, *f.* (συναλοιφή), die **Verschmelzung zweier Silben zu einer,** entweder durch die Synäresis oder durch die Krasis, bei den lat. Gramm. bes. durch die Elision, dah. lat. collisio, elisio, Quint. 9, 4, 109. Charis. 279, 9. Diom. 442, 20. – Nbf. synaloephē, Mart. Cap. 3. § 267 u. synaloepha, Prisc. 7, 90. Serv. Verg. Aen. 2, 16, u. synalīpha, Aldh. de re gramm. in Class. auct. 5, 521.

synanchē, ēs, Akk. ēn, *f.* (συνάγχη), die Entzündung der inneren Muskeln des Schlundes, die **Bräune,** Veget. u. Cael. Aur.: synanchen pati, Gell.

synanchicus, a, um (συναγχικός), **zur Bräune gehörig, mit der Bräune behaftet,** passio, Cael. Aur. de morb. acut. 2, 27, 140. – Plur. subst., synanchicī, ōrum, *m.*, **die mit der Bräune Behafteten,** Cael. Aur. de morb. acut. 3, 4, 40.

synaphīa, ae, Akk. ān, *f.* (συνάφεια), als *t. t.* der Metrik = die **Kontinuität des Rhythmus,** die die *syllaba anceps* nicht zulässt, Ter. Maur. 2071 u. ö. Mar. Victorin. 3, 10. § 7 u. 15. p. 129, 30 u. 131, 4 K. Serv. de metr. Hor. 471, 12 K. (wo synafīa).

Synapothnēscontes (συναποθνήσκοντες), die **Zugleich-Sterbenden,** Titel einer Komödie des Diphilus, Ter. adelph. prol. 6.

Synaristōsae, ārum, *f.* (συναριστῶσαι), die **Zusammen -Frühstückenden,** Titel einer Komödie des Menander, Plin. 23, 159: u. des Cäcilius Statius, Gell. 15, 15, 2. Non. 370, 14.

synaxis, eos, Akk. in, *f.* (σύναξις), die **Versammlung,** Ven. Fort. carm. 8, 17, 1. Cassian. coen. inst. 2, 11.

syncatēgorēma, atis, *n.* (συγκατηγόρημα), ein Redeteil, der nur in Verbindung mit einem anderen Wort einen vollständigen Begriff gibt, Plur. syncategoremata (rein lat. consignificantia), Prisc. 2, 15.

syncerastum, ī, *n.* (συγκεραστόν), ein aus verschiedenen Zutaten bestehendes Gericht, **Gemischtes, Allerlei,** Varro LL. 7, 61.

syncērus etc., s. sincērus etc.

synchrīsma, atis, *n.* (σύγχρισμα), die **Salbung,** Veget. mul. 3, 45, 7. Pelagon. veterin. 4 (§ 44 *Ihm*) u. 14 (§ 218 u. 225 *Ihm*). – Nbf. synchrisma, *ae, f.*, Veget. mul. 6, 18 u. 22, 2.

synchronus, ī, *m.* (σύγχρονος), der **Zeitgenosse,** Hieron. in XII Prophet. praef.

synchysis, is, *f.* (σύγχυσις), die **Verwirrung,** in der Gramm., wenn die Wörter zu sehr versetzt sind, Charis. 275, 17. Diom. 461, 7. Donat. (IV) 401, 6.

syncopa, s. syncopē.

syncopē, ēs, *f.* u. **syncopa**, ae, *f.* (συγκοπή), **I** die Verkürzung eines Wortes in der Mitte, syncope, Charis. 278, 18. Diom. 441, 27: per syncopam dictum esse, Macr. sat. 5, 21, 11. – **II** (syncope) die **Ohnmacht,** Veget. mul. 2, 25, 3.

syncopizo = syncopo, Avian. apol. 19.

syncopo, āvī, āre (syncope), in **Ohnmacht fallen, ohnmächtig werden,** Veget. mul. 2, 25, 1.

syncrăsis, is, Akk. in, *f.* (σύγκρασις), die **Vermischung,** Tert. adv. Valent. 8.

syndicus, ī, *m.* (σύνδικος), der Vertreter und Verteidiger, der Gerechtsame einer Gemeinde, der **Syndikus,** rein lat. actor, Gaius dig. 3, 4, 1. § 1 u. a. ICt.

syndōn, onis, *f.*, s. sindōn.

synecdochē, ēs, *f.* (συνεκδοχή), das Mitverstehen, bes. in der Rhetorik, ein Ausdruck, wobei der eigentliche Begriff nur angedeutet, nicht wirklich ausgedrückt ist, bes. wenn ein Teil für das Ganze u. umgekehrt gesetzt wird, Quint. 8, 6, 19 *sq.* Charis. 274, 15. Diom. 459, 22.

synecdochicē, *Adv.* (συνεκδοχικῶς), **synekdochisch, durch eine Synekdoche,** Acro Hor. epist. 1, 18, 66. Hieron. in Matth. 2, 12, 40.

synecdochicus, a, um (συνεκδοχικός), **synekdochisch, durch eine Synekdoche,** Hieron. in Isai. 5, 14, 2. Cassian. incarn. 6, 23.

synechēs, is (συνεχής), **zusammenhängend,** Mart. Cap. 9. § 981. Boëth. inst. mus. 1, 12. Chalcid. Tim. 18.

synechītis, idis, Akk. im, *f.*, ein Edelstein, sonst galactites gen., Plin. 37, 162.

synecticus, a, um (συνεκτικός), **zusammenhängend,** Cael. Aur. de morb. acut. 1, 14, 112; 3, 15, 119.

synedrium, iī, *n.* (συνέδριον), der **Sitzungssaal,** das **Rathaus,** Arnob. in psalm. 103.

synedrus, ī, *m.* (σύνεδρος), der **Beisitzer eines Kollegiums,** Liv. 45, 32, 1.

synēmmenon, ī, *n.* (συνημμένον, *i.e.* conexum), **verbunden, verknüpft,** als *t. t.* der Musik, von Tönen u. Saiten, Vitr. 5, 4, 5. Censor. frgm. 12, 3. Boëth. inst. mus. 1, 20. p. 107, 25 Fr. u. a.

synemptōsis, is, *f.* (συνέμπτωσις), die **Übereinstimmung** od. **Gleichheit der Form** (gramm. *t. t.*), Prisc. 18, 269.

Synephēbī, ōrum, *m.* (συνέφηβοι), die **Mitjünglinge,** eine Komödie des Statius Cäcilius, Cic. de fin. 1, 4 u. a.

synergus, ī, *m.* (συνεργός), der **Mitarbeiter, Gehilfe,** Firm. math. 1, 4.

synesis, is, *f.* (σύνεσις), der **Vorstand,** einer der Äonen, Tert. adv. Valent. 8.

syngenicon, ī, *n.* (συγγενικόν), die **Verwandtschaft,** Plin. 35, 134 u. 142.

syngrapha (syngrafa), ae, *f.* (συγγραφή), die **Handschrift, Schuldverschreibung,** der **Schuldschein, Wechsel,** litterarum obligatio fieri videtur chirographis et syngraphis, Gaius inst.: syngraphae non sunt, sed res aliena est, Caes. bei Rufin. de fig. sent. § 8 H.: inanes syngraphae, ungültige Wechsel (= Wechsel, für die keine Gegenleistung vorangegangen war): cedere alci alqd per syngrapham, Cic.: facere syngraphas cum alqo, sich von jmd. Wechsel geben lassen, Cic.: ius iurandum atque etiam syngrapham ab alqo exigere, Suet.: pecuniam per syngrapham debere, Amm.: ius dicere ex syngrapha, Cic.: syngrafas in foro incendere, Spart. – ► Nbf. syngraphe, Not. Tir. 76, 45.

syngraphum, ī, *n.* (Nbf. v. syngrapha), die **Handschrift, Schrift,** lege sacra parentis syngrapha, Coripp. laud. Iust. 2, 368.

syngraphus (sungraphus), ī, *m.* (σύγγραφος). **I** der **schriftliche Vertrag,** Plaut. asin. 746 u. 802. – **II** der **Reisepass,** Plaut. capt. 450 u. 506.

synhodus, s. 1. synodus *no.* I.

synizēsis, is, *f.* (συνίζησις), das **Zusammenlesen** zweier Vokale zu einer Silbe, die **Synizese,** Serv. Verg. Aen. 1, 698; 2, 270.

synl..., s. syll...

Synnada, ōrum, *n.* (Σύνναδα) u. **Synnas**, adis u. ados, *f.*, kleine Stadt in Großphrygien, berühmt durch Steinbrüche farbigen Marmors, jetzt Ruinen von *Esik-karahissar*, Form *-ada*, Cic. ep. 3, 8, 3 *sqq.*; 15, 4, 2; ad Att. 5, 20, 1: Form *-as*, Cic. ad Att. 5, 16, 2 (Abl. *-ade*). Plin. 5, 105 (Abl. *-ade*). Mart. 9, 75, 8. Stat. silv. 1, 5, 37 (Genet. *-ados*); 2, 2, 87 (Abl. *-ade*). Sidon. carm. 22, 138 (Genet. *-ados*). – Nbf. Synna, ae, *f.*, Prud. c. Symm. 2, 247 *Dr.* (*al.* Synnas). – Dav.: **A** **Synnadēnsis**, e, **synnadensisch, zu od. aus Synnada,** Cic. – **B** **Synnadicus**, a, um (Συνναδικός), **synnadisch,** lapis, v. Marmor, Plin. – **C** **Synnas**, adis, *f.*, **synnadisch,** columnae, aus synnadischem Marmor, Capit.

synnāvī dī (σύνναοι), **in einem Tempel zusammenwohnende (zusammen verehrte) Götter,** CIL 11, 3074.

synochītis, idis, *f.* (συνοχῖτις), ein uns unbekannter Edelstein, mit dem man Geister bannen konnte, Plin. 37, 192 (Abl. *-tide).* – spät. Nbf. synochitida, ae, *f.*, Isid. orig. 16, 15, 22.

synodālis, e (synodus), **zur Synode gehörig,** Ven. Fort. vit. S. Mart. 3, 415. Ennod. opusc. II. p. 313, 23 H. – subst., synodălia, ium, *n.*, **Synodalbeschlüsse,** *ibid.* 3, 423.

synōdia, ae, *f.* (συνῳδία), der **Einklang,** Varro sat. Men. 150.

synodicē, *Adv.* (synodicus), **den Synodalbeschlüssen entsprechend,** Cassiod. hist. eccl. 4, 25.

synodicus, a, um (συνοδικός), **I** **zusammengehend, -kommend,** Firm. math. 3, 6 u. a. – **II** die **Synodalbeschlüsse betreffend, den Synodalbeschlüssen entsprechend,** Hieron. de vir. ill. 45. Cassiod. hist. eccl. 4, 21 u. 9, 13 u. a. Eccl.

synodītae, ārum, *m.* (συνοδῖται), die **Zusammengehenden, -lebenden,** eine Art Mönche, Cod. Iust. 11, 30, 57.

synōdium, iī, *n.* (*συνῴδιον), der **Einklang,** Diom. 492, 14 = Sall. fr. 3. p. 10 *Reiff.*

synodontītis, idis, *f.* (συνοδοντῖτις), ein Edelstein, der im Gehirn des Fisches synodūs gefunden wird, Plin. 37, 182.

1. synodus, ī, *f.* (σύνοδος), **I** der **priesterliche Verein,** das **Priesterkollegium,** archiereus synodi (synhodi), CIL 6, 10117 (synh.) u. 12, 3183 (synh.) u. 14, 2977 (synod.). – **II** die **Kirchenversammlung, Synode,** Cod. Iust. 1, 3, 23. Amm. 15, 7, 7 u. 21, 16, 18.

2. synodūs, ontis, *m.* (συνόδους), ein Seefisch aus der Gattung der Brachsen (rein lat. dentex, *Sparus dentex,* Oken), Ov. hal. 107. Plin. 37, 182.

synoecium, iī, *n.* (συνοίκιον), das **gemeinsame Wohnzimmer,** Petron. 93, 3.

synōnēton, ī, *n.* (συνώνητον), der **Zusammenkauf, Ankauf mehrerer Dinge,** Cod. Theod. 11, 15, 1.

synōnymia, ae, *f.* (συνωνυμία), die **gleiche Bedeutung** der Wörter, Mar. Plot. 455, 8 K. Mart. Cap. 5. § 535. Fronto de diff. voc. 525, 14 K. Isid. orig. 2, 21, 8.

synōnymos, on (συνώνυμος), **gleichbedeutend, synonym,** nomina, Consent. 341, 18 K. – subst., synōnymon u. synōnymum, ī, *n.*, das **gleichbedeutende Wort,** das **Synonymum,** nullius synonymi ornatus, Fronto de eloqu. 4. p. 154, 10 N.: Plur., Fronto de eloqu. 3. p. 151, 3 N. Prisc. 2, 26. Serv. Verg. Aen. 2, 128.

synopsis, is, Akk. in u. im, *f.* (σύνοψις), der **Entwurf, Abriss,** das **kurze Verzeichnis,** Ulp. dig. 27, 9, 5. § 11 (Akk. *-in*). Grommat. vet. 92, 17 (Akk. *-im*): Inventar eines Tempels, CIL 8, 6981.

synōris, idis, *f.* (συνωρίς), das **Zweigespann,** übtr. = das **Paar,** wie biga, Hieron. epist. 130, 7.

syntaxis = controversia, Suet. de gramm. et rhet. 25. p. 123, 1 *Reiff.*

syntēcticus, a, um (syntexis), **an der Auszehrung leidend,** Plin. 22, 105 u. a.: v. Tieren, Veget. mul. 2, 10, 4.

syntēxis, is, *f.* (σύντηξις), das Zusammenschmelzen der Kräfte, die **Auszehrung,** Plin. 22, 120 (Plur.). Th. Prisc. 2, 1: synt. vesicae, Cael. Aur. de morb. chron. 3, 7, 90.

synthēma, atis, *n.* (σύνθημα od. σύνθεμα, das verabredete Zeichen), der **Postschein,** Hieron. epist. 118, 1.

synthesina, ae, *f.* = synthesis (*no.* III, b), *Titin. com. 168 R.[2] Suet. Ner. 51.

synthesis, is, Akk. in, Abl. ī, *f.* (σύνθεσις, die Zusammenfügung), **I** als mediz. *t. t.* = die **Zusammensetzung, Mischung,** rein lat. compositio, Ser. Samm. 578 u. 1072. – **II** die Verbindung mehrerer zusammengehöriger Geschirre, der **Aufsatz,** das **Tafelgeschirr,** calicum atque caccaborum, Stat. silv. 4, 9, 44: septenaria, Mart. 4, 46, 15. – **III** der Inbegriff der Kleider, die zusammen angezogen werden, der **Anzug, a** eig., Scaev. dig. 34, 2, 38. § 1. Mart. 2, 46, 4. – **b** übtr., ein leichtes Obergewand als Hauskleid, das leichte **Hauskleid, -Nachtkleid, -Tischkleid,** Mart. 5, 79, 2. Act. fratr. Arv. a. 91 (CIL 6, 2068) II, 8: am Saturnusfest auch auf der Straße getragen, Mart. 14, 1, 1.

syntonum, ī, *n.* (σύντονον, das Gleichstimmende), ein musikalisches Instrument = scabellum, Quint. 9, 4, 142.

syntrophium, iī, *n.* (συντρόφιον), der **Brombeerstrauch,** Ps. Apul. herb. 87.

syntrophus, ī, *m.* (σύντροφος), **der mit jemandem erzogen ist,** Tert. adv. Valent. 8.

synzugia, s. syzygia.

Syphāx, ācis, *m.* (Σύφαξ), König der Massäsylier in Numidien (zur Zeit des zweiten punischen Krieges), Schwiegersohn des Hasdrubal, Sall. Iug. 5, 4 (Dietsch Suphace). Liv. 24, 48 *sq.* Prop. 3, 11, 59. – ► Akk. Sȳphăcēm gemessen bei Claud. b. Gild. 91 *Jeep.*

Syrācosius, s. Syrācūsae.

Syrācūsae, ārum, *f.* (Συρακοῦσαι), die reiche Hauptstadt der Insel Sizilien, gegründet von dem Korinther Archias (758 v. Chr.), in deren Nähe die berühmte Quelle Arethusa war, Geburtsort des Archimedes u. Theokrit, j. *Siragossa,* Cic. Verr. 4, 115 *sqq.* Liv. 25, 23 *sq.* Nep. Timol. 3. Vell. 2, 7, 7. Ov. fast. 4, 873: mit kurzem a gemessen bei Auson. ord. urb. nobil. 92. p. 101, 7 Schenkl. – Dav.: **A Syrācūsānus,** a, um, **syrakusanisch,** conventus, lautumiae, Cic.: insula (= Sizilien), Cic. Verr. 4, 144: ager, Plin.: Syracusano more, Eutych. gramm. – Plur. subst., Syrācūsāni, ōrum, *m.,* die Einw. von Syrakus, die **Syrakusaner,** Cic. – **B Syrācūsius,** a, um (Συρακούσιος), **syrakusisch,** mensae, Cic. Tusc. 5, 100. – Plur. subst., Syrācūsiī, ōrum, *m.,* die **Syrakusier,** Plin. 7, 208. Prisc. 6, 70. – **C Syrācosius,** a, um (Συρακόσιος), **syrakusisch, aus Syrakus,** Hicetas, Cic. Acad. 2, 123: Dio, Cic. de off. 1, 155: versus, Verg.: urbs, Ov.: poëta, Ov.: senex, Archimedes, Claud. – Plur. subst., Syrācosiī, ōrum, *m.,* die **Syrakusier,** Cic. de div. 1, 39.

syreon, eī, *n.,* eine Pflanze, sonst tordylion gen., Plin. 24, 177.

Syrī (Surī), ōrum, *m.* (Σύροι), die **Syrer,** die Bewohner der Landschaft Syrien, Plaut. Curc. 443 u. trin. 542. Cic. de or. 2, 265 u. de har. resp. 28. Liv. 35, 49, 8. Ov. fast. 2, 474: Nom. Singul. Surus, Varro LL. 10, 73: Genet. Plur. Syrûm, Avien. descr. orb. 1056. – Dav.: **A Syrus,** a, um, **syrisch,** vina, Hor.: lagoena, Mart.: sermo, Vopisc. u. Eccl.: mercator, Eumen. pan. – **B Syria** (Suria), ae, *f.* (Συρία), **Syrien,** eine Landschaft in Asien am Mittelländischen Meer, zwischen Cilicien u. Palästina, Cic. de imp. Pomp. 64 u. a. Mela 1, 2, 6 (1. § 14); 1, 11, 1 (1. § 62) *sqq.* Plin. 5, 66. Manil. 4, 624 u. 722. – im weiteren Sinne auch mit Inbegriff der Länder bis an den Tigris, wie Mesopotamien, Babylon u. Assyrien, dah. Syria = Assyria, Cic. Tusc. 5, 101. Suet. Caes. 22, 2 (Suria). – Plur., Catull. 45, 22. Mela 2, 7, 5 (2. § 102). Prisc. perieg. 820. Ulp. dig. 48, 22, 7. § 7. Eumen. pan. Constant. 10, 2: Syriarum rex, Ruf. Fest. 10. – **C Syriacus,** a, um (Συριακός), **syrisch, in** od. **aus Syrien,** nomen, Varro LL.: boves, Plin.: bellum, Flor.: cultus, Lampr.: classis, Tac.: legiones, Tac.: expeditio, nach Syrien, Suet.: publicani, die in Syrien Geschäfte haben, Cic.: ros, s. 1. rōs. – *Adv.* **Syriacē,** Vulg. 4. regg. 18, 26. – **D Syriāticus,** a, um, **syrisch,** Ulp. dig. 26, 2, 15. Fronto princ. hist. p. 206, 17 N. Pelagon. veterin. 27 (365 *Ihm*) (Flor. 2, 9, 1 u. 2, 11, 1 Syriacus). – **E Syriscus,** a (griech. Συρίσκος, -κα, *Demin.* v. Σύρος, -α), **Syrer, Syrerin,** als männl. u. weibl. Eigenname, Form *-us,* Mart. 5, 70, 2. Auson. epigr. 128, 1: Form *-us,* verächtlich od. liebkosend für den Sklavennamen Syrus, Ter. eun. 772; adelph. 763: Form *-a,* Copa Syrisca, Ps. Verg. cop. 1. – **F Syrius,** a, um (Σύριος), **syrisch,** Tibull.: dea (ἡ θεὰ ἡ Συρία), die syrische Göttin, als die Mutter aller Lebenden verehrt, von den Römern bald mit der Venus, bald mit der Juno verglichen, Suet. u. Flor. – Die Schreibung Suri, Suria ist oft die der besten Hdschrn., z. B. Cic. de har. resp. 28 *cod. Paris.* Tac. ann. 2, 60, 69 *cod. Medic.*

Syriarcha, ae, *m.* (Συριάρχης), der **oberste Priester in Syrien,** der die Schauspiele besorgte, Cod. Theod. 15, 19, 2. – dessen Würde **Syriarchia,** ae, *f.* (Συριαρχία), Cod. Theod. 12, 1, 103.

Syriāticus, a, um, s. Syrī.

Sȳricus, a, um, s. Sȳros.

1. Sȳringa, s. sȳrinx *no.* I.

2. sȳringa, ae, *f.* (vulg. Nbf. v. syrinx), das **Rohr,** als mediz. *t. t.,* **a** ein Rohr zum Einspritzen u. meton. die **Einspritzung,** Veget. mul. 1, 28, 7. – **b** ein Rohr- od. Hohlgeschwür, die **Fistel,** Plin. Val. 1, 32. Th. Prisc. 1, 27: dass. auch syringia, ae, *f.,* Plin. Val. 1, 23; u. syringio, ōnis, *f.,* Plin. Val. 5, 44.

sȳringiānus (siringiānus) od. **sȳringnātus,** (sīringnātus), a, um (syrinx), **noch an der Mutter saugend, Saug-,** haedus (aedus) sive agnus, Apic. 8, 364 u. 365.

sȳringiās, ae, Akk. ān, *m.* (συριγγίας), eine **hohle Rohrart, verwendet zu Pfeifen,** viell. *Saccharum Ravennae,* Plin. 16, 164.

sȳringio, s. 2. sȳringa.

sȳringītis, idis, *f.* (συριγγῖτις), ein uns unbekannter Edelstein, viell. eine Korallenart, Plin. 37, 182.

syringotomium, iī, *n.* (συριγγοτόμιον), ein chirurgisches Werkzeug, die Fisteln zu schneiden, Veget. mul. 3, 27, 2.

sȳrinx, ingis, Akk. inga, *f.* (σῦριγξ), **I** das **Rohr,** dah. als *nom. propr.* Syrinx, eine in Rohr verwandelte Nymphe, Ov. met. 1, 691 *sqq.*: Nbf. Sȳringa, Akk. am, Abl. ā, Serv. Verg. ecl. 2, 31; 10, 26 u. 28. – **II** die unterirdische **Kluft,** die **Erdkluft,** Amm. 17, 7 u. 22, 15.

Syriscus, a, um, s. Syrī.

sȳrītēs, ae, *m.* (συρίτης), ein Steinchen, das in der Blase des Wolfs gefunden wird, Plin. 11, 208.

1. Syrius, a, um, s. Syrī.

2. Sȳrius, a, um, s. Sȳros.

syrma, atis, *n.* (σύρμα), **I** das **Schleppkleid,** der **Talar,** Solin. 53, 17. Sen. Herc. fur. 475 (479); Oedip. 423 (429). Sidon. carm. 15, 16. Prud. psych. 362: et fluidam crispo duxisset syrmate (Schleppe) vestem, Paul. Nol. carm. 22, 127. – in der Tragödie von den Schauspielern getragen, um die Hoheit der Gestalt zu mehren, Iuven. 8, 229. Sidon. epist. 8, 11. carm. *v.* 5. Vopisc. Carin. 20, 4: Nbf. syrma, ae, *f.,* Cornel. bei Gramm. de gen. *p.* 98 *ed. Haupt.*: Abl. syrmā, Afran. com. 64. Valer. poët. bei Prisc. 6, 7 (= Comic. fragm. p. 302 R².). – **II** meton. = die **Tragödie,** Mart. 4, 49, 8 u. a. Iuven. 15, 30.

syrmaticus, a, um (συρματικός), **schleppend,** iumentum, die Lenden schleppendes, hinkendes, Veget. mul. 5, 21, 1.

Sȳron, s. Scīrōn *no.* I, B.

Syrophoenix, īcis, *m.* (Συροφοίνιξ), **ein Syrophönizier** (aus Phönizien an Syriens Grenze), Lucil. 497. Iuven. 8, 159 *sq.* – Dav. **Syrophoenissa,** ae, *f.,* eine **Syrophönizierin,** Hieron. in Isai. 5, 23, 12. Vulg. Marc. 7, 26.

Sȳros, ī, *f.* (Σύρος u. Σῦρος), eine Insel im Ägäischen Meer, zwischen Delos u. Paros, eine der Zykladen, Geburtsort des Pherecydes, j. *Sira,* Cic. ad. Att. 5, 12, 1. Apul. flor. 15. Mela 2, 7, 11 (2. § 111). Ov. met. 7, 464. – Dav.: **A Sȳricus,** a, um, **syrisch,** Colum. u. Plin. – **B Sȳrius,** a, um (Σύριος), **syrisch, von Syros gebürtig,** Cic.

Syrticus, a, um, s. Syrtis.

Syrtis, is u. idos, Akk. im, Abl. e u. ī, *f.* (Σύρτις), die **Syrte, Sandbank** im Meer, bes. an der afrikan. Küste u. zwar Syrtis maior, Cyrenaïka, j. *Sidra,* u. Syrtis minor, bei Byzacene, j. *Cabes,* **a** eig., Sall. Iug. 78, 1 *sqq.* Mela 1, 7, 3 *sqq.* (1. § 34. 35. 37) u. 2, 7, 7 (2. § 105). Liv. 29, 33, 8 u. a. Tibull. 3, 4, 91. Prop. 2, 9, 33 u. a.: Genet. Syrtis, Plin. 5, 33 u. a.: Genet. Syrtidos, Lucan. 9, 710: Akk. Syrtim, Cic. de orat. 3, 163 u. a.: Abl. Syrtī, Solin. 27, 54: Abl. Syrte, Sidon. epist. 8, 12, 3; carm. 5, 549: Genet. Plur. Syrtium, Solin. 2, 43 u. 27, 54. – **b** übtr., die **sandige Küstengegend** den Syrten gegenüber, Hor. carm. 1, 22, 5. Lucan. 3, 295 u. a. – **c** meton., Syrtis patrimonii als weniger guter Ausdruck für scopulus patrimonii bei Cic. de or. 3, 163: Libycis vitiorum Syrtibus obrui, Hieron. epist. 125, 2. – Dav.: **A Syrticus,** a, um (Συρτικός), **syrtisch,** Sen. u. a.: meton. = **sandig,** ager, Sidon.

epist. 8, 12, 1. – **B** **Syrtītis**, idis, *f.* u. **Syrtītēs**, ae, *m.* (Συρτίτης), ein in den Syrten gefundener Edelstein, Form *-tis,* Plin. 37, 182. Solin. 2, 43: Form *-tes,* Plin. 37, 93.

1. Syrus, a, um, s. Syrī.

2. sȳrus, ī, *m.* (σύρω), der **Besen,** Varro sat. Men. 271 (Bücheler griech. σύρους).

systalticus, a, um (συσταλτικός), **zusammenziehend,** Mart. Cap. 9. § 994.

systēma, atis, Abl. Plur. atis, *n.* (σύστημα), das **aus mehreren Dingen bestehende Ganze,** das **System,** in der Musik, Mart. Cap. 9. § 947 u. § 953. Fulg. myth. 3, 9. p. 128 u. 3, 10. p. 132 M. Chalcid. Tim. 44.

systēmaticus, a, um (systema), **systematisch,** Mar. Victorin, 1, 15, 4. p. 57, 2 K. Atil. Fortunat. 2, 28, 10. p. 296, 1 K.

systolē, ēs, *f.* (συστολή), gramm. *t. t.*, die Verkürzung einer von Natur langen Silbe (Ggstz. diastole, διαστολή), rein lat. correptio (Ggstz. productio), Charis. 279, 1. Diom. 442, 5. Isid. orig. 1, 34, 4.

systȳlos, on (σύστυλος), **nahesäulig,** wenn die Säulenweite den Raum von zwei Säulendicken ausmacht, Vitr. 3, 3. § 1.

syzygia, ae, *f.* (συζυγία), die **Zusammenfügung,** Tert. de praescr. 46 u. (Plur.) Interpr. Iren. 1, 9, 2: rein lat. coniugatio, s. Mart. Cap. 3. § 311. – als *t. t.* der Metrik, Diom. 502, 16 u. 19 (Keil synzugia). Atil. Fortunat. 2, 9, 1 G.

T.

T, t, der neunzehnte Buchstabe des latein. Alphabets, entsprechend dem griech. T (ταῦ), aber kurzweg *Te* genannt. – Verwandt ist und wechselt *t* mit *b*, z. B. libra entstanden aus λίτρα: ferner *t* mit *p*, z. B. pavus od. pavo aus ταώς, studium aus σπουδή: *t* mit *c*, z. B. ecquis st. etquis: so auch mit *d*, mit *l*, *r* u. *s*, s. diese Buchstaben. – Assimiliert wird es in quatio, quassi, quassum; fateor, fassum; mitto, missum; nach der gewöhnlichen Ansicht auch in parricida, mit Synkope st. patricida. Durch Assimilation entstanden in cette st. cedite. – Als Abkürzung bezeichnet *T.* den Vornamen Titus, Ti. den Vornamen Tiberius.

tabānus, ī, *m.* = asilus, die **Breme, Bremse, Rossbreme, Viehbremse,** Varro r. r. 2, 5, 14. Plin. 11, 100 u. a. Serv. Verg. georg. 3, 148.

tābefacio, factus, ere (tabes u. facio), **schmelzen, schwinden machen,** tabefactis nivibus, Solin. 2. § 25: vigilia honestatis tabefaciet carnes, Vulg. Sirach 31, 1: vidit cadaver Holofernis in suo sanguine tabefactum (in Verwesung aufgelöst) iacēre super terram, Vulg. Iudith 14, 14: membra sananda, quae per totam Africam tabefacta iacent, Augustin. epist. 23, 5. – übtr., et tabefac (lass schwinden) audaciam virtutis eorum, Vulg. 1. Mach. 4, 32.

tabela, ae, *f.*, s. tabula a. E. ►.

tabella, ae, *f.* (*Demin.* v. tabula), **I** das **kleine Brett,** die **kleine Tafel,** das **Brettchen, Täfelchen,** Plin.: liminis, das Brett der Schwelle, Catull. – **II** meton., von dem aus Brett oder wie ein Brett Bereiteten: **1** die **Mulde,** worin Romulus u. Remus ausgesetzt wurden, Ov. fast. 2, 408. – **2** eine **Kuchenscheibe,** Mart. 11, 31, 9. – **3** der **Fächer,** Ov. am. 3, 2, 38. – **4** ein **Spielbrett,** Ov. art. am. 3, 365 u. trist. 2, 481. – **5** ein **Gemälde,** Cic. u. a.: comicae tabellae, die Szenen aus theatralischen Darstellungen enthalten, Plin. – **6** die **Schreibtafel,** das **Merkbuch,** die **Rechentafel,** cerata (mit Wachs überzogene), Cic.: abiegnae, Ov.: litteras (Buchstaben) tabellae quam optime insculpere, Quint.: puer tenens tabellam, Plin.: de tabella legit, vom Blatt, Apul.: haben tabellas? *Ar.* Vis rogare? habeo, et stilum, Plaut.: in tabellis quos consignavi hic heri latrones, Plaut. – Meton. (im Plur., wenn mehrere Blätter): **a** = ein **Schreiben, Brief, Briefchen,** tabellae laureatae, Siegesbotschaft, Liv.: video mitti recipique tabellas, Ov.: tabellas proferri iubemus, Cic.: tabellae signatae, versiegelter Befehl (auf offener See zu öffnen), Auct. b. Afr. 3, 4. Frontin. strat. 1, 1, 2. – **b** = die **Urkunde** (der **Brief**), der **Vertrag,** die **Niederschrift, Akten** (**Papiere**), tabellae emptionis, Kaufbrief, Kaufvertrag, Sen. rhet.: tabellae quaestionis, Niederschrift der peinlichen Aussagen, Cic.: tabellae dotis, Ehevertrag, Suet.: tabellis obsignatis agis mecum, nimmst ordentlich eine Niederschrift darüber auf, was ich gesagt habe, Cic.: quadringentorum reddis mihi tabellas, Wechsel, Schuldverschreibung, Mart.: signatis tabellis publicis, öffentliche Papiere, die im Archiv lagen, Liv.: falsas signare tabellas (Testament), Iuven. – **7** das Täfelchen, das man aus Dankbarkeit für seine Rettung in einem Tempel aufhängte, das **Votiv-, Gedächtnistäfelchen,** votiva, Iuven., u. ohne votiva, Tibull. u. Ov. – **8** das **Stimmtäfelchen,** **a** in den Komitien, entweder zur Wahl eines Magistrates (in welchem Fall der Wähler den Namen des von ihm begünstigten Kandidaten auf das Täfelchen schrieb), od. zur Entscheidung über die Annahme eines vorgeschlagenen Gesetzes (in welchem Fall der Stimmende zur beliebigen Wahl zwei Täfelchen erhielt, das eine mit der bestimmenden Aufschrift U.R., d. i. uti rogas, wie du beantragst, das andere mit der ablehnenden Aufschrift A., d. i. antiquo, ich lasse es beim alten), s. Cic. in Pis. 3 u. 96. Cic. Phil. 11, 19. – **b** in Gerichten (wo jeder Richter zur beliebigen Stimmabgabe drei Täfelchen bekam: das eine mit der freisprechenden Aufschrift A., d. i. absolvo, das zweite mit der verurteilenden Aufschrift C., d. i. condemno, das dritte mit der das Urteil aufhebenden Aufschrift N.L., d. i. non liquet), tabella iudicialis, Cic.: tabellam dare iudicibus de alqo, Cic.: ternas tabellas dare ad iudicandum iis, qui etc., Caes.: tabellam dimittere (abgeben), Sen. – ► tabella dimidiata (viell. = kleines, enges Zelt) b. Varro r. r. 3, 3, 1.

tabellānio, onis, *m.*, wohl = tabellio, Edict. Diocl. 7, 41.

tabellārius, a, um (tabella), **I zu den Briefen gehörig, Brief-,** navis, Postschiff, Paketboot, Sen. ep. 77, 1. – Öfter subst., tabellārius, ii, *m.*, der **Briefbote,** Cic. u. a. (vgl. Hieron. epist. 8 portitores epistularum tabellarios vocavere). – **II zu den Stimmtäfelchen gehörig, das Votieren (Stimmen** in den Komitien) **betreffend,** lex, deren es vier gab: Gabinia, Cassia, Caelia, Papiria, s. Cic. de legg. 3, 35; vgl. *Orelli* Index legg. p. 277 *sq.*

tabellio, ōnis, *m.* (tabella), der schriftliche Aufsätze, Verträge, Testamente usw. anfertigt, der **Urkundenschreiber, Notar,** Ulp. dig., Capit. u. a.

tābeo, ēre (verwandt mit dor. τάκω = τήκω), **1 schmelzen, zerschmelzen, verwesen, schwinden,** Lucr.: corpora tabent, Ov. – **II** übtr.: **a** von etw. **triefen,** artus sale (von Meerwasser) tabentes, Verg.: genae tabentes, nass von Tränen, Verg. – **b abnehmen, an Kraft verlieren,** seditio tabetne an numeros augificat suos? Enn. fr. scen. 103*. – ► Die Perfektformen s. tābēsco.

taberna, ae, *f.* (urspr. traberna v. trabs), die **Bretterhütte, Bude, I** als Wohnung, pauperum tabernae, Hor. carm. 1, 4, 13; so auch Hor. de art. poët. 229; vgl. Ulp. dig. 50, 16, 183. – **II** als Geschäftsort für Kaufleute, Wirte, Handwerker, der **Laden,** die **Werkstätte,** tab. libraria, Cic., u. ohne libraria, Hor., Buchladen, Bücherbude: cretaria, vinaria, Varro LL.: carbonaria, Serv.: unguentaria, Varro LL., Sen u. a.: fullonia, Inscr., oder fullonis, Hieron.: coriarii, Hieron.: medicorum tabernae, Hieron.: tonsoris, Hor.: cauponia, Schankbude, ICt.: sutrina, Tac.: argentaria, Wechslerbude, Wechsel- bank, Liv.: meritoria, Wirtshaus, Val. Max., aber meritoriae tabernae, Bordelle, Isid.: tabernam omnibus copiis instruere, Vitr.: tabernam exercere, Vitr.: in tabernam devertere, Gasthof, Wirtshaus, Cic.: concursare circum tabernas, Cic. – **III** ein Bogengang im Zirkus (b. Plutarch. θεωρητήριον) für die Bequemlichkeit der Zuschauer, die **Schaubude,** Cic. Mur. 73. – **IV** als *nom. propr.*, Tres Tabernae, eine Ortschaft an der appischen Straße, nahe bei Ulubrä u. dem Forum Appii, Cic. ad Att. 1, 13, 1; 2, 10 *extr.* u. a. Vulg. act. apost. 28, 15. – ► Nbff. **a** traberna, Cassiod. in psalm. 14, 1: trabena, Donat. Ter. adelph. 3, 3, 5. – **b** tabernum, Gloss. V, 396, 30.

tabernāculārius (tabernāclārius), iī, *m.* (tabernaculum), der **Zeltmacher,** CIL 6, 9053.

tabernāculum, ī, *n.* (taberna), das zu einer *taberna* Eingerichtete, **I** im Allg., die **Hütte,** die **Bude,** das **Zelt,** Cic., Caes. u. a.: regium, Liv.: militare, Cic.: Nomades in tabernaculis viventes, Plin.: tabernaculum in campo Martio sibi collocare, Cic.: in ipso aditu atque ore portus tabernacula carbaseis intenta velis collocare, Cic.: tabernaculum secundum litus ipsum constituere, Auct. b. Afr.: in principiis tabernaculum statuere, Nep.: totos dies in litore tabernaculo posito perpotabat, Cic.: incisis tabernaculorum funibus suismet tentoriis coopertos trucidabant, Tac.: ex praetorio in tabernaculum suum confusus concessit, Liv.: alqm in tabernaculum introducere, Liv.: tabernacula detendere, Caes. u. Liv. – im Bild, qui in una philosophia quasi tabernaculum vitae suae collocarunt, Cic. de or. 3, 77. – **II** insbes., in der Religionssprache, der von dem Augur vor Abhaltung der Komitien außerhalb der Stadt zur Beobachtung der Auspizien eingenomme Standort, die **Schauhütte,** capere tabernaculum, das T. einnehmen, wählen, recte, recht, nach Ritualvorschrift, vitio, nicht gehörig, Cic. u. Liv. – ► Synk. tabernāclum, CIL 6, 5339.

tabernārius, a, um (taberna), **zu den Buden gehörig, Buden-, I** *adi.*: fabulae, comoediae, Budenstücke, Komödien aus dem täglichen Leben, Fest. 352 (a), 11. Diom. 489, 15; 490, 14 u. 16: blanditiae, gemeine, wie sie von Buhldirnen in Schenken gemacht werden, Apul. apol. 87. – **II** *subst.*: **a** tabernārius, iī, *m.*, der **Budenbesitzer, Budenkrämer,** in Rom Leute niederen Standes, Cic. Flacc. 18. Cael. in Cic. ep. 8, 6, 4. Apul. flor. 7 *extr.* u. a. Firm. math. 3, 7 u. 8, 22. CIL 11, 634. – u. der **Schankwirt,** Schol. Iuven. 8, 160. – **b** tabernāria, ae, *f.*, **α** die **Budenkrämerin,** Cod. Iust. 5, 27, 1. – od. die **Wirtin einer Schankwirtschaft,** Novell. Martian. § 4. Hieron. adv. Helvid. 21. – u. die in der Schenke sich aufhaltende **Buhldirne,** Novell. Martian. § 4. Schol. Iuven. 8, 162. Isid. orig. 15, 2, 43. – **β** das **Budenkrämergeschäft,** Cod. Theod. 11, 10, 1.

tabernula, ae, *f.* *(Demin.* v. taberna), die **kleine Bretterhütte, I** als Wohnung, Apul. met. 7, 7; 9, 40. – **II** als Geschäftsraum, die **kleine Bude,** das **kleine Wirtshaus,** der **kleine Laden,** Suet., ICt. u. a.

tabernum, ī, *n.*, s. taberna a. E. ►.

tābēs, is, *f.* (tabeo), **I** das **allmähliche Vergehen** einer Sache durch Schmelzen, Fäulnis, Krankheit usw., das **Schmelzen,** die **Fäulnis, Verwesung,** die **Zersetzung,** das **Schwinden, 1** im Allg.: nivis, Sen.: liquescentis nivis, Liv.: arboris, Plin.: corporis, Lact.: tabes cadavera absumebat, Liv.: corpora tabe vetustas abstulerit, Ov.: corpora in tabem iam resoluta, Augustin.: oculorum tabe notus, bekannt als einer, dem das Augenlicht vergangen ist, Tac.: si terra in tabem facilis est, sich leicht zersetzt, Sen. – **2** insbes.: **a** die **Auszehrung (Abzehrung)** eines Menschen oder Tieres, es geschehe durch Krankheit od. Kummer, die **Schwindsucht,** Cic. u. Liv.: tabes corporis, Lact. u. Soran.: tabe interire, Aur. Vict.: multorum mensum (= mensium) tabe mortuus, Liv.: ad ultimam tabem corpus alcis redigere (v. der Liebe), Val. Max.: übtr., lentae velut tabis senio, durch den Missmut über dieses schleichende Verderben, Liv. – **b** eine sich ausbreitende Krankheit, die **Pest,** tabes orta per Aegyptum, Tac.: legiones velut tabe infectae, Tac.: tanta vis avaritiae in animos eorum, velut tabes, invaserat, Sall.: übtr., tabes fenoris crescentis, die Pest der täglich wachsenden Schuldenlast, Liv.: fori, Prozesspest, Tac. – **II** meton., **a** die **zergehende, zerschmelzende Flüssigkeit, Jauche,** corpora in tabem resolvit, Plin.: nivis, Liv.: sanguinis, Liv.: funesta veneni, Ov.: arte nefandā submota est capiti tabes, wurde dem H. aller Saft entzogen, Lucan. – **b** der **verlegene Stoff,** tabes mercium, verlegene Ware, Plin. 34, 108. – ► Abl. Sing. gew. tabe; doch viell. auch tabī, Pacuv. 274 (*codd.* tali); vgl. Ribbeck Coroll. p. XLV. – Abl. tābē gemessen, Lucr. 1, 806.

tābēsco, tābuī, ere (*Inchoat.* zu tabeo), **allmählich vergehen, schwinden, I** v. Lebl., **vergehen, schwinden, zergehen, zerfließen, schmelzen, verwesen, in Verwesung übergehen, a** eig., m. *Abl.*, sol glaciem dissolvit et altis montibus altas exstructasque nives radiis tabescere cogit, Lucr. 6, 964: et aquilonibus reliquisque frigoribus adstrictus durescit umor, et idem vicissim mollitur tepefactus et tabescit calore, Cic. de nat. deor. 2, 26: quaecumque corpora calore tabuerint, Ov. met. 15, 363: maesta neque assiduo tabescere lumina fletu cessarent, Catull. 68, 55. – absol., omnia paulatim tabescere, Lucr. 2, 1173: tabuerant cerae, Ov. art. am. 2, 89 u. met. 8, 227: quasi igni cera super calido tabescens multa liquescat, Lucr. 6, 516: congestae saeculis tabuerunt nives, Sen. nat. qu. 3, 27, 7: coepit sal tabescere, Plin. 31, 95: donec sal desiverit od. desinat tabescere, Cato r. r. 88, 1. Cels. 6, 15. p. 252, 15 D.: quin (corpus) in taetro tabescat odore, Lucr. 3, 579: qui vivorum corpora cadaveribus adversa adversis alligata … tabescere simul patiebantur, Val. Max. 9, 2. ext. 10: ficus recentes in eo iure (Jauche) tabescere pati, Colum. 12, 17, 2: tabuit in calido vulnere mucro (Dolch = Eiszapfen) tener, Mart. 4, 18, 6: ubi ignis tabuit, ausgegangen, erloschen ist, Solin. 22, 10: sorbitiones, in quibus porrum incoctum tabuerit (zergangen ist), Cels. 4, 10 (= 4, 4. § 4) *extr.*: vena omnis, quae noxia est, aut adusta tabescit, aut manu eximitur, Cels. 7, 31 *in.*: odor tabescentium membrorum, Aur. Vict. de Caes. 39, 1: tabescenda viscera, der Verwesung anheimgegebene, Lact. de mort. pers. 33, 9. – **b** übtr., crescere itemque dies licet et tabescere noctes, Lucr. 5, 678 (vgl. im Bild, quasi nix tabescit dies, Plaut. Stich. 648): nolite pati regnum Numidiae, quod vostrum est, per scelus et sanguinem familiae nostrae tabescere, dahinsieche (zugrunde gehe), Sall. Iug. 14, 25: bisque tuum decies non toto tabuit anno, schwand dahin, ging auf, Mart. 9, 82, 5: praestatur laus virtuti, sed multo ocius verno gelu tabescit, Liv. Andr. tr. 17. – **II** v. Menschen u. deren Gemüt, **sich auszehren, sich verzehren, verschmachten, verkommen, sich abhärmen, a** übh., mit *Abl.*, misero diuturnoque morbo tabescens, Cic. de nat. deor. 3, 84: adeo atroci tabuimus fame, ut etc., Amm. 25, 8, 15 (u. so fame, ignavissimo mortis genere, tabescentes, Amm. 17, 9, 4). – ego, qui tuo maerore maceror, macesco, consenesco et tabesco miser, Plaut. capt. 134: tab. dolore ac miseriā, Ter. adelph. 603: dolore, Cic. ad Att. 2, 21, 4: aeterno luctu, Lucr. 3, 909: luctibus, Ov. met. 14, 432: molestiis, Cic. Tusc. 4, 37: desiderio, Cic. Cat. 2, 6. Gell. 6 (7), 8, 7: otio, in Ruhe versumpfen, Cic. ad Att. 2, 14, 1: nolumus assiduis animum tabescere curis, Ov. trist. 5, 1, 77: Victorini mei lacrimis tabesco, conliquesco, Fronto de nep. am. 2. p. 232, 17 N. – absol., perspicio nobis in hac calamitate tabescendum esse, Cic. ad Att. 3, 25 *in.*: absque ullo egressus effectu deinde tabescebat immobilis, versumpfte in gänzlicher Ruhe, Amm. 14, 3, 4. – bes. tabescas (mögest du verwesen!), als Wunsch oder Verwünschung, tabescas utinam, Sabelle belle! Mart. 12, 39, 4: Barca tabescas, CIL 4, 75. – **b** vor Liebesgram, ecquem, qui sic tabuerit, longo meministis in aevo? Ov. met. 3, 445: gaudet me vacuo solam tabescere lecto, Prop. 3, 6, 23. – m. *Abl.* od. m. *ex* u. Abl. des Gegenstandes der Liebe, Haemonio hospitio (= hospite), Prop. 1, 15, 20: ex illo, Ov. met. 4, 259. – m. *Abl.* u. folg. *ne* u. Konj., illa quidem interea famā tabescet inani, haec tua ne virtus fiat amara tibi, Prop. 3, 12, 9. – **c** gleichsam die Schwindsucht kriegen, vor Neid **vergehen,** quod aliena capella gerat distentius uber, tabescat, Hor. sat. 1, 1, 111.

tābidōsus, a, um (tabidus), **verwesend, schwindend,** Tert. apol. 14 *in.* – Dafür **tābiōsus,** a, um, Tert. de pudic. 14.

tābidulus, a,um (*Demin.* v. tabidus), **abzehrend,** mors, Ps. Verg. Cir. 182.

tābidus, a, um (tabes), **I allmählich schmelzend, a** eig., **schwindend, verwesend,** nix, Liv.: corpus, Suet.: ferae, Suet.: iuvencus, schwindsüchtiger, Sen. poët. – *Compar.*, quid tabidius araneā? Animal ipsum dico. Quamquam et ipsis telis aranearum quid tabidius? Augustin. in psalm. 38, 12. – **b** bildl.: **α vergehend,** mens, Ov. ex Pont. 1, 1, 67. – **β schwindend, hinschwindend** vor Kummer, Calp. ecl. 3, 50. – **II** aktiv = **nach und nach aufzehrend, auszehrend,** lues, Verg.: vetustas, Ov.: venenum, Tac.

tābificābilis, e (tabificus), **nach und nach verzehrend,** letum, Acc. tr. 421.

tābificus, a, um (tabes u. facio), **nach und nach aufzehrend (aufreibend),** radii (solis), schmelzende, Lucr.: aër, pestartig, Lucan.: venenum, Suet.: mentis perturbationes, Cic. Tusc. 4, 36: cogitationum tabificarum febribus aestuare, Augustin. conf. 6, 6, 9.

tābifluus, a, um (tabes u. fluo), **I nach und nach vergehend,** Prud. apoth. 891. – **II nach und nach verzehrend,** Ven. Fort. vit. S. Mart. 4, 430.

tābiōsus, a, um, s. tābidōsus.

tābitūdo, inis, *f.* (tabes), die **Auszehrung, Schwindsucht,** Plin. 22, 129. Vulg. Sirach 28, 7: tabitudo, putredo, Gloss. IV, 290, 1.

tablīnum, ī, *n.*, s. tabulīnum.

tablisso, āre = ταβλίζω, **Brett (Würfel) spielen,** Diom. 423, 1 u. 426, 11.

tablista, ae, *m.* (tablisso), der **Brettspieler, Würfelspieler,** Anthol. Lat. 196, 7 (1080, 7).

Tabraca (Thabraca), ae, *f.* (Θάβρακα), eine Stadt in Numidien, an der Mündung des Flusses Tuska u. Grenzstadt gegen Zeugitana, mit großen, von vielen Affen bevölkerten Waldungen in der Umgegend, noch j. *Tabarca,* Plin. 5, 22. Itin. Anton. 21, 3. Claud. in Eutr. 1, 410 u. a.

Iuven. 10, 194 (wo Thabr.). – Dav. **Tabracēnus** (Thabracēnus), a, um, **tabrazenisch, von Tabraka,** regio, Schol. Iuven. 10, 194 (wo Thabr.)

tabula, ae, *f.*, das **Brett, I** eig.: tabulam arripere de naufragio, Cic.: latera clauduntur tabulis, Plin.: sprichw. naufrago tabulam auferre, Ps. Quint. decl. 12, 23. – **II** meton., von dem aus Brett und wie ein Brett Bereiteten: **1** das **Spielbrett,** Ov., Sen. u. Iuven.: vollst. tabula lusoria, Schol. Iuven. 7, 73: tabula aleatoria, Paul. ex Fest. 8, 1: ludere tabulā et tesseris, Hieron. – **2** eine bemalte Tafel, **a** das **Gemälde,** tabula picta und bl. tabula, Cic. u. a.: tabula picta in pariete, Wandgemälde, Plaut.: a tabulis, Aufseher über die Gemälde, CIL 6, 3970. – Sprichw., sed heus tu. manum de tabula; magister citius adest, quam putaramus, aber höre du, aufgepasst, dass man dir nicht auf die Finger klopft; der Meister usw. (hergenommen von Knaben, die in Abwesenheit des Lehrers allerlei auf die Tafel malen, aber bei seinem Eintritt flugs die Hand von der Tafel tun), Cic. ep. 7, 25, 1; vgl. Plin. 35, 80. – **b** die (mit der bildlichen Darstellung des erlittenen Schiffbruchs versehene) **Votivtafel** eines Schiffbrüchigen, Hor. carm. 1, 5, 13. Pers. 6, 33. – **3** die Tafel zum Schreiben, **a** die **Schreibtafel, Rechentafel,** calculatoria, Schol. Iuven. 7, 73: cerata (mit Wachs überzogene), Plaut. u. Prisc.: tabula litteraria, Kinderschreibtafel, Varro: dies. bl. tabula, z. B. loculi tabulaque, Hor.: tabulam ponere, die Schreibtafel (das Schreibzeug) hinlegen, Liv. – **b** eine **Gesetzestafel,** libellus XII tabularum, Cic.: tabulas figere, Cic.: tabulae (der Dezemvirn) peccare vetantes, Hor.: solventur tabulae (XII) risu, die Gesetzestafeln werden durch das Lachen der Richter ihrer Kraft entbunden werden, Hor. sat. 2, 1, 86. – **c** die **Auktionstafel,** adest ad tabulam, bei der Auktion, Cic.: ad tabulam venire, Cic. – **d** die **Proskriptionstafel, -liste,** Cic. Rosc. Am. 21 u. 26. Mart. 5, 69, 2. Iuven. 2, 28. – **e** das **Stimmenverzeichnis** in den Komitien, Varro: prima t. praerogativae, Cic. – **f** die **geographische Tafel,** die **Landkarte,** Dicaearchi, Cic. ad Att. 6, 2, 3. – **g** jeder **schriftliche Aufsatz,** die **Schrift,** das **Buch, Register, Verzeichnis, Protokoll,** der **Vertrag,** tabulae nuptiales, Tac., dotales, Schol. Iuven., u. bl. tabulae, Iuven., Ehevertrag: tabulae venditionis, Kaufkontrakt, Ambros.: iste in tabulas refert, nimmt die Angabe zu Protokoll, Cic.: circumfertur sub nomine Caesaris tabula (Verz.) ingens rerum venalium, Plin. pan. – insbes., tabulae = die zensor. **Listen,** tabularum cura, Liv. 4, 8, 4: memoria publica recensionis tabulis publicis impressa, Cic. Mil. 73: ut omnia patrimonii, dignitatis, aetatis, artium officiorumque discrimina in tabulas referrentur, Flor. 1, 6, 3. – **h** tabulae, **Rechnungsbücher,** conficere tabulas, Cic.: tabulas diligentissime legere et digerere, Cic.: menstruas paene rationes in tabulas referre, Cic.: quodcumque commodum in tabulas transferre, Cic.: nomen referre in tabulas, Cic. – tabulae novae, neue Rechnungs-, Schuldbücher, durch die die alten Schuldposten ungültig erklärt wurden, Cic.: timorem novarum tabularum tollere, Caes.: übtr., beneficiorum novae tabulae, das in Vergessenheit-Geratenlassen, Sen. – insbes., tabulae publicae, das im Ärarium niedergelegte **öffentliche Schuldbuch,** cura tabularum publicarum, die Verwaltung des öff. Sch. (des Ärars), Tac. ann. 13, 28: curatores tabularum publicarum, CIL 6, 916 u. 10, 5182: Sing. curator tabularum publicarum, CIL 11, 6163. – **i** tabulae (publicae), die **Staatsurkunden, Staatsschriften,** das **Archiv,** tabulae aereae, Plin.: tabulae Heracleensium publicae, Cic.: tabulae eae, in quibus senatus consultum perscripserat, Cic.: senatus consultum inclusum in tabulis, Cic.: ut prima aut inter primos nomina sua vellent in publicis tabulis esse, Liv.: postulare coepi, ut mihi tabulas obsignare ac deportare liceret, Cic.: tabulas corrumpere, Cic.: Appii tabulas neglegentius asservare, Cic. – **k** das **Testament,** tabulae supremae, Ps. Quint. decl.: supremas tabulas signare, Mart.: tabulas testamenti omnibus mensibus renovare, das Testament alle M. umändern, Petron.: coëgit mulierem aperire tabulas ac sibi tunicas quas erat induta legare, Plin. ep.: in tabulas multis haec via fecit iter, Ov.: tabulas a te removere memento, Hor.: tabulas socero dabit atque ut legat orabit, Hor. – **4** der **Wechslertisch,** die **Wechslerbank,** Sextia, Cic. Quint. 25. – **5** eine **Abteilung** des Ackers, etwa **Reihe, Schicht,** im Weinberg, Pallad. 2, 11 u. a. Gromat. vet. 200, 12 u. a. – **6** tabulae, **Lagen, Falten** des Kleides (πτυχαί), Tert. de pall. 1 u. 5. – ► Archaist. tabola (ahena), CIL 1, 196, 26; 208, 12 u. ö. – Nbf. tabela, Gaius dig. 29, 3, 7.

tabulāmentum, ī, *n.* (tabula), die **Täfelung,** das **Tafelwerk,** Frontin. strat. 1, 7, 1. CIL 1, 603.

tabulāria, ae, *f.*, s. tabulārius.

tabulāris, e (tabula), **zum Brett-, zur Tafel gehörig, I** *adi.*: clavus, Brettnagel, Petron. 75, 7: temperatura aeris, zu Blechen dienlich, Plin. 34, 97. – **II** *subst.*, tabulāre, is, *n.*, das **Getäfel,** palati, das Gaumenbein, Veget. mul. 3, 11, 4.

tabulārius, a, um (tabula), **I zu schriftlichen Urkunden gehörig,** subst.: **1** tabulārius, iī, *m.*, **a** ein öffentlich zur Anfertigung von Urkunden befugter **Schreiber,** der **Notar,** Cod. Iust. 1, 55, 9. § 1 u. a.: tabularii publici, Capit. Anton. phil. 9, 8. – **b** der **Rechnungsbeamte, Rechnungsführer, Kassenrendant,** Sen. ep. 88, 10. Ulp. dig. 11, 6, 7. § 4 u. a.: tab. praesidialis officii (der Statthalterei), Amm. 28, 1, 5: tab. thensaurorum, CIL 6, 325. – insbes. beim Steuerwesen, **Steuereinnehmer,** Cod. Iust. 10, 1, 2 u. a. CIL 6, 1785. – **II** tabulāria, ae, *f.*, **a** (*sc.* aedes) = das **Archiv,** Claud. Quadrig. fr. b. Non. 208, 27. – **b** (*sc.* res) = die **Archivsachen, Registratur,** tabulariam administrare, Cod. Iust. 7, 9, 3. – **III** tabulārium, iī, *n.* (*sc.* aedificium), **a** das **Archiv,** Cic. u. a. – **b** übh. ein **Aufbau** von Brettern, heteroklit. tabularium pensilem, CIL 13, 6746.

tabulātim, *Adv.* (tabula), **abteilungsweise, reihenweise usw.,** Pallad. 3, 9, 11.

tabulātio, ōnis, *f.* (tabulo), die **Täfelung,** das **Tafelwerk, Stockwerk,** Caes. b. 2, 9, 3: tabulationes habere complures, Vitr. 5, 5 (6), 7.

tabulātum, ī, *n.*, s. tabulātus, a, um.

tabulātus, a, um (v. tabula, s. Prisc. 8, 91), **I mit Brettern versehen, aus Brettern, Bretter-, A** *adi.*: aedificia, Paul. ex Fest. 12, 7: opus, Bretterwerk, Cod. Iust. 8, 12, 21. – **B** *subst.*, tabulātum, ī, *n.*, **1 Bretterwerk, Gebälk** übh., Paul. dig. 8, 2, 20. § 4: tabulata turrium, Curt. 4, 6 (26), 9: summa tabulata, der hölzerne Oberbau eines Dammes, Curt. 4, 3 (12), 3: arcanae tabulata catastae, Gerüst, Mart. 9, 59, 5. – **2** Plur. tabulata, die **Dielen,** Stat. silv. 1, 5, 57. – **3** der **Verschlag, Boden,** für Heu, Colum.: für Holz, Cato: für Hühner, Colum. – **4** das **Stockwerk,** turris quattuor tabulatorum, Caes.: ebenso tabulatorum quinque, Liv. – übtr.: **a** des Weines an Bäumen (Ulmen usw.), die so gezogen wurden, dass der Wein an ihnen hinauflief, der **Stock,** Verg. u. Colum. – **b** übereinanderliegender Weintrauben, die **Schicht,** Colum. – **II mit Falten versehen, gefaltet,** Tert. de pall. 1.

tabulīnum u. (synkop.) **tablīnum,** ī, *n.* (tabula), **I** (tabul.) ein getäfelter Ort in freier Luft, **Vorbau, Söller,** Varro vit. P. R. 1. fr. 27 (b. Non. 83, 21). – **II** (tabul.) die **Bildergalerie,** der **Bildersaal,** Apul. flor. 23. p. 36, 6 Kr. – **III** (tabl. u. tabul.) das **Archiv,** Vitr. 6, 3, 5 u. 6, 5, 1. Plin. 35, 7; vgl. Fest. 356 (b), 33.

tabulo, āre (tabula), **mit Brettern belegen, -beschlagen,** trabiculae calcatui tabulandae, Itin. Alex. 33 (77).

tābum, ī, *n.* = tabes, **I** die **ansteckende Krankheit,** die **Pest,** das **Gift,** corpora affecta tabo, Liv.: infecit pabula tabo, Verg. – **II** meton.: **a** die verwesende Feuchtigkeit, der **Eiter,** die **Jauche,** das **verwesende Blut,** expressum dentibus tabum, Ps. Quint. decl. 12, 9: stillantis tabi sanies, Lucan. 6, 548: saxa spargens tabo, Enn. tr. fr.: terram tabo maculant, Verg.: manant penetralia tabo, Ov.: tabum fluente vulneris dextrā excipit, Sen. Herc. Oet. 520 *Leo.* – **b** poet. übtr., jede ähnliche **Feuchtigkeit,** Sidonio rubescere tabo, vom Purpurschneckenblut, Stat. silv. 1, 2, 125.

Taburnus, ī, *m.*, eine Bergkette in Kampanien, die auf der Südseite die kaudinischen Pässe bildet, j. *Rocca Rainola* u. in seiner Fortsetzung *Monte Vergine,* nach anderen auch *Monte Taburno,* Verg. georg. 2, 38. Gratt. cyn. 509.

taceo, tacuī, tacitum, ēre (gotisch *þahan,* ahd. *dagēn*), **I** *intr.* **schweigen, A** eig. = nicht reden, wenn man reden könnte od. sollte (Ggstz.

loqui, dicere, fari), Ter., Cic. u. a.: quin taces? Ter.: etiam taces? willst du gleich schw.? Plaut.: an me taciturum tantis de rebus existimasti? Cic. – *impers.*, iam inde tacebatur, Lampr.: tacitum est, Ter.: taceri si vis, Ter. – B übtr. = silere, **schweigen** = still sein, sich ruhig verhalten, nicht laut werden, canis ipse tacet, Tibull.: vere prius volucres taceant, aestate cicadae, Ov. – v. lebl. Subj., tacet omnis ager (bei der Nacht), Verg.: plectra dolore tacent, Ov.: oculi tacuere tui, Ov.: bildl., blanditiae taceant, Ov.: tacere indolem Romanam, zeige sich nicht mehr, Liv. – Partiz. tacēns, **schweigend** = still, lautlos, loca, von der Unterwelt, Verg.: tacentes loci, Gemächer, Tac.: ventus, Sen. poët.: Ister, gefroren, still, nicht rauschend, Mart.: aqua, Prop. – II *tr.* etw. **verschweigen,** von etw. **schweigen,** quod adhuc semper tacui et tacendum putavi, Cic.: ut alios taceam, von anderen schweige, Ov.: Narcissum, Verg. – Passiv, aureus in medio Marte tacetur Amor, Ov.: tacebantur secreta bellorum, Lampr.: tacenda loqui, Ov.: dicenda tacenda locutus (griech. ῥητὰ καὶ ἄῤῥητα), der Mitteilung Würdiges und Unwürdiges, Hor.: vir Celtiberis non tacende gentibus, Mart.: quoquo pacto tacito est opus, muss es verschwiegen bleiben, Ter.: ebenso tacere nequeo misera quod tacito usus est, was verschwiegen bleiben muss, Plaut.

Tacita (dea), ae, *f.* (taceo), die **Göttin des Stillschweigens,** sonst Muta gen., Ov. fast. 2, 572.

tacitē, *Adv.* (tacitus), I **schweigend, still, im Stillen,** tacite rogare, Cic.: alqd tacite habere, verschweigen, Liv.: alqd non tacite ferre, Liv.: tacite auscultare, Plaut.: tacite praetereuntem (wenn er vorbeiging) exsecrari, Liv. – II **still, geheim, im Stillen,** perire, Cic.: occīdi, Iustin.: tacite labens annus, Ov.

tacitō, *Adv.* (tacitus), **im Stillen,** Elissa fugam tacito molitur, Iustin. 18, 4, 9.

tacitulus, a, um (*Demin.* v. tacitus), **schweigend,** Varro sat. Men. 187 u. 318.

taciturio, īre (*Desider.* von taceo), **schweigen wollen,** Sidon. epist. 8, 16, 3.

taciturnitās, ātis, *f.* (taciturnus), I das **Schweigen, Stillschweigen,** testium, Cic.: curiae, Cic.: taciturnitas pudorque quorundam, Suet. – II die **Verschwiegenheit,** als Tugend, die **Schweigsamkeit,** opus est fide ac taciturnitate, Ter.: nosti hominis taciturnitatem, Cic.: Plur., mysteria non omnibus vulgo sed paucorum taciturnitatibus tradere, Arnob. 5, 18.

taciturnus, a, um (tacitus), I **stillschweigend, schweigsam** (Ggstz. loquax), homo, Cic.: ingenium statuā taciturnius, Hor.: obstinatio, hartnäckiges Schweigen, Nep.: tineas pasces taciturnus, ungelesen (weil das Buch schweigt, wenn es nicht gelesen wird), Hor.: Athenis loquacior, Amyclis ipsis taciturnior ero, Sidon.: taciturne, Amyclas qui silendo viceris, Auson. – II übtr., **still, ruhig, ohne Geräusch, leise,** amnis, Hor.: ripa, Hor.: deserta loca et taciturna, Prop.: silentia, Lucr. u. Ov.: ostium taciturnissimum, Plaut. Curc. 20.

1. **tacitus,** a, um, *PAdi.* (v. taceo), I passiv: A **was verschwiegen wird, wovon man schweigt, unbesprochen,** alqd tacitum relinquere, stillschweigend vorbeilassen, Cic.: alqd tacitum tenere, bei sich behalten, Cic.: ebenso alqd (dolorem, gaudium) tacitum continere, Liv.: tacitum pati alqd, stillschweigend ertragen, Liv.: aber non feres tacitum, ich werde nicht schweigen, Cic.: ne id quidem ab Turno tulisse tacitum, Turnus habe auch dazu nicht geschwiegen, Liv.: ut tacitum feras, dass ich dazu schweige, Liv.: tacita ut haec auferas, ohne dass ich davon spreche, Plaut. – subst., tacitum, ī, *n.*, das **Geheimnis,** taciti vulgator, Ov. am. 3, 7, 51. – B übtr.: 1 was ohne Worte, ohne ausdrückliche Bestimmung angenommen wird, **stillschweigend,** consensus, Iustin.: assensio, Cic.: indutiae, insgeheim gemacht, nicht verabredet, Liv.: exceptio, Cic.: fideicommissum, Quint. – 2 was im Stillen geschieht, **still, geheim,** offensiones, Vell.: vulnus, Verg.: iudicium, Cic.: ira, pudor, Ov.: sensus, dunkles Gefühl, Cic. – II aktiv: A von dem, der nicht redet, **schweigend, still** (Ggstz. loquax), mulier, Plaut.: concilium, Liv.: me tacito, wenn ich schweige, Cic.: hoc tacitus praeterire non possum, Cic.: contumeliam tacitus tulit, Liv.: tacitus alci os meum praebeo (zeige meine Stirn), Cic.: tacitum impellat, den, der still für sich (in Gedanken versunken) ist, Hor.: ›o te cerebri felicem‹ aiebam tacitus (für mich hin), Hor.: tacita lumina, stiere Augen, Verg. – häufig statt des Adv., mirari secum tacitus, Hor.: tacita tecum loquitur patria, Cic. – B übtr., von dem, was kein Geräusch macht, mit keinem Geräusch, Klang usw. verbunden ist, **schweigend, schweigsam, still,** fistula, Hor.: fulmen, Lucr.: domus, Mart.: aër, Mart.: nemus, Verg.: aqua, Ov.: nox, Ov.: vox, flüsternde, Ov.: preces, Apul.: exspectatio, Cic. – subst., tacitum, ī, *n.*, die **Stille,** trahitur Gangesque Padusque per tacitum mundi, durch unterirdische Höhlen, Lucan. 10, 253: surgens per tacitum Ganges, im Stillen, ohne Geräusch, Verg. Aen. 9, 31: u. so Sil. 10, 353; 12, 554 u. a.

2. **Tacitus,** ī, *m.*, röm. Eigenname, unter dem bes. bekannt I Cornelius Tacitus, der größte röm. Historiker der Kaiserzeit, geb. 55 od. 56 n. Chr., unter Trajan, Zeitgenosse u. Freund des jüngeren Plinius, Plin. ep. 2, 1, 6 u. 11, 2. Sidon. epist. 4, 14 u. 22. Vopisc. Tac. 10, 2: Plur. Taciti, Männer wie Tacitus, Vopisc. Prob. 2, 7. – II M. Claudius Tacitus od. (nach anderen) Aurelius Tacitus, röm. Kaiser, reg. 275–276 n. Chr., Vopisc. Tac. 1 *sqq.;* Aurel. 40 *sq.* Aur. Vict. de Caes. 36. Eutr. 9, 16.

tāctilis, e (tango), **berührbar,** Lucr. 5, 151.

tāctim, *Adv.* (tango), **berührungsweise,** Prob. inst. art. 153, 1 (ohne Beleg).

tāctio, ōnis, *f.* (tango), I die **Berührung,** als *Subst. verb.* m. *Acc.*, quid tibi meam tactio est? warum rührst du an usw., Plaut.: ebenso quid tibi tactio hunc fuit? Plaut. – II übtr., der **Gefühlssinn,** das **Gefühl,** voluptates et oculorum et tactionum, Cic. Tusc. 4, 20.

tāctus, ūs, *m.* (tango), I das **Berühren,** die **Berührung,** A eig.: chordae ad quemque tactum respondent, Cic.: sanguis tactum non sentit, Plin. u. a.: tactui cedere, Arnob.: equum blandiente tactu permulcere, Sen.: tactu fulminis conflagrare, Aur. Vict.: quae tactu, quaeque naribus oculisque indagantur, Colum.: cuius ex tactu stabant profluvia sanguinis, Arnob.: Plur., Cic. de nat. deor. 1, 112: lunae tactus, Cic. de div. 2, 97: exulcerata et aegra corpora, quae ad tactus levissimos gemunt, Sen. de ira 1, 20, 3. – B übtr.: 1 die **Wirkung,** der **Einfluss,** solis, Cic.: lunae, Cic.: caeli, Verg. – 2 der **Gefühlssinn,** das **Gefühl,** Cic. u. a.: res sub tactum cadit, gehört dem Gefühlssinn an, kann gefühlt werden, Cic.: tactu sensuque omni carere, Plin. – non tactu ullo capi, von keinem Gefühl ergriffen, hingerissen werden, Cic. – II die **Berührbarkeit** (Ggstz. intactus), Lucr. 1, 454 (von Lachmann für unecht erklärt).

taeda (tēda), ae, *f.* (verw. m. δαΐς od. δᾴς, im *Acc.* δαΐδα od. δᾷδα), I der **Kien-** od. **Fichtenbaum,** der am meisten Harz bei sich hat (*Pinus Cembra,* L.), Plin. 16, 44 u. a.: Plur. = Kiengehölz, Hor. carm. 4, 4, 43. – II meton.: A das **fichtene Brett,** latissima, Brett od. Boden des Schiffes, Iuven. 12, 59. – B der **Fichtenzweig,** frondens, Calp. 2, 29. – C das **(Stückchen) Kienholz,** der **Kien,** 1 übh., Caes. u. Vitr.: taedae hastula, Plin. – 2 insbes.: a eine **Fackel** aus Kienholz, taedae candentes, Rhet. Her. (dort beim Fackellauf; vgl. lampas *no.* I): taedae ardentes, Cic.: taedae furiales, Cic.: ardentium taedarum iactatio, Lact.: dicitur inflammasse taedas iis ignibus, qui ex Aetnae vertice erumpunt; quas sibi cum ipse praeferret, orbem omnem peragrasse terrarum, Cic.: nec notis ignibus arsi, ardet ut ad magnos pinea taeda deos, beim Dienst der gr. G., Ov. – bes. die **Hochzeitsfackel, Brautfackel,** taeda iugalis, Ov.; u. bl. taeda, Catull. u. Prop.: dah. meton. = Hochzeit, Ehe, Catull., Verg. u. Ov.: foedera taedae, Lucan.; u. = Geliebte, Liebe, me non aliae poterunt corrumpere taedae, Prop. 1, 8, 21. – b als Marterwerkzeug, um den Körper gelegte u. angebrannte Stückchen Kienholz, Plur., Lucr. 3, 1015, Sing. (als Stoff), Iuven. 1, 155. – D ein **Stückchen Speck,** zu religiösen Zwecken benutzt, Arnob. 7, 24. – ► arch. Genet. taedai, Lucr. 6, 897.

taedeo, taedeor, s. taedet ►.

taedēscit, ere, *impers.*, **es ekelt,** alqm alcis rei, Min. Fel. 28 *extr.*

taedet, taeduit u. taesum est, ēre, *v. impers.*, vor etwas **Ekel** (gegen etw. od. jmd. **einen Widerwillen) haben, -empfinden,** einer Sache od.

Pers. **überdrüssig sein,** **I** *impers.*, m. *Acc. pers.* u. *Genet. rei* od. *Infin.*, taedet nos vitae, Cic.: cuius imperii exercitum taedere, Liv.: me convivii taesum est, Plaut.: taedet eadem audire milies, Ter. – **II** *pers.*: coepi taedere captivitatis, Hieron. vit. Malch. *no.* 7: quae taeduit animam, Lact. 4, 19, 4.

taedifer, fera, ferum (taeda u. fero), **eine Fackel tragend,** dea, v. der Ceres, die vom Berg Ätna ein Stück Kienholz anzündete, um ihre geraubte Tochter zu suchen, Ov. her. 2, 42.

taedio, āvī, āre (taedium), **Ekel empfinden,** Lampr. Alex. Sev. 29, 5: v. Tieren, Veget. mul. 1, 17, 12 u. a.: taedians cor, Tert. adv. Iud. 11.

taediōsus, a, um (taedium), **ekelhaft, verdrießlich,** Ambros. de off. 1, 22, 100. Firm. math. 1, 3 *extr.* CIL 9, 1164.

taedium, iī, *n.* (taedet), **I** der **Ekel** über eine Sache, der **Überdruss** an einer Sache, **a** m. *Genet.*: taedium rerum adversarum, Sall.: longinquae obsidionis, Liv.: taedio annuae ambitionis, Liv.: taedio curarum fessus, Tac.: ipsos belli taedium cepit, sie wurden überdrüssig, Liv.: taedium tandem eum et fugae et vitae cepit, Liv. fr. – im Plur., taedia laudis, Verg.: taedia belli, coepti, Ov.: tot scriptorum (Geschreibsel) taedia sustinere, CIL 4, 1904. – **b** absol.: alci taedium afferre, Liv.: taedium parēre, Quint.: taedium pati, Liv.: vinum in taedium venit alci, wird einem zum Ekel, Plin. – **II** übtr., objekt., **a** die **ekelhafte Beschaffenheit,** ein **ekelhafter Gegenstand,** vetustas oleo taedium affert, einen ekelhaften (ranzigen) Geschmack und Geruch, Plin.: non sunt ea taedia (Mücken u. dgl.) in metallis, Plin. – **b** die **Übelkeit,** das **Unwohlsein,** Marc. Emp. 31: taedium oculorum, Th. Prisc. 1, 10.

Taenarus (u. **-os**), ī, *c.* u. **Taenarum** (u. **-on**), ī, *n.* (Ταίναρος u. -ον) u. **Taenara,** ōrum, *n.*, ein Vorgebirge nebst einer Stadt gleiches Namens in Lakonien, mit einem Tempel des Neptun und einer Höhle, der Sage nach Eingang zur Unterwelt, auch berühmt durch schwarzen Marmor, das j. Vorgeb. *Cap Matapan,* Form *-os,* Mela 2, 3, 8 (2. § 49). Lucan. 9, 36: Form *-us,* Sen. Herc. fur. 663. Serv. Verg. georg. 4, 467: Form *-um,* Plin. 4, 16 (v. der Stadt): Form *-a,* Sen. Troad. 402. Prud. apoth. 749 u. (v. der Stadt) Stat. Theb. 2, 32: *Genet., Dat., Acc.* u. *Abl. Sing.,* Hor. carm. 1, 34, 10. Serv. Verg. ecl. 8, 55. Plin. 4, 15 u. 16: *Voc.* Taenare, Tibull. 3, 3, 14. – Dav.: **A** **Taenaridēs,** ae, *m.*, aus Tänarum, der **Tänaride,** poet. = Lazedämonier, tollere Taenarides etc., von Hyazinthus, Ov. met. 10, 183. – **B** **Taenaris,** idis, *f.* (Ταιναρίς), **nach Tänarum gehörig, tänarisch,** poet. = **lazedämonisch,** ora, Ov.: soror, Helena, Ov.: dies. bl. Taenaris gen., Ov. – **C** **Taenarius,** a, um (Ταινάριος), **zu Tänarum (Tänarus) gehörig, tänarisch,** u. poet. = **lazedämonisch,** litus, Plin.: lapis, Plin.: columnae, v. tänar. Marmor, Prop.: deus, Neptun, Prop. – Eurotas, Ov.: marita, Helena, Ov. – Taenaria porta, der tänarische Eingang in die Unterwelt, Ov.: so auch fauces, Verg. – dah. meton. = **unterirdisch,** valles, die Unterwelt, Ov.: currus, der Wagen des Pluto, Claud.

taenea, s. taenia *no.* II, C.

taenia, ae, *f.* (ταινία), **I** das **Band,** die **Binde,** als Kopfbinde, Haarband, Punicea, Verg.: als ein Schmuck der Kränze, Enn. fr.: taenia vittae, Verg.: zum Umbinden der Leichen, Caecil. com. fr. – **II** meton.: **A** der **Bandwurm** (*Taenia Solium* u. *vulgaris,* L.), Cato, Plin. u. Ser. Samm. – **B** als *t. t.* der Baukunst, an den Säulen, ein hervorragendes Glied, das **Band,** der **Streifen,** Vitr. 4, 3, 4. – **C** ein **Streif** Papyrus zum Papier, Plin. 13, 81 (Mayh. u. Detl. taenea). – **D** taeniae, **lange Reihen von hervorragenden Felsenspitzen im Meer,** taeniae candicantis vadi, Plin. 3 prooem. § 4: taeniae maris, Plin. 9, 131: dah. die sich hier aufhaltenden Purpurschnecken, taeniense genus purpurarum, Plin. 9, 131. – ► Abl. Plur. zsgzg. taenis, Verg. Aen. 5, 269.

taeniēnsis, e, s. taenia a. E.

taeniola, ae, *f.* (*Demin.* v. taenia), das **Bändchen,** Colum. 11, 3, 23.

taesum est, s. taedet.

taeter (nicht tēter), tra, trum (zu taedet), **hässlich, garstig,** **I** eig., für die äußeren Sinne: color, Lucr.: sapor, Lucr.: odor, Cic.: cruor, Verg.: morbus, Catull.: spiritus, Hor.: spectaculum, Cic.: tenebrae, Cic.: taeterrima hiems, Cael. in Cic. ep. – m. 2. *Supin.*, illud taeterrimum non modo aspectu, sed etiam auditu, Cic. Phil. 5, 18. – subst. mit Ggstz., taeter (fertur certavisse) cum decoro, Apul. flor. 3. p. 4, 1 Kr. – **II** übtr., für das innere Gefühl, **hässlich, garstig, abscheulich, schändlich,** mens, Catull.: homo, Cic.: facinus, Cic. u. Val. Max.: legatio, Cic.: taetra ibi luctatio erat, Liv.: earum (legum et libertatis) oppressio taetra et detestabilis, Cic.: regnandi cupiditates, quibus nihil nec taetrius nec foedius excogitari potest, Cic.: appositā ad os manu nescio quid taetrum sibilavit, zischte er abscheuliche Gassenhauer durch die Finger, Petron. 64, 5. – taetrior hostis, Cic.: taeterrimus in alqm, sich sehr schändlich aufführend, Cic.: sententia taeterrima, Cic.: foedissimum et taeterrimum parricidium patriae, Cic. – *neutr.* taetrum statt des *Adv.*, taetrum flagrat, Prud. cath. 4, 22. – ► Nbf. taetrus, Gloss. II, 198, 7; verworfen von Prob. (IV) inst. art. 59, 38 u. app. 198, 26.

taetrē (nicht tētrē), *Adv.* (taeter), **hässlich, garstig, abscheulich, schändlich,** aetatem exigere, Cato fr.: multa facere impure atque taetre, Cic. (u. so si quid perverse taetreque factum est a muliere, Cato fr.): taetrius fucata genas, Claud.: religionem impurissime taeterrimeque violasse, Cic.

taetritūdo (nicht tētritūdo), inis, *f.* (taeter), die **Hässlichkeit,** Acc. tr. 556.

taetro (nicht tētro), āre (taeter), **hässlich machen, besudeln,** Pacuv. tr. 303.

taetrus, s. taeter ►.

Tagaste, Stadt in Numidien, südöstl. von Hippo regius u. südwestl. von Vacca (j. Ruinen von *Tagilt* am *Sugerast),* Geburtsort des hl. Augustinus, Itin. Anton. 44, 6. – Dav. **Tagastēnsis,** e, **tagastensisch,** oppidum, Plin. 5, 30 (Jan u. Detl. Tagesense): municeps Thagastensis, Augustin. conf. 2, 3, 5.

tagāx, ācis (tango), der gern etwas anrührt, **gern zugreifend** = diebisch, räuberisch (vgl. Fest. 359 [a], 13. Non. 408, 33), manus, Lucil. 1031: v. Pers., Cic. ad Att. 6, 3, 1.

Tagēs, ētis u. ae, *m.*, der Sohn eines Genius Jovialis, Enkel Jupiters, stieg in Etrurien plötzlich, als der Pflüger Tarchon eine besonders tiefe Furche zog, aus der Erde hervor u. lehrte, ein Knabe von Ansehen, ein Greis von Weisheit, die Etrusker die Haruspizin (Weissagung aus Beobachtungen), die dann von ihnen in den tagetischen Büchern (Tagetici libri) verzeichnet wurde, Fest. 359 (a), 14. Cic. de div. 2, 50. Amm. 21, 1, 10. Ov. met. 15, 558 (wo Akk. Tagen). Stat. silv. 5, 2, 1 (wo Genet. Tagetis), Serv. Verg. Aen. 1, 2 (wo Genet. Tagae); 2, 781; 8, 398. – Dav. **Tagēticus,** a, um, **tagetisch,** sacra, Carmin. b. Macr. sat. 5, 19, 13: libri, Amm. 17, 10, 2: praecepta, Longin. in Augustin. epist. 234, 1 (Tageticis).

Tagesēnse oppidum, s. Tagaste.

Tagēticus, s. Tagēs.

tago, taxī, ere, s. tango ►.

1. Tagus, ī, *m.*, ein Fluss in Hispanien, span. *Tajo,* portug. *Tejo,* bekannt wegen des Goldsandes, den er mit sich führte, Mela 3, 1, 6 (3. § 8). Liv. 21, 5, 8. Ov. am. 1, 15, 34. Stat. silv. 1, 2, 127. Mart. 1, 49, 15.

2. Tagus, ī, *m.*, ein Führer der Rutuler, Verg. Aen. 9, 418.

tāla, s. talla.

talabarriunculus, ī, *m.* u. **talabarrio,** ōnis, *m.*, Laber. com. bei Gell. 16, 7, 6 (bis jetzt nicht gedeutet).

Talaïonidēs, ae, *m.*, s. Talaus.

Talaïonius, s. Talaus.

tālāria, ium, *n.*, s. tālāris.

tālāris, e (talus), **zu den Knöcheln gehörig,** pinnae, an den Kn., Schol. Iuven. 3, 117: ludus, Quint. 11, 3, 57; vgl. talarius: tunica, bis an die Knöchel herabreichende, Cic. Verr. 5, 31 u. Cat. 2, 22. Suet. Cal. 54, 2. Hieron. epist. 64, 14. Lact. 4, 14, 8: u. so ornatus, Fronto de fer. Als. p. 229, 20 N. – *subst.*, tālāria, ium, *n.*, **1** die Teile um die Knöchel, **Knöchelteile,** ubi morbus talaria coepit intendere, Sen. ep. 53, 6. – **2** **Flügel an den Knöcheln, Knöchelflügel, Flügelschuhe, geflügelte Fußsohlen,** beigelegt dem Merkur, Verg. u. Ov.: dem Perseus, Ov.: der Minerva, Cic. de nat. deor. 3, 59 (wo pinnarum talaria): dah.

sprichw., talaria videamus, wir wollen auf die Flucht denken, Cic. ad Att. 14, 21, 4. – **3** ein **langes, bis an die Knöchel gehendes Kleid,** Ov. met. 10, 591. – **4** Marterwerkzeuge, entw. = ἀστραγαλωταί, **mit Knöcheln durchflochtene Knuten,** od. (was wahrscheinlicher) = ποδοστράβαι, **Marterwerkzeuge, in die die Füße gespannt und geschraubt wurden,** Sen. de ira3, 19, 1. – ▶ Für Quint. 11, 3, 58 s. tālārius.

tālārius, a, um (talus), **zu den Knöcheln gehörig,** ludus, eine einschmeichelnde, sinnberauschende u. zum Tanz verlockende Belustigung, bei der die lärmenden Instrumente (crotala, cymbala) gewiss von eigentümlicher, auf den Geschmack des großen Haufens berechneter Körperbewegung begleitet wurden (benannt nach der tunica talaris, mit der die Darsteller angetan waren), Cic. ad Att. 1, 16, 3; de off. 1, 150. Quint. 11, 3, 58. Fronto de oratt. p. 160, 3 N.

Talassio, ōnis, *m.* u. **Talassius,** iī, *m.* u. **Talassus,** ī, *m.*, ein schon zu Romulus' Zeiten gebräuchlicher hochzeitlicher Zuruf, s. Liv. 1, 9, 12: servire Talassio, heiraten, Catull. 61, 134: Talassionem verbis dicere non Talassionis, Hochzeit beschreiben (besingen) mit nicht hochzeitlichen Worten, Mart. 1, 35, 6: nec defuerunt tua verba, Talasse, hochzeitliche Worte, Mart. 12, 42, 4. – zur Bezeichnung des Koitus, Mart. 12, 95, 5. – Talassus auch (ohne Beleg) bei Fest. 359 (b), 10.

Talaus, ī, *m.* (Ταλαός), ein Argonaut, Vater des Adrastus, der Eriphyle usw., Talai gener, vielleicht Amphiaraus, Gemahl der Eriphyle, Ov. Ib. 352. – Dav.: **A** **Talaīonidēs,** ae, *m.*, der **Taloïonide** (Sohn des Talaus), v. Adrastus, Stat. Theb. 2, 141 u. 5, 18. – **B** **Talaīonius,** a, um, **talaïonisch,** Eriphyle, Tochter des Talaus, Ov. art. am. 3, 13.

tālea, ae, *f.*, **I** das **Stäbchen,** der **Setzling, Steckling,** das **Setzreis,** Scriptt. r. r. u. Plin. – **II** übtr.: **A** = jedes **Reis,** Ser. Samm. 167. – **B** jedes **abgeschnittene, stabförmige Stück, a** ein oben mit einem eisernen Haken versehener kurzer runder Pfahl oder Pflock, den man im Krieg in die Erde schlug, um die feindliche Reiterei zu fangen, die **Barre,** taleae ferreis hamis infixis etc., Caes. b. G. 7, 73, 9. – **b** ein kleiner **Balken,** die Fugen der Mauern zusammenzuhalten, Vitr. 1, 5, 3. – **c** talea ferrea, ein längliches Stückchen Eisen, ein Eisenstäbchen, als Geld bei den Britanniern, die **Barre,** Caes. b. G. 5, 12, 4.

talentārius, a, um (talentum), **zu einem Talent** (Gewicht von fünfzig Pfunden) **gehörig,** balista, ein fünfzig Pfund schweres Wurfgeschoss, Sisenn. hist. 4. fr. 92 (bei Non. 555, 26).

talentum, ī, *n.* (τάλαντον, eig. die Waage, übtr. das Gewicht, dann übh. das, was abwägt, dah. **I** ein griechisches Gewicht, **Talent,** in verschiedenen Staaten von verschiedener Schwere, meistens gegen einen halben Zentner, das italische = 100 röm. Pfund, aurique eborisque talenta, Verg.: talentum thynni, turis, Plin. – **II** eine Summe Geldes, ein **Talent,** in den verschiedenen griechischen Staaten und zu verschiedenen Zeiten von verschiedenem Wert (das attische Talent = 60 Minen), Cic. u. a.: Atticum talentum, Varro fr. – C. Gracch. u. Plaut. nennen das attische Talent talentum magnum. – ▶ Genet. Plur. gew. talentûm, Cic. Rab. Post. 21. Liv. 30, 16, 12 u. a. Curt. 4, 11 (43); 5, 2 (8), 11 u. a. Plin. 12, 80. Iustin. 12, 12. § 12; 33, 2, 5 u. a.; aber auch talentorum, Plin. 33, 51. Suet. Caes. 54, 3.

tāleola, ae, *f. (Demin.* v. talea), das **kleine Reis, -Setzreis, -Steckreis,** Colum. 3, 17, 1 u. 12, 33, 1.

Talgē, ēs, *f.*, eine Insel im Kaspischen Meer, Mela 3, 6, 10 (3. § 58).

taliātūra, ae, *f.* (1. talio), die **Spalte,** Gromat. vet. 360, 17.

1. talio (āvī), ātum, āre, **spalten,** mons taliatus, Gromat. vet. 360, 18.

2. tālio, ōnis, *f.*, die **gleiche Wiedervergeltung** eines empfangenen Schadens am Körper, fast immer im jurist. Sinne, Cato fr., Cic. fr., Sen. rhet. u. a.: sine talione, ungestraft, Mart.: Plur., infinita quaedam talionum reciprocatio, Gell. 20, 1, 18: taliones reciprocae, Gell. 20, 1, 35.

tālipedo, āre (talus u. pedo, āre), **auf den Knöcheln gehen, wanken,** Fest. 359 (a), 30.

tālis, e (vom Pronominalstamm *to, mit ālis gebildet, wie qu-ālis vom Relativstamm), **solcher, solche, solches, so beschaffen, so, I** im Allg.: **a** übh.: tali consilio probato, Nep.: aliquid tale, Cic., od. tale quid, Liv., so etwas: haec taliaque, Liv. – mit folg. *ut* (dass), *qualis, ac* oder *atque* (als, wie), tales esse, ut laudemur, Cic.: talis, qualem te esse video, Cic.: honos talis paucis est delatus ac mihi, Cic.: tali mactatum, atque hic est, infortunio, Ter.: mit folg. *qui*, z. B. talem te esse oportet, qui seiungas etc., Cic. – **b** in Bezug auf etwas Folgendes, **folgend,** talia fatur, Verg.: id tale est, Quint.: tale consilium sui recipiendi ceperunt, Hirt. b. G. – **II** prägn., wie τοιοῦτος, **ein solcher, a** = ein so großer, so vorzüglicher, so verdienstvoller, Ter., Cic. u. a.; vgl. Westerh. u. Ruhnken Ter. eun. 1, 2, 81. Korte Sall. Iug. 63, 6. Bremi Nep. Att. 5, 4. – **b** = ein so verwerflicher, facinus, Nep. Dion 10, 1: condicio, Nep. Cim. 1, 4.

tāliscumque, tālecumque, **von solcher Beschaffenheit ungefähr, so etwa,** Priap. 16, 7 zw. (Bücheler talia nunc, L. Müller talia quinque).

tāliter, *Adv.* (talis), **auf solche Art, so,** Plin. 35, 124. Pallad. 9, 8, 1: qualiter … taliter, wie … so, Mart. 5, 7, 1–3.

tālitrum, ī, *n.* (talus), das Schnellen mit den Fingern, das **Schnippchen,** der **Schneller, Stüber,** Suet. Tib. 68, 1.

talla (tāla), ae, *f.*, die **Zwiebelhülse,** Lucil. 194. Fest. 359 (b), 11 u. Paul. ex Fest. 358, 5 (wo tallam od. talam u. talla od. tala zu lesen). Vgl. Gloss. II, 195, 17 ›talla, κρομμύου λέπυρον‹.

talpa, ae, *f.*, der **Maulwurf,** Cic., Sen. u. a. – ▶ bei Verg. georg. 1, 183.

talpīnus, a, um (talpa), **maulwurfartig,** animal, der Rietwurm, Cassiod. var. 9, 3, 2.

talpona, ae, *f.*, eine Art Weinstöcke, Plin. 14, 36.

Talthybius (Talthubius), iī, *m.* (Ταλθύβιος), ein Herold und Bote des Agamemnon, Plaut. Stich. 305. Ov. her. 3, 9.

tālus, ī, *m.* (statt *taxlus, dah. *Demin.* taxillus), **I** eig.: **a** der **Fesselknochen,** das **Sprungbein,** an den Hinterfüßen gewisser Tiere, talus bubulus, Plin.: tali suilli, Apul.: tali caprae, Plin.: asinus talos habet, Plin. – u. am menschl. Fuß, Cels. 8, 1 *extr.* p. 328, 37 D. – **b** die vorspringende Basis des Schienbeines, der **Knöchel, Knorren,** talum intorquere, Auct. b. Hisp., extorquere, Sen. rhet. u. phil.: talum invertere, Apul.: talum expellere, Mart.: talos defringere, Plaut.: talos alci elidere, Plaut. – **c** der untere **Fußteil,** die **Ferse,** usque ad talos demissa purpura, Cic.: praetexta demissa ad talos, Quint.: vestimentum demissum usque ad talos, Spart.: indumenta in talos demissa, Aur. Vict.: tunicam demissam habent ad talos, Varro fr.: dah. recto talo stare, geradestehen, bildl., gut bestehen, Beifall erhalten, Hor.: recto vivere talo, gut handeln, Pers. – **II** meton., eine urspr. aus den Knöcheln der Hinterfüße gewisser Tiere gemachte Art länglicher **Würfel** (ἀστράγαλος), an zwei Seiten rund, also mit vier bezeichneten Seiten, auf die er fallen konnte, während die tesserae (κύβοι) kubisch geformt waren, also sechs bezeichnete Seiten hatten. Man würfelte mit drei tesserae, hingegen mit vier tali; die eine Seite des talus war mit einer Eins, die gegenüberstehende mit sechs und die beiden übrigen mit drei und vier bezeichnet: der glücklichste Wurf (Venus od. iactus Veneris) war, wenn jeder Würfel eine andere Zahl zeigte, als 1, 3, 4, 6: der unglücklichste Wurf (canis) war, wenn alle vier Würfel dieselbe Zahl zeigten, tali iactus, Sen.: talorum iactus, Prop. u. (Plur.) Ov.: talis ludere, Cic. u. a.: nequiore talo ludere, mit falschen W. spielen, Mart.: ad talos se conferre, Cic.: talos iacĕre, Plaut.: talos aureos iacĕre, Suet.: iacĕre quattuor talos, Cic.: ita iacĕre talum, ut rectus assistat, Cic.: talos mittere, Sen.: talis iactatis, ut quisque canem aut senionem miserat, in singulos talos singulos denarios in medium conferebat, Suet.

talutium, iī, *n.*, als bergm. *t. t.*, das äußere Kennzeichen vom Vorhandensein einer Goldmine dicht an der Bodenoberfläche, Plin. 33, 67 D. (Jan talutatium).

1. tam, *Adv.* (urspr. *Acc. sing. femin.* zum Pronominalstamm **to-* [s. iste], wie quam zu quo-), **I** korrelative Demonstrativpartikel zur Bezeichnung des verglichenen Grades = **soweit, insoweit, in dem Grade, dergestalt, so, so sehr.** Die Vergleichung wird gegeben: **a** mit *quam* (als), und zwar steht tam **α** vor *Adii.* u. *Advv.:* tam esse clemens tyrannus quam rex importunus potest, Cic.: numquam reo cuiquam tam humili, tam sordido, tam nocenti, tam alieno tam praecise negavi, quam hic mihi, Cic. – Häufig ist tam … quam im Deutschen durch **sowohl … als zu** übersetzen, tam foederatis quam infestis gentibus, Suet. – zuw. steht quam … tam vor Komparativen u. Superlativen, wo es durch **je … desto** mit den Komparativen zu übersetzen ist, quam magis … tam magis, je mehr … desto mehr, Verg.: quam quisque pessume fecit, tam maxime tutus est, je ärger es einer getrieben hat, desto sicherer ist er, Sall.: quam citissime conficies, tam maxime expedies, Cato. – **β** vor *Verbb.*: tam hoc scit me habere quam egomet, Plaut.: tam confido quam potest, Plaut.: dah. hat tam vor esse die Bedeutung von *talis,* haec tam esse quam audio, non puto, Cic.: mox tamen Acrisium tam violasse deum, quam non agnosse nepotem paenitet, Ov. – **γ** vor *Substt.*: Corinthia aera accipimus tam aurum et argentum quam aes Corinthium, Quint. – Die Verbindung von non tam … quam, **nicht so sehr … als, nicht sowohl … als vielmehr,** findet sich überall, wo zwei Glieder miteinander verbunden werden, deren zweites mit besonderem Nachdruck hervorgehoben werden soll, utinam non tam fratri pietatem quam patriae praestare voluisset, Cic.: cum flentes non tam narraret, quam ostenderet, Quint.: non tam in proeliis, quam in promissis firmior, Cic. – **b** mit *atque* (als): tam consimilis est atque ego, Plaut. – **c** mit *quasi* (als wenn): tam pudica est, quasi … sit, Plaut. – **d** mit *qui, quae, quod:* quis est tam lynceus, qui nihil offendat, Cic. – **e** mit *ut* u. Konj.: non essem tam inurbanus, uti ego gravarer, Cic.: non se tam imperitum esse, ut non sciret, Caes. – **II** demonstrative Partikel ohne Korrelation, zur Bezeichnung eines vorzüglich hohen Grades = **so, so sehr, in dem Grade,** u. zwar: **a** vor *Adii.* u. *Advv.*: tam necessario tempore, Caes.: in corporibus tam parvis atque tam nullis, Plin.: quid tu tam mane? Cic.: ius civile tam vehementer amplexus es, Cic. – vor *Deminut.*, tam ob parvulam rem, Ter.: tam parvulis in faucibus, Plin. – **b** vor *Verbb.*: nisi meum gnatum tam amem, Plaut.: non tam concupivit, Vell. – **c** vor *Substt.*: numquam ego te tam esse matulam credidi, Plaut.: cur tam tempore exclamarit occisum, Cic.

2. tam, *Adv.* = tamen (vgl. Fest. 360, 5), Enn. fr. scen. 416. tr. 9 (329). Naev. com. 130. Titin. com. 156 u. 157. Plaut. merc. 734 R. (Bothe). Fronto epist. ad Ver. 2, 1. p. 120, 7 N. Past. Herm. 2, 11 Palat. – Außerdem in tam-etsi, s. d.

tama, ae, *f.*, eine Art **Geschwulst,** bes. an den Füßen, Lucil. 1195.

tamarīcē, ēs, *f.* = tamarix, Plin. 24, 67. – So auch **tamarīcum**, ī, *n.*, Scrib. Larg. 128 u. 132, u. **tamarīcium**, iī, *n.*, Serv. Verg. ecl. 4, 3.

tamariscus, ī, *f.* = tamarix, Pallad. 12, 8 *in.*

tamarīx, rīcis, *f.*, die **Tamariske, Tamariskenstaude,** Cels., Colum. u. a.

Tamasus, ī, *f.* (Τάμασος), eine Stadt auf Cyprus, Plin. 5, 130. – Dav. **Tamasēnus**, a, um, **tamasëisch,** ager, Ov. met. 10, 644.

tam-diū, *Adv.*, **I so lange, nur so lange,** von einer bestimmten Zeit, mit folg. quamdiu, quoad, dum, quam, donec, z. B. tamdiu requiesco, quamdiu scribo, Cic.: tamdiu vobis cordi sumus, quamdiu usui, Sen. rhet.: tamdiu velle debebis, quoad te non paenitebit, Cic.: tamdiu laudabitur, dum memoria manebit, Cic.: vixit tamdiu, quam licuit, Cic.: tamdiu, donec etc., Colum.: tamdiu ut (= *donec, dum*), z. B. tamdiu subigenda est, ut … levemus, d. i. bis, Pallad. – **II so lange,** d. i. **a** so sehr lange, sehr lange, Cic. u. Nep. – **b seit so langer Zeit,** Plaut. u. Tac.

tame, *Adv.*, archaist. = tam, nach Fest. 360 (a), 10.

tame, *Adv.* (zu tam), adversative Partikel, die gebraucht wird: **I** im Nachsatz, und zwar: **1** im Nachsatz eines mit *quamquam, quamvis, etsi, etiamsi, tametsi, licet, cum* eingeleiteten konzessiven Vordersatzes = **doch, dennoch, jedoch, bei alledem, gleichwohl,** quamquam abest a culpa, suspicione tamen non caret, Cic.: quamvis sit magna (exspectatio), tamen eam vinces, Cic.: etsi praeter opinionem res cecĭderat, tamen etc., Nep.: quae tametsi animus aspernabatur, tamen imbecilla aetas ambitione corrupta tenebatur, Sall.: licet tibi significarim, tamen intellego, Cic.: cum ea ita sint, tamen, si obsides sibi dentur, Caes. – verstärkt durch nihilo minus, Cic. – **2** im Nachsatz eines Bedingungssatzes = **doch, doch wenigstens, doch auch, doch gewiss,** si Massilienses per delectos cives reguntur, inest tamen in ea condicione populi similitudo quaedam servitutis, Cic.: si indicium facio, interii; si taceo, interii tamen, Plaut.: si nullus erit pulvis, tamen excute nullum, Ov. – Häufig ist der Nachsatz als Frage gegeben, wo dann tamen mit od. ohne angehängtes ne steht, si quinque hominum milibus locus quaeritur, tamenne patiemini firmari opes? Cic.: si testium studium cum accusatore sociatum est, tamenne isti testes habebuntur? Cic. – **II** zu Anfang eines neuen Satzes. In diesem Fall bildet der mit tamen gebildete Satz den Nachsatz zu einem aus dem Vorhergehenden zu entnehmenden konzessiven Gedanken. Derselbe ist **a** entweder wirklich ausgesprochen = **doch, jedoch, gleichwohl,** accusatus capitis absolvitur; multatur tamen pecuniā = *quamvis absolvatur, tamen,* Nep. – verstärkt durch *sed, verum, et,* z. B. hi non sunt permolesti; sed tamen insident et urgent, Cic.: horum ille nihil egregie praeter cetera studebat, et tamen omnia haec mediocriter, Ter. – *tamen* sogar vorausstehend, tamen, contemptus abs te, habui in memoria, Ter. – Wenn die Zeit zugleich berücksichtigt wird, ist es durch **doch endlich** zu übersetzen, totum percensuit orbem mox ossa requirens; repperit ossa tamen, Ov.: mors eius diu occultata fuit; re tamen cognitā, Iustin. – **b** oder er ist aus dem Zusammenhang zu ergänzen, **α** in Antworten = **und doch, doch auch,** Plaut. – **β** zu Anfang einer neuen Periode = **und doch, gleichwohl,** tamen a malitia non discedis, Cic. ep. 9, 19, 1 (zu Anfang eines Briefes). – **γ** in Verbindung mit *si* = **doch wenn, wenn anders, wenn nur,** oder mit *nisi* = **doch wenn nicht, wenn nur nicht, wenn nicht etwa,** aliqua et mihi gratia ponto est: si tamen spuma fui, Ov.: circa me tantum benignitate nimiā modum excessit: nisi quod tamen poëtis mentiri licet, Plin. ep.

tamen-etsī, *Coni.*, **obgleich, obschon,** Enn. Ter., Cic. u. Sall.

Tamesis, is, Akk. im, *m.*, Fluss in Britannien, jetzt **Themse,** Caes. b. G. 5, 11, 8 u. 18, 1. – Nbf. **Tamesa,** ae, *m.*, Tac. ann. 14, 32.

tametsī, *Coni.* (tamen u. etsi), in direkter Rede fast nur mit dem Indikativ, **I obgleich, obschon,** Plaut., Cic. u. a.: mit tamen im Nachsatz, Rhet. Her., Caes., Cic. u. a. – **II** ohne Nachsatz, **wiewohl** = **jedoch,** tametsi quae est ista laudatio? Cic.

Tamfana, ae, *f.*, s. Tanfāna.

tamiacus, a, um (v. ταμιεῖον, die Schatzkammer), **zum kaiserlichen Fiskus (Kammer) gehörig,** praedia, Krongüter, Kammergüter, Domänen, Cod. Iust.: ius, Cod. Iust. – subst., tamiacus, ī, *m.*, der **Insasse eines Krongutes,** Cod. Iust. 11, 68, 1.

tamine, *Adv.*, arch. = tam, Plaut. mil. 628.

taminia, ae, *f.*, mit u. ohne uva, eine wildwachsende Pflanze, **Schmeerwurz, schwarze Zaunrübe** (*Tamus communis,* L.), noch jetzt in Italien *tamno,* Fest. 359 (a), 17. Cels. 3, 21. p. 107, 13 D. u. a. Plin. 23, 17 u. a. – deren Stock tamnus, ī, *m.*, Colum. poët. 10, 373. Plin. 21, 86. Apic. 4, 127.

tāmino, āre (v. tag-o, tango), entweihend berühren, **beflecken, entweihen,** Fest. 393 (b), 13.

tam-modo, *Adv.*, **soeben, alleweile,** Fest. 359 (b), 5.

tamnus, ī, *m.*, s. taminia.

Tamphilus, ī, *m.*, ein römischer Zuname der Baebii, z. B. Q. Baebius Tamphilus, Liv. 21, 6, 8: M. u. Cn. Baebius Tamphilus, Nep. Hann. 13, 1. – Dav. **Tamphiliānus,** a, um, **tamphilianisch, des Tamphilus,** domus, Nep. Att. 13, 2.

tam-quam (tanquam), *Adv.*, **I** vergleichend, **a** übh., **so sehr als, so wie, als, wie, gleichwie, wie wenn,** auch **gleichsam,** gloria virtutem tamquam umbra sequitur, Cic.: apud eum sic fui, tamquam domi meae, Cic.: ita discedo, tamquam ex hospitio, Cic.: essem tamquam prodigus, gleichsam, so zu sagen, Cic. – mit folg. *sic* oder *ita,* z. B. tamquam bona valetudo iucundior est, sic etc., gleichwie, Cic.: tamquam poëtae solent, sic tu etc., Cic.: mit folg. item, Ter. – dah. tamquam si, **gleich als wenn,** tamquam si tua res agatur, Cic.: u. so bl. *tamquam,* tamquam clausa sit Asia, als wenn, gleich als wenn, Cic. – **b wie** = **zum Beispiel,** ut non aliquos progeneret, tamquam piros silvestres et prunos, Colum. 3, 11, 5: u. so Sen. contr. 1. praef. § 23 u.

1, 8, 14. Sen. ep. 65, 8 u. 66, 5. Frontin. aqu. 87. – **II** kausal, zur Angabe einer fremden Ansicht od. Aussage, **als wenn, weil angeblich,** (s. Nipperd. Tac. ann. 3, 72), simul laudibus Seianum extulit, tamquam labore vigilantiāque eius tanta vis unum intra damnum stetisset, Tac.: utraque classis postero die luce primā, tamquam eo die pugnatura, e portu movit, Liv. – ► Die Schreibungen tamquam u. tanquam gleich gut beglaubigt; tanquam auch inschriftlich, z. B. CIL 5, 5050, 34 u. 37.

tamtus, a, um, s. tantus ►.

Tamyris, s. Tomyris.

Tanager, grī, *m.*, ein Fluss in Lukanien, jetzt *Negro,* Verg. georg. 3, 151.

Tānagra, ae, *f.* (Τάναγρα), steilgelegene Stadt an der Ostseite von Böotien, am nördl. Ufer des Asopus, berühmt durch vortrefflichen Wein u. die Zucht großer Haushähne, j. Ruinen bei dem Flecken *Skamino,* Cic. de domo 111. Liv. 33, 28, 10; 35, 51, 1. Plin. 4, 26. – Dav.: **A Tānagraeus,** a, um (Ταναγραῖος), **tanagräisch,** Cic. – **B Tānagricus,** a, um, **tanagrisch,** Varro.

Tanais, idis u. is, Akk. im u. in, *m.* (Τάναϊς), **I** ein Fluss im europäischen Sarmatien, der die Grenze von Europa und Asien bildet und in den mäotischen See fällt, j. *Don,* wie auch eine gleichnamige Stadt an der östlichen Mündung dieses Flusses, Mela 1, 1, 6 (1. § 8) u. ö. Hor. carm. 3, 10, 1. Amm. 22, 8, 27: Akk. Tanaim, Verg. georg. 4, 517. Curt. 6, 2 (6), 13 u. a., Tanain, Plin. 2, 246 u. a. Apul. de mund. 7: Genet. Tanaidis, Varro b. Charis. 145, 3: Genet. Tanais, Plin. 2, 245; 6, 20: Abl. Tanaī, Sall. hist. fr. 3, 69 (46). Ov. her. 6, 107. Plin. 6, 219. Tac. ann. 12, 17. – Dav.: **A Tanaïtae,** ārum, *m.* (Ταναῖται), die Anwohner des Tanais, die **Tanaïten,** Plin. u. Amm. – **B Tanaïticus,** a, um, **zum Tanais gehörig, tanaïtisch,** Sidon. – **C Tanaïtis,** idis, *f.*, **Anwohnerin des Tanais** = eine Amazone, Sen. Hipp. (Phaedr.) 401 *Leo.* – **II** der Fluss, der bei Strabo Iaxartes heißt, Curt. 6, 6 (21), 13 u. a. – **III** ein Fluss in Numidien, viell. das der Seestadt Thenae an der kleinen Syrte zugehende, noch jetzt *Thaini* genannte Gewässer, Sall. Iug. 90, 3 (wo Akk. Tanain).

Tanaquīl, īlis, *f.*, die stolze Gemahlin des römischen Königs Tarquinius Priskus, Liv. 1, 34. – appellat., von einer herrschsüchtigen Gattin, Iuven. 6, 565. Auson. epist. 23, 31. p. 187, 1 Schenkl.

Tanaum, ī, *n.*, eine sonst unbekannte Seebucht in Britannien, Tac. Agr. 23.

tandem, *Adv.* (entstanden aus tam und der Demonstrativendung dem), so weit eben, **I** zur Bezeichnung, dass nach langer Erwartung etwas geschieht = **endlich, doch endlich, zuletzt,** Cic., Caes. u. a. – verstärkt durch iam od. aliquando, **endlich einmal, doch endlich einmal,** tandem aliquando Catilinam ex urbe eiecimus, Cic.: iam tandem ades ilico, Plaut. – Beim *Imperat.* hat schon das einfache tandem diese Bedeutung, tandem reprime iracundiam, Ter.: tandem desine matrem sequi, Hor. carm. 1, 23, 11. – Zuw. wird dem tandem auch denique pleonastisch hinzugefügt, Apul. met. 3, 22. – **II** zur Bezeichnung eines heftigen Affektes in Fragesätzen = **doch, einmal, endlich, in aller Welt, ums Himmels willen,** quid tandem agebatis? Cic.: quo tandem modo? Cic.: quorsum tandem? Cic.: quousque tandem? Cic.: itane tandem? Ter. – **III** zur Bezeichnung des Schlusses in einer Reihenfolge = **endlich, kurz,** Lucr. u. Quint.

Tanfāna, ae, *f.*, eine germanische Gottheit, noch später altdeutsch **Zanfāna,** Tac. ann. 1, 51 (Halm Tamfana).

tangibilis, e (tango), **berührbar,** Lact. 7, 11, 9 u. 7, 12, 3. Hieron. epist. 61, 9.

tango, tetigī, tāctum, ere (Stamm tac, s. unten tago), **berühren, I** körperlich, **1** im Allg., **berühren, anrühren,** tange utramvis digito, Plaut.: tangat saltem digitulo, et ultro exibimus, Hieron.: terram genu, Cic.: non potest beneficium manu tangi, ist nicht handgreiflich, Sen.: tetigit calicem clanculum, er hat die Nase heimlich ins Glas gesteckt, Plaut.: paelex aram Iunonis ne tangito; si tangit, Iunoni crinibus demissis agnum feminam caedito, Lex Numae bei Gell. – **2** einen **Ort berühren,** d. i. **a** an einen Ort **angrenzen,** villa tangit viam, Cic.: civitas Rhenum tangit, Caes. – **b** einen **Ort betreten,** dahin **gelangen,** simulac tetigit provinciam, Cic.: vada, Hor.: limina, Iuven.: terminum (mundi) armis, Hor.: ubi terram tetigimus (von Schiffern), Plaut. – **3** greifend, tastend, schlagend, stechend **berühren = ergreifen, betasten, schlagen, stechen, stoßen, treffen, a** übh.: virginem, Komik., Hor. u. a.: fores, Komik.: chordas, Ov.: alqm flagello, Hor.: locum fundā, Tibull.: alcis manum, jmdm. an den Puls fühlen, Sen.: fulmine tactus, Cic. u. Ov., de caelo tactus, Cic., u. bl. tactus, Plin., vom Blitz getroffen. – Sprichw., tetigisti acu, hast den Nagel auf den Kopf getroffen, Plaut. rud. 1306. – **b** prägn., alqm, jmd. **treffen = töten,** quemquam oportuisse tangi, Cic. ad Att. 15, 11, 2. – **4** benetzend **berühren,** dah. **a bespritzen, beschmieren, benetzen,** corpus aquā, Ov.: palpebras salivā, Plin. – **b färben,** supercilium madidā fuligine tactum, Iuven. 2, 93. – **c beräuchern,** caput sulfuris igne, Prop.: tacta sulfure ovis, Ov. – **5 anrühren,** als milderer Ausdruck, **a = nehmen,** non teruncium de praeda, Cic.: nullum agrum ab invito, Cic.: tetigine tui quidquam? Ter. – **b bekommen,** alqd communi nomine, Cic. – **c anrühren, berühren, kosten, trinken, essen,** saporem mellis, Ov.: cibos dente, Hor.: non illa (corpora) tetigere lupi, Ov.: calicem, trinken, austrinken, Plaut. – **II** geistig, **1** im Allg., **rühren, in Bewegung setzen, reizen, Eindruck machen,** minae Clodii modice me tangunt, Cic.: nec solos tangit Atridas iste dolor, Verg.: vota tetigere deos, Ov.: tetigerat animum memoria nepotum, er erinnerte sich seiner Enkel, Liv. – Partiz. tāctus, a, um, **gerührt, gereizt, in Bewegung gesetzt, durchdrungen,** cupidine, Ov.: religione, Liv. – **2** in der Rede: **a berühren, anführen, erwähnen,** leviter unumquodque tangam, Cic.: ubi Aristoteles ista tetigit? Cic. – **b** jmd. mit spitzen Reden **abtrumpfen,** jmd. **ablaufen lassen,** Rhodium tetigi in convivio, Ter. eun. 420. – **3** durch List: **a berücken, anführen, betrügen, prellen** (s. Lorenz Plaut. Pseud. 119. Spengel Plaut. truc. 4, 4, 33), tuum patrem, Plaut.: scitissume tactus est leno, Plaut.: volucres textis arundinibus peritus artifex tetigit (fing), Petron.: tactus sum visco, ich bin gefangen, Plaut. – **b** um etw. **prellen, betrügen,** hominem bolo, Plaut.: alqm triginta minis, Plaut. – **4** durch tätige Einwirkung, etwas **anrühren, sich an** etw. **machen,** etw. **vornehmen,** etw. **betreiben,** opus carminis heroi, Prop.: carmina, Ov. – ► Urspr. archaist. Form tago, Plaut. mil. 1092 G. Turpil. com. 131: tagit, Pacuv. tr. 344: tagam, Pacuv. tr. 165: Konj. Perf. taxis, Varro sat. Men. 304.

tangōmēnas, s. tengō mēnas.

taniacae, ārum, *f.*, längliche Stücke Schweinefleisch, Varro r. r. 2, 4, 10 zw.

tanos, ī, *m.*, ein uns unbekannter Edelstein, Plin. 37, 74.

tanquam, s. tam-quam.

Tantaleus, Tantalidēs, Tantalis, s. Tantalos.

Tantalos u. **-us,** ī, *m.* (Τάνταλος), König in Phrygien, Sohn Jupiters, Vater des Pelops u. der Niobe; muss seiner Verbrechen wegen (weil er das ausgeschwatzt, was bei dem Göttermahl, dem er beiwohnte, geredet wurde, oder seinen Sohn einmal den Göttern, die bei ihm eingekehrt waren, zum Essen vorgesetzt hatte) in der Unterwelt zur Strafe bis an die Knie im Wasser stehen und immer dürsten und hungern, weil das Wasser u. der über ihm hängende Obstbaum, sobald er danach greift oder schnappt, sich zurückziehen; auch schwebt ein Felsen über ihm, der herabzustürzen droht, Hyg. fab. 82. Ov. am. 2, 2, 44. Cic. Tusc. 1, 10. Hor. epod. 17, 66. – Dav.: **A Tantalēus,** a, um, **tantalēisch,** Prop. u. a. (s. Heinsius Claud. 35, 336). – **B Tantalidēs,** ae, *m.* (Τανταλίδης), ein Sohn oder Nachkomme des Tantalus, ein **Tantalide,** von Pelops, Ov. trist. 2, 385: v. Agamemnon, Ov. her. 8, 45: v. Orestes, *ibid.* 8, 122: Tantalidae fratres, Atreus u. Thyestes, Ov. fast. 2, 627: Tantalidarum internecio, der Enkel des Tantalus, Acc. tr. 657 (bei Cic. de nat. deor. 3, 90): Genet. Plur. Tantalidum, Stat. Theb. 10, 785. Nemes. cyn. 39. – **C Tantalis,** idis u. idos, *f.* (Ταντᾰλίς), **tantalisch,** subst., eine **Tantalide** (Tochter od. Abkömmling des Tantalus), v. der Niobe, Ov. met. 6, 211: v. der Hermione, Tochter des Menelaus, Ov. her. 8, 122: Tantalides matres, die von Tantalus abstammenden Frauen, Helena usw., *ibid.* 8, 66.

tantīdem, s. tantus-dem.

tantillulus, a, um (*Demin.* v. tantillus), **so gar klein**, tant. animalis, ein so kleines Ding von einem Tier, Apul. met. 2, 25.

tantillus, a, um (tantus) = tantulus, **so klein**, Komik. u. Spät. – subst., tantillum, ī, *n.*, **so wenig**, Plaut. u. Catull.

tantisper, *Adv.* (tantus), **I so lange, so lange Zeit**, **a** m. folg. *dum* (bis), tantisper dum transigimus hanc comoediam, Plaut.: ut ibi esset tantisper, dum culleus compararetur, Cic. – **b** mit folg. *quoad*, ut viveret tantisper, quoad fieret permutatio, Gell. 7 (6), 4, 1; vgl. Ulp. dig. 43, 19, 3. § 13. – **c** m. folg. *ut* u. Konj., quin mihi manum tantisper accomodas, ut exobrutum protinus tradatur emptori, Apul. met. 9, 6. – **II solange, unterdessen, einstweilen, unter der Zeit**, Cic., Liv. u. a.

tantō (*Abl.*), s. tantus.

tantopere, getrennt **tantō opere**, *Adv.*, **mit so großer Mühe, so sehr**, discere, Cic.: quies tantopere Caesari fuit grata, Nep.: tantopere ... quam, Quint. – ► Über die Schreibweise vgl. magnopere.

tantulus, a, um (*Demin.* v. tantus), **so klein, so gering**, causa, Cic.: granum, Cic. – subst., tantulum, ī, *n.*, eine solche Wenigkeit, ein so Weniges, Cic.: tantulo venierint, um so ein Weniges, Cic.: mit *Genet.*: tantulum morae, Cic. – dah. auch = **nur soviel** (es gleichs. an den Fingern zeigend), si ex eo negotio tantulum in rem suam convertisset, Cic.: videtur discipulus magistro tantulum de arte concedere, Cic.

tantum, *Adv.*, **so viel, nur**, s. tantus *no.* II u. III.

tantum-modo, *Adv.*, **nur, bloß**, tantummodo incepto opus est, cetera res expediet, Sall.: ut tantummodo per stirpes alantur suas, Cic.: tantummodo Gnaeus noster ne, ut urbem ἀλογίστως (ohne Vernunft) reliquit, sic Italiam relinquat, möge unser Gn. nur nicht ... so lt. verlassen, Att. in Cic. ep. – non tantummodo ... sed etiam, nicht nur ... sondern auch, Liv., Sen. u. a.: so auch non tantummodo ... verum etiam, Augustin.: non tantummodo ... sed quoque, Liv. u. Cels.: non tantummodo ... sed et, Censorin.: u. non (nec) tantummodo ... sed non, nicht nur (bloß) ... sondern nicht einmal, Cic.

tantundem, s. tantus-dem.

tantus, a, um (von tam, wie quantus von quam), **I von solcher Größe, so groß**, **a** m. folg. *quantus:* nullam umquam vidi tantam (contionem), quanta nunc vestrûm est, Cic. – **b** mit folg. *qui, quae, quod* (das gew. den *Coniunctiv* bei sich hat): nulla est tanta vis, quae non frangi possit, Cic. – **c** m. folg. *quam*, Liv. 37, 51, 9. Tac. dial. 6. Verg. Aen. 6, 354. – **d** m. folg. *ut* u. Konj.: non fuit tantus homo, ut de eo potissimum conqueramur, Cic. – **e** ohne Korrelation: in tantis mutationibus, Cic.: verb. m. *tot*, tot tantaque vitia, Cic.: mit *tam multus*, tam multae res atque tantae, Cic.: mit *talis*, homo tantus et talis, Cic. – tantus natu, so alt, Plaut. – mit *Genet.*, utinam tantus animi forem, ut etc., Apul. apol. 22.

II von solcher Menge, so viel, tanta mira, so viel Wunderdinge, Plaut.: tanta pecunia, Cic.: qui indutias tanti temporis petant, ut legatos Romam mittere possitis, Liv. – bei den Eccl. Plur. = *tot*, z. B. tanta hominum milia, Lact.: nec tamen tantos inveniunt verba discipulos, quantos Christiani factis docendo, Tert.; vgl. Hildebr. Apul. met. 7, 9. p. 552 (b). Bünem. Lact. 1, 3, 21. – Neutrum tantum subst., **a** im *Nom.* u. *Acc.* = **so viel, so vieles**, **α** absol.: ut tantum nobis, quantum ipsi superesse posset, remitteret, Cic.: tantum debuit, Plaut.: mit folg. *quam*, Ter. Hec. 417. – tantum abest, ut etc., s. ab-sum *no.* II, 2, a. – tantum est (in der Umgangssprache), so viel, weiter nichts, das ist alles, Plaut. u. Ter.; vgl. Brix Plaut. trin. prol. 22. – Plur., sescenta tanta (sechshundertmal soviel) reddam, si vivo, tibi, Plaut. Bacch. 1034: tribus tantis illi minus redit quam obseveris, um dreimal soviel weniger, Plaut. trin. 530. – **β** mit *Genet.*: belli, Liv.: hominum, Plaut.: hostium, Liv.: itineris, eine so große Strecke Weges, Cic.: auctoritatis, Cic.: tantum navium reperit, ut etc., nur soviel, Caes.: tantum temporis, so lange Zeit, Liv.: tantum eius opinionis deperdidisse, so viel von der Meinung verloren haben, Caes.: mit folg. *quantum*, so viel, so viel als, Cic. – mit *Plur.* des *Verbums*, tantum hominum incedunt, Plaut. – **b** im *Genet.* als Ausdruck des wirklichen od. moral. Wertes, **so viel, so hoch, so teuer**, tanti quanti poscit, vin tanti illam emi? Plaut.: hortos emit homo tanti, quanti Pythius voluit, Cic.: ubi me dixero dare tanti, testes faciet ilico vendidisse me, Ter.: graviter (eum) increpuit tanti censorem (als Z.) habitare, Plin.: qui frugiferas arbores tanti taxaverant, Plin.: ut, quanti quisque se ipse facit, tanti fiat (so hoch soll er geschätzt werden) ab amicis, Cic. – bes. oft tanti est, u. zwar **α** alqd od. alqs est tanti, etw. od. jmd. ist **so viel wert, gilt so viel**, si ullo in loco eius provinciae frumentum tanti fuit, quanti iste aestimavit, Cic.: tanti nova non fuit arbor, Ov.: non fuerant artes tanti, Ov.: tantine ulla fuit spoliati gloria Parthi? Prop.: nulla studia tanti sunt, ut amicitiae officium deseratur, Plin. ep.: vix Priamus tanti totaque Troia fuit, Ov.: non sum, me iudice, tanti, Ov.: tanti eius apud se gratiam esse, uti etc., so hoch stehe er in Gunst bei ihm, dass usw., Caes. – nihil est tanti u. nihil mihi (nobis) est tanti, es ist (mir) nichts so viel wert, es ist mir an nichts mehr gelegen, es geht mir nichts darüber, Cic.: u. so nec mihi quicquam est tanti, Cic. – est tanti m. folg. *ut* u. Konj., μακάρων νῆσοι tanti sunt, ut sine te sim tot dies, Cic.: tantine, ut lacrimes, Africa tota fuit? Prop.: nihil tamen tanti, ut a te abessem, fuit, Cic.: tanti non esse od. tanti se non esse (an seiner Person sei nicht so viel gelegen), ut etc., Eutr.: arbitrabantur eum tanti mortem P. Clodii putasse (er habe den Tod des P. Kl. für so wichtig gehalten), ut etc., Cic. – alqd non est tanti m. folg. *quin* u. Konj., hic tibi ne qua morae fuerint dispendia tanti, ... quin adeas vatem, Verg. Aen. 3, 453 u. 456. – tanti non fuit od. erat m. *Infin.* als Subj., neque mihi erat vincere tanti, Ov.; u. zugl. mit folg. *ut* u. Konj., tanti non fuit Arsacen capere, ut earum rerum, quae hic gestae sunt spectaculo careres, Cael. in Cic. ep.: non fuit armillas tanti pepigisse Sabinas, ut premerent sacrae virginis arma caput, Ov.: nec vincere tanti, ut bellum differret, erat (viro), Lucan. – **β** alqd tanti est, **es ist** etw. **der Mühe wert, es verlohnt sich der Mühe**, sunt, o sunt iurgia tanti! Ov. met. 2, 424. – m. *Infin.* als Subj., est mihi tanti, huius invidiae crimen subire, dummodo etc., Cic.: fuit tanti non revocare promissum suum, Sen.: u. ellipt., sed est mihi tanti, dummodo etc., Cic.: quid quaeris? Fuit tanti, Cic.: etiam tabulae proferentur; est tanti, Cic. – **c** im *Abl.* tanto, **α** vor Komparativen = **um so viel, desto**, tanto aberant ab aqua longius, Caes.: tanto crebriores nuntii mittebantur, Caes.: tanto nos submissius geramus, Cic.: tanto minoris, desto wohlfeiler, Cic.: bis tanto pluris, zweimal so teuer, Plaut.: ter tanto peior, Cic.: quinquies tanto amplius, Cic.: u. (ohne Komparativ) bis tanto amici sunt inter se quam prius, Plaut. – tanto melior (lobender Ausdruck in der Umgangssprache), um so besser! recht gut! brav! bravo! Komik., Sen. u. a. (s. Brix Plaut. Men. 433. Wagner Ter. heaut. 549. Spengel Ter. adelph. 528. Haupt opusc. 2, 323); auch tanto hercle melior, Ter.: tanto nequior, um so schlimmer! schlimm genug! Ter.: u. so tanto miserior, nur um so jämmerlicher! Plaut.: tanto maior, tanto augustior, um so größer, um so erhabener bist du! Plin. pan. 71, 4. – multo tanto bei Komparat., s. multum unter multus *no.* II, A, c. – **β** neben den Zeitadverbien *ante* u. *post*, tanto ante, so lange vorher, Cic.: tanto post od. post tanto, so lange nachher, Curt. u. Verg. – **γ** neben Verben, die einen Komparativbegriff enthalten, wie antecedere, praestare, Nep. Epam. 2, 2; Hann. 1, 1. Ov. met. 13, 368. – **δ** selten vor *Superl.*, tanto pessimus omnium poëta, quanto tu optimus omnium patronus, um so viel der schlechteste, ein um so viel schlechterer, Catall. 49, 6. – **d** in der Verbdg. in tantum = **so weit, so sehr**, in tantum suam felicitatem virtutemque enituisse, Liv.: m. folg. *in quantum*, si denique in tantum diligo optimum principem, in quantum invisus pessimo fui, Plin. pan.: matrona prodeat in tantum ornata, in quantum ne immunda sit, insoweit, als sie nicht, Sen. contr. 2, 7 (15), 3. – Das Neutrum tantum adv. = **so sehr, so weit**, **α** neben Verben: de fano illo dico, de quo tantum, quantum me amas, velim cogites, Cic.: tantum eius auctoritate motus est, ut etc., Nep.: tantum progressus a castris, ut etc., Liv. – **β** neben Adjj., statt *tam:* tantum magna, Hor.: non tantum, nicht so, nicht sowohl, mit folg. *quantum*, non tantum Veneris, quantum studiosa culinae,

Hor.: nec tantum dulcia, quantum et liquida, Verg.: auch m. folg. *quam*, non ab ira tantum, quam quod etc., nicht sowohl aus Zorn, als weil, Liv.: tantum cepisse timorem, quam, Verg. – **γ** neben Superlativen: quantum bello optimus ... tantum pace pessimus, Vell. **III von der Größe, von der Art, so klein, so gering,** ceterarum provinciarum vectigalia tanta sunt, ut iis ad provincias tutandas vix contenti esse possimus, Cic.: nec sidera tanta debent existimari, quanta cernuntur, Plin.: (senatus) auctoritas, cui scis intercessum esse, tantam vim habet, ut magis iratorum hominum studium quam constantis senatus consilium esse videatur, Cic.: si bellum tantum erit, ut vos aut successores parvis additis copiis sustinere possint, Cael. in Cic. ep. – Neutrum tantum subst., **eine solche Kleinigkeit, Wenigkeit, so wenig,** tantum praesidii, navium, Caes. – Das Neutrum tantum wird auch als Abverbium gebraucht, **nur, bloß,** nomen tantum virtutis usurpas, Cic.: quos quidem dies quem ad modum agatis non dico, tantum dico etc., Cic.: tantum, ut procul abesset, curabat, Liv. – Man merke hier: **a** tantum non, **beinahe, fast,** Nep., Liv. u. Suet. Vgl. Drak. u. Gronov Liv. 4, 2, 12. – **b** tantum quod, **α nur, just, gerade, eben** (zu der Zeit), Cic. u. a. – so auch (ohne quod) serta tantum delapsa, nur erst abgefallen, Verg. ecl. 6, 16. – **β nur, bloß, nur dass, es fehlt weiter nichts, als dass,** tantum quod hominem non nominat, Cic. II. Verr.. 1, 116. – **γ** tantum, quod, als zwei besondere Wörter, tantum, quod exstaret aqua, quaerentibus, nur so viel als usw., Liv.: tantum, quod Aetoli accesserant, nur insofern, weil, Liv. – **δ** non tantum ... sed etiam, **nicht nur (bloß) ... sondern auch,** Hirt. b. G., Liv. u. a.: ebenso non tantum ... verum et (= etiam), Plin. ep.: aber non (nec) tantum ... sed, **nicht nur (bloß) ... sondern sogar,** Liv., Quint. u. a. – ► Archaist. tamtus, a, um, CIL 1, 206. lin. 38 u. 40.

tantus-dem, tanta-dem, tantum-dem od. **tantun-dem, ebenso groß,** periculum, Caecil. com. fr. u. Plaut.: summa, ICt. – *neutr.* tantumdem, od. tantundem, subst., **a** im *Nom.* u. *Acc.* = **ebenso viel,** ego tantumdem scio quantum tu, Plaut.: tantumdem omnia sentiens quam si nulla sit usquam, Catull.: magistratibus tantumdem detur in cellam, quantum semper datum est, Cic.: tantumdem posteros credere, quantum praesens aetas spopondisset, Curt.: tantumdem eius valli agger in latitudinem patebat, Caes. – m. *Genet.*, tantundem itineris supererat, quantum emensi erant, Curt.: undique ad inferos tantumdem viae est, ist der Weg gleich weit, Cic.: tantumdem auri atque argenti in eo triumpho translatum, Liv. – **b** im *Genet.*, tantidem quasi feta canes sine dentibus latrat, Enn. fr.: decrepitus senex tantidem est, quasi sit signum pictum in pariete, Plaut.: voluntatem decurionum tantidem, quanti fidem suam fecit, Cic.

Tanusius, iī, *m.*, ein röm. Geschlechtsname, Tanusiorum capita demere, Q. Cic. pet. cons. 9. – Bes. bekannt Tanusius Geminus, ein röm. Historiker um 63–43 v. Chr., Sen. ep. 93, 11. Suet. Caes. 9, 2.

taōs, *m.* (ταώς, der Pfau), ein pfauenähnlicher, uns unbekannter Edelstein, Plin. 37, 187.

tapanta, s. topanta.

tapēs, s. tapēte.

tapēte, is, *n.* u. **tapētum,** ī, *n.* (τάπης), der **Teppich,** um Wände, Tische, Sofas, Fußböden usw. zu bekleiden, Nom. od. Akk. tapete, Caecil. com. inc. fab. XXXV. Turpil. com. 216; vgl. Fest. 351 (b), 5: Nom. u. Akk. Plur. tapetia, Plaut. Pseud. 147; Stich. 378. Valer. imp. bei Vopisc. Aurel. 12, 1. Vulg. 2. regg. 17, 28: Abl. Plur. tapetibus, Varro sat. Men. 212. Verg. Aen. 9, 325. Liv. 40, 24, 7. Ov. met. 13, 638. Vulg. prov. 7, 16 u. Ezech. 27, 20: Nom. Plur. tapeta, Poët. inc. fr. bei Prob. instit. art. 130, 1: Abl. Plur. tapetis, Verg. Aen. 7, 277. Plin. 8, 191. Mart. 14, 147, 1. Apul. met. 10, 18. – ► Der griech. Nom. tapes (*masc.*) ist ungebr. nach Charis. 62, 7: Akk. Sing. tapeta, Sil. 4, 270: Abl. Sing. tapete, Sil. 17, 64: Akk. Plur. tapetas, Verg. Aen. 9, 358. Stat. Theb. 1, 518; 10, 107.

Taphiūsa, ae, *f.* (Ταφιοῦσα), die Insel zwischen Leukadia u. der Küste Akarnaniens, neben den Echinaden, j. *Meganisi,* woher Taphiusius lapis, Plin. 36, 150.

tapīnōma, atis, *n.* (ταπείνωμα), **niedriger Ausdruck,** Sidon. epist. 4, 3, 4.

tapīnōsis, Akk. in, *f.* (ταπείνωσις), das **Herabdrücken der Darstellungsweise,** die **zu schlichte Darstellung,** Serv. Verg. ecl. 6, 76; Aen. 1, 118.

tappēte, s. tapēte.

tappullus, a, um = *convivalis,* lex, Lucil. 1307. Vgl. Fest. 363 (a), 20.

Tāprobanē, ēs, Akk. ēn, *f.* (Ταπραβάνη), die große, vor der Südspitze von India intra Gangem gelegene Insel des Indischen Ozeans, j. *Ceylon,* Mela 3, 7, 7 (3. § 70). Solin. 53, 1 *sqq.* Ov. ex Pont. 1, 5, 80. Avien. perieg. 777. Apul. de mund. 7. – Nbf. **Tāprobana,** ae, *f.*, Isid. orig. 14, 6, 12. – Dav. **Tāprobanī,** ōrum, *m.*, die Bewohner von **Taprobane,** die **Taprobaner,** Vopisc. Flor. 15, 2.

tapsia, s. thapsia.

Tapsus, s. Thapsus.

Tapūrī, ōrum, *m.*, ein medisches Volk am Kaspischen Meer zwischen den Hyrkanern u. Derbikern, Curt. 6, 4 (12), 24 u. 8, 3 (11), 17. – Dav. **Tapūrus,** a, um, **tapurisch,** equites, Curt. 3, 2 (4), 6.

Taracīna, s. Tarracīna a. E. ►.

tarandrus, ī, *m.*, ein vierfüßiges Tier in Szythien von der Größe eines Rindes, das **Renntier,** nach anderen das **Elentier,** Plin. 8, 123. Solin. 30. § 25 (Mommsen parandrum).

Taranis, is, *m.*, Name Jupiters bei den Galliern u. Britanniern, Lucan. 1, 446.

Tarāns, antis, *m.* (Τάρας), Name des Erbauers der Stadt Tarent, Stat. silv. 1, 1, 103.

Taranucus (Taranucnus), ī, *m.*, Beiname Jupiters in Dalmatien, CIL 3, 2804; 13, 6094 u. 6478.

Tarās, s. 1. Tarentum.

Taratalla, scherzhafte Benennung des Kochs nach dem homerischen μίστυλλόν τ' ἄρα τἄλλα, *i.e.* secabant et alias res, Mart. 1, 50, 2.

taratantara, Onomatopöie zur Bezeichnung des schmetternden Tones der Tuba, Enn. ann. 140.

Tarbellī, ōrum, *m.*, eine Völkerschaft in Aquitanien, südlich von Burdigala bis an die Pyrenäen, beim heutigen *Dax (Acgs),* Caes. b. G. 3, 27, 1. Plin. 4, 108. – Dav.: **A Tarbellus,** a, um, **tarbellisch,** Tibull. u. Auson. – **B Tarbellicus,** a, um, **tarbellisch,** Lucan. u. Auson.

Tarcondimotus, ī, *m.*, ein kleiner König in Pisidien, Cic. ep. 15, 1, 2.

tarda, ae, *f.* (avis), s. tardus.

tardābilis, e (tardo), **langsam, langsam machend,** Tert. de anim. 43.

tardātio, ōnis, *f.* (tardo), die **Langsamkeit,** Auct. de idiom. gen. 582, 55 K (tardatio, βράδος): Plur. b. Cael. Aur. de morb. chron. 2, 1, 28.

tardē, *Adv.* m. *Comp.* u. *Superl.* (tardus), **I langsam** (Ggstz. celeriter, cito, strenue), navigare, Cic.: crescere, Verg.: tardius moveri, Cic.: tardius an citius, Sen.: vel citius vel tardius, Augustin.: tardissime iudicare, Cic. – **II nicht zeitig, spät,** tarde, immo iam sero (zu spät), Petron.: triennio tardius (später) triumphare, Cic.: tardissime perferri, Cic.: eoque tardius ad te scripsi, quod etc., Cic.: oportet autem nonā quāque die vinum moveri aut curari, vel si tardius, undecimā, Pallad. 11, 14, 3: erumpunt a primo satu legumina die quarto, vel cum tardissime (wenn auch noch so spät, spätestens), septimo, Plin. 18, 51: quattuor aut quinque tardissime diebus florere incipiunt, Plin. 18, 56: tametsi tantam calamitatem rei publicae quam tardissime (so spät als möglich) audire optandum est, Asin. Pollio in Cic. ep. 10, 33, 1. – nihil existimat sua referre, tardius fiat an citius, später oder früher, Sen. ep. 70, 5: u. so omnes, qui vel citius vel tardius liberantur, Augustin. de civ. dei 21, 17. p. 521, 29 D.[2]

tardeo, ēre (tardus), **säumen, zögern,** Catull. 61, 81.

tardēsco, uī, ere (*Inchoat.* v. tardeo), **langsam (schwer) werden,** tardescit lingua, Lucr. 3, 477: at si tardueris, wenn du langsam bist, Tibull. 1, 4, 27 H. (Dissen u. Bährens at si tardus eris).

tardicors, cordis (tardus u. cor), **von trägem Gemüt,** Augustin. enchir. 103 u. a.

tardigenuclus, a, um (tardus u. geniculum), **langsames Knies = lahm, hinkend,** senium, *Laev. fr. 15 M. (bei Gell. 19, 7, 3).

tardigradus, a, um (tarde u. gradior), **langsam schreitend, langsam,** Pacuv. tr. 2. Tert. de pall. 3. Isid. quaestt. in genes. 31, 25: außerdem (ohne Beleg) Mar. Victorin. 1, 4, 93. p. 23, 9 K. Not. Tir. 57, 95.

tardilinguis, e (tardus u. lingua), **langsam mit der Zunge,** Itala exod. 4, 10 (bei Interpr. Orig. in Isai. homil. 6. *no.* 1).

tardiloquus, a, um (tarde u. loquor), **langsam redend,** Sen. ep. 40, 14. Itala exod. 4, 10 (bei Ambros. Iob et David 4, 9, 26).

tardingemulus, a, um (tarde u. ingemo), **langsam seufzend,** Laev. bei Gell. 19, 7, 3 H.; vgl. tardigenuclus.

tardipēs, pedis (tardus u. pes), langsam gehend = **lahm, hinkend,** als Beiname des Vulkan, deus, Catull. 36, 7, u. ohne deus, Colum. poët. 10, 419.

tarditās, ātis, *f.* (tardus), **I** die **Langsamkeit, Säumigkeit,** das **zögernde Wesen** in der Bewegung od. Tätigkeit (Ggstz. celeritas, mobilitas, instantia [Emsigkeit]), **a** v. leb. Wesen, mula tarditatis indomitae, Plin.: plenisque in rebus gerendis tarditas et procrastinatio odiosa est, Cic.: nosti hominis tarditatem et taciturnitatem, Cic. – Plur. = **langsame Bewegungen,** celeritates tarditatesque, Cic.: ne tarditatibus utamur in ingressu mollioribus, Cic.: regradationes siderum vel fortasse tarditates, Augustin. gen. ad litt. 2, 16. – **b** v. sachl. u. abstr. Subjj., die **Langsamkeit, langsame Bewegung, langsame Wirkung, langsam und schwer vor sich gehende Tätigkeit, Verzögerung,** pedum, Cic.: navium, Caes.: veneni, langsame Wirkung, Tac.: aurium, Schwerhörigkeit, Plin.: so auch audientium, Plin.: sententiarum moraque rerum, Cic.: tanta fuit operis tarditas (es ging so langsam mit der Arbeit), ut etc., Cic.: tarditatem afferre bello, Cic. – insbes., der **langsame, ruhige Gang** der Töne u. Rede (Ggstz. cursus, der rasche Gang), tarditas modorum et gravitas canentis, Cic. de consil. suis fr. 3 Kays.: cursum contentiones magis requirunt, expositiones rerum tarditatem, Cic. or. 212. – **II** übtr., die **Langsamkeit, geistige Trägheit, Stumpfheit,** das **träumerische Wesen,** ingenii, Cic.: animi, Gell.: hominum, Cic.: quid abiectius tarditate et stultitiā, Cic.

tarditiēs, ēī, *f.* = tarditas, Acc. tr. 278 R.[2]

tarditūdo, inis, *f.* (tardus) = tarditas, Acc. tr. 69. Plaut. Poen. 532 G. u. L. Gloss. V, 648, 22.

tardiusculē, *Adv.* (tardiusculus), **etwas langsam,** M. Aurel. b. Fronto ad M. Caes. 5, 7. p. 79, 12 N.

tardiusculus, a, um (tardus), **etwas langsam,** Plaut. cist. fr. bei Non. 198, 26. – übtr., **etwas schwer von Begriff,** Ter. heaut. 515. Augustin. don. persev. 17, 3: alcis tard. mens, Augustin. peccat. merit. 3, 8.

tardo, āvī, ātum, āre (tardus), **I** *intr.* **säumen, zaudern, zögern,** num quid puteo rei publicae nomine tardandum esse nobis, Cic. ad. Att. 6, 7, 2: tardantes (die Säumigen) sine clementia puniunt, Plin. 11, 27. – **II** *tr.* **verzögern, aufhalten, hemmen,** profectionem, Cic.: cursum, Cic.: gradus, Stat.: pedes, alas, Ov.: impetum hostium, Caes.: administrationem tormentorum, Caes.: nos etesiae tardarunt, Cic.: Valentem e gravi corporis morbo tum primum assurgentem infirmitas tardabat, Tac.: species (Standbild) diu tardata tandem est locata, nachdem seine Errichtung lange verzögert worden ist, Cic. poët.: Ggstz., in curriculis equos incitare, tardare, Arnob. 1, 43: aliae (res) urinam citant, aliae tardant, Cels. 2, 19. – mit *ab* (von, an) u. Abl., alqm ab accessu, Auct. b. Hisp.: alqm a laude alcis, Cic. – m. *in* u. Abl., illum in persequendi studio maeror, hos laetitia tardavit, Cic. de imp. Pomp. 22. – m. *ad* u. Akk., cum animum ad persequendum non neglegentia tardaret, Cic. Verr. 3, 130. – m. *Infin.*, ut reliqui hoc timore propius adire tardarentur, auf- oder abgehalten wurden, Caes. b. 2, 43, 4: tardabam converti ad dominum, Augustin. conf. 6, 11, 20. – mit folg. *quo minus* u. Konj., quem tamen, quo minus statim in hostes alios ad Italiam contenderet, hiems aspera clausaeque Alpes tardavere, Aur. Vict. de Caes. 42, 5. – u. non (nec) tard. m. folg. *quin* u. Konj., nec me lacrimae luctusve timorve tardarunt, quin corpus humo sublime referrem, Ov. met. 13, 283. – ► Nbf. tardeo, s. bes.

tardor, ōris, *m.* = tarditas, Varro sat. Men. 57.

tardus, a, um (viell. verwandt mit traho), **langsam, säumig, I** eig. (Ggstz. celer, citus, citatus, velox, agilis, sedulus), **1** im Allg.: **a** von leb. Wesen, homo, Cic.: pecus, Cic.: asellus, iuvenci, Verg.: asinus, Augustin.: iumenta, Sen.: avis (vermutlich) Trappe, Plin.: qui sunt segnes et tardi, Sen.: proci loripedes, tardissimi, Plaut.: erimus inter fortes fugacissimi, inter fugaces tardissimi, Sen. rhet.: Plur. subst., minus est gravis Appia tardis (den langsam Reisenden), Hor. sat. 1, 5, 6. – m. *in* u. Abl., non ille in litteris tardus, Spart. Carac. 1, 4: tardior in scribendo, langsamer, insofern die Fertigkeit der Hand fehlt, Quint. 10, 3, 20: (Bibulus) erit, ut audio, in decedendo tardior, Cic. ad Att. 7, 3, 5. – mit *Abl.*, incessu tardus, Plin. 7, 76. Solin. 1, 92. – m. *ad* u. Akk., tardiores ad iniuriam, Cic.: eo tardior ad discedendum fui, quod etc., Cic.: vos existimationis illius periculum tardiores fecit adhuc ad iudicandum, Cic.: tardiores ad danda od. ad accipienda beneficia, Sen.: ad id quod non licebat tardior pigriorque, Val. Max. – mit *Genet.*, fugae, Val. Flacc. 3, 547. – m. *Infin.*, et nectere tectos numquam tarda dolos, Sil. 3, 234. – insbes. = **langsam** im Handeln, provisor utilium, der immer zu spät auf das Nützliche bedacht ist, Hor. de art. poët. 164: Apollo, langsam wirkend (dem Unternehmen jmds. nicht günstig), Prop. 1, 8, 41. – **b** v. sachl. u. abstr. Subjj.: frumenti subvectio, Liv.: tibicinis modi, Cic.: vox (Ggstz. cita), Cic.: omnia tarda adhuc et spissa, Cic.: tarda fluunt tempora, Hor. – Insbes.: **α spät eintretend,** Necessitas, Hor.: fata, Hor.: poena, Cic.: portenta deûm, Cic.: noctes, Verg. – tarda sunt quae in commune exspectantur, spät erst wird gewährt usw., Tac. – **β langsam vergehend, lange dauernd, nachhaltig,** vox, Ov.: menses, Verg.: fata, Hor.: sapor, Verg. – **2** (poet.) prägn. = **langsam machend, hemmend,** podagra, Hor.: senectus, Hor.: *neutr. pl.* subst., tarda, hemmende Umstände, Tac. Agr. 18. – **II** übtr.: **a** von Pers.: **α langsam, schwer von Begriff, stumpf, stumpfsinnig, träumerisch, dumm,** subst., der **Schwachkopf,** der **Tropf,** tardus es, Ter.: hebetes illi et supra modum tardi, Plin. ep.: nimis indociles quidam tardique sunt, Cic.: tardus in cogitando, Cic.: si quis forte sit tardior, Cic. – Plur. subst., laborat magister docens tardos, Augustin. de mus. 4, 9. § 10. – **β bedächtig,** illi tardo cognomen pingui damus, Hor. sat. 1, 3, 58. – **b** v. lebl. Subjj.: **α** v. Fähigkeiten u. Tätigkeiten = **langsam, stumpf,** sensus hebetes et tardi, Cic.: ingenium, Cic., ingenium tardum et hebes (Ggstz. mobile et erectum), Sen.: mentes, Cic.: Lentulus non tardis sententiis, war von schnellen Begriffen, Cic. – **β** v. der Rede = **langsam, bedächtig, gemessen,** tardior pronuntiatio, Quint.: stilus, Quint.: in utroque genere dicendi principia tarda sunt, Cic.: tarda et supina compositio, Quint.

1. Tarentum, ī, *n.* u. Nbf. **Tarentus,** ī, *f.* (Τάρας u. Nbf. Ταρεντός), **Tarent,** die reiche u. mächtige Handelsstadt an der Küste von Großgriechenland, von spartan. Partheniern (707 v. Chr.) gegründet, berühmt durch Wollbereitung u. Purpurfärbereien, berüchtigt durch die Üppigkeit u. Genusssucht der Einwohner, Hauptsitz der pythagor. Philosophie, j. *Taranto,* die Umgegend berühmt durch Wein- u. Obstbau (Feigen, Birnen, Kastanien, Nüsse), Plin. 3, 99 u. 100. Cic. Brut. 72 u. de sen. 11. Liv. 21, 10, 8. Tac. hist. 2, 83. Hor. carm. 3, 5, 56; Nbf. *-us,* Mela 2, 4, 8 (2. § 68). Flor. 1, 18, 2 u. 2, 6, 42. Sil. 12, 434. Prud. c. Symm. 2, 748. Sidon. carm. 5, 430. Philarg. Verg. georg. 2, 203. Serv. Verg. georg. 2, 197 *cod. G:* griech. Akk. Tarenton, Liv. epit. 25. – Nbf. Taras, Lucan. 5, 376. – Dav.: **a Tarentīnus,** a, um, **tarentinisch, aus Tarent,** ager, Varro u. Liv.: oves, Plaut. u. Colum.: lana, Varro u. Plin.: vina, Plin.: pira, Cato u. Colum.: castaneae, Plin.: nux, Colum.: nuces, Plin. u. Favorin. fr. (b. Macr.): bellum, Flor.: principes, Liv.: Archytas, Colum. – Plur. subst., Tarentīnī, ōrum, *m.,* die Einw. von Tarent, die **Tarentiner,** Liv. – **b** vulg. Form **Terentīnus,** a, um, **terentinisch** (= tarentinisch), nux, Macr. sat. 3, 18, 13 *(cod. P):* impensa, vorzugsw. aus tar. Nüssen, Apic. 8, 372 (dies. subst. bl. Terentina, Apic. 8, 339): ebenso minutal, Apic. 4, 172.

2. Tarentum, -us, -os, s. Terentum.

tarīcānus od. **tarīcārus,** a, um (ταριχηρός), **eingepökelt, eingemacht,** porcellus, Apic. 8, 386.

Tarīchea, ae, *f.* u. **Tarīcheae** (Tarichaeae), ārum, *f.* (Ταριχέαι, Ταριχεῖαι), eine Stadt in Galiläa, am Galiläischen Meer, bei Tiberias, j.

Telhoue, Form *-ea,* Plin. 5, 71. Suet. Tit. 4 *Roth.*: Form *-eae,* Cass. in Cic. ep. 12, 11, 2: Form *-aeae,* Suet. Tit. 4, 3 *Ihm.*

tarīcus, a, um = ταριχευτός, **eingepökelt, eingemacht,** Apic. 9, 400.

tarmes, itis, *m.*, **I** der **Holzwurm,** Plaut. most. 825. – Nbf. termes, itis, *f.*, Isid. orig. 12, 5, 10. Serv. Verg. georg. 1, 256. – **II** die **Fleischmade,** nach Paul. ex Fest. 358, 5.

Tarpa, s. Maecius *no.* II.

Tarpēius, a, um, ein röm. Familienbeiname. Bekannt sind Sp. Tarpeius, Befehlshaber der röm. Burg, u. dessen Tochter Tarpeia, die den Sabinern durch Verrat die Burg öffnete u. zum Lohn von ihnen mit den Waffen überschüttet und so getötet wurde, Liv. 1, 11, 6*sqq.* Val. Max. 9, 6, 1. Aur. Vict. de vir. ill. 2, 6. Flor. 1, 1, 12. Ov. met. 14, 776. – *Adi.*, **tarpejisch,** lex, Cic.: mons Tarpeius od. saxum Tarpeium, der tarpejische oder kapitolinische Berg, von dem Missetäter herabgestürzt wurden, Liv. u. Tac. (u. bl. Tarpeius, Sen. de ira 1, 16, 5): so auch rupes Tarpeia, Liv.: arx, das Kapitol, Verg. u. Ampel.: u. so arces, Ov.: sedes, Verg.: viae, Rutil. Nam.: pater, der kapitolin. Jupiter, Prop.: fulmina, des kapitolin. Jupiter, Iuven.: corona od. frons, Kranz, den der bekam, der in den kapitolin. Schauspielen gesiegt hatte, Mart.: nemus, Prop. – Dav. **Tarpēiānus**, a, um, zum tarpejischen Berg gehörig, **tarpejanisch,** Apic. 8, 367 u. 406.

tarpessīta, s. trapezīta.

Tarquiniī, ōrum, *m.*, uralte Stadt in Etrurien, eine der zwölf Republiken, Vaterstadt der röm. Tarquinier, beim j. *Corneto* (wo ein naheliegender Hügel noch jetzt *Tarchino* heißt), Liv. 1, 34, 2*sqq.* Cic. Tusc. 5, 109; de rep. 2, 34. – Dav.: **A** **Tarquinius**, a, um, **a** aus Tarquinii, **tarquinisch,** Tarquin. Priscus od. Priscus Tarquin., Tarquin. Superbus, Cic., Liv. u. a. – **b** zur Familie der Tarquinier gehörig, **tarquinisch,** nomen, Liv. – **B** **Tarquiniēnsis**, e, **tarquiniensisch, aus Tarquinii,** ager, Cic.: fundus, Val. Max.: serva, Cic.: mater generosa, Claud. orat. fr. – subst., **a** in Tarquiniensi, im Tarquiniensischen, im Gebiet von Tarquinii, Varro r. r. 3, 12, 1. – **b** Tarquiniēnsis, is, *m.*, der **Tarquinienser,** kollektiv, Liv. 2, 6, 11; 2, 7, 1; 9, 41, 5: Plur. Tarquiniēnsēs, ium, *m.*, die Einw. von Tarquinii, die **Tarquinienser,** Liv. 2, 6, 2 u. a. Plin. 3, 52.

Tarquitius, iī, *m.*, ein Etrusker, der über Haruspizin schrieb, Macr. sat. 3, 7, 2. Lact. 1, 10, 2. – Dav. **Tarquitiānus**, a, um, **tarquitianisch, des Tarquitius,** libri, Amm. 25, 2, 7.

Tarracīna, ae, *f.* u. **Tarracīnae**, ārum, *f.*, Stadt in Latium, vorher Anxur gen., noch jetzt *Terracina,* Mela 2, 4, 9 (2. § 71). Plin. 3, 59. Cic. de or. 2, 240. Liv. 22, 44, 8 (wo flumen Tarracinae = der bei Tarracina mündende Fluss Amasenus): Form *-īnae* b. Liv. 4, 59, 4. – Dav. **Tarracīnēnsis**, e, **tarracinensisch, aus Tarracina,** Cic. u. a. – Plur. subst., Tarracīnēnsēs, ium, *m.*, die Einw. von Tarracina, die **Tarracinenser,** Tac. – ► Über die richtigere Schreibart Tarr. (nicht Terr.) s. Tzschucke Mela vol. II. part. 2. p. 354. Drak. Liv. 4, 59, 4. Korte Sall. Cat. 46, 3; doch Capit. Anton. Pius 8, 3 Jordan u. Peter Terracinensis. – Die Schreibung Taracina findet sich Fest. 194 (b), 5. Not. Tir. 83, 93 (wo falsch Taracia).

Tarraco, ōnis, *f.*, Stadt im Land der Kosetaner in Hispanien, nach der späterhin der größte Teil dieses Landes Hispania Tarraconensis genannt wurde, j. *Tarragona,* Mela 2, 6, 5 (2. § 90). Plin. 3, 21. Liv. 21, 61, 2*sqq.* Cic. Balb. 28. Flor. 4, 12, 51. – Dav. **Tarracōnēnsis**, e, **tarrakonensisch,** conventus, Liv.: piscatores, Liv.: Hispania, Mela u. Plin.: colonia, Tarrako als röm. Kolonie, Tac.: vinum, Plin. – Plur. subst., Tarracōnēnsēs, ium, *m.*, die Einw. von Tarrako, die **Tarrakonenser,** Caes.

Tarsumennus, s. Trasumēnus.

Tarsus, ī, *f.* (Ταρσός), die Hauptstadt von Cilicien am Fluss Cydnus, der Sage nach von Perseus erbaut, j. *Tarso,* Cic. ep. 2, 17, 1. Auct. b. Alex. 66, 2: Persea Tarsos, Lucan. 3, 225. – Dav. **Tarsēnsis**, e, **tarsensisch, aus** od. **zu Tarsos,** Colum.: episcopus, Hieron. – Plur. subst., Tarsēnsēs, ium, *m.*, die Einw. von Tarsus, die **Tarsenser,** Cic.

tartarālis, e (τάρταρον, spätgriech.), **mit Weinstein eingerieben,** linum, Pelagon. veterin. 16 (§ 260 *Ihm).*

Tartarus, u. **-os** ī, *m.* u. Plur. **Tartara**, ōrum, *n.* (Τάρταρος, Plur. Τάρταρα), die **Unterwelt,** das **Reich der Toten,** der **Tartarus,** Sing., Lucr. 3, 1010. Verg. Aen. 6, 577 u. a.: Plur., Lucr. 3, 42. Verg. Aen. 4, 243 u. a. – personif., Tartarus pater, **Pluto,** Val. Flacc. 4, 258. – Dav.: **A** **Tartareus**, a, um, zum Tartarus gehörig, **tartarëisch, unterirdisch,** Iuppiter, v. Pluto, Val. Flacc.: ders. deus, Ov.: custos, v. Zerberus, Verg.: sorores, v. den Furien, Verg.: umbrae, Ov. – poet. = **schrecklich, furchtbar,** specus, Phaedr.: nox, Val. Flacc.: vox (der Furie), Verg. – **B** **Tartarinus**, a, um, **tartarusartig,** poet. = **schrecklich, furchtbar,** corpus, Enn. ann. 521; vgl. Fest. 359 (b), 25.

tartēmorion, s. tetartēmorion.

Tartēssus (Tartēsus) u. **-os**, ī, *f.* (Ταρτησσός), eine uralte Küstenstadt im bätischen Hispanien, am Ausfluss des Bätis (Guadalquivir), Mela 2, 6, 9 (2. § 96). Sall. hist. fr. 2, 26 (2, 32). Sil. 3, 399. Avien. descr. orb. 613. – Dav.: **A** **Tartēssius** (Tartēsius), a, um, **tartessisch,** murena, Varro fr.: litora, der westliche Ozean, Ov.: subst. Tartēssus, ī, *m.*, der Tartessier, Cic. ad Att. 7, 3, 11. – poet. übtr. = **hispanisch,** Sil. – **B** **Tartēssiacus**, a, um, **tartessisch,** Colum. – poet. übtr. = **hispanisch,** Sidon. – **C** **Tartēssis**, idis, *f.*, **tartessisch,** Colum.

tarum, ī, *n.*, das **Aloëholz,** Plin. 12, 98.

Tarusātēs, ium, *m.*, eine Völkerschaft im aquitanischen Gallien zwischen den Vokaten u. Ausciern, wahrsch. im heutigen *Tursan* od. *Teursan* (einem Distrikt der Diözese von Aix), Caes. b. G. 3, 23, 1; 3, 27, 1.

Tarutius, iī, *m.*, vollst. Lucius Tarutius Firmanus, ein dem Cicero befreundeter Astrologe, Cic. de div. 2, 98.

Tarvīsium, iī, *n.* u. **Tarvīsum**, ī, *n.* u. **Tarvīsus**, ī, *f.*, eine Stadt im Venetianischen, j. *Treviso* oder *Trevigio,* CIL 6, 2379, a, IV, 33. Ven. Fort. de vit. Mart. 4, 681. – Dav. **A** **Tarvīsiānus**, a, um, **tarvisianisch,** Paul. ex Fest. u. Inscr. – **B** **Tarvīsīnus**, a, um, **tarvisinisch,** Cassiod. – **C** **Tarvīsānus**, a, um, **tarvisanisch,** montes, Plin.

tasconium, iī, *n.* (hispan. Wort), eine weiße Erde, dem Ton ähnlich, Plin. 33, 69.

tasis, is, Akk. in, *f.* (τάσις) = intentio, die **Spannung, Anstrengung,** vocis, Mart. Cap. 9. § 939.

tat! *Interi.*, Ausruf der Verwunderung = **potz Wetter! potz Blitz!** tat! ecquis intust? Plaut. truc. 663 *Leo.*

tata, ae, *m.*, **Vater,** in der lallenden Sprache der Kinder, Varro bei Non. 81, 5. – u. = **Ernährer** übh., Mart. 1, 100, 1. CIL 6, 27964 u. 29634.

tatae = tat, Plaut. Stich. 771; truc. 663 *Schoell.*

Tatius, iī, *m.*, vollst. Titus Tatius, König der Sabiner, später Mitregent des Romulus, Liv. 1, 10*sqq.* Prop. 4, 4, 7*sqq.* Cic. de rep. 2, 7, 13. – Dav. **Tatius**, a, um, **tatisch, des Tatius,** turma, Prop. 4, 4, 31.

tatula, ae, *m. (Demin.* v. tata), **Väterchen,** CIL 9, 1666.

1. tau, *n. indecl.*, ein keltisches Wort = tabum, Verg. catal. b. Quint. 8, 3, 28.

2. tau (thau), *n. indecl.* (ταῦ), Name des griech. Buchstaben *T,* Auson. edyll. 12. grammaticom. 6. p. 139 Schenkl. Paul. Nol. 26, 624: als Zeichen des Kreuzes, Tert. adv. Marc. 3, 22: et signa (zeichne) thau super frontes virorum gementium, Vulg. Ezech. 9, 4.

Taulantiī, ōrum, *m.*, eine Völkerschaft Illyriens um Epidamnus und Dyrrhachium, Mela 2, 3, 11 (2. § 55). Liv. 45, 26, 14. – Dav. **Taulantius**, a, um, **taulantisch,** Lucan. u. Sil.

Taum, ī, *n.*, s. Tanaum.

Taunus, ī, *m.*, das **Taunusgebirge,** der nordwestl. von Frankfurt a.M. zwischen Wiesbaden u. Homburg sich hinziehende Bergrücken, jetzt **die Höhe** gen., Mela 3, 3, 3 (3. § 30). Tac. ann. 1, 56.

taura, ae, *f.* (Fem. v. ταῦρος), eine **unfruchtbare Zwitterkuh** (s. Fest. 352 [a], 15. Paul. ex Fest. 353, 1), *Trag. inc. fr. 222 R.[2]. Varro r. r. 2, 5, 6, Colum. 6, 22, 1: Nbf. taurea, Serv. Verg. Aen. 2, 140.

taurārius, iī, *m.* (taurus), der **Stierfechter,** j. span. *torero,* CIL 10, 1074.

1. taurea, s. taura.

2. taurea, s. taureus.

taurelephās, antis, *m.* (ταυρελέφας), ein indisches stierartiges Tier, an Haut, Farbe u. Größe dem Elephanten ähnlich, Iul. Val. 3, 19 (17).

taureus, a, um (taurus), **von Stieren (Rindern), Stier-, Rinds-,** vincla, lederne Riemen, Lucr. 6, 1069: terga, Rindshäute, Verg. Aen. 9, 607; u. meton. = Handpauke, Ov. fast. 4, 342. – subst., taurea, ae, *f.*, der **Ochsenziemer,** Iuven. 6, 492. Tert. ad mart. 5. Vulg. 2. Mach. 7, 1.

Taurī, ōrum, *m.*, eine Völkerschaft szythisches Stammes auf der West- und Südseite der jetzigen Krim, durch ihre Wildheit und die Sitte der Menschenopfer berüchtigt, Mela 2, 1, 11 (2. § 11). Cic. de rep. 3, 15. Ov. ex Pont. 3, 2, 45. – Dav. **Tauricus,** a, um, **taurisch,** terra, der taur. Chersones, die jetzige Krim, Ov.: ara, sacra, der Diana, Ov. – subst., Taurica, ae, *f.* (*sc.* Chersonesus), der **taurische Chersones,** die j. **Krim,** Plin. 4, 91. CIL 8, 619, 6.

Tauricāna, ae, *f.*, die östliche Küste Siziliens, Fest. 158 (b), 13.

tauricornis, e (taurus u. cornu), **Stierhörner habend,** Prud. perist. 10, 222.

Tauricus, a, um, s. Taurī.

taurifer, fera, ferum (taurus u. fero), **Stiere tragend,** campi, Lucan. 1, 473.

taurifōrmis, e (taurus u. forma), **stierförmig,** vom Fluss Aufidus, weil die Flussgötter mit Stierhörnern dargestellt werden, Hor. carm. 4, 14, 25.

taurigenus, a, um (taurus u. gigno), **vom Stier erzeugt** (griech. ταυρογενής), Acc. tr. 463.

Tauriī lūdī, ōrum, *m.*, ein Fest in Rom zu Ehren der unterirdischen Götter, Varro LL. 5, 154. Liv. 39, 22, 1. Vgl. Fest. 321 (b), 15. Serv. Verg. Aen. 2, 140.

Taurīnī, ōrum, *m.*, eine zu den Ligurern gehörige Völkerschaft im zisalp. Gallien, im heutigen Piemont, Liv. 21, 38 *sq.*, mit der Hauptstadt Augusta Taurinorum od. Colonia Taurina (j. *Turin*), Tac. hist. 2, 66. – Dav.: **A** **Taurīnus,** a, um, **taurinisch,** saltus, Liv. – **B** **Taurinās,** ātis, **taurinatisch,** campi, Auct. pan. in Constant.: Plur. subst., Taurīnātēs, ium, *m.*, die **Taurinaten** (= Einwohner von Turin), Auct. pan. in Constant.

1. taurīnus, a, um (taurus, s. Prisc. 2, 59), **I** **von Stieren-, Stier-,** caput, Solin.: tergum, Verg.: taurino cornua vultu Eridanus, weil die Flüsse so abgebildet wurden, Verg.: frons, Ov.: gluten, Lucr.: fel, Cels. u. Plin.: sanguis, Catull. u. Plin.: fimum, Plin. – subst., taurīna, ae, *f.* (*sc.* caro), **Ochsenfleisch, Rindfleisch,** Iudic. coc. et pist. 88 (Anthol. Lat. 199, 88 R.). – **II** prägn., **von Stierhaut, von Rindsleder,** soleae, gewöhnliche Frauensandalen mit einfacher od. doppelter Sohle, Edict. Diocl. 9, 15. 16. 24 u. 25: tympana, Claud. laud. Stil. 2, 365: poet., pulsus, auf der Handpauke, Stat. Theb. 2, 78.

2. Taurīnus, a, um, s. Taurīnī.

Tauris, idis, *f.*, eine Insel an der Küste von Illyrien, im venetianischen Meerbusen, nicht weit von Issa, j. *Torkola,* Auct. b. Alex. 45. § 1 u. 3.

Tauriscus, a, um, s. 2. Taurus.

taurobolicus, a, um, **zu einem** *taurobolium* **(Stieropfer) gehörig,** ara, CIL 9, 1538.

taurobolior, ātus sum, ārī, **ein Stieropfer** (taurobolium) zu Ehren der Cybele **verrichten,** Lampr. Heliog. 7, 1. CIL 6, 1675. – übtr., passiv, ara tauroboliata, für ein taurobolium (Stieropfer) errichtet, CIL 14, 39.

taurobolium, iī, *n.*, das Opfer eines Stieres zu Ehren der Cybele, wobei besondere Gebräuche stattfanden, CIL 6, 505 u. 6961; 9, 1541.

taurobolus, ī, *m.*, der **ein Stieropfer** (zu Ehren der Cybele) **darbringende Priester,** Burm. Anthol. Lat. 1, 57. p. 33 = 605 M.

taurocenta, ae, *m.*, der **Stierfechter,** jetzt span. *torero,* CIL 10, 1044.

Tauroīs, entis, Akk. enta u. in, *f.*, ein an dem Meer gelegenes Kastell in Gallia Narbonensis, zu Massilia (Marseille) gehörig, j. *Tarento,* Caes. b. 2, 4, 5. Mela 2, 5, 3 (2. § 77).

Tauromenium (Taurominium), iī, *n.*, eine Stadt an der östlichen Küste Siziliens, jetzt *Taormina,* Mela, 2, 7, 16 (2. § 117). Plin. 3, 88. Cic. ad Att. 16, 11, 7: dies. **Tauromenē,** ēs, *f.*, Ov. fast. 4, 475 M. (Riese Tauromenum). – Dav. **Tauromenitānus** (Taurominitānus), a, um, **tauromenitanisch,** civitas, Cic.: colles, Plin.: vina, Plin.: Charybdis, Lucan. (b. Sidon. carm. 9, 163 o lang gemessen). – Plur. subst., Tauromenitānī, ōrum, *m.*, die Einw. von Tauromenium, die **Tauromenitaner,** Cic. – Die Schreibung Taurominium u. Taurominitanus in guten Hdschrn. u. bei Prisc. 2, 59 u. 63. Not. Tir. 85, 66[a] u. 108, 31[a] (Tauromினia); 85, 66 u. 108, 31 (Taurominius).

taurophthalmon, ī, *n.* (ταυρόφθαλμον), das **Stierauge,** eine Art Rosmarin, Ps. Apul. herb. 79.

Tauropolos, ī, *f.* (Ταυροπόλος), Beiname der Artemis (Diana), die besonders in Amphipolis als Mondgöttin verehrt wurde, templum Dianae, quam Tauropolon vocant (das Ταυροπόλιον), Liv. 44, 44, 4.

Tauroscythae, ārum, *m.* (Ταυροσκύθαι), eine sarmatische Völkerschaft zwischen den Flüssen Karcinetes u. Hypanis bis zum Dromos Achilleos hinab, Capit. Anton. Pius 9. § 9. Treb. Poll. Valer. 4 (7), 1.

Taurubulae, ārum, *f.*, zwei kleine Anhöhen auf der Insel Kapreä der Küste Kampaniens gegenüber, j. *Toro grande* u. *Toro piccolo,* Stat. silv. 3, 1, 129.

taurulus, ī, *m.* (*Demin.* v. taurus), der **kleine Stier,** Petron. 39, 6.

1. taurus, ī, *m.* (ταῦρος), der **Stier, Ochse,** **I** eig. u. meton.: **a** eig., Ggstz. vacca, Scriptt. r. r., Cic. u. a.: taurorum cornua, Sen. – Sprichw., potest taurum tollere, qui vitulum sustulerit, durch fortgesetzte Übung wächst die Kraft, Petron. 25, 6. – **b** (poet.) meton. = **Rindsleder,** Val. Flacc. 4, 250. – **II** übtr.: **A** der **Stier** im Tierkreis, als Gestirn, Verg., Plin. u. a. – **B** der von Perillus gefertigte Stier, den Phalaris als Marterwerkzeug gebrauchte, Cic. u. Ov. – **C** ein kleiner Vogel, der das Brüllen der Ochsen nachahmt, viell. die **Rohrdommel,** Plin. 10, 116 – **D** die **Baumwurzel,** Quint. 8, 2, 13. – **E** eine Käferart, Plin. 30, 39. – **F** der Körperteil zwischen dem After und der Scham, griech. ὄρρος, Fest. 293 (*in v.* Solitauria); vgl. Diom. 450, 8.

2. Taurus, ī, *m.* (Ταῦρος), **I** ein hoher Gebirgszug in Asien, der die West- und Südküste von Kleinasien durchzieht und sich am Euphrat nordostwärts nach Kolchis wendet, j. *Ala-Dagh,* nach anderen *Al-Kurun,* Mela 1, 15, 2 (1. § 81). Varro r. r. 2, 1, 8. Cic. ep. 15, 1, 3: Tauro tenus, Cic. Deiot. 35. Nep. Con. 2, 3: Tauri Pylae, ein Engpass zwischen Kappadocien und Cilicien, Cic. ad Att. 5, 20, 2. – Dav. **Tauriscus,** a, um, **taurisch,** Avien. descr. orb. 444. – **II** ein Sumpf an der Südküste Galliens, jetzt *Étang de Thau,* Avien. or. mar. 606 *sq.*

tautologia, ae, *f.* (ταυτολογία), Bezeichnung eines Gedankens durch mehrere gleichbedeutende Ausdrücke, die **Tautologie,** rein lat. eadem pluribus verbis significatio (Mart. Cap. 5. § 535), Charis. 271, 16. Diom. 450, 16. Anecd. Helv. 174, 3 (griech. b. Aquil. Rom. de fig. sent. § 39). Gloss. IV, 290, 19 u. V, 395, 45.

tax, s. tuxtax.

taxa, ae, *f.*, eine Art des Lorbeerbaumes, Plin. 15, 130.

tāxātio, ōnis, *f.* (taxo), **I** das **Abschätzen, Veranschlagen,** der **Wert,** latifundii, Plin.: uniones magnae taxationis (von hohem W.), Plin.: eius rei taxationem facere, Cic.: super omnem esse taxationem, unschätzbar sein, Plin.: intra pecuniam versabitur taxatio, Sen.: Plur., illud nullis posse taxationibus aestimari, Solin. 1, 85. – **II** die näher bestimmende, beschränkende **Klausel,** in Testamenten, Verträgen usw., ICt.

tāxātiuncula = brevis taxatio, Gloss. IV, 424, 36.

tāxātor, ōris, *m.* (taxo *no.* II, A), der **Durchzieher** jmds. auf der Bühne, Fest. 356 (b), 23. Paul. ex Fest. 357, 10.

taxea, ae, *f.*, der **Speck** bei den Galliern, Afran. com. 284. Vgl. Isid. orig. 20, 2, 24.

taxeōta, ae, *m.*, ein obrigkeitlicher Diener, der **Taxeote,** spät. ICt. – Dav. **taxeōticus,** a, um, **eines Taxeoten,** spät. ICt.

1. taxeus, a, um (taxus), **von Taxusbäumen, Taxus-,** silva, Stat. silv. 5, 5, 29.

2. taxeus, ī, *f.* (Nbf. v. taxus), der **Taxusbaum, Eibenbaum,** venenum, quod ibi vulgo taxeo exprimitur, Flor. 4, 12, 50.

taxicus, a, um (taxus), **von Taxusbäumen, Taxus-,** Plin. 16, 51.

tāxillus, ī, *m.* (Stamm tag, wov. auch talus), der **kleine Klotz,** Pompon. com. 190. Cic. or. 153. Vitr. 10, 8, 2. – u. das **kleine Stäbchen** zum Losen, Prob. schol. ad Iuven. 6, 582.

1. tāxim, *Adv.* (v. tango), nur berührweise = **sachte, ganz sachte,** gew.

verb. tacitus taxim, Pompon. com. 23: tacitulus taxim, Varro sat. Men. 187 u. 318.

2. taxim, s. tango ►.

tāxo, āvī, ātum, āre (*Frequent.* zu tango), **I scharf anrühren,** Gell. 2, 6, 5. Macr. sat. 6, 7, 8: petrae taxatae (angehauen), non perdolatae ferro, Gromat. vet. 342, 23; vgl. 345, 13. – **II** bildl.: **A** durch die Rede jmd. **anstechen,** auf ihn **sticheln,** ihn **tadeln, durchziehen,** alqm, Plin. 15, 53. Suet. Aug. 4, 2. Eutr. 9, 19, 1: alqm verbi fatigatione, mit Spottreden necken, Aur. Vict. epit. 38, 7. – **B** durch Betastung u. dann übh. **den Wert** einer Sache **ermitteln** u. **bestimmen,** etw. **taxieren, schätzen** (während aestimare = den Wert einer Sache beurteilen), modum summae, Suet.: alqd denariis septem, Plin.: senatorum censum pro octingentorum milium summa duodecies sestertio, Suet. – übtr., timorem tuum taxa, Sen.: tanti quodque malum est, quanti illud taxavimus, Sen.: quanti res quaeque taxanda sit, Sen.: scelera taxantur modo maiore, werden (in der Unterwelt) härter bestraft, Sen. poët.

taxōnīnus, a, um, **zum Dachs gehörig, Dachs-,** adeps, Marc. Emp. 36.

tax pax, Ausdruck des Schalles beim Auffallen der Schläge, **klatsch! patsch!** Naev. com. 6 R.[2] (bei Charis. 239, 12). Vgl. tuxtax.

taxus, ī, *f.*, **I** der **Taxusbaum, Eibenbaum,** Caes. u. a. – **II** meton., der **Wurfspieß** aus Taxus, Sil. 13, 210.

Tāygetē, ēs, *f.* (Ταϋγέτη), Tochter des Atlas, eine der Plejaden, Cic. Arat. 35. Verg. georg. 4, 232. Ov. met. 3, 595.

Tāygetus, ī, *m.* (Ταΰγετος), ein Gebirge zwischen Lakonien u. Messenien, das sich von Norden nach Süden durch Lakonika zieht u. im Vorgebirge Taenarum endigt, jetzt *Pentadactylos,* auch *Monte di Maina,* Mela 2, 3, 4 (2. § 41). Cic. de div. 1, 112. Lucan. 5, 52. Sen. Med. 77 (Taygeti iuga). – dass. auch **Tāygeta,** ōrum, *n.*, Verg. georg. 2, 488.

1. tē, s. tū.

2. te, ein Pronominalsuffix, dem tu u. te angehängt, s. tū.

Teānum, ī, *n.* (Τέανον), **I** Teanum Sidicinum, Stadt der Sidiciner in Kampanien, Kolonie der Römer, berühmt wegen der Tapferkeit ihrer Soldaten u. wegen ihrer warmen Bäder, j. *Teano,* Cic. ad Att. 8, 11. litt. B. § 2. Liv. 22, 57, 8: bl. Teanum gen. b. Cic. Phil. 12, 27; de lege agr. 2, 86. Hor. ep. 1, 1, 86. Liv. 23, 24, 5. – **II** Teanum Apulum od. Apulorum, Stadt in Apulien am heutigen Fortorefluss bei dem Flecken *Ponte Rotto,* Cic. Clu. 27. Plin. 3, 103: bl. Teanum, Cic. ad Att. 7, 12, 2 u. 7, 13. litt. b. § 3. – Dav. **Teānēnsēs,** ium, *m.*, die Einw. von Teanum, die **Teanenser,** Liv. 9, 20, 4. CIL 2, 4114 u. 14, 9900.

Teāte, is, *n.*, die Hauptstadt der Marrucini in Samnium, j. *Chieti,* Sil. 8, 521; 17, 458. – Dav. **Teātīnī,** ōrum, *m.*, die Einw. von Teate, die **Teatiner,** Plin. 3, 106.

Teātēs, ium, *m.*, eine Völkerschaft in Apulien, Liv. 9, 20, 7.

Teātīnī, s. Teāte.

teātrum, s. theātrum ►.

teba, ae, *f.*, der **Hügel,** in der alten sabien. Sprache nach Varro r. r. 3, 1, 6.

Tebestē, s. Thevestē.

techna, ae, *f.* (τέχνη), gedehnte Form **techina,** ae, *f.*, der **durchtriebene, listige Streich** eines Sklaven, Plaut. Bacch. 392; capt. 642; most. 550; Poen. 817. Ter. heaut. 471; eun. 718. Vgl. Ritschl opusc. 2, 473 *sqq.*

technicus, ī, *m.* (τεχνικός), der **Lehrer der Kunst,** der **Techniker,** decreta technicorum, Quint. 2, 13, 15.

technographus, ī, *m.* (τεχνογράφος), der schriftliche Anweisung zur Grammatik od. Rhetorik gibt, Plot. (Claud.) Sacerd. 1. § 117. p. 454, 27 K.

Technopaegnion oder **-ium,** iī, *n.* (Τεχνοπαίγνιον), das **Kunstspiel,** Titel eines Gedichtes des Ausonius.

technyphion, iī, *n.* (*Demin.* v. τέχνη), die **kleine Werkstatt,** das **kleine Atelier,** Suet. Tib. 72, 2.

Tecmēssa, ae, *f.* (Τέκμησσα), Tochter des Teuthras, Geliebte des telamonischen Ajax, Hor. carm. 2, 4, 6. Ov. art. am. 3, 517. – Titel einer Tragödie des J. Cäsar Strabo, Mar. Victorin. 1, 4, 3. p. 8, 10 K. – ► Archaist. gedehnte Form Tecumēssa u. Tecumēsa, Mar. Victorin. 1, 4, 3. p. 8. 7, u. 8; 1, 4, 10. p. 9, 21 K.; vgl. Ritschl opusc. 2, 475.

Tecmōn, ōnis, *m.* (Τέκμων), eine Stadt in Epirus, südwestl. von *Joannina,* Liv. 45, 26, 4.

tēcolithos, ī, *m.* (τηκόλιθος), ein uns unbekannter Stein, der den Blasenstein zermalmt, nach Plin. 36, 143.

Tēcta via, eine Straße in Rom, die nach der porta Capena führte, Ov. fast. 6, 192.

tēctē, *Adv.* m. *Compar.* (tectus), **I gedeckt, geschützt, gesichert,** Cic. or. 228. – **II versteckt, geheim,** Cic. u. Ov. – *Compar.* tectius, Cic. ep. 9, 22, 2.

tēctio, ōnis, *f.* (tego), **I** die **Bedeckung,** foliorum, das Laubdach, Augustin. in Iob 7. – **II** die **Auflegung,** limpidae lanae, mundarum lanarum, Cael. Aur. de morb. acut. 3, 5, 58 u. 3, 21, 200.

tectonicus, a, um (τεκτονικός), das Bauen betreffend, **Bau-,** formae, Baurisse, Auson. Mos. 299.

tēctor, ōris, *m.* (tego), der **Wanddecker, Übergipser, Verputzer** der Wände, **Stuckarbeiter, Wandmaler** *al fresco* (**Freskomaler**), Varro r. r. 3, 2, 9. Cic. Planc. 62. Vitr. 7, 3, 10 u. 7, 10, 2. Plin. 35, 36. Front. aqu. 117. CIL 9, 1721; 10, 6638; 13, 1983: tector albarius, Tert. de idol. 8.

tēctōriātus, a, um = tecto coopertus, Gloss. V, 398, 16.

tēctōriolum, ī, *n.* (*Demin.* v. tectorium), die **Stuckarbeit,** Cic. ep. 9, 22, 3.

tēctōrium, iī, *n.*, s. tēctōrius.

tēctōrius, a, um (tector), **zum Bedecken dienlich, -gehörig, I** im Allg.: paniculus, Rohrbüschel zum Dachdecken, Plaut. mil. 18. – subst., tēctōrium, iī, *n.*, die **Decke,** der **Deckel,** Cato r. r. 11. – **II** insbes., **zum Bekleiden-, zum Übertünchen der Decken, Wände, Fußböden-, zur Stuckarbeit-, zur Wandmalerei gehörig** oder **dienlich,** atramentum, Plin.: dah. opus tectorium u. subst. bl. tēctōrium, iī, *n.*, das **Tünchwerk,** die **Bekleidung, Stuckarbeit, Wandmalerei** *al fresco* (**Freskomalerei**), concinnum, Cic.: udum (s. ūdus), Vitr.: recens tect. calcis, frische Kalktünche, Eutr.: camarae munitae tectorio, Varro: balnea gregali tectorio inducta, auf gewöhnliche Weise übertüncht, Sen.: perpolire opere tectorio, CIL 6, 10332. – übtr., tectorium von einem Schönheitsmittel, sonst pinguia Poppaeana gen., das aus einem mit Eselsmilch angefeuchteten Brotteig bestand, der vor dem Schlafengehen auf das Gesicht gelegt wurde, Iuven. 6, 467: bildl., pictae tectoria linguae, Tünchwerk, Gleißnerei, Pers. 5, 25.

Tectosagēs, um, *m.* u. **Tectosagī,** ōrum, *m.*, eine Völkerschaft in Gallia Narbon., von der eine Kolonie nach Asien ging und sich in Galatien festsetzte, Form *-ges,* Caes. b. G. 6, 24, 2. Mela 2, 5, 2 (2. § 75): Form *-gi,* Liv. 38, 16, 11 u. 24, 1. Auson. ordo urb. nobil. 115. p. 102, 1 Schenkl.

tēctulum, ī, *n.* (*Demin.* v. tectum), das **kleine Dach,** Hieron. epist. 117, 9.

tēctum, ī, *n.* (v. tego), das **Dach, I** eig.: tectum ac tegulae, Plaut.: tecta domorum, Lucr.: tecta murorum, Liv.: sub tectum congerere, unter Dach bringen, Cic.: tecto tenus exstructa loculamenta, Sen.: ex tectis fenestrisque prospectant et quid rei sit rogitant, Liv. – Insbes.: **a** die **Decke** des Zimmers, cubiculi, Val. Max.: summum, Hor. – **b** der **Betthimmel,** Hor. epod. 12, 12. – **II** meton., **Dach** = **Dach u. Fach, Obdach, Wohnung, Haus, Aufenthalt,** ager sine tecto, Cic.: tecta hortorum, Liv.: tecta informia imposita rupibus, Liv.: tecta erant plerumque ex cratibus aut tabulis facta, alia arundine texta, stramento intecta omnia, Liv.: in portis murisque tecta militariter aedificare, Liv.: alqm tecto ac domo invitare, Cic.: in tectum recipere, Plaut.: tecto recipi, Caes.: sub tecto vivere, Phaedr.: inter annos XIV tectum non subire, unter kein Dach kommen, Caes.: in vestra discedite tecta, Cic.: multis locis ne tectum quidem accipio, nehme ich nicht einmal Quartier in einem Haus an, Cic.: tectum per vim demoliri, Cic.: tecta disturbare, Cic.: inter tecta subsistere (Ggstz. in aperto vagari), Plin. ep.: semper intra sua tecta se continere, Firm.: Triviae tecta, Tempel, Verg.: u. so tecta Lyaei, Mart.: Sibyllae, Grotte,

Verg.: doli tecti, des Labyrinths, Verg.: tecta ferarum, Verg.: tecta (Palast) caelata lacuata, Enn. fr.: tecta solida, Gewahrsam, Ov.

tēctūra, ae, *f.* (tego), **I** die **Bedeckung,** meton. die **Decke,** Anthol. Lat. 783, 7 R. – **II** die **Übertünchung,** Pallad. 1, 15 u. 17.

tēctus, a, um, *PAdi.* (v. tego), **bedeckt, I** eig.: **a bedeckt, mit einer Bedachung versehen,** naves (Ggstz. apertae), Liv.: scaphae, Caes. – **b verdeckt** = geheim, cuniculi, Hirt. b. G. 8, 41, 4. – **II** übtr.: **A gedeckt, geschützt, a** übh.: non tutior tempore, quam deo tectior, Nazar. pan. 26, 1. – **b gedeckt (geschützt)** od. **sich deckend (schützend)** = **zurückhaltend, vorsichtig, bedächtig,** quis tectior? Cic.: ac fortasse ceteri tectiores; ego semper me didicisse prae me tuli, Cic.: tecti ad alienos esse possumus, Cic.: unum te in dicendo mihi videri tectissimum, Cic. – **B verdeckt, a** von Zuständen = **versteckt, heimlich,** cupiditas, Cic.: amor, Ov. – **b** von der Rede = **verdeckt, verblümt,** sermo verbis tectus, Cic.: verba, Cic. – **c** von Menschen = **versteckt,** qui occultus et tectus dicitur, heimtückisch u. versteckt, Cic.

Tecumēssa, s. Tecmēssa.

tēd = te, Plaut. Bacch. 571.

tēda, tēdifer, s. taeda, taedifer.

Tēdigniloquidēs, ae, *m.* (te u. dignus u. loqui), ein erdichteter Name, **Deinwürdigredner,** Plaut. Pers. 704.

Tegea, ae, *f.* (Τεγέα; Nbf. **Tegeē**, ēs, f. [Τεγέη], Stat. Theb. 11, 177), eine uralte Stadt in Arkadien, j. Ruinen *Paleo Episkopi,* südlich von Tripolitza, Mela 2, 3, 5 (2. § 43). Liv. 34, 26, 9. – poet. = **Arkadien,** Stat. Theb. 11, 177. Claud. b. Get. 576. – Dav.: **A Tegeaeus** (Tegeēus), a, um, **tegeäisch,** poet. = **arkadisch,** Verg.: virgo, Kallisto, Tochter des arkadischen Königs Lykaon, Ov.: aper, der erymanthische Eber, Ov.: parens, Karmenta, Mutter des Euander, Ov.; die auch Tegeaea sacerdos heißt, Ov.: domus, des Euander, Ov.: volucer, Merkur, Stat. – subst., Tegeaea, ae, *f.,* Atalanta aus Arkadien, Ov. met. 8, 317. – **B Tegeātēs**, ae, *m.* (Τεγεάτης), **aus Tegea,** der **Tegeate,** Stasippus T., Val. Max. 4, 1. ext. 5. – Plur. Tegeātae, ārum, *m.,* die Einw. von Tegea, die **Tegeaten,** Cic. – **C Tegeāticus**, a, um (Τεγεατικός), **tegeatisch,** volucer od. ales, v. Merkur, Stat. – **D Tegeātis**, idis, *f.* (Τεγεᾶτις), **tegeatisch,** poet. = **arkadisch,** mater, die arkadische Atalanta, Stat.: capra, Sil.

teges, etis, *f.* (tego), die **Decke, Matte,** aus Binsen, Schilf usw., Varro u. Iuven.

tegeste, is, *n.* (tego), **Bedeckungsstoff,** Schol. Iuven. 6, 117.

Tegestraeī, ōn, *m.* (Τεγεστραῖοι), die Einwohner von Tegestra in Istrien, Prisc. perieg. 375.

tegetārius, iī, *m.* (teges) = ψιαθοποιός, ψιαθοπλόκος, der **Mattenflechter,** Gloss. II, 195, 55 (wo falsch tegenarius) u. II, 195, 56 (tegitarius).

tegeticula, ae, *f.* *(Demin.* v. teges), die **kleine Decke,** Scrippt. r. r. u. Mart.

tegiculum, ī, *n.* (tego), die **kleine Decke,** Donat. ad Ter. Phorm. prol. 27.

tegīle, is, *n.* (tego), die **Decke, Hülle,** Apul. met. 9, 12, wo wahrsch. tegillo zu lesen.

tegillum, ī, *n.* *(Demin.* v. tegulum), die **kleine Decke, -Hülle,** Plaut. rud. 576. Vgl. tegile.

tegimen (tegumen) u. **tēgmen**, inis, *n.* (tego), **I** die **Decke, Bedeckung,** mihi amictui est Scythicum tegimen, Cic. Tusc. 5, 90 (in einer Übersetzung aus dem Griechischen): tegimen direpta leoni pellis erat, Ov.: tegimine esse onychino, von der Eisdecke des Flusses, Laev. fr. – consertum tegumen spinis, Verg.: tegumen omnibus sagum fibulā aut, si desit, spinā consertum, Tac. – teg. fagi, Verg.: aeneum pectori tegumen, v. Brustharnisch, Liv.: textile tegmen, Lucr.: loricae aliaque tegmina (Panzer), Liv.: u. so haerentia corpori tegmina (Brustharnische), Tac.: caeli tegmen, Himmelsgewölbe, Lucr. u. Cic. poët. – übtr., die **Deckung,** der **Schutz, Schild,** quod tegumen modo omnis exercitus fuerat, Liv. 4, 39, 3. – **II** insbes., das **Dach,** attiguum tuis culminibus tegimen, Paul. Nol. nat. S. Fel. 13, 331; vgl. 13, 333. – ► Die Formen tegimen u. tegumen gew. nur im Nom. u. Akk. Sing.; vgl. Otto Tac. ann. 1, 18. A. 4.

tegimentum, (tegumentum) u. **tēgmentum**, ī, *n.* (tego), die **Decke, Bedeckung,** tegimenta corporum, Sen.: tegimenta corporum vel texta vel suta, Cic.: tegmenta capitum, Sen.: tegumenta pedum, Apul.: tegumenta pecudum, v. den Fellen, Flor.: so auch parva renonum tegimenta, Caes.: palpebrae, quae sunt tegimenta oculorum, Cic.: scutis tegimenta detrudere, Caes.

tēgmen, tēgmentum, s. tegim…

tego, tēxi, tēctum, ere (altind. *sthágati,* verhüllt, griech. στέγω, Decke, στέγη, τέγη, Dach, Haus, ahd. *decchin,* Decke), **I decken, bedecken, A** im Allg.: aedem, mit Ziegeln decken, Liv.: corpus eius (seinen Leichnam) suo pallio, Cic.: casas stramentis, Caes.: aedificia rudere, Auct. b. Alex.: arbores fronde tectae, Curt.: tabulata muros tegebant, Curt.: quarum (animantium) aliae coriis tectae sunt, aliae villis vestitae, Cic.: poet., lumina somno, schließen, Verg. – **B** insbes.: **1** bekleidend **bedecken,** horrida villosā corpora veste, Tibull. 2, 3, 76: purpurā vestiri, auro tegi, Sen. de ira 1, 21, 1; vgl. Sen. ep. 16, 8: equites Romani Astenses, argento prope tecti, Auct. b. Hisp. 26, 2. – **2** begrabend **bedecken,** terrā, Prop.: ossa tegebat humus, Ov.: ossa tegit tumulus, Ov.: Sicanio tegitur sepulchro, Lucan.: vivum sepulchro non tegi, Sedul. – **3** verbergend **bedecken, verdecken, verbergen, a** eig.: ferae latibulis se tegunt, Cic.: se post cratera, Verg.: fugientem silvae texerunt, Caes.: servili veste tegi, Tac.: sidera texit, verhüllte, Lucan.: nebula matutina texerat inceptum, hatte den Blicken entzogen, Liv.: supplicia tegere, seine Wunden zu verhehlen suchen, Verg. – **b** übtr., **verdecken, verhüllen, verheimlichen,** flagitia parietibus tegebantur, Cic.: triumphi nomine tegere atque celare cupiditatem suam, Cic.: crudelissimum nomen tyranni humanitate tegebat, Nep.: quod ne mendacio quidem tegere possis, Cic.: ut turpia facta oratione tegant, Sall.: ut sententiam tegeremus, Cic.: tegere commissa, Hor. – tegens adversum proximos, hinter dem Berg haltend, voll Heimlichkeit, *Tac. ann. 4, 69 (Halm reticens). – **4** schützend **decken, schützen, verteidigen, a** eig.: alqm, Caes.: alqm armis, Sall.: patriam, Cic.: alcis salutem atque vitam suā benevolentiā praesidio custodiāque, Cic.: ianuā se ac parietibus tegere, hinter Schloss u. Riegel seine Sicherheit suchen, Cic.: miles muro tectus, Caes.: tecto latere abscedere, mit heiler Haut, Ter.: konstr. mit *ab* u. Abl., ponte ab incĭdentibus teils tegebatur, Hirt. b. G.: ius gentium ab ira impetuque hominum tegere, Liv. – dah. tegere latus alci u. latus alcis, jmdm. zur Seite gehen, Hor. sat. 2, 5, 18. Auct. b. Alex. 52, 2: tegere alqm, jmd. umgeben, Stat. silv. 5, 1, 26, jmd. begleiten, Verg. Aen. 11, 12. – **b** übtr., **schützen, in Schutz nehmen,** alqd excusatione amicitiae, Cic.: legatos ab (gegen) ira, Liv.: a patrum crudelibus atque impiis suppliciis liberos, Liv. – **II daraufdecken,** veste prius tectā, Arnob. 5, 7.

1. tēgula, ae, *f.* (tego), **1** die **Dachziegel,** meton. (Sing. u. Plur.) auch das **Ziegeldach, α** Sing.: promitto tibi, si valebit, tegulam illum in Italia nullam relicturum, keinen Ziegel auf den Dächern lassen werde, Cic. ad Att. 9, 7, 5: racemi duo tegula sub una ad summam prope nutriant senectam, Bibac. bei Suet. gr.: cum solem nondum prohibebat et imbrem tegula, Ov. – **β** Plur. (vgl. Brix Plaut. mil. 156): tegulas fingere, Varro fr.: tempestas venit, confringit tegulas imbricesque, Plaut.: tegulas aedificiis imponere, ICt.: paucas tegulas deicere, Cic.: demere tegulas, Cic.: per tegulas demitti, Cic.: in impluvium decĭdere de tegulis (v. einer Schlange), Ter.: per alienas tegulas venisse, Ter.: per scalas pervenisse in tegulas, Liv.: habitare sub tegulis, Suet. gr.: si iecur eiusdem animalis in summis tegulis (auf der Zinne eines Ziegeldaches) uratur, Gell. – **II** übtr., Plur., tegulae, **Deckplatten** von Marmor, Kupfer usw., aëneae auratae, CIL 12, 1904.

2. tēgula, ae, *f.* = τήγανον, die **Pfanne,** der **Tiegel,** zum Braten, Apic. 8, 408.

tēgulārius, iī, *m.* (1. tegula), der **Dachziegelverfertiger,** CIL 10, 6637, a, 2 u. 6638 C, 21.

tēgulicius, a, um (1. tegula), **mit Ziegeln gedeckt,** attegia, CIL 13, 6054.

tegulum, ī, *n.* (tego), die **Decke,** das **Dach,** Plin. 16, 156 u. a.

tegumen, tegumentum, s. tegimen etc.

teguriolum, s. tuguriolum.

tegurium, s. tugurium.

tegus, s. tergus ►.

Tēius, a, um, s. Teos.

tēla, ae, *f.* (aus *tex-la zu texo), **I** das **Gewebe,** domus plena telarum, Cic.: telam texere, Ter.: telam detexere, Plaut. u. Hyg.: telam retexere, Cic.: telam desinere, das Gewebe liegen lassen, Ter.: telas exercere, weben, Ov.: lanā ac telā victum quaeritans, Ter. – v. Spinnengewebe, Plaut., Catull. u. a. – bildl., das **Gewebe** = das Ersonnene, ea tela texitur, Cic. – **II** meton.: **1** der **Aufzug** bei dem Gewebe, der **Zettel,** die **Werfte,** percurrere telas, Verg. u. Ov.: licia telae addere, weben, Verg.: tela iugo vincta est, Ov. – **2** der ganze **Webstuhl,** Ov. met. 4, 35 u. 394: barbarica, Ov. met. 6, 576: strictoria de tela, vom Webstuhl hinweg, noch ungetragen (Gststz. ab usu, getragen), Edict. Diocl. 7, 56 u. 57.

1. telamo od. **telamōn,** ōnis, *m.* (τελαμών von ταλάω, τλάω, fero), der **Träger,** als *t. t.* der Baukunst, telamones, **männliche Figuren,** die die Sparrenköpfe od. das Karnies tragen, Vitr. 6, 7, 6.

2. Telamo u. **Telamōn,** ōnis, *m.* (Τελαμών), ein Argonaut, Sohn des Äakus, Bruder des Peleus und Vater des Ajax u. Teucer, Cic. de or. 2, 193; Tusc. 3, 58. Ov. met. 7, 476 *sq.*: Aiax Telamone natus, Hor. carm. 2, 4, 5: ders. de Telamone satus, Ven. Fort. carm. 6, 10, 44. – Dav.: **A Telamōniadēs,** ae, *m.* (Τελαμωνιάδης), der **Telamoniade** (Sohn des Telamon), d. i. Ajax, Ov. – **B Telamōnius,** a, um (Τελαμώνιος), **telamonisch,** subst. = der **Telamonier** (Sohn des Telamon) = Ajax, Ov.

Telānus, a, um, **telanisch,** ficus, eine Art schwarzer Feigen, Cato r. r. 8. Plin. 15, 72.

Telchīnes, um, Akk. as, *m.* (Τελχῖνες), eine von Kreta nach Cypern und dann nach Rhodos (und dort bes. nach dem uralten Jalysos) übergesiedelte Priesterfamilie pelasgischen Stammes, als kunstreiche Bearbeiter der Metalle gerühmt, als Zauberer und bösartige, neidische Dämonen berüchtigt, Ov. met. 7, 365. Stat. Theb. 2, 274.

Tēleboae, ārum u. ûm, *m.* (Τηλεβόαι), eine Völkerschaft in Akarnanien, durch Straßenraub berüchtigt, Plaut. Amph. 101 u. 217. – eine ihrer Kolonien siedelte sich später auf der Insel Kapreä an, Verg. Aen. 7, 735. Tac. ann. 4, 67. Sil. 7, 418.

Tēlegonos, ī, *m.* (Τηλέγονος), Sohn des Ulixes von der Circe, tötete seinen Vater, als er, um ihn kennen zu lernen, nach Ithaka kam; erbaute dann nach seiner Heimkehr Tuskulum, Hyg. fab. 127. – dah. poet. von der Stadt Tuskulum, Telegoni moenia, Ov. fast. 3, 92; 4, 71. Prop. 2, 32, 4: Telegoni muri, Sil. 15, 535: Telegoni iuga, Hor. carm. 3, 29, 8: Telegoni iugera, Stat. sitv. 1, 3, 83. Sil. 7, 692. – appell. Tēlegonī, ōrum, *m.*, v. den Liebesgedichten des Ovid, weil sie ihm verderblich waren, Ov. trist. 1, 1, 114.

Tēlemachus, ī, *m.* (Τηλέμαχος), Sohn des Ulixes von der Penelope, Catull. 61, 229. Hor. ep. 1, 7, 40. Ov. her. 1, 98 u. 107.

tēlephion, iī, *n.* (τηλέφιον), eine Pflanze, dem Portulak ähnlich, **fette Henne** (*Sedum Telephium,* L.), Plin. 27, 137.

Tēlephus, ī, *m.* (Τήλεφος), **I** Sohn des Herkules, König in Mysien, von dem Wurfspieß des Achilles auf dem Zug nach Troja verwundet, aber durch den Rost dieses Wurfspießes wieder geheilt, Hor. epod. 17, 8. Ov. met. 12, 122 u. (Akk. Telephon) 13, 171. – **II** Zeitgenosse u. Freund des Horaz, Hor. carm. 1, 13, 1 u. a.

teleta, ae, *f.* (τελετή), die **Einweihung, Einweihungsfeier,** Apul. met. 11, 22 *extr.* u. a. Augustin. de civ. dei 10, 9 u. a.

Telethūsa, ae, *f.*, Mutter der in einen Mann verwandelten Iphis, Ov. met. 9, 696 u. 766.

Teletus, ī, *m.* (τελετός, vollkommen), einer der Äonen, Tert. adv. Val. 1.

tēlinum, ī, *n.* (τήλινον), die aus der Pflanze telis bereitete kostbare Salbe, Plin. 13, 12. Tert. de pall. 4. Isid. orig. 4, 12, 7: corpusque suavi telino ungimus, Caes. (Iul. Caes. Strabo?) bei Isid. orig. 4, 12, 7.

1. tēlis, Akk. in, *f.* (τῆλις), das **Bockskraut, Fönkraut** (*Trigonella foenum graecum,* L.), Plin. 24, 184.

2. Telis, s. Thetis.

Tellēna, ōrum, *n.*, eine Stadt in Latium, Nom. bei Plin. 3, 68: Abl. bei Liv. 1, 33, 2.

Tellumo, ōnis, *m.*, eine der Tellus entsprechende männliche Gottheit, die personifizierte **erzeugende Kraft** der Erde, Augustin. de civ. dei 4, 10. p. 159, 1 D.² u. 7, 23. p. 303, 14 u. 20 D.² (aus Varro). – dies. Tellūrus, ī, *m.*, Mart. Cap. 1. § 49.

tellūs, ūris, *f.* (vgl. altind. *talam,* Fläche, ahd. *dili,* Brett, Diele), **I** die **Erde,** als Körper betrachtet, **1** eig., Cic. u. a.: telluris hiatu, Liv. epit.: nunc solida est tellus, sed lacus ante fuit, Ov. – insbes.: **a** der **Fußboden,** adoperta marmore, Ov.: molli tellus erat umida musco, Ov.: quo (sanguine) late tellas madefacta tepebat, Ov. – **b** die **Erde,** insofern sie bebaut wird und Früchte trägt, der **Erdboden,** das **Erdreich,** die **Oberfläche der Erde,** sterilis, Ov.: ingrata, Hor.: umida, Ov. – **2** poet. übtr. = **a** das **Land,** die **Landschaft, Gegend,** das **Gebiet,** Gnossia, Verg.: Achiva, Ov.: mea, mein Heimatland, Ov.: Iubae, Hor.: Plur. tellures, Länder, uno tellures dividit amne duas, Gall. poët. bei Vib. Sequ. *in v.* Hypanis P. 11 Oberl. – **b Grund u. Boden,** der **Besitz,** das **Grundstück, Landgut,** multa, Hor. epod. 15, 19: propria, Hor. sat. 2, 2, 129. – **c** das **Land** = das **Volk,** Pontica tellus, Ov. ex Pont. 4, 9, 115. – **II** personif., **Tellūs,** die **Erde,** als nährende Gottheit, Varro r. r. 1, 1, 5. Cic. de nat. deor. 3, 52. Hor. ep. 2, 1, 143. Liv. 8, 9, 8 u. 10, 28, 13: aedes Telluris, Cic. ad Q. fr. 3, 1, 4. § 14: Telluris aedes, Liv. 2, 41, 12.

tellūster, tris, tre (tellus), **auf der Erde befindlich,** divi, Mart. Cap. 7. § 729.

Telmēssos u. **-us,** ī, *f.* (Τελμησσός), alte Stadt in Lyzien, an der Grenze Kariens, nach anderen in Karien selbst, mit einem Hafen, deren Einwohner wegen ihrer Wahrsagekunst berühmt waren, in der Nähe des jetzigen Fleckens *Macri,* Mela 1, 15, 3 (1. § 82). Liv. 38, 39, 16. Cic. de div. 1, 91. – Dav.: **A Telmēssēs,** ium, *m.* (Τελμησσεῖς), die Einw. von Telmessus, die **Telmesser,** Cic. de div. 1, 94 (Nom.). Liv. 37, 56, 4 *sq.* (Genet.). – **B Telmēssicus,** a, um, **telmessisch, von Telmessus,** sinus, Liv. 37, 16, 13. – **C Telmēssis,** idos, *f.* (Τελμησσίς), **telmessisch,** unda, Lucan. 8, 248. – **D Telmēssius,** iī, *m.*, **aus Telmessus,** der **Telmessier,** ager, qui Ptolemaei Telmessii fuisset, Liv. 37, 56, 4 *sq.* (wo viell. mit der Bamberger Handschrift Telmessi zu schreiben ist, aber wenigstens Telmessei, Genet. von Telmesseūs [Τελμησσεύς]). – ► Die Schreibung Telmesos findet sich Mela 1. § 82 *Frick* u. Akk. Telmesum, Plin. 30, 6 *Detl.*

telo, ōnis, wahrsch. *m.*, die **Brunnenstange** od. der **Wasserheber,** Isid. orig. 20, 15, 3.

telōnārius u. **telōneārius,** iī, *m.* (telonium), der **Zollbediente,** telonarii, Cod. Theod. 11, 28, 3 *extr.*: telonearii, Augustin. serm. 302, 17. Non. 24, 19.

telōnēum, ēī, od. **telōnium,** iī, *n.* (τελωνεῖον, τελώνιον), das **Zollhaus,** Eccl.

tēlum, ī, *n.* (tendo), die **Fernwaffe, Wurfwaffe,** das **Geschoss,** der **Spieß usw.** (Ggstz. arma, s. arma *no.* II), dann übh. jede Angriffswaffe, **Schwert, Dolch, Axt usw., I** eig. u. übtr.: **1** eig.: **a** übh.: arma atque tela militaria, Sall.: arma, tela, equos parare, Sall.: tela intendere, excipere, Cic. – **b** v. Geschoss, nubes telorum, Liv.: missus (das Werfen) telorum, Auct. b. Hisp.: tela mittere, Caes., od. conicere, Cic.: tela in hostem ingerere, Liv.: propiores levioribus eoque magis crebris telis petere, Liv.: tela ab omni parte accĭdebant, Liv.: telum contendit, den Pfeil, Verg.: v. der Schleuder, Liv. 38, 29, 5. – **c** v. Schwert, Dolch usw., esse cum telo, Cic.: stare cum telo, Cic.: gladio per pectus transfigit; telo extracto etc., Liv.: corpore telum cruentum educit, Rhet. Her.: telum, quod latebat, protulit, Nep.: caedem telo committere, Quint.: omnium parricidarum tela commovere, Cic.: aspicis in timida fortia tela manu, die tapfere Waffe (poet. v. einem Schwert), Ov. her. 14, 76. – v. Beil, relicto in vulnere telo, Liv.: v. Cästus, Verg. Aen. 5, 438: v. Horn eines Stieres, Ov. met.

8, 883. – **2** übtr.: **a** wie das griech. βέλος, v. **Sonnenstrahl,** tela diei, Lucr. – v. **Blitz,** arbitrium est in sua tela Iovi, Ov. – **b** das **Seitenstechen,** Ser. Samm. 402. – **c** das **männliche Glied,** Mart. u. a.: im Doppelsinn bei Iustin. 38, 1, 9. – **II** bildl., **Waffe, Geschoss, Pfeil,** tela fortunae, Cic.: tela scelerum, Cic.: id erit telum acerrimum, Waffe, Schutzmittel, Enn. fr.: u. so quā lege tribuniciis rogationibus telum acerrimum datum est, Liv.: necessitas, quae ultimum ac maximum telum est, Liv.: so auch isto telo tutabimur plebem, Waffe, Schutzmittel, Liv.: non mediocre telum ad res gerendas existimare benevolentiam civium, Cic.: stricturum se lucubrationis suae telum, Suet.

1. Temenītis, tidis, *f.*, s. Temenos.

2. Temenītis, tidis, Akk. tida, *f.* (Τεμενῖτις), ein Tor in Tarent, Liv. 25, 9, 9.

Temenos (τέμενος, τό), ein Ort bei Syrakus, der mit zur Stadt gehörte, so benannt, weil Apollo daselbst einen heiligen Hain hatte, wovon: **A** **Temenītēs,** ae, *m.* (Τεμενίτης), der **Temenite,** Apollo, eine Statue des Apollo daselbst, Cic. Verr. 4, 119. Suet. Tib. 74 (wo Akk. Temenitem). – **B** **Temenītis,** tidis, *f.* (Τεμενῖτις), eine Quelle daselbst, Plin. 3, 89.

temerābilis, e (temero), **befleckt, entweiht,** guttur, Ven. Fort. carm. 2, 4, 10.

temerāriē, *Adv.* (temerarius), **unbesonnen, unüberlegt, verwegen,** Sen. nat. qu. 3, 18, 7. Tert. de virg. vel. 3. Cod. Iust. 9, 1, 18.

temerārius, a, um (temere), **I** **planlos-, aufs Geratewohl-, von ungefähr geschehend, zufällig,** columbariorum quaestus temerarius incertusque, Fest. 169 (a), 10: haud temerariumst, das ist nicht so von ungefähr, das hat etwas zu bedeuten, Plaut. asin. 262 u. a. – **II** **unbedachtsam, unbesonnen, unüberlegt, verwegen, waghalsig,** homo, Caes.: cupiditas, Cic.: amor, Ov.: querela, Ov.: vox, Liv.: ratio, Nep.: consilium, Liv.: virtus, Ov.: error, Ov.: partes animi, Cic.: bella, Ov.: tela, unüberlegt abgesandt, Ov.: ea sunt temeraria, Cic.: via, ein gewagtes Mittel, Cels. – homo temerarius *in* verbo suo, leichtfertig in seiner Rede, Vulg. Sirach 9, 25. – temerarium est m. folg. *Infin.*, Plin. 17, 178 u. 28, 195. Plin. ep. 4, 9, 10. Tert. de orat. 11. Hieron. in epist. ad Philem. *v.* 15 u. 16: ebenso temerarium videtur, Plin. 18, 36. – subst., temerārius, iī, *m.*, der **Verwegene,** der **Wagehals,** Titel einer Komödie des Afranius, Charis. 108, 20 (vgl. Comic. Rom. fragm. *rec. Ribbeck* p. 207[2]); temerarius ille, v. Teufel, Commodian. apol. 173.

temerātio, ōnis, *f.* (temero), die **Verfälschung,** Cod. Theod. 1, 32, 1.

temerātor, ōris, *m.* (temero), **I** der **Verletzer,** matris, Stat.: legis, Cod. Iust.: quietis, Störer, Amm. – **II** = falsarius, Modestin. dig. 48, 10, 29.

temere, *Adv.* (*Locat.* von *temus, eris, n., das Dunkel, ›im Finstern‹, vgl. altmd. *támas, n.*, Dunkelheit), **ohne Plan, planlos, aufs Geratewohl, vor der Zeit, blindlings, auf gut Glück, so ohne weiteres, absichtslos, ohne Grund, ohne Überlegung, unbesonnen** (Ggstz. ratione, consulto, magis tempore, tempestivius), **I** im Allg.: equo t. acto, Liv.: emisso t. pilo ictus, Liv.: argentum quibusdam locis t. per vias velut obiectum ad praedam vidisse, Liv.: saxa t. iacentia (Ggstz. de industria congesta), Liv.; vgl. (v. Pers.) iacentes sic t., Hor.: t. pugnare, Suet.: domus, quae temere et nullo consilio administratur, Cic.: oracula effutita temere, Cic.: ne quid de se temere crederent, Sall.: non temere hoc confirmo, hoc scribo, Cic. – verb. forte temere eveniunt, Ter.: forte temere ab uno exclamatum, Liv.: forte, temere, casu fierent, Cic.: temere ac fortuito, Cic.: temere aut fortuito, Cic.: non fortuito nec temere, Cic.: non temere nec casu, Cic.: casu et temere, Cic.: inconsulte ac temere, Cic.: temere ac nullā ratione, Cic.: temere ac nullo consilio, Cic.: nihil temere, nihil imprudenter factum, Caes. – **II** insbes.: **A** non temere est u. non est temere, es **ist nicht von ungefähr, da steckt etwas dahinter, es hat etwas zu bedeuten, es hat seinen guten Grund,** Plaut. u. Ter.: haud temere est, Verg. – **B** non (nullus etc.) temere = **nicht leicht,** Cic. u. Liv.: nullus dies temere intercessit, nicht leicht ein Tag usw., Nep.: in der Frage, an temere quidquam Parmeno praetereat quod facto usus sit? Ter. – *Compar.* temerius, Acc. didasc. II, 3 M. (b. Non. 178, 22).

temeritās, ātis, *f.* (temere), die **Planlosigkeit,** **I** objekt. = das **Geratewohl,** der **blinde Zufall,** das **blinde Ungefähr,** nulla temeritas, sed ordo (bestimmte Ordnung), Cic.: temeritas et casus, non ratio nec consilium valet, Cic.: fortunam in temeritatem declinando corrumpebant, Sall. fr.: positum esse in fortunae temeritate, Cic. – **II** subjekt. = die **Unüberlegtheit,** der **Mangel an Überlegung,** im Handeln = die **Unbedachtsamkeit, Unbesonnenheit, Verwegenheit,** das **verwegene Treiben** (Ggstz. ignavia, Sen. ep. 94, 23), im Urteilen = **unüberlegtes-, grundloses Urteil,** temeritas cupiditasque militum, Caes.: numquam temeritas cum sapientia commiscetur, Cic.: temeritas et neglegentia, Cic.: temeritas atque inscitia, Liv.: inconstantia et temeritas, Cic.: stultitia et temeritas, Plaut. u. Cic.: temeritas et (atque) audacia, Cic. u. Liv.: temeritate in praeceps ferri, Sall. – Plur. temeritates, kopflose Handlungen, Schwindeleien, Cic. Sest. 61. Quint. 9, 4, 97. Ps. Quint. decl. 7, 1.

temeriter, *Adv.* = temere, Acc. tr. 96.

temeritūdo, inis, *f.* (temere) = temeritas, Pacuv. tr. 149. Non. 181, 20.

temero, āvī, ātum, āre (temere), **verletzen, entehren, schänden, entweihen, beflecken,** templa, Verg.: delubra, sepulcra, Liv.: sedem deorum, Tac.: proavi tui tumulum, Sidon.: thalamos, Ov.: alqam, Tac.: aures incestis vocibus, Ov.: sacrum legatorum ius, Tac.: puram fidem, Ov.: litem, Amm.: mos vitio gentium temeratus, Amm.: temeratus sanguis, Claud. imp. orat. fr. col. 1. lin. 12 (abgedr. Tac. ann. vol. 2. p. 313, 12 ed. tert. Nipp.): castra temerata, ein durch das Verbrechen des Aufruhrs beflecktes Lager, Tac.: temerando (frevelhaft) rumpere pacem, Sil.

Temesa, ae, *f.* u. **Temesē,** ēs, *f.*, auch **Tempsa** (Temsa), ae, *f.* (Τεμέση, Τέμψα), uralte, von den Ausoniern gegründete Stadt in Bruttium, von den Römern kolonisiert, berühmt durch Erzgruben, j. *Torre del Lupi,* Form *-sa,* Mela 2, 4, 9 (2. § 69): Form *-se,* Ov. met. 15, 707 u. a.: Form *-psa,* Liv. 34, 45. § 3 u. 4. Plin. 3, 72 (oppidum *Tempsa* a Graecis Temese dictum). – Dav.: **A** **Temesaeus,** a, um, **temesäisch,** Ov. met. 7, 207; fast. 5, 441; medic. fac. 41. Stat. silv. 1, 5, 47. – **B** **Tempsānus,** a, um, **tempsanisch,** ager. Liv. 34, 45, 4: incommodum, Cic. Verr. 5, 39.

tēmētum, ī, *n.* (von *temum, wov. auch temulentus), jedes berauschende Getränk, **Met, Wein,** temetum olere, Cato bei Plin. 14, 90: cadus temeti, Hor. ep. 2, 2, 163: temeti nihil allatum intellego, Plaut.: carere temeto, keinen Wein trinken, Plaut. u. Cic. fr. – temeti timor, v. einem Parasiten, Nov. com. 17. – ► Das Wort ist zur Zeit des Augustinus aus der Sprache verschwunden, s. Augustin. de trin. 10, 1 (die Stelle unter emorior).

Temisa, s. Temesa.

temnibilis, e (temno), **zu verachten,** amnis non temnibilis exiguitate, Cassiod. inst. div. litt. 29.

Tēmnītēs, ae, *m.*, s. Tēmnos.

temno, tempsī, ere, **verachten, verschmähen,** praesentia, Lucr.: vulgaria, Hor.: divos, Verg.: Minervam virginem (als J.), Prud.: dah. haud od. non temnendus, **nicht zu verachten, nicht verächtlich,** pars belli haud temmenda, Verg.: haud temnendae manus ductor, Tac.: est et in incessu pars non temnenda decoris, Ov. – ► Perf. tempsī, Dracont. carm. 10, 460 *Duhn.* Iuvenc. in exod. 91 *Pira.*

Tēmnos, ī, *f.* (Τῆμνος), eine Stadt in Äolis, auf der Straße von Kyme nach Smyrna, nördl. vom Ausfluss des Hermes, j. *Menimen,* Cic. Flacc. 42 u. 45 *sq.* Plin. 5, 119 u. 121. – Dav.: **A** **Tēmnītēs,** ae, *m.* (Τημνίτης), **aus Temnos,** subst., ein **Temnite,** Cic.: Plur. Tēmnītae, ārum, m., die Einw. von Temnos, die **Temniten,** Cic. – **B** **Tēmniī,** ōrum, *m.*, die Einw. von Temnos, die **Temnier,** Tac.

1. tēmo, ōnis, *m.* (zu ahd. *dihsala,* Deichsel), die **Deichsel,** **I** eig. u. meton.: **1** eig.: **a** des Wagens, Varro LL., Verg., Colum. u. a. – **b** am Pflug, der **Pflugbaum, Grendel,** Verg. georg. 1, 171: temo buris, Paul. ex Fest. 39, 4. – **2** meton.: **a** der Wagen, Iuven. 4, 126. –

b der **Wagen** als Gestirn, das **Siebengestirn,** Enn. b. Varro, Cic. poët. u. a. – **II** übtr., eine **lange Stange,** Colum. 6, 19, 2.

2. temo, ōnis, *m.*, eine Schätzungssumme für zu stellende Rekruten, das **Rekrutengeld,** Cod. Theod. 6, 26, 14 *sq.* – Dav. **temōnārius,** a, um, **zum Rekrutengeld gehörig,** onera, functio, spät. ICt. – subst., temōnārius, iī, *m.*, der **Eintreiber des Rekrutengeldes,** Cod. Iust. 12, 29, 2.

Tempē, *Plur. neutr.*, nur im Nomin. u. Akk. gebr., (Τέμπη, τά), **I** das durch seine reizende Lage berühmte Tal **Tempe** in Thessalien, durchströmt vom Fluss Peneus und eingeschlossen von den Bergen Olympus, Ossa u. Pelion, Tempe Thessala, Hor. carm. 1, 7, 4. Ov. met. 7, 222: Thessalica, Liv. 33, 35, 7: Peneia, Verg. georg. 4, 317: viridantia, Catull. 64, 285: umbrosa, Stat. Theb. 6, 88. – **II** übtr., von jeder reizenden Talgegend, Phthiotica, Catull. 66, 35: Heliconia, Ov. am. 1, 1, 15: Heloria, Ov. fast. 4, 477: Theumesia, in Böotien, Stat. Theb. 1, 485: dass. Cycnēia, Ov. met. 7, 771: frigida, Verg. georg. 2, 469.

temperāculum, ī, *n.* (tempero) = temperatura, die gehörige **Zubereitung, -Bearbeitung,** ferri temperacula, Apul. flor. 6. p. 5, 18 Kr.

temperāmentum, ī, n. (tempero), **I** das **richtige Verhältnis** gemischter Dinge, die **gehörige Mischung,** eadem est materia, sed distat temperamento, Plin.: ut nimio frigori par fervor immixtus temperamentum aequet, Plin.: opus est inter has tam diversas inaequalitates magno temperamento, Colum.: temperamentum in terra, Colum.: temperamentum caeli, gemäßigtes Klima, Iustin.: recte conciliare temperamenta colorum, den Farbenton richtig treffen, Tert. – **II** das **rechte Maß** in einer Sache, der **Mittelweg,** das Auskunftsmittel, auch die **Mäßigung,** difficile temperamentum est, Sen.: omnia modo constant certoque temperamento, Plin.: servare et tenere temperamentum in alqa re, Plin. pan.: inventum est temperamentum, quo tenuiores cum principibus aequari se putarent, Cic.: temperamentum vestrae fortitudinis, Tac.: orationem habuit meditato temperamento, mit studierter Mäßigung, Tac.

temperāns, antis, *PAdi.* (tempero), **sich mäßigend, Maß haltend, mäßig, enthaltsam,** homo, Cic.: homo temperantissimus, Cic.: temperantissimus vir, Cic. – m. *ab* u. Abl., a cibo vinoque et somno multum temperans, Aur. Vict.: temperantior a cupidine imperii, Liv. – m. *Genet.*, rei ac famae, Ter.: gaudii, Plin. pan.

temperanter, *Adv.* m. *Compar.* (temperans), **mit Mäßigung, mäßig,** Tac. ann. 4, 33 u. a. Amm. 14, 10, 15.

temperantia, ae, *f.* (temperans), das moralische **Maßhalten,** die **Mäßigung,** loquentis, Varro LL.: temp. et moderatio naturae tuae, das Gehaltene u. Gemäßigte deines Wesens, Cic.: temperantia in praetermittendis voluptatibus cernitur, Cic.: summam fuisse in victu temperantiam, Cic.: temperantia voluptatibus imperat, Sen.

temperātē, *Adv.* (temperatus), **gemäßigt, mäßig, I** eig.: t. tepebit, Cato: arbores umoris t. habentes, Vitr. – **II** bildl.: agere, behutsam verfahren, Cic.: temperatius agere od. scribere, Cic.: temperatissime agere, Augustin. music. 6, 15.

temperātio, ōnis, *f.* (tempero), **I** die **rechte-, zweckmäßige Einteilung, rechte (richtige) Mischung,** das **rechte Verhältnis, Gleichmaß,** die **rechte Beschaffenheit,** die **Organisation, a** übh.: caeli, Cic.: caloris, Cic.: corporum, Cic. – aeris (Corinthii), Cic.: Plur., caerulei temperationes, Vitr. – **b** die **zweckmäßige Einrichtung, Organisation,** der **Organismus,** corporis, Cic.: mensium, Cic.: iuris, staatsrechtliche Verfassung, Cic.: civitatis, rei publicae, Cic.: naturae, natürliche Org., Cic. – **II** konkret, das **organisierende, ordnende Prinzip,** das **Organ,** sol mens mundi et temperatio, Cic. de rep. 6, 17.

temperātīvus, a, um (tempero), **mildernd,** Cael. Aur. de morb. chron. 4, 1, 11.

temperātor, ōris, *m.* (tempero), **der etwas gehörig einrichtet, -ordnet,** varietatis, Cic.: voluptatis, der es mit Maß genießt, Sen. – poet., t. armorum, der sie zurechtmacht, Mart. 4, 55, 15.

temperātūra, ae, *f.* (tempero), die **gehörige Vermischung, -Zubereitung, -Beschaffenheit,** minii, Vitr.: aeris, ferri, Plin.: caeli, Varro fr.: corporis, Sen.

1. temperātus, a, um, *PAdi.* (v. tempero), **I gehörig eingerichtet, -beschaffen, ordentlich,** prela, Cato r. r. 12. – **II gemäßigt, gemildert, mäßig, a** eig.: esca, Cic.: regiones caeli, Vitr.: locus, annus, Colum.: tempus, Varro: loca temperatiora, Caes.: temperatissimum anni tempus, Varro: – **b** übtr., **gemäßigt, das gehörige Maß haltend,** auch zuw. **gesetzt, gemessen, ruhig,** animus temperatus virtutibus, ausgebildet, Liv.: homo, Cic.: homo temperatior in victoria, Cael. in Cic. ep.: mens, Cic.: mores, Cic.: aequabile et temp. orationis genus, Cic.: oratio temperatior, Cic.: temperatum genus dicendi, eine nüchterne, einfache usw., Suet. – *adversus* amicos benignus, *adversus* inimicos temperatus, Sen. ep. 120, 10.

2. temperātus, ūs, *m.* (tempero), das **Sich-Mäßigen, Sich-Enthalten,** ab alimonio panis, Arnob. 5, 16.

tempere, temperī, *Adv.*, **zeitig,** s. 1. tempus.

temperiēs, ēī, *f.* (tempero), **I** die **rechte Einteilung, rechte-, gehörige Mischung,** die **rechte-, gehörige-, gemäßigte Beschaffenheit, -Temperatur,** temperiem sumpsere umorque calorque, Ov.: t. aequalis omnium, Plin. – t. caeli, Ov., Plin. u. a. (s. Mützell Curt. 4, 7 [31], 17): t. vernantis caeli, mildes Frühlingswetter, Mart. Cap. 1. § 17: t. verna, Fronto: t. aquarum, Ov. – **II** die **Mäßigung,** Claud. u. Stat.

temperius, *Adv.*, **zeitiger,** s. 1. tempus.

tempero, āvī, ātum, āre (v. 1. tempus, Abschnitt), einer Sache Ziel u. Maß setzen, ihr Schranken anweisen, weil jeder Abschnitt, den man macht, eine Begrenzung voraussetzt; dah. **I** *intr.* **das rechte Maß beobachten, in** etwas **mäßig sein, sich mäßigen, 1** im Allg.: in amore, Plaut.: in multa, Liv. – m. folg. *Dat.*, **mäßigen, mit Maß gebrauchen (nicht missbrauchen), zurückhalten, beherrschen,** einer Sache **sich enthalten,** sibi, Rhet. Her., Caes. u. a. (u. so temperabo, ich will mich in Acht nehmen, Plaut.): victoriae, Sall.: linguae, Liv.: manibus, Liv.: sermonibus, Tac.: irae, Liv.: laetitiae, Liv.: risu (Dat.), Liv.: risui, Tac.: verbis ac minis, Tac.: urbibus expugnandis, verzichten auf usw., Liv.: temperare oculis nequire, seine Augen nicht beherrschen können = unwillkürlich hinsehen müssen, Liv. 21, 22, 7; aber temperare oculis non posse, sich der Tränen nicht enthalten können, Curt. 9, 3 (11), 2: u. so vix lacrimis temp., Liv., ne lacrimis quidem temp., Tac. – m. *ab* u. Abl. = sich enthalten, ab iniuria, Caes.: a lacrimis, Verg.: a caedibus, Liv.: ab oppugnatione, Liv.: sibi a mendacio, Rhet. Her.: sibi a mulso, Cels.: horum ne a necessariis quidem sibi rabies temperat, Sen. – m. folg. *Infin.* = sich enthalten, temperent dormire, Plaut.: temperaret dolorem aeternum suscipere, Tac.: puerum temperaret tollere, Poëta b. Cic.: rem quempiam novam exordiri temperandum est, Gell. – m. folg. *ne* u. Konj., quoi male faciundi est potestas, quom, ne id faciat, temperat, Plaut. Stich. 117 G.: quod in pluribus libris ne facerem temperavi, Lact. 4, 5, 3. – non temp. alci rei m. folg. *quo minus* u. Konj., nec nos temperamus imperiis, quo minus illi auxilii egeant, Liv. 3, 52, 9: sibi non temperare u. bl. non od. vix temperare m. folg. *quin* od. *quo minus* u. Konj., non tempero mihi, quin utar interdum temerarie verbis, Sen.: neque sibi temperaturos existimabat, quin in provinciam exirent, Caes.: indignatiunculam non possum mihi temperare, quo minus apud te effundam, Plin. ep.: non queo mihi temperare, quo minus ad hoc pertinentia ipsa Censorii Catonis verba ponam, Plin.: u. (ohne sibi) non temperante Tiberio, quin premeret voce, vultu, Tac.: ne sedato quidem tumultu temperare potuit, quin ex intervallo subinde facti reminisceretur, Suet.: vix temperabat, quin diceret: ›Quid ego etc.‹, Sen. rhet.: Arruntius non temperavit, quo minus primo statim libro poneret ›ingentes esse famas de Regulo‹, Sen. – **2** insbes., **schonen,** m. *Dat.*, sociis, Cic.: hostibus superatis, Cic.: templis, Liv. – m. *ab* u. Abl., fidem dedit, ab his sacris se temperaturum, Liv.: ab sociis, Liv.: temperatum ab innoxiis, Tac. – **II** *tr.*: **1 in das gehörige Maß setzen, in das gehörige Verhältnis bringen, mischen, a** übh.: acuta cum gravibus, Cic.: herbas, Ov.: acetum melle, Plin.: aquam ignibus, lau machen, Hor.: so balneum, Mart.: scatebris arentia arva, tränken, wässern, Verg.: pira malo, pfropfen, Calp. ecl. 2, 42: haec iuncta *ex* melle optimo, Marc. Emp. 16. – **b** insbes., ein Getränk

mischen, durch Mischung **bereiten,** poculum, Hor.: vinum, Plin.: venenum, Suet., venena, Lact., venena clam, Lact. – **2** **gehörig einrichten** od. **zurechtmachen, verfertigen, machen,** ferrum, härten, Plin.: u. so ferramentum, Eccl.: unguentum, Plin. – dah. **a** **einrichten, regeln, ordnen,** rem publicam legibus, Cic.: gradus, abmessen, Sen.: sol annum temperat, Plin.: Musam pede Archilochi, ihr Lied einrichten (fügen) nach dem Versmaß des A. (v. d. Sappho), Hor.: temperata apud transmarinas provincias subvectio, Tac. – Depon. Nbf., motus aptissime ad utilitates viventium temperatus est, Lact. 7, 5, 12. – **b** **lenken, regieren,** res hominum ac deorum, v. Jupiter, Hor.: mare ac terras variisque mundum horis, v. Jupiter, Hor.: terram inertem, mare ventosum, v. Jupiter, Hor.: ora frenis, Hor.: ratem, Ov.: senem delirum, leiten, am Gängelband führen, Hor. – **3** **mäßigen, mildern, lindern,** calores solis, Cic.: victoriam, mit Milde handhaben, Cic., Vell. u. Tac. (s. Heräus Tac. hist. 4, 1, 15): mare, besänftigen, Hor. carm. 4, 12, 1: so auch aequor, v. Neptun, Verg. Aen. 1, 146: solem umbrā, Plin.: annonam macelli, einen mäßigen Preis der Lebensmittel festsetzen, Suet.: temperata frumenti subvectio, erleichtert, Tac. – **4** se temp. ab alqa re, sich einer Sache **enthalten,** se ab isto labore, Augustin. de trin. 3. § 1: u. so Augustin. epist. 23, 2 (se ab scelere apertissimo); c. Faust. 6, 5 *extr.*; c. Gaudent. 1. § 73. Greg. in Iob 18, 13 u. 25, 38. – u. non temp. animum ab alqa re mit folg. *quin* u. Konj., ne ab huius quidem usura gloriae temperavit animum Cn. Pompeius, quin victoriae partem conaretur vindicare, nicht einmal des Mitgenusses dieses R. konnte sich Kn. P. enthalten, sondern er suchte sich einen Teil des S. anzumaßen, Vell. 2, 34, 2. – ► Plaut. truc. 1, 1, 41 (60) Spengel temperint. – Depon. Nbf. temperor, ātus sum, ārī, Lact. 7, 5, 12 (s. oben *no.* II, 2, a).

tempestās, ātis, *f.* (tempus), **I** der **Zeitpunkt, Zeitabschnitt,** die **Frist, Periode,** ut mensis, ut dies, ut nox, hora, tempestas, Cic.: sol occasus suprema tempestas esto, XII tabb. fr.: eā tempestate, Plaut., Sall. u. a.: eādem tempestate, Cic.: quā tempestate, Tac.: cis (innerhalb) paucas tempestates, Plaut.: multis tempestatibus, Pacuv. fr. u. Sall.: multis post Ilium captum tempestatibus, Gell.: in paucis tempestatibus, Sall.: multis ante tempestatibus, Liv. – **II** das **Wetter,** die **Witterung,** **A** im Allg.: bona et certa, Cic.: serena, Enn. fr.: clara, Verg.: certa, Cic.: liquida, Plaut.: liquidissima caeli, Lucr.: turbida, Plaut.: saeva, Plaut.: turbulenta, Cic.: ventosa, Colum.: atrox, foeda, Liv.: horrida, Hor.: perfrigida, Cic.: Plur., tempestates (die verschiedene Witterung) ac temporum varietates, Cic. de nat. deor. 1, 4. – **B** prägn., **übles, stürmisches Wetter, Sturm,** **1** eig.: tempestas maritima, Eutr.: nocturna, Liv.; immoderatae tempestates, Cic.: si tempestas nocuerit, Wetter, Sturm, üble Witterung, Cic.: tempestate deici ad Baleares (v. einer Flotte), Liv.: et saevior et infestioribus locis tempestas adorta disiecit classem, Liv.: dum reliquum tempestatis exsaeviret, Liv. – **2** bildl., der **Sturm,** das **Ungewitter,** der **Ungestüm, ungestüme Andrang,** telorum, Verg.: invidiae, Cic.: querelarum, Cic.: periculi, Nep.: t. popularis, Cic.: horrenda, schrecklicher Unfall, Vell.: in tempestate populi iactari et fluctibus, Cic.: tempestatem evitare, Nep.: huic tantae tempestati se offerre, Liv.: sustinere pertinaciā tantam tempestatem, Liv.: ingentem illam tempestatem Punici belli subterfugisse, Liv.: omnem illam tempestatem, cui cesserim, Caesare impulsore atque auctore esse excitatam (dicit), Cic.: haud ignari, quanta invidiae impenderet tempestas, Liv. – v. Pers., Siculorum t., v. Verres, Cic.: turbo ac t. pacis, Störer, v. Klodius, Cic.: t. macelli, v. einem Fresser, Hor.: t. comitiorum, v. Volk, Cic. – **C** personif., Tempestates, die **Wettergöttinnen, Wetter,** CIL 1, 32. – ► Genet. Plur. tempestatium, Vitr. 9, 6 (7), 3. Sen. ad Marc. 17, 4 G. Plin. 16, 175 u. 17, 226. CIL 8, 2609 u. 2610.

tempestillus, a, um (*Demin.* v. tempestus), **rechtzeitig,** occasio, Apul. met. 8, 2.

tempestīvē, *Adv.* m. *Compar.* (tempestivus), **rechtzeitig, zu rechter-, gehöriger Zeit,** bene et t. arare, Cato: t. florere (v. Gewächsen), Varro: t. caedi (v. Bäumen), Cic. – tempestivius in domum Pauli … comissabere, Hor. carm. 4, 1, 9.

tempestīvitās, ātis, *f.* (tempestivus), **I** die **Zeitigkeit, rechte Zeit,** condendi frumenta, Plin.: sua cuique parti aetatis tempestivitas est data, Cic.: nec praetermissa cuiusque rei tempestivitas (die rechte Zeit der Pflege) revocari queat, Colum. – **II** die **gehörige Beschaffenheit,** stomachi totiusque corporis tempestivitates, Plin. 29, 120.

tempestīvō, *Adv.* (tempestivus), **zur rechten Zeit,** Plaut. truc. 61 *Leo* (Spengel tempestive, Schoell intempestivae).

tempestīvus, a, um (tempestas), **zeitig,** **I** im rechten Zeitpunkt eintretend od. geschehend, **A** im Allg., **Zeit und Umständen gemäß, zeitgemäß,** für Zeit u. Umstände **geeignet, rechtzeitig, zu rechter (gelegener) Zeit,** etesiae, Cic.: imbres, Iustin.: nondum tempestivo ad navigandum mari, Cic.: veniet narratibus hora tempestiva meis, Ov.: aggressus tempestivis temporibus, Liv.: dies, Plin.: ludus, Hor.: oratio, Liv.: tempestiva caesura (arborum), Ggstz. immatura, Plin.: num parum tempestivus interveni secretum consilium tractantibus? komme ungelegen, Tac. dial. – subst., tempestīvum, ī, *n.*, die **rechte-, bequeme Zeit,** der **rechte Zeitpunkt,** tempestivum est m. *Infin.*, Plaut., Colum. u. Plin.: multa mihi ad mortem tempestiva fuere, viel bequeme Zeitpunkte zum Sterben, Cic. – **B** prägn., schon bei guter Zeit geschehend, -beginnend, **zeitig** = **frühzeitig,** cena, convivium, frühz., dah. schwelgerisches, üppiges, Cic. u. a.: convivia tempestiviora, Ps. Quint. decl. – u. so von Frühaufstehenden, Plin. 7, 181 u. 29, 80. – **II** im rechten Zeitpunkt befindlich; dah. **a** v. Früchten = **zeitig, reif,** fructus, Cic.: pinus, Verg.: ocimum, Cato: sementes tempestiviores, Gell. – **b** v. leb. Wesen = **herangereift, reif,** virgo, Gell. 7 (6), 8, 3: m. *Dat.* = **reif** für etwas, puella tempestiva viro (u. ohne viro), mannbar, Hor.: tempestivus erat caelo heros, Ov.

tempestuōsus, a, um (tempestas), **stürmisch,** caelum temp., Schol. Bern. ad Verg. georg. 1, 394: temp. mensis, Beda de temp. rat. tom. 2. p. 107: Syrtes vento tempestuosae, Acro Hor. epod. 9, 31: Orion temp., Sturm bringend, *ibid.* 10, 10: im Bild, huius saeculi temp. profunditas, Cassiod. div. inst. 1: übtr., tempestuosi hostium incursus (Plur.), Sidon. epist. 4, 6, 2: tempestuosi animi, Cassiod. expos. in psalt. (vol. 2. p. 1 [b] *ed. Garet*): Plur. subst., qui ex tempestuosis et improbis ad confessionis ipsius gratiam venire meruerunt, Cassiod. in psalm. 148. *v.* 8.

1. **tempestus,** a, um = tempestivus, Paul. ex Fest. 362, 7.

2. **tempestūs,** ūtis, *f.* = supremum augurii tempus, Libri augural, nach Varro LL. 7, 51.

templāris, e (templum), **zum Tempel gehörig, Tempel-,** fines, Gromat. vet. 230, 20.

templātim, Adv. (templum), **von Tempel zu Tempel,** Tert. apol. 42 *extr.*

templum, ī, n. (vgl. τέμνω, schneide, τέμενος, abgegrenztes Gut), **I** eig., der Raum am Himmel sowohl wie auf der Erde, den sich der Augur mit seinem Stab (lituus) beschrieb, um darin die Beobachtungen des Vogelfluges anzustellen, der **Beobachtungskreis,** Varro: postquam aves in templo aspexit Anchisa, Naev. fr.: Palatinum Romulus, Aventinum Remus ad inaugurandum templa capiunt, Liv.: de templo descendere, Liv. – **II** übtr.: **A** jeder Ort, den man auf einmal überschauen und von dem man etw. überschauen kann: **a** jeder **Ausblick,** den man auf einmal vor Augen hat, das **Schaugebiet,** der **Bezirk,** deus is, cuius hoc templum est omne, quod conspicis, v. Weltall, Cic. de rep. 6, 15. – **b** die **Höhe, Anhöhe,** templa Parnasia, der Berg Parnassus, Ov. met. 5, 278. – **B** ein abgemessenes Stück Land, das man einem Gott weihte, oder ein heiliger Tempelbezirk, ein fanum, Cic. – dah. **a** im Allg., jeder geweihte, heilige Ort, z. B. ein Asyl, Liv. 2, 1, 4. – die einem Verstorbenen geweihte **Kapelle,** Verg. Aen. 4, 457: dah. auch das **Grabmal,** die **Gruft,** Sil. 1, 84. Corp. inscr, Lat. 10, 7566 u. 14, 480; vgl. Non. 464, 13. – die **Kurie,** weil sie vom Augur eingeweiht war, curia, templum publici consilii, Cic. – die **Rednerbühne,** templo a collega occupato, Cic.: occupant tribuni templum postero die, Liv. – v. **Tribunal,** Cic. – übtr., jeder **freie, weite Raum,** mit dem Nbbgr. der Erhabenheit u. Heiligkeit, templa caeli, die Räume des Himmels, was dann bloße Umschreibung ist statt caelum, Enn. fr. u. Ter.: caelestia, Lucr.: mundi, Weltraum, Lucr.:

nonne adspicis, quae in templa veneris? heilige Räume, Gegenden, Cic.: so auch Acherusia templa Orci, die Unterwelt, Enn. fr.: Neptunia, die Räume des Neptun, Plaut.: umida linguae templa, die feuchten Räume der Zunge (vom Schlund), Lucr.: bildl., der **Tempel** = das **Innere,** templa mentis, Lucr. u. Cic. – **b** insbes., der einer bestimmten Gottheit geweihte **Tempel,** valvae templi limenque, Caes.: templum Herculis, Cic.: Iovis, Cic.: vetustissimum et sanctissimum Bellonae templum, Auct. b. Alex.: templa antiqua deorum, Hor. – **C** templa, die abgeschnittenen **Latten,** die waagrecht liegenden Balken auf den Sparren, die **Fetten,** die **Dachfetten,** die **Dachstuhlfetten,** Vitr. 4, 2. § 4. u. 4, 7. § 4. – ► Urspr. Form tempulum, CIL 6, 831 u. 10, 1578.

1. **temporālis,** e (1. tempus), die **Zeit betreffend, A eine Zeit während, zeitlich, a** übh.: causa, Sen.: laudes, Tac.: πάθος temporale esse, Quint. – **b** subst., temporale, is, *n.*, das **Zeitliche** (Ggstz. perpetuum, aeternum), Lact. 2, 8, 68; 7, 4, 12. – **B** als gramm. *t. t.*, **die Zeit bezeichnend, Zeit-,** verbum, Varro: nomen, adverbia, Prisc. – **C nur eine Zeitlang dauernd, von kurzer Dauer, vorübergehend,** optat carmini ut perpetuo floreat: ea enim scripta, quae sine virtute sunt, temporalia solent esse, Porphyr. Hor. carm. 1, 32, 2.

2. **temporālis** (2. tempus), **die Schläfe am Kopf betreffend,** venae, Veget. mul. 3, 11, 4 u. 3, 16, 8.

temporālitās, ātis, *f.* (1. temporalis), die **Zeitlichkeit,** die **Dauer der jetzigen Zeit,** die **Welt, Mode,** Eccl.

temporāliter, *Adv.* (1. temporalis), **zeitlich, auf eine Zeit,** Tert. adv. Iud. 2: Ggstz. non temporaliter, sed, ut ita dicam, aeternaliter, Augustin. de civ. dei 10, 15.

temporāneus, a, um, **I zur rechten Zeit geschehend, -kommend,** erumpat temporanea lux nostra, Augustin. conf. 13, 18, 22: donec accipiat temporaneum et serotinum, Früh- u. Spätregen, Vulg. Iac. 5, 7. – **II zeitlich,** Eccl.

temporāriē, *Adv.* (temporarius), **auf eine Zeit,** Augustin. de anim. orig. 3, 13, 19. Oros. 5, 2, 6. Salv. de gub. dei 5, 8, 40 u. 7, 22, 94 u. a. Eccl.

temporārius, a, um (1. tempus), **I der Zeit angemessen, sich nach den Zeiten und Umständen (nach den Zeitumständen, nach den Verhältnissen) richtend, von Zeiten und Umständen (von den Zeitumständen, von den Verhältnissen) abhängig,** liberalitas, Nep.: amicitia, Sen.: ingenia, wetterwendische, Curt. – **II nur eine Zeit dauernd,** mora, Plin.: motus animi, vorübergehende, Quint.: cuculus ales t., ein Strichvogel, Plin.: euripus, nur auf kurze Zeit gemacht, Plin.: so theatrum, Plin.: incrementum, von Zeit zu Zeit, Plin.: Ggstz., poenae sive temporariae sive sempiternae, Augustin. de civ. dei 21, 13. – u. *neutr. plur.* subst., temporaria, Ggstz. aeterna, Chalcid. Tim. 201.

temporātim, *Adv.* (1. tempus), **von Zeit zu Zeit, der Zeit nach,** Tert. de pall. 2 u. de anima 28.

temporī, *Adv.*, **zeitig,** s. 1. tempus.

Tempsa, Tempsānus, s. Temesa.

temptābundus, a, um, **hin und her tastend, umhertastend,** Liv. 21, 36, 1.

temptāmen, inis, *n.* (tempto), **I** die **Probe,** der **Versuch,** tempt. hoc, Ov. met. 13, 19; prima fide (= fidei) vocisque temptamina sumpsit, probierte, versuchte, *ibid.* 3, 341. – **II** die **Versuchung,** Ov. met. 7, 734. Augustin. serm. 12, 4 Mai.

temptāmentum, ī, *n.* (tempto), **I** die **Probe,** der **Versuch,** das **Vorspiel,** temptamenti gratiā, Gell.: Plur., temptamenta mortalia, Heilversuche der Menschen, Ov.: temptamenta, civilium bellorum, Tac.: neque prima per artem temptamenta tui pepigi, habe dich vorher versuchen wollen, wie du gesinnt wärest, Verg. – **II** die **Versuchung,** temptamenta fide (= fidei), Ov. met. 7, 728: inter innumerabilia temptamenta versari, Augustin. serm. 386, 1.

temptātio, ōnis, *f.* (tempto), **I** der **Angriff, Anfall,** novae temptationes, neue Krankheitsanfälle, Cic. ad Att. 10, 17, 2. – **II** der **Versuch,** die **Probe,** Liv. 3, 38, 7 u. a. – **III** die **Versuchung,** mundus per omnes horas temptationis plenus, Augustin. de civ. dei 1, 27. p. 43, 10 D.[2] Tert. de spect. 27 *in.*

temptātor, ōris, *m.* (tempto), **a** der **Versucher,** Dianae, Hor. carm. 3, 4, 71. – v. Teufel, Vulg. Matth. 4, 3. Iuvenc. 1, 384. – **b** der **Angreifer,** autumnus, temptator valetudinum, Tert. de anim. 48 *in.*

temptātrīx, trīcis, *f.* (Femin. zu temptator), die **Versucherin,** Augustin. serm. 343, 10 u. a.

tempto, āvī, ātum, āre, **betasten, befühlen, berühren, angreifen, I** im Allg.: **1** eig.: **a** übh.: ut res prope dicam manu temptari possit, Rhet. Her.: pectora manibus, Ov.: pullos, befühlen, Colum.: flumen pede, berühren, versuchen, Cic.: ficum rostro, berühren, hinein- hacken, Ov.: catenas morsibus u. morsibus et ore, in die K. beißen, Flor. – **b** als mediz. *t. t.:* venas, den Puls fühlen, Suet. u. Quint.: venas pollice, Ov. = **2** übtr.: **a** nach etw. **hinreichen, streben,** caelestia, den Himmel in Anspruch nehmen, Hor.: auxilium, erspähen, Verg. – **b untersuchen, prüfen, auf die Probe stellen,** maris altitudinem, mit dem Senkblei untersuchen, peilen, Isid. orig.: alcis patientiam, Cic.: se, Cic.: tempta, Chrysogonus quanti doceat, Iuven.: temptat, quae sit fortuna facillima, Verg. – **c versuchen, probieren,** oppugnationem eiusdam castelli, Liv.: vigilias et cetera militiae munia, sich versuchen in usw., Tac.: belli fortunam, Cic.: bella frustra, vergeblich die Gewalt der Waffen versuchen, Eutr.: spem pacis, versuchen, ob Hoffnung auf Frieden sei, Liv.: spem triumphi, versuchen, ob man einen Triumph hoffen könne, Liv.: Thetim ratibus, das Meer befahren, Verg.: viam, Verg. u. Liv.: dubiam spem armorum, das Waffenglück versuchen, Vell.: tempt. aliquid (Ggstz. quiescere), Plin. ep.: liberi adhuc dimidiata verba temptantes, die noch erst zu lallen versuchen, Min. Fel. – mit folg. Fragesatz, temptavi, quid in eo genere possem, Cic.: temptat, benignusne an bonae frugi sies, Plaut. m. folg. *Infin.*, aquā hostem prohibere, Hirt. b. G.: persuadere, Nep.: irasci, Verg.: (vestis) frustra temptata revelli, Ov. – m. folg. *ut* u. Konj., cum ille Romuli senatus temptaret, ut ipse gereret rem publicam, Cic.: ut sibi daretur provincia, Suet. – absol., tempta qua lubet, Plaut.: ne temptando cautiorem faceret, Hirt. b. G. – **II** feindlich **bedrohen, angreifen, in seine Gewalt zu bringen suchen** (s. Fabri Liv. 21, 25, 10), **1** eig.: Achaiam, Caes.: opera, castella, Caes.: castra, Liv. u. Sen.: urbem, munitiones, Liv.: moenia scalis, Caes.: munitiones testudinibus ac musculis, Auct. b. Alex. – abs., reges populique finitumi bello temptare (*sc.* populum Romanum), Sall. – v. Wein, vina temptant caput, Plin. – v. der Jahreszeit, gravis autumnus omnem exercitum valetudine temptaverat, Caes. – von Krankheiten, scabies temptat oves, Verg.: morbe temptari, Cic.: latus aut renes morbo temptantur acuto, Hor. – **2** übtr.: **a sich** an etw. **vergreifen,** populi Romani ius maiestatemque, Auct. b. Alex. 34, 2. – **b** mit List, Bitten, Bestechung usw. **angehen, bearbeiten, ausforschen, zu gewinnen suchen, aufregen, beunruhigen,** alqm per Drusum, Cic.: animum alcis, Curt.: animos spe et metu, Cic.: animos ad res novas, Suet.: iras alcis, Lucan.: temptatis, quos idoneos rebantur, Tac.: temptata cohors, Tac.: a multis temptatus, von vielen angefochten, Nep.: iudicium pecuniā, zu bestechen suchen, Cic.: Iunonem, versuchen = zu verführen suchen, Tibull.: nationes, aufregen, Cic.: m. folg. indir. Fragesatz, unde creditur Domitianus occultis ad Cerialem nuntiis fidem eius temptavisse (in Versuchung geführt haben), an praesenti sibi exercitum imperiumque traditurus foret, Tac. hist. 4, 86. – m. folg. *ut* u. Konj., nequiquam temptati (angegangen), ut tum denique desisterent impediendo bello, Liv. 4, 55, 5; vgl. 29, 2, 3.

1. **tempus,** oris, *n.* (v. τέμνω, abschneiden), eig. der Abschnitt; dah. insbes.: der **Zeitteil, Zeitabschnitt,** die **Zeit, A** eig.: diei tempus, Ter.: extremum tempus diei, Cic.: matutina tempora, die Frühzeit, Frühstunden, Morgenstunden, Cic.: tempus anni, Caes. (u. so certo tempore anni, Plin.): tempora anni, Jahreszeiten, Lucr.: ebenso tempus caeli, Jahreszeit, Lucr.: hibernum tempus anni, Cic.: iniuria temporis, die schlimmen Einflüsse der Jahreszeit, Cic.: saevitia temporis, der Jahreszeit (des Winters), Sall.: inter omne tempus, Liv.: hoc tempore, Cic.: omni tempore, Cic.: in tempus praesens, jetzt, für jetzt,

Cic.: in omne tempus, auf immer, Cic.: ad hoc tempus, bis jetzt, Caes.: tempore, mit der Zeit, allmählich, Ov. trist. 4, 6, 1 (vgl. unten *no.* B, 3): ex tempore, sogleich, aus dem Stegreif, dicere, Cic.: ad tempus, nur auf kurze Zeit, für den Augenblick (Ggstz. in perpetuum), Cic. u. a.: so auch in tempus, Ov. u. Tac. – neque dat tempus Ethemon, lässt Z. ihm E., Ov.: annuum mihi tempus des, Nep.: ubi tempus tibi erit, wenn du Zeit hast, Ter. eun. 485: non est mihi tempus, Hor. sat. 2, 4, 1. – **B** übtr.: **1** die Zeit als ein bestimmter Zeitpunkt, abiit illud tempus, Cic.: ad tuum tempus, bis auf deine Zeit, d. i. dein Konsulat, Cic.: ex quo tempore, seit der Zeit, dass usw., Cic.: per idem tempus, zu derselben Zeit, Cic.: id temporis, Cic. – mit *Genet.*, somni tempus est, Sen.: tempus est cenae, Sen.: venit tempus militiae tuae, Sen. rhet. – tempus est (es ist an der Zeit, es ist hohe Zeit) m. *Infin.*, tempus est dicere, Cic.: facere finem, Nep.: ad Oceani oras reverti (in der Darstellung), Solin.: tempus est etiam conari maiora, Liv.: m. *Acc.* u. *Infin.*, tempus est iam hinc abire me, Cic.: tempus est te revisere molestias nostras, Plin. ep. Vgl. Kritz Sall. Cat. 30, 5: tempus est mit folg. *ut* u. Konj., videtur tempus esse, ut eamus ad forum, Plaut.: tempus maxime esse (es sei die höchste Zeit), ut domum eat, Plaut.: tempus est, ut ad meum Tlepolemum viam quaeram, Apul. – fuit (erit) tempus, cum m. Indik., Cic. de inv. 1, 2; m. Konj., Ter. heaut. 1024. Varro r. r. 3, 1, 1. Cic. Mil. 69. Verg. Aen. 10, 503. – **2** die **Zeit** übh., als ein Ganzes, tempus ponere in re, anwenden, Cic.: tempore, mit der Zeit, Ov.: in omne tempus, auf immer, auf ewig, Cic. – **3** die **rechte (geeignete, gelegene, bequeme, günstige) Zeit, Gelegenheit,** occasio et tempus, Plaut.: tempus amittere, Cic.: tempus habere, Cic.: m. *Genet. Gerundivi*, cum magistratuum creandorum tempus esset, Liv.: tempus rei gerendae non demisit, Nep.: m. *Genet. Gerundii*, tempus intro eundi non est, Plaut.: tempus est cedendi et abeundi, Gell.: admisso in Pompeianos hortos loquendi secum tempus dedit, gestattete eine Unterredung, Vell.: nam disputandi et suadendi est aliud idoneum tempus, Rutil. Lup.: alienum tempus est *mihi* tecum expostulandi, purgandi autem mei necessarium, Cic. ep. 3, 10, 6: non est *mihi* tempus vacuum nunc morandi et tecum confabulandi, Cic. de rep. 1. – tempus est m. folg. *ut* u. Konj., non id tempus esse (sei die geeignete Zeit), ut merita tantummodo exsolverentur, Liv.: dah. tempore dato, Cic. u. a., od. dato tempore, bei sich darbietender Gelegenheit, Nep. u. Tac.: ad tempus, zu rechter Zeit, Cic.: ante tempus, vor der gehörigen od. gewöhnlichen Zeit, Cic.: post tempus, zu spät, Plaut.: per tempus, zu rechter Zeit (Ggstz. post tempus), Plaut. u. Ter. (s. Brix Plaut. Men. 143. Spengel Ter. Andr. 783): ebenso in tempore, Ter. u. Liv., od. suo tempore, Cic., od. tempore, Plaut., Cic. u. Ov.: u. der alte *Abl.* tempori od. temperi, zeitig, zu rechter Zeit, tempori, Cic., temperi, Komik, u. Cato (s. Lor. Plaut. Pseud. 375): auch tempere, Plaut. merc. 990. Gell. praef. § 18 Hertz. – *Compar.* temperius, Cic., Ov. u. Colum., u. temporius, Nep. fr. u. Colum. – **4** die **Umstände,** **a** der Zeit, die **Zeitumstände,** die **Zeitströmung,** die **Verhältnisse,** die **Zeit,** wie sie eben ist (griech. καιρός), homo haud sane temporum, keineswegs ein Mann der Situation, kein schlauer Berechner der Verhältnisse, Curt.: orationes sunt temporum, richten sich nach den Umständen, nach der Zeitströmung, Cic.: tempori servire, sich in die Zeit schicken, sich nach den Umständen richten, Cic.: in hoc tempore, bei gegenwärtigen Umständen, Cic.: ex tempore, Cic.; od. pro tempore, Caes., od. ad tempus, Cic., nach Beschaffenheit der Umstände: temporis causā, im Drange des Augenblickes, Cic. Vgl. Kühner Cic. Tusc. 4, 8. Wunder Cic. Planc. 74. p. 89. – **b** die **Umstände** einer Sache od. Person, rei publicae, Cic. – bes. die misslichen, bedenklichen, traurigen Umstände, der **Unfall,** das Schicksal, **Unglück,** die **traurige Lage,** meum tempus amicorum temporibus transmittendum, meine Zeit auf die bedenklichen Umstände (Prozesse) verwenden, Cic.: so nennt Cicero sein Exil tempus u. tempora, z. B. tempori meo defuerunt, Cic. Sest. 123: scripsi de temporibus meis, von meinen Schicksalen, Cic. ep. 1, 9, 23. – supremo in tempore, in der äußersten Not, im kritischsten Augenblick, Catull. – **5** die Zeit, die zum Aussprechen einer Silbe oder eines Wortes erforderlich ist, die **Quantität,** Cic., Hor. u. Quint. – **6** das **Tempus** in der Grammatik, Varro LL. u. Quint.

2. tempus, oris, *n.* (zu tendo), der **Schlaf** am Kopf, als Begrenzung des Gesichts, capitis tempus dextrum, Vitr.: laevum, Ov.: utrumque tempus, Verg. – Graccho percutit tempus, Rhet. Her.: quae (sutura) a tempore incipiens pervenit ad alterum tempus, Cels. – Plur. tempora, Verg., Hor. u. Plin.: dah. bei Dicht. meton. = das ganze **Gesicht,** Prop., od. = der ganze **Kopf,** Catull. u. Prop.

tempusculum, ī, n. (*Demin.* v. 1. tempus), eine **kurze Zeit,** eine **Spanne Zeit,** ›diecula‹, hoc est tempusculum, Donat. Ter. Andr. 4, 2, 27: si multos versus minimo tempusculo (in der allerkürzesten Zeit) dictaret, Porphyr. Hor. sat. 1, 4, 9.

Tempȳra, ōrnm, *n.*, Stadt in Thrazien, zwischen dem Gebirge Rhodope u. der Küste, an einem verrufenen Engpass, Liv. 38, 41, 5. Ov. trist. 1, 10, 21.

Temsa, Temsānus, s. Temesa.

tēmulenter, *Adv.* (temulentus), **trunken,** Colum. 8, 8, 10. Donat. Ter. Phorm. 2, 2, 1. – übtr., **wie im Rausch,** de nece domini temulentissime garriebant, Cassiod. in psalm. 68. *v.* 13 *extr.*

tēmulentia, ae, *f.* (temulentus), die **Trunkenheit,** Val. Max. 2, 5, 4. Plin. 14, 90 u. a.

tēmulentus, a, um (*temum, wov. auch temetum) = μεθυστικός, **einen Rausch verratend, berauscht,** **a** eig., v. Pers. (Ggstz. sobrius), Ter., Cic. u. a.: temulentior, Sidon. epist. 3, 13, 4: Plur. subst., temulentī, ōrum, *m.*, Sen. ep. 47, 5 u. Tac. ann. 1, 50 *extr.;* hist. 1, 80. – v. Lebl., vox, Cic.: sopor, Cael. b. Quint.: temulentae reliquiae sumptuosissimae cenae, Sen. contr. 9, 1 (25), 4. – **b** übtr.: caesaries ambrosiā temulenta, von Ambrosia duftend, Apul. met. 5, 22: temulenta vindemia, mostreiche, saftige, Min. Fel. 5, 13.

tenācia, ae, *f.* (tenax), **I** die **Kargheit,** der **Geiz,** ut tenacia parsimonia velit videri, Gregor. epist. 1, 25. – **II** die **Hartnäckigkeit, Unbeugsamkeit,** equi, Enn. fr. scen. 191.

tenācitās, ātis, *f.* (tenax), das **Festhalten,** **I** im Allg.: unguium tenacitate arripiunt, ergreifen es mit ihren festhaltenden Krallen, Cic. de nat. deor. 2, 122: so auch Plin. 9, 86. – **II** übtr.: **a** übh.: memoriae ten., die Treue des G., Hieron. epist. 10, 2. Chalcid. Tim. 132 u. 252. – **b** die **Kargheit,** das **filzige Wesen,** Liv. 34, 7, 4.

tenāciter, *Adv.* (tenax), **I** **festhaltend, fest, derb,** premere, Ov.: vincire, Macr. – *Compar.*, tenacius apprehendere, Val. Max., tenacius infigere, Macr. – *Superl.*, quibus (vinculis) tenacissime tenebatur (bildl.). Augustin. conf. 9, 3, 5. – **II** übtr., **fest, zäh, beharrlich,** miseros urgere, Ov. her. 3, 43. – *Compar.*, psittacus dum in pullo est quae monstrata sunt et citius discit et retinet tenacius, Solin. 52, 44: quibus (cibis et somnis) domi forisque tenacius utebatur, Amm. 25, 4. § 4: tanto tenacius mediatori est inhaerendum, Augustin. de civ. dei 18, 18, 1. p. 278, 1 D.[2] – *Superl.*, omni isto apparatu tenacissime dissimulato, Apul. met. 5, 20.

tenāculum, ī, *n.* (teneo), ein Werkzeug zum Halten, der **Halter,** Ter. Maur. praef. *v.* 29.

tenāx, ācis (teneo), **festhaltend** od. **fest zu halten fähig, haltend,** **I** eig.: **A** im Allg.: forceps, Verg.: dens (v. Anker), Verg.: vinculum, Verg.: complexus, Ov.: hedera, Ov.: lappa, Ov.: m. *Genet.*, herba asperitate etiam vestium tenaci, Plin.: cutis tenacior capilli, Plin. – subst., tenaces, haltende Dinge, z. B. Bänder, Stiele am Obst, Pallad. – **B** insbes.: **a** Empfangenes, Erworbenes (bes. Vermögen, Geld) **festhaltend, zurückhaltend, karg, zäh, geizig,** pater parcus et tenax, Cic.: tenaxne pater est eius? *Ph.* Immo edepol pertinax (erzkarg), Plaut.: da cupidum, avidum, tenacem; iam tibi eum liberalem dabo, Liv. – m. *Genet.*, quaesiti tenax, Ov.: tenaciores auri et argenti, Suet. – m. *in* u. Abl., in largiendo tenax, Lact. de mort. pers. 46, 12. – poet. v. der Unterwelt, regnum, Sen. poët.: umbrae, Sen. poët. – **b** die Kräfte = **sich schonend,** eos restrictos et tenaces fuisse, Cic. – **c** neutral, **was in seinen Teilen fest zusammenhält, zäh, fest, dicht,** loca limosa tenacia gravi caeno, Tac.: tenacissimum sabulum,

Curt.: glaebis tenacissimum solum, Plin.: gramen, dicht, elastisch, Hor.: maltha, res omnium tenacissima, Plin.: panicula ... glutino tenacior, Plin.: cerae, festklebend, festhaltend, Verg.: passu stare tenaci, Ov.: pondere tenacior navis, Liv. – **II** übtr.: **A** im Allg., **festhaltend, behaltend, bewahrend,** memoria non tenax, Augustin.: memoria tenacior et labida (vergessliches), Chalcid. Tim.: memoria tenacissima, Quint.: m. *Genet.*, sui iuris, Colum.: tenacissimi sumus eorum, quae rudibus annis percipimus, Colum.: quo tenaciores armorum essent, zu behalten suchten, Suet. – neutral = **fest, innig,** longa tenaxque fides, Ov. am. 2, 6, 14. – **B** insbes., v. Charakter, **a** im guten Sinne = an etw. **festhaltend,** in etw. **fest, beharrlich,** m. *Genet.*, tenax propositi, Hor. u. Ov.: boni exempli, Sen.: iustitiae, Iuven.: iusti, Eutr.: veri, Pers.: amicitiarum, Vell.: animus parum tenax recti, Sen.: constantia bene iudicati tenax, Sen.: memoria benefaciendi tenacissima, Plin. ep. – **b** im üblen Sinne = **störrisch, starr, hartnäckig,** equus, Liv.: ira, Ov.: morbi, Suet.: fata, Ov.: equus contra sua vincula tenax, Ov.: *Ol.* Edepol ne tu, si equos (= equus) esses, esses indomabilis. *Lys.* Quo argumento? *Ol.* Nimis tenax es, Plaut. Cas. 812.

Tencterī, ōrum u. um, *m.*, eine germanische Völkerschaft am Rhein, berühmt durch ihre vortreffliche Reiterei, Caes. b.G. 4, 1 *sqq.* Tac. Germ. 32. Oros. 6, 21, 15 u.a.

tendicula, ae, *f.* (tendo), das **ausgespannte Seil, a** als Werkzeug der Walker, um das Tuch darauf zu spannen, tamquam in tendicula magni fullonis (extenditur), Augustin. serm. 181, 7 *extr.*: cum (fullo) os aquā implevit et vestimenta tendiculis diducta leviter aspergit, Sen. nat. qu. 1, 3, 2. – **b** als **Fallstrick, Schlinge,** Non. 410, 16: pastor pecus suum solet ponere in illa captoria tendicula, Augustin. c. Faust. 20, 17. – bildl., aucupia verborum et litterarum tendiculae, Fallstricke der buchstäblichen Auslegung (der Gesetze), Cic. Caecin. 65: Manichaeorum tendiculae, Augustin. c. duas epp. Pelag. 4. § 19: dialecticorum tendiculae, Hieron. adv. Helvid. § 2: verborum tendiculas aucupemur, Ambros. de fide 3, 5. § 37: abscondamus tendiculas contra insontem frustra, Schlingen im Verborgenen legen, Vulg. prov. 1, 11.

tendo, tetendī, tēnsum u. tentum, ere (altind. *tanoti,* dehnt, spannt, griech. τείνω, gotisch *þanjan,* ahd. *denen*), **spannen, ausspannen, ausdehnen, ausstrecken, I** *act.*: **A** eig. u. meton.: **1** eig.: **a** übh.: arcum, Verg.: chordam, Plaut.: retia, Hor. (u. alci retia, bildl., Prop.): plagas, Cic.: conopia, Prop.: vela, schwellen (v. Notus), Verg.: manus alci od. ad alqm, Caes. u.a.: manus ad caelum, Caes.: brachia ad caelum od. bl. caelo, Ov.: dextram, ausstrecken, Cic.: alci, gegen jmd. = hinreichen, Cic.: tenta ubera, die straffen, Hor.: pingui tentus omaso, dickvoll gefressen, Hor. – **b** im obszönen Sinne, nervum, Priap.: alutam, Mart.: tenta dei vena (= penis), Prop.: dah. tentus, von einem lüsternen Menschen, Mart. u. Priap.: u. tenta, ōrum, *n.*, das männliche Glied, Catull. – **2** meton.: **a** aus ausgespannten Fellen, Tüchern usw. **errichten, bauen, aufschlagen,** praetorium, Caes.: cubilia, Hor. – **b** mit Saiten, Seilen usw. **bespannen,** barbiton, Hor.: grabati restibus tenti, Lucil. – **c hinrichten, hinlenken,** lintea (= vela) ad portus Pharios, hinsegeln, Prop.: oculos pariter telumque, Verg.: u. so sagittas arcu, abschießen, Hor. – iter ad navem, Verg., ad dominum, Ov.: tetendit deinde iter per Thracias atque omnes Geticos populos, Vopisc. Prob. 16, 3: u. so cursum, seinen Lauf richten, -nehmen, ex acie in Capitolia, Sil.: et unde et quo tenderent cursum, Liv. – **d hinreichen, darreichen,** parvum patri Iulum, Verg.: tu munera supplex tende, Verg.

B übtr.: **1** im Allg.: alci insidias, Cic. u.a. – animum vigilem, anspannen, anstrengen, Stat.: ultra legem opus, straff spannen, schärfen, Hor. – sermone benigno noctem, hinziehen, hinbringen, Hor. – **2 hinreichen, darreichen, verleihen,** praesidium clientibus, opem amicis porrigere atque tendere, Cic.: nobis honorem, Sil. – **3** nach etwas **streben,** etwas **wollen,** nusquam idem atque unum tendentes, Curt. 9, 9 (35), 14.

II *refl.* (mit u. ohne se) u. medial, **A** übtr.: **1** (*refl.* ohne se) **sich ausdehnen,** als milit. *t. t.* = **a** unter Zelten **lagern, (im Quartier) liegen, -stehen** (s. Nipperdey Tac. ann. 1, 17), Caes., Verg. u.a.: in isdem castris, Liv.: sub vallo, Caes.: extra vallum, Tac.: procul urbe, Curt.: seorsus a ceteris, Curt.: iuxta Dolabellae hortos, Suet.: Lugduni, Tac.: coartatio plurium in angusto tendentium, Liv. – **b** sich **in Schlachtordnung aufstellen,** ante signa, Auct. b. Afr. 17, 1. – **2** (*refl.* ohne se) sich in seinen Bewegungen wohin **richten, wenden,** zu einem Ort **streben, wollen, zu gelangen suchen, gehen, marschieren, a** v. Pers.: Venusiam, Cic.: Romam, Eutr.: in Indiam, Curt.: ad aedes, Hor.: ad alqm, Plin. ep.: ad od. in castra, Liv.: unde venis? et quo tendis? (willst du?) Hor. – **b** v. lebl. Subjj., **sich** wohin **wenden,** simulacra viis de rectis omnia tendunt, Lucr. – nach oben = **steigen,** sursum tendit palmes, Colum.: levia in sublime tendentia, Plin.: poet. mit Ziel-*Acc.*, aethera tendit fragor, steigt zum Äther empor, Lucan. – **3** v. Örtl., *refl.* (mit u. gew. ohne se) od. medial = **sich ausdehnen, sich erstrecken, reichen,** quā nunc se ponti plaga caerula tendit, Lucr.: seu mollis quā tendit Ionia, Prop.: quā se campis squalentibus Africa tendit, Sil. – via tendit sub moenia, Verg.: Taurus mons ad occasum tendens, Plin.: gula tendit ad stomachum, Plin. – medial, ad caeli finem medio tenduntur ab orbe squalentes campi, Sil. – **4** v. der Zeit, medial, tendi, sich **ausdehnen, sich verlängern,** quamvis (dies) aestivis tendantur solibus, breves videbuntur, Hieron. epist. 130, 15.

B übtr. (*refl.* ohne se): **1** wohin streben, auf etw. **hinarbeiten, ausgehen,** zu etw. **seine Zuflucht nehmen,** zu etw. **sich neigen, sich hingezogen fühlen,** für etw. **tätig sein, a** übh.: ad reliqua alacri tendebamus animo, Cic.: ad altiora et non concessa, Cic.: ad iurgium, Händel suchen, Ter.: ad sua consilia, seine Pläne auszuführen suchen, Liv.: ad alienam opem, Liv.: ad eloquium, Ov.: ad Carthaginienses, ad societatem Romanam, sich neigen zu usw., tätig sein für usw., Cic.: ad suum, sich für ihren Standesgenossen erklären, Cic. – v. lebl. Subjj., tenes quorsum haec tendant quae loquor, zielen, Plaut.: non dices hodie, quorsum haec putida tendant, wohin zielen, Hor. – **b** m. folg. *Infin.* = **sich anstrengen, sich bemühen, sich bestreben, streben, suchen,** manibus divellere nodos, Verg.: locum superare priorem, Verg.: praevenire, Liv.: civitati leges imponere, Liv.: tendit disertus haberi, Hor. – **2** einem Gegner gegenüber **sich anstrengen,** u. zwar: **a** mit Waffen = **Gegenwehr leisten kämpfen,** summā vi, Sall.: vasto certamine, Verg. – **b** mit Worten usw., für od. gegen etw. sich anstrengen, **arbeiten, es durchzusetzen suchen, es durchfechten, sich bestreben,** quod summā vi ut tenderent, amicis mandaverat, Liv.: cum adversus tendendo (durch Gegenvorstellungen) nihil moveret socios, Liv.: contra tendere, entgegenarbeiten, sich widersetzen, Tac. (s. Heräus Tac. hist. 4, 16, 14); u. so nequiquam contra Micythione et Xenoclide tendentibus (widerstrebten), Liv.: frustra cerno te tendere contra, Verg.: acrius tendenti (sich bestrebenden bei der Bewerbung) concessit, Tac. – tendit fovetque m. folg. *Acc.* u. *Infin.*, Verg. Aen. 1, 18. – m. folg. *ut* u. Konj., cum, ut delectum haberet, neque impetrasset, neque magnopere tetendisset, durchzusetzen gesucht hatte, Liv.: eo acrius tribuni tendebant (suchten es dahin zu bringen, bestrebten sich), ut plebi suspectos eos criminando facerent, Liv. – haud sane tetendere, sie stemmten sich nicht besonders dagegen, Liv. – m. allg. *Acc. Pron.*, quid tendit? was müht er sich ab? was streitet er? Cic.: nihil illi tendere contra, entgegnen, Verg. – ► arch. tennitur = tenditur, Ter. Phorm. 330.

tenebellae, ārum, *f.* (*Demin.* v. tenebrae), die **Finsternis,** Claud. Mam. de statu anim. 2, 9, 4 *extr.*

tenebra, s. tenebrae ►.

tenebrae, ārum, *f.* (dissimiliert aus *temebrae für *temesrae; dies zu *temus, eris, vgl. temere u. altind. *tắmisrā,* Finsternis), die **Finsternis** (Ggstz. lux, lumen), **I** eig. u. übtr.: **1** eig.: **a** übh.: Cic. u.a.: taetris tenebris, Cic. – **b** die **Finsternis der Nacht,** die **Nacht,** quo modo redissem luce, non tenebris, Cic.: Antigonus tenebris obortis ignes conspicatur, als es finster (Nacht) geworden war, Nep.: primis tenebris movit, Liv.: quo cum primis se intendentibus tenebris pervenissent, Liv.: ferunt Ti. Caesari fuisse naturam ut expergefactus noctu paulisper haud alio modo quam clarā luce contueretur omnia, paulatim tenebris se obducentibus, Plin. – **2** übtr.: **a** die **Finsternis** = die **Blindheit,** occĭdit extemplo lumen tenebraeque sequuntur, Lucr.: tenebras et cladem lucis ademptae obicit, Ov.: quorum caeca lumina in altissimis tenebris erant, eorum oculos in pristinum restituebat aspectum, Lact. – **b** das **Dunkel** vor den Augen bei Ohnmacht usw., tenebrae oboriuntur, genua inediā succĭdunt, es wird dunkel od. schwarz vor den Augen, Plaut.: obortae sunt subito tenebrae, Sen. rhet.: tenebris nigrescunt omnia circum, Verg. – **c** das **Todesdunkel,** iuro me tibi ad extremas mansurum tenebras, Prop.; vgl. certum est mihi ante tenebras (= *noctem*) persequi tenebras (= *mortem*), Plaut. – **3** meton., der **dunkle-, finstere Ort,** das **Loch,** der **Schlupfwinkel,** von der Unterwelt, malae Orci, Catull.: infernae, Hor. u. Verg.: Stygiae, Verg.: absol. b. Verg. u. Ov. – v. Gefängnis, clausi in tenebris, Sall.: alqm aeternis tenebris vinculisque mandare, Cic.: ex tenebris et carcere procedere, Curt.: in robore et tenebris expirare, Liv. – v. einem Badeort, Grylli, Mart. – v. einem Schlupfwinkel, ubi sint tuae tenebrae, Catull.: cum illa coniuratio ex latebris atque ex tenebris erupisset, Cic. – v. Bordell, homo emersus subito ex diuturnis tenebris lustrorum ac stuprorum, Cic. – **II** bildl.: **1** die **Dunkelheit, Verborgenheit, Niedrigkeit,** quae iacērent omnia in tenebris, nisi etc., Cic.: vestram familiam obscuram e tenebris in lucem evocavit, Cic.: neque te ex viri amplissimi dignitate, sed ex tuis tenebris extraham, Cic.: o tenebrae, o lutum, o sordes (Piso)! Cic. – **2** die **Finsternis,** das **Dunkel,** vos denique in tantis tenebris erroris et inscientiae clarissimum lumen menti meae praetulistis, Cic.: si quid est, quod indagaris, inveneris, ex tenebris erueris, Cic.: latent ista omnia crassis occultata et circumfusa tenebris, Cic.: tenebris ignorantiae circumfusi, Lact.: densissimis tenebris involuta mortalium mens, Val. Max.: tantis offusis tenebris ne scintillam quidem ullam nobis ad dispiciendum relinquerunt, Cic.: obducere tenebras rebus clarissimis, Cic.: qualibus in tenebris vitae quantisque periculis degitur, in welch finsterem Schicksal, Lucr.: offundunt tenebras (sie führen hinters Licht) et veritatem caligine obducunt, Lact.: si quid tenebrarum offudit exsilium, in trübe Stimmung versetzt, Cic.: aber tenebras offundere iudicibus, die R. mit Blindheit schlagen, Cic. fr.: tenebras dispulit calumniae, Phaedr. – **3 Dunst, Schwindel,** quas tu mihi tenebras trudis? Plaut. Epid. 476: qui linguae vitaeque tenebras sequuntur, dem Dunst in Worten u. Werken nachjagen, Gell. 10, 22, 1. – ► *Sing.* tenebra, Apul. met. 5, 20. Lampr. Commod. 16, 2. Ven. Fort. carm. 10, 17, 36. Gramm. inc. de idiom. gen. (IV) 582, 54. Gloss. II, 546, 35 u. ö.

tenebrārius, a, um (tenebrae), **zur Finsternis gehörig,** homo, ein lichtscheuer Mensch, Vopisc. Firm. 2. § 2.

tenebrātio, ōnis, *f.* (tenebro), die **Verfinsterung,** Cael. Aur. de morb. chron. 1, 2, 51 u. a.

tenebrēsco, ere (tenebrae), **finster werden,** Tert. adv. Iud. 10. Augustin. de genes. ad litt. 1, 10 *extr.* Hieron. in Isai. 5, 12, 10. Vulg. Amos 8, 9: ut aër tenebrescat sive frigescat, Augustin. de civ. dei 11, 10, 2. p. 475, 25 D^2.

tenebrico, āvī, āre (tenebrae), **I** *intr.* **finster werden,** Tert. adv. Iud. 13. – **II** *tr.* **verfinstern,** et sol obscurabitur et luna tenebricabitur, Augustin. serm. 124, 2 Mai.

tenebricōsitās, ātis, *f.* (tenebricosus), die **Dunkelheit** der Augen, Cael. Aur. de morb. chron. 1. 4, 73.

tenebricōsus, a, um (v. tenebricus, wie bellicosus v. bellicus), **voll Finsternis, in Dunkel gehüllt, a** übh., bes. bildl. u. gew. von Dingen, über die man aus Schamgefühl oder Schonung den Schleier des Geheimnisses zieht, locus, Varro: popina, Cic.: domus, Sen.: libidines, Cic.: illud tenebricosissimum tempus ineuntis aetatis tuae, Cic. – **b umnachtet, umdüstert, umnebelt** (als Steigerung von obscurus, unklar), sensus, Cic. Acad. 2, 73: Heraclitus ille t. = σκοτεινός, **unverständlich,** Tert. adv. Marc. 2. 28.

tenebricus, a, um (tenebrae), **finster, dunkel,** plaga, Cic. poët. Tusc. 2, 22: vestis, Tert. de pall. 4 *extr.*

tenebrio, ōnis, *m.* (tenebrae), der **lichtscheue Mensch, Dunkelmann, Schwindler,** Afran. com. 109. Varro sat. Men. 195 u. 377.

tenebro, āre (tenebrae), **finster machen,** Lact., Apul. u. a.

tenebrōsē, *Adv.* (tenebrosus), **finster, dunkel,** Hieron. in Ion. 4, 6.

tenebrōsitās, ātis, *f.* (tenebrosus), die **Finsterkeit, Dunkelheit,** Arnob. in psalm. 103 u. 118.

tenebrōsus, a, um (tenebrae), **voll Finsternis, finster, dunkel, I** eig.: scalae, Cic. fr.: palus, Verg.: sedes, Unterwelt, Ov.: hiatus specus, Ov.: locus, Pelagon.: viae, Augustin. u. Vulg.: carcer tenebrosior, Tert. – subst., tenebrōsum, ī, *n.*, das **Dunkle,** Ggstz. luce praeditum, Lact. 7, 4, 12: u. Plur., atra et tenebrosa, Chalcid. Tim. 237: in tenebrosis me collocavit, Vulg. thren. 3, 6. – **II** übtr.: cor tenebrosum, verfinstertes, Prud.: error tenebrosissimus, Cod. Iust. 6, 43, 3. – v. Pers. = **unverständlich,** Heraclitus ille tenebrosus (ὁ σκοτεινός), Tert. adv. Marc. 2, 28.

Tenedos oder **-us,** ī, *f.* (Τένεδος), eine Insel im Ägäischen Meer bei Troja, nach dem weisen Regenten Tenes od. Tennes (Τέννης), der da nach seinem Tod göttlich verehrt wurde, so genannt, j. *Tenedo,* Mela 2, 7, 4 (2. § 100). Cic. II. Verr.. 1, 49 (wo Tenedus u. Tennes, Akk. Tennen). Cic. de nat. deor. 3, 39 (wo Schöm. Akk. Tennem, Baiter u. Müller Akk. Tennen). – Dav. **Tenedius,** a, um (Τενέδιος), **tenedisch,** securis (s. *no.* I), Cic. – subst., Tenediī, ōrum, *m.* (Τενέδιοι), die Einw. von Tenedos, die **Teneder,** Cic.

tenellulus, a, um (*Demin.* v. tenellus), **höchst zart,** manus, Laev. erotop. fr. 4 M. (bei *Prisc.* 10, 47): haedus, Catull. 17, 15.

tenellus, a, um (*Demin.* v. tener), **sehr zart, a** v. Lebl.: radices, Varro: ungulae pullorum equinorum, Varro: vultus, Stat.: aqua recenti (*sc.* ramulo, Reis) insito inimica; tenellum enim cito facit putre, Varro. – **b** v. Pers.: bella et tenella Casina, Plaut.: vates, Domit. Mars. fr.: filius meus adhuc puer et tenellus, Vulg.: m. *Genet. loc.*, Psyche simplex et animi tenella, zartfühlend, Apul. met. 5, 18.

teneo, tenuī, tentum, ēre (zu tendo), *tr.* u. *intr.* **halten,** in der Hand, im Mund usw. **haben, I** im Allg.: **A** eig. u. übtr.: **1** eig.: tene me, halte mich, Plaut.: accipe sis argentum, tene sis argentum: etiam tu argentum tenes? Plaut.: age tu, redde huic scipionem et pallium. *Ch.* tene, Plaut.: ova contra lumen tenere, Varro: pyxidem in manu, Cic.: fragmina manu, Ov.: pateram dexterā manu, Cic.: languenti manu carchesia mixta, Ov.: utrisque manibus mensam, Sen. rhet.: alqm manu (an der Hand), Sall.: dextrā cornu, radicem, cibum ore (im Mund) Cic. u. Phaedr.: im Bild, gubernacula rei publicae, Cic. – **2** übtr.: **a** im Allg.: res oculis et manibus tenetur, ist sichtbar u. handgreiflich, Cic.: rem manu tenere, so gut als handgreiflich erkennen, Cic. – **b** insbes. = geistig halten = sich in Gedanken **vorstellen, fassen, begreifen, wissen, kennen, verstehen,** quae et saepe audistis et tenetis animis, Cic.: omnia norat, omnium aditus tenebat, allen wusste er beizukommen, Cic.: quibus reconditos eius sensus tenere possemus, Cic.: teneo, ich begreife, verstehe, Komik. (s. Spengel Ter. Andr. 86): tenes? od. tenesne? kapierst du's? Komik.: rem tenes, omnem rem tenes, richtig, du hast es erraten, Komik. (s. Spengel Ter. Andr. 349): teneo istuc, teneo omnia, Plaut.: teneo pulcre, recte, satis, Plaut. (s. Brix Plaut. mil. 1163): iam teneo, quid sit, Plaut.: tenes, quid dicam? Ter.: quibus rebus capiatur Caesar, tenes, Cic.: quae a Romanis auguribus ignorantur, a Cilicibus tenentur, Cic.: m. folg. *Infin.* od. *Acc.* u. *Infin.*, qui et bene et male facere tenet, Plaut.: nec tenet amissam dextram inter equos abstraxe rotas, Lucr. – **B** meton.: **1** an einem Ort **anlangen,** ihn **erreichen,** wohin **gelangen,** (zu Schiff) wo **landen,** regionem, Liv.: portum, Liv. u. Ov.: terram, erreichen = berühren, Cic. – übtr., per cursum rectum regnum, Cic.: ingenio, virtute regnum, Liv.: teneri res aliter non potest, Cic. – **2** wohin **halten, richten, a** übh.: oculos in se, Ov.: oculos sub astra, Verg. – vgl. übtr., attentos animos ad decoris conservationem, genau auf die Beobachtung des Anstandes achten, Cic. – **b** insbes., seine Bewegung wohin **richten,** wohin einen Weg **einschlagen,** quo tenetis iter! Verg.: medium iter classe, Verg. – *intr.*, v. Schiffenden (als naut. *t. t.*), wohin **hinhalten, steuern, segeln,** Diam, Ov.: ad

Mendin, Liv.: Liparas (nach L.), ad insulam Vulcani, Liv.: ab Sicilia classe ad Laurentem agrum, Liv. – v. Wind, wohinwärts **wehen,** hic ventus adversum tenet Athenis proficiscentibus, weht den von Athen Abreisenden entgegen, Nep. Milt. 1, 5.

II mit dem Nebenbegriff des Besitzes = **im** (physischen) **Besitz haben, besitzen, innehaben, 1** eig.: **a** übh.: quod tu meum habes, tenes, possides, im faktischen, physischen u. rechtlichen Besitz bist, ICt.: multa hereditatibus, multa emptionibus tenebantur sine iniuria, Cic.: quae tenuit dives Achaemenes, Hor.: sedem patris, loca, Liv.: tuta tenere, in Sicherheit sein, Verg. – in der Umgangssprache, teneo te, »ich habe dich wieder«, vom Wiedersehen einer geliebten Person (s. Ruhnken Ter. heaut. 2, 4, 27. Hildebr. Apul. met. 5, 13. p. 341, b), Ter., Ov. u. a. – **b** (als milit. *t. t.*) einen Ort **innehaben, besetzt halten,** locum praesidiis, montem, portum, Caes.: tenente omnia equitatu, Liv.: aciem primam, Caes. – **2** übtr., nunc totum me tenet, habet, possidet, hat mich ganz, gleichs. im physischen, faktischen u. rechtlichen Besitz = ganz eingenommen, Plin. ep. – alqm tenet insania, hat ergriffen, Plaut.: u. so num eum veternus aut aqua intercus tenet? Plaut. – vom Besitz als Geliebter, Geliebte, saepe aliam tenui, Tibull.: te iam tenet altera coniunx, Ov.; vgl. Ruhnken Ov. her. 2, 103. Broukh. Tibull. 1, 6, 3 u. Phaedr. 2, 2, 3. – v. Besitz als Machthaber, Herrscher, terras, Hor.: imperium, Caes.: summam imperii, Caes.: scaenam, allein innehaben, herrschen auf usw. (v. Bühnenkünstlern), Suet.: rem publicam, Cic.: dah. qui tenent (*sc.* rem publicam), die im Besitz des Staates sind, die Machthaber im Staat, Cic. – als Kommandierender, **befehligen,** alterum cornu, Nep.: exercitum pedestrem, Nep.

III mit dem Nebenbegr. der Festigkeit = **festhalten, 1** eig.: **a** übh.: ut quo maior se vis aquae incitavisset, hoc artius illigata tenerentur, Caes.: loca sunt egregia ad tenendas ancoras, Auct. b. Alex. – **b** (als milit. *t. t.*) einen Ort **verteidigen, behaupten,** suum locum, tumulum, Caes.: Capitolia, Verg. – **c** (als ökonom. *t. t.*) **bekleiben, einwurzeln,** vitis tenet, Colum. u. Sen. – **2** übtr.: **a** geistig **festhalten,** memoriam alcis, Cic. – memoriā tenere, im Gedächtnis behalten = sich erinnern, mit folg. *Acc.* u. *Infin.*, Cic. – so auch bl. tenere, z. B. satin haec meministi et tenes? Plaut.: numeros memini, si verba tenerem, Verg. – **b ertappen, überführen,** mala (femina), te teneo, Plaut.: teneo te, da hab' ich dich, Cic. u. a. (s. Bünem. Lact. 2, 8, 54. p. 231, a): mit dopp. *Acc.*, iam te non furem (als D.) teneo, sed raptorem (als R.), Augustin. serm. 85, 1: im Passiv, teneri in manifesto peccato, Cic.: u. mit *Genet.*, cupiditatis eiusdem, Cic.: repetundarum, Tac.: caedis, Quint.: furti, Masur. Sabin. fr. bei Gell. u. ICt. – **c** (v. Affekten) jmd., jmds. Gemüt **fesseln, einnehmen, beseelen, erfüllen, sich bemächtigen,** misericordia me tenet, Cic.: magna me spes tenet m. folg. *Acc.* u. *Infin.*, Cic. (u. so quā spe ut vivere velint tenebuntur, Cic.): consulem Marcellum tanta cupiditas tenebat dimicandi cum Hannibale, ut etc., Liv.: mirum me desiderium tenet urbis, Cic.: magno teneri desiderio virium, Cic.: Romanorum ingenti admiratione teneri, Eutr.: historiae per se tenent lectores, Vitr. – **d** (von Personen u. Dingen) jmds. Sinne **fesseln, ergötzen,** varias mentes carmine, Verg.: u. so bes. im Passiv, pueri ludis tenentur, oculi picturā tenentur, Cic. – **e** zu einer Verbindlichkeit anhalten = **verbindlich machen, binden,** haec adeo edico ex hac nocte primum ut lex teneat senes, Plaut.: leges eum tenent, binden ihn, Cic.: lege, foedere, promisso teneri, gebunden sein an usw., Cic. u. Liv.: eā poenā, quae est de vi, teneri, der Str. verfallen, durch die Str. geahndet werden, Cic.: u. so diligenter teneri (iure civili), Cic. – **f** als mir zukommend **festhalten, behaupten,** auctoritatem, imperium in suos, Cic.: suum illud, nihil ut affirmet, tenet ad extremum, Cic.: causam, recht behalten, Cic. u. Liv.: causam apud centumviros, einen Prozess gewinnen, durchsetzen, Cic.: plura tenuit, Liv. – dah. absol., **recht behalten, es durchsetzen,** si recte conclusi, teneo, behalte ich recht, Cic.: m. folg. *ut* od. *ne* u. Konj., tenuerunt patres, ut etc., setzten es durch (erreichten es), dass usw., Liv.: patres apud maiores nostros tenere non potuerunt, ut etc., Cic.: plebs tenuit, ne etc., Liv. – **g** an einer Behauptung **festhalten,** illud arte tenent (bleiben fest dabei) accurateque defendunt, voluptatem esse summum bonum, Cic.

IV mit dem Nebenbegr. des Bestehens, der Dauer, der Ruhe = **festhalten, halten, erhalten, bewahren, A** im Allg.: **a** eig.: terra tenetur nutu suo, die Erde wird durch ihre Schwerkraft im Gleichgewicht gehalten, Cic. – **b** übtr., tribus rebus vita animantium tenetur, wird erhalten, Cic.: alqm in officio, jmd. im Gehorsam erhalten, Caes.: alqm in servitute, Caes.: matrimonia, beibehalten (Ggstz. dimittere), Suet. – mit dopp. *Acc.*, libertatem servitute oppressam, Nep.: rem publicam oppressam, Val. Max.: se quietum, Liv. – **B** insbes.: **1** *tr.* in der Dauer **erhalten** = von etwas **nicht abweichen,** etw. **halten, a** eig.: cursum (bes. als milit. u. naut. *t. t.*), die Richtung beim Marsch, bei der Fahrt (fest)halten, auf der rechten Bahn bleiben (auch übtr., Ggstz. cursum commutare), Caes., Cic. u. a. – absol., medio tutissimus ibis: inter utrumque tene, halte die Richtung, halte Strich, Ov. met. 2, 140. – **b** übtr., an etw. **festhalten,** etw. **halten, beobachten,** ihm **treu bleiben,** ordinem, Cic.: silentium (s. d.), Liv. u. Ov.: fidem, Cic.: propositum, Caes.: morem, Suet. – **2** *intr.* **dauern, sich erhalten, währen** (s. Drak. Liv. 4, 7, 7. Duker Liv. 6, 35, 10. Fabri Liv. 23, 44, 6), imber per totam noctem tenuit, Liv.: silentium inde aliquamdiu tenuit, Liv.: u. so consuetudo tenuit, ut etc., Quint.: u. fama tenet (es erhält sich die Sage) m. folg. *Acc.* u. *Infin.*, Liv.

V mit dem Nebenbegr. der gehemmten Bewegung = **festhalten,** d. i. **A einhalten, zurückhalten, halten, einschließen, 1** eig.: **a** übh.: manus ab alqo, Ov.: ventrem, Cels. – dah. alqm od. se domi, jmd. od. sich zu Hause halten, Liv. u. Nep.: alqm Romae, Eutr.: pecus, innehalten, einsperren, Verg.: lecto teneri, Cic.: lectulo me teneo, Fronto: se castris, sich im L. halten, Caes.: se oppido, Cic.: Antiochiā teneri, in A. eingeschlossen sein, Cic. ad Att. 5, 20, 3. – **b** Geister auf der Oberwelt **festhalten, bannen,** iam tenet infernas magico stridore catervas, Tibull. 1, 2, 49: synochitide teneri umbras inferûm evocatas, Plin. 37, 192. – **2** übtr.: **a zurückhalten, im Zaum halten, bezähmen, mäßigen,** risum, dolorem, iracundiam, Cic.: lacrimas, Cic. u. Caes.: u. so se ab accusando, sich der Anklage enthalten, Cic.: se non tenere od. se tenere non posse, quin etc., teneri non posse, quin etc., sich nicht enthalten können, zu usw., Cic. – **b bei sich behalten, verschweigen,** alqd, Cic. de or. 2, 221. – **B aufhalten, 1** eig.: tabellarios, Cic.: septimum iam diem Corcyrae teneri, Cic.: quae (naves) vento tenebantur, *quo minus* in eundem portum venire possent, Caes.: ne quid se Romae teneret, *quominus* paludatus ab urbe exiret, Liv. – **2** übtr.: non teneo te pluribus, will dich nicht lange aufhalten (mit Worten), will es kurz machen, Cic. – alqm tenere (abhalten, hindern) m. folg. *ne* od. *quo minus* u. Konj., ea modo una causa, ne transirent flumen, tenuit Romanos, Liv.: ne persequeretur Mithridatem, seditio militum tenuit, Liv. epit.: diu non perlitatum tenuerat dictatorem, ne ante meridiem signum dare posset, Liv.: si te dolor aliqui corporis aut infirmitas valetudinis tenuit, quominus ad ludos venires, Cic.

VI mit dem Nebenbegr. des Inhaltes = **umfassen, begreifen, enthalten** (= continere, κατέχειν), haec populos, haec magnos formula reges tenet, Hor. sat. 2, 3, 46. – im Passiv, teneri alqā re, in etw. **enthalten sein, mitbegriffen sein,** ihm **angehören,** zu etw. **gehören,** aus od. in etw. **bestehen,** ut homines deorum agnatione teneantur, Cic.: si Asia hoc imperio non teneretur, Cic.: causae, quae familiaritate tenentur, Cic. – ► Parag. *Infin. Praes. pass.* tenerier, Mart. Cap. poët. 2. § 93: archaist. *Perf.* tetini, Diom. 366, 23 u. 372, 18, wov. *Coni.* tetinerim, tetinerit, Pacuv. tr. 172 u. Acc. tr. 39: *Infin. Perf.* tetinisse, Pacuv. tr. 226: *Fut. exact.* tetinero, nach Paul. ex Fest. 252, 9. – Andere Nbf. des *Perf.* tenivi, Charis. 248, 2.

tener, era, erum (tendo), **zart, weich, I** eig.: **1** im Allg.: terra, Varro: caules, Hor.: aër, Verg.: uva, Ov.: ramus, schwacher, Ov. (u. so teneri adhuc rami, Curt.): quod his (sagittis) ictae exanimatae ferae teneriores ad epulas fiant, Gell.: ubi terra tenerrima erit, Cato: alvus tenerrima, flüssiger Magen, Durchfall, Cels. – **2** insbes., **jugendlich,**

zart, jung, saltator, Cic.: puer, Prop.: annus, Frühling, Ov.: anni, Plin. pan.: anni teneriores, Prop.: tenerae res, junge Gewächse, Saat usw., Verg.: teneri manes, jung gestorbene Kinder, Stat.: a teneris, ut Graeci dicunt, unguiculis ἐξ ἁπαλῶν ὀνύχων, von Kindheit an, Cic. ep. 1, 6, 2. – subst., teneri, die zarten Knaben, die Kleinen, Iuven.: a tenero, von klein auf, von Kindheit an, Quint. 1, 2, 18: in teneris, in der Kindheit, Verg. georg. 2, 272 (auch angeführt bei Quint. 1, 3, 13). – **II** übtr.: **1** **zärtlich, verliebt, wollüstig,** spado, Iuven.: carmen, Ov. – **2** **zart, weich, biegsam, empfindlich, lenksam,** tener et mollis incessus, Sen.: tenerum quiddam atque molle in animis, Cic.: tenerior animus, Cic.: pudor, Ov. – ► *Genet. plur.* tenerûm, Ennod. poët. p. 403, 16 H. – Nbf. teneris, Varro sat. Men. 119: *Abl. plur.* teneribus, Cael. Aur. de morb. chron. 3, 2, 27.

tenerāsco, ere (tener), **zart werden,** in tenero tenerascere corpore mentem, sich zarter bilde, Lucr. 3, 763; vgl. Diom. 343, 8. Non. 181, 3.

tenerē, *Adv.* m. *Compar.* u. *Superl.* (tener), **zart, zärtlich, weich, weichlich,** Plin. ep. u. a.

tenerēsco, ere (tener), **zart werden, weich werden,** Cels. u. a.

teneris, s. tener ►.

teneritās, ātis, *f.* (tener), die **Zartheit,** brassicae, Plin.: aetatis, Vitr.: in primo ortu inest teneritas et mollities, Cic.

teneriter, *Adv.* (tener) = tenere, Charis. 182, 22.

teneritūdo, inis, *f.* (tener), die **Zartheit,** Varro u. a.: pueri primae teneritudinis, in der ersten zarten Kindheit, Suet.

tenerōsitās, ātis, *f.* (*tenerosus v. tener), das **zarte Alter,** Ven. Fort. vit. s. Medard. 2.

tenerulus, a, um (*Demin.* v. tener), **gar zart,** Rufin. de metr. comic. 1. § 26. p. 563, 6 K.

Tenēs, s. Tenedos.

tēnesmōdēs, *neutr.* es (τεινεσμώδης), **dem Stuhlzwang ähnlich,** Th. Prisc. 2. chr. 18.

tēnesmos, ī, *m.* (τεινεσμός), der **Stuhlzwang,** Nep., Plin. u. a.

tengō mēnas (τέγγω μῆνας), ich benetze den Mond, d. i. saufe die ganze Nacht, Petron. 34, 7 u. 73, 6 (*vulg.* tangomenas).

Tennes, s. Tenedos.

tennitur, s. tendo ►.

tenōn, ontis, Akk. Plur. ontas, *m.* (τένων), die **Sehne, Flechse,** Cael. Aur. de morb. acut. 3, 3, 20. Cass. Fel. 72. p. 174, 10.

tenor, ōris, *m.* (teneo), der **ununterbrochene Lauf, I** eig.: et peragit soliti vena tenoris iter, Ov.: hasta servat tenorem, fliegt in einem fort, Verg.: alium habuisse tenorem, Verg.: (aulaea) placido educta tenore tota patent, im ununterbrochenen Zuge, Ov. – **II** übtr.: **1** der **ununterbrochene Fortgang,** die **Fortdauer,** der **Verlauf, Lauf, Faden,** pugnae idem tenor, Liv. (u. so ordines et tenorem pugnae servabant, sie kämpften in Reih' und Glied ununterbrochen fort, Liv.): praeturae tenor et silentium, der stille Verlauf der Pr., Tac.: longus tenor felicitatis, ein langes, ununterbrochenes Glück, Liv. fr.: fati, Ov.: vitae, Liv. u. Ov.: rerum, Liv.: sinceram eius fidem aequali tenore fuisse, sei sich gleich geblieben, Liv.: tenorem in narrationibus servare, den Faden festhalten, Quint.: a recto tenore desciscere, die gerade Richtung verlieren, Val. Max.: inceptum peragit Fortuna tenorem, Ov.: hic tenor, haec concordia, Ov.: hic tibi servandus tenor est, Gleichheit, Ov.: uno et perpetuo tenore iuris usurpato, Liv.: eodem tenore (in gleichem Geiste, Sinne) duo insequentes consulatus gessi, Liv.: in Cicerone vestro unus eloquentiae tenor est, Macr. – uno tenore adv. = in einem Zug, in einer Reihe, an einem Faden, ununterbrochen, in einem fort, Cic. u. Liv.: velut uno tenore, Liv. – **2** insbes.: **a** der **Zusammenhang, Sinn, Inhalt,** legis, sententiae, ICt. – **b** der **Ton** einer Silbe, Quint. 1, 5, 26. – **c** die **Stimmhöhe,** syllabae altitudinem habent in tenore, Prisc. 1, 4.

Tēnos u. **-us,** ī, *f.* (Τῆνος), eine der zykladischen Inseln, südl. von Andros, berühmt als Verehrungsort Poseidons, j. *Tino,* Mela 2, 7, 11 (2. § 111). Liv. 36, 21, 1. Ov. met. 7, 469. – Dav. **Tēnii,** ōrum, *m.* (Τήνιοι), die Einw. von Tenos, die **Tenier,** Tac. ann. 3, 63.

tēnsa, ae, *f.,* **a** der Wagen, auf dem man bei den ludi circenses die Bildnisse der Götter fuhr, um sie im Zirkus aufzustellen, der **Götterwagen,** tensas ducere, Liv., deducere, Suet.: si tensam non tenuit, si lorum omisit, Cic.: quam tu viam tensarum atque pompae eiusmodi exegisti, ut tu ipse ire illā non audeas, Cic. – **b** übh. der **Wagen,** vende tensam atque mulos, Titin. com. 140.

tēnsibilis, e (tendo), **dehnbar,** Cassiod. de mus. p. 556 (b) *ed. Garet.*

tēnsio, ōnis, *f.* (tendo), die **Spannung, Ausdehnung, a** als *t. t.* der Archit.: papilionis u. papilionum (als milit. *t. t.*), Hyg. de munit. castr. § 1. – Plur., tensiones, die **Spannstränge,** Vitr. 1, 1, 8 Schn. u. Lor. (Rose tentiones). – **b** als mediz. *t. t.,* **α** die **Spannung, Ausdehnung** eines Gliedes, veretri, das Stehen, Cael. Aur. de morb. acut. 3, 18, 175: veretri nimia, *ibid.* § 179. – **β** (mit u. ohne Genet. nervorum) die **Spannung, Zusammenziehung der Nerven,** als Krankheit, Scrib. Larg. 101 u. a. Veget. mul. 2, 25, 4. Th. Prisc. 2, 10. Plin. Val. 3, 13.

tēnsūra, ae, *f.* (tendo), die **Spannung, a** als milit. *t. t.,* die **Aufspannung, Aufschlagung,** papilionis, Hyg. de munit. castr. § 1. 2. 14 u. 40. – **b** als mediz. *t. t.,* die **Spannung** des Körpers, als Krankheit, Veget. mul. 1, 21, 3 u. 3, 25, 1. Th. Prisc. 4, 1.

tentābundus, tentāmen, tentāmentum, s. temptābundus, temptamen, temptamentum.

tentāneus, falsch st. ostentaneus, s. d.

tentātio, s. temptātio.

tentīgo, inis, *f.* (tendo), die **Spannung** des Schamgliedes, die **Brunst, Geilheit,** genitalium, Cael. Aur.: vulvae, Iuven. – mit *Genet. pers.,* mariti, Mart. – absol., tentigine rumpi Hor. u. Priap.

tentio, ōnis, *f.* (tendo), die **Dehnung,** Prisc. part. XII vers. Aen. 5. § 108. p. 484, 5 K. – meton., Plur. tentiones, die Spannstränge, Vitr. 1, 1, 8 *Rose* (*al.* tensiones).

tentipellium, iī, *n.* (tendo u. pellis), der **Lederspanner,** womit die Schuhmacher das Leder ausdehnen und über den Leisten zu schlagen pflegen (vgl. Mart. 9, 73, 1), Fest. 364 (b), 16: scherzh. übtr. v. einer die Runzeln vertreibenden Hautsalbe, s. Fest. 364 (b), 16 *sqq.*

tento, s. tempto.

tentor, ōris, *m.,* ein Diener beim Wagenrennen, CIL 2, 4314 u. 6, 10046. – Außerdem tentor (der Dehner), Femin. tentrīx (die Dehnerin) angef. b. Prisc. part. XII vers. Aen. 5. § 108. p. 484, 4 K.

tentōriolum, ī, *n.* (*Demin.* v. tentorium), das **kleine Zelt,** Auct. b. Afr. 47, 5.

tentōrium, iī, *n.,* s. tentōrius.

tentōrius, a, um (tendo), **zum Aus-** oder **Aufspannen dienlich,** pelles, Felle zu Zelten, Valer. bei Treb. Poll. Claud. 14, 3. – Öfter subst., **tentōrium,** iī, *n.,* das **Zelt,** tent. parvulum, Rutil. Nam.: tentoria (stramentis) integere, Hirt. b. G.: saepe sine tentorio pernoctaro, Suet.: circum saucios milites inserens in tentoria caput, Liv.: incisis tabernaculorum funibus suismet tentoriis coopertos trucidabant, Tac.

tentrīx, s. tentor.

1. **tentus,** a, um, *Partic.,* s. tendo u. teneo.

2. **tentus,** ūs, *m.* (teneo), das **Aufhalten,** haemorrhoidarum fluoris, Cael. Aur. de morb. chron. 5, 1, 2 (Almeloven retentus).

Tentyra, ōrum, *n.* (Τέντυρα) und **Tentyris,** idis, *f.* (Τεντυρίς), eine Stadt in Oberägypten, j. *Denderah,* Iuven. 15, 35 u. 76: Form *-ris,* Plin. 5, 60. – Dav.: **A** **Tentyrītēs,** ae, *adi. m.* (Τεντυρίτης), **tentyritisch,** nomos, Plin. – Plur. subst., Tentyrītae, ārum, *m.* (Τεντυρῖται), die Einw. v. Tentyra, die **Tentyriten,** Plin. u. Sen. – **B** **Tentyrīticus,** a, um (Τεντυριτικός), **tentyritisch,** Plin.

tenuābilis, e (tenuo), **verdünnend,** Cael. Aur. de morb. acut. 3, 4, 34.

tenuātim, *Adv.* (tenuo), **dünn, verdünnt,** Apic. 2, 56 zw. (Schuch tenuatum).

tenuārius od. **tenuiārius,** a, um (tenuis), **zum leichten (feinen) Woll-** oder **Leinenzeug gehörig,** tunica tenuaria, eine leicht- od. feinwollene oder leinene, CIL 8, 4508: vestiarius tenuarius, ein Verfertiger feiner wollener oder leinener Kleiderstoffe, CIL 6, 6852: u. ders. vestiarius tenuiarius, CIL 6, 1928. 9978. 33921.

tenuātio, ōnis, *f.* (tenuo), die **Abmagerung,** partis vitiatae, Cael. Aur. de morb. chron. 2, 1, 3.

tenuēsco, ere (tenuis), **schwach werden, abnehmen** (Ggstz. crescere), v. Mond, Censor. fr. 3. § 6.

tenuiārius, s. tenuārius.

tenuiculus, a, um (*Demin.* v. tenuis), **ziemlich schmal (ärmlich),** apparatus, Cic. ep. 9, 19, 1.

tenuis, e (altind. *tanu-s,* ausgedehnt, griech. τανύω, ahd. *dunni,* dünn), **I dünn, fein, zart** (Ggstz. crassus, dick), **A** eig.: **1** im Allg.: acus, Ov.: vestis, Ov.: collum, Cic.: capilli, Ov.: filum, Hor.: aurum, Goldfäden, Verg.: arundo, Verg.: pumex, zarter, poröser, Prop.: myricae, Ov.: caelum, Cic.: animae, Ov. – aries tenuioris velleris, Ov.: scalpellum tenuissimum, Colum. – subst., tenue, is, *n.,* das **Feine** (Ggstz. comprehensibile), Lact. 7, 4, 12: animus ex tenuissimo constat, besteht aus dem feinsten Stoff, Sen. ep. 57, 8. – **2** insbes.: **a dünn, spitz, schmächtig, mager,** Catull. u. Mart. – **b schmal, eng,** tellus, Erdenge, Ov.: frons, durch den Reichtum der Locken schmale, Hor.: limes, Quint.: litus, Liv.: tenue nigrum, schmaler-, kleiner schwarzer Fleck, Ov.: agmen militum Liv. – **c seicht, flach, nicht tief,** Tiberis tenui fluens aquā, Liv.: unda, Prop. u. Ov.: sulcus, Verg. – **d dünn, wässerig** (= nicht fett, nicht ölig, Ggstz. pinguis), vinum, Plin.: sanguis, Plin. – **e klar, hell,** aqua, Ov. fast. 2, 250. – **f dünn** dem Ton nach, **schwach,** vox, Pompon. com. 59. Quint. 11, 3, 32. – **B** bildl.: **a** (das Bild vom dünn und einfach gesponnenen Faden hergenommen) = **dünn gesponnen, schlicht, einfach,** argumentandi genus, Cic. – übtr., v. Pers., orator, ein schlichter (Ggstz. or. gravis), Cic. – **b fein, zart, genau, gründlich,** cura, Ov.: aures, Lucr.: distinctio, Cic.: ratio, Hor.: Athenae, fein gebildet, Mart.: res tenues, tenui sermone peractae, fein ausgesonnene Gedanken, in gründlicher Darstellung erörtert, Hor. – **II** übtr., dem äußeren Umfang, Wert usw. nach **unbeträchtlich, klein, schwach, gering, dürftig, spärlich, ärmlich, A** eig.: oppidum, Cic.: frigus, Mart.: tenuissimum lumen (Ggstz. plenissimum lumen), Cic.: tenui (schwachen, sanften) verbere cauda levis, Mart.: victus, schmale, mäßige Kost (Ggstz. copiosus), Mart.: so auch cibus, Phaedr., u. mensa, Hor.: patrimonium, Rhet. Her.: opes, Cic.: praeda, Caes. – übtr., v. Pers. = **dürftig, ärmlich** (Ggstz. locuples, pecuniosus), Cic.: tenuis et obaeratus, Suet.: mit *Genet.,* tenuis opum, Sil. 6, 19. – **B** bildl.: **a schwach, gering, geringfügig, kleinlich,** valetudo tenuissima, Caes.: tenuis (beschränkt) atque infirmus animus, Caes.: ingenium (Ggstz. ing. forte), Quint.: scientia, Cic.: tenuis exsanguisque sermo, Cic.: causa tenuis et inops, Cic.: ars tenuis ac ieiuna, Quint.: inanis et tenuis spes, Cic.: spes tenuior, Cic.: suspicio, Cic.: damnum, Tac.: übtr., tenuis Catullus, der Dichter leichter, erotischer Lieder, Mart. – **b** v. Geburt, Stand = **gering, niedrig,** tenui loco ortus, Liv.: qui tenuioris ordinis essent, Cic. – übtr., v. Pers. = **niederen Standes, nieder,** tenuis L. Verginius unusque de multis, Cic.: tenues homines, Cic. – Plur. subst., tenuiores, Leute niederen Standes (Ggstz. principes), Cic. – ► tenvis (zweisilb.) gemessen, Verg. georg. 2, 180: tenve, Lucr. 4, 1234: tenvia (dreisilb.) gemessen, Verg. georg. 1, 397; 2, 121; 4, 38. Anthol. Lat. 198, 26 R.

tenuitās, ātis, *f.* (tenuis), **I** die **Dünne, Feinheit, Zartheit, A** eig.: **1** im Allg.: animi, Cic.: aëris, Sen.: cutis, Plin.: pilorum ac capillorum, Hieron.: cauda in tenuitatem desinens, spitz zulaufend, Plin.: lini, capillamenti, Plin.: linea tenuitatis summae, Plin. – **2** insbes.: **a** die **Dünnheit = Schmächtigkeit, Magerkeit,** crurum, Phaedr.: tenuitas ipsa delectat, Cic. – **b** die **Dünnheit, Klarheit,** aquae, Plin. – **c** die **Dünnheit, Wässrigkeit,** sanguinis, Plin. – **B** bildl.: **a** die **Feinheit,** discriminum ac differentiarum tenuitates, die feinen Abstufungen, Gell. 1, 3, 29. – **b** die **Schlichtheit, schmucklose Einfachheit,** rerum et verborum, Cic.: Lysiae, Cic. – **II** übtr., die **Armut, Armseligkeit, Dürftigkeit,** aerarii, Cic.: rerum, Cic.: hominis, Cic.

tenuiter, *Adv.* (tenuis), **I dünn, A** eig.: alutae tenuiter confectae, Caes. b. G. 3, 13, 6. – **B** bildl., **schlicht, einfach,** disserere, Cic.: tenuiter multa, multa sublimiter, Plin. ep.: tenuius tractantur, Cic. – **II** übtr., **schwach, spärlich, A** eig., ärmlich, *Da.* quid rei gerit? *Ge.* Sic, tenuiter. *Da.* Non multum habet quod det fortasse? Ter. Phorm. 145. – **B** bildl., **leichthin, überhin,** respondere, Rhet. Her.: colligere argumenta, Cic.: tenuissime aestimare, Cic.

tenuo, āvī, ātum, āre (tenuis), **dünn-, schwach machen, verdünnen, schwächen, I** eig.: **1** im Allg.: tempus tenuat dentem aratri, Ov.: aëra spissum, Sen.: se in undas (zu Wasser), Ov.: levi filo telas, Manil. – **2** insbes.: **a mager machen, abmagern,** armenta macie, Verg.: corpus tenuatum, Hor. – **b verengen,** vocis via est tenuata, Ov. met. 14, 498. – **II** übtr.: **1 vermindern, schwächen,** vires, Ov.: iram, Ov.: famam, Ov. – u. **verringern, herabsetzen,** magna modis parvis, Hor. carm. 3, 3, 72. – **2** voll zarter Anmut **spinnen** (v. erotischen Dichter), carmen, Prop. 3, 1, 5; vgl. Stat. silv. 4, 7, 9.

1. **tenus,** oris, *n.* (v. τείνω), die **ausgespannte Schnur,** dah. die **Dohne, Schneise,** Plaut. Bacch. 793; vgl. Non. 6, 12. Serv. Verg. Aen. 6, 62.

2. **tenus,** *Praep.* mit *Abl., Genet.* u. *Acc.* (verwandt mit teneo, τείνω, tendo), **sich erstreckend bis = bis an, bis nach, nach ... hin, I** örtlich: **a** mit *Genet.:* aqua ferme genus tenus alta, Liv.: crurum tenus, Verg.: Corcyrae tenus, Liv.: Cumarum tenus, Cael. in Cic. ep.: corporum tenus, Plin.: lumborum tenus, Cic. in Arat.: nutricum tenus, bis an die Brüste, Catull.: talorum tenus, ossium tenus, Apul.: inguinum tenus, Ruf. Fest.: nubium tenus, Apul. – **b** mit *Abl.:* aqua erat pectoribus tenus aucta nocturno imbri, Liv.: Tauro tenus regnare, Cic.: Asiam Tauro tenus regi eripere, Nep.: demittere se inguinibus tenus in aquam, Cels.: cadi faece tenus poti, Hor.: ianuā ac limine tenus domum cludere, sich nicht weiter als zur Türschwelle wagen u. das Haus verschließen, Tac.: summo tenus attigit ore, nur mit usw., Verg.: quove tenus, Val. Flacc. – **c** m. *Acc.:* Tanain tenus, Val. Flacc. 1, 538: Hydreum tenus, Solin. 54, 7: tenus vorangestellt, tenus Europam, Auson. parent. 5, 15. p. 43, 5 Schenkl. – **II** übtr.: est quādam prodire tenus, si non datur ultra, bis zu einem gewissen Ziel, Hor.: gladiatorum munus dando modo vulneribus tenus, modo sine missione etiam, Liv.: hic Graecā doctrinā ore tenus exercitus, nur bis zum Mund, bis zur Zungenfertigkeit, Tac.: titulo tenus, dem Titel nach, Suet.: verbo tenus, dem (bloßen) Wort nach, Cic. u. a.: nomine tenus, bis auf den Namen, sogar der Name, Tac.: Pythagorae magnus honos scholā tenus, innerhalb der Grenzen der Schule, Val. Max.: tenus zwischen Adj. u. Subst., uno tenus verbo, Fronto de eloqu. 4. p. 153, 3 N.: tenus vorangestellt, tenus sono et strepitu linguae, Augustin. conf. 3, 6, 10.

3. **Tenus,** ī, *f.,* s. Tēnos.

Teos, ī, *f.* (Τέως), Stadt an der Küste von Jonien auf einer Halbinsel der Insel Samos gegenüber, Geburtsort des Anakreon, Mela 1, 17, 3 (1. § 81). Liv. 37, 27, 9 (wo Akk. Teum). – Dav. **Tēius** u. (bei Dichtern) **Tēïus,** a, um (Τήϊος), **teïsch,** Anacreon, Hor.: poet. = **anakreontisch,** Musa, Ov.: fides, Hor. – Plur. subst., Tēiī, ōrum, *m.,* die Einw. von Teos, die **Teïer,** Liv.

tepefacio, fēcī, factum, ere, Passiv **tepefīo,** factus sum, fierī (tepeo u. facio), **lauwarm machen, wärmen, erwärmen,** sol tepefaciat solum, Cic.: frigida deserto tep. membra cubili, Catull.: in matris iugulo ferrum tep. acutum, poet. = eintauchen, Hor.: quod (medicamentum) semper ante tepefieri convenit, Cels.: mollitur tepefactus et tabescit umor, Cic.: atro tepefacta cruore terra torique madent, Verg.: flumina ad limum tepefacta coquebant, bis auf den Schlamm durchglüht, Verg.: teneris tepefactus in ossibus umor aestuat, Verg. – ► Die Silbe pe steht kurz Hor. sat. 2, 3, 136 u. a., lang Catull. 64, 360. – Form tepefaxit = tepefecerit, Catull. 68, 29.

tepefacto, āre (*Intens.* v. tepefacio), **gehörig erwärmen,** frigida deserto tepefactet membra cubili, Catull. 68, 29 B.

tepeo, ēre (altind. *tápati,* erwärmt, brennt), **lauwarm sein, I** eig.: caro tepet, Plin.: hiems tepet, Hor. – Partiz. tepēns, **warm, lau,** sol, Ov.: aurae, Verg.: cor, Plin. – **II** übtr.: **1 liebewarm-, verliebt sein,** alqo (in jmd.), Hor.: cor tepens, Ov. – **2** in der Liebe usw. **lau-, ohne Feuer-, erkaltet sein,** seu tepet, sive amat, Ov.: affectus tepet, ist ohne Feuer, Quint.

tepēsco, tepuī, ere (tepeo), **I** *intr.* **lau werden,** d. i. **A Wärme bekommen, warm werden, erwarmen,** maria agitata ventis ita tepescunt, ut etc., Cic.: occiduo quae litora sole tepescunt proxima sunt zephyro, Ov.: fixo ferrum in pulmone tepescit, Verg.: ubi (sudor) quam maxime tepuit, Cels. – **B** die **Wärme verlieren, erkalten, 1** eig.: incipiat tepuisse calix, Mart. 2, 1, 10. – **2** bildl., **erkalten,** an Wärme nachlassen, mentes tepescunt, Lucan.: negotio tepescente, Amm.: cum omnes amicitiae tepescant, Amm.: Veneres tepuere sub annis, Calp. – **II** *tr.* **erwärmen,** si sensus iners tua corda tepescit, Orest. trag. 582.

tephriās, ae, Akk. ān, *m.* (τεφρίας *sc.* λίθος) der **aschfarbige Marmor,** Plin. 36, 56.

tephrītis, idis, *f.* (τεφρῖτις), ein uns unbekannter aschfarbiger Edelstein, Plin. 37, 184.

tepidārium, iī, *n.*, s. tepidārius *no.* II.

tepidārius, a, um (tepidus), **zum lauen Wasser gehörig, I** *adi.*: ahenum, Kessel mit lauem Wasser, Vitr. 5, 10, 1: cella = tepidarium (s. *no.* II), CIL 6, 1703. – **II** *subst.*, tepidārium, iī, *n.*, ein Zimmer, wo lau gebadet wird, das **Laubadezimmer,** das **laue Bad,** Vitr. 5, 10. § 1 u. 5.

tepidē, *Adv.* (tepidus), **I lau, lauwarm,** pullos tep. habere, Colum. 8, 5, 19: tepidius natare, Plin. ep. 5, 6, 26: cum tepidius (zu lau) forte lotus esset, Lampr. Comm. 1, 9. – **II** im üblen Sinne, **lau,** bildl. = ohne Feuer, matt, tepidissime hoc dicebat, Augustin. conf. 8, 11, 27.

tepido, āre (tepidus), **lau machen, wärmen,** Plin. 17, 250.

tepidus, a, um (tepeo), **lau** (Ggstz. frigidus u. calidus, s. Sen. ep. 92, 21 B. mehrmals), **I** im guten Sinne = **lauwarm, mäßig warm, mild,** bruma, laue Wintertage, Hor.: sol, laue Frühlingssonne, Hor.: ius, halberkaltete Brühe, Hor.: limen, weil der ausgeschlossene Liebhaber darauf schlief, Catull. u. Prop.: tectum, kühles Häuschen, Hor.: cruor, Verg.: unda, Ov.: dies tepidiores, Varro u. Plin.: loca tepidiora, Plin.: cubiculum hieme tepidissimum, Plin. ep.: inter utrumque (frigidum et calidum) tepidum est, Sen.: quia tepidus es et nec frigidus nec calidus, incipiam te emovere ex ore meo, Vulg. – *neutr.* tepidum poet. statt des *Adv.*, notus, adverso tepidum qui spirat ab axe, Ov. ex Pont. 4, 10, 43 (Merkel tepidus). – subst., tepida, ae, *f.* (*sc.* aqua), **lauwarmes Wasser,** Apic. 3, 62. – **II** im üblen Sinne, **nur noch lau** = schon erkaltend, **1** eig.: rogus, Ov.: focus, Ov. – **2** bildl., **lau, erkaltet, flau, matt,** ignes, mens, Ov.

tepor, ōris, *m.* (tepeo), die **Lauheit, I** im guten Sinne = die **laue, milde Wärme, 1** eig.: solis (der aufgehenden Sonne), Liv.: maris, Cic.: vernus, Plin. u. Curt.: autumnalis, Plin.: uva nec modico tepore caret, Cic.: cupressus ... alibi non nisi in tepore proveniens, in gemäßigter Temperatur, Plin.: Plur., Lucr. 2, 517: egelidi tepores, Catull. 46, 1. – **2** meton.: **a** der Süden, Italiae partes eae, quae a septentrione descendunt ad teporem, Plin. 2, 136. – **b** die **laue, kühle Temperatur,** Plur., tepores, **Wärmemittel, Bähungen,** Cael. Aur. de morb. acut. 2, 19, 120. – **II** im üblen Sinne, **1** die **Hitze, Glut des Fiebers,** confines caloribus tepore febrium arescunt, Amm. 19, 4, 2. – **2** die Kühle, **a** eig.: die **Kühle des Bades,** Tac. hist. 3, 32. – **b** bildl., die Mattigkeit der Darstellung (in einer Schrift), Tac. dial. 21.

tepōrātus, a, um (tepor), **lauwarm gemacht, -geworden,** Plin. 36, 199.

tepōrus, a, um (tepor), **lau, mild,** Auson. eclog. 10 (de solst.), 1. p. 14, 1 Schenkl. Sidon. epist. 9, 16, 2.

Tepula aqua, eine Wasserleitung, die nach Rom auf das Kapitolium geführt wurde, Plin. 36, 121. Frontin. aqu. 8.

ter, *Adv. num.* (altlat. terr für *ters; vgl. terruncius; altind. *tris,* griech. τρίς), **I dreimal, 1** eig.: ter in anno, Cic.: ter in annum, Suet.: bis terve, Cic.: bis aut ter, Cels.: ter aut quater, Cels.: ter et vicies, Plin. u. Suet.: ter decies, s. ter-deciēs: ter deni, Verg. u. Ven. Fort.: ter deno bove, Verg.: ter centum, Verg. (aber tercentum als ein Wort, Prud. c. Symm. 2): ter centeni, ae, a, Mart.: ter centum milia, Hor.: ter quinquageni, Varro: ter quattuor, Enn. fr.: ter terna, quae sunt novem, et ter terna ter, id est ter novena, quae sunt viginti septem, Macr.: ter bibe vel totiens terna, Auson.: ter tria multiplicare, Auson.: ter, semel ... iterum ... tertio, Liv. – **2** meton., **dreimal, a** = **mehrmals, öfter, wiederholt,** illam ter fluctus ibidem torque, Verg.: so auch ter et quater od. ter quaterque, Hor. u. Verg. – **b** = **sehr,** ter amplus, Hor.: ter felix, Ov.: auch felix ter et amplius, aber und aber glücklich, überaus (höchst) glücklich, Hor.: o terque quaterque beati! Verg. – **II zum dritten Mal,** ter consul, Plin. pan. 60, 5 u. 61, 1. Lact. de mort. pers. 48, 1: consulatu Caesaris ter, im dritten K., Amm. 14, 10, 1.

tera, s. terra ►.

teramum (τέραμον), **zum Zerweichen-, Zerreiben geeignet,** Beiname einer Pflanze, die bei Philippi die Bohnen in magerem Boden erstickte, Plin. 18, 155 (Jan. u. Detl. ateramum).

terbentinus, s. terebinthinus.

tercēnārius, s. trecēnārius.

tercentum, s. ter.

ter-deciēs (-deciēns), *Adv.*, **dreizehnmal,** Cic. Verr. 3, 184. Vitr. 9, 1 (4), 6. Iuven. 14, 28. Auson. epist. 7, 31.

ter-decimus (-decumus), a, um, der **dreizehnte,** terdecuma sub parte, Manil. 5, 366; vgl. CIL 6, 27140.

ter-dēni, ae, a, **je dreizehn,** Anthol. Lat. 761, 2.

terebinthinus, a, um (τερεβίνθινος), **vom Terpentinbaum,** resina, Cels. u. Plin. (u. resina terebintina [so!], Pelagon. u. Veget.): tabula, Petron.: synk. terbentinus, Veget. mul. 3, 54, 4 (wo terb. resina).

terebinthizūsa, ae, *f.* (τερεβινθίζουσα), ein **terpentinfarbiger Edelstein,** Plin. 37, 116.

terebinthus, ī, *f.* (τερέβινθος), der **Terpentinbaum** (*Pistacia terebinthus,* L.), Plin. 13, 54 u. a. Verg. Aen. 10, 136. Vulg. genes. 35, 4 u. a. Hieron. in Isai. 1, 1. *v.* 30.

terebintinus, s. terebinthinus.

terebra, ae, *f.* (tero), **I** der **Bohrer, 1** im Allg.: Cato, Colum. u. a. – **2** insbes.: **a** als chirurgisches Werkzeug, oft bei Cels., s. bes. 8, 3. p. 330, 30 *sqq.* (D.). – **b** der **Mauerbohrer,** eine lange eiserne Stange mit zugespitztem Ende, Vitr. 10, 13, 7. – **II** übtr., der **Bohrer** = der **Holzwurm,** Isid. orig. 19, 19, 14.

terebrāmen, inis, *n.* (terebro), das **gebohrte Loch,** Schol. Caes. Germ. Arat. p. 201, 3 *Breysig* u. von daher Fulg. myth. 2, 19.

terebrātio, ōnis, *f.* (terebro), **I** das **Bohren,** Colum. 4, 29, 13. – **II** meton., das **gebohrte Loch,** Vitr. 9, 8, 9.

terebrātus, ūs, *m.* (terebro), das **Bohren,** Scrib. Larg. 206.

terebro, āvī, ātum, āre (terebra), **bohren, I** eig. = **anbohren, durchbohren, zerbohren,** vitem, Cato u. Colum.: gemmam, Vitr.: latebras uteri, Verg.: ossa (capitis), Liv. epit.: malum (Apfel) digito, Suet.: lumen (das Auge) telo acuto, Verg.: digito salinum = ἁλιὰν τρυπᾶν, das Salzfaß mit den Fingern ausbohren, d. i. bis auf das letzte Krümel ausessen (als Zeichen des armseligsten Lebens), Pers. 5, 138. – bildl., ut terebrat! wie sie bohrt! d. i. wie sie mich zu gewinnen sucht, Plaut. Bacch. 1199. – **II** übtr., bohrend machen, **bohren,** foramen, Vitr. 10, 16, 5.

terebrum, ī, *n.* = terebra, Hieron. in Isai. 12, 44, 12.

terēdo, inis, *f.* (τερηδών), der nagende **Wurm, a** im Holz, der **Holzwurm,** Vitr. u. Ov.: teredo, vermis in ligno, Gloss. IV, 182, 49 u. ö. – **b** in Kleidern, die **Motte,** Plin. – **c** im Fleisch, die **Made,** Plin.

Tēreïdēs, ae, *m.*, s. Tēreus.

Terēnsis, f. L. statt Noduterensis, s. d.

Terentiānus, a, um, s. Terentius.

Terentīlius, iī, *m.*, römischer Gentilname, z. B. Ter. Arsa od. Harsa, Volkstribun i. J. 462 v. Chr., Liv. 3, 9, 2.

1. Terentīnus, a, um, s. Terentum.

2. Terentīnus, s. 1. Tarentum.

Terentius, a, um, Name einer röm. *gens,* aus der am bekanntesten C. Terentius Varro, Konsul im Jahre 216 v. Chr., als solcher Feldherr in der Schlacht bei Kannä, Liv. 22, 61. – M. Terentius Varro, geb. 116 v. Chr. in Reate, berühmter Grammatiker, Zeitgenosse Ciceros, Verfasser der Schriften de lingua latina, de re rustica, der satirae Menippeae u. a. (von denen wir teilweise nur noch Bruchstücke haben), Cic. u. a. – P. Terentius Afer aus Karthago, Freigelassener des Terentius Lukanus, der bekannte Komödiendichter, Zeitgenosse des Lälius u. Scipio Afrikanus, Cic. u. a. – Terentia, die Gemahlin Ciceros, Cic. –

u. übh. Terentius et Terentia, Varro LL. 9, 55. – *Adi.* **terentisch,** lex, von den Konsuln Kassius u. M. Teientius verfasst, Cic. – Dav. abgeleitet: **Terentiānus,** a, um, **terentianisch, des Terentius,** exercitus, des C. Terentius Varro, Liv.: Chremes, in den Komödien des P. Terentius vorkommend, Cic.: u. so Terentianus ille adulescens (Phädria im Eunuchus des Terenz), Augustin. epist. 91, 4. Chalcid. Tim. 184: u. Ter. verbum, Cic.: Terentianum illud, jener Ausspruch (Spruch) des P. Terentius, Lact.

Terentum (Tarentum), ī, *n.* u. **Terentos** od. **-us** (Tarentos), ī, *m.*, ein Ort auf dem Campus Martius, wo die ludi saeculares abgehalten wurden, Nom. Terentum, Fest. 351 (b), 8. Paul. ex Fest. 350, 8: Nom. Tarentum, Serv. Verg. Aen. 8, 63 *Thilo:* Nom. Tarentos, Mart. 1, 69, 2; 4, 1, 8: Genet. Tarenti, Ov. fast. 1, 501. Val. Max. 2, 4, 5. p. 73, 10 H. Stat. silv. 4, 1, 38: Akk. Tarentum, Liv. epit. 49: Abl. Tarento, Mart. 10, 63, 3. – Dav.: **Terentīnus** (Tarentīnus), a, um, **terentinisch,** Tarentinus ludus, Auson. edyll. 11, 34. p. 130, 11 Schenkl: ludi Tarentini, Varro bei Censor. 17, 8 *Hultsch:* tribus Terentina, Cic. Planc. 21. 38. 43. 54. Liv. 10, 9, 14, subst. bl. Terentina, SC. in Cic. ep. 5, 8. § 5 u. 6. – ► Die Schreibart Tarent. ist, viell. dadurch, dass man den Ort mit Tarentum in Unteritalien in Verbindung brachte, bei den nachaugust. Schriftstellern nach den besten Handschriften vorherrschend.

teres, etis, Abl. etī (tero), eig. rundgedreht; dah. **I** v. Stöcken, Pfählen usw., **länglichrund,** bes. **glattrund,** hastile, Liv.: stipes, Caes.: mucro, Verg.: fusus, Ov.: lapilli, Ov.: gemma, Verg.: testa, Min. Fel. – dah. durch Trennung der einzelnen Begriffe in teres, **a rund** übh., gutta, Auson.: orbis, Auson. – **b lang,** coma, Varro sat. Men. 132. – **c glatt,** filum, Plin. 11, 80. – **d** bildl., fortis in se ipso totus teres atque rotundus, der nicht an dem Irdischen kleben bleibt, Hor. sat. 2, 7, 86. – **II** v. Stricken usw., **drall, festgedreht,** plagae, Hor. carm. 1, 1, 28: mitra, Claud. in Eutr. 2, 185. – **III** v. den Teilen des Körpers, **gut gebaut, wie gedrechselt, schlank, 1** eig.: cervix, Lucr.: sura, Hor.: teretia membra, Suet.: teretia crura, Porphyr.: digiti, Ov.: puer, Hor. – **2** bildl.: **a abgerundet, wie gedrechselt,** versus, Diom. 498, 25 u. 499, 21: *neutr. pl.* subst., scita et teretia Critolaus (dicebat), die Rede des Kr. war kunstgerecht u. gedrechselt, Gell. 6 (7), 14, 10. – **b geschmackvoll, fein,** aures, Cic.: oratio, Cic. – Ciceroni mollius teretiusque visum (est) ... *fretu* scribere quam *freto,* Gell. 13, 20, 15.

Tērēus, eī u. eos, Akk. ea, *m.* (Τηρεύς), König in Thrazien, Gemahl der Prokne, der Schwester der Philomela, Vater des Itys, schändete die Philomela und wurde zur Strafe in einen Wiedehopf verwandelt (s. Philomēla u. Procne), Hyg. fab. 45. Ov. fast. 2, 629: Genet. *-ei,* Verg. ecl. 6, 78: Genet. *-eos,* Stat. silv. 3, 3, 176. Mart. 4, 19, 4; 14, 75, 1: Akk. *-ea,* Verg. Aen. 11, 675. Ov. met. 6, 615 u. 647. Stat. Theb. 12, 480: Vok. *-eu,* Ov. met. 6, 497: Abl. *-eo, ibid.* 635. – Dav. **Tērēidēs,** ae, *m.* (Τηρΐδης), der **Tereïde,** Sohn des Tereus, d. i. Itys, Ov. Ib. 432.

ter-geminus, a, um, s. trigeminus.

tergenus, *indecl.*, **von dreifacher Art, dreierlei,** Auson. edyll. 11, 43. p. 130, 20 Schenkl.

tergeo u. **tergo,** tersī, tersum, ēre u. ere (vgl. στεργίς, das Schabeisen), **abwischen, abtrocknen, rein machen, I** eig.: qui tergunt, Cic.: lumina lacrimantia tersit, Ov.: fossas tergeri, Cato: oculos pedibus tergeant, Plin.: in adversum tergere nares, Quint.: non tergere nares in publico, Amm.: mensam, Ov.: vasa aspera, abwischen, blankmachen, Iuven.: so auch spicula, Verg.: arma, abwischen, um blank zu machen, Liv.: pavone tergere palatum, mit einem Pfau den Gaumen kitzeln, einen Pfau essen, Hor. – **II** übtr.: scelus, sühnen, Sen. poët.: librum, verbessern, Mart. – *PAdi.* tersus (tertus), s. bes.

Tergeste, is, *n.*, Stadt in Istrien am Adriatischen Meer, j. **Triest,** Mela 2, 4, 3 (2. § 61). Vell. 2, 110, 4: dass. **Tergestum,** ī, *n.*, Mela 2, 3, 13 (2. § 55). – Dav. **Tergestīnus,** a, um, **tergestinisch,** Plin. – Plur. subst., Tergestīnī, ōrum, *m.*, die Einw. von Tergeste, die **Tergestiner,** Liv.

tergilla, ae, f. (Demin. v. tergus), die **Haut, Schwarte,** Apic. 4, 174. Vgl. Gloss. II, 197, 30 ›tergilla sive tergillum, φορίνη, χοίρου δέρμα‹. – Dav. scherzh. Eigenname Tergillus, »Schwartner«, Testam. porcell. *extr.*

tergīnum, ī, *n.* (tergum), eine Peitsche aus Leder, die **Karbatsche,** Plaut. Pseud. 152. Lucil. 772.

tergiversanter, *Adv.* (tergiversor), **zögernd = ungern,** Vell. 1, 9, 3.

tergiversātio, ōnis, *f.* (tergiversor), die **Weigerung, Zögerung, Ausflucht,** mora et tergiversatio, Cic.: nec moram tergiversatio (haberet), Auct. b. Afr.: hanc tergiversationem probo, Cic. – Plur., multis tergiversationibus (Winkelzüge) extraxisse censuram, Frontin. aqu. 5.

tergiversātor, ōris, *m.* (tergiversor), der **Ausflüchtesucher, Zauderer, Verweigerer,** Gell. 11, 7, 9. Arnob. 7, 43. Vgl. Isid. orig. 10, 271. Non. 79, 26.

tergiversor, ātus sum, ārī (tergum u. verto), den Rücken zukehren; dah. **ungern darangehen, sich weigern, Ausflüchte suchen, Anstand nehmen, zögern,** quid taces? quid dissimulas? quid tergiversaris? Cic.: quid tergiversamur? Cic.: consules ipsos tergiversari, Liv.: non tergiversor nec refugio, Sen.: narravit illum valde morari, non tergiversantem, sed exspectantem, si qui forte casus, Cic.: cum prope manu consertum restitantem ac tergiversantem in Africam attraxerim, Liv.: ad quosque venerat cunctantes arma capere, increpabat, quid cessarent tergiversarenturque, Liv.: in his tribus generibus non incallide tergiversantur, wissen sie sich schlau genug zu drehen u. zu wenden, Cic.: non est locus ad tergiversandum, Cic.

tergo, ere, s. tergeo.

tergoro, āre (tergus), **bedecken,** se luto (von Schweinen), Plin. 8, 212.

tergum, ī, *n.* (zu griech. τέρφος, στέρφος, Fell, Leder, bes. die Rückenhaut der Tiere), der **Rücken,** der Menschen und Tiere (vgl. dorsum), **I** eig. (poet. u. nachaug. Plur. terga auch vom Rücken einer Pers.): tuus deus digito non redundat, sed capite ... tergo, poplitibus, Cic.: manus ad tergum reicere, Asin. Poll. in Cic. ep.: manus post tergum religare, Vell.: retorquere tergo bracchia libero, Hor.: tergo ac capite puniri, mit Ruten gehauen und geköpft werden, Liv.: terga dare (hinhalten) verberibus, Pacat. pan.: aber terga vertere od. dare, fliehen, Caes. u. Liv.: terga dare alci (hosti), vor jmd. fliehen, von ihm in die Flucht geschlagen werden, Liv. u. Curt.: terga praebere fugae, fliehen, Ov.: terga caedere, hinten einhauen, Liv.: praebere terga Phoebo, sich sonnen, Ov.: in tergo haerere, im Nacken sitzen (v. Feind), Liv.: u. so tergo inhaerere, Liv.: a tergo, von hinten, Cic.: post tergum, hinten, auf dem Rücken, Phaedr. (u. noxio post terga deligantur manus, Sen. rhet.): post terga, hinter sich, Iuven.: a tergo esse, im Rücken sein (v. Schatten, Ggstz. antecedere), Sen. ep. 79, 13. – Plur. terga meton. = die Flucht, terga Parthorum dicam, Ov. art. am. 1, 209. – **II** übtr.: **1 der hinterste** od. **von uns abgewandte Teil** einer Sache, castris ab tergo vallum obiectum, von hinten, Liv.: stare ab tergo (als Reserve), Liv.: cum Germaniam ad laevam et in fronte, Pannoniam ad dextram, a tergo sedium suarum haberet Noricos, Vell.: ad terga collis, Liv.: so auch eines Buches, Iuven.: eines Baumes, Verg. – **2** die **Oberfläche** einer Sache, z. B. des Feldes, die aufgepflügte Erde zwischen den Furchen, Verg.: u. so terga crassa, Verg.: des Flusses, Ov.: des Meeres, Lucan. – **3** die **Bedeckung, Decke,** der **Überzug,** clipei, Verg. Aen. 10, 482 u. 784. – **4** der **Leib,** der Schlange, Verg.: centum terga suum, hundert Schweine, Verg.: nigrantes terga iuvencos, Leib od. Haut, Verg.: terga suis sordida, geräucherter Schweinsrücken, Ov. – **5** die **Haut,** das **Fell, Leder, a** eig.: taurinum, Verg.: terga ferarum, Tac.: taurorum terga recusant, Rindsleder od. etwas daraus Verfertigtes, Ov.: terga novena boum, Rindshäute des Schildes, Ov. – **b** meton., das aus Fell od. Leder Bereitete, z. B. der Schlauch, Ov.: taurea terga, Handpauken, Ov.: Sulmonis, Schild, Verg.: duro intendere brachia tergo, den Cästus, Verg. – ► Heteroklit. familiarem tergum, Plaut. asin. 319 G. u. L.

tergus (archaist. tegus), oris, *n.*, der **Rücken, I** eig., Prop., Sen. rhet. u. a. – **II** übtr.: **1** der **Fleischrücken** = der **Leib, Rumpf der Tiere,** Petron.: iuvenci, Phaedr.: de tergore (suis), von dem geräucherten Schweinsrücken, Ov.: carnaria tria gravida tergoribus, Plaut.: detruncavit tribus tegoribus glandia, Plaut. – **2** die **Haut,** das **Fell,**

tergora deripiunt, Verg.: tergus incīditur, Haut, Cels.: septem taurorum tergora, sieben Rindshäute als »Schild«, Ov. – **3** die **Bedeckung,** Martis, Panzer, Mart. 7, 2, 2. – ▶ Archaist. Form tegus bei Plaut. capt. 902 u. 915; Pseud. 198. Fronto de eloqu. 1. p. 141, 17 N.

Terīna, ae, *f.*, Stadt im Bruttischen, Ruinen südlich von dem heutigen Flecken *Eufemia,* Liv. 8, 24, 4. – Dav. **Terīnaeus,** a, um, **terinäisch, aus Terina,** sinus, j. *Golfo di St. Eufemia,* Plin. 3, 72 u. 95: Ter. quidam Elysius, Cic. Tusc. 1, 115.

teriugus, a, um, **drei zusammen,** caput, dreifältiges, Apul. met. 6, 19 H.: teriuga milia, dreitausend, Auson. epist. 8, 11. – subst., teriuga, ae, *f.* = τρίκωλον, der **dreigliederige Redesatz,** Auct. carm. da fig. 145. p. 69 H.

Termăximus, s. Hermēs *no.* II.

termen, inis, *n.* = terminus, Acc. tr. inc. fab. 37. Greg. Tur. hist. Franc. 9, 20. p. 375, 9 u. 12: termina duo, CIL 1, 199. lin. 8: termine (= anno) perempta aetatis vicesimo, CIL 2, 59.

termentum, ī, *n.* (= terimentum v. tero, wie detrimentum v. detero), die **Aufreibung, Vernichtung,** Plaut. Bacch. 929 G.; vgl. Fest. 363 (b), 20.

1. **termes,** itis, *m.* (aus *tergmes zu griech. τέρχνος), der **abgeschnittene Zweig,** olivae, Hor. epod. 16, 45: palmae, Gell. 3, 9, 9. Vgl. Paul. ex Fest. 367, 18.

2. **termes,** itis, *f.*, s. tarmes.

Termēssus, ī, *f.* (Τερμησσός), feste Stadt in Pisidien auf dem Gipfel des Taurus, deren Ruinen nebst dem Berg j. *Schenet* oder *Schenit,* Liv. 38, 15, 6. – Dav. **Termēssēnsēs,** ium, *m.*, die Einw. von Termessus, die **Termessenser,** Liv. 38, 15, 4.

termĭnābilis, e (termino), **begrenzbar, ermessbar,** dei fortitudo, Hieron. epist. 98, 17.

Termĭnālia, ium u. iōrum, s. terminālis.

termĭnālis, e (terminus), **I zur Grenze gehörig, Grenz-,** lapis, Grenzstein, Amm.: palus, Tert.: arbor, Pallad.: Iuppiter, Jupiter als Vorsteher der Ackergrenzen, CIL 11, 351 (Iov. term.). – Plur. subst., Termĭnālia, Genet. ium u. iōrum, Abl. ibus, *n.*, das Fest **des Terminus (Grenzgottes),** am 23. Febr. begangen, Varro LL. 6, 13. Cic. ad Att. 6, 1. § 1; Phil. 12, 24. Liv. 43, 11, 13; 45, 44, 3. Hor. epod. 2, 59. Macr. sat. 1, 13, 19 (Genet. Terminaliorum), Augustin. de civ. dei 7, 7. Lact. de mort. pere. 12, 1. – **II zum Ende-, zum Schluss gehörig,** sententia, Endurteil, Cod. Iust.: tuba, den Schluss des Spieles anzeigend, Apul.: o terminalis, am Ende des Wortes, Prisc. 15, 11.

termĭnātē, *Adv.* (termino), **bestimmt,** Gromat. vet. 335, 29.

termĭnātio, ōnis, *f.* (termino), die **Begrenzung, Abgrenzung, Grenzbestimmung, I** eig. u. meton.: **a** eig., Liv. 34, 62, 11. Vitr. 8, 3, 24. Sen. de ben. 7, 4, 3. Gromat. vet. 22, 27; 57, 10 u. a. CIL 6, 1240ᵃ und 1240ᵇ: Plur., terminationes regionum, unde spiritus ventorum oriuntur, Vitr. 1, 6, 11. – **b** meton., die **Grenze,** das abgegrenzte **Gebiet,** term. orientis et occidentis, die Ost- u. Westgrenzen, Vitr. 6, 1, 5: proximae ultimis finibus terrae terminationes, Gebiete, Vitr. 9, 5 (7), 2: cum vox pervenerit ad quartam terminationem, in das vierte Tongebiet, Vitr. 5, 4, 8. – **II** übtr.: **1** die **Begrenzung, Abgrenzung,** begrenzende **Bestimmung,** der abgegrenzte **Umfang,** m. subj. *Genet.*, versus inventus est terminatione aurium, durch die (rhythmische) Abgr., die das Ohr verlangt, Cic. or. 178: m. obj. *Genet.*, corporis altitudinis term., Vitr. 3, 1, 7: expositā terminatione expetendarum rerum, Cic. de fin. 5, 27: Plur., terminationes artis, Vitr. 2. praef. § 5: hae sunt terminationes dispositionum, Vitr. 1, 2, 2: natura finiit terminationes eorum (tonorum) mensuris intervallorum quantitate, hat ihren Umfang nach Maß u. Anzahl der Intervalle begrenzt, Vitr. 5, 4, 4. – **2** der **Abschluss,** die **Endung,** das **Ende, Ziel, a** übh.: continuata vox efficit terminationes non apparentes, Vitr. 5, 4, 2: quas agendae vitae terminationes finissent, Vitr. 7. praef. § 2. – **b** als rhet. *t. t.* = clausula, das **Ende,** der **Ausgang,** der **Schluss** einer Periode, ordo verborum alias aliā terminatione concluditur, Cic. or. 200: homoeoteleuton, id est similis terminatio, Beda de schem. p. 610, 14 *Halm.* – **c** als gramm. *t. t.*, die **Endung** eines Kasus, et hae quidem generales sunt nominativi terminationes, Prisc. 7, 2.

termĭnātor, ōris, *m.* (termino), der **Abgrenzer,** Augustin. de civ. dei 4, 11. p. 160, 22 D².

termĭnātus, ūs, *m.* (termino), die **Abgrenzung, Abmarkung,** altes Gesetz b. Frontin. aqu. 129.

termĭno, āvī, ātum, āre (terminus), **begrenzen, abgrenzen, abmarken, I** eig.: intra finem loci, quem oleae terminabant, Cic.: fana, Liv.: fines vestri imperii, Cic.: agrum publicum a privato, Liv.: stomachus palato extremo terminatur, endigt, stößt an usw., Cic. – **II** übtr.: **1 begrenzen, abgrenzen, a** = **beschränken, einschränken,** sonos vocis paucis litterarum notis, Cic.: gloriam suam, seinem R. ein Ziel setzen, Cic.: oblivione terminari, in Vergessenheit geraten, Iustin. – **b ermessen** = nach einer festen Regel **bestimmen,** numquam terminat nec magnitudinis nec diuturnitatis modum, Cic.: at nos metiendi ratiocinandique utilitate huius artis terminavimus modum, Cic.: bona voluptate, mala dolore terminavit, hat das Gute in das Vergnügen gesetzt usw., Cic. – **2 beschließen, beendigen,** bellum, Liv.: orationem, Cic.: numerose terminare orationem, Cic.; dah. oratio terminata, numerös schließend, Cic. – als gramm. *t. t.* terminari in alqa re, **sich endigen,** genetivus casus in is syllaba terminatur, Charis. 1, 20, 8.

termĭnus, ī, *m.* (zu tero; vgl. τέρμα, τέρμων), das **Grenzzeichen,** der **Grenzstein** und die damit bezeichnete **Grenze,** die **Mark, Grenzmark, Grenzlinie, I** eig.: **a** terminus acutus, lapideus, Gromat. vet.: termini agrorum, Plin.: nulli possessionum termini, Cic.: terminos urbis propagare, Tac.: terminum exarare, Fest.: terminum commovere (verrücken), Lex Mamil.: inter ipsam (Macedoniam) et Thraciam Strymon amnis facit terminum, Solin. – scherzh. übtr. v. männl. Glied, Pompon. com. 126. – **b** personif., Terminus, **Terminus,** der den Grenzmarken vorstehende Gott, Ov. fast. 2, 639 *sq.* Liv. 1, 55, 3. Augustin. de civ. dei 4, 11. Lact. 1, 20, 38. – **II** übtr., die **Grenze,** das **Ziel, 1** = die **Schranken,** ius terminis circumscribere, Cic.: certos fines terminosque constituam, Cic.: terminos pangere, Cic.: oratoris facultatem ingenii sui terminis describere, Cic.: fallitur, qui terminos gloriae nostrae metitur spatio, quod transituri sumus, Curt.: si umquam adversus immodicas cupiditates terminus staret, Curt. – **2** = das **Ende,** der **Schluss,** contentionum, Cic.: vitae, Cic.: cum termino sermonis pinnis in altum se proripuit, Apul.: ut quasi terminus imponeretur huic religioni, Lact.

Termīssus (Termīsus), ī, *f.*, s. Termēssus.

termiteus, a, um (termes), **vom Olivenbaum,** ramus, Ölzweig, Gratt. cyn. 447.

termo, ōnis, *m.* = terminus, Enn. ann. 479 u. 480; vgl. Fest. 363 (a), 23.

termospodion, s. thermospodion.

ternārius, a, um (ternī), **aus dreien bestehend,** scrobis, von drei Fuß, Colum. 11, 2, 28: formae (aureorum), Goldstücke im Wert von 100 Golddenaren, Lampr. Alex. Sev. 39, 9: numerus, die Zahl drei, die Dreizahl, Macr. sat. 1, 6, 23. Augustin. de doctr. Chr. 2, 39 u. serm. 252, 8. Boëth. inst. arithm. 1, 11. p. 27, 4 u. p. 28, 8 Fr. Auson. edyll. 11. praef. p. 128, 4 Schenkl: nomina, nur drei Abwandlungen habende, Prob. inst. 121, 11 K.: ebenso forma casualis od. casuum, Diom. 308, 8 u. 12. Prob. cath. 32, 33 K. Plot. (Cl.) Sacerd. 2. § 92. p. 483, 32 K. – subst., ternārius, iī, *m.* = triens, ein **Drittelas,** Pelagon. veterin. 16 (§ 256 *Ihm*).

ternāriusdēnārius, a, um, **aus dreizehn bestehend,** Prisc. de fig. num. § 27. p. 415, 10 K.

ternī, ae, a (ter), **I je (jeder, jedem) drei,** bei Einteilungen, terni medimni, Cic.: binae et ternae mulieres, Trebell.: scrobes ternorum pedum, Plin.: ternûm pedum longitudinis esse, Plin.: terna dena ova subicere, Plin. – Sing., terno ordine, Verg.: ternā (*sc.* librā) pondo paterae aureae, Liv.: terna Gratia, die drei Grazien, Claud.: ternā (je dreimal) adspui, Plin. 28, 39. – **II drei zusammen, -auf einmal,** saecula, Tibull.: terni vagantur ductores, Verg.: ter terna, quae sunt novem, et terna ter, id est ter novena, quae sunt viginti septem, Macr.: ter bibe vel totiens ternos, Auson.

ternio, ōnis, *m.* (terni), die Zahl **drei,** die **Drei,** (griech. τριάς), Gell. 1, 20, 6. Mart. Cap. 7. § 775 u. § 794.

ternitās, atis, *f.* (terni), die **Dreiheit,** ternitas vel trinitas, Prisc. de fig. num. § 29. p. 415, 28 K.

ter-nox, noctis, *f.*, die **dreifache Nacht,** Herculea, in der Herkules gezeugt wurde, Stat. Theb. 12, 301.

ternus, a, um, s. ternī.

tero, trīvī, trītum, ere (Stamm ter, tri, griech. τείρω), **reiben, I** im Allg.: **A** eig.: **1** übh.: oculos, sich die Augen reiben, um Tränen herauszubringen, Ter.: dentes in stipite, Ov. (vgl. eos [dentes] inter se terendo stridorem edere, Plin.): lignum ligno, Plin.: sinapi ex aceto, Scrib.: calcem, jmds. Ferse streifen = ihn im Lauf einholen, Verg.: calamo labellum, die Lippe an der Flöte reiben = Flöte blasen, Verg.: bis frugibus area trita est, es ist zweimal Ernte gewesen, Ov. – **2** insbes.: **a** reinigend, putzend **reiben, glätten, blank machen,** crura pumice, Ov.: oculos, Plaut. – **b** mit dem Dreheisen reiben = **abdrehen, drechseln,** aliud (vitrum) torno teritur, Plin.: radios rotis, Verg. – **c** das Getreide tretend **dreschen, austreten,** frumentum, Varro: messes, Tibull.: milia frumenti, Hor. – **d** eine Örtl. **oft betreten, -besuchen,** ianuam, Catull.: viam, Ov.: iter, Verg.: semitas humanis vestigiis tritas, Plin.: fenestra trita nocturnis dolis, Prop.: interiorem metam curru, nach der inneren Spitzsäule zufahren, bildl., nicht ausschweifen, sich in Schranken halten, Ov.: nec iam clarissimorum virorum receptacula (Landhäuser) habitatore servo teruntur, werden nicht mehr von Sklaven als Insassen bewohnt, Plin. pan. 50, 3. – **e** im obszönen Sinne = *futuere,* Plaut. capt. 888. Prop. 3, 11, 30. Petron. 87, 8. – **B** übtr., in den Händen reiben = **oft gebrauchen, -lesen, 1** eig.: catillus Euandri manibus tritus, Hor.: liber ubique teritur, Mart.: quod legeret tereretque viritim publicus usus, Hor. – **2** in der Rede **oft gebrauchen, bekannt-, geläufig machen,** verbum, Cic.: nomina consuetudo diuturna terit, Cic.: tritum vulgi sermone proverbium, Hieron. epist. 57, 12 u. 117, 1. – **II** prägn.: **A reiben** = reibend **zermalmen, zerreiben, 1** eig.: piper, Petron.: alqd in mortario, Plin.: bacam, Verg.: teri in ventre (von der Speise), Cels.: papaver tritum, Ov.: vita trita rotis, Ov. – **2** bildl., gleichs. **mit Füßen treten, verletzen,** maiestatem deorum, Claud. in Ruf. 1, 228. – **B** reibend **vermindern, abreiben, abnutzen, abtragen, 1** eig.: silices, Ov.: trita colla bovis, Ov.: collum tritum habet (v. Cicero), Sen. suas. 6, 12: ferrum, abstumpfen, Ov.: in purpura, quae teritur (sich abträgt), absumitur (sich abnutzt), Liv.: trita vestis, trita subucula (Ggstz. pexa tunica), Hor.: Partiz. subst., trīta, ōrum, *n.*, abgetragene Kleider, Mart. 2, 58. – **2** übtr.: **a mürbe machen, aufreiben,** se in opere longinquo, Liv.: plebem in armis, Liv.: in foro verisque litibus teri, Plin. ep. Vgl. Korte Plin. ep. 7, 5, 2. – **b** eine Zeit **zubringen,** interea tempus, Cic.: diem sermone, Plaut.: otium conviviis comissationibusque inter se, Liv.: ibi triennium frustra, Sall. fr.: aetatem in his discendis rebus, Cic.: aevum ferro, Verg.: segne otium, Tac.: dies noctesque in continuis precibus, Arnob. – ► *Perf.* terui (neben trivi), Apul. bei Charis. 248, 4. – Synk. *Perf.* tristi, Catull. 66, 30.

terplico, āre, s. triplico.

Terpsichorē, es, *f.* (Τερψιχόρη), die **Muse der Tanzkunst,** Auson. edyll. 20, 5. p. 251, 5 Schenkl: Genet. Terpsichorae, Anthol. Lat. 88, 5 (616, 5). – dah. übh. = **Muse, poetische Neigung, Poesie,** Iuven. 7, 35. Sidon. epist. 8, 16. § 2.

terra, ae, *f.* (›das Trockene‹; vgl. τερσαίνω neben torreo u. ex-torris), die **Erde,** im Gegensatz zum Himmel, zum Meer, zur Luft usw., der **Erdkörper,** der **Erdboden,** das **Land, I** im Allg.: **a** der **Erdkörper,** die **Erde,** terrae motus, Erdbeben, Cic. u. a.: terra in mundo sita est, Cic.: hunc statum esse huius totius mundi atque naturae, rotundum ut caelum, terra ut media sit, Cic.: terrā caeloque (auf Erden u. am H.) aquarum penuria est, Curt. – im Ggstz. zum Meer, terrae marisque cursus, Verg.: dah. terrā, zu Lande, iter Brundisium terrā petere, Cic.: terrā eodem pergit, Liv.: terrā marique, Cic., od. mari terrāque, Plaut. u. Liv., od. et mari et terrā, Nep., od. pelago terrāque, Ov., zu Wasser und zu Lande, von der Land- und Seeseite (dah. sprichw., terrā marique alqm conquirere, jmd. an aller Welt Enden, überall suchen, Vatin. in Cic. ep. 5, 9, 2: terrā marique omnia exquirere, durchsuchen, Sall. Cat. 13, 3): quisquis mari, quisque terrā venerit, Liv.: hic (moenibus) inclusus non terrā, non mari quicquam sui iuris cernere, Liv. – in terris, auf Erden, Cic. Cael. 12. Hor. ep. 2, 2, 157. Sen. prov. 2, 6, 9: hanc vitam in terris agere, Verg. georg. 2, 538. – sub terras (in die Unterwelt) ire, Verg. Aen. 4, 654: sub terris (in der Unterwelt) sint iura deûm et tormenta nocentum, Prop. 3, 5, 39. – **b** die Erde = das **Erdreich, α** übh.: glaeba terrae, Liv.: glaebae terrarum, Lucr.: terram edere (wie γῆν ἐσθίειν), Erde essen = ungenießbare Dinge zu sich nehmen, Cels. 2, 7: terra non bibitur, Erde (v. der Hefe), Vopisc. Firm. 4, 5. – mihi terram inice, wirf Erde auf mich, Verg.: eam voraginem coniectu terrae explere, Liv.: has (rates) terrā atque aggere integere, Caes.: manibus sagulisque terram exhaurire, Caes.: aquam terramque petere od. poscere, s. aqua. – terrae filius, Erdensohn = ein unbekannter Mensch, Cic. ep. 7, 9, 1 u. ad Att. 1, 13, 4. Pers. 6, 59; vgl. Min. Fel. 21, 7 u. Lact. 1, 1, 1: terrā orti, Eingeborene, Autochthonen, Quint. 3, 7, 26. – **β** die **Erde** in Bezug auf die Beschaffenheit, der **Boden,** ea, quae gignuntur e terra, die Erd- od. Bodenerzeugnisse, Cic.: terra argillosa aut lapidosa, Varro: terra aut arida aut satiata, Sen.: terra praepinguis et uvida, Colum.: terra sterilis et emoriens, Curt.: neque aliud est colere quam resolvere et fermentare terram, Colum. – **c** die **Erde** = der **Erdboden,** terrae hiatus, Ov., Sen. u. a. (u. so repentini terrarum hiatus, Cic.): in eo loco dehisse terram, Varro LL. (u. so dehiscat mihi terra! die E. möge sich vor mir auftun, mich verschlingen! Verg.): terram obtueri od. intueri, zur E. sehen, Plaut. u. Caes.: de terra saxa tollere, Cic.: alqm ad terram dare, zu Boden schlagen (strecken), werfen (schleudern), Plaut. u. Liv.: u. so alqm affligere ad terram, Plaut., od. terrae, Ov.: alqm pronum in terram statuere (stauchen), Ter. – **d** das einzelne **Land,** die **Landschaft,** abire in alias terras, in andere Länder, Cic.: in ea terra, Cic.: terra mea, Ov.: apposit. (s. Drak. Liv. 25, 7, 4), terra Arabia, Plaut.: terra Italia, Varro u. Liv.: terra Africa, Auct. b. Afr. – Plur. terrae, die einzelnen Länder zusammengenommen, die **Erde,** die **Welt,** terrae ultimae, Cic.: has terras incolentes, Cic.: pecunia quanta sit in terris, Cic.: orbis terrarum, der Erdkreis, Cic.: orbis terrarum omnium, Cic.: Carthaginienses principes terrarum, Liv.: populus princeps omnium terrarum, Liv. – solvent formidine terras, poet. = die Welt, die Menschen, Verg.: u. so terras coërceat omnes, Ov. – *Genet. plur.* oft *partit.* bei *Advv. loci,* ubi terrarum sumus? wo sind wir doch in aller Welt? Cic.: so auch ubicumque terrarum, Cic.: abire quo terrarum possent, Liv.: quoquo hinc asportabitur terrarum, Ter.: migrandum Rhodum aut aliquo terrarum, Brut. in Cic. ep.: nec usquam terrarum etc., Iustin. – **II** personifiz., Terra, die Erde als Göttin, gew. Tellus, Cic. de nat. deor. 3, 52. Varro LL. 5, 57; r. r. 1, 1, 5. Ov. fast. 6, 299. – ► in den Augurbüchern tera, s. Varro LL. 5, 21. – archaist. Genet. Sing. terrai, Lucr. 1, 212 u. a., terras, Naev. bell. Pun. 1. fr. 18 *Vahlen.*

Terracīna, Terracīnēnsis, s. Tarracīna.

terrālis herba, die auch sisymbrium gen. Pflanze, **Brunnenkresse,** Ps. Apul. herb. 105.

terrāneola, ae, *f.* (*Demin.* v. terraneus und dieses v. terra), das **Erdmännchen,** ein Vogel, Phaedr. append. 30 (31), 1.

terrāneus mūs, eine unbekannte Mäuseart, Firm. math. 8, 19. p. 224, 39.

terrārium, iī, *n.* (terra), der **Erddamm** als Weg, CIL 14, 16.

terrārius, a, um (terra), **auf freiem Boden-, im Freien aufgewachsen,** Schol. ad Pers. 6, 22.

terrēnus, a, um (terra), **I aus Erde bestehend, erdig, irden,** tumulus, Caes.: collis, Liv. (u. so pingues terrenique colles, Plin. ep.): campus, Liv.: genus, Cic.: vasa, irdenes Geschirr, Plin.: terrenis principiorum satietatibus abundans, einen Überfluss an erdigen Bestandteilen habend, Vitr. – subst., terrēnum, ī, *n.*, **a** der **Erdstoff** (Ggstz. aër, ignis, umor), Vitr. 2, 9, 6 u. 9 *sqq.:* Plur. terrena, Lact. 2, 2, 17; 2, 3, 6. – **b** die **Erde,** der **Acker,** herbidum, Liv.: genera terreni, Colum.: sepia in terreno parit, Plin.: quā terrena erant, Erde (keine Felsen), Liv. – **II zur Erde gehörig, 1 in** oder **auf der Erde befindlich, der**

Erde, Erd-, Land-, bestiae, Landtiere, Cic.: pabulum (für die Schweine, wenn sie in der Erde wühlen und z. B. Würmer finden), Colum.: iter, Reise zu Lande, Plin.: ebenso peregrinatio (Ggstz. navigatio), Cael. Aur.: umor, Feuchtigkeit der Erde, Cic.: opera, Werke unter der Erde, Vitr.: moles, die Masse des Erdkörpers, Amm.: contagio, Cic.: hiatus, Ov. – poet. numina, unterirdische, Ov. – subst., terrēna, ōrum, *n.*, **Landtiere,** Quint. 12, 11, 13. – **2 irdisch** (Ggstz. caelestis), eques, von irdischer Natur, sterblich, Hor. carm. 4, 11, 27: opes nostrae, Augustin. epist. 15, 2: honores terrenos promittit, ut caelestes adimat, Cypr. de zel. et liv. 2: terrena ac fragilia haec bona, Lact. 2, 22, 14. – subst., **a** terrēni, rum, *m.*, die **Erdbewohner,** die **Irdischen,** rector caelitum et terrenorum, Augustin. conf. 9, 8, 18 *extr.* – **b** terrēna, ōrum, *n.*, **irdische Dinge,** Gell. 14, 1, 3.

terreo, terrui, territum, ēre (*terseo; altind. *trásati,* zittert, griech. τρέω aus *τρέσω; vgl. ἔτερσεν, ἐφόβησεν, *Hesychius*), **schrecken, erschrecken, in Schrecken setzen, scheuchen, I** im Allg.: alqm, Cic.: urbem incendiis, Cic.: alqm vel spe consolari vel metu terrere, Cels. (u. so metu territi, vano metu territi, Curt.): alqm mortis od. supplicii metu, Curt.: territus hoste novo, Ov.: territus animi, Sall. u. Liv. – m. *pro* u. Abl., nec dubito te quoque eādem cogitatione terreri pro istis, quae inter manus habes, Plin. ep. 6, 5, 7. – mit folg. *ne* u. Konj., Samnites maxime territi, ne ab altero exercitu integro intactoque fessi opprimerentur, Liv. 10, 14, 20: terruit urbem, terruit gentes, grave ne rediret saeculum Pyrrhae, Hor. carm. 1, 2, 4 *sq.* – absol., ut ultro territuri succlamationibus, Liv. 28, 26, 12. – **II** prägn.: **1 scheuchen,** schreckend **jagen,** profugam per totum orbem, Ov. met. 1, 727. – **2 abschrecken, einschüchtern** (= einschüchternd abhalten), a repetunda libertate, Sall. hist. fr. 1, 41 (45), 6. – mit folg. *ne* u. Konj., memoria pessimi proximo bello exempli terrebat, ne rem committerent eo, Liv. 2, 45, 1: ilico obvius adfuisti et praesentiā tuā, ne auderent transitum, terruisti, Auct. pan. ad Constant. 22, 3. – mit folg. *quo minus* u. Konj., ut, si nostros loco depulsos vidisset, quo minus libere hostes insequerentur, terreret, Caes. b. G. 7, 49, 2. – m. folg. *Infin.*, inimicos loqui terrent amplitudine potestatis, Amm. 27, 7, 9: non territus ire, Manil. 5, 577: terreor tantis insistere umbris, Ps. Verg. cul. 239.

terrēsco, ere (*Inchoat.* v. terreo), **in Schrecken setzen,** Eutych. 448, 28 K.

terrester, s. terrestris ►.

terrestris, e (terra), **I auf der Erde befindlich, a** = **auf dem Land befindlich, Erd-, Land-** (Ggstz. marinus, maritimus), animantium genus terrestre, Landtiere, Cic.: so auch terrestria animalia (Ggstz. an. marina), Mela: u. so auch subst., terrestria, ium, *n.*, Landtiere, Plin. – res terrestres et maritimae, Rhet. Her.: regiones terrestres aut maritimae, Cic.: terrestre aut maritimum munimentum, Liv.: terr. exercitus, Nep.: exercitus terrestris navalisque, Liv.: terr. iter, Landweg, Auct. b. Alex., Liv. u. a.: proelium, Treffen zu Lande, Nep.: terrestres navalesque pugnae, Cic.: terr. archipirata, Cic.: *Er.* Sentisne (= sentesne) essitas? *He.* Terrestris cena est (ist Landkost = Kost, die in der Erde wächst). *Er.* Sus terrestris bestia est (ist ein Landtier), Plaut. capt. 188 *sq.* – **b auf der Erde befindlich, irdisch** (Ggstz. caelestis), res caelestes atque terrestres, Cic.: virtutes terrestres, Val. Max.: Capitolium, hoc est terrestre domicilium Iovis, Cic.: Socrates humanae sapientiae quasi quoddam terrestre oraculum, Val. Max. – *neutr. plur.* subst., peritura terrestria diligere, Prud. ham. 384. – **II auf der Erde bleibend** (Ggstz. sublimis), avis, v. der Wachtel, Plin. 10, 64. – ► Nom. Sing. Mask. terrester, Flor. 2, 2, 4.

terreus, a, um (terra), **aus Erde, erdig, irden, Erd-,** murus, Varro LL. 5, 48: agger, Varro r. r. 1, 14, 2: progenies, Verg. georg. 2, 341: sabbata terrea (Ggstz. aeterna), Prud. apoth. 505: regnum, quod ambit diva et marina et terrea, Prud. cath. 12, 90.

terriberēs, um, *f.* (?), wahrsch. eine Art Käse- od. Milcherzeugnis, Edict. Diocl. 6, 95.

terribilis, e (terreo), **I schrecklich, a** v. Lebl.: facies, Sall.: sonus, Liv.: clamor, Liv.: mors terribilis est iis etc., Cic.: nec erat gens, cuius secundum Gallicos tumultus arma terribiliora essent, Liv.: illa gloriosiora, illa terribiliora duceret, Vell.: serpens ipsā Carthagine terribilior, Val. Max. – m. 2. *Supin.*, terribiles visu formae, Verg. Aen. 6, 277. – *neutr. pl.* subst., maiora ac terribiliora (schrecklichere Nachrichten) affere, Liv.: cum alia aliis terribiliora afferrentur, Liv. – **b** v. Pers.: terribilis cunctis et invisus, Suet.: iam ipsi urbi terribilis erat, Liv.: cum Maximum terribilem fecerit ille successus, Augustin. – m. *Infin.*, terribilis videri, Priap. 56, 4 B. – m. 2. *Supin.*, quam terribilis aspectu, Cic. Sest. 19. – **II** übtr., **Ehrfurcht gebietend, ehrwürdig,** scripturae, Cod. Iust. 3, 1, 13. § 4.

terribiliter, *Adv.* (terribilis), **schrecklich,** Arnob. 2, 20. Vulg. psalm. 13, 14. Augustin. conf. 12, 25, 34.

terricola, ae, *m.* (terra u. colo), der **Erdbewohner** (Ggstz. caelicola), *Apul. de deo Socr. 6 (Vulcanius).

terricrepus, a, um (terror u. crepo), **furchtbar donnernd,** os (Mund), Augustin. conf. 8, 2, 3.

terricula, ae, *f.* u. **terriculum,** ī, *n.* (terreo), das **Schreckmittel, Schreckbild, Schrecknis,** Form *-a,* Afran. com. 270. Lucil. 484. Sen. rem. 1. § 3. Lact. de mort. pers. 16, 7. Min. Fel. 37, 4: Form *-um,* Acc. tr. 324 u. 623. – Abl. Plur. terriculis, Liv. 5, 9, 7; 34, 11, 7.

terriculāmentum, ī, *n.* (terriculum), das **Schreckbild, Schreckmittel, Schrecknis,** inane, Apul. de deo Socr. 15. – terriculamenta sepulcrorum, Gespenster, Apul. apol. 64: prodigiorum, Sidon. epist. 7, 1, 2.

terriculum, ī, *n.*, s. terricula.

terrificātio, ōnis, *f.* (terrifico), das **Schrecknis,** imaginum, Non. 135, 15.

terrifico, āre (terrificus), jmd. **schrecken, erschreckenden,** Lucr., Verg. u. a.

terrificus, a, um (terreo u. facio), **Schrecken erregend, schrecklich,** Lucr., Verg. u. a.: terrifico fremitu atque sonoro, Gell. 5, 14, 9: terrificae vaticinationes, Plin. ep. 6, 20, 19: terrifici latratus, Solin. 15, 7.

terrigena, ae, c. (terra u. gigno), **aus** od. **von der Erde geboren,** der **Erdensohn,** das **Erdenkind,** animalium terrigenarum deceptor oppressor exstinctor, Augustin. de civ. dei 16, 4. p. 131, 3 D.[2] – So nun **a** von den ersten Menschen, genus terrigenarum, Lucr. 5, 1409. – **b** von den Giganten, weil die Erde ihre Mutter war, Sil. 9, 306. Val. Flacc. 2, 18 (wo Genet. Plur. terrigenûm). – **c** von den Männern, die aus den von Jason und Kadmus gesäten Drachenzähnen erwuchsen, t. fratres, t. feri, t. populi, Ov.: so auch von den von Kadmus aus Drachenzähnen gesäten Menschen, t. fratres, Ov. met. 3, 118. – **d** von der Schnecke (cochlea), Poëta b. Cic. de div. 2, 133. – **e** von der Schlange, Sil. 6, 254 (von der vorher 151 *sq.* steht monstrum irā Telluris genitum). Stat. Theb. 5, 506.

terrigenus, a, um (terra u. gigno), **aus der Erde geboren, aus der Erde gewachsen,** animalia, Tert. adv. Marc. 2, 12: semen, Ven. Fort. carm. 1, 10, 3: außerdem Hilar. carm. de evang. 71.

terriloquus, a, um (terror u. loquor), **schrecklich redend,** vatum terriloqua dicta, Lucr. 1, 103.

terrio, ōnis, *m.*, eine andere Bezeichnung für trio (s. d.), erklärt b. Gell. 2, 21, 8.

terripavium, s. tripudium *no.* II.

terrisonus, a, um (terror u. sono), **schrecklich ertönend, -schallend,** Claud. laud. Stil. 1, 109.

territio, ōnis, *f.* (terreo), das **Schrecken, Erschrecken,** Ulp. dig. 47, 10, 15. § 41.

territo, āvī, āre (*Intens.* v. terreo), **schrecken, erschrecken, in Schrecken setzen, a** v. leb. Wesen: magnas urbes, Verg.: principes civitatis, Caes.: consules, Romanos, Liv.: feroces, Fronto: ultro ex stationibus ac vigiliis hostem, Liv. – m. Abl., alqm istis verbis, Plaut.: alqm morte, Plaut.: alqm supplicio, Caes.: alqm metu, Caes.: alqm minis, Liv.: nervo et vinculis corpus liberum, Liv. – absol., sub castris eius vagabatur alias colloquendi alias territandi causā, Caes. b. G. 5, 57, 3. – **b** v. Lebl.: pavor territat mentem animi, Plaut.: tribunicium domi bellum patres territat, Liv.: aves etiam inanis fundae sonus territat, Sen.

territor, ōris, *m.* (terreo), der **Schrecker, Schreckenverbreiter,** Iuppiter terr., CIL 14, 3559.

territōriālis, e (territorium), **zum Gebiet gehörig,** termini, Gromat. vet. 4, 21 u. a.

territōrium, iī, *n.* (terra), das zu einer Stadt gehörige Ackergebiet, das **Stadtgebiet** (s. Varro LL. 5, 21. Pompon. dig. 50, 16, 239 *extr.*), coloniae, Cic.: urbis, Eutr.: Neapolitanum, Pallad.: extra territorium abire, Plin.

terror, ōris, *m.* (terreo), der (das) **Schrecken,** der **Schreck,** der **erschreckende, einschüchternde Eindruck, I** eig. (oft verb. terror pavorque, terror ac pavor, pavor terrorque, Liv., metus et terror, Tac.; vgl. Fabri Liv. 24, 40, 12), m. subj. *Genet.*, exercitus, Caes.: ceterorum, Tac. – m. obj. *Genet.* (vor, wegen, über), belli, Cic.: equorum, Caes.: praesentis exercitus, Caes.: caesi regis (über die Ermordung des K.), Liv.: iudiciorum, Liv.: mortis, Cic.: nominis nostri, Liv., nominis Alexandrini, Iustin.: populationum, Liv. – m. *Adii.*, terror amens, Claud.: anceps (doppelter), Liv.: u. so duplex, Liv.: equester, Liv.: arcanus, geh. Schauer, Tac.: barbarus atque immanis terror verborum, barbarische und wilde Schreckensworte, Cic.: terror externus, Schr. von außen (= wegen auswärtiger Feinde), Liv.: ebenso peregrinus, Liv.: repentinus, Cic. u. Liv.: servilis, vor den Sklaven, Liv.: vanus, Liv.: meus, suus, von mir, von ihm veranlasster, vor mir, vor ihm, Plaut. – expers terroris Achilles, Catull.: terrore coactus, Cic.: attonitus terrore, Lucan.: exanimatus terrore, Cael. or. fr. bei Quint.: pallens terrore, Ov.: pavens terrore, Ov.: inani percussus terrore, Lucan. – ubi vanus terror abiit, Liv.: populationibus agri terror est oppidanis admotus, Liv.: eo plus nuntii terroris attulere, Liv.: cuius ingressio laetitiam attulit sociis, terrorem autem hostibus, Cic.: cuius rei subita trepidatio magnum terrorem attulit nostris, Auct. b. Alex.: elephantos agere ante signa terroris causā, Liv.: augere hostibus terrorem, Sall.: eorum minis et terrore commoveri, Cic.: conicere Romanos in terrorem ac tumultum, Liv.: conicere omnium animos in terrorem, Auct. b. Afr.: terrore latius dato (verbreitet), Flor.: demere terrorem Romanis (v. einer Pers.), Liv., terrorem omnem Rhodiis (v. einem Umstand), Liv.: passim eos pavor terrorque distulerant, Liv.: terror hominibus mentem consiliumque eripit, Auct. b. Alex.: erat in oppido terror *ex* superioribus proeliis magnus, Caes.: tantus fuit post discessum hostium terror, ut etc., Caes.: in oppido ingens terror erat, ne etc., Sall.: fr.: alci terrori esse, jmdm. Schr. einflößen, einjagen, Caes. u. Sall.: ebenso alci maximo terrori esse, Sall.: in magno terrore esse propter adventum alcis, Liv.: prosperam navigationem sine terrore ac tumultu fuisse, Liv.: facere (einjagen) ibi terrorem et militibus et ipsi Appio, Liv.: u. so Aequi tantum terrorem Romae fecere, ut etc., Liv.: haud paulo ibi plus, quam quod secum ipsi attulerant, terroris fecerunt, Liv.: circumferendo passim bello tantum terrorem sui facere, ut etc., Liv.: non minus terroris a classe Romana et periculo maritumae orae habere, Liv.: si M. Antonio patuisset Gallia, quantus rei publicae terror impenderet, Cic.: implere omnia terrore, omnia terrore ac tumultu, Liv.: terror hostibus ex fiducia sui incessit, Sall. fr.: tantus terror incĭdit eius exercitui, ut etc., Caes.: incutere alci terrorem, Auct. b. Afr., terrorem ingentem, Liv. (u. so cum subito novus et pristino maior terror incutitur, Curt.): inferre terrorem alci, Cic., alci quam maximum terrorem, Caes., alci non minimum terrorem, Hirt. b. G.: duplex inde terror illatus Romanis, hinc ... hinc, Liv.: inicere alci magnum terrorem, Caes.: inicere terrorem mortis, Cic.: ingens terror patres invasit, Liv.: terror nominis eius invaserat orbem, Iustin.: offerre terrorem, Caes.: omnium rerum terror oculis auribusque est offusus, Liv.: ad urbem quoque terrorem perferre, Liv.: aliquantum quoque apertā pugnā praebuerunt terroris, Liv.: repellere alqm terrore periculoque mortis, Cic.: ut in terrore solet (*sc.* fieri), Sall. fr.: teneri terrore aliquo, Liv.: eiusdem vim dicendi terroremque timuerunt, die erschütternde Kraft der Rede, Cic.: nec ultra Samnis tolerare terrorem equitum peditumque vim potuit, Liv.: repente vertere terrorem in Romanos, Liv. – Plur., feri lugubresque terrores, Amm. 16, 12, 61. – **II** meton.: **a** der schreckende Gegenstand, das **Schrecknis,** terra repleta est trepido terrore, Lucr. 5, 41: ingens hostium terror (v. Eichelwagen), Curt. 4, 9 (35), 4: praecipuus terror (v. Elefanten), Curt. 9, 2 (7), 4: terror Macedonum (v. Elefanten), Curt. 5, 2 (8), 10: unicus quondam Graeciae terror (v. einer Örtl.), Curt. 5, 7 (23), 8: is terror (v. einer Schlange), Plin. 35, 121: Xerxes, terror ante gentium, Iustin. 3, 1, 1: Dionysius gentium quondam terror, Amm. 14, 11, 30: Plur., huius urbis terrores, von Karthago u. Numantia, Cic. de rep. 1, 71: von dens. terrores rei publicae, Vell. 2, 4, 5: terrores Romani nominis, v. Barbarenvölkern, Treb. Poll. Claud. 11, 4. – **b Schreckensnachricht,** alius praesens terror affertur, Scythas adventare, Curt. 7, 4 (19), 32. – u. Plur. terrores, **Schrecken, Schrecknisse** = Schrecken erregende-, beängstigende Nachrichten, Romam tanti terrores erant allati, ut patres vigilias in urbe habendas censerent, Liv. 3, 42, 6: miros terrores ad alqm afferre Caesarianos (in Betreff Cäsars), Cic. ad Att. 6, 8, 2: fictis mentitisque terroribus vera pericula augere, Plin. ep. 6, 20, 15. – od. = Schrecken erregende, drohende Äußerungen, non mediocres terrores iacĕre atque denuntiare, Cic. ad Att. 2, 23, 3. – od. = Schrecken erregende Vorfälle, ceteri omnes caelestes maritimique terrores, Liv. 29, 27, 14. – **III** personif., Terror, der **Schrecken,** Ov. met. 4, 485.

terrōsus, a, um (terra), **von erdiger Beschaffenheit, erdhaltig, erdig,** arena, Vitr. 2, 1. § 1: montes, Vitr. 2, 6. § 6.

terrula, ae, *f.* (*Demin.* v. terra, s. Prisc. 3, 37), die **Erde,** der **Acker,** in alienis terrulis, fremden Äckern, Cod. Iust. 10, 15 *in.*

terrulentē, *Adv.* (terrulentus), **irdisch, auf irdische Art,** rem spiritalem quaerere, Prud. perist. 10, 378.

terrulentus, a, um (terra), **I** aus Erde bestehend, **irdisch,** Prud. perist. 2, 195. – **II aus der Erde wachsend,** terrulentis fungitur, Erdgewächse, Prud. ham. praef. 5.

terrūncius, s. terūncius.

1. tersus, a, um, *PAdi.* (v. tergeo), **abgewischt, I** eig., **rein, sauber,** mulier, Plaut. Stich. 745: plantae, Ov. met. 2, 736: erat sollicitus, si (ob) pavimenta tersa, Hieron. epist. 60, 12. – **II** übtr., **fehlerfrei, nett,** opus, Plin.: praefationes, Plin. ep.: auctor, Quint.: iudicium, Quint. – tersior est Horatius, Quint.: vir in iudicio tersissimus, Stat. – ► Andere Form tertus, a, um, Varro sat. Men. 169.

2. tersus, Dat. uī, *m.* (tergeo), das **Abwischen, Abputzen, Abreiben,** Apul. met. 1, 23; apol. 6.

tertiadecumānī, ōrum, *m.* (tertius decimus), die Soldaten der dreizehnten Legion, die **Dreizehner,** Tac. hist. 3, 27.

tertiānus, a, um (tertius), **zum dritten gehörig, I** zum dritten Tag, febris tertiana, das dreitägige Fieber, Cic. de nat. deor. 3, 24: dass. öfter subst. tertiāna, ae, *f.*, Cels., Plin. u. a. – **II** zur dritten Legion, subst. tertiāni, ōrum, *m.* = die Soldaten der dritten Legion, die **Tertianer,** Tac. ann. 13, 38 u. hist. 3, 24 u. 27: so Sing. tertianus kollektiv, Tac. hist. 3, 29.

tertiārius, a, um (tertius), **das Drittel enthaltend,** stannum, das zwei Teile schwarzes und ein Drittel weißes Blei enthält, Plin. 34, 160. – subst., tertiārius, iī, *m.*, **1** der dritte Teil, das **Drittel,** Cato r. r. 95, 1. Vitr. 4, 7, 5. – **2** der **Ersatzmann,** Petron. 45, 11.

tertiātio, ōnis, *f.* (tertio, āre), die **dritte Wiederholung,** beim Ölpressen, das **dritte Pressen,** Colum. 12, 52 (50), 11.

tertiātō, *Adv.* (tertiatus), **zum dritten Mal,** verba tertiato et quartato dicere, vom Stotterer, Cato incert. libr. rell. 13 (b. Serv. Verg. Aen. 3, 314).

terticeps, cipis (tertius u. caput), der **dritte Gipfel,** alte Formel bei Varro LL. 5, 50.

1. tertio, āvī, ātum, āre (tertius), **I zum dritten Mal wiederholen,** verba tertiata, stotternd ausgesprochene, Apul. met. 5, 18. – **II** insbes., als *t. t.* des Landbaus, **zum dritten Mal pflügen, zur Saat pflügen,** campum, Colum.: agrum, Pallad. u. Serv. Verg.

2. tertio, *Adv.* (tertius), **I zum dritten Mal,** non veniam tertio, Ter.: tertio pecuniam dedit, Cic.: ut pacem a te iam hoc tertio (jetzt zum dr. M.) peteret, Curt.: tertio alqm od. se consulem facere, Lampr. u. Eutr.: tertio consules esse, Plin. pan.: tertio consulem designatum rogari, Plin. pan.: tertio tribunus plebis refectus, Aur. Vict.: iterum ac tertio u. dgl. s. iterum: primum ... iterum ... tertio, Vell.: ter, semel ... iterum ... tertio, Liv.: nec semel, sed iterum et tertio, Val. Max. – **II** **drittens,** Caes. b. 3, 43, 4: primum ... deinde ... tertio, Varro LL. 5, 80. Lampr. Alex. Sev. 13, 1.: primum ... hinc ... tertio, Flor. 4, 12, 49 u. 50. – **III** **dreimal,** Pallad. 1, 11, 2. Treb. Poll. Gallien. 17, 4. Fulg. myth. 2, 13.

tertiocērius, iī, *m.* (tertius u. cera), ein **Beamter dritten Ranges,** Cod. Iust. 12, 21, 1 u. a.

tertio-decīmus, ī, *m.*, der **dreizehnte,** Not. Tir. 61, 24[b].

tertium, *Adv.* (tertius), **zum dritten Mal,** Cic. u. a.

tertius, a, um (v. ter), der **dritte,** **I** *adi.*: pars, Caes.: consulatus, Plin. pan.: tertio quoque verbo, immer beim dritten Wort, Cic.: tertio quoque die, allemal am dritten Tage = einen Tag um den anderen, Cels.: tertius e nobis, einer von uns dreien, Ov.: ab Iove tertius Aiax, das dritte Glied, Urenkel des Jupiter, Ov.: numina tertia, die unterirdischen Götter, Ov.: tertia regna, die Unterwelt, Ov.: tertia Saturnalia, der dritte Tag des Saturnusfestes, Cic.: tertius decimus, der dreizehnte, Cic.: tertiae partes, die dritte Rolle, Cic. – **II** *subst.*: **1** tertius, iī, *m.*, **a** (*sc.* dies) der **dritte Tag,** der **Dritte,** tertio calendas Maias, Colum. 11, 2, 37: tertio decimo calendas Augustas, Colum. 11, 2, 52. – **b** (*sc.* liber) das **dritte Buch,** in tertio georgicorum, Auson. edyll. 13 *extr.* p. 146 Schenkl. – **2** tertia, ae, *f.*, **a** (*sc.* hora), die **dritte Stunde,** ab undecima noctis in tertiam diei, Fronto ad M. Caes. 4, 6. p. 69, 11 N. – **b** (*sc.* pars) ein **Drittel,** Scrib. 90. – **c** Plur. tertiae, ārum, *f.* (*sc.* partes), **α** **drei Teile,** ein **Drittel,** Colum. 12, 20, 4 u. a., Plin. 21, 119 u. a. Apic. 1, 17 u. 3, 65. – **β** die **dritte Rolle,** Plin. 7, 51. – **3** Tertius (eig. der dritte Sohn des Hauses) u. Tertia (eig. die dritte Tochter des Hauses) als Eigennamen; letztere z.B. = die Tochter der Servilia, mit der Cäsar unkeuschen Umgang hatte, in dem sarkastischen Wortspiel: Tertia deducta est (der dritte Teil ist abgezogen u. Tertia ist entführt worden), Cic. b. Macr. sat. 2, 2, 5. Suet. Caes. 50, 2.

Tertulliānus, ī, *m.*, **I** Q. Septimius Florens Tertullianus, aus Karthago, berühmter Kirchenvater am Ende des 2. und Anfang des 3. Jahrhunderts n. Chr., Lact. 6, 1, 23 u. 5, 4, 3. Isid. orig. 8, 5, 60. – Dav. **Tertulliānistae,** ārum, *m.*, die **Anhänger des Tertullian,** Isid. orig. 8, 5, 60. – **II** ein berühmter Jurist zur Zeit des Sept. Severus, Ulp. dig. 29, 2, 30. § 6 u. a.

tertus, a, um, s. 1. tersus ►.

teruncius, iī, *m.* (ter od. tres u. uncia), **drei Unzen** od. **drei Zwölfteile** (ein Viertel) eines Asses od. zwölfteiligen Ganzen, **I** als kleine Münze, das **Viertelas,** etwa ein **Dreier,** Varro LL., Cic. u. a. – Sprichw., ne teruncius quidem, nicht ein Heller, nicht das Mindeste, Cic. ad Att. 6, 2, 4; vgl. Cic. ep. 2, 17, 4; so auch non iam teruncii faciunt, halten sie keinen Heller wert, machen sich gar nichts aus ihnen, Plaut. capt. 477: teruncium adicere Croesi pecuniae, einen Dreier den Schätzen des Kr. hinzufügen (wir »Wasser ins Meer tragen«), Cic. de fin. 4, 29; vgl. in divitiis Croesi teruncii accessio, *ibid.* 3, 45. – **II** **der vierte Teil** der Erbschaft, Cic. ad Att. 7, 2, 3 zw.

ter-venēficus, ī, *m.*, der **Erzgiftmischer,** als Schimpfwort, Plaut. Bacch. 813.

tervium = trivium, CIL 9, 2476.

tēsaurus, s. thēsaurus.

tesca (tesqua), ōrum, *n.* (mit u. ohne loca), unfruchtbare, raue, von der Stadt entfernte **Haiden, Steppen, Einöden,** tesqua loca, Acc. fr.: tesca saxa, Enn. fr.: tesqua deserta et inhospita, Hor.: tesqua remota, Apul. – Sing. **tescum,** ī, *n.*, alte Religionsformel bei Varro LL. 7, 8.

Tēsēs, s. Thēseus.

Tesifon, s. 1. Ctēsiphōn.

tessala, s. tessella.

tessalārius, s. tessellārius.

tessaracostē, ēs, *f.* (τεσσαρακοστή), der **vierzigste Tag,** Ambros. in Luc. 3. § 16.

tessella, ae, *f.* (*Demin.* v. tessera), das **viereckige Stückchen,** das **Würfelchen,** **I** im Allg., Plin. 17, 120 (Variante thessala) u. 37, 144. – **II** insbes.: **a** das **Mosaiksteinchen,** Sen. nat. qu. 6, 31, 3. – **b** das **Fleischwürfelchen,** Apic. 2, 41 (Schuch tessalas); 7, 293. – **c** das **Würfelchen** zum Würfeln, Iuven. 11, 132. – ► Vgl. Gloss. II, 197, 44 ›tessellae, βόλια καὶ ψῆφοι‹.

tessellārius, a, um (tessella), **I** (Nbf. tessalārius v. tessala = tessella) **zum Würfel gehörig,** artifex artis tessalariae lusoriae, K. im Würfelspiel, CIL 6, 9927. – **II** **zur Mosaik gehörig,** subst., tessallārius, iī, *m.*, der **Mosaikarbeiter,** Cod. Theod. 13, 4, 2. Vgl. Gloss. III, 310, 4 ›tessellarius, ψηφοθέτης‹.

tessellātim, *Adv.* (tessella), **würfelig,** concīdere spatulam porcinam, Apic. 4, 174 *sqq.*

tessellātor, ōris, *m.* (tessello) = ψηφοθέτης, der **Mosaikarbeiter,** Gloss. II, 480, 43.

tessellātus, a, um (tessella), **mit viereckigen Steinchen besetzt,** pavimentum, der Mosaikfußboden, Suet. Caes. 46: dass. subst., tessellātum (= ψηφοθέτημα, Gloss. II, 197, 45). Pelagon. veterin. 17 (§ 270 *Ihm.*). Veget. mul. 5, 46, 3.

tessello, āvī, āre (tessella), **mit viereckigen Steinchen-, mit Mosaik belegen,** CIL 5, 3893. Vgl. Gloss. II, 197, 46 ›tessellat, ψηφοθετεῖ‹.

tessera, ae, *f.* (v. τέσσαρες, α), ein viereckiger Körper, das **Viereck,** der **Würfel,** **I** von Holz, Stein usw., zum Einsetzen, zum Schmuck, od. die Fußböden damit auszulegen, palliorum, Plin.: tesseris struere pavimenta, mit würfelförmigen Platten auslegen, Vitr.: so auch pavimentum struere ex tessera grandi, Plin. – **II** der **Würfel** zum Spielen, auf dem sechs Seiten bezeichnet waren (s. tālus), tesseras iacĕre, Cic., od. mittere, Ov.: tesseris ludere, Ter.: ludere tabulā et tesseris, Hieron. – **III** die **Marke,** das **Kennzeichen,** **1** im Allg., das **hölzerne Täfelchen** mit Aufschrift, als Kennzeichen, Iustin. 3, 5, 10. – **2** insbes.: **a** ein Täfelchen, auf dem die Parole od. das Kommando stand; dah. meton. = die **Parole, Losung,** das **Feldgeschrei, Kommando** (σημεῖον, lat. auch signum), it bello tessera signum, Verg.: omnibus tesseram dare, Liv.: dare tesseram, ut, Suet. – **b** ein Täfelchen, gegen dessen Vorzeigen man Naturalien od. Geld empfing, die **Marke,** frumentaria od. frumenti, Suet. u. Iuven.: nummaria, Suet. – **c** hospitalis, die **Marke-,** das **Wahrzeichen der Gastfreundschaft,** an dem sich Gastfreunde erkannten, Plaut. Poen. 1407 u. a.: apud nos confregisti tesseram, du hast die Gastfreundschaft gebrochen, unsere Gastfreundschaft hat ein Ende, Plaut. cist. 503: tesseram hospitalem cum eo fecerunt, haben Freundschaft geschlossen, CIL 6, 1684.

tesseracostē, richtiger tessaracoste, s. d.

tesserārius, a, um (tessera), **I** übh. **zum Viereck** od. **Würfel gehörig,** subst., tesserārius, iī, *m.*, der Verfertiger von Vierecken (Würfeln), tesserarius lignarius, CIL 5, 7044. – **II** **zum Würfelspiel gehörig,** ars, Würfelspielkunst, Amm. 14, 6, 14; 28, 4, 21. – subst., tesserārius, iī, *m.*, der **Würfler, Würfelspieler,** Amm. 28, 4, 21. – **III** **zur Parole-, Losung gehörig,** subst. tesserārius, iī, *m.*, der die Parole vom Feldherrn erhält und weitergibt, der **Paroleträger, Tesserarius,** Tac. hist. 1, 25. Veget. mil. 2, 7. CIL 2, 26, 10 u. 9, 1617.

tesserātus, a, um (tessera) = tessellatus, Apul. met. 8, 28.

tesserula, ae, *f.* (*Demin.* v. tessera), ein kleiner viereckiger Körper, das **Würfelchen,** **I** den Fußboden auszulegen, das **viereckige Steinchen,** der **Würfel,** das **Würfelchen,** Lucil. 84. Hieron. in Ioël 2, 1. – **II** die **Marke,** Gell. 10, 27, 5. – um Getreide usw. zu erhalten, Pers. 5, 74. – **III** das **Täfelchen,** zum Abstimmen in den Komitien, Varro r. r. 3, 5, 18. – **IV** der **Würfel** zum Spielen, der **Spielwürfel,** Gell. 18, 13, 2. Anthol. Lat. 193, 2 (915, 2).

tēsta, ae, *f.* (wohl aus *tersta; vgl. terra u. torreo), jedes aus Ton Gebrannte: **I** eig.: **1** jedes irdene **Geschirr, Flasche, Krug, Urne, Leuchter, Topf, Stürze,** si cum testa ambulans carbunculos corrogaret, Rhet. Her.: testisque tegit, Verg.: iuncta testa viae, Urinbehälter, Mart.: zum Öl, Mart.: testā ardente, Lampe, Verg.: accipiat manes parvula testa meos, Prop.: vinum Graecā testā conditum, Flasche oder irdenes Gefäß, Hor.: fervens testa, zum Brotbacken, Sen. – **2** der **Ziegelstein, Brandstein,** (griech. ὄστρακον), **a** eig., Varro u. Cic.: testa trita, Plin., od. bl. testa, Vitr., Ziegelmehl. – **b** meton.: **α** der **ziegelfarbige Fleck** im Gesicht, Plin. 26, 163 u. 185. – **β** Plur. testae = das Klatschen mit den flachen Händen (wie mit Ziegelsteinen), Suet. Ner. 20, 3. – **3** die **Scherbe,** der **Scherben, a** übh., Ov., Plin. u. a.: gelu pruinisque dirumpi in testas, in Stücke zersplittern (v. Steinen), Plin. 36, 167. – **b** insbes. = ὄστρακον, die **Scherbe** beim gerichtlichen Abstimmen der Griechen, testarum suffragia, Scherbengericht (griech. ὀστρακισμός), Nep. Cim. 3, 1. – **II** übtr.: **1** die **Schale** der Schaltiere, **a** eig., als Muscheln, Austern, Schnecken, Cic. u. Plin.: der Schildkröte, Varro: ovi vacuati testa ex utroque suo vertice perforata, Cael. Aur. de morb. chron. 3, 2, 43. – **b** meton., das **Schaltier,** Hor. sat. 2, 4, 31. – **c** poet. übtr.: **α** die **Schale, Decke** = das Eis, lubrica testa, Ov. trist. 3, 10, 38. – **β** die **Hirnschale** (italien. *testa,* franz. *tête*), Auson. u. a. (s. Amman Cael. Aur. de morb. chron. 1, 1, 6. p. 627). – **2** das **Knochenstück,** Cels. 6, 13 u. a.

tēstābilis, e (testor), **das Recht habend, ein Zeugnis förmlich abzulegen,** Lex Horat. bei Gell. 6, 7, 2.

tēstāceus, a, um (testa), **I aus gebrannter Erde** od. **Ziegelstein bestehend, a** eig.: vas, vasculum, irdenes, Hieron.: pavimentum, Vitr.: structura, Vitr.: opus, Plin. ep., u. subst. bl. testāceum, eī, *n.,* Plin., Arbeit aus Brandsteinen. – Nbf., pavimentum testacium, Pallad, 1, 9, 4 *sq.* u. 1, 18, 2 *codd. optt.*: monumentum testacium, CIL 6, 10242. – **b** meton., **ziegelfarben,** gemma, Plin.: pira, Plin. – **II aus einer Schale bestehend,** insectorum omnium et testacei operimenti oculi, die Augen aller Insekten u. Schaltiere, Plin. 11, 153: prägn., **mit einer Schale überzogen,** omnia testacea, Schaltiere, Plin. 32, 58.

tēstācius, a, um, s. tēstāceus *no.* I, a.

tēstāmen, inis, *n.* (testor), das **Zeugnis,** der **Beweis,** Tert. adv. Marc. 3, 4.

tēstāmentārius, a, um (testamentum), **zum Testament gehörig, I** *adi.*: lex, Cic. Verr. 1, 108: hereditas, durch ein Testament, ICt.: ebenso adoptio, Plin. – **II** subst., testamentārius, iī, *m.,* **a** der **Testamentschreiber,** Ulp. dig. 28, 5, 9. § 3 u. 6 u. a. CIL 2, 1734. – **b** im üblen Sinne, der Verfertiger und Unterschieber falscher Testamente, der **Testamentschmied** (dagegen falsarius einer, der Testamente verfälscht), Cic. de off. 3, 73 u. Sest. 39.

testāmentūm, ī, *n.* (testor), der **letzte Wille,** das **Testament, I** im Allg. (Plur. verb. testamenta ac voluntas mortuorum, Cic. de or. 1, 242; vgl. Cic. Verr. 2, 46): captatio testamenti, Plin.: subiectio testamentorum, Liv.: subiector testamentorum, Cic.: ius testamenti, ICt. – test. duplex, Suet.: falsum, Cic.: ingratum, in dem dem Kaiser nichts vermacht ist, Suet.: legitimum, Plin. ep. – ita imperio Romano per testamentum Asia accessit, Eutr.: adhiberi ad testamentum, beim Testieren zugezogen werden, ICt.: non admitti (als Erbe zugelassen werden) ad testamentum iure militiae factum, ICt.: adoptare alqm testamento, Nep. u. Val. Max.: per testamentum adoptari, Eutr.: etiam in testamentis debes annotasse, Plin. ep.: aperire testamentum, Quint.: captare testamenta, Hor. u. Sen.: id testamento cavere (verordnen), Cic. (u. so erit mihi curae, testamento ut caveam, ne mortuus iniuriam accipiam, Petron.): circumscribere (umgehen) testamentum, Plin. ep.: confirmare testamentum, Quint.: alcis codicilli non confirmati sunt testamento, Plin. ep.: conscribere testamentum, Cic.: corrigere testamenta vivorum, Cic.: nec putaverit quisquam nudā voluntate constitui testamentum, ICt.: decessit (er verschied) veteri testamento, Plin. ep., honestissimo testamento, Plin. ep.: deporto (ich bringe mit) eius testamentum, Cic.: aliena testamenta ipsis quorum sunt dictare, den Leuten ihr Test. vordiktieren, Plin. ep.: evertere leges, testamenta, voluntates mortuorum, Cic.: excludi testamento, vom T. ausgeschlossen werden, ICt.: facere testamentum, ICt.: testamentum palam facere, Cic.: facere testamentum in procinctu (s. unten), Vell.: testamentum facere velle, Cic.: testamenti factionem habere, das Recht haben, ein Test. zu machen, Cic.: testamento facere heredem filiam, Cic.: interlinere testamentum, Cic.: irritum facere testamentum, Cic.: regnum testamento legare, Iustin.: unā fui, testamentum legi, Cic.: eodem testamento mori velle, ICt.: alio testamento mori, Plin. ep.: mutare testamentum, Cic., Sen. rhet. u. a.: nuncupare testamentum, Plin. u. Plin. ep.: obsignare testamentum, Caes.: falsum testamentum obsignandum curare, Cic.: testamentum in alias tabulas translatum signis adulterinis obsignare, Cic.: testamentum signis omnium magistratuum obsignare (besiegeln lassen), Suet.: proferre (vorbringen) testamentum, Liv. u. Plin. ep.: relinquere testamentum ante decem et octo annos nuncupatum, Plin. ep.: testamento alqm heredem (als E.) relinquere, Eutr.: relinquere alci testamento sestertiûm milies, Cic. (u. so Bithynia testamento Nicomedis relicta hereditaria, Vell.): rescindere alcis testamentum, Cic. u. Quint.: resignare testamentum, Hor.: rumpere testamentum alcis, Cic.: quo laudabilius testamentum est, quod pietas, fides, pudor scripsit, Plin. ep.: signare testamentum, Quint. u. Plin. ep.: subicere testamentum, Cic.: supponere testamentum, Cic.: eripis hereditatem, quae venerat a propinquis, venerat testamento, venerat legibus, Cic.: falsum est, quod creditur vulgo, testamenta hominum speculum esse morum, Plin. ep. 8, 18, 1. – Ein Testament machen od. im Testament etwas vermacht bekommen, war nur das Vorrecht der römischen Bürger. Es gab drei Arten von Formen bei der testamenti factio: **a** calatis comitiis, Gell. 15, 27, 3. **b** in procinctu, s. Cic. de or. 1, 228. Vell. 2, 5, 3. c) per aes et libram, wobei der Scheinkäufer vorkommt, s. ēmptor. – **II** prägn., das alte u. neue **Testament,** als die zwei Teile der Bibel, Lact. 4, 20, 4 *sq.* Tert. adv. Marc. 1, 1.

tēstārius, iī, *m.* (testa), der **Bearbeiter (Schmelzer?) der Erzstücke,** Lex metall. Vipasc. im CIL 2, 5181, I, 46.

tēstātim, *Adv.* (testa), **scherbenweise, in Scherben, in Stücken,** comminuere, Pompon. com. fr. 178: caput alci defringere, Iuvent. com. fr. 7.

tēstātio, ōnis, *f.* (testor), **I** die **Anrufung zum Zeugen,** foederum ruptorum, Liv. 8, 6, 3. – **II** die (mündliche od. schriftliche) **Bezeugung** als Zeuge, die **Zeugenaussage,** der **Beweis** (vgl. Spalding Quint. 5, 7, 32), Quint. u. ICt.: testationem recitavit, ICt.: testationes inde ferre (erhalten), Capit. Anton. phil. 9, 8.

tēstātō (*Abl.*), s. tēstor *no.* I u. *no.* II, 1, 2.

tēstātor, ōris, *m.* (testor), **I** der **Zeuge,** Prud. cath. 12, 87. – **II** der **Testierer, Testator,** Suet. u. a.

tēstātrīx, trīcis, *f.* (Femin, zu testator), die **Testiererin,** ICt.

tēstātus, a, um, *PAdi.* (v. testor), **dargetan, klar, unleugbar, augenscheinlich,** quod erat notum atque testatum, Cic.: res, Cic.: quo notior testatiorque virtus eius esset, Caes.: testatissima mirabilia, Augustin. conf. 8, 6, 10: omnia multo maxime testatissima claruerunt, Augustin. epist. 43, 5.

tēsteus, a, um (testa), **aus irdenem Stoff, irden,** corpus, Macr.: indumentum animi (v. Körper), Macr.: fragmen, Prud.

tēsticius, a, um (testu), **im Napf gebacken, Napf-,** panis, Cato r. r. 74 Schn.

tēsticorius, a, um (testa u. corium), **eine Schale als Haut habend,** ostrea, Eustath. hexaëm. 7, 3.

tēsticulātus, a, um (testiculus), **mit Hoden versehen,** Veget. mul. 4, 7, 2. – subst., tēsticulāta, ae, *f.,* die auch orchion od. mercurialis gen. Pflanze, Ps. Apul. herb. 72.

tēsticulo, āvī, āre (testis = Hoden), **zur Zeugung zulassen,** arietes a Tarento emit et testiculavit in gregem, Petron. 38, 2 (Bücheler; im Text culavit). – ► Depon. Nbf. **tēsticulor** u. **tēstilor,** ārī, Paul. ex Fest. 366, 7.

tēsticulus, ī, *m.* (*Demin.* v. 2. testis), **a** der **Hoden,** Rhet. Her., Cels. u. a.: si testiculi vena ulla paterni viveret in nobis, eine Ader der väterl. Manneskraft, Pers. 1, 103. – **b** eine Pflanze, Ps. Apul. herb. 15.

tēsticutis, e (testa u. cutis), **eine Schale als Haut habend,** ostreae, pectines et cochleae, Eustath. hexaëm. 7, 2.

tēstificātio, ōnis, *f.* (testificor), **I** die **Bezeugung,** der **Beweis** durch Zeugen od. Zeugnis u. Urkunden, illorum confessio, testificatio sua, die von ihm veranstaltete Bestätigung der Aussagen, Cic.: hāc testificatione uti, Cic.: si eius rei testificatio tolleretur, Cic.: Plur., observationes, testificationes (die Konstatierung von unlauteren Vorgängen), seductiones testium, Cic.: testificationes, indicia, quaestiones, Cic. – II übtr., die **Bezeugung, Kundgebung,** der **Beweis,** officiorum, Cic.: repudiatae legationis, Cic.

tēstifico, āre = testificor, CIL 4, 2445. Commodian. instr. 1. praef. 7.

testificor, ātus sum, ārī (testis u. facio), I bei jmd. **bezeugen,** jmd. **zum Zeugen anrufen,** deos hominesque, Cael. in Cic. ep.: homines, deam, Ov. – II durch seine eigene Aussage **bezeugen, Zeuge sein, zeugen, versichern,** 1 eig.: testificor, me esse rogatum, Cic.: absol., ut testificati discederent, Cic. – 2 übtr., **bezeugen, beweisen, dartun, an den Tag legen,** amorem, Cic.: *Partic.* passiv, abs te testificata tua voluntas, Cic. ad Att. 1, 17, 7: scaenā testificata loquar, Ov. fast. 4, 326.

tēstilor, s. tēsticulo ►.

tēstimōniālis, e (testimonium), **zum Zeugnis dienend,** comparatio, Tert. adv. psych. 16 *extr.* – subst., testimōniāles, ium, *f.* (*sc.* litterae), **schriftliches Zeugnis,** Veget. u. Cod. Theod.

testimonium, iī, *n.* (1. testis), das (mündliche od. schriftliche) **Zeugnis,** I eig.: Ciceronis, Caes.: testimonia testium vestrorum, Cic.: honorificum civitatis test., ehrenvolle Anerkennung von Seiten des St., Vell.: test. falsum, Liv. u. Gell.: sed quid ego illum voco ad testimonium? Varro: testimonia non audire (nicht auf Z. hören), Cic.: testimonium dicere in alqm, Cic., contra deos, Cic.: testimonium de coniuratione dicere in alios, Cic.: falsum testimonium dicere, Gell., dicere in alqm, Liv.: ut etiam grave testimonium impertitum clari hominis magnique videatur, Cic.: alci testimonium huius urbis atque imperii conservati dare, Cic.: testimonium dare pro alqo, Ggstz. ferre adversus alqm, ICt.: praebere diversa inter se testimonia, ICt.: perhibere testimonium, Varro u. a.: reddere alci testimonium stuporis, Sen. rhet.: reddere alci iustissimum integritatis testimonium, Plin. ep.: reddere alci iustitiae testimonium, Quint.: dicere pro testimonio, im Zeugenverhör aussagen, Cic.: mentiri pro testimonio, ein falsches Z. ablegen, Gell.: alci testimonium denuntiare, Cic. (u. so testimonii denuntiatio, Cic.): tribuere testimonium virtutis egregiae, Cic.: virtuti debitum testimonium recusare, Cic.: ad testimonium vocare, Varro: obrui aratorum testimoniis, Cic.: testimonia elevare, Quint.: alqm testimonio fraudare, Cic.: neque testimonii dictio est, hat nicht das Recht, Zeuge zu sein, Ter. – v. schriftlichen Zeugnissen, testimonium componere, obsignare, Cic.: legite testimonia testium, Cic.: ad ephoros sibi testimonium daret, Nep. – II übtr., das **Zeugnis** = der **Beweis,** dedisti iudicii tui testimonium, Cic.: verba sunt testimonio, Cic.: laboris sui periculique testimonium afferre, Caes.: eius rei testimonium esse, quod etc., Caes.: testimonia moderatae vitae proferre, Nep.

1. **tēstis,** is, *c.* (für *terstis aus *tristus zu St. tri-, drei, der »dritte« neben beiden Parteien), der **Zeuge,** I eig.: testis falsus (Ggstz. verus), Cic. u. Iuven.: falsus adulterii testis, Ov.: testis timidus, Quint.: mearum ineptiarum testis ac spectator, Cic.: testis spectatorque virtutis atque ignaviae cuiusque adest, Liv.: quo causae teste tenentur, durch dessen Zeugnis (Aussage), Hor.: si negem, quo me teste convinces? Cic.: testes dare od. edere, aufstellen, vorbringen, Cic.: in illa accusatione testes dare, Cic.: testes dare in singulas res, Cic.: fictos festes in alqm dare, Cic.: summum Iovem deosque do testes m. folg. *Acc.* u. *Infin.*, Plaut.: harum rerum omnium auctores testesque producere, Cic.: so auch testes excitare ab inferis, Cic.: deos testes adhibere, Cic.: testibus uti, Cic.: testem citare in hanc rem totam Siciliam, Cic.: facere alqm testem, Ov. u. Liv.: testes faciet ilico, vendidisse me, wird alsbald Zeugen schaffen, Ter.: nemini possum studii erga te testis esse, Cic.: Pompeius mihi testis de voluntate Caesaris est, Cic.: mea officia ei non defuisse tu es testis, Cic.: testem gravissimum Regulum nolite vituperare, Cic. – testis falsa, Arnob. iun.: teste deā, Ov.: inductā teste in senatu, Suet.: senatus consulti conficiendi testis (*fem.*), Lampr. – v. Lebl., res ipsa testis est, Plaut. u. Fronto: teste epistulā eius scriptā ad Marcellum, Gell.: epistula haec et manus testis est propria, Hieron.: testes sunt rationes civitatum, Cic.: sic est index modestiae rubor, sic testis iustitiae sermo, Paneg. vet.: vulnera (sunt) testes, Ov. – II übtr. = arbiter, der **Augenzeuge, Zeuge,** fructus abest, facies cum bona teste caret, wenn die Schönheit nicht gesehen wird, Ov.: te teste, Priap. 2, 1: lunā teste moventur, Iuven.: im Wortspiel mit 2. testis (Hoden), quod amas amato testibus praesentibus, Plaut. Curc. 32 G.: magnis testibus ista res agetur, Priap. 15, 1. – ► testis, e, *Adi.*, **zeugend, Zeuge,** teste est caelum super me, Augustin. serm. 57, 3 Mai: caelum teste vocat, Alcim. Avit. poëm. 6, 576.

2. **tēstis,** is, *m.*, **der Hoden,** dexter asini testis, Plin. 28, 261. – gew. Plur. testes, Hor., Plin. u. a.: im Wortspiel, s. 1. testis *no.* II.

tēstitrahus, a, um (testis u. traho), **die Hoden schleppend,** aries, Laber. com. inc. fab. XX.

tēsto, āre = testor, Prisc. 8, 25. CIL 3, 3273.

tēstor, ātus sum, ārī (1. testis), I etw. **bezeugen, Zeuge von** etw. **sein,** etw. **durch sein Zeugnis dartun,** u. übh. etw. **bekunden, an den Tag legen, versichern, beweisen, dartun,** testere licet, Ov.: testandi causā, publicum agrum esse, Liv.: testatus, quae praestitisset, Liv.: utraeque vim testantur, Cic. – zuw. passiv = **bezeugt-, an den Tag gelegt-, dargetan werden,** testata est voce praeconis libertas Argivorum, Liv.: dah. tēstātō (*Abl. neutr.*), weil dargetan, unleugbar ist, Plin. 8, 130. – Passiv unpers., adversus cognatos pro cliente testatur (man zeugt), Cato oratt. 41 (bei Gell. 5, 13, 4). – II bei jmd. od. etwas **bezeugen,** jmd. od. etw. **zum Zeugen nehmen** od. **anrufen,** 1 im Allg.: omnes deos, Cic.: omnes homines deosque, Cic.: cives, Cic.: foedera Liv.: deos immortales *de* suo scelere, Cic. testor omnes deos m. folg. *Acc.* u. *Infin.*, Cic. m. allg. Prädikats-*Acc.*, id testor deos, Ter.: hoc vos, iudices, testor, Cic.: ea, quae accĭdēre, testatum antea Cretenses et regem Ptolemaeum, Sall. hist. fr.: Passiv, qui se sierit testarier (= testari), wer sich herbeigelassen hat, als Z. aufgerufen zu werden, XII tabb. 8, 22 *Schoell* (b. Gell. 15, 13, 11): dah. tēstātō (*Abl.*), vor Zeugen (Ggstz. per epistulam od. litteris), Ulp. dig. 15, 4, 1. § 1 u. a. Apul. apol. 78. – 2 insbes., seinen letzten Willen kundgeben, **testieren, ein Testament machen,** de filii pupilli re, Cic.: immemor in testando nepotis decessit, Liv.: tabulae testatae, das Testament, Catull.: dah. tēstātō (*Abl. neutr.*), nach gemachtem Testament (Ggstz. intestato), decedere (scheiden), Ulp. dig. 29, 1, 19 *pr.* Paul. dig. 9, 14, 45 *pr.* – paraq. *Infin. Praes.* testarier, XII tabb. 8, 22 *Schoell* bei Gell. 15, 13, 11.

tēstū, *indecl.*, u. **tēstum,** ī, *n.* (viell. = tostu, tostum, wie testa = tosta), I das **irdene Geschirr, -Gefäß,** die **irdene Schüssel,** der **Napf,** a eig., Varro LL. u. Ov.: insbes. zum Brotbacken (indem eine solche Schüssel über das Brot gedeckt u. mit heißer Asche überschüttet wurde), sub testu coquere, Cato: auch etwas heiß zu machen, fimo ovium sub testu calefacto, Plin.: et spumant (calices) uterque testu pressus suo, Ov. – b übtr., ein **Gefäß** von Metall, sub aereo testo, Plin. 32, 81. – II übh., **etwas aus gebackener Erde,** Form *-um* bei Sulpic. Sev. chron. 2, 2 *extr.*

tēstuātium, iī, *n.* (testu), eine Art **Kuchen, die in irdenem Geschirr gebacken wurden,** Varro LL. 5, 106.

tēstūdinātus, a, um (testudo), **mit einer flachgewölbten Decke versehen,** tectum, Fest. 213 (a), 7: tecta turrium, Vitr. 2, 1, 4: cava aedium, Vitr. 6, 3, 2. – Nbf. **tēstūdineātus,** a, um, tectum, Colum. 12, 15, 1.

tēstūdineus, a, um (testudo), I **schildkrötenartig,** gradus, Schildkrötengang, Plaut. aul. 49. – II **mit Schildpatt geschmückt, -ausgelegt,** lectus, Varro fr. u. Schol. Iuven.: lyra, Tibull. u. Prop.: hexaclinon, Mart. – subst., tēstūdinea, ōrum, *n.*, **mit Schildpatt ausgelegte Möbel,** Iavol. dig. 32, 1, 100. § 4.

tēstūdo, inis, *f.* (testa), die **Schildkröte,** I eig., Liv. u. a. – Sprichw., testudo volat, von etw. Unmöglichem, Claud. in Eutr. 1, 352. – II meton.: A der **Schild** (die Schale) der **Schildkröte,** der zum Schmuck der Möbel diente, das **Schildpatt,** lecti ex testudine, Varro LL.: testudine culti (ausgelegt) thalami, Ov.: varii testudine postes,

Verg.: Gallici (triumphi) apparatus ex testudine constitit, Vell. – **B** v. der Wölbung des Schildkrötenschildes: **1** jedes gewölbte **Saiteninstrument,** die **Lyra, Laute, Cithara,** Verg. u. Hor. – übtr., eine der Cithara ähnliche Haartracht, Ov. art. am. 3, 147. – **2** der mit einer flachgewölbten Decke versehene Raum, bes. der innere Hof (cavaedium) des röm. Hauses, der **Pavillon,** Varro, Cic. u. a.: templi, Verg. – **3** die **schildkrötenförmige Bedeckung,** des Igels, Mart. 13, 86, 1. – **4** die **Schale des Eies,** ovum testudine tectum est, Augustin. serm. 105, 7. – **5** als milit. *t. t.*: **a** das hölzerne **Schutzdach,** unter dem die Belagerer sicher standen, arbeiteten u. den Mauerbock (aries) an die Mauer hinschoben, Caes. u. Vitr. – **b** das von den Soldaten aus den über den Köpfen zusammengefügten Schilden gebildete **Schilddach,** Caes. u. a.

tēstula, ae, *f.* (Demin. v. testa), **I** das **irdene Lämpchen,** cava test., Prud. cath. 5, 17: test. trita, Seren. b. Diom. 511, 19. – **II** ein Stück von zerbrochenem irdenem Geschirr, die **Scherbe, 1** übh., Colum. 11, 3, 31. – **2** inbes., wie ὄστρακον, die **Scherbe** (das irdene Täfelchen) bei Abstimmung vor Gericht; meton. = das **Scherbengericht** (ὀστρακισμός), a Themistocle collabefactus testula illā, Nep. Arist. 1, 2.

tēstum, ī, *n.*, s. tēstū.

teta, ae, f., eine Taubenart, Serv. Verg. ecl. 1, 58.

tetanicus, a, um, s. tetanus.

tetanus, ī, *m.* (τέτανος), die **Halsstarre,** der **Tetanus,** Plin. u. Scrib. – Dav. **tetanicus,** a, um (τετανικός), **mit der Halsstarre behaftet,** Plin. 20, 239 u. a.

tetartēmoria, ae, *f.* (τεταρτημορία), das **Viertel** in der Musik, Mart. Cap. 9. § 930 u. § 959.

tetartēmorion, iī, *n.* (τεταρτημόριον), das **Viertel** des Tierkreises, Plin. 7, 160 (Sillig die apokopierte Form tartemorion, griech. ταρτημόριον). Gromat. vet. 162, 2; 187, 4 u. 7.

tēte, s. tū.

tēter, s. taeter.

tethalassōmenos, ī, *m.* (τεθαλασσωμένος οἶνος), Wein mit Seewasser vermischt, Plin. 14, 78.

tēthea, *n. pl.* (τὰ τήθεα), eine Art Mollusken, Plin. 32, 93 u. 99 u. a. (falsch tēthea, ae, *f.*, s. Jan Plin. 32, 99).

Tēthȳs, yos, Akk. yn, *f.* (Τηθύς), **I** eine Meergöttin, Gemahlin des Oceanus, Mutter der Flussgötter u. Seenymphen, Catull. 64, 29 u. a. Ov. fast. 5, 81 u. a. Verg. georg. 1, 31. – **II** (poet.) appell. = das **Meer,** Catull. 88, 5. Sil. 3, 60. Lucan. 1, 414 u. a. nachaug. Dichter (s. Haupt opusc. 2, 74). – ► Akk. Tethya, Anthol. Lat. 720, 1 (234, 1).

tetinerim, tetinisse, s. teneo ►.

tetrachmum, ī, Genet. Plur. ōrum u. ûm, *n.* (τέτραχμον), eine griechische Silbermünze von **vier Drachmen,** Sing. Volus. Maecian. distr. § 45 (Metrol. scriptt. p. 67, 1 *Hultsch*): Plur., Caes. in Cic. ep. 12, 13, 4. Liv. 34, 52, 6: tetrachma Attica, Liv. 39, 5, 14: tetrachmûm Atticorum, Liv. 37, 59, 4: tetrachmûm Atticûm, Liv. 37, 46, 3 u. 39, 7, 1.

tetrachordos (tetracordos), on (τετράχορδος, ον), **viersaitig, vierstimmig,** machina, v. der Wasserorgel, Vitr. 10, 8, 2: prius tetrachordi (auf vier Saiten spielend) erant citharoedi, Acro Hor. de art. poët. 216. – subst., tetrachordon, ī, *n.*, ein Tonsystem von vier Saiten oder Tönen, von denen die zwei äußersten eine Quarte gegeneinander klingen, ein **Tetrachord,** Varro LL., Vitr. u. a.: bildl., tetrachordon anni, die vier Jahreszeiten, Varro sat. Men. 458.

tetracōlos, on (τετράκωλος), **viergliedrig, a** als metr. *t. t.*, tetracolos versus, Mar. Plot. Sacerd. 3, 19. p. 505, 20 K.: tetracolos strophe, Mar. Victorin. 4, 3, 33. p. 165, 13 K.: tetracoloe odae, *ibid.* 4, 3, 2. p. 160, 35 K.: carmina tetracola, Atil. Fortunat. 28, 4. p. 294, 28 K. – **b** als rhet. *t. t.*, subst. tetracōlon, ī, *n.*, eine viergliedrige Periode, Sen. contr. 9, 2 (25). § 27.

tetracordos, on, s. tetrachordos.

tetradēum, eī, *n.* u. **tetradium,** iī, *n.* (τετραδεῖον u. τετράδιον), eine **Vier,** eine **Quaterne,** Sen. contr. 10. praef. § 12 *sq.* Colum. 3, 20, 3.

tetradōros, on (τετράδωρος, ον), **von vier Palmen (Querhänden),** Vitr. 2, 3, 3. Plin. 35, 170.

tetradrachmum, Variante zu tetrachmum, s. d.

tetraëtēris, idis, Akk. ida, *f.* (τετραετηρίς), ein **Zeitraum von vier Jahren,** Censor. 18, 3.

tetrafarmacum, s. tetrapharmacum.

tetragnathius, iī, *n.* (τετράγναθος, mit vier Kinnladen), eine giftige Spinnenart, Plin. 29, 87.

tetragōnālis, e (tetragonum), **viereckig,** latus, Boëth. inst. mus. 2, 17 u. a.

tetragōnicus, a, um (tetragonum), **viereckig,** latus, Boëth. inst. arithm. 2, 50. p. 163, 17 Fr. u. a.

tetragōnium, s. tetragōnus.

tetragōnus, a, um (τετράγωνος), **viereckig,** Boëth. inst. arithm. 1, 1. p. 8, 25 Fr. u. a.: ager, Gromat. vet. 247, 8 u. 354, 6: aspectus, Auson. ecl. 2, 21. p. 156 Schenkl. – subst., **tetragōnum,** ī, *n.* (τετράγωνον), das **Viereck,** Censor. fr. 7, 2 H. Mart. Cap. 6. § 712. Gromat. vet. 219, 2 u. a. Auson. ecl. 2, 42. p. 156 Schenkl. Isid. orig. 15, 8, 2 (wo *cod. Gud. 1* tetragonium). – als Sternbild, Censor. fr. 3, 8.

tetragrammatos, on (τετραγράμματος), **aus vier Buchstaben bestehend,** nomen domini, Isid. orig. 19, 21, 7.

tetrālix, icis, *f.* (τετράλιξ) = erice, **Heidekraut,** Plin. 21, 94.

tetrameter, trī, *m.* (τετράμετρος), der **Tetrameter, Viertakter** in der Metrik (s. tetrametrus), Diom. 506, 28.

tetrametrus, a, um (τετράμετρος), aus vier Metren od. Takten bestehend, d. h. in jambischen, trochäischen u. anapästischen Versen = aus **vier Doppelfüßen** od. **Dipodien bestehend,** in daktylischen, kretischen, bacchischen, antispastischen, choriambischen, päonischen u. dochmischen Versen = **aus vier Füßen bestehend,** versus, Ter. Maur. 2095: iambici versus, Prisc. de metr. Ter. § 2. p. 419, 15 K.: pes, Isid. orig. 6, 2, 17.: subst., tetrametros, qui Latine quadratus vocatur, Cens. fr. 14, 6.

tetrāns, āntis, *m.* (τετρᾶς), das **Viertel, I** eig.: **a** übh.: columnarum, Vitr. 4, 2, 4. – **b** als mathem. *t. t.*, der abgeteilte Bogen eines Kreisabschnittes von 90 Graden, der **Quadrant,** Vitr. 3, 5, 6; 4, 2, 4; 10, 6, 1. – **II** übtr. als *t. t.* der Agrimens., der **Ort, wo zwei Linien zusammenstoßen,** Gromat. vet. 33, 5 u. a.

tetrao, ōnis, *m.* (τετράων), der **Auerhahn,** Plin. 10, 56. Suet. Cal. 22, 3. Tert. adv. Marc. 1, 13 *extr.*

tetraōnymus, a, um (τετραώνυμος), **viernamig,** Prisc. 2, 29.

tetrapharmacum (**tetrafarmacum**), ī, *n.* (τετραφάρμακον), **I** ein **Pflaster aus vier Bestandteilen,** Veget. mul. 3, 15, 2 u. a. (b. Cels. 5, 19, 9 griech.). – **II** ein **Gericht von viererlei Speisen,** Spart. Hadr. 21, 4 u. Hel. 5, 4. Lampr. Alex. Sev. 30, 6.

tetraphoros, on (τετραφόρος, wie ἑξαφόρος), **zu viert tragend,** phalangarii, Lastträger, die zu viert eine Last tragen, Vitr. 10, 3, 7.

tetraplasius, a, um (τετραπλάσιος), **vierfach,** tetraplasia ratio, Mart. Cap. 9. § 953.

tetraplo, āre (τετραπλόος), **vervierfachen,** Mart. Cap. 9. § 952.

tetraptōtos, on (τετράπτωτος), **mit nur vier Kasusendungen,** forma (rein lat. quaternaria forma), Consent. 351, 22 u. 28 K. – subst., tetraptōton, ī, *n.*, ein **Nomen,** das **nur vier Kasusendungen hat,** Pompeii comment. 184, 28 K.: Plur., Diom. 309, 22. Prisc. 5, 76. Isid. orig. 1, 6, 43.

tetrapūs, podis (τετράπους, vierfüßig), Titel des achten Buches des Apicius, »von Zubereitung der Speisen aus vierfüßigen Tieren«.

tetrapylum, ī, *n.* (τετράπυλον), ein **Durchgang von vier Toren,** Auct. descr. orb. 17 u. 23 (Class. auct. 3, 394 u. 399). CIL 8, 7038.

tetrarchēs, ae, *m.* u. **tetrarcha,** ae, *m.* (τετράρχης), ein Fürst, der den vierten Teil eines Landes beherrscht, der **Vierfürst, Tetrarch,** übh. Titel kleiner Fürsten, **Regent,** Nomin. -chēs, Cic. Deiot. 27. Auct. b. Alex. 67, 1: Nomin. -cha, Ven. Fort. carm. 11, 1, 26 *Leo.* Vulg. Matth. 14, 1; Luc. 3, 19 u. 9, 7.

tetrarchia, ae, Akk. ān, *f.* (τετραρχία), das **Gebiet eines Tetrarchen,** Cic. u. a.

tetrarhythmus, um (τετράρρυθμος), **aus vier Takten** od. **Versfüßen bestehend,** Max. Victorin. de metr. 2, 10, 3. p. 96, 27 K.

tetras, adis, *f.* (τετράς), die **Vier,** Tert. adv. Val. 7 u. 8. Ambros. de incarn. dom. sacram. 7, 77. Mart. Cap. 7. §734 u. a.

tetrasēmus, a, um (τετράσημος), **mit vier Zeichen od. Zeitteilen,** Mart. Cap. 9. §987.

tetrastichos, on (τετράστιχος), **a vier Reihen enthaltend,** porticus tetrastichae (heteroklit.), Treb. Poll. Gall. 18, 5. – **b aus vier Zeilen (Versen) bestehend,** dialogon tetrastichon, Anthol. Lat. 658 *lemm.* p. 115 *Riese.* – Plur. subst., tetrăsticha, ōn, *n.*, ein **aus vier Zeilen (Versen) bestehendes Gedicht,** Quint. 6, 3, 96. Mart. 7, 85, 1. Anthol. Lat. *lemm.* ad 555 *sqq.* p. 59 u. 62 *Riese.*

tetrastrophos, on (*τετράστροφος), **aus vier Strophen bestehend,** secunda ode dicolos est tetrastrofos (so!), Serv. de metr. Hor. 468, 21 K. – subst., tetrăstrophī, ōrum, *m.*, ein **vierstrophiges Gedicht,** Ven. Fort. carm. 3, 4, 3 *Leo.*

tetrastȳlos, on (τετράστυλος), **viersäulig,** frons loci, Vitr. 3, 3 (2), 7: cava aedium, Vitr. 6, 3, 1. – subst., tetrastȳlon, ī, *n.*, eine **Galerie von vier Säulenreihen,** Capit. Gord. 32, 2. CIL 2104, 18.

tetrasyllabus, a, um (τετρασύλλαβος), **viersilbig,** Prisc. de accent. §36 u. 40. p. 526, 19 u. 527, 11 K.

tētre, *Adv.*, s. taetrē.

Tetrica, ae, *f.*, s. tetricus *no.* II.

tetricitās, ātis, *f.* (tetricus), die **Ernsthaftigkeit, Strenge, Finsterkeit,** Auct. pan. in Pison. 103.

tetricus, a, um, **I düster, finster, ernsthaft, pedantisch, streng, unfreundlich,** mulier, Varro fr.: puella, Ov.: disciplina Sabinorum, Liv.: mos, Isid.: deae, die Parzen, Mart.: voces, Mart.: tuba, kriegerisch, Mart.: febris, Mart. – **II** als *nom. propr.*, **Tetricus mōns,** ein steiler Berg im Sabinischen, zu der Kette der Apenninen gehörig, j. *Monte s. Giovanni,* Isid. orig. 10, 266: ders. poet. Tetrica rupes, Sil. 8, 419; u. subst. bl. Tetrica, ae, *f.*, Verg. Aen. 7, 713.

tetrinnio, īre, Naturlaut der Enten, **schnattern,** Anthol. Lat. 762, 22 (233, 22).

tetrissito, āre, Naturlaut der Enten, **schnattern,** Suet. fr. 161. p. 251, 4 *Reiff.*

tētritūdo, s. taetritūdo.

tētro, s. taetro.

tettīgomētra, ae, *f.* (τεττιγομήτρα), die **Larve-, Hülle der Zikade,** Plin. 11, 93.

tettīgonia, ae, *f.* (τεττιγονία), eine kleinere Art von Zikaden, Plin. 11, 92.

tetulī = tuli, s. fero u. tulo.

tetulus, s. titulus ▶.

tetus, ī, *m.*, vulg. = palumbes (s. d.), Schol. Bern. Verg. ecl. 1, 58.

Teucer, crī, *m.* u. **Teucrus**, ī, *m.* (Τεῦκρος), **I** (Teucer u. Teucrus) Sohn des Telamon, des Königs von Salamis, Bruder des Ajax, der nach seiner Rückkehr von Troja auf Cypros eine neue Heimat fand, Vell. 1, 1, 1. Iustin. 44, 3, 2 *sq.* Rhet. Her. 1, 18. Hor. carm. 1, 7, 21: Nom. Teucrus, Lact. 1, 21, 1; epit. 23, 1. – Titel einer Tragödie des Pakuvius, Cic. de or. 1, 246. – **II** (Teucrus) Sohn des Skamander von Kreta, Schwiegervater des Dardanus, erster König von Troas, Verg. Aen. 1, 235; 3, 108 (u. dazu Serv., der auch Teucros hat). – Dav.: **A Teucris,** idis, *f.* (Τευκρίς), die **Teukrerin,** poet. = die **Trojanerin,** Sabin. epist. 1, 81. – **B Teucrius,** a, um (Τεύκριος), **teukrisch,** poet. = **trojanisch,** Pergama, Sil. 13, 36. – subst., Teucria, ae, *f.*, **a Troja,** omnis Teucria, ganz T. = alle Trojaner, Verg. Aen. 2, 26. – **b** die Pflanze **Gamander,** *Teucrium chamaedrys,* L., Plin. 24, 130. – und die Pflanze **Milzkraut,** *Teucrium flavum,*. L., Plin. 26, 35. – **C Teucrus,** cra, crum, **teukrisch,** poet. = **trojanisch,** Catull. u. Ov.: subst., Teucrī, ōrum u. ûm, *m.*, die Trojaner, Verg. u. Ov.: u. die Römer, Sil. 17, 348.

teuchītis, idis, *Adi. f.* (τευχῖτις), Beiname einer wohlriechenden Art Binsen (iuncus, σχοῖνος), Plin. 21, 120.

teucrion, iī, *n.* (τεύκριον), **Milzkraut,** eine Pflanze, *Teucrium flavum* (L.), Plin. 25, 45. Ps. Apul. herb. 57, 1. Vgl. Teucria unter Teucer *no.* B.

1. Teucris, s. Teucer.

2. Teucris, idis, *f.*, verblümter Name einer reichen Kapitalistin, von der Cicero Geld zu erlangen hoffte, Teucris illa lentum negotium, Cic. ad Att. 1, 12. §1 u. 13. §6.

Teucrius u. **Teucrus**, a, um, s. Teucer.

Teum od. **Teus**, eine Stadt, s. Teos.

Teuta u. **Teutana**, ae, *f.*, eine Königin von Illyrien, Form *-ta,* Plin. 34, 24. Pomp. Trog. prolog. hist. Phil. lib. 28. p. 228 *ed. Jeep.*: Form *-tana,* Flor. 2, 5, 2.

Teutātēs, ae, *m.*, einer der großen Götter der Gallier, der Gott des Todes, Lucan. 1, 445. Lact. 1, 21, 3.

teuthalis, idis, Akk. ida, *f.* (τευθαλίς), eine Pflanze, sonst polygonos gen., Plin. 27, 113 (Detl. thalattiada).

Teuthrās, antis, *m.* (Τεύθρας), **I** ein Fluss in Kampanien, Prop. 1, 11, 11. – **II** ein König in Mysien, Vater des Thespius, Hyg. fab. 99 u. 100. – **III** ein Krieger des Turnus, Verg. Aen. 10, 402 (wo Vok. Theutra). – Dav.: **A Teuthrania,** ae, *f.*, eine Gegend in Mysien, Plin. – **B Teuthrantēus,** a, um, **teuthrantëisch, mysisch,** Caicus, Ov. – **C Teuthrantius,** a, um, **teuthrantisch,** turba, fünfzig Schwestern u. Töchter des Thespius (dah. Thespiades gen.), Ov.: regna, Ov.

teutlophacē, ēs, *f.* (τευτλοφακῆ), ein **aus Mangold und Linsen bereitetes Gericht,** Cael. Aur. de morb. acut. 1, 15, 127. – Nbf. seutlophacē, ēs, *f.* (σευτλοφακῆ), Cael. Aur. de morb. chron. 2, 39, 229.

Teutobodus, ī, *m.*, Anführer der Zimbern, Flor. 3, 3, 9. Eutr. 5, 1. Oros. 5, 16, 12. Vgl. Haupt opusc. 3, 571 *sq.*

Teutoburgiēnsis saltus, eine Waldgegend im Nordwesten Deutschlands zwischen Ems und Weser, der **Teutoburger Wald,** Tac. ann. 1, 60.

Teutonī, ōrum, *m.* u. **Teutonēs**, um, *m.*, uralter Kollektivname aller germanischen Stämme, dann die Auswanderer mehrerer germanischer Stämme zwischen der Elbe u. Weichsel, die nebst den Zimbern in das römische Reich einfielen u. es hart bedrängten, aber von C. Marius völlig geschlagen wurden, Form *-ī,* Caes. b. G. 1, 43, 4. Cic. de imp. Pomp. 60. Liv. epit. 67 *extr.* Vell. 2, 8, 3; 2, 12. §2 u. 4. Sen. ep. 94, 66. Plin. 4, 99. Flor. 3, 3, 1. Frontin. 2, 4, 6: Form *-ēs,* Aur. Vict. de vir. ill. 67. Eutr. 5, 1 u. 2: Genet. Teutonum, Caes. b. G. 7, 77, 12. Vell. 2, 12, 4: Akk. Teutonas, Flor. 3, 3, 7. Oros. 5, 16, 1. – Sing. **Teutonus,** ī, *m.* = ein **Teutone,** Frontin. 4, 7, 5; u. kollekt. der **Teutone,** Lucan. 6, 259. – Dav. **Teutonicus,** a, um, **teutonisch,** u. poet. = **germanisch** übh., ritus (Plur.), Verg.: opes, Prop.: capilli, Mart.: victoria, Val. Max.: Cimbrica Teutonicaque militia, Vell.: bellum Cimbricum et teutonicum, Flor.

Tevestē, s. Thevestē.

texo, texuī, textam, ere (altind. *takšati,* **zimmert,** griech. τεκτοσύνη), **I weben, flechten, A** webend verfertigen, telam, Ter. (und so im Bild, ea tela texitur, ein solches Gewebe wird angezettelt = so etwas ist im Werke, Cic. de or. 3, 226): vestem, Tibull.: tegumenta corporum vel texta vel suta, Cic.: textus amictus, Sen. poët.: texta purpura, Mart. – v. der Spinne, quasi rete, Cic.: texens aranea telam, Catull.: in vacuo texetur aranea lecto, Prop.: absol., texere a medio incipit (araneus), Plin.: sereno non texunt, nubilo texunt, Plin. – bildl., amor patriae, quod tua texuerunt scripta, retexit opus, macht das zunichte, was deine Schriften in mir gestiftet hatten, macht den von dir gegebenen Trost zunichte, Ov. ex Pont. 1, 3, 30. – **B** flechtend u. übtr. übh. zusammenfügend verfertigen, **flechten, verfertigen, bauen, errichten,** piscinam, Verg.: naves, Verg.: crates, Hor.: tabernacula od. tecta arundine, Liv.: fiscellas iunco, Hieron.: casas ex arundine, Liv.: rosam (Rosenkränze), Prop.: saepem, Verg.: basilicam in medio foro, Cic.: pyram, Prud. – bildl., sermones longos, Plaut.: epistulas cotidianis verbis, abfassen, Cic. u. so historiam, Sidon. u. Oros. – **II** = **einweben,** vos in tunicis aurum texitis, Hieron. vit. Paulin. §17: in quarum vestibus attenuata in filum auri metalla texuntur, Hieron. epist. 22, 16. – ▶ Parag. Infin. texier, Plaut. trin. 797.

textilis, e (texo), **I gewebt, gewirkt,** stragulum, Cic.: pestis, das mit dem Blut des Nessus benetzte giftige Gewand, Cic. poët.: vestis acu textilis, gesticktes, Isid. – subst., textile, is, *n.* (*sc.* opus), das **Gewe-**

be, Zeug, Tuch, die Leinwand, Cic.: textilia, gewirkte Gewänder, Liv. – **II** **geflochten, zusammengefügt,** serta, Rosengirlande, Mart.: pileus, Apul.: papyrus, Mart. Cap

textor, ōris, *m.* (texo), der **Weber,** Plaut., Hor. u. a.: lanarum textor, Firm. math. 8, 19 *extr.*: textorum et textricum cibaria, Ulp. dig. 33, 9, 3, § 6.

textōrius, a, um (textor), das **Weben** od. **Flechten betreffend,** opere textorio, Flechtarbeit, Colum. 9, 6 *in.*: subst., textorium totum istud, quod cum maxime agitur, Spinnengewebe, Sen. ep. 113, 26.

textrīcula, ae, *f.* (*Demin.* v. textrix), **webend,** die **Weberin,** textriculae paellae, Arnob. 5, 14.

textrīnus, a, um (st. textorinus, von textor), **I** **zum Weben gehörig, Web-, Weber-,** **A** *adi.*: opus, das Weben, Vulg. Tob. 2, 19: ars, Weberkunst, Weberhandwerk, Firm. de err. prof. rel. 17. – **B** *subst.*: **1** textrīna, ae, *f.*, die Werkstatt des Webers, die **Webstube, Weberei,** Apul. flor. 9. p. 11, 17 Kr. Boëth. inst. arithm. 1. praef. p. 4, 9 Fr. – **2** textrīnum, ī, *n.*, **a** die **Webkunst, Weberei,** Suet. gr. 23. Ambros. in Luc. 8. § 11. Hieron. epist. 57, 13: textrini ars, Sen. ep. 90, 20. – **b** die **Webstube, Weberei,** Cic. Verr. 4, 58 u. 103: plumariorum textrina, Vitr. 6, 4 (7), 2 *Rose* (Vulg. textrinae): Tyrii textrini praepositus, Amm. 14, 9, 7. – meton. = die **Weber,** iuxta vehiculi frontem omne textrinum incedit, Amm. 14, 6, 17. – **II** übtr., **zum Zusammenfügen gehörig,** subst. textrīnum, ī, *n.*, die **Schiffswerft,** der **Schiffsholm,** Enn. ann. 477. Vgl. Isid. orig. 14, 8, 38. Serv. Verg. Aen. 2, 16.

textrīx, trīcis, *f.* (Femin. zu textor, s. Anecd. Helv. 75, 13), **webend,** die **Weberin,** Tibull. 2, 1, 65 (*al.* textis). Mart. 4, 19, 1. CIL 6, 6362: textorum et textricum cibaria, Ulp. dig. 33, 9, 3. § 6. – insbes., v. den Parzen, textrices anus, Apul. met. 6, 19: u. bl. textrices, *ibid.* 6, 20.

textum, ī, *n.* (texo), **I** das **Gewebe,** **a** eig., Ov. u. a. – **b** übtr., für alles **Zusammengefügte,** das **Geflechte, Gewinde,** pinea (navis), Ov.: clipei, Verg.: texta rosis facta, Rosenkranz, Mart. – **II** bildl., v. stilist. Zusammenfügung, das **Gewebe,** dicendi textum tenue, Quint. 9, 4, 17.

textūra, ae, *f.* (texo), **I** das **Gewebe,** Vulg. exod. 28, 8 u. 15: Coae Minervae, Prop. 4, 5, 23: aranei, Plaut. Stich. 348. Sen. ep. 121, 22: tenuis, Lucr. 3, 209. – **II** übtr., die **Zusammenfügung,** Lucr. 1, 247 u. a. Lucan. 9, 777. Prud. apoth. 1016.

textus, ūs, *m.* (texo), **I** das **Gewebe, Geflecht,** u. übtr. übh. die Zusammenfügung, Lucr., Plin. u. a. – **II** bildl.: **a** das **Gewebe,** die **Verbindung, Aufeinanderfolge,** der **Zusammenhang,** calumniae, Apul.: gestorum, Amm.: brevi textu percurram, kurz, Amm.: so v. Zusammenhang der Rede, die fortlaufende Rede, Quint. 9, 4, 13. – **b** das **Gewebe der Rede** = **die Darstellung, der Inhalt, der Text,** quorum res gestae plures atque clariores longiorem desiderant textum, Capit. Maxim, duo 1. § 3: peniculo serie litterarum abstersā, solā relictā subscriptione alter multum a vero illo dissonans subscribitur textus, Amm. 15, 5, 4: priore textu interpolato, *ibid.* § 12: Punicorum confisus textu librorum, *ibid.* 22, 15, 8: ergo redeundum ad textum (zum eigentlichen Text, zum Thema), *ibid.* 14, 6, 26.

Thabēna, ae, *f.*, eine Stadt in Numidien, Auct. b. Afr. 77, 2. – Dav. **Thabēnēnsēs,** ium, *m.*, die Einw. von Thabena, die **Thabenenser,** *ibid.* 77, 1.

Thābraca, Thābracēnus, s. Tabraca.

Thagastēnsis, s. Tagaste.

Thāis, Thāidos, Akk. Thāida, Abl. Thāide, Vok. Thāi, *f.* (Θαΐς), **I** eine berühmte Hetäre zu Athen, Gattin Ptolemäus' I. von Ägypten, Prop. 2, 6, 3. Ov. art. am. 3, 604; rem. 383 *sq.* – **II** Geliebte des Dichters Menander Thais Menandri, Varro sat. Men. 302; vgl. Mart. 14, 187, 2. – **III** eine Buhldirne in Rom, Mart. 3, 8; 4, 12 u. 50 (Vok. Thai). – im Eunuchen des Terenz, Ter. eun. 91 (Vok. Thais); 231 (Akk. Thaidem) u. a.

Thala, ae, *f.*, eine Stadt in Numidien, j. *Ferreanah,* Sall. Iug. 75, 1 *sq.* Tac. ann. 3, 21. Flor. 3, 1, 11.

thalamēgus, ī, *f.* (θαλαμηγός), ein ägyptisches Zimmerschiff, die **Gondel** (rein lat. navis cubiculata), Suet. Caes. 52, 1.

thalamus, ī, *m.* (θάλαμος), ein im Innern des Hauses gelegenes **Gemach,** u. zwar: **I** das **Wohnzimmer,** Ov. met. 2, 738. – dah. übh. die **Wohnung, Behausung, der Aufenthalt,** Eumenidum, Verg.: delubra, quae vocant thalamos (des Apis), Plin.: v. den Zellen der Bienen, Verg. georg. 4, 189. – **II** das **Schlafzimmer, Schlafgemach,** rein lat. cubiculum, **a** eig., Vitr. u. Ov. – **b** meton.: **α** das **Bett,** bes. das **Ehebett,** Prop. u. Verg. – **β** die **Ehe,** vita expers thalami, ehelos, Verg.: thalamos parare, Ov.: thalamos ne desere pactos, die dir versprochene Braut, Verg.: thalamos quaerit, Gattin, Lucan.

thalassa, ae, *f.* (θάλασσα), das **Meer,** als Titel des neunten Buches des Apicius von den Seefischen usw.

thalassaeglē, ēs, *f.*, die auch potamaugis genannte Pflanze, Plin. 24, 164.

thalassicus, a, um (θαλασσικός), **zum Meer gehörig, seemännisch,** color, Meerfarbe, Plaut.: ornatus, schiffsmännische Tracht, Plaut.

thalassinus, a, um (θαλάσσινος), **meerfarbig, meergrün,** vestis, Lucr. 4, 1119 (1127).

Thalassio, Thalassius etc., s. Talassio.

thalassion phȳcos, s. phȳcos.

thalassītēs, ae, *m.* (θαλασσίτης, *sc.* οἶνος), **Meerwein,** der in einem Geschirr in das Meer hinabgelassen wird, um dadurch sein Alter zu erhöhen, Plin. 14, 78.

thalassomeli, *n.* (θαλασσόμελι), **Meerwasser mit Honig vermischt** (zum Trinken), Plin. 31, 68. Ser. Samm. 537. Marc. Emp. 20. – Nbf. thalassomel, Plin. Val. 1. praef. fol. 164 (a) Ald.

thalassometra, ae, *m.* (θάλασσα u. μετρέω), der **Meerausmesser** (Ggstz. geometra), Ambros. hexaëm. 5, 10, 26 (rein lat. maris mensor, Hor. carm. 1, 28, 1).

thalattias, s. teuthalis.

Thalēa, ae, *f.*, s. Thalīa.

Thalēs, is u. ētis, *m.* (Θαλῆς, Genet. Θαλοῦ, u. Θάλης, Genet. Θάλητος), ein Philosoph aus Milet (Milesius), einer von den sieben Weisen, Stifter der ionischen Sekte, Apul. flor. 18. p. 31. Kr. (Hauptst.). Varro r. r. 2, 1, 3. Cic. de nat. deor. 1, 25. Sen. nat. qu. 3, 13, 1. Augustin. de civ. dei 18, 25. Min. Fel. 19, 4: Genet. Thaletis, Mela 1, 17, 1 (1. § 86). Sen. nat. qu. 3, 13, 2 (3, 14, 1). Iuven. 13, 184: Genet. Thalis u. Thaletis, Prob. cath. 23, 18 K.: Dat. Thaleti, Sen. nat. qu. 4, 2, 22. Val. Max. 4, 1. ext. 7. Arnob. 2, 9. Augustin. de civ. dei 18, 25. u. 37: Dat. Thali, Apul. flor. 18. p. 31, 15 Kr.: Akk. Thaletem, Cic. de rep. 1, 25. Mart. Cap. 9. § 926. Serv. Verg. Aen. 3, 241: Akk. Thaleta, Serv. Verg. georg. 4, 363 u. 382: Akk. Thalem, Plaut. Bacch. 122; capt. 274. Cic. de div. 1, 111. Lact. 3, 14, 5: Akk. Thalen, Cic. de or. 3, 137; de div. 2, 58. Apul. flor. 18. p. 30, 23 Kr.: Abl. Thalete, Cic. de rep. 1, 22: Abl. Thale, Cic. de nat. deor. 1, 91. – Appell. = ein Weiser, Plaut. rud. 1003 (vgl. Bacch. 122; capt. 274). – Dav. **Thālēticus,** a, um, **thaletisch,** Sidon. carm. 15, 89.

Thalīa, ae, Akk. ān, *f.* (Θάλεια), **I** die Muse der komischen Dichtkunst, Verg. ecl. 6, 2. Ov. art. am. 1, 264. – **II** eine der Grazien bei Hesiod, Sen. de ben. 1, 3. § 6 (wo Akk. *-ān*) u. § 10. – **III** eine Meernymphe, Verg. Aen. 5, 826. – ► Ribbeck Verg. ecl. 6, 2 u. Merkel Ov. art. am. 1, 264 Thalea, eine Schreibweise, die von Fest. 259 (a), 28 u. Serv. Verg. ecl. 6, 2 bestätigt wird.

Thaliarchus, ī, *m.* (Θαλίαρχος, griech. Männername), angenommener Name eines jungen Freundes des Horaz, Hor. carm. 1, 9, 8.

thalictrum, ī, *n.* (θάλικτρον), **Krötendistel, Heilblatt,** Plin. 27, 138.

1. thallus, ī, *m.* (θάλλος), der **grüne Stengel, Zweig,** der Zwiebeln, Colum. 11, 3, 58. Pallad. 8, 24, 4: Amyclaeus, viell. Myrtenzweig, Ps. Verg. Cir. 376.

2. Thallus, ī, *m.* (Θαλλός), ein griech. Historiker im ersten od. zweiten Jahrh. v. Chr., Verf. einer Geschichte Syriens von der Eroberung Trojas bis Ol. 167, Tert. apol. 10 u. 19; ad nat. 2, 12. Lact. 1, 13, 8 u. 23, 2.

Thamyrās, ae, *m.* u. **Thamyris,** idis, *m.* (Θάμυρις), ein thrazischer Dichter, der mit den Musen einen Wettstreit einging und besiegt seiner Laute und Augen beraubt wurde, Form *-ās,* Prop. 2, 22, 19. Ov. am. 3, 7, 62 (Akk. *-ān*); art. am. 3, 399 (Akk. *-am*): griech. Form *-is,* Stat. Theb. 4, 183.

thannum (thamnum), ī, *n.* (θάμνος), ein sonst unbekannter Strauch, Colum. 12, 7, 1 *sq.* Tert. de anim. 32.

thapsia, ae, *f.* ein Strauch, dem Strauch ferula ähnlich, *Thapsia Asclepium,* L., Plin. 13, 124. (tapsia geschr., Plin. Val. 2, 56). – auch thapsos gen., Lucan. 9, 919.

1. thapsos, s. thapsia.

2. Thapsos u. **Thapsus,** ī, *f.* (Θάψος), **I** Halbinsel und Stadt auf Sizilien, Verg. Aen. 3, 689. Ov. fast. 4, 477. Sil. 14, 206. – **II** Stadt in Africa propria auf einer Landspitze, westlich bis zu einem Salzsee reichend, südlich von Leptis, bekannt durch Cäsars Sieg über die Pompejaner, j. *Demass* mit Ruinen, Liv. 33, 48, 2 *sq.* Auct. b. Afr. 28 *sqq.* – Dav. **Thapsitānī,** ōrum, *m.*, die Einw. von Thapsus, die **Thapsitaner,** Auct. b. Afr. 97, 2.

Thasos u. **-us,** ī, *f.* (Θάσος), eine Insel im Ägaischen Meer an der Küste von Thrazien, marmorreich und fruchtbar an Wein u. Nüssen, Mela 2, 7, 8 (2. § 106). Cic. Pis. 89. Liv. 33, 30, 3. – Dav. **Thasius,** a, um (Θάσιος), **thasisch,** vinum, Plaut.: vites, Verg.: nuces, Varro fr. u. Plin.: lapis, Marmor, Sen. – Plur. subst., Thasiī, ōrum, *m.*, die Einw. von Thasos, die **Thasier,** Nep. u. Plin.

thau, *n. indecl.*, s. 2. tau.

Thaumās, antis, *m.* (Θαύμας), Vater der Iris, Cic. de nat. deor. 3, 51. – Dav.: **A Thaumantēus,** a, um, **thaumantëisch,** virgo, Iris, Ov. met. 14, 845. – **B Thaumantias,** adis, *f.*, die **Thaumantiade** (Tochter des Thaumas), Iris, Ov. met. 4, 480: diese bl. Thaumantias, Verg. Aen. 9, 5. Val. Flacc. 8, 116. – **C Thaumantis,** idos, Akk. ida, *f.* = Thaumantias, Ov. met. 11, 647. Claud. rapt. Pros. 3, 1.

theamēdēs, Akk. ēn, *m.*, ein Stein in Äthiopien, der das Eisen von sich stößt, nach einigen der Turmalin, Plin. 36, 130.

Theānum, Theānēnsis, s. Teānum.

Theāte, Theātīnī, s. Teāte.

Theātēs, um, *m.*, s. Teātēs.

theātrālis, e (theatrum), **zum Theater gehörig, Theater-, theatralisch,** consessus, Cic.: operae, Claqueurs, Tac.: aber theatralis operae corollarium, Trinkgeld für die Claque (das Beifallklatschen im Theater), Plin. ep.: th. ludi, Cod. Theod., Serv. u. Schol. Iuven.: scaena, spectaculum, fabulae, Amm.: lex, über die Sitzordnung im Theater, Plin.: humanitas, unechte, Quint.: sermones, niedrige, gemeine, Sidon.

theātricus, a, um (θεατρικός), **zum Theater gehörig, Theater-,** Augustin. de civ. dei 6, 10 *in.* u. 18, 10; de doctr. Chr. 3, 18 u. a.

theātrum, ī, *n.* (θέατρον), **I** der **Schauplatz, 1** eig.: **a** gew. für dramat. Spiele, das **Schauspielhaus,** magnitudo theatri, Vitr.: theatrum marmoreum, Ov.: minusculum, Vitr.: tectum, Inscr., nudum tectumque, Stat.: facere theatrum magnificum e marmore, Liv.: venire in theatrum, Nep.: ingredi theatrum, Tac.: curvo theatro sedere, Ov.: arto theatro spectare, Hor.: sed exeamus e theatro; veniamus in forum, wir wollen das Th. verlassen, bildl. = wollen aufhören, über die Personen, wie sie auf der Bühne vorkommen, zu sprechen, Cic. de nat. deor. 3, 74: aequo animo e vita, cum ea non placet, tamquam e theatro exeamus, Cic. de fin. 1, 49. – v. Theater der Griechen, das zugleich als Ort für Staatszusammenkünfte diente, Cic. Flacc. 16. Nep. Timol. 4, 2. Liv. 24, 39, 1 u. a. Tac. hist. 2, 80. – **b** der **Schauplatz** für öffentliche Kampfspiele, Verg. Aen. 5, 288. – **2** meton., das **Theater** = **a** die **Zuschauer** im Theater, theatri clamores, Plin.: theatra tota reclamant, Cic.: tota saepe theatra et omnem circi turbam exclamasse barbare, Quint.: cui sententiae ferunt theatra tota, plena stultis indoctisque, applausisse, Augustin. epist. 155, 14 *extr.* – **b** übtr., die **Zuschauer, Zuhörer,** die **Versammlung,** senatus consultum frequentissimo theatro (populi) comprobatum, Cic.: spissis theatris recitare scripta, Versammlung, Zuhörer, Hor.: von der Versammlung der Richter, tunc est commovendum theatrum, Quint. – **II** übtr., der **Schauplatz,** der **Wirkungskreis** für öffentliche Wirksamkeit, forum populi Romani quasi theatrum illius ingenii, Cic.: ut me quaesturamque meam quasi in aliquo terrarum orbis theatro versari existimarem, Cic.: ego vero non deero et, ubicumque pugnabo, in theatro orbis terrarum me esse credam, werde ich glauben, die ganze Welt zu Zuschauern zu haben, Curt.: nullum theatrum virtuti conscientiā maius est, Cic.: theatrum magnum habet ista provincia, Cic.: familiaritas magno theatro spectata, öffentlich, Cic.: optimus quisque praeceptor frequentiā gaudet ac maiore se theatro dignum putat, Quint. – ► Vulg. Akk. als *masc.*, hunc theatrum, Fortunat. art. rhet. 3. p. 123, 10 *Halm.* – teatrum geschr. CIL 1, 571 u. 572.

Thēbae, ārum, *f.* (Θῆβαι; Nbf. Thēbē, ēs, *f.* [Θήβη], s. unten), Name mehrerer Städte: **I** älteste und wichtigste Stadt in Böotien am Ismenos, mit sieben Toren, Geburtsort Pindars, von Kadmus erbaut, dann von Amphion vergrößert, der obere Teil der Stadt noch jetzt *Thiva,* Mela 2, 3, 4 (2. § 40). Varro r. r. 3, 1, 2. Caes. b. 3, 55, 3. Cic. de fat. 7. Hor. carm. 1, 7, 3. – **II** alte Hauptstadt von Oberägypten (Thebais), mit hundert Toren, später Διὸς πόλις (Diospolis) gen., am Nil, früher Residenz der ägyptischen Könige, Mela 1, 9, 9 (1. § 60). Plin. 5, 60 (Thebe). Iuven. 15, 6 (Thebe): hecatompyloe Thebae, Amm. 17, 4, 2; 22, 16, 2: Thebae Thebaidos, quae hecatompylae appellantur, Hyg. fab. 275 *in.* – **III** Thebae Phthioticae od. Phthiae (Θῆβαι αἱ Φθιώτιδες), Stadt in Thessalia Phthiotis, am Meer mit einem Hafen, später Philippopolis gen., j. *Armiro,* Liv. 28, 7, 12 u. 39, 25, 9: Thebae Thessalae, Plin. 4, 29. – **IV** Stadt in Mysien, Residenz des Eetion, Schwiegervaters des Hektor, von Achilles zerstört, Ov. met. 12, 110; 13, 173. Plin. 5, 122 (Thebe). – Daselbst auch Thebes campus od. campus Thebe (τὸ Θήβης πεδίον), ein gesegneter Landstrich südlich vom Ida, bei Pergamus, Liv. 37, 19, 7. Mela 1, 18, 2 (1. § 91).
Dav. abgeleitet: **A Thēbaeus,** a, um (Θηβαῖος), zu Theben in Ägypten gehörig, **thebäisch,** Claud. – subst., Thebaeī, ōrum, *m.*, die Einw. von **Theben,** die **Tyebäer,** Spart. – **B Thēbaicus,** a, um (Θηβαϊκός), in, aus Theben in Ägypten, **thebaïsch,** Plin. – subst. Thebaicae, ārum, *f.* (*sc.* palmulae), thebaïsche Datteln, Stat. – **C Thēbais,** aidis u. aidos, *f.*, **1** nach Theben in Ägypten gehörig, subst. = eine Landschaft in Ägypten, und zwar der obere Teil Ägyptens, worin die Hauptstadt Thebā ist, Plin. 5, 48. Hyg. fab. 275 *in.:* spät. Nbf. Thebaida, ae, *f.*, Sulp. Sev. dial. 1, 23, 6: inferior, Hieron. vit. Paulin. § 4. Cassiod. hist. eccl. trip. 3, 6. – **2** nach Theben in Böotien gehörig, **thebaïsch,** chelys, des Thebaners Amphion, Stat. – subst.: **α** Thebaides, **Thebanerinnen,** Ov. met. 6, 163. – **β** Thebais, idos, *f.*, ein Gedicht des Statius, von Theben in Böotien handelnd, Iuven. 7, 83. – **3** nach Theben in Mysien gehörig, **thebaïsch,** Thebais est Andromache, aus diesem Theben, Ov. – **D Thēbānus,** a, um, **1** nach Thebā in Böotien gehörig, **thebanisch,** modi, pindarische, Hor.: dea, Ino (Leukothea, Matuta), Ov.: mater, Agave, Ov.: soror, Antigone, Schwester des Eteokles usw., Ov.: semina, die vom Thebaner Kadmus gesäten Drachenzähne, Ov.: duces, Eteokles u. Polynices, Prop.: deus, Herkules, Prop.: aenigma, Rätsel, wie sie die Sphinx bei Theben vorzulegen pflegte, Mart. – subst., Thebānus, ī, *m.*, **einer aus Theben, ein Thebaner,** Nep.: Plur. Thebānī, ōrum, *m.* die Einw. von Theben, die **Thebaner,** Nep. – **2** nach Theben in Mysien gehörig, subst., Thebana, die **Thebanerin,** von der Andromache, Ov. trist. 4, 3, 29.

Thēbaeus, a, um, s. Thēbae.

Thēbagenēs, ae, *m.* (Θηβαγενής), **aus Theben** (in Böotien) **herstammend,** Ismenias hic Thebagenes fluit scaturrex, Varro sat. Men. 112 (Bücheler nach den Handschrn. Thebogenes).

Thēbaicus, a, um, s. Thēbae.

Thēbaida, ae, *f.*, s. Thēbais unter Thebae.

Thēbais, Thēbānus, s. Thēbae.

Thēbē, ēs, *f.*, **I** = Thebae, s. d. – **II** eine Nymphe, Geliebte des Flussgottes Asopus, Ov. am. 3, 6, 33. – **III** Gemahlin des Fürsten (tyranni) Alexander in Pherā, Cic. de inv. 2, 144; de off. 2, 25. Val. Max. 9, 13. ext. 3.

Thēbes, Stadt in Samaria, Vulg. iudic. 9, 50; 2. regg. 11, 21.

Thebestē, ēs, *f.*, s. Thevestē.

Thēbogenēs, s. Thēbagenēs.

thēca, ae, *f.* (θήκη), die **Hülle, Decke,** die **Scheide,** grani, Varro: vasa sine thecis, Cic.: nummaria, Cic.: poculorum, Iul. Val.: aureis thecis cultros includunt suos, Ambros. – bes. die **lederne Hülle für die Schreibgriffel** u. **-röhren,** theca calamaria aut graphiaria, Federbüchse, Suet. Claud. 35, 2: thecae cannarum quinque, für fünf Schreibröhren, Edict. Diocl. 10, 17: thecae et pugillares tabulae (notariorum), Amm. 28, 4, 13.

thēcātus, a, um (theca), **in eine Hülle eingeschlossen,** arcus, Sidon. epist. 1, 2, 5.

Thelamo, s. 2. Telamo.

Thelis, s. Thetis.

thelodīves, sich reich stellend, thelohumilis, sich demütig stellend, thelosapiēns, sich für weise ausgebend (v. θέλω u. dives, humilis, sapiens), Augustin. epist. 149, 27.

Thelxinoē, ēs, *f.*, eine der Musen, Cic. de nat. deor. 3, 54.

thēlycardios, iī, *m.* (θηλυκάρδιος), ein uns unbekannter Edelstein, Plin. 37, 183.

thēlygonos, on (θηλυγόνος, ον), **Weibchen** (der Tiere) **zeugend** (Ggstz. arrhenogenos), Beiname **I** einer Art der Pflanze phyllum, Plin. 26, 162. – **II** einer Art des satyrion, Plin. 26, 99. – **III** einer Art der Pflanze crataeogonos, Plin. 27, 62.

thēlyphonon, ī, *n.* (θηλυφόνον, Frauen mordend) = aconitum, Plin. 25, 122 u. a.

thēlypteris, idis, Akk. im, *f.* (θηλυπτερίς), die weibliche Pflanze des Farrenkrautes (filix), Plin. 27, 78.

thēlyrrhizos, ī, *m.* (θηλύῤῥιζος), ein uns unbekannter Edelstein, Plin. 37, 183.

thema, atis, *n.* (θέμα), **I das Thema,** der **Satz,** der abgehandelt wird, Sen. rhet. u. a. – **II** das Zeichen, Sternbild, unter dem einer geboren ist, die **Nativität,** Suet. Aug. 94, 12.

Themis, idis, Akk. in, *f.* (Θέμις), die Göttin des Rechtes und der Gerechtigkeit, die auch (bei den Römern gew.) als Weissagegottheit erscheint (dah. fatidica) und als solche Inhaberin des delphischen Orakels (dah. Parnasia), Mart. Cap. 2. § 174. Ov. met. 1, 321 (Akk. Themin) u. 379 (Vok. Themi); 4, 643. Lucan. 5, 81. Amm. 21, 1, 8 u. a. Schol. Iuven. 1, 82.

Themiscȳra, ae, *f.* (Θέμισκυρα), alte griech. Stadt an der Mündung des Thermodon, die die Sage zum Wohnsitz der Amazonen machte und deren Name auf die ganze Umgegend übertragen wurde, Plin. 6, 10: dies. Themiscurum oppidum, Mela 1, 19, 9 (1. § 105). – Dav.: **a Themiscȳraeus,** a, um (Θεμισκυραῖος), **themiscyräisch,** bei **Themiscyra,** luci, Amm. 22, 8, 17. – **b Themiscȳrēnus,** a, um, **themiscyrenisch, von Themiscyra,** regio, Plin. 6, 9; 24, 165. – **c Themiscȳrius,** a, um, **themiscyrisch, bei Themiscyra,** campi, Iustin. 2, 4, 2. Oros. 1, 2, 25.

Themisōn, ōnis, *m.* (Θεμίσων), berühmter Arzt aus Laodicea in Syrien, Schüler des Asklepiades um 60 v. Chr., als Greis Gründer der methodischen Schule, Plin. 29, 6. Cels. praef. p. 2, 38 D. Sen. ep. 95, 9. Iuven. 10, 221.

Themista, ae, *f.* (Θεμίστα) u. -ē, ēs, *f.*, eine epikureische Philosophin aus Lampsakus, Abl. Themistā, Cic. de fin. 2, 68; Pis. 63: Akk. Themisten, Sen. fr. 24. Lact. 3, 25, 15.

Themistoclēs, is u. ī, *m.* (Θεμιστοκλῆς), der berühmte Feldherr der Athener, Nep. Them. 1 *sqq.* Cic. de or. 1, 299 u. a.: Genet. *-clis,* Iustin. 2, 9, 15 u. a.: Genet. *-cli,* Cic. de or. 2, 300; ep. 5, 12, 5. Nep. Them. 4, 5: Akk. *-clem,* Cic. Sest. 141; de rep. 1, 6: Akk. *-clēn,* Nep. Them. 8, 7 u. 9, 1: Akk. *-clea,* Val. Max. 5, 3. ext. 3. – Dav. **Themistoclēus,** a, um (Θεμιστόκλειος), **themistoklëisch, des Themistokles,** Cic. ad Att. 10, 8. § 4 u. 7.

thēnsa, s. tēnsa.

thēnsaur..., s. thesaur...

theobrotios, iī, *f.*, eine uns unbekannte Pflanze, Plin. 24, 162.

Theocritus, ī, *m.* (Θεόκριτος), der bekannte bukolische Dichter der Griechen, gebürtig aus Syrakus, um 281–250 v. Chr., Quint. 10, 1, 55. Macr. sat. 5, 2, 4. Suet. vit. Verg. p. 53 *Reiff.*

Thēodamās, Thēodamantēus, s. Thīodamās.

Theodectēs, is u. ī, *m.* (Θεοδέκτης), griech. Redner aus Silizien, Schüler des Isokrates u. Aristoteles, bekannt durch die Stärke seines Gedächtnisses, Cic. or. 172. Quint. 11, 2, 51. Gell. 10, 18, 7 (wo Genet. *i*). Val. Max. 8, 14. ext. 3 (wo Genet. *is* u. Dat. *i*).

Theodōrīcus, ī, *m.*, König der Ostgoten, Sidon. epist. 1, 2, 1. – Dav. **Theodōrīciānus,** a, um, **theodoricianisch,** Sidon. epist. 2, 1, 3.

Theodōrus, ī, *m.* (Θεόδωρος), **I** aus Byzanz, ein griech. Sophist, Cic. Brut. 48: Theodorus, Byzantius, Quint. 3, 1, 11. – **II** aus Cyrenā, ein griech. Sophist, Zeitgenosse des Sokrates, Anhänger der cyrenäischen Schule, verrufen als Atheist, Cic. Tusc. 1, 102 u. a. Sen. de tranqu. anim. 14, 3: Theodorus Cyrenaeus, Min. Fel. 8, 2. III) ein berühmter Rhetor aus Gadara, Lehrer des Tiberius, Sen. contr. 2, 9, 36. Quint. 3, 11, 27: Theodorus Gadareus, Suet. Tib. 57, 1, Quint. 3. 1, 17. – Dav. **Theodōrēus,** ēi, *m.* (Θεοδώρειος), ein **Theodoreer** = Schüler des Theodorus, Quint. 2, 11, 2: Plur., Quint. 3, 1, 18; 4, 2, 32.

Theodosius, iī, *m.* (Θεοδόσιος), Name einiger orientalischer Kaiser. – Dav. **Theodosiānus,** a, um, **theodosianisch,** Cod. Iust. 10, 13, 1 u. 15.

Theognis, idis, *m.* (Θέογνις), ein sehr alter griechischer Gnomendichter aus Megara in Sizilien (600 v. Chr.), priusquam Theognis nasceretur, von einer uralten Zeit, Lucil. 952 (b. Gell. 1, 3, 19).

theogonia, ae, *f.* (θεογονία), der Ursprung und die Abstammung der Götter, Titel eines Gedichtes des Hesiod, Cic. de nat. deor. 1, 36.

theologia, ae, *f.* (θεολογία), die Götterlehre, Varro b. Augustin. de civ. dei 6, 5: Akk. *-ān,* Augustin. de civ. dei 6, 10 *in.* Chalcid. Tim. 264.

theologicus, a, um (θεολογικός), **zur Götterlehre gehörig, theologisch,** doctrina, Amm. 16, 5, 5: metrum, das heroische, Plot. Sacerd. 3, 3. p. 502, 15 K.

theologūmena, ōn, *n.* (θεολογούμενα), **Untersuchungen über Gott und göttliche Dinge,** eine Schrift des Aristoteles, Macr. sat. 1, 18, 1 u. des Asklepiades Mendes, Suet. Aug. 94, 4.

theologus, ī, *m.* (θεολόγος), der **Theologe,** der über Gott u. göttliche Dinge Untersuchungen anstellt u. Belehrung darüber gibt, Cic. de nat. deor. 3, 53. Arnob. 3, 11. Mythogr. 3, 6, 1.

theombrotios, s. theobrotios.

Theōn, ōnis, *m.* (Θέων), ein Freigelassener, berüchtigt durch seine schmähsüchtige, verleumderische Zunge. – Dav. **Theōnīnus,** a, um, **theoninisch,** dens. Hor. ep. 1, 18, 82.

theōnīna, ae, *f.*, eine Pflanze = portulaca, Ps. Apul. herb. 103.

Theophanē, ēs, *f.* (Θεοφάνη), Tochter des Bisaltes (dah. Ov. met. 6, 117 Bisaltis gen.), mit der Poseidon, nachdem er sie in ein Schaf verwandelt hatte, den Widder zeugte, der den Phrixus nach Kolchis trug, Hyg. fab. 188.

Theophanēs, is u. ī, Akk. em u. ēn, *m.* (Θεοφάνης), ein Geschichtschreiber, Freund des Pompeius, Cic. Arch. 24. Caes. b. 3, 18, 3. Tac. ann. 6, 18.

Theophrastus, ī, *m.* (Θεόφραστος), ein berühmter griech. Philosoph aus der Stadt Eresos auf Lesbos, Schüler des Plato u. Aristoteles, ausgezeichnet durch Beredsamkeit, von dessen Schriften am meisten die Charaktere und die Pflanzenkunde bekannt sind, Varro r. r. 1, 1, 8 u. a. Cic. de or. 62; de fin. 1, 14 u. a. Sen. nat. qu. 3, 11, 2 *sq.* u. a.

theopnoē, ēs, *f.* (θεοπνοή), eine Pflanze = Rosmarin, Ps. Apul. herb. 79.

Theopompus, ī, *m.* (Θεόπομπος), **I** ein berühmter griech. Geschichtsschreiber aus Chios, Schüler des Isokrates, Cic. Brut. 66; de or. 2, 47. Nep. Alcib. 11, 1: Plur. Theopompi, Männer wie Th., Cic. de or. 2, 94. – Dav. **Theopompēus** od. **Theopompīus,** a, um, **theopompëisch, des Theopompus,** mos, Cic. or. 207: genus dicendi, Cic. ad Att. 2, 6, 2. – **II** ein Anhänger Cäsars, Cic. ad Att. 13, 7, 4; Phil. 13, 33. – **III** ein Anhänger Ciceros in Asien, Cic. ad Q. fr. 1, 2, 3. § 9 u. 2, 12, 4.

Theoractus, ī, *m.* (Θεόῤῥηκτος), der **von Gott mit Wahnwitz Geschlagene,** Spottname des Syrakusaners Theomnastus, Cic. Verr. 4, 148.

theōrēma, atis, *n.* (θεώρημα), ein **Lehrsatz, Theorem,** Gell. 17, 19, 3. Mart. Cap. 3. § 230; 6. § 716: theoremata geometrica, Chaldic. Tim. 228. – Dat. od. Abl. Plur. *-atis,* Gell. 1, 2, 6. – *-atibus,* Chalcid. Tim. 342.

theōrēmatium, iī, *n.* (θεωρημάτιον), *Demin.* v. theorema (s. d.), Gell. 1, 13, 9.

theōrēticē, ēs, *f.* (θεωρητική), die **Theoretik, philosophische Spekulation** (als Wissenschaft), Hieron. in Ezech. 12, 40, 4.

theōrēticus, a, um (θεωρητικός), **beschaulich, spekulativ,** rein lat. contemplativus (Ggstz. practicus), Fulg. myth. 2, 1. Ambros. hexaëm. 1, 5, 17.

theōria, ae, *f.* (θεωρία), die **Theorie, Spekulation, Betrachtung, Untersuchung,** Hieron. in Ezech. 12, 40 u. a. Eccl.

theōricē, ēs, *f.* (θεωρική *sc.* τέχνη), die **philosophische Spekulation,** Hieron. epist. 30, 1. Cassian. coll. 14, 2 (wo auch Nbf. theoretica, ae, *f.*).

theōricus, a, um (θεωρικός), **spekulativ** (rein lat. contemplativus), Ggstz. practicus (rein lat. activus), Mythogr. Lat. 3, 11, 22 u. Eccl.

theostasis, is, Akk. im, *f.* (θεόστασις), der **Unterbau** zur Aufstellung eines Götterbildes, CIL 2, 1724.

theotocos, ī, *f.* (θεοτόκος), die **Gottesgebärerin, Gottesmutter,** Cod. Iust. 1, 1, 6.

Thēra, ae, *f.* (Θήρα), eine Insel im kretischen Meer, j. *Santorin,* Mela 2, 7, 11 (2. § 111). Plin. 2, 202 u. 4, 70. – Dav. **Thēraeus**, a, um (Θηραῖος), **theräisch, aus Thera,** colonus, Tibull. 4, 1, 139: cyperos, Plin. 21, 117. – Plur. subst., Thēraeī, Genet. ōn, *m.*, die Einw. von Thera, die **Theräer,** Sall. Iug. 19, 3.

Thērāmenēs, ae, *m.* (Θηραμένης), aus Chios od. Ceos, Adoptivsohn des Atheners Hagnon, Schüler des Prodikus, später einer der 30 Tyrannen zu Athen, der, als er sich den Bedrückungen seiner Amtsgenossen Kritias und Charikles widersetzte, durch den Giftbecher seinen Tod fand, Cic. Tusc. 1, 96.

therapeutica, ōrum, *n.* (θεραπευτικά) **Regeln über Krankenpflege,** die **Therapeutik,** als Schrift, Galeni, Cassiod. inst. div. litt. 31.

Therapnae, ārum, *f.* (Θεράπναι), eine Stadt in Lakonika, südöstl. von Sparta am Eurotas, Geburtsort der Helena, Mela 2, 3, 4, (2. § 41). Stat. silv. 4, 8, 53. – Dav. **Therapnaeus**, a, um (Θεραπναῖος), **a** therapnäisch, auch poet. für **spartanisch** marita od. nata rure Therapnaeo, Helena, Ov.: sanguis Therapnaeus, des Knaben Hyazinth aus Amyklä, Ov.: Amyclae, spartanisch, weil es neben Sparta lag. Mart. – **b** = **tarentinisch,** Sil. – **c** = **sabinisch,** weil die Sabiner von den Spartanern abstammen sollen, Sil.

Thērasia, ae, *f.* (Θηρασία), **I** eine Insel bei Kreta, Sen. nat. qu. 6, 21, 1. Plin. 2, 202. – **II** die südlichste der liparischen Inseln bei Sizilien, später Hiera gen., j. *Vulcanello,* Plin. 3, 93. Mart. Cap. 6. § 648.

thēriacus, a, um (θηριακός), **gegen das Gift der Tiere-,** bes. **gegen den Schlangenbiss dienlich,** Plin. u. Pallad. – subst., **a** thēriaca, ae, *f.* u. thēriacē, ēs, *f.*, **das Gegenmittel gegen den Schlangenbiss,** Scrib., Plin. u. a. – **b** thēriaca, ōn, *n. pl.*, **Gegenmittel gegen den Biss giftiger Tiere,** bes. **gegen den Schlangenbiss** (als Titel einer Schrift), Macer bei Charis. 81, 18.

Thēriclēs, is, *m.* (Θηρικλῆς), ein berühmter Künstler in Korinth, Verfertiger von irdenen und hölzernen Geschirren aller Art, Plin. 16, 205. – Dav. **Thēriclīus**, a, um (Θηρίκλειος), **therikleïsch,** pocula, Trinkgeschirre von schwarzem Ton od. Holz mit breitem Boden u. zwei Henkeln, Cic. Verr. 4, 38.

thērionarca, ae, *f.*, s. thēronarca.

theristrum, ī, *n.* (θέριστρον), **I** das **Sommerkleid,** Hieron. in Isai. 2, 3, 23. Vulg. genes. 38, 14; Isai. 3, 23. – **II** bildl., die **Hülle,** das **Gewand,** pudicitiae, Hieron. epist. 107, 7.

thermae, ārum, *f.* (v. θερμός, ή, όν, warm), **I** als *nom. appell.:* **A warme Bäder,** das **Warmbad,** die **Thermen,** zum öffentlichen Gebrauch für jedermann, in Rom prachtvolle Gebäude, in denen das Wasser durch große unterirdische Heizanlagen erwärmt wurde, Sen. u. a.: Agrippae, Plin.: Neronianae, Mart.: maritimae, CIL 14, 137: aedificavit Romae thermas, Eutr. 7, 15. – **B** – thermopolium (s. d.), Iuven. 8, 168. – **II** als *nom. propr.*, **Thermae**, ārum, *f.*, Stadt an der nördlichen Küste Siziliens mit warmen Bädern, Geburtsort des Tyrannen Agathokles, j. *Sciacca,* Mela 2, 7, 16 (2. § 118). Cic. Verr. 2, 83 *sqq.*: röm. Kolonie, Plin. 3, 90. – Dav.: **A Thermitānus**, a, um, **thermitanisch, aus Thermä,** Cic. Verr. 2, 83. – subst., Thermitānī, ōrum, *m.*, die Einw. von Thermä, die **Thermitaner,** Cic. Verr. 2, 83 u. 86. – **B Thermēnsēs**, ium, *m.*, die Einw. von Thermä, die **Thermenser,** regio Thermensium, der Stadtteil von Neapel, in dem Kaufleute aus Thermä ihren Standort hatten, CIL 10, 1680.

Thermaeus, -maicus, s. Thermē.

thermanticus, a, um (θερμαντικός), **zum Erwärmen dienlich, erwärmend,** Gargil. Mart. medic. ex pomis § 7. Ps. Apul. herb. 120: unctiones, Pelagon. veterin. 16 (246 *Ihm*).

thermapala ōva (θερμάπαλα ᾠά), **warme und weiche Eier,** Th. Prisc. 2, 10.

thermārius, iī, *m.* (thermae), der **Aufseher über Thermen,** der **Bademeister,** CIL 10, 475* u. 13, 588*.

Thermē, ēs, *f.* (Θέρμη), die später Thessalonica genannte Stadt in Mazedonien, Plin. 4, 35. – Dav.: **A Thermaeus**, a, um (Θερμαῖος), **thermäisch,** sinus, j. *il Golfo di Salonichi,* Tac. ann. 5, 10. – **B Thermaicus**, a, um (Θερμαϊκός), **thermäisch,** sinus (s. vorh.), Mela 2, 3, 1 (2. § 35). Plin. 4, 35.

Thermēnsēs, s. thermae.

therminus, a, um (θέρμινος), **aus Lupinen** (Feigbohnen), oleum, Plin. 23, 94.

thermipōlium, s. thermopōlium.

Thermitānus, a, um, s. thermae.

Thermōdōn, ontis, Akk. ontem u. onta, *m.* (Θερμώδων), ein Fluss in Pontus, an dem die Amazonen wohnten, j. *Terma,* Plin. 6, 10. Verg. Aen. 11, 659. Ov. ex Pont. 4, 10, 51. Sil. 8, 430: Akk. *-onta,* Prop. 4, 4, 71. Mela 1, 19, 9 (1. § 105). Curt. 6, 5 (19), 24: Akk. *-ontem,* Plin. 11, 59 u. 37, 115. Iustin. 2, 4, 2. – Dav.: **A Thermōdontēus**, a, um, **thermodontëisch,** poet. = **amazonisch, Amazonen-,** agri, Prop. 3, 14, 6. – **B Thermōdontiacus**, a, um, **thermodontisch,** poet. = **amazonisch, Amazonen-,** aurum, Ov.: turmae, Stat. – **C Thermōdontius**, a, um, **thermodontisch,** poet. = **amazonisch,** ripae, Sen. poët.: hostis, Sen. poët.

thermopōlium, iī, *n.* (θερμοπώλιον), die einfache **Gastwirtschaft,** in der warmes Getränk (eine Mischung von Wein u. heißem Wasser) verkauft wurde, etwa **Restauration,** Plaut. Curc. 292; Pseud. 742; rud. 529; trin. 1013 (jetzt überall thermipolium).

thermopōto, āvī, āre (*θερμοποτεῖν), **mit warmem Getränk laben, erfrischen,** gutturem, Plaut. trin. 1014.

Thermopylae, ārum, *f.* (Θερμοπύλαι), ein Engpass in Lokris an der Grenze von Thessalien (auf der einen Seite von Sümpfen u. dem Meer, auf der anderen vom höchsten Gipfel des Öta gebildet; benannt nach den dort befindlichen warmen, dem Herkules geweihten Bädern und einer von den Phocäern an der schmalsten, nur acht Fuß breiten Stelle erbauten Mauer), in dem Leonidas mit seinen 300 Spartanern i. J. 480 v. Chr. den Heldentod fand, Mela 2, 3, 6 (2. § 45). Catull. 68, 54: saltus Thermopylarum, Liv. 36, 15, 5: in Thermopylis, Cic. Tusc. 1, 101; de fin. 2, 97: apud Thermopylas, Cic. de sen. 32. Flor. 2, 8, 11: ad Thermopylas, Liv. 37, 58, 7: Thermopylis expugnatis, Nep. Them. 3. 4.

thermospodion (termospodion), iī, *n.* (θερμοσπόδιον), **heiße Asche, Glutasche,** Apic. 4, 124 u. a.: rein lat. cinis calidus, Apic. 4, 129.

thermulae, ārum, *f.*, *Demin.* v. thermae, s. d., Mart. 6, 42, 1.

thermulārius, iī, *m.* (thermulae), der **Aufseher über kleinere Thermen (warme Bäder),** CIL 6, 4169.

Thērodamās, antis, *m.* (Θηροδάμας) u. **Thēromedōn**, ontis, *m.* (Θηρομέδων), ein szythischer König, der Löwen mit Menschenfleisch fütterte, um sie grausam zu machen, falls ihm nachgestellt würde, Thēromedon bei Ov. ex Pont. 1, 2, 121. – Dav. **Thērodamantēus**, a, um, **therodamantëisch,** Ov. Ib. 381.

thēronarca, ae, *f.* (θήρ u. νάρκη), eine Pflanze, die Schlangen erstarren macht, Plin. 24, 163 u. 25, 113 (Sillig therionarca).

thērotrophīum, iī, *n.* (θηριοτροφεῖον), der **Tiergarten,** Varro r. r. 3, 13, 2 K.

Thersītēs, ae, Akk. ēn u. am, *m.* (Θερσίτης), Sohn des Agrius, der durch seine Hässlichkeit und seine Lästerzunge berüchtigte Grieche vor Troja, Ov. met. 13, 233; ex Pont. 3, 9, 10 (wo Akk. *-ēn*). Iuven. 11, 31. Gell. 1, 15, 11 (wo Akk. *-am*). Auson. perioch. Iliad. 2. – dah. appell., ein **Thersites, a** = ein Grundhässlicher, Iuven. 8, 269. – **b** = ein Lästermaul, Schandmaul, Sen. de ira 3, 23, 3 (wo Akk. *-am*). Amm. 30, 4, 15 (wo Akk. *-ēn*).

thēsaurārius (thēnsaurārius), a, um (thesaurus), **zum Schatz gehörig, Schatz-,** fur, Schatzdieb, Plaut. aul. 395. – subst., thēsaurārius, iī, *m.*, der **Schatzmeister, Rendant** (franz. *trésorier*), Isid. epist. 1, 10 u. 14. Ven. Fort. carm. 10, 21, 17.

thēsaurēnsis, is, *m.* (thesaurus), der **Schatzverwahrer, Schatzmeister,** Cod. Iust. 12, 24, 2.

thēsaurizo, āvī, āre (thesaurus), **Schätze sammeln** od. **aufhäufen,** m. *Acc.* = gleichs. als Schatz **anlegen** od. **sich verschaffen,** Eccl.

Thēsaurochrȳsonīcochrȳsides, ae, m., ein erdichteter Name, **Goldschatzkrallenhamster,** Plaut. capt. 285 (wo Schoell Thensaurochersinicrochrysides u. Brix Thesaurocroesonicochrysides = Krösus' Schatzkammern überbietender Goldmann).

thēsaurum, ī, *n.*, s. thēsaurus a. E. ►.

thēsaurus (in den besten Hdschrn. u. in Inschrn. thēnsaurus), ī, *m.* (θησαυρός), **I** der niedergelegte u. aufbewahrte **Vorrat, Schatz, 1** eig.: thesauros constituere, Vitr. – bes. von Geld und Geldeswert, thes. auri, Plaut.: tabularius thensaurorum, CIL 6, 325: thesaurum effodere, Plaut.: thesaurum obruere, Cic., defodere, Cic.: thesaurum reponere (zurücklegen), Quint.: thesaurum invenire, Cic.: incubare publicis thesauris, Liv.: velut clausis thesauris incubare, Quint.: thesauros Gallici auri occultari a patribus, Liv.: thesauros tyranni scrutari, Liv. – **2** bildl.: **a reicher Vorrat, Hülle und Fülle,** thes. mali, Plaut.: thesauros penitus abditae fraudis vultu laeto tegentes, Plaut. – **b** ein Schatz = ein im höchsten Grade Nutzen bringender Mensch od. Gegenstand, leno, thensaurus meus, Plaut.: custos erilis, decus popli, thesaurus copiarum, Plaut.: integrum et plenum adepta est thesaurum, Plaut. – **II** der Ort, wo etwas niedergelegt-, aufbewahrt wird, die **Vorratskammer, das Magazin,** der **Speicher, 1** eig.: **a** übh.: servata mella thesauris, Zellen, Verg.: in his operibus thesauri sunt civitatibus in necessariis rebus a maioribus constituti, Vitr.: condere semina in thesauros cavernarum, Plin.: condere in thesauris maxillarum cibum, Plin.: in thesauris suis (in seiner Garderobe) vestem numquam nisi annum esse passus est, Lampr. Alex. Sev. 40, 2. – **b** insbes.: **α die Schatulle, der Schatz** für Geld und Geldeswert, cum thesaurum effregisset heres, Plin. – gew. die **Schatzkammer** eines Tempels oder des Staatsschatzes, die **Schatzkapelle,** das **Schatzgewölbe,** thesauros Proserpinae spoliare, Liv.: thesauros expilare, Liv.: litterae recitatae sunt, pecuniam ex Proserpinae thesauris nocte clam sublatam, Liv.: pecuniam omnem conquisitam in thesauros Proserpinae referri iussit, Liv.: esse thesaurum publicum sub terra saxo saeptum, Liv. – **β** poet., v. der Unterwelt, postquam est orchi (orci) traditus thesauro, Naev. bei Gell. 1, 24, 2. – **2** übtr., die **Schatzkammer,** die **Vorratskammer,** das **Magazin, Repertorium,** die **Fundgrube,** thesaurus rerum omnium memoria, Cic.: quod lateat in thesauris tuis, im Pult, Cic.: qui illos locos tamquam thesauros aliquos argumentorum notatos habet, Cic.: quoniam, ut ait Domitius Piso, thesauros esse oportet, non libros, Plin.: litterae thesaurum (s. unten) est, Petron.: thesaurus fraudis, aufgespeicherter Betrug, Apul.: thesauri bibliothecales, Bücherschätze, Sidon. epist. 8, 4, 1. – v. Pers., quoties aliquid abditum quaero, ille thesaurus est, ein lebendiges Lexikon, eine lebendige Bibliothek, Plin. ep.: Papinianus doctrinae legalis thesaurus, Spart. – ► Heterogen. thesaurum, ī, *n.*, Petron. 46, 8. Paul. ex Fest. 8, 14 u. Itala. – Über die Schreibweise thensaurus s. CIL 6, 30737. Rönsch Itala p. 459. – Auch tesaurus geschr., CIL 9, 4988.

Thēseus, eī u. eos, Akk. eum u. ea, Vok. eū, *m.* (Θησεύς), König in Athen, Sohn des Ägeus od. der Sage nach des Neptun, Freund des Pirithous, Gemahl der Ariadne, später der Phädra, Vater des Hippolytus von der Amazone Hippolyte, Besieger der Straßenräuber Periphetes u. Sinis, Erleger des Minotaurus im Labyrinth auf Kreta, Cic. Tusc. 4, 50 u. a. Hyg. fab. 14. 38. 42 u. a. Mythogr. Lat. 1, 46 u. 48: Genet. Thesei, Catull. 64, 120. Hyg. fab. 59 u. 79: Genet. Theseos, Ov. met. 8, 268. Stat. silv. 4, 4, 104; Theb. 12, 293: Akk. Theseum, Hyg. fab. 37. Mythogr. Lat. 1, 48; 1, 57; 1, 204: Akk. Thesea, Catull. 64, 239 u. 245. Verg. Aen. 6, 122. Prop. 2, 14, 7. Ov. met. 8, 726. Val. Max. 4, 7, 4; 5, 3. ext. 3. Macr. sat. 1, 17, 21: Vok. Theseu, Catull. 64, 69. Ov. her. 10, 3; met. 7, 433 u. a. Stat. Theb. 12, 555. – arch. Nbf. **Tēsēs**, CIL 1, 1591. – Dav.: **A Thēsēis**, idis, *f.* (Θησηΐς), **thesëisch,** die **Thesëide,** Titel eines Gedichtes auf Theseus, Iuven. 1, 2. – **B Thēsēius**, a, um, thesëisch, heros, Ov.: dicta, Stat. – **C Thēsēus**, a, um, **a thesëisch,** crimen, Verlassen der Ariadne, Ov.: fides, gegen Pirithous, Ov. – **b** = **athenisch,** Hymettus, Mart.: via, der nach Athen führt, Prop. – **D Thēsīdēs**, ae, *m.*, ein **Theside** (= Nachkomme des Theseus), v. Hippolytus, Ov.: Plur. Thesidae, die Athener, Verg.

thēsīon, u. **-īum,** iī, *n.* (θήσειον), eine gewisse bittere Pflanze, **flachsblätteriges Leinkraut** (*Thesium linophyllum,* L.), Plin. 21, 107 u. 22, 66.

thesis, is, Akk. in, Abl. ī, *f.* (θέσις), **I** als rhetor. *t. t.* = der angenommene **Satz,** die **Annahme,** Sen. rhet. u. Quint. – **II** als metr. *t. t.,* das **Senken der Stimme,** rein lat. positio od. depositio vocis (Ggstz. arsis), Gramm. – **III** = παρακαταβολή, das **Sukkumbenzgeld** bei Gelübden, CIL 14, 2854.

thesmophoria, ōrum, *n. pl.* (θεσμοφόρια), ein Fest zu Ehren der Demeter als Gesetzbringerin bei den Griechen, die **Thesmophorien,** Plin. 24, 59. Hyg. fab. 147. – verwechselt mit den Eleusinia (s. Eleusis), Arnob. 5, 24.

Thespiae, ārum, *f.* (Θεσπιαί), alte Stadt in Böotien am südöstl. Fuße des Helikon, j. Ruinen bei dem Flecken *Neochorio,* Liv. 42, 43, 8. Cic. Verr. 4, 4. – Dav.: **A Thespiacus**, a, um (Θεσπιακός), nach Thespiä gehörig, **thespiazisch,** Stat. u. a. – **B Thespiadēs**, ae, *m.* (Θεσπιάδης), aus Thespiä, der **Thespiade,** poet. = **Böotier,** v. Argus, dem Erbauer des Schiffes Argo, Val. Flacc. 1, 124 u. a.: Plur. v. den von Thespiä aus eingewanderten Einwohnern von Kroton, Sil. 11, 19 (wo Genet. Plur. Thespiadum). – **C Thespias**, adis, Akk. Plur. adas, *f.* (Θεσπιάς), nach Thespiä gehörig, **thespisch,** deae Thespiades, Ov., u. bl. Thespiades, Cic., die Musen. – **D Thespiēnsēs**, ium, *m.*, die Einwohner von Thespiä, die **Thespienser,** Cic. – **E Thespius**, a, um, **thespisch,** Val. Flacc. – Plur. subst, Thespiī, ōrum, *m.*, die Einw. von Thespiä, die **Thespier,** Arnob.

Thespis, idis, Akk. in, *m.* (Θέσπις), **Thespis,** der Begründer des griech. Dramas, Zeitgenosse des Solon u. Pisistratus, Hor. ep. 2, 1, 163; de art. poët. 276. Sidon. carm. 9, 236.

1. Thespius, iī, *m.* (Θέσπιος), Sohn des Erechtheus, Gründer u. Beherrscher von Thespiä in Böotien, Vater von fünfzig Töchtern, mit denen Herkules fünfzig Söhne zeugte, Stat. silv. 3, 1, 43. Arnob. 4, 26. – Dav.: **A Thespiadae**, ārum, *m.* (Θεσπιάδαι), die **Thespiaden,** poet. von den Krotoniaten, weil ein Nachkomme des Herkules von einer Tochter des Thespius die Stadt Kroton gegründet haben soll, Sil. 11, 19 (vgl. Ov. met. 15, 12 *sqq.*). – **B Thespias**, adis, *f.* (Θεσπιάς), die **Thespiade** (= Tochter des Thespius), Sen. Herc. Oet. 369 (372).

2. Thespius, a, um, s. Thespiae.

Thesprōtia, ae, *f.* (Θεσπρωτία), Landschaft in Epirus, von Chaonia bis zum ambrazischen Meerbusen, Cic. ad Att. 6, 3, 2. – Dav.: **A Thesprōtis**, idis, *f.* (Θεσπρωτίς), **thesprotisch,** terra, Avien. phaen. 385. – **B Thesprōtius**, a, um, **thesprotisch,** sinus, Liv.: arva, Sil. – subst., Thesprōtiī, ōrum, *m.*, die Einw. in Thesprotia, die **Thesprotier,** Liv.

Thessalia, ae, *f.* (Θεσσαλία), **Thessalien,** eine Landschaft Griechenlands zwischen Mazedonien, Epirus, Doris, Lokris u. dem Ägäischen Meer, fruchtbar an wirksamen Kräutern, dah. wegen Zauberei berüchtigt; berühmt durch Pferdezucht (dah. in der Sage Sitz der Zentauren, die zuerst die Pferde zähmten), bekannt durch das Treffen zwischen Cäsar u. Pompejus im pharsalischen Gefilde, j. Provinz *Janninah,* Mela 2, 3, 4 (2. § 39 u. 40). Lucan. 6, 333 *sq.* Cic. Pis. 96: Thessaliae solözist. = in Thessalia, Apul. met. 2, 21. – Dav.: **A Thessalicus**, a, um

(Θεσσαλικός), **thessalisch,** equi, Varro: Tempe, Liv.: iuga, der Berg Pelion, Ov.: Haemus, der thrazische, Lucan.: dux, Achilles, Sen. poët., od. Akastus, Sohn des Pelion, Sen. poët.: axis, der Wagen des Achilles, Sen. poët.: color, Purpurfarbe, die in Thessalien verfertigt wurde, Lucr. – trabs, das Schiff Argo, Sen. poët.: reges, die Argonauten, Val. Flacc. – caedes, Treffen zwischen Cäsar u. Pompejus, Lucan. – **B Thessalus,** a, um (Θεσσαλός), **in** od. **aus Thessalien, thessalisch,** equites, Liv. u. Suet.: pubes, Catull.: Tempe, Hor. u. Ov.: tela, des Achilles, Hor.: ignes, im Lager des Achilles, Hor.: pinus, das Schiff Argo, Ov.: Thessalus, Achilles, Ov. am. 2, 8, 11. – frena, Val. Flacc.: philtra, Iuven.: vox, zauberische, Hor.: so auch venena, Hor.: Thessala, thessalische Zauberin, Lucan. – Thessalī, ōrum, *m.* (Θεσσαλοί), die Einw. Thessaliens, die **Thessalier,** Liv. – **C Thessalius,** a, um, **thessalisch,** Hor. u. Ov. – **D Thessalis,** idis, *f.* (Θεσσαλίς, s. Prisc. 2, 39), **thessalisch,** ara, der Laodamia, Ov.: umbra, des Protesilaus, des Gemahls der Laodamia, Prop. – subst., **a** eine **Thessalierin,** Ov. – **b die Zauberin, Beschwörerin,** Lucan.

Thessalonīca, ae, *f.* u. **Thessalonīcē,** ēs, *f.* (Θεσσαλονίκη), Thessalonika, Stadt in Mazedonien, in der Landschaft Mygdonia, an der Nordostspitze des thermäischen Meerbusens, j. *Salonichi,* Form *-a,* Cic. Planc. 99 u. a. Liv. 40, 4, 9; 44, 10, 1. Vulg. act. apost. 17, 1 u. a.: Form *-ē,* Mela 2, 3, 1 (2. § 35). Liv. 39, 27, 1 (Akk. *-ēn*). – Dav. **Thessalonīcēnsēs,** ium, *m.*, die Einw. von Thessalonika, die **Thessalonikenser,** Cic. u. Eccl.

Thessalus, a, um, s. Thessalia.

Thestius, iī, *m.* (Θέστιος), **I** König in Ätolien, Vater der Leda und Althäa, des Plexippus u. Toxeus, Hyg. fab. 77. 155. 174. Ov. met. 8, 487. – Dav.: **A Thestiadēs,** ae, *m.* (Θεστιάδης), ein **Thestiade** (= ein männl. Nachkomme des Thestius), Thestiadae duo, Plexippus u. Toxeus, Ov.: respice Thestiaden, Meleager, Sohn der Althäa, Ov. – **B Thestias,** adis, *f.* (Θεστιάς), die **Thestiade** (= Tochter des Thestius), d. i. Althäa, Ov. – **II** = Thespius, s. d.

Thestōr, ōris, *m.* (Θέστωρ), Vater des Weissagers Kalchas, Hyg. fab. 128. – Dav. **Thestoridēs,** ae, Akk. ēn, *m.* (Θεστορίδης), der **Thestoride** (= Sohn des Thestor), v. Kalchas, Ov. met. 12, 19 u. 27. Stat. Ach. 1, 496. Ilias Lat. 52 u. 59.

thēta, *n.* (θῆτα), der griechische Buchstabe θ, als Anfangsbuchstabe des Wortes θάνατος (Tod) Zeichen der Verurteilung auf den Stimmtafeln der Griechen, novum, Mart. 7, 37, 2: nigrum, Pers. 4, 13: u. auf Inschriften, bes. auf Grabschriften, Θ als Zeichen, dass jmd. gestorben ist, z. B. CIL 6, 22058 u. 11, 1660: ebenso in den Listen der Soldaten, Rufin. inv. in Hieron. 2. § 36. vol. 2. p. 298 *ed. Ben.* – als kritisches Zeichen des Tadels einer Schrift beigesetzt, Sidon. carm. 9, 335. CIL 6, 9435; 6, 25653; 13, 275. – als Zahl, ut ait in Theta (= im achten Buch der Odyssee) Homerus, Acro Hor. ep. 1, 15, 24 (Becker).

theticus, a, um (θετικός), **im Allgemeinen behauptend, abstrakt,** genus, Victorin. expl. in rhet. Cic. 2, 16 *Halm.* C. Fortunat. art. rhet. 2, 26 *Halm.*

Thetis, idis, Akk. im u. in, Vok. ī, *f.* (Θέτις), **I** eine Meernymphe, des Nereus u. der Doris Tochter, Gemahlin des Peleus, Mutter des Achilles, Hyg. fab. 54 u. 244 u. 270 (Genet. *-idis*). Ov. met. 11, 221 *sqq.* Catull. 64, 19 *sqq.* (Genet. *-idis*). Sen. Herc. fur 738 (Genet. *-idis*). Stat. Ach. 2, 11 u. a. (Akk. *-in*): Vok. Theti, Prop. 3, 7, 68. Ov. met. 11, 237. Stat. Ach. 1, 80: Abl. Thetide, Hor. epod. 13, 12. Lact. 1, 11, 9. Hyg. fab. 54, Theti, Plaut. Epid. 32 G. – **II** appellat. = **Meer,** Verg. ecl. 4, 32 (Akk. *im*). Mart. 10, 30, 11: Erythraeae lapilli Thetidis, Perlen, Stat. silv. 4, 6, 18. – hyperbol. von einem großen Bad, Thetis palleat, Mart. 10, 13, 4. – arch. Nbf. **Thelis** od. **Telis** u. zwar Telis, CIL 1², 556. Thelis, Enn. fr. scen. 232*. Varro L.L. 7, 87; r. r. 3, 9, 19. – Dav. **Thetidēius,** *iī, m.* (*Θετιδήϊος), **thetidēisch, von der Thetis geboren,** Thetidēius heros u. bl. Thetidēius, Auct. epit. Iliad. 692 u. 897 u. 962 Wernsd. (van Kooten Nereius).

Theudōria, ae, *f.*, Stadt in Athamanien, jetzt *Todoriana,* Liv. 38, 1, 7.

Theuma, atis, *n.*, Flecken in Mazedonien, südlich von Metropolis gegen die Grenze von Ätolien hin, Liv. 32, 13, 12.

Theumēsos, ī, *m.*, ein Berg in Böotien bei Theben, Stat. Theb. 4, 372. – Dav. **Theumēsius,** a, um, **theumesisch,** poet. = **thebanisch,** iuvenis, Polynikes, Stat.: leo, die Löwenhaut, die Polynikes trug, Stat.

theūrgia, ae, *f.* (θεουργία), die **Geisterbannung, Theurgie,** Augustin. de civ. dei 10, 9 u. 10.

theūrgicus, a, um (θεουργικός), **zur Geisterbannung gehörig, theurgisch,** Augustin. de civ. dei 10, 9 u. 10.

theūrgus, ī, *m.* (θεουργός), der **Geisterbanner, Theurg,** Augustin. de civ. dei 10, 10.

Theut, der ägyptische Name Merkurs, Cic. de nat. deor. 3, 56. Lact. 1, 6, 3.

Theutonī, -nēs etc., s. Teutonī.

Thevestē (Thebestē, Tevestē, Tebestē), ēs, *f.*, eine erst später vorkommende, bedeutende Stadt in Numidien am Bagradas, in der Nähe seiner Quellen, röm. Kolonie, j. zerstörte Stadt *Tiffesh,*. Cod. Theod. 11, 30, 5. Augustin. de bapt. c. Donatist. 6, 38. § 73. Itin. Anton. 27, 1; 33, 2. Testam. porcell. p. 232, 8 *Buech.* CIL 3, 1193 u. 8, 1863. – Dav. **Thevestīni,** ōrum, *m.*, die Einw. von Theveste, die **Thevestiner,** CIL 8, 4202 u. 7053. – Die handschr. u. inschr. am besten beglaubigte Form ist Theveste, s. Haupt opusc. 2, 181 (zum Testam. porcell.). Böcking Notit. dign. occid. p. 423*.

Thīa, ae, *f.* (Θεία), Gemahlin des Hyperion, Mutter des Sol, Catull. 66, 44.

thiaso (tiaso), āre (θιάζω), **wie einen Bacchuschor aufführen,** thiasantem fremitu concite melum! führt ein bacchisches Musikstück auf! Pacuv. tr. 311 R.²

thiasus (falsch thyasus), ī, *m.* (θίασος), **I** ein zu Ehren des Bacchus aufgeführter Reigen, der **Bacchuschor,** Verg. ecl. 5, 30; Aen. 7, 581. Stat. silv. 3, 1, 41. – **II** meton., der tanzende **Chor,** Catull. 63, 28: satyrorum, Catull. 64, 252.

thieldonēs, um, *m.*, eine Art spanischer Pferde, **Passgänger,** Plin. 8, 166.

Thilūtha, ae, *f.*, ein befestigter Ort im südl. Mesopotamien, j. *Zobia,* Amm. 24, 2, 1.

thim… s. thym…

Thīodamās, antis, Akk. anta, *m.* (Θειοδάμας), König der Dryopier, Vater des Hylas, Ov. Ibis 488. Hyg. fab. 14. – Dav. **Thīodamantēus,** a, um (Θειοδαμάντειος), **thiodamantēisch,** Prop. 1, 20, 6.

Thirmida, ae, *f.*, Stadt im Inneren Numidiens, Sall. Iug. 12, 3.

Thisbē, ēs, *f.* (Θίσβη), **I** eine schöne Babylonierin, Geliebte des Pyramus, Ov. met. 4, 55 *sqq.* – **II** Stadt in Böotien, an einem Bergabhang in der Nähe der Seeküste, schon zu Homers Zeit berühmt durch wilde Tauben (πολυτρήρων Θίσβη, Hom. Il. 2, 502), j. *Kakosia,* Plin. 4, 26. Stat. Theb. 7, 261; 9, 768. – Dav. **Thisbaeus,** a, um, **thisbēisch,** columbae, Ov. met. 11, 300.

Thisdra, ae, *f.*, Stadt in Byzacene in Afrika, j. *El-Jemme,* Auct. b. Afr. 36, 2 u. ö. – Dav. **Thisdritānī,** ōrum, *m.*, die Einw. von Th., die **Thisbritaner,** Auct. b. Afr. 97, 4. – ► Nbf. Thysdrus (Tysdrus), Capit. Maxim. 14, 3; Gord. 7, 4 u. 8, 5: u. Tusdritānum, Plin. 5, 30: Nbf. Thysdritānus, Plin. 7, 36.

thlasiās, ae, *m.* (θλασίας) u. **thlibiās,** ae, *m.* (θλιβίας), **der durch Quetschung Entmannte,** beide als Arten der spadones, Ulp. dig. 50, 16, 128: thlibias facere, durch Quetschung entmannen, Paul. dig. 48, 8, 5.

thlaspi, *n.* (θλάσπι), eine **Art Kresse,** Cels. u. Plin.

thlibiās, ae, *m.*, s. thlasiās.

thlībomenī, ōrum, *m.* (θλιβόμενοι, v. θλίβω), **Bedrängte,** Cypr. epist. 8, 3.

Thoāns, s. Thoās.

Thoās, antis, Akk. anta, *m.* (Θόας), **I** König in Chersonesus Taurica (in der Krim), bei dem Iphigenia Priesterin der taurischen Diana war, von Orestes mit Hilfe seiner Schwester getötet, Hyg. fab. 120 u. 121. Ov. trist. 1, 9, 28; ex Pont. 3, 2, 59 (wo Nbf. Thoāns): Taurica regna Thoantis, Sidon. carm. 22, 2. – Dav. **Thoantēus,** a, um, **thoantēisch,** poet. = **taurisch,** Diana, Val. Flacc.: dea, Ov. – **II** König auf Lemnos, Vater der Hypsipyle, von dieser, als die Frauen der Insel alle dortigen Männer mordeten, nach Cyprus gerettet, Hyg. fab. 15. Mythogr. Lat.

1, 204. Ov. her. 6, 135; met. 13, 399. Stat. Theb. 5, 329 *sq.* – Dav.: **A** **Thoantias**, adis, *f.* (Θοαντιάς), **Tochter des Thoas,** Hypsipyle, Ov. her. 6, 163. – **B** **Thoantis**, tidis, *f.* (Θοαντίς) = Thoantias, Stat. Theb. 5, 650 u. 700.

thōēs, *m.*, Plur. v. thos, s. d.

tholus, ī, *m.* (θόλος), **I** die **Kuppel,** das **Kuppeldach,** Vitr. u. a. – In den tholis der Tempel wurden die Weihgeschenke aufgehängt, s. Verg. Aen. 9, 408. – **II** meton. = ein Gebäude mit einer Kuppel, die **Rotunde,** der **Dom,** Varro r. r. 3, 5, 12: Caesareus, der kaiserliche Palast, Mart. 2, 59, 2: tholi balnearum, Badegewölbe (= laconica, s. lacōnicum unter Laco), Amm. 28, 4, 9; vgl. Claud. edyll. 6, 59.

thōmix, s. tōmix.

thōrāca, ae, *f.* (vulg. Nbf. v. thorax), Ennod. opusc. VI. circa med. in carm. (wo falsch thŏrāca gemessen).

thōrācātus, a, um (thorax), **gepanzert,** Plin. 35, 69. Not. Tir. 97, 27.

thōrācē, ēs, *f.* (vulg. Nbf. v. thorax), die **Büste,** das Brustbild, Treb. Poll. Claud. 3, 3.

thōrāciculus, ī, *m.* (*Demin.* v. thorax), das **kleine Brustbild, die Büste,** Aldh. de laud. virg. 14 (wo synk. Abl. Plur. thoraciclis).

thōrācium, iī, *n.* (θωρακίον), **a** der **kleine Brustharnisch,** Ampel. 8, 5. – **b** die **kleine Brustbinde,** der **Brustlatz,** ricae, toracia, mitrae, *Lucil. 71.

thōrāx, ācis, Akk. ācem u. (poet.) āca, *m.* (θώραξ), **I** die Brust, Ven. Fort. carm. 7, 12, 113. – in mediz. Hinsicht, als der von den Rippen verwahrte, durch das Zwerchfell vom Unterleib geschiedene Brustkasten, der Herz u. Lunge enthält, Cels. 3, 19 u. a. Plin. 27, 49. – **II** meton.: **1** die Brustbekleidung, u. zwar: **a** der eherne **Harnisch** (vgl. lorica), thorax varius ex unionibus beryllisque, Iul. Val.: linteus, Liv.: thoracum validi nexus, Claud.: thoracem adhuc indutus, Curt.: thoraca ex umeris indutus, Ven. Fort.: thoraca simul cum pectore rumpit, Verg.: thoraca tulit multiplicis auri, Sil.: hunc regi rapuit thoraca Britanno, Stat. – **b** die **Brustbinde,** der **Brustlatz,** viridis, Iuven.: 5, 143: laneus, Suet. Aug. 82, 1. – **2** die **Büste,** das **Brustbild,** thorace Caelestis Augustae ornaverunt, CIL 8, 993; vgl. thorace.

Thoringī, **-gia**, s. Thūringī.

Thorius, a, um, Name eines röm. Geschlechts, aus dem bes. bekannt Sp. Thorius Balbus, als Volkstribun Urheber eines Ackergesetzes, dass die Besitzer öffentlicher Äcker keine Abgaben an die Staatskasse zahlen sollten, Cic. Brut. 136: das Gesetz Thoria lex, Cic. de or. 2, 284.

thorus, ī, *m.*, s. 1. torus.

thōs, thōis, *m.* (θώς), eine Art Wölfe, wahrsch. der **Schakal,** Plin. 8, 123 u. 10, 206. Gratt. cyn. 253: Akk. Plur. thoas, Solin. 30, 28.

Thoth, der ägyptische Name Merkurs, Lact. 1, 6, 3.

thōti, Name eines Monats bei den Ägyptern, unserem August entsprechend, Plin. 27, 105.

Thrāca u. **Thrācē**, s. Thrāces.

Thrāces, um, Akk. es u. as, *m.* (Θρᾷκες), die **Thrazier,** die Bewohner der Landschaft Thrazien im südöstlichen Europa, in früheren Zeiten von unbestimmten Grenzen, später vom Istros, Pontus Euxinus, Ägäischen Meer und Mazedonien begrenzt, Nep. Milt. 1, 2 u. ö. Liv. 31, 39, 11. Verg. Aen. 3, 14. – Sing. Thrāx, ācis, *m.* (Θρᾴξ), **a** ein **Thrazier,** gew. kollektiv der **Thrazier,** Sen. Herc. fur. 1170 (1177) u. Herc. Oet. 1790 (1795). Auson. edyll. 12. De hist. 21. p. 137, 3 Schenkl. – *adi.* = **thrazisch,** Lycurgus, Hor. carm. 2, 19, 16; equi, Ov. met. 9, 194. – **b** insbes., Thrax, od. gew. griech. Form Thraex, ein Gladiator mit thrazischer Rüstung und Waffen, Cic. de prov. cons. 9; Phil. 6, 13. Hor. sat. 2, 6, 44. CIL 6, 10192.

Davon abgeleitet: **A** **Thrācia**, ae, *f.*, die Landschaft **Thrazien** (s. vorher), Varro r. r. u. a.: dass. poet. in griech. Form **Thrācē**, ēs. *f.* (Θρᾴκη), Hor. u. a.: od. **Thrēcē**, ēs, *f.* (Θρῄκη), Ov. art. am. 2, 588; met. 7, 223: u. terra Thrēca, ae, *f.*, Enn. fr. scen. 388 (wo Bahlen Thraeca), oder latinis. **Thrāca**, ae, *f.*, Cic. de rep. 2, 9. Verg. Aen. 12, 335 (Ribbeck Thraeca). Hor. ep. 1, 3, 3 u. 1, 16, 13. – u. **Thrēcia**, ae, *f.*, Liv. 44, 27, 3 u. 45, 6, 2. – **B** **Thrācius**, a, um (Θρᾴκιος), **thrazisch,** Varro, Verg. u. a. – subst., Thrācius, iī, *m.*, ein Thrazier, Gell. – Nbf. **Thraecius**, a, um (Θρῄκιος), **thräzisch, thrazisch,** Thr. castra, Cic. prov. cons. 4: Thr. notae, Cic. de off. 2, 25: subst., thraecium, iī, *n.*, eine thrazische Rüstung, Petron. 75, 4 B.[5]; u. **Thrēcius**, a, um (Θρῄκιος), **threzisch,** Thr. Bacche (Bacchantin), Ov. am. 1, 14, 21; vgl. oben Threcia. – **C** **Thrācus**, a, um, **thrazisch,** Gell. u. Val. Flacc. – subst., Thrācus, ī, *m.*, ein Thrazier, Gell. 19, 12, 6. – **D** **Thrācicus**, a, um, **thrazisch,** bellum, CIL 11, 705. – u. **Thraecicus**, a, um, **thräzisch,** lingua, Capit. Maxim. duo 2, 5. – **E** **Thraecidicus** (nicht Thrēcidicus), a, um, **zum Thrāx** (Gladiator) **gehörig, des Thrāx,** parma, Plin.: gladius, Auson. – subst., Thraecidica, ōrum, *n.*, die Waffen eines Thrāx, Cic. Phil. 7, 17. – **F** **Thraciscus**, ī, *m.* (*Demin.* v. Thrax), Capit. Maxim. 3. § 3. – **G** (poet.) **Thrēicius**, a, um (Θρηΐκιος), **a** **thrazisch,** sacerdos, Verg., od. vates, Ov., Orpheus, lyra, des Orpheus, Prop.: Samus, Samothrazia, Verg.: penates, des Diomedes, Königs von Thrazien, Ov.: notae, Cic. – **b** **thessalisch,** vertex Pindi, Sen. Oedip. 434 (440). – **H** **Thrēissa** u. zsgz. **Thraessa**, ae, *f.* (Θρήϊσσα, Θρῇσσα), **in** od. **aus Thrazien,** subst., eine **Thrazierin,** Form Thrēissa, Verg. Aen. 1, 316. Val. Flacc. 2, 147: Form Thraessa, Nep. Iph. 3, 4. Sen. de const. sap. 18, 5. Hor. carm. 3, 9, 9. Ov. her. 19, 100. – ► Die Schreibung Thraex (nicht Threx), Thraecidicus (nicht Threcidicus), Thraessa (nicht Thressa) ist die der besten Hdschrn. u. der Inschriften.

Thraecius, s. Thrāces.

Thraex, s. Thrāces.

thranis, is, *m.* (θρανίς), ein Fisch = xiphias, Plin. 32, 151.

thrasciās, ae, *m.* (θρασκίας), Nord-Nordwestwind, od. genauer Nord-Drittel-Nordwestwind, Vitr. 1, 6, 10 (wo Rose thracias), Sen. nat. qu. 5, 16, 6. Plin. 2, 120 (Akk. *-ān*). Ampel. 4 (Akk. *-am*).

Thraso, ōnis, *m.* (Θράσων), der **Bramarbas,** Name des prahlerischen Soldaten in den Eunuchen des Terenz. – Dav. **Thrasōniānus**, a, um, **thrasonianisch, gaskonnierend,** Sidon. epist. 1, 9, 8.

Thrasybūlus, ī, *m.* (Θρασύβουλος), ein Athener, Vertreiber der 30 Tyrannen seiner Vaterstadt im Jahre 403 v. Chr. Nep. Thras. 1 *sqq.* Iustin. 1, 9. Val. Max. 4, 1. ext. 4; 5, 6. ext. 2.

Thrasyllus, ī, *m.* (Θράσυλλος), Hofastrologe des Tiberius, Iuven. 6, 576.

Thrasymennus, s. Trasumēnus.

thrauston, ī, *n.* (θραυστός, ή, όν, zerbrechlich), eine Art von dem metopion, Plin. 12, 107.

Thrāx, ācis, *m.* (Θρᾴξ), s. Thrāces.

Thrēcē, ēs, *f.*, s. Thrāces.

Thrēces, **-cicus**, **-cidicus**, **-ciscus**, s. Thrāces.

Thrēicius, **-issa**, s. Thrāces.

thrēnicus, a, um (threnus), **zum Klagelied gehörig,** metrum, Serv. de cent. metr. 461, 31 K.

thrēnus, ī, *m.* (θρῆνος), das **Klagelied,** der **Trauergesang,** Auson. prof. 6 (5), 3 u. a.

Thrēssa, s. Thrāces.

Thrēx, ēcis, *m.*, s. Thrāces.

thridax, acis, *f.* (θρίδαξ), **Lattich,** rein lat. lactuca, Ser. Samm. 448. Ps. Apul. herb. 30.

thrīps, īpis, Akk. Plur. īpas, *m.* (θρίψ), der **Holzwurm, Holzkäfer,** Plur. thrīpēs, Plin. 16, 220. – übtr., von Kleinigkeiten, Nichtigkeiten, Mart. Cap. 2. § 164 (Kopp thriptes).

thronum, ī, *n.*, s. thronus ►.

thronus, ī, *m.* (θρόνος), der **erhabene Sitz,** der **Thron,** Plin. u. a. – ► Nbf. thronum (sublime), Ven. Fort. vit. S. Mart. 4, 213.

thryallis, idis, *f.* (θρυαλλίς), **I** eine Pflanze, nach Hard. *Pimpinella sanguisorba* (Dodon.), Plin. 21, 101. – **II** = Pflanze lychnitis, Plin. 25, 121.

Thūcȳdidēs, is u. ī, *m.* (Θουκυδίδης), ein Athener, berühmter Feldherr und Geschichtsschreiber des peloponnesischen Kriegs, Cic. or. 30. Quint. 10, 1, 73: Genet. *-didī*, Cic. Brut. 29 u. 288: Akk. *-didēn*, Plin. 7, 111: Akk. Plur., germanos se putant esse Thucydidas, Cic. or. 32. – Dav. **Thūcȳdidīus**, a, um, **tyukydidēisch,** genus, Cic. de opt. gen. 16.

Thūlē (Thȳlē), ēs, *f.* (Θούλη), eine nördliche, den Alten selbst nicht recht bekannte Insel, sechs Tagereisen über Britannien hinaus, von den Späteren bald für die Küste Norwegens, bald für Island, am wahrscheinlichsten für **Mainland,** die größte der Shetlandinseln, gehalten, Verg. georg. 1, 30 (Ladew. Thule, Ribb. Thyle). Mela 3, 6, 9 (Frick 3. § 57 Thyle insula u. 2. § 105 Thylae insulae). Tac. Agr. 10 (Kritz u. Ritter Thyle). Plin. 2, 187 u. 246 (Detl. Thyle); 4, 104 (Detl. Akk. Tylen). Solin. 22, 9 (Mommsen Thyle). Mart. Cap. 6. § 595 u. § 616 (Eyssenh. Thyle). Eumen. pan. Constant. 7, 2 (*codd.* Thile, Tyle). Arnob. 6, 5 (Reiff. Akk. Thylen). Amm. 18, 6, 1 (Gardth. Thule). Oros. 1, 2, 79 (Zangemeister Thyle). Isid. orig. 14, 6, 4 (Otto Thyle). Iuven. 15, 102 (Jahn Thyle). Claud. in Ruf. 2, 240 (*cod. Turic.* Tile); III. cons. Hon. 53. Stat. silv. 3, 5, 20; 4, 4, 62. Sen. Med. 379 (382, Löwe u. Peiper Thule). Ven. Fort. carm. 8, 1, 16 (Leo Thyle).

Thūnia, s. Thȳnī.

thunnārius, s. thynnārius.

thunnus, ī, *m.,* s. thynnus.

thūrārius, thūreus, s. tūrārius, tureus.

Thūriae, s. Thūriī.

thūribulum, thūricremum, s. tūribulum, turicremum.

thūrifer, -ficātor, s. tūrifer, tūrificātor.

Thūriī, ōrum, *m.* (Θούριοι), die an der Stelle der zerstörten Stadt Sybaris am tarentinischen Meerbusen von Ansiedlern aus Athen erbaute Stadt **Thurii,** die später von den Römern kolonisiert u. *Copiae* genannt wurde, Liv. 25, 15, 9. Varro r. r. 1, 7, 6. Cic. ad Att. 9, 19, 3. Caes. b. 3, 22, 3: Nbf. **Thūrium,** iī, *n.* (Θούριον), Mela 2, 4, 8 (2. § 68). – u. Nbf. **Thūriae,** ārum, *f.,* Liv. 10, 2. § 1 u. 2. – Dav. **Thūrīnus,** a, um, **thurinisch, aus Thurii,** iuventus, Liv.: sinus, der tarentinische, Ov.: ager, Liv. – subst., Thūrīnī, ōrum, *m.,* die Einw. von Thurii, die **Thuriner,** Liv. – in Thurinum, in das Thurinische, Caes.

thūrilegus, ī, *m.,* s. tūrilegus.

Thūringī (Thoringī, Tūringī, Toringī), ōrum, *m.,* die **Thüringer,** eine Völkerschaft, die sich wahrsch. im 4. od. 5. Jahrh. n. Chr. aus dem zum Cheruskerbund gehörigen Völkerstamm Turones od. Turoni herausbildete, Eugipp. vit. S. Severin. 27. Ven. Fort. carm. 6, 3, 11: Sing. kollektiv, Thoringus, der Thoringer, Sidon. carm. 7, 324. – Dav.: **a Thoringia,** ae, *f.,* das **Land der Thoringer,** Ven. Fort. carm. 6, 2, 50. Cassiod. var. 4, 1, 2. – **b Thoringus,** a, um, **thoringisch,** terra, Ven. Fort. carm. 8, 1, 22: subst., Toringi (so!), toringische Rosse, Veget. mul. 6, 6, 2.

Thūrium, s. Thūriī.

thursio, ōnis, *m.,* s. tursio.

thūs, Thusculum, s. tūs, 2. Tūsculum.

Thuscus, Thuscē etc., s. Tusc…

Thuys, Dat. Thuyni, Akk. Thuynem u. Thuyn, *m.,* ein Fürst (dynastes) von Paphlagonien zur Zeit des Artaxerxes Mnemon, Nep. Dat. 2, 4 u. 5; 3, 1 u. 2.

thya, ae, *f.* (θύα) u. **thyon,** ī, *n.* (θύον), ein wohlriechender Baum, bei den Lateinern citrus gen. (s. citrus *no.* II), Plin. 13, 100; vgl. Macr. sat. 3, 19, 5 (wo griech. θύον). – Dav.: **a thyinus,** a, um (θύϊνος), **vom Baum** *thya,* lignum, Vulg. apoc. 18, 12: ligna, Vulg. 2. regg. 10, 11 *sq.* u. a. – **b thyius,** a, um (θύϊος), **vom Holz des Baumes** *thya,* thalamus, Prop. 3, 7, 49.

Thyamis (idis), Akk. im, *m.* (Θύαμις), der nördlichste Fluss in Epirus, nördl. von der Landspitze gleichen Namens, j. *Kalamas,* Cic. ad Att. 7, 2, 3; de legg. 2, 7.

Thyana, s. Tyana.

Thȳas, s. Thȳias.

thyasus, s. thiasus.

Thyatīra, ae, *f.* u. **Thyatīra,** ōrum, *n.* (Θυάτειρα), eine Stadt in Lydien, von Seleukus Nikator erneuert, vorher Pelopia gen., jetzt *Akhissar, fem.* b. Liv. 37, 44, 4. Plin. 5, 115: *neutr.* b. Liv. 37, 8, 7 u. 21, 5. – Dav. **Thyatīrēnī,** ōrum, *m.* (Θυατειρηνοί), die Einw. von Thyatira, die **Thyatirener,** Plin. 5, 126. Vulg. act. apost. 14, 16.

Thybrīnus, a, um, s. Tiberis.

Thybris, der **Tiber,** s. Tiberis.

Thyēnē, ēs, *f.,* eine Nymphe, Amme Jupiters, Ov. fast. 6, 711 M. (Riese Thyone).

Thyestēs, ae u. is, *m.* (Θυέστης), Sohn des Pelops, Bruder des Atreus, wurde von seinem Bruder vertrieben, weil er mit dessen Gemahlin buhlte. Bald darauf zurückgerufen, wurde ihm der eigene Sohn zur Speise von Atreus vorgesetzt. Mit der Pelopia, seiner Tochter, zeugte er den Ägisthus, der den Atreus tötete, Hyg. fab. 88: Nom. Thyesta, Charis. 68, 1 (ohne Beleg): Genet. Thyestae, Hor. de art. poët. 91. Ov. Ib. 357 M. Pers. 5, 8. Mart. 3, 45, 1 u. ö.: Dat. Thyestae, Plaut. rud. 509. Lucan. 7, 451: Vok. Thyesta, Cic. Tusc. 3, 26: Abl. Thyesta, Apul. apol. 16: Nomin. Thyestes, Acc. tr. 198. Hyg. fab. 85 u. 86: Genet. Thyestis, Hyg. fab. 88 u. a.: Dat. Thyesti, Hyg. fab. 87 u. 88 u. a.: Akk. Thyestem, Acc. tr. 312. Varro r. r. 2, 1, 6 (Variante Thyesten). Cic. Tusc. 3, 39 u. 4, 77: Akk. Thyesten, Hor. carm. 1, 16, 17 (Variante Thyestem): Abl. Thyeste, Sen. Agam. 907. Hyg. fab. 1, 88 u. 253. – Dav.: **A Thyestēus,** a, um (Θυέστειος), **thyestēisch,** amor, des Thyestes, Ov.: preces, Verwünschung, Hor.: exsecratio, Cic. – **B Thyestiadēs,** ae, Akk. ēn, *m.* (Θυεστιάδης), der **Thyestiade** (= Sohn des Thyestes), d. i. Ägisthus, Ov. u. Claud.

Thȳias (zweisilb.), adis, Akk. Plur. adas, *f.* (Θυιάς, in griech. u. latein. Hdschrn. auch falsch Θυάς und Thyas geschr., s. Blomf. Aeschyl. Sept. 494. Bentley Hor. carm. 2, 19, 9), eine **Bacchantin,** die schwärmend das Bacchusfest feiert, Verg. 302. Hor. carm. 3, 15, 10 u. a.: Plur. bei Catull. 64, 391. Hor. carm. 2, 19, 9. Ov. fast. 6, 514. Stat. Theb. 12, 792 (Queck noch Thyades).

thyinus u. **thyius,** a, um, s. thya.

Thȳlē, ēs, *f.,* s. Thūlē.

1. thymbra, ae, *f.* (θύμβρα), **Saturei,** ein Küchenkraut (*Satureia hortensis,* L.), Verg., Colum. u. a.: Plur., Petron. 135. § 8. *v.* 14.

2. Thymbra, ae, *f.* (Θύμβρη), Stadt u. Ebene in Troas am Fluss Thymbrios, mit einem Tempel des Apollo, Troiana Thymbra, Stat. Theb. 8, 202: Thymbrae rector, von Apollo, Stat. silv. 4, 7, 22 (Plin. 5, 126 Jan u. Detl. Cambre). – Dav. **Thymbraeus,** a, um (Θυμβραῖος), **tymbräisch,** subst., **a** Thymbraeus, ī, *m.,* der **Thymbräer,** Beiname des Apollo, Verg. Aen. 3, 85; vgl. Fest. 356 (b), 6. Macr. sat. 1, 17, 49 (wo griech. Θυμβραῖος Ἀπόλλων): Vok. Thymbraeë, Stat. Silv. 1, 4, 117; Theb. 1, 643 u. 4, 515. – **b** Thymbraeum, ī, *n.,* anderer Name des sisymbrium silvestre, nach Plin. 20, 247.

1. thymbraeus, a, um (1. thymbra), **aus Saturei,** nectar, CIL 8, 212. *v.* 89.

2. Thymbraeus, s. 2. Thymbra.

thymelaea, ae, Akk. ān, *f.* (θυμελαία), eine Art **Kellerhals** (*Daphne Gnidium,* L.), Plin. 13, 114.

1. thymelē, ēs, *f.* u. latinis. **thymela,** ae, *f.* (θυμέλη), auf der athenischen Bühne eine altarförmige viereckige, auf Stufen sich erhebende Erhöhung in der Mitte des Tanzraums für den Chor (ὀρχήστρα), auf der der Chorführer stand, sodass ihn sämtliche Chortänzer im Auge haben und er von dort aus ihre Bewegungen leiten konnte, dah. später für **Theater, Schauspiel** übh., Sidon. epist. 9, 13. carm. *v.* 2: actuarii thymelae (= thymelici, s. unten). Cod. Theod. 8, 7, 21 u. 22. – Dav. **thymelicus,** a, um (θυμελικός), **a** zur Thymele od. zum Chor gehörig, **thymelisch,** subst., thymēlicī, ōrum, *m.* (θυμελικοί), die den Chor tanzenden Schauspieler in der Thymele (Ggstz. σκηνικοί, scaenici, die eigentlich handelnden Schauspieler auf der Bühne), scaenici et thymelici, Vitr. 5, 7, 2; so auch Ulp. dig. 3, 2, 4 *in.* – **b** später für scaenicus übh., **theatralisch, Theater-,** choragium, Apul. apol. 13: obscoenitas, Augustin. de civ. dei 6, 7 *extr.:* saltator, Cassiod. hist. eccl. 5, 37. – subst., thymelicus u. thymelica, der **Schauspieler,** die **Schauspielerin,** Cod. Theod. 5, 17, 7 u. 12: thymelicos (pes), der Versfuß – ◡ ◡ ◡, Diom. 481, 32.

2. Thymelē, ēs, *f.* (Θυμέλη), eine berühmte Tänzerin zur Zeit des Domitian, Mart. 1, 5, 5. Iuven. 1, 36 u. a.

thymelicus, a, um, s. 1. thymelē.

thȳmiāma, atis, *n.* (θυμίαμα), das **Räucherwerk,** Sing. u. Plur., Cels. 5, 18, 7 *sqq.* Pelagon. veterin. 8 (151 *Ihm*). Ambros. epist. 64, 5. Vulg. exod. 25, 6; 30, 1 u. a.: ammoniacum thymiama, Ammoniakgummi, Cels. 6, 6, 28.

thȳmiāmatērium, iī, *n.* (thymiama), das **Räucherfass,** Vulg. Ierem. 52, 19. Ambros. epist. 5 (4). *no.* 3. – dass. **thȳmiātērium,** iī, *n.* (θυμιατήριον), Vulg. 2. paral. 4, 22.

thȳmiāmatizo, āre (thymiama), **Räucherwerk auflegen, räuchern,** Itala Luc. 1, 9.

thȳmiāmātus, a, um (thymiama), **mit Räucherwerk versetzt,** ammoniacum thymiamatum, Ammoniakgummi (bei Cels. 6, 6, 28 ammoniacum thymiama), Plin. Val. 1, 22 (wo jetzt falsch thyminatum): cinis, Itala Tob. 6, 18.

thȳmiātērium, s. thȳmiāmatērium.

thyminus, a, um (θύμινος), **aus Thymian,** Colum. 6, 33, 2. Pelagon. veterin. 30 (437 *Ihm*).

thymion u. **thymium,** iī, *n.* (θύμιον), **I** ein warzenartiger Auswuchs der äußeren Haut, Cels. 5, 28, 14. Plin. 32, 128. – **II** das völlig ausgebildete **offene Krebsgeschwür,** Cels. 5, 28, 2.

thymitēs, ae, *f.* (θυμίτης οἶνος), Wein mit Thymian gewürzt, **Thymianwein,** Colum. 12, 35, 1.

Thymoetēs, ae, *m.* (Θυμοίτης), **1** einer der Ältesten Trojas, der dazu riet, das hölzerne Pferd in die Stadt zu ziehen (aus Rache, weil Priamus dessen Sohn, durch den nach dem Ausspruch eines Sehers einst Troja untergehen könnte, getötet hatte), Verg. Aen. 2, 32. – **2** ein Troër, Sohn des Hiketaon, Verg. Aen. 10, 123; 12, 364.

thymōsus, a, um (thymum), **voll Thymian, aus Thymian gemacht,** mel, Plin. 11, 39. Plin. Val. 2, 17. – und **wie Thymian riechend,** pirum timosum, Macr. sat. 3, 19, 6.

thymum, ī, *n.* (θύμον), **Thymian, Quendel,** teils der **gemeine** od. **römische** (*Thymus vulgaris,* L.), teils der **kretische** od. **griechische** (*Satureia capitata,* L.), Verg., Quint. u. a.: Plur. thyma, Hor., Ov. u. a. – Bildl., Attico thymo tinctus, Würze der attischen Rede, Ter. Maur. 2417. – Spät. Schreibart timum, z. B. Apic. 7, 280 u. 283.

Thȳnī, ōrum, *m.* (Θυνοί), eine thrazische Völkerschaft, die urspr. in der Nähe von Salmydessus am Schwarzen Meer wohnte u. nach Asien zog, wo sie an der Seeküste Bithyniens ihre Wohnsitze hatte, Plin. 4, 41; 5, 145 u. 150. Catull. 25, 7. – Dav.: **A Thȳnēus** (Thynnaeus), a, um, **thynëisch,** litora, Val. Flacc. 4, 424. – **B Thȳnia,** ae, *f.* (Θυνία), **Thynien,** die nördl. Gegend von Bithynien, die von den Thyniern bewohnt wurde, Catull. 31, 5 (nach den besten *codd.* Thunia): Nbf. **Thynna,** ae, *f.*, Isid. orig. 19, 32. – **C Thȳniacus** (Merkel Thynniacus), a, um, **thyniazisch,** sinus, am Schwarzen Meer in Thrazien, Ov. trist. 1, 10, 35. – **D Thȳnias,** adis, *f.* (Θυνιάς), **thynisch,** nymphis Thyniasin (*dat. graec.*), Prop. 1, 20, 34. – **E Thȳnicus** (Thynnicus), a, um, **thynisch,** lima, Anthol. Lat. 82 M. (b. Isid. orig. 19, 32, 6). – **F Thynnius,** a, um, **thynnisch,** anulus, Isid. orig. 19, 32. § 5 u. 6. – **G Thȳnos,** a, um, **thynisch,** merx, Hor. carm. 3, 7, 3.

thynnārius, a, um (thynnus), **zum Thunfisch gehörig, Thunfisch-,** piscatio, Ulp. dig. 8, 4, 13 *pr.*

Thynniacus, a, um, s. Thȳnī.

Thynnius, s. Thȳnī.

thynnus (thunnus, tunnus), ī, *m.* (θύννος), der **Thunfisch** (*Scomber Thynnus,* L.), Plin. 9, 44 *sqq.* Lucil. 49 (tunni) u. 938. Varro sat. Men. 209. Hor. sat. 2, 5, 44. Ov. hal. 98. Mart. 10, 48, 12. Manil. 5, 664: als *fem.*, thynni fetae, Plin. 9, 47.

Thȳnus, a, um, s. Thȳnī *no.* G.

thyon, ī, *n.*, s. thya.

Thyōnē, ēs, *f.* (Θυώνη), **I** Mutter des fünften Bacchus, nach einigen mit der Semele identifiziert, Cic. de nat. deor. 3, 58. – Dav.: **A Thyōnēus,** eī, *m.* (Θυωνεύς), Sohn der Thyone, v. Bacchus, Semeleïus, Hor. carm. 1, 17, 23: indetonsus, Ov. met. 4, 13. – **B Thyōniānus,** ī, *m.*, der **Thyonianer,** d. i. **a Bacchus,** Auson. Cento nupt. p. 140, 18 Schenkl. – **b** meton., der **Wein,** Catull. 27, 7. – **II** eine Nymphe, Amme Jupiters, Ov. fast. 6, 711 R. (Merkel Thyene).

thyraeus, ī, *m.* (θυραῖος), der **Türhüter, Vorsteher der Türen,** Apollo, Tert. de cor. mil. 13.

thyrambus, ī, *m.* = dithyrambus, Ennod. carm. 1, 7, 65.

Thȳrē, ēs, *f.* u. **Thȳrea,** ae, *f.* (Θυρέα), Stadt u. Gebiet in Argolis (Cynuria), lange Zeit der Gegenstand des Streites zwischen Spartanern u. Argivern, Stat. Theb. 4, 48 (wo y lang). Plin. 4, 16. – Dav. **Thȳreātis,** idis, *f.* (Θυρεᾶτις), **thyreatisch,** terra, Ov. fast. 2, 663 (wo y kurz).

Thyreum, ī, *n.* od. **Thyrium,** iī, *n.*, Stadt in Akarnanien, nahe bei Leukas, Form *-eum,* Cic. ep. 16, 5, 1: Form *-ium,* Liv. 36, 11 *sq.* – Dav. **Thyriēnsēs,** ium, *m.*, die Einw. von Thyrium, die **Thyrienser,** Liv. 36, 12, 8.

thyrōma, atis, Genet. Plur. atōn, Abl. atis, *n.* (θύρωμα), die **Tür,** Vitr. 4, 6, 1 u. 6, 3, 6.

Thyrsagetae, -getēs, s. Thyssagetae.

thyrsiculus, ī, *m.* (*Demin.* v. thyrsus), der **kleine Stengel,** Ps. Apul. herb. 98.

thyrsicus, a, um (thyrsus), **bacchantisch, pokulierend,** conviva, Ven. Fort. prol. p. 63 Migne.

thyrsidēs, ae, *m.* (thyrsus), der **Thyrsusträger, Bacche,** Anthol. Lat. 199, 44.

thyrsiger, gera, gerum (thyrsus u. gero), **den Thyrsus (Bacchusstab) führend,** Baccha, Naev. tr. 35: Bacchus, Pallad. insit. 87: Lyaeus, Sen. Med. 110: India, Sen. Phaedr. (Hippol.) 753.

thyrsitenēns, entis (thyrsus u. teneo), **den Thyrsus haltend (führend),** Beiname des Bacchus, Anthol. Lat. 574, 2 M.

thyrsus, ī, *m.* (θύρσος), **I** jeder **Stengel** eines Gewächses, der **Strunk,** Colum., Plin. u. a.: boleti, Hut, Apic.: lactuculae, Suet.: vulg. tirsus geschr., z. B. tirsus lactucae, Apic. 4, 123. – **II** der mit Efeu und Weinranken umwundene Stab, den Bacchus und die Bacchantinnen (Bacchae) schwärmend in der Hand trugen, der **Thyrsus, Bacchusstab,** Catull., Hor. u. a.

Thysdritānus, Thysdrus, s. Thisdra ►.

Thyssagetae, ārum, *m.*, eine Völkerschaft im asiatischen Sarmatien, an beiden Ufern des Flusses Rha (Wolga), nach dem Kaspischen Meer zu, in der heutigen Ebene *Captchai,* Mela 1, 19, 19 (1. § 116). Plin. 4, 88 u. 6. 19 *Jan* (Detl. Thussegetae). – Nbf. Thyrsagetae, Val. Flacc. 6, 140: Sing. Thyrsagetēs, ae, *m.*, Val. Flacc. 6, 135.

tiāra, ae, *f.* u. **tiāras,** ae, *m.* (τιάρα, ἡ), u. τιάρας, ὁ), morgenländischer Kopfschmuck des männlichen Geschlechtes, der **Turban,** der **Fes,** die **Tiara,** Plaut. u. a.: Phrygia, die phryg. Mütze (mitra), Iuven.: tiaras sacer, Verg.: lunata tiara, Sidon.: recta tiara (τιάρα ὀρθή), eine aufrechtstehende Tiara, die nur die morgenl. Könige tragen durften, während die Tiara der Untertanen etwas nach vorn geneigt war, Sen. de ben. 6, 31, 12.

tiārātus, a, um, **eine Tiara- einen Turban** (tiara) **aufhabend,** Sidon. epist. 8, 3, 5.

tiaso, s. thiaso.

tiasus, s. thiasus.

Tibarānī, ōrum, *m.*, eine Völkerschaft in Silicien, in der Gegend des Berges Amanus, Cic. ep. 15, 4, 10. Mela 1, 2, 5 (1. § 13).

Tibarēni, ōrum u. ûm, *m.* (Τιβαρηνοί), eine asiatische Völkerschaft am Schwarzen Meer, östlich vom Iris und dem amisenischen Meerbusen, Val. Flacc. 5, 148. Prisc. perieg. 743 (wo gens Tibarenûm). Avien. descr. orb. 947 (wo *Tibārēni* gemessen).

Tiberēius, a, um, s. Tiberius.

Tibereus, s. Tiberius.

Tiberiānus, a, um, s. Tiberius.

Tiberīnis, -nus, s. Tiberis.

Tiberiolus, ī, *m.*, s. Tiberius.

Tiberis, is, Akk. im, Abl. ī, *m.* und poet. **Thybris,** idis, Akk. in u. im, *m.* (nach Θύβρις), der Hauptfluss des mittleren Italiens, der Fluss **Tiber,** ital. *Tevere,* prof. Form, *-beris,* Mela 2, 4, 9 (2. § 71). Liv. 1, 7, 4. Cic. Rosc. Am. 100. Val. Max. 8, 1, 5: poet. Form. *-bris,* Verg. Aen. 2, 782; 3, 500 (Akk. *-brim*). Ov. met. 2, 259 (Akk. *-brin*); 15, 432 (Genet. *-bridis*). – attrib., Thybridas undas, Ov. her. 7, 145. – personif.,

Thybris, der **Tiberfluss** als Gottheit, der **Tibergott,** Vok. Thybri, Verg. Aen. 8, 72; 10, 421. – Dav.: **A** **Tiberīnis,** idis, *f.* (Tiberis), die **Tibernymphe,** die **Tiberinide,** Tiberinides udae, Ov. fast. 2, 597. – **B** **Tiberīnus,** a, um (zsgz. **Tibrīnus** b. Sidon. u. **Thybrīnus** bei Claud.), zum Fluss Tiber gehörig, **tiberinisch,** ostium, Cic.: ostia, Augustin.: campus, am Tiber, Plin.: amnis, Liv. u. Tac., od. flumen, Verg., der Tiberfluss, Tiber: insula, Vitr. u. Arnob.: pater od. deus, der Fluss als Gottheit, Tibergott, Verg. – subst., Tiberīnus, ī, *m.*, **a** der **Tiber,** Cic. u. Verg. – **b** ein König in Alba, nach dem der Fluss benannt sein soll, Liv.

Tiberius, iī, *m.*, **I** ein röm. Vorname, abgekürzt Ti. oder Tib., wie Ti. Sempronius Gracchus, Ti. Claudius Asellus. – **II** insbes., der Kaiser Ti. Claudius Ti. F. Nero, gew. bl. Tiberius gen. – Dav.: **A** **Tiberēius,** a, um, **tiberisch,** aula, Stat. silv. 3, 3, 66. – **B** **Tiberiānus,** a, um, **tiberianisch, des Tiberius,** tempus, Tertull.: domus, Suet.: pira, Lieblingsbirnen des Tiberius, Plin. – **C** **Tiberiolus,** ī, *m.* (*Demin.*), **Tiberchen** = lieber Tiberius, Tac. ann. 6, 5. – **D** **Tibereus,** a, um, **tiberisch,** marmor, Plin. 36, 55.

tībia, ae, *f.*, **I** der vordere größere Knochen des Unterschenkels, das **Schienbein,** der **Schienbeinknochen** (griech. κνήμη, Ggstz. sura, w. vgl.), Cels. u. a. – **II** meton.: **a** eine geradeaus gehende **Pfeife** (weil sie anfangs beinern war), nach unserer Art **Pfeife, Flöte, Hautbois** (gew. im Plur., weil bei den Alten gew. zwei Flöten auf einmal geblasen wurden), gebräuchlich auf dem Theater, beim Gottesdienst, bes. bei dem der Cybele, bei Leichenfeiern, Hochzeiten usw., Plaut., Cic., Hor. u. a.: tibiae dextrae, sinistrae, Diskantflöten, Bassflöten, Varro: erstere auch incentivae, letztere succentivae, Varro: tibiae pares nannte man, wenn zwei Diskantflöten (pares dextrae) od. zwei Bassflöten (pares sinistrae) geblasen wurden; tibiae impares, wenn die eine dextra, die andere sinistra war; dah. paribus dextris et sinistris, *i. e.* paribus dextris et paribus sinistris, abwechselnd mit Diskant- u. Bassflöten, Didascal. Ter.: die tibiae Sarranae, Phrygiae, Lydiae beziehen sich auf die drei ältesten Tonarten, von denen die tyrische die tiefste, die phrygische die mittlere, die lydische die höchste war, Plin. u. Serv. – cantus querulae tibiae, Hor.: tibiarum cantus, Cic.: modulate canentes tibiae, Liv.: tibiis canere, Cic.: ad tibias dicere (vortragen), Lampr. – sprichw., apertis, ut aiunt, tibiis, aus allen Löchern, mit lauter Stimme, Quint. 11, 3, 50. – **b** = αὐλίσκος, die **kleine Röhre** vorn an der Klistierspritze, Cael. Aur. de acut. morb. 3, 4, 29.

tībiālis, e (tibia), **I** **zum Schienbein gehörig,** subst., tībiālia, ium, *n.*, **Binden um das Schienbein,** zum Warmhalten getragen, wie unsere **Strümpfe,** Suet. Aug. 82, 1: so auch tībiāle, is, *n.*, Paul. dig. 49, 16, 14. § 1. – **II** **zu den Pfeifen-, zu den Flöten gehörig,** arundo tibialis calami, tauglich zu Pfeifen, Plin. 16, 168: aura, Sidon. epist. 9, 13. carm. *v.* 2.

tībiārius, iī, *m.* (tibia), der **Flötenverfertiger,** CIL 9935. Gloss. II, 251, 3.

tībīcen, inis, *m.* (zsgz. aus tibiicen, v. tibia u. cano), **I** **der Pfeifer, Flötenbläser, -spieler,** age, tibicen, refer ad labia tibias, Plaut.: si tibiae inflatae non referant sonum, abiciendas eas sibi tibicen putat, Cic.: bona consecravit adhibito tibicine, Cic.: canere ad tibicinem de clarorum hominum virtutibus, Cic.: transit idem iurisconsultus, tibicinis Latini modo, ironisch = dem Kläger die Formel und dem Beklagten die Exzeption dagegen vorbetend, -einhelfend (wie der Flötenspieler auf der Bühne die Schauspieler, bes. in den Monologen, mit der Flöte begleitet, und so ihnen den Ton einhilft), Cic. Mur. 26. – **II** der **Pfeiler,** die **Stütze** eines Hauses usw., Ov. fast. 4, 695. Iuven. 3, 193. – v. Atlas als Träger des Himmels, Arnob. 2, 69.

tībīcina, ae, *f.* (tibicen), die **Flötenspielerin,** Enn. fr. inc. bei Varro LL. 7, 104. Plaut. aul. 292; most. 960 u. a. Ter. adelph. 905 u. 907. Cic. de suis consil. fr. 3. p. 75 Kays. (bei Boëth. inst. mus. 1, 1. p. 185, 15 Fr. u. bei Augustin. c. Iul. Pelagon. 5, 5, 23). Hor. ep. 1, 14, 25, Ov. fast. 6, 687. Iuven. 2, 90. Mart. 14, 64, 1. Gell. 1, 11, 7.

tībīcināria, ae, *f.* (*sc.* ars), die **Kunst des Flötenspielens,** Boëth. Aristot. top. 1, 8. p. 606.

tībīcinātor, ōris, *m.* (tibicino od. -or) = αὐλητής, der **Flötenbläser,** Gloss. II, 250, 54.

tībīcinium, iī, *n.* (tibicen), das **Flötenspiel,** Cic. or. 198; de nat. deor. 2, 22. Gell. 1, 11, 10; 4, 13, 2. Apul. flor. 3. p. 3, 6 u. 4. p. 5, 3 Kr. Porphyr. Hor. carm. 3, 7, 29.

tībīcino, ātus, āre (tibicen), **I** die **Flöte blasen,** αὐλούμενοι, hoc est tibicinantes, Fulg. myth. 3, 9 (wo jetzt tibizantes): Depon. Nbf. ›tibizinor, συρίζω‹, Dosith. 61, 7 K. – **II** **stützen,** Tert. de anim. 38. Schol. Iuven. 3, 193.

tībico, ōnis, *m.* = tibicen, CIL 14, 408.

Tibilis, is, Akk. im, *f.*, Stadt in Numidien, an der Straße von Cirta nach Karthago, mit heißen Quellen (j. *Hammam Mescutin* od. *Hammam el-Berda*), Augustin. epist. 112, 1. – Dav. **Tibilitānus,** a, um, **tibilitanisch, zu** od. **bei Tibilis,** aquae, Augustin. de civ. dei 22, 8, 11. p. 574, 22 D.[2] Itin. Anton. p. 42. *no.* 5.

tībīnus, a, um (zsgz. aus tībiinus, v. tibia), **zur Flöte gehörig, Flöten-,** sonitus, Varro sat. Men. 132.

Tibissus, ī, *m.*, Fluss in Dazien, j. *Temesz,* CIL 3, 90*. – Dav. **Tibisēnus,** a, um, **tibisenisch, des Tibissus,** ostia, Val. Flacc. 6, 50.

tībizo, s. tībīcino *no.* I.

Tibricola, ae, *c.* (Tiberis u. colo), der **Anwohner der Tiber,** Prud. perist. 11, 174.

Tibrīnus, Tibris, s. Tiberis.

Tibullus, ī, *m.* (Albius), röm. Ritter, der ausgezeichnetste röm. Elegiker, Freund des Horaz und Ovid, geb. um 54 v. Chr., gest. um 19 n. Chr., Quint. 10, 1, 39. Vell. 2, 36 *extr.* Ov. am. 1, 15, 28. Ov. trist. 4, 10, 51.

tibulus, ī, *f.*, eine Art Fichte, *Pinus Pinaster* (Alt.), Plin. 16, 39.

Tībur, uris, Abl. ure u. (als lokat.) Tiburī, *n.*, sehr alte, von den Sikulern angelegte Stadt in Latium an beiden Seiten des Anios, auf einem felsigen Hügel (dah. supinum u. pronum, das abhängige, Hor. carm. 3, 4, 23. Iuven. 3, 192), wegen seiner romantischen, gesunden, kühlen Lage (dah. gelidum, Mart. 4, 64, 32; vgl. Hor. carm. 1, 18, 2) ein beliebter Sommeraufenthalt reicher Römer, daher die Umgegend mit zahlreichen Villen geschmückt, j. *Tivoli,* Cic. Phil. 6, 10 u. 13, 19; ad Att. 16, 3, 1. Liv. 7, 11, 7 u. 30, 45, 4. Val. Max. 5, 1, 1. p. 215, 25 H.: superbum, Verg. Aen. 7, 630: vacuum (das geräuschlose), Hor. ep. 1, 7, 45: Herculeum, als Verehrungsort des Herkules, Mart. 1, 12, 1. – Dav.: **A** **Tīburs,** urtis, Abl. urte u. urtī, **tiburtisch,** populus, Liv.: via, Hor. – subst., Tiburtēs, um u. ium, *m.*, die Einw. von Tibur, die **Tiburter,** Liv. u. a.: esse in Tiburti, im Tiburtischen, Cic.: villam in Tiburte habes, Glaucia b. Cic. – **B** **Tiburtīnus,** a, um, **tiburtinisch,** rus, Suet. vit. Hor. p. 47 *Reiff.*. villa, Stat.: via, die Straße nach Tibur, Plin. ep.: lapis, Kalktuff, j. ital. *travertino,* Plin. u. (kollektiv) Amm.: lapicidina, Vitr.: pila, ein Ort in Rom, Mart. – subst., Tīburtīnum, ī, *n.* (*sc.* praedium), ein Landgut bei Tibur, Cic. – **C** **Tīburnus,** a, um, **tiburnisch,** Arnio, Prop. 3, 22, 23. – subst., Tīburnus, ein Einwohner von Tibur, ein Tiburner, Stat. silv. 1, 3, 74; u. κατ᾽ ἐξ. = der Erbauer Tiburs, Plin. 16, 237: lucus Tiburni, Hor. carm. 1, 7, 13: Tiburni luculus, Suet. vit. Hor. p. 47 *Reiff.* (auch Variante bei Verg. Aen. 7, 761, wo Wagner Tiburti).

Tiburtus, ī, *m.*, der Erbauer von Tibur, Verg. Aen. 7, 671.

tīchobatēs, s. toechobatēs.

Tīcīnum, ī, *n.*, eine Stadt im zisalp. Gallien am Fluss Ticinus, j. *Pavia,* Plin. ep. 7, 16, 3. Tac. ann. 3, 2; hist. 2, 17 u. 68.

Tīcīnus, ī, *m.*, einer der größten Nebenflüsse des Padus (Po) im zisalp. Gallien, auf dem Berg Adula entspringend, berühmt durch den Sieg Hannibals über die Römer (Sept. 218 v. Chr.), j. *Tessino,* Liv. 5, 34, 9; 21, 39, 10; 21, 45, 1 u. 46, 2. Sil. 4, 81. – Dav.: **A** **Tīcīnēnsis,** e, **ticinensisch,** Aur. Vict. – **B** **Tīcīnus,** a, um, **ticinisch,** Sil.

Tīfāta, ōrum, *n.*, ein Berg nördl. von Kapua in Kampanien, auf dessen Abhängen ein Tempel der Diana stand, j. *Torre di Sessola,* Liv. 7, 29, 6. Vell. 2, 25, 4. Sil. 12, 487.

Tifernātēs, s. Tifernum.

Tifernum, ī, *n.*, **I** Stadt in Umbrien, diesseits der Apenninen, am Tiber, dah. Tiberinum, j. *Citta di Castello,* Plin. 3, 53. Plin. ep. 4, 1, 4. – deren Einw. Tifernātes Tiberini, Plin. 3, 114. – **II** Stadt in Umbrien am Metaurus, j. *Angelo in Vado,* deren Einw. Tifernates Metaurenses, Plin. 3, 114. – **III** Stadt in Samnium am Fluss u. Berg Tifernus, Liv. 9, 44, 6; 10, 14, 6.

Tifernus, ī, *m.,* ein Berg in Samnium, an dem die Stadt Tifernum lag, Liv. 10, 30, 7.

Tigellīnus, ī, *m.,* Name eines Freigelassenen des Nero, Tac. ann. 12, 48.

Tigellius, iī, *m.,* Name zweier Musiker, **I** Tigellius Sardeas (aus Sardes), Günstling Cäsars, Cic. ep. 7, 24, 1; ad Att. 13, 49, 1. Hor. sat. 1, 2, 3 (synk. Genet. Tigelli); 1, 3, 4. – **II** M. Hermogenes Tigellius, wahrsch. des vorigen Schüler und Adoptivsohn, Hor. sat. 1, 3, 129; 1, 4, 72.

tigillum, ī, *n.* (*Demin.* v. tignum), der **kleine Balken,** Catull., Liv. u. a.: sub tigillum mitti, unter einem Querbalken durchkriechen müssen, Aur. Vict.: fumus de tigillo exit, Latten des Daches, Plaut.

Tigillus, ī, *m.,* Beiname Jupiters, weil er die Welt wie ein Balken zusammenhält, Augustin. de civ. dei 7, 11.

tīgnārius, a, um (tignum), **zu den Balken gehörig,** faber, Zimmermann, Cic. u. a.: Plur. subst., tīgnāriī, ōrum, *m.,* Zimmerleute, Vulg. 4. regg. 22, 6. – ► In Inschrn. (z. B. Corp. inscr. Lat. 5, 4216; 6, 1673 u. 9406) **tignuārius** geschrieben.

tīgnoserrāriī, ōrum, *m.* (tignum u. serra), die **Brettschneider,** CIL 11, 244*.

tignuārius, s. tīgnārius ►.

tīgnulum, ī, *n.* (*Demin.* v. tignum), der **kleine Balken,** Boëth. inst. arithm. 2, 4 *pr.*

tīgnum, ī, *n.* (tego), **I** das zum Bauen dienliche Material, **Baumaterial,** s. Gaius dig. 50, 16, 62. Ulp. dig. 47, 3, 1. § 1. – **II** insbes., der **Baumstamm,** das **Stück Bauholz,** der **Balken,** capita tignorum extrema, Caes.: superficies tignaque, Liv.: tigna ambusta, Liv.: cava, Fahrzeuge, Prop.: tignum transversum, Querbalken, Liv.: u. so tigna transversa, traversaria, Caes.: tigna bina sesquipedalia paulum ab imo praeacuta, Caes.: super eum locum duo tigna transversa iniecerunt, Caes.: modicis instravit pulpita tignis, Hor.: revulsa ingenti ruinā tigna sonuerunt, Sen. – ► Liv. 44, 5, 4 liest Hertz transverso incumbentes tigno.

Tigrānēs, is, *m.* (Τιγράνης), **I** König in Großarmenien, Schwiegersohn und Bundesgenosse des pontischen Königs Mithridates, von Lukullus besiegt, Cic. de imp. Pomp. 4 u. 23; Sest. 58. Sall. hist. fr. 4, 61, 2 (4, 19, 2). Flor. 3, 5, 27 u. 4, 12, 43. – **II** dessen Sohn, Cic. ad Att. 3, 8, 3. Vgl. Ascon. Cic. Mil. 37. p. 47 B. Schol. Bob. Cic. Mil. VII, 3. p. 284 B. – ► Nach Prisc. 6, 62 auch Genet. Tigranae.

Tigrānocerta, ae, *f.* u. **Tigrānocerta,** ōrum, *n.* (τὰ Τιγρανόκερτα), die von Tigranes gegründete und stark befestigte Haupt- u. Residenzstadt Armeniens, *fem.* bei Plin. 6, 26 u. 27. Tac. ann. 14, 24 u. 15, 5. Frontin. 2, 1, 14; 2, 2, 4; 2, 9, 5: *neutr.* bei Tac. ann. 12, 50; 15, 4 *sq.*

tigrifer, fera, ferum (tigris u. fero), **Tiger tragend,** Sidon. carm. 2, 24.

tigrīnus, a, um (tigris), **getigert,** d. i. buntfleckig, Plin. 13, 96.

1. tigris, idis u. is, Akk. idem u. im od. in, Abl. ide u. ī, Akk. Plur. poet. auch idas (τίγρις, im Persischen = der Pfeil), *m.* u. *f.* (in Prosa gew. *masc.,* bei Dichtern vorherrschend *fem.*), der **Tiger,** das **Tigertier, 1** eig., Verg., Sen. u. a.: tigres leonesque, Sen.: tigri ferā scatere, Plin.: der Sage nach des Bacchus Wagen ziehend, Verg. – **2** meton., das **Tigerfell,** Stat. Theb. 9, 686. Claud. rapt. Pros. 1, 17; vgl. tigris inanis, Stat. Theb. 6, 722. – **3** übtr.: **a** Name des gefleckten Tigerhundes des Aktäon, Ov. met. 3, 217. – **b** Name eines mit einem Tigerbild gezierten Schiffes, der **Tiger,** Verg. Aen. 10, 166 (Abl. tigri).

2. Tigris, idis u. is, Akk. idem u. im, Abl. ide u. e od. ī, *m.,* der (nach seinem pfeilschnellen Lauf benannte) **Tigerfluss,** der **Tigris** in Asien, Varro LL. 5, 100. Mela 1, 11, 2 (1. § 63). Hor. carm. 4, 14, 46: Genet. Tigridis, Solin. 37, 6. Lucan. 8, 369. Amm. 24, 6, 2. Oros. 1, 2, 17. 20. 40 *sq.:* Genet. Tigris, Plin. 6, 122 u. a.: Dat. Tigri, Plin. 6, 42 u. a. Curt. 4, 9 (37), 16: Akk. Tigridem, Amm. 23, 3, 1: Akk. Tigrim, Verg. ecl. 1, 62. Lucan. 3, 261 u. a. Plin. 6, 118 u. a. Solin. 33, 4: Akk. Tigrin, Plin. 5, 66. Curt. 4, 9 (37), 14: Abl. Tigre, Tac. ann. 6, 37. Tigrī, Plin. 6, 25 u. a. Solin. 37, 5. Tac. ann. 12, 13.

Tigurīnī, ōrum, *m.,* eine helvetische Völkerschaft im jetzigen Waadtland, Caes. b. G. 1, 12, 7. Liv. epit. 65. – Dav. **Tigurīnus,** a, um, **tigurinisch,** pagus, der jetzige Kanton **Waadt,** Caes. b. G. 1, 12, 4.

tilia, ae, *f.* (πτελέα), **I** die **Linde,** Verg., Colum. u. a. – **II** meton., Plur. tiliae, **a Tafeln aus Lindenholz,** Dict. prol. p. 2, 11 u. 18 *Meister.* – **b Bast, Bastbänder,** Plin. 16, 65 u. a.

tiliācius, a, um (tilia), **aus Lindenholz, Linden-,** tabulae, Capit. Anton. Pius 13, 1.

tiliāgineus, a, um (tilia), **aus Lindenholz,** arculae, Colum. 12, 47, 5.

tiliāris, e (tilia), **aus Lindenholz,** tabula, Cael. Aur. de morb. chron. 5, 1, 20.

tilinus, a, um, **aus Lindenholz,** Gloss. IV, 397, 15.

tiltum, ī, *n.* (τιλτόν), **gezupfte Leinwand, Scharpie,** Cass. Fel. 19. extr. p. 30, 3.

Timaeus, ī, *m.* (Τίμαιος), **I** ein griech. Geschichtsschreiber auf Sizilien unter Agathokles, Cic. de or. 2, 58. Nep. Alcib. 11, 1. – **II** ein pythagoreischer Philosoph aus Lokri, Zeitgenosse Platos, Cic. de fin. 5, 87; de rep. 1, 16. – Nach ihm ist der platon. Dialog Timaeus benannt, den Cicero ins Lateinische übersetzte, Cic. Tusc, 1, 63 u. a.

Timāgenēs, is, *m.* (Τιμαγένης), ein geehrter und freimütiger Rhetor zu Augustus' Zeit, Hor. ep. 1, 19, 15. Sen. contr. 10, 5 (34), 22. Sen. de ira 3, 23, 3 *sq.* Quint, 1, 10, 10; 10, 1, 75.

Tīmanthēs, is, *m.* (Τιμάνθης), ein berühmter griech. Maler, Zeitgenosse des Parrhasius, Plin. 35, 64 *sq.* u. 72 *sq.* Cic. Brut. 70. Quint. 2, 13, 13.

Timāvus, ī, *m.,* ein Fluss im Venetianischen zwischen Aquileja u. Triest, j. *Timavo,* Mela 2, 4, 3 (2. § 61). Liv. 41, 1, 2. Verg. Aen. 1, 244: Ledaeus, weil Kastor, Sohn der Leda, mit den Argonauten dahin kam, Mart. 4, 25, 5.

timefacio (timeo u. facio), ere, **in Furcht setzen,** nur in der Präs.-Form timefacit, Porph. Hor. sat. 1, 4, 126.

timefactus, a, um (timefacio), **in Furcht gesetzt, erschreckt,** Lucr. 2, 44. Cic. de off. 2, 24.

timendus, a, um, *PAdi.* (timeo), **zu fürchten, furchtbar, fürchterlich, grimmig,** reges, Hor.: diva, Ov.: dentes, Hor.: vox, Hor. – m. *ab* od. *de* u. Abl., hostis adest dextra laevaque a parte timendus, Ov.: frigus et incursus omni de parte timendi, Ov. – m. *Abl.* (durch), obliquo dente timendus aper, Ov.: et Xanthus et Ide nomina sunt ipso paene timenda sono, Ov. – m. *Dat.* **(wem?),** leones aliis timendi, Ov.: cum Romanis timendus erat, Ov.: ut non tam timeret, quam timendus ipse hostibus esset, Iustin.: nostro quoque imperio timendum fastigium, Vell. – *neutr. pl.* subst., das **Furchtbare,** fortitudo contemptrix timendorum est, Sen. ep. 88, 29.

timēns, entis, *PAdi.* (timeo), **a** m. *Genet.,* etw. **fürchtend, sich vor** etw. **fürchtend,** mortis, Lucr. 6, 1237. – **b** absol., **sich fürchtend, furchtsam, ängstlich, schüchtern,** lepusculus, Varro fr.: hortatur timentem, Ov.: timentes omnium animos consolatione sanat, Hirt. b. G. – Plur. subst., die **Furchtsamen,** timentes confirmat, Caes. b. G. 7, 7, 4.

timeo, uī, ēre, **I** etw. od. jmd. **fürchten,** vor etw. od. jmd. **sich fürchten, in Furcht sein, besorgt sein** (Ggstz. sperare, contemnere), m. *Acc.,* alqm, Cic. u. Nep.: inter se, Nep.: insidias, periculum, Curt.: mortem, Ov.: quin tuta times! Ov.: quid timeas scio, Ter.: nihil minus quam tale quidquam timens, Liv.: Passiv, deus frustra timetur, Ov.: timetur argentum, Mart.: pila timetur Parthis (= a Parthis), Lucan.: unpers., omni a parte timetur, ist man in Furcht, Ov. – m. *Dat.* für wen? noxiam vini aegris, Plin.: patronum iustitiae suae, Quint.: furem caulibus aut pomis, Iuven.: m. *pro* u. Abl., quid pro quoque timendum sit, Brut. in Cic. ep. ad Brut. 1, 16, 2. – m. folg. *ne* u. Konj., m. folg. *ne non* od. *ut* u. Konj., hoc timet, ne deseras se, Ter.: metuo et timeo, ne hoc tandem propalam fiat nimis, Plaut.: timens, ne suo corporì posset accĭdere, Cic.: neque timerent, ne circumvenirentur, Caes.: timeo, ne non impetrem, Cic.: timeo, ut sustineas, Cic.: quia nihil minus, quam ut egredi obsessi moenibus auderent, timeri poterat, Liv. – m. folg. *quo minus* u. Konj., quid in me tirone timeat, quo minus mecum velit sermonem conferre, non satis intellego, Augustin. epist. 34, 6. – m. folg. *Acc.* u. *Infin.* = fürchten, mit Angst erwarten (s. Müller u. Weißenb. Liv. 2, 7, 9), ni cedenti instaturum (esse) alterum timuissent, Liv.; vgl. im Passiv, propinqua nox et uxorii cubiculi memoria timebantur, Tac. – m. folg. *Infin.* = sich scheuen, nomen referre in tabulas, Cic.: tantae magnitudinis flumini exercitum obicere, Caes.: sciscitari, Liv.: cenare, Hor.: se demittere in narrationem, Sen. rhet.: findere, Plin.: haud timeam dixisse, Ov.: times sola intrare, Ov.: non times pauper fieri, Lampr. – m. folg. indir. Fragesatz, misera timeo, quid hoc sit negotii, Plaut.: quid agatur, timeo, Cic.: quid possem, timebam, Cic.: quo sint eruptura, timeo, Cic.: so auch mit folg. quorsum, Ter. u. Nep.: zugleich m. *Dat.* für wen? nunc nostrae timeo parti, quid hic respondeat, Ter. – im Passiv m. folg. Partiz. Fut. Akt., ne timeretur eis velut erepturus civitatem, Liv. epit. 86. – absol., ne time, Plaut.: neuter timet, neuter timetur, Plin. ep.: liberalius, quam timebamus, Cic.: et timere et admirari (nos) fingimus, Quint.: eo deceptum, quod neque commissum a se intellegeret, quare timeret, neque sine causa timendum putaret, Caes.: tantum sit causa timendi, Ov.: alqm subit timendi pudor, Plin. ep.: do pignora certa timendo (durch meine Besorgnis), Ov. – m. *Dat.* für wen? sibi, Caes.: comiti, Verg. u. Ov.: eius vitae, Ter.: libertati, Sall.: unpers., urbi timetur, Lucan. – m. *pro* u. Abl., timuere dei pro vindice terrae, Ov.: qui pro illo nimium timet, Sen.: pro eo timebam, Curt.: timens pro capite amicissimo, Plin. ep.: pro Aristippi anima, Augustin. – m. folg. *de* (wegen, in Ansehung) u. Abl., de re publica valde timeo, Cic.: unpers., cum de salute regis timeretur, Curt. – m. folg. *ab* (von Seiten) u. Abl., a quo quidem genere ego numquam timui, Cic.: cum timemus fraudem a proximis, insidias a servis, Sen. – m. *Abl.* womit? timuit exterrita pennis ales, gab seine Furcht mit den Flügeln (durch Flattern) zu erkennen, Verg. Aen. 5, 505. – **II** prägn., jmd. **zu fürchten haben** = es mit jmd. aufnehmen-, mit jmd. kämpfen müssen, non omnia monstra tim., Sen. apoc. 5, 3 (wo das handschr. timuerit herzustellen ist): monstra saeva aut feras, Sen. Herc. fur. 455 (458): feras, Sen. Herc. Oet. 270 (272): pro telis gerit quae timuit et quae fudit, Sen. Herc. fur. 40 (44) *sq.*: et uterque timuit, Sen. Herc. fur. 793 (797). – ► *PAdi.* timēns u. timendus s. bes.

timēsco, ere (*Inchoat.* v. timeo), **in Furcht geraten,** Not. Tir. 43, 7.

timibundus, a, um (timeo), **furchtsam, schüchtern,** amor, Ven. Fort. carm. 6, 5, 165.

timidē, *Adv.* m. *Compar.* u. *Superl.* (timidus), **furchtsam, schüchtern, scheu, behutsam** (Ggstz. fidenter, audacter), Cic. u. a.

timiditās, ātis, *f.* (timidus), die **Furchtsamkeit, Scheu, Schüchternheit,** Cic. u. a.: Plur., quantae in periculis fugae proximorum, quantae timiditates, wie auffällige Zeichen von Furchtsamkeit, Cic. Mil. 69.

timidulē, *Adv.* (*Demin.* v. timide), **etwas furchtsam,** Apul. met. 4, 8.

timidus, a, um (timeo), **furchtsam, schüchtern, verzagt, scheu, behutsam** (Ggstz. audax, fortis), v. Pers., Cic. u. a.: quibus res timida et turbida est, die in Angst u. Verlegenheit sind, Plaut.: animus, Cic.: amor, Ov.: timidiora mandata videbantur, Cic.: nihil timidius columbā, Varro: timidissime Phineu, Ov. – m. *ad* u. Akk., ita non timidus ad mortem ut etc., sich so wenig vor dem Tode fürchtend, dass usw., Cic.: timidus ad audaces (Ggstz. celsior [hochfahrend] ad timidos), Amm. – m. *in* u. Abl., timidus in labore militari, Cic. – m. *ab* u. Abl., corpora a febri sunt timidiora, haben mehr Angst vor dem Fieber, Vitr. – m. *Genet.*, timidus procellae, Hor.: deorum, Ov.: lucis, offensarum, Sen.: doloris ac mortis, Lact. (vgl. Bünem. Lact. 3, 26, 6). – non timidus m. *Infin.*, non tim. pro patria mori od. perire, Hor. – subst., timidī, ōrum, *m.*, feige Menschen, Feiglinge, Quint. 6, 2, 17.

Timocratēs, Akk. em u. ēn, *m.* (Τιμοκράτης), ein epikureischer Philosoph, um 260 v. Chr., Cic. de fin. 2, 101; de nat. deor. 1, 93. – Dav. **Tīmocratīus,** a, um, **nach einem Timokrates benannt, timokratisch,** metrum, Serv. de cent. metr. 464, 15 K.

Tīmoleōn, ontis, Akk. onta, *m.* (Τιμολέων), ein korinthischer Feldherr, Zeitgenosse Philipps von Mazedonien, Nep. Timol. 1 *sqq.* Cic. ep. 5, 12, 7. – Dav. **Tīmoleontēus,** a, um (Τιμολεόντειος), **timoleontēisch,** gymnasium, ein öffentliches, zu Ehren des Timoleon errichtetes Gebäude für körperliche u. sonstige Übungen, Nep. Timol. 5, 4.

Timōlus, ī, *m.*, s. Tmōlus.

Tīmōn, ōnis, *m.* (Τίμων), ein griech. Männername, unter dem bes. bekannt ist Timon aus Athen, ein Zeitgenosse des Aristophanes, berüchtigt durch seinen Menschenhass, Cic. de amic. 87; Tusc. 4, 25 u. 27. – Dav. **Tīmōneus,** a, um, **timonisch,** cenae, einsame, Sen. ep. 18, 7.

timor, ōris, *m.* (timeo), die **Furcht, Befürchtung, Besorgnis,** bisw. auch **Furchtsamkeit, Schüchternheit** (Ggstz. animus [Mut], fortitudo [Entschlossenheit], audacia, fiducia), **I** eig.: **a** im Allg., verb. metus ac timor, feige Furcht, Cic. Verr. 4, 41: timor anxius, Verg.: caecus, Cic. u. Phaedr.: externus = vor einem auswärtigen Feind, Liv.: maestus, Verg.: pavidus, Ov.: solitus, Ov.: vanus, Liv.: virgineus, Ov. – timore aeger, Tac.: timore vacuus, Cic.: prae timore (vor F.), Plaut.: propter timorem, aus F., Caes.: timoris causā, Caes.: hoc timore, quo timore, aus F. davor, Caes. – m. *ab* (vor) u. Abl., a principibus suis, Liv. 45, 26, 7. – m. *de* (in Betreff) u. Abl., timor de illo meus, Brut. in Cic. ep.: de nobis, Brut. et Cass. in Cic. ep. – m. *pro* (für) u. Abl., pro me, Verg. Aen. 6, 352. – m. obj. *Genet.* (= vor, wegen), z. B. belli Parthici, Caes.: poenae, Caes.: mortis, Ov.: externi hostis, Hirt. b. G. (vgl. unten mit Verben). – timor omnis abesto quod superest (in Bezug auf das, was noch weiter zu tun ist), Verg.: postquam timor sibi cuique futurae inopiae abiit, Liv.: omnem timorem abicere, Cic.: pedibus timor addidit alas, Verg.: afficere alqm maximo od. summo timore (v. einem Umstand), Brut. et Cass. in Cic. ep. u. Cic.: auges tu mihi timorem, Caecin. in Cic. ep. (u. so verum ea non animum eius augebant, sed timorem, Cic.): colligere se ex maximo timore, Caes.: convertere se aliquando ad timorem, Cic.: dare alqm in timorem dolis atque mendaciis, Plaut.: hominibus perturbatis inanem religionem timoremque deicere, die bestürzten M. von ihrer abergläubischen Furcht befreien, Cic.: dempto timore, Liv.: omni timore deposito, Brut. in Cic. ep. (vgl. deposito pariter cum veste timore, Ov.): timorem si quem habetis deponite, Cic.: hunc mihi timorem eripe, Cic.: neque tanti sum animi, ut etc. … neque tanti timoris, ut etc., ich bin weder so tollkühn, dass usw. … noch so feig, dass usw., Caes.: causa haec fuit timoris, Caecin. in Cic. ep.: scis Domitio comitiorum diem timori esse, Cael. in Cic. ep.: gaudet tamen esse timori tam magno populis, so große F. einflöße, Lucan.: u. so militibus ita timori fuit, ut etc., Vopisc.: tanto apud orientales populos timori mulierem fuisse, ut etc., Treb. Poll.: tamen in magno timore sum, Cic.: cuius rei tanto in timore fui, ut etc., Lentul. in Cic. ep.: ea (aestas) quae sequitur magno est in timore, für den nächsten (Sommer) fürchtet man desto mehr, Cic.: quo minore essent timore, damit sie desto geringere F. hätten (= zu ihrer größeren Beruhigung), Caes.: timore poenae exterreri (exterritus), Caes.: quae (res) mihi quoque facit timorem, Planc. in Cic. ep. (vgl. unten mit *ne*): quo sola timorem ferre modo posses? Ov.: itaque non solum spem in eo habebant maximam, sed etiam timorem, quod et obesse plurimum et prodesse poterat, Nep.: tantus eo facto timor incessit, ut etc., Caes.: magnus omnium incessit timor animos, Caes.: quia belli magni timor impendet, Cic.: timor incutitur aut ex ipsorum periculis aut ex communibus, Cic.: inicere timorem Parthis, Cic., bonis omnibus, Cic.: inicere multitudini magnum timorem, Nep.: equitatum omnibus locis iniciendi timoris causā ostentare, Caes.: hoc primum in luco nova res oblata timorem leniit, Verg.: suorum timorem consolatione et ratione minuebat, Auct. b. Alex.: maestum timorem mittite (lasst fahren), Verg.: tantus subito timor omnem exercitum occupavit, ut etc., Caes.: stupidi timore obmutuerunt, Rhet. Her.: animus timore obstupuit, Ter.: omitte timorem, fürchte dich nicht, Cic.: pelle (verscheuche) timorem, Verg.: percelli (perculsus) timore, Cic.: perfundi vano timore, Liv.: perterreri (perterritus) timore, Caes.: pone (lege ab) timorem, Ov.: sic omnino animos timor praeoccupaverat, ut etc., Caes.: timor praepedit dicta linguae, Plaut.: proponi alci ad timorem, Cic.: recreare se ex magno timore, Cic., se paulum ab illo timore, Auct. b. Alex.: quem timorem Caesaris adventus sustulit, Caes. (u. so repentinae incursionis timore sublato, Caes.): timore torpeo, Plaut.: quae (nefaria Catonis promulgatio) animos a minore cura ad summum timorem traduceret, Cic.: versari in timore ruinae (wegen des Einsturzes), Cic.: summam in sollicitudinem ac timorem Parthici belli provincia cum venisset, Caes.: cum timore aut vana spe vivere, Cael. in Cic. ep.: timoris suspicionem vitare, Caes.: cum maior a Romanis metus timorem a principibus suis vicisset, Liv.: quorum gressus vinxerat (gelähmt hatte) timor, Amm. – m. folg. *ne* u. Konj., timor patribus incessit, ne civitatem vis aliqua externa adoriretur, Liv. 1, 17, 4: ubi timor est, ne autumnalis satio hiemis gelicidiis peruratur, Colum. 11, 3, 63: maria aspera iuro non ullum pro me tantum cepisse timorem, ne etc., Verg. Aen. 6, 351 *sqq.*: quam ut (locus insignis memoriā cladis) timorem faciat, ne qua terra sit nefasta victoriae suae, Liv. 6, 28, 8. – m. folg. *Infin.*, afflictumque fuit tantus adire timor, Ov. trist, 1, 8, 12: unde mare et terras ipsi mihi saepe videre fit timor, kommt mich F. an, Ov. met. 2, 65. – m. folg. *Acc.* u. *Infin.*, in timore civitas fuit obsides captivosque Poenorum ea moliri, Liv. 32, 26, 16: sed vincit utilitas plerumque, cum subest ille timor eā neglectā ne dignitatem quidem posse retineri, Cic. de or. 2, 334: haud dubius timor incessit animos consilia sua emanasse, Liv. 7, 39, 4. – Plur. timores, **Befürchtungen,** multi et varii timores, Liv.: cui, quia privato sunt oppositi timores, dantur imperia, Cic.: molestiae, laetitiae, timores similiter omnium mentes pervagantur, Cic.: mentemque lymphatam Mareotico redegit in veros timores Caesar, Hor. (u. so oft bei Dichtern). – Personif., Timor (Sohn des Äther u. der Erde, Hyg. fab. praef. *in.* p. 2 M.). Hor. carm. 3, 1, 37: ater, Verg. Aen. 9, 719: Plur., consternati Timores, Ov. met. 12, 60. – **b** die religiöse **Scheu,** divûm, Lucr. 5, 1221 (1223): deorum, religiöser Aberglaube (griech. δεισιδαιμονία), Hor. sat. 2, 3, 295: sacer, Sil. 3, 31: primus in orbe deos fecit timor, Stat. Theb. 3, 661. – **II** meton.: **a** (wie φόβος) was Furcht macht, der **Schrecken,** Cacus Aventinae timor atque infamia silvae, Ov.: aquilo raptae timor Orithyiae, Prop.: magnus uterque timor latronibus, Hor. (aber quin [animal] et medetur huic timori = aber es heilt auch die Furcht vor denselben [vor diesen Krankheiten], Plin. 8, 119). – **b** der Gegenstand der zärtlichen Besorgnis, tot gracili ligno complexa timores, Stat. silv. 3, 2, 80. – ► Archaist. Nbf. timōs, ōris, *m.*, Naev. tr. 43; vgl. Non. 487, 6.

timōrātus, a, um (timor), von Furcht vor Gott beseelt, **Gott fürchtend,** Eccl.: audi, Christiane, quod timeas, audi timorate, quod caveas, Augustin. serm. 107, 2 Mai.

timōs, s. timor a. E. ►.

timōsus, s. thymōsus.

Tīmotheus, eī, *m.* (Τιμόθεος), **I** Sohn des Konon, athenischer Feldherr und Wiederhersteller der Mauern Athens, Nep. Timoth. 1 *sqq.* Cic. de or. 3, 139. – **II** ein Musiker aus Milet, Cic. de legg. 2, 39. Quint. 2, 3, 3.

timum, s. thymum.

tīna, ae, *f.*, **1** die **Weinbutte,** Varro vit. P. R. 1. fr. 49 (bei Non. 544, 4). – **2** die **Badebutte,** Ven. Fort. vit. Radeg. 17.

tinca, ae, *f.*, ein Fisch, vermutlich **Schleie** (*Cyprinus Tinca,* L.), Auson. Mos. 125.

tīnctilis, e (tingo), **worin etwas eingetaucht wird,** virus, Ov. trist. 3, 10, 64.

tīnctio, ōnis, *f.* (tingo), die **Taufe,** Augustin. in Ioann. tract. 62, 3: Iordanis tinctio, Augustin. serm. 210, 3.

tīnctor, ōris, *m.* (tingo), der **Eintaucher, Färber,** Firm. math. 3, 13. sect. 10. p. 78, 5. u. 3, 14. sect. 6. p. 79, 10. Marc. Emp. 19. fol. 111 (b), 41. Inscr. ap. Marin. papir. dipl. p. 251. Vgl. Gloss. II, 256, 40 u. ö.: ›tinctor, βαφεύς‹.

tīnctōrium, iī (tingo), die **Färberei,** Gloss. III, 306, 66 u. 67. Not. Tir. 50, 3.

tīnctōrius, a, um (tingo), **zum Färben gehörig,** bildl., cuius tinctoria est mens, blutgierig, Plin. 7, 44.

tīnctūra, ae, *f.* (tingo), das **Färben,** Plin. 37, 119. Vulg. Iob 28, 19: Plur., Plin. 31, 110: meton., tincturae vel maculae corporis, Marc. Emp. 19. fol. 112 (a), 19.

tīnctus, Abl. ū, *m.* (tingo), das **Eintauchen,** konkr. = die **Tunke, Brühe (Sauce),** avis croceo tinctu cibis gratissima, Plin. 10, 134.

tinea (tinia), ae. *f.*, jeder **nagende Wurm** wie die **Motte,** in Büchern u. Kleidern (*Phalaena Tinea,* L.), Hor. u. Plin. – der **Holzwurm,** Varro sat. Men. 227. Vitr. 5, 12, 7. – v. den Lichtmotten, tineae agrestes, Ov. met. 15, 373. Lact. de Phoen. 107. – von Würmern in den Bienenstöcken, Verg. u. Colum.: v. Würmern, die die jungen Feigenbäume zernagen, Colum.: von Läusen, Claud. u. Marc. Emp. u. (vollst. tinea capitis) Th. Prisc.: v. Würmern bei Hunden, Nemes. cyn. 209. – In Hdschrn. u. Ausgg. verwechselt mit taenia (Bandwurm).

tineo u. **tinio**, āvī, āre (tinea), **Motten haben, von den Motten zerfressen werden,** v. Kleidern, Vulg. Baruch 6, 71. Itala epist. Jacobi 5, 2 (bei Augustin. spec. 22 Mai).

tineola, ae, *f.* (*Demin.* v. tinea), das **Würmchen,** Veget. mul. 1, 44.

tineōsus u. **tiniōsus**, a, um (tinea, tinia), **a voll Würmer,** veteres et tineosi favi, Celsus bei Colum. 9, 14, 20 (*cod. P* tiniosi). – **b** insbes., **voll Läuse, verlaust,** caput tiniosum, Th. Prisc. 4. fol. 314 (b), 31: locus capitis tineosus, Marc. Emp. 6. fol. 91 (b): Plur. subst., tineosi u. tiniosi, Verlauste, Augustin. op. imperf. c. Iul. 6, 16 (tineosi). Th. Prisc. 4. fol. 314 (b), 29 (tiniosi).

Tinge, Tingi, Akk. in, *f.*, eine Stadt in Mauritanien, j. *Tanger,* Mela 1, 5, 2 (1. § 26). Plin. 5, 4. Sil. 3, 258 (Akk. in). – Dav.: **A Tingitānus**, a, um, **tingitanisch,** provincia, der auch Mauritania Tingitana genannte Teil Mauritaniens, Plin.: litus, Claud. Mam.: Plur. subst., Tingitānī, ōrum, *m.*, die Einw. der Provinz Tingitana, Not. Tir. 84, 80. – **B Tingitānicus**, a, um, **tingitanisch,** Mauritania, Fest. Ruf. brev. 5.

tinguo (tingo), tīnxī, tīnctum, ere (griech. τέγγω, ahd. *thunkōn, dunkōn*), **benetzen, anfeuchten,** mit einer Flüssigkeit **tränken,** in eine Flüssigkeit **eintauchen, I** im Allg.: **a** eig.: pedes, Plin.: ora lacrimis, Ov.: pascua rore, Calp.: tela venenis, Plin.: gladios veneno, Curt.: hostili caede manum, Ov.: tunica sanguine tincta, Cic.: faces in amne, Ov.: spongia in aceto tincta, Cels.: aera stridentia lacu, Verg.: telum fluvio, Iustin.: aequore tingui, Verg. – **b** übtr.: libellos sale Romano, Mart.: orator sit mihi tinctus litteris, soll mir einen Anstrich von wissenschaftlicher Bildung haben, Cic.: Laelia patris elegantiā tincta, Cic.: verba sensu tincta, erfüllt von usw., Quint. – **II** insbes.: **A** wie inficere = **färben, 1** im Allg.: **a** eig.: lanas murice, Hor.: comam, Ov.; nummos, Ulp. dig.: tinguntur sole populi, Plin. – Partiz. subst., tingentēs, ium, *m.*, Färber, tingentium officinae, Plin. – tīncta, ōrum, *n.*, Gefärbtes, Buntes, tincta absint, Cic. – **b** übtr.: loca lumine tingere, erhellen, erleuchten, Lucr. – **2** prägn., **färben,** d. i. eine Farbe hervorbringen, caeruleum, blau färben, Plin.: hysginum, Plin. – **B taufen,** solā se paenitentiā tinguere, venturum mox, qui tingueret in spiritu et igni, Itala Matth. 3, 11 (bei Tert. de bapt. 10 *extr.*): tinctus est ab Ioanne propheta in Iordane flumine, Lact. 4, 15, 2: in Christum tinctus est, Tertull. de fuga in persec. 10.

tinia, ae, *f.*, s. tinea.

tiniārius, a, um (v. tinia), **zu den Motten gehörig, Motten-,** herba, Mottenkraut (*Teucrium Polium,* L.), Scrib. Larg. 83. – dass. Kraut **tiniātica**, ae, *f.*, Marc. Emp. 17.

tiniōsus, s. tineōsus.

tinnibulātus, s. tintinnābulātus.

tinnilis, e (tinnio), **klingend, plectrum,** Ven. Fort. vit. Mart. 4, 39.

tinnīmentum, ī, *n.* (tinnio), das **Klingeln, Geklingel,** Plaut. rud. 806.

tinnio (in guten Hdschrn. auch tīnio), īvī u. iī, ītum, īre, **klingen, klingeln, klimpern, schellen** u. dgl., **I** eig., Varro u. Quint.: tibi in foro diu tinnisse auriculas, geklungen haben, M. Aurel. b. Fronto ad M. Caes. 2, 2 *extr.*: cymbalum tinniens, klingende Schelle, Augustin. – **II** übtr.: **1** von denen, die ihre Stimme scharf-, laut ertönen lassen, **schreien, singen ertönen,** v. Vögeln, **zwitschern,** Calp.: nimium iam tinnis, das lange Wortgeklingel hab' ich satt, Plaut.: voce suā tinnire temperent, mögen nicht zu laut schreien, Plaut.: aliquid sufferti, etwas Volltönendes singen, Suet.: vere novo, cum iam tinnire volucres incipient, Calp. – **2** in der Umgangssprache, mit Geld **klimpern** = zahlen bezahlen, ecquid Dolabella tinniat, ob er blechen (zahlen) wird, Cic. ad Att. 14, 21, 4; vgl. (bildl.) veri speciem dinoscere calles, ne qua subaerato mendosum tinniat auro, falschen Klang gebe, Pers. 5, 105.

tinnipo, āre, Naturlaut des Vogels parrus (s. parra), Anthol. Lat. 733, 9 (1079, 9) u. 762, 9 (233, 9). Aldh. de re gramm. in Class. auct. 5. p. 570, 7.

tinnito, āre (*Intens.* v. tinnio), **ausposaunen lassen**, se in trivio, Commod. instr. 2, 22 (23), 17 *edd.* zw. (Ludwig te intimo victum).

tinnītus, ūs, *m.* (tinnio), das **Klingen, Klirren, Schellen, Klingeln, Geklingel**, der **Klingklang**, **I** eig.: acris, Sen.: acutus, einer Flöte, Apul.: citharae, Plin.: perflabilis tinn. fidium, rauschender Saitenklang, Amm.: crepitas ac tinn. aeris, Solin. (u. so aera tinnitus aere repulsa dabunt, Ov.): tinn. aurium, das Klingen der Ohren, Plin. (u. so dexterae auris, Apul.): strepit assiduo cava tempora circum tinnitu galea, Verg.: tinnitus ciere, Catull. u. Verg. – **II** übtr., v. der Rede = **Wortgeklingel,** tinnitus (Plur.) Gallionis, Tac. dial. 26.

tinnulus, a, um (tinnio), **klingend, schellend, I** eig.: vox, Pompon. com. fr., Catull. u. Sulp. Sev.: sistra, Ov.: aera, Ov.: Gades, Getön der gaditanischen Jungfrauen, Stat. – **II** übtr., **hohltönend, -klingend,** rhetor, Quint. 2, 3, 9: verba, Hieron. epist. 143, 2.

tinnunculus, ī, *m.*, ein Vogel aus dem Falkengeschlecht, nach einigen der **Turmfalke** (*Falco Tinnunculus,* L.), Colum. 8, 8, 7. Plin. 10, 109.

tintinnābulātus, a, um (tintinnabulum), **Schellen tragend, beschellt,** greges, Sidon. epist. 2, 2, 14 (Lütjohann tinnibulati).

tintinnābulum, ī, *n.* (tintinno), die **Klingel, Schelle** (griech. κώδων), an den Türen, um durch ihren Ton das Gesinde zu rufen od. den Türhüter aufzuwecken; an den öffentlichen Bädern, um anzuzeigen, wann man sich dahin begeben sollte; an den Köpfen der Ochsen usw., Plaut. trin. 1004 u. Pseud. 332. Phaedr. 2, 7, 5. Plin. 36, 92. Suet. Aug. 91, 2. Petron. 47, 8. Iuven. 6, 441. Mart. 14, 163 *lemm.* Apul. met. 10, 18. Paul. Nol. carm. 18, 336. Ven. Fort. vit. S. Medard. 6. – ► Nbf. tintinabellum, Not. Tir. 112, 87.

tintinnāculus, a, um (tintinno), **klirrend,** nisi si ad tintinnaculos voltis vos educi viros, zu den Kettenklirrern (Gefesselten, die mit den Ketten klirren), Plaut. truc. 782.

tintinniāla, ae, *f.* (tintinnio u. ala), das **mit den Flügeln tönende Tier,** vulgär für culex, Schol. Cruq. Hor. sat. 1, 5, 14.

tintinnio, īre = tinnio, Afran. com. 392.

tintinno, āre = tinnio, **klingen, klirren,** Naev. com. 114. Nigid. b. Non. 40, 16.

tintinnus, ī, *m.* = tintinnabulum, Ven. Fort. carm. 2, 20, 49.

tintino, āre = tinnio, Catull. 51, 11.

tīnus, ī, *f.*, der **lorbeerartige Schneeball** (*Viburnum Tinus,* L.), Ov. met. 10, 98. Plin. 15, 128 u. a.

tiphē, ēs, *f.* (τίφη), eine Getreideart, nach Sprengel *Triticum monococcon,* (L.), das **Peterskorn, Einkorn,** Plin. 18, 81.

Tīphys, Akk. yn, Vok. y, *m.* (Τῖφυς), der Steuermann des Schiffes Argo, Hyg. fab. 14. p. 36 M. Verg. ecl. 4, 34. Ov. her. 6, 48. Val. Flacc. 2, 390. Poëta b. Charis. 272, 13.

tippula, ae, *f.*, die **Wasserspinne,** ein Insekt, das schnell über das Wasser laufen kann, Varro sat. Men. 50. Arnob. 2, 59; vgl. Paul. ex Fest. 366, 5 u. Gloss. V, 397, 44. – als Bezeichnung eines sehr leichten Gegenstandes, Plaut. Pers. 244, wo archaist. Genet. tippulai.

Tīresiās, ae, *m.* (Τειρεσίας), der berühmte blinde Wahrsager in Theben, Hyg. fab. 68 u. 75. Cic. Tusc. 5, 115 (Alk. *-am*). Hor. sat. 2, 5, 1. Stat. Theb. 10, 589 (Akk. *-an*): Nomin. Tiresia, Sen. Oedip. 289 (293). – appell., ein Tiresias = ein Blinder, Iuven. 13, 249.

Tīridātēs, is, Akk. em u. (selten) ēn, *m.* (Τιριδάτης), Name mehrerer Könige in Armenien, Hor. carm. 1, 26, 5. Suet. Ner. 13, 1 u. 30, 2. Tac. ann. 6, 32 *sqq.* Iustin. 42, 5, 7 *sqq.*: Akk. Tiridaten nur Plin. 7, 129.

tīro, ōnis, *m.* (auch tyro geschr., z. B. Treb. Poll. Claud. 16, 2 P.), **I der junge Soldat,** der seinen ersten Kriegsdienst tut, der **Rekrut** (Ggstz. vetus miles, veteranus), **1** eig., Cic. u. a.: *adi.*, exercitus tiro, Cic.: milites tirones, Cic. – **2** übtr.: **a** der junge **Anfänger, Neuling, Lehrling,** tiro et indoctus (Ggstz. exercitatus et doctus), Sen.: in alqa re, Cic.: tiro esset scientiā, Cic.: tirones gladiatorum, tirones gladiatores, Suet.: v. Tieren, tiro bos, Varro. – **b** jeder, der zuerst in die große Welt tritt, wie der Jüngling, der das männliche Kleid bekommt, Ov. u. Suet.: der Redner, wenn er zum ersten Mal öffentlich auftritt, ille primum in foro verba facturus tiro dictus est, Sen. rhet. – **II** als *nom. propr.*, M. Tullius **Tiro**, der gelehrte Freigelassene Ciceros, Cic. ep. 16, 1, 2 u. a. Quint. 10, 7, 31. Gell. 7, 3, 8 u. a. – Dav. **Tīrōniānus**, a, um, **tironianisch, des Tiro,** cura, Gell. 1, 7, 1: liber, Gell. 13, 20, 16.

tīrōcinium, iī, *n.* (tiro), **I** der **erste Soldatendienst (Kriegsdienst),** die militärische **Unerfahrenheit, a** eig.: iuvenis, Liv.: militiae, Val. Max.: propter exercitus paucitatem et tirocinium, Auct. b. Afr.: tirocinia militum imbuere, die U. unserer Soldaten unterweisen, eine Kriegsschule für unsere Soldaten bilden (v. Feind), Flor.: tirocinium ponere u. deponere, die ersten Versuche im Erlernen des Felddienstes machen, Iustin.: ebenso tirocinii rudimenta deponere, die ersten Proben eines jungen Soldaten im Kriegsdienst ablegen, Iustin. – **b** meton., die **jungen Soldaten, Rekruten,** Liv. 40, 35, 12. – **II** übtr.: **a** die **Unerfahrenheit** eines Neulings, nec tirocinio peccet, Manil. 1, 189. – **b** die **Probe** eines Neulings, das **Probestück,** navium, die erste Fahrt, Plin.: producta fuerit tirocinio, zum ersten Mal, zur Probe, Plin.: potest tirocinium esse homicidium, parricidium non est, Sen. rhet. – u. bes. **c** das **erste Auftreten** in der großen Welt, vor dem Publikum, ut filios suo quemque tirocinio (bei Anlegung der männlichen Toga) in forum deduceret, Suet.: in L. Paulo accusando tirocinium ponere, zum ersten Mal auftreten, Liv.

tīrōnātus, ūs, *m.* (tiro), die **Aushebung der Rekruten,** Cod. Theod. 7, 13, 21. – Dagegen Gloss. IV, 397, 18 u. V, 612, 6 tironatum, rudimen.

Tīrōniānus, a, um, s. tīro *no.* II.

tīrōnicum, ī, *n.* (tiro), das **Ablösungsgeld für Stellung eines Rekruten,** Synes. epist. 79 (ad Athanas.).

tirotar..., s. tyrotar...

tirsus, s. thyrsus.

tīruncula, ae, *f.* (tirunculus), die **junge Anfängerin, Schülerin,** Hieron. epist. 130, 4: canis, die zum ersten Mal geworfen hat, Colum. 7, 12, 11.

tīrunculus, ī, *m.* (*Demin.* v. tiro), **I** der **ganz junge Soldat,** tir. miles, Suet. Ner. 21, 3. – **II** übtr., der **junge Anfänger, Schüler** in etw., der **Neuling,** Sen., Colum. u. a.: im Kaufen, quod me, quamquam tirunculum, sollicitavit ad emendum, Plin. ep.

Tīrȳns, Akk. yntha, *f.* (Τίρυνς, υνθος), eine Stadt in Argolis, wo Herkules erzogen sein soll, Plin. 4, 17. Stat. Theb. 4, 147. – Dav. **Tīrynthius**, a, um (Τιρύνθιος), **tirynthisch,** subst. der **Tirynthier,** bes. von Herkules, sowie von allem, was eine Beziehung zu ihm hat, iuvenis, hospes, von Herkules, Ov.: ders. bl. Tirynthius, Verg.: Tirynthia, die Tirynthierin, d. i. Alkmena, des Herkules Mutter, Ov.: tela, Ov.: aula, die Stadt Herkulaneum, Stat.: tecta, Sagunt, Sil.: gens, die fabische Familie, die von Herkules abstammte, Sil.: heros, v. Herkules, Ov., v. Chromis, Sohn des Herkules, Stat., v. Fabius Kunktator, Sil. – Plur. Tirynthiī, ōrum, *m.*, die Einw. von Tiryus, die **Tirynthier,** Plin.

tis = tui (deiner), s. tū ►.

tisana, ae, *f.*, s. ptisana.

tisanārium, s. ptisanārium.

Tisdra, Tisdritānus, s. Thysdritānus.

Tīsiās, ae, *m.* (Τισίας), aus Sizilien, der erste Begründer einer rhetor. Theorie, Cic. de inv. 2, 6; Brut. 46 (Akk. *-am*) u. a. Quint. 2, 16, 3 (Akk. *-ān*) u. a.

Tīsiphonē, ēs, *f.* (Τισιφόνη), die **Rächerin des Mordes,** eine der Furien, Verg. georg. 3, 552; Aen. 6, 571. Hor. sat. 1, 8, 34. Prop. 3, 5, 40. Iuven. 6, 29. – Dav. **Tīsiphonēus**, a, um, **tisiphonëisch,** tempora, strafbare, verbrecherische, Ov. trist. 4, 9, 6.

Tissaphernēs, ae, Akk. em u. ēn, *m.* (Τισσαφέρνης), ein verschmitzter u. hinterlistiger persischer Satrap unter der Regierung von Xerxes II. u. Artaxerxes II., Nep. Con. 2*sq.* u. a. Iustin. 5, 1*sq.* u. a.

Tissē, ēs, *f.* (Τίσση), eine Stadt auf der Insel Sizilien am Ätna, j. *Randazzo,* Sil. 14, 267. – Dav. **Tissēnsēs,** ium, *m.*, die Einw. von Tisse, die **Tissenser,** Cic. Verr. 3, 86.

Titān, ānis, Akk. ānem u. āna, Akk. Plur. ānēs u. ānas, *m.* (Τιτάν) u. zuw. latinis. **Tītānus,** ī, *m.* (vgl. Charis. exc. 540, 37*sqq.* Prisc. 6, 25), **I** gew. Plur. Titanes u. Titani, ein früheres Göttergeschlecht, Söhne des Uranus und der Gäa (lat. Tellus), u. zwar Oceanus, Cöus, Krius, Hyperion, Japetus, Kronos (Saturnus). Sie stürzten unter Anführung des Saturnus ihren Vater Uranus vom Thron u. beherrschten vereint mit ihrem Bruder den Himmel. Bald aber stürzte Saturnus seine Söhne, die Hekatoncheiren Briareos, Kottus u. Gyes u. die Zyklopen Arges, Steropes, Brontes in den Tartatus; hierüber zornig wiegelte Tellus den Sohn des Saturnus, den Jupiter, auf, der im Verein mit seinen Geschwistern den Vater entthronte und in den Tartarus stürzte. Auch die Titanen, die seiner Herrschaft nicht gehorchen wollten, schloss er nach einem harten Kampf in den Tartarus ein. – Nom. Titan, Ov. met. 1, 10: Genet. Titanos u. Titanis, Prisc. 6, 25: Dat. Titano, Manil. b. Varro LL. 7, 16: Akk. Titana, Lact. 2, 10, 8. Charis. 25, 27; Titanem, Charis. 25, 27: Vok. Titan u. Titane, Charis. 25, 27: Nom. Plur. Titanes, Charis. 25, 28: Nom. Plur. Titani, Naev. bell. Pun. 1. fr. 18. *v.* 25 *Vahlen.* Plaut. Pers. 26. Arnob. 1, 41. Augustin. de civ. dei 4, 30: Genet. Titanum, Cic. de legg. 3, 5. Lact. 1, 14, 10; 5, 6, 7; vgl. Charis. 25, 28: Akk. Titanas, Hor. carm. 3, 4, 43. Ov. fast. 3, 797. Solin. 11, 15. Iustin. 44, 4, 1. Lact. 1, 21, 39; vgl. Charis. 25, 28: Akk. Titanes, Charis. 25, 28: Akk. Titanos, Hyg. fab. 150: Dat. u. Abl. Titanibus, Lact. 1, 10, 10. Charis. 25, 28, Titanis, Cic. de nat. deor. 2, 70. Hyg. fab. 167. – **II** ein von einem Titanen abstammendes Götterwesen, u. zwar bes.: **a** Helios (Sol), Sohn des Hyperion und der Theia, Enkel des Titan, Verg. Aen. 4, 119. Tibull. 4, 1, 51. Ov. fast. 1, 617. – **b** Prometheus, des Titanen Japetus Sohn, Iuven. 14, 35. – Dav. abgeleitet:

A **Tītāniacus,** a, um, **titanisch,** dracones, weil sie aus dem Blut der Titanen entstanden sind (nach Polle = Schlangengespann, das Medea von ihrem Großvater, dem Sonnengott, erhielt), Ov. met. 7, 398. – **B** **Tītānida,** ae, *f.*, eine **Titanide,** Themidis filiae Titanidae, Hyg. fab. 183. – **C** **Tītānis,** idis u. idos, Akk. ida, Vok. ī, *f.* (Τιτανίς), **titanisch,** pugna, der Titanen mit Jupiter, Iuven. 8, 132. – subst., die **Titanide,** d. i. **a** Circe, Nachkömmling des Helios (Sol), Ov. met. 13, 968; 14, 14 u. 376. – **b** Tethys, als Schwester der Titanen, Ov. fast. 5, 81. – **c** Titanis Trivia, Diana, Enn. fr. scen. 121; vgl. Varro LL. 7, 16. – **D** **Tītānius,** a, um (Τιτάνιος), **titanisch,** pubes, die Titanen, Verg.: Titania astra, Verg., od. Titanius, Avien., die Sonne. – subst., Tītānia, ae, *f.*, die **Titanide** (Abkömmling eines Titanen), **a** v. der Diana, Ov. met. 3, 173. – **b** v. der Latona, als Tochter des Cöus, Ov. met. 6, 346. – **c** v. der Circe, Ov. met. 14, 382 u. 438. – **d** v. der Pyrrha, Enkelin des Japetus, Ov. met. 1, 395.

titelus, s. titulus ►.

Tīthōnus, ī, *m.* (Τιθωνός), Sohn des Laomedon, Bruder des Priamus (Königs von Troja), Gemahl der Aurora, Vater des Memnon, erlangte zwar die Unsterblichkeit, aber ohne ewige Jugend und wurde endlich in eine Heuschrecke verwandelt, Cic. de sen. 3. Verg. Aen. 4, 585. Hor. carm. 1, 28, 8: Tithoni coniunx, Ov. her. 17 (18), 111. – appell., tremulus Tithonus, v. einem Greis, Plaut. Men. 854. – Dav.: **A** **Tīthōnaeus,** a, um, **tithonäisch,** Avien. – **B** **Tīthōnis,** idis, *f.* (Τιθωνίς), die **Tithonide,** v. der Aurora (Morgenröte), Stat. – **C** **Tīthōnius,** a, um, **tithonisch,** coniunx u. subst. bl. Tithonia, Aurora, Ov.

tithymalis, is, *f.* (τιθυμαλίς), eine Art der Pflanze tithymallus, *Euphorbia paralias* (L.), Plin. 26, 68.

tithymallus, ī, *c.* u. **tithymalon,** ī, *n.* (τιθύμαλλος, τιθύμαλον), die **Wolfsmilch,** eine Pflanze mit einem milchartigen Saft (*Euphorbia,* L.), deren Arten bei Plin. 26, 62*sqq.* u. Ps. Apul. herb. 108; vgl. Ser. Samm. 841 u. 1106.

Titiāles, s. Titius a. E.

Titiānus, a, um, s. Titius.

Titiēs, ium, *m.* (Titus, Vorname des Tatius), und davon abgeleitete Form **Titiēnsēs,** ium, *m.*, die eine der drei Tribus, in die die ersten freien Bürger nach ihrer Nationalität (Ramnes, der lateinische Stamm, Tities, der sabinische, Luceres, der tuskische) geschieden und aus denen dann die gleichnamigen drei Rittercenturien von Romulus gebildet wurden (s. Ramnēs das Nähere), **a** als Tribus, Form *-ies,* Varro LL. 5, 81 (Genet. Titium). – Form *iēnsēs,* Varro LL. 5, 89. Liv. 10, 6, 7. Ov. fast. 3, 131. Fest. 344 (b), 24 u. 355 (a), 8. – dafür Titiensis tribus, Paul. ex Fest. 366, 10. – Sing. Titiēns kollektiv, Prop. 4, 1, 31. – **b** als Zenturie, Liv. 1, 13, 8; 1, 36, 2. Cic. de rep. 2, 36 (wo in der Hdschr. der Genet. Titiensum). – **c** als die sabinischen Sakra besorgendes Priesterkollegium, sodales Tities u. Titienses, CIL 6, 3832 (wo sodales Tities). CIL 3, 1741 (wo Sing. sodalis Titiensis). Vgl. Titius *no.* II.

tītillāmentum, ī, *n.* (titillo), das **Kitzeln,** Fulg. myth. 2, 18.

tītillātio, ōnis, *f.* (titillo), das **Kitzeln,** der **Kitzel,** corporis, Sen.: voluptatum quasi tit., Cic.: voluptatibus quasi titillatio adhibetur sensibus, Cic.: Plur., carnis titillationes, Hieron. epist. 52, 3.

tītillātus, ūs, *m.* (titillo), das **Kitzeln,** Plin. 11, 198. Cael. Aur. de morb. acut. 2, 6, 26; de morb. chron. 2, 11, 129. Cael. Aur. signif. diaet. pass. 75 u. 92.

tītillo āvī, ātum, āre, **kitzeln,** quasi tit. sensus, Cic.: carnem, Tert.: alqm, Cael. Aur.: multitudinis levitatem voluptate quasi tit., Cic. – bildl., ipsum maerorem, Sen.: ne vos titillet gloria, Hor.: titillata voluptas, Auson.: si clericatus te titillat desiderium, Hieron.: si forte vos vetus titillaverit consuetudo, Augustin.

tītillōsus, a, um (titillus) = γάγγαλον ἔχων, **den Kitzel habend, kitzlich,** Gloss. II, 26, 1, 5.

tītillus, ī, *m.* (titillo), das **Kitzeln,** Cod. Theod. 8, 5, 2.

Titīnius (nicht Titinnius), iī, m., **a** ein alter römischer Komödiendichter, von dessen Dichtungen nur noch Bruchstücke vorhanden sind, Varro LL. fr. b. Charis. 241, 28. Ser. Samm. 1046. – **b** Cn. Octavius Titinius Capito, ein im Staatsdienst sowie in der Wissenschaft hervorragender Römer zu Domitians u. Trajans Zeit, CIL 6, 798. Plin. ep. 1, 17, 3 u. a.

1. tītio, ōnis, *m.*, der **Feuerbrand,** das **brennende Scheit,** Varro fr., Cels. u. a. (nach Lact. 4, 14. § 14 ein vulgärer Ausdruck für torris).

2. titio, āre, **piepen,** Naturlaut der Sperlinge, Suet. fragm. 161. p. 254, 1 *Reiff.* Anthol. Lat. 762, 30 R.

Titius, a, **I** ein römischer Geschlechtsname. Bekannt ist Sext. Titius, ein Volkstribun, dessen Gang so tänzermäßig war, dass ein Tanz nach ihm Titius genannt wurde, Cic. Brut. 225. – Dav.: **A** **Titius,** a, um, **titisch,** lex, Cic. u. a.: atrium, Liv. – **B** **Titiānus,** a, um, **titianisch,** fundus, ICt. – **II** vom **sabinischen König Titus Tatius angeordnet,** sodales, ein die sabinischen Sakra besorgendes Priesterkollegium, Varro LL. 5, 85. Tac. ann. 1, 54. Lucan. 1, 602, CIL 6, 934: Sing. sodalis Titius, CIL 6, 913 u. 1349. – dieselben (sodales) Titiales, CIL 6, 218819.

tītivillīcium, iī, *n.*, die **Faser,** bildl. für **etwas sehr Geringes, eine Kleinigkeit, »ein Bettel«,** non emissim titivillicio, Plaut. Cas. 347 *Schoell.* (Leo tittibilieium).

titlus, titolus, s. titulus ►.

tittibilīcium, s. tītivillīcium.

titubanter, *Adv.* (titubo), **I** eig., **wankend,** Amm. 24, 4, 28. – **II** übtr., **schwankend, stockend, unsicher,** Cic. Cael. 15: loqui de alqa re, Rhet. Her. 4, 53: intellegebas primo titubanter atque haesitanter, Augustin. epist. 117, 17.

titubantia, ae, *f.* (titubo), das **Wanken,** übtr. = das **Stammeln,** linguae, Suet. Claud. 30. Macr. sat. 7, 6, 21: oris, Suet. Vit. 6. – übtr., das **Schwanken,** die **Unsicherheit,** eorum, Iul. Val. 1, 20 (25).

titubātio, ōnis, *f.* (titubo), das **Wanken,** der **wankende Gang,** in ipsa ebrietate tit., Sen. ep. 95, 16: vel si exiguā pes eorum (funambulorum) titubatione deviaverit, Cassian. coll. 23, 9. – übtr., das **Stam-**

meln, linguae, Macr. sat. 7, 6, 9. – bildl., das **Schwanken,** die **Unsicherheit, Verlegenheit,** Rhet. Her. 2, 12. Cic. de inv. 2, 41. Ambros. de Cain et Abel 1, 5. § 19. Augustin. serm. 43, 3.

titubo, āvī, ātum, āre, **wanken, taumeln, nicht feststehen, I** eig. u. übtr.: **1** eig., v. Pers., v. Betrunkenen, Schlaftrunkenen u. ihren Gliedern, Silenus titubans annisque meroque, Ov.: ille mero somnoque gravis titubare videtur, Ov.: titubantes ebrius artus sustinet, Ov.: ubi irrigatus multo venas nectare sero domum est reversus titubanti pede, Phaedr. – v. Greisen, titubantes senes, Mamert. pan. Iulian. 6, 4. – von Verlegenen, adversarium erubuisse, expalluisse, titubasse, Rhet. Her.: quorundam dentes colliduntur, lingua titubat, labra concurrunt, Sen. – vestigia titubata, wankend gewordene, wankende, Verg. Aen. 5, 332. – **2** übtr.: **a hin und her wanken,** paulum titubat acies, da schwimmt es mir ein wenig vor den Augen, Sen. de tranqu. anim. 1, 9. – **b stammeln, stocken,** Licinius titubans, Cic.: lingua titubat, Ov. (vgl. mente ac linguā titubante fecisse, Cic.): cunctabunda atque titubantia verba, Mamert. pan.: titubans et balbutiens oratio pudore et conscientiā, Donat. – **II** bildl.: **1 schwanken, unsicher-, betroffen-, betreten sein,** Plaut., Nep. u. Sen. poët. – **2 straucheln, stolpern** = etwas versehen, fehlen (vgl. Lorenz Plaut. Pseud. 744. Krüger Hor. ep. 1, 13, 19), ne quid titubet, Komik.: cave ne titubes, Hor.: si verbo titubarint (testes), quo revertantur non habebunt, Cic.: si quid titubatum est, wenn etwa gefehlt worden, wenn es unglücklich abgelaufen ist, Cic.

titulo, āvī, ātum, āre (titulus), **titulieren, betiteln, benennen,** Mart. Cap. 1. § 41. Tert. de anim. 13 u. a. Eccl.

1. titulum, ī, *n.*, s. titulus, a. E. ►.

2. titulum, ī, *n.*, der **Schutzgraben vor den Lagertoren,** Hygin. de mun. castr. 50.

titulus, ī, *m.*, der **Titel,** die **Überschrift, Aufschrift, I** eig.: **1** im Allg., nominis, Liv.: ire per titulum vetiti nominis, einen verbotenen Namen darauf schreiben, Ov.: quorum titulus per colla pependit, der feilgebotenen Sklaven, Prop.: titulus inscriptus, der Preis für sich feilbietende Dirnen, Sen. rhet.: titulum inscribere lamnae, Liv.: per titulos memoresque fastos, Inschriften auf Statuen, Triumphbogen usw., Hor.: in libro, cui Parmenides titulus est, Gell.: huius liber, cui Octavio titulus est, Lact.: Senecae liber, cui titulus est »Quare bonis etc.«, Lact.: in libris (Gellii), quibus titulus est Noctium Atticarum, Augustin. – **2** insbes.: **a** eine Aufschrift an einem Haus, das zu verkaufen od. zu vermieten ist der **Anschlag,** sub titulum nostros misit avara lares, hat habsüchtig mein Haus zum Verkauf gebracht (= es dahin gebracht, dass ich mein Haus verkaufen musste), Ov.: so auch ire per titulum lares, durch Anschlag feilgeboten werden, Prop. – **b** die **Grabschrift,** Sen. u. Plin. ep.: tit. sepulcri, Iuven. – **II** übtr.: **1** der **Titel** = **a** der **ehrenvolle Name,** die **ehrenvolle Benennung,** der **Ehrenname, Ehrentitel,** consulatus, Cic.: coniugis, Ov.: per titulos ingredimurque tuos, besingen deine Ehrenstellen, Verdienste, Taten, Ov.: titulum servatae pubis Achivae, den Ruhm, die Griechen gerettet zu haben, Ov.: te titulum mortis habere meae, dass man von dir sage, du seist schuld an meinem Tod, Ov.: nocturnis titulos imponimus actis, Ov. – **b** das **Ansehen,** der **Glanz,** par titulo tantae gloriae fuit, Liv. 7, 1, 10; so auch Stat. silv. 2, 7, 62. – **2** der **Titel,** das **Aushängeschild** = der äußerliche **Grund,** die **Ursache,** der **Vorwand** (vgl. Weißenb. Liv. 34, 59, 1), haud parva res (lex) sub titulo primā specie minime atroci ferebatur, Liv.: quem titulum praetenderitis, Liv.: honestiorem causam libertatis quam servitutis praetexi titulo (zum Au., als Au.), Liv.: cum patre suo gerentes bellum Romanos speciosum Graeciae liberandae tulisse titulum, hätten die Befr. Gr. zum scheinbaren Vorwand genommen, Liv.: titulus donetur amicae, es muss heißen, es sei ihretwegen geschehen, sie muss glauben, sie sei die Ursache, Ov. – **3** das **Zeichen, Kennzeichen,** ciconia titulus tepidi temporis, Petron. 55, 6. – ► Nbf. titelus, Inscr. b. Perret Catac. de Rome p. 170. *no.* 41: tētulus, de Rossi inscr. Chr. I, 491: titolus, CIL 5, 914. – Nbf. titulum, ī, *n.*, CIL 6, 8012 u. 9199; vgl. Gloss. IV, 397, 23.

Titurius, iī, *m.*, ein Legat Cäsars im gall. Krieg, Caes. b. G. 5, 27 *sqq.* Suet. Caes. 25, 2. – Dav. **Tituriānus,** a, um, **des Titurius, titurianisch,** clades, Suet. Caes. 67, 2.

Titus, ī, *m.*, ein sabin. = röm. Vorname, gew. abgekürzt T. geschrieben, wie T. Tatius, T. Livius.

Tityos, ī, *m.* (Τιτυός), Sohn Jupiters von der Elara, zur Strafe dafür, dass er sich an der Latona vergriff (dah. raptor, Hor. carm. 4, 6, 2), von Apollo mit Pfeilen (oder von Zeus mit dem Blitzstrahl) getötet und in der Unterwelt ausgestreckt liegend, sodass er neun Hufen bedeckt u. an seiner immer wieder wachsenden Leber von Geiern benagt wird, Hyg. fab. 55. Lucr. 3, 997 *sqq.* Verg. Aen. 6, 595. Ov. met. 4, 457. Tibull. 1, 3, 75. Prop. 3, 5, 44: Tityi volucres, Prop. 2, 20, 31.

Tītyrus, ī, *m.* (Τίτυρος, dorisch = Σάτυρος), **I** der Name eines Hirten in Vergils u. Kalpurnius' Hirtengedichten, Verg. ecl. 1, 1 *sqq.* Calp. ecl. 3, 19 u. a.: griech. Akk. Tityron, Calp. ecl. 4, 161. – (poet.) meton., **a** = die Bucolica Vergils, Ov. am. 1, 15, 25. – **b** = Vergil selbst, Prop. 2, 34, 72. – **II** übtr., der **Hirt,** sit Tityrus Orpheus, Verg. ecl. 8, 55.

Tlēpolemus, ī, *m.* (Τληπόλεμος), Sohn des Herkules, Gemahl der Polyxo, Ov. met. 12, 537.

Tmarus od. **-os,** ī, *m.* (Τμάρος), synkop. aus **Tomarus,** ī, *m.* (Τόμαρος), ein Berg in Epirus, an dem Dodona u. der Tempel des dodonäischen Zeus lag, Verg. ecl. 8, 44. Solin. 7, 3: Form Tomarus, Plin. 4, 6. – Dav. **Tmarius,** a, um (Τμάριος), **tmarisch,** Claud. b. Get. 18.

tmēsis, is, Akk. in, *f.* (τμῆσις), gramm. *t. t.* = die Trennung eines Wortes, die **Tmesis** (wie *quod* iudicium *cumque* = *quodcumque* iudicium), Serv. Verg. Aen. 1, 412. Pompeii comment. 309, 26 K.

Tmōlus, ī, *m.* (Τμῶλος), ein an Wein u. Safran reiches Gebirge in Lydien, wo der Paktolus entspringt, eine Fortsetzung des Taurus, bei Sardes, jetzt *Bozdag,* Plin. 5, 110. Verg. georg. 1, 56. Ov. met. 2, 217; 11, 151 *sqq.*: ders. Timōlus, Ov. met. 6, 15; 11, 86; vgl. Plin. 5, 110 (nach dem Timolus die urspr. Form war.) – Auf ihm lag eine gleichnamige Stadt, die durch ein Erdbeben (19 n. Chr.) unterging. Tac. ann. 2, 47. – Der Gott dieses Gebirges, Ov. met. 11, 156. – Dav.: **A Tmōlius,** a, um (Τμώλιος), **tmolisch,** terra, Ov.: quibus Tmolius (Τμώλιος, *sc.* οἶνος) assurgit, Wein, der am Tmolus wächst, Verg. – **B Tmōlītēs,** ae, Akk. ēn. *m.*, **vom Berg Tmolus,** subst., **a** ein Bewohner des Berges Tmolus, ein **Tmolite,** Tmolites ille vicanus, Cic. Flacc. 8. – **b** (*sc.* οἶνος) der Wein vom Berg Tmolus, **tmolischer Wein,** Vitr. 8, 3, 12. Plin. 14, 74 (wo Dat. Tmoliti).

tocullio, ōnis, *m.* (von τόκος, Zins), der **Wucherer,** verächtlich, das deutsche **Zinserling,** Cic. ad Att. 2, 1, 12.

toecharchus, ī, *m.* (τοίχαρχος), der **Vorgesetzte der Ruderer,** Hyg. fab. 14 *extr.*

toechobatēs, ae, *m.* (τοιχοβάτης), der **Wandläufer,** Vopisc. Carin. 19, 2 (wo jetzt falsch tichobates = τειχοβάτης, Mauerläufer); vgl. Haupt opusc. 3, 475.

tōfāceus u. **tōfācius,** a, um (tofus), **tuffsteinartig,** Form *-aceus,* Plin. 17, 43: Form *-acius,* Pallad. 9, 9, 2 (mit der Variante toficius).

tōficius, a, um (tofus), **tuffsteinartig,** lapides, Capit. Maxim. 6, 9. Vgl. den vor. Artikel.

tōfineus (tūfineus), a, um (tofus), **aus Tuffstein,** termini, Glomat. vet. 347, 14 u. a. (Lachm. überall tuf.)

tōfinus, a, um (tofus), **aus Tuffstein,** metae, Suet. Claud. 21, 3.

tōfōsus, a, um (tofus), **tuffsteinartig, löchrig-, porös wie Tuffstein,** Sidon. epist. 3, 13. 6.

tōfus (tōphus), ī, *m.*, **Tuffstein, Tuff** (ital. *tufo*), eine poröse u. bröckelige Steinart, Verg., Plin. u. a.

toga, ae, *f.* (tego), die **Bedeckung, I** die **Bedachung,** das **Dach,** rusticae togai ne sit copia, Titin. com. 44. – **II** die **Bekleidung, A** im Allg.: praeterea quod in lecto togas habebant; ante enim olim commune vestimentum et diurnum et nocturnum et muliebre et virile, Varro vit. P. R. 1. fr. 36 (b. Non. 541, 2): equidem prandere stantem nobiscum incinctam togā, Afran. com. 182. – **B** insbes., das aus einem halbrunden Stück weißwollenen Tuches bestehende weite u. lang herabwallende Obergewand der Römer, das so umgeworfen wurde, dass der linke Arm darin wie in einer Binde ruhte u. nur die Hand frei hatte, während der rechte Arm ganz frei war, die **Toga,** als Tracht des Römers in Friedenszeiten, wenn er öffentlich als Bürger erschien (daher sie auch den Verbannten nicht erlaubt war, s. Plin. ep. 4, 11, 3 u. Horaz von einem seinem Vaterland untreu gewordenen Römer sagt: togae oblitus, Hor. carm. 3, 5, 10), ausnahmsweise auch Tracht der Libertinen u. Buhldirnen (die die stola der ehrbaren Frauen nicht tragen durften, s. Mart. 2. 39), späterhin auch noch Tracht der Vornehmen, der Klienten, der vor Gericht, im Theater, bei öffentl. Spielen Erscheinenden, der beim Kaiser zur Tafel Geladenen. – Besondere Arten der Toga: purpurea, der Könige, Liv.: praetexta, die mit einem Purpurstreifen besetzte der Beamten u. freigeborenen Kinder, s. prae-texo *no.* II, 1: pura, die unverbrämte, als Kleidung der Nichtbeamten u. der Jünglinge, wenn sie in das männliche Alter traten, dah. auch virilis genannt, Cic.: candida, der Amtsbewerber, Cic. u. Plin.: pulla, die schwarzgraue der Trauernden, s. 1. pullus. – lacinia togae, Suet.: togā caput obvolvere, Suet.: togam virilem sumere, Sen.: togam exuere, ablegen, Sen.: togam abducere, in die Höhe nehmen, Sen.: togam componere, der T. den gehörigen Faltenwurf geben, Hor. u. Quint.: togā enitescere, in der T. (in friedlicher Tätigkeit) glänzen, Tac.: quaeque in toga per tot annos egregie fecisset, in der Toga (als Staatsmann, in Staatsgeschäften), Tac. ann. 1, 12. – Meton., **a** v. Frieden (s. Cic. de or. 3, 167), cedant arma togae, Poëta bei Cic. Pis. 73; de off. 1, 77. – **b** jedes **Zivilamt,** z. B. vom Senat, decreto togae, Claud. laud. Stil. 1, 330. – bes. der **Stand-,** das **Amt eines Advokaten,** Spät., s. Savaro Sidon. ep. 2, 13 *in.* – **c** = togātus, a, der, die mit der Toga Bekleidete, **α** die **Buhldirne,** Tibull. 4, 10, 3. **β** Sing. toga u. Plur. togae, **Klienten,** Mart. 10, 18, 4 u. 10, 47, 5 (wo toga rara). – **γ** Sing. kollektiv, **Advokaten, Sachwalter,** tota forensis curia et toga, Cod. Paris. in Haupt opusc. 3, 153, 23. – **δ** kollektiv, die einem Bureau angehörigen höheren Beamten, **Zivildiener,** omnis toga apparitioque, sein ganzes Gefolge von höheren u. niederen Beamten, Amm. 15, 7, 3.

togālis, s. iugālis *no.* II.

togātārius, iī, *m.* (toga), der **Schauspieler in einer** *fabula togata* (s. togātus), Suet. Aug. 45, 4.

togātulus, a, um (*Demin.* v. togatus), **mit einer Toga angetan,** subst. = der **Klient,** Mart. 10, 74, 3 u. a.

togātus, a, um (toga), **mit einer Toga bekleidet, I** eig., im Allg. als Bezeichnung des **röm. Bürgers,** im Gegensatz zum Nicht-Römer und zum röm. Soldaten, Graeculus iudex modo palliatus modo togatus, Cic.: gens, das röm. Volk, Verg.: plebs, gewöhnliche röm. Bürger, Iuven.: cui uni togato senatus supplicationem decrevit, Cic.: qui togati rei publicae praesunt, Cic.: litteratissimus togatorum omnium, Cic. – **II** übtr. (nach dem unter toga Gesagten), **1** togāta, ae, *f.* (*sc.* fabula), das eigentliche **Nationalschauspiel** der Römer, worin nur röm. Stoffe behandelt wurden (im Ggstz. zur fabula palliata), Cic. Sest. 118. Hor. de art. poët. 288. Vell. 2, 9, 2. Sen. ep. 8, 7. Suet. Ner. 11, 2 u. gr. 21. Quint. 10, 1, 100: togata praetextata, Nationaldrama, Diom. 490, 10: togata tabernaria, niedere Komödie, Diom. 490, 14 u. 16: togatarum scriptor, Porphyr. Hor. ep. 2, 1, 79. – **2** Gallia togāta, der röm. gewordene Teil von Gallia cisalpina, diesseits des Padus, Cic. Phil. 8, 27. Mela 2, 4, 2 (2. § 59). Hirt. b. G. 8, 24, 3. – **3** togāta, die **öffentliche Buhldirne,** Hor. sat. 1, 2, 63 u. 82: so auch togata mater, Mart. 6, 64, 4. – **4** der **Klient,** Iuven. 3, 127; 7, 142: so auch togata turba, Iuven. 1, 96: u. togata opera, Klientendienst, Mart. 3, 46, 1. – **5** der **Advokat, Sachwalter,** spät. ICt.: so auch togati vulturii, Apul. met. 10, 33; vgl. Heinr. Iuven. 8, 49. p. 320 *sq.* – **6** togātī, sämtliche einem Bureau angehörige **höhere Beamte, höhere Zivildiener,** Cod. Theod. 6, 2, 21 u. 7, 8, 10.

togula, ae, *f.* (*Demin.* v. toga), die **kleine Toga,** Titin. com. 138. Cic. Pis. 55 u. a. Mart. 9, 100. 5: togulae puellarum, Arnob. 2, 67.

Tolēnus, ī, *m.*, ein Fluss im Lande der Sabiner, j. *Turano,* Ov. fast. 6, 565. Oros. 5, 18, 13.

tolerābilis, e (tolero), **I** passiv, **erträglich, leidlich,** homo, Ter.: rex, orator, Cic.: poëta, Sen.: condicio, Cic.: poena (Ggstz. poena impetibilis), Cic.: tolerabilior servitus, Cic.: tolerabilissima sententia, ICt.: tolerabile est mit folg. *Infin.*, Sen. contr. 7, 1 (10), 12: tolerabilius est m. folg. *Infin.*, Cic. ep. 7, 30, 1. – **II** aktiv: oves esse tolerabiles, würden den Winter aushalten, Colum. 7, 3, 14.

tolerābiliter, *Adv.* (tolerabilis), **I erträglich, leidlich, ziemlich,** Cels. u. Colum. – **II geduldig,** alqd tolerabilius ferre, Cic. Tusc. 3, 55; ep. 15, 20, 2: ebenso alqd tolerabilius pati, Cic. de fin. 3, 42.

tolerandus, a, um (tolero), **erträglich,** condiciones, Liv. 38, 8, 3.

tolerāns, antis, *PAdi.* (v. tolero), **ertragend, duldend, ausdauernd,** mit *Genet.*, corpus illi laborum tolerans, Tac. ann. 4, 1: dulcis undae, Colum.: solis et pulveris, Symm.: frigoris tolerantior, Colum.: penuriae tolerantissimus, Colum.: absol., iners domi, bello tolerantior, Aur. Vict. de Caes. 11, 3 u. epit. 11, 2.

toleranter, *Adv.* (tolerans), **I geduldig,** illa ferre, Cic. ep. 4, 6, 2; pati dolorem, Cic. Tusc. 2, 43. – **II erträglich, leidlich** = ziemlich, *Compar.* b. Plin. 8, 176.

tolerantia, ae, *f.* (tolero), die **Ertragung, Erduldung,** m. *Genet.*, rerum humanarum, Cic.: doloris, Quint.: malorum, Quint. u. Lact.: priorum, Tac.: omnium istorum, Sen.: absol., **Geduld,** Sen. ep. 66, 13 u. 67, 10.

tolerātio, ōnis, *f.* (tolero), das **Ertragenkönnen** = die Möglichkeit der Ertragung, quorum (dolorum) alia toleratio est verior, Cic. de fin. 2, 94.

tolerātior, *neutr.* **-ius,** *Genet.* ōris, *PAdi.* (v. tolero), **erträglicher,** ut clementiam ac iustitiam, quanto ignara barbaris, tanto toleratiora capesseret, Tac. ann. 12, 11 *cod. M* (Ursinus laetiora).

tolerātus, ūs, *m.* (tolero), die **Erduldung,** Salv. de gub. dei 3, 7, 28.

tolero, āvī, ātum, āre (verlängerte Form des Stammes tol, wov. tollo, tuli, τλάω, τλῆμι), **tragen, I** eig.: **1** im Allg., **halten,** alqm sinu, gremio suo, Apul. met. 3, 8; 4, 26. – übtr., von lebl. Subjj., mensula cenae totius honestas reliquias tolerans, Apul. met. 2, 15. – **2** mit dem Nbbgr. des Vermögens = **ertragen,** aquilae ipsae non tolerantes pondus apprehensum unā merguntur, Plin. 10, 10. – übtr., v. lebl. Subjj., sesquipedalis paries non plus quam unam contignationem tolerat, Plin. 35, 173. – **II** übtr.: **1 ertragen, aushalten, erdulden,** hiemem, Cic.: militiam, Cic.: obsidionem, Liv.: sumptus, erschwingen, bestreiten, Ter. u. Cic.: so auch tributa, Cic.: inopiam, Sall.: famem (sich erträglich machen) alqā re, Caes.: u. so dolorem solaciis honestis, sich erträglich machen, lindern, Tac.: m. *Infin.*, Plin. 26, 5. Tac. ann 3, 3: m. *Acc.* u. *Infin.*, Sall. Cat. 20, 11. – absol. = **(es) aushalten,** frumentum se exigue dierum XXX habere, sed paulo etiam longius tolerari posse parcendo, Caes. b. G. 7, 71, 4: in penatibus isdem, aushalten, verbleiben, Tac. ann. 4, 40. – übtr., von lebl. Subjj., Germania imbres tempestatesque tolerat, *Plin.:* vitis aestus tolerat, Plin. – **2 unterhalten, α erhalten, ernähren,** inopem vitam, fristen, Vell.: u. so vitam alqā re, Caes. u. Lact.: so auch aevum, Lucr.: equos, equitatum, Caes. – **β unterstützen, erträglich machen,** egestatem alcis oder alci, Plaut. trin. 338. 358. 371: paupertatem eri et meam servitutem, Plaut. rud. 918. – **γ** einer Sache **genügen,** sua moenia (seinen Pflichten), Plaut. trin. 687. – **3 halten, beobachten,** silentium, Apul. met. 4, 10. – ► Depon. Nbf. toleror, Prisc. 8, 29 (ohne Beleg). *PAdi.:* tolerandus u. tolerans, s. bes.

tōlēs (tolles), ium, *m.* (ein keltisches Wort), der **Kropf** am Hals, Veget. mul. 2, 10, 3 u. 5, 63, 1. Ser. Samm. 293. Marc. Emp. 15; vgl. Fest. 356 (b), 14. Isid. orig. 11, 1, 57.

Tolētum, ī, *n.*, Stadt der Karpetani im tarrakon. Hispanien, j. *Toledo,* Liv. 35, 7, 8 u. a. – Dav. **Tolētānus,** a, um, **toletanisch, aus Toletum,** culter, Gratt. cyn. 341. – Plur. subst., Tolētānī, ōrum, *m.*, die Einw. von Toletum, die **Toletaner,** Liv. u. Plin.

Tolistobogī, s. Tolostobogiī.

tollēno, ōnis, *m.* (tollo), ein auf einem anderen Balken liegender Balken, der mit einem Ende in die Höhe geht, wenn das andere sich herunterbewegt, der **Schwungbalken, Schwengel,** Plaut. fr. u. Plin.; vgl. Fest.

p. 356 (b), 8 (wo es Brunnenschwengel). – als Maschine, deren sich die Belagerer bedienten, der **Krahn,** Liv. u. a.

tollēs, ium, *m.*, s. tōlēs.

tollo, sustulī, sublātum, ere (altind. *tulayati,* hebt auf, wägt, griech. τλῆναι, τάλας, gotisch *þulan,* ahd. *dolen*), **I auf-, empor-, in die Höhe richten, -heben, aufrichten, erheben, A** eig.: **1** im Allg.: alqm iacentem, Plaut.: saxa de terra, Cic.: quadrantem de stercore mordicus, Petron.: se a terra altius (von Pflanzen), Cic.: alqm in collum, Plaut.: digitum, s. digitus *no.* I, A: manus, als Zeichen des Beifalls, Cic. u. Catull.: manum u. manus, als Zeichen der Unterwerfung, Eccl. (s. Bünem. Lact. 3, 28, 9): manus od. utrasque manus ad caelum, Hor. u. Sen. rhet.: manus ad deos, Plin. ep.: oculos, die Augen aufschlagen, Cic.: sortes, Lose ziehen, Cic.: alqm in crucem, kreuzigen, Cic. u. a. – **2** insbes.: **a** als naut. *t. t.*, tollere ancoras, die Anker lichten, Caes. u. a. – scherzh. übtr., wie **absegeln** = aufbrechen, fortgehen, Varro r. r. 3, 17, 1. – **b in die Höhe bauen, erhöhen,** tectum altius, Cic.: si iuxta habeas aedificia eaque iure tuo altius tollas, ICt. – **c sich erheben-, aufwärts steigen lassen,** ignem (als Signal), Cic. u. Liv.: poet., freta, aufregen, Hor. – **d aufnehmen, mit sich nehmen, α** v. Pers.: alqm in currum, in equum, Cic.: alqm in lembum, Liv.: alqm raedā, Hor.: alqm ad se (*sc.* in navem), Cic. – **β** (v. Fahrzeugen) **einnehmen, an Bord nehmen, laden,** im *Perf.* = **an Bord haben,** navis trecentas metretas tollit, Plaut.: naves, quae equites sustulerant, Caes.: navis ducentos ex legione tironum sustulerat, Caes.

B übtr.: **1 aufheben, erheben,** alqm umeris suis in caelum, Cic.: laudes alcis in astra, Cic.: alqd dicendo augere et tollere altius (Ggstz. extenuare atque abicere), Cic. – clamorem in caelum, Verg.: u. so bl. clamorem, Cic. u. a.: cachinnum, Cic.: risum, Hor. – animos, ein stolzes, hochfahrendes Wesen annehmen, Komik., Sall. u. Fronto. – dah. sublatus victoriā u. dgl., s. sublātus. – **2** insbes.: **a** erhebend **vergrößern, hervorheben, erhöhen,** alqm honoribus, zu Ehren verhelfen, Hor.: u. so bl. tollere alqm, jmdm. aufhelfen, zu Ehren verhelfen, Cic. u. a. (s. Ruhnken Vell. 2, 65, 2. Bremi Suet. Aug. 12 u. 17): alqm laudibus, durch Lob erheben = sein rühmen usw., Cic.: u. so nostram causam laudando tollere (Ggstz. adversarios per contemptionem deprimere), Cic. – **b** einen (Gebeugten) **aufrichten,** animum, den Mut beleben (sowohl sich selbst als anderen), Liv. u. a. (u. so animos tollo, der Mut steigt mir, ich bekomme Mut, Plaut.): amicum, trösten, Hor. – **c auf-** od. **über sich nehmen,** non solum quid oneris in praesentia tollant, sed etiam quantum in omnem vitam negotii suscipere conentur, Cic.: u. so poenas, leiden, Cic. – **d** ein Kind **aufziehen, großziehen,** puerum, Plaut.: natum filium, Quint.: mares liberos, Lact.: si quod peperissem, id educarem ac tollerem (v. der Mutter), Plaut.: cui (rei publicae) tacem principem sustulistis (v. den Göttern), Vopisc. – übtr., Kinder von einer Frau **erhalten,** mit ihr **zeugen,** liberos ex Fadia, Cic.: filium Neronem ex Agrippina, Suet.: ducit uxorem, filium sustulit, ad aetatem perduxit, Sen. rhet.: so auch ungew. Pers., filium, liberos tulit od. tulerat ex alqa, Suet. (s. unten ►). – **e** ein Gerede **austragen, ruchbar machen,** verum enim tu istam, si te di ament, temere hau tollas fabulam, Plaut. mil. 293.

II mit dem Nbbgr. des Entfernens = **aufheben, wegnehmen, wegbringen, -führen, A 1** im Allg.: praedam, Caes.: frumentum de area, Cic.: alqd ex acervo, Hor.: solem mundo, Cic.: alqm ab atriis Liciniis in Galliam, Cic.: alqm denso aëre, entrücken, Hor. – Passiv tollor medial = ἀπαείρομαι (Hom. Il. 21, 563), **sich von hinnen heben, -davon begeben,** in arduos tollor Sabinos, Hor. carm. 3, 4, 22. – **2** insbes.: **a** als *t. t.* der Wirtschaftsspr., die Speisen auf dem Tisch **abtragen,** patinam, Hor.: cibos, Hor. – und den Tisch selbst **wegräumen, abdecken,** mensam tolli iubet, Cic. – **b** als milit. *t. t.*, tollere signa, zum Marsch aufbrechen, Caes., Auct. b. Alex. u. Liv. – **c** für den eigenen Gebrauch **aufheben, für sich zurückbehalten,** omnes chlamydes, Hor.: argentum, Hor.: pullum, Hor. – **d** vom Feld **aufheben, einernten,** farris acervos, Ov. met. 5, 131. – **e** prägn. mit dem Nbbgr. des Vertilgens, Vernichtens = **wegräumen, entfernen, vertilgen, vernichten, aufheben,** alqm e od. de medio od. bl. alqm (z. B. ferro, veneno), jmd. aus dem Weg räumen, Cic.: u. so im Doppelsinne (mit *no.* I, B, 2, a) adulescentem … tollendum (sowohl = zu Ehren zu erheben, als = aus dem Weg zu räumen), Brut. in Cic. ep. 11, 20, 1: Titanas fulmine, Hor. – Carthaginem, zerstören, Cic.: nomen ex libris, ausstreichen, Cic.: mendum scripturae, tilgen, korrigieren, Cic.

B übtr., **wegnehmen, benehmen, entfernen, heben, 1** im Allg.: amicitiam e mundo, Cic.: dubitationem, suspicionem, errorem, Cic.: luctum, Hor.: morbum, Cels.: dolores et tumores, Plin.: metum reditus sui barbaris, Caes. – **2** insbes.: **a** eine Zeit durch langes Reden **wegnehmen, verschleifen,** tempus, Cic.: diem, Cic. u. Liv. – **b** etw. in Gedanken wegnehmen, **wegdenken,** sublatis amicitiis, Cic. Planc. 80: sublatā benevolentiā, Cic. de amic. 19. – **c** prägn. = **aufheben, beseitigen, tilgen, vertilgen, vernichten,** legem, Cic.: dictaturam funditus e re publica, Cic.: comitia, Liv.: memoriam alcis rei, vertilgen, Cic.: deos, leugnen, Cic.: bellum sublatum ac sepultum, Cic.: bellum profligare (zum großen Teil abtun) ac paene tollere (beseitigen), Cic. – ► Perf. tollī, wov. tollit, viell. Pers. 4, 2: tollisset, Salv. de gub. dei 4, 15, 74: tollisse, Ulp. dig. 46, 4, 13. § 4. – Perf. tulī (s. Prisc. 10, 34), wov. tulit, Suet. Aug. 63, 1; Cal. 7; Claud. 1, 6 u. 27, 1; Oth. 1, 3; Vit. 5; Vesp. 3: tulerat, Suet. Tib. 47 u. Domit. 3, 1 (alle in der Redensart filium, liberos ex alqa tollere).

Tolomāis, s. Ptolemais unter Ptolemaeus a. E.

Tolōsa, ae, *f.*, eine reiche Handelsstadt im Lande der Tektosagen (im narbon. Gallien), am östl. Ufer der Garumna, später mit dem Beinamen Palladia, j. *Toulouse,* Mela 2, 5, 2 (2. § 75). Caes. b. G. 3, 20, 2. Cic. Font. 9. Mart. 9, 99, 3. Auson. parent. 3, 11. Sidon. carm. 7, 437. – Dav.: **A Tolōsānus,** a, um, **tolosanisch,** aurum, vom Konsul Q. Servilius Cäpio aus Tolosa geraubt, Cic. – Plur. subst., Tolōsānī, ōrum, *m.*, die Einw. von Tolosa, die **Tolosaner,** Plin. – **B Tolōsās,** ātis, **tolosatisch,** Mart. – Plur. subst., Tolōsātēs, ium, *m.*, die Einw. von Tolosa, die **Tolosaten,** Caes. – **C Tolōsēnsis,** e, **tolosensisch,** Iustin.

Tolostobogiī, ōrum, *m.* (Τολιστοβόγιοι), einer der drei Hauptstämme der Galater in Kleinasien, in den südlichen Gegenden Galatiens am Pessinus, Liv. 38, 15. § 15 u. 16. § 12. – Andere Form Tolostobogi, Flor. 2, 11, 5 u. Tolistobogi (Τολιστοβόγοι), Plin. 5, 146.

Tolumnius, iī, *m.*, **a** ein König der Vejenter, Liv. 4, 17, 1 *sqq.*: Tolumni (= nii) cervix, Prop. 4, 10, 37. – **b** ein Weissager der Rutuler, Verg. Aen. 11, 429; 12, 258 u. 460.

tolūtāris, e = tolutarius, Fronto de or. p. 156, 3 N.

tolūtārius, a, um (tolutim), **trabend, im Trab gehend,** equus, ein Passgänger, Zelter, Sen. ep. 87, 10.

tolūtilis, e (tolutim), **trabend,** gradus, der Passgang, Varro sat. Men. 306.

tolūtiloquentia, ae, *f.* (tolutim u. loquor), das **schnelle Reden,** die **Redseligkeit,** Nov. com. 38.

tolūtim, *Adv.* (zu tollo), die Beine aufhebend, **trabend, im Trab,** von Menschen u. Pferden, ire, Nov. com. fr.: cedere, Varro fr.: badizare, Plaut.: capere incursum, Plin.: currere (Ggstz. quadrupedo currere), Fronto ad M. Caes. 1, 8 (2, 1), p. 23, 1 N.: ibi tolutim tortor, Pompon. com. 40: si omne iter evadit stadiumque acclive tolutim, Lucil. 314: velle tolutim hic semper (agi) incepturus videtur, Lucil. 314.

tolūtor, παίζω, Dosith. 61, 7 K.

tomācina, ae, *f.* (s. tomāculum), eine Art Würste, wahrsch. **Bratwürste,** Varro r. r. 2, 4, 10.

tomāculārius, iī, *m.* (tomaculum), der **Bratwursthändler,** Not. Tir. 103, 80 (wo falsch tumatularius).

tomāculum u. synkop. **tomāclum,** ī, *n.* (v. τομή, das Zerschneiden), eine Art Würste, wahrsch. **Bratwürste,** Mart., Iuven. u. Petron.

Tomarus, s. Tmarus.

tomē, ēs, *f.* (τομή), der **Abschnitt,** im Vers, Auson. epist. 4, 90. p. 162 Schenkl.

tōmentum, ī, *n.* (tumeo), das **Stopfwerk** (wie Wolle, Haare, Federn usw.), die **Polsterung,** Varro, Tac. u. a.: tomentum circense, ein ganz schlechtes Polster, wie die Armen es im Zirkus fanden, etwa Strohsack, Strohmatratze, Sen. de vit. beat. 25, 2.

tōmex, icis, *f.*, s. tōmix.

Tomī, ōrum, *m.* (Τόμοι) u. **Tomis,** idis, *f.* (Τόμις), eine Stadt in Untermösien am Schwarzen Meer, so benannt (von τέμνω), weil Medea hier ihren Bruder Absyrtus ermordete u. in Stücke zerschnitt, durch deren Ausstreuung sie ihren verfolgenden Vater zurückhielt; Verbannungsort Ovids; nach neueren Untersuchungen nicht beim h. *Tomismar,* sondern in der Nähe des h. *Kustendsche* (rumänisch *Costansa*), Form *-i,* Stat. silv. 1, 2, 254. Claud. epith. Pallad. et Cer. 70: griechisch Tomoe, Mela 2, 2, 5 (2. § 22). – Form *-is,* Ov. trist. 3, 9, 33; ex Pont. 4, 14, 59. – Dav.: **A** **Tomītae,** ārum, *m.*, die Einw. von Tomis, die **Tomiten,** Ov. – **B** **Tomītānus,** a, um, **tomitanisch,** terra, Ov.: ager, Ov.

tōmix, icis, *f.* (θώμιξ), die **Schnur,** der **Faden, Bindfaden,** aus Hanf, Binsen usw., Vitr. u. a. – ► thomix geschr., Paul. ex Fest. 357, 1.

tomus, ī, *m.* (τόμος), **I** der **Abschnitt,** das **Stück,** vilis, Papierschnitzel, Mart. 1, 66, 3. – **II** übtr., der **Teil** eines größeren Werkes, feci excerpta ex libris sexaginta in quinque tomis, M. Aurel. bei Fronto ad M. Caes. 2, 10 (13). p. 34, 14 N. – dah. das **Werk,** das **Buch,** Hieron. epist. 82, 7.

Tomyris (in Hdschrn. auch Thomyris, Tamyris, Thamyris), is, Akk. in, *f.* (Τόμυρις), eine szythische Königin, die den persischen König Cyrus besiegt und getötet haben soll, Tibull. 4, 1, 143. Frontin. 2, 5, 5. Val. Max. 9, 10. *ext.* 1. Iustin. 1, 8, 1 *sqq.*

Tonāns, s. tono.

tonanter, *Adv.* (tonans v. tono), **unter Donner,** Dracont. hexaëm. 3, 223.

tonātio, ōnis, *f.* (tono), das **Donnern,** Eustath. hexaëm. 7, 2.

tondeo, totondī, tōnsum, ēre (vgl. griech. τένδω, benage, nasche), **scheren, abscheren,** **I** eig.: **a** *tr.*: capillum, Ov.: barbam, Suet. u. Mart.: barbam et capillum patris, Cic.: ex barba capilloque tonsa, das aus Bart u. Haar Abgeschorene, Sen.: numquam tondere comam, Firm.: lanam, Varro LL. u. Hor.: comas libelli, Tibull. – prägn., mit *Acc.* des Tieres od. Körperteiles, ovem, Plaut.: oves, Varro, Hor. u. a.: oves in anno bis, Varro: pecus tondere, non deglubere, Suet.: labra pressius tondere et abradere servatā et submissā ceterā parte, Sen.: cutem, Cels.: absol., tonderi ad cutem convenit, Cels. 6, 6, 8. – **b** *intr.* = den Bart (mit der Schere) **scheren, zwicken,** tondere filias docuit, Cic. Tusc. 5, 58. – **c** *refl.* tondere u. medial tonderi, **sich scheren, sich scheren lassen,** at decrescente lunā tondens calvus fiam, Varro r. r. 1, 37, 2: candidior postquam tondenti barba cadebat, Verg. ecl. 1, 28: lavamur et tondemur et convivimus ex consuetudine, Quint. 1, 6, 44: eum tonderi et squalorem deponere coëgerunt, Liv. 27, 34, 6. – **II** übtr.: **1** **scheren, abscheren, glattmachen,** ilex tonsa bipennibus, behauen, Hor.: saltatrix tonsa, der Konsul Gabinius, der sich zu sehr putzte, Cic.: reus tonsus, losgesprochen (denn die Beklagten ließen Bart u. Kopfhaare wachsen, nach der Lossprechung aber schoren sie sie wieder), Mart. – **2** **scheren** = **berauben,** alqm auro usque ad vivam cutem, Plaut.: regna paterna comā purpureā, Prop. – **3** **mähen, abmähen, abschneiden, abhauen,** segetem, Tibull.: prata, Verg. – **4** **abpflücken, abrupfen,** **a** übh.: comam hyacinthi, Verg.: violas, Prop.: corona tonsa (od. tonsilis), ein Kranz, an dem nur die kleinen Blätter gelassen sind, Verg. – so auch oliva (Olivenkranz) tonsa, Verg. – **b** = **abfressen, befressen,** gramen, Ov.: gramina, Lucr.: campum, Verg.: comam fluvii tondentes capellae, Apul. – **5** **beschneiden,** vitem, Colum.: buxeas arbores, Firm.: comam acanthi, Verg.: u. so im Bild, luxuriosos tonde sermones, Cledon. praef. p. 9, 14 K. – **6** über etw. **hinstreifen,** summos fluctus (Ggstz. leni impetu labi), Min. Fel. 3, 6. – ► In der Bauernspr. tundo, ere, wov. tundunt, Menol. rust. im CIL 1^2, 1. p. 280 oben col. 5. lin. 10 u. unten col. 6. lin. 14.

tonēsco, ere (*Inchoat.* v. tono), **ertönen,** Varro sat. Men. 56.

tongeo, ēre = nosse, scire, Enn. Sota IV. p. 165 *ed. Vahlen.*

tongiliātim loquī = pravis verbis, Gloss. V, 612, 41.

toniaeus, a, um (τονιαῖος), **von der Länge eines Tones,** Boëth. inst. mus. 5, 16.

tonitru, *n.*, s. tonitrus ►.

tonitruālis, e (tonitrus), **zum Donner gehörig, Donner-,** Iuppiter, der Donnersender, Apul. de mund. 37.

tonitruo, āre (tonitrus), **donnern,** Hieron. in psalm. 76. Porphyr. Hor. carm. 1, 12, 53. Commodian. instr. 1, 6, 7.

tonitrus, ūs, *m.* u. **tonitruum,** ī, *n.* u. **tonitruus,** ūs, *m.* (tono), der **Donner,** **α** Form *tonitrus,* Nom. Sing. tonitrus, Plaut. Amph. 1062: Genet. tonitrus, Stat. Theb. 7, 324. Paul. ex Fest. 57, 11: Akk. tonitrum, Lucr. 6, 164. Ov. met. 14, 542. Sen. nat. qu. 2, 30, 1; 2, 54, 1; 2, 56, 1. Plin. 2, 142: Abl. tonitru, Pacuv. tr. 413 (caelum tonitru contremit). Acc. tr. 223. Verg. Aen. 4, 122 (tonitru caelum omne ciebo), Verg. Aen. 5, 694 (tonitru tremescunt ardua terrarum et campi). Sen. nat. qu. 2, 11, 2 (3): Nom. u. Akk. Plur. tonitrus, Ov. trist. 1, 9, 49; met. 2, 308. Plin. 10, 152 (Detl. tonitruus). Gell. 10, 12, 3. Arnob. 5, 10 u. a.: Genet tonitruum, Pacuv. tr. 336 (bei Cael. in Cic. ep. 8, 2, 1). Vopisc. Car. 8, 5. Amm. 23, 5, 12: Dat. u. Abl. tonitribus, Varro sat. Men. 56. Liv. 1, 16, 1; 2, 62, 1. Phaedr. 5, 7 (8), 23. Ov. met. 11, 496. Sen. nat. qu. 2, 1, 3; 5, 18, 7. Plin. 2, 147 u. a.: tonitrubus, Aur. Vict. de orig. gent. Rom. 14, 2; 20, 1. – **β** Form *tonitruum,* Nom. u. Akk. Sing., Plin. 2, 192 (wo Jan tonitruum, Detl. tonitrum); 36, 88. Tert. adv. Marc. 3, 6; adv. Hermog. 32; adv. Prax. 28. Treb. Poll. Gallien. 5, 3. Vopisc. Car. 8. § 3 u. 6: Genet. Sing. tonitrui, Varro sat. Men. 412 B. Hieron. in Iob 38 u. in epist. ad Philem. 1 *sqq.*: Abl. Sing. tonitruo, Augustin. conf. 1, 16 *in.* Ven. Fort. carm. 3, 4. p. 120 *Migne:* Nom. u. Akk. Plur. tonitrua, Ov. met. 1, 55 u. 12, 52. Sen. nat. qu. 2, 56, 1. Tac. hist. 1, 16. Amm. 21, 1, 12: tonitra, Acc. tr. 480: tonitrua mugiunt, Tert. apol. 11. Min. Fel. 5, 9. Lact. 7, 6, 4: Genet. tonitruorum, Vulg. apoc. 19, 6. – **γ** Form *tonitruus,* Plin. 10, 152 *Detl.* (Maih. tonitrus). Hieron. adv. Io. Hierosol. *no.* 10 (wo bildl. tonitruus gentium, fulmen eloquentiae Christianae). – ► Der Nomin. tonitru nur bei Charis. 36, 1; 65, 30; 146, 10; exc. Char. 554, 31. Prob. app. 198, 32. Serg. expl. in Donat. 541, 23 u. beim Auct. de idiom. gen. 584, 49 K.; u. Gloss. II. 260, 22 ›tonitru, βροντή‹.

tono, tonuī, āre (altind. *tanyati,* donnert, ahd. *donar*), **ertönen, erschallen,** **I** im Allg.: tympana tonant, Lucr.: caelum tonat fragore, Verg. – **II** insbes., **donnern,** **1** eig.: Iuppiter tonabat, Prop.: porta caeli tonat, Verg.: et prius coruscare caelum creditur et mox tonare, Apul. – *impers.* tonat, **es donnert,** si tonuerit, Cic.: cum tonat, fulminat, fulgurat, cum serenat, Min. Fel.: ordine tonare prius oportet, postea coruscare, Apul. – tonāns, als Beiwort Jupiters, Iuppiter, Cic., Hor. u. a. (auch absol., Tonans, Ov. met. 1, 170 u. a. Flor. Verg. or. an poët. p. 107, 16 *Halm.* CIL 9, 1548: Capitolinus Tonans, Ov. fast. 2, 69): u. der Rosse am Wagen Jupiters, equi, Hor.: als Beiwort des Saturnus, Falcifer Tonans, Mart.: sceptriferi Tonantes, v. Jupiter u. der Juno, Sen. poët. – **2** übtr., wie βροντᾶν, von der gewaltigen Stimme eines Redners, **a** absol.: Pericles tonare dictus est, Cic.: ut, quod Pericli contigit, fulgurare ac tonare videaris, Quint.: neque ipse Cicero territus cesserat tonantibus Demostheni Platonique, Colum.: oratio magnifica et excelsa tonat, fulgurat, Plin. ep.: tona eloquio, Verg. – **b** m. *Acc.,* etwas **herdonnern,** deos, Verg.: verba foro, Prop.: aspera bella, Mart. – ► Nbf. der dritten *Coniug.* tonimus, Varro sat. Men. 132.

tonor, ōris, *m.* (τονίζω), die **Betonung** einer Silbe, Quint. 1, 5, 22.

tonos, s. tonus.

tonōticus, a, um (τονωτικός), **zur Stärkung dienend,** Th. Prisc. de diaet. 9.

tōnsa, ae, *f.* = κώπη, das **Ruder,** Enn. fr. u. Val. Flacc.: Plur. Verg. u. a.

tōnsilis, e (tondeo), **I** **scherbar, beschneidbar,** Plin. 8, 203 u. a. – **II** **geschoren, beschnitten,** tapetes, Mat. b. Gell.: silvae, Sen.: nemora, Plin.: corona, an dem nur die kleinen Blätter gelassen sind, Serv.

1. tōnsilla, ae, *f.*, ein **Pfahl** am Ufer, an den die Schiffe gebunden werden (s. Isid. orig. 19, 2, 14), Enn. ann. 499. Acc. tr .517. Lucil. 389*. – ► synk. tosilla, Pacuv. tr. 218.

2. tōnsilla, ae, *f.*, ein Vogelname, Schol. Bern. Verg. ecl. 6, 74 u. georg. 1, 104.

1. tōnsillae, ārum, *f.* (nach Fest. 356 [b], 14 *Demin.* v. toles), die **Mandeln** im Hals, Cic., Cels. u. a. – ► spät. synk. Nbf. tōsillae, Cic. de nat. deor. 2, 135: tūsillae, Isid. orig. 11, 1, 57.

2. tōnsillae, Plur. v. 1. tonsilla, s. d.

tōnsio, ōnis, *f.* (tondeo), **I** das **Scheren,** die **Schur,** ovium, Vulg. deut. 18, 4. – **II** das **Abmähen,** regis, Vulg. Amos 7, 1.

tōnsito, āre (*Intens.* v. tondeo), **zu scheren pflegen,** Plaut. Bacch. 1127.

tōnsor, ōris, *m.* (tondeo), **I** der **Scherer,** **a** der Wolle u. Wolltiere, tonsor pecorum, Edict. Diocl. 7, 32: ovium suarum, Vulg. genes. 38, 12; vgl. Vulg. 1. regg. 25, 11. – **b** des Bartes, der **Bartscherer,** der **Barbier** (κουρεύς), dessen Geschäft nicht bloß im Bartscheren, sondern auch im Haar- u. Nägelbeschneiden bestand, Plaut., Varro, Cic. u. a.: ad tonsorem ire, Plaut.: tonsor ungues dempserat, Plaut.: omnibus et lippis notum et tonsoribus est, ist aller Welt bekannt, Hor. sat. 1, 7, 3. – **II** der **Beschneider** der Zweige, Arnob. 6, 12.

tōnsōrium, iī, *n.*, s. tōnsōrius.

tōnsōrius, a, um (tonsor), **zum Scheren gehörig, Scher-,** culter, Barbiermesser, Schermesser, womit der Bart abgezwickt, die Nägel u. Haare abgeschnitten werden, Cic. u. Petron.: so auch cultellus, Val. Max.: ferramenta, die Schafe zu scheren, Pallad. – subst., tōnsōrium, iī, die **Barbierstube,** Gloss. II, 354, 24.

tōnstreinum, s. tōnstrīnum.

tōnstrīcula, ae, *f.* (*Demin.* v. tonstrix), die **Schererin,** verächtl. = **Bartkratzerin,** Cic. Tusc. 5, 58.

tōnstrīna (tōstrīna), ae, *f.* (tondeo), die **Barbierstube,** in tonstrina sedere, Plaut. asin. 343: scherzh. übtr., nunc senex est in tostrina, jetzt muss der Alte Haare lassen, Plaut. capt. 266: Plur., in omnibus tonstrinis, Plaut. Amph. 1013: tonstrinas pingere, Plin. 35, 112.

tōnstrīnum (tōnstreinum), ī, *n.* (tondeo), die **Barbierstube,** Petron. 46, 7 u. 64, 4.

tōnstrīx, trīcis, *f.* (Femin. zu tonsor), die **Schererin, Barbiererin,** Plaut. truc. 405 u. a. Mart. 2, 17, 1. Amm. 16, 8, 10. Non. 150, 29. Prob. inst. 91, 19 K. Anecd. Helv. 75, 13. – ► Charis. 44, 11 sagt tonsrix, non tonstrix; dagegen Prisc. part. XII vers. Aen. 1. § 16. p. 463, 16 nemo dicit tonsrix.

tōnsūra, ae, *f.* (tondeo), **I** das **Scheren, Abscheren, Bescheren,** die **Schur,** lanae (Ggstz. vulsura), Varro: ovium, Varro LL. u. r. r. Colum. 7, 4, 7: capillorum, Ov.: tonsura vel rasura capitis, Cael. Aur.: Plur., semestres facere tonsuras (ovium), Varro r. r. 2, 11, 8. – **II** das **Beschneiden,** der Bäume, Plin. 16, 175 u. a.

tōnsus, ūs, *m.* (tondeo), das **Bescheren,** die **Schur,** Acc. tr. 86. Plaut. Amph. 444.

tonus (**tonos**), ī, *m.* (τόνος), **I** das **Spannen** eines Seiles, mollior (schlaffere), vehementior (straffere), Vitr. 10, 10, 6. – **II** meton., der **Ton,** **1** eig., der **Ton** eines Instrumentes, Vitr. u. a.: der Silbe, d. i. Akzent, Nigid. bei Gell. 13, 25 (26), 1. – **2** insbes., der **Donner,** altlat. nach Sen. nat. qu. 2, 56, 1. – **3** übtr., in der Malerei der **Ton** der Farbe, die natürliche Farbe von einer jeden Gestalt, die zwischen Licht u. Schatten gesetzt wird, der **Glanz,** Plin. 35, 25.

topanta (τὸ πάντα, vulgär = τὸ πᾶν), **alles,** Trimalchionis topanta est, sie ist dem Tr. sein ein und alles, Petron. 37, 4 B. (Vulg. tapanta).

toparchēs, ae, *m.* (τοπάρχης), **Herr einer Landschaft, Statthalter,** Spart. Hadr. 13, 8.

toparchia, ae, *f.* (τοπαρχία), die **Landschaft,** der **Bezirk,** die **Statthalterschaft,** Plin. 5, 70. Vulg. 1. Mach. 11, 28.

topāziacus, a, um, **topasisch,** lapilli, Ven. Fort. carm. 8, 6, 273.

topāzos u. **-us**, ī, *f.* (τόπαζος), ein Edelstein, der **Topas** der Alten, teils unser **Chrysolith,** teils eine unserer grünlichen **Jaspis-** od. **Achatarten,** Plin. 37, 107. Prisc. perieg. 1021 (wo *masc.*). Ven. Fort. vit. S. Mart. 3, 517. – Nbff. **topāzius**, Tert. adv. Marc. 2, 10. Vulg. exod. 28, 17; 39, 10 u. a. – **topāzion**, iī, *n.* (τοπάζιον), Ambros. in psalm. 118. serm. 16. *no.* 41 u. 42 (Nom. topazion lapis). Isid. orig. 16, 7, 9 (wo *fem.*). – u. **topāzōn**, ontis, *m.* (τοπάζων), Prud. psych. 861.

topāzus, a, um (topazos), **aus Topasen bestehend,** armilla, Ven. Fort. vit. S. Mart. 2, 454.

tōphus, tōphīnus, tōphāceus, tōphicius, tōphōsus, s. tōfus etc.

topia, ōrum, *n.* (*sc.* opera, v. τόπος), **I** die **Landschaftsmalerei,** Vitr. 7, 5, 2. – **II** die **Gartenmalerei,** die malerische **Gartenverzierung, Einfassung,** Spart. Hadr. 10, 4. – Dav. **topiārius**, a, um, **zur Gartenverzierung gehörig,** **A** *adi.*: opus, Plin.: herba, die Zierpflanze, v. der echten Bärenklau, die zu verzierenden Einfassungen in Gärten gebraucht wurde, Plin. – **B** *subst.*: **a** topiārius, iī, *m.*, der **Kunstgärtner, Ziergärtner,** Cic. u. Plin. ep. – **b** topiāria, ae, *f.*, die **Kunstgärtnerei,** topiariam facere, Kunstgärtnerei treiben, Kunstgärtner sein, Cic. ad Q. fr. 3, 1, 2. § 5. – **c** topiārium, iī, *n.* (*sc.* opus), die **Gartenmalerei, -verzierung, -einfassung,** Plin. 18, 265.

Topica, topicē, s. topicus.

topicus, a, um (τοπικός), **I** **den Ort betreffend, Orts-,** historia (τοπικὴ ἱστορία), Serv. Verg. Aen. 1, 44. – **II** übtr., **die Gemeinplätze betreffend, topisch,** subst., **a** topicē, ēs, *f.* (τοπική, *sc.* τέχνη), die Kunst, die Gemeinplätze (τόποι) zu rednerischem Gebrauch zu finden u. anzuwenden, die **Topik,** Boëth. in Cic. topic. 1. p. 276, 37 B. – **b** Topica, ōrum, *n.* (τοπικά), eine **Sammlung von Gemeinplätzen,** Titel einer Schrift des Aristoteles u. ihrer Nachbildung durch Cicero, conscribere Topica Aristotelea, Cic. ep. 7, 19 *in.*

topographia, ae, *f.* (τοπογραφία), die **Beschreibung eines Ortes,** Serv. Verg. Aen. 1, 159. Lact. ad Stat. Theb. 2, 32.

topothesia, ae, *f.* (τοποθεσία), die **angenommene Lage eines Ortes,** Serv. Verg. Aen. 1, 159 (griech. bei Cic. ad Att. 1, 13, 5 u. 1, 16, 18).

topper, *Adv.*, **I** = **rasch, sofort, im Nu,** Nelei Carm. 3. Naev. bell. Pun. fr. inc. 10 *Vahlen.* Vgl. Fest. 352 (b), 6. – **II** = **vielleicht,** Pacuv. tr. 427. Acc. tr. 387. Enn. fr. scen. 428. Vgl. übh. Quint. 1, 6, 40.

tōrācium, s. thōrācium *no.* b.

toral, ālis, *n.* (torus), die **Decke (der Teppich) über das Polster, -über das Bett, -Sofa** usw., Varro LL. 5, 167. Varro vit. P. R. 1. fr. 53. (b. Non. 11, 14). Hor. ep. 1, 5, 22: Plur. toralia, Hor. sat. 2, 4, 84. Petron. 40, 1. Lampr. Heliog. 19, 1: toralia segmentata, s. sēgmentātus. – Nbf. torālis, is, *m.*, wov. torealem segmentatum, CIL 6, 2114. – u. torāle, is, *n.*, Consent. 349, 2 K. (aber Varro LL. 5, 167 Müller toral).

torāria, ae, *f.* (torus = ὠλένη) = ὠλενοτρόφος, die **Wärterin, Wartefrau,** Plaut. mil. 696 zw. – so auch **torārius**, ὠλενοτρόφος, der **Wärter,** Gloss. II, 199, 18. (wo falsch toranus, ὠλενοστρόφος).

torcēs, s. torquēs.

torcuis, s. torquēs.

torcular, āris, Abl. ārī, *n.* (torqueo), **I** die **Kelter, Presse,** Vitr. u. Plin. – **II** meton., die **Kelter** als Ort, Vitr. u. Colum. Urspr. Nbf. torculāre, ληνός, Auct. de idiom. gen. 584, 51 K.

torculāris, e (torcular), **zur Kelter gehörig, Kelter-,** prelorum et vectium torcularis praeparatio, Vorrichtung der Pressen u. Hebel zum Keltern, Vitr. 10, 1, 5.

torculārius, a, um (torcular), **zum Keltern-, zum Pressen gehörig, Kelter-,** **I** *adi.*: vasa, Varro: celsa, Colum.: locus, Colum.: aedificium, Plin. – **II** *subst.*, **a** torculārius, iī, *m.*, der **Kelterfabrikant,** Gloss. III, 271, 24. – **b** torculārium, iī, *n.*, die **Kelter,** Cato r. r. 13, 1 u. 18, 1. Colum. 12, 52, 3. Vitr. 10, 1, 3.

torculo, āre (torculum), **keltern,** Ven. Fort. epist. praemiss. carm. 5. libr. 6.

torculum, ī, *n.*, s. torculus.

torculus, a, um (torqueo), **zum Pressen-, zum Keltern gehörig, Kelter-,** **I** *adi.*: vasa, Cato: funes, Cato. – **II** *subst.*, torculum, ī, *n.*, die **Presse, Kelter,** Varro, Plin. ep. u. a.

tordȳlon, ī, *n.* (τόρδυλον), der **Same der Pflanze** *seselis,* nach anderen der Pflanze **Zirmel, Drehkraut** (*Tordylium officinale* od. *maximum,* L.), Plin. 20, 238 u. 24, 177.

toreālis, s. toral.

toreo, s. torreo ►.

torēs, s. torquēs.

toreuma, atis, *n.* (τόρευμα), die **halberhabene getriebene Arbeit, hal-**

berhabenes getriebenes **Kunstwerk** (rein lat. vas caelatum), Cic., Sall. u. Mart.: Genet. Plur. toreumatum u. toreumatorum, nach Charis. 42, 32 *sq.* u. 52, 23 *sq.*: Dat. Plur. toreumatibus, Apul. flor. 7. p. 8, 3 Kr. (Variante toreumatis): toreumatis, nach Cels. bei Prisc. 6, 8 (der diese Form von einem Nomin. toreumatum ableitet). – Nbf. toreuma, ae, *f.*, Aethic. cosmogr. 50.

toreutēs, ae, *m.* (τορευτής), der Künstler in halberhabener getriebener Arbeit, der **Toreut** (= der **Ziseleur, Graveur),** rein lat. caelator, Varro de vita pop. Rom. 3, 22. Plin. 35, 54.

toreuticē, ēs, *f.* (τορευτική, *sc.* τέχνη), die Kunst, durch Formen und Gießen halberhabene Arbeit in Metall, bes. in Bronze, zu machen, die **Toreutik** (das **Ziselieren, Gravieren** usw.), rein lat. caelatura, Plin. 34, 56; 35, 77: ars toreutice, Plin. 34, 54.

tormenta, ae, *f.*, Nbf. von tormentum, Lact. div. inst. 4, 16, 9.

tormentum, ī, *n.* (torqueo), **I** ein Werkzeug zum Drehen, Winden, Pressen, und zwar: **1** die Winde, praesectis omnium mulierum crinibus tormenta effecerunt, Caes. b. 3, 9, 3; vgl. Lact. 1, 20, 27: falces tormentis introrsus reducebant, Caes. b. G. 7, 22, 2. – **2** der **Strick**, das **Seil**, tormento tensior, Priap. 6 (5), 5: quadruplices tormento astringere limbos, Gratt. cyn. 26. – **3** die **Fessel**, ferreum, Plaut. Curc. 227: tormentorum iniuria, Petron. 102, 13: tormenta, laxare, Ps. Quint. decl. 19, 15. – **4** ein Marterwerkzeug, die **Folter**, **a** eig.: cruciatus (Plur.) tormentorum, Folterqualen, Tac.: tormenta adhibere, Cic.: dare se in tormenta, mit auf die Folter gehen, Cic.: dedere alqm tormentis, Cic.: ementiri (falsch aussagen) in tormentis, Cic.: excruciari tormentis, Caes.: tormentis exprimere confessionem cogitati facinoris, Suet.: minitari omnibus bonis cruces ac tormenta, Cic.: quaestiones servorum ac tormenta accusator minitatur, Cic.: neque tormentis neque supplicio cuiusquam parcere, Suet.: de servo in dominum ne tormentis quidem quaeri licet, Cic.: quo magis necessarium habui ex duabus ancillis quid esset veri et per tormenta quaerere, Plin. ep.: verberibus ac tormentis quaestionem habere pecuniae publicae, Cic.: tormenta non recusare, Curt. – **b** übtr.: **α** die **Folter** = der **Zwang,** lene tormentum admovere ingenio, einen sanften Zw. auf den G. ausüben, Hor. carm. 3, 21, 13. – **β** die **Marter, Plage,** tormenta vulvae, Plin.: vesicae et exulcerati ventris tormenta, Sen.: stomachi tormenta tolerare, Sen.: incredibiles cruciatus et indignissima tormenta pati, v. Podagristen, Plin. ep. – tormenta suspicionis, Cic.: tormenta fortunae, die vom Schicksal auferlegten Leiden, Cic.: tormenta verborum, Min. Fel. – est tormentum m. *Infin.*, est tormentum carere divitiis, Sen. contr. 1, 6, 5. – **5** ein **Druckwerk,** beim Wasser, Sen. nat. qu. 2, 9, 2. Tert. de anim. 14. – **6** tormenta tibiarum, die Druckwerke, Plin. 10, 82. – **II** ein Werkzeug zum Fortschleudern, die **Schleuder-, Wurfmaschine,** das **Geschütz, a** eig.: bellica tormenta, Varro: bellica tormenta operaque, Liv.: balistae lapidum et reliqua tormenta, Cic.: ibi tormenta collocavit, Caes. – **b** meton., das daraus abgeschleuderte **Geschoss,** telum tormentumve missum, Caes.: t. missile, Plin.: fenestrae ad tormenta mittenda, Caes. – ► Sen. de tranqu. anim. 1, 5 sind mille tormenta tausend Foltern.

tormentuōsus, a, um (tormentum), **voller Schmerzen, schmerzend, marternd,** Cael. Aur. de morb. acut. 3, 6, 66.

tormina, um, *n. pl.* (torqueo), **I** das **Grimmen-, Schneiden im Bauch,** si vero tormina sunt, Cels. 4, 11. – gew. die **Ruhr** (griech. δυςεντερία), Cels., Cic. u. a. – **II** übtr.: tormina urinae, der Harnzwang, Plin. 20, 74 u. a.

torminālis, e (tormen), **zum Grimmen im Bauch-, zur Ruhr gehörig, Ruhr-,** sorba, gut gegen die Ruhr, Cels.: quartum (sorborum) genus torminale appellant, Plin.

torminōsus, a, um (tormen) = δυςεντερικός, **an der Ruhr leidend, mit der Ruhr behaftet,** passio, Ruhr, Cael. Aur. de morb. acut. 3, 17, 143: v. Perf., Plur. subst., Cic. Tusc. 4, 27. Cael. Aur. de morb. acut. 3, 17, 143. Sex. Placit. de medic. 1. § 21.

tornātilis, e (torno), **gedrechselt,** termini, Gromat. vet. 361, 4 u. 362, 19: crater, Ambros. in psalm. 118. serm. 17. *no.* 19. Vulg. cant. cant. 7, 2: vasa, Gloss. Sang. T 163: lectus, Gloss. in Sidon. p. 29, 10. – übtr., **wie gedrechselt** (= schön rund), manus, Vulg. cant. cant. 5, 14.

tornātim, *Adv.* (torno), **gedrechselt,** Asper 1732 P. (aber Keil 552, 15 corneliatim als zweifelh.).

tornātor, ōris, *m.* (torno), der **Drechsler,** Firm. math. 4, 7 *extr.*

tornātūra, ae, *f.* (torno), die **Drechslerei,** Sing., Gloss. II, 199, 22: Plur. = Drechslerarbeiten, Vulg. 3. regg. 6, 18.

torno, āvī, ātum, āre (τορνεύω), mit dem Drechseleisen **runden, drechseln, I** eig. u. übtr.: **a** eig.: sphaeram, Cic.: hastas, Plin.: tornata ungula, der runde Huf, Calp.: idque ita tornavit, ut nihil efficere posset rotundius, Cic. Tim. 6, 17. – **b** übtr.: barbam, streichen, Hieron. epist. 50, 2. – **II** bildl.: versus male tornati, schlecht gedrechselte, misslungene, Hor. de art. poët. 441.

tornus, ī, *m.* (τόρνος), das **Dreheisen, Drechseleisen,** der **Grabstichel, Meißel, I** eig., Vitr. u. Plin.: torno rasile buxum, Verg.: pocula, quibus torno facili superaddita vitis, Verg.: torno teritur vitrum, Plin. – **II** bildl.: angusto versus includere torno, Prop. 2, 34, 43: hinc exornata figuris advolat excusso velox sententia torno, Auct. carm. in Pison. 96.

Torōna, ae, *f.* u. **Torōnē**, ēs, *f.* (Τορώνη), Stadt und Hafen in Mazedonien am Ägäischen Meer, j. *Toron,* Mela 2, 3, 1 (2. § 34): Toronae promunturium (ἡ Τορωναίη ἄκρη), das Vorgebirge Derris bei Torone, Liv. 31, 45, 15. – Dav.: **A Torōnāicus**, a, um (Τορωναϊκός), **toronaisch,** mare, Liv. 44, 11, 2. – **B Torōnaeus**, a, um (Τορωναῖος), **toronäisch,** sinus, Tac. ann. 5, 10. – subst., Torōnaeī, ōrum, *m.*, die Einw. von Torona, die **Toronäer,** Plin.

torōsulus, a, um (*Demin.* v. torosus), **etwas muskulös,** Hieron. in Iovin. 2, 14 u. epist. 117, 8.

torōsus, a, um (torus), **muskulös, fleischig,** collum, Ov.: cervix torosa, torosior, Colum.: übtr., caulis (herbae), fleischig, Plin.: virgula, knotig, dick, Sen.: so auch clava, Albin.: dictio, Sidon. epist. 8, 16, 2.

torpēdo, inis, *f.* (torpeo), **I** die Lähmung der phys. oder geistigen Lebenskraft, die körperliche od. geistige **Stumpfheit, Trägheit, Dumpfheit,** Cato fr., Sall. u. Tac. – **II** übtr., der bei Berührung erstarren machende **Krampffisch,** der **Zitterroche** (*Raia Torpedo,* L.), Varro LL. 5, 77. Cic. de nat. deor. 2, 127. Plin. 9, 57. 78. 143 u. a. Apic. 9, 415; bes. Claud. edyll. 3, 1 *sqq.*

torpefacio, fēcī, ere (torpeo u. facio), **erstarren machen,** Non. 182, 5.

torpeo, ēre (litauisch *tirpstù*, erstarren), **ohne Leben-, ohne Empfindung und Bewegung sein,** von dem, dessen körperl. od. geistige Lebenskraft in ihrem Prinzip gelähmt ist, deutsch: **taub-, betäubt-, steif-, starr-, erstarrt-, regungslos-, gefühllos sein, I** eig.: **a** infolge physischer Umstände, **α** übh.: corpora rigentia gelu torpebant, Liv.: (Poeni) torpentes gelu in castra rediere, Liv.: ut ignava animalia, quibus si cibum suggeras iacent torpentque, regungslos daliegen, Tac.: cum torpent apes, flugmatt sind, Pallad.: torpentes rigore nervi, Liv.: digitus salutaris torpens contractusque frigore, Suet.: hebescunt sensus, membra torpent, Plin. (u. so torpentia membra, erstarrte, Sil.:) duro simillima saxo torpet, ist ohne Leben und Empfindung, ist regungslos (v. einer Versteinerten), Ov.: torpente palato, gefühl-, geschmackloser, Iuven. – **β** infolge der Untätigkeit, **in träger Ruhe-, in Untätigkeit verharren,** deum sic feriatum volumus cessatione (in Nichtstun) torpere, Cic.: nec torpere gravi passus sua regna veterno, Verg.: torpere ultra et polluendam perdendamque rem publicam relinquere sopor et ignavia (Stumpfsinn u. Feigheit) videretur, Tac.: an dextrae torpent? sind erlahmt, Liv.: hostiles torpuere discursus, die feindlichen Streifereien erlahmten, ließen nach, Amm. 27, 10, 4. – **b** infolge einer Seelenstimmung, adeo torpentibus metu qui aderant, ut ne gemitus quidem exaudiretur, Liv.; vgl. timeo, totus torpeo, ich bin vor Furcht ganz versteinert, Plaut.: torpebat vox spiritusque, jeder Laut, jeder Atemzug war erstorben, Liv.: quid torpentes subito obstupuistis Achivi? steht erstarrt, wie versteinert vor Erstaunen? Cic. poët.: cum Pausiacā torpes tabellā, steif bist vor Verwunderung über usw., Hor. – **II** übtr.: **a** physisch

erstarrt-, starr, regungslos sein, locus hieme frigore torpens, Colum.: vgl. hiems frigore torpens, Claud., u. plagae torpentes, v. den kalten Zonen, Claud.: circum amnis torpens, Stat.: torpente lyrā, Sen. poët. – b geistig **gelähmt sein,** si tua re subitā consilia torpent, wenn du vor Überraschung dir nicht zu raten weißt, Liv.: frigere ac torpere senis consilia, matt u. gelähmt seien des Gr. Anschläge, Liv.: torpent ingenia desidiosae iuventutis, Sen. rhet.

torpēsco, puī, ere (*Inchoat.* zu torpeo), **alles Leben-, alle Empfindung und Bewegung verlieren,** von dem, dessen körperliche oder geistige Lebenskraft in ihrem Prinzip gelähmt ist, deutsch: **taub-, betäubt-, steif-, starr werden, erstarren, regungslos-, gefühllos werden,** I eig.: a infolge physischer Umstände: α übh.: elaeomeli qui bibere torpescunt, Plin.: scorpiones visā eā (lychnide) torpescunt, Plin. – β infolge der Untätigkeit, **erlahmen, untätig-, matt werden, erschlaffen,** quid tot dextrae? torpescentne in amentia illa? Liv.: ne per otium torpescerent manus aut animus, Sall.: ingenium incultu aut socordiā torpescere sinunt, Sall.: deliciis et desidiā torpescere, Tac. – b infolge einer Seelenstimmung: torpuerat lingua metu, Ov.: torpuerant molles ante dolore genae, Ov. – II übtr.: illae (margaritae) senectā rugisque torpescunt, Plin.: vigor cogebatur senio torpescere rerum, Sil.

torpidus, a, um (torpeo), **betäubt, erstarrt, regungslos, gefühllos,** a v. Pers.: somno, Liv.: stupore ac miraculo, Liv. – b v. Lebl.: cauda (piscis), Auson.: veternositas, Fulg.: quod insensibile est, iners et torpidum semper iacet, Lact.

torpor, ōris, *m.* (torpeo), die **Betäubung, Erstarrung, Regungslosigkeit,** I eig.: a infolge physischer Umstände, α übh., Lucil., Cic. u. a.: contractio et torpor, Sen.: membrorum omnium torpor, Sen. rhet.: nervorum torpor tremorque, Sen. – β infolge der Untätigkeit, die **Erschlaffung,** die **Stumpfheit,** das **dumpfe Hinbrüten,** t. recens, Tac.: t. Vitellii (Ggstz. vigilantia Vespasiani), Tac.: sordes omnium ac torpor, Tac.: Ggstz. membrorum mobilitatem (expugnat) torpor et tarditas, Augustin. de civ. dei 19, 4, 2. p. 357, 2 D.[2] – b infolge einer Seelenstimmung, das **Erlahmen** der Geisteskraft und des Mutes, Lucan. 3, 432: utraque res detestabilis est, contractio et torpor, Sen. ep. 82, 3. – II übtr., die **Regungslosigkeit,** Albani lacus otium et Baiani torpor, Plin. pan. 82, 1.

torpōro, āvī, ātum, āre (torpor), **machen, dass** etw. **erstarrt,** alci cor amore, Turpil com. 76: umida nimiis rigoribus torporata (erstarrt) concrescunt, Lact. 2, 8, 62.

torqua, s. torquēs a. E.

torquātus, a, um (v. torques), **mit einer Halskette versehen, -geschmückt, -belohnt,** miles, Veget. mil. 2, 7 *extr.*: quid de aliis dicemus, qui calamistratos et torquatos habeant in ministerio? Ambros. epist. 69, 7: bes. als Beiname des Manlius, weil er einem Gallier, den er im Zweikampf tötete, seine goldene Kette abnahm, Cic. u. Liv. – Alecto torquata colubris, mit Schlangen statt einer Halskette versehen, Ov. her. 2, 119: palumbus torquatus, die Ringeltaube, Mart. 13, 67, 1.

torqueo, torsī, tortum, ēre (altind. *tarkúš*, griech. ἄτρακτος, Spindel, ahd. *drāhsil*, Drechsler), **drehen,** I **drehen = wenden, winden, umdrehen,** 1 im Allg.: a eig.: cervices oculosque, Cic.: terra circum axem se torquet, Cic.: alqd in orbem, Cic.: collum alci, einem den Hals etwas umdrehen (eine Art Zwangsmittel), Liv.: ora equi frenis, lenken, Ov.: laqueum, ICt.: oculos ad alqd, Verg.: vestigia ad sonitum, Verg.: aurem ab obscenis sermonibus, Hor.: capillos ferro, kräuseln, Ov.: aquas remis, Ov.: stamina digitis od. pollice, spinnen, Ov. her. 9, 79 u. met. 12, 475 (vgl. ducit inops tremulā stamina torta manu, Tibull. 1, 6, 78): und so pollice fusos, Ps. Albinov. eleg. 2, 73: fusos, Plin. 28, 28: tenui praegnantem stamine fusum, Iuven. 2, 55: fila, Sen. ep. 90, 20: serica fila per cannas leves, Sidon. carm. 22, 200: aurea pensa (v. den Parzen), Petron. 29, 6 (vgl. Apul. de mund. 38): ad torquenda in alveolis fusa vertantur, Hieron. epist. 130, 15. – b übtr., **drehen, wenden, lenken,** navem, Titin. com. fr.: naturam huc et illuc torquere ac flectere, Cic.: imbecillitatem animorum, Cic.: orationem aliquo, Cic.: omnia ad commodum suae causae, Cic.: bella, Verg. – 2 insbes.: a fortdrehen, **wälzen,** saxa, Verg.: tignum, Hor. – b im Kreis herumdrehen, **winden,** anguis tortus, Verg.: vestis circum brachia torta, Tac. – dah. c beim Schleudern herumdrehen, **schwingen, schleudern,** hastas, Cic.: iaculum in hostem, Verg.: hastam alci, Val. Flacc.: telum ad tempora, Verg.: fulmina, Verg.: glaebas, Ov. – poet., aquosam hiemem, des Sturmes Erguss herabschleudern (Voß), Verg. – bildl., curvum sermone rotato enthymema, Iuven. 6, 449: u. so acutissimum συλλογισμὸν prope ad vim dialecticorum, Schol. Bob. ad Cic. Sull. 3, 10. p. 360, 3 B. – d drehend bewirken, etwas **drehen,** orbem, Verg.: spumas, peitschen, Verg.: pulverem, aufwirbeln, Lucan.: sibila, aufzischen, Prop.: torquet medios nox umida cursus, hat die Hälfte ihrer Bahn vollendet, Verg. – II prägn.: A **sich umwerfen,** tegumen immane, Verg. Aen. 7, 666. – B **verdrehen, verzerren, verrenken** 1 im Allg.: a eig.: ora torquebit amaror, Verg.: vultus mutantur, ora torquentur, Cic.: oculum, Cic.: articulorum se ipsos torquentium sonus (Knacken, Krachen), Sen. – b übtr., **verdrehen,** verbo ac litterā ius omne torqueri, Cic. Caecin. 77. (Kayser u. Müller intorqueri). – 2 insbes., auf der Folter die Glieder verdrehen, **foltern, auf die Folter spannen,** a eig., Cic. u. a.: torquetor, er soll gefoltert werden, Sen. rhet.: servum in caput domini, ICt.: Aeacus torquet umbras, stellt ein peinliches Verhör an mit usw., Iuven. 1, 9. – b übtr.: α übh.: alqm mero, einen auf die Weinfolter bringen (einem brav zutrinken, um ihn auszuforschen), Hor.: torqueatur vita Sullae, man foltere des Sulla Wandel, d. i. man untersuche ihn genau, Cic. – β **martern, plagen, quälen, beunruhigen,** alqm, Cic.: convivam fame, Phaedr.: libidines te torquent, Cic.: nos supplicationes torserunt, Cael. b. Cic.: dies noctesque torqueor, Cic.: stulti malorum memoriā torquentur, Cic.: quā quidem exspectatione torqueor, Cic. ep.: sollicitudine, paenitentiā, poenarum omnium exspectatione torquetur mens, Quint.: sin animos suos *in* earum rerum, quae in veniri non poterant, inquisitione torquerent, Lact.: torqueor m. folg. *quod* (weil, dass), torqueor, quod discipulum optimae spei amisisti, Plin. ep. 7, 30, 1: m. folg. *Acc.* u. *Infin.*, necesse est torqueri tam iniqua praemia fortunam persolvere, Sen. de tranqu. anim. 16, 1: mit folg. *ne* u. Konj., Ov. her. 9, 36 u. am. 2, 5, 53. – ► Parag. Infin. Präs. Pass. torquerier, Hor. sat. 2, 8, 67. Prop. 3, 6, 39. – 1. Supin. auch torsum, nach Prisc. 9, 52 (vgl. detorqueo a. E.).

torquēs u. **torquis,** is, *m.* u. (in Prosa seltener) *f.* (torqueo), das Gedrehte, Gekrümmte, I eine gewundene **Halskette** als Schmuck, die **Halsberge,** aureus, Liv., aurea, Varro fr. u. Vulg.: unca, Prop.: torque detracto, Cic.: torque aureo donare deam, Iustin. – II das **Halsjoch, Kummet** der Ochsen, Verg. georg. 3, 168. – III der **Ringel,** a von den Federn am Hals eines Vogels, miniatus, Plin. 10, 117. – b das **Blumengewinde,** ornatae torquibus arae, Verg. georg. 4, 276. – c der **Wirbel, Kreis,** den der schwimmende Walfisch macht, Manil. 5, 585 (Plur.). – ► Nom. torquis, Liv. 44, 14, 3. Prop. 4 (5), 10, 44; vgl. Prisc. 5, 28 u. 42. – Nom. torques, Laev. bei Charis. 145, 22. Stat. Theb. 10, 517 *Queck.* Val. Flacc. 2, 112. Gloss. III, 93, 40 u. ö. Vgl. (auch über das Geschlecht) Charis. 145, 19 u. Probi de nomine *no.* 31. p. 211, 19 K. – Abl. Sing. auch torquī, Apul. flor. 12. p. 14, 15 Kr. – Andere Schreibung torces, Servil. bei Char. 145, 29 (Bücheler; die Handschriften u. Keil tores) u. torquae aureac, Varro sat. Men. 170 B.[5]

torrefacio, factus, ere, **dürr machen, dörren,** Colum. 6, 7, 4. Pelagon. veterin. 14 (§ 220 *Ihm*): Partiz. torrefactus, Colum. 2, 20 (21), 3 u. a. Pallad. 11, 14, 6. Veget. mul. 5, 44, 4.

torrēns, entis, *PAdi.* (v. torreo), I **brennend, heiß, erhitzt,** miles sole torrens, Liv.: ripae torrentes pice, Verg.: flammae, Verg.: Sirius, Verg.: plaga, Lucan.: Sirius torrentior, Claud. – II übtr., **brausend, erhitzt, schnell fließend, strömend, reißend,** A *adi.*: aqua, Verg. u. Sen.: unda, Sen.: fluvius, Varro: amnis, Curt.: impetus (aquae), Sen.: torrentes rapidique cursus amnium, Iustin.: modo torrentium fluminum, Veget. mil.: Padus torrentior, Plin.: Asopos torrentissimus,

Stat.: sanguis torrens, ein Blutbach, Blut, das stromweise fließt, Lucan. – bildl., oratio, Quint.: sermo promptus et Isaeo torrentior, Iuven.: nihil est dolore torrentius, Ps. Quint. decl. – B *subst.*, **torrēns**, entis, Abl. ente u. entī, Genet. Plur. entium u. (poet.) entum, *m.*, das **wilde Wasser,** der **Regenbach, Sturzbach, Gießbach,** Plur. torrentes, Curt.; aber auch torrentia (*sc.* flumina), Curt.: ripa torrentis, Liv.: torrens imbribus conceptus, ein Regenbach, Colum.: torr. hibernus, Sen.: rapidus, Verg. u. Sen.: velut monti praecipiti devolutus torrens rapitur (fretum), Liv.: cum fertur quasi torrens oratio, Cic.: ille numquam direxit brachia contra torrentem, sprichw., Iuven. 4, 89 *sq.* – v. Blutbach, Lucan. 7, 637: meri, Weinbach, ein Strom Urin (von getrunkenem Wein), Iuven. 6, 319. – übtr., armorum, Sil. 12, 189: umbrarum, Sil. 13, 760. – bildl., inanis verborum torrens (Strom), Quint. 10, 7, 23: quo torrente, quo impetu saeculum nostrum defendit! Tac. dial. 24 *in.*: ceteraque omnia quodam quasi aestu et torrente fortunae, Flor. 2, 7, 1: maiorum mores non paulatim, ut ante, sed torrentis modo praecipitati, Sall. hist. fr. 1, 12.

torrenter, *Adv.*, doch nur im *Compar.* (torrens), **hitzig,** im Lauf, **jäh,** torrentius amne hiberno, Claud. rapt. Pros. 2, 198.

torreo, torruī, tōstum, ēre (vgl. altind. *taršāyati,* lässt dürsten, griech. τερσαίνω, trockne, ahd. *dorrēn,* verdorren), etwas **dörren, braten, backen, rösten, sengen, versengen,** I eig., v. Feuer und von der Hitze, fruges, Verg.: manum, Liv.: exta in verubus, Verg.: carnem, Ov.: castaneas, Plin.: alqd in igne, Ov.: artus subiecto igni, Ov.: succensis ignibus torreri, Cic.: torreto me pro pane, backe, Plaut.: tostum libum, Ov.: polenta tosta, Ov.: hordeum tostum, Plin.: corpora ad ignes, erhitzen, heiß machen, Plin.: sol torrebat corpora Gallorum, Liv.: solis ardore torreri, Cic.: violento sole torreri (v. Afrika), Iustin.: pisces sole, Plin.: aristas sole, Verg.: uvam in tegulis, Plin.: torrentia agros sidera, Ov. – illa velim rapidā Vulcanus carmina flammā torreat, Tibull.: tosti alti stant parietes, Enn. fr.: tosti crines, versengte, Ov. – v. Fieber, torrentur febribus artus, Ov. – v. Durst, canis arenti torreat arva siti, Tibull. – v. der Liebesglut, **entzünden, entflammen,** si torrere iecur quaeris idoneum, Hor.: torret amor pectora, Ov.: me torret face mutuā (in Gegenliebe), Calais, Hor.: Nerienis coniugis amore torreri, Mart. Cap.: v. der Sehnsucht, animus meus torretur ardentissimo desiderio tuo, Fronto. – II übtr., v. der Kälte, **brennen,** frigore torret, Varro sat. Men. 161. – ► Spätlat. auch toreo, wov. tores, Apic. 4, 122.

torrēs, is, *f.* (torreo), die **dörrende Hitze,** Lucr. 3, 915 (917, Lachmann). Manil. 4, 419 (Haupt). Vgl. Gloss. II, 237, 24 ›torres, ἀπόκαυμα‹.

torrēsco, ere (*Inch.* v. torreo), **gedörrt-, verbrannt-, gebraten werden,** Lucr. 3, 888. Isid. orig. 13, 21, 2. Schol. Bern. append. II. ad Verg. georg. 4, 451. p. 993 *Hagen.* Gloss. V, 582, 3.

torrido, ātus, āre (torridus), **dörren, braten, verbrennen,** Mart. Cap. 6. § 602.

torridus, a, um (torreo), I passiv = **gedörrt, gebrannt,** 1 = **dürr, trocken,** a eig.: fons, ausgetrocknet, Liv.: campi siccitate torridi, Liv.: tellus, Lucr.: farra, Ov. – b übtr., **dürr, mager, ohne Saft,** homo vegrandi macie torridus, Cic. de lege agr. 2, 93: vox, rau, Calp. ecl. 3, 59. – 2 **verbrannt, versengt,** a von der Hitze, ora, Calp.: color torridus sole, gebräunt, Plin. – b übtr., von der Kälte, pecora iumentaque torrida frigore, zusammengeschrumpft, Liv.: membra torrida gelu, Liv. – II aktiv = **brennend, sengend, heiß,** a eig.: zona, Verg.: aestas, Verg.: aër, Prop.: locus ab incendiis torridus, Liv. – b übtr., v. der Kälte, **schneidend,** hiems, Calp. ecl. 5, 107.

torris, is, *m.* (torreo), der **Brand,** das **brennende Scheit Holz** (mit und ohne Flamme), hice torris, Acc. tr. fr.: torr. obustus, Verg.: funereus, Ov.: vivi torres, Val. Flacc.: ›titionem‹ vulgus appellat extractum foco torrem semiustum et exstinctum, Lact. 4, 14. § 14. – Archaist. Nbf. **torrus,** ī, *m.*, bei Enn. u. Pacuv. nach Serv. Verg. Aen. 12, 298, Ribbeck Acc. tr. 452 torrus u. Acc. tr. 439; u. so tori (= torri) = heiße Kohlen, Apic. 4, 129.

torror, ōris, *m.*, (torreo), das **Dörren,** die **Hitze,** als Übersetzung von ἡλίωσις (das der Sonne Ausgesetztsein), solis, Cael. Aur. de morb. chron. 5, 4, 76: corporis, *ibid.* 3, 6, 89.

torrus, ī, *m.*, s. torris.

torsio, ōnis, *f.* (torqueo), die **Marter, Plage,** das **Grimmen,** meist im Plur., Vulg. Isai. 13, 8. Plin. Val. 2, 20 u. 32. Veget. 2, 11, 2; 3, 56 (57), 1. Marc. Emp. epist. Hippocr. alt. fol. 58 (a), 19 Ald. Dynam. 1, 23.

torsor, ōris, *m.*, s. tortor ►.

torta, ae, *f.*, s. 1. tortus *no.* II, B.

tortē, *Adv.* (tortus), **gekrümmt, krumm,** Lucr. 4, 303 (329).

torticordius, a, um (tortus u. cor), **von verkehrtem Herzen,** Augustin. in psalm. 146, 7.

tortilis, e (torqueo), **gedreht, gewunden,** pampinus, Plin.: bucina, Ov.: aurum, goldene Kette, Verg.

tortio, ōnis, *f.* (torqueo), I das **Drehen,** Augustin. de mor. Manich. 16. – II die **Marter, Plage,** das **Grimmen,** Firm. math. 8, 15: tortio vesicae, Veget. mul. 2, 18, 3. Plin. 2, 38: ventris, Plin. Val. 2, 22.

tortiōno, āre (tortio), **martern, plagen,** Pelagon. veterin. 7 (129 *Ihm*); 19 (278 *Ihm*) u. 31 (469 *Ihm*).

tortīvus, a, um (torqueo), **nachgekeltert,** Cato r. r. 23, 4 (u. bei Plin. 14, 130). Colum. 12, 36: vinum ultimae expressionis, quod ὑδατῶδες Graeci vocant, nos abusive tortivum, Cael. Aur. de morb. acut. 3, 21, 217.

torto, āre (*Intens.* v. torqueo), **martern, plagen,** Pompon. com. 40. Lucr. 3, 659 (661). *Arnob. 1, 50: tortari, v. kreißenden Frauen, *Arnob. 3, 10.

tortor, ōris, *m.* (torqueo), I der **Schwinger, Schleuderer,** Balearis habenae, Lucan. 3, 710. – II der **Marterer, Peiniger** auf der Folter, **Folterer, Folterknecht** (sonst carnifex gen.), Cic., Sen. u. a.: Apollo Tortor, als Schinder des Marsyas, Suet.: bildl.: animus tortor, Iuven. 13, 195. – ► Nbf. **torsor,** ōris, *m.*, Prisc. 9, 51 (ohne Beleg).

tortula, ae, *f.* (*Demin.* v. torta, s. 1. tortus), der **kleine Striezel,** Vulg. numer. 11, 8. Marc. Emp. 7.

tortum, ī, *n.*, s. 1. tortus *no.* II, A.

tortuōsē, *Adv.* (tortuosus), **mit Windungen, gewunden,** Tert. adv. Valent. 3. Augustin. contra Acad. 2, 6.

tortuōsitās, ātis, *f.* (tortuosus), die **Windung,** bildl., der **Winkelzug,** Tert. de carne Christi 20 *in.* u. adv. Marc. 4, 43. Interpr. Iren. 1, 30, 5.

tortuōsus, a, um (tortus, ūs), I **voll Windungen, voll Krümmungen, gewunden,** A eig.: alvus, Cic.: amnis, Liv.: loci, Cic.: serrula, Cic.: lapis t. et inflexus, Solin.: iter (bildl.), Augustin.: coluber, Hieron.: serpens, Vulg. – B bildl., **verworren, verwickelt, winkelzügig,** genus disputandi, Cic.: visa, Cic.: oratio, Gell.: res anxiae et tortuosae, interrogatiunculae tort., Hieron.: tortuosissimae concertationes, Augustin.: tortuosissima ista et implicatissima nodositas, Augustin. – II **marternd, schmerzend,** urina tortuosior, Harnzwang, Strangurie, Plin. 21, 173.

tortūra, ae, *f.* (torqueo), I die **Krümmung,** Pallad. 3, 9, 8. – II das **Bauchgrimmen, Grimmen,** Veget. mul. 2, 12, 3 zw. Vulg. Sirach 31, 23 u. 33, 28. – III = στρέμμα, χάλασμα, die **Verrenkung,** Veget. mul. 3, 55, 1.

1. **tortus,** a, um, *PAdi.* (v. torqueo), **gedreht, gewunden, krumm,** I *adi.*: via, des Labyrinthes, Prop.: quercus, Eichenkranz, Verg.: vimen, Bienenkorb, Ov.: bildl., condiciones tortae, auf Schrauben gestellte, verfängliche, spitzfindige (die man so u. so auslegen kann), Plaut. Men. 591. – II *subst.*: A tortum, ī, *n.*, a das **Folterseil,** torto distraham, Pacuv. tr. 159. b etw. **Verdrehtes, Verkehrtes,** si quid tortum committitur, salutari emendatione protinus corrigitur, Cassiod. in psalm. 118, 6. – B torta, ae, *f.*, ein gewundenes Gebäck, der **Striezel,** torta panis (»ein Laib Brot«, Luther), Vulg. exod. 29, 23 u. a.

2. **tortus,** ūs, *m.* (torqueo), I die **Windung, Krümmung,** das **Gewinde,** der **Ringel,** bucinarum tortus (Plur.), Arnob. 6, 10: bes. der Schlangen, tortu draco terribilis, Cic. poët.: tortu multiplicabili draco, Cic. poët.: serpens longos dat corpore tortus, krümmt sich in langen Win-

dungen, Verg. Aen. 5, 276. – II das **Schwingen, Schleudern,** habenae, Stat. Ach. 2, 421.

torulus, ī, *m.* (*Demin.* v. torus), I der **Wulst,** auf dem Kopf, aureus, Plaut.: torulus in capite mulieris ornatus, ein Wulst von Haaren, eine Art von erhabener Haartracht, Varro LL.: belli totius incentor, cuius vertici flammeus torulus aptabatur, Amm. – II die (wulstigen) **Muskeln** am Körper, Apul. met. 7, 16. – übtr., an Bäumen, der **Splint,** Vitr. 2, 9, 3.

torum, ī, *n.*, s. 1. torus a. E.

torunda, s. turunda ►.

1. torus, ī, *m.*, jeder runde, hervorragende, wulstige Gegenstand, Erhöhung; dah. I der **Wulst,** der gedreht wird, um Bäume anzubinden, vitis tribus toris ad arborem religetur, Colum.: tori funiculorum, Plin.: dah. auch der **Wulst** od. der **Draht** zu Seilen, funis toros tres habeat, werde aus drei Drähten zusammengedreht, Cato r. r. 135. – II die **Schleife,** an den Kränzen, im Bild b. Cic. or. 21. – III ein hervorragender fleischiger Teil des Körpers, 1 der **Muskel,** a eig.: lacertorum tori, Cic. poët.: tori corporis, Plin.: colla tument toris, Ov.: comantes excutiens toros, die Mähne, Verg.: cum tibi tori creverint, Sen.: taurus, qui magnitudine ac toris ceteros mares vicit, Sen. – b übtr.: α die **Dicke** eines Zweiges od. Gewächses, Plin. u. Apul. – β die **Erhöhung, Erhebung** der aufschwellenden Ader, tori venarum, Cels. 7, 18. p. 297, 20 D. – 2 = ὠλένη, der **Ellenbogen,** Gloss. II, 199, 27. – IV an der Säule, ein großes, halbkreisförmiges Gebilde, **Pfühl,** von anderen **Wulst** gen., Vitr. 3, 5, 3. – V das wulstige, erhöhte, gepolsterte **Lager,** a übh.: viridans, Verg.: praebuit herba torum, Ov.: antiquis torus e stramento erat, Plin. – b der **Pfühl,** das **Polster,** torus impositus lecto, Ov.: ne toro quidem cubuisse, Suet.: toro resupina, auf dem Pfühl (der Sänfte) halb liegend, Ov. – c das **Sofa,** convivalis, Capit.: toro sic orsus ab alto, Verg.: discubuere toris, Ov.: dispensator ab toris, der kaiserl. Aufbewahrer der Polster der Speisesofas, CIL 14, 4120, 3. – d das **Bett,** turbatus torus, Sen.: ambierantque torum, Ov.: seque toro ponit, Ov.: in toro cubare, Ov.: torum sternere, Ov.: torum premere (berühren), Ov. – Insbes.: α das **Ehebett,** vollst. torus genialis, Verg., Val. Max. u. a.: consors od. socia tori, Gattin, Ov.: receptus in torum, Plin.: u. davon meton., die **Lagergenossin** = die Beischläferin, Geliebte, Alexander torum donavit artifici, Plin. 36, 87. – β das **Leichenbett,** die **Bahre,** toro componat, Ov.: exstructos toros obtentu frondis inumbrant, Verg. – VI eine **Anhöhe von Erde,** tori riparum, Verg.: pulvinorum (der Gartenbeete) Plin. – ► Nbf. torum, Varro vit. P. R. 1. fr. 53 (v. Non. 11, 14), Lact. 6, 23, 15. Anthol. Lat. 1472, 2 M. CIL 6, 12853 = Buecheler carm. epigr. 548.

2. tōrus = torrus, s. torris a. E.

torvidus, a, um (torvus), **grimmig, wild,** Arnob. 6, 10.

torvitās, ātis, *f.* (torvus), das **Wilde, Finstere, Grimmige** im Blick, im Aussehen, im Charakter, vultus, Tac.: oculorum, Amm.: oris, Solin.: aspectus, Solin.: capitis (pantherae), Plin. – naturae, Plin.: eadem illa turvitas (Agrippae), Plin.: torvitas (leonum) mitigata, Sen.

torviter, *Adv.* (torvus), **wild, finster, grimmig,** Enn. ann. 76*. Pompon. com. 18.

torvus, a, um (zu griech. τάρβος, Schrecken, Scheu, ταρβέω, ich erschrecke), **durchbohrend, scharf, wild, finster, graus,** I eig., zunächst von Augen u. Blick, dann auch übh. v. Ansehen u. v. Charakter, a gew. im üblen Sinne: oculi, Ov. u. Quint. (u. so subst., aspicit hunc torvis, *sc.* oculis, Ov. met. 6, 34): vultus, Hor.: facies torva, Verg., torvissima, Arnob. 6, 10: forma minantis, Ov.: nec sedeo torva, Ov.: aspectus equi, Plin.: senex, v. Charon, Prop. – draco, Cic. poët.: aper, Prop.: angues, Verg.: bos, leaena, Verg.: Medusa, Ov.: cometes torvo visu, Plin.: proelia, Catull.: vox torvior, Apul.: tuba rudore torvior, Apul.: von Flüssen (vielleicht weil ihnen Hörner beigelegt wurden), Ister, Val. Flacc. – *Acc. neutr.* torvum u. torva poet. st. des *Adv.*, torvum clamare, Verg.: variis vocibus sonare torvum, Amm.: torvum canentibus classicis, Amm.: torvum renidens, Amm.: torvum et furiale renidens, Sil.: torvum lacrimans, Stat.: semper obliquum intuens et torvum, Amm.: torva tueri, Verg. – b (poet.) im guten Sinne, finster = **ernst, männlich,** Maro, Stat.: voluptas, Claud. – II übtr., v. Wein, torva fiunt vina, rau, herb, Plin. 17, 212. – ► Nomin. arch. torvos, Verg. Aen. 10, 170 R.

tōsilla, ae, *f.*, s. 1. tōnsilla ►.

tōsillae (tossillae), s. 1. tōnsillae.

tōstārius, a, um (tosto), **zum Rösten geeignet,** Oribas. fragm. Bern. 1, 35. p. 2, 19 *Hagen.*

tōsto, āre (torreo), **dörren,** Plin. Val. 2, 28. Gloss. V, 249, 35.

tōstrīna, ae, *f.*, s. tōnstrīna.

tot, *Numer. indecl.* (v. τόσα, durch Abkürzung), I **so viele, so viel,** a übh.: tot viri, Cic.: tot anni, Cic.: an timebant, ne tot unum superare non possent, Cic.: quot homines, tot causae, Cic.: inter tot veterrimos populos, Liv.: tot tam valida oppida, Liv.: m. folg. *ut* u. Konj., Cic.: m. *talis,* z. B. tot viri ac tales, Cic.: tot ac tales viri, Lact. (vgl. Bünem. Lact. 5, 14, 7): mit *tantus,* z. B. tot tantaeque difficultates, Cic.: m. *quot* (als), z. B. tot res, quot etc., Cic.: m. *quoties,* z. B. tot consulibus, quoties etc., Cic.: nach *quantum,* z. B. quantum putabis satis esse, tot vites ablaqueato, Cato: nach einer Präposition ohne Subst., ex tot, Ov.: m. *omnis,* z. B. tot omnibus saeculis, Min. Fel. 5, 4. – b **so und so viel,** bei einer unbestimmten Zahlbestimmung, tot milia, Gaius inst. 3, 174: Antoniae Tertullae do lego auri pondo tot, Marcell. dig. 34, 2, 6 *pr.*: volo dari ei, qui id egerit, a ceteris heredibus aureos tot, Gaius dig. 34, 5, 6. – II prägn., **so wenig,** tot annos, Consol. ad Liv. 339.

tōtāliter, *Adv.* (totus), **gänzlich,** Cassian. coenob. inst. 10, 9. Lact. epit. 63, 1 *ed. Ald.*

tōtē, *Adv.* (totus), **ganz,** tote pervius, Itin. Alex. 52 *ed. Paris.* (Mai 20 tot, Volkmann 21 totum).

totidem, *Numer. indecl.* (= tot itidem), I **ebenso viele,** totidem annos vixerunt, Cic.: quia sunt totidem mea, Catull.: m. folg. *quot* (als), totidem verbis, quot dixit, Cic.: nec totidem veteres, quot nunc, habuere kalendas, Ov.: totidem proditores sumus, quot te non potuimus persequi, Curt. 9, 6 (24), 13: m. folg. *atque* (als), totidem navibus, atque erat profectus, Nep.: mit numero verb., totidem numero pedites, Caes.: ohne Subst., totidem audiet, ebenso viel, eben das, Hor. – II = toties, **so oft,** Commodian. instr. 1, 7, 13 u. 25, 6.

totiēs (totiēns), *Adv.* (tot), I **so oft,** Cic.: m. folg. quoties od. quotiens (als), Cic., oder vorherg. quoties (quotiens), Cic., od. quotiescumque, Cic.: mit folg. *quot,* z. B. toties, quot coniurati superessent, Liv. – II **ebenso oft,** Hor. carm. saec. 23.

totiugis, e, u. **totiugus,** a, um (tot u. iugum), **so viele,** totiugi scientiā, Apul.: totiugis diebus, Apul.: tanta ac totiuga invitamenta, Apul.

totmodus, a, um, **so vielerlei,** qui in saltu totmoda possidet, Catull. 115, 4, *Schwabe.*

1. tōtus, a, um, Genet. tōtīus, Dat. tōtī (verwandt mit tūmeo), **ganz,** I v. einem Gegenstand, der nicht geteilt ist, a **ganz,** terra, Cic.: mons, Caes.: corpus, Curt.: Italia, Eutr.: res publica, Cic.: exercitus, Caes. u. Eutr.: nox Caes.: annus, Curt.: gregem universum voluit totum avortere, die gesamte Heide (nicht bloß einzelne Stücke) im Ganzen (auf einmal), Plaut.: quin aedes totae perpetuae ruant, das ganze Haus in seiner vollen Ausdehnung, von einer Ecke zur anderen, Plaut. – subst., tōtum, ī, *n.*, das **Ganze,** Ggstz. dimidium, Ter. adelph. 241. Sen. apoc. 8, 3: Ggstz. pars, Macr. somn. Scip. 2, 14, 21. Arnob. 2, 49: Plur. tota, Ggstz. partes, Cic. top. 68. – b **ganz** = **mit Leib und Seele,** sum vester totus, euch ganz ergeben, Cic.: totus doleo, gaudeo, ich bin lauter Schmerz, Freude, Plaut.: totus in amore est, Ter.: totus in illis, Hor.: in prece totus eram, Ov.: fratris Thais tota est, Ter.: plebs Hannibalis tota est, Liv.: totos Antiochi Aetolos esse, Liv.: tota tibi est (puella), Tibull.: totus pietatis est, Plin. ep.: totus dei, ganz begeistert, Val. Flacc.: totus animi, ganz aus Seele bestehend, Plin. – c **ganz, völlig,** sex menses totos, Ter.: bes. hyperbolisch, wenn es nicht darauf ankommt, eine Zeit genau anzugeben, so toto triennio, obgleich hier nur zwei Jahre und einige Monate gemeint sind, Suet. Tib. 51, 2. – subst., totum, ī, *n.*, das **Ganze,** totum in eo est, ut etc., Cic.: dah. ex toto, gänzlich, ganz und gar, Ov., Cels. u. Colum. (aber Cic. ep. 15, 4, 6 Baiter et tot sociis): in toto, bei der ganzen Sache, überhaupt, Cic.: in totum, im Ganzen (Ggstz. particulatim, im Einzelnen), Sen. ep. 94, 31; dah. = gänzlich, ganz und gar, Liv. epit. u. Colum., od. = überhaupt, Colum. – II v. einem Gegenstand im Gegensatz zu seinen Teilen, **aller, alle, alles zugleich, sämtlich,** equitatus, Auct. b. Alex.: Plur., tota armenta, Verg.: totos miseruit, Apul.: totis copiis, Caes.: totis horis, Plaut.: totis diebus, Iustin.: totis noctibus, Plin.: totis noctibus diebusque, Petron.: totis viribus, Liv. u. Iustin.: totas in horas, Prop.: nam *plerique* laudabunt facundiam tuam, *plurimi* ingenium, *toti* pudorem, Sidon. epist. 9, 14 *extr.;* vgl. Oros. 1, 16, 2 *Zang.* – ► *Genet.* tōtĭus gemessen, Lucr. 1, 984 u. a. – *Genet.* archaist. toti, Afran. com. 325: *Dat.* totae u. toto, wie omni totae familiae, Plaut. fr. b. Varro LL. 7, 103: totae (Genet. od. Dat.) rei, Rhet. Her. 4, 61: totae civitati, Apul. met. 11, 16: toto orbi, Prop. 3, 11, 57: toto exercitui, Caes. b. G. 7, 89, 5: toto oppido, Hirt. b. G. 8, 34, 4: toto corpori, Curt. 6, 5 (19), 27: toto generi, Hyg. fab. 5: toto familiae patrimonio, Apul. met. 10, 28: toto Romano populo, *ibid.* 11, 17. – Über den Unterschied zwischen omnis u. totus u. über das lange o s. Serv. Verg. Aen. 1, 185.

2. totus, a, um (v. tot), **der sovielte** (Ggstz. quotus), detrahitur summae tota pars, quota demitur etc., Manil. 3, 420: quotcumque ... censueris, totam partem, Colum. 5, 3, 5.

Toxandrī, ōrum, *m.*, eine Völkerschaft in Gallia Belgica, zwischen den Menapiern u. Morinern auf dem rechten Ufer des *Scaldis* (der Schelde), Plin. 4, 106. – Dav. **Toxiandria,** ae, *f.*, im Gebiet der Toxandrer von den Franken gegründete Stadt, Amm. 17, 8, 3.

toxicātus, a, um (toxium), **mit Gift bestrichen,** sagitta, Ambros. de Tob. 7. § 26. Mythogr. Lat. 1, 58.

toxicon u. **toxicum,** ī, *n.* (τοξικόν), **I Gift** zum Bestreichen der Pfeile, **Pfeilgift,** Ov. ex Pont. 4, 7, 11. Plin. 16, 51. – übtr. = jedes **Gift,** Komik., Hor., Suet. u. a. – **II** eine Art ladanum, Plin. 26, 74.

tōxillae, ārum, *f.*, s. 1. tōnsillae.

trabālis, e (trabs), **I zu den Balken gehörig, Balken-,** clavus, Hor. carm. 1, 35, 18: u. im Bild, hoc beneficium, quem ad modum dicitur, trabali clavo figere, niet- u. nagelfest machen, Cic. Verr. 5, 53: metus ille vos habet, ne velut trabalibus clavis affixi corporibus haereatis, Arnob. 2, 13. – **II balkenartig, balkenstark,** telum, Verg.: tela, Amm.: hasta, Stat.: vectis, Claud.

trabāria, ae, *f.* (trabs), ein bloß aus Baumstämmen gebautes kleines Fluss- od. Küstenschiff, das **Blockschiff,** Isid. orig. 19, 1, 27.

1. trabea, ae, *f.*, die **Trabea,** ein weißer Mantel mit scharlachroten waagrechten Streifen (trabes) u. einem purpurnen Saum, **a** der Könige, Verg. Aen. 7, 188 u. 612; 11, 334. Ov. fast. 2, 503. Liv. 1, 41, 6. Plin. 8, 195 u. 9, 136. Flor. 1, 5, 6; vgl. Suet. bei Serv. Verg. Aen. 7, 612 (über die drei Arten der trabea). Isid. orig. 19, 24, 8. – **b** der Ritter bei feierlichen Aufzügen, die daher trabeati heißen: dah. meton. = **Ritterstand,** Stat. silv. 5, 2, 18. Mart. 5, 41, 5. – **c** der Augurn, Suet. b. Serv. Verg. Aen. 7, 612. – **d** der Konsuln, dah. meton. = **Konsulat,** Symm. epist. 9, 112. Claud. in Ruf. 1, 243 u. a.

2. Trabea, ae, *m.*, ein alter röm. Komödiendichter, 134 v. Chr., geschätzt wegen seiner lebhaften Charakterzeichnung u. Sprache, Varro bei Charis. 241, 28. Cic. ep. 9, 21, 1; de fin. 2, 13. Sedig. b. Gell. 15, 24. *v.* 11.

trabeālis, e (1. trabea), **zur Trabea** (dem Staatskleid) **gehörig,** metallum, womit die **Trabea** besetzt war, Sidon. carm. 2, 2.

trabeātus, a, um (1. trabea), **mit einer Trabea bekleidet, I** *adi.*: Quirinus, Ov.: equites, Val. Max. u. Tac.: agmina, Ritterschaft, Stat.: colonus, Konsul, Claud.: domus, von Konsuln, Claud.: anus, v. einem entnervten Mann, Claud.: quies, der Konsuln, Cod. Theod. – **II** *subst.*, trabeātae, ārum, *f.* (*sc.* fabulae), eine Art Dramen des C. Melissus, wahrsch. nach den darin dargestellten Rittern so genannt, Suet. gr. 31.

trabēcula, ae, *f.* (*Demin.* v. trabes), der **kleine Balken,** Cato r. r. 18, 5. Vgl. trabicula.

traberna, ae, *f.* (trabs) = taberna, Cassiod. com. in psalm. 141, 1.

trabēs, is, *f.* = trabs, **I** der **Balken,** Enn. tr. 281 (206). Plin. 16, 200 (Detl. trabs). Tert. de pall. 1. Veget. mil. 4, 21. p. 142, 16 u. 4, 46. p. 164, 10 L[2]. Gregor. Tur. de vit. patr. 7. p. 1180 E. – **II** meton., das **Schiff,** trabes remis rostrata, Enn. ann. 616.

trabica, ae, *f.* (*sc.* navis), ein aus Balken bestehendes **Schiff,** das **Floß,** Pacuv. tr. 406.

trabicula, ae, *f.* (*Demin.* v. trabs), der **kleine Balken,** Vitr. 10, 14 (21), 4 (*cod. G* u. *H*). CIL 1, 577. col. 1. lin. 18. Itin. Alex. 33 (77).

trabis, is, *f.*, Nbf. v. trabs (s. d.), Iul. Obsequ. 61 (122) *Jahn.* Itala Matth. 7, 4.

trabs, abis, *f.*, **I** der **Balken,** Caes. u. a.: bes. Unterbalken, Architrav, auf den Säulen, tignum hingegen jedes Zimmerstück; dah. tigna trabesque, Lucr.: so auch trabes ex tribus tignis compactae, Vitr. – **II** übtr.: **1** der **Baumstamm, Baum,** trabes acernae, Verg., fraxineae, Verg.: silva frequens trabibus, Ov.: poterat curvare trabes, Ov. (vgl. curvatae in sua fata trabes, Prop.). – **2** eine feurige Lufterscheinung, der **Balken,** Plin. 2, 96. Sen. nat. qu. 1, 1, 4 u. a. – **3** meton., alles aus Balken Gemachte: **a** der **Knittel, Prügel, Stock,** Stat. Theb. 1, 621. – **b** die **Fackel,** Sen. Herc. fur. 103 u. a. – **c** der **Wurfspieß,** Stat. Theb. 5, 566 u. a. – **d** der **Sturmbock,** die **Balliste,** Val. Flacc. 6, 383. – **e** das **Schiff,** Cypria, Hor.: sacra, die Argo, Ov. – **f** das **Dach, Haus,** sub isdem trabibus, Hor.: im Sing., Hor. – **g** der **Tisch,** trabes Libycae, Mart. 14, 91, 2. – **h** obszön = mentula, Catull. 28, 10. – ► Schreibung traps, Varro sat. Men. 391; vgl. Charis. 42, 13. Cassiod. de orthogr. 159, 22 K.: trabs *masc.*, Ven. Fort. carm. 1, 13, 5. – Nbf. trabes u. trabis, s. bes.

tracanthum, s. tragacantha.

trachāla, *m.* (τραχαλᾶς), der **Dicknackige, Dickhals,** Spottname Kaiser Konstantins des Gr., Aur. Vict. epit. 41, 16.

Trăchās, antis, *f.*, eine Stadt in Italien = Tarracina, Ov. met. 15, 717.

trăchīa, ae, *f.* (τραχεῖα = aspera), die **Luftröhre,** Macr. sat. 7, 15, 2 (bei Jan griechisch).

Trăchīn, īnis, Akk. īna, *f.* (Τραχίν), alte Stadt in der thessal. Landschaft Phtiotis am Öta, Residenz des Ceyx, Todesort des Herkules, später Heraclea gen., dah. Heraclea Trachin, Plin. 4, 28 (Jan u. Detl. Trechin, ion. Τρηχίν). Ov. met. 11, 627: aspera Trachin, Sen. Herc. Oet. 195 (196): ad Trachina vocor, Sen. Herc. Oet. 135. – Dav. **Trăchīnius,** a, um (Τραχίνιος) **trachinisch,** heros, Ceyx, Ov.: ders. bl. Trachinius gen., Ov.: Halcyone, des Ceyx Gemahlin, Stat. – Plur. subst., Trăchīniae, die Trachinierinnen, eine Tragödie des Sophokles, Cic. Tusc. 2, 20.

trăchōmaticus, a, um (τραχωματικός), **gegen die Rauheit geeignet, die Rauheit heilend,** collyrium, Marc. Emp. 8. § 7.

Trachōnītis, idis, *f.* (Τραχωνῖτις), ein Bezirk der jenseits des Jordans an der Grenze von Arabien gelegenen Landschaft Peraea (in Palästina), Plin. 5, 74. Vulg. Luc. 3, 1. – Dav. **Trachōnītēs,** ae, *m.*, **aus dem Bezirk Trachonitis,** Aur. Vict. de Caes. 28, 1 (wo bei Arntzen Traconites).

trăchy, *n.* (τραχύ, das Raue), eine Baumart, Plin. 12, 114.

tracta, ae, *f.*, s. tractum.

tractābilis, e (tracto), **betastbar, angreifbar, behandelbar, I** eig.: tractabile omne necesse est esse, quod natum est, Cic.: quia (corpus) oculis manuque tractabile est, Lact.: ulcera tractabiliora, Plin.: mare nondum tractabile nanti, Ov.: caelum, nicht stürmisch, Verg.: vox, biegsam, Quint.: materies earum (arborum) tractabilis *ad* intestinum opus, tauglich zur Tischlerarbeit, Vitr. 2, 9, 17. – pondus, erträglich, Stat. – **II** übtr., was sich leicht behandeln lässt, **gütig, nachgiebig, biegsam, geschmeidig, erbittlich,** virtus, Cic.: ingenium, Curt.: nihil est eo (filio) tractabilius, Cic.: ut te tractabiliorem experiantur, Plin. ep.

tractābilitās, ātis, *f.* (tractabilis), die **Behandelbarkeit, Bearbeitbarkeit,** Vitr. 2, 9, 12.

tractābilius, *Adv.* im *Compar.* (tractabilis) = **mit weniger Anstrengung,** Gell. 7 (6), 2, 8.

tractātīcius, a, um (tracto), **geschleppt,** Lampr. Heliog. 17, 5 P. (Jordan tracticius).

tractātio, ōnis, *f.* (tracto), die **Betastung, Bearbeitung, Behandlung,** **I** eig., m. subj. *Genet.*, manuum, Cael. Aur. de morb. acut. 1, 11, 79: m. obj. *Genet.*, beluarum, Cic.: armorum, Cic.: tibiarum, Cic.: farinam assiduā tractatione perdomari, Sen. – **II** übtr., die **Bearbeitung, Behandlung, Betreibung,** **1** im Allg.: philosophiae, Cic.: litterarum, Cic.: huius materiae, Sen. rhet.: veterum scriptorum, Gell. – **2** insbes.: **a** die **Behandlung,** das **Benehmen** gegen eine Person, mala, Sen. u. Quint.: so auch gegen sich, Tert. de paen. 12. – **b** als rhet. *t. t.*, **α** der **besondere Gebrauch** eines Wortes, Cic. part. 17. – **β** die (genauere, weitläufigere) **Abhandlung, Untersuchung,** violentissima, Sen. rhet.: tractatio est magis quam quaestio, Sen.

tractātor, ōris, *m.* (tracto), **I** ein Sklave, der beim Baden u. Salben den Körper sanft reiben und drücken und die einzelnen Glieder ziehen u. renken musste, Sen. ep. 66, 53. – **II** der **Behandler, Erörterer, Besprecher, Erklärer,** Eccl.: divinarum scripturarum, Eccl.

tractātōrium, iī, *n.* (tracto), der Ort, wo Prozesse und andere Sachen abgehandelt werden, der **Sitzungssaal,** Sidon. epist. 1, 7, 9.

tractātrīx, trīcis, Femin. zu tractator *no.* I (s. d.), Mart. 3, 82, 13; vgl. Charis. 44, 7.

tractātus, ūs, *m.* (tracto), die **Behandlung, Betastung,** **I** eig.: nucum, Plin. 15, 87. – **II** übtr., die **Behandlung,** die **Beschäftigung** mit etw., die **Bearbeitung,** **1** im Allg.: ipsarum artium tractatu delectari, Cic.: terra tractatu aspera, Plin.: consilia tractatu dura, Liv. – **2** insbes.: **a** die **Behandlung, Erörterung, Besprechung** einer Sache, v. Redner oder Schriftsteller, auch im Plur., Quint., Plin. ep. u. Gell.: tractatu digna quaestio, Tac. dial. – **b** die **Überdenkung, Überlegung,** Veget., ICt. u. a. – **3** meton.: **a** die **Abhandlung, Schrift,** Plin. 14, 45. – **b** die **Predigt,** Plur. bei Augustin. epist. 4 praefixa libro de haeres.

tractīcius, a, um (traho), **geschleppt,** Aur. Vict. epit. 23, 7. Vgl. tractaticius.

tractim, *Adv.* (traho; vgl. Diom. 407, 5), **I** **ziehend, zugweise,** **a** übh.: quid, si ego illum tractim tangam (eins aufstreiche = eine Ohrfeige ziehe), ut dormiat? Plaut. Amph. 313. – **b** **nach und nach,** ire, Lucr. 3, 528. – **II** **gezogen, gedehnt, langsam,** susurrare, Verg.: dicere, Arell. bei Sen. u. Gell.: littera i scilicet tr. pronuntiata, Gell.

tractio, ōnis, *f.* (traho), die **Ableitung,** Quint. 1, 4, 20 *Halm.*

tractītius, a, um, s. tractīcius, a, um.

tracto, āvī, ātum, āre (*Frequ.* von traho), **I** **schleppen, herumschleppen, -zerren, -ziehen** (s. Lorenz Plaut. mil. 489), qui te sic tractavere, Enn. fr.: hospita tractata et ludificata, Plaut.: tractata comis antistita, Ov.: malis morsuque tractari ferarum, Lucr.: eiusmodi persona, quae propter otium ac studium minime in iudiciis periculisque tractata est, Cic. Arch. 3. – **II** **betasten, berühren,** **1** eig.: **a** übh.: manu od. manibus alqd, Plaut., Cic. fr.: vulnera, Cic.: fila lyrae, schlagen, spielen, Ov. – **b** **behandeln,** mit etw. **sich beschäftigen, umgehen,** etw. **in die Hand nehmen, bearbeiten, handhaben, regieren,** Plaut., Hor. u. Colum.: res igni, Lucr.: ceram pollice, Ov.: ferrum, Iustin.: gubernacula, Cic.: terram, Lucr.: agrum, Colum.: arma, mit Waffen umgehen, sie tragen, Cic. u. a.: tela, Liv.: pecuniam publicam, besorgen, Cic.: bibliothecam, unter den Händen haben, Cic.: ignarus sua se tractare pericla, dass er mit seinen eigenen G. spiele (tändele), Ov. – **2** übtr.: **a** im Allg., **α** **betreiben, behandeln, handhaben, leiten, führen, verwalten,** artem, Ter.: suam rem minus caute et cogitate, Plaut.: causas amicorum tractare atque agere, führen u. verhandeln, Cic. (u. so numquam tractasse causam difficiliorem, Cic.): bellum, Liv.: tr. condiciones, verhandeln über usw., Caes.: u. so condiciones pacis, Liv.: orationem, Cic.: animos, Cic.: alcis personam in scaena praeclare, spielen, vom Schauspieler, Cic.: partes secundas, spielen, Hor.: Atreum, behandeln, handelnd einführen (v. Dichter), Cic.: rem publicam, Sall.: regnum, Tac.: aerarium, Tac.: pauca admodum vi tractata, nur in seltenen Fällen habe man Gewalt angewandt, Tac. ann. 1, 9: vitam hominum, entwickeln, Cic. de rep. 2, 20: vitam honeste, zubringen, Rhet. Her. 4, 33: vitam more ferarum, Lucr. 5, 929: verba vetera, gebrauchen, Quint. 11, 1, 6. – **β** *intr.*, **verhandeln, unterhandeln, Unterhandlung pflegen,** de condicionibus, Nep.: cum alqo de negotiis ad frequentem senatum referendis, Suet. – **b** insbes.: **α** jmd. **behandeln, sich gegen** ihn **betragen,** aspere, Cic.: honorificentius, Cic.: honorificentissime, Cic. ep.: se benignius, sich gütlich tun, Hor. Vgl. Ruhnken Ter. heaut. 2, 3, 125. – **β** se, **sich benehmen,** ita se tractare (sich so benehmen, eine solche Haltung beobachten), ut etc., Cic. Cat. 3, 29; ep. 13, 12, 1. – **γ** **behandeln, vornehmen, in die Hand nehmen, untersuchen, überdenken, überlegen,** definitionem, Cic.: tractatos locos, Cic. – m. folg. *an*, anxiā deliberatione tractatur, an peregrinum invitari conveniet, Amm. 14, 6, 14. – **δ** **behandeln, abhandeln, besprechen, erörtern,** res tragicas comice, Cic.: haec copiose, Quint.: partem philosophiae, Cic.: de alqa re, von etwas handeln, Quint. – mit folg. indir. Fragesatz, cum tractaret (er sich darüber ausließ), quinam adipisci principem locum suffecturi abnuerent aut impares vellent, Tac. ann. 1, 13. – prägn. = die Bibel auslegen, Prud. perist. 13, 101.

tractogalātus, a, um (tractum u. γάλα), **mit dünnem Kuchenteig und Milch zurechtgemacht,** pultes, Apic. 5, 188: pullus, *ibid.* 6, 251.

tractomelītus, a, um (tractum u. μέλι), **mit dünnem Kuchenteig und Honig zurechtgemacht,** Apic. 8, 375.

tractōrius, a, um (traho), **I** *adi.* = **zum Ziehen gehörig,** tractorium machinarum genus, Zieh- od. Hebemaschinen, Flaschenzüge, Vitr. 10, 1, 1 u. 2. – **II** *subst.*: **A** tractōria, ae, *f.* (*sc.* epistula), ein **Einladungsschreiben, zu erscheinen,** Augustin. epist. 59, 1. – **B** tractōriae, ārum, *f.* (*sc.* litterae), ein kaiserliches Schreiben, worin befohlen war, jmdm. das zur Reise Nötige zu reichen usw., Cod. Iust. 12, 51, 22 u. a.

tractum, ī, *n.* (traho), **I** **gezogene Spinnerwolle,** denique et suis manibus lanea tracta ministrasset infectori, Varro sat. Men. 325: tractaque de niveo vellere ducta putat, Tibull. 1, 6, 80. – **II** das **Blatt,** die **Lage** eines aus mehreren Schichten od. Lagen bestehenden Kuchens, griech. λάγανον, Cato r. r. 76. Apic. 2, 41 u. a.: dafür tracta, ae, *f.*, Plin. 18, 106. Apic. 5, 188 u. 7, 304. Pelagon. veterin. 4 (44 *Ihm*), als Bähmittel.

tractuōsus, a, um (tractus, us), **zerrig, zäh,** Cael. Aur. de morb. acut. 2, 32, 167. Plin. Val. 4. fol. 316 (a).

tractūra, ae, *f.* (traho), das **Ziehen** des Zugviehs am Wagen usw., Veget. mul. 3, 59, 3.

1. **tractus,** a, um, *PAdi.* (v. traho), **I** **hergezogen, hergenommen, herkommend, herstammend, entsprungen,** venae a corde tractae, Cic.: sermo ab isto initio tractus, Cic. – **II** **in einem fortgehend, fließend, nicht holperig,** sermonis genus, Cic.: oratio tracta et fluens, Cic.

2. **tractus,** ūs, *m.* (traho), das **Ziehen,** **I** eig. u. übtr.: **1** das **Ziehen** (wenn ein Gegenstand im Raum sich fortbewegt), der **Zug,** **a** eig.: tractu gementem ferre rotam, Verg.: modicus tractus (v. Netz), Plin.: in spiram tractu se colligit anguis, Verg.: longoque per aëra tractu fertur, Ov.: corporis, Bewegung, Quint.: flammarum, Lucr. u. Verg.: Nili, Lucan.: venti, Val. Flacc.: aequalis (siderum) tractus, Manil.: 1, 532: v. der Schrift, si qua incerto fallet te littera tractu, Prop. 4, 3, 5. – **b** übtr.: **α** der **Zug,** den ein Gegenstand nimmt, die **Ausdehnung,** die **Lage,** qui tractus castrorum esset, Liv.: is est tractus ductusque muri, Cic.: cum mediae iaceant immensis tractibus Alpes, Lucan.: ut arborum tractu equitatus hostium impediretur, durch die Ausdehnung der (einzeln stehenden) Bäume, durch die lange Reihe der Bäume, Nep. Milt. 5, 3. – **β** meton., v. Örtl., der **Strich, Erd-, Landstrich,** die **Gegend,** tractus Laurens, Liv.: Ponticus, Vopisc.: Belgicae et Armorici, Eutr.: totus, Cic.: in tractu pisce viventium, in der Gegend (im Lande) usw., Plin.: hoc tractu oppidi erat regia, Caes. – corruptus caeli tractus, verpestete Luft des Landstrichs, Verg. Aen. 3, 138. – **2** das **Ziehen, Einziehen,** aquae, Trinken, Lucan. 4, 368. – **3** das **Fortschleppen,** Syrtes ab tractu nominatae, vom griech. σύρειν = fortschleppen, fortschwemmen, Sall. Iug. 78, 3. – **II** bildl.: **1** der **Zug,** die **Bewegung,** **a** von der Darstellung: **α** die **ruhige Bewegung,** die **ruhige Haltung,** der **gehaltene**

Stil, tractus orationis lenis et aequabilis, Cic.: cetera quae continuo magis orationis tractu decurrunt, Quint.: haec (oratio) vel maxime vi, amaritudine, instantiā, haec (historia) tractu et suavitate atque etiam dulcedine placet, Plin. ep. – **β** die **Wendung** des Ausdrucks, pares elocutionum tractus, Quint. 4, 2, 118. – **b** von der Zeit, der **Lauf, Verlauf,** eodem tractu temporis, zu derselben Zeit, Vell.: hoc tractu temporum, Vell.: aetatis, *i.e.* senectus, Val. Max.: perpetuo aevi tractu, beständig, Lucr.: tractum habere, einen Zeitraum haben, ICt. – **2** insbes., die **Dehnung, a** die **Dehnung, langsame Bewegung** der Worte, quanta haesitatio tractusque verborum! Cic. de or. 2, 202. – **b** v. der Zeit, die **Zögerung, Langsamkeit,** belli, Tac. ann. 15, 10: tractu et lentitudine mortis, *ibid.* 15, 64. – **c** in der Gramm., die **derivative Verlängerung** (wenn z. B. aus beatitas beatitudo wird), Quint. 8, 3, 32.

trāditio, ōnis, *f.* (trado), **I** die **Auslieferung, Übergabe, a** übh.: rei, Cic.: oppidorum, Liv.: Iugurthae, Auslieferung, Plin. u. Val. Max.: m. *Dat.*, abalienatio est eius rei, quae mancipi est, traditio alteri (an einen anderen), Cic. top. 28. – **II** die Übergebung durch Worte: dah. **a** des Lehrers, der **Vortrag,** die **Lehre,** die **Satzung,** prope nuda praeceptorum tr., Quint. 3, 1, 2: tr. seniorum, Vulg. Marc. 7, 3: haec traditio eius, Annahme, Gell. 3, 19 *lemm.*: ieiuna atque arida, Quint. 3, 1, 3: adeo non est infinito spatio ac traditione opus, Quint. 12, 11, 16: veritatem divinā traditione cognovisse, Lact. 7, 8, 3: Plur., Vulg. act. apost. 6, 14. Cael. Aur. de morb. acut. 2, 1, 6. – **b** des Schriftstellers, der **Bericht,** supremorum, Tac. ann. 16, 16. – **c** die **Tradition, Überlieferung** = alte fortgepflanzte Meinung, Gell. 13, 22, 14 u. 16, 5, 1: grammatica, sprachgebräuchliche Überl., Gell. 8, 1 *lemm.*

trāditor, ōris, *m.* (trado), der etwas übergibt, dah. **I** der **Verräter,** Tac. hist. 4, 24 (*codd.*, j. proditor). Sedul. carm. 5, 61: so auch der seine Bibel in die Hände der Heiden überliefernde Christ, Eccl. – **II** der **Lehrer,** Eccl.: trad. alicuius scientiae, Arnob. 3, 22.

trāditus, Abl. ū, *m.* (trado), die (geschichtliche) **Überlieferung,** Iul. Val. 1, 30 (33).

trādo (transdo), didī, ditum, ere, **übergeben, I** (im engeren Sinne) jmdm. von Hand zu Hand **übergeben, überreichen, zustellen,** an jmd. **abgeben,** mihi trade istuc, Plaut.: tr. rastros villico in manum, Plaut.: alci poculum, Cic.: alci anulum, Curt.: alci epistulam od. litteras, Curt.: equum comiti, Verg.: arma oder sebi ac picis glebas per manus (von Hand zu Hand), Caes.: fasces stramentorum per manus inter se (einander zureichen), Hirt. b. G.: alci testamentum legendum, Hor.: alqm asservandum custodibus corporis, Curt.: im Bild, totum hominem alci de manu in manum, ans Herz legen (sprichw.), Cic. ep. 7, 5, 3. – regnum od. imperium alci per manus (unmittelbar), Liv. u. Lact.: u. so alios magistratus od. consulatum inter se per manus, Sall. – **II** (im weiteren Sinne) **übergeben, überliefern, abliefern, einliefern, zuführen, 1** im Allg.: **a** Lebl.: pecuniam regiam quaestoribus, Liv.: possessiones et res (die Grundstücke u. bewegliche Habe) creditoribus, Caes.: pecuniam Achradinam (nach A.), Liv.: loca alci libera (zur freien Verfügung), Ov.: poet. m. *Infin.*, alci alqd portare in mare, Hor. carm. 1, 26, 2: et sic bibere tradat, Soran. lat. p. 71, 22. – **b** Pers.: filium, Curt.: alci adultos liberos ad munia, Curt.: alci coniuges liberosque devehendos Carthaginem, Curt. – **2** insbes.: **a** zur Besorgung, Verwaltung, od. Beschützung usw. **übergeben, anvertrauen,** alci vicem (den Posten), Curt.: alci custodiam navium, Caes., od. corporis, Curt.: alci urbem, Curt.: alci Ciliciam, Curt.: alci imperium, Caes. u. Curt.: alci summam imperii, Caes.: alci provinciam, Sall.: alci regnum, Auct. b. Alex.: alci provinciam administrandam, Auct. b. Alex.: alci turrim tuendam, Caes.: obsides Aeduis custodiendos (zur Überwachung), Caes.: alqm fidei alcis, Sall.: se regnumque suum in fidem alcis, Sall. – **b** zur Führung **übergeben,** alci legionem, Caes.: alci exercitum, Sall.: alci partem copiarum, Curt.: alci agmen ducendum, Curt. – **c** zur Frau **übergeben, überlassen** = an jmd. verheiraten, alci filiam, Curt. u. Tac.: u. alci neptem Agrippinam, Tac.: uxorem alii (einem anderen), Nep.: hanc (nymphen) Pico, Ov.: alci sororem in matrimonium, Eutr. – **d** zum Unterricht **übergeben, anvertrauen,** nos od. pueros magistris, Cic. u. Ov.: pueros rhetori od. rhetoribus, Quint. u. Suet.: se in disciplinam alcis, Cic.: Senecae in disciplinam traditus, Suet. – **e** als Beschützer **beigeben, zur Verfügung stellen,** alci decem satellites, Curt.: equites Romanos satellites (als Tr.) alci, Sall.: ad eam rem delectos idoneos ei tradit centuriones, Hirt. b. G. – **f** dem Feind **übergeben, ausliefern, abtreten,** arma, Caes.: alci arma, urbem, Curt.: alci Galliae possessionem, Caes.: nihil finium, Eutr.: perfugas, Sall.: obsides, captivos, Caes.: se alci, sich ergeben, Caes.: alqm Romanis in servitutem, Caes. – **g** durch Verkauf **überlassen, abtreten** = an jmd. verkaufen, alqm dominis, Ov.: quācumque summā luxuriae domum, Phaedr. – **h** zur Bestrafung **übergeben, ausliefern,** sceleris auctores, Curt.: alqm vinctum, Curt., od. vivum, Caes. u. Curt.: alqm magistratui, Nep.: alqm in pistrinum, Plaut.: alqm in custodiam, Cic. u. Curt., od. in vincula, Curt.: alqm ad supplicium, Caes. u. a.: alqm excruciandum, Auct. b. Alex. – **i** **preisgeben,** urbem diripiendam militibus, Eutr.: feris populandas terras, Ov.: bes. durch Verrat **preisgeben, in die Hände liefern,** an jmd. **verraten,** alci patrios penates, Ov.: causam (suam) advorsariis, Ter.: regnum hostibus, Curt.: imperium servo, Curt.: tradimur, heu! Claud. in Ruf. 2, 261. – **k** se tr., **sich** jmdm. od. einem Zustand od. einer Tätigkeit **hingeben, überlassen,** se totum alci, Cic. u. Nep.: se quieti, Cic.: se lacrimis ac tristitiae, Luccei. in Cic.: ep.: totos se voluptatibus, Cic.: se studiis vel otio, Plin. ep.: se consiliis eius, Flor.: ex seditiosa ac tumultuosa vita se in studium aliquod quietum (zu einer ruhigen Beschäftigung sich zurückziehen), Cic. – **l** mit Worten gleichs. **übergeben, α** übh., **anvertrauen,** quae dicam trade memoriae, Cic.: uxori cogitationes intimas, Tac. – **β** jmd. od. etw. jmdm. **empfehlen, ans Herz legen** (vgl. oben *no.* I im Bild), alqm non dignum, Hor.: alqm alci, Cic.: alqm alci tradere et commendare, Caes.: alci omnem rem atque causam seque totum commendare atque tradere, Cic. – **m** gleichs. als Erbteil den Nachkommen **überliefern, α** übh.: inimicitias posteris, Cic.: opus posteritati famaeque, Curt.: opes a maioribus traditas habere (überkommen haben), Curt.: mos erat a maioribus Lacedaemoniis traditus (es war eine bei den L. althergebrachte Sitte), ut duos semper haberent reges, Nep.: haec consuetudo a maioribus tradita (überkommen), Cic.: sacrilegium a conditoribus traditum, Curt.: patrio more Persarum traditum est m. folg. *Infin.*, Curt.: traditum inde fertur, ut etc., es soll hieraus das Herkommen entstanden sein, dass usw., Liv. 2, 1, 11. – **β** etw. schriftlich **überliefern, hinterlassen, aufzeichnen, angeben, berichten,** einer Sache **gedenken,** famā tradente, Curt.: qualia permulta historia tradidit, Cic.: quarum nomina multi poëtae memoriae tradiderunt, Cic.: qui eius pugnae memoriam posteris tradiderunt, Liv.: varios sermones immortalitati scriptis suis tradidit, Cic.: quo verius tradere posteris possis, Plin. ep.: tradit et Fabius Pictor in annalibus suis mit folg. *Acc.* u. *Infin.*, Plin.: plurium annales od. omnium fere annales tradunt m. folg. *Acc.* u. *Infin.*, Liv. – tradunt, man überliefert (erzählt), **es soll, man liest in Schriften,** mit folg. *Acc.* u. *Infin.*, ipsum regem tradunt ... operatum iis sacris se abdidisse, Liv. – ebenso traditur, z. B. nam utrumque traditur (als Parenthese), Liv.: de hoc enim constantius traditur (als Parenthese), Frontin. aqu.: m. folg. *Nom.* u. *Infin.*, Lycurgi temporibus Homerus etiam fuisse traditur, Cic.: qui unus omnium iustissimus fuisse traditur, Cic.: m. folg. *Acc.* u. *Infin.*, traditur enim Zeuxin pinxisse puerum uvam tenentem, Sen. rhet.: mit folg. indir. Fragesatz, unguenta quis primus in venerit non traditur, Plin.: haud traditur metune an obortā seditione inter ipsos (als Parenthese), Curt.: non crediderit factum, an tantum animo roboris fuerit, nec traditur certum etc., Liv. – u. traditum est, z. B. sic enim est traditum (als Parenthese), Liv.: mit folg. *Acc.* u. *Infin.*, ut Isocratem dixisse traditum est, Cic.: traditum est nymphas amore amnis retentas in illa rupe considere, Curt. – traditur memoriae mit folg. *Acc.* u. *Infin.*, Liv. 5, 21, 16. – hoc posteris memoriae traditum iri m. folg. *Acc.* u. *Infin.*, Liv. 3, 67, 1. – **n** mündlich oder schriftlich **mitteilen, α** übh. mündlich, clamorem proximis, Caes. b. G. 7, 3, 2:

hoc ubi alii tradiderat, Caes. b. 2, 29, 2: sic vulgus traduntque metus (und so verbreitet das Volk die Furcht), nec auctor poscitur, Sil. 4, 32. – **β** durch Lehre **mitteilen, vortragen, lehren,** initia operum, Caes.: praecepta, Sen., praecepta dicendi, Cic.: elementa loquendi, Cic.: haec subtilius, Cic.: optimarum artium vias suis civibus, Cic.: virtutem hominibus instituendo et persuadendo, Cic.: multa de sideribus atque eorum motu, de mundi ac terrarum magnitudine disputant et iuventuti tradunt, Caes.: quae ab quoque (von diesem und jenem) traduntur, Caes. – Partiz. subst., si qua est in iis culpa, tradentis (des Lehrers) est, Quint. 3, 6, 59. – ► Parag. Infin. tradier, Plaut. most. 17. Ter. adelph. 200.

trādūco (trāns-dūco), dūxī, ductum ere, **I hinüber-, hinführen, -bringen, 1** eig.: **a** übh.: hominum multitudinem trans Rhenum, Caes.: equitatum in Galliam, Caes.: alqm ad se, Ter. – **b** insbes., **über** etw. **führen** od. **bringen, über** etw. **übersetzen,** gew. m. *Acc.* des Gegenstandes, über den die Bewegung geht, flumen, pontem, Caes. – m. folg. *trans* u. Akk., trans flumen, Caes. – **2** übtr.: **a hinführen, -bringen, versetzen, α** übh.: Clodium ad plebem, Cic.: centuriones ex inferioribus ordinibus in superiores, Caes.: centurionem ab octavis ordinibus ad primipilum, Caes.: alio traducere animi motus (Regungen), anderswohin wenden, Lucr. 4, 1064 (1072): boni malique in republica nihil est, quod in diversum traduci nequeat moribus praesidentium, Aur. Vict. de Caes. 13, 7. – **β** insbes., jmd. in einen Zustand **bringen, versetzen,** animos a severitate ad hilaritatem risumque, Cic.: alqm a disputando ad dicendum, Cic.: ad amicitiam consuetudinemque, Cic.: alqm ad suam sententiam, Cic., od. in suam sententiam, Liv.: ex egestate in rerum abundantiam, Cic.: aegrum in meliorem consuetudinem, Varro. – **b** eine Zeit **hinbringen, zubringen, verleben,** vitam, Cic.: tempus, Cic.: otiosam aetatem, Cic.: adulescentiam eleganter, Cic.: aevum leniter, Hor.: noctem exsomnis, Sil. (u. so his invicem sermonibus quā cibi, quā quietis immemor nox traducta est, Liv.): munus extraordinarium, Verwaltung der Provinz, Cic. – **c wenden, verwenden,** curam in vitulos, Verg.: orationem traduxi et converti in increpandam fugam, Cic. – **d auf** etw. **anwenden,** hanc rationem ad id genus, Cic.: partum Iovis ortumque virginis ad physiologiam, Cic. – **e übertragen,** aus einer Sprache in die andere, vocabulum Graecum vetus in linguam Rom., Gell. 1, 18, 1. – **f ableiten,** ein Wort von dem anderen, Gell. 2, 6, 5; 17, 2, 14. – **II durchführen, durchleiten,** Helvetios per fines Sequanorum, Caes.: copias per angustias, Caes.: aquaeductum per domum, ICt. – **III vorbeiführen, vorüberführen, 1** eig.: **a** übh.: tua pompa eo traducenda est, Ter.: copias praeter castra, Caes.: per ora hominum, Liv., per ora civitatium, Iustin. (u. so traducti sub iugum et per hostium oculos, Liv.): victimas in triumpho, Liv. – **b** insbes.: **α** trad. equum, v. Ritter, wenn er bei der Musterung des Zensors gut bestand, cum esset censor et in equitum censu C. Licinius Sacerdos prodisset, … iussit equum traducere, Cic. Clu. 134: u. so (der Ausspruch des Zensors) transduc equum, Val. Max. 4, 1, 10. – **β** zur Beschimpfung: delatores flagellis ac fustibus caesi ac traducti per amphitheatri harenam, Suet. Tit. 8, 5. – **2** übtr.: **a jedermann etwas sehen lassen, allen zeigen,** se, sich sehen lassen, sich zeigen, Iuven. 11, 31. – **b bekanntmachen,** carmina, Mart.: poëmata, Petron. – **c öffentlich dem Spott preisgeben, bloßstellen, lächerlich machen,** alqm per ora hominum, Liv.: collusorem, Sen.: ornamenta sua, Sen. – ► Archaist. Imperat. traduce, Ter. heaut. 744; adelph. 910: Imper. transduc, Val. Max. 4, 1, 10: synkop. Perf. = Form traduxti, Plaut. Cas. 579.

trāductīcius, a, um (traduco), **abgeleitet,** verba, Cassiod. de orthogr. 6.

trāductio, ōnis, *f.* (traduco), **I** die **Hinüberführung, 1** eig., die **Überfahrt,** Leucadiensis, die Üb. nach Leukadia, Iul. Hyg. b. Charis. 134, 19. – **2** bildl.: **a** die **Versetzung** aus einer patrizischen Familie in eine plebejische, hominis ad plebem, Cic. Sest. 15. – **b** ein Tropus, wenn ein Wort für ein anderes steht, bes. die **Metonymie,** Cic. de or. 3, 167. – **c** temporis, die **Fortdauer, fortgesetzte Ordnung** od. **Entwicklung der Zeit,** da die Dinge nach ihrer Ordnung folgen müssen, Cic. de div. 1, 127. – **d** die **Wiederholung** eines Wortes, als Redefigur, Rhet. Her. 4, 20. – **II** die **Vorbeiführung, a** eig.: captorum, Auson. grat. act. II. 8. p. 21, 1 Schenkl. – **b** bildl., das **Preisgeben** zum Gespött, die **Bloßstellung,** Sen. de ira 1, 6, 4 u. ep. 85, 1. Vulg. sap. 2, 14 (auch angef. Lact. 4, 16, 7 u. epit. 45, 5) u. a.

trāductīvus, a, um (traduco), **aus Übertragung hervorgegangen,** Mar. Victorin. 3, 3, 16. p. 104, 25 K.

trāductor, ōris, *m.* (traduco), der **Überführer, Versetzer,** ad plebem, v. Pompejus, der den Übergang des Klodius aus der patrizischen Familie in eine plebejische befördert hatte, der Plebejerfabrikant, Cic. ad Att. 2, 9, 1.

trāductus, ūs, *m.* (traduco), die **Überfahrt,** der **Durchgang,** Plur. bei Amm. 18, 8, 2.

trādux, ducis, *m.* (traduco), die **Weinranke,** die weiter gezogen und so fortgepflanzt wird, der **Weinsenker,** Scriptt. r. r. u. a. – bildl., tr. carnis, Prud. apoth. 915.

trāfero, s. trāns-fero.

tragacantha, ae, *f.* (τραγάκανθα), **Bocksdorn, Tragantstaude, Tragant** (*Astragalus Tragacantha,* L.), Cels. 5, 2 u. a. Plin. 13, 115 u. a. – Dav. **tragacanthum** (tragacantum), ī, *n.* = **Tragantgummi,** Cels. 4, 9 (4, 4, 3). p. 132, 13 u. 5, 13. p. 164, 23 D. Scrib. Larg. 78 u. 108. Veget. mul. 5, 64, 6. – daraus zsgz. **tragantum** (tracanthum), ī, *n.*, Pelagon. veterin. 6 (84. 85. 94 *Ihm*) u. ö. Veget. mul. 2, 4. Th. Prisc. de diaet. 9: dragantum geschr., Plin. Val. 1, 47 u. 50. Th. Prisc. 2. chr. 9 u. 16.

traganthēs, is, *f.* (*τραγάνθης), eine Art der Pflanze artemisia, Ps. Apul. herb. 11.

tragantum, s. tragacantha.

Tragasae, ārum, *f.* (Τραγασαί), ein Ort in Troas bei Hamaxitos in der Nähe des Vorgebirges Lekton, wo aus einem See Salz gewonnen wurde; dav. **Tragasaeus,** a, um, **tragasäisch,** sal, Plin. 31, 76 u. 85. Isid. orig. 16, 2, 4.

tragelaphus, ī, *m.* (τραγέλαφος), der **Bockhirsch,** ein Hirsch mit einem Bocksbart, viell. der **Brandhirsch,** Solin. 19, 19. Vulg. deut. 14, 5.

tragēmata, um, *n.* (τραγήματα), der **Nachtisch,** das **Naschwerk,** wie Nüsse, Datteln usw., Plin. 13, 48. Plin. Val. 5, 7. – u. dav. *Demin.* **tragēmatia,** ōrum, *n.* (τραγηματια), Hieron. reg. S. Pach. *no.* 52.

tragicē, *Adv.* (tragicus), **tragisch, tragödienartig** (Ggstz. comice, rhetorice, oratorie), Cic. Brut. 43. Sen. ep. 100, 10. Chalcid. Tim. 143.

tragicōmoedia, ae, *f.* (*τραγικωμῳδία), ein aus Tragödie und Komödie gemischtes Schauspiel, die **tragische Komödie,** Plaut. Amph. prol. 59 u. 63 Fl. (*al.* tragicocōmoedia); vgl. Lact. ad Stat. Theb. 4, 147.

tragicus, a, um (τραγικός), **I** zur Tragödie gehörig, **tragisch** (Ggstz. comicus), poëma, Tragödie, Cic.: fabulae (Ggstz. comicae, satiricae), Acro ad Hor.: poëta, Tragödiendichter, Cic. u. Ascon.: actor, Schauspieler in der Tragödie, Liv.: u. so histrio, Plin.: ars, Hor.: Orestes, der in der Tragödie aufgeführt wird, Cic.: vestis, Val. Max.: cothurnus, Hor. u. (Ggstz. soccus) Amm.: tragica comicaque ingenia, Sen.: hoc argumentum tumore tragico, Amm.: Caligula tragicum illud (jenen Ausdruck des Tragikers) subinde iactabat ›oderint, dum metuant‹, Suet. – subst., **a** tragicus, ī, *m.*, der **tragische Dichter, Tragiker,** Sen. u. a.: Euripides tragicus, Solin. – **b** tragicī, ōrum, *m.*, **tragische Schauspieler,** Plaut. Pers. 465. – **II** übtr., **tragisch, a** = **erhaben,** wie in der Tragödie, **pathetisch,** orator, Cic.: spirat tragicum (Pathos) satis, Hor. – **b** = **schrecklich, grausam, traurig,** scelus, Liv.: ignes (Liebesflammen), Ov.

tragion, iī, *n.* (τράγιον), eine Pflanze mit Bocksgeruch, Plin. 13, 115 u. a.: auch tragonis gen., Plin. 27, 141.

tragoedia, ae, *f.* (τραγῳδία), **I** die **Tragödie** (Ggstz. comoedia, Cic. or. 309; u. fabula, Komödie, Apul. met. 10, 2), argumentum tragoediae, Tac.: scriptor tragoediarum, Plin. u. a.: tragoediarum poëta, Gell.: tragoedias facere, Cic.: tragoediam scribere, Tac.: tragoediam agere, Cic.: tragoedias actitare, Cic. u. Augustin.: tragoediam saltare, Suet. – **II** übtr., die **Tragödie, a** die **tragische Szene, α** = die Rühr- od. Erschütterungsszene, Jammerszene, tragoedias agere in nugis, Cic. de or. 2, 205: in parvis litibus eas tragoedias movere, Quint. 6, 1, 36:

Appiae nomen quantas tragoedias excitat! (ruft er hervor), Cic. Mil. 18. – **β** = der traurige Vorfall, agebatur haec tragoedia Niceae, Lact. de mort. pers. 40, 3. – **b** das **tragische Pathos,** istis tragoediis tuis perturbor, Cic. de or. 1, 219.

tragoediographus, ī, *m.* (τραγῳδιογράφος), der **Tragödienschreiber** (rein lat. tragoediarum scriptor), Porphyr. Hor. ep. 1, 1, 67 u. 2, 1, 55. Schol. Cruq. Hor. sat. 1, 10, 42. Serv. Verg. ecl. 8, 10. Mar. Victorin. 2, 6, 4. p. 86, 17 K. Hieron. chron. Euseb. ann. MCLX.

tragoedus, ī, *m.* (τραγῳδός), der **tragische Schauspieler** (Ggstz. comoedus), Plaut., Cic. u. a.: citharoedus et tragoedus, Tac. – ► Iuppiter Tragoedus, eine Statue Jupiters (hatte ihren Namen von dem vicus Tragoedus, an dem sie stand), Suet. Aug. 57, 1.

tragonis, is, *f.*, s. tragion.

tragopān, ānis, Akk. āna, *m.* (von τράγος, Bock, u. Pan), ein fabelhafter Vogel, viell. **Bartgeier** (*Vultur barbatus,* L.), Mela 3, 9, 2 (3. § 88). Plin. 10, 136. Solin. 30, 29.

tragophacoptisana, ae, *f.* (τραγοφακοπτισάνη), **Ptisane (Tisane) aus Weizengrütze und Linsenmehl,** Cael. Aur. de morb. chron. 3, 2, 33. p. 442 *Amman* (als Variante von tragoptisana).

tragopōgōn, ōnis, *m.* (τραγοπώγων), **Bocksbart,** eine Pflanze, Plin. 27, 142; vgl. 21, 89.

tragoptisana, ae, *f.* (τραγοπτισάνη), **Ptisane von Weizengrütze,** Cael. Aur. de morb. chron. 3, 2, 33. p. 441 u. 442 *Amman.*

tragorīganum, ī, *n.* (τραγορίγανον), **Bocksthymian,** eine Strauchart (*Thymus tragoriganum,* L.), Plin. 20, 176: auch tragorīganus, ī, *m.*, gen., Cels. 5, 11.

tragos, ī, *m.* (τράγος), **I** eine dornige Pflanze, Plin. 13, 116 u. 27, 142. – **II** eine Art Schwämme, Plin. 9, 148 u. 31, 133. – **III Weizengrütze,** Plin. 18, 93: Nbf. tragum, ī, *n.*, Cels. 2, 20 *in.* Plin. 18, 76.

trāgula, ae, *f.* (traho), **I** der **Wurfspieß** der Gallier und Hispanier, mit einem Schwungriemen (amentum) versehen, die **Tragula** (s. Fabri Liv. 21, 7, 10), Caes. u. Liv.: bildl., tragulam inicere in alqm, Ränke gebrauchen, Plaut.: istam tragulam decīdere, s. 1. dē-cīdo (*no.* I, A). – **II** eine Art **Ziehnetz, Schleppnetz,** Plin. 16, 34. – **III** eine **kleine Schleife** (traha), nach Varro LL. 5, 139.

trāgulārius, iī, *m.* (tragula *no.* I), der **Tragulaschleuderer,** Veget. mil. 2, 15.

1. trāgum, ī, *n.* (traho), das **Schleppnetz,** nach Serv. Verg. georg. 1, 142.

2. tragum, ī, *n.*, s. tragos.

tragus, ī, *m.* (τράγος), **I** ein uns unbekannter Fisch, Ov. hal. 112. Plin. 32, 152. – **II** der **Bocksgestank** unter den Achseln, Mart. 11, 22, 7.

traha, ae, *f.* u. **trahea,** ae, *f.* (traho), die **Schleife,** eine Bohle, unten mit eisernen Zacken od. mit spitzen Steinen besetzt, die von Lasttieren über die Ähren gezogen wurde, um die Körner auszudreschen, Form *traha,* Colum. 2, 20 (21), 4. Vulg. 1. paral. 20, 3: Form *trahea,* Verg. georg. 1, 164 u. Gloss. II, 475, 21.

trahārius, iī, *m.*, der die *traha* zieht, der **Schleifknecht, Trossknecht,** Sidon. epist. 6, 1, 3.

trahāx, ācis (traho), **gern an sich ziehend, plündersüchtig,** Plaut. Pers. 410.

trahea, ae, *f.*, s. traha.

trahitōrius, a, um (traho), **anziehend,** Σειρῆνες Graece, Latine *trahitoriae* dicuntur, Mythogr. Lat. 2, 101.

traho, trāxī, tractum, ere (vielleicht aus **dhragho* zu Wz. *dhrag,* ziehen, tragen, gotisch *dragan,* ahd. *tragan,* nhd. tragen), **ziehen, schleppen, schleifen, I** im Allg.: **1** eig.: alqm pedibus, Cic.: alcis cadaver cervicibus reste circumdatum (mit einem Strick um den Hals) per vias, Val. Max.: alcis corpus per vias canini cadaveris more, Aur. Vict.: trahere regium currum (v. weißen Pferden), Sen.: ramos od. frondosos ramos per terram, Frontin. u. Liv.: toto itinere non ducitur, sed trahitur, Sen.: excussi a raeda vel curriculo et ita tracti, Scrib. Larg. – bes. ad supplicium trahi, Sall. u. Tac.; auch bl. trahi, Sall. u. Tac.; vgl. Korte Cic. ep. 7, 32, 5. – **2** bildl.: **a** jmd. **ziehen** = **bestimmen,** trahit sua quemque voluptas, jeden leitet seine eigene Lust, Verg.: cum animos in societatem cupiendi par voluntas trahit, Sen.: in diversa tr., gleichsam nach zwei Seiten hinziehen (bald zu dem einen Entschluss, bald zum anderen), Ov.: so auch in arma, in facinus = verleiten, Ov.: in suam sententiam, zu seiner Ansicht bringen, Liv.: quid est, quod me in aliam partem trahere possit? Cic.: ad decernendum, Liv.: trahi ad mutandam fidem, Tac.: tractus amore, Ov.: trahi studio laudis, Cic.: trahi et duci ad cognitionis et scientiae cupiditatem, Cic. – **b** etwas **beziehen** auf usw., decus ad consulem, dem K. beimessen, Liv.: so crimen in se, Ov.: ibidem unā traho, das rechne ich schon mit dazu, Plaut.: egomet me adeo cum illis unā ibidem traho, ich stelle mich mit ihnen auf gleiche Linie, Plaut. – **c** auf eine gewisse Weise **auslegen, verstehen, deuten,** eodem, Tac.: utroque, Liv.: alqd ad religionem, etwas bedenklich finden, Liv.: varie, in deterius (schlimm), Tac.: in duas aut plures sententias, Rhet. Her.: ad meliora responsa, Liv.: so in laudem, in metum, ad saevitiam, Tac.: in diversa, Liv.: disputationibus huc et illuc, Cic.

II insbes.: **A nach sich ziehen, nachschleppen, 1** eig. u. übtr.: **a** eig.: amiculum, Plaut.: vestem, Hor.: catenam suam, Augustin.: pallium per lutum, Rutil. Lup. – aus Müdigkeit, corpus fessum, Liv.: genua, Verg. – **b** übtr., **nachführen, mit sich führen, im Gefolge haben,** exercitum, Liv.: turbam prosequentium, Liv.: furtivis oculorum nutibus adulescentium greges post se (von eitlen Frauen), Hieron.: limum arenamque et saxa ingentia fluctus trahunt, Sall. – **2** bildl.: tantum trahit ille timoris, Ov.: traherent cum sera crepuscula noctem, gleichs. sich folgen ließen, Ov.: novit quae mox ventura trahantur, herannaht, Verg.

B an sich ziehen, in sich ziehen, einziehen, 1 eig. u. übtr.: **a** eig.: admotus magnes ferrum trahit, Solin. 52, 57: tr. auras ore, Ov.: animam, Atem holen, -schöpfen, atmen, Liv.: u. so spiritum, Cels., Curt. u. a. (s. Mützell Curt. 3, 6 [15], 10): spiritum ultimum trahere, den letzten Atemzug tun (von Sterbenden), Sen.: aquam, Wasser ziehen (v. Fahrzeug), Sen.: flammam, Feuer fangen, Tac.: odorem naribus, Phaedr. – bes. v. Trinken, **schlürfen,** pocula, Hor.: merum in auro veteris Assaraci, Sen. poët.: amnem parum moderato gutture, Ov. – **b** übtr., **an sich ziehen, annehmen,** squamas, Ov.: figuram, Ov.: faciem, Ov. colorem, ruborem, Ov.: pallorem, Colum.: calorem, Ov. – **2** bildl.: **a annehmen, aufnehmen,** multum ex moribus (Sarmatarum) traxisse, Tac. Germ. 46: multum ex vero traxisse, viel vom W. angenommen haben, mit vielem W. versetzt sein, Tac. ann. 15, 68. – **b an sich ziehen, an sich bringen, sich zueignen,** regnum, Liv.: decumas, Cic.: fratrem, zum Konsul an sich heranziehen, einschieben, aufdringen, Liv.: cum gratiam recte factorum sibi quisque trahat, Tac. – **c empfangen, bekommen,** cognomen ex alqa re, Cic.: nomen ab alqa re, Ov. u. Quint., ex alqo, Mela: maiorem ex pernicie et peste rei publicae molestiam (Unmut), sich zuziehen = empfinden, Cic.: so morbos, Solin. 49, 11: morbum levem ac perpetuum, Lact.: aliquo crimine famam infamem, Augustin.: maturitatem (v. Wein), Colum.: Platon plus ex moribus quam ex verbis Socratis traxit, hat mehr aus des Sokrates Charakter als aus seinen Worten gewonnen, Sen. ep. 6, 6. – **d nehmen,** in exemplum, Ov. met. 8, 245.

C zusammenziehen, vultus trahere rugasque cogere, Ov.; vgl. tr. rugam, Iuven.: ignis coria trahit conducitque in unum, Lucr.: vela, einziehen, Verg.

D wegziehen, abziehen, wegschleppen, wegführen, 1 eig. u. übtr.: **a** eig.: alqm a templo, Verg.: de medio, Liv.: praedas ex agris, Liv. – dah. **plündern,** Aeduorum pagos, Tac.: ne Cirtensium pagi impune traherentur, Tac.: quin socios amicos trahant exscindant, Sall. fr.: ducere trahere et rapere, od. rapere trahere (griech. ἄγειν καὶ φέρειν), Sall. – **b** übtr., v. Arzneien = **wegziehen, abführen,** elleborum bilem trahit, Plin.: sanguinem, Veget.: pituitas, Plin. – **2** bildl.: **a abziehen, hinüberziehen** zu usw., **gewinnen** für usw. (vgl. Weißenb. Liv. 24, 2, 8), ab incepto, Sall.: gentem ad Macedonas, Liv. – **b wegnehmen,** partem doloris trahebat publica clades, Liv. 25, 36, 15. – **c entnehmen,** consilium ex alqa re, Sall. Iug. 98, 3. – **d ableiten, herleiten,** originem ab alqo, Plin.: sermonem ab initio, Cic.

E hervorziehen, herausziehen, herausbringen, 1 eig. u. übtr.: **a** eig.: aquam e puteis, Cic.: u. so bl. aquam, Sen.: ferrum e vulnere od. a vulnere, Ov.: telum de corpore, Ov.: gladium de visceribus, Mart.: comam, das Haar raufen, Apul. – **b** übtr.: vocem imo a pectore, Verg.: suspiria penitus, Ov.: gemitus, Val. Flacc.: suspirium extremum, Phaedr. – **2** bildl.: voce traham purā, ich enthülle mit usw., Pers. 5, 28.

F herabziehen, lunam (de caelo), Ov. met. 7, 207.

G hin und her ziehen, -zerren, -schleppen, 1 eig.: corpus tractum, Cic. Phil. 11, 5. – **2** bildl.: **a zerrütten,** Britanni per principes factionibus et studiis (dis) trahuntur, Tac. Agr. 12. – **b vertun, verprassen,** gleichs. **verschleppen,** pecuniam, Sall. Cat. 20, 12. – **c verteilen,** sorte laborem, Verg. Aen. 1, 508. – **d** in Überlegung ziehen, **überlegen, überdenken,** rationes belli, Sall.: cum animo suo, Sall.

H in die Länge ziehen, **1** eig.: **a verlängern,** in spatium aures, Ov.: verba, ziehen, lang aussprechen, Sil. 8, 79. – **b spinnen, abspinnen,** lanam manibus, Varro fr.: vellera motis digitis, Ov.: fila pollice, Mart.: lanam, Iuven.: data pensa, Ov.: Laconicas purpuras, Hor.: u. so colum (v. d. Atropos), Anthol. Lat. 792, 2 R. – **c krempeln,** lanam mollire (verfeinern) trahendo, Ov. met. 2, 411. – **d dehnen,** sonus in longum trahitur, v. Gesang der Nachtigall, Plin. 10, 81. – **2** bildl., eine Zeit, **a** in die Länge ziehen = **hinziehen, verzögern, verschleifen,** tempus, Sall.: bellum, Liv. u. Tac.: pugnam, Liv.: comitia, Cic.: morbum, Cels.: rem in serum, Liv.: fata, aufhalten, Val. Flacc.: übtr., jmd. **hinziehen, hinhalten,** aegros, Cels.: alqm sermone, quousque etc., Val. Max.: legati querentes, trahi se a Caesare, Suet. – *intr.* = **dauern, währen,** decem annos traxit ista dominatio, Flor.: von Kranken, in morbo diutius, verharren, bleiben, Cels.: qui ceterā parte anni traxerunt, resolvuntur tempore autumni, die ihr Leben gefristet haben, Cels. – **b** langsam **zubringen,** noctem sermone, Verg.: per pocula noctes, Mart.: vitam in tenebris, hinschleppen, Verg.: vitam quoque modo, Plin.: vitam luxu, Phaedr.: vitam asperam in silvis, Phaedr.: quietem, schlafen, Prop.: frustra laborem ingratum, sich vergebens mühen im undankbaren Fron, Verg.: segne otium, sich träger Muße hingeben, Tac. – ► *Infin. Perf.* synk. traxe, Verg. Aen. 5, 786.

Trāiānus, ī, *m.,* M. Ulpius Traianus, römischer Kaiser, reg. 98–117 n. Chr., Aur. Vict. epit. 13, 1. Plin. pan. 88, 6 u. 89, 2 (vgl. Ulpius). Wegen seiner Gerechtigkeit u. Herzensgüte sprichwörtl. felicior Augusto, melior Traiano, Eutr. 8, 5. – Dav. **Trāiānus,** a, um, **trajanisch,** aqua, Frontin. aqu. 93.

trāicio (trānsicio), iēcī, iectum, ere (trans u. iacio), **I** eine Person od. Sache, **hinüber-, über** etw. usw. **hinwerfen, -schießen, -bringen, A** im Allg.: telum, Caes.: vexillum trans vallum, Liv.: pedes super acervos, Prop.: pondus (corporis) equo alterno, Prop. – **B** insbes.: **1 über** od. **um** etw. **hinziehen, -führen, -legen,** malos antemnasque de nave in navem, hinüberbiegen, hinüberragen lassen, Liv.: rudentem, von einem Ufer bis zum anderen, Ov.: traiecto in fune columbam suspendit, umschlungen um den Mastbaum, Verg.: pontibus traiectis, hinübergelegt (von einem Turm zum anderen), Hirt. b. G. – **2 durch** etw. **stecken, durchstecken,** perticas, Varro: traiectus per aurem surculus, Plin. – **3 hinübergießen, -schütten,** alqd in alia vasa, Varro: in caccabum, Scrib. Larg. – **4 hinüber-, hinbringen, -schaffen, a** übh.: pecora in saltus, Iustin.: membra super acervum levi pede, darüberspringen, Ov.: bildl., aliquid ex illius invidia in te, Cic. – **b** über einen Fluss, über einen Berg usw., **hinübersetzen, übersetzen,** legiones in Siciliam, Liv.: copias trans fluvium, Liv.: Marius traiectus in Africam, übergesetzt, hinübergegangen, Cic.: traiectus in Galliam, Tac.: bildl., dolore traiecto in cor, Hor.: mit *Acc.* des Ortes, equitum magnam partem flumen, Caes.: Rhodanum copias omnes, Planc. in Cic. ep.: m. *Adv.,* dum *istinc* copiae traiciantur, Cic. ep. – refl. (mit u. ohne se) = **hinüberfahren, übersetzen, überfahren,** sese ex regia ad alqm, Caes.: sese in regnum Bogudis, Asin. Poll. in Cic. ep.: sese duabus navibus in Africam, Liv.: u. bl. Cassandriam inde, Liv.: tr. ex Hispania in Mauritaniam, Liv.: in Africam, Liv.: tr. huc hibernis iam mensibus, Suet.: ne classis ex Africa traiceret, Liv.: nando tr., hinüberschwimmen, Liv. u. Suet. – m. *Acc.* des Ortes, über den man setzt, **überschreiten,** tr. se Isaram, tr. se Alpes, Brut. in Cic. ep.: tr. Trebiam navibus, Liv. – m. *Abl.* des Gewässers, auf dem man fährt, Aegaeo mari traiecit, Liv.: dah. amnis traiectus, überschritten, Liv. – m. 1. *Supin.,* cum ea centum navium classe, si videretur ei, praedatum in Africam traiceret, Liv. 27, 22, 9. – **c** (refl.) v. Feuer, **hinüberschlagen,** bildl., ad nos traiecturum illud incendium esse, Liv.: cum traiecturum id incendium velut ex continentibus tectis in alteram tam propinquam provinciam esset, Liv.: traiecturum id malum in coloniam, Liv. – **II über-** od. **durchwerfen, durchdringen, 1 überwerfen,** murum iaculo, Cic. de fin. 4, 22: ut (nemora) transiaci ne sagittis quidem possint, Solin. 52, 46. – **2 durchwerfen, -dringen, a** mit einem Geschoss usw., = **durchbohren, erstechen,** alqm, Caes.: se, Auct. b. Afr.: se cultro coquinari, Varro fr.: alqm gladio, Auct. b. Alex.: alqm venabulo, Liv.: alci utrumque femur tragulā, Caes.: lanceā infestā medium femur alcis, Hirt. b. G.: sibi gladio pectus, Auct. b. Afr.: cervum sparo tragulāve, Varro fr.: tegimentum tormento, Caes. – **b** reitend **durchdringen, durchbrechen,** pars magna equitum mediam traiecit aciem, Liv. 42, 7, 7. – ► transiaci, Solin. 52, 46 (s. oben *no.* II, 1).

trāiectīcius, a, um (traicio), **über das Meer zu versendend,** pecunia, ein auf Gefahr des Gläubigers über das Meer zu versendendes Gelddarlehn, ICt.: contractus, ein Vertrag über ein solches Darlehn, spät. ICt. – subst. trāiectīcium, iī, *n.,* der **Überfahrtsvertrag,** tr. facere, Augustin. serm. 42, 2.

trāiectio, ōnis, *f.* (traicio), **I** das **Hinübersetzen, a** einer Pers. über ein Gewässer, die **Überfahrt,** der **Übergang,** Cic. ad Att. 8, 15, 2. – **b** lebl. Ggstd.: incendiorum (von einem Haus zum anderen), Vitr.: stellae, als Lufterscheinung, eine Sternschnuppe, Cic.: Plur., traiectiones motusque stellarum, Cic. – **II** bildl.: **A** im Allg.: tr. in alium, das Hinüberschieben auf einen a., Cic. de or. 3, 204. – **B** insbes.: **1** die **Versetzung,** verborum, Cic. or. 230; vgl. Rhet. Her. 4, 44. – **2** die **Übertreibung, Hyperbel,** veritatis superlatio atque traiectio, Cic. de or. 3, 203; so auch superlatio veritatis et traiectio, Quint. 9, 2, 3.

trāiector, ōris, *m.* (traicio), der **Durchdringer,** ignis traiector nebulae, Prud. ham. 875.

trāiectōrium, iī, *n.* (traicio), der **Trichter,** Plin. Val. 1, 37 u. 58.

Trāiectum, ī, *n.* (traicio), Stadt in Gallia Belgica, j. *Utrecht,* Itin. Anton. 369, 2.

trāiectūra, ae, *f.* (traicio), der **querüberliegende Deckenbalken,** Vitr. 4, 7, 5.

trāiectus, ūs, *m.* (traicio), **I** das **Hinübersetzen, Hinüberfahren,** die **Überfahrt,** maris, Tac.: fluminis, Liv. u. Val. Max.: ex portu commodissimus in Britanniam, Caes.: legionum tardior a Brundisio Apolloniam, Val. Max.: absol., traiectu intercludi, Caes.: tempestate in traiectu bis conflictatus, Suet. – **II** meton., der **Übergangspunkt,** die **Überfahrt,** Auct. b. Alex. 56, 5.

trālātīcius, s. trānslātīcius.

trālātio, s. trānslātio.

1. trālātus, a, um, s. transfero.

2. trālātus, ūs, *m.,* s. trānslātus.

Trallēnsēs, s. Trallīs.

1. Tralles, ium, *m.* (Τράλλες), eine illyrische Völkerschaft, Liv. 31, 35, 1 (wo Akk. Trallis).

2. Trallēs, richtiger Trallis, s. d.

Trallīs, ium, *f.* (αἱ Τράλλεις), eine Stadt in Lydien, in einer fruchtbaren Gegend am Abhang des Gebirges Mesogis, jetzt beträchtliche Ruinen mit Namen *Ghiuzelhissar* bei *Aidin* od. *Idin,* Nom. Trallis, Plin. 5, 108 u. 35, 161; vgl. Prisc. 7, 83: Akk. Trallis, Cic. de lege agr. 2, 39: Abl. Trallibus, Caes. b. 3, 105, 5. Cic. Flacc. 57; ad Att. 5, 14, 1. Liv. 37, 45, 1. Val. Max. 1, 6, 12. Iuven. 3, 70. – Dav.: **A Tralliānus,** a, um, **trallianisch, aus Trallis,** pellis, Edict. Diocl.: quasi vero Trallianus fuerit Demosthenes, Cic.: Plur. subst., Trallīānī, ōrum, *m.,* die Einw. von Trallis, die **Trallianer,** Cic. – **B Trallēnsēs,** ium, *m.,* die Einw. von Trallis, die **Trallenser,** Hieron. catal. scriptt. eccl. de Ignatio.

trāloquor, s. trāns-loquor.

trālūceo, s. trāns-lūceo.

trāma, ae, *f.* (traho), **I** die zum Gewebe aufgezogenen Fäden, wenn sie, durch die licia getrennt, eine Öffnung bildeten, durch die der Schütze geworfen wurde (hingegen stamen = die Kette vor Einfügung der licia), die **Kette,** griech. ἤτριον (subtemen = der Eintrag od. Einschlag), s. Sen. ep. 90, 20: so auch übtr., v. dem Spinnengewebe, tenax ratio tramae, Plin. 11, 81: trama figurae, von einer dünnen, mageren Person, Pers. 6, 73: tramae putridae (scherzhaft), Possen, Bagatellen, Plaut. rud. 1324. – **II** (in der Vulgärspr.) = subtemen, der **Eintrag, Einschlag** des Gewebes (Ggstz. stamen), Serv. Verg. Aen. 3, 483. Isid. orig. 19, 22, 14 u. 17; 19, 27, 7: *trama* topazus erat rutilans et *stamen* iaspis, Ven. Fort. vit. S. Mart. 4, 323.

trāmen, inis, *n.* = ῥοδάνη (Gloss. II, 428, 30), der **gedrehte Faden,** der **Einschlag,** Not. Tir. 99, 16.

trāmeo, s. trāns-meo.

trāmes, itis, *m.* (trameo), der **Querweg, Richtweg, Seitenweg, Nebenweg, Fußsteig, I** eig.: Apennini tramites, Cic.: tr. angustus, Plin. pan.: trames angustus, per quem armenta commeare consueverant, Iustin.: tramites occulti, Sall.: per tramites occulte profugere, Sall.: transversis tramitibus transgredi, Liv. – im Bild, viam monstravit, tramite parvo quā possemus ad id recto contendere cursu, auf kurzem Pfad, Lucr. 6, 27 *sq.*: a tramite veritatis exorbitare, Augustin. de nupt. et concup. 2. § 10: ab aequitatis recto tramite deviare, Amm. 22, 10, 2: ut angustissimus trames ad immortalitatis praemium sublime perduceret, Lact. 5, 18, 11; vgl. Lact. 6, 7, 1; 7, 1, 20. – **II** übtr.: **a** = **Weg, Pfad, Gang, Lauf, Flug,** Verg., Hor. u. a.: cito decurrit tramite virgo, Verg.: assiduo tramite, Prop.: si potus cibusve in alienum deerraverit tramitem, Plin.: flexuosi tramites (aurium), Arnob. – **b** ein Seitenweg, eine **Abzweigung** der Familie, generis ipsius tramites, Gell. 13, 19, 15. – ► Nbf. tramis, Gloss. III, 353, 70 u. ö.

trāmigro, s. trāns-migro.

trāmis, s. trāmes ►.

trāmitto, s. trans-mitto.

trāmosēricus, a, um (trama u. sericus), mit leinenem Aufzug und seidenem Eintrag, **halbseiden,** Isid. orig. 19, 22, 14.

trānato (trāns-nato), āvī, āre, **hinüber-, durchschwimmen,** absol., relicto equo tranatavit, Tac.: Germani tranatantes, Tac.: e Tigri in lacum (v. Fischen), Plin.: simul e mole Bructerorum cuneus tranatavit, Tac. – m. *Acc.* des Ortes, über den man schwimmt, Gangem, Cic. de rep. 6, 22: Rhodanum, Sall. fr. (?) bei Schol. Bern. Verg. georg. 4, 108: freta, Sen. de ira 1, 21, 3. Vgl. trano.

trāno (trāns-no), āvī, ātum, āre, **I hinüber-, durchschwimmen,** ad suos, Liv.: in insulam, Val. Max. u. Curt.: mit *Acc.* des Ortes, über den man schwimmt, amnes, Lucr.: flumen, Caes. u. a.: paludem, Curt.: Passiv, tranantur aquae, Ov. – **II** übtr., **durchschwimmen** = **durchschiffen, durchgehen, durchdringen, durchfliegen,** per auras, Sil.: m. *Acc.*, Erebi amnes, Verg.: nubila, Verg.: so auch von Gestirnen, Cic.: ferner foramina, Lucr.: genus igneum, quod tranat omnia, durchdringt, Cic.: bildl., pericula, Sil.

trānquillē, *Adv.* m. *Compar.* u. *Superl.* (tranquillus), **ruhig,** Plaut., Cic. u. a.: lucidius tranquilliusque inter divina mansurus (animus), Sen. ep. 71, 16: tranquillissime senuit, Suet. Aug. 2, 2.

trānquillitās, ātis, *f.* (tranquillus), die **Ruhe, Stille, I** eig., die **Windstille, Meeresstille, ruhiges-, stilles Wetter** (Ggstz. adversa tempestas, Petron. 102, 11), tr. maris, Cic.: aëri quies et otium et tr., Sen.: tr. iners, Sen.: tanta subito malacia et tr. exstitit, Caes.: mira serenitas cum tranquillitate oriebatur, Liv.: summā tranquillitate consecutā, Caes.: si proficiscatur probo navigio, bono gubernatore, hāc tranquillitate, Cic.: navium agmen tranquillitatem infra traicientibus lintribus praebebat, Liv. – Plur., nos longis navibus tranquillitates aucupaturi eramus, Cic. ad Att. 6, 8, 4. – **II** übtr.: **1** der **heitere Glanz,** die **Helle** der Farbe, nubilo coloris aut tranquillitate, Plin. 37, 153 D. – **2** die **Ruhe,** der **Friede, a** die polit., summa tranquillitas pacis atque otii, Cic. de lege agr. 1, 21. – **b** die geistige, animi, Cic.: mentis, Ambros.: vitae, Cic.: morum, Sen. rhet. – **3** in den späteren Zeiten ein Titel der Kaiser (wie mansuetudo, clementia etc.), Eutr. praef. u. 1, 12.

1. **trānquillo,** āvī, āre (tranquillus), **ruhig machen, beruhigen, stillen, I** eig.: mare oleo, Plin. 2, 234. – **II** bildl.: voltum, Plaut.: animos, Cic.: rebus tranquillatis, da es in Rom ruhig geworden war, Nep.

2. **trānquillō,** *Adv.* (tranquillus), **ruhig,** Liv. 3, 14, 6. Sen. ep. 85, 34. Plin. 9, 18 u. 94.

1. **trānquillus,** a, um (trāns u. quies), **ruhig, still, I** eig., besonders von der Windstille, mare, Cic. u. (Ggstz. aestuans) Ps. Quint. decl.: fluvius, Mela: serenitas, Liv.: caelum, dies, Plin. – subst., trānquillum, ī, *n.*, **Meeresstille, Windstille, stille See, ruhiges Wetter** (Ggstz. tempestas adversa, procellae), in tranquillo tempestatem adversam optare dementis est, Cic.: non tranquillo navigamus, Liv. – **II** übtr., **ruhig, still, beruhigt, ungetrübt,** tr. et serena frons, Cic.: tranquillus serenusque vultus, Suet.: tr. vita, Cic.: animus, Cic.: civitas, Cic.: femina, Apul.: litterae, Ruhe berichtend, Cic.: tranquillior nox (Ggstz. inquieta nox), Liv.: plebs tranquillior, Liv.: animus tranquillissimus, Cic. – subst., trānquillum, ī, *n.*, die **Ruhe, Stille,** rem publicam in tranquillum redigere, Liv.: amor omnis in tranquillo est, in ruhigem, sicherem Zustand, Ter. – trānquilla (Akk. Plur.) *adv.*, tranquilla tuens, ruhig (heiter) aussehend, Val. Flacc. 1, 38.

2. **Trānquillus,** ī, *m.*, als röm. Beiname, s. Suētōnius.

trāns, *Praep.* m. *Acc.*, **I jenseits** (Ggstz. cis, citra), trans montem, Cic.: trans Rhenum, Caes. – übtr., exigitur poena trans hominem, nach dem Tode des Menschen, Ps. Quint. decl. 6, 10 *extr.* – **II über, über ... hin (weg), über ... hinaus,** trans Alpes transfertur, Cic.: trans mare currunt, Hor.: trans caput iacĕre, über den Kopf, Verg.: trans cervicem equi elabi (v. einer Lanze), Liv.

trāns-abeo, iī, itum, īre, **I darübergehen,** populos, Val. Flacc.: calcata retiola, Apul.: per medias acies, Apul. – bildl., difficultates illas, Apul. met. 8, 15. – **II durchgehen** = **durchbohren,** ensis transabiit costas, Verg. u. Stat.: alqm, Sil. – ► Perf. trānsabīvī, Apul. met. 7, 8.

trānsāctio, ōnis, *f.* (transigo), **I** die **Vollendung,** Tert. de anim. 55. – **II** der **Vergleich,** ICt.

trānsāctor, ōris, *m.* (transigo), der **Ausgleicher, Vermittler,** qui est rerum huiuscemodi omnium transactor et administer, sein Möglichkeitsmacher und Helfershelfer, Cic. Verr. 2, 69.

trāns-adigo, ēgī, āctum, ere, **I durch** etwas **stechen, stoßen,** crudum ensem transadigit costas, Verg. Aen. 12, 508: manu reliquā sumptum gladium per medium pectus ictu fortissimo, Apul. met. 4, 11: ferrum sub papillam dextram, Apul. met. 8, 14. – **II** prägn., **durchstechen, durchbohren,** alqm ferro, Stat.: iaculo Lucam, Sil.: ipsam bestiam facili manu, Apul.: hasta horum unum transadigit costas, Verg. Aen. 12, 276.

trāns-alpicus, a, um, s.v.a. trāns-alpīnus (s. d.), Not. Tir. 88, 97[a].

trāns-alpīnus, a, um, **jenseits der Alpen gelegen, -geschehend, transalpinisch** (Ggstz. cisalpinus), regio, Verr. Flacc.: Gallia, Caes. u. (Ggstz. cisalpina) Oros.: nationes, gentes, Cic.: bella, Cic.: sanguis, Cic.: redite iam nunc ad sedes, nihil visuri transalpinum, da ihr keinen Schritt über die Alpen tun sollt, Amm. – Plur. subst., trānsalpīnī, ōrum, *m.*, die jenseits der Alpen wohnenden Völker, die **Transalpiner,** Suet. Caes. 24, 2. Aur. Vict. de Caes. 42, 17. Eutr. 4, 22.

trāns-austrīnus, a, um, **übersüdlich,** Mart. Cap. 6. § 608.

trāns-beneventānus, a, um, **jenseits Beneventums gelegen,** Paul. Nol. carm. 27, 377.

trāns-beo, āre, **noch weiter erhöhen,** in maiorem gloriam, Isid. orig. 19, 24, 8. Vgl. Schol. Pers. 3, 29.

trāns-bibo, ere, **hinuntertrinken, austrinken,** Cael. Aur. de morb. chron. 4, 7, 105 u. 4, 8, 128.

trānscendentia, ae, *f.* (transcendo), das **Übersteigen, Überschreiten,** Gromat. vet. 25, 30 u. a.

trānscendo (trānsscendo), scendī, scēnsum, ere (trans u. scando), **I** *intr.* **hinübersteigen, -schreiten, 1** eig.: ab asinis ad boves, Plaut.: in Italiam, Liv.: in hostium naves, Caes. – **2** übtr., **übergehen,**

a übh.: ex minore aetate in maiorem, Hyg. bei Gell. 16, 6, 15: iam haec censura ex foro in castra transcendit, Val. Max. 2, 9, 8. – **b** in der Rede, ad maiora, Vell.: ad leviora, Quint.: ad ea, Tac.: ad testimonium illud Crassi a suspicionibus Aemiliani, Apul. – **II** *tr.* etwas **übersteigen, überschreiten, 1** eig.: maceriam, Caes.: ruinas, Liv.: saepem, Liv.: per semirutos partim scalis integros muros, Liv.: valles, Caes.: Caucasum, Cic.: Alpes, Ruf. Fest.: Rhenum, Liv. epit. u. Tac.: fluvium, Apul.: flumen Albim exercitu, Tac.: Ilissi amnis modicum fluentum, Apul. – **2** übtr.: **a überschreiten, übertreten,** fines iuris, Lucr.: ordinem aetatis, Liv.: prohibita impune, Tac.: transcendendo media summa imis continuare, Liv.: nec declinari transcendique (umgangen werden) posse agmina fati et volumina, Gell. – **b übertreffen,** facta, Sil.: annos factis, Sil.: florentes annos viribus, Sil.

trānscēnsio, ōnis, *f.* (transcendo) = ὑπερβατόν, die **Überschreitung der gewöhnlichen Stellung** der Wörter und Redeglieder, das **Hyperbaton,** eine gramm. u. rhet. Figur, Auct. carm. de fig. 160. p. 69 *Halm.* Isid. orig. 1, 36, 16.

trānscēnsus, Abl. ū, *m.* (transcendo), das **Hinübersteigen,** scalarum, Hinaufsteigen auf L., Amm. 19, 5, 6: tr. Arnon, die Überfahrt über den Arnon, Vulg. Isai. 16, 2. – bildl., transcensus ad meliora, der Übergang zu einem besseren Leben, Hieron. epist. 119, 10. – als rhet. *t. t.* = ὑπερβατόν (s. trānscēnsio), Auct. carm. de fig. 160. p. 69 *Halm.*

trānscīdo, cīdī, cīsum, ere (trans u. caedo), **durchhauen,** transcidi loris omnes, Plaut. Pers. 731: mons transcisus, Gromat. vet. 305, 4.

trāns-cōlo, āre, **durchseihen,** Th. Prisc. 4, 1.

trāns-contrā, *Adv.*, **auf der entgegengesetzten Seite, gegenüber,** Vitr. 9, 1, 2 u. 9, 2, 2.

trānscrībo (trāns-scrībo), scrīpsī, scrīptum, ere, **I** aus einem Buch (einer Schrift) **in das andere schreiben,** schriftlich **übertragen, abschreiben, A** im Allg.: tabulas publicas, Cic.: testamentum in alias tabulas, Cic.: verba ex libro, Gell.: auctorem ad verbum, Plin.: librum in exemplaria mille, Plin. ep. – **B** insbes.: **1** als jurist. *t. t.* = **auf** jmd. (als Eigner) **schreiben, übertragen, umschreiben, a** eig.: jmdm. **verschreiben,** nomina in socios, Liv.: fundos viro, ICt.: agri plagam alci, ICt. – **b** übtr., alci spatium vitae, einen Teil von seinem Leben einem anderen zulegen, ihm abgeben, Ov.: tormenta in alqm, Ov.: sceptra colonis, übertragen auf usw., Verg. – **2** jmd. in einen anderen Stand usw. **übertragen, versetzen, a** eig.: turmas equitum in funditorum alas, Val. Max.: matres urbi, Verg. – **b** bildl.: in viros, aufnehmen, Sen.: in quod malum transcribor, Sen. poët. – **II** übtr., vom Maler, **kopieren,** Plin. 25, 8.

trānscrīptīcius, a, um (transcribo), **zum Übertragen (Umschreiben) gehörig,** nomen, Schuldübertragung, Gaius inst. 3, 128.

trānscrīptio, ōnis, *f.* (transcribo), **I** die **Überschreibung,** die schriftl. **Übertragung, Umschreibung, a** eines Buches in ein anderes Exemplar, ut apparet ex libris antiquis foederum et legum, qui etsi frequenti transcriptione aliquid mutarunt, tamen retinent antiquitatem, Mar. Victorin. 1, 4, 22. p. 11, 15 K. – **b** einer Schuld auf jmd., a persona in personam transcriptio fit, Gaius inst. 3, 130. – **II** das Schieben eines Verbrechens auf einen anderen, die **Entschuldigung** wegen eines Verbrechens, privati veneni, Ps. Quint. decl. 13, 11 zw.

trāns-curro, cucurrī od. currī, cursum, ere, **I hinüber-, hinlaufen, -fahren, 1** eig.: ad forum, Ter.: in castra, Liv. – **2** übtr., **hinüber-, übergehen,** in dissimilem rem (bei den Tropen), Rhet. Her.: ad melius, Hor. – **II über** od. **vor** etwas **hinlaufen, A über** oder **durch** etwas **laufen, -fahren, 1** eig.: per spatium, Lucr.: m. *Acc.*, caelum transcurrit nimbus, Verg.: Campaniam, Suet. – **2** übtr.: **a** im Allg.: suum cursum, seine Laufbahn rasch, ohne Aufenthalt zu machen, durcheilen, Cic. Brut. 282. – **b** in der Rede **rasch-, kurz durchlaufen, kurz durchgehen,** narrationem, Sen.: partem operis, Quint. – **B vorbeilaufen, -fahren, -segeln, 1** eig., Caes.: praeter oculos, Ov.: terrae transcurrere, die Länder eilten vorüber = sie segelten vor ihnen vorbei, Val. Flacc. – **2** übtr.: **a vorbeigehen,** mit Stillschweigen **übergehen,** in qua (narratione) sciens transcurram subtiles nimium divisiones, Quint. 4, 2, 2. – **b** v. der Zeit, **vorbeieilen, vergehen,** aestas transcurrit, Plin. ep.: cum tempus iam longum transcurreret, Gell.

trānscursio, ōnis, *f.* (transcurro), **I** das **Durchlaufen,** eius (venti) impetu et transcursionibus verberamur, Cassiod. in psalm. 72, 14. – bildl., das **flüchtige Durcheilen** der Gedanken, totā die in lege meditare non perfunctoria tibi debet esse transcursio, Ambros. in psalm. 118. serm. 13. *no.* 7 *in.* – **II** der **Verlauf** eines Zeitraums, temporis, Claud. Mam. de stat. anim. 2, 2, 1: decennii, Cod. Iust. 6, 23, 27 *extr.*

trānscursōrius, a, um (transcurro), **vorübergehend,** neque id breve aut transcursorium fuit, Iul. Val. 3, 22 *Mai* (Kübler transitorium).

trānscursus, ūs, *m.* (transcurro), **I** eig.: **1** das **Durchlaufen, Durchfliegen** usw., per aëra, Sen. nat. qu. 2, 7, 1. – **2** das **Vorbeilaufen, Vorbeifahren,** fulguris, Suet. Aug. 90: si (sol) in transcursu (lunam) strinxit, Sen. de ben. 5, 6, 4: Plur., subiti transcursus ignium, Sen. nat. qu. 6, 3, 3. – **II** bildl., v. der Rede = gleichs. der **Durchflug,** der **kurze Vortrag,** die **kurze Berührung,** quanto omnia transcursu dicenda sint, Vell.: in transcursu, Vell., Plin. u. a.

trānsdānuviānus, a, um (trans u. Danuvius), **jenseits der Donau befindlich (gelegen), transdanuvianisch,** mater, Lact. de mort. pers. 9, 2: Dacia, Vopisc. Aurel. 39, 7. – Plur. subst., trānsdānuviānī, ōrum, *m.*, die jenseits der Donau wohnenden Völker, die **Transdanuvianer,** CIL 14, 3608.

trāns-do, s. trādo.

trāns-dūco etc., s. trādūco etc.

trānsenna, ae, *f.*, **I** das **Netz,** zum Vogelfang usw., **1** eig.: ab transenna turdus lumbricum petit, Plaut.: transennā demissum Victoriae simulacrum, Sall. fr.: tamquam e transenna simul emissi, Amm. – **2** bildl., **das Netz, der Fallstrick,** hominem in transennam ducam dolis, Plaut.: in aetate hominum plurimae fiunt transennae, Plaut. – **II** das **Netz** oder **Gitter** als Vermachung, quasi per transennam aspicere, nur obenhin, Cic. de or. 1, 162. – ► In guten Hdschrn. des Plautus trasenna u. trassenna geschrieben, s. Ritschl Plaut. Pers. 480.

trāns-eo, iī, itum, īre, **I** *intr.*: **A hinüber-, hingehen, 1** eig. u. übtr.: **a** übh.: per hortum, Ter.: ad uxorem, Ter.: ad forum, Ter.: e suis finibus in Helvetiorum fines, Caes.: Mileto, von M. übersiedeln, Curt.: ab Rhodo in Asiam, Suet.: ex Volscis in Aequos, Liv.: ego per hortum ad amicam transibo meam, Plaut. Stich. 437. – **b** zum Feind **übergehen,** ad alqm, Cic. u. Nep.: a Caesare ad Pompeium, Caes.: in aliena castra, Sen.: absol., nec manere nec transire aperte ausus, Liv. 1, 27, 5. – **c** zu einer anderen Partei **übertreten,** ut nulla ante Britanniae nova pars pariter illacessita transierit (*sc.* ad Romanos), Tac. Agr. 20: iam Magnus transisse deos (*sc.* ad hostes) senserat, Lucan. 7, 647. – **d** aus einem Stand in den anderen **übergehen,** e grammatici statim ludo in forum, Suet. gr. 4, 8: a patribus ad plebem, Liv. 4, 16, 3: pigre ex Macedone ac libero in Persicam servitutem, Sen. de ira 3, 17, 1. – **e** übtr.: **α** übh., **übergehen,** ficus ad nos ex aliis transiere gentibus, Plin.: morbus transit in eum, steckt ihn an, Plin.: odor transit in vestes, Plin.: utinam ista saevitia *intra peregrina exempla mansisset* nec *in Romanos mores* cum aliis adventiciis vitiis etiam suppliciorum irarumque barbaria *transisset*! Sen. de ira 3, 18, 1. – u. als gramm. *t. t.*, ex multitudine (Plural) tr. in singulare, Varro LL. 9, 76: ut discerni nequeat, nisi transieris in aliam personam aut in tempus, Varro LL. 9, 108. – **β in** etwas **übergehen = sich verwandeln,** in saxum, Ov.: in amaritudinem, bitter werden, Plin.: in iram, Ov. – als gramm. *t. t.*, in eine andere Form **übergehen,** in participia, Quint.: in eam (vocalem), Quint. – **2** bildl.: **a** übh., **übergehen,** transitum est ad honestatem dictorum et factorum, Cic. – **b** zu einer Meinung **übergehen,** in od. ad alcis sententiam, Liv. u. Curt.: in alia omnia, dagegen stimmen, Cael. in Cic. ep.: illuc, ut etc., dahin seine Stimme abgeben, dass usw., Cael. in Cic. ep. – **c** in der Rede zu einem anderen Gegenstand **übergehen,** ad partitionem transeamus, Cic.: deinde ad hanc sententiam transiit, Sen. rhet.

B hindurchgehen, 1 eig.: per media castra, Sall.: res per gulam transiturae, Sen.: transit validum fulmen per saxa, per aera, fährt hindurch durch usw., Lucr.: dah. von Speisen u. Getränken, die nach der Verdauung abgehen, folglich durchgehen, cibi, qui difficillime transeant, lange im Magen bleiben, Varro: vinum per urinam transit, Plin.: di faciant, ut id bibatis, quod vos numquam transeat, Plaut. – **2** bildl., **durchdringen,** quaedam animalis intellegentia per omnia permanat et transit, Cic.

C vorbeigehen, vorübergehen, 1 eig.: **a** v. Pers.: pervade et intra (tritt ein) vel da quam ob rem transeas, Lucil. 758: transierunt cursim (eilends), Vulg. Isai. 10, 29: ut transeuntes (die Vorüberziehenden) cum praeda exciperet, Eutr. 9, 21. – animus omnia tamquam minora transiens, Sen. – **b** v. Örtl., an denen man vorbeikommt, tunc tenuis Lemnos transitque Electria tellus, Val. Flacc. 2, 431: transit Halys, Val. Flacc. 5, 120. – **2** übtr., v. der Zeit u. v. Dingen in der Zeit, **vorbeigehen, vorübergehen, vergehen, verlaufen,** dies legis transiit, Cic.: cum dies hibernorum complures transissent, Caes.: transiit aetas quam cito! Tibull.: molucrum vocatur, transit sine doloribus, Afran. fr.: gloria transiit, Plin.

II *tr.*: **A über** etw. **gehen,** etw. **überschreiten, übersteigen, 1** eig.: **a** übh.: Euphratem, Cic.: Larisum amnem, Liv.: quoddam stagnum, Augustin.: mare, Cic.: Alpes, Nep.: vim flammae, überspringen, Nep.: saltu quadrigas, Firm.: campos pedibus, Lucr.: rota transit serpentem, Verg. – Passiv, Rhodanus transitur, Caes.: Alpes transitae, Liv. – **b** insbes., jmd. **überholen,** jmdm. **voraneilen,** transit equum cursu, Verg. Aen. 11, 719. – **2** bildl.: **a überschreiten,** modum, finem et modum, Cic.: fines verecundiae, Cic. ep.: dei legem, Lact. (dafür aber transibant super legem, Augustin. serm. 32, 7): – **b überstehen,** facile, Cic. ep. 9, 1, 2 *Wesenberg*. – **c abfertigen, besorgen,** brevi auditu quamvis magna, Tac. hist. 2, 59. – **d übertreffen, zuvorkommen,** spes transeundi, Quint.: si non transierit, aequabit, Quint.: Pompeium transire parat, Lucan. – **e nicht bemerken, nicht wahrnehmen, -hören, vorbeigehen lassen,** Quint. 9, 4, 29.

B durchgehen, durchreiten, durchschiffen, durchfliegen, 1 eig.: **a** übh.: Formias, Cic.: gulam, Plin. – **b** insbes., **durchstechen, durchbohren,** ilia cuspide transit, Sil. 10, 253. – **2** bildl.: **a** etw. **rasch-, kurz durchgehen,** v. Redner, leviter transire et tantummodo perstringere unam quamque rem, Cic. Rosc. Am. 91. – v. Leser, libros omnes duabus proximis noctibus cursim transeo, Gell. 9, 4, 5. – **b** eine Zeit **zubringen,** vitam silentio, Sall.: vitam sicut peregrinantes, Sall.: sine adversario vitam, Sen.: annum quiete et otio, Tac.: hiemem transiere securi, Sen.

C vorbeigehen, 1 eig.: omnes mensas transiit, Plaut. Curc. 682. – **2** bildl.: **a** v. Pers., **vorbeigehen, übergehen,** silentio, Cic.: alqm, Plin. ep.: ut alia omnia transeam, Sen.: transi ab iis (urbibus), quarum etc., sieh ab, abgesehen von usw., Sen. – im Lesen **übergehen, überschlagen,** multa, Cael. in Cic. ep. 8, 11, 4: quaedam, Plin. ep. 8, 21, 4. – **b** v. Lebl., an jmd. **unbeachtet vorbeigehen,** jmdm. **entgehen,** ita compositi sumus, ut nos cotidiana, etiamsi admiratione digna sunt, transeant, Sen. nat. qu. 7, 1, 1: nil transit amantes, Stat. Theb. 2, 335. – ► Imperf. transiebamus, Sen. contr. 7, 1 (16), 21: Perf. transit, Verg. Aen. 5, 274; 10, 785. Spart. Hadr. 10, 2: Perf. transivit, Sen. de ben. 1, 13, 3. Solin. 1, 98. Capit. Maxim. 22, 5. Auson. ordo urb. nobil. 6, 12. p. 100, 2 Schenkl: transivimus, Capit. Anton. Pius 4, 8: transiverant, Sen. suas. 6, 2: transivisse, Tac. ann. 11, 24. – Futur. transiet, Tibull. 1, 4, 27. Sen. nat. qu. 3, 10, 4. Lact. 4, 18, 32. Ps. Apul. Ascl. 28. Tert. de res. carn. 37 u. a. Eccl.: transient, Vulg. 2. epist. Petri 3, 10; s. Bünemann Lact. 4, 18, 32. p. 513 u. epit. ad pentat. 46, 8. p. 1284 *sq.*

trānsero (trāns-sero), (seruī), sertum, ere, **I durchstecken,** Cato r. r. 113. – **II durch Pfropfung fortpflanzen, pfropfen,** transerti rami, Stat. silv. 2, 1, 101.

trānseunter, *Adv.* (transeo), **im Vorbeigehen, leichthin,** Amm. 28, 1, 14. Augustin. de civ. dei 3, 4 u. 15, 23; serm. 7, 1.

trāns-fero (trāfero), trānstulī, trānslātum u. trālātum, trānsferre, **I** von einem Ort zum anderen **tragen, hinüber-, hintragen, -bringen, -setzen, -schaffen, A** eig.: **1** im Allg.: cadum hinc a me huc cum vino, Plaut.: signa ex statione, Caes.: castra trans Peneum, verlegen, Liv.: u. so castra ultra eum locum, Caes.: domos suas, seine W. verlegen (zus. = auswandern), Sen.: terras, Länder versetzen, Sen. – mit Ang. worüber? im *Acc.*, castra Baetim, über den B., Auct. b. Alex. 60, 5 u. so transfer limen pedes, Catull. 61. – m. persönl. Objj., aegros ex lecto ad lectum, Cael. Aur.: lecto mutato ad grabata aegros, Cael. Aur.: alqm trans Alpes usque, Cic.: illinc huc transfertur virgo, Ter.: copias in Boeotiam, verlegen, Iustin. – refl., se transferre Glycerae decoram in aedem, sich begeben, Hor. carm. 1, 30, 4. – **2** insbes.: **a** Gewächse **versetzen, aussetzen,** semina e terra in terram, Varro: brassicam, Colum.: ex arbore in arborem, pfropfen, Varro. – **b** schriftlich **übertragen, abschreiben,** in tabulas, Cic.: verba in chartas suas, zu Papier bringen, Phaedr.: translati versus, von anderen entlehnte, Suet. – **B** übtr.: **1** im Allg., **übertragen, bringen, wenden, versetzen, verlegen,** regnum ab sede Lavini, wegverlegen, Verg.: omnia Argos, alles nach Argos verlegen (= den Argivern Sieg u. Herrschaft zuwenden od. verleihen), Verg.: bellum in Celtiberiam, Caes.: terrorem ad alqm, Liv.: concilium Lutetiam, Caes.: partem, Quint.: amores alio, Hor.: ebenso calores, Prop.: servitium, Prop.: causam in se, schieben, Nep.: so auch crimen in alqm, Cic.: in alios invidiam, Amm.: sermonem alio, Cic.: belli terrorem ad urbem, Liv.: animum ad accusandum, Cic.: vitium animi ad utilitatem, anwenden, Quint.: affectus suos in fabellas, in Fabeln einkleiden, Phaedr. – P. Sullam … ex hoc hominum numero, ex hac familiarium dignitate in impiorum partem atque in parricidarum sedem ac numerum transferetis? werdet versetzen? Cic. Sull. 77. – refl., se, sich wohin wenden, se ad artes, Cic. – **2** insbes.: **a verschieben,** causam hanc integram in proximum annum, Cael. in Cic. ep.: se in annum proximum, das nächste Jahr um die Prätur anhalten, Cic. – **b anwenden auf** od. **zu** etw., definitionem in aliam rem, Cic.: in magistratus, curationes, sacerdotia, Cic. – stellionum nomen in maledictum, zu einem Schimpfwort machen, Plin. 30, 89. – **c** in eine andere Sprache **übertragen, übersetzen,** analogia, quam proxime ex Graeco transferentes in Latinum proportionem vocaverunt, Quint.: ut ipsis eorum verbis utar, qui haec ex Graeco transtulerunt, Quint.: tr. eius volumina in linguam Latinam, Plin.: epistulae, quae in Graecam linguam translatae sunt, Hieron.: opuscula mea in Graecum sermonem elegantissime transtulit, Hieron.: alqd Latine ad verbum, Quint.: alqd his verbis, Quint. – **d** die Bedeutung von einem Wort auf ein anderes **übertragen,** ein Wort **metaphorisch-, figürlich-, uneigentlich gebrauchen** (griech. μεταφέρειν), vocabula piscium pleraque translata sunt a terrestribus ex aliqua parte similibus rebus, ut ›anguilla, lingulaca‹, Varro LL.: verba, quae transferuntur, Cic.: verba translata, Quint., od. tralata, Cic., Metaphern, figürliche-, uneigentliche Ausdrücke. – **e** translatum exordium, das fremdartige (= nicht aus der Streitsache selbst hergeleitete und nicht als ein dazugehöriges Glied an den Vortrag angeknüpfte), Cic. de inv. 1, 26; vgl. Quint. 4, 1, 71. – **f verwandeln,** alqd in novam speciem, Ov.: in o litteram secundae syllabae, Quint. – **g verändern, vertauschen,** tempora (wie *Praesens* statt des *Futurum* etc.), Quint. – **II vorbeitragen, -bringen, -führen,** coronam od. pecuniam regiam in triumpho, Liv.: triumphavit; … arma tela signaque aerea et marmorea transtulit, Liv. – ► Über die Schreibung trafero s. Baiter not. crit. ad Cic. Tusc. 2, 5. p. 252, 22 *Orell. ed.* 2. – Vulg. transferis = transfers, Fulg. de err. 20, 1 *cod. P.*

trānsfictio, ōnis, *f.* (transfingo), die **Umbildung,** Interpr. Iren. 1, 9, 2: als wörtl. Übersetzung von μεταπλασμός, Diom. 456, 1.

trāns-figo, fīxī, fīxum, ere, **I durchstechen, durchbohren,** puellam gladio, Liv. u. Sen.: se gladio, Vell.: alqm ferro, Nep.: alqm per latus, Liv.: se supra rogum, Liv. epit.: scutum, Caes.: transfixus hastā, Cic. – **II durchstechen, durch** etwas **stechen,** hasta transfixa, Verg. Aen. 11, 645: transfixum pilum, Lucan. 9, 138.

trānsfigūrābilis, e (transfiguro), **umbildbar, umwandelbar, verwandelbar,** Tert. de carne Chr. 6.

trānsfigūrātio, ōnis, *f.* (transfiguro), die **Umgestaltung, Umformung, Umbildung,** Plin. 7, 188. Tert. adv. Prax. 27. Chalcid. Tim. 37: Plur., Chalcid. Tim. 134. – als gramm. u. metr. *t. t.,* Adamant. b. Cassiod. de orthogr. 6. Diom. 343, 30. Mar. Victorin. 3, 1. § 6 u. 10. p. 101, 9 u. 20 K.

trānsfigūrātor, ōris, *m.* (transfiguro), der **Umbildner, Umformer, Umwandler,** sui, Versteller, Heuchler, Tert. adv. Marc. 5, 12.

trāns-figūro, āvī, ātum, āre, der Gestalt od. phys. Beschaffenheit nach **verwandeln, umbilden, umformen, umwandeln, umgestalten,** **I** eig.: puerum in muliebrem naturam, Suet. – aedem in vestibulum, Suet.: amygdalas ex dulcibus in amaras, Plin. – **II** übtr.: intellego non emendari me tantum, sed transfigurari, Sen.: nisi in ea, quae didicit, animus transfiguratus est, Sen.: iudicum animos in eum, quem volumus, habitum formare et velut transfigurare, Quint.

trāns-fingo, ere, **umbilden,** Eccl. – *intr.* = **sich verstellen,** Eccl.

trānsflūminālēs, ium, *m.* (trans u. flumen) = περατικοί, die **jenseits des Flusses Wohnenden** Gloss. II, 200, 40.

trānsflūminiānus, ī, *m.*, der **jenseits des Flusses Wohnende,** puerum natione Transfluminianum, nomine Abban, Papyr. im Britischen Museum Nr. 229.

trāns-fluo, flūxī, ere, **I heraus-, durchfließen,** si vas fiat e ligno eius, vina transfluere ac remanere aquam, si quā fuerit mixta, Plin. 16, 155. – **II vorbeifließen,** praeter (neben) caput Iuliae transfluit aqua, quae vocatur Crabra, Frontin. aqu. 9. – bildl., **verfließen,** transfluxere dies, Claud. epist. 4, 5. – **III hinüberfließen,** bildl., premebam oculos eius et confluebat in praecordia mea maestitudo ingens et transfluebat (ergoss sich) in lacrimas, Augustin. conf. 9, 12, 29.

trānsfluviālis, is, *m.* (trans u. fluvius), **jenseits des Flusses (Euphrat) wohnend,** Abraham tr., d. i. der Hebräer A., Augustin. quaest. in gen. qu. 29 u. a.

trānsfluvio, āre (trans u. fluvius), **über den Fluss setzen, übersetzen,** Commodian. instr. 2, 8, 10.

trānsfluvium, iī, *n.*, das **Übertreten des Flusses,** Augustin. serm. 72, 1 Mai.

trāns-fodio, fōdī, fossum, ere, **durchstechen, durchbohren,** alci latus, Liv.: alqm, Caes.: se, Liv. epit.: parietem (fornicum), Liv.: *Partic.* m. *Acc. resp.*, pectora duro transfossi ligno, Verg.

trānsforātio, ōnis, *f.* (transforo), die **Durchbohrung,** transforationis partes, die Teile, die durchbohrt sind (Augen, Nasen, Ohren, After), Cael. Aur. de morb. chron. 1, 3, 56.

trānsfōrmātio, ōnis, *f.* (transformo), die **Umbildung, Verwandlung,** Augustin. de trin. 15, 8 *extr.* u. a. Eccl.

trānsfōrmis, e (trans u. forma), **seine Gestalt verändernd, wandelbar,** Ov. fast. 1, 373 u. met. 8, 871.

trānsfōrmo, āvī, ātum, āre, der Gestalt nach **verwandeln, umformen, umgestalten, umbilden,** **I** eig.: se in vultus aniles, Verg.: gemmas in ignes (= *stellas*), Ov.: homines in similitudinem angelorum (v. Gott), Lact. – **II** übtr.: animum transformari quodammodo ad naturam eorum, de quibus loquimur, Quint. 1, 2, 30.

trāns-foro, āre, **durchbohren,** absol., gladius idem et stringit et transforat, Sen. de ben. 2, 6, 1: m. *Acc.*, baculus frangitur et manum transforat incumbentis, Hieron. in Matth. lib. 1. c. 10. *v.* 9 u. 10 *extr.*: tenerum transforat pectus, Augustin. serm. 151, 2 Mai.

trānsfretānus, a, um (trans u. fretum), **überseeisch,** Tert. apol. 25.

trānsfretātio, ōnis, *f.* (transfreto), das **Überschiffen-, Übersetzen** über das Meer, Gell. 10, 26, 5: tr. maris (über das M.), Ambros. de Elia 19, 70: fluviorum (über die Fl.), Veget. mil. 3, 22 *extr.*: suae patriae (in sein V.), Augustin. de nat. boni 44.

trānsfreto, āvī, *Partic. Fut.* ātūrus, āre (trans u. fretum), **I über das Meer setzen** u. übh. **überschiffen, übersetzen, a** *intr.*, Suet. Caes. 34, 1. Gell. 10, 26, 1. Vulg. Matth. 9, 1 u. a.: trans stagnum, Vulg. Luc. 8, 22: in Phoenicen, Vulg. act. apost. 8, 21: ad alqm, Vulg. 1. Mach. 5, 41 u. 43: Aegyptum, nach Ägypten, Amm. 22, 6, 4. – **b** *tr.:* **α** m. *Acc.* des Gewässers über usw., mare, Vulg. deut. 30, 13 u. a.: Euphraten flumen, Vulg. 1. Mach. 3, 37: torrentem, Vulg. 1. Mach. 16, 6. – **β** m. *Acc.* der Pers., transfretabantur agminatim impositi, Amm. 31, 4, 5. – **II durchschiffen,** nur bildl., vitae conversationem sine gubernaculo rationis transfretantes, durchlebend, zubringend, Tert. de paenit. 1.

trānsfuga, ae, c. (transfugio), der **Überläufer** zum Feind, der **Ausreißer,** ille transfuga, Cic.: transfugae barbari, Suet.: novi (die zuletzt angekommenen), Liv.: illa pastorum convenarumque plebs transfuga *ex* suis populis, Liv.: soleo in aliena castra transire, non tamquam transfuga, sed tamquam explorator, Sen.: specie transfugarum ad Flaccum venire, Liv.: transfugam simulare, Flor.: transfugam se esse simulare, Curt. – übtr., transfuga divitum partes linquere gestio, Hor.: mundi, beinahe aus der Welt (d. i. dem römischen Reich), Lucan.: metalli, aus dem Bergwerk Entlaufener, Entsprungener, ICt.: ne fias transfuga, treulos, abtrünnig, Mart.

trāns-fugio, fūgī, fugitum, ere, zum Feind **überlaufen, übergehen,** **I** eig.: ad hostes, Plaut. u. Nep.: ad victorem, Liv. epit.: desertā Italiā ad regum aliquem, Liv.: Gabios, Romam, Liv.: absol., quod in obsidione et fame servitia infida transfugerent, Liv.: eum desiderio amicae transfugisse, Suet.: transfugisse classem, Tac. – **II** übtr.: ab afflicta amicitia transfugere et ad florentem aliam devolare, unglückliche Freunde treulos im Stich lassen, Cic. Quinct. 93: nam illius oculi atque aures transfugere ad nos, halten es mit uns, Plaut. mil. 590.

trānsfugium, iī, *n.* (transfugio), das **Überlaufen, Übergehen** zum Feind, gew. Plur. transfugia = einzelne Fälle-, einzelne Gelegenheiten zum Überlaufen, Liv. u. Tac.; vgl. Fabri Liv. 22, 43, 5. – übtr., qui transfugio meruere sacrari, Prud. c. Symm. 2, 505: facere ad Christum de circumcisione transfugium, Übertritt, Sidon. epist. 8, 13, 3.

trāns-fūmo, āre, **durchrauchen, durchdampfen,** Stat. Theb. 6, 399. Sidon. carm. 23, 331.

trānsfūnctōrius, a, um (trans u. fungor), **leichthin geschehend, nachlässig,** Tert. adv. Marc. 1, 27 u. adv. Val. 6.

trāns-fundo, fūdī, fūsum, ere, **hinübergießen,** in ein anderes Gefäß **abgießen, abschütten,** **I** eig.: aquam caelestem in alia vasa, Colum.: sanguis in venam transfunditur, ergießt sich, Cels.: prägn., alqm in urnam, jmds. Asche in eine U. schütten, Lucan. 8, 770. – **II** übtr., **ergießen, übertragen,** omnem amorem in alqm, Cic.: eorum mores in Macedonas, Curt.: sunt alia (studia) liberiora et transfusa latius, weit umfassendere, Cic.

trāns-fungor, fungī, **verwenden, verstreichen lassen,** more pecoris otio, CIL 9, 1164.

trānsfūsio, ōnis, *f.* (transfundo), **1** eig. das **Hinübergießen, -schütten, Abgießen, Abschütten,** die **Ergießung,** sanguinis in arterias, Cels.: separatur terrenum transfusione, Plin. – **2** übtr. **a** die **Vermischung,** valde eam (gentem) putamus tot transfusionibus coacuisse? Cic. Scaur. 43. – **b** die **Übertragung** im juristischen Sinne, novatio est prioris debiti in aliam obligationem transfusio atque translatio, Verwandlung und Übertragung, Ulp. dig. 46, 2, 1 *pr.*: u. so naturae alterius tr., Ambros. in Luc. 4. § 19.

trāns-gero, ere, **hinüber-, hintragen,** ova alio, Plin. 10, 98.

trāns-glūtio (īvī), ītum, īre, **hinterschlucken, verschlucken,** Veget. mul. 5, 77 (78). Marc. Emp. 16 u. 19. Th. Prisc. 2, 6. Sex. Placit. de medic. 2, 13. Schol. Pers. 3, 111.

trānsgredior, gressus sum, gredī (trans u. gradior), **I** *intr.* **hinüber-, hinschreiten, -gehen, A** eig.: **1** im Allg.: in Europam, Liv.: per montes, Liv.: ad alqm, Tac.: ad Africam, Eutr.: ad solis occasum, Plin.: ad deos, Vell.: magno per caerula saltu, Sil.: sol transgressus in Virginem, Plin.: prata oleaeque in contrarias sedes transgressae, Plin. – m. *Abl. loci,* Rheno, Tac. ann. 12, 27 zw. – **2** insbes., zu irgendeiner Partei **übergehen,** ad alqm, Tac.: in partes alcis, Tac. – **B** übtr.: **a** zu einer Handlung **übergehen, schreiten,** tarde ad sacramentum, Tac.: ab odio ad gratiam, Val. Max.: ab indecoris ad infesta, Tac. – **b** in der Rede **übergehen** zu usw., brevi deverticulo ad illos, quos etc., Val. Max.: ad egregium humani animi deflexum, Val. Max. – **II** *tr.* **über** oder **durch** etw. **gehen, A** eig.: Taurum, Cic.: flumen, Caes.: mare, Liv. epit.: convallem, Auct. b. Afr.: colonias, Tac. – **B** übtr.:

a eine Zeit oder ein Maß **überschreiten, übersteigen,** necdum duodevicesimum transgressus annum, Vell.: annum nonagesimum transgressa, über 90 Jahre alt, Val. Max.: centenariam transgreditur aetatem, Hieron.: mensuram, Plin. – **b** in der Rede **durchgehen, aufführen,** constantis et benignae amicitiae exempla sine ulla eius mentione, Val. Max. 4, 7. ext. 2: hunc locum omnium rerum aliarum difficillimum strictim atque cursim transgressus est, Gell. 1, 3, 12. – **c** **übergehen** (mit Stillschweigen), mentionem viri, Vell. 2, 108, 2: utinam hercule possem quae deinde dicenda sunt sine maximo causae dispendio transgredi! Apul. apol. 74. – **d** **übertreffen,** Marcellum, Plin. 7, 92. – ► Partiz. passiv, transgresso Apennino, Liv. 10, 27, 1 (Gronov transgressos Apenninum).

transgressio, ōnis, *f.* (transgredior), **I** *intr.* das **Hinübergehen,** der **Übergang, A** eig.: ascensus transgressioque Gallorum, über die Alpen, Cic. Pis. 81: illa tua in Germaniam transgressio, Claud. Mam. pan. 7, 2: v. Übergang über das Meer, Gell. 10, 26, 6. – **B** bildl., der **Übergang** in der Rede von einem Gegenstand zum anderen, Quint. 4, 1, 78. – **II** *tr.* nur bildl.: **1** die **Überschreitung, Übertretung** des Gesetzes, Augustin. de quaest. in exod. *no.* 8. Ambros. in Luc. 7. § 164. – **2** die **Überschreitung** der gewöhnlichen Wortstellung, die **Versetzung** (griech. ὑπέρβατον), verborum, Cic. u. Quint.: absol., Rhet. Her. u. Quint.

trānsgressīvus, a, um (transgredior), **in ein anderes Genus übergehend,** verba (wie gaudeo, gavisus sum), Diom. 346, 5.

trānsgressor, ōris, *m.* (transgredior), der **Überschreiter, Übertreter** eines Gesetzes, Eccl.

trānsgressus, ūs, *m.* (transgredior), das **Überschreiten,** der **Übergang** über ein Gewässer, auspicium prosperi transgressus, Tac. ann. 6, 37: vitare proelium in transgressu conatus est, Sall. hist. fr. 1, 65 (64); vgl. Gell. 10, 26, 1 *sqq.* – m. obj. *Genet.*, amnis, Tac. ann. 11, 10: u. so Euphratis, Tac. ann. 15, 7.

trānsiacio, s. trāicio a. E. ►.

trānsiectio, -iectus, s. trāiectio, trāiectus.

trānsigo, ēgī, āctum, ere (trans u. ago), **durchtreiben, I** eig.: **1** eine Waffe durch etw. **treiben, stoßen,** per pectora ensem, Sil.: ferrum per ambos pedes, Sen. poët. – **2** prägn., mit einer Waffe **durchstechen, durchbohren,** gladio pectus, Phaedr.: se ipsum gladio, Tac.: suo se ipsum gladio transegit, Gell.: se ferro, Tac.: iuvenem cuspis transigit, Sil. – übtr., hominem (amoris) toxico, Caecil. com. 53. – **II** übtr.: **1** eine Zeit durchbringen, **zubringen, verleben,** tempus per ostentationem, Tac.: adulescentiam per haec fere, Suet.: placidas sine suspirio noctes, Sen.: transacto tribuniciae potestatis tempore, Suet.: mense transacto, Suet. – **2** ein Geschäft **durchführen, zu Ende-, zustande bringen, vollenden, abtun, a** im Allg.: negotium, Cic.: facta transacta omnia, Ter.: atque illud, quod faciendum primum fuit, factum atque transactum est, Cic.: ego unum quidquid quod adortus eram transigebam, Cato fr.: transactā re, Ter.: rebus transactis, Cic.: transactis rebus, quae in urbe agendae erant, Liv.: transactis iam meis partibus, Cic.: post transacta convivia, Sen. – alqd per alqm, Cic.: alqd per se, Liv.: alqd cum alqo, Sall.: fabulam, Plaut. – *impers.*, si transactum est, wenn es vorbei ist, Cic. – Partiz. subst., quod plerumque non *futura* (was geschehen soll), sed *transacta* (was geschehen ist) perpendimus, Curt. 8, 2 (6), 1. – **b** insbes., **α** als *t. t.* der Geschäftsspr., einen streitigen Gegenstand durch Unterhandlung oder Vergleich **abmachen, abtun, ausgleichen, vermitteln, sich vergleichen,** mit jmd. ein **Abkommen treffen,** cum reo, Cic.: cum alqo HS ducentis milibus, Cic.: cum privatis minore pecuniā, Cic.: rem cum alqo, Cic. u. Liv.: inter se, Ter.: ne non habeam satis praesidii ad ea, quae vos statueritis hodierno die, transigunda, eure heutigen Beschlüsse durchzuführen, Cic. – Partiz. subst., trānsāctum, ī, *n.* = der **Vergleich,** Ulp. dig. 2, 15, 2 (transactum negotium, Papin. dig. 2, 15, 17). – **β** außerhalb der Geschäftssphäre = mit etwas **fertig werden, abschließen, ein Ende machen,** Cremonae interim transegimus, Tac.: transigite cum expeditionibus, Tac.: *impers.*, cum spe votoque uxoris semel transigitur, Tac.; vgl. Nipperd. Tac. ann. 12, 19. – **3** **vertreiben, verkaufen,** Pallad. 3, 26, 2; 12, 13, 8. – **4** se transigere, **sich durchbringen, sich durchschlagen,** Commodian. instr. 2, 30, 16 *Ludwig*. – Archaist. transaxim = transegerim, *Pacuv. tr. 209 R.

trānsilio (trānssilio), uī u. (selten) iī u. īvī, īre (trans u. salio), **I** *intr.*: **A** **hinüberspringen, überspringen, 1** eig. u. übtr.: **a** eig.: de muro in navem, Liv.: in hostium naves, Auct. b. Alex.: in vehicula strenuo saltu, Curt.: ad nos, Auct. b. Hisp.: per hortum ad nos, Plaut. – **b** übtr.: eadem aetas Neronis principatu ad Thessalum transilivit, schlug sich zu dessen Fahne, sprang über, Plin. 29, 9. – **2** bildl.: ab illo consilio ad aliud, übergehen zu usw., verfallen auf usw., Liv.: ad ornamenta, Plin.: onyx in gemmam transilit ex lapide Carmaniae, der Name Onyx ging über, Plin. – **B** **hindurcheilen,** per Thracen Macedoniamque et Graeciam, Flor. 3, 5, 25. – **C** **hinübereilen,** hinc in Aegyptum subito, Flor. 4, 2, 6. – **II** *tr.* etw. **überspringen,** über etwas **hinüberspringen, 1** eig. u. übtr.: **a** eig.: novos muros, Liv.: fossam, Colum.: positas flammas, Ov.: quaternos equos, von einem auf das andere, Plin. – **b** übtr., über etw. **hinübereilen, -laufen, -kommen,** rates transiliunt vada, hüpfen hinüber, Hor.: obstantia freta, Plin. pan.: amnem, Flor. – **2** bildl.: **a** in der Rede **überspringen, übergehen,** rem unam, Cic.: partem vitae, Ov.: vitam silentio, Vulg.: non principis nostri consulatum, Plin. pan.: praedicta etiam de oraculis fata transilio, Min. Fel. – **b** **überschreiten,** lineas, Cic.: munera Liberi, kein Maß halten, Hor.: annos suos transilivit, Sen.: quae naturalem modum transiliit, Sen. – ► *Part. Perf.*, multis in medio transilitis, Hieron. in Dan. 21, 11: mole istius mundi salubriter transilitā, Cassiod. de anima 12 *extr.* – Perf. transilui, Plaut. truc. 249. Ov. fast. 4, 727 u. 843. Sen. ep. 74, 34 u. 93, 5; de tranqu. anim. 1, 16. Plin. pan. 66, 1. Flor. 3, 3, 12; 4, 2, 6: transiluisse, Liv. 1, 7, 2. Ov. fast. 3, 70. – Perf. transilii, Auct. b. Hisp. 19, 3, Sen. ep. 39, 5. Sen. de ben. 3, 33, 1. – Perf. transilivit, Plin. 29, 9. Aur. Vict. de vir. ill. 1, 4 (*codd. optt.*).

trānsilis, e (transilio), **hinüberspringend,** bis an den nächsten Baum **hinüberreichend,** palmes, Plin. 17, 211 (Detl. rasilem).

trānsitio, ōnis, *f.* (transeo), **I** das **Hinübergehen,** der **Übergang, A** eig.: **1** im Allg.: cum idem sol de eo trigono in aliud signum transitionem fecerit, Vitr. 9, 1 (4), 11: imagines similitudine et transitione (Übergang, Überströmen der Bilder von den Göttern zu den Menschen) perceptae, Cic. de nat. 1, 49: so auch tr. fluentium visionum, *ibid.* 1, 109: eamque esse eius visionem, ut similitudine et transitione cernatur, *ibid.* 1, 105. – **2** insbes., der **Übergang** zu einer Partei: **a** der **Übertritt** vom patrizischen Stand in den plebejischen, ad plebem transitiones, Cic. Brut. 62. – **b** der **Übergang** zum Feind, sociorum, Liv.: Medorum, Iustin.: nec ulla facta est transitio, Liv.: vocari ad transitionem ab hostibus, Liv.: Numidas ad transitionem perlicere, Liv.: alqm ad transitionem illicere, Liv.: Plur., transitiones ad hostem fiebant, Liv.: exercitus transitionibus imminutus, Liv. – **c** tr. animae = μετεμψύχωσις, der Übergang der Seele aus einem Körper in den anderen, die Seelenwanderung, Mythogr. Lat. 3, 6, 21. – **B** übtr.: **a** der **Übergang** der Krankheit, die **Ansteckung,** Ov. rem. 616. – **b** der **Übergang** in der Rede, Rhet. Her. 1, 14 u. 4, 35. – **c** als gramm. *t. t.*, der **Übergang,** die Veränderung des nomen u. verbum durch Deklinieren u. Konjugieren, Varro LL. 9, 103. Prisc. 14, 15. – **II** der **Durchgang** (meton. als Ort), ex quo transitiones perviae ›iani‹ nominantur, Cic. de nat. deor. 2, 67.

trānsitīvē, *Adv.* (transitivus), **in transitiver Bedeutung** (Ggstz. intransitive), Prisc. 14, 39; 18, 58 u. 139.

trānsitīvus, a, um (transeo), **übergehend, transitiv** (Ggstz. intransitivus), verbum, Prisc. 14, 15.

trānsito, āre (*Intens.* v. transeo), **hindurchgehen,** transitans, bei seinem Durchzug, Cic. ad Att. 5, 21, 5 zw. (Baiter Iuliā lege transitā, Wesenberg sed † Iulia lege transitam, Müller transitans).

trānsitor, ōris, *m.* (transeo), der **Vorübergehende,** Amm. 15, 2, 4. Augustin. serm. 90, 4 Mai.

trānsitōriē, *Adv.* (transitorius), **im Vorbeigehen,** Auct. itin. Alex. 10 (26). – bildl., dicere, loqui, Hieron.: considerare, Augustin.

trānsitōrius, a, um (transeo), **I durchgehbar, mit einem Durchgang versehen, Durchgangs-,** domus, Suet. Ner. 31, 1: forum, Lampr. Alex. Sev. 28, 6 u. 36, 2. Eutr. 7, 23. – **II** übtr., **vorübergehend = kurz,** vita, Cassiod. de amic. p. 602: momentum, Boëth. consol. phil. 5. pros. 6: mortalis vitae tr. vapor, Augustin. de civ. dei 7. praef. *extr.*: non quasi *mansoria* dilectio atque delectatio, sed *transitoria* potius, tamquam viae, Augustin. de doctr. Chr. 1, 35, 39. – neque id breve aut transitorium fuit, Iul. Val. 3, 22. p. 131, 1 *Kuebler.*

trānsitus, ūs, *m.* (transeo), **I** das **Hinübergehen,** der **Übergang, A** eig.: **1** im Allg.: flumine impeditus transitus, Hirt. b. G.: tr. Hasdrubalis, Liv.: tr. Alpium, Plin.: tr. fossae, Cic.: transitum claudere, Liv.: transitum Alpium parare, Tac.: incurrentibus curribus per acies phalangasque locum transitui pandi praedicit, Iul. Val. 1, 43 (41): ubi cum facultas transitui nulla esset, Itin. Alex. 33 (77): quā in Graeciam brevissimus transitus, Plin.: transitum deinde in Indiam fecit, Iustin.: transitum non dare (gestatten), Liv. epit. u. Iustin.: Poeno per agros urbesque suas transitum dare, Liv.: transitum ad sociorum urbes tuendas Philippo dare, Liv.: alqm transitu arcere, Tac.: prohibere alqm transitu Araxis fluminis, Iustin.: prohibere transitum, Iustin.: Plur., mercantium ibi transitus infestantur ex Arabicis insulis, Solin. 56, 8. – **2** insbes.: **a** der **Übergang,** die **Übersiedelung** nach einem anderen Ort, nec minus voluntarius in urbem nostram Iunonis transitus, Val. Max. 1, 8, 3. – **b** der **Übergang, Übertritt** zu einer anderen Partei, facili transitu ad proximos et validiores, Tac. hist. 1, 76: in alienam familiam, Gell. 5, 19, 8. – **B** übtr.: **1** im Allg.: in illo a pueritia in adulescentiam transitu, Quint. 11, 3, 28. – **2** insbes.: **a** der **Übergang** in der Malerei vom Schatten zum Licht, colorum, Plin. 35, 29 u. 37, 21; so auch Ov. met. 6, 66. – **b** der **Übergang** in der Rede, von einem Stück zum anderen, ad alia, ad diversa, Quint.: in aliud rhythmi genus, Quint.: unde venusti transitus fiunt, Quint.: von einer Zeile zur anderen (im Lesen), Quint. 10, 7, 11: in der Erzählung, magno spatio divisus est a senatu ad poëtam Accium transitus, es ist ein großer Sprung vom S. zum D. Accius, Val. Max. 3, 7, 11: sed quoniam in Armeniam transitum facimus, zu A. übergehen, Iustin. 42, 2, 7. – **c** der **Übergang,** die **Veränderung, Verwandlung,** in figuras alias, Plin. 11, 120: so auch der Töne in der Musik, Quint. 12, 10, 68: u. als gramm. *t. t.* = die Veränderung der *Verba* u. *Nomina* nach ihren Personalendungen u. *Casus,* die **Konjugation** u. **Deklination,** Varro LL. 9, 109 u. a. – **II** der **Durchgang, A** eig.: per agros urbesque, Liv.: datus est verbis ad amicas transitus aures, Ov.: transitum acus facere faciliorem, Cael. Aur. de morb. acut. 3, 9, 100. – **B** meton., der Ort, wo man durchgeht, der **Durchgang,** transitus insīdĕre, Liv.: spiritus, Luftröhre, Plin. – **III** das **Vorbei-** od. **Vorübergehen, A** eig.: tempestatis, Cic.: in transitu capta urbs, Tac. – **B** bildl.: in transitu, gleichs. im Vorbeigehen, flüchtig, oberflächlich, Quint. 2, 10, 15; 6, 2, 2 u. 7, 3, 27: so per transitum, Serv. Verg. georg. 3, 526.

trānsiugo (āvī), ātum, āre (trans u. iugum), **überschreiten,** Athos mons a Xerxe perfossus transiugatusque est, Mela 2, 2, 10 (2. § 32). (Parthey u. Frick transnavigatusque est).

trāns-iungo, ere, **umspannen,** mulam, Ulp. dig. 21, 1, 38. § 8.

trāns-lābor, lāpsus sum, lābī, **vorbeischlüpfen,** Padum, Claud. Eutr. 1, 376.

trānslātīciē (trālātīciē), *Adv.* (translaticius), **leichthin, nachlässig,** ICt.

trānslātīcius (trālātīcius), a, um (translatus v. transfero), übergetragen, **I** (als gramm. *t. t.*) **übertragen, metaphorisch** (Ggstz. proprius), nomen, verbum, Varro LL. 6, 55 u. 64. – **II durch die Gewohnheit hergebracht, gewöhnlich, a** im engeren Sinne: edictum, das gewöhnliche od. hergebrachte Edikt der Statthalter, das jeder Statthalter in seiner Provinz vorfand u. meistens beibehielt, außer dass er zuweilen einige Zusätze machte, Cic. u. Gell.: hoc vero translaticium est, dieser Punkt ist nur früheren Programmen entnommen, Cic. – **b** im weiteren Sinne, **gewöhnlich, gemein,** funus, Suet.: mos, Phaedr.: officia, Plin. ep.: verba, Gell.: haec tralaticia, gewöhnliche Gang der Dinge, Cael. in Cic. ep.

trānslātio (trālātio), ōnis, *f.* (transfero), das **Übertragen,** die **Versetzung, I** eig.: **1** im Allg.: oneris, Donat. Ter. Andr. 5, 3, 26: domicilii, Verlegung (griech. μετάστασις), Suet.: pecuniarum a iustis dominis ad alienos, Cic.: mors translatio est ad immortalitatem, Lact. – **2** insbes.: **a** die **Versetzung** der Gewächse, **Verpflanzung,** Colum. u. Plin. – u. das Versetzen von einem Stamm zum anderen, das **Pfropfen,** Varro r. r. 1, 41, 3. – **b** das **Abgießen** in ein anderes Gefäß, Colum. 12, 52, 11. – **II** übtr.: **1** als gramm. *t. t.*: **a** die **Versetzung** der Wörter, Quint. 7, 9, 9. – **b** die **Versetzung** der Buchstaben, **Metathesis** (griech. μετάθεσις), Diom. 442, 13. Donat. 397, 2 K. – **2** die **Ablehnung, a** des Richters, Klägers, Ortes usw., sonst exceptio gen., Cic. de inv. 1, 10 u. 2, 57. – **b** der Beschuldigung, criminis, Cic. Verr. 4, 91: propulsatio translatiove criminis, die Abwehr und Entkräftung der B., Gell. 6 (7), 3, 15: als Teil der Rede, griech. μετάστασις, Quint. 3, 6. § 23. 38. 53. 56. – **3** die **Übertragung, a** in eine uneig. Bedeutung, der **Tropus,** die **Metapher** (griech. μεταφορά; vgl. Fest. 153 [a], 3. Diom. 457, 4), Rhet. Her., Cic. u. Quint.: verecunda, Cic.: translationes mollissimae, Quint.: cum creditum (statt beneficium) dicimus, imagine (bildliche Vorstellung) et translatione utimur, Sen.: in eadem translatione permansit, Donat. – **b** die **Übertragung = Übersetzung** aus einer Sprache in die andere (als Handlung), Quint. 1, 4, 18. Hieron. epist. 99, 1. – **c** die **Übertragung = Abschrift,** Sidon. epist. 8, 3, 1. – **4** die **Versetzung, Vertauschung,** temporum, Quint. 9, 2, 41.

trānslātīvē, *Adv.* (translativus), **übertragen, metaphorisch** (als gramm. *t. t.*), Ggstz. proprie, Isid. orig. 17, 6, 23. Cael. Aur. de morb. acut. 3, 18, 175. Schol. Bern. Verg. georg. 1, 450 u. 2, 136 u. 267. Schol. Iuven. 13, 22.

trānslātīvus, a, um (transfero), auf eine andere Rubrik **übertragend, ablehnend,** constitutio, Cic. de inv. 1, 10: ius, Suet. Aug. 10, 2: quaestiones, Quint. 3, 6, 52: genus causae, Quint. 3, 6, 75. – subst., trānslātīva, ae, *f.* (*sc.* constitutio), die **ablehnende Feststellung** (griech. μετάληψις), quam nos varie translativam, transumptivam, transpositivam vocamus, Quint. 3, 6, 46.

trānslātor, ōris, *m.* (transfero), der **Übertrager, a** quaesturae, der seine Quästur eigenmächtig gewechselt hat (v. Verres, der als Quästor des Konsuls Kn. Papirius Karbo im Bürgerkrieg mit der Kasse Konsul u. Heer verließ und zu Sulla überging), Cic. Verr. 5, 152. – **b** der **Übersetzer,** Hieron. epist. 57, 5 u. a. Eccl. – **c** der **Abschreiber, Kopierer,** Sidon. epist. 9, 16, 2.

trānslātus (trālātus), ūs, *m.* (transfero), **I** das **Hinübertragen,** translatui esse, facere, mittere, Diom. 407, 28 u. 408, 1. – **II** das Vorbeitragen; meton., der **feierliche Aufzug,** Val. Max. 2, 4, 6. Sen. de tranqu. anim. 1, 8.

trāns-lego, ere, **herlesen,** Plaut. asin. 750.

trānslīmitānus, a, um (trans u. limen), **über die Grenze hinaus wohnend, -hausend,** cum tu miniteris imperio Romano turmas translimitanas, Ambros. epist. 24. *no.* 8.

trāns-loquor (trāloquor), loquī, **hererzählen,** Plaut. Pers. 411.

trāns-lūceo (trālūceo), ēre, **I hinüber-, heraufscheinen,** speculo in speculum translucet imago, Lucr. 4, 306 (332): per raritatem eorum (pontium) translucentibus fluviis, Plin. 8, 169. – **II durchscheinen = durchsichtig sein, das Licht durchlassen,** Ov., Colum. u. Plin.

trāns-lūcidus (trālūcidus), a, um, **durchsichtig, I** eig.: crystallus, Plin.: smaragdus, Plin. – **II** übtr.: elocutio, als Fehler (mit Anspielung auf die damals so durchsichtigen Kleider der Frauen), Quint. 8. prooem. § 20.

trāns-marīnus, a, um, **jenseits des Meeres befindlich, überseeisch,** res, Cic.: artes, Cic.: peregrinatio, Quint.: hostis, Eutr.: legationes, die über das Meer gekommenen, Liv.: provinciae, Liv. epit.: merces, CIL 9, 4680. – subst., trānsmărina, ōrum, *n.*, überseeische Länder, Augustin. de civ. dei 22, 8, 3. p. 567, 19 D.[2]

trānsmeābilis, e (transmeo), **durchgehbar,** spatium, Auson. grat. act. XVIII. 79. p. 29, 21 Schenkl.

trānsmeātōrius, a, um (transmeo), **durchgehend,** Tert. adv. Val. 27.

trāns-meo (trāmeo), āvī, ātum, āre, **durchgehen, -ziehen, -wandern,** signa, Plin.: maria, Plin.: maria transmeantur, Augustin.: limite transmeato, Apul.: freto transmeato, Amm.: absol., transmeantes terrā marique duces exercitusque, Tac. ann. 12, 62. – übtr., **durchdringen,** v. der Kälte, trameat frigus id genus vestimenti, Varro LL. 5, 113.

trānsmigrātio, ōnis, *f.* (transmigro), das **Wegziehen,** die **Auswanderung,** der **Auszug,** Prud. ham. 448. Vulg. 4. regg. 25, 27; 1. paral. 5, 22 u. a.: plurimos Iudaeorum in transmigrationem egit, Oros. 3, 7, 6. – meton., das nach Babylon versetzte jüdische Volk, die **Gefangenen,** Vulg. Ezech. 3, 11 u. 15; 11, 25.

trāns-migro, āvī, ātum, āre, **I** *intr.* nach einem anderen Ort **hinüberziehen, übersiedeln,** Veios, Liv.: in hortos, Suet.: alia urbs, quo transmigremus, Liv.: übtr., v. Lebl., arbor transmigrat, lässt sich anderswohin verpflanzen, Plin. 16, 136. – **II** *tr.* nach einem anderen Ort **hinbringen,** transmigravit eum in Babyloniam, Vulg. 3. Esdr. 1, 45: im Passiv, transmigrari, **übergesiedelt werden, übersiedeln,** Fulg. myth. 3, 10: qui (Assyrii) transmigrati habitaverunt in Samaria, Isid. orig. 9, 2, 54.

trāns-mineo, ēre, **hindurchragen,** per os elephanti transmineret bracchium, Plaut. mil. 30.

trānsmissio, ōnis, *f.* (transmitto), **I** die **Übersendung,** scriptorum, Augustin. op. imperf. c. Iul. 1, 17: bes. die **Einzahlung der Abgaben,** Cassiod. var. 2, 24, 2. – **II** die **Überfahrt,** superior tua, Cic. ad Att. 4, 17, 1: ab ea urbe in Graeciam, Cic. Phil. 1, 7: opinione facilior transmissio fuit, Itin. Alex. 33 (77). – **III** die **Übertragung** auf jmd., culparum, Iulian. b. Augustin. op. imperf. c. Iul. 6, 25.

trānsmissor, ōris, *m.* (transmitto), der **Überschicker,** Ambros. de Tobia 20. *no.* 76.

trānsmissus, ūs, *m.* (transmitto), **I** die **Überfahrt,** Hibernia dimidio minor, ut aestimatur, quam Britannia, sed pari spatio transmissus atque ex Gallia est in Britanniam, Caes. b. G. 5, 13, 2: Sallustius transitum transmissumque navibus factum ›transgressum‹ appellavit, Gell. 10, 26, 1. – **II** die **Überlassung, Übertragung,** Pacuv. tr. 57.

trans-mitto (trāmitto), mīsī, missum, ere, **I** einen fremden Gegenstand zu einem Punkt **hinüber-, über** einen Raum **hin-, durch** einen Raum **hindurchschicken = -gehen lassen,** also: **A hinüberschicken, -gehen** od. **-kommen lassen, -bringen, 1** eig.: **a** übh.: pecora in campum, Tac.: in formas coactam materiam, Colum. – **b** über ein Gewässer, **übersetzen lassen, übersetzen,** legiones, Vell.: equitatum celeriter, Caes.: m. Angabe wohin? cohortem Usipiorum in Britanniam, Tac.: classem in Euboeam ad urbem Oreum, Liv.: Ligures in naves impositos praeter oram Etrusci maris Neapolim, Liv. – **2** übtr.: **a** im Allg.: bellum in Italiam, hinüberspielen, Liv.: u. bl. bellum, Tac.: vitia cum opibus suis Romam, Iustin.: vim in alqm, gleichs. loslassen = anwenden, Tac. – **b** insbes., **überlassen,** d. i. **α anvertrauen,** huic hoc tantum bellum, Cic. de imp. Pomp. 42. – **β übergeben, abtreten,** hereditatem filiae, Plin. ep.: res matris alci, Apul.: poma intacta ore servis, an die Sklaven weitergeben, Tac.: munia imperii, einem anderen abtreten, Tac. – durch Kauf, ut illam transmittas sibi, Plaut. – **γ widmen,** suum tempus temporibus amicorum, Cic.: vigiles operi noctes, Suet.

B über od. **durch** etw. **(gehen-, setzen) lassen, durchlassen, 1** eig.: **a** im Allg.: equum per amnem, Liv.: exercitum per fines, Liv. – vehem feni large onustam, Plin.: lucem, durchlassen, Sen.: favonios, Plin. ep.: imbres, Plin. – **b** insbes.: **α durchstechen, -stecken,** facem per pectus, Sen. poët.: acum duplicem muliebrem capillum ducentem, Cels. – **β** von einem Punkt durch od. über einen Raum usw. hinweg bis zu einem anderen Punkt **führen, legen,** transmissum per viam tigillum, quer über die Straße gesteckt, Liv.: super templum Augusti ponte transmisso, über den Tempel des Augustus hinweggeführt, Suet. – **2** übtr.: acquiescamus iis, quae iam hausimus, si modo non perforato animo hauriebamus et transmittente quicquid acceperat, durchlassend = vergessend, Sen. ep. 99, 5.

C vorüber-, vorbeilassen, 1 eig.: agmina, Val. Flacc.: hastam, Stat. – **2** übtr., vorüberlassen = **fahren lassen, in Frieden lassen, aufgeben,** innumeris veluti leo forte potitus caedibus imbelles vitulos mollesque iuvencas transmittit, lässt gehen, lässt unberührt, Stat.: Gangen amnem (die Eroberung des G.), Curt.: Iunium mensem transmissum, man habe aufgegeben, fallen lassen, Tac.

II selbst **über** od. **durch** etw. **setzen, (übersetzen) -gehen, -laufen, -schwimmen, 1** eig.: **a** im Allg.: **α** m. *Acc.* des Ortes usw., über den man setzt, Hiberum, Liv.: maria, v. Pers. (z. B. discendi aut visendi causā), Cic., v. Vögeln = über die M. fliegen, Cic.: mare, durchschwimmen, Plin.: flumen ponte, Tac.: Alpes, Liv.: patentes campos cursu, flüchtig durcheilen, Veget.: poet., cursum (wie πορθμεύειν τὸν πλοῦν), Verg.: sinus transmitti oporteret, Cic.: amne transmisso, Tac.: clementi transmisso clivulo, Apul. – **β** absol.: ab eo loco conscendi (habe ich mich eingeschifft), ut transmitterem, Cic.: sin ante transmisisset, Cic.: m. Ang. von wo? u. wohin? inde, Cic.: numquam a Brundisio nisi hieme summā, Cic.: Uticam ab Lilybaeo, Liv.: a Brundisio Dyrrhachium, Suet.: ex Corsica in Sardiniam, Liv.: ex Sardinia ab Lentulo praetore in Africam (v. Schiffen), Liv.: Passiv unpers., in Ebusum insulam transmissum (est), Liv. 22, 20, 7. Vgl. Drak. Liv. 25, 31, 12. – **b** insbes.: **α über** oder **durch** einen Raum usw. **werfen, -schleudern,** u. dgl. tectum lapide vel missili, Plin.: flumina disco, Stat. – übtr., quantum Balearica torto funda potest plumbo medii transmittere caeli, Ov. – **β durchstechen, durchbohren,** pectus cuspide, Sil.: von der Waffe, pectus transmittit (durchfährt = durchbohrt) cuspis, Sil. – **2** übtr.: **a übergehen = unbeachtet-, unberücksichtigt-, unberührt lassen, nicht beachten, nicht berücksichtigen** (vgl. Ruperti Tac. ann. 4, 55, 1), Hypaepeni transmissi ut minus validi, Tac.: apud quos inania transmittuntur, Tac. – Scaurum silentio transmisit, Tac.: nihil silentio, Tac.: sententiam silentio, deinde oblivio, Tac.: haud fas, Bacche, tuos tacitum transmittere honores, Sil.: qui in praetura omnibus edictis sine honore ac mentione ulla (ohne jede ehrenvolle Erwähnung) eum transmiserat, Suet. – **b** eine Zeit **zubringen, durchleben,** omne hoc tempus inter pugillares et libellos iucundissimā quiete, Plin. ep.: vitam per obscurum, Sen.: quattuor menses hiemis inediā, Plin.: steriles annos, Stat.: ille, cui multi anni transmissi sunt, dem viele Jahre vergangen, über den v. J. hingegangen sind, Sen. ep. 93, 4. – **c** einen Zustand usw. **überstehen, durchmachen,** febrium ardorem, Plin. ep.: discrimen (v. einem Kranken), Plin. ep.: secessus voluptatis, Plin. ep.

trāns-montānus, ī, *m.*, **jenseits der Gebirge befindlich, -wohnend,** der **Transmontane** (Ggstz. cismontanus), CIL 13, 8098. – Plur. trānsmontānī, ōrum, *m.*, die jenseits der Gebirge wohnenden Völkerschaften, die **Transmontanen,** Liv. 39, 2, 9. Plin. 3, 28.

trānsmōtio, ōnis, *f.* (transmoveo) = μετάστασις als rhetor. *t. t.*, die **Übertragung** einer Beschuldigung auf Außendinge und Zufälligkeiten, die **Ablehnung,** Aquila Rom. § 16. Mart. Cap. 5. § 525.

trāns-moveo, mōvī, mōtum, ēre, **hinüberschaffen, I** eig., wohin **versetzen, verlegen,** Syriā legiones, Tac. ann. 13, 35. – **II** übtr., **übertragen,** labore alieno magno partam gloriam verbis in se, sich zuschreiben, Ter. eun. 400: rem a nobis alio, Aquila Rom. § 16. Mart. Cap. 5. § 525 (vgl. transmotio).

trāns-mundānus, a, um, **überweltlich,** Mam. Claud. de stat. anim. 2, 12. p. 144, 20 *Engelbrecht.*

trānsmūtātio, ōnis, *f.* (transmuto), **I** die **Veränderung, a** übh., Vulg. epist. Iacobi 1, 17. – **b** der **Umzug,** Itala Zach. 13, 1. – **II** die **Vertauschung, Versetzung** der Buchstaben, die **Metathesis** (griech. μετάθεσις), Quint. 1, 5, 12 u. 39. Diom. 452, 29: der Metra, Mar. Victorin. 1, 12, 30. p. 52, 20 K.

trāns-mūto, āre, **I hinüberversetzen, hinüberschaffen,** aegros ad alium locum, Cael. Aur. de morb. acut. 1, 15, 142. – **II** etw. **vertauschen, verwechseln,** dextera laevis, Lucr. 2, 488: incertos honores, Hor. carm. 3, 29, 51.

trāns-nato, s. trānato.

trāns-nāvigo, āvī, āre, etw. **zu Schiff durchfahren,** angustias maris, Frontin. 1, 4, 13: tot maria, Sulp. Sev. dial. 1, 1, 3: a Xerxe perfossus transnavigatusque est Athos, Mela 2, 2, 10 (2. § 32) *Parthey* u. *Frick.*

trāns-no, āre, s. trāno.

trānsnōminātio, ōnis, *f.* (transnomino), die **Metonymie,** Diom. 458, 13. Donat. 400, 7 K. Cassiod. in psalm. 2. *v.* 3 u. in psalm. 104. *v.* 38.

trāns-nōmino, āvī, āre, **einen anderen Namen geben, umtaufen,** Septembrem mensem et Octobrem Germanicum Domitianumque, Suet. Dom. 13, 3: Pansam se, seinen Namen in Pansa umändern, Suet. gr. 18: qui prior et Christum suum in homines annuntiaret et Iesum transnominaret, Ter. adv. Marc. 4, 39 *in.*

trāns-nūbo, ere, **hinüberheiraten,** ut deserto Philippo ad sese transnuberet, Iul. Val. 1, 17 (1, 24).

trāns-numero, āre, **durchzählen,** Rhet. Her. 4, 63.

trānspadāneus, a, um, Nbf. v. transpadanus (s. d.), regio, CIL 8, 7030.

trānspadānus, a, um, **jenseits des Pos befindlich, transpadanisch** (Ggstz. cispadanus), colonia, Caes.: homines, Solin.: Opitergini, Liv. epit.: clientes, Cic.: regio, Plin. u. Inscr.: Italia, ein Teil von Gallia cisalpina, der in Italien liegt, Plin.: so auch provincia, Auct. inc. pan. Constant. – subst., trānspadānus, ī, *m.*, **einer von jenseits des Pos,** ein **Transpadane,** Catull. 39, 13: Plur. trānspadānī, ōrum, *m.*, die jenseits des Pos wohnenden Völkerschaften, die **Transpadanen,** Cic. u. Plin.

Trānspadum, ī, *n.* (trans u. Padus), das **Gebiet jenseits des Pos,** CIL 8, 822. lin. 13.

trānspectus, ūs, *m.* (transpicio), die **Durchsicht,** Lucr. 4, 271.

trāns-pello, pulsus, ere, **durch und durch erschüttern,** commoti vino praecordiaque transpulsi, Schol. in Caes. German. Arat. 95 (96). p. 389, 1 *Eyss.*

trānspertūsus, a, um (trans u. pertundo), **durchstochen,** Gromat. vet. 305, 6 u. 360, 13.

trānspicio, ere (trans u. specio), **durchsehen,** per eas igitur membranas sensus ille, qui dicitur mens, ea quae sunt foris transpicit, Lact. de opif. dei 8, 10: foris quae vere transpiciuntur (*sc.* per ianuam), was man jenseits sieht, Lucr. 4, 270.

trāns-planto, āvī, ātum, āre, **verpflanzen, versetzen,** in desertum (Wüste), Vulg.: in mare, Vulg.: super aquas, Vulg. – übtr., transplantati dii, vergötterte Wesen, Sedul. carm. 1, 259.

trāns-pōno, posuī, positum, ere, **I** an einen anderen Ort hinüber-, hinsetzen = **versetzen, 1** im Allg.: illam statuam in inferiorem locum perperam transponi, Gell. 4, 5, 3: tr. advecta fossā onera in flumen, Plin. ep. 10, 61 (69), 2: locum istum totum huc ex Pisonis annali, übertragen, Gell. 6, 9, 1. – **2** insbes., Pflanzen **versetzen, umsetzen, verpflanzen,** arborem in locum alium, Gell. 12, 1, 16: plantas eius (brassicae) Novembri inchoante, Pallad. 10, 13, 1. – **II** (= traicere) über einen Fluss usw. **übersetzen,** militem dextras in terras iturum, Tac. ann. 2, 8: victorem exercitum in Italiam, Iustin. 23, 3, 8.

trānsportātio, ōnis, *f.* (transporto), die **Übersiedelung, Wanderung,** omnes istae populorum transportationes, Sen. ad Helv. 7, 5 (6, 12).

trāns-porto, āvī, ātum, āre, **überfahren, übersetzen, I** eig.: **1** im Allg.: victorem exercitum, Liv.: exercitum in Graeciam, Cic.: copias secum, Nep.: m. *Acc.* des Gewässers, fluenta, Verg.: milites navibus flumen, Caes.: exercitum Rhenum, Caes. – **2** insbes., **verweisen,** alqm in insulam, Suet. Aug. 65, 4. – **II** bildl.: Danubius duratus glacie ingentia tergo bella (Kriegsmassen) transportat, Plin. pan. 12, 3.

trānspositīvus, a, um (transpono), **versetzend,** subst. trānspositīva, ae, *f.*, die **ablehnende Feststellung** (griech. μετάληψις), Quint. 3, 6, 46 (vgl. translativus).

trānspūnctōrius, a, um (transpungo), **durchbohrend,** Tert. adv. Valent. 6 *extr.*

trāns-pungo, pūnctus, ere, **durchstechen,** Cael. Aur. de morb. chron. 3, 4, 66. Alcim. Avit. epist. 3 u. (übtr.) bei a. Eccl.

trānsrhēnānus (transrēnānus), a, um (trans u. Rhenum), **jenseits des Rheins befindlich, überrheinisch, transrhenanisch** (Ggstz. cisrhenanus), Germani, Caes. b. G. 5, 2, 4: hostes, v. den Batavern, Plin. 19, 8: gentes, Liv. epit. 141. Capit. Claud. Albin. 6, 3: Germania, Capit. Maximin. duo 12, 1: limes, Treb. Poll. trig. tyr. 3, 9. Vopisc. Tac. 3, 4: victoria, Claud. Mam. genethl. Maxim. 7, 2: expeditiones, *ibid.* 16, 1: lares, Amm. 20, 4, 4. – Plur. subst., trānsrhēnānī, ōrum, *m.*, die jenseits des Rheins wohnenden Völkerschaften, die **Transrhenanen,** Caes. b. G. 4, 16, 5. Vopisc. Prop. 14, 1.

trānsscendo, transscēnsus, s. trānscendo etc.

trānsscindo, s. transcindo.

trānsscrībo, transscrīptio, s. trānscrībo etc.

trānssero, s. trānsero.

trānssilio, s. trānsilio.

trānsspectus, ūs, *m.*, s. trānspectus.

trānsspicio, ere, s. trānspicio.

trānssulto, āre, s. trānssulto.

trānssūmo, s. trānssūmo.

trānssūmptio, -sūmptīvus, s. trānsūmptio, trānsūmptīvus.

trānssuo, s. trānsuo.

trānsthēbaītānus, a, um (trans u. Thebais), **jenseits Thebais befindlich,** *Treb. Poll. Gall. 4, 2 zw. (Peter nach den Hdschrn. strangythebitinos?!).

trānstiberīnus, a, um (trans u. Tiberis), **jenseits des Tiber befindlich, -gelegen,** regio, Spart. Sever. 15, 5. Vopisc. Aurel. 45, 2: ambulator, Mart. 1, 41, 3. – Plur. subst., trānstiberīnī, ōrum, *m.*, die jenseits des Tiber Wohnenden, die **Transtiberiner,** Cic. ad. Att. 12, 23, 3.

trānstigrītānus, a, um (trans u. Tigris), **jenseits des Tigerflusses befindlich,** regiones, Ruf. Fest. breviar. 25, 3. Amm. 25, 7, 9: reges, Amm. 21, 6, 7: gentes, Amm. 18, 9, 2. – Plur. subst., trānstigritānī, ōrum, *m.*, die jenseits des Tigris wohnenden Völkerschaften, die **Transtigritaner,** Amm. 22, 7, 10.

trānstillum, ī, *n.* (*Demin.* v. transtrum), der **kleine Querbalken,** Vitr. 5, 12, 3.

trānstineo, ēre (teneo), **durchgehen,** commeatus transtinet trans parietem, ein Gang (Durchgang) geht durch usw., Plaut. mil. 468.

trānstrum, ī, *n.* (v. trans), **I** der **Querbalken,** bei Gebäuden der **Spannriegel** od. nach anderen der **Kehlbalken,** Caes., Vitr. u. Plin. – **II** die **Querbank** auf den Schiffen, die **Ruderbank,** Pers. 5, 147: gew. Plur., Cic., Caes. u. Verg. – ► Mask. Nbf. transtri, *Naev. tr. 52.

trānsulmānus, a, um (trans u. ulmus), **jenseits der Ulmen (des Ulmenhains) gelegen,** pagus, CIL 14, 4012.

trānsulto, āre (*Intens.* v. transilio), **hinüberspringen,** in recentem equum ex fesso, Liv. 23, 29, 5.

trānsūmo, ere (trans u. sumo), **herübernehmen, I** eig., **an sich nehmen,** hastam laevā, Stat. Theb. 3, 292. – **II** übtr., **annehmen,** mutatos cultus, Stat. Theb. 2, 242.

trānsūmptio, ōnis, *f.* (transumo), als Übersetzung von μετάληψις, die **Annahme der Bedeutung des** *consequens,* die **Übertragung,** Quint. 8, 6, 37. Diom. 458, 7.

trānsūmptīvus, a, um (transumptio), **übertragend,** subst. trānsūmptīva, ae, *f.*, die **ablehnende Feststellung** (griech. μετάληψις), Quint. 3, 6, 46 (vgl. translativus).

trānsuo, (trāns-suo), uī, ūtum, ere, **durchstechen,** exteriorem partem palpebrae acu, Cels.: mediam partem subulā, Colum.: chartam diligenter lino, Fronto: exta transuta verubus, Ov.

trāns-vado (āvī), ātum, āre, **I durchwaten,** torrens, qui non potest transvadari, Vulg. Ezech. 47, 5. – **II vorübersegeln,** bildl., quaestionum scopulis transvadatis, Hieron. epist. 14, 10.

trāns-vārico, āre, im Gehen **die Füße auseinandersperren, grätschen,** Veget. mul. 5, 59 (60).

trānsvectio (trāvectio), ōnis, *f.* (transveho), **I** das **Überfahren,** die **Überfahrt** über usw., travectio Acherontis, Cic. Tusc. 1, 10. – **II** das **Vorüber-, Vorbeifahren, A** *act.*: immanium saxorum, Plin. pan. 51, 1. – **B** *intr.* (nach transvehi medial = vorüberreiten) = das **Vorüberreiten** des röm. Ritters vor dem Zensor, die **Musterung,** Suet. Aug. 38, 3.

trānsvectūrārius, iī, *m.* (trans u. veho), der Auslader und Abführer von Waren auf Lasttieren, der **Frachtner,** CIL 8, 970; vgl. Mommsen Ephem. epigr. 3. p. 83.

trāns-veho (trāveho), vēxī, vectum, ere, **I hinüber-, überführen, -fah-**

ren, **-tragen, -bringen,** A aktiv: milites, Caes.: naves plaustris, Liv.: navem umeris travectam Alpes, Plin.: exercitum in Britanniam, Suet. – B medial transvehi, **hinüber-, überfahren, übersetzen,** in Africam, Sall.: Corcyram, Liv.: m. *Acc.* des Gegenstandes, über den man fährt, caerula cursu, Cic. poët.: flumen (schwimmend) übersetzen über usw., Varro. – II **durch** etwas **hin-, vorüberführen, -tragen, -bringen,** A aktiv: a im Allg.: corpus defuncti in itinere per vicos aut oppidum, Rescript. divi Marci b. Ulp. dig. 47, 12, 3. § 4. – b insbes., im Triumph **vorüberführen, -fahren, einherfahren, aufführen,** arma spoliaque carpentis, Liv.: primus dies signa tabulasque, secundus arma pecuniasque transvexit, Flor. – B medial transvehi = **vorüberfahren, -reiten,** 1 eig.: a im Allg.: transvectae a fronte pugnantium alae, vorüberreitend vor der Front, herumreitend um die Front, Tac. Agr. 37. – poet., transvehitur (fliegt vorüber an) Tuscos, Claud. laud. Stil. 2, 272. – b insbes., bei einem öffentl. Aufzug **vorüber-, einherfahren, -reiten,** α v. den Cäsaren, bei den zirzensischen Spielen, Tac. ann. 12, 41. – β v. den Rittern = vor dem Zensor zur Musterung **vorüberreiten, aufreiten,** Liv. 9, 46, 15. Suet. Aug. 38, 3. – 2 übtr., v. der Zeit = **vorübergehen, verstreichen,** abiit iam et transvectum est tempus, quo etc., fern und hinter dir liegt die Zeit, wo usw., Tac. hist. 2, 76: quamquam transvecta aestas, Tac. Agr. 18.

trānsvena, ae, *m.* (transvenio), der von irgendwo **herüberkommt,** der **Ankömmling, Fremdling,** Loth, Ps. Cypr. Sodom 31: Lydi ex Asia transvenae, Tert. de spect. 5.

trāns-vendo, ere, **durch Verkauf veräußern,** CIL 9, 136.

trāns-venio, īre, **herüberkommen,** inde huc, Tert. de anim. 23.

trānsverberātio, ōnis, *f.* (transverbero), die **Durchbohrung,** m. subj. *Genet.*, clavorum, Augustin. de civ. dei 17, 17: m. obj. *Genet.*, solidi corporis, Cassiod. in psalm. 15, 11.

trāns-verbero, āvī, ātum, āre, **durchstechen, durchbohren,** scutum, Liv.: aera clipei, clipeum, v. Speer, Verg.: bestiam venabulo, Cic.: se gladio, Sen.: alqm hastā, Tac.: alterum gladio, Lact.: gladio pectus suum, Val. Max.: pectus alcis abiete, Verg.: transverberatus in utrumque latus, an usw., Tac. – übtr., aëra proximum terrae volitando, die L. durchschneiden (v. Vögeln), Apul. de deo Socr. 8.

trānsversārius (trāversārius), a, um (transversus), I **querliegend,** A *adi.:* tigna, Querbalken, Caes. b. G. 2, 15, 2: frons, Querfront, Vitr. 10, 11 (17), 7: semitae, Heges. 1, 30, 9 *in.* – B *subst.*, trānsversāria, ōrum, *n.*, **Querbalken, Querhölzer, Riegel** (Ggstz. arrectaria), Vitr. 2, 8, 20; 7, 3, 11 u. a. – II übtr., **entgegengesetzt,** cupiditas, Ambros. de Abrah. 2, 11. *no.* 93.

trānsversē, *Adv.* (transversus), **in die Quere, schräg, schief,** in columella horas ex analemmatis transverse describere, Vitr. 9, 8 (9), 7: tr. ambulare (v. einem kranken Pferd), Veget. mul. 2, 5, 1.

trānsversim, *Adv.* (transversus) = transverse, manibus tr. obliquatis, Tert. de bapt. 8.

trānsversio, ōnis, *f.* (transverto), die **Ableitung** (eines krankhaften Stoffes), Cael. Aur. de morb. acut. 2, 39, 225.

trāns-verso, āre, **um- u. umwenden,** Ps. Verg. moret. 45 *Haupt.*

trānsversus (trānsvorsus, trāversus), a, um, *PAdi.* (v. transverto), **quer gehend** od. **liegend, schief, schräg, Quer-,** I *adi.:* A eig.: cursus (Plur.), Laber. com. fr.: fossa, Caes.: vallum, Caes.: via, Cic.: so auch trames, Liv.: itinera, Seitenwege, Liv. fr., Seitenmärsche, Flankenmärsche, Sall.: u. so proelia, Flankengefechte, Flankenangriffe, Sall.: limes, Liv. (vgl. 2. prorsus) cuniculi, Seitenminen, Liv.: transverso itinere, in querer Richtung, Liv.: transverso foro, quer über den Markt, Cic.: digitus, s. digitus: unguis, s. unguis. – B bildl.: 1 **quer, querfeldein,** cuius in adulescentiam transversa incurrit misera fortuna rei publicae, quer in den Weg tretend, Cic. Brut. 331. – 2 **abwärts, seitwärts,** transversorum ordinum partes appellantur casus, derectorum genera, Varro LL. 10, 22: ut sit una (ratio) derecta, altera transversa, Varro LL. 10, 43. – transversum agere alqm, vom (rechten) Wege (der Tugend) abbringen, Sen.: so auch transversum auferre alqm, im Reden, Schreiben, von der Materie, Plin. – II *subst.*, trānsversum, ī, *n.*, die **Quere, schräge Lage, -Richtung,** in transversum, in die Quere, schräg, Plin.: per transversum, quer durch, in die Quere, Plin.: ex transverso, in die Quere, schräg, cedere, Plaut.; u. bildl., de od. ex transverso (traverso), querfeldein, in die Quere = von ungefähr, wider Vermuten, unvermutet, ecce de traverso (so!) L. Caesar, ut veniam ad se, rogat, Cic.: ecce tibi iste de transverso ›heus‹, inquit, ›adulescens‹ etc., Rhet. Her.: ecce tibi e transverso Lampsacenus Strabo, qui etc., Cic.: tunc illa velut de traverso (so!) nescio unde veniens ignota, Augustin.: quod non exspectes, ex transverso fit, Petron.: multis haec calamitas ex transverso accĭdit, Scrib. – III *adv.*, transversum (transvorsum) u. (Plur.) transversa, **in die Quere, seitwärts,** A eig.: transversa tueri, seitwärts (scheel, neidisch) sehen, Verg.: u. so alqm transversa tueri (ansehen), Val. Flacc.: venti transversa fremunt, von der Seite, seitwärts, Verg. – B bildl.: transvorsum trudere a recte consulendo, abziehen, Cato origg. 5, 1.

trāns-verto (**-vorto**), vertī (vortī), versum (vorsum), ere, **hinüberwenden, umwenden,** I eig.: in transversa charta scriptus, auf der umgewendeten Seite (auf der Rückseite) des Papiers geschrieben (griech. ὀπισθόγραφος), Schol. Iuven. 6, 483. – II übtr.: A **hinüberwenden, umwandeln,** eorum consilia hac atque illac variā cogitatione, Iul. Firm.: defensionem in accusationem, verwandeln, Apul. – B **abwenden,** inimica, Arnob.: fontes meos, Tert. – C **übersetzen,** eam (historiam) ad verbum in latinitatem transvertere, Dares Phryg. praef.

trāns-volito, āvī, āre, I **durchfliegen,** Lucr. 1, 355. – II **hinüberfliegen,** in terram Atticam, Schol. in Caes. Germ. Arat. 281. p. 405, 10 *Eyss.*

trāns-volo (trāvolo), āvī, ātum, āre, I **über** etwas **hinüber-,** etw. **überfliegen,** 1 eig., v. Vögeln, Boeotiae fines, Plin.: Pontum, Plin. – 2 übtr., **hinüber-, hinfliegen** = (zu Fuß, Schiff, Pferd usw.) **hinübereilen** über usw., **hineilen** nach, Alpes, Asin. Poll. in Cic. ep.: oceanum, Rhet. Her.: eques transvolat in alteram partem, Liv.: arma travolarunt ad hostes, Plaut.: transvolat ignis, Lucr. 6, 349. – II **durch** od. **an … hinfliegen,** 1 **durchfliegen,** a übtr. = **durcheilen,** dum (vox) transvolat auras, Lucr.: qualia sunt vitri (foramina), species quā travolat omnis, hindurchstreicht, Lucr. – b bildl.: cogitatio animum transvolans, durchfahrend, Plin. – 2 **vorüberfliegen,** a übtr., **vor** etw. **vorübereilen, -schießen,** vela navium, Plin.: aridas quercus, Hor.: Nilus insulas transvolat, strömt hin an usw., Plin. – b übtr., v. der Zeit, ad nutum tuum momenta transvolant, Augustin. conf. 11, 2, 3. – c bildl.: transvolat in medio posita, schießt vorbei vor usw., Hor. sat. 1, 2, 108.

trāns-volvo, ere, **aufwickeln, aufrollen,** Prud. cath. 11, 30.

trānsvorātio, ōnis, *f.* (transvoro), das **Hinterschlingen, Verschlingen,** Cael. Aur. de morb. acut. 1, 14, 113; 3, 6, 66 u. a. Th. Prisc. 4. fol. 316 (a), 2: transvorationis partes od. loca, Schlund u. Speiseröhre, Cael. Aur. de morb. chron. 1, 4, 109; 2, 11, 135.

trāns-voro, āvī, ātum, āre, **hinterschlingen, verschlingen,** I eig., Pelagon. veterin. 28 (403 *Ihm*). Cael. Aur. de morb. acut. 1, 3, 36 u. chron. 2, 11, 135. Sex. Placit. de medic. 2, 16. Arnob. 1, 64 u. a. – II übtr.: a **verschlingen,** ecclesia omnes gentes erat transvoratura, Augustin. in psalm. 30. serm. 2. § 5. – b **verfressen** = durchbringen, opes mulieris, Apul. apol. 93.

trānsvorsus, trānsvorsum, trānsvorto, s. trānsversus, trāns-verto.

trapeadus, trapeteus, s. trapezium.

trāpētum, ī, *n.* u. **trāpētus,** ī, *m.* (v. τραπέω, ich trete Trauben), die **Olivenkelter, Ölpresse,** Nom. trapetum, Colum. 12, 50, 6. Ulp. dig. 19, 2, 19. § 2: Nom. trapetus, Cato r. r. 22, 3: Akk. trapetum, Caro r. r. 20, 1 u. 22, 1: Akk. Plur. trapetos, Cato r. r. 12: Abl. Plur. trapetis, Verg. georg. 2, 519. Plin. 15, 23. – Plur. griech. Form **trapētes** (*τράπητες), Varro LL. 5, 138: Akk. trapetas, Varro LL. 5, 138 *cod. Flor.* (Müller trapetes). Varro r. r. 1, 55, 5. Plin. 7, 199: Abl. trapetibus, Cato r. r. 18, 2.

trapeza, Akk. ān (τράπεζα), *f.*, der **Tisch,** Heliu trapezan, Mela 3, 9, 2 (3. § 87) *Frick.*

trapezia, ae, *f.*, s. trapezium.

trapezīta, ae, *m.* (τραπεζίτης), der **Wechsler, Geldwechsler,** der Geld ausleiht, auszahlt, aufhebt, rein lat. mensarius, Plaut. capt. 193 u. a. – ► Bei Plautus viell. überall tarpezita od. tarpessita zu lesen, s. Ritschl opusc. 2. p. 524*sqq.* u. 529*sqq.* (Exc. XII u. XIII). Brix Plaut. trin. 425.

trapezium (trapizeum), ī, *n.* (τραπέζιον), **das ungleichseitige Viereck,** als geom. Figur, Frontin. fr. 7, 4. Boëth. art. geom. p. 418, 2 Fr.: als Grenzstein, Gromat. vet. 290, 4 u. 379, 3: Nbff. **trapezia**, ae, *f.*, als geom. Fig., Boëth. art. geom. p. 376, 22 Fr. – **trapizeus**, eī, *m.*, Gromat. vet. 249, 6. – **trapideus**, Gromat. vet. 405, 2. – u. **trapeteus**, *ibid.* 341, 5. – u. **trapeadus**, *ibid.* 343, 9.

trapezophoron, ī, *n.* (τραπεζοφόρον), die Stütze eines Tisches, wozu die alten der Pracht wegen Statuen nahmen, der **Tischträger, Tischhalter,** Cic. ep. 7, 23, 3. Paul. dig. 33, 10, 3 *in.*

Trapezūs, ūntis, Akk. ūntem u. gew. ūnta, *f.* (Τραπεζοῦς), eine Stadt in Pontus, Kolonie von Sinope, j. *Trebisonde, Tarabosan,* Mela 1, 19, 11 (1. § 107), wo Frick Trazepos, Plin. 6, 11. Tac. ann. 13, 39: Akk. *-ūntem,* Tac. hist. 3, 47: Akk. *-ūnta,* Plin. 6, 12. Curt. 10, 10 (30), 3. Amm. 22, 8, 16.

trapideus, trapizeum, trapizeus, s. trapezium.

traps, s. trabs ►.

trāsenna (trassenna), s. trānsenna.

Trasumēnus (Trasumennus, Trasimēnus, Trasymēnus), ī, *m.* (mit u. ohne lacus), der **trasimenische See,** der **See Trasimenus,** berühmt durch Hannibals Sieg über die Römer unter Flaminius (217 v. Chr.), j. *Lago di perugia,* Liv. 22, 4*sqq.* Nep. Hann. 4, 3. Val. Max. 3, 7. ext. 6. Flor. 2, 6, 13. Cic. Brut. 57. – Dav.: **A Trasumēnus**, a, um, **trasimenisch,** litora, Ov. fast. 6, 765. – **B Trasumēnicus**, a, um, **trasimenisch,** strages, Sidon. carm. 9, 244. – ► Die Schreibart Trasumenus u. gew. Trasumennus ist überall die der besten Hdschrn. (s. Halm Cic. Rosc. Am. 89. Ellendt Cic. Brut. 57 *not. cr.* Alsch. u. Heerw. Liv. 22, 4, 1) und wird durch Quint. 1, 5, 13 (wo auch die alte Nbf. Tarsumennus) u. Strabo 5, 2, 9 (wo Kramer nach den Hdschrn. ἡ Τρασουμέννα hergestellt hat) ausdrücklich beglaubigt.

traulizi = τραυλίζει, **er lispelt,** Lucr. 4, 1156 (1164).

traulus, a, um = τραυλός, **lispelnd,** Gloss. II, 458, 18.

traumaticus, a, um (τραυματικός), **zur Heilung von Wunden geeignet,** medicamentum, Wundarznei, Veget. mul. 6, 19: medicamen, Pelagon. veterin. 25 (342 *Ihm*). – subst., traumaticum, ī, *n.*, die **Wundarznei,** Pelagon. veterin. 5 (61 u. 63 *Ihm*) u. 16 (256 *Ihm*).

trāvectio, s. trānsvectio.

trāveho, s. trāns-veho.

trāvers..., s. transvers...

trāvolo, āre, s. trāns-volo.

trea = tria, s. trēs ►.

trebāciter, Adv. (trebax), **durchtrieben, schlau,** Sidon. epist. 9, 11, 4.

Trebātius Testa, C., ein gelehrter Jurist, Freund Ciceros, dem Cicero die Topica widmete, Cic. ep. 7, 5*sq.* Hor. sat. 2, 1, 4 u. 78.

trebāx, ācis (τριβακός), **durchtrieben, schlau,** trebacissimus senex, Sidon. epist. 1, 11, 12.

Trebellius, a, um, Name einer röm. Familie, aus der am bekanntesten der Konsul Trebellius Maximus, Zeitgenosse Neros, und Trebellius Pollio, ein Geschichtsschreiber zu Anfang des vierten Jahrh. n. Chr., der das Leben einiger Kaiser beschrieben hat, Vopisc. Aurel. 2, 1. – Dav.: **A Trebelliānus**, a, um, **trebellianisch,** SCtum, unter dem Konsul Trebellius gemacht, ICt.: dass. subst. bl. Trebelliānum, Paul. sent. 4, 1, 2. – **B Trebellicus**, a, um, **trebellisch,** vinum, Plin.

Trebia, ae, **I** *m.* (ὁ Τρεβίας), ein Fluss im zisalpinischen Gallien (Oberitalien), berühmt durch Hannibals Sieg über die Römer (Dez. 218. v. Chr.), j. *Trebbia,* Liv. 21, 52*sqq.* Flor. 2, 6, 12. Eutr. 3, 4. Lucan. 2, 46. Sil. 4, 495: o Trebia perfide! Sil. 4, 643. – **II** *f.*, eine Stadt in Umbrien, j. *Trevi,* Arnob. 3, 38: auch Trevis gen., Schol. Iuven. 12, 13. Itin. Hieros. 613, 10. – Dav.: **A Trebiānus**, a, um, **trebianisch,** Arnob. – Plur. subst., Trebiānī, ōrum, *m.*, die Einw. von Trebia, die Trebianer, Suet. – **B Trebiātēs**, um, *m.*, die Einw. von Trebia, die **Trebiaten,** Plin.

trebla, s. trībula.

Trebula, ae, *f.*, drei Städte in Italien, **I** im Sabinischen, **A** Trebula Mutusca, Iul. Obs. 102*sq.*, u. bl. Trebula, Mart. 5, 71, 1, u. bl. Mutusca gen., Verg. Aen. 7, 711, deren Einw. Trebulani Mutusci, Plin. 3, 107. – Dav. **Trebulānus**, a, um, **trebulanisch,** ager, Cic. de lege agr. 2, 66; ep. 11, 27, 3. – **B** Trebula Suffena, deren Einw. Trebulani Suffenates, Plin. 3, 107. – **II** in Kampanien, nahe bei Suessula u. Saticula, j. *Moddaloni,* Liv. 23, 39, 6. – Dav. **Trebulānus**, a, um, **trebulanisch,** ager, Liv. – subst., **a** Trebulānum, ī, *n.*, ein Landgut bei Trebula, Cic. – **b** Trebulānī, ōrum, *m.* (mit dem Beinamen Balinienses), die Einw. von Trebula, die **Trebulaner,** Plin.

trecēnārius, a, um (treceni), **I dreihundertfältig,** Varro r. r. 3, 2, 7: trecentenarius et trecenarius, Prisc. de fig. num. § 27. p. 415, 12 K. – **II mit 300000 Sesterzen Gehalt,** CIL 6, 3618 u. 11, 6057: abgek. ccc, CIL 10, 6569.

trecēnī, ae, a (tres u. centum), **I** bei Einteilungen, **je (jeder, jedem) dreihundert,** Liv. u. Hor. – v. einer unbestimmten großen Zahl, si trecenis quotquot eunt dies places illacrimabilem Plutona tauris, mit je drei Hekatomben, Hor. carm. 2, 14, 6*sqq.* – **II dreihundert** zusammen, -auf einmal, Plin. 8, 28.

trecentēnārius, a, um (trecenteni), **dreihundertfältig,** Prisc. de fig. num. § 27. p. 415, 12 K.

trecentēnī, ae, a (tres u. centum), (je) **dreihundert,** Colum. 5, 2. § 10. Prisc. de fig. num. § 24. p. 413, 35 K.

trecentēsimus, a, um (trecenti), der **dreihundertste,** annus, Cic., Liv. u. a.

trecentī, ae, a (tres u. centum), **dreihundert,** nummi Philippei, Plaut.: milia, Catull.: ad trecentos fortissimos viros trucidavit, Cic.: centum Coranus et ducenta Mancinus, trecenta debet Titius, 100000, 200000, 300000 Sesterze, Mart. 4, 47, 1*sq.*: u. so a sene postquam patruo venere trecenta, Mart. 12, 70, 7. – v. einer unbestimmten großen Zahl (Ggstz. tres, s. Brix Plaut. trin. 791), causae, Plaut. mil. 250: versus, Plaut. Pers. 410: verba, Plaut. trin. 964: amici, Catull. 9, 2 (vgl. 11, 18; 48, 3): catenae, Hor. carm. 3, 4, 79 (vgl. Hor. sat. 1, 5, 12; 2, 3, 116; ep. 2, 2, 164): cedunt petunt trecenti, Plaut. aul. 517*sq.*

trecentiēs (trecentiēns), *Adv.* (trecenti), **dreihundertmal,** Catull. 29, 14. Mart. 3, 22, 1.

trechedīpnum, ī, *n.* (v. τρεχέδειπνος, ον, zum Schmaus eilend), ein leichtes Modekleid, in dem der röm. Stutzer zu Gast ging, der **Gastläufer** (vgl. das holländ. »Schanzloper« = Schanzläufer), Iuven. 3, 67.

Trechin, s. Trachin.

tredeciēs, *Adv.* (tres u. decies), **dreizehnmal,** Beda de num. 1. p. 100.

tredecim (tres u. decem), **dreizehn,** Liv. u. a. – vulg. tredecem, CIL 14, 1009. – Dafür tres et decem, Cic. Sex. Rosc. 99. Arnob. 4, 25: decem et tres, Cic. Sex. Rosc. 20. Curt. 6, 4 (10), 6: decem tres, Liv. 37, 30, 8: decem tria, Liv. 26, 29, 3 u. ö.: decem tresque, Manil. 4, 452.

tredecimus, a, um (tres u. decimus), der **dreizehnte,** Anthol. Lat. 736, 13. p. 202 R.

treico, s. 1. trīco.

treis, s. trēs ►.

tremebundus (tremibundus), a, um (tremo), **zitterig,** manus, Cic.: membra, Ov.: vox, Rhet. Her.: oratio, Nazar. pan.: pulli, Gell.: effetae tremebundior (cucumis) ubere porcae, schlotteriger, weicher, Colum. poët. 10, 396.

tremefacio, fēcī, ere, **erzittern machen,** Passiv **tremefīo**, factus, fierī (tremo u. facio), **erzittern,** Olympum, Verg.: totum caelum, Arnob.: se gravido corporo Cic. poët.: tremefactus uterque est polus, Ov.: compuncti et tremefacti, Augustin.: necesse fuit tremefieri peccatores, Cassiod. in psalm. 45, 6.

tremendus, a, um (tremo), **schrecklich, furchtbar, fürchterlich,** Hor.: rex, v. Pluto, Verg.: velocitas, Plin.: oculos ira tremendos fecerat, Ov.

trementer, *Adv.* (tremens v. tremo), **mit Zittern und Zagen,** Dracont. hexaëm. 671.

tremēsco (nicht tremīsco), ere (*Inchoat.* v. tremo), **I** *intr.* **zittern, erzittern, a** v. Lebl.: magna ut tremescat Roma et magnae mandonum gulae, Varro fr.: quoniam plaustri concussa tremescunt tecta, Lucr.: tonitru tremescunt ardua terrarum et campi, Verg.: iubeo tremescere montes, Ov.: quercus tremescere motu, Ov. – **b** v. leb. Wesen: omnem tremescens ad strepitum, Ov. met. 14, 214. – **II** *tr.* vor etw. **zittern, erzittern,** v. Pers., sonitum pedum vocemque, Verg. Aen. 3, 648: Phrygia arma, *ibid.* 11, 403. – m. folg. *Infin.*, telum instare tremescit, Verg. Aen. 12, 916. – v. Lebl., m. folg. indir. Fragesatz, mons ipse tremescit, quā tellure cadat, Stat. Theb. 9, 535. – ► Die Schreibung tremesco jetzt nach den besten Hdschrn. vgl. Eutych. 448, 28 K. (wo tremesco terresco horresco).

tremibundus, a, um, *f.* tremebundus.

tremidus, a, um (tremo), Nbf. v. trepidus, **zitternd,** ohne Beleg bei Eutych. 453, 22 K. Not. Tir. 94, 81. Not. Bern. 100 (b).

tremipeda, ae, Akk. Plur. pedas (tremo u. pes), **mit zitternden Füßen,** Varro sat. Men. p. 218, 8 R. (Bücheler remipedas, s. rēmipēs).

tremīsco, s. tremēsco.

tremissis, is, *m.* (tres u. as), das **Drittel** (eines Asses), eine Münze, Lampr. Alex. Sev. 39, 7. Cod. Iust. 12, 40, 3. Cod. Theod. 7, 6, 4 u. 11, 12. – Nomin. Sing. tremissis (nicht tremis) steht Metrol. scriptt. *ed. Hultsch* vol. 2. p. 74, 22 *sqq.* u. p. 131, 9.

tremo, uī, ere (τρέμω), **zittern, erzittern, I** *intr.*: **a** v. Lebl.: manus tremit, Hieron.: tremunt manus, Ov.: quibusdam tremunt genua, Sen.: tremerent artus, zittern, zappeln, Verg. (u. so trementibus artubus, Sisenn. fr.): tremit hasta, Verg.: numquam Roma tremuit, von Erdbeben, Plin.: cum ipsum solum suffossionibus et cuniculis tremeret, Sen.: *ad* cuius (fulminis) ictum vicina quoque tremuerunt, Sen.: trementia frusta (tergorum), zappelnde, Verg.: trementia labra, Cic. u. Sen.: trementia membra, Sen. rhet.: trementes oculi, Iuven. u. Amm. – **b** v. Pers.: timidus ac tremens, Cic.: toto pectore tremens, Cic.: totus tremo horreoqe, Ter.: tremerem animo, Cic.: tremens animi, Tert. de pall. 4. – mit *Acc. resp.*, an etwas, tremis ossa pavore, Hor.: tremit artus, Verg. – **II** *tr.* vor etwas **zittern,** virgas ac secures dictatoris tremere atque horrere, Liv. 22, 27, 3: te, Verg.: iratos regum apices, Hor.: offensam Iunonem, Ov.: *non* praesidum gladios *tremunt, quo minus* veram et solidam libertatem constanti mente defendant, Lact. 5, 13, 17: tremenda sunt iudicia tua, Augustin. conf. 12, 25, 34. – ► Fut. Akt. nach der 2. Konjug. tremebit, Commodian. instr. 1, 41, 10.

tremonti (τρέμοντι, dorisch = τρέμουσι), sie **zittern,** Fest. 205 (a), 18.

tremor, ōris, *m.* (tremo), **I** das **Zittern,** die **zitternde Bewegung** der Glieder, tremorem pallor consequitur, Cic.: pallor et tremor et dentium crepitus, Liv.: nervorum torpor tremorque, Sen.: tremor omnium membrorum, Liv.: tremor totius corporis, Veget.: tremore membrorum laborare, Macr.: des Feuers, tremor ignium clarus, Lucr.: der Erde, das Beben, Dröhnen, Verg., Sen. u. a. (s. bes. Sen. nat. qu. 6, 21, 2). – Plur., tremores labantis soli, Sen.: tremores terrae, Plin. ep.: late disserpunt inde tremores, Lucr.: sollicito manes totumque tremoribus orbem, Ov. – **II** meton., der Zittern od. Schrecken erregende Gegenstand, der **Schrecken,** Petron. 123. *v.* 239. Mart. 5, 24, 4 u. 5, 65, 5.

tremulē, *Adv.* (tremulus), **zitternd,** Apul. met. 5, 22.

tremulus, a, um (tremo), **I zitternd, a** übh.: **α** v. Lebl.: flamma, Cic. poët.: lumen, Enn. fr. u. Verg.: sal (Meer), Catull.: mare, Ov.: artus, Enn. fr.: oculi, Apul.: ova = ᾠὰ ἡμιπαγῆ, halbweich gesottene, halbharte, Cael. Aur. de morb. chron. 2, 13, 156. Th. Prisc. 2, 10 (wo *ed. Ald.* tomatula). – subst., tremulus, ī, *f.*, die **Zitterpappel** (franz. *tremble*), Plin. Val. 2, 12. – *Acc. netr.* adv., tremulum crissat, Mart. 14, 203, 1. – **β** v. Pers.: accurrit ad me tremulus, Ter. eun. 336. – Plur. subst., tremuli, am Zittern Leidende, Zitternde, Plin. 20, 85 u. a. – **b** zitternd vor Lebhaftigkeit, equus, Nemes. cyn. 257. – **II** *act.*, was zittern macht, **zitternd,** frigus, Cic. poët.: horror, Prop.

trepidanter, *Adv.* (trepido), **ängstlich, angstvoll,** effari, Suet. Ner. 49, 3. – omnia trepidantius timidiusque agere, Caes. b. 1, 19, 2.

trepidātio, ōnis, *f.* (trepido), das **Trippeln,** die **unsichere, unruhige Hast,** teils aus Eilfertigkeit u. Geschäftigkeit, teils aus Furcht, die **geschäftige-, ängstliche Eilfertigkeit,** das **eilfertige Laufen,** das **unschlüssige Durcheinanderlaufen,** die **ängstliche Unruhe,** die **Ängstlichkeit,** dah. auch **Verwirrung, Wirrwarr, a** eig.: inter primam trepidationem, Liv.: ut ex trepidatione concurrentium turba constiterat, Liv.: trepidatio fugaque hostium, Liv.: militum, Liv. epit.: urbium insularumque, Liv. epit.: num quae trepidatio? num qui tumultus? Cic.: vitia non naturae, sed trepidationis, Quint.: trepidationis aliquantum edebant, Liv.: cum augeret stragem trepidatio, Tac.: primo nova res trepidationem fecit, Liv.: tantam trepidationem iniecit, ut etc., Liv.: ut tumultum ac trepidationem in urbe tollant, Liv. – Plur., pavibundae trepidationes, Arnob. 7, 13. – **b** übtr.: nervorum, Sen. de ira 3, 10, 3.

trepidē, *Adv.* (trepidus), trippelnd = **eilfertig, hastig, ängstlich,** concursans, Phaedr.: castra relinquere, Liv.: trepide anxieque certare, Suet.

trepidiārius, a, um (trepidus), **trippelnd, im kurzen Trab laufend,** equus, Veget. mul. 2, 28, 37.

trepido, āvī, ātum, āre (trepidus), **trippeln,** teils aus Eilfertigkeit u. Geschäftigkeit, teils aus Furcht, **eilfertig-, hastig-, geschäftig-, ängstlich hin und her laufen, -herumlaufen, -hinlaufen, unschlüssig durcheinanderlaufen, eilfertig-, ängstlich tun, in Unruhe sein** u. dgl., **a** eig., v. leb. Wesen: ut ille trepidabat, ut festinabat miser! Plaut.: trepidari sentio et cursari rursum prorsum, Ter.: Titurius trepidare, concursare, Caes.: totis trepidatur castris, das ganze Lager ist in Aufruhr, Caes.: tr. in acie instruenda, Liv.: ad inane nubilum, Sen.: circa advenam, unentschlossen umschwärmen, Liv.: aber circa signa, in den vordersten Reihen wanken, Liv.: circum vallum (v. Feinden), Auct. b. Afr.: circum artos cavos (v. Mäusen), Phaedr.: dum trepidant alae, Verg. – v. der ängstlichen Hast der Bestürzten, ad arma, Liv.: ad arcem, Sall.: in sua quisque ministeria discursu trepidat ad prima signa, Liv. – quid est, quod trepidas? Ter.: metu, Verg.: formidine, Ov.: prout sonuit acies terrent trepidantve, Tac.: vigiles trepidare, Liv.: haud decoro proelio trepidare, Liv.: pars terga trepidantium invaderent, Liv.: strepitu trepidante equo, da das Pferd durch das Geräusch scheu wurde, Liv.: nec trepides in usum poscentis aevi pauca, Hor.: avis laqueo capta trepidat, zappelt ängstlich, Ov. – m. *inter* u. Akk., **unruhig (verlegen), unsicher hin- und herschwanken** zwischen usw., inter fugae pugnaeque consilium, Liv. 1, 14, 8: inter scelus metumque, Tac. hist. 3, 39: u. ähnlich per alia atque alia pavida consilia atque imperia trepidans, Liv. 44, 6, 2. – mit *Acc.* = mit Angst u. Unruhe etw. **fürchten** oder **vor** etw. **zurückbeben, -sich scheuen,** occursum amici, Iuven.: arundinis umbram, Iuven.: lupos, Sen. poët.: divina praesagia, Apul. – m. folg. *Infin.*, ne trepidate meas defendere naves, Verg. Aen. 9, 114: non tu certae trepidas occurrere morti, Stat. Theb. 1, 640: nec trepidat sacram spectare formam lumine lubrico, Prud. perist. 14, 44: non trepidat calumniari, Augustin. serm. 15, 6: quo transire trepidabam, Augustin. conf. 8, 11, 26. – m. folg. *ne* u. Konj., trepidat, ne suppositus venias, Iuven. 1, 97; u. so Iuven. 14, 64. – v. freudiger Hast, trepidare laetitiā, Arnob. 7, 4: hic neque more probo videas nec voce serenā ingentes trepidare Titos, Pers. 1, 20. – **b** übtr., von lebl. Subjj.: aqua per pronum trepidat rivum, rieselt, Hor.: u. so obliquo laborat lympha fugax trepidare rivo, Hor.: trepidant flammae, flackern, Hor.: pectus trepidat, zittert, klopft, Ov.: trepidantibus oculis, Plin.: sic aquilam pennā fugiunt trepidante (hastig geschwungenen) columbae, Ov. – mit folg. *Infin.*, cuius octavum trepidavit aetas claudere lustrum, Hor. carm. 2, 4, 23.

trepidulus, a, um (*Demin.* v. trepidus), **trippelnd, ängstlich,** Gell. 2, 29, 8.

trepidus, a, um (altind. *trprá-s*, hastig, griech. τραπέω), **trippelnd,** teils aus Eilfertigkeit, Geschäftigkeit, teils aus Furcht, **hastig, unruhig, ängstlich, a** eig., v. leb. Wesen und meton. v. menschl. Zuständen u. dgl., trepida Dido, Verg.: trepidae apes coëunt, Verg. – v. der unsicheren Hast des Bestürzten, Ratlosen, v. Pers., Sall. u. Liv.: curia, Liv.: civitas, Liv.: trepidus formidine, Verg.: m. *Genet.* (= wegen, vor usw.), rerum, Verg. u. Sil.: rerum suarum, Liv.: religionis, Apul.: magis ac magis trepidus admirationis et metus, erbebend vor usw., Tac. – v. Zuständen u. dgl., die von Angst zeugen, metus, Ov.: cursus, Verg.: vita, in Gefahr schwebend, Tac.: litterae, Missliches verkündend, Curt.: u. so nuntius, Unglückspost, Iustin.: res trepidae, überall Verwirrung, Sall.: in re trepida, in rebus trepidis, in unruhevoller, angstvoller, misslicher Lage, Liv.: fuga non minus trepida quam in acie fuit, Liv. – **b** übtr., v. lebl. Subjj.: ahenum, kochend, schäumend, Verg.: pes, Ov.: os, vultus, Ov.: oculi, Sen.

trepondo, *neutr. indecl.* (tres u. pondus), **drei Pfund,** radicis, adipis porcinae, Scrib. Larg. 65 u. 271; vgl. Quint. 1, 5, 15.

trēs (archaist. trīs), tria (altind. *tráyas, n. trí́,* griech. τρεῖς, τρία, gotisch *Þreis,* ahd. drī), **drei,** tris menses, Nov. com.: duae aut tris minae, Plaut.: tris species, Lucr.: decem et tres od. tres et decem fundi, Cic.: tribus modis, uno ... altero ... tertio, Cic. de div. 1, 64. – zur Bezeichnung einer kleinen Zahl, **ein paar, einige,** tria non commutabitis verba, Ter.: te tribus verbis volo. *Su.* Vel trecentis, Plaut.: primis tribus verbis (dixi), Cic.: omne aevum tribus explicare chartis, Catull. – ► Über trīs vgl. Fronto de differ. voc. p. 357, 23 *ed. Rom.* (= p. 529, 21 K.). Prisc. 7, 84. – Vulg. Akk. treis, Colum. 9, 7, 3. – trea = tria, Gromat. vet. 303, 2 u. a.

trēssis, is, *m.* (tres u. as), **drei Asse,** Varro LL. 5, 169 u. 9, 81. Volus. Maecian. descr. § 49 u. 72 (Metrol. scriptt. *ed. Hultsch* vol. 2. p. 67, 19 u. p. 70, 6): tressis semis, $3^1/_2$ Asse, *ibid.* p. 70, 11. – zur Bezeichnung des geringen Wertes, non tressis agaso, nicht drei Heller wert, Pers. 5, 76.

trēsvirī, ōrum, *m.*, s. triumvir. – doppelsinnig in der Form Treviros, s. Trēverī.

Trēverī u. **Trēvirī**, ōrum, *m.*, **I** eine große german. Völkerschaft vom Rhein bis zur Maas, deren Reiterei sich in den Kriegen gegen die Römer besonders auszeichnete, Caes. b. G. 1, 37, 1 u. a. Liv. epit. 107. Tac. ann. 3, 42; hist. 4, 70. Salv. de gub. dei 6, 13, 72. Vgl. Orelli Tac. Germ. 28. – Sing. **Trēvir**, virī, *m.*, ein **Treverer,** Caes. b. G. 5, 26. Tac. hist. 3, 35; 4, 55. Lucan. 1, 441: Trever, Salv. de gub. dei 6, 15, 88. Not. Tir. 87, 55. – im scherzhaften Doppelsinne bei Cic. ep. 7, 13, 2 Treviros vites censeo: audio capitales (*sc.* tresviros od. triumviros) esse; mallem auro, aere, argento essent (*sc.* treviri [tresviri] oder triumviri, d. i. Münzmeister), vor den Treverern nimm dich in Acht, ich höre, es sind mörderische Leute; ich hätte lieber, sie spendeten wie die Münzmeister recht Gold, Erz u. Silber. – **II** die Hauptstadt der Treverer, Amm. 15, 11, 9 u. a., früher Augusta Treverorum, das heutige **Trier,** Mela 3, 2, 4 (3. § 20): Treverorum urbs excellentissima, Salv. de gub. dei 6, 8, 39. – Dav. **Trēvericus** u. **Trēviricus**, a, um, **treverisch,** der **Treverer,** ager, Plin.: tumultus, Tac.: urbs, Trier, Auson.

Trevis, s. Trebia *no.* II.

triācontas, adis, *f.* (τριακοντάς), eine **Zahl von dreißig,** Tert. de praescr. 49 *extr.*

triambī, ōrum, *m.*, die drei Personen, die ein improvisiertes Drama aufführten, Paul. ex Fest. 105, 1.

trian, s. triēns ►.

triangulāris, e (triangulum), **dreieckig,** amfractus, Mart. Cap. 6. § 579: figura, Boëth. inst. arithm. 2, 6. p. 91, 10 Fr.: forma, Chalcid. Tim. 12. 38. 39: numeri, Boëth. inst. arithm. 2, 4. p. 86, 14 Fr.

triangulis, s. triangulus ►.

triangulum, ī, *n.*, s. triangulus.

triangulus, a, um (tres u. angulus), **dreieckig,** Cels., Colum. u. a. – subst., triangulum, ī, *n.*, das **Dreieck,** Cic. u. Plin.: ea triangula illi et quadrata nominant, Gedritt- und Geviertschein, Cic.: dafür triangulus, ī, *m.*, Gromat. vet. 101, 3 u. a. – ► Nbf. triangulis, Cael. Aur. de morb. signif. diaet. pass. 157.

triāriī, iōrum, *m.* (tres), die **Triarier,** die ältesten u. erprobtesten Soldaten der röm. Legionen, die im Treffen das dritte Glied (als Reserve) ausmachten, hinter den hastati u. principes knieten, während diese kämpften, aber, wenn die hastati u. principes in Not waren, aufstanden u. fochten, Liv. 8, 8, 8 *sqq.* u. a.: Quid si militare nolis nisi imperator aut tribunus? etiam si alii primam frontem tenebunt, te sors inter triarios posuerit (dich ins dritte Glied gestellt hat), inde voce, adhortatione, exemplo, animo milita, Sen. de tranqu. anim. 4, 5. – Sing., triarius prior (der erste Triarier) centum homines gubernabat, Veget. mil. 2, 8. p. 43, 3 L[2]. – Sprichw., res ad triarios rediit, nun müssen die Triarier fechten = die Sache ist aufs Äußerste gekommen, sodass man die letzten Mittel anwenden muss, s. Liv. 8, 8, 11.

trias, triados, Akk. triadem u. triada, *f.* (τριάς), die **Drei, Zahl von dreien,** Nomin., Mart. Cap. 7, 733. Eulog. in somn. Scip. p. 403, 6 *Orelli:* Genet. triados, Mar. Victorin. (VI) 58, 23 K.: Akk. triadem, Mart. Cap. 7. § 733: Akk. triada, Atil. Fortunat. (VI) p. 295, 15 K.

triātrūs, uum, *m.* (tres), ein drei Tage nach den Idus gefeiertes Fest bei den Tuskulanern, Fest. 257 (a), 5. Paul. ex Fest. 255, 10.

tribāca, ae, *f.* (tres u. baca), *sc.* inauris, ein aus drei großen Perlen bestehendes **Ohrgehänge,** P. Syr. b. Petron. 55, 6. *v.* 9.

tribas, adis, *f.* (τριβάς, rein lat. frictrix) = *femina turpem libidinem cum pari exercens,* Phaedr., Sen. rhet. u. a.

tribius, a, um, s. trivius.

Tribocēs, um, *m.* u. **Tribocī**, ōrum, *m.*, eine gallische Völkerschaft am linken Rheinufer in der Gegend von Straßburg, Form *-boces,* Caes. b. G. 1, 51, 2: Form *-bocī,* Caes. b. G. 4, 10, 3. Tac. Germ. 28 u. hist. 4, 70. – Sing. Tribocus, ī, *m.*, ein **Triboker,** CIL 3, 9816 u. 6, 22981.

tribolus, s. tribulus.

tribōn, ōnis, *m.* (τρίβων), der **abgetragene Mantel,** Auson. epigr. 49 (53), 1. p. 209 Schenkl.

Tribōniānus, ī, *m.*, ein Jurist zur Zeit des Kaisers Iustinian, Iustin, instit. prooem. § 3 u. 4.

tribrachys, Akk. chyn, *m.* (τρίβραχυς), *sc.* pes, das Versglied ◡◡◡, der **Tribrachys,** Quint. 9, 4, 82 u. 97. Diom. 478, 31 u. 504, 21. Ter. Maur. *v.* 2212. – Nbf. **tribrachus**, Mar. Victorin. 37, 20 K. Serv. de cent. metr. 458, 1 K. Pompeii comm. 122, 35 u. 125, 29 K. – rein lat. **tribrevis**, Diom. 479, 1.

tribuārius, a, um (tribus), **zu den Tribus gehörig, Tribus-,** res, Cic. Planc. 36: crimen, der Bestechung der Tribus, Cic. Planc. 47.

trībula, ae, *f.* (tero) = tribulum, Colum. 1, 6, 23 u. a. Vulg. 1. paral. 20, 3 u. 21, 23. Augustin. de civ. dei 1, 8, 2. p. 13, 29 D.[2] Vgl. Isid. orig. 20, 14, 10. – synk. trebla (st. tribla), Cato r. r. 135, 1.

trībulātio, ōnis, *f.* (tribulo) = θλῖψις, die **Trübsal, Not, Drangsal,** Eccl.

1. trībulātus, a, um (tribulum), nach Art einer Walze gespitzt, falciculae, Pallad. 1, 43, 3.

2. trībulātus, a, um, s. tribulo.

1. tribūlis, is, *m.* (tribus), **I** der mit jmd. zu einer Tribus gehört, der **Zunftgenosse,** Cic. u. Liv.: tribulis tuus, Cic.: Abl. tribūlī, Cic. ep. 13, 23, 1. – insbes., der Zunftgenosse aus der untersten Volksklasse, der **Zünftler** Hor. ep. 1, 13, 15. Mart. 9, 49, 7 u. 57, 8. – **II** übtr. = δημότης, der mit jmd. demselben Demos (Gau) angehört, der **Gaugenosse,** tribulis noster, Ter. adelph. 439.

2. tribūlis, e, *Adi.* (tribus), **zur Zunft gehörig,** collegium, Heges. 2, 17.

trībulo, āvī, ātus, āre (tribulum), **pressen, I** eig., Cato r. r. 23. – **II** bildl., **drücken, plagen,** Tert. adv. gnost. 13. Ambros. serm. 22. *no.* 1. Vulg. psalm. 3, 2; 55, 2 u. a. Eccl.

tribulōsus, a, um, *Adi.* m. *Superl.* (tribulus), **I voller Burzeldorn,** Sidon. epist. 3, 2, 3. – **II** bildl., **dornig, rau, spitz, stachelig,** Sidon. epist. 4, 3, 2: tribulosissima dissimulatio, Sidon. epist. 1, 7, 6.

trībulum, ī, *n.* (tero), eine Art Wagen, dessen breite, niedrige Räder mit sägeartigen eisernen Zacken versehen waren, der von Lasttieren über die Ähren gezogen wurde, um die Körner auszudreschen (griech. οἱ τρίβολοι), der **Dreschwagen,** die **Dreschmaschine,** Scriptt. r. r. u. a. – in der Bauernsprache trīvolum, Varro LL. 5, 21.

tribulus, ī, *m.* (τρίβολος), **I** eine dreieckige **Fußangel,** die man hinwarf, damit die Feinde, bes. die Reiter, hineintreten möchten, Veget. mil. 3, 24. – **II** übtr., nach der Formähnlichkeit: **1** der **Burzeldorn,** ein stacheliges Unkraut (*Tribulus terrestris,* L.), Plin. 21, 91. Ov. met. 5, 485

u. 13, 803: tribolus geschr., Verg. georg. 1, 153. – verb. spinae et tribuli, Vulg. genes. 3, 18; vgl. Ambros. serm. 28, 4. – **2** eine ähnliche stachelige Wasserpflanze, die **Wassernuss** (*Trapa natans,* L.), Plin. 21, 98.

tribūnal, ālis, Abl. ālī, *n.* (= tribunale [*sc.* suggestum], v. tribunus), das **Tribunal, I** eig., eine in Gestalt eines Halbkreises herumlaufende Erhöhung od. Bühne, zu der Stufen führten, worauf vielleicht urspr. bloß der Tribun, später auch andere obrigkeitliche Personen auf ihrer sella curulis saßen, wenn sie öffentliche Amtshandlungen vornahmen, z. B. der Konsul, wenn er die Komitien leitete, der Prätor mit seinem Gefolge in Rom (und der Proprätor od. Prokonsul in der Provinz), wenn er Gericht hielt od. sonst eine Amtshandlung öffentlich vornahm, tr. imperatoris, Auct. b. Alex.: in tribunali Pompei praetoris urbani sedentes, Cic.: sedens pro (vorn auf) tribunali, Liv.: pro tribunali agere alqd, Cic.: iussi de tribunali descendere legati, Liv.: dicere apud tribunalia, Quint.: de sella (curuli) ac tribunali pronuntiat, Cic.: tribunal ponere (aufschlagen), M. Caes. b. Fronto epist. ad M. Caes. 2, 3 (6). p. 28, 20 N. – v. erhöhten Sitz des Feldherrn im Lager, Liv. 28, 27, 15. Tac. hist. 3, 10 u. 4, 25; vgl. regium trib. (des Porsena), Liv. 2, 12, 6. – v. Sitz des Prätors im Theater, Suet. Aug. 44, 3. – meton., v. den auf dem Tribunal Sitzenden, omne forum (Markt = Volk) quem spectat et omne tribunal (Tribunal = Magistrate, Vornehme), Hor. ep. 1, 16, 57. – **II** übtr.: **A** ein Denkmal zur Erinnerung an einen Feldherrn od. eine Magistratsperson, eine **Trauerbühne,** Tac. ann. 2, 83. CIL 9, 1729 u. 1783. – **B** jede Erhöhung, der **Damm,** Plin. 16, 3: dah. bildl., die **Höhe,** honoris mei, Apul. flor. 16. p. 24, 20 Kr. – ► Nbf. tribūnāle, is, *n.,* CIL 1, 206. lin. 34 (von Quint. 1, 6, 17 getadelt).

tribūnārium, iī, *m.* (τριβωνάριον), der **schäbige Umwurf (Mantel),** wie ihn Philosophen zu tragen pflegten, Hist. Apollon. reg. 12 *sqq.* u. 51.

tribūnātus, ūs, *m.* (tribunus), das **Tribunat,** Amt eines Tribunen, **a** eines Volkstribunen, mit plebis, Cic. de or. 1, 25 u. a.: bl. trib., Cic. de or. 1, 24 u. Liv. 2, 56, 2: Plur., Tac. dial. 7. – **b** eines Kriegstribunen, die **Oberstenstelle,** trib. militaris, Cic. Sest. 7: trib. militum, Plin. 7, 113: bl. trib., Cic. ep. 7, 5, 3 u. 7, 8, 1.

tribūnīcius, a, um (tribunus), zu den Tribunen gehörig usw., **tribunizisch, a** zu den tribuni plebis gehörig, potestas, ihre Macht u. ihr Amt, Cic.: intercessio, Tac.: collegium, Cic.: comitia, zur Wahl der Volkstribunen, Cic.: leges, von den Volkstribunen herrührend, Cic.: candidatus, der um das Amt eines Volkstribunen anhält, Cic. – subst., tribūnīcius, iī, *m.* (*sc.* vir), der **gewesene Volkstribun,** Cic. u. Liv. – **b** zu den tribuni militum gehörig, honos, Caes. b. 1, 77, 2.

tribūnus, ī, *m.* (tribus), **I** tribuni, die **Vorsteher der drei Stammtribus,** Vertreter der Tribules (s. 1. tribūlis) in politischer, religiöser und militärischer Hinsicht (s. tribus a.A.), Liv. 6, 20, 10, von denen einer unter dem Namen tribunus Celerum an der Spitze steht, weil er zugleich Führer der Celeres (s. d.) ist, Liv. 1, 59, 7. Pompon. dig. 1, 2, 2. § 15.

II übtr.: **A** tribuni aerarii, die dem Quästor beigesetzten **Zahlmeister** aus dem Plebejerstand, die das aus dem Ärarium erhobene Geld nach der vorgeschriebenen Bestimmung, namentlich beim Heer den Sold unter die Soldaten, austeilten, s. Cato b. Gell. 7, 10, 2 (wo Sing. tribunus aerarius). Ps. Ascon. ad Cic. II. Verr.. 1, 34. p. 167 B.: dies. tribuni aeris, Plin. 33, 31. Als nach der lex Aurelia die Handhabung der Gerichte unter die drei Stände des Staates (Senatoren-, Ritter- u. Plebejerstand) verteilt wurde, wurden von Seiten der Plebejer die tribuni aerarii Richter, s. Cic. Cat. 4, 15. – ähnlich zur spät. Kaiserzeit tribunus fisci, Ven. Fort. vit. S. Radeg. 38.

B als milit. *t. t.:* **a** tribuni militum od. militares, **Kriegstribunen, Oberste,** von denen bei jeder Legion sechs waren, die abwechselnd je zwei Monate die Legion befehligten, tribuni militum b. Caes. u. a.: Sing. tribunus militum, Cic. – tribuni militares b. Cic. u. Plin.: Sing. tribunus militaris, Cic. – tribuni cohortium, die bei den dortigen Kohorten anwesenden Kriegstribunen, Caes. b. 2, 20, 2 (vgl. *no.* b). – tribuni militum od. militares rufuli, die im Heer vom Feldherrn od. von den Soldaten gewählten, Ggstz. comitiati, die zu Rom in den Komitien gewählten (u. zwar die Kriegstribunen der legiones quattuor primae, die für den regelmäßigen aktiven Dienst bestimmt waren), Liv. 7, 5, 9. Ps. Ascon. ad Cic. I. Verr.. 10, 30. p. 142, 7 B. – **b** (nur nachweislich zur Kaiserzeit) tribunus cohortis, der **Befehlshaber der ersten** (und stärksten) **Kohorte** der Legion, Plin. ep. 3, 9, 18. Vulg. act. apost. 21, 31: viell. ders. tribunus minor, Veget. mil. 2, 7 *in.*

C tribuni militum consulari potestate, die zwischen 444 und 366 v. Chr. sehr häufig anstatt der Konsuln aus Patriziern u. Plebejern gewählte, anfangs aus 3, später aus 6 Mitgliedern bestehende oberste Staatsbehörde der Römer, Liv. 4, 6, 8; 4, 7, 1; 8, 1, 2 u. a.: auch tribuni consulares gen., Liv. 8, 33, 16.

D tribuni plebis od. plebei od. plebi u. häufiger bl. tribuni, die **Volkstribunen,** die bekannten Schutzbeamten des röm. Plebejerstandes, Liv. 2, 32 *sq.;* 2, 56, 1. Cic. de rep. 2, 58 *sqq.* u. de legg. 3, 16.

tribuo, uī, ūtum, ere (tribus), **I zuteilen, verleihen, erteilen, zuwenden, schenken** (Ggstz. adimere, detrahere), **A** eig.: suum cuique, Cic.: alci praemia, Caes.: beneficia alci, Nep.: ut munus, me tribuente, feras, von meiner Hand, Ov.: lex omnis aut adimit aut tribuit, Quint.: primum, ut aliquid Caesari adimat; inde, ut Pompeio aliquid tribuat, quodvis quamlibet tenue munusculum, Cic. – **B** übtr.: **1** im Allg., **erteilen, verleihen, erweisen, schenken, gewähren,** alci misericordiam suam, Cic.: silentium orationi, Cic.: alci magnam gratiam, großen Dank abstatten, Cic.: alci laudem summam, Cic. (u. so tum vero numquam eloquentiae maiorem tribui laudem quam humanitatis, Cic.): alci testimonium egregiae virtutis, Cic.: gloriam fortuna tribuet, Phaedr.: trib. terris pacem, Ov.: vocabula monti, einen Namen erteilen, Ov.: demonstrativum (genus) est, quod tribuitur *in* alicuius certae personae laudem aut vituperationem, die auf das Lob oder den Tadel irgendeiner bestimmten Persönlichkeit gerichtet ist, Cic. de inv. 1, 7: cum igitur rerum ortum tribuis naturae, detrahis deo, Lact.: m. folg. *Infin.,* di tibi posse tuos tribuant defendere semper, Ov. trist. 3, 5, 21. – **2** insbes.: **a zugestehen, einräumen, willfahren,** alci priores partes, Cic.: aliquid valetudini, Cic.: commendationi tantum, Cic.: alci plurimum, sehr viel auf jmd. halten, Cic.: plurimum iudicio tuo tribuo, Scrib. Larg.: ne ob eam rem suae virtuti magnopere tribueret, zu sehr auf seine T. pochen sollte, Caes.: mihi omnia tribuebat, schätzte mich über alles, hielt alles auf mich, Cic.: ferner universo ordini publicanorum semper libentissime, zu Willen sein, willfahren, Cic.: in vulgus, jedermann dienen, Cic.: quasi honori abeuntis amici tribueret, als täte er es dem scheidenden Fr. zu Ehren, Tac.: m. folg. *ne* u. Konj., quos fato perfunctos ne nominatim tradam, maioribus eorum tribuendum puto, glaube ich ihren Ahnen schuldig zu sein, Tac. ann. 14, 14. – **b zuschreiben, anrechnen, auf Rechnung** von etw. **schreiben** (im Passiv = **auf Rechnung** einer Sache **kommen**), **beilegen,** id virtuti hostium, Caes.: observantiam officio, non timori neque spei, Nep.: casus adversos hominibus, Nep.: quod esset acceptum detrimenti, cuiusvis potius quam suae culpae debere tribui, Caes. – dah. **auslegen,** als usw., alci alqd superbiae, als Hochmut, Nep.: so auch quod illi tribuebatur ignaviae, Cic. – **c** eine Zeit auf etw. **verwenden,** einer Tätigkeit **widmen,** comitiis perficiendis XI dies, Caes.: his rebus tantum temporis, Caes.: non nihil temporis litteris, Nep.: reliqua tempora litteris, Nep.: quare quis tandem me reprehendat, si quantum ceteris ... ad requiem animi et corporis conceditur temporum, quantum alii tribuunt tempestivis conviviis, quantum denique alveolo, quantum pilae, tantum mihi egomet ad haec studia recolenda sumpsero? Cic. – **II** = distribuo, **a einteilen,** rem in partes, Cic.: in tempora, Cic. – **b zuteilen, austeilen,** Macedonum equitibus sesceni denarii tributi, Curt. 5, 1 (6), 45: ni Caesar obviam isset tribuendo pecunias ex modo detrimenti, Tac. ann. 4, 64.

tribus, ūs, *f.,* **I** einer der drei Stämme od. Stammtribus (Ramnes, Tities, Luceres) der freien röm. Bürger, s. Ramnēs das Nähere. – seit Servius Tullius eine der nach den Stammtribus genannten Abteilungen der röm. Vollbürger, vier für die Stadt (tribus urbanae), und 26, später

31 für den ager Romanus (tribus rusticae), der **Bezirk,** der **Gau,** die **Tribus.** – tribu movere, aus der Tribus stoßen (v. Zensor), Cic. u. Liv. (u. so omnibus V et XXX tribubus emovere, Liv. 45, 15, 41 u. libertinos tribubus amovere, Aur. Vict. de vir. ill. 32, 2): populum in tribus convocare, Cic.: tribum Papiriam ferre, die Stimme der papir. Tr. erhalten, Liv.: u. unam tribum ferre, die Stimme einer einzigen Tr. erhalten, Cic.: tribus iure vocatae, die gleich nach der praerogativa in ihrer Ordnung abstimmten, Liv.: pro tribu fieri aedilem, von der Prärogativtribus zum Ädilen bestimmt werden, Liv.: in tribus urbanas transferri = (versetzt werden) ignominia est, Plin. – scherzh. übtr., grammaticas ambire tribus, die Stimme der Grammatikerzünfte, Hor. ep. 1, 19, 40. – **II** meton., Plur. tribus = das **niedere-, arme Volk,** der **Pöbel,** equitem imitatae tribus, Flor.: in quo nasci tribus negant, Plin. – ► Dat. u. Abl. Plur. immer tribubus; vulg. **trebibos** (so!), **CIL 1, 198, 65.**

tribūtārius, a, um (tributum), **zum Tribut-, zu den Abgaben gehörig,** necessitas, der Abgabenzahlung, Iustin.: solum, steuerpflichtiger, Plin.: so auch praedia, Gaius inst.: civitates, Iustin.: u. Gallus quidam, Suet.: tabellae, die Tribut brachten, d. h. reiche Geschenke versprachen, Cic. Verr. 4, 148.

tribūtim, *Adv.* (tribus), **nach den Tribus, tribusweise,** Varro LL. 5, 181: describere ordines, Cic.: spectacula dare, Cic.: nummos dividere, Cic.: ut quod tributim plebes iussisset, populum teneret, Liv.: nisi quod legem novo exemplo ad Sutrium in castris tributim de vicesima eorum, qui manu mitterentur, tulit, Liv. – arripuit populum tributim, er griff Leute aus jeder Tribus, d. i. ohne Unterschied, an, Hor. sat. 2, 1, 69.

tribūtio, ōnis, *f.* (tribuo), **I** die **Teilung, Einteilung,** Cic. u. ICt. – **II** die **Bezahlung der Abgaben, Kontribution,** ICt.

tribūtor, ōris, *m.* (tribuo), der **Geber,** mundus tributor est et praestitor omnium, quae mortalibus videntur bona, Ps. Apul. Ascl. 27.

tribūtōrius, a, um (tributor), **das Verteilen betreffend,** actio, die Entschädigungsklage gegen den Herrn oder Vater, der sich bei der Verteilung der merces peculiares eines dolus schuldig gemacht, ICt.: dafür subst. bl. tributōria, ae, *f.* ICt.

tribūtum, ī, *n.* (tribuo), **I** die öffentl. **Abgabe, Steuer, Kriegssteuer,** der **Tribut,** capitis, Kopfgeld, ICt.: annuum, Tac.: tributum imperare, Liv.: tributum in capita singula servorum ac liberorum imponere, Caes.: tributum genti imponere, Suet.: tributum conferre, facere, pendĕre, Cic.: ut eo anno duplex tributum imperaretur, simplex confestim exigeretur, Liv.: per tot annos tributo exhaustos nihil reliqui praeter terram nudam ac vastam habere, Liv. – **II** übtr.: **a** wie unser **Tribut** = **Geschenk, Gabe,** Saturnalicium, Mart.: praestare tributa clientes cogimur, Iuven.: arbor fert tributa domino, Ov. – **b** der **Beitrag,** die **Sammlung** zu Privatzwecken, ICt. – ► ultro tributa s. ultrō.

1. tribūtus, a, um (tribus), **nach Tribus eingerichtet,** comitia, in denen das Volk tribusweise abstimmte, Tribuskomitien, Liv. 2, 56, 2 u. 60, 4. Lael. Fel. b. Gell. 15, 27, 4.

2. tribūtus, a, um, s. tribuo.

3. tribūtus, ūs, *m.* (tribuo) = tributum (vgl. Gell. 13, 21 [20], 19), Cato origg. inc. libr. fr. 1. p. 30 *Jordan.* Plaut. Epid. 228.

trīcae, ārum, *f.* (zu Wz. * *trei(q),* winden, drehen, verwandt mit torqueo), **I** Possen, Unsinn, *La.* Nummos trecentos. *Gr.* Tricas, Plaut. rud. 1323: quod argentum, quas tu mihi tricas narras? Plaut. Curc. 613: quin tu istas mittis tricas? Plaut. most. 572: tricae Atellanae, Varro sat. Men. 198 B: sunt apinae tricaeque et si quid vilius istis, Mart. 14, 1, 7. – **II** übtr., **Verdrießlichkeiten, Widerwärtigkeiten, Ränke,** iudicia lites, turbas tricas, Turpil. fr.: nil mi opus litibus neque tricis, Plaut.: quomodo domesticas tricas (fert)? Cic.: in his tricis morari, Cael. in Cic. ep.: quas nunc diabolum nectere credis tricas? Augustin. – ► Das etymol. Märchen bei Plin. 3, 104, nach dem Trica nebst Apina unbedeutende Städtchen in Apulien gewesen u. zum Sprichwort geworden sein sollen, glaubte schon Non. 8, 15 nicht mehr.

tricamerātus, a, um (tres u. cameratus), **mit drei Kammern,** ecclesia, Augustin. de civ. dei 15, 26, 2: inferiora arcae bicamerata et tricamerata facies, Ambros. hexaëm. 6, 9. *no.* 72. – subst., tricamerātum, ī, *n.*, ein **Behältnis mit drei Kammern,** Hieron. ad Iovin. 1. *no.* 17.

Tricassēs, ium, *m.* u. **Tricas(s)īnī,** ōrum, *m.*, eine gallische Völkerschaft in der Gegend des heutigen *Troyes,* Form *-casses,* Plin. 4, 107. Sidon. epist. 6, 4, 2 (dort = deren Hauptstadt): Form *-cas(s)ini,* Amm. 15, 10, 11 u. 11, 12: Sing. Tricassis u. Tricassinus, Not. Tir. 87, 41 u. 42. – Dav. **Tricassīnus,** a, um, **trikassinisch, der Trikassiner,** solum, Eumen. pan. Constant. 21, 1: ager, Eumen. grat. acr. 6, 1.

Tricastīnī, ōrum, *m.*, eine gallische Völkerschaft, in der Gegend des heutigen *Aouste* zwischen *Drome* u. *Isère,* Liv. 5, 34, 5, deren Hauptstadt Augusta Tricastinorum, Plin. 3, 36.

Tricca, ae, *f.* (Τρίκκη), uralte Stadt in Thessalien am Peneios, Geburtsort des Asklepios (Äskulap), jetzt *Trikkala,* Liv. 32, 13, 5. Plin. 4, 29: griech. Nbf. Tricce, Sen. Troad. 831 (821). – Dav. **Triccaeus,** a, um (Τρικκαῖος), **trikkäisch,** Avien. phaenom. 206.

trīcēnārius, a, um (triceni), **dreißig enthaltend,** numerus, Tert. adv. Valent. 8 *extr.:* fistula, eine dreißigzöllige Röhre, eine Dreißiger-Röhre, Vitr. 8, 6, 4. Frontin. aqu. 29 u. 48: caerimoniae, denen eine dreißigtägige Enthaltung von gewissen Dingen vorangegangen war, Paul. ex Fest. 71, 10: divinitas, Tert. adv. Valent. 8 *extr.:* et ecce iam tricenariam aetatem agebant, standen schon im dreißigsten Jahr, Augustin. conf. 6, 11, 18. – v. Pers. = **dreißigjährig,** filius, Sen. exc. contr. 3, 3. § 5. – subst., trīcēnārius, iī, *m.*, ein **Dreißiger** an Jahren, Arnob. 2, 22.

trīcēnī, ae, a, Genet. trīcēnûm (triginta), **I** bei Einteilungen, **je (jeder, jedem) dreißig,** lecti, Cic. Verr. 4, 58: dies, Colum. u. Plin.: milites, Auct. b. Afr.: stipendia, dreißigjährige, Tac.: statuae pedum tricenûm, Vopisc.: fistula tricenûm quinûm, eine 35zöllige Röhre, eine Fünfunddreißiger-Röhre, Frontin. aqu. – **II** **dreißig** auf einmal, -zusammen, Plin. u. a. – ► Agroet. 114, 9 K. ›triceni‹ de trecentis dices, ›trigeni‹ de triginta; u. so trigena abhinc, Dosith. (VII) 402, 21; u. Sing. subst., trīgēnum, ī, *n.*, das **Dreißigfache,** trigeni proventus, Augustin. serm. 116, 3.

trīcennālis, e (tricennium), **dreißig Jahre betreffend, dreißigjährig,** Ruf. invect. Hieron. 1, 11. – subst., trīcennālia, ium, *n.*, die **Feier des dreißigsten Jahres der Regierung** eines Kaisers, das **dreißigste Regierungsfest,** tricennalibus suis, Oros. 7, 28, 30: Genet. Plur. tricennalium od. tricennaliorum, Prob. app. 196, 10.

trīcennium, iī, *n.* (triginta u. annus), ein **Zeitraum von dreißig Jahren,** Sidon. u. a.

trīcēnsimus, s. trīcēsimus ►.

trīcēnsimānī, s. trīcēsimānī.

tricentī, ae, a = trecenti, Colum. 5, 2, 5.

tricentiēs, s. trecentiēs.

triceps, cipitis (tres u. caput; vgl. Cic. or. 159 u. Augustin. regul. 502, 40 K.), **I** **dreiköpfig,** Cerberus, Cic. Tusc. 1, 10 u. Augustin. de civ. dei 18, 13: Hecate, Ov. met. 7, 194: Geryones, Fronto ad M. Caes. 4, 3. p. 65, 14 N. – **II** übtr., **dreifältig, dreierlei,** historia, Varro LL. 5, 148.

Tricerberus, ī, *m.* (Τρικέρβερος), der **dreifache,** d. i. **dreiköpfige Zerberus,** Mythogr. Lat. 1, 102 u. 108; 2, 11. Fulg. myth. 1, 5. Fulg. contin. Verg. p. 156 M.

trīcēsimānī (trīcēnsimānī), ōrum, *m.* (tricesimus), die **Soldaten der dreißigsten Legion,** die **Dreißiger,** Amm. 18, 9, 3.

trīcēsimārius, a, um (tricesimus), **zum dreißigsten gehörig,** purgatio, am dreißigsten Tag, monatliche, Sex. Placit. de medic. 13, 3.

trīcēsimus u. (nachaug.) **trīgēsimus,** a, um (triginta), der **dreißigste,** tric. dies, Cic., oder trig. dies, Solin.: annus, Cic. u. a.: tricesimum annum agens, in seinem dreißigsten Lebensjahr, Liv.: tricesima sabbata, s. sabbatum: sextus tricesimus, Cic., od. tricesimus sextus, Liv.: tertius et tricesimus, Cic.: annus a tricesimo tertius, Aur. Vict. – ► Nbf. tricēnsimus, Asin. Poll. epist. in Cic. ep. 10, 31, 5 *Bait.* (mit *cod. M).* Commodian. instr. 1, 40, 3 D.

trīcessis, is, *m.*, (triginta u. as) **dreißig Asse,** Varro LL. 5, 170. Prisc. de fig. num. § 31. p. 416, 17 K.

trichalcum, ī, *n.* (τρίχαλκον), eine Münze, drei *chalci* an Wert, Vitr. 3, 1, 7.

trichaptum, ī, *n.* (τρίχαπτον), das aus Haaren gewebte Kleid, das **härene Gewand,** Hieron. in Zachar. 3, 14 u. in Ezech. 3, 16.

trichiās, ae, *m.* (τριχίας), ein Seefisch, eine Sardellenart mit vielen haarfeinen Fäden, Plin. 9, 52 u. 162.

trichiāsis, is, *f.* (τριχίασις), die **Einwärtskehrung der Augenwimpern,** eine Augenkrankheit, Veget. mul. 3, 15, 1.

trichila, ae, *f.*, eine aus Rohrstengeln oder belaubten Zweigen gefertigte **Laube,** die Laubhütte, die **Sommerlaube,** Caes. b. 3, 96, 1. Ps. Verg. cop. 8. Colum. poët. 10, 394: auch trichilla geschr., CIL 21383. – Synkop. Nbff. tricla, CIL 6, 4305; triclea, *ibid.* 6, 29959; triclia, *ibid.* 6, 15593 u. 29394; triclea, *ibid.* 6, 29959.

trīchilīnium, s. triclīnium ►.

trichinus, a, um (τρίχινος, eig. von Haaren, hären; meton.) = **haardünn, spärlich** (Ggstz. uber), quaestus, Varro sat. Men. 159 (Bücheler tricinus).

trichītis, idis, Akk. im, *f.* (στυπτηρία τριχῖτις), eine Art von Alaun, Plin. 35, 186.

trichomanes, is, *n.* (τριχομανές), **I** eine Pflanze, der Pflanze adiantum ähnlich, Plin. 27, 138. – **II** eine Art der Pflanze adiantum, Plin. 22, 63. Ps. Apul. herb. 47.

trichordis, e (τρίχορδος), **dreisaitig,** Sidon. epist. 5, 5, 3. Cassiod. de anim. 5.

trichōrus, a, um (τρίχωρος), **von drei Räumen** od. **Abteilungen,** altaria, Paul. Nol. epist. 32, 10. – subst., trichōrum, ī, *n.*, ein Zimmer u. dgl. von drei Räumen od. Abteilungen, Stat. silv. 1, 3, 58. Spart. Pesc. 12, 4.

trichrus, ī, *f.* (τρίχρους), ein dreifarbiger, uns unbekannter Edelstein, Plin. 37, 183.

trīciēs (trīciēns), *Adv.* (triginta), **dreißigmal,** tr. sestertium, Cic.: sestertium tr. solidûm, Mart.: aeris milies tricies, Cic.: pedes tr. treceni, Liv. – ► trīgiēs geschr., Mart. Cap. 7. § 737 *Kopp.* (Eyssenh. XXXII).

trīcilīnium, s. triclīnium ►.

tricinium, iī, *n.* (tres u. cano), der **Dreigesang,** Symm. epist. 1, 41.

tricinus, s. trichinus.

Tricipitīnus, ī, *m.*, Beiname in der *gens Lucretia,* s. Lucrētius.

tricla, triclea, triclena, s. trichila.

triclia, s. trichila.

triclīnāris, s. triclīniāris.

triclīnārius, s. triclīniārius.

triclīnia, ae, *f.*, vulg. Nbf. v. triclinium (s. d.), Petron. 71, 10.

triclīniarchēs u. **triclīniarcha,** ae, *m.* (τρικλινιάρχης), der **Besorger-, Aufseher der Tafel,** Petron. 22, 6. CIL 3, 536. lin. 13; 6, 1884 u. 11, 3612.

triclīniāris (triclīnāris), e (triclinium), **zur Speisetafel gehörig, Speise-, Tafel-, I** *adi.*: gradus, mappa, Varro LL.: obbae, Varro fr.: lectus, Plin. u. Hyg.: lecti et tricliniares et cubiculares, Lampr.: vestimenta, ICt. – **II** *subst.*: **A** triclīnāria u. triclīniāria, ium, *n.*, **1** (triclinaria) **Tafelzimmer,** Varro r. r. 1, 13, 7. – **2** (tricliniaria) **Speiseteppiche,** Plin. 8, 196. Nep. fr. b. Plin. 9, 137. – **B** trīclīniāres, ium, *m.*, die öffentlich zusammenspeisenden Mitglieder aller Körperschaften, CIL 9, 4894.

triclīniārius (triclīnārius), a, um (triclinium), **zur Speisetafel gehörig, Tafel-,** disciplina, Boëth. in Aristot. top. 1, 8: servus, Tafeldiener, CIL 6, 3030*: ders. subst. triclīniārius, iī, *m.*, Calvus b. Charis. 77, 4. CIL 14, 164*.

triclīnium, iī, *n.* (τρίκλινον), **I** das **Speiselager, Speisesofa** der Römer, worauf gew. drei, zuw. auch vier und fünf Personen am Tisch lagen, sternere triclinium, Varro LL.: triclinium in foro sternere, Cic.: triclinium curare, für die Tafel sorgen, Suet.: triclinio posito cenabamus, Varro. – **II** das **Tafelzimmer, Speisezimmer,** triclinia hiberna et aestiva, Varro LL.: triclinia versatilia, mit beweglichen Decken, Lampr.: exornat ample et magnifice triclinium, Cic.: quo de triclinio tuo exibis? Libo b. Cic.: unum promorat vix pedem triclinio, Phaedr. – ► Gedehnte Form tricilinium, Varro r. r. 3, 13, 2, u. trichilinium, CIL 6, 10332 u. 6, 10237 (abgek. trichil.)

1. trīco, s. trīcor ►.

2. trīco, ōnis, *m.* (tricae), der **Ränkeschmied,** Plaut. Bacch. 280 zw. – v. schlechten Bezahlern, Lucil. 414 u. 416: v. Wüstlingen, Capit. Ver. 4. § 6.

tricoccum, ī, *n.* (v. τρίκοκκος, ον, dreikörnig, dreibeerig), eine Art des heliotropium, Plin. 22, 57.

tricōlon, s. tricōlos.

tricolor, ōris (tres u. color), **dreifarbig,** Prisc. 1358 P. (nicht Prisc. vol. 2. p. 416, 31 *ed. Hertz.*).

tricōlos, on (τρίκωλος), **aus drei Gliedern bestehend,** ode, Serv. de cent. metr. 469, 25 K. Mar. Victorin. 4, 3, 2. p. 160, 35 K.: carmina, Atil. Fortunat. 2, 28, 5. p. 294, 28 K. – subst., tricōlon u. tricōlum, ī, *n.* (τρίκωλον), eine **aus drei Gliedern bestehende Periode,** Sen. contr. 2, 4 (12), 12 u. 9, 2 (25), 27.

tricōlum, s. tricōlos.

trīcor, ātus sum, ārī (tricae), **Schwierigkeiten machen, Ausflüchte suchen, Winkelzüge machen,** cum alqo, Cic. ad Att. 14, 9, 4: absol., *ibid.* 15, 13, 5. Phaedr. 3, 6, 9. – ► Aktive Nbf. trico, wov. tricat, Not. Tir. 92, 63: trices, Vulg. Sirach 32, 15: Imper. trica, Apic. 8, 384 *Schuch.*

tricorius = servus qui tres corios vapulando consumpsit, Lucil. 669.

tricorniger, gera, gerum (tres u. corniger), **drei Spitzen habend, dreispitzig,** species furcae, vom Buchstaben Ψ, Auson. edyll. 11. De litter. monosyll. Graec. et Lat. 27. p. 138 Schenkl.

tricornis, e (tres u. cornu), **drei Hörner habend,** Plin. 8, 73. Solin. 52, 38.

tricorpor, oris (tres u. corpus), **drei Leiber habend, dreileibig,** forma tricorporis umbrae, v. Geryon, Verg. Aen. 6, 289: Geryonae longa tricorporis arva, Sil. 3, 422: monstrum Geryones immane tricorporis irae, Sil. 13, 201. – ► Nom. tricorpor, Prisc. de fig. num. § 31. 416, 31 K.: aber Nom. tricorpus = τρίσωμος, Gloss. II, 459, 47.

trīcōsus, a, um (tricae), **händelsüchtig, ränkevoll,** Lucil. 417. Buecheler Carm. epigr. 870; vgl. Gloss. II, 201, 41 ›tricosus, ἀργεῖος, δυσέκλυτος‹.

tricuspis, idis (tres u. cuspis), **drei Spitzen habend, dreispitzig,** telum, der Dreizack (des Neptun), Ov. met. 1, 330.

tridacna, ōrum, *n.* (v. τρί, ter u. δάκνω, mordeo), eine Art Austern, Plin. 32, 63.

trideciēs = tredecies, Censor. 18, 2 H.

tridēns, entis (tres u. dens), **drei Zähne-, drei Zacken-, drei Spitzen habend, I** *adi.* (Abl. gew. entī), rostra, Verg. Aen. 5, 143: aes, Schiffsschnabel, Val. Flacc. 1, 688: fuscinula, Vulg. 1. regg. 2, 13: tridenti armatus ferro, Arnob. 3, 31. – **II** *subst.*, tridēns, entis, Abl. ente u. entī, *m.*, der **Dreizack** der Fischer, um die größeren Fische zu durchstechen, Plin.: als eine Art Waffen für den Netzfechter (retiarius), Iuven.: als Abzeichen des Neptun, Verg. u. a.

tridentifer, ferī, *m.* (tridens u. fero), der **Dreizackträger,** Beiwort des Neptun, Ov. met. 8, 596.

tridentiger, gerī, *m.* (tridens u. gero), **den Dreizack führend,** Beiwort des Neptun, Ov. met. 11, 202.

tridentipotēns, entis (tridens u. potens), **mächtig-, herrschend mit dem Dreizack,** Beiwort des Neptun, Sil. 15, 159.

triduānus, a, um (triduum), **drei Tage während, dreitägig,** Apul. met. 10, 18 u. Eccl.

triduum, ī, *n.* (tres. u. dies), ein **Zeitraum von drei Tagen, drei Tage,** tr. continuum, Plaut.: ut maneas triduum hoc, Ter.: cum tridui viam processisset, Caes.: triduo illum, aut summum quadriduo periturum, Cic.: triduum quadriduumve, Cic. ep.: biduo post aut non toto triduo, Cic.: a tyranno petit tridui commeatum (Urlaub), Hyg.: per triduum et trinoctium flumen transisse Germanos, Amm.: ante hoc triduum, Fronto: post triduum vel quadriduum, Hieron.

triennālis, e (tres u. annus), **dreijährig,** sacerdos, Ambros. de virgg. 2,

6. *no.* 39: tempus, Gregor. epist. 12, 20. Vgl. Gloss. II, 201, 44 ›triennalis, τριετηρικός‹.

triennia, ium, *n.* (tres u. annus) = trieterica sacra (s. trietēricus), Ov. met. 9, 642.

triennis, e (tres u. annus, s. Prisc. de fig. num. § 31. p. 416, 22 K.), **dreijährig,** vacca, Vulg. genes. 15, 9 (neben capra trima u. aries annorum trium).

triennium, iī, *n.* (tres u. annus), ein **Zeitraum von drei Jahren, drei Jahre,** nam illic noster est fortasse circiter triennium, Plaut.: biennium aut triennium est cum virtuti nuntium remisisti, Cic.: multis locis Germaniae triennium vagati, Caes.: in triennium relegati, Plin. ep.: Lyncestem per triennium distuli, Curt.: Veientibus annorum viginti indutiae datae et Aequis triennii, Liv.: Euthymenis filium tria cubita triennio accrevisse, absumptum contractione membrorum subitā triennio circumacto, Plin.: toto triennio, Suet.: triennio ante Germanici cum Tiberio idem honor, Tac.: tantulo triennio maior in aetate, Apul. – triennio post, Plaut. u. Cic.

triēns, entis, *m.* (tres), **I** der **dritte Teil** eines Asses od. zwölfteiligen Ganzen, $^4/_{12} = {}^1/_3$, ein **Drittel, A** im Allg.: cum sciemus, quantum quasi sit in trientis triente, Cic.: medicaminis, Colum.: ut triens ex hemina supersit, Plin.: annus triente fraudatus, um vier Monate, Manil. – **B** insbes.: **1** als Münze: **a** ein **Drittel-As,** Varro LL., Hor., Liv. u. a. – **b** (in der spät. Kaiserzeit) als Goldmünze = ein **Drittel-*aureus*,** etwa ein **Drittel-Dukaten,** Valer. imp. bei Treb. Poll. Claud. 14, 3. Gallien. imp. *ibid.* 17, 7. – **2** bei Erbschaften = ein Drittel des Ganzen, Dolabellam video Liviae testamento cum duobus coheredibus esse in triente, Cic.: heres ex triente, der Erbe zu einem Drittel, Suet. – **3** als Zinsbestimmung = ein **Drittel-Prozent** monatlich od. (nach unserer Art) **vier Prozent** jährlich, usurae, zu $^1/_3$ Prozent, ICt.: pensiones, Lampr. – **4** als Längenmaß: **a** ein **Drittel-*iugerum*** (s. iūgerum), Colum. 5, 1, 11 u. a. – **b** ein **Drittel-Fuß** = **vier Zoll,** übtr. = ein **aus vierzölligen Hölzern bestehendes Gestell,** cum trientes a bubus ducerentur, Vitr. 10, 2, 12. – **c** ein **Drittel-*digitus*** (s. digitus), unciae modulus habet diametri digitum unum et trientem digiti, Front. aqu. 26. – **5** als Maß für Flüssigkeiten = ein **ein Drittel des *sextarius*** (d. i. 4 *cyathi*) **enthaltender Becher,** etwa ein **Römer,** Prop. 3, 10, 29. Mart. 6, 86, 1: potare amethystinos trientes, Mart. 10, 49, 1. – **II** bei den Mathematikern, die die 6 als Grundzahl annahmen = die **Zweizahl** (als Drittel der Sechs), Vitr. 3, 1, 6. – ► vulg. Nbf. trian, Grom. vet. 339, 29. Metrol. script. *ed. Hultsch.* p. 130. *no.* 27.

trientābulum, ī, *n.* (triens), das **Äquivalent** an Äckern **für das Drittel,** CIL 1, 200. lin. 31. Liv. 31, 13, 9.

trientālis, e (triens), das **Drittel eines** (zwölfzölligen) **Fußes enthaltend, vierzöllig,** materia, Vitr. 10, 2, 11: folia, Plin. 27, 34.

trientārius, a, um (triens), **zum Drittel gehörig,** fenus, ein Drittel-Prozent monatlich = vier Prozent jährlich, Capit. Anton. Pius 2, 8. Lampr. Alex. Sev. 21, 2.

triērarcha, ae, *m.* (τριηράρχης) u. **triērarchus,** ī, *m.* (τριήραρχος), der **Kapitän einer dreirudrigen Galeere,** Form *-cha,* CIL 3, 4025; 10, 3337 u. 3479 u. 13, 9941. – Form *-chus,* Cic. II. Verr.. 1, 52. Suet. Ner. 34, 2. Tac. hist. 2, 9 u. 16.

triēris, e (τριήρης), **dreiruderig,** trieris navis, eine dreiruderige Galeere, Auct. b. Afr. 44, 2: dass. subst. triēris, is, *f.,* Nep. Alc. 4, 3. Vgl. Isid. orig. 19, 1, 10.

trietēricus, a, um (τριετηρικός), **was alle drei Jahre geschieht,** profanatio, Firm.: trieterica sacra od. orgia, die zu Theben alle zwei (od. Anfangs- u. Endjahr mitgerechnet alle drei) Jahre begangene Bacchusfeier, Ov. u. Verg.: dass. subst. bl. trietērica, ōrum, *n.,* Ov., Hyg. u. a.

trietēris, idis, Akk. ida, *f.* (τριετηρίς), **I** eine **Zeit von drei Jahren, drei Jahre,** rein. lat. triennium, Suet. fr., Censor., Mart. u. a. – **II** eine **alle drei Jahre begangene Feier,** wie das Bacchusfest, Cic. de nat. deor. 3, 58: die nemëischen Spiele, Stat. Theb. 4, 722 u. 7, 93.

trifāriam, *Adv.* (*sc.* partem, v. trifarius), **I dreifach** = auf drei Seiten, an drei Orten, adoriri, munire, Liv.: epulas tr. dispertire, Suet. – **II dreifach** = auf drei Arten, Solin. 27, 12. Diom. 303, 24. Apul. de Plat. 3. p. 266 H.; vgl. Dosith. 41, 5 ›trifariam, τριχῶς‹.

trifāriē, *Adv.* (trifarius), **dreifach,** Variante bei Diom. 303, 24 (Keil trifariam).

trifārius, a, um (ter u. for, analog dem griech. τριφάσιος), **dreifach, dreierlei,** Apul. apol. 49. Cassiod. var. 5, 40, 5. Claud. Mam. de stat. anim. 2, 3, 6. Fulg. contin. Verg. p. 147, 5 M.

trifaux, faucis, Abl. faucī (tres u. faux), aus drei Schlünden (Rachen) kommend, **dreischlündig,** latratus (Cerberi), Verg. Aen. 6, 417: forma, Sil. 2, 551: os (Cerberi), Schol. Bern. Verg. georg. 3, 439.

trifax, acis, Abl. acī, *f.,* eine Art langer Fernwaffe, Enn. ann. 534. Gell. 10, 25, 2.

trifer, fera, ferum (ter u. fero), **dreimal** im Jahr **tragend,** ficus, Colum.: vites, Plin.

trifidus, a, um (ter u. findo), vgl. Prisc. de fig. num. § 32. p. 416, 29 K.), **dreimal gespalten, dreispitzig, dreizackig, dreifältig,** lingua, Sen. tr.: flamma (des Blitzes), Ov.: fulmen, Mythogr. Lat.: hasta, der Dreizack Neptuns, Val. Flacc.: via, Dreiweg, Kreuzweg (griech. τρίοδος), Sen. poët.: dass. subst., trifida, ae, *f.,* Stat. Theb. 1, 64.

trifīlis, e (tres u. filum), **dreifädig,** übtr., **dreihaarig, drei Haare habend,** Mart. 6, 74, 2.

trifīnius, a, um (tres u. finis), **wo drei Grenzen zusammenstoßen,** terminus, Gromat. vet. 250, 21 u. a. – subst., trifinium, iī, *n.,* ein Ort, wo drei Grenzen zusammenstoßen, die **Dreimark,** Gromat. vet. 2, 5; 10, 2 u. a. Isid. orig. 15, 14, 5.

trifissilis, e = trifidus, Auson. epigr. 128, 7.

Trifolīnus ager, das **trifolinische Gebiet** in Kampanien, ergiebig an einem nicht gerade vorzüglichen Wein, Iuven. 9, 56. – Dav. Trifolinum vinum, trifolinischer Wein, Cael. Aur. de morb. acut. 2, 37, 212: und Plur. Trifolina vina, Plin. 14, 69. Mart. 13, 114, 1. Cael. Aur. de morb. acut. 2, 37, 211.

trifolium, iī, *n.* (tres u. folium), das **Dreiblatt,** der **Klee,** Plin. 21, 54 u. 152.

trifōrmis, e (tres u. forma), **I dreigestaltig,** Chimaera, Hor.: Hecate, Sen. poët.: diva od. dea, Ov., Diana, die auch Luna oder Hekate war (dies. Delia virgo trif., CIL 2, 2660): canis, Zerberus, Sen. poët. – **II dreifältig,** mundus, Luft (Himmel), Meer u. Unterwelt, Ov. met. 15, 859.

trifōrmitās, ātis, *f.* (triformis), die **Dreigestaltigkeit,** Claud. Mam. de stat. anim. 3, 9.

trifōrmiter, *Adv.* (triformis), **dreifältig,** Diom. 335, 15.

trifūr, fūris, *m.* (ter u. fur), ein **dreifacher Dieb,** ein **Erzdieb,** Plaut. aul. 633.

trifurcifer, ferī, *m.* (ter u. furcifer), ein **Erzschelm, Erzhalunke,** Plaut. aul. 326 u. rud. 734 *sq.*

trifurcium, iī, *n.* (trifurcus), etw. **Dreizackiges,** Ps. Apul. herb. 77.

trifurcus, a, um (tres u. furca), **dreizackig, dreispitzig,** stirps, Colum.: surculi, Colum.

trīga, ae, *f.* (st. triiuga), **I** das **Dreigespann,** Ulp. dig. 21, 1, 38. § 14: Plur., Varro LL. 8, 55. – **II** übtr., eine **Anzahl von drei Dingen,** Arnob. 4, 15. Anthol. Lat. 428, 6 (843, 6).

trigamia, ae, *f.* (τριγαμία), das **dreimalige Heiraten,** Hieron. adv. Iovin. 1, 37.

trigamus, ī, *c.* (τρίγαμος), **dreimal verheiratet,** Hieron. adv. Iovin. 1, 24.

trīgaranus, ī, *m.* (τρεῖς u. γέρανος), **von drei Kranichen begleitet,** Beiwort des göttlich verehrten Stieres, taurus, CIL 13, 3026.

trīgārius, a, um (triga), **zum Dreigespann gehörig,** nur subst.: **I** trīgārius, iī, *m.,* der **Lenker eines Dreigespannes,** Plin. 28, 238 u. 29, 9. – **II** trīgārium, iī *n.,* **1** ein **Zirkus,** wo Dreigespanne, auch übh. Pferde zum Laufen geübt werden, die **Rennbahn,** Plin. 37, 202 (vgl. Gloss. II, 201, 45 ›trigarium, τόπος ὅπου ἵπποι γυμνάζονται‹): als Name eines Ortes in der 9. Region Roms, CIL 6, 8491. – **2** (nach **triga** *no.* II) die Zahl **drei, Mart. Cap. 7. § 733; 9. § 895.**

trigemino, āre (trigeminus), **verdreifachen,** Fronto de eloqu. 1. p. 139, 8 N.

trigeminus (poet. u. Eccl. auch tergeminus), a, um, **dreifach,** terg. vir, Geryon, Ov.: terg. canis, Zerberus, weil er drei Köpfe hat, Ov.: terg. Hecate, Verg., auch terg. era, Val. Flacc., die im Himmel Luna, auf der Erde Diana, in der Unterwelt Proserpina heißt: cui tres sunt linguae tergeminumque caput, Zerberus, Tibull.: terg. honores, Ädilität, Prätur u. Konsulat, die höchsten Ehrenstellen, Hor.: trig. victoria, Liv. – v. Kindern, die zugleich geboren werden, trig. filii, Drillingssöhne, Plaut.: so auch trigemini fratres, Liv.: absol., trigemini, Drillinge, von Menschen, Colum. u. Augustin. (Nbf. tergemini, Plin. 7, 33); v. Tieren, Colum. – *neutr.* adv., tergeminum mugiet ille sophos, mehrmals, öfter, Mart. 3, 46, 8. – Trigemini, die Drillinge, ein Stück des Plautus, Gell. 6 (7), 9, 7. – porta Trigemina, ein Tor in der alten Stadtmauer von Rom, der nördlichsten Ecke des Aventins gegenüber, (wahrsch. benannt nach seinen drei Durchgangsbogen), Plaut. capt. 90. Liv. 4, 16, 2. Frontin. aqu. 5. Plin. 18, 15. Solin. 1, 8.

trigemmis, e (tres u. gemma), **drei Augen (Knospen) habend,** malleolus, Colum. u. Plin.

trīgenēs = τριγενής, **dreifachen Geschlechtes** (masc., fem. u. neutr.), Charis. 44, 35.

trīgēnī, s. trīcēnī ►.

trīgenus, dreifachen Geschlechtes, Auson. edyll. 11, 49. p. 130, 26 Schenkl.

trīgēsimus, a, um, s. trīcēsimus.

trīgiēs, s. trīciēs.

trīginta, *Numer.* (τριάκοντα), **dreißig,** tr. minae, Plaut.: tr. tyranni, Cic.: septem et tr. anni, Cic.

trīginta-sex-vir, virī, *m.*, einer der sechsunddreißig Vorsteher einer Munizipalstadt, ein **Sechsunddreißiger,** CIL 24, 3945 (wo abgek. XXXVI vir).

triglītis, idis, *f.* (τριγλῖτις), ein uns unbekannter Edelstein, der die Farbe des Rotbarts (mullus) hat, Plin. 37, 187.

triglyphus, ī, *m.* (τρίγλυφος), der **Triglyph** in der Baukunst, der **Dreischlitz,** Vitr. 1, 2, 4; 4, 2, 3 *sqq.* u. a.

1. trigōn, ōnis, Akk. ōnem u. ōna, *m.* (τριγών), **I** ein kleiner harter **Ball** voll fester Haare, der **Springball,** mit dem drei Personen in einem dreieckigen Raum spielten, wo jede in einer Ecke stand u. der anderen den Ball mit der Hand od. mit einem Netze zuschlug, Mart. 4, 19, 5 (Akk. -ona) u. a. – **II** meton., das **Ballspiel** mit diesem Ball, Hor. sat. 1, 6, 126 (Akk. -ōnem).

2. trīgōn, ōnis, *m.*, richtiger trygon, s. d.

trigōnālis, e (v. τρίγωνον, Dreieck), **dreieckig,** pila (= 1. trigon, s. d.), Mart. 14, 46 *lemm.*

trigōnārius, a, um (1. trigon), **zum Dreiballspiel gehörig,** pila, Isid. orig. 18, 69, 2.

trigōnicus, a, um (τριγωνικός), **dreieckig,** Firm. math. 3, 5, 1. p. 53, 29 u. 4, 5. p. 91, 27.

trigōnium, iī, *n.* (τρίγωνον), **I** das **Dreieck,** Vitr. 6, 1, 5 u. 10, 15 (21), 1. Gromat. vet. 241, 10 u. a. – **II** übtr., als Name zweier Kräuter, Ps. Apul. herb. 3 u. 65.

trigōnius, a, um (τρίγωνος), **dreieckig,** terminus, Gromat. vet. 288, 8 u. 341, 12.

trigōnus, a, um (τρίγωνος), **dreieckig, dreiwinkelig, I** *adi.*, Manil. 2, 276 u. 342. Claud. Mam. de stat. anim. 3, 15. p. 780, 4 *Migne.* Gromat. vet. 249, 8 u. a. – **II** *subst.*: **A** trigōnum, ī, *n.*, das **Dreieck,** Varro LL., Colum. u. a.: stellae faciant trigona, Gedrittschein, Gell. – **B** trigōnus, ī, *m.*, das **Dreieck,** Gromat. vet. 300, 10 u. a. Apul. de Plat. 1, 7: als mediz. *t. t.* = eine dreieckige, schmerzstillende Pille, Cael. Aur. de morb. chron. 2, 7, 104.

trihēmitonium, ī, *n.* (τριημιτόνιον), **anderthalb Ton,** als *t. t.* in der Musik = die **kleine Terz,** Gromat. vet. 185, 3.

trihōrium, iī, *n.* (tres u. hora), **drei Stunden,** Auson. eclog. 10, 5; Mosell. 87; epist. 4, 62.

triiugis, e (tres u. iugum), **dreispännig,** Auson. epist. 8, 6.

triiugus, a, um (tres u. iugum), **dreispännig,** übtr., **dreifältig,** ferrum, Paul. Nol. carm. 20, 126 (131).

trilaterus, a, um (tres u. latus), **dreiseitig,** trigonum, Censor. fr. 7, 2: forma, Gromat. vet. 105, 16: figura, *ibid.* 378, 6 u. 14.

trilībris, e (tres u. libra), **dreipfündig,** Hor. sat. 2, 2, 33. Gallien. imper. b. Treb. Poll. Claud. 17. § 5.

trilīciārius, iī = τριμιτάριος, der **Weber dreidrähtiger Stoffe,** Gloss. III, 309, 44.

trilinguis, e (tres u. lingua), **I dreizüngig, mit drei Zungen,** os (Cerberi), Hor. carm. 3, 11, 20: colla, Prud. cath. 3, 128: cantus (Hecates), Val. Flacc. 7, 184. – **II drei Sprachen redend,** Massilienses (griechisch, lateinisch und gallisch redend), Varro bei Isid. orig. 15, 1 63: Siculi (griechisch, punisch u. lateinisch redend), Apul. met. 11, 5: ego Hebraeus, Graecus, Latinus, trilinguis, Hieron. in Rufin. 3, 6.

trilīx, īcis (tres u. licium), **dreifädig, dreidrähtig,** loricam consertam hamis auroque trilicem, Verg. Aen. 3, 468: trilicem induerat thoraca, Prud. psych. 125: per partem trilicem, Val. Flacc. 3, 199: Patavinae (tunicae) trilices, Mart. 14, 143, 1: u. so tunicae trilices, Arnob. 3, 21. – ► Nom. trilex = τρίμιτος, Gloss. II, 202, 7; aber trilicis, Isid. orig. 19, 22, 23.

trilongus, a, um (tres u. longus), **aus drei langen Silben bestehend,** pes, Ter. Maur. 1401.

trilōris, e (tres u. lorum), drei Streifen habend, **dreistreifig,** Vopisc. Aurel. 46, 6.

trimanus, a, um (tres u. manus), **dreihändig,** Isid. orig. 11, 3, 4. Prisc. 1358 P. (aber dort von Keil vol. 2. p. 416, 30 aus dem Text entfernt, s. *not. crit.*).

trīmātus, ūs, *m.* (trimus), ein **Alter von drei Jahren,** Colum. u. Plin.

trimembris, e (tres u. membrum), dreigliedrig, **a dreileibig,** Geryon, Hyg. fab. 30: Geryones, CIL 4, 2440. – **b** übtr. = τρίκωλος, **dreigliedrig,** als gramm. *t. t.*, Augustin. music. 4, 36.

trimēnium, iī, *n.* (τριμήνιον), **drei Monate,** das **Vierteljahr,** circiter trimenium, Plaut. mil. 350 (Brix, Fleckeisen u. Leo triennium).

trimēnsis, e (tres u. mensis), **dreimonatlich** = drei Monate nach der Aussaat geerntet, triticum, hordeum, Isid. orig. 17, 3. *no.* 8 u. 10.

trimēstris, e (tres u. mensis), **dreimonatig, I** *adi.*: spatium, Plin.: haedi, Varro: consul, Suet.: aves, die nur drei Monate bei uns bleiben, Plin.: satio, drei Monate nach der Aussaat reif, Colum.: ebenso triticum, Plin. – **II** *subst.*, trimēstria, ium, *n.*, die **Saat, die drei Monate nach der Aussaat reif wird,** Colum. u. Plin.

trimeter, trī, *m.*, s. trimetros.

trimetros u. **-trus,** a, um (τρίμετρος), **drei** *metra,* d. i. **drei Takte enthaltend, trimetrisch,** versus, Quint.: metrum, Isid.: pes, Isid.: tempora, Isid. – subst. bl. trimetros u. trimetrus u. latinis. trimeter, trī, *m.*, der **Trimeter,** Hor., Quint. u. a. Gramm. (trimeter z. B. Diom. 506, 24. Serv. Verg. ecl. 8, 78). – Spät. Nbf. **trimetrius,** a, um, Auson. u. Sidon.

trimodia, ae, *f.* (tres u. modius), ein Gefäß, das drei *modii* enthält, das **Dreimaß,** Varro fr. u. Colum. (auch trimod[iam] posuit, CIL 8, 1180, da ja quā folgt). – dass. **trimodium,** iī, *n.*, Plaut. u. Plin.

trimodus, a, um (tres u. modus), **dreiartig,** genus dicendi, Isid. orig. 2, 17, 1: außerdem Isid. de diff. 2, 154.

trīmulus, a, um (*Demin.* v. trimus), **als Kind (Knabe, Mädchen) von drei Jahren, im zarten Alter von drei Jahren,** Suet. Ner. 6, 3. Fronto epist. ad Ver. 2, 9. p. 137, 14 N.

trīmus, a, um (tres), **von drei Jahren, drei Jahre alt, dreijährig,** filia, Plaut.: Nero, Vell.: vacca, Varro: equa, Hor.: capra, Vulg.: sus, Petron.: arbor, Plin.: dies trima, die dreijährige Frist, ICt.: so auch sed melius post trimum (nach drei Jahren) domari posse equulum, Varro.

Trīnacria, ae, *f.* (Τρινακρία), ältester Name von **Sizilien,** von den drei Spitzen (τρεῖς ἄκραι), in die die Insel ausläuft, hergenommen, Iustin. 4, 2 *in.* Verg. Aen. 3, 440 u. 582. Ov. met. 5, 476. – Dav.: **A Trīnacrius,** a, um (Τρινάκριος), **trinakrisch, sizilisch,** Aetna, Verg.: iuvenes, Verg.: Trinacria pubes, Siculi iuvenes, Gloss. IV, 292, 35 (Verg.

Aen. 5, 450). – *subst.* Trīnacrii, Siculi, Gloss. IV, 392, 32 (Verg. Aen. 5, 300?). – **B** **Trīnacris**, idis, *f.* (Τρινακρίς), **trinakrisch**, terra, Sizilien, Ov.: so auch insula, Ov.; u. subst. bl. Trīnacris, Ov.

trīnārius, a, um (trini) = ternarius, **aus (je) dreien bestehend**, numerus, Isid. orig. 3, 6, 4; 6, 19, 45: lineae, Isid. orig. 18, 64.

trinepōs, ōtis, *m.* (tres u. nepos) = filius adnepotis, **Enkel im fünften Gliede**, ICt. – So auch **trineptis**, is, *f.*, die **Enkelin im fünften Glied**, ICt.

trīni, ae, a, Plur. v. trinus, s. d.

trīnio, ōnis, *m.*, die **Zahl drei im Würfelspiel**, Isid. orig. 18, 65.

trīnitās, ātis, *f.* (trinus), **I** die **Dreizahl**, Tert. adv. Valent. 17: ternitas vel trinitas, Prisc. de fig. num. § 29. p. 415, 28 K. – **II** die **Dreieinigkeit** in Gott, Eccl.

trinnio, īre, **schnattern**, v. Gänsen, trinnit improbus anser, Anthol. Lat. 733, 11 (1079, 11).

Trinobantēs, um, *m.*, eine Völkerschaft im östl. Britannien, Caes. b. G. 5, 20 *sq.* Tac. ann. 14, 31. Oros. 6, 9, 8.

trinoctiālis, e (trinoctium), **von drei Nächten**, Mart. 12, 77, 5.

trinoctium, iī, *n.* (tres u. nox), eine **Zeit von drei Nächten, drei Nächte**, tr. continuum, Fab. Pict.: ludis trinoctio factis, Val. Max.: per triduum et trinoctium flumen transisse Germanos, Amm.

trinōdis, e (tres u. nodus), **I** drei Knoten habend, **dreiknotig**, Ov. her. 4, 115; fast. 1, 575. – **II** übtr., **dreisilbig**, dactylus, Auson. epist. 21, 38. p. 183 Schenkl.

trinōminis, e (tres u. nomen), **dreinamig**, Hierosolyma (als Jebus, Salem, Jerusalem), Hieron. epist. 108, 9.

trinōmius, a, um (tres u. nomen), **dreinamig**, Isid. orig. 7, 6, 33; 7, 9, 6.

trīnso, āre, s. trisso.

trinummus (trinūmus), ī, *m.* (tres u. nummus), **drei Drachmen** od. (nach anderen) **drei Sesterze (Batzen)**, scherzh., huic ego die (= diei) nomen Trinummo facio, Dreidrachmer od. (nach anderen) Dreibätzner, Plaut. trin. 843. – Titel einer Komödie des Plautus, das **Dreidrachmenstück** od. (nach anderen) **das Dreibatzenstück** (Köpke »der Brautschatz« nach dem griech. Original des Stückes), Plaut. trin. prol. 20.

trinūndinus, a, am (tres u. nundinae), **zu drei Wochenmärkten gehörig**, trinundino die, Rutil. bei Macr. sat. 1, 16, 34. – Abl. trinūndinō adv., **an drei Wochenmärkten**, Macr. sat. 2, 13, 7. Schol. Bob. Cic. Sest. 24, 1. p. 300, 23 B.

trīnus, a, um (tres), **I je drei**, trinum nundinum, s. nūndinus *no.* III: boves trini, drei Joch Ochsen, Varro r. r. 1, 19, 1: trinus versus, eine dreimal wiederholte Strophe, Plin. 10, 106. Anthol. Lat. 485, 2 R.: öfter Plur. bei Substst., die nur im Plur. gebräuchlich sind od. die zusammengehören, **drei auf einmal**, trinae litterae (Briefe), Cic.: trina castra, Caes.: trinae catenae, Caes.: trina bella civilia, Tac.: trina nomina, Ov.: trinis aut quadrinis diebus, Plin. – **II** übtr., **dreifach**, forum, Stat.: ratio videndi, Chalcid. Tim.: genus, Chalcid. Tim.: dicendi genus, Auson.: poena, Sulp. Sev.: vulneratio, Th. Prisc.: indoles, die Dreifaltigkeit, Prud. – ► synk. Genet. Plur. trinûm, Rhet. Her. 3, 32.

trio, ōnis. *m.* = terio (v. tero), **I** der **Dreschochse**, Varro LL. 7, 74. Gell. 2, 21, 8. – **II** übtr., triones, die **beiden Bären** am Himmel, weil ihre Sterne die Gestalt eines Wagens u. daran gespannter Ochsen zu haben scheinen, Verg. u. a.: septem triones s. septem-trio.

triōbolos u. **-us** (triōbulus), ī, *m.* (τριώβολος), drei oboli = **eine halbe Drachme**, als Münze (zur Bezeichnung einer Kleinigkeit), Plaut. Bacch. 260 u. a.: non ego homo trioboli sum, ein lumpiger Mensch, ein Lump, Plaut. Poen. 381: als Gewicht, Cato r. r. 127. Cael. Aur. de morb. acut. 2, 9, 46 (wo Akk. *-bolon*).

Triōcala, ōrum, *n.*, eine Bergfestung auf Sizilien zwischen Selinus u. Heraklea, Sil. 14, 270. – Dav. **Triōcalīnus**, a, um, **triokalinisch**, subst., in Triocalino, im Gebiet von Triokala, im Triokalinischen, Cic. Verr. 5, 10. – Plur. subst., Triōcalīnī, ōrum, *m.*, die Einw. von Triokala, die **Triokaliner**, Plin. 3, 91.

triodēius, a, um (τριοδήϊος v. τρίοδος = trivium), **der auf Dreiwegen verehrten Göttin**, signa Cybeles, CIL 6, 511 (wo Cybele mit der Diana als dea Trivia identifiziert wird).

triōnymus, a, um (τριώνυμος), **dreinamig**, nomina propria, Prisc. 2, 29: unio solitarii dei, Sulpic. Sev. chron. 2, 42, 4.

Triopās, ae, *m.* (Τριόπας, Τριόπης), ein König in Thessalien, Vater des Erysichthon, Hyg. astr. 2, 14; fab. 145. – Dav.: **A** **Triopēios**, iī, *m.* (Τριόπειος), der **Triopēier** = Erysichthon, Ov. met. 8, 751. – **B** **Triopēis**, idis, Akk. ida, *f.*, die **Triopēierin** = Mestra, Tochter des Erysichthon, Ov. met. 8, 872.

triophthalmos, ī, *f.* (τριόφθαλμος, dreiäugig), ein uns unbekannter Edelstein, drei Augen vorstellend, Plin. 37, 186.

triorchis, Akk. em, *f.* (τριορχίς, dreihodig), **I** eine Falkenart, der **Bussard, Unkenfresser,** die **Sumpfweihe** (*Falco Buteo*, L.), Plin. 10, 21 u. 204 *sq.* – **II** eine Art **Tausendgüldenkraut**, Plin. 25, 69.

tripālis, e (tres u. palus), drei Pfähle habend, **auf drei Pfähle gestützt**, Varro sat. Men. 179.

triparcus, a, um (ter u. parcus), **erzkarg, filzig**, Plaut. Pers. 266.

tripartio (tripertio), īvī, īre (tres u. pars), **dreifach teilen**, divisionem tripertivimus, Serg. expl. in Donat. 526, 5 K.

tripartītio (tripertītio), ōnis, *f.* (tripartio od. -pertio), die **dreifache Einteilung**, Form tripert., Gromat. vet. 64, 12. Augustin. de civ. dei 8, 4. p. 325, 29 D.[2]

tripartītō od. (jetzt gew.) **tripertītō**, *Adv.* (tripartitus), **dreifach** = **in drei Teile** od. **in drei Teilen (Abteilungen)**, bona dividere, Cic.: equitatum dividere, Caes. – adire, Caos.: aggredi urbem, Liv.: gentem coërcitam liberi Herodis tripertito rexere, in drei Bezirke unter sie geteilt, Tac.

tripartītus od. (jetzt gew.) **tripertītus**, a, um (ter u. partior), **in drei Teile geteilt** od. **teilbar, dreiteilig, dreifach**, verba, Varro: philosophia Sen. ep.: anima, Apul.: exercitus, Tac.: divisio, Cic.: causa, Cic.: tripertito agmine, in drei Marschkolonnen, Tac.: tripertito illo in sermone (in jener Trilogie Politeia, Timaeos, Kritias), Cic. de rep. 2, 51 M. – subst., **a** Trīpertīta, ae, *f.*, Titel einer Komödie des Novius, Non. 218, 15 u. 517, 22 (Comic. Rom. fragm. p. 268 R.[2]). – **b** Tripertīta, ōrum, *n.*, Titel einer Schrift des Sex. Älius, Pompon. dig. 1, 2, 2. § 38.

tripatēns, entis (ter u. patens), **dreifach geöffnet**, Prisc. de fig. num. § 32. p. 416, 28 K.

tripatina, ae, *f.* (tres u. patina), ein **Gericht aus drei Zutaten**, Apic. 7, 306.

tripatinium, iī, *n.* (tres u. patina), der **Aufsatz** (das **Gericht**) **von drei Schüsseln**, Fenest. b. Plin. 35, 162.

tripeccia, ae, *f.*, der **dreibeinige Stuhl** (in der Vulgärsprache; vgl. das franz. *trépied*), Sulp. Sev. dial. 2, 1, 4 *Halm* (Vulg. tripetia).

tripectorus, a, um (tres u. pectus), drei Brüste habend, **dreibrüstig**, tripectora tergemini vis Geryonaï, Lucr. 5, 28.

tripedālis, e (ter u. pedalis), **von drei Fuß, dreifüßig, -schuhig**, parma, Liv.: latitudo fenestrae, Varro: altitudo, crassitudo, Plin.

tripedāneus, a, um (ter u. pedaneus), **von drei Fuß, dreifüßig, -schuhig**, talea, Cato: vitis, Colum.

tripedo, s. tripodo.

tripert..., s. tripart...

tripēs, pedis (tres u. pes), drei Füße habend, **dreifüßig**, mulus, Liv.: mensa, Hor. u. Sen. ep.: grabatus, Mart. – subst., tripēs, pedis, *m.* = τρίπους (Gloss. II, 202, 8), der **Dreifuß, dreifüßige Kessel**, Amm. 29, 1, 28.

tripetia, ae, *f.*, s. tripeccia.

Triphallus, ī, *m.* (τρίφαλλος), **mit großem Phallus**, ein Beiwort des Priapus, Priap. 83, 9.

Triphȳlia, ae, *f.* (Τριφυλία), der südlichste Teil der Landschaft Elis (in der Peloponnes) längs der Küste zwischen dem Alpheus u. der Neda, deren wichtigste Stadt Pylos, Liv. 28, 8, 5: dies. poet. **Triphȳlis**, idis, *f.* (Τριφυλίς), Prisc. perieg. 406 (wo Wernsd. Triphyllidis). Avien. descr. orb. 569. – Dav. **Triphȳlius**, a, um (Τριφύλιος), **triphylisch**, Iuppiter, Lact. 1, 11, 33.

trīpictus, a, um (ter u. pictus), **dreimal geschrieben**, Prud. apoth. 381.

triplāris, e (triplus), **dreifach,** Macr. somn. Scip. 2, 1, 18 u. a. Vgl. triplicarius.

triplārius, s. triplicārius.

triplasius, a, um (τριπλάσιος), **dreifach,** Mart. Cap. 9. § 954.

triplex, icis (tres u. plico), **dreifältig, I** *adi.:* acies, Caes.: Plato triplicem finxit animum, Cic.: Diana (als Diana, Luna u. Hekate), Ov.: mundus (weil Himmel, Erde u. Meer), Ov.: ebenso regnum (weil unter Jupiter, Neptun u. Pluto geteilt), Ov.: cuspis, der Dreizack Neptuns, Ov.: porticus, mit drei Säulenreihen, Suet.: gens, drei Völkerschaften, Verg. – poet. von drei zusammengehörenden Gegenständen, deae, die drei Parzen, Ov.: Minyeides, die drei Töchter des Minyas, Ov.: greges, drei Scharen von Bacchanten, Prop. – **II** subst.: **1** triplicēs, um, *m.* (*sc.* codicilli), eine **Schreibtafel mit drei Blättern,** Cic. u. Mart. – **2** triplex, icis, *n.* = *triplum,* das **Dreifache, dreimal so viel,** sume tibi triplex, Hor.: pediti in singulos centeni dati ..., triplex equiti, Liv. – ► triplici fluctu bei Sall. hist. 4. fr. 23 (38) stellt Serv. Verg. Aen. 1, 116 mit τρικυμία (die dreifache od. dritte, d. i. sehr große Woge) zusammen, aber richtiger ist triplex fluctus = die dreimal flutende u. ebbende Woge (der Charybdis); vgl. Isid. orig. 13, 18, 5.

triplicābilis, e (triplico), **dreifach,** Sedul. carm. 1, 282 (auch angef. von Aldh. de re gramm. in Class. auct. 5, 571, wo aber triplabile).

triplicārius, iī, *m.* (triplex), **dreifache Nation** (Belohnung für Tapferkeit) **erhaltend,** CIL 6, 10302.

triplicātio, ōnis, *f.* (triplico), **I** die **dreifache Wiederholung,** Macr. u. a. – **II** insbes.: **A** die **Multiplikation mit drei,** Mart. Cap. 7. § 750. – **B** als jurist. *t. t.* = die **Triplik,** ICt.

triplicitās, ātis, *f.* (triplex), die **Dreifaltigkeit,** de Rossi inscr. christ. Vol. II. p. 109, 63.

tripliciter, *Adv.* (triplex), **auf dreifache Weise,** Rhet. Her. 4, 54. Mart. Cap. 3. § 240. Ambros. de Isaac et anim. 4. *no.* 27. Vulg. prov. 22, 2. – übtr. = heftig, tr. sol exurens montes, Vulg. Sirach 43, 4.

triplico, āvī, ātum, āre (triplex), **dreifach machen, verdreifachen,** Manil., Plin. u. a.: Ggstz. simplico, Sedul. paschal. carm. 1, 298. – Nbf. terplicatur, Gell. 1, 20, 5.

triplinthius, a, um (tres u. plinthus), **drei Ziegeln dick,** paries, Vitr. 2, 8, 17.

triplo, āre (triplus), **dreifach machen, verdreifachen,** Serv. Verg. Aen. 6, 287.

triplus, a, um (τριπλοῦς), **dreifach,** pars, Cic. Tim. 7. § 22 M.: numerus, Chalcid. Tim. 46. – subst., triplum, ī, *n.*, das **Dreifache, dreimal so viel** (s. Caper 101, 9 K.), Mart. Cap. 7. § 763 *sqq.:* triplo maior, dreimal größer, Mythogr. Lat. 1, 16.

tripoda, ae, *f.* (Nbf. v. tripus), der **Dreifuß** der Pythia, Iul. Val. 1, 50 (45).

tripodātio, ōnis, *f.* (tripodo), das **dreischrittige Stampfen, der dreischrittige Tanz,** der arval. Brüder um den Altar, Act. fr. arv. p. CCIV. lin. 38 *Henzen* (= CIL 6, 2104, 38). Vgl. Gloss. II, 202, 3 ›tripudiatio (v. tripudio), χορεία ἱερέων περὶ τὸν βωμόν‹.

tripodio, s. tripudio.

tripodo, āvī, āre (tripodum), **I** = τριποδίζω, **im Trott (Trab) gehen,** v. Pferden, Pelagon. veterin. 11 (196 *Ihm*). Veget. mul. 5, 46, 11 (wo statt trepidans zu lesen tripodans). – Nbf. tripedo, τριποδίζω, Gloss. II, 459, 37. – **II** = tripudio (s. d.), v. den Saliern, CIL 6, 2104, 32.

tripodum, ī, *n.* (τρίποδον), der **Trott, Trab** des Pferdes, in solido calido exercemus (equum) tripodo (im Trab), Pelagon. veterin. 17 (269 *Ihm*).

Tripolis, is, Akk. im, Abl. ī, *f.* (Τρίπολις), eig. die **Dreistadt,** ein Name mehrerer Gegenden und Städte: **I** Berggegend in Thessalien, südlich von den kambunischen Bergen, mit drei Städten, Liv. 42, 53, 6. – Dav. **Tripolitānus ager,** das tripolitanische Gebiet, Liv. 36, 10, 5. – **II** Stadt in Thessalia Hestiäotis, mit dem Beinamen Scaea, Liv. 42, 55, 6. – **III** Gegend Arkadiens bei Tegea, mit den drei Städten Kallia, Dipona, Nonakris, Liv. 35, 27, 9 (der die Gegend nach Lakonien verlegt). – **IV** Gegend in Afrika an der kleinen Syrte, mit den drei Städten Öa, Sabrata, Leptis Magna, noch j. *Tripoli,* Solin. 27, 8. Spart. Sever. 18, 3. – Dass. **Tripolitāna prōvincia,** Eutr. 8, 18. – **V** Stadt in Phönizien, Kolonie der drei Städte Tyrus, Sidon u. Aradus, j. türkisch *Trapoli,* arabisch *Tarabolos,* ital. *Tripoli di Suria,* Mela 1, 12, 3 (1. § 67). Plin. 5, 78. – Dav. **Tripoliticum vīnum,** tripolitischer Wein, Plin. 14, 74. – **VI** Stadt und Kastell in Pontus, nebst einem Fluss gleiches Namens, j. *Tireboli* u. der Fluss j. *Tireboli Su,* Plin. 6, 11. – **VII** Stadt in Phrygien, j. Ruinen beim Flecken *Jenidsche* od. *Kash Yeniji* des heutigen *Astraven,* wovon **Tripolitānī,** ōrum, *m.*, die Einw. von Tripolis, die **Tripolitaner,** Plin. 5, 111.

tripolion, iī, *n.* (τριπόλιον), eine auf Klippen wachsende Pflanze, Plin. 26, 39.

triportentum, ī, *n.* (ter u. portentum), eine **außerordentlich seltsame Sache,** Pacuv. tr. 381.

tripotēns, entis, **mächtig, sehr mächtig,** unus Deus tr., Augustin. de ord. 2, 16.

tripticus, a, um (τριπτικός), **eingerieben,** unctio, quam appellavit *tripticen* (τριπτικήν), Cael. Aur. de morb. acut. 2, 12, 82.

Triptolemus, ī, *m.* (Τριπτόλεμος), Sohn des Celĕus, Königs von Eleusis, u. der Metaneira, Erfinder des Ackerbaus, Richter in der Unterwelt, Varro sat Men. 457. Rhet. Her. 4, 9. Cic. Tusc. 1, 98. Ov. trist. 3, 8, 1; met. 5, 646. Serv. Verg. georg. 1, 19 (das. auch Varro). Isid. orig. 17, 1, 2. Vgl. Buzyges. – Sprichw., Triptolemo dare fruges, Wasser in das Meer tragen, Ov. ex Pont. 4, 2, 10. – Dav. **Triptolemicus,** a, um, **triptolemisch,** dens, der Pflug, Fulg. myth. 1. p. 10 M.

triptōtos, on (τρίπτωτος), **mit nur drei Kasusendungen,** forma, Consent. 351, 22: nam neutra triptota sunt, Serv. Verg. Aen. 1, 35. – subst., triptōton, ein **nur drei Kasus habendes Nomen,** Pompeii comm. 184, 33 K.: Plur., Diom. 309, 16. Prisc. 5, 76 u. 13, 2. Mart. Cap. 3. § 297. Isid. orig. 1, 6, 43.

tripudiātio, s. tripodātio.

tripudio, āre (tripudium), **im Dreischritt tanzen, den Dreischritt stampfen, a** eig.: vom wilden Waffentanz der salischen Priester, qui in honesto saltatu tripudiant, Lact. 1, 21, 45, dann der in den Kampf ziehenden Krieger wilder Völker, tripudiantes more suo, ihren Nationaltanz aufführend, von den Hispaniern, Liv. 23, 26, 9. – **b** von dem altröm. krieger. Tanz bei feierlichen und fröhlichen Gelegenheiten übh., von Bacchanten, Acc. tr. 250: sacro gradu, Ven. Fort.: crebris saltibus, Mamert. grat. act., inter lusum ac festa tempora virilem in modum, Sen.: in privato pulpito, Sen.: in terra, v. Winzern an den Faunalien, Porphyr. Hor. carm, 3, 18, 15: chorus canebat dextrorsumque primo tripudiando ibat, Mar. Victorin. 1, 16, 15. p. 60, 9 K. – dah. übtr., tot in funeribus rei publicae exsultans ac tripudians (gleichs. vor Siegesfreude tanzend), Cic. Sest. 88: honesta saltatio, quā tripudiat animus, Ambros. in Luc. 6. §. 8. – tripodians (pes), der Versfuß ◡ – –, Diom. 479, 17. – ► Nbf. tripodo, s. bes.

tripudium, iī, *n.* (ter u. pes), **I** der in je dreimaligem Stampfen auf die Erde bestehende **taktmäßige Schritt,** der **Dreischritt;** dah. Plur. = der **dreischrittige Waffentanz,** der **dreischrittige Siegestanz,** der salischen Priester, Salios per urbem ire canentes carmina cum tripudiis sollemnique saltatu iussit, unter Absingen von Liedern u. feierlichen Tänzen im taktmäßigen Schritt, Liv. 1, 20, 4: u. der in den Kampf ziehenden Krieger wilder Völker, cantus (Gallorum) ineuntium proelium et ululatus et tripudia, Liv.: armatum exercitum decucurrisse cum tripudiis Hispanorum, Liv. – vom wilden Bacchustanz, Catull. 63, 26. – **II** als *t. t.* der Augurspr., ein günstiges Auspizium, wenn die Weissagehühner (pulli) so begierig fraßen, dass das Futter ihnen aus den Schnäbeln auf die Erde fiel, Cic. de div. 1, 28; 2, 73. Liv. 10, 40, 4; vgl. Fest. 245 (a), 33 *sqq.* u. Paul. ex Fest. 244, 11 ›puls potissimum datur in auspiciis, quia ex ea necesse est aliquid decĭdere, quod *tripudium* faceret, id est *terripuvium*‹ (schreibe *terripavium*). – u. Serv. Verg. ecl. 8, 30 dicitur etiam ideo a novo marito nuces spargi debere, quod proiectae in terram tripudium solistimum faciant, quod auspicium ad rem agendam optimum est.

tripūs, podis, Akk. Plur. podas (τρίπους), **I** *adi.*, **dreifüßig,** tripodes scamnelli sunt, habentes tres pedes, sed et candelabra tripoda sunt, quia similiter tres pedes habent, Isid. orig. 20, 11, 12. – **II** *subst.*: **A** das **dreifüßige Geschirr,** der **Dreifuß,** dergl. man zum Geschenk gab usw., **1** im Allg., Verg. u. Hor. – **2** insbes., der **Dreifuß** der Pythia zu Delphi, Cic., Verg. u. a. – meton. = das **delphische Orakel,** mittitur ad tripodas, Ov. met. 3, 855. – u. = **Orakel** übh., Sen. Med. 785 (788). Stat. Theb. 1, 509. Val. Flacc. 1, 544. – **B** der **dreibeinige Stuhl,** quas (sellulas) tripodas nuncupatis, Sulp. Sev. dial. 2, 1, 4. – ► Abl. Sing. tripodī, Lucr. 1, 739: solözist. Akk. tripum, Fulg. myth. 1, 16. – Nbf. tripoda, s. bes.

triquetrus, a, um, **I dreieckig,** littera (das griech. Δ), Amm.: insula, von Britannien, Caes.: ager, Colum.: esse triquetra aliis, aliis quadrata necesse est, Lucr. – subst., triquetrum, ī, *n.*, der Gedrittschein, Plin.: so auch Iovis sidere triquetro, Plin. – **II** (weil Sizilien von seiner dreieckigen Gestalt Triquetra hieß [s. Plin. 3, 86], dah. =) **sizilisch,** orae, Lucr.: tellus, Hor. – ► e ist lang gemessen bei Lucr. 4, 651 u. Hor. sat. 2, 6, 55, kurz bei Lucr. 1, 717. Sil. 6, 489.

trirēmis, e (tres u. remus), drei Reihen Ruderbänke habend, **dreiruderig,** navis, dreiruderige Galeere, Caes. u. a. (dafür trireme vehiculum, Cassiod. var. 5, 17, 2): dass. subst. bl. trirēmis, is, Abl. e u. ī, *f.*, Caes., Cic. u. a. – ► Archaist. Form **triresmos,** CIL 1, 195. lin. 12.

trirhythmus, a, um (τρίρρυθμος), **mit (von) drei Takten** od. **Füßen,** Mar. Victorin. 2, 10, 3. p. 96, 25 K.

trīs = tres, s. d.

trisaeclisenex (trisēclisenex), *m.* (ter, saeclum u. senex), der **drei Geschlechter alte Greis,** ein Beiwort Nestors, Laev. b. Gell. 19, 7, 13.

triscelum, ī, *n.* (τρισκελής, trisceles = tripus, Isid. orig. 20, 4, 14), eine dreischenklige Figur, das **Dreieck,** Hyg. fab. 276.

trischēmatistus, a, um (τρισχημάτιστος), **von drei Formen,** Plot. Sacerd. 3, 3, 28. p. 506, 24 u. 507, 4 K.

trischoenus, a, um (τρίσχοινος), **drei** *schoeni* (s. schoenus) **enthaltend,** mensura, Plin. 5, 85.

triscurrium, iī, *n.* (tres u. scurra), eine **Erzposse,** Sing., Prisc. part. XII vers. Aen. 4. § 92. p. 480, 10 K.: Plur., Iuven. 8, 190.

trisēclisenex, s. trisaeclisenex.

trisēmus, a, um (τρίσημος), **von drei Zeitteilen,** pes, wie der Trochäus u. Jambus, Mart. Cap. 9. § 978.

trisextium, iī, *n.* (tres u. sextus) = tres sextarii, **drei Nößel (Schoppen),** als Maß, Marc. Emp. 16 *extr.* Not. Tir. 90, 47 (trisescium).

Trismegisticus, s. Trismegistus.

Trismegistus, ī, *m.* (τρισμέγιστος), der **überaus Große,** Beiwort eines Hermes (Merkur), der bei den Ägyptern in alten Zeiten ein Gesetzgeber gewesen sein u. vieles geschrieben haben soll, Lact. 1, 6, 3 u. 6, 25, 10. – Dav. **Trismegisticus,** a, um, **trismegistisch, des Trismegistus,** praecepta, Longin. in Augustin. epist. 234, 1.

trisōmum, ī, *n.* (τρίσωμον), ein **Sarkophag für drei Leichen,** de Rossi inscr. christ. vol. I, 489.

trispastos, ī, *f.* (τρίσπαστος), ein Flaschenzug von drei Rollen od. Scheiben, Vitr. 10, 2, 3.

trispithamus, a, um (τρισπίθαμος), **drei Spannen groß,** Plin. 7, 26.

trissāgo, inis, *f.*, s. trixāgo.

trissito, āre (*Frequ.* v. trisso), Naturlaut der Schwalben, **zwitschern,** Aldh. gloss. bei Reiff. Suet. fragm. p. 249. – u. Naturlaut der Widder, Aldh. de re gr. et metr. in Class. auct. 5, 569.

trisso, āre (τρίζω), **zwitschern,** Naturlaut der Schwalben, Anthol. Lat. 733, 5 (1079, 5); 762, 26 (233, 26). Aldh. de re gr. et metr. in Class. auct. 5, 569.

tristatae, ārum, *m.* (τριστάται = tres primi), die **drei Vornehmsten** im Reich nächst dem König, Hieron. in Ezech. 7, 27.

trīste, *Adv.* (tristis), **I traurig, betrübt,** triste et acutum resonare, Hor.: tr. salutantes, Stat.: tristius flere, Prop.: adulescentes gravius aegrotant, tristius curantur, ihre Behandlung ist empfindlicher = mit mehr Mühe verbunden, Cic.: quod populus factum tristius, quam quisquam aestimet, tulit, Treb. Poll. – **II hart, streng,** tristius respondere, einen ungnädigen Bescheid geben, Cic. ep. 4, 13, 5.

tristega, ōrum, *n.* (τρίστεγα, τά), das **dritte Stockwerk,** Hieron. in Ezech. 12, 41, 7. Vulg. genes. 6, 16: superiora tecta et tristega, Schol. Iuven. 3, 199.

trīstī = trivisti, s. tero.

trīsticulus, a, um (*Demin.* v. tristis), **etwas traurig,** filiola, Cic. de div. 1, 103: nihilominus animus meus pavet et tristiculus est, M. Caes. b. Fronto epist. ad M. Caes. 3, 17 *extr.*

trīstificus, a, um (tristis u. facio), **I sich schrecklich zeigend, schrecklich,** voces, Cic. poët. de div. 1, 13: tyrannus, Prud. cath. 4, 76: lacus, *ibid.* 5, 93: vulnus, Anthol. Lat. 893, 73 R. – **II traurig** od. **finster machend,** acetum acore tr., Macr. sat. 7, 12, 30: tr. latices, Prud. dittoch. 50.

trīstimōnia, ae, *f.* (tristis), die **Traurigkeit,** Nov. com. 102. Auct. b. Afr. 10, 3.

trīstimōnium, iī, *n.* (tristis), die **Traurigkeit,** Petron. 63, 4.

trīstis, e (vielleicht zu griech. δριμύς, scharf, durchdringend), **traurig, betrübt, verstimmt, verdrießlich,** v. dem, dessen Betrübnis sich in den Mienen usw. äußert, **I** im Allg.: **1** eig., v. Pers. (Ggstz. hilaris, hilarus, laetus), verb. maesti tristesque, Plaut.: tristis et conturbatus, Cic.: tristis, demissus, Cic.: tristes, capite demisso, terram intueri, Caes.: numquam ego te tristiorem vidi esse, Plaut.: quos cum tristiores vidisset, Cic.: Plur. tristes subst., Ggstz. gaudentes, Plin. pan. 72, 7. – **2** übtr., v. Lebl.: **a traurig,** von Ansehen, hiems, Liv.: arbor, Plin.: truncus, Sen.: lana, schmutzig schwarze (v. Natur), Mart.: aspectus, widerlicher A., Plin.: iaspis in Cappadocia ex purpura caerulea, tristis (düster) atque non refulgens, Plin. – v. der Unterwelt, Tartara, Verg.: unda, Verg. u. Hor.: Acheron, Sil. – u. poet. (= austerus), **widerlich, herb** von Geschmack (Ggstz. dulcis), suci, Verg.: absinthia, Ov.: glans, Plin.: sapor, Ov.: u. v. Geruch, anhelitus oris, Ov. – **b** objektiv, wie unser **traurig,** v. allem, was mit Trauer, Betrübnis, Unglück verbunden ist, **trübe, betrübend, niederschlagend, unglücklich,** tempora, Cic.: litterae nuntiique, Cic.: bellum, Hor.: Hyades, weil trübe, regnerische Witterung bringend, Hor.: u. so Orion, Hor.: officium (*sc.* exsequiarum), Ov.: ira, traurig in seinen Folgen, Hor.: remedia, schmerzliche, empfindliche, Liv.: eventus, Liv.: exitus (Lebensende) tam tristis atque acerbus, Liv. epit.: tr. sors, Cic.: exta, nichts Gutes verheißende, Unglück drohende (Ggstz. laeta), Tac.: m. *ad* u. Akk., tristia ad (bei) recordationem exempla, Liv. 24, 8, 20. – *neutr.* subst., triste lupus stabulis, etwas Verderbliches, Verg.: tristia miscentur laetis, Ov. – **II** insbes.: **1** der Laune nach, **finster, a** = **unfreundlich, mürrisch, übelgelaunt** (Ggstz. iocosus, hilaris), Cic. u. a.: natura (Naturell), Cic.: puella, Prop.: vultus tristior, Cic. – **b** = **grimmig, zornig,** Plaut. u. Prop.: Eurystheus, Cic. poët.: ursa, Stat.: irae, Cic. poët.: dicta, Ov. – **2** abgemessen **ernst, trocken, streng,** abgemessen **kalt, hart, rau,** tristis et severus senex, Nep.: iudex, Cic.: sorores, die Parzen, Tibull.: Erinys, Verg.: veritas, Ter.: tr. et severum dicendi genus, Cic.: triste responsum, Liv.: tristior sententia, Liv.: sermone opus est modo tristi, modo iocoso, Hor.

trīstitās, ātis, *f.* (tristis) = tristitia (s. d.), *Pacuv. tr. 59. Turpil. com. 126.

trīstitia, ae, *f.* (tristis), **I** die **Traurigkeit, Betrübnis, 1** eig. (Ggstz. laetitia, alacritas), Cic. u. a.: tristitiae se tradere, Luccei. in Cic. ep.: tristitiae mederi, Sen.: der Tiere, tristitia torpens (apium), Plin. 11, 63. – Plur., Arnob. 7, 10. Salv. de gub. dei 3, 2, 6 (aber Tac. ann. 11, 38 unecht). – **2** übtr., von lebl. Ggstdn., die **Traurigkeit,** das **Traurige,** die **traurige Beschaffenheit,** sermonis, Cic.: temporum, Cic.: soli, des Erdbodens, Plin.: caeli, Plin.: aspectus, trauriges Ansehen, Plin.: lenitate verbi rei tristitiam mitigare, das Unangenehme, Harte, Cic. – **II** insbes.: **1** das **unfreundliche-, mürrische Benehmen,** die **mürrische-, üble Laune,** der Geliebten, Prop. u. Ov. – **2** die **Finsterkeit,** der **finstere Ernst,** die **abgemessene Kälte,** die **Härte** (vgl. Döring Plin. ep. 1, 70, 7), oft verb. tristitia et (ac) severitas, Cic.: quod ille vos tristitiā vultuque deceperit, Cic.: multa tristitia, multum severitatis, Plin. ep. – ► vulg. Nbf. tristus, de Rossi inscr. Christ. tom. I. p. 370. *no.* 841; vgl. Prob. app. (IV) 198, 3 ›tristis‹, non ›tristus‹.

trīstitiēs, ēi, *f.* = tristitia, Ter. adelph. 267. Apul. met. 8, 30 u. a. – als *nom. propr.* Name einer Magd der Psyche, Apul. met. 6, 9.

trīstitūdo, inis, *f.* (tristis) = tristitia, Apul. met. 3, 11 u. apol. 32. Sidon. epist. 8, 11, 14.

trīstor, ātus sum, āri (tristis), **traurig-, betrübt sein,** Vulg. 1. regg. 20, 3 u. epist. Iacobi 5, 13. Interpr. Orig. in Matth. 117 (?), Iul. Val. 3, 14. p. 113 (b) *ed. Paris.* Schol. Iuven. 13, 11. Ruric. epist. 1, 151.

trīstus, s. trīstis ►.

trisulcus, a, um (tres u. sulcus), **dreifurchig,** übtr. **dreispitzig, dreizackig, dreifach,** lingua (serpentis), Verg.: telum Iovis, Blitz, Ov.: ignes, Blitz, Ov.: ramus, Pallad.

trisyllabus, a, um (τρισύλλαβος), **dreisilbig,** dactylus, Ter. Maur. 1613 u. 2308: bisyllabi et trisyllabi pedes, Mall. Theod. 597, 3 K.: sic socer, macer, quod in transitu fiat ab altero, trisyllabum soceri, ab altero bisyllabum macri, Varro LL. 9, 91: nec umquam invenies (praeteritum perfectum) trisyllabo minus, Macr. de diff. 6. § 6 (vgl. 6. § 8): trisyllaba pars orationis facta est, Consent. 391, 17 K. – Plur. subst., trisyllaba, ōrum, *n.*, **dreisilbige Wörter,** Prisc. de accent. § 36 u. 40. Mart. Cap. 3. § 169 u. 5. § 522.

trit, *indecl.*, Naturlaut, bedeutet nach Charisius den Ton eines Furzes infolge des Genusses von Gerstengraupen, Naev. com. Coroll. XI (bei Charis. 239, 19).

tritavia, ae, *f.* (tritavus), die **Mutter des** *atavus* od. **der** *atavia,* ICt.

tritavus, ī, *m.*, (tres u. avus), **I** der **Vater des** *atavus* od. **der** *atavia,* Plaut., Varro LL. u. ICt. – **II** übtr., tritavī, ōrum, *m.*, die **Urahnen, Urgroßväter,** Varro r. r. 3, 3 *in.* – ► arch. tritavos, Plaut. Pers. 57, u. stritavus, Fest. 314 (a), 24. u. Paul. ex Fest. p. 315, 3.

tritē, ēs, *f.* (τρίτη), in der Musik = die **Terz,** trite synemmenon, das *e,* trite diezeugmenon, das eingestrichene *e,* trite hyperbolaeon, das eingestrichene *f,* Vitr. 5, 4, 5. Censor. fr. 12, 3.

tritēmoria, ae, f. (τριτημορία), in der Musik = das **Drittel,** Mart. Cap. 9. § 930 u. § 959.

trithales, is, *n.* (τριθαλές) = erithales, Plin. 25, 160.

tritheītae, ārum, *m.* (τριθεῖται), Häretiker, die eine Dreiheit Gottes annehmen, Isid. orig. 8, 5, 68.

trīticārius, a, um (triticum), **den Weizen betreffend, Weizen-,** messio, Menol. Colot. mens. Aug. im CIL 1^2. p. 281.

trīticēius, a, um (triticum), in der Vulgärspr. = triticeus, Plaut. Cas. 494.

trīticeus, a, um (triticum), zum Weizen gehörig, **aus Weizen, Weizen-,** messis, Weizenernte, Verg. u. Vulg.: panis, Colum.: far, Weizenschrot, Colum.: fruges, Ven. Fort.: paleae, Cato: furfures, Varro: pollis, Pelagon.

trīticiārius, a, um (triticum), **den Weizen betreffend,** condictio, Dig. 13. tit. 3.

trīticīnus, a, um (triticum), **aus Weizen,** amylum, Plin. Val. 5, 31.

trīticum, ī, *n.* (tero, eig. Dreschgetreide), der **Weizen,** granum tritici, Plaut., Cic. u. Ambros.: farina tritici, Cels.: tam vilī tritico, da der W. so wohlfeil ist, Plaut.: triticum serere, Cato, tritici semen serere, Iulian. bei Augustin.: triticum iacĕre (ausstreuen), Varro LL.: cives Romanos eius provinciae tritici modios CXX milia polliceri coēgit, Caes.: huic iste in annos singulos cum sexaginta milia tritici modiûm imperavisset, pro tritico nummos abstulit, Cic.: dormienti formicae in os tritici grana congesserunt, Cic.

trītile = quod teri potest, Gloss. IV, 186, 27.

tritomus, ī, *m.* (τρίτομος), wörtl. der **Dreischitt,** ein Seefisch aus dem Geschlecht der pelamides, aus dem man drei Stücke cybium (s. d.) macht, Plin. 32, 151.

Tritōn, ōnis, *m.* (Τρίτων), **I Triton,** Sohn Neptuns und der Nymphe Salacia, ein Dämon des Mittelmeeres, der mit Rossen oder Meerungeheuern daherfährt, **1** eig., Ov. her. 7, 50. Claud. VI. cons. Hon. 379 *sq.* Cic. de nat. deor. 1, 78: der auf Geheiß Neptuns auf einer Muschel bläst, um die empörten Fluten zu besänftigen, Ov. met. 1, 333; od. die ruhigen Meereswellen aufzuregen, Acc. tr. 400. Verg. Aen. 10, 209 *sq.* (als Abzeichen eines Schiffes) Ov. am. 2, 11, 27; im Gigantenkampf, die Feinde in Schrecken zu setzen, Hygin. astr. 2, 23 *extr.* – Plur. Tritones als anderen Gottheiten dienende Meerdämonen, Verg. Aen. 5, 824. Plin. 36, 26. – **2** scherzh. übtr., v. Fischteichliebhabern, isti piscinarum Tritones, gleichs. Fischteichgötter, Cic. ad Att. 2, 9, 1. – **II** Name zweier Seen, **A** ein See und der sich in ihn ergießende Fluss in Afrika an der kleinen Syrte, j. der See *el Lodiah* in Tripolis, nach ägyptisch-griechischen Sagen die Wiege mehrerer Götter, bes. der Pallas (Minerva), Mela 1, 7, 4 (1. § 36). Lucan. 9, 347 (griech. Genet. *-tonos*), Stat. Theb. 2, 722. – Dav.: **a Trītōniacus**, a, um (Τριτωνιακός), **tritoniacisch,** poet. = **pallantēisch,** arundo, die von der Pallas erfundene *tibia,* Ov. met. 6, 384. – **b Trītōnida**, ae, *f.* (Nbf. v. Tritonis) = **Pallas,** Mart. Cap. 9. § 893 u. § 924 (wo Akk. *-dam*). – **c Trītōnis**, idis u. idos, Akk. ida, *f.* (Τριτωνίς), **α** zum Fluss Triton gehörig, **tritonisch,** Tritonis palus u. bl. Tritonis, der Tritonsee, Sil. (vgl. unten *no.* B). – Pallas, Lucr.: dies. bl. Tritonis, Verg. u. Ov. – **β** zur Pallas gehörig, **pallantēisch,** pinus, das nach Angabe der Pallas erbaute Schiff Argo, Ov.: arx, die Pallasburg = Athen, Ov.: dah. Tritonis, der der Pallas heilige Ölbaum, Stat. – **d Trītōnius**, a, um (Τριτώνιος), **tritonisch,** Pallas, Verg.: dies. virgo Tritonia, Verg., u. bl. Tritonia, Verg. u. Ov. – **B** ein See in Thrazien, worin der, der neunmal in seine Fluten tauchte, in einen Vogel verwandelt wurde, Vib. Sequ. p. 27, 1 *Oberl.;* ders. **Trītōniaca palus** gen., Ov. met. 15, 358. Ps. Lact. fab. 15, 26.

Tritopatrēus, eī, *m.*, einer der drei ersten mythischen Schirmherrn in Athen, Cic. de nat. deor. 3, 53 B. u. M. (Schömann Tritopatores).

trītor, ōris, *m.* (tero) der **Reiber,** colorum, Plin.: compedium, Kettenabreiber, Schimpfwort auf einen gefesselten Sklaven, Plaut.: so auch stimulorum, v. einem oft Gegeißelten, Plaut. – tritor argentarius = caelator, CIL 6, 9950.

trittilo, āre (trisso, τρίζω), **schwirren,** v. Vögeln, Poëta vet. bei Varro LL. 7, 104.

trītūra, ae, *f.* (tero), **I** das **Reiben,** Apul. met. 9, 13: tr. mortarii (in einem M.), Apic. 8, 361: meton., die **Reibung, geriebene Stelle,** trituras pedum mitigat, quas calciamenta fecere, Plin. Val. 4, 26. – **II** insbes., das **Dreschen** der Alten mit der Dreschmaschine (tribulum), Varro r. r. 1, 13, 5. Varro LL. 5, 21. Colum. 2, 30, 1 u. 11, 2, 47. Pallad. 1, 36, 1. Verg. georg. 1, 190.

trītūrātio, ōnis, *f.* (trituro), das **Dreschen,** Augustin. in Ioann. tract. 27. § 11.

trītūrātor, ōris, *m.* (trituro), der **Drescher,** Augustin. ad Donat. p. collat. § 14.

trītūro, āre (tritura), **dreschen,** bos triturans, Vulg. 1. Corinth. 9, 9: plaustrum triturans novum, ein neuer Dreschwagen, Vulg. Isai. 41, 15: quoniam debet in spe qui arat arare et qui triturat, in spe fructus percipiendi, Vulg. 1. Cor. 9, 10: paleam areae, Augustin. in Ioann. tract. 4. § 2 u. tract. 27. § 11: fruges, Isid. orig. 15, 13, 16. – bildl., variis passionum flagellis triturari, Sidon. epist. 7, 6, 5: triturabitur Moab sub eo, Vulg. Isai. 25, 10: non te trituret ira tua, Augustin. serm. 42, 3.

Triturrīta, ae, *f.* (ter u. turritus, die drei Türme habende, dreigetürmte), *sc.* villa, Name eines Landhauses in der Nähe des pisanischen Hafens an der Mündung des Flusses Arnus, Rutil. Nam. 1, 527.

1. trītus, a, um, *PAdi.* (v. tero), **I** oft gerieben u. dadurch glatt gemacht, d. i. **A betreten, oft betreten, gebahnt** u. **gewöhnlich, 1** eig.: iter, via, Cic.: via tritissima, Sen. (doch ist via trita auch ein abgetretener Weg, Ov. ex Pont. 2, 7, 44). – **2** bildl., **oft gebraucht, umhergeboten, im Munde vieler befindlich, geläufig, bekannt,** tritum sermone proverbium, Cic.: faciamus hoc proverbium tritius, Cic. – **B geübt,** manus tritiores, Vitr.: aures tritae, Cic.: senectus aetate fit doctior, usu tritior, processu temporis sapientior, Hieron. epist. 52, 3. – **II abgerieben, abgenutzt, abgetragen,** vestis, Hor.: subucula, Hor.: via, Ov. (s. oben).

2. trītus, Abl. ū, *m.* (tero), das **Reiben,** Cic. u. a.

triumf…, s. triumph…

triumphālis, e (triumphus), **zum Triumph gehörig, Triumph-,** corona, des Triumphierenden, Liv.: currus, Plin.: provincia, einen Triumph (durch ihre Besiegung) veranlassend, Cic.: via, in Rom, Hieron.: porta, das Tor, durch das der Triumphierende in Rom einzog, Cic.: legio VIIII tr., CIL 5, 397: imagines, Brustbilder von Männern, die triumphiert haben, Hor.: triumphalia ornamenta u. subst. bl. triumphālia, ium, *n.*, Ehrenzeichen-, Insignien eines Triumphierenden, wie corona aurea, toga picta, tunica palmata, scipio eburneus etc. (die die Kaiser auch nicht triumphierenden Feldherrn gaben), Tac. u. Vell.: triumphalis vir u. subst. bl. triumphālis, is, *m.*, der einen Triumph gehalten hat, ein Triumphator, mit vir, Vell. u. a., ohne vir, Quint. u. a.: so auch senex, ein greiser Tr., Liv. u. a. – *Adv.* **triumphāliter**, Alc. Avit. homil. p. 106, 30 *Peiper.*

triumphātor, ōris, *m.* (triumpho), der **Triumphierer, Triumphator,** ille vir de Sabinis deque Samnitibus deque Pyrrho triumphator, Apul. apol. 17: als Beiname Jupiters, Apul. de mund. 37: der röm. Kaiser, CIL 6, 1188 (wo triumfat.). – bildl., tr. et victor, Min. Fel. 37, 1: m. *Genet.*, ut ille mei victor est, ita ego triumphator erroris, Tr. über usw., Min. Fel. 40, 2.

triumphātōrius, a, um (triumphator), **zum Triumph gehörig, Triumph-,** verbum, Tert. adv. Marc. 5, 10 *extr.*

triumphiger, gera, gernm (triumphus u. gero), **I Triumph bringend,** bella, Dracont. satisf. 22. – **II beim Triumph getragen,** rami, Ennod. epigr. 50, 7.

triumpho, āvī, ātum, āre (triumphus), **I** *intr.* **triumphieren, einen Triumph halten, 1** eig.: iustissimo triumpho, Liv.: albis equis, Aur. Vict.: de Numantinis, Cic.: ex praetura, Cic.: so auch ex urbe, Cic.: ex Hispania, Liv.: ex Macedonia, Cic.: ex victoria sua, infolge seines S., Sen.: ex bellis transalpinis, wegen usw., Cic.: triduo, Liv. epit.: equi triumphantes, die den Triumphwagen ziehenden, Ov. – **2** übtr.: **a** gleichs. **triumphieren, den Sieg davontragen,** amor de meo iure triumphat, Prop.: amor de vate triumphat, Ov. – **b triumphieren = frohlocken, jauchzen, froh sein,** gaudio, Caes. in Cic. ep.: triumpho, si licet abscedere, Ter.: laetaris in omnium gemitu et triumphas, Cic.: triumphabo de fuga vestra, Curt. – **II** *tr.*: **1** mit homogenem Objekt = soundso viel Triumphe **triumphieren, -halten,** triumphavit cum imperatoribus suis triumphos novem, Gell. 2, 11, 4. – **2** mit anderen Objekten = **über** jmd. od. etw. **triumphieren,** jmd. **im Triumph aufführen,** u. allgem. (poet.) jmd. od. ein Land usw. **völlig besiegen,** Zenobiam, Treb. Poll.: terram, besiegen, Lact.: mortem omnibus terroribus, Lact.: Passiv, ne triumpharetur Mithridates, Tac.: proximis temporibus triumphati magis quam victi sunt, Tac.: triumphati Medi, Hor.: triumphatis Spartanis, Iustin.: triumphato Oriente, Iustin.: omnia armis Romanorum superata et a Cornelio Balbo triumphata, Plin.: Achaeos triumphandos Mummio tradidit, Aur. Vict. – aurum triumphatum, erbeutet, Ov.: u. so bos triumphatus, Ov.

triumphum, ī, *n.*, s. triumphus a. E. ►.

triumphus, ī, *m.*, altlat. **triumpus**, ī, *m.* (ter u. pes), eig. der **dreischrittige Tanz,** der **Dreischritt** (wie tripudium), dah. **I** bei feierlichen Umzügen der Arvalbrüder als den Dreischritt begleitender Ausruf: triumpe, triumpe, triumpe, Carm. fratr. arv. im CIL 6, 2104, 37. – **II** der dreischrittige Siegestanz, dann übh. der **Siegeszug, A** eig., der nach einem wichtigen Sieg dem Feldherrn u. seinen Soldaten vom Senat zugestandene **feierliche Einzug** in Rom, der **Siegeszug, Triumph,** wobei der Feldherr auf einem mit weißen Pferden bespannten Wagen saß und in eine toga picta u. tunica palmata gekleidet war, einen Lorbeerkranz auf dem Haupt u. einen elfenbeinernen Stab od. Szepter in der Hand trug, während vor dem Wagen die Gefangenen u. die gemachte Beute aufgeführt wurden u. ihm seine siegreichen Soldaten folgten. So wurde er in feierlichem Aufzug vom Senat eingeholt u. auf das Kapitol geleitet, wobei die Soldaten abwechselnd den Ausruf io triumphe (s. Hor. carm. 4, 2, 49 *sq.*; epod. 9, 21 u. 23) u. lustige Lieder, namentlich Lob- od. Spottlieder auf den Feldherrn selbst (s. Liv. 45, 38, 12. Suet. Caes. 49, 4 u. 51) erschallen ließen, s. Cic. Pis. 60. Liv. 34, 52, 3 *sqq.*; vgl. Liv. 3, 29, 4 *sq.* – iustissimo triumpho triumphavit, Liv.: alci triumphum decernere (v. Senat), Cic., od. deferre, Liv.: triumphum postulare, impetrare, Liv.: triumpho fraudari, Liv.: triumphum deportare ex provincia, Nep.: triumphum tertium deportare, Cic.: triumphum frequentare (v. den Soldaten), Liv.: triumphum consulis celebrare (v. siegreichen Heer), Liv.: triumphum agere, einen Triumph halten, triumphieren, m. folg. *Genet.* od. *de* od. *ex* u. Abl. der Person od. des Landes, über die triumphiert wird, Plin.: Boiorum, Liv.: Pharsalicae pugnae, Cic.: de Liguribus, Liv.: ex Aequis, ex Etruria, Liv.: in urbem reversus tres triumphos egit, unum ex Illyrico, alterum ex Actiaca victoria, tertium de Cleopatra, Liv. epit.: qui ter triumphum unā portā egerit, Apul. apol 17: u. primum et excellentissimum triumphum egit Gallicum, sequentem Alexandrinum, deinde Ponticum etc., Suet. u. Parthos domitos iusto triumpho agere, im ordnungsmäßigen Tr. aufführen, Hor. carm. 1, 12, 54: triumphus fuit tantum de nomine, nur ihr N. wurde im Tr. aufgeführt, Flor. 2, 18, 17: per triumphum ducere alqm ante currum suum, im Triumph, Cic.: so auch elephantos ducere in triumpho, Plin.: poet., albi greges (weiße Opferstiere, die vor dem Triumphwagen vorausgeführt wurden) Romanos ad templa deûm duxere triumphos, Verg. – **B** übtr., der **Triumph, Sieg,** ut repulsam suam triumphum suum duxerint, Cic.: luxuriae, Plin.: ex inimicorum dolore, Cic.: de se ipso, Iustin.: pro victorialibus epulares triumphi, an die Stelle der Triumphe, die man auf dem Schlachtfeld erntete, traten solche, die man bei Trinkgelagen errang, Amm. – ► Nbf. triumphum, Schol. Bern. Verg. georg. 1, 504.

triumvir, virī, *m.* (tres u. vir), der **Triumvir,** Plur. triumvirī (auch tresviri u. IIIviri geschr.), ein aus drei Mitgliedern bestehendes Beamtenkollegium, die **Dreimänner, Triumvirn, I** (tresviri) als Vorsteher über die Gefängnisse, Plaut. Amph. 156 u. a. – **II** triumviri coloniae deducendae od. agro dando od. agro dividendo od. agris dividendis od. agro assignando (od. agrarii, s. unten Sing.), zur Abführung der Kolonisten und zur Verteilung der Äcker unter diese, tr. col. ded., Liv. 4, 11, 5; 6, 21, 4; 8, 16, 14 u. a.: tr. agr. dando, Liv. 3, 1, 6: tr. agro div., Liv. epit. 58 u. 59: tr. agr. ass., Liv. 21, 25, 3 (vgl. CIL 1^2, 643 III VIRI A. I. A., d. i. triumviri agris iudicandis assignandis): Sing. triumvir coloniis deducendis, Sall. Iug. 42, 1: triumvir coloniae deducendae, CIL 1, 538: triumvir agris dividendis, Flor. 3, 14, 6: triumvir agrarius, Liv. 27, 21, 10: cum triumvir coloniam deduxisset, Cic. Brut. 79: tresviri, Liv. 32, 2, 6. – **III** triumviri capitales od. carceris lautumiarum, Oberkerkermeister, die die Aufsicht über die Staatsgefängnisse führten, die Strafen (Stäupung u. Hinrichtung durch den Strang) vollziehen zu lassen u. über die öffentliche Sicherheit u. Ruhe zu wachen hatten, Cic. or. 156. Liv. 25, 1, 10; 39, 14, 10. Pompon. dig. 1, 2, 2. § 30: triumviri carceris lautumiarum, Liv. 32, 26, 27: triumviris opus est, comitio, carnifice, Sen. contr. 7, 1 (16), 22: Sing. triumvir capitalis, Ascon. Cic. Mil. § 19 H. p. 32, 20 *Kiessl.* u. CIL 11, 6163: bl. triumvir, Val. Max. 5, 4, 7. Ascon. Cic. Mil. § 19 H. p. 32, 24 u. 26 *Kiessl.* Vgl. auch den Scherz Ciceros Cic. ep. 7, 13, 2 (s. Trēverī). – **IV** triumviri epulones, s. 1. epulo. – **V** triumviri mensarii, **drei Kommissäre zur Regulierung der Gelder,** Liv. 23, 21, 6; 24, 18, 12; 26, 36, 8 (§ 11 bl. triumviri gen.). – **VI** triumviri monetales, **Münzherrn, Münzmeister,** Pompon. dig. 1, 2, 2. § 29: sonst triumviri auro, argento, aeri flando, feriundo gen., Cic. ep. 7, 13, 2 (vgl. Treveri). – **VII** triumviri nocturni, die zur Nachtzeit für die Sicherheit vor Feuersgefahr zu sorgen, daher auch den Befehl über die vigiles nocturni hatten, Paul. dig. 1, 15, 1. Val. Max. 8, 1. damn. 6 (wo Singul.). – **VIII** triumviri (tresviri) rei publicae constituendae, die zur Beruhigung des Staates vereinigten Antonius, Lepidus u. Oktavianus, Liv. epit. 120 (wo tresviri r. p. c.). Gell. 14, 7, 5: bl. triumviri, Suet. Aug. 36; Tib. 4, 2: Sing. triumvir rei p. const., Gell. 3, 9, 4: triumvir rei publicae, Nep. Att. 12, 2. Vell. 2, 88, 1: bl. triumvir, Suet. Aug. 9. Plin. 33, 50. – **IX** zur Aushebung von Rekruten, Liv. 25, 5, 6. – **X** triumviri sacris conquirendis donisque persignandis, um die Heiligtümer zusammenzusuchen u. die Weihgeschenke aufzuzeichnen,

Liv. 25, 7, 5. – **XI** triumviri reficiendis aedibus Fortunae matris Matutae intra portam Carmentalem, sed et Spei extra portam, quae priore anno incendio consumptae fuerant, Liv. 25, 7, 6. – **XII** in den Munizipien, die aus drei Mitgliedern bestehende oberste Behörde, Sing. Cic. Clu. 38: III vir Bovillensium, CIL 14, 2413. – ► Nomin. triumvir (neben duumvir) auch (aber ohne Beleg) angeführt von Prisc. de fig. num. § 32. p. 416, 31 K. u. de accent. § 24. p. 523, 31 K. – Abl. Sing., C. Caecilius pro triumviro quater, CIL 8, 7986: Genet. Plur. gew. triumvirûm, Cato oratt. fr. 40. *no.* 3. CIL 1, 198. lin. 13. Gav. Bass. b. Gell. 3, 9, 4.

triumvirālis, e, **zu den** *triumviri* **gehörig, von den** *triumviri* **verhängt,** arma, Sen. rhet.: flagella, von den *triumviri capitales,* Hor. epod. 4, 11: so auch supplicium, das Erdrosseln, Tac. ann. 5, 9: proscriptio, von den *triumviri rei publicae constituendae,* Sen. de ben. 2, 11, 1. Lact. 2, 4, 36.

triumvirātus, ūs, *m.* (triumvir), das **Amt eines Triumvirn,** nocturnus, Liv.: coloniae deducendae, Liv.: rei publicae constituendae, Suet.: triumviratus legendi senatus et alter recognoscendi turmas equitum, Suet.: so triumviratus invaditur, Flor.: in triumviratu (viell. *sc.* agrario), zur Zeit des usw., Cic. Brut. 117.

triūncis, e (tres u. uncia), **von drei Unzen,** Gallien. b. Treb. Poll. Claud. 17, 6.

trivenēfica, ae, *f.* (ter u. venefica), ein **Erzhexe,** als Schimpfwort, Plaut. aul. 86.

Trivia, ae, *f.*, s. trivius.

triviālis, e (trivium), **I dreifältig, dreifach,** germanitas, Arnob. 3, 34. – **II allgemein zugänglich, allbekannt, gewöhnlich, gemein,** scientia, Quint.: ludii ex circo, Suet.: verba, Suet.: carmen, Iuven.: mos, Calp.

triviāliter, *Adv.* (trivialis), **gewöhnlich, im gemeinen Leben,** Solin. 5, 27. Arnob. 7, 36. Donat. Ter. Phorm. 1, 2, 72. Schol. Iuven. 7, 5.

triviātim, *Adv.* (trivium), **auf öffentlicher Straße,** dissultare, Mart. Cap. 1. § 3.

Trivīcum, ī, *n.*, ein italisches Städtchen im Hirpinischen, j. *Trevico,* Hor. sat. 1, 5, 79.

trivium, iī, *n.* (ter u. via), **I** ein Ort, wo drei Wege zusammenstoßen, die **Wegkreuzung,** der **Scheideweg,** Cic. de div. 1, 123: deus trivii, CIL 7, 163. – meton. = die **öffentliche Straße,** in triviis auctionari, Cic.: occurram in triviis, Hor.: arripere maledictum ex trivio, ein Schimpfwort von der Gasse (vom Pöbel) entlehnen, pöbelhaft schimpfen, Cic. Mur. 13. – **II** übtr., **ein Komplex von drei Wissenschaften,** Schol. Vindob. ad Hor. art. poët. 307.

trivius, a, um (trivium), **auf Wegkreuzungen (Scheidewegen) verehrt** (griech. τριοδῖτις), Beiwort von Gottheiten, die an Dreiwegen Kapellen haben, Iuno trivia, Anthol. Lat. 865, 2 (1123, 2): dii, CIL 13, 5621 (dies. subst. bl. trivii, tribii, CIL 13, 5621 u. 6096): dea, Prop., od. virgo, Lucr., Diana od. Hekate: dies. gew. absol. Trivia, ac, *f.*, Catull., Verg., Tac. u. a. – lacus Triviae, Dianensee, ein See in Latium bei Aricia, jetzt *Lago di Nemi,* Verg. Aen. 7, 516: Aricinum Triviae nemus, Hain der Diana bei Aricia (s. Arīcia), Stat. silv. 3, 1, 56.

trivolum, s. trībulum.

trixāgo (trissāgo), inis, *f.*, die auch chamaedrys genannte Pflanze, **Gamanderlein** (*Teucrium chamaedrys,* L.), Plin. 24, 130 u. a. Veget. mul. 1, 17, 12 u. a.

trīxallis, s. trōxallis.

Trōada, s. 1. Trōs *no.* E, b.

Trōadēnsis, s. 1. Trōs a. E.

Trōas, adis, *f.*, s. 1. Trōs a. E.

trochaeīdēs, is (τροχαιειδής), **trochäusartig,** Mart. Cap. 9. § 992.

trochaeus, ī, *m.* (τροχαῖος), in der Metrik, **I** das früher choreus genannte Versglied –◡, der **Trochäus,** Cic. de or. 3, 182. Quint. 9, 4, 80 (die Etymol. des W. s. Mart. Cap. 9. § 988. Isid. orig. 1, 17, 3). – **II** andere Bezeichnung des tribrachys, das Versglied ◡◡◡, Cic. or. 191. Quint. 9, 4, 82.

trochaïcē, *Adv.* (trochaicus), **trochäisch,** Auson. epist. praem. edyll. 13. p. 140, 24 Schenkl.

trochaïcus, a, um (τροχαϊκός), **trochäisch,** Quint. 9, 4, 140. Diom. 504, 20 u. 507, 23. Serv. de cent. metr. 457, 17. Ter. Maur. 2422. Isid. orig. 1, 38, 6: Akk. griech. basin trochaicen, Diom. 505, 30: Plur., bases trochaicae, Mar. Victorin. 2, 8, 6. p. 90, 10 K.

trochilea, s. trochlea a. E.

trochilus, ī, *m.* (τρόχιλος), **I** ein kleiner Vogel, etwa **Goldhähnchen, Zaunkönig,** Plin. 8, 90 u. 10, 203: trochilus avi ula brevis (kleines), Amm. 22, 15, 19. – **II** als *t. t.* der Baukunst, die **Einziehung** an den Säulen, superior u. inferior, Vitr. 3, 5, 3.

trochis, Akk. in, *f.* (τρόχις), eine Art Feigenwein, Plin. 14, 102.

trochiscus, ī, *m.* (τροχίσκος), **I das kleine Rad, Rädchen,** als Zauberrad, Laev. fr. 10 M. (bei Apul. apol. 30, wo Krüger trochus). – **II** als *t. t.* der Medizin = das **Kügelchen,** die **Pille,** Cael. Aur. de morb. chron. 2, 7, 104. Veget. mul. 3, 9, 6. Plin. Val. 1, 3 u. 2, 56 (wo trociscus).

trochlea (troclea), ae, *f.* (τροχαλία), eine Maschine, Lasten in die Höhe zu ziehen, der **Kloben,** der **Flaschenzug,** die **Winde,** Lucr. 4, 902. Vitr. 9, 9 (8), 3; 10, 2, 1 u. a. – ab imo pulmone pituitam trochleis adducere, gleichsam mit Winden den Schleim heraufziehen, von Leuten, die sich heftig räuspern, Quint. 11, 3, 56. – ► Die Schreibung troclea jetzt im Lucr. u. Vitr. – gedehnt troculea, Cato r. r. 3, 5 *cod. A* (Keil mit anderen Handschrn. weniger gut trochilea).

trochleātim, *Adv.* (trochlea), **durch eine Winde,** Sidon. epist. 5, 17, 8.

trochus, ī, *m.* (τροχός), **I** ein eiserner, mit vielen kleinen losen, dah. bei der Bewegung klirrenden Ringen (garruli anuli, s. Mart. 14, 169) behängter Reif, den die Knaben zur Belustigung auf freien Plätzen mit einem Treibkloben, der einen hölzernen Griff u. eine gekrümmte eiserne Spitze hatte (clavis adunca, Prop. *l. l.*), forttrieben, der **Spielreif,** das **Spielrad,** Hor. carm. 3, 24, 57. Prop. 3, 14, 6. Ov. art. am. 3, 383. Mart. 14, 168 u. 169. – **II** ein **Zauberreif, -rad,** Laev. fr. bei Apul. apol. 30 Kr. (Müller Laev. fr. 10 trochisci). – **III** Trochus (Folterrad), scherzh. Name eines Sklaven, Plaut. trin. 1020 *Spengel* (vgl. praef. p. VII *sq.*).

trociscus, s. trochiscus.

troclea, s. trochlea a. E. ►.

Trocmī, ōrum, *m.* (Τρόκμοι), einer der drei Hauptstämme der Galater in Kleinasien, in den östlichen Teilen Galatiens am Halys, Liv. 38, 16, 12. Cic. de div. 2, 79 B. u. M. (Christ Trogmi).

troculea, s. trochlea.

Trōes, um, *m.*, s. 1. Trōs.

Troesmis, s. Trōsmis.

Troezēn, ēnis, Akk. ēna, *f.* (Τροιζήν), eine uralte Stadt in Argolis, unweit der Küste am saronischen Meerbusen, mit dem Hafen Pogon, Residenz des Pittheus, des Großvaters des Theseus, j. Ruinen beim Dorf *Damala,* Cic. de off. 3, 48. Nep. Them. 2, 8: Troezen Pittheīa u. Pitthea, Ov. met. 6, 418; 15, 296: Thesaïa, Stat. Theb. 4, 81. – Nbff. **Troezēnē,** ēs, *f.* (Τροιζήνη), Mela 2, 3, 8 (2. § 50); u. **Troezēna,** ae, *f.*, Schol. Bob. ad Cic. Sest. 67. p. 311, 20 B. – Dav. **Troezēnius,** a, um (Τροιζήνιος), **trözenisch,** ager, Plin.: litus, Mela: heros, Lelex, Sohn des Pittheus, Ov. – subst., Troezēniī, ōrum, *m.*, die Einw. von Trözen, die **Trözenier,** Mela 2. § 49.

trōglītis murra, s. Trōglodytis unter Troglodytae.

Trōglodytae, ārum, *m.* (Τρωγλοδύται), **Höhlenbewohner,** Name der alten Bewohner der Westküste des Arabischen Meerbusens in Äthiopien, Cic. de div. 2, 93 (Müller Troglod.). Mela 1, 4, 4 u. 1, 8, 6 (1. § 23 u. § 44). Plin. 2, 183; 6, 168 u. 174. Solin. 28, 1 *sq.* Sen. nat. qu. 4, 2, 18. Curt. 4, 7 (31), 18. Ambros. in psalm. 118. serm. 16. *no.* 41. Amm. 22, 8, 43. Oros. 1, 2, 89 u. 90. Iul. Val. 3, 51 (28). Isid. orig. 9, 2, 129; 16, 7, 9. – Dav.: **A Trōglodyticus,** a, um (Τρωγλοδυτικός), **troglodytisch,** Plin. – subst., Trōglodytica, ae, *f.* u. Trōglodyticē, ēs, *f.* (Τρωγλοδυτική), das **Land der Troglodyten,** Plin. 6, 109. – **B Trōglodytis,** idis, *f.* (Τρωγλοδυτίς), **troglodytisch,** myrrha, Plin. 6, 174. Scrib. Larg. 90. Veget. mul. 5, 27, 7: dies. Myrrhe troglitis murra, Pelagon. veterin. 1 (23 *Ihm*); 3 (35 *Ihm*) u. ö.; u. troglodytica murra, Marc. Emp. 35. – ► In den Hdschrn. des Cic., Mela, Sen.,

Plin., Sorin., Iul. Val. u. Isid. fast immer Trogodytae, -dyticus, -tydis geschrieben; vgl. Tzschucke Mela 1, 4, 4. Sillig Plin. 2, 178.

Trōgmī, s. Trocmī.

Trōgodyt..., s. Trōglodyt...

Trogus Pompēius, ein röm. Geschichtschreiber unter Augustus, von dessen Werke Justin einen Auszug machte, Iustin. praef. § 1; 38, 3, 11; 43, 1, 1 u. 5, 11. Vopisc. Aurel. 2. § 1: Plur., Trogi, Männer wie Trogus, Vopisc. Prob. 2, 7.

Trōia, ae, *f.*, s. 1. Trōs.

Trōiades, um, *f.*, s. 1. Trōs.

Trōiānus, s. 1. Trōs.

Trōicus, a, um, s. 1. Trōs.

Trōilos u. **Trōilus,** ī, *m.* (Τρώϊλος), Sohn des Königs Priamus, vor Troja gefangen u. auf Achills Befehl erdrosselt, Plaut. Bacch. 954 u. 960. Verg. Aen. 1, 474. Hor. carm. 2, 9, 16. Dict. 4, 9.

Trōiugena, ae, *c.* (Troia u. gigno), **in Troja geboren, trojanisch,** gentes, Lucr. 1, 465: Romanus, Vet. carm. b. Liv. 25, 12, 5. – subst., Trōiugena, ae, *m.*, der **Trojaner,** Verg. Aen. 3, 359: Plur. = die **Trojaner,** Catull. 64, 355 (wo Genet. Troiugenûm) u. Verg. Aen. 8, 117; u. = die (von Äneas abstammenden) **Römer,** Iuven. 1, 100; 11, 95.

Trōius, a, um, s. 1. Trōs.

Tromentīna tribus, eine der *tribus rusticae,* Liv. 6, 5, 8. CIL 11, 23: Trom. tribus a campo Tromento dicta, Paul. ex Fest. 367, 15.

1. tropa, *Adv.* (τρόπα), ein Spiel, wobei man mit Würfeln, Nüssen od. Eicheln aus einer gewissen Entfernung in ein Loch warf, viell. deutsch **Marmel(Murmel)-Spiel,** Mart. 4, 14, 9.

2. tropa, ae, *f.* (τροπή), die **Sonnenwende,** chimerina, die Wintersonnenwende, Menol. Colot. mens. Dec. im CIL 1^2. p. 281.

tropaeātus, a, um (tropaeum), **mit Siegeszeichen geschmückt, sieggekrönt,** Amm. 23, 5, 17.

Tropaeophorus, ī, *m.* (τροπαιοφόρος), **Siegeszeichen tragend, siegreich,** ein Beiname Jupiters, Apul. de mund. 37.

tropaeum, ī, *n.* (τρόπαιον od. τροπαῖον), das anfangs aus einem abgestutzten und mit den erbeuteten Waffen behängten Baum, später aus Stein errichtete **Siegeszeichen,** die **Trophäe** (s. Verg. Aen. 11, 5 *sqq.* Flor. 3, 2, 6), **I** eig. u. meton.: **A** eig.: tropaeum statuere od. ponere, errichten, Cic. u. a.: tropaeum aliquod in finibus statuere victoriae, Cic.: in alio quodammodo orbe tropaea statuere, Curt.: tropaea C. Marii de Iugurtha etc. restituit, Suet. – **B** meton., die **Trophäe** = der Sieg, Salaminium, Cic.: Marathonium, Nep.: Augusti tropaea Caesaris, Hor.: tulit e capto nota tropaea viro, Ov. – **II** übtr., die **Trophäe** = das Denkmal, necessitudinis atque hospitii, Cic.: ingenii, Ov.: Maecenatis erunt vera tropaea fides, Prop. – ► In den Handschrn. ist trophaeum (trophēum) oft Variante u. scheint im späteren Latein üblich geworden zu sein, z. B. trophaeum, Vulg. 2. Mach. 5, 6 u. 15, 6; tropheum, Iul. Val. 3, 28. p. 141 (b) *ed. Paris.;* ebenso tropaeum in Inschrn., z. B. Const. veteran. 18 im CIL 3. p. 856 ext. 22 u. p. 857. ext. 27.

tropaeus, a, um (τροπαῖος), **zurückkehrend,** venti, die vom Meer zum Land zurückkehren, Plin. 2, 114.

trophaeum, trophēum, s. tropaeum ►.

Trophōnius, iī, *m.* (Τροφώνιος), **I** Bruder des Agamedes, mit dem er den delphischen Tempel erbaute, Cic. Tusc. 1, 114. – **II** eine Gottheit, in deren Höhle bei Lebadia in Böotien Orakel gegeben wurden, wobei man mit besonderen Zeremonien in die Höhle hinabstieg, Cic. de nat. deor. 3, 49; de div. 1, 74. Arnob. 1, 26 u. 4, 14: Iuppiter Trophonius gen., Liv. 45, 27, 8. – Dav. **Trophōniānus,** a, um, **trophonianisch,** narratio, von der Höhle des Trophonius, Cic. ad Att. 6, 2, 3.

tropicē, *Adv.* (tropicus), **bildlich, figürlich, tropisch,** Mam. Claudian. de statu anim. 1, 3. § 4. p. 29, 19 *Engelbr.* Augustin. de gen. ad litt. 4, 9.

tropicus, a, um (τροπικός), **I zur Wende-, zur Wendung gehörig,** circuli, Wendekreise, wo die Sonne wieder umkehrt, Frontin., Hyg. u. Macr.: signa, Gestirne, wo die Sonne diese Wendung macht, Manil.: Capricornus, wo die Sonne wieder umkehrt, Auson. – subst., **a** tropicus, ī, *m.* (*sc.* circulus), der **Wendekreis,** brumalis, der Winterwendekreis, Chalcid. Tim. 69. – **b** tropica, ōrum, *n.*, **Veränderungen,** haec tropica instituere, diesen Umschwung herbeiführen, Petron. 88, 1. – **II uneigentlich, figürlich, tropisch,** locutiones, Augustin.: figura, ein Tropus, Gell.

tropis, idis, Akk. in, *f.* (τρόπις), der **Bodensatz** des Weines, Mart. 12, 82, 11.

tropologia, ae, *f.* (τροπολογία), die **bildliche-, tropische Redeweise,** Hieron. in Ioël 9, 18 u. a. Eccl. Gloss. IV, 293, 27.

tropologicē, *Adv.* (tropologicus), **bildlich, tropisch,** Hieron. in Sophon. 1, 8 u. a. Eccl.

tropologicus, a, um (τροπολογικός), **bildlich, tropisch,** Sidon. epist. 9, 3, 5.

tropos u. **tropus,** ī, *m.* (τρόπος), **I** als *t. t.* der Rhet. = der uneigentliche-, bildliche Gebrauch eines Wortes, der **Tropus,** Quint. 9, 1, 4 *sq.* u. a. – **II** die **Gesangsweise,** der **Gesang,** Ven. Fort. carm. 10, 9, 54 u. 10, 11, 4.

1. Trōs, Trōis, *m.* (Τρώς), Sohn des Erichthonius, Enkel des Dardanus, König in Phrygien, nach dem Troja benannt wurde, Verg. georg. 3, 36. Ov. fast. 4, 33. Sil. 11, 297. – Dav. abgeleitet **Trōia** od. **Trōïa,** ae, *f.* (Τροία, poet. Τροΐα), die Stadt **Troja, 1** eig., Mela 2, 3, 6 (2. § 45). Liv. 1, 1. Verg. Aen. 1, 1. Ov. met. 11, 199 *sq.;* 13, 404 *sq.* – **2** übtr.: **a** der von Äneas auf laurentinischem Gebiet in Italien erbaute Ort, Liv. 1, 1, 3. – **b** der von Helenus in Epirus erbaute Ort, Ov. met. 13, 721. Verg. Aen. 3, 349. – **c** ein röm. Wettrennspiel zu Pferde, Verg. Aen. 5, 596 *sqq.* Suet. Caes. 39, 2: Troiae lusus, Suet. Aug. 43, 2; Claud. 21; 3: Troiae decursio, Suet. Cal. 18, 3: Troiae ludicrum, Tac. ann. 11, 11. Vgl. Paul. ex Fest. 367, 5.

Dav. abgel.: **A Trōius,** a, um (Τρώϊος), zu Troja gehörig, **troïsch,** tellus, Catull.: Aeneas, Verg. – **B Trōiānus,** a, um, zu Troja gehörig, **trojanisch,** urbs, Troja, Verg. u. Lact.: moenia, Ov.: equus, Cic. u. Iustin.: bellum, Hor., Ov., Quint. u. Iustin.: Troianis temporibus, Aur. Vict. u. Iustin.: Troi. iudex, d. i. Paris, Hor. u. Ov.: ludi, d. i. das Trojaspiel (s. oben Troia *no.* 2, c), Suet.: porcus, ein gefülltes Schwein (als Tafelgericht), Mart. – Sprichw., equus Troianus, von einer verborgenen Gefahr, intus, intus, inquam, est equus Troianus, a quo numquam me consule dormientes opprimemini, Cic. Mur. 78. – Plur. subst., Troiānī, ōrum, *m.*, die Einw. von Troja, die **Trojaner,** Lucr., Cic. u. a. – **C Troicus,** a, um (Τρωϊκός), zu Troja gehörig, **troïsch,** tempora, Cic.: bellum, Vell. u. Auson.: Vesta, Vell. u. Ov.: ignis, das beständig unterhaltene Feuer der Vesta in Rom, Stat. – **D Trōs,** ōis, *m.* (Τρώς), der **Troer, Trojaner,** Verg. u. a. (kollektiv = der Troer, Auson. edyll. 12. De hist. 19. p. 137, 1 Schenkl): Plur. Trōes, um, Akk. as, *m.* (Τρῶες), die **Troer,** Verg. u. Ov. – **E Trōas,** ados, Akk. ada, *adi. fem.* (Τρωάς), **trojanisch,** humus, Ov.: matres, Ov.: torba, Sen. poët. – häufiger subst., **a** die **Trojanerin,** Verg. u. Ov.: Plur. Trōades, Akk. adas, *f.*, die **Trojanerinnen,** Titel einer Tragödie des Q. Cicero, Cic. – **b** die Landschaft **Troas,** Nep. u. Plin. – Nbf. Trōada, wov. Akk. Troadam, Iul. Val. 3, 60 (3, 35). – **F Trōiadēs,** ae, *m.* (Τρωϊάδης), der **Trojaner,** Tr. puer. als Gestirn = der Wassermann, Anthol. Lat. 619, 6 (485, 6). – **G Trōiades,** um, *f.* (Τρωϊάδες), **Trojanerinnen,** Pers. 1, 4. – **H Trōadēnsis,** e, **in** od. **aus** der Landschaft **Troas,** metallum, Cod. Theod. 11, 28.

2. Trōs, der Troer, s. 1. Tros *no.* D.

Trōsmis, Akk. in, *f.*, eine Stadt in Mösien, Ov. ex Pont. 4, 9, 79. – ► Nbf. Troesmis auf Inschriften, z. B. CIL 3, 774. 775. 776. 6172 u. ö.

trōssulī, ōrum, *m.* (wahrsch. etruskisches Wort für equites), **I** der später statt celeres u. flexumines aufgekommene Name für die im aktiven Reiterdienst stehenden röm. Ritter, Varro sat. Men. 480. Plin. 33, 35. Paul. ex Fest. 367, 20: trossuli principes iuventutis, Lampr. Commod. 2, 1. – **II** übtr., ein Spottname für vornehme Stutzer (vgl. Iun. Gracch. b. Plin. 33, 36), Sen. ep. 76, 2 u. 87, 9: Sing. trossulus, Pers. 1, 82.

trōxallis, idis, *f.* (τρωξαλλίς), ein kleines Tier in Gestalt einer Heuschrecke (locusta), vielleicht **Grille,** Plin. 30, 49 (Jan u. Detl. trixallis).

trua, ae, *f.* (zu griech. τορύνη, Rührkelle), **I** die **Gosse,** Varro LL. 5, 118. – **II** der Rührlöffel, die **Kelle,** Pompon. com. 96. Titin. com. 128; vgl. Paul. ex Fest. 9, 12. Varro LL. 5, 118.

trublium, s. tryblium.

trucantī, ōrum, *m.*, eine Art kleiner Fische, Anthim. 14.

trucīdātio, ōnis, *f.* (trucido), **I** das **Totschlagen, Hinschlachten,** das **Niedermetzeln,** civium, Cic. Phil. 4, 11: hominis, Lact. epit. 63, 3: hominum, Cic. Tull. 42: tantam trucidationem facis, du richtest ein Hinschl. ohnegleichen an, Cato fr. b. Gell. 13, 25 (24), 12: inde non iam pugna, sed trucidatio velut pecorum fieri, ein Schlachten war's, nicht eine Schlacht zu nennen (Schiller), Liv. 28, 16, 6: quidquid ergo vastationis trucidationis depraedationis in ista recentissima Romana clade commissum est, Augustin. de civ. dei 1, 7. – **II** übtr.: **a** das **Zermalmen** = Zerschneiden, Cels. praef. p. 7, 27 D. – **b** das **Ausholzen** der Bäume, omnium annorum trucidatio inutilissima, Plin. 17, 257.

trucīdātor, ōris, *m.* (trucido), der **Totschläger, Mörder,** Augustin. de civ. dei 1, 1 u. epist. 194, 28.

trucīdo, āvī, ātum, āre (caedo), **totschlagen, schlachten, hinschlachten, niedermetzeln, niedersäbeln, I** eig. u. übtr.: **1** eig.: agros vastari, pecus diripi, trucidari, Auct. b. Afr.: captos sicut pecora, Sall. (vgl. pecorum ritu inertium trucidantur, Amm.): quos ferro trucidari oportebat, eos nondum voce vulnero, Cic.: cives Romanos necandos trucidandosque curavit, Cic.: servilibus omnibus servitiis trucidatos occīdunt, Liv.: trucidata membra civis, in Stücke gehauen, Sen. rhet. fr. – **2** übtr.: **a** mit den Zähnen zermalmen = zerkauen, seu pisces seu porrum seu cepe, Hor. ep. 1, 12, 21. – **b** poet. = **verlöschen, auslöschen,** ignem, Lucr. 6, 147: Oedipus trucidatus oculos (an den Augen), geblendet, Tert. ad nat. 1, 16. – **II** bildl.: **1** mit Worten gleichs. **zur Bank hauen** = verunglimpfen, a Servilio trucidatus, Cic. de har. resp. 2. – **2** durch Wucher gleichs. **tot machen** = **zugrunde richten,** plebem fenore, Liv.: ne fenore trucidetur, Cic.

trucilo, āre, Naturlaut der Drossel, Suet. fr. 161. p. 253, 1. Anthol. Lat. 762, 17 (233, 17).

truciter, *Adv.* (trux), **wild, furchtbar,** Aldh. de virginit. 35. p. 279, 11 *Ehwald.*

trūcta, ae, *f.* u. **trūctus,** ī, *m.* (τρώκτης), eine Art **Forelle,** Isid. orig. 12, 6, 6. Plin. Val. 5, 43. Anthol. Lat. 390, 18 (385, 18).

truculēns, entis (vulg. Nbf. v. truculentus), **finster, grimmig,** Cassiod. var. 1, 4, 14 u. ö.: tr. rustici (rohe), Cassiod. var. 2, 13, 1.

truculenter, *Adv.* (truculentus), **finster, grimmig, furchtbar, unfreundlich, griesgrämig,** nolite truculenter insequi inania verba populorum, Cassiod. var. 1, 30, 4: inque sacerdotem truculenter acerba redundans, Ven. Fort. vit. S. Mart. 4, 541: quod truculentius se gerebat quam ceteri, eine drohendere Haltung annahm, Cic. de lege agr. 2, 13: quin etiam truculentius sibi instanti (ihm mit furchtbareren Drohungen zusetzenden) Sullae, ›licet‹, inquit, ›mihi agmina militum ostentes‹ etc., Val. Max. 3, 8, 5: quam potuit truculentissime eum aspexit, Quint. 6, 1, 43.

truculentia, ae, *f.* (truculentus), **I Finsterkeit** eines Menschen gegen andere, die **Unfreundlichkeit, Grobheit, Griesgrämigkeit,** hominis, Apul. met. 9, 36. – **II** übtr., die **Unfreundlichkeit, Rauheit** des Klimas, caeli, Tac. ann. 2, 24.

1. **truculentus,** a, um (trux), **finster** in den Mienen, **unfreundlich, griesgrämig, grimmig, wild, I** eig. u. übtr.: **1** eig., Ter. u. Cic.: truculentis oculis, Plaut.: quo truculentior visu foret, Tac.: vultu etiam truculentior factus est, Spart. – **2** übtr., v. der Stimme = **wild,** voces, Tac. ann. 1, 25. – **II** bildl.: **1** v. Charakter u. der Handlungsweise, **unfreundlich, polterig, grob, hitzig, wild, furchtbar,** truculentus atque saevus senex, Plaut.: iam non sum truculentus, ich bin nicht mehr so grob, Plaut.: quamvis aliquando fingeret benignum, cum esset naturā truculentus, Spart.: at est truculentior atque plus aequo liber, Hor.: fetā truculentior ursā, Ov.: gens truculentior, Ov.: mores tui multo truculentiores, Apul.: truculentissimo errore, Val. Max.: truculentissimae et saevissimae mentes, Augustin.: hoc truculentissimum ac nefarium facinus, Rhet. Her. – **2** übtr., v. Meer, **wild, stürmisch,** aequor, Catull. 64, 179: pelage, Catull. 63, 16.

2. **Truculentus,** ī, *m.* (der Hitzkopf), Titel einer Komödie des Plautus, Varro LL. 7, 70. Cic. de sen. 50.

trudis, is, *f.* (trudo), die mit Eisen beschlagene **Stange** zum Stoßen (vgl. Isid. orig. 18. 7, 3), ferratae trudes, Verg. Aen. 5, 208: quidam trudibus aut furcis inertem molem prosternere, Tac. ann. 3, 46.

trūdo, trūsī, trūsum, ere (zu gotisch *thriutan,* belästigen, beschweren, ahd. *driozan,* nhd. verdrießen), **stoßen, hinweg-, fortstoßen, -drängen, I** eig.: **1** im Allg.: glaciem flumina trudunt, Verg.: hostes, Tac.: cohortes in paludem, Tac.: apros in plagas, Hor.: alqm hinc foras, Plaut.: ab irato Iove ad inferos trusus est, Serv. Verg., umbo trudebat umbonem, Amm. – **2** insbes., im Wachsen **hervortreiben, a** Gewächse = **wachsen lassen,** gemmas, Verg.: se trudunt gemmae, wachsen hervor, Verg. – **b** Dünste, Wasser, **steigen lassen,** quas mihi tenebras trudis? welchen Dunst lässt du mir aufsteigen (= welchen Schwindel machst du mir vor)? Plaut. Epid. 476. – im Passiv medial = **steigen,** fecundus aquae truditur latex, Claud. Aponus 13. – **II** übtr., **stoßen, drängen,** ad mortem trudi, Cic.: in arma trudi, Tac.: fallacia alia aliam trudit, drängt die andere, folgt aus der anderen, Ter.: so auch truditur dies die, Hor.: u. vita truditur, Sen.: nunc est exspectatio comitiorum, in quae omnibus invitis trudit noster Magnus Auli filium, vorschieben will, Cic. ad Att. 1, 16, 12.

truella, s. trūlla ►.

Truentum, ī, *n.*, eine Stadt in Picenum am Fluss Truentus (j. *Tronto),* j. *Torre di Seguro,* Plin. 3, 110. – Dav. **Truentīnus,** a, um, **truentinisch,** Castrum = *Truentum,* Pompei. b. Cic. ad Att. 8, 12, 13, 1: turres, Sil. 8, 435. – Plur. subst., Truentīnī, ōrum, *m.*, die Einw. von Truentum, die **Truentiner,** Plin. 3, 116.

trūgonus, s. trȳgōn.

trūlens, s. trūlleum.

trūlla, ae, *f.* (= truella, *Demin.* v. trua, s. 1. Varro LL. 5, 118), **I** die **Kelle, Schöpfkelle, Rührkelle,** Cato, Colum. u. a.: bes. um den Wein aus dem Mischgeschirr (crater) in die Trinkbecher einzugießen, Cic., Hor. u. a.: trulla argentea anaglypha, CIL 10, 6. – **II** übtr.: **1** die **Maurerkelle,** Pallad. 1, 13, 2. – **2** eine Art kellenförmige **Pfanne** für Feuer, **Pechpfanne,** Liv. 37, 11, 13. – **3** das **Nachtbecken,** Iuven. 3, 108. – ► Urspr. Form truella, Scaevol. dig. 34, 2, 36.

trūlleum (truleum) u. **trūllium,** iī, *n.* (trua), ein vertieftes, längliches Geschirr, das **Becken, Waschbecken,** Form *-eum,* Varro LL. 5, 118 (truleum). Varro vit. P. R. 1. fr. 42 (b. Non. 547, 6 trulleum) u. Gloss. (trulleum): Form *-ium,* Cato r. r. 10, 2. – Andere Form **trūlleus,** ī, *m.*, *Cato oratt. 50 (bei Fest. 169 [a], 17, wo noch truilos). Lucil. 511. Plin. 34, 7. – u. **trūllio,** ōnis, *m.*, Plin. Val. 5, 38. Th. Prisc. 4, 1 *pr.*

trūllissātio, ōnis, *f.* (trullisso), das **Bewerfen mit grobem Mörtel,** der **rohe Anwurf, Rauanwurf,** die **Berappung** (Ggstz. directi arenati, der feinsandige Verputz), Vitr. 7, 3. § 5 u. 6 a.

trūllisso, āre (trulla), **mit grobem Mörtel bewerfen, berappen** (Ggstz. arenā dirigere, mit feinem Mörtel bewerfen, verputzen), Vitr. 7, 3. § 3 u. a. – Nbf. **trullizo,** āre, Compend. Vitr. 17. 21. 22. – Dav. **trullizātio,** ōnis, *f.*, die **Berappung,** Compend. Vitr. 22.

trūllium, iī, *n.*, s. trūlleum.

truncātio, ōnis, *f.* (trunco), die **Verstümmelung, Abschneidung,** Cod. Theod. 7, 13, 5. Cassian. coen. inst. 8, 7.

trunco, āvī, ātum, āre (truncus), **I stutzen, beschneiden, verstümmeln, abschneiden,** olus foliis, Ov.: corpus, Tac.: simulacra, statuas, Liv.: partem corporis, Iustin.: caput, Lucan.: capite truncari, Hieron.: aquas, hemmen, Claud.: heroos gressu tenores, Pentameter aus Hexametern machen, Stat. – truncatus habitu, in seinem zerstückelten Gewand, Sulp. Sev. – **II** insbes., **niedermetzeln,** cervos, Val. Flacc. 6. 568.

trunculus, ī, *m.* (*Demin.* v. truncus), das **abgehauene Stückchen** von den Teilen der Tiere (bes. der Schweine), die bald nach dem Schlachten abgehauen werden (Füße, Ohren, Schwanz), trunculi suum,

Schweinsknöchelchen, Cels. 2, 20 u. 22: summa trunculorum, Cels. 4, 14 (7) *extr.*

truncum, ī, *n.*, s. 2. truncus a. E. ►.

1. truncus, a, um, **verstümmelt, eines od. mehrerer Teile beraubt, gestutzt,** **I** eig.: corpus, Catull., Liv. u. Sen. rhet. (u. so truncum corpus dempto od. absciso capite, ein Rumpf ohne Kopf, Curt. u. Tac.): homo, Iustin.: trunca illa et retorrida manus Mucii (Scaevolae), Sen. ep. 66, 51: truncae inhonesto vulnere nares, Verg.: frons (Acheloi amnis), des Horns beraubt, Ov.: tela, zerbrochen, Verg.: pinus, Verg.: litterae, Gell.: m. *Genet.*, animalia trunca pedum, der F. beraubt, Verg. georg. 4, 310: truncus capitis, Sil. 10, 310. – **II** übtr.: **a** gleichs. **verstümmelt,** urbs trunca, sine senatu etc., Liv.: pecus, das Vieh, das des Ochsen, als seines Führers, beraubt ist, Stat.: actio, Quint.: trunca quaedam, Fragmente, Gell.: sermo, undeutlich, Stat.: versus mutili vel trunci = ἀκέφαλοι Diom. 500, 5. – **b** gleichs. **verstümmelt, gestutzt,** d. i. so klein, als ob es gestutzt wäre, manus (eines Zwerges), Prop. 4, 8, 42. – **c abgehauen, abgeschnitten,** manus, Sen. contr. 1, 4, 3 (versch. v. oben *no.* I): brachia, Val. Flacc. 4, 181.

2. truncus, ī, *m.*, der **Stamm** eines Baumes, ohne Rücksicht auf die Äste, **I** eig., meton. u. bildl.: **1** eig. u. meton.: **a** eig.: arborum trunci, Caes.: arborum trunci fragmentaque ramorum, Liv.: quid? in arboribus, in quibus non truncus, non rami, non folia sunt deniqne, nisi etc., Cic.: trunci induti hostilibus armis, *i.e. tropaea,* Verg. – **b** meton., der **Stamm** = der Baum, Hor. u. Val. Flacc. – **2** bildl., der **Stamm,** ipso trunco (aegritudinis) everso, Cic. Tusc. 3, 83. – **II** übtr.; **1** als *t. t.* der Archit., der **Schaft** der Säule, Vitr. 3, 3, 5; 4, 1, 7. – **2** v. menschlichen Körper = der Rumpf, **a** im Ggstz. zu den übrigen Gliedern, Cic. u. Ov.: truncus Hermae, eine **Hermensäule, Herme,** Iuven. – **b** im Ggstz. zum Kopf, Lucr. u. Verg. – **3** ein **abgehauenes Stück,** z. B. ein Ast statt Ruder, Val. Flacc. 8, 287: ein Stück Fleisch zum Räuchern, Ps. Verg. mor. 57: trunci lapidis eiusdem, Blöcke, Plin. 16, 201. – **4** als Schimpfwort auf einen dummen, empfindungslosen Menschen, wie unser **Klotz, Tölpel,** Cic. Pis. 19 u. de nat. deor. 1, 84. – ► Nbf. truncum, Vict. Vit. 2, 27 (quoddam truncum).

truo, ōnis, *m.* = onocrotalus, Paul. ex Fest. 367, 10. – scherzh. übtr., v. einem Großnäsigen, Caecil. com. 270.

truola, ae, *f.* = trulla, Varro LL. 5, 118.

trūsātilis, e (truso), **zum Stoßen gehörig,** molae, Handmühle, Cato r. r. 10, 4 u. 11, 4. Gell. 3, 3, 14.

trūso, āre (*Intens.* v. trudo), **tüchtig stoßen,** Catull. 56, 6.

trutina, ae, *f.* (τρυτάνη), **I** das **Zünglein** an der Waage, Schol. ad Pers. 1, 7. – **II** meton., die **Waage,** trutina et pondera, CIL 6, 10237: argentaria, Varro vit. P. R. 2. fr. 25 (b. Non. 180, 32): *trutinae,* quae *staterae* dicuntur, Vitr. 10, 3, 4: per trutinam solvi solitum, Varro LL. 5, 183: ea (aedes Saturni) etiam nunc propter pensuram trutinam habet positam, *ibid.*: trutinā fugēre Galli relictā, Sulpic. sat. 42. – im Bild, ad ea probanda, quae non aurificis staterā, sed quādam populari trutinā examinantur, Cic. de or. 2, 159: Romani pensantur eādem scriptores trutinā, Hor. ep. 2, 1, 30: in trutina ponetur eadem, Hor. sat. 1, 3, 72: aliā parte in trutina suspendit Homerum, Iuven. 6, 437: examenve improbum in illa castiges trutina, Pers. 1, 7.

trutinātor, ōris, *m.* (trutino), der **Abwäger,** bildl. = der **Erwäger, Beurteiler,** Eccl. u. Gloss. V, 582, 16.

trutino, āvī, ātum, āre (trutina), **wägen, abwägen,** bildl. = **erwägen, untersuchen,** Eccl.

trutinor, ārī (trutina), **abwägen,** bildl., verba, Pers. 3, 82. Hieron. epist. 40, 2 u. 125, 16.

trux, trucis, Abl. truce u. (poet.) trucī, **wild, rau, grimmig, drohend, trotzig,** **I** vom Blick: oculi, Cic.: aspectus, Pacuv. tr. fr.: vultus, Hor. u. Tac.: trux facies oculique minaces, Lucan.: fronte trux, Val. Flacc. 4, 232: homo trux vultu, Augustin. in psalm. 96, 6. – **II** übtr.: **1** v. Tönen = **wild, rau** für das Gehör, vox, Tac. u. a.: cantus, Ov.: classicum, Hor.: laeto cantu aut truci sonore, Tac. – **2 rau, stechend, schaurig** für das Gefühl u. zwar: **a** für das äußere: herbae tactu truces, Plin.: venti, Plin.: eurus, Ov.: pelagus, Hor.: truci vetustā religione, Claud. – **b** für das innere = **herb, hart, heftig, furchtbar,** orator, Liv.: sententia, Liv. u. Tac.: eloquentia, Tac.: genus dicendi trux atque violentum, Quint. – **3** v. der Gesinnung od. den Sitten, **ingrimmig, wild, drohend, trotzig,** ingenium, Liv.: tribunus plebis, Cic.: trux Agrippa et ignominiā accensus, Tac.: puer, Mart.: ferae, Tibull.: animus, Ov.: his cogitationibus truces (ingrimmig) aut pavidi (in banger Stimmung) extremā desperatione ad iram saepius quam in formidinem stimulabantur, Tac. – m. esse u. *Dat.* (gegen), supplicibus *facilem,* sontibus esse *trucem,* Ov. ex Pont. 4, 6, 32. – m. folg. *Infin.*, audere trux, tollkühn im Wagen, Sil. 13, 220. – ► *Compar.* trucior, Mart. Cap. 6. § 696. – *Superl.* trucissimus, Aetic. cosmogr. 67 (beide ohne Beleg auch Rhemn. Palaem. 536, 16 K.).

tryblium (trublium), iī, *n.* (τρυβλίον), die **Schale, Schüssel,** der **Napf,** Varro LL. 5, 120.

trychnos, ī, *f.* = strychnos, eine Art **Nachtschatten,** Plin. 21, 177. – u. **trychnum,** ī, *n.*, Plin. 21, 89.

trygētus, ī, *m.* (τρύγητος), die **Weinlese,** Paul. ex Fest. 366, 12.

tryginon, ī, *n.* (τρύγινον, *sc.* χρῶμα), eine aus Weinhefe u. Weintrauben bereitete **Schwärze,** Plin. 35, 42.

trȳgōn, onis, *m.* (τρυγών), der **Stachelroche** (*Raia pastinaca,* L.), Plin. 9, 155. Auson. epist. 4, 60. Marc. Emp. 15. – Latinis. Nbf. trugonus, Plaut. capt. 851.

trȳgona, ae, *f.*, ein sonst unbekannter Vogel, Plin. 10, 38.

tryx, trygos, Akk. tryga, *f.* (τρύξ), junger, ungegorener Wein mit der Hefe, Most, Paul. ex Fest. 366, 12.

tū, *Pron. pers. (Genet.* tui: *Dat.* tibi: *Acc.* te: *Abl.* te [altind. *trám,* griech. σύ, dor. τό, homerisch τύνη]; *Plur. Nom.* vos, *Genet.* vestrûm od. vostrûm [eig. synkop. aus vestrorum u. vestrarum, die vorklassisch auch noch st. vestrum vorkommen, s. Wagner Ter. heaut. 386], u. vestri od. vostri [eig. *Genet. neutr.* v. vester = eures Wesens, gegen euer Wesen], *Dat.* vobis, *Acc.* vos, *Abl.* vobis), **du,** **1** im Allg.: ego tu sum, tu es ego, Plaut.: tu mihi etiam legis Porciae, tu C. Gracchi, tu horum libertatis mentionem facis, Cic.: neque mei neque tui intus puditum est, Plaut.: tibi aras, tibi occas, tibi metis, Plaut.: quot pondo te censes esse nudum? Plaut.: istanc tecum conspicio simul, Plaut.: vos iuvenes animos geritis muliebres, Enn. fr.: si quis quid vostrum Epidamni curari sibi velit, Plaut.: vestri adhortandi causā, Liv. – verstärkt: **a** durch te, wie tute, Komik. u. Cic.: tete (Akk. u. Abl.), Ter., Catull. u. Cic.: tutin? = tutene? Plaut. mil. 290 u. most. 369. – **b** in den *cas. obliqu.* durch met, wie tibimet, Plaut. u. Sen. poët.: vosmet, Plaut. u. Liv.: tutemet (tutimet), Ter. u. Lucr. Vgl. Jordan Cic. Caecin. 56. p. 234 *sq.* Wagner Ter. heaut. 374. – **II** insbes.: **A** der *Dat. ethic.*: alter tibi descendit de palatio et aedibus suis, Cic.: ecce tibi exortus est Isocrates, Cic.: haec vobis ipsorum per biduum militia fuit, Liv. – **B** vos bei einem Kollektivnamen im Sing.: vos, Romanus exercitus, Liv.: vos, Gaetulia sueta, Sil.: vos, o Calliope (= Musen), precor, aspirate canenti, Verg. – ► Archaist. Genet. Sing. tis, Plaut. mil. 1033; Pseud. 6; trin. 343. Vgl. Serv. Verg. Aen. 2, 595. – Griech. Genet. tu (τοῦ), Cass. Fel. 42. p. 96, 16 R. (dia tu absinthiu). – archaist. Akk. ted, Plaut. asin. 163. 299. 772; Curc. 1 u. a.

tuātim, *Adv.* (tuus), **nach deiner Weise,** Plaut. Amph. 554. Vgl. Charis. 221, 6. Donat. 385, 15 K. Cledon. 62, 23 K. Prob. inst. § 720. p. 152, 35 K. Asper 552, 15 K.

tuba, ae, *f.* (verwandt mit tubus), **I** die **Röhre** im Druckwerk, die **Steigeröhre, Gussröhre,** fistula, quae tuba dicitur, Vitr. 10, 7, 2. – **II** ein gerades, in eine trichterförmige Öffnung auslaufendes Blasinstrument von tiefem, schmetterndem Ton, die **Trompete, Tuba,** u. zwar zunächst die Kriegstrompete der Römer, mit der das Zeichen zum Angriff, zum Marsch, zum Aufziehen auf die Wache und zur Ablösung, zur Arbeit und zur Ruhe, sowie auch zur Versammlung gegeben wurde, **A** eig. u. bildl.: **1** eig.: tubae sonus, Caes., tubarum sonus, Cic., tubarum cantus, Liv.: clangor tubae, Verg.: tubae raucitas, Plin.: non tuba directi, non aeris cornua flexi, Ov.: tuba a Graeco inscienter inflata, Liv.: concinunt tubae, Liv.: cornua ac tubae concinuere, Tac.: tubae cornuaque concinuerunt, Liv.: occanere cornua tubasque iussit, Tac.: canere inde tubae simul ab arce, simul a portu et ab navibus, Liv.: tubā signum dandum, Caes.: e muro ex composito tubā datum signum erat, Liv.: non exaudito tubae sono, Caes.: simulac tubarum est auditus cantus, Liv. – außerhalb des Militärwesens gebraucht bei religiösen Feierlichkeiten, Spielen, Leichenbegängnissen u. dgl., Hor., Verg., Ov. u. a. – **2** bildl. = Anstifter, belli civilis tubam quam illi appellant, die T. zum B., Cic. ep. 6, 12, 3: haec (est) tuba rixae, die T. zum Streit, Iuven. 15, 52. – **B** meton.: **1** das **Kriegszeichen,** der **Krieg,** navalis, Mart. spect. 28, 2: civilis, Claud. rapt. Pros. 1, 65: ante tubam (Kriegsanfang), Claud. laud. Stil. 1, 192. – **2** das **Getön, a** nimborum, Claud. gigant. 60. – dah. auch **b erhabene, epische Poesie,** Mart. 8, 3, 22 u. a. Claud. in Prob. et Olybr. cons. 198. – **c** die **volltönende, erhabene Rede,** Sidon. epist. 4, 3, 10. Prud. c. Symm. 2, 68.

Tubantēs, um, *m.*, eine germanische Völkerschaft, zur Zeit des Germanikus am südl. Ufer der Lippe zwischen Paderborn, Hamm u. dem Arnsberger Wald, Tac. ann. 1, 51; 13, 55: zuletzt Mitglied des großen Frankenbundes, Nazar. pan. 18, 1.

tubārius, iī, *m.* (tuba), der **Tubaverfertiger,** Tarrunt. Pat. dig. 50, 6, 6. Not. Tir. 107, 20.

1. tūber, eris, *n.* (tumeo), jeder (natürliche od. krankhafte) Auswuchs am Körper, **Höcker, Buckel, Beule, Geschwulst, I** eig. u. bildl.: **a** eig.: cameli, Plin.: boum, Plin.: v. Geschwülsten, Beulen, Plin.: tuber est totum caput, ist voller Beulen, Ter.: exsecto sub aure tubere, Capit. – Sprichw., s. 2. uber. – **b** bildl., tubera, **Beulen** = große Fehler (Ggstz. verrucae, Bläschen = kleine Fehler), Hor. sat. 1, 3, 73. – **II** übtr.: **1** der **Knorren** am Holz, Plin. 16, 68 u. a. – **2** der **Wurzelknollen,** tubera radicis rotunda, runde knollige Wurzel, Plin. 25, 95. – **3** eine Art **Erdschwämme, Morchel,** u. viell. bes. **Trüffel,** Plin., Mart. u. a. – **4** tuber terrae, **a** = cyclaminos (s. d.), Plin. 25, 115. – **b** = **Maulwurfshaufen, -hügel,** als Schimpfwort, Petron. 58, 4.

2. tuber, eris, *c.*, **a** *masc.*, eine Art Äpfel od. Baumfrüchte, viell. **Nusspfirsiche,** Suet. u. a. – **b** *fem.*, der Baum dieser Früchte, Colum. u. a. – Nbf. tubur, Plin. 15, 47 u. 17, 75.

tūberāsco, ere, **aufschwellen,** Itin. Alex. 6 (14).

tūberātus, a, um (1. tuber), **mit Buckeln versehen,** ocreae, Fest. 181 (a), 24.

tubercinor, ārī, s. tuburcinor.

tūberculum, ī, *n. (Demin.* v. tūber), der **kleine Höcker,** die **kleine Geschwulst, -Beule,** Colum., Cels. u. Plin.: tubercula, quae tunicā suā includuntur, Balggeschwülste, Cels.

1. tūbero, āre (tūber), **schwellen, pauschen,** sinus tuberans, Apul. met. 2, 16.

2. Tūbero, ōnis, *m.* (v. tuber, wie Cicero v. cicer; eig. der Höckerige), Name eines Zweiges der gens. Aelia. Bes. bekannt sind **a** Q. Aelius Tubero, Enkel des L. Ämilius Paulus, Stoiker, Gegner des Tib. Gracchus (vgl. Seyff. Cic. Lael. 37), Cic. de or. 3, 87; Brut. 117; Mur. 75; de off. 3, 63; de amic. 37 u. 101. Val. Max. 7, 5, 1: Plur. Tuberones, Männer wie Tubero, Tac. ann. 16, 22. – **b** L. Tubero, Legat des Q. Cicero in Asien, Geschichtsschreiber, Caes. b. 1, 31. Cic. ad Q. fr. 1, 1, 3. § 10. Gell. 7 (6), 3, 1 u. 4, 2. – **c** Q. Aelius Tubero, Sohn des L. Tubero, Ankläger des Ligarius, Cic. Lig. 1 *sqq.;* Geschichtsschreiber, Liv. 4, 23, 2 *sq.* Quint. 5, 13, 31; 11, 1, 80. Suet. Caes. 83, 1.

tūberōsus, a, um (tūber), **voller Buckel, Erhöhungen,** campus, Varro r. r. 1, 49, 2: tuberosissima frons, Petron. 15, 4.

tubicen, inis, *m.* (tuba u. cano), der **Tubabläser, Trompeter,** im Krieg, Cic., Liv. u. a.: bei Opfern, sacrorum, Varro LL.: bei Leichenbegängnissen, Petron. u. Atei. Capito b. Gell.

tubicinātor, ōris, *m.* (tubicino), der **Tubabläser,** Gloss. II, 429, 43 ›tubicinator, σαλπικτής‹.

tubicino, āre (tubicen), **in die Trompete stoßen, trompeten,** Itala Matth. 6, 2; vgl. Gloss. II, 429, 40 ›tubicino, σαλπίζω‹.

tubilūstrium (nach Otfr. Müller richtiger tubulustrium), iī, *n.* (tuba u. lustro), das für die Reinigung der Opfertubā am 23. März u. am 23. Mai angeordnete Fest, etwa das **Tuba-, Trompetenfest,** Varro LL. 6, 14. CIL 1². p. 313 (Mart. 23). – dass. im Plur., Ov. fast. 5, 725 (vgl. Fest. 352 [a], 21).

tubo, āre (tuba) = tubicino (s. d.), Itala num. 10, 35 *sqq.*

tubracum, ī, *n.* u. **-us,** ī, *m.*, eine Art **Hosen,** Isid. orig. 19, 22, 30.

tubula, ae, *f. (Demin.* v. tuba), die **kleine Tuba (Trompete),** Sen. ep. 56, 4.

tubulātio, ōnis, *f.* (*tubulo, āre), die **röhrenförmige Höhlung,** ligulae, Apul. flor. 9. p. 11, 12 Kr.

tubulātus, a, um (tubulus), **mit Röhren versehen, hohl** wie eine Röhre, transitus, Plin. ep. 2, 17, 9: cuniculi latus introrsus tubulatum, Plin. 9, 130.

tubulus, ī, *m. (Demin.* v. tubus), **I** die **kleine Röhre,** wodurch Wasser, Rauch usw. geht, Varro, Vitr. u. a. – **II** eine Masse Metall, der **Barren,** Plin. 33, 106.

tubulūstrium, s. tubilūstrium.

Tubunae, ārum, *f.*, Stadt in Mauretania Caesariensis, Augustin. adv. Donat. 6, 12.

tubur, s. 2. tuber.

tuburcinābundus (tuburchinābundus), a, um (tuburcinor), **gierig verschlingend,** Cato inc. libr. fr. 49 (b. Quint. 1, 6, 42).

tuburcinor, ātus sum, ārī = λαφύσσω (vgl. Non. 179, 21), **gierig (hastig) verschlingen, auffressen,** Turpil. com. 2. Titin. com. 82. Plaut. Pers. 122. – *Partic. Perf.* passiv, prandio raptim tuburcinato (Hildebr. tubercinato), Apul. met. 6, 25.

tubus, ī, *m.*, **I** die **Röhre, 1** die **Wasserröhre** (als Rohr oder hohler, zylinderförmiger Körper, gew. aus Blei; verschieden von canalis u. fistula), Vitr., Colum. u. a.: ius aquarum tubo deducendarum, CIL 12, 2493. – übtr., modo qui per omnes viscerum tubos ibat, Mart. 11, 61, 6. – **2** in der Priestersprache = tuba, Varro LL. 5, 117. – **II** übtr., das **weibliche Glied,** die **Scheide,** Mart. 11, 61, 6.

tūccētum (nicht tūcētum), ī, *n.*, eine im zisalp. Gallien übliche Art **Rollfleisch,** Pers. 2, 42. Apul. met. 2, 7 u. a. Arnob. 2, 42. Über die Schreibung tuccetum vgl. Hildebr. Apul. met. 2, 7. p. 90.

Tuder, *n.*, eine Stadt in Umbrien, jetzt *Todi,* Plin. 3, 113. Sil. 6, 645. – Dav.: **A Tudernis,** e, **tudernisch,** Plin. – **B Tuders,** ertis, **tudertisch,** subst., ein **Tuderter,** Sil.: Plur., Tudertēs, um, *m.*, die Einwohner von Tuder, die **Tuderter,** Plin.

tudēs, itis, *f.* (v. tudo = tundo), der **Schlegel,** der **Hammer,** Fest. 352 (a), 30. Paul. ex Fest. 353, 5.

tudicula, ae, *f. (Demin.* von tudes), die **Stampf-** od. **Stoßmaschine,** Oliven zu zerstampfen, Colum. 12, 52, 7.

tudiculo, āvī, āre (tudicula), **stampfen,** Varro sat. Men. 287.

tudito, āre (*Intens.* v. tudo = tundo), **stark stoßen, -fortstoßen, I** eig., Lucr. 2, 1142 u. 3, 394. – **II** bildl., etwas **stark in Bewegung setzen, -betreiben,** Enn. ann. 135*.

tueo, ēre = tueor (s. d.), censores vectigalia, tuento, Cic. de legg. 3, 7: mea ossa tueatis, CIL 6, 12802. – Passiv, tuebitur, Papin. dig. 28, 3, 17: tueri, Vitr. 8. praef. § 2. Spart. Hadr. 5, 3. Iulian. dig. 27, 10, 7 *pr.*

tueor, tuitus, selten tūtus sum, tuērī, **ins Auge fassen, schauen, anschauen, ansehen, betrachten, I** eig.: **1** übh.: naturam, Cic.: caelum, Lucr. – poet. mit *neutr. Plur.* des *Adi.* statt des *Adv.*, transversa (seitwärts), Verg.: acerba, wild blicken, Verg. – mit folg. *Acc.* u. *Infin.*, hāc nocte in somnis visus sum tuerier procul sedere longe a me Aesculapium, Plaut. Curc. 260 G.: quae fieri in terris caeloque tuentur mortales, Lucr. 6, 50; u. so 1, 152 u. a. – **2** insbes., **betrachten** = **untersuchen,** vulnera, Gratt. cyn. 345. – **II** übtr.: **A** im Allg., **ansehen, betrachten,** quod ego perinde tuebar, ac si usus essem, Cic. ad Att. 13, 49, 1. – **B** prägn., mit dem Nbbegr. der sorgfältigen Aufsicht u. Obhut: **1** auf etwas sehen = **für** etwas **sorgen, Sorge tragen, sich** einer Person od. Sache **annehmen,** sie **unter Aufsicht** od. **Obhut halten, bewahren, aufrechterhalten, sich** jmds. od. einer Sache **annehmen,** sie **in Schutz nehmen,** etwas **behaupten,** valetudinem, Nep.: munus suum, Planc. in Cic. ep.: beneficium, dankbar im Herzen bewahren, Cic.: mores et instituta vitae melius et lautius, besser u. mit mehr Anstand wahren, Cic.: concordiam congregatam, Cic.:

dignitatem suam, Cic.: paternam gloriam, Nep.: personam principis civis facile dicendo, Cic.: ut nos liberosque tueare, Cic.: Caecilium tueor, Cic. – **2** insbes.: **a** verteidigend **behaupten, bewahren = schützen, verteidigen, decken, α** mit Waffen, bes. als milit. *t. t.*: castra, impedimenta, Caes.: suos fines, Caes.: fines, Liv.: oram maritimam, Caes.: Syriam, Tac.: oppidum unius legionis praesidio, Caes.: illum defendere, tueri praecipuum sacramentum est, Tac.: alci media acies od. media pugna tuenda traditur, jmdm. (einem Befehlshaber) wird der Auftrag, mit dem Mitteltreffen standzuhalten, Liv. (s. Fabri Liv. 22, 45, 8). – m. *ab* u. Abl., domum a furibus, Phaedr.: fines suos ab incursionibus et latrociniis, Cic.: mare ab hostibus, Auct. b. Afr.: salutem suam ab alqo, Curt. – m. *contra* od. *adversus* u. Akk., liberorum nostrorum pueritiam contra improbitatem magistratuum, Cic. prov. cons. 11 (vgl. Cic. II. Verr.. 1, 153): contra piratas Siciliam, Quint. 5, 13, 35: quando quidem nostra tueri adversus vim atque iniuriam iustā vi non vultis, vestra certe defendetis, Liv. 7, 31, 3: ut vel sine praesidio tueri se adversus Romanos possent, Liv. 25, 11, 7. – m. *ad* u. Akk., turrim militibus complevit tuendamque ad omnes repentinos casus tradidit, Caes. b. 3, 39, 2. – **β** m. Worten usw., armis prudentiae causas tueri et defendere, Cic.: alqm tueri et defendere, Tac.: diligentissime tueri ac defendere, Cic.: adulescentis miserrimi causam, Ps. Quint. decl.: reos, Ov. – **γ** von lebl. Subjj., herba tuetur ab inflammationibus plagas, Plin.: lex tuetur alqm, ICt. – **b** als *t. t.* der Geschäftssprache = ein Gebäude usw. **im guten-, im baulichen Stand erhalten,** aedem Castoris, Cic.: sarta tecta aedium tueri, Cic.: absol., idem tam parcus in aedificando, quam diligens in tuendo, Plin. pan. – **c erhalten, unterhalten, ernähren,** se, vitam corpusque, Cic.: se ac suos, Liv.: sex legiones (re suā), Cic.: magnum comitatum non nisi vi belloque, Tac.: canem, Colum. – ► Perf. tuitus sum, Plin. ep. 6, 29, 10. Ps. Quint. decl. 1, 13. Paul. dig. 50, 5, 12. Vulg. 2. regg. 23, 12. Cypr. epist. 3, 2: Partiz. tuitus, Quint. 5, 13, 35. – Perf. tutus sum, Frontin. 2, 12, 3. Apul. apol. 103. Dosith. 61, 15 K. – Parag. Infin. tuerier, Plaut. Curc. 260 G. – *PAdi.* tutus, s. bes. – Nbf. nach der 3. Konjug., **tuor**, Catull. 20, 5 (Priap. 85, 5). Stat. Theb. 3, 152: tuĕris, Plaut. trin. 708 R².: tuitur, Gloss. II, 202, 62. Not. Tir. 25, 83: tuimur, Lucr. 1, 300; 4, 447 (449); 6, 930 (934): tuamur, Lucr. 4, 359 (361): tuantur, Lucr. 4, 997 (1004): tuĕre, Lucr. 5, 318. – Akt. Nbf. **tueo** u. Passiv tueor, s. oben tueo bes.

tūfa, ae, *f.*, eine Art **Helmbüschel,** Veget. mil. 3, 5. p. 74, 5 L².; vgl. Lyd. de magistr. 1, 8 (dav. das franz. *toupet).*

tūfineus, s. tōfineus.

tuguriolum, ī, *n. (Demin.* v. tugurium), das **Hüttchen,** Apul. met. 4, 12 u. Hieron. epist. 106, 51. – ► Nbf. teguriolum, Veget. mil. 4, 26. p. 146, 20 L².

tugurium, iī, *n.* (st. tegurium, v. tego), die **Hütte,** der **Schuppen,** dessen Dach von Stroh, Rasen od. Rohr bis auf die Erde reichte, wie sie die Bauern, bes. die Schäfer und Hirten auf dem Feld hatten (nach Voß Verg. ecl. 1, 68), tug. parvum, Liv.: agreste, Val. Max.: rusticanum, Hieron.: pauper, Priap.: tug. canis, Phaedr.: in casis et tuguriis habitare, Varro: tugurio se occultare, Sall., se abdere, Aur. Vict.: togam propere e tugurio proferre uxorem Raciliam iubet, Liv.: tugurium ut iam videatur esse illa villa, Cic. – ► tegurium geschr., CIL 5, 5005. Schol. Bern. Verg. georg. 3, 231.

tuguriunculum, ī, *n. (Demin.* v. tugurium), das **Hüttchen,** Hieron. in vita Hilar. 9. p. 33 *Migne.*

Tuisto, ōnis, *m.*, der als Gottheit verehrte Stammvater der Germanen, Tac. Germ. 2.

tuitio, ōnis, *f.* (tueor), das **Bewahren, Erhalten,** die **Beschützung, Inschutznahme,** m. subj. *Genet.*, praetoris, Ulp. dig. 7, 4, 1 *pr.* u. 37, 11, 2. § 1: parentum, Salv. de gub. dei 5, 8, 39. – m. obj. *Genet.*, sui, Cic. top. 90: aedium (des Hauses), Hieron. in Isai. lib. 16. c. 57. *v.* 7: Romani imperii, Oros. 1, 16, 3: regni, Firm. math. 8, 20 *extr.*: pudoris, Macr. sat. 2, 2, 12. – militaris, Cod. Iust. 1, 46, 1. – u. die **Instandhaltung** einer Sache, statuae, CIL 5, 2862 u. 12, 4354.

tuitor, ōris, *m.* (tueor), der **Beschützer,** tutores quasi tuitores, Paul. dig. 26, 1, 1. § 1: ›aedituus‹ aedis sacrae tuitor, Paul. ex Fest. 13, 6.

Tullia, Tulliānus, -nē, s. 1. Tullius.

Tulliola, ae, *f. (Demin.* v. Tullia), die **kleine Tullia,** liebkosende Benennung der Tullia, Ciceros Tochter, Cic. ad Att. 1, 3, 3 u. a.

1. **Tullius,** a, um, ein röm. Familienname. Bekannt sind: der sechste röm. König Serv. Tullius; M. Tullius Cicero, der bekannte Staatsmann u. Redner in Rom (vgl. Cicero), sowie auch seine Tochter Tullia u. sein Bruder Q. Tullius Cicero: dah. vorzugsw. von M. Tullius Cicero, cincinat ore Tullius, Auson. epist. 16, 15: Demosthenis et Tullii Philippicae, Hieron. epist. 57, 13: legere Tullium, Hieron. epist. 22, 30: Demosthenes legendus aut Tullius est, Hieron. epist. 29, 1. – Dav. **Tullianus,** a, um, **tullianisch, des Tullius** (bes. des M. Tullius Cicero), caput, Cic.: semis, die sechs Prozent des (unbekannten) Tullius, Cic.: epistulae, Fronto: puritas, Hieron.: exempla, Prob.: Scipio, bei Cicero redend eingeführt, Macr.: alqm in epistula sua maxime exhibere Tullianum (als einen Ciceronianer), Fronto. – subst., **a** Tulliāna, ae, *f. (sc.* oratio), die Rede Ciceros für M. Tullius, Grill. comment. in Cic. de inv. 604, 27 *Halm.* – **b** Tulliānum, ī, *n.*, ein unterirdischer Teil des röm. Staatsgefängnisses, nach seinem Erbauer, dem König Servius Tullius, benannt, das **Tullianum** (vgl. Varro LL. 5, 151. Fest. 356 [b], 16), Sall. Cat. 55, 3. Liv. 29, 22, 10: dafür inferior carcer, Liv. 34, 44, 8. – *Adv.* **Tulliānē, tullianisch, nach Art des Tullius,** Augustin. adv. Pelagon. 2, 10, 37. Prisc. inst. 15, 37 u. de accent. § 47. p. 528, 25 K.; vgl. Serg. expl. in Donat. 512, 26 K. ›cum dicimus *Tulliane,* non possumus dicere *Tullianius,* quia non dico *Tullianior*‹.

2. **tullius,** iī, *m.*, die bogenförmig hervorspritzende Flüssigkeit, etwa **Fontäne,** Tiburtes tullii, Plin. 17, 120 D. (Jahn): misso sangue tepido tullii efflantes volant, Enn. fr. scen. 20. Vgl. Fest. 352 (a), 33. Paul. ex Fest. 353, 6. Isid. de nat. rer. 44, 3.

tulo, tulī u. tetulī, ere, **tragen, bringen, I** eig.: concitum tetuli gradum, Tragic. inc. fab. inc. 25: pedem ex taberna tulimus, Laber. com. 59: si id scissem, numquam huc tetulissem pedem, Ter. Andr. 808: in hasce aedes nemo pedem tetulit, semel ut emigravimus, Plaut. most. 471: quae tuleram mecum milia decem victoriata, Pompon. com. 115: sibi tetulit coronam, Com. inc. fab. inc. 32: osculum tetuli tibi, Plaut. Amph. 716 G. u. L. – **II** bildl.: **1 bringen,** tulat opem, Acc. tr. 102: auxilium tetulisti mihi, Acc. tr. 116. – **2 tragen = ertragen,** quas aerumnas tetulisti, Enn. ann. 55: aerumnam pariter tetulisti meam, Caecil. com. 75.

tum, *Adv.* (eig. *Acc.-Sing.-Neutr.* zum Pronominalstamm **to-*; vgl. iste), zur Angabe eines Zeitpunktes, der **I** mit einem anderen Zeitpunkt zusammenfällt, **1** im Allg., **dann, alsdann, ferner,** cum ... tum, Cic.: tum ... cum, Quint.: ubi ... tum, Ter.: postquam ... tum, Sall.: reductis in curiam legatis, tum etc., Liv.: si ... tum, Ter. u. Cic. – verstärkt, tum demum, dann erst, Plaut., Liv. u. a.: tum denique, dann endlich, Plaut. u. Cic.: tum maxime, Quint.: tum vero, Cic. – u. absol., ohne entsprechende Konjunktionen, Cic., Verg. u. a. – **2** insbes., von einem bestimmten Zeitpunkt in der Vergangenheit, **damals,** tum ... cum, Cic.: u. ohne entsprechendes cum, oft bei Cic. u. a.: pleonast. tum temporis, Iustin. 1, 4, 4; 31, 2, 6. – **II** einem Zeitpunkt folgt, **alsdann, dann, hierauf, 1** eig.: in ripa ambulantes, tum autem residentes, Cic.: bei Angabe einer folgenden Rede, tum Scipio, tum ille u. dgl., Cic.: quid tum? Ter. u. Cic. – verstärkt deinde tum, Varro u. Quint.: tum postea, Ter. – **2** übtr.: **a** auf Zahl u. Reihenfolge, **dann, ferner** u. dgl., gigni autem terram, aquam, ignem, tum ex his omnia, Cic.: primum ... tum, Caes.: primum ... deinde ... tum ... post od. postremo, Cic.: primum ... deinde ... tum ... tum ... tum ... tum, Cic. – **b** als korrelative Konjunktion wiederholt: **α** tum ... tum, **einmal ... dann; bald ... bald,** Cic. u. a.: öfter wiederholt bei Cic. u. a. – **c** cum ... tum, **wenn schon ... dann gewiss (dann erst recht); sowohl ... als insbesondere; nicht bloß ... sondern sogar,** Cic., Caes. u. a.; s. Stürenburg Cic. Arch. 10, 30. p. 164 *sqq.* eine Menge Belege für tum ... tum u. cum ... tum.

tumba, ae, *f.* (v. τύμβος), das **Grab,** Prud. perist. 11, 9. Greg. homil. in evang. 2, 27, 9 u. 28, 3. Gloss. in Sidon. p. 27, 28.

tumefacio, fēcī, factum, ere, Passiv **tumefīo,** factus sum, fierī (tumeo u. facio), machen, dass etwas schwillt, **schwellen machen, I** eig.: humum, Ov. met. 15, 303: tumefactus pontus, angeschwollenes, Ov. met. 11, 518. – **II** übtr., **blähen, aufblähen,** tumefactus laetitiā inani, Prop. 3, 6, 6: ut nostris tumefacta superbia libris, Prop. 4, 1, 63: nimium vano tumefactus nomine gaudes, Mart. 4, 11, 1.

tumentia, ae, *f.* (tumeo), die **Geschwulst,** capitis, Cael. Aur. de morb. acut. 1, 10,74: absol., Cael. Aur. de morb. acut. 3, 8, 92.

tumeo, ēre (vgl. tūber, tōmentum, tōtus, griech. τύλη), Schwiele, Wulst), **geschwollen-, aufgeschwollen sein, strotzen, I** eig.: quid hoc in collo tibi tumet? Plaut.: corpus tumet veneno, Ov.: tument lumina fletu, Tibull.: tument pedes, Verg. – anni (virginis) tumentes, reife, Stat.: vere tument terrae, schwillt die Erde (infolge der Feuchtigkeit), Verg.: tumet Achelous imbre, Ov.: tument vela sinu, Mart. (u. so vela tumentia et flatu plena, Frontin.): tumet unda a vento, Ov.: tument sacci multo hordeo, Phaedr. – **II** übtr.: **1** vor Leidenschaft, u. zwar **a** vor Zorn u. dgl., **aufbrausen, wallen, glühen, aufgebracht sein,** sapientis animus numquam tumet, Cic.: irā, Liv.: rabie, Vitr.: alci (gegen jmd.), Stat.: aspernantem tumentemque (aufbrausenden, ungebärdigen) lacrimis fatigant, Tac. hist. 3, 31. – poet., vor Zorn **mit** etw. **schwanger gehen, umgehen,** nescio quid animus ... tumet, Sen. Thyest. 267 *sq.* – **b** vor Wollust **strotzen, glühen,** tum tumet, Tibull. – **c** vor Stolz, Ehrgeiz **sich aufblähen, ausgeblasen sein,** inani superbiā, Phaedr.: gloriā, Plin.: nominibus, Ov.: alto stemmate, Iuven.: laudis amore, Hor.: longā serie Caesarum tumens, aufgeblasen, dünkelvoll, Tac. hist. 1, 16. – **d** vor Sucht zu Neuerungen usw. **gären, in Gärung sein,** tument negotia, Cic.: Galliae tument, Tac.: tument animi plebis, Plin. pan.: tument bella, Ov. – **2** v. Redner u. v. der Rede = **schwülstig sein,** Tac. dial., Quint. u. Mart.

tumēsco, tumuī, ere (*Inchoat.* v. tumeo), **schwellen, aufschwellen, I** eig.: tumescunt colla, Ov.: tumescentia vulnera, die forteiternden, Tac.: tumescit mare, Cic. poët. u. Verg.: numquam more aliarum tumescentem uterum abscondisti quasi indecens onus, Sen. – **II** übtr., in leidenschaftlicher Erregung **aufschwellen, a** vor Zorn **aufwallen, aufbrausen,** ora tumescunt, Ov.: rabie succensa tumescit, Claud. – **b** vor Eitelkeit oder Stolz, **sich aufblähen,** mens tumescit inani persuasione, Quint.: tumescunt serviles animi, Claud. – **c** poet., v. Krieg = **sich gärend erheben,** operta tumescunt bella, Verg.: mors Drusi iam pridem tumescens bellum excitavit Italicum, Vell.

tūmicia, ae, *f.* (= tomicula, *Demin.* v. tomix), das **Band,** der **dünne Strick,** Apul. met. 8, 25.

tumidē, *Adv.* (tumidus), **a schwellend, hochauf,** tumide spumantibus undis, Orest. trag. 363. – **b** übtr., **aufgeblasen,** tumidissime dixit, Sen. contr. 9, 2 (25), 27.

tumiditās, ātis, *f.* (tumidus), die **Geschwulst,** Firm. math. 8, 29. Hieron. epist. 53, 11.

tumidōsus, a, um (tumidus), **geschwollen,** übtr. = **sich erhebend,** colles, Amm. 21, 10, 3 W. (Eyss. u. Gardth. mit den Hdschrn. tumulosi).

tumidulus, a, um (*Demin.* v. tumidus), **ein wenig geschwollen,** Apul. poët. apol. 6.

tumidus, a, um (tumeo), **I aufgeschwollen, schwellend, aufschwellend, strotzend, sich emporhebend, A** eig.: membrum, Cic.: venter, Ov.: ocelli, Ov.: tumidiores oculi, Cels.: papillae, schwellende, Ov.; vgl. virginitas, mit schwellenden Brüsten, Stat.: anguis, Ov.: mare, Verg. u. Tac.: vela, Hor.: uva, Ov.: mons, Ov.: Germaniae terrae, schwellend (infolge der Feuchtigkeit), feuchte, Tac.: so auch tumidior humus, Colum. – **B** übtr.: **1** leidenschaftlich schwellend, **a** vor Zorn = **aufwallend, aufbrausend, aufgebracht,** tumida ex ira corda residunt, Verg.: tumido ore, Hor. – **b** vor Stolz, Ehrgeiz = **aufgebläht, aufgeblasen, α** v. Pers., tumidus ac vanus, Tac.: Alexander, tumidissimum animal, Sen.: m. *Abl.*, tumidus successu, Ov., successibus, Frontin.: fiduciā virium tumidus, Sen.: m. *Genet.*, tumidus superbiae (vor H.), Claud. Mam. de stat. anim. 2, 9, 1: Plur. subst., protervi, tumidi, Vulg. 2. Timoth. 3, 4. – **β** v. Lebl.: tumidi spiritus, Tac.: animus, Aur. Vict.: tumidior honos, Aur. Vict.: cum tumidum est (cor), vor Ehrgeiz schwillt, Hor.: in ipso nihil tumidum, nihil arrogans fuit, Tac. – **c** vor Sucht zu Aufruhr = **gärend, aufrührerisch,** ingenium, Iustin.: tumidi minantur, in Gärung, in Aufruhr, Stat.: Eridani tumidissimus accola, Celtae, Sil. – **2** v. der Rede = **schwülstig, hochtrabend,** adiectio, Sen. rhet.: sermones, Hor.: sermo tumidior, Liv.: Tullius tumidior, Quint. – **II** aktiv = **aufschwellend,** auster, Verg.: euri, Ov. – bildl., honor, stolz machend, eitel, Prop. 2, 24, 31.

tumor, ōris, *m.* (tumeo), das **An-** oder **Aufgeschwollensein, An-** od. **Aufschwellen,** die **Geschwulst, Erhöhung, I** eig.: oculorum, Cic.: pedum, Firm.: uteri, der dicke Bauch (der Schwangeren), Hieron.: tumore praeditus, geschwollen, Rhet. Her.: turpia cum faceret ora tumor, das Aufblasen der Backen beim Blasen auf der Flöte, Prop.: tumor loco permansit, Erhöhung, Hügel, Ov. – Plur., tumores ardentes, Plin.: crebri et subiti tumores, Suet. – **II** übtr.: **1** die leidenschaftliche **Aufwallung,** animi, Cic.: erat animus in tumore, Cic.: Plur., recentes quasi tumores animi, Cic. – Insbes.: **a** das **Aufbrausen,** der aufbrausende Zorn, der **Unwille,** animi, Lact.: publicus, Sen.: tumor et ira deûm, Verg. – **b** die **Aufgeblasenheit,** der **Stolz,** tumor et vana de se persuasio, Quint.: hinc illi aucta insolentia mirusque animo increvit tumor, Iustin.: intempestivos compesce tumores, Ov. – **c** v. der Wollust, die **Wallung, Glut,** et inquietus inguina arrigat tumor, Priap. 83, 42. – **d** die **Gärung** der Dinge, der **nahe Ausbruch,** hic rerum tumor, Cic. ad Att. 14, 5, 2: praesens tumor et civilia nuper classica, Claud. in Rufin. 2, 117. – **2** von der Rede = das **Schwülstige,** der **Schwulst,** Quint. u. a.: verborum, Sen.: tragicus tumor (Pathos), Amm.

tumulo, āvī, ātum, āre (tumulus), **mit einem Grabhügel bedecken, begraben, bestatten,** quam tumulavit alumnus, von der Kajeta, Ov.: neque iniectā tumulabor mortua terrā, Catull.: tumulatus parvā arenā (unter einem niedrigen Sandhügel), Ov.: neu sim tumulandus ab illa, Ov.: abj., mortuos ad tumulandum deportare, Gloss. in Sidon. 37, 5: subst., tumulātus, ī, *m.*, der Bestattete, Ov. met. 15, 57.

tumulōsus, a, um (tumulus), **voller Hügel, hügelig,** locus, Sall. Iug. 91, 3: loci, Amm. 31, 7, 10: colles, Amm. 21, 10, 3 G.: campus, Prud. dittoch. 154: anfractus (Plur.), Ven. Fort. vit. S. Marcell. 10.

tumultuāriē, *Adv.* (tumultuarius), **in größter Eilfertigkeit,** Aur. Vict. de Caes. 40, 17. Amm. 24, 2, 18. Spart. Carac. 6, 4.

tumultuāriō, *Adv.* = tumultuarie (s. d.), Iul. Val. 1, 51 (46): u. = subito, Gloss. IV, 187, 50.

tumultuārius, a, um (tumultus), **I in der größten Eile (Hast) zusammengebracht, zusammengerafft,** milites, Auct. b. Alex.: miles (kollektiv), Liv. u. Sen.: exercitus, Liv.: provincialium manus, Tac.: Etruscorum cohortes, Liv.: catervae, Tac. – **II** übtr., **in der Eile-, im Drang des Augenblickes** od. **der Not-, ohne weitere Vorbereitung gemacht, -gebaut (errichtet), -geschaffen, -vorgenommen** u. dgl., opus, in der Eile aufgeworfene Schanzen, Liv., od. in eiliger Hast geschaffener Bau, Quint.: castra, Notlager, Liv.: pons, Notbrücke, Frontin.: rogus, Suet.: proelium, ohne weitere Vorbereitung (bei sich darbietender Gelegenheit) geliefertes, gelegentliches (Ggstz. rectum ac iustum), Liv.: u. so pugna (Ggstz. iusta), Liv.: dux, im Drang des Augenblicks gewählter, Liv.: principatus, im Drang des A. hervorgerufene, Vell.: repentina et quasi tum. doctrina, eine in Eile u. gleichs. im Sturmesdrang zusammengeraffte, Gell.: tum. et inconditae exercitationes linguae, oberflächliche u. verworrene, Gell.: voces Latinas subsicivo aut tumultuario studio colere, sich mit den lat. Ausdrücken nur zeitweise und oberflächlich (obenhin) beschäftigen, Gell.

tumultuātim, *Adv.* (tumultus), **in der Eile, in Hast,** Sidon. epist. 1, 5, 4; 4, 11, 2 u. 8, 6, 6.

tumultuātio, ōnis, *f.* (tumultuor), **I** der **Lärm,** die **lärmende Unruhe,**

Liv. 38, 2, 8. Val. Max. 7, 4, 4. Hieron. in Mich. 1. ad 2, 11 *sq.* – **II** übtr., **das ungeordnete Schwören der** *milites tumultuarii,* nach Isid. orig. 9, 3, 55.

tumultuātur, ōris, *m.* = ὀχλοκόπος, der **Volksschmeichler,** Gloss. II, 203, 6.

tumultuo, (āvī), ātum, āre (tumultus) = tumultuor, **lärmen,** Plaut. mil. 172; rud. 629 u. 638. Vgl. tumultuor.

tumultuor, ātus sum, ārī (tumultus) = θορυβάζω (Dosith. 61, 7 K.), **lärmen, unruhig-, in Unruhe sein,** Plaut., Cic. u. a.: tumultuari Gallias comperit, in G. seien Unruhen ausgebrochen, Suet. – *Pass. impers.,* in castris Romanorum praeter consuetudinem tumultuari, sei ein ungewöhnlicher Lärm, Caes.: cum Gallia tumultuatum verius quam belligeratum, die Kämpfe mit den Galliern seien mehr stürmische Überfälle als Kriege zu nennen, Liv. – bildl., non tumultuantem de gradu deici, sich nicht in der Bestürzung aus der Fassung bringen lassen, Cic. – v. der Rede u. vom Redner, **lärmen,** oratio carens hāc virtute tumultuetur necesse est, Quint.: nam mihi ne dicere quidem videtur nisi qui disposite, ornate, copiose dicit, sed tumultuari, Quint.

tumultuōsē, *Adv.* (tumultuosus), **lärmend, mit Lärmen, geräuschvoll,** tumultuose et cunctis copiis, Afran. com. fr.: adeo tum. excepta est (res) clamoribus undique, Liv.: veniunt iterum atque tertium tumultuosius, Cato fr.: senatus tumultuose vocatus tumultuosius consulitur, Liv.: ut hominem quam tumultuosissime adoriantur, Cic.

tumultuōsus, a, um (tumultus), **I voll Unruhe, voll Lärm, unruhe-, geräuschvoll, unruhig, lärmhaft,** contio, Cic.: vita, Cic.: mare, Hor.: somnus, Cels.: clamor, Toben u. Brüllen, Curt.: Italiam longe quam speraverat tumultuosiorem reperit, in weit größerer Aufregung, Vell.: quod tumultuosissimum pugnae erat (das ärgste Kampfgetümmel) parumper sustinuit, Liv. – **II in Unruhe, Aufregung, Verwirrung versetzend,** nuntius, Liv. u. Curt.: in otio tumultuosi (unruhig), in bello segnes, Liv.: litterae tumultuosiores, beunruhigenderen Inhaltes, Suet.: primum ictum, qui tumultuosissimus est, facile excipere, Suet.

tumultus, ūs, *m.* (v. tumeo), jeder **Lärm,** die **lärmende Unruhe,** das **Getöse, Getümmel,** der **Aufruhr, Tumult, I** eig.: **1** im Allg.: Cinnanus, Nep.: pugnae, Liv.: tantum tumultum inicere civitati, den St. in so große Unruhe versetzen, Cic.: tumultum praebere, Liv.: tumultum movere, Hor., od. edere, Liv., od. facere, Sall.: conflare gladiatorum ac fugitivorum tumultum, Cic.: omnia tumultu Romae implere, Liv.: ad triarios tumultum miscere, Lärm u. dadurch Unordnung verursachen, Liv.: suis quoque tumultum augere, Liv.: tumultum comprimere, sedare, Liv.: conticiscit tumultus, Liv.: tumultus e castris in urbem penetrat, Liv.: cum omnia terrore ac tumultu streperent, Liv.: pati Numidas sine tumultu (ohne dass sie durch Angriffe gestört wurden) regis proelium visere, Sall.: tumultu verborum (durch lärmenden Wortschwall) sibi ipsi obstrepentes, Tac. – Plur., nata in vanos tumultus gens, Liv.: in repentinos convivia versa tumultus, Ov.: ille caecos instare tumultus saepe monet, Verg. – **2** insbes.: **a** der **Waffenlärm, Kriegslärm,** der **plötzliche Krieg** (s. Heräus Tac. hist. 4, 13, 10), Italicus, Cic.: Gallicus, Cic. u. Liv.: Latinus, Val. Max.: Germanicus, Tac.: tumultum decernere, durch eine Verordnung bekannt machen, dass plötzlich Krieg sei u. folglich jeder zu den Waffen greifen solle, ein Aufgebot in Masse ergehen lassen, Cic.: tumultum bellicum movere, Vell.: tumultum Gallicum opprimere, Liv.: Canninefatem tumultum comprimere, Tac. – **b** in der Luft, das **Getöse, Krachen,** der **Donner, Sturm,** Iuppiter ruens tumultu, Hor.: aetherii tumultus, Donnersturm, Ov. – **c Tosen** des Meeres, der **Sturm,** maris, Sen. poët.: pelagi, Lucan. – **d** der Lärm im Magen, in den Gedärmen, das **Poltern,** Hor. sat. 2, 2, 75. – **e** die **Unruhe,** der **Schrecken,** cui lapis (= *marmor)* curae est urbisque tumultus, der Schrecken, es möchten die Häuser einfallen, Tibull. 2, 3, 43. – **II** übtr.: **1** die **Verwirrung, Vermischung,** sermonis, das Stottern beim Reden, Plin.: criminum, Zusammenhäufung, Ps. Quint. decl. – **2** die geistige leidenschaftliche **Unruhe,** mentis, Hor. u. Lucan.: pectora pulsata tumultu, Petron.: species veri scelerisque tumultu permixtae, die in dem Aufruhr sträflicher Begierden sich verwirren, Hor. – ► Heteroklit. altlat. *Genet.* tumulti, Plaut. Cas. 648 u. Poen. 207. Enn. fr. scen. 156. Acc. tr. 485. Acc. Aen. 1. Turpil. com. 154. Afran. com. 394. Pompon. com. 121: *Abl.* tumulto, CIL 9, 2438, 19.

tumulum, ī, *n.,* s. tumulus ►.

tumulus, ī, *m.* (tumeo), ein (von Natur od. durch Kunst) **aufgeworfener Erdhaufen,** der **Erdhügel,** der kleine **Hügel** in der Ebene (während collis = eine beträchtliche Anhöhe, ein Hügel von Natur), **I** im Allg.: tumulus naturalis veluti manu factus, Auct. b. Alex.: tumuli silvestres, Cic.: terreni tumuli in magnam educti altitudinem, Sen.: ignis e specula sublatus aut tumulo, Cic.: castellum in alto tumulo situm, Liv.: ut ex tumulo tela in nostros conicerent, Caes. – **II** insbes., der **Grabhügel,** das **Grabmal** von aufgeworfener Erde, Achillis, Cic.: tumulo componere od. condere od. ponere, begraben, Ov.: tumulum facere, statuere od. constituere, Verg.: struere, Tac., errichten: tumulus inanis, Kenotaph, Grabdenkmal, Verg.: so auch marmoreus, Augustin.: t. honorarius, Suet.: in Iulii tumulo, Gruft, Liv. epit. – ► Spätlat. Nbf. tumulum, ī, *n.,* CIL 3, 2341: de Rossi Inscr. christ. I, 587. p. 247.

tunc, *Adv.* (aus tun-ce, wie nunc aus nun-ce), zur Bezeichnung eines Zeitpunkts, der mit einem anderen zusammenfällt, **I** im Allg., **dann, alsdann, dann eben,** tunc ... cum, Cic. u. Quint.: verstärkt tunc demum (demum tunc) ... cum, Plaut. u. Colum. – tunc ... si, Colum. – absol., Plaut. u. Prop. – **II** insbes., von einem bestimmten Zeitpunkt in der Vergangenheit, **damals, damals eben** (Ggstz. nunc), tunc ... cum, Plaut. u. Ov.: häufig ohne entsprechendes cum, Cic., Caes. u. a.: pleonast. tunc temporis, Iustin. 8, 3, 7; 12, 2, 7; 42, 5, 6. Apul. met. 10, 13 u. a.: tunc locorum, Tert. de pall. 4.

1\. **tundo,** tutudī, tūnsum u. tūsum, ere (zu Wz. *steud,* stoßen, schlagen, altind. *tudáti,* er stößt, gotisch *stautan,* ahd. *stōzan,* nhd. stoßen), **stoßen, schlagen, hämmern, I** eig.: **1** im Allg.: tympana, die Pauken schlagen, Ov.: aliquid malleo, Donat.: virgas lini in saxo stuppario malleo, Plin. (u. so bl. linum frangere tundereque, Plin.): converso bacillo alci oculos vehementissime, Cic.: pectora manu, Ov. (u. so bl. sua pectora, Lact., pectora, Apul.: u. tunsae pectora palmis, Verg.): terram pede, Hor.: lapidem digito, Lucr.: corpus crebro ictu, Lucr.: ferrum non aptum tundendo, um geschlagen zu werden, Plin.: tunsae fruges, gedroschene, Verg.: tunsis pectoribus, Verg. – Sprichw., tundere eandem incudem, auf denselben Amboss schlagen = immer dieselbe Sache betreiben, Cic. de or. 2, 162. – **2** insbes.: **a stoßen = zerstampfen, zerstoßen,** im Mörser, Plin.: alqd in farinam, Plin.: aes, kleinstoßen, pochen, Plin.: tunsum allium, Colum.: tunsa testa, Vitr.: tusum marmor, Plin.: tusa herba, Plin. – **b hämmern** = durch Hämmern bilden, funditur, sculpitur, tunditur Iuppiter, Augustin. epist. 91, 5. – **II** übtr., durch Reden gleichs. auf jmd. hämmern = ihn **bestürmen, betäuben,** aures, Plaut.: assiduis hinc atque illinc vocibus heros tunditur, Verg.: absol., tundendo effecit senex, durch das viele Vorpredigen und Erinnern, Ter. – ► Perf. auch tunsī nach Charis. 248, 2 u. Diom. 372, 18: parag. Infin. tundier, Lucr. 4, 931 (934).

2\. **tundo,** s. tondeo ►.

tundor, ōris, *m.* (tundo), das **Stoßen, Hämmern,** faucium, Apul. met. 4, 24.

Tunēs, ētis, *m.* (Τύνης, ὁ), eine Stadt an der Küste von Africa propria, j. *Tunis,* Liv. 30, 9, 10 u. a.

Tungrī, ōrum, *m.,* eine Völkerschaft in der heutigen Provinz Lüttich, mit der Hauptstadt gleiches Namens, j. *Tongern,* Tac. Germ. 2. Amm. 15, 11, 7. – Sing. **Tunger,** rī, *m.,* der **Tunger,** Sil. 7, 682.

tunica, ae, *f.* (wie griech. χιτών aus dem Semitischen), **I** das unmittelbar auf dem Körper getragene, mit kurzen Ärmeln versehene Gewand der röm. Frauen u. Männer, über dem der röm. Bürger beim Ausgehen noch die **Toga,** die Römerin die Stola oder Palla trug, die **Tunika,** manicae (lange Ärmel) tunicae, Verg. Aen. 9, 616: manicata tunica, eine langärmelige T., Tracht der Ausländer und röm. Weichlinge, Curt. 3, 3 (7), 13. Cic. Cat. 2, 22: dass. manuleata tunica, Plaut.

Pseud. 738: tunica palliolata, Vopisc. Bonos. 15, 8: talaris t., s. tālāris: recta tunica, s. rēctus: regilla tunica, s. 1. rēgillus: tunica coccina, Nepot. epit. 15, 7. p. 107, 15 *Halm.*: tunica russea, Petron. 27, 1: tunica scissa et sordida, Petron. 14, 6: tunica sordida servilisque, Iustin. 19, 3, 1: tunica candida, Petron. 60, 8: tunica linea, Hieron. epist. 64, 14. Augustin. serm. 356, 13: tunica nuptialis, Hieron. epist. 123, 5: tunicam altius colligere, Petron. 126, 12: tunicas mutare cotidie, Hieron. epist. 22, 32. – Später trug man zwei tunicae, eine untere (tunica interior od. interula) u. eine obere, die bei Senatoren mit dem latus clavus und bei den Rittern mit dem angustus clavus geschmückt war (s. clāvus). – Die ärmere Volksklasse sowie die Sklaven trugen nur die Tunika, dah. tunicatus populus od. popellus = ärmere Volksklasse, s. tunicātus. – Sprichw., tunica propior palliost, das Hemd ist mir näher als der Rock (da pallium bei den Griechen das war, was bei den Römern toga), Plaut. trin. 1154. – **II** übtr., die **Haut, Hülle, Hülse,** tunica pellicea nostra, v. der menschl. Haut, Augustin.: Volusi annales laxas scombris dabunt tunicas (Tüten), dienen als Makulatur zum Einschlagen von Makrelen, Catull.: cicadae, Lucr.: oculorum, Cels.: vomicae, Cels.: boleti, Plin.: frumenti, Plin.: lupini, Schote, Iuven.: gemmae tenues rumpunt tunicas, die Augen durchbrechen den Bast, Verg.

tunicātus, a, um (tunica), **I (bloß) mit einer Tunika bekleidet,** Enn. fr., Cic. u. a.: von der Bequemlichkeit des Landlebens, tunicata quies, Mart. u. Sidon. – Insbes. von der ärmeren Volksklasse, deren gewöhnliche Tracht die Tunika (ohne Toga) ist, tunicatus populus, Tac. dial., od. popellus, Hor.: so auch subst. Plur. tunicati, Cic. de lege agr. 2, 94 u. (Ggstz. paludati) Sidon. epist. 5, 7, 3. – **II** übtr., **eine Haut-, Häute habend,** cepe, Pers. 4, 30.

tunicla (synk. aus tunicula), ae, *f.*, das **kleine Unterkleid,** die **kleine Tunika,** purpurea, Cic. de legg. 2, 59 *Mueller.*

tunico, āre (tunica), **mit einer Tunika bekleiden,** Varro sat. Men. 242.

tunicopallium, iī, *n.* (tunica u. pallium), ein Gewand, das die Eigenschaften der tunica mit denen des pallium in sich vereinigte, Acro Hor. sat. 1, 2, 99. Serv. Verg. Aen. 1, 648. Non. 537, 33 (wo wohl statt tunicae pallium zu lesen tunicopallium).

tunicula, ae, *f. (Demin.* v. tunica), **I** das **kleine Unterkleid,** die **kleine Tunika,** Turpil. com. 197. Caecil. com. 99. Plaut. rud. 549. Varro sat. Men. 325. – **II** übtr., das **Häutchen,** oculorum, Plin. 26, 123: stellionis (stelionis), Plin. 30, 88: hordei, Paul. ex Fest. 98, 8.

Tuniculāria, ae, *f.*, die **Tunikaträgerin,** Titel einer Komödie des Nävius, Varro LL. 7, 108. Fest. 166 (b), 17.

tunnus, ī, *m.*, s. thynnus.

tūnsio, ōnis, *f.* (tundo), das **Stoßen, Schlagen,** pectoris (an die Br.), Augustin. serm. 19, 2 u. 136, 2 a.

1. tuor, s. tueor.

2. tuor, ōris, *m.* (tueor od. tuor), das **Sehen,** Apul. de deo Socr. 11.

tūrabulum, ī, *n.* (tus) = λιβανωτόν, die **Weihrauchpfanne, Räucherpfanne,** das **Rauchfass,** Gloss. III, 93, 64: u. so viell. Orest. trag. 52 (wo jetzt turibulum).

tūrālis, e (tus), **zum Weihrauch gehörig, Weihrauch-,** arca, Serv. Verg. Aen. 5, 745.

tūrārius (thūrārius), a, um (tus), **zum Weihrauch gehörig, Weihrauch-, I** *adi.*: tibiae, auf denen bei Weihrauchopfern geblasen wurde, Solin. 5, 19: vicus, eine Straße in Rom in der achten Region, Ps. Ascon. ad Cic. II. Verr.. 1, 154. p. 200, 1 B. Acro u. Schol. Cruq. Hor. sat. 2, 3, 22. – **II** *subst.*, tūrārius, iī, *m.*, der **Weihrauchhändler,** Tert. de idol. 11: thurarius, Firm. math. 8, 25. p. 233, 44. CIL 1, 1065; 6, 5638 u. 5680; 10, 1962. – arch. Nomin. Plur. thurariei, CIL 1, 1091.

turba, ae, *f.* (τύρβη), **I** die **lärmende Unordnung** einer Menge, die **Verwirrung,** das **Getümmel, Gewühl, Gedränge,** der **Trubel, Tumult, Lärm,** quanta in turba viveremus, Cic.: maximas in castris effecisse turbas dicitur, Cic.: turba est nunc apud aram, Plaut.: di boni, quid turbae est, Ter.: dum hae silescunt od. consilescunt turbae, Komik.: v. Lärm weniger od. eines einzelnen, inceperat turba inter eos, Ter.: ecce autem nova turba atque rixa, Cic.: quas turbas dedit, wie hat er sich unangenehm gemacht, Ter. (u. so diu etiam turbas dabit, Ter.: u. mirum adeo nisi frater domi turbam aliquam dederit ebrius, Caecil. com. fr.): ne turbam faciat, Ter. – Insbes.: **a Sturm** = aufgeregtes Wesen, Zornesausbruch, opperiar ut sciam num quidnam haec turba tristitiae adferat, Ter. Andr. 235 Sp.: tum illae turbae fient, Ter. Andr. 380. – **b** Plur. turbae, **Umtriebe, Ränke,** tuae mihi turbae non placent, Plaut. mil. 479. – **II** meton., die ungeordnete **Menge,** der **Haufe, Schwarm,** die **Schar, 1** zunächst von der Menschenmenge auf der Straße, im Lager usw., **a** übh.: das **Menschengewühl,** der **Volkshaufe,** das **Volk,** die **Leute,** alqm videre in turba, Cic.: ex hac turba et colluvione (hominum) discedam, Cic.: turbam sub movere (v. Liktor) Liv.: alqm extrahere turbā oppositis umeris, Hor. – turba ducum, Umgebung, Gefolge, Verg.: u. so mea turba, Liv. 6, 15, 10 (§ 9 circumfusa turba lateri meo; vgl. unten *no.* 2): turba credula, Ov. fast. 4, 312 u. (bl. v. Titus u. Aruns) 2, 716: terrarum nos duo turba sumus, sind nur wir zwei das Volk, Ov. met. 1, 355: Latonae turba, von deren zwei Kindern, Ov. met. 6, 200. – **b** insbes. = vulgus, verächtlich vom **großen Haufen,** im Ggstz. zu den Vornehmen, den Befehlshabern usw., der **Schwarm,** forensis, Liv.: admiratio vulgi atque turbae, Cic.: consul alter velut unus turbae militaris erat, wie einer aus dem Haufen der Gemeinen, Liv.: turba navalis mixta ex omni genere hominum, die aus Leuten aller Art gemischte Bemannung, Liv.: ut te eripias ex ea, quam ego congessi in hunc sermonem, turba patronorum, Cic. Brut. 332 (vgl. gleich darauf nec decet te ... numerari in vulgo patronorum): si in turbam exisset ab homine tam necessario se relictum, wenn es unter das Kriegsvolk (seine Leute) käme, Nep. – **2** v. Göttern, Tieren u. Lebl.: Chrysippus magnam congregat turbam ignotorum deorum, Cic.: turba canum, Ov.: volucrum, Ov.: u. so turba mea, mein Häufchen = meine Brut, meine Jungen, Phaedr. 1, 19, 9 (vgl. oben *no.* II, 1 aus Liv.). – turba rotarum, Ov.: iaculorum, Ov.: arborum, Ov.: rerum, Ov.: negotiorum, Sen.: vulnerum, Plin.: inanium verborum, leerer Wortschwall, Quint.: querelarum, Schwall von Kl., Iustin.: turbam tantummodo congregat, ex qua sine discrimine occupet proximum quodque, er sammelt eine bloße Masse, Quint. 10, 1, 7 *Halm.*

turbāmentum, ī, *n.* (turbo, āre), **I** das **Aufwiegelungsmittel,** vulgi, Tac. hist. 1, 23. – **II** passiv = die **Unordnung, Verwirrung,** turbamenta rei publicae, Sall. hist. fr. 1, 1 (1, 45). § 25: Plur., publica turbamenta, Amm. 26, 7, 8: inter dissensiones et turbamenta, *ibid.* 25, 7, 12.

turbanter, *Adv.* (turbans u. turbo), **stürmisch,** Arnob. in psalm. 44.

turbātē, *Adv.* (turbatus), **unordentlich, in Verwirrung,** aguntur omnia raptim atque turbate, Caes. b. 1, 5, 1: quasi turbate enim per hyperbaton struxit, Tert. de res. carn. 43.

turbātio, ōnis, *f.* (turbo, āre), die **Unruhe, Verwirrung, Unordnung,** multitudinis hominum, unruhige Bewegung, Ulp. dig. 47, 8, 4. § 3: coloris et vultus, Entstellung, Gell. 19, 1, 6: corporis, Soran. Latin. p. 139, 2. – übtr., temporum, Solin. 1, 45: in hac turbatione rerum, Liv. 24, 28, 1: prae turbatione, Apul. met. 9, 20: non sine magna turbatione, *ibid.* 11, 28: nullā turbatione frangi (v. Körper), Apul. Plat. 1, 18: Plur., turbationes, Störungen, crebrae, Firm. math. 6, 31, 90: maximae, *ibid.* 6, 39, 4.

turbātor, ōris, *m.* (turbo, āre), der **Beunruhiger, Aufwiegler, Unruhestifter, Verwirrer, Störenfried,** vulgi, Liv.: plebis, Liv. u. Tac.: Germaniae, Tac.: otii, Sen.: quietis publicae, Amm.: turbatores belli, wie ταράττοντες πόλεμον, die durch Unruhen Krieg zu erregen suchen, Liv. 2, 16, 4: turb. praecipuus, Tac. ann. 1, 30.

turbātrīx, trīcis, *f.* (Femin. zu turbator), die **Beunruhigerin, beunruhigend, störend,** turb. fama, Stat. Theb. 4, 369: turb. pacis, Prud. psych. 668.

turbātus, a, um, *PAdi.* (v. turbo), **I unruhig, stürmisch** (Ggstz. tranquillus, placidus), mare, Liv. u. Plin. ep.: mare turbatius, Suet.: caelum turbatius, Suet. – **II** übtr.: **a unruhig, aufgeregt, verwirrt, bestürzt,** vultus (Ggstz. hilarus), Plin.: voluntates populi, Cic.: oculis simul ac mente turbatus, verwirrt, Liv.: turbatus animi, Sil.: non est ullius affectus facies turbatior, Sen. – **b** **erbittert, erzürnt,** Pallas, Verg. Aen. 8, 435.

turbēlae, s. turbellae.

turbellae, ārum, *f.* *(Demin.* v. turba), **I** **hübscher Unfug,** turbellas facere od. dare, Plaut. Bacch. 1057; Pseud. 110. – bildl., mentis turbelae (so!), Verstörung, Augustin. de civ. dei 10, 27 *in.* – **II** meton., **Menschengewühl, Volkshaufe,** Apul. met. 3, 29; 4, 20; 7, 1 (Hildebr. u. Eyssenh. turbelis).

turben, inis, *n.* (Nbf. von 2. turbo), **I** der **Wirbelwind,** die **Windsbraut,** Catull. 64, 107 (Heyse u. Schwabe turbo). – **II** der **Kreisel,** citus (so!) turben, Tibull. 1, 5, 3; vgl. Charis. 145, 8.

turbidē, *Adv.* (turbidus), **unruhig, unordentlich, stürmisch,** Cic. u. a.

1. **turbido,** āvī, ātum, āre (turbidus), **trübe machen, trüben,** **I** eig.: aquam, Solin. 49, 11: u. so Mart. Cap. 2. § 165. – **II** bildl.: serenitatem animae, Sidon. epist. 6, 2, 2: u. so Mart. Cap. 1. § 67.

2. **turbīdo** (turbēdo), inis, *f.* (turb-o), der **Sturm,** bildl., spiritalium nequitiarum turbidines (*cod. B* turbidinem), Augustin. serm. 52, 2 Mai: vitae istius turbedines et procellae, Rustic. epist. 2, 51: meton., die **Trübheit,** turbido cervisiae (Ggstz. vini puritas), Ven. Fort. vit. Radeg. 15. – ► Sing. turbido auch im Gloss. bei Löwe Prodr. p. 411, Plur. turbidines im Gloss. Paris. 7640; Roensch Coll. phil. p. 298.

turbidulus, a, um (*Demin.* v. turbidus), **etwas unruhig,** Prud. apoth. 208.

turbidus, a, um (turba), **in Unruhe-, Verwirrung befindlich,** **I** eig.: **a** v. Wetter usw. = **unruhig, stürmisch, trübe,** tempestas, Cic.: caelum, Plin. ep.: freta ventis turbida, Ov.: imber, Verg.: auster dux inquieti turbidus Adriae, Hor. – **b** v. Flüssigkeiten = **aufgewühlt, trübe** (Ggstz. purus), aqua, Cic.: mare, Sen.: torrens, Quint.: Hermus auro turbidus, Goldsand mit sich führend, Verg. – **c** v. Haar = **zerwühlt, verwirrt,** coma, Ov. her. 10, 16. – **d** v. der Zunge, **kauderwelsch,** ridenda verba frangit (radebrecht) ad horrificos turbida lingua sonos, Anthol. Lat. 649, 30 (543, 30). – **II** übtr.: **1** **verwirrt, zerstört, unruhig, bestürzt, erschrocken,** Aruns, Verg.: turbida perversas induit illa comas, Ov.: pectora turbidiora mari, Ov.: mit *Genet.*, animi, nicht bei Verstand, blödsinnig, Tac. hist. 4. 48. – übtr., motus, verstörte, störende, unruhige, Cic.: frons, acies, verstörter, finsterer Blick, Sen. poët.: fides, unklare Überzeugung, Gell. – *adv.*, turbidum laetari, verworren, in banger Furcht, Hor. carm. 2, 19, 6. – **2** **aufgeregt, stürmisch, ungestüm, heftig, zornig,** **a** v. Pers.: sic turbidus infit, Verg.: altercator, Quint.: Mezentius, Verg.: mit *Abl.*, irā, Stat. silv. 3, 1, 39: mit *Genet.*, irae, Sil. 12, 417: ausi, Sil. 13, 214. – **b** v. Lebl., **stürmisch, bewegt, unruhig,** res, Cic.: seditio, Ov.: casus, Tac.: hoc tam turbido tempore, Nep.: actiones turbidissimae, Tac. – subst., turbidum, ī, *n.* = die **unruhige-, sturmbewegte Zeit,** die **Unruhe,** in turbido, Liv.: quieta turbidis antehabeo, Tac.: si turbidissima sapienter ferebas, tranquilliora laete feras, Cic. – *adv.*, mens pleno Bacchi pectore turbidum laetatur, frohlockt ungestüm, Hor. carm. 2, 19, 6. – **3** **unruhig** = **aufrührerisch,** ingenium, Tac.: homo, milites, Tac.

turbinātio, ōnis, *f.* (v. turbinatus), die **Zuspitzung** in Form eines Kegels, piri, kegelförmig zugespitzte Gestalt, Plin. 15, 85.

turbinātus, a, um, *Adi.* m. *Compar.* (turbo, inis), **in Kegelform zugespitzt,** mucro, Plin. 11, 181: turbinatior piris figura, Plin. 15, 15. – v. Steinen, adamantes Indici laterum sexangulo levore turbinati in mucronem e duabus contrariis partibus, Plin. 37, 56: lapis (crystallus) in mucronem sexangulum utrimque secus leviter turbinatus, Solin. 52, 54: turbinato lapide viam sternere, CIL 5, 1892 u. 11, 1062.

turbineus, a, um (turbo, inis), **kreiselförmig, kreisförmig,** Ov. met. 8, 557.

turbiscus, ī, *f.*, ein Strauch, wahrsch. = thymelaea, der **Kellerhals,** Pelagon. veterin. 25 (327 *Ihm).* Isid. orig. 17, 7, 56.

turbistum, ī, *n.*, ein Mittel, das Einziehen (die leichtere Annahme) der Farben zu befördern, das **Turbist,** Plin. 33, 88.

1. **turbo,** āvī, ātum, āre (turba), **in Unruhe-, in Verwirrung-, in Unordnung bringen, verwirren,** **I** eig.: **1** im Allg.: mare, aequora u. dgl., unruhig-, stürmisch machen, aufregen (v. den Winden), Cic., Lucr. u. a. – comas (Ggstz. componere comas), verwirren, Quint.: u. so capillos, Ov.: u. poet. übtr. mit griech. *Acc.*, turbatus capillos, mit verwirrten Haaren, Ov. – ne folia turbata volent rapidis ludibria ventis, Verg. – ceram (des Siegels), verletzen, Quint.: uvae recentes alvum turbant, bringen Störungen im Unterleib hervor, Plin.: so auch hedera mentem turbat, Plin.: turbato vehementius vultu, nachdem sich sein Gesicht leidenschaftlich verzogen hatte, Petron. – refl., cum mare turbaret, unruhig-, stürmisch wurde, Varro r. r. 3, 17, 7 Schn. (*al.* turbaretur): et septemgemini turbant trepida ostia Nili, sind in Unruhe, Verg. Aen. 6, 800. – **2** insbes.: **a** eine Menschenmenge **in Unordnung-, in Verwirrung bringen,** bes. als milit. *t. t.*, ordines, aciem peditum, Liv.: absol. = **Unordnung-, Verwirrung anrichten,** ferae ita ruunt atque turbant, ut etc., Cic. de fin. 1, 34: als milit. *t. t.*, (equites) modice primo impetu turbavere, Liv.: turbantibus invicem copiis, Flor. – u. so *Pass. impers.*, totis turbatur agris, herrscht Feindesgetümmel, Verg. ecl. 1, 12. – **b** eine Flüssigkeit **trüben, trübe machen,** ipsos pedibusque manuque lacus, Ov.: color primo turbati fluminis imbre, Ov.: limo turbatam haurit aquam, Hor. – **c** mit einer Flüssigkeit **vermengen,** pulvis sputo turbatus, Petron. 131, 4. – **II** übtr., **in Verwirrung-, in Unordnung bringen, verwirren, stören,** **1** im Allg.: contiones, Liv.: comitia et campum, Liv. epit.: ne incertā prole auspicia turbarentur, Liv.: quae defectione turbata erant, angerichteten Verwirrungen, Curt.: non modo illa, quae erant aetatis, ordinis quaestusque, permiscuit, sed etiam in his duobus generibus, civium novorum veterumque, delectum atque ordinem turbavit, Cic.: u. so omnem ordinem consilii, Liv.: statum civitatis, den Bestand des Staates stören, Liv.: Aristoteles multa turbat, wirft (in der Erklärung) durcheinander, Cic. – spem pacis, stören, trüben (= vermindern), Liv.: und so pax turbata, Liv. – mit homog. od. allgem. Objekt oder absol. = **Verwirrung-, Unordnung anrichten,** quas mihi filius turbas turbet, Plaut.: quantas res turbo, Plaut.: quae meus filius turbavit, Plaut.: ne quid ille turbet, vide, Cic.: turbent porro quam velint, Ter.: at id ne ferae quidem faciunt, ut ita ruant itaque turbent, ut, earum motus et impetus quo pertineant, non intellegamus, Cic. – *Pass. impers.*, turbatum est domi, es herrscht Verwirrung, Ter. – **2** insbes.: **a** turbare rem oder censum, sein Vermögen in Unordnung bringen, -zerrütten, Bankrott machen, Iuven. u. Petron.: absol., omnibus in rebus turbarat, hatte sein ganzes Vermögen zerrüttet, war ganz bankrott geworden, Cael. in Cic. ep. – **b** im Gemüt **verwirren, beunruhigen, in Unruhe versetzen, stutzig machen, in Bestürzung versetzen,** alqm, Curt. u. Ov.: omnes, Auct. b. Alex.: animum alcis, Curt.: mentem, Curt.: subito mentem turbata dolore, Verg.: (aber turbata mens, Geistesstörung, Wahnsinn, Tac.): omine turbata est, Ov.: cum quadrupedes monstri metu turbantur, scheu werden, Ov.: u. so aliorum turbati equi, Curt. – **c** politisch **Unruhen-, Wirren erregen** oder **anstiften,** sich **empören** (s. Heräus Tac. hist. 1, 7, 2), Macer in Africa haud dubie turbans, Tac.: si una alterave civitas turbet, Tac.: u. *Pass. impers.*, si in Hispania turbatum esset, Unruhen ausgebrochen wären, Cic. Sull. 57. – ► Archaist. *Fut. exact. pass.* turbassitur, Lex bei Cic. de legg. 3, 11.

2. **turbo,** inis, *m.*, **I** alles, was sich in einem Kreis herumdreht, der **Wirbel,** **A** des Windes: **1** eig.: **a** der **Wirbelwind, Sturmwind,** Cic. u. Verg.: auch verb. ventus turbo, turbo venti, turbines venti, Plaut. – **b** der **Wirbel,** den der Wind macht, Lucr. u. Verg. – **2** bildl., der **Sturm,** in turbinibus rei publicae, Stürmen, Cic.: tantus miserarum turbo rerum, Sturm des Unglücks, Ov.: ille turbo civilis insaniae toto furore detonuit (tobte aus), Flor.: mentis turbine agar, es geht gleichsam im Wirbel alles mit mir herum, Ov.: o confuse nimis Gradivi turbine Varro, Kriegssturm, Sil. – von Pers., tu, procella patriae, turbo ac tempestas pacis atque otii, Verheerer des Vaterlandes, wetterähnlicher Zerstörer des Friedens und der Ruhe, Cic. de dom. 137: Alexander Magnus, vere ille gurges miseriarum, atrocissimus turbo totius Orientis, Oros. 3, 7, 5. – **B** der **Kreisel,** ein Spielzeug der Knaben, **1** eig., Cic. u. a. – **2** übtr., jeder wie ein Kreisel gestalteter Ge-

genstand, wie **Zapfen, Stöpsel** usw., cardinum turbines tardi, Varro fr.: turbines cadorum, spitze Mündung, Plin.: turbine crescit (bucina) ab imo, Kreisform, Ov. – insbes.: **a** die **Haspel, Zauberhaspel, das Zauberrad,** Hor. epod. 17, 7. – **b** der **Wirbel** (**Wertel**) an der Spindel, teres, Catull. 64, 314: celer, Auct. consol. ad Liv. 163: conus, quem turbinem vocant, Boëth. inst. mus. 1, 3. p. 190, 16 Fr. – **II** die **wirbelförmige-, rotierende Bewegung,** der **Wirbel, Kreis,** des Rauches, Verg.: des Himmels, Mondes, Feuers, Lucr.: eines Rades, Sen. poët.: einer Schlange, Kreiswindung, Sil.: eines Sklaven, den man bei seiner Freilassung herumdreht, Pers.: des Wassers, Wirbel, Strom, Stat. – bes. **Wirbel** = Kreiswurf, immanis, Verg.: saxi, Verg.: quo turbine torqueat hastam, Verg.: u. **Wirbel** = Kreisflug, celeri ad terram turbine fertur, Verg.: hasta volans ... turbine, Val. Flacc. – bildl., non modo militiae turbine factus eques, im Durchkreisen der verschiedenen militärischen Grade, durch Aufrücken, Ov.: densi turbine vulgi, wogendes Gewühl, Claud.

3. Turbo, ōnis, *m.*, Name eines Gladiators, Hor. sat. 2, 3, 310.

turbor, ōris, *m.* (turbo, āre) = ταραχή, **a** als spät. mediz. *t. t.*, die krankhafte, körperliche **Unruhe,** Cael. Aur. de morb. acut. 1, 15, 150 u. a. Th. Prisc. 2, 21. – **b** das **Zerwürfnis,** Vulg. (Amiat.) Sirach 12, 36.

turbula, ae, *f. (Demin.* v. turbo), **I** der **Lärm,** Apul. de deo Socr. 12. – **II** der **kleine Volkshaufe,** der **Schwarm,** Plur. b. Apul. met. 10, 35 u. 11, 17.

turbulentē u. **turbulenter,** *Adv.* m. *Compar.* u. *Superl.* (turbulentus), **mit Unruhe, mit Verwirrung, stürmisch,** Cic. u. a.: non turbulente, ohne in Störung versetzt zu werden ohne den Kopf zu verlieren, Cic. Tusc. 4, 60: seditiose et turbulente (friedensstörerisch) se gerere, Callistr. dig. 48, 19, 28. § 3. – nos nihil turbulenter, nihil temere faciamus, wir wollen uns nicht überstürzen, Cic. ep. 2, 16, 7. – egit de Caepione turbulentius, Cic. part. or. 105. – turbulentissime regere, Sidon. epist. 2, 13, 5.

turbulentia, ae, *f.* (turbulentus), die **Unruhe, Verwirrung,** Tert. adv. Herm. 41.

turbulento, āre (turbulentus), **beunruhigen, verwirren,** Apul. met. 5, 12 u. 9, 11.

turbulentus, a, um (turba), **unruhig, bewegt, beunruhigt, stürmisch, I** eig.: tempestas, stürmisch, Cic.: aqua, getrübt, Phaedr.: corcursio atomorum, verwirrt, ungeordnet, Cic.: quartum genus (Menschenklasse) est varium et mixtum et turbulentum, ist ein buntscheckiges u. verworrenes Gemisch, Cic. – **II** übtr.: **A** passiv = **unruhevoll, voll Wirren, stürmisch, sturmerregt,** res (Ggstz. placatae), Cic.: res publica, Cic.: tribunatus, Cic.: animus, beunruhigt, Cic.: annus turbulentior, Liv.: turbulentissimum tempus meum, Cic. – **B** aktiv = **a Unruhe erregend, unruhig, stürmisch,** cives, Cic.: homines, Liv.: tribuni, Tac.: contio, Cic.: lex, Suet.: erat naturā turbulentus et inquietus, Gran. Lic. – **b verwirrend,** errores, Cic. de nat. deor. 2, 70: error, Firm. de err. 17, 4.

turbus, ī, *m.* = turbo (s. d.), s. Hertz Prisc. vol. 1. p. 136, 16 *not. cr.* u. Du Cange, Gloss. ed. Henschel VI. p. 700.

turbystum, ī, *n.*, s. turbistum.

turda, s. turdus.

turdārium, iī, *n.* (turdus), das **Behältnis für Drosseln** (Krammetsvögel usw.), Varro LL. 6, 2.

turdēla (turdella), ae, *f.* (turdus), die **kleine Drossel,** *Varro LL. 6, 2. Fest. p. 161 (a), 13. Isid. orig. 12, 7, 71.

Turdētānī, ōrum, *m.*, eine Völkerschaft in dem nachmal. Hispania Baetica, in der Gegend des heutigen *Sevilla,* Liv. 21, 6, 1 u. a. – im scherzh. Wortspiel mit turdus (Drossel), Plaut. capt. 163. – Deren Gebiet **Turdētānia,** ae, *f.*, **Turdetanien,** Liv. 28, 39, 11 u. a.

Turdulī, ōrum, *m.*, eine Völkerschaft in dem nachmal. Hispania Baetica, die östlichen Nachbarn der Turdetani, Liv. 28, 39, 8: Turduli et Bastuli, Mela 3, 1, 3 (3. § 4), Bastuli Turdulique, Plin. 3, 8. – Sing. Turdulus, ī, *m.*, der **Turduler,** neque Basculus neque Turdulus, Varro r. r. 2, 10, 4. – Dav. **Turdulus,** a, um, **turdulisch,** Liv. 34, 20, 2.

turdus, ī, *m.* (aus *tursdus zu griech. στρουθός, ahd. *drostel),* **I** die **Drossel,** wohin auch der **Ziemer, Krammetsvogel** usw. gehört, Varro, Hor., Plin. u. a. – femin. Nbf. turda, ae, *f.*, Pers. 6, 24; vgl. Serg. expl. in Donat. 494, 22 K. (geleugnet von Varro LL. 9, 55; r. r. 3, 5, 6). – **II** ein Fisch, die **Meerdrossel, Meeramsel,** Colum., Plin. u. Quint.

Tūrēnus, s. Tyrrhēnī unter Tyrrheni.

tūreus (thūreus), a, um (tus), **von Weihrauch, Weihrauch-,** dona, Verg.: virga, Verg.: grana, Ov.: altaria, auf denen Weihrauch angezündet wird, Stat.

turgeo, ēre (verwandt mit tumeo), **I strotzen, pauschen, aufgeschwollen sein,** durch den Drang innerer Säfte, frumenta turgent, Verg.: uva turget mero, Mart.: mammae turgentes, Plin.: lumina turgentia fletu, Prop. – **II** bildl.: **1** im Allg., **strotzen, voll sein,** turgent mendacia monstris, Claud. Eutr. 1, 351. – **2** insbes.: **a** v. der Rede u. v. Redner = **schwülstig sein,** oratio, quae turget et inflata est, Rhet. Her. 4, 15: professus grandia turget, Hor. de art. poët. 27. – **b** vor Zorn auf jmd. **schwellen,** gegen jmd. **ergrimmt sein,** auf jmd. **voll Wut sein,** ita turget mihi (uxor), Plaut. Cas. 325 u. most. 699. – Nbf. turgo, wov. turgit, Gloss. II, 203, 24 u. IV, 398, 47/48. – ► Perf. s. turgēsco.

turgēsco, ere (*Inchoat.* v. turgeo), **I** *intr.* **aufschwellen, anfangen zu strotzen, -zu schwellen,** u. zwar durch den Andrang innerer Säfte, **1** eig.: Cyclopis venter vel ut olim turserat alte carnibus humanis distentus, Enn. fr.: ne aqua turgescat in corpore, Varro: semen turgescit in agris, Ov.: virgulta turgescentia, Plin. – **2** übtr.: **a** leidenschaftlich **aufschwellen, aufwallen, in Zorn geraten, ergrimmen,** sapientis animus numquam turgescit, numquam tumet, Cic.: cor meum penitus turgescit tristibus iris, Cic. poët.: turgescit vitrea bilis, Pers. – **b** von der Rede = **schwülstig werden,** genus dicendi, quod immodico tumore turgescit, Quint. 12, 10. 73. – **II** *tr.* **schwellen machen,** hic prolapsus aquae terga procelloso turgescit Caspia fluctu, Avien. descr. orb. 85. – ► Perf. tursi, wov. turserat, Enn. ann. 321 (so oben *no.* I, 1).

turgidulus, a, um (*Demin.* v. turgidus), **etwas geschwollen,** flendo turgiduli rubent ocelli, Catull. 3, 18: racemi, Paul. Petr. 5, 450.

turgidus, a, um (turgeo), **strotzend, geschwollen, aufgelaufen, I** eig.: oculus, Plaut.: membrum, Cic.: pes, Sen.: frons turgida cornibus, Hor.: labra, aufgeworfene, Mart.: vela turgida vento, Hor.: fluvius hibernā nive turgidus, Hor.: semina, dick, Ov. – **II** übtr., v. der Rede u. v. Redner usw. = **schwülstig,** oratio, Petron. 2, § 6: Alpinus (ein Dichter), Hor. sat. 1, 10, 36: nec quos promoveris, alto turgidus alloqueris fastu, Claud. cons. Stil. 2, 158 *sq.*

turgio, ōnis, *f.*, s. turio.

turgo, ere, s. turgeo.

turgor, ōris, *m.* (turgeo), das **Aufgeschwollensein, Strotzen,** Mart. Cap. 2. § 135 u. 5. § 566: labiorum suorum, Mythogr. Lat. 2, 115.

Tūria, ae, *m.*, ein Fluss im tarrakon. Hispanien, j. *Guadalaviar,* Nom., Vib. Sequ. p. 18 *ed. Oberl.*: Akk., Mela 2, 6, 6 (2. § 92). Sall. hist. fr. 2, 18 (2, 24) u. 2, 96. § 6 (3, 1. § 6). – Nbf. **Tūrium,** iī, *n.*, Plin. 3, 20. – Dav. **Tūriēnsis,** e, **turiensisch,** proelium (im sertorianischen Krieg), Cic. Balb. 5.

Turiānus, a, um, s. Turius.

tūribulum (thūribulum), ī, *n.* (v. tus), **I** die **Weihrauchpfanne, Räucherpfanne,** de alqo turibulum emere, Cic.: turibula ante ianuas ponere, Liv.: turibulum concutere, Val. Max.: turibula argentea ministri ferunt, Curt. – **II** übtr., das auch Ara (Brandaltar) genannte Gestirn, Vitr. 9, 5 (7), 1. German. Arat. 394. – ► turĭbulum gemessen, Orest. trag. 52 (wo viell. zu lesen turabulum, s. d.).

tūricremus (thūricremus), a, um (tus u. cremo), **von Weihrauch brennend,** arae, Verg.: foci, Ov.

Tūriēnsis, e, s. Tūria.

tūrifer (thūrifer), fera, ferum (tus u. fero), **I Weihrauch tragend, -bringend, -hervorbringend,** arbores, Vitr.: regio, Plin. u. Solin.: Indus, Ov. – **II Weihrauch bringend, -opfernd,** grex, Götzendiener, Prud. apoth. 292.

tūrificātio (thūrificātio), ōnis, *f.* (turifico), das **Weihrauchopfern,** Eccl.

tūrificātor (thūrificātor), ōris, *m.* (turifico, āre), der **Weihrauchopferer** = Götzendiener, Augustin. c. litt. Petil. 2. § 187 u. 237. – Dass. **tūrificātus,** ī, *m.*, von Christen, die zur Zeit der Verfolgung den Göttern opferten, Cypr. epist. 55, 2.

tūrifico (thūrifico), āre, **Weihrauch opfern,** absol. od. alci, Eccl.

tūrilegus (thūrilegus), a, um (tus u. lego), **Weihrauch sammelnd,** Ov. fast. 4, 569.

Tūringī, s. Thūringī.

Tūrinī, ōrum, *m.*, Stadt der Turini (Turoni) im lugdun. Gallien, j. *Tours,* Amm. 15, 11, 12 G.

tūrīnus, a, um (tus) = λιβάνινος, **von Weihrauch,** Gloss. II, 360, 41.

turio, ōnis, *m.*, der **junge Zweig, Trieb, Spross,** lauri turiones, Colum. 12, 50. § 5: vitium turiones, Th. Prisc. 1, 15. – Nbf. turgio, ōnis, *f.*, Plin. Val. 1, 55.

Tūrium, iī, *n.*, s. Tūria.

Turius, a, Name einer röm. *gens,* aus der erwähnt werden Q. Turius, ein Großkaufmann in Afrika, Cic. ep. 12, 26: C. Turius, Hor. sat. 2, 1, 49. – Dav. **Turiānus,** a, um, **turianisch,** hereditas, des Q. Turius, Cic. ep. 12, 26, 2: cassia, Marc. dig. 39, 4, 16. § 7.

turma, ae, *f.* (verwandt m. turba), **I** ein Abteilung der römischen Reiterei, dreißig Mann stark, der zehnte Teil einer ala, die **Turme,** der **Zug,** die **Schwadron,** Cic. u. a. – **II** übtr., übh. die **Schar,** der **Haufe, Schwarm, Trupp,** die **Gruppe,** feminea, Ov.: satyrorum, Plin.: in turma inauratarum equestrium (*sc.* statuarum), Cic.: Gallica, der Isispriester, Ov.

turmālis, e (turma), **zu einer Turme gehörig,** bucina, Claud.: sanguis, ritterlich, Stat. – substs. turmālēs, ium, *m.*, die Reiter einer Turme, Liv. 8, 7, 1; 25, 18, 11. – im Wortspiel, turmale, displicere, Reiter- = Statuenschwarm (Statuen, die gleichsam schwadronenweise, in großer Zahl beisammenstehen), Cic. de or. 2, 262. – *Acc. neutr.* poet. statt des *Adv.*, turmale fremit, rauscht turmenmäßig, wie eine ganze Turme, Stat. Theb. 4, 10.

turmārius, iī, *m.* (turma), der **Rekrutenausheber für die Turmen,** Prob. 1536, 2 P.: Plur., Cod. Theod. 6, 35, 3.

turmātim, *Adv.* (turma, s. Diom. 407, 7), **zugweise, schwadronenweise,** Caes., Sall. u. a. – übtr., corpora pugnas edere turmatim, Lucr. 2, 119.

Turnus, ī, *m.*, König der Rutuler, von Äneas getötet, Liv. 1, 2, 3. Verg. Aen. 7, 344. Ov. met. 14, 451 *sqq.* Tibull. 2, 5, 48. – Sein Schicksal als Stoff einer Pantomime, Suet. Ner. 54.

Turonēs, um, *m.* u. **Turonī,** ōrum, *m.*, eine Völkerschaft im lugdun. Gallien, in der Gegend des heutigen *Tours,* Form *-onēs,* Caes. b. G. 2, 35, 3. Plin. 4, 107. Lucan. 1, 437 (wo Akk. *-onas):* Form *-onī,* Caes. b. G. 7, 4, 6; 7, 53, 3. Hirt. b. G. 8, 46, 4. Tac. ann. 3, 41. Sulp. Sev. dial. 1, 25, 6; 2, 8, 7; 3, 8, 1: civitas Turonorum, Tours, Sulp. Sev. dial. 3, 4, 1 u. CIL 13, 3076: Sing. Turonus (kollektiv), Tac. ann. 3, 46. Not. Tir. 87, 11. – Dav. **Turonicus,** a, um, **turonisch, zu od. von Tours,** ecclesia, Sulp. Sev. vit. S. Mart. 9, 1: terrae, Ven. Fort. carm. 6, 7, 228.

Turonus, s. Turonēs.

turpe, *Adv.*, s. turpis.

turpēdo (turpīdo), inis, *f.* (turpis), eine **garstige-, wunde Stelle,** Marc. Emp. 33. Augustin. serm. 120, 13 Mai (wo turpido).

Turpēnus, ī, *m.*, eine Gottheit, Turp. pater, CIL 14, 2902.

turpiculus, a, um (*Demin.* v. turpis), **etwas (gar) hässlich, gar entstellt, I** eig.: nasus, Catull. 41, 3: res quaedam, Varro LL. 7, 97. – **II** bildl.: res turpiculae et quasi deformes, Cic. de or. 2, 248.

turpīdo, s. turpēdo.

turpificātus, a, um (turpis u. facio), **entsittlicht,** animus, Cic. de off. 3, 105.

Turpilius, a, Name einer röm. *gens,* aus der am bekanntesten Sex. Turpilius, ein röm. Komödiendichter, Zeitgenosse und Freund des Terenz, Vulcat. Sedig. bei Gell. 15, 24. *v.* 11: Turpilius comicus, Hieron. epist. 8 *in.* – Turpilia, Cic. ep. 7, 21 *in.*

turpiloquium, iī, *n.* (turpis u. loquor), **garstige-, unzüchtige Worte,** das **hässliche Reden,** Augustin. serm. 119, 4 u. 7 Mai u. a. Eccl. Gloss. II, 221, 8 ›turpiloquium, αἰσχρολογία‹.

turpiloquus, a, um (turpis u. loquor), **hässliche Worte führend,** Isid. Regul. Monach. 17, 2.

turpilucricupidus, ī, *m.* (= turpis lucri cupidus) = αἰσχροκερδής, **nach schändlichem Gewinn begierig,** Plaut. trin. 100.

turpilucrus, ī, *m.* (turpis u. lucrum) = αἰσχροκερδής, **auf schlechten Gewinn ausgehend,** Augustin. de op. monach. 13.

Turpio, s. Ambivius.

turpis, e (zu altindisch *trápatē,* schämt sich [= wendet sich ab]), **hässlich, garstig, ungestaltet, entstellt** (Ggstz. pulcher, formosus), **I** eig.: **a** von Aussehen, adspectus, Cic.: pes, Hor.: femina, Plaut.: vestitus, Ter.: asellus, Ov.: scabies, Verg.: turpia membra fimo, Verg.: turpes morbo viri, Hor., – **b garstig klingend,** Cic. or. 158. – **II** übtr., im moralischen Sinne, **hässlich, garstig, schmählich, unlöblich, schändlich, schimpflich, unsittlich** (Ggstz. pulcher, honestus), fuga, Cic.: amor, Hor.: egestas, Verg.: vita, Cic.: verbum, Ter.: quid turpius, Cic.: homo turpissimus, Cic.: m. 2. *Supin.*, dictu turpe, dictu turpia, Cic.: turpe factu (Ggstz. honestum factu), Cic. – subst., turpe, is, *n.*, **etwas Schimpfliches,** ein **Schimpf,** habere quaestui rem publicam turpe est, Cic.: turpe senex miles, turpe senilis amor, Ov.: hoc videtur esse turpissimum, das Schimpflichste, Cic.: videte ne, ut illis *pulcherrimum fuit* tantam vobis imperii gloriam tradere, sic vobis *turpissimum sit* id quod accepistis tueri et conservare non posse, Cic. – *Acc. neutr.* turpe, poet. = *Adv.* turpiter, Catull. u. a.

turpiter, *Adv.* (turpis), **hässlich, garstig, I** eig.: claudicare, Ov.: desinere in piscem, Hor. – **II** übtr., **hässlich, unanständig, garstig, schmählich, schimpflich, unsittlich** (Ggstz. honeste), vivere, Nero bei Suet. Nero 49, 3: tunicam deducere, Ov.: iacēre, Ov.: facere, Cic.: fugere, Caes. – turpius eicitur, quam non admittitur hospes, Ov. trist. 5, 6, 13. – in deorum opinione turpissime labitur, Cic. de nat. deor. 1, 29: Cato illā (morte) honestissime usus est, turpissime Brutus, Sen. ep. 82, 12.

turpitūdo, inis, *f.* (turpis), die **Hässlichkeit, hässliche Gestalt, I** eig. u. meton.: **a** eig.: Cic. de off. 3, 105. Apul. apol. 15: Ggstz. decentia, Chalcid. Tim. 226. – **b** meton., als mediz. *t. t.*, eine **garstige-, wunde Stelle,** Marc. Emp. 31. Plin. Val. 1, 38. – **II** übtr., die **Hässlichkeit, Schändlichkeit, Schimpflichkeit, Unsittlichkeit,** der **Schimpf,** die **Schmach** (Ggstz. honestas), iudicum, Schlechtigkeit, Cic.: ordinis, v. Katilina, Ps. Sall.: generis, Quint.: pristinae vitae, Gell.: turpitudo et impudentia, eine gemeine u. unverschämte Denkart, Suet. – existimatio, dedecus, infamia, turpitudo verba atque ineptiae (sunt), Cic.: hinc pugnat honestas, illinc turpitudo, Cic.: in quo deformitas corporis cum turpitudine certabat ingenii, Vell.: o vix ullo otio compensandam hanc rei publicae turpitudinem! Cic.: quanta erit turpitudo, quantum dedecus, Cic.: divitiis per turpitudinem abuti, Sall.: esse turpitudini, Nep.: maximam turpitudinem suscipere vitae cupiditate, Cic.: nullā condicione hanc turpitudinem subire, Cic.: ut mihi illa omnia immortalem gloriam dederint, tibi sempiternam turpitudinem inflixerint, Cic.: ut turpitudinem fugae virtute delerent, Caes.: vos aliquot iam per annos conceptam huic ordini turpitudinem atque infamiam delere ac tollere potestis, Cic. – Plur., flagitiorum ac turpitudinum societas, Cic.: immensa aliqua vorago est aut gurges vitiorum turpitudinumque omnium, Cic.: sunt enim turpitudines plurimae, quae nisi honestas naturā plurimum valeat, cur non cadant in sapientem non est facile defendere, Cic.

turpo, āvī, ātum, āre (turpis), **hässlich-, garstig machen, besudeln, verunstalten, entstellen, I** eig.: Iovis aram sanguine, Enn. fr.: capillos sanguine, Verg.: eum simulacri monstrosā deformitate, Augustin.: cicatrix frontem turpaverat, Hor.: te rugae turpant, Hor.: turpatus vultus, Stat. – **II** übtr., **schänden, entehren, beschimpfen,** avos, Stat.: ornamenta, Cic. fr.: ni turpassis (archaist. = turpaveris) vanitate aetatem suam, Pacuv. tr. 123: haud procul erat, quin castra quoque urbanae seditionis contagione turparentur, Liv. 5, 12, 7: ne quod amissum ex iustis praeceptis cetera turpet, CIL 6, 10230.

Turrānius, a, um, ein röm. Familienname. Bes. bekannt sind Turranius Niger, ein Freund des Varro u. Q. Cicero, ein großer Landwirt, Varro r. r. 2. praef. § 6. Cic. ad Att. 1, 6, 2: u. Turranius, ein Tragödiendichter, Ov. ex Pont. 4, 16, 29. – Dav. **Turrāniānus,** a, um, **turranianisch,** pira, Colum. u. Plin.

turricula, ae, *f. (Demin.* v. turris; vgl. Consent. 355, 12 K.), **I** das **Türmchen,** als Belagerungsmaschine, Vitr. 10, 13, 6: als Taubenhaus, Pallad. 1, 24, 1. – **II** übtr. = pyrgus (s. d.), Mart. 14, 16 *lemm.*

turrifer, fera, ferum, s. d. folg. turriger.

turriger, gera, gerum (turris u. gero), **einen Turm-, Türme tragend,** urbes, Verg.: elephantus, Plin.: u. ders. fera, Sil.: dah. ein Beiwort der Cybele, die mit einer Turmkrone abgebildet wurde (die personifizierte Erde mit ihren Städten), Cybele, Ov. fast. 4, 219 (*Merkel* turrifer): dea, Cybele, Ov. fast. 4, 224: Ops, Ov. trist. 2, 24.

turris, is, *f.* (τύῤῥις, τύρσις), jedes sehr hohe Gebäude, der **Turm,** das **Schloss,** der hohe **Palast** u. dgl., **I** eig.: **1** im Allg.: turris marmorea octogonos, Vitr.: Maecenatiana, Suet.: Hannibal ad suam turrim pervenit, Liv.: contionari ex turri alta solebat, Cic. – **2** insbes.: **a** im Krieg, der **Turm,** womit man Mauern und Lager befestigte, Cic. u. Caes.: turris tectum, Caes.: turris latericia, Caes.: turres excitare (errichten), Caes. – der (hölzerne) **Belagerungsturm,** den man an die Mauer der Stadt schob, Cic. – mit Soldaten besetzte Türme, die von Elefanten getragen wurden, Liv. – **b** das **Taubenhaus,** der **Taubenschlag,** der mitten im Hof auf einem Pfahl steht, Varro u. Ov. – **II** übtr., eine viereckige Art der Schlachtordnung, Cato b. Fest. p. 344 (b), 13; vgl. Gell. 10, 9, 1. – ► Akk. Sing. em u. im, Abl. e u. ī.

turrītus, a, um (turris), **I getürmt, mit Türmen versehen, -besetzt,** moenia, Ov.: puppes, Verg.: elephanti, Auct. b. Afr. – turrīta, als Beiwort der Cybele (s. turriger), dea, Prop.: Berecynthia mater, Verg. – **II** poet. übtr., **getürmt, aufgetürmt, turmhoch,** scopuli, Verg.: so auch von der Haartracht, corona, Lucan.: u. so caput, vertex, Eccl.

tursio (thursio), ōnis, *m.*, ein Fisch, dem Delphin ähnlich, der **Braunfisch, Springer,** das **kleine Meerschwein** (*Delphinus Phocaena,* L.), Plin. 9, 34.

turtur, uris, *m.* = τρυγών, **I** die **Turteltaube** (*Columba Turtur,* L.), Plaut., Scriptt. r. r., Verg. u. a.: als *fem.,* Plin. 30, 68. – **II** turtur marina (= trygon, w. vgl.), eine Rochenart mit einem Stachel am Schwanze, der **Stachelroche** (*Raia pastinaca,* L.), Dict. 6, 15.

turturilla, ae, *f. (Demin.* v. turtur), das **Turteltäubchen,** als Bezeichnung weichlicher Menschen, Sen. ep. 96, 5.

turunda, ae, *f.* (wahrsch. = terenda, v. tero), die **Nudel, Wolger,** womit man die Gänse stopft. Cato r. r. 89 u. 157. Varro r. r. 3, 9 *extr.* – ► Nbf. torunda, Gloss. II, 202, 34.

turundo, āre (turunda), **nudeln,** Apic. 5, 191.

turundus, ī, *m.*, das **Scharpie,** Marc. Emp. 30.

tūs (thūs), tūris, *n.* (v. θύος, tuus, dann tus), der **Weihrauch,** die Tränen od. das Harz eines arabischen Baumes, den die Neueren für *Amyris Kataf Forsk.* halten, turis granum, Plaut.: turis et balsami silvae, Flor.: turis lacrimae, Ov.: tus metere, abnehmen, ernten, Plin.: publice vinum ac tus praebere (zum Opfer liefern), Liv.: tus incendere, Cic.: Plur., tria tura, drei Körner Weihrauch, Ov.: mascula tura, männlicher oder Tropfweihrauch, als die beste Sorte zum Opfer, Verg.: dare (opfern) tus, Ov.: u. so aris tura dare, Val. Max.: dare divis tura benignis, Hor.: u. tura dare pro Caesare, Ov.: tura tribus digitis comprehensa in focum iactare, Lact.: duobus digitulis tura in bustum arae iacĕre, Hieron. – ► tus terrae, eine Pflanze = chamaepitys, Plin. 24, 29. – Die Schreibung tus ist meistens die der besten Hdschrn. Die Schreibung thus verwirft Charis. 75, 13; verteidigt als die ältere Serv. Verg. georg. 1, 57 u. Aen. 6, 3: u. so auch Fea Hor. carm. 1, 19, 14. Drak. Liv. 10, 23, 2.

Tūscānicus, a, um, s. 1. Tūscī.

Tūscē, *Adv.*, s. Tūscus (unter Tusci).

1. Tūscī, ōrum, *m.*, die **Tusker,** die Einwohner Etruriens, bestehend aus 12, später 15 nach den wichtigsten Stämmen benannten Völkerschaften, von denen jede ihren Vorsteher (Lukumo gen.) hatte: zeichneten sich aus durch Kunst (etrurische Vasen, Säulenordnung u. dgl.) und durch Weissagekunst (Auguren), verschwanden aber nach ihrer Unterjochung durch die Römer gänzlich aus der Geschichte, Varro LL. 5, 161. Varro sat. Men. 17. Mela 2, 4, 2 (2. § 60). Liv. 2, 51, 1; 5, 33, 7 u. a. Cic. de div. 2, 106.: meton. für das **Gebiet der Tusker,** Varro LL. 5, 32: in Tuscos in exsilium abiit, in das Gebiet der Tusker, Liv. 3, 13, 8. – Sing. Femin. Tusca, ae, *f.*, die **Tuskerin,** Iuven. 6, 186. – Dav.: **A Tūscus,** a, um, **tuskisch, etrurisch,** aquilex, Varro fr.: mare, Cic.: amnis, die Tiber, Verg. u. Plin.: so auch alveus, der Tiber, Hor.: dux, Mezentius, Ov.: eques, Mäcenas, der von etrurischen Königen abstammte, Mart.: cadi, tuskische Weine, Mart.: semen, Dinkel, Spelt, Ov.: vicus, eine Straße in Rom, Varro LL., Liv. u. a.; Wohnort der Seidenhändler, Mart., Aufenthalt liederlichen Gesindels, bes. der Buhldirnen, Plaut. u. Hor. – Plur. subst., Tuscī, ōrum, *m. (sc.* agri), ein Landgut des jüngeren Plinius, Plin. ep. 5, 6, 1 *sqq.* u. a. – *Adv.* **Tūscē, tuskisch,** Varro b. Gell. 2, 25, 8: dicere, Gell. 11, 7, 4. – **B Tūscia,** ae, *f.*, das Land der Tusker, **Tuskien, Etrurien,** Flor. 1, 5, 5. Tert. apol. 40. Eutr. 1, 11; 3, 9; 7, 3. Amm. 27, 3, 1. CIL 10, 1125. Not. Tir. 85, 48 (von Serv. Verg. Aen. 10, 164 als ungebräuchlich verworfenes Wort; dah. Varro LL. 5, 32 Müller mit Recht Tusci liest, obgleich die Hdschrn. Tuscia haben). – **C Tūscānicus,** a, um, **tuskanisch, etrurisch,** impluvium, Varro LL.: signa, Plin.: statuae, Quint.: dispositiones, Vitr. – subst., tūscānicae, ārum, *f.*, **tuskische Gefäße,** von schmucker Form, beim Arvalendienst gebraucht, Act. fr. arv. ed. Henzen p. 43.

2. Tūscī, s. Tūscus unter 1. Tusci.

Tūsculānēnsis, e, s. Tūsculānus (unter Tusculum).

Tūsculānus, s. 2. Tūsculum.

1. tūsculum, ī, *n. (Demin.* v. tus), **etwas Weihrauch,** Plaut. aul. 385.

2. Tūsculum, ī, *n.*, eine uralte Stadt (municipium) in Latium, j. *Frascati,* Liv. 2, 15 *sq.;* 6, 33 *sq.* Cic. Font. 41. Hor. epod. 1, 29 u. a. – Dav.: **A Tūsculus,** a, um, **tuskulisch,** Tibull. u. a. – Plur. subst., Tūsculi, ōrum, *m.*, die Einw. von Tuskulum, die **Tuskuler,** Mart. 7, 31, 11. – **B Tūsculānus,** a, um, **zu Tuskulum gehörig, tuskulanisch,** arx, Liv.: populus, Liv. – Plur. subst., Tūsculānī, ōrum, *m.*, die Einw. von Tuskulum, die **Tuskulaner,** Cic. – Tūsculānum, ī, *n. (sc.* rus oder praedium), ein **Landgut bei Tuskulum,** wie Cicero eins hatte, Cic.: dah. disputationes Tusculanae, weil sie da angestellt wurden, Cic.: dies. bl. Tusculanae, Charis. 211, 24. Diom. 366, 27. Prisc. 3, 30 u. a. – u. dav. **Tūsculānēnsis,** e, **tuskulanisch,** dies, die auf dem Tuskulanum verlebten Tage, Cic.

Tūscus, a, um, s. 1. Tūscī.

Tusdritānum, s. Thisdra ►.

tūsillae, s. 1. tōnsillae.

tussēdo, inis, *f.* (tussis), der **Husten,** Apul. met. 9, 13.

tussicula, ae, *f. (Demin.* v. tussis), der **leichte Husten, etwas Husten,** der **Hustenanfall,** Cels. u. a.: vehemens, Cael. Aur.

tussiculāris, e (tussicula) = βηχικός, **gegen den Husten wirkend, den Husten lindernd,** medicamen, Cael. Aur. de morb. acut. 1, 17, 172; de morb. chron. 2, 13, 177: herba = *tussilago,* Cael. Aur. de morb. chron. 2, 7, 111.

tussiculōsus, a, um (tussicula), **zum Husten geneigt,** aetas senilis, Cael. Aur. de morb. acut. 2, 13, 90.

tussicus, a, um (tussis), **zum Husten geneigt,** Veget. mul. 5, 64, 3 u. 6, 8, 1. Firm. math. 5, 16. Marc. Emp. 10.

tussilāgo, inis, *f.*, **Huflattich, Brandlattich,** Plin. 26, 30. Ps. Apul. herb. 101.

tussio, īre (tussis), **husten,** den **Husten haben,** crebro, Quint.: acerbum, heftig, Mart.: male, einen bösen Husten haben, Hor.: si tussire occoeperit, Plaut.: linguam in tussiendo proserere, Plaut. – Partiz. tussientes subst. = am Husten Leidende, Plin. 21, 140 u. a. – tussītus, a, um, ausgehustet, sputa, Cael. Aur. de morb, acut. 2, 12, 98.

tussis, is, Akk. im, Abl. ī, *f.* (tundo), der **Husten,** Ter., Cels. u. a.: vetus, Cels.: sicca, Cels.: alci dare (verursachen) tussim, Catull.: tussi vexari, Fronto. – Plur., tusses, Hustenanfälle, Ter. heaut. 373. Plin. 20,

136. Amm. 19, 4, 2. – ► Ungew. Akk. tussem, Gargil. Mart. medic. de pomis § 16. 18. 26.

tūtāculum, ī, *n.* (tutor, ārī) = tutamentum, Prud. c. Symm. 2, 387.

tūtāmen, inis, *n.* (tutor, ārī), das **Schutzmittel,** die **Schutzwehr,** der **Schutz,** Catull. 64, 324. Verg. Aen. 5, 262. Ambros. de off. 2, 7, 38. Hieron. epist. 77, 8. Schol. Bern. Verg. georg. 4, 165: Plur., Arnob. 1, 28: domorum aut vestium tutamina, Arnob. 2, 40: constituere tutamina membris, CIL 9, 4796, 15.

tūtāmentum, ī, *n.* (tutor, ārī), das **Schutzmittel,** der **Schutz,** Liv. 21, 61, 10: ad tutamentum regionis, Vulg. 1. Mach. 14, 37: übtr., tutamenta spiritalia et caelestia, Cypr. epist. 58, 9: circumspiciens tutamenta sermonis, sah sich um, ob er auch sicher reden könnte, Apul. met. 1, 8.

Tūtānus, ī, *m.* (1. tutor), Name einer Schutzgottheit, die man in der Not anruft, Varro sat. Men. 213.

tūtātio, ōnis, *f.* (tutor, ārī), die **Beschützung,** Firm. math. 4, 7.

tūtātor, ōris, *m.* (tutor, ārī), der **Beschützer,** Apul. de deo Socr. 16. Arnob. 3, 24: Phrygiae gentis tutator Apollo, Auct. epit. Iliad. 916.

1. tūte, s. tū.

2. tūtē, *Adv.* (tutus), **sicher,** vivere, Rhet. Her. 3, 5, 9. – *Compar.* u. *Superl.* s. 1. tūtō.

tūtēla, ae, *f.* (tueor), das Ins-Auge-Fassen, dah. bildl.: **I** die **Fürsorge, Obhut,** der **Schutz,** die **Aufrechterhaltung, A** im Allg.: **1** eig.: t. ac praesidium bellicae virtutis, Cic.: tutelam ianuae gerere, Plaut.: sit in eius tutela Gallia, Cic.: cuius (Apollinis) in tutela Athenas antiqui historici esse voluerunt, Cic.: constat omnes urbes in alicuius dei esse tutela, Macr.: dii, quorum tutelae ea loca erant, Liv.: salutem hominum in Iovis esse tutela, Cic.: quibus est tutela per agros, Prop.: ut omnia illa prima naturae huius (rationis) tutelae subiciantur, Cic. – **2** meton.: **a** aktiv: **α** = die schützende Person, der **Beschützer, Schutz, Schirm, Schutzheilige,** prorae (πρῳράτης), der Oberbootsmann, der im Vorderteil des Schiffes saß u. dem Steuermann durch Zeichen den einzuhaltenden Kurs angab, Ov.: templi, Ov.: Italiae, Hor.: Pelasgi nominis, Ov.: rerum t. mearum cum sis, Hor.: von der Schutzgottheit (dem Schutzpatron) eines Schiffes, unter dessen Schutz man das Schiff u. dessen Bemannung gestellt glaubte, Ov. trist. 1, 10, 1. Petron. 105, 6: als kleine Statue od. als geschnitztes Bild am Hinterteil des Schiffes angebracht (während das insigne am Vorderteil sich befand), Petron. 108, 13. Sen. ep. 76, 13. Lact. 1, 11, 19. Sil. 14, 543. – der Schutzgeist eines Ortes, loci, Petron. 57, 2: pomarii (v. Priapus), Priap. 72, 1; vgl. Verg. georg. 4, 110 u. 111: Lemni, Priap. 78, 7: bes. des Hauses, Hieron. in Isai. lib. 16. *c.* 57. *v.* 7: dea Fortuna tutela, CIL 6, 178 u. 179: substantialis tutela (v. der Adrastia), Amm. 14, 11, 25. – **β** das schützende **Gehege,** die **Einfriedigung,** earum tutelarum genera quattuor, Varro r.r. 1, 14, 1. – **b** passiv = die beschützte Person, der **Beschützte, Schützling,** Lanuvium annosi vetus est tutela draconis, Prop.: virginum primae puerique claris patribus orti, Deliae tutela deae, Hor. – **B** insbes., die **Vormundschaft, 1** eig.: alqm alci in tutelam tradere, Pacuv. tr. fr.: in alcis tutelam venire, Cic. (aber in tutelam suam venire od. pervenire, mündig werden, Cic.: u. so post tutelam receptam, nachdem er volljährig geworden war, Suet.): alcis tutelam accipere, Varro: tutelam gerere, Liv., od. administrare, ICt.: tutelam deponere, Liv.: ad sanos abeat tutela propinquos, Hor.: iudicium tutelae, Cic.: actio tutelae, ICt.: agere tutelae, ICt.: Plur., Cic. de or. 1, 173. – **2** meton.: **a** der Bevormundete, der od. das **Mündel,** Masur. bei Gell. 5, 13, 5. – **b** das **Vermögen der Mündel,** legitima, Cic. ad Att. 1, 5, 6: exigua, ICt. – **II** die **Bewahrung, Erhaltung, Unterhaltung, a** lebl. Subjj.: villarum, Plin.: Capitolii, Plin.: viae, ICt.: saeptorum, Varro: tutelae nomine, CIL 6, 1396. – **b** leb. Wesen, die **Unterhaltung, Erhaltung, Ernährung,** tut. pecudum silvestrium et apium educatio, Colum.: boum, Colum.: asellus exiguae tutelae est, Colum.: tenuiorum, Suet.: classis, Iustin. – ► Die Schreibung tutela vorgeschrieben von Mar. Victorin. 1, 4, 57. p. 17, 11 K.; doch tutella b. Gratt. cyn. 48 u. 306 H. u. B.

tūtēlāris, e (tutela), **I schützend,** dii, Schutzgötter eines Ortes, Macr. sat. 3, 9. § 2. – **II vormundschaftlich, Vormundschafts-,** anni, Sidon.: causa, ICt.: praetor, der das Vormundschaftswesen besorgt u. Vormünder gibt, Capit., ICt. u. Inscr.

tūtēlārius, a, um (tutela), **I behütend,** subst., tūtēlāriī, ōrum, *m.*, die **Behüter, Hüter** eines Tempels, Plin. 34, 38. – **II vormundschaftlich, Vormundschafts-,** praetor (s. tūtēlāris *no.* II), CIL 6, 1690. Schol. Pers. 2, 19 *ed. princ.* (Jahn praetor tutelarum).

tūtēlātor, ōris, *m.* (tutela), der **Beschützer, beschützende Genius,** Arnob. 3, 24. Mart. Cap. 2. § 152.

tūtēlātus, a, um (tutela), **in jemandes Schutz übergeben,** Gromat. vet. 18, 22 u. 114, 5.

tūtella, s. tūtēla ►.

tūtemet, s. tū.

tuticus, s. mēddix.

Tūtilīna, ae, *f.* (tueor), die **Schutzgöttin, a** als Göttin, die man in der Not anruft, Varro sat. Men. 216. – **b** als Beschützerin des Getreides, Varro LL. 5, 163. Macr. sat. 1, 16. § 8. Augustin. de civ. dei 4, 8. Tert. spect. 8 (wo Oehler Tutulina).

tūtimet, s. tū.

tūtin, tūtine, s. tū.

1. tūtō, *Adv.* (tutus), **mit Sicherheit, in Sicherheit, sicher,** vivere, Nep.: esse, Cic.: dimicare, Caes. – m. folg. *ab* u. Abl., ab incursu, Caes. – *Compar.*, in vadis consistere tutius, Caes. – *Superl.* tutissimo, **am sichersten,** non quaerere, ubi tut. essem, Cic. ad Att. 8, 1, 2 M.: sic tut. infunduntur oboli quattuor, Plin. 20, 14. – *Superl.* tutissime, te hic tutissime fore puto, Pompei. bei Cic. ad Att. 8, 11 A.: ubi ponunt homines tutissime quod amant in terra, Augustin.

2. tūto, āvī, ātum, āre = tutor, **schützen,** tutant, Naev. tr. 20: tutabant, Fulg. serm. ant. 14. p. 116, 6 H.: tutaret, Pompon. com. 107: tutasset, Hyg. fab. 100: tuta (Imperat.), Pacuv. tr. 298: Passiv, Plaut. Amph. 651. Fronto laud. negl. p. 215, 5 N.: tutata possessio, Symm. epist. 9, 11.

1. tūtor, ātus sum, ārī (*Intens.* v. tueor), **I sicherstellen, schützen, decken, behaupten,** domum, Plaut. u. Verg.: regnum, Sall.: oculos ab (an) inferiore parte (v. den Wangen), Cic.: ut eos, quos tutari debeant, desertos esse patiantur, Cic.: nunc de saeptis, quae tutandi causā fundi fiant, dicam, Varro: Plautus partes tutatur amantis, behauptet sich in usw., Plaut. – m. *Abl.* (durch), urbem muris, Liv.: se vallo, Liv.: spem virtute, Sall. – mit *ab* (vor, gegen) u. Abl., a proximorum insidiis salutem, Val. Ant. fr. bei Gell. 3, 8, 3: vera arma verasque vires, quibus ab ira Romanorum vestra tutaremini, invenistis, Liv. 6, 26, 1: natura truncos arboresque cortice a frigoribus et calore tutata est, Plin. nat. hist. 7. praef. § 2. – m. *adversus* od. *contra* u. Akk., se munimento ad tempus *adversus* crescentem in dies multitudinem hostium, Liv. 21, 25, 14: *adversus* iniusta arma pio iustoque se bello, Liv. 42, 23, 6: locorum ingenio sese *contra* imbelles regis copias, Tac. ann. 6, 41. – **II sich gegen** etw. **sichern,** etw. **abzuwenden suchen,** pericula, Sall.: inopiam, Caes.: famem, Calp. – ► Parag. Infin. tutarier, Plaut. mil. 312.

2. tūtor, ōris, *m.* (zsgz. aus tuitor, v. tueor), **I** der **Beschützer,** finium, Hor.: religionum, Cic. – **II** insbes.: **1** der **Vormund,** der **Kurator** der Minderjährigen, der Frauen u. Geistesschwachen, **a** eig.: alqm tutorem (als V.) instituere, Cic.: destinare alqm alci tutorem, Curt.: tutorem instituere filiorum orbitati, Cic.: tutores constituere, Iustin.: dare alci tutorem, Iustin. u. Eutr.: dare alqm tutorem (als V.) Helvidiae filiae, Plin. ep.: scribere alqm tutorem liberis suis, Cic.: tutorem esse alcis u. alci, Cic.: non regem, sed tutorem pupilli agere, Iustin.: tutorem a consulibus petere, Liv.: mulieres in tutorum potestate esse, Cic. – v. Frauen, feminae tutores (als V.) dari non possunt, Nerat. dig. 26, 1, 18. – **b** bildl., eloquentiae quasi tutores, Cic.: res publica non solum parentibus … verum etiam tutoribus annuis esset orbata, Cic. – **2** der **Hüter** der Herde, Moeris pastor quoque et tutor, Schol. Bern. Verg. ecl. 8, 96.

tūtōrius, a, um (tutor, oris), **I vormundschaftlich,** tutorio nomine, unter dem Namen eines Vormundes, Iustin. 30, 3, 4. – **II** subst., tūtōrius, iī, *m.* = tutor, der Beschützer, Iuppiter Tut., Inscr. bei Fea Relaz. d'un viaggio ad Osita p. 14. – u. tūtōria, ae, *f.* = tutrix, die **Beschützerin,** CIL 6, 9710.

tūtrīx, īcis, *f.* (Femin. zu 2. tutor), **I** die **Schützerin, Beschützerin,** te tutrice, unter deinem Schutz, *Verg. cul. 23 *Haupt:* v. den Musen, Fulg. myth. 1. praef. extr. p. 27 M. – **II** die **Vormünderin,** Cod. Iust. 5, 35, 3.

tutulātus, a, um, **mit einem** *tutulus* **versehen,** Enn. ann. 121. Pompon. com. 96.

Tūtulīna, s. Tūtilīna.

tutulus, ī, *m.*, vorn über der Stirn zusammengeschlungene u. ineinander geknüpfte Haarflechten, eine aufwärtsstehende **Haarschleife,** bes. vom Flamen u. dessen Gattin (der flaminica) getragen, Varro LL. 7, 44. Fest. 355 (a), 29. Tert. de pall. 4 *extr.*

Tutūnus, ī, *m.* = Priapus, Augustin. de civ. dei 4, 11. Arnob. 4, 7 u. 11.

tūtus, a, um, *PAdi.* (v. tueor), **I** passiv, **sicher, wohlverwahrt, außer Gefahr, gefahrlos,** iter, Hor.: locus, Cic.: res, Cic.: vita, Iustin.: mens male tuta, Geisteszerrüttung, Hor.: consiliis et laboribus tutiorem vitam hominum reddere, Cic.: alqm tutum dimittere, Sen. – tutior receptus, Caes.: sic existimabat tutissimam fore Galliam, Hirt. b. G.: id tutissimum est, Ter.: medio tutissimus ibis, Ov. – m. *ab* u. Abl., m. *ad, contra* od. *adversus* u. Akk., tutus *a* latronibus, Hor.: *ab* insidiis inimici, Planc. in Cic. ep.: tutus *ab* hostibus, Caes.: tutus *a* periculo, Caes.: *ab* austro, Caes.: portus navibus *a* maritima vi tutus, Liv.: ut *ab* ignis periculo sint villae tutiores, Vitr.: per quos *contra* senatum et consules tutus esse posset, Eutr.: *adversus* venenorum pericula tuta corpora, Cels.: loci beneficio *adversus* intemperiem anni tutus est, Sen.: quorum (filiorum) praesidio tutus *adversus* hostes esse debuerit, Iustin.: testudo tuta *ad* omnes ictus, Liv. – tutus *sub* regis auxilio, Tac. – subst., tūtum, ī, *n.*, die **Sicherheit,** in tutum pervenire, Nep.: esse in tuto, Cic.: in tuto collocare alqd oder alqm, in Sicherheit stellen, Ter. u. Cic.: Plur. tuta, Sicheres, Gefahrloses, quid dubitas et tuta times? Ov.: u. sicherer Ort, tuta petens, Ov.: tuta tenebam, Verg.: a tergo tuta relinquere, sich den Rücken gesichert halten, Curt.: u. Kompar. tutiora, sicherere Entschlüsse, barbari animum ad honestiora quam tutiora converterat, Curt. 8, 2 (9), 28. – tutum est m. folg. *Infin.*, si dicere palam parum tutum est, Quint.: o nullis tutum credere blanditiis, Prop. – tutius esse arbitrabantur … sine ullo vulnere victoriā potiri, Caes.: ipsis tutius esse manere paulisper sub tutela praesidii Romani quam etc., Liv.: tutius visum est pluribus locis spargi, Curt. – nobis tutissimum est auctores plerosque sequi, Quint. – **II** aktiv, übtr., **vorsichtig, behutsam,** v. Pers., Hor. de art. poët. 28. Ov. trist. 3, 12, 36: consilia, Liv. 9, 32, 3; 22, 38, 13.

tuus, a, um, *Pronom. poss.* (tu), **dein, I** subjektiv: **A** im Allg.: tuus pater, Ter.: tuus est servus, Plaut.: tua bona (Ggstz. aliena mala), Cic. – subst., tui, die Deinigen, deine Angehörigen, Cic., deine Leute, Plin. ep.: tuum (tuom), das Deinige, tuom tibi reddo, das dir Versprochene, Ter.: hau nosco tuom, deine Art u. Weise, deinen Charakter, Plaut.: so auch Plur. tua, Ter.: verb. tui tuaque, Cic. – tuum est = es ist deine Sache, -Gewohnheit, -Art u. Weise, u. = es ist deine Pflicht, m. folg. *Infin.*, Komik. – in den *cas. obliqu.* verstärkt durch die Suffixe pte u. met, um unser **selbst** zu bezeichnen, tuopte ingenio, Plaut.: tuismet virtutibus, Apul. – **B** prägn.: **1 dein** = dir günstig, für dich passend, tempore non tuo, Mart.: tempore tuo pugnasti, Liv. – **2 dein eigener Herr, nur von dir abhängig,** semper tuus, Stat. silv. 2, 2, 72; u. so Stat. Theb. 4, 836. – bildl., tuus sis, bei dir (= bei Verstand), Arnob. 1, 12. – **II** objektiv = **zu dir, nach dir, gegen dich** u. dgl., desiderio tuo, Cic.: in tua observantia, Planc. in Cic. ep.: neque neglegentiā tuā neque odio id fecit tuo, Ter.: Rhenum et Euphratem admirationis tuae (deines Namens) societate coniungeres, Plin. pan. – ► Genet. Plur. tuûm (tuôm) = tuorum, Plaut. Poen. 1062.

tuxtax, klatsch klatsch, Ausdruck des Schalles beim Auffallen der Schläge, tuxtax tergo erit meo, klatsch klatsch wird es auf meinem Rücken gehen, Plaut. Pers. 265 R. (Vulg. taxtax). Vgl. Naev. com. 6 (wo Ribbeck tax pax).

Tyana, ōrum, *n.* (Τύανα), eine Stadt in Kappadozien am Fuße des Berges Taurus, Geburtsort des Philosophen Apollonius, j. *Kiz* od. *Kilis Hissar,* Plin. 6, 8. Amm. 23, 6, 19: Nbf. Tyana u. Thyana, ae, *f.*, Vopisc. Aurel. 22, 5; 23, 4; 24, 3 u. 25, 1. – Dav.: **A Tyanaeus** (Thyanaeus), a, um, **aus Tyana, tyanäisch,** Apollonius, Vopisc. Aur. 24, 5. – **B Tyaneus,** a, um, **aus Tyana,** Apollonius, Amm. 21, 14, 5. – **C Tyanēius,** a, um, **tyanëisch,** incola, Ov. met. 8, 719 zw. – **D Tyanī** (Thyanī), ōrum, *m.*, die Einw. von Tyana, die **Tyaner,** Vopisc. Aurel. 23, 2 *Peter.*

Tyba, ae, *f.*, eine Stadt an der Grenze Syriens diesseits des Euphrats, j. *Taibe,* Cic. ep. 15, 1, 2.

Tybrigena, ae, *m.* (Tybris u. geno = gigno), ein **am Tybris (Tiber) Geborener,** *Rutil. Namat. 1, 596 *Mueller* (Zumpt Tyrrhigena; Bährens terrigena).

Tybris, is, *m.*, s. Tiberis.

Tȳbur, uris, *n.*, s. Tībur.

Tycha, ae, *f.* (Τύχη), der dritte Stadtteil von Syrakus in Sizilien, mit einem Tempel der Fortuna, woher der Name, Cic. Verr. 4, 119. Liv. 24, 21, 7; 25, 25, 5.

Tychius, iī, *m.* (Τυχίος), ein berühmter Künstler in Lederarbeit, aus Böotien gebürtig, Plin. 7, 196. Ov. fast. 3, 824.

Tȳdeûs, eī u. eos, Akk. ea, *m.* (Τυδεύς), Sohn des Öneus und Vater des Diomedes, Verg. Aen. 6, 479. Hyg. fab. 69 *sq.*: Genet. Tydei, Hyg. fab. 175. Mythogr. Lat. 1, 146 u. a.: Genet. Tydeos, Stat. Theb. 3, 654: Akk. Tydea, Quint. 3, 7, 12. Stat. Theb. 1, 42: Vok. Tydeu, Stat. Theb. 3, 380 u. 9, 63. – Dav. **Tȳdīdēs,** ae, *n.* (Τυδείδης), der **Tydide** (Sohn des Tydeus), d. i. Diomedes, Verg. Aen. 1, 97. Hor. carm. 1, 16, 6 u. a. Ov. met. 12, 622: Akk. Tydidem, Mythogr. Lat. 1, 204. p. 64, 16 *Bode.* – u. dav. abgel. **Tȳdīdeus,** a, um, **tydidëisch,** ensis, Epit. Iliad. 453.

Tymōlus, ī, *m.*, s. Tmōlus.

tympanicus, ī, *m.* (τυμπανικός), der **an der Trommelwassersucht Leidende,** Plur. bei Plin. 25, 60. Cael. Aur. de morb. chron. 3, 8, 113.

tympaniolum, ī, *n. (Demin.* v. tympanum), die **kleine Handpauke,** Arnob. 6, 26 *in.*

tympanisso, āre, s. tympanizo.

tympanista, ae, *m.* (τυμπανιστής), der **Handpaukenschläger,** Apul. de deo Socr. 14.

tympanistria, ae, *f.* (τυμπανίστρια), die **Handpaukenschlägerin,** Sidon. epist. 1, 2, 9. Vulg. psalm. 67, 26. CIL 6, 2264.

tympanītēs, ae, *m.* (τυμπανίτης), **I** eine Art der Wassersucht, bei der der Unterleib so gespannt und angeschwollen ist, dass er, wenn man darauf schlägt, den Ton einer Pauke oder Trommel gibt, die **Trommelwassersucht,** Veget. mul. 2, 15, 3. Cael. Aur. de morb. chron. 3, 8, 101 *sqq.* – **II** der **an der Trommelwassersucht Leidende,** der **Trommelwassersüchtige,** Veget. mul. 2, 15, 3; 5, 26, 1.

tympanīticus, ī, *m.* (tympanites), der an **der Trommelwassersucht Leidende,** Pelagon. veterin. 13 (210 u. 213 *Ihm).* Veget. mul. 5, 26, 4.

tympanium, iī, *n.* (τυμπάνιον), eine Perle, die auf der einen Seite flach, auf der anderen erhaben ist, die **Paukenperle,** Plin. 9, 109. Paul. dig. 34, 2, 32. § 9.

tympanizo, āre (τυμπανίζω), **die Handpauke schlagen,** Suet. Aug. 68. – Andere Schreibweise tympanissare, Macr. de diff. 21, 8.

tympanotriba, ae, *n.* (τυμπανοτρίβης), der **Handpaukenschläger,** von den Priestern der Cybele; dah. appell., als Schimpfwort für einen Weichling, Plaut. truc. 611.

tympanum, ī, *n.* (τύμπανον), ein bes. beim Gottesdienst der Cybele gebrauchtes Tonwerkzeug, bald mit hohlem, halbrund gewölbtem Bauch od. Schallboden, wie unsere Kesselpauke, bald bloß rad- oder siebförmig und am Rand mit Schellen behängt, die **Handpauke, Handtrommel, I** eig., Lucr., Catull., Caes. u. a.; vgl. cymbalum. – bei den Parthern statt der Tuba als Kampftrompete gebraucht, Iustin. 41, 2, 8. – im Bild, v. etwas Verweichlichendem, tympana eloquentiae, Quint. 5, 12, 21: in manu tympanum est, Sen. de vit. beat. 13, 3. –

II übtr., wegen der Ähnlichkeit: **1** ein ohne Speichen aus einem Stück Holz gemachtes Rad, das **Klotz-** oder **Tellerrad,** als Wagenrad, Verg.: als Maschinenrad, um Lasten herab- u. heraufzulassen, das Heberad, Lucr. u. Vitr.: bei der Presse, ICt.: bei den Mühlen, Wasserorgeln, Vitr.: tymp. dentatum, Kammrad, Vitr. – **2** in der Baukunst: **a** das dreieckige hölzerne **Giebelfeld,** Vitr. 8, 5, 12. – **b** die **Füllung** des Türflügels, Vitr. 4, 6, 4. – **3** ein Essgeschirr, eine runde **konkave Schüssel,** Plin. 33, 146. – ► Des Metrums wegen gebildete Form tȳpănum, Varro sat. Men. 132. Catull. 63, 8 *sq.*

Tyndareum, s. 2. Tyndaris.

Tyndareus, eī, *m.* (Τυνδάρεος; Nbf. Tyndarus, ī, *m.*, Lact. 1, 10, 11), **Tyndareus,** Sohn des Öbalus, König von Sparta, nach seiner Vertreibung aus Sparta Gemahl der Leda, Vater des Kastor und Pollux, der Helena u. Klytämnestra, Cic. de fato 34. Ov. her. 8, 31. Serv. Verg. Aen. 2, 601: Tyndarei gener, v. Agamemnon (dem Gemahl der Klytämnestra), Ov. Iv. 352. – Dav.: **A Tyndaridēs,** ae, Akk. ēn, *m.* (Τυνδαρίδης), der **Tyndaride** (= der männliche Nachkomme des Tyndareus), v. Kastor u. Pollux, Tyndaridae, Cic., od. Tyndaridae gemini od. fratres, Ov. – fortissima Tyndaridarum, die wackerste aus dem Geschlecht der Tyndariden, die leibhaftige Klytämnestra (v. einer Libertina), Hor. sat. 1, 1, 100. – **B Tyndaris,** idis od. idos, Akk. ida, *f.* (Τυνδαρίς), die **Tyndaride** (= Tochter des Tyndareus), Lacaena, Helena, Verg. Aen. 2, 601: u. so von der Helena, Verg. Aen. 2, 569 (Akk. *-ida).* Ov. art. am. 1, 746 (Vok. *-i);* her. 16 (17), 118 (Genet. *-idis):* v. der Klytämnestra, Ov. art. am. 2, 408; trist. 396 (Genet. *-idos).* – **C Tyndarius,** a, um, **tyndarisch,** fratres, Kastor u. Pollux, Val. Flacc. 1, 57. – Plur., Tyndariī, ōrum, *m.*, poet. = Spartaner, Sil. 15, 320.

1. **Tyndaris,** s. Tyndareus.

2. **Tyndaris,** idis, Akk. idem u. ida, *f.* (Τυνδαρίς), von dem älteren Dionysius angelegte Stadt an der Nordküste Siziliens, im Besitz einer berühmten Merkurstatue, die von den Karthagern geraubt, vom jüngeren Scipio Afrikanus zurückgegeben wurde, Cic. Verr. 5, 128. Plin. 2, 206 u. 3, 90: dies. Tyndareum, eī, *n.* (Τυνδάριον), Liv. 36, 2, 11. – Dav. **Tyndaritānus,** a, um, **tyndaritanisch, von** oder **zu Tyndaris,** civitas, Cic.: legati, Cic.: Mercurius, Cic. – Plur. subst., Tyndaritānī, ōrum, *m.*, die Einw. von Tyndaris, die **Tyndaritaner,** Cic.

Tyndarius, s. Tyndareus.

Tyndarus, s. Tyndareus.

Tȳnēs, ētis, Akk. ētem u. ēta, *m.* (Τύνης, ὁ), eine Stadt in Zeugitana, j. *Tunis,* Liv. 30, 9, 10; 30, 16, 1 u. 30, 36, 7.

typanum, s. tympanum.

Typhōeus, phōeos, Akk. phōea, *m.* (Τυφωεύς, latein. in den *cas. obliqu.* bald drei, bald viersilbig gemessen, s. Bach Ov. met. 3, 303. p. 134), ein Riese von ungeheurer Größe, von Jupiter, den er vom Himmel stoßen wollte, durch Blitze getötet und unter dem Ätna begraben, Ov. met. 5, 353: Genet. *-eos,* Ov. fast. 4, 491: Dat. *-eo,* Verg. Aen. 9, 716. Sil. 14, 196: Akk. *-ea,* Ov. met. 5, 348 u. s.: als riesiges Ungeheuer centimanus gen., Ov. met. 3, 303. – Dav.: **A Typhōius,** a, um, **typhoïsch,** tela, Verg.: cervix, Claud. – **B Typhōis,** phōidos, *f.*, **typhoïsch,** Aetna, Ov.

1. **tȳphōn,** ōnis, Akk. Plur. ōnas, *m.* (τυφών), **I** eine Art von Wirbelwind, der aus den Wolken kommt, alles dahinreißt und auf dem Meer die sogenannten Wasserhosen bildet, Plin. 2, 131. Apul. de mund. 15. – ein **Wirbelwind** mit Feuer vermischt, Val. Flacc. 3, 130. – **II** eine **Art Komet,** Plin. 2, 91.

2. **Tȳphōn,** ōnis, Akk. ōna, *m.* (Τυφών), anderer Name des Riesen Typhoeus (s. Typhōeus), Mela 1, 13, 4 (1. § 76). Ov. fast. 2, 461. Lucan. 4, 595; 6, 92. Manil. 4, 581: Typhonis specus (in Cilicien), Curt. 3, 4 (10), 10. – Dav.: **A Tȳphōneus,** a, um, **typhonisch,** specus, eine Höhle in Cilicien, Mela 1, 13, 4 (1. § 76). – **B Tȳphōnis,** idis, *f.* (Τυφωνίς), die **Typhonide** (Tochter des Typhon), Val. Flacc. 4, 428.

typhōnicus, a, um (s. 1. tȳphōn), **typhonartig,** ventus, ein Wirbelwind, Vulg. act. apost. 27, 14.

tȳphōnion, iī, *n.* (τυφώνιον), Name zweier Pflanzen, **a** = hyoscyamus, Ps. Apul. herb. 5. – **b** = dracontea, Ps. Apul. herb. 15.

tȳphus, ī, *m.* (τῦφος), der **Stolz,** Eccl.

typicē *(Adv.)* = figuraliter, Gloss. IV, 292, 5.

typicus, a, um (τυπικός), **typisch, I** = **bildlich,** Eccl. – **II regelmäßig wiederkehrend,** tremor, Cael. Aur. de morb. acut. 2, 15, 95: accessiones, Cael. Aur. de morb. chron. 3, 8, 118. – Plur. subst., typicī, ōrum, *m.*, **mit dem Wechselfieber Behaftete,** Cael. Aur. de morb. acut. 1, 14, 110.

typus, ī, *m.* (τύπος), **I** die **Figur,** das **Bild** in der gipsernen Wand usw., Cic. ad Att. 1, 10, 3. Plin. 35, 151. Lampr. Heliog. 3, 4 u. 7, 1. – **II** die **stehende (regelmäßige) Zu- und Abnahme** der Fieber und anderer Krankheiten, die **regelmäßige Wiederkehr,** der **Typus,** Cael. Aur. de morb. acut. 1, 14, 108 u. 114. Ps. Apul. herb. 102.

Tyra, s. Tyrās.

tyranna, ae, *f.* (tyrannus), die **Tyrannin, Fürstin,** Treb. Poll. trig. tyr. 31, 10.

tyrannicē, *Adv.* (tyrannicus), **tyrannisch, nach Despotenart,** ea, quae regie seu potius tyrannice statuit in aratores, Cic. Verr. 3, 115: urbem tyr. diripere, Vulc. Gallic. Avid. Cass. 7, 7: inimicitias adversus dei civitatem tyr. exercere, Augustin. de civ. dei 10, 21 *in.*

tyrannicīda, ae, *c.* (tyrannus u. caedo), der **Tyrannenmörder,** Sen. rhet., Sen. phil., Plin., Tac. u. a.

tyrannicīdium, iī, *n.* (tyrannicida), der **Tyrannenmord,** Sen. rhet. u. a.

tyrannicus, a, um (τυραννικός), **tyrannisch, despotisch,** leges, facinus, Cic.: tormenta, Sen. rhet.: ira, Sen.: dominatio, crudelitas, Iustin.: potestas, Lampr.: cum alia regia et prope tyrannica faceret, Eutr. 6, 25.

Tyrannio, ōnis, *m.*, ein griech. Grammatiker u. Geograph, der im mithridatischen Krieg als Gefangener nach Rom kam, dort in den Häusern der Großen Zutritt erlangte, namentlich Ciceros Kinder unterrichtete und dessen Bibliothek ordnete, Cic. ad Q. fr 2, 4, 2; ad Att. 2, 6, 1; 4, 4. litt. b. § 1 u. a.

tyrannis, idis, Akk. idem u. ida, *f.* (τυραννίς), **I** die Herrschaft eines *tyrannus,* **A** im Allg., die **unumschränkte Herrschaft, oberste Staatsleitung,** tyrannidem a civibus delatam adeptus, Val. Max. 4, 1. ext. 6. – **B** insbes., die **Gewaltherrschaft, Zwingherrschaft, 1** eig.: tyrannis saeva crudaque Neronis, Iuven.: vivit tyrannis, tyrannus occĭdit, Cic.: sublato tyranno tyrannida manere video, Cic.: tyrannidem occupare, Cic. u. Quint.: tyrannidem delere, Cic.: tyrannidem enervare, Liv.: tyrannide Athenas liberare, Val. Max. – **2** meton., das einem *tyrannus* unterworfene Gebiet, das **Zwinggebiet,** quinque et viginti talenta tyrannidem tuam exhaurient? Liv. 38, 14, 12. – **II** die **Tyrannin, Fürstin,** Treb. Poll. trig. tyr. 31, 10.

tyrannoctonus, ī, *m.* (τυραννοκτόνος), der **Tyrannenmörder,** Cic. ad Att. 14, 15, 2 u. a.

tyrannopolīta, ae, *m.* (τυραννοπολίτης), **Bürger einer Stadt, worin ein Tyrann regiert,** Sidon. epist. 5, 8, 3.

tyrannus, ī, *m.* (τύραννος, dor. st. κοίρανος), der **Herr, Gebieter** (rein lat. dominus), **I** im Allg., der **unumschränkte Herr, Herrscher, Gebieter, Fürst** (vgl. Nep. Milt. 8, 3), v. Äneas, Verg.: Phrygius, v. Laomedon, Ov.: v. Neptun, als Beherrscher der Flüsse, Ov.: v. Nabis, König in Sparta, Liv. – **II** insbes., von dem, der sich in einem freien Staat gegen den Willen des Volkes die Herrschaft anmaßte, der **Gewaltherrscher, Zwingherr, Despot, Tyrann,** tyrannus eius civitatis, Liv.: clemens tyrannus (Ggstz. rex importunus), Cic.: tyrannus libidinosus crudelisque, Cic.: tyrannus saevissimus et violentissimus in suos, Liv.; vgl. (v. Antonius) si eius pueritia pertulerat libidines eorum, qui erant in eum tyranni, etiamne in nostros liberos dominum et tyrannum comparabat? Cic.: animus noster modo rex est, modo tyrannus, Sen. ep. 114, 24. – Plur. tyranni auch prägn. = der Tyrann mit seinem ganzen Haus u. Anhang, ut tyrannos Thessaliae expellerent, Nep. Pelop. 5, 2.

Tyrās, ae, *m.* (Τύρας), ein Fluss in Sarmatien, später Danaster, j. *Dnjestr,* Ov. ex Pont. 4, 10, 50. – ders. **Tyra,** Plin. 4, 82. Mela 2, 1, 7 (2. § 7).

tyrianthinus, a, um (τυριάνθινος), **purpurviolett,** pallium, Vopisc. Carin. 20, 5. – Plur. subst., tyrianthina, ōrum, *n.*, purpurviolette Kleider, Mart. 1, 53, 5.

Tȳrīns, Tȳrinthius, s. Tīrȳns.

Tyrius, a, um, s. Tyros.

1. Tȳrō, ōnis u. ūs, *f.* (Τυρώ), Tochter des Salmoneus, Prop. 2, 28, 51. Hyg. fab. 60 u. 254.

2. tȳro, tȳrōcinium, s. tīro etc.

Tyros, ī, *f.*, s. Tyros.

tȳrotarīchum, ī, *n.* (aus τυρός u. τάριχος), ein Gericht aus Käse u. eingesalzenen Fischen, **Käse- und Heringsragout**, tyrotarichi patina, Cic. ep. 9, 16, 7 u. a.: auch adjekt., patella tirotarica, Apic. 4, 137.

Tyrrhēnī, ōrum, *m.* (Τυῤῥηνοί), die **Tyrrhener, Etrusker**, ein keltisches Volk, das früh über die Alpen nach Italien eingewandert war, Verg. Aen. 11, 733. – Dav.: **A Tyrrhēnia**, ae, *f.* (Τυῤῥηνία), **Etrurien**, Ov. met. 14, 452. Serv. Verg. Aen. 10, 164. – **B Tyrrhēnicus**, a, um (Τυῤῥηνικός), **tyrrhenisch, etruskisch**, Tarraco, am etruskischen Meer gelegen, Auson. epist. 25, 88. – **C Tyrrhēnus**, a, um (Τυῤῥηνός; viell. auch Tūrēnus geschr., Fronto ad Ver. 1. p. 113, 12 N.), **a tyrrhenisch, etruskisch**, mare, Liv., od. aequor, Verg., od. gurges, Lucan., der Tiber, weil er aus Etrurien nach Rom fließt: corpora, Etrusker, die Bacchus in Delphine verwandelte, Ov.: so auch monstra, Ov.: vincula pedum, Verg.: rex, Mezentius, Ov.: clangor tubae, Stat. – subst., Tyrrhēnus, **α** der **Tyrrhener, Etrusker**, sanguine Tyrrheni, des Mezentius, Verg.: Tyrrhenus inflabit ebur (weil etrurische Flötenspieler [tibicines] beim Opfer gebraucht wurden), Verg.: Plur. Tyrrhēnī, ōrum u. poet. ûm, *m.*, die Einw. Etruriens, die **Tyrrhener, Etrusker**, Verg. – **β** das tyrrhen. Meer, personif., Val. Flacc. 4, 715. – **b** = **italisch, römisch**, pubes, Sil. 1, 111.

Tyrrhīdae, ārum, *m.*, die **Söhne des Tyrrhus**, die Hirten des Königs Latinus, Verg. Aen. 7, 484.

Tyrrhigena, ae, *m.*, ein **Abkömmling der Tyrrhener**, *Rutil. Namat. 1, 596 (Müller Tybrigenas).

Tyros u. **Tyrus**, ī, *f.* (Τύρος), eine See- und Handelsstadt in Phönizien, berühmt wegen des Purpurs, Form *-os*, Mela 1, 12, 2 (1. § 66). Plin. 5, 76. Verg. Aen. 4, 670: Form *-us*, Liv. 33, 48, 3. Curt. 4, 4 (17), 2. Iustin. 11, 10, 10. Stat. silv. 1, 5, 39: Genet. Tyri, Cic. de nat. deor. 3, 42. – meton. (poet.) = **Purpur, Purpurfarbe**, Mart. 2, 29, 3 u. 6, 11, 7. – Dav. **Tyrius**, a, um (Τύριος), **a in-, aus Tyrus, tyrisch**, **α** eig.: urbs, Tyrus, Verg. (vgl. *no.* b, β): puella od. paelex, Europa, Tochter des tyrischen Königs Agenor, Ov.: taurus, der die Europa entführt hat, Mart. – Plur. subst., Tyriī, iōrum, *m.*, die Einw. von Tyrus, die **Tyrier**, Liv. – **β** meton., **tyrisch** = **purpurn, purpurfarbig**, torus, Catull.: u. so genialis (Brautbett), Iuven.: amictus, Ov.: vestes, Hor., colores, Ov. – subst., Tyrium, iī, *n.*, das **Purpurgewand**, in coccino et Tyrio pro delictis supplicare, Tert. de paenit. 11. – **b** poet. übtr.: **α** = **thebanisch**, exsul, Polynices, Stat.: ductor, Eteokles, Stat.: plectrum, des Amphion, Stat. – Plur. subst., Tyriī, iōrum, *m.*, die **Thebaner**, Stat. – **β** = **aus Karthago, karthagisch**, urbs, Karthago, Verg. (vgl. *no.* a, α): tori, Hochzeit der Dido mit Äneas in Karthago, Ov.: ductor, Hannibal, Sil. – Plur. subst., Tyriī, iōrum, *m.*, die **Karthager**, Verg.

Tysdritānus, s. Thysdrus.

Tysdrus, s. Thisdra.

tzanga, s. zanca.

U.

U, u, ursprünglich V, v, aus dem griech. Υ entstanden, der zwanzigste Buchstabe des latein. Alphabets, entsprechend dem griech. ου und unserem langen u (z. B. Brutus wie Βροῦτος, Brutus), kurz zuw. auch dem griech. υ (z. B. φυγή, fuga, u. κύμινον, cuminum), sodass dieser Laut zwischen unserem u, ü u. i schwebt, dah. er auch mit dem lat. i wechselt (z. B. optumus neben optimus, satura neben satira). Die Verwandtschaft mit den übrigen Vokalen, bes. mit o u. v. ist unter diesen angegeben. – Als Abkürzung bezeichnet U. bes. urbs (Roma) in der Verbindung U. C. od. u. c. (urbis conditae) u. a.u.c. (ab urbe condita).

ūba, s. ūva ►.

ubē, ubei, s. ūbi a. E. ►.

1. ūber, eris, *n.* (altind. *ūdhar*, griech. οὖθαρ, ahd. ūtar), **I** das **Euter**, die **Zite**, die **säugende Brust**, Cic., Verg., Plin. u. a.; uber exserere (entblößen), Val. Max.: ubera dare, Ov.: ubera dare expositis fera (v. der Wölfin), Ov.: ubera praebere, Ov., od. admovere, Verg.: ubera ducere, saugen, Ov.: raptus ab ubere, entwöhnt, abgesetzt, Ov.: im Bild, distenta musto ubera, Colum. 3, 21, 3: putria maturi solvantur ut ubera campi, Colum. poët. 10, 90. – Sprichw., ubi uber, ibi tuber, keine Rosen ohne Dornen, Apul. flor. 18. p. 29, 7 Kr. – **II** übtr.: **A** der **traubenförmige Klumpen**, den die schwärmenden Bienen bilden, wenn sie sich an einen Baum hängen, Pallad. 7, 7, 6. – **B** meton.: **a** die **Fruchtbarkeit, Reichlichkeit, Fülle,** sowohl des Bodens als der Gewächse, divitis agri, Verg.: fertilis ubere ager, Verg.: uber agri, Tac.: vitem ubere suo gravatam levare, Colum. – **b** poet., das **fruchtbare Feld,** der **Acker** selbst, Verg. georg. 2, 234 u. 275.

2. ūber, Genet. ūberis, *c.*, an etw. **ergiebig, reich, reichhaltig, fruchtbar, I** eig.: **a** übh.: seges spicis uberibus, Cic.: solum, Curt.: ager, Lir.: agri laeti atque uberes, Cic.: laetae segetes et uberes agri, Hieron.: uber rivus, reichlich sich ergießend, Hor.: bellum, reiche Beute versprechender, beutereicher, Iustin. – uberior solito, wasserreicher (v. einem Fluss), Ov.: nec uberior illa aetas, üppiger im Wachstum, Ov.: agro culto nihil potest esse nec usu uberius nec specie ornatius, für den Nutzen ergiebiger u. für den Anblick reizender, Cic.: is quaestus nunc est uberrimus, am einträglichsten, Ter. – m. *Abl.*, arbor niveis uberrima pomis, Ov. met. 4, 89: Sulmo gelidis uberrimus undis, Ov. trist. 4, 10, 3. – mit *Genet.*, lactis uberes rivi, Hor. carm. 2, 19, 10: regio aeris ac plumbi uberrima, Iustin. 44, 3, 4. – m. *Dat. Gerundiv.*, uberrimum gignendis uvis solum est, Curt. 6, 4 (13), 21. – *neutr. pl.* subst., uberrima, die fruchtbarsten Gegenden, Val. Flacc. 1, 511: mit *Genet.*, Locrorum late viridia et frugum ubera, Acc. tr. 49. – **b wohlgenährt, dick,** eques, Masur. Sab. bei Gell. 4, 20, 11: so auch onus, stark, groß, Plaut. Pseud. 198. – **c reichlich, reichhaltig, in Fülle,** fruges, Hor.: aquae, Ov.: guttae, Lucr.: fletus, Sen. poet.: congiarium uberius, Suet.: uberrimi laetissimique fructus, Cic. – **d inhaltreich,** uberiores litterae, Cic. ad Att. 13, 50, 1: uberrimae litterae, Cic. ad Att. 4, 16, 13 (4, 16, 7); 9, 7, 1. – **II** übtr.: materies tam copiosa et uber, Lact.: a quo censet eum uberem et fecundum (oratorem) fuisse, Cic.: motus animi, qui ad explicandum ornandumque sint uberes, Cic. – nullus feracior in ea (philosophia) locus est nec uberior quam de officiis, Cic.: quis uberior in dicendo Platone? Cic.: haec pleniora etiam atque uberiora Romam ad suos perscribebant, Caes.: tuas ingenio laudes uberiore canunt, Ov. – ingenia uberrima, Cic. u. Fronto: uberrimae artes, Cic.: oratorum eā aetate uberrimus erat, Tac.: doctrinae uberrimus ac plenissimus fons, Lact.: uberrima praemia victoriae, Curt. – m. *Abl.*, illa uberrima supplicationibus triumphisque provincia, Cic. Pis. 97. – ► Abl. Sing. gew. uberī; Abl. ubere, Colum. 6, 27, 1. Sil. 3, 404.

ūberitās, s. ūbertās a. E. ►.

ūberius, *Superl.* **ūberrimē**, *Adv.* (v. uber), **reichlicher, fruchtbarer, I** eig.: uberius flere, Cic. u. Augustin.: uberius provenit seges, Ov.: succreverunt uberrime, Plaut. – **II** übtr., **ausführlicher, weitläufiger,** uberius disputantur, Cic.: locus tractatus uberrime, Cic.

ūbero (āvī), ātum, āre (2. uber), **I** *intr.* **fruchtbar sein,** Colum. 5, 9, 11. – **II** *tr.* **fruchtbar machen, befruchten,** hoc velut coitu steriles arbores uberantur, Pallad. 11, 8, 3: surculi gemmis pluribus uberati, reich an usw., Pallad. 3, 17, 4.

ūbertās, ātis, *f.* (2. uber), die **Fruchtbarkeit,** die **Fülle,** der **Reichtum, I** subjektiv = der **reiche Ertrag,** die **Ergiebigkeit, a** eig.: agrorum, Cic.: metalli (einer Grube), Sen.: fluminum, Reichtum an Fischen, Goldkörnern usw., Tac.: eius anni ubertas, Segen, Plin. pan. – **b** übtr.: utilitatis, reichlicher Nutzen, Cic.: ubertas ingenii, Cic. Marc. 4 u. post redit. in sen. 1. Ambros. de fug. saec. 8, 48: immortalis ingenii ub. beatissima, Quint. 10, 1, 109. – von der Rede, ub. in dicendo et copia (Ggstz. exilitas), Reichhaltigkeit u. Fülle, Cic.: summa est (*sc.* in Isaeo) facultas, copia, ubertas, Plin. ep. – **II** objektiv, die **Fülle,** der **Reichtum** = die **Reichhaltigkeit,** das **reichliche Vorhandensein,** der **Überfluss, a** eig.: earum rerum, quas terra procreat, vel *ubertas* vel *tenuitas*, Cic.: ub. frugum, Cic.: lactis, Plin.: piscium, Iustin.: in percipiendis fructibus, Cic. – **b** übtr.: verborum, Quint.: so auch nobis ubertatem ac divitias dabit lectio, einen reichen Vorrat (an solchen Wörtern), Quint.: ub. improborum, Cic.: Plur., ubertates virtutis et copiae, Cic. de nat. deor. 2, 166: copiae ubertatesque verborum, Gell. 12, 1, 24. – Auf Kaisermünzen des 3. Jahrhunderts gewöhnl. uberitas, s. Cohen méd. impér. V III. p. 441.

ūbertim, *Adv.* (2. uber), **reichlich,** fundere lacrimulas, Catull.: ub. lacrimas fundere, Augustin.: flere, Sen. rhet. u. Fronto: ub. allacrimans, Apul.: ub. fluentes lacrimae, Hieron.

1. ūberto, āre (ubertas), **fruchtbar machen,** omnes simul terras, Plin. pan. 32, 2: agros, v. Regen, Eumen. grat. act. ad Const. 9, 6.

2. ūberto, īre, *intr.* = abundare, exuberare, Gloss. IV, 400, 4.

ūbertus, a, um (st. uberatus), **a ergiebig,** solum, Solin. 21, 3 *codd. SE.* Vgl. Gloss. IV, 518, 20 ›fertilis, fructuosus, ubertus‹. – **b** bildl., **reichhaltig,** dicendi genus, Gell. 6 (7), 14, 7 H.

ūbi, *Adv.*, archaist. cubi (Lokativform zum Relativ u. Interrogativ qui, quis), **wo, I** eig.: **a** übh.: velim ibi malis esse, ubi aliquo numero sis, quam istic, ubi solus sapere videare, Cic.: ubi tyrannus est, ibi etc., Cic.: omnes qui tum eos agros, ubi hodie est haec urbs, incolebant, Cic.: non modo ut Spartae, rapere ubi pueri et clepere discunt, Cic.: in ipso aditu atque ore portus, ubi etc., Cic.: in eam partem ituros atque *ibi* futuros Helvetios, *ubi* eos Caesar constituisset atque esse voluisset, Caes.: nam *ubi* tu profusus es, *ibi* ego me pervelim sepultam, Plaut. – mit angehängter Fragepartikel *nam*, in qua non video, ubinam mens constans et vita beata possit insistere, Cic. de nat. deor. 1, 24. – m. Genet. *terrarum, loci*, z. B. quid ageres, ubi terrarum esses, Cic.: non ... ubi terrarum sim, nescio, Plaut.: vocatum ducem percunctatur, ubi terrarum esset, Liv.: ut inanis mens quaerat, ubi sit loci, Plin. – **b** in direkter Frage, **wo?** *So.* ubi patera nunc est? *Me.* in cistula, Plaut.: ubi quaeram? Cic.: ubi sunt, qui Antonium Graece negant scire? Cic. – m. Genet. *gentium*, z. B. ubi illum quaeram gentium? Plaut.: u. mit angehängter Fragepartikel *nam*, ubinam gentium sumus? Cic.: ubinam est is homo gentium? Plaut. – **c** ubi = **wohin,** insula, ubi damnati mittebantur, Schol. Iuven. 1, 73. – **II** übtr.: **A** v. der Zeit, **wann, da, als, sobald als,** ubi summus imperator non adest ad exercitum, Plaut.: ubi ego Sosia nolim esse, Plaut.: ubi friget, huc evasit, Ter.: ubi lucet, magistratus etc., Varro: quem ubi vidi, equidem vim lacrimarum profudi, Cic.: ubi semel quis peieraverit, ei credi postea non oportet, Cic.: ubi galli cantum audivit, avum suum revixisse putat, Cic.: ubi de eius adventu Helvetii certiores facti sunt, legatos ad eum mittunt, Caes. – verb. mit *primum*, z. B. at hostes, ubi primum nostros equites conspexerunt, Caes.: ubi primum coeperat non convenire, Quint. – m. folg. *exinde*, ostium ubi conspexi, exinde me ilico protinam dedi, Plaut. Curc. 363. – **B** in Beziehung auf fachl. od. persönl. Gegenstände, wie in der Umgangssprache unser **wo** = **wobei, worin, womit, wodurch, bei-, mit welchem, durch welchen,** huiusmodi res semper comminiscere, ubi me excarnifices, Plaut.: cum multa colligeres et ex legibus et ex senatus consultis, ubi, si verba, non rem sequeremur, confici nihil posset, Cic.: est, ubi id isto modo valeat, Cic.: ne illi sit cera, ubi facere possit litteras, Plaut.: si rem servassem, fuit, ubi negotiosus essem, Plaut. – neque nobis adhuc praeter te quisquam fuit, ubi nostrum ius contra illos obtineremus, bei dem, Cic.: Alcmene, questus ubi ponat aniles, Iolen habet, Ov. – **C** ubi ubi = *ubicumque*, **wo nur immer, wo immer, an allen Orten wo,** una haec spes est, ubi ubi est, celari non potest, Ter.: facile, ubi ubi essent se conversuros aciem, Liv. – m. Genet. *gentium*, z. B. perii, nisi Libanum inveniam iam, ubi ubi est gentium, Plaut. – ► Nbff. ube, CIL 6, 26708 u. 11, 1331 (b): ubei, CIL 1, 196, 5 u. 28; 1, 198, 21 u. ö.

ubi-cumque (-**cunque**, altlat. -**quomque**), *Adv.*, **wo nur immer, wo immer, I** *relat.*: ubicumque erimus, Cic.: m. *Genet.*, ubic. gentium od. terrarum, wo nur in der Welt, Cic. – **II** *indef.* = **wo es immer sei, überall,** malum est ubicumque, Hor.: quidquid loquemur ubicumque, Quint.: ponite hoc corpus ubicumque, Augustin. – ► In der Tmesis, istius hominis ubi fit quomque mentio, Plaut. Bacch. 252.

Ubiī, ōrum, *m.*, eine germanische Völkerschaft am rechten Rheinufer von der Lahn bis unterhalb Kölns, mit Cäsar befreundet u. deshalb den übrigen Germanen verhasst. Unter Augustus wurden sie durch M. Agrippa auf das linke Rheinufer versetzt u. ihre Hauptstadt i. J. 50 n. Chr. zur colonia Agrippina (*Köln*) erhoben, Caes. b. G. 1, 54, 1; 4, 3, 3. Tac. Germ. 28: oppidum Ubiorum, die Hauptstadt der Ubier, s. Agrippīna a. E.: ara Ubiorum, in der Hauptstadt der Ubier, Tac. ann. 1, 39 u. 57. – Dav. **Ubius**, a, um, **ubisch,** mulier, Tac. hist. 5, 22.

ubi-libet, *Adv.*, **wo es beliebt, überall,** Sen. de tranqu. anim. 1, 4 (6). Augustin. epist. 27, 6 u. conf. 3, 7, 14 u. a.

ubi-nam, *Adv.*, s. ŭbi.

ubi-quāque (*sc.* parte), **wo nur irgend,** Ov. am. 3, 10, 5; art. am. 2, 627.

ubī-que, *Adv.*, **wo es nur immer sei, wo nur immer, überall** (Ggstz. nusquam), Cic. u. a.: verb. ubique et semper, Quint.: omnes qui ubique sunt od. sunt nati u. dgl., **so viel es allerorten gibt, allüberall, in aller Welt,** Cic. – ubique versus, überallhin, Lact. de opif. 5, 11. – m. *Genet.*, ubique gentium, Apul. flor. 18: itineris ubique, überall auf der R., Apul. met. 1, 24. – ► Verschieden ist ubique = et ubi, Plaut. u. Liv.

ubiquomque, s. ubi-cumque.

ubi-ubi, s. ŭbi *no.* II, C.

ubi-vīs, *Adv.*, **wo du immer willst, wo es immer sei, es sei, wo es wolle, überall,** Cic. u. a.

Ūcalegōn, ōnis, *m.*, Name eines Trojaners, iam proximus ardet Ucalegon, das Haus des Nachbars Uk., Verg. Aen. 2, 312: mit Anspielung auf diese Stelle, iam poscit aquam, iam frivola transfert Ucalegon, der Einwohner des Hauses, Iuven. 3, 199. – ► Akk. Ucalegonem, Serv. Verg. Aen. 2, 311 *Thilo*.

Ucubis, Akk. im, Abl. ī, *f.*, Stadt in Hispania Baetica, Auct. b. Hisp. 7, 1 u. 24, 2.

1. ūdo, āvī, āre (udus), **feuchten, anfeuchten, netzen** (Ggstz. siccare), Macr. sat. 7, 12, 10. Augustin. mor. Manich. 2, 13 *extr.*

2. ūdo, ōnis, *m.* = ἐμπίλιον (Auct. de gen. idiom. 579, 50 K.), eine Art **Filzschuhe** aus Bockshaaren, Mart. 14, 140 *lemm.* Ulp. dig. 34, 2, 25. § 4 M. (wo Vulg. odonum). Th. Prisc. 4. fol. 311 (b).

ūdus, a, um (zsgz. aus uvidus), **feucht, nass,** argilla, Hor.: apium, Hor.: paludes, Ov.: vina, flüssig, Ov.: linteolum, Plin.: palatum, Verg.: lora et funes, Hor.: stamen, angefeuchteter Faden, Sen. poët.: iter vocis udae, Verg.: udo ore, Catull.: oculi, nasse, tränende, Ov.: aleator, benebelt, betrunken, Hor.: gaudium, mit Tränen gemischt, Mart. – im obszönen Sinne, puella, Mart.: inguina, Iuven. – subst., ūdum, ī, *n.*, das **Nasse,** udo colores illinere, *al fresco* malen, Plin. 35, 49: ebenso colores inducere udo tectorio (Ggstz. colores inducere in arido, *tempera al secco* malen), Vitr. 7, 3, 7.

Ūfēns, entis, *m.*, **I** ein kleiner Fluss in Latium, j. *Uffente*, Plin. 3, 60. Verg. Aen. 7, 802. Sil. 8, 383. – Dav. **Ūfentīnus**, a, um, **ufentinisch,** tribus, eine der 35 röm. Tribus, Liv. 9, 20, 6. – **II** Name eines Anführers der Äquer, Verg. 7, 745 u. 8, 6.

ulcerāria, ae, *f.* (ulcus), der **Andorn,** eine Pflanze, Ps. Apul. herb. 45.

ulcerātio, ōnis, *f.* (ulcero), das **Schwären** und meton. das **Geschwür,** Th. Prisc. 1, 15 u. 16: Plur., ulcerationes, vulnera, Sen. de const. 6, 3.

ulcero (āvī), ātum, āre (ulcus), **schwären-, wund machen, I** eig.: mantica cui lumbos onere ulceret, Hor. sat. 1, 6, 106: nondum ulcerato Philoctetā morsu serpentis, verwundet, Cic. de fato 36. – **II** bildl.: iecur, die Leber, d. i. (nach unserer Vorstellung) das Herz verwunden, Hor. ep. 1, 18, 72.

ulcerōsus, a, um (ulcus), **voll Geschwüre, voller Beulen, I** eig. u. übtr.: **a** eig.: facies, Tac. ann. 4, 57: membra, Prud. cath. 9, 31: v. Pers., constituite illum ante oculos vestros iacentem in terra ulcerosum, Augustin. serm. 102, 4; u. so von Pers. auch Augustin. in psalm. 33. serm. 2. § 25 u. in psalm. 36. serm. 2. § 7. – **b** übtr., v. Bäumen, **voll krankhafter Auswüchse, höckerig,** Plin. 17, 106. – **II** bildl.: iecur, verwundet (von der Liebe), Hor. carm. 1, 25, 15 (vgl. ulcero *no.* II).

ulcīsco, ere, archaist. = *ulciscor*, z. B. ulciscerem, Enn. fr. scen. 147: ulso (Fut. ex.)., *Acc. tr. 293. – Vgl. ulciscor ►.

ulcīscor, ultus sum, ulcīscī (ulcus), **I** jmd. wegen eines erlittenen Unrechts **rächen,** für jmd. **Rache nehmen,** patrem, Cic.: se, Cic.: se ab inimico, Hygin. fab. 187: Hannibal se a transfugis ultus est, Frontin. 3, 16, 4: hoc genere se de senatu, Spart. Sever. 11, 3: übtr., a ferro sanguis humanus se ulciscitur; namque … rubiginem ducit, Plin. – **II** an jmd. für ein begangenes Unrecht **sich rächen, Rache nehmen,** etwas **rächend strafen, ahnden, rügen** (Ggstz. alqd inultum pati), **a** m. *Acc.* der Pers.: alqm, Cic., Caes. u. a.: adversarios, Ter.: hanc pro scelere eius, Lucil. fr. – **b** mit *Acc.* der Sache: scelus, Cic.: iniuriam, Cic.: non solum publicas, sed etiam privatas iniurias, Caes.: istius iniurias per vos ulcisci ac persequi statuisse, Cic.: Etruscorum iniurias ulcisci bello, Cic.: ulc. convicia (Ggstz. convicia inulta pati), Plin. ep.: mortem alcis, Cic. – ► ulcisci, ultus passiv, quidquid sine sanguine civium ulcisci nequitur, Sall. Iug. 31, 8: quae defendi repetique et ulcisci fas sit, Liv. 5, 49, 3: ob iras graviter ultas, wegen der Rache, die sie in ihrer Wut genommen, Liv. 2, 17, 7: ulta ossa patris, Ov. her. 8, 120: lege quod occĭdit ultus ipse suā, Val. Flacc. 4, 753. – Aktive Nbf. ulcisco, s. bes.

ulcus (hulcus), eris, *n.* (v. ἕλκος), das **Geschwür, Schwären, I** eig. u. übtr.: **a** eig., Cels., Verg. u. a. – Sprichw., ulcus tangere, einen heiklen Punkt berühren, Ter. Phorm. 690. – **b** übtr., der **Auswuchs** an Bäumen, Plin. 17, 227: ulcera montium, Marmorbruch, Plin. 36, 125. – **II** bildl.: ulcus (v. der Liebe) enim vivescit et inveterascit alendo, Lucr. 4, 1060 (1068): quicquid horum attigeris, ulcus est, ist eine wunde Stelle (ist faul), Cic. de nat. deor. 1, 104.

ulcusculum, ī, *n.* (*Demin.* v. ulcus), das **kleine Geschwür,** Cels., Sen. u. a.

ulex, icis, *m.*, ein dem Rosmarin ähnlicher Strauch, Plin. 33, 76.

Ulia, ae, *f.*, Stadt in Hispania Baetica, in der Nähe von Corduba, j. *Montemayor*, Auct. b. Alex. 61, 2. Auct. b. Hisp. 3, 1. Flor. 3, 22, 9.

Uliārus, ī, *f.*, Insel an der Küste von Gallien, im aquitanischen Meerbusen, j. *Oleron*, Plin. 4, 109.

ūlīginōsus, a, um (uligo), **voll Feuchtigkeit, nass, sumpfig,** ager, Varro LL.: locus, Varro: terra, Plin.: viscera, wassersüchtige, Arnob.: uliginosus, pinguis, Gloss. IV, 402, 30.

ūlīgo, inis, *f.* (st. uviligo, v. *uveo), **I** die **natürliche Feuchtigkeit der Erde, -des Bodens,** Scriptt. r. r. u. a.: abundare uligine, Colum.: locus uligine profundā, der Platz, ein grundloser Morast, Tac.: uligines paludum, Moräste, Tac. – **II** eine **Art von Ausschlag** od. **Krätze,** Veget. mul. 3, 52 *in.*

Ulisippo, s. Olisipo.

Ulixēs, is, Akk. em, *m.,* lat. (nach dem etrusk. Uluxe od. dem sikul. Οὐλίξης gebildeter) Name für Odysseus (Ὀδυσσεύς), Sohn des Laërtes (dah. Ulixes Lartius, Plaut. Bacch. 946), Gemahl der Penelope, Vater des Telemachus, König von Ithaka, berühmt durch seine Klugheit und List, die er besonders während der Belagerung von Troja bewies, nach dessen Fall er zehn Jahre lang umherirrte, ehe er nach Ithaka zurückkam, Cic. Tusc. 1, 98; de off. 1, 113. Hor. ep. 1, 2, 18. Prop. 3, 12. 23: Ulixis errationes, Vitr. 7, 5, 2: Octavius Mamilius Tusculanus, ab Ulixe deaque Circa oriundus, Abkömmling von Ul. u. der Göttin Circe (= Abkömmling von der Mamilia, der Tochter des Telegonus, den Ulixes mit der Circe erzeugte, des Gründers der Burg von Tuskulum), Liv. 1, 49, 9; vgl. Hor. carm. 3, 29, 8. – Appell., meus Ulixes, mein kluger Berater, Plaut. Men. 902. – ► **a** Fehlerhaft ist die Schreibart Ulysses, s. Ellendt Cic. Brut. 40. Hildebr. Apul. met. 1, 14. p. 45. – **b** Genet. Ulixĕi, Hor. carm. 1, 6, 7 u. a. Ov. met. 14, 159 u. 671. Auson. epist. 16, 13 u. 24, 107; s. *Obbar. not. cr.* ad Hor. ep. 1, 6, 63. p. 284. – Genet. Ulixi, Cic. Brut. 40; Tusc. 5, 46 u. ö. Apul. met. 1, 14. Dict. 5, 16; vgl. Charis. 132, 7. – Akk. Ulixēn, Val. Max. 8, 11. ext. 6. Hor. sat. 2, 3, 197 u. 204. Prop. 2, 9, 7. Ov. met. 13, 55 u. a. – Dav. **Ulixeus** (Ulyxeus), a, um, **zu Ulixes gehörig, des Ulixes,** fraus, Orest. tr. 76: peregrinatio, Apul. met. 2, 14: cerae, Sidon. epist. 9, 6, 2.

Ulla, ae, *m.,* ein Fluss in Hispania Tarraconensis, noch j. *Ulla,* Mela 3, 1, 1 (3. § 10).

ullageris, e, in der Bauernspr. = orcularis, **durch Tönnchen gebildet,** terminus, Gromat. vet. 306, 21.

ūllātenus, *Adv.* (ullus u. tenus), **in irgendeiner Hinsicht,** Claud. Mam. de stat. anim. 1, 21. Cassian. coll. 13, 6 u. a. Eccl.

ūllus, a, um, Genet. ūllīus, dichter. auch ūllĭus, Dat. ūllī (*Demin.* v. unus st. *ūnulus), in negativen und hypothetischen, äußerst selten aber in affirmativen Sätzen, **irgendein, I** *adi.:* sine ulla dubitatione, Cic.: sine ulla vituperatione, ohne jeden Tadel, d. i. ganz vorwurfsfrei, Cic.: ullo modo, Ter.: neque ullam in partem disputo, weder dafür (pro), noch dagegen (contra), Cic. Verr. 5, 7: haec nec ulla alia sunt coniecta maledicta in eius vitam, Cic. Planc. 31: quam si non ullam (zus. = nullam) esse diceremus, Cic. de fin. 3, 50: ac ne tunc quidem nos ullum adiecimus verbum, Petron. 17, 1: neque ullam picturam fuisse, *quin* conquisierit, Cic. Verr. 4, 1. – **II** *subst.:* **a** *m.,* **irgendeiner, irgendjemand** (s. Lorenz Plaut. most. 697), Plaut., Cic., Caes. u. a.: Plur., Cic. u. Tac.: namentl. als Ersatz für den fehlenden Plur. von quisquam, z. B. quae tam excellens in omni genere virtus in ullis fuit, ut sit cum maioribus nostris comparanda, Cic. Tusc. 1, 2. – **b** *n.,* **irgendetwas,** nemo ullius nisi fugae memor, Liv. 2, 59, 8. Vgl. Haupt opusc. 3, 464. – ► **α** ullĭus mit vorletzter kurzer Silbe, Catull. 4, 3. Verg. catal. 8, 3. Ov. trist. 5, 6, 34. – **β** Genet. ulli, Plaut. truc. 293; vgl. Prisc. 6, 36 u. 82. – Dativ ullo, CIL 9, 984, ullae, Tibull. 4, 6, 9.

ulmānus, a, um (ulmus), **bei den Ulmen (beim Ulmenhain) gelegen,** pagus, CIL 14, 4012.

ulmārium, iī, *n.* (ulmus), die **Pflanzschule von Ulmen,** Plin. 17, 76.

ulmeus, a, um (ulmus), **von Ulmen (Rüstern),** materies, Cato: frons, Colum.: virgae, die Stäbe, womit die Sklaven geschlagen wurden, Plaut.: u. so scherzh. ulmei fasces virgarum, Plaut. Epid. 28 G.: dah. interminatus est nos futuros ulmeos, wir sollen ganz zu Ulmen werden, d. i. tüchtig geprügelt werden, Plaut. asin. 363: pingere alqm pigmentis ulmeis, ulmenfarbig (mit Ulmenpinseln) anstreichen, d. i. tüchtig prügeln, Plaut. Epid. 626 G.

ulmitriba, ae, *m.* (ulmus u. τρίβω od. tero), der **Ulmenreiber,** scherzh. für einen, der öfter geprügelt wird (vgl. ulmeus), Plaut. Pers. 278b Sch.

ulmus, ī, *f.* (ahd. *ëlmboum*), die **Ulme,** der **Ulmenbaum,** die **Rüster,** Scriptt. r. r., Verg., Sen. u. a.: marita ulmus, als Stütze des Weinstocks, Quint.: vidua, d. i. ohne Weinreben, Iuven.: Falernae, an denen Falernerreben gezogen werden, Iuven.: scherzh., ulmorum Acheruns, s. Acherūns. – ► ulmus auch *masc.,* ulmi vernaculi radices, Gargil. de cur. boum 10.

ūlna, ae, *f.* (griech. ὠλένη, adh. *elina,* Ellenbogen), der **Ellenbogenknochen, I** eig. u. meton.: **1** eig., Plin. 11, 243 (dagegen 249 cubita, die Ellenbogen). – **2** meton., der ganze **Arm,** dormire in ulna, Catull.: ulnis alqm tollere od. attollere, auf die Arme nehmen, Ov.: ulnis amplecti, umarmen, Ov.: maternis in ulnis, Calp. – **II** übtr., als Längenmaß: **a** die **Elle,** Verg. ecl. 3, 105 u. a. Hor. epod. 4, 8. Ov. met. 8, 750. – **b** so viel wie ein Mensch mit beiden Armen umspannen kann, die **Klafter,** Plin. 16, 202.

ūlophonon, ī, *n.* (οὐλοφόνον), eine Pflanze = chamaeleon, Plin. 22, 7.

Ulpiānus, ī, *m.,* ein berühmter Rechtsgelehrter, aus dessen Schriften sich noch Überreste in den Pandekten finden, Freund des Kaisers Alexander Sev., als Statthalter in Gallien bei einem Aufstand getötet (um 230 n. Chr.), Lampr. Heliog. 16, 4. Spart. Pesc. 7, 4.

ulpicum, ī, *n.,* eine Art **Lauch,** Plaut., Cato u. a.

Ulpius, a, Name einer röm. *gens,* aus der am bekanntesten ist der Kaiser M. Ulpius Traianus, zu dessen Ehren auch mehrere Städte den Namen Ulpia führten, wie Ulpia Traiana in Dacien, CIL 3, 1462: ders. bl. M. Ulpius, Sidon. epist. 8, 10, 3. – *Adi.* = **ulpisch, des Ulpius,** bibliotheca, Vopisc. Aurel. 24, 7.

uls (archaist. ouls) u. **ultis** = ultra, **jenseits** (Ggstz. cis), ouls lucum Facutalem, Formul. sacr. Argeor. bei Varro LL. 5, 50: bes. in der Verbindung et uls Tiberim et cis Tiberim, Varro LL. 5, 83. Gell. 12, 13, 8: cis Tiberim et ultis Tiberim, Pompon. dig. 1, 2, 2. § 31.

ulter, tra, trum, *Compar.* ulterior, *Superl.* ultimus, **I** *Posit.,* ulter, tra, trum, **jenseitig, drüben befindlich,** scheint, außer in den *Advv.* ultra u. ultro, nicht vorzukommen. – **II** *Compar.,* **ulterior, ulterius,** Genet. ōris, **jenseits befindlich, entfernter, darüber-, weiter hinaus** (Ggstz. citerior), **A** eig.: pars urbis, Liv.: provincia, Liv.: Gallia, das jenseitige, Cic.: so auch ripa, Verg., Ggstz. citerior, Vell., superior, Frontin.: equitatus, weiter entfernt aufgestellt, Caes.: quis est ulterior? Ter. – **B** übtr.: **a entfernt, vergangen, weiter,** ulteriora mirari, das Vergangene, Tac.: ulteriora pudet docuisse, das Fernere, Weitere, Ov.: inventis ulteriora petit, etwas weiter, etwas mehr, mehrere Dinge, Ov. – **b ärger,** quo quid ulterius privato timendum foret? Liv. 4, 26, 10. – **III** *Superl.,* **ultimus,** a, um, der am meisten jenseits gelegene, der **entfernteste, äußerste, letzte, A** eig., im Raum (Ggstz. citimus), **a** übh.: orae, campi, Plaut.: terrae, Nep.: luna, quae ultima a caelo est, Cic.: orientis aut obeuntis solis ultimae partes, Cic. – praeponens ultima (verba) primis, Hor. – subst., **α** *masc.:* recessum primi ultimis non dabant, Caes. – **β** *neutr.,* caelum, quod extremum atque ultimum mundi est, Cic.: so auch Plur., ultima signant, das Ziel, Verg. Aen. 5, 317. – **b** *partit.* für ultima pars, der **äußerste, -entfernteste Teil,** in ultimam provinciam, in den entferntesten Teil der Pr., Cic.: in ultimis aedibus, im entlegensten Teil des Hauses, Ter.: so auch in ultima platea, Plaut. – **B** übtr.: **1** der Zeit u. Reihenfolge nach, der **entfernteste, äußerste, letzte** (Ggstz. primus), **a** übh.: tempus, antiquitas, Cic.: memoria pueritiae, Cic.: initium, Rhet. Her., principium, Cic.: origo stirpis Romanae, Nep. – lapis, Grabstein, Prop.: cerae, Testament, Mart.: illud extremum atque ultimum senatus consultum, Caes.: ultimum orationis fuit: *se arma capere* etc., Liv. – *neutr.* subst., pervenire ad ultimum (bis zum äußersten Ziel) aetatis humanae, Sen.: ultima quid referam? Ov.: ultima exspectato, die letzten Ereignisse, Cic.: in ultimis esse, in den letzten Zügen liegen, Sen. rhet. – *adv.,* ad ultimum = bis zuletzt, Liv. 45, 19, 7, öfter = zuletzt, endlich, Liv. 1, 53, 10 u. a.: ultimo, zuletzt, endlich, Suet. u. Petron.: ultimum, zum letzten Mal, Liv. u. Curt. – **b** partitiv: ultimo mense Iunio, am Ende des Juni, Colum.: circa Apriles Kalendas mense Martio ultimo, Pallad. – **2** dem Grad, dem Rang nach der **äußerste,** u. zwar: **a** v. höchsten Grad usw., der **äußerste, größte, ärgste,** discrimen, Liv.: supplicium, von der Todesstrafe, Caes.: so auch poena, Liv.: crudelitas, Liv.: auxilium, äußerste

Hilfsmittel (in der Verzweiflung), Liv.: spes, d. i. äußerste, nach der nichts mehr zu hoffen ist, Liv.: natura, größte, vorzüglichste, Cic. – *neutr.* subst., ultimum, ī, *n.*, das **Äußerste, Größte,** auch im üblen Sinne, das **Ärgste** (wie τὰ ἔσχατα), ultima audere, Liv., experiri, Liv.: ultima cogitare, sich das Schrecklichste ausmalen, Amm.: ultimum bonorum, Cic., inopiae, Liv.: ultimum in libertate, die zügelloseste Freiheit, Tac.: dah. *adv.*, ad ultimum, **äußerst, höchst,** ad ultimum demens, Liv. – **b** vom niedrigsten Grad, der **niedrigste, unterste, letzte** (wie ἔσχατος), stirps, Vell.: laus, Hor. – subst., **α** *masc.:* in ultimis militum, Liv. – **β** *neutr.:* in ultimis laudum esse, Liv.: non in ultimis ponere, Plin.

ulterior, s. ulter.

ulterius, I *Neutr.*, s. ulterior unter ulter. – **II** *Adv.*, s. ultrā.

ultimē, *Adv.* (ultimus), **I zuletzt,** Sen. ep. 76, 29 H. Oros. 7, 27, 2. – **II auf das äußerste, ärgste,** verberare alqm, Apul. met. 10, 24: affectus, in äußerst schlechten Umständen, Apul. met. 1, 7.

1. ultimō, *Adv.*, s. ultimus (unter ulter) *no.* B. 1.

2. ultimo, āre (ultimus), **zu Ende gehen,** cum ultimarent tempora patriae, Tert. de pall. 1 *extr.*

ultimum, *Adv.*, s. ultimus (unter ulter) *no.* B, 1.

ultimus, a, um, s. ulter *no.* III.

ultio, ōnis, *f.* (ulciscor), **I** die **Rache,** die **rächende Bestrafung,** Brutiana, Val. Max.: iusta, Val. Max. u. Curt.: ultionis cupidus, Val. Max.: ultionis cupiditas od. cupido, Tac.: voluptas ultionis, Quint. – m. subj. *Genet.*, patris, amici, Vell.: deorum immortalium, Sen. rhet. – m. obj. *Genet.*, violatae per vim pudicitiae, Liv.: noxiorum, Vell.: tot malorum, Curt.: ultionem quaerere inimicitiarum, Rache an den Privatfeinden, Vell.: ultionem petere, sein Mütchen zu kühlen suchen, Liv.: gravissimae cladis ultionem arbitrio suo exigere, Val. Max.: ultionem vindictamque laesae disciplinae exigere, Val. Max.: ultionem ab alqo petere, an jmd. Rache nehmen, Tac.: u. so ultionem ab alqo exigere necati infantis (wegen des Kindesmordes), Iustin.: deo remittere (anheimgeben) ultionem, Lact.: reservare ultionem dei iudicio, Lact. – Plur. ultiones, Vulg. psalm. 93, 1 u. 2; Mach. 6, 13. Hieron. in Isai 1. 1. *v.* 23. – **II** personif., als Göttin, die **Rachegöttin,** Tac. ann. 3, 18.

ultis, s. uls.

ultor, ōris, *m.* (ulciscor), der **Rächer, Bestrafer,** iniuriarum, Cic.: coniurationis, Cic.: inimicorum, Cic. – attrib., deus ultor = Anteros (w. vgl.), Ov. met. 14, 750: ultores dei, Ov. met. 14, 693 u. Tac. hist. 4, 57: ultore ferro, Iustin. 4, 18, 5: ultores ignes, Prop. 4, 1, 115. – als Beiname des Mars, Ov. fast. 5, 577. Suet. Aug. 21, 2. Tac. ann. 3, 18.

ultōrius, a, um (ultor), **zur Rache gehörig, Rache-,** mala, Tert. adv. Marc. 2, 24.

ultrā (*sc.* parte, v. ulter), **I** *Adv.:* **A** *Posit.*, **ultrā, jenseits** (Ggstz. citra), **1** eig.: cis Padum ultraque, Liv.: dextera nec citra mota nec ultra, weder nach dieser, noch nach jener Seite, weder rückwärts noch vorwärts, Ov. met. 5, 186. – **2** übtr., von dem, was jenseits einer gesteckten Grenze ist, geschieht, **darüber-, weiter hinaus, a** im Raum: **α** eig.: neque retro regrediendi neque ultra procedendi oblatā facultate, Auct. b. Afr.: ultra neque curae neque gaudio locum esse, weiter (über das Leben) hinaus, Sall. – **β** bildl., **weiterhin, weiter, ferner,** estne aliquid ultra, quo progredi crudelitas possit? Cic.: verbis ut nihil possit ultra, Cic.: melius ultra quam citra stat oratio, sagt besser mehr als weniger, Quint.: nihil ultra requiratis, Cic.: nullum ultra periculum vererentur, Caes.: neque facturam ultra, sie wolle es nicht weiter (ferner) tun, Tac.: quid ultra (mehr) fieri potuit? – m. folg. *quam,* ultra enim quo progrediar, quam ut veri videam similia, non habeo, Cic.: ultra quam satis est (weiter, als nötig ist) producitur, Cic.: u. so ultra quam satis est virtutem si petat ipsam, Hor.: remotum est, quod ultra quam satis est repetitur, Cic.: nihil ultra motum, quam ut etc., Liv.: ultra quam aestimari potest laudis avidus, Aur. Vict. – **b** in der Zeit, **weiter hinaus, weiterhin,** usque ad Accium et ultra, Quint.: nec ultra bellum dilatum est, Liv.: neque ultra fascia adhibenda est, Cels. – **B** *Compar.*, **ulterius,** übtr., **weiter, weiterhin, a** eig.: ulterius abit, Ov.: amnis progressus ulterius arenis bibitur et receptatur, Itin. Alex. – **b** bildl.: ulterius ne tende odiis, Verg.: non tulit ulterius, weiter, länger, Ov.: saevire, Val. Max.: rogabat ulterius iusto, weiter, mehr als recht ist, Ov. – **II** *Praep.* mit *Acc.:* **1** vom Raum, **jenseits, über ... hinaus** (Ggstz. citra), quia pars eius citra, pars ultra Taurum est, Liv.: ultra Silianam villam, Cic.: ultra locum, Caes.: ultra quinquagesimum lapidem (Ggstz. citra qu. lap.), Liv.: ultra terminum vagari, Hor. – **2** übtr.: **a** der Zeit nach, **über ... hinaus, über,** ultra septimum diem, Cels.: ultra tempus inflammationis, Cels.: ultra extremum diem, Sen.: ultra biennium, Tac.: ultra rudes annos, Ouint.: ultra Socratem, Quint. – **b** der Zahl od. dem Maß nach, **über ... hinaus, mehr als,** modum, quem ultra progredi non oportet, Cic.: ultra modum, Quint.: ultra vires, Verg.: ultra eum numerum, Auct. b. Alex.: ultra praescriptum, über das Gesetz hinaus, mehr als das Gesetz erlaubt, Suet.: ultra opiniones omnium, Iul. Val.: laboris ultra fidem (unglaublich) patiens, Suet. – ► ultra zuw. seinem Kasus nachgesetzt, quem ultra, Cic.: Euphratem ultra, Tac.

ultrā-mundānus, a, um, **jenseits der Welt, überweltlich,** deus ille summus, Apul. de Plat. 1, 11: pater, Mart. Cap. 2. § 185.

ultrātus, a, um (ultra), **jenseits-, weiter hinwärts befindlich** (Ggstz. citratus, diesseits befindlich), Gromat. vet. 247, 7 u. a.

ultrīx, īcis (Fem. v. ultor), die **Rächerin, rächerisch,** Dirae, die rächenden Unholdinnen (Furien), Verg. u. a.: dies., deae, Lucan. u. Fronto (vgl. Arntzen Aur. Vict. epit. 21, 3. Oudend. Lucan. 10, 337): Curae (personif.), die Qualen des Gewissens (nach begangener Untat), Verg.: flamma, brennende Rachgier, Verg.: undae, Ov.: poenae, Ambros.: hora, Sil.: Ggstz., *ultrix* facinorum impiorum bonorumque *praemiatrix* Adrastia, Amm. 14, 11, 25. – im *neutr. Plur.* ultricia tela, Stat.: ultricia bella, Sil.: ultricia verba, Orest. tr.

ultrō (*sc.* loco, v. ulter), *Adv.*, **jenseits, I** eig., **jenseits, drüben, nach der anderen Seite hin,** gew. mit citro verb., ultro citroque, ultro et (ac) citro u. asyndet. ultro citro, **hinüber und herüber, hin und her, von beiden Seiten,** ultro et citro cursare, hin u. her laufen, Cic.: commeare ultro ac citro, Varro, ultro citroque, Cic., od. ultro citro, Cic. u. Suet., hin und her gehen: ultro citroque transcurrere, Liv.: ultro citroque mitti, Caes.: multis verbis ultro citroque habitis, Cic.: beneficiis ultro et citro datis acceptis, Cic.: datā ultro citroque fide, Liv.: ea nunc derepente tanta beneficia ultro citroque, tantam amicitiam relinquemus? Cato fr.: ultro citroque integrant in oppide caedem, Sisenn. fr. – **II** übtr.: **a** um eine weite Entfernung zu bezeichnen, **fort mit! weg mit!** (s. Brix Plaut. capt. 548), in der vertraulichen Sprache, ultro istum a me, fort mit dem Menschen! weg mit ihm! Plaut.; so auch ultro istunc, Plaut.: ultro te amator, Plaut. – **b** von dem, was über etwas noch hinausgeht, **überdies, auch noch, noch dazu, noch obendrein, sogar,** etiam me ultro accusatum veniunt, Cic.: ultroque iis sumptum intulit, Cic.: ultro accusantes, Liv.; vgl. Nauck Hor. carm. 4, 4, 51. – **c** zum Ausdruck einer Tätigkeit, die von jenseits, von der anderen Seite kommt (ohne Veranlassung u. Einfluss von diesseits), **von selbst, aus freien Stücken, freiwillig, ohne Veranlassung, unaufgefordert, ohne Aufforderung, wider Erwarten,** sponte et ultro, Suet.: improbos ultro lacessere, Cic.: inferre arma ultro, Tac.: ultro se offerre, Cic.: ultro polliceri, Planc. in Cic. ep.: ultro regium insigne sumere, Tac.: dah. ultro tributa, ōrum, *n.*, die Ausgaben, die die Staatskasse auf öffentliche Gebäude usw. jährlich zu verwenden hatte, Varro LL. 6, 11. Liv. 39, 44, 7 u. 43, 16, 2: bildl., virtus saepius in ultro tributis est, gibt lieber, als sie nimmt, Sen. de ben. 4, 1, 2.

ultrōnĕitas, ātis, *f.* (ultroneus), die **Freiwilligkeit, Willensfreiheit,** Fulg. myth. 3, 6.

ultrōneus, a, um (ultro), **freiwillig,** exsilium, Apul. met. 1, 19: victima, *ibid.* 8, 14: funus, Cypr. ad Donat. 7: voluntas, Cypr. epist. 63, 1: ultroneam alci operam ferre, Pacat. pan. 32, 3: merces ultroneae putent (stinken), sprichw., Hieron. epist. 137 *extr.* – von Pers., Apul. met. 6, 5 u. 7, 20; flor. 14. p. 16, 3 Kr. Vulg. exod. 25, 2.

ultrōrsum, *Adv.* (st. ultro versum), **weiter hinwärts,** Auct. itin. Alex. 26 (64).

ultrōtribūtum, s. ultrō *no.* II, c.

Ulubrae, ārum, *f.*, ein Flecken in Latium, in der Nähe der pontinischen Sümpfe, jetzt das Dorf *Cisterna,* Cic. ep. 7, 18, 3. Hor. ep. 1, 11, 30. – Dav.: **A Ulubrānus,** a, um, **ulubranisch, aus Ulubrā,** populus, die Einw. von Ulubrā, Cic. – **B Ulubrēnsēs,** ium, *m.*, die Einw. von Ulubrā, die **Ulubrenser,** Plin.

ulucus, ī, *m.*, der **Kauz,** Serv. Verg. ecl. 8, 55. Vgl. Gloss. III, 17, 55 ›ulucus, ὀλολυγών‹.

ulula, ae, *f.* (eig. heulend [*sc.* avis], v. ululo), der **Kauz,** das **Käuzchen,** dessen Geschrei von übler Vorbedeutung war, Varro LL. 5, 75. Verg. ecl. 8, 55 (u. dazu Serv.). Vulg. Isai. 13, 22: ulula avis, Plin. 30, 118: ulula, bubo (Uhu), Varro LL. 5, 75: noctuae (Eulen), bubo (Uhu), ululae (Käuze), Plin. 10, 32: u. so natura cantum commodavit noctuis serum, ululis vespertinum, bubonibus nocturnum, Apul. flor. 13. p. 15, 15 Kr.: ululant ululae, Anthol. Lat. 762, 41 (233, 41). – Sprichw., homines eum peius formidant quam fullo ululam, Varro sat. Men. 539.

ululābilis, e (ululo), **kläglich heulend,** vox, Apul.: clamor, Apul. u. Amm.

ululāmen, inis, *n.* (ululo), das **Heulen, Geheul,** Prud. cath. 10, 114.

ululātio, ōnis, *f.* (ululo), das **Wehklagen, Klagegeschrei** um die Toten, cotidiana, miserabilis, CIL 9, 1973.

ululātus, ūs, *m.* (ululo), das **Heulen, Geheul,** das **dumpfe-, wilde Geschrei,** der Tiere, ul. luporum, Augustin.: ul. acutus luporum, Apul.: maestos ululatus edere, jämmerlich heulen (von einem Hund), Plin. – der Menschen, ululatus cantusque discors (der Gallier), Liv.: ululatus terni (bei Zauber), Ov.: maximis saepe ululatibus editis, Lact.: ululatu atria complent, Ov.: consonuisse (es habe gedröhnt) ululatibus theatrum, Tac. – vom wilden Siegesgeschrei, ul. trux, Amm.: victor ul., Stat.: ululatum tollere, Caes. – v. Geheul der Bacchanten u. Bacchantinnen, ululatus nocturni, Liv.: ululatus acuti, Catull., Bacchēi, Ov., longi (langgezogenes), Ov.: absonis ululatibus constrepentes, Apul. – v. Wehgeheul der Weiber (griech. ὀλολυγμός, s. Heräus Tac. hist. 4, 18, 13), femineus, Verg.: feminarum, Tac. u. Plin. ep. – v. der Totenklage, Wehklage, Wehruf, ululatus ore dedere, Verg. Aen. 11, 190.

ululo, āvī, ātum, āre (verw. mit dem griech. ὀλολύζω), **I** *intr.* **heulen,** **a** eig., v. leb. Wesen usw.: nymphae ulularunt, Verg.: Tisiphone ululavit, Ov.: ululae ululant, Anthol. Lat.: luporum est ululare, Suet. fr.: volitare ululantes (v. Wölfen), Porc. Licin. fr.: lupus ululans, Hieron.: canis ululans, Hyg.: ululanti voce, Cic. – **b** übtr., v. Örtl., **heulen, von Geheul ertönen, -erfüllt sein,** cavae plangoribus aedes femineis ululant, Verg.: ulularunt flebile ripae, Sil.: ululantia Dindyma, Val. Flacc. – **II** *tr.:* **1 heulend rufen,** quem ululat Gallus, Mart.: nocturnis Hecate triviis ululata per urbes, Verg. Aen. 4, 609. – **2 mit Geheul erfüllen,** antra ululata, Stat.: ululata tellus, Val. Flacc.: ululata proelia, Stat. – **3 mit Heulen beklagen,** urbem, Prud.: Tagus nymphis ululatus, Sil. – **4 herheulen, heulend absingen,** carmina, Sil. 3, 346.

ūlva, ae, *f.*, **Sumpfgras, Kolbenschilf** (nach Voß Verg. georg. 3, 175), Scriptt. r. r., Verg. u. a.

ūlvōsus, a, um (ulva), **reich an Schilfgras,** Sidon. epist. 1, 5, 4; carm. 7, 324.

Ulyssēs, Ulyxeus, s. Ulixēs.

umbella, ae, *f.* (*Demin.* v. umbra), der **Sonnenschirm,** Mart. 11, 73, 6. Iuven. 9, 50.

Umber, bra, brum, s. Umbrī.

umbilīcāris, e (umbilicus), **zum Nabel gehörig, Nabel-,** nervus, Nabelschnur, Tert. de carn. Christi 20.

umbilīcātus, a, um (umbilicus), **nabelförmig,** Plin. 13, 32.

umbilīcus, ī, *m.* (aus ὀμφαλός verlängert), der **Nabel, I** eig. u. übtr.: **1** eig., Cels., Liv. u. Ov. – **2** übtr., die **Nabelschnur,** Cels. 7, 29. p. 318, 32 D. – **II** meton.: **A** die **Mitte,** der **Mittelpunkt, 1** im Allg.: Siciliae, Cic.: Graeciae, Liv.: dies ad umbilicum est mortuus, Plaut. – **2** insbes.: **a** das aus der Mitte des zusammengerollten Buches hervorragende, oft bemalte od. sonst verzierte **Ende des Stäbchens,** um das bei den Römern die Bücher gerollt waren, novi libri, novi umbilici, Catull.: picti umbilici, Mart.: librum usque ad umbilicum revolvere, bis ans Ende aufrollen, -lesen, Sen. rhet.: iam venitur ad margines umbilicorum, Sidon. – bildl., inceptos iambos ad umbilicum adducere, zu Ende bringen, Hor. epod. 14, 8: ad umbilicos pervenire, zu Ende kommen, Mart. 4, 89, 2. Vgl. Dissen Tibull. 3, 1, 13. p. 320. – **b** der **Zeiger** an der Sonnenuhr, Plin. 6, 212. – **c** das in der Mitte Hervorragende an Pflanzen, lupini, Plin. – **d** umbilicus Veneris, **Nabelkraut, Venusgürtel,** Ps. Apul. herb. 43. – **B** der **kleine Zirkel,** Plin. 18, 327. – **C** eine Art **Meerschnecken,** Cic. de or. 2, 22.

umbo, ōnis, *m.* (verw. mit ἄμβων), **I** der **Buckel, Knopf** od. **Kegel** auf der Mitte des Schildes, der im Handgemenge zuw. als Stoßwaffe diente, summus clipei umbo, Verg.: Gallum umbone ictum deturbat, Liv.: assurgentem regem umbone resupinat, Liv.: ferire umbonibus, Tac.: umbo tundebat umbonem, Amm. – meton., der **Schild,** salignae umbonum crates, Verg.: nec sufficit umbo ictibus, Verg. – bildl., umbone iudiciali repelli, durch die schirmende Kraft des richterlichen Erkenntnisses zurückgewiesen werden, Val. Max. 8, 5, 4. – **II** der **Ellenbogen,** Mart. 3, 46, 5. Stat. Theb. 2, 671. – **III** das **Vorgebirge,** Stat. Ach. 1, 408: Isthmius, die Landenge von Korinth, Stat. Theb. 7, 15. – **IV** der hervorragende Teil am Edelstein, die **erhabene Rundung,** Plin. 37, 88. – **V** das **Faltige** am Kleid, Tert. de pall. 5. – meton., die **Toga,** Pers. 5, 33. – ► Nom. Plur. umbonis, Varro LL. 5, 115. Sp.[2] (Müller umboneis).

umbra, ae, *f.*, der **Schatten, I** eig. u. bildl.: **A** eig.: arboris, Cic.: terrae, Cic.: in umbra, Verg., od. sub umbra, Hor., im Schatten: umbra, ut dies crevit decrevitque, modo brevior modo longior hāc vel illā cadit, Plin. ep.: maiores cadunt de montibus umbrae, es wird Abend, Verg.: longius cadentes umbrae suae, Flor.: poet. für Dunkelheit, Finsternis, noctis, Verg.: aurora dimoverat umbram, Verg.: ad umbram lucis ab ortu, vom Morgen bis zum Abend, Hor. – Sprichw., umbras timere, selbst od. sogar den Schatten fürchten, d. i. ohne Not in Furcht sein, Cic. ad Att. 15, 20, 4: ebenso umbram suam metuere, Q. Cic. de pet. cons. 9: ähnlich ipse meas solus, quod nil est, aemulor umbras, vom eifersüchtigen Liebhaber, Prop. 2, 34, 19. – **B** bildl., der **Schatten, a** für **Schutz, Schirm, Zuflucht,** auxilii, Liv.: sub umbra Romanae amicitiae latere, Liv. – **b** für **Muße, behagliche Ruhe,** Veneris cessamus in umbra, Ov.: cedat umbra soli, von der Rechtsgelehrsamkeit, Cic. Mur. 30: auch übh. ein zurückgezogenes Leben, Privatleben, im Ggstz. zur Öffentlichkeit, studia in umbra educata, im stillen Studierzimmer, Tac. ann. 14, 53. – **c Schein** (im Ggstz. zur Wirklichkeit), **Spur, Abbild,** ganz wie unser **Schatten,** umbra imagoque iustitiae (Ggstz. vera iustitia), Lact.: gloriae, Cic.: umbra nomenque P. Licinii, Liv.: libertatis, Lucan.: honoris, von den konsularischen Insignien, Tac.: umbra quaedam illorum honorum et similitudo, Sen. ep. 92, 27: umbram quoque spei devorasse, Varro sat. Men. 378: dah. für **Schein, Vorwand,** sub umbra foederis aequi servitutem pati, Liv. 8, 4, 2; so auch Claud. laud. Stil. 1, 273. – **II** übtr. u. meton.: **A** übtr.: **1** der **Schatten** in der Malerei (Ggstz. lumen), Cic. u. a.: übtr., in der Rede, Cic.: neque enim persona umbram actae rei capit, die Person ist zu merkwürdig, als dass die Tat in der Dunkelheit bleiben, mit Stillschweigen übergangen werden könnte, Vell. – **2** der **Schatten** = Begleiter, luxuriae, Cic. Mur. 13. – v. uneingeladenen Gästen, die man mitbringt (wie σκιά), Hor. sat. 2, 8, 22 u. ep. 1, 5, 28. – **B** meton.: **1** das **Schattige,** **a** übh., wie Bäume, Häuser usw., umbras falce premere, Verg.: inducite montibus umbras, *i.e.* arbores, Verg.: so auch fontes inducere viridi umbrā (im Gedicht), Verg. – **b** der **Köcher,** Stat. silv. 3, 4, 30. – **c** der **Bart** oder die ersten **Barthaare,** Claud. nupt. Pall. et Celer. 42. Stat. Theb. 4, 336. – u. das **Haupthaar,** Petron. 109, 9. – **d** jeder schattige Ort, Pompeia, Halle, Galerie (porticus), Ov.: tonsoris, Bude, Stube, Hor.: rhetorica, Rhetorschule, Iuven. – umbrae = schattige Laubhütten, Paul. ex Fest. 377, 4. – **2** = εἴδωλον, φάσμα, der **Schatten,** die **Schattengestalt,** das **Schattenbild, a** übh.: umbrae hominum, Liv. 21, 40, 9: tenuis, luftiger Schemen, Verg. Aen. 10, 636: umbrae ex hostibus, Schreckbilder, die von den F. ausgehen, *ibid.* 10, 593. – **b** das **Schattenbild** eines Verstorbenen, der **Schatten,** der **Geist,** die **Seele,** Pauli, Sil.: tricorpor, Verg.: Plur., umbrae, Tibull., Verg. u. Plin.: umbris exagitari, v. Geistern, Gespenstern, Suet.: umbrae silentes, Schatten, Unterwelt, Verg.: umbrarum dominus od. rex, Pluto, Ov.: ire per umbras, in die Unterwelt gehen, sterben, Vitr.: per umbram, per umbras, im Orkus, Ov. – Plur. umbrae vom Schatten eines Verstorbenen, cum species et umbrae insontis interempti filii agitarent, Liv.: matris agitari umbris, Ov.: omnia Deiphobo solvisti et funeris umbris, Verg. – **3** ein Fisch, sonst sciaena gen., die **Äsche** (*Salmo Thymallus,* L.), Varro LL. 5, 77. Ov. hal. 111. Colum. 8, 16, 8. Auson. Mos. 90.

umbrābilis, e (umbra), **schattenartig, Schatten-,** bildl., dignitates, Trugbilder von Hoheit u. Größe, Boëth. cons. phil. 3, 4. p. 59, 28 *Peiper* (Obbarius umbratiles).

umbrāculum, ī, *n.* (umbra), **I** der **schattige Ort,** der **Schattengang,** die **Laube,** Varro, Cic. fr. u. Verg.: dah. im Plur. bildl., ein abgelegener, ruhiger Ort, im Ggstz. zum öffentlichen Leben, Theophrasti, Cic.: doctrinam ex umbraculis eruditorum otioque (aus dem stillen Studierzimmer) in solem produxerat, Cic. – **II** der **Sonnenschirm,** Tibull., Ov. u. Mart. – **III** jede beschattende **Bedeckung,** Apul. apol. 63 u. a.

umbrāliter, *Adv.* (v. umbra), **bildlich,** Eccl.

umbrāticola, ae, *c.* (umbra u. colo), der **Schattensucher, Faulenzer** (sonst umbraticus), Plaut. truc. 611, (Schoell umbraticolum)

umbrāticus, a, um (umbra), **im Schatten befindlich,** bildl., homo, ein Schattenmensch = Faulenzer, Plaut.: doctor, ein Stubenhocker u. Schulpedant, Petron.: versch. umbraticus et imaginarius praeceptor, der nur Schein- u. Truglehren gibt, Lact.: litterae, Briefe aus der Studierstube, zur bloßen Übung aufgesetzt, Plin. ep.: turba Epicureorum, der Ruhe pflegend, behaglich lebend, Sen.

umbrātilis, e (umbra), im Schatten-, d. i. zu Hause bleibend, d. i. **I gemächlich, behaglich, müßig,** vita, beschauliches Leben, Cic. Tusc. 2, 27: quae non sit mora segnis, non umbratilis, Colum. 1, 2 *in.* – **II** v. der Rede, **schulmäßig,** im Ggstz. zur öffentlichen, domestica exercitatio et umbratilis, nur in der stillen Studierstube vorgenommene, Cic. de or. 1, 157: oratio, nur für die stille Studierstube bestimmte, Cic. or. 64.

umbrātiliter, *Adv.* (umbratilis), **a im Schattenriss, leichthin,** Sidon. epist. 2, 10, 4. – **b mit vorbildlichen (vorbedeutenden) Zeichen,** Augustin. epist. 187, 39. – **c durch den leeren Schein, durch Scheinweisheit,** seducere (herführen), Augustin. epist. 149, 25.

umbrātio, ōnis, *f.* (umbro), die **Abschattung,** das **Schattenbild,** sequebatur columna nubis quasi umbratio spiritus sancti, Ambros. de sacram. 1, 6. § 22.

umbrella, ae, *f.* (umbra) = σκιάδιον, das **Schattendach,** Gloss. III, 326, 62.

umbrēsco, ere (umbra), **zu Schatten werden, im Schatten zu stehen kommen,** Cassiod. compl. apoc. 3.

Umbrī, ōrum, *m.,* ein Stammvolk in Italien zwischen dem Padus (Po), dem Tiber u. dem Adriatischen Meer, das später, aus Etrurien verdrängt, sich mehr südlich wandte u. einen Landstrich zwischen Rubiko, Nar u. Tiber bewohnte, Plin. 3, 50. Liv. 5, 35, 2; 9, 37, 12: Sing. Umber, der **Umbrer,** poëta Accius Umber Sarsinas erat, Fest. 238 (a), 34 u. Paul. ex Fest. 239, 4. – Dav.: **A Umber,** bra, brum, **zu den Umbrern gehörig, aus Umbrien, umbrisch,** porcus, Catull.: aper, Hor.: lacus, der Klitumnus, Prop. – subst., Umber, brī, *m.* (*sc.* canis), ein **umbrischer Hund,** bes. als Jagdhund beliebt, Verg. Aen. 12, 753. Sen. Thyest. 498: Umbra, ae, *f.,* die **Umbrerin,** im Wortspiel mit umbra, Plaut. most. 770. – **B Umbria,** ae, *f.,* **Umbrien,** die Landschaft der Umbrer, Cic. Rosc. Am. 18: auch Umbria terra, Gell. 3, 2, 6. – **C Umbricus,** a, um, **aus Umbrien, umbrisch,** creta, Plin. 35, 197.

umbrifer, fera, ferum (umbra u. fero), **I Schatten gebend, schattig,** nemus, Verg.: platanus, Cic. poët. – **II** die **Schatten** (abgeschiedener Seelen) **bringend,** navita, Auct. consol. ad Liv.: unda, Stat.: fundus (Stygis), Stat.

umbro, āvī, ātum, āre (umbra), **I** *intr.* **Schatten geben,** Colum.: umbrante tecto, Plin. – **II** *tr.* **beschatten, 1** eig.: quercus umbrabat montis fastigia, Sil. – **2** übtr., **beschatten, bedecken,** matrem (die Mutter Erde) rosarum floribus, Lucr.: umbrata tempora quercu, Verg.: montes oleā, Sil.: umbratus genas, die W. vom Barthaar beschattet, Stat.: non umbrantur somno pupulae, Varro sat. Men. 427.

umbrōsus, a, um (umbra), **schattenreich, I** passiv = **beschattet,** ripa, Cic. u. Hor.: vallis, Verg.: solum, Plin.: locus umbrosior, Cic.: quia fere aquosissima sunt quaecumque umbrosissima, Sen.: cavernae, dunkel, Verg.: amores, das Licht scheuend, Augustin. conf. 2, 1, 1. – Plur. subst., umbrōsa, ōrum, *n.,* das **Duster, Halbdunkel** (Ggstz. tenebrae [Finsternis] u. clara lux [helles Tageslicht]), Sen. ep. 94, 20. – **II** aktiv, **schattenreich** = **Schatten gebend,** cacumina, Verg.: salix, Ov.: folium umbrosissimum, Plin.

ūmectātio, ōnis, *f.* (umecto), die **Befeuchtung, Bewässerung,** u. konkr. die **Feuchtigkeit,** oris nauseabilis, das Zusammenlaufen des Speichels im Mund, Cael. Aur. de morb. chron. 3, 2, 18: inimica (agri), Cassiod. var. 10, 26, 2: absol., Isid. orig. 4, 7, 4; 20, 2, 16.

ūmecto (hūmecto), āvī, ātum, āre (umectus), **I** *tr.* **befeuchten, benetzen,** eius (agni) diductum os pressis papillis, Colum. – v. Fluss, flaventia culta, Verg.: v. Weinenden, mit Tränen, vultum largo flumine, guttis ora, Verg.: lacrimarum gramina rivo, Ov. – v. Küssenden, assuetis oscula labris, Lucr. – **II** *intr.* von Tränen **feucht sein, tränen, a** v. den Augen, Plin. 11, 145. – **b** übtr., v. lebl. Wesen, **tränende Augen haben,** Plin. 10, 10.

ūmectus (hūmectus), a, um (umeo), **feucht, nass,** locus, Cato u. Varro: caelum, Pallad.: umectiores nubes, Macr.: umectissimum corpus, Macr. – *n. pl.* subst., ūmecta, **Feuchtigkeiten,** Th. Prisc. 4. f. 317[a].

ūmefacio (hūmefacio), fēcī, factum, ere (umeo u. facio), **befeuchten,** Lact. de ira dei 10, 20: spongiā frigidā cerebro umefacto, Plin. 32, 138.

ūmeo (hūmeo), ēre, **feucht-, nass sein,** Ov. met. 10, 509 u. a. – Oft *Partic. Praes.* ūmēns, **feucht, nass,** Verg., Plin. pan. u. a.: umentes Pado campi, vom Po bewässerte, Tac.: poet., fluvius umens, Sil.: feucht vom Tau, nox, Sil., od. umbra (noctis), Verg.: astra, Stat.: von Tränen, oculi, Ov. – Plur. subst., ūmentia, ium, *n.,* das **Nasse** (Ggstz. sicca), Ov. met. 1, 19: umentia ultra, jenseits der Sumpfgegend, Tac. ann. 1, 65.

ūmerale, is, *n.* (umerus), die **Schulterbedeckung,** Paul. dig. 49, 14, 16. Vulg. Levit. 8, 7; Sirach 45, 10.

ūmerulus, ī, *m.* (*Demin.* v. umerus), die **kleine Achsel,** Vulg. 1. regg. 7, 30: Ezech. 41, 26.

umerus (humerus), ī, *m.* (ὦμος), **I** eig., der **Knochen des Oberarmes,** das **Oberarmbein,** Cels. 8, 1. p. 326, 37 D. – **II** übtr., der ganze **Oberarm** mit der Schulter, vom Schulterblatt und dem Schlüsselbein (iugulum) bis zum Ellbogen (ulna), die **Achsel,** die **Schulter** (ὦμος), **a** der Menschen, dexter, Quint.: laevus, Curt. u. Aur. Vict.: demissis umeris esse, Ter.: sagittae pendebant ab umero, Cic.: ex umeris armi fiunt, Ov.: umerum onerare pallio, den M. auf die Sch. nehmen, Ter.: alqm umeris subire, aufhocken, Verg.: puerum in umeros suos efferre (emporheben), Cic.: allevati circumstantium umeris, Tac.: im Bild, consulatus ipse, qui sibi tuis umeris attolli et augescere videtur, Plin. pan.: comitia umeris suis sustinere, Cic.: nec dii sierint, ut Alexandri fortuna tantique regni fastigium in istos umeros ruat, Curt.: vix haec … nixa in omnium nostrûm umeris cohaerebunt, Cic. – **b** der Tiere, der **Vorderbug** (gew. armus), des Ochsen, Cic.: des Ebers, Verg.: der Hähne, Colum. – **c** übtr., vom schulterähnlichen mittleren Teil, die **Schulter,** der **Rücken,** der Bäume u. Weinstöcke, Colum. u. Plin.: der Berge, Länder usw., Stat. u. Plin.

ūmēsco (hūmēsco), ere (umeo), **feucht-, nass werden,** Verg. georg. 3, 111. Plin. 17, 107. Plin. pan. 73, 4. Claud. b. Gild. 497: Ggstz. siccesco, Plin. 18, 339.

ūmidē (hūmidē), *Adv.* (umidus), **feucht,** tigna u. haec putent, wegen der Feuchtigkeit, Plaut. most. 146.

ūmido, āre (umidus), **befeuchten, benetzen,** Verecund. in cant. Ionae 7.

ūmidulus (hūmidulus), a, um (*Demin.* v. umidus), **etwas feucht, etwas nass,** linum, saftiger Leinstengel, Ov. art. am. 3, 629: comae, Auson. epigr. 106, 4.

ūmidus (hūmidus), a, um (umeo), **feucht, nass** (Ggstz. aridus u. siccus), **I** im Allg.: materia, Caes.: ligna, Cic.: regna, vom Fluss Peneus, Verg.: nox, tauige, Ov.: lectus, tränenfeuchtes, Cic.: lumina, tränenfeuchte, Ov.: loca (Ggstz. loca sitientia), Plin.: regiones umidae aridaeque, Sen.: umidius solum, Colum.: umidissimus ager, Varro LL.: umidissimi venti, Vitr. – poet., vina, vorher flüssig (jetzt gefroren), Verg.: mella, flüssige, Verg.: maria, voll Nass, Verg.: Ide, quellenreich, Ov. – subst., **a** ūmidum, ī, *n.*, **α** übh. das **Feuchte, Nasse** (Ggstz. aridum, siccum), Colum. 3, 12, 3. Apul. de Plat. 1, 17. – **β** das **Feuchte, Nasse** = eine **feuchte, nasse Stelle, feuchter Boden,** castra in umido locare, Curt. 8, 4 (15), 13. – mit *Genet.*, aggeres umido paludum (auf Morästen) imponere, Tac. ann. 1, 61. – **b** ūmida, ōrum, *n.*, **α feuchte, wässrige Teile,** Cic. Tusc. 1, 40: so auch Kompar. umidiora, Apul. de Plat. 1, 14. – **β feuchte, nasse Stellen,** herba nascens in umidis, Plin. 24, 104. – **γ dünne** (wässerige) **Nahrungsmittel,** Cels. 4, 4 (7). – **δ** (poet.) das **Nass** = der Ozean, Avien. Arat. 792. – **II** insbes.: **a** v. Körper u. v. darauf Bezüglichem, **saftreich** (Ggstz. siccus), corpus, Cels.: alii (homines) umidi, alii sicci, Cels. – subst., ūmida, ōrum, *n.*, **Säfte** im Körper, Cels. 1. praef. p. 3, 21 D. – **b** als mediz. *t. t.*, malleus morbus u., der wässerige Rotz (Ggstz. aridus od. siccus), Veget. mul. 1, 2 *sq.*; 1, 10, 1; 4, 3, 2.

ūmifer (hūmifer), fera, ferum (umor u. fero), **feucht,** sucus, Cic. poët. de div. 1, 15.

ūmifico (hūmifico), āre (umificus), **befeuchten, benetzen,** Auson. edyll. 8, 12. p. 18, 5 Schenkl.

ūmificus (hūmificus), a, um (umor u. facio), **befeuchtend, benetzend,** spiritus (lunae), Plin. 2, 223.

ūmigo (hūmigo), ātus, āre (umor u. ago), **befeuchten, benetzen,** ut lavacro eius (*sc.* aegri) siccitas umigetur, Vindic. epist. ad Valentin. praem. Marc. Emp. p. 87, 12 Ald.: cespes libamine umigatus, Apul. flor. 1 *Helm.*

ūmor (hūmor), ōris, *m.* (abgeschwächt aus χυμός, Flüssigkeit), jede Art **Flüssigkeit, Feuchtigkeit,** das **Nass, I** im Allg.: Bacchi, Wein, Verg.: lacteus, Milch, Ov.: roscidus, Tau, Catull.: circumfluus, Meer, Ov.: saccatus corporis, v. Harn, Lucr.; vgl. praefandi umoris e corpore effluvium, Plin.; u. lyncum u. ita redditus glaciatur, Plin.: umor in genas labitur, Tränen, Hor.: caret os umore, Speichel, Ov.: nares umorem semper habent, Cic.: hostem ruber occupat umor, Blut, Lucr.: exurgebo quidquid umoris tibi est, Plaut. – Plur., umores marini, Cic.: nimis concreti umores, Cic.: siccare umores (Flüsse im Magen), Min. Fel. 2, 3. – **II** insbes., der **Nahrungssaft** der Pflanzen, Verg. georg. 2, 331 u. 424.

ūmōrōsus, a, um (umor), **a sehr feucht,** loca, Ps. Apul. herb. 51: sputus (Plur.), Cael. Aur. signif. diaet. pass. 99. – **b sehr saftreich,** corpora, Cael. Aur. de morb. acut. 2, 10, 66.

umquam, *Adv.* (urspr. cumquam), **irgendeinmal, je, jemals** (Ggstz. numquam), meist nur in negativen Sätzen od. in Frage- u. Bedingungssätzen, deren Gedanke verneinend ist, Ter., Cic. u. a.: non umquam, Liv.: haud umquam, Verg.: semel umquam, Plin.: si umquam, si quando umquam, Liv.

ūnā, *Adv.* (unus), wie ὁμοῦ, gew. v. räumlicher Vereinigung zweier Subjekte (vgl. simul), **an einem und demselben Ort, zusammen,** seltener, wie ἅμα, von zeitlicher, **von einer und derselben Zeit, zugleich, a** absol.: una adsunt, kommen zusammen, Ter.: una fui; testamentum Cyri simul obsignavi cum Clodio, Cic.: qui una venerant, Cic.: erimus una, Cic.: qui una fuere, zus. mit dir, Cic.: stabat una, daneben, Ov.: pugnatur una (zugleich) omnibus partibus, Caes.: habitavimus una, studuimus una, Fronto. – verb. m. *simul,* simul una, Pacuv. fr. u. Plaut., una simul, Plaut. – **b** mit *cum* u. Abl.: una ire cum amica in via, Ter.: qui cum Amphitruone hinc una ieram in exercitum, Plaut.: amores una cum praetexta ponere, Cic.: non tamen has una memorant cum corpore natas, Ov. – verb. m. *simul,* una mecum simul, Plaut.: simul tecum una, Plaut.: mecum una simul, Ter.: una simul cum suo vicino, Plaut. Vgl. (über simul una u. simul una cum) Ribbeck Coroll. ad Tragic. Rom. fragm. p. XLVII. Lorenz Plaut. most. 1023. Wagner Ter. heaut. 907. – **c** m. *Abl.*, **zusammen mit,** una clypeo loricāque, Itin. Alex. 11 (28): una ipso, *ibid.* 15 (40): una his, *ibid.* 16 (42): nachgestellt, Beso una, *ibid.* 29 (69): armis una, *ibid.* 43 (100). – arch. oinā, CIL 1, 200, 21.

ūnadēvīcēnsimus, s. ūndēvīcēsimus.

ūnanimāns, antis (unus u. animo) = unanimus, Plaut. truc. 435. Amm. 21, 5, 9 u. a.

ūnanimis, e, s. ūnanimus.

ūnanimitās, ātis, *f.* (unanimus), die **Einmütigkeit, Eintracht,** Pacuv. tr. 109. Liv. 40, 8, 14 (Ggstz. discordiae fraternae, *ibid.* § 11).

ūnanimiter, *Adv.* (unanimis), **einmütig, einträchtig,** Vopisc. Tac. 4, 8 u. Eccl. (vgl. Rönsch Itala p. 230).

ūnanimus, a, um (unus u. animus), von gleicher Gesinnung, **einmütig, einträchtig,** sodales, Catull.: fratres, Verg. u. Stat.: ego tu sum, tu es ego, unanimi sumus, Plaut. Stich. 731: quae (res) distinere unanimos videbatur, Liv. 7, 21, 5 *codd.* (Weißenborn und Madvig una animos): mi unanime! Sever. b. Capit. Albin. 7, 6: nulla fuit res parva umquam aequanimis; adde etiam unanimis, Auson. edyll. 3, 10. p. 35, 10 Schenkl. – Spät. Nbf. **ūnanimis,** e, Claud. cons. Prob. et Olybr. 231 u. epigr. 87, 3. Auson. parent. 5, 7. p. 42 Schenkl. Vulg. Iudith 6, 14 u. 7, 4 u. ö. a.: u. **ūnianimis,** e, Schol. Iuven. 5, 134.

ūnārius, a, um (unus), **nur eine Abwandlung habend,** Prob. cath. 32, 28 K.

uncātio, ōnis, *f.* (uncatus), die **Einwärtsbiegung, Krümmung,** unguium uncatio, quam γρύπωσιν vocant, Cael. Aur. de morb. acut. 2, 32, 168.

uncātus, a, um (uncus), **einwärtsgebogen, gekrümmt,** lanceae, Sidon. epist. 4, 20, 3: v. Pers., ut quidam uncati permaneant, mit gekrümmten Fingergelenken, Cael. Aur. de morb. chron. 5, 3, 57: bildl., syllogismi, widerhaarige, Sidon. epist. 9, 9, 15.

ūncia, ae, *f.* (unus), der **zwölfte Teil eines Asses** od. **eines** anderen **zwölfteiligen Ganzen,** das **Zwölftel,** die **Unze, I** eig.: **1** als Münze, $^{1}/_{12}$ **As, eine Unze,** Varro LL. 5, 171. – **2** als Gewicht und Maß: **a** als Gewicht, eine **Unze, zwei Lot,** uncia aloës, Plin.: so auch auri pondo uncia, Plaut.: diluti uncia Falerni, Mart.: uncia panis, Suet.: pauculae unciae Tyrii coloris, Suet.: tres unciae, quae ponderi deerant, Suet. – **b** als Maß: **α** Feldmaß, das **Zwölftel** eines Jucherts, Colum. 5, 1, 10. – **β** als Längenmaß, der zwölfte Teil eines Fußes, ein **Zoll,** Plin. u. Frontin. – **3** in Geldangelegenheiten: **a** als Zinsfuß, $^{1}/_{12}$ **Prozent** monatlich (also 1 **Prozent** jährlich), Scaev. dig. 26, 7, 47. § 4. – **b** bei Erbschaften, ein **Zwölftel,** Caesar ex uncia, sed Lepta ex triente, Cic.: ex uncia heres erat patris sui, Sen. – **c** im Schuldenwesen, ein **Zwölftel** der Schulden, non erit uncia tota, Mart. 9, 3, 5. – **II** übtr., eine **Kleinigkeit,** piscium, Plaut.: eboris, Iuven. – ► vulg. untia, Metrol. scriptt. p. 131, 12 H. u. ö.

ūnciālis, e (uncia), **ein Zwölftel betragend,** altitudo, Plin.: litterae, zolllange, Hieron.: asses, zweilötige, Plin.: ebenso uva, Plin.: anulus, Treb. Poll.

ūnciārius, a, um (uncia), **ein Zwölftel enthaltend, -betragend,** fenus, $^{1}/_{12}$ des Kapitals monatlich, d. h. $^{5}/_{6}$ Prozent für das zehnmonatige Jahr, 1 Prozent für das zwölfmonatige, Liv. 7, 16, 1. Tac. ann. 6, 16: u. dav. lex, Fest. 375 (b), 7: heres, des zwölften Teiles, Ulp. dig. 30, 1, 34. § 12: stips, von zweilötigen Assen, Plin. 34, 21: vitis, zweilötige Trauben tragend, Colum. 3, 2, 2: uvae, zweilötige, Isid. orig. 17, 5, 17.

ūnciātim, *Adv.* (uncia), **zwölftelweise, unzenweise,** Plin. 28, 139. Diom. 407, 3. – übtr., comparcere alqd, hellerweise, Ter. Phorm. 43.

uncīnātus, a, um (uncinus), **hakenförmig,** hamata (krumme) uncinataque corpora, Cic. Acad. 2, 121.

uncīno, āre (uncinus) = ἀγκιστρεύω, **mit der Angel fischen,** Gloss. II, 216, 31.

uncīnus, ī, *m.* (uncus), der **Haken, Widerhaken,** Apul. met. 3, 15. Pallad. 4, 10, 29: uncinus ferreus, Vitr. 5, 10, 3, ferreus vel ligneus, Isid. orig. 19, 2, 14: perticae XII uncinorum, CIL 5, 2787: attrib., uncinus hamus, Paul. Nol. carm. 20, 275.

ūnciola, ae, *f.* (*Demin.* v. uncia), ein **Zwölftelchen** eines zwölfteiligen Ganzen, eine **kleine, lumpige Unze,** der Erbschaft, Iuven. 1, 40. – als Maß, libra vel as ex unciolis constat duodenis, Anthol. Lat. 741, 1 (1066, 1): unius unciolae decimam partem adicere ad staturam suam, Hieron. epist. 123, 15.

uncipēs, pedis (uncus u. pes), **eingebogene Füße habend, krummfüßig,** Tert. de pall. 5.

unco, āre, **unken,** Naturlaut der Bären, Suet. fr. 161. p. 247, 6 *Reiff.* Anthol. Lat. 762, 51 (233, 51).

ūnctio, ōnis, *f.* (ungo), **I** das **Salben,** cotidiana, Colum.: mollis, Cels.: unctio vel in sole vel ad ignem, Cels.: unctio e liquido cerato, Cels.: unctiones Graecae sudatoriae, Plaut.: unctiones lenes, Cels.: unctione od. unctionibus uti, Cels.: unctione corpus recreare, Sen.: philosophum unctionis causā reliquerunt, des Salbens wegen (um in der Palästra zu ringen), Cic. – **II** meton., die **Salbe,** das Öl zum Salben, Plin. 28, 171.

ūnctito, āre (*Intens.* v. ungo), **salben,** se unguentis, Plaut. most. 274: capillum cinere, Cato origg. 7, 9 (nach Serv. Verg. Aen. 4, 698, während bei Charis. 101, 15 in ders. Stelle unguitabant).

ūnctiusculus, a, um (*Demin.* v. unctus), **etwas gesalbter,** übtr., **etwas fetter,** pulmentum, Plaut. Pseud. 221.

ūnctor, ōris, *m.* (ungo), der **Salber, Einreiber,** Plaut., Cic. u. a. (auch in Inschriften, z. B. CIL 6, 9997).

ūnctōrius, a, um (ungo), **zum Salben gehörig,** cella (= unctorium, s. d.), CIL 8, 4645. – subst., **ūnctōrium**, iī, *n.*, das **Salbzimmer** im Bad, Plin. ep. 2, 17, 11.

ūnctrīx, trīcis, *f.* (Femin. zu unctor), die **Salberin, Einreiberin,** CIL 6, 4045 u. 9096.

ūnctulus, a, um (*Demin.* v. unctus), **etwas gesalbt,** Varro Catus XX. p. 250 *Riese* (b. Non. 179, 8). – subst., ūnctulum, ī, *n.*, **etwas Salbe,** Apul. met. 3, 22.

ūnctūra, ae, *f.* (ungo), das **Salben** der Toten, XII tabb. 10, 6 *Schoell* (b. Cic. de legg. 2, 60).

1. **ūnctus**, a, um, *PAdi.* (v. ungo), **I** *adi.*, **fett gemacht, fettig, 1** eig.: manus, Hor.: sol, Genuss der Sonnenwärme nebst Salbung, Cic.: poet., palaestra, wo man eingesalbt sich übt, Ov. – **2** übtr.: **reich, schön, herrlich,** accedes siccus ad unctum, zu einem reichen und verschwenderischen Menschen, Hor.: ita palaestritas defendebat, ut ab illis ipse unctior abiret, fetter = reicher, Cic.: uncta patrimonia, fette, reiche, Catull.: unctior cena, leckere, Mart.: cena unctissima, Sidon.: Compitalia, Verg. cat.: caput unctius referre, Catull.: uncta Corinthus, wollüstig, üppig, Iuven.: unctior quaedam consuetudo loquendi, feinere, Cic. – **II** *subst.*, ūnctum, ī, *n.*, das **Fette, 1** eine **fette, reiche Mahlzeit, etwas Leckeres,** unctum recte ponere, Hor. de art. poët. 422: cenare sine uncto, Pers. 6, 16. – **2** das **Fett** zum Salben, die **Salbe,** Veget. mul. 5, 70, 5. Apul. met. 3, 24.

2. **ūnctus**, ūs, *m.* (ungo), das **Salben,** Plin. 30, 90 D. (Jan linitu). Apul. met. 1, 7 u. 23 (Dat. unctui).

ūnculus, a, um, **irgendeiner,** Cic. de legg. 2, 19.

1. **uncus**, a,um, **hakig, eingebogen, gekrümmt,** aratrum, Verg.: manus, Verg.: ungues, Fronto: ferramentum, Cels.: dens, der zweizahnige Karst (bidens), Verg.: unci dentes (draconis), Ov.: hamus, Ov.: ebenso aera, Angel, Ov.

2. **uncus**, ī, *m.* (ὄγκος), der **Haken, Widerhaken,** die **Klammer,** uncus ferreus, Liv.: unci ferrei, Cato: velut uncus infixus solo, Colum.: nec severus uncus abest, als Attribut der Necessitas, Hor. carm. 1, 35, 20. – Insbes. **a** der **Haken,** den man am Hals der zum Tode verurteilten Missetäter einschlug, um sie damit in den Tiber od. ad scalas Gemonias zu schleppen, alci uncum impingere, Cic.: unco rapi, Sen., od. trahi, Suet.: cadavera quoque trahens uncus, Sen.: uncum et Gemonias cadaveri minari, Suet. – dah. bildl., bene cum decusseris uncum, d. i. wenn du dich von dem einen Übel befreit, wenn du die eine Gefahr glücklich vermieden hast, Prop. 4, 1, 141. – **b** der **Haken** als chirurg. Instrum., uncus acuminis brevis, Cels.: undique lēvis, Cels.: demitti debet uncus, Cels.: uncus iniectus putri corpori facile elabitur, Cels.: uncus attractus infantem educit, Cels.: unco educitur calculus, Cels. – **c** poet., der **Anker,** has inter lacrimas legitur piger uncus harenis, Val. Flacc. 2, 428.

unda, ae, *f.* (vgl. altind. *undáti*, benetzt, *udan*, Woge, Wasser, griech. ὕδωρ, böot. οὔδωρ), die Welle des Meeres, die **Woge,** u. kollekt. die **Wellen,** die **Wogen, I** eig.: maris unda, Cic.: undae tumidae, Ov.: undae fluctuantes, Sen.: unda supervenit undam, Hor. – **II** übtr. u. meton.: **A** übtr., die **Woge,** der **Wogendrang,** bes. von der unruhigen Menge, undae comitiorum, das unruhige, stürmische Treiben, Cic.: magnis curarum fluctuat undis, Catull.: unda salutantum, Strom, Menge, Verg.: undae civiles, Hor.: adversis rerum undis, Hor.: in his undis et tempestatibus (Wogendrang u. Stürmen politischer Unruhen) ad summam senectutem maluit iactari, Cic. – **B** meton.: **1** das **Nass, a** das fließende **Gewässer, Wasser,** fontis, Ov.: magna vis undae, Sen.: unda pura, Verg.: fluens unda, Ggstz. putealis unda, Colum., puteales undae, Ov.: undae argenteae, Apul.: unda Sicula, das sizilische Meer, Hor. u. so spez. = das Meer, inter undas, Ggstz. in terra, Val. Max.: nivales undae, Schneewasser, Mart.: faciunt iustos ignis et unda viros, zu rechten Ehemännern (weil Wasser und Feuer als Symbole des Hauswesens bei der Eheverbindung vorausgetragen wurden), Ov. – **b** jede fließende **Feuchtigkeit,** preli, Öl, Plin.: croci, Mart. – **2** v. wellenförmig Strömendem, der **Strom,** undae aëriae, Luftstrom, Lucr.: unda comae, die wallende Mähne, Mart.: quā plurimus undam fumus agit, aufwirbelt, Verg.: als *t. t.* der Kochkunst, **Welle,** carnes exbromatae unā undā, Anthim. 3 *in.* – **3** als *t. t.* der Baukunst, die **Kehlleiste, Hohlleiste,** als Übersetzung von κυμάτιον (cymatium), Vitr. 5, 6, 6.

undābundus, a, um (unda), **wallend, Wellen schlagend,** mare, Gell. 2, 30, 3: aquae, Amm. 17, 7, 11.

undanter, *Adv.* (undo) = undatim, Apul. met. 2, 16. Mart. Cap. 2. § 138.

undātim, *Adv.* (undatus), **I wallend, wellenförmig,** Plin. 13, 96 u. 36, 55. Claud. epith. Pall. et Cer. 5. Prud. perist. 10, 857. – **II** übtr., **scharenweise,** Amm. 26, 3, 2. Oros. 6, 21, 13.

undātio, ōnis, *f.* (undo), das **Wellenschlagen, Überwallen,** Th. Prisc. 3, 5.

undātus, a, um (unda), **wellenförmig gebildet,** imbritatim undata (concharum genera), gewässerte, geflammte, Plin. 9, 103.

unde, *Adv.* (urspr. cunde), **von wo her, woher, I** eig., von örtlichen Verhältnissen, **1** korrelativ: inde venit, unde mallem, Cic.: quam ibi, unde huc translata essent, Cic.: ut eo restituerentur, unde deiecti essent, Cic.: ut aliae (naves) eodem, unde erant profectae, referrentur, Caes.: Latobrigos in fines suos, unde erant profecti, reverti iussit, Caes.: loca superiora, unde etc., Caes.: montis sublime cacumen occupat, unde etc., Ov.: cum ad idem, unde semel profecta sunt, cuncta astra redierint, Cic. – **2** absol.: **a** in direkter Frage: unde is? Plaut.: unde et quo Catius? woher u. wohin? Hor.: u. so (asyndet.) unde quo venis? Hor.: unde venis et quo tendis? Hor.: unde venis et quo vadis? Itala: unde deiectus est Cinna? unde qui cum Graccho fuerunt? Cic.: qui genus? unde domo? wo zu Hause? Verg.: ebenso iube istos omnes ad nomen citari et unde domo quisque sit quaere, Sen. – m. Genet. *gentium*, unde haec igitur gentium est? Plaut. – **b** in indirekter Frage: ut mihi responderet, unde esset, Cic.: non recordor, unde cecĭderim, sed unde surrexerim, Cic.: unde initium belli fieret, explorabant, Caes.: qualis et unde genus, quaeris, Prop.: quaere, unde domo, quis, cuius fortunae, Hor. – **II** übtr.: **A** Ursprung, Grund, Veranlassung, Mittel u. dgl. bezeichnend, **woher, wovon (von wem), woraus, 1** korrelativ: **a** übh.: qui eum necasset, unde ipse natus esset, Cic.: unde necesse est, inde initium sumatur, Cic.: is, unde te audisse dicis, Cic. (u. so unde quidque audisse dicant, Plaut.): illo exstincto fore, unde discerem, neminem, Cic.: lux, unde omnes opem petere solebant, Cic.: non ut ingenium et eloquentiam meam perspicias, unde longe absum, Cic.: tenuit permagnam Sextilius hereditatem, unde etc., Cic.: quod, unde agger omnino comportari posset, nihil erat reliquum, Caes.: si habuerit, unde tibi solvat, Cic.: non reliquit, unde efferretur, Nep. – **b** insbes.: **α** als jurist. *t. t.* unde petitur, zur Bezeichnung des Verklagten, ego omnibus, unde petitur, hoc consilium dederim, Cic.: illi, unde peteretur, credendum esse, Gell. – **β** als publiz. *t. t.*, unde stat, zur Bezeichnung der Seite, der Partei, aus der man steht, unde stetisset, eo se victoria transferret, Iustin.: übtr., eventus belli, ut aequus iudex, unde ius stabat, ei victoriam dedit, Liv. – **2** absol.: **a** in direkter Frage: unde haec (patera) igitur est? Plaut.: *Ly.* redde, inquam. *St.* ah, unde? Plaut.: garris, unde? von wem soll es denn kommen? Ter.: unde ea est tibi? woher hast du sie? wovon hast du sie gekauft? Plaut.: unde iste amor tam improvisus? Cic.: unde id scis? Ter.: unde sed hos novi? Ov. – m. Akk., unde tantam felicitatem parentibus, Sen. de ben. 3, 36, 2. – m. Genet. *gentium, De.* face id ut paratum iam sit. *Li.* unde gentium? Plaut. – **b** in indirekter Frage: ut ex ipsa quaeras, unde hunc (anulum) habuerit? Ter.: unde concitetur risus difficillimum dicere, Quint.: unde sit infamis, discite, Ov. – m. *Genet.*, occipiunt sciscitari, unde natalium secta cuia proveniret, Apul. met. 5, 15. – **B** unde unde = *undecumque*, **woher auch immer, woher immer,** mercedem aut nummos unde unde extricat, Hor. sat. 1, 3, 88: nec tamen vindictae solacium undeunde spernendum est, Apul. met. 5, 30.

ūndēcentēsimus, a, um (undecentum), der **neunundneunzigste,** annus, Val. Max. 8, 7. ext. 11.

ūndēcentum (unus, de u. centum), **neunundneunzig,** anni, Plin. 7, 214.

ūndeciēs (ūndeciēns), *Adv.* (undecim), **elfmal,** Colum. u. a.

ūndecim (unus u. decem), **elf,** Cic., Vitr. u. a. – als unbestimmte Zahl, Amm. 28, 4, 19. – decem et unus, Priv. vet. XXI. XXIII u. XXIV im CIL 3. p. 864–867; vgl. Prisc. de fig. num. 4, 19.

ūndecimānī, s. ūndecumānī.

ūndecim-prīmus, ī, *m.*, **einer von den elf Ältesten (Vorstehern)** der Stadt, CIL 8, 7041.

ūndecimus, a, um (undecim), der **elfte,** legio, Liv.: annus, Verg. u. Liv.: dies, Plin.: undecimus ab Hercule, Vell. – Dafür vulg. primus et decimus, Gromat. vet. 278, 13. – subst., ab undecima (*sc.* hora) noctis in tertiam diei, M. Caes. bei Fronto ad M. Caes. 4, 6. p. 69, 10 N.

ūndecimvirī, ōrum, *m.* (undecim u. vir) = οἱ ἕνδεκα), die **Elfmänner, Elfer,** eine aus elf Personen bestehende Behörde in Athen, der die Aufsicht über die Gefängnisse, die Polizei u. die Vollziehung der Strafen oblag, Nep. Phoc. 4, 2.

ūndecirēmis, is, *f.*, *sc.* navis (undecim u. remus), die **elfruderige Galeere,** Plin. 16, 203.

ūndecumānī, ōrum, *m.* (undecimus od. undecumus), die Soldaten der elften Legion, die **Elfer,** Plin. 3, 107.

unde-cumque (-cunque), *Adv.*, **I** **woher nur immer,** d. i. es sei, woher es nur wolle, und. causa fluxit, mag geflossen sein, woher sie wolle, Quint.: und. inceperis, du magst anfangen, wo du willst, Plin. ep.: in eam und. visam, Plin. – m. *Genet.*, undec. gentium, Vopisc. Bonos. 14, 4. – **II** **wo es nur sei, allenthalben** Plin. 2, 235. Treb. Poll. trig. tyr. 22, 4. Augustin. duas epp. Pelag. 1. § 2. Oros. 3, 1, 2: vir doctissimus undecumque Varro, Ter. Maur. 2846. – ► In der Tmesis, unde vacefit cumque locus, Lucr. 6, 1015. *sq.*

undecunde, *Adv.*, **von allen Seiten her, auf allen Seiten,** Claud. Mam. de stat. anim. 3, 14, 2.

unde-libet, *Adv.*, **woher es beliebt, allenthalben her, überall her, allenthalben, überall,** invenire, Rhet. Her. 4, 63: super fracturam incipere, Cels. 8,10, 1: venire, Amm. 28, 4, 11.

ūndēnārius, a, um (undeni), **elf in sich fassend,** numerus, Augustin. serm. 83, 7 u. a.

ūndēnī, ae, a (st. undeceni, v. undecim), **je elf,** pariuntur undeni, **elf** jedes Mal, Plin.: Musa per undenos emodulanda pedes, d. i. mit Hexameter u. Pentameter, Ov.: quater undenos implevisse Decembres, d. i. 44 Jahre, Hor. – Sing., bis undena (pars), Manil. 4, 451.

ūndēnōnāginta (unus, de u. nonaginta), **neunundachtzig,** Liv. 37, 30, 2.

ūndeoctōginta (unus, de u. octoginta), **neunundsiebzig,** Hor. sat. 2, 3, 117. Liv. 33, 23, 7.

ūndēquadrāgēsimus, a, um (undequadraginta), der, die, das **neununddreißigste,** Val. Max. 8, 7. ext. 10. Censor. 18, 15.

ūndēquadrāgiēns, *Adv.* (undequadraginta), **neununddreißigmal,** Plin. 7, 92.

ūndēquadrāginta (unus, de u. quadraginta), **neununddreißig,** Cic. de rep. 2, 27.

ūndēquīnquāgēsimus, a, um (undequinquaginta), der, die, das **neunundvierzigste,** dies, Cic. de imp. Pomp. 35. Vell. 2, 17, 3.

ūndēquīnquāginta (unus, de u. quinquaginta), **neunundvierzig,** Liv. 37, 58, 4. Plin. 13, 40.

ūndēsexāgēsimus, a, um (undesexaginta), der, die, das **neunundfünfzigste,** Censor. 19, 2.

ūndēsexāginta (unus, de u. sexaginta), **neunundfünfzig,** Liv. 23, 37, 6 u. 49, 11. Plin. 36, 122.

ūndētrīcēnī, ae, a (undetriginta), **(je) neunundzwanzig,** Macr. sat. 1, 13, 4. Censor. 20, 9.

ūndētrīcēsimus, a, um (undetriginta), der **neunundzwanzigste,** Liv. 25, 36, 14 (wo Hertz u. H. Müller undetricensimus). Solin. 7, 6. Augustin. conf. 5, 3, 3: subst., in commentariorum undetricesimo (*sc.* libro), Gell. 10, 5, 1.

ūndētrīginta (unus, de u. triginta), **neunundzwanzig,** Vitr. 9, 1, 10. Macr. sat. 1, 15, 6. Censor. 20, 5.

undeunde, s. unde *no.* II, B.

ūndēvīcēnī, ae, a (undeviginti), **(je) neunzehn,** Quint. 1, 10, 44.

ūndēvīcēsimānī, ōrum, *m.* (undevicesimus), die **Soldaten der neunzehnten Legion,** die **Neunzehner,** Auct. b. Alex. 57, 2 *codd.* (Nipperd. u. Dinter unetvicesimanorum).

ūndēvīcēsimus (**ūndēvīgēsimus**), a, um (undeviginti), der **neunzehnte,** annus, Cic. u. a.: aetatis annus, Plin. ep.: pars, Censor. – Nbf. ūnadēvīcēnsimus, Serv. de cent. metr. 472, 7 K. – ► Die 2. u. 3. Silbe kurz gemessen, Anthol. Lat. 1572, 2 M.

ūndēvīgintī (unus, de u. viginti), **neunzehn,** anni, Cic.: homines, Liv.: qui unum de viginti annos rerum potitus fuerat, Sulp. Sev. chron. 2, 10, 3. – Dafür decem novem, CIL 5, 4370. Caes. b. G. 1, 8, 1. Tac. hist. 2, 58: decem et novem, Caes. b. G. 2, 4, 9. Liv. 40, 40, 13 u. 45, 43, 5. decem ac novem, Plin. 3, 100.

undicola, ae, *c.* (unda u. colo), **im Wasser wohnend,** Naiades, Varro sat. Men. 130: pistris, Avien. phaen. 809.

undifragus, a, um (unda u. frango), die **Wellen (Fluten) brechend,** Ven. Fort. epist. 3, 4, 1 (ad Felic. episc.). p. 52, 3 *Leo* u. 7, 25, 2.

undique, *Adv.* (unde u. que), **I** **es sei, woher es wolle, von allen Seiten** od. **Orten, von nah u. fern, von überall her, überall,** concurrere, Cic.: colligere, Cic.: amens undique dicatur, von allen Leuten, Hor.: attrib., iam undique silvae, Plin. ep. 1, 6, 2. – **II** **auf allen Seiten, in jeder Hinsicht, überall,** partes undique aequales, Cic.: undique religionem tolle, Cic.: quod undique in se conversum est, Sen. – m. *Genet.*, gentium, Aurel. b. Vopisc.: laterum, Apul. – verb. undique secus, Solin. 27, 46, u. undique versum oder undique versus, Lucr., Iustin., Gell. u. a.

undisonus, a, um (unda u. sono), **von** oder **in den Wellen rauschend** oder **tönend,** rupes, woran die Wellen schlagen, Stat.: saxum, Val. Flacc.: di, Meergötter, Prop.

undivagus, a, um (unda u. vagus), **mit seinen Wellen umherschweifend, hin und her wogend,** Ven. Fort. vit. Mart. 3, 485. Anthol. Lat. 584, 3 (462, 3). Coripp. Ioann. 6, 342 u. 7, 344. Orest. trag. 362.

undo, āvī, ātum, āre (unda), **I** *intr.* **wallen, Wellen schlagen, wogen, aufwogen,** **A** eig.: solet aestus aequinoctialis sub ipsum lunae solisque coitum omnibus aliis maior undare, Sen.: flammis inter tabulata volutus ad caelum undabat vortex, Verg.: cruor undans, Verg.: undans per domos sanguis, Tac.: undans fretum, Acc. tr. fr.: undans salum, Enn. tr. fr.: ahena undantia flammis, Verg.: undantes bitumine moles, Tac.: undans bello magnusque fluens Nilus, Verg. – B übtr.: 1 **wallen,** d. i. gleichsam Wellen schlagen, wellenförmig sich bewegen, -sich erheben, undans buxo Cytorus, Verg.: Aetna undans, Verg.: fumus, Verg.: lora, Verg.: so auch habenae, wallende, lockere, Verg.: suam undantem chlamydem quassando facit, schwänzelte mit der Chl., Plaut.: ipsa (puella) ... spinam mobilem quatiens placide, decenter undabat, schwänzelte, Apul. – bildl., Aesonides undans curis, unruhig, in unruhiger Bewegung, Val. Flacc. 5, 304. – 2 von etwas **überwallen,** d. i. voll sein, regio undat equis, Val. Flacc.: nigro undantia pectora felle, Sil. – II *tr.* **überströmen,** tepido sanguine Teucros campos, Stat. Ach. 1, 87. – ▶ Verschieden ist *Adi.* undātus, s. d.

undōsē, *Adv.* (undosus), **wellenreich, wallend,** fretum undosius labens, Amm. 27, 4, 7.

undōsus, a, um (unda), **wellenreich, heftig wallend,** Plemyrium, Verg. Aen. 3, 693: aequor, Verg. Aen. 4, 313: regna, Sil. 5, 21: fluctus undosior, Solin. 12, 11: torrentes undosissimi, Augustin. de civ. dei 22, 11. – Nbf. unduōsus, Augustin. serm. 1, 2 Mai.

undula, ae, *f.* (*Demin.* v. unda), die **kleine Welle,** Boëth. inst. music. 1, 14.

undulātus, a, um (undula), **gewässert, geflammt,** toga, Varro de vit. P. R. 1. fr. 16 (bei Non. 189, 25): vestis, Plin. 8, 195.

unduōsus, s. undōsus.

unedo, ōnis, *m.*, die **Meerkirsche, Baumerdbeere** als Frucht und Baum, Colum. 8, 17, 13. Plin. 15, 98 u. 23, 151.

Unellī, s. Venellī.

ūnēsco (ūnīsco), ere (unus), **eins werden, sich vereinigen,** Plin. 17, 161 D. (wo uniscunt, Variante unescunt). – übtr., **übereinstimmen,** unescere cum alqo (Ggstz. disparascere cum alqo), Claud. Mam. de stat. anim. 3, 10. p. 171, 13 *Engelbrecht.*

ūnetvīcēsimānī, ōrum, *m.* (unetvicesimus), die Soldaten der 21. Legion, die **Einundzwanziger,** Tac. ann. 1, 51; hist. 2, 43. Auct. b. Alex. 57, 2 (die Hdschrn. undevicesimanorum).

ūnetvīcēsimus, a, um (unus-et-vicesimus), der **einundzwanzigste,** legio, Tac. ann. 1, 45. Tac. hist. 2, 43.

ungella (unguella), ae, *f.* (*Demin.* v. ungula, s. Diom. 326, 29), die **kleine Klaue,** Plur. ungellae bes. = **Schweinsklauen,** Marc. Emp. 20. Plin. Val. 2, 23. Apic. 1, 9; 4, 184 u. a. Edict. Diocl. 4, 12. Anthol. Lat. 199, 84 R.

ungellula, ae, *f.* (neues *Demin.* von ungella), die **ganz kleine Klaue,** Diom. 326, 29.

ungo u. **unguo,** ūnxī, ūnctum, ere (altind. *anákti,* salbt, *añjanam,* Salbe, ahd. *ancho,* mhd. *anke,* Butter), **salben, besalben, bestreichen,** I eig.: a übh., alqm unguentis, Plaut. u. Cic.: eo (damit) corpus, Varro: postes amaracino, Lucr.: globos melle, Cato: prius ungi ex cerussa pustulae debent, Cels.: gloria quem supra vires ungit, der aus Eitelkeit sich über sein Vermögen salbt oder putzt, Hor. ep. 1, 18, 22. – vom Salben nach dem Bad, unctus est, accubuit, Cic.: duas buccas manducavi prius quam ungi inciperem, August. bei Suet.: qui non cenat et ungitur, hic etc., Mart.: ut tibi ambulandum, ungendum, sic mihi dormiendum, Cic. – vom Salben der jüdischen Könige, unctus est in regem, Sulp. Sev. chron. 1, 45, 5. – vom Salben der Bildsäulen der Gottheiten als Zechen der Verehrung, Dianam unguentis, Cic.: vom Salben der Leichname, corpus, Ov.: arsuros artus, Ov. – b Speisen **fettmachen, schmälzen,** caules oleo, Hor.: caules impensius, Pers.: oluscula pingui lardo, Hor. – II übtr.: a übh. **bestreichen, benetzen,** cepas aquā salsā, Plin.: naves cerā, kalfatern, Veget. mil.: tela manu, künstlich mit Gift bestreichen, Verg.: arma uncta cruoribus, benetzt, befleckt mit Blut, Hor.: unctis manibus, beschmierten, Hor.: uncta aqua, beschmutztes, unreines, trübes, Hor.: uncta carina, d. i. verpicht, Enn. fr. u. Verg. – b **taufen,** Isid. orig. 6, 18, 14. – ▶ Mar. Plot. Sacerd. (VI) 485, 19 K. ›unguo ungui, sed antique dicimus ungo ungis unxi‹. – *PAdi.* ūnctus s. bes.

unguēdo, inis, *f.* (ungo), die **Salbe,** Apul. met. 3, 21. Sulp. Sev. vit. S. Martin. 19, 4 u. a. Eccl.

unguella, unguellula, s. ungella, ungellula.

unguen, inis, *n.* (ungo), die **Salbe,** das **Fett,** Cato, Verg. u. a.: unguinis expers, Catull.: unguen lupinum, Wolfsfett, Serv. Verg. Aen. 4, 458: unguen odor, wohlriechende Salbe, Apul. flor. 19. p. 33, 2 Kr.

unguentārius, a, um (unguentum), **zu den Salben gehörig, Salben-,** I *adi.:* taberna, Varro LL. 8, 55. Sen. ep. 108, 4. Suet. Aug. 4, 2 (wo unguentariam tabernam exercere): cella, Sidon. epist. 2, 2, 4: vasa, Plin. 36, 60: institor, CIL 6, 10007. – II *subst.:* A unguentārius, iī, *m.*, der **Salbenhändler,** Cic. de off. 1, 150. Hor. sat. 2, 3, 228. Sen. ep. 88, 18 u. nat. qu. 4, 13, 9. Plin. 31, 91. Vulg. exod. 30, 25 u. Sirach 38, 7. CIL 9, 471. – B unguentāria, ae, *f.*, 1 die Salbenhändlerin, Plin. 8, 14. Porph. Hor. epod. 3, 7 u. 5, 59; sat. 1, 8, 23. Vulg. 1. regg. 8, 13. CIL 10, 1965. – 2 die **Kunst, Salbe zu bereiten,** Apul. de Plat. 2, 9: unguentariam facere, Plaut. Poen. 703. – C unguentārium iī, *n.*, a das **Salbengefäß,** die **Salbenbüchse,** Evod. in Augustin. epist. 159, 12. – b das **Salbengeld,** Plin. ep. 2, 11, 23.

unguentātus, a, um (unguentum), **besalbt, balsamiert,** Catull., Sen. fr. u. a.

unguento, āvī, āre (unguentum), **salben,** corpus, Itala Marc. 14, 8: deam, deas, CIL 6, 2104, 31 u. 2114, 14. – ▶ unguentātus, *Adi.*, s. bes.

unguentum, ī, *n.* (ungo), die wohlriechende **Salbe,** das **Salböl** (für den ganzen Körper, selbst für die Kleidung, im Bade wie bei der Tafel, auch bei Leichnamen angewandt), Sing. u. Plur. bei Plaut., Cic. u. a.: unguentis oblitus, Cic. fr.: ab unguentis, Aufseher der Salben, CIL 6, 9098: Genet. Plur. unguentûm, Plaut. Curc., 99 G.; Poen. 701.

unguiculus, ī, *m.* (*Demin.* v. unguis), der **Nagel** am Finger od. an der Zehe, unguiculi, Lucr.: integritas unguiculorum omnium, Cic.: unguiculi et ne totius quidem dolor, Sen.: unguiculis caret partus, Solin. – Sprichw., ex unguiculis (ἐξ ὀνύχων) perpruriscere, von den Fingerspitzen aus, in allen Fibern (= durch und durch), Plaut. Stich. 761. Apul. met. 10, 22. – usque ab unguiculo ad capillum summum est festivissima, wir »vom Kopf bis auf die Zehe«, Plaut. Epid. 623 (Goetz ungulo). – qui mihi a teneris, ut Graeci dicunt, unguiculis (griech. ἐξ ἁπαλῶν ὀνύχων) cognitus est, von Kindesbeinen an, Cic. ep. 1, 6, 2.

unguifer, fera, ferum, **Nägel habend,** Ven. Fort. vit. S. Mart. 1, 497.

unguīlla, ae, *f.* (ungo), das **Salbengefäß,** visci (mit V.), Solin. 27, 56.

unguinōsus, a, um (unguen), **voll Fett, fettig,** unguentum, Plin.: nuces unguinosiores, Plin.

unguis, is, *m.* (v. ὄνυξ), der **Nagel** am Finger od. an der Zehe, I eig.: a der Menschen, ungues ponere, Hor., od. resecare, Plin., od. subsecare, Ov., od. recidere, Curt.: ungues rodere, an den N. kauen (bei langem Nachsinnen), Hor.: mordere ungues, in die Nägel beißen (vor Verdruss oder Reue), Prop.: so auch ungues corrumpere dentibus, Prop.: medium unguem ostendere, den m. Finger zeigen, ausstrecken, als Zeichen der Ärgsten Verschmähung (da der Mittelfinger als unzüchtig galt), Iuven. 10, 53: ab imis unguibus sese totam adusque summos capillos perlinit, wir »vom Kopf bis auf die Zehe«, Apul. met. 3, 21. – Sprichw., ab imis unguibus ad verticem summum, vom Kopf bis zur Zehe od. zu den Fußspitzen (wie wir umgekehrt sagen), Cic. Rosc. com. 20: a recta conscientia traversum unguem non oportet discedere, nicht einen Querfinger (wir »kein Haar«) breit, Cic. ad Att. 13, 20, 4: ebenso si tu ex istoc loco digitum transvorsum aut unguem latum excesseris, Plaut. aul. 57: te numquam ab illa ne transversum quidem unguem, ut dicitur, recessisse, Hieron. epist. 127, 8: u. ellipt., nec transversum unguem (wir »um kein Haar«), quod aiunt, a stilo, Cic. ep. 7, 25, 2. – u. ähnlich non ungue latius (wir »keinen Finger breit«) digredi od. discedere, Apul. met. 2, 18; 10, 26; 11, 17. – de tenero ungui, von Kindesbeinen an, Hor.

carm. 3, 6, 24. – ad unguem, in unguem, wie das griech. εἰς ὄνυχα ἐπ' ὄνυχος, bis auf die Nagelprobe (ein von den Bildhauern entlehnter Ausdruck, die mit dem Nagel zuletzt die Glätte ihrer Arbeit prüften) = bis aufs Haar, aufs genaueste, ad unguem materiem dolare, Colum. 11, 2, 13: ad unguem factus homo, ein fein geglätteter M., ein feiner Weltmann, Hor. sat. 1, 5, 32 u. dazu Porphyr.: carmen decies castigare ad unguem, Hor. de art. poët. 294: ex his ceterae suturae (capitis) in unguem committuntur, vereinigen sich auf das genaueste (aufs Haar), Cels. 8, 1. p. 321, 23 D.: u. so uti crepidines excurrant et in unguem ipso cymatio coniungantur, Vitr. 4, 6, 2: omnia in unguem secto via limite quadret, Verg. georg. 2, 277 *sq.* – homo, cuius pluris unguis, quam tu totus es, der mir am kleinen Finger lieber ist, Petron. 57, 10. – me Caesaris oratio uncis unguibus attinet, M. Caes. in Fronto epist. Graec. 6. p. 253, 6 N. – **b** der Tiere, die **Klaue, Kralle, Tatze, Branke** (von den ein- und zweihufigen aber gew. ungula), Verg., Colum. u. a. – **II** übtr.: **A** von Pflanzen, das **Nagelförmige,** der **äußerste Teil,** z. B. an Rosenblättern, Plin.: des Holzes an Weinstöcken über dem Auge, Colum. – **B** der **Haken,** ferreus, Colum. 12, 18, 2. – **C** ein weißes Fell im Auge, das **Nagelfell,** Cels. 7, 7. *no.* 4. – **D** eine **Art Muschel,** viell. die **Messerscheide,** Varro LL. 5, 77. – ► Abl. gew. ungue, bei Dichtern auch unguī, z. B. Catull. 62, 43. Hor. carm. 2, 8, 4 u. a. – Nbf. **unx,** Gloss. II, 508, 54; III, 151, 43 u. ö.

unguito, āre, s. ūnctito.

1. ungula, ae, *f.* (unguis), die **Klaue, Kralle,** der **Huf, I** eig. u. meton.: **1** eig.: vestigium ungulae (equi), Cic.: cava (equi), Enn. fr.: ungulae bifidae, gespaltener Huf, Plin. u. Amm.: dass. bifissae (Ggstz. solidae), Solin.: u. binae, Plin.: ungulae suum, Cels. u. Plin.: miluinae aut aquilinae ungulae, Plaut.: meus gallus gallinacius occepit ibi scalpurire ungulis circumcirca, Plaut.: ungulas huc inicere, die Klauen einschlagen, d. i. etwas rauben, Plaut. – Sprichw., omnibus ungulis, ut dicitur, mit allen Leibeskräften, Cic. Tusc. 2, 56. – **2** meton. = das **behufte Pferd,** ungula rapit currus, Hor.: fugax hippodromon ungula plaudit, Mart.: pendentis ungulae liquor, das Nass des fliegenden Rosses (Pegasus) = Priene, Stat. – **II** übtr.: **a** ein Marterinstrument, die **Kralle,** spät. ICt. u. Eccl. – **b** eine Pflanze, **Pferdehuf,** herba, quae Gallice calliomarcus, Latine equi ungula vocatur, Marc. Emp. 16.

2. ungula, ae, *f.* (ungo), das **Salböl,** bes. das **Myrrhenöl** (stacte), Vulg. Sirach 24, 21.

ungulātus, a, um (1. ungula), **mit Klauen-, mit Hufen versehen,** pedibus Pan ungulatis, Min. Fel. 22, 5: altero pede ungulatus, Tert. apol. 16: ungulā ungulatus, Mart. Cap. 4. § 378.

ungulus, ī, *m.* (*Demin.* v. unguis), **I** der **Nagel** an der Zehe, sprichw. usque ab ungulo ad capillum summumst festivissuma, wir »vom Kopf bis zur Zehe«, Plaut. Epid. 623 G. – **II** wie unser Fingerlein = Ring) der **Fingerring,** Pacuv. tr. 64 u. 215. Auct. Atellan. bei Fest. 375 (b), 2; vgl. Plin. 33, 10. Isid. orig. 19, 32, 5.

unguo, ūnxī, ūnctum, ere, s. ungo.

ungustus = fustis uncus, Paul. ex Fest. 377, 9.

ūnianimis, e, s. ūnanimus.

ūnicalamus, a, um (unus u. calamus), **einhalmig,** Plin. 19, 69.

ūnicaulis, e (unus u. caulis), **einstengelig,** Plin. 18, 57 u. a. Dynam. 2, 35.

ūnicē, *Adv.* (unicus), **einzig, ausschließlich nur, außerordentlich, a** bei *Verbb.*: diligere, Cic.: probare, Plin. ep.: laetari, Plin. ep.: eximie et unice delectare, Gell. – **b** bei *Adii.*: unice securus, völlig-, gänzlich unbesorgt, Hor.: häufig verb. mit unus, Plaut.: beim *Superl.*, Aristotelis unice studiosissimus, Gell. 19, 5, 2.

ūnicolor, ōris (unus u. color), **einfarbig, von einer Farbe** (Ggstz. varius), sues, Varro: torus, Ov.: oculus unicolor nulli, Plin.

ūnicolōrus, a, um = unicolor, Prud. ham. 819. – subst., pingere unicolora (Ggstz. versicolora), Fronto epist. ad Ver. 1, 1. p. 113, 10 N.

ūnicornis, e (unus u. cornu) = μονοκέρατος, μονόκερως, **einhörnig** (Ggstz. bicornis), bos, Plin. u. Solin.: rhinoceros, Tert. – subst., **ūnicornis,** is, *m.* = μονόκερως, das **Einhorn** (v. Rhinozeros), Tert. adv. Marc. 3, 18; adv. Iud. 10. Vulg. psalm. 21, 22 u. a.: filius unicornium, Vulg. psalm. 28, 6. – Nbf. **ūnicornuus,** ī, *m.*, Ambros. de off. ministr. 2, 16, 85.

ūnicorporeus, a, um (unus u. corpus), **einleibig,** Firm. math. 2, 12.

ūnicuba, ae, *f.* (unus u. cumbo), **die nur einem Mann Beigelegene, -Vermählte,** Hieron. adv. Iov. 1, 49 *extr.*: unicuba, uniiuga, CIL 3, 3572.

ūnicultor, ōris, *m.* (unus u. cultor), der **Verehrer eines Gottes,** Prud. perist. 13, 90.

ūnicus, a, um (unus), der **einzige, alleinige, I** eig., der Zahl nach, filius, Ter. u. Cic.: filia, Ter. u. Cic.: spes, Liv.: remedium, Plin. – m. *solus* verb. (wie wir: einzig und allein), unica res sola, Lucr. 2, 542: res unica solaque, Lucr. 2, 1078. – mit *unus* verb., unus atque unicus amicus, Catull. 73, 6: idque unum et prae omnibus unicum volens effice, Apul. met. 4, 31. – m. *Genet.*, unice rerum fessarum, du einziger Retter von Trübsal, Sil. 10, 273. – *Compar.* durch *magis* umschr., mi etiam unico magis unicus, Plaut. capt. 150. – **II** übtr., **einzig in seiner Art, ungemein, vorzüglich, ausgezeichnet** (vgl. Passerat. Prop. 1, 2. p. 345. Heinse Ov. met. 3, 454. Korte Cic. ep. 1, 9, 37. p. 43. Oudend. Suet. Tit. 8. p. 883. Ruperti Tac. ann. 3, 4. p. 260. Hildebr. Apul. flor. 7. p. 26), **a** im guten Sinne: homo unicā est naturā ac singulariā, Turpil. com. fr.: tu poëta es prorsus ad eam rem unicus, einzig geeignet, Plaut.: unica semper avis, vom Vogel Phönix, Ov.: dux, Liv.: puer, Ov.: maritus, Hor.: liberalitas, Cic.: fides, Liv.: exemplum, Vell. – **b** im üblen Sinne, **außerordentlich, ungewöhnlich,** malitia atque nequitia, Rhet. Her.: turpitudo, Rhet. Her.: scelus, Vell.

ūnifōrmis, e (unus u. forma), **I einförmig, einfach,** facies, Apul.: institutum, Aur. Vict: vocabulum, Solin.: simplex quiddam et uniforme doceri, Tac. dial.: quod nunc uniformis (durchweg, ganz u. gar) latitet, Fulg. contin. Verg. p. 163 M. – **II** epistula uniformis, ein Schreiben, das in gleichlautender Abschrift auch an einen zweiten, dritten usw. Empfänger abgesandt wird, Avell. epist. 28 *lemm.*

ūnifōrmitās, ātis, *f.* (uniformis), die **Einförmigkeit,** Macr. u. a.

ūnifōrmiter, *Adv.* (uniformis), **einförmig, auf einerlei Art, durchweg, ganz u. gar,** Ps. Apul. Ascl. 2. Diom. 341, 32 K. Arnob. 2, 19 u. 64 u. a. Eccl.

ūnigena, ae, *c.* (unus u. gigno), **I von einerlei Geburt-, Geschlecht,** unigena Memnonis, Zephyrus, Bruder des Memnon, Catull.: te, Phoebe, relinquens, unigenamque simul, Schwester des Phöbus (Diana), Catull. – **II eingeboren, eingeschaffen,** Christus unigena, Paul. Nol. carm. 5, 46: singularis hic mundus atque unigena, Cic. Tim. 4. § 12.

ūnigenitus, a, um (unus u. gigno), **eingeboren, einzig** der Geburt nach, filius, Eccl.

ūniiugus, a, um (unus u. iugum), **I nur ein Joch habend,** vinca, nur an einen Querbalken gebunden, Plin. 17, 183 u. a. – **II** übtr., **nur einmal verheiratet,** Tert. monog. 6 *extr.*: unicuba, uniiuga, CIL 3, 3572.

ūnimammae, ārum, *f.* (unus u. mamma), die **Einbrüstigen,** von den Amazonen, Titian. bei Isid. orig. 9, 2, 64. Itin. Alex. 41 (96). Iul. Val. 3, 50 (27). CIL 1, 1501 (wo Sing. Amazon oinimamma = unimamma).

Ūnimammia, s. Ūnomammia.

ūnimanus, Akk. um (unus u. manus), **einhändig,** puer, Liv. 35, 21, 3 u. a. Iul. Obs. 7 u. 112. – als Beiname, Claudius Unimanus, Flor. 2, 17, 16.

ūnimodus, a, um (unus und modus), **nur von einer Art,** Prud. psych. 768. Apul. de Plat. 2, 5.

ūninōmius, a, um (unus u. nomen) = ὁμώνυμος, **von einerlei Benennung, gleichnamig,** Isid. orig. 1, 6, 17.

1. ūnio, īre (unus), **vereinigen,** caelum mari unitur, Tert. apol. 17: uniri haereticorum communioni, Sulp. Sev. chron. 2, 43, 1. – unitum aequor, Iul. Val. 1, 24 (1, 31): unita corpora, Sen. nat. qu. 2, 2, 4 (als Versuch eines philos. *t. t.*). – Vgl. Prisc. 8, 96: ›uno, unas; unio, unis‹.

2. ūnio, ōnis (unus), **I** *f.*, **A** die **Einheit,** Eccl.: als Würfelzahl, die **Eins,** Isid. orig. 18, 65 u. a. Eccl. – **B** die **Vereinigung,** Hieron. epist. 18, 14 u. a. Vulg. Ezech. 37, 17. – **II** *m.*, übtr.: **A** eine einzelne, große, längliche **Perle,** die **Zahlperle,** Plin. 9, 123. Val. Max., Sen. u. a. – **B** eine Art einzelne **Zwiebel** (ohne Nebenzwiebeln), Colum. 12, 10, 1.

ūnioculus, s. ūnoculus.

ūniola, ae, *f.*, eine sonst unbekannte Pflanze, Ps. Apul. herb. 77.

Ūniōnītae, ārum, *m.* (2. unio), eine Religionssekte, die die Dreieinigkeit leugnete, Überschrift einiger Ausgaben vor Prud. apoth. 178.

ūnipetius, a, um (unus u. pes), **einstengelig,** urtica, Marc. Emp. 15. fol. 106 (b), 18 (wo unipecia), Plin. Val. 1, 8.

ūnīsco, s. ūnēsco.

ūnisonus, a, um (unus u. sonus), **eintönig, einförmig,** voces, Boëth. inst. mus. 5. *c.* 5 u. 11.

ūnissimē, s. ūniter.

ūnistirpis, e (unus u. stirps), **einstämmig,** von Bäumen, Plin. 16, 125.

ūnisubsellium, s. subsellium.

ūnisyllabus, a, um (unus u. syllaba), **einsilbig,** praepositiones, Prisc. 14, 23.

ūnitās, ātis, *f.* (unus), das Bestehen aus einem Stoff, die **Einheit** einer Sache, **I** eig., Sen. u. a.: alvei, Plin.: ut unitas in eo (lino) facta sit, dass ein einziger Faden daraus wird, Cels.: in unitatem coire, Cels. – mundi, quae nunc partes sunt, aliquando unitas fuit, ein Ganzes, eine noch ungeschiedene Masse, Iustin. 2, 1, 14. – **II** bildl.: **A** die **gleiche Beschaffenheit, Gleichheit,** nulla, Varro LL.: coloris, Einfarbigkeit, Colum.: foliorum, Plin.: in unitatem venire, nur einen einzigen Namen bekommen, unter einen Namen gebracht werden, Plin. – **B** die **Einheit der Gesinnung, Einigkeit,** consensus atque unitas, Sen. de vit. beat. 8, 6.

ūnītē, *Adv.* (unitus v. 1. unio), **durchweg,** Non. 542, 13.

ūniter, *Adv.* (unus; vgl. Charis. 222, 26), **zu einem-, in eins verbunden,** aptus, Lucr. 3, 844 u. a.: cedere, Schol. Iuven. 3, 298. – *Superl.*, ut ita dicam unissime quantum potest adhaerens tibi, so innig als möglich, Sever. in Augustin. epist. 109, 1.

ūnītio, ōnis, *f.* (1. unio), die **Vereinigung,** Eccl.

ūnīusmodī, jetzt richtiger getrennt **ūnīus modī**, *Adv.* (unus u. modus), **von einerlei Art,** Ter., Varro LL., Cic. u. a.

ūniversālis, e (universus), **zum Ganzen-, zur Gesamtheit gehörig, allgemein,** Quint. u. a.: *Compar.* universalior, Boëth. in Cic. top. 3. p. 324, 11 B.

ūniversālitās, ātis, *f.* (universalis), die **Gesamtheit,** das **Ganze** (Ggstz. pars), Boëth. in Cic. top. 5. p. 363, 27 B. u. a.

ūniversāliter, *Adv.* (universalis), **im Ganzen, überhaupt,** Gaius dig. 18, 1, 35. § 6. Boëth. inst. arithm. 2, 46 u. a. Augustin. in psalm. 3, 10. CIL 2, 5181, I, 4.

ūniversātim, *Adv.* (universus), **im Ganzen, überhaupt,** Sidon. epist. 8, 2, 2.

ūniversē, *Adv.* (universus), überhaupt, **im Allgemeinen,** nam quid ego de ceteris civium Romanorum suppliciis *singillatim* potius quam *generatim atque universe* loquar, Cic. Verr. 5, 153: cetera *universe* mandavi, illud *proprie* (speziell), Cic. ad Att. 5, 2, 1.

ūniversim, *Adv.* (universus) = universe, Colum. 6, 29, 3. Gell. 1, 3, 22. Marc. Emp. 30, 41 *Helmreich.*

ūniversitās, ātis, *f.* (universus), der Inbegriff aller Dinge eines Ganzen, die **Gesamtheit,** das **Ganze, I** eig. (Ggstz. pars, portiones): generis humani, das ganze menschliche Geschlecht, Cic.: rerum, das Weltall, Cic.: universitatem commendat, die ganze Rede, die Rede überhaupt, Plin. ep.: bonorum, sämtliche Güter (Vermögen), ICt.: aedificii, ICt. – **II** übtr.: **A** die Gesamtheit der Dinge, die **Welt,** das **Weltall,** Cic. u. a.: corpus universitatis (*sc.* rerum), Cic. – **B** eine gesellschaftliche **Gesamtheit,** das **Kollegium,** die **Gilde, Kommune,** auch im Plur., ICt.

ūniversus (archaist. ūnivorsus), a, um (v. unus u. versus), eig. in eins gekehrt, in eine Einheit zusammengefasst; dah. **I ganz, sämtlich, A** *adi.*: mundus, die ganze Welt, als ein einzelnes Ganzes gedacht, Cic.: familia, Cic.: vita, Cic.: triduum, ganze drei Tage, Ter.: ad universae rei dimicationem venire, ein Haupttreffen liefern, Liv.: de re universa tractare, über die Sache überhaupt, Cic.: pro uno cive omnes privato consilio et universum senatum publico consilio mutasse vestem, Cic.: mit *totus* verb., gregem univorsum voluit totum avortere, die gesamte Herde im Ganzen (auf einmal) wegtreiben, Plaut. trin. 171. – So auch Plur. ūniversī, ae, a, **sämtlich, zusammen, insgesamt** (Ggstz. dispersi, singuli), universos esse pares, dispersos perituros, Nep.: universi (homines), Cic.: universi populi, Liv.: non unus aut alter miles sed universi milites, Liv.: öfter m. *omnis* verb., omnes universi u. universi omnes, alle zusammen, alle insgesamt, Plaut., Gell. u. a. (s. Hildebr. Apul. met. 7, 5 *in.*): natura universa atque omnia continens, alles im Ganzen und im Einzelnen, Cic. de nat. deor. 1, 39. – **B** *subst.*, ūniversum, ī, *n.*, das Ganze, der Inbegriff aller Teile; dah. die **ganze Welt,** das **Weltall,** Cic.: pars universi, Cic.: ebenso universis praeesse, dem Weltall, Sen. de provid. 1, 1. – **II** übtr., alle od. das Ganze betreffend, dahin gehörig, **allgemein** (Ggstz. proprius, einzeln u. dgl.), natura, Cic.: pugna, ein allgemeines Treffen, an dem alle teilnehmen, Liv.: victoria, Liv.: odium, Cic.: universissimus dominus, Augustin.: dah. in universum, im Ganzen genommen, überhaupt, Liv. – ► universum dreisilbig, Lucr. 4, 260 u. 262 (Lachm. u. Bern. unorsum). – Archaist. oinvorsei = universi, SC. de Bacch. im CIL 1, 196. lin. 19.

ūnivira, ae, *f.* (unus u. vir), **die nur einen Mann gehabt hat** (Ggstz. multivira), Min. Fel. 24, 3 u. a. Eccl. – *adi.*, univira viduitas, Tert. adv. psych. 8. – Andere Form ūniviria, ae, *f.*, Treb. Poll. trig. tyr. 32, 5. CIL 6, 2318 u. 14, 963.

ūnivirātus, ūs, *m.* (univira), die **Verheiratung mit nur einem Mann,** Tert. ad uxor. 1, 9 u. 2, 1.

ūniviria, ae, *f.*, s. ūnivira.

ūnivocātio, ōnis, *f.*, die **Eindeutigkeit,** Boëth. ad Arist. περὶ ἑρμ. 2, 132.

ūnivocus, a, um (unus u. voco), **I einstimmig, eintönig,** Boëth. inst. mus. 5, 11. – **II** = ὁμώνυμος, **eindeutig, einnamig,** Prisc. 6, 78 u. 8, 6. Augustin. de dial. 9. Mart. Cap. 3. § 339 u. § 356: res univoca vel aequivoca, Ggstz. multivoca, Boëth. in Cic. top. 3. p. 321, 3 B.

ūnivorsus, a, um, s. ūniversus.

ūno, āre (unus), **vereinigen,** Tert. adv. Prax. 27. Vgl. Prisc. 8, 96 ›uno, unas; unio, unis‹.

ūnoculus, a, um (unus u. oculus), **einäugig,** Cyclops, Acc. b. Gell. 3, 11, 5: gens, Solin. 15. § 20 (Mommsen uniocula). – subst., ūnoculus, ī, *m.*, der **Einäugige,** Plaut. Curc. 392 u. 394.

Ūnomammia, ae, *f.* (v. unus u. mamma), scherzhaft erdichteter Name eines Landes oder Volkes, mit Anspielung auf die einbrüstigen Amazonen (vgl. unimammae), Plaut. Curc. 445.

ūnōsē, *Adv.* (unus), **gleichförmig, in einem Zuge, auf einmal,** Pacuv. tr. 213. Plaut. most. 607 G. (Studemund).

unquam, s. umquam.

ūntia, s. ūncia ►.

ūnulus, a, um (*Demin.* zu unus), **ungebräuchlich,** Boëth. ad Arist. περὶ ἑρμ. 2, 146.

ūnus (altlat. oenus), a, um, Genet. ūnīus, Dat. ūnī, (vgl. griech. οἰνός, οἰνή, die Eins auf dem Würfel, gotisch *ains,* ahd. *ein*), **ein, eine, einer, ein (eines), I** eig.: **A** im Allg., als Zahlwort: unus de magistratibus, Cic.: mihi secundis rebus unus ex fortunatis hominibus, adversis unus ex summis viris videbatur, Cic.: unus ex Curiatiis, Liv. (u. so bei Livius oft unus ex, s. Fabri u. Weißenb. Liv. 24, 28, 1): unus eorum pontium, Caes.: principum unus, Liv.: uno et octogesimo anno, Cic.: unum et viginti annos, Cic.: dah. unus de multis, Cic., od. e multis, Cic., od. unus multorum, Hor., einer vom großen Haufen, ein gewöhnlicher Mensch, eine Alltagsseele (aber es unus ex multis, es geht dir nicht besser als den meisten, Plin. ep. 1, 3, 2): uno plus Etruscorum cecĭdisse, um einen Mann mehr, Liv.: in unum locum cogere copias, Caes., res diverse et diffuse dictas, Cic.: mit folg. *alter* (vgl. auch *no.* II), seltener mit folg. *alius,* z. B. una ex parte … altera ex parte, Caes.: una species … altera, Varro LL.: unam (partem) …

aliam ... tertiam, Caes.: unum, alterum, tertium annum, Cic.: unus et alter dies, ein bis zwei Tage, Cic.: dies unus, alter, plures etc., Cic.: unum, alterum mensem, Cic.: unus post alterum, einer nach dem anderen, Aur. Vict.: unus aut summum alter, einer oder höchstens zwei, Cic. ep. 5. 21, 1 (versch. v. unus aut alter unter *no.* II). – *Plur.* (bes. bei *Plur. tantum*), ex unis geminas mihi conficies nuptias, Ter.: unae molae, Cato: unae quadrigae, Varro: manibus ab unis, Val. Flacc.: unae decumae ... alterae, Cic.: ad hunc quadruplicem fontem diriguntur bini, uni transversi, alteri derecti, Varro LL. – ad unum (unam) omnes u. omnes ad unum, alle bis auf einen, alle bis auf den letzten, Cic. u. a. (s. Fabri Liv. 21, 42, 2): u. so bl. ad unum, Lucil. fr. u. Cic.: u. omnes cum uno, Gell. 3, 7, 16. – in unum, **in eins** (griech. εἰς ἕν) = an einen Ort (Punkt), convocare, Sall.: cogere, Liv.: sarcinas conicere, Liv.: confluere, Cic.: fundere, in eine Masse, Colum. – **B** insbes.: **1** von dem, was allein vorhanden ist od. stattfindet, **ein, wie nur einer, einzig, alleinig, allein, bloß, nur** (s. Brix Plaut. trin. 166. Lorenz Plaut. Pseud. 52), quibus sui nihil est nisi una lingua, Plaut.: nunc unae quinque remorantur minae, Plaut.: ruri dum sum ego unos sex dies, Plaut.: uno verbo, Ter.: Demosthenes unus eminet, Cic.: Pompeius plus potest unus, allein, Cic.: unus ex omnibus, Cic.: uni ex omnibus Sequani, Caes.: sequere me tres unos passus, die einzigen drei Schritte, Plaut.: Ubii, qui uni miserant, allein, Caes.: nobis unis, uns allein, Catull.: uni mihi, Tibull. – verb. m. *solus* (zur Verstärkung), z. B. uno illo solo antistite, Cic.: unam solam esse civitatem, Cic. – m. *tantum* od. *modo* (nur), z. B. quem tantum unum fortuna reliquum esse voluisset, Cic.: una tantum porta, Liv.: unā tantum perforatā navi, Liv.: Cicero ad haec unum modo respondit, Caes.: aliis unus modo (numerus), aliis plures, aliis omnes iidem videntur, Cic. Vgl. Fabri Liv. 21, 50, 6. Kraner Caes. b. G. 5, 41, 7. – verstärkend b. *Superl.*, mit u. ohne *omnium*, z. B. unus invictissimus, Plaut.: unus ei fuit carissimus, Nep.: summus vir unus omnis Graeciae, der größte od. einzig große Mann, Cic.: cum unus in civitate maxime floreret, er allein vor allen am meisten, Nep.: eam rem unam maxime conciliaturam Romanis principum Hispaniae amicitiam, Liv.: quam omnium Thebis vir unam esse optimam diiudicat, Plaut.: rem unam esse omnium difficillimam, eine Sache, die unter allen die schwerste ist, unter allen die schwerste Sache, Cic. Vgl. Brix u. Lorenz Plaut. mil. 52. Fabri Liv. 22, 22, 8: hoc unum od. unum hoc, id unum, nur dieses, Plaut. (s. Brix Plaut. capt. 744). – **2** von dem, was mehreren gemeinsam ist, **ein, einer, eine, ein und derselbe,** der **nämliche, einerlei,** una rei publicae pestis, Cic.: sic ubique una atque continua totius generis humani aut pax fuit aut fatigatio, Flor.: uno tempore, zu einer (gleicher) Zeit, Cic. u. Caes. – verb. mit *idem*, z. B. exitus unus et idem, Cic.: eadem et una res, Cic. – im Plur. (bes. bei *Plur. tantum*): in unis aedibus, unis moribus, Cic. – **II** übtr., indefinitiv, **ein, einer, ein, irgendein,** gew. in Verbindung mit *quidam, quivis, quisquam, aliquis* u. a., una adulescentula, Ter.: unus caprimulgus aut fossor, der nächste beste, Catull.: unus paterfamilias, Cic.: ut iudicem unum, Cic.: nulla res una, Cic.: mit dem *Superl.*: cum uno gladiatore nequissimo, Cic. – ohne *subst.*, tradidit uni, Ov.: rapta ab uno tuba, Suet. – verb. mit *Pronom.* u. unbest. *Numeral.*, z. B. una quaque (unaquaque) de re, Cic.: unum quodque (unumquodque), Cic.: auch unum quidquid, Lucr. u. Komik.: unus quilibet, quilibet unus, Liv.: quivis unus, Cic., u. unus quivis, Varro LL.: quisquam unus, Liv.: unus aliquis, unum aliquod, irgendein einzelner, einzelnes, Cic. u. a. (s. Halm Cic: de div. in Caecil. 27. Heräus Tac. hist. 1, 6 *extr.* Heß Tac. dial. 6. p. 31): nec quisquam unus etc., und kein einziger, Liv.: unus quidam, Cic.: aliquis unus (griech. εἷς τις) pluresve, Cic.: nihil unum, gar nichts, Liv. – nemo unus, nullus unus, Cic. u. a. – unus et (atque, aut, vel) alter, unus alterque, unus et item alter, **der eine und (oder) der andere, der und (oder) jener, etliche, wenige,** Ter., Cic. u. a. (vgl. Spengel Ter. Andr. 77. Nipperdey Tac. ann. 3, 34. p. 199, 10. Heß Tac. dial. p. 142. Schmidt Iuven. 7, 165. p. 199). – ► **α** Genet. unius hat das i lang, Verg. Aen. 1, 251. Ov. met. 13, 181, kurz, Lucr. 2, 379. Catull. 5, 3. Verg. Aen. 1, 41. Hor. sat. 1, 6, 13. – **β** Genet. uni, Titin. com. 7. Catull. 17, 17. – *Dat.* uno u. unae, z. B. uno operario, Varro r. r. 1, 18, 6: unae fibulae, Cato r. r. 19. – *Vocat.* une, Plaut. frivol. fr. b. Prisc. 5, 77. Catull. 37, 17. Augustin. conf. 1, 7, 12. – Altlat. oenus, Plaut. truc. 104 Sch. Cic. de legg. 3, 9: oino, CIL 1, 32.

unx, s. unguis ►.

Unxia, ae, *f.* (ungo), die dem Salben vorstehende Göttin, Arnob. 3, 25 u. 7, 21. Mart. Cap. 2. § 149.

ūpilio, ōnis, *m.* = opilio, s. d.

upupa, ae, *f.* (ἔποψ), der **Wiedehopf,** Varro LL. 5, 75. Plin. 10, 73. Plin. Sec. 1, 22. p. 36, 5 *Rose.* Vulg. Lev. 11, 19 u. deut. 14, 18. – im Doppelsinne haec upupa, dieser Steinepicker (v. der Steinaxt), Plaut. capt. 1004.

ūraeum, ī, *n.* (οὐραῖον), das **Schwanzstück** vom Thunfisch, Varro LL. 5, 77.

Ūrania, ae, *f.* u. **Ūraniē,** ēs, *f.* (Οὐρανία, Οὐρανίη, die Himmlische), eine der neun Musen, und zwar die der Astronomie, Form *-ia*, Cic. ad Q. fr. 2, 9, 1. Mart. Cap. 1. § 28 u. a.: Urania Musa, Cic. de div. 1, 17. Hyg. fab. 161. – Form *-iē*, Ov. fast. 5, 55. Auson. edyll. 20, 8. p. 251, 8 Schenkl. Mart. Cap. 1. § 7 u. a.

ūranos, ī, *m.* (ουρανός), das **Himmelsgewölbe,** Chalcid. Tim. 98.

ūranoscopus od. **-os,** ī, *m.* (οὐρανοσκόπος), der **Himmelschauer,** ein Seefisch, sonst callionymus gen., Plin. 32, 69 u. a.

Ūranus, ī, *m.* (Οὐρανός), lat. Caelus, nach der Sage Vater des Saturnus, Lact. 1, 11, 61 u. 1, 13, 15.

ūra scorpiū (οὐρὰ σκορπίου), eine Pflanze, **Skorpionsschwanz,** Ps. Apul. herb. 49.

Urbānātēs, s. Urbīnum.

urbānātim, *Adv.* (urbanus), **städtisch** (Ggstz. rusticatim), Pompon. com. 7.

urbānē, *Adv.* (urbanus), **städtisch,** meton.: **a fein, nett,** im Benehmen, urbane, urbanius agere, Cic.: urbanissime et prudentissime, Treb. Poll. – **b** von der Rede, **witzig, sein,** urbane dictum, Quint.: ridere Stoicos, Cic.: vexare, Cic.

urbāniciānus, a, um (urbanus), zu den Städtischen gehörig, **in der Stadt** (zu Rom) **in Garnison stehend, Garnison-,** milites, Spart. Carac. 4, 6 u. Anton. Get. 6, 4. Paul. dig. 4, 6, 35. § 4 (urbanae cohortes gen. bei Modestin. dig. 25, 1, 8. § 9).

urbānitās, ātis, *f.* (urbanus), **I** das **Stadtleben,** bes. das Leben in Rom, desideria u. desiderium urbanitatis, Cic. ep. 7, 6. § 1 u. 17. § 1. – **II** meton., die **städtische Weise, a** das **städtische Wesen, feine Benehmen,** die **feine Lebensart,** Cic. ep. 3, 7, 5: Plur., deponendae tibi sunt urbanitates; rusticus Romanus factus es, Cic. ep. 16, 21, 7. – **b** die **Feinheit** im Reden, teils in der Aussprache, teils im Ausdruck, urbanitatis color, Cic. Brut. 171; vgl. Quint. 6, 3, 17 u. 103 *sqq.* – **c** die **Feinheit** im Witz, Scherz, der **feine Witz, feine Scherz** od. **Spaß,** vetus, Cic.: in iocis, Quint.: oratoria, Quint.: vernacula, Tac.

urbānus, a, um (urbs), **zur Stadt** (bes. zu Rom) **gehörig, städtisch, in (bei) der Stadt, Stadt-** (Ggstz. rusticus), **I** eig.: suffragatio, der städtischen Bevölkerung (Ggstz. militaris), Cic.: sermo, der Städter (Ggstz. rusticus, der Bauern), Liv.: vita, Cic.: audacia (Ggstz. provincialis), Cic.: tribus, Cic.: praetor, der in Rom zwischen röm. Bürgern Recht spricht, Cic. u. Caes. (s. praetor): exercitus, aus röm. Bürgern bestehend, Liv.: populus (Ggstz. exercitus), Nep.: plebes u. plebs, Sall. u. Sen.: insidiae, Cic.: consilium, der Beschluss innerer Politik, Cic.: praedium, ein Landgut bei der Stadt, auch auf städtische Art eingerichtet, Cic.: so auch rus, Iustin.: fundus, Cato: cohortes, zu Rom in Garnison stehende, ICt. – subst., urbānī, ōrum, *m.*, die **Stadtbewohner, Städter,** Cic. u. a. – **II** meton., **nach städtischer Weise, städtisch, 1** im guten Sinne: **a feinstädtisch, fein** im Benehmen, **gebildet,** homo, ein Weltmann, Cic. ep. 3, 8, 3: urbani (vornehme) assidui cives, Plaut. trin. 202. – übtr., von Gewächsen, **veredelt,** herba, Plin.: arbores urbaniores, Plin. – **b** von der Rede, **fein, gebildet, gewählt,** quiddam resonat urbanius, Cic.: os facile (in pronuntiando) et urbanum, Quint. – **c fein, geistreich** im Witz,

-Scherz, **witzig, scherzhaft,** homines lepidi et urbani, Cic.: homo urbanissimus, Cic.: u. urbanissimus homo, Sen. rhet.: sermo, Cic.: sales, Cic. – subst., der **Witzbold,** Hor. ep. 1, 15, 27. – **2** im üblen Sinne, **dreist, unverschämt,** frons, Hor. ep. 1, 9, 11 (Ggstz. pudor subrusticus, Cic. ep. 5, 12, 1).

Urbiaca, s. Urbicua.

urbicapus, ī, *m.* (urbs u. capio), der **Städteeroberer,** Plaut. mil. 1055. Coripp. Ioann. 1, 100.

urbicārius, a, um (urbicus), **zur Stadt** (Rom) **gehörig,** regio, praefectura, spät. ICt.: mimologus, Fulg. myth. 2, 17.

urbicremus, a, um (urbs u. cremo), **Städte verbrennend,** nubes, Prud. ham. 726.

Urbicua, ae, *f.*, Stadt in Hispania Tarrac. (viell. identisch mit Urbiaca im Itin. Anton. 447, 5, nach Reichardt das heutige *Albaroches*), Liv. 40, 16, 8.

urbicus, a, um (urbs), **zur Stadt** (Rom) **gehörig, städtisch, Stadt-,** res urbicae, Gell.: annona, Suet. u. Vopisc.: via, ICt.: negotiator, Suet.: praefectus, Lampr. – übtr., **a** = Romanus, **römisch,** quidam urbicus, Römer, Augustin. epist. 36, 3. – **b städtisch** = fein, facetiis urbicis abundans, Schol. Iuven. 9, 11.

urbigena, ae, *c.* (urbs u. geno = gigno), **in der Stadt geboren,** CIL 5, 4608.

Urbigenus, richtiger Verbigenus, s. d.

Urbīnās, s. Urbīnum.

Urbīnum, ī, *n.*, ein Munizipium in Umbrien, j. *Urbino*, Tac. hist. 3, 62, 1: auch Urvinum geschr., CIL 11, 6053. – Dav. **Urbīnās,** ātis, **urbinatisch, aus Urbinum,** Varro LL. 8, 84 (wo auch Urbinus). Cic. Phil. 12, 19. – subst., Urbīnātes (Urbānātes), ium, *m.*, die Einw. von Urbinum, die **Urbinaten (Urbanaten),** Plin. 3, 114 (Sillig Urbin., Jan u. Detl. Urban.).

urbis, s. orbis a. E. ►.

Urbius clīvus, eine Örtlichkeit in Rom zwischen dem Esquilin und Vicus Cyprius, von dessen oberem Teil man rechts nach dem Urbius clivus einbiegen musste, Liv. 1, 48, 6. Solin. 1, 25. – Nbf. Orbius clivus (Ὄρβιος, Dion. Hal. 4, 39), Fest. 182 (a), 21.

urbo, āre, s. urvo.

urbs, urbis, *f.*, die mit einer Ringmauer umgebene **Stadt, I** eig.: **A** im Allg.: urbs atque agri, Enn. fr.: Capua, urbs amplissima atque ornatissima, Cic.: urbs Roma, Vell. u. Eutr.: urbs Romana od. Romana urbs, Rom, Vell. u. Flor.: urbs Attica, Athen, Vell.: urbs urbium, die Hauptstadt, Flor. – poet. mit dem Namen der Stadt im *Genet.* dabei, urbs Patavi, urbs Buthroti, Verg. Aen. 1, 247 u. 3, 293. – urbem aedificare, Cic.: urbem condere, constituere, Cic.: urbem augere, Cic., amplificare, Liv.: urbem capere, Cic.: urbem evertere, excīdere, Cic.: ille cives suos agro atque urbibus augeri maluit, quam etc., Nep. – im Bild, urbem philosophiae proditis, dum castella defenditis, ihr gebt die Stadt (die Hauptpunkte) der Philosophie preis, während ihr die Kastelle od. Außenwerke (die Nebenpunkte) verteidigt, Cic. de div. 2, 37. – **B** prägn., **1** die Stadt **Rom** (wie ἄστυ v. Athen), als Hauptstadt und Mittelpunkt des röm. Reiches, Cic., Caes. u. a.: ad urbem, bei Rom, Cic., od. nach Rom, Cic.: bes. ad urbem esse, bei od. vor Rom verweilen (teils von siegreich heimkehrenden Feldherren, ehe ihnen der Senat den Einzug in die Stadt gestattet hatte, teils von Provinzialbehörden, die sich zur Abreise in ihre Provinzen anschickten), Sall. Cat. 30, 4; vgl. Cic. I. Verr.. 45 u. II. Verr.. 2, 17; u. so ad urbem cum imperio rei publicae causā remanere, Caes. b. G. 6, 1, 2. – **2** die **Hauptstadt,** Ggstz. municipium, ICt. – **3** = ἀκρόπολις, die **Oberstadt,** Curt. 3, 1, 8. – **II** meton., die **Stadt** = die Stadtbewohner, urbs somno vinoque sepulta, Verg.: urbs maesta, Iuven.: bene moratae urbes, Auct. bei Quint. – ► Archaist. Dat. Sing. urbei, CIL 1, 206. lin. 64.

urbum, ī, *n.*, s. urvum.

ūrceātim, *Adv.* (urceus), **mit Krügen,** plovebat (= pluebat), mit Krügen, Kannen, wir ›mit Mulden‹, d. i. sehr stark, Petron. 44, 18.

ūrceola, ae, *f.* (urceus), das **Krüglein,** als Benennung der Ohrhöhlung, urceolae auriculae, Pelagon. veterin. 12 (205 *Ihm*).

ūrceolāris, e (urceolus), **zu Krügen gehörig,** herba, eine zur Abreibung der gläsernen Krüge usw. dienliche Pflanze, **Glaskraut, Rebhühnerkraut** (*Parietaria officinalis,* L.), Plin. 22, 44. Scrib. Larg. 39. Veget. mul. 2, 6. § 2 u. 4; 5, 11, 2. Pelagon. veterin. 3 (39 *Ihm*). – dass. herba urceolaria, Pelagon. veterin. 3 (37 *Ihm*) u. 6 (112 *Ihm*).

ūrceolus, ī, *m.* (*Demin.* v. urceus), der **kleine Krug,** das **Krüglein,** Varro vit. P. R. 1. fr. 44 (bei Non. 547, 8): fictilis, Sen. fr. 50 *Haase:* picatus, Colum. 12, 16, 4: urceoli sex, Iuven. 3, 203: urceoli, pelves, sartago, matellae, Iuven. 10, 64. – Nbf. ›urceolum‹ u. ›urciolum‹, στάμμος, ξέστης, Gloss. III, 466, 68 u. III, 93, 73, ›orciolum, στάμνος‹, Gloss. III, 369, 47, ›orciolus, σταμνίσκος‹, Gloss. II, 436, 39.

ūrceus, ī, *m.* (zu ὕχρη, äol. ὔχρη), der **Krug, Wasserkrug,** Plaut., Cato, Hor. u. a.: fictilis, Mart. u. Vitr.

Urcī, ōrum, *m.*, eine Küstenstadt im tarrakon. Hispanien, wahrsch. beim h. *Almeria,* Mela 2, 6, 7 (2. § 94). Itin. Anton. 404, 8. – Dav. **Urcitānus,** a, um, **urcitanisch,** finis, Mart. Cap. 6. § 627.

ūrciolārius, a, um, s. ūrceolāris.

ūrciolus, s. ūrceolus.

urco, āre, Naturlaut der Luchse, Suet. fr. 161. p. 248, 1 *Reiff.* Anthol. Lat. 762, 51 (233, 51).

ūrēdo, inis, *f.* (uro), **I** der **Brand** an Gewächsen, am Getreide usw., Cic., Colum. u. Plin. – **II** das **brennende Jucken,** Plin. 9, 147. – bildl., v. der Liebesglut, Plur., Apul. met. 4, 31.

ūrēthra, ae, *f.* (οὐρήθρα), der **Harngang** (rein lat. mictualis via), Cael. Aur. de morb. chron. 5, 4, 66 u. 5, 10, 91.

ūrēticus, a, um (οὐρητικός), **zum Urin (Harn) gehörig, Urin-, Harn-,** pori (rein lat. viae urinales), Cael. Aur. de morb. chron. 5, 3, 55. Th. Prisc. 4, 2. – ► griech. Akk. Plur. ūrēticūs (οὐρητικοῦς), Cass. Fel. 51. p. 131, 12 *Rose.*

urgēns, entis, *PAdi.* (urgeo *no.* II, 1), **drängend, dringend, zwingend,** urgentior causa, Tert. de res. carn. 2: urgentissima ratio, Cod. Iust. 3, 11, 1: urgentissimae occupationes, Augustin. de bono vid. § 1. – subst., urgentia, ium, *n.*, das **Drängende,** die **dringende Notwendigkeit,** urgentia bellorum subire, Iul. Val. 1, 25 *extr. ed. Paris.* (1, 20 *ed. Rom.* urguentiam): *Compar.*, urgentior actio, Augustin. epist. 36, 28: urgentiores differentiae, Cael. Aur. de morb. chron. 2, 12, 139. – subst., urgentiōra, um, *n.*, **drängendere Mittel,** Cael. Aur. de morb. chron. 3, 2, 36.

urgenter, *Adv.* (urgens), **drängend, dringend,** Cypr. epist. 36, 1. August. c. litt. Petil. 3, 32. § 37 *extr.: Compar.* urgentius, Cael. Aur. de morb. chron. 5, 11, 138.

urgeo u. (in den besten Hdschrn.) **urgueo,** ursī, ēre (vgl. gotisch *wrikan,* verfolgen, peinigen), **drängen, drängend fortstoßen, treiben, stoßen, I** eig.: **a** *tr.* hostes urgebant, drängten, drangen ein, Sall.: pedem (alcis) pede (suo), Verg.: naves in Syrtes, auf die Sandbänke treiben, Verg.: vocem ultra vires, über die Kräfte, übermäßig anstrengen, Quint.: orationem, mit Hitze, leidenschaftlich sprechen, Quint. – **b** *intr.* **sich drängen,** longique urguent ad litora fluctus, Verg. georg. 3, 200. – **II** übtr.: **1** drängend **belästigen, bedrängen, hart zusetzen, keine Ruhe lassen,** quem morbus urget, Hor.: mortifero morbo urgeor, Cic.: urgens malum, Cic.: urgens senectus, Cic.: alqm fame, Sall.: insto atque urgeo, Cic.: nihil urget, nichts drängt (dich), d. i. es hat keine Eile, Cic.: ursit me litteris, ut etc., Asin. Poll. in Cic. ep.: famulas laboribus, drängen (treiben an) die M. zur Arbeit, Ov.: alqm flebilibus modis, jmd. unablässig bejammern, Hor.: altum, nach dem hohen Meere hindrängen, Hor. – urgeri m. *Genet.*, wegen etw. **hart bedrängt (in die Enge getrieben) werden** (= hart beschuldigt werden), quia male administratae provinciae aliorumque criminum urgebatur, Tac. ann. 6, 29 zw. – **2** durch seine unmittelbare Nähe od. Folge gleichs. bedrängen, **a** eine Örtl. **einengen,** urbem urbe aliā premere atque urgere, beschränken u. in die Enge treiben, Cic. de lege agr. 1, 16: vallem, Verg. Aen. 11, 524: ebenso *ibid.* 7, 566: absol., ab tergo Alpes urgent, Liv. – **b** eine Zeit **verdrängen,** urget diem nox et dies noctem, Hor. epod. 17, 25. – **c** absol., **drängen,** urgente iam vespere profecti, indem es stark gegen Abend ging, Lact.

4, 15, 20. – **3** jmdm. durch die Rede, durch Fragen usw. **zusetzen,** ihn **in die Enge treiben** = immer etw. einwenden, interrogando, Cic.: rustice, Cic.: urgebor iam omnium vestrûm convicio, gleich ihr alle mit Vorwürfen mir zu Leibe rücken, Cic.: urgeor m. *Infin.*, rursus urgemur etiam de ipsorum somniorum retractatu quibus anima iactatur exprimere, Tert. de anim. 46 *in.* – **4** etw. **eifrig betreiben, von** etw. **nicht ablassen,** opus, Ov.: arva, Hor.: iter, Ov.: occasionem, eifrig benutzen, Cic.: forum, viel auf dem F. sein, Cic.: propositum, beharren bei usw., Hor.: ius, auf strenges Recht dringen, Cic. – m. *Infin.*, urges summovere maris litora, bemühst dich usw., Hor. carm. 2, 18, 20. – m. *Acc.* u. *Infin.*, cum abrumpi dissimulationem urguebat, darauf drang, Tac. ann. 11, 26.

Urgo, ōnis, *f.*, die nördlichste der kleinen Inseln an der Küste Etruriens, j. *Gorgona,* Mela 2, 7, 19 (2. § 122). Plin. 4, 81. Mart. Cap. 6. § 644.

urguentia, ae, *f.*, s. urgēns.

urīca, ae, *f.*, s. ērūca.

ūrīgo, inis, *f.* (uro), die **Brunst, Geilheit,** Apul. met. 1, 7. *Arnob. 5, 44 *Reiff.*: Plur., Apul. met. 8, 28.

ūrīna, ae, *f.* (zu altind. *var(i),* Wasser), der **Harn, Urin, I** eig.: fistula od. iter urinae, Harnröhre, Cels.: urinam reddere, sein Wasser lassen, harnen, Cels.: so auch urinam facere, Colum.: urinam citare, tardare, Cels.: urinam emoliri manu, Cels.: calculis per urinam eiectis, Suet.: cum illum urinae difficultas torqueret, Sen.: ut in urina, ut in unguibus naturae contagio valet, Cic.: alqm urinā respergere, Val. Max.: urinā contaminare, Suet.: urinam humanam vel etiam suam bibere, Augustin.: in urina crus attollere (v. männl. Hund), in urina sedere (v. weibl.), Plin. – Plur., urinas ciere, Plin. 21, 138: u. so Plur. auch Plin. 21, 139 u. 28, 244. Veget. mul. 5, 14, 19. – **II** übtr., der **Samen,** urina genitalis, Plin. 8, 168: urina concepta, Iuven. 11, 170.

ūrīnālis, e (urina) = οὐρητικός, **I zum Harn (Urin) gehörig, Harn-, Urin-,** viae, Cael. Aur.: fistula, Veget. mul.: virtutes, Cael. Aur.: medicamina, Cael. Aur. – **II Urin (Harn) treibend,** cataplasma diureticon id est urinale, Cass. Fel. 44. p. 111, 19.

ūrīnātor, ōris, *m.* (urinor), der **Taucher,** Varro LL. 5, 126. Liv. 44, 10, 3 *sq.* Callistr. dig. 14, 2, 4. § 1.

ūrīno, āre = urinor, Varro LL. 5, 126.

ūrīnor, ārī (zu altind. *var(i),* Wasser), unter das Wasser **tauchen, untertauchen,** qui urinantur, die Taucher, Cic. Acad. fr. 10 *Halm* (bei Non. 474, 27): u. so urinantes, Plin. 9, 91: sub aqua ranae diu urinantur, Plin. 11, 188.

ūrīnus, a, um (οὔρινος), **voll Wind,** ovum, ein Windei, rein lat. ovum irritum, Plin. 10, 158.

Ūrios, iī, *m.* (Οὔριος), der **Verleiher (Geber) des guten Fahrwindes,** Iuppiter imperator, quem Graeci Urion nominant, Cic. Verr. 4, 128.

urium, iī, *n.* (genus terrae), eine unnütze Erdart im Bergwerk, Plin. 33, 75.

ūrna, ae, *f.* (aus *urc-na zu urceus), **I** das **Wassergeschirr,** der **Wasserkrug,** Plaut., Hor. u. a.: urna aquae, Porphyr. Hor.: urnae cum aqua positae, Varro LL. – Attribut des Gestirns Wassermann, Ov. fast. 2, 457. Sen. Thyest. 865 (868): u. der personifizierten Flüsse oder Flussgottheiten, Verg. Aen. 7, 792. Sil. 1, 407. – **II** übtr.: **A** übh., der **Topf, Krug,** das **Geschirr,** für Geld, argenti, Geldtopf, Hor.: die Asche od. Gebeine der Toten aufzubewahren, die **Urne,** der **Aschenkrug,** Ov.: der **Lostopf** (vollst. urna sortium, Amm. 14, 11, 26), nomina in urnam conicere, Liv. 23, 3, 7. Plin. ep. 10, 3 (20), 2: urnam movere (schütteln), Verg. Aen. 6, 432: educere ex urna tres (iudices), Cic. Verr. 2, 42: coniectum in urnam nomen eius non exiit, sed eiecta est, Sen. contr. 1, 2. § 7: primum nomen urnā extractum citari iussit, Val. Max. 6, 3, 4: sed ita, ut eum senatorum urna damnaret, equitum et tribunorum absolveret, Ascon. ad Cic. or. de tog. cand. p. 90, 8 B. (p. 80, 10 K.): urnam postulabat, die Wahl durchs Los, Tac. hist. 4, 6 *extr.*: dah. von der Schicksalsurne, bei den Alten dem Jupiter u. den Parzen zugeteilt, omnium versatur urnā sors exitura, jeden erwartet zu seiner Zeit das letzte Los, Hor.: omne nomen movet urna, Hor. – **B** als Maß flüssiger Dinge = eine halbe amphora od. vier congii od. 24 sextarii, der **Krug, Topf,** Cato u. Plin.: dah. übh. **Maß,** Cato r. r. 10, 2 u. 13, 3. Iuven. 15, 25.

ūrnālis, e (urna), **eine Urne** (als Maß, s. ūrna *no.* II, B) **enthaltend,** urcei, Cato r. r. 13, 3: caliculi, Treb. bei Plin. 9, 93: scyphi, Petron. 52, 1: vas, Herm. Past. 1, 4, 1. – Plur. subst., ūrnālia, *n.*, **eine Urne enthaltende Gefäße,** Act. arv. fr. p. 27 Henzen. Procul. dig. 33, 6, 16 *pr.*

ūrnārium, iī, *n.* (urna), ein Tisch, auf dem die Wassergeschirre standen, der **Urnentisch,** Varro LL. 5, 126. Varro sat. Men. 532.

ūrnātūra, ae, *f.*, s. ōrnātūra.

ūrnifer, ferī, *m.* (urna u. fero), der **Wasserträger,** der **Wassermann,** ein Gestirn, Anthol. Lat. 761, 15 R.

ūrniger, gera, gerum (urna u. gero), **eine Urne** (als Wassergeschirr) **tragend,** puer, der Wassermann, ein Gestirn, Anthol. Lat. 616, 6 (482, 6).

ūrnula, ae, *f.* (*Demin.* v. urna), die **kleine Urne, I** eig., als Wassergeschirr, Varro vit. P. R. 1, 45 (b. Non. 544, 8). Apul. met. 6, 13. Fulg. myth. 3, 6. p. 116, 6 M.: fictilis, Cic. parad. 1, 11: brevior, Fulg. contin. Verg. p. 143: faberrime cavata, Apul. met. 11, 11. – **II** übtr., die **Urne** zum Aufbewahren der Asche u. Gebeine der Toten, der **Aschenkrug,** urnula aurea Severi reliquias continens, Spart. Sever. 24, 2.

ūro, ūssī, ūstum, ere (statt *euso, vgl. altind. *óṣati,* brennt, *uṣṭa-ḥ,* gebrannt = lat. ustus, griech. εὔω, ich senge, Aor. εὗσαι), **brennen, verbrennen, I** eig. u. übtr.: **A** eig.: **1** im Allg.: calidum hoc est: etsi procul est urit male, Plaut.: uri calore, Cic.: uri se patiuntur Indi, lassen sich von der Sonnenhitze brennen, Cic.: (sacer ignis) urit, corpore serpens, quamcumque arripuit partem, Lucr.: calx urit, hitzt (als Arznei genommen), Plin. – zona usta, die heiße Zone, Macr. – *Partic.* subst., **a** ūsta, ae, *f.*, der gebrannte Ocker, Vitr. 7, 11, 2. – **b** ūstī, ōrum, *m.*, Gebrannte, Verbrannte, durch Feuer usw. Verwundete, Plin.: a sole usti, Plin. – **2** insbes.: **a** als mediz. *t. t.*, **brennen** = mit Feuer behandeln, nos et urimur et secamur, Salv.: in corpore si quid eiusmodi est, quod reliquo corpori noceat, id uri secarique patimur, Cic.: si uri non potest vulnus, Cels.: quoties quid ustum est, Cels. – **b** als *t. t.* der Malerei, **α enkaustisch malen,** tabulam coloribus, Ov. fast. 3, 831. – **β enkaustisch auftragen, einbrennen,** picta coloribus ustis puppis, Ov. fast. 4, 275. – **c verbrennen, brennend verzehren, verheeren, α** übh.: hominem mortuum, Cic.: agros, Liv.: urbes hostium, Tac.: naves, Hor.: terram urere, vicos exscindere, Curt.: ignis urit domos, Hor.: arbos uritur, Ov.: ut summum periculum esset, ne Appio suae aedes urerentur (in Brand geraten möchten), Cic.: sexus infirmus uri se perpetitur, Lact. (vgl. Bünem. Lact. 5, 13, 14): absol., urendo populandoque gesserunt bella, durch Sengen u. Brennen, Liv. 7, 22, 4. – **β** als Feuerungs- od. Leuchtmaterial **brennen, verbrennen,** picem et ceras et cetera alimenta flammae, Ov.: odoratam nocturna in lumina cedrum, Verg.: in usum nocturni luminis uri (von den Christen), Tac.

B übtr.: **1 austrocknen, ausdörren, versengen, brennen,** brennend **schmerzen,** (cicer) urit solum, Plin.: urit lini seges campum, Verg.: fimum suillum urit vineas, Plin.: terras, solum, Ov.: sitis urit herbas, Ov.: sitis guttur od. fauces urit, Ov.: nec febribus uror anhelis, Ov.: dysenteria si urit, Plin. – **2** durch allzustarke Reibung **brennen, reiben, abreiben, wund machen,** ea (terebra) excavat, non urit, Colum.: calceus … si minor, uret, Hor.: si te forte meae gravis uret sarcina chartae, Hor.: lorica urit lacertos, Prop.: cum aculeus sagittae aut glandis abditae introrsus tenui vulnere in speciem urit, Liv. – **3** v. Kälte, Frost usw., **versengen, verletzen,** iis, quae frigus usserit, remedio sunt, Frostschäden, Plin.: ustus ab assiduo frigore Pontus, Ov.: nec nova per gelidas herba sit usta nives, Ov.: Scythae continuis frigoribus uruntur, haben zu leiden vom usw., Iustin.

II bildl.: **A entzünden, entflammen, a** im üblen Sinne, v. einer Leidenschaft oder einer die Leidenschaft erregenden Person oder Sache, **entflammen, martern, verzehren,** Paffiv uri = **entbrannt sein, brennen, glühen, verzehrt werden,** amor urit me, Verg.: Daphnis me malus urit, Verg.: uritur infelix Dido, Verg.: quid in hospite ureris? bist du entbrannt für den G., Ov.: urit me Glycerae nitor, urit prava protervitas, Hor.: uror, seu tibi etc., Hor.: omnia haec mala, quibus uror torreor vexor, Arnob.: meum iecur urere bilis, Hor.: urit enim fulgore suo, erfüllt mit Neid, Hor.: quod urit invidiam, den Neid zur Marter macht, Liv. – uro hominem, ich ärgere ihn, Ter.; vgl. id nunc his cerebrum uritur, me esse etc., das ärgert sie, dass ich usw., Plaut. – **b** im guten Sinne, zur Nachahmung **entflammen,** alqm avorum laudibus, Val. Flacc. 1, 446.

B beunruhigen, drücken, beschweren, belästigen, belästigend **heimsuchen,** eos bellum Romanum urebat, Liv.: quo (bello) Italia urebatur, Liv.: Aetolos dies noctesque assiduo labore urente, Liv.: populum gravis urebat infesto mari annona, Vell.: pestilentia urens simul urbem atque agros, Liv.: quidam in quaslibet aures quidquid illos urit (was sie drückt) exonerant, Sen.

urpex, inis, *m.*, s. irpex.

urruncum, ī, *n.* (zu οὔραχος, spitzes Ende), der **unterste Teil der Ähre,** Varro r. r. 1, 48, 3.

ursa, ae, *f.* (v. ursus), **I** die **Bärin,** Plin., Ov. u. a.: mansues, Apul. – poet. = Bär übh., Verg. u. Ov. – **II** meton., als Sternbild des nördl. Himmels, der große und der kleine Bär, ursa caelestis, Suet.: ursae rigor, die Nordkälte, Val. Flacc. – ursa maior od. Erymanthis od. Maenalis od. Parrhasis, der große Bär, ursa minor od. ursa Cynosuris, der kleine Bär, Ov. – ▶ Dat. u. Abl. Plur. ursabus, Anecd. Helv. 93, 32 (ohne Beleg).

Ursao, ōnis, *f.*, Stadt in Hispania Baetica, j. *Ossuna* in Andalusien, Auct. b. Hisp. 26, 3 u. 41, 3. – Dav. **Ursaōnēnses** od. **Ursavōnēnsēs,** ium, *m.*, die Einw. von U., die **Ursaonenser,** Auct. b. Hisp. 22, 1 u. 28, 2.

ursar, āris, *n.*, ital. orso, ein Instrument zum Glätten der Estrichböden, CIL 13, 5703.

ursārius, iī, *m.* (ursus), der **Bärenwärter** für die Tierhetzen im Zirkus, CIL 13, 8639.

ursīnus, a, um (ursus), **von Bären, Bären-, I** *adi.*: sanguis, Colum.: pellis, Veget. mil. u. Edict. Diocl.: rabies, Plin.: allium, Waldknoblauch, Plin.: sentix = rhamnos (s. d.), Isid.: more atque ritu ursino, Gell.: sevo ungi ursino, Pallad. – **II** *subst.*, ursīna, ae, *f.* (*sc.* caro), **Bärenfleisch,** Petron. 66, 5.

ursus, ī, *m.* (statt *urc-sus, altind. *ṛ́kša-ḥ*, griech. ἄρκτος), der **Bär, I** eig.: ursi informes, Verg.: turpes, Ov.: taurus et ursus inter se colligati (in den Kampfspielen), Sen.: ludis circensibus quadraginta ursos et elephantos lusisse, Liv.: ut tuto ab atris corpore viperis dormirem et ursis, Hor.: patinas cenabat omasi vilis et anguinae, tribus ursis quod satis esset, mit einem Bärenhunger, Hor. – Sprichw., fumantem nasum vivi tentare ursi, jmd. erzürnen, der schaden kann, Mart. 6, 64, 28. – **II** meton.: poscunt ursum, eine Bärenhatz im Zirkus, Hor. ep. 2, 1, 186.

urtīca, ae, *f.* (uro), die **Nessel, Brennessel, I** eig. u. übtr.: **1** eig., Catull., Plin. u. a. – **2** übtr., die **Seenessel,** eine Pflanze im Meer, Plin. 9, 146. Apic. 4, 169: urtica marina, Plaut. rud. 298. Apic. 4, 171 (wo Plur.); vgl. Gloss. II, 211, 56 ›urtica marina, ἀσκαλάφη‹. – **II** bildl., das wollüstige **Jucken,** die **Brunst, Geilheit,** Iuven. 2, 128.

urūca, ae, *f.*, s. ērūca.

ūrus, ī, *m.* (ahd. *ūr*), der **Ur, Auerochs,** Caes. u. a.

urvo (urbo), āre (urvum), **umpflügen, den Pflug herumziehen,** bes. bei der Gründung einer Stadt, um ihren Umfang damit zu bestimmen (vgl. Fest. 375 [a], 29), Enn. fr. scen. 117. Pompon. dig. 50, 16, 239. § 6.

urvum (urbum), ī, *n.*, die **Krümmung des Pfluges,** womit die Alten den Umfang neuer Städte bestimmten (s. urvo), Varro LL. 5, 127 u. 135. Varro r. r. 2, 1, 10. Pompon. dig. 50, 16, 239. § 6. Gloss. IV, 297, 51.

Uscāna, ae, *f.*, eine Stadt im griech. Illyrien, an der Grenze von Mazedonien, j. *Voscopoli*, Liv. 43,18 *sqq.* – Dav. **Uscānēnsēs,** ium, *m.*, die Einw. von Uskana, die **Uskanenser,** Liv. 43, 18 *sq.*

Uscudama, ae, *f.*, eine Stadt in Thrazien, am Hämus, später Hadrianopolis, Eutr. 6, 10. Ruf. Fest. 9. Amm. 14, 11, 15 u. 27, 4, 12.

ūsia, Akk. ān, *f.* (οὐσία), das **Seiende, die Wesenheit,** das **Wesen,** Hieron. epist. 15, 4. Chalcid. Tim. 129.

ūsiacus, a, um (*οὐσιακός), **zum Vermögen gehörig,** procurator = idiologus (s. d.), CIL 3, 53.

ūsio, ōnis, *f.* (utor), der **Gebrauch,** Cato u. a.: Plur., ad suas usiones, *Arnob. 7, 32.

Ūsipetēs, um, *m.* u. **Ūsipiī,** ōrum, *m.*, ein kräftiger germanischer Volksstamm in der Nachbarschaft der Tenchterer, an der Lippe u. am Rhein, der, von den Sueben aus den Besitzungen verdrängt, die Menapier überfiel, von Cäsar aber geschlagen und geschwächt wurde, Caes. b. G. 4, 1. Flor. 4, 12, 23. – Usipii, Tac. ann. 13, 56. Mart. 6, 60, 3 (Schneidewin u. Gilbert Genet. Usiporum, Vulg. Usipiorum).

ūsitātē, *Adv.* (usitatus), **gewöhnlich, auf gewöhnliche Weise,** loqui, Cic. de fin. 4, 72 u. 5, 89: ›obesum‹ hic notavimus proprie magis quam usitate dictum pro exili atque gracilento, Gell. 19, 7, 3. – usitatius dicere, Gell. 13, 20, 21: u. so im Kompar. auch Augustin. de trin. 9.

ūsitātim, *Adv.* (usitatus), **auf übliche Weise,** Cod. Theod. 1, 16, 12.

ūsitātio, ōnis, *f.* (*usito), der **Gebrauch,** translata us. verbi, Cassiod. var. 9, 23, 6: Ggstz. possessio, (Ignatii) epist. ad Trall. 1.

ūsitātō = usitate, Gloss. IV, 298, 3.

ūsitātus, a, um, *PAdi.* (*usito), **gewöhnlich, gebräuchlich, üblich** (Ggstz. inusitatus, insignis et novus), res (Plur.), Rhet. Her.: honos, Cic.: vocabula, Cic.: facimus usitatius hoc verbum, Cic.: utatur verbis quam usitatissimis, Cic.: semivocales geminare diu non fuit usitatissimi moris, Quint.: quod usitatius esse coepit, Quint.: dah. usitatum est, es ist etwas Gebräuchliches, Gewöhnliches, ist gewöhnlich, gebräuchlich, Cic.: u. so usitatum est m. folg. *Infin.* od. *Acc.* u. *Infin.*, non solum enim usitatum sed etiam cotidianum est aliquid audiredete, Brut. in Cic. ep. ad Brut. 1, 16, 1: cum eas non solum refelli, sed etiam accusari sciamus usitatum esse, Quint. 5, 5, 1: homo, qui non hic usitatus saepe est, der nicht oft hier gewesen ist usw., Plaut. Pseud. 727 zw. – *neutr. plur.* subst., usitata (das Alltägliche) contemnere, Sen. nat. qu. 3, 18, 4 (3).

ūsitor, ātus sum, ārī (*Intens.* v. utor), **häufig gebrauchen, zu gebrauchen pflegen,** anulis, Gell. 10, 10, 1: verbo isto, Gell. 10, 21, 2; 17, 1, 9.

ūspiam, *Adv.* (zsgz. aus us [ubi]-pe-iam), **irgendwo, I** eig., **an irgendeinem Ort,** Komik. u. Cic.: Ggstz. nuspiam, Cic. de inv. 2, 148. – m. *Genet.*: nec usp. ruris, Apul.: usp. scripturarum (in der usw.), Augustin. – **II** übtr., **in irgendeiner Sache,** Plaut. Cas. 812; mil. 597.

ūsquam, *Adv.* (eig. ubiquam, ubsquam), meist in negativen u. Konditionalsätzen, **I irgendwo, A** eig., an irgendeinem Ort, iste cui nullus esset usquam consistendi locus, Cic.: numquam etiam fui usquam, quin me omnes amarent plurimum, Ter.: salientes huc illuc nec usquam insistentes, Quint. – m. *Genet.*, hicine vir patriae natus usquam nisi in patria morietur? Cic. Mil. 104: usqu. terrarum, Iustin., od. gentium, Plaut., Ter. u. Cic.: nec usquam gentium, Apul. – **B** übtr. auf sächl. Ggstd., **irgendwo = in irgendetwas, in irgendeiner Sache,** Ter. Andr. 420. Cic. de off. 2, 2. Sall. Iug. 13, 5. – **II irgendwohin,** Komik., Varro, Cic. u. a.: haud od. non usquam, nirgends hin, Plaut. u. Hor. (s. Brix Plaut. capt. 169): neque usquam (nach keiner Seite) a se deflecteret oculos, Liv. – mit *Genet.*, usquam gentium (in der Welt), Plaut. mil. 685.

ūsque, Adv. (vgl. ūspiam), **auf jedem Punkt, in einem fort, durch und durch, von … her, bis … hin, I** vom Raum: **a** m. *Praepp.*: usque a mari supero Romam proficisci, Cic.: ex omnibus spectaculis usque a Capitolio plausus excitatus, Cic.: usque ex ultima Syria atque Aegypto navigare, Cic. – usque a Dianio ad Sinopen navigare, Cic.: ab imis unguibus usque ad verticem summum, Cic.: usque ad Numantiam misit, Cic.: mittere legatos ad eum usque in Pamphyliam, Cic.: portus usque in sinus oppidi et ad urbis crepidines infusi, Cic.: telis infestum mittere in usque caput, Catull.: u. so istas in usque manus, Stat.: trans Alpes usque, Cic.: admorunt oculis usque sub ora faces, Ov.: ab usque u. ad usque, s. ab-ūsque u. adusque. – **b** mit Ortsadverbien: quod eos usque istim (= istinc) exauditos putem, Cic. – usque quaque, in einem fort, überall, allenthalben, Plaut. Poen. prol. 105. Cic. Phil. 2, 110; Verr. 5, 10. Gell. 14, 1, 9: auch umgek. quaque usque, CIL 6, 10250. – **c** m. Ziel-*Acc.* (außer bei Städtenamen nachaug.; vgl. Benecke Iustin. 1, 1, 5): Miletum usque? Ter.: ut usque Romam significationes vocesque referantur, Cic.: in ultimam provinciam se coniecit Tarsum usque, Cic.: ab Attica Thessaliam usque, Plin. – ab eo (sidere) usque Iovem, Ov. – populos Libyae terminos usque domuit, Iustin. – **II** von der Zeit: **a** m. *Praepp.*: augures omnes usque a Romulo, Cic.: opinio usque ab heroicis ducta temporibus, Cic.: bona paterna et avita et usque a nobis repetita, Cic.: ex hoc die usque ad illum, Cic.: a mane usque ad vesperum, Plaut.: usque ad extremum vitae diem, Cic.: usque in hoc tempus, Plin. ep. – **b** m. Zeitadverbien: inde usque repetens, Cic.: cessatum usque adhuc, bisher stets, Plaut.: usque ad nunc, Oros.: u. so provincia nunc usque Thebais appellatur, Amm.: usque eo se tenuit, Cic.: usque dum, als od. so lange bis, Komik., Cato, Cic. u. a.: usque quoad, Varro: usque eo quoad, Nep.: usque dum … usque, so lange als … so lange, Ter.: et initio et nunc usque, noch jetzt, Chalcid. Tim. 43 C. – usque quaque, zu jeder Zeit, immer, Varro LL., Catull., Suet. u. a.: Ggstz. nusquam, Cic. de inv. 2, 63. – **c** m. Ziel- *Acc.*, usque somni tempus, Cels.: usque quintum diem, Cels.: a caliga pervenit usque septimum consulatum, Ampel.: hodiernum usque, Porphyr. Hor. carm. 4, 7, 17. – **d** absol., von Handlungen in der Zeit = **in einem fort, fort und fort, fortwährend, stets, immer,** interea usque illi de me supplicium dabo, Ter.: cantantes licet usque eamus, Verg.: iuvat usque morari, Verg.: poenasque dedit usque superque, Hor.: verberare usque, Ter.: allatres licet usque nos et usque, Mart.: Ggstz. numquam, Plaut. most. 957 *sq.* – **III** in anderen Verhältnissen: **a** mit *Praep.*: usque ad ravim poscam, Plaut.: hoc malum usque ad bestias perveniat, Cic.: mansit … usque ad eum finem, dum etc., Cic.: omnes … usque ad Pompeium, d. i. außer P., Plin.: te in pistrinum dedam usque ad necem, Ter. – **b** m. Zieladverbien: familiaris est factus usque eo, ut etc., Cic. – **c** mit Ziel-*Acc.*, usque sudorem, Cels.: usque sanum corpus, Cels.

ūsquedum, s. ūsque.

ūsquequāque, s. ūsque *no.* I u. II.

ūsquin = usquene, Plaut. most. 449 Sch. u. a. (s. Ritschl Opusc. 2, 253 u. 557).

ussūrārius, s. ūsūrārius.

ussus, s. ūsus.

ūsta, ae, *f.* (uro), eine **rötliche** Farbe, **gebrannter Zinnober,** Vitr. 7, 11, 2. Plin. 35. 38.

Ustīca, ae, *f.*, **I** eine Tallehne im Sabinerland, in der Nähe des Landgutes des Horaz, Hor. carm. 1, 17, 11. – **II** eine kleine Insel, der Westküste Siziliens gegenüber, Plin. 3, 92.

ūstīcium, iī, *n.* (ūstus, v. ūro), die **durch Brennen gewonnene Farbe,** Isid. orig. 19, 28, 8 (wo [viell. aus der Vulgärsprache] osticium).

ustilāgo, inis, *f.*, eine Pflanze = chamaeleon, Ps. Apul. herb. 109.

ūstilātio, ūstilo, s. ūstulātio, ustulo.

ūstio, ōnis, *f.* (uro), das **Brennen, a** übh., das **Brennen, Verbrennen,** Solin. 5, 18. Augustin. in psalm. 96, 7. – Plur. ustiones meton. = ἐπικαύματα, **Brandschäden,** Scrib. Larg. 27. – **b** das **Brennen** einer Wunde, absol., Cels. 4, 30 (23); 5, 28, 2 u. a. Th. Prisc. 1, 1: m. subj. *Genet.*, ustio cauterii, Veget. mul. 1, 28, 1: mit obj. *Genet.*, putris ulceris, Cels. 5, 26, 33 (§ 244). – **c** die **Entzündung** am Körper, si vehementior ustio timeatur, Plin. 20, 238.

ūstor, ōris, *m.* (uro), der **Verbrenner der Leichen,** Catull. 59, 5. Cic. Mil. 90. Mart. 3, 91, 26. Lucan. 8, 738.

ūstrīna, ae, *f.* (uro), **I** das **Brennen,** der **Brand,** des Feuers, Solin. 19, 13. Apul. met. 7, 19. – **II** meton., die **Brandstätte,** bes. die **Leichenbrandstätte,** Arnob. 7, 15. Serv. Verg. Aen. 3, 22. Porphyr. Hor. sat. 1, 8, 14. CIL 6, 10237: renum, Augustin. in psalm. 26. enarr. 1, 14: ustrina saccariorum, CIL 6, 4417. Vgl. Paul. ex Fest. 32, 6.

ūstrīnum, ī, *n.* (uro), die **Brandstätte,** CIL 6, 4410 u. a.

ūstuio, īre (uro), **sengen, brennen,** Prud. perist. 10, 885.

ūstulātio (ūstilātio), ōnis, *f.*, die **Brandwunde,** ad ustulationes, Plin. Val. 3, 22.

ūstulo (ūstilo), āvī, ātum, āre (*Demin.* v. ūro), **I ein wenig brennen, -anbrennen, sengen, a** durch Feuer, taleas oleagineas, Vitr. 1, 5, 3: palos alneos, Vitr. 3, 3 (4), 2 u. 5, 12, 6: caput ferventi ferro, das Haupthaar kräuseln, Priap. 45, 2. – **b** physisch **entzünden,** quia (hederae sucus) ustulat, Plin. Val. 1, 2. fol. 165 (a), 18. – **II verbrennen,** scripta lignis, Catull. 36, 8 (wo ustilo): übtr., von der Kälte, **verbrennen,** gemmas (arboris), angreifen, Priap. 61, 7.

ūstūra, ae, *f.* (uro), **I** das **Brennen,** fervoris, Cael. Aur. de morb. acut. 2, 14, 93: ignis, *ibid.* 3, 8, 96: ignis ad usturam infertur iniustis, Arnob. in psalm. 74. – **II** die physische **Entzündung,** ust. oris, Plin. Val. 1, 32: mammarum usturae, *ibid.* 1, 13.

ūsuālis, e (usus), **I zum Gebrauch dienlich,** mancipia, Marc. dig. 39, 4, 16. § 3. – **II gewöhnlich,** Sidon. epist. 4, 10, 2. Schol. Iuven. 4, 87. Ambros. in Luc. 7. *no.* 150.

ūsuāliter, *Adv.* (usualis), **üblicher Weise,** Cassiod. var. 2, 39, 3 u. 9, 3, 1.

ūsuārius, a, um (usus), **zum Gebrauchsrecht gehörig, Nießbrauchs-, I** *pass.* von den Objekten, an denen jmdm. das Gebrauchsrecht zusteht, servus, ancilla, ICt.: res, ICt.: ex iis, quae usuaria isdem in locis essent, Gell.: Ggstz. proprius, Fronto ad amic. 1, 14 *in.* – **II** *act.* subst., v. den Pers., denen das Gebrauchsrecht zusteht, der **Nutznießer,** ICt.

1. ūsūcapio, cēpī, captum, ere (usū [Abl. v. usus] u. 1. capio), durch den unter gewissen Voraussetzungen (bona fide u. iusta causa) erworbenen u. eine bestimmte Zeit hindurch fortgesetzten juristischen Besitz das Eigentumsrecht an einer Sache erwerben, **etwas ersitzen,** Cic. u. a.: velut usucepisse Italiam, Liv. – getrennt capere usu, ICt.

2. ūsūcapio, ōnis, *f.* (usū [Abl. v. usus] u. 2. capio), die **Ersitzung** (s. 1. usucapio), Gaius inst. 2, 42 u. a. ICt.: usuc. fundi, Cic. Caecin. 74. – getrennt, usu quoque capio cessabit, Ulp. dig. 41, 9, 1. § 2: Plur. usucapiones, Besitzverjährungen, Cic. de or. 1, 173. – u. Nbf. usus (Genet.) capio, Cic. de legg. 1, 55.

ūsūcaptio, ōnis, *f.* = 2. usucapio (s. d.), Schol. Hor. ep. 2, 2, 163. p. 442 *Pauly.*

ūsū-facio, fēcī, factum, ere = usu capere, Plaut. Amph. 375.

ūsūfrūctuāriē, *Adv.* (usufructuarius), **nießbrauchsweise, durch den Nießbrauch,** Respons. Papinian. tit. 16.

ūsūfrūctuārius, a, um (von usus fructus, s. ūsus), **der nur den Nießbrauch** von einer Sache **hat,** der **Nießbraucher, Nutznießer,** ICt. u. Eccl.

ūsūra, ae, *f.* (utor), **I** der Gebrauch einer Sache auf eine gewisse Zeit, die **Nutzung,** der **Genuss, a** übh.: neque adeo hasce (aedes) emi mihi neque usurae meae, Plaut.: usuram eius (Alcumenae) corporis cepit sibi et gravidam fecit, Plaut.: atque hanc postremo solis usuram cape! Acc. fr.: natura dedit usuram vitae tamquam pecuniae nullā praestitutā die, Cic.: cur ipsis piratis lucis usuram tam diuturnam dedisti? Cic.: unius usuram horae gladiatori isti ad vivendum non dedissem, Cic.: parvam exigui temporis usuram bonae de me opinionis postulo, Cic.: ut longi temporis usuram, quā caruimus intermissā nostrā consuetudine, et gratiā et crebritate et magnitudine officiorum meorum sarciam, Cic.: ne ab huius quidem usura gloriae temperavit animum Cn. Pompeius, Vell.: hanc iam ut intercalatae poenae usuram habeant, Liv. – **b** insbes., die **Benutzung des geliehenen Kapitals,** Cic. Verr. 3, 168. – **II** meton., die **Zinsen, Interessen** für ein geliehenes Kapital (und zwar bei den Römern monatlich; Ggstz. caput, sors), usura menstrua, Cic.: usurae leviores, graviores, ICt.: usurae gravissimae, Caes.: usura centesima, ICt.: usurae trientes, quincunces, semisses, ICt.: usuram accipere, Nep.: alci usuram pendĕre (zahlen), Cic.: alci reliquae pecuniae usuram pendĕre, Cic.: usuram minuere, Plin. ep.: leviorem usuram constituere, Plin. ep.: certare cum usuris fructibus praediorum, den ganzen Ertrag der Grundstücke zu Zinsen verwenden, Cic.: mergentibus semper sortem usuris, Liv.: eorum aes alienum multiplicandis usuris crescere, Nep.: usurae applicantur ad sortem, werden zum Kapital geschlagen, Ambros. – übtr., terra nec umquam sine usura reddit, Cic.: ingratus est, qui beneficium reddit sine usura, Sen.: appositis usuris, mit Hinzufügung der Zinsen, d. i. anderer Briefe, die ich als Zinsen betrachten werde, Plin. ep.

ūsūrārius (ussūrārius), a, um (usura), **I** zum **Gebrauch-, zur Benutzung dienend,** bes. auf gewisse Zeit, uxor, Plaut. Amph. 498: puer, Plaut. Curc. 382. – **II zu den Zinsen gehörig,** aera, Plaut.: pecunia, verzinst, ICt. u. Porphyr. Hor. sat. 1, 2, 14: debitor, ICt. – Plur. subst., ūsūrāriī, ōrum, *m.*, die Zinsennehmer, Geldausleiher, Wucherer, Acro Hor. carm. 1, 3, 8 H.

ūsūreceptio, ōnis, *f.* (usurecipio), die **Wiedergewinnung durch Ersitzung,** Gaius inst. 2, 61.

ūsūrecipio, ere (usus u. recipio), **durch Ersitzung wiedergewinnen,** Gaius inst. 2, 61.

ūsūrpābilis, e (usurpo), **brauchbar,** homo, Tert. adv. Marc. 2, 6.

ūsūrpātio, ōnis, *f.* (usurpo), das **Gebrauchmachen** von etwas, der **Gebrauch,** die **Benutzung** einer Sache, **I** im Allg.: doctrinae, Cic.: vocis, Liv.: nominum, Benennung, Plin.: ad usurpationem vetustatis, um einen alten Gebrauch auszuüben, Cic.: itineris, das Unternehmen, Liv.: civitatis, die Erwähnung, Anführung, Cic.: bonae mentis, der Gebrauch, Besitz, Val. Max. – quā vero ille grammaticus finitione usus est, eā videtur in verbo tam multiplici unam tantum usurpationem eius (verbi) notasse, nur dessen eine Gebrauchsanweisung im Auge behalten zu haben, Gell. 6 (7), 17, 13. – Plur. meton., orationis Latinae usurpationes, die gewöhnlichen Regeln, Gebrauchsregeln, Gell. 7 (6), 16, 1. – **II** prägn., als jurist. *t. t.*: **A** das widerrechtliche **Sich-Aneignen,** Helenae, Auson. perioch. praef. p. 227, 7 Schenkl: dah. die **Anmaßung** = die **unerlaubte Ausübung,** der **Missbrauch,** Cod. Iust. 1, 1, 6 u. 1, 4, 6. – **B** die **durch Benutzung** eines anderen **unterbrochene Ersitzung** (usucapio, s. d.), Paul. dig. 41, 3, 2.

ūsūrpātīvē, *Adv.* (usurpativus), **missbräuchlich,** Serv. Verg. georg. 1, 210 u. Aen. 7, 289. Acro Hor. ep. 17, 48.

ūsūrpātīvus, a, um (usurpo), **einen Gebrauch anzeigend,** species verborum, vom Gerundium u. Supinum, Diom. 395, 30: dass. forma verborum, Macr. de diff. etc. 21, 9 *Jan.* Auct. de verbo 8, 17 *Jan.*

ūsūrpātor, ōris, *m.* (usurpo), der **Anmaßer,** der **Usurpator,** indebitae potestatis, Amm. 26, 7, 12.

ūsūrpātōriē, *Adv.* (usurpatorius), **anmaßlich, widerrechtlich,** Ambros. hexaëm. 3, 15. *no.* 64; in psalm. 118. serm. 5. § 23; in Luc. 7. § 15.

ūsūrpātōrius, a, um (usurpator), **widerrechtlich, unrechtmäßig,** Cod. Iust. 10, 47, 8.

ūsūrpātrīx, trīcis, *f.* (Femin. zu usurpator), die **Anmaßerin, Usurpatorin,** Salv. de gub. dei 4, 12, 56.

ūsūrpo, āvī, ātum, āre (zsgz. aus usu u. rapio, durch den Gebrauch an sich ziehen), **gebrauchen, Gebrauch machen** von etw., etw. **in Ausübung bringen, ausüben, ausführen, vollführen, I** im Allg.: vestes, Plin.: sibi servitutem fundi, ICt.: hereditatem, antreten, Tac.: expugnationes, Tac.: multa in vulgus grata, Tac.: ius, Liv.: libertatem (das Stimmrecht), Cic.: officium, Cic.: genus poenae, Cic.: m. folg. *de* u. Abl., de hoc post erit usurpandum, Varro LL. 6, 52. – dah. usurpatur, usurpatum est, **es ist Gebrauch, gebräuchlich, gewöhnlich,** m. folg. *ut* u. Konj., Colum. 2, 2, 22. Ulp. dig. 50, 13, 1. § 6. – **II** insbes.: **A** etw. **in Anspruch nehmen, beanspruchen,** etw. od. **sein Recht** auf etwas **geltend machen** (s. Weißenb. Liv. 33, 38, 3), nomen civitatis, Cic.: libertatem, Liv. u. Tac.: idque unum ex publicis muneribus usurpare, Tac. – **B** (bes. als jurist. *t. t.*) etwas **in Besitz nehmen, erwerben, a** rechtlich, amissam possessionem, Cic.: gloriam aliam, Plin.: imperium, Iustin.: dah. usurpata mulier, durch einjährigen Gebrauch zur Gattin geworden, Q. Mucius b. Gell. 3, 2, 16*sq.* – **b** widerrechtlich, **sich aneignen, sich anmaßen, an sich bringen** (vgl. Weißenb. Liv. 33, 40, 5), alienam possessionem, Liv.: gloriam istam, Plin. pan.: civitatem Romanam, Suet.: dominium, Cod. Iust. – **C** Gebrauch von etw. machen durch die Sinne, **empfinden, bemerken,** deos caelites visu, Apul.: sensibus, Lucr.: oculis, Lucr.: aures usurpant sonitum, Plaut. – **D** Gebrauch machen durch die Stimme, **a** übh., **gebrauchen, in den Mund nehmen, erwähnen,** inter novam rem verbum usurpabo vetus, Plaut.: nomen tantum virtutis usurpas, Cic.: at quam crebro usurpat *Et consul et Antonius*! Cic.: Curii memoriam cum caritate aliqua benevola, zur Sprache bringen, Cic.: id crebris sermonibus, Cic.: quod apud Bactrianos vulgo usurpabant, was bei den B. sprichwörtlich war, Curt. – **b** jmd. od. etw. unter einer Benennung **gebrauchen,** irgendwie **nennen,** ihm irgendeinen **Namen beilegen,** reliqui, quos fratres inter se agnatosque usurpari atque appellari videmus, Cic.: hoc nomine usurpant ramos truncosque prominentes, Colum.: qui sapiens usurpatur, Cic.

ūsus, ūs, *m.* (utor), die **Benutzung,** der **Gebrauch,** die **Anwendung, Verwendung,** der **Verkehr,** die **Ausübung, Übung, Praxis** u. dgl., **I** eig.: **A** im Allg.: **a** übh.: usus privatus, Cic., publicus, Hor.: usum pedum amisisse, Plin. pan.: linguae usum recuperare, Amm.: assiduo usu consumi, Ov.: nullum argenteum vas in usu habere, Suet.: destinare loca publico usui, ICt., domos publicis usibus, Vell.: plures (ignes) quam quot satis in usum erant, Liv.: verba ab usu remota, Quint.: tropi in usum recepti, Quint.: radix nullius usus, Plin.: absinthium vetus sine usu est, Plin.: sillybus in medicina nullum usum habet, findet keine Anwendung, Plin.: quia ea pecunia non posset in bellum usui esse, Liv.: fregit anulum, ne mox usui esset (gebraucht werden könnte) ad facienda pericula, Tac.: formas centenarias resolvi praecepit neque in usu cuiusquam versari, Lampr.: post id temporis spatium in usum venisse spartum, Plin.: uniones Romae in promiscuum ac frequentem usum venisse Alexandriā in deditionem redactā, Plin.: ruta in maximo usu est, Plin.: in usu verbum esse coepit, kam in Gebrauch, wurde gebräuchlich, Sen. rhet.: lenteo sine usu est, ist ungebräuchlich, Gramm.: neminem in usu habes, nisi etc., bedienst dich niemandes zu deinen Geschäften, Plin. pan.: adimere omnium rerum usum, Liv.: nebula erat ad multum diei densa adeo, ut lucis usum eriperet, Liv. – von der Ausübung, praktischen Übung, Praxis, ars et usus, Theorie u. Praxis, Tac.: scientia atque usus rerum nauticarum, Caes.: usus virtutis, Cic.: artis usus vulgaris communisque, Cic.: naves non eundem usum celeritatis habebant, Caes.: tantum usu cotidiano et exercitatione efficiunt, ut etc., Caes.: omnes artes aliter ab iis tractantur, qui eas ad usum transferunt, Cic.: quaeque ipsi doceant in usu habere, ausüben, durch die Praxis betätigen, Plin. ep.: si usus magister est optimus, Cic.: quod me docuit usus magister egregius, Plin. ep. – **b** est alci in usu mit folg. *Infin.*, **es hat es** jmd. **in der Gewohnheit, es ist ein Charakterzug** von jmd., est omnino Capitoni in usu claros viros colere, Plin. ep. 1, 17, 2.

B insbes.: **1** der **Verkehr** mit Menschen, der **Umgang, a** der gesellige: domesticus usus et consuetudo, Cic.: assiduus inter utrasque partes usus atque commercium, Suet.: coniunctus magno usu familiaritatis, Cic.: inter nosmet vetus usus intercedit, Cic.: quocum (cum Volumnio) mihi est magnus usus, Cic. ep. 7, 32, 1: cum M. Fadio mihi summus usus est, *ibid.* 9, 25, 2. – **b** im obszönen Sinne, der fleischliche, Tibull. 1, 9, 55. Ov. rem. 357. – **2** als jurist. *t. t.*: **a** usus et fructus, usus fructusque, häufiger asyndet. usus fructus, die **Nutznießung** eines fremden Eigentums, usus enim eius fundi et fructus, Cic.: horum usus fructusque, Sen.: usus fructus omnium bonorum, Cic. – **b** der das Besitzrecht erzeugende **Gebrauch, Nießbrauch,** in der Verbindung usus et auctoritas oder usus auctoritas, s. auctōritās *no.* I, 1, a.

II übtr.: **1** die **Übung** = praktische **Erfahrung, Praxis,** usus atque exercitatio, Cic.: amicitia, quam nec *usu* (empirisch) nec ratione (rationell) habent cognitam, Cic.: res posita in usu militari, Cic.: habere magnum in re militari od. in castris usum, Caes.: habere usum belli, Caes.; vgl. usu belli et ingenio impavida gens, Liv.: nullius usus imperator, Caes. – **2** die **Brauchbarkeit,** der **Nutzen,** levis fructus, exiguus usus, Cic.: nescis … quem praebeat (nummus) usum, Hor.: magnos usus affert ad navigia facienda, Cic.: esse usui civitati, Cic.:

ne cui usui esset Romanis, Caes.: ut neque subsidia submitti neque equites laborantibus usui esse possent, Caes.: alci prius oneri quam usui esse, Sall. (vgl. tamdiu vobis cordi sumus quamdiu usui, Sen. rhet.): magno usui esse, Cic.: ex usu esse, Ter. u. Cic.: si quis usus mei est (wenn ich etwas Nutzen bringen, etwas nützen kann), nihilo minor ex privato capietur, Liv. – **3** das **Nötige,** die **Notwendigkeit,** das **Bedürfnis,** **a** übh.: usus provinciae, Cic.: usus sacri, Liv.: expetuntur divitiae ad usus vitae necessarios, Cic.: quae belli usus poscunt, Liv.: quā quemque suorum usuum causae ferrent, Liv. – **b** usus est od. usus adest od. usus venit, **es tritt die Notwendigkeit (das Bedürfnis) ein, es ist-, wird nötig,** **α** usus est, **αα** absol.: mihi sic est usus, das ist mir so Bedürfnis, Ter.: quando usus est, Plaut.: si quando usus esset, Cic.: urbi multitudinem, ubi usus non esset (wenn man ihrer nicht bedürfe), oneri rebatur esse, Liv.: de ceteris studiis alio loco dicemus, si usus fuerit, Cic. Tusc. 4, 5. – **ββ** m. *Abl.:* usus est filio argenti minis, Plaut.: speculo ei (mulieri) usus est, Plaut.: si quid erit quod extra magistratus curatore usus sit, Cic.: naves, quibus consuli usus non esset, Liv.: tacere nequeo misera quod tacito usus est, was verschwiegen werden muss, Plaut. cist. 129: *ad* eam rem usust homine astuto, Plaut. Pseud. 385: postquam *ad* prolem populi frequentandam praemiis atque invitamentis usus fuit, Gell. 2, 15, 3. – **γγ** m. *ut* u. Konj., Plaut. mil. 1132; Epid. 166 G.: an quoiquam usus homini (kann es wohl eines Menschen Bedürfnis sein), se ut cruciet? Ter. heaut. 81. – **δδ** m. folg. *Infin.,* non usus facto est mihi nunc hunc intro sequi, ich brauche ihm nicht zu folgen, Ter. Hec. 327. – **εε** m. folg. *Acc.* u. *Infin.,* Gell. 17, 17, 2. – **β** usus adest, absol., ut equites Pompeianorum impetum, cum adesset usus, sustinere auderent, Caes. b. 3, 84, 4. – **γ** usus venit, **αα** absol.: si usus veniat, Caes.: cum ad praetorem usus veniet, Plaut. – **ββ** m. *Abl.:* ubi usus veniat contra consertā manu, Plaut. mil. 3. – **c** usu venit (falsch evenit), es tritt durch die Notwendigkeit ein = **es tritt notwendig (wirklich, gemeiniglich) ein, es ereignet sich, trägt sich notwendig (wirklich, gemeiniglich) zu, es begegnet-, geschieht notwendig (wirklich, gemeiniglich),** quid homini potest turpius usu venire? Cic.: mihi usu venturum non arbitrabar, ut etc., Cic.: haec de Vercingetorige usu ventura opinione praeceperat, Caes.: causam sibi dicendam esse statuerat iam ante quam hoc usu venit, Cic. – getrennt, quod usu memoriā patrum venit, Cic. – in umgekehrter Wortstellung, quod cuipiam Thraco insipienti venisse usu fabula est, Gell. – ► Arch. oesus, Cic. de legg. 3, 10: oisus nach Mart. Cap. 3. § 236: vulg. ussus, CIL 4, 2538: vulg. Abl. Sing. uso, CIL 6, 29784 (in uso est).

ūsusfrūctus, ūs, *m.,* s. ūsus *no.* I, B, 2, a.

ut, urspr. Form **utī,** arch. utei, *Adv.* u. *Coniunct.,* **I** *Adv.:* **A** (wie ἵνα) als Ortsadverbium, **wo,** Catull. 11, 3; 17, 10. Verg. Aen. 5, 329. Ov. met. 1, 15. Vgl. Porphyr. Hor. carm. 3, 4, 29. Diom. 408, 16. Haupt Opusc. 2, 198 *sq.*

B zur Bezeichnung der Art und Weise, wie ein Zustand erscheint, **in welcher Weise, in welcher Art, wie,** **1** zur Andeutung der Beziehung eines Zustands auf einen anderen, **wie,** **a** absol.: Ciceronem et ut rogas amo et ut meretur et ut debeo, Cic.: perge ut instituisti, Cic. – namentlich in Zwischensätzen, in denen man auf anderswo angedeutete Aussagen, Zeugnisse, Wahrnehmungen verweist, homo demens, ut isti putant, Cic.: gens, ut barbari credunt, sapientiā excellet, Curt.: facilius est currentem, ut aiunt, incitare, quam commovere languentem, Cic.: haec civitas Rhenum, ut supra demonstravimus, tangit, Caes. – **b** mit korresp. *sic, ita, item:* sic sum, ut vides, Plaut.: omnia sic constitueram mihi agenda, ut tu admonebas, Cic.: ut optasti, ita est, Cic.: ita ut res sese habet, narrato, Ter.: ut tute es, item censes omnes esse? Plaut. – **c** ut ut od. utut, wie immer, ut ut res haec sese habet, Plaut.: ut ut erit, rem impediri malo, Cic. ad Att. 15, 26, 4.

2 zur Angabe von Vergleichungen, **a** wenn zwei Begriffe miteinander gleichgestellt werden, meistens mit einem korresp. *sic, ita, item, itidem,* **so ... wie,** sic, ut avus hic tuus, ut ego, iustitiam cole, Cic.: uti initium, sic finis est, Sall.: ut ille solebat, ita nunc mea repetet oratio populi origines, Sall.: non item in oratione ut in versu numerus exstat, Sall.: ut vos hic, itidem illic apud vos meus servatur filius, Plaut. – **b** wenn zwei Begriffe gleichlautend nebeneinander angeführt werden, **wie ... so auch, sowohl ... als auch,** ut cum Titanis, ita cum Gigantibus, Cic.: Dolabellam ut Tarsenses, ita Laodiceni arcessierunt, Cic.: ut credere, ita malle, Liv. – **c** wenn zwei Begriffe miteinander verbunden werden, von denen der eine neben dem anderen eingeräumt wird, obgleich es nicht zu erwarten war, **so wie ... so, zwar ... aber,** Saguntini ut a proeliis quietem habuerant ... ita non nocte, non die umquam cessaverant ab opere, Liv.: ut errare potuisti, sic decipi te non potuisse quis non videt? Cic. – **d** in der Wendung: ut quisque mit *Superl.* ... sic od. ita m. *Superl.,* **je mehr ... desto mehr, je ... desto,** ut quique est vir optimus, ita difficillime esse alios improbos suspicatur, Cic.: ut quidque primum gestum erit, ita primum exponetur, Cic.: ut illis pulcherrimum fuit tantam vobis imperii gloriam relinquere, sic vobis turpissimum est illud tueri non posse, Cic. – mit voranstehendem *ita,* colendum esse ita quemque maxime, ut quisque maxime virtutibus erit ornatus, Cic. – mit fehlendem *ita,* ut quisque maxime perspicit, quid etc. ..., is prudentissimus haberi solet, Cic.: facillime ad res iniustas impellitur, ut quisque altissimo animo est, gloriae cupiditate, Cic. – mit fehlendem ita samt dem *Superl.,* ut quaeque retro etc., Liv. 30, 10, 17. – Wenn im Hauptsatz kein *Superl.* vorhanden ist, so dient ut quisque mit dem *Superl.* dazu, die Gegenstände, die im Satz erwähnt werden, einzeln u. aufeinderfolgend darzustellen, corripitur flammis ut quaeque altissima (est) tellus, Ov.: ut quisque gradu proximus erat, ita ignominiae obiectus, Liv.: legendos Demosthenem atque Ciceronem, tum ita, ut quisque esset Demostheni et Ciceroni simillimus, Quint.: ut quisque aetate antecedebat (= *maximus erat*), ita sententiam dicebat, Cic. – Auch steht sowohl im Hauptsatz als auch im Nebensatz ein anderer Grad, maior societas est, ut quisque proxime accederet, Cic.: uti longe a luxuria, ita famae propior, Tac. – **e** in der Wendung ut quis m. *Compar.* od. *Posit.,* **je nachdem ... so,** ut quis districtior accusator, velut sacrosanctus erat, Tac.: ipsa e provincia, ut quis fortunae inops, moribus turbidus, promptius ruebant, Tac. – **f** in Schwüren u. Beteuerungen, **so wahr, so wahr wie usw., so wahr ich wünsche, dass usw., so wahr mir Gott helfe, so usw.,** ita me di ament, ut ego nunc non tam meāpte causā, laetor, quam illius, Ter.: ita vivam, ut maximos sumptus facio, Cic.: si me di amabunt, ut me tuarum miseritum est fortunarum, Ter.: ita mihi atque huic sis superstes, ut ex me atque hac natus es, Ter.: ita mihi meam voluntatem comprobet, ut ego accepi, Cic.

3 zur Angabe einer erläuternden Erklärung, **wie, als,** Cicero ea, quae nunc usu veniunt, cecinit ut vates, Nep. – daher auch, um einen Maßstab anzugeben, nach dem ein ausgesprochenes Urteil aufgefasst werden soll: dies geschieht **a** durch ein appositionsmäßig angefügtes Substantiv od. Adjektiv, **wie, als, für,** laeti ut ad regem diu desideratum concessere, Liv.: horret onus ut parvo corpore maius, Hor.: homo acutus, ut Poenus, Cic.: apud me, ut bonum iudicem, argumenta plus quam testes valent, Cic. – **b** durch einen selbständigen Satz, **wie, wie denn, wie einmal,** aiunt hominem, ut erat furiosus, respondisse, Cic.: permulta colligit Chrysippus, ut est in omni historia curiosus, Cic.: Ubii, quorum fuit civitas ampla atque florens, ut est captus Germanorum etc., Caes.

4 zur Angabe eines Grundes, ausgedrückt **a** durch einen relativen Satz, **der nämlich,** magna pars Fidenatium, ut qui coloni additi Romanis essent, Latine sciebant, Liv.: proelium, ut quod maxime umquam, pari spe utrimque commissum est, wenn irgendeins, Liv. – **b** durch einen hypothetischen Satz mit si, **wie wenn, als wenn,** Agesilaus cum suis eo venit atque, ut si bono animo fecissent, consilium eorum, Nep.: ut si esset res mea, Cic.

5 zur Angabe eines Verhältnisses, nach dem eine Tätigkeit bemessen wird, **so wie,** ut potui, tuli, Cic.: ut ipse praescripserat, Nep. – bes. in Verbindung mit einem *Superl.,* ut blandissime potest, auf das schmeichelhafteste, Cic. – u. der *Superl.* verstärkt durch *cum,* wie domus celebratur, ut cum maxime (*sc.* celebratur), Cic.

6 zur Angabe von Beispielen, **wie, zum Beispiel,** ea se sola percipere dicunt, quae tactu intimo sentiant, ut dolorem, ut voluptatem, Cic.: eādem mente res dissimillimas comprehendimus, ut colorem, saporem, calorem, Cic.

7 zur Angabe des Grades im Ausruf (s. Brix Plaut. capt. 416), **wie,** ut lacrumas excutiunt mihi! Plaut.: ut ille tum humilis, ut demissus erat! ut ipse sibi displicebat! Cic.: quae postea, in eum sunt ingesta, ut sustinuit! ut contempsit ac pro nihilo putavit! Cic.

8 zur Angabe einer Frage, **wie, a** einer direkten (s. Fritzsche Hor. sat. 2, 8, 1), ut vales? Komik.: ut valet? ut meminit nostri? Hor. – **b** einer indirekten, videte, ut hoc iste correxerit, Cic.: credo te audisse, ut me circumsteterint, ut aperte ostentarint, Cic.

9 zur Angabe von Zeitverhältnissen, **a** zur Bezeichnung eines der Haupthandlung unmittelbar vorangegangenen Ereignisses, meistens mit dem *Perfect.*, **wie, als, sobald als,** ut haec audivit, Cic.: ut huc venit, Cic.: ut vidit, Cic.: m. *Praes.*, ut me et matrem sedentes, me vero etiam legentem videt, Plin. ep. 6, 20, 5: verstärkt durch *primum,* ut primum loqui posse coepi, Cic.: durch *subito,* ut subito, wie auf einmal, Ov. – Häufig steht im Hauptsatz ein Wort wie *subito, statim,* das die rasche Aufeinanderfolge beider Handlungen besonders hervorhebt, ut intellectum est, quantam vim haberet accurata oratio, tum etiam magistri dicendi multi subito exstiterunt, Cic.: me ab Appio statim diligi coeptum esse, ut simultatem deposuimus, sensi, Cic. – **b** zur Bezeichnung von gleichzeitigen Handlungen, **seitdem, seit** (s. Nipperd. Tac. ann. 14, 53), nam viri nostri domo ut abierunt, hic tertius est annus, Plaut.: quartus decimus annus est, *ex quo* spei tantae admotus sum; octavus, *ut* imperium obtines, Tac.: vigesima nox fuit, ut cupiunt te cernere silvae, Calp.: ut Brundisio profectus es, nullae mihi abs te sunt redditae litterae, Cic.: ut illos de re publica libros edidisti, nihil a te sane postea accepimus, Cic.: qui primus alma risit adorea, dirus per urbes Afer ut Italas equitavit, Hor.: nec quicquam ad nostras pervenit acerbius aures, ut sumus in Ponto, Ov.

II *Coniunction* mit dem Konjunktiv, **dass, sodass, damit, A** zur Bezeichnung einer Wirkung, u. zwar entweder **1** einer faktischen, **a** nach den Ausdrücken, die den Begriff von **bewirken, geschehen, erfolgen, sich ereignen, vorhanden sein, stattfinden** haben, **dass,** sol efficit, ut omnia floreant, Cic.: fieri non potest, ut quis Romae sit, cum est Athenis, Quint.: plerisque accĭdit, ut praesidio litterarum diligentiam in perdiscendo ac memoriam remittant, Caes.: u. so forte evenit, ut etc., Cic.: nobis contigit, ut etc., Cic.: est, ut etc., Cic.: ex hoc nascitur, ut etc., Cic. – **b** nach den Ausdrücken, die das Vorhandensein einer Eigenschaft, einer Beschaffenheit, eines Erfordernisses, übh. einer Erscheinung bezeichnen, die eine Wirkung hat, **dass,** mos est hominum, ut etc., Cic.: expedit omnibus, ut etc., Iustin.: mihi opus est, ut lavem, Plaut.: hic locus est, ut de moribus maiorum loquamur, Cic.: si sequitur, ut etc., Cic.: reliquum est od. restat, ut etc., Cic.: extremum est, ut te orem, Cic.: iam prope erat, ut sinistrum cornu pelleretur Romanis, Liv. – dah. steht auch ut nach den Ausdrücken certum, verum, falsum, verisimile, rectum, iustum, usitatum est u. a., Cic., Nep. u. a.

2 einer vorgestellten, **a** nach den Verben **wollen, wünschen, befehlen, bitten, verlangen, anraten, auftragen; beschließen, sich vornehmen; sich bestreben, sorgen; zulassen** u. a., **dass,** equidem vellem, ut aliquando redires, Cic.: Phaëthon, ut in currum patris tolleretur, optavit, Cic.: praecipitur, ut nobismet ipsis imperemus, Cic.: quam ob rem imperabas, ut etc., Cic.: magnopere orabant, ut etc., Caes.: petunt atque orant, ut etc., Caes.: orat atque obsecrat, ut etc., Caes.: Messalae et Attico dixit, ut sine cura essent, Cic.: Voluseno mandat, ut revertatur, Caes.: constituit, ut ludi fierent, Cic.: tibi decernit, ut regem reducas, Cic.: ita censuerunt, ut P. Lentulus in custodiam traderetur, Cic.: consilium cepi, ut etc., Cic.: placuit his, ut etc., Cic.: curavi, ut bene viverem, Sen.: consulere ac prospicere debemus, ut etc., Cic.: quae (lex) permittit, ut etc., Cic.: illud natura non patitur, ut etc., Cic.: assentior, ut, quod est rectum, verum quoque sit, Cic. – **b** nach den Verben **fordern, ermahnen, erinnern, überreden, antreiben, zwingen, dass,** tribuni plebis postulant, ut etc., Liv.: magno opere te hortor, ut etc., Cic.: haec admonui, non ut Graccho vitio darem, sed uti caveretis, ne etc., Gell.: auctor non sum, ut etc., Cic.: suasit, ut etc., Cic.: huic persuadet, uti ad hostes transeat, Caes.: impellimur naturā, ut etc., Cic.: Lentulum, ut se abdicaret praeturā, coëgistis, Cic. – **c** nach den Verben **fürchten, dass nicht** (weil in den lat. Verben timere, metuere, vereri ein negativer Begriff enthalten ist, der auch auf den Nebensatz mit übergeht), ut sis vitalis, metuo, Hor.: timeo, ut sustineas, Cic.: vereor, ut Dolabella ipse nobis prodesse possit, Cic. – **d** elliptisch für fac ut zur Anfügung eines Konzessivsatzes, **gesetzt dass, angenommen dass, zugegeben dass, wenn auch** (s. Madvig Cic. de fin. 2, 22, 71. Fabri Liv. 21, 47, 5), ut desint vires, tamen est laudanda voluntas, Ov.: quae ut essent vera, coniungi debuerunt, Cic.: ut quaeras omnia, … non reperies, Cic.: verum ut hoc non sit, tamen servet rem publicam, Cic.: ut ita sit, tamen non potes hoc quasi praeclarum aliquid praedicare, Cic. – **e** elliptisch zum Ausdruck des Unwillens in einer Frage, egone illam ut non amem? ego illi ut ne bene velim? Plaut.: oh! tibi ego ut credam, furcifer? Ter.: tu ut umquam te corrigas? Cic.: ut ne tegam spurco Damae latus? Hor. – **f** elliptisch zum Ausdruck einer Besorgnis, **dass nur,** operam ut det, Plaut.: ut satis contemplata modo sis, Ter. – **g** elliptisch zum Ausdruck eines Wunsches, **dass doch,** ut dolor pariat, quod iam diu parturit, Cic.: ut te di perduint! Ter.

B zur Bezeichnung einer Folge, **dass, sodass, 1** mit korresp. *ita, sic, tam, eo, adeo, usque eo; talis, tantus, is, hic* u. a.: Tarquinius sic Servium diligebat, ut is eius vulgo haberetur filius, Cic.: Siciliam Verres ita vexavit, ut etc., Cic.: non essem tam inurbanus ac paene inhumanus, ut eo gravarer, Cic.: eo rem adducam, ut etc., Cic.: paupertatem adeo facile perpessus est, ut etc., Nep.: talis est ordo actionum adhibendus, ut etc., Cic.: tantā imbueremur superstitione, ut etc., Cic.: eo erant vultu, ut etc., Cic.: Milo hoc fato natus est, ut etc., Cic.

2 ohne korrelatives Wort, arboribus consita Italia est, ut tota pomarium videatur, Varro: cuius aures clausae veritati sunt, ut ab amico verum audire nequeat, huius salus desperanda est, Cic.: ruere illa non possunt, ut haec non eodem labefacta motu concĭdant, Cic.: fuit et disertus, ut nemo Thebanus ei par esset eloquentiā, Nep.

C zur Bezeichnung einer Absicht, **dass, damit, 1** mit einem demonstrativen *ideo, idcirco, ad eam rem* u. a.: legum idcirco omnes servi sumus, ut liberi esse possimus, Cic.: neque hāc nos patria lege genuit aut educavit, ut nulla quasi alimenta exspectaret a nobis, Cic.

2 meistens ohne ein hinweisendes Wort, Romani ab aratro abduxerunt Cincinnatum, ut dictator esset, Cic.: haec acta res est, ut nobiles restituerentur in civitatem, Cic.: esse oportet, ut vivas, non vivere, ut edas, Rhet. Her.: constituerunt, sementes quam maximas facere, ut in itinere copia frumenti suppeteret, Caes.

ut-cumque (**-cunque**), *Adv.*, **I wie nur immer, wie auch nur,** utcumque se videri volet, Cic.: id ipsum utcumque libebit, nach Belieben, Cic.: cetera utcumque facilius dissimulari, Tac.: utcumque animum cogitationemque collegi, so gut wie nur immer möglich, Plin. ep.: u. so quae dubiis in rebus utcumque tolerata essent, ea etc., Liv.: securitas esset utcumque tolerabilis, Quint.: corpore regio utcumque mulcato, Liv. – **II sobald nur, wenn nur,** utcumque mecum vos eritis, Hor. carm. 3, 4, 29; vgl. 2, 17, 11 u. 4, 4, 35.

1. utei, s. ut.

2. ūtei, s. ūtor ►.

uteique, s. 2. utīque.

1. ūtēns, entis, *PAdi.* (utor), **gebrauchend,** utentior sit, er mag mehr ausgeben, Cic. de off. 2, 71.

2. Utēns, entis, *m.*, Fluss im zisalpin. Gallien, j. *Montone,* Liv. 5, 35, 3.

ūtēnsilis, e (utor), **brauchbar,** bes. zur Wirtschaft, zur Speise, **I** *adi.*, Varro r. r. 1, 2, 6. Augustin. de civ. dei 4, 22. – **II** *subst.*, ūtēnsilia, ium, *n.*, **brauchbare Dinge,** bes. zur Wirtschaft (Lebensmittel, Geräte), Liv., Colum. u. a.: im Haushalt der Bienen, Colum.: Schanzzeug, Veget. mil. 1, 24.

ūtēnsilitās, ātis, *f.* (utensilis), die **Brauchbarkeit,** Tert. de hab. mul. 5.

1. uter, utris, Genet. Plur. utrium, *m.* (zu griech. ὑδρία, Wasserkrug), der **Schlauch,** bubulinus, aus Rindshaut, Solin.: caprinus, aus Bockshaut, Apul.: vini, voll Weines, Plaut.: unctos salire per utres, Verg.: Aeolios Ithacis inclusimus utribus euros, Ov. – als Schwimmaschine beim Übersetzen über Flüsse gebraucht, Caes., Liv. u. a. – poet., crescentem tumidis infla sermonibus utrem, d. i. den dünkelhaften Menschen, Hor. sat. 2, 5, 98. – Plur. auch utria, Lucil. 1104; vgl. Arnob. 1, 59. – ► Nbf. ūtris, is, m., Gloss. II, 212, 31, wo ›utris, ἀσκός‹, welchen Nomin. auch Mommsen Edict. Diocl. 10, 13–15 für die Kasus obliqui utrem und utris (Genet.) (unter »Schlauch«) annimmt. Der Nom. uter steht sicher z. B. Cels. 7, 18. p. 296, 36 D.; Vgl. Gloss. II, 212, 15 u. III, 489, 53 ›uter, ἀσκός‹.

2. uter, utra, utrum, *Genet.* utrius, *Dat.* utrī, (altind. *katará-ḥ,* griech. πότερος, ion. κότερος), **I welcher von beiden, wer, welcher** (von zweien), uter nostrûm popularis est? tune an ego? Cic.: uter utri insidias fecerit, Cic.: uter utro sit prior, Hor.: ut diiudicari non potuerit, *uter* populus *alteri* pariturus foret, Vell. 2, 90, 3: eligas, utrum velis, Cic.: quaerite, utrā graviori servitute liberati sint, Liv.: uterne ad casus dubios fidet sibi certius, hic qui ... an qui etc., Hor.: utros habueris libros, an utrosque, nescio, Cic. – **II** *indefin.:* **A wer immer von beiden, einer von beiden,** si uter volet, Cic. Verr. 3, 35. – **B wer** od. **was immer** (von mehreren), quorum utrum si accĭderit etc., Vitr. 7. praef. § 9. – ► **α** Das i im *Genet.* kurz gemessen, Hor. ep. 1, 17, 15. – **β** archaist. Genet. u. Dat. Fem. utrae, nach Charis. 158, 29. – **γ** Neutr. uterum, Naev. com. 53 u. 115 (Bücheler und Kießling). – **δ** utro u. utrum als *Adv.* s. bes. – **ε** neque uter u. nec uter = neuter, Lucr. 4, 1209 (1217) u. 5, 836 (839).

3. uter, uterī, *m.*, s. uterus ►.

uter-cumque (-cunque), utra-cumque, utrum-cumque, **wer auch immer von beiden, I** *relat.:* utercumque vicerit, Cic.: utramcumque in partem dicta esset (sententia), Gell.: utrumcumque erit, semper etc., Quint. – **II** *indefin.:* utrocunque modo sequetur summa confusio, auf jede Weise, Quint. 3, 6, 29: u. so Quint. 6. pr. 11; 12, 10, 59.

uterīnus, a, um (uterus), **leiblich = von einer Mutter** (vgl. Isid. orig. 9, 6, 7), frater, Dict. 2, 3. Vulg. genes. 43, 29 u. 44, 20: fratres, Cod. Iust. 5, 62, 21. Isid. orig. 9, 6, 7: soror, Capit. Anton. Pius 1, 5. Cod. Iust. 6, 59, 15: frater vel soror uterini, *ibid.* § 2: uterinus frater ac soror, Cod. Theod. 9, 42, 9. § 3: frater soror sive consanguinei sive uterini, Iustin. instit. 3, 9, 3, p. 103, 6 Kr. – ► puerum uterinum (aus ihrem Bauch) parit, Plaut. truc. 4, 3, 32 Sp. (Geppert).

uter-libet, utra-libet, utrum-libet, **wer von beiden beliebt, wer es von beiden sei, es sei von beiden, wer** od. **was es wolle, einer von beiden, I** *relat.:* utrumlibet elige, wähle, was du willst, Cic. Quinct. 81: utrumlibet de his quisque sentiat, Augustin. de civ. dei 19, 13. – **II** *indefin.:* ubi utrolibet modo curatum est, Cels.: si utrumlibet esset liberum, Quint.: si parti *utrilibet* omnino *alteram* detrahas, natura etiam sine doctrina multum valebit, Quint. 2, 19, 2. – ► utrālibet u. utrōlibet *adv.*, s. bes.

uter-que, utraque, utrumque, Genet. utrīusque, Dat. utrīque, **jeder von beiden, beide,** einzeln gedacht, **a** *Sing.:* uterque alio quodam modo, Cic.: uterque cum exercitu veniret, Caes.: sermones utriusque linguae, Cic.: utraque tyrannis, der beiden Dionyse, Nep.: uterque Neptunus, der beiderseitige N. (sowohl der ἐπιθαλάσσιος, als der ἐπιλίμνιος), Catull.: uterque Phoebus, die auf- u. untergehende Sonne, Morgen und Abend, Ov.: uterque polus, Nord- und Südpol, Ov.: oceanus, der östliche und westliche, Ov.: solis utraque domus, Orient u. Okzident, Ov.: parens, Vater u. Mutter, Ov.: fortuna, großes u. geringes Vermögen, Nep., Glück u. Unglück, Tac.: in utramque partem, nach beiden Seiten, auf beide Fälle, Cic.: hāc in utramque partem disputatione habitā, dafür u. dagegen, *pro* u. *contra,* Caes. – uterque utrique est cordi, Ter.: uterque utrique esset in conspectu, Caes. – cum iam tempus esset deducendi ab Samnio exercitus aut *utriusque* aut certe *alterius,* Liv. 10, 44, 6: aut *alteri* aut invicem *utrique* de iure fit controversia, Quint. 7, 7, 9: hic qui *utrumque* probat, *ambobus* debuit uti, Cic. de fin. 2, 20. – m. *Genet. partit.*, uterque nostrûm, Cic. u. Augustin.: horum uterque occĭdit, Cic.: uterque consulum, Liv.: uterque legatorum, Vell.: duae res vehementissime in praetura desideratae sunt, quae *ambae* in consulatu multum Murenae profuerunt: *una,* exspectatio muneris etc., *altera,* quod ii etc. Horum *utrumque* ei fortuna ad consulatus petitionem reservavit, Cic. Mur. 37. – mit *Plur.* des Prädikats (s. Nipperd. Tac. ann. 15, 28. Heräus Tac. hist. 2, 97, 5), uterque ambigui, Tac.: uterque insaniunt, Plaut.: curemus uterque, Ter.: eodem die uterque eorum ex castris stativis exercitum educunt, Caes. – subst., non parva multitudo utriusque, beiderlei Geschlechtes, Augustin. epist. 29, 11. – **b** *Plur.,* eig. zur Bezeichnung zweier Mehrheiten, quoniam utrique Socratici et Platonici volumus esse, Cic.: hi utrique, Sall.: a quibus utrisque (Darstellern u. Dichtern) aliquid summittitur, Cic.: cognoscere quid boni utrisque (den Seinigen u. den Feinden) aut contra esset, Sall. – dann auch zur nachdrücklichen Bezeichnung zweier Einheiten, unser **alle beide,** binos habebam (scyphos); iubeo promi utrosque, Cic.: duae fuerunt Ariovisti uxores; utraeque in ea fuga perierunt, Caes.: utraeque res, Ter. – ► Genet. utrĭusque (mit kurzem i gemessen bei Lucr. 4, 501 (503) u. 1204 (1212). Hor. carm. 3, 8, 5. Ov. fast. 3, 571. Mart. 3, 27, 3. – Genet. utrique, Plaut. aul. 129; capt. 398. Ter. Andr. 546: archaist. Genet. u. Dat. Femin. utraeque, nach Charis. 158, 30 (Genet. utraeque auch Ven. Fortun. carm. 7, 5, 23): Genet. Plur. auch utrûmque, Cic. Verr. 5, 129. Commodian. instr. 1, 16, 4.

1. uterum, s. 2. uter.

2. uterum, ī, *n.*, s. uterus ►.

uterus, ī, *m.* (zu altind. *udáram,* Bauch), **I** der **Leib, Unterleib, Bauch, 1** im Allg., Plaut. u. Verg. – **2** insbes., der **Mutterleib,** die **Gebärmutter,** bei Menschen u. Tieren, Plaut., Cic., Varro u. a.: tumor uteri, dicker Bauch, Hieron.: uterus matris, Cels.: uterus maternus, Sen.: uterus uxoris, Tac.: onus od. pondus uteri, die Leibesfrucht, Ov. u. Prop.: uterus gravis, Ov.: laborantes utero puellae, Hor.: diva potens uteri, die Geburtsgöttin, Ov.: uterum gerere, schwanger sein, Cels., od. (v. Tieren) trächtig sein, Plin.: quae (animalia) ut sunt ex utero edita, Lact.: duodecennis filia ab utero (vom M. an) muta, Sulp. Sev.: quae te beluam ex utero, non hominem fudit, Cic. fr. – Meton.: **a** die **Geburt,** das **Gebären,** uno utero, ICt.: facilior, der Tiere, Plin. – **b** die **Erdhüllen,** aus denen die ersten Geschöpfe entsprossen sein sollten, Lucr. 5, 805; vgl. Lact. 2, 11 *in.* – **II** übtr., der **Bauch** = das Innere, z. B. des Fasses, Colum.: des Schiffes, Tac.: des trojanischen Pferdes, Verg. – ► **a** uterum, ī, *n.* = uterus, Turpil. com. 179. Afran. com. 346. Plaut. aul. 691. Gell. 3, 16, 1. – **b** uter = uterus, Caecil. com. 94; vgl. Exc. ex Charis. art. gramm. 540, 13 u. Gloss. II, 261, 45 ›uter, γαστήρ‹.

uter-vīs, utra-vīs, utrum-vīs, Genet. utrīus-vīs, Dat. utrīvīs, **I einer von beiden, es sei, wer es wolle,** qui utramvis norit, Ter.: utrumvis facere potes, Cic. – **II** übtr., **beide** ohne Unterschied, Plaut.: in aurem utramvis dormire, Ter.

utī, s. ut.

ūtibilis, e (utor), **brauchbar, dienlich, nützlich,** quid minus utibile fuit quam hoc ulcus tangere, Ter. Phorm. 690: vide si hoc utibile magis atque in rem deputas, Plaut. trin. 748: non utibilest hic locus, factis tuis, arbitri ut sint qui praetereant per vias, Plaut. merc. 1005: neque aqua utibilis reperta, Auct. itin. Alex. 37 (85). – m. *Dat.*, hi (servi) solent esse eris utibiles, Plaut. most. 859. – m. *ad* u. Akk., magis esse ad rem utibile non potest, Plaut. mil. 613.

Utica, ae, *f.*, Stadt in Africa propria, nördlich von Karthago, Kolonie der Tyrier, Vell. 1, 2, 3. Iustin. 18, 4, 2; vgl. Sil. 3, 441: bekannt durch die tapfere Gegenwehr seiner Bewohner im zweiten pun. Krieg, Cic. pro Scaur. 45. Liv. 29, 35, 11 *sq.*: später Hauptwaffenplatz u. letzter Zufluchtsort der republik. Partei gegen Cäsar, Caes. b. 1, 31 u. 2, 36: wo sich der jüngere M. Porcius Kato selbst entleibte, Augustin. de civ. dei 1, 23, der daher Uticensis genannt wird, Plin. 7, 62. – Dav.

Uticēnsis, e, **uticensisch, aus** od. **von** od. **zu Utika,** ager, Liv.: litus, Augustin.: conventus, Auct. b. Afr.: Cato, Plin. (s. vorher). – Plur. subst., Uticēnsēs, ium, *m.*, die Einw. von Utika, die **Uticenser,** Caes. u. Auct. b. Afr.

Uticēnsis, e, s. Utica.

ūtilis, e (= utibilis, v. utor), was zu gebrauchen ist, **zuträglich, brauchbar, tüchtig, tauglich, dienlich, nützlich, I** im Allg.: **a** übh.: **α** absol.: utiles et salutares res, Cic.: hoc est utile et conducibile, Plaut.: id arbitror apprime in vita esse utile, ut ne quid nimis, Ter.: miles, ut emeritis non est satis utilis annis, Ov.: minus et minus utilis adsto, immer weniger fest stehe ich da, immer weniger kann ich mich aufrecht halten, Ov. her. 2, 129. – **β** m. *ad* u. Akk.: homo ad eam od. ad ullam rem utilis, Plaut. u. Cic.: utilissimus ad vitilia holoschoenos, Plin. – **γ** m. *in* (= in Bezug auf, für) u. Akk., res maxime in hoc tempus utilis, Liv. 5, 18, 4. – **δ** m. *Dat.:* dant utile lignum navigiis pinus, Verg.: equi utiles bello, Ov.: posse iis utiles esse amicos, Caes.: non mihi est vita mea utilior, Cic.: hic (calamus) tibiis utilior, fistulis ille, Plin.: calamus fistulis utilissimus, Plin.: is mihi vir et suis et communibus rationibus utilissimus civis fore videtur, Cic. – **ε** (poet.) m. *Genet.:* radix medendi utilis, Ov. her. 5, 147 (*Ehwald* medendo). – **ζ** m. *Infin.:* tibia adesse choris erat utilis, Hor. de art. poët. 204: opera cognosci utilia, Val. Max. 4, 6 praef. – **η** m. 2. *Supin.*, cognitu non utilia, Gell. praef. § 13. – **b** *neutr. subst.:* qui miscuit utile dulci, Hor.: sententiae de utilibus honestisque, Quint. – **c** utile est m. *Infin.*, utile, sed ingloriosum est, ex illaborato in alienos succedere labores, Varro sent. mor. *no.* 149. p. 271 *Riese:* numquam est utile peccare, Cic. de off. 3, 64: ea, quae magis utile esset audire ac discere, Gell. 4, 1, 19: utilissimum tamen est umido sale fovere, Cels. 4, 6 (3). p. 128, 23 D. – m. *Acc.* u. *Infin.*, nec in perturbata re publica eos utile est praeesse vobis, qui proximi invidiae sint, Liv. 3, 51, 4. – **II** insbes., als jurist. *t. t.*, in Ermangelung eines Gesetzes **auf Analogie beruhend,** actio, iudicium, ICt. – ▶ Superl. spätlat. utillimus, Cassiod. var. 5, 39. Plin. Sec. *ed. Rose* p. 2, 2: arch. oitilis, Neutr. oitile, CIL 1, 201, 9 u. 14, 3554, 9.

ūtilitās, ātis, *f.* (utilis), **I** die **Brauchbarkeit, Nützlichkeit, Tauglichkeit,** si mulus castratus est, neque de fortitudine quid detrahitur neque de utilitate, Ulp. dig. 21, 1, 38. § 7. – **II** die **Zuträglichkeit,** der **Nutzen, Vorteil,** das **Interesse,** das **Glück,** das eigene od. allgemeine **Beste** (Ggstz. inutilitas, die Unzuträglichkeit, Schädlichkeit), **a** *Sing.:* utilitas parta per amicum, Cic.: utilitatem habere, Nutzen gewähren, Cic.: servire commodis utilitatique, Cic.: referre nihil ad utilitatem suam, Cic.: eandem utilitatem fovere, dasselbe I. befördern, Tac.: etiamsi nulla sit utilitas ex amicitia, Cic.: utilitas si amicitias conglutinaret, Nützlichkeitsrücksichten (Eigennutz, Interesse), Cic.: utilitas certat cum honestate, Cic.: utilitatis causā, des Nutzens wegen, Cic., u. des allgemeinen Besten wegen, ICt.: exigit utilitas, das eigene Beste, ICt.: satin ego oculis utilitatem obtineo sincere an parum? d. i. sehe ich recht? Plaut.: ita levissimam delectationem gravissimae utilitati (nützlicher Beschäftigung) anteponunt, Cic. – **b** *Plur.:* utilitates belli, Cic.: reliquae utilitates, nützlichen Einrichtungen, Cic.: cogitare nihil de utilitatibus, Cic.: utilitates ex amicitia maximae capientur, Cic.: utilitates percipere, Cic.: Tiro mirabiles utilitates mihi praebet, leistet mir außerordentlich gute Dienste, Cic.: utilitatibus tuis (deine nützlichen, guten Dienste) possum carere, Cic.

ūtiliter, *Adv.* (utilis), **I brauchbar, nützlich, mit Nutzen** (vgl. Hildebr. Apul. apol. 3), util. a natura datum esse, Cic.: util. servire, Hor.: util. dari lienosis (v. einer Arznei), Cels.: in uvae inflammatione alvus util. ducitur, Cels.: iam aliquantum erogaverunt, sed periculum est ne parum util., Plin. ep.: parum util. *in* (in Bezug auf, für) praesens certamen respondit, Liv.: util. in publicum, ein Glück fürs allgemeine Wohl, Tac.: utilius starent etiam nunc moenia Phoebi, Ov. her. 1, 67. – a Cicerone quidem utilissime praedicta sunt omnia, Quint. 4, 2, 57: u. so *Superl.* bei Colum. 11, 2, 26. Plin. 17, 110. – **II** als jurist. *t. t.*, **auf gehörige-, gesetzliche Weise,** ICt.

uti-nam, *Adv.*, beim Wunsche, **dass doch, möchte doch, wenn doch, hoffentlich,** primus ille, et utinam ultimus, exemplum proscriptionis invenit, Vell.: utinam incumbat in causam, Cic.: utinam haberetis, Cic.: utinam hinc abierit, Plaut.: utinam sit defunctum, Ter.: cui quidem utinam vere ante auguraverim, Cic. – verb. mit *quod,* z. B. quod utinam minus vitae cupidi fuissemus, Cic. – negativ utinam ne u. utinam non, **o dass doch nicht, wenn doch nicht,** quod utinam ne Phormioni id suadere in mentem incīdisset! Ter.: illud utinam ne vere scriberem! Cic.: quo utinam susceptus non essem, Cic.

utiquam, s. neutiquam.

1. **utī-que,** *Adv.*, wie nur immer, wie es auch sei, dah. **a schlechterdings, durchaus, unter allen Umständen; es komme, wie es wolle; es koste, was es wolle; um jeden Preis, so oder so,** si utique vellent, Liv.: ne utique vellet, Liv.: utique apud me sis, Cic.: quae ad me utique perferantur, Cic.: illud scire utique cupio, Cic.: nisi alterum consulem utique ex plebe fieri necesse sit, Liv. – **b doch wenigstens gewiss,** utique postridie, Cic.: unā utique parte, Liv. – **c besonders, zumal,** utique postremis mensibus, Liv.: commota est plebs, utique postquam etc., Liv. – ▶ arch. uteique, CIL 1, 196, 27; 1, 200, 71 u. 72; 1, 206, 14 72.

2. **utīque** = et uti (s. ut).

Ūtis, Akk. in, *m.* (Οὔτις), **Niemand,** v. Ulixes, Hyg. fab. 125. p. 106, 23 Schn.

ūtor, ūsus sum, ūtī, von etwas **Gebrauch machen,** etwas **gebrauchen, anwenden, benutzen,** sich etw. **zunutze machen,** einer Sache sich **bedienen,** auch etw. **genießen,** einer Sache sich **erfreuen, I** eig.: **A** im Allg.: **a** m. *Abl.:* servis, amicis, Plaut.: operā alcis, Plaut.: Samiis vasis, Plaut.: oculis recte, recht sehen, Plaut.: istoc oculo utor minus, sehe nicht recht gut damit, Plaut.: armis, Cic.: oratione, reden, Cic.: hāc voce, so reden, Cic.: ut Ciceronis utar verbo, Sen., od. ut verbo Ciceronis utar, Quint.: uti aetatis vitio, Cic.: temporibus sapienter, sich in die Umstände schicken, Nep.: ebenso uti foro, Ter.: uti suo largius, verschwenden, vertun, Sall.: male uti lege, das G. missbrauchen, Cic.: pace uti, den Frieden annehmen, Liv., od. in Frieden leben, Cic. u. Caes.: virtus se utitur (entwickelt sich) suo iure, Sen. de tranqu. anim. 4, 7. – cornibus urorum *pro* poculis uti, Caes.: *pro* laurea corona myrteā semper uti, Val. Max.: huius capellae corio usum esse *pro* scuto, Lact. – uti alqo *in* servilia eius artis ministeria, Liv.: uti somno et cibo *in* vitam, non *in* voluptatem, Vell.: uti eā criminatione *in* alqm, Cic. – uti alqo (teste) *contra* alqm, als Zeugen anführen, Lact. – instrumenta, quibus *ad* lanificia utuntur, Colum.: uti Siciliā *ad* omnes res, Cic.: potentiā suā numquam aut raro *ad* impotentiam uti, Vell.: ea, quibus *ad* res divinas uti solemus, Colum. – m. dopp. *Abl.*, vel imperatore vel milite me utimini, Sall. Cat. 20, 16: iis … inimicissimis crudelissimisque usum, Cic. ad Att. 3, 13, 2: et locis altis positas turris (= turres) Hispania habet, quibus et speculis et propugnaculis adversus latrones utuntur, Liv. 22, 19, 6. – **b** m. *Acc.:* quam rem etiam nomine eodem medici utuntur, Varro: ferrum uteretur, Aur. Vict.: quod quisquam uti possit, Plaut.: ne filius quidem quidquam utitur, Cic. – huic omnia utenda ac possidenda tradiderat, Cic.: alci scyphos utendos dare, zum Gebrauch leihen, Plaut.: utenda vasa rogare, sich zum Gebrauch leihen, Plaut.: u. so artoptam ex proximo utendam petere, Plaut.: u. beneficium quod datum utendum est (auf Borg geben), repetundi copia est, Plaut.: auris utendas dare, Enn. – m. dopp. *Acc.*, alqm uti placidum et clementem, Plaut. trin. 827 Sch.[2] (Ritschl gegen die Überlieferung placido te et clementi). – **c** absol.: divitiae (expetuntur), ut utare, zum (materiellen) Gebrauch, Cic.: tot annos in utendo exhauserunt, Quint.: et quaerere et uti, Gebrauch davon machen, Hor.: negavit se uti, er schlug es aus, Cic.: ebenso non uterer, ich würde es ausschlagen, Cic.: quem ad modum in tribunis consulari potestate usi sunt, wie sie es bei der Wahl von Tr. mit kons. Gew. gehalten haben, Liv. 4, 43, 5. – **B** insbes.: **1** mit jmd. **umgehen, Umgang haben,** Trebonio multos annos utor, Cic.: maioribus, Hor. – **2** von etwas **leben,** huic dederis, unde utatur, Ter.: habere quī utar, Cic. – **3 genießen,** cibis bonis, Cels.: vino modice, Cels.: lacte et herbis, Ov.: ut pecus uti possit (*sc.* aquā), trinken, Varro: dicam, ut sibi penum aliud adornet, siquidem sese uti volet, woll' er darben nicht, Plaut. capt. 920. – **4** fleischlich **gebrauchen,** mulieribus, Lampr. Heliog. 30. § 3 u. 5. – **5** uti frui, als jurist. *t. t.,* **den Nießbrauch** von etwas **haben,** mit *Abl.,* alienis rebus, ICt.: absol., ICt. – **II** übtr.: **1 im Besitz** eines Gegenstandes **sein,** besonders einen Gegenstand in irgendeiner Beschaffenheit **haben,** patre diligente, Nep.: adversis ventis, Cic.: proeliis secundis usus erat, hatte glücklich gefochten, hatte glückliche Schlachten geliefert, Cic.: valetudine bonā, genießen, Caes.: honore, eine Ehrenstelle bekleiden, Cic. – **2 brauchen, nötig haben,** ambitione nihil uterer, Cic.: ea nihil hoc loco utimur, brauchen wir hier nicht, reden davon nicht, Cic. – ► aktive Nbf. uto, wovon utito, Cato r. r. 96, 2 u. a.: utunto, CIL 1^2, 589, 9: Infin. utere, Cl. Mamert. de stat. anim. 1, 3. p. 30, 13 *Engbr.*: vgl. Prisc. 44, 4. – *pass.,* utitur, Nov. com. 43: utetur, Priap. 44, 4. – parag. Infin. utier, Plaut. Cas. 220. Ter. Phorm. 603. CIL 1, 33. lin. 5. – arch. Infin. Präs. utei, CIL 1, 204. col. 1, 10; 1, 206, 74. 76. 78. – altlat. oetor, wov. oetantur, CIL 1, 200. *no.* XI. p. 79: oesus sit, Cic. de legg. 3, 12 (in einer Gesetzesformel), u. parag. Infin. oetier, Fest. 246 (b), 2.

utpote, *Adv.,* eig. **wie es möglich ist, wie es in den Umständen liegt, wie es nicht anders sein kann = nämlich, wie nämlich, wie freilich, wie ja natürlich** u. bl. **wie ja,** meist vor qui, quae, quod m. folg. Konj. (s. Brix Plaut. mil. 530), utpote qui nihil contemnere soleamus, wir, die wir ja usw., Cic.: utpote quae non sit eadem, die ja doch nicht dieselbe ist, Plaut.: utpote qui magno exercitu sequeretur, Sall.: utpote fallaci quae tum primum excita somno, Catull.: utpote qui m. folg. Indik., utpote cui Apollo Pythius respondisse fertur, Val. Max.: utpote cuius venae non sanguine, sed vino sunt repletae, Rutil. Lup.: beim *Partic.,* utpote lecti utrimque, Liv.: puerulo me, utpote non amplius novem annos nato, Nep.: bes. beim *Abl. absol.* (s. Müller Liv. 2, 33, 8), utpote congregatis feminis puerisque, Liv. – beim *Adi.,* utpote supino iactu, Liv. 30, 10, 13: utpote innoxius, Curt. 3, 7 (18), 13. – bei *cum,* **da ja,** utpote cum singulae quaedam cohortes seditionem fecerint, Asin. Poll. in Cic. ep. 10, 32, 4: utpote cum sine febri laborassem, Cic. ad Att. 5, 8, 1: utpote cum divina subfragatione foveantur (laeta negotia), Val. Max. 4, 7 prooem.: utpote cum plures dimiserim, quam retenturus sum, Curt. 10, 2 (10), 19.

utputa (ut puta), s. 2. puta.

utrālibet, *Adv.* (*sc.* parte, v. uterlibet), **auf welcher von beiden Seiten es beliebt (es wolle), auf einer von beiden Seiten,** Cels. 4, 13. Plin. 2, 79.

utrāque, *Adv.* (v. uterque), **auf beiden Seiten,** Lucr. 4, 86 u. 291.

utrāsque, *Adv.* (v. uterque), **a auf beiden Seiten,** Caecil. com. 225. – **b beide Male,** Cass. Hemin. ann. 4. fr. 34 (bei Non. 183, 23).

ūtricīda, ae, *m.* (uter u. caedo), der **Schläuchezerhauer** (scherzhaft), Apul. met. 3, 18.

ūtriculārius, iī, *m.* (1. utriculus), **I** (oft synkop. utriclārius) der **Schlauchverfertiger,** welche Leute an verschiedenen Orten ein besonderes collegium od. corpus (Gilde) utriculariorum bildeten, CIL 12, 700 u. 731 u. 733; 13, 1985. – **II** der **Sackpfeifer,** Suet. Ner. 54.

1. ūtriculus, ī, *m.* (*Demin.* v. uter), der **kleine Schlauch,** Cels. 2, 17. p. 63, 31 D.; 3, 27, 2. p. 118, 35 D.; 4, 6 (3). p. 128, 21 D. Apul. met. 1, 13.

2. utriculus, ī, *m.* (*Demin.* v. uterus), **I** der **Unterleib, Bauch, 1** im Allg., Plin. 11, 31. – **2** insbes., der **Mutterleib,** die **Gebärmutter,** Plin. u. Apic. – **II** übtr., der kleine **Balg,** die **Hülle** der Blütenknospe, der Getreidekörner, Plin. 16, 94 u. 18, 115.

utrimque (utrinque), *Adv.* (uter), **von-, auf beiden Seiten, I** eig.: **a** übh., Cic., Caes. u. a.: m. *Genet.,* utrimque orarum, Cael. Aur. de morb. acut. 2, 37, 194. – **b** verb. mit secus (dah. auch zuw. zus. utrimquesecus od. utrinquesecus geschr.), **beide Seiten entlang, auf beiden Seiten,** Lucil. 584. Lucr. 4, 936 (939). Cato r. r. 21, 2. Solin. 10, 20 u. 27, 29. Apul. met. 2, 4 u. a. Mart. Cap. 5. § 464 u. 6. § 709. Amm. 21, 12, 9 u. 29, 1, 4. Itin. Alex. 33 (77). – **II** übtr., **von beiden Seiten (Parteien) her,** utrimque anxii, vor beiden Seiten in Furcht, Tac. hist. 2, 52. – ► Nbf. utrumque.

utrimquesecus, s. utrimque *no.* I, b.

utrinde, *Adv.* (uter u. inde), **auf beiden Seiten, in beiden Fällen,** Cato oratt. fr. 31.

utrinque, s. utrimque.

utrinquesecus, s. utrimque *no.* I, b.

utrīnsecus, falsche Lesart statt utrimquesecus, s. utrimque *no.* I, b.

utris, is, *m.,* s. 1. uter

utrō (*sc.* loco, v. 2. uter), *Adv.,* **auf welche von beiden Seiten, wohin,** wenn die Rede von zweien ist, nescit, utro potius ruat, et ruere ardet utroque, Ov. met. 5, 166: ubi non intellegetur, utro vomer ierit, Plin. 18, 179: übtr., quae (natura) quoniam utro accessit, id fit propensius, si utroque adiuncta est, paria fiant necesse est, Cic. parad. 3, 24.

utrobī, besser **utrubī,** *Adv.* (uter u. ubi), **wo, auf welcher von beiden Seiten,** Naev. com. 81. Cato oratt. fr. 31. Plaut. Stich. 750.

utrobīdem, *Adv.* (utrobi u. Suffix dem), **auf beiden Seiten, beiderseits,** Plaut. truc. 152 zw. (Schoell utrosque pergnovi probe).

utrobī-que u. **utrubīque,** *Adv.* **auf (jeder von) beiden Seiten,** ut utrobique orationem docte [atque astute] edidit, für beide Rollen, Plaut.: veritas utr. sit, bei Göttern u. Menschen, Cic.: utr. plus valebat, mit Land- und Seetruppen, Nep.: utrobique inimicos habebam, bei beiden Parteien, Asin. Poll. in Cic. ep.: utrubique monumenta ostenduntur, Liv.: pavor utrobique molestus, Hor.

utrōlibet, *Adv.* (v. uterlibet), **nach welcher von beiden Seiten es beliebt (es wolle),** ne inclinata utrolibet cervix, Quint. 1, 11, 9: quoniam manus utrolibet agitari et contorqueri necessarium est, Lact. de opif. dei 5, 10.

utrōque, *Adv.* (v. uterque), **nach beiden Seiten hin, a** eig., örtlich, utroque citius quam vellemus cursum confecimus, Cic.: exercitus utroque ducti, Liv.: iactans utroque caput, Verg.: nescit, *utro* potius ruat, et ruere ardet *utroque,* Ov. – **b** übtr., **nach beiden** od. **auf beide Seiten, -Richtungen,** utroque horum firmiores, qui in callibus versentur, Varro: utroque trahunt, Liv.: si (natura) utroque adiuncta est, Cic. parad. 3, 24 (s. utrō die ganze Stelle). – mit versum od. vorsum (wärts) verb., d. i. auf beide Seiten, Plaut.: utroque versum dicantur, in doppeltem Sinne, doppelsinnig, Gell.

utrōqueversum, s. utrōque a. E.

utrubī, -bīdem, -bīque, s. utrobī, utrobīdem, utrobī-que.

utrum, *Adv.* (uter), auch verstärkt durch *ne* u. *nam* in utrumne, utrumnam, leitet das erste Glied eines disjunktiven Frage- od. Zweifelsatzes ein, mit korresp. an, annon u. a. ohne Schlusssatz, deutsch **ob, wohl,** od. durch den bloßen Frageton ausgedrückt, **I** in direkter Frage: **a** m. korresp. Schlusssatz: **α** m. *an:* utrum ea vestra an nostra culpa est? Cic.: utrum enim defenditis an impugnatis plebem? Liv. – mit mehr als einem Schlusssatz, utrum … abstulit? an … dedit? an ademit? an … commutavit? Cic. – *utrum* verstärkt durch *ne,* u. zwar *ne* an das nächste, durch die Frage betonte Wort angehängt (s. Brix Plaut. capt. 265. Spengel Ter. adelph. 382), utrum ego istuc iocon(e) assimulem an serio? Plaut.: utrum praedicemne an taceam? Ter. (vgl. *no.* II, a, α). – od. mit *utrum* in *utrumne* verb., utrumne os an culum olfacerem Aemilio, Catull.: de Oceano dubitant, utrumne terras velut vinculum circumfluat an in suum colligatur orbem, Sen. rhet.: utrumne ego igitur sum Domitii exemplo gravis, an ut etc.? Plin.: utrumne salvum eum nolet orator, an etc.? Quint. – **β** m. *annon:* utrum cetera nomina in codicem accepti et expensi digesta habes, annon? Cic. – **γ** m. *necne:* curiosissime attenti, utrum necne philosophus morte turbaretur, Augustin. de civ. dei 9, 4, 2. p. 372, 16 D.[2]: de ipsius boni veritate, quod sectandum videtur, utrum sit necne dubitandum, *ibid.* 19, 1, 3. p. 350, 14 D.[2]: vellem tamen sciscitari utrum necne cum corporibus resurgatur, Min. Fel. 11, 7 (Dombart). – **b** in einfacher Frage ohne den Schlusssatz mit *an* (s. Nipperd. Nep. Eum. 6, 1): utrum hoc bellum non est? Cic.: utrum enim est in clarissimis civibus is, quem iudicatum hic duxit Hermippus? Cic.: utrum maiores vestri … exorti ab diis sunt et finem eum statuerunt? Liv. – **II** in indirekter Frage: **a** mit korresp. *an, anne, annon, necne:* **α** mit *an:* multum interest, utrum laus imminuatur an salus deseratur, Cic.: utrum rati an piscatorio navigio (transierit), nemo sciebat, Cael. b. Quint.: desinite dubitare, utrum sit utilius propter multos improbos uni parcere, an etc., Cic. – utrum verstärkt durch *ne,* u. zwar *ne* an das nächste, durch die Frage betonte Wort angehängt (vgl. oben *no.* I, a, α), z. B. ea res nunc in discrimine versatur, utrum possitne se defendere, an etc., Cic.: quaesiturum ab eo simul, utrum iisne urbibus decedere se aequum censeat, quas ab se ipso captas iure belli habeat, an iis etiam, quas a maioribus suis accepisset, Liv. – od. m. *utrum* in *utrumne* verb., non multum interest, utrumne de furto aut formula et interdicto dicendum habeas, an de ambitu comitiorum, Tac. dial.: in eo plures dissenserunt, utrumne hae partes essent rhetorices, an etc., Quint. – **β** m. *anne:* utrum illi sentiant, anne simulent, tu intelleges, Cic.: quaerendum utrum una … anne plures, Cic.: percunctarier, utrum aurum reddat, anne eat secum simul, Plaut. – **γ** m. *annon:* utrum sit annon voltis, Plaut.: spectasse, utrum saluber locus esset annon? Varro. – **δ** m. *necne:* iam dudum ego erro, qui quaeram, utrum emeris necne, Cic.: utrum proelium committi ex usu esset necne, Caes. – **b** ohne den Schlusssatz mit *an:* an hoc dicere audebis, utrum de te aratores, utrum denique Siculi universi bene existiment, ad rem id non pertinere? Cic. – *utrum* verstärkt durch *nam,* z. B. cum percontatus esset, utrumnam Pataris universa classis in portu stare posset, Liv. 37, 17, 10 (Hertz possetne Patris): quaerentes, utrumnam stellas animantes an inanimantes esse dicamus, Firm. math. 1, 2, 12: et consuluerunt posthaec dominum, utrumnam venturus esset illuc, Vulg. 1. regg. 10, 22: recenseat in bibliotheca regis, utrumnam a Cyro rege iussum fuerit, ut aedificaretur domus dei in Ierusalem? Vulg. 1. Esdr. 5, 17.

utrumnam, s. utrum a. E.

utrumne, s. utrum *no.* I, a u. *no.* II, a.

utrumque, s. utrimque ►.

ut-ut, *Adv.,* **wie auch immer, auf welche Weise immer,** verumutut res sese habet, pergam turbare porro, Plaut. most. 545: sed utut est, indulge valetudini tuae, *Cic. ep. 16, 18, 1: korresp. mit *certe, etsi, potius, tamen,* nam utut erant alia, illi certe quae nunc tibi domi est consuleres, Ter. Phorm. 468: age iam, utut est, etsi est dedecori, patiar, Plaut. Bacch. 1191: utut haec sunt acta, potius quam litis sequar, Ter. adelph. 248: utut erga me est meritus, mihi cordi est tamen, Plaut. cist. 109: utut erat, mansum tamen oportuit, Ter. heaut. 200; vgl. Phorm. 533.

ūva, ae, *f.,* die **Traube, I** eig.: **A** im Allg.: amomi, Plin.: lauri, Plin. – **B** insbes., die **Weintraube, 1** eig.: uva bumamma, Varro: cibaria, Plin.: dulcis, Catull.: generosa, Ov.: immitis (bildl., von noch nicht heiratsfähigen Mädchen), Hor.: mitis, Verg.: matura, Varro u. Verg.: ollaris, in Töpfen aufbewahrte, Mart. (dies. uva ex olla, Cels.): semivieta, Colum.: variari coepit uva, Colum.: varia fieri coepit uva, Cato fr.: uva colorem ducit, Verg.: coquitur uva, Varro: uva maturata dulcescit, Cic.: uvas legere, Varro: uvas Apicias percoctas bene legito, Cato. – Sprichw., uva uvam videndo varia fit (v. Neid), griech. βότρυς πρὸς βότρυν πεπαίνεται, Schol. Iuven. 2, 81. – **2** meton., der **Weinstock,** Verg. georg. 2, 60. – **II** übtr.: **1** der **traubenförmige Klumpen,** den die schwärmenden Bienen bilden, wenn sie sich an einen Baum hängen, Verg. u. Plin. – **2** das **Zäpfchen** im Hals, Cels. u. a. – **3** ein Meerfisch, Plin. u. Veget. – ► Vulg. Form. uba, M. Caes. bei Fronto epist. ad M. Caes. 4, 4. p. 67, 18 N.

ūvēns, entis (*Partic.* v. *uveo, feucht-, nass sein), **feucht, nass,** Petron., Sil. u. Stat.

ūvēsco, ere (*uveo), **feucht werden, nass werden,** Lucr. 1, 306. – v. Trinker = βρέχεσθαι, **sich anfeuchten, sich benetzen, sich bezechen,** Hor. sat. 2, 6, 70.

ūviditās, ātis, *f.* (uvidus), die **Feuchtigkeit,** oris, Cael. Aur. de sign. diaet. pass. 68 *Rose.*

ūvidulus, a, um (*Demin.* v. uvidus), **etwas feucht, etwas nass,** *Catull. 66, 63.

ūvidus, a, um (*uveo), **feucht, nass** (Ggstz. aridus), **I** eig.: rete, Plaut.: vestis, Plaut.: vestimenta, Hor.: mulieres, Plaut.: Menalcas, nass vom Tau, Verg.: terra, gut bewässert, Colum.: so auch rura, Ov.: Iuppiter uvidus austris, der vom Südwind triefende, bei Südwind befeuchtende (Ζεὺς ἰκμαῖος), Verg. (vgl. pluvius). – poma uvidiora, saftigere, Tert. de ieiun. 1. – bildl., verba, wässerige, Gell. 1, 15, 1. – **II** meton., **weinbetaut** = **berauscht** (wie βεβρεγμένος), v. Bacchus, Hor. carm. 2, 19, 18: Ggstz., dicimus integro *sicci* mane die, dicimus *uvidi,* Hor. carm. 4, 5, 38 *sq.*

ūvifer, fera, ferum (uva u. fero), **Trauben tragend,** Stat. silv. 4, 3, 64. Sil. 7, 207 u. 263. Ven. Fort. carm. 7, 4, 7.

ūvor, ōris, *m.* (*uveo), die **Feuchtigkeit, Nässe,** Varro LL. 5, 104.

Uxama, ae, *f.,* Stadt der Arevaker im tarrakon. Hispanien, nach Reichard das h. *Osma,* Plin. 3, 27. Flor. 3, 22, 9 (wo jetzt noch Auxuma). Sil. 3, 384. Oros. 5, 23, 14.

Uxellodūnum, ī, *n.,* eine feste Stadt der Cadurci in Aquitanien, wahrsch. das h. *Capdenac* am *Lot,* Hirt. b. G. 8, 32 u. 40. Oros. 6, 11, 20.

uxor, ōris, *f.,* die rechtmäßige **Ehefrau, Gattin, Gemahlin** (während concubina die rechtmäßige Beischläferin des Sklaven ist, der keine uxor haben durfte), **I** eig.: vir et uxor, Sen. rhet.: uxor et liberi, Flor.: uxor et pueri, Liv.: uxor iusta, Cic. u. Suet.: legitima, Mart.: gravida, Cic. u. a.: placens, Hor.: saeva, Ter.: uxorem assumere inconsultius (Ggstz. retinere patientius), Plin. pan.: uxorem alci dare, Ter.: uxorem ducere, Cic.: ducere iterum uxorem (als Gattin) filiam L. Scipionis, Cic. (vgl. uxorem ducendo, durch Heiraten, Ps. Quint. decl.: abhorrere a ducenda uxore, vom Heiraten, Cic.): uxorem habere, eine Frau haben, geheiratet haben, Ter.: duas uxores habere, Ter. u. Cic.: duas simul uxores habuisse, Gell.: plures uxores habere, Cic. u. Sall.: alqam pro uxore habere, Ter.: nuptiis factis alqam uxorem (als G.) habere, Liv. epit.: uxore excĭdere, um seine G. (Braut) kommen, Ter.: uxorem dimittere, Suet.: uxori nuntium remittere, Cic.: uxorem in provincia praegnantem relinquere Romaeque alteram ducere, Cic.: uxorem relinquere gravidam, Liv. – **II** übtr.: **A** von Tieren: olentis uxores mariti, Ziegen, Hor. carm. 1, 17, 7. – **B** scherzh., von der abolla (einer Kleidung), von der sich der Besitzer nie trennt, Mart. 4, 53, 5. – ► In Inschrn. oft uxsor geschr., CIL 1, 1026. 1045. 1072 u. a.

uxōrātus, a, um (uxor), **beweibt,** Augustin. serm. 116, 4 Mai: maritatae feminae et uxorati viri, Augustin. serm. 93, 2.

uxorcula, ae, *f.* (*Demin.* v. uxor), das **Frauchen, Weibchen,** teils im liebkosenden, teils im spöttischen Sinne, Plaut. Cas. 844 u. 916. Varro sat. Men. 116: erat ei uxorcula satis tenuis, Apul. met. 9, 5: et tu mihi olim mortuam de sepulchro uxorculam (die teure Gattin) protrahis, Hieron. epist. 69, 3.

ūxōrius, a, um (uxor), **I** die **Gattin-, Ehefrau betreffend, A** *adi.:* res uxoria, Cic. u. Quint.: caritas ux., Gattenliebe, Ps. Quint. decl.: arbitrium rei uxoriae, Schiedsgericht über das Heiratsgut einer (geschiedenen) Frau, Cic.: dos, Ov.: forma, eine mittelmäßige, gewöhnliche Schönheit, Favor. bei Gell.: imber, Tränen des Gatten über den Tod der Gattin, Stat.: potentia, Tac.: lis, häuslicher Zwist, Sen.: querelae, Ps. Quint. decl.: ambitus, die Bemühungen einer Frau (Ehefrau), Tac.: voluptates, Arnob.: a re uxoria abhorrere, Abneigung gegen das Heiraten haben, Ter.: sub imperio uxorio esse, unter dem Pantoffel stehen, Plaut. asin. argum. 2. – **B** *subst.,* ūxōrium, iī, *n.,* **a** ein Trank, der Liebe erregen soll, Ps. Quint. decl. 15, 9. – **b** die Abgabe, die ein Nichtheiratender entrichten musste, die **Junggesellensteuer,** Paul. ex Fest. 379, 1. – **II** prägn., **seiner Gattin sehr** oder **zu sehr ergeben,** ein **Sklave seiner Frau,** von dem der Dido zu sehr ergebenen Äneas, Verg. Aen. 4, 266: amnis, der Tiberstrom, als Flussgott, der seiner Gemahlin Ilia keine Bitte abschlagen kann, Hor. carm. 1, 2, 19: uxorium se praebere, unter dem Pantoffel stehen, Macr. sat. 7, 3, 19.

Uzalum, ī, *n.,* eine Stadt in Afrika, in Zeugitana, etwas westl. von Utica, röm. Kolonie, Augustin. de civ. dei 22, 8, 22. p. 577, 31 D.[2] – Dav.: **A** **Uzalitānus**, a, um, **uzalitanisch,** oppidum, die Stadt Uzalum, Plin. 5, 29. – **B** **Uzalēnsis**, e, **uzalensisch, aus** od. **zu Uzalum,** episcopus, Augustin. de civ. dei 22, 8, 3. p. 569, 5 D.[2]

Uzitta (Uzīta), ae, *f.*, eine Stadt im eigentlichen Afrika, in der Landschaft Byzacium, nicht weit von Adrumetum, Auct. b. Afr. 41, 2 u. a.

V.

V, v, der einundzwanzigste Buchstabe des lat. Alphabets, kurzweg *Vau* genannt (s. Prisc. 1, 46), aber in der Aussprache bald dem deutschen *w*, bald dem englischen *w*, bald dem deutschen *b* entsprechend; dah. von den Griechen bald durch οὐ (z. B. Οὐάῤῥων, Οὐενουσία), bald durch β (z. B. Βάῤῥων, Βέῤῥης) bezeichnet. – Als Abkürzung ist V. = vir, vivus, vivens, votum u. dgl. – Das Zahlzeichen V, das nur uneigentlich hierher gehört, bezeichnet 5.

Vabulōnicus, s. Babylōn.

vacācio, s. vacātio.

Vacalus, ī, *m.*, s. Vahalis.

vacanter, *Adv.* (vacans v. vaco), **leer, überflüssig**, Gell. 17, 10, 16.

vacantīvus, a, um (vaco), **dienstfrei**, iure iurando se astrinxit, ne quem *ascriptum* (überzähligen Beamten), id est *vacantivum* haberet, Lampr. Alex. Sev. 15, 3 P. (Jordan vacantem).

vacātio, ōnis, *f.* (vaco), **I** die **Befreiung**, das **Befreitsein, Freisein** von etwas, von Abgaben, gewissen Diensten usw., **a** das, wovon man frei ist, durch den *Genet.* od. durch *ab* m. Abl. od. durch *quo minus* m. Konj. ausgedrückt, vacatio militiae, Cic.: malorum, Sen.: alci dare vacationem militiae, Cic.: alci dare vacationem a causis, Cic., a belli administratione, Liv.: militiae vacationem omniumque rerum habere immunitatem, Caes.: vacationes munerum redimere, Tac.: iudicavit vacationem augures, *quo minus* iudiciis operam darent, non habere, wären nicht frei von den richterlichen Obliegenheiten (der Geschworenen), Cic. Brut. 117. – **b** die Person, die diese Befreiung genießt, sowie auch die Sache, wegen der man die Befreiung genießt, im *Genet.*, adulescentiae, Cic.: rerum gestarum, Cic.: usus est aetatis vacatione, zu der ihn sein Alter berechtigte, Nep.: vacationes militum, berechtigte, Nep.: vacantiones militum, Beurlaubungen der Soldaten, Liv. – **c** absol.: pretium ob vacationem datum, Cic.: pretia (der hohe Preis) vacationum, Tac.: scribere exercitum sine ulla vacationis venia, Liv.: vacationem emere, Tac.: vacationes omnes tollere, Cic.: vacationes ne valerent, Cic. – **II** meton., das **Geld für die Befreiung von Kriegsdiensten**, das **Ablösungsgeld, Dispensgeld**, vacationes praestari centurionibus solitae, Tac. hist. 1, 46: vacationes annuas exsolvere, *ibid.*: so auch vacationes centurionibus ex fisco numerare, Tac. hist. 1, 58. – ► Vulg. Nbf. vocatio, CIL 1, 198. lin. 77; 206. lin. 93 u. 103. Cic. fr. bei Non. 436, 20 *cod. Bamb.*

1. vacca, ae, *f.* (altind. *vaçā́*), die **Kuh** (Ggstz. taurus), Varro, Cic. u. a.: vaccarum mugitus auditur, Sen.

2. Vacca, ae, *f.*, richtiger Vaga u. Vagia, s. d.

Vaccaeī, ōrum, *m.*, eine Völkerschaft im Innern von Hispania Tarrac., südlich von den Kantabrern, westlich von den Keltiberern (im heutigen Zamora, Toro, Palencia, Burgos u. Valladolid), die nach dem numantinischen Krieg unter röm. Herrschaft kam, Liv. 21, 5, 5 *sqq.*; 40, 47, 1 u. 50, 6. Plin. 3, 19. CIL 2, 4233. – Cic. Planc. 84 in scherzhafter Ableitung von vacca, die **Kuhländer**, das **Kuhländchen** (vgl. Wunder zur St. S. 207 f.).

vaccillo, āre, s. vacillo ►.

vaccīnium, iī, *n.* (verdorben aus ὑάκινθος) = hyacinthus *no.* I, Plin., Verg. u. a.; vgl. Voß Verg. georg. 4, 137. p. 781.

vaccīnus, a, um (vacca), **von Kühen, Kuh-**, lac, Kuhmilch, Plin. u. Marc. Emp.: caro, Plin.: caseus, Plin.

vaccula, ae, *f.* (*Demin.* v. vacca), die **kleine Kuh**, Priap. 86, 14. Val. Cato dir. 132. Tert. ad nat. 2, 14. Apul. met. 7, 25.

vacefīo, s. vacuefacio ►.

vacerra, ae, *f.*, **I** ein eingeschlagener Pfahl (vgl. Fest. 375 [a], 3); dah. Plur. vacerrae, die **Bepfählung, Bepflöckung,** als Vermachung von Pfählen für das Vieh, Colum. 6, 19, 2 u. 9, 1, 39. – **II** übtr., **Klotz,** als Schimpfwort, Liv. Andr. com. 7.

vacerrōsus, a, um (vacerra), gleichs. (mit Pfählen) **im Kopf vernagelt, mit einem Sparren im Kopf** = wahnwitzig, verrückt, Aug. bei Suet. Aug. 87, 2.

Vachalis, s. Vahalis.

vacillanter (vacillans v. vacillo), **wankend,** Diom. 500, 18 K.

vacillātio, ōnis, *f.* (vacillo), das **Wanken, Wackeln,** Suet. Claud. 21, 2. Quint. 11, 3, 128. Vgl. Auct. de idiom. gen. 582, 60 K. ›vacillatio, σφάλμα‹.

vacillo, āvī, ātum, āre (altind. *vāñcati*, er wankt), **wackeln, wanken, I** eig.: vacillat arbor, vacillant omnia tecta, Lucr. – litterulae vacillantes, mit zitternder Hand geschriebene, Cic. – v. Pers., ex vino, Cic. fr.: in utramque partem toto corpore, Cic.: milites vacillantes, Curt. – **II** übtr.: tota res vacillat et claudicat, hat weder Grund noch Boden, steht auf ganz schwachen Füßen, Cic.: u. so iustitia vacillat vel iacet potius, Cic.: cum animus paulum vacillaret, Sen.: cuius non sine magna culpa vacillarunt, es damit nicht vorwärts ging, Cic. – v. Pers., in aere alieno, den festen Boden verloren haben (von tief Verschuldeten), Cic.: memoriolā vacillo, das bisschen Gedächtnis steht bei mir auf schwachen Füßen, Cic.: tota legio vacillans, wankend in der Treue, Cic. – ► a lang gemessen bei Lucr. 2, 502 (504), weshalb Lachm. u. Bern. vaccillo schreiben.

vacīvē, *Adv.* (vacivus), **bei Muße,** Phaedr. 4. prol. 14 (Bentley u. L. Müller cum vacarit).

vacīvitās, ātis, *f.* (vacivus), die **Leere,** der **Mangel** an etw., cibi, Plaut. Curc. 319.

vacīvus, a, um (vaco), **leer,** aedes, Plaut.: aedes aurium, Plaut.: aures, müßige, Plaut. – m. *Genet.*, virium, kraftlos, Plaut.: tempus vacivum laboris, frei von usw., Ter. – ► Bei Plaut. u. Ter. immer vocivus geschr., s. Brix Plaut. trin. prol. 11. Lorenz Plaut. Pseud. 449 (Löwe vocivas). Wagner Ter. heaut. 90.

vaco, āvī, ātum, āre (vgl. vacuus), **leer-, ledig-, frei-, unbesetzt-, entblößt sein,** ohne etwas sein, **I** eig.: **A** im Allg.: **a** absol.: vacantes (leerstehende, unbenutzte) forte balnearum fornaces, Tac.: tota domus superior vacat, Cic.: villa ita completa militibus est, ut vix triclinium vacaret, Cic.: maximam putant esse laudem, quam latissime a suis finibus vacare agros, öde (unbewohnt u. unbebaut) sind, Caes.: debebit vacare locus (es muss leerer Raum bleiben), in quo notentur, quae etc., Quint.: metaphora aut vacantem locum occupare debet, aut etc., Quint. – **b** mit *Abl.*: natura caelestis et terra vacat umore, Cic.: v. parte corporis, Cic.: mens vacans corpore, Cic.: pars oppidi, quae circuitu fluminis vacabat, Hirt. b. G.: ora vacent epulis, mögen leer bleiben von Sp. = sich der Sp. enthalten, Ov. – **c** Partiz. vacāns m. *Genet.*, locus tamquam vacans corporum, leer von Leichen, Sidon. epist. 3, 12, 1.

B insbes.: **1** v. Besitztümern usw., **frei-, unbesetzt-, herrenlos-, erledigt sein,** bona vacabant, ICt.: bona vacantia, ICt.: u. so ut populus vacantia (das herrenlose Gut) teneret, Tac. – vacantem locum exple, die (durch den Tod des Sohnes) leere Stelle, Sen. ad Marc. 16, 8. – v. Thron, regnum vacans, Iustin. 42, 4, 2. – v. Ämtern, ut Accium Suram praeturā exornare digneris, cum locus vacet, Plin. ep. 10, 12 (7); vgl. nullius philosophiae locus vacaret, kein System der Ph. würde ohne Vertreter sein, Cic. de nat. deor. 1, 16. – **2** v. Frauen, Partiz. vacāns = **ledig, unverheiratet,** mulier, ICt.: meretrix, Ps. Quint. decl.

II übtr.: **A** im Allg., von etwas **frei sein, -bleiben,** einer Sache **ledig sein, ohne** etwas **sein,** eine Sache **entbehren,** v. etw. **fern bleiben,** sich **fernhalten, a** m. *Abl.*: curā et negotio, Cic.: studiis (Ggstz. studiis frui), Cic.: populo, sich vom V. fernhalten, vom V. absehen, Cic.: morbis, ICt.: utrisque armis, neutral sein, -bleiben, Cic. – **b** mit *ab* u. Abl.: ab opere, Caes.: ab omni concitatione animi semper v. (v. Weisen), Cic.: a metu et periculis, Liv. – v. lebl. Subjj., haec a custodiis classium loca maxime vacabant, Caes.: v. der Zeit, nullum tempus illi umquam aut a forensi dictione aut a commentatione domestica vacabat, Cic.: tantum, quantum vacabit a publico officio et munere, Cic.

B insbes.: **1** von Leistungen **frei-, befreit sein, a** mit *Abl.*: muneribus, Cic.: militiae munere, Liv.: res publica et milite illic et pecuniā vacet, Liv. – **b** m. *ab* u. *Abl.*: a muneribus, a tutelis, ICt. – **2** der Zeit nach von Geschäften **frei sein, a** v. Pers., **(freie) Zeit-, Muße haben** (Ggstz. occupatum esse), **α** absol.: scribes aliquid, si vacabis, Cic.: si forte vacas, Hor.: dum perago tecum pauca, vaca (habe freie Zeit für mich), Ov.: quod eius consilio nullum *ascripticium* (Überzähligen), id est *vacantem* (Dienstfreien) haberet, Treb. Poll. trig. tyr. 18, 11 (vgl. vacantivus). – **β** m. *Dat.* (selten m. *ad* u. Akk. u. poet. m. *in* u. Akk.) od. m. *Infin.* = für etw. od. jmd. **frei sein, freie Zeit haben, Muße haben,** dah. auch (aber nicht bei Cicero) einer Sache od. Person **obliegen, sich widmen, αα** einer Sache: ego vero, inquam, philosophiae semper vaco, Cic. de div. 1, 11: regem non vacasse sermoni suo, Curt. 6, 7 (26), 21. – v. huic uni negotio, Vell.: non diu declamationibus, Sen. rhet.: v. clientium negotiis, Tac.: v. foro, Quint.: v. rationibus exigendis, Val. Max.: v. inter spectandum libellis legendis ac rescribendis, Suet.: v. non discendo tantum iuri, sed etiam docendo, Quint. – m. *ad* u. Akk., non vaco ad istas ineptias (ich habe keine Muße für solche Torheiten); ingens negotium in manibus est, Sen. ep. 49, 9. – poet. mit *in* u. Akk., in grande opus, Ov. ex Pont. 3, 3, 36. – m. *Infin.*, non vacavit Romanis colonias condere, Vell. 1, 15, 1: tu Tyrias acies adversaque signa vacasti sternere, Stat. Theb. 8, 186. – **ββ** einer Person: non v. adire volentibus, für die Besuchenden nicht frei sein, nicht zu sprechen sein, Sen.: in studiis magis vacabit unus (*praeceptor*) uni (*discipulo*), Quint.: ut vacaret (iudex) finitimam causam retractanti, Plin. ep. – **b** *impers.*, vacat u. vacat alci, **es ist freie Zeit (es ist Muße) vorhanden, man hat** od. **es hat** jmd. **freie Zeit (Muße), es steht frei, es ist vergönnt (gestattet), α** mit folg. *Infin.*: tunc et elegiam vacabit in manus sumere, Quint.: hactenus indulsisse vacat, Verg.: si vacet annales nostrorum audire laborum, Verg. – nobis venari nec vacat nec licet, Plin. ep.: cui esse diserto vacet, Quint.: ut tandem curare corpus exanimum amicis vacavit, Curt. – **β** absol.: quo magis te, cui vacat, hortor, Plin. ep.: dum vacat, Ov.: si vacat, Iuven.: si vacet, in den Mußestunden, Quint. – **3 müßig sein, -liegen = unbenutzt bleiben, -liegen,** pecunia vacabit pupillo, ICt. – vacantia vina, die nicht aufgetragenen, Sabinae epist. – **4** zur Benutzung **frei-, offen stehen, a** v. Örtl.: litora iure gentium omnibus vacant, ICt. – **b** v. anderen Ggstdn., für etw. **bestimmt sein,** balneum usibus dominicis vacare, ICt.: stabulum iumentis et carrucis vacans, ICt. – **5** Partiz. vacāns = **müßig, unnütz,** vacantia ac non necessaria excīdere, Gell. 6, 5, 6. – ► Solözist. Perf. vacuī, wov. vacuit, Symm. epist. 2, 60 *in.* Tert. de pudic. 8: vacuerat, Tert. adv. Valent. 10. Augustin. de civ. dei 3, 17. p. 124, 18 D.^{2}: vacuisset, Tert. de pall. 4: vacuisse, Augustin. de civ. dei 6, 2. p. 247, 30 D.^{2} – Solözist. Partiz. vacentem, Itala (Veron.) Matth. 12, 44. – Im älteren od. Vulgärlat. auch voco geschrieben od. gesprochen; dah. das Wortspiel: *Lys.* fac habeant linguam tuae aedes. *Alc.* quid ita? *Lys.* quom veniam, vocent (= rufen u. = leer stehen), Plaut. Cas. 527.

vacuē, *Adv.* (vacuus), **leer, unnütz,** Arnob. 3. *no.* 35 *extr.*

vacuefacio, fēcī, factum, ere (vacuus u. facio), Passiv **vacuefīo,** factus sum, fierī (vacuus u. fio), **I leer machen,** im Passiv = **leer werden,** Scyrum, Nep.: morte superioris uxoris domum novis nuptiis (Dat.), Cic.: adventu tuo ista subsellia vacuefacta sunt, Cic.: possessiones bello vacuefactae, verlassen, herrenlos, Nep.: alci locum, einen ledigen Platz einräumen, Macr. – m. *Abl.*, fasces securibus, die F. der Beile entledigen, die Beile aus den F. herausnehmen, Val. Max.: hāc turpi ac erubescendā sentinā vacuefactus exercitus noster, Val. Max.: alqm totis praecordiis, jmdm. die Eingeweide völlig ausnehmen, Apul. – **II überflüssig machen, aufheben,** circumcisiones, Lact. 4, 17 *in.* – Passiv Nbf. vacefīo, fierī, wov. vacefit, Lucr. 6, 1003 u. 1015.

vacuitās, ātis, *f.* (vacuus), **I** das **Leer-, Befreitsein, Freisein** von etwas, **1** im Allg.: **α** m. Genet.: doloris, Cic.: aegritudinis, Cic.: liberatio et vacuitas omnis molestiae, Cic. – **β** m. *ab* u. Abl.: ab angoribus, Cic. de off. 1, 73. – **2** die **freie Zeit,** angustum spatium vacuitatis, Vitr. 5. prooem. § 3. – **3** insbes., die **Erledigung, Vakanz** eines Amtes, z. B. des Konsulates, Brut. in Cic. ep. 11, 10, 2. – **II** meton., die **Leere** = der **leere Raum,** interveniorum vacuitates, Vitr. 2, 7, 2.

Vacūna, ae, *f.*, die **wohltätige Göttin der Flur,** die im Frühling aus dem Feuchten schafft u. das Gefilde mit Korn segnet, mit einem heiligen Hain im Reatinischen, Stammgöttin der alten Sabiner, Varro bei Acro Hor. ep. 1, 10, 49. Ov. fast. 6, 307. Hor. ep. 1, 10, 49 (u. dazu die Schol.). Plin. 3, 109. CIL 1^2, 1844. Auson. epist. 4, 101. Anthol. Lat. 1160, 3 M. – Dav. **Vacūnālis,** e, zur Vakuna gehörig, **vakunalisch,** foci, Ov. fast. 6, 308.

vacuo, āvī, ātum, āre (vacuus), **leer machen, leeren, I** eig.: sulcum vacuari iubent, Colum.: vac. Elysium nemus, Mart.: Syriacas colus, abspinnen, Sidon.: corpus, ausnehmen, Anthol. Lat. 225, 3 (1088, 3): m. *Abl.*, putri saecula penso, Stat. Theb. 3, 642. – u. im Partiz. Perf., inanitusque magis locus ac vacuatus, Lucr.: paries vacuatus, Ven. Fortun.: dolia ubi fuerint a mercatoribus vacuata, Colum.: m. *Abl.* wodurch? impensis belli vacuati saepe penates, Sil.: m. *Abl.* wovon? vacuatus saguine, Aur. Vict.: vacuata sanguine membra senis, Ps. Quint. decl.: vacuatum auxiliis Delminium, Frontin. – **II** bildl.: invidia atque iactantia, quae in plerisque solent fraternae pietatis iura vacuare, Ambros. de obitu Valent. *no.* 76: Partiz. m. *Abl.*, vacuatā eo metu urbe, Varro bei Prob. ad Verg. ecl. 6, 31 (p. 15, 4 *ed. Keil.*)

vacuus, a, um, **leer, ledig, entblößt, frei, ohne** etw., **I** eig.: **A** im Allg.: **a** *adi.*: **α** absol.: v. loca (Plätze im Theater), Cic.: v. tabellae, Quint.: domus Ditis vacuae (öde) et inania regna (das Reich der Schatten), Verg.: vacuae (ausgeräumte) domus et inania (ausgeplünderte) templa, Tac.: u. theatrum, Hor.: aula, Hor.: vacua castra hostium, Caes.: aër, Verg. u. Hor.: aliquam partem aedium vacuam facere (räumen), quo Hispala immigraret, Liv.: prope continuatis funeribus domos vacuas novo matrimonio facere, Liv. (vgl. vacuefacio). – **β** m. *Abl.*: nihil igni vacuum, Cic.: arvum arboribus v., Colum.: vites v. fructu, Colum.: v. moenia defensoribus, Liv.: v. agri cultoribus, Ov.: vacua dentibus ora, Tac.: locus hominibus *plenus,* amicis *vacuus,* Sen. – **γ** m. *ab* u. Abl.: Messana ab his rebus ... vacua ac nuda est, Cic.: v. oppidum ab defensoribus, Caes.: mare v. ab hostibus, Liv.: telum a spiculis vacuum, Cels. – **δ** m. *Genet.*: ager aridus et frugum vacuus, Sall.: Romana urbs v. annonae, Claud. Mam.: iam animae vacuus, entseelt, Apul. – **b** *subst.*, vacuum, ī, *n.*, der **leere Raum,** die **Leere,** vacuum minus intus habere, Lucr.: per vacuum incurrere, Hor., od. irrumpere, Liv.: in vacuum se extendere (v. Ästen), Verg.: libera per vacuum ponere vestigia, Hor.: taurorum cornua iactantur in vacuum, die (zornigen) Stiere bohren mit den Hörnern in die Luft, Sen.

B insbes.: **1 frei, erledigt, unbesetzt, herrenlos, erblos,** prudentiae doctrinaeque possessio ... quasi caduca et v., Cic.: v. centuria, Cic.: praeda, Cic.: possessio regni, Caes.: Armenia, Tac.: sacerdotia ut vacua, Tac.: Syria ... vacua iam morte Atilii Rufi consularis, Tac.: ne bona hereditaria vacua sine domino iacērent, erblos, ICt. – venire in vacuum u. in vacua, in das erledigte Besitztum, Hor. u. Cic.: ut in vacuum venalis pependerit Claudius, dass Kl. (das Besitztum des Kl.) als herrenlos öffentlich feilgeboten wurde, Suet. – **2** v. weibl. Tieren, **ledig** = nicht trächtig, equa, Colum. 6, 37, 10. – **3** v. Frauenspersonen, **frei, ledig, ohne Mann, ohne Geliebten,** Hersilia (als Witwe), Ov. met. 14, 831: ubi mulier vacua fuit, Tac. ann. 13, 44. – subst., vacuae, die **Ledigen,** elige de vacuis, quam non sibi vindicet alter, Ov. her. 19 (20), 149: vacuis indicere nuptias, non occupatis, Ps. Quint. decl. 176.

II übtr.: **A** im Allg., von etwas **frei,** einer Sache **ledig, ohne** etw., etw. **entbehrend, von** etw. **fern, sich fern haltend, a** mit *Abl.*: animus sensibus et curis v., Cic.: v. molestiis, Cic.: cupiditate et gloriā, Cic.: tali culpā, Ter. – **b** m. *ab* u. Abl.: animus a talibus factis v. et integer, Cic.: v. a culpa, Sall. – v. der Zeit, hora nulla v. a furto, a scelere etc., Cic.: nullus dies v. ab exercitationibus oratoriis, Cic. – **c** mit *Genet.*: v. operum, Hor.: v. criminis, Or.: v. caedis manus, Ov. **B** insbes.: **1** von Leistungen **frei, befreit, a** mit *Abl.*: omni tributo, Tac. – **b** m. *ab* u. Abl.: ab omni sumptu, Cic.: a tributis, Tac. – **2** von einer körperl. oder geistigen Tätigkeit usw. **frei, uneingenommen, a** von Arbeit **frei, unbeschäftigt, müßig, α** v. Pers. usw.: quoniam vacui sumus, dicam, Cic.: cum te sciremus esse vacuum, Cic.: si es animo vacuo, expone nobis etc., Cic.: vacui pace Punicā Romani, unbeschäftigt (durch Kriege), Liv.: aures vacuae atque eruditae, die Ohren Gebildeter, die Muße haben, Quint.: v. mentes, Verg.: princeps adhuc vacuus, für niemanden eingenommen, Tac.: vacui arriperent occupatos, Tac.: nullum vacuum (müßig) tractum esse remum, Cic.: *Superl.*, nec rursus iubeo, dum sit (domus Augusti) vacuissima, quaeras, bis es völliger Muße genieße, Ov. ex Pont. 3, 1, 141. – poet. übtr., von Orten der Muße, Tibur, Hor.: Athenae, Hor. – **β** v. der Zeit, vacua nox operi, frei, ungestört für usw., Liv. 3, 28, 7: cum vacui temporis nihil haberem, Cic. ad Att. 2, 23, 1: etiamsi spatium ad dicendum nostro commodo vacuosque dies habuissemus, tamen etc., Cic. I. Verr.. 56: vacua tempora iam contingunt ad ea exsequenda, quae etc., Colum. 12, 4 *in.* – **b** von Kummer, von Liebe **frei, sorglos, unbefangen,** animus v., v. ac solutus, Cic.: vacuus animo, Sall., u. animi, Stat., frei, ruhig im Gemüt: cantamus vacui, frei (von Liebe), Hor.: u. so v. pectus, Hor. – **3** frei von Hindernissen, alqd vacuum est, **man hat** in etwas **freie Hand,** antea vacuum id et solutum poenā (und straflos), Tac. ann. 14, 28. – ebenso vacuum est m. folg. *Infin.*, **man hat freie Hand, freien Spielraum,** Sall. hist. fr. 1, 10 (11). Tac. hist. 2, 38. – **4** v. Örtl.: **a frei = offenstehend, zugänglich, weit,** porticus, Verg.: ut vacuo patuerunt aequore campi, Verg.: vacuae aedes Romanis vatibus, Hor.: aures vacuae, offen und aufmerksam zuhörende, Lucr., Hor. u. a. (s. Obbar. Hor. ep. 1, 16, 26. – **b schutzlos, von Schutz entblößt,** mare, Tac.: Illyricum mare, Tac. – übtr., res publica, Sall. u. Liv. Vgl. Heräus Tac. hist. 2, 14, 6. – **5 leer = wertlos, überflüssig, unnütz, eitel, vergeblich,** si res publica et senatus et populus vacua nomina sunt, Tac.: res vacua, Petron.: vacua et inanis productio verbi, Gell.: tollens vacuum plus nimio Gloria verticem, das eitle Haupt, Hor. – ► In der Vulgärspr. vocuus, CIL 6, 1527. col. 2, 33.

1. Vada, ae, *f.*, ein Kastell in Gallia Belgica, im Lande der Batavi, nach Ukert in der Nähe des heut. *Druten,* nach Mannert das h. *Wamen* (ein Dorf bei *Tiel*), Tac. hist. 5, 20 *sq.*

2. Vada, ōrum, *n.*, eine Stadt in Ligurien, j. *Savona,* deren Reede noch jetzt *Vado* heißt, Brut. in Cic. ep. 11, 10, 3: auch Vadum Sabatium gen., Plin. 3, 48.

3. Vada Volaterrāna, ōrum, *n.*, ein südlich von Pisa gelegener Ort und Hafen in Etrurien, j. *Torre di Vado,* Cic. Quinct. 24. Plin. 3, 50.

Vadimōnis lacus, ein See in Etrurien bei Ameria, gewöhnlicher Versammlungsort des Etruskerbundes, j. *Lago di Bassano,* Sen. nat. qu. 3, 25, 6. Plin. 2, 209. Plin. ep. 8, 20, 3: berühmt durch die in seiner Umgebung von den Römern erfochtenen Siege über die Gallier, Flor. 1, 13. § 21, u. über die Etrurier, Liv. 9, 39, 5.

vadimōnium, iī, *n.* (vas, vadis), die durch Bürgschaft bewährte Versicherung, selbst od. durch einen Bevollmächtigten an einem bestimmten Tag vor Gericht sich zu stellen, die **Bürgschaftsleitung,** übtr. das **Erscheinen vor Gericht,** der (verbürgte) **Termin,** cur istuc vadimonio assum? Nov. com. fr.: sine vadimonio disceditur, Cic.: res esse in vadimonium coepit, es kommt zur Bürgschaftsleistung, Cic.: vadimonium tibi cum Quinctio nullum fuit, Cic.: vadimonium concipere, eine solche Angelobung schriftlich aufsetzen, schriftlich sich verbürgen, Cic.: quo die vadimonium factum esse diceres, Cic.: vadimonia facere in posterum diem, Val. Max.: vadimonium facere alci, Plaut.: vadimonia fiunt, Lucr.: eo vadimonia fieri, dort sollten die Prozesse verhandelt werden, Liv.: vadimonium constituere, Cic.: vadimonium alci imponere, Nep.: vadimonium promittere, Cic.: vadimonium sistere, Cic.: vadimonium obire od. ad vadimonium venire, Ggstz. vad. deserere, Cic.: vadimonium differre, Cic.: litigatores vadimonia Romam deferre iussit, Liv. epit. – übtr., tibi amatorem vadimonio sistam, Apul. met. 9, 22: ut tu es, qui me convadatu's Veneriis vadimoniis? der zum Termin vor die Venus mich bestellt, Plaut. Curc. 162.

vadis, s. 1. vas.

1. vado, āre (vadum), **waten, durchwaten,** flumina, quae sine pontibus vadari nequeunt, Veget. mil. 2, 25: quia neque navium copia pro tempore erat neque vadari fluvius poterat, Sulp. Sev. chron. 1, 22, 3: illā (cervā) vadante populus quo transire posset agnovit, Gregor. hist. Franc. 2, 37. p. 100, 14.

2. vādo, ere (vgl. ahd. *watan,* waten), **wandern, gehen, schreiten, losgehen, losschreiten,** bes. rasch, wohlgemut, entschlossen, **I** eig. u. übtr.: **a** eig.: propulsi (canes) fustibus vadunt foras, Phaedr.: cum feras bestias videamus alacres et erectas vadere (einhertreten), ut alteri bestiae noceant, Rhet. Her. – v. Pers., cras mane, Cic.: ad alqm postridie mane, Cic.: ad amnem, Ov.: per turbam, Liv.: per medios hostes, Liv.: in eundem carcerem (v. Sokrates), Cic.: in hostem, in proelium, Liv.: haud dubiam in mortem, Verg.: cum centum milibus equitum Alexandro obviam, Iustin.: salutatum, Ov.: dormitum, Apul. u. a. – **b** übtr., v. Lebl., Euphrates in Mesopotamiam vadit per ipsam Seleuciam, Plin.: vadit circulus per medios Parthos, Plin. – **II** übtr.: in eam (sententiam) cursu, der Meinung beitreten, Plin.: so auch in sententiam pedibus, Apul. – ► Perf. vasit erst bei Tert. de pall. 3.

vador, ātus sum, ārī (vas, vadis), jmd. durch Bürgschaft verpflichten, dass er sich vor Gericht stellen wolle, **vor Gericht fordern, gerichtlich belangen,** vadatur hic me, Plaut. (scherzh.): hominem in praesentia non vadatur, Cic.: tot vadibus accusator vadatus est reum, Liv.: iamque vadaturus, wollte rechtlich mit ihr verfahren, Ov. – *Partic.* passiv, **a** im *Abl. absol.*, vadato, nachdem Bürgschaft gestellt, nach gestellter Bürgschaft, Hor. sat. 1, 9, 36. – **b** vadatus, durch gestellte Bürgschaft zu erscheinen verbunden, dann übtr. = übh. zu etw. **verbunden, verpflichtet,** amore, Plaut.: mihi reliqua vitae tuae curricula ... vadata, gewidmet, ergeben, Apul. – ► Parag. Infin. vadarier, Plaut. aul. 319.

vadōsus, a, um (vadum), **voll seichter Stellen, voll Untiefen, sehr seicht,** mare, Caes., Sen. u. a.: fretum, Liv.: litora, Ambros.: ubi Ganges vadosissimus est, Solin.: poet, aquae, unruhige, Lucan.: übtr., navigatio, durch Untiefen gefährliche, Plin.

vadum, ī, *n.* (vado, āre), **seichtes Wasser,** die **seichte Stelle** im Wasser, die **Untiefe** im Meer od. in einem Fluss, die **Furt, I** eig. u. bildl.: **a** eig.: fluminis Sicoris, Caes.: Rhodanus non nullis locis vado transitur, Caes.: exercitum vado transducere, Caes.: piscis, qui in vado vivit, Cels.: vadum alqm destituit, es verliert jmd. den Grund unter den Füßen, Liv. – Plur., vadis repertis partem suarum copiarum transducere, Caes.: ventus nudaverat vada, Liv.: Nessus scitus vadorum, Ov. – **b** bildl.: iam esse in vado salutis res videtur, in Sicherheit, außer Gefahr, Plaut.: u. so omnis res iam est in vado, Ter.: cera tentet vadum, versuche den Zug, Ov. – **II** übtr.: **A** übh. = **Gewässer, Fluss, Meer,** Verg., Hor. u. a. Dicht. – **B** der **Grund, Boden** des Wassers, die **Tiefe,** recentia cadavera ad vadum labi, Plin.: eines Brunnens, Phaedr. u. Plin. – ► Nbf. **vadus,** ī, *m.*, Tragic. fr. bei Fronto ad M. Caes. 3, 13. p. 51, 15 N. Varro bei Serv. Verg. Aen. 1, 111. Sall. hist. fr. 1, 68.

1. vadus, ī, *m.*, s. vadum ►.

2. vadus, a, um, seicht, Mela 2, 5, 61 (2. § 81).

vae, *Interi.* (griech. οὐαί, gotisch *wai,* ahd. *wē*), zum Ausdruck des Schmerzes od. des Unwillens, **wehe,** ach, **a** absol., Plaut., Verg. u. Hor. – **b** m. *Dat.*: vae misero mihi! Ter.: so auch vae mihi! Ter. u. a.: vae tibi, Mart. u. Inscr.: vae illi, qui etc., wehe dem usw., Plaut.: vae aetati tuae! Plaut.: vae capiti tuo, Plaut.: vae tergo meo! o weh, mein Rücken! Plaut.: vae peccatis hominum! Augustin. – dah. vae victis!

»wehe den Besiegten!« ein Ausruf, den die Gallier, die Rom verbrannt hatten, vor ihrem Abzug gegen die Römer gebrauchten, Flor. 1, 13, 17: dafür vae victis esse, Liv. 5, 48, 9: dann sprichw. = Gewalt tut weh, Plaut. Pseud. 1317; vgl. Fest. 372 (b), 4. – **c** (selten) m. *Acc.*: vae te! o über dich! dass dich doch! Plaut. asin. 481. Catull. 8, 15: vae me! Sen. apoc. 4, 3. Vgl. Caper 101, 6 K. Beda de orthogr. 294, 14 K. – in der Bibelspr. auch subst., das **Wehe,** z. B. erga quem delinquentes vae essent habituri, Tert. adv. Marc. 4, 27: vae unum abiit et ecce veniunt adhuc duo vae post haec, Vulg. apoc. 9, 12.

vaecordia, -diter, s. vēcordia, -diter.

vaecors, s. vēcors.

vaegrandis, s. vē-grandis.

vaeneo, vaenum, s. vēneo, vēnum.

vaepallidus, s. vē-pallidus.

vaesān... s. vesan...

vafelius, a, um, *Demin.* v. vafer (s. d.), Paul. ex Fest. 7, 12 (ohne Beleg).

vafer, vafra, vafrum, **pfiffig, verschmitzt,** in disputatione, Cic.: viri non vafri, Ov.: mores, Val. Max.: ius, schlaue Rechtsgelehrsamkeit, Hor. – cavillentur vafriora licet, Hieron. epist. 38, 5. – somniorum vaferrimus interpres, Cic.: interrogationes vaferrimas struere, Sen.

vafrāmentum, ī, *n.* (vafer), der **pfiffige Streich,** die **List,** Val. Max. 7, 3. ext. 2 u. 4 7.

vafrē, *Adv.* (vafer), **pfiffig, verschmitzt,** Cic. Verr. 2, 132. Val. Max. 7, 3, 2. Sen. contr. 2, 1 (9), 35.

vafritia, ae, *f.* (vafer), die **Pfiffigkeit, Verschmitztheit,** Val. Max. 7, 3 *in.* Sen. ep. 49, 7.

1. Vaga, ae, *f.*, **I** eine Stadt in Byzacium in Afrika, südlich von Ruspina, Auct. b. Afr. 74, 1. – **II** eine Stadt in Numidien, südwestlich von Utika, wichtig durch Handel, von den Römern zerstört, j. *Begia* (*Beggia, Bedsja*), Sall. Iug. 29, 4 u. 47, 1. Sil. 3, 259. – Dav. **Vagēnsis,** e, **vagensisch,** Vagense oppidum = Vaga, Plin. 5, 30. – subst., Vagēnsēs, ium, *m.*, die Einw. von **Vaga,** die **Vagenser,** Sall. Iug. 66, 2.

2. Vaga, s. Vagia.

vagābundus, a, um (vagor), **umherschweifend, unstet,** Fenestella b. Fulg. myth. 3, 9. Solin. 5, 24. Augustin. conf. 5, 6, 10. – m. *per* u. Akk., per deserta vagabundus homo, Solin. 25, 6.

vagātio, ōnis, *f.* (vagor), das **Herumschweifen,** incerta, Apul. de deo Socr. 15: exsilium est ipsa vagatio, Serv. Verg. Aen. 1, 2. – übtr., quam aeque variantur et in ceteras facies inter vitam ac mortem coloris est vagatio! Sen. nat. qu. 3, 18, 1.

vagē, *Adv.* (vagus), **umherschweifend, a weit umher,** v. effusi per agros, Liv. 26, 39, 22: v. moveri, Isid. orig. 15, 67. – **b** übtr., **hier und da zerstreut,** Rhet. Her. 4, 3 u. 42.

Vagennī, s. Bagiennī.

Vagēnsis, e, s. 1. Vaga.

Vagia, ae, *f.*, ein Fluss in Lusitanien, noch j. *Vouga,* Plin. 4, 113 (Sillig Vaga, Vulg. Vacca).

Vagiennī, s. Bagiennī.

1. vāgīna, ae, *f.*, die **Scheide** des Schwertes, die **Degenscheide, I** eig.: gladius vaginā vacuus, ein bloßes Schwert, Cic.: promptus vaginā gladius (Ggstz. conditus rursus), ein blank gezogenes Schwert, Suet.: gladium e vagina educere, Cic.: vaginā eripere ferrum od. ensem, Verg.: telum vaginā nudare, Nep.: strictum vaginā detegere ensem, Sil.: gladium cruentum in vaginam recondere, Cic. (vgl. im Bild, senatus consultum inclusum in tabulis tamquam in vagina reconditum, Cic.): condere vaginae (Lokativ) gladium, Prudent. psych. 105: vaginā gladius eius elapsus decīdit, Val. Max. – **II** übtr., für jedes ähnliche Behältnis, die **Scheide,** die **Hülle,** corpus ... animae quasi vagina, Plin. 7, 174: omnia principalia viscera membranis propriis ac velut vaginis inclusit providens natura, Plin. 11, 198. – Insbes., **a** = cunnus, die **Scheide,** Plaut. Pseud. 1181. – **b** der Balg der noch verborgenen Ähre, der **Schoßbalg,** Varro u. Cic. – **c** die Löcher, in die die Tiere aus dem Katzengeschlecht ihre Klauen zurückziehen, Plin. 8, 41: u. v. Delphin, aculeos velut vaginā condens, Plin. 8, 25. – **d** vaginae terebrarum, die Handgriffe der Bohrer, Plin. 16, 230. – ► Vulg. bagina, Edict. Diocl. 7, 37 (wo bagina spathae, Säbelscheide).

2. vāgīna, ae, *f.* (vagio) = vagitus, Fulgent. contin. Verg. p. 151 M. (vaginam puerilem exercet).

vāgīnula, ae, *f.* (*Demin.* v. vagina), der **kleine Balg,** die **kleine Hülse** des Speltes, Plin. 18, 61. Not. Tir. 77, 55[a].

vāgio, īvī od. iī, ītum, īre, **quäken, I** eig., von kleinen Kindern, vox pueri vagientis, Ter.: infantulus vagiens, Hieron.: vagire in eunabulis od. in cunis, Cic.: vagire velut infantes (Ggstz. conviciari), Sen. rhet.: von Tieren schreien, wie vom Hasen, Suet. fr. 161. p. 250, 2 *Reiff.* Anthol. Lat. 762, 60 (233, 60): von jungen Ziegen, meckern, nach Varro LL. 7, 104: von Schweinen, grunzen, Mart. 3, 58, 37. – **II** übtr.: clamor per aethera vagit, Enn. ann. 531.

vagipennis, is (vagus u. penna), **mit flatternden Flügeln,** anates, *Varro sat. Men. 489 B. (Riese agilipennis).

vāgīto, āre (*Frequent.* v. vagio), **oft quäken,** v. Hasen, Suet. fr. *ed. Reifferssch.* p. 250. – Depon. Nbf. vāgītor, wov. vagitatur, vehementer plangit, Gloss. IV, 294, 271.

vāgītus, ūs, *m.* (vagio), das **Quäken,** der kleinen Kinder, puerilis, Liv.: nascentium vox prima vagitus est, Solin.: vagitum edere, Quint.: vagitu locum lugubri complere, Lucr.: Plur., vagitus et ploratus, Plin.: infantium vagitus, Hieron.: armorum sonitus tuis vagitibus obstrepentes, Claud. Mam. pan.: dare vagitus, Ov.: ineptissimos edere continuareque vagitus, Arnob. – vom Wimmern eines Verwundeten, Plur. bei Cels. 7. praef. p. 263, 13 D., od. Kranker, mixti vagitibus aegris ploratus, Lucr. 2, 579. – v. Meckern der Ziegen, Ov. met. 15, 466.

vago, āvī, āre = vagor, Plaut. mil. 424. Pacuv. tr. 225 u. 302. Acc. tr. 236. 409 u. 441. Turpil. com. 122. Catull. 4, 20 (Schwabe vacaret). Varro sat. Men. 215 u. 438. Prud. cath. 6, 29.

1. vagor, ātus sum, ārī (vagus), **umherschweifen, umherstreifen, umherziehen, unstet sein, I** eig.: **1** im Allg.: **a** v. leb. Wesen, in agris passim bestiarum more, Cic.: in foro, Rhet. Her.: totā Asiā, Cic.: inter canes et circum tecta, Verg.: circum vicos, Suet.: laeta per arva, Ov.: sine proposito (zwecklos), Sen. – von Vögeln, volucres huc illuc passim vagantes, Cic. – **b** v. Lebl.: vagantes stellae, Apul.: stellae sponte suā iussaene vagentur et errent, Hor.: luna isdem spatiis vagatur, quibus sol, Cic.: nequaquam perinde atque in capta urbe aut passim aut late vagatus est ignis, Liv.: et per ignota capita late vagata est vis morbi, Liv. – **2** insbes., von Schiffern u. Schiffen, **kreuzen,** cum lembis circa Lesbum, Liv.: praeter quam oram Punicas vagari classes, Liv.: per Cycladas atque Aegaeum mare, Liv. – **II** übtr.: vagabitur tuum nomen longe atque late, wird sich ausbreiten, Cic.: animus vagatur errore, schweift im Irrtum umher, Cic.: vagabimur nostro instituto, (in der Rede) abschweifen, sich weiter ausbreiten, Cic.: ea fama vagatur, verbreitet sich, Verg.: ut in vacuo vagaretur (freien Spielraum hatte) cupiditas privatorum, Liv.: eo fit, ut errem et vager latius, Cic.: Viennensium vitia inter ipsos residunt, nostra late vagantur, Plin. ep.: verba ita soluta, ut vagentur, Cic.: et disputes non vagante oratione, sed defixā in una re publica, Cic.: epistula tua per plures quaestiunculas vagata est, Sen.: vagantes fabulae, schwankende, die bald so, bald anders erzählt werden, Plin.

2. vāgor, ōris, *m.* = vagitus, Enn. ann. 422. Lucr. 2, 576.

vāgulātio, ōnis, *f.* (vagulo [v. vagio], noch in ob-vagulo, w. vgl.), die **laute Klage,** s. Fest. 375 (a), 12.

vagulus, a, um (*Demin.* v. vagus), **etwas unstet,** animula, Hadr. bei Spart. Hadr. 25, 9 (nach anderen von vagio, also vagula = querula).

vagurrit = per otium vagatur, Gloss. IV, 188, 28 u. ö.

vagus, a, um, **umherschweifend, -streifend, unstet, I** eig.: **a** v. leb. Wesen: multitudo dispersa atque vaga, Cic.: Gaetuli, Sall.: navita, Tibull.: cum vagus et exsul erraret, Cic.: mane, Mart.: pecus, aves, pisces, Hor.: vagi palantesque od. palatique, Sall. u. Liv. (s. Fabri Liv. 21, 61, 2): vagus et erroneus, Sen.: vagi per vias, Tac.: matronae vagae per vias, Liv.: vagi per silvas ritu ferarum, Quint.: Plur. subst., vagi quidam, einige Heimatlose, Liv. 1, 10, 7. – **b** v. Lebl.: flumina,

Hor.: classis licenter vaga, Tac.: venti, wehende, säuselnde, Hor.: u. so aura, Ov.: fulmina, fliegende, Ov.: crines, flatternde, Ov.: arena, flüchtig, leicht, Hor.: luna, Cic.: sol, Cic. u. Catull.: sidera, stellae, Wandelsterne, Planeten, Cic.: stellae erroneae et vagae, Apul.: vaga peregrinatio, Sen.: vagi per omnes vias cursus, Liv.: per campestria vagus (Nilus), Sen.: Plur. subst., vagae (*sc.* stellae), Wandelsterne, Planeten, Apul. de deo Socr. 2. – **II** übtr.: **1** im Allg., **unstet, schwankend, unbeständig,** puella, unbeständig in der Liebe, Ov.: villicus, ausschweifend, ehebrecherisch, Colum.: u. so concubitus, Hor. – v. Meinung u. Gesinnung, sententia, Cic.: fortuna, Cic.: turba, Ov.: vagus adhuc Domitius, schwankend zwischen den Parteien, Vell. – vagus animis, irrenden Geistes, Catull. 63, 4. – **2** insbes.: **a** dem Sinn nach **unbestimmt, allgemein,** pars quaestionum, Cic.: nomen, zu allgemein, Plin.: causae admodum vagae, Tac. – **b flüchtig, locker,** iuventa, Mart. 2, 90, 1. – **c** v. der Rede, **α ziel- und planlos,** solutum quiddam sit (in oratione) nec vagum tamen, Cic. or. 77. – **β nach allen Seiten sich ergehend,** vagum illud orationis genus, Cic. Brut. 119.

vāh! *Interi.* zum Ausdruck der Verwunderung, der Freude, des Unwillens, **ach! ei! haha! potztausend!** Komik. u. a.: vollere Form **vaha!** Afran. com. 39; vgl. Prisc. 1, 25.

Vahalis (Vālis), is, *m.*, die **Waal** (Wahl, Wael, franz. *Vahal*), der westliche Arm des Rheins, Tac. ann. 2, 6. Eumen. pan. Constant. 8, 1. Pacat. pan. Theod. 5, 2. – auch Vachalis, Akk. Vachalin, Sidon. epist. 8, 3, 3: Vachalim, Sidon. carm. 13, 11; 23, 243. – bei Caes. b. G. 4, 10, 1 Vacalus.

valdē, *Adv.* (synkop. aus valide, v. validus), **I heftig, stark, sehr, a** bei Verben: alci arridere, Cic.: placere, Catull.: litteras tuas v. exspecto, Cic.: alqm nimis v. laudare, Cic.: valdius oblectare, in stärkerem Grade, mehr, Hor.: novit me valdius ipso, Hor.: valdissime diligere, Sen. de brev. vit. 8, 4. – **b** bei Adjj.: v. magnus, Cic.: v. lenis, Cic. – v. quam paucos, Brut. in Cic. ep. 11, 3. litt. a. § 3. – beim *Compar.*, v. utilior, Gargil. Mart. de virt. herb. 70: beim *Superl.*, v. summus, v. optimus, Plin. Val.: v. pessimus, Oribas.: v. fortissimus, Charis. – bei Eccl. doppelt, valde valde bona est, Itala num. 14, 7 bei Augustin. locut. de num. 38. – **c** bei Advv.: v. bene, v. vehementer, v. graviter, Cic.: v. multum, Cic.: bei Eccl. doppelt, augeam te valde valde, Itala genes. 17, 6 bei Augustin. de civ. dei 16, 26. p. 166, 18 D.[2]: valde valde invalescebant, Itala exod. 1, 7 bei Augustin. locut. de exod. 1. – **II** in stark bekräftigenden Antworten, **ganz gewiss,** Plaut. Pseud. 344; vgl. valide a. E.

valēdīco, dīxī, ere (valeo u. dico), s. valeo *no.* I, B, b, β.

valēfacio, fēcī, ere, s. valeo *no.* I, B, b, β.

valēns, entis, *PAdi.* (v. valeo), **kräftig, stark** (Ggstz. imbecillus, infirmus), **I** eig.: **A** im Allg.: **a** übh.: robusti et valentes satellites, Cic.: valentiores, Ggstz. infirmiores, Varro: valentissimi homines, Cic.: bos valentior, valentissimus, Colum.: bestia valentissima, Cic.: corpus vegetum et v., Gell. – v. trunci, Verg.: v. tunicae, starke, dicke, Ov. – **b** von Speisen, **kräftig, nährend,** cibus, Cels.: materia, Cels.: valentior faba quam pisum, Cels.: omnia legumina generis valentissimi esse, Cels. – **c** v. Heilmitteln, **kräftig, wirksam,** medicamenta valentia, valentissima, Cels.: remedia nimis valentia, Caes.: valens est scissile alumen, Cels.: aliud valentius collyrium, Cels.: spina radice valentior, Plin. – m. *Praepp.*, ad id, Cels.: ad omnes effectus valentior, Plin. – **d stark, heftig** (Ggstz. levis), fricatio, Cels.: morbus, Cels.: vitium, Cels. – **B** prägn., körperl. **wohlauf, gesund, munter** (Ggstz. imbecillus), valens homo, ein Gesunder, Cels.: medicus confirmat propediem te valentem fore, Cic.: si sensus sani sunt et valentes, Cic. – subst., valēns, entis, *m.*, der **Gesunde** (Ggstz. aeger), Cic. de or. 2, 186. – **II** übtr., **kräftig, stark, mächtig, a vielvermögend,** politisch durch Macht, Truppen usw. **stark, mächtig,** tam valenti resistere, Cic.: viribus cum valentiore pugnare, Cic.: quo valentior postea congrederetur, Nep. – **b** in Bezug auf den Eindruck, **kraftvoll, stark, mächtig, gewaltig, wirksam,** Diodorus, valens dialecticus, Cic.; vgl. in Lysia saepe sunt etiam lacerti, sic ut fieri nihil possit valentius, Cic. – argumenta, Quint.: causa, Ov.: ad letum causae valentes, Ov.: oratio minus valens, Varro LL.: valentissima vox, Sen. rhet. – fraus valentior quam consilium meum, Cic.: solacium valentissimum, Sen.

valenter, *Adv.* (valens), **stark, kräftig, I** eig., resistere, Colum.: valentius spirare, Ov. – **II** übtr., in der Rede, **stark, mit Nachdruck,** copiose et val., Val. Max. 3, 7. ext. 6: val. dicere, Sen. contr. 7, 7 (22), 10.

1. **valentia,** ae, *f.* (valeo), die **Stärke, Körperkraft,** Naev. tr. 3. Titin. com. 127. Macr. somn. Scip. 2, 14, 27. Tert. adv. Iud. 9. – u. das **Vermögen** = die Fähigkeit, ultra communem hominum valentiam perspicaces, Boëth. consol. phil. 1. pros. 1.

2. **Valentia,** ae, *f.*, **I** Name mehrerer Städte: **A** eine noch jetzt so genannte Stadt der Edetani in Hispania Tarrac. am Fluss Turius, an der Küste des Mittelländischen Meeres, Mela 2, 6, 6 (2. § 92). Plin. 3, 20. Sall. hist. fr. 2, 18 (24) u. 2, 92, 6 (3, 1, 6). Flor. 3, 22, 9. – **B** eine Stadt in Gallia Narbon., j. *Valence* (in *Dauphiné*), Plin. 3, 36. – **C** Vibo Valentia, s. 1. Vibo. – **II** eine Provinz von Britannien im jetzigen Schottland, die den Pikten u. Skoten von Valentinian entrissen worden war, Amm. 28, 3, 7.

Valentīnī, s. 1. Vibo.

Valentīnus, ī, *m.*, ein Ketzer im 2. Jahrh. n. Chr., Tert. adv. Valent. 2. – Dav. **Valentīniānī,** ōrum, *m.*, die Anhänger des Valentinus, die **Valentinianer,** Tert. adv. Valent. 1 *sqq.* Lact. 4, 30, 10. Cod. Theod. 10, 5, 65. § 2.

valentulus, a, um (*Demin.* v. valens), **stark,** von Körperkraft, Plaut. Cas. 852.

valeo, valuī, valitūrus, ēre (zu gotisch *waldan*, ahd. *waltan*, nhd. walten), **bei Kräften sein, sich bei Kräften befinden, kräftig sein, Kraft haben, stark sein, I** eig.: **A** im Allg.: **a** übh.: sanus homo, qui bene valet, Cels.: puer ille ut magnus est et multum valet! Plaut.: si corpus valet, Cels.: si satis valet (aeger), Cels.: prout nervi valent, Cels. – animo parum valere, seiner Denkkraft nicht recht mehr mächtig sein, geistesschwach sein, Sall. Iug. 11, 5. Aur. Vict. epit. 14, 10. – **b** körperlich zu etwas **stark-, tüchtig sein, α** v. Pers. u. personif. Ggstdn.: **αα** m. *Praepp.*: alios videmus velocitate ad cursum, alios viribus ad luctandum valere, Cic. de off. 1, 107: v. Lebl., sunt mihi quae valeant in talia pondera vires, Ov. met. 13, 286: non valere in impetum, keine Schlagkraft haben, Sen. nat. qu. 1, 14, 4: non valere in flammam, zu einer Fl. nicht Kraft genug haben, *ibid.* 2, 18. – **ββ** m. folg. *Infin.*, physisch die **Kraft haben, stark genug-, imstande sein, vermögen,** si aut valeo stare aut etc., Hor.: valet ima summis mutare deus, Hor.: aegre v. evadere, Suet.: ut neque calceum perpeti neque libellos evolvere aut tenere omnino valeret, Suet. – v. Lebl., aestus non valet e lapide hoc impellere res, Lucr.: quid ferre recusent, quid valeant (*sc.* ferre) umeri, Hor.: m. *Dat. Gerund.* als grammat. *t. t.*, *ve* et agendae rei et minuendae valet, bewirkt eine Vergrößerung od. Verminderung, Gell. 5, 12, 10: m. *pro* u. Abl., nam (i littera) pro brevi et pro longa valet, Mar. Victorin. 17, 18 K. – **β** von Heilmitteln, **kräftig-, wirksam sein, wirken, αα** mit *Praepp.* u. *Advv.* und mit *Abl. causae:* valere *ad* id, v. *ad* omnia, Cels.: valere *contra* serpentium morsus, Plin.: v. *adversus* animal nominis sui, Plin.: v. aeque, v. parum, Cels.. v. eodem, Cels. – v. potu, illitu, suffitu, Plin. – **ββ** m. *Dat. Gerund.*, medicamenta, quae gerendis venenis valent, Gell. – **γγ** m. *Infin.*, **die Kraft haben,** marrubii sucus et porri valet eiusmodi necare animalia, Colum.: sandaracha valet purgare, sistere, excalfacere, Plin. – **c** sehr stark sein, v. Lauten = **stark tönen, stark ausgesprochen werden,** cum C ac similiter G non valuerunt, in T ac D molliuntur, Quint. 1, 11, 5.

B prägn., physisch **wohl-, gesund-, munter sein, sich wohl befinden** (Ggstz. aegrotare, aegrum esse), **a** übh.: **α** m. *Advv.:* optime v. et gravissime aegrotare, Cic.: bene, melius v., Cic.: recte v., Plaut. u. Dolab. in Cic. ep.: minus v., unpässlich sein, Cic.: *impers.*, quibus aut deficitur aut recte valetur, Th. Prisc. 2, 16 *in.* – **β** mit bl. *Abl.* od. *ab* u. Abl. des Körpers u. Körperteiles usw., v. corpore, Cic.: v. pedibus, Nep.: v. stomacho, Iuven. – v. a corpore, Plaut.: ab oculis,

Gell.: nec minus valeo, quam corpore, mente, Ov. trist. 3, 8, 33. – **γ** m. *ab* u. Abl. der Krankheit: a morbo valui, ab animo aeger fui, Plaut. – **δ** absol.: valeo et salvus sum, Plaut.: qui valere (gesund bleiben) et senescere volet, Cels.: ut vales? wie befindest du dich? wie steht's (mit der Gesundheit)? Ter. – so der Anfang in Briefen: si vales, bene est (abgekürzt S. V. B. E.), auch mit dem Zusatz ego od. equidem valeo (abgekürzt E. V. od. E. Q. V.), Cic. ep. 13, 6 *in.* Vatin. in Cic. ep. 5, 9 *in.* u. a.: nos valemus, Fronton. epist. ad M. Caes. 4, 5 u. 6. – *impers.*, quid agitur, Sagaristio? ut valetur? wie geht's? wie steht's (mit der Gesundheit)? Plaut. Pers. 309. – **b** als Abschiedsgruß: **α** vale od. valeas, **lebe wohl!** *Ph.* valeas. *Di.* vale, Plaut. truc. 433: bene vale, Plaut.: vale atque salve, Plaut.: valete, Plaut. – dictoque vale ›vale‹ inquit et Echo, Verg. ecl. 3, 79; vgl. Ov. met. 3, 501. – so auch der häufige Schluss der Briefe: vale, Cic. ep. 6, 22, 3: vive valeque! Hor. sat. 2, 5, 110: vive, vale! Hor. ep. 1, 6, 67: bene vale et me dilige, Mat. in Cic. ep. 11, 28, 8: cura ut valeas, Cic. ep. 7, 20, 3 u. a. – auch als Abschiedsgruß an Verstorbene, z. B. salve aeternum mihi aeternumque vale, Verg. Aen. 11, 98; vgl. Donat. Ter. Andr. 4, 2, 13. – als Ausdruck der Abweisung, Verschmähung, wie unser **gehab' dich wohl! geh! geht! fahre hin! fahrt hin! fort mit!** valeas, habeas istam, Ter.: ›haud mihi vitā est opus hāc‹ ut et ›valeas (lass mich ungeschoren)‹, Hor.: si talis est deus, valeat, Cic.: valeat Venus valeantque puellae, Tibull.: valete curae, Petron.: quare valeant ista, fort damit! genug davon! Cic.: valeant, qui inter nos discidium volunt, Ter. – **β** valere iubere od. dicere od. (bei Spät.) facere, jmdm. **Lebewohl sagen,** von jmd. **Abschied nehmen,** illum salutavi, post etiam iussi valere, Cic. – obstinatissime retinuit, ut liberti servique *mane salvere, vesperi valere* sibi singuli dicerent, wir »einen guten Morgen, eine gute Nacht wünschen«, Suet.: dicere triste ›vale‹, Ov.: supremum ›vale‹ dicere, Ov.: saepe ›vale‹ dicto rursum sum multa locutus, Ov.: u. vale dicere (in Ausgaben auch als ein Wort valedicere) alci (Ggstz. salutare alqm), Sen. ep. 17, 11. Sulp. Sev. dial. 1, 3. § 1 (wo Perf. vale dixi): u. so iam dixisse rebus humanis valere, Apul. flor. 16. p. 21, 19 Kr. – dafür spätlat. vale facere od. als ein Wort valefacere (alci), z. B. Apul. met. 4, 18. Augustin. epist. 65, 2. Vulg. act. apost. 18, 18 u. 21; 21, 6. Paul. in vit. Ambros. 25: valefecerunt mundo, entsagten der W., Augustin. serm. 15, 9: fecit vale patri suo et matri suae, Vulg. Tob. 5, 22. – **c** in der Beteuerungsformel ne valeam, nisi etc., **ich will nicht gesund sein, wenn nicht usw.,** M. Aurel. bei Fronto ad M. Caes. 2, 3 (6). p. 28 19 N.

II übtr.: **A** im Allg., **Kraft-, Geltung haben, Einfluss-, Macht-, Wirkung haben, gelten, vermögen,** etw. **ausrichten, seine Geltung behaupten, überwiegen, den Ausschlag geben, a** übh.: qui plus opibus, armis, potentiā valent, Cic.: plurimum, Cic.: plurimum proficere et v., Cic.: longe plurimum valere ingenio, Cic.: satis valere in populari genere dicendi, Cic.: quicquid valebo, valebo tibi, Cic.: multum (plus, plurimum) valere apud alqm, Cic. u. Caes.: multum v. equitatu, Caes.: minus v., Caes.: tantum v., Caes.: ne valeret nimis, Cic. – v. Lebl., sine veritate nomen amicitiae valere non potest, seine Geltung behaupten, Cic.: utrum apud eos pudor atque officium an timor valeret (überwiege), Caes.: sed haec eadem num censes apud eos ipsos valere, hätte eine gleiche Wirkung, Cic.: cuius ratio etsi non valuit, zur Geltung gelangte, durchdrang, Nep.: ut valeret (lex), effecit, brachte es zur Geltung, Nep.: ignari, quid gravitas valeret, Cic.: hanc auctoritatem quantum valituram esse existimetis, Cic.: nihil putas valere in iudiciis bonorum virorum testimonia, Cic.: in uno servulo familiae nomen non valet, ist der N. Fam. nicht anwendbar, Cic.: gravis illa facultas, quae saepe valuit in consule deligendo, den Ausschlag gab, Cic.: nescis, quo valeat nummus? in welchem Wert stehe? Hor. – valere m. allg. *Acc.*, valere nihil aliud quam ut etc., Liv. 7, 17, 13. – **b** mit Rücksicht auf ein bestimmtes Ziel = **α** m. *ad* u. Akk. od. m. *in* u. Akk. od. m. *Infin.*, zu etw. **die Kraft-, die Macht haben, beitragen, mitwirken,** etw. zu tun **imstande-, geeignet sein, vermögen,** tu non solum ad neglegendas leges, verum etiam ad evertendas valuisti, Cic.: v. Lebl., illud perficiam, ut invidia mihi valeat ad gloriam, Cic.: hoc praeceptum ad tollendam amicitiam valet, Cic.: sive illa vestis mutatio ad luctum ipsorum sive ad deprecandum valebat (eine Geltung, Bedeutung hatte), Cic.: ad corporum sanationem multum ipsa corpora et natura valet, trägt viel bei, wirkt sehr mit, Cic.: valet igitur multum ad vincendum probari mores eorum, qui etc., viel trägt zur siegreichen Führung der Sache bei, dass usw., Cic.: qui (amici) parum valent in unius elati solacium, vermögen uns eben nicht über den Tod eines Einzigen zu trösten, Sen. ep. 63, 10. – dafür m. folg. *Infin.*, nam si certam finem esse viderent aerumnarum homines, aliquā ratione valerent religionibus atque minis obsistere vatum, Lucr.: nec continere suos ab direptione castrorum valuit, Liv.: atqui P. Rutilio auctoritatem adimere non valuerunt, Val. Max.: suorum (manus) effugere non valuit, Curt.: von Lebl., res secundae valent commutare naturam, Curt.: quas (feminas) condicio naturae et verecundia stolae ut in foro et iudicio tacerent cohibere non valuit, Val. Max. – u. valere ad id, ut od. ne, Liv.: u. non (nec) valere m. folg. *quin* u. Konj., nec potestas nec suffragatio horum valuit, quin, quorum patres avosque consules viderant, eos nobilitate praeferrent, Liv. 4, 44, 2. – **β** m. *in* u. Akk. od. m. Ziel-Advv., für od. gegen jmd. **gelten,** wohin **abzielen,** in se, in Romanos, in ipsum, Cic.: definitio in omnes valet, gilt für alle, Cic.: responsum quo valeret, Nep.: hoc eo valebat, ut etc., Nep. – **γ** m. *contra* u. Akk., cur desperemus veritatem ipsam contra fallacem captiosamque facundiam suā propriā vi et claritate valituram (esse)? Lact. de opif. dei 20, 5. – **δ** m. *adversus* u. Akk., quantum istae minae adversus plebis consensum valerent, ausrichten könnten, Liv. 4, 4, 3.

B insbes.: **1** v. Geldeswert = so u. so viel **gelten, wert sein, zu stehen kommen,** nummi denarii decuma *libella* (dicta), quod libram pondo aeris valebat, Varro LL.: ita ut scrupulum valeret sestertios vicenos, Plin.: dum pro argenteis decem aureus unus valeret, Liv.: quanti omnibus valet (servus), ICt.: quasi minimo valeret hereditas, ICt.: caro (teuer) mihi valent stillae temporum, Augustin. conf. 11, 2, 1: carum est, quia caro valet, Augustin. serm. 21, 4: tanto quisque comparat quanto valet, Augustin. serm. 117, 1: pluris apud eum valere David amicitiam iudicabat, Ambros. de off. 2, 7, 36. – **2** v. Wortbedeutungen, wie das griech. δύνασθαι, **gelten, bedeuten, heißen,** nuncupare nominare valere apparet in legibus, Varro LL.: verbum, quod idem valeat, gleichbedeutend, synonym ist, Rhet. Her. u. Cic.: et intellego et sentio et video saepe idem valent, quod scio, Quint.: becco valet gallinacei rostrum, Suet. – valen = valesne, Plaut. trin. 50. – vulg. Fut. valevit (= valebit), CIL 8, 5352.

1. valeria, ae, *f.* (valeo) = melanaëtos (s. d.), Plin. 10, 6.

2. Valeria, ae, *f.*, **I** eine Stadt der Keltiberer in Hispania Tarracon., j. *Valera la vieja,* dah. Valeriēnsēs, ium, *m.*, die Einw. von Valeria, die **Valerienser,** Plin. 3, 25. – **II** eine Provinz in Pannonien zwischen der Donau u. Drau, Amm. 19, 11, 4 u. a.

1. Valeriānus, s. Valerius a. E.

2. Valeriānus, ī, *m.*, Licinius, röm. Kaiser von 253–266 n. Chr., Vater des Gallienus, dah. Valeriani aurei, Treb. Poll. Claud. 17, 7.

Valeriēnsēs, s. 2. Valeria.

Valerius, a, um (arch. Valesius, Quint. 1, 4, 13), Name einer röm. *gens,* aus der am bekanntesten P. Valerius Volesus Publicola (Popl.), Gehilfe bei der Vertreibung des letzten röm. Königs Tarquinius Superbus, Liv. 1, 58 *sq.*: dah. Valeri (statt Valerii) genus, Abkömmlinge des V., Hor. sat. 1, 6, 12. – Q. Valerius Antias, ein unzuverlässiger Geschichts- und Chronikenschreiber, um 140 v. Chr., von Livius benutzt, Liv. 3, 5, 12. Gell. 1, 7, 10: auch bl. Antias gen., Plin. 3, 70. Gell. 1, 7, 13. – Valerius Cato, ein Grammatiker zur Zeit Sullas, Suet. gr. 11. – C. Valerius Flaccus, ein Dichter zur Zeit des Kaisers Vespasian, Quint. 10, 1, 90. – P. Valerius Maximus, ein Geschichtschreiber unter Tiberius, der bekannte Verfasser der Memorabilia. – M. Valerius Martialis, s. 2. Mārtiālis. – *Adi.* **valerisch,** gens, Cic. Flacc. 1 u. a. – tabula, ein (nach der dort aufgestellten Gedächtnistafel des Konsuls M. Val. Messala ben.) Ort am Forum in der Nähe der Curia Hostilia, Standort der Wechslerbuden, Cic. ep. 14, 2, 2 u. Vatin. 21. – lex, s. *Orelli*

Onomast. Tull. 3. p. 288 *sqq.* – Dav. **Valeriānus,** a, um, **valerianisch,** praedatores, Sall. hist. fr. 3, 36 (41). – Plur. subst., Valeriānī, ōrum, *m.*, die Soldaten des Kriegstribunen L. Valerius Publicola (s. Liv. 6, 1, 8), die **Valerianer,** Liv. 6, 9, 11.

valēsco, valuī, ere (*Inchoat.* v. valeo), **stark-, kräftig werden, erstarken, zunehmen, I** eig., Lucr. 1, 942 u. 4, 17: sucus, ex quo omne corpus valescit, Ambros. de Noë et arca 9. § 28. – **II** übtr.: valescentibus Germanis, Tac.: scelera impetu valescere, Tac.: superstitiones, Tac.: falsa, Tac.: tantum spe conatuque valuit (er erhob sich zu so hoher Hoffnung u. kühnem Unternehmungsgeist), ut etc., Cic. Mur. 32.

valētūdinārius, a, um (valetudo), **kränklich, krank** (Ggstz. sanus), **I** *adi.*: pecus, Varro r. r. 2, 1, 15: fenerator, Sen. de ira 3, 33, 3. – **II** *subst.*: **A** valētūdinārius, iī, *m.*, der **Kränkelnde, Kranke, Patient,** Cels. u. Sen.: v. Soldaten, Macer dig. 49, 16, 12. § 2. – **B** valētūdinārium, iī, *n.*, das **Krankenzimmer, Krankenhaus, Hospital, Lazarett,** Cels., Sen. u. a.: v. **Kriegslazarett,** Arrunt. dig. 50, 6, 6. Hyg. de munit. castr. § 4 u. 35. – ► In Hdschrn. auch valitudinarius.

valētūdo, inis, *f.* (valeo), der **Gesundheitszustand,** das **körperliche Befinden, I** eig.: **A** im Allg.: prosperitas valetudinis, Cic.: val. sana integraque, Augustin.: incommoda, übles Befinden, Unpässlichkeit, Cic.: adversa, Krankheit, Unpässlichkeit, Cels.: infirmā atque aegrā valetudine usus, Cic.: coepisse adversā valetudine affici, Colum.: magnae nobis est sollicitudini valetudo tua, Cic. – quasi mala v. animi, Geisteskrankheit, Cic.: v. mentis, Geistesschwäche, Suet. – **B** insbes.: **1** im üblen Sinne, die **Krankheit, Unpässlichkeit, Schwäche,** das **Übelbefinden,** oculorum, Cic. u. Liv. epit.: calculorum, Steinschmerzen, Plin.: affectus valetudine, krank, Caes.: propter valetudinem, Cic.: propter valetudinem maiorem, quam patiebatur, Iustin.: ob subitam valetudinem, Liv. epit.: angit me Fanniae valetudo, Plin. ep.: terret me haec tua tam pertinax valetudo, Plin. ep.: perturbat me longa et pertinax valetudo Titi Aristonis, Plin. ep.: valetudinem oculorum ex nimia luxuria contrahere, Iustin.: temptare exercitum valetudine (v. einem schlechten Sommer), Caes.: impediri valetudine oculorum, Cic.: premi valetudine, Nep.: recolligere se a longa valetudine, Plin.: excusare (als Entschuldigung angeben) valetudinem, Liv.: simulare valetudinem, sich krank stellen, Suet. – Plur., subsidia valetudinum, Cic.: valetudines febrium, Plin.: graves et periculosae valetudines, Suet.: medicus regere valetudines principis solitus, Tac.: valetudinibus fessi (erschöpft), Tac.: non laborare immutatione loci valetudinibus, Vitr. – **2** im guten Sinne, die **Gesundheit,** das **Wohlbefinden,** valetudinem amiseram, Cic.: valetudini parcere, indulgere valetudini suae, Cic.: valetudini suae diligentissime servire, Cic.: valetudinem suam diligenter curare, Cic.: valetudini suae operam dare, Fronto. – personif., Valetudo dea, CIL 1, 472. – **II** übtr., v. der Rede, Cic. Brut. 64. – ► In Hdschrn. (z. B. Tac. dial. 41 alle *codd.*) auch valitudo.

valgiter, *Adv.* (valgus), **auswärts gebogen, seitwärts,** Petron. fr. 10 (Petron. 26, 5 die Hdschrn. obiter).

Valgius, a, um, Name einer röm. *gens,* aus der am bekanntesten **I** Valgius, der Schwiegervater des Rullus, der zu Sullas Zeit große Ländereien besaß, Cic. de lege agr. 3, 3: ein von ihm später adoptierter natürlicher Sohn C. Valg. Hippianus, Cic. ep. 13, 76, 2. – **II** C. Valg. Rufus, ein Grammatiker zu Augustus' Zeit, Quint. 3, 1, 18; 3, 5, 17. – **III** T. Valg. Rufus, ein ausgezeichneter Dichter, Hor. sat. 1, 10, 82.

valgus, a, um, **auswärts gedrehte Waden habend, säbelbeinig, Säbelbein,** v. Pers., Nov. com. 60. Plaut. fr. b. Fest. p. 375 (a), 20. – crus valgius, nach außen gerollt, Cels. 8, 20. – übtr., savia, schiefe Mäuler, Plaut. mil. 94.

validē, *Adv.* (validus), **I stark, heftig,** ut valide tonuit, Plaut.: ne (ja) tua vox val. valet, Plaut. – valide eloqui, Fronto: validius clamare coepit, Phaedr.: validius timere, Vell.: validius cruciare alqm, Quint. – validissime favere alci, Cael. in Cic. ep.: validissime diligere alqm, Plin. ep. – **II** in stark bekräftigenden Antworten, **ganz gewiss,** Plaut. Pseud. 344 Fl. (Schoell valde) u. 364.

validitās, ātis, *f.* (validus), die **Stärke,** Ps. Apul. Ascl. 33: virilis, Ambros. de Abrah. 2, 11. *no.* 84: validitas parietum, Heges. 5, 42, 3.

valido, āre (validus), **kräftig-, stark machen,** res publicas potuit quassatas validare, Cassiod. pan. ad regin. 1.

validus, a, um (valeo), **kräftig, stark** (Ggstz. invalidus, imbecillus, infirmus, debilis, tener u. dgl.), **I** eig.: **A** im Allg.: **a** übh.: homines, Plaut.: legiones, Lucr.: tauri, Ov.: vires, Verg. u. Cels.: robur pectoris, Ov.: membrum (Ggstz. tenuius), nervi (Ggstz. infirmi), Cels.: validiora corpora, Lucr.: cavendum est, ut tenerior (agnus) separetur a validioribus, quia robustus angit imbecillum, Colum.: validior vox (Ggstz. exiguior), Ulp. dig.: taurus validissimus, Rhet. Her. – v. baculum, Cels.: bipennis, Verg.: ventus, fulmen, flumen, Lucr. – m. *ad* u. Akk., fuit autem validus ad haec, alias debilis et infirmus, Lampr. Comm. 13, 1: equus ad cursum vegetus et ad vecturam validus, Apul. de deo Socr. 23. – m. folg. *Infin.*: pondus sustinere valida abies, Plin. 16, 222. – **b** als milit. *t. t.*, v. Posten u. Örtl., **stark** zum Widerstand, **fest,** v. statio, Liv.: v. urbs (feste) et potens, Cic.: v. urbs praesidiis, muris, Liv.: validissima munimenta, Liv. Vgl. Drak. Liv. 36, 17, 4. – **c** von Speisen usw., **kräftig, kernig, nahrhaft** (Ggstz. infirmus, imbecillus), cibus validus, validior, Cels.: vinum. v. (Ggstz. imbecillum), Macr.: vina v. (Ggstz. imbecilla), Plin.: materia validissima (Ggstz. res infirmissimae), Cels. – **d** von Heilmitteln, **kräftig, stark, wirksam** (Ggstz. lenis, imbecillus), medicamentum validum, admodum validum, Cels.: remedia validiora, Cels.: venenum v., Tac.: v. sucus, Ov.: auxilia validiora (Ggstz. imbecilliora), Cels.: fomenta validiora (Ggstz. lenia), Cels. – mit *Praep.*, achatae v. contra scorpiones, Plin.: validissima faex aceti contra cerastas, Plin. – **e sehr stark,** v. Boden = **fett** u. **schwer,** loca, Cato: solum, Plin. – v. Früchten, **hart,** mala granata, Scrib. Larg. – v. Handlungen u. Zuständen, **stark** = **heftig,** fricatio, Cels.: horror, Cels. – v. Pers., dem Alter nach **überlegen,** aetate et viribus validior, Liv.: u. mit *Genet.*, aevi validior, älter an Jahren, Aur. Vict. de Caes. 16, 14. – **B** prägn., physisch, sowohl am Körper als am Geist, **wohl, gesund,** advenisse salvum atque validum, Ter.: si, ut spero, te validum videro, Cic.: nondum ex morbo satis validus, Liv.: v. corpus (Ggstz. morbidum), Sen.: color (Gesichtsfarbe), Plin. – mente minus validus quam corpore, Hor.: validus male filius, ein kränklicher, Hor.: qui me cogunt, ut validus insaniam, bei gesundem Verstand, Plaut. – im Bild, quid in toto terrarum orbe validum, quid aegrum fuerit, Tac. hist. 1, 4. – **II** übtr., **kräftig, stark, bedeutend, überlegen, mächtig, einflussreich, a** übh.: quantus et quam validus est, Plaut.: hostis val., Ov.: hostis validior, Liv.: Parthis mittendi secretos nuntios auctor validissimus, Tac.: validissimus quisque, der Bedeutendste, Tac.: id senatus consultum, prout potens vel inops reus inciderat, infirmum (unwirksam) aut validum (noch in Kraft), Tac. – m. *Abl.* (wodurch?), corpus annis infirmum, ingenium sapientiā validum, Sall.: corpore, opibus, ingenio validus, Tac. (vgl. quam sit ingenio validus, Quint.): ducibus validiorem quam exercitu rem Romanam esse, Liv.: Baebius Probus et Fabius Hispanus, uterque gratiā, Hispanus etiam facundiā validus, Plin. ep.: Euones recens coniunctā nobiscum amicitiā validus, einflussreich, Tac. – m. *Dat.* (wozu?), ludibrium illud vix feminis puerisve morandis satis validum, Liv. 25, 36, 9: Tiberius spernendis rumoribus validus, Tac. ann. 3, 10 u. 4, 37. – m. *Genet.*, animi validus (starken Mutes) et corpore ingens, Tac. ann. 15, 53: v. colonia virium et opum, Tac. hist. 2, 19: validus adhuc consilii, Ambros. epist. 9, 28. – m. *ad* u. Akk., ut quisque Seiano intimus, ita ad Caesaris amicitiam validus, Tac. ann. 6, 8. – mit *adversus* u. Akk., adversus consentientes nec regem quemquam satis validum nec tyrannum fore, Liv. 34, 49, 9. – m. *in* u. Abl. (worin? wobei?), fama, quae in novis coeptis validissima est, das Wirksamste ist, sehr viel zum Gedeihen beiträgt, Tac. ann. 13, 8: aber validus (validior) in animo alcis, über jmd. viel vermögend, mächtig in jmds. Gunst, bei jmd. einflussreich, Tac. ann. 4, 12 u. 14, 51. – **b** v. der Rede usw., u. v. Redner, **kräftig, gewaltig,** sententiae, Quint.: validissimum (dicendi) genus, Quint. – m. *Genet.*, orandi validus, stark in der Rede, ein tüchtiger Redner, Tac. ann. 4, 21: u. so dicendi validus, Heges. 2, 1, 2. p. 120, 24 W.

valitant = sani sunt, Gloss. IV, 294, 36 u. ö.

valitūd... s. valetud...

vāllāris, e (vallus od. vallum), **den Wall betreffend, Wall-**, corona, die dem erteilt wurde, der zuerst den Wall des feindlichen Lagers erstieg, Liv. 10, 46, 3. Suet. Aug. 25, 3. Plin. 16, 7. CIL 2, 4509 u. 6, 1444.

vāllātio, ōnis, *f.* (vallo), **I** = χαράκωμα (Gloss. II, 475, 29), die **Verpalisadierung, Verschanzung**, maria ne transcendant, quasi vallatione quādam obsessa, Hilar. de mund. durat. 3. – **II** übtr., der **Schutz**, medicorum, Th. Prisc. 4. fol. 313 (a).

vāllēcula, s. vallicula.

vallematia, s. ballematia.

vallēs, is, *f.*, s. vallis.

vallessit (2. vallus) = perierit, Paul. ex Fest. 377, 5.

vallestria, ium, *n.* (vallis), **Talgründe**, Ambros. hexaëm. 3, 3, 14 u. epist. 30 (12). Beda de orthogr. 294, 9 K.

vallicula, ae, *f.* (*Demin.* v. vallis), das **kleine Tal**, Paul. ex Fest. 42, 7: übtr., et cum viderit in parietibus eius quasi valliculas pallore sive rubore deformes, kleine Riefen od. Höhlungen, Vulg. Levit. 14, 37. – Andere Form vallēcula (v. valles), Serv. Verg. Aen. 11, 522.

vallis (vallēs), is, *f.*, das **Tal**, **I** eig.: arta, Liv.: aversa, Liv.: concava, Ov.: condensa arboribus, Liv.: opaca, Hor.: planior patentiorque, Liv.: supina, Talwand, Talhang, Liv.: umbrosa, Verg. – vicus positus in valle, Caes.: in aversis vallibus considere, Liv.: feratur igitur (eloquentia) non semitis, sed campis, non uti fontes angustis fistulis colliguntur, sed ut beatissimi amnes totis vallibus fluunt, Quint. 5, 14, 31 *Halm:* vallis lacrimarum, Jammertal, Vulg. psalm. 83, 7: poet. Plur. valles statt des Sing., Verg. Aen. 9, 244. Ov. fast. 1, 264 u. 2, 392. – **II** poet. übtr. = die **Höhlung**, alarum, Catull. 69, 6: femorum, Auson. epigr. 128, 5. – ► Nom. valles, Caes. b. G. 6, 34, 2 u. 7, 47, 2. Verg. Aen. 11, 522. Auct. b. Alex. 73, 3. Liv. 25, 39, 1; vgl. Charis. 40, 4. Serv. Verg. Aen. 11, 522. Paul. ex Fest. 42, 6 (= 29, 35) *Thewr.*

vāllo, āvī, ātum, āre (vallus od. vallum), **durch Wall und Pfähle schützen, verpalisadieren, verschanzen**, **I** eig.: castra, Liv. u. a.: absol., noctem vallare, die Nacht hindurch sich verschanzen, Tac. – **II** übtr., **schützend umgeben, verwahren, beschützen**, aciem elephantis, Flor.: perdices contra feras abunde vallantur, Plin.: urbs anguibus arenāque vallata, Flor.: vallatus radiis, Ov.: haec omnia vallabit disserendi ratione, Cic.: Catilina vallatus sicariis, Cic.: Pontus naturā regionis vallatus, Cic.: Socratis virilitatis robore vallatus animus, Val. Max.: vallatus bello, von der ganzen Kriegsschar umgeben, Lucan.: Saul vallatus choro prophetarum, Ambros.

Vallōnia, ae, *f.* (vallis), die **Göttin der Täler**, die **Talgöttin**, Augustin. de civ. dei 4, 8.

1. vāllum, ī, n. (vallus), **I** die Gesamtmasse der Palisaden, die um das Lager auf dem Schanzwall eingeschlagen wurden, die **Verschanzung** oder der mit Palisaden versehene **Wall** (agger) selbst, vallum caecum (maskierte), Liv.: vallum petere, Liv.: vallum ducere, Liv.: vallum moliri, Tac.: vallum fossamque per totum spatii opus ducere, Liv.: vallum fodere, Tac.: vallum obicere, Liv.: vallum circumicere, Liv.: vallum ita producere, ut etc., Liv.: castra vallo munire, Caes., vallo atque fossā munire, Sall.: oppidum vallo et fossā cingere, Cic.: vallo saepire aciem, Liv.: moenia vallo atque fossā circumdare, Sall.: exercitum intra vallum compellere, Liv.: vallum scindere, Caes.: proruere vallum in fossas, Liv.: vallum fossasque implere, Liv. – **II** übtr., die **Schutzwehr**, der **Wall, Damm**, spica munitur vallo aristarum, Cic.: u. so omnium satorum fructus ... munitor vallo aristarum contra aves et parvas quadripedes, Plin.: Alpium vallum contra ascensum transgressionemque obicere et opponere, Cic.

2. vāllum, ī, *n.*, s. 2. vallus.

1. vāllus, ī, *m.*, der **Pfahl**, **I** im Allg., zum Stützen der Weinstöcke usw., Verg.: mit Spitzen versehen, bei den Galliern zum Mähen des Getreides, Plin. – **II** insbes., der zur Befestigung u. Verschanzung des Lagers usw. dienende Pfahl, der **Schanzpfahl**, die **Palisade**, vallum caedere, caedere et parare, Liv.: ferre vallum, Cic.: vallos ferre, Liv. epit. – kollektiv (st. vallum), die **Palisaden, Verpalisadierung**, der **Wall**, duplex vallus, Caes.: vallus contra hostes, Caes. – poet. übtr., vallus pectinis, die Zähne des Kammes, Ov. am. 1, 14, 15.

2. vallus, ī, *f.* (*Demin.* v. vannus, st. vannulus), die **Getreide-** od. **Futterschwinge**, Varro r. r. 1, 23, 5 u. 1, 52, 2. Varro fr. bei Serv. Verg. georg. 1, 166. – Nbf. vallum, ī, *n.*, Varro LL. 5, 138.

valvae, ārum, *f.* (volvo), die **Türflügel**, die zusammen- od. übereinandergelegt werden konnten, die **Doppeltür, Klapptür**, valvae aedis, Nep.: valvae curiae, Val. Max.: valvae templi limenque, Caes.: convulsis repagulis effractisque valvis (fani) demoliri signum, Cic. – Sing. valva, ae, *f.*, Pompon. com. 91. Petron. 96, 1. Sen. Herc. fur. 999 (1004). Ps. Ven. Fort. in laud. Mar. 295. p. 378 *Leo.*

valvārius, iī, *m.* (valvae), der **Verfertiger von Doppeltüren**, Gloss. III, 371, 27 (wo ›valvarius, δομοτέκτων‹).

valvātus, a, um (valva), **mit Doppeltüren** oder **Klapptüren versehen**, fores, Klapptür, Vitr. 4, 6, 5: ostia, Vitr. 4, 6, 6: lumina fenestrarum, Vitr. 6, 3, 10 (6, 6, 1): triclina valvata et fenestrata, Varro LL. 8, 29.

valvolae, ārum, *f.* (*Demin.* v. valva), die **Scheiden, Schoten** der Hülsenfrüchte (gleichs. die Doppelklappen), fabarum, Colum.: ervi, Colum.: lentis, Colum. – Nbf. valvolī, ōrum, *m.*, Fest. 375 (a), 10.

valvolum = fabae corium, Gloss. IV, 294, 17. Vgl. Fest. 375 (a), 10.

Vandalī, ōrum, *m.*, die **Vandalen**, zur Zeit des Tacitus eine Völkerschaft im nördlichen Germanien, die sich später aber weiter ausbreitete und im 5. Jahrh. größtenteils nach Spanien u. Afrika auswanderte, Tac. Germ. 2 (Halm u. Orelli Vandilii). Capit. Anton. phil. 17. Plin. 4, 99 (Sillig, Jan u. Detl. Vandili). Salv. de gub. dei 7, 22, 94 (Halm Wandali).

vānē, *Adv.* (vanus), **eitel, vergeblich, grundlos**, Tert. apol. 49. Augustin. serm. 38, 10. Vulg. psalm. 38, 12 u. a. Eccl.: *Compar.* vanius, Apul. apol. 42: *Superl.* vanissime, Tert. de pudic. 1.

vānēsco, ere (vanus), **vergehen, verschwinden, sich verflüchtigen, verdunsten**, **I** eig.: incipiunt gravidae vanescere nubes, Ov.: nigra sed infusā vanescat sepia lymphā, erbleiche, Pers.: non paterer immanes istos et ad pugnam natos lacertos levitate iaculi aut iactu disci vanescere, erschlaffen, Tac.: calidis ab ignibus fumus vanescit, Sen. poët.: nubes in latitudinem vanescebat, Plin. ep.: carmine laesa Ceres sterilem vanescit in herbam, erstirbt zu nichtigem Halme, Ov.: spiritus ante meus tenues vanescat in auras, Ov. (u. so et hoc crimen tenues vanescat in auras, Ov.): im Bild, cuncta sponte edita aut manu sata atra et inania velut in cinerem vanescunt, löst sich wie in A. auf, Tac.: u. so im Bild, iactantiae fastu corrupti atque consumpti in fumum cineremque vanescunt, Augustin. epist. 48, 2. – **II** übtr.: vanescit absens et novus intrat amor, Ov.: mendacium per se corruptum vanescit ac diffluit, Lact.: vanescente plebis irā, obgleich die Erbitterung des V. schon im Abnehmen war, Tac. – vos nolite pati nostrum vanescere (vergebens sei) luctum, Catull.: cavendum est, ne ipsa expositio vanescat (wirkungslos werde), Quint.: quod magnificum referente alio fuisset ipso qui gesserat referente vanescit (verliert allen Wert), Plin. ep.: vanescet honor Augusti, Tac.: an inanem credulitatem tempore ipso vanescere sineret, in sich zerfallen lassen sollte, Tac. – ► Cic. de legg. 2, 24 auch Mueller evanescere.

vanga, ae, *f.*, eine Art **Hacke** oder **Karst**, Pallad. 1, 43, 3.

Vangionēs, um, Akk. auch griech. as, *m.*, **I** eine germanische Völkerschaft am Rhein, in der Nähe des heutigen Worms, Caes. b. G. 1, 51, 2. Plin. 4, 106. Oros. 6, 7, 7: Akk. *-as*, Tac. ann. 12, 27. Nazar. pan. Constant. 18, 1. – **II** übtr., die Hauptstadt der Vangionen, jetzt **Worms**, Amm. 15, 11, 8.

vānidicus, a, um (vanus u. dico), **Eitles redend, lügenhaft**, Plaut. trin. 275. Sch.[3] Amm. 16, 7, 2.

vāniloquāx, ācis (vanus u. loquax), **lügnerisch**, Ps. August. serm. app. 290, 2.

vāniloquentia, ae, *f.* (vaniloquus), das **eitle-, leere Reden, Geschwätz**, die **Prahlerei**, Plaut. rud. 905. Liv. 34, 24, 1. Tac. ann. 3, 49; 6, 31.

Porphyr. Hor. sat. 1, 2, 2: Plur., vaniloquentiae et iactantiae barbari, Iul. Val. 2, 10 *ed. Paris.*

Vāniloquidōrus, ī, *m.* (vanus u. loqui), **Windbeuteleienbringer** (Rost), komisch erdichteter Name eines Lügners, Plaut. Pers. 702.

vāniloquium, iī, *n.* (vaniloquus), **leeres Gerede, Geschwätz,** Eccl.: Plur., Augustin. epist. 204, 4.

vāniloquus, a, um (vanus u. loquor), der Eitles schwatzt, **I lügenhaft,** Plaut. Amph. 379. Ambros. epist. 63, 7. Oros. 1. prol. § 9. Vulg. Tit. 1, 10. – **II prahlerisch, großsprecherisch,** der **Großsprecher,** Liv. 35, 48, 2: os, Sil. 14, 281: Persae, Auson. epigr. 21, 4.

vānitās, ātis, *f.* (vanus), die **Leere,** im Gegensatz zur Wirklichkeit, **I** im Allg.: **a** der **leere Schein,** die **Gehaltlosigkeit, Unwahrheit,** opinionum, leere, falsche Meinungen, Vorurteile, Cic.: veritas vanitati cedat, Cic. – **b** der **nichtige Erfolg,** der **Misserfolg,** das **Misslingen,** die **Vergeblichkeit,** itineris, Liv. 40, 22, 5. – **II** insbes., die **Lügenhaftigkeit, Windbeutelei, Prahlerei,** das **eitle Vorgeben, nichtige Treiben,** Cic. u. a.: vanitas ementiendae stirpis, Liv.: famam vanitatis metuere, den Ruf eines Schwindlers, Tac.: verb. vanitas atque imperitia legati, Sall.: orationis, Cic.: nihil turpius est vanitate, Cic.: non pudet vanitatis? Wortbrüchigkeit, Ter.: prosperitate rerum in vanitatem uti, Tac. – Plur., magicae vanitates, Plin. 26, 18 u. 27, 57: Manichaeorum vanitates, Augustin. conf. 5, 13 *in.*: Romanis Gallici tumultus assueti, etiam vanitates notae sunt, Liv. 38, 17, 5.

vāniter, Adv. = vane, Paul. Diac. homil. 22 (Migne 95, 1168[a]).

vānitiēs, ēī, *f.* (vanus), die **Nichtigkeit, Eitelkeit,** Amm. 29, 1, 11: plebeia, der eingebildete Witz des Volkes, Amm. 21, 1, 13.

vānitūdo, inis, *f.* (vanus), die **Nichtigkeit,** das **lügnerische Gerede,** Pacuv. tr. 123. Plaut. capt. 569.

Vannius, iī, *m.*, ein König der Quaden zur Zeit des Kaisers Tiberius, Tac. ann. 2, 63 u. 12, 29. – Dav. **Vanniānus,** a, um, **vannianisch,** regnum, ein von Vannius im europäischen Sarmatien gegründetes Reich, Plin. 4, 81.

vanno, ere (vannus), **schwingen** od. **worfeln,** Getreide, im Bild, obszön, hunc molere, illam autem ut frumentum vannere lumbis, Lucil. 278: crisabit ut si frumentum clunibus vannat, Lucil. 330.

vannulus, ī, *m.* (*Demin.* v. vannus) = λικνάριον, die **kleine Getreide-, Futterschwinge,** Gloss. II, 359, 10.

vannus, ī, *f.* (aus *vetnos zu ventus), die **Getreide-, Futterschwinge,** Colum. 2, 20, 4. Arnob. 2, 23; vgl. Porphyr. u. Serv. ad Verg. georg. 1, 166: vannorum sirpiarumque vitores, Korbwarenflechter, Arnob. 2, 38. – mystica vannus Iacchi, weil sie bei den eleusinischen Mysterien gebraucht und am Tage der Bacchusfeier mit umhergetragen wurde, Verg. georg. 1, 166 (und dazu Serv.). – ebenso aurea vannus bei der Isisfeier, Apul. met. 11, 10: u. vanni onustae aromatis, *ibid.* 11, 16. – ► Heteroklit. Abl. vannu, Non. 19, 21.

vānor, ārī (vanus), **leere Worte geben, hintergehen,** Acc. tr. 66. Vgl. Dosith. 61, 8 K. ›vanor, μαντεύομαι, ληρῶ‹; u. Gloss. II, 365, 27 ›vanor, μαντεύομαι‹.

vānus, a, um (vgl. altind. *ūná-ḥ*, unzureichend), **leer, nichts in sich enthaltend, taub, I** eig.: arista, Verg.: granum, Colum.: magnitudo urbis, Liv.: venti, körperlose, nichtige, Catull.: imago, leeres Bild, d. i. der Schatten eines Toten, Hor.: somnia, leere Träume, Verg.: vanior acies hostium, Liv. – **II** übtr., dem Inhalt od. dem Erfolg, der Wirkung nach **leer, gehaltlos, eitel** = **unbedeutend, nichtig, lügenhaft, grundlos, erfolglos, fruchtlos, vergeblich, A** v. Lebl.: **1** *adi.*: res, Liv.: sermo, Liv.: vanissimus strepitus verborum, Petron. – oratio, Cic.: spes, Ov.: gaudia, Hor.: metus, Hor.: omen, Ov.: vana quaedam pollicebatur, Cic.: nec vana fides, und es ist wahr, Verg.: haud vana, Liv. – v. Geschossen, ictus, Liv.: vana tela mittere, Liv. – vanum est m. *Acc.* u. *Infin.*, vanum arbitror esse circa canis ortum angues candidos membranam eam exuere, Plin. 30, 25. – m. *Genet.*, **leer an** usw., profana philosophiae turba vana sanctitudinis, priva verae rationis, Apul. de deo Socr. 3 *in.* – **2** *neutr.* subst. = das **Leere, Eitle, Vergebliche,** haustum ex vano, aus einer falschen Quelle geschöpft, Liv.: nec tota ex vano criminatio erat, ohne Grund, Liv.: ad vanum et irritum redacta victoria, ist vernichtet, Liv.: ut tela in vanum cadant, Sen.: cedit in vanum labor, ist vergeblich, Sen.: alioquin abibunt in vanum monentium verba, sind in den Wind gesprochen, Sen. – poet., vana tumens, mit leerem Schein, aufgeblasen (von Einbildung), Verg. Aen. 11, 854: vana luctans, Sil. 17, 313. – m. *Genet.*, vana rerum, Hor.: vana rumoris, Tac. – **B** v. Pers.: **1** v. dem, dessen Handlungen ohne Erfolg sind, ne vanus isdem castris assideret, vergeblich, Tac. hist. 2, 22. – u. so poet. m. *Genet.*, aut ego veri vana feror, Verg. Aen. 10, 631: vanus voti, Sil. 12, 261. – **2** insbes., im moralischen Sinne, **lügenhaft, windbeutelig, wankelmütig, eitel, prahlerisch, windig, abenteuerlich,** haruspex, Cic.: ingenium, Liv. u. (v. der Pers. selbst) Sall.: quam vana et mutabilia barbarorum ingenia essent, Liv.: vanus aemulatione, töricht aus Eifersucht, Tac.: vanum se esse et perfidiosum fateri, Cic.: laudare se vani est, Val. Max.: vanus auctor est, der Gewährsmann verdient keinen Glauben, Liv.: inde vanus auctor absumpti Masinissae ad regem rediit, mit dem falschen Bericht, M. sei umgekommen, Liv.: Cn. Lentulus perincertum stolidior an vanior, Sall. fr.: vanissimi cuiusque ludibrium, jedes Abenteurers, Betrügers, Curt.

vapidē, *Adv.* (vapidus), **kahmig,** se habere, sich kahmig (katzenjammerig) befinden = Katzenjammer haben, Aug. b. Suet. Aug. 87, 2.

vapidus, a, um (vappa), **umgeschlagen, kahmig, verdorben, I** eig.: vinum, Colum. 12, 5 *in.*: pix, Pers. 5, 148. – **II** poet. übtr., **verdorben,** pectus, Pers. 5, 117.

vapio, ōnis, *m.* (zu Wz. *vap-* in vappa), der **Taugenichts, Verschwender,** CIL 10, 8069, 3 u. 8070, 16.

vapor, ōris, *m.* (vgl. καπ-νός), der **Dunst, Dampf, Brodem, I** im Allg.: aquarum, Cic.: terrenus vapor siccus est, Sen.: vivorum corporum vapores humanorum (Ggstz. cadaverini nidores), Augustin. de civ. dei 9, 16, 1. p. 390, 21 D^2. – poet., der **Dampf** = **Rauch,** ater, Verg.: non stultus v., vom Weihrauchdampf, Ov. – **II** insbes., die **warme Ausdünstung,** die **Dunsthitze, Wärme, A** eig.: praefervidi balnei, Tac.: solis, Ov.: semen tepefactum vapore, Cic.: locus vaporis plenus, Liv.: vernus, Frühlingswärme, Apul.: finditque vaporibus arva Phoebus, Ov. – dah. das **Brodelfeuer,** Phasides aves vaporibus coquere, Hieron. epist. 69, 9. – u. poet. übh. = das **Feuer,** vapor restinctus, Verg.: vapor est (= edit) carinas, Verg.: tactae vaporibus herbae, v. Feuer, das die Stiere aus der Nase bliesen, Ov. – **B** bildl., von der **Liebesglut,** Sen. Hipp. (Phaedr.) 640 (648). – ► Nbf. vapōs, ōris, *m.*, Acc. tr. 112. Lucr. 6, 952; vgl. Quint. 1, 4, 13.

vapōrālis, e (vapor), **dunstartig,** tenuitas, Augustin. de genes. ad litt. 2, 5.

vapōrāliter, *Adv.* (vaporalis), **dunstend, durch Verdunstung,** Augustin. de genes. ad litt. 2, 4 *extr.* u. 3, 10 *extr.* Isid. de ord. nat. 7, 9. Beda mund. const. tom. 1. p. 381.

vapōrārium, iī, *n.* (vapor) = hypocauston (s. d.), Cic. ad Q. fr. 3, 1, 1. § 2. Sen. nat. qu. 3, 24, 3.

vapōrātē, *Adv.*, doch nur im *Compar.* (vaporo), **mit Hitze, heiß,** effervescente vaporatius sole, Amm. 24, 4, 17.

vapōrātio, ōnis, *f.* (vaporo), das **Dunsten,** die **Ausdünstung,** der **Dunst, Dampf,** fluctuantium undarum, Sen. nat. qu. 6, 11 *extr.*: urinae, Plin. 28, 65: balnearum, das Schwitzen im Bade, Plin. 28, 55: Plur., suaveolentium vaporationes, Interpr. Iren. 4, 14, 3. – insbes., die **Bähung,** Cael. Aur. de morb. acut. 1, 17, 171 u. a.: Plur., Cael. Aur. de morb. chron. 3, 8, 113 u. 136. Soran. Lat. p. 98, 1.

vapōreus, a, um (vapor), **I voll Hitze, sehr heiß,** impetus vaporei, Th. Prisc. 2, 11. – **II** übtr., **in Dunst aufgehend** = nichtig, sanitas, Augustin. serm. 80, 3: cogitationes fumeae, vaporeae, carnales, *ibid.* 301, 4.

vapōrifer, fera, ferum (vapor und fero), **Dampf-, Wärme-, Hitze von sich gebend,** fornaces, Stat. silv. 1, 3, 45: Baiae, *ibid.* 3, 5, 96: specus (Plur.), Schol. Iuven. 9, 57: calor, Ennod. carm. 1, 7, 5: quadrigae, *ibid.* 1, 8, 5.

vapōro, āvī, ātum, āre (vapor), **I** *intr.* **dampfen, Dampf ausströmen,** aquae vaporant, Plin.: aquae vaporantes, Solin. – im Bild, invidiā quoniam, ceu fulmine, summa vaporant, Lucr. 5, 1132. – II *tr.* **mit warmem Dampf** oder **Dunst erfüllen, auswärmen, erwärmen,** A übh.: zaetas (= diaetas), Lampr.: alci solium, Petron.: laevum latus, in Dunst hüllen, umdunsten (v. der Abendsonne), Hor.: exhalatio vaporata, dunsterfüllt, Apul.: glebae vaporatae, erwärmt, Colum.: donec (cantharides) vaporentur, verdampfen, vom Dampf ersticken, Plin. – poet., vaporatā aure, mit von Dampf gereinigtem = gebildetem, Pers. 1, 126. – B **räuchern, ausräuchern,** templum ture, Verg.: altaria, Stat. – C **bähen,** oculos carnibus, dum coquuntur, Plin.: oculos spongiis expressis, Scrib. Larg.: caput papaveris decoctione, Cael. Aur.

vapōrōsus, a, um (vapor), I **voll Dunst, -Dampf,** caligo, Apul. met. 9, 12. – II **voll Wärme** oder **Hitze,** fontes, Apul. met. 5, 15.

vapōrus, a, um (vapor), **dampfend, rauchend,** tus, Calp. ecl. 11, 63: ardor, Prud. perist. 6, 115.

vapōs, ōris, *m.*, s. vapor.

vappa, ae, *f.* (zu Wz. *vap-*, wov. auch vapidus, vapio), I eig., **umgeschlagener-, kahmiger Wein, Fusel,** Hor., Plin. u. a.: vappā lippus, Pers. – II übtr., ein **verkommener Mensch, Taugenichts, Verschwender** (Ggstz. homo frugi), Catull., Hor. u. a. Vgl. Porphyr. Hor. sat. 1, 2, 12.

vappo, ōnis, *m.*, ein uns unbekanntes geflügeltes Tier, Prob. cath. 10, 30 K.

vāpulāris, e (vapulo), **der Schläge bekommt,** scherzhaft, tribunus, der Oberste der Prügelempfänger, v. einem Sklaven, Plaut. Pers. 22.

vāpulo, āvī, ātūrus, āre, identifiziert mit vagulo, s. vāgulātio, eig., »wehschreien« wie einer, der geschlagen wird; meton. = **geschlagen (gezüchtigt) werden, Schläge-, Prügel bekommen,** I eig., von Pers., Komik., Lucr., Sen. rhet. u. a.: ferulis, Sen.: manibus, Schol. Iuven.: ab alqo fustibus, Quint.: ab alqo flagris, ferulis, colaphis, Sen. – v. Lebl., quod ea (olea), quae vapulavit, macescit, Varro r. r. 1, 55, 1: turris pluvio vapulat austro, wird vom Südwind gepeitscht, Sen. Agam. 93. – dah. in der niederen Sprache als scheltender Ausdruck, vapula, iubeo te vapulare, und gegen Abwesende, vapulet, vapulare eum iubeo, als Ausdruck des Zornes, der Drohung, **Prügel sollst du (soll er) haben,** Komik. (vgl. Lorenz Plaut. Pseud. 13). – II übtr., a **eine Schlappe erleiden, zugrunde gerichtet werden,** v. Pers., durch eine Buhldirne, Plaut. truc. 357; vgl. sub Veneris regno vapulo, non sub Iovis, leid' ich Pein, Plaut. Pseud. 15: durch den Feind im Krieg, Cael. in Cic. ep. 8, 1, 4. – v. Lebl., vapulat peculium, Plaut. Stich. 751: multa, quae procul a mari fuerant, subito eius accessu vapulaverunt, Sen. nat. qu. 6, 7, 6: quod neglegentiā eorum vineae vapulassent, *ibid.* 4, 7, 2. – b mit Worten **gestriegelt-, gezüchtigt werden,** omnium sermonibus, Cic. ad Att. 2, 14, 1.

vāra, ae, *f.* (varus, a, um), I das **Querholz,** Vitr. 10, 13, 2. – Sprichw., s. vibia. – II insbes., die **gabelförmige Stange,** die **Gabel,** um Netze darauf aufzuspannen, Lucan. 4, 439: einen Ast darauf abzuschneiden, Colum. 5, 9, 2.

vārātio, ōnis, *f.* (varo), die **Übermessung des Flusses** od. anderer unzugänglicher Stellen, Gromat. vet. 285, 4; 288, 18 u. a. Vgl. Lange Hyg. de munit. castr. p. 149 *sq.*

Vardaeī, ōrum, *m.*, eine Völkerschaft in Dalmatien, Vatin. in Cic. ep. 5, 9, 2. Plin. 3, 143.

Varguntēius, iī, *m.*, Lucius, ein röm. Senator u. Genosse des Katilina, der Cicero meuchelmörderisch überfallen wollte, Sall. Cat. 28, 1. Cic. Sull. 6.

vargus, ī, *m.* (german. Wort), ein heimatloser Räuber, der **Strolch,** Plur. = **heimatloses, räuberisches Gesindel,** Eumen. pan. Constant. 9, 3 (wo vargus zu lesen ist): Plur. bei Sidon. epist. 6, 4 (8).

1. **varia,** ae, *f.* (v. varius, bunt), I das **Panthertier,** Plin. 8, 63 u. 64. – II eine Art **Elster,** Plin. 10, 78.

2. **Varia,** ae, *f.*, I eine Stadt in Hispania Tarraconensis, der Übergangspunkt über den Iberus, j. *Varea,* Plin. 3, 21. – II ein Städtchen in Italien, im Gebiet der Äquer, am rechten Ufer des Anios, nicht weit vom Landgut des Horaz, j. *Vico-Varo,* Hor. ep. 1, 14, 3. Phaedr. 5. prol. 14.

variābilis, e (vario), **veränderlich,** Boëth. inst. arithm. 1, 1. p. 8, 10; 2, 31. p. 123, 3 u. 124, 1 u. 2, 32. p. 125, 16 Fr. Acro Hor. sat. 2, 6, 32.

variantia, ae, *f.* (vario), die **Verschiedenheit,** Lucr. 1, 653 u. 3, 318.

1. **Vāriānus,** a, um, s. 2. varus.

2. **variānus,** a, um (varius), **vielfarbig,** uva, Plin. 14, 29: uva passa variana, Elbingrosine, Apic. 3, 91.

variātim, *Adv.* (variatus v. vario), **verschiedentlich,** Oros. 4, 12, 12. Apic. 4, 120.

variātio, ōnis, *f.* (vario), die **Verschiedenheit, Veränderung,** eosdem consules sine variatione ulla (einstimmig) dicere, Liv. 24, 9, 3: figura, quam Graeci ἀλλοιότητα vocant, id est variationem, Prisc. 17, 155: *variatio* vel cum detrimento aliquo gratior est in oratione quam *recta continuatio,* Fronto laud. fum. p. 212, 27 N. – dah. **Veränderung** des Bettes eines Flusses, die **Krümmung,** fluminum, Gromat. vet. 349, 13.

variātus, a, um, s. vario.

vāricātor, ōris, *m.* (varico), der **Grätscher,** Ulp. dig. 3, 2, 4. § 4 u. 47, 15, 1.

vārico, āvī, ātum, āre (varicus), die Füße voneinander sperren, **grätschen,** Quint. 11, 3, 125. – *vallum,* quod ea varicare nemo potest, darüber grätschen, Varro LL. 5, 117. – m. homogen. Objekt, gressus varicati, grätschende, Cassiod. var. 6, 9, 4.

vāricōsē, *Adv.* m. *Compar.* (varicus), **grätschbeinig gehend, grätschend,** varicosius onera sua portare assuevisse, Fest. 149 (a), 27.

varicōsus, a, um (varix), **voller Krampfadern,** (mulieres) vetulae varicosae, Pompon. com. 89: Maximus Quintus, Lucil. 801: centuriones, Pers. 5, 189: haruspex, Iuven. 6, 397: Arpinas, v. Cicero, Sidon. epist. 5, 5: Plur. subst. varicosi, Firm. math. 8, 27. p. 236, 13.

varicula, ae, *f.* (*Demin.* v. varix), die **kleine Krampfader,** Cels. 5, 26, 32.

1. **vāricus,** *Adv.* (varus), **die Füße auseinandersperrend,** Apul. met. 1, 13.

2. **vāricus,** a, um (varus), **grätschend,** Ov. art. am. 3, 304: übtr., ipsarum aedium species sunt varicae (sperrbeinig), Vitr. 3, 3 (2), 5 *ed. Lorenz.*

variē, *Adv.* (varius), **mannigfaltig,** I eig., **bunt, schillernd,** Plin. 37, 67 u. 173. – II übtr.: 1 **mannigfach, verschiedentlich, abwechselnd,** *Epid.* Quid ais? perpetuen valuisti? *Thesp.* Varie. *Epid.* Qui varie valent, caprigenum hominum non placet mihi neque pantherinum genus, in einem Wortspiel, mannigfach, von Farbe gefleckt, und verschiedentlich, bald gut, bald schlecht, Plaut. Epid. 17 *sq.*: de morte eius varie scriptum est, sein Tod ist verschieden überliefert, Nep.: varie bellatum, mit wechselndem Glück, Liv.: numerus varie diffusus, auf mannigfache Weise, Cic. – 2 **veränderlich, widersprechend,** se gerere, Vell. 2, 101, 1.

variego, āvī, ātum, āre (= varium ago), I *tr.* **mannigfaltig-, bunt machen,** figuras, Auson.: navis picturis miris variegata, Apul.: tunica picturis variegata, Apul. – II *intr.* **bunt glänzen, schillern,** lyra gemmis variegat, Apul. flor. 3, p. 4, 13 Kr.

varietās, ātis, *f.* (varius), die **Mannigfaltigkeit,** I eig., die Mannigfaltigkeit der Farben, das **Bunte,** die **Nuancen** (s. Cic. de fin. 2, 10), colorum, Plin.: florum, Cic.: pellium, Caes.: picturae, Plin. – meton., die **bunte, gestickte Kleidung,** circumamicta varietate, Augustin. de civ. dei 17, 16, 2: circumamicta varietatibus, Vulg. psalm. 45, 15. – II übtr.: A im Allg., die **Mannigfaltigkeit, Verschiedenheit, Abwechselung,** die **verschiedenen Arten, Nuancen,** pomorum, Cic.: macularum, Sen.: gentium, Cic.: vocum, Cic.: caeli, Cic.: iuris, Cic.: temporum, abwechselnde Zeitumstände, Tac.: bellum in multa varietate versatum est, wurde mit sehr wechselndem Glück geführt, Cic.: foeda ex albo varietas, die Bleichsucht, Sen. nat. qu. 3, 25, 11. – Plur., varietates temporum, Wechsel der Jahreszeiten, Cic. de nat. deor. 1, 4: varietates annonae, Schwankungen der Getreidepreise, Liv. 7, 31, 1: varietatibus distinguere opus, durch Abw. des Stoffes, Liv. 9, 17, 1. – B insbes.: 1 die **Mannigfaltigkeit** = **Vielseitigkeit,** der Ideen, der Kenntnisse, Bildung, cuius (Socratis) multiplex ratio disputandi rerumque varietas (M. der Ideen), Cic.: Timaeus longe eruditissimus et rerum copiā et sententiarum varietate abundantissimus, Cic.: vir varietate promptissimus, Plin. ep. – 2 die **Verschiedenheit** der Meinung, der Ansicht, des Willens, in disputationibus, Cic.: tanta sunt in varietate ac dissensione, ut etc., sie haben so verschiedene und entgegengesetzte Meinungen, dass usw., Cic.: magna mihi varietas voluntatis et dissimilitudo opinionis ac iudicii, Cic.: sed declinanda varietas saepe satietati coniuncta, doch genug der Verschiedenheit der Meinungen, die oft mit Überdruss verbunden ist, Amm. 15, 9, 7. – 3 die **Unbeständigkeit** der Gesinnung, die **veränderliche Laune,** der **Wankelmut,** venditorum (der Verkäufer), Cic. de domo 11: varietas atque infidelitas exercitus eius, Planc. in Cic. ep. 10, 18, 2: qui in eius varietate sunt versati, seine Launen erfahren haben, Cic. Verr. 5, 132: varietas autem tanta fuit Antonini Bassiani, ut modo fautores Getae, modo inimicos occīderet, Spart. Anton. Get. 7, 6.

Varīnī, ōrum, *m.,* eine germanische Völkerschaft an der Küste der Ostsee, Plin. 4, 99. Tac. Germ. 40.

vario, āvī, ātum, āre (1. varius), I *tr.* **mannigfaltig-, abwechselnd machen,** A eig.: a übh. in etwas **Mannigfaltigkeit-, Abwechslung-, Veränderung bringen,** mit etw. **abwechseln, wechseln,** etw. **nuancieren, verändern,** capillos positu, Ov.: v. et mutare vocem, Cic. – est formas variatus in omnes, abwechselnd in alle G. verändert, Ov. – Partiz. variātus = **mannigfaltig, nuanciert,** lyra concentu variatior, Apul. flor. 17. p. 26, 19 Kr. – b **buntfarbig-, bunt machen, färben, nuancieren, sprenkeln, tigern,** α rein *tr.*: (sol) variat ortum maculis, Verg.: v. pectus lapillis, mit bunten Steinchen schmücken, Prop.: v. corpora caeruleis guttis, Ov.: (cani) variant tempora, Ov.: vestis ... variata figuris, bunt gemacht, gestickt, Catull.: notis variata alvus, Lucan. – mit Schlägen, **grün und blau schlagen,** putrida pectora palmis, Catull.: variari virgis et loris, Plaut. – β *refl.* u. medial = **sich färben,** von der Traube, variante se uvā, Plin.: simulatque uva variari coeperit, Colum.

B übtr., der inneren Beschaffenheit nach in etw. **Abwechslung bringen, anders und anders nuancieren, anders und anders gestalten, mit** etwas **wechseln** u. dgl., a übh.: caloresque frigoraque (v. der Witterung), Liv.: vices, einander ablösen, Verg.: laborem otio, otium labore, Plin. ep. – variare voluptatem et distinguere, Cic.: orationem variare et distinguere quasi quibusdam verborum sententiarumque insignibus, Cic. – b mündlich od. schriftlich **verschieden-,** voneinander **abweichend angeben, -berichten,** sic variato responso, doppelzüngigen Bescheid gegeben, Iustin.: quae de Marcelli morte variant auctores, Liv.: certe variata memoria actae rei, Liv. – *impers.,* nisi de familiae condicione variatum esset, Suet. Vit. 1, 1. – c dem Erfolg nach = in etwas **einen Wechsel eintreten lassen,** etw. **wechseln lassen, mit wechselndem Erfolg begleiten,** variante fortunā eventum, Liv. 23, 5, 8; vgl. et variabant secundae adversaeque res non fortunam magis quam animos, Liv. 25, 1, 6. – *impers.,* variatum deinde proeliis, wurde mit wechselndem Glück gekämpft, Vell. 2, 51, 3. – d eine Meinung, Ansicht **abweichen machen,** cum timor atque ira in vicem sententias variassent, als man aus Furcht u. Zorn bald so, bald anders gestimmt hatte, Liv. 2, 57, 2: im Passiv variari, **voneinander abweichen, geteilt sein,** variatis hominum sententiis, Cic. Mil. 8. – *impers.,* in eo nonnumquam variari inter eos et dubitari videtur, Cic.: ibi cum sententiis variaretur, Liv.: nec variatum comitiis est, quin cum Manlio Gnaeo censor Marcius crearetur, Liv. 7, 22, 10. – e der Gesinnung nach **einen Wechsel eintreten lassen, bald so, bald anders stimmen,** animos hominum, Liv. 25, 1, 6 (s. *no.* c).

II *intr.* **mannigfaltig-, verschieden sein, abwechseln,** A eig.: a übh. (Ggstz. constare, unum esse u. dgl.): seminibus constant variantque figurā, Lucr.; u. so variantes formae, Lucr.: ostrea variant coloribus, rufa Hispaniae, fusca Illyrico etc., Plin.: variant aquilonibus undae, wechseln, Prop. – b **mannigfaltig-, verschiedenartig-, buntfarbig-, bunt sein, gefärbt-, gefleckt-, scheckig sein,** neutra pars esse debet discolor lanae, multoque minus ipsa universitas tergoris maculis variet, Colum.: bacae variare coeperunt, färben sich, Colum.: vgl. prima mihi variat uva, Prop.

B übtr., der inneren Beschaffenheit nach **mannigfaltig-, verschieden-, wechselnd sein, wechseln, veränderlich sein** (Ggstz. constare, aequalem esse u. dgl.), 1 v. Lebl.: a übh.: ex tempestatibus optimae aequales sunt, pessimae quae variant, Cels.: non in his solum (morbis), in quibus semper ita se habet, sed in his quoque, in quibus variat, Cels.: sic abeunt redeuntque mei variantque timores, Ov.: variante hominum partim dolore partim gaudio, Iustin. – b dem Erfolg nach = **von wechselndem Erfolg sein,** variante victoriā, Iustin.: diu variante fortunā, Iustin. – c der Beurteilung nach **verschieden sein,** si (lex) nec causis nec personis variet, nicht bald zugunsten einer Sache, bald zugunsten einer Person ausgelegt werde, Liv. 3, 45, 2. – d der Angabe nach **verschieden berichtet-, verschieden angegeben werden,** haec de tanto viro, quamquam et opinionibus et monumentis litterarum variarent, proponenda erant, Liv. 38, 57, 8. – 2 von Pers. u. persönl. Ggstdn.: a übh., mit etwas **abwechseln,** per haec variare oportet, Cels.: quamvis in ea multum variarent, dabei viele Nuancen angebracht (mannigfaltige Arten der Behandlung angewendet) haben, Cels. – b dem Bericht nach **verschieden angeben, verschieden berichten,** ita fama variat, ut etc., Liv. 27, 27, 14. – c der Ansicht, Meinung, Gesinnung nach **verschieden-, geteilt sein, verschiedener-, geteilter Meinung** od. **Gesinnung sein,** fremitus variantis multitudinis, partim assentientium, partim indignantium etc., Liv. – *impers.,* ibi si variaret, wenn Stimmenungleichheit wäre, Liv. 1, 43, 11.

Varistae, s. Naristī.

1. **varius,** a, um (vario), **mannigfaltig, mannigfach, wechselnd,** I eig.: a der Farbe nach (= ποικίλος, βαλιός), **mannigfarbig, nuanciert, buntfarbig, bunt, buntgefleckt, scheckig, getigert,** uvae, Catull.: columnae, von buntem Marmor, Hor.: v. autumnus purpureo colore, der die Früchte purpurn färbt, Hor.: flores, Tibull.: caelum, von Sternen bunt, Ov.: vomitus aut varius aut niger, Cels. (vgl. *no.* b): thorax varius ex unionibus beryllisque, Iul. Val. – vom tierischen Körper u. dessen Teilen, sues unicolores potius quam variae, Varro: lynces, Verg.: serpens, Ov.: lingua nigra aut varia, Varro. – vestra latera loris faciam ut valide varia sint, braun u. blau, Plaut. Pseud. 145; vgl. Plaut. mil. 216. – b **dem Stoff-, den Bestandteilen nach mannigfaltig, -verschiedenartig, aus verschiedenen Stoffen zusammengesetzt,** cibus, Cels.: vomitus varius et multorum colorum, Cels.: v. alvus, Cels. – als *t. t.* der Landwirtsch., terra, oben nass und unten trocken, Colum. 2, 4, 5: so auch sulcus, Cato r. r. 61.

II übtr., der inneren Beschaffenheit nach **mannigfaltig, mannigfach, verschiedenartig, abwechselnd, nuanciert,** A v. Lebl.: a übh.: varium poëma, varia oratio, varii mores, varia fortuna, voluptas etiam varia dici solet, Cic.: facies totius negotii varia, Sall.: varia genera morborum, Cels.: variae et quasi multiformes (qualitates), Cic.: multiplices variique sermones, Cic.: varia et diversa studia, Cic.: varium ius et dispar condicio, Cic. – caelum Neapolitanum plane commodum (gut), sed vehementer varium, Fronto. – b v. Meinungen, **verschiedenartig,** voneinander **abweichend,** in reliquis variae sententiae sunt, Cels. – quales sint (di), varium est, herrschen verschiedene Meinungen, Cic. de nat. deor. 2, 13. – c von Begebenheiten usw., **abwechselnd, von wechselndem Erfolg (begleitet), sich bald auf diese, bald auf jene Seite neigend** (s. Dietsch Sall. Iug. 43, 3. p. 316), fortunae varii eventus, Caes.: victoria, Sall. u. a.: bellum, mit wechselndem Erfolg geführt, Sall.: so auch anceps variumque bellum, Flor.

B v. Pers.: a geistig **mannigfach begabt, nach verschiedenen Seiten hin gebildet, in verschiedenen Zweigen des Wissens bewandert,** varius et multiplex et copiosus fuit, Cic.: laudabam eius ingenium, quam varium, quam flexibile, quam multiplex esset, Plin. ep. – b dem Charakter nach = ποικίλος, **oft die Farbe wechselnd, unbeständig, wankelmütig, launenhaft** (Ggstz. constans), animus, Sall.: Antonius ingenio varius, Flor.: varium et mutabile semper femina, ein launenhaftes Wesen, Verg. – im Wortspiel mit *no.* I, a: pater tuus, homo constantissimus, te nobis varium reliquit (von wechselnder Farbe = grün und blau geschlagen und = unbeständig), Cic. bei Quint. 6, 3, 48.

2. Varius, a, um, Name einer röm. *gens,* aus der am bekanntesten **I** Q. Varius Hybrida, aus Sukro in Spanien, der als Volkstribun 91 v. Chr. ein Gesetz de maiestate gab, nach dem alle die, die Bundesgenossen zum Krieg reizten, in Untersuchung gezogen werden sollten, Cic. Sest. 101 u. ö. – **II** L. Varius, ein Dichter, Freund des Horaz und Vergil, Verg. ecl. 9, 35. Hor. sat. 1, 5, 40 u. 1, 10, 44; ep. 2, 1, 247. Mart. 8, 18, 7. Carm. in Pison. 239.

varix, icis, *c.* (1. varus), die **Krampfader, Kropfader,** bes. an den Schenkeln, Cic., Cels. u. a.

1. vāro (varro, bāro), ōnis, *m.*, der **Querkopf** = der **einfältige Mensch, Einfaltspinsel, Tölpel,** Fest. p. 329 [b], 30 (bei Lucil. 1121 ›baro‹). Pers. 5, 138.

2. vāro, āre (varus, a, um), einen Fluss oder andere unzugängliche Stellen **übermessen,** Gromat. vet. 285, 6 u. a. Vgl. varatio.

1. Varro, ōnis, *m.*, ein röm. Zuname, bes. der terentischen Familie. Am bekanntesten sind C. Terentius Varro u. M. Terentius Varro, s. Terentius. – u. P. Terentius Varro Atacinus, ein von den Alten gerühmter Dichter, geb. 82 v. Chr. im narbon. Gallien, gest. 37 v. Chr., Hor. sat. 1, 10, 46. Quint. 10, 1, 87. Vell. 2, 36, 2: Plur. Varrones vel Atacinus vel Terentius, Sidon. epist. 4, 3, 1. – L. Licinius Varro Murena, s. 2. Mūrēna; von diesem Plur. Varrones, Männer wie Varro, Tac. ann. 1, 10. – Dav. **Varrōniānus,** a, um, **varronianisch,** milites, die unter dem Konsul C. Ter. Varro (s. Terentius) gedient hatten, Liv. 23, 38, 9: comoediae, die von M. Ter. Varro (s. Terentius) als echt bezeichneten 21 Lustspiele des Plautus, Gell. 3, 3, 3.

2. varro, ōnis, *m.*, s. 1. vāro.

varulus, ī, *m.* (*Demin.* v. 2. varus), das **Gerstenkorn** am Auge, Marc. Emp. 8.

1. vārus, a, um (wohl aus **vaqsros* zu Wz. *waq;* vgl. vacillo, varicus), von der geraden Linie abweichend, **I** eig. **auseinandergebogen, -gespannt, -gewachsen, auswärtsgebogen, -gehend, a** übh.: cruribus potius varis quam vatiis, Varro: cornua, Ov.: tenui a pectore varas manus, ich hielt die Fäuste von der Br. nach auswärts gekrümmt, Ov. – **b** prägn., von Pers., mit auswärts gebogenen Schenkeln und so **krummbeinig, grätschend,** subst., (als Schmeichelwort) **Dächsel, Teckelchen,** Plaut., Lucil. fr. u. Hor. – **II** übtr., **abweichend, entgegengesetzt,** alterum (genus) huic varum, Hor. sat. 2, 3, 56: gemini varo genio, Pers. 6, 18.

2. varus, ī, *m.* = ἴονθος, eine Art Gesichtsausschlag, **Knöspchen, Finnen,** Cels. u. Plin.

3. Vārus, ī, *m.*, Beiname mehrerer röm. Familien, aus denen am bekanntesten **I** L. Varus, ein Epikureer u. Freund des Augustus, Quint. 6, 3, 78. – **II** Q. Attius Varus, ein tapferer Anführer zur Zeit der Bürgerkriege, Caes. b. 1, 13 u. 30 u. a. – **III** P. Alfenus Varus, Konsul u. berühmter Rechtsgelehrter, Gell. 6, 5, 1; vgl. Hor. sat. 1, 3, 130. – **IV** Quintilius Varus, aus Kremona, vertrauter Freund des Horaz u. mehr noch des Vergil, Hor. carm. 1, 24, 5, Muster eines aufrichtigen Kunstrichters, Hor. de art. poët. 438. – **V** P. Quintilius Varus, der bekannte Feldherr des Augustus, der im J. 9 n. Chr. von Arminius im Teutoburger Wald mit seinen Truppen vernichtet wurde, Vell. 2, 117. Suet. Aug. 23, 2. Tac. ann. 1, 3. – Dav. **Vāriānus,** a, um, **varianisch, des Varus,** clades, Plin. 7, 150. Suet. Aug. 23, 1 u. Cal. 3, 2: legiones, Tac. ann. 2, 7: exercitus, *ibid.* 2, 15.

4. Vārus, ī, *m.*, ein Fluss an der östl. Grenze des narbon. Galliens, der sich in das Mittelmeer ergießt, j. *Var,* Plin. 3, 31. Caes. b. 1, 86: dasselbe **Vārum,** ī, *n.*, Mela 2, 4, 9 (2. § 72 u. 74).

1. vas, vadis, *m.* (v. vado), der **Bürge** durch Kaution für das pünktliche Erscheinen in iure, bes. einer in re capitali vor Gericht geforderten Person (vgl. praes), **I** eig.: vades publici, Liv.: dare vades, Varro LL. u. a. (vgl. cum praetori praedes vades dedissent, Liv.): vades poscere, Cic.: vades deserere, Liv. – als Bürge mit dem eigenen Leibe (bei den Griechen), vas factus est alter (Damon) eius sistendi, Cic. de off. 3, 45: vadem te ad mortem tyranno dabis pro amico, Cic. de fin, 2, 79. – **II** übtr., vestram virtutem rerum, quas gesturus sum, vadem praedemque habeo, Curt. 9, 2 (10), 25. – ► Nbf. Nomin. vadis, Ennod. vit. Epiph. p. 348, 19 H.

2. vās, vāsis, *n.*, altlat. u. vulg. **vāsum,** ī, *n.* u. **vāsus,** ī, *m.* (s. unten ►), Plur. vāsa, ōrum, *n.*, jedes **Gefäß, Geschirr, Gerät, I** eig. u. übtr.: **A** eig.: **1** im Allg.: vas vinarium, Cic.: frumentarium, Getreidekorb, Porphyr.: potorium, Plin.: obscenum, Nachtgeschirr, Sen.: vitreum, Scrib. Larg.: testaceum, Hieron.: vasa aenea, Plaut. u. a.: vasa argentea, Cic.: fictilia, Nep. u. Sen.: fabrilia, Säcke (aus cilicischem Ziegenhaar), um Handwerkszeug hineinzutun, Varro r. r. 2, 11, 11: vasa comitesque, Gepäck eines Gesandten, Liv.: sit anulus tuus non ut vas aliquod, sed tamquam ipse tu, Cic. ad Q. fr. 1, 1, 4. § 13. – **2** insbes.: **a** Plur. vasa, das **Kriegsgerät, Gepäck,** conclamare vasa, Caes. u. Frontin.: colligere vasa, Cic. u. Liv. – **b** das **landwirtschaftliche Gerät** (Pflug, Hacke, Sichel usw.), Ulp. dig. 33, 7, 8: v. den Bienenkörben, Colum. 9, 6, 1. – **c** das **Jagdgerät,** Gratt. cyn. 219. – **B** übtr., Plur. vasa, die **Hoden,** das **Schamglied,** Plaut. Poen. 863. Priap. 68, 24. – **II** bildl.: vasus fictilis, von einem Dummen, der sich nicht verteidigen kann, Petron. 57, 8. – ► arch. u. vulg. Nbf. Nomin. vāsum, ī, *n.* (vgl. Charis. 146, 26. Caper 112, 3 K. Mart. Cap. 3, 295), Plaut. truc. 54. Cato oratt. inc. fr. 10 (b. Gell. 13, 23, 1). Vitr. 8, 1, 5 *codd. optt.:* u. vāsus, ī, *m.*, Petron. 57, 8: Genet. vasi (vgl. Charis. 146, 25), Fest. 169 (a), 11. Porphyr. Hor. ep. 1, 7, 30 (nach Mart. Cap. 3. § 295 auch Lucr. 6, 233, wo aber Lachm. u. Bern. vasis): Akk. vasum, Fab. Pict. b. Non. 544, 26. Vitr. 9. praef. § 11: Dat. u. Abl. vaso, Colum. 2, 2, 20. Vitr. 8, 1, 4 u. 9. praef. § 12. Plin. 24, 79; 27, 47. Scrib. Larg. 122. Gell. 3, 14, 5. Plin. Val. 1, 6; 1, 25 u. a. Gargil. Mart. medic. 41; 43 u. a. Apic. 1, 22. Schol. Iuven. 4, 33. CIL 3, 2214: Abl. vasi nach Mart. Cap. 3. § 295: Genet. Plur. auch vasum, nach Charis. 146, 24 (dagegen Caper (VII) 94, 12 K. vasorum non vasuum): Akk. Plur. vassa (so!), Plaut. merc. 781 G.: Abl. Plur. auch vasibus, Cassian. coenob. praef. § 1. Gargil. Mart. de arb. pomif. 4, 4.

vāsārium, iī, *n.* (2. vas), **I** das **Gerät-, Möbelgeld,** das dem Statthalter bei seinem Abgang in die Provinz zu seiner Reise und häuslichen Einrichtung vom Staat gegeben wurde, Cic. Pis. 86. – **II** das Geschenk für den Ölpresser, das **Ölgeld,** Cato r. r. 145. – **III** (in den Bädern) der **Bottich** zu heißem od. lauem Wasser, Vitr. 5, 9, 9. – **IV** das **Verzeichnis, Archiv,** Plin. 7, 162 u. Spät.

vāsārius, a, um (2. vas), **zu den Gefäßen gehörig, Gefäß-,** mensa, Varro LL. 5, 125. – subst. vāsārius, iī, der **Gefäßschmied,** Gloss. III, 309, 39.

Vasates, um, *m.* u. **Vasatae,** ārum, *m.*, eine Völkerschaft in Aquitanien, im heutigen *Bazadois,* Auson. parent. 24, 8 u. Amm. 15, 11, 14. – Dav. **Vāsāticus,** a, um, **vasatisch,** raeda, Auson. epist. 7, 18.

vāsātus, a, um (vas, vasis), **mit einem starken Schamglied versehen,** bene, Lampr. Heliog. 5. § 3; 8. § 6 u. a.

vāscellum, ī, *n.* (*Demin.* v. 2. vas), das **kleine Gefäß,** das **Töpfchen,** Plin. Val. 3, 3. Plin. Sec. 3, 17 *Rose:* vasc. sardinarium, Chronogr. *ed. Mommsen* p. 647, 27: si qua vascella pedibus meis confregi, Testam. porcell. p. 231, 5 *Buech.* – insbes., der **kleine Aschentopf,** die **kleine Urne,** CIL 6, 3428. – Vgl. Gloss. II, 433, 14 ›σκευάριον, vascellum‹; u. Not. Tir. 92, 75–77 ›vas, vasculum, vascellum‹.

vāscio, ōnis, *m.* (*Demin.* v. vas), das **Töpfchen, Näpfchen,** Th. Prisc. 4, 1.

vāsclārius, s. vāsculārius.

Vasco, onis, *m.*, s. Vasconēs.

Vasconēs, um, *m.*, ein Volk in Hispania Tarracon. an den Pyrenäen, im heutigen Navarra, dessen Nachkommen noch in den jetzigen **Basken** vorhanden sind, Plin. 3, 22. Tac. hist. 4, 33. Iuven. 15, 93: Akk. Vasconas, Avien. or. mar. 251. – Sing. Vasco, onis, *m.*, kollekt., Anthol. Lat. 483, 8 (388, 8): attrib., **vaskonisch,** poet. = **pyrenäisch,** Vascone saltu, Paul. Nol. carm. 10, 311. – Dav.: **A Vasconia,** ae, *f.*, das Land der Vaskonen, **Vaskonien,** Paul. Nol. carm. 10, 202. – **B Vasconicus,** a, um, **vaskonisch,** Paul. Nol. carm. 10, 217.

vāsculārius, iī, *m.* (vasculum), der Verfertiger kleiner Gefäße (Becher usw.) aus edlem Metall, der **Metallarbeiter,** der **Gefäßschmied,** caelatores ac vascularii, Cic. Verr. 4, 54: vascularius aut faber argentarius, Iavolen. dig. 34, 2, 39 *pr.*: argentarius v., Ulp. dig. 19, 5, 20. § 2. CIL 2, 3749: synkop. vasclārius, CIL 2, 3749.

vāsculum, ī, *n.* (*Demin.* v. vas), **I** das **kleine Gefäß, Geschirr, a** übh., Cato, Quint. u. a.: stagneum (= stanneum), Apul.: vinarium, Plin.: vascula operis antiqui, Suet. – **b** insbes., der **Bienenkorb,** Pallad. 7, 7, 8. – **II** übtr.: **1** die **Samenkapsel** gewisser Früchte, Plin. 15, 115 u. 18, 53. – **2** (wie im Griech. σκεῦος) = mentula, Petron. 24, 7; vgl. Soran. Lat. p. 18, 21 ff.

vascus, a, um = πλάγιος, **quer, schief,** tibia πλαγίαυλος, die **Querflöte,** Solin. 5, 19. Serv. Verg. Aen. 11, 737.

vāsifer, erī, *m.*, der **Geräteträger** = σκευοφόρος, Gloss. II, 433, 20.

vāso, ōnis, *m.* (vas), **mit einem starken Schamglied versehen,** *Pompon. com. 61 R.[2]

vaspicētum, ī, *n.* (vaspix), das **dichte Gebüsch,** *Apic. 1, 23.

vaspix, icis, *f.*, viell. der **dichte Büschel,** *Apic. 1, 17.

vāstābundus, a, um (vāsto), **überall verwüstend,** Amm. 31, 8, 6.

vāstātio, ōnis, *f.* (vāsto), die **Verheerung, Verwüstung,** agri, Liv.: finium, Liv.: silvarum, Sen.: omnium, allgemeine V., Cic. – Plur., depopulationes, vastationes, caedes, rapinae, Cic. Phil. 5, 25: intactum vastationibus regnum, Tac. ann. 15, 27.

vāstātor, ōris, *m.* (vāsto), der **Verheerer, Verwüster,** Arcadiae (v. Eber), Ov.: ferarum, v. Jäger, Verg.: hic (Alexander) a pueritia latro gentiumque vastator, Brandschatzer, Sen.

vāstātōrius, a, um (vastator), **verheerend, verwüstend,** Amm. 18, 6, 9: 19, 9, 7; 27, 2, 2.

vāstātrīx, trīcis, *f.* (Femin. zu vastator), die **Verheererin, Verwüsterin,** vastatrix illa bestia, Interpr. Iren. 1, 13, 4: übtr., luxuria terrarum marisque vastatrix, Sen. ep. 95, 19: vastatrix humani generis invidia, Cassiod. in psalm. 32, 20.

vāstē, *Adv.* (vastus), **I sehr weit, weithin, ungeheuer,** vaste cedentia litora, Mela: vastius insurgens, Ov.: vastius podagrā correpti, Scrib. Larg. – **II unförmlich, ungebildet, plump,** loqui, die Buchstaben zu breit, mit zu weit geöffnetem Mund aussprechen, Cic.: ne vastius diducantur verba, Cic.

vāstēsco, ere (vastus), **öde-, wüst werden,** Acc. tr. 600.

vāstificus, a, um (vastus u. facio), **unförmlich** von Körper, belua, das Untier, Ungetüm, Cic. poët. Tusc. 2, 22.

vāstitās, ātis, *f.* (vastus), die **weite Leere,** die **Öde, Verödung, I** eig.: **A** im Allg.: iudiciorum vastitas et fori, Cic.: quae solitudo in agris esset, quae vastitas, Cic.: ne vastitatem et solitudinem mallent, quam etc., Tac.: cum ubique foeda vastitas esset, Eutr.: inter Aegyptum et Aethiopas arenarum inculta vastitas iaceat, Sen. – **B** insbes., die **Verödung** durch Verwüstung, die **Verheerung, Verwüstung,** Italiam totam ad exitium et vastitatem vocare, Cic.: fugam ac vastitatem late facere, fliehen und weit u. breit eine Öde zurücklassen, Liv. hanc tantam vastitatem efficere, Cic.: tantam vastitatem in Sabino agro reddere, ut etc., Liv. – Plur., tantae vastitates funerum, Acc. tr. 175. – **II** meton.: **1** der **unermessliche Umfang,** die entsetzliche **Größe, -Beschaffenheit,** die **Furchtbarkeit, Grässlichkeit,** solis, Plin.: pari vastitate beluae, Colum.: odoris, Plin.: vocis, entsetzliche Stimme, Colum. – v. Abstr., laboris, die furchtbare Größe, Colum.: scientiae rei rusticae, Colum. – u. konkr. = der **Koloss,** tanta vastitas, v. Elefanten, Plin. 8, 30. – **2** Plur. vastitates, die **Verwüster,** provinciarum vastitates, Cic. prov. cons. 13.

vāstitia, ae, *f.* (vastus) = vastitas, Itala 3. regg. 7, 46.

vāstitiēs, ēī, *f.* (vastus) = vastitas, die **Verwüstung, Zerstörung,** Plaut. Pseud. 70.

vāstito, (āvī), ātum, āre (*Intens.* v. vasto), **arg verheeren, -verwüsten,** terrae saepe vastitatae, Amm. 16, 4, 4 G.: vastitatis propinquioribus locis, Amm. 26, 5, 9 G.

vāstitūdo, inis, *f.* (vastus), **I** eig. die **Verheerung, Verwüstung,** Acc. tr. 374 u. 455. Pacuv. tr. 314. Vet. carm. b. Cato r. r. 141. Varro sat. Men. 254. – **II** meton., die **entsetzliche-, furchtbare Größe,** corporis, Acc. tr. 615. Gell. 5, 14, 9.

vāsto, āvī, ātum, āre (vastus), **öde-, wüst machen, veröden, leer machen, I** im Allg.: forum, Cic.: agros, Liv.: agri (Dörfer) vastati sunt, Liv.: terram stirpium asperitate vastari, wüst, unfruchtbar werden, verwildern, Cic.: vastata lustra, vom Wild entblößt, Val. Flacc. – m. *Abl.*, latos cultoribus agros, Verg.: fines civibus aedificiis pecore, Hirt. b. G.: direpti vastatique classe, Tac. – **II** insbes., verwüstend **veröden, 1** eig.: **a** ein Land **verwüsten, verheeren,** Italiam vastare et diripere, Cic.: vastare depopularique fines, Hirt. b. G.: v. agros, Caes. u. Cic.: omnia ferro ignique, Liv. u. Eutr., oder igni ferroque, Vell. – absol., vastandi causā, Caes. – **b** die Bewohner eines Landes = **brandschatzen** (s. Nipperd. Tac. ann. 14, 23 *extr.* Heräus Tac. hist. 2, 87 *extr.*), cultores, Tac.: Mardos, Tac.: Macedones, Iustin. – **c** ein Heer usw. **vernichtend schlagen,** apud Trasimennum Flamini exercitum, Ampel. 46, 5: Scythas, Treb. Poll. Gallien. 7, 3: u. so noch Treb. Poll. Gallien. 12, 1. Aur. Vict. epit. 1, 13. Ruf. Fest. 9 u. 17. – **2** übtr., etwas **zerrütten, auf** etw. **zerrüttend wirken,** ita conscientia mentem excitam vastabat, Sall. Cat. 15, 4.

vāstulus, a, um (*Demin.* v. vastus), **von nicht unbedeutender Größe,** Apul. met. 2, 32.

vāstus, a, um (vgl. ahd. *wuosti,* öde, wüst, leer), **wüst, öde, verödet, leer, I** eig.: **A** im Allg.: **a** absol.: loci coaedificati an vasti, Cic.: vasta ac deserta urbs, Liv.: ager vastus et desertus, Liv.: genus agrorum propter pestilentiam vastum atque desertum, Cic. – dies per silentium vastus (Ggstz. ploratibus inquies), Tac. – **b** m. *ab* u. Abl.: mons vastus ab natura et humano cultu, Sall.: urbs a defensoribus vasta, Liv.: abs te viduae et vastae virgines, vereinsamt, Enn. – **B** insbes., durch Verwüstung verödet, **verheert, verwüstet,** Troia, Plaut.: solum, Liv.: poet., haec ego vasta dabo, werde ich verheeren, Verg. Aen. 9, 323. – **II** meton.: **1 ungeheuer groß, -weit, ungeheuer, unermesslich, entsetzlich,** belua immanis et vasta, Cic.: mare, Caes.: crater, Ov.: clamor, Verg.: iter, Ov. – elephanto ad figuram quae (belua) vastior? Cic.: belua vastissima, Cic.: vastissimus Oceanus, Caes. – v. Abstr., animus, unersättlicher Sinn, Sall.: scientia, weitumfassend, Colum.: potentia, vielumfassend, Ov. – **2 ungebildet, plump, roh,** vastus homo atque foedus, Cic.: sunt quidam vultu motuque corporis vasti atque agrestes, Cic.: littera vastior, harter, rauer Buchstabe, Cic.: oratio, Rhet. Her.: omnia vasta esse, Liv.

vāsum, vāsus, s. vas, vasis.

vatāx, ācis, **krumme** od. **schiefe Füße habend,** Lucil. 801 (aus Non. 25, 16, wo zu lesen ut varicosus vatax).

Vaternus, s. Vatrēnus.

vātēs, is, *c.*, der **Prophet, Weissager,** die **Prophetin, Weissagerin,** der **Seher,** die **Seherin, Sibylle, I** eig.: **A** im Allg., Plaut., Cic. u. a.: Cicero ... quae nunc usu veniunt cecinit ut vates, Cic. – Amphrysia, Verg.: hāc vate suadente, Cic.: vera fuit vates, Kassandra, Ov. – **B** insbes., der gottbegeisterte, prophetische **Sänger,** die **Sängerin** = der **Dichter,** die **Dichterin** (hingegen poëta = der Dichter als künstlerischer Bildner), cothurnatus, Tragödiensänger, -dichter, Ov.: maximus, v. Vergil, Sen.: carminum, Tac.: Maeonius, v. Homer, Ov.: Lesbia, v. der Sappho, Ov. – bes. v. Aeneidos, v. Vergil, Ov.: u. v. optimus, v. sidereus, v. maxime venerandus, v. Vergil, Colum. – **II** übtr., der **Tonangeber** in einer Wissenschaft od. Kunst, der **Meister,** legum certissimus vates, Val. Max.: medicinae, Plin. – ► Genet. Plur. gew. vatum; aber auch vatium, Cic. de div. 1, 115; de legg. 2, 20 u. 30.

vatia, ae, *c.* = vatius, Varro LL. 9, 10.

Vāticānus, a, um, **vatikanisch,** mons, collis, der **vatikanische Hügel,** auf der Westseite des Tiber, Vat. mons, Hor. carm. 1, 20, 7. Iuven. 6, 343; Plur. montes Vaticani, der Berg mit seiner Umgebung, Cic. ad Att. 13, 33, 4: Vat. collis, Paul. ex Fest. 379, 6: bl. Vaticanus, Tac. hist. 2, 93. Acro Hor. epod. 9, 25. – ager Vat., das Gebiet in der Umgegend des Vatikans, berüchtigt durch schlechten Boden, der daher auch schlechten Wein erzeugte, Cic. de lege agr. 2, 96. Gell. 16, 17, 1, u. campus Vat., Cic. ad Att. 13, 33, 4; vgl. absol., in Vaticano, Plin. 8, 37

u. a.: dah. vom schlechten vatikan. Wein, Vaticani vappa cadi, Mart. 12, 48, 14; u. Vaticana bibere, Mart. 6, 92, 3 u. 10, 45, 5. – Vat. vallis, zwischen dem Vatikanus u. Janikulum, Tac. ann. 14, 14. – circus, der in dieser Gegend befindliche Zirkus des Nero, Plin. 16, 201. – Vāticānus, ī, *m.*, die den Vatikanus schützende Gottheit, Varro b. Gell. 16, 17, 2. Augustin. de civ. dei 4, 8; 4, 11 u. 21. – ► Gew. Vāticānus (mit kurzem i gemessen, wie Hor. carm. 1, 20, 7; später von Mart. u. Iuven, mit langem i (s. die oben angef. Stellen).

vāticinātio, ōnis, *f.* (vaticinor), die **Prophezeiung, Weissagung,** virginis honestae vat., Suet.: veridica Pythicae vaticinationis fides, Val. Max.: earum litterarum vaticinationem falsam esse cupio, Cic. – Plur., sortes et vaticinationes, Caes.: Sibyllinae vaticinationes, Cic.: terrificae vaticinationes, Plin. ep.: eludere vaticinationes, Suet.

vāticinātor, ōris, *m.* (vaticinor), der **Prophet, Weissager,** Ov. ex Pont. 1, 1, 42. Prud. ham. 343. Paul. sent. 5, 21. § 1 u. 3.

vāticinātrīx, trīcis, *f.* (Fem. zu vaticinator), die **Prophetin, Weissagerin,** Serv. Verg. ecl. 9, 13; Aen. 3, 443. Mythogr. Lat. 1. *no.* 96; 3, 3. *no.* 9.

vāticinius, a, um (vates), **weissagend, Weissage-,** vaticinii libri, Liv. 25, 1, 12; 39, 16, 8 H. (H. Müller u. Madv. vaticini). – subst. **vāticinium,** iī, *n.*, die **Prophezeiung, Weissagung,** Sing. Not. Tir. 73, 41ᵃ: Plur., Plin. 7, 178. Gell. 16, 17, 1.

vāticino, s. vāticinor ►.

vāticinor, ātus sum, ārī, (v. vates) **prophezeien, weissagen, I** eig.: **A** im Allg.: vaticinari furor vera solet, Cic. de div. 1, 67: m. folg. *Acc.* u. *Infin.*, saepe deinde et Verginium consulem in contionibus velut vaticinantem audiebat pestilens collegae munus esse, Liv. 2, 41, 5: saevam laesi fore numinis iram, Ov. met. 4, 9 (vgl. 8, 773): oft absol., non multo secus possum vaticinari, Cic.: viros velut mente captā cum iactatione fanatica corporis vaticinari, Liv. – Partiz. subst., vaticinantis in modum canere (mit folg. *Acc.* u. *Infin.*), Liv.: vaticinantes per furorem, Cic. – **B** insbes.: **1 als Seher ermahnen, warnen,** Ov. met. 6, 159; 15, 174: verb. mit moneo, Ov. ex Pont. 1, 1, 47. – **2 als Seher vortragen, lehren,** Agrigentinum quidem doctum quendam virum carminibus Graecis vaticinatum ferunt, mit folg. *Acc.* u. *Infin.*, in griech. Ged. das Seherwort gesprochen habe, dass usw., Cic. de amic. 24. – scherzh., vetera vaticinamini, da sagt ihr nichts Neues, Plaut. Pseud. 363. – **II** übtr., **schwärmen, sich leeren Träumereien hingeben, in einem schwärmerischen (überspannten) Zustand sein,** sed ego fortasse vaticinor, Cic. ep. 2, 16, 6: eos vaticinari atque insanire dicebat, Cic. Sest. 23. – ► Spät. aktive Nbf. vaticino, wov. Infin. vaticinare, Claud. Mamert. de stat. anim. 1, 3. p. 30, 13 *Engelbr.*: vaticinasse, Gregor. Tur. de glor. mart. 1, 6.

vāticinus, a, um (vates), **prophetisch, weissagend, weissagerisch,** furores, Ov. met. 2, 640. Vgl. vaticinius.

vatillum, ī, *n.*, ein wie ein großer Löffel mit einem Stiel aussehender **Hafen, a** als **Schippe, Schaufel,** zum Ausschaufeln des Düngers, Varro r. r. 3, 6, 5: als Kohlenschaufel, Vulg. num. 4, 14: coctilium cotidiana vatilla quattuor, Treb. Poll. Claud. 14, 12. – **b** als **Hafen** des Hüttenarbeiters, um Metall zu glühen, der **Glühhafen** (mittelhochd., »gluothafen«), vat. ferreum, Plin. 33, 127 u. 34, 112. – **c** als **Hafen, Pfanne,** um eine Speise zu kochen od. zu rösten, Apic. 7, 295. Marc. Emp. 27. – **d** als kleines Kohlenbecken zum Räuchern, die **Kohlen-** od. **Räucherpfanne,** Hor. sat. 1, 5, 36. – bildl. v. animai, Plaut. trin. 492 Sch. – ► Die Schreibung vatillum ist fast überall die der besten Handschriften (denn Varro r. r. 1, 50, 2 liest Keil bacillum) u. Gloss. II, 426, 21 u. ö. (wo ›vatillum, ἡ πυράμη‹); die spätere Form batillum in Gloss., z. B. bei Löwe Prodr. p. 277 (wo ›batillum, turibulum‹).

Vatīnius, a, um, ein röm. Familienname. Bes. bekannt sind **I** P. Vatinius, ein Anhänger Cäsars, von Cicero anfangs wegen seiner Verbrechen so gehasst und angegriffen, dass odium Vatinianum u. crimina Vatiniana sprichwörtlich gebraucht wurden, s. Sen. de const. sap. 17, 3: Plur. = Männer wie Vatinius, Sen. ep. 118, 4 u. 120, 19. – Dav. **Vatīniānus**, a, um, **vatinianisch, des Vatinius,** odium, crimina (sprichw., s. vorher), Catull. 14, 3; 53, 2. – **II** ein Schuhmacher, Verfertiger von Trinkgeschirren mit vier Schneppen, Mart. 14, 96: dah. meton., Vatinii = calices Vatinii, Mart. 10, 3, 4.

vatiola, s. batiola.

vātis, s. vātēs.

vatius, a, um, **einwärts gebogen, krumm,** cruribus potius varis quam vatiis, Varro r. r. 2, 9, 4: homo, mit einwärts gebogenen Schenkeln, krummbeinig, Ulp. dig. 21, 1, 10 *extr.*

vatrāx, richtiger vatax, s. d.

Vatrēnus, ī, *m.*, Fluss in Gallia cisalpina, jetzt *Santreno,* dessen Mündung den portus Vatreni bildet, Plin. 3, 119 *sq.*: ders. Vaternus, Mart. 6, 67, 2.

vau, s. oben V, v.

vavato, ōnis, *m.*, etwa die **Schreipuppe,** stramenticius, Petron. 63, 8 B.

1. ve, enklitische Partikel (vgl. altind. *vā*, griech. ἠέ aus ἠϝέ), **oder,** wenn die Wahl zwischen mehreren Dingen freigelassen wird, **oder auch, oder wohl (etwa) auch,** duabus tribusve horis, Cic.: zweimal, Cic. Phil. 5, 10. – poet. doppelt, statt *vel ... vel,* z. B. quod fuimusve sumusve, Ov. met. 15, 215: plusve minusve, mehr oder weniger, Ov. fast. 5, 110: ve ... aut, Prop. 2, 1, 23; vgl. neve.

2. vē (vae), eine untrennbare Partikel, bezeichnet ein fehlerhaftes Zuviel od. Zuwenig des im Simplex enthaltenen Begriffs, z. B. vecors, vegrandis, vesanus; vgl. Gell. 5, 12, 9.

vecēs = vices, CIL 4, 1261.

Vecilius mōns, ein Berg in Latium, wahrscheinlich ein Teil des Algidus, Liv. 3, 50, 1.

vēcordia (vaecordia), ae, *f.* (vecors), der **Aberwitz, Wahnwitz,** die **Unsinnigkeit,** der **Wahnsinn** und die an Wahnsinn grenzende **Wut,** Ter. u. Sall.: vecordiam inicere alci, einen um den Verstand bringen, Tac.

vēcors (vaecors), cordis, Abl. cordī, Genet. Plur. cordium (2. ve u. cor), **aberwitzig, wahnwitzig, unsinnig, der Besinnung beraubt, verrückt,** auch **frevlen Sinnes, tückisch** (δολῶπις), **a** v. Pers. usw., verb. vecors et prope hebes, Aur. Vict.: vecordes sine colore, Cic.: conscientiā vecordes, Tac.: vecors de tribunali decurrit, Liv.: cum ille furibundus incitatā illā vecordi mente venisset, Cic.: more vecordium in publicum evolat, Iustin.: agrestibus parentibus vecordior, Aur. Vict.: iste vecordissimus, Cic. u. Apul. (u. so Kompar. u. Superl. bei Rhemn. Palaem. 536, 20 K. ohne Beleg). – **b** v. Lebl., bes. v. Zuständen u. Eigenschaften: impetus, Liv.: vox, Liv.: facundia, Tac.: pertinacia, Val. Max.

Vēcta, ae, *f.*, s. 2. Vēctis.

vectābilis, e (vecto), **tragbar,** Sen. nat. qu. 3, 25, 9.

vectābulum, ī, *n.* (vecto), das **Fahrzeug** = der **Wagen,** Gell. 20, 1, 28.

vectāculum, ī, *n.* (vecto), das **Fahrzeug,** Tert. de bapt. 3 u. de anim. 53.

vectārius, falsche Lesart für vecturarius, s. d.

vectātio, ōnis, *f.* (vecto), das **Getragenwerden, Reiten, Fahren,** equi, Suet. Cal. 3, 1. Th. Prisc. 2, 21. fol. 308 (a): vectatio iterque vigorem dabunt, Sen. de tranqu. anim. 17, 8 (15, 4): illius piae sarcinae vectatione repente sanata est, Augustin. de civ. dei 22, 8, 12. p. 575, 2 D.[2]: Plur., Cassiod. var. 5, 41, 3.

vectiārius, iī, *m.* (v. vectis), der durch den Druck des Hebels eine Maschine bewegt, der **Haspeler,** Vitr. 6, 6, 3.

vecticulārius, a, um (vectis), **das Brecheisen gebrauchend,** vita, diebisch, Cato inc. oratt. fr. 13 (b. Paul. ex Fest. 378, 1).

vectīgal, ālis, Abl. ālī, *n.* (st. vectigale v. vectigalis), die **Einkünfte, I** des Staates od. der einzelnen Magistrate in den Provinzen: **a** die Finanzeinnahmen des Staates, die **Abgabe,** das **Gefälle,** der **Zoll** (namentlich) portorium, Hafen-, Ein- u. Ausgangszoll, decuma, Getreidezehnt, scriptura, Gefälle, Abgabe von den Triften, s. bes. Cic. de imp. Pomp. 6, 15), portoria reliquaque vectigalia, Caes.: tributa (direkte Steuern) aut vectigalia (indirekte Steuern) aut onera (sonstige Lasten), Tac.: vectigal viae silici stratae, (Chausseegeld, CIL 11, 5694: vectigal pergrande imponere agro, Cic.: vectigal imponere possessoribus agrorum, Liv. (u. so vectigal dimidium impositum eius, quod regi pependissent, Liv.): vectigal statuere, bestimmen, Liv.: pleraque vectigalia instituere, einführen, Plin. pan.: vectigalia pendĕre, die Abgaben (einmal) zahlen, Cic.: vectigalia pensitare, Abgaben zahlen, steuerpflichtig sein, Cic.: vectigalia exigere, eintreiben, Cic.: vectigalia exercere, verwalten, erheben lassen, Cic.: vectigalia nova atque inaudita primum per publicanos, deinde per centuriones tribunosque praetorianos exercere, Suet.: vectigalia locare, vendere, verpachten, Cic.: redimere, pachten, Cic.: vectigalia augere, Caes.: vectigalia temperare, ermäßigen, Plin. pan.: agrum vectigali levare, Cic. – **b** der Magistrate: praetorium, die herkömmliche Abgabe, das Ehrengeschenk an den Statthalter, Cic. ad Att. 5, 21, 11: aedilicium, die von den Ädilen in Rom, durch die Statthalter in den Provinzen beigetriebene Abgabe zu den von ihnen in Rom zu haltenden Schauspielen, der Beitrag der Provinzen zu den Ädilenspielen, Cic. ad Q. fr. 1, 1, 9. § 26. – **II** der Privatpersonen, die **Renten, Einkünfte,** vectigalia urbana, Cic.: ex meo tenui vectigali, Cic.: ego vectigalia magna divitiasque habeo, Hor.: capere vectigalis quinquagena talenta e castro, Nep.: vectigalis sui causā, seines Nutzens od. Verdienstes wegen, um etwas zu verdienen, Einkünfte zu bekommen, Plin. – Sprichw., magnum vectigal est parsimonia, Cic. parad. 6, 49. – ▶ Abl. Sing. gew. vectigalī; doch auch ex eo vectigale, CIL 11, 2226. – Heteroklit. Genet. Plur. vectigaliorum, Suet. Aug. 101, 4 u. Cal. 16, 3.

vectīgāliārius, iī, *m.* (vectigal), der **Steuereinnehmer,** Firm. math. 3, 11, 3.

vectīgālis, e (veho), **I zu den Abgaben** an den Staat **gehörig, a** von dem, was an Abgaben an den Staat gezahlt wird, pecunia, Abgaben, Steuern, Cic.: so auch tributum, Iustin. – **b** v. der Pers., die Abgaben gibt, v. der Sache, für die man Abgaben zu geben verbunden ist, **steuerpflichtig, tributpflichtig,** civitas, Cic.: agri, Cic.: Ubios sibi vectigales facere, Caes.: omnes agros decumanos per triennium populo Romano ex parte decuma, C. Verri ex omni reliquo vectigales fuisse, Cic. – **II** zu den Einkünften der Privaten gehörig = **Geld einbringend,** equi, viell. = zu den circens. Wettrennen vermietete Pferde, Mietrennpferde, Cic. Phil. 2, 62: u. so quadrigae, Ascon. in Cic. or. in tog. cand. p. 94, 14 B.: libertas, Tert. apol. 18: ita ei lecti sui contumelia vectigalis est, Apul. apol. 75.

vectio, ōnis, *f.* (veho), das **Fahren, Reiten,** efficimus domitu nostro quadripedum vectiones, machen die v. T. zahm u. zum Ziehen u. Reiten brauchbar, Cic. de nat. deor. 2, 151.

1. vectis, is, *m.* (veho), der **Hebel, I** im Allg., zum Heben = der **Hebebaum,** zum Aufbrechen = die **Brechstange,** das **Brecheisen,** quae molitio? quae ferramenta? qui vectes? Cic.: biremes impellere vectibus, Caes.: saxa vectibus submovere, Caes.: vectes subicere, Cic.: vectibus infima saxa turris convellere, Caes.: signum vectibus labefactare, Cic.: cum validis vecte certabat (v. Pompejus), Sall. fr. – **II** insbes.: **1** die **Presshaspel** in der Kelter, Vitr. 6, 6, 3. – **2** die **Handramme,** der **Stößel,** vectes lignei, Vitr. 7, 1, 3: vectes lignei ferrati, Vitr. 8, 6, 14. – **3** = κλείς, ein großer Balken zum Verrammen des Tores oder der Tür, der **Tor-, Türriegel,** Verg. Aen. 7, 609. Cic. de div. 2, 62. – **4** die **Tragstange,** Claud. IV. cons. Hon. 571. – ▶ Abl. gew. vecte; doch vectī bei Ter. eun. 774.

2. Vēctis, is, Akk. em, *f.*, eine Insel an der Südseite von Britannien, j. *Wight,* Plin. 4, 103. Suet. Vesp. 4, 1: dasselbe **Vēcta,** ae, *f.*, Eutr. 7, 19, 1. Eumen. pan. Const. 15, 1.

vectito, (āvī), ātum, āre (*Frequ.* v. vecto, s. Gell. 9, 6, 3. Caper 105, 3 K.), **fahren,** in pompa vectitari, Cato orat. XL. fr. 6: qui Choaspes ita dulcis est, ut Persici reges aquas eius secum vectitarent, mit sich führten, Solin. 38, 7: quae palustria sunt, arundinem creant ita erassam, ut fissis internodiis lembi vice vectitet navigantes, Solin. 52, 48. – Partiz. Perf., Europam tauri dorso ferunt vectitatam, sei geritten, Solin. 11, 9: curru quadriiugo vectitatus, fahrend, Arnob. 5, 37: vectitati hoc ratis genere, Solin. 56, 8.

vecto, āvī, ātum, āre (*Intens.* v. veho), **führen, tragen, fahren,** asini, qui stercus vectent, Cato: ne mater fortasse filiam in mulam revoluta vectaret, Augustin.: vect. corpora carinā, Verg.: plaustris ornos, Verg.: fructus ex agris, allenthalben abfahren, Liv. – Passiv vectarī, **getragen werden,** octophoro, in einer Sänfte von acht Sklaven getragen werden, Apul.: u. = **reiten,** umeris, Hor.: equis, Ov., Curt. u. Iustin.: ante signa, Liv.: u. = **fahren,** zu Wagen, vehiculo, Fronto: u. so carpentis per urbem, Liv.: voluptatis causā huc atque illuc, Petron.: zu Schiff, praeter oram Ligurum Alpinorum, hinschiffen an usw., Liv.: u. vectari freta, Ps. Verg. cat. 5, 2.

Vectōnēs, s. Vettōnēs.

vector, ōris, *m.* (veho), **I** aktiv = der **Träger, Fahrer,** Sileni vector asellus, Ov.: aureus vector, v. goldenen Widder, Val. Flacc.: v. Fährmann Charon, Apul. – **II** passiv = der **Getragene, 1** in einem Schiff, der **Passagier,** Cic. u. a. – u. der seefahrende Kaufmann, **Seefahrer,** Verg. ecl. 4, 38: u. in einem obszönen Witz, nunquam enim nisi navi plenā tollo vectorem (den Beischläfer), Macr. sat. 2, 8, 59. – **2** auf einem Pferd, der **Reiter,** Prop. 4, 7, 84. Ov. art. am. 3, 555.

vectōrius, a, um (vector), **zum Transport dienlich, Transport-,** equi, Varro r. r. 2, 7, 15 K.: navigium, Caes. b. G. 5, 8, 4: navicula, ein Fahrzeug zum Übersetzen, Suet. Caes. 63.

vectrīx, trīcis, *f.* (Femin. zu vector), **tragend, auf sich reiten lassend,** subst., die **Reitstute,** Anthol. Lat. 149, 6 (962, 6). – u. **überfahrend,** navis, Paul. Nol. epist. 49, 8.

vectūra, ae, *f.* (veho), **I** das **Tragen, Fahren,** die **Fuhre** zu Wagen od. zu Schiff, equi idonei ad vecturam, Varro: equus ad cursuram vegetus et ad vecturam validus, Apul.: m. subj. *Genet.*, leonis, mit Löwen, Apul.: mit obj. *Genet.*, frumenti, Caes.: pro vectura solvere, die Fracht bezahlen, Cic.: sine periculo vecturae, ohne das Risiko des Transportes zur See, Cic.: Plur. vecturae, Transporte, Zufuhren, Caes. b. 3, 32 u. 42: vecturas onerum corpore suo factitare, den Lastträger machen, Gell. 5, 3, 1. – **II** meton., der **Fuhrlohn,** das **Frachtgeld,** Plaut. most. 823. Sen. de ben. 6, 15, 6. Petron. 101, 5.

vectūrārius, a, um (vectura), **zur Fuhre gebraucht,** boves, Zugochsen, Cod. Theod. 14, 6, 1. – subst., vectūrārius, iī, *m.*, der **Fuhrmann,** Cod. Theod. 14, 6, 1.

Vēdiovis, s. Vēiovis.

1. Vedius, a, um, Name einer röm. Familie, aus der am bekanntesten Vedius Pollio, Zeitgenosse des Augustus, berüchtigt durch grausame Behandlung seiner Sklaven, Sen. de ira 3, 40: de clem. 1, 18, 2. Tac. ann. 1, 10. Plin. 9, 77 u. (Pollio Vedius) 9, 167.

2. Vēdīus, iī, *m.*, s. Vēiovis.

vegeo, ēre (verw. mit vigeo), **I** *intr.* **lebhaft-, munter sein,** viget veget utpote plurimum, Varro sat. Men. 268. – **II** *tr.* **erregen, in Bewegung setzen,** aequora, Enn. fr. scen. 367: Volcanum, Enn. ann. 487*: lyram, Varro sat. Men. 351: tu quidem edepol omnis moris (= omnes mores) ad venustatem veges, du lenkst dein ganzes Tun u. Wesen nach der Liebenswürdigkeit hin, lässt dein g. T. u. W. in L. aufgehen, Plaut. mil. 657 *Brix:* animos Venus veget voluptatibus, Pompon. com. 78.

vegetābilis, e (vegeto), **belebend,** flabra favonii, Mart. Cap. 6. § 694: radix, vom Rhabarber, Amm. 22, 8, 28.

vegetāmen, inis, *n.* (vegeto), das **Belebende** = die **belebende Kraft,** das **belebende Prinzip,** Prud. ham. 75 u. 298.

vegetātio, ōnis, *f.* (vegeto), die **Belebung,** die **belebende Bewegung,** Apul. met. 1, 2. Oros. 5, 18, 20. Mythogr. Lat. 3, 6, 14.

vegetātor, ōris, *m.*, (vegeto), der **Beleber,** Auson. ephem. orat. 16. p. 5, 12 Schenkl: irrequies, Paul. Nol. carm. 5, 16.

Vegetius, iī, *m.*, röm. Männername, unter dem bekannt sind **I** Flavius Vegetius Renatus, ein Kriegsschriftsteller in der letzten Hälfte des 4. Jahrhunderts n. Chr. – **II** Vegetius Renatus, ein Veterinärschriftsteller, wahrscheinlich mit dem obengenannten eine Person.

vegeto, āvī, ātum, āre (vegetus), körperlich und geistig **in Bewegung setzen, beleben, ermuntern, erregen,** animalia, Apul.: animum, Sen.: memoriam, Gell.: gaudia non illum vegetent, Auson.: pelagus praeter (außerdem) ventorum flatus suo quoque spiramine vegetatur, Veget. mil.: Partiz. Perf. im *Compar.*, quia voluntas mea est vegetatior ad aeternitatis custodiam, Chalcid. Tim. 41 B.

vegetus, a, um (vegeo), körperlich u. geistig **belebt, lebhaft, munter,**

rüstig, I eig.: homo, Cic.: oculi, Suet.: aspectus vegetior, Colum.: pulsus venarum (Ggstz. languidior), Val. Max.: intervallum temporis vegetissimum, der belebteste, regsamste, Plin. – mens, Cic.: ingenium, Liv.: consilium, Val. Max.: vegetioris esse ingenii, Val. Max. – II übtr., **lebhaft,** von der Farbe, color vegetissimus, Plin. 21, 46: v. Geschmack, gustus, pikant, Auson. ephem. 6. loc. ord. coqu. 3. p. 8, 3 Schenkl: libertas, munter, belebt, Sen. Hipp. (Phaedr.) 460 (468).

vē-grandis (vaegrandis), e, **abnorm** seiner Größe nach, I **nicht eben groß, klein, winzig,** oves, Varro: farra, Ov.: frumentum, Fest.: faba, Paul. ex Fest.: gradus, Plaut. fr. – u. der Zeit nach = **sehr kurz,** vita, Lucil. 631. – II **überaus groß, gewaltig,** homo vegrandi macie torridus, ein ganz verhutzelter, Cic. de lege agr. 2, 93 (Kayser grandi): vegrandia saxa, *Itin. Alex. 52 *Volkm.* (Mai 51 u. ed. Paris. 115 grandia). – ► Vgl. über die Bedeutung des Wortes Fest. 372 (b), 13 *sqq.* Gell. 5, 12, 10.

veha, ae, *f.*, s. via a. E. ►.

vehātio, ōnis, *f.* (v. veho), das **Fahren,** Cod. Theod. 14, 6, 3.

vehēla, ae, *f.* (veho), das **Fahrzeug** = der **Wagen,** Capit. in Maximin. duob. 13, 5.

vehemēns, entis (zu veho), I **heftig, hitzig, stürmisch** (Ggstz. lenis), a v. leb. Wesen: nimis es vehemens feroxque naturā, Cic.: v. in agendo, Cic.: orator parum vehemens (affektvoll), Cic.: se vehementem praebere in alqm, Cic. – lupus, Hor.: canis, Phaedr.: mit *Genet. loc.*, veh. animi, Aur. Vict. de Caes. 41, 23. – b v. Abstr.: v. et pugnax exordium dicendi, Cic.: senatusconsultum vehemens et grave, Cic.: ne haec quidem satis vehemens causa ad obiurgandum, das ist nicht Grund genug, um hitzig zu werden u. zu zanken, Ter. – II übtr., **heftig, stürmisch, stark, wirksam,** fuga, Hirt. b. G.: dolor, Plin. (vgl. nervorum dolor subito vehementior, Fronto): ventus, Auct. b. Hisp.: brassica vehementissima, Cato: medicamentum, Scrib. Larg.: vehementius telum, Liv.: si vehementior lethargus premat, Plin. 20, 238: vehementior vis frigorum, Plin. – vitis, stark wachsend, Colum.: palus, starker, dicker Pfahl, Colum.: vehementiora statumina, Colum. – m. *ad* u. Akk., id vehemens ad sanguinem supprimendum est, dieses ist ein kräftiges Mittel zur Hemmung von Blutungen, Cels. 5, 26, 21. – ► Auch vēmens geschr., Cic. Arat. 53. Lucr. 3, 152 u. 6, 311. Hor. ep. 2, 2, 120. Vitr. 10, 13 (19), 2.

vehementer, *Adv.* (vehemens), I **heftig, hitzig** (Ggstz. leniter), agere, Cic.: ingemuisse vehementius, Cic.: se vehementissime exercere in alqa re, Caes. – II übtr., **gewaltig, gar sehr, höchst,** bei Verben, hoc te veh. etiam atque etiam rogo, Cic.: veh. delectari, Cic.: vehementer gratulari de alqa re, Cic.: vehementissime displicet, Cic. – bei Adjj., veh. irata, Plaut.: veh. castus, Rhet. Her.: veh. carus, Sall.: veh. utilis, Cic.: veh. moderatus, Cic.: veh. vitiosus, Cic.: veh. saucius, Auct. b. Hisp.: vehementissime necessarius, Cic.: erit mihi vehementissime gratum, Cic. – bei Advv., veh. adhuc agit severe, Cic. ad Att. 1, 13, 3.

vehementēsco, ere (vehemens), **heftig-, stark werden,** passio vehementescit, Cael. Aur. de morb. acut. 1, 12, 102 u. de morb. chron. 1, 2, 51; 2, 6, 92: cum vehementescere coeperit febris, Cael. Aur. de morb. acut. 2, 33, 173: cum fluorem vehementescere videret atque febrem, Cael. Aur. de morb. chron. 4, 6, 91.

vehementia, ae, *f.* (vehemens), I die **Heftigkeit, Hitze, Leidenschaftlichkeit,** Plin. u. Gell. – II übtr. die **Heftigkeit, Stärke,** odoris, saporis, Plin.: vini, Plin.: venarum, starker Schlag, Plin.: linteorum, starker Gebrauch, Plin.: inter huius generis et illius superioris vehementiam hoc interest, in der Stärke dieser u. der vorigen Redefigur ist der Unterschied, Rhet. Her. 4, 26.

vehes, is, *f.* (veho), die **Fuhre,** das **Fuder,** I eig.: ligni, Cato fr.: feni, Plin.: fimi, Plin.: lapis vehis magnitudine, so groß, dass er eine Fuhre ausmacht, Plin. – II (Nom. vehis) übtr., als Maß, das **Fuder,** Colum. 11, 2, 13.

vehiculāris, e (vehiculum), **zum Fuhrwesen gehörig,** munus vehicularis rei, Leistung von Fuhrwesen, Fuhren, ICt.: cursus, Fahrpost, ICt.

vehiculārius, a, um (vehiculum), **zu den Wagen-, zum Fuhrwesen gehörig,** fabricator, der Wagner, Stellmacher, Capit.: cursus, Fahren mit der Post, Fahrpost, Capit.: munus od. res, Postwesen, Spart. u. Amm.: copia rei vehiculariae data, Erlaubnis, die kaiserl. Fuhrwerke zu gebrauchen, Amm.

vehiculātio, ōnis, *f.* (vehiculum), die **Verbindlichkeit** (der Provinzen), **Pferde zu halten und die Postfuhren zu besorgen,** Numm. Nervae bei Eckhel doctr. numm. vet. tom. 6. p. 408.

vehiculum, ī, *n.* (veho), das **Transportmittel,** I zum Tragen: ceterae animantes, quae vel sedendi vehiculum praebent vel etc., Lact. 20, 12, 3. – bildl., vehiculum (der Träger) verbi sonus est vocis, Augustin. serm. 120, 2. – II zum Fahren, das **Fuhrwerk, Fahrzeug,** A zu Wasser, das **Fahrzeug,** der **Kahn,** das **Schiff,** Argonautarum, Cic. de nat. deor. 2, 89: furtorum, Cic. Verr. 5, 59: – B zu Lande, der **Wagen,** veh. duarum rotarum, quattuor rotarum, Isid.: veh. sordidum, pretiosum, Sen.: veh. frumento onustum, Liv.: veh. manuale = χειραμάξιον, ein Handwagen, Cael. Aur. de morb. chron. 3, 6, 86: veh. tectum (verdeckter), Plin. ep. 7, 21, 1: vehiculum conscendere, Fronto: vehiculis iter facere, Plin. ep.: iuncto vehiculo in urbe vehi, altes Gesetz bei Liv.: vehiculo ad poenam ferri, Sen.: vehiculo vectari, Fronto: vehiculo portari, auf einem W. fortgeschafft werden, Nep.: u. so saucios vehiculis portari iussit, Liv.: vehiculum manibus agere, Cael. Aur.: vehiculo desilire (als Ehrenbezeigung), Arnob. 7, 13: vehiculis publicis impositus miles, durch öffentliche Vorspanne befördert, Amm. 21, 13, 7.

vehis, is, *f.*, s. vehes.

veho, vēxī, vectum, ere (altind. *váhati,* fährt, zieht, griech. ὀχέομαι, gotisch *wagjan,* ahd. *weggen,* bewegen), **führen, tragen, fahren, bringen,** I *tr.:* A *act.:* a auf der Schulter, von Menschen: erum, Plaut.: parentes suos, Sen.: reticulum panis umero, Hor.: annonam decem dierum et septem cervicibus, Amm.: militi occupato stationibus vigiliisque folliculis in castra ab Arpis frumentum, zuführen (v. Reitern), Liv. – v. Tieren, Europam (v. einem Stier), Cic.: dominum (v. Pferd), Hor.: absol., equus commodius vehit, trägt (seinen Reiter), Veget. – b zu Wasser, nauta qui illos vexerat, Ter.: quos vehit unda, Verg. – c zu Wagen, v. Pferden, currum, den Wagen ziehen, Curt.: so auch triumphantem (Camillum) albi vexerant equi, Liv.: te tuae vexere tigres Hor.: uxorem plaustro, Tibull.: equis, Ov. – von Wagen, ipsum convivasque currus vehebat crateris aureis praegravis, Curt.: singuli currus (Streitwagen) senos viros vehebant, Curt.: scirpea, in qua stercus aliudve vehitur, Varro LL. – d in einer Sänfte, cum oculorum dolore correptus in lecticula veheretur, Eutr. 9, 18. – e auf andere Art, formica vehit ore cibum, Ov.: cum (amnis) aquae vim vehat ingentem, mit sich führt, Liv. u. so vehit aurum suo amne Tagus, Ov.: dum caelum stellas, dum vehet amnis aquas, Tibull.: übtr., quod fugiens hora vexit, herbeigeführt, gebracht hat, Hor. carm. 3, 29, 48. – prägn., vecta spolia, captivi, simulacra montium, man führte (beim Triumph) auf usw., Tac. ann. 2, 41: übtr., hoc quoque in tuam gloriam cedet, eos ad summa vexisse, qui etc., zum höchsten Gipfel (der Ehren) erhoben zu haben, Tac. ann. 14, 54 *extr.* – B pass. vehī medial, getragen, gebracht, geführt od. gefahren werden, a **fahren, reiten** usw., vehiculo iuncto vehi, altes Gesetz bei Liv.: curru vehi, Cic.: curru vehi ad curiam, Plin.: ad id sacrarium bigis curru arcuato vehi, Liv.: in niveis equis, auf einem mit weißen Pferden bespannten Triumphwagen, Ov.: in navi, Cic.: puppe, Ov.: diversa per aequora, Verg.: per aëra, Ov.: cum placido et cum turbato mari, Plin. ep.: per urbem, Cic.: vehi post se (*sc.* equo), reiten, Liv.: in equo, Cic.: equo citato ad hostem, lossprengen auf usw., Nep.: pisce, Ov.: mulis non conductis, Mart. – b **sich** wohin **begeben,** übtr., temere in pericula vectus, sich in G. stürzend, Curt. 10, 5 (18), 35. – c **fortschreiten,** sex motibus vehitur, bewegt sich, schreitet einher, Cic. Tim. 48. – d **fliegen,** apes trans aethera vectae, Verg. Aen. 7, 65. – II *intr.* = auf etwas **fahren, reiten, sich tragen lassen,** nur im *Partic. Praes.* u. *Gerundium,* vehens quadrigis, Cic. Brut. 331: plaustro vehens, Iustin. 11, 7, 13: ob viam in equo vehens venit, Quadrig. bei Gell. 2, 2, 13: lecticā per urbem vehendi ius, Suet. Claud. 28.

Vēī, s. Vēiī.

veicus, s. vīcus.

Vēiēns, Vēientānus etc., s. Vēiī.

Vēiento, ōnis, *m.*, Beiname der Fabricier. Bekannt ist ein Veiento als Zeitgenosse Ciceros, 53 v. Chr. Richter zu Rom, Cic. ad Att. 4, 16, 6: von Bibulus in Syrien bei seinem Abgang als Verwalter dieser Provinz eingesetzt, Cic. ad Att. 7, 3, 6. – Bekannter A. Fabricius Veiento, berüchtigter Schmeichler und Angeber unter Nero, Tac. ann. 14, 50; u. (od. ein anderer) unter Domitian u. Nerva, Plin. ep. 4, 22, 4. Iuven. 3, 185; 4, 113; 6, 113.

veigintī, s. vīgintī.

Vēiī od. **Vēī**, ōrum, *m.*, eine sehr alte Stadt in Etrurien, die zu den zwölf Republiken des etrurischen Bundes gehörte, lange Zeit Nebenbuhlerin von Rom war u. endlich von Kamillus erobert wurde, in der Nähe des heutigen Fleckens *Isola*, Cic. de div. 1, 100. Liv. 4, 61, 2. – Dav.: **A** **Vēiēns**, entis, Abl. ente u. entī, **vejentisch**, ager, Cic.: bellum, Liv.: senatus, hostis, Liv. – subst., Vēiēns, entis, *m.*, **a** ein Einw. von Veji, ein **Vejenter**, Veiens quidam, Cic. de div. 1, 100; kollekt., Liv. 2, 7, 1. – Plur. Vēientēs, ium, *m.*, die **Vejenter**, Liv., Cic. u. a. – **b** das **vejische Gebiet**, Plin. – **B** **Vēiēnsis**, e, **vejensisch**, Iuno, Lact. 2, 16, 11. – **C** **Vēientānus**, a, um, **vejentanisch**, Liv. – subst., **a** Vēientānī, ōrum, *m.*, die Bewohner des vejentischen Gebietes, die **Vejentaner**, Plin. – **b** Vēientānum, ī, *n.*, **α** eine Art geringen Weines, Hor. sat. 2, 3, 143: Veientanum rubellum, vej. Rotwein, Flach Mart. 1, 103, 9. – **β** ein Landgut, Suet. Galb. 1. – **D** **Vēientīnus**, a, um, **vejentinisch**, tribus, Inscr. – **E** **Vēius** (dreisilbig), a, um, **vejisch**, dux, Tolumnius, Prop. 4, 10, 31.

Vēiovis, is, *m.* (vē u. Iovis), eine altrömische Gottheit mit rächender Gewalt (vgl. Gell. 5, 12, 11), dah. mit dem Jupiter der Unterwelt u. mit Apollo identifiziert, Cic. de nat. deor. 3, 62. Amm. 17, 10, 2. Mart. Cap. 1. § 59 u. 2. § 166. – Nbf. **Vēdiovis**, is, *m.*, Varro LL. 5, 74 (wo Vediovi Saturnoque zu schreiben ist). Ov. fast. 3, 430. CIL 1^2, 1439. Fast. ann. Iul. Praen. Ian. (CIL 1^2. p. 231); Mart. 7 (CIL 1^2. p. 233). – u. **Vēdius**, iī, *m.*, Mart. Cap. 2. § 142 u. § 166. – ► Nach einer scherzhaften Deutung (vē, klein) = **Jupiter als Kind**, nach Ov. fast. 3, 447 *sq.* Paul. ex Fest. 379, 4.

veita, s. vīta ►.

Vēius, a, um, s. Vēiī.

veivo, arch. = vivo, s. d.

vel (eig. *Imperat.* v. volo, also: nimm, was du willst, das eine oder das andere; dah. **A** im Allg.: **1** einmal gesetzt, **oder**, zur Trennung mehrartiger Dinge, wobei die Annahme des einen der subjektiven Meinung oder Wahl überlassen wird (während aut Verschiedenartiges entgegensetzt; doch setzt Tacitus oft vel = aut, s. Nipperd. Tac. ann. 1, 139), eiusmodi coniunctionem tectorum oppidum vel urbem appellaverunt, Cic.: fortuna populi posita est in unius voluntate vel moribus, Cic.: ovum molle vel sorbile, Cels. – zur Berichtigung des Vorhergesagten mit *potius* verb., ex hoc populo indomito vel potius immani deligitur aliqui plerumque dux, oder, möchte ich lieber sagen, Cic. – **2** doppelt (auch dreifach und noch mehrere Male) hintereinander gesetzt, **entweder ... oder, es sei ... oder**, auch **teils ... teils**, multa ad luxuriam invitamenta perniciosa civitatibus suppeditantur mari, quae vel capiuntur vel importantur, Cic.: sed ego cur non adsum vel spectator laudum tuarum vel particeps vel socius vel minister consiliorum? Cic.: sogar achtmal, Cic. de rep. 1, 3. – Zur Schärfung oder Vervollständigung des Vorhergesagten mit dem letzten *vel* noch *etiam* od. *vero etiam* od. *omnino* verb., quae vel ad usum vitae vel etiam ad ipsam rem publicam conferre possumus, Cic.: in mediocribus vel studiis vel officiis vel vero etiam negotiis, Cic.: haec vel ad odium vel ad misericordiam vel omnino ad animos iudicum movendos sumentur, Cic. – aut ... vel st. vel ... vel, Ov. met. 1, 546 (welcher Vers jedoch für unecht gehalten wird). – In der klass. Prosa findet sich zwar auch aut neben vel, jedoch so, dass es demselben durchaus nicht entspricht, wie Cic. de amic. 57 u. a. – **B** insbes.: **1** zur Verbindung, **und auch**, pariter pietate vel armis, Verg.: terris agitare vel undis, Verg. – im Spälat. (z. B. bei den Scriptt. hist. Aug. und bei Eccl.) geradezu = et, **und**, u. *vel* ... *vel* = et ... et, **sowohl ... als auch**, s. Volkmann Itin. Alex. praef. p. 7 *sq.* – **2** in der Steigerung, **oder sogar, auch sogar, selbst**, per me vel stertas licet, Cic.: vel illo ipso iudice, Cic.: vel regnum malo quam liberum populum, Cic.: zuw. mit dem Nbbgr. einer milderen Behauptung, **auch nur**, haec sunt omnia ingenii vel mediocris, dazu gehört wohl ein auch nur mittelmäßiges Talent, Cic. – Daher auch zur Bezeichnung des allerhöchsten Grades, häufig beim *Superl.* (wie quam u. longe), hoc in genere nervorum vel minimum, suavitatis autem est vel plurimum, leicht das Meiste, Cic.: quod erat ad obtinendam potentiam nobilium vel maximum, Cic.: vel maxime, gar sehr, Cic. – **3** zur Hervorhebung eines einzelnen od. besonderen Falles, **zumal, besonders**, est tibi ex his ipsis, qui adsunt, bella copia, vel ut a te ipso ordiare, zumal wenn du bei dir selbst anfängst, Cic.: vel hic Pamphilus quoties Bacchidi iurabat etc., Ter. – Zuw. durch **zum Beispiel** zu übersetzen (s. Brix Plaut. mil. 25), raras tuas quidem, sed suaves accipio litteras; vel quas proxime acceperam, quam prudentes! Cic.: vel quasi egomet, wie ich zum Beispiel, Plaut. – ► spät. Form bel, Edict. Diocl. 7, 41.

vela, ae, *f.*, bei den Galliern der Name der griech. Pflanze erysimon, Plin. 22, 158.

1. **vēlābrum**, ī, *n.*, Plur. velabra (Planen?), quibus frumenta ventilantur, Paul. ex Fest. 77, 15. – Nbf. vēlābrus, CIL 3, 289.

2. **Vēlābrum**, ī, *n.*, das **Velabrum**, **a** maius, der zwischen dem vicus Tuscus u. dem forum boarium liegende Teil der Tiefe am Aventin, Verkaufsplatz aller feinen Tafelgenüsse, dah. auch Standort der Mietköche usw., wo die Ölverkäufer u. Käsehändler usw. feil hatten, Varro LL. 5, 43 u. 44. Plaut. capt. 489; Curc. 483. Hor. sat. 2, 3, 229. Suet. Caes. 37, 2. – **b** minus, in der Gegend der Carinae, Varro LL. 5, 156. – dah. von beiden Plur. Velabra, Prop. 4, 9, 5. Ov. fast. 6, 405. – Dav. **Vēlābrēnsis**, e, **velabrensisch**, caseus, Mart. 13, 32, 2: massa recocta foco Velabrensi, v. Käse, Mart. 11, 52, 10.

vēlābrus, s. 1. vēlābrum.

vēlāmen, inis, *n.* (velo), die **Hülle, Decke, Kleidung**, das **Gewand**, Verg., Sen. u. a.: (ferarum) detracta velamina, Wildschur, Fell, Tac.: vel. nuptiale, Brautschleier, Ambros. de paenit. 1, 14, 69. – ► velamina = vellera, Varro r. r. 2, 11, 9 K.

vēlāmentum, ī, *n.* (velum), die **Hülle, Bedeckung, Decke** über etw., **I** im Allg.: **a** eig., Sen. ad Marc. 15, 3. Curt. 6, 1 (6), 38. – **b** bildl.: quaerentes libidinibus suis patrocinium aliquod ac velamentum (einen Deckmantel), Sen. de vit. beat. 12, 4. – **II** insbes.: **1** als anatom. *t. t.*, die **Hülle** (*tunica*), quod velamentum infantis intus fuit, Cels.: propria utrique testiculo velamenta, Cels. – **2** als publiz. *t. t.*, Plur. velamenta, mit wollenen Binden, deren Enden die Hände verhüllten (dah. manus velatae, Plaut. Amph. 257), umwundene Ölzweige, Friedensstäbe u. dgl., die die um Gnade u. Schutz Flehenden vor sich hertrugen, **Bittzeichen**, ramos oleae ac velamenta alia supplicum porrigentes, Liv.: velamenta supplicum, ramos oleae, porrigentes, Liv.: oratores cum infulis et velamentis ad Romanum miserunt, Liv.: velamenta et infulas praeferentes, Tac.: velamenta manu praetenderis supplice, Ov. Vgl. Fabri Liv. 24, 30, 14.

vēlāris, e (velum), **zu den Vorhängen gehörig**, anuli, Vorhangsringe, Plin. 13, 62.

vēlārium, iī, *n.* (velum) – velum, ein großes **Tuch**, die **Plane**, Plur. velaria, die über das Amphitheater ausgespannten **Tücher**, um die Zuschauer gegen allzugroße Sonnenhitze zu schützen, Iuven. 4, 122: velaria umbraculorum theatralium, Amm. 14, 6, 25 G.: praepositus velaris (= velariis) castrensibus, der dafür zu sorgen hatte, dass der für die ludi castrenses bestimmte Platz mit velaria überspannt wurde, CIL 6, 5183.

vēlārius, iī, *m.* (velum), **I** der Sklave od. Diener, der an den Türen im Inneren des Hauses das Zurückschlagen des Vorhangs beim Aus- u. Eingehen der Bewohner u. Fremden besorgte, der **Türsteher**, CIL 6, 8649 u. 6, 9086 (vgl. Ruperti Iuven. 6, 227). – **II** der Matrose, der die Segel aufspannte u. zusammenlegte, CIL 10, 3500.

vēlātī, s. 1. accēnsus *no.* I.

vēlātio, ōnis, *f.* (velum), die **Erteilung des Schleiers,** Augustin. epist. 150 *extr.*

vēlātō, *Adv.* (v. velo), **im Verborgenen, im Dunkeln,** Tert. adv. Marc. 4, 29.

1. vēlātūra, ae, *f.* (zfgz. aus vehelatura), das **Fuhrwesen,** velaturam facere (betreiben), Varro LL. 5, 44. Varro r.r. 1, 2, 14 (wo Schn. vellaturam).

2. vēlātūra, ae, *f.* (velo), die **Hülle,** der **Schleier,** Gregor. epist. 4, 18.

Velēda, ae, *f.*, eine als Weissagerin göttlich verehrte Jungfrau bei den Germanen, Tac. Germ. 8 u. a.

vēles, itis, *m.*, gew. Plur. vēlitēs (zu velox), eine Gattung junger, leichtbewaffneter Soldaten, die außerhalb der Schlachtreihe den Feind durch schnelle Angriffe beunruhigten u. sich dann wieder zurückzogen, **Plänkler,** Liv. 26, 4, 9; 38, 21, 13 u. a. – Sing. Titin. com. 9. Lucil. 290 u. 1349 (b. Paul. ex Fest. 308, 13); u. übtr., scurra veles, der andere durch seine Angriffe neckt, ein neckischer Spaßmacher, Cic. ep. 9, 20 *in.*

Velia, ae, *f.*, **I** ein Bezirk auf der Höhe des Palatins, über dem Vestatempel gelegen, da, wo die sogen. *Basilica Constantini* u. der Tempel der Venus u. Roma (templum Urbis) steht, Cic. de rep. 2, 53. Liv. 2, 7, 6. Solin. 1, 22: Plur. Veliae, viell. in Bezug auf den doppelten Abhang, nach dem Forum u. nach dem Amphitheater, Varro LL. 5, 54. Varro vit. P. R. 1. fr. 10 (b. Non. 531, 22), wo Abl. Velis. – Dav. **Veliēnsis**, e, **veliensisch,** Veliense sexticeps, fr. Agr. bei Varro LL. 5, 54. – **II** lat. Name der lukanischen Küstenstadt Elea (Ἐλέα, urspr. Ὑέλη), j. *Castell' a Mare della Bruca,* Cic. ep. 7, 19, 1. Hor. ep. 1, 15, 1. Gell. 10, 16, 3. – Dav.: **A Veliēnsis**, e, **zur Stadt Velia gehörig, veliensisch,** Cic. – Plur. Veliēnsēs, ium, *m.*, die Einw. von Velia, die **Velienser,** Cic. – **B Velīnus**, a, um, **velinisch,** portus, Verg.

vēlifer, fera, ferum (velum u. fero), **Segel tragend,** Prop., Ov. u. a.

vēlificātio, ōnis, *f.* (velifico), das **Segeln,** Cic. ep. 1, 9, 21: sprichw., non contis et remulco, ut aiunt, sed velificatione plenā (mit vollen Segeln) in rem publicam ferri, Amm. 18, 5, 6: velificatione tranquillā, ut aiunt, ferri ad gloriam, Amm. 29, 2, 22.

vēlificium, iī, *n.* (velificus), das **Segeln,** Hyg. fab. 277.

vēlifico, āvī, ātum, āre (velificus), **I** *intr.* **die Segel spannen, segeln,** per urbanas aquas, Prop. 4, 9, 6: rate, Hyg. fab. 277: artemone solo, Schol. Iuven. 12, 69: iis (scirpis), als Segel gebrauchen, Plin. 16, 178: duae Aurae velificantes suā veste, Plin. 36, 29. – v. Tieren, sich wie segelnd auf dem Wasser bewegen, Plin. 9, 88 u. 103: velificantes erectis capitibus, Plin. 8, 35. Vgl. velificor *no.* I. – **II** *tr.* **durchsegeln,** dah. vēlificātus, a, um, **durchsegelt, durchfahren,** Athos, Iuven. 10, 174.

vēlificor, ātus sum, ārī (velificus), **die Segel spannen,** d. i. **I segeln,** caerula ad infernos velificata lacus, Prop. 2, 28, 40: sic velificantes portibus suis adremigaverunt, Flor. 3, 7, 3: quantum per quadraginta dies noctesque velificantibus cursus est, Mela 3, 7, 2 (3. § 61). Vgl. velifico *no.* I. – **II** bildl., mit vollen Segeln, d. i. **eifrig** für etw. **wirken,** jmdm. od. einer Sache **Vorschub tun,** jmdm. **durchhelfen,** alci, Cael. in Cic. ep. 8, 10, 2: honori suo, Cic. de lege agr. 1, 27: favori civium, Flor. 1, 9, 5. – ► Parag. Infin. velificarier, Afran. com. 267 (Ribbeck vellicarier).

vēlificus, a, um (velum u. facio), **segelnd,** velificus navigii cursus, Plin. 13, 70.

vēliger, gera, gerum (velum u. gero), **Segel tragend,** mare, Cassiod. var. 7, 9, 1.

1. Velīnus, a, um, s. Velia.

2. Velīnus, ī, *m.*, See im Sabinischen, der, jährlich die Täler überschwemmend, vom Konsul Manius Kurius Dentatus abgeleitet wurde, j. *Pie di Lugo,* auch *Lago delle Marmore,* lacus Velini, Varro LL. 5, 71 u. r.r. 3, 2, 3: lacus Velinus, Cic. ad Att. 4, 15, 5. Plin. 2, 153 u. 226: Velinus lacus, Tac. ann. 1, 79: Plur. lacus Velini (Akk. lacus Velinos), die verschiedenen Ableitungskanäle des Velinus, Plin. 3, 108: fontes Velini, die Quellen od. weil der See mehrere Abteilungen hatte, die Zuflüsse des Velinus, Verg. Aen. 7, 517: Rosia rura Velini, das Tal des Velinus, Verg. Aen. 7, 712. – Dav.: **A Velīna tribus**, die **velinische Tribus,** im Tal des Velinus, Cic. ad Att. 4, 15, 9. Liv. epit. 19: dies. bl. Velīna, ae, *f.*, Hor. ep. 1, 6, 52. Pers. 5, 73. – **B Velīnia**, ae, *f.*, die Göttin **Velinia,** Varro LL. 5, 71.

Veliocassēs, ium, *m.* u. **Velocassēs**, ium, *m.* u. **Veliocassī**, ōrum, *m.*, eine gallische Völkerschaft am rechten Seineufer, deren Hauptstadt Rodomagus (j. *Rouen*) in der Normandie, Form Veliocasses, Caes. b. G. 2, 4, 9. Hirt. b. G. 8, 7, 4. Plin. 4, 107. CIL 13, 1998: Form Velocasses, Oros. 6, 7, 14 u. 6, 11, 12. Form Veliocassi, Caes. b. G. 7, 75, 3.

vēlitāris, e (veles), **zu den** *velites* **gehörig, der Veliten,** arma, Sall. Iug. 105, 2: hastae, Liv. 26, 4, 4 u. 38, 20, 1. Plin. 7, 201. Paul. ex Fest. 28, 20: auxilium, Amm. 20, 1, 3. – Plur. subst., vēlitārēs, ium, *m.*, **leichtbewaffnete Truppen,** Amm. 18, 4, 1.

vēlitātio, ōnis, *f.* (velitor), das Plänkeln der Leichtbewaffneten, übtr., mit Worten, das **Necken,** Plaut. rud. 525: verbis velitationem fieri, Plaut. asin. 307, wo Goetz u. Loewe verbivelitationem.

Velīternīnus u. **Velīternus**, a, um, s. Velitrae.

vēlitēs, um, *m.*, s. vēles.

vēlito, ātus, āre = velitor, Prisc. 8, 29, wov. Infin. Präs. velitare, Turpil. com. 145.

vēlitor, ātus sum, ārī (veles), nach Art der *velites* **plänkeln,** übtr.: **I kämpfen, a** mit Waffen, calcibus, Apul.: lapidibus in alqm, werfen, Apul.: Veneris proeliis velitatus, Apul. – **b** mit Worten, **zanken, schimpfen** usw., inter se, Plaut.: in maledictis adversus alqm, Gell. – **II einen Versuch machen,** armis, Apul. met. 9, 29: periculum alci, drohen, *ibid.* 5, 11.

Velitrae, ārum, *f.*, eine Stadt der Volsker in Latium, von den Römern schon 494 v. Chr. kolonisiert, j. *Veletri,* Liv. 2, 31, 4. Suet. Aug. 1. Sil. 8, 379. – Dav.: **A Veliternus** a, um, **veliternisch,** Liv. – Plur. subst., Veliternī, ōrum, *m.*, die Einw. von Velitrā, die **Veliterner,** Plin. – **B Veliternīnus**, a, um, **veliterninisch,** vina, Plin.

vēlivolāns, antis (velum u. volo, āre) = velivolus, v. Schiffen, Enn. fr. scen. 67 (bei Cic. de div. 1, 67).

vēlivolus, a, um (velum u. volo, āre), **mit Segeln einherfliegend, segelbeflügelt,** v. Schiffen, naves, Enn. ann. 388 u. fr. scen. 79: navis, Mamert. pan.: rates, Ov.: vom Meere, auf dem Schiff fahren, mare, Liv. Andr., Verg. u. a.

vella, ae, *f.* = villa in der Sprache des Landmannes, nach Varro r.r. 1, 2, 14.

vellātūra, s. 1. vēlātūra.

Vellaunodunum, ī, *n.*, eine Stadt in Gallia Lugdun., im Land der Senones, zwischen Agedincum u. Cenabum, jetzt *Château-Landon,* Caes. b. G. 7, 11, 1.

Vellavī, ōrum, *m.*, ein keltisches Volk, von den Arvernern abhängig, im heutigen *Velay* in den Sevennen, Caes. b. G, 7, 75, 2. Sing. Vellavus, ī, *m.*, Not. Tir. 87, 27 (wo Vellaus).

Vellēius, a, um, Name einer röm. *gens,* aus der am bekanntesten **I** C. Velleius Paterculus, ein Geschichtsschreiber unter Augustus u. Tiberius. – **II** C. Velleius, Anhänger der epikureischen Philosophie u. Freund des Redners Krassus, Volkstribun um 91 v. Chr., Cic. de or. 3, 78 u. de nat. deor. 1, 15. – *Adi.* **vellejisch,** lex, ICt. – Dav. **Vellēiānus**, a, um, **vellejanisch,** senatus consultum, des Konsuls C. Vellejus Tutor, ICt.

vellereus, a, um (vellus), **aus Wolle, wollen,** cruminae, Ps. Ascon. ad Cic. I. Verr.. 22. p. 135 B.

vellicātim, *Adv.* (vellico), **rupfweise** = stückweise, nicht zusammenhängend, scribere, Sisenn. b. Gell. 12, 15. § 2 u.b. Non. 187 *sq.*

vellicātio, ōnis, *f.* (vellico), das **Rupfen,** bildl., das **Necken,** die **Stichelei,** Augustin. gen. ad litt. 12, 17: Plur. b. Sen. de ira 3, 43, 5 u. de vit. beat. 5, 3.

vellico, āvī, ātum, āre (*Intens.* v. vello), **rupfen, raufen, kneipen, I** eig.: **a** leb. Wesen: cornix astat; ea volturios duo vicissim vellicat (rupft u. = foppt), Plaut. most. 834: puer a paedagogo se vellicari respondit,

Quint. 6, 1, 41: aves, quae vellicando morsicandoque et canturiendo assidue non patiuntur dormire potantes, Paul. ex Fest. 86, 14. – **b** Lebl.: horrentes pectore setas, Calp. ecl. 10, 32: barbulam, Heges. 4, 25, 2: auriculam, Paul. Nol. carm. 36, 3: absol., minime malefica (est apis), quod nullius opus vellicans facit deterius, Varro r. r. 3, 16, 7. – **II** übtr.: **a** **kneipen,** mit Worten **durchziehen, anfechten, verkleinern,** **α** Pers.: alqm, Plaut. merc. 408: in circulis, Cic. Balb. 57: absentem, Hor. sat. 1, 10, 79. – **β** Lebl.: in quibus plura inscite aut maligne vellicant, Gell. 4, 15, 1: nullum est tam plenum beneficium, quod non *vellicare* (verkleinern) malignitas possit, nullum tam angustum, quod non bonus interpres *extendat* (vergrößere), Sen. de ben. 2, 28, 4. – **b** **misshandeln, kränken,** durch Eifersucht, Prop. 2, 5, 8. – **c** **anregen, aufstacheln,** animum, Sen. ep. 20, 13: alqm, *ibid.* 63, 1. – ► Parag. Infin. vellicarier, Afran. com. 267; vgl. Ribbeck Coroll. p. LXXIV.

Velliger, gerī, *m.* (vellus u. gero), der **Vliesträger,** v. Zeichen des Widders, Caes. German. prognost. fr. in Anthol. Lat. 5, 51, 30 *Burmann.*

vello, vulsī (volsī) u. vellī, vulsum (volsum), ere (aus *velso zu Wz. **wel-*, brechen, reißen), **rupfen, raufen, zupfen,** **I** im Allg.: **a** eig.: linum, Flachs raufen, Plin. 19, 7: resinā cutem tertio quoque die diutius, Pech auf die Haut legen, um diese damit zu raufen (zu zerren), Cels. 3, 27, 1. p. 118, 6 D. – aus mutwilliger Neckerei, alci barbam, am Bart zupfen, zausen, Hor. sat. 1, 3, 133. – u. zur Erinnerung, latus digitis, Ov.: vellere et pressare manu lentissima brachia, Hor.: aurem, Verg., Hor. u. a. – **b** bildl.: mea secreto vellentur pectora morsu, werden gequält, Stat. silv. 5, 2, 3. – **II** insbes.: **A** **abrupfen, ausrupfen, auszupfen, heraus-, ausreißen,** **a** übh.: lanam, Varro: plumam, Colum.: poma, abpflücken, Tibull.: spinas, Cic.: cuneum, Colum.: virgultum, Augustin.: ego (herbam) volsam, non haerentem vidi, Plin. – pilos caudae equinae, Hor.: arbores radicitus, Vopisc.: capillos a stirpe, Prop.: asparagum ab radice, Plin.: postes a cardine, Verg.: hastam de caespite, Verg.: siccas de caespite herbas, Lucan.: legumina e terra, Plin.: sagittam oculo pendente, Lucan.: vulsi terrā cibi, Ps. Quint. decl. – übtr., ita nomen Antoninorum inoleverat, ut velli ex animis hominum non posset, Spart. Carac. 9, 2. – **b** als milit. *t. t.:* vallum, die Palisaden aus- u. so den Wall einreißen, Liv. 9, 14, 9; 10, 25, 7: ebenso munimenta, Liv. 2, 25, 3. – signa, die Feldzeichen aus der Erde reißen = aufbrechen, Liv. 3, 50, 11. Verg. Aen. 11, 19; u. (übtr. v. den Bienen) castris signa, Verg. georg. 4, 108. – **c** als mediz. *t. t.*, Partiz. subst., volsa, ōrum, *n.*, Verrenkungen, Plin. 22, 43. – **B** rupfend der Haare od. Federn berauben, **rupfen, raufen,** **a** Tiere, als *t. t.* der Landw.: oves, Varro u. Plin.: pullos, Colum.: anseres bis anno, Plin. – **b** Menschen, genae florem primaevo corpore, Lucan. 6, 562. – medial velli, **sich die Haare ausraufen lassen,** im Gesicht, um bartlos zu sein, Suet. Caes. 45, 2: an den Schamteilen, Suet. Galb. 22. – ► *Perf.* vulsi (volsi), Sen. de prov. 3, 6. Lucan. 4, 414; 6, 546 u. 562. Augustin. conf. 8, 8, 20. Prud. c. Symm. 2. praef. 5: velli, Calp. ecl. 4, 155. Vgl. Diom. 372, 12. Prisc. 10, 35 (die beide Formen anführen, aber velli für üblicher halten, das wenigstens in den Kompositis vorherrschend ist). – *PAdi.* vulsus, a, um, s. bes.

Vellocassēs, richtiger Veliocasses, s. d.

1. vellus, eris, *n.* (zu vello), die abgeschorene, noch zusammenhängende u. ein Ganzes ausmachende **Wolle** der Schafe, der **Pelz** (s. Varro r. r. 2, 11, 9 u. LL. 5, 54), dann gew. für zusammenhängende **Wolle** übh., **I** eig. u. meton.: **A** eig.: lanae vellus, Ambros. serm. 5, 6: absinthium in vellere appositum, Plin. 27, 50: muricibus Tyriis iteratae vellera lanae, Hor. epod. 12, 21: vellera nebulas aequantia mollire, Ov. met. 6, 21: vellera motis trahere digitis, v. Spinnen, Ov. met. 14, 264. – **B** meton.: **1** das ganze **Schaffell,** das **Vlies,** sowohl noch an dem Tier, als auch abgezogen, Verg., Ov. u. Plin.: Phrixēa vellera, Ov. – poet. übtr. – jedes **Fell,** jede **Tierhaut,** des Löwen, Hirsches, Ov.: vellera ferina, der wilden Tiere, Ov. – **2** das aus Wolle Bereitete, Parnasia vellera, wollene Binden für den Scheitel oder zur Befestigung der Lorbeer- od. Efeukränze, Stat. silv. 5, 3, 8. – **3** die **Schafe,** Calp. ecl. 2, 7. – **II** übtr., das der Wolle Ähnliche, wie wolliges Moos, Calp. ecl. 6, 67: vellera depectant tenuia Seres, Baumseide, Verg.: lanae vellera per caelum ferri, dünne Wölkchen, Verg.: von Schneeflocken, Mart. 4, 3, 1.

2. vellus, ī, *m.*, s. villus ►.

vēlo, āvī, ātum, āre (velum), **verhüllen, bedecken, einhüllen,** **I** eig. u. übtr.: **A** eig.: pallio caput, Sen.: capita velamur amictu, Verg. (vgl. levi velatum pectus amictu, Catull.): togā velatus, Liv.: capite velato, Cic. u. Liv.: velatā manu, mit Handschuhen (Ggstz. nudā manu), Colum.: velatis manibus orant (s. vēlāmentum *no.* II, 2), Plaut. Amph. 257: mit *Acc. resp.*, foliorum oppositu pudenda velatus, Auson. perioch. Odyss. 6: Partiz. subst., velanda corporis, die Schamglieder, Plin. ep. 6, 24, 3. – velati accensi, s. 1. accēnsus *no.* I. – **B** übtr., **umwinden, umgeben, schmücken,** tempora myrto, Verg.: delubra fronde, Verg.: Palatia sertis, Ov.: caput velatum filo, mit einer wollenen Binde, Liv. 1, 32, 6. – **II** bildl., **verschleiern, bemänteln, verbergen, verheimlichen,** odium fallacibus blanditiis, Tac.: nihil velandum est, Plin. pan. – ► Parag. Infin. velarier, Arnob. 5, 7.

Velocassēs, s. Veliocassēs.

vēlōcitās, ātis, *f.* (velox), die **Geschwindigkeit, Raschheit, Schnelligkeit,** **I** eig., verb. pernicitas et velocitas, Cic.: velocitas corporis *celeritas* vocatur, Cic.: homo summae velocitatis, Hirt. b. G. – m. *Genet.*, nandi, Colum.: equi, Hirt. b. G.: corporis, Cic.: Plur. velocitates aut celeritas corporum, Cic. de sen. 17. – mit *in* u. Abl., illa in rebus moliendis efficiendisque velocitas, Curt. 5, 7 (22), 1. – **II** übtr.: vel. cogitationum animique celeritas, Plin.: animi, Quint.: mali, Tac.: occasionum, Tac.: tantam famae velocitatem fuisse, ut etc., Iustin. – v. der Rede, der **Schwung,** die **Lebendigkeit,** Sen. exc. contr. 4. praef. § 7. Quint. 9, 4, 83; 10, 7, 8: m. *Genet.*, immortalis illa Sallustii velocitas, Quint. 10, 1, 102.

vēlōciter, *Adv.* (velox), **schnell, rasch,** alqd velociter auferre, Ov.: senescere velociter, Plin.: velocius pervolare in hanc sedem, Cic.: velocissime moveri, Cic.: velocissime (mit Blitzesschnelle) refugere, Caes.

vēlōx, ōcis (vgl. vēles), **schnell, geschwind, rasch** (Ggstz. tardus), **I** eig.: iuvenes, Liv.: cervus, Verg.: pedites velocissimi, Caes.: navis, Verg.: iaculum, Verg.: amnis, Lucan.: Athesis, Claud. u. Sidon.: flamma, Lucr.: toxicum, schnell wirkend, Hor.: venenum, Gell.: arbor, schnell wachsend, Plin.: navigatio, Quint.: munera, schnell errichtet, Mart.: veloci pererrare oculo, mit raschem Blick, Hor. – poet. statt des Abv., ille velox desilit in latices, Ov.: cum tua velox merce veni, Hor. – mit *ad* u. Akk., piger ad poenas princeps, ad praemia velox, Ov. ex Pont. 1, 2, 123. – m. folg. *Infin.*, nec iam hic absistere velox, Stat. Theb. 6, 797. – **II** übtr.: ingenium velox ac mobile, Quint. (vgl. natura humani ingenii agilis ac velox, Quint.: Gaius Caesar velox ingenio, Tac.): vel. animus, Hor.: acutior atque velocior in urbanitate brevitas, Quint.: nihil est animo velocius, Cic.: licet strenuum metum putes, velocior tamen spes est, Curt.: decurrere materiam stilo quam velocissimo, Quint. – m. *ad* u. Akk., nec ad complectenda tantum quae vellem velox mihi erat memoria, sed etiam ad continenda quae acceperam, Sen. contr. 1. praef. § 3.

1. vēlum, ī, *n.* (statt **vēx-lum*, wovon auch das *Demin.* vexillum; zu veho, vexi), das **Segel,** **I** eig.: navale velum, Macr. sat. 5, 21, 5: antemnis subnectere totum velum, Ov.: Sing. kollekt., velo et remige portus intrat, Ov. – gew. im Plur., exposita ad navigandum vela, Hieron.: vela dare, die Segel spannen, absegeln, Liv., Verg. u. Ov.: u. so vela dare rati, Ov.: vela dare ventis od. notis, Ov.: vela dare in altum, absegeln, Liv. u. Verg.: vela dare ad Hypsipiles patriam, segeln, Ov.: parva Tyrrhenum per aequor vela dare, Hor.: vela facere, die Segel aufspannen (mit vollem Wind fahren), Verg. Aen. 5, 281 (vgl. unten im Bild): ebenso dirigere vela ad alqm locum, Caes.: velis profugere, mit Hilfe der Segel, Auct. b. Alex.: vela parare, zur Flucht rüsten, Ov.: vela cadunt, s. cado. – im Bild, dare vela ad id, unde aliquis status ostenditur, Cic.: ebenso vela facere, die Segel aufspannen (mit vollem Wind fahren), d. i. in der Rede rasch vorwärts schreiten, Cic. Tusc. 4, 9: pandere vela orationis, gleichsam die Segel der

Rede ausspannen, d. i. dem Strom seiner Rede folgen, Cic. Tusc. 4, 9: vela contrahere, Cic. u. Hor. (und so voti quaeso contrahe vela tui, Ov.): vela dare ingenio, Ov., famae, Mart.: per omne aevi tempus plenis gloriae velis feretur, Val. Max. 3, 7. ext. 1. – Sprichw., s. 1. rēmus u. remigium. – **II** meton., das **Schiff,** Plur. von mehreren, reditura vela tenebat eurus, Ov. met. 7, 664: v. einem, non habent mea vela recursus, Ov. met. 9, 594.

2. vēlum, ī, *n.* (zu Wz. **weg-*, weben), **Hülle, Tuch, Plane, Vorhang,** tabernacula carbaseis intenta velis, Cic.: velis amicti, non togis, mit allzuweitem Umwurf, von weichlichen und zierlichen Männern, Cic. – v. Vorhängen, uxor discreta velo, Plin. ep.: praetenta foribus vela, Suet.: erat sollicitus, si (ob) vela semper in ostiis, Hieron. – forum velis inumbrare, Plin.: u. so v. den Tüchern, die zum Schutz gegen die Sonnenhitze über das Theater ausgespannt wurden, Lucr. 4, 73. Prop. 4, 1, 15. Val. Max. 2, 4, 6.

vel-ut od. **vel-utī,** *Adv.*, **ganz wie, gleich wie (als), ebenso wie** **I** korrelativ, m. folg. *sic,* selten *ita:* **A** im Allg.: velut in cantu et fidibus, sic ex corporis totius natura et figura varios modos ciere, Cic. – **B** insbes., bei Anführung von Gleichnissen, ac veluti magno in populo cum saepe coorta est seditio … sic etc., Verg. Aen. 1, 148. – **II** absol., **A** im Allg.: velut hesterno die, Cic.: veluti pecora, Sall.: oft beim Abl. absol., s. Weißenb. Liv. 1, 14, 8. – **B** insbes.: **1** zur beispielsweisen Anfügung eines einzelnen Falles zu einer allgemeinen Behauptung, **wie** od. **so zum Beispiel** (s. Brix Plaut. mil. 25. Lorenz Plaut. Pseud. 749), velut haec mi evenit servitus, Plaut. Pseud. 771: velut ex ea disputatione, quae mihi nuper habita est in Tusculano, Cic. Tusc. 2, 2: est etiam admiratio nonnulla in bestiis aquatilibus iis, quae gignuntur in terra, veluti crocodili etc., Cic. de nat. deor. 2, 124: non elogia monumentorum id significant, velut hoc ad portam etc., Cic. de fin. 2, 116. – **2** bei Anführung eines Gleichnisses oder beim Gebrauch bildlicher Ausbrücke, **a** bei Gleichnissen, **wie, gleichwie,** frena dabat Sipylus, veluti cum praescius imbris etc., Ov. met. 6, 231; vgl. Verg. Aen. 4, 402. – **b** bei bildlichen Ausdrücken, **gleichsam,** velut hereditate relictum odium paternum, Nep.: haec velut sagina dicendi, Quint.: num ergo dubium est, quin ei velut opes sint quaedam parandae, Quint.: inaequalia et velut confragosa, Quint. – **3** velut si u. zuw. bl. velut, zur Anknüpfung eines hypothet. Vergleichungssatzes, **gleichsam als wenn, wie wenn,** **a** *velut si:* absentis Ariovisti crudelitatem, velut si coram adesset, horrerent, Caes.: velut si iam ad portas hostis esset, Liv. – **b** bl. *velut* od. *veluti:* veluti gemmas eius signumque probarem, Tibull. 1, 6, 25: veluti cognosceret, Ov. met. 4, 596: velut ea res nihil ad religionem pertinuisset, Liv. 2, 36, 1 (u. so oft bei Liv., s. Weißenb. Liv. 31, 1, 1).

vēmēns, s. vehemēns ►.

vēna, ae, *f.* (zu veho) die **Vene,** die **Ader,** **I** eig. u. übtr.: **A** eig.: **1** die **Blutader,** venae et arteriae a corde tractae, Cic.: venam incīdere, öffnen, Cels.: venam aperire, Tac.: venas abscindere, interscindere, abrumpere, interrumpere, alle Tac.: ferire venam pedis, Verg., venam sub cauda, Colum.: venas extrahere, das Blut aus den A., Sen.: ut in digitis nervos videretur habuisse, non venas, Treb. Poll. – **2** = arteria, die **Pulsader,** Plur. venae = der Puls, pulsus venae od. venarum, der Pulsschlag, Plin. u. Cels.: venarum exigui imbecillique pulsus, Cels.: venae non aequis intervallis moventur, der Puls ist ungleich, Cels.: si cui venae sic moventur, is habet febrem, Cic.: si protinus venae concīderunt, wenn gleich am Anfang (der Krankheit) der Puls sinkt, Cels.: venas tentare, den Puls fühlen, Suet. u. a.: ebenso tangere, Pers. – Die Adern waren nach der Meinung der Alten Kanäle für Speise u. Trank, s. Ruhnken Rutil. Lup. p. 103*sq.* – Die Adern als Sitz der Lebenskraft, vino fulcire od. reficere venas cadentes, die sinkenden Adern (sinkende Lebenskraft), Sen. ep. 95, 22; de ben. 3, 9, 2: u. so Hor. sat. 2, 3, 153. Ov. ex Pont. 1, 3, 10 (wo Sing.). – **B** übtr., die **Ader,** **a** von der Wasserader, die **Quellader,** cuniculis venae fontis intercisae sunt atque aversae, Hirt. b. G.: venas et flumina fontis elicuere sui, Ov.: Naïdas his (lacrimis) venam, quae numquam arescere posset, subposuisse ferunt, Ov.: in Lucrina tota Salmacis vena, Mart.: fecundae vena aquae, Ov. trist. 3, 7, 16 (im Bild): poet., oculos lacrumarum vena refugit, den Augen entwich (erlosch) die Tränenquelle, Lucan. 9, 746. – **b** v. der Erzader, aeris, argenti, auri, Cic.: auri venae et argenti, Solin.: latentes auri et argenti venae, Firm.: metalla, quorum in alto latet vena, Sen.: venae silicis, Verg.: semen veteris venae, die Körner der alten Goldader (v. Goldsand), Ov.: meton. = **Metall,** venae peioris aevum, Ov. met. 1, 128. – **c** v. Uringang, Cels. 4, 1. p. 122, 18 D. – **d** v. den Poren, Schweißlöchern, Vitr. 5, 3, 1. – **e** v. den Adern, Streifen des Holzes, Plin., und des Gesteins, Plin., Ov. u. Stat. – **f** v. den Saftgefäßen im Balsambaum, **Gefäße, Röhren,** Tac. hist. 5, 6. Claud. in Prob. et Olybr. cons. 252. – **g** v. den Baumreihen in Gärten, venae arearum, Plin. 17, 76. – **h** v. männl. Glied, Pers. 6, 72. Mart. 6, 49, 2 u. 11, 17, 5: tenta dei vena, Priap. 33, 2. – **II** bildl.: **1** im Allg.: periculum (der gefährliche Krankheitsstoff) autem residebit et erit inclusum penitus in venis atque in visceribus rei publicae, wird im Körper u. Blut (im Fleisch u. Blut) des St. stecken, Cic. Cat. 1, 31: teneat oportet venas cuiusque generis, aetatis, ordinis, er muss sich auf den Puls verstehen, d. i. er muss nach der augenblicklichen Stimmung (Ruhe od. Wallung) sich zu richten verstehen, Cic. de or. 1, 223: u. so tenebit venas animorum, Tac. dial. 31. – **2** die **geistige Anlage,** bes. die **poetische Ader,** tenuis et angusta ingenii vena, Quint.: benigna ingenii vena, Hor.: vena publica (vatis), Iuven. – **3** = ein kleiner Teil, haec, si ulla vena paternae disciplinae viveret, fierent, eine Ader, ein Fünkchen, Sever. b. Spart. Pesc. 3, 11.

vēnābulum, ī, *n.* (venor), **I** eig.: das **Fangeisen,** der **Jagdspieß,** die **Schweinsfeder,** Cic., Verg. u. a.: aprum venabulo excipere, Quint.: aprum venabulo percutere, Cic.: praeclaram bestiam venabulo transverberare, Cic.: erat in proximo non venabulum aut lancea, sed stilus et pugillares, Plin. ep.: apros frustra in venabula vocas, Sidon. – **II** übtr.: venabula sagittarum, große Pfeile in Gestalt der Jagdspieße, Plin. 8, 26.

Venāfrum, ī, *n.*, eine sehr alte Stadt der Samniter in Kampanien, berühmt wegen des vortrefflichen Baumöles, etwas östlich vom jetzigen *Venafro,* Cato r. r. 135*sq.* Cic. ad Q. fr. 3, 1, 2. § 4. Hor. carm. 2, 6, 16. Mart. 13, 101, 1. – Dav.: **A** **Venāfer,** fra, frum, zu Venafrum gehörig, **venafrisch,** oleum, Varro r. r. 1, 2, 6. – **B** **Venāfrānus,** a, um, **venafranisch,** Cic. u. a. – subst., Venāfrānum, ī, *n.*, venafranisches Öl, Iuven. 5, 86.

vēnāliciārius, a, um (venalicius), **den Sklavenhandel betreffend,** venaliciariam vitam exercere, Sklavenhandel treiben, Ulp. dig. 32, 1, 73. § 4. – Öfter subst., vēnāliciārius, iī, *m.*, der **Sklavenhändler,** ICt.

vēnālicius, a, um (vēnālis), **I** **zum Verkauf gehörig,** **A** *adi.* – **verkäuflich, feil,** iumenta, Petron.: funis, Aur. Vict.: venaliciarum mercium navis, Kauffahrteischiff, ICt.: übtr., matrimonia, ICt. – **B** *subst.*, **a** vēnālicium, iī, *n.*, der **Verkaufs-, Handelszoll,** die **Akzise,** Cod. Iust. 12, 19, 4. – **b** vēnālicia, ōrum, *n.*, im Handel ein- und ausgeführte Verkaufsgegenstände, **Ein- und Ausfuhrwaren,** portoria venaliciûm, Liv. 32, 7, 3. – **II** insbes., **zum Sklavenverkauf, -handel gehörig,** **A** *adi.*, **zum Verkauf ausgestellt, verkäuflich,** familiae, Suet.: greges, Plin. – **B** *subst.:* **1** vēnālicius, iī, *n.*, der **Sklavenhändler,** Cic. or. 232. Plin. 21, 170. Suet. rhet. 1. – **2** vēnālicium, iī, *n.*, eine **Schar-, Familie verkäuflicher** od. **gekaufter Sklaven,** CIL 6, 22355[a]: venalicium titulis pictum, Petron. 29, 3: ex venalicio noviciorum emptus, Venul. dig. 21, 1, 65. § 2: Plur., Ulp. dig. 28, 8, 5. § 1.

vēnālis, e (venus, us), **I** **verkäuflich, feil,** tunicula, Varro fr.: merces, Hor.: anulus in auctione venalis, Plin.: cibus uno asse venalis, Plin.: familia (Sklaven) venalis, Pollio b. Quint.: res venales, Verkaufsgegenstände, Tac.: tempus, Zinstermin, Sen.: artificium, Sen.: hortos venales habere, Cic.: cibum coctum venalem proponi vetuit, Val. Max.: me habent venalem, ich bin wie verraten und verkauft, Plaut. mil. 580. – subst., vēnālēs, zum Verkauf ausgestellte, bes. junge Sklaven, Asiatici, Cic.: trans mare advecti, Plin.: venales habere, mit Sklaven handeln, Plaut.: mercator urbibus prodest, medicus aegris, mango venalibus, Sen. de ben. 4, 13, 3. – **II** übtr., was durch Geschenke gewonnen werden kann, **käuflich, feil, bestechlich,** vox, Cic.: adscriptor, Cic.: multitudo venalis pretio, Liv.: fidem venalem proponere in provincia, Cic.: habere venalem in Sicilia iurisdictionem, Cic.: numquam venales essent ad munus amicae, Prop.

vēnālitās, ātis, *f.* (venalis), das **Feilsein, Verkäuflichsein,** durch Geschenke oder Bestechung, Cod. Iust. 4, 59 *extr.* Sidon. epist. 5, 13, 3.

Venantius, iī, *m.*, vollst. Venantius Fortunatus, ein Kirchenschriftsteller (um 535–600 n. Chr.), Verfasser vieler poetischer u. prosaischer Schriften.

vēnātīcius, a, um (venatus), **zur Jagd gehörig, Jagd-,** praeda, Amm. 29, 3, 3; 31, 1, 15.

vēnāticus, a, um (venatus), **zur Jagd gehörig, Jagd-,** canis, Jagdhund, Plaut. u. Cic.: ebenso catulus, Hor. – parasiti venatici canes sumus, Plaut. capt. 85.

vēnātio, ōnis, *f.* (venor), **I** das **Jagen,** die **Jagd, 1** eig.: aucupium atque venatio, Cic.: venationum (Jagdausflüge) voluptates, Iustin.: illud silentium, quod venationi datur, Plin. ep.: Suebi multum sunt in venationibus, Caes.: ad venationem proficisci, Fronto: venationem semper cum amicis participavit, Spartian. – **2** meton., das **Wild, Wildbret, a** das lebende, saeptum venationis, das Gehege, worin Wild gehalten wird, Varro r. r. 3, 12, 2: conspectu suo clausa venatio, Colum. 9. praef. 1: frequens ibi (in montibus) et varia venatio, Plin. ep. 5, 6, 8. – **b** das erlegte, das **Wildfleisch, Wildbret** (caro ferina), omnis avis, omnis venatio, Cels.: ven. capta, Liv.: unde illi eo tempore tam varia et multa venatio, Liv.: leporem cotidie habuit, venationem frequentem, Lampr. – **II** die **Tierhetze** im Zirkus od. Amphitheater (vollst. ludiaria venatio, Treb. Poll. Gallien. 3, 7), ludorum venationumque apparatus, Cic.: curator munerum ac venationum, Suet.: reliquae sunt venationes binae per dies quinque, magnificae, sed quae etc., Cic.: venationes ludosque et cum collega et separatim edidit, Suet.: in circo maximo venationis amplissimae pugna populo dabatur, Gell. – meton., **Tiere zur Hetze,** Sen. de ben. 1, 12, 3.

vēnātor, ōris, *m.* (venor), **I** der **Jäger,** Cic. u. a.: cervorum aprorumque venatores, Veget. mil. 1, 7 *in.* – attrib. = **jagend, Jagd-,** canis, Verg.: equus, Stat. – bildl. der **Jagdmacher** auf etwas, Plaut. mil. 608: physicus id est speculator venatorque naturae, ein Aufspürer u. Nachspürer, Cic. de nat. deor. 1, 83. – **II** übtr., der **Tierfechter** im Zirkus od. Amphitheater, Ulp. dig. 48, 19, 8. § 11. Tert. ad Mart. 5. Veget. mil. 2, 24.

vēnātōrius, a, um (venator), **zum Jäger** od. **zur Jagd gehörig, weidmännisch, Jäger-, Jagd-,** galea, Nep.: culter, Suet.: arma, Sen.: instrumentum, Jagdgerät, Plin. ep.: munera, Arnob.: habitus, Vopisc.: ludus (im Zirkus), ICt.

vēnātrīcius, a, um (venor), **zur Jagd geeignet, Jagd-,** calceamentum, Jagdstiefel, Schol. Bern. Verg. ecl. 7, 32.

vēnātrīx, trīcis, *f.* (Femin. zu venator), **I** die **Jägerin,** Verg. Aen. 1, 319 u. a. Ov. met. 2, 492. Serv. Verg. Aen. 2, 591: vom Jagdhund, Mart. 11, 69, 2. – attrib. = **jagend,** puella, Diana, Iuven. 13, 80. – **II** bildl., die **Erstreberin,** Cassiod. var. 6, 16, 3: venatrix sane optima non ferarum, sed libidinum, Ambros. de virgg. 3, 2. *no.* 6.

vēnātūra, ae, *f.* (venor), die **Jagd,** bildl., oculis venaturam facere (= spähen), atque aucupium auribus (= horchen), Plaut. mil. 990.

vēnātus, ūs, *m.* (venor), **I** das **Jagen,** die **Jagd,** labor in venatu, Cic.: murium ven., Plin.: primi elephantorum venatus, Plin.: meis venatibus dona auxi, Verg.: nympha non venatibus apta, Ov.: illa Romuli proles assiduis venatibus exercitata, Colum.: venatu ali, Plin.: in venatum proficisci (v. Löwen), Gell.: saltus agitare venatu Ps. Quint. decl.: asini feri cum venatibus agitantur, Amm. – übtr., v. Fischfang, hunc qui cepi in venatu meo, Plaut. rud. 970. – **II** meton., die **Jagdbeute,** das **Wild, Wildbret,** venatus aggerere, Plin. 8, 58: venatu et aucupio vesci, Plin. 7, 23: vesci venatibus, Amm. 23, 6, 50.

vēndāx, ācis (vendo), **verkaufsüchtig** (Ggstz. emax), pater familias, Cato r. r. 2. § 7. Turran. bei Diom. 368, 26.

vēndibilis, e (vendo), **I** was sich leicht verkaufen lässt, **verkäuflich,** merx, Plin.: illa via Herculanea, Cic.: fundus, Hor.: proles, Colum.: ea quae faciunt vendibiliorem agrum, Varro r. r. 1, 4, 2. – **II** übtr.: **1 käuflich** = bestechlich, milites, Amm. 26, 6, 14. – **2** gleichs. leicht Absatz findend u. dah. beim Käuferkreis **beliebt, angenehm** (s. Jahn Cic. Brut. 174), oratio, Cic.: puella, bekannt u. beliebt bei anderen, Ov.: sint illa vendibiliora, mögen sich besser empfehlen, Cic.

vēndibiliter, *Adv.*, doch nur im *Compar.* (vendibilis), **verkäuflich,** quae cutem poliunt, ut sub nomine virginali vendibilius pereant, Hieron. epist. 130, 18.

vendicium, s. vindicium.

vendico, āre, s. vindico.

vēnditārius, a, um (vendo), **verkäuferisch, feilbietend,** lingua, Plaut. Stich. 258, wo aber Goetz linguam vendidi datariam.

vēnditātio, ōnis, *f.* (vendito), das **Ausbieten** zum Verkauf, dah. bildl. = die **Anpreisung,** die **Prahlerei,** das **Großtun,** venditatio atque ostentatio, Cic.: sine venditatione, ohne Aufsehen zu machen, Cic.

vēnditātor, ōris, *m.* (vendito), der **Großtuer, Prahler** mit etw., famae, Tac. hist. 1, 49: iactator et vend. Sallustianae lectionis, Gell. 18, 4, 1.

vēnditio, ōnis, *f.* (vendo), der **Verkauf, I** eig.: **1** im Allg., Ggstz. emptio (Kauf), Sen., Tac. u. a.: venditioni exponere, zum Verkauf ausstellen, Tac.: rerum et animalium venditionem facere, ICt.: tabulas venditionis (den Kaufvertrag) subscribere, Ambros. – Plur. venditiones, Verkäufe, Gell. 17, 6, 6; meton. = verkaufte Güter, Plin. ep. 10, 108 (109), 1. – **2** insbes., **Verkauf durch Meistgebot, Versteigerung, a** eingezogener Güter, bonorum, Cic.: res quae in venditionem datae sunt, ICt.: per duos menses haec venditio celebrata est, Capit.: Plur., quam ad diem proscriptiones venditionesque fiant, Cic. Rosc. Am. 128. – **b Verpachtung,** nach Fest. 376 (a), 6. – **II** übtr., die **Veräußerung** übh., ICt.

vēndito, āvī, ātum, āre (*Intens.* v. vendo), **verkaufen wollen, zum Verkauf ausbieten, feilbieten, I** eig.: oleum, Varro fr.: merces, Rhet. Her.: Tusculanum, Cic.: agellum, Plin. ep.: necessaria funeribus (die Leichenrequisiten), Sen. – **II** übtr.: **1** gegen Bestechung usw. mit etw. **Handel treiben,** etw. **verhandeln,** decreta, Cic.: itinerum spatia et castrorum mutationes, Tac.: pacem pretio, Liv. – **2** vend. sese, **sich für Geld preisgeben, für Geld zu haben sein,** Plaut. mil. 312 u. Curc. 482. – **3 zur Schau tragen, ausbieten, anpreisen, anempfehlen,** ingenium, Rhet. Her.: operam suam alci, Liv.: dah. se alci, sich jmdm. anpreisen, sich bei jmd. einzuschmeicheln suchen, Cic.: so auch se existimationi hominum, Cic.

vēnditor, ōris, *m.* (vendo), der **Verkäufer, I** eig., Ggstz. emptor (der Käufer), Varro, Cic. u. a. – venditores ovium et boum, Ambros. in Luc. 9. § 20: gemmarum argentique atque vestium venditores, Cod. Iust. 12, 58, 12. § 3: v. librorum (βιβλιοπώλης), Buchhändler, Schol. Cruq. Hor. ep. 1, 20, 2; vgl. Gell. 5, 4, 1 (wo bl. venditor, *sc.* libri). – **II** übtr., der **Verhandler** gegen Bestechung, vestrae dignitatis, Cic. post red. in sen. 10.

vēnditrīx, trīcis, *f.* (Femin. zu venditor), die **Verkäuferin** (Ggstz. emptrix, die Käuferin), Scaev. dig. 18, 3, 8. Cod. Iust. 4, 51, 3.

vēndo, didī, ditum, ere (zsgz. aus venum do), **verkaufen, I** eig. u. übtr.: **A** eig.: **1** im Allg.: emere et vendere, Amm.: alci unum bovem, Lact.: vendens columbas, Taubenhändler, Ambros. – alqd pecuniā grandi, Cic., impenso pretio, Cic., gravissimo pretio, Salv., parvo pretio, Cic., minori pretio, Ambros., modico pretio, ICt., vili (um niedrigen Preis), Mart.: u. so viliori, ICt.: recte, teuer, Cic.: male, schlecht, wohlfeil, Cic.: pluris, minoris, teurer, wohlfeiler, Cic.: quam plurimo, quam optume, so teuer wie möglich, Cic.: vendo meum (frumentum) non pluris quam ceteri, Cic.: non emo tanti Ciceronis vitam, quanti vendit Antonius, Sen. rhet.: quo pluris vendant, Varro: id (vinum) venditurum pretiis, quibus sperabatur, zu den gehofften Preisen, Amm.: optavit, non ut multis (an viele) venderet, sed ut care (teuer), Sen.: ut carius eis victoriam venderet, Iustin.: caro (teuer) vendere, s. 3. cārō: alqd viginti minis, Plaut.: opera Protogenis *pro* suis, Plin.: *sub* corona, s. 1. corōna: *ad* neces hominum venena vendentes, Firm. – Partiz. subst., vēnditum, ī, *n.*, der **Verkauf,** constat negotiatio ex empto et vendito, besteht aus Kauf und

Verkauf, Sen.: hingegen ex empto aut vendito, dem Kauf od. Verkauf gemäß, Cic. – **2** insbes., meistbietend **verkaufen, a verauktionieren,** bona civium, Cic.: praedam suam, Cic.: haec per praeconem, Cic.: alqd sub hasta, s. 1. hasta: absol., ut praeconibus Latine (in latein. Sprache) vendendi ius esset, Liv. – **b** meistbietend **verpachten,** decumas, Cic.: praedia, Cic.: decumas permagno, dissolute, Cic. – **B** übtr., wie unser **verkaufen, verhandeln, a** gegen Bestechung verschaffen oder verraten, suffragia, Iuven.: auro patriam, Verg. – **b** gegen Geld oder andere Vorteile zum Gebrauch **preisgeben,** se regi, Cic.: sua funera, sein Leben für die Kampfspiele hingeben, Iuven.: verba reis, für Geld Reden halten, verteidigen, Mart. – **II** bildl., **ausposaunen,** öffentlich **rühmen, empfehlen,** Ligarianam, Cic.: causidicum, Iuven. – ► Nach Diom. 368, 24 ist zu vendo das klassische Passiv veneo, da in der klassischen Prosa als passive Formen nur *Partic. Perf.* venditus u. *Partic. Fut.* vendendus sich nachweisen lassen; aber nachaugust. u. besonders bei Spät. oft passive Formen von vendo, z. B. Iustin. 11, 4, 8 u. 34, 2, 6. Spart. Hadr. 18. § 8. Lampr. Alex. Sev. 45. § 4. Gord. bei Capit. 24. § 2: Perf. venditus sum bei Diom. 368, 25. – vulg. **bendo,** wov. bendant, CIL 10, 7307, 6 u. bendidit, de Rossi inscr. Christ. Vol. I, 489.

Venedī, ōrum, *m.*, eine nordgermanische Völkerschaft, an der Mündung der Weichsel, die jetzigen **Wenden,** Plin. 4, 97. – Tac. Germ. 46 Veneti geschrieben.

venēfica, ae, *f.*, s. venēficus.

venēficiolum, ī, *n.* (*Demin.* v. veneficium), Not. Tir. 82, 53.

venēficium, iī, *n.* (veneficus), **I** die **Giftmischerei, Vergiftung,** auch meton. = der **Gifttrank** selbst, Liv., Plin. u. a. – **II** die Zubereitung der Zaubertränke, die **Zauberei, Bezauberung,** Cic.: amoris veneficium, ein Liebestrank, Plin. – ► im Vulgärlatein auch beneficium, z. B. Vulg. (Amiat.) 4. regg. 9, 22; sap. 18, 13 u. 9, 21.

venēficus, a, um (venenum u. facio), **giftmischerisch, vergiftend, bezaubernd, I** *adi.*: artes, Plin. 30, 17: aspectus (Plur.), Plin. 28, 30: chamaeleon vermes elephantis veneficus, giftig, Solin. 25, 10: verba, bezaubernde, Ov. met. 14, 365. – **II** *subst.*: **A** venēficus, ī, *m.*, der **Giftmischer, Zauberer,** Plaut. Amph. 1043. Cic. de inv. 2, 58; Cat. 2, 7. Sen. de ira 1, 16, 1; de ben. 5, 13, 4: attrib., percussor veneficus, ein Bandit u. Giftmischer, Curt. 4, 11 (44), 18. – als Schimpfwort, Plaut. Pers. 278. – **B** venēfica, ae, *f.*, die **Giftmischerin, Zauberin,** Hor. epod. 5, 71. Ov. met. 7, 316 u. her. 6, 19. Sen. ep. 9, 6. Tac. ann. 13, 15: als Schimpfwort, Ter. eun. 825. Anton. bei Cic. Phil. 13, 25.

Venellī, ōrum, *m.*, eine gallische Völkerschaft in der heutigen nordwestl. Normandie am Kanal, Caes. b. G. 2, 34; 3, 17, 1; 7, 75, 4. Plin. 4, 107.

venēnārius, a, um (venenum), **zum Gift gehörig, Gift-,** calix, Giftbecher, Tert. de res. carn. 16: aconita, herba venenaria, Gloss. IV, 205, 7. – subst., venēnārius, iī, *m.*, der **Giftbereiter, Giftmischer,** Suet. u. a.

venēnātor, ōris, *m.* (veneno), der **Vergifter,** v. Teufel, Augustin. serm. 174, 9: übtr., venenatorum sermones, Ambros. in psalm. 118. serm. 6. § 13.

venēnātus, a, um (venenum), **I Gift enthaltend, giftig, vergiftet, a** eig., v. Tieren u. lebl. Ggstdn.: colubrae, Lucr.: vipera, Cic.: nihil est venenatius quam pastinaca, Plin.: vipera venenatissima, Tert. u. Hieron. – dentes, Ov.: telum, Cic.: sagittae, Solin.: caro, Cic.: calix, Sen.: herba, Giftpflanze, Serv. Verg. Aen. 2, 471: u. so herba venenatissima, Porphyr. Hor. epod. 3, 3. – **b** bildl.: iocus, verletzend, beißend, Ov.: munera, gefährlich, schädlich, Anton. b. Cic. – **II** Zaubermittel enthaltend, **bezaubert,** virga, Zauberrute, Ov. met. 14, 413.

venēnifer, fera, ferum (venenum u. fero), Gift enthaltend, **giftig,** Ov. met. 3, 85. – subst., Venēnifer, ferī, *m.* = Scorpio (als Sternbild), Anthol. Lat. 626, 4 (491, 4).

venēno, āvī, ātum, āre (venenum,) **I vergiften,** spatium caeli, Lucr.: carnem, Cic.: bildl., venenat odio mea commoda, verletzt, Hor. – **II beizen = färben,** Cn. Mat. bei Gell. 20, 9, 3. – dah. venēnātum, ī, *n.*, **Gefärbtes** = (rot) gefärbtes Zeug (Kleid), Masur. Sabin. bei Gell. 10, 15, 27; vgl. Serv. Verg. Aen. 4, 137.

venēnōsē, *Adv.* (venenosus), **sehr giftig,** Cassiod. hist. eccl. 6, 25.

venēnōsus, a, um (venenum), **voll Gift, sehr giftig,** herba, Augustin. de genes. ad litter. 8, 13: linguae, Augustin. in psalm. 28, 9: nebolae (= nebulae), Oribas. fr. Bern. 2, 24. p. 17, 9 *Hagen.*

venēnum, ī, *n.* (aus **venes-num* zu 1. venus), **I** im Allg., der **Saft,** das **Tränkchen,** dedi venenum, sed somniferum, Apul. met. 10, 11: dah. von schädlichen Säftchen, Tränkchen, im alten und strengen jurist. Latein mit dem Zusatz malum, s. Marcian. dig. 48, 8, 3 *pr.* Gaius dig. 50, 16, 236. Cic. Clu. 148 (aus einem alten Gesetz): venena mala, Sall. Cat. 11, 3. – **II** insbes.: **A** im üblen Sinne: **1** der lebenzerstörende, natürlich oder künstlich bereitete **giftige Saft,** das **Gift,** der **Gifttrank, a** eig.: lac veneni, giftiger, milchiger Saft (der Kräuter), Verg.: venenum rapidum et velox, Gell.: venenum parare, Cic.: venenum infundere, Cic.: venenum alci praebibere, Cic.: venenum alci dare, Cic.: dare venenum in poculo, in pane, Cic. (u. so in ea cena dicitur venenum datum, Liv.: venenum arguis? per quem dedi? Quint.): venenum alci mittere, Liv. epit.: venenum bibere, Cic. u. Quint.: venenum sumere, Nep.: venenum haurire, Liv. epit., Suet. u. Eutr.: venenum obducere (einschlürfen), Cic.: alqm veneno necare, Cic.: alqm veneno interficere, Sall. fr. – **b** bildl., das **Gift** = Unheil, Verderben, discordia est venenum urbis, Liv.: invidiae, Sil.: pus atque venenum, von beißenden, giftigen Reden, Hor.: von schlechten Gedichten, Catull.: vitae, Marter, Qual, Verbitterung, Catull. – **2** das **Zaubermittel,** der **Zaubertrank, a** eig., Plaut., Hor. u. a.: quasi veneno perficere, ut etc., Cic. – **b** bildl.: venena mulierum, Afran. fr.: isto veneno (Liebe) tentare alqm, Prop. – **B** im guten Sinne: **1** die **Beize** = der **Farbstoff,** die **Farbe,** bes. der **Purpur,** Assyrium, Verg.: Tarentinum, Hor. – u. = die **Schminke,** Ov. – **2** der **Balsam,** die **Spezerei** zum Einbalsamieren der Toten, Lucan. 8, 691.

vēneo (vaeneo), vēniī, vēnīre (st. venum eo, von 2. venus, der Verkauf), zum Verkauf gehen, **verkauft-, versteigert-, verpachtet werden** (als Passiv zu vendo), **I** im Allg.: oleam venire oportet, Cato: venire vestras res, Cic.: mancipia venibant, Cic.: venire ab hoste, Quint.: venire sub corona, Liv. (s. Drak. Liv. 4, 34, 4): venire sub corona a consule et praetore, Liv.: venire sub hasta, Flor. u. Claud.: venire in auctione, Gaius inst.: auctio fiet Menaechmi; venibunt servi, supellex, fundi et aedes, venibit uxor quoque, si quis emptor venerit, Plaut. – m. *Abl.* des Preises, auro, Hor.: asse, Vulg.: alibi asse, alibi dipondio, Ambros.: sestertiis milibus, Varro: sestertio nummo, Liv. epit.: non exiguis pretiis, Colum.: magno, Varro: quam plurimo, so hoch (teuer) wie möglich, Cic.: centuplicato, Plin. – m. *Genet.* des Preises, minoris, Cic.: non minoris quam etc., Val. Max.: multo maioris, Phaedr.: decem milibus aeris aut pluris eo, Liv. – **II** insbes., als publiz. *t. t.*, meistbietend **verpachtet werden,** quanti venierant, Cic.: quam magno venissent, Cic. – ► Perf. venicit, CIL 1, 200, 58. 65. 75. 77. 92. – ungew. Fut veniet, CIL 6, 13203. – arch. Infin. veneire, CIL 1, 205. col. 2, 47 u. 51. – Ungew. Passiv-Formen veneor, Diom. 368, 25 (ohne Beleg): venitur u. venear, Turran. bei Diom. 368, 28 u. Plaut. fr. bei Diom. 368, 26: veniri, Plaut. Pers. 577. Gaius inst. 3, 146. Rescr. Anton. Pii bei Ulp. dig. 1, 6, 2. Itala Matth. 26, 9 u. Marc. 14, 5: Supin. venitum als ungebr. angef. bei Prisc. 10, 54 (doch spätlat. Partiz. venītus [mit langem i] bei Sedul. hymn. 1, 21).

venerābilis, e (veneror), **I verehrungswürdig, ehrwürdig, hochverehrt,** magni illi ac venerabiles, Quint.: ven. vir miraculo litterarum, venerabilior divinitate etc., Liv.: senectā ven., Apul.: m. *Dat.* wem? regibus amicis venerabilis non minus quam terribilis, Eutr. 8, 8; u. so 10, 1. – v. Lebl., donum, Verg.: partes eloquentiae, Tac. dial.: doctrinae sacra, Val. Max.: quo scilicet Latinae vocis honos per omnes gentes venerabilior diffunderetur, Val. Max. – **II** aktiv = **verehrend, Verehrung erweisend, ehrfurchtsvoll,** quanto nostrae civitatis senatus venerabilior in deos, Val. Max. 1, 1, 15: verba v. erga deos, Val. Max. 2, 4, 4: quod caput rerum et columen venerabilibus adimus obsequiis, Arnob. 1, 29. – pavor venerabilis, heilige Scheu,

Auson. grat. act. I. 2. p. 20, 3 Schenkl. – ► vulg. Abl. venerabile, Ven. Fort. carm. 3, 11, 1.

venerābilitās, ātis, *f.* (venerabilis), **Hochehrwürden,** als Anrede, tua, Marcellin. ad Augustin. epist. 136, 1.

venerābiliter, *Adv.* (venerabilis), **mit Verehrung, ehrfurchtsvoll,** Val. Max. 5, 1. ext. 5. Macr. sat. 7, 11, 10. Auson. parent. praef. p. 41 Schenkl u. Eccl.

venerābundus, a. um (veneror), **in Ehrfurcht verharrend, ehrfurchtsvoll, ehrerbietig,** Liv. 1, 16, 6; 5, 22, 4 u. 41, 8. Suet. Cal. 15, 1.

Venerālia, s. 1. venus a. E.

venerandus, a, um, *PAdi.* (veneror), **verehrungswürdig, hochzuverehrend,** amicus, Hor. ep. 1, 18, 73: principes, Eutr. 10, 8: eadem (Fannia) non minus amabilis quam veneranda, Plin. ep. 7, 19, 7: venerandissimi Caesares, CIL 10, 407; vgl. Paul. Nol. epist. 38, 3. – m. *Genet.*, curae, Sil. 6, 574: sceptri, Sil. 16, 248.

veneranter, *Adv.* (veneror), **verehrend, mit Verehrung,** Tert. carm. de iudic. Dom. 7. Sedul. carm. 5, 432. Orest. tr. 48. Cassiod. in psalm. 109 praef.

venerārius, a, um (v. Venus, wie venero), **zur Liebe gehörig,** res, Beischlaf, Petron. 61, 7: u. so voluptas, Schol. Bern. Verg. ecl. 6, 26. – subst., venerāriī, ōrum, *m.*, **der sinnlichen Liebe Ergebene, Unzüchtige,** Ruf. inv. in Hieron. 2. *no.* 36.

venerātio, ōnis, *f.* (veneror), **I** aktiv = die **Verehrung,** solis et lunae, Plin.: tui, Plin. pan.: erga regem, Curt.: habet venerationem iustam quidquid excellit, Cic.: venerationem alci tribuere, Val. Max.: omnibus barbaris in corporis maiestate veneratio est, Curt.: quae illi plurimum venerationis acquirunt, Plin. ep.: Titum filium ad venerationem cultumque eius (um ihm seine Ehrerbietung u. Ergebenheit zu beweisen) misit, Tac.: u. so quin etiam tanto maiore consensu in venerationem tui theatra ipsa consurgent, Plin. pan. – **II** passiv = die **Ehrwürdigkeit,** die Verehrung gebietende **Hoheit, Würde** jmds. (s. Gronov u. Walther Tac. ann. 1, 34), Augusti, Tac.: feminae, Tac.: veneratione formae insignis, Iustin.: delubra maiestatis venerationisque plena, Gell.: qui munere tuo tantam venerationem receperat, ut etc., Sen.: eius virtutis ac venerationis erant (amici Alexandri), ut singulos reges putares, Iustin.

venerātīvus, a, um (veneror), **verehrend, ehrfurchtsvoll** (Ggstz. vituperativus), Serv. Verg. Aen. 3, 557.

venerātor, ōris, *m.* (veneror), der **Verehrer,** domus vestrae, Ov. ex Pont. 2, 2, 1: Scipionis, Val. Max. 3, 7, 1 *extr.*: deorum, Arnob. 7, 31: occisi (Christi), Augustin. in psalm. 68. serm. 1. § 12: idolorum, Götzendiener, Augustin. conf. 8, 2, 3: absol., sollicitus, Sidon. epist. 7, 10, 1: voster, Ven. Fort. carm. 10, 3, 4.

Venereus, a. um, s. 1. venus.

Veneria, s. Sicca.

Venerius, a, um, s. 1. venus.

venerivagus, a, um (Venus u. vagus), **ausschweifend** in der Liebe, Varro sat. Men. p. 164, 5 R. (Bücheler 275 Veneri vaga).

1. **venero,** āre (venus), **in Anmut kleiden, reizend erscheinen lassen,** venerandae et ornandae rei gratiā, zur Verherrlichung u. Ausschmückung, Gell. 13, 25 (24), 8.

2. **venero,** āre, **I** = veneror, **verehren,** Plaut. truc. 476 Sch. – Passiv veneror, Tac. Germ. 43. Apul. met. 11, 2; Ps. Ascl. 25. Ambros. 1. c. Symm. *init.* Ambros. epist. 17, 1: Partiz. veneratus, Apul. met. 4, 11. Amm. 22, 9, 8; vgl. veneror a. E. – **II** meton., **ehrfurchtsvoll anrufen, -bitten,** venero te, ne etc., Plaut. Bacch. 173.

veneror, ātus sum, ārī (1. venus), **I** mit religiöser Scheu **verehren,** hoch **verehren, anbeten,** deos sancte, Cic.: eosdem deos colere venerarique, Lact.: ven. aes aut lapidem, Lact.: lapidem pro deo, Cic.: Augustum, Hor.: coetum illum manu, mit der H. seine Ehrfurcht bezeigen, Tac.: amicos, Ov.: regem, Nep. u. Tac.: memoriam alcis, Tac.: dea veneranda et nescio an praecipuis et exquisitis sacrificiis colenda, Val. Max.: venerandum Alexandriae numen, Firm.: vir studio praestantis officii privatim sibi venerandus, der ein Gegenstand seiner persönlichen Verehrung sein musste, Val. Max – **II** meton., jmd. **ehrerbietig bitten, anflehen,** alqm, Plaut.: deos multa (sehr), Caecin. in Cic. ep.: deos quinque bubus, Hor.: nihil horum veneror, bitte, flehe, Hor.: te, Iuppiter optime maxime, te, Quirine, precor venerorque (flehe ich in heiligem Gebet an), *ut ne* ... sinatis, Tac. hist. 4, 58 *extr.*: vos precor venerorque veniamque peto feroque, uti (= ut) etc., Liv. 8, 9, 7: m. doppelt. Akk., quaeque vos bobus veneratur albis clarus Anchisae Venerisque sanguis, um was euch anfleht, Hor. carm. saec. 49. – ► parag. Infin. venerarier, Prud. ham. 103; perist. 3, 211. – Partiz. veneratus passiv = **verehrt, angebetet,** venerata Ceres, Hor. sat. 2, 2, 124: Sibylla, Verg. Aen. 3, 460. Vgl. venero *no.* I. – *PAdi.* venerandus s. bes.

1. **Venetī,** ōrum, *m.*, **I** (Ἑνετοί, Eneti, später Ἑνετοί, Heneti, dann Veneti, wonach Polyb. Οὐένετοι gebildet) urspr. ein thrazischer Stamm in Paphlagonien, unter Antenor an die Nordwestküste des Adriatischen Meeres eingewandert, im heutigen Venetianischen, Eneti (*al.* Heneti), Liv. 1, 1, 2 *sq.* (wo auch Genet. Enetûm): später Veneti, Mela 2, 4, 2 (2. § 59). Iustin. 20, 1, 8. – Sing., Venetus, ī, *m.*, der **Veneter,** kollektiv, Lucan. 4, 134: Venetus remex, Sidon. epist. 1, 5, 5. – Dav.: **A Venetus,** a, um, **venetisch,** gentes, Sil.: terrae, Mart.: Eridanus, Prop.: Mantua, Sidon.; dah. auch Vergilius, Macr. – **B Venetia,** ae, *f.* (Ἑνετική), das **Gebiet der Veneter,** Liv. u. a. – **II** eine Völkerschaft in Gallia Lugdun., in der Gegend des heutigen *Vannes,* Caes. b. G. 2, 34; 3, 9, 3. Flor. 3, 10, 5. – Dav.: **A Venetia,** ae, *f.*, das **Land der Veneter,** Caes. b. G. 3, 9. § 9. – **B Veneticus,** a, um, **venetisch,** insulae, Plin.: bellum, der Römer mit den Venetern, Caes.

2. **Venetī,** ōrum, *m.*, s. Venedī.

venetiānī, ōrum, *m.* (2. venetus), die blaue Partei im Zirkus, die **Blauen,** Capit. Ver. 6. § 2. CIL 6, 10044.

1. **Venetus,** a, um, s. 1. Venetī.

2. **venetus,** a, um, **seefarbig, bläulich, a** übh.: color, Veget. mil.: vestis, Veget. mil.: cucullus, Iuven.: conditura, Lampr. – subst., venetum, ī, *n.* (*sc.* pigmentum), **bläuliche Farbe,** Isid. orig. 19, 17, 14. – **b** insbes., factio, die blaugekleidete Partei der Wettfahrer im Zirkus (deren es vier gab, albata, russata, veneta, prasina), die **Blauen,** Suet. Vit. 14, 3. – subst., venetus, ī, *m.*, ein Wettfahrer von der blauen Partei, ein **Blauer,** Mart. 6, 46, 1 u. a.: Plur., CIL 6, 10048.

3. **Venetus lacus,** ein Teil des Bodensees, wahrsch. der **Obersee** (während Acronius lacus der Untersee), Mela 3, 2, 8 (3. § 24).

venia, ae, *f.* (vgl. venus, veneror), die **Gefälligkeit, wohlwollende-, gnädige Gesinnung, Gnade, Willfährigkeit,** der **Gefallen,** die **Nachsicht,** nachsichtige **Erlaubnis, I** im Allg.: **a** übh.: veniam dicendi ante alios exposcere, Tac. ann. 12, 5: petere veniam legatis mittendis, Liv. 33, 11, 3: veniam ordinis ob paupertatem petere, Entlassung aus dem Senat, Tac. ann. 1, 75: orantes veniam, Verg.: da veniam, Ter.: mi gnate, da veniam hanc mihi, Ter.: dedi veniam homini impudenter petenti, Cic.: datur haec venia antiquitati, ut etc., Liv.: dare veniam excusationis, Cic.: cum data esset venia eius diei, kaum war dieser Tag gewährt, Liv.: u. praefari veniam libertati u. bl. veniam, s. prae-for. – nobile illud nepenthes oblivionem tristitiae veniamque afferens, wohlwollende Gesinnung, Wohlwollen, Plin. 25, 12. – **b** in bes. Verbdgg.: **α** bonā veniā oder bona cum venia, **mit gütiger Nachsicht, mit gütiger Erlaubnis, mit Erlaubnis,** bonā veniā me audies, Cic.: vos oro atque obsecro, iudices, ut attente bonaque cum venia verba mea audiatis, Cic.: expromerent quid sentirent; cum bona venia se auditurum, Liv.: bonā veniā huius optimi viri dixerim, Cic.: bonā veniā vestrā liceat etc., Liv.: bonā veniā petere, ut etc., Ter., orare, ne etc., Liv. – **β** venia sit dicte (als Parenthese), **mit Erlaubnis zu sagen,** Plin. ep. 5, 6, 46. – **II** prägn., die **Nachsicht** gegen begangene Fehler, gegen begangenes Unrecht, die **Verzeihung, Vergebung, Entschuldigung** (vgl. Sen. de clem. 2, 7, 1: venia est poenae meritae remissio u. dann § 3 venia est debitae poenae remissio), oft verb. pax veniaque (Versöhnung u. Verzeihung, Versöhnung u. Erbarmen, Huld u. Gnade), Cic. u. Liv.: veniam precor petens, ut etc., Pacuv. fr.: veniam petere errori atque adulescentiae, Livr. veniam petere erroris, Liv., u. veniam preco: pro errore filii, Tac.: veniam peto feroque, Liv.: veniam impetrare errati, Cic., peccati, Liv.: veniam (a patre) impetrare errori meo, Liv.: dare veniam et impunitatem, Cic.: petere veniam ignoscendi, Cic.: pacem veniamque impetrare a diis, Liv., a victoribus, Liv.: rogare veniam dictis temerariā voce, Ov.: venia iis huius secessionis fuit, man verdachte ihnen diesen Austritt nicht, Liv.: scriptaque cum venia qualiacumque leget, Ov. (so comici, si cum venia leguntur, Quint.): etiam si minus utilis vobis sententia videretur, veniam tamen aliquam dolori meo tribueretis, Cic.: cuius (dementiae) veniā non dicturus modo prohibita, sed facturus erat, welchem (Wahnsinn) man nicht nur verbotene Reden, sondern auch verbotene Handlungen von ihm zugute halten würde, Iustin.

veniābilis, e, *Adi.* m. *Compar.* (venia) = venialis, **verzeihlich**, Eccl. – *Adv.* **veniābiliter**, ICt.

veniālis, e (venia), **I gnädig**, pax, Amm. u. Sidon. – **II verzeihlich**, Macr. u. Sidon.: peccata levia et venialia, Ggstz. damnabilia, Augustin. de civ. dei 1, 9, 1.

veniāliter, *Adv.* (venialis), **auf verzeihliche Weise** (Ggstz. damnabiliter), Eccl.

vēnīcula, ae, *f.*, s. venucula.

1. venīlia, ae, *f.* = unda, quae ad litus venit, Varro bei Augustin. de civ. dei 7, 22.

2. Venīlia, ae, *f.*, **I** eine Nymphe, Mutter des Turnus, Verg. Aen. 10, 76. – **II** Gemahlin des Janus, Ov. met. 14, 334.

venio, vēnī, ventum, venīre (βαίνω = *βανjω, altind. *gámati*, geht, gotisch *qiman*, ahd. *quëman*), **kommen** (Ggstz. abire, discedere, manere), **I** eig.: **A** im Allg.: **a** v. leb. Subjj.: **α** übh.: istinc, Cic.: huc, Cic.: istuc, Cic.: foras, Plaut.: redeant, unde venerint, Liv.: qui unā venerant, Cic.: ab domo (Heimat), Liv.: ad alqm, Cic.: ad urbem, Cic.: in Cariam ex insula, Plaut.: in astu, Ter. u. Nep.: in Tusculanum, Cic.: in conspectum, Caes. u. Nep.: in conspectum alcis, Hirt. b. G.: sub aspectum, Cic.: sub oculos, Sen. u. Quint.: sub ora viri caelo, von Tauben, Verg. – m. bl. *Acc. loc.*, domum ad alqm, Cic.: domum alcis saepe salutandi causā, Mat. in Cic. ep.: sexto die Delum Athenis, Cic.: poet. tumulum, Verg.: fines Ausonios, Verg.: Scythiam, Verg. – m. Ang. mit wem? cum equitatu, Caes.: ceteros cum custodibus in aedem Concordiae venire iubet, lässt er unter Bedeckung in den T. der C. bringen, Sall. – m. Ang. wem? novus exercitus domo accitus Etruscis venit, Liv. 9, 33, 2 (vgl. unten *no.* b). – m. Angabe des Zweckes, huc ad ludos, Plaut.: ad alqm ad cenam, Plaut.: v. auxilio (Dat.), subsidio (Dat.), Caes. u. a.: ad causam dicendam, Liv.: ad eum oratum, ut etc., Caes.: eam veni quaesitum, Plaut.: socios ad senatum questum venisse m. folg. *Acc.* u. *Infin.*, Metell. Numid. fr.: ad istum emptum venerunt illum locum senatorium, Cic.: m. *Infin.*, aurum petere, Plaut.: speculari, Liv.: Libycos populare penates, Verg. – *impers.*, dum ad flumen Varum veniatur, Caes.: ad quos ventum erat, Caes.: ventum in insulam est, Cic.: Lilybaeum venitur, Cic.: venitur ad tempus, Vell.: ubi eo ventum est, Caes. – **β** in feindlicher Absicht **kommen, anrücken**, veniens hostis, Verg.: strictam aciem venientibus offert, Verg. – *impers.*, veniri ad se existimantes, Caes. – **b** v. Lebl.: nostra navis huc ex portu Persico venit, Plaut.: venit in os salsi umor saporis, Lucr.: sub aspectum, Cic., in conspectum, Cels., sub oculos, Quint.: frumentum Tiberi venit, Liv.: a te litterae non venerunt, Cael. in Cic. ep.: ventus a mediterraneis regionibus veniens, Cels.: de ipso caelo subito venturum oraculum, Apul.: Rhodanus fluvius ex Alpibus veniens per Lemannum lacum meat, Mart. Cap. 6. § 635: venientia carra, die auf ihn zulaufenden, Treb. Poll. trig. tyr. 8, 5: eminus veniens telum, Donat. Ter. Andr. 1, 3, 3: unda ex adverso veniens, *ibid.* – m. *Dat.* wem? dominae mihi venit epistula nostrae, Prop.: dum tibi litterae meae veniant, zukommt, zugestellt wird, Cic.: priori Remo augurium venisse fertur, soll erschienen sein, Liv.

B insbes.: **1 kommen = zurückkehren,** Romam, Liv.: cum venies, Ov. – **2** (poet.) **kommen = hervorkommen, a** übh.: veniens sol, Hor.: venientes lacrimae, Verg. – **b kommen, hervorkommen = wachsen,** veniunt felicius uvae, Verg.: ipsae (arbores) veniunt sponte suā, Verg.: ut hederae veniant suā sponte melius, Prop.

II übtr.: **A** im Allg.: **a** v. leb. Subjj.: **α** übh.: ut videndum sit, quem ad modum velis venire ad extremum (orationis), Cic.: ut ad id aliquando, quod cupiebat, veniret, Cic.: venimus ad summum fortunae, Hor. – **β** in feindl. Absicht **auftreten,** contra alienum pro familiari et necessario, Cic.: contra summam amici existimationem, Cic.: contra iniuriam, Cic.: contra rem alcis, Cic. – **b** v. Lebl.: **α** übh.: alqd venit in buccam, kommt einem in den Mund, fällt ein, Cic.: v. in mentem, Cic.: v. in animum, Fronto, sub sensum, Varro LL.: oratorum laus ita ducta ab humili venit ad summum, ut iam senescat brevique tempore ad nihilum ventura videatur, Cic. – veniens in corpore virtus, erscheinende, Verg. – **β** v. der Zeit, **kommen = erscheinen, herannahen, sich nähern,** ubi ea dies, quam constituerat, venit, Caes.: venisse tempus victoriae, Caes.: cum tristes misero kalendae venere, Hor.: veniet eorum laudi suum tempus, Quint. – motus temporum venientis (künftigen) anni, Cic.: non sumus omnino sine cura venientis anni (wegen des k. J.), Cic.: ea pars rei publicae vicit, nec *in praesens* modo, sed *in venientem* etiam *annum* M. Fabium et L. Valerium consules dedit, Liv. – veniens aetas, die kommende Zeit (= die Nachkommenschaft), Ov. fast. 6, 639. – ventura (künftigen) bella, Verg.: u. so venturorum nepotum proles, Ov. – Partiz. subst., ventūra, ōrum, *n.*, die **Zukunft,** Lucan. 6, 591. – **γ** als mediz. *t. t.* von phys. Zuständen, Übeln, **kommen, eintreten, sich einstellen,** si sudor non venit, Cels.: plenus somnus venit, Cels.: si subito venerit febris, Cels.: ubi remissio venit, Cels.: donec sanitas venit, Cels.: venit malum, morbus, Cels.

B insbes.: **1** v. in alqd, in eine Lage od. einen Zustand **kommen, geraten, gelangen,** von Pers. u. Lebl., in calamitatem, Cic.: in consuetudinem, Cic.: in consuetudinem proverbii, in proverbium, zum Sprichwort werden, Liv.: in morem, zur Sitte, zur Gewohnheit werden, Liv. u. Ov.: in contentionem, Cic.: in discrimen, Cic.: in dubium, Cic.: in odium, Cic.: in invidiam, Nep.: in partem alcis rei, an etwas teilhaben, Cic.: in sermonem, ins Gerede kommen, Cic.: aber veni in eum sermonem, ut dicerem, geriet ich darauf, Cic.: in eam opinionem, Cael. in Cic. ep.: in nonnullam spem, Cic.: alci in amicitiam, Caes.: in contemptionem, Caes.: summum in cruciatum, dem qualvollsten Los anheimfallen, Caes.: in fidem ac potestatem alcis, Caes.: in periculum, Caes.: in cognitionem alcis, Quint.: in controversiam, Cels. u. Quint. – eo iam dementiae venimus, ut etc., Sen.: eo discordiae ventum (est), ut etc., Tac.: huc arrogantiae venerat, ut etc., Tac.: neque huc puto malignitatis ventum, ut etc., Val. Max. – cum speramus eo rem venturam, ut etc., Hor. ep. 2, 1, 120: saepe in eum locum (bis auf den Punkt) ventum est, ut etc., Caes. b. G. 6, 43, 4. – **2** in der Rede, in der Darstellung zu etwas **kommen, gelangen, übergehen,** ut iam a fabulis ad facta veniamus, Cic.: ab his ad maxillam venturus, Cels.: venio ad recentiores litteras, Cic.: ad Arcesilam Carneademque veniamus, Cic. – *impers.*, ad ea veniendum est, quae, Cels. – **3** woher **kommen, a = abstammen,** v. Pers., Bebrycia de gente, Verg. Aen. 5, 373. – **b = entstehen, α** v. Zuständen, maius commodum ex otio meo quam ex aliorum negotiis rei publicae venturum, Sall.: prava ex falsis opinionibus veniunt, Quint.: vitium peius, quod ex inopia, quam quod ex copia venit, Quint. – **β** von der Zeit, anni venientes, die erst ankommenden, aufsteigenden, zunehmenden Jahre des Alters (bis ins 45. Jahr), Ggstz. recedentes, Hor. de art. poët. 175. – **4 kommen = eintreten, sich ereignen, sich zutragen,** haec ubi veniunt, Cic.: si quando similis fortuna venisset, Liv.: quod longe aliter venit, Liv.: mors quidem omnium par est; per quae venit, diversa sunt, Sen.: si quid in Samnio adversi venisset, Liv.; vgl. Nipperd. Tac. ann. 14, 43. – **5** jmdm. **kommen, zukommen, an** jmd. **gelangen,** jmdm. **zufallen, zuteil werden,** isti morbus interdum venit, Plaut.: hereditates mihi negasti venire, Cic.: illi et gloriam et regnum venturum, Sall.: utrumque bellum Plautio sorte venit, Liv. (s. Weißenb. Liv. 29, 20, 4): ultro illi et gloriam et regnum venturum, Cic.: umbra loco deerat … umbra venit loco, Ov. – v. Übeln = jmd.

treffen, betreffen, selten m. *ad* od. *in* u. Akk., ad quem autem dolor veniat, ad eundem etiam interitum venire, Cic.: ne qua in rem publicam clades veniat, Liv. – gew. m. *Dat.*, quae sibi duobus proeliis venerant, Sall.: scis mihi multa venire mala, Prop.: venit arboribus lues, Verg. – **6** = provenire, **vonstatten gehen, Erfolg haben,** id quo promptius veniret, Tac. ann. 12, 32 *extr.* – ► Archaist. Fut. venibo, Pompon. com. fr. 65: venibunt, Commodian. apol. 900. – Synkop. Imperf. venibat, Ter. Phorm. 652. – Synkop. Genet. Plur. Partiz. Präs. venientum, Verg. georg. 4, 167; Aen. 1, 434 u. 6, 755.

Vennōnius, iī, *m.*, ein röm. Geschichtsschreiber, der zur Zeit der beiden Gracchen lebte, Cic. de legg. 1, 6; ad Att. 12, 3, 1.

vennūcula od. **vennuncula ūva,** ae, *f.*, eine Art Weintrauben, etwa der **Rießling,** Hor. sat. 2, 4, 71. Colum. 3, 2, 2 u. 27; 12, 45, 1. Plin. 14, 34. Macr. sat. 3, 20, 7.

vēnor, ātus sum, ārī (vielleicht zu altind. *veti,* ist hinter etwas her, verfolgt, ahd. *weida,* Jagd, nhd. Weid-mann), **jagen, I** *intr.*: eos, qui venari solent etc., Cic.: studes an piscaris an venaris an simul omnia? Plin. ep.: nobis venari nec vacat nec libet, Plin. ep.: venor pedes (zu Fuß), Curt.: noctu venatum ire, Liv. epit.: in nemus ire parant venatum, Verg.: alere canes ad venandum, Ter.: canum alacritas in venando, Cic.: aluntur venando, sie nähren sich von der Jagd, Mela: venando iugulum et costam fregit, Spartian.: Partiz. subst., venantum (der Jäger) voces, Phaedr. 1, 12, 7. – Sprichw., stultitiast venatum ducere invitas canes (vgl. canis *no.* I, a), Plaut. Stich. 139: iubeas unā operā me piscari in aëre, venari autem rete iaculo in medio mari, Plaut. asin. 100. – **II** *tr.* ein **Tier jagen, auf** ein Tier **Jagd machen, 1** eig., v. Tieren, apros, Apul.: leporem, Plaut. u. Verg.: feras, Sen. u. (v. Löwen) Gell.: muscas (v. den Wespen), Plin. – v. Fischfang, fugientes cum mari pisces circa tuguria, Plin. 16, 3. – **2** bildl., auf etwas **Jagd machen,** nach etwas **streben,** in ea re laudem modestiae, Rhet. Her.: suffragia ventosae plebis, Hor.: viros, in das Netz zu ziehen suchen, Phaedr.: viduas avaras, Hor. – ► venor passiv, Enn. fr. scen. 297; vgl. Prisc. 8, 20. – Parag. Infin. venarier, Lucr. 5, 1248: synkop. Genet. Plur. Partiz. Präs. venantum, Lucr. 4, 988 (999). Verg. Aen. 9, 551 u. a. Ov. met. 2, 492 u. a. Phaedr. 1, 12, 7.

vēnōsus, a, um (vena), **voll Adern, aderig, I** eig.: renes, Cels.: intybum venosius, Plin. – **II** bildl. = von Überschwenglichkeit (Überladenheit, übersprudelnder Kraftfülle) u. veralteter Derbheit strotzend, liber Atti, Pers. 1, 76.

vēnsīca, s. vēsīca.

vēnsīcula, s. vēsīcula.

venter, tris, Genet. Plur. trium, *m.* (vgl. ahd. *wan[a]st,* der Wanst), der **Bauch, Leib, I** eig.: **a** übh.: venter summus, imus, Cels.: foedus atque olidus venter, Sen.: venter intumescit, Colum. u. Cels.: venter indurescit, Cels.: venter intentus est, Cels.: fabā venter inflatur, Cic.: Plur., latera ac ventres equorum, Lucr. 5, 1322. – **b** als Sitz des **Magens,** venter creat omnes hasce aerumnas, Plaut.: sit numquam venter expletus, voll vom Essen, Hieron.: ventrem fame domare, Liv.: ut non minus animo quam ventre convivae delectarentur, Nep.: hic in ventrem sumpsit confidentiam, hat sich Mut gegessen (scherzh. = gefasst), Plaut. – dah. zur Bezeichnung der sinnlichen Lüste, bes. der Gefräßigkeit, ventri operam dare, Plaut.: ventri donabat avaro, Hor.: ventri oboedire, dem Bauch, d. i. den sinnlichen Lüsten frönen, Sall.: ventri ac voluptatibus servire (v. Menschen), Lact.: ventri et pabulo servire (v. Schwein), Lact.: ventri dediti, Augustin. – meton., vivite, ventres, ihr Bäuche, d. i. ihr Fresser, Lucil. 75: u. iste venter, Schmausgenosse, Lucil. 1071. – **c** = alvus, **der Unterleib,** sofern er sich durch den Gang vom Unrat frei macht, fluor ventris, Cels.: venter profluit, Cels.: venter solvitur, Cels.: venter mollitur, Plin.: venter movetur, Suet.: dah. ventrem facere, Stuhlgang haben, Veget. mul. 5, 56, 2: quasi ad ventris solita secedens, um ein natürliches Bedürfnis zu befriedigen, Aur. Vict. epit. 41, 22. – **d** der Bauch als Sitz der darin enthaltenen Leibesfrucht, der **Mutterleib,** ventrem ferre, tragen, v. Schwangeren, Liv., trächtig sein, v. Tieren, XII menses, Varro: homines in ventre necare, Iuven.: qui in ventre est, die Leibesfrucht, ICt.: exsecto ventre extractus, ICt. – meton., die ungeborene **Leibesfrucht,** tuus, Hor.: maturus, Ov.: venter institutus, exhereditatus, ICt.: ventri prospicere, ICt. – **e** meton., venter Faliscus, Magenwurst, Presswurst, Varro LL. 5, 111. Mart. 4, 46, 8. – **II** übtr., für alles Bauchartige an Gegenständen, das **Bauchige,** der **Bauch,** die **Höhlung,** cresceret in ventrem cucumis, Verg.: lagoenae, Iuven.: si paries ventrem faceret, einen Bauch machte, Plaut.: so auch der Bauch einer Wasserleitung (d. i. der vom einen Fuße des Berges bis zum anderen im Tal fortgeführte Teil), Vitr. – ► Genet. Plur. immer ventrium, z. B. Plin. 9, 157. Solin. 32, 26. Arnob. 7, 24.

Ventidius, a, um, ein röm. Geschlechtsname, unter dem bes. bekannt ist P. Ventidius Bassus, von niedriger Herkunft, nach Cäsars Tod Parteigänger des Antonius (vgl. Gell. 15, 4, 3), Cic. Phil. 12, 20 *sq.* u. a. – Dav. **Ventidiānus,** a, um, den P. Ventidius betreffend usw., **ventidianisch,** Cic. bei Non. 92, 21.

ventigenus, a, um (ventus u. geno = gigno), **aus Wind geboren,** Epit. Iliad. 736 (in einem wahrsch. unechten Verse).

ventilābrum, ī, *n.* (ventilo), die **Wurfschaufel,** Varro LL. 5, 138 u. r. r. 1, 52, 2. Colum. 2, 10, 14. Ambros. in psalm. 118. serm. 3. *no.* 15. Prud. apoth. praef. 53. Isid. orig. 20, 14, 10.

ventilātio, ōnis, *f.* (ventilo), **a** das **Lüften** der Weintrauben, Plin. 23, 10. – **b** das **Worfeln** des Getreides, Augustin. serm. 47, 6: bildl., die **Scheidung,** vent. ultima, v. Weltgericht, wo die letzte Scheidung des Guten u. Bösen, Augustin. c. litt. Petil. 1. § 20: Plur., vitiorum ventilationes, Arnob. in psalm. 74 *extr.*

ventilātor, ōris, *m.* (ventilo), **I** der **Schwinger, A** der **Umstecher, Worfler** des Getreides, Colum. 2, 10, 14: bildl. = Scheider des Guten u. Bösen, Augustin. epist. 92, 5 u. c. litt. Petil. 1. § 20. Augustin. in psalm. 42. serm. 1. § 3. Vulg. Ierem. 51, 2. – **B** der **Taschenspieler,** Quint. 10, 7, 11. – **II** übtr.: **a** der **Beunruhiger,** urbis, Prud. perist. 10, 78. – **b** der **Antreiber,** aurigarum ventilatores, Aethic. cosmogr. 82.

ventilo, āvī, ātum, āre (st. ventulo, von ventulus), **in die Luft schwenken, schwingen, I** eig.: **a** übh.: parmulam, Fronto: facem, damit sie gut brenne, Prop.: cubitum utrumque in diversum latus, Quint.: ventilat aura comas, bewegt die Blätter des Baumes, Ov.: aureos identidem manu suā, die G. in der H. hin u. herwerfen, mit den G. klimpern, Apul.: dum per (über) limina potentiorum sudatrix toga ventilat, rasch treibt, Mart.: scherzh., ventilat aestivum digitis sudantibus aurum, ficht mit dem Ring in der Luft umher, Iuven. 1, 28. – medial, alio atque alio positum ventilari, sich bald in die, bald in jene Lage herumwerfen (ῥίπτεσθαι), Sen. de tranqu. anim. 2, 12. – **b** als *t. t.* der Fechtkunst, arma, die W. schwingen, Lufthiebe tun, Mart.: u. so absol., quam stultum est, cum signum pugnae acceperis, ventilare! remove ista lusoria arma, Sen.: aliud est pugnare, aliud ventilare, Sen. rhet. – **c** als *t. t.* des Landbaus, **α der Luft aussetzen, an die Luft bringen, lüften,** oleas, Varro: vinum, Colum.: ceram sub divo, Plin. – **β** mit der Wurfschaufel **umstechen, worfeln,** in aëre frumentum, Varro LL. 5, 138: frumenta, Plin. 18, 302. Paul. ex Fest. 77, 15: prägn., umstechend **scheiden,** paleas, Isid. orig. 20, 14, 10: quia mixta est palea tritico usque dum ventiletur, Augustin. in psalm. 92, 5. – **d Kühlung zufächeln,** aestuanti tenue frigus, Mart. 3, 82, 10. – absol., ventilante aliquo cubabat, Suet. Aug. 82, 1. – **II** übtr.: **1 hin und her bewegen, -werfen, a** scheltend, schimpfend immer im Munde führen, **antasten,** nomen alcis (jmds. guten Namen) pro tribunalibus, Apul.: famam collegae ore maledico, Hieron.: auch rühmend immer **im Munde führen,** suam inanem gloriam, Augustin. serm. 119, 15 Mai. – **b beunruhigen,** vitas insontium Manibus accitis, spät. ICt. – **c hin und her besprechen, erörtern,** quaestionem u. dgl., ICt.: totum aliud est pugnare, aliud ventilare (*sc.* rem), Sen. contr. 3. praef. § 13: unam eandemque sententiam multimodis faciunt, ventilant, Fronto de or. 1. p. 157, 7 N. – **2** gleichs. mit einem Fächer **anblasen, anfachen** = erregen, cuius linguā, quasi flabello seditionis, illa tum est egentium contio ventilata, angeblasen, angefacht, Cic. Flacc. 54.

ventio, ōnis, *f.* (venio), das **Kommen,** quid tibi huc ventio est? warum kommst du hierher? Plaut. truc. 622: illa cotidie tua Lorium (nach L.) ventio, M. Caes. b. Fronto ad M. Caes. 2, 15 (18).

ventisonāx, ācis, *m.* (ventus u. sono), der **Windmacher,** Anthol. Lat. 782, 7 R.

ventito, āvī, ātum, āre (*Intens.* v. venio), **häufig kommen, zu kommen pflegen,** domum, Cic.: non multum ad eos (v. Handelsleuten), Caes.: noctu ad uxores, Cic.: ad Scaevolam (des Lernens wegen), Cic.: ad comitia eorum, Nep.: cotidie ad alqm audiendum, Plin. ep.: in castra, Caes.: saepius in agrum, Plin.: in villam alcis crebro, Tac.: ad potum, v. Elefanten, Solin.: cum ventitabas, quo puella ducebat, Catull. – auch bl. **kommen,** quasi luxuriae aut etiam crudelitati auxilio ventitasset, Aur. Vict. de Caes. 6, 1.

vento, āre (*Intens.* v. venio), **zu kommen pflegen,** illo (dorthin), Fest. 376 (a), 3.

ventōsē, *Adv.,* **voll Wind,** dah. **pausend,** tumens, Apul. met. 10, 20: vent. atque inaniter currere, Augustin. c. Iulian. 5, 13, 49.

ventōsitās, ātis, *f.* (ventosus), **I** die **Blähung,** stomachi, Ps. Apul. herb. 126. Cael. Aur. de morb. chron. 3, 2, 17: absol., Th. Prisc. 2, 16 u. 21. Cael. Aur. de morb. acut. 2, 19, 115 u. a. Orib. fr. Bern. 2, 6. p. 10, 24 *Hagen:* Plur., Cass. Fel. 42. p. 104, 19. – **II** bildl., die **Aufgeblasenheit, Eitelkeit, Windbeutelei,** Augustin. de civ. dei 9, 20. Fulg. myth. 2, 17.

ventōsus, a, um (ventus), **voll Wind, windig, I** eig. u. meton.: **a** eig.: folles, Verg.: dies, Quint.: aequora, Verg.: autumnus, Plin.: tempestas, Colum.: concha, Tuba, Lucan.: cucurbita, Schröpfkopf, Iuven.: pes, geschwollener, Veget.: Germania ventosior, Tac.: ventosissima regio, Liv. – subst., ventōsa, ae, *f.* (*sc.* cucurbita, s. vorh.), der **Schröpfkopf,** Orib. fr. Bern. 2, 33. p. 22, 1 *Hagen;* vgl. Isid. orig. 4, 11, 3. – **b** meton., **schnell** od. **leicht** wie der Wind, equi, Ov.: alae, Verg. – **II** übtr.: **1 windig, aufgeblasen = eitel, leer,** natio, Plin. pan.: lingua, die leere Prahlerei, Verg.: loquacitas, schwülstige, Petron.: echo, Calp.: iactatio, Fulg. – **2 wetterwendisch = unbeständig, veränderlich,** homo ventosissimus, Brut. in Cic. ep.: ingenium, Liv.: plebs, Hor.: imperium, Cic.

ventrālis, e (venter), **zum Bauch gehörig, Bauch-, I** *adi.:* umor, Macr. sat. 7, 8, 8. – **II** *subst.:* ventrāle, is, *n.,* **a** das **Bauchkissen,** Plin. 8, 193; 27, 52. Not. Tir. 79, 8. – **b** der **Leibgurt,** als Tasche, Plin. Sec. 2, 21: als Geldkatze, Auct. de idiot. gen. 584, 63: Nbf. ventrālis, is, *m.* (?) = κοιλιοδεσμός (Gloss. II, 351, 44). Ulp. dig. 48, 20, 6 M.

ventricola, ae, *m.* (venter u. colo), der **Bauchdiener,** Augustin. epist. 36. *no.* 3 u. 10.

ventricōsus, a, um, **dickbäuchig** = ventriosus, Schol. Pers. 3, 31. Gloss. II, 596, 50.

ventricula, s. ventriculus *no.* II, 1.

ventriculātio, ōnis, *f.* (ventriculus), das **Bauchgrimmen,** Cael. Aur. de morb. acut. 3, 17, 143.

ventriculōsus, a, um (ventriculus), **zum Unterleib gehörig,** subst., ventriculosi, Unterleibskranke (sonst coeliaci, κοιλιακοί), Cael. Aur. de morb. acut. 3, 17, 143; de morb. chron. 4, 3, 48.

ventricultor, ōris, *m.* = ventricola, Augustin. epist. 36, 11.

ventriculus, ī, *m.* (*Demin.* v. venter), der **kleine Bauch, I** im Allg., Iuven. 3, 97: übtr., ventriculus furunculi, der Eiterstock od. -pfropf des Blutschwärens (noch jetzt ital. *ventriculo del fignolo*), Cels. 5, 28, 8. – **II** insbes.: **1 der Magen,** Cels. u. a.: ventriculi porta, der Pförtner, Cels.: ventr. fartus, Magenwurst, Hyg. fab. 126: ventriculi, mit Schwarte u. anderem Fleisch gefüllter Magen, Schwartenmagen, Apic. 7, 289 (Schuch ventricula). – **2** v. cordis, die **Herzkammer,** Cic. de nat. deor. 2, 138.

ventrificātio, ōnis, *f.* (venter u. facio), das **Zunehmen des Bauches,** Cael. Aur. de morb. chron. 3, 8, 142.

ventrifluus, a, um (venter u. fluo), **laxierend, purgierend,** medicamina, Cael. Aur. de morb. chron. 1, 4, 134 u. 4, 7, 105.

ventrigo, āre (venter u. ago), **Stuhlgang haben,** Plin. Val. 1, 2.

ventriloquus, ī, *m.* (venter u. loquor), der **Bauchredner,** Tert. adv. Marc. 4, 25 u. ad Prax. 19. Hieron. in Isai. 3, 8, 20.

ventriōsus, a, um (venter), **großbäuchig, dickbäuchig,** v. Pers., Plaut. asin. 400 u. merc. 639: dolia, bauchige, Plin. 14, 134. – Nbf. **ventrōsus,** a, um, Cassiod. in psalm. 72. Sex. Placit. de medic. 4, 16 *lemm.* Schol. Iuven. 4, 107. Gloss. II, 206, 4 u. ö.

ventulus, ī, *m.* (*Demin.* v. ventus), **etwas Wind,** ventulum facere alci, Wind machen, durch Fächeln, Plaut. Curc. 316. Ter. eun. 595.

1. **ventus,** ī, *m.* (vgl. altind. *vāti,* weht, *vānt,* wehend, griech. ἄϝημι, wehe, gotisch *winds,* ahd. *wint,* Wind), der Wind, **I** eig. u. übtr.: **A** eig.: v. aquilo, v. boreas, Nordwind, Nep.: atabalus v., Quint.: corus v., Caes.: septentriones venti, Cic.: turbo v., Plaut. – ventus et aura, Ov. Ib. 108. – v. secundus, adversus, s. d.: venti septentrionales, Colum., Ggstz. australes, Isid. orig.: ventus acrior, Curt.: v. remissior, Caes.: v. magnus, Caes.: v. vehemens, Auct. b. Hisp.: idoneus, Caes.: secundus et ferens, günstiger Fahrwind, Sen.: u. so venti ferentes, fördernde, günstige W., Plin. pan. u. Ov.: contrarii venti, Plin. ep.: venti subiti ac procellosi, Liv. – ventus premente nebulā cĕcĭdit, Liv.: sub idem tempus venti vis omnis cĕcĭdit, Liv.: circumagit se ventus, der W. schlägt um, Liv.: mare acriore vento concitatum fluctus ciere, Curt.: maximus ventus cooritur, Caes.: se vento dare, sich vor dem Wind legen, vor dem Wind fahren, Caes.: venti ab utriusque terrae praealtis montibus subiti ac procellosi se deiciunt, Liv.: in conspectum ferme Africae prospero cursu vectum primo *destituit* ventus, deinde versus in Africum (in den Südwind umsetzend) *turbavit* ac passim naves disiecit, Liv.: villae deturbavit ventus tectum et tegulas, Plaut.: iam conversis in eam partem navibus, quo ventus ferebat, Caes.: Gallia assiduis ventis fatigatur, Iustin.: subito inhorruit mare et discordes in perniciem nostram flavere venti, Sen. rhet.: cum contrarii venti flare coepissent, Ps. Quint. decl.: semper aër spiritu aliquo movetur; frequentius tamen auras quam ventos habet, Plin. ep.: Victoria vento icta (durch einen Windstoß) de podio decĭdit, Spart.: ventus increbrescit, Cic.: ventus intermittitur, Caes.: ne ventus lucernam interemat (= interimat), auslöscht, Trag. inc. fr.: contrario vento laborare coeperunt, Lact.: si forte ventus remisisset, Caes.: cum saevire ventus coepisset, Caes.: cum ventus usque ad extremum periculum saevire coepisset, Lact.: navis velox et non sentiens ventum, Sen.: ibi omnes silent venti, Plin. ep.: silere ventum protinus iussit (Christus), Lact.: silens a ventis dies, Colum.: cum vero venti a Pontico mari spirant, quidquid sabuli in campis iacet, converrunt, Curt. – *Cu.* Quid facitis, quaeso? *Pa.* Ventum. *Cu.* Nolo equidem mihi fieri ventulum, Plaut. Curc. 315 *sq.* (vgl. ventulus): u. so face ventum, Plaut. Cas. 636. – Sprichw., in vento et rapida scribere oportet aqua, sich vergebliche Mühe machen, Catull. 70, 4: verba in ventos dare, in den Wind, vergeblich reden, Ov. am. 1, 6, 42. auch dicta dare ventis, Val. Flacc. 5, 21: ebenso ventis loqui in cassum, Amm. 15, 5, 8 u. 25, 9, 2: u. profundere verba ventis, Lucr. 4, 928 (931): cunctane in aequoreos abierunt irrita ventos? Ov. trist. 1, 8, 35. – dare verba et vela ventis, sein Versprechen-, sein Wort nicht halten, Ov. her. 2, 25. – ventis tradere rem, der Vergessenheit, Hor. carm. 1, 26, 3: ferre videre sua gaudia ventos, zu Wasser werden sehen, Verg. Aen. 10, 652: vento vivere, vom Winde leben, d. i. sehr kärglich sich behelfen, Cod. Iust. 5, 50, 2 *extr.* – **B** übtr.: **1** die **Blähung,** nec ventos emittit (*sc.* venter), Colum. 6, 30, 8: venti per podicem frequentia, Cael. Aur. de signif. diaet. pass. 44. – **2** meton., ein **sehr dünner, leichter Stoff,** textilis, P. Syr. bei Petron. 55, 6. *v.* 15. – **II** bildl., der Wind, **a** als Sinnbild des günstigen od. ungünstigen Geschickes usw., venti secundi, Glück, günstiges Geschick, Cic.: alios vidi ventos, herannahenden Sturm = bevorstehendes Unglück, Cic. – vento aliquo in optimum quemque excitato, bei Erregung eines Sturmes, Cic. – **b** für Erregungsmittel, omnes rumorum et contionum ventos colligere, Gerüchte, Cic. Clu. 77. – **c** im Staat, quicumque venti erunt, wie die Winde wehen, d. i. wie die Umstände sein werden, Cic. ep. 12, 25, 5: Caesaris nunc venti valde sunt secundi, Cic. ad Att. 2, 1, 6: eorum ventorum, quos proposui, moderator quidam et quasi gubernator, sozusagen ein Obersteuermann, der die eben genannten günstigen Winde (= die Mittel, die Milo

aufzubieten hat) gehörig zu benutzen weiß, Cic. ep. 2, 6, 4. – **d** die **Gunst,** insofern sie ein Beförderungsmittel unserer Absichten wird, der **eitle Beifall,** verum omnes intellegimus in istis subscriptionibus ventum quendam popularem esse quaesitum, Volksgunst, Cic. Clu. 130. – **e** vom nachteiligen **Gerede,** vento proicitur, Cael. in Cic. ep. 8, 8, 2.

2. ventus, ūs, *m.* (venio), das **Kommen,** Varro LL. 5, 72 u. 94; viell. auch im Wortspiel mit ventus (Wind) bei Plaut. cist. 14 *sq.*; Curc. 314–316.

vēnūcula ūva, besser vennucula uva, s. d.

vēnula, ae, *f.* (*Demin.* v. vena), **I** das **Äderchen,** Cels. 2, 6 *in.* p. 36, 15 D. u. 7, 29. p. 318, 34 D.: bildl., Quint. 12, 10, 25. – **II** übtr., die **Quellader,** Claud. Mam. de stat. anim. praef. p. 697 *Migne.*

vēnum, zum Verkauf, s. 2. vēnus.

vēnuncula ūva, besser vennuncula uva, s. d.

vēnundatio, ōnis, *f.* (venundo), das **Verkaufen,** Cassian. coll. 23, 12. Gloss. II, 415, 11 ›venundatio, πρᾶσις‹.

vēnundo, dedī, datum, dare (spätere Schreibart für die zwei Wörter venum do, s. 2. vēnus), **verkaufen,** bes. gefangene Sklaven, alios (Numidas) omnes, Sall.: captivos, Suet.: captivos sub corona, Liv.: vulgus sub corona, Tac. – bildl., sententia Dolabellae velut venundatur, wird an den Meistbietenden verkauft, kommt zum Aufstreich, Tac. ann. 11, 22. – ► Vulg. Perf. venundavit, Augustin. serm. 118, 2 Mai. Cassian. coll. 23, 13, 1.

1. venus, eris, *f.* (altindisch *vánas,* Lieblichkeit, ahd. *wunnia,* Wonne), **I** appellat., die **Anmut,** die anmutige **Schönheit,** der **Liebreiz,** die **Lieblichkeit,** der **Reiz, a** übh.: quo fugit venus? Hor.: bene nummatum decorat suadela venusque, Hor. – Plur., omnes veneres atque venustates, Plaut. Stich. 278. – **b** in Werken der Kunst: fabula nullius veneris, Hor.: illa solis Atticis concessa venus, Quint.: deesse iis (pictoribus) illam suam venerem, quam Graeci charita vocant, Plin. – Plur., Isocrates omnes dicendi veneres sectatus est, Quint. 10, 1, 79. – **II** *nom. propr.*, **Venus, A Venus,** die Göttin der Huld u. Liebe, nach der Sage Gattin Vulkans, Mutter des Kupido, Cic. de nat. deor. 3, 59 *sq.* Varro r. r. 1, 1, 6. Lucr. 1, 2. Hor. carm. 1, 30, 1: Venus caelestis (Ggstz. vulgaria), Apul. apol. 12: etiamne militaris Venus castrensibus flagitiis praesidet et puerorum stupris? Arnob. 4, 7. – Veneris puer, v. Kupido, Ov. am. 1, 10, 17: Veneris filius, v. Kupido, Ov. met. 1, 463, von Äneas (den Anchises mit der Venus gezeugt), Verg. Aen. 1, 325; u. scherzh. Venere prognatus, v. Cäsar, Cael. in Cic. ep. 8, 15, 2: mensis Veneris, v. April, Ov. fast. 4, 61: Plur. Veneres Cupidinesque, Catull. 3, 1 u. 13, 12. Mart. 9, 11, 9 u. 11, 13, 16. – archaist. Genet. Venerus, CIL 1, 565. lin. 7. u. 1, 1495: Dat. Venerei, *ibid.* 1, 1475. – Venus als *masc.* (vgl. Macr. sat. 3, 8, 3), Laev. fr. p. 79 M. Calvi fr. 8. p. 84 M. – **B** meton.: **1** die **Geschlechtsliebe,** sine Cerere et Libero friget Venus, Ter.: marita, eheliche Liebe, Ov. – euphemist. für **Beischlaf, Begattung,** von Menschen u. Tieren, incertam Venerem rapientes, ungewisse Liebe genießend, Hor.: frigidus in Venerem, Verg.: iuvenum sera Venus, Tac.: auch rapere Venerem, empfangen, Verg.: Venus aversa, Päderastie, Capit. Albin. 11, 7: saepe morbum comitialem in pueris veneris (des Begattungstriebes, der Mannbarkeit), in puellis menstruorum initium (Eintritt) tollit, Cels. 3, 23. – **2 der geliebte Gegenstand,** die **Geliebte,** sera, bejahrte, Ov.: meae Veneri sunt munera parta, Verg.: periuria Veneris, der Verliebten, Tibull. – **3 der Venuswurf,** der glücklichste Wurf im Würfelspiel, wenn jeder Würfel oben eine andere Zahl der Augen zeigte, Prop. 4, 8, 45 *sq.* (Ggstz. canis), Venerem iecerat, Aug. b. Suet. Aug. 71, 2. – bildl., ille habuit suam Venerem, hat seinen Glückswurf getan, Sen. de benef. 2, 28, 2. – **4 der Venusstern,** die **Venus,** ein Planet, Cic.: stella Veneris, Cic. – Dav.: **A Venerius** (nicht Venereus, s. Baiter Cic. Tusc. 4, 68), a, um, **1 zur Venus gehörig, Venus-,** sacerdos od. antistita, Priesterin der Venus, Plaut.: Venerii servi, auch bl. Venerii, die Diener (Hierodulen) der erycinischen Venus in Sizilien, Cic.: spöttisch von Verres, homo Venerius, Diener der Venus, verbuhlt, Cic. – subst., **a** Venerius, ī, *m.* (*sc.* iactus), der **Venuswurf,** der glücklichste Wurf (s. *no.* B, 3), Cic. de div. 1, 23 u. 2, 48: so auch hoc Venerium est, ein glücklicher Wurf, Plaut. asin. 905. – **b** Veneriae, ārum, *f.*, eine Muschelart, die **Venusmuscheln,** Sen. u. Plin. – Veneria pira, eine Art Birnen, die **Venusbirnen,** Colum. u. Plin. – **c** Veneria, ae, *f.*, eine Stadt, s. Sicca. – **2** zur sinnlichen Liebe gehörig, **fleischlich, geschlechtlich, unzüchtig,** res, Beischlaf, Cic. u. Nep.: so auch voluptates, complexus, Cic.: amor, Nep.: delphinus, geil, Gell.: Venerio morbo implicare alqm, mit einer geschlechtlichen Krankheit behaften (v. einer Quelle), Vitr. 2, 8, 12: nostros quoque antiquiores poëtas amasios ac Venerios (der sinnlichen Liebe ergeben) fuisse, Gell. 19, 9, 9. – **B Venerālia,** ōrum u. ium, *n.*, ein drei Tage vor dem ersten April gefeiertes **Venusfest** (bei Plutarch. de quaest. Rom. 45 τῶν Οὐενεραλίων ἑορτή gen.), Kalend. vet. in Graev. Thes. tom. 8. p. 98.

2. vēnus, ūs u. ī, *m.* (altindisch *vasná-s,* Kaufpreis, griech. ὦνος, Preis, ὠνεῖσθαι, kaufen), der **Verkauf,** nur im *Dat.* u. *Acc.* vorkommend: **a** *Dat.*, venui u. veno, z. B. venui subicere, verkaufen, Apul.: venui habere, zu verkaufen haben, Apul.: veno dare alqd alci, an jmd. verhandeln, für Geld preisgeben, Tac.: veno exercere alqd, mit etwas handeln, Tac.: posita veno, zum Verkauf ausgesetzt, Tac. Vgl. Nipperd. Tac. ann. 4, 1. – **b** am häufigsten *Acc.:* venum dare, verkaufen, Sall. u. a.: so auch venum distrahere, Gell.: eo venum deferre, Porphyr.: venum ire, verkauft werden, Liv.: so auch venum redire, Claud.: Delfos (so!) venum pecus agere, Pacuv. fr.

Venusia, ae, *f.*, alte Stadt der Samniter in Apulien an der Grenze von Lukanien, Geburtsort des Dichters Horaz, j. *Venosa,* Liv. 22, 49. § 15 u. 54. § 1 u. 5. Cic. ad Att. 5, 5, 1. Vell. 1, 14, 6. – Dav. **Venusīnus,** a, um, **venusinisch,** populus, Liv.: silvae, Hor.: lucerna, v. der horazischen Satire, Iuven. – Plur. subst., Venusīnī, ōrum, *m.*, die Einw. von Venusia, die **Venusiner,** Liv.

venustās, ātis, *f.* (venus), die **Anmut, I** subjektiv = die anmutige **Schönheit,** der **Liebreiz, a** der körperliche, muliebris, Cic.: venustas et pulchritudo corporis, Cic. – pomorum, Varro: vestimentorum, Cannut. fr.: signa eximiā venustate, Cic. – **b** die **Anmut, Feinheit** im Reden, der **feine Witz, feine Scherz,** summa, Cic.: hominum, Cic.: sermonis, Rhet. Her.: verborum, Gell.: venustates verborum, Gell. 17, 20, 6. – **c** die **Anmut** im Betragen, die **feine Lebensart,** die **Liebenswürdigkeit,** affluens omni venustate, Cic.: tui quidem omnes mores ad venustatem valent, Plaut. – **II** objektiv = die **Annehmlichkeit,** das **Vergnügen,** quis me venustatis plenior? erfreuter, Ter.: dies plenus venustatis, Plaut.: hic omnes voluptates, in hoc omnes venustates sunt, Plaut. Pseud. 1257: u. so Plur. auch Plaut. Stich. 278; Poen. 1178.

venustē, *Adv.* (venustus), **schön, fein,** capella venuste facta, Cic.: videtur illud perquam venuste cecĭdisse, allerliebst getroffen zu haben, Cael. in Cic. ep.: ven. dicere, respondere, Quint.: scribere mimiambos, Plin. ep. – Hispanus hunc colorem venustius (adhibuit), Sen. contr. 1, 1, 20: alci venustissime respondere, Cael. in Cic. ep. 8, 11, 2: omnia venustissime fingere, Quint. 6, 3, 41.

venusto, āvī, ātum, āre (venustus), **anmutig machen, schmücken,** se unguentis, Naev. bei Fulg. de prisco serm. *no.* 43. p. 180 Muncker (Naev. *ed. Klussmann* p. 151): templum Apollinis multis ornatibus venustarat, Heges. 2, 1, 2: quos honesta corporis pulchritudo venustet, Firm. math. 4, 13: u. so et gratiam corporis venustaret, Ambros. de off. 1, 18, 77: ideo primo fecit (terram) deus, postea venustavit, Ambros. hexaëm. 1, 7. *no.* 27: operum miracula divinorum, nullis venustata sermonibus, veritatis suae lumine refulserunt, Ambros. in Luc. 2. *no.* 42.

venustulus, a, um (*Demin.* v. venustus), **anmutig, lieblich,** oratio, Plaut. asin. 223: carmina, Auson. epist. edyll. 4 praem. p. 36, 8 Schenkl.

venustus, a, um (venus), **anmutig, reizend, lieblich, a** körperl., et se facit esse venustum, er spielt sich als Adonis auf, Catull.: vultus (feminae), Ter.: diva venustissima Venus, Plaut.: venustissimi lusus, Quint.: hortuli, Phaedr.: aspectus, Vitr.: gestus et motus, Cic. – **b anmutig, fein, liebenswürdig, witzig** im Reden u. Betragen, Cic.:

sermo, Cic.: sententiae, Cic.: venustiora in respondendo, Quint.: venustissima dicta, Quint.

vē-pallidus (vaepallidus), a, um, **sehr blass, totenbleich,** Hor. sat. 1, 2, 129.

veprāticus, a, um (vepres), **zum Dornstrauch gehörig, Dorn-,** spinae foliaque, Colum. 7, 1. § 1.

veprēcula, ae, *f.* (*Demin.* v. vepres, s. Prisc. 3, 33. Caper 101, 13 K.), der **kleine Dornstrauch, Dornbusch,** Pompon. com. 130. Cic. Sest. 72.

veprēs, is, *m.* (s. Diom. 327, 33), **der Dornstrauch, Dornbusch,** **a** Sing.: Nom. vepres, Prisc. 3, 33 (dagegen veper bei Caper 101, 12 K.; vgl. Auct. de dub. nom. 592, 20 K.): Akk., hunc veprem, Colum. 11, 3, 7: scorpionem veprem sine foliis, Plin. 13, 116: veprem et spinam vorabit, Vulg. Isai. 9, 18 (u. so veprem et spinam *ibid.* 27, 4): Abl., vepre latens, Ov. met. 5, 628. – **b** Plur.: arbores, vites, vepres, sentes, SC. bei Frontin. aqu.: virgulta vepresque, Liv.: fruticeta ac vepres, Suet.: sepulcrum saeptum undique et vestitum vepribus et dumetis, Cic.: in vepribus et spinetis vulpium, Hieron.: vel in silvis vel in vepribus, Pallad.: quia ager non modo silvestre quicquam sed ne vepribus quidem vestitum habebat, Liv.: per ferias potuisse vepres recīdi, Cato: quid, si rubicunda benigni corna vepres et pruna ferant? Hor.: inter vepres rosae nascuntur, sprichw., Amm. 16, 7, 4. – ▶ *fem.* bei Lucr. 4, 60 u. bei Tit. Liv. nach Auct. de dub. nom. 592, 19 K. – Genet. Plur. gew. veprium, wie Plin. 16, 178. Sidon. epist. 7, 6, 8. Vulg. Isai. 7, 25; poet. auch veprum, wie Stat. silv. 5, 2, 44.

veprētum, ī, *n.* (vepres), die **Dornhecke,** Colum. 4, 32 *in.*

vēr, vēris, *n.* (aus **vesr* = griech. ἔαρ [aus ϝεσαρ], attischer Genet. ἦρος), der **Frühling, Lenz,** **I** eig. u. übtr.: **a** eig.: dies primus veris, Varro: per ver, den Fr. hindurch, Cato: per omne ver, den ganzen Fr. hindurch, Suet.: vere, im Fr., Varro: hieme et vere, Plin. ep.: primo vere, am Anfang des Fr., Cato, Liv. u. Hor.: u. so vere primo, Plin.: vere novo, in dem eben eingetretenen Fr., Verg. u. Ov.: initio veris, beim Eintritt des Fr., Suet.: u. so principio veris, Sall. fr.: pubescente vere, mit Eintritt des Fr., Amm.: vere adulto, nondum adulto, bei völligem, noch vor völligem Eintritt des Fr., Amm.: tum incipere ver arbitrabatur, Cic.: cum ver coepit, Sen.: cum ver esse coeperat, Cic.: ver aperire se coepit, Sen.: donec ver adolesceret, bis der volle Fr. einträte, Tac.: ver iam inclinatum in aestatem, quo tempore calere debuit, intepuit, Sen.: ver saepe in hiemem revolvitur, Sen.: ver procellosum eo anno fuit, Liv. – Sprichw., v. etwas Unmöglichem, vere prius flores, aestu numerabis aristas, Ov. trist. 4, 1, 57. – **b** übtr., der **Frühling,** aetatis, die Jugend, Ov. met. 10, 85; vgl. Catull. 68, 16. – **II** meton. für das, was der Frühling bringt, breve ver populantur apes, die Blumen, Mart.: ver sacrum, die in Zeiten großer Bedrängnis als Opfer gelobten Erstlinge des nächsten Frühlings an Menschen und Herdenvieh (Schweinen, Schafen, Ziegen, Rindern), später mit der Milderung, dass man bloß die Tiere opferte, die Menschen aber, wenn sie ein bestimmtes Alter erreicht hatten, auszuwandern zwang, das Erstlingsopfer, Liv. (s. bes. Fest. 158 (b), 4 *sq.* Liv. 22, 10, 2 *sq.;* 34, 44, 3): ver sacrum vovere, Liv.: ver sacrum facere (darbringen), Liv. – ▶ Ungew. Abl. Sing. verī, Colum. poët. 10, 129. – Nbf. vēra, Inscr. in Ephem. epigr. 2, 310. *no.* 409 (prima vera).

vēra, ae, *f.,* s. vēr a. E. ▶.

vērāciter, *Adv.* (verax), **wahrhaftig** (Ggstz. simulatorie), Augustin. de civ. dei 4, 4; 6, 10 u. a. Augustin. in Hieron. epist. 56, 3. Ambros. epist. 17. *no.* 1. Cassiod. var. 3, 6 u. 9, 6. Oros. 7, 1, 3: Platonem acutius atque veracius intellexisse, Augustin. de civ. dei 8, 4: veracissime creditur, Augustin. de civ. dei 5, 8.

veraedus, s. verēdus.

Veragrī, ōrum, *m.,* ein Alpenvolk in Gallia Narbonensis, im heutigen Walliserland, Caes. b. G. 3, 1 *sq.* Liv. 21, 38, 9.

vērātrum, ī, *n.,* **Nieswurz,** Lucr., Cels. u. a.

vērāx, ācis (vero, āre), **wahrredend, wahrhaftig,** oraculum, Cic.: saga, Tibull.: visa quietis veracia, wahr, eintreffend, Cic.: verax Liber, Hor.: verus ac verax deus, Augustin.: Herodotum cur veraciorem ducam Ennio? Cic.: veracissima promissio, Augustin. – mit folg. *Infin.,* vosque veraces cecinisse Parcae, Wahrheit verkündigt habende (durch die Sibylla) = Wahrheit verkündende, Hor. carm. saec. 25 *sq.*

verbālis, e (verbum), **I** **zum Wort gehörig, Wort-,** horrea, Fulg. myth. 1. praef. p. 18 M.: undae mulierum, Wortschwall, *ibid.* p. 23. – **II** insbes., **zum Zeitwort (Verbum) gehörig, Verbal-,** nomina (griech. ῥηματικά), Charis. 155, 22. Diom. 324, 11. Dosith. 26, 8 K.

verbāliter, *Adv.* (verbalis) = ῥηματικῶς, **wie ein Zeitwort (Verbum),** Eutych. 452, 31 K. u. a. Gramm.

Verbannus lacus, ein See in Oberitalien, j. *Lago Maggiore,* Plin. 2, 224 u. 3, 131.

verbascum, ī, *n.,* eine Pflanze, **Königskerze, Wollkraut,** Plin. 25, 120 u. 26, 23.

verbātim, *Adv.* (verbum), **wörtlich,** Spät.

verbēcīnus, s. vervēcīnus.

Verbeïa, ae, *f.,* eine von den Britanniern und Galliern verehrte Gottheit, wahrsch. **Göttin des Sieges,** CIL 7, 208.

verbēlla, s. vervēlla.

verbēna, ae (aus *verbesna zu verber, Schlag = Rute, griech. ῥάβδος, Rute, ahd. *rëba,* nhd. Rebe), gew. im Plur. **verbēnae,** ārum, *f.,* die Zweige des Lorbeers, Ölbaums, Myrtenbaums, der Zypresse, Tamariske usw., als **heilige Zweige** von den Fetialen, wenn sie Bündnisse schlossen od. Genugtuung forderten, auf dem Kopf getragen (vergl. Serv. Verg. ecl. 8, 65 u. Aen. 12, 120), Verg., Liv. u. Plin.: ebenso von schutzflehenden Priestern, Cic. Verr. 4, 110: und beim Opfern u. anderen religiösen Handlungen zum Bekränzen od. Räuchern gebraucht, Komik., Hor. u. a. – Celsus versteht unter verbenae eine gewisse Klasse von Pflanzen, die eine zusammenziehende, zurücktreibende Wirkung haben, u. rechnet dazu den Ölbaum, die Zypresse, den Myrten- u. Mastixbaum, die Tamariske, den Hartriegel, Rosen, Lorbeeren, Brombeeren, Efeu und Granatäpfel, s. Cels. 2, 33. p. 73, 17 D.; vgl. 8, 10. *no.* 7. p. 351, 6 D. – ▶ vulg. berbena, berbina, Gloss.

verbēnāca, ae, *f.* (verbena), **Eisenkraut** (*Verbena officinalis,* L.), Plin. 25, 105; vgl. Ps. Apul. herb. 3.

verbēnārius, iī, *m.,* der Fetialis, der die verbenae trug (s. verbēna), Varro de vit. pop. Rom. II. fr. 14 (bei Non. 528, 18 falsch verbenatus). Plin. 22, 5.

verbēnātus, a, um (verbena), **mit heiligen Zweigen bekränzt,** Suet. Cal. 27, 2.

verber, eris, *n.,* im *Sing.* nur im *Genet.* u. *Abl.* (vgl. verbena), **I** abstr. = der berührende **Schlag, Stoß, Prall, Wurf,** **1** im Allg.: **a** *Sing.:* virgae, Ov.: trementes verbere ripae, Wogenschlag, Hor.: remorum in verbere perstant, Ov.: verbere adverso siderum, Plin. – **b** *Plur.:* verbera caudae, Hor.: ventorum, Lucr.: radiorum (solis), Lucr.: puppis verberibus senis agitur, von den Ruderschlägen, Lucr.: dare verbera ponto, Schläge (mit den rudernden Armen), v. Schwimmer, Ov.: verbera lapidum, Steinwürfe, Ov. – **2** insbes., nur Plur., verbera, die züchtigenden **Schläge** mit einer Peitsche, Geißel usw., die **Hiebe** = die **Peitschen-, Geißelhiebe,** die **Auspeitschung, Geißelung,** **a** eig.: verbera civium, Quint.: verberum notae, Striemen, Tac.: mitto carcerem, mitto verbera, Cic.: castigare alqm verberibus, Cic.: afficere alqm verberibus, Curt.: verberibus lacerari, Liv., foedum in modum lacerari, Liv.: corpus verberibus lacerum figere in crucem, Iustin.: alci oculum per centurionem verberibus excutere, Suet.: verbera subire, über sich ergehen lassen, v. Pers., Hor. u. Plin.; v. den Händen, Ov. – **b** bildl.: patruae verbera linguae, Zungenhiebe = Schmähungen, Hor.: contumeliarum verbera, Cic.: fortunae verbera, Schläge des Sch., Gell. – **II** konkr. = das Schlag-, Wurfwerkzeug, **A** das Schlagwerkzeug = der **Prügel,** gew. die **Peitsche, Geißel,** **a** *Sing.:* verber tortum, Verg.: ictus verberis, Ov.: pecora verbere domantur, Sen.: ostendere nepotem sub verbere centurionis, Tac.: posse se puerili verbere moneri, mit der Kinderrute gestraft werden, Tac. ann. 5, 9; vgl. affectus verberibus puerilibus, Iul. Val. 1, 39 (41). – **b** *Plur.:* iubet verbera afferri, Liv.: alqm verberibus caedere, Komik.: verbera saetosa, Peitsche aus Fell mit den Haaren, Prop. – **B** das Schleuderwerkzeug = der **Riemen** der Schleuder u. ähnl. Wurfwerkzeuge, Verg., Sil. u. a.

verberābilis, e (verbero, āre), **des Prügelns-, Auspeitschens wert,** scherzh., *Str.* quā me causā verberas? *Eucl.* verberabilissume, etiam rogitas? Plaut. aul. 633.

verberābundus, a, um (verbero), **in einem fort prügelnd, -Prügel austeilend,** Plaut. Stich. 444.

verberātio, ōnis, *f.* (verbero, āre), das **Schlagen, Prügeln,** Ulp. dig. 47, 10, 5. § 1 u. 48, 19, 7. – übtr., mirificam mihi verberationem cessationis epistulā dedisti, du hast die Strafe für deine Säumnis gar prächtig durch deinen Brief abgebüßt, Q. Cic. in Cic. ep. 16, 27 *in.*

verberātor, ōris, *m.* (verbero, āre), der **Prügler, Schläger,** Prud. perist. 9, 38.

verberātus, Abl. ū, *m.* (verbero, āre), das **Schlagen,** Plin. 31, 39.

verberetus = verbereus, Plaut. Poen. 378.

verbereus, a, um (verber), **Schläge verdienend,** caput. Plaut. Pers. 184: so auch (scherzh.) statua, Plaut. capt. 951 u. Pseud. 911; vgl. 2. verbero.

verberito, āre (*Intens.* v. verbero, āre), **oft schlagen,** Cato b. Paul. ex Fest. 379, 9.

1. **verbero,** āvī, ātum, āre (verber), **schlagen, klopfen, stoßen, werfen, treffen,** an etwas **prallen, I** im Allg.: locum paviculis, Cato: sal super id (vulnus) duobus digitis verberatur, wird darauf geklopft, Cels.: os, ins Gesicht, Plin. ep.: os manibus, Tac.: oculos Galli alis atque unguibus (von einem Raben), Eutr.: aethera alis, Verg.: Charybdis sidera verberat undā, berührt, Verg.: chelyn plectro, schlagen, rühren, Sen. poët.: Mutinam tormentis, beschießen, Cic.: piscem ferulā, weich klopfen, Plin.: vineae grandine verberatae, geschlagen, zerschlagen, Hor.: verberari sole, imbre, ventis, getroffen werden, Plin.: verberari *in* faciem, Plin. Secund.: mihi vox aures verberat, schlägt, prallt an mein Ohr, Plaut. – absol., caudā verberando (durch Schlagen mit dem Schwanz) excutere cibum (die Lockspeise), von Fischen, Plin. 32, 12. – **II** insbes., züchtigend **schlagen,** bes. mit einer Rute, Peitsche, Geißel u. dgl., **peitschen, geißeln, 1** eig. (während pulsare = klopfen mit der Faust oder sonst einem rohen Werkzeug), alqm v., verb. alqm pulsare verberareque od. et verberare, Cic. u. a.: alcis oculos virgis, Cic.: alqm ense, Ov.: alqm flagellis v., Suet.: alqm verberatum necare, Liv.: verberatos crucibus affigere, Liv. – **2** bildl., **geißeln, schlagen, züchtigen, plagen,** os alcis convicio, Cic.: orator istos verberabit, Cic.: alqm verbis, Plaut. (vgl. verbis tamquam flagris verberati, Lact.): alcis aures sermonibus, die Ohren heiß machen, Tac.: ne mi ut surdo verbera aures, schone meine Ohren, Plaut. mil. 799 R. – ► Archaist. verberit = *verberaverit,* Lex Ser. Tullii bei Fest. 230 (b), 15. – Parag. Infin. verberarier, Plaut. asin. 387 u. a.

2. **verbero,** ōnis, *m.* (verber), eig. einer, der Schläge verdient, ein Schimpfwort, **Schlingel, Galgenstrick, Schurke,** Plaut. Amph. 284; capt. 551 u. a. Ter. Phorm. 684. Cic. ad Att. 14, 6, 1. Gell. 1, 26, 8. Apul. met. 8, 31 u. 10, 9.

verbēx, s. vervēx.

verbicīna, ae, *f.*, s. vervēcīnus.

verbificātio, ōnis, *f.* (*verbifico, āre), das **Reden,** de meo amore, Caecil. com. 63.

verbigena, ae, *m.* (verbum u. gigno), der **durch das Wort Geborene,** v. Christus, Prud. cath. 3, 2. Ven. Fort. vit. S. Mart. 3, 158 (Leo mit den *codd.* verbigeni).

1. **Verbigenus pāgus,** einer der vier Gaue der Helvetier, Caes. b. G. 1, 27, 4.

2. **verbigenus,** ī, *m.*, s. verbigena.

verbigero, (āvī), ātum, āre (verbum u. gero), **schwatzen, sich unterhalten,** quam diu et quoties inter vos verbigeratum sit, Apul. apol. 73.

verbivēlitātio, s. vēlitātio.

verbōsē, *Adv.* (verbosus), **wortreich, mit vielen Worten, weitläufig,** satis verbose! Cic.: omnia verbose exponere, Quint.: paulo verbosius haec, Varro: haec ad te scripsi verbosius, Cic.

verbōsitās, ātis, *f.* (verbosus), der **Wortreichtum,** die **Weitläufigkeit, Geschwätzigkeit,** Prud. perist. 10, 551. Symm. epist. 8, 47 (48). Augustin. serm. 260 *extr.* u. a. Eccl.: Plur., verbositates eorum, Interpr. Iren. 2, 31, 1.

verbōsor, ārī (verbosus), **viele Worte machen,** Eccl. (s. Rönsch Itala p. 171).

verbōsus, a, um (verbum), **voll Worte, wortreich, weitläufig, a** v. Pers., Catull., Cic. u. a. – **b** von Lebl.: simulatio, Cic.: epistula verbosior, Cic.: verbosissimi loci, Quint.

verbōtenus, *Adv.* = verbi gratia, Not. Tir. 49, 31. Gloss. IV, 400, 47 u. ö.

verbulum, ī, *n.* (*Demin.* v. verbum) = ῥημάτιον (Onomast. vet.), das **Wörtchen,** Ps. Augustin. epist. 18 (vol. 2 ed. Maurin. col. 941).

verbum, ī, *n.* (Wz. **wer, *wre* [erweitert **wer-dh*] sagen, altind. *vratám,* Gebot, Satzung, griech. εἴρω [aus ϝερjω], ῥῆμα, Wort [aus ϝρῆμα], gotisch *waúrd,* ahd. *wort*), das **Wort,** der **Ausdruck,** im Plur. die **Worte, Ausdrücke,** die **Rede, I** im Allg.: **a** übh.: v. durum, abiectum, inquinatum, Cic.: pudet dicere hāc praesente verbum turpe, Ter.: graviore enim verbo uti non licet, um keinen härteren Ausdruck zu gebrauchen (als Parenthese), Cic.: istuc verbum, dieser dein Ausdruck, Ter.: verbum ipsum voluptatis, das Wort »Lust«, Cic.: videtis hoc uno verbo unde significari res duas et *ex quo loco* et *a quo loco,* Cic.: in verbis ac nominibus ipsis erat diligens, Cic. – verba (Ausdrücke) mutare, Suet.: dolorem isdem verbis afficere quibus Epicurus, mit denselben Prädikaten belegen, Cic.: verba quaedam (gewisse Formeln) componere, Cic.: in alcis verba iurare, jmdm. den Eid leisten, Curt. – ullum verbum facere (vorbringen, sprechen), nisi quod etc., Plaut.: u. so numquam quoiquam nostrûm verbum fecit, Ter.: numquam hodie tecum commutaturum patrem unum esse verbum, kein Wort (des Vorwurfs) wechseln wird, Ter.: ut est ille bonus vir, tria non commutabitis verba hodie inter vos, Ter.: verbum numquam in publico facere, öffentlich sprechen, einen Vortrag halten, Cic.: de quo ego verbum feci numquam, ich habe über ihn nie ein Wort verloren, Cic.: cum ille verbum facere omnino non potuerit, kein Wort vorbringen konnte, Cic.: u. so verba facere, sowohl übh. = sprechen, schwatzen, Plaut., als insbes. v. Redner = den Sprecher machen, das Wort nehmen, sprechen, reden, einen Vortrag halten, absol., Cic. u. a., apud regem, Nep., pro alqo, Cic., de alqo, de alqa re, Cic.: si is postem aedium tenuisset et pauca verba fecisset, einige Worte (die Einweihungsformel) dazu gesprochen hätte, Cic.: verba secum facere, ein Selbstgespräch halten, Diom. 491, 26: verba facere m. folg. *Acc.* u. *Infin.*, Sall. Iug. 33, 4; 38, 9 u. ö.: haec pactio non verbis (mündliche Versicherung), sed nominibus et perscriptionibus facta est, Cic.: multis verbis ultro citroque habitis, Reden, Cic. – ille (dies) nefastus erit, per quem tria verba silentur, die drei Worte (do, dico, addico, ich erteile das Klagrecht, spreche Recht, spreche zu), v. Prätor, Ov. fast. 1, 47 (vgl. Varro LL. 6, 30. Macr. sat. 1, 16, 14): u. so verba libera praetor habet, Ov. fast. 1, 52. – Sprichw., verba facere mortuo, zu einem Toten (= vergeblich) reden, Plaut. Poen. 840: verba fiunt mortuo, das sind vergebliche Worte, Ter. Phorm. 1015. – **b** Bes. Verbindungen: **α** verbo, **αα** = **durch ein einziges Wort,** verbo de sententia destitisti, auf ein W. von mir, Cic.: verbo expedi, mit einem einzigen W., Ter. – **ββ mündlich** (Ggstz. scripturā), C. Furnio plura verbo quam scripturā mandata dedimus, Planc. in Cic. ep. 10, 8, 5: cui verbo mandabo, quid etc., Vulc. Gallic. Avid. Cass. 10. § 10. – **β** uno verbo, **mit einem Wort** = um es mit einem Wort auszudrücken, -zu sagen (wenn man verschiedene genannte Teile od. Einzelbegriffe in ein Ganzes od. in einen Kollektivbegriff zusammenfasst), si iecur aut pulmones, uno verbo omnia sana faciet, Cato: ut uno verbo complectar, diligentia, Cic.: uno verbo die quid est, Ter.: oloquar uno verbo; mittin me intro? Plaut. – **γ** verbis, **durch (bloße) Worte,** Ggstz. re (durch die Tat), Ter. Andr. 824 u. Phorm. 164: ebenso Ggstz. opere (durch die Tat), Cic. de amic. 72. – **δ** ad verbum, e verbo, de verbo, pro verbo, **aufs Wort, wörtlich, genau,** somnium mirifice ad verbum cum re convenit, Cic.: ad verbum ediscere, Cic.: fabellas Latinas ad verbum de Graecis exprimere, wörtlich übersetzen, Cic.: u. so exprimere verbum e verbo, Cic., od. de verbo, Ter.: reddere verbum pro verbo, Cic., od. verbum verbo, Hor.: id esset verbum e verbo, wörtlich, Cic. – **ε** verbi causā od. gratiā, **beispielsweise, zum Beispiel,** si quis verbi causā oriente Caniculā natus est, Cic.: ut propter aliam quampiam rem, verbi gratiā propter voluptatem, nos amemus, Cic. – **ζ** meis, tuis, alcis verbis, **in meinem, deinem, in** jmds. **Namen, für mich, dich, für** jmd., si uxori tuae meis verbis eris gratulatus, Cic.: anulum, quem ego militi darem tuis verbis, Plaut.: denuntiatum Fabio senatus verbis, ne etc., Cic. – **η** quid verbis opus est? **was bedarf es der Worte?** Ter.: so auch quid multa verba (*sc.* faciam)? **was soll ich viele Worte machen, kurz,** Ter. – **θ** te tribus verbis volo! **nur auf drei** (auf ein paar) **Worte!** = ich will nur ein paar W. mit dir sprechen, Plaut. trin. 963: so auch paucis verbis te volo, Plaut. mil. 375. – **ι** bona verba, quaeso! nur gnädig! nur gemach! Ter. Andr. 204.

II prägn.: **A** die **bloße Rede,** das **leere Wort,** der **Schein,** verba sunt! Ter.: existimatio, decus, infamia verba sunt atque ineptiae, Cic.: cum hoc verbo atque simulatione Apronio, revera tibi obiectum esset, Cic.: in quibus (civitatibus) verbo sunt liberi omnes, dem Wort nach, Cic.: alci dare verba, leere Worte bieten = etwas aufbinden, anführen, hintergehen, überlisten, betrügen, hinters Licht führen, täuschen, ein Schnippchen schlagen, Komik., Cic. u. a.; vgl. Spengel Ter. Andr. 211.

B Plur. verba, **Witze, Späße,** quibus sunt verba sine penu ac pecunia, die spaßreich sind, aber arm an Geld u. Proviant, Plaut. capt. 472.

C kollektiv, das **Wort,** der **Ausdruck, a** übh. = der **Ausspruch,** die **Äußerung,** illud mihi verbum non placet, Plaut.: quod verbum audio! Ter.: quod verbum in pectus Iugurthae altius, quam quisquam ratus erat, descendit, Sall. Iug. 11, 7. – **b** der **Spruch, Sinnspruch,** das **Sprichwort,** verum est verbum, quod memoratur, *ubi amici, ibi opus,* Plaut.: nam vetus verbum hoc quidem est, *communia esse amicorum inter se omnia,* Ter.

D als gramm. *t. t.,* das **Verbum,** das **Zeitwort,** verba temporalia, Varro LL.: vocabula et verba, ut *homo* et *equus,* et *legit* et *currit,* Varro LL.: ut sententiae verbis finiantur, Cic.: – ► Genet. Plur. verbûm, z. B. verbûm paucûm, Enn. ann. 246: unum quodque istorum verbûm, Plaut. asin. 153: bes. in der Verbindung verbûm sat est, Plaut. Bacch. 878; rud. 866; truc. 644. – vulg. Nbff. berbum, CIL 10, 410, 6. – verbus, Itala (Cant.) Luc. 4, 32. Itala (Brix.) Ioh. 4, 50 u. ö., s. Rönsch Itala p. 266.

Vercellae, ārum, *f.,* eine Stadt in Gallia cisalpina, j. *Vercelli,* Plin. 3, 124. Tac. hist. 1, 70. – Dav.: **A Vercellēnsis,** e, **zu Vercellä gehörig, vercellensisch,** ager, Plin. 33, 78: episcopus, Hieron. de vir. ill. 96. – **B Vercellīnus,** a, um, **vercellinisch,** porta, CIL 5, 7872.

Vercingetorīx, igis, *m.,* ein Anführer der Gallier im Krieg mit Cäsar, Caes. b. G. 7, 4, 1 u. a.

vērculum, ī, *n.* (*Demin.* v. ver), scherzh., **Lenzchen, Frühling,** als tändelndes Liebkosungswort, Plaut. Cas. 837.

verdiārium, s. viridiārium.

vērē, *Adv.* (verus), **I der Wahrheit gemäß, in der Tat, in Wahrheit, wahrhaftig, richtig,** dicere, Cic.: ne libentius haec in ullum evomere videar quam verius, Cic.: Ligures latrones verius quam iusti hostes, eigentlich mehr R. als ordentliche F., Liv.: non ὑπερβολικῶς, sed verissime loqui, Cic.: verissime iudicare, Nep. – **II** übtr.: **a nach richtigen Grundsätzen, vernünftig,** vivere, Ter. heaut. 154. – **b aufrichtig, ernstlich,** agere, Cic.: pugnare, Cic.

verēcundē, *Adv.* (verecundus), **schüchtern, scheu, sittsam, bescheiden,** tum ille timide vel potius verecunde … inquit, Cic.: tueri (eas) haud secus verecunde ac modeste quam hospitum coniuges ac matres iussit, Liv.: verecundius hac de re iam dudum loquor, Cic.: verecundius ad prandium invitavit, Amm.

verēcundia, ae, *f.* (verecundus), das Gefühl dessen, der sich vor etwas scheut, die Scheu, die **Zurückhaltung, Schüchternheit, I** im Allg.: **A** eig.: **a** übh.: **α** absol.: meam stultam verecundiam! Cic.: omissā in id verecundiā, Liv. – homo timidus, virginali verecundiā, Quint.: nova nupta verecundiā notabilis, Plin. – **β** mit subj. *Genet.:* Tironis, Cic.: oris, schüchterne, scheue Miene, Suet.: quo minor sit inter nos huius sermonis verecundia, damit bei dieser U. zwischen uns weniger Zurückhaltung herrsche, Liv. – **γ** m. obj. *Genet.:* turpitudinis (vor der Schande), Cic.: negandi, Cic.: respondendi, Quint.: quos praetereundi verecundiam crederent fore, die zu übergehen man sich scheuen würde, Liv. – verecundiam habere = vereri, Liv. 8, 34, 8. – **b** die **Scheu** vor Verletzung des Anstandes und der Sitte, das **Zartgefühl,** die **Sittsamkeit, Zurückhaltung,** die **zarte Achtung,** harum rerum commemorationem verecundia saepe impedivit utriusque nostrûm, Cic.: ut ne auctorem ponam, verecundia ipsius facit, Quint.: obstat verecundia, quo minus percenseamus, quo etc., Plin. pan.: fuit sponsa apud me eādem, quā apud parentes suos, verecundiā, Liv.: rex verecundiā victus, von einem Gefühl der Achtung beherrscht, Liv. – **c** die **Scheu** vor der Verletzung der Heiligkeit, der Würde, die **heilige Scheu,** die **Ehrfurcht, Achtung, Rücksicht,** m. obj. *Genet.:* deorum, Liv.: regis, Curt.: legum, Liv.: rei publicae, Liv.: maiestatis magistratuum, Liv.: aetatis, Liv.: absentes (principes) fortiter increpant; praesentium verecundiam habent, vor den gegenw. haben sie eine gewisse Scheu, Liv.: adventum eius et maiestatem ad verecundiam faciendam (einzuflößen) Romanis vim maiorem habituram quam arma, Liv. – **d** die **Scheu** vor Tadel oder Schande, die **Scham,** das **Schamgefühl,** si nomen hoc saltem ruborem incutere et verecundiam aliquam imperatoris violandi afferre (einflößen) possit, Liv.: verecundia inde imposita est senatui ex patribus iubendi aediles curules creari, Liv.: ita enim illis violandi supplices verecundiam se impositūros, Liv.: verecundia tandem Romanos cepit Saguntum oppidum octavum iam annum sub hostium potestate esse, Liv. – verecundiae est m. folg. *Acc.* u. *Infin.,* man scheut sich, nimmt Anstand, verecundiae erat equitem suo alienoque Marte pugnare, Liv.: privatis dictatorem poscere reum verecundiae non fuit, Liv.: prandere et cenare in publico verecundiae non erat, Val. Max.: quae verecundia est m. folg. *Acc.* u. *Infin.,* was für eine Art von Sch. ist es = ist es nicht unverschämt von euch, Liv. 21, 19, 9: m. *Genet. Gerund.,* Claudium interpellandi verecundia fuit, Liv. 3, 40, 5. – **B** meton., die **Achtung,** in der jmd. bei anderen steht, das **Ansehen,** esse notae verecundiae, Quint. 6, 3, 33. – **II** insbes., mit tadelndem Nbbgr., die **allzugroße Scheu,** die **Schüchternheit, Ängstlichkeit,** optima est autem emendatio verecundiae fiducia, Quint.: patronus timet cognoscentis verecundiam, Quint.: vox in metu et verecundia contracta, Quint.

verēcunditer, *Adv.* (verecundus) = verecunde, Pompon. com. 75 (wo Ribbeck u. L. Müller reverecunditer).

verēcundor, ātus sum, ārī (verecundus) = ἐντρέπομαι (Dosith. 61, 9), **Scheu haben** od. **tragen, sich scheuen, schüchtern-, scheu sein,** verecundari neminem apud mensam decet, zurückhaltend zu sein, zimperlich zu tun, Plaut. trin. 478: hi nostri amici verecundantur capti splendore virtutis, Cic. Hortens. fr. 67 Kays. (aus Non. 480, 17): cunctantem et quasi verecundantem incitabat, den schüchternen Zauderer trieb er an, Cic. de or. 3, 36. – m. folg. *Infin.,* in publicum prodire, Cic. de or. 2, 249: qui publice egere verecundantur, verschämte Arme, Ambros. de off. 2, 15, 69: u. so qui publicare paupertatem suam verecundantur, Ambros. de Tobia 5, 21. – übtr., manus verecundantur, drücken Scheu aus, Quint. 11, 3, 87.

verēcundus, a, um (vereor), **I** der aus Zartgefühl für das Anständige sich scheut, ihm zuwider zu handeln u. dadurch missfällig zu werden, **sittsam, schamhaft, verschämt, schüchtern,** dah. auch **bescheiden, genügsam** (Ggstz. inverecundus), **a** von Pers.: **α** absol.: verecundus naturā et rustici pudoris, Sen. rhet.: vir paene ultra modum verecundus, Plin. ep.: homo non nimis verecundus, Cic.: populus castus verecundusque, Hor.: ver. Bacchus, sittsam, Hor.: decet verecundum esse adulescentem, Plaut.: senectus verecundos facit, Ter.: saepe verecundum laudasti, Hor. – **β** m. *in* u. Abl.: ille tenuis orator nec in faciendis verbis erit audax et in transferendis verecundus et parcus, Cic.: verecundioremne (Antonium) coram putamus in postulando fore, quam fuerit tum, cum misit mandata ad senatum? Cic.: Pompeius in appetendis honoribus immodicus, in gerendis verecundissimus, Vell. 2, 33, 3. – **b** v. Lebl.: vultus, Ov.: color, Schamröte, Hor. u. Ov.: verecundo ore loqui, Mart.: verecunda membra, die Schamteile, Augustin.: partes verecundiores (mit u. ohne corporis), die Schamglieder, Eccl. (u. so subst. verecunda corporis u. bl. verecunda, Isid. orig. 19, 22, 29 u. 19, 33, 1: u. verecundiora patris, Vulg. Ezech. 22, 10 u. verecundiora tua, Vulg. Ierem. 13, 16). – v. der Rede usw., oratio, Cic.: verba parum verecunda (anständige), Quint.: translatio, nicht übertriebene, natürliche, Cic.: causa, Quint. – verecundum est m. *Infin.*, hoc dicere rustico (filio) verecundum est, der ungebildete Sohn scheut sich, dies zu sagen, Quint. 7, 1, 56: transire in diversa subsellia parum verecundum est, zeugt von wenig Anstand, Quint. 11, 3, 133. – **II** obj. = vor dem man Scheu hat, **achtunggebietend, achtungswert, ehrwürdig,** nomen populi Romani, Amm. 14, 6, 6: quae temperantia morum ita tolerabilem eum fecit et verecundum, ut etc., Amm. 30, 8, 4: et quae verecundiora nostra honestatem abundantem habent, Itala 1. Cor. 12, 23.

verēdārius (veraedārius), iī, *m.* (veredus, veraedus), der **Postreiter, Kurier,** Vulg. Esther 8, 10 u. 14. Sidon. epist. 5, 7, 3. Firm. math. 3, 13. Paul. Nol. epist. 9 (28) *in.* Vgl. Prisc. 1, 36 (wo die besten Hdschrn. veraedus, veraedarius; ebenso Lydus de magistr. 3, 60. p. 254 B. βέραιδος, βεραιδάριος). – scherzh. übtr., v. einem Geistlichen, der als Aufpasser der Frauen in der Stadt und in den Häusern umherrannte, Hieron. epist. 22, 28.

vēredicus, s. vēridicus.

verēdus (veraedus), ī, *m.* (aus gall. **voredos,* Pferd), das **leichte Pferd, a** zur Post, das **Post-** od. **Kurierpferd,** Cod. Iust. 12, 51, 4 u. 7. Auson. epist. 8, 7 u. 14. – **b** zur Jagd, das **leichte Jagdpferd,** Mart, 12, 14, 1 u. a. – ► Wegen der Schreibung veraedus s. verēdārius.

verendus, a, um, *PAdi.* (v. vereor), **scheuenswert, a ehrwürdig,** maiestas, Ov.: patres, Ov. – **b furchtbar,** Alexander Partho v., Lucan.: v. fluctus classibus, Lucan. – **c schämenswert, Scham-,** partes, Schamglieder, Veget. mul. 1, 7. – gew. subst., verenda, ōrum, *n.*, die **Schamglieder,** Plin. ep. 3, 14, 2 u. a.

verenter, *Adv.* (verens von vereor), **mit Scheu, ehrerbietig,** Sedul. paschal. carm. 1, 8 (25).

vereor, ritus sum, ērī (griech. ἐπὶ ὅρονται, sie beaufsichtigen, οὖρος, Wächter, ὁράω, sehe, gotisch *war,* behutsam, ahd. *war, giwar,* vorsichtig), **scheuen, I** Scheu haben vor etw., **a** aus Furcht übh., etw. **scheuen, fürchten** = vor etw. od. etw. zu tun **sich scheuen, sich fürchten, α** m. *Acc.:* conspectum patris, Ter.: hostem, Caes.: bella Gallica, Cic. – **β** Partiz. verēns m. *Genet.:* sunt verentes plagarum, Colum.: nec verentes sumptuum, Auson. – **γ** mit folg. *Infin.* u. (selten) *Acc.* u. *Infin.:* ut verear eloqui, porcet pudor, Pacuv. fr.: vereor dicere, Ter.: vereor committere, ut etc., Cic.: quos interficere vereretur, Caes.: quod mihi accĭdisse vereor, Sidon.: vereare insanus haberi, Hor. – vereor magis me amoris causā hoc ornatu incedere, Plaut. mil. 1285. – *impers.*, Cyrenaici, quos non est veritum in voluptate summum bonum ponere, Cic. de fin. 2, 39. – **b** aus Furcht vor Verletzung der Heiligkeit u. Würde, jmd. od. etw. **scheuen** = vor jmd. od. etwas eine **heilige Scheu-, Ehrfurcht-, Achtung haben,** auf jmd. od. etw. **Rücksicht nehmen,** gegen jmd. **Zurückhaltung beobachten, α** m. *Acc.:* metuebant eum servi, verebantur liberi, Cic.: quem et amabat ut fratrem et ut maiorem fratrem verebatur, Cic. – Passiv, malunt metui quam vereri se ab suis, Afran. com. 34. – **β** m. *Genet.:* viri, Afran. fr.: huius feminae primariae, Ter.: ne tui quidem testimonii veritus, Cic. ad Att. 8, 4, 1. – *impers.*, nihilne te populi veretur? Atta com. 7. – **c** aus Furcht vor Verletzung des Schicklichen, **Scheu** und **Scham haben,** hic vereri perdidit, hat Scheu u. Scham verloren, Plaut. Bacch. 158. – **II** etw. **fürchten = zu befürchten haben,** wegen etw. **besorgt sein, sein Bedenken haben, α** m. *Acc.:* periculum, Caes.: supplicium ab alqo, Rhet. Her.: multi famam, conscientiam pauci verentur, Plin. ep. – **β** m. *Dat.*, eo minus veritus navibus, quod etc., für die Schiffe etwas (eine Gefahr) befürchtend, besorgt, Caes. b. G. 5, 9, 1. – **γ** m. *de* u. Abl., de (in Betreff) qua (Carthagine) vereri non ante desinam, quam illam excisam esse cognovero, Cic. de sen. 18. – **δ** m. *Acc.* u. *Infin.:* vereor plus quam fas est captivam hiscere, Acc. tr. 157: iudex verebar non omnes causam vincere posse suam, Ov. her. 16, 75 *sq.* (doch unecht): quippe celebratam Macedonum fortitudinem ad ludibrium recĭdisse verebatur, Curt. 9, 7 (29), 23. – **ε** m. *ne* (dass) od. *ut* od. *ne non* (dass nicht), also vereor ne m. Konj., **ich fürchte, es möchte = leicht** od. **am Ende möchte ich,** non vereor ne oder vereor ut mit Konj., **ich fürchte, es möchte nicht = schwerlich möchte,** und non vereor ne non mit Konj., ich fürchte nicht, dass nicht = **ich möchte nicht leicht, schwerlich möchte ich (er, es),** vereor, ne sit turpe timere, Cic.: vereor, ne haec quoque laetitia vana evadat, Liv.: litteris tuis intellexi te vereri, ne superiores mihi redditae non essent, Cic.: illa duo vereor, ut tibi possim concedere, Cic.: non verendum quidem est, ut tenere se possit, Cic.: et tamen veremur, ut hoc natura patiatur? Cic.: non vereor, ne hoc iudicium meum P. Servilio iudici non probem, Cic.: non vereor, ne non scribendo te expleam, Cic.: quid est cur verear, ne ad eam sententiam non possim accommodare Torquatos nostros? Cic. – **ζ** mit folg. Fragesatz: Pomptinum quod scribis in urbem introisse, vereor, quid sit, Cic.: hoc quomodo acciperent homines, vereor etiam nunc, Cael. b. Cic.: eri semper lenitas verebar quorsum evaderet, Ter.: vereor, num hic aliud sit dicendum, Gaius dig.

verētilla, ae, *f.* (*Demin.* v. veretrum), das **kleine Schamglied,** Apul. apol. 34.

verētrum, ī, *n.* (vereor) = αἰδοῖον (Gloss. III, 311, 60), das **Schamglied,** Phaedr., Suet. u. a.: virile, Varro fr. u. Cael. Aur.: muliebre, Cael. Aur.: porcinum, Pelagon. veterin.

Vergellus, ī, *m.*, ein Fluss in Apulien, in der Nähe des Schlachtfeldes von Kannä, jetzt *Vergello,* Val. Max. 8, 4. ext. 2. Flor. 1, 22, 18.

Vergiliae (vergiliae), ārum, *f.* (altlat. verga = virga; eig. das Büschelgestirn, griech. βότρυς), das am Ende des Frühlings aufgehende **Siebengestirn,** die **Plejaden,** Plaut. Amph. 275 (verg.). Varro r. r. 1, 28, 2 u. ö. (verg.). Cic. poët. de nat. deor. 2, 112 (Verg.) Auct. b. Afr. 47, 1 (verg.). Liv. 21, 35, 6 (Verg.).

Vergiliānus, a, um, s. Vergilius.

Vergiliocento, ōnis, *m.* (Vergilius u. cento), ein **aus vergilischen Versen zusammengestoppeltes Gedicht,** Hieron. epist. 103, 7.

Vergiliomastīx, īgis, *f.*, die **Geißel des Vergil,** v. einem strengen Kritiker, Serv. Verg. ecl. 2, 23.

Vergilius, iī, *m.*, ein röm. Familienname. Bekannt ist bes. der Dichter P. Vergilius Maro, geb. 70 v. Chr. zu Andes bei Mantua, gest. 19 v. Chr. in Brundisium, Verfasser der Äneis, der Georgika, der Eklogen usw., s. Quint. 10, 1, 85 *sqq.:* bl. Publius, Sidon. epist. 5, 13, 3: bl. Maro, s. d. – Vergilium Platonem poëtarum (den Pl. = den Weisen unter den D.) vocabat, Lampr. Alex. Sev. 31, 4. – Dav. **Vergiliānus,** a, um, **vergilianisch, des Vergilius,** descriptio, Sen. suas. 3, 5: virtus, Plin. nat. hist. praef. § 22: versus, Eutr. 9, 13: Iuturna, bei Vergil, Apul. de deo Socr. 11. – subst., illud Vergilianum, jener bekannte Ausspruch des Vergil, Quint. 1, 3, 13. Lact. 2, 10, 16: Vergilianum illud, Sen. n. qu. 4. praef. § 19. – ► Die für die klassische Zeit allein richtige Schreibung Vergilius; später auch Virgilius, z. B. Beda de art. metr. 231, 22 K. Schol. Iuven. 7, 227.

Vergīnia, s. Vergīnius.

Vergīnius, a, um, ein römischer Familienname, unter dem bes. bekannt ist Vergīnia, Tochter des Centurio L. Verginius, der sie, um sie den Nachstellungen des Dezemvirn Appius Klaudius zu entziehen, mit einem Messer auf dem Forum erstach, Liv. 3, 44 *sqq.* Cic. de rep. 2, 63 (wo der Vater Decimus Verginius heißt). Val. Max. 6, 1, 2. Aur. Vict. de vir. ill. 21, 2. Schol. Iuven. 10, 294. – ► Silbe gi lang, s. Iuven. 8, 221; 10, 294. – Die klassisch allein richtige Form Verginius.

vergo, ere (altind. *varjati,* wendet, dreht, angelsächsisch *wrençan,* drehen, ahd. *renken,* nhd. verrenken), **I** *intr.* = wohin **sich neigen, A** eig.: tectum (aedium) nunc honeste vergit in tectum inferioris porticus, neigt sich nach usw., Cic.: omnibus eius (terrae) partibus in medium vergentibus, eine Neigung zum Mittelpunkt haben, Cic.: tenui fastigio v. in longitudinem passuum CCCC, sich herabziehen (von einem Abhang), Caes.: v. Jupiter, der mit der Waage die Schicksale abwägt, quo vergat pondere letum, Verg. – **B** übtr.: **1** übh., dem Standort-, der Lage nach **sich** wohin **neigen,** wohin **gerichtet sein, a** v. Pers. u. persönl. Ggstdn., nisi Bruti auxilium ad Italiam vergere quam ad Asiam maluissemus, mehr Front nach I. als nach A. mache, Cic. Phil. 11, 26. – **b** v. Örtl. = wohin **sich neigen = liegen, gelegen sein, sich erstrecken,** ad flumen, Caes.: ad od. in meridiem, Liv.: a septentrione ad meridiem, Mela: in Thessaliam, Liv.: in occidentem, Liv., ad occidentem, Curt.: ad septentriones, Caes.: ad solem cadentem, Verg. – **2** insbes., **sich** wohin **neigen = sich nähern, a** der Zeit nach: quo propius nox vergit ad lucem, Curt.: v. Alter, iam in senectutem annis vergentibus, Sen.: anni vergentes in senium, Lucan. – dah. prägn., wie unser **sich neigen** = sich seinem Ende nähern, vergente iam die, Suet. u. Tac.: vergente autumno, Tac.: vom Alter, suam aetatem vergere, Tac.: vergente iam senectā, Tac.: vergens annis femina, ein alterndes Weib, Tac. – **b** der ähnlichen Beschaffenheit od. dem ähnlichen Zustand nach sich zu etw. **neigen = ihm nahe kommen,** aes suo colore pretiosum in iecinoris imaginem vergens, Plin.: color languidus in candidum vergens, Plin.: aegri vergentes in lethargum, Plin. – **c** der Gessinnung od. dem Gemüt nach **sich** zu etw. **hinneigen,** illuc cuncta vergere, da fiel ihm alles allein zu, Tac. ann. 1, 3: sed ne patriae quidem bonus tutor aut vindex est, si ad voluptates vergit, Sen. de vit. beat. 15, 4: haec animi inter utrumque dubii nec ad recta fortiter nec ad prava vergentis infirmitas qualis sit, non tam semel tibi possum quam per partes ostendere, Sen. de tranqu. anim. 1, 4. – **II** *tr.* = wohin **neigen, 1** im Allg., medial vergī, **sich neigen,** in terras igitur quoque solis vergitur ardor, Lucr. 2, 212: polus aversi calidus quā vergitur austri, Lucan. 1, 54: Strongyle vergitur ad exortus solis, Solin. 6, 3. – **2** insbes., **einschütten, eingießen,** sibi venenum, Lucr.: amoma in sinus, Ov.: übtr., spumantes mero paterae verguntur, Claud. – ► Perf. versī, *Ov. ex Pont. 1, 9, 52 (vgl. Prob. cath. 38, 24 *sq.* Cl. Sacerd. 2. *no.* 167): verxī, Charis. 245, 15. Diom. 369, 13.

vergobretus, ī, *m.* (v. keltischen *guerg* = efficax u. *breth* od. *breath* = iudicium, also = iudicium exsequens), der **Rechtswirker,** Name der obersten Behörde bei den Äduern, die jährlich gewählt wurde u. das Recht über Leben u. Tod hatte, Caes. b. G. 1, 16, 5. Not. Tir. 36, 37 (wo virgobretus).

vergor, vergī, s. vergo *no.* II, 1.

vēricola, ae, *c.* (verus u. colo), **die Wahrheit ehrend,** lex, Tert. carm. ad senat. 2.

vericulātus, a, um (vericulum), **mit einem kleinen Spieß versehen,** Colum. 2, 20 (21), 3.

vericulum, ī, *n.* (*Demin.* v. veru, wie corniculum v. cornu), der **kleine Spieß,** Plin. 33, 107. Veget. mil. 2, 15: v. Grabstichel, Plin. 35, 149 (wo die Hdschrn. viriculo). – ► Die Schreibung vericulum (nicht veruculum) ist überall die der besten Handschriften; vgl. Gesner Colum. 2, 21, 3. Stewech. Veget. mil. 2, 15. p. 223 *ed. Argentor.*

vēridicē, *Adv.* (veridicus), **wahrredend, wahr,** agere, Augustin. epist. 17, 1: praedicere, Amm. 31, 1, 2.

vēridicentia, ae, *f.* (verus u. dico), die **Wahrhaftigkeit im Reden** (Ggstz. falsidicentia), Iul. Val. 1, 20 (25); 2, 2 (1).

vēridicus, a, um (verus u. dico), **I wahrredend, wahrsagend,** os, Lucr.: vox, Cic.: veridica interpres deûm, Liv.: attendere veridicos codices et oracula, Augustin.: veridicus in hac re fuit, Lact. Vgl. M. Müller Liv. 1, 7, 10. – **II** *pass.* als wahr gesagt, **wahr,** exitus, Plin. 7, 69: usus, durch die Erfahrung bestätigt, Plin. 18, 25. – ► Auch veredicus geschr., Eutych. 454, 33 K.

vēriloquium, iī, *n.* (veriloquus), **I** als Übersetzung von ἐτυμολογία, die **Etymologie,** Cic. top. 35. – **II** das **Wahrreden,** die **Aufrichtigkeit,** Ggstz. falsitas, Isid. sent. 2, 30, 4.

vēriloquus, a, um (verus u. loquor), **wahrredend,** M. Aurel b. Fronto epist. ad Marc. Caes. 3, 12. p. 49, 16 N. Hieron. adv. Ruf. 3, 42.

vērīsimilis, s. similis.

vērīsimiliter, s. similiter.

vērīsimilitūdo, s. similitūdo.

vēritās, ātis, *f.* (verus), die **Wahrheit, I** im Allg., die wahre, wirkliche, naturgetreue usw. Beschaffenheit, die **Wahrheit** = die **Wirklichkeit, Naturgemäßheit, Naturwahrheit** (Ggstz. imitatio, opinio, fama), in omni re vincit imitationem veritas, Cic.: u. so imitari veritatem, naturgetreu darstellen (v. Künstlern) od. naturgetreu sein (von Kunstwerken), Cic.; vgl. veritatem mutum in simulacrum ex animali exemplo (Original) transferre, Cic.: consule veritatem, Cic.: ne plus ei tribuas, quam res et veritas ipsa concedat, Cic.: natura rerum et ipsa veritas clamabat, Cic.: doctrina paulo asperior et durior, quam veritas et natura patitur, die Wirklichkeit u. das natürliche Gefühl, Cic.: vulgus ex veritate pauca, ex opinione multa aestimat, Cic.: quicquam potest casu esse factum, quod omnes habet in se numeros veritatis? der inneren Wahrheit, Notwendigkeit, Cic.: cum in veritate dicemus, in W. (d. i. auf dem Forum, nicht bloß zur Übung), Cic.: homines expertes veritatis, ohne alle Erfahrung (vor Gericht), Cic. – **II** insbes., im Ggstz. zur Unwahrheit, zur Lüge, die **Wahrheit** (Ggstz. mendacium), **1** eig.: o magna vis veritatis, Cic.: nuda veritas, Hor. u. Apul.: simplex et nuda veritas, Ggstz. ornamentis extrinsecus additis fucata, Lact.: molesta (est) veritas, Cic.: nihil ad veritatem loqui, Cic.: cuius aures veritati clausae sunt, Cic.: aspernari veritatem, Cic.: id mihi gratissimum est, te libenter amicitiae dedisse, quod liquido veritati dares, dass du das, was du als Mann der Wahrheit mit Überzeugung sagen konntest, auch als Freund gern gesagt hast, Cic.: ut multis incommodis veritas debilitata tandem aequitate talium virorum recreetur, Cic.: historia numquam veritatem egredi debet, Plin. ep.: quae mihi ad spem obtinendae veritatis gravissima sunt, Cic.: qui argui posset, donec ad liquidum veritas explorata esset, Liv.: exploranda est veritas multum, priusquam etc., Phaedr.: convicio aurium cum extorta mihi veritas esset, Cic.: veritatem patefacere, Cic.: quae (amicitia) tota veritate perpenditur, deren Wert ganz nach der W. abgewogen wird, Cic.: veritas mendaciis velabatur, Amm. – Plur., veritates plerumque fortiter dicere, Gell. 18, 7, 4. – **2** meton., der **Sinn für Wahrheit,** die **Wahrhaftigkeit, Offenheit, Geradheit, Rechtlichkeit, Ehrlichkeit, Unparteilichkeit** (s. Klotz Ter. Andr. 857. p. 169 *sq.* Halm Cic. Verr. 4, 113), tristis veritas inest in voltu atque in verbis fides, Ter.: in tuam fidem, veritatem confugit, Cic.: in illa (sorore) tua simplicitas, tua veritas cognoscitur, Plin. pan.: rustica v., Mart. – übtr., v. Lebl., iudiciorum religio veritasque, Cic.: non offendit me veritas litterarum tuarum, Cic.

vēriverbium, iī, *n.* (verus u. verbum), das **Wahrreden,** die **Wahrhaftigkeit,** Plaut. capt. 568.

Veriugodumnus, ī, *m.*, eine Gottheit der Gallier, CIL 13, 3487.

vermēsco, ere (vermis), **zu Würmern werden,** corpora vermescunt, werden eine Beute der Würmer, Augustin. de trin. 3. § 17 *extr.*: vermescens putredo, die Würmer erzeugende Verwesung, Augustin. op. imperf. c. Iulian. 3, 57 *extr.*

vermiculātē, *Adv.* (vermiculatus), **buntscheckig,** Lucil. 85 bei Quint. 9, 4, 113 (Marx emblemate vermiculato).

vermiculātio, ōnis, *f.* (vermiculor), der **Wurmstich** in den Pflanzen, Plin. 17, 218 u. a.

vermiculātus, a, um (vermiculor), **wurmförmig, im Zickzack gedreht,** gummi, Plin. 13, 66. – bes. von Mosaikarbeit, **buntscheckig,** crustae, Plin. 35, 2: emblema, Lucil. 85 (bei Cic. or. 149). – v. der raschen Fingerbewegung, digiti virginis recursantes et quādam incomprehensae mobilitatis scaturigine vermiculati, Mart Cap. 7. § 729.

vermiculor, ārī (vermiculus), **wurmstichig sein, dem Wurmstich ausgesetzt sein,** Plin. 17, 220.

vermiculōsus, a, um (vermiculus), **voll Würmer,** poma, Pallad. 12, 7, 14.

vermiculus, ī, *m.* (*Demin.* v. vermis), der **kleine Wurm,** das **Würmchen, a** übh., Lampr. Commod. 10, 4. – **b** in faulenden Gegenständen, Lucr. u. Plin. – **c** der Hundewurm, dah. meton., die **Tollheit der Hunde,** Gratt. cyn. 386. – **d** der Scharlachwurm, meton. = die

Scharlachfarbe, Vulg. exod. 35, 25. – **e** übtr., von **Mosaikarbeit** (s. vermiculātus), vermiculum sternere, CIL 6, 25327.

vermifluus, a, um (vermis u. fluo), **von Würmern wimmelnd,** vulnus, Paul. Nol. carm. 22, 134.

vermigerātus, a, um (vermis), **an Würmern leidend,** Pelagon. veterin. 19 (278 *Ihm*).

vermina, um, *n. pl.* (aus *vergmina zu vergo), das **Bauchgrimmen, Leibschneiden, I** eig.: saeva, Lucr. 5, 995; vgl. Fest. 375 (a), 24. – **II** übtr., die reißenden **Schmerzen,** furialium passionum, Arnob. 1, 5.

verminātio, ōnis, *f.* (vermino), **I** die **Würmerkrankheit,** des Viehs, Plin. 28, 180 u. 30, 144. – **II** übtr., der **kribbelnde, juckende Schmerz** bei Gliederkrankheiten, Sen. ep. 78, 9: Plur. cerebri aestuantis verminationes, Sen. ep. 95, 17.

vermino, āre, u. *Depon.* **verminor,** ārī (von vermina od. vermis), **I Würmer haben, von Würmern geplagt werden,** Sen. nat. qu. 2, 31, 2: effeminato verminet procul culo, Priap. 58, 2 B.: im Bild, ut viderent, ne res publica verminaret litteris ad diva additis, quod verminatum ne ad cancer perveniret, Cl. Quadr. ann. 3. fr. 49 (Hertz). – **II** übtr.: **1 kribbeln, jucken,** verminat auris, Mart. 14, 23, 1. – als *Depon.*, si (podagra) minus verminatur, Sen. de vit. beat. 17, 4. – Partiz., verminantia membra, Arnob. 1, 50. – **2 Wehen haben,** decumo mense demum turgens verminatur, parturit, Pompon. com. 56.

verminōsus, a, um (vermis), **voll Würmer,** aures, Plin. 20, 146: ulcera, Plin. 26, 145.

vermiōsus, a, um (vermes), **voll Würmer, wurmstichig,** fici, Plin. 17, 261 D.

vermis, is, *m.* (verto), der **Wurm, I** eig., Lucr. u. Plin.: ligni vermis, der Holzwurm, Serv. Verg. georg. 1, 256 als Erklärung von termes (tarmes): vermis Indiacus, qui est corniger, Seidenwurm, Eustath.: vermes, qui raucae vocantur, Raupen, Plin.: vermes terreni, Regenwürmer, Marc. Emp.: vermes sectari, Lampr. – **II** übtr., ein Fisch aus dem Lampretengeschlecht, Plin. 9, 46; vgl. Solin. 52, 41. – Nbf. **vermix,** Gloss. II, 434, 37.

verna, ae, *c.*, der im Haus seines Herrn von einer Sklavin geborene **Sklave, Haussklave, I** eig., Plaut., Cael. in Cic. ep., Hor. u. a.: als *fem.*, CIL 6, 8958. – sie waren als niedrige Kriecher, gemeine (plumpe) Witzbolde u. freche Burschen berüchtigt, Mart. 1, 41, 2. Plaut. Amph. 1033. – **II** übtr., der **Inländer,** de plebe Remi Numaeque verna, Mart. 10, 76, 4. – u. *adi.*, **inländisch,** aper, Mart.: liber, in Rom geschrieben, Mart.

vernāculus, a, um (verna), **I zu den Haussklaven gehörig,** subst., **a** vernāculī, ōrum, *m.*, die **im Haus geborenen Sklaven, Haussklaven,** das **Hausgesinde,** Capit. Opil. Macrin. 13, 3. Apul. met. 1, 26: als gemeine **Witzbolde, Pasquillanten,** Mart. 10, 3, 1. Suet. Vit. 14, 4. – **b** vernācula, ae, *f.*, die **im Haus geborene Sklavin,** die **Haussklavin,** Mart. Cap. 8. § 804: filius, quem susceperat ex vernacula, Ambros. de Abrah. 1, 7. *no.* 65. – **II** übtr.: **a inländisch, einheimisch, römisch** (Ggstz. peregrinus), volucres, Varro: artifices, Liv.: milites, legio, Auct. b. Alex.: pecus, Colum.: vocabula, Varro LL.: cotidianae res et vernaculae, Cic.: crimen domesticum et vernaculum, d. i. vom Ankläger selbst erdacht, erfunden, Cic. – paupertas olim philosophiae vernacula, bei der Ph. heimisch, Apul. – **b** prägn., **in Rom einheimisch, der Hauptstadt eigen, städtisch,** dah. auch **feinstädtisch, großstädtisch,** multitudo, der großst. Pöbel, Tac.: septem collium plebs, Tert.: vitia, Tac.: festivitas, Cic.: urbanitas, Tac.: sapor, Cic. Vgl. Heräus Tac. hist. 2, 88, 6. – ► synk. vernāclus, CIL 8, 9375: bernaclus, CIL 8, 2992; dagegen Prob. app. 197, 21 vernaculus non vernaclus.

1. vērnālis, e (ver), **zum Frühling gehörig, Frühlings-,** aequinoctium, Suet. fr. 123. p. 176, 7 *Reiff.* Serv. Verg. georg. 1, 100: horae, Frühlingsstunden, Manil. 3, 258: flores, Boëth. cons. phil. 3, 8: facies terrae, Augustin. de civ. dei 7, 25: vernalis caespitis vilitas, Chrysol. serm. 25. Vgl. Not. Tir. 69, 15.

2. vernālis, e (verna) = οἰκοτριβικός, **dem Haussklaven eigen,** Onomast. vet.

vernāliter, *Adv.* (2. vernalis), **nach Art der Haussklaven,** velut iocose vernaliterque iactans, mit plumpem Witz, Donat. Ter. eun. 5, 4, 4. – Außerdem auch Variante v. verniliter.

vernātio, ōnis, *f.* (verno), **I** das **Sich-Häuten der Schlange** im Frühling, die **Verjüngung der Schlange,** Plin. 29, 101 u. 30, 24: Plur., primae serpentium vernationes, Plin. 25, 19. – **II** meton., die abgelegte **Schlangenhaut,** Plin. 29, 111.

vērnicomus, a, um (vernus u. coma), **mit frischen, grünen Blättern,** oliva, Mart. Cap. 6. § 570.

vērnifer, fera, ferum (vernum u. fero), grüne Blätter tragend, **grünend, grün,** serta, Mart. Cap. 1, 1 (Eyssenhardt vernificus).

vērnificus, a, um, s. vērnifer.

vernilāgo, inis, *f.*, eine Pflanze = carduus silvaticus, Ps. Apul. herb. 109.

vernīlis, e (verna), **I sklavisch,** Ps. Quint. decl. 9, 12. – **II** meton.: **a plump,** blanditiae, Tac. hist. 2, 59. – **b** v. gemeinem Witz, **mutwillig, frech,** dictum, Tac. hist. 3, 32.

vernīlitās, ātis, *f.* (vernilis), das Betragen eines verna; dah. meton.: **I** die **gezierte Artigkeit,** die **kriechende Höflichkeit, Kriecherei,** haec sive levitas est sive vernilitas, Sen. ep. 95, 2. – **II** der **gemeine, plumpe** od. **freche Witz der Haussklaven,** Quint. 1, 11, 2. Plin. 34, 79.

vernīliter, *Adv.* (vernilis), **wie ein Haussklave, I** eig.: fungi officiis, Hor. sat. 2, 6, 108. – **II** meton., **sklavisch** = kriechend höflich, **kriechend,** Caecil. com. 131. – u. = aus bloßer kriechender Höflichkeit, Sen. de ben. 2, 11, 3.

Verniōnēs, um, *m.* (verna), die **kleinen (jungen) Haussklaven,** Titel einer Komödie des L. Pomponius, s. Pompon. com. 173 *sqq.*

1. vērno, āre (ver), **Frühling machen,** zur Zeit des Frühlings **sich verjüngen, I** eig.: vernat humus, Ov.: vernat arbor, Plin.: in Italia aër semper quodammodo vernat vel autumnat, ist frühlings- od. herbstmäßig, Plin.: caelum vernat, Plin.: caelum bis floribus vernat, Flor. – vernat anguis, verjüngt sich, legt die alte Haut ab, Plin.: vernat avis, beginnt wieder zu singen, Ov.: ager vernat arguto passere, ertönt von neuem, Mart. – **II** übtr.: cum tibi vernarent lanugine malae, den ersten Bart bekamen, Mart.: dum vernat sanguis, jugendlich fließt, jung, lebhaft ist, Prop. – ► Depon. Nbf. vērnor, Ven. Fort. carm. 3, 4, 6.

2. vērnō, s. vērnus *no.* II.

vernula, ae, *c.* (*Demin.* v. verna), der **im Hause geborene Sklave,** der **Haussklave, I** eig., Sen. rhet. u. a. – **II** übtr., wie vernaculus, **im Lande geboren, einheimisch,** avis, Rutil.: v. Fischen, einheimisch, d. i. im Tiber befindlich, Iuven.

vernulitās, ātis, *f.* (vernula) = vernilitas, der **mutwillige, derbe Witz,** comoedica, Fulg. myth. 1. praef. p. 3 M.: rimabunda, *ibid.* p. 25: avium quaedam vern., Geschwätzigkeit, *ibid.* p. 10.

vērnus, a, um (ver), **zum Frühling gehörig, Frühlings-, I** *adi.*: aequinoctium, Liv.: aves, Fronto: conclave, Vitr.: dies, Fronto: flores, Hor. u. Suet.: venti, Hor.: imber, Frontin.: rores, Manil.: caelum (Witterung), Sen.: intemperies, Liv.: opus, Plin.: prata, Plin. ep.: tempus, Cic.: triclinium, Vitr.: ventus, Hor. – **II** *subst.*, vērnum, ī, *n.*, die **Frühlingszeit,** *Genet.* u. *Dat.* b. Tert.: *Acc.*, per vernum, Pallad. – klass. bl. *Abl.* verno, zur Frühlingszeit, Scriptt. r. r. u. Plin.: anni verno, Amm.: autumno, non verno, Plin.: vel verno vel autumno, Suet. fr.: verno potius quam hiberno, Varro: verno hibernoque, Gregor. Tur.

1. vēro, āre (verus), **wahr reden,** Enn. ann. 380.

2. vero, ōnis, *m.* = veru, der **Wurfspieß,** veronibus plumbeis uti, Aur. Vict. de Caes. 17, 4.

3. vērō, *Adv.* (verus), **in Wahrheit, in der Tat, wirklich, allerdings, I** als *Adv.*: **a** übh., Cic. u. a.: enim vero, s. enim-vērō. – zu Anfang eines Briefes, ego vero cupio, te ad me venire, ich wünsche wirklich, Cic.: zur Verstärkung verb., hercle vero, Ter.: immo vero, s. īmmō. – **b** in Antworten, zur Bestätigung oder Bekräftigung, häufig vorangestellt, **jawohl, allerdings, in der Tat,** vero, mea puella, Cic.: explicabis? vero, Cic.: in verneinenden Antworten, minime vero, Cic. – in schriftlichen Antworten, ego vero, Servi, vellem, ut scribis, in meo gravissimo casu affuisses, jawohl wollte ich, dass du bei mir gewesen wärest, Cic.: ebenso immo vero, s. immō: enim vero, ja wahrhaftig, ei wahrhaftig, Ter. u. Cic. – **c** in der Anrede, bei Aufforderungen, Aufmunterungen, **doch,** cape vero, so nimm es doch, Plaut.: ostende vero, zeige doch, Plaut.: tu vero ascribe me talem in numerum, nun denn, geselle mich dieser Z. zu, Cic. Phil. 2, 33. – **d** bei Steigerungen, **vollends, sogar, gar,** in mediocribus vel studiis vel officiis, vel vero etiam negotiis contemnendum, Cic.: tum vero cerneres, dann vollends usw., Sall. – **II** übtr., als stark bekräftigende Adversativpartikel (stets nach einem Wort od. nach mehreren Worten des Satzes), **in der Tat aber, gerade aber, nun aber doch,** illud vero plane non est ferendum, das aber ist doch nun gar nicht zu ertragen, Cic. – bei Übergängen in der Rede, nec vero tibi de versibus respondebo, Cic.

Veromandī, -duī, s. Viromanduī.

Vērōna, ae, *f.*, eine der schönsten u. blühendsten Städte Oberitaliens, Geburtsort des Katull und Vitruv, noch j. *Verona,* Liv. 5, 35, 1. Catull. 35, 3. Ov. am. 3, 15, 7. CIL 5, 3329 u. 5, 4443. – Dav. **Vērōnēnsis,** e, **veronensisch, aus Verona,** ager, Plin.: iuvenes, Catull. 100, 2 (synk. Genet. Veronensum): Catullus, Plin.: Plur. subst., Vērōnēnsēs, ium, *m.*, die Einw. von Verona, die **Veronenser,** Tac.

1. **verōsus,** s. 1. virōsus.

2. **vērōsus,** Variante bei Mart. Cap. 4. § 332 von 2. virosus, s. d.

verpa, ae, *f.*, das **männliche Glied,** Catull. u. a.

verpus, ī, *m.* (verpa), der **Beschnittene,** Mart. u. Iuven.

1. **verrēs,** is, *m.* (aus *versēs; altind. *vṛ́ša-ḥ,* Stier, *vṛ́šan-*, Männchen, griech. ἄρρην, ἄρσην), das männliche Schwein, der **Eber,** Scriptt. r. r. u. a. – dah. übtr., verächtlich von einem Menschen, Plaut. mil. 1059 u. (im Wortspiel mit 2. Verres) Cic. II. Verr.. 1, 121. – ► Nom. verris, Varro r. r. 2, 4, 8. Gloss. II, 206, 52.

2. **Verrēs,** is, *m.* (Genet. Verri, Cic. nach Prob. cath. 28, 20), Beiname des C. Cornelius, der, schon durch frühere Schlechtigkeiten berüchtigt, namentlich als Proprätor von Sizilien Habsucht, Raub und andere Verbrechen sich zuschulden kommen ließ. – Dav.: **A Verrius,** a, um, **verrisch, des Verres,** lex, Cic. – subst., Verria, ōrum, *n.* (*sc.* sollemnia), ein von Verres sich selbst zu Ehren angeordnetes Fest, Cic. – **B Verrīnus,** a, um, zu Verres gehörig, **verrinisch,** ius – das verrinische Recht u. = Schweinebrühe, Cic. II Verr. 1, 121: cauda, s. cauda *no.* II, a. – subst., Verrīnae, ārum, *f.* (*sc.* actiones), die gerichtlichen Reden Ciceros gegen Verres, Prisc. inst. 6, 8 u. de fig. num. § 10. Mart. Cap. 5. § 491.

verriculum, ī, *n.* (verro), das **Zuggarn, Schleppnetz,** die **Wate,** sonst everriculum gen. (s. d.), Serv. Verg. Aen. 1, 59.

1. **verrīnus,** a, um (verres), **vom Eber, Eber-,** iecur, Plin.: adeps, Schweineschmer, Plin.: ius, Cic., s. 2. Verrēs *no.* B.: cauda, s. cauda *no.* II, A. – scherzh. Verrinus als Eigenname, Vater des Testament machenden porcellus, Testam. porcell. p. 231, 14 *Buecheler.*

2. **Verrīnus,** a, um, s. 2. Verrēs.

verris, is, *m.*, s. 1. verrēs.

verro, versum, ere (altlat. vorro, wohl zu griech. ἔρρω, sich fortschleppen, ahd. *wërran* = nhd. ver-wirren), **schleifen,** am Boden **schleppen, I** im Allg.: **A** eig.: **a** übh.: versā pulvis inscribitur hastā, Verg.: caesariem per aequora, Ov.: canitiem suam concreto in sanguine, Ov. – **b** von Elementen, wie v. den Winden, induperatorem classis super aequora, Lucr.: maria et terras ferre secum et v. per auras, Verg. – vom Meer, v. ex imo arenas, emporschleifen, -wühlen, Ov. – **B** meton., etwas gleichs. **beschleifen, beschleppen, a** v. Leidtragenden, crinibus templa, crinibus passis aras, die Haare am Boden des T., auf dem A. hinschleifen, Liv.: so auch aedes sacras passo capillo, Mamert. pan.: u. humum crinibus suis, Apul. – aliae alta verrunt tecta deûm, rutschen in dem T. auf den Knien, Sil. – **b** v. lang Gekleideten, mit dem Gewand etwas (den Boden usw.) **schleifen,** es bis auf etwas (auf den Boden usw.) **herabwallen lassen,** verrit humum pallā, Ov.; vgl. pulvereamque trahens per summa cacumina pallam verrit humum, Ov.: auratā vestigia pallā, Stat. – u. v. Gewand usw. selbst, bis auf etwas **herabwallen,** cuius vestigia (Füße) verrit amictus, Claud.: undosi verrebant brachia crines, Claud. – **c** übh. v. leb. Wesen und personif. Ggstdn., die über eine Fläche schwimmend, laufend, schiffend usw. **hinstreifen, hinstreichen,** eine Fläche usw. **bestreifen, bestreichen, α** v. Tieren, aequora caudis, v. Delphinen, Verg.: summae caudā (Schweif des Löwen) verruntur arenae, Ov. – **β** v. Winden, **durchstreichen,** maria, terras, nubila caeli, Lucr.: aequora, Lucr.: (aquilo) simul arva fugā, simul aequora verrens, Verg. – **γ** v. Schifffahrern, placide mare, Enn.: remis vada livida, Verg.: abiegnis aequora palmis, Catull. – **δ** v. Fischern, v. retibus aequor, beschleppen mit Netzen, mit Schlepp-, Zugnetzen (vgl. verriculum, everriculum) fischen, Sil. 14, 263. – **ε** vom Saitenspieler, duplici genialia nablia palmā, überfahren, rühren, spielen, Ov. art. am. 3, 327 *sq.* – **II** prägn.: **A** mit dem Besen usw. wegschleifen = **weg-, zusammenscharren, -fegen, a** übh.: argentum (Silbergeschirr) inter reliqua purgamenta scopis coepit verrere, Petron. 34, 3 zw. – u. scherzh., quidquid ponitur (auf die Tafel aufgesetzt wird) hinc et inde verris, kehrst, scharrst zusammen (in die Serviette, um es mitzunehmen), Mart. 2, 37, 1: u. v. Verres, futurum ut omnia verreret, Cic. b. Quint. 6, 3, 55. – **b** auf der Tenne, nigras pro farre favillas, Ov.: quidquid de Libycis verritur areis, Hor. – **B** mit dem Besen usw. rein **kehren, fegen,** aedes, Plaut.: vias, Suet.: pavimentum, Iuven.: pavimenta, Hieron. – absol., qui tergunt, qui verrunt, Cic. – ► Das *Perf. act.* lautete nach Serv. Verg. Aen. 1, 59 versī, nach Charis. 246, 9. Prisc. 10, 42 verrī (so wenigstens in den Kompositis von verro), nach Macr. de diff. *c.* 23, 8 war es ungebräuchlich.

verrūca, ae, *f.* (aus *versuca, altind. *váršman-*, Höhe, Spitze, ahd. *warza* = nhd. Warze), der **Auswuchs, I** eig.: **a** am menschlichen Körper, die **Warze,** Plin. 20, 123 u. a. – bildl., der **kleine Fehler,** das **kleine Gebrechen** (Ggstz. tuber, d. i. der große Fehler), Hor. sat. 1, 3, 74. – **b** an Edelsteinen, Plin. 37, 195. – **II** übtr., der **Höcker, Erdhöcker,** hyperbolisch von einer Anhöhe, Cato b. Gell. 3, 7. § 6 u. 13; vgl. aber Quint. 8, 3, 48; 8, 6, 14.

verrūcāria (herba), ae, *f.* (verruca), Name der Pflanze heliotropium, die die Warzen vertreibt, **Warzenkraut,** Plin. 22, 58. Marc. Emp. 19. Isid. orig. 17, 9, 37.

verrūcōsus, a, um (verruca), **warzenreich, warzig, a** eig., nur als Beiname des Q. Fabius Maximus Kunktator, Cic. Brut. 57 u. a. – **b** bildl.: Antiopa (eine Tragödie), reich an nutzlosen und unschönen Stellen, Pers. 1, 77.

verrūcula, ae, *f.* (*Demin.* v. verruca), **I** die **kleine Warze,** Colum., Cels. u. a. – **II** übtr. (vgl. verruca *no.* II), von einem **Höcker** des Bodens, collis, Arnob. 2, 49 u. 5, 3.

Verrūgo, inis, *f.*, Stadt der Volsker, hart am linken Ufer des Trerus (j. *Sacco*), Liv. 4, 1, 4; 4, 55, 8; 4, 58, 3; 5, 28, 10 *sq.* Val. Max. 3, 2, 8.

verrunco, āre (v. verro = verto), **sich kehren, sich wenden,** bes. in der Religionssprache, bene verruncare, einen guten Ausgang gewinnen, gut ausschlagen, populo, Poëta b. Cic. de div. 1, 45. Liv. 29, 27, 2. – arch. vorrunco, Afran. com. 64.

verrūtum, ī, *n.*, s. verūtum.

versābilis, e (verso), **I beweglich,** Sen. nat. qu. 6, 16, 4: repagula, Amm. 19, 6, 4: adeoque aciem versabilem posuit, ut etc., Curt. 4, 13 (50), 32. – **II** bildl., **veränderlich, unbeständig,** condicio, Sen. de tranqu. anim. 11, 10: fortuna, Curt. 5, 8 (25), 15: quaedam mens, Amm. 14, 3, 1: femina, Amm. 16, 8, 4.

versābundus, a, um (verso), **sich immer und immer herumdrehend,** turbo, Lucr. 6, 438: sidera, Vitr. 9, 5, 4.

versātilis, e (verso), was sich leicht dreht oder drehen lässt, **beweglich, I** eig.: templum caeli, Lucr.: laquearia cenationum, Sen.: triclinia, Lampr.: tabulae, Suet.: machinae, Drehmaschinen, Vitr.: molae, eine Art Handmühle, Plin. – **II** bildl., ingenium, gewandt, in alle Lagen sich schickend, Liv. 39, 40, 5.

versātio, ōnis, *f.* (verso), das **Sich-Herumdrehen,** die **drehende Bewegung,** die **Umdrehung, I** eig.: caeli, mundi, Vitr.: rotae, machinae, Vitr.: totius oculi, Plin.: hoc genus scripturae dicebant ›bustrophedon‹ a boum versatione, Mar. Victorin. 1, 14, 6. p. 56, 1 K. – Plur., machinarum versationes, Vitr. 10, 1, 4. – **II** bildl., die **Veränderung, Abwechslung,** Sen. de tranqu. animi 11, 12.

versicapillus, ī, *m.* (verto u. capillus), **das Haar verändernd** = **graues Haar bekommend,** Plaut. Pers. 230.

versicolor, ōris, Abl. ōrī u. ōre, u. **versicolōrius** u. **versicolōrus,** a, um (verso u. color), die Farbe wechselnd, **schillernd, buntfarbig, buntgewürfelt, bunt,** **a** Form *-color:* plumae, Cic.: aves, Prud.: pavo multicolor et discolor et versicolor, Tert.: vestimentum, Liv.: vestis, Liv.: sagulum, der Mantel der Kelten, Tac.: arma, Verg.: poma, Colum.: figura, Lact. – bildl., elocutio, Quint. 8. prooem. 20. – Plur. subst., versicolōria, ium, *n.,* **farbiges Gespinst,** Ulp. dig. 32, 70, 12. Paul. dig. 34, 2, 32. § 6: insbes., **bunte Segel,** Plin. 19, 22. – **b** Form *-colorius:* lana, Paul. sent. 3, 6, 82: detracto verbo ›versicolorio‹, Paul. dig. 34, 2, 32. § 6. – **c** Form *-colorus:* paries, Prud. c. Symm. 2, 56. – Plur. subst., **bunte Bilder,** pingere versicolora (Ggstz. unicolora), Fronto epist. ad Ver. 1, 1. p. 113, 18 N.

versiculus, ī, *m.* (*Demin.* v. versus), die **Zeile,** das **Zeilchen,** **a** übh.: epistulae, Cic.: uno versiculo (die Formel videant consules, ne quid res publica detrimenti capiat), Cic. Mil. 70. – **b** in Gedichten, der **Vers,** das **Verschen,** verächtl. = der **Knittelvers,** Cic. u. a.: uno versiculo, Cic. – versiculi mei, meine Gedichtchen, Catull. 16, 3.

versidicus, ī, *m.* (versus u. dico), der **Versemacher** = epischer usw. Dichter (Ggstz. comoediographus et tragoediographus), Plur. bei Victorin. expl. in Cic. rhet. 1, 19.

versificātio, ōnis, *f.* (versifico), das **Versemachen,** Quint. 9, 2, 35 u. 9, 4, 116. Colum. 11, 1, 2. Porph. Hor. sat. 1, 10, 46.

versificātor, ōris, *m.* (versifico), der **Versemacher, Verskünstler,** Vopisc. Saturn. 1 (7), 4. Ter. Maur. 1012: moderni versificatores, Beda de orthogr. 232, 21 K.: versificator quam poëta melior, Quint. 10, 1, 89: versificatores meliores quam duces, Iustin. 6, 9, 4.

versifico, āvī, ātum, āre (versificus), **I** *intr.* **Verse machen,** Quint. 9, 4, 143. – **II** *tr.* **in Verse bringen,** Sibyllae fatiloquia, Apul. de deo Socr. 7. – ► Depon. Nbf. versificor, Prisc. 8, 82. Schol. Bern. Verg. ecl. 8, 13.

versificus, a, um (versus u. facio), **I** *adi.,* **Verse machend,** **a** **aus Versen bestehend, dichterisch,** ordo, Solin. 11, 6. – **b** **zu Versen begeisternd,** Castalii fontis haustus versificus, Optat. epist. ad Constantin. – **II** *subst.,* versificus, ī, *m.,* der **Versemacher,** Schol. Bern. Verg. ecl. 8, 13. Serv. de cent. metr. 463, 12 K.

versifōrmis, e (verto u. forma), **die Gestalt ändernd, veränderlich,** Tert. de pall. 2. Mart. Cap. 6. § 589 u. a.

versilis, e (verto), **drehbar,** scaena, verwandelbare, Serv. Verg. georg. 3, 24: profunditas, Mart. Cap. 4. § 423.

versipellis (vorsipellis), e (verto u. pellis), das **Fell wechselnd** = (vgl. unser »Wechselbalg«) **seine Gestalt verändernd, sich umgestaltend,** **I** eig.: **a** v. Tieren, versipellis, χαμαιλέων, Gloss. II, 207, 6. – **b** v. Menschen, versipellem se facit, von Jupiter, der sich in den Amphitruo verwandelt, Plaut. Amphitr. prol. 123: bes. von dem, der sich nach dem Aberglauben des gemeinen Volkes in einen Wolf verwandeln konnte, der **Werwolf,** Plin. 8, 81. Petron. 62, 13: deterrimae versipelles, Apul. met. 2, 22. – **II** übtr., **in allen Farben spielend** = **arglistig, verschmitzt, verschlagen, schlau,** Circe, Arnob. 4, 14: adversarius, Augustin. serm. 109, 4: testis, Vulg. prov. 14, 25: quīcum versipellis fio, Lucil. 670: vorsipellem frugi convenit esse hominem, Plaut. Bacch. 658. – v. Abstr., astutia, Augustin. epist. 194, 16: hortamen, Prud. cath. 9, 92: versipellibus esse scriptas (fabulas) modis, Arnob. 5, 35. – ► *Compar.* versipellius, Porc. Latro decl. contra Catil. 9.

verso (vorso), āvī, ātum, āre (verto), **I** *frequ.* = **viel-, oft drehen, hin und her drehen, -wenden, -wälzen, herumdrehen, wenden, wälzen,** **A** eig. u. übtr.: **1** eig.: **a** übh.: ferrum od. massam forcipe, Verg.: turdos in igne, Hor.: ova in acri favilla, Ov.: galeam inter manus, Verg.: turbinem (Kreisel), Tibull.: saxum (v. Sisyphus), Poëta b. Cic. (u. so sprichw., iam diu hoc saxum vorso, schon lange genug wälz' ich diesen Stein [wie Sisyphus in der Unterwelt] = müh' ich mich mit diesem Menschen vergeblich ab, Ter. eun. 1085: lumina, verdrehen (v. Sterbenden), Ov.: u. lumina suprema, die Augen zum letzten Mal drehen, den letzten Blick tun, Ov.: sortem urnā, umschütteln, Hor.: vinclorum volumina (des Cästus) huc illuc, hin- u. herschwingen, Verg.: sinuosa volumina, die busigen Windungen = sich in b. W. drehen (von der Schlange), Verg. – vos exemplaria Graeca nocturnā versate manu, versate diurnā, legt Tag und Nacht nicht aus den Händen (= lest fleißig), Hor. – venti me versant in litore, wälzen mich (meinen Leichnam), Verg.: v. iuvenem toto cubili, unruhig herumwerfen; Prop.: u. so lassa corporis versati ossa, Ov. – refl. u. medial, **sich herumdrehen, -wälzen,** se in utramque partem, non solum mente, sed etiam corpore, sich drehen und wenden, Cic.: se in vulnere, Verg. – medial, mundum versari circum axem, Cic.: qui (orbes) versantur retro, Cic.: suāpte naturā et cylindrum volvi et versari turbinem putat, Cic.: versari lecto, sich (unruhig) hin u. her werfen, Catull. – **b** vom Spinnen, die Spindel **drehen,** libratum tereti vers. turbine fusum, Catull. 64, 314: levi teretem vers. pollice fusum, Ov. met. 6, 22: torta od. levia versato ducere stamina fuso, Ov. her. 18 (19), 37; met. 4, 221: hinc pensa colusque, fusus et adposito pollice versat opus, Tibull. 2, 1, 64.

2 übtr., **hin- und herbewegen, -treiben, herumtreiben,** **a** *act.:* **α** im guten Sinne, oves (zur Weide), Verg.: currum in gramine, herumfahren, Verg. – **β** im üblen Sinne (wie exercere), **in Trab-, in Atem setzen, herumjagen,** Dareta, Verg.: versabo illum hodie probe, Plaut.: hodie me ante omnes comicos stultos senes versaris, Caecil. com. fr.: ebenso versat domum (v. einem Sklaven, der im Hause den Herrn spielt), Ov. – **b** medial versari, **α** v. Pers., sich irgendwo herumbewegen = **verweilen, weilen, leben, sich aufhalten, sich befinden, sein,** apud praefectos regios, Nep.: cum alqo, Cic.: non ad solarium, non in campo, non in conviviis, Cic.: in fundo, Cic.: in Sabinis, Nep.: inter eos, Cic.: inter aciem, Caes.: intra vallum, Caes.: alci inter femina, Suet. – **β** v. Lebl., irgendwo **seinen Sitz haben,** hic morbus inter intestina stomachumque versatur, Cels. 4, 19 (12) *in.:* partes eae, in quibus aegritudines, irae libidinesque versentur, Cic. Tusc. 1, 80.

B bildl.: **1** **hin und her wenden, drehen und wenden,** **a** übh.: versare suam naturam et regere ad tempus atque huc et illuc torquere et flectere, Cic.: mentem ad omnem malitiam et fraudem, Cic.: animum in omnes partes, per omnia, den Geist von einem Entschluss zum anderen eilen lassen, Verg.: nunc huc nunc illuc pectore curas, Verg. – refl., huc et illuc, Torquate, vos versetis licet, Cic.: in quo, utrum respondebo, verses te huc atque illuc necesse est, Cic. – u. versare se, vollst. haerere, versare se, sich drehen und wenden (unschlüssig), weder aus noch ein wissen, Cic. – **b** v. Schicksal, etw. od. jmd. in eine wechselnde Lage bringen, mit etw. od. jmd. **sein wechselvolles Spiel treiben,** Fortuna omnia versat, Verg.: fortuna in contentione et certamine utrumque versavit, Caes. – **c** etwas Geistiges behandelnd **drehen und wenden,** um ihm eine gewisse Form od. einen gewissen Sinn, eine gewisse Deutung usw. zu geben, **an** etwas **drehen,** einer Sache **eine** gewisse **Wendung geben,** der Form nach, eadem multis modis, Cic. u. Quint.: easque (sententias) quam numerosissime, Quint.: so auch omni modo numeros, Quint. – dem Sinn nach an etwas **drehen, deuteln,** in iudiciis causas, Cic.: verba, Cic.: somnia decies, Prop. – **d** jmd., jmds. Ansicht, Gemüt, Herz zu einem Zweck **bearbeiten** = ihm **beizukommen suchen,** jmd. usw. zu einem Zweck **zu gewinnen suchen,** (testes) multum ante domi versandi, Quint. – muliebrem animum in omnes partes (auf alle Weise = durch Überredungskünste aller Art), Liv.: varie militum animos castigando adhortandoque, Liv.: non est ulla fides, quam non iniuria versat, die Versuchung auf alle Art heimsucht, Prop. – **e** im Geiste etwas **hin und her überlegen,** auf etw. **hin und her sinnen,** in animis secum unamquamque rem, Liv.: multa cum animo versans, quā viā quibusque commentis per exustas caloribus terras pruinis adsuetum duceret militem, Amm.: secum versat, quos ducere contra possit muros, Verg.: versate diu, quid ferre recusent, quid valeant umeri,

Hor. – dolos dirumque nefas in pectore, Verg.: novas artes, nova pectore consilia, Verg.

2 übtr., in Bewegung setzen, **a** aktiv: **leidenschaftlich erregen, in Unruhe versetzen, keine Ruhe-, weder Ruhe noch Rast lassen, beunruhigen, bestürmen,** cura, quae nunc te coquit et versat in pectore fixa, Enn. fr.: sollicitudo nos in nostra purpura versat, Sen.: patrum interim animos certamen regni ac cupido versabat, Liv.: imperitae multitudinis nunc indignatio nunc pudor pectora versabat, Liv.: spesque timorque animum versat utroque meum, Prop. – von Pers., meam si versat femina vitam, Prop.: odiis domos, in Angst und Aufruhr setzen, empören, Verg.: carminibus atque venenis humanos animos, die menschl. Herzen berücken, die Köpfe verdrehen, Hor. – **b** medial, versari, **sich** irgendwo **bewegen,** **α** übh., **sich befinden, weilen, schweben,** **αα** von Pers.: tamquam in clarissima luce, Cic.: alci ante oculos dies noctesque, Cic.: in malis, Ter.: in timore ruinae, in Angst wegen des Einsturzes schweben, Cic. – **ββ** v. lebl. Subjj.: in oculis animoque, Cic.: alci ob oculos (v. Tod usw.), Cic.: neque hoc inter eos qui etc. ... ullā est umquam dubitatione versatum, es waltete niemals ein Zweifel ob, Cic.: so auch versatur magnus error, waltet ob, Cic.: vide, quanto haec in errore versentur, Cic.: haec omnia in eodem errore versantur, Cic. – **β** insbes., **sich** in irgendeinem **Fach, Gebiet, Feld, Bereich, Element bewegen, sich** mit etw. **abgeben** od. **beschäftigen,** an etwas **teilnehmen,** bei etwas **mitbeteiligt-, mit im Spiel sein,** od. in etwas **verwickelt-, verflochten sein,** od. **sich auf** etwas **beschränken, nicht über die Grenze** von etwas **hinausgehen, im Bereich** von etwas **bleiben,** **αα** v. Pers.: in sordida arte, Cic.: ita in omnibus ingenuis artibus, ut etc., sich so im Fach der edlen Künste bewegen usw., so die e. K. behandeln, Cic.: in rebus isdem, Quint.: in illis Apronianis rapinis, in quaestu compendioque, Cic.: in coniuratorum gratulatione (am Freudenfest), Cic.: sunt autem duo crimina, auri et argenti, in quibus una atque eadem persona versatur, Cic.: uterque in summa severitate versatur, bewegt sich im Gebiet der äußersten Strenge = will die äußerste Strenge gebraucht wissen, Cic.: qui in eius sunt varietate versati, seine Launen erfahren haben, Cic. – m. *inter* u. Akk., semper inter arma ac studia versatus, Vell. – m. *circa* u. Akk., circa mensuras ac numeros non versabitur (orator)? Quint. – **ββ** v. lebl. Subjj.: nam ipsae in perfacili cognitione versantur, bewegen sich in einem Gebiet, innerhalb dessen die Erkenntnis leicht ist = sind unschwer zu erkennen, Cic.: an vero, iudices, vestrae peregrinantur aures neque in hoc pervagato civitatis sermone versantur? sind eure Ohren anderswo und nicht im Bereich des Stadtgespräches? Cic.: iura civilia, quae iam pridem in nostra familia versantur, einheimisch sind, Cic.: quae in foro atque in civium causis disputationibusque versantur, vorkommen, Cic.: dicendi omnis ratio in communi quodam usu etc. versatur, beschränkt sich auf usw., Cic.: ut in communi odio paene aequaliter versaretur odium meum, kaum über die Grenze des allg. Hasses hinausging, Cic. – m. *circa* u. Akk., quidam circa res omnes, quidam circa civiles modo versari rhetoricen putaverunt, e. glaubten, dass sich die Rh. auf alle Gebiete erstrecke, e., dass sie sich auf das bürgerliche Gebiet beschränke, Quint.

II *intens,* **um und um wenden, ganz umwenden, -umkehren,** das Unterste zuoberst **wenden,** cum (pisces) versati appositi essent, Quint.: gramen, Ov. – poet., vom Graben, Pflügen, glebas ligonibus, Hor.: rura, Prop.: terram, Ov. – ► Parag. Infin. vorsarier, Plaut. Poen. 265 G.: versarier, Cic. poët. de div. 2, 64. Avien. descr. orb. 724.

versōria (vorsōria), ae, *f.* (verto, vorto), das **Schiffstau zum Umbrassen,** vorsoriam cape, brasse um, drehe die Segel um (= kehre um), Plaut. merc. 876 G. u. trin. 1026.

versum (vorsum), *Adv.*, s. 3. versus.

versūra (vorsūra), ae, *f.* (verto), das **Drehen, Wenden,** **I** eig. u. meton.: **A** eig.: foliorum, Varro: ab huius loci versura, Varro LL. – **B** meton.: **1** als *t. t.* des Landbaus, der Ort (das Ende), wo der Pflügende umwendet, die **Pflugwende,** Colum. 2, 2, 28. Pallad. 2, 3 *in.* Mar. Victorin. 56, 2 K. – **2** als *t. t.* der Baukunst, die Ecke, und zwar sowohl die äußere scharfe Fläche als auch der innere **Winkel,** in versura porticus, Vitr.: itinera versurarum, Seiteneingänge (des Theaters), Vitr.: versurae procurrentes, die Seitenwände der Bühne, die Seitenszenen, Vitr. – **II** bildl., gleichs. die Veränderung, das Wechseln des Gläubigers, die zur Abzahlung einer Schuld zu höheren Zinsen von neuem aufgenommene **Anleihe,** im weiteren Sinne übh. = **Anleihe, Borg,** versuram facere, eine Anleihe machen, Cic. u. Nep.: versurā solvere od. dissolvere, eine Schuld mit einer Anleihe bezahlen, Cic. – übtr., versuram facere ab Epicuro, entlehnen, entnehmen, Sen.: domi versura fit, von jmd., der sich selbst dient od. eine Wohltat erweist, Sen. – Sprichw., vorsurā solvere, ein kleines Übel durch ein anderes weit größeres heben, aus dem Regen in die Traufe kommen, Ter. Phorm. 780. Lact. 2, 8, 24.

1. **versus,** a, um, *Partic.,* **I** von verro, s. d. – **II** von verto, s. d.

2. **versus** (vorsus), ūs, *m.* (verto), das Umwenden; dah. meton.: **I** als *t. t.* des Landbaus: **1** (v. Umwenden des Pfluges) die **Furche,** Colum. u. Plin. – **2** ein Ackermaß, 10 zehnfüßige Ruten od. 100 Fuß im Quadrat (das griech. πλέθρον), Varro r. r. 1, 10 *in.* Gromat. vet. 30, 9. – **II** die **Reihe, Linie,** **1** im Allg.: sedecim versus remorum, Liv.: foliorum, Plin.: in versus distulit ulmos, Verg.: in versum, nach der Reihe, reihenweise, Solin. – **2** in der Schrift: **a** in der Prosa, die **Zeile,** primus (legis), Cic.: primi versus (epistulae), Cic.: secundus versus, Hor.: litterae (Brief) paucorum versuum, Cic.: non paginas tantum sed versus etiam syllabasque numerare, Plin. ep.: vitam alcis separatim multis milibus versuum explicare, Nep.: u. so multis milibus versuum scio apud quosdam esse quaesitum, quomodo inveniremus, utra pars deberet prior dicere, Quint. – **b** in der Poesie, der **Vers,** Plur. die **Verse,** dah. auch **Poesie** (Ggstz. soluta oratio, prosa oratio), versus apti, Auson.: versus Fescenninus, Liv.: versus Graeci, Latini, Cic.: versus hexametri, Cic.: versus heroi, Cic.: versus heroicus, Auson.: versus heroici, Amm.: versus inconditi, Liv.: versus longiusculi, Cic.: versus malus, Cic.: trimeter versus, Quint.: etsi (Democriti locutio) absit a versu, Cic.: paucissimos die componere versus, Quint.: fortia illustrium virorum facta heroicis componere versibus, Amm.: elegans in versibus componendis, Hieron.: condere Chalcidico versu carmina, Quint.: explere numeros et conficere versus, Takt halten u. den Vers (des Sängers) einhalten (= den Sänger richtig begleiten), Cic.: nuptias describere aptis versibus et compositione festivā, Auson.: se mente ac voluntate conicere in versum, Sinn u. Gedanken auf eine Versart richten, Cic.: dicere versus, Verg.: versus dicere de libro Enni annali sexto, Quint.: nescis, puto, quid velim tot versibus dicere, Auson.: magnum numerum versuum ediscere, Caes.: facilius versus ediscimus quam prosam orationem, Quint.: eum versum ex oraculo mihi quodam esse effatus videtur, Cic.: facere versum, Cic. u. Quint.: facere versus, Cic.: posse versus facere, Sall.: belle facere ad versum, hübsch in den Vers passen, Sen.: versus hexametros aliosque variis modis atque numeris fundere ex tempore, Cic.: inter se iocularia versibus fundere, Liv.: illa, quae versibus persecutus est Ennius, in V. ausgeführt hat, Cic.: quid pascua versu prosequar? einzeln in V. durchgehen, im Lied nennen, Verg.: semel auditos quamlibet multos versus protinus reddere (aus dem Gedächtnis wiedergeben), Quint.: ii, quos dixi, omnes solutā oratione scripserunt, easdem res etiam quidam versibus, Varro: quamvis esset oratione et versu promptissimus, in Prosa u. Poesie, Spart.: praecepta sapientiae versibus tradere, Quint. – übtr., versus (Plur.), Gesang-, Lied der Nachtigall, Plin. 10, 83. – **III** die **Wendung** im Tanz, der **Tanzschritt,** Plaut. Stich. 770 u. trin. 707. – ► Plur. heteroklit., versī, ōrum, *m.*, Laber. com. 55. Valer. com. u. Laev. b. Prisc. 6, 73.

3. **versus** (vorsus) od. **versum** (vorsum), **I** *Adv.* = **wärts, gegen ... hin, nach ... zu,** Brundisium versus, Cic. – gew. mit den *Praepp. ad* u. *in* u. Akk., auch mit *ab* u. Abl., in Italiam versus navigaturus, Sulpic. in Cic. ep.: in forum versus, Cic.: fugam ad se vorsum fieri, Sall.: ad Oceanum versus, Caes.: ab occidente versus, Varro: a bruma versus, Varro. – verb. m. deorsum, pone, quoquo, rursum, sursum, undique, utroque, s. d. – **II** *Praep.*, **nach ... hin, nach ... zu,** m. *Acc.*,

dem es gew. nachgestellt wird, Romam versus, Cic.: versum oppidum, Auct. b. Hisp.

versūtē (vorsute), *Adv.* m. *Superl.* (versutus), **verschlagen, schlau,** Plaut. Pseud. 1018 G. (vors.). Cic. Brut. 35 u. a. – Superl. versutissime, Augustin. de trinit. 15, 20.

versūtia, ae, *f.* (versutus), die **Verschlagenheit, Schlauheit,** Liv. 42, 47, 7 (wo Plur.) u. Spät.: Ggstz. simplicitas, Min. Fel. 16, 2. Ambros. de off. 3, 6, 37.

versūtiloquus, a, um (versutus u. loquor), **trugredend,** malitiae, Tragic. inc. fab. 114 (bei Cic. de or. 3, 154): v. Pers., Ambros. in psalm. 43, 11.

versūtus (vorsūtus), a, um (verto, s. Prisc. part. XII vers. Aen. 3, 81. p. 477, 30 K.), was sich leicht herumdreht, **drehbar, gewandt, I** eig., nur in dem Gleichnis vorsutior es quam rota figularis, Plaut. Epid. 371. – **II** bildl., **von schnellen Einfällen,** um sich aus Verlegenheiten zu helfen usw., **verschlagen, schlau, listig, gewandt, a** im guten Sinne, v. Pers., Cic. u. a.: acutus atque v. animus, Cic.: versutissimus Lysander, Cic. – **b** im üblen Sinne, servus, Plaut.: homo, Cic.: hoc si versutius videbitur, Cic.: illi in summa feritate versutissimi, Vell. – m. *Genet. partit.*, versutus ingenii mango, Plin. 7, 56. – m. *Abl.*, sum versuta dolis (v. vulpes), Anthol. Lat. 286, 18.

vertagus, ī, *m.*, s. vertragus.

vertebra, ae, *f.* (verto), jedes **Gelenk,** durch das sich die Glieder bewegen, Cels., Sen. u. a. – bes. das **Wirbelbein des Rückgrats,** Cels. 8, 1. p. 325, 15 D. – übtr., von Insekten, Plin. 11, 1. – Spät. Nbf. **vertebrum,** ī, *n.* – ἰσχίον, der **Hüftknochen,** das **Hüftbein,** Cael. Aur. de morb. acut. 1, 10, 71; 1, 11, 79; de morb. chron. 5, 1. § 1 u. 2. Plin. Val. 2, 45 u. 46.

vertebrātus, a, um (vertebra), **gelenkig, beweglich,** ossa, Plin.: dens, Plin.

vertebrum, ī, *n.*, s. vertebra.

vertex (vortex), icis, *m.* (verto, eig. was sich dreht od. gedreht wird; dah.) der **Wirbel, I** der **Wirbel** des Wassers (Flusses usw.), **Strudel, a** eig., Liv., Verg. u. a. – **b** bildl.: amoris, Catull.: officiorum, Sen.: medius pugnae, Sil. – **II** der **Wirbel** des Windes oder der Flammen, **a** der **Windwirbel,** vollst. venti vertex, Lucr., Liv. u. a. – **b** der **Flammenwirbel,** die **Flammensäule,** igneus, Lucr. 6, 298: flammis volutus, Verg. Aen. 12, 673. – **III** der **Wirbel** des Hauptes, der **Scheitel, A** eig., Cic. u. a.: crines convoluti ad verticem capitis, Varro LL.: ab imis unguibus usque ad verticem summum, Cic. – **B** meton.: **1** das **Haupt,** der **Kopf,** Catull. u. a. – **2** der **Himmelspol, Pol,** Cic. u. Verg. – **3** jede **Spitze,** der **Gipfel,** die **Höhe, Anhöhe,** Aetnae, Cic.: quercus, Verg.: domus, Mart.: der Flammen, Hor.: Peliacus, Berg Pelion, Catull. u. Ov.: Erycinus, Berg Eryx, Verg.: ascendere verticem montis, Curt.: dah. a vertice (= κατ' ἄκρης), von oben, von oben her, Verg. Aen. 1, 114 u. a. – **4** das **Höchste, Größte, Äußerste,** vertices dolorum, Cic. poët.: principiorum, die obersten Offiziere, Amm. – ► Die Schreibweise vortex ist die archaistische (s. Quint. 1, 7, 25), zu Ciceros Zeit wahrsch. schon ganz ungebräuchliche (s. Osann Cic. de rep. p. 442. Drak. Liv. 28, 30, 9 u. Sil. 3, 475. Wagner Verg. georg. 1, 481 *not. cr.* u. Verg. Aen. 7, 31 *not. cr.* Jahn Verg. georg. 3, 241). – Der spät. Gramm. Caper (de orthogr. 99, 11 K.) scheidet vortex fluminis est, vertex capitis. – Über die Kürze der Silbe ex s. Prisc. 4, 39.

vertibilis, e (verto), **veränderlich,** Boëth. inst. arithm. 1, 1 u. Eccl.

vertibulum, ī, *n.* (verto) = vertebra, Lact. de opif. dei 5, 8.

verticālis, e (vertex), **senkrecht, vertikal,** Gromat. vet. 225, 8.

verticillus, ī, *m.* (verto), der **Wertel** an der Spindel, Plin. 37, 37. Ps. Apul. herb. 10 *Ackerm.*

vertīcinor, s. vertīginor.

Verticordia, ae, *f.* (verto u. cor), die **Herzenswenderin,** Venus, insofern sie die Mädchen von der Unsittlichkeit abhält, Val. Max. 8, 15, 12. Iul. Obsequ. 37 (97).

verticōsus (vorticōsus), a, um (vertex od. vortex), **voll Wasserwirbel, -Strudel,** mare, Sall. hist. fr. 4, 22 (37): amnis, Liv. 21, 5, 15: Athesis ille gurgitibus verticosus, Auct. inc. pan. Constant. Aug. 8, 2.

verticula, ae, *f.* (verto), das **Gelenk,** die **Einbiegung,** Lucil. 161: an Maschinen, Vitr. 10, 8, 1. – Nbf. verticulus, ī, *m.*, Solin. 34, 3. Cael. Aur. de morb. chron. 4, 3, 24. Plin. Val. 2, 45: verticulum, ī, *n.*, Cael. Aur. de morb. acut. 3, 17, 138 u. de morb. chron. 4, 3, 24; vgl. Prisc. part. XII vers. Aen. 3, 81. p. 477, 31 K.

vertīgino, āre (vertigo), **sich herumdrehen,** Tert. de pall. 3.

vertīginor (vertīcinor) = σκοτοῦμαι, στροφοῦμαι, **ich habe Schwindel,** Dosith. 61, 9 u. Gloss. II, 434, 6 u. II, 439, 11.

vertīginōsus, a, um (vertigo), **schwindelig, mit Schwindel behaftet,** Plin. 23, 59 (Detl. u. Sillig vertigini).

vertīgo, inis, *f.* (verto), das **Drehen, Herumdrehen, Wenden, I** eig. u. übtr.: **1** eig.: assidua caeli, Ov.: venti, Sen.: rotae figulinae, Cael. Aur.: rotarum, Prud.: equestres turmas lascivas vertigines docuit implicare, Wendungen, Schwenkungen, Solin.: una vertigo Quiritem facit, ein einmaliges H. (als Brauch bei der Freilassung eines Sklaven), Pers. 5, 76. – **2** übtr., **a** der **Schwindel,** vertigo quaedam simul oculorum animique, Liv.: vert. capitis od. capitis vert., Sen.: spiritus vertiginis, Vulg.: sequitur vertigo praerupta cernentis, ein Schw., wie wenn man in eine jähe Tiefe sieht, Sen.: cuminum silvestre datur ad vertiginem, Plin.: vertigine tectum ambulat (bei Betrunkenen), das Haus scheint sich herumzudrehen, Iuven. – **b** meton., eine **sich drehende Maschine,** impendebat autem istam sellam vertigo quaedam ad modum mundi fabricata, Iul. Val. 3, 53 (29). – **II** bildl., die **Veränderung,** rerum, Lucan. 8, 16.

vertilābundus, a, um (*vertilo v. verto), **sich hin und her drehend,** circulus, Chalcid. Tim. 92. – v. Pers., **ohne Besinnung einhertaumelnd,** Varro sat. Men. 108.

vertipedium, iī, *n.*, eine Pflanze = hierabotane, Ps. Apul. herb. 4.

verto (archaist. vorto), vertī (vortī), versum (vorsum), ere (altind. *vártatē*, er dreht sich, got. *waírþan*, ahd. *werdan*, werden), nach einer anderen, bes. nach der entgegengesetzten Richtung **kehren, wenden, drehen, umkehren, umwenden, umdrehen,** refl. vertere se u. bl. vertere, u. Passiv verti medial, **sich kehren, sich wenden, sich drehen, I** im Allg.: **A** eig.: **1** übh.: **a** m. Angabe **wohin? α** durch *Praepp.*: ora in alqm, Ov.: omnium ora in se, Tac.: raptum vexillum ad ripam, Tac.: currum in fugam, Curt.: aquam v. in subiecta, ableiten in die Niederungen, Tac.: equos ad moenia, Verg.: armentum ad litora, auf das U. zutreiben, Ov.: mucronem in se, Liv. epit.: v. harpen in alqm, Ov.: morsus exiguam in Cererem (Brot), Verg. – refl., verti me a Minturnis Arpinum versus, Cic.: u. ohne *se*, ad Orientem vertit, kehrte um, Treb. Poll.: ut (sol) vortat metas ad solstitiales, Lucr.: alterius ramos videmus vertere in alterius, Verg.: o utinam vocula mea vertat in auriculas dominae, gelange, Prop.: *Char.* quo vortisti (wohin hast du dich gedreht = wohin siehst du)? *Dem.* ad illum qui emit, Plaut. merc. 434: u. passiv medial, velatum vortier ad lapidem, sich (anbetend) hinzuwenden zu einem (heiligen) Stein, Lucr.: homines, quorum oculi perversā semper acie vertantur, sich drehen, Firm. – **β** durch *Advv.*: sidera retro, Verg.: quo vertere cursus (iubeat), Verg.: quo vocat, vertamus iter, Verg.: v. ora huc et huc, Hor.: nunc huc nunc illuc verso mari, Liv. – refl., vorte hāc te, puere, wende dich hierher = komm hierher, Plaut. – **b** m. bl. *Acc.*: flumina et lacus, ableiten, Tac.: fores cardine tacito, leise aufmachen, Tibull.; vgl. verso cardine strepitum fecit, Ov.: clavem vertere (umdrehen), Iulian. bei Augustin.: simulat gradu discedere verso, Ov.; vgl. verso pede premere arenam, Ov.: u. ille tuus tam cito vertit pennas amor? hat seine Fittiche gewendet (= hat sich von mir entfernt, mich aufgegeben)? Prop. – refl., cum haesisset descendenti (virgini Vestali) stola, vertit se et recollegit, Plin. ep. 4, 11, 9. – **2** als milit. *t. t.*: alqm (hostes, equites u. dgl.) in fugam, in die Fl. treiben, -schlagen, Auct. b. Afr., Liv. u. a.: u. so bl. agmina, Verg.: u. Philippis versa acies retro, die zu Ph. verlorene Schlacht, Hor. – iter retro, eine rückgängige Bewegung machen, Liv.; vgl. ni Vitellium retro Fortuna vertisset, zur Umkehr genötigt hätte, Tac. – terga v., kehrtmachen = fliehen, Caes. u. a.: u. so refl., se, Caes. u. a.: u. ohne *se*, versuros omnes in fugam extemplo ratus, überzeugt, dass alle sofort kehrtmachen würden, Liv. – in circumsedentes Capuam se vertit, wendete sich gegen usw., Liv. 26, 5, 4. – **3** von der örtl. Lage, bes. als geogr. *t. t.*, refl. Scytharum gens, haud procul Thraciā sita, ab oriente ad septentrionem se vertit, wohnt in der Richtung von O. n. N. (= nordöstlich), Curt. 7, 7 (29), 3. – u. medial, versus in od. ad m. Akk., **gewendet, gerichtet, hin-** od. **hinausgehend, hin-** od. **hinausliegend** u. dgl., squamarum series a cauda ad caput versa, hinlaufend, Plin.: v. Örtlichkeiten, fenestrae in viam versae, Liv.: Epirus in septentrionem versa, Liv.: mare ad occidentem versum, Liv.: (Maeander) nunc ad fontes, nunc in mare versus, hinlaufend, Ov.: u. so (Rhenus) modico flexu in occidentem versus, Tac.: versa est Pachynos ad austros, liegt nach Süden, Ov.

B bildl.: **1** im Allg.: **a** übh.: **α** mit Angabe **wohin? αα** durch *Praepp.*: usum olei ad luxuriam, den Gebr. des Öls zur Verschwendung wenden, d. i. bis zur Verschwendung treiben, Plin.: in se studia civium, Tac.: v. bonas aures ad pacem, dem Fr. gütiges Gehör zu schenken geneigt sein, Prop.: indomitum animum in bonum, Tac.: animum alias ad curas, Tac.: consilia curasque in oppugnationem Placentiae, Tac.: venena et artes in alium, Tac.: in nos vertite iras, Liv.: patrem ab alienis in suos vertisse superbiam, Liv. – Passiv, versa Romam res, wurde die Sache (Untersuchung) nach Rom gespielt, Liv.: summa curae in Bostarem versa erat, die Hauptsorge war dem B. zugewälzt, lag auf B., Liv. – in admirationem versus (rex), zur B. hingerissen, Liv. – verti certamine irarum ad caedem, hingetrieben werden, Liv.: u. so solitae cupidine caedis in pecudes, Ov. – medial, in quem (Scipionem) tum omnis civitas versa erat, die Augen der ganzen St. (voll Erwartung) gerichtet waren, Liv.: pater totus in Persea versus, dem P. ganz zugewandt, sich ganz hingebend, Liv. – refl. ohne *se*, z. B. periculum in creditores a debitoribus verterat, Liv.: omnis ira belli ad populationem vertit, ging am Ende hinaus auf V., Liv. – verterat periculum in Romanos, Liv., pernicies ad accusatorem, Tac. – Caesar vertit in Sabinum, lenkte (in dem Schreiben) auf den S. ein, Tac. ann. 4, 70. – **ββ** durch *Advv.*: quo me vortam, wohin soll ich mich (in meiner Not, Verlegenheit) wenden? Ter.: redigam ut, quo se vortat, nesciat, dass er sich nicht zu raten u. zu helfen weiß, Ter.: quo se verteret, nesciebat, Cic.: quoquo verteris, wie man es auch drehen u. wenden mag, Cic. – depulsi aemulatione alio vertunt, davon abgebracht durch Eifersucht, nehmen sie eine andere Wendung, schlagen sie einen anderen Weg ein, Tac. ann. 1, 18: u. so bl. ut verteret, Tac. ann. 4. 10. – **β** mit bl. *Acc.*: versa amicitiae terga dedere meae, kehrten meiner Fr. den Rücken, Ov.: v. sinistrum lenti itineris rumorem prospero proelio, (von sich) abwenden, Tac. – **b** Gelder, Einkünfte wohin wenden, d. i. **α zuwenden,** ex illa pecunia magnam partem ad se, sich aneignen, Cic.: in se Cotyi data, Tac.: litem in suam rem, das Streitobjekt sich zusprechen, Liv.: Lugdunensium reditus in fiscum, zum F. schlagen, Tac. – u. so wohl verte aliquid, wende dir etwas zu = mache eine Prellerei, ein betrügerisches Geschäft, Pers. 5, 137. – **β** wie unser »wohin **wenden« = verwenden, benutzen,** pecuniam in suos usus, ICt.: pecuniam mutuam in rem alcis, ICt. – captos in praedam, Tac.: seditiosa in praedam, Tac.: occasionem ad bonum publicum, Tac. – **c** etwas so u. so (auf die üble od. gute Seite) **wenden,** m. *in* u. Akk. od. m. bl. *Dat.* zur Ang. wozu? **α** in der Beurteilung, **machen, gereichen lassen** zu usw., **ansehen** als usw., comitia biennio habita in religionem, zu einem Gegenstand frommen Bedenkens machen, Liv.: ne ea, quae rei publicae causā egerit, in suam contumeliam vertat, zu einer Beleidigung gegen sich, Caes.: Romanos obicis mihi et ea, quae gloriae esse debent, in crimen vertis, Liv.: ne sibi vitio verterent, quod etc., Cic. – in prodigium versa ea tempestas, Liv. – **β** in der Ausführung, **so u. so wenden** = die u. die **Wendung geben, so u. so ausschlagen, -ablaufen lassen,** u. refl. (ohne *se)* u. Pass. medial, **sich wenden,** die u. die **Wendung nehmen, so u. so ausschlagen, ablaufen,** somnia in melius, Tibull.: cognomen in risum, ins Lächerliche ziehen, Hor.: di bene vortant quod agas, Ter. – refl., haec … extemplo in invidiam, mox etiam in perniciem Demetrio verterunt, Liv.: detrimentum in bonum verteret, Caes.: auspicia in bonum verterunt, Liv.: ne memoria Augusti, ne nomen Caesarum in ludibria et contumelias verterent, Tac.: magnitudo pecuniae malo vertit (*sc.* ei), wurde sein Unglück, Tac.: quae res bene vortat mihi, Plaut.: quae res tibi vertat male, Ter.: quod bene, nec bene vertat, Liv. u. Verg.: u. medial, factum est versum in laudem, Liv. – **d** in der Beurteilung auf jmd. od. etw. (als Urheber, Ursache) etw. **wenden** = jmdm. od. einem Umstand usw. etwas **zuschreiben, beimessen,** devictorum Samnitium decus ad legatos est versum, Liv.: v. omnium secundorum adversorumque causas in deos, Liv.: quaeque alia in deûm iras vertunt (*sc.* homines), Liv.: quam rem alii in superbiam vertebant, Sall.

2 insbes.: **a** etw. wenden, d. i. etw. **ändern, verändern, wechseln,** **α** Körperliches: comas (durch Färben) v., Prop.: u. so capillum, Tertull.: furentium certa indicia sunt audax et minax vultus … color versus, veränderte, wechselnde Gesichtsfarbe (= Sich-Verfärben), Sen. – auster in Africum se vertit, schlug zum Südwestwind um, Caes. – **β** Zustände usw.: iussa, Verg.: quae mea culpa tuam mentem vertit? Ov.: u. so quae sententia te (dich = deine Gesinnung) vertit? Verg.: statum, Tertull. – refl., vorterunt se memoriae (Zeiten), Plaut.: fortuna iam verterat, hatte sich gewendet (geändert), Liv. – medial, omnia vertuntur, certe vertuntur amores, Prop.: vide te, quam versa et mutata in peiorem partem sint omnia, Cic.: verso civitatis statu, Tac.: verso Marte, Liv.: versis ad prospera fatis, Ov.: versā vice, umgekehrt, Sen. poët., Iustin. u. a.: versa facundia, Poesie, Apul. – **b** seinem ganzen Wesen, seiner Gestalt nach in etw. **übergehen lassen, verwandeln,** pectora in silicem, Ov.: alqd in lapidem, Ov.: in cinerem, s. cinis: Niobe, quae nimio fletu in lapidem versa est, Hyg. – refl. u. medial = in etw. **übergehen, sich verwandeln,** zu etw. **werden,** se in imaginem Amphitruonis (v. Jupiter), Plaut.: terra in aquam se vertit, Cic.: se in omnes facies, Verg.: vidit fusa in obscenum se vertere vina cruorem, Verg. – medial, in pus verti, Cels.: verti in parva animalia, Ov.: m. *Acc. resp.*, formam vertitur oris antiquum in Buten, verwandelt sich an Gestalt in den alten B., Verg. – **c** Schriftwerke usw. **übertragen, übersetzen,** Philemo scripsit (fabulam), Plautus barbare (lateinisch) vertit, Plaut.: si sic verterem Platonem, ut verterunt nostri poëtae fabulas, Cic.: verti etiam multa de Graecis, Cic.: v. Graeca in Latinum, Quint.: annales ex Graeco in Latinum sermonem, Liv.: ex Graeco in Latinum vel ex Latino vertere in Graecum, Plin. ep. – **d** als publiz. *t. t.*, v. solum, **sich außer Landes begeben, auswandern,** bes. v. Verbannten, dah. oft mit dem Zusatz exsilii causā, Cic. u. a.: vertere solum exsilio, Amm. 15, 3, 12.

II prägn.: **A** = versare, wie **drehen** prägn. = **wieder und wieder drehen, hin und her drehen, -wenden, fort und fort herumdrehen, -wenden,** refl. vertere se u. Pass. vertī medial, sich (hin und her-, sich herum-) drehen, **AA** eig. u. übtr.: **1** eig.: lumina, rollen (v. der Gorgo), Verg.: caput, herumrollen, -wälzen (v. Meer), Prop. – medial, vertitur interea caelum (dreht sich [um die Erde]) cum ingentibus signis, Enn.: u. so vertitur interea caelum et ruit (bricht herauf) Oceano Nox, Verg.: si oculi cum dolore vertuntur, wenn sich die Augen unter Schmerz bewegen (bei der Bewegung die Augen schmerzen), Cels.; aber im üblen Sinne, oculi vertuntur, die Augen verdrehen sich, Cels.: u. intestinum verti videtur, der Darm scheint sich krampfhaft zu krümmen, Cels.

2 übtr., u. zwar refl. vertere se u. medial vertī, **a** v. Pers., irgendwo **sich umherbewegen, sich umhertreiben, sich umhertummeln,** v. se ante postes, Prop.: u. oft medial, verti in mediis catervis, Verg.: inter primos, Verg.: sub pedibus omnia verti regique videbunt, sich unter ihren Füßen zu winden (von den Untertanen), Verg. – **b** v. der Zeit = **umrollen, umlaufen,** septima post Troiae excidium iam vertitur aestas, Verg.: decima haec iam vertitur aestas, Sil. – bes. im *Partic.*, hunc mensem vertentem servibit, diesen vollen Monat, Plaut.: mense vertente, innerhalb eines M., Vitr.: intra finem anni vertentis, innerhalb des laufenden Jahres, Cic.: u. bes. anno vertente, im Verlauf-, innerhalb des Jahres od. eines Jahres, Cic. u. Nep.: u. so tum ille vere vertens annus appellari potest, ein völliges Jahr (vom großen Weltjahr, das aber selbst annus magnus heißt), Cic. de rep. 6, 24. Vgl. über annus vertens überhaupt Censor. 19 *in.*

BB bildl.: **1** im Allg.: stimulos sub pectore, unter dem H. die St. drehen = das Herz zur Begeisterung anstacheln, Verg. Aen. 6, 101.

2 insbes., u. zwar medial vertī, sich in irgendeinem Gebiet, einem Fach, einem Element **bewegen, a** v. Pers.: iam homo in mercatura vortitur, gibt sich schon mit dem Handel ab, Plaut. most. 639. – **b** v. Lebl.: ubi ego video rem verti in meo foro, sich auf m. F. bewegt, vor mein F. gehört, von mir abhängt, Plaut.: in iure, in quo causa illa vertebatur (zu dessen Gebiet jener Prozess gehörte), paratissimus, Cic.: in eo verti (drehe sich) spes civitatis, Liv. – quam maxime resisto, tam res in periculo vortitur, desto größer wird die G., Plaut.: in maiore discrimine domi res vertebatur, weit misslicher stand es um usw., Liv. – omnia in unius potestate ac moderatione vertentur, die G. u. L. des Ganzen wird in der Hand eines Einzigen liegen, Cic.: totum id vertitur in voluntate Philippi, hängt von der Gesinnung des Ph. ab, Liv.: in eo victoriam verti, darauf beruhe der S., das sei für den S. entscheidend, Liv.: in eo verti ceterorum animos, si etc., es sei für die Stimmung der Übrigen entscheidend, Liv. – so auch mit *circa* u. Akk., cum circa hanc fere consultationem disceptatio omnis verteretur (sich drehte), Liv. 36, 7, 1. – u. m. *Advv.*, ibi summam rerum bellique verti, dass dort das ganze Schicksal des Staates u. Kr. entschieden werde, Liv.: ibi maiestatem regiam verti, unde soror Alexandri staret, auf deren Seite sei die k. M., zu denen sich die Schw. des Al. halte, Iustin. – u. *impers.*, vertebatur (= *vertebatur disceptatio in eo*), utrum ... an etc., darum drehte sich die Frage, ob ... oder usw., Liv. 39, 48, 3.

B = *invertere, convertere*, **umkehren, umwenden, AA** eig.: **1** im Allg.: **a** übh.: hominem in id latus, cuius auris eo modo laborat, auf die S. legen, Cels.: saepe stilum, Hor.: palpebram cotidie, Cels.: arma (bei einem Trauerzug), Verg.: manum non vertere, s. 1. manus. – **b** als *t. t.* des Landbaus, mit dem Pflug od. mit der Hacke **umwenden, wenden,** bidentibus solum vertere utilius est, quam aratro, Colum.: u. so terram aratro, Verg. u. Hor., u. (poet.) ferro, Verg.: Massica rastris, Verg.: agros bove patrio, Prop.: lupinum in flore, Colum.: collem in quattuor pedes (vier F. tief), Colum. – poet. übtr., v. Rudernden, **umwühlen,** freta versa lacertis, Verg.: spumant vada marmore verso, Verg. – **c** als *t. t.* der Weberkunst, die Spindel **drehen,** ad torquenda subtegmina in alveolis fusa vertantur, Hieron. epist. 130, 15. – **d** ein Gefäß **umkippen, umlegen** u. so **abzapfen, ausleeren,** cadum, Plaut.; u. cadus non ante versus = ein noch nicht angezapfter, Hor.: crateras, ausleeren, Verg.

2 insbes., gewaltsam **umkehren, umstürzen, über den Haufen werfen,** Cycnum vi, Ov.: fraxinos, Hor.: arces, Verg.: moenia ab imo, Verg.: summa in imum, Auson.: versa puppis, Lucan.: versi Penates, Verg.

BB bildl.: **1** im Allg.: Callicratidas cum multa fecisset egregie, vertit ad extremum omnia, warf alles um = verdarb alles, Cic. de off. 1, 84. **2** insbes.: **a** gewaltsam **umkehren,** fortuna summa in imum vertit et versa erigit, kehrt das Oberste zuunterst, Auson. epigr. 143, 3. – **b** politisch **umstürzen, über den Haufen werfen, umstoßen, stürzen, zerrütten, zugrunde richten, verderben** (vgl. Heräus Tac. hist. 1, 2 *extr.*), res Phrygias fundo, Verg.: regna ab imo, Sen. poët.: leges funditus (gänzlich), Tac.: cuncta secum, Verg.: ne socius rex, ne Armenia scelere et pecuniā verteretur, Tac.: versā Caesarum subole, Tac. – ► Parag. Infin., vertier (vortier), Plaut. rud. 886. Lucr. 1, 710 u. a.

vertragus, ī, *m.* u. **verträha,** ae, *f.*, ein keltisches Wort (nach Glück = der Schnellfüßige), der **Windhund,** Form vertragus, Mart. 14, 200. Firm. math. 5, 8: Form vertraha, Gratt. cyn. 203 (Variante veltrahus, wov. ital. *veltro*).

Vertumnālia (Vortumnālia), ium, *n.* (1. Vertumnus), ein zu Ehren des Vertumnus beim Eintritt in den Winter (wahrsch. am 23. Oktober) gefeiertes Fest, gleichs. **Erntedankfest,** Varro LL. 6, 21.

1. **Vertumnus** (Vortumnus), ī, *m.* (gleichs. Vertomenos, als Partiz. von verto, der sich Verwandelnde, s. Prisc. part. XII vers. Aen. 3, 81. p. 477, 30 K.), der **Wandelgott,** der Gott alles Wandels u. Wechsels, urspr. der Gott der sich verwandelnden Natur der Jahreszeiten, dann auch Vorsteher des Verkehrs bei Kauf u. Verkauf, dessen am Ende des vicus Tuscus stehende Bildsäule auf das Forum schaute, Varro LL. 5, 46 u. 74. Prop. 4, 2, 10 u. (als Kunstreiter) 4, 2, 35: signum Vertumni, Cic. II. Verr.. 1, 154. – In der Nähe seines Standbildes hatten am Forum die Buchhändler feil, Hor. ep. 1, 20, 1, und die Händler mit Gartenfrüchten u. dgl., Colum. poët. 10, 308. – Vertumnis, quotquot sunt, natus iniquis, v. einem sehr veränderlichen, unbeständigen Menschen, Hor. sat. 2, 7, 14 (der Plur. vom Dichter fingiert, um die verschiedenen Arten der Veränderlichkeit, die dem Unbeständigen zu seiner Plage bei der Geburt verliehen worden, zu bezeichnen). – Dav. **vortumnius,** iī, *m.*, als metr. *t. t.* = molossus, Diom. 479, 4.

2. **vertumnus,** ī, *m.* = heliotropium, eine Pflanze, Ps. Apul. herb. 49 (50).

veru, ūs, *n.* (zu griech. βαρύες δένδρα), der **Spieß, I** eig.: **a der Bratspieß,** Verg. u. Plin. – **b** der **Wurfspieß,** Verg. u. a. – **II** übtr.: **a** der **kritische Spieß** (sonst obelus), als Zeichen am Rand einer Schrift, dass ein Wort unecht sei, Hieron. epist. 135, 10. – **b** Plur., **Spieße** als Umzäunung von Altären, CIL 6, 826. – ► Dat. u. Abl. Plur. veribus u. verubus. – Nbf. verum, ī, *n.*, Plaut. rud. 1302 u. 1304.

verŭculātus, a, um, s. vericulātus.

verŭculum, ī, *n.*, s. vericulum.

veruīna, ae, *f.* (veru), der **Spieß,** Plaut. Bacch. 887. Fulg. serm. ant. 33. p. 120, 16 u. p. 121, 3 *Helm.* Firm. Mat. de err. prof. rel. 8, 2 *Halm.*

Vērulae, ārum, *f.*, Stadt der Hernici in Latium, schon jenseits des Gebirges, nördl. von Frusino, noch j. *Veroli,* Flor. 1, 11, 6. Gromat. vet. 239, 11. – Dav. **Vērulānus,** a, um, **verulanisch, aus** od. **zu Verulā,** populus, Liv. 9, 42, 11 u. 9, 43, 23. – Plur. subst., Vērulānī, ōrum, *m.*, die Einw. von Verulā, die **Verulaner,** Plin. 3, 64.

1. **vērum,** *Adv.* v. verus (eig. das Wahre an der Sache ist, dah. =) **in Wahrheit, I** zur Bestätigung des Gesagten, als bestätigende Antwort, **in Wahrheit, in der Tat, allerdings, ja freilich, wirklich,** Ter. heaut. 1013; adelph. 543; eun. 347. – **II** zur Bezeichnung eines starken, überwiegenden Gegensatzes, **in Wahrheit aber, jedoch aber, sondern,** verum haec civitas isti praedoni ac piratae Siciliensi Phaselis fuit, Cic. – in der Verbindung non modo (tantum) solum ... verum etiam, **nicht nur ... sondern auch,** Cic. – dah. bes.: **a** beim Übergang zu einem anderen Gegenstand in der Rede, **doch, aber,** verum veniat sane, Cic.: verum etiamsi quis summa desperet, Quint.: verstärkt, verum enim, Ter.: verum vero, Plaut.: verum enim vero, Cic. u. a. – **b** beim Abbrechen der Rede, verum praeterita omittamus, Cic.: verum quidem haec hactenus, Cic.

2. **vērum,** ī, *n.*, s. vērus, a, um.

3. **verum,** ī, *n.*, s. veru a. E.

vērum-tamen (vēruntamen), *Coni.* = **gleichwohl, doch aber, doch,** consilium capit primo stultum, verumtamen clemens, Cic.: erant quidem illa castra plena curae, *verumtamen* homines, quamvis in turbidis rebus sint, *tamen,* si modo homines sunt, interdum animis laxantur, Cic.: getrennt, verum aliqua tamen, Cic. Verr. 2, 101. – Bisw. dient es zur Wiederaufnahme des durch einen parenthetischen Satz unterbrochenen Fadens der Rede, entsprechend unserem **sage ich,** Cic. Verr. 3, 4 u. ad Att. 1, 10, 1.

vērus, a, um (altirisch *fīr,* ahd. *wār,* wahr, *wārjan,* bewähren, als wahr dartun), **I wahr,** in der Wahrheit od. Wirklichkeit **begründet, wirklich, echt, treffend** (Ggstz. fictus, simulatus, falsus), **1** im Allg.: denarius (Ggstz. falsus, adulterinus), oracula (Ggstz. falsa), Cic.: crimina (Ggstz. falsa), Ov.: gloria, Cic.: timor, wirklich, wahr, gegründet, Cic.: amicus, Cic.: vita, auf richtigen Grundsätzen beruhendes, Ter.: hoc verbum verum erit, es ist und bleibt ein wahres Wort, Ter.: res verior, Cic.: causa verissima, Cic. – si verum est (wenn es Tatsache ist), quod nemo negat, ut etc., Nep. Hann. 1. § 1 (vgl. *no.* II). – subst., vērum, ī, *n.*, das **Wahre, Wirkliche,** die **Wirklichkeit,** die

Wahrheit (Ggstz. falsum, mendacium), verum scire, Cic.: dic mihi verum, Cic.: si verum quaeris, Cic.: cupiditas veri videndi, Cic.: in vero esse, auf Wahrheit beruhen, wahr sein, Eccl. (s. Bünem. Lact. 1, 17, 1): ex vero, der Wahrheit gemäß, in Wahrheit, Ov. – **2** insbes., **echt, gerade, unverstellt, aufrichtig,** vultus, Ter.: animus (Sinn), affectus (Empfindung, Gefühl), Tac. – **II** übtr.: **A** in der Vernunft od. Moral **begründet, vernunftgemäß, vernünftig, recht, gehörig, billig,** lex, Cic.: causa, die richtige, d. i. gute u. gerechte Sache, Cic.: verissima scientia, Hirt. b. G. – dah. verum est, es ist begründet, vernünftig, billig, **α** m. folg. *Acc.* u. *Infin.* (vgl. Drak. Liv. 2, 48, 2) negat verum esse allici beneficio benevolentiam, Cic.: verum esse agrum habere eos, quorum sanguine partus sit, Liv.: me verius (est) luere, Verg.: ebenso si verum est (wenn die Ansicht od. Angabe richtig ist) m. folg. *Acc.* u. *Infin.*, Cic. de nat. deor. 3, 77. Liv. 30, 26, 7 (vgl. *no.* I): u. illud verius est m. folg. *Acc.* u. *Infin.*, Fronto ep. ad M. Caes. 3, 3. – **β** m. folg. *ut* u. Konj., Cic. Tusc. 3, 73. – **B die Wahrheit redend, wahrhaftig, aufrichtig,** sum verus? Ter.: nihil verius viro, Plin. ep.: homo verissimus, Plin. ep.: verissimus et sapientissimus iudex, ein höchst wahrhaftiger, gewissenhafter, Cic. Rosc. Am. 84.

verūtum (in sehr guten Hdschrn. auch verrutum), ī, *n.* (veru), der meterlange, vorn mit einer handlangen Eisenspitze versehene **Spieß** als Waffe, der **Wurfspieß,** Caes. b. G. 5, 44, 7. Sall. hist. fr. 3, 22 (23). Liv. 1, 43, 6; 10, 29, 7; 21, 55, 10. Lucr. 4, 407. Sil. 3, 363.

verūtus, a, um (veru), **mit einem Spieß bewaffnet,** Verg. georg. 2, 168.

Vervāctor, ōris, *m.* (vervago), der **Bracher,** als ländl. Gottheit, Fab. Pict. b. Serv. Verg. georg. 1, 21.

vervāctum, ī, *n.* (vervago), der **Brachacker,** das **Brachfeld,** Scriptt. r. r. u. a. (s. bes. Plin. 18, 176).

vērvago, ēgī, āctum, ere (v. vēr u. ago, nach Plin. 18, 176), den Acker nach der gewöhnlichen Ruhe (Brache) zum ersten Mal pflügen, **brachen,** Colum. 11, 2, 8.

Vervēceus (Vervēcius), eī (iī), *m.* (vervex), **Schöpsgestalt habend,** Beiname des Jupiter Ammon, Arnob. 5, 21: eines einfachen Mannes, CIL 5, 5830.

vervēcīnus (vervīcīnus, vulg. verbēcīnus, berbēcīnus), a, um (vervex), **von Hammeln, von Schöpfen, Hammel-, Schöpfen-,** pellis, Lampr. Comm. 1, 9: caput, Arnob. 5, 3: caro verbecina, Edict. Diocl. 4, 3: adipes berbecini, Pelagon. veterin. 6 (92 *Ihm*). – subst., vervēcīna, ae, *f.* (verst. caro), **Hammelfleisch, Schöpsenfleisch,** Tert. adv. Marc. 4, 40. Augustin. c. Faust. 16, 30 *extr.*: verbīcīna, Not. Tir. 108, 57.

vervella (verbēlla), ae, *f.* (vervex, verbex) = προβάτιον, das **Hammelchen, Schäfchen,** Exc. ex Charis. 553, 28 K. u. Gloss. II, 416, 24.

vervēx (im Vulgärlat. auch verbēx u. verbīx, berbēx u. berbīx), vēcis, *m.* (zu homerisch εἶρος [aus ϝέρϝος], Wolle), **der Hammel, Schöps,** Cic. u. a.: verv. et porcellus, Vopisc.: verv. sectarius, s. sectārius: vervecum pelles, Sulp. Sev.: alqm quovis vervece mitiorem efficere, Apul. met. 7, 23: vervecem non asinum vides (sprichw.), *ibid.* 8, 25. – auch als Schimpfwort zur Bezeichnung eines einfältigen Menschen, **Schafgesicht, Schafkopf,** Plaut., Sen. u. a. – ► Form verbex z. B. Beda de orthogr. 294, 5 K., vervix, Paul. ex Fest. 336, 8, berbex u. berbix, Gloss. II, 569, 48 u. III, 440, 28 (berbix auch *codd. optt.* bei Vopisc. Aurel. 50, 4).

Vesaevus, s. Vesuvius.

vēsānia (vaesānia), ae, *f.* (vesanus), der **Wahnsinn,** die **Raserei,** Hor. sat. 2, 3, 174. Val. Max. 9, 2, 4. Flor. 3, 16, 3. Amm. 14, 2, 15.

vē-sānio, īre (vesanus), **wahnsinnig-, rasend sein,** vesaniens ventus, Catull. 25, 13. Cassiod. hist. eccl. 9, 30.

ve-sānus (vaesanus), a, um, nichts weniger als vernünftig, **wahnsinnig, rasend, unsinnig, überspannt, a** v. leb. Wesen: homo vesanissime, Plaut.: remex, Cic.: poëta, Hor.: Alexander, Sen.: leo, wild, Hor. – **b** übtr., v. Lebl. u. Abstr., **ungeheuer, rasend** (= sehr heftig), **wütend,** impetus, Liv.: vultus (Plur.), Liv.: vires, Ov.: pontus, Prop.: fames, Verg.: Bellona vesanos morsus torquebit, Calp.: vesanum spirantes barbari, **wutschnaubende,** Amm.

Vesbius, iī, *m.*, s. Vesuvius.

Vescia, ae, *f.*, eine kleine Stadt in Latium, am Liris, nach Niebuhr das h. *S. Agata di Goti,* Liv. 8, 11, 5; 9, 25, 3. – Dav. **Vescīnus,** a, um, **vescinisch,** ager, Cic. u. Liv.: saltus, Liv. – Plur. subst., Vescīnī, ōrum, *m.*, die Einw. von Vescia, die **Vesciner,** Liv.

vescitor, ārī (*Frequent.* v. vescor), **genießen,** vivens iuxta sapientiam carnis et carnis operibus vescitans, Hieron. in eccl. 4. p. 421.

vesco, s. vescor a. E. ►.

vescor, vescī (zu βόσκομαι), **I** etw. als Speise **genießen, sich durch** etw. **nähren,** etwas **speisen,** mit dem *Abl.*, seltener mit dem *Acc.*, **a** übh.: nec cibis nec potionibus, Cic.: lacte et ferinā carne, Sall. u. Plin.: humanis corporibus, Liv. – insolita, Sall. fr.: sacras laurus, Tibull.: glandem, Iustin.: humanam carnem, Plin.: in fame terram, Solin.: cepas coctas vescendas dare, Plin. – de sacerdotalibus cibis, Hieron. epist. 123, 7. – absol., ex (an) eadem mensa, Sen. rhet.: delphinus ex hominum manu vescens, Plin.: vescentes sub umbra, beim Essen im Schatten liegend, Liv.: in aridis, leben, vegetieren, Amm.: ingurgitatio vescendi ac bibendi, Augustin.: vescendi causā omnia exquirere, Sall.: pecus ad vescendum apta, Cic.: argentum ad vescendum factum, silbernes Tafelgeschirr, Liv.: est vescendo, Plin. – **b** (absol.) prägn., **einen Imbiss nehmen,** ante cenam, Suet. Aug. 76, 1. – u. = **speisen, Tafel halten,** vesci in ea (mensa) esse solitum, Curt. 5, 2 (8), 14: vesci in villa, Tac. ann. 4, 59, 2: in Capitolio, Censor. 12, 2. – **II** übtr., übh. **genießen, gebrauchen, Gebrauch machen, sich bedienen,** vitalibus auris, Lucr.: voluptatibus, Cic.: aurā aetheriā, atmen, leben, Verg.: loquelā inter se, reden, sich unterreden, Lucr. – ► Parag. Infin. vescier, Sedul. pasch. carm. 3, 249. – Aktive Nbf. vesco, ere, **speisen,** vescit, Not. Tir. 96, 7: quis nos vescet carne? Tert. de ieiun. 5: Passiv, pulpa dicta, quod cum pulte olim mixta vescebatur, Isid. orig. 20, 2, 27.

vesculus, a, um (*Demin.* v. vescus), **ziemlich abgezehrt, schmächtig,** Paul. ex Fest. 379, 4. – übtr., vinarium, Plaut. trin. 888 R. u. Br.

vescus, a, um (verwandt mit vescor), **I** aktiv = **zehrend,** sal (Salzflut), Lucr. 1, 326: papaver, das Land auszehrend, Verg. georg. 4, 131. – übtr., bloß an etw. zehrend od. nagend, **appetitlos,** quam fastidiosum et vescum vivere, Lucil. 602. Vgl. Gloss. II, 207, 25 ›vescus, ὀλιγόσιτος u. ὀλιγοδεής‹. – **II** passiv, **ausgezehrt, mager,** puer, Afran. com. fr.: corpus, Plin. – dah. **mager** = wenig Nahrungsstoff enthaltend, salicum frondes, Verg.: farra, Ov. – übtr. = **dürftig,** an minutae istae adhortationes et pauxillulae nequaquam sint ad alendum studium vescae, Gell. praef. § 16.

Veseris, is, Akk. im, *m.*, ein Fluss in Kampanien, am Fuße des Vesuvs hinströmend, wo der Konsul T. Manlius Torquatus (340 v. Chr.) die Latiner schlug, Liv. 8, 8, 19; 10, 28, 15. Cic. de off. 3, 112; de fin. 1, 23. Val. Max. 6, 4, 1: ad Veserim flumen, Aur. Vict. de vir. ill. 26, 4 u. 28, 4.

Vesēvinus, a, um, s. Vesuvius.

Vesēvus, ī, *m.*, s. Vesuvius.

vēsīca, ae, *f.* (aus *vensica; vgl. venter), die **Blase, I** = κύστις, die **Harnblase, Urinblase, A** eig.: vesica dolens, Cels.: vesicae morbi, Cic.: vesicae tormenta, Sen.: nolo in vesicam quod eat, in ventrem volo, Plaut.: exonerare vesicam, harnen, Petron., u. (v. Stuten) stallen, Solin.: vesicam urinae effusione laxare, Hieron. – getrocknet u. aufgeblasen, wie bei uns, ceu spiritus oris vesicam tendere solet, Ov.: cum super caput alicuius dirupta vesica est, Sen. – zu veschiedenem Gebrauch verwendet in der Medizin, vesicae oleo calido repletae, Cels.: inflatis vesicis bubulis locum pulsare, Cels.: als Beutel für das Geld, Varro: als Haube für die Haare, Mart.: als Laterne, Mart.: laxa v., als Gesichtsmaske in Zinnoberfabriken, Plin. – **B** übtr., v. weibl. Glied, Iuven. 1, 39; 6, 64. – **II** als Geschwulst, die **Blase, A** eig.: **a** = ὑδατίς (πιμελώδης), die Fettblase am oberen Augenlid, Colum. 7, 7, 1. – **b** = φλύκταινα, die Hitzblase an aufgeriebenen Gliedmaßen, Plin. 20, 51. – **B** bildl. die **Schwülstigkeit,** der **Schwulst** der Rede, Mart. 4, 49, 7. – ► In sehr guten Hdschrn. vensica (z. B. *cod. Putean.* Mart. 14, 62) oder vessica (*cod. F* Plaut. Pers. 98 u. *codd. optt.* Mart.

4, 49, 7) geschrieben; vgl. Caper de orthogr. 106, 10 K. – vulg. besīca, Martyr. et Cassiod. de orth. (VII) 169, 9.

vēsīcālis, e (vesica), **zur Urinblase gehörig,** herba, Blasenkraut, Plin. Val. 2, 38.

vēsīcārius, a, um (vesica), **zur Urinblase gehörig, Blasen-,** I *adi.*: aqua, den Blasenschmerz heilend, Marc. Emp. 26: so auch aquae, Scrib. Larg. 146. – II *subst.*, **vēsīcāria,** ae, *f.* (*sc.* herba), eine den Blasenschmerz heilende Pflanze, das **Blasenkraut,** Plin. 21, 177.

vēsīco, āvī, āre (vesica), **Blasen bilden,** Th. Prisc. 1, 28.

vēsīcula, ae, *f.* (*Demin.* v. vesica), I das **Bläschen,** mit Luft, Lucr. 6, 130 (wo Lachm. u. Bern. vensicula; vgl. vesica ► an Gewächsen, Cic. de div. 2, 33. – II der Kropf des Tieres, vesicula gutturis (an der Gurgel), Vulg. Levit. 1, 16.

vēsīculōsus, a, um (vesicula), **voll Blasen,** Cael. Aur. de morb. acut. 3, 17, 171.

Vesontio, ōnis, *m.*, eine Stadt in Gallien, die Hauptstadt der Sequaner, j. *Besançon,* Caes. b. G. 1, 38, 1 u. 39, 1.

vespa, ae, *f.* (aus *vospa zu ahd. *wefsa, wafsa,* = nhd. Wespe), die **Wespe,** Varro, Phaedr. u. a.: examen vesparum ingens, Liv.

Vespasiānus, ī, *m.*, Tit. Flavius, ein bekannter röm. Kaiser, der von 69–79 n. Chr. regierte und Ordnung in die öffentlichen Verhältnisse zu bringen suchte, Suet. Vesp. 1 *sqq.* Sidon. carm. 5, 327.

vesper, eris, *m.* u. **vesper,** erī, *m.* (ἕσπερος), I der **Abendstern,** Nom. vesper, Verg. georg. 1, 251. Plin. 2, 36. Mart. Cap. 8. § 883. Paul. ex Fest. 368, 16 (wo vesper stella): Abl. vespero, Hor. carm. 2, 9, 10 u. 3, 19, 26. – II meton.: A der **Abend** (des Tages), die **Abendzeit,** Nom. vesper, Sall., Liv. u. a.: diei od. iam diei vesper erat, Sall. u. Dict.: Genet., primā vesperi (*sc.* horā), Caes. b. 1, 20, 1: vesperis illius secuto mane, Auson. epist. 19 *extr.* p. 180 Schenkl; vgl. Paul. Nol. nat. 11, 511: Akk., ante vesperum, ad vesperum, Cic.: sub vesperum, Caes.: Abl., primo vespere, Caes.: urgente iam vespere (als es schon stark gegen A. ging) proficisci, Lact.: sero vespere, Ov.: sub vespero, Flor. – dah. *Abl.* adv., vespere u. vesperī, **abends, des Abends, am Abend, spät,** heri vesperi, Cic.: tam vesperi, so spät (abends), Ter.: alqm vespere visitare, jmdm. einen Abendbesuch machen, Augustin.: reddidit vespere, Cic. – Sprichw., quid vesper ferat, incertum est, es kann vor Abend leicht anders werden, Liv. 45, 8, 6: nescis quid vesper serus vehat, Varro bei Gell. 13, 11, 1; vgl. quivis beatus versā rotā fortunae ante vesperum potest esse miserrimus, Amm. 26, 8, 13. – quid vesper serus vehat, sol tibi signa dabit, was der späte Abend bringt, Verg. georg. 1, 461 *sqq.* – de vesperi alcis cenare, an jmds. Tisch essen, von jmd. erhalten werden, Plaut. rud. 181: dagegen de vesperi suo vivere, sich selbst beköstigen, sein eigener Herr sein, Plaut. mil. 995. – B der **Abend** = die Abendgegend, der Westen, Verg. Aen. 5, 19. Ov. trist, 1, 2, 28: dah. für die im Westen wohnenden Völker, Sil. 3, 325: u. das »Abendland«, von Italien aus = Spanien, Lucan. 7, 17. – ► vesper als *neutr.*, novissimum vesper, Varro LL. 9, 73: alterum vesper adest, *ibid.* 7, 50 (Lachmann).

vespera, ae, *f.* (ἑσπέρα), der **Abend,** I die **Abendzeit,** si media nox est sive est prima vespera, Plaut.: ad vesperam, gegen Abend, Cic. u. a.: circa vesperam, Suet.: a mane usque ad vesperam, Suet.: die inclinato in vesperam, Curt.: inumbrante vesperā, als der A. dämmerte, Tac.: primā vesperā, Plaut. u. Liv.: vesperā multā, am späten Abend, Fronto u. spät. Histor.: *Abl.* adv., vesperā, am Abend, abends, Plin. u. Fronto: vesperā aut noctu, Suet. – II meton., der **Abend** = die Abendgegend, der Westen, ad vesperam iacentes terrae, Plin. 18, 215: a vespera (vom W. her, im W.) Issiaco disiungitur mari, Amm. 22, 15, 2.

vesperālis, e (vespera), **zum Abend gehörig, Abend-,** plaga, die Abendgegend, der Westen, Solin. 9, 2.

vesperāsco, āvī, ere (vespera), **Abend werden,** a *pers.*: vesperascente caelo, als es Abend wurde, Nep. Pel. 2, 5: ebenso vesperascente iam die, Tac. ann. 16, 34; hist. 2, 49: u. absol., interdum mane, interdum vesperascente, gegen Abend, Chalcid. Tim. 109. – b *impers.*: vesperascit, **es wird Abend,** Ter. heaut. 247: ubi iam vesperaverat, als es bereits Abend geworden war, Gell. 17, 8, 1: u. so ubi iam vesperarat, Dict. 5, 8. – ► vesperēscit, Not. Tir. 69, 8.

vespere, vesperī, s. vesper.

vesperna, ae, *f.* (vesper), das **Abendessen,** Plaut. b. Paul. ex Fest. 368, 8. Isid. orig. 20, 2, 14 (wo jetzt vespertinam).

vespero, s. vespillo ►.

vesperor, ātus sum, ārī (vespera), **Abend machen, sich zum Abend neigen,** die iam vesperato, Solin. 11, 9.

vespertīlio, ōnis, *m.* (vesper), die **Fledermaus,** Varro sat. Men. 13. Plin. 10, 168 u. 11, 164. Macr. sat. 7, 16, 7. Vulg. Levit. 11, 19. Anthol. Lat. 762, 39 (233, 39).

vespertīnō, *Adv.* (vespertinus), **am Abend, abends,** Varro r. r. 2, 2, 11. Itala Isai. 5, 11 bei Ambr. de Helia 15.

vespertīnus, a, um (vesper), zum Abend-, zur Nachtzeit gehörig, **abendlich, am Abend, Abend-,** I eig. u. übtr.: a eig.: cibus, Varro u. a.: epulatio, Eustath. hex.: epulae, Apul.: frigus, Cels.: lucubratio, Colum.: ambulatio, Gell.: quies, Apul.: litterae, bei Abend erhalten, Cic.: senatus consulta, bei Abend gefasst, Cic.: acies, Augen, die bei Abend schwach sehen, Plin.: vespertinis temporibus, Cic. u. Cels., horis, Plin., allemal zur Abendzeit, in den Abendstunden. – *neutr.* subst., vespertino sabbatorum incenso, Augustin. epist. 36, 19. – b (poet.) übtr.: si vespertinus subito te oppresserit hospes, d. i. abends, Hor.: vespertinum pererro forum, d. i. am Abend, Hor. – II **abendlich, gegen Abend liegend, westlich,** regio, Hor. sat. 1, 4, 30, od. vespertina caeli regio, Vitr, 4, 5, 1 (vgl. meridiana regio, Liv. 38, 20, 4): populus, Prud. psych. 376.

vesperūgo, inis, *f.* (vesper, s. Paul. ex Fest. 368, 16), I der **Abendstern,** Plaut. Amph. 275. Vitr. 9, 1 (4), 7. Quint. 1, 7, 12. Mart. Cap. 8, 883: Ggstz. iubar, Varro LL. 6, 7. – II die **Fledermaus,** Tert. de anim. 32.

vesperus, a, um (vesper), **abendlich, Abend-,** tempus, Cael. Aur. de morb. acut. 1, 15, 141 u. 154: cum iam vespera esset hora, Vulg. Marc. 11, 11.

vespillo, ōnis, *m.*, der **Leichenträger** für Arme, Suet. Dom. 17, 3. Mart. 1, 47, 1 u. 2. Apul. flor. 19. p. 33, 10 Kr. Firm. math. 2, 10. Not. Tir. 58, 81: vespillonum sandapiliariorumque ministeria, Sidon. epist. 2, 8, 2: als Beiname des Ädilen Lukretius, Aur. Vict. de vir. ill. 64, 8. – übtr. = **Leichenberauber, Grabschänder,** Fulg. serm. ant. 2. p. 111, 14 H.; vgl. Gloss. IV, 191, 39 ›vespillo, sepulchrorum violator‹. – ► Nbf. a vispillo, Mart. 1, 30, 1 u. 1, 47, 2. Apul. flor. 19. Gloss. III, 77, 63. – b vispellio, Ulp. dig. 21, 2, 13 M. Marcell. dig. 46, 3, 72. § 5 M. – c bispellio u. bispello, Gloss. II, 30, 24 u. 25. – d vespero nach Serv. Verg. Aen. 11, 143. – e bisbillus, Gloss. IV, 314, 17 u. V, 443, 13.

vespix, picis, *f.* = **dichtes Gesträuch,** Paul. ex Fest. 369, 3.

Vesta, ae, *f.* (Ἑστία), Tochter des Saturnus u. der Ops, die Göttin des Herdes u. Herdfeuers, dah. auch der Häuslichkeit u. des häuslichen Segens, Cic. de nat. deor. 2, 67; de legg. 2, 29. Verg. Aen. 5, 744. Macr. sat. 3, 4, 11: ad Vestae (*sc.* aedem), Hor. sat. 1, 9, 35: a Vestae (*sc.* aede), Cic. ep. 14, 2, 2. – In ihrem Tempel (dessen Gestalt rund war, dessen Wände in ältester Zeit bloß aus Flechtwerk bestanden u. dessen Dach mit Rohr, später mit korinthischer Bronze gedeckt war, s. Ov. fast. 6, 261 u. 281. Plin. 34, 13), brannte das heilige Feuer, Cic. Cat. 4, 18, dessen Verlöschen als das schlimmste Zeichen für den Staat angesehen wurde, Liv. 28, 11, 6: ihrem Dienst waren die vestalischen Jungfrauen geweiht, Liv. 5, 52, 14, über die der pontifex maximus die Aufsicht hatte; dah. Vestae sacerdos = *pontifex maximus,* von Cäsar, Ov. fast. 5, 573; met. 15, 778. – Weil, der Sage nach, Äneas ihren Dienst von Troja nach Italien mitgebracht haben soll, Vesta Iliaca gen., Ov. fast. 6, 227. – Später mit anderen mythischen Gottheiten, bes. mit der Terra (= Cybele, Rhea) identifiziert, Ov. fast. 6, 267. Serv. Verg. Aen. 2, 296. – Meton.: a = **Tempel der Vesta,** Castor vicinus Vestae, Mart. 1, 70, 3: Vesta arsit, Ov. fast. 6, 437; vgl. 263. – b der **Herd,** das **Feuer,** Verg. georg. 4, 384. Sil. 6, 76.

Vestālis, e (Vesta), zur Vesta gehörig, **vestalisch,** foci, Tibull.: arae, Solin.: sacra, das (am 9. Juni gefeierte) Fest der Vesta, Ov.: dass. subst., Vestālia, ium, *n.*, Varro. – insbes., virgo Vestalis u. subst.

bl. Vestālis, is, *f.*, eine Priesterin der Vesta, eine **vestalische Jungfrau,** eine **Vestalin,** Cic., Liv. u. a.: virgo Vestalis maxima (die älteste), Suet.: u. so Cornelia Vestalium maxima, Plin. ep.: u. Vibidia virginum Vestalium vetustissima, Tac.; vgl. virgo. – Diese Priesterinnen, deren es erst vier, dann sechs gab, wurden zwischen dem sechsten und zehnten Lebensjahr gewählt (virginem Vestalem od. bl. virginem capere, Gell. 1, 12, in locum alcis, Tac. ann. 15, 22: legere Vestalem [zur V.] alqam, Liv. 1, 3. § 11), mussten dreißig Jahre im Dienst der Vesta als keusche Jungfrauen bleiben (zehn Jahre zum Lernen, zehn Jahre zur Verrichtung der Dienste, zehn Jahre zum Unterricht der jüngeren), bes. das heilige Feuer unterhalten, Cic. de legg. 2, 20: appell. = reine, keusche Jungfrau, illae Vestales non sunt virgines, sind keine Nonnen, Sen. de ben. 1, 3, 7. – Dav. wieder *adiect.* Vestālis, e, den Vestalinnen eigen, **vestalisch,** oculi, keusche, züchtige, Ov. trist. 2, 311.

vester (voster), tra, trum (v. vos, wie noster v. nos), *Pron. poss.*, **euer, der** (die, das) **eurige, euch gehörige,** maiores vestri, Cic.: vester animus, euere wahre Gesinnung, Cic.: vestra beneficia, Cic.: vestra verba, Ov.: impulsu vostro, Ter.: vestrum est (eure Sache ist es, an euch ist's) dare, vincere nostrum, Ov. fast. 4, 889; vgl. Tac. imp. bei Vopisc. Tac. 9, 1. – vos me vestro, quo pacto vobis videbitur, utamini atque abutamini licebit, als den eurigen, als euer Eigentum, Rhet. Her. – subst., voster, euer Herr, Plaut. Stich. 664. – vestrum, ī, *n.*, das **Eurige,** de vestro impendatis, Liv. 6, 15, 10: u. **eure Art und Weise,** non cognosco vostrum tam superbum, Ter. eun. 1066: Plur. vestra, **eure eigenen Sachen (Verhältnisse),** quamquam vestra vobis notiora sunt, Tac. dial. 28. – ► Genet. Plur. vostrûm = vostrorum, Plaut. mil. 174 G. – vulg. bestra = vestra, CIL 10, 2496, 15.

vestiārius, a, um (vestis), **zu den Kleidern gehörig, Kleider-, I** *adi.:* arca, Kleiderkiste, Cato r. r. 11, 3: negotiator, Kleiderhändler, Scaev. dig. 38, 1, 45. – **II** *subst.:* **A** vestiārius, iī, *m.*, **a** der **Kleiderbewahrer, Kleiderwart,** ἱματιοφύλαξ, Gloss. II, 332, 14. CIL 8, 5234. – **b** der **Kleiderhändler,** Ulp. dig. 14, 3, 5. § 4. CIL 5, 474 u. 774 u. 3460; 6, 9976 u. 9977; 11, 565; 13, 5705. Porphyr. Hor. ep. 1, 1, 94: vestiarius tenuarius od. tenuiarius, s. tenuārius. – **B** vestiārium, iī, *n.*, **a** das **Kleiderbehältnis,** die **Kleiderkammer,** Plin. 15, 33. Vopisc. Aurel. 45, 4. Augustin. epist. 211, 12. Cassiod. var. 1, 2, 7. Vgl. Gloss. II, 332, 15 ›vestiarium, ἱματιοφυλάκιον‹. – **b** die den Sklaven gelieferten **Kleidungsstücke,** Sen. de tranqu. anim. 8, 8; de ben. 3, 21, 2. Iavolen. dig. 24, 1, 66. § 1 u. a. ICt.: Plur., Colum. 1, 8, 17. Modestin. dig. 34, 1, 4.

vēstibulum, i, *n.*, der **Vorhof, Vorplatz** vor dem Haus, von der Straße durch eine niedrige Mauer geschieden, s. Verg. Aen. 2, 469 u. 7, 181. **I** eig. u. übtr.: **A** eig.: templi, Cic.: curiae, Liv.: magno aggestu suspensa vestibula, Sen.: in vestibulo aedium sedentes, Liv. – dicht., freier Platz vor dem Bienenhaus, Verg. georg. 4, 20. – **B** übtr., der **Zu-** od. **Eingang** zu anderen Orten, Verg. Aen. 6, 273 u. 556: sepulcri, Cic.: urbis, Liv.: castrorum, Liv.: grande, zu einer Höhle, Hieron.: so auch bei Hühner- u. Taubenställen, Colum. – in vestibulo Siciliae, vorn in Sizilien, Cic. – **II** bildl., gleichs. die **Vorhalle** = der Eingang, der Anfang, Cic. or. 50. Quint. 1, 5, 7: in vestibulo artis obversari, Fronto ep. ad M. Caes. 4, 3 *in.* p. 62, 6 N.: praeparatio quasi vestibulum orationis est, Donat. Ter. Andr. 1, 1, 50.

vesticeps, cipis (vestis u. capio), **I** der die erste Bekleidung des Kinns, die ersten Barthaare bekommt, **mannbar,** Ggstz. investis (vgl. Paul. ex Fest. 368. 9), Gell. 5, 19, 7. Tert. de anim. 56. Auson. edyll. 4, 73. p. 39, 7 Schenkl. – **II** ironisch für **verbuhlt, verdorben,** Ggstz. investis, Apul. apol. 98.

vesticontubernium, iī, *n.* (vestis u. contubernium), die **Bettdeckenkameradschaft** = das Liegen unter einer Decke, Petron. 11, 3 zw. (Bücheler diverti contubernium).

vesticula, ae, *f.* (*Demin.* v. vestis), das **Kleidchen,** Paul. dig. 33, 7, 18. § 13. Pelagon. veterin. 7 (122 *Ihm*). Augustin. serm. 160, 3 u. a. Eccl.

vestifex, ficis, *m.*, (vestis u. facio), der **Kleidermacher, Schneider,** CIL 6, 7467.

vestifica, ae, *f.* (vestis u. facio), die **Kleidermacherin,** CIL 6, 923* u. 963b*.

vestificīna, ae, *f.* (vestis u. facio), das **Kleidermachen,** Tert. de pall. 3.

vestificium, iī, *n.* (vestis u. facio) = ἱματιοποιΐα, das **Kleidermachen,** Gloss. II, 332, 13.

vestificus, ī, *m.* (vestis u. facio), der **Kleidermacher, Schneider,** CIL 6, 8554.

vestifluus, a, um (vestis u. fluo), **lang herabwallende Kleider tragend,** Ser, Auson. edyll. 12. De hist. 24. p. 137 Schenkl.

vestīgābilis, e (vestigo), **aufspürbar, ergründlich,** viae dei, Cassian. coll. 13, 17 u. a. Eccl.

vestīgātio, ōnis, *f.* (vestigo), die **Ausspürung, Aufsuchung,** Apul. met. 6, 1. Gloss. II, 334, 11.

vestīgātor, ōris, *m.* (vestigo) u. **vestīgiātor,** ōris, *m.* (vestigium), der der Fährte des Wildes nachgeht, der **Spursucher,** Form vestigiator, Varro LL. 5, 94 (neben venator): Form vestigator, Ulp. dig. 33, 7, 12. § 12 (neben venator). Apul. met. 8, 4. Serv. Verg. Aen. 4, 121. Isid. orig. 10, 282: vom Aufspüren eines Bienenschwarms, vestigator, Colum. 9, 8, 10 u. 12. – übtr., v. Aufspürer u. Angeber von Menschen, **Spürhund, Spion,** vestigatores illius temporis, Sen. de ben. 3, 26, 2.

vestīgium, iī, *n.*(aus verstigium zu verro), **I** aktiv = das Auftretende = der auftretende untere Teil des Fußes, die **Fußsohle, A** eig.: **1** im Allg.: qui adversis vestigiis stant contra nostra vestigia, quos ἀντίποδας vocatis, Cic.; vgl. in quo (circulo australi) qui insistunt adversa vobis urgent (gegen euch kehren) vestigia, Cic.: aut est quisquam tam ineptus, qui credat esse homines, quorum vestigia sint superiora quam capita, Lact.: a vestigio ad verticem, Plin. – vestigia ponere graviter, schwer auftreten, Cic. poët. (s. pōno *no.* I, 1, a, α). – an Tieren, parandrus bisulso vestigio, mit gespaltenen Hufen, Solin. 30, 25. – **2** die künstliche Fußsohle des Pferdes, das **Hufeisen,** vestigium equi excussum ungulā, Plin. 28, 263.

B meton.: **AA** die durch die auftretende Fußsohle zurückgelassene **Fußtapfe,** die **Fußspur, Spur, 1** eig. u. übtr.: **a** eig.: **α** v. Menschen, virilis pedis vest., Vitr.: is hāc iit; hāc socci video vestigium in pulvere, Plaut.: hominis vestigio animadverso, Plin.: vestigia in omnes ferentia partes, Liv.: currentium pes etiamsi non moratur, facit vestigium, Quint.: vestigium facere in foro, das F. betreten, Cic.: so auch vestigium facere in possessione, eine B. betreten, Cic.; vgl. ex eo loco (der Besitzung), ubi impresserit vestigium, deici neminem posse, Cic.: palam professi nusquam inde nisi in patriam vestigium esse moturos, sie würden von der Stelle nirgends anderswohin einen Schritt tun außer in das V., Curt. – vestigiis alqm sequi, Liv., consequi, Cic.: nullum enim vestigium abs te discessurus sum, auf jedem Schritt u. Tritt werde ich dann bei dir sein, Asin. Pollio in Cic. ep.: vestigiis instare, Liv.: negans e re publica esse, vestigium abscedi ab Hannibale, von H. nur eine Spur weit abzugehen, Liv.: patris patruique vestigia premens, auf den F. des V. u. O. stehend, Tac. ann. 2, 14. – deus ille, quem mente noscimus atque in animi notione tamquam in vestigio volumus reponere, wie in eine Fußspur hineinpassen, Cic. de nat. deor. 1, 37. – **β** v. Tieren, v. ungulae, Cic. – u. bes. die Spur eines Wildes, die **Fährte,** scrutari vestigia, Plin.: quarum (alcium) ex vestigiis cum est animadversum a venatoribus, quo se recipere consuerint, Caes.; vgl. qui (wie Spürhunde) eius modi hominum furta odore aut aliquo leviter presso vestigio persequebantur, Cic. – **b** übtr., übh. die zurückgelassene **Spur,** in lectulo decumanae mulieris vestigia videre recentia, Cic.: tergum foedum recentibus vestigiis verberum, Liv.: vestigia cruoris relinquere inter dentium commissuras (vom getrunkenen Stierblut), Scrib. Larg.: frons non calamistri notata vestigiis, Cic. – **2** bildl.: **a** übh.: vestigiis ingredi patris, in die Fußtapfen des V. treten (= ihn nachahmen), Cic.: so auch vestigiis alcis insistere, Cic. u. a. (u. so nimium fraternis vestigiis insistere, Sen. rhet.: u. alienis insistere vestigiis, anderen nachtreten, Quint.): ebenso alcis vestigia persequi, Cic.: alqm ipsius vestigiis persequi, Cic. – **b** die zurückgelassene **Spur,** das **Merkmal, Kennzeichen,** woran man etwas entdecken kann, vestigia sceleris, avari-

tiae, Cic.: amoris, Quint.: imprimi quaedam vestigia animo, Quint.: integritas provincialis, cuius ego nuper in Macedonia vidi vestigia non leviter impressa, sed fixa ad memoriam illius provinciae sempiternam, Cic.
BB (poet.) der ganze untere auftretende Fuß (als unterster Teil des pes, des Fußes), **1** eig.: vestigia nuda sinistri pedis, Ov.: vestigia candida, Catull.: vestigia alba primi pedis (der Vorderbeine), Verg.: u. so prima vestigia (Vorderfüße), Ggstz. pedes clunales, Hinterfüße, Avien.: ursi vestigium carnosum, Tatze, Plin. – **2** übtr., der Fuß eines Felsens, Berges, rupis vestigia Pyrenaeae, Avien. descr. orb. 481; vgl. *ibid.* 844. 1380.
II passiv = das Bestandene, Betretene = der Ort, wo jmd. od. etw. steht od. gestanden hat, der **Standort,** die **Stätte, Stelle, 1** eig.: **a** übh.: in suo vestigio mori malle quam fugere, Liv.: haerere afflicti vestigio suo, Liv.: vestigium illud ipsum, in quo ille postremum institisset, Cic.: nusquam te vestigio moveris, rühre dich nicht von der Stelle, Liv. – **b** die Stätte einer eingeäscherten Stadt, einer zerstörten Mauer, die **Trümmer, Überreste, Ruinen,** in vestigiis huius urbis, Cic. Cat. 4, 12: Cremonae vestigia, s. Heräus Tac. hist. 3, 54: semiruta murorum vestigia, Amm. 24, 2, 6. – **2** übtr., die **Stelle,** der **Punkt** in der Zeit, der **Zeitpunkt,** der **Augenblick,** eodem et loci vestigio et temporis, Cic.: in illo vestigio temporis, Caes.: vestigio temporis, Caes. – dah. adv., e (ex) vestigio, **auf der Stelle, im Augenblick, sogleich,** Sulpic. in Cic. ep. u. Caes.: repente e vestigio, Cic.

vestīgo, āvī, āre (vestigium), jmds. od. einer Sache **Spur folgen,** jmd. od. etw. **aufspüren, auskundschaften, aufsuchen, I** v. Tieren, bes. v. Hunden, canis vestigans, Firm. Mat. de err. 2, 2: cum feras vestigat Umber, Sen. Thyest. 497. – u. v. Tigern, fertur praeceps odore vestigans, Plin. 8, 66. – **II** von Menschen: **1** eig.: **a** auf mater. Wege: virum, Verg.: vestigare et quaerere te, Enn. fr.: equum, Curt.: latrones, Tert.: alqm per agmina, Verg.: apes in pumice, Verg.: alqd oculis, Verg. – **b** auf nicht mater. Wege: causas rerum, Cic.: rationem, Fulg.: voluptates omnes vestigare atque odorari, Cic.: haec omnia vestigare et inquirere, Apul. (vgl. Hildebr. Apul. met. 6, 1 *in.*): m. folg. indir. Fragesatz, quam regionem Dareus petisset, omni cura vestigans, tamen explorare non poterat, Curt. 4, 6 (25), 5. – **2** prägn., beim Nachspüren **auf die Spur kommen, aufspüren, ausspüren, ausfindig machen,** perfugas et fugitivos inquirendo, Liv. 31, 19, 2: grave imperium regum nihil inexploratum, quod vestigari volunt, efficit, Liv. 39, 51, 6.

vestīmentum, ī, *n.* (vestio), die **Bekleidung, I** die **Kleidung** der Menschen, das **Kleidungsstück,** der **Anzug,** Cic. u. a.: vestimenta lanea, linea, Augustin.: vestimentis candidis oder nigris operire, Hyg. – **II** die **Decke,** der **Teppich,** Ter. u. a.

Vestīnī, ōrum, *m.*, eine Völkerschaft in Italien am Adriatischen Meer, bekannt durch Bereitung trefflicher Käse, Liv. 8, 29, 6; 10, 3, 1. Plin. 3, 107. – Dav. **Vestīnus,** a, um, **vestinisch,** populus, legio, Liv.: caseus, Plin.: grex, Mart.: senex, Iuven. 14, 181 (als Muster von Genügsamkeit).

vestio, īvī u. iī, ītum, īre (vestis), **kleiden, bekleiden, I** eig. u. übtr.: **A** alqm, Plaut.: alqm διβάφῳ, Cic.: sandyx vestiat agnos, Verg.: Indos arbores suae vestiunt, Plin.: crura fasciis, Quint.: animantes villis vestitae, Cic.: homines quindecim male vestiti, Cic.: nisi quā vident, etiam ora vestiti, auch das Gesicht verhüllt, Mela: purpurā vestiri vult, Sen. – Passiv vestīrī medial = **sich kleiden,** honeste in foro, Cato bei Gell. 11, 2, 5: lino alii vestiuntur aut lanis, alii avium ferarumque pellibus, Mela 3, 7, 3 (3. § 63). – u. Aktiv vestire refl. = **sich kleiden,** Apul. apol. 21. Tert. de pall. 1. – **B** übtr., **bekleiden,** gleichs. mit einem Kleid **bedecken, ausschmücken,** codices gemmis, Hieron.: oculos membranis, Cic.: trabes aggere, Caes.: Taburnum oleā, bepflanzen, besetzen, Verg.: se gramine (von der Erde), Verg.: campos lumine purpureo, Verg.: ripae fraxino multā, multā populo vestiuntur, Plin. ep.: sepulcrum saeptum undique et vestitum vepribus et dumetis, Cic. (und so quia ager non modo silvestre quicquam, sed ne vepribus quidem vestitum habebat, Liv.): montes vestiti frequentibus silvis sunt, Liv.: u. so bl. montes vestiti, bewachsene, Cic. – **II** bildl.: inventa vestire oratione, einkleiden in usw., Cic.: res, quae illo verborum habitu vestiuntur, Quint. – ► Synk. *Imperf.* vestibat, Verg. Aen. 8, 160: synk. *Fut.* vestibit, Ven. Fort. carm. 9, 2, 124: parag. *Infin.* vestirier, Prud. psych. 39. – *Partic. Perf. Pass.* im *Compar.* u. *Superl.*, neque unā pelli vestitior fuit, Apul. apol. 22: id pecus (oves) ex omnibus animalibus vestitissimum, Colum. 7, 3, 8.

vestiplex, plicis, *m.* = vestiplicus, Not. Tir. 41, 85.

vestiplica, ae, *f.* (vestis u. plico), die **Kleiderfalterin, Plätterin,** Plaut. trin. 252 Sch. (Spengel vestispica). Ps. Quint. decl. 363. CIL 6, 9901 u. 9, 3318.

vestiplicus, ī, *m.* (vestis u. plico), der **Kleiderfalter, Plätter,** CIL 6, 1915*.

vestis, is, *f.* (altind. *vastē*, er kleidet sich, griech. ἕννυμι = ϝεσ-νυμι, ἐσθής, ἔσθος, das Kleid, gotisch *wanjan*, kleiden, *wasti*, Kleid), die **Bekleidung, I** eig.: **A** der Menschen, das **Kleid,** u. zwar **α** Sing. kollektiv, das **Kleid** als ganzer **Anzug,** die **Kleidung,** vestis lintea, Cic.: linea, Plin.: purpurea, Cic.: candida, Ggstz. sordida, Liv.: muliebris, Cic.: servilis, famularis, Cic.: forensis, Ggstz. domestica, Lampr.: convivalis, Sen. rhet.: pellicia, Sulp. Sev.: veste varii coloris uti (tragen), Val. Max.: variā veste exornatum esse, Ter.: variā veste velatus, Val. Max.: a veste oder ab veste, Kleiderwart, CIL 6, 1884 u. 5197: so ad vestem, CIL 6, 4477: supra veste, *ibid.* 6, 5206: a veste castrensi, *ibid.* 6, 5248: cistarius (der Kistenbewahrer) a veste forensi, *ibid.* 6, 5193: a veste imperatoris privata, *ibid.* 6, 8550: a veste regia et Graecula, *ibid.* 6, 8532: a veste sacra, *ibid.* 13, 3691: a veste scaenica, *ibid.* 6, 8554: procurator vestis albae triumphalis, *ibid.* 6, 8546: comes sacrae (kaiserl.) vestis, Cod. Theod. 11, 18, 1. – vestem mutare, die Kleidung wechseln, andere Kleider anziehen, Cic., cum alqo, Cic., insbes. die Trauerkleider, Trauer anlegen, Cic. u. Liv. – **β** Plur. vestes, die **Kleider,** vestes albae, Curt.: fucatae et meretriciae vestes, Tac. dial.: promiscuae viris et feminis vestes, Tac.: vestibus hunc velant, Ov.: struem rogi nec vestibus nec odoribus cumulant, Tac.: vestes de pellibus renones vocantur, Sall. hist. fr. inc. 19 D. (2, 58 Kr.): magnificas vestes texere, Firm. – **B** die **Teppiche,** womit man die Ruhebetten belegte, vollst. vestis stragula, Cic.: pretiosa vestis multa et lauta supellex, Cic.: in plebeia veste cubare, Lucr.: v. Teppich über dem Brautbett, Catull. 64, 50. – **II** poet. übtr.: **a** die Bekleidung des Kinnes, der **Bart,** Lucr. 5, 671 (673). – **b** die **Haut der Schlange,** Lucr. 4, 59 (61); vgl. 3, 612 (614). – **c** das **Spinnengewebe,** Lucr. 3, 386. – **d** die **Hülle,** der **Schleier,** Stat. Theb. 7, 245. – ► Vulg. Form bestis, z. B. bestis subtilis, grossior, Edict. Diocl. 7, 48 u. 51.

vestispica, ae, *f.* (vestis u. specio), die **Aufseherin über die Kleidung,** Plaut. trin. 252 Sp. (Schoell vestiplica). Afran. com. 386 R^2. Varro sat. Men. 384. Varro LL. 7, 12.

vestispicus, ī, *m.* (vestis u. specio), der **Aufseher über die Kleidung,** Non. 12, 16. CIL 6, 2518*.

vestītor, ōris, *m.* (vestio), **I** der **Kleidermacher, Schneider,** Lampr. Alex. Sev. 41, 3. CIL 6, 5304. de Rossi Inscr. Christ. I, 531. p. 226. – **II** übh. der **Bekleider,** simulacrorum divinorum, Firm. math. 3, 11. *no.* 9.

vestītūra, ae, *f.* (vestio), die **Bekleidung, Verzierung,** vestiturae basium, CIL 12, 1904.

1. **vestītus,** a, um, s. vestio.

2. **vestītus,** ūs, *m.* (vestio), die **Bekleidung,** die **Tracht, I** eig. u. übtr.: **A** eig.: color vestitus, Caes.: v. muliebris, Cic.: forensis, Liv.: obsoletior, Cic.: sordida vestitu, Varro fr.: vestitu nimio indulgere, Ter.: vestitum mutare, die Kleidung ändern, d. h. Trauerkleider anlegen, Cic. (u. so mutatio vestitus, Cic.): ad suum vestitum redire, die Trauer ablegen, die gewöhnliche Kleidung wieder anlegen, Cic. – **B** übtr., die **Bekleidung, Bedeckung,** riparum, das Grün, Cic.: vestitus densissimi montium, Cic. – **II** bildl.: ea vestitu illo orationis, quo consueverat, ornata non erat, mit dem Prachtgewand, Cic. Brut. 327. – ► Dat. vestitu, Ter. adelph. 63.

vestrās, ātis, *c.* (vester), **einer aus eurer Familie, -aus eurem Volk, euer**

Landsmann, Charis. 159, 26. Diom. 329, 23. Prisc. 12, 17 u. 17, 142. – Nbf. **vestrātis,** e, Prisc. 12, 17; vgl. nostratis unter nostras.

vestrātim, *Adv.* (vestras), **nach eurer Weise,** Gramm. Vatic. 5, 279.

Vesulus, ī, *m.*, ein Berg in den kottischen Alpen an der Grenze von Ligurien, j. *Monte Viso,* Verg. Aen. 10, 708. Mela 2, 4, 4 (2. § 62).

Vesunna, ae, *f.*, Stadt in Aquitanien, j. *Perigueux,* Itin. Anton. 461, 10. – Dav. **Vesunnicī,** ōrum, *m.*, die **Einw. (Gemeinde) von Vesunna,** Sidon. epist. 8, 11, 1.

Vesuvius, iī, *m.*, der **Vesuv,** der bekannte feuerspeiende Berg in Kampanien, südöstlich von Neapel, bei dessen erstem Ausbruch unter Titus die Städte Herkulaneum, Pompeji u. Stabiā verschüttet wurden, Mela 2, 4, 9 (2. § 70) u. Plin. 14, 22. Suet. vit. Plin. p. 93, 5 *Reiff.* – Nbf. **Vesēvus,** Stat. silv. 4, 8, 5. Val. Flacc. 4, 507. Boëth. cons. phil. 1. metr. 4, 7. Paul. Nol. carm. 26, 541: in Apposition, Vesevo iugo, Verg. georg. 2, 224 (wo Ribbeck u. Schaper Vesaevo). – zsgz. Nbf. **Vesvius** od. **Vesbius,** Suet. Tib. 8 *Roth.* Mart. 4, 44, 1. Stat. silv. 4, 4, 79. Sil. 8, 654. Val. Flacc. 3, 209. – Dav. **Vesuvīnus** od. gew. zsgz. **Vesvīnus,** a, um, **vesuvisch, des Vesuvs,** iuga, Sil. 12, 152: apex, Stat. silv. 3, 5, 72: incendia, *ibid.* 2, 6, 62 u. 5, 3, 205. – subst., Vesuvīnum u. Vesvīnum, ī, *n.* (*sc.* vinum), **Wein vom Vesuv,** Vesuv., CIL 4, 2559: Vesv., *ibid.* 4, 2557 u. 2558. – Nbf. **Vesēvīnus,** a, um (von Vesevus, s. vorh.), Cael. Aur. de morb. chron. 2, 1, 48.

vetātīvus, a, um (veto), **zum Verbieten dienlich, verbietend,** sententiae, Isid. orig. 2, 21, 23.

veter, eris, s. vetus a. E.

Vetera (mit u. ohne **castra**), um, *n.* (vetus), ein befestigtes Standlager auf dem Fürstenberg bei Düsseldorf, beim heutigen *Xanten,* viell. das j. Dorf *Birten,* Tac. ann. 1, 45; hist. 4, 18 u. 21.

veterāmentārius, a, um (vetus), **zu alten Dingen gehörig,** sutor, Schuhflicker, Flickschuster, Suet. Vit. 2, 1.

veterānus, a, um (vetus), **alt, von vielen Jahren,** bos, Varro: vites, Colum.: hostis, Liv.: meretrix, Fulgent. – bes. v. Soldaten, ein alter, erprobter Soldat, der **Veteran** (Ggstz. tiro), Sen. de prov. 4, 7: Plur. milites veterani u. subst. bl. veterani, alte, erprobte, gediente Soldaten (Ggstz. tirones), Cic. u. a.: später nur für ausgediente Soldaten, Tac. ann. 14, 31: legio veterana, aus alten, gedienten Soldaten bestehend, Caes.: so auch exercitus, Liv.: dux, Liv. – übtr., veteranus consilio, Ambros. in psalm. 118. serm. 2. *no.* 19.

veterārius, a, um (vetus), **zum Alten gehörig,** subst., **a** veterārius, iī, *m.* = παλαιοράφος, der **Altflicker,** Gloss. II, 207, 43. – **b** veterārium, iī, *n.*, die **Vorratskammer für alten Wein,** Porphyr. Hor. carm. 1, 20, 3 u. 3, 21, 1. – **c** veterāria, ōrum, *n.*, die **Vorräte alten Weins,** Sen. ep. 114, 26 u. nat. qu. 4, 13, 3.

veterāsco, ere (vetus), **alt werden,** quam (hominis urinam) sex menses veterascere passus, Colum. 2, 14 (15), 2: ita ut eorum per quadraginta annos nec vestimenta veterascerent nec calceamenta tererentur, Ambros. de fide 2, 2. *no.* 23.

veterātor, ōris, *m.* (vetero), **I der** in etw. **alt geworden ist, ergraut, gewandt, routiniert,** der **Routinier, a** übh.: in litteris, Gell.: in causis, Cic. – **b** insbes., im üblen Sinne, **durchtrieben, verschmitzt,** non sunt in disputando vafri, non veteratores, non malitiosi, Cic. de rep. 3, 25: absol. = ein **durchtriebener, verschmitzter Mensch,** ein **alter Fuchs,** ein **ausgemachter Schurke,** Ter., Cic. u. a.; vgl. Donat. Ter. Andr. 2, 6, 26. – **II** der alte Sklave (Ggstz. novicius), ICt.

veterātōriē, *Adv.* (veteratorius), **a gewandt, mit Routine,** dicere, Cic. or. 99. – **b** im üblen Sinne, **durchtrieben, verschmitzt,** Apul. apol. 46. Donat. Ter. Phorm. 2, 3, 14.

veterātōrius, a, um (veterator), **a bewandert, routiniert,** ratio dicendi, Cic. Brut. 261: sed eam (accurationem) ut citius veteratoriam quam oratoriam diceres, *ibid.* 238. – **b** im üblen Sinne, **durchtrieben, verschmitzt,** nihil ab isto vafrum, nihil veteratorium exspectaveritis, Cic. II. Verr.. 1, 141.

veterātrīx, tricis, *f.* (Femin. zu veterator), **durchtrieben, verschmitzt,** vet. femina, Apul. met. 9, 29. Vgl. Gloss. Scal. V, 613, 33 ›veteratrix, id est callida‹.

veterātus, a, um, s. vetero.

veterēsco, ere (vetus), Nbf. v. veterasco, Porphyr. Hor. od. 3, 16, 34.

veterētum, ī, *n.* (vetus), das **Brachfeld,** sonst gew. vervactum gen., Colum. 2, 10, 4 u. 5; 2, 12 (13), 2.

veterīnārius, a, um (veterinus), **zum Zugvieh gehörig, I** *adi.*: medicina, die Tierarzneikunde, Colum. 7, 3, 16: u. so ars, Veget. mul. praef. § 1. – **II** *subst.*: **A** veterīnārius, iī, *m.*, der **Tierarzt,** Colum. 6, 8, 1 u. a. – **B** veterīnāria, ae, *f.* (*sc.* ars), die **Tierarzneikunde,** Interpr. Iren. 2, 32, 2. – **C** veterīnārium, iī, *n.*, der **Pflegeort für krankes Vieh,** Hyg. de munit. castr. § 4.

veterīnus, a, um (vetus), **zum Lastziehen gehörig,** vom Zugvieh, **I** *adi.*: bestia, Last- od. Zugvieh, Cato fr.: dass. pecus, Arnob., genus, Plin.: semen equorum, Lucr. – **II** *subst.*, veterīnae, ārum, *f.*, **Last- od. Zugvieh,** Varro u. Plin.

veternōsitās, ātis, *f.* (veternosus), die **Schlafsucht,** Hieron. in Iob 20. Fulg. myth. 3, 4 *extr.*

veternōsus, a, um, *Adi.* m. *Superl.* (veternus, ī), **I mit der Schlafsucht** (als Krankheit) **behaftet, schlafsüchtig,** Cato fr. u. Plin. – **II** übtr.: **a träumerisch, schläfrig,** homo, Ter. eun. 688. – **b matt, kraftlos,** undae, Arnob.: dicendi genus, Sidon.: consuetudo, Augustin.: animus, herabgekommenes Gemüt, Sen.: illi artificii veternosissimi nodi, jene müßige Spielerei mit künstlichen Schlingen, Sen.

veternus, a, um (vetus), von hohem Alter, **alt, I** *adi.*: rupes, Fulg. myth. 1. praef. p. 12 M.: silentia, Prud. cath. 9, 68: sorix in veternis maxime versatur locis, Mar. Victorin. 1, 4, 110. p. 26, 8 K. – **II** *subst.*, veternus, ī, *m.*, **A** das **Alter,** Stat. Theb. 6, 94. – **B alter Schmutz,** Colum. 4, 24, 6. Apul. met. 9, 13. – **C** die **Schlafsucht, Lethargie** (als krankhafter Zustand alter Leute), Plaut. Men. 891: morbo veterni consumptus est, Amm. 16, 12, 66. – dah. übtr.: **a das lange Schlafen,** Plin. 8, 127. – **b** die **Lethargie** = die **Schläfrigkeit, Untätigkeit,** das **Phlegma,** civitatis, Cael. in Cic. ep.: veternus civitatem occupavit, *ibid.*: veterno consenescere, v. Vieh, Colum.: stolidum excitare veternum, Catull. 17, 24.

vetero, āvī, ātum, āre, **alt machen,** dicendo autem novum veteravit prius, Vulg. epist. ad Hebr. 8, 13. – Partiz. veterātus, a, um, **alt geworden,** ulcera, Plin. 32, 141: caseus, Scrib. Larg. 140.

veterulus, a, um (*Demin.* v. vetus), **gar alt,** chartae, Rufin. invect. in Hieron. 2. *no.* 7.

vetitum, ī, *n.* (veto), **I** das **Verbotene,** nitimur in vetitum semper cupimusque negata, Ov. am. 3, 4, 17: sed iam de vetito quisque parabat opes, Ov. fast. 5, 282: per novem noctes venerem tactusque viriles in vetitis numerant, Ov. met. 10, 434 *sq.*: agebat quaedam vetita legibus, er erlaubte sich mancherlei Gesetzwidrigkeiten, Amm. 28, 6, 3: Ggstz. licita (das Erlaubte) et vetita confundere, Macr. sat. 3, 3, 12. – **II** das **Verbot,** quae contra vetitum discordia? Verg. Aen. 10, 9: obsonia contra vetitum retinere, Suet. Caes. 43, 2. – bei Cic. nur der Gleichheit wegen in der Verbindung iussa ac vetita populorum, Cic. de legg. 2, 9, u. iussa vetita, *ibid.* 3, 10.

veto (altlat. voto), vetuī (votuī), vetitum (votitum), āre (wohl zu griech. οὐκ ἐτός, nicht ohne Grund, ἐτώσιος [ϝ bei Homer], vergeblich, ohne Erfolg), **nicht geschehen lassen, nicht lassen, nicht wollen, widerraten, verbieten, nicht erlauben, verhindern** (Ggstz. iubere), u. zwar teils im Allg., teils als publiz. *t. t.* (v. Einspruch des Tribunen u. Prätors u. v. Verbot des Gesetzes, der Obrigkeit usw.) u. als *t. t.* der Augurspr. (v. den Weissagevögeln, Auspizien u. den Haruspizes), **a** m. folg. Objektsatz: **α** mit *Acc.* u. *Infin.*: rationes vetabant me rei publicae penitus diffidere, Cic.: plus vicena quina (ova) incubanda vetant, Plin.: id faciendum vetat M. Antonius, Quint.: quamquam ridentem dicere verum quid vetat? Hor.: quid vetat et nosmet Lucili scripta legentes quaerere, nom etc., Hor.: von Befehlshabern, quod ab opere singulisque legionibus singulos legatos Caesar discedere nisi munitis castris vetuerat, Caes.: v. den Tribunen, in vincula (hominem) conici vetant, Liv.: v. Prätor, qui dies totos aut vim fieri vetat, aut restitui factam iubet, Cic.: v. Gesetz, lex peregrinum vetat in murum ascendere, Cic.: Velia lex eum, qui provocasset, virgis caedi securique necari vetuit, Liv. – im Passiv mit *Nom.* u. *Infin.*, senatores vetiti, nisi permissu ingredi Aegyptum, Tac.: quidnam id esset, quod respicere vetitus esset, agitabat animo, Liv.: exercitus celsarum arborum obsistente concaede ire protinus vetabatur (wurde verhindert), Amm. – **β** m. bl. *Infin.*: tabulae peccare vetantes, Hor.: unde proferre pedem pudor vetet, Hor.: occīdere pater *iubebat,* mater *vetabat,* Sen. rhet.: plerique vetare amplius mentionem pacis facere, Liv.: desperatis etiam Hippocrates vetat adhibere medicinam, Cic.: v. Gesetzen, lex recte facere iubet, vetat delinquere, Cic.: v. Haruspex, haruspex vetuit ante brumam aliquid novi negoti incipere, Ter.: v. den Vögeln, tum volucres vetant agere, tum iubent, Cic. – *impers.*, ait esse vetitum accedere, Ter.: sanguinem arae offundere vetitum est, Tac. – **b** mit folg. *ut* od. *ne* od. (bei vorhergeh. Negation) m. folg. *quo minus* od. *quin* u. Konj., od. m. folg. bl. *Coniunctiv:* sive iubebat, ut facerem quid, sive vetabat, Hor.: edicto vetuit, ne quis se praeter Apellem pingeret, Hor.: sapientia nullā re quo minus se exerceat vetari potest, Sen.: non veto quo minus securi percutiatur, Sen. rhet.: nemo hinc prohibet nec vetat, quin quod palam est venale, si argentum est, emas, Plaut.: quin rem inimicissimam corpori faceret vetari nullo modo poterat, Sen. rhet.: vetabo, qui sacrum vulgarit, sub isdem sit trabibus, Hor. – **c** m. bl. *Acc.*, und zwar: **α** m. *Acc. rei:* leges iubere aut vetare (v. Volk), Cic. de or. 1, 60: bella, Verg.: maiora, Ov.: quid iubeatve vetetve, Ov. – Passiv, fossam praeduxit, quā incerta Oceani vetarentur, Tac.: factum vetitum, Plin.: vetitae terrae, Ov. – v. Gesetzen, ludere vetitā legibus aleā, Hor. – **β** m. *Acc. pers.*: cum Graecos versiculos facerem, vetuit me tali voce Quirinus, Hor.: v. Gesetz, lex est recta ratio, quae neque probos frustra iubet aut vetat neque etc., Cic. – m. *Abl. rei,* senatum militiā, vom Kriegsdienst ausschließen, Aur. Vict. de Caes. 33, 34. – Passiv, acta agimus; quod vetamur vetere proverbio, Cic.: propter eandem causam facere debebimus, propter quam vetamur, Quint. – **d** absol.: res ipsa vetat, Ov. – u. so bes. als *t. t.* (s. oben) v. Tribunen, ne vetare aut intercedere fas cuiquam tribunorum esset, Suet.: u. so bl. VETO, Liv. 6, 35, 9. – u. v. Gesetz, lex iubet aut vetat, Cic. u. Quint. – u. v. Auspizium, si vetat auspicium, Ov. – Passiv, cur Dialibus id vetitum, Tac. ann. 3, 58. – ► Vulg. Perf. vetavit, Pers. 5, 90. Serv. Verg. Aen. 2, 201. Past. Herm. 3, 9, 6 Pal., vetastis, Itala Luc. 11, 52 Cant., vetassent, Epit. Iliad. 250, vetatus est, Itala act. apost. 17, 15, vetati sunt, Vulg. act. apost. 16, 6: vetati sulci, Chalcid. Tim. 153. – Verlängerte Form vetuo (viell. die urspr. v. vetus abgel., wie antiquo v. antiquus), Petron. 47, 5 u. 53, 8 *Buech.* – vulg. Form beto, CIL 6, 27977 u. 10, 2224. – Über die altlat. Form voto, votui, votitus s. Brix Plaut. trin. 457; vgl. Non. 45, 5.

vetrānus = veteranus. – Dat. Plur. vetranibus, CIL 5, 8755.

Vettōnēs (Vectōnēs), um, *m.*, eine Völkerschaft in Lusitanien, im heutigen Salamanka u. Estremadura, Caes. b. 1, 38, 1. Liv. 35, 22, 8. Nep. Ham. 4, 2. Lucan. 4, 9. Sil. 3, 378 u. 16, 365: Vectones, Hieron. c. Vigil. § 4 (außerdem Variante in den v. gen. Stellen; vgl. Ruperti not. crit. ad Sil. 3, 378). – Dav.: **A** **Vettōnia**, ae, *f.*, das Gebiet der Vettonen, Prud. perist. 3, 187. – **B** **vettōnica** und später verderbt **bētōnica**, ae, *f.*, eine Pflanze, die **Betonie,** herba vettonica, Pelagon. veterin. 25 (341 *Ihm*): bl. vett. b. Plin. u. a. (auch CIL 5, 6415); bet. b. Scrib. Larg. u. a.

vetulus, a, um (*Demin*, v. vetus), **ältlich, etwas alt, ziemlich alt, I** *adi.:* bos (Ggstz. novellus bos), Varro: cantherius, Varro fr.: canes (Ggstz. catuli), Varro: equus, Cic.: arbor, Cic.: filia, Cic.: Falernum (Falerner = Falernerwein), Catull. u. a. (s. Haupt Opusc. 2, 125). – **II** *subst.:* **A** vetulus, ī, *m.*, der **Alte,** der **Greis,** Plaut. Epid. 187 G. – scherzh., mi vetule, Alterchen, lieber Alter, Cic. ep. 7, 16, 1. – **B** vetula, ae, *f.*, die **Alte,** das **alte Weib,** meist verächtlich als hässliches und unliebenswürdiges Wesen = die **Vettel,** Plaut. most. 275. Mart. 8, 79, 1. Iuven. 6, 241: Ggstz. adulescentula, Hieron. epist. 127. *no.* 6.

vetuo, s. veto ►.

Veturīna, ae, *f.* (vetus), die **Alte,** scherzh. Name der Mutter des das Testament machenden porcellus, Testam. porc. p. 231, 15 *Buecheler.*

vetus, veteris, *Compar.* veterior, wofür klassisch vetustior, *Superl.* veterrimus, wofür gew. klassisch vetustissimus (zu griech. ἔτος = ϝέτος), eig. was schon lange Zeit besteht im Gegensatz zu recens, was erst vor kurzem zu sein angefangen hat, **alt, I** *adi.*: **a** im Ggstz. zum Jungen, boves (Ggstz. novelli), Varro: gallinae (Ggstz. iuvencae), Plin.: homo, Ter.: senatores, Liv.: imperatores duo, ergraute, Nep.: veteres senes, pleonastisch, Tibull.: so auch veteres et senes, Tac. dial.: u. senectus, Hor. – **b** im Ggstz. zum Neuen, navis, Caes.: panis, Plin.: clavi, Plin.: necessitudines, Cic.: senator vetus et gravis aetate, Liv.: v. milites, alte, langgediente Soldaten, Liv.: so auch exercitus, Liv.: centuriones, Liv.: Antemna veterior est quam Roma, Cato origg. 1. fr. 25. – m. *Genet.* = ergraut, seit langem erfahren in usw. (s. Nipperd. Tac. ann. 1, 20. Heräus Tac. hist. 4, 20, 10), militiae, Tac.: operis ac laboris, Tac.: laborum, Sil.: vetus expertusque belli, Tac. (u. so belli vetus auch CIL 8, 2581, 9): m. *Genet. Gerund.*, regnandi, Tac. ann. 6, 44: Vologesi vetus et penitus infixum erat arma Romana vitandi, bei V. war es ein alter u. tief eingewurzelter Grundsatz, Tac. ann. 15, 5. – m. *in* u. Abl., ergraut in usw., vetus in astutia, Donat. Ter. Andr. 2, 6, 26. – m. *Infin.*, bellare, Sil. 5, 565. – **c** im Ggstz. zum Jetzigen, **alt** = **vorig, ehemalig, früher,** delictum, Liv.: exercitus, Liv.: tribuni, Liv.: incolae, Ascon. in Cic. Pis.: figura, Verg.: res, Cic.: innocentia, Cic.: auch verb., veterem atque antiquum quaestum servo, Plaut.: veteres et, ut aiunt, prisci viri, die alte u., wie man sagt, ergraute Vorzeit, Cic.: veteres (alter Sitte treue) et sancti viri, Sall. fr.: u. so Lucretia vetus Romana, eine alte (keusche) R., Augustin. de civ. dei 1, 19, 1. p. 31, 13 D.[2]: veteres auctores (Ggstz. recentes), Tac.: poëtae veterrimi, ganz aus der Vorzeit, Cic. – b. Tac. gew. v. der Zeit vor der Schlacht bei Aktium, aetas, Vorzeit, Tac.: populi Romani res, Tac. – **II** *subst.:* **A** veterēs, um, *m.*, die **Alten, a** = die **Altvorderen,** die **Ahnen,** Cic. Phil. 5, 47. – **b** = die **alten Schriftsteller,** nostri veteres, Plin. 36, 59: omnes veteres et Cicero praecipue, Quint. 9, 3, 1: antiqui veteres, alten Griechen (viell. alten Attiker), Fronto epist. ad amic. 1, 18. p. 186, 5 N.: Ggstz. orationes veterum et novorum, Quint. 5, 4, 1. – **B** Veterēs, um, *f.* (*sc.* tabernae), die alten Wechslerläden auf der Südseite des röm. Forums (Ggstz. Novae, s. novus *no.* I, B, c), sub Veteribus, Plaut., Cic. u. a.: pone Veteres, Liv. – **C** vetera, um, *n.*, das **Alte, Ehemalige,** Ggstz. praesentia, Tac. dial. 18: haec vetera, diese alten Schriftstücke, Tac. dial. 37: vetera novis antehabeo, Tac. ann. 1, 58: si vetera (die alten, früheren Vorgänge) mihi ignota (sunt), Cic. Sull. 51: vetera vaticinamini, alte, längst bekannte Dinge, Plaut. Pseud. 363: vetera omittere, das Vergangene aus dem Spiel lassen, Sall. Iug. 102, 14: illa vetera omittere, jene alten Geschichten aus dem Spiel lassen, Cic. ad Att. 8, 3, 3: vetera odisse, nova exoptare, Sall. Cat. 37, 3: vetera et antiqua (Althergebrachtes) mirari, Tac. dial. 15 *in.*: vetera (das Alte = die alten Sagen) scrutari, Cic. Tusc. 1, 29. – ► Urspr. Form veter, Enn. ann. 17. Acc. tr. 481. – *Compar.* veterior ist archaist. (s. oben); dafür klass. vetustior (vgl. Varro LL. 6, 59), z. B. Cic. Brut. 83. Liv. 10, 9, 12 u. a. – *Abl. Sing.* regelm. vetere (vgl. Halm Cic. de imp. Pomp. 26. p. 144); bei Iuven. 6, 121 u. Stat. Theb. 1, 360 u. 11, 582 u. 13, 374 veterī. – vetus bei Ortsnamen ist in späterer Zeit indeklinabel.

vetusculus, a, um (*Demin.* v. vetus), **etwas alt,** color, Fronto de eloqu. 3. p. 151, 8 N.: dictio, Sidon. epist. 8, 16, 2.

vetustās, ātis, *f.* (vetustus), das **Alter, I** eig.: **A** im Allg.: v. possessionis, Cic.: verborum v. prisca, das hohe Alter, Cic.: tarda v., v. Greisenalter, Ov.: municipium vetustate antiquissimum, Cic. – **B** insbes., das **Altertum** (sowohl die Zeit als meton. die Menschen jener Zeit), historia nuntia vetustatis, Cic.: contra omnia vetustatis exempla, Caes.: verbum ab obsoleta vetustate sumptum, Quint.: sic credidit alta v., Sil. – **II** übtr.: **A** das **hohe Alter** = die **lange Dauer,** die **Länge der Zeit,** das **lange Bestehen, -Sichhalten,** das **lange Liegen** u. dgl., **a** von materiellen Gegenständen, multa agri efferunt manu quaesita, quae vel statim consumantur vel vetustati condita mandentur, Cic.: caseus, qui vehementior vetustate fit, Cels.: terebinthi materies fidelis ad vetustatem, Plin.: bes. v. Wein, vetustate dulcescere, Plin.: vinum magnae vetustatis, ganz alter, abgelagerter, Cels.:

vinum in vetustatem servare, ablagern lassen, Cato u. Colum.: vetustatem ferre, das lange Liegen vertragen, abgelagert sein, sich halten, Cic.: ebenso vetustatem pati, Colum. – v. Geschwüren usw., vetustas ulcerum, das lange Bestehen, die Langwierigkeit, Plin.: interdum vetustas ulcus occupat, bisweilen besteht ein Geschwür sehr lange Zeit, Cels.: vetustate (mit der Länge der Zeit) callosa fit fistula, Cels.: si qua fissa in ano vetustate induruerunt, Cels. – Plur., familiarum vetustates, Cic. de rep. 1, 47. – **b** v. Schriften u. Schriftstellern, scripta vetustatem si modo nostra ferent, ein hohes Alter aushalten = bis auf die späte Nachwelt dauern, Ov.: hi (auctores), qui vetustatem pertulerunt, ein hohes Alter ausgehalten = die Vergangenheit überdauert haben, Quint. – **c** von Zuständen, eloquendi vetustas, Ggstz. novitas, Macr. sat. 1, 4, 4: quae mihi videntur habitura etiam vetustatem, eine lange Dauer haben, lange dauern werden, Cic. – coniuncti vetustate (langes Bestehen der Freundschaft, alte Fr.), officiis, benevolentiā, Cic.: u. so amicorum studia beneficiis et officiis et vetustate … parta esse oportet, Q. Cic. – ingenio, vetustate (alte Erfahrung), artificio tu facile vicisti, Cic. – memoria alcis vetustate abiit, erlosch durch die Länge der Zeit, Liv. – **B** die **späte Nachwelt,** de me nulla umquam obmutescet vetustas, Cic.: si fidem tanto operi est latura vetustas, Verg.

vetustē, *Adv.* (vetustus), **nach Art der Alten, altklassisch,** Ciceronem probe (mustergültig) ac vetuste locutum esse, Gell. 1, 7, 5: vetuste ponere (verbum) pro etc., Ps. Ascon. in Cic. II Verr. 1, 123. p. 193, 8 u. 2, 33. p. 213, 9 B.

vetustēsco (nach Nigid. b. Non. 437, 25 **vetustīsco**), ere (vetustus), **alt werden** und dadurch einen höheren Grad von Güte erlangen, vina celerius vetustescunt, Colum. 1, 6, 20.

vetusto, āre, **alt machen, vetustor,** ātus, ārī, **alt werden,** fortasse utendo vetustabitur (tunica), Boëth. in Aristot. de interpr. ed. pr. 1. p. 238 *Migne:* vetustatum magis operabitur (medicamentum), Th. Prisc. 1, 10.

vetustus, a, um (vetus), durch langes Bestehen (Liegen usw.) **alt,** von dem, was ungeachtet seiner langen Dauer noch fortbesteht (wobei zu bemerken ist, dass der *Compar.* u. *Superl.* auch für die ungewöhnlicheren Grade von vetus stehen), **I** im Allg.: **a** übh.: vinum, alter, abgelagerter, Plaut.: oppidum, Hor.: hospitium, seit lange bestehend und unterhalten (hingegen vetus hosp., seit lange gestiftet), Cic.: morbus, eine chronische, Cels.: ulcera vetusta, vetustiora, Cels.: vetustiores scriptores, Liv.: vetustissima disciplina, Liv.: vetustissimi auctores, die Altklassiker, Vorklassiker, Quint.: dass. bl. vetustissimi, Prisc. 8, 85. – *neutr. plur. subst.*, vetusta (längst Vergangenes), Ggstz. recentia (eben Vergangenes), Cic. part. or. 37. – **b alt** den Jahren nach, v. Pers., vetustissimus ex censoribus, Liv.: vetustissimus liberorum eius, Tac.: Vibidia, virginum Vestalium vetustissima, Tac. – v. Lebl., (semen) … nec anniculo vetustius, Plin. 21, 124. – **II** insbes., **alt = altertümlich,** vetustior et horridior ille, von Lälius als Redner, Cic. Brut. 83.

vexābilis, e (vexo), **I beschwerlich, Beschwerde machend,** Cael. Aur. de morb. acut. 1, 11, 78 u. 2, 9, 39. – **II der Misshandlung ausgesetzt, belästigt,** Lact. 7, 5, 10.

vexābiliter, *Adv.* (vexabilis), **beschwerlich, mit Beschwerde,** Cael. Aur. de morb. acut. 2, 9, 41.

vexāmen, inis, *n.* (vexo), poet., die **Erschütterung,** mundi, Lucr. 5, 340.

vexātio, ōnis, *f.* (vexo), **I** die **Erschütterung, starke Bewegung,** partus, Plin. 28, 253: omnia poma minimā vexatione contacta, Petron. 60, 6: ipsā enim vexatione constringitur (arbor) et radices certius figit, Sen. de prov. 4, 16: im Bild, quae (virtus) nisi agitetur, nisi assiduā, vexatione roboretur, non potest esse perfecta, Lact. 3, 29, 26. – **II** übtr., das **Hartmitnehmen, a** die **Strapaze, Beschwerlichkeit,** viae, Colum.: vulneris, Liv.: corporis, Cic.: non sine vexatione (Angst) populi, Plin. – **b** die **Belästigung, Plage, Misshandlung,** acerbissima, Cic.: sociorum, Cic.: populi u. populi Christiani vexationes, Verfolgungen, Lact.

vexātīvus, a, um (vexo), **plagend, beschwerend,** Cael. Aur. de morb. acut. 2, 29, 156 u. de morb. chron. 3, 4, 63.

vexātor, ōris, *m.* (vexo), der **Plager, Misshandler,** direptor et vexator urbis, Cic.: proditor et vexator rei publicae (Ggstz. conservator et custos), Cic.: vex. furoris, Störer, Cic.: veteres aetatulae suae vexatores, Cic.: ita perpetuos defensores Macedoniae vexatores ac praedatores effecisti, Cic.: daemonas esse affirmat inimicos et vexatores hominum, Lact.

vexātrīx, trīcis, *f.* (Femin. zu vexator), die **Misshandlerin,** Eccl. u. Prudent. psych. 58.

vēxillārius, iī, *m.,* (vexillum), **I** als milit. *t. t.:* **A** der **Fähnrich** beim röm. Heer, Liv. 8, 8, 4. Tac. hist. 1, 41 u. 3, 17. – übtr., der **Anführer** einer Räuberbande, der **Räuberhauptmann,** Apul. met. 4, 10. – **B** Plur. vēxillāriī, ōrum, *m.,* **a** unter den Kaisern: die nach zwanzig Dienstjahren ihres Eides entbundenen Veteranen (exauctorati), die bis zu völliger Verabschiedung zu besonderen Truppen unter Vexillen vereinigt wurden, die **Veteranvexillarier,** die **Reservetruppen,** Vell. u. Tac. Vgl. Walch Tac. Agr. p. 240 *sqq.* – **b** eine unter einem vexillum detachierte Abteilung einer stehenden Truppe, das **Detachement,** Tac. u. Inscr. Vgl. Nipperd. Tac. ann. 1, 17 u. Mommsen Ephem. epigr. 1, 135. *not.* 1. – **II** der **Standartenverfertiger,** CIL 5, 5272.

vēxillātio, ōnis, *f.* (vexillum), **I** = vexillarii *no.* I, B, b (s. vēxillārius), das **Detachement,** Germanicianorum, Suet. Galb. 20, 1: Dacorum, CIL 3, 1193: legionis VI od. X od. XXII, CIL 7, 1131 u. 13, 7703. 7706: Britannica, CIL 3, 4466: praepositus vexillationibus miliariis tribus, CIL 10, 5859. – **II** das **Fähnlein,** der **Trupp Reiter,** Veget. mil. 2, 1. Amm. 25, 1, 9.

vēxillifer, fera, ferum (vexillum u. fero), die **Standarte tragend,** der **Standartenträger,** Vopisc. Aur. 31, 7. Prud. psych. 419.

vēxillum, ī, *n.* (*Demin.* v. velum, eig. vexlum, wie axilla v. ala, maxilla v. mala), das Feldzeichen der Manipeln, bes. aber der Reiterei, der Veteranen und der Bundesgenossen, die **Fahne,** das **Fähnlein,** die **Standarte, I** eig., Liv. u. a.: vexillum tollere, mit fliegender Fahne, militärisch ausziehen, bei Gründung einer Militärkolonie, Cic. Phil. 2, 102; vgl. Cic. de lege agr. 2, 86. – bei Aushebungen aufgesteckt, Cic. Phil. 5, 29. – als Signalzeichen, die auf dem Feldherrnzelt oder Admiralschiff aufgesteckte rote Fahne zum Zeichen der Schlacht od. des Aufbruchs aus dem Lager, vexillum proponere, Caes.: vexillo signum dare, Caes.: vexillo sublato significare, ut etc., Auct. b. Alex.: praetoria navis vexillo insignis, Tac. – im Bild, summittere modeste vexilla fortunae suae, die Fahnen senken = sich nicht überheben, Stat. silv. 4, 2, 41. – **II** meton., die zu einer Fahne gehörige Mannschaft, das **Fähnlein,** Liv. u. a.: tironum, eine Abteilung Rekruten (die zusammen zu den Legionen ziehen, unter die sie verteilt werden), Tac.: vexilla legionum, der Landsturm, Tac. – u. insbes. = vexillarii *no.* I, B, b (s. vēxillārius), das **Detachement,** vexilla delectorum ex Illyrico et Aegypto, Tac.: vexilla obsidionalia, Inscr. – ► Nbf. vexillus, CIL 3, 82 u. 1193.

vexo, āvī, ātum, āre (*Intens.* v. veho), **stark bewegen, schütteln, erschüttern, I** eig.: vis venti montes vexat, Lucr.: in turba vexatus, hin und her gestoßen, Suet.: venti vexant nubila, Ov., rates, Verg.: (rector) per confragosa vexabitur, wird hin und her gestoßen werden, Cic. de rep. 2, 68 (aus Lact. 6, 17, 13). – **II** übtr., **hart mitnehmen, heimsuchen, misshandeln, plagen, quälen, beschädigen, verletzen,** agros, Caes.: Siciliam, Cic.: fana, Cic.: hostes, Cic.: uxorem, Cic.: omnibus modis pecuniam trahere, vexare, verschleudern u. verlottern, Sall.: immodicis imbribus terram vexari posse, könne Schaden leiden, Sen.: vexor tussi, Fronto: vexari difficultate viae, Liv.: vexata solo vestis, zerknittert, Petron.: rosae vexatae, zerdrückt, halb verwelkt, Petron.: comae vexatae, hin und her gezerrte, d. i. gekräuselte, Ov.: absol., rapere trahere vexare, rauben, plündern, bedrücken, Aur. Vict. de Caes. 6, 1. – parag. Infin. vexarier, Ps. Verg. Ciris 481. – Partiz. subst., vexāta, ōrum, *n.,* **Quetschungen,** Cels. 7, 1 *in.* (Daremberg luxata).

via, ae, *f.* (altlat. vea, verw. mit eo, ire), der Weg, **I** eig.: **A** der Raum, auf dem man geht, fährt usw., **a** der **Weg,** die **Straße, Fahrstraße,** militaris, Heerstraße, Hauptstraße, Cic.: via Appia, Flaminia, s. Appius, Flaminius: via Ostiensis, s. Ōstiēnsis unter Ostia. – via triumphalis, s. triumphālis. – via silici strata, Inscr.: vias sternere silice in urbe, glareā extra urbem substruere marginareque, Liv.: in viam se dare, Cic.: viae se committere, Cic.: ex via excedere, Caes.: so auch de via decedere, Suet.: declinare de via ad dexteram, Cic.: viā ire, auf der Straße = auf geradem Wege gehen, -bleiben, Liv.: dare alci viam, Raum geben, Platz machen, Liv.; aber dare alci viam per fundum, einen Weg erlauben, Cic.: viam facere od. pandere od. aperire, Liv. u. a.: viam inire od. ingredi, Cic., od. insistere, Ter.: signat viam, den Weg, die Bahn (die der Pfeil durchlaufen soll), Verg.: viam reperire non posse, keinen Weg (ins Meer), v. einem Fluss, Verg. – inde in collem aperta undique et conspecta ferebat via, Liv.: via in Persidem ferens, Curt. – Sprichw., qui sibi semitam non sapiunt, alteri monstrant viam, Enn. fr. scen. 321: de via in semitam degredi, Plaut. Cas. 675: totā viā errare, gänzlich irren, Ter. eun. 245. – **b** der **Weg,** die **Straße** = die **Gasse,** in der Stadt, transversa, Cic.: sacra, s. sacer. – im Lager, Caes. b. G. 5, 49, 7. – **c** der **Gang,** **α** im Theater, Mart. 5, 14, 8. Tert. de spect. 3. – **β** der Gang od. Kanal im Körper, v. der Speiseröhre, Cic.: v. der Luftröhre, Ov. – **γ** die **Ritze, Spalte,** durch die etwas dringt, Verg. georg. 2, 79. – **δ** der **Streifen** an einem Kleid, Tibull. 2, 3, 54. – **B** abstr., der **Weg** = **Gang,** die **Reise,** der **Marsch,** nocturna, der Nachtmarsch, Liv.: inter vias, unterwegs, Komik. u. CIL 3, 2726, I (aber inter viam bloß schlechte Konjektur Cic. ad Att. 4, 3, 5): in via, Ter.: de via languere, von der Reise, Cic.: viam facere, gehen, reisen, Plaut. u. Ov.: rectā viā, geradeswegs, Ter.: dah. rectā, viā, narrare, gerade heraussagen, Ter.: primā viā, beim Beginn des W. = gleich von Anfang an, Plaut. mil. 253: unam tibi viam et perpetuam esse vellent, wünschten, dass du nie wiederkämest, Cic. – verb., mare et (atque) viae, viae ac mare, See- u. Landreisen, lassus maris et viarum, Hor. carm. 2, 6, 7: odio maris atque viarum, Hor. ep. 1, 11, 6: taedio viarum ac maris, Tac. ann. 2, 14. – **II** bildl.: **A** im Allg.: vitae via, haec vitae via, Cic. Flacc. 105; de lege agr. 1, 27; Sest. 140 u. a. Hor. ep. 1, 17, 16. Sen. de brev. vit. 9, 5. Lact. epit. 67, 12: via vivendi, Cic. de off. 1, 118: rectam vitae viam sequi, *ibid.*: via ad gloriam, Cic. de off. 2, 12, 43. – de via (vom geraden Wege der Tugend) decedere, Cic.: redire in viam, Ter., in veram viam, Plaut.: viam aperire potentiae, luxuriae, Eingang verschaffen, Vell.: utor viā, ich gehe die Mittelstraße, Cic. – **B** insbes.: **1** der Weg = die Gelegenheit, zu etw. zu gelangen, das **Mittel, Mittel und Wege,** optimarum artium vias tradere, Cic.: habeo certam viam, Cic.: viam fraudis inire, Liv. – **2** der **Weg, Gang** = die **Methode, Regel, Verfahrungsweise,** die **Art und Weise,** via curandi, medendi, Cels.: patrum, Ter.: aliā aggrediemur viā, Ter.: per omnes vias leti, Liv.: utraque (lex) suā viā it, geht seinen eigenen Gang, Sen. – dah. viā, **methodisch, regelmäßig, in gehöriger Ordnung,** dicere, Cic.: progredi, Cic.: verb. ratione et viā, Cic.: viā quādam et ratione, Cic. – ► Alte Genetivformen: vias, Enn. ann. 441: viai, Enn. ann. 203*. Lucr. 1, 406 u. a.: Dat. Plur. vieis, CIL 1, 206. lin. 50. 56. 69: Abl. vieis, CIL 1, 200, 26: vies, CIL 4, 1410. – vulg. Nbf. veha nach Varro r. r. 1, 2, 14.

Viābilia, s. Vibilia.

viābilis, e (via), **gangbar,** petra viabilis calli, Itin. Alex. 44 (102): instar saxi viabilem sese transeuntibus viris praebere (v. einem Fluss), Iul. Val. 2, 26 (14). p. 91, 34 K.

viābundus, a, um (vio), **seine Straße ziehend, weiter marschierend,** Iul. Val. 3, 33 (21). p. 141, 5 K.

viālis, e (via), **zum Wege gehörig,** Lares, Schutzgottheiten der Wege, Plaut. merc. 865: so auch dii, Serv. Verg. Aen. 3, 168.

viārius, a, um (via), **die Wege** (Straßen) **betreffend,** lex, die Ausbesserung der Wege betreffend, Cael. in Cic. ep. 8, 6, 5.

viāsius, iī, *m.*, archaist. = viarius (via), der **Weganwohner,** Lex agr. (CIL 1^2, 585) 12 (wo archaist. Abl. Plur. viasieis).

viāticātus, a, um (viaticum), **mit Reisegeld (Reisemitteln) ausgestattet,** Plaut. Men. 255.

viāticulum, ī, *n.* (*Demin.* v. viaticum), die **kleine Reisezehrung,** das **kleine Reisegeld,** Ulp. dig. 5, 1, 18. § 1. Apul. met. 7, 8.

viāticum, ī, *n.*, s. viāticus.

viāticus, a, um (via), **zum Wege-, zur Reise gehörig, I** *adi.*: cena, Abschiedsschmaus, Plaut. Bacch. 94. – **II** *subst.*, viāticum, ī, *n.*, **A** die **Reisezehrung,** das **Reisegeld, Zehrgeld,** die **Reisekasse,** modicum, ICt.: viaticum congerere, Cic.: viaticum alci dare, Plaut. u. Plin. ep.: quo minus viae restet, eo plus viatici quaerere, Cic.: ut mihi viaticum reddas, quod impendi, Plin. ep.: v. Zehrgeld zu Rom Studierender, ICt. – bildl., magnum viaticum ad evertendam rem publicam habere, Beförderungsmittel, Quadrig. b. Gell. 17, 2, 13. – **B** das von den Soldaten im Krieg erbeutete oder ersparte Geld, das **Beutegeld,** der **Sparpfennig,** Hor. ep. 2, 2, 26. Suet. Caes. 68, 1.

viātor, ōris, *m.* (vio), **I** der **Reisende,** der **Wanderer, Wandersmann,** Cic. u. a. – **II** ein Unterbeamter, der vor die Magistrate ladende Bote, der **Staatsbote, Landbote,** Varro b. Gell. 13, 12, 6. Cic. de sen. 56; Vatin. 22. Liv. 2, 56, 13 u. a. Suet. Tib. 2, 2. CIL 6, 1847. 1922. 1923. 2194.

viātōrius, a, um (viator), **I zur Reise gehörig, Reise-,** vasa, Plin.: argentum (Silbergeschirr), ICt.: horologia, Vitr.: cucullio, Capit.: cubilia, Plin.: pera, Placid. Gloss.: pertica, Inscr. – medicamentum u. remedium, was man immer bei sich führen kann, Veget. mul. 2, 33 u. 5, 64, 12. – **II zum Staatsboten gehörig, der Staatsboten,** decuria, CIL 6, 1877 u. 1925; 14, 373.

viātrīx, tricis, *f.* (Femin. zu viator), die **Reisende,** Mart. Cap. 6. § 581.

vībēx, s. vībīx.

vibia, ae, *f.*, der **Balken,** der auf der vara (Querholz) ruhte: dah. das Sprichw. sequitur vara vibiam, ein Übel (Irrtum) folgt aus dem anderen, Auson. edyll. 12. praef. monosyll. p. 133 Schenkl.

Vibilia, ae, *f.*, die **Wegegöttin,** die Verirrte anriefen, um auf den rechten Weg geführt zu werden, Arnob. 4, 7 zw. (die Hdschrn., Upibilia, Hildebr. Viabilia).

vībīx, īcis, *f.*, die **Strieme, Schwiele** von Schlägen, Plaut. fr., Cato fr., Plin. u. a.: bildl., introspice ulcera et vibices animae eius, Ambros. de off. 1, 12, 46. – ► Nbf. vibex, Adamant. Martyr. bei Cassiod. de orthogr. (VII) 193, 2 K. Gloss. IV, 193 u. ö.

1. Vibo, ōnis, *f.*, die früher Hippo gen. Stadt im Bruttischen, j. *Monte Leone,* Cic. Verr. 2, 99; ad Att. 16, 6, 1. Mela 2, 4, 9. (2. § 69). Mart. Cap. 6. § 645. – vollst. Vibo Valentia, Plin. 3, 73. – Dav.: **A Vibōnēnsis,** e, **vibonensisch, von Vibo,** sinus, Cic.: ager, Liv. u. Mart. Cap. – **B Valentīnī,** ōrum, *m.*, die Einw. von Vibo Valentia, die **Valentiner,** Cic. Verr. 5, 40.

2. vībo, s. vīvo ►.

vibōnēs, um, *m.* die Blüte der Pflanze Britannica, Plin. 25, 21.

vibrābilis, e (vibro), **I schwingbar,** ornus (Speer), Auson. epist. 24, 108. – **II zitternd, schimmernd,** sidus, Mart. Cap. 1. § 29.

vibrābundus, a, um (vibro), **fort und fort zitternd, schimmernd,** Mart. Cap. 8. § 880.

vibrāmen, inis, *n.* (vibro), das **Schwingen,** die **schnelle, zitternde Bewegung,** Apul. met. 6, 15 (Plur.).

vibrātio, ōnis, *f.* (vibro), **I** aktiv, das **Schwingen,** hastae, Paul. ex Fest. 97, 7: auctor huius vibrationis, Diom. 477, 9. – **II** medial, das **Sich-Schwingen** = die **schnelle, zitternde Bewegung,** das **Vibrieren,** tonitruum continuata vibratio, Vopisc. Car. 8, 3.

1. vibrātus, a, um *PAdi.*, doch nur im *Compar.* (vibro), **funkelnd, blitzend,** vibratius lumen, Mart. Cap. 1. § 39: im Gleichnis, iambus flammis corusci fulminis vibratior, Auson. epist. 21, 5. p. 18, 2 Schenkl.

2. vibrātus, ūs, *m.* (vibro) = vibramen, Mart. Cap. 1. § 66 u. 8. § 887.

vibrissae, ārum, *f.* (vibro), die **Haare in der Nase,** Paul. ex Fest. 370, 1.

vibrisso, āre (vibro), **einen Triller singen, trillern,** Titin. b. Paul. ex Fest. 370, 2.

vibro, āvī, ātum, āre (vgl. altind. *vēpati,* zittert, bebt, ahd. *weibōn,* schwanken, mhd. *wīfen,* schwingen), **I** *tr.* **in zitternde Bewegung setzen, wippen, schwenken, schwingen, schütteln** u. dgl., **a** übh.: vibrabant flamina vestes, ließen flattern, Ov.: vibrari membra videres, zittern, Ov.: vibrata flammis aequora, die schimmern, ein zitterndes Licht von sich geben, Stat.: viscera vibrantur (durch Reiten), Tac.: sustinentium umeris vibratus, Tac.: v. digitos, Quint. – **b** ein Wurfgeschoss usw. **schwingen,** (poet. u. nachaug. auch schwingend werfen), **α** eig.: hastam, Cic.: hastas ante pugnam, Cic.: tela, Sen. u. Curt.: sicas, Cic.: vibrata per auras hastarum spicula, Ov.: vibrata fulmina iactat, Ov. – hastam manu, Curt.: tremulum excusso iaculum v. lacerto, Ov.: huic fulmina vibrat Iuppiter, Claud.: vibratus ab aethere fulgor, Verg. – medial, vibrari iaculum (eine Schlangenart), herabschießen, Plin. – **β** bildl., v. Dichter, **herabblitzen,** v. truces iambos, Catull. 36, 5. – **c** **kräuseln,** calamistris vibrare caesariem, Arnob. 2, 41: crines vibrati, Verg. Aen. 12, 100: capillus vibratus, Plin. 2, 189. – **II** *intr.* **sich zitternd bewegen, zittern, beben, vibrieren, oszillieren,** **a** übh.: terrae motus non simplici modo quatitur, sed tremit vibratque, Plin. – **b** v. Gliedern usw., **zittern, zucken,** tres vibrant linguae, Ov.: nervi vibrantes, Sen. – **c** v. glänzenden Ggstdn., **schillern, schimmern, funkeln, blitzen,** vibrat mare, Cic., ignis, Sil.: vibrantia signa, Flor.: tela lato vibrantia ferro, Ov.: u. so gladius vibrans, Verg. – **d** v. Tönen, **trillern, schwirren, schrillen,** sonus lusciniae vibrans, Plin.: vox vibrat in auribus, Sen.: querelā adhuc vibrante, Val. Max. – **e** v. Blitzen, Geschossen, **blitzen,** bildl., von der kraftvollen, schwunghaften Rede, cuius (Demosthenis) non tam vibrarent (die Luft durchzuckten) fulmina, nisi etc., Cic.: oratio incitata et vibrans, schwungvoll, Cic.: sententiae vibrantes, Petron.: breves vibrantesque sententiae, Quint. Vgl. Jahn Cic. Brut. 326. Göller u. Jahn Cic. or. 234. Krüger Quint. 10, 1, 60.

vīburnum, ī, *n.,* ein Strauch, der **kleine Mehlbaum, Mehlbeerbaum, Schlingbaum** (*Viburnum Lantana,* L.), Verg. ecl. 1, 25. – ► Nbf. **a** vīburnus, Gloss. II, 252, 5. – **b** vīburna, Ven. Fort. carm. 11, 25, 17 u. Gloss. V, 172, 29.

vīcānus, a, um (vicus), **auf dem Dorf wohnend,** der **Dorfbewohner,** Timolites ille vicanus, Cic. Flacc. 8: vicani haruspices, auf den Dörfern herumziehende, Cic. de div. 1, 132. – Plur. subst., vīcānī, ōrum, *m.,* die **Dorfbewohner,** Liv. 38, 30, 8. Cod. Iust. 11, 56, 1 Kr. Lex agr. (CIL 1^2, 585) 12: vicani Forulani, die Bewohner (Gemeinde) von Foruli, CIL 9, 4399: u. so vicani Canabenses, CIL 13, 5967.

vicapervica, s. vincapervinca.

Vīca Pōta (Vīcapōta), ae, *f.* (vinco u. potior), die **Göttin des obsiegenden Erfolges,** Cic. de legg. 2, 28. Liv. 2, 7, 12. – nach anderer Deutung (von vivo u. poto), die **Göttin des täglichen Erwerbes,** Sen. apoc. 9, 4; auch Victa et Potua gen., Arnob. 3, 25.

vicāriānus, a, um, **zu einem Vikar gehörig,** apex, die Würde eines Vikars, Sidon. epist. 1, 3, 2.

vicāriotās, ātis, *f.* (vicarius), die **Stellvertretung, Gegenleistung,** servitii, Ven. Fort. in fine epist. praem. carm. 5. libr. 6.

vicārius, a, um (vicis), die **Stelle** einer Person od. Sache **vertretend, stellvertretend,** **I** *adi.:* anima, Sen. rhet.: manus, Ps. Quint. decl.: mors, statt eines anderen erduldet, Hyg., Sen. rhet. u. Ps. Quint. decl.: praefectura Romae, Amm.: in iis (rebus) operae nostrae vicaria fides amicorum supponitur, Cic. Rosc. Am. 111. – **II** *subst.:* **A** vicārius, iī, *m.,* der **Stellvertreter, Vikar,** **a** übh., Cic. u. a.: diligentiae meae, v. Nachfolger im Konsulat, Cic.: v. diligentiae meae succedit, Colum. – **b** der **Stellvertreter** eines Soldaten, dare vicarios, Cic. Phil. 12, 3: alci vicarium expedire (verschaffen), Liv. 29, 1, 8; vicarium accipere (annehmen), Liv. 29, 1, 9: hunc ego vicarium pro me rei publicae do dicoque, Liv. 5, 18, 5. – **c** der Unterbediente, den sich ein anderer Sklave hält, der **Untersklave** (Ggstz. servus ordinarius), Plaut., Cic. u. a.: vicarius supra coquos, CIL 6, 9261. – **d** der **Vertreter** einer fremden Verbindlichkeit, damni, Papin. dig. 26, 7, 39. § 16. – **e** der **Statthalter** in einer Diözese als **Vikar, Stellvertreter des** *praefectus praet.,* Africae, Hispaniarum, spät. ICt. – **f** der **Stellvertreter, Adjutant** eines milit. Führers, Cod. Iust. 12, 51, 9: vicarius tribuni, Vizetribun, Treb. Poll. trig. tyr. 10, 4. – **B** vicāria, ae, *f.,* **a** die **Stellvertreterin,** übh., se pro coniuge vicariam dare, sich für den Gatten aufopfern, Sen. ad Helv. 17, 4 (19, 5). – **b** die **Untersklavin,** CIL 6, 9425 u. 25062. – **c** die **Würde eines Vikars des** *praef. praet.* (s. *no.* A, e), Cod. Theod. 6, 26, 4. Vopisc. Aurel. 10, 2. Amm. 23, 1, 4.

1. vīcātim, *Adv.* (vicus, s. Diom. 407, 7), **I** **von Gasse zu Gasse, gassenweise,** populus vicatim flens cum liberis circumit, Sisenn. fr.: servorum omnium vicatim celebratur totā urbe descriptio, Cic.: recensum populi vic. egit, Suet.: edere totā urbe vic. gladiatores, Tac.: vos turba vic. hinc et hinc saxis petens, Hor. – **II** **in einzelnen Dörfern** od. **Höfen (Gehöften),** in montibus vic. habitare, Liv. 9, 13, 7: quid per agros vagamur vic. circumferentes bellum? Liv. 10, 17, 2: Mesopotamia vic. dispersa praeter Babylonem et Ninum, Plin. 6, 117.

2. vicātim (vicis) = vicissim, **wechselsweise,** Aldh. de re gramm. in Class. auct. 5, 522, 8.

vice, vicem, s. vicis.

vicedominus, ī, *m.* (vicis u. dominus), der Statthalter, Stellvertreter eines Fürsten, der **Vizedominus,** Cassiod. var. 5, 14, 8 u. a. Eccl.

vīcēnālis, e (viceni), **zwanzig in sich enthaltend,** sphaera, von zwanzig gleichen Seiten, Apul. de Plat. 1, 7.

vīcēnārius, a, um (viceni), **von zwanzig, zwanzig in sich enthaltend,** **a** übh.: lex quina vicenaria (od. als ein Wort quinavicenaria od. [Lorenz] quinivicenaria), die aus unbekannter Zeit stammende *lex Plaetoria,* die den vorher nicht gekannten Unterschied zwischen maiores u. minores einführte u. die minores (die die an das fünfundzwanzigste Lebensjahr geknüpfte Volljährichkeit noch nicht erreicht hatten) vor betrügerischer Übervorteilung durch Wucherer u. Winkelschreiber schützte, Plaut. Pseud. 303: fistula, eine 20zöllige Röhre, eine Zwanzigerröhre, Vitr. 8, 6 (7), 4. Frontin. aqu. 30 u. 46. Pallad. 9, 12. – **b** v. Pers., **zwanzigjährig,** Arnob. 2, 22.

vīcēnī, ae, a (viginti), **I** bei Einteilungen, **je (jeder, jedem) zwanzig,** Caes. u. a.: quini viceni, Liv. – **II** zwanzig zusammen, -auf einmal, Plin. u. Mart. – ► Nbf. vīgēnī, Colum. 4, 30, 2: u. Sing. vīgēnus (der zwanzigste), vigena quarta pars, Anthol. Lat. 741, 16 (1067, 8).

vīcennālis, e (vicennium), **von zwanzig Jahren,** subst., vīcennālia, ium, *n.,* ein Fest zum Andenken an die zwanzigjährige Regierung eines Kaisers, das **zwanzigste Regierungsfest,** Lact. de mort. persec. 17 *in.* u. 31 *in.* Nazar. pan. 2, 2.

vīcennium, iī, *n.* (vicies u. annus), ein **Zeitraum von zwanzig Jahren, zwanzig Jahre,** Modestin. dig. 50, 8, 8.

vīcēns…, s. vices…

vicēs, s. vicis.

vīcēsimānī (vīcēnsimānī), ōrum, *m.* (vicesimus), die Soldaten der zwanzigsten Legion, die **Zwanziger,** Tac. ann. 1, 51 u. a.: so auch vexillarii vicesimani, von der zwanzigsten Legion, Tac. ann. 14, 34.

vīcēsimārius, a, um (vicesimus), **zum zwanzigsten Teil gehörig,** aurum, Geldbetrag in der Höhe des zwanzigsten Teiles des Kaufpreises bei Freilassung der Sklaven, die Fünfprozentsteuer, Liv. 27, 10, 11. – subst., vīcēsimārius, iī, *m.,* der **Einnehmer des zwanzigsten Teiles = Einnehmer der Zwanzigstelsteuer,** CIL 8, 7099 (wo vicensumari): bei Freilassung eines Sklaven, Petron. 65, 10.

vīcēsimātio (vīcēnsimātio), ōnis, *f.* (vicesimus, eig. von *vicesimo, āre), die **Auslosung des zwanzigsten Mannes,** zur Todesstrafe, Capit. Macr. 12, 2.

vīcēsimus (vīcēnsimus od. -sumus) u. (aber nicht bei Cic.) **vīgēsimus** (vīgēsumus), a, um (viginti), der **zwanzigste,** **I** *adi.:* dies vic., Cic. u. Varro: annus vicensumus, Plaut.: annus vigesumus, Sall.: uno et vicesimo, altero et vicensimo aetatis anno, Tac. dial.: altero et vicesimo die, Cic.: quinta et vicesima pars, Colum.: post annum quintum et vicesimum, Cels.: sexto et vicesimo anno, Nep.: vicensima legio, Tac. – **II** *subst.,* vīcēsima, ae, *f.* (sc. pars), der **zwanzigste Teil, Zwanzigste,** **a** übh., z. B. der Ernte, Liv. 43, 2, 12. – **b** insbes., der zwanzigste Teil als Abgabe, portorii, der Zw. als Aus- und Einfuhrzoll, Cic.: des Kaufpreises bei Freilassung der Sklaven, Cic. u. Liv.: dah. quando vicesimam numerasti, wann hast du dich losgekauft, Petron.: v. Erbschaften, Plin. ep. Vgl. Drak. Liv. 42, 2, 12. – ► Synk. vicesmus, CIL 1, 187.

vīcessis, is, *m.* = viginti asses, **zwanzig Asse,** Prisc. de fig. num. § 31. p. 416, 17 K. – Die Nbf. vigessis falsche Lesart bei Mart. 12, 76, 1 u. Mart. Cap. 7. § 737 *extr.*

Vīcetia, ae, *f.*, eine Stadt in Oberitalien im Gebiet von Venetia, j. *Vicenza,* Tac. hist. 3, 8. Suet. gr. 23. – Dav. **Vīcetīnī,** ōrum, *m.*, die Einw. von Vicetia, die **Vicetiner,** Brut. in Cic. ep. u. Plin. ep.

1. vicia, ae, *f.* (vincio), die **Wicke,** eine Hülsenfrucht, als Kollektiv = die Wicken, Scriptt. r. r. u. a. – Plur., Ov. fast. 5, 267. – ► Vulg. bicia, z. B. biciae semen, Edict. Diocl. 1, 30.

2. vīcia, ae, *f.* (vinco) = victoria, Isid. orig. 10, 210. – herba vicia, id est victorialis, *ibid.*

viciālia, ium, *n.* (1. vicia), die **Halme der Wicken,** Colum. 6, 30, 5.

viciārius, a, um (1. vicia), **zu den Wicken gehörig, Wicken-,** cribrum, Colum. 8, 5, 16.

vīciēs (vīciēns), *Adv.* (viginti), **zwanzigmal,** ter et vicies, Liv.: vicies centena milia, Caes.: Hs vicies, 2000000 Sesterze, Cic.: u. so bl. vicies, Mart.: vicies tantum, zwanzigmal so viel, Plin.

Vicilīnus, ī, *m.* (wahrsch. von vigil), der **Wachsame,** Iuppiter Vicilinus, Liv. 24, 44, 8.

vīcīnālis, e (vicinus), **nachbarlich,** ad vicinalem usum, zum Gebrauch der Nachbarn, Liv. 21, 26, 8: bella, Kr. mit den Nachbarn, Iustin.: via, gemeinschaftlicher Feldweg Kommunalweg, Sen. u. a.: so auch compitum, Varro fr.

vīcīnārius, a, um (vicinus), **benachbart, nachbarlich,** via, ein Seitenweg im Lager, Hyg. de munit. castr. 13 u. 36 43.

vīcīnē, *Adv.*, doch nur im *Compar.* u. *Superl.* (vicinus), **nahe, in der Nähe,** *Compar.* vicinius, Augustin. serm. 352, 2. Boëth. de consol. phil. 4, 6. p. 89, 19 *Obbar.* Ven. Fort. carm. 3, 12, 11: *Superl.* vicinissime, Augustin. de doctr. Chr. 1, 38 *extr.*

vīcīnia, ae, *f.* (vicinus), die **Nachbarschaft, I** eig. u. meton.: **1** eig.: urbis, Colum.: Persidis, Verg.: deversorii, Curt.: in nostra vicinia, Cic. – Genet. viciniae partit., proxumae viciniae habitat, Plaut.: quandam vidi virginem hic viciniae, Ter.: commigravit huc viciniae, Ter. Vgl. Brix Plaut. mil. 270. Meißner Ter. Andr. 70. Spengel Ter. Andr. 70. – **2** meton., die **Nachbarschaft** = die **Nachbarn,** falsus clamor viciniae, Val. Max.: Osca, die benachbarten Osker, Vell.: Hispala ex Aventino libertina non ignota viciniae, Liv.: funus laudet vicinia, Hor.: ne inquietaretur, viciniae silentium per milites indicere solebat, Suet. – **II** bildl.: **1** die **Nähe,** mortis, Petron. 115, 3 u. Eccl.: mortem in vicinia videre, Sen. – **2** die **Verwandtschaft** mit etw., **Ähnlichkeit,** est quaedam virtutum vitiorumque vicinia, Quint.: est huic tropo quaedam cum synecdoche vicinia, Quint.

vīcīnitās, ātis, *f.* (vicinus), die **Nachbarschaft, I** eig. u. meton.: **1** eig.: in ea vicinitate, Cic.: quorum vicinitas propinqua esset, Hirt. b. G.: Plur., **Nachbarschaftsverhältnisse,** Cic. de off. 2, 64. – **2** meton. die **Nachbarschaft** = die **Nachbarn, Bewohner der Umgegend,** signum quod erat notum vicinitati, Cic.: laudanda est vel etiam amanda vicinitas retinens veterem illum officii morem, Cic.: dum vicinitatem armis exornat, Sall.: clam vicinitati dant negotium, ut etc., Nep. – Plur. vicinitates, Cic. de fin. 5, 65. Q. Cic. de petit. cons. 24: haec loca vicinitatibus erant nota, Caes. b. G. 6, 34, 3. – **II** bildl., die **Verwandtschaft** mit etw., die **Ähnlichkeit,** est quaedam virtutibus ac vitiis vicinitas, Quint.: nominis, Plin.

vīcīnitus, *Adv.* (vicinus), **in der Nachbarschaft, in der Nähe,** Cod. Theod. 15, 1, 4.

vīcīnor, ārī (vicinus), **benachbart-, nahe sein, a** v. Pers., Sidon. epist. 2, 11, 1 u. 7, 2, 6. – **b** v. Lebl.: quae (civitas) Tripolitanae provinciae vicinatur, Vict. Vit. 3, 42: hiemi, Cael. Aur. de morb. acut. 2, 13, 90: bes. oft vicinans **naheliegend (befindlich), nahe,** absol., z. B. latera, Cael. Aur. de morb. acut. 2, 16, 97: corpus, *ibid.* 2, 34, 181: Plaustrum (als Gestirn), Mart. Cap. 6. § 608: m. *Dat.*, vicinantia capiti loca, Cael. Aur. de morb. acut. 2, 6, 27: cum vicinantibus sibi gingivis, Cael. Aur. de morb. chron. 2, 14, 71. – bildl., **nahekommen,** quia vicinaretur innocentiae festinata correctio, Sidon. epist. 6, 9, 1.

vīcīnus, a, um (vicus), **benachbart, in der Nachbarschaft wohnend, -befindlich, nahe, I** eig.: **A** *adi.*: urbes, Verg.: bellum, Krieg in der Nachbarschaft, Liv.: vicini Veientes, Liv. epit. 2: m. *Dat.*, sedes vicina astris, Verg.: Thessalia, quae est vicina Macedoniae, Liv.: digitus, qui minimo vicinus est, Macr.: ni convexa foret, parti vicinior esset, Ov.: m. *Genet.*, ora vicina perusti aetheris, Lucan. 9, 432. – **B** *subst.*: **1** vīcīnus, ī, *m.* u. vīcīna, ae, *f.*, der **Nachbar,** die **Nachbarin** (Hausnachbar, -barin, Gutsnachbar, -barin u. dgl.), vicini mei, Cic.: vicinus proximus, Cic.: anus vicina loci, Ov.: Fides vicina Iovis, Cic. – **2** vīcīnum, ī, *n.*, die **Nachbarschaft, Nähe,** in vicino, in der Nachbarschaft (Nähe), Sen. u. a.: u. bl. vicino, Tac.: e (ex) vicino, aus der Nachbarschaft (Nähe), Cels., Sen. u. a. – **3** vīcīna, ōrum, *n.*, die **benachbarten Punkte,** die **benachbarte Gegend,** die **Nachbarschaft,** amnis vicina rigans, Plin.: sonitu plus quam vicina fatigat, Ov. – m. *Genet.*, Syriae vicina, Plin. 16, 135: Aegyptus et eius vicina, Augustin. de civ. dei 18, 10. – **II** bildl.: **1** der Zeit nach, **nahe,** exitium, Eutr.: mors, Phaedr.: m. *Dat.*, morti vicinus, Capit. Maximin. duo 18, 1. Hieron. in Ioël 1, 13. Augustin. de utilit. ieiun. § 12: capulo vicinus, Serv. Verg. Aen. 6, 222 u. 11, 64: m. *Genet.*, iam mortis vicinus, Capit. Gord. tr. 9, 2 (aber nicht mit *ad* u. Akk.). – subst., vicinus eorum temporum, Hieron. de scriptt. eccl. in S. Luca. – **2** der Ähnlichkeit nach **verwandt** mit etwas, einer Sache **nahekommend, ähnlich,** gew. m. *Dat.*, dialecticorum scientia vicina et finitima eloquentiae, Cic.: vicinus proximusque diis, v. Pers., Sen.: ferrum plumbo vicinius, Plin.: vitia virtutibus sint vicina, Quint.: cui vicinum est, Quint.: vocabulum v., Plin.: m. *Genet.*, vicinus amborum, Cic. or. 21. – ► Kompar. vicinior, Mythogr. Lat. 2, 9 u. 2, 25.

vicis (als Genet.; Nom. kommt nicht vor), vicem, vice; Plur. vicēs (Nom. u. Akk.) u. vicibus (Dat. u. Abl.), *f.* (vgl. ahd. *wĕhsal,* Wechsel, Austausch), der **Wechsel,** die **Abwechselung, Wechselseitigkeit, I** eig.: **A** im Allg.: **1** übh.: vice fortunarum humanarum, Liv.: mutuā vice, Colum.: versā vice, umgekehrt, Sen. poët., Iustin, u. a.: hāc vice sermonum, Wechselgespräch, Verg.: solvitur acris hiems gratā vice veris et favoni, Hor.: deus haec fortasse benignā reducet in sedem vice, Hor.: nox peragit vicem, vollbringt den Wechsel, d. i. wechselt mit dem Tag, Ov. – Plur., gratae divitibus vices, Hor.: et interrogandi se ipsum et respondendi sibi solent esse non ingratae vices, Quint.: lectionis taedium vicibus levatur, Quint.: habet has vices condicio mortalium, Plin.: per vices annorum, ein Jahr um das andere, Plin.: mutat terra vices, erneut den Wechsel, wechselt mit neuen Gestalten, Hor.: peragere vices, Wechsel erleiden, Ov.: cur vicibus factis convivia ineant, abwechselnd, Ov. – **2** *adv.*, **a** per vices, **abwechselnd,** clamare, Ov.: subire, Plin. – **b** in vicem (in einem Wort invicem), seltener bl. vicem, in vices, **zur-, in Abwechslung, abwechselnd, wechselweise, einer um den anderen, gegenseitig, α** *in vicem:* hi rursus in vicem anno post in armis sunt, Caes.: missis in vicem earum (legionum) quinque milibus sociorum, Liv.: multis in vicem casibus victi victoresque, Liv.: inque vicem tua me, te mea forma capit, Ov. – **β** *vicem:* ut unus fasces haberet et hoc insigne regium suam cuiusque vicem per omnes iret, Liv. 3, 36, 3. – **γ** *in vices:* agri pro numero cultorum ab universis in vices occupantur, Tac.: inque vices illum tectos qui laesit amores, laedit amore pari, Ov.: inque vices equitant, Iuven.

B insbes.: **1** die **Entgegnung, Erwiderung, Gegenleistung,** der **Gegendienst,** die **Vergeltung** (griech). ἀμοιβή, ἀντίποινα), recito ... vicem officii praesentis, Cic.: tanto proclivius est iniuriae quam officio civem exsolvere, Tac.: redde vicem meritis, Ov.: referre vicem, Gleiches mit Gleichem vergelten, Ov. u. a.: so auch reddere vicem, Plin. ep. u. Treb. Poll. – Plur., qui magis vices exigat, Plin. pan.: multarum miseras exiget una vices, Prop.: sequenti redde vices, Ov.: vices superbae te maneant ipsum, Vergeltung des Übermutes (= die der Üb. über dich bringt), Hor. – bes. im *Acc.* u. *Abl.* bei Adjj. der Gemütsbewegung, sollicitus meam vicem, Liv.: solliciti vicem imperatoris, Liv.: anxius od. maestus suam vicem, Liv. u. Curt.: exanimes vice unius, Liv.: vice eorum sollicitus, Curt. Vgl. Fabri u. Weißenb. Liv. 21, 34, 5. Mützell Curt. 7, 11 (43), 20. – **2** der **Wechsel des**

Schicksals, das **Schicksal, Los,** vicem suam conquestus est, Suet.: tacite gementes tristem fortunae vicem, Phaedr.: convertere humanam vicem, Hor. – **3** der Wechsel des Kampfes, die **Kampfgefahr,** der **Kampf,** vicis meritique labore aequato, Sil. – Plur., vitare vices Danaûm, Verg.

II übtr., die **Seite,** der **Platz,** die **Stelle, Rolle,** das **Geschäft, Amt,** **a** übh.: heredum causa iustissima est; nulla est enim persona, quae ad vicem eius, qui e vita emigrarit, propius accedat, Cic.: fungi vice suā (Iovis) erga omne humanum genus, seine Stelle (als Regierer der Welt) vertreten, Plin. pan.: fungi cotis vice, Hor.: ne sacra regiae vicis desererentur, Liv.: vestram meamque vicem explete, Tac.: vicem aerarii praestare, die Stelle des Är. vertreten, Sall. fr.: ut assuetam fortius praestes vicem (Amt), Phaedr.: adverbiorum obtinere vicem, Quint. – Plur., quando divisae professionum vices essent, Quint. – **b** *adv.*, vicem, vice, in vicem, ad vicem, **anstatt, für, wegen, nach Art von, gleich wie,** **α** *vicem* (s. Brix Plaut. capt. 394): male occĭdo eri vicem meamque, Plaut.: in qua re tuam vicem saepe doleo, Cic.: et nostram et illorum vicem, Plaut.: ne nostram vicem irascaris, Liv.: cogor vestram omnium vicem unus consulere, für euch alle allein zu sorgen, Liv.: Sardanapali vicem in suo lectulo mori, wie Sardanapal, Cic.: ceteri vicem pecorum obtruncabantur, Sall. fr. – **β** *vice:* in pane salis vice utuntur nitro, Plin.: temonis vice trahitur, Plin.: quaeque dixerat, oracli vice accipiens, wie ein O., Tac.: diebus ac noctibus vice mundi circumagi, Suet.: moveri periclitantium vice, Quint.: vice pecorum interficiuntur, Dict. – **γ** *in vicem:* defatigatis in vicem integri succedunt, an ihre Stelle, Caes.: potest malleolus protinus in vicem viviradicis conseri, Colum. – **δ** *ad vicem:* ad tegularum imbricumque vicem, Plin.: ad parentum vicem, gleich den Eltern, Gell.: ad vicem obsidis teneri, Aur. Vict.

vicissātim, *Adv.* (vicis) = vicissim, Naev. b. Pun. 4. fr. 2 *Vahlen.* Plaut. Poen. prol. 46 u. Stich. 532.

vicissim, *Adv.* (vicis), **I wiederum, gegenseits, abwechselnd,** terra florere, deinde vicissim horrere potest, Cic.: versique vicissim Rutuli dant terga, Verg. – **II wiederum, dagegen,** nunc ... da te mihi vicissim, Ter.: considera nunc vicissim tuum factum, Cic.

vicissitās, ātis, *f.* (vicis), der **Wechsel,** Acc. tr. 586.

vicissitūdo, inis, *f.* (vicis), der **Wechsel,** die **Abwechslung, Wechselseitigkeit,** litterarum, Briefwechsel, Hieron.: imperitandi (im Regieren), Liv.: omnium rerum v. est, Ter.: v. in sermone communi, Abwechslung im Reden, wenn man, nachdem man selbst gesprochen hat, auch andere sprechen lässt, Cic.: studiorum officiorumque, Cic.: eorum (generum), wechselseitiger Einfluss aufeinander, Cic. de nat. deor. 2, 84. – Plur., vicissitudines dierum et noctium, Cic.: fortunae, Cic.

vīcomagister, trī, *m.*, der **Straßenaufseher,** sonst magister vici gen., Cur. Urb. u. Notit.

Victa, s. Vīca Pōta.

victima (victuma), ae, *f.* (vgl. gotisch *weihan,* ahd. *wihan,* weihen, heiligen u. gotisch *weihs,* ahd. *wīh,* heilig), das **Opfertier, Opfer,** sowohl **Sühnopfer** als **Dankopfer,** Plaut., Caes., Liv. u. a. – bildl., se victimam rei publicae praebuisset (Decius), Cic.: victima decipientis ero, Ov.

victimārius, iī, *m.* (victima), **I** der **Opfertierhändler,** Val. Max. 9, 14, 3. – **II** der **Opferdiener,** Liv. 40, 29, 14. Val. Max. 1, 1, 12. CIL 6, 971 u. 10, 3501: auch victumarius geschr., CIL 6, 9982 u. 11, 5838.

victimātor, ōris, *m.* (victimo), der **Opferschlächter,** Lact. ad Stat. Theb. 4, 463.

victimo, āre (victima), **opfern,** hircum Marti, Apul. met. 7, 11: hostiam, *ibid.* 7, 22: filium, Vulg. Sirach 34, 24.

victito, āvī, āre (*Intens.* v. vivo), von etwas **leben, sich nähren,** ficis, von Feigen, Plaut.: u. so palmis, Solin.: polentā et herbis agrestibus, Hieron.: porculis minusculis et haedis tenerioribus, Gell.: cibo precario, Amm.: stipe collaticiā od. precariā, Amm.: parce, Plaut.: pulchre, Plaut.: miseris modis, Plaut.: bene libenter, gern gut essen, Ter.

Victoalī (Victohalī), ōrum, *m.*, ein westgotischer Volksstamm im früheren Dazien an der Donau, Eutr. 8, 2. Amm. 17, 12, 19.

victor, ōris, *m.* (vinco), der **Sieger, Besieger,** Plur. victores (Ggstz. victi), **I** eig.: **A** übh.: **α** absol.: victor vagus, Liv.: parēre victori, Liv.: dubii, victos se an victores putarent, Liv.: stipendium capere iure belli, quod victores victis imponere consuerint, Caes.: hanc victoriam adepti in perpetuum fore se victores confidebant, Caes. – in Apposition, als **Sieger, siegend, siegreich,** victores Sequani, Caes.: v. maritus, v. exercitus, Cic.: v. miles, Treb. Poll.: v. equitatus, Tac.: equus v., Plin.: victores equi, das **Siegesgespann,** Verg.: victorem, victores (als S.) abire, s. ab-eo *no.* I, A, 2, a: victores (als S.) discedere, Amm.: maximarum gentium victores (als S.) discedere, Caes., reverti, Liv.: victorem (als S.) redire, Suet.: quo quidem in ludicro omnisque generis certaminum Hercules victor exstitit, als S. hervorging (den Preis davontrug), Vell.: galli (die Streithähne) victi silere solent, canere victores (wenn sie Sieger sind), Cic. – v. lebl. Ggstdn., currus, Triumphwagen, Ov.: aestus, Lucan.: pes, Ov. – **β** m. *Genet.:* omnium gentium, Cic.: Atheniensium, Curt.: tot bellorum victores, Tac.: victor victorum, Sieger der Sieger, der größte der Sieger, Plaut. trin. 309. – belli, im Kr., Plaut. u. Stat.: Africani belli, Vell.: Sacroviriani belli, im Kr. mit Sakrovir, Tac.: cuius belli victor L. Scipio, Cic.: victor trium simul bellorum, Liv.: victores bellorum civilium, Cic. – Olympiae victor = Ὀλυμπιονίκης, Nep. praef. 5 u. Alcib. 6, 3. – **γ** m. *Abl.:* bello civili victor, Cic.: bello civili victores, Tac.: navali certamine victor, Verg. – **δ** m. *ex* (infolge) u. Abl.: octiens ex provocatione victor, Plin. 7, 101. – **B** Victor, als Beiname des Herkules, Macr. sat. 3, 6, 9 *sqq.*: des Jupiter, CIL 6, 454*. – u. Sex. Aurelius Victor, ein röm. Historiker, um 360 n. Chr., Amm. 21, 10, 6. – **II** bildl.: animus libidinis et divitiarum v., Sall.: v. propositi, Hor.: ut ille mei victor est, ita ego triumphator erroris, Min. Fel.: so victores, Glückliche, ihres Wunsches Gewährte, Mart. – ► Abl. Plur. vulg. victorebus, CIL 9, 5961.

victōria, ae, *f.* (victor), der **Sieg, I** eig.: **A** appell.: victoria antiquissima (so wichtiger), Plin. ep.: Cannensis, Liv.: certa, Liv., certissima, Caes.: civilis, Sall.: clarissima, Cic. (u. so summorum imperatorum clarissimae victoriae, Cic.): cruenta, incruenta, Sall.: dubia, Caes.: domestica, externa, Cic.: expedita, Caes.: explorata, Caes.: victoria, quae naturā insolens et superba est, seiner Natur nach etwas Keckes u. Hochmütiges hat, Cic.: vict. matura, Liv.: mitis, Liv.: navalis, Liv. epit.: pulcherrima, Liv. u. Plin. ep.: recens, Caes.: secunda, Auct. b. Hisp.: Sullana, Sall.: varia, Sall. – victoriae laetitia, Liv.: spes victoriae, Liv.: victoriae triumphus, wegen des S., Liv.: trigeminae victoriae triplex triumphus, Liv.: civilis belli victoria, Cic. u. Suet.: Sullae victoria, Sall. – mit *de* u. Abl., victoria de Veientibus, Liv. 5, 15, 11. de Romanis, Iustin. 31, 3, 9: de Romanis ducibus victoria, Liv. 30, 30, 4: de tot ac tam potentibus populis, Liv. 8, 12, 4: egregia victoria de Hannibale Poenisque, Liv. 21, 46, 8. – mit *ex* u. Abl., Domitii ex Arvernis et Fabii ex Allobrogibus victoria fuit nobilis, Vell. 2, 10, 2. – m. *ad* u. Akk., nuntius victoriae ad Cannas, Liv. 23, 11, 7. – adipisci victoriam, Caes. u. a.: adipisci incruentam victoriam, Sall.: adipisci cruentam victoriam ab alqo, Auct. b. Afr.: nihil deinde a victoria cessatum, auch nach dem S. wurde nicht im Mindesten gesäumt, der S. wurde eifrig ausgenutzt, Liv.: ubi professione hostium concessam victoriam videt, Liv.: concedere (alci) de victoria, Liv.: conclamare victoriam, ›Sieg‹ rufen, Caes.: patrare victoriam, Tac.: consecutum esse sibi gloriosam victoriam, Cic.: dare alci victoriam, Liv. u. a. (u. so tot de Romanis ducibus alci dare victoriam, Liv.): dare victoriam de Veientibus, Liv.: dimittere exploratam victoriam, freiwillig aufgeben, Caes.: victoria in manu nobis est, Sall.: malle victoriam apud Samnites quam apud Romanos esse, Liv.: excutere (entwinden) alci victoriam, Sen.: victoriam crudeliter exercere (verfolgen), Sall.: acerrume victoriam nobilitatis in plebem exercere, geltend machen gegen das V., dem V. fühlen lassen, Sall.: u. so foede in captis victoriam exercere, Liv.: extorquere hosti victoriam, Liv.: gloriari in victoria, Sall.: ferre (davontragen) victoriam ex alqo, Liv.: gratulari (alci) de victoria, Liv., u. gratulari victoriam, Liv.: totiens victoriam prope in manibus habuisse, Liv.: pulcherrimam victoriam crudelitate inquinare, Liv. epit.: eo intentior ad victoriam niti, Sall.: omittere cunctando victoriam, aus den Händen lassen, Liv.: parta victoriā (die Errungenschaften des Sieges) ex manibus eripere, Sall.: male partam victoriam male perdere, Liv.: victoria, quantam de Samnitibus nemo ad eam diem praeter Lucium Papirium patrem consulis pepererat, Liv.: victoriā potiri, Sulp. Sev.: sine ullo vulnere victoriā potiri, Caes.: tanta laetitia et gratulatio fuit, ut praeciperetur victoria animis, Liv.: populo Romano Quiritium vim victoriamque prosperare (v. den Göttern), Liv.: referre (nach Hause zurückbringen) victoriam, Frontin.: u. so referre non incruentam victoriam, Liv., clarissimam victoriam, Frontin., gloriosam victoriam, Val. Max.: victoriam potius ex Volscis quam pacem infidam Romam referre, Liv.: referre regi aut victoriam de Romanis aut aequas pacis condiciones, Iustin.: reportare (aus dem Kampf mit nach Hause zurückbringen) victoriam, non pacem domum, Liv.: u. so reportare a rege signa victoriae, non victoriam, Cic.: victoriae temperare, sich im S. mäßigen, Sall.: tueri victoriam, Liv.: uti victoriā, den S. ausnutzen, verfolgen, Sall.: victoriā mitius uti, vom S. einen milden Gebrauch machen, sich als milder Sieger zeigen, Iustin. – Plur., victoriae eorum bellorum gratissimae fuerunt, Cic. Mur. 31: illum diem omnes labores et victorias confirmaturum (esse), Sall. Iug. 49, 3: tot tam claris victoriis partis, Auct. b. Afr. 31, 8. – **B** als *nom. propr.*, Victōria, die **Siegesgöttin,** mit Flügeln u. einem Lorbeerkranz od. Palmzweig in der Hand dargestellt, Plaut. Amph. prol. 42. Cic. de nat. deor. 2, 61 u. a.: v. der Statue der Viktoria, Standbild der Viktoria, aurea, Liv. 22, 37, 5: solche Siegesgöttinen auf dem Giebel u. den Giebelzinnen des Konkordiatempels, Liv. 26, 23, 4. – **II** übtr.: **a** übh.: certaminis, in dem darüber entstandenen Kampf, Liv.: quatenus victoriam exerceret, wie weit er seinen Sieg treiben würde, Liv.: victoria penes patres fuit, Liv. – m. *de* od. *ex* u. Abl., de patribus, Liv. 4, 6, 4: ex collega, Liv. 2, 44, 3. – **b** vor Gericht, nocentissima victoria, Cic.: litium, Plin.: sibi gloriosam victoriam consequi, Cic. – ► archaist. Genet. Victories, CIL 11, 2969; arch. Dat. Victorie, CIL 1, 183.

victōriālis, e (victoria), **zum Sieg gehörig, Sieges-,** dies (Plur.), Treb. Poll. Gall. 3, 7: pro victorialibus epulares triumphi, Amm. 22, 4, 5: herba vicia, id est victorialis, Isid. orig. 10, 210.

victōriātus, a, um (victoria), **I mit dem Bild der Viktoria (Siegesgöttin) bezeichnet,** v. einer Silbermünze, 3/4 Denare an Wert (s. Plin. 33, 46), victoriati nummi, Viktoriamünzen, Sent. Minuc. (CIL 1^2, 584) 25: quae tuleram mecum milia decem victoriata, Pompon. com. 115. – gew. subst., victōriātus, ī, *m.*, eine Viktoriamünze, Cato r. r. 15, 2. Varro LL. 10, 41. Cic. Font. 9. Quint. 6, 3, 80: Genet. Plur. victoriatûm, Liv. 41, 13, 7. – u. als mediz. Gewicht, subst., victōriātus, ī, *m.*, eine **halbe Drachme,** Scrib. Larg. 14 u. 70. Marc. Emp. 15: victoriati argentei pondus, Marc. Emp. 16: victoriati pondus, Scrib Larg. 135 u. 137. Plin. Val. 2, 23: victoriati pondo, Scrib. Larg. 23 u. 26 u. a. – u. im Scherz, v. einem kleinen Menschen, antequam te viderem nesciebam rhetoras victoriatos esse, Sen. contr. 7, 4 (19), 8. – **II durch Sieg erlangt,** Tert. adv. gnost. 6.

Victōriola, ae, *f.* (*Demin.* v. victoria), ein **kleines Standbild der Siegesgöttin,** Cic. de nat. deor. 3, 84.

victōriōsus, a, um (victoria), **siegreich,** Cato b. Gell. 4, 9, 12. Augustin. in Galat. 20: aquilae, Ps. Quint, decl. trib. Marian. 10: cursus (Plur.), Amm. 25, 4, 14: proelium, Augustin. conf. 11, 23, 30: loquacitas, *ibid.* 4, 2, 2: Nicostrata id est victoriosa, Anecd. Helv. 221, 34: als Beiname des Kaisers Probus, Eckhel doctr. numm. vet. vol. 7. p. 505. – vir victoriosissimus, Sidon. epist. 5, 6, 2: victoriosissimus princeps, CIL 2, 4103: victoriosissimi principes, CIL, 6, 1718: Alexander victoriosissime, Iul. Val. 2, 33 (2, 20. p. 77 b).

victrīx, trīcis, *f.*, Neutr. Plur. trīcia, die **Siegerin, Besiegerin,** m. *Genet.*, victrix Asiae et Europae Roma, Flor. 3, 18, 7. – attrib. = **siegend, siegreich, I** eig.: Athenae, Cic.: manus, Cic.: copiae, Auct. b. Alex.: legiones, Tac. – v. lebl. Ggstdn., naves, Auct. b. Alex.: classis, Eutr.: victricia arma, Verg., Val. Max. u. Sen.: hedera, Hor.: flammae, Ov.: litterae, Siegesbericht, so auch tabellae, Ov.: frons, Lorbeerzweig, Sen. poët. – **II** bildl.: mater v. filiae, non libidinis, Cic.: v. causa, Lucan. – v. ihres Wunsches Gewährten, Glücklichen, Verg. u. Ov. – ► Abl. Sing. gew. victrīce, z. B. Cic. Phil. 13, 7; doch auch victrīcī, z. B. Liv. 28, 6, 8. – Genet. Plur. victrīcium, z. B. Sen. ep. 120, 7. Tac. hist. 2, 59 u. a. Suet. Tib. 14, 3; doch auch victricum, Fest. 178 (b), 26.

vīctuālis, e (victus), **zum Lebensunterhalt-, zum Leben gehörig, I** *adi.*: ministerium, Apul. de Plat. 1, 15: sumptus, Cod. Iust. 8, 51, 20. – **II** *subst.*, vīctuālia, ium, *n.*, **Lebensmittel,** Vulg. 2. Mach. 3, 10. Cassiod. var. 3, 44, 3. Itin. Alex. 36 (83). Cledon. 12, 29 K. Acro Hor. sat. 2, 3, 229.

vīctuārius, a, um (victus), **zum Lebensunterhalt gehörig,** exhibitio, Tert. de monog. 8.

victuma, s. victima.

victumārius, s. victimārius.

Victumulae, ārum, *f.*, Stadt in Gallia cispadana (Oberitalien), Liv. 21, 45, 3 u. 21, 57, 9. Plin. 33, 78.

vīctus, ūs, *m.* (vivo), **I** das **Leben,** die **Lebensart, -weise,** Persarum, Cic.: in omni vita atque victu excultus, Cic.: in victu considerare oportet, apud quos et quo more sit educatus, Cic.: nihil de victu, nihil de vestitu Laconum mutare, Nep.: alqm a victu pristino deducere, Nep. – **II** der **Unterhalt, a** im engeren Sinne, die **Nahrung, Kost, Speise** (vgl. cultus *no.* II, B, 1), asper, Plaut.: diurnus, Tac.: inops (dürftige), Ov.: liberalis, Liv.: luxuriosus (Ggstz. frugi), Quint.: cotidianus, Alltagskost, Plaut., tägliche Kost, Cic. u. a.: sordidus, Quint.: tenuis, tenuissimus, Cic.: victum dare, Hor.: alci victum cotidianum in Prytaneo publice praebere, Cic.: in oppidum victus sui mercandi gratiā progredi, Auct. b. Afr.: tam facile victum quaerere, Ter.: victum vulgo quaerere, Ter.: victum in tenebris quaerere, Phaedr.: victum sibi aegre quaesisse eumque sordide invenisse comparandis mulis et vehiculis, quae etc., Gell.: victum sibi obscoenissimum quaerere (von Buhldirnen), Lact.: ritu ferino victum quaerere, Hieron.: lanā ac telā victum quaeritare, Ter., s. quaerito: victum rogare, Phaedr.: parare ea, quae suppeditent ad victum, Cic.: maior pars eorum victus in lacte et carne consistit, Caes.: victui herba (est), vestitui pelles, cubile humus, Tac. – Plur., faceti, lepidi victus, Gerichte, Plaut.: victus feri, Tibull.: persequi animantium ortus, victus, figuras, Cic.: postquam non utilis auctor victibus invidit priorum, die frühere (einfache) Kost verschmähte, Ov. – **b** im weiteren, jurist. Sinne, der **Lebensunterhalt,** mit Inbegriff der Kleidung, ICt. – ► Archaist. *Genet.* victuis, Varro vit. P. R. 1. fr. 22 (b. Non. 494, 11): victi, Plaut. capt. 855.

vīculus, ī, *m.* (*Demin.* v. vicus), das **kleine Dorf,** der **kleine Flecken,** Cic. de rep. 1, 3. Liv. 21, 33, 11. Vulg. num. 21, 25 u. 32; 31, 10 u. a. Diom. 488, 11: in viculo Bethleem, Hieron. epist. 82, 11.

vīcus, ī, *m.*, (nach Varro LL. 5, 145 von via, richtiger st. voicos, οἶκος, gotisch *weihs,* ahd. *wīh,* vgl. Weichbild), ein »Häuserkomplex«, **I** in der Stadt, das **Quartier, Stadtviertel,** aber auch die **Häuserreihe, Gasse,** nullum in urbe vicum esse, in quo non etc., Cic.: vicos plateasque inaedificat, Caes.: hostes per vicos et plateas undique obruunt dimicantes, Veget.: inter vicos aut inter vias manere, Suet.: in vico angusto habitare, Petron.: dimensis vicorum ordinibus et latis viarum spatiis, Tac.: in Rom, v. Tuscus, Cyprius, Iugarius u. a., Liv. – **II** auf dem Lande: **A** der **Weiler,** das **Dorf,** der **Flecken,** als eine Menge vereinigter Wohnungen, Cic., Caes. u. a.: maritimus, Liv.: per pagos vicosque, Tac. – **B** das **Gehöft = Landgut, Vorwerk, Bauernhof,** ad me scribis te vicum vendituram, Cic.: quid vici prosunt aut horrea? Hor. – ► arch. Nomin. veicus, CIL 1, 603 u. 1462: Genet. Plur. veicorum, *ibid.* 14, 2121. – heterokl. nach der 4. Deklin., Abl. Sing. vicu, Vict. Vit. 1, 42: Akk. Plur. vicus, Vict. Vit. 2, 15 u. 3, 48.

vidēlicet, *Adv.* (aus videre licet, wie scilicet gebildet, also: man kann sehen, es ist leicht zu sehen), dient im Allg. dazu, das Vorhergehende zu bestätigen und zu vervollständigen, u. zwar: **I** eig.: **a** übh., **es ist offenbar, leicht ersichtlich, natürlich, α** mit folg. *Acc.* u. *Infin.* (wegen videre), videlicet, parcum illum fuisse senem, Plaut.: esse videlicet in terris primordia rerum, Lucr. – **β** als bloße Partikel, hic de nostris verbis errat videlicet, der versteht sicherlich meine Worte falsch, Ter.: quae videlicet ille non ex agri consitura, sed ex doctrinae indiciis interpretabatur, Cic. – **γ** elliptisch, bei Antworten, quid metuebant? vim videlicet, offenbar die Gewalt, Cic.: qui eorum … quorum? Videlicet qui supra scripti sunt, Cic. – **b** ironisch, zum Ausdruck des Gegenteils, **versteht sich, natürlich, freilich,** tuus videlicet salutaris consulatus, perniciosus meus, Cic.: homo videlicet timidus et permodestus (von Katilina), Cic. – **II** übtr., zur bloßen Ergänzung od. Erklärung, **nämlich,** venisse tempus iis, qui in timore fuissent, coniuratos videlicet dicebat, ulciscendi se, Cic.

viden? = videsne, Komiker, Catull. u. a.

video, vīdī, vīsum, ēre (altindisch *véda,* ich weiß, griech. εἶδον, St. ϝιδ, οἶδα für ϝοῖδα, gotisch *witan,* ahd. *wizzan,* wissen), **sehen,** **I** sehend sein, **1** **Sehkraft haben** u. vermittelst der Sehkraft die Gegenstände **erkennen-, sehen können,** **a** absol.: propter imbecillitatem iam non audit aut non videt, Cels.: clare v. oculis, hell sehen, helle Augen haben, Plaut.: bene v. oculis, gut s., gute Augen haben, Cic.: perplexe vides, siehst nicht recht, Plaut.: v. acrius, Cic.: v. in aqua obtunsius, in terra acutissime (v. Krokodil), Solin.: quam longe videmus? wie weit reicht unser Blick? Cic. – sensus videndi, Gesichtssinn, Cic.: videndi facultas, Cels. – **b** m. *Acc.:* at ille nescio qui mille et octoginta stadia quod abesset videbat (die Gegenstände in einer Entfernung von 1080 St. erkennen konnte), Cic.: quaedam volucres longius (*sc.* vident), sehen weiter, Cic.: non nulli, cum aliquamdiu nihil vidissent (nichts sehen-, erkennen konnten), repentinā profusione alvi lumen receperunt, Cels. – **2** prägn., **sehen, die Augen offen haben** = erwacht sein, Verg. ecl. 6, 21.

II etwas **sehen, schauen,** d. i. **A** **erblicken, mit den Augen gewahren,** **AA** eig. u. übtr.: **1** eig.: **a** übh.: **α** v. Pers.: ego Catuli Cumanum ex eo loco video; Pompeianum non cerno, Cic.: o praeclarum prospectum! Puteolos videmus: at familiarem nostrum C. Avianum, fortasse in porticu Neptuni ambulantem, non videmus, Cic.: quod non vidisset pro viso sibi renuntiasse, Caes.: ut te viderem et viserem, um dich zu sehen u. nachzusehen, wie du dich befändest, Cic. – m. dopp. *Acc.,* quem puerum vidisti formosum, hunc vides deformem in senecta, Varro LL. 5, 5. – m. Partiz. als Objekt, adulescentium greges Lacedaemone vidimus ipsi incredibili contentione certantes pugnis, calcibus etc., wie sie kämpften, Cic. – m. *Acc.* u. *Infin.,* suos fugere et concīdi videbat, Caes.: cum suos interfici viderent, Caes.: scindi videres vincula, da konnte man sehen, Liv.: so auch serpentes errare videres, Hor.: wechselnd mit dem Partiz., Hor. carm. 3, 5, 21 *sqq.* – m. *cum* u. Konj., dies et noctes virum summa virtute et prudentiā videbamus, philosopho cum operam daret, Q. Tuberonem, Cic. – im Passiv, ubi sol sex mensibus continuis non videtur, Varro: negat sibi umquam, cum oculum torsisset, duas ex lucerna flammulas esse visas, Cic. – **β** v. Lebl., triclinium hortum et gestationem videt, Plin. ep. 2, 17, 13: triclinium valvis pratum multumque ruris videt, Plin. ep. 5, 6, 19: Appenninus Gallica rura videt devexasque excipit Alpes, Lucan.: pontus quidquid Scythicus a tergo videt, Sen. poët.: quae nascentem videt ora solem, nach Osten liegt, Sen. poët. – v. Zeiten, vidit noctem dies, Sen. poët. – u. v. Ereignissen, sanguinem extremae dapes videbunt et cruor Baccho incīdet, Sen. poët. – **b** **sehen = antreffen,** nostri saeculi medicus, quem nuper vidimus, den ich noch vor kurzem gesehen habe, d. i. der noch vor k. gelebt hat, Cels.: attonitos raro videmus, Cels.: interdum lumbricos, interdum teretes videmus, Cels. – bes. nach angestellter Beobachtung, **beobachten,** raro admodum, adeo ut magni professores numquam se vidisse memoriae mandaverint, Cels. – **c** **sehen = lesen,** reiectum esse ab Asclepiade vomitum in eo volumine, quod de tuenda sanitate composuit, video, Cels. – **d** **leben = erleben,** **α** eine Zeit lebend erreichen, utinam eum diem videam, cum etc., Cic.: ex multis diebus, quos in vita celeberrimos laetissimosque viderit, Cic. – **β** im Leben, in einer Zeit ein Übel erfahren od. eines Gutes teilhaftig werden, quam miseriam vidi! Ter.: suo toto consulatu somnum non vidisse, Cic.: nimis sero imperia immodica et regni paterni speciem, Liv.: clarissimas victorias aetas nostra vidit, Cic. – v. lebl. Subjj., et casus abies visura marinos, Verg.

2 übtr., übh. mit den Sinnen **wahrnehmen,** wie unser **sehen,** mugire videbis sub pedibus terram et descendere montibus ornos, Verg.: tum videres stridere secretā divisos aure susurros, Hor.: naso pol iam haec quidem videt plus quam oculis, Plaut.: caseus, qui vehementior vetustate fit, vel eā mutatione, quam in eo transmarino videmus, sehen (vermittels des Geschmackssinnes), Cels.

BB bildl., vermittels der inneren Sinne **sehen,** **1** = **wahrnehmen, merken, einsehen, begreifen,** quem exitum ego tam video animo, quam ea, quae oculis cernimus, Cic.: si dormientes aliquid animo videre videamur, Cic.: alqm od. alqd in somnis, Cic., secundum quietem, Cic., per somnum oder per quietem, Iustin.: somnia, Tr. sehen, -haben, Cic.: acutius atque acrius vitia in dicente quam recta, Cic.: plus, weiter sehen, einen tieferen Blick haben, Cic.: u. so plus in re publica, einen tieferen politischen Blick haben, Cic.: in futurum, Liv.: aliena melius videre et diiudicare, Ter. – ut quod viderit, non viderit (merkt), Plaut.: exterae gentes, cum subtilem medicinae rationem non noverint, communia tantum vident, Cels.: quod ego, cur nolim, nihil video, Cic. – mit dopp. *Acc.,* quem virum P. Crassum vidimus! Cic. de sen. 61: cum invidiosum se propter nimias opes videret, Iustin. 32, 4, 4. – m. *Acc.* u. *Infin.,* vidit magno se fore periculo, nisi etc., Nep.: etsi (Datis) non aequum locum videbat suis, Nep. – m. folg. indir. Fragesatz, equidem, cuius criminis reus sim, non video, Curt.: vide, quantum fidei tuae credam, Curt.

2 im Passiv, **den Schein haben, scheinen, dünken,** als etwas **erscheinen,** für etwas **gehalten werden, gelten,** **a** übh.: **α** m. bl. *Nom.* des Prädikats: ut imbelles timidique videamur, Cic.: quod utile videretur, Cic.: multo rem turpiorem fore et iniquiorem visum iri intellegebant, Cic.: ex quo illorum beata mors videtur, horum vita laudabilis, Cic. – m. persönl. *Dat.,* quae quibusdam admirabilia videntur, Cic.: a natura mihi videtur potius quam ab indigentia orta amicitia, Cic.: quod idem Scipioni videbatur, Cic. – **β** m. *Infin.,* oft = ich glaube, sperare videor, ich glaube hoffen zu dürfen, Cic.: ut beate vixisse videar, Cic.: solem e mundo tollere videntur, qui amicitiam e vita tollunt, Cic.: videre iam videor populum a senatu disiunctum, Cic. – mit persönl. *Dat.,* videor mihi perspicere ipsum animum, Cic. – **γ** m. *Nom.* u. *Infin.:* ut exstinctae potius amicitiae quam oppressae esse videantur, Cic.: ut tamquam a praesentibus coram haberi sermo videretur, Cic.: quia videbatur et Limnaeum eodem tempore oppugnari posse, Liv. – m. persönl. *Dat.,* divitior mihi et affluentior videtur esse vera amicitia, Cic. – **δ** mit *Acc.* u. *Infin.* = **es hat den Anschein,** non mihi videtur, ad beate vivendum satis posse virtutem, Cic.: quae vult videri se esse prudentiam, Cic. – **ε** m. *Partic. Fut. act.* statt des *Infin.:* eius praecepta sic optime divisuri videmur, ut etc., Quint. 5. prooem. § 5: igitur ut Aratus ab Iove incipiendum putat, ita nos rite coepturi ab Homero videmur, Quint. 10, 1, 46. – **b** behutsamer Ausdruck in amtlichen Erklärungen statt der bestimmten Entscheidung: maiores nostri voluerunt, quae iurati iudices cognovissent, ea non ut esse facta, sed ut videri pronuntiarent, Cic. (u. so v. Richter, deinde secessi et ex consilii sententia ›videtur‹ inquam, Plin. ep. 5, 1, 6): fecisse videri pronuntiat, Cic.: cum pontifices decressent, videri posse sine religione eam partem areae mihi restitui, Cic.: consul adiecit senatusconsultum, Ambraciam non videri vi captam esse, Liv. – **c** prägn., videtur (alci), **es erscheint, dünkt gut, gefällt, beliebt** (jmdm.), **es ist** jmd. **der Meinung, es glaubt** jmd., eam quoque, si videtur, correctionem explicabo, Cic.: tibi si videbitur, villis illis utere, quae etc., Cic.: qui imitamur quos cuique visum est, Cic.: quem videretur ei cum imperio mitteret, Liv.: ubi visum est, Caes.: ut Hippocrati visum est, Cels.: m. folg. *Infin.,* nunc autem visum est mihi de senectute aliquid ad te conscribere, Cic.: m. folg. *Acc.* u. *Infin.,* ubi ei videbatur horam esse tertiam, Varro LL. 6, 89.

B Jmd. od. etw. sehen, schauen = **beschauen, ansehen,** **AA** eig.: **a** übh.: mulieres et pueri, qui visum processerant, um zu schauen, den Kampf mit anzusehen, Sall. – v. nascentem placido lumine, Hor.: niveus videri, anzuschauen wie Schnee, Hor.: alqm videre non posse, jmd. nicht ersehen (nicht ausstehen) können, Cic. – *impers., De.* Vide sis modo etiam (sieh nur her, sieh mich nur an). *Ly.* Visum est, hab' schon gesehen, Plaut. – **b** nach etwas **sehen, nachsehen, zusehen,** vide sis signi quid siet, sieh doch nach, was es für ein Siegel ist, sieh doch zuvor das S. an, Plaut.: vide tali ubi sint, Plaut.: illud vide, os ut sibi distorsit carnifex, Ter. – **c** jmd. **sehen** = jmd. **aufsuchen und sprechen,** Othonem vide, Cic.: videbis hominem, Cic.: rogo, mane Plinium videas domi, Plin. ep. – v. Arzt, einen Kranken **sehen** = **besuchen,** qui (medici) aegrum raro vident, Cels. – **d** besorgend nach etw. sehen, etw. **besorgen,** aliud (vinum) lenius vide, Ter.: dulciculae potionis aliquid et cibi, Cic.: alci prandium, Cic.: puerum iubet Taurus oleum in aulam videre, Gell. – **e** mit Vertrauen auf jmd. **sehen,** me vide, sieh auf mich = vertraue auf mich, verlass dich auf mich, ich bin dir gut dafür, Komik. u. Sen. (s. Brix Plaut. trin. 808. Westerh. Ter. Andr. 2, 2, 13. p. 97 *Stallb.*). – **f auf** jmd. als Vorbild **sehen, achten,** quin tu me vides? warum siehst du nicht auf mich? da sieh nur auf mich (wie ich es gemacht habe)! Cic. Pis. 61. – **g** etwas gleichgültig **mit ansehen,** gleichgültig **zusehen,** tantum pro! degeneramus a parentibus nostris, ut praeter quam nuper oram illi suam Punicas vagari classes dedecus esse imperii sui duxerint, eam nos nunc plenam hostium iam factam videamus? Liv. 22, 14, 6: u. so Liv. 6, 14, 4; 6, 18, 8 u. a.

BB bildl., mit dem Verstande, Geiste usw. **sehen, ins Auge fassen, a** in **Betrachtung-,** in **Erwägung ziehen, zusehen** = **überlegen, erwägen, bedenken,** alio loco de oratorum animo videro, Cic.: nunc ea videamus, quae contra ab his disputari solent, Cic.: id primum videamus, quatenus amor in amicitia progredi debeat, Cic.: videas ... et consideres, quid agas, Cic.: ipse viderit, er mag selbst zusehen (mich kümmert's nicht), Cic.: quam id recte faciam, viderint sapientes, Cic.: sitne malum dolere, Stoici viderint, Cic.: videre oportet, nervine id vitium an cutis sit, Cels.: videndum est, num etc., Cels.: ante omnia videndum est, tristes an hilares sint (insanientes), Cels. – **b sich** um etw. **bekümmern, sich** nach etw. **umsehen, sich** mit etw. **befassen,** für etw. **Sorge tragen, sorgen,** auf etw. **achten, zusehen,** daß oder dass nicht usw., viderint ista officia viri boni, Cic.: negotia mea videbis, Cic.: viderit ista deus, Ov.: post de matre videro, Ter.: videndum sibi esse aliud consilium, Cic. – m. folg. *ut* od. *ne* u. Konj., ut habeas (comites etc.), diligenter videbis, Cic.: videret, ut quam primum tota res transigeretur, Cic.: illud videndum est, ne quis nervus laedatur, Cels.: videant consules, ne quid res publica detrimenti capiat od. accipiat, Cic.: videndum est, ne obsit benignitas ... tum, ut pro dignitate cuique tribuatur, Cic.: vide (nimm dich in acht), ne post mortem meam mentiaris te vicisse, Sen.: vide, ne nulla sit divinatio, es dürfte wohl keine D. geben, Cic.: dagegen videndum est, ne non satis sit, es dürfte wohl nicht genug sein, Cic. – m. folg. indir. Fragesatz, tu, quemadmodum his satisfacias, videris, magst zusehen, Cic.: u. absol., viderit, da mag ein anderer zusehen, Ov. trist. 5, 2, 43 u. a. (s. dazu Platz). – **c** etwas **im Auge haben** = etw. **beabsichtigen,** maius quiddam, Cic.: vidit aliud, er hat andere Absichten, Cic.: v. gloriam, Liv. – redupliziertes Plusqu.-Perf. videderant, Itala (Fuld.) Marc. 16, 14: vulg. Fut. videas, Itala num. 23, 13: videant, Itala Iob 21, 20: parag. Infin. viderier, Ter. Hec. 759. Cic. de domo 136. Gell. 3, 7, 8 u. 15, 2, 1. Arnob. 7, 46 *in.* – 2. Pers. Imperat. Akt. verkürzt in der Verbindung vidĕ sis, Plaut. Pseud. 48 u. sis vidĕ, Plaut. Pseud. 152.

vidua, s. viduus.

viduālis, e (vidua), **zu den Witwen gehörig, Witwen-,** anni, CIL 11, 92*: habitus (Ggstz. matronalis), Augustin. epist. 262, 9: pudicitia, Augustin. de civ. dei 15, 26: depeculator depositi vidualis, Ambros. in psalm. 40, 27.

viduātus, ūs, *m.* (viduo), der **Witwenstand,** Tert. de virg. vel. 9.

viduertās, ātis, *f.* (viduus), der **Mangel an Früchten des Landes,** der **Misswachs,** alte Gebetsformel bei Cato r. r. 141, 2.

viduitās, ātis, *f.* (viduus), das **Beraubtsein,** der **Mangel, I** im Allg.: copiarum, Plaut. rud. 665. – **II** insbes. der **Witwenstand** (Ggstz. caelibatus, nuptiae), Cic. u. a.: vestis viduitatis, Eccl.

Vīdulāria, ae, *f.* (vidulus), das **Kofferstück,** Titel einer verloren gegangenen Komödie des Plautus.

vīdulus, ī, *m.* (vieo), ein geflochtener, mit Leder überzogener **Korb, Koffer,** Plaut. Men. 286 u. 1036; rud. 1133: als Fischkorb, Plaut. rud. 999.

viduo, āvī, ātus, āre (viduus), **berauben, leer machen** von etw., **I** im Allg.: m. *Abl.*, urbem civibus, Verg.: arva numquam viduata pruinis, Verg.: vitis viduata alimento, Colum.: m. *Genet.*, viduata manuum, Lucr. – **II** insbes., viduarī = **Witwer werden,** quidam quoque repentinis uxorum mortibus, Firm. math. 3, 7. *no.* II. p. 64: viduata, **des Mannes beraubt, verwitwet,** Servilia, Tac.: Agrippina viduata morte Domitii, die Witwe des D., Suet.: coniunx viduata taedis, verstoßen, Sen. poët.

viduus, a, um (vgl. altind. *vidhú-ḥ*, vereinsamt, griech. ἠ-ίθεος, unvermählt, altind. *vidhávā*, got. *widuwo*, ahd. *wituwa*, Witwe), **I** im Allg., **beraubt, leer** von etw., **ohne** etw., m. *Abl.* od. *Genet.*, selten mit *ab* u. Abl. od. absol., arboribus viduum solum, Colum.: viduus pecudibus ager, Colum.: pectus v. amoris, Ov.: lacus vidui a lumine Phoebi, Verg.: absol., clavus, ohne Steuermann, Stat. – **II** insbes., **1 des Gatten beraubt, verwitwet, gattenlos, ledig,** viri, Plaut.: filia, Tac.: domus, Ov.: aula, Ov.: lectus, Ov.: v. noch Unverheirateten, se rectius viduam (unverheiratet) et illum caelibem futurum fuisse, Liv.: u. so viduae gentes, Sen. poët. – dah. mulier vidua u. subst. bl. vidua, ae, *f.*, die **überlebende Ehefrau,** die **Witwe,** dann aber auch die vom Gatten getrennte Frau (wie Penelope) u. übh. jede ledige selbständige Frauensperson, Komik., Cic. u. a. (s. Brix Plaut. Men. 113. Wagner Ter. heaut. 953. Hildebr. Apul. apol. 76.). – dah. übtr.: **a** v. Tieren, nisi caelebs aut vidua nidum non relinquit, von der Taube, Plin. 10, 104. – **b** v. Bäumen, an die keine Weinstöcke gezogen sind, gleichsam **unvermählt,** arbor, Hor.: ebenso v. vereinzelt stehenden Weinstöcken, die an keinen Baum gebunden sind, vitis, Catull.: ramus, Colum. – **2 des** oder **der Geliebten beraubt, liebeleer, einsam,** puella, Ov.: cubile, Ov.: torus, Ov.

viduvium, iī, *n.* (viduus), der **Witwenstand,** Sidon. epist. 6, 2, 2: longissimum, CIL 14, 3579: übtr., der Bäume, Plin. 13, 35. – ► Vulg. Form ›vidubium, πρόστιμον χηρίας‹, Gloss.; vgl. Roensch Collect. p. 141.

Vienna, ae, *f.*, Hauptstadt der Allobroger in Gallia Narbon., am Rhodanus, j. *Vienne* (in der Dauphiné), Caes. b. G. 7, 9, 3. Cic. ep. 10, 9, 3. Tac. ann. 11, 1. – Dav. **Viennēnsis,** e, **viennensisch,** Tac. – Plur. subst., Viennēnsēs, ium, *m.*, die Einw. von Vienna, die **Viennenser,** Tac.

vieo, ētum, ēre (altind. *vyáyuti*, windet, wickelt, adh. *windan*, winden), **binden, flechten,** corollam, Enn. fr. var. 45: quod ex viminibus vietur, Varro LL. 5, 140: vimina, unde viendo quid facias, ut sirpeas etc., Varro r. r. 1, 23, 5: ›viere‹ religare dicitur, Donat. Ter. eun. 4, 4, 21. – Übtr., v. versus, Varro LL. 7, 36 (dagegen Isid. orig. 8, 7, 3 in ders. Stelle v. carmina).

viēsco, ere (zu ahd. *wësanēn*), **verschrumpfen, welk werden,** Colum. 12, 15, 1 u. 5.

viētor, ōris, *m.*, s. vītor.

viētus, a, um (vieo), **welk, verschrumpft,** ficus, Colum.: senex, Ter.: cor, Cic.: pectus, Prudent.: vestis, Lucr. – ► Zweisilbig gemessen bei Hor. epod. 12, 7 u. Aetna 593 (Haupt).

vīgēnī u. **vīgēnus,** s. vīcēnī.

vīgentī, s. vīgintī ►.

vigeo, uī, ēre (vgl. vegetus; altind. *vāja-ḥ*, Kraft, ahd. *wackar*, wacker, *wahhōn*, wachen), **lebenskräftig sein, noch in voller Kraft und Frische sein, noch frisch und kräftig sein, leben und weben, lebendig sich regen, tätig sein, I** eig.: quod viget, caeleste est, Cic.: et arbor quae aret et arbor quae viget, Augustin.: cum corporibus vigere et deflorescere animos, Liv.: sive occĭderit animus sive vigeat, Cic.: animus in rerum cognitione viget, Cic.: mobilitate viget Fama,

Verg.: herbae rore vigentes, Lucr.: Alpes vix integris vobis ac vigentibus transitae, Liv.: viget aetas, Sall.: vigent vires, Ov.: v. memoriā, ein starkes G. besitzen, im vollen Besitz seines G. sein, Cic.: und so immensum quantum memoriā, Amm.: animo vigemus, mein Mut ist noch frisch, Cic. – **II** übtr., **in voller Kraft und Frische stehen, -bestehen, im Schwange-, in blühendem Zustand sein, blühen, in Macht-, Ansehen stehen, sich in seiner Kraft-, sich in seiner Blüte zeigen** (Ggstz. iacēre), vigent studia, Cic.: magnae viguere Mycenae, Ov.: purpura vigebat, Nep. fr.: murenae, quarum pretia vigent, Colum.: multa saecula viguit nomen etc., Cic.: vestrae religiones viguerant, Cic.: philosophia viguisset, Cic.: ubi acris invidia atque vigent ubi crimina, im Schwange sind, Hor.: qui ante victores viguerant, Nep.: vigebat Mnesarchus, Cic.: Lacedaemonius Leonidas, Thebanus Epaminondas vigent, glänzen in ihren Vorträgen, Cic.: quem (Philonem) in Academia maxime vigere audio, Cic.: oratores, qui nunc vigent, Quint.: in pace iacēre quam in bello vigere maluit, Cic.

vigēsco, ere (*Inchoat.* v. vigeo), **lebenskräftig-, lebendig-, lebhaft zu werden anfangen,** Lucr. 1, 674 u. 757. Catull. 46, 8. Censor. fragm. 3, 6. Amm. 31, 2, 8.

vīgēsimus, a, um, s. vīcēsimus.

vīgessis, s. vīcessis.

vigidus, a, um (vigeo), **lebhaft, geweckt,** intellectus (Plur.), Cl. Mamert. de stat. anim. 3, 11, 2: m. *Genet.*, consilii vigidi, *ibid.* 3, 9, 1.

vigil, ilis (vigeo, vgl. ahd. *wachal,* wach), **wachend, wach, munter, I** eig.: canes, Hor.: ales, Hahn, Ov. – subst., der **Wächter,** Liv. u. a.: Plur., vigiles fanique custodes, Cic.: vigiles eius loci, Liv.: vigiles nocturni, v. den Haushähnen, Plin.: vigiles mundi, Sonne u. Mond, Lucr. – vigiles, als Nacht- u. Feuerpolizei zu Rom, seit Augustus in 7 Abteilungen mit Präfekten u. Unterpräfekten, s. Suet. Aug. 30: vigilibus praepositus, Tac. hist. 1, 46: praefecti vigilum, Paul. dig. 1, 15, 3: praefectus vigilibus, Iulian. dig. 47, 2, 58. § 1 u. Inscr., s. 1. praefectus. – **II** übtr.: vigiles oculi, Verg.: lucernae, Nachtlampen, -ampeln, Hor.: noctes, Sil.: questus, bei Nacht erhoben, Stat.: vigil ignis, immer brennend, Verg. u. Ov.: auris, wachsam (d. i. aufmerksam horchend), Stat.: curae, wache, rege, Ov.: noctem in castris tutam et vigilem capessere, die N. sicher u. wachsam im L. zubringen, Tac. – von Pers., vigilissimus Caesar, Treb. Poll. Gallien. 14, 3. – ► Abl. adj. vigilī, subst. vigile; vgl. Prisc. 7, 65 u. 78. – Genet. Plur. gew. vigilum, z. B. Hor. carm. 3, 16, 2. Liv. 7, 36, 2. Paul. dig. 1, 15, 3 (wo praefectus vigilum); vgl. Charis. 136, 25. Max. Victorin. 191, 2 K.; doch auch vigilium, Liv. 10, 33, 6. – Nbf. vigul, wovon Genet. Plur. vigulum, CIL 14, 3626, 5.

vigilābilis, e (vigilo), **wachend, wachsam,** dormitio, Varro sat. Men. 485.

vigilāns, antis, *PAdi.* (v. vigilo), **wachend, wachsam, I** übh. = aufmerksam, scharf beobachtend, oculi, Verg. Aen. 5, 438. Veget. mil. 1, 6: vigilanti stertere naso, Iuven. 1, 57. – **II** insbes., **wachsam** = **unermüdet tätig, -fürsorgend,** consul, Cic.: ut nemo vigilantior ad iudicium venisse videatur, Cic.: vigilantissimus dux, Val. Max.: vigilantissimus senex, Donat.

vigilanter, *Adv.* (vigilans), **wachsam, mit unermüdeter Fürsorge,** se tueri, Cic.: administrare provinciam, Cic.: agere vig. et fortiter, Amm.: enitar vigilantius, Cic.: ipsos ergo corporis sensus aliquanto insuetius et vigilantius perscrutetur, Augustin.: vehementissime vigilantissimeque vexatus, Cic.

vigilantia, ae, *f.* (vigilo), die **Wachsamkeit,** Plin. ep. 3, 5, 8: scherzh. Cic. ep. 7, 30, 1. – bildl. = **Sorgfalt, Fürsorge,** Ter., Cic. u. a.: im Doppelsinne, Cic. ep. 7, 30, 1.

Vigilantius, s. Dormītantius.

vigilārium, iī, *n.*, s. vigiliārium.

vigilātē, *Adv.* (vigilatus v. vigilo), **sorgfältig,** Gell. 3, 14, 12.

vigilātio, ōnis, *f.* (vigilo), das **Wachen, a** übh., nisi ex somno vigilatio fieret, Augustin. serm. 363, 29. – **b** als krankhafter Zustand, die **Schlaflosigkeit,** Cael. Aur. de morb. chron. 1, 4, 101.

vigilāx, ācis (vigilo), **gern-, immer wach, wachsam,** gallinacei, Colum. 8, 2, 11: vigilacem vigilantemque simul quaero lectorem, Mam. Claud. de statu anim. 3, 11. p. 173, 11 *Engelbr.*: übtr., curae, immer wache, -rege, Ov. met. 2, 779.

vigilia, ae, *f.* (vigil), das **Wachen, I** im Allg.: **a** übh., das **Wachen,** das **Nachtwachen,** Plur. auch = **durchwachte Nächte,** patiens vigiliae, Sall.: cum vigilia labor, Cels.: Demosthenis vigiliae, Cic.: cuius omnes vigilias in stupris constat esse consumptas, der bekanntermaßen alle Nächte in Buhlschaft u. Ehebruch hingebracht hat, Cic. – **b** als krankhafter Zustand, die **Schlaflosigkeit** bei Tag und bei Nacht (Ggstz. somnus), senum, Cels.: nocturna, Cels.: continuatā nocte et die vigiliā, Cels.: cum somnus (Schlafsucht) aut vigilia urget, Cels. – **II** insbes.: **A** das **Wachen** zur Sicherheit eines Ortes, bes. der Stadt od. des Lagers, die **Wache, 1** eig. u. meton.: **a** eig.: vigilias agere (Wache halten) ad aedes sacras, Cic., in porta, Liv.: vigilias servare, Tac.: scutum ferre in vigiliam, auf die Wache, zur Wache, Liv.: vestra tecta custodiis vigiliisque defendite, Cic.: cura vigiliarum nocturnarum, Liv. – **b** meton.: **α** die **Zeit der Nachtwache,** bei den Römern der vierte Teil der Nacht, prima vigilia, Liv.: secunda, Liv.: tertia, Caes.: quarta, Liv. – **β** die Wache haltenden Soldaten, die **Wache,** der **Wachtposten,** si excubiae, si vigiliae, si delecta iuventus, Cic.: urbs vigiliis munita, Cic.: vigilias ponere, Sall.: vigilias disponere, Liv.: vigilias circuire, die Runde machen, Sall. – **γ** die **Wache** = das **Wachthaus,** CIL 1, 1139 (wo synk. Akk. Plur. viglias). – **2** bildl., die **Wachsamkeit,** die **unermüdliche Tätigkeit,** der **unermüdete Eifer,** die **unermüdete Fürsorge** eines Staatsmannes auf seinem Posten (Ggstz. somnus), labore, vigiliā, periculo invictus, Vell.: ut vacuum metu populum Romanum nostrā vigiliā et prospicientiā redderemus, Cic.: ubi res vigiliam exigeret, exsomnis, Vell.: in somnum a vigiliis, ab armis ad voluptates conversa civitas, Vell. – dah. meton., cupio iam vigiliam meam tibi tradere, meinen Posten (mein Amt), Cic. ep. 11, 24, 1. – **B** als relig. *t. t.*, das Wachen zu religiöser Feier, die **nächtliche Feier,** Cereris vigiliae, Plaut. aul. prol. 36 u. 795.

vigiliārium, iī, *n.* (vigilia), **I** das **Wachthaus,** Sen. ep. 57, 6. – **II** übtr., ein wachthausförmiges kleines Grabmal, CIL 14, 527.

vigilium, iī, *n.* = vigilia, Varro LL. 6, 80. Varro sat. Men. 105.

vigilo, āvī, ātum, āre (vigil), **I** *intr.* **wachen** (Ggstz. dormire, quiete compositum esse u. dgl.), **A** eig. u. übtr.: **1** eig.: **a** übh.: si (aeger) noctu dormit, si interdiu vigilat, Cels.: proximā nocte, Cic.: de multa nocte, Cic.: ad multam noctem, Cic.: usque ad lucem, Ter.: ad ipsum mane, Hor. – mit homogen. Obj., nullas hoc genus vigilias, Gell. praef. § 19. – *impers.*, redeo, si vigilatur et hic, Mart. 12, 68, 6. – Sprichw., hic vigilans somniat, d. i. träumt sich goldene Berge, Plaut. capt. 848; vgl. Ter. Andr. 972: vigilans dormit, von einem schläfrigen, trägen Menschen, Plaut. Pseud. 386; vgl. vigilans stertis, Lucr. 3, 1046. – **b** als krankhafter Zustand, **schlaflos sein, -bleiben,** si nihilominus vigilant (insanientes), Cels.: per se vigilat, Cels. – **2** übtr.: vigilantes curae, Sorgen bei wachenden Augen, Cic. de div. 1, 96. – u. v. Feuer, **stets brennen,** vigilet Troicus ignis, Stat. silv. 1, 1, 35: lumina vigilantia (auf dem Leuchtturm), Ov. her. 18, 31. – **B** bildl., **wachen, wachsam sein, unermüdlich tätig sein, unermüdete Fürsorge tragen,** vigilabo pro vobis, Cic.: vigila, ne tuam causam deseras, Cic.: m. *Dat.*, studiis severis, unermüdet obliegen, Prop. 2, 3, 7. – **II** *tr.*: **1** **wachend zubringen, durchwachen,** noctes vigilabat ad ipsum mane, Hor.: noctes vigilantur amarae, Ov.: inhabitantibus tristes diraeque noctes vigilabantur, Plin. ep.: vigilata nox, Ov.: vigilata convivio nox, Tac.: vigilanda nox, Tibull., Prop. u. Quint. – **2** **wachend** od. **wachsam verrichten, -besorgen** = **bearbeiten,** quae vigilanda viris, Verg.: vigilati labores, Ov.: dona meo multum vigilata labore, Ov.: vigilatum carmen, Ov.: magia plerumque noctibus vigilata, Apul.: haec tibi Aratëis multum vigilata lucernis, Cinna fr. – ► vulg. Form vigulo, CIL 4, 858 u. 9, 2749.

vīginta, s. vīgintī a. E.

vīgintī, *Numer.* (altind. *viçatí-ḥ,* griech. εἴκοσι, dialektisch ϝίκατι, ϝείκατι), **zwanzig,** viginti viri, s. vīgintī-virī: vig. dies, Cic.: viginti annorum militia, Liv.: unum et viginti annos natus, Cic.: viginti et unus versus (Plur.), Lact.: signa militaria duo et vig., Liv.: vig. et duos annos ei sacerdotio praefuit, Cic.: quattuor atque viginti Graecae litterae, Aur. Vict.: vig. et septem tabulae, Cic.: duo menses, quorum alter vig. novem, alter vig. octo dies retinebant, Solin.: ter dena ter, id est ter novena, quae sunt viginti septem, Macr. – ► Vulg. Form bīgintī, Edict. Diocl. 12. *no.* 7 u. 8. Inscr. bei Fabretti Gloss. Ital. p. 253: u. veiginti, CIL 10, 6009: u. vinti (woraus ital. *venti*), CIL 8, 8573: viginta (nach triginta), Vulg. (Amiat.) Agg. 2, 17.

vīgintī-angulus, a, um, **zwanzigeckig,** pyramis, Apul. de dogm. Plat. 1, 7.

vīgintīsēvir oder **vīgintīsexvir,** virī, *m.* (viginti, sex u. vir), **einer der Sechsundzwanziger,** d. h. ein Mitglied des von den IIIviri capitales, von den IIIviri monetales, IIIIviri viarum (in Urbe) curandarum, Xviri stlitibus iudicandis, IIviri viarum extra Urbem curandarum u. IIIIviri praefecti Campaniae gebildeten Kollegiums, gew. abgek. XXVIvir, CIL 6, 1317; 24, 2105 u. 3945: Plur., qui vigintisevirorum scriba fuit, CIL 11, 4575.

vīgintī-vir, ī, *m.*, s. vīgintī-virī.

vīgintīvirātus, ūs, *m.* (vigintiviri), das **Amt der zwanzig Männer,** das **Vigintivirat,** **a** als von Cäsar eingesetzter Ausschuss, der die Äcker verteilte, Cic. ad Att. 9, 2, 1. Quint. 12, 1, 16. – **b** als städtische Unterbehörde, die sich zusammensetzte aus den decemviri, die den Prätor in der Privatgerichtspflege vertraten, aus den quattuorviri, die die Aussicht über die Straßen in u. außerhalb der Stadt hatten, aus den triumviri, die das Münzwesen besorgten, und den triumviri capitales, die die Vollziehung der Todesstrafe unter sich hatten, s. Nipperd. Tac. ann. 3, 29.

vīgintī-virī, ōrum, *m.* (abgek. $\overline{\text{xx}}$viri), ein **Kollegium von zwanzig Männern,** die **Zwanziger,** **a** zur Verteilung der kampanischen Ländereien an die Soldaten, von Cäsar während seines Konsulates ernannt, Cic. ad Att. 2, 6, 2. Suet. Aug. 4, 1. – **b** in einem vielverzweigten Amt (s. vīgintīvirātus *no.* b), Spart. Did. Iulian. 1. § 4. – Sing. vigintivir, abgekürzt $\overline{\text{xx}}$vir, Plin. 7, 176. – **c** als Behörde einer Munizipalstadt, Sing. $\overline{\text{xx}}$vir, CIL 14, 340. – **d** eine 237 n. Chr. durch Senatsbeschluss gegen Maximinus ernannte Behörde, Capit. Gord. 10, 1 u. 14, 4. – ► synk. Genet. viginti virûm, Varro r. r. 1, 2, 10.

vigitulus, ī, *m.*, urspr. Form von vitulus, nach Varro LL. 5, 96.

viglia, s. vigilia.

vigor, ōris, *m.* (vigeo), die **Lebenskraft, Lebensfrische, Spannkraft, Rüstigkeit, Lebhaftigkeit, Regsamkeit,** das **Feuer,** die **Tatkraft,** igneus, Verg.: aetatis, Liv.: poscendi, Sil.: in vultu, Liv.: aurium, oculorum vigor integer, Plin. ep.: animi, Liv.: animi corporisque, Plin. u. Gell.: vigor animi obtunsus, Lact.: iuvenes maxime vigore ac levitate corporum insignes, Liv.: primum animus vigorem, deinde corpus quoque exspectatione maturius recuperavit, Curt. (vgl. Mützell Curt. 3, 6 [16], 16). – quantum vigoris est in illo (libro)! Sen.: margaritarum, Plin.: vini, Plin. – m. folg. *Infin.*, nullique aspirare vigor, Sil. 5, 270. – Plur., animorum vigores, Vitr. 6, 1, 11: vigores quidam mentium et alacritates, Gell. 19, 12, 4: vigores vitales, Chalcid. Tim. 54: vincis nostros mirando ardore vigores, Sil. 15, 355.

vigōro, (āvī), ātum, āre (vigor), **I** *intr.* **Leben bekommen, lebhaft werden,** anima vigorans ex etc., Tert. de res. carn. 26. – **II** *tr.*: **1** **lebhaft machen, beleben,** disciplinam, Ter. de pudic. 2: iuvenis vigoratus, lebhaft, beherzt, Apul. met. 9, 21. – **2** **fest machen,** dah. vigōrātus, **wohl befestigt,** Chalcid. Tim. 67.

vigul, s. vigil ►.

vigulo, s. vigilo ►.

vīla, s. vīlla.

vīle, *Adv.*, s. vīlis; vgl. viliter.

vīlefacio, s. vīlis.

vīlēsco (vīlīsco), vīluī, ere (vilis), **gering-, wertlos werden,** Avien. phaen. 318. Veget. mil. 3, 26. p. 122, 10 L [2]. (wo viliscunt) u. Eccl.

vīlica, s. vīlicus.

vīlicātio, ōnis, *f.* (vilico), die **Verwaltung-, Bewirtschaftung eines Landhauses,** Colum. 11, 1, 13 u. 27. Petron. 69, 3: proici de vilicatione sua, aus seiner Wirtschaft, Hieron. epist. 121. *c.* 6. p. 867 *Vallars.*

1. **vīlico,** āre (vilicus), **I** *intr.* **den Meier (Verwalter, Bewirtschafter) machen,** ut quasi dispensare rem publicam et in ea quodam modo vilicare possit, Cic.: senatu illis (für sie) vilicante, Plin. – **II** *tr.* **bemeiern** = **als Meier verwalten, -bewirtschaften,** servus qui possessionem illam vilicabat, Apul. met. 8, 22 (Krüger villicabat).

2. **vīlico,** ōnis, *m.*, s. vīlicus ►.

vīlicor, ārī (vilicus), **I** **ein Landgut bewirtschaften,** Afran. com. 327. Pompon. com. 46: longe ab urbe, *ibid.* 45. – **II** **auf dem Lande sich aufhalten, -leben,** Turpil. com. 82 u. 170. Auson. epist. 22, 1. p. 184 Schenkl.

vīlicus, a, um (villa), **zum Landgut-, zum Landhaus gehörig, ländlich,** **I** *adi.*: nomina lini, Auson. epist. 4, 56. – **II** *subst.*: **A** vīlicus, ī, *m.*, der **Meier, Hofmeier, Vogt, Verwalter** eines Gutes (ein Sklave od. Freigelassener, unter dem die übrigen Arbeitssklaven des Gutes standen), **a** eig., Scriptt. r. r., Cic. u. a.: silvarum et agelli, Hor. – **b** übtr., der **Verwalter, Vogt,** eines großen Stadthauses, der Hausmeier, Hausvogt, Iuven.: aquaeductuum, Wasservogt, Frontin. aqu.: aerarii, Priap. – **B** vīlica, ae, *f.*, die **Meierin** eines Landgutes, die **Wirtschaftsverwalterin, Ausgeberin,** gew. zugleich **des Meiers** (vilicus) **Frau,** Scriptt. r. r. u. a.: als Typus einer ländlichen Schönen, Landdirne, Catull. 61, 136. – ► Über die Schreibung vilicus s. Lachmann Lucr. p. 32 *sq.* Osann Cic. de rep. p. 122 u. 339. Beier Cic. oratt. fr. p. 31. Garatoni Cic. Planc. 25. p. 149 *sq.* (*ed. Orell.*). P. Victor. zu. Cic. ep. 16, 21. Ald. Manut. de orthogr. p. 779 *sq.* – Nbf. **vīlico,** ōnis (Krüger noch villico), Apul. apol. 87.

vīlifico, āre (vilis u. facio), **geringschätzen,** mulierem, Hieron. in Isai. 15, 54, 56.

vīlis, e, **wohlfeil** (Ggstz. pretiosus, carus), **I** eig.: servulus, Cic.: merces (Waren), Ggstz. merces opimae (kostbare), Amm.: frumentum vilius, Cic.: res viliores, wohlfeilere Zeiten, Ter.: res vilissimae, Cic.: de pretio vilissimi pisces, Donat.: non ecastor vilis est emptus modius, qui venit, salis, Plaut. – absol. Abl. vīlī, **wohlfeil,** emere, Plaut., vendere, Mart.: u. so viliori vendere oder distrahere, ICt.: u. vilissimo distrahere, ICt. – vīle *adv.*, Claud. IV. cons. Hon. 37. Schol. Iuven. 11, 145; vgl. viliter a. E. – **II** übtr.: **a** **wertlos, gering** an Wert, **gleichgültig, verächtlich,** rex, Nep.: vita, Cic.: etiamsi honos noster vobis vilior fuisset, Cic.: vita vilissima, Cic.: nihili quidem hercle verbum id ac vilissimum, Plaut.: pericula vilia habere, geringschätzen, Sall.: inter vilia habere, Hor.: poscis vilia rerum, Hor. – mit *Infin.* als Subj., si est tibi vile mori, Ov. her. 7, 48: als Obj., stat fucare colus nec Sidone vilior Ancon, Sil. 8, 436. – vīle *adv.*, **gering,** vile virentes rami, Claud. IV. cons. Hon. 37: vile facere, gering achten, Lact. ad Stat. Theb. 5, 28. – **b** poet. = (weil im Überfluss vorhanden) **überall feil,** phaselus, Verg. georg. 1, 227: poma, *ibid.* 1, 274.

vīlīsco, s. vīlēsco.

vīlitās, ātis, *f.* (vilis), die **Wohlfeilheit,** der **geringe Preis** (Ggstz. caritas), **I** eig.: haecine erat ea quae nostros minuit fructus vilitas? Ter. Phorm. 1013: annonae, Cic.: hordei, Cassian.: in vendendis fructibus, wohlfeiler Verkauf, Cic.: annus est in vilitate, in dem Jahr ist alles wohlfeil, Cic.: num in vilitate nummum dedit? bei den billigsten Preisen, Cic.: adductus mirā atque insperatā vilitate libros plurimos aere pauco emo, Gell. – **II** übtr.: **1** der **geringe Wert** einer Sache, die **Geringfügigkeit, Niedrigkeit, Wertlosigkeit,** animarum, Plin.: nominum, gemeine Namen, Plin.: verborum, schlechte, gemeine Worte, Petron.: morum, Apul.: periculi, Itin. Alex.: suum caput offerre vilitati, sein Leben der W. preisgeben = seine Haut zu Markte tragen, Plaut. capt. 230. – Plur., vilitates harum similes alias, und dgl. kleinliche Dinge mehr, Amm. 14, 6, 2. – **2** subjektiv, die **Geringschätzung,** sui, Sen. u. a.: vulgati corporis, Wegwerfung des Körpers durch Preisgebung, schimpfliche Preisgebung ihres Körpers, Curt.: ad vilitatem sui pervenire, sich selbst verächtlich werden, Plin. ep.

vīliter, *Adv.* (vilis), **I** **wohlfeil,** venire vilius, Macr. sat. 2, 9, 2: venire intestinis vilius, Plaut. Curc. 244: aedes in urbe vilius conducere (mieten), Suet. Tib. 35, 2: constare vilissime, Colum. 9, 1, 6. Plin. 18, 45. – **II** übtr., **gering, niedrig,** viliter semet ipsum colere, Apul. flor. 7. p. 8, 12 Kr.: vilissime natus, von sehr niedriger Abkunft, Eutr. 9, 21. – ► Die *Advv.* viliter u. vile beide anerkannt von Charis. 116, 8; 183, 14; 187, 7.

vīlito, āre (vilis), **erniedrigen,** Turpil. com. 14 e 8.

villa, ae, *f.* (nach Varro r. r. 1, 2, 14 in der Sprache der Landleute vella, zsgz. aus vehela v. veho nach anderen verwandt mit vicus), das **Landhaus, Landgut, Vorwerk,** der **Meierhof,** die **Meierei, I** im Allg.: rustica, zum ländlichen Gebrauch, u. urbana, prachtvoll und bloß zum Vergnügen, Varro (Colum. 1, 6 *in.* teilt die villa in drei Teile, nämlich urbana, wo der Herr sich aufhält, das also geschmackvoller ist; rustica, wo der vilicus, vinitor etc. sich aufhält; fructuaria, wo die Früchte aufgehoben werden): villae custos (v. Hund), Colum.: portae villarum, Plin.: villa hilaris et amoena, Sen.: villa magnifica, Cic.: villa structa lapide quadrato, Sen.: villae ei urbi proximae, Gell.: qui ager neque villam habuit neque ex ulla parte fuit cultus, Cic.: tum erat ager incultus sine tecto; nunc est cultissimus cum optima villa, Cic.: esse villam totius anni (im ganzen Jahr ein angenehmer Aufenthalt), Sen.: propterea, quia frumenta aut in agris aut in villis sunt, Cic. – **II** insbes., villa publica, ein öffentliches Gebäude auf dem Marsfeld, mit den alten saepta verbunden, das den Magistraten bei Abhaltung des Zensus und bei Truppenaushebungen als Aufenthalt diente, Varro r. r. 3, 2, 4 *sq.* Liv. 4, 22, 7: und den Gesandten fremder Völker, denen man den Eintritt in die Stadt nicht gestattete, als Wohnung gegeben wurde, Liv. 30, 21, 12; 33, 24, 5: unter Sulla Schauplatz der Niedermetzelung vieler Tausende, Liv. epit. 88. Val. Max. 9, 2, 1. Flor. 3, 21, 24. Aur. Vict. de vir. ill. 75, 10. – eine ähnliche villa publica bei den neuen saepta von Cäsar geplant, Cic. ad Att. 4, 16, 8 (14).

vīllāris, e (villa), **zum Landhaus gehörig,** gallinae, auf dem L. gezogene, Plin. 10, 116.

vīllāticus, a, um (villa), **auf dem Landhaus befindlich,** gallinae, Varro: alites, Plin.: canis, Colum. u. Apul.: pastio, Hofwirtschaft, Varro.

vīllica, vīllicātio, vīllico(or), vīllicus, s. vīlica, vīlicātio, 1. vīlico, vīlicus.

villōsus, a, um (villus), **voll Zotten, zottig, haarig, rau,** leo, Verg.: canis, Sen.: radix, Plin.: arbor villosior, Plin.: villosissimus animalium lepus, Plin.

vīllula, ae, *f.* (*Demin.* v. villa), das **Landgütchen,** der **kleine Meierhof,** Cic. u. a.

vīllum, ī, *n.* (*Demin.* v. vinum st. vinulum), das **Weinchen,** edormiscam hoc villi, dieses Räuschchen, Ter. adelph. 786.

villus, ī, *m.* (zu vellus), das **zottige Haar** der Tiere, die **Zotte,** kollektiv **zottige Haare,** villis ingentibus, Lucil.: animantium aliae villis vestitae, Cic.: ovium villi, Cic.: leonis, Verg.: arietis, Verg.: improbus barbarum villus, übermäßige Barthaare (der Ziegen), Plin.: tonsis mantelia villis, glatt geschorene, Verg.: übtr., v. der Baumwolle, Plin. 11, 77: cani arborum villi, Baummoos, Plin. 12, 108.

vīmen, inis, *n.* (vieo; vgl. altind. *véman-*, der Webstuhl), **I** das **Flechtwerk,** die zum Flechten od. Binden dienende **Rute,** bes. der Weide, die **Weide, 1** im Allg.: **a** eig., Varro u. a.: volucres viscatis illigatae viminibus, Leimruten, Petron.: corpus navium viminibus contextum, Caes.: scuta ex cortice facta aut viminibus intextis (Flechtwerk), Caes.: e viminibus pecudumque tegumentis inconditos sibi clipeos fecerant, Flor.: rami lento vimine (mit ihren biegsamen Zweigen) frustrabantur ictus, Curt.: quod ex vimine vietur, Varro LL.: latet arbore opacā aureus et foliis et lento vimine (Rute) ramus (Zweig), Verg. – **b** meton., das **Geflecht** = das geflochtene Gefäß, der **Korb,** curvum, Bienenkorb, Ov. rem. 186: breve Picenarum, Mart. 4, 88, 7. – **2** insbes., der **Setzling** der Weide, Colum. 4, 30, 3. – **II** übtr., der **Stab** des Merkur (virga b. Verg. Aen. 4, 242), Stat. Theb. 2, 30.

vīmentum, ī, *n.* (vieo), **Flechtwerk, Reisig,** crates et vimenta, Tac. ann. 12, 16.

vīminālis, e (vimen), **zum Flechtwerk-, zum Reis gehörig, Reis-, I** im Allg.: salix, Korbweide, Colum. 4, 30, 2. Plin. 17, 143. Iuven. 3, 71. – **II** insbes., als *nom. pr.*, Viminalis collis, einer von den sieben Hügeln Roms (Liv. 1, 44, 3), nach dem dort wachsenden Weidengebüsch benannt, wonach auch der dort verehrte Jupiter Viminius hieß, Varro LL. 5, 51. Plin. 17, 2. Liv. 1, 44, 3. Frontin. aqu. 19. Fest. 376 (a), 8. – u. Viminalis porta, das in der Mitte des Walles von Rom am Viminal gelegene Tor, Frontin. aqu. 19. Fest. 376 (a), 8.

vīminārius, iī, *m.* (vimen), der **Händler mit Weidenflechtwerk,** CIL 12, 4522.

vīminētum, ī, *n.* (vimen), das **Weidengebüsch,** Varro LL. 5, 51.

vīmineus, a, um (vimen), **aus Flechtwerk-, -Reisern bestehend,** tegumenta, Caes.: crates, Art Egge, Verg., Faschinen, Amm.: canistrum, Hieron.: plutei, Amm.: salix, Korbweide, Plin.

Vīminius, s. vīminālis.

vīn? st. visne? s. 2. volo.

vīnāceus, a, um (vinum), **von Wein,** subst., **I** vīnāceus, ī, *m.*, **1** der **Weinbeerkern,** Scriptt. r. r. u. Plin.: acini vinacei, Cic. de sen. 52. – **2** die **Weinbeerhülse,** vinacei uvae, Weintreber, Trester, Varro r. r. 3, 11, 3. – **II** vīnācea (vīnācia), ae, *f.*, die **Weinbeerhülse,** Scriptt. r. r., Plin. u. a. – **III** vīnāceum, eī, *n.*, **1** der **Weinbeerkern,** Colum. 11, 2, 69. – **2** die **Weinbeerhülse,** Colum. 12, 43 (45), 3 u. a. – **3** vinacia uvarum, **Weinkannen,** Vulg. Osea 3, 1.

vīnāciola, ae, *f.* (vinaceus), eine Art Weintrauben, viell. »die kleinkernige«, Plin. 14, 38.

vīnācius, s. vīnāceus.

vīnālis, e (vinum), **zum Wein gehörig, Wein-, I** *adi.*: fortitudo, des Weines, Macr. sat. 7, 7, 19. – **II** *subst.*, Vīnālia, ium, *n.*, das **Weinfest,** das am 22. April und am 19. August gefeiert wurde, an dem man den neuen Wein kostete und dem Jupiter zum Opfer brachte, Vinalia priora, altera, Plin. 18, 287 u. 289. Ov. fast. 4, 863 *sqq.* u. 877 *sqq.*: das am 22. April gefeierte (dem Jupiter geweiht), Varro LL. 6, 16: das am 19. Aug., Vinalia rustica (der Venus geweiht), Varro LL. 6, 20. – *Genet.* auch heteroklit. Vinaliorum, Masur. b. Macr. sat. 1, 4, 6.

vīnāriārius, iī, *m.* (vinum) = vinarius, der **Weinhändler,** CIL 6, 9676: vin. in castris praetoriis, CIL 6, 9992.

vīnārius, a, um (vinum), **zum Wein gehörig, Wein-, I** *adi.*: cella, Weinkammer, Plaut., Vitr. u. a.: taberna, Varro LL. 8, 55: mensa, *ibid.* 5, 121: mercatus, CIL 10, 6493: cupa, Varro fr.: vas, Weingeschirr, Weingefäß, Cic. u. Verg.: uter, Plin.: crimen, wegen des Weinzolls, Cic.: arca, kaiserl. Einkünfte aus den Weinbergen, Symm. – **II** *subst.*: **A** vīnārius, iī, *m.*, **1** der **Weinhändler, Weinschenk,** Plaut. asin. 436. Sall. hist. fr. 1, 43 (46). Suet. Claud. 40, 1. – **2** der **Weinsäufer,** Ulp. dig. 21, 1, 4. §2. u. 25. §6. – **B** vīnārium, iī, *n.*, das **Weingefäß,** der **Weinkrug,** vesculum, Plaut. trin. 888 Sch.[3]: hinc ex eodem unguento in vinarium atque lucernam aliquantum est infusum, Petron. 70, 4: vinum in vinarium iussit infundi, Petron. 78, 4. – Plur., Plaut. Poen. 838. Hor. sat. 2, 8, 39.

vincapervinca, ae, *f.* (zu vincire, pervincire, umwinden, binden), **Bärwurz, Singrün,** Plin. 21, 68 u. 21, 172 (Jan u. Detl. vicapervica): auch bl. pervinca, Ps. Apul. herb. 58.

vincenter, *Adv.* (vinco), **schlagend-, völlig überzeugend,** ponere, Schol. Bob. in Cic. orat. pro Mil. 18. *no.* 2. p. 289, 24 B.: subicere responsum Cassii, Schol. Bob. in Cic. orat. pro Sulla 13. *no.* 1. p. 367, 11 B.

vincibilis, e (vinco), **leicht bezwingend, leicht siegend,** causa, leicht den Sieg erringend, Ter. Phorm. 225: clangor, der die Mondfinsternis bezwingende Klang des Erzes, Anthol. Lat. 388, 22 M.: argumenta, überzeugende, Apul. apol. 35.

vincio, vīnxī, vīnctum, īre (zu Wz. *wi(n)k-*, weitergeb. aus Wz. *wi-*; vgl. vicia), **I binden, umwinden, umbinden, 1** eig.: **a** übh.: fenum, Colum.: rotas ferro, Quint.: suras cothurno alte, Verg.: tempora floribus, Hor.: lacertos auro, mit goldener Armspange zieren, Tibull.: anule vincture digitum puellae, der du umgeben wirst, Ov.: boves vincti cornua vittis, deren Hörner mit Binden umwunden sind, Ov.: vincta comas, Prop. – **b** insbes., fesselnd **binden, fesseln, in Bande**

legen (Ggstz. resolvere), manus laxe, Liv.: manus post tergum, Liv.: manus post terga, Verg.: alqm trinis catenis, Caes., gravibus catenis, Ov., compedibus, Curt., nervo aut compedibus, Gell.: ut me vinciret, Tac.: liberi parentes alant aut vinciantur, Quint.: alqm asservare vinctum, Ter.: corpus vinctum (Ggstz. corpus liberum), Sen. – 2 bildl., gleichs. **fesseln,** a **verpflichten, binden,** animum alcis donis, Tac.: eius religioni te vinctum astrictumque dedamus, Cic. – b **einschränken, beschränken, hemmen, lähmen,** si turpissime se illa pars animi geret, vinciatur, Cic.: omnia, quae dilapsa fluxerunt, severis legibus vincienda sunt, Cic.: lege vincta Thalia, durch Gesetze beschränkte Muse, Ov.: vitis vinctura linguam (*sc.* ebrietate), Verg.: mentem multo v. Lyaeo, in Bande legen, Prop. – II übtr.: A durch Binden oder Schnüren **knapp machen, einpressen,** 1 eig.: virgo vincto pectore, Ter. eun. 314. – 2 bildl., als rhet. *t. t.,* **binden,** sententias, Cic.: verba, Cic.: membra orationis numeris, Cic.: von den Versgliedern, poëma nimis vinctum, Cic. – B **befestigen, schützen,** oppida praesidiis, Cic.: lectum certo foedere, Prop. – C gleichs. **fesseln, umschlingen,** toto vinctus collo, Prop.: me retinent vinctum vincla puellae, Tibull.: vi Veneris vinctus, Plaut.: somno vincti, Liv. – D durch Zauberei **fesseln, bezaubern,** linguas et ora, Ov. fast. 2, 581. – E **an seine Stelle festbannen,** crederes vinctos, immo potius affixos in suis haerere vestigiis, Sulp. Sev. 1 (2), 9, 6.

vincipēs, pedis, *m.* (vincio u. pes), **mit gefesselten Füßen,** Tert. de pall. 5.

vinclum, s. vinculum.

vinco, vīcī, victum, ere (gotisch *weihan,* ahd. *wīgan,* kämpfen), die **Oberhand erlangen, -behalten, siegen,** m. *Acc.* = **zwingen, bezwingen, bewältigen, besiegen** (Synon. von superare, überwinden, subigere, unterkriegen, unterjochen), I eig. u. übtr.: A eig.: a als milit. *t. t.:* ius esse belli, ut, qui vicissent (die Sieger), iis, quos vicissent (die Besiegten), quemadmodum vellent, imperarent, Caes.: etsi pugnando acie vicisset, Liv.: vincere bello Romanum, es siege im Kr. der R., Liv.: vincere noluit, Liv.: si vincere suevit, Prop. u. a.: *Str.* emoriere ocius, ni manu viceris. *Cy.* quid? manu vicerim? Plaut. truc. 624 u. 625. – m. homogen. *Acc.,* longinqua bella vicisse, in fern geführten Kriegen gesiegt haben, Iustin. 41, 1, 8. – m. *Acc. pers.,* Carthaginienses, Cic.: omnes gravi proelio, Nep.: Galliam bello, Caes.: urbem pugnando, Sall. fr.: ita certe abiere Romani victores, Etrusci pro victis (so gut als besiegt), Liv.: vinci ab Romano milite assueti, Liv. – b im Wettkampf, neque vincere certo, Verg. – m. homogen. *Acc.,* Olympia, zu Olympia siegen (v. Rossen), Enn. fr. u. Plin.: u. so Olympia, Pythia, Isthmia, Nemea (v. Athleten), Vitr.: omnia munera vicisti, CIL 4, 1111. – c in jeder Art von Wettstreit: α im Spiel: vinci in lusu duodecim scriptorum, Quint.: u. so im Hasardspiel, aliquando ut vincat, ludit assidue aleam, Suet.: ergo ego numquam vici? Quint.: m. *Acc.* des Gewinnes = **gewinnen,** L milia, Suet. – β im Prozess: iudicio (v. Kläger), Cic.: v. iudicium (v. Beklagten), Cic.: so auch causam suam, Ov.: sponsione (vom zur sponsio auffordernden Kläger) u. sponsionem (vom zur sponsio aufgeforderten Beklagten), Cic. (vgl. die Stellen bei Jordan Cic. Caecin. 31, 90. p. 276*sq.*): Fabio vel iudice vincam, Hor.: ventum est (*sc.* in ius); vincimur, Ter.: aut enim vinco et iudicio dimittor, aut vincor et pacto absolvor, ex quo non debeo mercedem, si hanc primam causam fuero penes iudices victus; ita me omni modo liberat, si vincor, condicio, si vinco, sententia, Apul. flor. 18. p. 30, 17*sqq.* (Kr.). – γ in der Auktion, jmd. **überbieten,** Othonem, Cic. ad Att. 13, 29, 2 u. 33, 2. – δ bei Amtsbewerbung: competitorem in suffragiis, Quint. 7, 1, 29. – ε bei Meinungsstreit: Appius vicit, Liv.: vicit tamen in senatu pars illa, quae etc., Sall.: vicit tamen ea pars senatus, cui etc., Liv.: victi paucis sententiis, überstimmt, Liv.: u. von der Meinung selbst, haec sententia vicit, Liv. – m. allg. *Acc. neutr.,* quae vicerant (was sie durchgesetzt hatten) publice valebant, Tac. ann. 12, 60.

B übtr., etw. **bewältigen, besiegen, bestehen,** über etw. **Herr-, Meister werden,** v. Pers. u. v. lebl. Subjj., a übh.: non viribus ullis vincere posse ramum, Verg.: vincunt aequora navitae, Hor.: v. pervigilio cibos (v. Verdauen), Plin.: victus somno, sopore, Liv. u. Ov.: victa labore viae, Ov.: vivendo vici mea fata, ich habe länger gelebt als ich sollte, Verg. – (naves) neu turbine venti vincantur, Verg.: hi casses (linei) vel ferri aciem vincunt, halten aus, Plin.: v. noctem flammis (v. Fackeln), erhellen, Verg.: multa saecula durando, überdauern (v. einem Baum), Verg.: annus proventu horrea vincit, überlastet, Verg.: vincens horrea messis, Manil. – b **über** eine Örtl. **hinausgelangen,** montes ascensu, übersteigen, Claud.: iam summas caeli Phoebus (Sonne) candentior arces vicerat, Val. Flacc.: victum mihi aequor, zurückgelegte, Val. Flacc.: aëra summum arboris iactu v., die luftigen Wipfel des B. überfliegen, Verg.

II bildl.: A im Allg., **bewältigen, besiegen, überwinden,** eines Ggstds. **Herr-, Meister werden** u. dgl., a übh.: vincit ipsa rerum publicarum natura saepe rationem, Cic.: animus vincetur et expugnabitur, Cic.: v. iram, Iustin.: gemitum, Tac.: silentium, brechen, Tac.: difficultates, Hirt. b. G.: spem regendi (sie zu lenken), keine Hoffnung mehr lassen, alle H. rauben (v. Elefanten), Liv. – b durch Einwirkung auf jmds. Einsicht, Willen, Gefühl ihn **überwinden,** d. i. **zur besseren Einsicht-, zum Nachgeben bringen, umstimmen, erweichen, bewegen, hinreißen,** peccavi, fateor, vincor, gebe mich überwunden, bin zur Einsicht (über meinen Fehler) gelangt, Ter.: vinci a voluptate, Cic.: illius iniuriā victa (vermocht), Tac.: adulescentulus eadem audiendo victus est, gab sich überwunden, gab nach, Liv.: u. so victus genitor, besiegt (nachgebend), Verg.: labascit victus uno verbo, Ter.: victus patris precibus, Liv.: victi irā, Liv.: ira victa per preces, Ov.: victus animi respexit, überwältigt, hingerissen (von Sehnsucht) im Herzen, Verg. georg. 4, 491. – vincor m. folg. *ut* u. Konj., ich werde genötigt, gezwungen, ergo negatum vincor ut credam miser, Hor. epod. 17, 27: vi tormentorum victis quibusdam ut falsa adnuerent, Tac. ann. 14, 60.

B insbes.: 1 **übertreffen, übersteigen,** stellarum globi terrae magnitudinem facile vincebant, Cic.: opinionem vicit omnium, Cic.: exspectationem omnium, Cic.: beluas morum immanitate, Cic.: quamlibet mulierculam mollitiā, Hor.: odio qui posset vincere regem, Hor.: scribere quod Cassi opuscula vincat, Hor. – poet. m. folg. *Infin.,* sed vincit longe prius ipsum expugnare caput, es ist weit besser usw., Hor. sat. 2, 5, 73: vir nulli victus vel ponere castra vel iunxisse ratem, von keinem übertroffen im Aufschlagen des Lagers usw., Sil. 5, 552: u. so Sil. 6, 142. – 2 **siegend-, siegreich erweisen, dartun,** a m. folg. *Acc.* u. *Infin.:* vinco deinde bonum virum fuisse Oppianicum, hominem integrum etc., Cic.: id quidem me cupere dicendo vincere non postulo, Matius b. Cic.: profecto esse ita ut praedico vera vincam, Plaut. – b m. folg. indir. Fragesatz: verbis ea vincere magnum quam sit etc., Verg. georg. 3, 289. – c m. folg. *ut* u. Konj.: nec vincet ratio hoc, tantundem ut peccet idemque, qui etc., Hor. sat. 1, 3, 115. – d absol.: si doceo non ab Habito, vinco ab Oppianico, Cic. Clu. 64. – 3 in der Umgangssprache: a vincimus, vicimus, **wir haben gewonnenes Spiel, unseren Zweck erreicht,** cuius ut oblata est praesentia, Vicimus, inquit, Ov.: cui si esse in urbe tuto licebit, vicimus, Cic. – b vicisti, **du hast recht,** viceris, **du sollst recht (deinen Willen) haben,** vincite, vincerent, **ihr sollt, sie sollen recht (ihren Willen) haben,** abi iam, vicisti, Plaut.: adducti (sunt a te) qui illam civem hinc dicant; viceris, Ter.: vincite, si ita vultis, Caes.: vincerent ac sibi haberent, dummodo scirent, Suet. – ► Partiz. Fut. Akt. in der Vulgärspr. vinciturus, Petron. 45, 10. Iul. Val. 1, 12 (19) *extr.*

vīnctim, *Adv.* (vincio), **eng verbunden,** consertim vinctimque miscentur, Eulog. in Cic. somn. Scip. p. 11, 21 *Baiter.*

vīnctio, ōnis, *f.* (vincio), I das **Binden,** Varro LL. 5, 62. Arnob. 2, 63: das Zubinden der Schuhe, Cels. 8, 22 *extr.* – Plur. konkr., die Bindemittel, **Bänder,** Tert. de carne Chr. 4 (*al.* unctionibus). – II als mediz. *t. t.,* vinctiones, **krampfhafte Beklemmungen,** Cael. Aur. de morb. acut. 3, 17, 138.

vīnctor, ōris, *m.* (vincio), der **Verbinder,** Arnob. 6, 13.

vīnctūra, ae, *f.* (vincio), I das **Binden,** Varro LL. 5, 62. – Plur., virgae (salicis) sequacis ad vincturas lentitiae, zäh genug, um sich binden zu lassen, Plin. 16, 174. – **II** als chirurg. *t. t.*, der **Verband,** Cels. 7, 20 u. a.

vīnctus, Abl. ū, *m.* (vincio), das **Binden,** Varro r. r. 1, 8, 6.

1. vinculātus, s. vinculo.

2. vinculātus, a, um (vinculum), viell. **schnurartig gewunden,** mihi facies maeandrata et vinculata, Varro sat. Men. 534.

vinculo, ātus, āre (vinculum), **fesseln, binden,** in servum venditus et in reum vinculatus, Augustin. epist. 121, 17: multa animalia redimiculis gaudent et phalerari sibi magis quam vinculari videntur, Ambros. in psalm. 118. serm. 3. *no.* 6: lumbrici plurimi amplexu mutuo vinculati, Cael. Aur. de morb. chron. 4, 8, 108.

vinculum u. **vinclum,** ī, *n.* (vincio), das **Band** zum Binden, die **Schlinge,** der **Strick,** **I** eig.: **A** im Allg.: epistulae, Nep.: corpora constricta vinculis, Cic.: aptare vincula collo, Strick, Ov.: vincula sibi exuere, Ov.: chartae vincula demere, Ov.: vincula epistulae laxare, Nep.: abrumpere vincula, v. Pferden, Liv.: vinculum insiti incīdere, Plin.: nodos et vincula linea rupit, Verg.: velut vinculis ori impositis reticentes, als hätten sie ein Schloss vor dem Mund, Amm.: vinclorum immensa volumina, von den caestus, Verg.: capilli vincula, Binden, Prop. – (poet.) meton. = die mit Bändern zierlich geschnürten **Sandalen,** s. Tibull. 1, 5, 66. – **B** insbes., vincula, die **Bande, Fesseln** eines Gefangenen, u. meton. das **Gefängnis,** liber od. exsolutus vinculis, fessellos, Ps. Quint. decl. u. Suet.: u. so exutae vinclis palmae, Verg.: sed quam longe videtur a carcere atque a vinculis abesse debere, qui se ipse iam dignum custodiā iudicarit? Cic.: alqm obtortā gulā de convivio in vincula atque in tenebras abripi iubere, Cic.: abrumpere vincla, Enn. fr., od. vincula, Liv.: condere alqm (z. B. captivos) in vincula, Liv.: conicere alqm in vincula, Caes.: ex vinculis causam dicere, Caes. u. Liv.: demere alci vincula, Liv.: cum de vinculis educitur audiendus, aus dem G. zum Verhör vorgeführt wird, Amm.: effugere ex vinclis publicis, Nep.: eripere alqm ex vinculis, Curt.: esse in vinculis et catenis, Liv.: indere vincla, Tac.: inicere alci vincla, Tac.: irritari (wütend gemacht werden) vinculis, Liv.: laxare vincula, Ps. Quint. decl.: levare alqm vinculis, Liv. (u. so viro manicas atque arta levari vincla iubet, Verg.): liberare alqm vinculis, Liv.: alqm aeternis tenebris vinculisque mandare, Cic.: alqm Ardeam (nach A.) in vincula mittere, Liv.: onerare alqm vinculis, Iustin.: punire alqm vinculis aeternis, Val. Max.: rumpere alcis vincula, Cic.: solvere alcis vincula et claustra refringere, Cic. – **II** übtr.: **A** das **Band,** die **Fessel,** als Hemmungs- oder Einschränkungsmittel, **a** konkr.: ex corporum vinculis evolare, Banden, Cic.: vincula solvere cado, Tibull.: vincula undarum, Els, Petron. – **b** abstr.: vinculum ingens immodicae cupiditatis iniectum est, Liv.: iis vinculis fugae obstricti stabant, Liv.: alligati et constricti estis amaro vinculo servitutis, Val. Max. – **B** das **Band,** für das, wodurch etwas zusammengehalten, befestigt, erhalten oder vereinigt wird, **a** konkr.: mollit pennarum vincula, ceras, Ov.: vincula oder vincla für heftige, innige Umarmungen, Tibull. u. Prop. – **b** abstr.: numerorum, Cic.: coniunctionis, Cic.: fidei, Liv.: accedit maximum vinculum, Grund, Beweggrund, Ursache (zur Freundschaft), Cic.: sanguinis vincula rupit amor, Bande des Blutes, Prop.: vinclis propinquitatis coniunctus, Cic.: ille (imperator) est enim vinculum, per quod res publica cohaeret, Sen.: illa vincula, quibus quidem libentissime astringor, quanta sunt! wie stark sind erst jene Bande, durch die ich mich am liebsten an andere geknüpft sehe, Cic.: atqui non indignitas rerum sponsionis vinculum levat, schwächt nicht die Kraft der Verbürgung, Liv.: qui ius civile contemnendum putat, is vincula revellit non modo iudiciorum, sed etiam utilitatis vitaeque communis, Cic.: legis vincula ruperunt, Lact.: cuius morte optime cohaerentis rei publicae vincula resoluta sunt, Sen. – ► arch. Abl. Plur. vinculeis, CIL 1, 199, 43. – Die synkop. Form vinclum.

Vindelicī, ōrum, *m.*, eine germanische Völkerschaft nördlich von Rhätien, südlich von der Donau, deren Hauptstadt Augusta Vindelicorum (das heutige *Augsburg*) war, Tac. ann. 2, 17. Plin. 3, 133. Hor. carm. 4, 4, 18; 4, 14, 8. CIL 3. p. 852 IX: Augusta Vindelicûm, Itin. Anton. 232, 1. – Dav.: **A** **Vindelicus,** a, um, **vindelicisch,** Mart. u. Claud. – **B** **Vindelicia,** ae, *f.*, das Land der Vindelicier, **Vindelicien,** Ruf. Fest. 8. CIL 5, 3936.

1. Vindelicus, ī, *m.*, ein Nebenfluss des Rhodanus (Rhone) im narbon. Gallien, viell. j. *Sorgue,* Flor. 3, 2, 4.

2. Vindelicus, s. Vindelicī.

vīndēmia, ae, *f.* (aus *vino-demia, vīnum u. dēmo), die **Weinlese, Weinernte,** **I** eig. u. meton.: **1** eig., Script. r. r. u. a.: vindemiarum feriae, Suet.: messium vindemiarumque tempore, Ulp. dig.: vindemiam facere (vornehmen, halten), Colum.: deos rentur suas vindemias ducere atque agitare (halten u. feiern), Arnob.: vendere vindemias negotiatoribus, Plin. ep.: vindemiae sunt in manibus, ich habe mit der W. zu tun, Plin. ep.: graciles (mager) sunt vindemiae, Plin. ep. – **2** meton.: **a** die **Weintrauben,** der **Wein,** vindemia defaecata, Vulg.: coquitur vindemia saxis, Verg.: vindemiam videt in cella, Varro: vindemias colligere, modicas vindemias colligere, Plin. ep. – **b** die Zeit der **Weinlese,** die **Traubenzeit,** M. Aurel. b. Fronto ad M. Caes. 5, 24 (39) u. 47 (62). – **II** übtr., die **Ernte** ähnlicher Gegenstände, olearum, Plin.: turis, Plin.: mellis, Colum. – bildl., post vindemiam parricidarum, Einziehung u. Bestrafung, Tert. apol. 35.

vīndēmiālis, e (vindemia), **zur Weinlese gehörig, Weinlese-, Wein-,** fructus, Macr. sat. 7, 7, 14: escae, CIL 5, 2090: feriae, Leg. Rom. Burg. 11 (12). Interpr. ad Cod. Theod. 2, 8, 2. – subst., vīndēmiālia, ium, *n.*, das **Fest der Weinlese,** Augustin. conf. 9, 2, 3 u. 9, 5 *in.*

vīndēmiātor, ōris, *m.* (vindemio), der **Winzer,** **I** eig., Varro LL. 5, 84. Colum. 3, 21, 6. Hor. sat. 1, 7, 30 (wo es viersilbig zu lesen). – Nbf. vīndēmitor, Naev. tr. 2 (bei Serv. Verg. Aen. 1, 266). Anthol. Lat. 665, 19 R. Sen. poët. apoc. 2 *in.* Plin. 18, 310. – **II** übtr., ein Stern im Sternbild der Jungfrau, jetzt *vindemiatrix* gen., Colum. 11, 2, 24: Nbf. vīndēmitor, Ov. fast. 3, 407. Plin. 18, 310.

vīndēmiātōrius, a, um (vindemiator), **zum Winzer gehörig,** vasa, Varro r. r. 3, 2, 8: quali, Ulp. dig. 33, 7, 8.

vīndēmio, āvī, āre (vindemia), **Weinlese halten** od. **begehen, Wein lesen,** absol., Plin. 18, 319 u. 35, 116. Vulg. Sirach 33, 17. Arnob. 7, 34. Salv. de gub. dei 7, 9, 36: m. homogen. *Acc.*, uvas, Plin.: vinum, Colum.: botros vineae terrae, Vulg.: vineam suam od. eius, Vulg.: arbusta, Porphyr.: sprichw., de rubo vind. uvam, Vulg. Luc. 6, 44. – bildl., seminibus pietatis vind. utilissimum fructum, Cassiod. hist. eccl. 1, 7: im üblen Sinne, vind. alqm, jmd. zurichten, verderben, Vulg. thren. 1, 12 u. 22; 2, 20.

vīndēmiola, ae, *f.* (*Demin.* v. vindemia), die **kleine Weinlese,** meton., omnes meas vindemiolas reservo, ich halte alle meine kleinen Einkünfte zusammen, Cic. ad Att. 1, 10, 4.

vīndēmitor, ōris, *m.*, s. vīndēmiātor *no.* I. u. II.

vindex, icis, *c.* (vindico), **I** **der** etwas zunächst gerichtlich, dann übh. **in Anspruch-, in Schutz nimmt,** der **Bürge, Beschützer, Befreier, Erretter,** **a** v. Bürgen, XII tabb. b. Gell. 16, 10, 5; vgl. habet sane populus tabellam quasi vindicem libertatis, Cic. de legg. 3, 39. – **b** v. Beschützer usw., aeris alieni, Beschützer der Gläubiger, Cic.: maiestatis imperii, Liv.: libertatis, Liv.: v. iniuriae, Beschützer gegen Unrecht, Liv.: periculi, in Gefahr, Liv.: bonorum (Ggstz. malorum hostis), Sen.: v. terrae (Hercules), Ov. – von lebl. Subjj., v. vox, Liv.: v. vires, Ov. – **II** der **Rächer, Bestrafer,** die **Rächerin, Bestraferin,** vindex rerum capitalium, Strafvollstrecker in Kapitalsachen, Nachrichter, Sall. (vgl. honori posterorum tuorum ut vindex fieres, gleichs. der Strafvollstrecker od. Nachrichter der Ehre deiner N. werdest = die E. d. N. mit Schmach bedeckst, Plaut.): coniurationis, Cic.: custos ac vindex cupiditatum, Cic.: vindex ultorque parentis, Ov. – als *fem.*, Furiae deae … vindices facinorum et scelerum, Cic.: v. lebl. Subjj., audita est vox una, vindex libertatis, Liv.: vindice flammā, Ov.: vindice poenā, Catull.

vindicātio, ōnis, *f.* (vindico), **I** als jurist. *t. t.*, **Anspruchsrecht, Zueignungsrecht,** dah. auch die **Eigentumsklage,** intestatorum civium v. bonorum, Trai. in Plin. ep. 10, 84 (88): bonorum v. intestatorum filiorum, ICt.: servitutis (eines Servitutrechtes), ICt.: pignoris (eines Pfandrechtes), ICt. – **II** übtr., das **In-Schutz-Nehmen** des und der Unsrigen gegen Gewalt und Unrecht, die **Notwehr,** der **Schutz des Rechtes,** s. Cic. de inv. 2, 66 u. 161.

vindicātor, ōris, *m.* (vindico) = vindex, Charis. 50, 4 (ohne Beleg).

vindicātrīx, trīcis, *f.* (Femin. zu vindicator) = vindex, Charis. 50, 4 (ohne Beleg).

vindiciae, ārum, *f.* (archaist. **vindicia,** ae, *f.*, XII tabb. XII, 4 *Schoell* bei Fest. 376, 28. Sen. Sulpicius bei Fest. 376, 26. Gell. 20, 10, 7), (vindico), die von zwei Parteien vor dem Prätor geschehende **gerichtliche Inanspruchnahme** eines Ggstds., der **gerichtliche Anspruch,** eig. das Anzeigen von Gewalt, eine symbolische Erklärung, wobei der streitige Ggstd. mit vor den Prätor gebracht wurde (war es ein Grundstück, eine Scholle, so hießen diese auch vindiciae), worauf der Prätor der einen Partei den einstweiligen Besitz zusprach (vindicias dicere secundum alterum eorum, bei Freiheitsklagen immer secundum libertatem, d. h. dass der, dessen Freiheit behauptet wurde, einstweilen frei bleiben sollte), iniustis vindiciis ac sacramentis petere alqd, Cic.: dare vindicias a libertate in servitutem, Cic.: quo (ore) vindiciae nuper ab libertate dictae erant, Cic.: cum vindicias amisisset ipsa libertas, Cic.: decresse vindicias secundum servitutem, Liv.: cedere postulantibus vindicias secundum libertatem, Liv.: dare vindicias secundum libertatem, Liv.

vindicium, iī, *n.* (vindex) = vindicatio *no.* II, CIL 14, 2934. Vgl. Gloss. II, 289, 29 (ἐκδίκησις, vindicium).

vindico, āvī, ātum, āre (= vim dico, eig. Gewalt androhen; dah.) **I** einen Ggstd. **gerichtlich in Anspruch nehmen, vindizieren** (vgl. vindiciae a.A.), **A** eig.: sponsam in libertatem, Liv.: puellam in posterum diem, ihr die Freiheit v., Liv.: vindicatur Verginia spondentibus propinquis, Liv.: profecti (die Parteien) simul in agrum, de quo litigabatur, terrae aliquid ex eo, uti unam glebam, in ius in urbem ad praetorem deferrent, et in ea gleba, tamquam in toto agro, vindicarent, Gell.

B übtr., etw. **in Anspruch nehmen, 1** von der Vindizierung bei Eigentumsklagen, etw. als sein Eigentum **in Anspruch nehmen,** auf etw. **Anspruch machen, als mir gehörig-, zustehend fordern,** etw. **sich zueignen, sich zuschreiben, a** bl. *vind.:* ortus nostri partem vindicat patria, Cic.: nonnulla ab imperatore miles, plurima vero fortuna vindicat, Nep.: omnia pro suis, Cic.: videor id meo iure quodam modo vindicare, Cic.: Chii suum (Homerum) vindicant, Cic.: alqm caelo (Dat.), in den Himmel versetzen, Plin. pan. 10, 4: v. antiquam faciem, wieder annehmen, Ov. – poet. m. *Infin.*, vindicat hoc Pharius dextrā gestare satelles, Lucan. 8, 675. – **b** *vind. ad se:* decus belli ad se, Liv.: victoriae maiorem partem ad se, Liv. – **c** *vind. sibi:* ceterarum rerum, quae sunt in oratore, partem aliquam sibi quisque vindicat, Cic. or. 69: constantiae eximiam sibi laudem, Val. Max.: nihil sibi nisi dispensandi potestatem, Sen.: sibi nomen, Quint.: sibi prospera, Tac.: sibi regnum, Iustin.: ubi minimum virium veneris pecuniaeque cupido sibi vindicaverit, Val. Max.

2 von der Vindizierung in Freiheitsklagen, **a** den, der unfrei ist, als frei in Anspruch nehmen, jmd. aus dem Zustand der Sklaverei u. dgl. **in Freiheit setzen, befreien, retten, α** m. *in libertatem:* vind. in libertatem et a regum et a patrum dominatione, Cic.: v. rem populi in libertatem, Cic.: ex dominatu Ti. Gracchi in libertatem rem publicam, Cic.: rem publicam afflictam et oppressam in veterem dignitatem ac libertatem, Cic. – **β** ohne *in lib.:* te ab eo vindico et libero, Cic.: dura ad saxa revinctam, Ov. – se *ad* alqm, **seine Verbindlichkeiten gegen** jmd. **erfüllen,** ut se aliquando ad suos vindicaret, Cic. Rab. Post. 25. – **b** was noch frei, unangetastet, unversehrt ist, **in Schutz nehmen, schützen, sicherstellen, bewahren,** libertatem, Caes.: rusticis magnam partem cibariorum per hiemem, erhalten, Colum. – gew. m. *ab* (gegen od. vor) u. Abl., v. alqm a verberibus, ab unco, a crucis terrore, Cic.: alqm a miseriis morte, Cic.: a molestia, a labore, Cic.: domum suam ab solitudine, Cic.: u. so loca a solitudine, Liv.: laudem summorum oratorum ab oblivione hominum atque a silentio, Cic. – m. bl. *Abl.*, alqm scelerum suorum suppliciis, vor der Str. bewahren, von der Str. befreien, Iustin. 7, 5, 7: exercitum fame, Curt. 9, 10 (41), 18. – v. Schutzmitteln, capillum a canitie, Plin.: ebur a carie (v. altem Öl), Plin.: corpora a putrescendo (v. Salz), Plin. – u. vind. se ex alqa re, **sich** gegen etwas **sicherstellen,** se non modo ex suspicione tanti sceleris, verum etiam ex omni hominum sermone non armis, sed patrimonio suo vindicavit, Cic. Sull. 59.

II einem Vergehen durch Inanspruchnahme von Sühne, durch Androhung od. Vollziehung von Strafe **steuern,** gegen etwas od. jmd. verbietend od. strafend **einschreiten, A** eig.: **a** v. *alqd* = einem Vergehen usw. **steuern, es verbieten,** ein begangenes **ahnden, bestrafen,** iste dolus malus et legibus erat vindicatus, ut tutela duodecim tabulis, circumscriptio adulescentium lege Plaetoriā; et sine lege iudiciis, in quibus additur EX FIDE BONA, Cic.: facinus nemini lege concessum, sed fortasse adhuc in nullo vindicatum, Cic.: acerrime maleficia, Cic.: peccata, Liv.: quidquid peccatur maiestatis actione vindicandum est, Sen. rhet. – **b** v. *in alqm,* gegen jmd. **einschreiten, ahndend verfahren,** jmd. **bestrafen,** fateor non modo in socios, sed etiam in cives militesque nostros persaepe esse severe ac vehementer vindicatum, Cic.: vindicandum in eos non manu neque vi, verum quaestionibus, Sall.: in quos eo gravius Caesar vindicandum statuit, Caes. – **c** absol. = **einschreiten, strafen,** nisi vos vindicatis, Cic.: populum hortari ad vindicandum, Sall.

B übtr.: **a** *alqd,* einer Sache **steuern,** etw. **ahnden, bestrafen, rächen,** fortuita non civium tantummodo, sed urbium damna principis munificentia vindicat, steuert (= ersetzt), Vell. 2, 126, 4. – Ti. Gracchi conatus perditos, Cic.: sociorum (gegen die B.) iniurias, Liv.: iniurias suas manu (durch Mord, Gewalttat), Sall.: offensas ense, Ov.: necem Crassi, Ov. – zugl. m. *in* u. Abl. der Pers. = etwas an jmd. **rügen (tadeln),** omnia, quae vindicaris in altero, tibi ipsi vehementer fugienda sunt, Cic. Verr. 3, 4. – **b** *alqm,* **α** bl. *alqm,* Romana tandem se vindicat ira, Claud. 24, 84. – **β** *alqm ab* oder *de alqo,* an jmd. **rächen,** se a Pyrrho, Vell. 1, 1, 3: se ab illo, Sen. de ben. 6, 5, 3: se de fortuna praefationibus, Plin. ep. 4, 11, 14: u. passiv, quantā saevitiā opus erat, ut Sulla de Mario vindicaretur, Flor. 3, 21, 19. – ► vulg. vendico, Iul. Val. 3, 47. p. 156, 9 K. – Nbf. nach der 3. Konj., vindicit, XII tabb. III, 3 *Schoell* (bei Gell. 20, 1, 45).

vindicta, ae, *f.* (vindico), **I** der **Stab,** womit der *assertor libertatis* den Sklaven berührte, der in Freiheit gesetzt werden sollte, der **Freiheitsstab,** si neque censu neque vindictā neque testamento liber factus est, Cic.: ter vindicta quaterque imposita, Hor.: istoc verbo vindictam para, mach' mich mit diesem Wort frei, Plaut. – **II** meton.: **A** (nach vindico *no.* I, B) die Inanspruchnahme = die **Befreiung, Rettung,** v. invisae huius vitae (von dem verh. L.), Liv.: mors una v. est, Liv. – v. libertatis, Liv. u. Vell.: vgl. M. Müller Liv. 2, 5, 10. – **B** (nach vindico II, B) die **Rache, Strafe,** Phaedr., Tac. u. a.: legis severae, Ov.

vindictrīx, trīcis, *f.* (vindico), die **Rächerin,** Vict. Vit. 1, 35 *Petschenig.*

Vindius, iī, *m.*, vollst. Vindius mons, der westliche Teil des kantabrischen Gebirges (in Hispanien) mit den Quellen der Flüsse Ebro u. Sil, der die Grenze zwischen den Kantabrern und Asturiern bildete, Flor. 4, 12, 49.

vīnea, ae, *f.*, s. vīneus.

vīneālis, e (vinea), **zum Wein gehörig, Wein-,** terra, Weinland, Colum. 3, 12 *in.*

vīneārius, a, um (vinea), **zum Wein gehörig, Wein-,** colles, Colum. 5, 6, 36: horti, Weinberg, Ulp. dig. 50, 16, 198.

vīneāticus, a, um (vinea), **zum Wein gehörig, Wein-,** falcula, Winzermesser, Cato: cultus, Colum.: fructus, die Weinlese, Colum.

vīneola, ae, *f.* (vinea), der **kleine Weinberg,** Gregor. epist. 9, 14 u. 11, 20 u. a. Eccl.: Nbf. vīniola, ae, *f.*, CIL 6, 15593 u. 11, 3895.

vīnētum, ī, *n.* (vinum), der **Weinberg, Weingarten,** die **Weinpflanzung,** Cic. u. a. – Sprichw., vineta sua caedere, sich selbst ins Fleisch schneiden = sich selbst schaden, Hor. ep. 2, 1, 220. – Über die Länge des e vgl. Prisc. 4, 12.

vīneus, a, um (vinum), **aus Wein bestehend, Wein-, I** *adi.*: fructus, Vitr. 10, 1, 5 (Rose vitium fructus): latex, Wein (Ggstz. latex aquae), Solin. 5, 16. – **II** *subst.*, vīnea, ae, *f.*, **A** der **Weinberg, Weingarten,** Varro, Cic. u. a.: vineae cultor, Vulg.: vinearum fossor, Sen. – **B** der **Weinstock,** u. kollektiv, die **Weinstöcke,** Scriptt. r. r. u. a. – **C** als milit. *t. t.*, ein nach Art einer Weinlaube gebautes Schutzdach, die **Schirmlaube,** das **Schirmdach,** womit sich die Belagerer gegen feindliche Geschosse deckten, Caes., Cic. u. a.: turres vineasque ad oppugnationem urbis agere, Caes.: oppidum vineis et operibus expugnare, Liv.: Nbf. vīnia, CIL 5, 5543 u. 6, 933; vgl. Cassiod. de orthogr. (VII) 150, 18.

vīnibua, ae, *f.* (vinum u. bua), die **Weintrinkerin, Weinsäuferin,** Lucil. 302.

Vīniciānus, a, um, **vinicianisch, des Vinicius,** coniuratio, Suet. Ner. 36, 1.

vīnifer, fera, ferum (vinum u. fero), **Wein tragend,** Ps. Apul. herb. 66.

vīnifūsor, ōris, *m.* (vinum u. fusor), der **Weinschenk, Mundschenk,** Leptogen. 39, 17.

vīniola, s. vīneola.

vīnipollēns, s. pollēns.

vīnito, āre (vinum), **Wein vorsetzen,** alci, Varro sat. Men. 115.

vīnitor, ōris, *m.* (vinum), der **Winzer,** Cic. u. a.

vīnitōrius, a, um (vinitor), **zum Winzer gehörig,** falx, Winzermesser, Colum. 4, 25 *in.*

vīnivorāx, ācis, *m.* (vinum u. vorax), der **Weinsäufer,** Commodian. instr. 1, 18, 16.

vinnulus, a, um (Venus), viell. **lieblich, süß,** oratio, Plaut. asin. 223.

vīnolentia (in den besten Hdschrn. auch vīnulentia), ae, *f.* (vinolentus), der Zustand des vinolentus, die **Trunkenheit,** als Neigung, Hang zum Weintrinken, die **Trunksucht, Völlerei,** Cic. Tusc. 4, 26; Phil. 2, 101. Suet. Vit. 17, 2. Tac. ann. 13, 20. Solin. 9, 20. Augustin. epist. 35, 2. Porphyr. Hor. carm. 1, 18, 9: Plur. vinolentiae, Vulg. 1. Petr. 4, 3.

vīnolentiēs (vīnulentiēs), ēī, *f.*, Nbf. v. vinolentia (s. d.), *Catull. 25, 5 B.

vīnolentus (in den besten Hdschrn. auch vinulentus), a, um (vinum), **mit Wein versetzt, I** im Allg.: vinulenta medicamina, Cis. Pis. 13 M. – **II** insbes., von Pers.u. persönl. Zuständen = **Weinrausch verratend, -habend, α** v. Pers., teils = **betrunken,** teils = **zum Trunk geneigt** (Ggstz. sobrius, siccus), Cic. u. a.: anus, Prud. – Plur., oft subst., vinolenti = Betrunkene u. Trunkenbolde (Ggstz. sicci, sobrii), Cic. – **β** v. persönl. Zuständen: vinulentus furor, Cic. ep. 12, 25, 4.

vīnōsitās, ātis, *f.* (vinosus), der **Weingeschmack,** Tert. de ieiun. 1.

vīnōsus, a, um (vinum), voll Wein, **I** von Pers. u. persönl. Zuständen: **a voll des Weines, betrunken,** modice vinosi, Liv. 41, 4, 4 zw. (Weißenb. modice vino usi). – **b** viel u. oft Wein trinkend, **dem Wein ergeben, ein Freund des Weines,** Homerus, Hor.: senex, v. Anakreon, Ov.: vinosior aetas, Ov.: lena vinosissima, Plaut.: convivia, wobei viel Wein getrunken wird, Ov. – **II weinartig, wie Wein,** sapor, Weingeschmack, Plin.: odor, Weingeruch, Plin.: sucus, Plin.: suci pomorum vinosissimi, Tert.

vintī, s. vīgintī ►.

vīnulent…, s. vinolent…

vīnulum, ī, *n.*, *Demin.* v. vinum, Charis. 94, 3.

vīnulus, a, um, s. vinnulus.

vīnum, ī, *n.* (οἶνος aus ϝοῖνος, dah. in der Vulgärspr. auch **vīnus**, ī, *m.*, Petron. 41, 12; vgl. Schol. Bern. Verg. georg. 2, 98), **I** eig. u. meton.: **1** eig.: vinum album, Plaut. u. Varro fr.: vinum alienigena (Ggstz. vinum patriae), SC. vet.: asperum, Ter.: atrum, Plaut.: russum, Vopisc.: austerum, Colum.: bonum, Varro u. Gell.: Chium, Scrib. Larg.: cibarium, ordinärer, Varro fr.: doliare, Fasswein = junger, noch nicht abgezogener Wein, ICt.: dulce, Hor.: Falernum, Cic.: firmum, Gell.: fugiens, in Gärung übergehender, Cic.: indigena, Plin.: iucundum, Gell.: lene, Ter.: leve, Cic.: mensale, gewöhnlicher Tischwein, Vopisc.: mutatum, umgeschlagener, Hor.: nigrum, Varro fr.: novum, Varro fr. u. Cic.: odoratum, Plin. u. Lact.: semen vino proximum gustu, von weinartigem Geschmack, Plin.: vinum tenue, Ov.: vetus, Varro fr., Cic. u. Lact. – vini, somni, stupri plenus, Cic.: vino vel infusus (begossen) vel aspersus (angegossen) = betrunken od. angetrunken, Macr. – vini minister, Mundschenk, Sen. ep. 47, 5 (7): a vinis, Aufseher der Weinvorräte, CIL 6, 8527: u. so adiutor a vinis, Gehilfe des Aufsehers über die Weinvorräte, Vizeaufseher, CIL 6, 5062 u. 9091. – vinus (s. oben) mihi in cerebrum abiit, Petron.: bibere vinum, Sen.: defaecare vinum, Colum. u. Plin.: non omne vinum vetustate coacescit, Cic.: suave vinum de duro fieri, Pallad.: defundere (abgießen, abziehen) mutatum vinum, Hor.: defundere vinum e pleno (vom vollen Fass), Lucil. fr.: degustare vinum, Cato u. ICt.: diffundere vinum de doliis, de seriis, auf mehrere Gefäße abziehen, umfüllen, Colum.: u. so vinum in amphoras, in cados, ICt.: edormire nocturnum omne vinum, Gell.: evanescit vinum vetustate, Cic.: exhalare vinum, Cic.: exhausisse tantum vini in Hippiae nuptiis, ut etc., Cic.: male ferre (schlecht vertragen) vinum, Cic.: incalescere vino, Liv.: vino madere, Plaut. u. Sen.: obruere se vino, sich im W. überladen, Cic.: u. so vino epulisque obrui (v. einem Knaben), Nep.: in convivio procedere in multum vini, im Wein ziemlich viel tun, Liv.: redolere vinum (v. Speisebrocken), Cic.: servare vinum in vetustatem, bis er alt wird, Cato: sumere (zu sich nehmen) vinum, vinum meracius, Cic. – Plur. vina, teils = **Weinsorten,** z. B. Cato r. r. 147 u. 148, 2. Cic. Tusc. 5, 13. Plin. 13, 27. Hor. sat. 2, 8, 38: vina tot consulum regionumque, Sen. ep. 114, 26; teils übh. **Wein,** z. B. Sen. nat. qu. 4, 13, 3. Plin. 14, 35. Fronto de fer. Als. 3. p. 224, 19 N. Lucr. 2, 391. Verg. ecl. 5, 71. Hor. carm. 1, 11, 6. Ov. met. 8, 274. Fritzsche Hor. sat. 2, 8, 15. – **2** meton.: **a** der **Wein** = die Weintrauben, vinum pendens, Cato r. r. 147 (148): vinum priusquam coctum est pendet putidum, Plaut. trin. 526: vinum legere (lesen), Varro LL. 5, 94 u. 6, 16. – **b** der **Wein** = die Weinstöcke, locus vino optimus, Cato r. r. 6, 4: vinum conserere, serere, Cato r. r. 6, 4 (u. daraus Varro r. r. 1, 25. Plin. 14, 46). – **c** der **Wein** = das Weintrinken, intemperantia vini, Liv.: vino lustrisque confectus, Cic.: in vino immodestus, Ter.: vini parcus, Suet. u. (Ggstz. ad cibum promptus) Treb. Poll.: vini parcissimus, Suet.: in vinum pronior, Liv.: vino ultra modum deditum esse, Sen.: ad vinum diserti, Cic.: in vino ridere, Cic.: ex vino vacillare, Cic. fr.: in popinis, alea, vino tempus aetatis omne consumpsisse, Cic.: festo die invitatio benigna et hilaritas iuvenalis utrosque in vinum traxit, machte, dass beide Gesellschaften wacker tranken, Liv.: oft per vinum, infolge des Weintrinkens, in der Trunkenheit, z. B. neque per vinum umquam ex me exoritur discidium in convivio, Plaut.: quae fieri solere concedimus sive in quiete sive per vinum sive per insaniam, Cic.: Demetrius per vinum, quod excluderetur, paulisper vociferatus in convivium redit, Liv.: per vinum lapsus est, Sen. – **II** übtr., aus Früchten usw. gemachter Wein, **Fruchtwein, Obstwein,** vinum palmeum, Plin.: vinum ex fico, Plin.: ex malis, Pallad.: de malis granatis, Pallad.: de piris, Pallad.: vinum palmis exprimere, Plin.

vio, āre (via), **gehen, reisen, umherreisen** (vgl. Quint. 8, 6, 32), Amm. u. a.: vians maritus, Apul.: viantes, die Reisenden, Solin.

viocūrus, ī, *m.* (v. via u. curo), der **Wegeaufseher,** Varro LL. 5, 7 u. 158. CIL 6, 29697 u. 10, 5714.

viola, ae, *f.* (v. ἴον, als *Demin.*), **I** die **Viole,** nicht nur das **blaue Veilchen** (*Viola odorata,* L.), sondern auch mehrere Arten der **Levkoje** (*Cheiranthus Cheiri, annuus, incanus* etc.), flos violae, Gregor.: pallens, Verg.: purpurea, lutea, alba, Plin.: badia, CIL 5, 6415.: nigra, dunkelrote, Plin.: violae et flores, Lampr.: kollektiv, an tu me in viola putabas aut in rosa dicere? auf Veilchen oder Rosen gebettet, Cic. Tusc. 5, 73. – **II** meton., die Farbe der Viole, **Violett, Violettfarbe,** tinctus violā pallor amantium, Hor.: ex eo candidum colorem sentiente violā lonchoton appellant, Plin.

violābilis, e (violo), **verletzlich, verletzbar** (Ggstz. inviolabilis), d. i. **a** was verletzt werden kann, leicht verletzt wird, cor, Ov. her. 15, 79. – **b** was verletzt werden darf, numen, Verg. Aen. 2, 155. Stat. Theb. 5, 258: natura, Augustin. de mor. Manich. 12.

violāceus, a, um (viola), **violett,** purpura, Nep. fr.: flos, Plin.: gemma,

Plin. – subst., violāceum, ī, *n.*, das **Violett,** violaceo dilui, Solin. 30, 32.

violācium, iī, *n.*, s. violātum.

violāris, e (viola), **zu den Violen** (Veilchen usw.) **gehörig, Violen-,** dies, viell. der Tag, an dem die Gräber mit Violen bekränzt wurden, CIL 6, 10234 lin. 15.

violārium, iī, *n.* (viola), das **Veilchenbeet, Veilchenfeld,** Varro, Verg. u. a.

violārius, iī, *m.* (viola), der **Violettfärber,** Plaut. aul. 510. CIL 6, 1190*.

1. violātio, ōnis, *f.* (violo), die **Verletzung, Entehrung, Schändung,** templi, Liv. 29, 8, 11: publica fidei, die Wortbrüchigkeit, Vell. 2, 1, 5: religionum, Sen. ep. 104, 28: expiare violationem eius templi, Liv. 31, 12, 5.

2. violātio, ōnis, *f.* (viola), das **Bekränzen der Gräber mit Veilchen,** CIL 6, 10239 ([die viola]tionis).

violātor, ōris, *m.* (violo), der **Verletzer, Schänder, Entehrer,** templi, Ov. ex Pont. 2, 2, 27: gentium iuris, Liv. 4, 19, 3: eius domus, Vell. 2, 100, 4: fidei, Tac. ann. 11, 19: foederis, Tac. ann. 1, 58: castitatis, Ambros. de off. 1, 50, 257: sepulturae, Augustin. epist. 82. *c.* 2. *no.* 16 *extr.*: viol. suus, Hyg. fab. 100 *extr.*: dictatoris, v. Mörder, Macr. sat. 2, 3, 13: pacis, Oros. 4, 12, 2. – Beim *femin.*, natrix violator aquae, vergiftend, Lucan. 9, 720.

violātrīx, trīcis, *f.* (Fem. zu violator), die **Verletzerin, verletzend,** natura, Augustin. de mor. Manich. 12. *no.* 26: mulier praecepti viol., Augustin. de coniug. adult. 2, 2.

violātum (Variante violāceum u. violācium), ī, *n.* (viola), **Veilchenwein,** Pallad. 3, 32 *in.* Plin. Val. 5, 32. Apic. 1, 4.

violēns, entis (vis) = violentus, **gewaltsam, ungestüm, mutig,** Iolaus, Cic. fr. (nach Ter. Maur. 657): Aufidus, Hor. carm. 3, 30, 10: victor equus, Hor. ep. 1, 10, 37: nunc ferus et violens, Pers. 5, 171. – *Compar.* u. *Superl.* s. violentus.

violentē, *Adv.* (violentus) = violenter, Gregor. Tur. hist. Franc. 5, 41.

violenter, *Adv.* (violens), **gewaltsam, ungestüm, hitzig, heftig, wild,** dirimere, Liv.: alqm accusare, Liv.: exercere quaestionem, Sall.: tolerare, gewaltig übelnehmen, Ter.: quaedam manu facere, Cels.: violentius se gerere, Cels.: violentius praefecturam agere, Suet.: violentius conqueri, Suet.: violentissime alqm persequi, Colum.

violentia, ae, *f.* (violentus), die **Gewalttätigkeit, Heftigkeit,** das **ungestüme Wesen,** der **Ungestüm,** die **Wildheit,** **a** v. Pers. u. persönlichen Zuständen, hominis, Cic.: fortunae, Tücke, Sall.: ingenii, Tac.: gentium, Tac.: vultus, Ov.: prompta resistendi viol., Solin. 36, 2 M.: huiuscemodi violentia pulsandi atque laedendi, der allerwärts mögliche frevelhafte Mutwille tätlicher Beleidigung und Verletzung, Gell. 20, 1, 34. – Ggstz., si *dolo* nihil profecerit, *vi et violentiā* deicere (eos) conatur, Lact. 3, 29, 15. – Plur., Augustin. epist. 93, 2; de civ. dei 22, 22. p. 604, 10 D.[2] – **b** v. sachlichen usw. Ggstdn.: v. vehemens vini, Lucr.: v. ventorum, Plin. u. Flor.: v. assidua hiemis, Colum.: Plur. omnes violentiae, Ps. Apul. herb. 128.

violentus, a, um (vis), **gewaltsam, heftig, stürmisch, ungestüm** (Ggstz. placidus), **a** v. Pers. u. persönlichen Zuständen, Cic. u. a.: ingenium, Cic.: opes, Cic.: infantibus violenta venis, vom Tode, Sen. poët.: mors, Val. Max.: ira, Ov.: impetus, Cic.: congregarentur placidi cum violentis, Fronto. – v. in armis, v. einem tapferen Mann, Ov.: nec in lepores violentus eas, stark, mutig, Mart. – nimis violentum est m. folg. *Acc.* u. *Infin.*, die Behauptung ist allzu stark, übertrieben, dass usw., es ist zu weit gegangen, wenn man behauptet, dass usw., nulla esse dicere, Cic. de fin. 5, 72. – **b** v. sachl. usw. Ggstdn.: tempestates (Ggstz. placidae), Gell.: sol, heftige Sonnenhitze, Iustin.: amnis, reißender, Liv.: violentior amnis (Ggstz. placidior), Plin.: violentior eurus, Verg.: violentissimae tempestates, Cic.: venena violentissima, Gell.

violeus, a, um (viola), **violenfarbig,** nectar, Cassiod. var. 12, 4, 5.

violo, āvī, ātum, āre (vis), **gewalttätig behandeln, wehtun, misshandeln, verletzen, entehren, schänden,** **a** physisch: ne angulus scalpri membranam violet, Cels.: ne urinae iter violetur, Cels. – patrem, Cic.: Palladis virginitatem, Cic.: virginem, Varro: urbem, plündern, Liv.: fines, verheeren, Caes.: nullus ager est violatus, ist beschädigt worden, Liv.: agros ferro, verwüsten, Verg.: alqm ferro morsuve, Sen. – ebur sanguineo ostro, poet. = blutigrot färben, Verg. Aen. 12, 67: violati fontes venenis, vergiftete, Sen. – **b** moralisch: **α verletzen, beflecken, entehren, entweihen,** loca religiosa, Cic.: templa, Liv.: stupris aut caedibus violati, Liv.: ius, Cic.: omne fas, Lact.: amicitiam, Cic.: cum intellegerent nihil esse tam sanctum, quod non aliquando violaret audacia, woran sich nicht einmal V. vergriffe, Cic.: ea sibi non colendi, sed violandi causā appetere, Cic. – oculos, verletzen, beleidigen, Ov.: aures obscoeno sermone, Petron. – körperl. od. moralisch, iniuriae sunt, quae aut pulsatione corpus aut convicio aures aut aliquā turpitudine vitam cuiuspiam violant, Rhet. Her. 4, 35. – **β** prägn., m. allg. *Acc. neutr.*, **eine Verletzung (Schädigung) begehen** (s. Seyff. Cic. Lael. 65. Richter Cic. Rosc. Am. 71), id quod violatum videtur, die etwa begangene Verletzung, der angerichtete Schaden, Cic.: cetera, quae violata sunt, alle Übertretungen, alles Schuldbefleckte, Cic.: si quae incĭderunt non tam re quam suspicione violata, wenn etwas vorgekommen, wodurch man sich wehgetan hat, weniger an sich, als weil wir nicht unbefangen waren, Cic.

vīpera, ae, *f.* (viell. st. vivipara, v. vivus u. pario, lebendige Junge gebärend), **I** die **Viper** (*Coluber Berus,* L.), Plin. 10, 169 *sq.* – Sprichw., in sinu atque in deliciis viperam illam venenatam ac pestiferam habere, eine Schlange im Busen tragen od. nähren, Cic. de har. resp. 50: u. so viperam sub ala nutricare, Petron. 77, 1. – als Schimpfwort, **Schlange! Natter!** Flor. 4, 12, 37. Iuven. 6, 641. – **II** übtr. = **Schlange, Natter** übh., Verg., Hor. u. Ov.

vīperālis, e (vipera), **zur Viper gehörig,** herba, gegen den Biss der Viper, Ps. Apul. herb. 89.

vīpereus, a, um (vipera), **I von Vipern** oder **Schlangen,** carnes, Ov.: dentes, Ov.: anima, Gifthauch, Verg.: crinis Discordiae, Schlangenhaar, Verg.: pennae, geflügelte Schlangen, Ov. – **II Schlangen an sich habend,** monstrum, das Medusenhaupt, Ov.: sorores, die Furien, mit Schlangen auf dem Haupt, Ov.: canis, Zerberus, Ov.

vīperīnus, a, um (vipera), **I von Vipern** oder **Schlangen,** **a** *adi.*: morsus, Acc. tr. fr.: cruor, Hor.: caro, Plin.: sanies, Viperngift, Schlangengift, Plin.: nodus, Hor. – **b** *subst.*, vīperīna, ae, *f.* (*sc.* herba), **Schlangenkraut,** Ps. Apul. herb. 5. – **II vipernartig, schlangenartig,** chamaeleon implicans se viperinis orbibus, Plin. 8, 121: vip. conceptio, Oros. 5, 6, 6.

vipio, ōnis, *m.*, eine Art **kleiner Kraniche,** Plin. 10, 135; bei Plin. 1. ind. libr. 10. sect. 69 bibiones.

Vīpsānius, iī, *m.*, vollst. M. Vīpsānius Agrippa, s. Agrippa *no.* I, B. – Dav. **Vīpsānus** (st. Vipsanius), a, um, **vipsanisch,** columnae, im Portikus des Agrippa, Mart. 4, 18, 1: ebenso laurus, Mart. 1, 108, 3.

Vipstānus, ī, *m.*, vollst. Vipstānus Messāla, ein Redner u. Geschichtsschreiber um 70 n. Chr., Tac. hist. 3, 9 u. 25; 4, 42.

vir, virī (altind. *vīrā-ḥ,* gotisch *waír,* ahd. *wer,* Mann), der **Mann** (Ggstz. femina, mulier), **I** im Allg.: de viro factus femina, Ov.: ambiguus modo vir, modo femina, Ov.: mulier coniuncta viro, Lucr. – vir bonus et sapiens, Cic. (vgl. bonus): vir fortis, Cic.: vir turpissimus, Sall. – **II** insbes.: **A** der reife, erwachsene **Mann** (Ggstz. puer), Ov. met. 13, 397: neque eos (pueros) prius in urbem redire, quam viri facti essent, statuit, Iustin. 3, 3, 7: cum essem parvulus, loquebar ut parvulus … quando autem factus sum vir, evacuavi quae erant parvuli, Vulg. 1. Corinth. 13, 11. – **B** der verehelichte **Mann,** der **Ehemann** (Ggstz. uxor), meus vir, Ter.: vir et uxor, das Ehepaar, Sen. rhet., Val. Max. u. ICt.: hic est enim vultus semper idem, quem dicitur Xanthippe praedicare solita in viro suo fuisse Socrate, Cic. Tusc. 3, 31 (u. so oft vir = Ehemann bei Cic., z. B. Cic. Verr. 5, 82 mehrmals): u. übtr., v. Buhlen, vir tuus, Cic.: u. v. Tieren, viri equarum, Solin.: vir gregis ipse caper, Verg. – **C** emphat., der Mann in Bezug auf seine Vorzüge, ein **Mann** von festem Charakter, von Mut, Kraft, Tapferkeit usw., plane vir, Cic.: tulit dolorem ut vir, Cic.: te virum praebeas, Cic.: viri non est, es ist unmännlich, Cic.: si vir es, si vos viri estis, Liv.: si quid in Flacco viri est, Hor.: ego tamen vir sum, Suet.: si quis male vir quaerit habere virum, Ov. Vgl. Fabri Liv. 24, 8, 12: u. im obszönen Sinne, si vir es, wenn du prästieren kannst, Apul. met. 2, 17: u. so ad illos rettulit, qui non habent barbam nec in concubitu viri sunt, Schol. Iuven. 6, 373. – **D** als milit. *t. t.*, der **Mann** = der **Soldat,** gew. im Plur., die **Mannschaft,** dispertiti viri, Plaut.: boat caelum fremitu virûm, Plaut. – bes. viri im Ggstz. zu arma u. equi, Liv. (s. Fabri Liv. 22, 52, 5). – u. viri im Ggstz. zur Reiterei, die **Fußsoldaten,** gew. verb. equites virique, eques virique, equi virique, Liv. (s. Gronov Liv. 21, 27, 5). – u. sprichw., equis virisque u. dgl., s. equus *no.* I, B, 2. – **E** mit (auszeichnendem) Nachdruck für das Pron. *is* od. *ille,* wie unser **der Mann** für **er,** auctoritas viri moverat, Liv.: hae tantae viri virtutes, Liv. Vgl. Fabri Liv. 21, 4, 9. – **F** der **Einzelne,** die **einzelne Person** in Verbdgg. wie: vir virum legit, jeder sucht sich seinen Mann aus, wählt seinen Mann, bei der Senatorenwahl, Suet. Aug. 35, 1; im Kampf, sowohl zum Gegner, Verg. Aen. 11, 632, als zum Nebenmann zum gegenseitigen Schutz im Kampf, Liv. 9, 39, 5 u. übtr. (sarkastisch) Cic. Mil. 55. – u. vir unus cum viro congrediendo (Ggstz. legiones legionibus experti), Liv. 38, 17, 8. – **G** Plur. viri, poet. übtr. = *homines,* die **Menschen,** im Ggstz. zu den Göttern, Verg. Aen. 6, 553: im Ggstz. zum Vieh (pecudes), Ov. met. 1, 286. – **H** meton., **Mannbarkeit, Zeugungskraft,** membra sine viro, Catull. 63, 6: iuventus exsecta (*al.* exacta) virum, entmannte, Lucan. 10, 134. – ► Archaist. Nom. Plur. IIIvire (= tres viri), CIL 1, 554 u. 555: virei, SC. de Bacch. im CIL 1, 196. lin. 19 u. 20: vireis, in CDL vireis, CIL 1, 198, 14. – Genet. Plur. virûm, oft bei Dichtern, Enn. ann. 276 u. 410. Lucr. 1, 95 u. a. Catull. 64, 192 u. 68, 90. Verg. georg. 2, 142 u. a. Prop. 3, 9, 23. Ov. her. 1, 55. Iuvenc. 3, 572 u. 4, 708.

vira, ae, *f.* (vir), **Männin** (archaist. für femina), Fest. 261 (a), 22.

virāceus, a, um (v. vir, wie gallinaceus v. gallus), **mannähnlich** (= nur äußerlich zum Männergeschlecht gehörig), vir, Varro sat. Men. 300.

virāgo, inis, *f.* (virgo), die **mannhafte-, kräftige Jungfrau,** die **Heldin usw.,** v. aliqua ancilla, kräftig, stark, Plaut.: verbosa virago, Fulg.: v. einer Amazone, Lact.: v. der Pallas, bello metuenda virago u. flava virago, Ov.: Iuturna virago, Verg.: v. der Diana, Sen. poët.: viraginibus iungi, Firm.

1. virātus, a, um (vir) = ἀνδρεῖος, **männlich gesinnt,** Vulg. Sirach 28, 19.

2. virātus, Abl. ū, *m.* (vir), das **männliche Betragen,** bono viratu aemulis suis magis prodesse cupiens, quam placere, Sidon. epist. 7, 9, 22.

3. viratus, us, *m.* = seviratus (s. d.), CIL 2, 3335.

Virbiālis, s. Virbius.

Virbius, iī, *m.* (der gewöhnlichen Ableitung nach v. vir u. bis), Beiname des von seinen Pferden zerrissenen Hippolyt, nachdem er wieder lebendig geworden war, gleichsam bis vir, Ov. met. 15, 544 u. fast. 6, 756: ebenso auch sein Sohn, Verg. Aen. 7, 762. – Dav. **Virbiālis,** e, **den Virbius betreffend, des Virbius,** flamen, CIL 10, 1493.

virdēsco, s. viridēsco.

virdiārium, s. viridārium.

virdico, s. viridico ►.

Virdomārus u. **Virdumārus,** ī, *m.,* s. Viridomārus.

virectum (weniger gut virētum), ī, *n.* (*virex [v. vireo], wie frutectum v. frutex), **I** die **grüne-, mit Gras bewachsene Stelle,** der **grüne Platz, α** Sing., Isid. orig. 17, 6, 2; vgl. Gloss. II, 528, 28 ›virectum, ἀνθῶν τόπος‹. – **β** Plur.: virecta nemorum, das Grün der Haine, Verg. Aen. 6, 638: amoena virecta, das Paradies, Prud. cath. 3, 101. – laetissima virecta, Apul. met. 4, 2: patentia virecta, *ibid.* 8, 18: mons consitus virectis, *ibid.* 10, 30: per virecta Tempe, Fulg. myth. 1. praef. p. 12 M. – **II** übtr., Plur. virecta, das **Grün** des Smaragdes, Mart. Cap. 1. § 67. – ► Über die in den besten Hdschrn. u. in den Not. Tir. 5, 84 sich findende Schreibung virecta (nicht vireta) s. Muncker Fulg. myth. 1. praef. p. 12. Oudend. Apul. met. 4, 2. p. 238; auch in Inschrn., z. B. CIL 14, 2065.

virēns, entis, *PAdi.* (v. vireo), **I grünend, grün,** agellus, Hor.: hedera, Hor.: mare, Gell.: m. *Genet.,* arborum virens, Itin. Alex. 20 (51). – subst., virentia, ium, *n.,* die Pflanzen, Colum. 1, 5, 8 u. 3, 8, 1. – **II** bildl., **blühend, in der Blüte der Jugend stehend, jugendlich,** puella, Hor.: donec virenti canities abest morosa, Hor.: puelli puellaeque virenti florentes aetatulā, Apul.

1. vireo, ōnis, *m.,* s. viridis.

2. vireo, ēre (verwandt mit vivo), **grünen, grün sein, I** eig.: arbores et vites virent, Cic.: Taygeti virent metalla, vom grünen spartanischen Marmor, Mart.: pectora felle virent, Ov.: serpens squamā virere recenti solet, grünlich zu schimmern, zu schillern, Ov.: fronde virentes thyrsi, grünbelaubte, Ov. – **II** bildl., **frisch-, kräftig sein, blühen,** virebat integris sensibus, Liv.: dum genua virent, d. i. während wir in der Blüte des Alters stehen, Hor.: arx ingeniis opibusque virens (*al.* nitens), Ov.

virēsco, ruī, ere (*Inchoat.* v. vireo), **grün werden, zu grünen anfangen, I** eig.: rami virescunt arboris, Lucr. 1, 252: iniussa virescunt gramina, Verg. georg. 1, 55: coepere virescere telae, Ov. met. 4, 394: mox (pomum) aliis virescit, ut olivae, lauri, Plin. 15, 101: lauro fores laetae virescant, Sen. Thyest. 54: cum foliorum puberum caulem videas aruisse, floris natura virescit, Ambros. in Luc. 7. *no.* 127. – **II** bildl.: **1 erblühen, in Menge hervorkommen,** Claud. cons. Prob. et Olybr. 63. – **2 empor-, aufblühen, erstarken, wachsen,** populi Rom. adulescentia, quā maxime viruit, Flor. 1, 22, 1: virescit vulnere virtus, Fur. b. Gell. 18, 11, 4 (wo andere ein besonderes von vis abgeleitetes *Verb. inchoat.* annehmen).

virētum, ī, *n.,* s. virectum.

virga, ae, *f.* (vireo), **I** der **grüne, dünne Zweig,** das **Reis,** populi, Pappelzweig, Plin.: mala haerent in sua virga, Varro: turea, Verg. – viscata, Leimrute, Varro u. Ov.: fasces virgarum atque aridi sarmenti, Liv. – **II** meton.: **A** das aus einem Zweig Bereitete: **1** der **Setzling,** das **Pfropfreis,** Ov. met. 14, 630 zw. (Ehwald lignum). – **2** die **Gerte, Rute,** der (dünne) **Stab, a** zum Schlagen der Menschen: vae illis virgis miseris, quae hodie in tergo morientur meo, Plaut.: ut tua iam virgis latera lacerentur probe, Plaut.: virgis myrreis a viro usque ad mortem caedi, Lact.: metuens virgae iam grandis Achilles cantabat patriis in montibus, Iuven. – bes. virgae, die schwanken Stäbe in den Faszes der Liktoren, mit denen die Verbrecher gepeitscht wurden, vollst. lictoreae virgae, Flor. 1, 26, 3 (vgl. Plaut. Epid. 28 G. lictores duo, duo ulmei fasces virgarum): domum virgā percutere (v. Liktor), Liv.: alqm virgis caedere, Cic. u. Liv., concīdere, Cic.: virgis mori, Cic.: dah. Sing. kollektiv für die Faszes, Ov. trist. 5, 6, 32. – **b** die Gerte des Reiters u. Maultiertreibers zum Lenken u. Züchtigen des Pferdes od. Maultieres, die **Reitgerte,** virga, quā ad regendum equum usus est, Val. Max. 3, 2, 12. Frontin. 4, 5, 16: vgl. nobilis equus umbrā quoque virgae regitur, Curt. 7, 4 (16), 18: fruticem, quem verberando equo gestant, eam virgam in laevam manum transferunt, Apul. flor. 21. p. 35, 6 Kr.: et Massyla meum virga gubernet equum, Mart. 9, 22, 14; vgl. Lucan. 4, 683. Iuven. 3, 317. – **c** die **Rute** zum Kehren, der **Besen,** Ov. fast. 4, 763. – **d** der **Zauberstab,** bes. der Merkurs, Ov. met. 14, 278 u. ö. Verg. Aen. 7, 190 u. a. – **B** das einem Zweig Ähnliche: **1** virgae, die **Stengel** des Flachses, Plin. 19, 17. – **2** der **Streifen, a** am Himmel, die sogenannte **Regen-** od. **Wassergalle,** Sen. nat. qu. 1, 9 *sq.* – **b** der **Farbenstreifen** am Kleid, purpureis tingat sua corpora virgis, trage gestreifte Kleider, Ov. art. am. 3, 269. – **c** auf dem Stammbaum, die **Geschlechtslinie,** Iuven. 8, 7.

virgārius, iī, *m.* (virga), der **Rutenträger,** vom Liktor, de Rossi inscr. Christ. Vol. I. *no.* 975.

virgātor, ōris, *m.* (virga), der **mit Ruten Schlagende,** Plaut. asin. 565.

virgātus, a, um (virga), **I aus Ruten bestehend, -geflochten,** calathisci, Catull. 64, 319. – **II** (nach virga *no.* II, B, 2, b) **mit Streifen versehen, gestreift,** sagula, Verg.: auro virgatae vestes, Sil.: tigris, gefleckt, Sen.; vgl. virgato corpore tigris, Sil.: nurus, in gestreiftem Gewand, Val. Flacc.

virgētum, ī, *n.* (virga), das **Ruten-, Weidengebüsch,** Cic. de legg. 2, 21.
virgeus, a, um (virga), **aus Ruten-, -Gerten, -Reisholz,** supellex, Verg.: anuli, Plin.: crates, Colum.: flamma, von angezündeten Reisern, Verg. – subst., virgea, ōrum, *n.*, Zweige, Calp. ecl. 5, 114.
virgidēmia (virgindēmia), ae, *f.*, ein nach Analogie v. vindemia aus virga scherzhaft gebildetes Wort, die **Prügelernte,** d. i. Schläge, Plaut. rud. 636. Varro sat. Men. 8 (in einem unechten Fragment).
virgifer, fera, ferum (virga u. fero), s. Schopen Iuven. sat. 3. p. 10, 15 lictores sunt virgiferi, qui ante pedes praetorum virgas ferunt.
Virgiliae, s. Vergiliae.
Virgiliānus, s. Vergilius.
Virgiliocento, s. Vergiliocento.
Virgiliomastīx, s. Vergiliomastīx.
Virgilius, s. Vergilius.
virginal, ālis, *n.*, s. virginālis.
virginālis, e (virgo), **jungfräulich, I** *adi.*: vestitus, Cic.: modestia, Cic.: verecundia, Plin. ep.: pudicitia, Augustin.: ploratum virginalem edere, wie Mädchen weinen, Cic. poët.: feles, Mädchenräuber, Plaut. rud. 748; vgl. virginarius: Fortuna = Virginensis (s. d.), Arnob. 2, 67. – **II** *subst.*, virgināle, is, *n.* u. apokopiert virginal, ālis, *n.*, das **Jungfräuliche,** die **Jungfrauschaft** = das Schamglied der Jungfrau, Form *-ale,* Phaedr. 4, 15, 12. Iul. Val. 1, 8 *ed. Paris.*: Form *-al,* Solin. 1, 67. Apul. apol. 34. Prud. perist. 14, 8: so auch Plur., integra virginalia matris, Augustin. de civ. dei 22, 8, 22. p. 578, 26 D.[2]
virginārius, a, um (virgo), **zur Jungfrau gehörig, Jungfrauen-, Mädchen-,** feles, Mädchenräuber, Plaut. Pers. 751; vgl. virginalis.
virgindēmia, ae, *f.*, s. virgidēmia.
Virginēnsis od. **Virginiēnsis**, is, *sc.* dea, *f.* (virgo), die dem Lösen des Brautgürtels vorstehende Göttin, Augustin. de civ. dei 4, 11 u. 6, 9.
virginēsvendōnidēs, ae, *m.* (virgo u. vendo), ein erdichtetes Wort, der **Jungfrauenverkäufer,** Plaut. Pers. 702.
virgineus, a, um (virgo), **die Jungfrau betreffend, zur J. gehörig, jungfräulich, Jungfrauen- (Mädchen-),** figura, Tibull.: gymnasium, der spartanischen Jungfrauen, Prop.: pudor, Tibull., od. rubor, Verg.: integritas, Leo: favilla, Scheiterhaufen der Jungfrau, Ov.: sagitta, der Diana, Hor.: vultus, Verg.: urnae, der Danaïden, Prop.: volucres, die Harpyien, Ov.: ara, der Vesta heilig, Ov.: domus, Behausung der Vestalinnen, Mart.: focus, Feuer der Vesta, Prop.: aurum, der goldene Kranz, der in den Schauspielen der Minerva dem Sieger erteilt wurde, Mart.: aqua od. liquor, das Wasser Virgo (s. virgo *no.* I, 3, b), Ov. fast. 1, 464; ex Pont. 1, 8, 38. – ► Nbf. virginius, Itala (fragm. Weingart.) Ioël 1, 8. p. 72 *Ranke.* – u. subst., virginia, ae, *f.*, das **junge Weibchen,** die **jugendliche Gattin,** CIL 5, 1112 u. 6, 25395.
1. **Virgīnia** (Vergīnia), s. Vergīnius.
2. **virginia**, ae, *f.*, s. virgineus.
virginitās, ātis, *f.* (virgo), **I** die **Jungfrauschaft,** der **Jungfrauenstand,** perpetua, v. der Vestalin, Liv.: virginitatem laedere, Cic., eripere, Verg., rapere, Ov., libare, Ov. – **II** meton., die **Jungfrauen,** adulta virg., Amm. 31, 8. § 8.
1. **Virgīnius**, s. Vergīnius.
2. **virginius**, s. virgineus ►.
virginor, ārī (virgo), **jungfräulich tun, sich als Jungfrau betragen,** Tert. de virg. vel. 12.
virgo, inis, *f.* (verwandt mit vir), **I** die (noch unverletzte) **Jungfrau,** das **Mädchen, 1** eig.: Sabinae honesto ortae loco virgines, Cic.: Phoebea, der Lorbeerbaum (in den die von Apollo geliebte Daphne verwandelt wurde), Ov.: bellica, Pallas, Sil.: Saturnia, Vesta, Ov.: dea, Diana, Ov.: so auch virgo v. der Asträa, Verg. ecl. 4, 6: virgines doctae, v. d. Musen, Catull.: Virginis aequor, Hellespont, Ov.: virgo regia, Prinzessin, Ov.: virgines reginae, Prinzessinnen, Curt.: filia virgo, Komik. u. Quint.: virgo filia, Cic., Nep. u. a.: puella virgo (Ggstz. puer impubis), Capit. u. a.: filia virgo parvula, Plaut.: virgines anus, alte Jungfern, Augustin. – virgo Vestalis, Cic.: Plur. auch virgines sanctae, Hor., u. bl. virgines, Cic.: virginem capere, Tac.: virgo Vestalis maxima, auch bl. virgo maxima, die älteste Vestalin, Suet.: so auch natu maxima virgo, Ov.: virginum Vestalium vetustissima, Tac. – *adi.*, **jungfräulich,** aetas, CIL 6, 10082. – **2** übtr.: **a** v. Tieren, die sich noch nicht begattet haben, equa virgo, Plin. u. Pallad.: lea virgo, Stat.: porca virgo, Mart.: piscis virgo, Plin. Val.: carnes virgines Fleisch von solchen Tieren, Plin. – **b** v. Männern, ein jungfräulicher Mann, ein noch reiner Jüngling, Hieron. epist. 22, 21; adv. Iovin. 1, 4: puer virgo, Marc. Emp. 7 u. 8: v. einem Brautpaar, virgo puer Christi, virgo puella dei, Paul. Nol. carm. 24, 2. – **c** v. lebl. Ggstdn., **rein, unvermischt, unversehrt, ungebraucht,** saliva, nüchterner Speichel, Tert.: terra, die jungfräuliche, Plin.: senecta, ehelos, Tert.: rosae, Apul.: charta virgo, noch ungebrauchtes Papier, Marc. Emp., eine noch nicht herausgegebene od. gelesene Schrift, Mart.: porrus virgo, Pelagon. veterin.: porri virgines, Marc. Emp.: monumentum virgo, CIL 6, 13120. – rami rosarum virginum (sic enim clausae appellari solent), Evod. in Augustin. epist. 168, 3. – **3** meton.: **a** ein Gestirn, die **Jungfrau,** Cic. poët. de nat. deor. 2, 110. Hyg. astr. 2, 25 u. 3, 24. Manil. 2, 266: Virginis astrum, Manil. 2, 568: Pisces et Virginis astra, *ibid.* 2, 414. – **b** Aqua Virgo od. bl. Virgo, ein von M. Agrippa nach Rom geleitetes sehr kühles Wasser, dessen Quelle eine Jungfrau entdeckt haben soll, j. *Trevi* genannt, Frontin. aqu. 10. Plin. 31, 42. Ov. art. am. 3, 385: anno novo auspicabar in Virginem desilire, ich weihte das n. J. mit einem Sprung in die J. ein, Sen. ep. 83, 5. – **II** im weiteren Sinne von jungen weiblichen Personen, auch wenn ihre Keuschheit verletzt ist, **a** unverheiratet, das **Mädchen,** virgo adultera, v. der Medea, Ov.: v. der Penthesilea, Verg. – **b** verheiratet, die **junge Frau,** v. der Pasiphaë, Verg.: virginum matres iuvenumque, Hor. – ► o lang Verg. Aen. 6, 45; 7, 331; 11, 508. Ov. met. 14, 135; trist. 4, 4, 67: kurz Stat. silv. 1, 2, 116. Iuven. 3, 110; 8, 265; 9, 72; 14, 29. Auson. epigr. 103, 2. – Vulg. Abl. Plur. virginebus, CIL 6, 5175. – Nbf. birgo, CIL 9, 2076, 4: Nbf. firgo nach Carnutus bei Cassiod. de orthogr. (VII) 148, 9.
virgobretus, s. vergobretus.
virgōsus, a, um (virga), **voller Zweige** od. **Ruten,** Pallad. 1, 24, 2.
virgula, ae, *f.* (*Demin.* v. virga), **I** der **kleine dünne Zweig,** die **Rute,** oleagina, Ölzweig, Nep. Thras. 4, 1. Paul. ex Fest. 10, 12. – **II** meton., die **Rute,** der **Stab,** das **Stäbchen, 1** im Allg.: vitrea, Glasstäbchen, Sen.: virgulā stantem circumscribere, Cic. – **2** insbes.: **a** normalis, das Winkelmaß, Manil. 2, 289: so auch bl. virgula, Veget. mul. 5, 40, 3. – **b** virg. divina, der Zauberstab, die Wünschelrute, Cic. de off. 1, 158: als Titel von Varro sat. Men. 565–574. – **c** censoria, kleine Linie, ein Strich bei einem Wort zum Zeichen der Unechtheit, sonst obelus gen., Quint. 1, 4, 3. Hieron. epist. 50, 4 u. 84, 7. – **d** das **Akzentzeichen,** Mart. Cap. 3. § 273. – **e** der **Strich, Streifen** an Gewändern, descendentibus virgulis purpureis, Schol. Iuven. 8, 207.
virgulātus, a, um (virgula), **gestreift, mit Streifen (Linien) versehen,** concha, Plin. 9, 103.
virgultum, ī, *n.* (st. virguletum, von virgula), **I** das **Gebüsch, Gesträuch, Buschwerk, Strauchwerk, α** Sing.: salix virgulti genus, Fest. 329 (a), 28. Serv. Verg. ecl. 1, 55: omne virgultum, Vulg. genes. 2, 5 (u. so Nomin. auch Vulg. Isai. 53, 2. Auct. de idiom. gen. 584, 59): virgultum vellere, Augustin. de civ. dei 1, 20. p. 35, 3 D.[2] – **β** gew. Plur.: regio virgultorum ferax, Colum.: frondes et virgulta, Cic.: virgulta vepresque, Liv.: internata virgulta, Liv.: naturale saepimentum vivae saepis, quod obseri solet virgultis aut spinis, Varro (u. so loca obsita virgultis, Liv.): sarmentis virgultisque collectis, Caes. – **II** der **Setzling,** Lucr. 5, 932. Verg. georg. 2, 346. – u. der **Zweig** übh., virgulta murtae, Cael. Aur. de morb. chron. 4, 3, 69: myrti virgulta, Serv. Verg. Aen. 3, 15.
virgultus, a, um (virgultum), **voll Gesträuch, mit Gebüsch besetzt,** vallis, Sall. hist. fr. inc. 42 (8). Sil. 12, 354.
virguncula, ae, *f.* (*Demin.* v. virgo), das **Jüngferchen, Mägdelein,** ignobilis, Curt.: libertinorum virgunculae, Sen.: virguncula cervicem eius invasit, Petron.: in Appos., puella virg. (wie παῖς κόρη), Frontin. aqu. 10. Vgl. Gloss. II, 398, 34 u. II, 562, 47.

viriae, ārum, *f.* (keltisch), eine Art **Armschmuck,** Plin. 33, 40. Tert. de pall. 4. Ambros. de Abrah. 1, 9. *no.* 88.

Viriāthus (Viriātus), ī, *m.*, ein tapferer Lusitanier u. Anführer der Lusitanier im Krieg gegen die Römer, Lucil. 616. Cic. de off. 2, 40. Liv. epit. 52. Vell. 2, 1, 3 u. 2, 90, 3. Val. Max. 6, 4, 2. Flor. 2, 17, 15. Aur. Vict. de vir. ill. 71. Eutr. 4, 16. Oros. 6, 4, 1. Sil. 3, 354 *sq.* u. 10, 219 (220). – Dav. **Viriāthīnus**, a, um, **viriathinisch, des Viriathus,** Suet. Galb. 3, 2. – ► Die Schreibung Viriatus ist handschr. so gut beglaubigt wie Viriathus, ja inschr. noch besser, s. CIL 2, 791. 2435: vulg. Biriatus, *ibid.* 2970.

vīriculae, ārum, *f.* (*Demin.* v. vires), **geringe Kräfte,** patrimonii, geringes Vermögen, Apul. met. 11, 28: suae naturae, Ps. Cypr. de dupl. mart. 15.

viriculum, s. vericulum.

viridārium (viridiārium), iī, *n.* (viridis), **I** der **Garten,** bes. zum Vergnügen, der **Lustgarten, Hausgarten, Park,** Sing. viridiarium, Suet. Tib. 60; synkop. virdiarium, Lampr. Heliog. 23, 8: verdiarium, CIL 6, 29777: Plur., viridaria, Cic. ad Att. 2, 3, 2: viridiaria, Plin. 18, 7. Ulp. fr. 6, 17: synkop. virdiaria, Ulp. dig. 7, 1, 13. § 4 u. 33, 7, 8 M. Veget. mil. 4, 7. p. 133, 7 L². – **II** viridiāria, ōrum, *n.*, **grüne Gewächse,** wie Bäume, Pflanzen, Iavolen. dig. 33, 7, 26.

viridārius (viridiārius), iī, *m.* (viridis), der Aufseher des Lustgartens, der **Lustgärtner,** CIL 6, 2225.

viride, *Adv.* (viridis), **grün,** nihil viridius viret, Plin. 37, 62.

viridēsco, ere (viridis), **grün werden, grünen,** Ambros. hexaëm. 5, 1, 1 u. de spir. scto prol. *no.* 16. Th. Prisc. 4. fol. 317 (a). – ► Synk. Form virdēsco, Ambros. in Luc. 7. § 16 (im Bild). Anthol. Lat. 481, 126 R.

viridia, ium, *n.*, s. viridis.

viridiāriolum, ī, *n.* (*Demin.* v. viridiarium), der **kleine Garten,** Gregor. Tur. conf. 23. p. 763, 1.

viridiārium, iī, *n.*, s. viridārium.

viridico, āre (viridis), **grünlich glänzen,** nur *Partic.* viridicāns, **grünlich glänzend,** Tert. de pudic. 20.

viridis, e (vireo), **grün,** nach allen Abtönungen, **grünlich, grasgrün, lauchgrün, meergrün** usw., **I** eig.: **A** *Adi.*: ripa, Cic.: lingua, Cic.: color, Ov. met. 10, 137. Plin. ep. 8, 20, 4. Solin. 27, 36. Gell. 2, 26, 4 (vgl. unten *no.* II, 2, a): avis, v. Papagei, Ov.: virides lacus, mit Bäumen umgeben, Val. Flacc.: lignum umidum et viride (noch grün), Augustin.: ligna viridia atque umida, Cic.: herbae viridiores, Plin.: campi viridissimi, Cic. – Venafrum, reich an Ölbäumen, Hor.: Aegyptus, reich an Pflanzen, Verg. – bes. von der Farbe des Meeres, der Flüsse und von allem, was darin befindlich ist, wie Nymphe usw., aquae, Ov.: Mincius, Verg.: comae Nereïdum, Ov.: ferner pallor, grünlich, gelblich, Verg.: caelum, bläulichgrün, heiter, Plin. – **B** *Subst.*, viride, is, *n.*, **1** das **Grün,** die **grüne Farbe,** bacis e viridi rubentibus, grünlichrot, rötlichgrün, Plin.: e viridi pallens, blassgrün, Plin. – **2** das **Grün** = die grünen Gewächse, Bäume und Gras, Vulg. Sirach 43, 23; apoc. 9, 4: omne viride agri, Ambros. in Luc. 7, 16: bes. das **noch grüne (noch auf dem Halm stehende) Getreide** (Ggstz. quod maturi erat), Liv. 34, 26, 8. – Plur., viridia, ium, *n.*, **grüne Gewächse,** bes. **Gartengewächse,** die **Rasenflächen** u. **Baumgruppen** eines Gartens, die **Gartenanlagen,** Vitr., Cels., Sen. u. a.: cultus viridium, Sen. rhet. Vgl. Schwabe Phaedr. 2, 5, 14. – **II** übtr. u. bildl.: **1** **grün, jung, frisch,** im Ggstz. zu »alt«, materia, Liv.: caseus, Colum.: oleum, Suet.: fructus studiorum, Quint. – **2** **frisch, lebhaft, munter,** **a** v. der Farbe, Ps. Quint. decl. 10, 5 (vgl. oben *no.* I). – **b** v. Ton, sonus earum (litterarum) viridior vegetiorque, Gell. 2, 3, 1: u. so firmior et viridior sonus, Gell. 13, 20, 13. – **c** v. Alter usw., **jugendfrisch, rüstig, blühend,** iuventa, Verg.: aetas, Colum. u. Plin. ep.: aevum, Jugend, Ov.: senectus, Verg.: cruda viridisque senectus, Tac. – v. Tieren, viridis leo, Stat. Theb. 11, 742. – v. Pers., ille et viridis et iam senex, Sen. exc. contr. 4. praef. § 3: senex, sed viridis animo ac vigens, Sen. ep. 66, 1: consilio viridis, energisch im Rat, Sil. 3, 255: usque ad novissimam valetudinem viridis (v. einer Frau), Plin. ep. 7, 24, 1: m. *Genet.*, viridissimus irae, voll glühenden Zorns, Sil. 5, 569. – subst., viridiōres, um, *m.*, **rüstigere Männer,** viridiores iunioresque, Eutr. 9, 27. – ► synk. Genet. Plur. viridum, Stat. Theb. 2, 279: u. (für viridia subst.) viridiorum, Macr. sat. 1, 4, 11. – Vulg. Form biridis, Edict. Diocl. 6, 21 u. 6, 38 *sqq.*

viriditās, ātis, *f.* (viridis), **I** die **grüne Farbe** einer Sache, das **Grün,** pratorum, Cic.: agrorum, Ambros.: maris, Plin. – **II** bildl., die **Jugendfrische, Lebhaftigkeit, Munterkeit, frische Tatkraft,** senectus aufert viriditatem, Cic.: ut (illud opinatum malum) et habeat quandam viriditatem, einen gewissen unverwelkten Zustand, Cic.

virido, āre (viridis), **I** *intr.* **grün sein, grünen,** hic viridat tumulis laurus prope Delia nostris, CIL 8, 7854: dictum quod viridat, Serv. Verg. Aen. 4, 242 (Becker). – dah. viridāns, **grünend, grün,** laurus, Verg.: hedera, Plin.: comae, Apul.: ubi sanctus Cithaeron frondet viridantibus fetis, Acc. tr. 244: viridantia Tempe, Catull. – **II** *tr.* **grün machen,** viridantem floribus hastas, Val. Flacc. 6, 136; dah. viridārī, grün werden, Ov. hal. 90. Audax in Augustin. epist. 260.

Viridomārus u. synkop. **Virdomārus** (auch Virdumārus geschr.), ī, *m.*, ein gallischer Männername, unter dem bekannt ein Anführer der Äduer, Caes. b. G. 7, 38 *sqq.* (Viridom.), u. ein Anführer der Insubrer, den der Konsul M. Klaudius Marcellus im J. 222 v. Chr. tötete und so die spolia opima gewann, Liv. epit. 20 (Jahn Viridom., Hertz u. Weißenb. Virdom.). Flor. 2, 4, 5 (Viridom.). Prop. 4, 10, 41 (Virdomārus, mit kurzem a). CIL 3, 2065 (Vird.); Act. triumph. Capitol. a. u. c. 532 (CIL 1². p. 47), wo Virdum.

virīlis, e (vir), **zum Manne gehörig, männlich,** **I** im Allg.: **1** in Rücksicht auf das Geschlecht, **a** übh.: stirps, Liv. u. Ov.: secus, männliches Geschlecht (Ggstz. muliebre), Sall. fr., Liv. u. a.: sexus, m. G., Fronto, Sprössling, Sohn, Nep.: tunica, Varro LL.: calceus, Varro LL. u. Cic.: pes, Vitr.: corpora, Sen.: vultus, Ov.: convivia, an denen nur Männer teilnehmen, Vitr.: morbi, Sen.: tela (Ggstz. feminea), Ov.: nomina (Ggstz. nomina muliebria), Varro LL.: membrum virile, das männliche Schamglied, Porphyr. Hor. sat. 1, 9, 70: u. so natura, Oros. 5, 6, 1 (wo naturā virili duplex): pars virilis, das männliche Schamglied, Lucr. 6, 1207, die Hoden, Colum. 7, 11, 2: subst., virīle, is, *n.*, das männliche Schamglied, Apul. apol. 33: Plur. virilia, die männlichen Schamteile, Plin. u. a.: exsectis virilibus semivirum reddidit, Lact.: dah. prägn., viriliores, mit einem größeren Schamglied Versehene, Lampr. Heliog. 8, 7. – **b** als gramm. *t. t.*, **männlich, männlichen Geschlechtes,** genus, Gell.: nomen, Varro LL. – **2** in Ansehung des Alters, **männlich, mannbar,** aetas, Oros. 7, 36, 3. Cassian. coen. inst. 4, 24: aetas animusque, Hor. de art. poët. 166: toga, das männliche Kleid, das die röm. Jünglinge ungefähr im fünfzehnten od. sechzehnten Lebensjahr anlegten, Cic.: partes, Mannesrollen, Hor. – **3** in Rücksicht auf die Person: **a** als jurist. *t. t.*, **auf eine Person-, auf den Mann kommend,** portio od. pars virilis, der Teil, der auf jeden kommt, der Anteil bei der Erbschaft, ICt. – **b** im Allg., bei einer Verrichtung, der **Teil, Anteil,** den eine Person nimmt od. nehmen muss, est aliqua mea pars virilis, mein Teil, meine Pflicht, Cic.: pro virili parte, auf jedes Mannes Anteil, soviel ein Mann leisten kann u. muss, soviel es einem kräftigen Manne gebührt, agrum pro virili parte cepisset, Liv.: qui pro virili parte defendunt, Cic.: so auch pro virili portione, Tac. u. a. (s. M. Müller Liv. praef. § 3. Bünem. Lact. 2, 7, 2). – **II** prägn., der Eigenschaft nach, wie unser **männlich,** für einen Mann sich schickend, folglich **mannhaft, kräftig, mutig, standhaft,** dolor, Cic.: oratio, Cic.: animus, Cic.: aetas animusque virilis, Hor.: ingenium, Sall.: scelera, wozu männlicher Mut erfordert wird, Tac.: parum virile videatur, Cic. – subst., virīlia, ium, *n.*, mannhafte Taten, Sall. hist. fr. 3, 61 (82), 15. – ► Abl. Sing. virile, Heges. 3, 13. p. 193, 31 W. – *Compar.* virilior, Lampr. Heliog. 8, 7. – *Superl.* virilissimus, CIL 9, 394.

virilītās, ātis, *f.* (virilis), die **Männlichkeit,** **I** im Allg.: **1** eig., das **männliche Alter,** Plin. 33, 152: incerta, Tac. ann. 6, 5. – **2** meton., die **Mannbarkeit,** das **Zeugungsvermögen,** die **Zeugungsglieder,** Auct. b. Alex., Quint. u. (v. Tieren) Plin.: Abdus ademptae virilitatis, ein Entmannter, ein Kastrat, Tac. – **II** prägn., die **Mannhaftigkeit, männliche Kraft** im Reden, Handeln, Val. Max. 2, 4, 2. Quint. 1, 8, 9.

virīliter, *Adv.* (virilis), **männlich, in männlicher Haltung** = standhaft, mutig (Ggstz. effeminate), vir. sese expedire, Rhet. Her.: aegrotare, Cic.: vir. facere, Hor. (vgl. quod viriliter animoque magno fit, id etc., Cic.): res adversas vir. ferre, Sen.: fortunam vir. ferre, Ov.: minus sapienter et parum vir. dolorem ferre ex morte pueri, Gell.: ut mortem, quam effeminate timuerunt, vir. optarent, Val. Max. – omnes isti virilius peccant, Sen. de brev. vit. 7, 1: hanc sententiam fortius et virilius dixit, Sen. contr. 10, 4 (33), 21.

viriolae, ārum, *f.* (*Demin.* v. viriae), eine Art **Armschmuck,** Plin. 33, 40. Ulp. dig. 34, 2, 25. § 10. Scaevol. dig. 34, 2, 40. § 2. Isid. orig. 16, 31. § 16. – ► Sing. viriola, Ulp. dig. 18, 1, 14. Auct. de idiom. gen. 582, 57 K. Vgl. Gloss. II, 209, 30 ›viriola, κλάνιον, ψέλιον‹.

vīriōsē, *Adv.* (viriosus), **kräftig, heftig, stark,** viriosius, Tert. de anim. 19.

vīriōsus, a, um (vires), **kräftig, heftig, mächtig,** Tert. adv. Val.: spinae, die schärfsten, Apul. met. 7, 18 H.: Neoptolemus, Dares Phryg. 13.

Viriplāca dea, ae, *f.* (vir u. placo), die **Männerversöhnerin,** eine Göttin (vielleicht Juno), die in ihrem Tempel auf dem palatin. Hügel den Ehemann mit der Ehefrau, wenn eheliche Zerwürfnisse entstanden waren, versöhnte, Val. Max. 2, 1, 6.

1. vīripotēns, entis (vires u. potens), **mächtig von Kraft,** der **Gewaltige,** Beiname Jupiters, Plaut. Pers. 252.

2. viripotēns, entis (vir u. potior), **mannbar,** puella, ICt.; vgl. Fest. 250 (b), 8 u. Paul. ex Fest. 251, 2.

virītānus, a, um (viritim), **an die einzelnen Bürger (parzellenweise) verteilt,** ager, Paul. ex Fest. 373, 3.

virītim, *Adv.* (vir), **I Mann für Mann, einzeln,** agros viritim dividere civibus, Cic.: praemia viritim et publice tribuere, einzelnen u. ganzen Staaten, Auct. b. Alex.: trecenos nummos viritim dedit, auf die Person, Tac.: quos viritim legerat, Nep.: populi viritim deleti, Plin. – **II** übtr., **Mann gegen Mann, als einzelner Mann (als Person), dem einzelnen Mann, einzeln,** dimicare, Mann gegen Mann (im Zweikampf), Curt.: legeret viritim publicus usus, Hor.: in universum de ventis diximus, nunc viritim incipiemus illos discutere, Sen.: viritim commonefacere beneficii sui, Sall.: possum donare sapienti quod viritim meum est, Sen.: quae ei viritim serviunt, was ihm für seine Person Dienste tut (Ggstz. in universum), Sen.: u. so Cornelio viritim (für seine Person) a divo Claudio civitate donato, CIL 2, 159: so auch viritim = für ihre Person, Tac. ann. 3, 43 u. 11, 24.

Viromanduī (Veromandī), ōrum, *m.*, eine Völkerschaft in Gallia Belgica, östlich von den Atrebaten, südlich von den Nerviern, **α** Form *Viromandui,* Caes. b. G. 2, 4, 9; 2, 16, 2; 2, 23, 3. Liv. epit. 104. Plin. 4, 106 (wo Jan u. Detl. Veromandui): Sing. Viromanduus, ein Viromanduer, Not. Tir. 87, 56. CIL 13, 1465 u. 13, 1688. – **β** Form *Veromandi,* Oros. 6, 7, 14 Z.: Augusta Veromandorum, Itin. Anton. 379, 4.

viror, ōris, *m.* (vireo), die **grüne Farbe,** das **Grün,** hordei, Pallad. 7, 12: novus, Vopisc. Prob. 19, 3: quod arcus sit concolor de virore, Non. 35, 13: Plur., pratorum virores, Apul. flor. 10. p. 14, 3 Kr.

virops = quae iam virum opus habet, Gloss. IV, 193, 36; V, 582, 52 u. 613, 37.

1. virōsus, a, um (vir), **mannsüchtig, mannstoll,** uxor, Lucil. 282: femina, Apul. met. 9, 14: filia, Porphyr. Hor. carm. 3, 15, 8: virosa non sum, Afran. com. 62. – v. Mann, Scip. Afr. bei Gell. 6 (7), 12, 5. – übtr., si mulier eo lotio locos (= vulvam) fovebit, numquam ii virosi (geil) fient, Cato r. r. 157, 11.

2. vīrōsus, a, um (virus), **I von starkem Geruch, stark riechend** od. **stinkend,** castorea, Verg.: odor, Scrib. Larg.: pisces, Cels.: aves, Apic.: virosissimum remedium, Scrib. Larg.: iuncus Africanus est virosae mordacitatis, hat einen scharfen u. stinkenden Geschmack, Plin. – **II giftig,** spinae, Apul. met. 7, 18. p. 483 *ed. Oud.* (Hildebr. viriosas): os (serpentis), Salv. adv. avar. 1, 1. § 1. – übtr., assertio, Mart. Cap. 4. § 332: aures mariti virosā susurrorum faece completae, Sidon. epist. 5, 7, 7.

virtūs, ūtis, *f.* (vir), ganz wie ἀρετή, eig. die **Mannheit,** d. i. alles, was den Mann in körperlicher u. geistiger Hinsicht ziert u. adelt, u. zwar: **I** appellat.: **A** im Allg.: **1** eig., die **Tüchtigkeit, Tauglichkeit, Vorzüglichkeit, Tugend,** die **tüchtigen Eigenschaften, Vorzüge, Verdienste,** die den Mann zieren, corporis, animi, Cic.: virtutibus lenioribus erat ornatus, modestiā, temperantiā, iustitiā, Cic.: vis illa divina virtusque, Cic.: ob virtutes certissimum exitium, Tac.: edepol virtutis (= virtutes) qui tuas nunc possit collaudare, Plaut.: dah. virtute alcis, durch jmds. Hilfe, Vermittlung, Plaut. – **2** übtr., v. Tieren, ebenso v. Sachen, die **Güte, Tüchtigkeit, tüchtige Eigenschaft, der Wert,** die **Kraft,** der **Nachdruck,** equi, Cic.: mercis, Plaut.: navium, Liv.: ferri, Iustin.: herbarum, Ov.: oratoriae virtutes, Cic.: virtus u. virtutes animi et ingenii, Lact. 5, 17, 4 u. de ira 7, 4: memoriae duplex virtus, facile percipere et fideliter continere, Eigenschaft, Cic.: cum quadam virtute, Quint.: virtute formae evenit, du hast es deiner Schönheit zu danken, dass usw., Plaut. – **B** insbes.: **1** die männliche Vollkommenheit, die **Tugend, Tugendhaftigkeit,** der **tugendhafte Wandel,** die **Moral,** tantā virtute, so tugendhaft, Cic.: honesta in virtute ponuntur, Cic.; vgl. Cic. Tusc. 2, 43; de inv. 2, 159. – dah. auch die Ansicht, die die Menschen von der Tugend haben, die Moral, Hor. sat. 1, 3, 42. – **2** die kriegerische Tüchtigkeit, der **kriegerische Mut,** die **Tapferkeit,** Cic., Caes. u. Liv.: auch mit näheren Bestimmungen, rei militaris, Cic.: bellandi, Cic.: militaris, Cic.: virtutis est (es ist ein Zeichen von Mut) m. *Infin.*, non mutare mentem, Heges. 5, 53 *in.* – Plur. virtutes, tapfere-, ausgezeichnete Taten, Heldentaten, Nep. Hann. 12, 5. Tac. Germ. 18. – **3** in schwierigen Lebensverhältnissen, in Gefahren, der **Mut,** die **Herzhaftigkeit, Standhaftigkeit,** nisi virtute et animo restitissem, mit Mut u. Kraft, Cic.: im üblen Sinne, iniqua, Stat. Theb. 11, 1. – **4** eine **übermenschliche Kraft,** ein **Wunder,** virtutem edere, Sulp. Sev. chron. 1, 43, 7. – **II** personif., die Göttin Virtus, Cic. de nat. deor. 2, 61 u. 79. Liv. 27, 25, 7 u. 29, 11, 13. – ► Archaist. Dat. Sing. virtutei, CIL 1, 30 u. 34; Abl. virtutei, CIL 1, 34. – Genet. Plur. auch virtutium, Apul. apol. 73. Paul. Nol. carm. 10, 34. Iul. Val. 2, 21 *Mai* (Kübler p. 82, 22 virtutum). Itin. Alex. 48, (111).

vīrulentia, ae, *f.* (virulentus) = virus, der **Gestank,** hircorum, Sidon. epist. 8, 14, 4: Plur., virulentiae carnium, Hieron. epist. 108, 31. – übtr., s. lenities.

vīrulentus, a, um (virus), **voll Gift,** serpentes, Gell. 16, 11, 2: bildl., **giftig,** simulatio et assentatio, duae virulentissimae pestes, Cassiod. de amic. 14.

vīrus, ī, *n.* (altind. *višám,* griech. ἰός = ϝισός, Gift), **I** die **natürliche zähe Feuchtigkeit,** der **Schleim, Saft, a** der Gewächse, ciceris et lini, Colum. 2, 13 (14), 3: pastinacae, Plin. 19, 89: virus, odoriferis quod Arabum in campis carpsi, Stat. silv. 1, 4, 104. – **b** der Tiere, cochlearum, Plin. 30, 44. – vom **Samen** der Tiere, Plin. 9, 157. Verg. georg. 3, 281. – **II** insbes., im üblen Sinne: **A** das **Gift,** der Schlangen, Lucr., Verg. u. a.: letale virus (in Pflanzen), Sulp. Sev.: virus (Gifttrank) cognitis ante venenis (Giftzutaten) rapidum, Tac. – bildl., illud malum virus, Sen.: aliquis, apud quem evomat virus acerbitatis suae, Cic. – **B** der **widrige Geruch,** der **Gestank,** paludis, Colum.: animae leonis, Plin.: odoris, Plin. – **C** der **scharfe, salzige Geschmack,** tetrum, des Seewassers, Lucr.: vini, Plin.: ponti, Manil. – ► Heteroklit. Genet. Sing. virus, Amm. 18, 4, 4 (wo copia virus).

vīs, Akk. vim Abl. vī; Plur. vīrēs, ium, *f.* (v. ἴς, ϝίς), die **Kraft, Stärke, Gewalt, I** eig. u. meton.: **A** eig.: **1** im Allg.: **a** Sing.: celeritas et v. equorum, Cic.: magna v. eorum (urorum) et magna velocitas, Caes. – v. Lebl., v. atque impetus fluminis, Caes.: v. vini, Cic.: v. flammae, Nep.: v. frigorum, Cic.: v. morbi, Nep.: nec ideo ferrum secandi vim perdidit, Sen. – **b** Plur. (in der Bedeutung »Körperkraft« vorherrschend, Ggstz. lassitudo, Augustin. de civ. dei 19, 4, 2), vires nervique, sanguis viresque, Cic.: vires adulescentis, Cic.: dare alci vires, Prop. u. Ov.: lacertis et viribus pugnare, Cic.: validis viribus hastam contorquere, Verg.: pro viribus, Cic.: supra vires, Hor. – v. Lebl.: vires oleae, Cato: vires herbae, Ov.: neglecta solent incendia sumere vires, Hor. – poet. m. folg. *Infin.*, nec mihi sunt vires inimicos pellere tectis, Ov. her. 1, 109. – **2** insbes., die gegen jmd. od. etw. feindlich gerichtete **Gewalt,** der **Zwang,** die **Gewalttätigkeit, Gewalttat,** der **Gewaltakt, a** übh.: cum vi vis illata defenditur, Cic.: vim facere, Caes.: vim facere in alqm, Ter., alci, Cic.: vim facere per fauces portus, gewaltsam durchbrechen durch usw., Liv.: vim adhibere, Cic.: alci vim afferre, Cic.: alci vim inferre, Liv. epit. u. Suet.: alci vim et manus inferre, Cic.: vitae suae vim inferre, Vell.: per vim, Cic. u. a.: vi, malo, plagis, Cic.: manu ac vi (durch Mord u. Gewalttat), Sall.: vi (durch Gewalt = gezwungen) aut voluntate (freiwillig), Liv. – v. Lebl., naves totae factae ad quamvis vim perferendam, Gewalt, Stoß, Caes.: v. caeli, Unwetter, Plin. – vis est m. *Infin.*, vis est experirier, der Versuch wird zur Gewalt, Plaut. truc. 753. – **b** die gegen jmds. Keuschheit gerichtete **Gewalt,** alci vim afferre, Cic. u. Ov.: vim pati, Ov. – **B** meton.: **1** die **Menge,** piscium magna atque altilium vis, Lucil. fr.: v. auri argentique, Cic.: v. maxima ranunculorum, Cic.: magna v. pulveris, Caes.: odora canum vis, Verg.: profundere vim lacrimarum, einen Strom v. Tr., Cic. – **2** Plur. vires, als milit. *t. t.*, die **Wehrkraft, Streitkräfte, Truppen,** praeesse exercitui, ut praeter auctoritatem vires quoque ad coërcendum haberet, Caes.: satis virium ad certamen, Liv.: undique contractis viribus signa cum Papirio conferre, Liv. – **3** v. der **Zeugungskraft, a** Sing.: vis genitalis = der männl. **Samen,** Tac. ann. 6, 28. – **b** Plur. vires, die **Zeugungskräfte** = die **Hoden,** Arnob. 5, 6. CIL 13, 1751 u. a. – **II** übtr.: **1** im Allg., geistige u. moralische **Kraft, Macht, Gewalt, Wirkung,** der **Nachdruck,** der **Einfluss,** v. illa divina et virtus orationis, Cic.: v. ac facultas oratoris, Cic.: v. summa ingenii, Cic.: v. patriae, Cic.: v. magna est conscientiae, Cic.: v. magna est in fortuna in utramque partem, Cic.: quod ostentum habuit hanc vim, ut etc., Cic. – **2** insbes., der einem geistigen Ggstd. inwohnende **Gehalt,** der **Inhalt,** die **Natur,** das **Wesen,** die **Bedeutung, a** übh.: in quo est omnis vis amicitiae, Cic.: v. virtutis, Cic.: vim formamque villaticae pastionis exponere, Varro. – oft verb. natura atque vis (Natur u. Wesen) animi, Cic.: vis et natura divina, Cic. – **b** insbes., die **Bedeutung,** der **Sinn** eines Wortes usw., verbi, nominis, Cic.: vis, natura, genera verborum et simplicium et copulatorum, Cic.: quae vis insit in his paucis verbis, si attendes, intelleges, Cic. – ► Genet. Sing. vis, Ulp. dig. 4, 2, 1. Paul. sent. 5, 30 u. a. ICt.: Dat. Sing. vi, Auct. b. Afr. 69, 2. CIL 5, 837. – Archaist. Nom. Plur. vis, Lucr. 3, 265, u. Akk. Plur. vis, Lucr. 2, 586. Sall. hist. fr. 3, 62 (84). Messala bei Macr. sat. 1, 9, 14.

vīsābundus, s. vīsibundus.

viscārium, iī, *n.* (viscum), der **Köder,** Augustin. serm. 72, 2 Mai.

viscātūra, ae, *f.* (viscatus), die **Leimrute,** Ven. Fort. carm. 5, 6, 11.

viscatus, a, um (viscum), **mit Vogelleim bestrichen, I** eig.: virga, Leimrute, Varro u. Ov.: alae, Ov. – **II** meton.: manus, an denen das Angerührte kleben bleibt, Lucil. fr.: munera, Geschenke, durch die man mehr erlangen will, Plin. ep.: beneficia, die uns verlocken, Sen.

vīscellātus, a, um (viscellum), **mit Fleischfüllsel gefüllt,** pullus, Plin. Val. 2, 17: pisces, Plin. Val. 5, 24. (Schuch Apic. 8, 394 iuscellatus).

vīscellum, ī, *n.* (*Demin.* v. 1. viscus), **Füllsel** aus Fleisch, Cael. Aur. de morb. acut. 2, 9, 54. Plin. Val. 5, 25.

vīscera, um, *n.*, s. 1. vīscus.

vīscerālis, e (1. viscus), **im Inneren einer Sache befindlich, innerlich,** motus, Augustin. serm. 28, 4.

vīscerātim, *Adv.* (s. 1. vīscus), **stückweise,** Enn. fr. scen. 119.

vīscerātio, ōnis, *f.* (viscera), **I** die öffentliche **Fleischverteilung,** die **Fleischspende** ans Volk, Cic. u. a.: Plur., Cic. de off. 2, 55. – **II** übtr.: sine amico visceratio leonis et lupi vita est, eine Abfütterung, Sen. ep. 19, 10.

vīscereus, a, um (viscus, eris), **aus Fleisch bestehend, Fleisch-,** arvum, Prud. apoth. 1025.

viscidus, a, um (viscum), **zäh, klebrig,** Th. Prisc. 1, 2; de diaeta 18. Gargil. Mart. medic. ex pomis § 9 u. 11. Vgl. Scholia Bern. ad Verg. georg. 2, 281.

visco, āvī, āre (viscum), wie mit Vogelleim **beleimen, mit Leim** (mit einer zähen Masse) **überziehen,** cum se inter articulorum coniunctiones usu commotionum viscaverit (sanies), Th. Prisc. 2, 21: übtr., spirat et hinc miseri viscantur labra mariti, fettige Schmiere (v. Speichel) bekleistert die Lippen des armen Gemahls, Iuven. 6, 466.

viscōsus, a, um (viscum), **I voll Vogelleim, klebrig,** Prud. ham. 822 (im Bild). – **II** übtr., **klebrig, zäh,** Pallad. 1, 14: umor, Th. Prisc. 2, 21: quaedam pinguedo, Th. Prisc. 2, 5.

Vīsculus, ī, *m.*, s. Vīstula.

vīscum, ī, *n.* (ἰξός), **I** die **Mistel,** Verg. u. Plin. – **II** meton., der aus den Mistelbeeren bereitete **Vogelleim,** Cic. u. a. – übtr., etwa **Leimrute,** viscus merus vestra est blanditia, Plaut.: tactus sum vehementer visco (der Liebe), Plaut.: bildl. quam (animam) de visco tam tenaci mortis exuistis, Augustin. – ► Nbf. viscus, ī, *m.*, Plaut. Bacch. 50 G., s. vorh.

1. vīscus, eris, *n.* u. häufiger Plur. viscera, um, *n.* (vieo), die inneren Teile des tierischen Körpers, die **Eingeweide, I** eig. u. übtr.: **A** eig.: **1** im Allg.: viscus omne, Cels.: rancenti viscere, Lucr. – **2** insbes., die **Eingeweide,** sowohl die edleren, wie Lunge, Leber, Herz usw., als die unedleren, wie Magen, Gedärme usw., Cels. u. a.: Tityus viscere pascit aves, Leber, Tibull.: haerentia viscere tela, Herz oder Brust, Ov.: dah. viscera, Mutterleib, Quint. u. Ov., Magen, Ov., Gedärme, Ov., Hoden, Plin. u. Petron., die säugende Brust, Nemes.: viscera spargere, die Eingeweide nach allen Seiten hervordringen lassen (v. Selbstmörder), Sen. de prov. 2, 11. – **B** übtr., viscera, das **Fleisch,** soweit die Haut es bedeckt, e visceribus sanguis exeat, Cic.: viscera eorum apponit, Cic.: boum visceribus vesci, Cic. – **II** meton., Plur. viscera, **1** v. Pers.: **a** das **eigene Fleisch, Fleisch und Blut** = das eigene Kind, die eigenen Kinder, diripiunt avidae viscera nostra ferae, Ov.: nec dolor armasset contra viscera matrem, Ov.: eripite viscera mea ex vinculis, Curt.: viscera sua visceribus suis aleret, Val. Max.: bildl., v. den eigenen Schriften, viscera sua flammis inicere, Quint. 6. prooem. § 3. – **b** die **Lieblinge,** magnarum domuum, Iuven. 3, 70. – **2** die **Eingeweide** = das **Innere, Innerste** einer Sache, viscera montis, Verg.: terrae, Ov.: telluris ima, Sil.: rei publicae, Cic.: causae, Cic.: inhaeret in visceribus malum, Cic.: quae mihi in visceribus haerent, im Innersten meiner Seele, tief im Gedächtnis, Cic.: intima viscera animae meae, Augustin.: tyrannus haerens visceribus nobilissimae civitatis, Liv.: neu in viscera vertite vires, gegen eure eigenen Mitbürger führt nicht Bürgerkrieg, Verg. – **3** das **Herzblut** = Mittel, Vermögen, aerarii, Cic.: pecunia erepta ex rei publicae visceribus, dem Herzblut des Staates abgepresstes, Cic.: de visceribus suis et filii sui satisfacere alci, Cic.

2. viscus, ī, *m.*, s. vīscum ►.

vīsendus, a, um, *PAdi.* (v. viso), **sehenswert,** ornatus, Cic. Vatin. 31: arbores visendae magnitudinis, Plin. 16, 242. – subst., visenda, ōrum, *n.*, **Sehenswürdigkeiten,** Athenae multa visenda habentes, Liv. 45, 27, 11.

vīsibilis, e (video), **I sichtbar** (Ggstz. invisibilis), Apul. de mund. 8 u. Eccl. – **II** das **Vermögen zu sehen habend,** pars animi, Plin. 11, 146.

vīsibilitās, ātis, *f.* (visibilis), die **Sichtbarkeit,** Tert. carn. Christ. 12. Fulg. contin. Verg. p. 150 M.

vīsibiliter, *Adv.* (visibilis), **sichtbar,** Ambros. in Luc. 6. § 86. Claud. Mam. de stat. anim. 2, 5 u. a. Eccl.

vīsibundus, a, um (viso), **leicht sichtbar,** Auct. itin. Alex. 24 *Volkm.* (wo Mai 23 u. *ed. Paris.* 57 visabundus).

vīsificus, a, um (visus u. facio), **sehen machend,** viae, Th. Prisc. 4, 2.

Visigothae, ārum, *m.*, die **Westgoten** (Ggstz. Ostrogothi), Cassiod. var. 3, 1.

1. vīsio, ōnis, *f.* (video), das **Sehen, Ansehen,** der **Anblick, I** eig.: eamque esse dei visionem, ut similitudine cernatur, Cic. – prägn. das **Gesicht** = die Kraft zu sehen, amphitheatri moles, ad cuius summitatem aegre visio humana conscendit, Amm. – **II** meton.: **a** was sich den Augen od. der Phantasie darstellt, die **Erscheinung,** adventicia, Cic.: Plur., fluentes visiones, zuströmende Ersch., Cic. de nat. deor. 1, 109. – **b** die geistige **Vorstellung,** die man sich von etwas macht, die **Idee,** doloris, Cic.: veri et falsi, Cic. – **c** als jurist. *t. t.*, der **Gesichtspunkt,** der einzelne **Fall,** prima, ICt.: tribus visionibus, ICt.

2. vīsio, īre, **furzen,** Lucil. sat. fr. 188 *Lachm.* (Müller 5, 39 u. Marx 208 vis ire).

vīsitātio, ōnis, *f.* (visito), **I** das **Sehen,** postero autem die (luna) praeteriens ab sole visitationem facit tenuem extremae rotunditatis, lässt er einen dünnen (beleuchteten) Kreisrand sichtbar werden, Vitr. 9, 2, 3. – **II** die **Besichtigung,** virginis inspectio et visitatio, Ambros. epist. 5, 19: Plur., visitationes suae, Augustin. epist. 84, 15: fratrum visitationes, Cassian. coll. patr. 24, 19. – dah. der **Besuch,** Tert. adv. Iud. 13 *extr.*: languentium, Hieron. epist. 52, 3. – bildl., die **Heimsuchung,** d. i. Strafe, Vulg. Isai. 10, 3.

vīsitātor, ōris, *m.* (visito), der **Besucher,** Augustin. serm. in fer. pentec. 1, 2. Vulg. 2. Mach. 3, 39 u. a. Eccl.

vīsito, āvī, ātum, āre (*Intens.* v. viso), **I oft sehen,** alqm, Plaut.: visitata signa, sichtbare, Vitr. – **II besichtigen,** coram se inspici et visitari virginem, Ambros. epist. 5, 21. – dah. **nach** jmd. **sehen,** jmd. **besuchen,** alqm, Cic.: aegrum, Suet.: alqm vespere, Augustin.

vīso, vīsī, vīsum, ere (*Intens.* v. video), etwas genau **ansehen, besehen, besichtigen, I** eig.: agros, Liv.: praedam, Liv.: cupiditas visendi deos hominesque, quorum beneficio in ea fortuna esset, Liv. – absol., visendi causā venire, Cic. – **II** übtr., des Nachsehens wegen irgendwohin kommen, wonach **sehen, nachsehen, A** im Allg.: aedem Minervae, Plaut.: filios, Plaut. – vise ad portum, sieh in den Hafen, gehe hin, Plaut.: vise, redieritne, Ter.: visam, si (ob) domi est, Ter.: vise, num sit, Ter.: id viso, tune an illi insaniant, ich will doch sehen, ob usw., Ter.: visam, *ne* nocte hāc quippiam turbaverint, Plaut. capt. 127. – **B** insbes.: **a** jmd., bes. einen Kranken, gleichsam sich erkundigend **besuchen, nach** jmd. **sehen,** uxorem, Ter.: ut viderem te et viserem, Cic.: it visere ad eam, Ter.: visere ad alqm aegrotum, Gell.: nosque vises, Cic. – **b** eine Örtl. **besuchen, aufsuchen,** Thespias, Cic.: domum alcis, Cic. – ► Von Fleckeisen im Plaut. visso geschr., z. B. Bacch. 900 u. 901.

visōn, s. bisōn.

vīsor, ōris, *m.* (video), der **Beschauer,** Augustin. c. Acad. 2, 19.

vīsōrium, iī, *n.* (video) = θέατρον, **Schauplatz,** Cassiod. var. 5, 24.

vispellio, s. vespillo ►.

vispillo, s. vespillo ►.

visso, s. vīso ►.

Vīstillus, ī, *m.*, s. Vīstula.

Vīstla, s. Vīstula.

Vīstula, ae, *m.*, ein Fluss an der östlichen Grenze Germaniens, die **Weichsel,** Mela 3, 4, 1 (3. § 33). – Nbf. Vīstla, Plin. 4, 81 u. 97: Visculus sive Vistla, Plin. 4, 100 (Sillig Vistillus sive Vistla).

vīsuālis, e (visus), **zum Sehen gehörig,** radius, Chalcid. Tim. 241 u. 257: probatio, durch Anschauung gewonnen, Cassiod. var. 12, 14, 6. – subst., vīsuālia, ium, *n.*, **Sehkräfte,** Th. Prisc. 4, 2.

vīsuālitās, ātis, *f.* (visualis), die **Kraft zu sehen** (Ggstz. caecitas), Tert. de anim. 29.

visulla (nicht visula), ae, *f.*, eine Art Weinstöcke, Colum. 3, 2, 21 *sq.* Plin. 14, 28.

vīsum, ī, *n.* (video), das **Gesehene,** die **Erscheinung,** das **Bild, I** im Allg.: turpia visa, Prop. 2, 6, 28. – **II** insbes.: **A** die **Erscheinung** im Traum, das **Traumgesicht, Traumbild,** visa somniorum, Cic.: nocturna, Nachtgesichte, Amm.: perterritus visis, Cic. – **B** (als Übersetzung des griech. φαντασία der Stoiker) die durch Sinneneindrücke von außen entstandene Vorstellung, die **Phantasie,** das **Gebilde der Phantasie,** Cic. Acad. 1, 40 u. a.

Visurgis, is, Akk. im, *m.*, ein Fluss im nördlichen Germanien, die **Weser,** Mela 3, 3, 3 (3. § 30). Plin. 4, 100. Tac. ann. 2, 9 u. 11 u. a. Sidon. carm. 23, 244.

vīsus, ūs, *m.* (video), **I** das **Sehen,** der **Anblick, Blick, a** übh.: v. oculorum, Quint.: visu nocere, Cic. fr.: obire omnia visu, besehen, Verg.: terribiles visu, schrecklich anzusehen, Verg.: ut, quod *visum* arceret, *auditus* non adimeret, Tac. – Plur., filiorum et coniugis visibus inimici vultus, Cael. Aur. de morb. acut. 1, 15, 122: visus effugiet tuos, Ov. fast. 3, 406: quod natura visibus nostris (unseren Blicken) denegavit, Apul. de deo Socr. 2; vgl. Ov. met. 15, 64 u. Ps. Apul. Ascl. 2 u. 21. – **b** prägn. = die Kraft zu sehen, der **Gesichtssinn,** Ambros. in Luc. 7. *no.* 113 u. 140: et auditus in duas aures et visus in duas acies et odoratio in duas nares a summo artifice divisa est, Lact. de opif. dei 10. § 10: caput, in quo visus et odoratus, auditus et gustus est, Hieron. in Isai. 1, 1. *v.* 5. – **II** meton.: **A** das **Gesicht,** d. i. die Augen, visus inoccidui, Stat. Theb. 6, 277; vgl. Prud. perist. 14, 58 (Plur.). – **B** objektiv, der **Anblick,** die **Gestalt, Erscheinung,** horribilis, Verg.: nocturnus, Liv.: conspectus ab utraque acie aliquanto augustior humano visu, Liv.: hoc visu (Traumgesicht) laetus, Liv.: v. einer Lufterscheinung, prodigia fulminibus aliove visu missa, Liv. – v. Abstr., visum habere quendam insignem et illustrem, Cic. de nat. deor. 1, 12.

vīta, ae, *f.* (aus *vīvita zu vivo), das **Leben, I** eig. u. übtr.: **a** eig.: in vita esse, leben, Cic.: discedere a vita, cedere e u. ex vita od. bl. vitā, excedere e vita od. bl. vitā, Cic.: abire e vita, Cic.: abire vitā, Vell.: vitam ponere, sein Leben lassen, Cic.: vitam amittere, Cic.: vitam profundere pro alqo, Cic.: perducere vitam ad annum centesimum, Cic.: si vita suppetet, wenn ich das Leben haben werde, Cic.: vitā frui, Cic.: vitā vivere, vitam vivere, leben, Plaut.: vitam tutam vivere, Cic.: vitam miserrimam degere, Cic.: vitam agere, s. ago *no.* II, B, 1, β: vitam colere, s. 2. colo *no.* II, 2, a: vitam tolerare, s. tolero: vitam transire (zubringen), Sall. u. Sen. (u. so sine adversario vitam, Sen.): vitam silentio transigere, Vulg.: vitam trahere (hinschleppen), Verg., Plin. u. a.: in vita manere, Cic.: vitam alci adimere, Cic., od. auferre, Cic., od. alqm vitā privare, Cic., od. expellere, Cic.: eādem manu sibi vitam exhaurire, quā etc., Cic.: vitam suspendio amittere, Gell.: alci vitam dare (schenken), Sen.: vitam producere (verlängern), Nep., Ggstz. abrumpere, Verg.: vitā defungi, Sen., Curt. u. Gell. vitam finire, s. finio *no.* I, B, 3, a: deûm vitam accipere, Verg.: in mea vita, in meinem ganzen Leben, Cic.: in vita, in meinem od. seinem (ganzen) Leben, Cic. u. Hor. (s. Fritzsche Hor. sat. 2, 8, 4). – Plur., plures vitae, Quint.: vitae volantum, Verg.: serpit per omnium vitas amicitia, Cic. – **b** übtr., v. Bäumen u. Gewächsen, das **Leben** = die Dauer, Fortdauer, vita arborum quarundam immensa credi potest, Plin. 16, 234: brevissima vita est punicis, fico, malis, Plin. 16, 241: castanea, quae plantis seritur, ita aegra est, ut biennio de eius vita saepe dubitetur, Pallad. 12, 7, 17. – **II** meton.: **1** das **Leben,** die **Lebensart, Lebensweise,** der **Lebensberuf, Lebenswandel,** rustica, Cic.: cui in opere vita erat, Ter. – vita hominis ex ante factis spectatur, Rhet. Her.: hanc orationem usus, vita, mores, civitas ipsa respuit, Cic.: ego bonam vitam tibi hodie feci (hab' verschafft), Plaut.: deorum vitam apti sumus, ein wahres Götterleben wird's, Ter. – Plur., inspicere tamquam in speculum in vitas omnium, Ter. adelph. 415. – **2** das **Leben** = der **Lebenslauf,** die **Lebensbeschreibung,** als Gegenstand der Darstellung, die **Biographie,** vitae excellentium imperatorum od. virorum, Nep.: vitae resque gestae clarorum hominum, Gell.: vitae scriptores, seine Lebensbeschreiber, Biographen, Lampr.: librum de vita alcis edere, Plin. ep. – **3** das **Lebensglück,** paene illusi vitam filiae, Ter. Andr. 822. – **4** das **Leben,** zur Bezeichnung einer sehr geliebten od. teuren Person, Aeschinus, nostra omnium vita, Ter.: dah. als ein Liebkosungswort, mea vita! mein Leben! Plaut. u. Cic. – **5** die **Seele,** der **Schatten,** in der Unterwelt, tenues sine corpore vitae, Verg. Aen. 6, 292. – **6** der **Lebensunterhalt,** die **Nahrung,** reperire sibi vitam, Plaut.: de vita mea, Plaut. – **7** die **lebenden Menschen,** die **Welt** (wie das griech. βίος), verum falsumne sit, non vita decreverit, Plin. 8, 48; vgl. Plin. 28. § 6 u. 35 u. 118. Tibull. 2, 1, 37. Mart. 8, 3, 20. – ► arch. veita, CIL 1, 1009 u. ö.; vulg. bita, Corp. inscr. Lat. 10, 1741; arch. Genet. vitai, Lucr. 1, 415 u. a. CIL 1, 1202.

vītābilis, e (vito), **meidenswert,** Ov. ex Pont. 4, 14, 31. Arnob. 5, 13.

vītābundus, a, um (vito), **immer und immer meidend, -ausweichend, -zu entgehen suchend,** absol., vitabundus erumpit, Sall.: Vespasiani nomen suspensi et vitabundi circumibant, Tac. – m. folg. *Acc.*, quasi vitabundi aut iacientes tela, Sall.: vitabundus classem hostium ad oppidum pervenit, Sall. fr.: vitabundus castra hostium, Liv. – vitabundus, metuens, Gloss. IV, 426, 6.

vītālis, e (vita), **zum Leben gehörig, Leben enthaltend,** d. h. **das Leben erhaltend, Lebenskraft habend** od. **gebend, Lebens-, I** im Allg.: **A** *adi.*: **a** übh.: aevum, Lebenszeit, Plaut.: viae, Luftröhren, Ov.: vis, Cic.: calor, Curt.: spiritus, Cic.: aurae, Verg.: saecula vitalia, Lebensalter, Geschlechter, Lucr.: si esse salvum me vis aut vitalem, am Leben bleibend, lebend, Plaut.: o puer, ut sis vitalis metuo, ich fürchte, du lebst nicht lange, Hor.: ut si quis ei, quem urgeat fames, venenum ponat cum cibo, et aut abstinere eo quod vitale sit (was Lebenskraft gibt) iubeat, aut mortiferum vitali admisceat, Liv. 6, 40, 12. – **b** insbes., v. lectus, das Bett, auf dem jmd. im Leben gelegen hat, u. als Leiche ausgestellt wird, das Leichenbett, Totenbett, Petron. 42, 6. – **B** *subst.*, vītālia, ium, *n.*, **1** die edlen Teile des Körpers, auf denen das Leben beruht, die **Lebensteile,** in corpore, Sen.: pilum sub oculo adactum in vitalia capitis venerat, Plin.: vitalia effingere ex ipsa humo, Mela: exprimitur ipsis vitalibus cruor, Sen. rhet.: vitalia eximere, die Eingeweide aus dem Leibe reißen, Lampr. – übtr. v. Lebl., vitalia arborum, Plin.: rerum, *i.e.* principia vitae, Lucr. – **2** die **Leichenbekleidung** (vgl. oben [*no.* A, b] lectus vitalis), Sen. ep. 99, 22. Petron. 77, 7. – **II** prägn., **was ein wahres Leben ist,** quî potest esse vita vitalis, wie kann das Leben ein (wahres) Leben sein, Enn. tr. fr. bei Cic. de amic. 22.

vītālitās, ātis, *f.* (vitalis), die **Lebenskraft,** das **Leben,** in corde durat, Plin.: quia inest iis (genibus) vitalitas, Plin.

vītāliter, *Adv.* (vitalis), **lebend,** v. animatus, belebt, Lucr. 5, 145.

vītārifer, fera, ferum (vitis, areo u. fero), **die Weinstöcke dürr machend,** forcipes, Varro sat. Men. 246 *codd.*; vgl. viticarpifer.

vītātio, ōnis, *f.* (vito), das **Meiden, Vermeiden,** oculorum, lucis, urbis, fori, Cic.: doloris, Cic.: periculi, Rhet. Her.: lavacrorum, Th. Prisc. 2, 8.

vītātor, ōris, *m.* (vito), der **Vermeider,** fastidii, Boëth. de music. 2, 30.

vītĕcula, s. vīticula.

1. Vitellia, ae, *f.*, eine Stadt der Äquer in Latium, von den Römern kolonisiert, j. *Civitella,* Liv. 2, 39, 4 u. 5, 29, 3.

2. Vītellia, s. 2. Vītula.

Vitelliānus, a, um, s. Vitellius.

vitellīna, s. vitulīnus.

Vitellius, a, um, ein röm. Familienname. Bekannt ist bes. A. Vitellius, der durch seine Schwelgerei und Vernachlässigung der Staatsgeschäfte berüchtigte achte röm. Kaiser, Suet. Vit. 1 *sqq.* Tac. hist. 1, 1: seine Kaiserwahl, Tac. hist. 1, 57. – Dav.: **A Vitellius,** a, um, den Kaiser Vitellius betreffend, **vitellisch,** via, nach ihm benannt, Suet. Vit. 1, 3. – **B Vitellianus,** a, um, **vitellianisch, des Vitellius,** partes, Tac.: milites, Tac.: pisa, porcellus, Apic. – subst., **a** Vitelliānī, ōrum, *m.*, die Soldaten des Vitellius, die **Vitellianer,** Suet. u. Tac. – **b** eine Art **Schreibtafeln,** vielleicht nach ihm benannt, Mart. 2, 6, 6; 14, 8, 2.

vitellum, ī, *n.* = vitellus, der **Dotter, Eidotter,** Varro b. Prob. ad Verg. ecl. 6, 31 (p. 19, 3 u. 5 *ed. Keil):* ovorum vitella, Apic. 4, 116 u. ö.

vitellus, ī, *n.* *(Demin.* v. vitulus), **I** das **Kälbchen,** als Liebkosungswort, Plaut. asin. 667. – **II** der **Dotter** des Eies, der **Eidotter,** Cic. u. a.

vīteus, a, um (vitis), **I vom Weinstock,** coliculus, Varro: ligna, Rebholz, Solin.: pocula, Wein, Verg.: vincula, Ambros. – **II voll Weinstöcke,** iuga, Auson.: rura, Prud.

vītex, icis, *f.*, **Keuschlamm, Abrahamsbaum** (*Vitex agnus castus,* L.), Vitr. 2, 9, 9 u. a. Plin. 24, 59.

vitiābilis, e (vitio), **a verletzlich,** Prud. apoth. 1045 u. ham. 215. Apul. de mund. 3. – **b verletzend,** Cael. Aur. de morb. chron. 2, 7, 110.

vītiārium, iī, *n.* (vitis), die **Pflanzschule für Weinstöcke,** Cato r. r. 40 u. 47. Varro r. r. 1, 31, 2. Colum. 3, 4, 1 u. a.

vitiātio, ōnis, *f.* (vitio), die **Verletzung, Schändung,** Sen. contr. 7, 8 (23), 6: aquarum, Frontin. 3, 7 *lemm.*

vitiātor, ōris, *m.* (vitio), der **Schänder** eines Mädchens, Sen. contr. 1, 5, 6; 2, 3 (11), 1; 7, 8 (23). § 1 u. 4.

vīticarpifer, fera, ferum (vitis, καρπός u. fero), **für die Weinreben Frucht bringend = die Weinstöcke fruchtbar machend,** forcipes, Varro sat. Men. 51, 1 *Oehl.* (Hertz Prisc. 9, 46 vitiarium feris, Bücheler *no.* 246 *not. cr.* vinitor vites feris).

vīticella, ae, *f.*, eine sonst unbekannte Pflanze, Isid. orig. 17, 9, 92.

vīticola, ae, *m.* (vitis u. colo), der **Weinbauer,** Sil. 7, 193.

vīticomus, a, um (vitis u. como), **mit Weinlaub behangen, -umkränzt, -versehen,** ulmus, Sidon. carm. 2, 328: Lyaeus, Avien. phaen. 70.

vīticula, ae, *f.* *(Demin.* v. vitis), **I** das **Weinstöckchen,** Cic. de nat. deor. 3, 86. Tert. poët. adv. Marc. 2, 231. Val. Cato dir. 11, 5. – Nbf. vitĕcula, Plin. ep. 1, 24, 4 *Keil.* – **II** die **Ranke,** übh., fruticis, Plin. 24, 98: cucumeris, Pallad. 4, 9, 8.

vītifer, fera, ferum (vitis u. fero), **Weinstöcke tragend,** arbores, Pallad.: colles, mit Reben (Weinstöcken) bewachsen, Rebenhügel, Plin.: u. so mons, Sil.: Vienna, weinreich, Mart.

vītigenus, a, um (vitis u. gigno), **vom Weinstock, von den Reben,** liquor, Rebensaft, Wein, Lucr. 5, 15: so auch latices, Lucr. 6, 1070.

vītigineus, a, um (vitis), **vom Weinstock, Wein-, Reben-,** surculus, Cato: folium, Colum.: ligna, Plin. Vgl. vitineus.

vitilīgo, inis, *f.* (vitium), ein krankhafter Ausschlag auf der Haut, die **Flechte,** Lucil. fr., Cels., Sen. u. a. (auch im Plur.): cum scabiem et vitiliginem pateretur, Iustin. 36, 2, 12.

vītilis, e (vieo), **geflochten** aus zartem Holz, cista, Plin.: alvi apum, Varro. – subst, vītilia, ium, *n.*, geflochtene Gegenstände, Körbe usw., Plin. 13, 38 u. a.

vitilītigātor, ōris, *m.* (vitilitigo), der **Splitterrichter, Bemäkler, Bekrittler,** Cato bei Plin. praef. § 32. Firm. math. 5, 5.

vitilītigo, āre (vitium u. litigo), **den Splitterrichter (Mäkler) machen, daran herummäkeln,** Cato de re mil. fr. 1 (bei Plin. praef. § 32). Firm. math. 6, 27, 2. Gloss. bei Löwe Prodr. p. 5 (wo vitilitigant zu schreiben). – ► vitigilat, vituperat, Gloss. IV, 296, 40.

vītilla, ae, *f.* *(Demin.* v. vita), das **liebe Leben,** als Schmeichelwort, vitilla mea, CIL 6, 25808.

vītineus, a, um (vitis) = vitigineus, **vom Weinstock, Reben-,** vincula, Flor. 3, 20, 4 *Halm.*

vitio, āvī, ātum, āre (vitium), fehlerhaft machen, **verletzen, verderben, I** eig.: **a** übh.: auras (v. einer Seuche), Ov.: oculos, Ov.: creberrimo frigidae aquae usu intestina, Suet.: ne (frumentum) concepto umore vitietur, Sen.: stomachus morbo vitiatus, Sen.: ossa vitiata, Cels.: vitiatus aper, der anbrüchige, schon riechende (Ggstz. aper integer), Hor.: curis vitiatum corpus amaris, Ov. – **b** insbes., ein Mädchen **schänden,** virginem, Ter., Sen. rhet. u. a.; vgl. vitiati pondera ventris, Ov.: Partiz. subst., vitiātae, ārum, *f.*, geschändete Frauen, Tac. dial. 35. – **II** übtr.: **A** im Allg., **verfälschen, fälschen,** senatus consulta, Liv.: pecunias, fälschlich, widerrechtlich legieren, Eutr. 9, 14: falsas (untergeschoben) esse (litteras) et a scriba vitiatas signumque (u. das Siegel) adulterinum, Liv.: u. so insertis falsis vitiatisque commentariis, Vell.: vitiatam memoriam (Geschichte) funebribus laudibus (Lobreden auf Verstorbene) reor, Liv.: comitiorum et contionum significationes interdum verae sunt, nonnumquam vitiatae et corruptae, Cic. – **B** insbes., als *t. t.* der Religionssprache, v. auspicia, die von einem höheren Magistrat (Konsul, Prätor, Zensor) für die Abhaltung der Komitien, des Zensus u. dgl. angestellten Auspizien durch *obnuntiatio* (s. d.) verderben und dadurch die Abhaltung der Komitien hemmen, Messala b. Gell. 13, 15, 4: ebenso v. dies, die zur Abhaltung des Zensus bestimmten Tage durch *obnuntiatio* (s. d.) für diese Handlung unbrauchbar erklären, censum impedire diebus vitiandis, die Vornahme des Z. unter dem Vorwand ungünstiger Auspizien verhindern, Cic. ad Att. 4, 9, 1.

vitiōsē, *Adv.* (vitiosus), **fehlerhaft, mangelhaft, I** eig.: v. se habere, in einem fehlerhaften Zustand-, in einer fehlerhaften Lage sein (v. Gliedmaßen, Ggstz. vitio carere), Cic. Tusc. 3, 19. – **II** übtr., **fehlerhaft, verkehrt** (Ggstz. recte), **A** im Allg.: v. concludere, Cic.: illud vero idem Caecilius vitiosius (noch verkehrter), Cic.: vitiosissime usurpare, Colum. – **B** insbes., **mit Begehung eines Formfehlers** = gegen die Auspizien, ferro leges, Cic. Phil. 5, 10 (wofür das. deutlicher contra auspicia).

vitiōsitās, ātis, *f.* (vitiosus), **I** die **Fehlerhaftigkeit, Verdorbenheit,** umoris, Macr. sat. 7, 10, 10. – **II** übtr., die **Lasterhaftigkeit,** Cic. Tusc. 4, 29 u. 34: Ggstz. virtus, Augustin. c. sec. resp. Iulian. 6, 23.

vitiōsus, a, um (vitium), **voll Fehler, -Gebrechen, -Mängel, fehlerhaft, mangelhaft** u. dgl., **I** eig.: nux, taube, Plaut.: pecus, Varro: locus (corporis), krank, mit der Räude behaftet, Colum.: oculi, Sen.: aedes vitiosae, schadhaft (Ggstz. incolumes), ICt.: regiones v., ungesunde (Ggstz. salubres), Vitr.: im Bild, vitiosas partes (kranke Glieder, Krebsschäden) rei publicae exsecare, sanare, Cic. ad Att. 2, 1, 7. – **II** übtr.: **A** im Allg., **fehlerhaft, mangelhaft, verkehrt,** suffragium, Cic.: lex, Cic.: exemplum, Rhet. Her.: cacozeli et antiquarii, diverso genere vitiosi, Suet.: vitiosissimus orator, Cic. – vitiosum est m. *Infin.*, esse aliquid, ubi non tantum modicum, sed vel punctum gaudere vitiosum sit, Lact. 6, 16, 4. – **B** insbes.: **1 fehlerhaft** = gegen die Auspizien geschehen, -gemacht, -gewählt, in dira et vitiosa incurrimus, Cic.: consul, dictator, Cic. u. Liv. – **2** moralisch **fehlerhaft, ausgeartet, lasterhaft, a** v. Pers., Cic. u. a.: non sunt vitiosiores, quam plerique qui etc., Cic.: inter summam vitiorum dissimulationem vitiosissimus, Vell.: remigium vitiosum, liederliches Schiffsvolk, Hor. – **b** v. persönl. Zuständen, v. et flagitiosa vita, Cic.

vitiparra, ae, *f.*, eine kleine Vogelgattung, viell. die **Meise,** nach Forcellini die **Beutelmeise** (ital. *pendelino)*, Plin. 10, 96.

vītis, is, *f.* (zu vieo), **I** die **Weinrebe, Weinranke, 1** eig., Scriptt. r. r. u. a.: kollektiv, multa arbor et vitis, multa hedera vitisque, Curt. – **2** meton.: **a** der aus einer abgeschnittenen **Rebe** gebildete **Kommandostab** der Zenturionen, der **Zenturionenstab,** Ov., Tac. u. a. – dah. meton., die **Zenturionenstelle,** CIL 8, 702. Iuven. 14, 193. Sil. 12, 395 u. 465. Spart. Hadr. 10. § 6. Flor. Verg. orat. an poët. p. 108, 32 H. – **b** = vinea, das **Schutzdach** bei Belagerungen, Lucil. 960 u. 1349. – **3** übtr. = jede **Ranke,** der Kürbisse, Gurken, Pallad. 4, 9, 9 u. 4, 10, 15. – **II** kollektiv, die Weinreben eines Stockes, der **Weinstock, 1** eig., Cic., Colum. u. a.: alba, nigra, Colum.: vidua, Catull.: vites ponere, pflanzen, setzen, Verg.: passim hederae et vitium folia decerpere, Curt.: vitis, cui aureae uvae, aurea folia dependent, Sen. – **2** meton., der **Wein,** vite pasci, Mart. 8, 51, 12. – **3** übtr., das Rankengewächs, die **Zaunrübe, Gichtrübe, Stückwurz, Gichtwurz** (griech. ἄμπελος ἀγρία), v. alba (ἄμπελος λευκή, ἀμπελολεύκη, dah. auch lat. ampeloleuce), Colum. u. a.: v. nigra, Plin.: Plur., vitibus albis, Ov.

vītisator, ōris, *m.* (vitis u. sator), der **Weinpflanzer,** Verg. Aen. 7, 179: v. Bacchus, Acc. tr. 241. Anthol. Lat. 574, 1 (751, 1): v. Saturnus, Arnob. 3, 29 *extr.*

vitium, iī, *n.*, der **Fehler,** das **Gebrechen,** der **Schaden, I** eig.: **a** übh.: corporis, Plaut.: u. Cic.: v. mancipii, iumenti, ICt.: si nihil est in parietibus aut in tecto vitii, Cic.: si aedes corruerunt vitiumve fecerunt, schadhaft geworden sind, Cic.: vitio moriens sitit aëris herba, Verg. – **b** als mediz. *t. t.*, der **Fehler,** das **Leiden,** nervine id vitium an cutis sit, Cels.: v. ani, Cels.: v. intestinorum, Cels.: vitia per totum corpus orientia, Cels. – als Krankheitsursache, ex aliquo vitio quasi parva fistula aperitur, Cels.: porrigo non sine aliquo corporis vitio nascitur, Cels.: sive tempestatum, vitio sive corporis, ungesunde Beschaffenheit, Cels. – **c** als *t. t.* der Münze, der **falsche Zusatz** zum od. im edlen Metall, in aurum vitii aliquid addere, Gold verfälschen, Ulp. dig. 48, 10, 9 *pr.*: ignis … vitium (die Schlacke) metallis excoquit (scheidet aus), Ov. fast. 4, 785. – **II** übtr.: **A** im Allg., der **Fehler (Schnitzer), Fehlgriff, Missgriff, Mangel,** die **Unvollkommenheit, Schuld,** adversum v. castrorum, fehlerhafte, ungünstige Lage, Caes.: v. orationis, Quint.: v. sermonis, Quint.: v. ingenii, Quint.: v. Stoicae sectae, Quint.: vitia hostium, Tac.: vitia in dicente acutius quam recta videre, Cic.: huc si perveneris, meum v. fuerit, meine Schuld, Cic.: illud mihi vitium est maximum, das ist mein größter Fehler, Ter.: sine medici vitio, Cels.: vini vitio atque amoris feci, Plaut.: si aliquid modo esset vitii, auch der geringste Fehler, Cic.: itaque hāc rogatione non iudicum sententia, sed legis vitium corrigebatur, Cic.: hoc vitium compensare vel facultate vel copiā (v. Redner), Cic.: multa vitia ponere, Cic.: omnia fere vitia vitare, Cic.: vitia in sermone, *quo minus* is Latinus sit, duo possunt esse, Rhet. Her. 4, 17. – vitium est m. *Infin.*, an vitium nullum est non parēre rationi? Cic. Tusc. 4, 39: non erit vitium porrexisse stipem, Sen. contr. 1, 1, 9. – **B** insbes.: **1** als *t. t.* der Religionssprache, der **Fehler** in den Augurien (Auspizien), der **Formfehler,** id igitur obvenit vitium, quod tu iam Kal. Ian. futurum esse provideras, Cic.: tabernaculum vitio (gegen die Auspizien) captum, Cic.: vitio creatum esse (v. höheren Magistraten), Liv.: navigare vitio, Cic.: comitiorum solum vitium est fulmen, Cic. – **2** der moralische **Fehler,** das **Vergehen,** die **Schuld,** das **Laster** (Ggstz. virtus), **a** übh.: nullum ob totius vitae non dicam vitium, sed erratum, Cic.: verb. m. culpa, Fehler der Genußsucht, Hor.: vitium alci dicere, jmdm. etwas Böses nachsagen, Komik.: v. fugere, Hor.: ne sibi vitio verterent, quod abesset a patria, Cic.: vitio ducere, zum Fehler (als Tadel) anrechnen (Ggstz. laudi ducere), Ter.: hoc vitio datur, wird zum F. angerechnet (Ggstz. hoc laudi est), Ter.: alci vitio dare (Ggstz. laudi dare), Ter.; m. folg. si od. quod (dass), es zum Fehler (zum Verbrechen) anrechnen, Cic.: verb. alci alqd vitio et culpae dare, Cic.: in vitio esse, fehlerhaft sein, Tadel verdienen (Ggstz. in laude esse), Cic., u. v. Pers. = in Schuld sein, Cic.: hoc est in vitio m. folg. *Infin.*, Cic. de fin. 5, 31: non vitiosus homo es, sed vitium (das leibhaftige Laster), Mart. – **b** die **Schändung** des weiblichen Geschlechtes, addere, afferre vitium pudicitiae alcis, Plaut.: offerre vitium, Gell.: per vim offerre vitium, Ter. – ► Genet. Plur. vitiûm, Titin. com. 149.

vīto, āvī, ātum, āre, **meiden, vermeiden, aus dem Wege gehen, ausweichen, zu entgehen suchen** (Ggstz. petere), **I** eig.: tela, Caes.: hastas, Ov.: eum locum, Caes.: aequora, Hor.: aspectum od. oculos hominum, Cic. – **II** übtr.: **A meiden, vermeiden, a** m. *Acc.*: stultitiam, Cic.: omnes suspiciones, Caes.: insidias, Phaedr.: se ipsum vitare, sich selbst meiden, mit sich selbst unzufrieden sein, Hor.: non vitandi laboris mei causā, Cic. – **b** m. *Dat.*: infortunio, Plaut.: huic verbo, Plaut. – **c** m. *ne* u. Konj.: deinde quaeretur potueritne vitari, ne in eum locum veniretur, Rhet. Her.: vitandum est oratori utrumque, ne aut scurrilis iocus sit aut mimicus, Cic.: id quoque vitandum, ne etc., Quint.: imbecillus homo, iturus in balneum, vitare debet, ne ante frigus aliquod experiatur, Cels. – **d** m. *Infin.*: tangere vitet scripta, Hor. ep. 1, 3, 16: si non vitasset intellegi (sich verständlich zu machen), Sen. ep. 114, 4: ingrati esse vitemus, Sen. ep. 81, 22: (verbo isto) ut novo et improbo verbo uti vitaverat, Gell. 10, 21, 2: longe reductis dentibus digitos beati viri vitabat attingere, Sulp. Sev. vit. S. Mart. 17, 7: v. Lebl., splendida porro oculi fugitant vitantque tueri, Lucr. 4, 322. – **B** prägn., **vermeiden** = **entgehen,** odium plebis, Liv.: casum, Cic.: m. *Abl.* wodurch? fugā mortem, Caes.: legatione (durch Annahme der Legatenstelle) periculum, Cic.

vītor, ōris, *m.* (wie vīmen v. vieo), der **Korbflechter,** Plaut. rud. 990. Donat. Ter. eun. 4, 4, 21: vannorum sirpiarumque vitores, Arnob. 2, 38; vgl. Gloss. II, 210, 16 ›vitor, καλοπλοκός‹. – ► Nbf. vietor, Mar. Victorin. (VI) 56, 18. Donat. Ter. eun. 4, 4, 21. CIL 11, 894.

vitrāria, ae, *f.*, s. vitriāria.

vitrārium, iī, *n.* (vitrum) = ὑαλουργεῖον, die **Glashütte,** Gloss. II, 461, 35.

vitrārius, a, um (vitrum), **zum Glas gehörig, Glas-,** maltha, Compend. Vitruv. 30: vicus, Cur. urb. reg. I. p. 2 *Preller.* – subst., vitrārius, iī, *m.*, s. vitreārius.

vitreāmen, inis, *n.* (vitrum), nur im Plur., **gläsernes Geschirr,** Paul. dig. 33, 7, 18. § 13.

vitreārius, iī, *m.* (vitreus), der **Glasmacher, Glasbläser,** Sen. ep. 90, 31 B. u. H. (Variante vitrarius u. vitriarius). Lampr. Alex. Sev. 24, 5 (Peter u. Jordan vitrarius). Vgl. Gloss. II, 461, 36 ›vitrarius, ὑαλουργός‹.

vitreolus, a, um (*Demin.* v. vitreus), **gar fein gläsern,** Paul. Nol. carm. 26, 413.

vitreus, a, um (vitrum), **gläsern, aus Glas, I** eig. u. meton.: **A** eig.: hostis, Ov., od. latro, Mart., Stein im Schachspiel: faba (Perle), Petron. (vgl. faba *no.* II): vasa, Colum.: dolium, Colum. u. Th. Prisc.: sedilia, kristallene, Verg. – subst., vitreum, eī, *n.*, **a** das **Glasgeschirr,** Sen. de ira 1, 12, 4 (wo si vitreum fractum est). – **b** die **Glasperle** (Ggstz. margarita, die echte Perle), Tert. ad martyr. 4 *extr.*: oft Plur. vitrea, ōrum, *n.*, **gläsernes Geschirr, Glaswerk,** Plin. u. a.: fracta vitrea, Glasscherben, Mart. – Nbf. vitria ars, Glasmacherkunst, CIL 13, 2000. – **B** meton., **gläsern,** dem Glas ähnlich, **a** an Glanz, Schimmer usw., **kristallhell, kristallen, glänzend,** unda, Verg.: fons purus et vitreus, Plin. ep.: v. pontus, Hor.: ros, Ov.: Circe, strahlend, glänzend (als Meergöttin), Hor. carm. 1, 17, 20. – **b** in Hinsicht der Durchsichtigkeit, **durchsichtig** wie Glas, toga, sehr dünn, fein, Varro sat. Men. 313: bilis, Pers. 3, 8. – **c** in Ansehung der Farbe, **grün, meergrün,** color, Plin. 9, 100. – **II** bildl.: fama, der gleißende, Hor. sat. 2, 3, 222: laetitia, zerbrechliche wie Glas (= vergängliche), Augustin. de civ. dei 4, 3. p. 149, 7 D.[2]: fortuna vitrea est; tum, cum splendet, frangitur, Glück und Glas, wie bald bricht das, Publ. Syr. sent. 189 R.[2]

vitriāria (vitrāria), ae, *f.* (vitrum), herba, **Glaskraut, Wandkraut,** Ps. Apul. herb. 81.

vitriārius, s. vitreārius.

vitricus, ī, *m.*, der **Stiefvater,** Cic. u. a. – poet. von Vulkan, als Geliebtem der Venus, gleichs. der Stiefvater ihres Sohnes Kupido, Ov. am. 1, 2, 24.

vitrius, a, um, s. vitreus.

vitrum, ī, *n.*, **I** (ahd. *weit)* der **Waid,** eine blaufärbende Pflanze (*Isatis tinctoria,* L.), Caes. u. Vitr.: auch glastum u. isatis gen., Plin. – **II** das **Glas,** als durchsichtige Masse (s. Plin. 36, 191), vitro similis, Sen.: vitri modo fragilis, Plin.: vitro inclusus, in einem verschlossenen Glas, Plin.: merces in chartis et linteis et vitro delatae, Cic.: vitrum conflare, Glasmacher sein, Vopisc.: vitrum solvere formareque, Macr.: vitrum fundere, Plin.: vitro absconditur camera, ist mit Gl. überzogen, Sen. – vitrum ruptum, Glasscherbe, Iuven. 5, 46.

Vitrūvius, iī, *m.*, vollst. M. Vitruvius Pollio, angebl. aus Verona, Kriegsbaumeister unter Cäsar u. Augustus, dessen wahrsch. 27. v. Chr. abgefasste Schrift de architectura libri X wir noch besitzen, Sidon. epist. 4, 3, 5 u. 8, 6, 10.

vitta, ae, *f.* (zu vieo; vgl. vimen), die **Binde, I** im Allg.: vitta lorea, Tragband, Plin. 18, 317. – **II** insbes.: **1** die **Kopfbinde, a** der Opfertiere, Verg. u. Ov.: auch der Menschen als Opfer, Verg. u. Iuven. – **b** der Priester u. Priesterinnen, Verg. u. a.: vittas spiceis coronati, CIL 6, 2104, 23 (Act. Arv. *a.* 218): auch anderer heiliger Personen, wie der Dichter, Verg. Aen. 6, 665. – **c** der freigeborenen Frauen, der unverheirateten u. der verheirateten, Ov. – **2** die **Binde,** womit der Altar umbunden wurde, Verg. ecl. 8, 64; Aen. 3, 64. – u. als Schmuck heiliger Bäume, Ov. met. 8, 744. – **3** die **Binde** der um Schutz, Gnade und Hilfe Bittenden, womit die Friedenszweige umwunden waren, Verg. Aen. 7, 237. Hor. carm. 3, 14, 8.

vittātus, a, um (vitta), **mit einer Binde umwunden, -versehen,** capilli, Ov.: vacca, Ov.: sacerdos, Vestalin, Iuven.: frons, Avian.: coronae spiceis bittatis (= vittatis), CIL 6, 2099 II 25 (Act. Arv. *a.* 189): navis vitt., bewimpeltes, Plin. 7, 110. Solin. 1, 123.

1. vitula, ae, *f.* (v. vitulus), ein junges weibliches Rind, das **Kalb,** Verg. ecl. 3, 29 u. 77. Hieron. in Ezech. 16. Vulg. iudic. 14, 18 u. a.: vitulus et vitula, Varro r. r. 2, 5, 6.

2. Vītula, ae, *f.* (vitulor), die **Göttin des Sieges** u. **des Jubels über den Sieg,** Varro LL. 7, 107. Hyllus u. Piso b. Macr. sat. 3, 2, 13: dies. Vitellia, Suet. Vit. 1, 2.

vitulāmen, inis, *n.* = μοσχεύματα, die **Wurzelsprösslinge, Räuber,** Ambros. epist. 37. *no.* 37: bildl., Vulg. sapient. 4, 3.

Vitulāria via, ae, *f.*, eine Straße in der Gegend von Arpinum, Cic. ad Q. fr. 3, 1, 2. § 3.

vītulātio, ōnis, *f.* (vitulor), das **Siegesopfer,** die **Siegesfeier,** das **Freudenfest,** Macr. sat. 3, 2, 14. Schol. Bern. Verg. ecl. 3, 77.

vitulīnus, a, um (vitulus), **vom Kalb, Kalbs-, I** *adi.*: caro, Plaut. fr.: caruncula, ein Stückchen Kalbfleisch, Cic.: assum, Kalbsbraten, Cic. – **II** *subst.*, vitulīna, ae, *f.* (*sc.* caro), **Kalbfleisch,** Plaut. aul. 375. Nep. Ages. 8, 4. Apic. 8, 355 u. 356 *Schuch* (Vulg. vitellina) u. 357.

vītulor, ārī (v. **voi* = εὐοῖ u. tulo), **fröhlich sein,** bes. mit der Stimme = παιανίζω, **einen Sieges-** od. **Lobgesang anstimmen, frohlocken, jubeln** (s. Macr. sat. 3, 2, 12. Paul. ex Fest. 369, 14. Schol. Bern. Verg. ecl. 3, 77), is habet coronam vitulans victoriā, Enn. fr. scen. 52: in venatu vitulantes, Naev. tr. 34: in sacrificiis quibusdam (v. Priester), Varro b. Macr. sat. 3, 2, 11: Iovi, Plaut. Pers. 254.

1. vitulus, ī, *m.* (eig. ein Jährling, zu vetus), **I** das **Kalb,** das **junge Rind,** Varro, Cic. u. a. – **II** übtr.: **a** das **Junge** anderer Tiere, des Pferdes, Verg.: des Elefanten, Plin.: der Walfische, Plin. – **b** vitulus marinus, auch bl. vitulus, das **Meerkalb,** Colum., Suet. u. Plin.: vulg. bitulus marinus, Edict. Diocl. 8, 37.

2. Vitulus, ī, *m.*, ein röm. Zuname, z. B. Pomponius Vitulus, Varro r. r. 2, 1, 10.

Vītumnus, ī, *m.* (deus), der **Gott des Lebens,** der **Lebensspender,** Augustin. de civ. dei 7, 2 u. 3. Tert. ad nat. 2, 11.

vituperābilis, e (vitupero, āre), **tadelnswert,** Cic. de fin. 3, 40.

vituperābiliter, *Adv.* (vituperabilis), **auf tadelnswerte Weise,** Augustin. de doctr. Chr. 4, 24, 54. Cassiod. var. 6, 11, 1.

vituperātio, ōnis, *f.* (vitupero, āre), das **Tadeln, Schelten,** der **Tadel** (Ggstz. laudatio, laus), in vituperationem venire od. adduci od. cadere, od. subire vituperationem, getadelt werden, Cic.: eam vituperationem effugere, Cic.: vituperationi esse, zum Tadel gereichen, Tadel verursachen, Cic.: vituperatione carere, Suet.: sed ne illa quidem communi vituperatione reprehendo, Cic. – Plur. (Ggstz. laudes), neglegentia vituperationum, Cic. Flacc. 87: laudes et vituperationes, Quint. 3, 4, 5. Augustin. de doctr. Chr. 4, 24, 54: effugisse duas maximas vituperationes, Cic. ad Att. 16, 7, 5: quod idem fecisse Gorgiam, cum singularum rerum laudes vituperationesque conscripsisset, Cic. Brut. 47. – meton., die **Tadelhaftigkeit, das tadelnswerte Benehmen,** Cic. Verr. 5, 101.

vituperātīvus, a, um (vitupero), **tadelnd,** Ggstz. laudativus, Prisc. 18, 141: Ggstz. venerativus, Serv. Verg. Aen. 3, 557.

vituperātor, ōris, *m.* (vitupero, āre), der **Tadler,** mei, Cic.: philosophiae, Cic.: eloquentiae, Augustin. c. Cresc. Donat. 1. § 3 *extr.*: luxuriae, Augustin. c. Iulian. 4, 13, 64.

1. vitupero, āvī, ātum, āre (vitium u. paro), fehlerhaft machen, dah. **I verletzen, verderben,** alci omen, Plaut. Cas. 411. – **II** bildl., **bemängeln** = **tadeln** mit Vorwurf u. Verweis, **schelten** (Ggstz. laudare), consilium, Cic.: alqm, Ter.: deos, Plaut.: alqm in amicitia Lentuli, Cic. – mit folg. quod, Cic. de off. 2, 60. – Sprichw., vituperare caelum, alles bemängeln, alles besser wissen wollen, Phaedr. 4, 7, 26. – ► Parag. Infin. vituperarier, Plaut. most. 177.

2. vitupero, ōnis, *m.* (vituperare), der **Tadler,** Gell. 19, 7, 16. Sidon. epist. 1, 22, 6 u. 8, 1, 2.

vitus, Abl. ū, Abl. Plur. ūbus, *f.* (ἴτυς), der Kreis des Rades, die **Felge,** Prob. inst. (IV) 116, 22 K. Prob. append. (IV) 193, 24. K. Rhemn. Palaem. (V) 537, 27 K. – Nbf. vitys, Akk. vitym, Ter. Maur. 658 (quamque ἴτυν dicunt Achaei, hanc vitym gens Aeoli).

vīvācitās, ātis, *f.* (vivax), **I** das **zähe** oder **lange Leben, die lange Lebensdauer,** haec impia, Quint.: lenta, Plin.: nervosa, kraftvolles Alter, Val. Max.: tantae multitudinis, Plin. ep.: Plur., immortales vivacitates ignium, Apul. de mund. 2 *extr.* – **II** die **Lebhaftigkeit,** ingenii, Arnob.: cordis, Arnob.: memoriae, Augustin.

vīvāciter, *Adv.* (vivax), **lebhaft,** Fulg. myth. 1. praef. p. 22 M.: *Compar.* vivacius, Prud. c. Symm. 2, 333: *Superl.*, vivacissime ab alqo culpari, Boëth. in Porphyr. dial. 1. p. 7.

vīvārium, iī, *n.*, s. vīvārius.

vīvārius, a, um (vivus), **zu lebendigen Tieren gehörig, I** *adi.*: naves, worin lebendige Fische herbeigeschafft werden, Macr. sat. 3, 16, 10. – **II** *subst.*, vīvārium, iī, *n.*, das Behältnis zur Aufbewahrung lebender Tiere, wie Wild, Fische usw., das **Tierbehältnis,** der **Tiergarten** (die **Menagerie**), der **Fischteich, Fischbehälter,** aprorum, Plin.: murenarum, Plin.: servos in vivarium (murenarum) abici iubere, Sen.: vivaria maceriis includere, Gromat. vet. – bildl. excipiant senes, quos in vivaria mittant, in ihr Gehege ziehen, ködern (durch Geschenke), der Erbschaft wegen, Hor. ep. 1, 1, 79.

vīvātus, a, um (vivus), **belebt,** Lucr. 3, 409 u. a. Vgl. Fest. 376 (a), 15.

vīvāx, ācis (vivo), **lebensreich, I lebenskräftig, a** eig., Kraft zu einem langen Leben habend, phoenix (der fabelhafte Vogel), Ov.: mater, Hor.: cervus, Verg.: vivacior heres, Hor.: nimium vivax senecta, Sil. – **b** übtr., **lebenskräftig** = Kraft zu langer Dauer habend, dauerhaft, apium, Hor.: oliva, Verg.: solum, caespes, Ov.: vivacior cunila est, Colum.: arundo vivacissima, Colum.: carbones vivacissimi, Capit. – vivax gratia, Hor.: virtus, Ov.: cum per se vivax sit recordatio calamitatum, Paneg. vet. – **II** viel Leben habend, **belebt, lebhaft, kräftig, munter, rasch, a** körperl.: sulfura, lebhaft lodernder, Ov.: pernicitas, Gell. u. Apul.: vivacissimus cursus (eines Pferdes), Gell. – **b** geistig **lebhaft, aufgeweckt, feurig,** si qui (discipuli) paulo sunt vivaciores, Quint.: a prima aetate ingenio vivacissimus, Vopisc. Vgl. Spalding Quint. 2, 6, 3.

vīvē, *Adv.* (vivus), **lebhaft, sehr,** vive sapis, Plaut. Epid. 283 *Leo* (Goetz sane sapit).

vīverādīx, s. vīvirādīx ►.

viverra, ae, *f.*, das **Frettchen,** eine Abart des Iltis (*Mustella Furo,* L.), Plin. 8, 218 u. a.

vīvēsco (vīvīsco), vīxī, ere (vivo), **I lebendig werden, zu leben beginnen, zum Leben erwachen,** Plin. u. Prud. – **II lebhaft-, kräftig werden,** ulcus vivescit, Lucr.: si utraque arbor vixerit, sich bekleibt haben wird, Colum.: avulsi arboribus stolones vixere, Plin.

vīvicombūrium, iī, *n.* (vivus u. comburo), die **Verbrennung einer lebenden Person,** Tert. de anim. 1 u. 33.

vīvidē, *Adv.* (vividus), **lebhaft, munter, rasch,** vividius, Gell. 6 (7), 3, 53. Amm. 30, 1, 7.

vīvido, āre (vividus), **beleben,** natos, Mart. Cap. poët. 9. § 912.

vīvidus, a, um, *Adi.* (vivo), **I Leben zeigend, belebt, a** eig.: gemma (Knospe), Ov.: tellus, Ov.: corpus, Plin. ep. – **b** übtr., von Bildwerken und Gemälden, **lebend, lebenstreu, sprechend ähnlich,** signa, Prop. 2, 31, 8: cera, Mart. 7, 44, 2: Martis imago, Claud. b. Get. 468. – **II** prägn., **voll Leben, voll Geist und Kraft, lebhaft, regsam, kräftig, feurig,** vis animi, Lucr.: Umber (canis), Verg.: pectus, Liv.: ingenium, Liv. u. ingenia, Val. Max.: animus, Tac.: animi, Plin. pan.: virtus, Verg.: carmen, Mart.: odia, Tac.: senectus, Tac.: vivida et incorrupta eloquentia, Tac.: vividior sententia, Sen. rhet.: vividior spiritus, Val. Max.: merum vividius, feuriger, Mart.

vīvificātio, ōnis, *f.* (vivifico), die **Lebendigmachung,** Tert. adv. Marc. 5, 9 u. a. Eccl.

vīvificātor, ōris, *m.* (vivifico), der **Lebendigmacher,** Tert. adv. Marc. 2, 9. Augustin. de civ. dei 7, 3 (als Erklärung von Vitumnus) u. a. Eccl.

vīvificātōrius, a, um (vivifico), **Leben gebend, belebend,** Ambros. de spir. scto 2, 9. *no.* 92 u. a. Eccl.

vīvificātrīx, trīcis, *f.* (Femin. zu vivificator), die **Lebendigmacherin,** Prosper Aquit. (II), v. 504. Interpr. Iren. 3, 3, 3; 4, 34, 4 u. a. Eccl.

vīvifico, āvī, ātum, āre (vivificus), **lebendig machen, I wiederbeleben,** Eccl. – **II** übtr., **beleben,** valles, Avien. phaen. 501: visibilem mundum, Chalcid. Tim. 2 (u. so *ibid.* 31. 140 u. a.).

vīvificus, a, um (vivus), **lebendig machend, belebend,** Ps. Apul. Ascl. 2. Amm. 21, 1, 8 u. Eccl.

vīviparus, a, um (vivus u. pario) = ζωοτόκος, **lebendige Junge gebärend** (Ggstz. oviparus), pisces, Apul. apol. 38.

vīvirādīx, dīcis, *f.* (vivus u. radix), ein mit der Wurzel versehener Setzling, der **Ableger, Fechser,** des Weinstockes, Cato, Cic. u. a.: der Rose, Varro. – ► arch. viveradix, Cato r. r. 33, 3 K.

Vīviscī, ōrum, *m.*, vollst. Bituriges (cognomine) Vivisci, eine keltische Völkerschaft an der Küste Aquitaniens in der Nähe des h. *Bordeaux,* ein Zweig des großen keltischen Volksstammes der Bituriges, Plin. 4, 108. CIL 13, 566. – Dav. **Vīviscus,** a, um, **viviscisch,** origo, Auson. Mos. 438.

vīvīsco, vīxī, ere, s. vīvēsco.

vīvo (arch. veivo), vīxī, vīctum, ere (altind. *jīvati,* lebt, griech. βίομαι, βίος), **leben, am Leben sein** oder **bleiben, das Leben haben, I** eig.: **A** im Allg.: **a** v. Pers.: ad summam senectutem, Cic.: annum, ein Jahr, Cic.: tres et sexaginta annos, Liv. epit.: triginta annis, Cic.: annis LXXXV, Inscr.: non amplius quam uno die vivere, Plin.: non ut edam vivo, sed ut vivam edo, Rhet. Her.: postquam comperit eum vivere posse, am Leben bleiben, Cic.: studia illa nostra, quibus antea delectabamur, nunc etiam vivimus, das Leben zu verdanken haben, Cic. ep. 13, 28, 2: Partiz. subst., viventes, die Lebenden (Ggstz. mortui), Lact. 5, 19, 25: factor altorque viventium, Lact. 5, 3, 25. – secum viventes, ihre Zeitgenossen, Curt. 8, 5 (18), 11. – m. *Adi.*, lepidus vivis, Plaut.: si liberae ac pudicae vivere licitum fuisset, Liv.: isdem obnoxios vivere, Liv. – m. homog. *Acc.*, vitam tutiorem, Cic.: vitam duram, Ter.: inhumanam vitam, Apul.: mei memineris, dum vitam vivas, Plaut.: vitam, quam tum vivebat, Cic.: Passiv, tertia vivitur aetas, man lebt, Ov. – Besondere Formeln: **α** vivere de lucro, sein Leben der Schonung, Gnade eines anderen zu danken haben, de lucro iam prope quadriennium vivimus, Cic. ep. 9, 17, 1: de lucro tibi vivere me scito, Liv. 40, 8, 2. – **β** vivere ex alcis more, nach jmds. Willen leben, Ter. heaut. 203: u. so vivere alieno more, nach einer anderen (der Gattin) Willen, Ter. Andr. 152. – **γ** vixisse, euphemist. v. Verstorbenen, Plaut. Bacch. 150 G.; most. 1002. – **δ** si vivo od. si vivam, wenn ich das Leben habe, wenn ich am Leben bleibe, bei meinem Leben, als Drohung, Komik.; vgl. Spengel Ter. Andr. 866. Wagner Ter. heaut. 918. – **ε** als Ausdruck der Beteuerung, ita vivam, so wahr ich lebe, Cic. u. Sen.: ne vivam, ich will das Leben nicht haben, ich will sterben, wenn usw., Cic. – **b** übtr.: **α** v. lebl. Subjj., **leben,** seine natürliche Kraft haben oder behalten, v. Pflanzen u. Bäumen, vivit vitis, Cic.: vivit arbor, kommt fort, bekleibt, Colum.: saepes vivit, es ist ein lebendiger Zaun, Varro. – **β** v. Feuer, **leben** = brennen, cinis vivet, Ov.: bene vivitis ignes, Ov. – **γ** von Bildern und Gemälden, wenn sie gleichs. **leben,** nach dem Leben getroffen sind, Claud. IV. cons. Hon. 589. – **B** prägn.: **1 leben** = **wohl** od. **vergnügt leben, das Leben genießen,** vivamus, mea Lesbia, Catull.: quando vivemus? Muße haben, Cic.: prius quaeso disce, quid sit vivere, Ter.: dah. vive, vivite, als Abschiedswort, **lebe (lebt) wohl!** vive, vale, Hor., vive valeque, Hor.: vivite silvae, Verg. – **2 leben, fortdauern, nicht untergehen,** vivunt scripta, Ov.: eius mihi vivit auctoritas, Cic.: vivit vulnus, Verg.: vivunt cucumeres, bleiben im Magen, Plin. – **II** meton.: **1** von etwas od. irgendwie **leben, a** von etw. **sich nähren, das Leben erhalten,** piscibus, Caes.: cortice, Caes.: lacte et carne, lacte atque pecore, Caes.: rapto, Sall. fr., Liv. u. a., od. ex rapto, Ov.: rapto viventes (volucres), Raubvögel, Plin.: ut sit, quī vivat, dass er etwas zu leben habe, Unterhalt habe, Ter. – **b** irgendwie **leben, -sein Leben zubringen,** sic vivitur, so lebe ich, Cic.: nemo aliter Romae potest vivere, Sen.: quia vivi aliter non potest, Lact. (vgl. Bünem. Lact. 4, 24, 17): v. cum timore, Cic.: v. in regno, Cic.: v. sub rege, Liv.: v. more regio, Liv.: in amore iocisque, Hor.: in caede et ex caede, Cic.: in litteris, in den Büchern, Cic.: in tenui pecunia, Cic.: in omnibus miseriis contumeliaque, Lact.: in paupertate, Cic. part. or. 63: in humilitate, in egestate, in contemptu, in ignominia, Lact. 7, 9, 17: bene, gut leben (= sich kein Vergnügen entgehen lassen), Komik.: parvo bene, Hor.: male, ärmlich, in ärmlichen Verhältnissen, Cic. u. Hor.: miserrime, Plaut.: e natura, Cic.: naturae convenienter, Cic.: luxuriose, Nep.: sapienter, Cic.: in diem (s. dies), Cic.: alci soli (für jmd. allein), Ter.: so auch sibi, Ter. – m. dopp. *Nom.*, vivo miserrimus, Cic.: vivite fortes, Hor.: ecquis vivit fortunatior? Ter.: illā sorte contentus vivat, Hor.: Theophrasti servus et Zenonis servus philosophi (als Ph.) non incelebres vixerunt, Gell. 2, 18, 8. – **2** irgendwo od. mit irgendjmd. **leben, a** irgendwo **leben, sich befinden, sich aufhalten,** vixit Syracusis, Nep.: in Thracia, Nep. – **b** mit jmd. **leben, umgehen, Umgang haben, zusammen sein,** cum alqo, Cic.: cum alqo valde familiariter, Cic.: cum alqo coniunctissime et amantissime, Cic.: cum Pansa vixi in Pompeiano, Cic.: aliter cum tyranno, aliter cum amico vivitur, Cic. – Sprichw., secum vivere, sich mit sich selbst abgeben, -beschäftigen, Cic. de sen. 49. – ► Vulg. bibo, wov. bibat, CIL 9, 6090, 6: bixit, CIL 8, 252 u. 282: bixsit, CIL 8, 57, 3 u. 670, 3: beixit, *ibid.* 8, 284, 3 u. 5: bisit, CIL 14, 3423: bibere, CIL 10, 2496, 1: bibens, Fabretti inscr. 546, 4 (bibenti): Fut. vivebo, Nov. com. 10: vivebunt, Ps. Cypr. de Sina et Sion 8: Fut. ex. viveritis, Itala (Amiat.) Coloss. 3, 7: synk. vixet = *vixisset,* Verg. Aen. 11, 118.

vīvus (arch. veivus), a, um (vivo), **I lebendig, lebend, am Leben befindlich, A** *adi.:* **1** eig., v. leb. Wesen: alqm vivum capere, lebendig gefangen nehmen, Liv.: alqm vivum cremare, Iustin., concremare, Liv.: patrem et filium vivos comburere, Cic.: alqm vivum defodere, Plin. ep., obruere, Sall.: ad vivum corpus redigere, wieder zu lebendigem (gefühlvollem) Fleische machen, Plin.: ad vivas usque partes vulnera circumcīdere, bis aufs Fleisch, aufs Leben, Plin.: u. so vivos rodere ungues, bis aufs Leben, Hor. – deutsch oft = **bei meinem, deinem, seinem, ihrem Leben,** vivus et videns est publicatus, bei seinem Leben u. vor seinen Augen (bei lebendigem Leibe), Cic.: huic vivo videntique funus ducitur, Cic.: frangetis impetum vivi, bei seinem Leben, Cic.: so auch me, te, se vivo etc., eo vivo, illo vivo etc., bei meinem, deinem seinem Leben usw., z. B. Cato affirmat se vivo illum non triumphaturum, Cic.: me vivo, Plaut. u. Quint.: Hannibale vivo, Nep. – **2** übtr.: **a** v. einem Lebendigen herrührend, dahin gehörig, **lebendig,** vox, mündlich mitgeteilt, mündliche Rede, Cic., od. das lebendige Wort, die leb. Sprache, im Ggstz. zur Schrift, Plin. ep. u. Sen. ep.: calor, natürliche Wärme, wie sie in einem lebendigen Körper ist, Ov. – **b** zu leben scheinend, nach dem Leben gebildet, **lebend, lebenstreu, sprechend ähnlich,** v. Bildern u. Gemälden, vivos ducent de marmore vultus, Verg. Aen. 6, 848: vidi artes veterumque manus variisque metalla viva modis, Stat. silv. 1, 3, 48. – **c lebendig,** v. Pflanzen u. Bäumen, wenn sie Wurzel haben, arundo, Ov.: saepes, lebendiger Zaun, Colum. – **d lebendig, lebhaft, dauernd, frisch, natürlich, seine natürliche Kraft habend,** flumen, fließendes Wasser, Verg. u. Liv.: so auch aqua, Varro u. Sen., fons, Ov.: ros, frischer, Ov.: lucerna, brennende, Hor.: sulfur, gediegener Schwefel, Jungfernschwefel, Liv. u. Tac.: lapis, Feuerstein, Plin., od. unbearbeiteter, Ambros.: saxum, natürlicher Felsen, Verg., Ov. u. Tac.: color, natürliche, Mart.: argentum, Quecksilber, Plin.: calx, ungelöschter, Sen. u. a. – **B** *subst.,* vīvum, ī, *n.,* das **Lebendige,** das **Fleisch** mit Leben u. Gefühl, das **Leben,** calor ad vivum adveniens, die ans Fleisch dringt, Liv. 22, 17, 2: ad vivum resecare, bis ans Fleisch, sehr tief schneiden, Colum. 6, 12, 3: und im Bild, neque id ad vivum reseco, doch will ich das nicht mit dem Seziermesser zerlegen = nicht im strengsten Sinne, allzu buchstäblich nehmen, Cic. de amic. 18: dat de lucro, nihil detrahit de vivo, vom Grundstock, vom eigentlichen Kapital), Cic. Flacc. 91: de vivo igitur erat aliquid resecandum, man musste daher den Grundstock angreifen, Cic. Verr. 3, 118. – **II lebhaft, feurig,** v. et ingenuus animus, Plin. ep. 8, 6, 17: homo pectoris vivi, Arnob. 3, 6.

vix, *Adv.* (verwandt mit vis, wie das griech. μόγις mit μόγος, also urspr. »mit Anstrengung, -Mühe«), **I** im Allg., **mit genauer Not, mit Mühe, kaum,** vix teneor, quin accurram, Cic.: affirmare vix possumus, Cic.: vix aut omnino non, Cic. – verstärkt vix vixque, Consol. ad Liv. 167. – **II** insbes., v. der Zeit, **kaum erst, kaum noch, kaum, eben, gerade, a** übh.: advenio Acherunte vix, Tragic. inc. fr. b. Cic. Tusc. 1, 37: contingat vix deinde mori, Val. Flacc. 7, 537. – **b** mit folg. cum, poet. auch et, selten u. poet. ohne cum, zur Bezeichnung der unmittelbaren Aufeinanderfolge zweier Handlungen, **kaum ... als, kaum ... da, kaum ... und,** vix erat hoc plane imperatum, cum illum spoliatum stipatumque lictoribus videres, Cic.: vix agmen novissimum processerat, cum Galli ... flumen transire non dubitant, Caes. – vix inopina quies laxaverat artus, et etc., Verg. – ohne *cum* oder *et,* vix proram attigerat, rumpit Saturnia funem, Verg. Aen. 10, 659 (so auch *ibid.* 8, 337): vix bene et (kaum recht) desieram, rettulit illa mihi, Ov. fast. 5, 278: u. so oft vix bene mit folg. Plusquamperf., s. Haupt Ov. met. 2, 47. – **c** verstärkt durch dum, gew. vixdum (als ein Wort geschrieben), **kaum erst, kaum noch,** vixdum dimidium dixeram, intellexerat, Ter.: vixdum coetu nostro dimisso, Cic.: puer vixdum libertatem, nedum dominationem modice laturus, Liv.: cum is vixdum serio adnuisset ... loquenti Gallo caput percussisse, Liv. 39, 42, 12. – m. folg. *et,* **kaum erst ... und,** Liv. 36, 12, 5; 43, 4, 10. – **d** verstärkt durch tandem, **denn doch, endlich einmal,** ah, vix tandem sensi stolidus! Ter.: vix tandem legi litteras dignas Appio, Cic.

vixdum, *Adv.,* s. vix *no.* II, *c.*

vocābilis, e (voco) = vocalis, **tönend,** (sonus) vocabilior est visus, Gell. 13, 20, 14: facit homines vocabiles, mit starker Stimme, Firm. math. 4, 12, 5. p. 101.

vocābulum, ī, *n.* (voco), die **Benennung, Bezeichnung** einer Sache, **I** eig.: **a** übh.: vocabulum pervetustum, Varro LL.: res suum nomen et proprium vocabulum non habet, Cic.: rebus non commutatis immutaverunt vocabula, Cic.: nisi vocabulis uterentur nobis incognitis, usitatis sibi, Cic. – **b** der jmdm. od. einer Sache eigene **Name,** ex suo vocabulo insulae nomen dedit, Sall. fr.: cui (oppido) nomen inditum e vocabulo ipsius, Tac.: liberta, cui vocabulum Acte fuit, Tac.: tribuit vocabula monti, Ov. Vgl. Nipperd. Tac. ann. 12, 66. – **c** als gramm. *t. t.,* das **Nomen,** das **Substantivum,** bes. das Nomen appellativum (im Ggstz. zu nomen, d. i. Eigenname), Varro u. Quint.: cogor verbum (ein Verbum) pro vocabulo ponere, Sen. – **II** übtr., der **Name** = **Vorwand** (vgl. nomen u. titulus), alio vocabulo, Tac.: varia praedandi vocabula, Tac.

vōcālis, e (vox), **I stimm-, tonreich, klangvoll, erklingend, tönend, ertönend, A** *adi.:* carmen, Ov.: ranae, Plin.: chorda, Tibull.: Orpheus, der tönende = gesang- u. liederreiche, Hor.: nymphe, plaudernde, v. dem Echo, Ov.: sonus, klangvoller, heller Ton, Tac.: u. so verba vocaliora, tönendere, stärker klingende, hellere, Quint.: oratio, Varro LL.: alterum genus vocale est, Varro LL.: vocalissimus aliquis, von sehr starker Stimme, Plin. ep.: ne quem vocalem praeterisse videamur, der eine (gute) Stimme hat, Cic.: so auch vocale genus instrumenti rustici, v. den Sklaven, Varro: pueri vocales, Sänger, Schol. Iuven.: elementa vocalia, die Vokale (Ggstz. consona), Ter. Maur. 86: versus vocales = στίχοι φωναστικοί, Diom. 498, 26 u. 499, 30. – **B** *subst.:* **1** vocālis, is, *f.* (*sc.* littera), der selbstlautende Buchstabe, der **Selbstlauter,** der Vokal, Quint. 1, 7, 26; Ggstz. consona, Ter. Maur. 550: öfter Plur. vocales, Cic. u. Quint. – **2** vocālēs, ium, *m.,* **Sänger, Musiker,** Lampr. Alex. Sev. 34, 2. Sidon. epist. 1, 2, 9. – **II** (poet.) aktiv = **ertönen machend,** unda, die bewirkt, dass die daraus Trinkenden singen u. Dichter werden, Stat. silv. 1, 2, 6 u. 5, 5, 2.

vōcālitās, ātis, *f.* (vocalis), der **Klang, Wohlklang,** als Übersetzung von εὐφωνία, Quint. 1, 5, 4. (Prob.) de ult. syll. 220, 6 K. Donat. Ter. Andr. 3, 2, 25.

vōcāliter, *Adv.* (vocalis), **I tönend, schallend,** Apul. met. 1, 22. – **II wörtlich, dem Klang und Buchstaben nach,** Tert. adv. Prax. 3.

vocāmen, inis, *n.* (voco), die **Benennung,** der **Name,** Lucr. 2, 657. Solin. 5, 19; 30, 7 u. a. Arnob. 1, 3; 3, 34 u. a. (s. Hildebr. Arnob. 2, 35).

Vocātēs, ium, *m.,* eine Völkerschaft im aquitanischen Gallien, im heutigen *Bazadois,* Caes. b. G. 3, 23, 1 u. 3, 27, 1.

1. vocātio, ōnis, *f.* (voco), das **Rufen, a** die **Einladung** zu Tisch, quaerunt in trivio vocationes, Catull. 47, 7. – **b** die **Vorladung** vor Gericht, als Handlung, Varro b. Gell. 13, 13, 4. – als Recht, Varro bei Gell. 13, 12. § 4 u. 6. – **c** die **Berufung** zum Reich Gottes, gentium (der Heiden), Ggstz. abiectio Iudaeorum, Hieron. in Isai. 7, 17, *v.* 12 u. 13: so absol., Augustin. de don. persev. 33.

2. vocātio, s. vacātio ►.

vocātīvē, *Adv.* (vocativus), **a anrufend,** incalative, vocative, Paul. ex Fest. 114, 2. – **b im Vokativ,** Gell. 13, 22, 4.

vocātīvus, a, um (voco, āre), **zum Rufen gehörig, -dienlich,** als gramm. *t. t.,* verba, Prisc. 17, 35: casus, der Vokativ, Gell. 14, 5. § 1 u. 2 (b. Varro LL. 42 vocandi casus): ders. subst. bl. vocātīvus, ī, *m.,* Charis. 23, 19. Diom. 330, 6. Prisc. 5, 73: vocativus pluralis, Charis. 23, 23.

vocātor, ōris, *m.* (voco), der **Rufer, a** der **Einlader** zu Tisch, der **Gastgeber** (Ggstz. convivator), Sen., Plin. u. a. – **b** der **Berufer** zum

Reich Gottes, gentium (der Heiden), Prud. perist. 2, 461. Ambros. in Luc. 3. § 33.

vocātōrius, a, um (voco) = κλητικός (Gloss.), **zum Einladen gehörig, Einladungs-,** somnia, indem man einlädt od. eingeladen wird, Tert. de anim. 97.

vocātus, ūs, *m.* (voco), **I** das **Rufen,** der **Ruf,** die **Aufforderung,** Plur., vocatus mei, Verg. Aen. 12, 95. – **II** (nur Abl. vocatu) die **Ladung, Einladung, a** zur Senatssitzung, Cic. de or. 3, 2. – **b** die **Einladung zur Tafel,** Suet. Cal. 39, 2.

Vocetius, iī, *m.*, mons, östlicher Zweig des Juragebirges, j. *Bözberg* im Kanton Bern, Tac. hist. 1, 68.

vōciferātio, ōnis, *f.* (vociferor), das **Geschrei, Gekreisch,** die **laute Klage,** Cic. u. a.: muliebris, Rhet. Her.

vōciferātor, ōris, *m.* (vociferor), der **Schreier, Rufer,** Tert. adv. Marc. 4, 11.

vōciferātus, Abl. ū, *m.* (vociferor), das **Geschrei,** cum vociferatu, Plin. 10, 164.

vōcifero, āre, s. vōciferor a. E. ►.

vōciferor, ātus sum, ārī (v. vox u. fero), **seine Stimme laut erheben, laut rufen, schreien, kreischen,** palam, Cic.: comoedus sermocinatur, tragoedus vociferatur (trägt laut vor), Apul.: mit folg. allg. *Acc.*, talia vociferans, Verg.: cum haec omnes vociferarentur, Liv.: aliis incendiarium vociferantibus, Tac.: u. mit folg. *Acc.* u. *Infin.*, quod vociferabare decem milia talentûm Gabinio esse promissa, Cic.: m. folg. Fragesatz, vociferari Decius, quo fugerent? quamve in fuga spem haberent? Liv.: cum duces undique vociferarentur, quid starent? Liv. – m. folg. *ut* u. Konj., vociferari, ut de re publica liceret dicere, Liv. 3, 41, 1. – m. folg. *de* u. Abl., vociferatus de superbia patrum ac crudelitate feneratorum, nachdem er sich laut ausgelassen hatte über usw., Liv. – übtr., v. lebl. Subj., vociferantur aera, tönen, Lucr.: carmina, ertönen, Lucr.: ratio vociferatur naturam rerum, lehrt laut, Lucr. – ► aktive Nbf. vocifero, Gloss. II, 354, 53: vociferat, Gloss. II, 211, 14: vociferant, Varro r. r. 3, 9, 5: vociferarent, Greg. Tur. de glor. mart. 1, 18. p. 816 A: vociferare, Liv. 10, 28, 12: Passiv unpers., fuerat vociferatum ferociter, Liv. 24, 21, 2.

vōcifico, āre (vox u. facio) = vociferor, **sich hören lassen,** v. den Bienen, Varro r. r. 3, 16, 8: auch mit dem *Acc.*, bekanntmachen, anzeigen, Gell. 9, 3, 1.

vocima pira, Name einer Birnensorte, Plin. 15, 56.

vocito, āvī, ātum, āre (*Intens.* v. voco), **gewöhnlich nennen, zu nennen pflegen,** gew. mit *Acc.* des Namens, ubi cenabant cenaculum vocitabant, Varro LL.: hanc variae gentes Idaeam vocitant matrem, Lucr.: nostri quidem omnes reges vocitaverunt, qui etc., Cic.: qui vivam eum tyrannum vocitarant, Nep.: igneus vertex, quem patrio vocitamus nomine fulmen, Lucr.: Icelum equestri nomine Marcianum vocitabant, Tac. – im Passiv, si quis alio vocitatur nomine tum cum lis contestatur, atque olim vocitabatur, P. Aufid. fr.: sunt qui Tiberim priscum nomen Latinum Albulam vocitatum litteris tradiderunt, Varro LL.: propter hos fluit amnis, quam olim Albulam dicunt vocitatam, Varro fr.: Lipara antea Milogonis vel Meligunis vocitata, Plin.: proditor Servius Romanus vocitatus (est), Liv.: ab eo (verbo Graeco νέος) itaque Neapolis illorum *Novapolis* ab antiquis nostris vocitata, Varro LL.: illum percussā monetā Augustum esse vocitatum, sich auf einer von ihm geschlagenen Münze Augustus genannt habe, Vopisc.: ii, qui Plautii vocitabuntur, CIL 10, 3750.

vocitus, a, um, s. voco a. E. ►.

vocīvus, a, um, s. vacīvus ►.

voco, āvī, ātum, āre (altind. *vakti, vívakti,* sagt, redet, griech. ὄψ, Stimme), **rufen, I** eig.: **A** im Allg.: **1 rufen, berufen, herbeirufen,** Caes.: alqm in contionem, Cic.: senatum od. in senatum, Liv.: ad consilium, Liv.: alqm auxilio (zur H.), Tac. – v. lebl. Subjj. od. mit lebl. Objj., quo res vocasset, Liv.: spes vocat, Liv.: imbrem votis, Verg.: pluviam improbā voce (v. der Krähe), Verg. georg. 1, 388: ventos aurasque (v. Krähen u. Raben), Lucr. 5, 1084 (1086). – dah. ventis vocatis, wenn ihr günstigen Wind bekommen habt, Verg.: ebenso venti vocantes, günstige Winde, Val. Flacc. – **2 anrufen, anflehen,** deos, Hor.: cetera sidera, Tac.: voce Hecaten, Verg.: deos auxilio, Verg.: me voce vocantem, Verg. – **B** insbes.: **1** vor eine Gerichtsbehörde **laden, vorladen,** alqm, z. B. vocat te dictator, Liv.: alqm in ius, vor Gericht, Cic., in iudicium, Cic.: ad iudicem, Quint.: alqm ex iure manum consertum, s. 2. cōn-sero *no.* II, 2, b. – alqm vocare in testimonium, übtr. im gewöhnlichen Leben, Varro: consulem in rostra, Varro fr. – **2** zu Gast, zur Tafel **laden, einladen,** mit dem Zusatz ad cenam, Cic., u. bl. vocare, Nep.: domum, Cic.: spatium vocandi, zur Hochzeit zu laden, Ter.: bene vocas (von dem, der die Einladung ablehnt), ich danke, ich bin bereits eingeladen, Plaut. – bildl., **einladen, reizen, locken,** alqm ad vitam, Cic.: in spem, Hoffnung machen, Cic.: servos ad libertatem, Liv. – **3 herausfordern, reizen** (s. Heräus Tac. hist. 4, 80, 10), hostem, Verg. u. Tac.: populum Romanum armis, Tac.: ad pugnam, Tac.: divos in certamina, Verg.: dah. bildl., arrogantiā offensas, Anstoß verursachen, Abneigung gegen sich erwecken, Tac. hist. 4, 80. – **4** irgendwie mit irgendeinem Namen rufen, **a nennen, benennen,** oppidum vocant, Caes.: alqd alio nomine, Cic. fr.: ad spelaeum, quod vocant, wie man es nennt, Liv.: aedificia, quae mapalia illi vocant, Sall.: dah. vocor, ich heiße, werde genannt usw., qui vocare? wie heißt du? Ter.: iam lepidus vocor, Ter.: in edictis suis autocratora esse vocatum, habe er sich Selbstherrscher genannt, Vopisc. – m. Ang. wonach? durch *de* od. *ex* m. Abl., Taurini vocantur de fluvio, qui propter fluit, Cato origg. 3. fr. 1: ut proprio sumptu ederent ludos, qui de nomine Augusti fastis additi Augustales vocarentur, Tac. ann. 1, 15: lapis, quem Magneta vocant patrio de nomine Graeci, Lucr. 6, 908: patrioque vocat de nomine mensem, Ov. fast. 3, 77: Bruttiosque se ex nomine mulieris vocaverunt, Iustin. 23, 1, 12. – **b anreden,** sermone communi, Petron. 113, 8. – **II** übtr., jmd. od. etw. gleichsam wohin rufen, in eine gewisse Lage, Stimmung **ziehen, bringen, versetzen usw.,** m. folg. *in* od. *ad* u. Akk., in discrimen ac periculum, Cic.: in suspicionem, Cic.: in odium aut invidiam, Cic.: ad exitium, in das Verderben stürzen, Cic.: in crimen, beschuldigen, Cic. u. Nep.: alqm in partem, teilnehmen lassen, Cic.: u. so in partem praedae suae deos, Liv., u. (poet.) in partem praedamque (= in partem praedae) Iovem, Verg.: vocare in partem curarum, Tac.: in commune, gemeinschaftlich machen, Liv.: alqm ad rationem reddendam, zur Rechenschaft ziehen, Quint.: divos in vota, Gelübde tun zu usw., die Götter anrufen, Verg.: ad calculos, s. calculus *no.* II, C: in dubium, in Zweifel ziehen, bezweifeln, Cic.: in disceptationem, über etwas streiten, Cic.: ad integritatem maiorum spe suā hominem vocabant, sie hofften, er werde ebenso rechtschaffen sein wie seine Vorfahren, Cic. – ► Parag. Infin. vocarier, Plaut. capt. 1024. – vulg. Perf. u. Partiz. Perf. Pass. vocitus est, vocitus, CIL 2, 4514, 31. de Rossi inscr. Chr. I. p. 108. *no.* 211. Itala (Palatin.) Luc. 19, 13. Itala (Rehd.) Ioh. 2, 2 u. s.

Vocōnius, a, um, Name einer röm., aus Aricia stammenden Familie, aus der bes. bekannt Q. Voconius Saxa, der als Volkstribun 169 v. Chr. ein Gesetz gab, dass eine Frau nicht erben, sondern nur ein Legat erhalten dürfte, Cic. Balb. 21. Liv. epit. 21; u. Q. Voconius, Untersuchungsrichter im Prozess des Kluentius, Cic. Clu. 147 u. 148. – Forum Voconii, s. forum a. E. – *adi.* = **vokonisch, des Vokonius,** lex, Cic.: pira, Plin.

Vocontiī, ōrum, *m.*, eine Völkerschaft in Gallia Narbonensis, auf dem linken Ufer der Rhone, Caes. b. G. 1, 10, 5. Cic. ep. 10, 23, 2. Liv. 21, 31, 9. Tac. hist. 1, 66. Mela 2, 5, 2 (2. § 75). CIL 12, 1585. – Dav. **Vocontius,** a, um, **zu den Vokontiern gehörig, vokontisch,** rura, Sil. 3, 467.

vōcula, ae, *f. (Demin.* v. vox), **I** das **Stimmchen,** die **kleine, schwache Stimme,** Cic. ad Att. 2, 23 *in.* Prop. 1, 16, 27: feminea, Titin. com. 171: stridens (einer alten Frau), Apul. met. 4, 7. – **II** übtr.: **1** der **schwache Laut, Ton,** falsae voculae, Cic. de or. 3, 98: tibicen ... omnis voculae melleus modulator, Apul. flor. 4. – **2** das **Wörtchen, a** übh., Gell. 12, 14, 5. Apul. ἀνεχ. in Anthol. Lat. 712, 15 (230, 15):

molles voculae, Apul. met. 10, 22. – **b** im verächtlichen Sinne, die **Nachrede,** das **Gespött,** incurrere in voculas malevolorum, die Witzeleien der Missgunst sich gefallen lassen müssen, Cic. ep. 2, 16, 2.

vōculātio, ōnis, *f.* (vocula; eig. v. *voculo, āre), die **Betonung, Akzentuierung,** der **Akzent,** Nigid. b. Gell. 13, 25, 1; vgl. Gell. 13, 6, 1.

vocuus, s. vacuus a. E.

Vogesus, s. Vosegus.

vola, ae, *f.* = θέναρ, **a** = τὸ κοῖλον τῆς χειρός, θέναρ χειρός (Gloss. II, 211, 14 u. II, 327, 28), die **hohle Hand,** die **Höhlung der Hand,** Prud. apoth. 860. Prob. cath. 11, 20 K. Serv. Verg. georg. 2, 88 u. Aen. 3, 233; vgl. Non. 416, 18. Paul. ex Fest. 370, 7. – **b** = θέναρ ποδός, κοιλον ποδός (Gloss. Labb.), die **hohle Fußsohle,** Plin. 11, 254; vgl. Non. 416, 24. Paul. ex Fest. 370, 7. – Sprichw., alcis rei nec vola nec vestigium exstat od. apparet, kein Merkmal, keine Spur, Varro sat. Men. 110 u. 537.

volaema, s. volēmum pirum.

vōlarium, s. bōlarium.

Volāterrae, ārum, *f.*, eine uralte Stadt in Etrurien, j. *Volterra,* Liv. 10, 12, 4. Cic. Rosc. Am. 20. – Dav. **Volāterrānus,** a, um, **volaterranisch,** Vada, eine zum Gebiet von Volaterrä gehörige Hafenstadt, j. *Torre di Vado,* Cic. Quinct. 24. Plin. 3, 50: Volaterranus, vero Vada nomine, tractus, Rutil. Nam. 1, 453. – Plur. subst., Volaterrānī, ōrum, *m.*, die Einw. von Volaterrä, die **Volaterraner,** Cic. u. a.

volātica, ae, *f.*, s. volāticus.

volāticus, a, um (volo, āre), **I geflügelt, a fliegend,** Plaut. u. Apul. – **b flüchtig, hin und her fliegend,** Psyche, Apul. met. 5, 31: arborum volatica folia, Augustin. conf. 7, 6: illius furentes ac volatici impetus, von einem zum anderen stürmende Angriffe, Cic. de har. resp. 46. – **II** bildl.: **1 flüchtig,** in Gesinnungen u. Meinungen, **unbeständig,** Academia, Cic.: volaticus ac levis, Sen. – **2 flüchtig, vergänglich,** divitiae fluxae, caducae, volaticae, Augustin. serm. 19, 5: huius saeculi volatici transitus, *ibid.* 24, 5. – **3 zauberisch,** nur subst., volātica, ae, *f.*, **a** die **Zauberin,** Fest. 314 (b), 1. – **b** die **Zauberei,** Tert. de pall. 6.

volātilis, e (volo, āre), **I fliegend, geflügelt,** genus (animalium), Ggstz. ambulabile, reptile, natabile, Boëth. in top. Cic. 3. p. 332, 2 B.: vol. bestiae, Geflügel, Vögel, Cic.: pecus, Federvieh, Colum.: animalia terrestria et volatilia, Augustin.: puer, v. Kupido, Ov.: linum, flatterndes, v. Segel, Cassiod. var. 5, 17, 3 (Mommsen lignum volatile). – *neutr. pl.* subst., volatilia caeli, Augustin. de civ. dei 10, 32, 2. p. 458, 26 D.²; de gen. ad litt. 9, 20. – **II** übtr.: **1 flüchtig, schnell,** ferrum, Pfeil, Verg.: so auch telum, Lucr. u. Ov. – **2** bildl., **flüchtig, vergänglich,** aetas, Ov.: gloria vanum atque volatile quiddam est, Sen.

volātio, ōnis, *f.* (volo, āre), das **Fliegen,** der **Flug,** Augustin. serm. 55, 2 Mai.

volātūra, ae, *f.* (volo, āre), **I** der **Flug,** das **Fliegen,** Varro r. r. 3, 5, 7. – **II** meton., die herzufliegenden od. herzugeflogenen Vögel, wie unser **Flug,** Colum. 8, 9, 1 u. 8, 10, 5.

volātus, ūs, *m.* (volo, āre, s. Varro LL. 5, 138), **I** das **Fliegen,** der **Flug, a** eig.: volatus (Plur.) avium od. alitum, Cic.: non si Pegaseo feror volatu, Catull. – **b** übtr., v. jeder ähnlichen raschen Bewegung, equi, Claud. Gigantom. 47: praeceps (fatorum), Mart. 11, 91, 9. – **II** insbes., das **Fliegen** = **Vermögen (Kraft) zu fliegen,** dedit volatus avibus, Apul. flor. 10.

Volbiticus, s. Bolbitinē.

Volcae, ārum, *m.*, eine Völkerschaft in Gallia Narbonensis, geteilt in Volcae Tectosages mit der Hauptstadt Tolosa u. Volcae Arecomici mit dem Hauptort Nemausus, Caes. b. G. 6, 24, 2; 7, 7, 4; 7, 64, 6; b. 1, 35, 4.

Volcācius, s. Vulcācius.

Volcānālis, Volcānius, Volcānus, s. Vulcānus.

volēmum pirum, eine Art großer Birnen, die die hohle Hand (vola) ausfüllen, etwa **Pfundbirne,** Cloat. bei Macr. sat. 3, 19, 6: gew. Plur. volema pira u. bl. volema, Cato r. r. 7, 4. Colum. 5, 10, 18. Plin. 15, 56. Verg. georg. 2, 88 (Ribbeck mit *cod. M* volaema). Vgl. Serv. Verg. georg. 2, 88 u. Aen. 3, 233. Isid. orig. 17, 7, 67.

volēns, entis, *PAdi.* (2. volo), **I** der etw. will, **a willig** (Ggstz. coactus, s. Dietsch Sall. Iug. 73, 3), Verg., Sall. u. a.: auch v. Lebl., volentia rura, Verg. – **b begehrlich,** amplexus, Apul. met. 7, 16. – **c wünschenswert, erwünscht,** haec atque talia plebi volentia fuere, Tac. ann. 15, 36: credidit volentia magis quam necessaria suadentibus, Heges. 1, 44, 3. – **II geneigt, günstig, huldvoll,** verb. volens, propitius, propitius volensque, Sall. u. Liv. (s. Dietsch Sall. Iug. 73, 3. M. Müller u. Weißenb. Liv. 1, 16, 3): deis volentibus, durch die Huld der Götter, Sall.: cum dis volentibus, Enn. u. Cato: volentia alci, für jmd. günstige Nachrichten od. Ereignisse, Sall.

volenter, *Adv.* (volens), **willig, gern,** Apul. met. 6, 12.

volentia, ae, *f.* (velle), der **Wille,** die **Neigung,** Apul. met. 5, 31 u. 11, 6: bona volentia, Fronto ep. ad Ver. imp. 2, 8. p. 137, 5 N.

vōlētar, s. bōlētar.

volgātus, a, um, s. 2. vulgātus.

volgiolus, ī, *m.*, ein **ländliches Werkzeug zum Ebnen der Beete,** Plin. 17, 73.

1. volgo, āvī etc., s. 1. vulgo.

2. volgō, *Adv.*, s. 2. vulgō.

volgus, s. vulgus.

volitātio, ōnis, *f.* (volito), das **Umherfliegen, -rennen,** Isid. orig. 18, 57.

volitātus, Abl. ū, *m.* (volito), das **Umherfliegen,** der **Flug,** Ven. Fort. vit. s. Mart. 4, 223.

volito, āvī, ātum, āre (*Intens.* v. volo, āre, s. Prisc. 8, 74), **I umher-, herum-, hin und her fliegen, -flattern, 1** eig.: **a** v. Vögeln usw.: Diomedeae aves congreges (herdenweise) volitant, Solin.: quemadmodum volucres videmus levandi laboris causā passim ac libere solutas opere volitare, Cic.: haec volucris propter humum volitat, Ov.: aquila super carpentum cum magno clangore volitans, Liv.: volitant alii cum murmure (von Käfern), Plin.: avicula circa cubantem feram volitans blande, Amm. – **b** v. Lebl.: hic aliae (stellae) volitant, Cic. poët.: atram in nimbo volitare favillam, Verg.: atomorum vis infinita volitat, Cic.: quod spiritus per terram volitentur, Lact.: umbrae volitant inter vivos, Lucr.: sicut fulica levis volitat super aequora classis, Fur. Ant. bei Gell.: trepidantia ad conspectum novae rei carpenta volitabant, flogen dahin (eilten davon), Flor. 3, 10, 17. – **2** bildl., **herumfliegen, a** von der Seele, frei von Geschäften sein, sich eine Erholung gönnen, Cic. de or. 2, 23. – **b** v. Menschen, per ora virûm, sehr gelobt, gepriesen werden, Enn. fr. var. 18 (bei Cic. Tusc. 1, 34). – **c** v. Menschen, die, unmäßige Wünsche hegend, **zum Höheren aufstreben,** gleichs. **immer in höheren Regionen schweben,** aetherias, lascive, cupis volitare per auras, Mart. 1, 3, 11: homo volitans gloriae cupiditate (Ggstz. vir moderatus et constans), Cic. Pis. 59. – **II** übtr., **umherfliegen, umherrennen, sich umhertummeln, sich keck umhertreiben, keck umherschwärmen, keck sein Wesen treiben** (s. Heräus Tac. hist. 2, 88 *extr.* Halm Cic. Sest. 1), **1** eig.: totā acie, Liv.: per Cheruscos, Tac.: in foro, Cic.: cum gladiis toto foro, Cic.: ante oculos istorum, Cic.: in armis, Cic.: alacres laetosque (lustig u. guter Dinge) volitare, Cic. – **2** bildl., sich mit einer gewissen Prahlerei **zeigen, sich sehen lassen,** volitat ut rex, brüstet sich, Cic.: cum illa coniuratio palam volitaret, Cic.: nunc vero non insultabo vehementius nec volitabo in hoc insolentius, noch mich in ungemessener Rede darüber verbreiten, Cic.

volnero, āvī, ātum, āre, s. vulnero.

volnus, eris, *n.*, s. vulnus.

1. volo, āvī, ātum, āre, **fliegen, I** eig., von Vögeln, Bienen usw., Plaut., Cic. u. Verg. – Partiz. subst., volantēs, ium, *f.* (*sc.* bestiae), **Vögel,** Lucr., Verg. u. Apul. – **II** übtr.: **a** v. Dingen, die durch die Luft oder in die Höhe sich schnell bewegen, fliegen, wie Geschosse, Rauch, Blitze usw., fulmina volant, Lucr.: volat vapor ad auras, Verg.: volat ventus, Verg.: hasta, Verg.: tela volantia, Liv. – **b** von jeder schnellen Bewegung, **fliegen,** von Pers. u. Sachen, Plaut.: currere ad me et volare (von Pers.), Fronto: volat currus, Verg.: navis, Ov.: litterae

(Briefe) Capuam ad Pompeium volare dicebantur, Cic.: volat aetas, Cic.: fama volat mit folg. *Acc.* u. *Infin.*, das Gerücht dringt zu uns, Verg.: hora, fliegt dahin, vergeht, Sen. poët.: horae volant, Augustin.

2. volo, voluī, velle (altind. *vṛnāti,* er wählt, wünscht, *váraṇam,* das Wählen, Wünschen, griech. ἔλδομαι, verlangen, ἔλδωρ, Wunsch, ahd. *wëllan,* nhd. wollen), **willens sein, begehren, wünschen, I** im Allg.: **a** übh.: **α** mit folg. *Infin.*: exire ex urbe volo, Plaut.: vilicus ne quid emisse velit insciente domino, Cato: ut armis ac virtute velint patriam defendere terram, Lucr.: voluimus capere animum eorum, Lucil. fr.: volui id quidem efficere certe, Cic.: tollere seu ponere vult freta, Hor.: u. zsgz. sis amanti subvenire, Plaut.: u. fragend, vin tu curtis Iudaeis oppedere? du willst doch nicht etwa? Hor. (vgl. unten *no.* b). – u. die Formel volo scire, velim scire, ich wünsche zu wissen, möchte wohl wissen, m. folg. Relativ- od. Fragesatz, oft bei Plaut.: u. so volo audire, ich möchte gern hören, ich bin neugierig, zu hören, mit folg. Fragesatz, Liv. 34, 2, 6. – **β** m. folg. *Acc.* u. *Infin.*: an te ibi vis inter istas vorsarier prosedas, Plaut.: Persium non curo legere, Laelium Decumum volo, Lucil. fr.: pater illum alterum (filium), qui mortuus est, secum omni tempore volebat esse, Cic.: iudicem me esse, non doctorem volo, Cic.: (cum Ulixes) affabilem et iucundum se esse vellet, Cic.: si vis me flere, Hor.: quem tamen unum ex multis fortuna reliquum esse voluisset, übrig gelassen hätte, Cic.: lumen exstinctum esse volo, ich will das L. ausgelöscht wissen, Cic.: quod vestigari volunt, ausgespürt wissen wollen, Liv. – **γ** m. *Nom.* u. *Infin.*: ut tantum fida sorori esse velis, Ov. met. 2, 746. – **δ** mit *Acc.* u. *Partic.*: qui volunt te conventum, Plaut.: quā re omnes vos oratos volo, ne etc., Ter.: quam vellem Menedemum invitatum, ut etc., Ter. – **ε** mit *Acc.*: animo malest, aquam velim, Plaut. Amph. 1058; vgl. Curc. 312 G.: eloquere, quid velis nostram operam, Plaut. cist. 57: gloriam ingentem, divitias honestas volebant, Sall. Iug. 7, 6: oft mit allg. *Acc.*, faciam, quod vultis, Cic.: nihil est mali, quod illa non ab initio filio voluerit, optaverit, Cic.: si plura velim, Hor.: quid amplius vis? Hor.: num quid vis? Komik. u. Hor. (s. Fritzsche Hor. sat. 1, 9, 6): u. so num quid vellet, Liv. – v. Lebl., neque chorda sonum reddit, quem vult manus et mens, Hor. de art. poët. 348. – **ζ** m. *ut* od. *uti* u. Konj.: ut ille te videat, volo, Plaut.: volo, uti mihi respondeas, num etc., Cic. – und m. *ne* u. Konj.: hoc volebam nescius ne esses, Pacuv. b. Gell. 1, 24, 4. – **η** m. bl. *Coniunctiv:* visne hoc primum videamus? Cic.: volo hoc oratori contingat, ut etc., Cic.: tu velim, ut consuesti, nos absentes diligas et defendas, Cic.: quam velim Bruto persuadeas, Cic.: quam vellem Panaetium nostrum nobiscum haberemus, Cic.: vin vocem huc ad te? soll ich ihn herrufen? Plaut.: vellem abesset, Ov. – **θ** absol.: quom velis, wenn es dir beliebt, Ter.: velit nolit, scire difficile est, ob er wolle od. nicht, Cic.: velit nolit necesse est illi omnia videre, Sen.: quisquis inspiciat, velit nolit, nomen meum legat, Petron.: seu velint seu nolint, sie mögen wollen oder nicht, Liv.: u. so volens seu invitus, er mochte wollen od. nicht, Liv. 7, 40, 13 (vgl. rem publicam, si a *volentibus* nequeat, ab *invitis* ius expetituram, Liv. 3, 40, 4): volo in Graeciam (*sc.* proficisci), Cic. – si vis u. zsgz. sis, sultis, parenthet., audi si vis nunc iam, Ter.: ne, sis, plora, Plaut.: cave sis, Ter.: refer animum sis ad veritatem, Cic.: adeste sultis, Plaut. – cadentque quae nunc sunt in honore vocabula, si volet usus, Hor. de art. poët. 70 *sq.* – mihi volenti est alqd, es ist etw. für mich, den Wollenden, vorhanden = es ist od. kommt mir etw. erwünscht, es ist etw. nach meinem Sinne, quia neque plebi militia volenti putabatur, Sall.: quibusdam volentibus novas res fore, Liv. Vgl. Kritz u. Dietsch Sall. Iug. 84, 3. Fabri Liv. 21, 50, 10. Otto Tac. ann. 1, 59, 1. p. 216. – **b** vis od. vis tu mit folg. *Infin.*, als Aufforderung od. Befehl, **hast du nicht Lust, willst du nicht, willst du wohl,** vis unum vel alterum, immo plurima eius audire facta? Apul.: vis tu homines urbemque feris praeponere silvis? Hor.: vis tu pudorem habere? Sen. rhet.: vis tu reviviscere? Petron.: vis tu fortius loqui? Sen.: vis tu aequo animo pati? Sen. Vgl. Bentley Hor. sat. 2, 6, 92. Hand Tursell. 4, 82. – **c** v. alqm, **α** elliptisch, jmd. **sprechen wollen,** te volo, Komik. (s. Brix Plaut. trin. 516): pater adest, quem volui, Ter.: centuriones trium cohortium me velle postridie, Cic.: si quid ille se velit, Caes.: si quid me vis, Plaut.: num quid me vis? Plaut.: quin tu uno verbo dic, quid est, quod me velis, Ter.: est quod te volo secreto, Plaut.: te tribus verbis volo, Plaut.: paucis verbis od. bl. paucis te volo, Komik. (s. Brix Plaut. mil. 1020. Spengel Ter. Andr. 29). – **β** alqm od. alqam, jmd. **begehren, mögen, gern sehen,** Plaut. asin. 542; aul. 286; mil. 1071. Prop. 1, 13, 36. Ov. am. 1, 10, 60: u. so wohl absol., at ille, filium velle (*sc.* Iuliam), sein Sohn habe Absichten (auf sie), Cic. ad Att. 15, 29, 2. – **d** v. bene, male alci, jmdm. **wohl-, übelwollen,** iam diu ego huic et hic mihi volumus bene, Plaut.: utinam male qui mihi volunt, sic rideant, Ter.: non vult sibi male, er hat von sich keine geringe Meinung, Petron. – **e** v. alcis causā, **im Interesse** jmds. etw. **wünschen,** quod ut illi proprium ac perpetuum sit … ipsius hominis causā velle et optare debetis, Cic. – bes. (mit u. ohne omnia) **im Interesse** jmds. **günstig sein, geneigt sein, für** jmd. **etwas** od. **alles zu tun,** jmdm. **alles Gute wünschen,** Varro magnopere eius causā vult omnia, Cic.: valde eius causā volo, Cic.: etsi omnium causā, quos commendo, velle debeo, tamen cum omnibus non eadem mihi causa est, Cic. Vgl. Halm Cic. div. in Caecil. 21. – **f** quid tibi vis? **was fällt dir ein?** Ter. u. Cic.: u. so quid sibi vult pater? Ter.: quid iste sibi vult? Cic. – quid sibi vult *(res),* **was will sagen, was bedeutet,** quid vult sibi haec oratio? Ter.: nec satis intellexi, quid sibi lex aut quid verba ista vellent, Cic.: quid ergo illae sibi statuae equestres inauratae volunt? Cic.

II prägn.: **1** als publiz. *t. t.,* **wollen, bestimmen, festsetzen,** maiores de singulis magistratibus bis vos sententiam ferre voluerunt, Cic.: qui (maiores nostri) … supplicium in parricidas singulare; insui voluerunt in culleum etc., Cic. – dah. der Anfang der Gesetzvorschläge velitis iubeatis, als Anfrage an das Volk, ob es dieselben gutheiße und annehme, Cic. Pis. 72 u. a.

2 etw. **wollen** = der und der **Meinung sein,** etw. **behaupten, annehmen,** quod cum volunt, declarant quaedam esse vera, Cic.: quod minime illi volunt, Cic.: me vult fuisse Rhodi, Cic.: (Plato) sine corpore esse vult deum, Cic.: is, quem voluerunt esse eloquentem, Cic.: idem Aelius Stoicus esse voluit, Cic.: illi regi tolerabili aut, si vultis, etiam amabili Cyro etc., wenn ihr wollt, Cic.: ita volebant, Tac.

3 (weil in jedem Wollen ein Vorziehen des einen od. des anderen liegt) **lieber wollen, für wünschenswerter halten,** mit folg. *quam,* wie βούλομαι ἤ, malae rei se quam nullius turbarum ac seditionum duces esse volunt, Liv. 3, 68, 11: so auch Liv. 25, 29, 6 u. a. – ► Zsgz. vin = *visne* (Beisp. s. oben): ebenso sis = *si vis,* sultis = *si vultis* (Beisp. s. oben). – Konj. Präs. volit, CIL 6, 29989. – Genet. Gerund. volendi, Augustin. epist. 186, 1, Abl. volendo, Augustin. serm. 127, 1 Mai. – Vulg. bolo, wov. boluerint = voluerint, CIL 14, 2934, 23 (*Praeneste a.* 385 *p. Christ.).* – volens *PAdi.*, s. bes.

3. volo, ōnis, *m.* (velle), der **Freiwillige,** Plur. volones, von den im zweiten punischen Krieg nach der Schlacht bei Kannä wegen Mangels an freigeborener waffenfähiger Mannschaft zum Kriegsdienst genommenen Sklaven (nach Liv. 22, 57, 11 aus dem Staatsschatz gekauft, wobei jeder einzelne vorher gefragt wurde, velletne militare [vgl. Varro LL. 6, 47], nach Macr. sat. 1, 11, 30 u. Paul. ex Fest. p. 370, 8 freiwillig eingetreten), Liv. 23, 32, 1: vetus miles tironi, liber voloni sese exaequari sineret, Liv. 23, 35, 7: servos ad militiam paravit, quos voluntarios exemplo volonum appellavit, Capit. Anton. phil. 21, 6.

Vologēsus (Vologaesus), ī, *m.* u. **Vologēsēs** (Vologaesēs), is, Akk. ēn, *m.,* Name mehrerer parthischer Könige aus dem Hause der Arsaciden, Form *-us,* Plin. 6, 122. Suet. Ner. 57, 2 u. a. Capit. Anton. phil. 8, 6 (wo Peter Vologessus): Form *-es,* Tac. ann. 12, 44 u. a.: Genet. *-is,* Tac. ann. 15, 7 u. a.: Genet. *-ī,* Tac. ann. 13, 37 u. hist. 4, 51: Akk. *-ēn,* Tac. ann. 12, 14 u. a. (Nipperdey überall Vologaeses usw.).

volpēcula, s. vulpēcula.

volpēs, is, *f.,* s. vulpēs.

volpio, ōnis, *m.,* s. vulpio.

volsa, ōrum, *n.,* s. vello.

Volscē, s. Volscī.

Volscī (in den besten Hdschrn. Vulscī), ōrum, *m.*, die **Volsker,** eine bedeutende Völkerschaft in Latium, auf beiden Ufern des Liris, in der jetzigen *Campagna di Roma* u. *Terra di Lavoro,* Liv. 1, 54. § 2 u. 8. Cic. Brut. 41: in Volscos missi, in das volskische Gebiet, Liv. 2, 9, 6: Sing. Volscus kollektiv, Liv. 4, 37, 11. – Dav. **Volscus,** a, um, **volskisch,** gens, Cic.: ager, Liv. – *Adv.* **Volscē, volskisch,** fabulari, Titin. com. 104.

volsella (vulsella), ae, *f.* (vello), die **kleine Zange,** als Werkzeug der Handwerker, Cels. 8, 10, 7: als chirurg. Instrument, die Wundzange, Cels. 6, 18, 3 u. a.: zum Herausziehen der Haare, Plaut. Curc. 577. Mart. 9, 27, 5. – Sprichw., pugnare volsillis (so!), non gladio, d. i. auf unschädliche Weise, Varro LL. 9, 33.

Volsiniī (Vulsinii), ōrum, *m.*, eine Stadt in Etrurien, j. *Bolsena,* Liv. 10, 37, 1 u. 27, 23, 3. Plin. 2, 140. – Dav. **1** **Volsiniēnsis** (Vuls.), e, **volsiniensisch,** lacus, j. *Lago Bolseno,* Vitr. u. a.: ager, Liv. – Plur. subst., Volsiniēnsēs, ium, *m.*, die Einw. von Volsinii, die **Volsinienser,** Liv. u. Plin. – **2** **Volsinius,** a, um, **volsinisch,** foci, Prop. 4, 2, 4.

volsus, a, um, s. vello.

volta, ae, *f.*, etruskischer Name eines Ungeheuers (monstrum), Plin. 2, 140.

Voltinius, a, um, **voltinisch,** tribus, eine röm. Tribus, Cic. Planc. 38 u. 43. – Dav. **Voltiniēnsēs,** ium, *m.*, Bürger aus der voltinischen Tribus, Cic. Planc. 43.

voltum, ī, *n.*, s. vultus ►.

Voltumna, ae, *f.*, Bundesgöttin der etruskischen Zwölfstaaten, bei deren Tempel die allgemeinen Versammlungen gehalten wurden, Liv. 4, 23, 5 u. ö.

1. voltur, uris, *m.*, s. 1. vultur.

2. Voltur, uris, *m.*, s. 2. Vultur.

Volturnus, ī, *m.*, s. 1. Vulturnus.

voltus, ūs, *m.*, s. vultus.

volūbilis, e (volvo), sich schnell oder leicht umdrehend (umrollend), **drehbar, wälzbar, rollbar, kreisend, rollend,** **I** eig.: caelum, Cic.: amnis, der rollende Strom, Hor.: unda, Calp.: buxum, Kreisel aus Buchs, Verg.: se non intellegere, qualis sit volubilis et rotundus deus, wie eine stete Kreisbewegung u. runde Gestalt als Eigenschaften einer Gottheit gedacht werden können, Cic. – **II** übtr.: **a** v. Glück, **veränderlich, wandelbar,** fortuna, Cic.: cum videamus tot varietates tam volubili orbe circumagi, Plin. ep. – **b** v. der Rede, **schnell dahinrollend, flüchtig, geläufig,** oratio quoniam tum stabilis est, tum volubilis, Cic.: Appii Claudii volubilis erat oratio, A. Kl. war ein geläufiger Redner, Cic.: orator v., ein geläufiger, Cic.: so auch homo, Cic.

volūbilitās, ātis, *f.* (volubilis), die **Drehbarkeit, Wälzbarkeit, Rollbarkeit,** die **Beweglichkeit um seinen Mittelpunkt,** **I** eig.: mundi, Cic.: malorum, Serv.: ventorum, Serv.: volubilitatem non dedit, Cic.: ipsa volubilitas libratum sustinet orbem, Ov. – **II** übtr.: **a** die **Beweglichkeit, Unbeständigkeit,** fortunae, Cic. de div. 2, 15. Plin. 37, 3. – **b** die **schnelle Beweglichkeit,** linguae, geläufige Zunge, Cic.: verborum, Schnelligkeit, Fertigkeit im Sprechen, Cic.: ingens volubilitas verborum, ungeheuere Zungenfertigkeit, Petron.: exaggerata verborum volubilitas, überschwängliche Beredsamkeit, Petron.: inanis sententiis verborum volubilitas, gedankenleere Wortkrämerei, Aug. bei Suet.

volūbiliter, *Adv.* (volubilis), **I** eig., **sich schnell umrollend, schnell dahinrollend,** Non. 4, 1 (als Erklärung von tolutim): supinari volubiliter contra ipsum igneum orbem, sich emporkreiseln, Amm. 20, 11, 26. – **II** übtr., **schnell dahinrollend, geläufig,** funditur numerose et volubiliter oratio, Cic. or. 210: quippe eius modulationem poëmatum sive metrorum compositioni accommodatam rotatim et volubiliter dicebant, Diom. 477, 24.

volucer, volucris, volucre (volo, āre), **fliegend, geflügelt,** **I** eig. u. übtr.: **1** eig.: **a** *adi.*: angues, Cic.: columba, Verg.: deus od. puer, Kupido, Ov.: pes (des Merkur), Ov. fast. 5, 88: turba, Vögel, Ov.: bestiae volucres, Vögel, Cic.: volucria animalia, Tac. – **b** *subst.*: **α** volucris, is, *f.* (*sc.* bestia; als *masc.*, *sc.* ales, nur Cic. poët. de div. 2, 64. Coripp. in laud. Iustin. Aug. min. 1, 199), der **Vogel,** Ov. u. a.: volucris peregrina, Zugvogel, Phaedr.: sueta aquis volucris, Tac.: volucris parvula, von der Fliege, Phaedr.: öfter Plur., volucrēs, um, *f.*, die Vögel, Cic. u. a.: volucrum cantus, Cic. u. a. – **β** volucre, is, *n.* (Ggstz. animal), consumptum est animal et volucre, Vulg. Ierem. 12, 4. – **2** übtr., v. allem, was sich schnell bewegt, **fliegend, flüchtig, eilig,** sagitta, Verg.: ferrum (Geschoss), Verg.: fumus, Verg.: motus astrorum, Cic. poët.: Hebrus, Verg. – equus, Mart.: nuntius, Cic.: volucer pede, Auson. parent. 17, 14. – **II** bildl.: **1** im Allg., **flüchtig, eilend, schnell,** aliud genus (dicendi) verbis volucre atque incitatum, Cic.: nihil est tam volucre quam maledictum, nichts läuft so schnell um, Cic.: v. somnus, Verg.: fatum, Hor. – **2** insbes., **flüchtig, vergänglich, unbeständig,** fortuna, Cic.: gaudium, Tac.: dies, Hor.: fama, Ov. – ► **α** volucer, *fem.*, fama, Petron. 123, 210: dagegen volucris, *masc.*, Tibull. 4, 1, 209: sonipes, Sil. 10, 471. – **β** Genet. Plur. gew. volucrum, z. B. subst., Verg. Aen. 3, 216: adj., Verg. cat. 11, 29. Ov. met. 7, 218: doch volucrium, subst., Varro r. r. 1, 38, 1 K. Cic. de fin. 2, 110; de nat. deor. 2, 99. Fabian. bei Charis. 146, 28. – **γ** Über die Messung des *u* in volucris s. Quint. 1, 5, 28. – **δ** volucre u. volucres, eine Art Raupen, s. volūcra.

volūcra, ae, *f.* (volvo), eine Raupe, die sich in die Weinblätter einwickelt, die **Wickelraupe,** der **Wickler,** Colum. de arb. 15. – Nbf. **volūcre,** is, *n.*, Plin. 17, 265: und Plur. **volūcrēs,** um, *f.*, Colum. poët. 10, 333.

volucripēs, pedis (volucer u. pes), **schnellfüßig, schnell,** Auson. epist. 16, 104; 21, 14. Sidon. epist. 9, 15. carm. *v.* 5.

volucris, is, *f.*, der **Vogel,** s. volucer.

volucritās, ātis, *f.* (volucer), die **Schnellflügigkeit,** Fulg. myth. 2, 9.

volucriter, *Adv.* (volucris), **schnell,** Amm. 17, 1, 12; 21, 9, 6 u. a.

volūmen, inis, *n.* (volvo), alles, was gerollt, gewickelt oder gewunden wird; dah. **I** die **Schriftrolle,** das **Buch,** das **Schriftwerk,** die **Schrift,** **1** im Allg.: magnitudo voluminis, Nep.: grande volumen, Hieron.: circuitus voluminis tui, August. bei Suet.: v. plenum querelae, Cic.: volumen publicum, das amtlich geführte Protokoll, Amm.: gestorum volumen, das Aktenstück, Amm.: tuis oraculis totum volumen implevit, Cic.: replicare volumen edicti et legere ab exordio, Amm.: unum de medica et cytiso volumen componere, Plin.: alcis vitam insigni volumine prosequi, Hieron. – Plur., volumina selectarum epistularum, Cic.: pontificum libri, volumina rerum, Hor.: educere ex armariis infinita volumina, Vitr. – **2** insbes., ein Teil eines größeren Werkes, der **Band,** das **Buch,** libri tres in sex volumina divisi, Plin. ep.: sedecim volumina epistularum (Ciceronis), Nep.: mutatae ter quinque volumina formae, v. d. Metamorphosen, Ov. – **II** der **Kreis,** die **Krümmung,** die **Windung,** der **Wirbel,** die **Welle** u. dgl., **1** eig., Verg.: vinclorum, v. caestus, Verg.: crurum (equi), die Krümmung der Sch. (im Lauf), Verg.: fumi, der Wirbel, Ov.: undae, Lucr.: siderum, der Kreislauf, Ov.: u. so saeculorum, Augustin. – **2** bildl., der **Wechsel,** magna sortis humanae volumina, Plin. 7, 147.

volūminōsus (in Hdschrn. auch voluminossus), a, um (volumen), **voll Krümmungen, -Kreise,** angues corporibus voluminosis, Sidon. carm. 9, 76.

Volumnius, a, um, Name einer röm. *gens,* unter der bes. bekannt P. Volumnius Eutrapelus, ein röm. Ritter, Anhänger des Antonius, im Bürgerkrieg dessen praefectus fabrûm, Nep. Att. 12, 4: gew. bl. Eutrapelus gen., Cic. ep. 10, 16, 2. Cic. Phil. 13, 3. Hor. ep. 1, 18, 31. – Volumnia, eine Freigelassene u. Geliebte desselben, Mime unter dem Namen Cytheris, später Buhlerin des Antonius, Cic. Phil. 2, 58. – Volumnia, die Gattin des Koriolanus, Liv. 2, 40, 1.

Volumnus, *m.* u. **Volumna,** *f.*, Gottheiten, denen man die Neugeborenen empfahl, Augustin. de civ. dei 4, 21. p. 171, 11 D[2].

voluntāriē, *Adv.* (voluntarius), **freiwillig,** Hyg. fab. 41. Oros. prol. § 3. Boëth. cons. phil. 3, 12. p. 68, 5 *Obb.* (Peiper voluntaria). Vulg. Levit. 22, 23; 1. Esdr. 1, 4; psalm. 53, 8 u. a. Eccl.: Ggstz., si enim deus *voluntarie* et non *ex necessitate* bonus est, Hieron. in epist. ad Philem. *v.* 14.

voluntārius, a, um (voluntas), **I einen Willen bezeichnend,** verba (wie volo, cupio, studeo), Prisc. 17, 36. – **II freiwillig, A** subj., v. dem, der aus freiem Willen-, aus freiem Antrieb etwas tut, **a** eig.: senator, der sich selbst (eigenmächtig) dazu gemacht hat, Cic.: procurator, Cic.: auxilia sociorum, Cic.: milites, Freiwillige, Caes. (u. so vol. miles kollektiv, Tac.): exercitus, das Heer der Freiwilligen, Liv.: Plur. subst., voluntāriī, ōrum, *m.*, freiwillig dienende Soldaten, Freiwillige, Caes. u. a. – **b** von selbst wachsend (Ggstz. sativus), serpyllum, Plin. 20, 245. – **B** obj., von dem, was mit freiem Willen-, was von selbst geschieht, exsilium, Sen.: mors, Selbstmord, Cic.: servitus, Tac.: deditio, Liv.: voluntario exitu cadere, Tac.: quod totum voluntarium est, was ganz in unserem Willen steht, Cic.

voluntās, ātis, *f.* (2. volo), der **Wille,** das **Wollen,** die **Neigung,** geistige **Richtung, Bestrebung, I** eig.: **A** im Allg.: **a** übh.: me conformo ad eius voluntatem, Cic.: voluntatem eorum intuentur, Cic.: ad voluntatem loqui, anderen zu Willen, nach dem Munde, Cic.: summā Catuli voluntate, mit voller Genehmigung, Einwilligung, Cic. – **b** der **freie, gute Wille,** ego *voluntatem* (guten Willen) tibi profecto emetiar, sed *rem ipsam* nondum posse videor, Cic.: nedum hominum humilium, ut nos sumus, etiam amplissimorum virorum consilia *ex eventu,* non *ex voluntate* a plerisque probari solent, Balb. et Opp. in Cic. ep.: quod non *ex imperio* (auf Kommando), sed *ex voluntate* praestatur, beneficium est, Sen. – dah. voluntate, **mit Willen, aus eigenem** od. **freiem Willen, gern,** nisi voluntate ibis, rapiam te domum, freiwillig, Plaut.: quod vos vis cogit, id voluntate impetret, Ter.: tu coactus tuā voluntate es, du hast dich gern zwingen lassen, Ter.: meā voluntate concedam, gern, Cic.: voluntate in dicionem venerunt, aus eigenem Willen, Liv. – verb. qui suā sponte et voluntate fecerunt, Cic. – bona voluntas, Liv. 38, 14, 7. Sen. de ben. 4, 21, 6; 5, 3, 2 u. a.: non nudum cum bona voluntate, sed cum facultatibus accedere ad patriae auxilium, Planc. in Cic. ep. 10, 8, 2. – sine voluntate, **unwillkürlich,** lacrimare, Cels. 2, 4. p. 34, 6 D.: urina interdum destillat, Cels. 2, 7. p. 41, 4 D.; u. so Cels. 5, 26, 17; 8, 13 u. 14. – **c** die (gute) **Gesinnung,** confisus municipiorum voluntatibus, Caes.: celans, quā voluntate esset in regem, Nep. – **d** der **Wille,** das **Verlangen,** der **Wunsch,** die **Wünsche** jmds., ambitiosis voluntatibus cedere, Cic.: non est tua tuta voluntas, Ov.: ex voluntate, nach Wunsch, Cic.: ex voluntate alqo uti, an jmd. ein gefügiges Werkzeug haben, Sall.: so auch de mea voluntate, Cic.: Plur., ut vestrae mentes atque sententiae cum populi Romani voluntatibus suffragiisque consentiant, Cic. Mur. 1. – **e** das **Vorhaben, die Absicht,** hanc mentem voluntatemque suscepi, Cic.: ea voluntas fuisset testantis, ut etc., Quint.: (virgines) voluntatem cepisse obeundae mortis, Gell. – so auch cum sint in dicendo variae voluntates, Bestrebungen, Cic. Brut. 83. – **B** prägn.: **1** die **Neigung** = die **Zuneigung,** das **Wohlwollen,** mutua, Cic.: litterae exiguam significationem tuae erga me voluntatis habebant, Cic. – **2** der **letzte Wille,** die **letztwillige Verfügung,** testamenta et voluntas mortuorum, Cic.: irritā Tiberii voluntate, qui testamento etc., Suet.: vollst. ultima v., ICt.: Plur., defunctorum voluntates, Plin. ep. 2, 16, 6. – **II** übtr., die **Bedeutung,** der **Sinn,** nominis, Quint.: de verborum vi aut voluntate, Quint.: legis, Quint. – ► vulg. boluntas, CIL 9, 10.

voluntātīvus, a, um (voluntas) = προαιρετικός, **den Willen (das Streben) bezeichnend,** verba, Prisc. 18, 40.

volup, *Adv.* (apokopiert aus der urspr. Form volupe, v. 2. volo), **vergnüglich, wonniglich** (Ggstz. aegre), quocum multa volup ac gaudia clamque palamque, Enn.: clam uxorem suo animo fecit volup, Plaut.: numquam numero matri faciemus volup, Poëta vet. bei Fest.: utique verbo vetere faceres animo volup? Fronto: volupest mihi, es ist mir ein Vergnügen, angenehm, Plaut.: venire salvum volupest, Ter.: bene factum et volupest, Ter.: ut tibi sit volup, Plaut.: victitabat volup, Plaut.: quā malum volup? Fronto: tu umquam volup? Fronto. – arch. volop, Naev. com. 12.

Volupia, ae, *f.* (volup), die Göttin des Wohlbefindens, Varro LL. 5, 164. Macr. sat. 1, 10, 7 *sq.* Augustin. de civ. dei 4, 8.

voluptābilis, e (voluptas), **Vergnügen machend, angenehm,** Plaut. Epid. 21. Amm. 23, 6, 67; 31, 2, 22.

voluptārie, *Adv.* (voluptarius), **vergnügt, wollüstig,** Apul. met. 3, 21.

voluptārius, a, um (voluptas), **zum Vergnügen** (bes. zum sinnlichen)-, **zur Wollust gehörig, I** aktiv.: **a Vergnügen** od. **Wollust verschaffend,** locus, Plaut.: res, Plaut.: possessiones, bloß zur Lust, Cic.: peregrinatio, Lustreise, Sen.: casus illi … voluptarius, machte ihm Vergnügen, Cic.: boleti illi, voluptarium venenum, Sen.: volupt. vita = βίος φιλαργικός, ein im Genuss bestehendes Leben, Fulg. myth. 2, 1. Mythogr. Lat. 3, 11, 22: voluptariam vitam degere, Boëth. cons. phil. 3. pros. 8. – **b Vergnügen** od. **Wollust betreffend,** disputatio, über und gegen die Wollust, den Sinnengenuss, Cic. de or. 3, 62. – **II** passiv: **a dem Vergnügen** od. **der Wollust ergeben, wollüstig,** ibi esse homines voluptarios dicit, Plaut. rud. prol. 54. – bes. im Sinne der Stoiker in Bezug auf die Epikureer, denen das Vergnügen als das höchste Gut galt, homo, ein Vergnügungsmensch (v. Epikur), Cic. Tusc. 2, 18: disciplina, Cic. de fin. 1, 37. – Plur. subst., voluptāriī, ōrum, *m.*, **Vergnügungsmenschen,** Plaut. Men. 259; bes. von den Philosophen, denen das Vergnügen das höchste Gut ist, wie den Epikureern, Cic. de fin. 5, 74. – **b für das Vergnügen-, für den Sinnengenuss empfänglich,** gustatus est sensus ex omnibus maxime voluptarius, Cic. de or. 3, 99.

voluptās, ātis, *f.* (von volup), das (sinnliche u. geistige) **Vergnügen,** der **Genuss,** die **Lust,** im guten u. üblen Sinne, **I** eig.: vol. summa, Hochgenuss, Hor.: voluptas potandi, Cic.: ludorum, Cic.: voluptas oratoriae eloquentiae, Tac. dial.: animus ad voluptates honestas natus, Tac. dial.: ubi voluptatem aegritudo vincat, Plaut.: fabulas cum voluptate legere, Cic.: voluptate capi, sich gern vergnügen, Cic.: alci voluptati esse, Vergnügen machen, Genuss gewähren, Cic.: alcis voluptati (Freude, Glück) obstare, Ter.: ex litteris alcis cepisse incredibilem voluptatem, Cic.: cepi voluptatem tam ornatum virum tamque excellens ingenium fuisse, Cic.: capiunt voluptates, capiunt rursum miserias, Plaut.: dare se (sich hingeben) voluptatibus, Cic. (vgl. satine ut se meum cor voluptatibus dat? Turpil. fr.): voluptatibus frui, Cic.: voluptates percipere, Cic.: ut voluptates omittantur maiorum voluptatum adipiscendarum causā, Cic.: m. folg. *Infin.*, o noctem meminisse mihi iucunda voluptas, Prop. 1, 10, 3: est quaedam flere voluptas, Ov. trist. 4, 3, 37: ullane tanta ingentium opum ac magnae potentiae voluptas, quam spectare homines etc., Tac. dial. 6: voluptati est m. folg. *Infin.*, invenies plurima, quae sit voluptati legere, Macr. sat. 1. praef. § 10: in voluptate ponere m. folg. *Infin.*, beate vivere alii in alio, vos in voluptate ponitis, Cic. de fin. 2, 86. – im üblen Sinne, voluptates corporis, sinnlicher Liebesgenuss, Wollust, Cic.: languidae voluptates, erschlaffende Genüsse, Cic.: affluentius voluptates (Genüsse) undique haurire, Cic.: tanto cupidius insolitas voluptates haurire, die ungekannten Lüste genießen, Tac.: voluptate liquescere fluereque mollitiā, Cic. – a voluptatibus, ein Hofbeamter, der für die Vergnügungen des Kaisers zu sorgen hatte, Suet. Tib. 42, 2. – personif., Voluptas, als Gottheit, Cic. de nat. deor. 2, 61. – **II** meton.: **1** voluptates, die dem Volk gegebenen **Lustbarkeiten, Schauspiele,** Cic. Mur. 74: dedit Romanis voluptates, Vopisc. Prob. 19, 1: ne minimo quidem temporis voluptates intermissae (sunt), wurden eingestellt, Tac. hist. 3, 83. – **2** v. Pers., als Liebkosungswort, mea voluptas, **meine Wonne,** Plaut. truc. 353: care puer, mea sera et sola voluptas, Verg. Aen. 8, 581: Acis mea quidem patrisque sui matrisque voluptas, Ov. met. 13, 751. – **3** der **Hang zum sinnlichen Vergnügen,** die **Lust,** das **Vergnügen,** suam voluptatem explere, Ter. Hec. 69. – u. der **Liebesgenuss,** efficere voluptatem, Lampr. Heliog. 30, 3. – **4** übh. die **Lust, Neigung** zu etwas (voluntas), Gell. praef. § 14. – **5** der männliche **Samen,** Hyg. astr. 2, 13. Arnob. 5, 6. – ► Archaist. Dat. Sing. voluptatei, CIL 1, 1008. *v.* 14: Genet. Plur. gew. voluptatum; aber auch voluptatium, Cic. Tusc. 5, 74. Liv. 7, 38, 5; 33, 32, 10. Sen. ep. 12, 5; 95, 23. Sen. de const. 12, 1. Tert. de spect. 1.

voluptātīvus, a, um (voluptas), **dem Vergnügen ergeben,** Fronto ep. ad Antonin. imp. 2, 6. p. 164 *ed. Rom.* (Naber voluptatibus).

voluptificus, a, um (voluptas u. facio), **Vergnügen machend, vergnügend,** Veneris potestas, Apul. flor. 10.

voluptuārius, a, um = voluptarius, Capit. Ver. 2, 9. Mart. Cap. 2. § 144. CIL 6, 252.

voluptuōsē, *Adv.* (voluptuosus), **voll Vergnügen, vergnügt,** Augustin. in psalm. 39, 21. Sidon. epist. 5, 20, 4. Vulg. thren. 4, 5. Cassiod. var. 11, 10, 4 u. 12, 15, 1: *Compar.*, Sidon. epist. 2, 10, 5 u. a. Eccl.

voluptuōsus, a, um (voluptas), **voll Vergnügen, voll Wonne, ergötzlich,** contionator, Hieron. adv. Iovin. 1, 4: voluptuosa loca, Porphyr. Hor. carm. 2, 15, 9: voluptuosissimum tempus, Sidon. epist. 2, 9, 1. – voluptuosum est m. folg. *Infin.*, Plin. ep. 3, 19, 2. Ps. Quint. decl. 260. p. 61 B.: voluptuosissimum (esse) reputans, si forte etc., Sidon. epist. 4, 11, 2.

volūta, ae, *f.* (volvo), der Zierat an den Kapitälen der Säulen, die **Schnecke, Voluta,** Vitr. 3, 5, 7 u. a.

volūtābrum, ī, *n.* (voluto), der Pfuhl, worin sich die Schweine wälzen, die **Suhle,** Verg. georg. 3, 411. Solin. 5, 22 u. Eccl.

volūtābundus, a, um (voluto), **sich herumwälzend,** in voluptatibus, Cic. de rep. 2, 68.

volūtātio, ōnis, *f.* (voluto), das **Wälzen, Herumwälzen,** **I** eig.: caeca vol., eine regellose Strömung, Sen.: v. in luto, das Suhlen, Plin.: v. pulverea athletarum, Tert.: u. so Plur., im Bild von den Suhlen des Wildes, quas quidem nos non vestigiis odorantes ingressus tuos, sed totis volutationibus corporis et cubilibus persecuti sumus, in den Suhlen, in denen du dich gewälzt, u. in den Wildlagern aufgesucht, Cic. Pis. 83. – im obszön. Sinne, Sen. u. Petron. – **II** übtr.: **1** die **Unruhe,** animi, Sen. de tranqu. anim. 2, 10 (vgl. § 8 iactatio animi). – **2** die **Unbeständigkeit,** rerum humanarum, Sen. ep. 99, 9.

1. volūtātus, a, um, s. volūto.

2. volūtātus, ūs, *m.* (voluto), das **Wälzen, Herumwälzen,** multus pulvis volutatu collectus, Plin. 10, 17: pulveris volutatibus, das Wälzen im Staub, Apul. met. 4, 5.

volūtim, *Adv.* (volvo), **schnell dahinrollend,** Non. 4, 1 (als Erklärung von tolutim).

Volūtīna, ae, *f.* (volva), die über die Bälge der Getreideähren gesetzte Göttin, Augustin. de civ. dei 4, 8.

volūto, āvī, ātum, āre (*Intens.* v. volvo), **wälzen, rollen, winden, drehen, herumwälzen, -rollen, -drehen,** **I** eig.: **a** übh.: amphoras per terram, Colum.: pilas, wölgern, Plin. – refl., se v. in pulvere, Plin.: dum aper se volutat, sich suhlt, Phaedr. (vgl. im Bild, ut lutulentus sus cum quovis volutari, Auct. decl. in Sall. 1, 3): iumentum ex qualibet causa se invenerit volutare, Veget. – medial volutari, sich wälzen, in luto, in pulvere, Varro: rivis et caenoso lacu, Colum.: auf einem Goldhaufen, toto corpore, Suet.: ne fluxā habenā volutetur in iactu glans, hin u. her rolle, Liv.: volutari ad pedes, sich zu Füßen werfen, zu Füßen fallen, Rhet. Her.: in concavis partibus earum (nubium) volutatus aër, strömende Luft, Sen.: quo artius fretum volutatur, sich fortwälzt, Curt.: ita in levi tantum glacie tabidaque nive volutabantur, rutschten hin u. her, Liv. – u. so Partiz. volūtāns, refl., **sich wälzend,** volutans pedibus, sich zu Füßen werfend, Verg. Aen. 3, 607: per cava saxa volutans, Ov. am. 3, 6, 45: in sacco et cinere volutantes, Tert. apol. 40 *extr.* – **b** im obszön. Sinne, volutari cum sororibus, Cic.: cum serpente, Iustin.: in domesticis germanitatis stupris, Cic.: u. Partiz. volūtāns refl., volutantes adulteri, Sen. contr. 1, 4, 3: volutans cum piscatore, Plin. 35, 140. – **II** übtr.: **1** im Allg.: **a** aktiv, saeva feroci corde volutat somnia, hat schreckliche Träume, Sen. Herc. fur. 1083 (1088): cum inter spem metumque animum volutaret, Iul. Val. 2, 15. p. 71 (a) *ed. Paris.* (Kübler animo volutaret). – **b** medial, volutari, sich herumwälzen, d. i. sich befinden usw., in omni genere flagitiorum, Cic.: in omni dedecore, Rhet. Her.: gravia, in quibus volutabatur, incerta, dubia, Sen.: inter mala volutor plurima, Sen.: immunditiis tam pessimis, Augustin. – **2** insbes.: **a** rollend nach u. nach verbreiten, **ausbreiten, von sich geben,** vocem per atria, Verg.: vocem volutant litora, geben einen Widerhall, Verg.: flamina volutant murmura, murmeln, Verg. – **b** bei sich hin und her **überlegen, überdenken, erwägen,** condiciones cum amicis, Liv.: hanc rem in pectore, Plaut.: quid intra animum volutaverim, womit ich in meinem Geiste umgegangen bin, Tac.: haec ipse suo tristi cum corde volutat, Verg.: hoc v. in animo, Liv.: multa secum animo, Liv.: nihil umquam nisi sempiternum et divinum animo, Cic.: supremas iam curas animo, Tac.: secum matris violentiam, Tac.: m. *de* u. Abl., cum de consulibus in annum creandis solus mecum volutarem, Auson. grat. act. VIIII. 42. p. 25, 4 Schenkl: m. folg. Fragesatz, tacitus mecum voluto, si (ob) etc., Verg. ecl. 9, 37: volutare secum, quonam modo etc., Tac. ann. 4, 12: m. folg. *ut* u. Konj., Severus dicitur animo volutasse, ut et hunc occideret, Spart. Carac. 11, 3. – **c** **beschäftigen,** animum saepe iis tacitis cogitationibus, Liv. 9, 17, 2: in veteribus scriptis studiose et multum volutatum esse, sich fleißig u. viel beschäftigen mit usw., Cic. de or. 3, 39; vgl. Cic. ad Q. fr. 2, 13 (11), 4.

volūtus, ūs, *m.* (volvo), **das Vermögen** (die Kraft), **sich zu wälzen, -zu rollen,** dedit volutus serpentibus, Apul. flor. 10.

volva (auch vulva und bei Spät. bulba geschr.), ae, *f.* (volvo), **I** die **Hülle,** volva pomorum, Scrib. Larg. 104: eines Pilzes, Plin. 22, 93. – **II** insbes., die **Gebärmutter** bei Menschen und bei Tieren, die **Tasche,** Cels., Sen. u. a.: bes. die Tasche einer Sau, bei den Alten ein Leckerbissen, Hor., Plin. u. a. – ► Vulg. Form bulba, Edict. Diocl. 4, 4.

volvo, volvī, volūtum, ere (altind. *válate,* dreht sich, griech. ἐλύω, εἰλύω, winde, krümme, gotisch *walwjan,* wälzen, ahd. *welzan,* nhd. wälzen), **rollen, kollern, wälzen, drehen, wirbeln, im Wirbel (Strudel) drehen, winden,** **I** eig.: **A** im Allg.: **a** v. leb. Wesen: molem, Verg.: grandia saxa, Verg. (vgl. verso *no.* I, A, 1, auch über Ter. eun. 1085): oculos huc illuc, oculos per singula, Verg.: sub naribus ignem, sprühen, Verg.: semineces multos, am Boden wälzen, poet. = zu Boden strecken, Verg.: hostilia cadavera, umwenden, Sall. – volvimur undis, werden von den W. umhergerollt, sind ein Spiel der W., Verg. – Passiv volvi medial, **rollen, sich wälzen, sich winden, sich drehen,** mille meae volvuntur puppes, Lucan.: (anguis) inter vestes volvitur, Verg.: ante pedes Veneris, Prop.: in caput, Verg.: in fossas, Verg.: curru, herabrollen vom W., Verg.: in caeno, s. caenum. – u. bes. **α** **sich am Boden wälzen,** v. im Kampf Gefallenen, humi, arvis, Verg.: fundo in imo, Verg.: leto (im T.), Verg.: permixti caede virorum volvuntur equi, Verg. – **β** **sich drehen,** v. Tanzenden, occepi denuo hoc modo volvi, Plaut. Pseud. 1277 R. – **b** v. Lebl., wie vom Fluss, saxa glareosa, Liv.: saxa sub undis, Lucr.: scuta virûm sub undis u. sub undas, Verg.: caput alcis, umherrollen, Verg.: minores vortices, Hor. – v. Wind, fumum caligine atrā, aufwirbeln, Lucr.: so auch ignem ad fastigia summa, Verg.: vastos ad litora fluctus, Verg.: mare, Verg. – v. Land, fumum, aufwirbeln, Verg. – refl. se volvere od. bl. volvere u. medial volvi, **rollen, umrollen, sich wälzen, sich winden, wirbeln, sich emporwälzen, aufwirbeln,** **α** refl.: herba circa arbores se volvens, Plin.: u. so Partiz. volvens refl., volventia plaustra, die rollenden, Verg. georg. 1, 163. – **β** medial: cylindrum volvi et versari turbinem putant, Cic.: illi qui volvuntur stellarum cursus sempiterni, Cic.: v. Tränen, lacrimae volvuntur inanes, rollen (fließen) vergebens, Verg.: lacrimae per ora volutae, Verg.: volvuntur per ora lacrimae, Hieron. – v. Fluss, per silvas, Verg.: sic tauriformis volvitur Aufidus, Hor.: quanta cum praecipitatione volvuntur (flumina), Sen.: caeco volvente fluctu, sich umrollend, Liv. fr. – von der Flamme, per culmina hominum, Verg. – v. Staub, ad muros, Verg. – v. einem Stein, per inane, durch die Luft wirbeln, Verg.

B insbes.: **1** einen Faden von der Spindel **haspeln,** ihn **abspulen,** volvere filum, Varro LL. 5, 114. – **2** eine Schriftrolle (volumen) von ihrem Stab **abrollen, aufrollen** u. **lesen,** Tyrrhena carmina retro, Lucr.: libros Catonis, Cic. – **3** **fortrollen,** rollend mit **fortnehmen,** flumen pecus et domos volvens unā, Hor.: volvens aliena vitellus, Hor. – **4** meton., rollend, wälzend bilden, auch wir **rollen, wälzen,** pilas, wölgern, Plin.: als milit. *t. t.*, orbem, einen Kreis aufrollen, schließen, nach allen Seiten Front machen, Liv.: in spatio exiguo turmas, Liv. – errorem per tortuosi amnis sinus flexusque, im Zickzack umherirren (vgl. κυκλοῦν), Liv.

II übtr.: **A** im Allg.: **a** übh.: vita populi Romani per incerta maris et tempestatum cotidie volvitur, ist täglich das unsichere Spiel der Meereswogen u. Stürme, Tac. ann. 3, 54. – **b** v. Redner, dem die Worte gleichmäßig u. ohne Anstoß von den Lippen rollen (vgl. volubilis), celeriter verba, nur so dahinrollen, Cic.: sententias facile verbis, Cic.: longissima est complexio verborum, quae volvi uno spiritu potest, Cic. – medial, quo melius cadat aut volvatur oratio, gleichmäßig dahinrolle, Cic. – **c** eine Zeit od. die Dinge in der Zeit den Kreislauf durchlaufen lassen, **umrollen lassen, umrollen,** quo cursu properat saecula volvere astrorum dominus, Sen. poët.: pronos v. menses (von der Mondgöttin), Hor.: multa vivendo vitalia saecula, Lucr.: u. v. Baum, multa virum volvens durando saecula vincit, Verg. – tot casus, umrollen lassen = bestehen, erleben, Verg. – u. medial, v. der Zeit u. den Ereignissen in der Zeit selbst, **umrollen,** in se sua per vestigia volvitur annus, Verg.: ut idem in singulos annos orbis (Kreislauf der Dinge) volveretur, Liv.: u. so Partiz. volvens refl., **umrollend,** volventia lustra, Lucr. 5, 928 (931): volvens annus, Ov. met. 5, 565: volventes anni, Eumen. pan. Constant. Caes. 3, 1: volventibus annis, im Umrollen (Verlauf) der Jahre, Verg. Aen. 1, 234. Val. Flacc. 1, 505. Claud. Mamert. genethl. Maxim. 2, 3: u. volvendis mensibus, in umrollenden Monden, Verg. Aen. 1, 269. – **d** ein Schicksal, eine Schicksalsbestimmung gleichs. aus der Schicksalsurne rollen lassen = **verhängen, bestimmen** (v. Zeus, Schicksal u. den Parzen), volvit vices (v. Zeus), Verg.: sic volvere Parcas (audierat), Verg.: sic numina fatis volvimur, et nullo Lachesis discrimine saevit, Claud.: mihi in incerto iudicium est, fatone res mortalium et necessitate immutabili an forte volvantur, Tac.: eludant videlicet, quibus forte temere humana negotia volvi agique persuasum est, Curt.

B insbes.: **1** im Inneren **hin und her wälzen, umherrollen, a** im Herzen Leidenschaften **umherwogen lassen, sich mit** ihnen **tragen,** sie **hegen,** curarum tristes in pectore fluctus, Lucr.: varias pectore curas, Lucan.: magnos fluctus irarum, Lucr.: fluctus irarum sub pectore, Verg.: scire ingentes iam diu iras eum in pectore volvere, ihm im Herzen (im Inneren) kochen, Liv. – **b** einen Gedanken, eine Vorstellung, ein Vorhaben im Herzen, im Geiste hin- u. herbewegen = sich mit etw. **beschäftigen,** etw. **in Erwägung ziehen, erwägen, auch überdenken, überlegen,** auf etwas **hin und her denken, hin und her sinnen** (vgl. das homer. ὁρμαίνειν mit und ohne κατὰ φρένα, ἐνὶ φρεσί, κατὰ od. ἀνὰ θυμόν), has inanium rerum ipsas volventes inanes cogitationes, Liv.: v. secretas cogitationes intra se, Curt.: Fauni sortem sub pectore, Verg.: cuncta in ordine animo, Plaut.: multa animo suo od. secum, Sall.: bellum in animo, Liv.: bellum adversus nos, Tac. – **2** = revolvere, Geschehenes gleichs. vor seinen Gedanken wieder aufrollen, **sich wieder vor die Seele führen, wieder überdenken,** veterum monumenta virorum, Verg.: longius et volvens fatorum arcana movebo, Verg. – ► Parag. Infin. volvier, Acc. tr. 395 R². Lucr. 5, 714.

volvula (vulvula), ae, *f.* (*Demin.* v. volva, vulva), die **kleine Tasche** (Gebärmutter) eines Tieres, Apic. 2, 54.

volvus, s. bulbus.

Vomānus, ī, *m.,* ein Küstenfluss im Süden von Picenum, der etwas nordöstl. von Hadria mündete, noch j. *Vomano,* Plin. 3, 110 (wo flumen Vomanum). Sil. 8, 437 (439.)

vomāx, ācis, *Adi.* (vomo), **sich oft übergebend, zum Erbrechen geneigt,** nihil vomacius (quam anus), Sidon. epist. 8, 3, 2 L.

vōmer, eris, *m.* (vgl. griech. ὀφνίς, ahd. *vaganso*), die **Pflugschar,** aratri, Varro: fessi vomere tauri, Hor.: terram exercere vomere, Hieron.: exiguis vomeribus et dentalibus terram subigere, Colum.: cuius (aratri) quidem vomere portam Capuae paene perstrinxisti, Cic. – im Bild v. männlichen Glied, Lucr. 4, 1265 (1273). – u. v. Schreibgriffel, Atta com. 12 (bei Isid. orig. 6, 9. § 2). – ► Nbf. vōmis, eris, *m.* Verg. georg. 1, 162. Colum. 2, 2, 26; 2, 4, 6; 2, 14, 1. Arnob. 2, 23. Symm. epist. 7, 15: Nbf. vomeris, Cato r. r. 135, 2 K.

vomex, icis, *m.* (vomo), viell. = vomax, Prisc. 4, 39.

vomica, ae, *f.* (vomo), das **Geschwür, Blutschwären,** die **Eiterbeule,** **I** eig. u. übtr.: **a** eig., Plaut., Cic., Cels. u. a. – **b** übtr.: lapidis, eine Erhöhung, Beule, Plin. 33, 99 u. 37, 28. – **II** bildl., das **Geschwür, Unheil, Ungemach,** von schädlichen Menschen, Liv. 25, 12, 9 (aus einer alten Weissagung). Suet. Aug. 65, 4: persecuisti rei publicae vomicas, aus einem alten Redner bei Quint. 8, 6, 15 (wo dieser Ausdruck als unedel getadelt wird). – ► Die erste Silbe lang gemessen bei Ser. Samm. 743.

vomicōsus, a, um (vomica), **voll Geschwüre,** Cael. Aur. de morb. acut. 2, 17, 102; de morb. chron. 5, 10, 93.

vomificus, a, um (vomo u. facio), **Erbrechen verursachend,** medicamen, Brechmittel, Cael. Aur. de morb. acut. 3, 4, 32 u. 3, 17, 153: sucus, Ps. Apul. herb. 108.

vomifluus, a, um (vomica u. fluo), **von Eiter fließend,** passio, der Eiterfluß, Cael. Aur. de morb. chron. 2, 14, 200.

vōmis, eris, *m.,* s. vōmer ►.

vomitio, ōnis, *f.* (vomo), **I** das **Erbrechen, Brechen, Speien,** nausea ac vomitio, Mart. Cap.: vom. fellis, Plin.: vomitione alvos curare (v. den Hunden), Cic.: vomitiones facere, concitare, ciere, Plin.: vomitiones cohibere, inhibere, sistere, Plin. – **II** meton., das **Weggebrochene,** varii colores vomitionum, Plin. 25, 57.

vomitium, iī, *n.* (vomo) = vomitio, Mart. Cap. 2. § 136.

vomito, āre (*Intens.* v. vomo), **sich erbrechen, sich übergeben,** Sen. ep. 83, 24 u. 108, 37: ebrius et vomitans populus (Ggstz. siccus ac sobrius), Sen. ep. 18, 4: pecudes nauseā correptae vomitant, Colum. 7, 9, 5. – freiwillig, vomitandi consuetudo, Suet. Vit. 13, 1.

vomitor, ōris, *m.* (vomo), der **Speier,** ieiuni vomitores, Sen. ep. 88, 19.

vomitōrius, a, um (vomitor), **I zum Erbrechen gehörig, Erbrechen erregend, Brech-,** bulbus, Plin. 20, 107: narcissus, Plin. 21, 128. – **II** meton., subst., vomitōria, iōrum, *n.,* die **Zugänge zu den Theatersitzen,** die gleichsam die Menge des Volkes von sich gaben, Macr. sat. 6, 4, 3.

vomitus, ūs, *m.* (vomo), **I** das **Erbrechen, Brechen, Speien,** sanguinis, Blutbrechen, Cels. u. Eccl.: vomitus ieiunus, Cael. Aur.: pulmoneus, Plaut. (s. vomo *no.* II): atrorum ignium, Augustin. de civ. dei 19, 12, 2. p. 374, 19 D.²: per vomitum et sellas, Erbrechen u. Stuhlgang, Ausleerung nach oben u. unten, Marc. Emp.: vomitu levare stomachum, Sen.: aquam sine modo infusam vomitu egerere, wieder ausbrechen, Curt.: alqd cum vino reddere vomitu, ausbrechen, Plin.: vomitum bilis movere (v. einer Sache), Cels.: vomitum creare (v. einer Sache), Plin.: locum vomitu foedare, Sen. rhet. – Plur., aut virides aut nigri vomitus, Cels. 7, 23: tardiores vomitus aut longiores, exigui aut nimii, Plin. 25, 56: ieiuni vomitus, Cael. Aur. de morb. chron. 4, 1, 5. – **II** meton., das **Weggebrochene,** biliosus, Cels.: niger, Cels.: qui multorum colorum est, Cels.: vomitus extrahere (v. einem Mittel), Plin.: übtr., vomitu ne hic nos enecet, mit seinem Auswurf (Unflat) = mit seinen Schimpfworten, Plaut. most. 652.

vomo, uī, itum, ere (altind. *vámati,* speit, griech. ἐμέω = ϝεμέω), **I** *intr.* sich **erbrechen,** sich **übergeben, speien,** Cic. u. a.: vomunt ut edant, edunt ut vomant, Sen. – **II** *tr.* **durch Erbrechen von sich geben,** auch übh. **ausspeien, von sich geben,** sanguinem, Cels. u. Plin.: bilem, bilem atram, Cels.: cibum, Cels.: vitam, Lucr.: animam, Verg.: flammas, Verg.: undam salutantum aedibus, Verg.: argentum, Plaut.: m. homogen. *Acc.,* pulmoneum vomitum, die Lunge ausspeien, Plaut. rud. 511: absol., quā (Padus) largius vomit, sich ergießt, Plin. 3, 119. – Passiv unpers., ab hora tertia bibebatur, ludebatur, vomebatur, Cic. Phil. 2, 104: die noctuque ludatur bibatur, vomatur diffluatur, Augustin. de civ. dei 2, 20. p. 78, 26 D.² – Partiz. subst., egestio vomitorum similis, dem Ausgespienen ähnlich, Cael. Aur. de morb. acut. 3, 20, 195. – ► Perf. vomī, wov. vomerit, Fronto de eloqu. p. 141, 9 N.

1. vopiscus, ī, *m.,* einer von Zwillingen, der zur Welt kommt, nachdem der andere zu früh geboren u. gestorben, Plin. 7, 47. Solin. 1, 69.

2. Vopiscus, ī, *m.,* ein röm. Zuname, unter dem am bekanntesten Iul. Caesar Vopiscus, der von Cicero mehrere Male mit gutem Erfolg verteidigt wurde, Cic. Phil. 11, 11. – u. Flavius Vopiscus, ein späterer röm. Geschichtsschreiber, gegen Ende des 3. Jahrh., aus Syrakus gebürtig.

vōpte = vos ipsi, Cato b. Paul. ex Fest. 379, 10.

vorācitās, ātis, *f.* (vorax), die **Gefräßigkeit** eines Menschen, Eutr. 7, 18, 2. Augustin. epist. 36, 3: eines Esels, Apul. met. 7, 27: übtr., des Feuers, Plin. 2, 239: des Wassers, Charybdis voracitate devorari (v. Schiffen), Salv. de gub. dei 5, 11, 58.

vorāciter, *Adv.* (vorax), **gefräßig,** Macr. sat. 7, 5, 24.

vorāginōsus, a, um (vorago), **voller Schlünde, bruchreich,** solum, Auct. b. Hisp. 29, 2: locus, Frontin. 2, 5, 7: via lacunosis incilibus voraginosa, Apul. met. 9, 9: amnis, voller Strudel, Amm. 24, 6, 7.

vorāgo, inis, *f.* (voro), der **Schlund, Abgrund,** die **Schlucht,** die fast bodenlose Tiefe, die alles verschlingt, **I** eig., in der Erde, Liv. 7, 6, 2. Curt. 5, 4 (15), 23 u. 8, 2 (8), 23: voragines lacunaeque, Curt. 8, 14 (47), 8: voragines eluviesque, Curt. 8, 11 (39), 7: inluvies ac voragines, Curt. 8, 14 (47), 4: bes. im Wasser, der **Strudel,** cavernae et voragines, Curt. 8, 10 (37), 24: praealtae fluvii ac profundae voragines, Liv.: summersus equus voraginibus, Cic.: im Bild, explicet se Cotta, si potest, ex hac voragine, Lact. 2, 8, 55. – **II** übtr., ventris, Schlund, Abgrund, Ov.: u. so insatiabilis vorago ventris et gutturis, Augustin.: avaritia, manifestae praedae avidissima vorago, Val. Max.: gurges (Versäufer) ac vorago (Verprasser) patrimonii, Cic.: vorago (Pfuhl) aut gurges (Schlund) vitiorum, Cic. (vgl. gurges *no.* I, b): vos, geminae voragines (Schlingbäuche) scopulique rei publicae, Cic.: mensarum voragines, die Schwelgereien bei der Tafel, Amm. 14, 6, 16.

Vorānus, ī, *m.* (voro), **Schnapphahn,** Name eines diebischen Freigelassenen, Hor. sat. 1, 8, 39.

vorātor, ōris, *m.* (voro), **I** der **Verschlinger, Verschlucker,** Ambros. hexaëm. 5, 5. § 13. Paul. Nol. epist. 19, 10: vor. suorum, v. Saturnus, Tert. ad nat. 2, 12. – **II** der **Fresser** (Ggstz. potator), Tert. de monog. 8 *extr.* u. a.

vorātrīna, ae, *f.* (voro), **I** ein Ort, wo gefressen wird, etwa die **Fresswirtschaft,** Tert. apol. 39. – **II** der **Schlund, Abgrund,** der Erde, Amm. 17, 7, 13.

vorāx, ācis (voro), **I gern und leicht** etwas **verschlingend, -fressend, -verschluckend, gefräßig,** homo vorax et potator vini, Vulg.: rabiosi et voraces lupi, Lact.: vor. Charybdis, Cic.: ignis voracior, Ov.: culus voracior, Catull.: gluttones voracissimi, Schopen Uned. Schol. p. 5, 8. – **II** übtr., **fressend, verzehrend,** usura, Lucan. 1, 181: impensae, Val. Max. 7, 1, 2.

voro, āvī, ātum, āre (vgl. βορός, verschlingend, βορά, Nahrung, βιβρώσκω, essen), **verschlucken, verschlingen, gierig fressen, I** eig.: vitulum (v. einem Walfisch), Plaut.: resinam, Plaut.: pastillos, Mart.: mella avide (v. den Bienen), Plin.: absol., animalium alia sugunt, alia vorant, alia mandunt, Cic.: so auch alia animalium lambunt, sorbent, mandunt, vorant, Plin. – Sprichw., hamum vorat, er beißt an, lässt sich fangen, Plaut. Curc. 431 u. truc. 42: so auch hamum voras, Ambros. de Tob. *no.* 7. – **II** übtr.: **A** im Allg.: **1** v. Pers., gleichs. alles verschluckend **begierig** und **in Masse essen, -verzehren, -zu sich nehmen,** ego ambabus malis vorem, will auf beiden Backen kauen, tüchtig essen, Plaut.: tu Lucrina voras, Mart.: optima silvarum pelagique, das beste Wild und die besten Seefische, Iuven. – **2** von lebl. Subjj.: **a verschlingen, in sich hineinziehen = aufnehmen** usw., Charybdis vorat carinas, Ov.: illam (puppim = navem) rapidus vorat aequore vortex, Verg.: maria omnem eius latitudinem vorant, Plin.: voratus limo, in Schlamm versunken, Aur. Vict. – **b verschlingen = verzehren, abzehren, wegraffen,** ulcus celeriter serpendo penetrandoque usque ad ossa corpus vorat, Cels.: flamma vorat sinus, Consol. ad Liv.: bildl., amor vorat tectas penitus medullas, Sen. Hipp. (Phaedr.) 282 (287). – **B** insbes.: **1 verschlingen** = verschwenden, in reliquis generis eius quantum voraverit licet aestumare ex etc., Plin. 37, 19 zw. – **2 verschlingen = mit Eifer-, mit Eile betreiben, -bewerkstelligen** usw., litteras (die Literatur), Cic. ad Att. 4, 11, 2: viam, eilig vollenden, Catull. 35, 7. – **3** im obszönen Sinne, von verschiedenen Arten widernatürlicher Unzucht, Catull. 80, 6. Mart. 2, 51, 6: puellas, Mart. 7, 67, 3 u. 15.

vorrunco, s. verrunco.

vorsicapillus, s. versicapillus.

vorsipellis, s. versipellis.

vorso, vorsōria, vorsum, vorsūra, vorsus, vorsūtus, s. verso, versoria etc.

vortex, verticōsus, s. vertex, verticosus.

vorto, s. verto.

Vortumnus u. **vortumnius,** s. 1. Vertumnus.

vōs, ihr, euch, s. tū.

Vosegus (in guten Hdschrn. auch **Vosagus** u. in minder guten Vogesus), ī, *m.*, ein Gebirge in Gallien, j. **Vogesen, Wasgau** (im Elsass), Caes. b. G. 4, 10, 1. Plin. 16, 197. Lucan. 1, 397. Ven. Fort. carm. 7, 419. CIL 13, 6080.

voster, tra, trum, s. vester.

vōtifer, fera, ferum (votum u. fero), **ein Gelübde tragend,** vittae, Stat. silv. 4, 4, 92: flamma, Anthol. Lat. 95, 3 (1119, 3): ferrum, Anthol. Lat. 742, 15 (1143, 15). – Dass. **vōtiger,** gera, gerum (votum u. gero), Anthol. Lat. 742, 59 (1143, 59).

votitus, a, um, s. veto ►.

vōtīvitās, ātis, *f.* (votivus), das **Gelöbnis,** CIL 11, 5996.

vōtīvus, a, um (votum), **I** durch ein Gelübde **versprochen, angelobt, geweiht,** ludi, Cic.: iuvenca, Hor.: legatio, um ein Gelübde in einer Provinz zu erfüllen (oft bloß zum Vorwand, um mit Ehren aus Rom in eine Provinz zu verreisen), Cic.: tabula, Hor.: nox, in der man eines Gelübdes wegen dem Gatten entsagt, Prop. – **II** übtr., **dem Wunsch gemäß, erwünscht, willkommen,** nuptiae, Apul.: aspectus, Apul.: mors, Prud.

voto, s. veto a. E.

vōtum, ī, *n.* (voveo), **I** das **Gelübde, A** im Allg.: **1** eig.: vota debere dis, Cic.: vota nuncupare od. suscipere od. concipere, Cic.: vota suscipere pro alqo, Liv.: vota facere, Cic.: cum vos vota faceretis, ut etc., Cic.: perficere rite votum, Solin.: vota solvere od. dissolvere, Cic., od. persolvere, Cic. u. a., od. exsolvere, Tac., od. reddere, Ov.: vota persolvere pro domo Caesaris, Tac.: ebenso vota exsequi, Verg., od. voto fungi, Iustin.: votorum damnari, quae pro iis susceperant, Liv.: vota in proximum lustrum suscipere, Suet.: voti damnatus, Liv., od. reus, Verg.: voti liberari, Liv. – divos in vota vocare, Gelübde zu den Göttern tun, sie anrufen, Cic.: so auch deos votis vocare, Verg., u. vota ad deos ferre, Ov. – **2** meton.: **a** das mit dem Gelübde verbundene **Gebet,** Ov. trist. 1, 2, 1. – **b** das **Gelübde** = das Gelobte, spolia hostium, Vulcano votum, Liv. 23, 46, 5: pendebat vagi pastoris in arbore votum (Weihgeschenk), Tibull.: Danai in voto latent, vom gelobten trojan. Pferd, Petron. poët. 89. *v.* 10. – **B** insbes.: **1** das feierliche Gelübde, das am 3. Januar zum Wohl des Kaisers von den Staatsbeamten getan wurde, vota (sollemnia) pro incolumitate principis nuncupare, suscipere u. dgl., Tac. u. Plin. ep.: votorum nuncupatio, Suet. – dah. auch meton., vota = der **Tag der feierlichen Gelübde** für den Kaiser, Capit. Pert. 6, 4. Vopisc. Tac. 9, 5. – **2** das Gelübde bei Ehebündnissen u. meton. die **Hochzeit,** das **Ehebündnis,** die **Ehe,** togam parari et voto et funeri, als Hochzeits- u. Leichengewand, Apul.: in alcis votum interesse, Testam. porcell. p. 232, 1 *Buech.:* u. so ad vota non posse pervenire, Cod. Theod. 3, 5, 7: ad tertia vota migrare, spät. ICt. – **II** übtr., übh. der **Wunsch,** das **Verlangen,** nocturna vota cupiditatum, Cic.: rebus supra vota fluentibus, Sall. fr.: supra vota his cedentibus, Aur. Vict.: hoc erat in votis, das wünschte ich, Hor.: in voto erat, ich wünschte, Pers.: in votum venire, gewünscht werden, zu wünschen sein, Hor.: dah. vota facere, wünschen, Wünsche tun, Cic.: eius me compotem voti vos facere potestis, den W. könnt ihr mir gewähren, Liv.: voto potiare tuo, erreiche den W., Ov.: u. so voti potens, seines W. teilhaftig, Ov.: id votum est, ist der Wunsch, -zu wünschen, Cels.: u. so hoc votum est, Quint.: m. folg. *ut* u. Konj., votum est, ut tantum exulceretur, Cels. 6, 6, 1: m. folg. *Acc.* u. *Infin.*, post haec indicia votum est longum morbum fieri, Cels. 2, 5 *in.*: u. alioqui vota arborum frugumque communia sunt (es ist für B. u. Fr. gleich wünschenswert) nives diutinas sedere, Plin. 17, 14. – ► Mask. votus, Akk. votum, quem promisi, CIL 8, 5667.

voveo, vōvī, vōtum, ēre (verwandt mit εὔχομαι), **I** **geloben**, einer Gottheit etwas **feierlich versprechen**, Herculi decumam, Cic.: Vulcano arma, Liv.: aedem, Liv.: vindemiam regi, Ov.: vota, quae voverat, Ov.: se, Sall., od. capita sua pro re publica, Cic., weihen, aufopfern wollen, aufopfern. – m. folg. *Acc.* u. *Infin.*, u. zwar m. *Infin. Praes.*, me inferre Veneri vovi iam ientaculum, Plaut.: cui figere voverat arma, Consol. ad Liv.: klass. m. *Infin. Fut.*, pro victimis homines immolant aut se immolaturos vovent, Caes.: vovisse dicitur uvam se deo daturum, Cic.: se pro aegro eo vovisse, ubi convaluisset, Bacchis eum se initiaturam, Liv. – m. folg. *ut* u. Konj., voverant, si victores forent, ut die festo Veneris virgines suas prostituerent, Iustin. 21, 3, 2. – **II** (da mit jedem Gelöbnis ein Wunsch verknüpft ist) übtr., etwas **wünschen, anwünschen,** quae modo voverat, odit, Ov.: quae voveam, duo sunt, Ov.: m. *Dat.*, quid voveat dulci alumno, Hor. – m. folg. *ut* u. Konj., ut tua sim, voveo, Ov. met. 14, 35.

vōx, vōcis, *f.* (altind. *vak*, Stimme, Sprache; vgl. voco), die **Stimme,** sowohl des Sprechenden u. Rufenden usw. als des Singenden, **I** eig.: **a** übh.: via vocis, Lucr.: v. humana, Liv. fr.: v. bona, Plaut. u. Quint.: vox acuta gravis, cita tarda, magna (starke) parva (schwache), Cic.: vox et dulcis et solida, Sen. rhet.: v. summa, ima, Hor. u. Quint.: v. valentissima, Sen. rhet.: v. inflexa (hohe), Cic.: inflexā ad miserabilem sonum voce, Cic.: v. sedata et depressa, Rhet. Her.: v. tremebunda, Rhet. Her.: v. horrenda, Liv.: vocis contentio et remissio, Cic.: voce contendere, laut reden, Cels.: exsurge, praeco, exerce vocem (strenge die St. an), Plaut.: vocem attenuare, durch die Fistel sprechen (um sich eine weibliche Stimme zu geben), Cic.: vocem attollere vel summittere, Quint.: interdum et vocem comoedia tollit, hebt höher, Hor.: ego vocem dabo tenuem et tinnulam, Pompon. com. fr.: atque utinam ipse asinus vocem quiret humanam dare! Apul. – v. der Stimme des Rufenden usw., Valerium magnā voce inclamat, Liv.: voce (durch die St., durch Rufen, Zuruf) potius quam verberibus terreat (boves), Colum.: magnā compellans voce cuculum, laut »Kuckuck« zurufend, Hor.: enimvero voce est opus (ich muss rufen): Nausistrata exi, Ter.: nulla v. quiritantium exaudiri poterat, kein Hilferuf, Liv. – von der Stimme des Singenden, canere inclinatā ululantique voce, Cic. – v. der Stimme der Tiere, v. boum, Verg.: cycni, Mela: voces animalium truces ac liquidae, Apul.: cornix pluvium vocat improbā voce, Verg.: elephantos porcina vox terret, das Grunzen des Schweins, Sen. – von der Stimme personif. lebl. Ggstd., rerum vox est naturae vestigium, veritatis nota, Cic. pro Scauro 16. – **b** die gehörte **Stimme** = die **Aussprache,** rustica vox et agrestis quosdam delectat, Cic. de or. 3, 42. – **II** meton.: **A** der durch die Stimme od. durch ein musikalisches Instrument hervorgebrachte **Laut, Ton,** iracundiae vox aut doloris, Cic.: parum explanatis vocibus sermo praeruptus, abgebrochene Worte in unausgebildeten Tönen, Sen.: vocem mittere, emittere, s. mitto u. emitto (vgl. Drak. Liv. 3, 50, 4 u. 5, 51, 7. Gronov Iustin. 42, 4, 12). – soni et voces, Cic.: numeri et voces et modi, Cic.: Sirenum voces, Gesang, Hor. – auribus multa percipimus, quae, etsi nos vocibus delectant, tamen etc., Cic.: vocum gravitate et cantibus pelli vehementius, Cic.: verba, quibus voces sensusque notarent, die Töne artikulierten, Hor.: illudere voces (Töne), quotiens caneret, Tac.: septem discrimina vocum, poet. = die siebenstimmige Lyra, Verg.: bucina litora voce replet, Ov. Vgl. Obbarius Hor. ep. 1, 1, 34. – poet. v. jedem Getön, der **Hall, Schall,** audimus fractas ad litora voces (pelagi), Verg.: ad sonitus vocis (der Ruderschläge) vestigia torsit, Verg. – **B** das durch die Stimme lautende **Wort,** die **Äußerung, Rede, a** übh.: vox viva, Cic.: vox publica, der Ausdruck der öffentlichen Meinung, Vell.: vox ficta, Lüge, Ov.: unā voce, einstimmig, Liv.: dico Epicurum non intellegere, quid sonet haec v., id est, quae res huic voci subiciatur, Cic.: haec te vox non perculit? Cic.: nulla tamen vox est ab iis audita populi Romani maiestate indigna, Caes.: vox ex centurione audita, Liv. epit.: alia v. violenta non audita, Liv.: voces per vinum emissae, Quint.: voces contumeliosae, Caes.: ex percunctatione nostrorum vocibusque Gallorum ac mercatorum etc., Caes.: carpi nostrorum militum vocibus, Caes.: nescit vox missa reverti, Hor.: tales dederat Saturnia voces, Verg.: quas hic voces apud Sophoclem in Trachiniis edit! Cic.: memorabilem illam meritoque laudatam vocem edidit: *Amici, diem perdidi,* Suet. – **b** der **Ausspruch,** bes. die **Formel,** der **Sinnspruch,** Plin. ep. 4, 17, 9. Caes. b. 1, 7, 5. Cic. de amic. 59: extremi ac difficillimi temporis vocem illam consulem mittere coëgistis, Cic. pro Cornel. or. 1. fr. 22. p. 14 *Kays.* – **c** das **Gebot** = der Befehl, consulum voci atque imperio non oboedire, Cic. Rab. perd. 23: cuius voci continuo Fabius obsecutus, Val. Max. 2, 2, 4. – **d** der **Spruch,** die **Formel,** bes. der **Zauberspruch,** die **Zauberformel,** voces sacrae, Hor.: voces Marsae, Hor.: sidera excantata voce Thessalā, Formel, Spruch, Hor.: deripere lunam vocibus, Hor. – **C** = *sermo,* die **Rede, Sprache,** cultus hominum recentum voce formasti catus (Mercurius), Hor.: Graiā scierit sive Latinā voce loqui, Ov.: cum civem ex voce cognovisset, Iustin.: quo scilicet Latinae vocis honos per omnes gentes venerabilior diffunderetur, Val. Max. – **D** der **Wortakzent, Ton,** die **Betonung,** in omni verbo posuit acutam vocem, Cic. or. 58. – ► vulg. box, Plur. boces, CIL 9, 10.

voxor, s. uxor ►.

Vulcācius (Volcācius), a, um, ein röm. Familienname. Bekannt ist Vulcācius Gallicānus, ein Schriftsteller, der das Leben einiger Kaiser beschrieben haben soll, wovon das Leben des Avidius Cassius noch vorhanden ist.

Vulcānus (Volcānus), ī, *m.* (griech. Ἥφαιστος), **Vulkan,** der Gott der Feuerflamme, nach der Sage Sohn Jupiters und der Juno, Gemahl der Venus, der für die Götter und Heroen durch seine Zyklopen Waffen, Donnerkeile usw. schmieden ließ, Cic. de nat. deor. 3, 55. Hor. carm. 1, 4, 7 *sq.* Liv. 22, 10, 9. – Er hatte Tempel in Rom und außerhalb Roms, Liv. 24, 10, 9; 32, 29, 1: u. in Rom einen geweihten Platz (area), Liv. 9, 46, 6; 40, 19, 2. Iul. Obseq. 4 (59) *sq.*, wo seine Statue aufgestellt war, caput Vulcani arsit, Liv. 34, 45, 6. – Man pflegte ihm die Waffen zu weihen, Liv. 8, 10, 13, u. vom Feind erbeutete Waffen ihm zu Ehren öffentlich zu verbrennen, Liv. 1, 37, 5; 30, 6, 9; vgl. Serv. Verg. Aen. 8, 562. – insula Vulcani (Ἡφαίστου νῆσος), die **Vulkaninsel,** die südlichste, der sizilischen Küste zunächstgelegene von den liparischen Inseln, so benannt, weil sie am häufigsten vulkanische Erscheinungen zeigte u. daher als Hauptsitz Vulkans galt, j. *Vulcanello,* Liv. 21, 49, 2: Plur. insulae Vulcani, die liparischen Inseln, Liv. 21, 51, 3. – appell., die **Flamme,** das **Feuer,** Volcanum in cornu conclusum gerere, das Feuer in einer Hornlaterne eingeschlossen tragen, Plaut. Amph. 341: Volcano studeo, v. einem Koch, Plaut. aul. 359: totis Vulcanum spargere tectis, Verg. Aen. 7, 77: Vulcanum naribus efflant, Ov. met. 7, 104. – Dav.: **A** **Vulcānius** (Volcānius), a, um, zu Vulkan gehörig, **vulkanisch,** vis, Lucil. fr.: acies, Feuermasse, Verg.: amnis, Lavastrom, Claud.: Lemnos, dem Vulkan geweiht, heilig, Ov.: Vulcaniis armis, mit unüberwindlichen Waffen, Cic. – **B** **Vulcānālis** (Volcānālis), e, zu Vulkan gehörig, **vulkanisch,** flamen, Varro LL. 5, 84. Macr. sat. 1, 12, 18. – subst., **a** Vulcānal, ālis, Abl. ālī, *n.*, ein **dem Vulkan geweihter Platz** (area) über dem Komitium in Rom, Fest. 290 (b), 22. Plin. 16, 236. Aur. Vict. de vir. ill 11, 2. – **b** Vulcānālia, iōrum, *n.*, das jährlich am 23. Aug. begangene Fest des Vulkan, die **Vulkanalien,** Varro LL. 6, 20. Colum. 11, 3, 18 u. 47. Serv. comm. in Pompeii comm. (V) 196, 24. Donat. 434, 32: Genet. Volcanaliorum, Sall. hist. fr. 4, 68 (70 u. 71, wo Pompeii comment. 196, 21 K. Genet. Vulcanalium verlangt); vgl. Charis. 62, 19: Abl. Vulcanalibus, Plin. 17, 260. Plin. ep. 3, 5, 8.

vulga, s. bulga.

vulgāris (volgāris), e (vulgus), **allgemein, a** **durchgängig, (allen) gemein,** bei **allen gewöhnlich, alltäglich, allbekannt,** exordium, Rhet. Her.: hominum consuetudo, Cic.: liberalitas, gegen alle geübt, Cic.: artes, Cic.: opinio, Cic.: cotidianus et vulgaris exitus, Sen. – nihil tam vile, tam vulgare est, cuius etc., Cic. – illa vulgaria (jenes Alltägliche, jene alltäglichen Komplimente) »*Eho quid agis?*« Plin. ep. – Italiae vulgare est mit folg. *Infin.*, es ist in Italien gewöhnlich, etwas Gewöhnliches, Plin. 14, 120 u. a. – subst., **α** vulgāres, ium, *m.*, die Leute aus dem Volk, der gemeine Mann, sicut vulgares dicunt, Augustin. epist. 60, 1. – **β** vulgāria, ium, *n.*, das Gewöhnliche, anteponantur rara vulgaribus, Cic.: ieiunus raro stomachus vulgaria temnit, Hor. – **b** v. Buhldirnen, **öffentlich, gemein,** scortum, Cic.: puellae, Ov.: mulier, Suet.

vulgāritās, ātis, *f.* (vulgaris), **I** die **Gemeinheit,** der **Charakter des Gemeinen,** Ps. Cypr. sing. cler. 39. Caes. Arelat. epist. 2. p. 1134 *Migne:* in sprachl. Hinsicht, vulg. verbi, Porphyr. Hor. de art. poët. 47. – **II** meton., die große **Menge,** das **Publikum,** Capit. Anton. phil. 23, 8. Arnob. 3, 5 u. 40.

vulgāriter, *Adv.* (vulgaris), **gewöhnlich, alltäglich,** Sen. contr. 2, 6 (14), 13. Plin. 8, 13 u. 28, 204. Gran. Licin. 35. p. 29 *Bonn.* Aur. Vict. epit. 9, 10 u. Eccl.: ut vulgariter loquar, Oros. 7, 43, 5.

vulgārius, a, um, archaist. = vulgaris, Turpil. com. 205. Afran. com. 263. Nov. com. 98. Gell. 1, 22, 2 u. a.: Venus vulg. (Ggstz. caeles), Apul. apol. 12.

vulgātē, *Adv.* (vulgatus), **kundbar,** nur im *Compar.* vulgatius, Amm. 15, 3, 6 u. a.

vulgātor, ōris, *m.* (vulgo), der **Austräger,** der **Ausplauderer,** taciti, von Tantalus, Ov. am. 3, 7, 51.

1. **vulgātus,** Abl. ū, *m.* (vulgo), die **Kundmachung,** Sidon. epist. 8, 1, 1.

2. **vulgātus** (volgātus), a, um, *PAdi.* (v. 1. vulgo), **I allen gemein,** **a gewöhnlich, alltäglich,** vulgatissimi sensus, Quint. 2, 4, 28. – **b** v. Buhldirnen, **allgemein preisgegeben, öffentlich, gemein,** corpus, Liv. u. a. (s. Bünem. Lact. 1, 17, 10 u. 1, 20, 2): vulgatissima meretrix, Val. Max.: vulgatissimae meretrices, Suet. – **II** insbes., allgemein **bekannt, verbreitet,** vulgati pastoris amores, Ov.: αὐλητρίς illa v., Quint.: vulgatior fama est m. folg. *Acc.* u. *Infin.*, Liv.: vulgatissimum senatus consultum, Tac.

vulgivagus (volgivagus), a, um (vulgus und vagor), **überall umherschweifend,** Venus, Lucr. 4, 1063 (1071): mos ferarum, Lucr. 5, 929 (932).

1. **vulgo** (volgo), āvī, ātum, āre (vulgus, volgus), **unter die große Menge bringen, allgemein (zum Gemeingut) machen, auf jedermann (alle) ausdehnen, jedermann (allen) mitteilen, -zukommen lassen, allgemein-, überallhin-, allenthalben verbreiten, I** im Allg.: **a** übh.: vehicula vulgata usu, Curt.: rem non vulgat, Liv.: cum consulatum vulgari viderent, Liv.: vulgari doni laudem, ein Gemeingut werde, Liv. – m. *in* u. Akk., in vulgum, Varro fr.: munus vulgatum ab civibus esse in socios, Liv. – m. *per* u. Akk., non quod ego vulgari facinus per omnes velim, auf alle ausgedehnt wissen will, Liv. – m. *cum* u. Abl., non vulgari modo cum infimis, sed prorsus auferri a primoribus ad plebem summum imperium, Liv. – m. *Dat.*, quae navis in flumine publico tam vulgata (zum öffentlichen Gebrauch überlassen) omnibus, quam istius aetas, Cic. (mit Anspielung auf *no.* I, d). – medial, vulgari cum privatis, sich mit jedem Pr. gemein machen, Liv. 3, 35, 6. – **b** eine Krankheit: ministeria in vicem ac contagia ipsa vulgabant morbos, Liv.: morbi, quos odor cadaverum totis iacentibus vulgaverat, Curt. – m. *in* u. Akk., vulgati contactu in homines morbi, Liv.: vulgatur contagium in alios, Curt. – u. moral. Übel, quae (commissa) vulgata in omnem exercitum, wenn das ganze H. davon angesteckt wäre, Liv.: v. commercium vitiorum in exteras gentes, Curt.: u. refl., cum orta licentia a paucis in omnes se repente vulgasset, Liv. – **c** eine Schrift, **ins Publikum bringen, veröffentlichen,** librum, Quint.: carmina incertis auctoribus vulgata in saevitiam superbiamque eius, Tac.: nondum vulgata (noch unedierte) carmina, Mart.: quos libros vulgandos curasse nomine auctoris, Suet.: vulgata editio, die Vulgata (als Schrift), Hieron. epist. 65, 9. – **d** im obszönen Sinne, **jedermann** (aller Welt) **überlassen, -preisgeben,** ferarum ritu concubitus plebis patrumque, Liv.: corpus, Liv.: corpus pretio, Aur. Vict. – **II** insbes., durch die Rede **allgemein verbreiten, allgemein bekannt machen, zu jedermanns Kunde bringen, im Publikum umherbieten,** im Passiv auch = **zur öffentlichen Kunde gelangen, allgemein bekanntwerden,** alqm vulgo, Plaut.: obductum verbis dolorem, Verg.: famam interfecti regis, Liv.: acta, austragen, ausplaudern, Curt.: haec et talia, Tac. – quae vulgata sermonibus erant, Liv.: alia vulgata miracula erant, man trug sich allgemein mit noch a. W., Liv.: propter vulgatam falso de me opinionem, Quint.: artes non ante vulgatae, Hor. – ita famā Persae vulgaverant, Curt. – vulgavit rumor, fabula, fama m. folg. *Acc.* u. *Infin.*, vulgatur rumor duas deesse tabulas, Liv.: fabula, quae obiectum leoni a rege Lysimachum temere vulgavit, Curt.: ut idoneis auctoribus fama vulgavit Alexandrum cum omnibus copiis, quamcumque ipse adisset regionem, petiturum, Curt.: vulgatum (est) per omnes ordines Quinctium esse, Liv.

2. **vulgō** (volgō), *Adv.* (eig. *Abl.* v. vulgus), in-, bei-, vor der großen Menge, zur Bezeichnung dessen, was bei-, vor allen od. den meisten Leuten od. durch alle od. doch die meisten Leute geschieht, deutsch je nach dem Zshg. **bei-, vor** od. **durch jedermann, in-, bei-, vor dem Publikum, bei-, vor aller Welt, allgemein, allenthalben** (bei od. vor den Leuten), **im gemeinen Leben, insgemein, gemeiniglich, gewöhnlich** (Ggstz. insolenter et raro), victum v. quaerere, Ter.: num locum ad spectandum dare? aut ad prandium invitare? Minime, sed vulgo, passim. Quid est vulgo? Universos, Cic.: eius modi tempus erat, ut homines v. impune occiderentur, Cic.: v. ostendere ac proferre, Cic.: quas (litteras) v. ad te mitto, Cic. – ab iis qui ad conducendos homines facultates habebant, vulgo regna occupabantur, Caes. – v. totis castris testamenta obsignabantur, Caes. – ut v. milites ab signis discederent, Caes.: ad prandium vulgo (massenweise) vocati, Cic.: v. facturos alia (incendia), Liv. – deinde quaeritur, evenire vulgo soleat an insolenter et raro, Cic. – vari lenticulaeque v. notae sunt, Cels.: v. audio, Cels.: verum illud verbum, quod v. dici solet, Ter.: ut v. uti solemus, Quint.: hoc quod v. sententias vocamus, Quint.

vulgus (volgus), ī, *n.*, seltener *m.*, das **Volk** = die **große Menge,** die **Leute,** das **Publikum,** der **gemeine Mann, I** im Allg.: **A** eig.: **a** in der Stadt: non est consilium in vulgo, non ratio etc., Cic.: civitatis principes inter se coniurant; nam volgus etc., Sall.: vulgum effusum oppido caedere, Sall.: magis historicis quam vulgo notus, Nep.: disciplinam in vulgum efferre, Caes.: in vulgum vulgare, Varro fr.: corpus in vulgus dare = vulgare, v. einer Frau, Gell.: exire atque in vulgus emanare, Cic.: (dies) alter in vulgus ignotus, Cic.: quae non sane probantur in vulgus, vom gemeinen Mann (vgl. vorher populo probabilia), Cic.: gratae in vulgus leges fuere, Liv.: aber quod in vulgus gratum esse sentimus, allgemein, Cic.: ebenso apud gratia in vulgo est, Plin. u. a. – **b** im Heer: v. militum, armatorum, die gemeinen Soldaten, Liv.: milite in vulgus laeto ferociā ducis, allgemein, Liv.: in vulgus edit (macht allgemein bekannt), m. folg. *Acc.* u. *Infin.*, Nep.: ne vulgi largitione centurionum animos averteret, Tac. – **B** übtr., das **Volk** = die **Menge, Masse,** der **Haufe,** aliud vulgus obaeratorum et clientium, Tac.: v. densum (umbrarum), Hor.: v. incautum ovium, Hor. – **II** im üblen Sinne, der **große Haufe,** der **Pöbel, A** eig.: demens iudicio volgi, Hor.: sapientis iudicium a iudicio vulgi discrepat, Cic.: in quo fateor vulgi iudicium a meo iudicio dissensisse, Cic.: fani pulchritudo et vetustas Praenestinarum etiam nunc retinet sortium nomen; atque id in vulgus (beim gemeinen Volk, beim Pöbel); quis enim magistratus aut quis vir illustrior utitur sortibus? Cic.: quid oportet nos facere a vulgo longe longeque remotos, Hor.: odi profanum vulgus, Hor.: Ggstz., alio pane procerum, alio volgi, Plin. 19, 53: vulgusque proceresque gemunt, Ov. met. 8, 526. – **B** übtr., der **große Haufe,** die **große Masse,** der **gewöhnliche Schlag,** servorum, Ter.: mulierum, Ter.: patronorum, Cic.: volgus ab se segregat, den gew. Schl. von Liebhabern, Ter.: sed tamen hoc evenit, ut in vulgus insipientium opinio valeat honestatis, dass auf die große Masse der Unverständigen die Idee des Anständigen Einfluss übt, Cic. – ▶ vulgus als *masc.*, bes. Akk. vulgum, z. B. Varro sat. Men. 81 u. 359. Caes. b. G. 6, 14, 4. Sall. Iug. 69, 2 u. 73, 5. Nep.

Alc. 8, 7. Verg. Aen. 2, 99. Sen. de vit. beat. 2, 2; nat. qu. 1. prol. § 15; ep. 81, 13 u. 98, 13. Sil. 10, 616; 13, 279 u. a. – Abl. Sing. auch heteroklit. vulgu, Oppius u. Varro bei Charis. 147, 3 *sq.*; vgl. Prisc. 6, 79.

vulnerābilis, e (vulnero), **verwundend, verletzend,** Cael. Aur. de morb. acut. 3, 17, 171.

vulnerārius (volnerārius), a, um (vulnus), **zu den Wunden gehörig, Wund-, I** *adi.*: emplastrum, Wundpflaster, Plin. 23, 81 u. 34, 114. – **II** *subst.*, vulnerārius, iī, *m.*, der **Wundarzt,** Plin. 29, 13.

vulnerātio (volnerātio), ōnis, *f.* (vulnero), die **Verwundung, Verletzung,** Cic. Caecin. 47. Hirt. b. G. 8, 47, 2. Cael. Aur. de morb. chron. 2, 1, 27. Th. Prisc. 2, 18 *in.*: Plur., nervorum vulnerationes, Plin. Val. 1, 19. – bildl., maior haec est vitae, famae, salutis suae vulneratio, Cic. Pis. 47.

vulnerātor, ōris, *m.* (vulnero), der **Verwunder,** bildl., gentium, Hieron. in Isai. 14, 12.

vulnero (volnero), āvī, ātum, āre (vulnus), **verwunden, I** eig.: alqm, Cic.: corpus, Cic.: alqm leviter, Sen. rhet.: se graviter, Curt.: alqm in adversum os fundā, Caes.: alqm hastae cuspide in fronte, Iustin.: vulnerari in brachio, Iustin., sub aure, Frontin.: crus (am Schenkel) sagittā vulnerari, Itin. Alex.: fronte vulneratā, mit einem mit Narben bedeckten Gesicht, Vopisc.: übtr., smaragdus vulnerari nequit, beschädigt werden, Plin. – **II** bildl., verwunden = **verletzen, kränken, wehtun,** eos nondum voce vulnero, trete ich noch mit keinem Wort zu nahe, Cic.: haud potest gravioribus a me verbis vulnerari, Cic.: virorum hoc animos vulnerare posset, Liv.: u. vuln. aures, Verg. u. Eccl. (s. Bünem. Lact. 7, 1, 14): laesus ac vulneratus reus, Quint.

vulnifer (volnifer) od. **-ferus,** fera, ferum (vulnus u. fero), **Wunden machend,** Prud. psych. 173. Cornel. Gall. 5, 98. Vgl. Gloss. II, 458, 22 ›vulniferus, τραυματοποιός‹.

vulnificus (volnificus), a, um (vulnus u. facio), **Wunden verursachend, verwundend,** sus, Ov.: telum, Ov.: chalybs, Verg.: morsus, Prudent.

vulnus (arch. volnus), eris, *n.* (aus *volsnos zu vellere, reißen; vgl. griech. οὐλή = ϝολνή, Narbe), die **Wunde, I** eig. u. bildl.: **1** eig.: **a** leb. Wesen: v. grave (Ggstz. v. leve), Liv.: vulnus tenue, leichte, Liv.: vulnus novum (Ggstz. vulnus vetus et purulentum), Sen.: v. mortiferum, Lucil. fr. u. Cic.: vulnera adversa, Cic.: vulnera (Narben), quae in facie naturalia erant, Spart.: vulnus cruris, Petron.: vulnera corporis, Cic.: vulnera missilium, Geschosswunden, Liv.: vulnus inferre, Caes., od. infligere, Cic.: aeternum dare matri sub pectore vulnus, Lucr.: vulnera alternā dareque ferreque manu, Ov.: inania duro vulnera dare ferro, Ov.: vulnus accipere, excipere, Cic.: vulnus gravius accipere, Caes.: accipere vehemens vulnus et mortiferum, Cic.: vulnus in capite accipere ab alqo, Cic.: vulnus alligare od. obligare, Cic., deligare, Cels.: curare vulnus suturā, Cels. (vgl. vixdum satis percurato vulnere, Liv.): vulnus rescindere, Liv. epit. u. Ov.: mori ex vulnere, Liv., vulneribus, Poll. in Cic. ep.: perire ex vulnere, Liv.: vulneribus adversis et honestis cadere, Cic.: adversis vulneribus concīdere, Sall.: mutuis vulneribus concurrere, Sen. rhet.: se mutuis vulneribus occīdere, Aur. Vict.: ex vulnere recreari, Cic.: ex vulnere refici, Tac.: ex vulnere claudicare, Cic.: vulnus implere, ausheilen, Cels.: cum gravi vulnere ferri ex proelio, referri in castra, Liv. – **b** poet. übtr., die **Wunde** lebl. Ggstd., die **Verletzung,** der **Hieb, Stich, Schnitt, Einschnitt,** falcis, Ov.: calcei, Iuven.: ornus vulneribus evicta, Verg.: humus reformidat vulnus (aratri), Ov. – **2** bildl., die **Wunde** = **Verletzung, Verlust, Kränkung,** ein **wunder** od. **fauler Fleck,** fortunae gravissimo vulnere percussus, Cic.: vulnera rei publicae imponere od. inurere, Cic.: quod autem tantum aut in moribus naturaque vulnus aut in re atque fortuna? Schaden, Cic.: cum illud Castricianum vulnus dicendo refricuisset, Cic.: ista sunt ipsa vulnera, quae non possum tractare sine maximo gemitu; moderare igitur, quaeso, ut potes, Cic.: vulnera nova facere, Vergehungen, Cic.: vulneribus suis mederi, Schulden, Cic. – öfter **Schlappe, Schlag** = **empfindlicher Verlust, Niederlage,** bes. in der Verbindung sine aliquo vulnere, ohne erheblichen Verlust, Caes.: sine ullo vulnere, ohne jeden Verlust, Caes.: vulnus accipere (Ggstz. dare), Iustin. 1, 8, 10; 2, 11, 19; 5, 5, 3; 42, 4, 10: post aerumnosas iacturas et vulnera, Amm. 27, 1, 1: recentissimum quodque volnus pavens, Tac. hist. 3, 56. – v. Seelenwunden (wie Schmerz, Kummer, Trauer), bes. v. Liebeswunden, Lucr., Verg. u. a.: vulnus alit venis, Verg.: rescindere vulnus dolorum meorum, Flor.: sanabit nulla vulnera cordis ope, Ov.: ac languore simulato vulnus animi mentitur in valetudinem, Apul. – **II** meton., das, was Wunden macht, **1** der **Hieb, Stich, Wurf, Stoß, Schnitt,** wodurch Wunden entstehen, elusa vulnera, v. dem Stier, Ov.: mortifero vulnere ictus, Liv.: inter se vulnera iactant, Hiebe, Verg.: crepitant sub vulnere malae, Hieb, Verg. Vgl. Lachmann Prop. 1, 1, 13. – **2** das Werkzeug, das Wunden macht, das **Geschoss** usw., illum infesto vulnere insequitur, Verg.: haesit sub gutture vulnus, Pfeil, Verg.: vulnera dirigere, Pfeile richten und abschießen, Verg. – **3** (poet.) der **Verwundete,** ad gemitus vulnerum, Liv. 22, 5, 4 (wenn es nicht dort = Ächzen infolge der Wunden; vgl. Verg. Aen. 2, 413).

vulnusculum, ī, *n.* (*Demin.* v. vulnus), die **kleine Wunde,** Ulp. dig. 21, 1, 1. § 8. Veget. mul. 1, 16, 1. Hieron. epist. 89, 4. Augustin. epist. 75, 13. Sulp. Sev. dial. 1 (2), 2, 5.

vulpēcula, ae, *f.* (*Demin.* v. vulpes), das **Füchschen,** der **schlaue Fuchs,** Cic. de nat. deor. 1, 88; de off. 1, 41. Anthol. Lat. 762, 59 (233, 59). Ambros. in psalm. 199. serm. 2. § 2 u. a. Eccl.: als Sinnbild der Schlauheit, Verschlagenheit, Prisc. praeex. § 2. p. 430, 13 K. – ► Hor. ep. 1, 7, 29 Holder u. Krüger mit den Hdschrn. vulpecula.

vulpēs (altertümlich volpēs), is, *f.*, der **Fuchs, I** eig., Varro, Hor. u. Plin.: vulpium aditus, Fuchslöcher, Plin.: vulpium tergis (Fellen) indui, Sen. – Sprichw., vulpes iungere, Füchse zusammenspannen, von etwas Unmöglichem, Verg. ecl. 3, 91: vulpes pilum mutat, non mores, Suet. Vesp. 16, 3: tam facile vinces, quam pirum volpes comest, Plaut. most. 559: bella res est volpis (so!) uda, es ist doch etwas Schönes um einen begossenen Hund, Petron. 58, 12. – der **Fuchs** als Sinnbild der **Schlauheit, Verschlagenheit,** animi sub vulpe latentes, Hor. de art. poët. 437: astutam vapido servas sub pectore vulpem, Pers. 5, 117: nunc populus est domi leones, foras (so!) vulpes, Petron. 44, 14. – **II** übtr., vulpes marina, eine Art **Haifische** (*Squalus Alopecia,* L.), Plin. 9, 145. – ► *Nom.* vulpis (volpis), Petron. 58, 12. Apul. de deo Socr. prol. p. 107 H. (Goldb. vulpes). Avian. fab. 40, 7 (bei Phaedr. jetzt [oft schon des Metrums wegen] überall vulpes); dagegen Prob. app. 198, 14 u. 15 K. ›vulpes non vulpis‹. – vulg. vulpex, Gloss. II, 597, 43.

vulpīnor, ārī (vulpinus) = ἀλωπεκίζω, **fuchsschlau sein, -verfahren,** Varro sat. Men. 327. Apul. met. 3, 22.

vulpīnus, a, um (vulpes), **vom Fuchs, von Füchsen, Fuchs-,** catuli, Phaedr.: lingua, Plin.: iecur, Plin.: species, Fuchsgestalt (eines Hundes), Gratt.

vulpio (vulg. volpio), ōnis, *m.* (vulpes), ein **Fuchs, fuchsschlauer Mensch, ein Schlaukopf,** Apul. apol. 86 (wo volpio).

vulpis, is, *f.*, s. vulpēs ►.

Vulscī, s. Volscī.

vulsella, ae, *f.*, s. volsella.

Vulsiniī, Vulsiniēnsis, s. Volsiniī.

vulsio, ōnis, *f.* (vello), das krankhafte **Rupfen, Zucken,** Veget. mul. 5, 64, 11.

vulso, āre (*Intens.* v. vello), **Krämpfe haben,** Veget. mul. 5, 41.

vulsūra (volsūra), ae, *f.* (vello), das **Rupfen, Abrupfen** der Wolle vom Fell, lanae (Ggstz. tonsura), Varro r. r. 2, 11, 9.

vulsus (volsus), a, um, *PAdi.* (v. vello), **I** mit ausgerupften Haaren = **haarlos, bartlos, glatt, a** eig., Plaut. u. Quint.: nepos, glatt, stutzerhaft (weil die Stutzer sich den Bart ausrupfen ließen), weichlich, Prop.: u. so iuvenis volsus et nitidus, Hieron. epist. 79, 7. – **b** bildl.: mens est volsa tibi, v. einem Einfältigen, Geistesschwachen (vgl. das Gegenteil im Griech. λάσιαι φρένες), Mart. 2, 36, 6. – **II an Zuckungen leidend, spastisch,** subst. im Plur., vulsi, Plin. 21, 126; 23, 25. Veget. mul. 5, 65, 1. – **III** volsa, ōrum, *n.*, **Verrenkungen,** Plin. 22, 43.

vulticulus, ī, *m.* (*Demin.* v. vultus), ein **halber (bloßer) Blick,** non te Bruti nostri vulticulus ab ista oratione deterret? Cic. ad Att. 14, 20, 5.

vultum, ī, *n.*, s. vultus ►.

vultuōsē, *Adv.* (vultuosus), **mit starkem Mienenspiel,** agere, Donat. Ter. Andr. 1, 2, 13: hoc vultuose pronuntiandum est, Donat. Ter. Andr. 2, 3, 6 u. Phorm. 1, 1, 15.

vultuōsus, a, um (vultus), **I voll ernsthafter-, finsterer** usw. **Mienen, ernsthaft, finster,** v. Pers., Prud. u. a.: frons, Apul. – **II** zu voll von Mienen, **Grimassen schneidend,** vultuosum (in oratione), Cic.: pronuntiatio, mit zu vielen Grimassen verbunden, Quint.

1. vultur (voltur), uris, *m.* (vello), der **Geier, Stoßvogel, Raubvogel, I** eig., Liv., Verg. u. a. – Sprichw., profert cornua vultur, für etwas Unmögliches, Claud. in Eutr. 1, 352. – **II** übtr., **Geier, Nimmersatt,** v. räuberischen od. habgierigen Menschen, Sen. ep. 95, 43. Mart. 6, 62, 4.

2. Vultur (Voltur), uris, *m.*, ein Berg in Apulien, in der Nähe von Venusia, j. *Voltore,* Hor. carm. 3, 4, 9. Lucan. 9, 185.

vulturīnus (volturīnus), a, um (vultur), **vom Geier, Geier-,** fel, Plin.: sanguis, Plin.: collum, Mart.: species (Gestalt), Plin.

vulturius (volturius), iī, *m.*, der **Geier, Stoßvogel, Raubvogel, I** eig., Plaut., Lucr. u. Liv. – **II** übtr.: **A** der **Geier, Nimmersatt,** von habsüchtigen Menschen (s. Lorenz Plaut. most. 819 *sqq.* Brix Plaut. trin. 101), Plaut., Catull., Cic. u. a.: togati vulturii, v. Advokaten, Apul. – **B** ein unglücklicher Wurf im Würfelspiel mit den vier tesserae, der **Geierwurf** (viell. = canis), iacit volturios quattuor, Plaut. Curc. 357. – ► Nbf. vulturus, Enn. ann. 138.

Vulturnālis, e, s. 1. Vulturnus.

Vulturnum (Volturnum), ī, *n.*, eine Stadt in Kampanien am Fluss Vulturnus, von den Römern kolonisiert, j. *Castel Volturno,* Liv. 25, 20, 2 u. 34, 45, 1: Volturnum oppidum, Mela 2, 4, 9 (2. § 70). Plin. 3, 61.

1. Vulturnus (Volturnus), ī, *m.*, **I** ein Fluss in Kampanien, j. *Volturno,* Liv. 8, 11, 13; 25, 20, 2. Verg. Aen. 7, 729. Serv. Verg. Aen. 1, 6: Volturnus amnis, Mela 2, 4, 9 (2. § 70). Plin. 3, 61: Volturnus flumen, Frontin. 3, 14, 2. – Dav. *Adi.* **Vulturnus** (Volturnus), a, um, **vulturnisch,** mare, an der Mündung des Flusses Vulturnus, Plin.: vada, Sil. – **II** ein Flussgott Kampaniens, Vater der Nymphe Juturna, Arnob. 3, 29. – Dav. **Vultarnālis** (Volturnālis), e, zum Gott Vulturnus gehörig, **vulturnalisch,** flamen, Enn. ann. 122. – subst., Volturnālia, ium, *n.* (nach Müller Varro LL. 6, 21 = Vertumnalia), das Fest des Volturnus, die **Volturnalien,** Paul. ex Fest. 379, 2.

2. vulturnus (volturnus), ī, *m.* (2. Vultur), mit u. ohne ventus, ein nach dem Berg Vultur benannter Wind, der **Südost-Drittel-Südwind,** Liv. 22, 43, 10 u. 46, 9. Vitr. 1, 6, 10. Sen. nat. qu. 5, 16, 4. Colum. 5, 5, 15. Gell. 2, 22, 10. Apul. de mund. 13.

vultus (voltus), ūs, *m.*, der **Gesichtsausdruck,** das **Gesicht** = die die Gemütsstimmung ausdrückenden **Gesichtszüge, Mienen,** der **Blick, I** eig.: **a** im Allg.: compositus, erkünstelte, verstellte, Tac. u. Plin. ep.: maestus, Verg.: tristis, Plin.: hilaris atque laetus, Cic.: solutus et hilariculus, Sen.: decolor, Sen.: gaudia prodens, Hor.: adductus, finster, gerunzelt, Suet.: distortus, Quint.: distortissimus, Apul.: imago animi vultus, indices oculi, Cic.: oculi, supercilia, frons, vultus denique totus, qui sermo quidam tacitus mentis est, Cic.: praeclara est aequabilitas in omni vita et idem (gleiche) semper vultus eademque frons, Cic. – vultum praeceptoris intueri, Quint.: averso a conspectu regis vultu, Curt.: ex vultu candidatorum coniecturam faciunt, quantum quisque animi et facultatis habere videatur, Cic.: ex vultu cuiusdam ephori, qui eum admoneri cupiebat, insidias sibi fieri intellexit, Nep.: nihil metus in vultu, gratia oris supererat, Tac.: si ad sacrificium accessuri voltum submittimus, den Blick senken, Sen. – Plur., vultus ficti simulatique, Cic.: vultus acerbi, Ov.: boni (freundliche), Ov.: vultus trahere, Ov., od. ducere, Mart., finster od. verdrießlich aussehen, finstere Mienen machen: vultus fingere, sich beherrschen, Caes. (vgl. voltus quoque hominum fingit scelus, Ter.): vultus (Blicke) avortite vestros, Cic.: intraverunt aversis vultibus, Lact.: blandos mihi offers vultus, Tibull.: vultus tuos mihi expressit, Cic.: ex vultibus hominum mores colligo, Petron. – **b** emphat., ein **zorniges, strenges Gesicht, zornige, strenge Mienen,** der **Zornblick,** vultu terrere, Hor.: vultus instantis tyranni, Hor.: vultu offensionem coniectaverat, Tac. – **II** übtr., das **Gesicht** übh.: **1** eig.: **a** im Allg.: simiae, Cael. in Cic. ep.: vultus forma, Lampr.: vultu nigriore, Vopisc.: scitis vultibus puellae, mit hübschen G., Sulp. Sev.: cadere in vultus, auf das Gesicht, Ov. – **b** insbes., das abgebildete Gesicht, das **Bild, Bildnis,** Epicurii vultus, Plin. 35, 5: Probi vultus (Plur.), Vopisc. Prob. 23, 5: Philippei (Philippdor) nostri vultus, Valer. imp. bei Treb. Poll. Claud. 14, 3. – **2** meton., das **Aussehen,** die **Gestalt,** naturae, Ov.: salis (Meeres), Verg.: totius domus funebris magis quam regius erat vultus, Val. Max. 5, 7. ext. 1: non esse unum eloquentiae vultum, Tac. dial. 18. – ► Nbf. vultum, wov. Abl. Sing. vulto, Apul. met. 4, 25 *Eyss.*: Plur. volta (vulta), Enn. ann. 464. Lucr. 4, 1205 (1213).

vulva, vulvula, s. volva, volvula.

X.

1. X, x, der einundzwanzigste Buchstabe des altlat. Alphabets, entsprechend dem griech. Ξ (Ξι), aber *Ix* gen., der als Doppelkonsonant die Laute *cs* verbindet (wie in lux = luc-s), aber auch die Laute *gs* (wie in rex = reg-s) u. a. vertritt.

2. X, als Zahlzeichen (eig. $\genfrac{}{}{0pt}{}{\mathrm{V}}{\Lambda}$) = 10. – dah. auf Münzen = der urspr. zehn Asse enthaltende **Denar** (denarius), z. B. XCCCC, *i.e.* denariis quadringentis, Cic.: emitur XLX, *i.e.* denariis sexaginta, Plin. 12, 44.

Xamatae, s. Iaxamatae.

Xanthippē, ēs, *f.* (Ξανθίππη), **Xanthippe**, die zänkische Gattin des Sokrates, Cic. Tusc. 3, 31. Gell. 1, 17, 1.

Xanthippus, ī, *m.* (Ξάνθιππος), **I** Vater des Perikles, Hauptankläger des Miltiades und Sieger über die Perser bei Mykale i. J. 479 v. Chr., Cic. Brut. 44. – **II** ein Feldherr der Lazedämonier im ersten punischen Krieg, der den Konsul Regulus gefangen nahm, Cic. de off. 3, 99. Veget. mil. 3. praef. p. 65, 1 L^2.

1. xanthos, ī, *m.* (ξανθός, goldgelb), ein sonst unbekannter Edelstein von goldgelber Farbe Plin. 37, 169.

2. Xanthos u. **-us**, ī, *m.* (Ξάνθος), **I** = Scamander, s. d. – **II** eine Stadt in Lyzien, Mela 1, 15, 3 (1. § 82). Plin. 5, 100. – **III** ein Fluss in Lyzien, der auf dem Taurus entspringt, j. *Etschen, Essenide*, Mela 1, 15, 3 (= 1. § 82). Verg. Aen. 4, 143. Hor. carm. 4, 6, 26. Ov. met. 9, 646. – **IV** ein Flüsschen in Epirus, Verg. Aen. 3, 350.

xantus, s. sānctus a. E. ▶.

xeniolum, ī, *n.* (*Demin.* v. xenium), das **kleine Gastgeschenk**, Apul. met. 2, 11 *in.* Ulp. dig. 1, 16, 6. § 3.

Xenippa, ōrum, *n.*, die Gegend im Osten von Sogdiana, vielleicht die gebirgigen Distrikte von Hissar, Curt. 8, 2 (7), 14.

xenium, iī, *n.* (ξένιον), **I** das **Gastgeschenk**, Vitr. 6, 7, 4. Plin. ep. 6, 31, 14. – dah. Xenia, iōrum, *n.*, als Titel des 13. Buches von Martials Epigrammen, dessen Inhalt sich meist auf Gastgeschenke bezieht, Mart. 13, 3, 1. – **II** übtr., das **Geschenk** an Personen, denen man sich gefällig zeigen will, wie an den Statthalter, Ulp. dig. 1, 16, 6: an die Advokaten, Plin. ep. 5, 13 (14), 8.

Xeno, ōnis, *m.* (Ξένων), ein epikureischer Philosoph aus Athen, von Cicero u. Attikus geschätzt, Cic. ad Att. 5, 10, 5 u. a.

Xenocratēs, is, Akk. em u. ēn, *m.* (Ξενοκράτης), ein Philosoph aus Chalcedon, Schüler Platos, der nach dem Tod des Speusippus die Leitung der Akademie übernahm, Cic. Acad. 1, 17; 2, 143 (Akk. *-ēn*); Tusc. 5, 51 (Akk. *-em*); de sen. 23 (Akk. *-ēn*).

xenodochīum od. **-ēum**, ī, *n.* (ξενοδοχεῖον), ein Gebäude zur Aufnahme von Fremden, das **Pilgerhaus, Hospiz**, Cod. Iust. 1, 2, 19 u. 1, 3, 33 36. Hieron. epist. 66, 11.

xenodochus, ī, *m.* (ξενοδόχος), der Fremde aufnimmt, der **Hospizvorsteher**, Cod. Iust. 1, 3, 33. § 7.

xenōn, ōnis, *m.* (ξενών) = xenodochium (s. d.), Cod. Iust. 1, 48. Iul. epit. nov. *c.* 13. § 49 u. a.

xenoparochus, ī, *m.* (ξενοπάροχος), der den fremden Gesandten u. anderen angesehenen Fremden Salz, Holz u. andere Bedürfnisse reichte, der **Verpfleger der Fremden**, Arcad. Charis. dig. 5, 4, 18. § 10.

Xenophanēs, is, *m.* (Ξενοφάνης), ein berühmter griech. Philosoph aus Kolophon, Stifter der eleatischen Schule, Cic. Acad. 2, 118 u. a. Lact. 3, 23, 11.

Xenophōn, ōntis, *m.* (Ξενοφῶν), aus Athen, Schüler des Sokrates, ausgezeichnet als Geschichtsschreiber, Philosoph u. Feldherr, Cic. de div. 1, 52; Tusc. 5, 99: Xenophon Socraticus, Varro r. r. 1, 1, 8. Nep. Ages. 1, 1: Plur., griech. Akk. Xenophontas, Sen. de tranqu. anim. 7, 5. – Dav. **Xenophōntēus** u. **-tīus**, a, um (Ξενοφώντειος), **xenophontēisch**, Xenophonteum genus sermonis, Cic. Brut. 132: Hercules Xenophontius ille, bei Xenophon erwähnt, Cic. ep. 5, 12, 3.

xērampelinae, ārum, *f.* (ξηραμπέλιναι, von der Farbe des trockenen Weinlaubes), **dunkelrote-, dunkelfarbige Kleider**, Iuven. 6, 519 u. die Schol.

xēranticus, a, um (ξηραντικός), **trocknend**, decoctio, Th. Prisc. 2, 3.

xērocollȳrium, iī, *n.* (ξηροκολλύριον), **trockene Salbe**, Marc. Emp. 8, 3.

Xērolophus, ī, *m.* (Ξηρόλοφος), der **trockene Hügel**, ein Ort in Byzanz, Iust. instit. 4, 18. § 5. Prisc. 1, 22 u. 6, 69.

xēromyron, ī, *n.* (ξηρόμυρον), **trockene wohlriechende Salbe, wohlriechendes Streupulver**, Plur. b. Sedul. hymn. 2, 81.

xēron, ī, *n.* (ξηρόν), **trockene Salbe, Streupulver**, Plin. Val. 3, 22.

xērophagia, ae, *f.* (ξηροφαγία), der **Genuss trockener Speisen**, Tert. adv. psych. 5. Cassian. coen. inst. 4, 21: Plur., xerophagias observare, Tert. adv. psych. 1.

xērophthalmia, ae, *f.* (ξηροφθαλμία), die **trockene Augenkrankheit**, wobei die Augen rot u. geschwollen sind, Marc. Emp. 8, 3 (griech. b. Cels. 6, 6, 29).

Xerxēs (Xersēs), is, Akk. ēn, *m.* (Ξέρξης, ου, ὁ, deshalb auch lat. Genet. Xerxī b. Nep. regg. 1, 3), der bekannte König der Perser (486–465), der von den Griechen bei Salamis gänzlich geschlagen wurde, Nep. Them. 2 *sqq.* Cic. Tusc. 5, 20; de legg. 2, 26. Varro LL. 7, 21. – ▶ Der Akk. Xerxēn ist überall durch die besten Hdschrn. beglaubigt. – Die Schreibung Xerses in den besten Hdschrn. des Cicero (außer Cic. Tusc. 5, 20) u. anderer Klassiker, ja noch Schol. Iuven. 10, 178 u. 182.

xiphiās, ae, Akk. ān, *m.* (ξιφίας, von der Gestalt eines Schwertes), **I** der **Schwertfisch** (*Xiphias Gladius*, L.), rein lat. gladius, Plin. 32, 15 u. 151. Ov. hal. 97. Firm. math. 8, 17. p. 222, 50. – **II** der **Schwertstern**, eine Art Kometen von Gestalt eines Schwertes, Plin. 2, 89.

xiphion, iī, *n.* (ξιφίον), der **Schwertel**, die **Schwertlilie**, rein lat. gladiolus, Plin. 25, 137 u. 138.

xisticī, s. xysticus.

xylinus, a, um (ξύλινος), **von Holz, vom Baum, Baum-**, lina, die Baumwolle, Plin. 19, 14. – Xyline Come, s. 1. Cōmē.

xylobalsamum, ī, *n.* (ξυλοβάλσαμον), **Balsamholz, Holz** vom Balsambaum, Plin. 12, 118.

xylocasia od. **xylocassia**, ae, *f.* (ξυλοκασσία), Holz von der casia, **Kassienholz**, Marc. dig. 39, 4. § 7.

xylocinnamōmum, ī, *n.* (ξυλοκιννάμωμον), Holz von der Staude cinnamomum, **Zimtholz**, Plin. 12, 91. Marc. dig. 39, 4, 16. § 7. – dass. verkürzt **xylocinnamum**, ī, *n.*, Scrib. Larg. 271.

xylolychnūchos, ī, *m.* (ξυλολυχνοῦχος), der **Holzleuchter**, CIL 10, 98*.

xylion, iī, *n.* (ξύλον), die **Baumwollstaude**, Plin. 19, 14.

xylophytum, ī, *n.* (ξυλόφυτον), **Günsel**, eine Pflanze, Ps. Apul. herb. 59.

Xyniae, ārum, *f.* (Ξυνία, ἡ), eine Stadt in Thessalien am See Xynias, j. *Taukli*, Liv. 32, 13, 13.

xyris, idis, Akk. im, *f.* (ξυρίς), Name einer wilden Iris, Plin. 21, 143.

xystarchēs, ae, *m.* (ξυστάρχης), der **Vorsteher der athletischen Übungen**, der **Xystarch**, Amm. 21, 1, 4. Tert. ad martyr. 3.

xysticus, a, um (ξυστικός), **zum** *xystus* (als Übungsplatz der Athleten) **gehörig**, **I** *adi.*: vanitas, athletisch, der Athleten, Tert. de pudic. 7: munditiae, Tert. de pall. 4. – **II** *subst.*, xysticus, ī, *m.*, der **Athlet**, Plur. xysticī, ōrum, *m.*, die **Athleten**, die sich während der rauen Jahreszeit in bedeckten Gängen übten, Sing., CIL 6, 10161: Plur., Suet. Aug. 45, 4 u. Galb. 15, 1. Ulp. dig. 3, 2, 4. CIL 6, 10154.

xystra, ae, *f.* (ξύστρα) = strigilis *no.* I, Schol. Iuven. 3, 263.

xystus, ī, *m.* (ξυστός), **I** bei den Griechen, der **bedeckte Säulengang** für die Übungen der Athleten zur Zeit des Winters, Tert. apol. 38. – **II** (auch xystum, ī, *n.*) bei den Römern, die **freie Promenade** oder

Terrasse in einem Garten, umgeben von mit Buchsbaum eingefassten Blumenbeeten, Cic. Acad. 2, 9; ad Att. 1, 8, 2. Sen. de ira 3, 18, 4. Plin. ep. 2, 17, 17. Suet. Aug. 72, 3. Phaedr. 2, 5, 18. – mit Anspielung auf *no.* I: palaestrice spatiari in xysto, Cic. de opt. gen. 8. Vgl. (über *no.* I u. II) Vitr. 5, 11, 4 u. 6, 7, 5.

Y.

Y, y, ein griechischer Buchstabe, der erst später für die griech. Lehnwörter in die lateinische Schrift kam, da früher das griech. Y durch U, u (d. i. V, graphisch aus Y entstanden) ersetzt wurde, z. B. Burrus statt Pyrrhus, fuga aus φυγή. Später trat auch i ein, z. B. lacrima st. lacruma (aus δάκρυμα), u. o, z. B. mola aus μύλη, ancora aus ἄγκυρα. In Ciceros Zeitalter scheint das Y bereits bei den Römern im Gebrauch gewesen zu sein (s. Cic. or. 160).

yaena, s. hyaena.

Ylās = Hylas, Dracont. carm. min. 2, 95. 109. 117.

ymnifico, s. hymnifico.

ypogaeum, s. hypogaeum.

Yrcānia = Hyrcania, Schol. Iuven. 10, 162.

yssōpum, s. hyssōpum.

Z.

Z, z, ein nur in Fremdwörtern vorkommender griech. Buchstabe, das Z (Ζῆτα), lat. Zēthum gen., der teils wie *ds,* teils wie ein scharfes *s* lautete, daher auch die schwankende Schreibart in Smyrna u. Zmyrna, smaragdus u. zmaragdus entstand u. Ζάκυνθος in Saguntum umgewandelt wurde.

zaberna, ae, *f.,* eine Art Quersack, Edict. Diocl. II. *no.* 2 u. 7.

zābolicus, a, um, s. diabolicus.

zābolus, ī, *m.,* s. diabolus.

Zāchariās, ae, *m.,* jüdischer Männername, insbes. des Vaters Johannes des Täufers, Lact. 4, 14, 6. Vulg. Luc. 1, 5. Iuvenc. 1, 29. Paul. Nol. 5, 27.

zācon, -conus, s. diācōn, diāconus.

Zacynthos u. **-us,** ī, *f.* (Ζάκυνθος), eine fruchtbare Insel im Ionischen Meer, jetzt *Zante,* Form *-os,* Mela 2, 7, 10 (2. § 110). Verg. Aen. 3, 270. Ov. her. 1, 87: Form *-us,* Liv. 26, 24, 15 u. a. Plin. 4, 54 *sq.* – Dav. **Zacynthius,** a, um (Ζακύνθιος), zu Zakynthus gehörig, **zakynthisch,** Calchas, Plaut.: bitumen, Plin.

zaes, s. zēus.

zaeta, s. diaeta a. E.

Zaleucus, ī, *m.* (Ζάλευκος), der berühmte Gesetzgeber der Lokrer in Italien (um 650 v. Chr.), Cic. de legg. 1, 57 u. 2, 14. Sen. ep. 90, 5.

Zalmoxis, is, Abl. ī, *m.* (Ζάλμοξις), ein thrazischer Philosoph u. Gesetzgeber, Apul. apol. 26.

Zama, ae, *f.* (Ζάμα), eine Stadt in Numidien, drei Tagesreisen südwestlich von Karthago (Liv. 30, 29, 1), die gewöhnliche Residenz des Königs Juba, der dahin auch seine Schatzkammer u. seinen Harem in Sicherheit brachte, j. *Zowarin,* Sall. Iug. 57 *sq.* Auct. b. Afr. 91 *sq.* Vitr. 8, 3, 24: bes. berühmt durch die Schlacht, in der Scipio den Hannibal (202 v. Chr.) besiegte, Liv. 30, 29 *sqq.* – Dav. **Zamēnsis,** e, **zamensisch,** oppidum, Zama, Plin. 5, 30 (Jan Ziamense). – Plur. subst., Zamēnsēs, ium, *m.,* die Einw. von Zama, die **Zamenser,** Auct. b. Afr. 91 *sq.*

zāmia, ae, *f.* (ζημία), der **Verlust, Schaden,** Plaut. aul. 197.

zamilampis, s. zmilampis.

Zamolxis, falsche Lesart für Zalmoxis.

zanca (tzanga), ae, *f.,* eine Art **weicher parthischer Schuhe,** Gallien. b. Treb. Poll. Claud. 17. § 6 (zanca). Cod. Theod. 14, 10, 2 u. 3 (tzanga).

Zanclē, ēs, *f.* (Ζάγκλη), früherer Name der Stadt Messana (jetzt *Messina*) in Sizilien, den sie von ihrer Sichelform (ζάγκλον bei den Siziliern) hatte, Ov. met. 14, 5 u. 15, 290. Sil. 1, 662 u. 14, 48. Vgl. Tzschucke Mela 2, 7, 16 (vol. 3. part. 2. p. 847). – Dav.: **A Zanclaeus,** a, um (Ζαγκλαῖος), **zankläisch,** arena, d. i. Sizilien, Ov.: Charybdis, Ov.: moenia, Messana, Sil. – Plur. subst., Zanclaeī, ōrum, *m.* (Ζαγκλαῖοι), die Einw. von Zankle, die **Zankläer,** Plin. – **B** (poet.) **Zanclēius,** a, um, **zanklēisch,** saxa, Ov.

Zapaortēnī, s. Apavortenē.

zāplūtus (sāplūtus), a, um (ζάπλουτος), **steinreich,** Petron. 37, 6 (Bücheler saplutus).

Zarath, *neutr. indecl.,* Stadt in Mauretania Caesar., Apul. apol. 24 *extr.* – Dav. **Zarathēnsis,** e, **zarathensisch,** bei **Zarath,** agellus (Gütchen), Apul. apol. 23.

zathenē, ēs, *f.,* ein uns unbekannter gelblicher Edelstein, Plin. 37, 185.

zea, ae, *f.* (ζέα u. ζειά), **I** eine Getreideart, **Dinkel** oder **Spelt** (*Triticum Spelta,* L.), rein lat. alica, Plin. 18, 81 *sq.* Hieron. in Isai. 9, 28, 25 u. a. – **II** eine Art **Rosmarin,** Ps. Apul. herb. 79.

Zelasium, iī, *n.,* ein Vorgebirge auf Euböa, Liv. 31, 46, 7.

zēlātor, ōris, *m.* (zelo), der **Eiferer,** Ven. Fort. carm. 5, 6, 12. Ambros. in psalm. 51, 15.

zēlivira, ae, *f.* (zelus u. vir), die **Eifersüchtige,** Tert. de exhort. ad castit. 9.

zēlo, āvī, ātum, āre (ζηλόω, ῶ), **mit Eifersucht-, heftig lieben,** absol., alci od. alqm, Eccl.

zēlor, ātus sum, ārī (Nbf. v. zelo), **mit Eifersucht-, heftig lieben,** m. *Acc.,* Fulg. myth. 2, 12. Anthol. Lat. 314, 1 R. u. Eccl.: absol. Eccl.

zēlōtēs, ae, Akk. ēn, *m.* (ζηλωτής), der **Eifersüchtige,** der sich in der Liebe niemand vorziehen lässt, von Gott, Tert. adv. Marc. 1, 28; 4, 21 u. 5, 16. Vulg. exod. 20, 5.

zēlotypa, ae, *f.,* s. zēlotypus.

zēlotypia, ae, *f.* (ζηλοτυπία), die **Eifersucht,** Cic. ad Att. 10, 8. litt. A. § 1 (vgl. Cic. Tusc. 4, 18, wo griech.). Hieron. in epist. ad Galat. lib. 2. *c.* 4. *v.* 17 u. 18. Vulg. num. 5, 14 *sqq.*: nympha zelotypiā erga Herculem mortua, Plin. 25, 75.

zēlotypus, a, um (ζηλότυπος), **eifersüchtig,** subst., der **Eifersüchtige,** die **Eifersüchtige,** moecha, s. Flach Mart. 1, 92, 13. u. Iuven.: mulier, Vulg.: noli zelotypa esse, Petron.: quae zelotypum accusat, Quint.: subst. Plur., Firm. math. 8, 30. p. 241, 35.

zēlus, ī, *m.* (ζῆλος), die **Eifersucht, Nacheiferung,** Vitr. 7. praef. § 4. Hyg. fab. 199. Auson. epigr. 77, 3. Prud. ham. 188. Hieron. in epist. ad Galat. lib. 2. c. 4. v. 17 u. 18 u. a. Eccl.

1. zema (zuma), ae, *f.,* **I** der **eherne Topf, -Kessel,** Serv. Verg. Aen. 3, 466 (Akk. Plur. zemas): Nbf. zuma, Valerian. bei Treb. Poll. Claud. 14, 6 (Abl. zumā). – **II** (= 2. zema) der **Absud,** die **Brühe,** Apic. 8, 340 u. 364. Isid. orig. 20, 2, 32 (*codd. Gud.* 1. 2 Akk. zema).

2. zema, atis, *n.* (ζέμα), der **Absud,** die **Brühe,** Apic. 4, 147; vgl. 1. zema *no.* II.

Zēno u. **Zēnōn,** ōnis, *m.* (Ζήνων), **I** ein griech. Philosoph, aus Citium in Cyprus gebürtig, Stifter der stoischen Schule, der um 300 v. Chr. in der Stoa zu Athen lehrte und sich im hohen Alter durch Hunger das Leben nahm, Nom. Zeno, Varro r. r. 2, 1, 3. Cic. or. 113 u. a. Sen. de ben. 4, 39. § 1 u. 2. Quint. 2, 20, 7 u. a.: Form Zenon, Varro sat. Men. 164. Cic. Tusc. 5, 27 u. a. Sen. ep. 33, 7 u. a.: griech. Akk. Sing. Zenona, Varro sat. Men. 483: Plur., omnes Zenones et Chrysippi, Sen. ep. 22, 11: griech. Akk. Plur. Zenonas, Mart. 9, 47, 1. – **II** ein griech. Philosoph aus der eleatischen Schule, aus Elea gebürtig, Erfinder der Dialektik u. Lehrer des Perikles, Cic. Acad. 2, 129; Tusc. 2, 52; de nat. deor. 3, 82. – **III** ein späterer griech. Philosoph, Anhänger des Epikur, Lehrer des Cicero und Attikus, Cic. de fin. 1, 16; Tusc. 3, 38; de nat. deor. 1, 59. – **IV** ein griech. Kaiser im 5. Jahrh. n. Chr., dav. **Zēnōniānus,** a, um, von dem Kaiser Zeno herrührend, **zenonianisch,** lex, Iustin. instit. 3, 2. § 3. – Dav. **Zēnōnicī,** ōrum, *m.* (Ζηνωνικοί), die **Zenoniker, Schüler eines Zeno,** Augustin. adv. Pelag. 2, 10.

Zēnobia, ae, *f.* (verstümmelt aus dem einheimischen Bathzenibah), **I** Tochter des Mithridates, des Königs von Armenien, Tac. ann. 12, 44 *sq.*; 13, 6 u. 37. – **II** Gemahlin des Odenathus, des Königs von Palmyrene, die nach dem Tod ihres Gemahls für ihren unmündigen Sohn die Regierung führte. Von Aurelian überwunden und im Triumph mit aufgeführt, dann begnadigt, lebte sie zu Tibur in Zurückgezogenheit, Treb. Poll. Gallien. 13, 2; trig. tyr. 30, 2 *sqq.* Vopisc. Aurel. 22 *sq.* Eutr. 9, 13.

Zēnōn, s. Zēno.

Zephyrītis, idis, *f.* (Ζεφυρῖτις), die **Zephyritide,** d. i. Arsinoë, Tochter des Lysimachus, erste Gemahlin des Ptol. Philadelphus, nach ihrem Tod als Venus Zephyritis verehrt (vgl. Plin. 34, 148), Catull. 66, 57.

Zephyrium, iī, *n.* (Ζεφύριον), Name vieler Örtlichkeiten, von denen besonders bekannt **I** ein Kastell an der Küste von Cilicien, südwestl. von Tarsus, Liv. 33, 20, 4. Plin. 5, 91 u. 34, 173. – **II** ein Vorgebirge an der Ostküste von Bruttium, die Südostspitze von ganz Italien, j. *Cap Brussano* od. *Bruzzano,* Mela 2, 4, 8 (2. § 68). Plin. 3, 74.

zephyrius, a, um (ζεφύριος), von Zephyrus, **zephyrisch,** ova, Windeier, sonst ova urina gen., Plin. 10, 167.

zephyrus, ī, *m.* (ζέφυρος), der **Westwind,** in Italien sanft u. lau, rein lat. favonius, Sen. nat. qu. 5, 16, 5. Plin. 18, 337. Veget. mil. 4, 38. p. 155, 11 L.² Hor. carm. 3, 1, 24 u. a. Dicht.: Genet. Plur. auch zephyrûm, Licent. poët. b. Augustin. epist. 26, 4. – zur Bezeichnung des Frühlingsanfangs, Verg. georg. 1, 44 u. a. – poet. übh. = der **Wind,** Verg. Aen. 4, 562. – personif., Verg. Aen. 1, 131 u. a. – ► In guten Hdschrn. (z. B. Verg. ecl. 5, 5) auch sephyrus geschr.

Zērynthus, ī, *f.* (Ζήρυνθος), Stadt mit der Höhle der Hekate in Thrazien bei Anos; dav. **Zērynthius,** a, um (Ζηρύνθιος), **zerynthisch,** litora, Ov. trist. 1, 10, 19: Apollo Zerunthius (so!), Liv. 38, 41, 4.

1. zēta, ae, *f.*, s. diaeta a. E.

2. zēta, *n. indecl.* (ζῆτα), der griech. Buchstabe **Zeta,** Auson. Techn. (edyll. 12) de litt. monos. 11. p. 138 Schenkl. – als Zahlzeichen = das **sechste Buch** der Ilias, quod apud Homerum in zeta Iliados legitur, Porphyr. Hor. sat. 1, 7, 16.

3. Zēta, ae, *f.*, Stadt in Pontus, an der Grenze von Armenien, Auct. b. Alex. 72.

zētārius, s. diaetārius.

zētēma, atis, *n.* (ζήτημα), die **Untersuchung, Aufgabe,** CIL 4, 1877 u. 6, 28239: zetema dissolvit, CIL 4, 1878.

zētēmatium, iī, *n.* (ζητημάτιον), die **kleine Untersuchung,** die **kleine Aufgabe,** Lucil. 650.

Zētēs, ae, Akk. ēn, *m.* (Ζήτης), der geflügelte Bruder des Kalaïs u. Sohn des Boreas, einer der Argonauten, Ov. met. 6, 716. – Nbf. Zētus, ī, *m.*, Serv. Verg. Aen. 10, 350.

Zēthus, ī, *m.* (Ζῆθος), Sohn Jupiters u. Bruder des Amphion, Cic. de or. 2, 155; de rep. 1, 30. Hor. ep. 1, 18, 42. Hyg. fab. 76.

Zētus, ī, *m.*, **I** = Zetes, s. d. – **II** ein berühmter Mathematiker, tenere non abnuit ... cum Zeto pondera, Sidon. epist. 4, 3, 5.

Zeugis, s. Zeugitāna regio.

Zeugitāna regio (ἡ Ζευγιτανή), eine äußerst fruchtbare Landschaft in Africa propria, j. *Frigih* od. *Frikia* (der nördlichere Teil von Tunis), Plin. 5, 23. Mart. Cap. 6. § 669: dass. Zeugitanus limes u. pes, Solin. 26, 2 u. 27, 1. – auch **Zeugis** gen., Isid. orig. 14, 5, 8.

zeugītēs, ae, *m.* (ζευγίτης κάλαμος), eine Art **Rohr,** Plin. 16, 169.

1. zeugma, atis, *n.* (ζεῦγμα), eine grammat. Figur, nach der ein Prädikat zu mehreren Subjekten konstruiert wird, das dem Sinn nach nur zu einem passt, rein lat. ligatio od. annexio, Ps. Ascon. Cic. I. Verr.. 54. p. 150 B. Diom. 444, 4. Beda de schem. 608, 14 *Halm.* Serv. Verg. Aen. 1, 144 (griech. bei Iul. Rufin. de schem. lex. § 3).

2. Zeugma, atis, *n.* (Ζεῦγμα), eine Stadt in Syrien, am Euphrat, j. *Tschesme* od. *Zima,* Plin. 5, 86. Tac. ann. 12, 12. Stat. silv. 3, 2, 137: Z. Pellaeum, weil vom zu Pella geborenen Alexander dem Gr. gegründet, Lucan. 8, 237.

zeunītor, ōris, *m.* (ζεύγνυμι), der **Anspänner,** CIL 6, 693.

zēus, ī, *m.* (ζαιός), ein Fisch, rein lat. faber gen., Colum. 8, 16, 9. Plin. 9, 68: Nbf. fabri sive zaes, Plin. 32, 148.

Zeuxis, idis (idos), Akk. in u. im, Abl. ide, *m.* (Ζεῦξις), ein berühmter griech. Maler aus Heraklea, Plin. 35, 62 u. 65 *sq.* Cic. de inv. 2, 1; de or. 3, 26. Petron. 83 *in.*

ziābolicus, a, um, s. diabolicus.

ziābolus, ī, *m.*, s. diabolus.

zingiber, eris, *n.* (ζιγγίβερις), **Ingwer** (*Amomum Zingiber,* L.), Cels. 5, 23, 3. Pallad. 11, 20, 2. – Vulg. Nbf. gingiber, Apic. 1, 29 u. 2, 50. Cael. Aur. de morb. chron. 4, 7, 99. – griech. Form zingiberi od. zinpiberi, *n. indecl.*, Plin. 12, 28. Marcian. dig. 39, 4, 16. § 7.

zinzilo, āre, Naturlaut der Drossel, Suet. fr. p. 311 (161ᵇ *v.* 8) *Reiff.*

zinzilulo, āre, Naturlaut einiger Vögel, etwa **zwitschern,** Anthol. Lat. 762, 44 (233, 44).

zinzio u. **zinzito,** āre, Naturlaut der Drossel, Suet. fr. 161. p. 252, 2 *Reiff.* Anthol. Lat. 762, 13 (233, 13).

Ziobetis, is, *m.* (bei Diod. Στιβοίτης), ein Steppenfluss im nördl. Parthien, j. *Dschiusdferan,* Curt. 6, 4 (10), 4.

zīzānia, ōrum, *n.* (ζιζάνια), **Lolch** od. **Unkraut,** Prud. apoth. praef. 56. Vulg. Matth. 13, 25 *sqq.* Ambros. in Luc. 8. *no.* 49 u. a. Eccl. – Nbf. zizānia, ae, *f.*, Augustin. serm. 134. *no.* 2 u. 3 Mai. Cassian. de incarn. 1, 2. Gloss. IV, 198, 6.

zīziphum, ī, *n.*, die Frucht des Baumes ziziphus, die **Brustbeere,** Plin. 15, 47 u. a. – Nbf. Plur. zizufa, wov. Genet. zizuforum, Edict. Diocl. 6, 56. Vgl. Gloss. II, 431, 50 ›zizifa, σηρικά‹.

zīziphus, ī, *f.* (griech. *neutr.* ζίζυφον), der **Brustbeerbaum** (*Rhamnus jujuba,* L.), franz. *gigeolier, jujubier,* ital. *giuggiolo,* Colum. 9, 4, 3. Pallad. 1, 37, 2 u. 5, 4, 1: arbor ziziphi, Plin. 12, 109.

zīzufa, s. zīziphum.

zmaragdachātēs, s. smaragdachātēs.

zmaragdus, ī, *m.*, s. smaragdus.

zmaris, idis, *f.*, s. smaris.

zmēcticus, s. smēcticus.

zmēgma, s. smēgma.

zmilampis, is, *m.*, ein sonst unbekannter Edelstein, Plin. 37, 185 (Abel zamilampis).

zmintha, ae, *f.*, s. mintha u. calaminthe.

Zminth... s. Sminth...

Zmyrna, ae, f., s. 2. Smyrna.

zmyrnion, s. smyrnion.

zmȳrus, ī, *m.* (μῦρος, wov. μύραινα), das Männchen der murena, Plin. 9, 76 u. 32, 151.

zōdiacus, ī, *m.* (ζωδιακός), der **Tierkreis** mit seinen Sternbildern, Gell. 13, 9, 6 (Cic. de div. 2, 89 u. Arat. 318 signifer orbis gen.): signifer, quem Graeci vocant zodiacon, Censor. 8, 4: zodiaci circulus od. orbis, Chalcid. Tim. 78 u. 108. – *adi.*, zodiacum diastema, Sidon.: zodiacus tractus, Mart. Cap.: zodiacus circulus, Hyg.

zōdium, iī, *n.* (ζῴδιον), das **Sternbild im Tierkreis,** Censor. 8, 6.

Zōē, ēs, *f.* (ζωή), das **Leben,** einer der Äonen des Valentinianus, Tert. adv. Valent. 12.

Zōilus, ī, *m.* (Ζώϊλος), ein strenger Kritiker u. Grammatiker, der die homerischen Gedichte in kleinlicher und hämischer Weise tadelte (dah. Ὁμηρομάστιξ, Homeromastix gen.), s. Vitr. 7. praef. § 8 *sq.* – appellat., ein **kleinlicher-, hämischer Tadler** od. **Kritiker,** Ov. rem. 366. Mart. 11, 37, 1.

zōmotēganītē, ēs, *f.* (ζωμός u. τήγανον), eine **Schüssel gesottener Fische,** Apic. 4, 147 zw.

zōna, ae, *f.* (ζώνη), der **Gürtel, I** eig.: **a** der Keuschheitsgürtel der Frauen, Ov.: zonam solvere, Catull.: zona recincta, Ov. – Symbol des jungfräul. Standes, dah. z. casta, Ov. – **b** der Gürtel der Männer, bes. um Geld darin zu tragen, der **Geldgurt,** die **Geldkatze,** zonae, quas plenas argenti extuli, C. Gracch. fr.: argentum in zonis habentes, Liv.: zonam (sonam) extuli, Plaut.: zonā se aureorum plenā circumdedit, Suet.: dah. qui zonam perdidit, der um das Geld gekommen ist, arm, Hor. ep. 2, 2, 40. – **II** übtr.: **1** ein gürtelähnlicher Rand am Edelstein, der **Gürtel,** Plin. 37, 90. – **2** der **Besatz,** die **Bordüre** um ein Kleid, Isid. orig. 19, 22, 18. – **3** der **Gürtel** des Orion, ein Gestirn, Ov. fast. 6, 787. – **4** eine Art Rotlauf, die den Menschen gleichsam umgürtet u. tötet, sonst auch zoster gen., die **Gürtelkrankheit, Gürtelrose,** Scrib. Larg. 63 u. 247. – **5** zonae, die das Erdklima angebenden astronomischen Kreise, die **Zonen, Erdgürtel, Erdstriche,** nämlich zwei frigidae, die beiden äußersten gegen die Pole zu, eine zona torrida od. usta in der Mitte od. zwischen den Wendekreisen u. zwei zonae temperatae zwischen den Wendekreisen u. Polarkreisen. Die Alten glaubten, die frigidae wären nebst der torrida unbewohnt, s. Verg. georg. 1, 233. Ov. met. 1, 45 *sq.* u. 2, 131. Mela 1, 1, 2 (1. § 4). Plin. 2, 172. Macr. somn. Scip. 1, 15, 13; 2, 5, 20. Mart. Cap. 6. § 602: zona nivalis (kalte), Lucan. 4, 106: perusta (heiße), Lucan. 9, 314. – ► Ritschl Plaut. merc. 925 sona.

zōnālis, e (zona), **zu den Zonen gehörig,** ambitus, Macr. somn. Scip. 2, 5, 24.

zōnārius, a, um (zona), **zum Gürtel gehörig, Gürtel-,** sector, Gürtelabschneider, Beutelschneider, Plaut. trin. 862. – subst., zōnārius, iī, *m.*, **1** der **Gürtelmacher, Beutler,** Lucil. 1057. Cic. Flacc. 17. – **2** sonārius geschr. (*Demin.* zu sona = zona), das **Gürtelchen,** Nov. com. 34; vgl. semisonarius = semizonarius, Plaut. aul. 516 G.

zōnātim, *Adv.* (zona), **im Kreis herum, ringsum,** Lucil. 249.

zōnula, ae, *f.* (*Demin.* v. zona), das **Gürtelchen,** Seren. b. Non. 539, 19. Catull. 61, 53. Alex. Sev. bei Lampr. Alex. Sev. 52, 3.

zōophthalmon, ī, *n.* od. **zōophthalmos,** ī, *f.* (ζωόφθαλμον od. -ος), die **große Hauswurz,** sonst aizoum maius gen., Plin. 25, 160.

zōphorus (st. zoophorus, ζωοφόρος), ī, Plur. oe, *m.*, der **Fries,** ein Teil der Säule zwischen dem Unterbalken (epistylium) u. Kranz (coronis), Vitr. 3, 5, 10 u. 4, 1, 2.

zōpissa, ae, *f.* (ζώπισσα), das samt dem Wachs von den Schiffen abgeschabte Pech, Plin. 16, 56 u. 24, 41.

Zōpyriōn, ontis, *m.*, Truppenführer Alexanders des Großen, Lucil. 584. Iustin. 2, 3, 4 u. ö.

zōpyrontion, iī, *n.* (*ζωπυρόντιον), Name der Pflanze clinopodion, Plin. 24, 137.

Zōpyrus, ī, *m.* (Ζώπυρος), **I** ein berühmter Physiognom zur Zeit des Sokrates, Cic. Tusc. 4, 80 u. de fato 10. – **II** ein vornehmer Perser, der sich selbst auf die grausamste Art verstümmelte u. dadurch dem Darius zur Eroberung von Babylon verhalf, Iustin. 1, 10 *sq.* – **III** ein Rhetor, Quint. 3, 6, 3.

zoraniscaeos, ī, *f.*, ein sonst unbekannter Edelstein, Plin. 37, 185.

Zōroastrēs, is, Akk. em u. ēn, *m.* (Ζωροάστρης), **Zoroaster** od. **Zerdutscht,** Gesetzgeber im medisch-baktrischen Reich, etwa 70 Jahre vor Cyrus, Verfasser der Religionsschriften, die noch unter dem Namen Zend Avesta vorhanden sind, s. Iustin. 1, 1. § 9. Plin. 30, 3 *sq.* Solin. 1, 72. Apul. apol. 26; flor. 15. p. 18, 8 Kr. – Dav. **Zōroastrēus,** a, um (Ζωροαστραῖος), **zoroastrisch,** susurri, zauberische, Prud. apoth. 494 (wo falsch Zŏ gemessen ist).

1. zōstēr, ēris, Akk. ēra, *m.* (ζωστήρ), der **Gürtel;** dah. übtr. **I** eine Art Rotlauf, auch zona gen., die **Gürtelkrankheit, Gürtelrose,** Plin. 26, 121. – **II** eine Art **Seetang, Meertang,** Plin. 13, 135 (wo Akf. -ēra).

2. Zōstēr, ēris, Akk. ēra, *m.* (Ζωστήρ), ein Vorgebirge nebst Stadt u. Hafen in Attika im saronischen Meerbusen, jetzt *Kap von Vari,* Cic. ad Att. 5, 12 *in.*

zōthēca, ae, *f.* (ζωθήκη), das **Kabinett,** worin man am Tage ruhte (Ggstz. dormitorium, worin man des Nachts schläft), Plin. ep. 2, 17, 21. – u. eine **Nische** zu relig. **Zwecken,** CIL 14, 2793.

zōthēcula, ae, *f.* (*Demin.* v. zotheca), das **kleine Kabinett,** (s. zōthēca), Plin. ep. 5, 6, 38. Sidon. epist. 8, 16, 3 u. 9, 11, 6.

zugon, ī, *n.* (ζυγόν) = iugum, Diom. 422, 34.

zuma, s. 1. zema.

zygia, ae, *f.* (ζυγία), eig. *Adi.,* **I** zum Joche gehörig, ein Zaum, sonst Carpinus gen., **Haagbuche** (*Carpinus Betulus,* L.), Plin. 16, 67. – **II** zur Ehe gehörig, **hochzeitlich,** tibia, Hochzeitsflöte, Apul. met. 4, 33. – dah. Zygia (dea), die Ehestifterin, Göttin der Ehe, von der Juno, Apul. met. 6, 4.

zygaena, ae, *f.* (ζύγαινα), der **Hammerfisch,** Ambros. hexaëm. 5, 10, 31.

zygis, idis, *f.* (ζυγίς), **wilder Quendel, Feldpolei,** Ps. Apul. herb. 99.

zygostasium, iī, *n.* (ζυγόστασις), die **Verrichtung-,** das Amt **eines Wägemeisters,** Cod. Theod. 14, 26, 1.

zygostatēs, ae, *m.* (ζυγαστάτης), der **Wägemeister,** rein lat. ponderator, Cod. Theod. 12, 7, 2.

zȳthum, ī, *n.* (ζῦθος), eine Art **Gerstentrank** bei den Ägyptern, Plin. 22, 164. Colum. poët. 10, 116. Pompon. dig. 33, 6, 9 *pr.*